AF860167

4 SERVICES EXCLUSIFS INCLUS

4 services gratuits
exclusifs aux Codes édition classique
Je les découvre !

SERVICE

I

Quels sont-ils ?

Mise à jour
en continu

Accessible
depuis Word©

Liens de
jurisprudence

Disponible partout

Plus d'information sur www.activation-dalloz.fr

CLUSIFS
S

Comment en profiter ?

- Je me rends sur www.activation-dalloz.fr
- J'active mon Code à l'aide de sa clé d'activation (voir sous l'étiquette de couverture)
- Mes services exclusifs sont activés.

PARCE QUE
LA LOI BOUGE,
LE CODE ROUGE !

22e édition

CODE DE LA CONSOMMATION

Annoté & commenté

Papier & numérique

DALLOZ

22e édition

Commentaires rédigés par

Yves PICOD
Professeur à la Faculté de droit de Perpignan
Responsable du Centre de droit de la concurrence

&

Nathalie PICOD
Maître de conférences à l'Université Toulouse 1 Capitole

*Annotations jurisprudentielles
et bibliographiques rédigées par*

Éric CHEVRIER
Directeur éditorial adjoint
Responsable du Département de droit des affaires
aux Éditions Dalloz

DALLOZ

ÉDITIONS DALLOZ

31-35, rue Froidevaux, 75685 Paris Cedex 14

ISBN 978-2-247-16857-6

AVANT-PROPOS

L'ordonnance n° 2016-301 du 14 mars 2016 *(JO 16 mars)* relative à la partie législative du code de la consommation et le décret n° 2016-884 du 29 juin 2016 *(JO 30 juin)* relatif à la partie réglementaire du code de la consommation ont recodifié intégralement les parties L et R du code de la consommation. Le **Code de la consommation Dalloz** intègre cette nouvelle codification, **en vigueur depuis le 1er juillet 2016**. Le Code de la consommation (ancien) reste accessible à la navigation et à la recherche sur les portails Dalloz.

Les parties législative et réglementaire du code de la consommation, dans leur rédaction antérieure à l'ordonnance n° 2016-301 du 14 mars 2016 et au décret n° 2016-884 du 29 juin 2016, sont abrogées à compter du 1er juillet 2016. Toutefois, elles demeurent en vigueur après cette date en tant qu'elles s'appliquent à Mayotte, à Saint-Barthélemy, à Saint-Martin, à Saint-Pierre-et-Miquelon, dans les îles Wallis-et-Futuna, en Polynésie française, en Nouvelle-Calédonie et dans les Terres australes et antarctiques françaises, jusqu'à l'entrée en vigueur de l'ordonnance mentionnée au II de l'article 161 de la loi n° 2014-344 du 17 mars 2014 et du décret pris en application de cette ordonnance. Les textes susmentionnés résultent de l'ordonnance n° 2017-269 du 2 mars 2017 entrant en vigueur le 1er juillet 2017, et du décret n° 2017-1166 du 12 juillet 2017 (*JO 14 juill.*) portant dispositions relatives à l'outre-mer du code de la consommation.

L'**édition 2018** du Code de la consommation Dalloz comprend :
- la nouvelle **codification**, qui a entraîné une renumérotation complète des articles du code et une nouvelle structure (huit livres au lieu de cinq). A la fin de chaque article codifié, la référence au texte ancien est mentionnée, permettant une correspondance entre dispositions nouvelles et dispositions anciennes ;
- un **Appendice** composé de plus de 80 rubriques et regroupant des textes législatifs, réglementaires et européens intéressant la protection du consommateur dans les domaines les plus usuels de la vie courante. A l'intérieur de chaque rubrique sont présentés d'abord les textes codifiés, puis les textes non codifiés classés par ordre chronologique ;
- des **tables** sur pages roses. En début d'ouvrage, la table des matières dresse le plan du code. En fin d'ouvrage, la table chronologique recense les textes qui ont modifié le code et les textes complémentaires qui ont été ajoutés ; la table alphabétique analyse aussi bien les textes que la jurisprudence ; les tables de concordance des parties législative et réglementaire permettent de s'approprier la nouvelle numérotation des articles ;
- **la transposition des enrichissements** (commentaire, bibliographie et annotation de jurisprudence) sous la nouvelle numérotation des articles.

Les pictogrammes (jurisprudence), (doctrine des revues Dalloz) et (législation) signalent que les textes intégraux correspondants sont accessibles en hyperliens sur les portails et sur les applications mobiles Dalloz.

NOTA. *Les références à des dispositions abrogées par l'art. 34 de l'Ord. n° 2016-301 du 14 mars 2016 relative à la partie législative du code de la consommation sont remplacées par des références aux dispositions correspondantes du code de la consommation dans sa rédaction annexée à ladite ordonnance (Ord. préc., art. 2, en vigueur le 1er juill. 2016).*

Les références à des dispositions abrogées par l'art. 8 du Décr. n° 2016-884 du 29 juin 2016 relatif à la partie réglementaire du code de la consommation contenues dans des dispositions de nature réglementaire sont remplacées par les références aux dispositions correspondantes du code de la consommation dans sa rédaction annexée audit décret (Décr. préc., art. 2, en vigueur le 1er juill. 2016).

Liste des abréviations

Hyperlien vers la décision intégrale accessible sur les portails et sur les applications mobiles Dalloz

Hyperlien vers l'article de revue accessible sur les portails et sur les applications mobiles Dalloz

Hyperlien vers un texte complémentaire accessible sur les portails et sur les applications mobiles Dalloz

ACPR	Autorité de contrôle prudentiel et de résolution
Actu.	Actualités
Adde	Ajouter
Administrer	Revue Administrer
AJ	Actualité jurisprudentielle du Recueil Dalloz
AJCA	Actualité juridique Contrats d'affaires (Dalloz)
AJ contrat	Actualité juridique contrat (Dalloz)
AJDA	Actualité juridique Droit administratif (Dalloz)
AJDI	Actualité juridique Droit immobilier (Dalloz)
AJ fam.	Actualité juridique famille (Dalloz)
AJ pénal	Actualité juridique pénal (Dalloz)
Al.	Alinéa
ALD	Actualité législative Dalloz (à partir de 1993)
Ann. loyers	Annales des loyers
ARCEP	Autorité de régulation des communications électroniques et des postes
Arr.	Arrêté
Art.	Article
Ass.	Assemblée
Ass. plén.	Assemblée plénière de la Cour de cassation
aud. sol.	Audience solennelle
Aut. conc.	Autorité de la concurrence (depuis janvier 2009)
Banque	Revue Banque
Banque et Droit	Revue Banque et Droit
BIBL.	Bibliographie
BIBL. GÉN.	Bibliographie générale
BICC	Bulletin d'information de la Cour de cassation
BID	Bulletin d'information et de documentation de la DGCCRF
BLD	Bulletin législatif Dalloz
BOCC	Bulletin officiel de la concurrence, de la consommation et de la répression des fraudes

BRDA	Bulletin rapide de droit des affaires
Bull. avoués	Bulletin de la Chambre des avoués près la cour de Paris
Bull. civ.	Bulletin des arrêts des chambres civiles de la Cour de cassation
Bull. crim.	Bulletin des arrêts de la chambre criminelle de la Cour de cassation
Bull. Joly	Bulletin mensuel Joly d'information des sociétés
Bull. Joly Entrep. diff.	Bulletin Joly Entreprises en difficulté
Bull. transp.	Bulletin des transports

C.	Code
c/	Contre
CAA	Cour administrative d'appel
Cah. dr. entr.	Cahiers de droit de l'entreprise
Cah. dr. eur.	Cahiers de droit européen
Cah. jurispr. Aquitaine	Cahiers de jurisprudence d'Aquitaine
CASF	Code de l'action sociale et des familles Dalloz
C. assur.	Code des assurances Dalloz
C. baux	Code des baux Dalloz
CCA	Commission des clauses abusives
CCC	Contrats Concurrence Consommation
CCE	Communication Commerce électronique
CCH	Code de la construction et de l'habitation Dalloz
C. civ.	Code civil Dalloz
C. com.	Code de commerce Dalloz
C. consom.	Code de la consommation Dalloz
C. copr.	Code de la copropriété Dalloz
C. déb. boiss.	Code des débits de boissons et des mesures contre l'alcoolisme
C. douanes	Code des douanes Dalloz
CE	Conseil d'État
CEDH	Cour européenne des droits de l'homme
C. éduc.	Code de l'éducation Dalloz
C. envir.	Code de l'environnement Dalloz
CGCT	Code général des collectivités territoriales Dalloz
CGI	Code général des impôts Dalloz
ch.	Chambre
chap.	Chapitre
Ch. mixte	Chambre mixte de la Cour de cassation
Ch. réun.	Chambres réunies de la Cour de cassation
Chron.	Chronique
Chron. C. Cass.	Chronique de jurisprudence de la Cour de cassation du Recueil Dalloz
Circ.	Circulaire
Civ.	Chambre civile de la Cour de cassation
CJCE	Cour de justice des Communautés européennes
CJUE	Cour de justice de l'Union européenne
C. mon. fin.	Code monétaire et financier Dalloz
CNC	Conseil national de la consommation
CNIL	Commission nationale de l'informatique et des libertés

COJ	Code de l'organisation judiciaire
Com.	Chambre commerciale de la Cour de cassation
Comp.	Comparer
concl.	Conclusions
conf.	Solution conforme
Cons. conc.	Conseil de la concurrence (jusqu'en 2008)
Cons. const.	Conseil constitutionnel
Contra	Solution contraire
Conv. EDH	Convention européenne de sauvegarde des droits de l'homme et des libertés fondamentales
C. patr.	Code du patrimoine Dalloz
CPCE	Code des postes et des communications électroniques
C. pén.	Code pénal Dalloz
CPI	Code de la propriété intellectuelle Dalloz
C. pr. civ.	Code de procédure civile Dalloz
C. pr. exéc.	Code des procédures civiles d'exécution Dalloz
C. pr. pén.	Code de procédure pénale Dalloz
Crim.	Chambre criminelle de la Cour de cassation
C. route	Code de la route Dalloz
CRPA	Code des relations entre le public et l'administration Dalloz
C. rur. et for.	Code rural et Code forestier Dalloz
C. sociétés	Code des sociétés Dalloz
CSI	Code de la sécurité intérieure
CSP	Code de la santé publique Dalloz
CSS	Code de la sécurité sociale Dalloz
C. trav.	Code du travail Dalloz

D.	Recueil Dalloz
DA	Recueil analytique de jurisprudence et de législation Dalloz *(années 1941 à 1944)*
Dalloz actualité	Site d'actualité accessible sur les portails Dalloz
Dalloz jurisprudence	Base de jurisprudence accessible sur les portails Dalloz
Dalloz IP/IT	Revue du droit de la propriété intellectuelle et du numérique (Dalloz)
D. Affaires	Dalloz Affaires
DC	Recueil critique de jurisprudence et de législation Dalloz *(années 1941 à 1944)*
DDH	Déclaration des droits de l'homme et du citoyen de 1789
Décis.	Décision
Décr.	Décret
Décr.-L.	Décret-loi
Defrénois	Répertoire du notariat Defrénois
DGCCRF	Direction générale de la concurrence, de la consommation et de la répression des fraudes
DH	Recueil hebdomadaire de jurisprudence Dalloz *(années antérieures à 1941)*
Dir.	Directive
Doctr.	Doctrine
DP	Recueil périodique et critique mensuel Dalloz *(années antérieures à 1941)*

Dr. adm.	Droit administratif
Dr. et patr.	Droit et patrimoine
Dr. et proc.	Droit et procédures
Dr. fam.	Droit de la famille
Dr. pénal	Droit pénal
eod. loc.	Au même endroit
Err.	Erratum
esp.	Espèce
Europe	Revue Europe
Gaz. Pal.	Gazette du Palais
ibid.	Au même endroit
INC	Institut national de la consommation
infra	Ci-dessous
Instr.	Instruction
IR	Informations rapides du Recueil Dalloz
J.	Jurisprudence
J.-Cl. Conc. Consom.	Juris-Classeur Concurrence et Consommation
J.-Cl. Contr. Distr.	Juris-Classeur Contrats et Distribution
JCP	Juris-classeur périodique (Semaine juridique)
JCP CI	Juris-Classeur périodique, édition Commerce et Industrie (années antérieures à 1984)
JCP E	Juris-Classeur périodique, édition Entreprise
JCP N	Juris-Classeur périodique, édition Notariale
JDI	Journal du droit international (Clunet)
JEX	Juge de l'exécution
JO	Journal officiel
JOAN (ou Sénat) Q	Journal officiel, édition Débats Assemblée nationale (ou Sénat), réponses ministérielles à questions écrites
JOCE	Journal officiel des Communautés européennes
JONC	Journal officiel, numéro complémentaire
JOUE	Journal officiel de l'Union européenne
J. prox.	Juge de proximité
L.	Loi
Lebon	Recueil des arrêts du Conseil d'État (Dalloz)
LEDB	L'essentiel du droit bancaire
Liv.	Livre
Loyers et copr.	Loyers et copropriété
LPA	Les Petites Affiches
LPF	Livre des procédures fiscales
mod.	Modifié

n°	Numéro
NCPC	Nouveau code de procédure civile (devenu Code de procédure civile – L. n° 2007-1787 du 20 déc. 2007, art. 26-III)
Nouv.	Nouveau

obs.	Observations
Ord.	Ordonnance

P	Arrêt publié au *Bulletin civil* ou au *Bulletin criminel* de la Cour de cassation
p.	Page
Pan.	Panorama
préc.	Précité
Propr. ind.	Propriété industrielle

QPC	Question prioritaire de constitutionnalité
Quot. jur.	Quotidien juridique

R.	Rapport annuel de la Cour de cassation
rapp.	Rapport
rappr.	Rapprocher
RCA	Responsabilité civile et assurances
RD banc. fin.	Revue de droit bancaire et financier
RDC	Revue des contrats
RDI	Revue de droit immobilier (Dalloz)
RDLC	Revue des droits de la concurrence – Concurrences
RD pén. crim.	Revue de droit pénal et de criminologie
RD rur.	Revue de droit rural
RDSS	Revue de droit sanitaire et social (Dalloz)
Rec. CJCE	Recueil de la Cour de justice et du Tribunal de première instance des Communautés européennes
Recomm.	Recommandation
Rect.	Rectificatif
RED consom.	Revue européenne de droit de la consommation
réf.	Référé
Règl.	Règlement
RELC	Règlement extrajudiciaire des litiges de consommation
Rép. civ.	Répertoire de droit civil Dalloz
Rép. com.	Répertoire de droit commercial Dalloz
Rép. eur.	Répertoire de droit européen Dalloz
Rép. min.	Réponse ministérielle
Rép. pén.	Répertoire de droit pénal et de procédure pénale Dalloz
Rép. pr. civ.	Répertoire de procédure civile Dalloz
req.	Requête
réquis.	Réquisitions
Rev. aff. eur.	Revue des affaires européennes
Rev. arb.	Revue de l'arbitrage
Rev. conc. consom.	Revue de la concurrence et de la consommation

Rev. huiss.	Revue des huissiers
Rev. UE	Revue de l'Union européenne (Dalloz)
RFDA	Revue française de droit administratif (Dalloz)
RGDA	Revue générale du droit des assurances
RJ com.	Revue de jurisprudence commerciale
RJDA	Revue de jurisprudence de droit des affaires
RJPF	Revue juridique personnes et famille
RLC	Revue Lamy de la concurrence
RLDA	Revue Lamy droit des affaires
RLDC	Revue Lamy droit civil
RLDI	Revue Lamy droit de l'immatériel
RLLC	Règlement en ligne des litiges de consommation
RMCUE	Revue du Marché commun et de l'Union européenne (Dalloz)
RSC	Revue de science criminelle (Dalloz)
RTD civ.	Revue trimestrielle de droit civil (Dalloz)
RTD com.	Revue trimestrielle de droit commercial (Dalloz)
RTD eur.	Revue trimestrielle de droit européen (Dalloz)

s.	et suivants
SDECC	Service de documentation et d'études de la Cour de cassation
Sect.	Section
Soc.	Chambre sociale de la Cour de cassation
sol. impl.	Solution implicite
Somm.	Sommaires
ss.	Sous
supra	Ci-dessus

t.	Tome
TA	Tribunal administratif
T. com.	Tribunal de commerce
T. confl.	Tribunal des conflits
T. corr.	Tribunal, chambre correctionnelle
TFUE	Traité sur le fonctionnement de l'Union européenne
TGI	Tribunal de grande instance
TI	Tribunal d'instance
Tit.	Titre
TPICE	Tribunal de première instance des Communautés européennes
Trib. UE	Tribunal de l'Union européenne (depuis le 1er déc. 2009)
T. pol.	Tribunal de police

V.	Voir
v° ou vis	Mot ou mots

TABLE DES MATIÈRES

CODE DE LA CONSOMMATION

LIVRE DEUXIÈME

FORMATION ET EXÉCUTION DES CONTRATS

LIVRE TROISIÈME

CRÉDIT

LIVRE QUATRIÈME

CONFORMITÉ ET SÉCURITÉ DES PRODUITS ET SERVICES

LIVRE CINQUIÈME

POUVOIRS D'ENQUÊTE ET SUITES DONNÉES AUX CONTRÔLES

LIVRE HUITIÈME

ASSOCIATIONS AGRÉÉES DE DÉFENSE DES CONSOMMATEURS ET INSTITUTIONS DE LA CONSOMMATION

L. 811-1 – L. 823-2
R. 811-1 – D. 825-4

APPENDICE

CODE DE LA CONSOMMATION

PREMIÈRE PARTIE : LÉGISLATIVE

(Ord. nº 2016-301 du 14 mars 2016, en vigueur le 1er juill. 2016)

Nonobstant les dispositions des art. 1er et 34 de l'Ord. nº 2016-301 du 14 mars 2016, la partie législative du code de la consommation demeure en vigueur, dans sa rédaction antérieure à la date d'entrée en vigueur de l'ordonnance précitée (fixée au 1er juill. 2016), en tant qu'elle s'applique à Mayotte, à Saint-Barthélemy, à Saint-Martin, à Saint-Pierre-et-Miquelon, dans les îles Wallis-et-Futuna, en Polynésie française, en Nouvelle-Calédonie et dans les Terres australes et antarctiques françaises, jusqu'à l'entrée en vigueur de l'ordonnance mentionnée au II de l'art. 161 de la L. nº 2014-344 du 17 mars 2014 (Ord. nº 2016-301 du 14 mars 2016, art. 35). — V. ***C. consom.****, éd. 2015 ou* ***C. consom. (ancien)****. — V. Ord. nº 2017-269 du 2 mars 2017, entrant en vigueur le 1er juillet 2017 (Ord. préc., art. 8 et 9), et Décr. nº 2017-1166 du 12 juill. 2017 (JO 14 juill.).*

RÉP. COM. vº *Consommation (Droit de la)*, par PIZZIO.

RÉP. PÉN. vº *Consommation*, par AMBROISE-CASTÉROT.

RÉP. EUR. vº *Consommateurs*, par CHRISTIANOS et F. PICOD.

BIBL. GÉN. ▸ Codification : *Études Calais-Auloy, Dalloz, 2004.* - BUREAU, *D. 1994. Chron. 291* (remarques sur la codification du droit de la consommation). - LEVENEUR, *Le code de commerce 1807-2007, Livre du bicentenaire, Dalloz, 2007, p. 81* (code civil, code de commerce et code de la consommation). - GUINERET-BROBBEL DORSMAN, *LPA 5 juill. 2007* (un exemple de codification à droit constant : le code de la consommation peu protecteur pour le consommateur surendetté). - RZEPECKI, *Mélanges Wiederkehr, Dalloz, 2009, p. 711* (le code de la consommation, code du consommateur ?). - LEVENEUR, *CCC 2013. Repère 3* (1993-2013 : les vingt ans du code de la consommation). - PAISANT, *JCP 2013, nº 621* (à propos des vingt ans du code de la consommation). - Colloque, *LEJEP, Université Cergy-Pontoise, 2013* (les 20 ans du code de la consommation : nouveaux enjeux).

▸ Recodification : PICOD, *CCC 2008. Étude 12* (réflexions sur la refonte du code de la consommation). - RAYMOND, *CCC 2012. Repère 1* (2012, nouvelle mouture du code de la consommation ?). - MATHEY, *CCC 2016. Repère 3* (faut-il défendre le droit de la consommation ?). ▸ Ord. nº 2016-301 du 14 mars 2016 : SAUPHANOR-BROUILLAUD et AUBRY, *JCP 2016, nº 392* (recodification du droit de la consommation). - NDLR, *BRDA 2016, nº 6, p. 21* (un nouveau code de la consommation refondu). - PIEDELIÈVRE, *Gaz. Pal. 29 mars 2016, p. 10* (le nouveau code de la consommation est arrivé). - PICOD, *AJCA 2016. 165* (le nouveau code de la consommation : saine réorganisation et nouvelles définitions). - BERNHEIM-DESVAUX, *CCC 2016. Alerte 38* (l'ordonnance de recodification du code de la consommation a été publiée !) ; *J.-Cl. Concurrence-Consommation, fasc. 786* (tableau de concordance de la partie législative du code de la consommation et analyse linéaire de l'ancienne numérotation vers la nouvelle numérotation). - JULIEN, *RLDC mai 2016. 48* (le nouveau code de la consommation, premiers regards). - BERNHEIM-DESVAUX et RAYMOND, *CCC 2016. Étude 7* (regards croisés sur la réforme de la partie législative du code de la consommation). - CLARET et PAISANT, *JCP 2016, nº 796* (la nouvelle codification administrative du droit de la consommation par l'Ord. nº 2016-301 du 14 mars 2016). - DE MATOS, *Journ. sociétés 6 août 2016, p. 9* (présentation générale du nouveau code). - AMBROISE-CASTÉROT, *AJ pénal 2016. 374* (la recodification 2016 du code de la consommation... ou le chemin de croix du pénaliste). - SAUPHANOR-BROUILLAUD, *RDC 2016. 492* (refonte du droit contractuel général de la consommation par l'ordonnance de recodification). - CLARET, *Dr. et proc. sept. 2016, Cah. dr. consom., p. 22* (une accessibilité améliorée pour le droit de la consommation ?). - BOCCARA et JOUFFIN, *Banque et Droit sept.-oct. 2016. 27* (nouvelle codification du code de la consommation). - BRIGANT, *RLDA oct. 2016. 14* (recodification du code de la consommation : SOS d'un pénaliste en détresse). - Dossier, *Dr. et patr. mars 2017. 39* (un nouveau code de la consommation). ▸ Loi n° 2017-203 du 21 févr. 2017 : BERNHEIM-DESVAUX, *CCC 2017, n° 63* (quand ratification rime avec modifications !). - NDLR, *BRDA 2017, n° 7, p. 21* (une loi de ratification qui contient aussi des modifications de fond).

▸ Droit de la consommation et droit civil : CALAIS-AULOY, *RTD civ. 1994. 238* (influence du droit de la consommation sur le droit civil des contrats) ; *RTD com. 1998. 115* (même thème). - PIZZIO, *RTD com. 1998. 53* (protection des consommateurs par le droit commun des obligations). - FERRIER, *Études Calais-Auloy, Dalloz, 2004, p. 373* (le droit de la consommation, élément d'un droit civil professionnel). - MAZEAUD, *ibid., p. 697* (droit commun du contrat et droit de la consommation). - Débats, *RDC 2006. 1317* (droit du contrat et droit du marché). - LAZARUS, *LPA 13 août 2007* (la réforme des sûretés par l'Ord. du 23 mars 2006 et le droit de la consommation). - STOFFEL-MUNCK, *RTD com. 2012. 705* (autonomie du droit contractuel de la consommation : d'une logique civiliste à une logique de régulation).

▸ Droit européen de la consommation : BEAUCHARD, *Études Calais-Auloy, Dalloz, 2004, p. 55* (principes européens du droit des contrats et droit de la consommation). - FONTAINE, *ibid., p. 385* (protection des consommateurs et harmonisation du droit européen des contrats). - GANNAGÉ, *ibid., p. 421* (la règle de conflit face à l'harmonisation du droit de la consommation). - SERVERIN, *Dr. et patr. févr. 2003, p. 30* (procédures amiables dans le traitement des litiges en droit européen de la consommation). - PAISANT, *JCP 2007. I. 152* (la révision de l'acquis communautaire en matière de protection des consommateurs). - JEANNE, *Europe 2007. Dossier 16* (la libre prestation de services et la protection des consommateurs). - PIZZIO, *RLDA nov. 2008. 97 ; ibid. déc. 2008. 69* (le marché intérieur des consommateurs, le droit de la consommation d'origine communautaire et son application dans les États membres de l'UE). - ROBIN-OLIVIER, *LPA 16 févr. 2009* (confiance, construction du marché intérieur et harmonisation du droit de la consommation). - PAISANT, *JCP 2009. I. 118* (proposition de directive relative aux droits des consommateurs : avantage pour les consommateurs ou faveur pour les professionnels ?). - CASTETS-RENARD, *D. 2009. 1158* (proposition de directive relative aux droits des consommateurs et construction d'un droit européen des contrats). - MAZEAUD, SCHULTZE et WICKER (ss. la dir.), *Société de législation comparée, 2010* (amorce d'un droit européen du contrat : la proposition de directive relative aux droits des consommateurs). - AMRI, CONNAN et KIRILLOV, *LPA 1er juin 2010* (droits des consommateurs : de la révision de l'acquis communautaire à l'amorce d'un droit européen du contrat). - NÉRON, *RLC avr.-juin 2010. 116* (vers le renforcement de l'interdépendance des droits communautaires de la concurrence et de la consommation). - POILLOT, *LPA 24 nov. 2011* (influence du droit de l'Union européenne et primauté de la loyauté : une protection incidente du consommateur ?). - BERNHEIM-DESVAUX, *RLDA mars 2012. 91* (le droit de la consommation, entre protection du consommateur et régulation du marché). - PAISANT, *JCP2012, n° 560* (proposition d'un droit commun de la vente par la Commission européenne). - CHONÉ-GRIMALDI, *CCC 2012. Étude 6* (même thème). - LATINA, *RDC 2012. 299* (derniers développements du droit européen du contrat). - FRIANT-PERROT, *RTD eur. 2013. 483* (le consommateur vulnérable à la lumière du droit de la consommation de l'UE).

▸ Autres thèmes : SINAY-CYTERMANN, *JCP 1994. I. 3804* (protection ou surprotection du consommateur ?). - DELEBECQUE, *RJ com., n° spéc., nov. 1997. 21* (formation de la vente entre professionnel et consommateur). - FOURGOUX, *ibid. 39* (obligations spécifiques du vendeur). - RAYMOND, *ibid. 55* (techniques de vente au consommateur). - MAZEAUD, *RTD com. 1998. 95* (attraction du droit de la consommation). - GRÉGOIRE, *CCC 1998. Chron. 13* (offre d'accès à internet et protection des consommateurs). - FLORES et BIARDEAUD, *D. 2000. Chron. 191* (protection de l'emprunteur : une notion menacée). - HUET, *LPA 8 nov. 2001* (éléments de réflexion sur le droit de la consommation). - DELEBECQUE, *Dr. et patr. mai 2002, p. 46* (arbitrage et droit de la consommation). - DOUCHY-OUDOT, *Études Calais-Auloy, Dalloz, 2004, p. 355* (courtes prescriptions et forclusions en droit de la consommation). - DAVO, *ibid., p. 329* (formalisme bancaire et protection des consommateurs). - FRANCK, *ibid., p. 409* (réparation du préjudice causé à l'intérêt collectif des consommateurs). - PAISANT, *ibid., p. 767* (modes alternatifs de règlement des litiges de la consommation). - PIZZIO, *ibid., p. 877* (le droit de la consommation à l'aube du XXIe siècle). - TEMPLE, *ibid., p. 1067* (le droit de la consommation est-il subversif ?). - PERDU, *AJDA 2004. 481* (le juge administratif et la protection des consommateurs). - CALAIS-AULOY, *Mélanges Bouloc, Dalloz, 2006, p. 75* (les sanctions en droit de la consommation). - Conférence 3 juill. 2006, *RLC oct.-déc. 2006. 134* (droit de la concurrence et droit de la consommation : complémentarité ou divergences ?). - CONTE, *Dr. pénal 2006. Chron. 4* (cent ans de protection pénale du consommateur). - PAISANT, *Mélanges Simler, Dalloz-Litec,*

2006, p. 637 (essai sur le temps dans les contrats de consommation). – CHEKLI, *RLDA févr. 2007. 82* (consommation et règlements alternatifs des litiges). – FAUVARQUE-COSSON, *D. 2007. 956* (quelle protection des consommateurs pour demain ?). – GUILLERMIN, *AJ pénal 2008. 73* (droit de la consommation : l'absence d'une véritable alternative à la voie pénale). – GOUT, *LPA 30 mai 2008* (l'accès au droit des consommateurs). – BAZIN, *RLDA oct. 2008. 117* (l'exigence de loyauté dans les contrats de consommation) ; *D. 2008. 3028* (le droit de repentir en droit de la consommation). – NOBLOT, *JCP N 2008, n° 51, p. 18* (réflexions sur l'immeuble d'habitation en droit de la consommation). – ROCHFELD, *LPA 16 févr. 2009* (de la « confiance » du consommateur ou du basculement d'un droit de protection de la partie faible à un droit de régulation du marché). – SUPIOT, *RDC 2009. 1573* (le consommateur de tests génétiques, un patient avisé ou berné ?). – RAYMOND, *RLDA févr. 2010. 58* (mutations en droit de la consommation). – GRIMALDI, *RLDA juill. août 2010. 112* (la rupture du contrat de consommation). – LEGRAND, *LPA 1er oct. 2010* (consommateurs et délais de repentir : crédit à la consommation, vente à distance ou démarchage, comment s'y retrouver ?). – PICOD, *Mélanges Tricot, Dalloz-Litec, 2011, p. 121* (bonne foi et droit de la consommation) ; *RD banc. fin. 2011. Dossier 28* (influence de la bonne foi sur le droit de la consommation). – PROD'HOMME, *LPA 24 nov. 2011* (professionnel et consommateur : une loyauté réciproque ?). – JULIEN, *LPA 28 nov. 2012* (les contrats du droit de la consommation). – ZOLYNSKI, *RCA 2013. Dossier 31* (le droit de la consommation, témoin de la rencontre entre responsabilité pénale et responsabilité civile). – DREVEAU, *AJDI 2013. 481* (droit de la consommation et des entreprises : les nouvelles sources du droit de la copropriété). – BERNHEIM-DESVAUX, *CCC 2015. Études 2 et 3* (la consommation collaborative ou participative). – Colloque, *RLDA juin 2015. 48* (effectivité du droit de la consommation). – BOURDON, *Rev. UE 2015. 434* (les droits et obligations des personnes publiques en droit de la consommation). – CASEAU-ROCHE, *D. avocats 2015. 268* (la consumérisation de l'activité des avocats). – BAZIN, *Dr. et proc. janv. 2016. 12* (la consumérisation de l'activité des professionnels du droit). – N. PICOD, *ibid. févr. 2016, Cah. dr. consom., p. 1* (L. du 6 août 2015 : l'été législatif du droit de la consommation). – SAUPHANOR-BROUILLAUD, *RDC 2016. 97* (incidence de la loi Macron sur le droit contractuel de la consommation). – BERNHEIM-DESVAUX, *CCC 2017. Étude 1* (l'objet connecté sous l'angle du droit des contrats et de la consommation). – PERION, SOUTY, FRIANT-PERROT, BERNHEIM-DESVAUX et ARCELIN, *CCC 2017. Étude 5* (le droit de la consommation, enjeu pour la compétitivité des entreprises et dynamique juridique). – BERNHEIM-DESVAUX, *Cah. dr. entr. 2017, n° 3, dossier 15* (le consommateur collaboratif).

▶ L. n° 2014-344 du 17 mars 2014 : NDLR, *BRDA 2014, n° 5, p. 12* (contrat avec un consommateur) ; *ibid., n° 9, p. 13* (mesures diverses). – PICOD, *Dr. et proc. mars 2014, suppl., p. 2* (loi Hamon : la force des faibles). – PIEDELIÈVRE, *JCP E 2014, n° 1176* (présentation générale). – FERRIER et MARTIN, *JCP 2014, n° 376* (loi en faveur des consommateurs... et de certains professionnels). – Dossier, *AJCA 2014. 9* (loi Hamon : quel impact sur les contrats d'affaires). – Collectif, *LPA 7 avr. 2014* (*vade-mecum* de la loi relative à la consommation). – AUBERT DE VINCELLES et SAUPHANOR-BROUILLAUD, *D. 2014. 879* (nouvelles mesures protectrices du consommateur). – THIERCELIN et DANNA, *Dict. perm. Dr. aff. avr. 2014, Bull. n° 796-1* (protection des consommateurs et équilibre des relations entre distributeurs et fournisseurs). – GRYNBAUM, *RLDI avr. 2014. 73* (loi Hamon : une transposition d'importance). – LEGRAND, *LPA 25 avr. 2014* (loi « consommation » : les Sages ont tranché). – Actes de colloque, *Gaz. Pal. 2014. 1395* (présentation de la loi relative à la consommation). – Dossier, *CCC 2014. Dossiers 1 à 9* (loi Hamon du 17 mars 2014). – MINET, *RLDA mai 2014. 44* (loi Hamon : le mieux est-il l'ennemi du bien ?). – LE GAC-PECH, *Dr. et proc. mai 2014. 42* (l'avènement du printemps de la consommation). – GENCY-TANDONNET, *D. 2014. 1293* (la double vocation, consumériste et régulatrice, de la loi consommation en droit des transports). – VALETTE-ERCOLE, *Dr. pénal 2014. Étude 13* (entre dépénalisation et pénalisation). – Actes de colloque, *LPA 27 juin 2014* (les enjeux de la réforme du droit de la consommation). – THIOYE, *RD rur. 2014. Étude 13* (focus sur les aspects de droit rural de la loi relative à la consommation). – HEUGAS-DARRASPEN et SALVANDY, *RDI 2014. 608* (renforcement de la protection du consommateur immobilier).

COMMENTAIRE

Bien avant la codification du droit de la consommation, J. Carbonnier (Introduction, *in* L'évolution contemporaine du droit des contrats, *PUF, 1986, p. 31*) remarquait subtilement : « Si l'on observe que le code civil n'ignore point les rapports entre professionnels et non-professionnels, on se dit que le droit de la consommation pourrait y être intégré sans dépaysement, puisqu'il travaille sur le même schéma. Ce serait, toutefois, ne pas tenir compte du volume de ce droit et de sa complexité, qui risqueraient de faire éclater le cadre civiliste ». En ce sens, la France a fait le choix d'une codification des textes de droit de la consommation ; elle a été imitée par certains pays (Italie), alors que d'autres ont intégré les lois consuméristes dans leur code civil (Allemagne) ou disposent d'une loi spécifique (Espagne : loi générale pour la défense du consommateur et de l'usager, récemment refondue par le décret royal du 16 nov. 2007). Mais il s'agit d'une codification-compilation. La refonte réalisée en 2016 s'est faite à droit constant ou presque : elle a provoqué notamment un redécoupage et une renumérotation des textes, vivement souhaités (Y. Picod, Réflexions sur la refonte du code de la consommation, *CCC 2008. Étude 12*), avec l'ébauche d'un nouveau plan (A. Lecourt, La structure du code de la consommation réordonnancée : présentation, apports et limites, *Dr. et patr. mars 2017. 42*).

I. LA DIVERSITÉ DES SOURCES DU DROIT DE LA CONSOMMATION

Les sources du droit de la consommation sont tout d'abord nationales, mais de plus en plus issues de l'Union européenne.

A. SOURCES NATIONALES

Certaines dispositions nationales, aujourd'hui intégrées dans le code de la consommation, trouvent leur origine dans des textes qui ignoraient la notion même de consommateur. C'est le cas de la célèbre loi du 1er août 1905 sur les fraudes et falsifications, plusieurs fois modifiée, figurant aujourd'hui dans le code de la consommation (art. L. 213-1 s.). De nombreux textes sont venus compléter ces derniers, notamment à partir des années 1970.

Parmi les lois les plus significatives, nous mentionnons :

– la loi du 22 décembre 1972 sur le démarchage et la vente à domicile ;

– la loi du 27 décembre 1973 d'orientation pour le commerce et l'artisanat (dite loi Royer), portant des dispositions sur la publicité trompeuse ainsi que sur l'action des associations de consommateurs dans l'intérêt collectif de ces derniers, elle-même modifiée par une loi du 5 janvier 1988 ;

– les lois du 10 janvier 1978 (dites lois Scrivener) respectivement relatives au crédit à la consommation et aux clauses abusives, cette dernière ayant été substantiellement modifiée par une loi du 1er février 1995 ;

– la loi du 13 juillet 1979 sur le crédit immobilier ;

– la loi du 21 juillet 1983 relative à la sécurité des consommateurs ;

– la loi du 5 janvier 1988 sur les actions en justice des associations agréées de consommateurs ;

– la loi du 6 janvier 1988 sur la vente à distance ;

– la loi du 31 décembre 1989 (dite loi Neiertz) sur le surendettement, modifiée à plusieurs reprises, en particulier par la loi du 8 février 1995 constituant une refonte totale, la loi du 29 juillet 1998 sur les exclusions et la loi du 1er août 2003 d'orientation sur la ville (dite loi Borloo) introduisant notamment le rétablissement personnel, elle-même modifiée par la loi du 18 janvier 2005 de programmation pour la cohésion sociale ;

– la loi du 18 janvier 1992 portant sur la publicité comparative et l'institution d'une action en représentation conjointe ;

– la loi du 19 mai 1998 sur la responsabilité du fait des produits défectueux, transposant dans le code civil les dispositions de la directive de 1995 (V. App., v° *Responsabilité du fait des produits*) ;

– la loi du 1er juillet 1998 renforçant la sécurité sanitaire des produits destinés à l'homme ;

– la loi du 29 juillet 1998 relative à la lutte contre les exclusions, s'efforçant d'améliorer le sort des insolvables (en cas de surendettement, en particulier) ou encore celui des cautions personnes physiques ;

– la loi du 1er août 2003 pour l'initiative économique (dite loi Dutreil) introduisant dans le code de la consommation une série de dispositions en faveur des cautions personnes physiques face aux créanciers professionnels ;

– la loi du 21 juin 2004 pour la confiance dans l'économie numérique transposant la directive sur le commerce électronique ;

– la loi du 28 janvier 2005 tendant à conforter la confiance et la protection du consommateur, destinée en particulier à faciliter la résiliation des contrats classiquement reconductibles souscrits par des consommateurs de services ou des assurés ;

– la loi du 3 janvier 2008 pour le développement de la concurrence au service des consommateurs introduisant notamment diverses mesures sectorielles en faveur du pouvoir d'achat et transposant la directive du 11 mai 2005 relative aux pratiques commerciales déloyales ;

– la loi de modernisation de l'économie (LME) du 4 août 2008, modifiant en particulier le droit des pratiques déloyales émanant du texte précédemment cité et les pratiques abusives ;

– la loi du 22 juillet 2009 de développement et de modernisation des services touristiques ;

– la loi du 1er juillet 2010 portant réforme du crédit à la consommation, laquelle réforme partiellement le surendettement ;

– la loi du 26 juillet 2013 de séparation et de régulation des activités bancaires visant à séparer les activités utiles aux clients de leurs activités pour compte propre ;

– la loi du 17 mars 2014 relative à la consommation, qui constitue une réforme majeure. Ses principales dispositions portent sur la transposition de la directive du 25 octobre 2011 sur les droits des consommateurs (en particulier sur la vente à distance et hors établissement), la consécration de l'action de groupe, le renforcement des pouvoirs d'enquête de la DGCCRF et l'instauration de sanctions administratives. En revanche, les dispositions sur la mise en place d'un fichier positif des crédits ont été invalidées par le Conseil constitutionnel. Le texte concerne aussi le régime des clauses abusives, le crédit à la consommation et le surendettement, les indications géographiques pour les produits manufacturés, sans compter les modifications périphériques telles que la possibilité de résiliation des contrats d'assurance au bout d'un an ou les nombreuses modifications sectorielles qui font parfois perdre à la loi sa cohérence ;

– la loi du 6 août 2015 pour la croissance, l'activité et l'égalité des chances économiques, laquelle comporte diverses modifications du droit de la consommation : élargissement de l'action en suppression, obligations d'information à la charge des plateformes numériques collaboratives, retouches concernant le délai de rétractation en matière de vente à distance… ;

– la loi du 17 août 2015 sur la transition énergétique pour la croissance verte visant à promouvoir un modèle d'économie circulaire ;

– la loi du 26 janvier 2016 de modernisation de notre système de santé développant le droit des patients, notamment en introduisant dans l'arsenal législatif français une action de groupe en faveur des consommateurs de santé (CSP, art. L. 1143-1 à L. 1143-13) ;

– la loi no 2016-1547 du 18 novembre 2016 de modernisation de la justice du XXIe siècle instaurant – hors du champ du droit de la consommation – un socle commun pour les actions de groupe devant le juge judiciaire et des règles spécifiques pour les différents secteurs dans lesquels l'action de groupe est déclinée (discriminations dans les relations de travail, environnement, santé, protection des données à caractère personnel) et modifiant par ailleurs les pouvoirs respectifs des commissions et du juge en matière de surendettement.

La *voie réglementaire* du décret ou de l'arrêté permet une intervention à la fois plus rapide et plus souple des pouvoirs publics. Elle semble particulièrement adaptée à la prévention des risques ou des abus. Aussi, pour optimiser la prévention, a-t-on eu recours à des lois d'habilitation par lesquelles le législateur autorise les pouvoirs publics à édicter des règlements ou des arrêtés nécessaires à leur application.

Par ailleurs, à l'instar du droit des sûretés et du droit des obligations, la voie de l'ordonnance a été utilisée pour transposer plus rapidement dans notre droit certaines directives européennes. Nous citerons :

– l'ordonnance du 23 août 2001 transposant la directive du 6 octobre 1997 relative à la publicité comparative ;

– l'ordonnance du 9 juillet 2004 transposant la directive du 3 décembre 2001 concernant la sécurité générale des produits ;

– l'ordonnance du 17 février 2005 transposant la directive du 25 mai 1999 relative à la garantie de conformité dans la vente ;

– l'ordonnance du 20 août 2015 relative à la médiation, transposant la directive du 21 mai 2013 sur le règlement extrajudiciaire des litiges de consommation ;

– l'ordonnance du 25 mars 2016 sur les contrats de crédit aux consommateurs relatifs aux biens immobiliers à usage d'habitation, intégrée à la nouvelle architecture issue de l'ordonnance no 2016-301 du 14 mars 2016.

C'est aussi par une ordonnance que la recodification de la partie législative du code est intervenue.

A ces sources classiques s'ajoute un *droit négocié* issu des conventions passées entre les organisations professionnelles et les associations de consommateurs. Les conventions se présentent le plus fréquemment sous forme d'accords collectifs de consommation conclus en particulier dans le domaine de la qualité des produits et services. Encouragés par les pouvoirs publics, le contenu de ces accords est souvent décevant, d'autant qu'ils ne bénéficient pas des prérogatives des conventions collectives de travail quant à l'opposabilité au professionnel membre d'une organisation signataire et à la possibilité d'extension de l'accord. La commission de refonte du droit de la consommation avait pourtant proposé dans son projet de conférer une force obligatoire à ces accords pour les professionnels membres des organisations signataires et d'étendre le caractère obligatoire à tous les professionnels du secteur impliqué. Mais de tels accords pourraient constituer des ententes prohibées au regard des règles des pratiques anticoncurrentielles (V. en ce sens, Cons. conc., avis, n° 01-A-13 du 19 juin 2001 : *D. 2002. Somm. 2931, obs. Franck*).

B. SOURCES EUROPÉENNES

A côté des sources nationales, le droit communautaire, dénommé depuis l'entrée en vigueur du traité de Lisbonne le 1er décembre 2009 droit de l'Union européenne, prend une place de plus en plus déterminante (V. sur ces questions, Bourgoignie, Y a-t-il un futur pour le droit de la consommation et la politique des consommateurs ? Oui, répond la Commission européenne, *RED consom. 1998. 289* ; Droit et politique communautaires de la consommation, *Mélanges Calais-Auloy, D. 2004. 95* ; V. Christianos et F. Picod, *Rép. communautaire Dalloz, v° Consommateurs, nos 7 s.* ; J. Calais-Auloy, La Communauté européenne et les consommateurs, *Mélanges Colomer, Paris, Litec, 1993, p. 119*).

Parfois, le droit européen de la consommation prend la forme de règlements, lesquels sont directement applicables, sans transposition nécessaire : on citera à titre d'exemple le règlement (CE) n° 510/2006 du Conseil en date du 26 mars 2006 relatif à la protection des indications géographiques et des appellations d'origine des produits agricoles et des denrées alimentaires (désormais remplacé par le Règl. (UE) n° 1151/2012 du 21 nov. 2012, App., v° *Valorisation des produits et des services*).

Mais il se manifeste essentiellement sous la forme de directives, lesquelles doivent être transposées dans chaque législation interne, ce qui laisse une large part d'initiative aux différents pays membres et ce qui ne favorise pas toujours l'harmonisation du marché l'intérieur de l'Europe. Toutefois, certaines directives établissent une harmonisation totale, privant ainsi les États européens de la possibilité d'accroître ou de réduire la portée du texte européen : c'est le cas de la directive du 25 juillet 1985 sur la responsabilité du fait des produits défectueux – telle que l'a interprétée la jurisprudence (V. App., v° *Responsabilité du fait des produits*) – et de la directive adoptée par le Parlement européen et le Conseil le 11 mai 2005 sur les pratiques déloyales des entreprises à l'égard des consommateurs (V. par exemple CJUE, 9 nov. 2010 : *cité note 2 ss. art. L. 121-20*) ou encore de la directive 2008/48/CE du 23 avril 2008 sur les contrats de crédit aux consommateurs (V. ss. art. L. 312-4), récemment transposées. Enfin, la directive du 25 octobre 2011 sur les droits des consommateurs adopte certes une harmonisation ciblée, mais avec un grand nombre de dispositions d'harmonisation totale. L'objectif d'une telle harmonisation répond à une logique de concurrence, parfois difficilement compatible avec les intérêts du consommateur : il s'agit avant tout de contribuer au bon fonctionnement du marché. En sens contraire, la directive du 4 février 2014 sur les contrats de crédit aux consommateurs relatifs aux biens immobiliers à usage résidentiel (V. ss. art. L. 313-2) renoue avec l'harmonisation minimale, avec quelques dispositions techniques bien ciblées d'application totale.

La protection de la santé et de la sécurité a donné lieu à de nombreuses interventions, qu'il s'agisse de directives horizontales telles que celles du 29 juin 1992 relative à la sécurité générale des produits et du 3 décembre 2001 (V. ss. art. L. 221-3) remplaçant la première ou encore celle du 26 mai 2003 sur la publicité et le parrainage en faveur des produits du tabac et surtout de multiples directives verticales conçues pour tel ou tel produit (jouets, automobiles, denrées alimentaires...).

La protection des intérêts économiques des consommateurs a également donné lieu à de nombreuses interventions, en particulier :

– la directive du 10 octobre 1984, remplacée par celle du 12 décembre 2006 sur la publicité trompeuse et la publicité comparative (V. ss. art. L. 121-4) ;
– la directive du 5 avril 1993 sur les clauses abusives (V. App., v° *Clauses abusives*) ;
– la directive du 26 octobre 1994 sur la jouissance à temps partiel de biens immobiliers, modifiée par la directive *timeshare* votée par le Parlement le 22 octobre 2008 ;
– la directive du 20 mai 1997 sur les contrats à distance ;
– la directive du 19 mai 1998 sur l'action en cessation ;
– la directive du 25 mai 1999 sur la vente et la garantie (V. App., v° *Ventes*) ;
– la directive du 8 juin 2000 sur le commerce électronique ;
– la directive du 23 septembre 2002 sur les services financiers ;

– la directive du 11 mai 2005 sur les pratiques déloyales envers les consommateurs (V. ss. art. L. 121-1) ;

– la directive du 23 avril 2008 sur les contrats de crédit aux consommateurs (V. ss. art. L. 312-4) ;

– la directive du 14 janvier 2009 sur les contrats d'utilisation de biens à temps partagé, dite directive *timeshare* (V. ss. art. L. 224-70) ;

– la directive du 23 avril 2009 relative aux actions en cessation en matière de protection des intérêts des consommateurs (V. ss. art. L. 621-8) ;

– la directive du 25 octobre 2011 sur les droits des consommateurs (V. ss. art. L. 232-3) ;

– la directive du 21 mai 2013 sur le règlement extrajudiciaire des litiges de consommation (V. App., v° *Compétence*) ;

– la directive du 4 février 2014 sur les contrats de crédit aux consommateurs relatifs aux biens immobiliers à usage résidentiel (V. ss. art. L. 313-2).

L'information des consommateurs a fait notamment l'objet de plusieurs directives. Divers règlements sont intervenus sur les appellations d'origine et les indications géographiques.

La réparation des dommages subis par les consommateurs a donné lieu à une importante directive du 25 juillet 1985 sur la responsabilité du fait des produits défectueux (V. App., v° *Responsabilité du fait des produits*), modifiée par une directive du 10 mai 1999.

D'autres domaines, tels que l'éducation des consommateurs ou leur accès à la justice, relèvent davantage de recommandations ou d'avis que de directives ou de règlements.

Le 7 avril 2007, la Commission européenne a adopté le « Livre vert sur la révision de l'acquis communautaire en matière de protection des consommateurs », document invitant les parties intéressées à exprimer leur avis sur certaines options de révision et qui a suscité dans toute l'Europe de nombreuses réactions et publications (V. en particulier : Livre vert sur le droit européen de la consommation. Réponses françaises, *Société de législation comparée, 2007*). Le Parlement européen a adopté, le 6 septembre 2007, une résolution sur ce même Livre vert. La Commission européenne a rendu publique, le 8 octobre 2008, sa proposition de directive sur les droits des consommateurs. Le texte s'inscrivait dans le processus de révision de l'acquis communautaire en droit de la consommation : il opérait fusion de plusieurs directives existantes (clauses abusives, garantie-vente, vente à distance, démarchage à domicile), avec une perspective initiale d'harmonisation totale excluant toute marge d'appréciation aux États membres à l'occasion de sa transposition, remise en cause lors de la négociation (D. Mazeaud, R. Schulze et G. Wicker (sous dir.), L'amorce d'un droit civil des contrats – La proposition de directive relative aux droits des consommateurs, *Société de législation comparée, 2010*). Le texte finalement adopté (V. Dir. 2011/83/UE du 25 oct. 2011, ss. art. L. 232-3) se contente de réformer principalement la vente à distance et la vente en dehors de l'établissement commercial en faisant fusionner les deux directives (les directives 85/577 et 97/7 étant abrogées) avec des règles standard d'harmonisation complète (mais ciblée) de façon à ce que le potentiel transfrontalier ne soit pas entravé (l'article 4 interdit aux États membres de prendre des dispositions différentes, sauf lorsque la directive en dispose autrement). La nouvelle directive établit des règles relatives aux informations à fournir pour les contrats à distance, les contrats hors établissement (d'harmonisation totale), mais aussi pour les contrats autres que les contrats à distance et hors établissement (avec une harmonisation minimale dans ce cas). Elle régit le droit de rétractation pour les contrats à distance et hors établissement et harmonise également certaines dispositions traitant de l'exécution et de certains autres aspects des contrats conclus entre entreprises et consommateurs (délais de livraison, transfert des risques). La transposition est intervenue à l'occasion de la loi du 17 mars 2014.

L'instrument optionnel pourrait à l'avenir participer non plus à l'harmonisation mais à l'unification du droit européen de la consommation. Ainsi, signalons la proposition de règlement relatif à un droit commun européen de la vente, adoptée par la Commission européenne le 11 octobre 2011 et constituant un dispositif optionnel applicable aux contrats transfrontières conclus entre professionnels ainsi qu'entre consommateurs et professionnels et préfigurant un droit européen de la vente (C. de Vincelles, Premier regard sur la proposition d'un droit commun européen de la vente, *JCP 2011, n° 1376* ; B. Fauvarque-Cosson, Vers un droit commun européen de la vente, *D. 2012. 34* ; Y. Picod, La proposition de règlement relatif à un droit commun européen de la vente : le charme discret du bouton bleu, *Dr. et proc. 2012, Cah. dr. consom., n° 7, p. 18* ; A.-S. Choné-Grimaldi, La proposition de règlement relatif à un droit commun européen de la vente, *CCC 2012. Étude 6, spéc. n° 24*).

En cas de conflit transfrontière, il faut tenir compte du règlement Rome I du 17 juin 2008 sur la loi applicable aux obligations contractuelles, destiné à remplacer la Convention de Rome du 19 juin1980, lequel marque (après le règlement du 11 juillet 2007 sur la loi applicable aux obligations non contractuelles, dit Rome II) l'achèvement du processus d'unification du droit international privé dans l'espace communautaire (O. Boskovic, La protection de la partie faible dans le règlement Rome I, *D. 2008. 2175*). L'article 6 applicable aux contrats de consommation permet aux parties de choisir la loi applicable ; mais ce choix ne peut priver le consommateur de la protection que lui assurent les dispositions impératives de la loi objectivement applicable (V. App., v° *Compétence*). En l'absence de choix, c'est la loi de résidence habituelle du consommateur qui est applicable. Enfin, le 12 octobre 2008 marque l'entrée en vigueur du règlement (CE) n° 1896/2006 instituant une procédure européenne d'injonction de payer. En dehors de ces textes, on sera amené à souligner l'importance croissante de la jurisprudence de la Cour de justice des Communautés européennes (devenue CJUE depuis l'entrée en vigueur du traité de Lisbonne le 1er déc. 2009) et ses incidences multiples sur notre droit de la consommation.

II. UNE PREMIÈRE CODIFICATION À DROIT CONSTANT

Pendant longtemps, la protection du consommateur a été assurée par les règles générales du droit des obligations et du droit des contrats, ponctuellement renforcées par des textes spécifiques. La codification des textes législatifs a été réalisée par la loi n° 93-949 du 26 juillet 1993 et celle des textes réglementaires par le décret n° 97-298 du 27 mars 1997. La partie législative figure en première partie, la partie réglementaire dans une seconde partie (par souci de cohérence, nos commentaires seront inclus dans la partie législative et renverront, le cas échéant, à la partie réglementaire correspondante).

Il faut observer que contrairement à ce qui avait été souhaité par la commission de refonte (Calais-Auloy, Propositions pour un code de la consommation, *La documentation française, 1990*), cette codification est intervenue à droit constant : c'est, autrement dit, une œuvre de compilation, sans innovation. En effet, le législateur n'a procédé qu'à certains ajustements de forme, par un toilettage technique n'affectant pas le fond du droit applicable.

Il n'est toutefois pas toujours aisé de localiser le droit de la consommation dans la mesure où son code ne rassemble pas toutes les règles de ce droit. Les frontières avec les autres codes sont imprécises et parfois mystérieuses. Ainsi, la loi du 19 mai 1998 sur les produits défectueux a été introduite dans le code civil aux articles 1386-1 à 1386-18, devenus, depuis l'ordonnance n° 2016-131 du 10 février 2016 portant réforme des contrats, les articles 1245 à 1245-17. Or, même s'il protège toutes les victimes du défaut du produit sans se limiter à l'utilisateur du bien, ce régime de responsabilité, issu d'une directive communautaire du 25 juillet 1985 relative au rapprochement des dispositions des États membres en matière de responsabilité du fait des produits défectueux, a été conçu dans l'intérêt du consommateur (V. App., v° *Responsabilité du fait des produits*).

Inversement, les dispositions sur le cautionnement issues de la loi pour l'initiative économique du 1er août 2003 ont été incorporées dans le code de la consommation, et non dans le code civil, alors qu'elles ont une portée qui dépasse largement le champ d'application traditionnel du droit de la consommation ; elles trouvent notamment à s'appliquer aux dirigeants sociaux et aux commerçants personnes physiques. Le code de la consommation est alors devenu en quelque sorte le nouveau siège du droit commun du cautionnement puisque le droit du cautionnement relève aujourd'hui pour l'essentiel de la loi pour l'initiative économique.

D'autres dispositions auraient mérité de figurer dans le code de la consommation, quitte à être reproduites dans des codes plus spécialisés, qu'il s'agisse du code monétaire et financier ou du code de la construction et de l'habitation.

Cet éparpillement nuit à la cohérence du droit de la consommation et à la sécurité juridique du consommateur (Y. Picod, Droit de la consommation, *Sirey U, sept. 2015, 3e éd., n° 6*). Pour autant, il faut bien admettre qu'il est impossible d'incorporer dans le code de la consommation les multiples dispositions techniques susceptibles d'intéresser les intérêts des consommateurs, d'autant que de nombreux textes figurent déjà dans d'autres codes tels que le code de la santé publique, le code rural et de la pêche maritime, le code de la construction et de l'habitation, le code monétaire et financier, le code des assurances ou le code des postes et des communications électroniques (sur le bilan de la codification : « Les vingt ans du code de la consommation. Nouveaux enjeux », ss. dir. C. Aubert de Vincelles et N. Sauphanor-Brouillaud, *Lextenso, coll. LEGEP, 2013* ; « Les vingt ans du code de la consommation : bilan et perspectives », *Rev.*

conc. consom. janv. 2014 ; « Les enjeux de la réforme du droit de la consommation », ss. dir. H. Aubry, *LPA 27 juin 2014*). Il est symptomatique d'observer que la loi n° 2014-344 du 17 mars 2014 relative à la consommation entraîne la modification d'une vingtaine de codes dans la foulée.

C'est la raison pour laquelle chaque édition de ce code fait figurer en appendice tous les textes législatifs et réglementaires, non codifiés ou figurant dans d'autres codes, susceptibles d'intéresser la protection du consommateur. Pour en faciliter la lecture, l'appendice est composé de rubriques, elles-mêmes classées par ordre alphabétique.

Si l'instauration d'un code de la consommation a permis une meilleure diffusion de ce droit, mis en avant son particularisme et sa finalité (c'est un outil que de nombreux pays nous envient et que d'autres ont imité), un effort de cohérence et de restructuration est apparu nécessaire.

III. UNE RECODIFICATION À DROIT PRESQUE CONSTANT

Le code devenait de moins en moins lisible, compte tenu de la multitude de nouveaux textes intervenus depuis 1993, notamment à la suite de la transposition des directives européennes.

Après plusieurs tentatives avortées, la loi du 17 mars 2014 a habilité le Gouvernement à procéder à une recodification à droit constant du code de la consommation. L'article 161 autorisait ainsi à procéder à une nouvelle rédaction de la partie législative du code afin d'en aménager le plan et de l'adapter aux évolutions législatives intervenues depuis sa publication ainsi que d'y inclure des dispositions non codifiées relevant du domaine de la loi et entrant dans son champ d'application. Cette ordonnance était destinée, en outre, à regrouper, harmoniser et unifier les dispositions relatives aux pouvoirs d'enquête pour la recherche et la constatation des infractions et des manquements aux règles prévues ou mentionnées au code de la consommation, notamment en ce qui concerne les modalités d'accès aux lieux de contrôle, les moyens d'investigation des agents chargés des contrôles et les procédures liées à la constatation de ces infractions et manquements. Elle pouvait également, en tant que de besoin, adapter les dispositions prévues par d'autres codes ou textes non codifiés renvoyant aux dispositions du code de la consommation ou du code de commerce relatives aux habilitations et pouvoirs d'enquête des agents chargés de ces contrôles (Ph. Guillermin, Les tenants et les aboutissants de la refonte du code de la consommation, *Dr. et patr. mars 2017. 40*).

L'ordonnance n° 2016-301 du 14 mars 2016 procède à la recodification de la partie législative du droit de la consommation (*JO 16 mars*), le décret relatif à la partie réglementaire intervenant le 29 juin 2016 (*JO 30 juin*). L'entrée en vigueur de l'ensemble de ces dispositions est fixée au 1er juillet 2016.

Cette refonte intervient à droit presque constant : en effet, les textes innovent dans le livre V en matière d'enquêtes et uniformisent les peines en matière de contraventions. Mais le droit de la consommation étant lui-même par nature inconstant, l'expression peut faire sourire. Le plan du code est réaménagé : huit livres au lieu des cinq précédents, de façon mieux ordonnée et progressive. L'accessibilité, tant pour le professionnel que pour le consommateur, est facilitée par ce nouveau plan, qui suit globalement le déroulement de l'acte d'achat de biens ou de fourniture de services : publicité, formation, exécution, financement, conformité... Viennent ensuite les règles de procédure décomposées en deux titres : enquêtes, litiges. Le surendettement fait désormais l'objet d'un propre livre, dégagé du crédit. Seul le volet institutionnel du droit de la consommation demeure inchangé, les anciens livres IV et V étant regroupés dans un livre VIII, et les textes sur les actions en justice des associations étant déplacés.

La lisibilité est aussi facilitée par la structure interne des livres qui vise à donner une nouvelle clef de répartition. Ainsi, la médiation, figurant antérieurement dans le livre Ier portant sur l'information et la formation du contrat, prend naturellement sa place au sein des règles de procédure, tout comme les règles d'enquête, expurgées du livre Ier et qui forment désormais le nouveau livre V. Par ailleurs, à l'intérieur du nouveau livre II, consacré à la formation et à l'exécution du contrat, une distinction est désormais opérée entre les règles communes à tous les contrats de consommation et les règles sectorielles. Enfin, la réforme tend à « regrouper les sanctions pénales, civiles et administratives, aujourd'hui dispersées dans l'ensemble du code, dans un titre *ad hoc* situé à la fin de chaque livre, pour une meilleure lisibilité » (rapport remis au président de la République).

L'ordonnance définit par ailleurs, dans un article liminaire, le champ d'application du code. Elle met aussi fin à certaines anomalies dans la délimitation des domaines législatifs et réglementaires : déclassement de l'office du juge, par exemple. Enfin, elle parachève utilement l'harmonisation des pouvoirs d'enquête des agents de la DGCCRF, entreprise par la loi du 17 mars 2014 en clarifiant le dispositif. La dernière loi d'habilitation a en effet permis aux rédacteurs d'aller au-delà du droit constant en la matière : les renvois antérieurs (notamment au code de commerce) rendant la lecture des textes incompréhensible, les dispositions ont été réécrites pour les simplifier et montrer qu'il existe désormais un régime unique de pouvoirs, quelle que soit la nature de l'enquête et nonobstant les suites données aux contrôles : civiles, pénales ou administratives.

Le décret n° 2016-884 du 29 juin 2016 relatif à la partie réglementaire du code de la consommation (*JO 30 juin*) complète le travail de recodification entamé avec l'ordonnance du 14 mars 2016 pour la partie législative. Il s'intègre à la nouvelle structure du code qui comporte désormais huit livres. Sont notamment codifiés le décret n° 2016-505 du 22 avril 2016 relatif aux obligations d'information sur les sites comparateurs en ligne et le décret n° 2016-622 du 19 mai 2016 portant transposition de la directive 2014/17/UE du Parlement européen et du Conseil du 4 février 2014 sur les contrats de crédit aux consommateurs relatifs aux biens immobiliers à usage résidentiel.

On retrouve dans la partie réglementaire du code des dispositions déclassées à l'occasion de la recodification de la partie législative de ce code, en particulier celles relevant de la procédure civile ou relatives à la composition et au fonctionnement de différentes instances : il en va ainsi pour le délai de forclusion en matière de crédit à la consommation ou le relevé d'office.

Le décret apporte, notamment au sein du livre II, un certain nombre de clarifications. On observera qu'au sein du livre IV, les contraventions sanctionnant les décrets définissant les règles de conformité des produits seront désormais des contraventions de la cinquième classe (à l'exception de l'une d'entre elles). En matière de médiation de la consommation, de façon à assurer une meilleure transposition en droit national de la directive n° 2013/11 du 21 mai 2013 relative au règlement extrajudiciaire des litiges de consommation, le décret complète, au livre VI, la liste des informations à fournir par les médiateurs.

Le nouveau code de la consommation est entré en vigueur le 1er juillet 2016, dans ses parties législative et réglementaire, sous réserve toutefois des dispositions de l'article 11 du décret n° 2016-884 du 29 juin 2016 qui prévoient des entrées en vigueur différées au cours de l'année 2017 pour certaines dispositions issues du décret n° 2016-607 du 13 mai 2016 portant sur les contrats de crédit immobilier aux consommateurs relatifs aux biens immobiliers à usage d'habitation et du décret n° 2016-622 du 19 mai 2016 portant transposition de la directive 2014/17/UE du 4 février 2014 sur les contrats de crédit aux consommateurs relatifs aux biens immobiliers à usage résidentiel.

La loi de ratification n° 2017-203 du 21 février 2017 – ratifiant les ordonnances n° 2016-301 du 14 mars 2016 et n° 2016-351 du 25 mars 2016 – a permis de procéder à certaines corrections ou à certains réajustements, sans bouleversement majeur.

IV. PRINCIPAUX CARACTÈRES DES LOIS CONSUMÉRISTES

Les dispositions du droit de la consommation ont un caractère impératif, en ce sens que le professionnel ne saurait faire renoncer le consommateur à ses droits. A défaut, une telle renonciation deviendrait une clause de style. L'ordre public consumériste relève de l'*ordre public économique de protection*, encore que la frontière entre ordre public de direction et de protection soit parfois délicate. Il s'agit en effet par essence d'un ordre public économique de protection dans la mesure où il vise à protéger certaines catégories de personnes dont les intérêts sont menacés du fait même de la situation d'infériorité dans laquelle elles se trouvent.

La plupart des dispositions du code de la consommation s'inscrivent naturellement dans cette logique, leur domaine de prédilection étant celui du contrat : dispositions permettant par des règles de forme et par l'obligation d'information d'assurer l'intégrité du consentement, les délais de réflexion ou de repentir…

En revanche, les articles du code de la consommation reprenant différentes dispositions de l'ordonnance du 1er décembre 1986 sur la liberté des prix et de la concurrence appartiennent à l'*ordre public économique de direction*, le droit de la concurrence répondant à des finalités d'intérêt général et ne pouvant se ramener aux seuls intérêts particuliers du consommateur. C'est le cas notamment des dispositions qui visent le refus de vente au consommateur, les ventes avec primes ainsi que les ventes subordonnées. Par ailleurs, lorsque la protection du consommateur relève de la sécurité ou de la moralité publique (fraude, usure…), l'*ordre public économique de direction* semble bien aussi affecté.

Le particularisme du droit de la consommation se manifeste aussi par la méthode de son intervention sur le comportement des parties. Alors que le droit civil des obligations intervient *a posteriori* pour protéger le débiteur, le droit de la consommation utilise tantôt des techniques *préventives* tantôt des techniques *curatives*. Ainsi l'obligation d'information du consommateur est mise en relief à tous les niveaux. Par ailleurs, les délais de réflexion ou de repentir, la suppression des clauses abusives dans les modèles de contrat témoignent de l'originalité d'un droit qui cherche à prévenir les vices du consentement plutôt qu'à les réparer.

La méthode préventive n'exclut toutefois pas une démarche curative lorsque la prévention s'est avérée inopérante. L'intervention du juge pour constater que telle clause qualifiée d'abusive est dépourvue d'effet ou encore pour condamner le producteur à réparer le préjudice subi par l'utilisateur du produit défectueux conserve alors tout son intérêt.

Enfin, le droit de la consommation suscite davantage que les droits traditionnels des *moyens collectifs d'action* : il s'agit d'éviter préventivement telle catégorie de dommages ou encore d'instaurer des actions collectives en faveur des associations de consommateurs de façon à assurer l'effectivité du droit de la consommation. De ce point de vue, la loi du 17 mars 2014, instaurant notamment l'action de groupe, constitue un rééquilibrage important. ❑

Portée de la codification. L'abrogation d'une loi à la suite de sa codification à droit constant ne modifie ni la teneur des dispositions transférées, ni leur portée. • Crim. 4 mai 1995 : *Bull. crim. n° 163; D. 1995. IR 181* (loi du 1er août 1905 sur les fraudes) • 12 juin 1995 : *Bull. crim. n° 212; D. 1995. IR 203* (art. 30 de l'ord. 1er déc. 1986) • 16 oct. 1996 : *Bull. crim. n° 367; D. 1997. IR 24 ; D. Affaires 1997. 114.* (art. 5 de la loi du 23 juin 1989 sur les loteries publicitaires). ♦ Il s'ensuit que les décrets pris en application d'une loi codifiée demeurent applicables. • Mêmes arrêts. ♦ V. aussi • Civ. 1re, 27 févr. 2001 : *Bull. civ. I, n° 50; D. 2001. AJ 1025, obs. Lienhard ; CCC 2001, n° 130, obs. Raymond* (application de l'art. 87-I de la loi du 12 avr. 1996 sur la régularisation des offres de prêts immobiliers à des offres émises sous l'empire de la loi du 13 juill. 1979, art. 5, avant sa codification). • Com. 5 oct. 2004 : *Bull. civ. IV, n° 180.*

Ordonnance n° 2016-301 du 14 mars 2016,

Relative à la partie législative du code de la consommation.

Art. 1er Les dispositions annexées à la présente ordonnance constituent la partie législative du code de la consommation.

Art. 2 Les références à des dispositions abrogées par l'article 34 de la présente ordonnance sont remplacées par des références aux dispositions correspondantes du code de la consommation dans sa rédaction annexée à la présente ordonnance.

Art. 3 Les dispositions de la partie législative du code de la consommation qui comportent des références à des articles d'autres codes ou textes législatifs sont modifiées de plein droit par l'effet des modifications ultérieures de ces articles.

....

Art. 34 I. — La partie législative du code de la consommation, dans sa rédaction antérieure à la présente ordonnance, est abrogée à compter de la date d'entrée en vigueur de cette même ordonnance.

II. — Sont également abrogés :

— l'article 6 de la loi du 23 juin 1989 susvisée [relative à l'information et à la protection des consommateurs ainsi qu'à diverses pratiques commerciales] ;

— l'article 9 de la loi du 31 décembre 1989 susvisée [relative au développement des entreprises commerciales et artisanales et à l'amélioration de leur environnement économique, juridique et social] ;

— l'article 60 de la loi du 15 mai 2001 susvisée [relative aux nouvelles régulations économiques].

III. — Sont et demeurent abrogés :

— la loi du 14 août 1889 sur les vins ;

— la loi du 11 juillet 1891 tendant à réprimer les fraudes dans la vente des vins ;

— la loi du 24 juillet 1894 relative aux fraudes commises dans la vente des vins ;

— la loi du 6 avril 1897 concernant la fabrication et la vente des vins artificiels ;

— la loi du 4 août 1929 réglementant le sucrage des vins ;

— la loi du 1er janvier 1930 sur les vins ;

— la loi du 29 juin 1934 tendant à assurer la loyauté du commerce des fruits et légumes et à réprimer la vente des fruits véreux ;

— l'article 16 du décret-loi du 30 juillet 1935 susvisé [relatif à la défense du marché des vins et au régime économique de l'alcool] ;

— la loi du 25 juin 1936 tendant à la définition légale et à la protection du cuir et à la répression de la fraude dans la vente du cuir et des produits ouvrés du cuir ;

— la loi du 3 février 1940 tendant à réglementer le commerce des produits destinés à l'alimentation des animaux ;

— la loi n° 48-824 du 14 mai 1948 réglementant l'emploi de la dénomination de qualité "fait main" et l'emploi de l'expression "bottier" dans l'industrie et le commerce.

Art. 35 Nonobstant les dispositions des articles 1er et 34, la partie législative du code de la consommation demeure en vigueur, dans sa rédaction antérieure à la date d'entrée en vigueur de la présente ordonnance, en tant qu'elle s'applique à Mayotte, à Saint-Barthélemy, à Saint-Martin, à Saint-Pierre-et-Miquelon, dans les îles Wallis-et-Futuna, en Polynésie française, en Nouvelle-Calédonie et dans les Terres australes et antarctiques françaises, jusqu'à l'entrée en vigueur de l'ordonnance mentionnée au II de l'article 161 de la loi du 17 mars 2014 susvisée.— *V.* ***C. consom. (ancien)*** *ou* ***C. consom.****, éd. 2015 et antérieures. — V. Ord. n° 2017-269 du 2 mars 2017, art. 8 et 9, infra.*

Par exception à l'art. 35 de l'Ord. n° 2016-301 du 14 mars 2016, l'art. L. 123-6, dans sa rédaction antérieure à cette même ordonnance, en tant qu'il concerne Mayotte, Saint-Barthélemy, Saint-Martin et Saint-Pierre-et-Miquelon, est abrogé à compter de la promulgation de la L. n° 2017-203 du 21 févr. 2017 (L. préc., art. 4-II).

Art. 36 Les dispositions de la présente ordonnance entrent en vigueur le 1er juillet 2016.

Ordonnance n° 2017-269 du 2 mars 2017,

Portant dispositions relatives à l'outre-mer du code de la consommation.

Art. 8 L'article 35 de l'ordonnance du 14 mars 2016 relative à la partie législative du code de la consommation est abrogé à la date d'entrée *[en]* vigueur de la présente ordonnance.

Art. 9 La présente ordonnance entre en vigueur à la date d'entrée en vigueur du décret portant dispositions relatives à l'outre-mer du code de la consommation et au plus tard le 1er juillet 2017. — *V. Décr. n° 2017-1166 du 12 juill. 2017 (JO 14 juill.), qui ne prévoit pas d'entrée en vigueur particulière, de telle sorte que les dispositions relatives à l'outre-mer ont vocation à entrer en vigueur le 1er juill. 2017.*

Règlement (UE) n° 254/2014 du Parlement européen et du Conseil du 26 février 2014,

Relatif à un programme « consommateurs » pluriannuel pour la période 2014-2020

Art. liminaire Pour l'application du présent code, on entend par :

— consommateur : toute personne physique qui agit à des fins qui n'entrent pas dans le cadre de son activité commerciale, industrielle, artisanale, libérale ou agricole ;

— non-professionnel : toute personne morale qui *(L. n° 2017-203 du 21 févr. 2017, art. 3)* **« n'agit pas à des fins professionnelles** *[ancienne rédaction : agit à des fins qui n'entrent pas dans le cadre de son activité commerciale, industrielle, artisanale, libérale ou agricole]* **; »**

— professionnel : toute personne physique ou morale, publique ou privée, qui agit à des fins entrant dans le cadre de son activité commerciale, industrielle, artisanale, libérale ou agricole, y compris lorsqu'elle agit au nom ou pour le compte d'un autre professionnel. — *[C. consom., art. préliminaire.]*

BIBL. ▶ PIZZIO, *D. 1982. Chron. 91.* - PAISANT, *JCP 1993. I. 3655.* - LEVENEUR, *CCC 1994. Chron. 3.* - CHAZAL, *D. 1997. Chron. 260.* - CATHELINEAU, *CCC 1999. Chron. 13* (notion de consommateur en droit interne). - WESTER-OUISSE, *JCP 1999. I. 176* (notion de consommateur et jurisprudence pénale). - CRAMIER, *LPA 12, 13 et 14 juin 2000* (essai sur la protection du contractant professionnel). - LUBY, *CCC 2000. Chron. 1* (notion de consommateur en droit communautaire). - PAISANT, *JCP 2003. I. 121* (à la recherche du consommateur : pour en finir avec la confusion née du critère du « rapport direct »). – AMAR, *CCC 2003. Chron. 5*. – BOUJEKA, *LPA 23 août 2004* (influence du droit communautaire). – LE TOURNEAU, *LPA 12 sept. 2005* (critères de la qualité de professionnel). – VIGNEAU, *Gaz. Pal. 30 août-3 sept. 2002, p. 3* (trente ans de jurisprudence sur la notion de consommateur). – DE LA ASUNCION PLANES, *LPA 3 mars 2010* (la personne morale peut-elle être protégée par le droit de la consommation ?). – IOSCA, *LPA 10 déc. 2015* (de l'inutilité de la distinction entre le professionnel et le consommateur : enjeux de la nouvelle économie collaborative sur internet). – MAUME, *CCC 2016. Étude 5* (l'avenir de la notion de non-professionnel en droit de la consommation).

▸ L. n° 2014-344 du 17 mars 2014 : PAISANT, *JCP 2013, n° 589* (vers une définition générale du consommateur dans le code de la consommation). – RAYMOND, *CCC 2014. Dossier 3* (définition légale du consommateur).

▸ Ord. n° 2016-301 du 14 mars 2016 : PAISANT, *LPA 14 avr. 2016* (le « non-professionnel » en quête d'identité : de la Cour de cassation au nouveau code de la consommation). – PICOD, *AJCA 2016. 165* (le nouveau code de la consommation : saine réorganisation et nouvelles définitions). – LOIR, *JCP E 2016, n° 1402* (les nouvelles définitions du professionnel, du consommateur et... du non-professionnel). – PICOD, *Dr. et proc. sept. 2016, Cah. dr. consom., p. 24* (les nouvelles définitions de l'article liminaire). – DECHELETTE-TOLOT, *Administrer oct. 2016. 8* (le syndicat, le syndic et le droit de la consommation). – ABADIE, *Dr. et patr. mars 2017. 50* (le champ d'application clarifié : les nouvelles définitions du consommateur, du professionnel et du non-professionnel – éclaircissement... et zones d'ombre). – ROUSSILLE, *Banque et Droit mai-juin 2017. 37* (la L. du 21 févr. 2017 et la nouvelle définition du non-professionnel : quelles conséquences pour les banques ?).

COMMENTAIRE

L'avènement du code de la consommation en 1993 aurait dû être l'occasion, comme le suggérait la commission de codification, de définir la notion de consommateur. Pourtant, il n'existait jusqu'à la loi n° 2014-344 du 17 mars 2014 aucune définition de cette notion, à la différence des codes étrangers (brésilien, italien, luxembourgeois...), tant dans les textes européens que dans la loi française.

La plupart des directives de l'Union européenne se rapportant aux intérêts économiques du consommateur le désignent, d'une part, comme une personne physique et, d'autre part, comme une personne agissant pour un usage pouvant être considéré comme étranger à son activité professionnelle. Les personnes morales sont dès lors exclues de la protection et les commerçants victimes ne seront protégés que si l'opération n'entre pas dans le cadre de leur activité professionnelle. C'est aussi la position de la Cour de justice des Communautés européennes (CJCE 22 nov. 2001, n° C-541/99 : *cité note 5 ss. art. L. 212-1*), selon laquelle le consommateur est nécessairement une personne physique.

Dans le prolongement de la proposition de directive du 8 octobre 2008, la directive du 25 octobre 2011 relative aux droits des consommateurs donne une définition restrictive de la notion de consommateur : aux termes de l'article 2, il s'agit de « toute personne physique qui, dans les contrats relevant de la présente directive, agit à des fins qui n'entrent pas dans le cadre de son activité commerciale, industrielle, artisanale ou libérale ». Transposant cette directive, la loi du 17 mars 2014 avait défini le consommateur dans un article préliminaire du code de la consommation, en reprenant la définition de la directive du 25 octobre 2011.

Lors de la précédente édition, nous avions critiqué l'oubli de l'agriculteur dans les exclusions figurant au sein de la définition du consommateur, l'absence de toute définition du professionnel – figurant pourtant dans la directive – et surtout du non-professionnel, notion française souvent mentionnée dans le code, notamment en matière de prohibition des clauses abusives, dont la jurisprudence s'efforce de fixer, non sans tâtonnements, les contours.

La volonté de clarifier le champ d'application du code découle du nouvel article liminaire, inséré lors de la recodification de 2016, lequel se substitue à l'article préliminaire introduit en 2014. Il a été utilement ajouté à la définition antérieure du consommateur, calquée sur le droit européen, l'exclusion de l'activité agricole. Par ailleurs, le professionnel est désormais défini, à l'instar de la directive du 25 octobre 2011, en y ajoutant, par effet miroir, l'agriculteur. Singularité du droit français permettant une application extensive du droit de la consommation au-delà de la conception européenne, le non-professionnel est également défini. Les dispositions préliminaires s'harmonisent ainsi avec le contenu du code.

La définition du non-professionnel étonne tout de même car elle est, au moins en apparence, à la fois restrictive et extensive. Elle vise en effet, depuis la loi de ratification du 21 février

2017, « toute personne morale qui n'agit pas à des fins professionnelles », et non les personnes physiques. En réalité, la restriction à la seule « personne morale » n'empêchera sans doute pas la personne physique qui agit sans rapport direct avec son activité professionnelle de revendiquer la qualité de consommateur. La définition issue de la loi du 21 février 2017 correspond à celle proposée par la Commission des clauses abusives dans son rapport d'activité pour 2016 et vise plus spécialement les syndicats de copropriété, les comités d'entreprise et les associations.

En tout état de cause, les retouches successives traduisent un certain malaise à maîtriser ce concept.

La jurisprudence semblait vouloir limiter l'extension aux personnes morales n'exerçant pas d'activité professionnelle ou dépourvues d'activité lucrative (par exemple, syndicats de copropriétaires), hormis un arrêt épousant une conception large du non-professionnel (Civ. 3e, 4 févr. 2016 : *cité note 45 ss. art. L. 212-1*). Or, la définition légale initiale se référant à toute personne morale « qui agit à des fins qui n'entrent pas dans le cadre de son activité commerciale, industrielle, artisanale, libérale ou agricole » était beaucoup plus large. Elle conduisait sans doute à une extension du champ d'application du code de la consommation. Antérieurement, la Cour de cassation (Civ. 1re, 11 déc. 2008 : *cité note 5 ss. art. L. 212-1*) avait pourtant exclu les contrats conclus entre sociétés commerciales ; à l'instar des professionnels personnes physiques, le seul critère s'apprécie au regard de la finalité professionnelle de la transaction. La lecture littérale de cette définition pouvait inversement conduire à exclure, contrairement à la jurisprudence, certaines personnes morales sans activité lucrative (telles que les associations, les syndicats de copropriétaires ou les comités d'entreprise) des dispositifs de protection du code, ce qui était absurde.

La Cour de cassation a eu recours de façon anticipée à la nouvelle définition du non-professionnel, pourtant applicable à compter du 1er juillet 2016 seulement : lorsqu'il assure, contrôle ou participe à la gestion de toutes les activités sociales et culturelles établies dans l'entreprise prioritairement au bénéfice des salariés ou de leur famille, le comité d'entreprise agit en qualité de non-professionnel. La Cour de cassation estime en effet que le comité d'entreprise agit à des fins qui n'entrent pas dans le cadre d'une activité commerciale, industrielle, artisanale, libérale ou agricole (Civ. 1re, 15 juin 2016 : *cité note 2 ss. art. 215-1*). Avant la publication de l'ordonnance de recodification, la chambre commerciale avait pourtant jugé le contraire (Com. 16 févr. 2016 : *eod. loc.*). ☐

LIVRE PREMIER INFORMATION DES CONSOMMATEURS ET PRATIQUES COMMERCIALES

COMMENTAIRE

Le livre Ier, issu de l'ordonnance no 2016-301 du 14 mars 2016, est beaucoup plus réduit que dans l'ancienne codification. Il est allégé des dispositions sur les pouvoirs d'enquête, la valorisation des produits et services ainsi que la médiation. Surtout, la formation du contrat est intégrée au livre II. L'ancienne version était démesurée et trop lourde, de sorte que ses dispositions devenaient inintelligibles. La nouvelle structure est beaucoup plus claire.

Le livre Ier est centré sur la période de négociation, même si cette dernière s'intègre dans la formation du contrat, pourtant traitée séparément dans le livre II intitulé « Formation et exécution des contrats ». Par ce choix discutable, le codificateur entend mettre l'accent sur l'importance de l'obligation précontractuelle d'information et le devoir de loyauté dans les rapports de consommation.

Le livre Ier est scindé en deux blocs, l'un sur l'information des consommateurs, l'autre sur les pratiques commerciales interdites et les pratiques commerciales réglementées.

Le droit français est un droit pionnier en matière d'obligation d'informer : il contraste ainsi avec la tradition anglo-saxonne, *caveat emptor* selon laquelle c'est à l'acheteur de se renseigner. L'obligation d'information est plus particulièrement au cœur de notre droit de la consommation qui lui accorde une place privilégiée. ❑

TITRE PREMIER INFORMATION DES CONSOMMATEURS

COMMENTAIRE

Le titre Ier réunit les nombreuses obligations d'information auxquelles est astreint le professionnel, censé connaître les caractéristiques des produits qu'il commercialise. C'est ainsi qu'ont été codifiées à l a fois les dispositions relatives à la protection du consommateur et les conditions de vente destinées à assurer la transparence du marché. Avant la recodification par l'ordonnance du 14 mars 2016, figuraient également des articles suiveurs du code de commerce (anciens art. L. 113-1 et L. 113-2, visant l'Ord. du 1er déc. 1986 sur la publicité des prix et la liberté de la concurrence), scellant ainsi la complémentarité des règles de concurrence et de consommation. En effet, le droit à l'information est perçu à la fois comme un droit fondamental du consommateur et un facteur de développement d'une concurrence saine et loyale dans un esprit de développement harmonieux de l'économie de marché.

La place de ce titre et son importance au sein du code de la consommation montrent bien que l'information est au cœur de tout dispositif de protection du consommateur.

La recodification intervenue n'a pas modifié l'intitulé de ce titre, bien que le contenu ait été allégé – notamment, les dispositions sur les étiquetages des produits ont été déplacées dans le livre IV – et redécoupé. Les différentes obligations d'information ont vu ainsi leurs sanctions respectives intégrées dans le chapitre Ier du titre III (art. L. 131-1 s.). ❑

CHAPITRE PREMIER OBLIGATION GÉNÉRALE D'INFORMATION PRÉCONTRACTUELLE

BIBL. GÉN. ▶ JOURDAIN, *D. 1983. Chron. 139* (l'obligation de se renseigner). – CHRISTIANOS, *Story Scientia, Bruxelles 1987* (l'obligation d'informer dans la vente de produits mobiliers). – MESTRE, *RTD civ. 1989. 736* (l'exigence de la bonne foi dans la conclusion des contrats). – LE TOURNEAU, *D. 1990. Chron. 21* (les professionnels ont-ils du cœur ?). – BATTEUR, *D. 1996. Chron. 82* (vente de voyages). – MISTRETTA, *LPA 5 juin 1998*. – HUET, *LPA 8 nov. 2001* (éléments de réflexion sur le droit de la consommation). – POLLAUD-DULIAN, *RD banc. fin. 2002, p. 341* (crédits au consommateur). – SAUPHANOR-BROUILLAUD et CERMOLACCE, *CCE 2003, Chron. no 6* (internet : image électronique et consommateur). – PIEDELIÈVRE, *Gaz. Pal. 2009. 1732* (brèves remarques sur les nouvelles dispositions du code de la consommation dues à la loi du 12 mai 2009). – GRIMALDI et SAGAUT, *RDC 2012. 1091* (obligation d'information du vendeur). – GATEAU et FARON, *Journ. sociétés févr. 2013. 10* (obligation d'information due au consommateur, l'exemple du secteur agro-alimentaire). – CORDIER et JOBARD, *JCP E 2013, no 1464* (opposabilité des CGV aux consommateurs). – ALTERMAN et

Pautrot, *RJ com. 2013. 481* (le point sur la communication en ligne des conditions contractuelles).

▶ L. n° 2014-344 du 17 mars 2014 : Legrand, *LPA 7 mai 2014* (amélioration de l'information et des droits contractuels des consommateurs). – Minet, *RLDA oct. 2015. 54* (loi Hamon : quelles avancées en matière d'information des consommateurs ?). – Friant-Perrot, *RD rur. 2015. Dossier 21* (vente directe et information du consommateur).

COMMENTAIRE

I. OBLIGATION PRÉCONTRACTUELLE D'INFORMATION

Dérivant d'une loi de 1992, complétée en 2009, puis réécrits par la loi n° 2010-853 du 23 juillet 2010 relative aux réseaux consulaires, au commerce, à l'artisanat et aux services, puis par la loi du 17 mars 2014 relative à la consommation, les articles L. 111-1 et suivants sont une consécration légale de l'obligation précontractuelle d'information instaurée par la jurisprudence sur le fondement, parfois invoqué, de l'exigence de bonne foi. Ils ne l'absorbent pas pour autant, mais en constituent le contenu minimal : par exemple, l'obligation de conseil, affirmée à l'égard de certains professionnels ou en certaines circonstances, ne s'efface pas devant ces obligations légales.

Cette obligation précontractuelle d'information s'inscrit aussi en parallèle de l'article 1602 du code civil invitant le vendeur à expliquer clairement à quoi il s'oblige, et du nouvel article 1112-1, issu de l'ordonnance du 10 février 2016.

Le manquement aux obligations d'information précontractuelle mentionnées aux articles L. 111-1 à L. 111-3 est passible d'une amende administrative dont le montant ne peut excéder 3 000 euros pour une personne physique et 15 000 euros pour une personne morale (art. L. 131-1).

II. CHAMP D'APPLICATION

Tout d'abord, l'obligation est générale : elle vise l'ensemble des biens, produits et services mis sur le marché. Par ailleurs, c'est une obligation minimale, c'est-à-dire qu'elle s'applique sans préjudice des dispositions plus favorables au consommateur, telles que les règles d'étiquetage des produits ou les opérations de vente de voyages et de séjours.

III. SANCTIONS

Avant la loi du 17 mars 2014 instaurant des sanctions administratives, les textes ne prévoyaient aucune sanction particulière en cas de manquement à cette obligation générale d'information. Mais la jurisprudence a admis qu'elle puisse être sanctionnée par la nullité du contrat. Il ne résulte pas pour autant de l'article L. 111-1 que tout manquement par un professionnel à son obligation d'information soit sanctionné par la nullité du contrat, laquelle suppose la démonstration d'un vice du consentement (Paris, 13 avr. 2012 : *cité note 4 ss. art. L. 111-1*). De même, la responsabilité civile du professionnel pourrait être recherchée sur le fondement d'un manquement à ces dispositions (Civ. 1re, 1er mars 2005 : *cité note 1 ss. art. L. 111-1*).

IV. COMPARAISON

Observons que le nouvel article 1112-1 du code civil (applicable au 1er oct. 2016) consacre l'obligation prétorienne d'information en droit commun : celle des parties qui connaît une information dont l'importance est déterminante pour le consentement de l'autre (autrement dit, une information pertinente pour emporter l'adhésion de l'autre partie, et non une information sur de simples broutilles comme il en existe en droit de la consommation) doit l'en informer dès lors que, légitimement, cette dernière ignore cette information (l'ignorance doit être légitime pour ne pas déresponsabiliser les parties et les inciter à se renseigner) ou fait confiance à son cocontractant (certains contrats impliquent la plus grande confiance entre les parties). Néanmoins, le texte précise que l'obligation ne porte pas sur la valeur de la prestation, invitant chacun à se renseigner sur la valeur de la prestation fournie. Cet article est également d'ordre public, à l'instar du devoir de bonne foi du nouvel article 1104 du code civil. La sanction prévue est l'annulation éventuelle du contrat en cas de vice du consentement et/ou la responsabilité (délictuelle) encourue.

Par ailleurs, des dispositions pénales sont parfois prévues par des textes spécifiques. On observera que le manquement à l'obligation d'information peut être sanctionné sur le terrain des pratiques déloyales : par exemple, le fait pour un vendeur de produits alimentaires naturels de ne pas avoir indiqué la présence d'un produit chimique (Crim. 20 déc. 1988 : *cité note 23 ss. art. L. 441-1*).

V. TRANSPOSITION DE LA DIRECTIVE DU 25 OCTOBRE 2011

La loi relative à la consommation du 17 mars 2014 a transposé la directive 2011/83/UE du 25 octobre 2011 (V. ss. art. L. 232-3) selon laquelle le professionnel doit transmettre – avant même la commande – toute une série d'informations classiques sur son identité, les caractéristiques du produit ou du service, son prix, l'existence d'une garantie légale de conformité, l'existence d'un service après-vente et de garanties commerciales, mais aussi les modalités de paiement ou celles relatives à la livraison et à l'exécution, la durée du contrat (les conditions de sa résiliation s'il s'agit d'un contrat à durée indéterminée), les fonctionnalités du contenu numérique ainsi que son interopérabilité avec certains matériels ou logiciels (art. 5). La charge de la preuve repose sur le professionnel. Avec pragmatisme, la directive prévoit que les États ne sont pas tenus d'appliquer la directive aux contrats instantanés de la vie quotidienne. On observera que l'obligation d'information est renforcée pour les ventes à distance et hors établissement, l'harmonisation étant alors totale dans ces domaines.

VI. DÉCRETS D'APPLICATION

Le décret n° 2014-1061 du 17 septembre 2014 est venu préciser et compléter les obligations d'information précontractuelle et contractuelle des consommateurs (art. R. 111-1 à R. 111-3), outre celles relatives au droit de rétractation qui incombent aux professionnels, introduites par la loi n° 2014-344 du 17 mars 2014. Ce texte a transposé la directive 2011/83/UE du 25 octobre 2011 qui définit les règles standard pour les aspects communs des contrats conclus entre professionnels et consommateurs, en particulier ceux conclus à distance et hors établissement. Le décret vise précisément à détailler les informations que les professionnels, vendeurs de biens ou prestataires de services, doivent communiquer aux consommateurs préalablement à la conclusion de tout contrat.

Ce texte est complété par le décret n° 2014-1482 du 9 décembre 2014 relatif à l'information sur la disponibilité des pièces détachées (art. D. 111-4 et D. 111-5), applicable à compter du 1er mars 2015. Celui-ci précise les modalités d'application de la mesure de la loi du 17 mars 2014 prévoyant que soit portée à la connaissance du consommateur la durée de disponibilité des pièces détachées essentielles aux biens qu'il achète. Ainsi, lorsqu'il est informé par le fabricant ou l'importateur de cette durée de disponibilité, le distributeur du produit devra en informer le consommateur de manière visible et lisible sur tout document commercial et préalablement à la vente, de même que sur le bon de commande ou tout document accompagnant la vente. Cette information pourra consister en une durée ou une date limite de disponibilité des pièces. Le fabricant sera tenu de fournir aux vendeurs ou aux réparateurs les pièces détachées nécessaires à la réparation des produits, dans un délai de deux mois. ☐

Art. L. 111-1 **Avant que le consommateur ne soit lié par un contrat de vente de biens ou de fourniture de services, le professionnel communique au consommateur, de manière lisible et compréhensible, les informations suivantes :**

1° Les caractéristiques essentielles du bien ou du service, compte tenu du support de communication utilisé et du bien ou service concerné ;

2° Le prix du bien ou du service, en application des articles L. 112-1 à L. 112-4 ;

3° En l'absence d'exécution immédiate du contrat, la date ou le délai auquel le professionnel s'engage à livrer le bien ou à exécuter le service ; — *V. art. L. 216-1 s.*

4° Les informations relatives à son identité, à ses coordonnées postales, téléphoniques et électroniques et à ses activités, pour autant qu'elles ne ressortent pas du contexte ;

5° S'il y a lieu, les informations relatives aux garanties légales, aux fonctionnalités du contenu numérique et, le cas échéant, à son interopérabilité, à l'existence et aux modalités de mise en œuvre des garanties et aux autres conditions contractuelles ;

6° La possibilité de recourir à un médiateur de la consommation dans les conditions prévues au titre Ier du livre VI.

La liste et le contenu précis de ces informations sont fixés par décret en Conseil d'État. — *V. art. R. 111-1.*

Les dispositions du présent article s'appliquent également aux contrats portant sur la fourniture d'eau, de gaz ou d'électricité, lorsqu'ils ne sont pas conditionnés dans

un volume délimité ou en quantité déterminée, ainsi que de chauffage urbain et de contenu numérique non fourni sur un support matériel. Ces contrats font également référence à la nécessité d'une consommation sobre et respectueuse de la préservation de l'environnement. — *Sur le champ d'application, V. aussi art. L. 111-3. — Sur la charge de la preuve, V. art. L. 111-5. — Sur les sanctions, V. art. L. 131-1.*

Les dispositions de l'art. L. 111-1 résultent de leur rédaction issue de l'art. 6 de la L. n° 2014-344 du 17 mars 2014, et s'appliquent aux contrats conclus après le 13 juin 2014 (L. préc., art. 34). — Pour la rédaction antérieure, V. ***C. consom.****, éd. 2015.*

Sur les obligations d'information particulières pesant sur les personnes se livrant au commerce électronique, V. L. n° 2004-575 du 21 juin 2004, art. 19, App., v° Commerce électronique.

Sur l'utilisation de la voie électronique pour la mise à disposition des informations et conditions contractuelles, V. C. civ., art. 1125 s. — ***C. civ.***

COMMENTAIRE

I. CONTENU COMMUN AUX CONTRATS DE VENTE ET DE SERVICES

Tout d'abord, comme dans sa version antérieure, l'article L. 111-1, qui avait été réécrit par la loi relative à la consommation du 17 mars 2014, invite le vendeur à informer précisément le consommateur, de manière lisible et compréhensible et avant la signature du contrat, des caractéristiques essentielles du bien de façon à éclairer le consentement du consommateur. Il vise aussi, et met désormais sur le même plan, les caractéristiques essentielles du service qui faisaient antérieurement à la loi du 17 mars 2014 l'objet d'un article distinct.

Ensuite, conformément aux articles L. 112-2, L. 112-3 et L. 112-4, le prix du bien, mais aussi du service (pourtant contrat d'entreprise), doit être indiqué. Cependant une atténuation est introduite par l'article L. 112-3 : le mode de calcul du prix sera parfois suffisant. En l'absence d'exécution immédiate du contrat, la date ou le délai auquel le professionnel s'engage à livrer le bien ou à exécuter le service doivent être indiqués. Les articles L. 216-1 et suivants tirent ensuite les conséquences du non-respect de ces indications.

En outre, un certain nombre de données doivent être fournies, conformément à la directive du 25 octobre 2011. Enfin, par souci de cohérence avec les nouvelles mesures concernant la médiation figurant aux articles L. 611-1 et suivants, l'ordonnance de recodification du 14 mars 2016 entend rendre effectif le recours à un médiateur de la consommation en informant le consommateur de sa possibilité d'y recourir (art. L. 111-1, 6°) et en indiquant à cette fin les coordonnées du ou des médiateurs compétents (art. R. 111-1).

II. CHAMP D'APPLICATION

Le texte indique dans quelles conditions il s'applique aux contrats de fourniture d'eau, de gaz et d'électricité.

III. DÉCRET D'APPLICATION

L'article R. 111-1 précise les informations que doit communiquer le professionnel au consommateur. Notamment, il doit communiquer, s'il y a lieu, toute interopérabilité pertinente du contenu numérique avec certains matériels ou logiciels, ainsi que les fonctionnalités du contenu numérique, y compris les mesures de protection technique applicables. Cette notion d'« interopérabilité » n'est pas ici définie ; elle l'est en revanche par la directive 2011/83/UE du 25 octobre 2011 : la notion d'interopérabilité renvoie « au matériel standard et à l'environnement logiciel avec lesquels le contenu numérique est compatible, par exemple le système d'exploitation (…) » (consid. 19). Le professionnel doit aussi indiquer les coordonnées du ou des médiateurs de la consommation compétents dont il relève en application de l'article L. 616-1.

I. APPLICATION DE L'ART. L. 111-1 (RÉDACTION ANTÉRIEURE À LA L. DU 17 MARS 2014)

1. Notion de professionnel vendeur de biens. A la qualité de professionnel vendeur l'entreprise de bâtiment qui vend à un particulier du béton qu'elle a commandé à son fournisseur au titre de son activité d'entrepreneur du bâtiment. • Civ. 1re, 1er mars 2005 : *Bull. civ. I, n° 109 ; JCP 2005. II. 10164, note Bazin ; CCC 2005, n° 142, obs. Raymond ; RDC 2005. 1051, obs. Fenouillet.*

2. Contenu de l'obligation : illustrations. S'agissant d'un catalogue de vente par correspondance, le professionnel vendeur de biens meubles doit faire en sorte que les photographies qui illustrent la présentation du produit offert à la vente le reproduisent fidèlement et surtout ne comportent pas d'ambiguïtés, d'équivoques de nature à induire en erreur le client sur les caractéristiques et composants du bien. • Orléans, 15 nov. 1995 : *CCC 1996, n° 118, obs. Raymond.* ♦ V. aussi, prononçant la nullité d'une vente de mobilier pour non-respect de l'obligation d'information, • Paris, 4 oct. 1996 : *CCC 1997, n° 33, obs. Raymond; RJDA 1997, n° 629.* ♦ Pour un jugement condamnant au remboursement d'un pantalon ayant rétréci anormalement, alors que l'étiquette de lavage n'interdisait pas le sèche-linge, V. • TI Tours, 9 oct. 1992 : *CCC 1994, n° 35, obs. Raymond.* ♦ Il incombe à l'entreprise de bâtiment, en sa qualité de professionnel vendeur de béton à un non-professionnel, de mettre ce dernier en garde contre les risques inhérents à la manipulation de ce matériau. • Civ. 1re, 1er mars 2005 : *préc. note 1.* ♦ Tout vendeur professionnel de meubles destinés à être posés et installés dans un lieu spécifiquement défini et auquel ils doivent être adaptés, doit s'informer des besoins de l'acquéreur non professionnel et informer ensuite celui-ci des contraintes techniques de la chose qu'il se propose d'acquérir et de son aptitude à atteindre le but recherché, de sorte qu'il puisse s'engager en toute connaissance de cause. • Grenoble, 10 déc. 2007, n° 05/03977 : *CCC 2008, n° 170, obs. Raymond* • Orléans, 9 sept. 2013 : *CCC 2013, n° 280, obs. Raymond* • Angers, 5 nov. 2013 : *CCC 2014, n° 81, obs. Raymond.* ♦ Ainsi, il appartient au vendeur de meubles d'informer précisément le consommateur non seulement des dimensions du mobilier mais de sa compatibilité avec l'espace indiqué en procédant à toutes les vérifications nécessaires. • Versailles, 21 mai 2013 : *CCC 2013, n° 224, obs. Raymond* • Toulouse, 26 avr. 2011, n° 08/03256. ♦ En concluant une vente ferme et définitive alors qu'à la date de la signature la configuration des pièces dans lesquelles la cuisine et la salle de bains devaient être installées était inconnue, de sorte que des modifications seraient nécessaires pour réaliser l'aménagement personnalisé objet du contrat, une société a manqué à l'obligation d'information pesant sur elle en vertu de l'art. L. 111-1. • Rennes, 18 sept. 2008, n° 07/04177. ♦ En application des art. L. 111-1 C. consom. et 1147 [ancien] C. civ., lorsque le vendeur automobile fait un plan de financement, et propose ce financement par l'intermédiaire d'un établissement financier, il est tenu d'une obligation d'information et de mise en garde à l'égard de son client sur le bien vendu et les modalités de financement. • Metz, 21 mai 2012, n° 11/00525 : *CCC 2013, n° 46, obs. Raymond.* ♦ Le vendeur professionnel doit s'acquitter de son obligation de conseil lui imposant de se renseigner sur les conditions environnementales d'implantation du matériel proposé afin d'être en mesure d'informer, de façon claire et précise, les acquéreurs sur les risques, notamment d'obstruction des arroseurs, tenant à la nature de l'eau utilisée. • Civ. 1re, 20 déc. 2012 : *CCC 2013, n° 49, obs. Leveneur; RJDA 2013, n° 499.* ♦ Mais le vendeur-installateur d'un abri de piscine n'étant pas tenu, au regard de l'art. L. 111-1, d'informer l'acquéreur des conséquences d'une telle installation sur la surface hors œuvre nette dont dispose le propriétaire du terrain supportant l'ouvrage, c'est à bon droit que la cour d'appel a retenu que la société n'avait pas manqué à son obligation précontractuelle d'information. • Civ. 1re, 30 sept. 2015, n° 14-11.761 P : *D. 2016. Pan. 620, obs. Sauphanor-Brouillaud ; JCP E 2015, n° 1536; CCC 2015, n° 293, obs. Raymond; RJDA 2016, n° 97; Gaz. Pal. 2015. 3776, obs. Albiges; ibid. 5 janv. 2016, p. 34, obs. Houtcieff.*

3. ... *Supports numériques.* En se bornant à aviser les acquéreurs de CD de la présence d'un système de protection sans attirer leur attention sur les restrictions d'utilisation sur certains supports, la société éditrice a manqué à son obligation d'information. • Versailles, 30 sept. 2004 : *CCE 2004, n° 163, obs. Grynbaum.* ♦ En n'indiquant pas clairement sur un DVD support d'un film l'impossibilité de réaliser une copie à des fins privées, le vendeur n'a pas informé de manière exacte le consommateur, alors que la faculté de copie privée est une des caractéristiques essentielles du support en cause et que le consommateur dûment informé aurait pu être dissuadé d'acquérir le DVD. • Paris, 22 avr. 2005 : *D. 2005. 1573, note Castets-Renard ; ibid. Pan. 1491, obs. Sirinelli ; JCP 2005. II. 10126, note Geiger; Gaz. Pal. 2005. 1853; CCE 2005. Étude 26, par Goldsmith* (réformant • TGI Paris, 30 avr. 2004 : *RTD com. 2004. 486, obs. Pollaud-Dulian ; JCP 2004. II. 10135, note Geiger; JCP E 2004, n° 30, p. 1204, note Maillard; CCE 2004, n° 85, obs. Caron*), cassé par • Civ. 1re, 28 févr. 2006 : *Bull. civ. I, n° 126; D. 2006. AJ 784, obs. Daleau ; JCP 2006. II. 10084, note Lucas; JCP E 2006, n° 31-34, p. 1366, obs. Ibrahim; LPA 2 août 2006, note Castets-Renard; Gaz. Pal. 2006. 1040, concl. Sarcelet; ibid. Somm. 1400, obs. Tellier-Loniewski et Bourgeois,* au motif que l'exception de copie privée ne peut faire obstacle à l'insertion dans les supports de mesures techniques destinées à empêcher la copie lorsque celle-ci aurait pour effet de porter atteinte à l'exploitation normale de l'œuvre protégée, appréciée au regard des risques inhérents au nouvel environnement numérique. – Et sur renvoi • Paris, 4 avr. 2007 : *D. 2007. Pan. 1992, obs. Le Stanc ; RTD com. 2007. 357, obs. Pollaud-Dulian ; JCP E 2007, n° 22, p. 30; Gaz. Pal. 2007. 2515, note Stutzmann et Soulez; CCE 2007, n° 68, obs. Caron.* – Puis de nouveau en cassation • Civ. 1re, 19 juin 2008 : *Bull. civ. I, n° 177; D. 2008. AJ 1824, obs. Daleau ; RTD com. 2008. 551, obs. Pollaud-Dulian ; JCP 2008. IV. 2321; CCE 2008, n° 102, obs. Caron; LPA 16 sept. 2008, obs. R. H.* ♦

V. aussi, sur le manquement à l'obligation d'information du consommateur, • TGI Paris, 10 janv. 2006 : *D. 2006. Pan. 790, obs. Le Stanc*. ♦ Sur cette question, V. aussi Sardain, *CCC 2004. Étude 9*. ♦ Le fait pour des sites web étrangers de vendre des supports numériques vierges sans indiquer aux acquéreurs français qu'ils sont passibles d'une redevance n'est pas une violation de l'obligation d'information. • Paris, 22 mars 2007 : *D. 2007. AJ 1076, obs. Manara ; JCP E 2007, nº 19, p. 19 ; CCE 2007, nº 70, obs. Caron* (décision cassée par • Civ. 1re, 27 nov. 2008 : *Bull. civ. I, nº 268 ; D. 2008. AJ 3081, obs. Manara ; JCP 2009. IV. 1009 ; CCC 2009, nº 18, obs. Malaurie-Vignal*).

4. Différence avec la réticence dolosive. Il ne résulte pas de l'art. L. 111-1 que tout manquement par un professionnel à son obligation d'information soit sanctionné par la nullité du contrat qui suppose la démonstration d'un dol. • Paris, 13 avr. 2012 : *CCC 2012, nº 219, obs. Raymond*. ♦ Sur la distinction entre le manque d'information prévu à l'art. L. 111-1 et la réticence dolosive, V. • Rennes, 17 oct. 2003 : *CCC 2004, nº 5, obs. Raymond*.

5. Destinataire de l'information. En ce sens qu'une société exploitant un hôtel est fondée à invoquer les dispositions de l'art. L. 111-1, imposant une obligation de conseil, dans la mesure où la fourniture de services demandée, en l'espèce l'encadrement de photos, était sans rapport avec son activité professionnelle, V. • Rennes, 30 janv. 1998 : *CCC 1998, nº 152, obs. Raymond*. ♦ L'art. L. 111-1 n'a pas vocation à régir les relations entre un patient et un professionnel de santé organisées par des dispositions du code de la santé publique. • Paris, 21 mars 2013 : *CCC 2013, nº 195, obs. Raymond ; Gaz. Pal. 2013. 3298, obs. Piedelièvre*. – Comp. note 12 ss. art. L. 621-1 et note 3 ss. art. L. 112-1.

II. JURISPRUDENCE FONDÉE SUR LES RÈGLES DU DROIT CIVIL

Les décisions suivantes afférentes à l'obligation d'information (ou de renseignement) ressortissent à une jurisprudence fondée sur les principes généraux du droit civil.

A. CHAMP D'APPLICATION : CONTRATS DE VENTE

6. Généralités. Aux termes de l'art. 1602 C. civ., le vendeur est tenu d'expliquer clairement ce à quoi il s'oblige ; les juges du fond doivent donc rechercher si le vendeur s'est conformé aux exigences de ce texte. • Civ. 1re, 13 oct. 1993 : *D. 1994. Chron. 115, par Bénabent ; ibid. Somm. 237, obs. Tournafond ; JCP 1994. I. 3757, nº 6, obs. Billiau*. ♦ La convention devant aux termes de l'art. 1602 C. civ. être interprétée en faveur de l'acheteur, manque à son obligation de conformité le vendeur d'un véhicule qui livre une voiture n'ayant pas le degré d'équipement attendu par l'acheteur, sans avoir établi de bon de commande, ni lui avoir remis de documentation conforme à l'Arr. du 30 juin 1978 et sans l'avoir averti qu'il ne participait pas aux campagnes promotionnelles de l'importateur. • Civ. 1re, 13 avr. 1999 : *Bull. civ. I, nº 139 ; D. 1999. IR 146 ; CCC 1999, nº 127, obs. Leveneur*. ♦ Le bon de commande doit comporter la description des caractéristiques essentielles de la chose vendue, en étant rédigé de manière lisible et compréhensible pour un non-professionnel. • Colmar, 14 mars 2007 : *CCC 2008, nº 33, obs. G. R.*

L'obligation de renseignement incombe aussi bien au fabricant d'un produit qu'au revendeur spécialisé. • Civ. 1re, 23 avr. 1985 : *D. 1985. 558, note Dion ; RTD civ. 1986. 367, obs. Huet ; RTD com. 1986. 144, obs. Hémard et Bouloc*. ♦ Le vendeur professionnel ne peut échapper à sa responsabilité vis-à-vis de l'acheteur profane en invoquant une information insuffisante émanant du fabricant. • Civ. 1re, 27 févr. 1985 : *Bull. civ. I, nº 82 ; D. 1985. IR 298*. ♦ V. aussi • Civ. 1re, 3 juin 1998 : *Bull. civ. I, nº 198 ; JCP 1999. I. 147, nº 16, obs. Viney*.

7. Droit communautaire. L'art. 28 du Traité CE (actuel art. 34 TFUE) ne s'oppose pas à une règle jurisprudentielle qui impose une obligation d'information dans les relations précontractuelles. • CJCE 13 oct. 1993 : *D. 1993. IR 242 ; JCP E 1993. Pan. 1312*.

8. Alarmes. Le vendeur d'un matériel d'alarme doit informer son cocontractant de l'impossibilité où se trouve celui-ci d'obtenir l'autorisation administrative indispensable à l'installation du matériel. • Paris, 13 mai 1987 : *D. 1987. IR 158*. ♦ ... Des conséquences de l'installation du matériel au regard de la couverture du risque de vol par les assurances. • Com. 25 mai 1993 : *D. 1994. Somm. 10, obs. Kullmann*.

9. Automobiles. Le vendeur professionnel d'une voiture doit révéler à son client, non spécialiste, l'ancienneté du moteur monté sur la voiture vendue. • Civ. 1re, 19 juin 1985 : *JCP E 1985. I. 14834*. ♦ ... Les accidents précédemment subis par la voiture vendue. • Crim. 29 sept. 1979 : *D. 1980. IR 131* • 27 janv. 1987 : *D. 1988. 156, note Carreau* • Civ. 1re, 15 mai 2002 : *cité note ss. art. L. 111-5*. ♦ V. aussi note 6.

10. Combustibles. Le fournisseur de fioul domestique, dès lors qu'il n'assure pas la surveillance et l'entretien de l'installation, n'est pas tenu d'informer l'acheteur sur les conséquences d'une baisse exceptionnelle de température, qu'il ne pouvait prévoir lors de la fourniture du fioul. • Paris, 27 sept. 1991 : *D. 1992. Somm. 271, note Kullmann*. ♦ Il appartient au fabricant d'un poêle vendu en pièces détachées et devant être monté par un profane de fournir tous les renseignements indispensables à son installation et à son usage, d'informer celui-ci des contraintes techniques de la chose vendue et, notamment, d'avertir l'utilisateur de toutes les précautions à prendre lorsqu'il procède lui-même à l'installation et à l'entretien du poêle. • Paris, 21 mars 2002, n° 2001/05616 : *D. 2002. IR 1734*.

11. Denrées alimentaires. Le vendeur d'une denrée alimentaire présentée comme naturelle doit indiquer aux acheteurs la présence, même à faible dose, d'un produit chimique. • Crim. 20 déc. 1988 : *D. 1989. IR 67.*

12. Matériaux. Le vendeur professionnel de carrelage, tuiles ou autre matériau doit conseiller et renseigner l'acheteur profane ; il doit notamment attirer son attention sur les inconvénients inhérents à la qualité du matériau choisi et sur les précautions à prendre pour sa mise en œuvre. • Civ. 1re, 27 févr. 1985 : *D. 1985. IR 298* • 3 juill. 1985 : *JCP E 1985. I. 14884* • 20 juin 1995 : *Bull. civ. I, n° 276 ; D. 1996. Somm. obs. Paisant ; RTD civ. 1996. 177, obs. Jourdain*. ♦ Le fabricant d'une colle doit informer les utilisateurs du risque d'explosion et de la nécessité de ventiler les pièces où la colle est utilisée. • Civ. 1re, 31 janv. 1973 : *Bull. civ. I, n° 40 ; RTD com. 1974. 146, obs. Hémard* • 11 oct. 1983 : *Bull. civ. I, n° 228 ; RTD civ. 1984. 731, obs. Huet ; RTD com. 1984. 718, obs. Hémard et Bouloc.* ♦ Eu égard au caractère dangereux de l'appareil, la seule remise de sa notice d'utilisation à l'acheteur ne suffit pas à démontrer que le vendeur avait effectivement satisfait à son obligation de mise en garde sur le respect des règles techniques d'installation de l'insert et la nécessité de faire procéder à celle-ci par un professionnel ou une personne qualifiée. • Civ. 1re, 18 juin 2014 : *Bull. civ. I, n° 114 ; Dalloz actualité, 1er juill. 2014, obs. Kilgus ; D. 2014. Actu. 1376 ; RTD com. 2014. 678, obs. Bouloc ; JCP E 2014, n° 1403 ; CCC 2014, n° 212, obs. Leveneur.* ♦ V. aussi note 1.

13. Matériel technique. L'obligation de délivrance du vendeur d'un matériel (informatique, en l'espèce) s'étend à sa mise au point, et comporte une obligation accessoire d'information et de conseil du client. • Civ. 1re, 25 juin 1996 : *Bull. civ. I, n° 274 ; D. Affaires 1996. 1028.* ♦ Le vendeur professionnel d'un matériel informatique est tenu d'une obligation de renseignement et de conseil envers un client dépourvu de toute compétence en la matière ; l'obligation de délivrance du vendeur de produits complexes n'est pleinement exécutée qu'une fois réalisée la mise au point effective de la chose vendue. • Com. 11 juill. 2006 : *D. 2006. AJ 2788, obs. Delpech ; Gaz. Pal. 2007. 1289, obs. de Roquefeuil et de Paz ; CCC 2006, n° 248, obs. Leveneur ; CCE 2007, n° 82, obs. Stoffel-Munck.* ♦ Tout vendeur d'un matériel doit, afin que la vente soit conclue en connaissance de cause, s'informer des besoins de son acquéreur et informer ensuite celui-ci des contraintes techniques de la chose vendue et de son aptitude à atteindre le but recherché. • Com. 1er déc. 1992 : *D. 1993. Somm. 237, obs. Tournafond*. ♦ Cependant, le vendeur n'est pas tenu d'informer l'acquéreur quant aux mérites des systèmes concurrents. • Com. 12 nov. 1992 : *D. 1993. Somm. 237, obs. Tournafond*. ♦ ... Et n'est pas investi d'une obligation renforcée de « surveillance » du client. • Rouen, 27 avr. 2005 : *Gaz. Pal. 2006. Somm. 546, obs. Forgeron et de Paz.*

Cassation de l'arrêt qui a retenu que l'incompatibilité entre les divers composants d'une installation informatique constituait un vice caché, pour lequel l'acquéreur était forclos, alors que ce dernier soutenait que le vendeur-installateur avait manqué à son obligation de conseil. • Civ. 1re, 25 mai 2004 : *Gaz. Pal. 23-25 janv. 2005, Somm., obs. Bourgeois.*

14. Médicaments. BIBL. Fouassier, *RDSS 1999. 735* (information sur les médicaments). – Sargos, *JCP 1999. I. 144* (information sur les médicaments). ♦ L'obligation de renseignement relative aux contre-indications et effets secondaires des médicaments ne peut s'appliquer qu'à ce qui est connu au moment de l'introduction du médicament sur le marché et à ce qui a été porté à la connaissance des laboratoires depuis cette date. • Civ. 1re, 8 avr. 1986 : *D. 1987. Chron. 77, par Huet ; JCP 1987. II. 20721, note Viala et Viandier.* ♦ V. aussi • Civ. 1re, 5 janv. 1999 : *D. 2000. Somm. 285, obs. Pignarre ; RCA 1999, n° 71* (fabricant d'ampoules de médicament ; information insuffisante sur les dangers que comporte l'utilisation du produit).

15. Terrains. Le vendeur d'un terrain, professionnel de l'immobilier, doit informer l'acheteur profane sur les caractéristiques de la parcelle vendue, notamment quant à sa situation au regard des voies et réseaux. • Civ. 3e, 3 févr. 1981 : *D. 1984. 457, note Ghestin* • 4 janv. 1991 : *D. 1992. Somm. 196, obs. Tournafond*. ♦ Il doit l'informer sur les procédures en cours mettant en cause les qualités substantielles du terrain. • Civ. 3e, 30 juin 1992 : *Bull. civ. III, n° 238 ; Defrénois 1993. 378, note Vermelle.* ♦ Le vendeur d'un immeuble à construire doit informer l'acheteur des changements apportés aux plans après signature du contrat préliminaire. • Civ. 3e, 17 nov. 1993 : *D. 1995. IR 279*.

B. SANCTION DU DÉFAUT D'INFORMATION

16. Renvoi. V. aussi *art. L. 131-1.*

1° NULLITÉ DU CONTRAT

17. Dol. Le dol, cause de nullité du contrat, peut être constitué par le silence d'une partie dissimulant à son contractant un fait qui, s'il avait été connu de lui, l'aurait empêché de contracter. • Civ. 3e, 15 janv. 1971 : *Bull. civ. III, n° 38 ; D. 1971. Somm. 148 ; RTD civ. 1971. 839,* *obs. Loussouarn* • 3 févr. 1981 : *D. 1984. 457, note Ghestin* • 4 janv. 1991 : *D. 1992. Somm. 196, obs. Tournafond* • Civ. 1re, 19 juin 1985 : *JCP E 1985. I. 14834* • Paris, 13 mai 1987 : *D. 1987. IR 158.* ♦ Mais le dol n'est constitué que si le défaut d'information est intentionnel, ayant pour but de tromper le contractant et de le déterminer à conclure le contrat. • Civ. 1re, 12 nov. 1987 : *D. 1987. IR 236* • Versailles, 22 oct. 1999 : *D. 1999. IR 282*.

Il ne saurait y avoir réticence dolosive lorsque le prêteur s'est conformé aux prescriptions légales qui détaillent avec précision, dans un modèle type, son obligation de renseignement. • Civ. 1re, 14 juin 1989 : *D. 1989. Somm. 338, obs. Aubert; JCP 1991. II. 21632, note Virassamy.* ♦ Sur le problème posé par la reproduction stricte du modèle qui n'a pas été mis en harmonie avec une réforme postérieure, V., en faveur d'une obligation de compléter le modèle : • TI Périgueux, 30 août 1996 : *CCC 1996. 207, obs. Raymond* • Amiens, 26 nov. 1996 : *Gaz. Pal. 1997. 1. 288, note Vindreau.* ♦ *Contra* antérieurement : • Amiens, 14 févr. 1995 : *Gaz. Pal. 1995. 2. 495, note Vindreau.*

2° DOMMAGES ET INTÉRÊTS

18. Responsabilité civile. Le dol peut être invoqué pour conclure seulement à une réduction de prix. • Com. 14 mars 1972 : *D. 1972. 547 et 653, note Ghestin.* ♦ Le droit de demander la nullité d'un contrat pour dol n'exclut pas l'exercice d'une action en responsabilité délictuelle en réparation du préjudice subi. • Civ. 1re, 4 févr. 1975 : *D. 1975. 405, note Gaury; JCP 1975. II. 18100, note Larroumet; RTD civ. 1975. 537, obs. Durry* • 4 oct. 1988 : *Bull. civ. I, n° 265; D. 1989. Somm. 229, obs. Aubert* • Com. 18 oct. 1994 : *D. 1995. 180, note Atias*; *Defrénois 1995. 332, obs. D. Mazeaud; JCP 1995. I. 3853, n° 4, obs. Viney* (possibilité de demander des dommages-intérêts malgré le désistement de l'action en nullité pour dol) • Com. 4 janv. 2000 : *CCC 2000, n° 79, note Leveneur* (dommages-intérêts réparant l'indisponibilité de la somme versée et le préjudice résultant des manœuvres dolosives). ♦ Une telle action, fondée sur l'art. 1382 [1240] C. civ., est soumise à la prescription trentenaire (décennale depuis la loi du 5 juill. 1985 : art. 2226 C. civ.). • Civ. 1re, 4 févr. 1975 : *préc.* ♦ Comp. • Com. 13 oct. 1980 : *D. 1981. IR 309, obs. Ghestin* • 27 janv. 1998 : *Dr. et patr., 1998, n° 1924, obs. Chauvel; RTD civ. 1998. 904, obs. Mestre*.

Le défaut ou l'insuffisance d'information sur le mode d'emploi et les risques d'utilisation d'un produit entraîne la responsabilité contractuelle du fabricant envers l'acheteur, dès lors que ce défaut ou insuffisance est la cause du dommage subi par celui-ci. • Civ. 1re, 31 janv. 1973 : *préc. note 12* • Com. 16 oct. 1973 : *JCP 1974. II. 17846, note Malinvaud* • Civ. 1re, 14 déc. 1982 : *Bull. civ. I, n° 361; RTD civ. 1983. 544, obs. Durry; RTD com. 1984. 333, obs. Hémard et Bouloc* • 11 oct. 1983 : *Bull. civ. I, n° 228; RTD civ. 1984. 731, obs. Huet; RTD com. 1984. 718, obs. Hémard et Bouloc* • 3 juill. 1985 : *JCP E 1985. I. 14884.* ♦ Pour un partage de responsabilité entre un fabricant, n'ayant pas suffisamment informé les utilisateurs des dangers résultant de l'utilisation anormale d'une échelle et un utilisateur dont l'imprudence avait concouru à la réalisation de son dommage, V. • Versailles, 19 sept. 1997 : *D. Affaires 1997. 1351.*

Si l'obligation de renseignement est une obligation de moyens, le défaut d'information sur les conditions d'emploi d'un produit et les précautions à prendre prive l'utilisateur du moyen d'en faire un usage correct conforme à sa destination. • Civ. 1re, 23 avr. 1985 : *D. 1985. 558, note Dion; RTD civ. 1986. 367, obs. Huet; RTD com. 1986. 144, obs. Hémard et Bouloc.*

3° SANCTION PÉNALE

19. Tromperie. Ont relevé tous les éléments du délit de publicité mensongère et du délit de tromperie sur les qualités substantielles et ont caractérisé notamment la mauvaise foi du prévenu les juges du fond qui constatent qu'un garagiste a vendu une voiture présentée par lui comme étant « en très bon état général », sans informer l'acheteur des défaillances, des défauts et des vices de ladite voiture. • Crim. 29 sept. 1979 : *D. 1980. IR 131.* ♦ Est une tromperie sur les qualités substantielles le fait, pour un vendeur de voiture d'occasion, de ne pas prévenir l'acheteur que celle-ci avait été gravement endommagée par un accident antérieur, même si les dégâts ont été normalement réparés. • Crim. 27 janv. 1987 : *D. 1988. 156, note Carreau.* ♦ Est une tromperie sur les qualités substantielles le fait, pour un vendeur de produit alimentaire naturel, de ne pas indiquer la présence d'un produit chimique. • Crim. 20 déc. 1988 : *D. 1989. IR 67.*

Loi n° 2009-967 du 3 août 2009,

De programmation relative à la mise en œuvre du Grenelle de l'environnement.

Art. 54 Les consommateurs doivent pouvoir disposer d'une information environnementale sincère, objective et complète portant sur les caractéristiques globales du couple produit/emballage et se voir proposer des produits respectueux de l'environnement à des prix attractifs. La France soutiendra la reconnaissance de ces mêmes exigences au niveau de l'Union européenne.

La mention des impacts environnementaux des produits et des offres de prestation de services en complément de l'affichage de leur prix sera progressivement développée, y compris au niveau communautaire, tout comme l'affichage et la mise à disposition, sur les lieux et sites de vente, de leur traçabilité et des conditions sociales de leur production. La méthodologie associée à l'évaluation de ces impacts donnera lieu à une concertation avec les professionnels concernés.

L'État lancera un programme pluriannuel d'information et de sensibilisation du grand public sur les enjeux de l'amélioration de la performance énergétique et la prise en compte du développement durable dans le bâtiment et l'habitat.

Des campagnes publiques d'information sur la consommation durable seront organisées. L'État veillera à ce que les chaînes de télévision et les radios publiques prennent en compte les enjeux de développement durable et de protection de l'environnement, notamment par la modification des cahiers des charges.

La régulation de la publicité par les professionnels sera développée après concertation entre ceux-ci et les associations de défense des consommateurs, de protection de l'environnement et d'éducation à l'environnement afin de mieux y intégrer le respect de l'environnement et le développement durable.

En accord avec le droit communautaire, l'État mettra en place des dispositifs incitatifs ayant pour objet d'accorder, pour des catégories spécifiques de produits, un avantage en *[terme]* de prix aux produits les plus respectueux de l'environnement financé par une taxation des produits portant le plus atteinte à l'environnement.

La France soutiendra l'instauration par la Communauté européenne d'un taux réduit de taxe sur la valeur ajoutée sur les produits ayant un faible impact sur le climat ou la biodiversité.

Afin d'assurer une bonne information des particuliers et des professionnels du bâtiment, l'État s'engage à améliorer la qualité et le contenu du diagnostic de performance énergétique dans le but de disposer d'un outil de référence fiable et reconnu par tous.

Art. L. 111-2 Outre les mentions prévues à l'article L. 111-1, tout professionnel, avant la conclusion d'un contrat de fourniture de services et, lorsqu'il n'y a pas de contrat écrit, avant l'exécution de la prestation de services, met à la disposition du consommateur ou lui communique, de manière lisible et compréhensible, les informations complémentaires relatives à ses coordonnées, à son activité de prestation de services et aux autres conditions contractuelles, dont la liste et le contenu sont fixés par décret en Conseil d'État. — *V. art. R. 111-2.*

Les informations complémentaires qui ne sont communiquées qu'à la demande du consommateur sont également précisées par décret en Conseil d'État. — [*C. consom., art. L. 111-2, I.*] — *V. art. R. 111-3.*

Les dispositions de l'art. L. 111-2 résultent de leur rédaction issue de l'art. 6 de la L. n° 2014-344 du 17 mars 2014, et s'appliquent aux contrats conclus après le 13 juin 2014 (L. préc., art. 34). — Pour la rédaction antérieure, V. C. ***consom.****, éd. 2015.*

Sur le champ d'application, V. aussi art. L. 111-3. — Sur la charge de la preuve, V. art. L. 111-5. — Sur les sanctions, V. art. L. 131-1.

COMMENTAIRE

I. CONTENU COMPLÉMENTAIRE DES CONTRATS DE SERVICES

L'ancien article L. 111-2, dans sa version antérieure à la loi du 17 mars 2014, énumérait une litanie d'informations concernant les services (*BRDA 2010, n° 15-16, p. 12*). Dans sa nouvelle formulation, l'article L. 111-2 expose succinctement les informations complémentaires concernant les services que doit fournir le professionnel avant la conclusion du contrat ou, à défaut de contrat écrit, avant l'exécution de la prestation. L'information – qui doit en tout état de cause être lisible et compréhensible pour ne pas piéger le consommateur – porte sur les coordonnées du prestataire de services, son activité et sur les autres conditions contractuelles. Le décret d'application précise la liste et le contenu (art. R. 111-2), distinguant les informations complémentaires communiquées à la demande du consommateur et des autres.

II. DÉCRET D'APPLICATION

Les articles R. 111-2 et R. 111-3 précisent que, pour l'application de l'article L. 111-2, outre les informations prévues à l'article R. 111-1, le professionnel doit communiquer au consommateur ou mettre à sa disposition des informations telles que le statut et la forme juridique de l'entreprise, les coordonnées permettant d'entrer en contact rapidement et de communiquer directement avec lui, les conditions générales, s'il en utilise, l'éventuelle garantie financière ou assurance de responsabilité professionnelle souscrite par lui. D'autres informations ne sont pas spontanées, mais communiquées sur demande du consommateur. Ainsi, lorsque le prix n'est pas déterminé au préalable par le prestataire pour un type de service donné, le prix du service ou, lorsqu'un prix exact ne peut pas être indiqué, la méthode de calcul permettant au destinataire de vérifier ce dernier, ou un devis suffisamment détaillé. ❑

JURISPRUDENCE FONDÉE SUR LES RÈGLES DU DROIT CIVIL

Les décisions suivantes afférentes à l'obligation d'information (ou de renseignement) ressortissent à une jurisprudence fondée sur les principes généraux du droit civil.

I. CHAMP D'APPLICATION : PRESTATIONS DE SERVICES

1. *Renvoi.* Sur le champ d'application, V. aussi *art. L. 111-3.*

2. *Prestations médicales.* BIBL. Viney et Sargos, *RDC 2012. 1104* (devoir d'information du médecin). ♦ V. CSP, art. L. 1111-2 et L. 1111-3. – **CSP.** ♦ Le non-respect par un médecin du devoir d'information dont il est tenu envers son patient cause à celui auquel cette information était légalement due un préjudice qu'en vertu de l'art. 1382 [1240] C. civ. le juge ne peut laisser sans réparation. • Civ. 1re, 12 juin 2012 : *Bull. civ. I, n° 129 ; D. 2012. 1794, note Laude ; JCP 2012, n° 987, note Gout ; Gaz. Pal. 2012. 2099, note Bacache.* ♦ Indépendamment des cas dans lesquels le défaut d'information sur les risques inhérents à un acte individuel de prévention, de diagnostic ou de soins a fait perdre au patient une chance d'éviter le dommage résultant de la réalisation de l'un de ces risques, en refusant qu'il soit pratiqué, le non-respect, par un professionnel de santé, de son devoir d'information cause à celui auquel l'information était due, lorsque ce risque se réalise, un préjudice moral résultant d'un défaut de préparation aux conséquences d'un tel risque, qui, dès lors qu'il est invoqué, doit être réparé. • Civ. 1re, 25 janv. 2017, n° 15-27.898 P. ♦ Dans le cadre du contrat de soins liant le « consommateur-patient » à un praticien, le professionnel de santé inclut non seulement une prestation de soins mais également, en corrélation, la définition d'un prix et d'un niveau de prise en charge. • Paris, 28 févr. 2006, n° 05/08230 : *CCC 2006, n° 238, obs. crit. Raymond.*

3. *Contrats d'installation et d'entretien.* Les dispositions du code de la consommation relatives à l'obligation d'information des consommateurs sur les caractéristiques du bien ou du service n'instaurent aucune obligation générale de délivrance d'un devis écrit préalable. • Toulouse, 17 déc. 2002, n° 2002/00355 (fourniture et installation d'équipement de chauffage et de sanitaires) • Nîmes, 6 mars 2003, n° 00/02030 : *CCC 2004, n° 16, obs. Raymond* (contrat de forage). ♦ L'obligation de conseil du vendeur n'exclut pas celle de l'installateur. • Civ. 1re, 25 janv. 2000 : *Bull. civ. I, n° 29 ; D. 2000. Somm. 284, obs. Caron ; Gaz. Pal. 2001. 97, concl. Sainte-Rose ; CCC 2000, n° 78, obs. Leveneur* • 30 mai 2006 : *Bull. civ. I, n° 280 ; D. 2006. IR 1639 ; JCP 2006. IV. 2383 ; RDC 2006. 1231, obs. Viney ; RJDA 2006, nos 1008 et 1214.* ♦ L'installateur d'un matériel est tenu d'un devoir de conseil à l'égard de son client. Ne satisfait pas à son devoir d'information le fournisseur d'un système de chauffage qui, également chargé de l'installation du matériel, devait s'informer des besoins de son client et l'avertir de l'inadaptation, par nature, du système proposé. • Civ. 1re, 7 avr. 1998 : *Bull. civ. I, n° 150 ; CCC 1998. n° 97, obs. Leveneur.* ♦ V. aussi, pour un vendeur-maître d'œuvre d'un insert de cheminée qui, ayant, comme installateur, l'obligation de s'assurer de l'aptitude du conduit à recevoir la fumée provenant du foyer, ne peut s'exonérer de sa responsabilité pour un éventuel vice de construction du foyer : • Civ. 1re, 17 févr. 1998 : *Bull. civ. I, n° 61 ; Gaz. Pal. 1999. 1. Somm. 109, obs. Peisse ; JCP E 1998. 584.* ♦ Rappr. • Civ. 1re, 25 janv. 2000 : *préc.* (son obligation de conseil impose à l'installateur d'adapter l'installation existante aux caractéristiques du matériel livré). ♦ L'obligation de renseigner le client sur les précautions à respecter dans la manipulation d'un appareil incombe au vendeur et non, sauf circonstances particulières, au réparateur. • Civ. 1re, 19 janv. 1983 : *JCP 1984. II. 20175, note Jourdain.*

Un contrat d'entretien d'une installation soumise à réglementation oblige l'installateur à informer son client des modifications de la réglementation, de manière à lui permettre de respecter celle-ci. • Civ. 1re, 15 mars 1988 : *D. 1988. IR 93* • 28 févr. 1989 : *D. 1989. IR 96.* ♦ Les spécialistes de la vente, de la pose et de l'entretien des tapis sont tenus d'une obligation de conseil à l'égard de leurs clients ; ils doivent notamment les mettre en garde contre les inconvénients susceptibles de découler d'un choix inopportun. • Aix-en-Provence, 11 févr. 1975 : *D. 1976. Somm. 4.* ♦ Le mainteneur n'est tenu d'effectuer l'entretien et les réparations que des appareils qui lui sont confiés. • Civ. 1re, 30 mars 1999 : *CCC 1999, n° 87, obs. Leveneur.*

Mais le devoir de conseil de l'installateur s'inscrit nécessairement dans son domaine de compétence technique ; l'installateur d'un système de vidéo-surveillance dans les locaux d'une entreprise n'est pas tenu d'avertir son client que la présence de caméras dans la cafétéria de l'entreprise n'est pas compatible avec la réglementation du code du travail. • Civ. 1re, 25 juin 2002 : *Bull. civ. I, no 177.* ♦ Sur les obligations respectives du fournisseur de logiciel, du technicien venu réparer le disque dur et du client en cas d'effacement accidentel de données, V. • Paris, 18 oct. 2007 : *CCF 2008. no 70, obs. Stoffel-Munck.* ♦ Jugeant cependant qu'une société chargée de l'installation de panneaux solaires engage sa responsabilité à l'égard de sa cliente faute d'avoir recueilli les renseignements indispensables au calcul exact du crédit d'impôt auquel les travaux ouvraient droit : • Civ. 1re, 8 mars 2012 : *Bull. civ. I, no 49; Dalloz actualité, 27 mars 2012, obs. de Ravel d'Esclapon; RDI 2012. 340, obs. Durand-Pasquier ; CCC 2012, no 146, obs. Leveneur; RJDA 2012, no 656.*

4. Banques : prêt. BIBL. Piedelièvre, *Dr. et patr. janv. 2001. 62.* – Rivière, *LPA 22 juin 2001* (banquier souscripteur en assurance de groupe). ♦ Le banquier n'a pas à s'immiscer dans la gestion des affaires de son client. • Com. 11 mai 1999 : *Bull. civ. IV, no 95; R., p. 357; RTD com. 1999. 733, obs. M. Cabrillac .* ♦ V. aussi : • Com. 25 janv. 2000 : *Bull. civ. IV, no 18* (absence de devoir de conseil particulier des caisses régionales de crédit agricole mutuel).

Devoir de conseil du prêteur au regard des risques de surendettement de l'emprunteur. • Civ. 1re, 27 juin 1995 : *Bull. civ. I, no 287; D. 1995. 621, note Piedelièvre ; Defrénois 1995. 1416, obs. Mazeaud; RTD civ. 1996. 385, obs. Mestre ; LPA 29 nov. 1996, note Arlie* (la présentation d'une offre préalable conforme à la législation sur le crédit immobilier ne dispense pas le prêteur de son devoir de conseil à l'égard de l'emprunteur). ♦ Scolastique, *Defrénois 1996. 689.* ♦ V. aussi note 17 ss. art. L. 111-1. ♦ N'engage pas sa responsabilité en accordant aux emprunteurs le crédit immobilier qu'ils ont demandé le prêteur qui n'a pas, sur la fragilité de la situation financière de ces derniers, des informations qu'eux-mêmes auraient ignorées. • Com. 26 mars 2002 : *Bull. civ. IV, no 57; R., p. 451; D. 2002. AJ 1341, obs. Lienhard ; JCP E 2002. 852, note Gourio* • 24 sept. 2003 : *Bull. civ. IV, no 137* • 3 déc. 2002 : *JCP 2004. II. 10003, note Baruchel.* ♦ Déjà en ce sens, pour un prêt à une entreprise : • Com. 11 mai 1999 : *préc.*

Le banquier doit avertir la caution que le débiteur ne paie plus les primes de l'assurance de groupe. • Civ. 1re, 27 juin 1995 : *Bull. civ. I, no 281; RTD civ. 1996. 393, obs. Mestre .* ♦ L'établissement de crédit tenu d'une obligation d'information et de conseil doit avertir la caution que sa demande d'adhésion a été refusée par l'assureur. • Civ. 2e, 15 déc. 2005 : *LPA 29 sept. 2006, note Attard.* ♦ Commet une faute le souscripteur d'une assurance de groupe qui omet de conseiller à un adhérent de procéder à la déclaration du sinistre à l'assureur. • Civ. 1re, 19 déc. 2000 : *Bull. civ. I, no 325; R. p. 406; RGDA 2001. 89, note Fonlladosa.* ♦ Mais absence de manquement de l'organisme de crédit à son devoir de conseil lorsqu'il est établi que le couple emprunteur, en dépit des renseignements figurant sur les notices relatives à l'assurance de groupe, a exprimé sa volonté délibérée de ne souscrire une assurance qu'au profit du mari seul. • Civ. 1re, 16 juill. 1998 : *Bull. civ. I, no 247.* ♦ V. aussi • Civ. 1re, 1er déc. 1998 : *Bull. civ. I, no 334; D. 2000. 404, note Choisez ; JCP 1999. I. 171, nos 9 s., obs. Virassamy; RTD civ. 1999. 83, obs. Mestre* (absence de manquement de l'établissement de crédit qui n'a pas conseillé la souscription d'une assurance complémentaire à l'assurance de groupe) • 4 déc. 2001 : *Bull. civ. I, no 299; RGDA 2002. 156, note Fonlladosa; RTD civ. 2003. 81, obs. Mestre et Fages* • 30 janv. 2002 : *Bull. civ. I, no 37; D. 2003. 169, note Beignier (1re esp.)* • Civ. 3e, 24 avr. 2003 : *Bull. civ. III, no 83.* – Rappr. • Civ. 1re, 30 janv. 2001 : *Bull. civ. I, no 17; D. 2001. IR 827; RGDA 2001. 87, note Kullmann.* ♦ Absence de manquement de l'établissement de crédit qui a annexé au contrat de prêt une notice claire et précise sur l'étendue et les conditions de l'assurance de groupe. • Civ. 1re, 17 juill. 2001 : *Bull. civ. I, no 229; R., p. 449; RGDA 2001. 992, note Kullmann.* ♦ Rappr. • Civ. 1re, 6 nov. 2001 : *Bull. civ. I, no 271.*

5. ... Opérations spéculatives. Devoir de conseil du banquier qui tient les comptes de titres de son client : V. • Com. 18 mai 1993 : *D. 1994. 142, note Najjar ; Gaz. Pal. 1994. 1. 85, note Piedelièvre.* ♦ Une banque n'a pas d'obligation de conseil à l'égard d'un client averti ayant une grande maîtrise des opérations boursières. • Com. 18 févr. 1997 : *Bull. civ. IV, no 51; R., p. 246; D. Affaires 1997. 369* • 27 janv. 1998 : *Bull. civ. IV, no 41; R., p. 251; Gaz. Pal. 1999. 1. Somm. 102, obs. Piedelièvre* (client ayant acquis une solide expérience) • Civ. 1re, 13 oct. 1998 : *Bull. civ. I, no 296; R., p. 251; JCP 1999. I. 147, no 17, obs. Viney* (client opérateur averti) • Com. 22 mai 2001 : *Bull. civ. IV, no 94* (même sens) • 8 juill. 2003 : *ibid., no 118* (même sens) • Aix-en-Provence, 22 juin 2006 : *JCP 2006. IV. 3217.* ♦ Les établissements financiers ont l'obligation d'informer les clients sur les risques encourus dans les opérations spéculatives, hormis le cas où ces derniers ont une grande maîtrise des opérations boursières. • T. com. Paris, 10 févr. 2006 : *Gaz. Pal. 2006. 4168, obs. Vray; RJDA 2006, no 966.* ♦ C'est à celui qui est contractuellement tenu d'une obligation particulière de conseil de rapporter la preuve de l'exécution de cette obligation. • Com. 22 mars 2011 : *Bull. civ. IV, no 48; D. 2011. 1600, note Causse ; JCP E 2011, no 1482, spéc. no 7, obs. Loir; LPA 22 juin*

2011, note Burgard; RJDA 2011, n° 710; RDC 2011. 857, obs. Carval; Banque et Droit mai-juin 2011. 34, et les obs.; Bull. Joly Bourse 2011. 435, note Cohen-Branche (société de bourse).

La publicité délivrée par la personne qui propose à son client de souscrire des parts de fonds commun de placement doit être cohérente avec l'investissement proposé et mentionner le cas échéant les caractéristiques les moins favorables et les risques inhérents aux options qui peuvent être le corollaire des avantages énoncés. L'obligation d'information qui pèse sur ce professionnel ne peut être considérée comme remplie par la remise de la notice visée par la Commission des opérations de bourse [désormais l'Autorité des marchés financiers] lorsque la publicité ne répond pas à ces exigences. • Com. 24 juin 2008 : *Bull. civ. IV, n° 127; D. 2008. 2697, note Houtcieff ; RTD civ. 2008. 670, obs. Fages ; JCP 2008. II. 10160, note Mathey; JCP 2008. Actu. 486, obs. Roussille; Gaz. Pal. 2008. 4184, obs. Greffe; RD banc. fin. 2008. Étude 17, par Causse; ibid. Étude 20, par Roussille; RLDA sept. 2008. 35, note Piedelièvre; RDC 2009. 107, obs. Carval; Bull. Joly Bourse 2008. 398, note Guyader.* ♦ Comp. : il revient au juge de préciser en quoi les informations mentionnées sur un document publicitaire auraient été incomplètes, inexactes ou trompeuses (affaire *Bénéfic*). • Com. 19 sept. 2006 : *Bull. civ. IV, n° 187; D. 2007. Pan. 761, obs. Synvet ; RTD com. 2006. 870, obs. Storck ; JCP 2006. II. 10201, note Gourio; JCP E 2006, n° 48, p. 2035, n° 40, obs. Mathey; RD banc. fin. 2007, n° 44, obs. Torck; Banque et Droit nov.-déc. 2006. 46, obs. Bussière; RJDA 2007, n° 59; Bull. Joly Bourse janv.-févr. 2007. 24, note Riassetto et Storck; RLDA déc. 2006. 27, note Merville; Dr. sociétés 2007, n° 13, obs. Bonneau* • 15 mai 2007 : *RTD com. 2008. 145, obs. Storck ; JCP E 2007, n° 45, p. 13, obs. Routier* (relaxe) • Nîmes, 8 févr. 2007 : *ibid.* (condamnation) • Paris, 29 janv. 2009 : *CCC 2009, n° 118, obs. Raymond; Banque et Droit mars-avr. 2009. 33, et les obs.* (condamnation).

6. Avocat, avoué. **BIBL.** Michaud, *Gaz. Pal. 1997. 1. Doctr. 716.* – Mouly-Guillemaud, *LPA 18 avr. 2012* (obligation d'information des professionnels du droit, obligation d'anticiper l'imprévisible). ♦ La responsabilité des professionnels du droit ne présente pas un caractère subsidiaire, de sorte que la mise en jeu de la responsabilité d'un avocat n'est pas subordonnée au succès de poursuites préalables contre un autre débiteur et qu'est certain le dommage subi par sa faute, quand bien même la victime disposerait, contre un tiers, d'une action consécutive à la situation dommageable née de cette faute et propre à assurer la réparation du préjudice. • Civ. 1re, 22 sept. 2016, n° 15-20.656 P : *D. 2016. Actu. 1926 ; RTD civ. 2017. 154, obs. Jourdain ; JCP 2016, n° 1239, note Grayot-Dirx.* ♦ L'avocat est tenu d'informer préalablement son client des conditions de fixation de sa rémunération. • Civ. 1re, 18 juill. 2000 : *Bull. civ. I, n° 214; D. 2002. Somm. 854, obs. Blanchard ; JCP 2000. II. 10417, note R. Martin; RTD civ. 2000. 828, obs. Mestre et Fages .* ♦ La mission d'assistance en justice emporte pouvoir et devoir de conseiller la partie : manque à son devoir de conseil l'avocat qui omet d'informer son client sur les moyens de défense, quelles qu'aient été les instructions reçues. • Civ. 1re, 9 mai 1996 : *Bull. civ. I, n° 191.* ♦ ... Ou sur les voies de recours existant contre les décisions rendues à son encontre. • Civ. 1re, 13 nov. 1997 : *Bull. civ. I, n° 303; D. Affaires 1997. 1466.* ♦ Mais les éventuels manquements de l'avocat à ses obligations professionnelles ne s'apprécient qu'au regard du droit positif existant à l'époque de son intervention, sans que l'on puisse lui imputer la faute de n'avoir pas prévu une évolution postérieure du droit consécutive à un revirement de jurisprudence. • Civ. 1re, 15 déc. 2011 : *Bull. civ. I, n° 214; Dalloz actualité, 11 janv. 2012, obs. de Ravel d'Escaplon; D. 2012. Actu. 94 ; RTD civ. 2012. 318, obs. Jourdain ; JCP 2011, n° 1469, obs. Slim; Gaz. Pal. 2012. 1479, obs. Mekki; Dr. sociétés 2012, n° 22, obs. Hovasse; Bull. Joly 2012. 226, note Barbièri.* ♦ Un avocat n'engage pas sa responsabilité professionnelle en ne soulevant pas un moyen de défense inopérant. • Civ. 1re, 28 oct. 2015, n° 14-24.616 P : *D. 2015. Actu. 2248 .*

L'avocat étant tenu à l'égard de son client d'une obligation particulière d'information et de conseil, il lui incombe de rapporter la preuve de l'exécution de cette obligation. • Civ. 1re, 29 avr. 1997 : *Bull. civ. I, n° 132; D. Affaires 1997. 729; CCC 1997, n° 111, obs. Leveneur; JCP 1997. II. 22948, note Martin* • Paris, 6 oct. 1998 : *D. 1998. IR 242.* ♦ V. aussi • Civ. 1re, 4 mars 1997 : *JCP N 1997. II. 1397, note Kuhn.* ♦ Les compétences personnelles du client d'un avocat ne dispensent pas celui-ci de son devoir de conseil. • Civ. 1re, 7 juill. 1998 : *Bull. civ. I, n° 238; D. Affaires 1998. 1392, obs. J. F.* • 12 janv. 1999 : *Bull. civ. I, n° 15; D. Affaires 1999. 374* • 19 mai 1999 : *Bull. civ. I, n° 164; D. 2000. Somm. 153, obs. Blanchard .* ♦ Sur l'obligation de conseil pesant sur l'avoué, V. • Civ. 1re, 24 juin 1997 : *Bull. civ. I, n° 214; D. 1998. Somm. 198, obs. Jourdain ; JCP 1997. II. 22970, note du Rusquec.* ♦ Est certain le dommage subi par une personne par l'effet de la faute d'un professionnel du droit, quand bien même la victime disposerait, contre un tiers, d'une action consécutive à la situation dommageable née de cette faute et propre à assurer la réparation du préjudice. • Civ. 1re, 19 déc. 2013 : *Bull. civ. I, n° 254; D. 2014. 256, note Avril ; D. avocats 2014. 69, note Royer ; RJDA 2014, n° 284; RDC 2014. 194, note Carval.* ♦ L'action que cette victime se voyait contraint d'exercer à nouveau contre son débiteur, pour être rétabli dans son droit par suite de la situation dommageable créée par les fautes, non contestées, de son avocat, n'est pas de nature à priver la perte de chance invoquée de son caractère actuel et certain. • Même décision.

7. Professeur de droit. L'universitaire n'est pas un prestataire de services au sens de l'art. L. 111-1, sachant, en toute hypothèse, que cet article, sur les caractéristiques essentielles du service, n'a pas été violé, l'avocat ayant demandé la consultation juridique au professeur n'ayant pu de par sa formation et sa profession ignorer les caractéristiques essentielles de la consultation sollicitée. • Aix-en-Provence, 28 oct. 2014 : *D. 2014. Actu. 2246 ; RTD civ. 2015. 158, obs. Gautier .*

8. Huissiers. Les huissiers de justice, légalement ou contractuellement tenus de conseiller leurs clients sur l'utilité et l'efficacité des actes qu'ils sont requis d'accomplir, doivent rapporter la preuve de l'exécution de cette obligation. • Civ. 1re, 15 déc. 1998 : *Bull. civ. I, n° 364; D. 1999. IR 27 ; Gaz. Pal. 1999. 1. 208, note Loyer.* ♦ Le devoir de conseil auquel est tenu le rédacteur d'actes s'apprécie au regard du but poursuivi par les parties et de leurs exigences particulières lorsque, dans ce dernier cas, le praticien du droit en a été informé. Si le professionnel doit veiller, dans ses activités de conseil et de rédaction d'actes, à réunir les justificatifs nécessaires à son intervention, il n'est, en revanche, pas tenu de vérifier les déclarations d'ordre factuel faites par les parties en l'absence d'éléments de nature à éveiller ses soupçons quant à la véracité des renseignements donnés. • Civ. 1re, 25 mars 2010 : *Bull. civ. I, n° 72; D. 2010. Actu. 892 ; AJDI 2010. 911, note Thioye ; JCP E 2010, n° 1656, spéc. n° 1, obs. Seube; CCC 2010, n° 152; RJDA 2010, n° 709; Gaz. Pal. 2010. 1720, obs. Mekki; Defrénois 2010. 1684, obs. Seube; RDC 2010. 851, note Viney.*

9. Notaires. BIBL. Sargos, *JCP N 2007, n° 47, p. 13* (principes d'efficacité et de proportionnalité en matière de responsabilité civile des notaires). – Albigès, *Dr. et patr. juill.-août 2008. 68* (responsabilité notariale et cautionnement). – Poumarède, *JCP N 2011, n° 1091* (contours du devoir d'investigation du notaire). – Latina et Sagaut, *Defrénois 2011. 976* (responsabilité du notaire en matière de sûretés). – Sagaut, *Dr. et patr. nov. 2011. 46* (devoir d'efficacité de l'acte et mise en garde du client). ♦ La responsabilité des professionnels du droit ne présente pas un caractère subsidiaire, de sorte que la mise en jeu de la responsabilité d'un notaire, dont la faute n'est pas contestée, n'est pas subordonnée à une poursuite préalable contre un autre débiteur et qu'est certain le dommage subi par sa faute, quand bien même la victime disposerait, contre un tiers, d'une action consécutive à la situation dommageable née de cette faute et propre à assurer la réparation du préjudice. • Civ. 1re, 25 nov. 2015, n° 14-26.245 P : *D. 2016. 553, note Sindres ; JCP N 2016, n° 1086, note Dagorne-Labbe; RJDA 2016, n° 182; RDC 2016. 221, obs. Deshayes* • 22 sept. 2016, n° 15-13.840 P : *Dalloz actualité, 5 oct. 2016, obs. de Ravel d'Esclapon; D. 2016. Actu. 1928 ; RTD civ. 2017. 154, obs. Jourdain .* ♦ Le notaire, tenu de prendre toutes dispositions utiles pour assurer la validité et l'efficacité des actes auxquels il prête son concours ou qu'il a reçu mandat d'accomplir, doit, sauf s'il en est dispensé expressément par les parties, veiller à l'accomplissement des formalités nécessaires à la mise en place des sûretés qui en garantissent l'exécution, dont, quelles que soient ses compétences personnelles, le client concerné se trouve alors déchargé. • Civ. 1re, 3 mars 2011 : *Bull. civ. I, n° 44; Dalloz actualité, 14 mars 2011, obs. Rabu; D. 2011. Actu. 818 ; JCP E 2011, n° 1543, spéc. n° 8, obs. Delebecque; Gaz. Pal. 2011. 1756, obs. Pailler; RJDA 2011, n° 651; RDC 2011. 861, obs. Deshayes; RD banc. fin. 2011, n° 100, obs. Legeais; Banque et Droit mars-avr. 2011. 60, obs. Rontchevsky.* ♦ Le notaire, tenu professionnellement de s'assurer de l'efficacité des actes qu'il rédige et d'éclairer les parties sur leur portée, leurs effets et leurs risques, doit vérifier par toutes investigations utiles, spécialement lorsqu'il existe une publicité légale, l'étendue et la teneur des droits réels dont il authentifie la vente. • Civ. 1re, 29 juin 2016, n° 15-15.683 P : *D. 2016. Actu. 1497 ; AJDI 2017. 133, obs. Borel .* ♦ Il est ainsi tenu de vérifier, par toutes investigations utiles, les déclarations faites par le vendeur et qui, par leur nature ou leur portée juridique, conditionnent la validité ou l'efficacité de l'acte qu'il dresse. • Civ. 1re, 29 juin 2016, n° 15-17.591 P : *D. 2016. Actu. 1498 ; AJDI 2017. 134, obs. Borel ; RJDA 2016, n° 676.* ♦ La faute intentionnelle d'une partie ne dispense pas le notaire des devoirs liés à sa fonction d'officier public. • Civ. 1re, 11 janv. 2017, n° 15-22.776 P : *D. 2017. Actu. 160 .* ♦ Les notaires sont tenus d'éclairer les parties et d'appeler leur attention, de manière complète et circonstanciée, sur la portée et les effets ainsi que sur les risques des actes auxquels ils sont requis de donner la forme authentique. • Civ. 1re, 19 déc. 2006 : *Bull. civ. I, n° 556; D. 2007. AJ 304, obs. Gallmeister ; JCP 2007. IV. 1193; RD banc. fin. 2007, n° 64, obs. Legeais.* ♦ Le devoir de conseil du notaire subsiste en dépit d'une mission limitée à l'authentification de conventions directement arrêtées par les parties. • Civ. 1re, 10 juin 1997 : *Bull. civ. I, n° 197* • 1er déc. 1998 : *Defrénois 1999. 380, obs. Aubert* • 3 avr. 2007 : *Bull. civ. I, n° 143; D. 2007. AJ 1271 ; AJDI 2007. 498 ; JCP 2007. IV. 1989; RJDA 2007, n° 685.* ♦ La preuve du conseil incombe au notaire et elle peut résulter de toute circonstance ou document. • Civ. 1re, 3 févr. 1998 : *Bull. civ. I, n° 44; D. Affaires 1998. 413, obs. J. F.; JCP N 1998. 701, note Pillebout.* ♦ La présence d'un conseiller personnel au côté du client ne saurait dispenser le notaire de son obligation d'information. • Civ. 1re, 13 nov. 1997 :

Bull. civ. I, n° 308 • 3 mars 1998 : *ibid., n° 93.* ♦ Toutefois, il ne peut être reproché au notaire de ne pas avoir prévu une évolution ultérieure du droit. • Civ. 1re, 25 nov. 1997 : *Bull. civ. I, n° 328; D. Affaires 1998. 63, obs. J. F.; JCP 1998. I. 144, obs. Viney; LPA 1998, n° 122, note Blin-Franchomme.* ♦ Comp., jugeant qu'il revient au notaire d'avertir ses clients des incertitudes de la jurisprudence : • Civ. 1re, 7 mars 2006 : *Bull. civ. I, n° 136; D. 2006. 2894, note Marmoz; RTD civ. 2006. 521, obs. Deumier; ibid. 580, obs. Gautier; JCP 2006. I. 166, n° 9, obs. Stoffel-Munck; JCP N 2006, n° 24, p. 1141, note Pillebout; Defrénois 2006. 1200, obs. Hébert; RDC 2006. 1234, obs. Carval.* ♦ ... Et de la portée rétroactive d'un revirement de jurisprudence : • Civ. 1re, 12 juill. 2007 : *Bull. civ. I, n° 266; D. 2007. AJ 2234, obs. Delpech.* ♦ L'existence d'une incertitude juridique ne dispense pas le notaire de son obligation de conseil. • Civ. 1re, 9 déc. 1997 : *Bull. civ. I, n° 362.* ♦ Le notaire, professionnellement tenu d'informer et d'éclairer les parties sur les incidences fiscales des actes qu'il établit, ne peut être déchargé de son devoir de conseil envers son client par les compétences personnelles de celui-ci. • Civ. 1re, 3 avr. 2007 : *Bull. civ. I, n° 142; D. 2007. AJ 1271; AJDI 2007. 498; JCP 2007. IV. 1990; RJDA 2007, n° 710.* ♦ Sur l'obligation de conseil du notaire à l'égard d'un client compétent, V. • Civ. 1re, 19 mai 1999 : *Bull. civ. I, n° 166; D. Affaires 1999. 1036, obs. J. F.; Defrénois 1999. 1339, obs. Aubert* • 29 févr. 2000 : *Bull. civ. I, n° 72; D. 2000. IR 83; Defrénois 2000. 733, obs. Aubert* (partage de responsabilité). ♦ Ayant relevé que le notaire, tenu d'éclairer les parties sur la portée, les effets et les risques des actes auxquels il prête son concours, avait constaté la mauvaise connaissance de la langue française par son client, la cour d'appel a pu décider qu'en ne l'invitant pas à se faire assister par un interprète, l'intéressé avait commis une faute de nature à engager sa responsabilité professionnelle. • Civ. 1re, 13 mai 2014 : *Bull. civ. I, n° 82; D. 2014. Chron. C. cass. 1715, obs. Darret-Courgeon; JCP 2014, n° 608; RJDA 2014, n° 796; LPA 1er sept. 2014, note Jakouloff.* ♦ Mais la circonstance qu'un notaire ait manqué à son devoir d'assurer l'efficacité de l'acte instrumenté n'implique pas nécessairement qu'il en résulte un préjudice. • Civ. 1re, 20 mars 2014 : *D. 2014. Actu. 776; AJDI 2014. 390; RJDA 2014, n° 612; Gaz. Pal. 2014. 2276, obs. Blanc.*

Le notaire n'est pas tenu d'un devoir de conseil envers ceux qui restent tiers par rapport aux actes auxquels il intervient. • Civ. 1re, 28 mars 2000 : *Bull. civ. I, n° 104; D. 2000. IR 152; Defrénois 2000. 1389, obs. Aubert.* ♦ N'engage pas sa responsabilité professionnelle pour manquement à son devoir de conseil et d'information le notaire dont l'étendue de sa mission a été restreinte par la volonté des parties de signer l'acte sous seing privé hors sa présence et en ne lui versant aucune rémunération. • Civ. 1re, 30 mai 2012 : *Bull. civ. I, n° 115; Dalloz actualité, 12 juin 2012, obs. Rabu; RJDA 2012, n° 841; Gaz. Pal. 2012. 3467, obs. Mekki; RLDC juill.-août 2012. 26, obs. Bugnicourt.* ♦ Le secret professionnel interdit au notaire de révéler au vendeur d'un bien immobilier qu'il a été chargé par l'acquéreur du bien de procéder à sa revente, dès le lendemain, quel qu'en soit le prix. • Civ. 1re, 3 mai 2006 : *Bull. civ. I, n° 209; D. 2006. IR 1402, obs. Guiomard; RTD civ. 2006. 759, obs. Mestre et Fages; JCP 2006. IV. 2150; JCP N 2006, n° 36, p. 1549, obs. Piedelièvre; ibid., n° 41, p. 1804, note Couturier; RJDA 2006, n° 1122.* ♦ Si le notaire est tenu d'éclairer les parties et d'appeler leur attention sur la portée, les effets et les risques des actes auxquels il prête son concours, il n'a pas à répondre, dès lors qu'ont été prises les mesures propres à garantir la bonne exécution du montage choisi, des aléas financiers liés à la conjoncture boursière acceptés par ses clients. • Civ. 1re, 8 déc. 2009 : *Bull. civ. I, n° 238; D. 2010. AJ 91; RJDA 2010, n° 322; RLDC févr. 2010. 22, obs. Bugnicourt; RD banc. fin. 2010, n° 113, obs. Storck.* ♦ Le notaire n'est, en principe, pas tenu à une obligation de conseil et de mise en garde en ce qui concerne l'opportunité économique de l'opération à laquelle il prête son concours. • Civ. 1re, 4 nov. 2011 : *Bull. civ. I, n° 193; Dalloz actualité, 23 nov. 2011, obs. Rabu; D. 2011. Actu. 2793; JCP E 2012, n° 1006, note Legeais; Gaz. Pal. 2012. 408, obs. Mekki; RJDA 2012, n° 270; Defrénois 2012. 146, note Dagorne-Labbe; RLDC janv. 2012. 25, obs. Le Nestour-Drelon.*

10. Réparations de véhicules. Un garagiste doit avertir son client de ce que le coût des travaux envisagés est hors de proportion avec la valeur du véhicule. • Civ. 1re, 20 juin 1979 : *D. 1980. IR 38, obs. Larroumet.* ♦ Il doit appeler l'attention de son client sur l'étendue des travaux qui se révèlent nécessaires et obtenir son accord. • Com. 7 juill. 1983 : *D. 1983. IR 476.* ♦ Sur l'obligation, pour le garagiste, de recueillir l'accord du client sur une réparation importante : • Civ. 1re, 2 mai 2001 : *CCC 2001, n° 132, obs. Leveneur.* ♦ Mais, lorsque son intervention est limitée par le client au changement d'un balai d'essuie-glace et de quatre bougies, il n'est pas tenu d'appeler l'attention de son cocontractant sur la nécessité d'une vidange. • Civ. 1re, 5 nov. 1996 : *Bull. civ. I, n° 369.*

Absence de responsabilité du garagiste, tant sur le fondement de son obligation de résultat que sur celui de son obligation de conseil, qui, sur instruction expresse de son client qui en acceptait les risques, s'est contenté d'effectuer une réparation de fortune au moindre coût. • Civ. 1re, 7 juin 1995 : *Bull. civ. I, n° 235; Gaz. Pal. 1997. 1. Somm. 103, obs. Peisse.* – Dans le même sens : • Civ. 1re, 30 nov. 2004 : *JCP 2005. IV. 1080; RCA 2005, n° 22, note Hocquet-Berg.*

Un garagiste ne peut réclamer le paiement de réparations supplémentaires, dès lors qu'il a effectué ces travaux non compris dans le devis, sans obtenir l'accord préalable de son client. • Civ. 1re, 25 mars 1997 : *CCC 1997, no 95, obs. Leveneur* • Amiens, 20 mai 2010, no 08/03836. ♦ Il appartient au garagiste d'établir que son client a bien commandé les travaux de remise en état effectués. • Civ. 1re, 14 déc. 1999 : *D. 2000. IR 20*.

Le garagiste qui prête un véhicule de remplacement à un client est tenu d'informer celui-ci sur l'étendue des garanties de son contrat d'assurance et sur l'intérêt de souscrire, éventuellement, des garanties supplémentaires. • Civ. 1re, 25 nov. 2003 : *Bull. civ. I, no 235; D. 2004. IR 34 ; CCC 2004, no 20, obs. Leveneur.*

11. Location de voiture. Il appartient au loueur d'informer clairement le locataire de la liste des pays dans lesquels il n'autorise pas l'utilisation du véhicule. • Paris, 24 sept. 1999 : *CCC 2000, no 87, obs. Raymond* (caractère non satisfaisant d'une inscription au verso du contrat, dans une typographie minuscule, très difficilement lisible). ♦ Le loueur d'un véhicule est tenu d'attirer l'attention de son client sur l'étendue de l'assurance qui accompagne cette location et notamment sur le fait que, alors qu'il y a assurance tout risque, le conducteur n'est pas couvert pour ses dommages corporels en cas d'accident responsable ou tiers non identifié. • Colmar, 3 mars 2006 : *CCC 2006, no 239, obs. Raymond.* ♦ Les dispositions relatives aux déchéances de garantie revendiquées par le loueur doivent être déclarées inopposables au locataire dès lors que les conditions générales de location sont rédigées de manière quasi illisible, compte tenu de la taille des caractères et d'une impression claire sur fond pâle, ce qui ne permet pas au locataire d'avoir une lecture simple des clauses qu'il signe. • Grenoble, 11 juin 2007 : *CCC 2008, no 25, obs. Raymond.*

12. Transporteur. Manque à son obligation contractuelle de conseil et de renseignement la SNCF qui, sollicitée par un client handicapé sur la nécessité pour lui de disposer en permanence d'un appareil électrique, se borne à donner une réponse vague et lénifiante. • Paris, 14 mars 2005 : *D. 2005. IR 1303; RDC 2005. 1101, obs. Delebecque.*

13. Hôtelier. Engage sa responsabilité civile un hôtelier qui, dans sa publicité, mentionne un accueil des chiens comme « princier » et dit « soigner sa clientèle canine », moyennant un supplément de prix, alors qu'il n'a pas averti un client, lors de sa réservation, que l'accès des chiens au restaurant de l'établissement est interdit. • Rennes, 9 mars 1999 : *CCC 2000, no 105, obs. Raymond.*

14. Groupements sportifs. L'art. 38 de la loi du 16 juill. 1984 fait obligation aux groupements sportifs, non seulement d'attirer l'attention de leurs adhérents sur leur intérêt à souscrire une assurance de personnes couvrant leurs dommages corporels, mais encore de leur proposer plusieurs formules de garantie. • Civ. 1re, 13 févr. 1996 : *Bull. civ. I, no 84; D. 1997. Somm. 181, obs. Mouly* . ♦ Sur la responsabilité d'un club de judo, qui n'a pas informé son adhérent de son intérêt à souscrire une assurance complémentaire, en raison de la perte d'une chance subie par celui-ci d'obtenir une meilleure réparation à la suite d'un accident, V. • Civ. 1re, 7 avr. 1998 : *Bull. civ. I, no 147.* – Dans le même sens, pour un club de rugby : • Civ. 1re, 14 janv. 2003 : *RGDA 2003. 321, note Favre-Rochex.*

15. Courtage matrimonial. Sur l'obligation d'information de l'agent matrimonial, V. note 5 ss. art. L. 224-90.

II. SANCTION DU DÉFAUT D'INFORMATION

16. Renvoi. V. art. L. 131-1. ♦ V. aussi notes 17 s. ss. art. L. 111-1.

Art. L. 111-3 Les dispositions des articles L. 111-1 et L. 111-2 s'appliquent sans préjudice des dispositions particulières en matière d'information des consommateurs propres à certaines activités.

(Ord. no 2017-484 du 6 avr. 2017, art. 17-II) **« Les dispositions de l'article L. 111-2 ne s'appliquent ni aux services mentionnés aux livres Ier à III et au titre V du livre V du code monétaire et financier, ni aux opérations pratiquées par les entreprises régies par le code des assurances, par les fonds de retraite professionnelle supplémentaires mentionnés à l'article L. 381-1 du même code, par les mutuelles et unions régies par le livre II du code de la mutualité, par les mutuelles et unions de retraite professionnelle supplémentaire mentionnées à l'article L. 214-1 du même code, par les institutions de prévoyance et unions régies par le titre III du livre IX du code de la sécurité sociale et par les institutions de retraite professionnelle supplémentaire mentionnées à l'article L. 942-1 du même code. »** – *[C. consom., art. L. 111-2, II, et L. 111-4, II.]*

COMMENTAIRE

L'article L. 111-3 exclut logiquement un certain nombre de prestations spécifiques : services financiers, opérations pratiquées par les entreprises soumises au code des assurances ou au code de la mutualité, opérations pour lesquelles des obligations spécifiques d'information sont instaurées.

Pour le reste, les articles L. 111-1 et L. 111-2 s'appliquent en tant que règles générales communes aux contrats de consommation (elles-mêmes dérogatoires au droit commun), sous réserve de règles particulières à certains contrats (par exemple, contrats à distance), et ce, conformément aux prescriptions du nouvel article 1105, alinéa 3, du code civil.

Depuis la loi du 17 mars 2014, le manquement à ces obligations est sanctionné par des amendes administratives, gage d'une plus grande effectivité (art. L. 131-1).

Code du travail

Art. L. 8221-7 *(Ord. nº 2007-329 du 12 mars 2007)* Toute personne qui publie, diffuse ou fait diffuser par tout moyen une offre de service ou de vente ou une annonce destinée à faire connaître son activité professionnelle au public est tenue :

1º Lorsqu'elle est soumise au respect des formalités mentionnées aux articles L. 8221-3 et L. 8221-5 *[relatifs au travail dissimulé]* :

a) De mentionner un numéro d'identification prévu par décret en Conseil d'État ou, pour l'entreprise en cours de création, son nom ou sa dénomination sociale et son adresse professionnelle ;

b) De communiquer au responsable de la publication ou de la diffusion son nom ou sa dénomination sociale et son adresse professionnelle ;

2º Lorsqu'elle n'est pas soumise au respect des formalités mentionnées au 1º :

a) De mentionner son nom et son adresse sur toute annonce faite par voie d'affiche ou de prospectus ;

b) De communiquer son nom et son adresse au responsable de la publication ou de la diffusion.

Le responsable de la publication ou de la diffusion tient ces informations à la disposition des agents de contrôle mentionnés à l'article L. 8271-7 pendant un délai de six mois à compter de la cessation de la diffusion de l'annonce. – *[Anc. art. L. 324-11-2, I.]*

Art. L. 8224-6 *(Ord. nº 2007-329 du 12 mars 2007)* Le fait, pour toute personne soumise aux obligations énoncées à l'article L. 8221-7, de diffuser ou de faire diffuser, ou de communiquer au responsable de la publication ou de la diffusion des informations mensongères relatives à son identification est puni d'une amende de 7 500 €. – *[Anc. art. L. 324-11-2, II, al. 1er.]*

Code de commerce

Art. A. 441-1 Toute personne vendant des produits ou fournissant des services, liée par un accord de franchise à un franchiseur, informe le consommateur de sa qualité d'entreprise indépendante, de manière lisible et visible, sur l'ensemble des documents d'information, notamment de nature publicitaire, ainsi qu'à l'intérieur et à l'extérieur du lieu de vente. – *[Arr. du 21 févr. 1991, art. 1er.]*

Ordonnance nº 2016-301 du 14 mars 2016, *relative à la partie législative du code de la consommation.* **Art. 33** Au vu du bilan de l'expérimentation menée en concertation avec l'ensemble des acteurs des filières concernées, en application de l'article L. 112-10 du code de la consommation dans sa rédaction antérieure à la date d'entrée en vigueur de la présente ordonnance *[fixée au 1er juill. 2016]*, un décret en Conseil d'État fixe les modalités de généralisation du dispositif tendant à informer le consommateur, par tout procédé approprié, du contenu en équivalent carbone des produits et de leur emballage, ainsi que de la consommation de ressources naturelles ou de l'impact sur les milieux naturels qui sont imputables à ces produits au cours de leur cycle de vie.

Ce décret précise, en tenant compte de la spécificité des très petites entreprises au regard de l'objectif poursuivi, la nature de l'information à apporter, les supports de l'information, les responsabilités respectives des acteurs économiques, les modalités d'enregistrement des données et les modalités d'accès aux données scientifiques fondant cette information, ainsi que les catégories de produits visées par cette obligation.

Il précise également sur la base des règles ainsi définies, pour chaque catégorie de produits, la nature des informations pertinentes selon leur mode de distribution, les supports d'information ainsi que les référentiels à utiliser.

Art. L. 111-4 **Le fabricant ou l'importateur de biens meubles informe le vendeur professionnel de la période pendant laquelle ou de la date jusqu'à laquelle les pièces détachées indispensables à l'utilisation des biens sont disponibles sur le marché. Cette information est délivrée obligatoirement au consommateur par le vendeur de manière lisible avant la conclusion du contrat et confirmée par écrit lors de l'achat du bien.** – *V. art. D. 111-4.*

Dès lors qu'il a indiqué la période ou la date mentionnées au premier alinéa, le fabricant ou l'importateur fournit obligatoirement, dans un délai de deux mois, aux vendeurs professionnels ou aux réparateurs, agréés ou non, qui le demandent les pièces détachées indispensables à l'utilisation des biens vendus. – *[C. consom., art. L. 111-3.] – V. art. D. 111-5.*

Les modalités d'application du présent article sont précisées par décret.

Les dispositions de l'art. L. 111-4 résultent de leur rédaction issue de l'art. 6 de la L. nº 2014-344 du 17 mars 2014, et s'appliquent aux contrats conclus après le 13 juin 2014 (L. préc., art. 34). – Pour la rédaction antérieure, V. ***C. consom.****, éd. 2015.*

Sur la charge de la preuve, V. art. L. 111-5. – Sur les sanctions, V. art. L. 131-2.

V. Avis CNC du 12 mai 2015, NOR : EINC1511470V, sur la durabilité des produits (BOCC 9 juin 2015).

BIBL. ▸ JOUFFROY, *Liber amicorum Calais-Auloy, Dalloz, 2004, p. 559* (la mode, une logique d'obsolescence des biens de consommation). - DUPONT, *CCC 2014. Étude 10* (peut-on en finir avec l'obsolescence programmée ?). - CASTAGNÉ, *CCC 2015. Alerte 51* (information du consommateur sur la disponibilité des pièces détachées). - DUPONT, *JCP E 2016, nº 1004* (durabilité des produits et disponibilité des pièces détachées : où en est-on ?).

COMMENTAIRE

I. PIÈCES DÉTACHÉES

La loi relative à la consommation du 17 mars 2014 vise à lutter contre l'obsolescence programmée des produits. Elle prévoit que, lors de l'achat, les consommateurs seront informés de l'existence et de la disponibilité de pièces détachées : avant la formation du contrat, d'une part, et lors de sa conclusion par écrit, d'autre part (art. L. 111-4, al. 1er).

Afin de faciliter la réparation des biens, il est prévu de renforcer la règle obligeant le vendeur à informer les consommateurs, lors de l'achat d'un bien, sur la période durant laquelle les pièces indispensables à l'utilisation du bien seront disponibles, par l'obligation de mettre effectivement ces pièces à leur disposition durant la période considérée : en ce sens, l'article L. 111-4, alinéa 2, prévoit en amont que le fabricant ou l'importateur a l'obligation de fournir, dans un délai de deux mois, les pièces détachées indispensables à l'utilisation des biens vendus aux vendeurs professionnels ou aux réparateurs qui en font la demande. On remarquera que l'obligation de fournir les pièces détachées pendant la période prévue pèse uniquement sur le fabricant, débiteur d'une obligation de résultat, et non sur le vendeur qui se trouve déchargé de l'obligation de constituer des stocks importants de pièces.

L'efficacité de la protection est mieux assurée que par le passé du fait de l'existence d'amendes administratives prévues par l'article L. 131-2.

II. MODALITÉS DE L'INFORMATION

L'article D. 111-4 prévoit, en application du premier alinéa de l'article L. 111-4, les modalités de l'information. Celle-ci doit être délivrée par le fabricant ou l'importateur de biens meubles au vendeur professionnel, elle porte sur la période pendant laquelle ou la date jusqu'à laquelle les pièces détachées indispensables à l'utilisation d'un bien sont disponibles, et doit figurer sur tout document commercial ou sur tout support durable accompagnant la vente de biens meubles. Cette information est portée à la connaissance du consommateur par le vendeur, de manière visible et lisible, avant la conclusion de la vente, sur tout support adapté. Elle figure, également, sur l'éventuel bon de commande ou sur tout autre support durable constatant ou accompagnant la vente. Il est précisé que l'obligation de fourniture est mise en œuvre sans préjudice de l'application des règles de concurrence relatives aux réseaux et accords de distribution sélective et exclusive (art. D. 111-5). A noter que ces dispositions ne s'appliquent qu'aux biens mis pour la première fois sur le marché à compter du 1er mars 2015 (Décr. n° 2014-1482 du 9 déc. 2014, art. 2). ❑

Art. L. 111-5 En cas de litige relatif à l'application des dispositions des articles L. 111-1, L. 111-2 et L. 111-4, il appartient au professionnel de prouver qu'il a exécuté ses obligations. — *[C. consom., art. L. 111-4, I.]*

Les dispositions de l'art. L. 111-5 résultent de leur rédaction issue de l'art. 6 de la L. n° 2014-344 du 17 mars 2014, et s'appliquent aux contrats conclus après le 13 juin 2014 (L. préc., art. 34). — Pour la rédaction antérieure, V. ***C. consom.****, éd. 2015.*

Sur l'information préalable aux opérations de ventes de voyages ou de séjours, V. C. tourisme, art. L. 211-8 s., App., v° Agences de voyages.

BIBL. ▶ Viney, *JCP 2014, n° 879* (à propos de la preuve de l'exécution de l'obligation d'information).

COMMENTAIRE

La loi du 12 mai 2009 était venue compléter l'ancien article L. 111-1 en mettant la preuve de l'exécution de l'obligation d'information à la charge du vendeur, consacrant ainsi la jurisprudence antérieure (V. par ex. Civ. 1re, 15 mai 2002 : *cité note ss. art. L. 111-5*). Toute ambiguïté sur la charge de la preuve de la bonne exécution de cette obligation est donc désormais levée.

Il fallait sans doute ajouter le prestataire de services, malencontreusement omis par le législateur de 2009. Ce fut chose faite avec la rédaction de l'ancien article L. 111-2 résultant de la loi n° 2010-853 du 23 juillet 2010 (pour une application en matière de service d'enseignement : Civ. 1re, 13 déc. 2012 : *cité note ss. art. L. 111-5*).

La loi relative à la consommation du 17 mars 2014 reprend le même dispositif, sans distinction entre biens et services. La règle de preuve figure désormais, avec la nouvelle codification, à l'article L. 111-5, l'article L. 221-7 renvoyant au même principe à propos des contrats à distance et hors établissement.

Observons que, dans le nouveau droit commun des contrats issu de l'ordonnance du 10 février 2016, l'alinéa 4 de l'article 1112-1 du code civil prévoit qu'il incombe à celui qui prétend qu'une information lui est due d'en rapporter la preuve, à la différence du droit de la consommation. En réalité, la différence doit être relativisée : la jurisprudence a, depuis 1997, progressivement renversé la charge de la preuve à l'égard de professionnels (médecins, avocats, notaires, huissiers…), en estimant qu'ils étaient légalement tenus de cette obligation, tout en admettant qu'elle puisse s'opérer par tous moyens. Les juges incitent ainsi les professionnels à se préconstituer la preuve de l'exécution de leurs obligations. ❑

Charge de la preuve. Il incombe au vendeur professionnel de prouver qu'il s'est acquitté de l'obligation de conseil lui imposant de se renseigner sur les besoins de l'acheteur afin d'être en mesure de l'informer quant à l'adéquation de la chose proposée à l'utilisation qui en est prévue. • Civ. 1re, 28 oct. 2010 : *Bull. civ. I, n° 215; D. 2010. Actu. 2580, obs. Delpech ; D. 2011. Pan. 2898, obs. Gelbard-Le Dauphin ; RDI 2010. 616, obs. Malinvaud ; JCP E 2011, n° 1438, note Bucher; CCC 2011, n° 1, obs. Leveneur; Gaz. Pal. 2011. 294, obs. Houtcieff; Defrénois 2010. 2309, note Rabu; RLDC janv. 2011. 12, obs. Paulin* • Versailles, 15 sept. 2011 : *RJDA 2012, n° 144.* ♦ Il incombe au vendeur professionnel, tenu d'une obligation de renseignement à l'égard de son client, de prouver qu'il a exécuté cette obligation. • Civ. 1re, 15 mai 2002 : *Bull. civ. I, n° 132; D. 2002. IR 1811 ; JCP 2002. I. 184, n° 1 s., obs. Labarthe; CCC 2002, n° 135, obs. Leveneur* (vente d'un véhicule d'occasion qui s'est par la suite, après expertise, révélé accidenté) • 3 avr. 2002 : *CCE 2002, n° 131, note Grynbaum* (vente de matériel informatique). ♦ Il incombe au professionnel de justifier qu'il a fait connaître au contractant, avant la conclusion du contrat, les caractéristiques essentielles de l'enseignement dispensé. • Civ. 1re, 13 déc. 2012 : *cité note 50 ss. art. L. 212-1.* ♦ Un vendeur ne rapporte pas la preuve qu'il a respecté l'obligation d'information prévue à l'art. L. 111-1 en informant l'acheteur que le véhicule d'occasion avait subi d'importants dommages à la suite d'un vol, événement de nature à peser sur la décision d'achat, une attestation affirmant que l'acheteur avait connaissance du vol sans d'autres précisions ne pouvant suppléer cette obligation. • Nîmes, 12 oct. 2004, n° 04/00904. ♦ Une société, qui a l'obligation, en tant que vendeur professionnel, de conseiller et renseigner l'acheteur profane, ne démontrant pas avoir présenté à ce dernier le matériau effectivement acheté, ou à tout le moins sa fiche technique, ni avoir attiré son attention sur les différences existant entre ce matériau et celui figurant sur le totem d'exposition, tant en ce qui concerne son aspect que son prix, c'est à bon droit que le premier juge a, sur le fondement de l'art. L. 111-1, prononcé la nullité du contrat relatif à la vente du carrelage. • Toulouse, 3 avr. 2012, ⚖ nº 10/05260. ♦ Le vendeur professionnel ne saurait s'exonérer de son obligation en imposant à l'acheteur de s'entourer des conseils d'autres professionnels. • Civ. 1re, 28 juin 2012 : ⚖ *CCC 2012, nº 251, obs. Leveneur; RJDA 2012, nº 946.*

Art. L. 111-6 *(Abrogé par L. nº 2016-1321 du 7 oct. 2016, art. 49-II)* ***Sans préjudice des obligations d'information prévues à l'article 19 de la loi nº 2004-575 du 21 juin 2004 pour la confiance dans l'économie numérique*** [V. ce texte App., vº Commerce électronique], ***toute personne dont l'activité consiste en la fourniture d'informations en ligne permettant la comparaison des prix et des caractéristiques de biens et de services proposés par des professionnels est tenue d'apporter une information loyale, claire et transparente, y compris sur ce qui relève de la publicité au sens de l'article 20 de la même loi.***

Les modalités et le contenu de ces informations sont fixés par décret. — [C. consom., art. L. 111-5.] — V. art. D. 111-6 s.

L'art. L. 111-6 est abrogé à compter de l'entrée en vigueur des mesures réglementaires nécessaires à l'application de l'art. L. 111-7, dans sa rédaction résultant du 1º du I de l'art. 49 de la L. nº 2016-1321 du 7 oct. 2016 (L. préc., art. 49-II).

Sur les sanctions, V. art. L. 131-3.

V. Avis CNC du 12 mai 2015, NOR : EINC1511480V, sur les informations des consommateurs-sites « comparateurs » (BOCC 9 juin 2015).

COMMENTAIRE

Cet article L. 111-6, sur l'exigence particulière de loyauté et de transparence pesant sur les comparateurs de prix en ligne, est abrogé par la loi du 7 octobre 2016 pour une République numérique, mais seulement à compter de l'entrée en vigueur des mesures réglementaires nécessaires à l'application de l'article L. 111-7. ❑

Comparateur de prix. **BIBL.** Manara, *D. 2007. 789* ✎ (les sites comparateurs de prix sous surveillance). – Collard, *LPA 23 juill. 2007* (à propos du site « quiestlemoinscher.com »). ♦ Sur des comparateurs de prix disponibles sur internet, V. : • T. com. Paris, réf., 7 juin 2006 : *Gaz. Pal. 2006. 3479, obs. Avignon; CCC 2007, nº 28, obs. Debet* • T. com. Nanterre, réf., 7 déc. 2006 : *eod. loc.* • T. com. Paris, 29 mars 2007 : *JCP E 2008, nº 3, p. 18, obs. Joly; Gaz. Pal. 2007. 4227, obs. Biolay; CCE 2007, nº 95, obs. Debet; RLDA juin 2007. 53, obs. Anadon* • Paris, 18 juin 2008 : ⚖ *LPA 2 juill. 2009, obs. Nadaud; CCE 2008, nº 104, obs. Debet* (conf. par • Com. 19 janv. 2010 : ⚖ *CCE 2010, nº 50, obs. A. D.*) • Versailles, 11 févr. 2009 : ⚖ *CCE 2009, nº 89, obs. Debet* (condamnation du site Kelkoo.fr) • Grenoble, 21 oct. 2010 : *CCE 2011, nº 25, obs. Debet* (censuré par • Com. 29 nov. 2011 : ⚖ *cité note 2 ss. art. L. 121-1*). ♦ Sur les relevés de prix, V. note 4 ss. art. L. 122-1.

Art. L. 111-7 *(L. nº 2016-1321 du 7 oct. 2016, art. 49-I)* **I. — Est qualifiée d'opérateur de plateforme en ligne toute personne physique ou morale proposant, à titre professionnel, de manière rémunérée ou non, un service de communication au public en ligne reposant sur :**

1º Le classement ou le référencement, au moyen d'algorithmes informatiques, de contenus, de biens ou de services proposés ou mis en ligne par des tiers ;

2º Ou la mise en relation de plusieurs parties en vue de la vente d'un bien, de la fourniture d'un service ou de l'échange ou du partage d'un contenu, d'un bien ou d'un service.

II. — Tout opérateur de plateforme en ligne est tenu de délivrer au consommateur une information loyale, claire et transparente sur :

1º Les conditions générales d'utilisation du service d'intermédiation qu'il propose et sur les modalités de référencement, de classement et de déréférencement des contenus, des biens ou des services auxquels ce service permet d'accéder ;

2º L'existence d'une relation contractuelle, d'un lien capitalistique ou d'une rémunération à son profit, dès lors qu'ils influencent le classement ou le référencement des contenus, des biens ou des services proposés ou mis en ligne ;

3° La qualité de l'annonceur et les droits et obligations des parties en matière civile et fiscale, lorsque des consommateurs sont mis en relation avec des professionnels ou des non-professionnels.

Un décret précise les conditions d'application du présent article en tenant compte de la nature de l'activité des opérateurs de plateforme en ligne.

Ce décret précise, par ailleurs, pour tout opérateur de plateforme en ligne dont l'activité consiste en la fourniture d'informations permettant la comparaison des prix et des caractéristiques de biens et de services proposés par des professionnels, les informations communiquées aux consommateurs portant sur les éléments de cette comparaison et ce qui relève de la publicité au sens de l'article 20 de la loi n° 2004-575 du 21 juin 2004 pour la confiance dans l'économie numérique.

Ce décret fixe également les modalités selon lesquelles, lorsque des professionnels, vendeurs ou prestataires de services sont mis en relation avec des consommateurs, l'opérateur de plateforme en ligne met à leur disposition un espace leur permettant de communiquer aux consommateurs les informations prévues aux articles L. 221-5 et L. 221-6.

A compter de l'entrée en vigueur des mesures réglementaires nécessaires à l'application de l'art. L. 111-7 dans sa rédaction résultant du 1° du I de l'art. 49 de la L. n° 2016-1321 du 7 oct. 2016, les art. L. 111-6 et L. 131-3 C. consom. sont abrogés (L. préc., art. 49-II).

L'art. L. 111-7 est applicable dans les îles Wallis-et-Futuna (L. n° 2016-1321 du 7 oct. 2016, art. 110-III).

Sur les sanctions, V. art. L. 131-4.

Sur la déclaration automatique sécurisée des revenus par les plateformes en ligne, V. CGI, art. 1649 quater A bis. — **CGI.**

BIBL. ▸ NDLR, *BRDA 2016, n° 20, p. 25* (de nouvelles obligations d'information à la charge des plates-formes numériques). – LOISEAU, *CCE 2016, n° 91* (la L. du 7 oct. 2016 et l'obligation d'information des opérateurs de plateformes). – ROCHFELD et ZOLYNSKI, *Dalloz IP/IT 2016. 520* (la « loyauté » des « plateformes » ; quelles plateformes ? quelle loyauté ?). – SÉNÉCHAL, *ibid. 2017. 20* (la notion de fournisseur de contenu numérique : quel rôle pour les plateformes en ligne ?). – BOUGUETTAYA, *RLDI janv. 2017. 44* (loi pour une République numérique : quel impact pour l'e-commerce ?). – BERNHEIM-DESVAUX, *Cah. dr. entr. 2017, n° 3, dossier 15* (le consommateur collaboratif). – ZOLYNSKI, *ibid. 16* (loyauté des plateformes : de la réglementation à l'inter-régulation). – CHAGNY, *ibid. 17* (les plateformes numériques et le droit de la concurrence).

Ancien art. L. 111-7 ***Sans préjudice des obligations d'information prévues à l'article 19 de la loi n° 2004-575 du 21 juin 2004 pour la confiance dans l'économie numérique*** [V. ce texte App., v° Commerce électronique], ***toute personne dont l'activité consiste à mettre en relation, par voie électronique, plusieurs parties en vue de la vente d'un bien, de la fourniture d'un service ou de l'échange ou du partage d'un bien ou d'un service est tenue de délivrer une information loyale, claire et transparente sur les conditions générales d'utilisation du service d'intermédiation et sur les modalités de référencement, de classement et de déréférencement des offres mises en ligne.***

Lorsque seuls des consommateurs ou des non-professionnels sont mis en relation, la personne mentionnée au premier alinéa est également tenue de fournir une information loyale, claire et transparente sur la qualité de l'annonceur et les droits et obligations des parties en matière civile et fiscale.

Lorsque des professionnels, vendeurs ou prestataires de services sont mis en relation avec des consommateurs, la personne mentionnée au premier alinéa est également tenue de mettre à leur disposition un espace leur permettant de communiquer aux consommateurs les informations prévues à l'article L. 221-6.

Le contenu de ces informations et leurs modalités de communication sont fixés par décret. — [C. consom., art. L. 111-5-1.]

Sur les sanctions, V. art. L. 131-4.

V. Avis CNC du 28 janv. 2016, NOR : EINC1602960V, sur les plateformes numériques collaboratives (BOCC 29 févr. 2016).

BIBL. ▸ LOISEAU, *CCE 2015, n° 78* (obligations d'information des intermédiaires du commerce électronique). – GODEFROY, *D. 2015. 2513* (vers une régulation juridique des places de marché de commerce en ligne entre particuliers). – SÉNÉCHAL, *AJCA 2016. 79*, *ibid. 141* (la diversité des services fournis par les plates-formes en ligne et la spécificité de leur rémunération, un double défi pour le droit des contrats). – PONSARD et ARCELIN, *CCC 2016.*

Dossier 16 (économie numérique, données et plateformes). – LECOURT, *RLDA juill.-août 2016. 34* (l'économie collaborative saisie par le droit de la consommation et par le droit de la concurrence). – LOISEAU, *CCE 2016, n° 51* (vers un droit des plateformes numériques). – MATHEY, *CCC 2016. Repère 9* (plateformes : les nouvelles frontières de l'entreprise).

COMMENTAIRE

La loi n° 2014-344 du 17 mars 2014 relative à la consommation (dite « loi Hamon ») avait créé des dispositions imposant aux sites comparateurs d'apporter une information loyale, claire et transparente, y compris ce qui relève de la publicité. La loi n° 2015-990 du 6 août 2015 pour la croissance, l'activité et l'égalité des chances économiques (dite « loi Macron ») avait ensuite étendu le dispositif à l'ensemble des intermédiaires du e-commerce mettant en relation des personnes (plateformes contributives, B2C, *market places*).

Le législateur a souhaité prendre en compte les facettes modernes de l'activité des plateformes numériques et leur rôle fondamental dans le développement de nouveaux modèles économiques. Or, l'économie de partage ou collaborative constitue un mode novateur de consommation, de fabrication et d'échanges entre particuliers, les relations entre professionnels et consommateurs passant, de plus en plus, par l'activité d'intermédiation des plateformes numériques avec le développement des « places de marché ». L'activité consiste, pour des sites de vente en ligne, à réserver – à des vendeurs indépendants ou à des particuliers – des espaces de vente en les faisant bénéficier des fonctionnalités de leurs plateformes d'e-commerce et de leur potentiel de trafic, en contrepartie d'une commission perçue sur toute vente réalisée. Le rôle des plateformes se distingue tant de celui des simples hébergeurs se contentant de mettre à disposition un serveur et de la bande passante, que de l'activité des éditeurs – lesquels choisissent, voire produisent, des contenus à diffuser sur internet. Alors même que les obligations des vendeurs à distance à l'égard des consommateurs sont clairement définies par le code de la consommation, celles incombant à ces « places de marché » et plateformes numériques collaboratives ne faisaient jusqu'ici l'objet d'aucune disposition. Le législateur a donc souhaité leur imposer une double exigence de transparence et de loyauté renforcée en matière de délivrance de l'information à leurs utilisateurs, sans aller pour autant jusqu'à réguler l'activité (qui relève de l'Union européenne).

En peu de temps, le dispositif est à nouveau retouché en 2016, ce qui traduit la fébrilité de l'action législative en la matière. Le Conseil national du numérique avait en effet – dans son rapport 2015 – émis le souhait d'une loi globale sur le numérique afin d'assurer des grands principes tels que la neutralité du net, la portabilité de données, l'auto-détermination informationnelle, ou encore la loyauté des plateformes. Après une très large concertation, la loi n° 2016-1321 du 7 octobre 2016 pour une République numérique entend ainsi, dans son article 49, préciser les obligations d'information imposées aux plateformes en ligne et sites comparateurs. Cette loi vise à encourager l'innovation et l'économie numérique, promouvoir une société numérique protectrice et garantir l'accès de tous au numérique tout en harmonisant les régimes existants.

La loi définit, dans la nouvelle rédaction de l'article L. 111-7, les plateformes en ligne. Il s'agit de toute personne physique ou morale proposant, à titre *professionnel*, de manière rémunérée ou non, un service de communication au public en ligne reposant sur le classement ou le référencement, au moyen d'algorithmes informatiques, de contenus, de biens ou de services proposés ou mis en ligne par des tiers. Il s'agit aussi de la mise en relation par ces mêmes personnes de plusieurs parties en vue de la vente d'un bien, de la fourniture d'un service ou de l'échange ou du partage d'un contenu, d'un bien ou d'un service. La plateforme se trouve ainsi définie sur le fondement de critères de l'existence d'un service spécifique offert au consommateur : une intermédiation.

Le texte fait peser sur les plateformes une double exigence de loyauté, appréciée de façon transversale.

Tout d'abord, l'article L. 111-7 impose une obligation positive de loyauté de l'information donnée au consommateur, laquelle n'est pas seulement la sanction de pratiques déloyales (V. par ex. : Paris 7 déc. 2015 : *cité note 7 ss. art. L. 121-2*) : elle élève les exigences de transparence et de neutralité du net. Elle porte sur les éléments énumérés aux 1° à 3° du II de l'article L. 111-7.

Pour assurer l'efficacité de l'exigence de loyauté, la loi du 7 octobre 2016 instaure un nouvel article L. 111-7-1, lequel permet une régulation par le recours à la *soft law* : il impose aux plateformes en ligne les plus visitées (selon un seuil à déterminer par décret) la diffusion de bonnes pratiques visant à renforcer les obligations de clarté, de transparence et de loyauté. Cette nouvelle obligation semble s'inspirer du concept nord-américain de *compliance* qui tend à se diffuser, à l'égard des entreprises les plus grandes, dans diverses branches du droit au point (M.-A. Frison-Roche, Le droit de la *compliance*, *D. 2016. 1871*).

L'article L. 111-7-1 donne aussi la possibilité aux agents de la DGCCRF de procéder à des enquêtes et de comparer les pratiques des différents opérateurs, de publier les résultats de ces enquêtes et la liste des plateformes les plus visitées ne respectant pas leurs obligations d'information précontractuelle. On joue alors sur la réputation des opérateurs et la concurrence. La loyauté est ainsi utilisée positivement comme « un argument marketing », « un facteur de différenciation converti en avantage compétitif » (Rochfeld et Zolynski, La « loyauté » des « plateformes ». Quelles plateformes ? Quelle loyauté ?, *Dalloz IP/IT 2016. 520*).

L'article L. 111-7-2 prolonge l'exigence de loyauté aux avis – dont on sait qu'ils peuvent influencer considérablement le consommateur – il met ainsi à la charge de toute personne physique ou morale dont l'activité consiste, à titre principal ou accessoire, à collecter, à modérer ou à diffuser des *avis en ligne* provenant de consommateurs de délivrer aux utilisateurs une information loyale, claire et transparente sur les modalités de publication et de traitement des avis mis en ligne. Tout d'abord, elle précise si ces avis font ou non l'objet d'un contrôle et, si tel est le cas, indique les caractéristiques principales de ce dernier. La date de l'avis et ses éventuelles mises à jour doivent être précisées. Ensuite, doivent être indiquées aux consommateurs dont l'avis en ligne n'a pas été publié les raisons qui justifient son rejet. Enfin, doit être mis en place une fonctionnalité gratuite permettant aux responsables des produits ou des services faisant l'objet d'un avis en ligne de signaler un doute sur l'authenticité de cet avis : il s'agit notamment d'éviter des pratiques déloyales émanant de concurrents mal intentionnés.

Les sanctions administratives, d'un montant pouvant aller jusqu'à 75 000 euros pour les personnes physiques et 375 000 euros pour les personnes morales, en cas de manquement à ces obligations, sont par ailleurs maintenues, mais sont désormais codifiées à l'article L. 131-4.

On notera qu'il avait été suggéré d'instituer une obligation d'information dans ces rapports BtoB, portant sur toute « modification importante de leurs politiques tarifaires, leurs politiques de contenus, d'accès aux API ou de changements substantiels dans les critères de classements des algorithmes » (Conseil national du numérique, avis sur la loyauté des plateformes, dans le cadre du projet de loi pour une République numérique). L'amendement adopté en ce sens par le Sénat en première lecture a été supprimé par l'Assemblée nationale en seconde lecture. □

Art. L. 111-7-1 *(L. nº 2016-1321 du 7 oct. 2016, art. 50)* **Les opérateurs de plateformes en ligne dont l'activité dépasse un seuil de nombre de connexions défini par décret élaborent et diffusent aux consommateurs des bonnes pratiques visant à renforcer les obligations de clarté, de transparence et de loyauté mentionnées à l'article L. 111-7.**

L'autorité administrative compétente peut procéder à des enquêtes dans les conditions prévues à l'article L. 511-6 afin d'évaluer et de comparer les pratiques des opérateurs de plateformes en ligne mentionnées au premier alinéa du présent article. Elle peut, à cette fin, recueillir auprès de ces opérateurs les informations utiles à l'exercice de cette mission. Elle diffuse périodiquement les résultats de ces évaluations et de ces comparaisons et rend publique la liste des plateformes en ligne qui ne respectent pas leurs obligations au titre de l'article L. 111-7.

L'art. L. 111-7-1 est applicable dans les îles Wallis-et-Futuna (L. nº 2016-1321 du 7 oct. 2016, art. 110-III).

Art. L. 111-7-2 *(L. nº 2016-1321 du 7 oct. 2016, art. 52)* **Sans préjudice des obligations d'information prévues à l'article 19 de la loi nº 2004-575 du 21 juin 2004 pour la confiance dans l'économie numérique** *[V. App., vº Commerce électronique]* **et aux articles L. 111-7 et L. 111-7-1 du présent code, toute personne physique ou morale dont l'activité consiste, à titre principal ou accessoire, à collecter, à modérer ou à diffuser des avis en ligne provenant de consommateurs est tenue de délivrer aux utilisateurs une information loyale, claire et transparente sur les modalités de publication et de traitement des avis mis en ligne.**

Elle précise si ces avis font ou non l'objet d'un contrôle et, si tel est le cas, elle indique les caractéristiques principales du contrôle mis en œuvre.

Elle affiche la date de l'avis et ses éventuelles mises à jour.

Elle indique aux consommateurs dont l'avis en ligne n'a pas été publié les raisons qui justifient son rejet.

Elle met en place une fonctionnalité gratuite qui permet aux responsables des produits ou des services faisant l'objet d'un avis en ligne de lui signaler un doute sur l'authenticité de cet avis, à condition que ce signalement soit motivé.

Un décret, pris après avis de la Commission nationale de l'informatique et des libertés, fixe les modalités et le contenu de ces informations.

L'art. L. 111-7-2 est applicable dans les îles Wallis-et-Futuna (L. n° 2016-1321 du 7 oct. 2016, art. 110 III).

Sur les sanctions, V. art. L. 131-4.

Art. L. 111-8 Les dispositions du présent chapitre sont d'ordre public. – *[C. consom., art. L. 111-7.]*

*Les dispositions de l'art. L. 111-8 résultent de leur rédaction issue de l'art. 6 de la L. n° 2014-344 du 17 mars 2014, et s'appliquent aux contrats conclus après le 13 juin 2014 (L. préc., art. 34). – Pour la rédaction antérieure, V. **C. consom.**, éd. 2015.*

COMMENTAIRE

Ce qui faisait l'originalité du droit de la consommation par rapport au droit commun, avant la réforme du droit des obligations (le nouvel article 1112 1 C. civ. prévoyant que l'on ne peut ni limiter ni exclure le devoir d'information), c'est le caractère d'ordre public du dispositif : la volonté sera alors impuissante à limiter l'étendue des obligations du professionnel (découlant des articles précédents) ou à renverser la charge de la preuve qui lui incombe (prévue par l'article L. 111-5).

L'un des apports de la loi relative à la consommation du 17 mars 2014 est d'avoir prévu des sanctions administratives pour inciter les professionnels à respecter le dispositif légal. Le respect de ces textes d'ordre public, donc à effet impératif, relève par conséquent d'une méthode préventive et collective dispensant le consommateur d'agir individuellement. ❑

CHAPITRE II INFORMATION SUR LES PRIX ET CONDITIONS DE VENTE

COMMENTAIRE

I. PRÉSENTATION

Depuis la recodification en date du 14 mars 2016, à la suite de l'obligation générale d'information précontractuelle (chapitre Ier), est traitée l'information sur les prix et les conditions de vente. On observera que ce nouveau chapitre est expurgé des articles suiveurs du code de commerce relatifs à la liberté des prix et de la concurrence (anciens art. L. 113-1 et L. 113-2, visant expressément l'Ord. du 1er déc. 1986).

II. DOUBLE AFFICHAGE EXPÉRIMENTAL DES PRIX

La distinction valeur d'usage/valeur d'échange provient d'Aristote. Beaucoup plus tard, Marx développera sa théorie de la valeur, selon laquelle toute marchandise possède une valeur d'échange et une valeur d'usage.

Aujourd'hui, avec la loi du 17 mars 2014 relative à la consommation, on redécouvre cette notion de valeur d'usage pour lutter contre l'obsolescence programmée des biens. La valeur d'usage est l'utilité concrète du bien, par exemple d'un Vélib.

Le Parlement a fini par accepter l'expérimentation du double affichage facultatif des prix pour un même bien, à savoir le prix de vente et le prix d'usage, ce dernier prenant davantage en compte la valeur de l'utilisation d'un bien que celle de sa propriété (V. L. n° 2014-344 du 17 mars 2014, art. 4, ss. art. L. 112-1). L'expérimentation du double affichage pour le grand public suppose néanmoins que les enseignes jouent le jeu.

Jugée opportune en matière de consommation collaborative, l'expérimentation du double affichage des prix a été généralisée par la loi n° 2015-990 du 6 août 2015 : est consacrée la possibilité pour les vendeurs de pratiquer l'affichage d'un double prix pour un même bien.

L'ordonnance de recodification du 14 mars 2016 n'a pas intégré le texte dans le code, compte tenu de son caractère expérimental. L'article 33 de l'ordonnance prévoit en effet à ce titre : « Au vu du bilan de l'expérimentation menée en concertation avec l'ensemble des acteurs des filières concernées, en application de l'article L. 112-10 du code de la consommation dans sa rédaction antérieure à la date d'entrée en vigueur de la présente ordonnance, un décret en Conseil d'État fixe les modalités de généralisation du dispositif tendant à informer le consommateur, par tout procédé approprié, du contenu en équivalent carbone des produits et de leur emballage, ainsi que de la consommation de ressources naturelles ou de l'impact sur les milieux naturels qui sont imputables à ces produits au cours de leur cycle de vie. Ce décret précise, en tenant compte de la spécificité des très petites entreprises au regard de l'objectif poursuivi, la nature de l'information à apporter, les supports de l'information, les responsabilités respectives des acteurs économiques, les modalités d'enregistrement des données et les modalités d'accès aux données scientifiques fondant cette information, ainsi que les catégories de produits visées par cette obligation. Il précise également sur la base des règles ainsi définies, pour chaque catégorie de produits, la nature des informations pertinentes selon leur mode de distribution, les supports d'information ainsi que les référentiels à utiliser ».

Art. L. 112-1 **Tout vendeur de produit ou tout prestataire de services informe le consommateur, par voie de marquage, d'étiquetage, d'affichage ou par tout autre procédé approprié, sur les prix et les conditions particulières de la vente et de l'exécution des services, selon des modalités fixées par arrêtés du ministre chargé de l'économie, après consultation du Conseil national de la consommation.** – *[C. consom., art. L. 113-3, al. 1er.] — Sur les sanctions, V. art. L. 131-5.*

Pour l'information que doivent recevoir les consommateurs sur les coûts d'élimination des déchets d'équipements électriques et électroniques ménagers de la part des revendeurs de ces équipements, V. C. envir., art. L. 541-10-2, App., v° Appareils domestiques. — Pour l'information des passagers en cas de perturbation du trafic aérien, V. C. transp., art. L. 1114-7, App., v° Transports.

BIBL. ▸ BABUSIAUX, *Rev. conc. consom. 1987, n° 38.* – CALAIS-AULOY, *D. 1987. Chron. 137.* – LAMBERT, *RJ com. 1997. 41* (prix d'appel). – ARNAUD-FARAUT, *JCP E 1999, n° 12, p. 523* (prix et moyens de paiement en euros : subtile combinaison entre textes et pratique). – GALLOT, *Administration juill. 1999. 129* (euro et protection des consommateurs).

COMMENTAIRE

I. CONTENU

Alors que, sous l'empire de l'ordonnance du 30 juin 1945, l'obligation d'information était limitée à la publicité des prix, le contenu légal de l'obligation d'information sur les prix est étendu aux conditions particulières de vente ou d'exécution, sous peine d'une amende administrative prévue à l'article L. 131-5.

II. FORME

L'information doit être réalisée par voie de marquage, d'étiquetage, d'affichage ou par tout autre procédé approprié (art. L. 112-1).

III. INFORMATION SUR LES PRIX

En application des dispositions figurant à l'article L. 112-1, l'article 1er de l'arrêté du 3 décembre 1987 (V. App., v° *Prix [publicité]*), modifié par l'arrêté du 21 décembre 2001, prévoit que « toute information sur les prix de produits ou de services doit faire apparaître, quel que soit le support utilisé, la somme totale toutes taxes comprises qui devra effectivement être payée par le consommateur, exprimée en euros. Toutefois, peuvent être ajoutés à la somme annoncée les frais ou rémunérations correspondant à des prestations supplémentaires exceptionnelles expressément réclamées par le consommateur et dont le coût a fait l'objet d'un accord préalable ».

L'article 2 dudit arrêté envisage l'hypothèse de produits qui ne sont pas usuellement emportés par l'acheteur ou vendus par correspondance : le montant des frais de livraison ou d'envoi doit être soit inclus dans le prix soit indiqué en supplément. Dans ce dernier cas, l'information du consommateur sur les prix doit être clairement indiquée sur les lieux de vente selon les différentes zones desservies ; hors des lieux de vente, leur montant pour la zone habituellement desservie par le vendeur doit figurer.

L'article 3 prévoit une information complémentaire obligatoire lorsque le prix annoncé ne comprend pas « un élément ou une prestation de services indispensables à l'emploi ou à la finalité du produit ou des services proposés » ; cette particularité doit être explicite : par exemple, absence de fourniture de piles pour un appareil.

Il faut observer que toute prestation de services doit faire l'objet, dès qu'elle a été rendue et, en tout état de cause, avant le paiement du prix, de la délivrance d'une note ou facture lorsque son prix est supérieur ou égal à 25 € TVA comprise (V. Arr. n° 83-50/A du 3 oct. 1983 mod., App., v° *Prix [publicité]*). En dessous, la délivrance est facultative, mais le consommateur peut l'exiger.

De nombreux arrêtés ont été pris en application du même article ; voir la liste figurant sous l'article L. 112-1.

IV. INFORMATION SUR LES CONDITIONS DE VENTE

Cette notion recouvre tous les éléments à caractère commercial ou économique. L'information relative aux caractéristiques ou aux conditions d'utilisation du produit ne relève pas de ce texte.

Par ailleurs, l'information sur les clauses limitatives de responsabilité était devenue sans objet puisque l'article R. 212-1 prohibe expressément de telles clauses entre professionnels et consommateurs (celles dont l'objet est de supprimer ou réduire le droit à réparation du préjudice subi par le non-professionnel ou le consommateur en cas de manquement par le professionnel à l'une quelconque de ses obligations). C'était laisser croire que le professionnel pouvait limiter sa responsabilité face à un consommateur, au mépris du droit des clauses abusives. Fort heureusement, la loi du 17 mars 2014 relative à la consommation a corrigé cette méprise. ❑

1. *Non-abrogation des art. 1er et 2 de la L. du 3 avr. 1942.* L'art. 28 de l'Ord. du 1er déc. 1986 [C. consom., art. L. 112-1], relatif à l'obligation de renseignement des prestataires de services, n'a pu avoir pour effet d'abroger les art. 1er et 2 de la L. du 3 avr. 1942 portant interdiction d'offrir aux victimes d'accidents, moyennant émoluments convenus au préalable, le bénéfice d'accords amiables ou de décisions judiciaires. • Crim. 3 juin 1992 : *D. 1992. IR 229*.

2. *Non-respect de l'affichage des prix.* Une société méconnaît les dispositions de l'Arr. du 29 juin 1990 relatif à la publicité des prix pratiqués par des professionnels intervenant dans les transactions immobilières et commet ainsi l'infraction prévue par les art. L. 113-3 [L. 112-1] C. consom. et 33 du Décr. du 29 déc. 1986 en n'affichant pas le prix de ses prestations à l'entrée de son établissement et en ne le mentionnant pas dans les annonces. • Crim. 19 févr. 1997 : *Bull. crim. n° 71 ; D. Affaires 1997. 727 ; D. 1997. IR 122 ; JCP 1997. IV. 1545.* ♦ Pour une absence d'indication du coût de la communication téléphonique à la suite de la mention d'un numéro de téléphone à composer, V. • Paris, 13 oct. 2000 : *BID 2002, n° 2, p. 8.* ♦... Le défaut de remise de notes indiquant la liste détaillée des prestations rendues par l'auto-école, V. • T. pol. Lyon, 25 sept. 1998 : *BID 2002, n° 2, p. 27.* ♦ La circonstance que le prix avait fait l'objet d'une publicité par un autre procédé ne permet pas au vendeur de se dispenser de l'obligation de marquage du prix de façon lisible pour le consommateur. • Paris, 13 mai 2002 : *BID 2002, n° 12, p. 24.* ♦ La circonstance que le prix de vente soit en réalité négocié de façon très notable avec les acheteurs ne permet pas au vendeur de se dispenser de l'obligation d'affichage des prix. • Paris, 2 mars 2001 : *BID 2002, n° 2, p. 13.* ♦ Pour un contrat aléatoire, V. • Nîmes, 6 mars 2003, n° 00/02030 : *CCC 2004, n° 16, obs. Raymond.* ♦ Mais l'affichage en vitrine indiquant le prix des prestations proportionnellement au prix de vente du bien, lequel ne peut être déterminé qu'à l'issue de la négociation, il ne peut être reproché au professionnel de ne pas avoir complété l'affichage des pourcentages d'honoraires par l'affichage du prix de vente des biens. • Crim. 4 juin 2013 : *Bull. crim. n° 127 ; Dalloz actualité, 19 sept. 2013, obs. Collot ; AJDI 2014. 227, obs. Belfanti ; RTD com. 2014. 207, obs. Bouloc ; CCC 2013, n° 254, obs. Raymond ; RJDA 2013, n° 1057 ; Gaz. Pal. 2013. 3300, obs. Piedelièvre.*

3. *Légalité de l'Arr. du 17 oct. 1996.* L'obligation d'information du consommateur instituée à l'art. L. 113-3, al. 1er [L. 112-1], est mise à la charge de tous les prestataires de services, sans considération du caractère commercial ou libéral de leur activité et concerne notamment les prestations à caractère médical. • CE 27 avr. 1998 : *D. 1998. IR 182 ; BID 1998, n° 9, p. 21 ; CCC 1999, n° 15, obs. Raymond.* ♦ *Adde* : Cathelineau, *CCC 1999. Chron. 13.* ♦ En revanche, l'obligation faite par l'Arr. du 17 oct. 1996 au chirurgien esthétique et à la personne examinée de respecter un délai de réflexion avant la décision éventuelle d'intervention porte atteinte au principe de la liberté contractuelle et excède l'habilitation donnée par l'art. L. 113-3 [L. 112-1] au ministre chargé de l'économie. Aucune autre disposition législative n'autorisant ce ministre à prendre de telles dispositions, celles-ci seront par suite entachées d'illégalité. • Même arrêt. ♦ Comp., estimant que l'art. L. 111-1 n'a pas vocation à régir les relations entre patient et professionnel de santé : • Paris, 21 mars 2013 : *cité note 5 ss. art. L. 111-1*.

4. Arrêtés antérieurs maintenus en vigueur. Il avait été jugé que l'art. R. 113-1, al. 2, version codifiée de l'art. 33 du Décr. n° 86-1309 du 29 déc. 1986, ne faisant plus référence aux arrêtés pris en application de l'Ord. du 30 juin 1945, la violation de l'Arr. du 2 sept. 1977 relatif aux annonces de réduction de prix n'était plus réprimée, V. • Dijon, 23 sept. 1998 : *D. Affaires 1998. 1807, obs. E. P.; D. 2000. Somm. 42, obs. Pizzio*.

5. Sanctions. Pour un arrêt considérant que l'art. L. 113-3 [L. 112-1] n'édictant aucune sanction civile, la nullité d'un contrat de prestations de services ne peut résulter du seul manquement aux exigences d'information, V. • Civ. 1re, 15 déc. 1998 : *Bull. civ. I, n° 366; D. 2000. Somm. 45, obs. Pizzio ; JCP 1999. IV. 1259.* ♦ Jugeant que l'information sur les prix donnée exclusivement en euros avant le 1er janv. 2002 méconnaît les dispositions de l'Arr. du 3 déc. 1987 modifié, est susceptible d'induire en erreur le consommateur et caractérise une publicité trompeuse : • TGI Rennes, réf., 24 oct. 2001 : *D. 2001. AJ 3531, obs. Rondey*. – Pour d'autres sanctions au titre de la publicité trompeuse, V. : • Crim. 14 oct. 1998, n° 98-80.527 P : *cité note 11 ss. art. L. 121-2* • Agen, 14 mai 1993 : *CCC 1994, n° 14, obs. Raymond.* ♦ Sur le cumul des peines, V. note ss. Arr. du 3 déc. 1987, App., v° *Prix (publicité)*. ♦ Sur les sanctions administratives, V. art. L. 131-5.

Principaux arrêtés pris en application de l'art. L. 112-1 ou des textes qui l'ont précédé

– Arrêté n° 25-305 du 16 mai 1967 *relatif aux locations saisonnières en meublé (V. App., v° Logement [location])* ;

– Arrêté n° 76-68/P du 8 juillet 1976 *relatif à la publicité des prix sur les autoroutes (V. App., v° Autoroutes)* ;

– Arrêté n° 78-89/P du 9 août 1978 *relatif au prix du pain et des produits de viennoiserie et de pâtisserie fraîche (V. App., v° Pain), mod. par* Arrêté n° 78-110/P du 3 novembre 1978 *concernant la publicité du prix du pain* ;

– Arrêté n° 81-06/A du 6 février 1981 *relatif au prix du jambon et de l'épaule cuits sans os (V. App., v° Viandes, charcuteries)* ;

– Arrêté n° 81-19/A du 1er avril 1981 *relatif aux prix des laits de consommation (V. App., v° Lait)* ;

– Arrêté n° 83-29/A du 4 mai 1983 *relatif à la publicité des prix des prestations de services dans le secteur de la réparation de la chaussure (V. App., v° Cordonnerie, chaussures)* ;

– Arrêté n° 83-50/A du 3 octobre 1983 *relatif à la publicité des prix de tous les services (V. App., v° Prix [publicité])* ;

– Arrêté n° 84-64/A du 20 septembre 1984 *relatif à la publicité des prix en cas de crédit gratuit (V. App., v° Prix [publicité])* ;

– Arrêté n° 85-69/A du 5 décembre 1985 *relatif au prix de vente du fioul domestique (V. App., v° Énergie domestique)* ;

– Arrêté n° 86-49/A du 3 novembre 1986 *relatif aux prix et tarifs des remontées mécaniques (V. App., v° Remontées mécaniques)* ;

– Arrêté n° 86-63/A du 2 décembre 1986 *relatif aux mesures de publicité des prix dans certains secteurs professionnels (experts comptables, prestations sanitaires, assainissement et vidange, réparation et entretien de véhicules automobiles, syndics de copropriété, cinémas) (V. App., v° Prix [publicité])* ;

– Arrêté du 27 mars 1987 *relatif à la publicité des prix des prestations de services dans le secteur de la blanchisserie et du nettoyage à sec (V. App., v° Blanchisserie, teinturerie, nettoyage)* ;

– Arrêté du 27 mars 1987 *relatif à l'affichage des prix dans les établissements servant des repas, denrées ou boissons à consommer sur place (V. App., v° Hôtels, restaurants, débits de boissons)* ;

– Arrêté du 27 mars 1987 *relatif à la publicité des tarifs de prestations d'esthétique corporelle (V. App., v° Produits cosmétiques ou d'hygiène corporelle)* ;

– Arrêté du 27 mars 1987 *relatif à la publicité des tarifs de coiffure (V. App., v° Coiffure)* ;

– Arrêté du 27 mars 1987 *relatif à la publicité des prix pour les prestations d'entretien ou de réparation, de contrôle technique, de dépannage ou de remorquage, ainsi que de garage des véhicules (V. App., v° Automobiles)* ;

– Arrêté n° 87-07/C du 19 juin 1987 *relatif à la publicité des prix des prestations d'enseignement de la conduite des véhicules (V. App., v° Automobiles) ;*

– Arrêté du 3 décembre 1987 *relatif à l'information du consommateur sur les prix (V. App., v° Prix [publicité]) ;*

– Arrêté du 8 juillet 1988 *relatif à la publicité du prix de vente des carburants (V. App., v° Automobiles) ;*

– Arrêté du 29 juin 1990 *relatif à la publicité des prix pratiqués par des professionnels intervenant dans les transactions immobilières (V. App., v° Agences immobilières) ;*

– Arrêté du 21 février 1991 *relatif à l'information du consommateur dans le secteur de la franchise. Abrogé et codifié à l'article* A. 441-1 C. com. *(V. ss. art. L. 111-3) ;*

– Arrêté du 22 décembre 1992 *relatif à l'information des consommateurs sur les prix des prestations topographiques (V. App., v° Géomètres) ;*

– Arrêté du 18 mars 1993 *concernant la publicité du prix des viandes de boucherie et de charcuterie (V. App., v° Viandes, charcuteries) ;*

– Arrêté du 3 août 1994 *relatif à l'information du consommateur sur les prix des fruits et légumes (V. App., v° Fruits et légumes) ;*

– Arrêté du 31 octobre 1994 *relatif au prix de la prestation de service téléphonique fixe perçu par certains établissements qui mettent des installations téléphoniques à la disposition du public (V. App., v° Poste et télécommunications) ;*

– Arrêté du 31 octobre 1994 *relatif à l'information des consommateurs sur les tarifs appliqués par les personnes qui mettent à la disposition de leur clientèle des installations permettant d'accéder à des services de télécommunication (V. App., v° Poste et télécommunications) ;*

– Arrêté du 25 avril 1995 *relatif à l'information du consommateur sur les conditions de vente des articles textiles usagés ou d'occasion (V. App., v° Textiles) ;*

– Arrêté du 3 juillet 1996 *relatif à l'information du consommateur sur les prix des denrées alimentaires bénéficiant d'un label agricole (V. App., v° Prix [publicité]) ;*

– Arrêté du 23 juillet 1996 *relatif à l'information du consommateur sur les produits d'optique médicale (V. App., v° Opticiens) ;*

– Arrêté du 17 octobre 1996 *relatif à la publicité des prix des actes médicaux et chirurgicaux à visée esthétique (V. App., v° Médecins) ;*

– Arrêté du 28 octobre 1996 *relatif à l'information des consommateurs sur les prix et services offerts par les mandataires automobiles (V. App., v° Automobiles) ;*

– Arrêté du 30 décembre 1998 *relatif à l'information du consommateur sur les prix des opérations de change manuel et d'échange manuel (V. App., v° Banques) ;*

– Arrêté du 11 janvier 1999 *relatif à l'information sur les prix des prestations funéraires (V. App., v° Pompes funèbres) ;*

– Arrêté du 16 novembre 1999 *relatif à la publicité à l'égard du consommateur, des prix de vente à l'unité de mesure de certains produits préemballés (V. App., v° Prix [publicité]) ;*

– Arrêté du 28 juin 2000 *relatif à l'information des consommateurs et à la publicité des prix des véhicules automobiles (V. App., v° Automobiles) ;*

– Arrêté du 16 mars 2006 *relatif à l'information sur les prix des services d'assistance des fournisseurs de services de communications électroniques (V. App., v° Poste et télécommunications) ;*

– Arrêté du 22 octobre 2008 *relatif à l'information préalable du consommateur sur les caractéristiques des hébergements locatifs en hôtellerie de plein air (V. App., v° Logement [location]) ;*

– Arrêté du 10 juin 2009 *relatif à l'information sur les prix des appels téléphoniques aux services à valeur ajoutée (V. App., v° Prix [publicité]) ;*

– Arrêté du 27 avril 2010 *relatif à la publicité des prix des prestations de déménagement (V. App., v° Déménagement) ;*

– Arrêté du 23 décembre 2013 *relatif aux tarifs des courses de taxi (V. App., v° Taxi) ;*

– Arrêté du 3 décembre 2013 *relatif à l'information préalable du consommateur sur les caractéristiques techniques des offres d'accès à l'internet en situation fixe filaire (V. App., v° Poste et télécommunications) ;*

– Arrêté du 31 décembre 2013 *relatif à l'information tarifaire des offres de services de communications électroniques commercialisées sous la forme de cartes prépayées et de forfaits bloqués (V. App., v° Poste et télécommunications)* ;

– Arrêté du 31 décembre 2013 *relatif aux factures des services de communications électroniques et à l'information du consommateur sur la consommation au sein de son offre (V. App., v° Poste et télécommunications)* ;

– Arrêté du 4 juillet 2014 *relatif à l'information du consommateur sur les prix des produits et prestations destinés à compenser la perte d'autonomie (JO 11 juill.)* ;

– Arrêté du 28 novembre 2014 *relatif à l'information du consommateur sur le prix des médicaments dans les officines de pharmacie (V. App., v° Médicaments)* ;

– Arrêté du 24 décembre 2014 *relatif à l'information préalable du consommateur dans les établissements hôteliers de plein air* (V. App., v° Hôtels, restaurants, débits de boissons) ;

– Arrêté du 11 mars 2015 *relatif aux annonces de réduction de prix à l'égard du consommateur* (V. App., v° Prix [publicité]) ;

– Arrêté du 17 mars 2015 *relatif à l'information précontractuelle des consommateurs et à la publicité des prix des prestations de location de véhicules (V. App., v° Automobiles)* ;

– Arrêté du 17 mars 2015 *relatif à l'information préalable du consommateur sur les prestations de services à la personne (V. App., v° Hébergement des personnes âgées)* ;

– Arrêté du 18 décembre 2015 *relatif à la publicité des prix des hébergements touristiques marchands autres que les meublés de tourisme et les établissements hôteliers de plein air (V. App., v° Hôtels, restaurants, débits de boissons)* ;

— Arrêté du 24 janvier 2017 *relatif à la publicité des prix des prestations de dépannage, de réparation et d'entretien dans le secteur du bâtiment et de l'équipement de la maison (V. App., v° Dépannage, réparations, entretien)* ;

— Arrêté du 28 avril 2017 *relatif à l'information de l'assuré social ou de son ayant droit sur les conditions de vente des produits et prestations d'appareillage des déficients de l'ouïe et d'optique-lunetterie (V. App., v° Opticiens).*

Pour les départements d'outre-mer et Saint-Pierre-et-Miquelon, V. Arr. du 30 mars 1988 (JO 12 avr.).

En ce qui concerne la constatation et la répression des infractions en matière de publicité et de prix des hôtels et restaurants, V. C. tourisme, art. L. 311-7 s., L. 312-2 s., App., v° Hôtels, restaurants, débits de boissons.

V. aussi Arr. du 12 janv. 2012 relatif à l'obligation d'information sur la teneur en biocarburant dans les carburants (JO 18 janv.).

Loi n° 2014-344 du 17 mars 2014,

relative à la consommation.

Art. 4 *(L. n° 2015-990 du 6 août 2015, art. 47)* Les vendeurs de produits peuvent pratiquer l'affichage d'un double prix pour un même bien : un prix de vente et un prix d'usage défini au second alinéa du présent article. Le prix d'usage désigne la valeur marchande associée à l'usage du service rendu par un bien meuble, et non à la propriété de ce bien.

V. Avis CNC du 12 mai 2015, NOR : EINC1511492V, relatif au double affichage des prix de vente et d'usage de biens de consommation (BOCC 9 juin 2015).

Art. L. 112-2 Les dispositions de l'article L. 112-1 s'appliquent à toutes les activités de production, de distribution et de services, y compris celles qui sont le fait de personnes publiques, notamment dans le cadre de conventions de délégation de service public ainsi qu'aux prestations mentionnées au titre IV *bis* du livre IV du code de commerce.

(Abrogé par L. n° 2017-203 du 21 févr. 2017, art. 4-I) ***« Elles sont également applicables en cas de manquements au règlement (CE) n° 1008/2008 du Parlement européen et du Conseil du 24 septembre 2008 établissant des règles communes pour l'exploitation de services aériens dans la Communauté. »***

Les règles relatives à l'obligation de renseignements du public par les établissements de crédit, les sociétés de financement, les établissements de monnaie électronique, les établissements de paiement et les organismes mentionnés à l'article L. 518-1 du

code monétaire et financier sont fixées par l'article L. 312-1-1 du même code *[V. App., v° Banques]. – [C. consom., art. L. 113-3, al. 3 et 4, info précontractuelle.] – L'art. L. 518-1 C. mon. fin. mentionne, notamment, le Trésor public, la Banque de France, La Poste, la Caisse des dépôts et consignations.*

COMMENTAIRE

Depuis la loi n° 2013-100 du 28 janvier 2013, il est précisé que les règles relatives à l'obligation de renseignements par les établissements de crédit, les établissements de monnaie électronique, les établissements de paiement et les organismes mentionnés à l'article L. 518-1 du code monétaire et financier sont fixées par l'article L. 312-1-1 du même code.

Plus récemment, la loi n° 2015-990 du 6 août 2015 a étendu le champ d'application de l'obligation d'information sur les prix et les conditions de vente aux prestations dont les tarifs réglementés sont régis par le titre IV *bis* du code de commerce, afin de permettre au ministre chargé de l'économie d'adopter des mesures de transparence tarifaire au bénéfice des consommateurs. Cela confirme la pénétration du droit de la consommation au sein des professions réglementées.

1. *Distribution de l'eau.* Les règles ne s'appliquent aux personnes publiques qu'autant que celles-ci se livrent à des activités de production, de distribution ou de services; l'organisation du service public de distribution de l'eau à laquelle procède un conseil municipal n'est pas constitutive d'une telle activité. • T. confl. 6 juin 1989 : *D. 1990. 418, note Israël ; ibid. Somm. 101, obs. Gavalda et Lucas de Leyssac ; JCP 1990. II. 21395, note Terneyre; Gaz. Pal. 1989. 2. 582, concl. Stirn* • CE 23 juill. 1993 : *D. 1993. IR 222.*

2. *Tarif SNCF.* Sur l'application des art. L. 113-2 et L. 113-3 [L. 112-1 et L. 112-2] au « tarif voyageurs » de la SNCF, V. • Reims, 18 oct. 2001, n° 00/01150.

3. *Renvoi.* V. aussi bibliographie et annotations de jurisprudence ss. C. com., art. L. 410-1. — C. com.

Art. L. 112-3 **Lorsque le prix ne peut être raisonnablement calculé à l'avance du fait de la nature du bien ou du service, le professionnel fournit le mode de calcul du prix et, s'il y a lieu, tous les frais supplémentaires de transport, de livraison ou d'affranchissement et tous les autres frais éventuels.**

Lorsque les frais supplémentaires ne peuvent raisonnablement être calculés à l'avance, le professionnel mentionne qu'ils peuvent être exigibles. – *[C. consom., art. L. 113-3-1, I.] – Sur les sanctions, V. art. L. 131-6.*

Les dispositions des art. L. 112-3 et L. 112-4 résultent de leur rédaction issue de l'art. 6 de la L. n° 2014-344 du 17 mars 2014, et s'appliquent aux contrats conclus après le 13 juin 2014 (L. préc., art. 34). – Pour la rédaction antérieure, V. **C. consom.**, *éd. 2015.*

COMMENTAIRE

Il est fréquent, en matière de services, que le prix ne puisse être déterminé à l'avance. Comme pour tout contrat d'entreprise, l'important c'est que le mode de détermination soit connu à l'avance : prix de l'heure…

En ce qui concerne la vente de biens, l'assimilation aux services est plus surprenante compte tenu de la stricte exigence de déterminabilité du prix en droit commun de la vente formulée par la jurisprudence à partir de l'article 1591 du code civil.

Les éventuels frais supplémentaires doivent également figurer, et s'ils ne peuvent être calculés à l'avance, le professionnel indiquera qu'ils peuvent être exigibles de façon à ne pas surprendre le consommateur.

Art. L. 112-4 **Dans le cas d'un contrat à durée indéterminée ou d'un contrat assorti d'un abonnement, le prix total inclut le total des frais exposés pour chaque période de facturation. Lorsque de tels contrats sont facturés à un tarif fixe, le prix total inclut également le total des coûts mensuels.**

Lorsque le coût total ne peut être raisonnablement calculé à l'avance, le mode de calcul du prix est communiqué. – *[C. consom., art. L. 113-3-1, II.] – Sur les sanctions, V. art. L. 131-6.*

V. note ss. art. L. 112-3.

Art. L. 112-5 **Tout professionnel peut demander à l'autorité administrative chargée de la concurrence et de la consommation de prendre formellement position sur la conformité aux articles L. 112-1 à L. 112-4 et aux mesures réglementaires prises pour leur application, des modalités de l'information sur les prix de vente au consommateur qu'il envisage de mettre en place.**

Cette prise de position formelle a pour objet de prémunir le demandeur d'un changement d'appréciation de l'autorité administrative qui serait de nature à l'exposer à la sanction administrative prévue aux articles L. 131-5 et L. 131-6.

L'autorité administrative prend formellement position sur cette demande dans un délai fixé par décret en Conseil d'État. — *V. art. R. 112-3.*

Le silence gardé par l'autorité administrative à l'issue de ce délai vaut rejet de cette demande.

Un décret en Conseil d'État précise les modalités d'application du présent article, notamment le contenu, les modalités de dépôt et d'avis de réception de la demande. — *[C. consom., art. L. 113-3-3, I et II.] — V. art. R. 112-1 s. — V. aussi art. L. 112-6.*

Les dispositions des art. L. 112-5 et L. 112-6 résultent de leur rédaction issue de l'art. 1er de l'Ord. n° 2015-1628 du 10 déc. 2015, et s'appliquent à compter du 1er janv. 2016 (Ord. préc., art. 7).

BIBL. ▶ NDLR, *BRDA 2015, n° 24, p. 17* (prise de position formelle de la DGCCRF).

COMMENTAIRE

Créé par l'ordonnance n° 2015-1628 du 10 décembre 2015 (art. 1er), l'ancien article L. 113-3-3 (I et II) devenu, avec la recodification, l'article L. 112-5 permet à tout professionnel de demander à la DGCCRF de se prononcer sur la conformité aux articles L. 112-1 à L. 112-4 (relatifs à l'information sur les prix) de l'information sur les prix de vente au consommateur envisagés. Il s'agit de mesures préventives destinées à lui éviter d'encourir des amendes administratives inutiles prévues aux articles L. 131-5 et L. 131-6 (3 000 € pour une personne physique et 15 000 € pour une personne morale). Le silence gardé par l'autorité administrative durant un délai de deux mois à compter de la date de réception de la demande (art. R. 112-3) vaut rejet de la demande. □

Art. L. 112-6 **La garantie mentionnée à l'article L. 112-5 prend fin :**

1° A la date à laquelle la situation du professionnel n'est plus identique à celle présentée dans la demande ; les modalités de constatation de cette situation et d'information du professionnel sont précisées par décret en Conseil d'État ; — *V. art. R. 112-4.*

2° A la date à laquelle est intervenue une modification dans la législation ou la réglementation applicable de nature à affecter la validité de la garantie ;

3° A compter du jour où l'autorité administrative notifie au professionnel la modification de son appréciation. Cette notification fait l'objet d'une information préalable du professionnel. — *[C. consom., art. L. 113-3-3, III.]*

V. note ss. art. L. 112-5.

COMMENTAIRE

Issu de l'ordonnance n° 2015-1628 du 10 décembre 2015 (art. 1er), l'ancien article L. 113-3-3 (III), devenu, avec la recodification, l'article L. 112-6, énumère les hypothèses dans lesquelles le professionnel ne peut plus invoquer son immunité en se retranchant derrière une prise de position favorable de la DGCCRF : en cas de changement de situation du professionnel, de modification de la réglementation ou encore de notification par la DGCCRF de son changement de prise de position. □

Art. L. 112-7 **Tout opérateur de service téléphonique au public au sens des 7° et 15° de l'article L. 32 du code des postes et des communications électroniques est tenu de proposer de manière équitable au consommateur, lors de la souscription d'un service téléphonique au public, une offre dans laquelle les communications au départ du réseau auquel le consommateur a été raccordé par son opérateur et à destination du**

territoire national sont facturées à la seconde, dès la première seconde, hors éventuellement un coût fixe de connexion.

Les consommateurs ayant opté pour un mode de règlement prépayé bénéficient d'une facturation à la seconde, dès la première seconde, de leurs communications de téléphonie vocale au départ du réseau auquel le consommateur a été raccordé par son opérateur et à destination du territoire national. Ces consommateurs peuvent bénéficier, sur demande, de tout autre mode de facturation proposé par l'opérateur.

Le présent article ne s'applique pas aux appels vers les numéros pouvant être surtaxés.

La comptabilisation des communications fait l'objet d'une information claire préalable à toute souscription de service, quel que soit le mode de règlement choisi. – *[C. consom., art. L. 113-4.]*

COMMENTAIRE

Le secteur de la téléphonie est celui qui a fait l'objet des abus les plus criants ces dernières années. Une protection spécifique du consommateur a alors été instaurée en deux étapes.

La loi du 21 juin 2004 (mod. par la L. du 27 mai 2009) pour la confiance dans l'économie numérique a tout d'abord formulé une exigence particulière de transparence et de clarté en matière de téléphonie pour répondre aux critiques adressées par les associations de consommateurs ayant constaté et dénoncé de nombreux abus de la part des opérateurs. Plusieurs mesures ont été prises : facturation à la seconde des communications métropolitaines de téléphonie vocale, exigence de clarté et d'antériorité de l'information, quel que soit le mode de règlement (art. L. 112-7).

Ensuite, le législateur, par une la loi n° 2008-776 du 4 août 2008, a souhaité interdire la surfacturation des appels suscités par une mauvaise exécution du contrat initialement souscrit en faisant référence à la « bonne exécution [du] contrat », dans ce qui est devenu l'article L. 121-16 (V. Rép. min. n° 102693 : *citée note ss. art. L. 121-16*).

Enfin, de façon à permettre un accès des personnes sourdes, malentendantes, sourdes aveugles et aphasiques aux services téléphoniques, une obligation de fourniture d'une traduction écrite simultanée et visuelle en langue française est instaurée par la loi pour une République numérique du 7 octobre 2016 (art. L. 112-8). ❑

Art. L. 112-8 *(L. n° 2016-1321 du 7 oct. 2016, art. 105-III)* **Les entreprises dont le chiffre d'affaires est supérieur à un seuil défini par décret rendent le numéro de téléphone destiné à recueillir l'appel d'un consommateur en vue d'obtenir la bonne exécution d'un contrat conclu avec un professionnel ou le traitement d'une réclamation accessible aux personnes sourdes, malentendantes, sourdaveugles et aphasiques par la mise à disposition d'un service de traduction simultanée écrite et visuelle défini au IV de l'article 105 de la loi n° 2016-1321 du 7 octobre 2016 pour une République numérique, sans surcoût pour les utilisateurs finals et à la charge des entreprises concernées.**

Les services d'accueil téléphonique concernés sont accessibles directement ou, à défaut, par l'intermédiaire d'une plateforme en ligne dédiée délivrant le service de traduction simultanée écrite et visuelle. L'accessibilité est soit assurée directement par l'entreprise, soit confiée par elle, sous sa responsabilité, à un opérateur spécialisé qui en assure la mise en œuvre et l'exécution.

La mise en œuvre de l'art. L. 112-8 s'appuie notamment sur la création d'un groupement interprofessionnel comportant notamment des opérateurs de communications électroniques, dont l'objet est d'assurer l'organisation, le fonctionnement et la gestion de services d'accessibilité téléphonique grâce à une mutualisation des coûts, selon des modalités définies par décret et sous le contrôle de l'ARCEP. Les services de traduction mentionnés à l'art. L. 112-8 assurent, en mode simultané et à la demande de l'utilisateur, l'interprétariat entre le français et la langue des signes française, la transcription écrite et le codage en langage parlé complété. L'accessibilité des services d'accueil mentionnés à l'art. L. 112-8 peut être réalisée directement par des téléconseillers professionnels maîtrisant la langue des signes française, la transcription écrite ou le codage en langage parlé complété et dont les diplômes et qualifications sont précisés par décret (L. n° 2016-1321 du 7 oct. 2016, art. 105-IV).

Au plus tard dix ans après la promulgation de la L. n° 2016-1321 du 7 oct. 2016, et selon des modalités définies par décret, le service de traduction mentionné à l'art. L. 112-8 fonctionne aux horaires d'ouverture des services clients (L. n° 2016-1321 du 7 oct. 2016, art. 105-V).

La mise en œuvre de l'art. L. 112-8 peut s'appuyer sur des applications de communications électroniques permettant la vocalisation du texte, la transcription de la voix en texte, la traduction en et depuis la langue des signes française ou la transcription en et depuis le langage parlé complété. Cette mise en œuvre ne peut se substituer au service de traduction simultanée écrite et visuelle mentionné à l'art. L. 112-8 qu'à la condition de garantir une accessibilité de qualité équivalente et d'offrir les mêmes conditions de traduction aux personnes sourdes, malentendantes, sourdaveugles et aphasiques (L. n° 2016-1321 du 7 oct. 2016, art. 105-VI).

L'art. L. 112-8 entre en vigueur à une date fixée par décret et, au plus tard, deux ans après la promulgation de la L. n° 2016-1321 du 7 oct. 2016. Ce décret précise également les modalités de suivi de l'application de l'art. 105 de ladite loi et les diplômes et qualifications requis pour les professionnels intervenant sur l'accessibilité simultanée des appels (L. préc., art. 105-VII).

Décret n° 2017-875 du 9 mai 2017,

Relatif à l'accès des personnes handicapées aux services téléphoniques.

Art. 3 I. — Le seuil de chiffre d'affaires mentionné à l'article L. 112-8 *[du code de la consommation]* est fixé à 250 millions d'euros. Il est calculé par unité légale sur la base de la moyenne du chiffre d'affaires annuel réalisé en France des trois derniers exercices comptables précédant l'année considérée.

II. — Le service mentionné à l'article L. 112-8 du code de la consommation fonctionne selon les modalités horaires minimales suivantes :

— jusqu'au 30 septembre 2026, sur une amplitude horaire au moins égale à 50 % de celle du service client de l'entreprise concernée par l'obligation ;

— à compter du 1er octobre 2026, aux mêmes horaires d'ouverture que ceux du service client de l'entreprise concernée par l'obligation.

Art. 4 Les obligations de mise en accessibilité prévues par l'article 105 de la loi du 7 octobre 2016 susvisée font l'objet d'une évaluation semestrielle.

Cette évaluation porte sur la qualité des services décrits aux articles 1er à 3, notamment en ce qui concerne les usages spécifiques liés aux aphasiques et sourdaveugles, et sur l'impact économique pour le service public, les entreprises visées par l'article L. 112-8 du code de la consommation, et les opérateurs de communications électroniques fournissant ce service. Elle prend par ailleurs en compte les signalements des utilisateurs du service mentionné à l'article 1er, recueillis au terme d'une procédure définie dans le cadre des conditions de qualité mentionnées par l'article 105 susmentionné.

Cette évaluation est menée par les ministres en charge du numérique et du handicap, avec l'appui de l'Autorité de régulation des communications électronique, du Conseil national consultatif des personnes handicapées mentionné à l'article L. 146-1 du code de l'action sociale et des familles, des opérateurs de communications électroniques précités et des entreprises concernées.

L'évaluation du second semestre 2020, rendue publique le 31 décembre 2020 au plus tard, comprend également toute proposition permettant de renforcer, le cas échéant, l'effectivité, la qualité et la soutenabilité du dispositif.

Art. 5 I. — En l'application du VII de l'article 105 de la loi du 7 octobre 2016 susvisée pour une République numérique, la liste des diplômes et qualifications requis pour les professionnels qui interviennent sur l'accessibilité simultanée des appels des personnes sourdes, malentendantes, sourdaveugles et aphasiques est la suivante :

1° Pour l'interprétation en langue française – langue des signes française :

— les diplômes nationaux de niveau Maitrise, Master ou équivalent en interprétation en langue des signes française ;

— les diplômes des établissements d'enseignement supérieur d'interprétariat en langue des signes française fixés par arrêté des ministres en charge de l'enseignement supérieur et des personnes handicapées ;

— les diplômes et les qualifications professionnelles délivrés par des organismes de formation et fixés par arrêté des ministres en charge de l'enseignement supérieur et des personnes handicapées ;

2° Pour le codage en langage parlé complété :

— les licences professionnelles de codeurs langue française parlée complétée délivrées par les universités, et les diplômes de catégorie supérieure ;

— les qualifications professionnelles fixées par arrêté des ministres en charge de l'enseignement supérieur et des personnes handicapées ;

3° Pour la transcription écrite simultanée :

— les attestations démontrant les performances minimales suivantes : vitesse de frappe minimale de 500 caractères par minute avec un maximum de deux fautes d'orthographe et de grammaire par minute, une fidélité de signification dans la restitution des propos des orateurs, un affichage continu avec un décalage maximal de cinq secondes permettant la fluidité des échanges.

II. — En application du IV de l'article 105 de la loi du 7 octobre 2016 susvisée, la liste des diplômes et qualifications requis pour les téléconseillers professionnels qui interviennent dans les services d'accueil mentionnés à l'article 78 de la loi du 11 février 2005 susvisée et à l'article L. 112-8 du code de la consommation est la suivante :

— les diplômes et qualifications mentionnés au I du présent article ;

— le diplôme de compétence en langue appliquée – spécialité langue des signes françaises de niveau au moins équivalent au niveau B2.

III. — Il est créé une commission consultative placée auprès du ministre chargé des affaires sociales, chargée de donner son avis au ministre sur :

— la liste des diplômes et qualifications en langue des signes française et en codage en langage parlé complété mentionnés au I en vue de son actualisation ;

— la liste des diplômes et qualifications requises pour l'accessibilité simultanée concernant les personnes aphasiques et les personnes sourdaveugles.

Cette commission comprend sept membres nommés par arrêté du ministre chargé des affaires sociales :

— un représentant du ministère chargé des personnes handicapées ;

— un représentant du ministère chargé de l'enseignement supérieur ;

— un représentant du ministère chargé du numérique ;

— un représentant de l'institut d'enseignement supérieur et de recherche pour l'éducation des jeunes handicapés et les enseignements adaptés ;

— deux représentants d'établissement d'enseignement supérieur ;

— un représentant du Conseil national consultatif des personnes handicapées.

Cette commission se réunit en tant que de besoin, sur convocation du directeur général de la cohésion sociale.

Art. 6 I. — Les dispositions du I de l'article 105 de la loi du 7 octobre 2016 susvisée entrent en vigueur deux ans après la promulgation de cette loi.

II. — Les dispositions du II de l'article 105 de la loi du 7 octobre 2016 susvisée entrent en vigueur :

— deux ans après la promulgation de cette loi en ce qui concerne les services publics gérés par l'État ou un organisme le représentant et ceux gérés par des personnes privées chargées d'une mission de service public ;

— quatre ans après la promulgation de cette loi en ce qui concerne les services publics gérés par des collectivités territoriales, à l'exception des communes de moins de 10 000 habitants et de leurs groupements, ou des organismes les représentant ;

— cinq ans après la promulgation de cette loi en ce qui concerne les services publics gérés par des communes de moins de 10 000 habitants et de leurs groupements ou des organismes les représentant.

III. — Les dispositions du III de l'article 105 de la loi du 7 octobre 2016 susvisée entrent en vigueur deux ans après la promulgation de cette loi.

CHAPITRE III INFORMATION SUR LES CONDITIONS SOCIALES DE FABRICATION DES PRODUITS

COMMENTAIRE

Morale et marché ont parfois des intérêts convergents. Les dispositions des articles L. 113-1 et L. 113-2, primitivement issues de la loi n° 2014-856 du 31 juillet 2014 relative à l'économie sociale et solidaire, visent à introduire au bénéfice du consommateur plus de transparence sur les conditions sociales de fabrication des produits et à responsabiliser les entreprises aux fins de moralisation du marché.

Les textes consacrent l'idée selon laquelle les conditions de fabrication d'un produit et plus particulièrement le fait qu'il ait été fabriqué dans des conditions respectueuses des conventions internationales (dont la liste est précisée par l'art. D. 113-1) relatives aux droits humains fondamentaux peuvent être essentiels pour le consommateur. Selon les termes des auteurs de l'amendement à l'origine de ces dispositions, il s'agit « de mieux encadrer les indications relatives aux propriétés sociales et équitables d'un produit, et donc d'améliorer l'information et la protection des consommateurs », et ceci parce que « le consommateur est en droit d'attendre que les produits achetés soient fabriqués dans des conditions éthiques et humainement acceptables ». En effet, le législateur considère qu'au-delà de l'acte d'achat il y a plus qu'un simple transfert de propriété d'un bien : c'est un acte qui s'inscrit dans une longue chaîne économique de production dont le consommateur peut vouloir connaître les tenants et les aboutissants.

Observons qu'à la suite de la recodification, ce chapitre ne s'intitule plus « Transparence » mais « Information » sur les conditions sociales de fabrication des produits, ce qui s'intègre mieux dans le plan. ❑

Art. L. 113-1 **Le fabricant, le producteur ou le distributeur d'un bien commercialisé en France transmet au consommateur qui en fait la demande et qui a connaissance d'éléments sérieux mettant en doute le fait que ce bien a été fabriqué dans des conditions respectueuses des conventions internationales relatives aux droits humains fondamentaux, toute information dont il dispose portant sur un des éléments ci-après : origine géographique des matériaux et composants utilisés dans la fabrication, contrôles de qualité et audits, organisation de la chaîne de production et identité, implantation géographique et qualités du fabricant, de ses sous-traitants et fournisseurs.**

Lorsque le fabricant, le producteur ou le distributeur ne possède pas l'information demandée, il est tenu d'en informer le consommateur à l'origine de la demande.

La liste des conventions mentionnées au premier alinéa est précisée par décret. – *[C. consom., art. L. 117-1, al. 1er, 2 et 4.] — V. art. D. 113-1.*

Art. L. 113-2 **Si la transmission au consommateur d'une information, en application de l'article L. 113-1, est de nature à compromettre gravement les intérêts stratégiques ou industriels du fabricant, du producteur ou du distributeur concerné par la demande, celui-ci peut décider de ne pas la transmettre à condition d'en motiver les raisons.** – *[C. consom., art. L. 117-1, al. 3.]*

CHAPITRE IV REMISE DES CONTRATS TYPES

Art. L. 114-1 **Les professionnels vendeurs ou prestataires de services remettent à toute personne intéressée qui en fait la demande un exemplaire des conventions qu'ils proposent habituellement.** – *[C. consom., art. L. 134-1.]*

Sur les sanctions, V. art. R. 131-1.

COMMENTAIRE

Ce chapitre contribue à l'amélioration de l'information du consommateur en obligeant le professionnel, qu'il soit vendeur ou prestataire de services, à remettre à tout intéressé un exemplaire des conventions qu'il propose à ses clients, lorsque la demande lui en est faite (art. L. 114-1). Un décret du 15 juin 1990 sanctionne des peines d'amende prévues pour les contraventions de la cinquième classe les manquements du professionnel à cette obligation de remise (art. R. 131-1).

La loi n° 2004-575 du 21 juin 2004 pour la confiance dans l'économie numérique (art. L. 213-1), complétée par un décret du 16 février 2005 (V. ss. art. L. 213-1), prévoit en outre que le contrat conclu par voie électronique et portant sur une somme égale ou supérieure à un montant fixé à 120 € doit être conservé par le professionnel pendant une période de dix ans à compter de la conclusion du contrat lorsque la livraison du bien ou l'exécution de la prestation est immédiate et, dans le cas contraire, à compter de cette dernière ; le professionnel en garantit à tout moment l'accès à celui qui en fait la demande.

Si ces deux textes initialement successifs (anc. art. L. 134-1 et L. 134-2) formaient un tout sous l'intitulé de l'ancien chapitre «Remise des contrats», l'ordonnance de recodification du 14 mars 2016 a pris le parti de les séparer : le premier texte constitue l'article unique d'un chapitre intitulé «Remise des contrats types» au sein du titre consacré à l'information du consommateur dans le livre Ier, alors que le second est déplacé au sein du titre Ier sur les conditions générales des contrats du livre II relatif à leur formation et à leur exécution, constituant également l'article unique d'un chapitre intitulé «Conservation des contrats conclus par voie électronique». Le fait d'avoir placé la remise des contrats types dans le livre Ier plutôt que dans le II montre la volonté d'assurer l'information à tout intéressé, indépendamment d'une relation contractuelle : cette obligation permettra notamment aux associations de consommateurs de prendre connaissance de ces contrats types. ❑

TITRE DEUXIÈME PRATIQUES COMMERCIALES INTERDITES ET PRATIQUES COMMERCIALES RÉGLEMENTÉES

COMMENTAIRE

Ce titre II – antérieurement intitulé «Pratiques commerciales» – est opportunément rebaptisé «Pratiques commerciales interdites et pratiques commerciales réglementées», à l'instar des ouvrages de droit de la consommation.

Le chapitre Ier traitant des pratiques commerciales interdites épouse la structure de la directive du 11 mai 2005 dont il constitue la transposition fidèle, s'agissant d'une directive d'harmonisation totale (V. ce texte ss. art. L. 121-1). En ce sens, il regroupe, désormais, de façon plus cohérente, pratiques trompeuses et pratiques agressives, antérieurement traitées à des endroits différents. En effet, avant l'ordonnance de recodification du 14 mars 2016, les pratiques trompeuses faisaient l'objet d'un chapitre consacré aux pratiques réglementées, alors que les pratiques agressives étaient intégrées au chapitre relatif aux pratiques illicites, sans que l'on comprenne la nuance et la logique de cette architecture, les pratiques trompeuses et agressives étant les «notions filles» des pratiques déloyales – lesquelles constituent la «notion mère». Les unes comme les autres devaient logiquement figurer dans les «pratiques commerciales interdites», ce qui est le cas avec le nouveau code. L'ancienne codification laissait entendre que les pratiques agressives étaient plus graves que les pratiques trompeuses…

Des choix discutables ont en revanche été maintenus : le refus et la subordination de ventes ou de prestations de services, ainsi que les opérations assorties de primes, sont intégrés dans les pratiques illicites, alors que le principe est inversé depuis la loi du 17 mai 2011 : ces pratiques sont licites, sauf lorsqu'elles réunissent les deux critères de la déloyauté au sens de l'article L. 121-1. On a procédé comme si elles étaient interdites en toutes circonstances, comme autrefois. ❑

CHAPITRE PREMIER PRATIQUES COMMERCIALES INTERDITES

COMMENTAIRE

Avec la nouvelle codification, le chapitre Ier consacré aux pratiques commerciales interdites épouse l'architecture de la directive 2005/29/CE du 11 mai 2005 d'harmonisation maximale (V. ss. art. L. 121-1), dont il est l'émanation, pour regrouper – au sein des pratiques déloyales (section I) – les pratiques trompeuses et agressives – antérieurement traitées séparément, comme s'il s'agissait de deux approches distinctes alors que ces pratiques sont tout aussi illicites les unes que les autres.

Comme autrefois, on retrouve, au sein des pratiques interdites, l'abus de faiblesse (art. L. 121-8 s.), les frais indus de recouvrement (art. L. 121-21), le refus de vente ou de prestation de services (art. L. 121-11), de même que les ventes «à la boule de neige» (art. L. 121-15) et les ventes ou prestations de services sans commande préalable (art. L. 121-12 s.) ; ces deux dernières sont des applications de pratiques trompeuses (pour la première) et agressives (pour la seconde) et figurent à ce titre sur les listes de pratiques réputées déloyales en toutes circonstances, en annexe de la directive de 2005.

On sera en revanche plus étonné de voir figurer au sein des «pratiques interdites» les ventes subordonnées (art. L. 121-11), les opérations assorties de primes (art. L. 121-19) et les loteries publicitaires (art. L. 121-20), dans la mesure où il s'agit de pratiques présumées licites, sauf à démontrer leur caractère déloyal au sens de l'article L. 121-1.

Les « numéros surtaxés » (art. L. 121-16) et les paiements supplémentaires imposés (art. L. 121-17 s.) – antérieurement abordés à propos de l'obligation d'information – intègrent la liste des pratiques interdites, depuis l'ordonnance du 14 mars 2016. ❑

SECTION PREMIÈRE PRATIQUES COMMERCIALES DÉLOYALES

BIBL. GÉN. ▶ GARDE et HARAVON, *LPA 27 juin 2006* (pratiques commerciales déloyales : naissance d'un concept européen). – TOUCHENT, *LPA 2 août 2006* (protection du consommateur contre les pratiques commerciales déloyales). – MONTFORT, *RLDA janv. 2008. 53* (loyauté des pratiques commerciales : concurrents, agissez en cessation !). – NDLR, *BRDA 2008, n° 2, p. 19* (pratiques commerciales déloyales). – Inforeg, *Cah. dr. entr. 2008, n° 1, p. 57* (pratiques commerciales déloyales). – RAYMOND, *JCP E 2008, n° 12-13, p. 17, spéc. p. 19* ; *CCC 2008. Étude 3* (les modifications au droit de la consommation apportées par la loi n° 2008-3 du 3 janv. 2008). – CANNARSA, *JCP 2008. I. 180* (le droit commun à la rencontre du droit de la consommation). – BECKER, *Gaz. Pal. 2009. 1724* (la protection du consommateur à la suite de l'amendement de la nouvelle loi allemande contre la concurrence déloyale). ▶ Loi n° 2008-776 du 4 août 2008 : NDLR, *BRDA 2008, n° 18, p. 11* (LME : mesures en droit de la consommation). – PICOD, *CCC 2008. Étude 12* (réflexions sur la refonte du code de la consommation). – LAGARDE, *LPA 23 févr. 2009* (observations sur le volet consommation de la LME). – FENOUILLET, *RDC 2009. 128* (LME et réforme du droit des pratiques commerciales déloyales). – DOSSIER, *Journ. sociétés sept. 2010. 8* (pratiques commerciales déloyales). – JOUFFIN, *Banque et Droit déc. 2011, hors-série, p. 22* (loyauté dans la commercialisation des produits financiers : l'art délicat de promouvoir la transparence au travers de textes obscurs). – JOUFFRIN, *Journ. sociétés janv. 2012. 35* ; *ibid. févr. 2012. 35* (pratiques commerciales déloyales : point d'actualité). – AUBERT DE VINCELLES, *LEJEP, Université Cergy-Pontoise, 2013* (le code de la consommation à l'épreuve de nouvelles notions : l'exemple des pratiques commerciales déloyales). – CLARET, *CCC 2014. Étude 1* (la loyauté des pratiques commerciales à l'égard des consommateurs – plaidoyer pour une refonte). – PETIT, *Dalloz actualité, 29 janv. 2014* (premier bilan d'application de la directive sur les pratiques commerciales déloyales). – DOLS-MAGNEVILLE, *RLDA févr. 2015. 70* (s'adonner à des pratiques commerciales déloyales : le jeu en vaut-il toujours la chandelle ?). – JAKOULOFF, *LPA 10 juin 2015* (des clauses abusives aux pratiques commerciales déloyales : deux directives complémentaires). – E. PETIT, *AJDI 2015. 593* (la promotion des ventes au service de la promotion immobilière).

COMMENTAIRE

I. DIRECTIVE DU 11 MAI 2005

Alors qu'il a toujours renoncé à légiférer en matière de concurrence déloyale (Y. Picod, Plaidoyer pour une consécration législative de la concurrence déloyale, *Mélanges Serra, Dalloz, 2006, p. 359* ; pour les règles prétoriennes, V. **C. com.**), le droit français de la consommation connaît depuis 2008 la notion de pratiques commerciales déloyales. En effet, il s'agissait de transposer la directive 2005/29 CE adoptée par le Parlement européen et le Conseil le 11 mai 2005 sur les pratiques déloyales des entreprises vis-à-vis des consommateurs dans le marché intérieur (V. ss. art. L. 121-1), directive d'harmonisation maximale prise sur le fondement de l'article 95 du Traité CE, devenu l'article 114 TFUE.

Il faut dire que chaque État membre de l'Union européenne avait adopté sa propre législation concernant les pratiques commerciales. Cependant, les divergences existant entre ces différents pays pouvaient entraver le principe de libre circulation des marchandises et des services. De nombreuses directives avaient été successivement adoptées de façon à harmoniser les législations, que ce soit en matière de publicité trompeuse, de contrats négociés en dehors des établissements commerciaux, de contrats à distance, de publicité comparative ou de commerce électronique. Or, la directive du 11 mai 2005 prévoit un champ d'application beaucoup plus large dans la mesure où elle couvre l'ensemble des pratiques déloyales à l'égard des consommateurs, tout en laissant subsister les directives antérieures ou en les modifiant. Il s'agit de contribuer au bon fonctionnement du marché et d'assurer un même niveau de protection à tous les consommateurs européens.

La directive du 11 mai 2005 pose le principe d'une interdiction générale des pratiques commerciales déloyales des professionnels à l'égard des consommateurs et donne une définition du caractère déloyal d'une pratique commerciale à partir de deux critères (art. 5) :

– le manquement aux exigences de la diligence professionnelle, laquelle s'apprécie au regard de la bonne foi et de la compétence du professionnel, compte tenu des attentes légitimes du consommateur ;
– l'altération ou le risque d'altération substantiel du comportement économique des consommateurs à l'égard d'un bien ou d'un service.

Ainsi, une pratique commerciale consistant en la vente d'un ordinateur équipé de logiciels préinstallés, sans possibilité pour le consommateur de se procurer le même modèle d'ordinateur non équipé de logiciels préinstallés (vente liée) ne constitue pas, en tant que telle, une pratique commerciale déloyale au sens de l'article 5, § 2, de la directive, à moins qu'une telle pratique soit contraire aux exigences de la diligence professionnelle et altère ou soit susceptible d'altérer de manière substantielle le comportement économique du consommateur moyen par rapport à ce produit, ce qu'il appartient à la juridiction nationale d'apprécier, en tenant compte des circonstances spécifiques de l'affaire au principal (CJUE 7 sept. 2016 : *cité note 21 ss. art. L. 121-11*).

Elle interdit deux catégories de pratiques déloyales :
– *les pratiques trompeuses* : la directive renforce le dispositif de lutte contre la publicité trompeuse et l'étend à l'ensemble des pratiques commerciales ; désormais, nos textes doivent expressément sanctionner les pratiques trompeuses qui se caractérisent par l'omission d'une information substantielle (art. 6 et 7) ;
– *les pratiques agressives* : la directive vise les pratiques qui limitent la liberté de choix du consommateur ; il s'agit du harcèlement, de la contrainte physique et de la contrainte morale (art. 8).

Par ailleurs, une liste noire des pratiques commerciales déloyales, interdites en toutes circonstances, est annexée à la directive, pratiques illicites en elles-mêmes.

Enfin, le texte oblige les États à se doter de procédures destinées à faire cesser ou interdire une pratique commerciale déloyale.

II. TRANSPOSITION DE LA DIRECTIVE DU 11 MAI 2005

Le projet de loi en faveur des consommateurs (présenté le 8 nov. 2006 en Conseil des ministres, mais retiré du calendrier parlementaire en févr. 2007) ne procédait ni à une refonte, ni à un toilettage, mais à l'ajout de trois articles, posant un problème d'articulation avec les dispositions d'alors (V. Raymond, Incidences possibles de la transposition de la directive sur le droit français de la consommation, *CCC 2006. Étude 1* ; Claret et Paisant, Un nouveau projet de loi en faveur des consommateurs, *JCP 2006. Actu. 2251* ; Fenouillet, Premières remarques sur le projet de loi en faveur des consommateurs, *D. 2006. 2987*).

C'est la loi n° 2008-3 du 3 janvier 2008 pour le développement de la concurrence au service des consommateurs qui a finalement réalisé cette transposition. en se référant, conformément à l'article 5 de la directive de 2005, à la fois – et donc cumulativement – à la diligence attendue du professionnel (laquelle pourra être appréciée notamment à partir des usages de la profession) et aux effets sur le comportement économique du consommateur moyen (on préfère ici le critère de l'homme raisonnable à celui du bon père de famille).

L'achèvement de l'harmonisation de notre législation avec la directive a été ultérieurement réalisé par la loi n° 2008-776 du 4 août 2008 de modernisation de l'économie : d'une part, en précisant, toujours conformément à la directive, la définition de la loi du 3 janvier 2008 pour tenir également compte de catégories spécifiques de consommateurs dont la capacité de discernement sera appréciée au regard de chacune d'entre elles (mineurs, personnes atteintes d'une infirmité mentale ou physique...) ; d'autre part, en incluant dans le code la liste noire figurant en annexe de la directive (liste de pratiques trompeuses et agressives intitulée « Pratiques commerciales réputées déloyales en toutes circonstances »), à l'exception du point 14 relatif à la promotion pyramidale, dans la mesure où la vente dite « à la boule de neige » était déjà sanctionnée par le code de la consommation.

III. APPRÉCIATION DES CRITÈRES DE LA DÉLOYAUTÉ

Au titre des critères de la déloyauté, la jurisprudence a ultérieurement apporté des précisions. D'une part, elle rappelle fréquemment l'exigence d'altération du comportement économique du consommateur. Même si la pratique en cause répond à la définition des pratiques trompeuses ou agressives et en respecte les critères, encore faut-il qu'elle soit de nature à altérer de façon substantielle le comportement économique du consommateur, ainsi que l'a encore rappelé récemment un arrêt de la Cour de cassation à propos d'une publicité trompeuse (Com. 29 sept.

2015 : *cité note 2 ss. art. L. 121-1*), ce qui semble conforme à la jurisprudence de la Cour de justice de l'Union européenne. En revanche, cette dernière considère qu'une pratique trompeuse est forcément contraire à la diligence attendue d'un professionnel, le critère de la déloyauté n'ayant pas à être vérifié (CJUE 19 sept. 2013 : *cité note 5 ss. art. L. 121-2* ; CJUE 16 avr. 2015 : *eod. loc.*), solution devant être étendue par analogie aux pratiques agressives. D'autre part, la Cour de cassation précise que l'existence d'une omission trompeuse au sens de l'article 7 de la directive 2005/29/CE du 11 mai 2005 doit être appréciée au regard d'un consommateur moyen, sans avoir égard aux qualités propres du consommateur ayant conclu le contrat litigieux (Civ. 1re, 22 janv. 2014 : *cité note 21 ss. art. L. 121-11*). L'arrêt casse ainsi la décision du juge de proximité qui avait tenu compte du rôle actif de l'acquéreur d'un ordinateur équipé, de surcroît gérant d'une société dont l'activité est directement liée aux systèmes et produits informatiques, matériel, logiciel et réseau, en sorte qu'il n'est pas un consommateur moyen au sens de l'article 7 précité. C'est donc à une appréciation *in abstracto* que le juge doit se livrer : le degré de compétence du consommateur importe peu. Par ailleurs, selon la jurisprudence européenne, il importe peu que l'agissement du professionnel n'ait concerné qu'un seul consommateur (CJUE 16 avr. 2015 : *préc.*).

IV. COMPATIBILITÉ DU DROIT NATIONAL AVEC LA DIRECTIVE DU 11 MAI 2005

Participant d'un mouvement d'harmonisation totale du droit de l'Union européenne, la directive du 11 mai 2005 doit être interprétée en ce sens qu'elle s'oppose à une réglementation nationale qui, sauf certaines exceptions et sans tenir compte des circonstances spécifiques du cas d'espèce, interdit toute offre conjointe faite par un vendeur à un consommateur (CJCE 23 avr. 2009 : *cité note 21 ss. art. L. 121-11*). Cet arrêt remet en cause la validité de la législation belge sur les offres conjointes, lesquelles recouvrent dans notre droit national la pratique de vente subordonnée et celle de vente avec prime, dans la mesure où celles-ci ne figurent pas dans la liste exhaustive des 31 pratiques trompeuses ou agressives réputées par la directive « déloyales en toutes circonstances ». Plus récemment, c'est la législation allemande (également similaire à la nôtre) interdisant de soumettre la participation à un jeu à l'acquisition d'un bien ou d'un service qui est déclarée, pour les mêmes raisons, non conforme à cette même directive (CJUE 14 janv. 2010 : *cité note 2 ss. art. L. 121-20*). La loi n° 2011-525 du 17 mai 2011 de simplification et d'amélioration de la qualité du droit a alors réformé les textes relatifs à certaines pratiques commerciales illicites ou réglementées pour les rendre conformes aux exigences européennes. Ainsi le champ d'application de l'infraction de ventes ou prestations subordonnées a-t-il notamment été réduit en mettant un terme à l'interdiction générale de cette pratique : celle-ci n'opère que « dès lors que cette subordination constitue une pratique commerciale déloyale au sens de l'article L. 121-1 » (art. L. 121-11). Il en va de même pour les ventes avec primes et pour les loteries publicitaires avec obligation d'achat, qui ne sont désormais punissables que dès lors qu'elles présentent un caractère déloyal au sens de l'article L. 121-1. S'agissant d'infractions pénales, le principe de légalité pourrait en souffrir, tant il est vrai que la combinaison de dispositions contradictoires ne favorise pas la clarté.

Observons incidemment que des dispositions non codifiées dans le code de la consommation mais qui ont une incidence sur les intérêts du consommateur sont également touchées : exigence d'une autorisation préalable en matière de soldes (CJUE 17 janv. 2013 : *cité note 7 ss. art. L. 310-1 C. com., App., v° Ventes*, condamnant la Belgique), annonces de réduction de prix ne faisant pas apparaître le prix de référence (CJUE 10 juill. 2014 : *RTD eur. 2014. 730, obs. C. Aubert de Vincelles* , condamnant la Belgique et, plus récemment, CJUE 8 sept. 2015 : *cité note ss. Arr. du 11 mars 2015, art. 2, App., v° Prix (publicité)*, condamnant la France). Le Gouvernement français n'avait toutefois pas attendu la réponse de la CJUE à la question préjudicielle soumise puisque, par un arrêté du 11 mars 2015, le texte litigieux sur les annonces de réduction de prix à l'égard du consommateur a été abrogé et réécrit (*JO 24 mars 2015*), encore que les nouvelles dispositions ne semblent pas totalement conformes à l'arrêt du 8 septembre 2015.

V. RÉORGANISATION DES TEXTES PAR L'ORDONNANCE DE RECODIFICATION DU 14 MARS 2016

Depuis la nouvelle codification, se trouvent désormais regroupées – au sein d'une même section relative aux pratiques déloyales – à la fois les pratiques trompeuses et agressives. Ce choix est heureux, la notion mère de pratiques déloyales abritant sous le même foyer ses deux filles, les pratiques trompeuses et agressives. Cela correspond d'ailleurs à l'esprit de la directive du 11 mai 2005. ❑

Art. L. 121-1 Les pratiques commerciales déloyales sont interdites.

Une pratique commerciale est déloyale lorsqu'elle est contraire aux exigences de la diligence professionnelle et qu'elle altère ou est susceptible d'altérer de manière substantielle le comportement économique du consommateur normalement informé et raisonnablement attentif et avisé, à l'égard d'un bien ou d'un service.

Le caractère déloyal d'une pratique commerciale visant une catégorie particulière de consommateurs ou un groupe de consommateurs vulnérables en raison d'une infirmité mentale ou physique, de leur âge ou de leur crédulité s'apprécie au regard de la capacité moyenne de discernement de la catégorie ou du groupe.

Constituent, en particulier, des pratiques commerciales déloyales les pratiques commerciales trompeuses définies aux articles L. 121-2 à L. 121-4 et les pratiques commerciales agressives définies aux articles L. 121-6 et L. 121-7. – *[C. consom., art. L. 120-1.]*

V. Note de service DGCCRF n° 2009-07 du 29 janv. 2009 (www.circulaires.gouv.fr), BRDA 2009, n° 10, p. 11.

Sur la concurrence déloyale, V. notes ss. L. n° 63-628 du 2 juill. 1963, art. 2. – **C. com.**

1. Diligence professionnelle. La vente par un constructeur de matériels informatiques, sur son site ouvert aux particuliers, d'ordinateurs avec des logiciels préinstallés sans mention du prix que représentent les logiciels et sans possibilité d'y renoncer avec déduction du prix correspondant à la licence est contraire aux exigences de la diligence professionnelle eu égard aux possibilités techniques actuelles et, étant susceptible d'altérer de manière substantielle le comportement économique du consommateur moyen auquel elle s'adresse, elle constitue une pratique commerciale déloyale prohibée au sens de l'art. 5 de la Dir. du 11 mai 2005 (transposé à l'art. L. 121-1). • Versailles, 5 mai 2011 : *D. 2011. Pan. 2968, obs. Picod ; JCP 2011, n° 1081, note Stoffel-Munck ; CCC 2011, n° 203, obs. Raymond ; CCE 2011. Étude 21, par Stoffel-Munck ; Gaz. Pal. 2011. 2929, et les obs. ; RJDA 2011, n° 968.* ♦ Décision censurée, les motifs retenus par la cour d'appel ne démontrant pas que la vente litigieuse présentait le caractère d'une pratique commerciale déloyale, d'autant qu'elle avait constaté que le distributeur soulignait que le consommateur pouvait en s'orientant sur le site dédié aux professionnels trouver des ordinateurs « nus », mais que l'installation d'un système d'exploitation libre restait une démarche délicate dont elle ne pourrait pas garantir la réussite. • Civ. 1re, 12 juill. 2012 : *Bull. civ. I, n° 170 ; D. 2012. Chron. C. cass. 2051, obs. Creton ; ibid. Pan. 2354, obs. Le Stanc ; ibid. Actu. 1951, obs. Delpech ; RTD com. 2012. 835, obs. Bouloc ; JCP E 2012, n° 1531, note Bazin ; CCC 2012, n° 268, obs. Raymond ; CCE 2012, n° 111, obs. Loiseau ; LPA 15-17 août 2012, note Legrand ; Gaz. Pal. 2012. 2155, avis Petit, note Poissonnier ; ibid. 2799, obs. Piedelièvre ; RJDA 2012, n° 903 ; RLDA nov. 2012. 34, note Bascoulergue.* – Et sur renvoi : • Paris, 5 juin 2014 : *CCC 2014, n° 285, obs. Raymond ; RJDA 2015, n° 396.* ♦ L'information du consommateur sur la vente d'un ordinateur prééquipé et le fait qu'il est notoire que les achats par un particuliers se font dans ces conditions sont impropres à caractériser l'absence de vente subordonnée constitutive d'une pratique commerciale déloyale. • Civ. 1re, 4 juin 2014 : *D. 2015. Pan. 591, obs. Poillot ; RTD com. 2014. 679, obs. Bouloc ; CCC 2014, n° 234, obs. Raymond.*

Les informations relatives aux caractéristiques principales d'un ordinateur équipé de logiciels d'exploitation et d'application sont de celles que le vendeur professionnel doit au consommateur moyen pour lui permettre de prendre une décision en connaissance de cause. • Civ. 1re, 6 oct. 2011 : *Bull. civ. I, n° 160 ; D. 2011. Pan. 2968, obs. Picod ; JCP E 2011, n° 1787, note Bazin ; CCC 2012, n° 31, obs. Raymond ; Gaz. Pal. 2012. 458, obs. Piedelièvre ; RJDA 2012, n° 438 ; Dr. et proc. févr. 2012, Cah. dr. consom., p. 3, obs. Picod ; RDC 2012. 941, obs. Ollard* (cassation de • Paris, 26 nov. 2009 : *cité note 17 ss. art. L. 121-11*). – V. Legrand et Blin, *D. 2011. 2886* (offres conjointes d'ordinateurs équipés de logiciels : quelles perspectives ?). ♦ Les caractéristiques principales des logiciels d'exploitation et d'application préinstallés sont inconnues du consommateur, puisque celui-ci n'est appelé à souscrire le contrat de licence des logiciels que lors de la mise en service de l'ordinateur, par hypothèse, après avoir acheté l'appareil. La seule identification des logiciels préinstallés, ainsi que l'invitation faite au consommateur de se documenter par lui-même sur la nature et l'étendue des droits conférés par la ou les licences proposées, ainsi que sur les autres caractéristiques principales des logiciels équipant les ordinateurs offerts à la vente, ne constituent pas une information suffisante. Ayant ainsi caractérisé l'omission d'informations substantielles et fait ressortir que les informations omises, relatives aux caractéristiques principales d'un ordinateur équipé de logiciels d'exploitation et d'application, sont de celles que le vendeur professionnel doit au consommateur moyen pour lui permettre de prendre une décision en connaissance de cause, de sorte qu'une telle pratique commerciale est trompeuse, dès lors qu'elle amène ou est susceptible d'amener le consommateur à prendre une décision commerciale qu'il n'aurait pas prise autrement, la cour d'appel de renvoi a statué en conformité de l'arrêt de cassation (Civ. 1re, 6 oct. 2011) qui l'avait saisie. • Civ. 1re, 29 mars 2017, n° 15-13.248 P : *D. 2017. Actu. 813, obs. de Ravel d'Esclapon ; AJ contrat 2017. 231, obs. Legrand ; JCP E 2017, n° 1225 ; CCE 2017, n° 53, obs. Loiseau.* ♦ Mais ne constitue pas une pratique commerciale trompeuse l'omission d'informer le consommateur de la possibilité qui lui est offerte d'acquérir un ordinateur non équipé de logiciels préinstallés, dès lors qu'une telle information ne présente pas un caractère substantiel. • Même arrêt. ♦ Si, en revanche, doit être considéré comme une information substantielle le prix d'un produit proposé à la vente, c'est le prix global du produit, et non le prix de chacun de ses éléments, qui est concerné, de telle sorte qu'il n'est fait obligation au professionnel que d'indiquer au consommateur le seul prix global du produit concerné. • Même arrêt. ♦ Ainsi, eu égard au contexte d'une offre conjointe consistant en la vente d'un ordinateur équipé de logiciels préinstallés, l'absence d'indication du prix de chacun de ces logiciels n'est ni de nature à empêcher le consommateur de prendre une décision commerciale en connaissance de cause, ni susceptible de l'amener à prendre une décision commerciale qu'il n'aurait pas prise autrement ; par suite, le prix de chacun des logiciels ne constitue pas une information substantielle au sens de l'art. 7, § 4, de la Dir. 2005/29/CE du 11 mai 2005. • Même arrêt.

Sur la prise en compte des compétences personnelles du consommateur pour juger du caractère déloyal de la pratique commerciale, V. • TI Asnières, 13 sept. 2012 : *CCE 2012, n° 123, obs. Loiseau.*

V. aussi note 5 ss. art. L. 121-2.

2. Altération du comportement du consommateur. BIBL. Grall et Bellone, *RLDA juill.-août 2015. 30* (à quel moment faut-il apprécier l'existence d'une altération du comportement économique du consommateur ?). ♦ Dans le cas d'un site web qui omet de s'identifier comme site publicitaire, ne met pas à jour en temps réel les prix, n'indique pas les périodes de validité des offres, omet les frais de port et ou d'enlèvement, n'indique pas les conditions de la garantie des produits et ne mentionne pas les caractéristiques principales des produits ou services offerts, les juges doivent vérifier si ces insuffisances sont susceptibles d'altérer de manière substantielle le comportement économique de l'internaute avant d'appliquer les art. L. 120-1 et L. 121-1 [L. 121-1 et L. 121-2]. • Com. 29 nov. 2011 : *Bull. civ. IV, n° 195 ; D. 2012. Pan. 841, obs. Sauphanor-Brouillaud ; ibid. 2768, obs. Picod ; JCP E 2012, n° 1010 ; CCC 2012, n° 56, obs. Raymond ; Gaz. Pal. 2012. 203, note Lasserre Capdeville ; ibid. 458, obs. Piedelièvre ; CCE 2012, n° 17, obs. Debet ; RJDA 2012, n° 342 ; RDC 2012. 485, obs. Fenouillet ; Propr. ind. 2012, n° 28, obs. Larrieu.* ♦ L'usage de la dénomination « avocat.net », sans adjonction d'autres termes, est de nature à laisser penser à l'internaute que le site est exploité par des avocats ou que tous les services proposés émanent d'avocats, tandis que certaines prestations sont assurées par des personnes qui ne sont pas membres d'un barreau. Par ailleurs, les critères de référencement et de classement ne sont pas clairement exposés, d'autant que la relation particulière entre le client et son avocat exclut toute comparaison à des fins commerciales. De ces énonciations et appréciations, la cour d'appel, qui ne s'est pas fondée seulement sur la circonstance que la comparaison ne portait que sur les avocats référencés sur le site, a caractérisé l'existence d'une pratique commerciale trompeuse, donc déloyale, de nature à altérer de manière substantielle le comportement de l'internaute moyen par rapport aux prestations offertes. • Civ. 1re, 11 mai 2017, n° 16-13.669 P : *D. 2017. Actu. 1054 ; JCP 2017, n° 596.* ♦ Sur l'appréciation de l'altération du comportement économique du consommateur et le contrôle opéré par la Cour de cassation, V. • Com. 11 mars 2014 : *CCC 2014, n° 173, obs. Raymond ; RJDA 2014, n° 732.*

L'absence d'identification claire d'un référencement prioritaire est susceptible d'altérer de manière substantielle le comportement économique du consommateur qui est orienté d'abord vers les produits et offres des e-marchands « payants » et ne dispose pas ainsi de critères objectifs de choix (nécessité pour l'internaute de consulter les mots « en savoir plus sur les résultats » ou « en savoir plus » ou encore « espaces marchands »). • Com. 4 déc. 2012 : *cité note 2 ss. L. n° 2004-575 du 21 juin 2004, art. 20, App., v° Commerce électronique.* ♦ Il revient au juge de constater que l'absence d'identification claire de l'auteur de la publicité était de nature à altérer de manière substantielle le comportement économique du consommateur. • Com. 29 sept. 2015, n° 14-13.472 : *D. 2016. Pan. 619, obs. Sauphanor-Brouillaud ; CCC 2015, n° 295, obs. Raymond ; RJDA 2016, n° 63.*

3. Conditions cumulatives. Le code de la consommation exige que les deux conditions énoncées à l'art. L. 120-1 [L. 121-1] soient cumulativement remplies pour qu'une pratique commerciale soit déloyale. • T. com. Paris, 31 janv. 2012 : *Gaz. Pal. 2013. 2507.*

4. Concurrence déloyale. La violation des art. L. 120-1 et L. 121-1 [L. 121-1 et L. 121-2] peut constituer une faute de concurrence déloyale invocable entre concurrents, car le non-respect d'une règle peut constituer un avantage dans la concurrence par rapport à ceux qui la respectent. Ainsi, lorsque la faute, dont il est demandé réparation sur le fondement de la concurrence déloyale, est identifiée à une pratique commerciale déloyale de l'art. L. 120-1 [L. 121-1], comme par exemple, en cas de publicité trompeuse d'un produit ou service, il est nécessaire, pour la société qui s'en prétend victime, de démontrer qu'elle est susceptible d'altérer, de manière substantielle, le comportement économique du consommateur normalement informé et raisonnablement attentif et avisé, à l'égard de ce bien ou de ce service. Il en résulte que deux éléments doivent être démontrés par la partie qui se prévaut d'une pratique trompeuse au titre de la concurrence déloyale : en premier lieu, elle repose sur des allégations, indications ou présentations fausses ou de nature à induire en erreur, en second lieu, elle altère, ou est susceptible d'altérer de manière substantielle, le comportement économique du consommateur normalement informé et raisonnablement attentif et avisé, à l'égard d'un bien ou d'un service. • Paris, 21 mai 2014 : *AJCA 2014. 290, obs. Fourgoux*.

Mais par application de l'art. 954 C. pr. civ., dès lors que la cour d'appel n'est saisie que de la condamnation des parties poursuivies pour pratiques commerciales trompeuses sur le fondement des art. L. 120-1 et L. 121-1 [L. 121-1 et L. 121-2] C. consom., la commune de Laguiole ne pouvait présenter un moyen au soutien d'une demande de dommages-intérêts pour parasitisme dont la cour d'appel n'était pas saisie. • Com. 4 oct. 2016, n° 14-22.245 P : *cité note 26 ss. art. L. 121-2.*

Directive 2005/29/CE du Parlement européen et du Conseil du 11 mai 2005,

Relative aux pratiques commerciales déloyales des entreprises vis-à-vis des consommateurs dans le marché intérieur.

SOUS-SECTION 1 PRATIQUES COMMERCIALES TROMPEUSES

RÉP. COM. v° *Publicité fausse ou de nature à induire en erreur – Publicité comparative,* par CARREAU.

DALLOZ RÉFÉRENCE *Droit de la publicité et de la promotion des ventes,* par FABRE, BONNET-DESPLAN, SERMET et GENTY, *2011/2012, 4ᵉ éd.*

BIBL. GÉN. ▶ CALAIS-AULOY, *D. 1974. Chron. 91* (loi Royer). – GUINCHARD, *JCP CI 1979. II. 13104.* – FABRE, *Cah. dr. entr. 1983-3.* – LEROUX, *Rev. conc. consom. 1988, n° 43.* – RENAUDIÈRE, *Rev. eur. consom. 1989-3* (Dir. CEE du 10 sept. 1984). – ROBERT, *JCP 1990. I. 3454* (lieu et temps de la publicité trompeuse). – BIHL, *Cah. dr. entr. 1991-3.* – CARREAU, *D. 1995. Chron. 225* (publicité et hyperbole) ; *D. 1996. Chron. 257* (publicité et escroquerie). – GORNY, *LPA 26 oct. 2006* (publicité des produits de santé : le rouge est mis). – CALAIS-AULOY, *Mélanges Serra, Dalloz, 2006, p. 59* (concurrence déloyale et protection des consommateurs). – MAXWELL, ZEGGANE et JACQUIER, *CCC 2008. Étude 8* (publicité ciblée et protection du consommateur en France, en Europe et aux États-Unis). – CAPRIOLI, *CCE 2009, n° 60* (l'enjeu de la protection des données à caractère personnel en matière de publicité ciblée). – DENIS, *Gaz. Pal. 2010. 2699* (le *greenwashing* après la loi Grenelle II). – BRUNENGO-BASSO, *Journ. sociétés mai 2011. 35* (responsabilité sociale des entreprises et publicité : quelles limites au *green washing* ?). – GALL, *Gaz. Pal. 2011. 1374* (focus sur l'usage de l'argument écologique dans la publicité). – FOURGOUX, *RLC avr.-juin 2012. 150* (publicité associative et concurrence). – BLIN-FRANCHOMME, *CCC 2012. Chron. 13* (marché de la consommation durable : regards sur la loyauté des pratiques commerciales). – ARCELIN, *RLDA févr. 2014. 31* (les méandres de la publicité cachée sur internet). – LETE, *Rev. UE 2015. 468* (la publicité trompeuse à la lumière de la jurisprudence de la CJUE).

▶ Loi n° 2008-3 du 3 janv. 2008 : MONTFORT, *RLDA janv. 2008. 53* (loyauté des pratiques commerciales : concurrents, agissez en cessation !). – NDLR, *BRDA 2008, n° 2, p. 20* (pratiques commerciales trompeuses). – FOURNIER, *Dr. pénal 2008. Étude 4* (de la publicité fausse aux pratiques commerciales trompeuses). – RAYMOND, *JCP E 2008, n° 12-13, p. 17, spéc. p. 19* ; *CCC 2008. Étude 3* (les modifications au droit de la consommation apportées par la loi n° 2008-3 du 3 janv. 2008). – CANNARSA, *JCP 2008. I. 180* (le droit commun à la rencontre du droit de la consommation). – LASSERRE CAPDEVILLE, *LPA 21 nov. 2008* (substitution du délit de pratiques commerciales trompeuses au délit de publicité fausse ou de nature à induire en erreur). – GENTY, *Journ. sociétés 2010. 20* (pratiques commerciales trompeuses).

COMMENTAIRE

Les pratiques commerciales trompeuses n'ont jamais fait l'objet, en droit français, d'une réglementation particulière. Entre commerçants, c'est le droit prétorien de la concurrence déloyale qui s'applique (V. notes ss. L. n° 63-628 du 2 juill. 1963, art. 2, au **C. com.**) ; pour sa part, le consommateur ne pouvait jusqu'ici agir que par le biais des dispositions spécifiques du droit de la consommation (information, publicité trompeuse) ou par celui du droit commun des obligations (théorie des vices de consentement, droit de la vente).

I. NOUVELLE STRUCTURE

Avant l'ordonnance de recodification du 14 mars 2016, l'ancien article L. 121-1 définissait les pratiques trompeuses par action (dans son I) et par omission (dans son II), tandis qu'un III faisait bénéficier du I les professionnels. Pour sa part, l'ancien article L. 121-1-1 donnait une liste de pratiques réputées trompeuses en toutes circonstances, également étendues par le dernier alinéa aux professionnels. Quant aux anciens articles L. 121-2 à L. 121-7, ils énonçaient, de manière désordonnée et incohérente, les sanctions encourues et les pouvoirs des agents de la DGCCRF.

Sous l'empire du nouveau code, la présentation devient plus pédagogique et limpide. Tout d'abord, les sanctions – principales comme complémentaires – et les diverses actions envisageables sont déplacées aux articles L. 132-2 à L. 132-9, tandis que les pouvoirs de l'autorité administrative rejoignent un livre V regroupant tous les pouvoirs d'enquête et suites données aux contrôles. Ensuite, les trois subdivisions de l'ancien article L. 121-1 éclatent : le I fait l'objet d'un article L. 121-2, le II est traité dans un article L. 121-3, tandis qu'un article L. 121-5 reprend le III de l'ancien texte pour étendre aux professionnels les dispositions sur les pratiques trompeuses par action et la liste des pratiques réputées trompeuses en toutes circonstances du nouvel article L. 121-4, présentation gagnant en clarté et allégeant le contenu de l'ancien texte.

II. ÉLÉMENTS CONSTITUTIFS DE L'INFRACTION

Précisons au préalable qu'en ce qui concerne l'application de la loi dans l'espace, le délit est constitué dès lors que la pratique commerciale est mise en œuvre ou qu'elle produit ses effets en France, selon l'article L. 132-1.

Les pratiques énumérées par l'article L. 121-2 sont censées viser des actions trompeuses par opposition aux omissions trompeuses de l'article L. 121-3 (selon la distinction peu éclairante introduite par les art. 6 et 7 de la directive).

L'énumération des éléments matériels envisagés par l'article L. 121-2-2° rappelle pour l'essentiel la liste de ceux sur lesquels portaient autrefois les dispositions relatives à la publicité trompeuse. D'autres éléments ont été cependant ajoutés : ainsi, le traitement des réclamations et les droits du consommateur ou les droits du professionnel. En revanche, le 1° reprend un des critères classiques de la théorie de la concurrence déloyale, selon la trilogie de Roubier : la *confusion* avec un signe distinctif d'un concurrent. Le 3° vise le cas où la personne pour le compte de laquelle la pratique est mise en œuvre n'est pas clairement identifiable, ce qui peut constituer un dol sur le plan civil, voire une tromperie sur le plan pénal.

Pour parfaire la transposition de la directive, le contexte factuel est précisé par l'article L. 121-3 énumérant une litanie de pratiques réputées trompeuses (au nombre de 22), laquelle s'ajoute à une liste de pratiques agressives (art. L. 121-7). Il est aussi précisé que l'article est applicable aux pratiques visant les professionnels (V. par ex. Com. 29 nov. 2011 : *cité note 2 ss. art. L. 121-1*). L'utilisation énumérative de listes de comportements, calquées sur le droit européen, s'inscrit dans une démarche d'harmonisation totale entre les États européens, les écarts de concurrence qui entravent le fonctionnement du marché étant ainsi gommés.

La pratique commerciale sera également trompeuse lorsque, « compte tenu des limites propres au moyen de communication utilisé et des circonstances qui l'entourent », elle omet, dissimule ou fournit une information soit inintelligible ou ambiguë, soit à contretemps portant sur une information essentielle ou encore lorsque le professionnel dissimule sa véritable intention commerciale, laquelle ne découle pas du contexte (art. L. 121-1, II). Ce texte est le prolongement pénal du dol, en particulier du dol par réticence (art. 1137 C. civ., à compter du 1er oct. 2016), et du droit spécial de la vente, en particulier de l'article 1602 du Code civil selon lequel « le vendeur est tenu d'expliquer clairement ce à quoi il s'oblige » et « tout pacte obscur ou ambigu s'interprète contre le vendeur ».

La loi du 17 mars 2014 relative à la consommation a mis en conformité le texte avec la directive de 2005 en précisant que lorsque le moyen de communication utilisé impose des limites temporelles et spatiales, il faut tenir compte de ces limites ainsi que de toute mesure prise par le professionnel pour mettre ces informations à la disposition du consommateur par d'autres moyens. En d'autres termes, l'appréciation de l'omission du professionnel doit être circonstanciée.

Le texte précise que dans toute communication commerciale constituant une invitation à l'achat sont considérées comme substantielles les informations portant sur :

– les caractéristiques principales du bien ou du service (cette disposition est à mettre en relation avec l'art. L. 111-1 qui impose au vendeur professionnel de mettre le consommateur en mesure de connaître les caractéristiques essentielles du bien ou du service avant la conclusion du contrat) ;

– l'adresse et l'identité du professionnel (certaines dispositions l'exigeaient déjà : en matière de vente à distance, de démarchage, de crédit à la consommation ou de crédit immobilier…) ;

– le prix TTC et les frais de livraison ou, le cas échéant, leur mode de calcul (la disposition doit être mise en relation avec l'obligation générale de publicité des prix à l'égard des consommateurs prévue par l'art. L. 112-1 et en vertu de laquelle est intervenue une multiplicité d'arrêtés) ;

– les modalités de paiement, de livraison, d'exécution, de traitement des réclamations des consommateurs lorsqu'elles sont différentes de celles habituellement pratiquées dans le domaine d'activité professionnelle concerné (il faut rappeler que l'art. L. 112-1 impose d'informer le consommateur sur les conditions particulières de la vente et que diverses dispositions concernent l'indication de la date limite de livraison : art. L. 138-1 et R. 114-1, art. L. 221-23).

Aux termes de l'article L. 121-5 et dans le prolongement du III de l'ancien article L. 121-1, les dispositions de l'article L. 121-2 (pratiques déloyales dites par action) bénéficient au professionnel comme au consommateur, ce qui confirme la jurisprudence appliquant le délit de publicité trompeuse lorsque la publicité s'adresse à un professionnel. La loi de ratification du 21 février 2017 vise aussi le non-professionnel : il a été relevé lors des travaux parlementaires de ce dernier texte qu'il était paradoxal qu'un professionnel soit mieux protégé qu'une association à but non lucratif ou qu'un syndicat de copropriétaires.

La théorie de la concurrence déloyale trouve alors à s'appliquer (V. ainsi Paris, 21 mai 2014 : *cité note 4 ss. art. L. 121-1*, pour laquelle la violation des anc. art. L. 120-1 et L. 121-1 [devenus les art. L. 121-1 et L. 121-2] peut constituer une faute de concurrence déloyale invocable entre concurrents et donnant lieu à réparation, car le non-respect d'une règle peut constituer un avantage dans la concurrence par rapport à ceux qui la respectent). Le texte tient lieu de pont entre le droit de la consommation et le droit de la concurrence (sur l'articulation de ces deux droits : Picod, Droit de la consommation, *Sirey U, sept. 2015, 3e éd., no 27*). On en déduisait *a contrario* que les pratiques visées par l'ancien article L. 121-1-II, visant les omissions trompeuses par opposition aux actions trompeuses du I, ne protégeaient que le consommateur. Cette analyse est confirmée par l'ordonnance de recodification du 14 mars 2016 qui, faisant éclater les deux formes de pratiques trompeuses en deux articles distincts (art. L. 121-2 et L. 121-3, correspondant aux I et II de l'anc. art. L. 121-1), crée un texte spécifique (art. L. 121-5) en lieu et place du III de l'ancien texte pour étendre aux professionnels les dispositions sur les pratiques trompeuses par action et la liste des pratiques réputées trompeuses en toutes circonstances du nouvel article L. 121-4.

Par ailleurs, on observera que l'auteur des agissements visé par la loi est ici manifestement un professionnel (un particulier ne mettant pas en œuvre une pratique commerciale), alors que la jurisprudence était jusqu'ici indifférente à la qualité de l'auteur de la publicité trompeuse.

Enfin, l'élément moral de l'infraction découlera de l'article L. 121-1 : à l'instar de la législation sur la publicité trompeuse issue de la loi de 1973 et à la différence de la loi antérieure de 1963 sur la publicité mensongère, le texte ne fait pas référence à la mauvaise foi du professionnel. En d'autres termes, l'annonceur ou l'auteur de pratiques déloyales n'a pas forcément eu la volonté de tromper autrui : l'infraction peut être retenue qu'il y ait manquement aux exigences de la diligence professionnelle ou mauvaise foi caractérisée de la part du professionnel. De même, l'infraction n'est pas de résultat : il suffit qu'elle soit susceptible d'induire en erreur et d'altérer le comportement économique du consommateur.

III. CONTINUITÉ DE L'INFRACTION

La continuité de la jurisprudence ci-dessus évoquée peut être illustrée par une décision selon laquelle les modifications apportées par la loi du 3 janvier 2008 à l'ancien article L. 121-1 (devenu l'art. L. 121-2) ont développé et enrichi la définition de ce qui est maintenant dénommé « pratique commerciale trompeuse » au lieu et place de la définition antérieure de publicité trompeuse ; mais il est observé que cet enrichissement de la définition n'a pas modifié les éléments constitutifs de l'infraction (TGI Nanterre, 2 juill. 2009 : *cité note 1 ss. art. L. 121-2*).

IV. RÉPRESSION

Du fait de la loi du 3 janvier 2008, les sanctions du délit de publicité trompeuse sont applicables aux délits de pratiques commerciales trompeuses, avec quelques adaptations.

Ainsi, les agents habilités à constater les infractions peuvent exiger du responsable de la pratique déloyale la mise à leur disposition ou la communication de tous les éléments propres à justifier les allégations, indications ou présentations inhérentes à cette pratique, même lorsque ces éléments sont détenus par un fabricant implanté hors du territoire national, ainsi que l'ajoute la loi du 31 juillet 2014 relative à l'économie sociale et solidaire. Les procès-verbaux qu'ils dressent sont transmis au parquet, lequel appréciera s'il donne suite ou non en vertu du principe d'opportunité des poursuites. Ces mesures doivent être complétées par les dispositions concernant les pouvoirs de l'administration pour la répression de l'ensemble des pratiques commerciales déloyales, désormais prévues au livre V du code.

L'infraction était punie d'un emprisonnement de deux ans et/ou d'une amende de 37 500 € (qui étaient les peines prévues à l'anc. art. L. 213-1, al. 1er, relatif aux tromperies), le montant de l'amende pouvant être porté à 50 % des dépenses de la publicité ou de la pratique constituant le délit (anc. art. L. 121-6, dans sa première version). Or, le scandale portant sur la présence de viande chevaline dans des produits censés être cuisinés à base de bœuf a rendu nécessaire le renforcement des sanctions encourues par les auteurs de tromperies économiques. Aussi le plafond des amendes, aujourd'hui prévues à l'article L. 454-1, a-t-il considérablement augmenté avec la loi du 17 mars 2014 relative à la consommation : de 37 500 à 300 000 €. L'article L. 132-2 sur les pratiques trompeuses subit le même traitement, par un effet d'alignement, encore que le renvoi exprès antérieur aux fraudes et falsifications ait été supprimé. Outre l'amende de 300 000 €, la peine d'emprisonnement de deux ans devient cumulative comme en matière de fraude.

Par ailleurs, le juge pourra prononcer des amendes pouvant atteindre 10 % du chiffre d'affaires, de façon à tenir compte du profit réalisé, à l'instar des pratiques agressives, des ventes à la boule de neige et de l'abus de faiblesse. C'est ici la sanction de la faute lucrative, même si l'on ne va pas jusqu'à la confiscation intégrale du profit comme dans certains droits étrangers. Une fois de plus, les sanctions des pratiques déloyales trompeuses sont alignées sur celles des tromperies, ce qui augmente du même coup leur aspect dissuasif. A titre de peine complémentaire, la loi du 17 mars 2014 renvoie aux interdictions de gérer ou d'exercer prévues à l'article 131-27 du code pénal, sans pouvoir dépasser une durée de cinq ans et pouvant être prononcées cumulativement ; depuis la recodification, elles figurent à l'article L. 132-3 (al. 1er et 2).

Les personnes morales sont pénalement responsables, le texte – réécrit par la loi du 17 mars 2014, et figurant désormais à l'alinéa 3 de l'article L. 132-3 – renvoyant aux articles 131-38 (selon lequel le taux maximal de l'amende applicable aux personnes morales est égal au quintuple de celui prévu pour les personnes physiques par la loi qui réprime l'infraction) et 131-39 du code pénal (à l'exception de la dissolution et de mesures concernant les animaux), prévoyant une litanie de peines complémentaires : confiscation, affichage, ou encore diverses interdictions, ces dernières ne pouvant cependant dépasser une durée de cinq ans.

L'article L. 132-8 prévoit la possibilité pour le juge d'instruction ou le tribunal saisi des poursuites de faire cesser la pratique commerciale trompeuse. L'article L. 132-4 prévoit une peine complémentaire de publication de la décision et, facultativement, de diffusion d'annonce rectificative. La loi du 17 mars 2014 avait complété le texte en permettant également au tribunal d'ordonner l'affichage ou la diffusion de tout ou partie de la décision ou d'un communiqué informant le public des motifs et du dispositif de celle-ci.

C'est la personne pour le compte de laquelle la pratique commerciale est mise en œuvre qui est responsable à titre principal, ce qui n'interdisait pas de rechercher les coauteurs et les complices. La nouvelle rédaction, issue de la loi du 17 mars 2014, simplifie les choses en évitant la référence restrictive à la personne pour le compte de laquelle est mise en œuvre la pratique (art. L. 132-1).

En revanche, il est curieux de relever que, contrairement aux pratiques agressives pour lesquelles la nullité du contrat éventuellement souscrit est expressément prévue (art. L. 132-10), aucune sanction civile n'a été envisagée en matière de pratiques trompeuses, lacune n'ayant été comblée ni par la loi du 17 mars 2014, ni par celle du 6 août 2015. Pourtant les mêmes causes devraient produire les mêmes effets… Même si la nullité n'est pas de plein droit, cela n'empêchera toutefois pas le juge d'annuler le contrat pour vice du consentement (dol en l'occurrence), voire de considérer que le contrat a été souscrit en violation de normes pénales, contraires à l'ordre public. ❑

Art. L. 121-2 Une pratique commerciale est trompeuse si elle est commise dans l'une des circonstances suivantes :

1° Lorsqu'elle crée une confusion avec un autre bien ou service, une marque, un nom commercial ou un autre signe distinctif d'un concurrent ;

2° Lorsqu'elle repose sur des allégations, indications ou présentations fausses ou de nature à induire en erreur et portant sur l'un ou plusieurs des éléments suivants :

***a)* L'existence, la disponibilité ou la nature du bien ou du service ;**

***b)* Les caractéristiques essentielles du bien ou du service, à savoir : ses qualités substantielles, sa composition, ses accessoires, son origine, sa quantité, son mode et sa date de fabrication, les conditions de son utilisation et son aptitude à l'usage, ses propriétés et les résultats attendus de son utilisation, ainsi que les résultats et les principales caractéristiques des tests et contrôles effectués sur le bien ou le service ;**

***c)* Le prix ou le mode de calcul du prix, le caractère promotionnel du prix et les conditions de vente, de paiement et de livraison du bien ou du service ;**

***d)* Le service après-vente, la nécessité d'un service, d'une pièce détachée, d'un remplacement ou d'une réparation ;**

***e)* La portée des engagements de l'annonceur, la nature, le procédé ou le motif de la vente ou de la prestation de services ;**

***f)* L'identité, les qualités, les aptitudes et les droits du professionnel ;**

***g)* Le traitement des réclamations et les droits du consommateur ;**

3° Lorsque la personne pour le compte de laquelle elle est mise en œuvre n'est pas clairement identifiable. – *[C. consom., art. L. 121-1, I.]*

V. Note de service DGCCRF n° 2009-07 du 29 janv. 2009, BRDA 2009, n° 10, p. 11.

V. Guide pratique des allégations environnementales, févr. 2012, 2e éd. (www.dgccrf.bercy.gouv.fr).

Sur les sanctions, V. art. L. 132-1 s.

PLAN DES ANNOTATIONS

I. RÉDACTION POSTÉRIEURE À LA L. DU 3 JANV. 2008

1. Continuité de la jurisprudence antérieure. Les modifications apportées par la L. du 3 janv. 2008 à l'art. L. 121-1 [L. 121-2] ont développé et enrichi la définition de ce qui est maintenant dénommé « pratique commerciale trompeuse » au lieu et place de la définition antérieure de publicité trompeuse, mais cet enrichissement de la définition n'a pas modifié les éléments constitutifs de l'infraction, comme la chambre criminelle de la Cour de cassation l'a rappelé dans un arrêt du 24 mars 2009. • TGI Nanterre, 2 juill. 2009 : *CCE 2009, n° 90, obs. Debet.* – V. l'arrêt cité : • Crim. 24 mars 2009 : *cité note 5 ss. art. L. 132-1* • 4 nov. 2008 : *cité note 3 ss. art. L. 132-2.* ♦ Dans ses rédactions successives, l'art. L. 121-1 [L. 121-2] sanctionne dans les mêmes conditions toute publicité (dénommée désormais pratique commerciale) reposant sur des allégations, des indications ou des présentations fausses ou de nature à induire en erreur portant sur les caractéristiques essentielles du service ou du produit. • Lyon, 18 sept. 2013 : *Bull. Joly Bourse 2013. 582, note Lasserre Capdeville.*

Une cour d'appel n'a pas méconnu le principe de la non-rétroactivité de la loi pénale dès lors qu'il résulte de ses motifs qu'est caractérisé en tous ses éléments, tant matériels qu'intentionnels, non seulement le délit de tromperie sur les qualités substantielles d'une prestation de services, mais également celui qualifié de publicité mensongère par l'art. L. 121-1 [L. 121-2] dans sa rédaction en vigueur au moment des faits, puis qualifié de pratique commerciale trompeuse dans sa rédaction issue de la L. du 3 janv. 2008. • Crim. 27 janv. 2015 : *Dalloz actualité, 18 févr. 2015, obs. Anane; RTD com. 2015. 392, obs. Bouloc ; Gaz. Pal. 2015. 964, note Lasserre Capdeville et Éréséo; LPA 24 juin 2015, note Allamélou; RLDA mars 2015. 44, obs. Reverdy; Dr. pénal 2015, nº 55, obs. J.-H. Robert; RDC 2016. 297, obs. Malabat.*

2. *Propagande.* Même dans leur rédaction résultant de la L. du 3 janv. 2008, les art. L. 121-1 s. [L. 121-2 s.] ne s'appliquent qu'aux pratiques commerciales, et spécialement aux publicités, que dans la mesure où elles visent à promouvoir la vente d'un bien ou d'un service effectivement proposés sur le marché. Tel n'est pas le cas de la campagne organisée par le groupe Leclerc, qui vise à réclamer le droit de vendre des médicaments non remboursables, avec la précision explicite que cette vente est actuellement impossible dans les grandes surfaces, et suppose implicitement un changement de législation, actuellement bien hypothétique. • Colmar, 7 mai 2008 : *BICC 15 sept. 2008, nº 1356; D. 2008. 1964, note Rousset ; ibid. AJ 1401, obs. Rondey ; JCP E 2008, nº 50, p. 26, note Arcelin-Lécuyer; CCC 2008, nº 188, obs. Malaurie-Vignal; LPA 25 nov. 2008, obs. A. G.; LPA 4 mars 2009, note Siranyan, Locher et Rollux; Dr. pénal 2008, nº 100, obs. J.-H. Robert.* ♦ Plutôt qu'une publicité, la communication du groupe Leclerc est constitutive d'une sorte de propagande en faveur d'un changement de législation. • Même arrêt.

3. *Prix de départ.* L'art. 2, sous i), de la Dir. 2005/29/CE du 11 mai 2005 [V. ss. art. L. 121-1] doit être interprété en ce sens que la condition relative à l'indication du prix du produit peut être remplie si la communication commerciale contient un prix de départ, c'est-à-dire le prix le plus bas auquel peut être acheté le produit ou le type de produits commercialisé, alors que celui-ci existe en d'autres variantes, ou avec un contenu différent, à des prix qui ne sont pas indiqués. • CJUE 12 mai 2011 : *cité note 11.* ♦ L'art. 7, § 4, sous c), de la directive doit être interprété en ce sens que la seule indication d'un prix de départ dans une invitation à l'achat ne saurait être considérée, *per se*, comme constitutive d'une omission trompeuse. Il revient à la juridiction de renvoi de déterminer si l'indication d'un prix de départ suffit pour que les exigences concernant la mention d'un prix, telles qu'établies à ladite disposition, soient considérées comme remplies. Cette juridiction devra notamment vérifier si l'omission des modalités de calcul du prix final n'empêche pas le consommateur de prendre une décision commerciale en connaissance de cause et, par conséquent, ne l'amène pas à prendre une décision commerciale qu'il n'aurait pas prise autrement. Il lui incombe également de prendre en considération les limites inhérentes au support de communication utilisé, la nature et les caractéristiques du produit ainsi que les autres mesures que le professionnel a effectivement prises pour mettre des informations à la disposition du consommateur. • Même arrêt.

4. *Altération de la décision d'achat.* BIBL. Grall et Bellone, *RLDA juill.-août 2015. 30* (à quel moment faut-il apprécier l'existence d'une altération du comportement économique du consommateur ?). ♦ Une pratique commerciale trompeuse au sens de l'art. L. 121-1, I, 2º, *a)* et *c)* [L. 121-2], implique que la décision d'achat du produit par les consommateurs auxquels s'adresse la publicité litigieuse soit susceptible d'être altérée. • Com. 27 avr. 2011 : *RDSS 2011. 919, note Siranyan ; CCC 2011, nº 178, obs. Raymond; Gaz. Pal. 2011. 2866, note Piedelièvre; ibid. 2880, note Basset; RJDA 2012, nº 341; Dr. et proc. sept. 2011, Cah. dr. consom., p. 27, obs. Gavalda-Moulenat; RDLC 2011, nº 3, p. 145, obs. Mesa.* ♦ Censurant un arrêt pour ne pas avoir vérifié que les éléments que la cour d'appel avait retenus altéraient ou étaient de nature à altérer de manière substantielle le comportement économique du consommateur, V. • Com. 1er mars 2017, nº 15-15.448 P : *D. 2017. Chron. C. cass. 1080, obs. Le Bras; AJ contrat 2017. 181, obs. Legrand; JCP E 2017, nº 1219, note Maracchini-Zeidenberg; CCC 2017, nº 112, obs. Bernheim-Desvaux; RJDA 2017, nº 379; Dr. pénal 2017, nº 62, obs. J.-H. Robert; Propr. ind. 2017, nº 39, obs. Larrieu.* ♦ Sur cette altération du comportement du consommateur, V. aussi la note 2 ss. art. L. 121-1.

5. *Diligence professionnelle.* La Dir. 2005/29/CE du 11 mai 2005 [V. ss. art. L. 121-1] doit être interprétée en ce sens que, dans le cas où une pratique commerciale satisfait à tous les critères énoncés à l'art. 6, § 1, pour être qualifiée de pratique trompeuse à l'égard du consommateur (transposé à l'art. L. 121-2), il n'y a pas lieu de vérifier si une telle pratique est également contraire aux exigences de la diligence professionnelle au sens de l'art. 5, § 2, ss. a), pour qu'elle puisse valablement être considérée comme déloyale (transposé à l'art. L. 121-1) et, partant, interdite. • CJUE 19 sept. 2013 :

D. 2013. 2835, note Jakouloff ; ibid. Pan. 2824, obs. Auguet ; RTD eur. 2014. 730, obs. Aubert de Vincelles ; JCP E 2013, n° 1675, note Moracchini-Zeidenberg ; CCC 2013, n° 21, obs. Raymond ; RJDA 2013, n° 1055 ; Gaz. Pal. 2014. 506, obs. Piedelièvre ; Europe 2013, n° 483, obs. Meister ; RLDA déc. 2013. 32, note Nicod • 16 avr. 2015 : *D. 2016. Pan. 619, obs. Saupha-nor-Brouillaud ; CCC 2015, n° 189, obs. Raymond ; RJDA 2015, n° 535 ; LPA 24 juin 2015, note Petit ; Dr. et proc. 2015, Cah. dr. consom., n° 7, p. 36, obs. Gavalda-Moulenat ; Banque et Droit juill.-août 2015. 46, obs. Jouffin.* ♦ V. aussi note 1 ss. art. L. 121-1.

6. Champ d'application. La Dir. 2005/29/CE du 11 mai 2005 [V. ss. art. L. 121-1] doit être interprétée en ce sens que relève de son champ d'application personnel un organisme de droit public en charge d'une mission d'intérêt général, telle que la gestion d'un régime légal d'assurance maladie. • CJUE 3 oct. 2013 : *D. 2013. 2334 ; RTD eur. 2014. 730, obs. Aubert de Vincelles ; Rev. UE 2014. 436, note Jakouloff ; JCP E 2013. Actu. 734 ; RJDA 2014, n° 178 ; Dr. et proc. mars 2014, Cah. dr. consom., p. 17, obs. de la Asuncion Planes ; Europe 2013, n° 540, obs. Meister.* ♦ Mais ce texte n'a pas vocation à être invoqué à l'encontre des éditeurs de presse, de sorte qu'il ne s'oppose pas à l'application d'une disposition nationale en vertu de laquelle ces éditeurs sont tenus de faire figurer une mention spécifique, en l'occurrence le terme « annonce », sur toute publication dans leurs périodiques pour laquelle ils perçoivent une rétribution, à moins que la disposition ou la conception de cette publication ne permettent, de façon générale, de reconnaître la nature publicitaire de celle-ci. • CJUE 17 oct. 2013 : *D. 2013. Actu. 2465 ; RTD eur. 2014. 730, obs. Aubert de Vincelles ; Dr. et proc. mars 2014, Cah. dr. consom., p. 19, obs. de la Asuncion Planes ; Europe 2013, n° 539, obs. Meister.* ♦ Le recouvrement selon les règles fixées par les règles d'ordre public du code rural et de la pêche maritime des cotisations et contributions dues par une personne assujettie à titre obligatoire au régime de protection sociale des travailleurs non salariés agricoles ne revêt pas le caractère d'une pratique commerciale et n'entre pas dans le champ d'application de la Dir. 2005/29/CE. • Civ. 2e, 18 juin 2015, n° 14-18.049 P : *RD rur. 2015, n° 207, obs. Tauran.*

7. Illustration. L'utilisation du mot « Marais », tant dans le nom commercial de l'hôtel que dans le nom de domaine du site internet dédié à cet hôtel, est une pratique commerciale trompeuse au sens de l'art. L. 121-1 [L. 121-2], car elle repose sur une indication de nature à induire en erreur sur la localisation de l'hôtel, susceptible d'altérer de manière substantielle le comportement économique des touristes qui souhaitent séjourner dans le Marais et pour lesquels la localisation de l'hôtel est une caractéristique déterminante. • Paris, 11 juin 2014 : *JCP E 2014, n° 1507.* ♦ Sur une pratique commerciale trompeuse en matière de taux de rémunération d'un compte épargne, ayant manifestement altéré le comportement économique des consommateurs normalement attentifs et avisés, trompés sur les qualités essentielles du contrat souscrit, V. • Crim. 13 janv. 2016, n° 14-88.136 P : *D. 2016. Actu. 254 ; RTD com. 2016. 348, obs. Bouloc ; JCP E 2016, n° 1111 ; CCC 2016, n° 107, obs. S. B.-D. ; RJDA 2016, n° 401 ; Dr. pénal 2016, n° 49, obs. J.-H. Robert ; RLDA avr. 2016. 14, note Brigant ; Banque et Droit mars-avr. 2016. 90, obs. Lasserre Capdeville ; RD banc. fin. 2016, n° 50, obs. Crédot et Samin.* – V. aussi : Daigre, *Banque et Droit janv.-févr. 2016. 3* (des pratiques commerciales dangereuses pour les établissements). ♦ Sur les pratiques commerciales trompeuses d'*Uberpop*, V. • Paris, 7 déc. 2015 : *JCP E 2016, n° 1074, note Wilhelm et Dumur ; Propr. ind. 2016, n° 14, obs. Larrieu.*

II. RÉDACTION ANTÉRIEURE À LA L. DU 3 JANV. 2008

8. Droit communautaire. L'art. L. 121-1 [L. 121-2] est compatible avec la Dir. n° 84-450 CEE du 10 sept. 1984 qui, définissant restrictivement la publicité trompeuse en droit communautaire, ne fait cependant pas obstacle au maintien par les États membres de dispositions visant à assurer une protection plus étendue des consommateurs. • Crim. 27 mars 1996 : *Bull. crim. n° 139 ; D. 1996. IR 168 ; D. Affaires 1996. 803.*

Pour déterminer si une indication destinée à promouvoir les ventes d'œufs est de nature à induire l'acheteur en erreur en violation de l'art. 10, § 2, e, du Règl. CEE n° 1907-90 du Conseil du 26 juin 1990 relatif à certaines normes de commercialisation applicables aux œufs, le juge national doit se référer à l'attente présumée relative à cette indication d'un consommateur moyen, normalement informé et raisonnablement attentif et avisé. Mais, s'il éprouve des difficultés particulières pour évaluer le caractère trompeur de l'indication, il peut recourir, dans les conditions prévues par son droit national, à un sondage d'opinion ou une expertise destinée à éclairer son jugement. • CJCE 16 juill. 1998 : *D. 1998. IR 199 ; D. Affaires 1998. 1695 ; Gaz. Pal. 4-5 déc. 1998, p. 41.*

9. Droit interne. L'existence d'une législation ou réglementation spécifique n'empêche pas l'application de l'art. L. 121-1 [L. 121-2]. • Crim. 12 janv. 1994 : *BID 1994, n° 5, p. 12.* ♦ L'abrogation de l'art. L. 39-3 C P et T est sans effet sur l'application de l'art. L. 121-1 [L. 121-2] C. consom., dont la portée est plus générale que celle du texte abrogé. • Crim. 23 mai 2000 : *Gaz. Pal. 27-28 oct. 2000, p. 44, obs. Pottier.*

10. Usages. A propos d'un avis du Conseil national de la consommation en date du 8 févr.

1990, considéré comme n'ayant aucune valeur normative, mais comme présentant, cependant, un grand intérêt pour la solution d'un litige car il avait pour but d'aboutir à un usage clair et cohérent du terme « frais » en matière de denrées alimentaires, V. : • Com. 12 janv. 1999 : *D. 1999. IR 114* ; *CCC 1999, n° 65, obs. Raymond.*

A. EXISTENCE D'UNE PUBLICITÉ

1° UNE PUBLICITÉ

a. Définition générale

11. Notion de publicité. Constitue une publicité tout moyen d'information destiné à permettre à un client potentiel de se faire une opinion sur les résultats qui peuvent être attendus du bien ou du service qui lui est proposé. • Crim. 12 nov. 1986 : *Bull. crim. n° 861.* ♦ ... Ainsi que sur les caractéristiques des biens ou services proposés. • Crim. 14 oct. 1998 : *Bull. crim. n° 262 ; D. 2000. Somm. 130, obs. Gozzi* et *281, obs. Tournafond* ; *D. Affaires 1999. 203, obs. C. R. ; RTD com. 1999. 526, obs. Bouloc* ; *JCP 1999. II. 10066, note Conte ; CCC 1999, n° 32, obs. Raymond ; BID 1999, n° 10, p. 24 ; ibid., n° 2, p. 45.* ♦ Constitue un document publicitaire tout document commercial (notice d'utilisation) dont les indications et la présentation permettent au client potentiel de se former une opinion sur les résultats attendus du bien ou du service proposé. • Crim. 15 mai 2012 : *CCC 2012, n° 247, obs. Raymond ; RDC 2013. 209, obs. Ollard.* ♦ Il n'importe que la publicité ne soit pas diffusée à des fins lucratives et ne présente pas de caractère commercial. • Crim. 6 mai 1998 : *RSC 1999. 116, obs. Giudicelli* ; *Gaz. Pal. 1998. Chr. crim. 153.*

b. Objet de la publicité

12. Immeuble. BIBL. Fourgoux, *Gaz. Pal. 2009. 2899* (l'agent immobilier, la publicité et le consommateur). ♦ Le délit de publicité trompeuse peut être commis non seulement quand la publicité porte sur des meubles, mais encore quand elle porte sur des immeubles. • Paris, 24 mai 1982 : *D. 1983. 11, note Pradel* et *Paire.* ♦ Même solution, implicitement : • Crim. 21 mai 1985 : *D. 1986. IR 397* • 4 juin 1985 : *eod. loc* • 27 mars 1996 : *Bull. crim. n° 139.* ♦ En matière de location d'immeuble, V. • Crim. 28 nov. 2000 : *BID 2001, n° 7-8, p. 36.* ♦ ... De vente de villas en état de futur achèvement, V. • Saint-Denis de La Réunion, 31 janv. 2008 : *Constr.-Urb. 2008, n° 121, obs. Sizaire.* ♦ ... D'investissement dans un ensemble immobilier neuf, V. • Caen, 13 mars 2008 : *eod. loc.*

13. Loterie gratuite. Le délit de publicité trompeuse peut être commis non seulement quand la tromperie porte sur un objet proposé à la vente, mais encore quand elle porte sur un objet attribué par loterie sans obligation d'achat. • Crim. 8 mars 1990 : *JCP 1990. II. 21542, note Robert ; JCP E 1991. I. 11, obs. Arpin-Gonnet* • 30 janv. 1992 : *JCP E 1992. Pan. 829* • 28 mai 1997 : *JCP 1997. IV. 1912* • 17 oct. 2000 : *BID 2001, n° 4, p. 22.*

14. Marques. L'utilisation d'une marque déposée par son propriétaire peut constituer le délit de publicité trompeuse, dès lors que la marque est de nature à induire en erreur. • Crim. 16 juin 1980 : *D. 1980. IR 44.* ♦ Pour une publicité mensongère et la pratique de marque d'appel, V. • TGI Paris, 15 déc. 2006 : *Gaz. Pal. 2007. 4223, obs. Staeffen.* ♦ Pour une publicité de nature à induire en erreur et une marque déceptive, V. • Paris, 19 oct. 2005 : *CCC 2006, n° 96, obs. Raymond.*

15. Activité irrationnelle. Les activités de voyance et de sciences occultes sont soumises au droit de la consommation et à la réglementation de la publicité, le caractère irrationnel de l'annonce et de l'activité ne retirant pas son caractère mensonger. • Pau, 3 avr. 2008 : *JCP 2008. IV. 2871.*

c. Domaine de la publicité quant aux personnes

16. Auteur de l'infraction. L'art. L. 121-1 [L. 121-2] est applicable au simple particulier qui fait paraître dans un journal une annonce de nature à induire en erreur les acheteurs potentiels d'un bien proposé à la vente. • Crim. 27 mars 1996 : *Bull. crim. n° 139 ; D. 1996. IR 168* ; *BID 1996, n° 12, p. 21 ; RSC 1997. 122, note Giudicelli* . ♦ V. déjà, en application de l'art. 44 de la loi du 27 déc. 1973, devenu l'art. L. 121-1 [L. 121-2] C. consom. : • Crim. 24 mars 1987 : *JCP E 1987. II. 15321, note Heidsieck* • 13 juin 1991 : *D. 1992. 430, note Paire* . ♦ Le mandat de vendre un appartement donné à un tiers, qui fait paraître dans un journal une offre de vente fausse sur la superficie et la situation du bien, ne fait pas perdre au propriétaire mandant la qualité d'annonceur, pénalement responsable de l'infraction commise, aux termes de l'art. L. 121-1 [L. 121-2]. • Crim. 27 mars 1996 : *Bull. crim. n° 139 ; BID 1996, n° 12, p. 21 ; RSC 1997. 122, note Giudicelli* .

17. Délégation de pouvoirs. Seul le chef d'entreprise qui n'a pas personnellement pris part à la réalisation de l'infraction peut, sauf disposition contraire de la loi, s'exonérer de sa responsabilité pénale s'il rapporte la preuve qu'il a délégué ses pouvoirs à une personne pourvue de la compétence, de l'autorité et des moyens nécessaires. • Crim. 6 févr. 2001 : *Dr. pénal 2001, n° 78, obs. J.-H. Robert.* ♦ En sa qualité de gérant de fait, le directeur d'une grande surface est responsable de l'infraction de publicité trompeuse pour fausse réduction de prix commise dans son magasin, quelle que soit la situation juridique occupée au sein de la société par les personnes à qui il a confié des missions de surveillance dont il n'est pas soutenu qu'elles aient bénéficié de délégation de pouvoir. • Paris, 21 mars 1997 : *CCC 1998, n° 14, note Raymond.* ♦ Le directeur d'un magasin ne peut invoquer une délégation de pouvoir au chef de rayon en cas d'étiquetage erroné de marchandise, car la délégation s'avère inefficace en matière de publicité lorsque le délégataire n'est pas en mesure de comprendre le sens et la portée de la réglementation. • Grenoble, 29 mars 2000 : *JCP 2001. IV. 1716.*

18. Victime de l'infraction. L'interdiction visant sans aucune restriction toute publicité de nature à induire en erreur, son application ne saurait être limitée à la publicité faite directement auprès des consommateurs, mais doit s'étendre également à celle visant des commerçants. • Crim. 2 oct. 1980 : *Bull. crim. n° 246; D. 1981. IR 292* • 14 nov. 2000 : *Dr. pénal 2001, n° 34, obs. J.-H. Robert.* ♦ ... Ou des chasseurs. • Crim. 26 mars 1992 : *BID 1993, n° 3, p. 37.*

2° INDIFFÉRENCE DU SUPPORT PUBLICITAIRE

19. Documents commerciaux. Constitue une publicité l'envoi ou la remise à des clients de documents commerciaux, tels que bons de commande, étiquettes ou factures. • Crim. 21 mai 1974 : *D. 1974. 579, concl. Robert* • 14 nov. 2000 : *Dr pénal 2001, n° 34, obs. J.-H. Robert.* ♦ Application à un bon de commande : • Crim. 23 mars 1994 : *D. 1994. IR 131 ; RTD com. 1994. 589, obs. Bouzat ; JCP E 1994. Pan. 545.* ♦ ... A un étiquetage obligatoire : • Crim. 25 juin 1984 : *D. 1985. 80, note Fourgoux.* ♦ ... A des contrats types diffusés par le président d'un syndicat professionnel aux adhérents dudit syndicat : • Rennes, 23 janv. 2003 : *CCC 2003, n° 166, obs. Raymond.* ♦ ... A des étiquettes de bouteille de vin : • Crim. 7 mars 2006 : *CCC 2006, n° 122, obs. Raymond.*

20. Affichage. Des annonces faites par voie d'affiches constituent une publicité, même si elles ont un caractère purement informatif. • Crim. 2 oct. 1985 : *Bull. crim. n° 290; RTD com. 1986. 541, obs. Hémard et Bouloc* • 18 nov. 1986 : *Bull. crim. n° 906.* ♦ Ainsi, l'affichage des prix constitue une publicité. • Crim. 28 nov. 1991 : *BID 1992, n° 3, p. 19* • 14 oct. 1998 : *préc. note 11.*

21. Liens commerciaux. Prive sa décision de base légale au regard de l'art. L. 121-1 [L. 121-2] l'arrêt qui retient que des sociétés réalisent une présentation de publicité de nature à induire en erreur les internautes sur l'origine et les qualités substantielles des biens proposés, en faisant apparaître des messages publicitaires sous la rubrique "liens commerciaux" dont l'intitulé est trompeur, sans caractériser en quoi la prestation de ces sociétés constitue une publicité relevant de l'application de ce texte. • Com. 13 juill. 2010 : *BICC 1er déc. 2010, n° 1760; D. 2010. 1972, note Tréfigny-Goy ; JCP E 2010, n° 1961, note Caron; CCC 2010, n° 231, obs. Malaurie-Vignal; CCE 2010, n° 93, obs. Caron; RJ com. 2011. 271, obs. Ancel.*

22. Autres supports. Constituent une publicité l'envoi d'une lettre circulaire aux clients. • Crim. 5 mai 1981 : *Bull. crim. n° 410.* ♦ ... Les indications contenues dans un catalogue. • Crim. 8 déc. 1987 : *RTD com. 1988. 668, obs. Hémard et Bouloc* • Paris, 9 juin 1993 : *CCC 1993, n° 223, obs. Raymond* • Paris, 17 sept. 1997 : *CCC 1998, n° 125, obs. Raymond.* ♦ ... La carte d'un restaurant. • Aix-en-Provence, 12 janv. 2010 : *RD rur. 2010, n° 132, obs. Lebel.* ♦ ... Les photos illustrant un catalogue de vente par correspondance. • Crim. 3 sept. 2002 : *CCC 2003, n° 51.* ♦ ... Ou portées sur des emballages. • Paris, 24 mars 1987 : *D. 1987. IR 103* • 16 juin 1987 : *D. 1987. IR 201* • Com. 27 oct. 1992 : *D. 1992. 506, note Bénabent* • Crim. 3 sept. 1992 : *Dr. pénal 1993, n° 16, obs. J.-H. Robert* • Crim. 3 sept. 2002 : *CCC 2003, n° 50.* ♦ La publicité peut être orale. • Aix-en-Provence, 23 févr. 1994 : *CCC 1995, n° 17, obs. Raymond.* ♦ ... Ou portées sur une banderole entourant un article. • Paris, 14 déc. 1998 : *BID 1999, n° 12, p. 57.* ♦ ... Les propos tenus par des vendeurs, qui indiquent des remises importantes et contiennent des indications fausses sur les prix. Ils sont assimilables à une publicité. • Paris, 19 mars 1999 : *D. 1999. IR 150 ; BID 1999, n° 10, p. 24.* ♦ ... Un étiquetage faisant état d'une provenance erronée. • Grenoble, 29 mars 2000 : *JCP 2001. IV. 1716.* ♦ ... Des messages publicitaires diffusés sur internet et insistant sur la brièveté des délais de livraison. ♦ • Crim. 11 déc. 2007 : *CCC 2008, n° 120, obs. Raymond.* ♦ Sont considérés comme étant des supports de publicité notamment les enseignes, les noms de domaine, les sites internet et l'étiquetage et l'emballage d'un produit. • TGI Paris, 8 avr. 2009 : *D. 2009. 2980, note Fouassier et Fallet .*

23. Documents postérieurs à la vente. N'est pas une publicité l'indication d'une date de livraison sur un bon de commande, dès lors que celui-ci est un imprimé employé contractuellement par les deux parties postérieurement à l'accord conclu sur la chose et sur le prix. • Crim. 31 janv. 1989 : *JCP E 1989. I. 18435.* ♦ Même solution pour le reçu établissant la justification du paiement. • Crim. 9 févr. 1982 : *Bull. crim. n° 129.*

24. Mention non visible. N'est pas une publicité une mention qui, apposée sur un produit, reste invisible des acheteurs potentiels, en raison de la manière dont ce produit est exposé. • Crim. 15 mars 1990 : *Bull. crim. n° 119; D. 1994. Somm. 160, obs. Roujou de Boubée .*

25. Information par la presse. N'est pas une publicité l'information libre publiée par la presse écrite ou audiovisuelle à l'occasion d'un fait ou d'un événement. • Aix-en-Provence, 13 févr. 1980 : *D. 1980. 618, note Andréo.*

B. MATÉRIALITÉ DE LA PUBLICITÉ

1° CARACTÈRE TROMPEUR DE LA PUBLICITÉ

a. Appréciation

26. Infraction formelle. Une pratique commerciale est réputée trompeuse lorsque soit elle contient des informations fausses, soit elle est susceptible d'induire en erreur le consommateur moyen, et qu'elle est en outre de nature à altérer de manière substantielle le comportement économique de celui-ci en le conduisant à prendre une décision commerciale qu'il n'aurait pas prise autrement. • Com. 4 oct. 2016, n° 14-22.245 P : *D. 2016. Actu. 2166 ; Dalloz IP/IT 2016. 612, obs. Le Goffic ; AJDA 2016. 2416 ; JCP E 2016, n° 1689, note Mendoza-Caminade ; RJDA 2017, n° 48 ; Propr. ind. 2016, n° 89, obs. Larrieu.* ♦ Pour que l'infraction soit constituée, la loi n'exige pas que la publicité ait effectivement induit en erreur ; il suffit qu'elle ait été propre à produire cet effet. • Crim. 8 déc. 1987 : *D. 1988. IR 43.*

27. Infraction instantanée. La publicité trompeuse est un délit instantané ; il en résulte qu'une fois la publicité diffusée, la diffusion d'informations rétablissant la réalité est sans effet sur l'existence de cette infraction. • Crim. 30 mai 1989 *(2 arrêts) : Bull. crim. n° 226 ; D. 1989. IR 226 ; Dr. pénal 1989, n° 122, obs. J.-H. Robert* • Crim. 5 janv. 1994 : *Dr. pénal 1994, n° 188, obs. J.-H. Robert.* ♦ Tout message publicitaire doit être apprécié en lui-même, au moment de sa communication au public, les précisions ultérieurement apportées par ses responsables dans un document distinct ne pouvant avoir pour effet de supprimer le caractère fallacieux des indications initialement données aux acquéreurs potentiels. • Crim. 4 oct. 1990 : *Dr. pénal 1991, n° 21.* ♦ Sur l'appréciation du contenu d'un message publicitaire à l'époque de sa diffusion, V. : • TGI Paris, 14 avr. 1999 : *Gaz. Pal. 17-18 nov. 1999, p. 42, note Grelier-Lenain ; JCP 2000. II. 10233, note Vray.*

b. Exclusion du simple mensonge

28. Publicité hyperbolique. BIBL. Carreau, *D. 1995. Chron. 225 .* ♦ La loi n'interdit pas la publicité hyperbolique qui se traduit par la parodie ou l'emphase, dès lors qu'il est établi, par référence à l'optique, au degré de discernement et au sens critique du consommateur moyen, que l'outrance ou l'exagération de l'image publicitaire ne peut finalement tromper personne. • Crim. 21 mai 1984 : *D. 1985. 105, note Marguery* • 5 avr. 1990 : *D. 1990. IR 145 .* ♦ Ainsi, le slogan « la pile Wonder ne s'use que si l'on s'en sert », bien qu'inexact, revêt un aspect caricatural et n'est donc pas de nature à induire en erreur le consommateur moyen. • Crim. 15 oct. 1985 : *D. 1986. IR 397, obs. Roujou de Boubée.* ♦ De même, l'expression « achat gratuit » utilisée pour une opération de « buy back », expression à l'évidence caricaturale, n'est pas à elle seule de nature à induire en erreur. • Rennes, 21 janv. 1993 : *CCC 1993, n° 199, obs. Raymond.* ♦ Il n'y a pas publicité trompeuse lorsqu'une société productrice de produits frais et une société d'assurances émettent des messages publicitaires faisant état du fait que la consommation de certains produits entraîne une diminution du taux de cholestérol, compte tenu, notamment, du caractère humoristique de la publicité télévisée. • Paris, 16 nov. 2007 : *CCC 2008, n° 55, obs. Raymond ; RJDA 2008, n° 462.* ♦ Toutefois, l'emphase n'a pas sa place dans une publicité établie sur des chiffres exprimant une vérité mathématique avec ses caractères de certitude et de rigueur. • Paris, 26 sept. 1991 : *D. 1992. Somm. 342, obs. Izorche .* ♦ En revanche, constitue une publicité trompeuse le fait d'annoncer le caractère inusable de couteaux mis en vente dès lors qu'il n'est pas prouvé qu'ils le sont réellement ou sont simplement robustes. • Paris, 6 avr. 1998 : *BID 1999, n° 4, p. 51 ; RSC 1999. 116, obs. Giudicelli .* ♦ Il y a publicité de nature à induire en erreur lorsque le prévenu diffuse des documents publicitaires comportant des indications d'âge pour ses cognacs que l'entreprise ne peut justifier et que la formule utilisée dans le document (« goûte » suivi d'un nombre d'années) accrédite faussement la conviction chez le consommateur qu'il achète un cognac ayant bénéficié du vieillissement annoncé. • Crim. 6 sept. 2005 : *Bull. crim. n° 217 ; RTD com. 2006. 498, obs. Bouloc ; Dr. pénal 2005, n° 177, obs. J.-H. Robert ; AJ pénal 2006. 40 ; CCC 2006, n° 18 ; RD rur. 2006, n° 201, obs. Goyard et Olszak.*

Pour une publicité dite « informative » qui, si elle n'est pas tenue d'être exhaustive, ne doit pas, néanmoins, tromper le consommateur. • T. com. Paris, 10 mai 2007 : *CCE 2008. Chron. 7, n° 18, par Dreyer ; Gaz. Pal. 2007. 4224, obs. Grelier-Lenain.*

29. Référence à des clients. Ne constitue pas une publicité de nature à induire en erreur la plaquette publicitaire éditée par un entrepreneur qui mentionne, sans leur accord, la présence dans sa clientèle de plusieurs services publics et entreprises dès lors que ceux-ci ont effectivement recouru aux services de cet entrepreneur et que la publicité ne suggère pas l'existence d'une recommandation de la part de ces clients. • Crim. 17 sept. 2002 : *CCC 2003, n° 82, obs. Raymond ; Gaz. Pal. 23-25 nov. 2003, p. 34.*

2° CAS DE PUBLICITÉ TROMPEUSE

30. Liste légale. Encourt la cassation l'arrêt qui ne précise pas que la publicité trompeuse porte sur l'un des éléments cités par la loi. • Crim. 26 mars 1984 : *D. 1984. IR 390 ; JCP E*

1984. II. 14660, note Heidsieck. ♦ L'emploi du terme « premier », à propos d'un produit, même s'il constitue une fausse allégation, n'est pas punissable, car la tromperie ne porte pas sur l'un des éléments limitativement énumérés par la loi. • Versailles, 21 mars 1991 : *D. 1992. Somm. 55, obs. Izorche*. ♦ Cassation, au motif que l'emploi des termes « nouveau » et « premier » suggère des qualités que ne possède pas le produit, par : • Com. 18 mai 1993 : *Bull. civ. IV, n° 200; D. 1994. Somm. 77, obs. Izorche*.

31. Existence du bien ou du service. Publicité présentant, à des prix intéressants, des marchandises qui ne sont pas disponibles en quantité suffisante pour répondre à la demande. • Crim. 6 nov. 1979 : *D. 1980. IR 144* • 2 déc. 1980 : *RTD com. 1981. 623, obs. Bouzat* • 11 janv. 1990 : *JCP E 1990. I. 19729* • Aix-en-Provence, 26 janv. 1994 : *CCC 1994, n° 238, obs. Raymond* • Rennes, 5 sept. 1996 : *RJDA 1997, n° 593* • T. corr. Évry, 26 juin 2007 : *RJDA 2007, n° 1161* • Paris, 10 sept. 2008 : *Gaz. Pal. 2009. 2182, obs. Chaminade.* ♦ Jugeant les éléments matériels du délit établis, aussi bien dans la version de l'art. L. 121-1 [L. 121-2] applicable à l'époque des faits, que dans sa version issue de la loi du 3 janv. 2008 : • Crim. 24 mars 2009 : *cité note 5 ss. art. L. 132-1.* ♦ Engagement d'un prestataire à fournir un service alors qu'il ne dispose pas des moyens nécessaires à cet effet. • Crim. 9 janv. 1986 : *JCP 1998. II. 21258, note Robert.* ♦ Publicité représentant une photographie d'ordinateurs suivie du logo « Intel Pentium Processor » et créant ainsi un risque de confusion pour le consommateur sur l'offre proposée, dans la mesure où le modèle proposé n'est pas équipé d'un tel processeur. • Bordeaux, 30 juin 1998 : *JCP 1999. IV. 1639.* ♦ Publicité présentant comme existants une piscine et un court de tennis, pour la vente en l'état futur d'achèvement d'un ensemble immobilier, alors qu'ils n'ont pas été construits et sont irréalisables, faute de terrains et de financement. • Crim. 14 janv. 1998 : *RSC 1999. 116, obs. Giudicelli ; Gaz. Pal. 1998. 1. Chron. 73.* ♦ Publicité laissant croire que le destinataire a gagné un prix de grande valeur alors qu'il n'en est rien. • TGI Paris, 2 oct. 1991 : *CCC 1992, n° 62, obs. Raymond.* ♦ Publicité faisant état d'un grand nombre de locations d'appartements, alors que les prévenus connaissaient leur indisponibilité. • Paris, 29 oct. 1998 : *CCC 1999, n° 101, obs. Raymond; BID 1999, n° 7-8, p. 60; Gaz. Pal. 17-18 nov. 1999, p. 46.* ♦ Publicité annonçant un grand nombre de biens immobiliers à louer et à vendre dans un département précis alors qu'en réalité la moitié de ces biens étaient situés dans un autre département sans qu'il soit possible au consommateur d'en déterminer l'adresse à moins de contacter l'agence et de la payer. • Crim. 28 nov. 2000 : *BID 2001, n° 7-8, p. 36.*

32. Nature du bien ou du service. Publicité offrant un travail rémunéré alors qu'elle vise à faire acheter une brochure. • Crim. 29 avr. 1976 : *Gaz. Pal. 1976. 2. 797, note Fourgoux.* ♦ Publicité dans la rubrique emploi-formation-services, laissant penser qu'elle émane d'une administration pour le recrutement dans la fonction publique, alors qu'il s'agissait de la diffusion commerciale d'une revue. • TGI Paris, 27 nov. 1998 : *BID 1999, n° 9, p. 44.* ♦ Publicité présentant deux annonces pour agents de sécurité garantissant un stage et un emploi, alors qu'il s'agissait de formations payantes. • TGI Paris, 11 mai 1998 : *BID 1999, n° 4, p. 61.* ♦ Sur les offres d'emploi fictif, V. aussi : • Caen, 17 oct. 1997 : *D. 1998. IR 21* • Aix-en-Provence, 10 déc. 1997 : *BID 1999, n° 4, p. 54.* ♦ Annonce passée par le président d'une association consacrée à la formation professionnelle en alternance laissant penser au candidat qu'il lui était proposé une formation alternée formation/entreprise, alors que l'offre réelle portait sur une aide à la recherche d'un contrat de qualification permettant une formation en alternance. • Crim. 10 déc. 1997 : *JCP 1998. IV. 1823.* ♦ Document publicitaire, avec envoi de livres gratuits, précisant que le destinataire n'était pas engagé par le cadeau reçu, alors que d'autres mentions annonçaient l'envoi d'autres ouvrages contre paiement, faute d'un refus préalable du consommateur. • Crim. 14 févr. 1996 : *Bull. crim. n° 79; D. 1996. IR 116 ; D. Affaires 1996. 742; Dr. pénal 1996, n° 137, obs. J.-H. Robert; BID 1996, n° 12, p. 18; Gaz. Pal. 1996. 1. Chron. 99, par Doucet.* ♦ Le tract d'une association de défense des victimes invitant les passants à consulter l'association en vue de prévenir les litiges ne propose pas un service au sens de l'art. L. 121-1 [L. 121-2]. • Cass., Ass. plén., 8 juill. 2005 : *Bull. crim. n° 2; D. 2005. AJ 1997, obs. Chevrier ; RTD com. 2006. 497, obs. Bouloc ; AJ pénal 2005. 374, obs. Girault ; RCS 2006. 86, obs. Ambroise-Castérot ; Gaz. Pal. 2006. Somm. 2088, obs. Greffe.*

33. Composition du bien ou du service. Publicité donnant à penser qu'un jus de fruit est pur alors qu'il est additionné d'eau. • Crim. 4 mars 1976 : *Bull. crim. n° 199.* ♦ Sur la composition chimique d'une boisson, V. aussi : • Crim. 13 mars 1979 : *JCP CI 1979. II. 13104, note Guinchard.* ♦ Boîtes de glaces contenant la mention « garanti sans colorant et sans produit chimique », alors que des colorants et monoglycérides, produits retrouvés dans l'atelier de production, ont été utilisés. • Paris, 7 janv. 1998 : *RSC 1999. 117, obs. Giudicelli*. ♦ Publicité présentant comme « naturellement pauvres en sodium » des confitures contenant plus de sodium que d'autres confitures. • Crim. 5 juin 1984 : *D. 1985. IR 62.* ♦ Tracts publicitaires reproduisant des photographies de pots de crème dessert accompagnés de gousses de vanille et carrés de chocolat, alors que ces produits sont élaborés à partir d'un parfum purement synthétique. • Riom, 25 juin 1998 : *BID 1999, n° 2, p. 15.* ♦ Confirmation de : • TGI Le Puy-en-Velay, 3 févr. 1998 : *BID 1999, n° 2, p. 10.* ♦ Carte de restaurant comportant la mention « foie gras » pour un mets préparé avec de la « purée de foie d'oie », et la mention « jambon » pour un produit étiqueté « épaule ». • Paris, 28 févr. 1995 : *CCC 1995, n° 96, obs. Raymond.* ♦ Produits étiquetés « 100 % naturel » et « certifiés par laboratoire pour leur pureté et leur efficacité » alors que ces produits en raison de leur mode d'élaboration, du traitement des ingrédients et de l'addition en quantité importante de vitamines et minéraux ne pouvaient prétendre au qualificatif de naturel et que les producteurs des produits n'ont pas été en mesure de fournir les certificats de laboratoire annoncés. • Crim. 1er févr. 2000 : *BID 2000, n° 10, p. 42 ; CCC 2001, n° 99, obs. Raymond.* – V. aussi • Paris, 18 mai 2005 : *Gaz. Pal. 2006. Somm. 2044, obs. Biolay.* ♦ Informations erronées sur les matériaux composant des chaussures (action intentée par le fabricant de la chaussure contre le distributeur). • Paris, 27 avr. 2011 : *CCC 2011, n° 250, obs. Raymond.*

34. Qualités substantielles du bien ou du service. Publicité présentant comme produit naturel une boisson composée de substances chimiques. • Crim. 13 mars 1979 : *préc. note 33.* ♦ Rappr. : • Crim. 23 mars 1994 : *Gaz. Pal. 1996. 1. Somm. 115, note Misse.* ♦ Publicité donnant des indications fausses sur l'environnement d'un immeuble et la proximité d'établissements publics ou commerciaux. • Crim. 2 févr. 1982 : *RTD com. 1982. 647, obs. Bouzat.* ♦ Publicité présentant des pantalons ordinaires comme des articles « de grande marque ». • Angers, 3 mai 1990 : *BID 1991, n° 2, p. 19.* ♦ Mention d'une homologation par le ministère de la santé, suggérant l'efficacité thérapeutique d'appareils d'électrothérapie, alors que l'homologation concerne seulement la conformité aux normes de sécurité électrique. • Crim. 9 nov. 1992 : *JCP E 1993. Pan. 252.* ♦ Publicité annonçant une ferme-auberge alors que les plats principaux sont confectionnés avec des produits acquis à l'extérieur de l'exploitation. • Crim. 25 nov. 1998 : *RJDA 1999, n° 350 ; BID 1999, n° 3, p. 45* (rejet du pourvoi contre : • Lyon, 1er oct. 1997 : *BID 1998, n° 5, p. 37*) • Bordeaux, 7 juill. 1993 : *RTD com. 1994. 143, obs. Bouzat*. ♦ *Contra* : La commercialisation d'une boisson à base de vin désalcoolisé sous la dénomination « vin sans alcool », dès lors que les mentions portées sur le produit ne laissent place à aucune équivoque pour le consommateur. • Crim. 10 mai 1993 : *Bull. crim. n° 170 ; CCC 1993, n° 204, obs. Raymond ; Dr. pénal 1993, n° 188, obs. J.-H. Robert.* ♦ Offre de vente annonçant un appartement de 18 m² dans le XIe arrondissement de Paris alors qu'il ne mesurait que 14,1 m² et était situé dans le XXe arrondissement. • Crim. 27 mars 1996 : *Bull. crim. n° 139 ; D. 1996. IR 168 ; BID 1996, n° 12, p. 21 ; RSC 1997. 122, note Giudicelli ; Gaz. Pal. 1996. 2. Chron. 115, par Doucet.* ♦ Annonce pour la vente d'un appartement mentionnant une superficie de 50 m² au lieu de 45,5 m². • Paris, 16 juin 1998 : *RSC 1999. 117, obs. Giudicelli*. ♦ Annonce d'une location saisonnière située à 10 minutes de la mer alors que les premières plages se situent à 25 minutes. • Rennes, 22 juin 2006 : *CCC 2007, n° 33, obs. Raymond.* ♦ La mention « au pin des Landes » apposée sur un nettoyant liquide ne constitue pas une allégation fausse ou de nature à induire en erreur le consommateur dans la mesure où elle désigne son odeur ou parfum et non des propriétés nettoyantes, désinfectantes ou lavantes. • Crim. 2 oct. 1996 : *CCC 1997, n° 38, obs. Raymond ; Gaz. Pal. 1997. 1. Somm. 215, note Greffe.* ♦ Publicité annonçant une croisière aérienne d'une qualité exceptionnelle alors que les prestations fournies se sont avérées médiocres, le confort des passagers et la restauration n'ayant pas été sensiblement améliorés. • Crim. 15 oct. 1997 : *Bull. crim. n° 337 ; RSC 1999. 116, obs. Giudicelli ; RTD com. 1998. 431, obs. Bouloc ; BID 1998, n° 4, p. 49.* ♦ Annuaire télématique donnant des indications fictives sur l'implantation géographique de sociétés, l'un des numéros de téléphone renvoyant au seul véritable établissement des sociétés. • TGI Paris, 13 nov. 1998 : *BID 1999, n° 9, p. 43.* ♦ Publicité présentant des équipements terminaux de télécommunications comme agréés alors qu'une fois mis sur le marché, ils ne bénéficiaient pas de l'agrément préalable du ministère des Postes et Télécommunications. • Crim. 23 mai 2000 : *Gaz. Pal. 27-28 oct. 2000, p. 44, obs. Pottier.* ♦ Une plaquette publicitaire présentant un bateau comme étant insubmersible alors qu'à cette date, le navire n'avait pas reçu l'homologation du ministre de la marine marchande qui est attribuée après réalisation de tests et avis d'experts. • Crim. 14 nov. 2000 : *BID 2001, n° 7-8, p. 19.* ♦ Vente d'un mousseux en laissant croire qu'il s'agissait d'un champagne déclassé. • TGI Valence, 15 juin 1999 : *BID 2002, n° 4, p. 33* (confirmé par : • Grenoble, 14 sept. 2000 : *BID 2002, n° 4, p. 35*). ♦ Étiquettes portant la mention « mise en bouteille au château » alors qu'elle a été faite dans les chais du négociant en vin. • Crim. 7 mars 2006 : *préc. note 6.* ♦ Étiquetage d'un produit le qualifiant de « rapidement biodégradable, ne contribue pas à l'effet de serre », laissant croire que le produit est sans danger pour l'environnement, alors qu'en réalité il contient une substance très toxique pour les milieux aquatiques. • Angers, 1er avr. 2004 : *CCC 2005, n° 19, obs. Raymond.* ♦ Produit présenté comme biodégradable et laissant le sol propre avec sur l'emballage un logo présentant un oiseau avec les mentions « respect de l'environnement », « propre » et « efficace et sécurité pour l'environnement », qui avaient pour effet d'éluder le danger potentiel du produit par l'emploi de mots rassurants et d'induire le consommateur en erreur en diminuant le souci de précaution et de prévention. • Lyon, 29 oct. 2008 : *JCP 2008. Actu. 705.* ♦ Une société, en combinant le terme « label » aux mentions « Charte de qualité » et « contrôlé par un organisme indépendant », dans ses encarts publicitaires litigieux, a altéré de manière substantielle le comportement du consommateur final en induisant en erreur ce dernier sur la qualité du produit litigieux, cette présentation pouvant lui laisser faussement croire à un produit bénéficiant d'un label officiel. • Paris, 25 mai 2011 : *Propr. ind. 2011, n° 75, obs. Larrieu.* – Sur la définition du label, V. note 1 ss. art. L. 432-1.

35. Origine du bien ou du service. Publicité tendant à faire croire que des vins d'origines diverses ont été produits en Bourgogne. • Crim. 21 mai 1974 : *D. 1974. 579, concl. Robert.* ♦ Publicité laissant entendre qu'un vin a été mis en bouteille dans un domaine précis, alors que le viticulteur avait quitté ce lieu en emportant sa part de récolte. • Crim. 22 févr. 1993 : *Dr. pénal 1993, n° 192, obs. J.-H. Robert.* ♦ Estampille « Limoges-France » sur de la porcelaine décorée dans le Cher. • Crim. 28 nov. 1983 : *Gaz. Pal. 1984. 1. 258, note Saint-Geniest.* ♦ La mise en valeur de textes anglais figurant sur un produit fabriqué en France, suggérant à celui qui le lit l'idée qu'il ne s'agit pas d'un produit français. • Crim. 12 mars 1984 : *D. 1984. IR 349.* ♦ Publicité tendant à faire croire que divers produits alimentaires présentent une origine fermière. • Agen, 23 mai 1996 : *BID 1997, n° 9, p. 12* • Crim. 17 juin 1998 : *BID 1998, n° 12, p. 42.* ♦ Pour l'application du qualificatif fermier à la fabrication de pain. • T. corr. La Rochelle, 8 oct. 1998 : *RSC 1999. 119, obs. Giudicelli.* ♦ Catalogue publicitaire portant sur le « lapin du Limousin » alors que certains lapins commercialisés provenaient du département de la Charente. • Crim. 4 mai 1999 : *BID 1999, n° 9, p. 66.* ♦ Publicité en devanture d'une boucherie, tendant à faire croire que le magasin ne vendait que de la viande d'origine française, alors que la DGCCRF a constaté la présence de viande irlandaise dans la chambre frigorifique. • Douai, 27 mai 1997 : *BID 1998, n° 7-8, p. 31.* ♦ Affiches garantissant au moyen du logo « VF » l'origine française de viandes bovines alors que le commerçant n'a pas été en mesure de justifier de l'origine de langues de bœuf préemballées ainsi que de morceaux d'abats offerts à la vente. • Crim. 1er juin 1999 : *BID 1999, n° 9, p. 66.* ♦ Le fait, pour un distributeur de vins, d'apposer faussement la mention de propriétaire récoltant et d'utiliser une marque comprenant un terme géographique constitutif d'une appellation d'origine sur les cartons d'emballage et les affiches publicitaires. • Agen, 15 janv. 1998 : *JCP 1998. IV. 3232.* - Pourvoi rejeté par : • Crim. 29 juin 1999 : *BID 1999, n° 12, p. 62.* ♦ Étiquettes et cartons d'emballage de bouteilles de vin mousseux comportant la mention « produit de France » alors que le vin a seulement été élaboré en France à partir de vins d'origine étrangère. • Bordeaux, 10 févr. 1998 : *RSC 1999. 117, obs. Giudicelli.* ♦ Étiquette commercialisant un fromage sous le nom d'emmental alors qu'il ne présentait pas les caractéristiques de cette dénomination réglementée par le Décr. du 30 déc. 1988. • Crim. 12 oct. 1999 : *Bull. crim. n° 213; D. 2000. AJ 30; BRDA 1999, n° 22, p. 10; Dr. pénal 2000, n° 8, obs. J.-H. Robert.* ♦ Affichage présentant des asperges d'origine française, alors qu'elles provenaient toutes d'Espagne. • Paris, 24 nov. 1998 : *BID 1999, n° 9, p. 58.* ♦ Publicité pour de la viande de porc comportant une photographie représentant des porcs dans un pré et portant la mention « une alimentation comme autrefois » alors que la viande proposée était issue d'animaux élevés dans des bâtiments clos et nourris avec des aliments non naturels. • T. corr. Lille, 26 nov. 1999 : *BID 2001, n° 9, p. 22.* ♦ Étiquette indiquant qu'une viande provient d'un troupeau de race à viande alors que ce n'est pas le cas de toute la viande visée. • Grenoble, 29 mars 2000 : *JCP 2001. IV. 1716.* ♦ Emballage d'œufs faisant référence à la tradition, à une personne et à un site prestigieux, et portant le dessin d'épis de blé et de maïs alors que les lieux de production n'ont aucun rapport avec le site référencé et que les poules pondeuses ne sont pas nourries au grain mais au moyen d'aliments élaborés industriellement. • Crim. 3 sept. 2002 : *CCC 2003, n° 50.* ♦ ... Ou faisant référence, à tort, à des poules élevées en plein air. • Crim. 19 oct. 2004 : *Bull. crim. n° 245; RSC 2005. 87, note Ambroise-Castérot.* ♦ Publicité mentionnant, pour des saumons et flétans, une provenance géographique fausse et leur attribuant une AOC et un label de qualité qu'ils n'ont pas. • Paris, 9 mai 2006 : *RD rur. 2006, n° 383.* ♦ Conditionnement laissant penser sans équivoque qu'il s'agit de sel de l'île de Ré alors qu'il est en provenance du Portugal ou de la Loire-Atlantique : • Poitiers, 24 mars 2006 : *JCP 2007. IV. 1295.* ♦ Pour une tromperie sur l'origine géographique de plumes de palmipèdes, V. • Limoges, 9 mars 2007 : *JCP 2008. IV. 1438.* ♦ Pour la condamnation d'un distributeur pour avoir fait figurer la mention « agneaux de nos terroirs » sur des barquettes dont la traçabilité n'était pas assurée, V. • Crim. 17 mai 2011 : *RSC 2012. 156, obs. Ambroise-Castérot; JCP E 2011, n° 1786, spéc. n° 49, obs. Trébulle.*

Jugeant qu'une cour d'appel aurait dû rechercher si l'utilisation, pour désigner des produits, du nom d'une commune de 1 300 habitants connue par 47 % d'un échantillon représentatif de la population française, fût-ce d'abord pour ses couteaux et son fromage, n'était pas susceptible d'induire en erreur le consommateur moyen, en lui faisant croire que ces produits étaient originaires de ladite commune, et si elle n'était pas, en outre, de nature à altérer de manière substantielle son comportement, en l'amenant à prendre une décision d'achat qu'il n'aurait pas prise autrement. • Com. 4 oct. 2016, nº 14-22.245 P : *préc. note 26.*

36. Quantité. Publicité majorant la superficie d'un terrain ou d'un appartement. • Crim. 5 mai 1977 : *D. 1977. 502, note Pirovano* • Paris, 24 mai 1982 : *Cah. dr. entr. 1983-6, p. 21.* ♦ *Contra* : une publicité faisant état d'une offre portant sur 240 cuisines, le consommateur ne pouvant imaginer que les 240 cuisines sont toutes disponibles dans le processus de solde. • Crim. 28 oct. 1992 : *RTD com. 1993. 729, obs. Bouzat.* ♦ Pour une publicité mensongère et la pratique de marque d'appel, V. • TGI Paris, 15 déc. 2006 : *Gaz. Pal. 2007. 4223, obs. Staeffen.* ♦ La mention « toutes les chaînes gratuites », rédigée en termes accrocheurs, n'est pas sans ambiguïté pour le consommateur puisqu'elle laisse croire à la possibilité de bénéficier de la gratuité sur l'ensemble des chaînes répertoriées, y compris celles normalement payantes, alors qu'il n'était en réalité fait allusion qu'aux chaînes en tout état de cause gratuites du bouquet de la TNT. • Rennes, 6 déc. 2007 : *JCP 2008. IV. 1898 ; Dr. pénal 2008. Chron. 4, nº 48, par Lepage.*

37. Mode et date de fabrication. Publicité utilisant l'expression « comme autrefois », pour désigner des saucisses fabriquées selon des méthodes industrielles. • Crim. 16 juin 1980 : *D. 1980. IR 444.* ♦ Publicité présentant des endives comme produites en « pleine terre » alors qu'elles l'étaient en réalité en salle de forçage : • TGI Lille, 7 nov. 1997 : *BID 1999, nº 1, p. 23.* ♦ Publicité mentionnant faussement que le pain est cuit dans un four chauffé au bois. • Crim. 2 juin 1982 : *Cah. dr. entr. 1983-6, p. 23.* ♦ Publicité indiquant que les compotes sont des produits frais, alors qu'elles ont été pasteurisées. • Com. 12 janv. 1999 : *D. 1999. IR 114 ; CCC 1999, nº 65, obs. Raymond.*

38. Prix. Affichage d'un prix qui ne correspond pas à celui de l'objet présenté. • Crim. 28 nov. 1991 : *BID 1992, nº 3, p. 19.* ♦ Publicité offrant à la vente des objets dont la valeur réelle est très inférieure à celle alléguée. • Crim. 14 nov. 1991 : *BID 1992, nº 3, p. 21.* ♦ Publicité laissant croire qu'un prix s'applique à l'ensemble constitué par une scie et son moteur, alors que le prix ne s'applique qu'à la scie. • Crim. 21 mai 1984 : *Bull. crim. nº 475.* ♦ Publicité annonçant un « prix coûtant », alors que celui-ci n'est pratiqué que sur 15 % des produits offerts. • Rennes, 16 janv. 1976 : *JCP 1977. II. 18703, note Geoffroy.* ♦ Publicité annonçant un prix coûtant alors que le prix pratiqué à l'égard du client comprend des commissions ristournées. • Paris, 14 mai 1993 : *CCC 1993, nº 222, obs. Raymond.* ♦ Publicité annonçant un prix coûtant sur des centaines d'articles alors que certains étaient vendus à un prix excédant le prix coûtant. • Crim. 17 déc. 1997 : *Bull. crim. nº 435 ; RTD com. 1998. 699, obs. Bouloc ; CCC 1998, nº 67, obs. Raymond ; BID 1998, nº 5, p. 40.* ♦ Publicité proposant l'achat de bijoux au cours du jour, alors qu'aucun cours n'existe pour ces articles. • Crim. 28 oct. 1987 : *RTD com. 1988. 728, obs. Bouzat.* ♦ Publicité faisant espérer une remise de prix qui, en fait, n'est pas accordée. • Crim. 16 avr. 1992 : *BID 1993, nº 2, p. 26* • 3 sept. 1992 : *JCP E 1992. Pan. 1237.* ♦ Publicité annonçant des remises fictives dans la mesure où elles ont été calculées sur des prix artificiellement majorés. • Crim. 18 sept. 1996 : *CCC 1997, nº 37, obs. Raymond.* ♦ Campagne publicitaire annonçant des remises de prix de 30 à 50 % sur des tapis, alors que le gérant ne pouvait justifier ni du mode de fixation du prix de base servant au calcul de la réduction offerte, ni de la pratique habituelle de ce prix de référence. • Crim. 4 mai 1999 : *Gaz. Pal. 19-21 sept. 1999. Chron. 126, par Doucet ; BID 1999, nº 9, p. 47.* ♦ Publicité d'une agence immobilière donnant à croire, faussement, que les clients n'auront pas de commission à payer. • Montpellier, 27 juill. 1993 : *BID 1994, nº 11, p. 16.* ♦ Publicité laissant croire qu'une agence matrimoniale est accessible à partir de 900 F alors que le contrat proposé supposait l'utilisation corrélative de la messagerie télématique impliquant le versement d'une redevance complémentaire. • Crim. 28 sept. 1994 : *BID 1996, nº 12, p. 17.* ♦ Publicité par une société de vente de robes de mariées laissant croire que le couple bénéficiait de prestations gratuites lors d'un week-end ou d'un séjour alors qu'en réalité il devait payer l'ensemble des prestations. • Paris, 2 mai 2000, nº 99/05929 : *CCC 2001, nº 117, obs. Raymond ; BID 2001, nº 6, p. 19.* ♦ V. également jugement de première instance : • T. corr. Paris, 30 juin 1999 : *BID 2001, nº 6, p. 21.* ♦ La publicité diffusée en matière de téléphonie mobile invitant le consommateur à souscrire un abonnement à un forfait sans spécifier que la facturation est opérée par tranche de 30 secondes après la première minute indivisible constitue une publicité de nature à induire en erreur le consommateur. • TGI Nanterre, 22 mai 2002 : *D. 2002. AJ 1832, obs. Avena-Robardet ; CCC 2002, nº 116, obs. Raymond.* ♦ Jugeant que la notion de gratuité n'est pas tant une notion de prix qu'une notion de publicité et qu'en conséquence les distributeurs doivent être à même, à partir du moment où ils décident de recourir à ce mode d'incitation à la consommation, de contrôler ce qu'ils affirment en termes de promotions et d'avantages : • T. corr. Rouen, 27 avr. 2012 : *AJ pénal 2012. 546, note Lasserre Capdeville ; LPA 30 nov. 2012, note Vertut.* ♦ L'art. 6, § 1, de la Dir. 2005/29/CE du 11 mai 2005 relative aux pratiques commerciales déloyales doit être interprété en ce sens que doit être qualifiée de trompeuse une pratique commerciale consistant à fractionner le prix d'un produit en plusieurs éléments et à mettre en avant l'un d'entre eux, dès lors que cette pratique est susceptible, d'une part, de donner au consommateur moyen l'impression erronée qu'un prix avantageux lui est proposé et, d'autre part, de le conduire à prendre une décision commerciale qu'il n'aurait pas prise autrement, ce qu'il appartient à la juridiction de renvoi de vérifier, en tenant compte de l'ensemble des circonstances pertinentes de l'affaire au principal. • CJUE 26 oct. 2016, n° C-611/14 : *cité note 5 ss. art. L. 121-3.*

39. *Conditions de vente.* Publicité annonçant la remise gratuite d'un rouleau de papier peint à tout visiteur, alors que la remise était subordonnée à l'achat de quatre rouleaux. • Crim. 3 janv. 1983 : *Cah. dr. entr. 1983-6, p. 22.* ♦ *Contra* : ne constitue pas une publicité trompeuse une opération promotionnelle proposant à la clientèle des moquettes avec « pose gratuite » dès lors que le coût de ce service est inclus dans le prix de vente de la marchandise, objet principal de la publicité, et dans la mesure ou l'acquéreur a été exactement informé du prix global qu'il aurait à payer. • Crim. 29 oct. 1997 : *Bull. crim. n° 362 ; D. 1998. IR 31 ; RSC 1999. 117, obs. Giudicelli ; RTD com. 1998. 431, obs. Bouloc ; JCP 1998. 10138, note Casey ; BID 1998, n° 4, p. 51 ; Gaz. Pal. 1998. 1. Chron. 36, par Doucet ; Gaz. Pal. 1998. 697, obs. A. C.* ♦ Publicité présentant une vente comme « directe », alors que des intermédiaires sont intervenus. • Crim. 8 oct. 1985 : *Bull. crim. n° 304.* ♦ Publicité présentant comme solde une vente ne comportant aucun rabais sur les prix. • Paris, 21 oct. 1992 : *CCC 1993, n° 120, obs. Raymond.* ♦ Publicité laissant croire au lecteur qu'il bénéficie d'une remise exceptionnelle sur un prochain achat, alors que l'avantage consenti est le même pour tous. • Crim. 7 juill. 1993 : *BID 1994, n° 1, p. 31.* ♦ Publicité laissant croire au client que les remises pratiquées sur les produits sont limitées dans le temps et revêtent un caractère exceptionnel, alors qu'elles sont systématiquement renouvelées, jusqu'à être permanentes. • Crim. 24 avr. 1997 : *Bull. crim. n° 145 ; D. 1997. IR 199* • Com. 31 oct. 2006 : *RJDA 2007, n° 797.* ♦ Publicité par correspondance laissant croire au client potentiel qu'il était gagnant d'une loterie, cette affirmation étant inexacte. • Crim. 5 avr. 1995 : *Dr. pénal 1995, n° 178, obs. J.-H. Robert ; JCP E 1995. Pan. 814.* ♦ Publicité annonçant la vente de tapis d'Orient sélectionnés et garantis par un expert renommé alors que plus de la moitié des articles vendus provenaient en réalité d'autres fournisseurs. • Crim. 26 juin 1996 : *CCC 1996, n° 209, obs. Raymond.* ♦ Publicité faisant état d'une possibilité de payer en quatre fois sans frais alors que pour bénéficier de cet avantage il fallait acquérir une carte d'une valeur de 30 francs (4,57 €). • T. corr. Rouen, 29 sept. 1999 : *BID 2001, n° 12, p. 15.* ♦ Confirmé par : • Rouen, 30 oct. 1999 : *BID 2001, n° 12, p. 17.* ♦ Publicité annonçant une remise de 25 % sur des matelas et sommiers avec indication des prix de référence barrés alors que le magasin ne possédait pas de rayon literie permanent et que les articles avaient été commandés spécialement pour cette opération. • T. corr. Cambrai, 29 déc. 1998 : *BID 2001, n° 9, p. 19.* ♦ Confirmé par : • Douai, 25 nov. 1999 : *BID 2001, n° 9, p. 20.* ♦ Publicité pour une vente par correspondance pour un prix forfaitaire réduit en cas d'achat d'un lot de boîtes dont une ou plusieurs étaient annoncées comme gratuites par rapport au prix de vente du tarif à l'unité alors que le prix présenté comme étant le prix de base à partir duquel l'offre était faite n'était en réalité pratiqué qu'occasionnellement par l'entreprise, ce qui rendait la comparaison artificielle. • Crim. 15 oct. 2002 : *CCC 2003, n° 81, obs. Raymond ; Gaz. Pal. 23-25 nov. 2003, p. 37, note du Châtelier.* ♦ Jugeant que le fait d'annoncer des délais de livraison extrêmement courts et de ne pas les respecter constitue un délit de publicité trompeuse : • Lyon, 7 mars 2007 : *JCP E 2008, n° 3, p. 18, obs. Joly ; CCE 2007, n° 84, obs. Debet ; Dr. pénal 2008. Chron. 4, n° 47, par Lepage* (père-noël.fr).

40. *Conditions d'utilisation.* Publicité faisant passer pour légalement obligatoire un appareil dont l'utilisation est facultative. • Paris, 3 mai 1976 : *Gaz. Pal. 1977. 1. 138.* ♦ Publicité trompant les acheteurs sur le nombre de programmes d'une machine à laver. • Colmar, 16 sept. 1982 : *Cah. dr. entr. 1983-6, p. 23.*

41. *Résultats qui peuvent être attendus de l'utilisation.* Publicité faisant croire que des lingettes peuvent, par simple contact, inactiver le virus du SIDA. • Paris, 1er mars 1993 : *CCC 1993, n° 139, obs. Raymond.* ♦ Confirmation de : • TGI Paris, 3 mars 1992 : *RTD com. 1992. 708, obs. Bouzat.* ♦ Publicité laissant croire qu'un produit désinfectant des sols et des surfaces est actif contre le virus du SIDA. • Pau, 5 oct. 1994 : *BID 1996, n° 11, p. 41.* ♦ Publicité faisant croire que la L. carnitine est efficace en matière de régimes amincissants et de performances sportives. • TGI Pontoise, 14 mars 1995 : *BID 1997, n° 6, p. 14* • TGI Paris, 12 mai 1995 : *BID 1997, n° 6, p. 16* • TGI Montpellier, 26 juill. 1995 : *BID 1997, n° 6, p. 18.* ♦ Publicité laissant croire qu'un produit pouvait participer au soulagement et même à la guérison de maladies graves, alors qu'il ne possède que des propriétés d'oxygénation et de renforcement des défenses immunitaires. • Crim. 5 févr. 1997 : *BID 1998, n° 3, p. 24.* ♦ Publicité pour une agence matrimoniale faisant miroiter des rencontres avec des hommes d'une certaine catégorie de profession alors que seuls quatre adhérents sur trente-quatre entraient dans cette catégorie. • Rennes, 25 mai 2000 : *CCC 2001, n° 116, obs. Raymond.* ♦ Publicité pour un dentifrice en alléguant que selon le plus grand test dentaire d'Europe, il contient un type de fluor qui est supérieur aux autres, alors que les résultats scientifiques de ce test étaient contestés par un débat virulent de la communauté scientifique. • Com. 25 avr. 2001 : *CCC 2001, n° 147, obs. Raymond.* ♦ Publicité pour une formation de massothérapeute sanctionnée par un diplôme « conforme aux exigences d'homologation du diplôme par l'État » alors que cette formation n'est ni reconnue ni agréée par l'État et que les possibilités de débouchés induites dans la publicité ne sont pas conformes à la réalité. • Paris, 29 juin 2001 : *CCC 2002, n° 102, obs. Raymond.* ♦ Publicité pour un fonds commun de placement laissant penser que le doublement du capital investi était certain alors qu'il ne s'agissait que d'un simple objectif aléatoire. • T. corr. Saint-Étienne, 13 déc. 2012 : *Bull. Joly Bourse 2013. 176, note Lasserre Capdeville.* ♦ Mais n'est pas constitutif du délit de publicité trompeuse le fait pour un assureur de promettre à ses adhérents une réduction tarifaire pour un contrat « complémentaire santé » sur justification de l'achat de produits alimentaires réduisant le mauvais cholestérol, dès lors qu'est précisée la nécessité d'un régime adapté, et qu'en l'état de la réglementation il n'est pas établi que le fabricant de ces produits ait l'obligation d'indiquer la nécessité d'un suivi médical. • TGI Paris, 13 juin 2006 : *RJDA 2006, n° 1275.*

42. Motifs ou procédés de la vente. Publicité donnant à croire faussement que des soldes sont motivés par une cessation définitive du commerce. • Rouen, 20 mai 1975 : *D. 1976. Somm. 52.* ♦ Publicité laissant faussement entendre que la marchandise vendue provenait du stock d'une société en liquidation judiciaire. • Poitiers, 15 juin 1990 : *Dr. pénal 1991, n° 151, obs. J.-H. Robert.* ♦ Offres d'abonnement présentées sous forme de factures (Rép. min. : *JOAN Q 9 mars 1992; BID 1992, n° 4, p. 28*). ♦ Publicité évoquant l'idée d'une vente par correspondance, alors qu'il s'agit d'une vente à domicile. • Crim. 9 nov. 1992 : *JCP E 1993. Pan. 252; CCC 1993, n° 97, obs. Raymond; Dr. pénal 1993, n° 114, obs. J.-H. Robert.* ♦ Publicité annonçant qu'un objet vendu sera remboursé à l'issue d'un certain délai (opération de « buy back »), alors que l'accumulation des restrictions rend aléatoire un tel remboursement. • Crim. 18 mai 1994 : *CCC 1994, n° 180, obs. Raymond.* ♦ Annonce de l'organisation d'une loterie et de la présence d'un huissier pour contrôler l'opération alors qu'il n'en est rien. • Paris, 24 mars 1999 : *D. Affaires 1999. 935, obs. C. R.*

43. Portée des engagements pris par l'annonceur. Publicité par laquelle un hôtelier annonce des services accessoires qu'en fait il ne peut fournir. • Crim. 3 janv. 1984 : *Bull. crim. n° 1.* ♦ Publicité annonçant l'offre gratuite d'une vignette fiscale à tout acquéreur d'un véhicule, alors que l'avantage promis ne peut se concrétiser. • Crim. 22 déc. 1986 : *D. 1987. IR 29.* ♦ Publicité annonçant la vente de cuisines remboursables à terme alors que ce remboursement était aléatoire • Crim. 18 mai 1994 : *Dr. pénal 1994, n° 265, obs. J.-H. Robert.* ♦ Publicité mentionnant « satisfait ou remboursé » sans préciser que l'échange était subordonné à une participation financière représentant près du tiers du coût d'achat du produit. • Com. 28 nov. 2006 : *D. 2007. Pan. 1996, obs. Le Stanc ; RJDA 2007, n° 796.* ♦ Publicité offrant, à l'occasion de la vente de biens, le remboursement de la différence ou le double de la différence du prix aux clients qui auraient trouvé moins cher ailleurs, alors que les conditions de remboursement annoncées variaient selon les supports de publicité. • TGI Rennes, 4 mars 1999 : *Gaz. Pal. 17-18 nov. 1999, p. 39.* ♦ Publicité laissant croire à chaque destinataire qu'il a gagné, par tirage au sort, un lot important, alors qu'il n'en n'est rien. • Crim. 8 mars 1990 : *JCP 1990. II. 21542, note Robert* • 11 mars 1993 : *CCC 1993, n° 160, obs. Raymond* • Paris, 10 mars 1994 : *CCC 1994, n° 232, obs. Raymond* • Crim. 28 mai 1997 : *Bull. crim. n° 211; CCC 1997, n° 172, obs. Raymond; BID 1998, n° 5, p. 40.* ♦ *Contra* : une brochure mentionnant un vol charter annulé par la suite en raison d'un refus ministériel, dès lors que l'agence a fait les démarches nécessaires, que l'éventualité d'un refus ne dépassait pas les aléas normaux des transports aériens et que l'attention de la clientèle avait été attirée sur le risque d'annulation. • Crim. 10 avr. 1986 : *D. 1986. IR 397, obs. Roujou de Boubée.* ♦ Publicité annonçant un enseignement de qualité, dispensé dans des locaux prestigieux, avec des possibilités de stages à l'étranger, alors qu'il n'en est rien, les effectifs étant trop nombreux, les propositions de stages inexistantes et le niveau d'enseignement médiocre. • Crim. 15 oct. 1997 : *BID 1998, n° 6, p. 71.* ♦ Mentions d'une brochure laissant penser que le produit financier proposé constituait un placement sans risque de pertes possibles en capital, alors qu'il fluctuait selon l'évolution des marchés financiers. • T. com. Paris, 10 févr. 2006 : *cité note 5 ss. art. L. 111-2.*

44. Identité, qualités, aptitudes ou droits des professionnels. Publicité par laquelle un annonceur se prévaut d'un agrément officiel qu'il n'a pas. • Paris, 22 mars 1973 : *JCP 1973. II. 17459, note Divier* • 2 nov. 1976 : *JCP 1977. II. 18683, note Andréi et Divier.* ♦ V. aussi : • Lyon, 8 oct. 1997 : *BID 1998, n° 6, p. 63.* ♦ *Contra*, faute pour les juges du fond de caractériser en quoi un revendeur non agréé a usé d'indications fausses ou de nature à induire en erreur l'acheteur de véhicules en lui laissant croire qu'il aurait la qualité de concessionnaire. • Com. 26 janv. 1999 : *D. 1999. IR 55 et Somm. 241, obs. Omarjee; JCP E 1999. Pan. 493; RJDA 1999, n° 349.* ♦ Diffusion d'offres de locations n'indiquant pas expressément qu'elles émanaient d'un professionnel agissant en tant qu'intermédiaire entre propriétaires et locataires. • Crim. 1er juin 1999 : *BID*

1999, n° 10, p. 49. ♦ Publicité présentant comme « expert » un professionnel sans compétence particulière. • Crim. 15 févr. 1982 : *D. 1983. 275, note Mayer et Pizzio.* ♦ Publicité attribuant une identité inexacte à un chef d'entreprise, pour faire croire que celle-ci appartient toujours à l'ancien propriétaire. • Crim. 22 juin 1982 : *D. 1983. 215, note Mayer.* ♦ Publicité par laquelle un dirigeant se présente comme maître torréfacteur alors qu'il n'est pas titulaire du titre protégé de maître artisan : • Crim. 18 oct. 1995 : *Dr. pénal 1996, n° 43, obs. J.-H. Robert.* ♦ Publicité évoquant le titre de maître artificier alors qu'aucune personne de la société n'est titulaire de ce titre. • Lyon, 4 avr. 1997 : *Gaz. Pal. 1998. 1. 368.* ♦ Publicité présentant le prévenu comme boucher-traiteur sans posséder aucun diplôme lui permettant de gérer un tel commerce. • Nîmes, 6 avr. 2007 : *JCP 2007. IV. 2723.* ♦ Publicité proposant directement à la clientèle des travaux de fabrication et de réparation de prothèses dentaires, alors que le prévenu n'est pas titulaire du diplôme nécessaire. • Crim. 14 mai 1997 : *Bull. crim. n° 183 ; D. 1999. Somm. 382, obs. Penneau ; JCP 1997. IV. 2043* • 25 juin 1997 : *Bull. crim. n° 256 ; D. 1997. IR 195 ; Gaz. Pal. 1998. 1. 367, note Grelier-Lenain.* ♦ Publicité annonçant la possibilité pour une association privée, dispensant des cours de karaté, de délivrer un titre fédéral, « le dan », alors qu'un tel titre ne peut être octroyé que par une fédération sportive agréée au sens de l'art. 16 de la L. du 16 juill. 1984. • Crim. 15 oct. 1997 : *Bull. crim. n° 338.* ♦ Rappr. : • Crim. 10 oct. 2006 : *Bull. crim. n° 245 ; JCP 2007. II. 10043, note Gaudemet ; Gaz. Pal. 2007. 1365, obs. M. B. ; RJDA 2007, n° 202* • 18 nov. 2008 : *Dr. pénal 2009, n° 21, obs. Véron.* ♦ Publicité dans des annuaires téléphoniques annonçant des domiciliations fictives dans le but de faire croire aux consommateurs qu'il existe un service de dépannage proche de leur lieu de résidence. • Crim. 17 oct. 2000 : *BID 2001, n° 6, p. 6.* ♦ V. également l'arrêt de la cour d'appel : • Paris, 23 févr. 2000 : *BID 2001, n° 6, p. 7.* ♦ Publication dans les pages jaunes de trois publicités en faveur des services de déménagement proposés par trois sociétés distinctes de nature à induire en erreur le consommateur sur la réalité de la concurrence qu'il pouvait légitimement faire jouer en composant les numéros d'appel distincts des sociétés mentionnées dans ces publicités, dès lors que ces sociétés, gérées par la même personne, fonctionnaient comme une seule et même entité. • Crim. 20 mars 2007 : *Bull. crim. n° 86 ; RJDA 2007, n° 978 ; Dr. pénal 2007, n° 86, obs. J.-H. Robert ; Bull. Joly 2007. 953, note Barbièri.* ♦ Publicité annonçant des « prêts immobiliers, avec 10 000 francs d'apport, devenez propriétaire. Office régional de l'habitat », alors que la société concernée n'est ni un organisme public ni un organisme bancaire et qu'elle est dans l'impossibilité d'accorder des prêts immobiliers car elle n'intervient que comme intermédiaire rémunéré pour rechercher des financements immobiliers. • T. corr. Lille, 3 déc. 1999 : *BID 2002, n° 4, p. 31.* ♦ Complicité pour un chef de cuisine réputé qui laisse apposer son image sur des bouteilles d'huile d'olive, ce qui tendait à faire naître chez le consommateur l'opinion erronée que le prévenu avait personnellement sélectionné les huiles offertes à la vente. • Crim. 27 juin 2006 : *CCC 2006, n° 241, obs. Raymond.* ♦ Publicité par laquelle une société indiquait faussement qu'un nouveau procédé lui appartenait, cette affirmation créant une confusion dans l'esprit du lecteur de nature à lui faire croire que cette société était propriétaire du procédé dans son entier. • Civ. 2e, 17 déc. 2009 : *JCP E 2010, n° 5, p. 36.* ♦ L'usage des noms de domaine www.avocat.net et www.iavocat.fr, associé à l'offre concomitante d'accès à des fiches juridiques, est de nature à créer, dans l'esprit du public non averti, qui peut croire être en relation avec des avocats, une confusion sur la qualité de ses interlocuteurs. • Civ. 1re, 11 mai 2017, n° 16-13.669 P : *cité note 2 ss. art. L. 121-1.*

C. ÉLÉMENT MORAL DE L'INFRACTION

45. *Indifférence de la bonne foi.* La publicité trompeuse est interdite et sanctionnée qu'elle ait été faite de bonne ou de mauvaise foi. • Crim. 4 déc. 1978 : *D. 1979. IR 180, obs. Roujou de Boubée* • 13 mars 1979 : *JCP CI 1979. II. 13104, note Guinchard* • 27 oct. 1980 : *RTD com. 1981. 622, obs. Bouzat* • 3 janv. 1984 : *JCP E 1984. I. 13188* • 5 avr. 1995 : *Bull. crim. n° 151 ; JCP E 1995. Pan. 814.* ♦ La mauvaise foi de l'annonceur n'est pas un élément constitutif du délit de publicité de nature à induire en erreur. • Crim. 5 avr. 1995 : *préc.* • 12 nov. 1997 : *Dr. pénal 1998, n° 24, obs. J.-H. Robert ; JCP 1998. I. 153, obs. J.-H. Robert.*

46. *Caractère non intentionnel.* Les éléments matériel et moral du délit de publicité de nature à induire en erreur procèdent du seul caractère trompeur des éléments d'information, quel qu'en soit le support, donnés au client potentiel pour lui permettre de se faire une opinion sur les caractéristiques des biens ou services qui lui sont proposés, ce qui peut résulter d'une faute de négligence ou d'imprudence. • Crim. 19 oct. 2004 : *préc. note 35.* ♦ Ayant relevé, outre le caractère trompeur de la publicité, que le prévenu n'avait pas vérifié la sincérité et la véracité du message, une cour a justifié la condamnation, ces motifs caractérisant la négligence, tant au regard de l'art. L. 121-1 [L. 121-2] C. consom. que de l'art. 339 de la loi d'adaptation du nouveau code pénal. • Crim. 14 déc. 1994 : *Bull. crim. n° 415 ; Dr. pénal 1995, n° 98, obs. J.-H. Robert ; RSC 1995. 570, obs. Bouloc* • 23 mai 1995 : *Gaz. Pal. 1995. 2. Chron. crim. 434, par Doucet* • 18 sept. 1996 : *D. 1996. IR 267 ; JCP 1996. IV. 2572* • 12 nov. 1997 : *préc. note 45.* –

V. aussi : • Paris, 8 juin 1993 : *BID 1994, n° 10, p. 18.* ♦ L'élément moral du délit de publicité de nature à induire en erreur, prévu par l'art. 44-I de la L. du 27 déc. 1973, devenu l'art. L. 121-1 [L. 121-2] C. consom., est caractérisé par une simple faute d'imprudence ou de négligence, aux termes de l'art. 339 de la L. n° 92-1336 du 16 déc. 1992. Ainsi, le responsable du rayon boucherie d'un hypermarché est coupable de ce délit, puisque, titulaire d'une délégation de pouvoirs, il a apposé un écriteau certifiant la viande de bœuf exclusivement française, alors que certains morceaux provenaient de pays étrangers, et dès lors qu'il n'a pas pris toutes les précautions propres à assurer la véracité du message, alors qu'il lui appartenait de vérifier personnellement l'origine française des viandes mises en vente. • Crim. 26 oct. 1999 : *Bull. crim. n° 233; D. 2000. AJ 80 ; Dr. pénal 2000, n° 21, obs. J.-H. Robert.* ♦ Le fait que le responsable du support ait modifié par erreur le contenu du message est sans influence sur l'existence de l'infraction commise par l'annonceur. • Besançon, 20 nov. 1990 : *BID 1991, n° 3, p. 22.* ♦ Aucune négligence ne saurait être imputée à l'éditeur qui a organisé une opération promotionnelle en insérant en couverture d'une revue datée de juillet-août 1995 un billet de train gratuit dont la validité était limitée au mois de juillet 1995, dès lors qu'il justifie avoir ordonné au distributeur de retirer la revue de la vente le 31 juillet. • Paris, 6 mars 1997 : *RJDA 1997, n° 1282; Gaz. Pal. 1997. 1. Somm. 276.*

Caractérise l'élément moral du délit de publicité trompeuse la cour d'appel qui relève que le dirigeant de la société exploitant un commerce de bijouterie-horlogerie a fait paraître, pour le compte de cette société, des publicités annonçant des remises qui se sont avérées fictives. • Crim. 18 sept. 1996 : *RSC 1997. 125, note Giudicelli ; JCP 1996. IV. 2572.* ♦ L'imprudence de l'annonceur qui fait la publicité d'une exposition de quinze tableaux inédits de Van Gogh provenant de plusieurs collections privées, alors qu'au mieux il pouvait indiquer qu'étaient exposés quinze œuvres attribuées à ce peintre et provenant d'une seule collection, caractérise l'élément moral de l'infraction de publicité mensongère. • Rennes, 28 sept. 2000 : *JCP 2001. II. 10592, note Geoffroy et Belloir.* ♦ L'utilisation de l'enseigne « Le comptoir du pharmacien » par une société qui n'est pas une entreprise pharmaceutique et n'est pas inscrite au tableau de l'Ordre constitue une publicité trompeuse ou de nature à induire le consommateur en erreur. • TGI Paris, 8 avr. 2009 : *préc. note 22.*

47. Article 121-3 du code pénal. L'infraction de publicité trompeuse commise par imprudence ou négligence n'est pas soumise aux dispositions de l'art. 121-3, al. 4, C. pén. car le dommage n'est pas un élément constitutif de ce délit. • Crim. 26 juin 2001 : *Bull. crim. n° 160; JCP 2002. I. 107, obs. J.-H. Robert; Dr. pénal 2001, n° 143, obs. J.-H. Robert.* ♦ Dès lors qu'il est constaté que le prévenu n'a pas pris toutes les précautions propres à assurer la véracité des messages publicitaires, et dès lors que la seule constatation de la violation, en connaissance de cause, d'une prescription légale ou réglementaire implique de la part de son auteur l'intention coupable exigée par l'art. 121-3, al. 1er, C. pén., la cour d'appel a justifié sa décision condamnant le prévenu pour pratique commerciale trompeuse (décision rendue sur le fondement de l'art. L. 121-1 [L. 121-2], tel qu'issu de la L. n° 2008-3 du 3 janv. 2008). • Crim. 15 déc. 2009 : *Bull. crim. n° 212; D. 2010. AJ 203, obs. Delpech ; AJ pénal 2010. 73, note Eréséo et Lasserre Capdeville ; RTD com. 2010. 444, obs. Bouloc ; RSC 2010. 146, obs. Ambroise-Castérot ; JCP 2010, n° 5, p. 217; CCC 2010, n° 145, obs. Raymond; RJDA 2010, n° 566; Dr. pénal 2010, n° 41, obs. J.-H. Robert; Dr. et proc. oct. 2010, Cah. dr. consom., p. 30, obs. Gavalda-Moulenat; RDC 2010. 872, note Fenouillet.*

D. RÉPRESSION

48. Renvoi. Sur les sanctions, V. aussi art. L. 132-1 s.

1° CONFLITS DE QUALIFICATIONS

49. Qualification d'escroquerie. BIBL. Carreau, *D. 1996. Chron. 257* . ♦ Sur la faculté qu'ont les juges de retenir la seule qualification d'escroquerie en cas d'infraction présentant cumulativement les éléments constitutifs de l'escroquerie et de la publicité trompeuse, V. : • Crim. 5 juin 1975 : *Bull. crim. n° 146; D. 1975. IR 157; Gaz. Pal. 1975. 2. 789, note Delaisi.* ♦ Comp. : • Crim. 27 janv. 1992 : *BID 1996, n° 3, p. 33.* ♦ Prétendre qu'une bague peut avoir des effets bénéfiques constitue le délit d'escroquerie dès lors que ce message trompeur est entouré de manœuvres frauduleuses. • Aix-en-Provence, 9 juill. 1992 : *CCC 1993, n° 119, obs. Raymond.*

50. Qualification de publicité trompeuse. Des assertions fausses, portant sur des prestations offertes en matière d'astrologie, faites par voie publicitaire, constituent le délit de publicité fausse ou de nature à induire en erreur prévu et réprimé par l'art. 44-I de la loi du 27 déc. 1973, devenu l'art. L. 121-1 [L. 121-2] C. consom., mais ne sauraient caractériser le délit d'escroquerie dans la mesure où elles n'ont pas été la cause déterminante de la remise des fonds, élément indispensable à la consommation de l'escroquerie. • Paris, 1er mars 1996 : *CCC 1996, n° 196, obs. Raymond.* ♦ Sur rejet du pourvoi, V. : • Crim. 23 avr. 1997 : *Dr. pénal 1997, n° 114, obs. J.-H. Robert.* ♦ De même, si l'offre par une agence immobilière d'appartements non libres est constitutive de publicité de nature à induire en erreur, en revanche, ce simple mensonge n'est pas constitutif d'escroquerie. • Paris, 29 oct. 1998 : *préc. note 31.* ♦ Doivent être qualifiés de publicité mensongère ou de nature à induire en erreur et non d'escroquerie les faits qui ont consisté à faire paraître une annonce dans la rubrique « offre d'emploi » de journaux spécialisés alléguant la « recherche de personnes sérieuses pour travail à domicile pour différentes sociétés » alors qu'en réalité, les personnes répondant à cette annonce se voyaient offrir de payer la somme de 125 francs pour être inscrites dans un fichier communiqué à de rares entreprises. • T. corr. Lille, 20 janv. 2000 : *BID 2002, n° 5, p. 26.*

51. Qualifications cumulées. Les juges peuvent retenir, pour une même publicité, à la fois la qualification d'escroquerie et celle de publicité trompeuse, car il s'agit de délits matériellement distincts, et caractérisés de surcroît par des éléments différents, la mauvaise foi du prévenu n'étant pas exigée par l'art. 44-I de la loi du 27 déc. 1973 [C. consom., art. L. 121-2]. • Crim. 10 mai 1978 : *Bull. crim. n° 148; D. 1978. IR 348, obs. Roujou de Boubée.* ♦ Il y a à la fois les délits d'escroquerie et de publicité de nature à induire en erreur lorsque le prévenu a organisé une exposition de 15 tableaux inédits de Van Gogh provenant de plusieurs collections privées alors qu'en réalité il s'agissait de tableaux appartenant à l'organisateur de l'exposition qui n'avait pas la qualité pour estimer que les peintures achetées à bas prix dans des brocantes étaient effectivement l'œuvre de Van Gogh. • Rennes, 28 sept. 2000 : *JCP 2001. II. 10592, note Geoffroy et Belloir.* ♦ Si les faits se rapportant à la publicité peuvent être des éléments constitutifs du délit d'escroquerie, le délit de publicité mensongère considéré en soi est un délit distinct du délit d'escroquerie; une personne condamnée pour escroquerie peut donc être poursuivie pour publicité mensongère, même si les deux délits ont été commis dans le même temps. • Paris, 26 nov. 1990 : *BID 1991, n° 5, p. 42.* – V. aussi : • Crim. 27 mars 1996 : *CCC 1996, n° 196, obs. Raymond; BID 1997, n° 1, p. 39.*

52. Autres qualifications. Une publicité fausse sur les conditions d'octroi d'un crédit bancaire est un acte de concurrence déloyale qui peut être sanctionné en référé. • Versailles, 10 avr. 1996 : *CCC 1996, n° 81, note Vogel.* ♦ Le fait de subordonner délibérément et en connaissance de cause l'octroi de tickets-jeu à l'achat de marchandises, généralement impliqué par le passage à la caisse, et, ainsi, de ne pas respecter la mention « jeu gratuit » portée sur le prospectus du magasin est constitutif tant du délit d'organisation d'une loterie interdite que du délit de publicité mensongère. • Riom, 10 avr. 1996 : *BID 1996, n° 12, p. 23.*

2° ACTION CIVILE

53. Clause de non-garantie. La clause de non-garantie de contenance insérée au profit du vendeur dans l'acte de vente immobilière ne fait pas obstacle à la recevabilité, devant la juridiction répressive, de l'action en réparation du dommage découlant pour la victime de la publicité fausse, notamment sur la superficie de l'appartement vendu. • Crim. 27 mars 1996 : *Bull. crim. n° 139; D. 1996. IR 168; Gaz. Pal. 1996. 2. Chron. 115, par Doucet.*

54. Partie civile. Si les art. L. 121-1 [L. 121-2] et L. 121-5 s. [L. 132-1 s.] tendent à la protection des consommateurs, ils n'excluent pas la possibilité, pour une chambre régionale d'huissiers de justice, de se constituer partie civile quel que soit le caractère, direct ou indirect, du préjudice invoqué. • Paris, 24 mars 1999 : *D. 1999. IR 143; D. Affaires 1999. 935, obs. C. R.*

55. Indemnisation du préjudice. Une personne ayant répondu à des annonces parues dans la presse à l'initiative d'une société qui faisait miroiter la possibilité d'effectuer des figurations pour des films ne peut solliciter la réparation de son préjudice moral qui résulterait de l'absence de propositions de maisons de production dès lors que le contrat conclu avec la société à l'origine de l'annonce ne prévoyait pas d'obligation de mettre les candidats en relation avec des maisons de production. • Paris, 2 juill. 2001 : *CCC 2002, n° 84, obs. Raymond.*

3° ACTION EN RÉFÉRÉ

56. Trouble manifestement illicite. Le fait que les dispositions de l'Arr. n° 77-105 P du 2 sept. 1977 relatif à la publicité des prix [remplacé par Arr. du 31 déc. 2008, relatif aux annonces de réduction de prix à l'égard des consommateurs, V. App., v° *Prix (publicité)*] et de l'art. L. 121-1 [L. 121-2] sur la publicité mensongère soient sanctionnées pénalement ne fait pas obstacle à ce que le juge des référés puisse prescrire en la matière les mesures qui s'imposent pour faire cesser un trouble manifestement illicite. • Com. 19 oct. 1999 : *D. 1999. AJ 76, obs. C. R.; CCC 2000, n° 37, obs. Raymond.*

Art. L. 121-3 **Une pratique commerciale est également trompeuse si, compte tenu des limites propres au moyen de communication utilisé et des circonstances qui l'entourent, elle omet, dissimule ou fournit de façon inintelligible, ambiguë ou à contretemps une information substantielle ou lorsqu'elle n'indique pas sa véritable intention commerciale dès lors que celle-ci ne ressort pas déjà du contexte.**

Lorsque le moyen de communication utilisé impose des limites d'espace ou de temps, il y a lieu, pour apprécier si des informations substantielles ont été omises, de tenir compte de ces limites ainsi que de toute mesure prise par le professionnel pour mettre ces informations à la disposition du consommateur par d'autres moyens.

Dans toute communication commerciale constituant une invitation *(L. n° 2017-203 du 21 févr. 2017, art. 5)* **« à l'achat » et destinée au consommateur mentionnant le prix et les caractéristiques du bien ou du service proposé, sont considérées comme substantielles les informations suivantes :**

1° Les caractéristiques principales du bien ou du service ;

2° L'adresse et l'identité du professionnel ;

3° Le prix toutes taxes comprises et les frais de livraison à la charge du consommateur, ou leur mode de calcul, s'ils ne peuvent être établis à l'avance ;

4° Les modalités de paiement, de livraison, d'exécution et de traitement des réclamations des consommateurs, dès lors qu'elles sont différentes de celles habituellement pratiquées dans le domaine d'activité professionnelle concerné ;

5° L'existence d'un droit de rétractation, si ce dernier est prévu par la loi. – *[C. consom., art. L. 121-1, II.]*

Sur les sanctions, V. art. L. 132-1 s.

1. Information substantielle. En l'état des constatations et énonciations, il résulte que la personne morale, en sa qualité d'annonceur, a, compte tenu des limites propres au moyen de communication utilisé et des circonstances qui l'entourent, en omettant, dissimulant ou fournissant de façon inintelligible, ambiguë ou à contretemps une information substantielle, au sens de l'art. L. 121-1-II [L. 121-3], commis le délit prévu aux art. L. 121-1 à L. 121-6 [L. 121-2 s.] C. consom. • Crim. 15 juin 2010 : *CCC 2010, n° 285, obs. Raymond; RJDA 2010, n° 1114; Dr. et proc. févr. 2011, Cah. dr. consom., p. 15, obs. Gavalda-Moulenat.* ♦ Sont considérées comme substantielles les informations relatives notamment à l'exercice d'un droit de rétractation prévu par la loi, dans toute communication commerciale constituant une invitation à l'achat, que celle-ci soit antérieure ou concomitante à la transaction commerciale. • Crim. 13 janv. 2016, n° 14-84.072 P : *D. 2016. Actu. 197, obs. Petit ; JCP E 2016, n° 1224, note Le Gac-Pech; CCC 2016, n° 106, obs. S. B.-D.; RJDA 2016, n° 328; LPA 28 juin 2016, note Jouffin; Dr. pénal 2016, n° 48, obs. J.-H. Robert; RLDA avr. 2016. 14, note Brigant.*

L'art. 7, § 4, de la Dir. 2005/29/CE du 11 mai 2005 relative aux pratiques commerciales déloyales doit être interprété en ce sens qu'il contient une énumération exhaustive des informations substantielles qui doivent figurer dans une invitation à l'achat. Il appartient à la juridiction nationale d'apprécier si le professionnel concerné a satisfait à son devoir d'information en tenant compte de la nature et des caractéristiques du produit, mais également du moyen de communication utilisé pour l'invitation à l'achat et des compléments d'information éventuellement fournis par ledit professionnel. Le fait, pour un professionnel, de fournir, dans une invitation à l'achat, l'ensemble des informations énumérées à l'art. 7, § 4, de cette directive n'exclut pas que cette invitation puisse être qualifiée de pratique commerciale trompeuse au sens de l'art. 6, § 1, ou de l'art. 7, § 2, de ladite directive. • CJUE 26 oct. 2016, n° C-611/14 : *cité note 5.*

2. Information à contretemps. La QPC portant sur les dispositions de l'art. L. 121-1-II [L. 121-3], selon lesquelles une pratique commerciale est considérée comme trompeuse si elle fournit à contretemps une information substantielle au consommateur, ne présente pas un caractère sérieux dès lors que la notion de contretemps, déjà dégagée par la jurisprudence en droit interne, est une notion claire, transposée de l'art. 7.2 de la Dir. 2005/29/CE du 11 mai 2005 [V. ss. art. L. 121-1]. • Crim., 30 nov. 2010 : *D. 2011. Actu. 68 ; JCP E 2011, n° 1303, note J.-H. Robert; Dr. pénal. 2011, n° 24, obs. J.-H. Robert; Dr. et proc. févr. 2011, Cah. dr. consom., p. 14, obs. Gavalda-Moulenat.*

3. Invitation à l'achat. BIBL. E. Petit, *LPA 30 juin 2011* (l'invitation à l'achat, une invitation à changer). ♦ Il existe une invitation à l'achat dès lors que l'information relative au produit commercialisé et au prix de celui-ci est suffisante pour que le consommateur puisse prendre une décision commerciale, sans qu'il soit nécessaire que la communication commerciale comporte également un moyen concret d'acheter le produit ou qu'elle apparaisse à proximité ou à l'occasion d'un tel moyen. • CJUE 12 mai 2011 : *Dalloz actualité, 29 juin 2011, obs. Constantin; JCP E 2011, n° 1392; CCC 2011, n° 205, obs. Raymond; RJDA 2011, n° 848; Europe 2011, n° 266, obs. Meister.* ♦ L'art. 7, § 4, de la Dir. 2005/29/CE du 11 mai 2005 [V. ss. art. L. 121-1], doit être interprété en ce sens qu'une annonce publicitaire qui relève de la notion d'« invitation à l'achat » au sens de cette directive peut répondre à l'obligation d'information prévue par cette disposition. Il incombe à la juridiction de renvoi d'examiner, au cas par cas, d'une part, si les limites d'espace dans le texte publicitaire justifient la mise à disposition d'informations sur le fournisseur uniquement au niveau de la plateforme de vente en ligne et, d'autre part, le cas échéant, si les informations exigées par l'art. 7, § 4, sous b), de ladite directive concernant la plateforme de vente en ligne sont communiquées simplement et rapidement. • CJUE 30 mars 2017, n° C-146/16 :

D. 2017. Actu. 812 ; AJ contrat 2017. 287, obs. Legrand ; Europe 2017, n° 215, obs. Bouveresse.

4. *Caractéristiques principales.* Une représentation verbale ou visuelle du produit permet de remplir la condition relative à l'indication des caractéristiques du produit, y compris dans l'hypothèse où une même représentation verbale ou visuelle est utilisée pour désigner un produit offert en plusieurs variantes. • CJUE 12 mai 2011 : *préc. note 3.* ♦ L'art. 7, § 4, sous a), de la Dir. 2005/29/CE [V. ss. art. L. 121-1] doit être interprété en ce sens qu'il peut suffire que seules certaines caractéristiques principales du produit soient indiquées, si le professionnel renvoie pour le surplus à son site Internet, pour peu que ce site contienne les informations substantielles relatives aux caractéristiques principales du produit, au prix et aux autres conditions, conformément aux exigences de l'art. 7 de cette directive. • Même arrêt.

5. *Limites propres au moyen de communication.* Le II de l'art. L. 121-1 [L. 121-3] prévoit de tenir compte « des limites propres au moyen de communication utilisé », ce qui correspond à l'exigence de l'art. 7-3 de la Dir. 2005/29 du 11 mai 2005 [V. ss. art. L. 121-1] de tenir compte des « limites d'espace ou de temps » qui sont imposées par le moyen de communication. La directive exige alors de prendre en considération les efforts consentis par le professionnel pour informer correctement les consommateurs de façon alternative (Lignes directrices DGCCRF : *BOCC 29 sept. 2011 ; BRDA 2011, n° 19, p. 11*). ♦ Il revient au juge de procéder à l'appréciation des limites propres au moyen de communication utilisé (radio) et aux circonstances qui l'entourent, et des mesures prises par le professionnel pour mettre ces informations à la disposition du consommateur par d'autres moyens, ainsi qu'il est prévu par le II de l'art. L. 121-1 [L. 121-3]. • Crim. 1er sept. 2015, n° 14-85.791 : *Dr. pénal 2015, n° 146, obs. J.-H. Robert ; RDC 2016. 300, obs. Malabat.* ♦ L'art. 7, § 1 et 3, de la Dir. 2005/29/CE du 11 mai 2005, relative aux pratiques commerciales déloyales, doit être interprété en ce sens que, aux fins d'apprécier si une pratique commerciale doit être considérée comme une omission trompeuse, il y a lieu de prendre en compte le contexte dans lequel s'inscrit cette pratique, notamment les limites propres au moyen de communication utilisé aux fins de ladite pratique commerciale, les limites d'espace ou de temps que ce moyen de communication impose ainsi que toute mesure prise par le professionnel pour mettre les informations à la disposition du consommateur par d'autres moyens, quand bien même cette exigence ne résulterait pas expressément du libellé de la réglementation nationale concernée. • CJUE 26 oct. 2016, n° C-611/14 : *D. 2017. Pan. 542, obs. Poillot ; RJDA 2017, n° 209 ; Europe 2016, n° 476, obs. Simon.* ♦ Toutefois, les contraintes de temps auxquelles peuvent être soumis certains moyens de communication, tels que des spots publicitaires télévisés, ne sauraient être prises en considération aux fins de l'appréciation du caractère trompeur d'une pratique commerciale au regard de l'art. 6, § 1, de cette directive. • Même décision.

6. *Publicité radiophonique.* Lorsque l'indication immédiate dans le message radiophonique de la totalité des informations visées au II de l'art. L. 121-1 [L. 121-3] risque d'aboutir à un résultat qui n'est pas satisfaisant pour la qualité de l'audition (durée nécessaire pour délivrer les mentions dépassant 8 secondes), il convient de définir de façon plus sélective les informations qui sont indiquées immédiatement dans le message, de signaler l'existence des autres informations (« offre soumise à d'autres conditions ») et de renvoyer à un autre support d'information (numéro de téléphone ou site internet) permettant d'en prendre connaissance. En tout état de cause, lorsque le message communique sur un prix qui est soumis à des conditions, une information minimale doit être fournie dans le message radiophonique au sujet de ces conditions ; les conditions relatives à une période d'engagement contractuel doivent également faire l'objet d'une information complète dans le message radiophonique (Lignes directrices DGCCRF : *préc. note 5*).

Art. L. 121-4 Sont réputées trompeuses, au sens des articles L. 121-2 et L. 121-3, les pratiques commerciales qui ont pour objet :

1° Pour un professionnel, de se prétendre signataire d'un code de conduite alors qu'il ne l'est pas ;

2° D'afficher un certificat, un label de qualité ou un équivalent sans avoir obtenu l'autorisation nécessaire ;

3° D'affirmer qu'un code de conduite a reçu l'approbation d'un organisme public ou privé alors que ce n'est pas le cas ;

4° D'affirmer qu'un professionnel, y compris à travers ses pratiques commerciales ou qu'un produit ou service a été agréé, approuvé ou autorisé par un organisme public ou privé alors que ce n'est pas le cas ou de ne pas respecter les conditions de l'agrément, de l'approbation ou de l'autorisation reçue ;

5° De proposer l'achat de produits ou la fourniture de services à un prix indiqué sans révéler les raisons plausibles que pourrait avoir le professionnel de penser qu'il ne pourra fournir lui-même ou faire fournir par un autre professionnel, les produits ou services en question ou des produits ou services équivalents au prix indiqué, pendant une période et dans des quantités qui soient raisonnables compte tenu du produit ou du service, de l'ampleur de la publicité faite pour le produit ou le service et du prix proposé ;

6° De proposer l'achat de produits ou la fourniture de services à un prix indiqué, et ensuite :

a) De refuser de présenter aux consommateurs l'article ayant fait l'objet de la publicité ;

b) Ou de refuser de prendre des commandes concernant ces produits ou ces services ou de les livrer ou de les fournir dans un délai raisonnable ;

c) Ou d'en présenter un échantillon défectueux, dans le but de faire la promotion d'un produit ou d'un service différent ;

7° De déclarer faussement qu'un produit ou un service ne sera disponible que pendant une période très limitée ou qu'il ne sera disponible que sous des conditions particulières pendant une période très limitée afin d'obtenir une décision immédiate et priver les consommateurs d'une possibilité ou d'un délai suffisant pour opérer un choix en connaissance de cause ;

8° De s'engager à fournir un service après-vente aux consommateurs avec lesquels le professionnel a communiqué avant la transaction dans une langue qui n'est pas une langue officielle de l'État membre de l'Union européenne dans lequel il est établi et, ensuite, assurer ce service uniquement dans une autre langue sans clairement en informer le consommateur avant que celui-ci ne s'engage dans la transaction ;

9° De déclarer ou de donner l'impression que la vente d'un produit ou la fourniture d'un service est licite alors qu'elle ne l'est pas ;

10° De présenter les droits conférés au consommateur par la loi comme constituant une caractéristique propre à la proposition faite par le professionnel ;

11° D'utiliser un contenu rédactionnel dans les médias pour faire la promotion d'un produit ou d'un service alors que le professionnel a financé celle-ci lui-même, sans l'indiquer clairement dans le contenu ou à l'aide d'images ou de sons clairement identifiables par le consommateur ;

12° De formuler des affirmations matériellement inexactes en ce qui concerne la nature et l'ampleur des risques auxquels s'expose le consommateur sur le plan de sa sécurité personnelle ou de celle de sa famille s'il n'achète pas le produit ou le service ;

13° De promouvoir un produit ou un service similaire à celui d'un autre fournisseur clairement identifié, de manière à inciter délibérément le consommateur à penser que le produit ou le service provient de ce fournisseur alors que tel n'est pas le cas ;

14° De déclarer que le professionnel est sur le point de cesser ses activités ou de les établir ailleurs alors que tel n'est pas le cas ;

15° D'affirmer d'un produit ou d'un service qu'il augmente les chances de gagner aux jeux de hasard ;

16° D'affirmer faussement qu'un produit ou une prestation de services est de nature à guérir des maladies, des dysfonctionnements ou des malformations ;

17° De communiquer des informations matériellement inexactes sur les conditions de marché ou sur les possibilités de trouver un produit ou un service, dans le but d'inciter le consommateur à acquérir celui-ci à des conditions moins favorables que les conditions normales de marché ;

18° D'affirmer, dans le cadre d'une pratique commerciale, qu'un concours est organisé ou qu'un prix peut être gagné sans attribuer les prix décrits ou un équivalent raisonnable ;

19° De décrire un produit ou un service comme étant "gratuit", "à titre gracieux", "sans frais" ou autres termes similaires si le consommateur doit payer quoi que ce soit d'autre que les coûts inévitables liés à la réponse à la pratique commerciale et au fait de prendre possession ou livraison de l'article ;

20° D'inclure dans un support publicitaire une facture ou un document similaire demandant paiement qui donne au consommateur l'impression qu'il a déjà commandé le produit ou le service commercialisé alors que tel n'est pas le cas ;

21° De faussement affirmer ou donner l'impression que le professionnel n'agit pas à des fins qui entrent dans le cadre de son activité commerciale, industrielle, artisanale, libérale ou agricole ou de se présenter faussement comme un consommateur ;

22° De créer faussement l'impression que le service après-vente en rapport avec un produit ou un service est disponible dans un État membre de l'Union européenne autre que celui dans lequel le produit ou le service est vendu. – *[C. consom., art. L. 121-1-1, al. 1er à 26.]*

V. Note de service DGCCRF n° 2009-07 du 29 janv. 2009, BRDA 2009, n° 10, p. 11.

Sur les sanctions, V. art. L. 132-1 s.

BIBL. ▸ NDLR, *BRDA 2008, n° 18, p. 11* (LME : mesures en droit de la consommation). – BRUSCHI, *RLDA nov. 2008. 37* (renforcement de la protection des consommateurs). – ROCHFELD, *RTD civ. 2008. 732* (du droit de la consommation au droit de la régulation du marché : des dangers des listes et de l'harmonisation maximale). – PÉRÈS, *RDC 2008. 1083* (les pratiques commerciales trompeuses sur les sources du droit des contrats). – AMBROISE-CASTÉROT, *AJ pénal 2009. 22* (les nouvelles pratiques commerciales déloyales après la loi LME du 4 août 2008). – LAGARDE, *LPA 23 févr. 2009* (observations sur le volet consommation de la LME). – FENOUILLET, *RDC 2009. 128* (LME et réforme du droit des pratiques commerciales déloyales).

1. Loterie trompeuse. Pour la mise en rapport du 19° de l'art. L. 121-1-1 [L. 121-4, 19°] avec le 8° de l'art. L. 122-11-1 [L. 121-7, 7°], V. • CJUE 18 oct. 2012 : *cité note 2 ss. art. L. 121-7.*

2. Ventes en liquidation. Sur la compatibilité de la réglementation des ventes en liquidation avec le droit relatif aux pratiques commerciales déloyales, V. note 7 ss. C. com., art. L. 310-1, App., v° *Ventes.*

3. Gratuité. Sur l'utilisation du terme « gratuit » et sa perception par un consommateur moyen au regard de la législation sur les pratiques commerciales trompeuses, V. • Reims, 13 nov. 2012 : *CCC 2013, n° 69, obs. Raymond.*

4. Agrément. Pour une illustration du 4° de l'art. L. 121-1-1 [L. 121-4, 4°], V. • Crim. 13 janv. 2016, n° 14-80.072 P : *cité note 1 ss. art. L. 121-3.*

Code de l'environnement Art. L. 541-34 Lorsque l'absence de matériaux *(Ord. n° 2010-1579 du 17 déc. 2010, art. 18-IV)* « issus de déchets valorisés » ou la faible teneur en matériaux de cette sorte n'est pas de nature à modifier les qualités substantielles d'un produit, toute publicité fondée sur cette caractéristique est interdite.

(Ord. n° 2016-301 du 14 mars 2016, art. 8, en vigueur le 1er juill. 2016) « L'infraction est recherchée et constatée par les agents mentionnés aux articles L. 511-3 et L. 511-21 du code de la consommation, dans les conditions prévues à l'article L. 511-5 du même code. Elle est punie par les peines prévues aux articles L. 132-2 et L. 132-3 du code de la consommation. Les dispositions des articles L. 132-4 à L. 132-9 du même code sont applicables. »

Art. L. 121-5 **Les dispositions des articles L. 121-2** *(L. n° 2017-203 du 21 févr. 2017, art. 6)* **« à** *[ancienne rédaction : et]* **» L. 121-4 sont également applicables aux pratiques qui visent les professionnels** *(L. n° 2017-203 du 21 févr. 2017, art. 6)* **« et les non-professionnels ».** – *[C. consom., art. L. 121-1, III et L. 121-1-1, al. 27.]*

Champ d'application. Les allégations, indications ou présentations fausses de nature à induire en erreur, appréciées dans leur ensemble et portant sur des éléments visés à l'art. L. 121-1, paragraphe I, 2° alors applicable [L. 121-2, I, 2°], ne peuvent être qualifiées de simples omissions au sens du paragraphe II de ce même article [L. 121-3], de sorte qu'aux termes du paragraphe III [L. 121-5], l'incrimination est applicable aux pratiques qui visent des professionnels. • Crim. 22 nov. 2016, n° 15-83.559 P : *Dalloz actualité, 22 déc. 2016, obs. Aubert ; AJ pénal 2017. 129, obs. Raschel ; JCP E 2017, n° 1254, note Le Gac-Pech ; RJDA 2017, n° 126 ; LPA 24 févr. 2017, note Lasserre Capdeville.*

Directive n° 2006/114/CE du Parlement européen et du Conseil du 12 décembre 2006,

En matière de publicité trompeuse et de publicité comparative (version codifiée).

SOUS-SECTION 2 PRATIQUES COMMERCIALES AGRESSIVES

BIBL. GÉN. ▶ MONTFORT, *RLDA janv. 2008. 53* (loyauté des pratiques commerciales : concurrents, agissez en cessation !). – NDLR, *BRDA 2008, n° 2, p. 21* (pratiques commerciales agressives). – CONTE, *Dr. pénal 2008. Étude 3* (brèves observations à propos de l'incrimination des pratiques commerciales agressives). – RAYMOND, *JCP E 2008, n° 12-13, p. 17, spéc. p. 22 ; CCC 2008. Étude 3* (les modifications au droit de la consommation apportées par la L. n° 2008-3 du 3 janv. 2008). ▶ Loi n° 2008-776 du 4 août 2008 : NDLR, *BRDA 2008, n° 18, p. 11* (LME : mesures en droit de la consommation). – ROCHFELD, *RTD civ. 2008. 732* (du droit de la consommation au droit de la régulation du marché : des dangers des listes et de l'harmonisation maximale). – AMBROISE-CASTÉROT, *AJ pénal 2009. 22* (les nouvelles pratiques commerciales déloyales après la loi LME du 4 août 2008). – FENOUILLET, *RDC 2009. 128* (LME et réforme du droit des pratiques commerciales déloyales). – VANNI, *Journ. sociétés sept. 2010. 33* (pratiques commerciales agressives).

COMMENTAIRE

I. ÉLÉMENTS CONSTITUTIFS

Les pratiques commerciales agressives sont une innovation de la loi n° 2008-3 du 3 janvier 2008 transposant la directive sur les pratiques déloyales à l'égard des consommateurs. A la différence de certains droits étrangers, les dispositions du droit français permettant d'atteindre ces pratiques étaient jusqu'ici peu nombreuses. On pense à la violence, plus particulièrement à la contrainte économique ; mais la violence est un vice du consentement (C. civ., art. 1140 s., à compter du 1er oct. 2016) peu utilisé en droit français pour constituer une cause efficace de nullité du contrat ; sur le plan pénal, les délits d'abus de faiblesse, prévus tant par l'article L. 121-8 du code de la consommation que par l'article 223-15-2 du code pénal peuvent trouver à s'appliquer avec un domaine cependant plus restrictif : en particulier, la tentative d'abus de faiblesse de l'article L. 121-8 suppose la souscription d'un document et la réunion de conditions subjectives que l'on ne retrouve pas dans le nouveau délit, lequel a une vocation plus large. L'interprétation des juges sera déterminante, mais risque de varier d'une juridiction à l'autre lorsqu'il s'agira d'interpréter ce qu'est une sollicitation répétée et insistante.

L'article L. 121-6 définit la pratique commerciale agressive comme un comportement commercial consistant à solliciter de façon répétée et insistante le consommateur ou bien en ayant recours à la contrainte physique ou morale (autrement dit, la violence) et ayant pour conséquence d'altérer de façon significative sa liberté de choix ou d'aliéner son consentement ou encore d'entraver l'exercice des droits qu'il tire du contrat. C'est la liberté du contractant, source de faiblesse économique, qui est ici protégée. Il n'est même pas nécessaire que le résultat soit atteint : il suffit que la pratique soit de nature à altérer la liberté ou à aliéner le consentement ; seule l'entrave aux droits contractuels doit être effectivement réalisée. Afin de déterminer si une pratique est agressive, différents critères sont avancés par la LME du 4 août 2008, tels que le moment et l'endroit où la pratique est mise en œuvre, sa nature et sa persistance ou encore le recours à la menace physique ou verbale...

La LME achève la transposition de la directive 2005/29/CE par l'intégration d'une liste exhaustive desdites pratiques, qui trouve désormais son siège dans l'article L. 121-7, comme par exemple le fait d'effectuer les visites au domicile du consommateur en ignorant sa demande de voir le professionnel quitter les lieux, le fait de prétendre que si le consommateur n'achète pas le produit ou le service, l'emploi ou les moyens d'existence du professionnel seront menacés, et surtout le fait de donner l'impression que le consommateur a déjà gagné, gagnera ou gagnera en accomplissant tel acte, un prix ou un autre avantage équivalent, ce qui pourrait permettre de lutter efficacement contre les loteries publicitaires. Comme en matière de pratiques trompeuses, l'utilisation énumérative de listes de comportements, calquées sur la directive, s'inscrit dans une démarche d'harmonisation totale entre les États européens.

II. SANCTIONS

Depuis l'ordonnance de recodification du 14 mars 2016, les sanctions encourues en matière de pratiques agressives ont été séparées du texte d'incrimination : elles font l'objet d'une sous-section à part, regroupant les articles L. 132-10 (sanctions civiles), L. 132-11 (sanctions pénales principales) et L. 132-12 (sanctions pénales complémentaires). ❑

Art. L. 121-6 **Une pratique commerciale est agressive lorsque du fait de sollicitations répétées et insistantes ou de l'usage d'une contrainte physique ou morale, et compte tenu des circonstances qui l'entourent :**

1° Elle altère ou est de nature à altérer de manière significative la liberté de choix d'un consommateur ;

2° Elle vicie ou est de nature à vicier le consentement d'un consommateur ;

3° Elle entrave l'exercice des droits contractuels d'un consommateur.

Afin de déterminer si une pratique commerciale recourt au harcèlement, à la contrainte, y compris la force physique, ou à une influence injustifiée, les éléments suivants sont pris en considération :

1° Le moment et l'endroit où la pratique est mise en œuvre, sa nature et sa persistance ;

2° Le recours à la menace physique ou verbale ;

3° L'exploitation, en connaissance de cause, par le professionnel, de tout malheur ou circonstance particulière d'une gravité propre à altérer le jugement du consommateur, dans le but d'influencer la décision du consommateur à l'égard du produit ;

4° Tout obstacle non contractuel important ou disproportionné imposé par le professionnel lorsque le consommateur souhaite faire valoir ses droits contractuels, et notamment celui de mettre fin au contrat ou de changer de produit ou de fournisseur ;

5° Toute menace d'action alors que cette action n'est pas légalement possible. – *[C. consom., art. L. 122-11.]*

V. Note de service DGCCRF n° 2009-07 du 29 janv. 2009, BRDA 2009, n° 10, p. 11.

Sur les sanctions, V. art. L. 132-10 s.

Pratique agressive. Pour une illustration d'une méthode commerciale agressive, sanctionnée sur le terrain du droit civil et non du droit de la consommation, V. • Douai, 3 juill. 2014 : ♔ *CCC 2014, n° 284, obs. Raymond.* ♦ Mais les mises en demeure adressées à une personne, ainsi que les contraintes y afférent, n'ont pas le caractère d'un « marketing » agressif de nature à tromper le consentement du consommateur mais ressortent de la mise en œuvre légale du recouvrement de cotisations sociales et des majorations de retard régulièrement poursuivi à l'encontre de cette personne en vertu des dispositions impératives des art. L. 244-9, L. 244-2, R. 133-3 et R. 244-1 CSS. • Paris, 23 oct. 2014 : ♔ *CCC 2015, n° 49, obs. G. R.* ♦ Constitue une pratique commerciale agressive illicite le fait pour une société de presse de commercialiser la publication d'une annonce nécrologique à la fois par voie de presse et sur internet, sans que le choix pour l'un ou l'autre support ne soit possible. • Paris, 26 nov. 2015, n° 14/0555 : *RJDA 2016, n° 236.*

Art. L. 121-7 **Sont réputées agressives au sens de l'article L. 121-6 les pratiques commerciales qui ont pour objet :**

1° De donner au consommateur l'impression qu'il ne pourra quitter les lieux avant qu'un contrat n'ait été conclu ;

2° D'effectuer des visites personnelles au domicile du consommateur, en ignorant sa demande de voir le professionnel quitter les lieux ou de ne pas y revenir, sauf si la législation nationale l'y autorise pour assurer l'exécution d'une obligation contractuelle ;

3° De se livrer à des sollicitations répétées et non souhaitées par téléphone, télécopieur, courrier électronique ou tout autre outil de communication à distance ;

4° D'obliger un consommateur qui souhaite demander une indemnité au titre d'une police d'assurance à produire des documents qui ne peuvent raisonnablement être considérés comme pertinents pour établir la validité de la demande ou s'abstenir systématiquement de répondre à des correspondances pertinentes, dans le but de dissuader ce consommateur d'exercer ses droits contractuels ;

5° Dans une publicité, d'inciter directement les enfants à acheter ou à persuader leurs parents ou d'autres adultes de leur acheter le produit faisant l'objet de la publicité ;

6° D'informer explicitement le consommateur que s'il n'achète pas le produit ou le service, l'emploi ou les moyens d'existence du professionnel seront menacés ;

7° De donner l'impression que le consommateur a déjà gagné, gagnera ou gagnera en accomplissant tel acte un prix ou un autre avantage équivalent, alors que, en fait :

— soit il n'existe pas de prix ou autre avantage équivalent ;
— soit l'accomplissement d'une action en rapport avec la demande du prix ou autre avantage équivalent est subordonné à l'obligation pour le consommateur de verser de l'argent ou de supporter un coût. — [*C. consom., art. L. 122-11-1.*]

Sur les sanctions, V. art. L. 132-10 s.

1. *Foires et salons.* Dès lors que le consommateur, à l'occasion d'une vente sur foire ou salon, est victime d'une présentation fausse, ou d'allégations de nature à l'induire en erreur (art. L. 121-2 s.) ou, plus grave, qu'il fait l'objet de pressions, de harcèlement, d'intimidation ou de chantage (art. L. 121-6), ces dispositions peuvent être mises en œuvre (Rép. min. nº 71983 : *JOAN Q 23 mars 2010, p. 3321 ; JCP E 2010, nº 1355*).

2. *Loteries agressives.* Le point 31, second tiret, de l'annexe I de la Dir. 2005/29/CE du 11 mai 2005 [repris au 7º de l'art. L. 121-7] doit être interprété en ce sens qu'il interdit les pratiques agressives par lesquelles des professionnels donnent l'impression fausse que le consommateur a déjà gagné un prix, alors que l'accomplissement d'une action en rapport avec la demande de ce prix, qu'il s'agisse d'une demande d'information relative à la nature dudit prix ou de la prise de possession de celui-ci, est subordonné à l'obligation, pour le consommateur, de verser de l'argent ou de supporter un coût quelconque. • CJUE 18 oct. 2012, nº C-428/11 : *D. 2013. Pan. 948, obs. Sauphanor-Brouillaud ; RTD eur. 2013. 559, obs. Aubert de Vincelles ; JCP 2012, nº 1216, obs. F. Picod ; RJDA 2013, nº 72 ; Gaz. Pal. 2012. 3488, obs. Piedelièvre ; RLDA déc. 2012. 54, note Bernadskaya ; Dr. et proc. févr. 2013, Cah. dr. consom., p. 5, obs. de la Asuncion Planes ; RJ com. 2013. 150, obs. Leloup ; Europe 2012, nº 508, obs. Gazin ; RDC 2013. 605, obs. Aubert de Vincelles.* ♦ Il est sans incidence que le coût imposé au consommateur, tel le coût d'un timbre-poste, soit négligeable par rapport à la valeur du prix ou qu'il ne procure aucun bénéfice au professionnel ; il est sans incidence également que les actions en rapport avec la demande d'un prix puissent être réalisées selon plusieurs méthodes proposées au consommateur par le professionnel, dont au moins l'une d'entre elles serait gratuite, dès lors que l'une ou plusieurs des méthodes proposées supposent que le consommateur supporte un coût pour s'informer au sujet du prix ou des modalités d'obtention de ce dernier. • Même décision. ♦ Comp. art. L. 121-4, 19º.

SECTION II ABUS DE FAIBLESSE

BIBL. GÉN. ▸ BIHL, *Cah. dr. entr. 1985-2 ; Gaz. Pal. 1992. 2. Doctr. 891.* - PIZZIO, *ALD 1992. 189.* - LEROUX, *Rev. conc. consom. 1993, nº 72, p. 41.* - CHABRUX, *CCC 1994, Chron. 6* (sollicitation personnalisée). - RAYMOND, *Gaz. Pal. 2002. 2. Doctr. 399* (droit pénal de la consommation : les abus de faiblesse). - LUBY, *Europe 2005. Chron. 11* (Dir. CE 2005/29). - GARDE et HARAVON, *LPA 27 juin 2006* (pratiques commerciales déloyales : naissance d'un concept européen). - TOUCHENT, *ibid. 2 août 2006* (protection du consommateur contre les pratiques commerciales déloyales). - BAZIN, *RLDA mai 2007. 82* (l'abus de faiblesse en droit de la consommation). - MALABAT, *RLDA mars 2008. 83* (devoirs du banquier et complicité d'abus de faiblesse). - LASSERRE CAPDEVILLE, *RD banc. fin. 2012. Étude 34* (le banquier face au délit d'abus de faiblesse). - BAZIN, *Dr. pénal 2015. Étude 19* (l'abus de faiblesse dans le code de la consommation).

COMMENTAIRE

I. DROIT DE LA CONSOMMATION

Depuis l'ordonnance de recodification du 14 mars 2016, l'abus de faiblesse fait l'objet des articles L. 121-8 à L. 121-10 pour la définition de l'infraction, et le premier de ces textes a été expurgé de l'énoncé des sanctions, désormais traitées à part, aux articles L. 132-13 en matière de sanctions civiles, L. 132-14 et L. 132-15 concernant les sanctions pénales, tant principales que complémentaires.

L'ancien article L. 122-8 punissait initialement d'un emprisonnement de cinq ans et/ou d'une amende de 9 000 € quiconque avait abusé de la faiblesse ou de l'ignorance d'une personne pour lui faire souscrire, par le moyen de visites domiciliaires, des engagements au comptant ou à crédit sous quelque forme que ce soit lorsque les circonstances montraient que cette personne n'était pas en mesure d'apprécier la portée des engagements qu'elle prenait ou de déceler les ruses ou artifices déployés pour la convaincre d'y souscrire ou faisaient apparaître qu'elle avait été soumise à une contrainte. Par souci de cohérence, la loi du 17 mars 2014 avait aligné les peines sur les sanctions du délit pénal correspondant (abus de vulnérabilité) : trois ans d'emprisonnement et 375 000 € d'amende (V. désormais art. L. 132-14, al. 1er). Par ailleurs, depuis cette réforme, à l'instar des pratiques trompeuses ou agressives et des ventes à la boule de neige, la notion de faute lucrative est retenue : en effet, le montant de l'amende peut être porté, de manière proportionnée aux avantages tirés du manquement, à 10 % du chiffre d'affaires moyen annuel, calculé sur les trois derniers chiffres d'affaires annuels connus à la date des faits (art. L. 132-14, al. 2). Le législateur n'est cependant pas allé jusqu'à porter l'amende à la moitié des dépenses engagées pour la réalisation de la pratique, contrairement à ce qui est désormais prévu en matière de pratiques trompeuses.

Des peines complémentaires, initialement introduites par la loi n° 2008-776 du 4 août 2008, sont prévues : la loi du 17 mars 2014 renvoie aux interdictions d'exercice prévues à l'article 131-27 du code pénal, sans pouvoir dépasser une durée de cinq ans, et pouvant être prononcées cumulativement ; concernant les personnes morales pénalement responsables, le texte (art. L. 132-15) renvoie aux articles 131-38 (selon lequel le taux maximal de l'amende applicable aux personnes morales est égal au quintuple de celui prévu pour les personnes physiques par la loi qui réprime l'infraction) et 131-39 du code pénal (à l'exception de la dissolution et de mesures concernant les animaux), prévoyant une litanie de peines complémentaires : confiscation, affichage, ou encore diverses interdictions (ces dernières ne pouvant cependant dépasser une durée de cinq ans). En outre, sur le plan civil, la nullité de plein droit du contrat conclu est expressément prévue (art. L. 132-13) ; il s'agit d'une extension de la règle concernant les pratiques agressives.

Le texte bénéficie aux seuls acquéreurs, à l'exclusion des vendeurs, en position de faiblesse.

Initialement, un tel délit ne pouvait être commis qu'à l'occasion d'un démarchage à domicile. C'est pourquoi la loi du 18 janvier 1992 a étendu son champ d'application aux pratiques de démarchage, dénommé depuis la loi du 17 mars 2014 « contrat hors établissement ». L'article L. 121-9 comprend ainsi, outre le démarchage à domicile :

– le démarchage par téléphone ou télécopie ;

– la sollicitation personnalisée à se rendre sur un lieu de vente, effectuée à domicile et assortie de l'offre d'avantages particuliers ;

– la transaction réalisée hors des lieux de vente ou dans le cadre de foires ou de salons (par exemple une vente d'objets à l'occasion d'une excursion prétexte) ;

– la transaction conclue dans une situation d'urgence ayant mis la victime dans l'impossibilité de faire jouer la concurrence (par exemple, plombier qui profite des circonstances).

L'autre innovation de la loi du 18 janvier 1992 a trait aux résultats de l'abus de faiblesse : outre la souscription des engagements ci-dessus énumérés, l'article L. 121-10 s'applique à ceux qui auront abusé de la faiblesse ou de l'ignorance d'une personne pour se faire remettre sans contrepartie des sommes d'argent ou des valeurs mobilières. Cela montre bien que le premier texte avait été rédigé de façon incomplète.

Trois conditions doivent être réunies pour que le délit d'abus de faiblesse soit constitué :

– la première a trait à l'infirmité du consentement : les enfants, les vieillards, les illettrés, les handicapés sont les personnes les plus exposées. Cet état devra être préalable à la sollicitation et indépendant des circonstances dans lesquelles le consommateur a été placé ;

– la deuxième suppose que la faiblesse ou l'ignorance soit connue du cocontractant car pour profiter de l'infériorité intellectuelle de l'autre, encore faut-il la déceler ;

– la troisième est relative au but de l'opération : soit faire prendre à la victime des engagements au comptant ou à crédit, soit se faire remettre de l'argent sans contrepartie réelle ou encore des valeurs mobilières.

Il faut observer que, lorsque les conditions de l'abus de faiblesse ne sont pas réunies, la pratique litigieuse pourra être évaluée sous l'angle des pratiques agressives, en cas de sollicitations répétées ; les sanctions encourues étant les mêmes sur le terrain civil comme sur le plan pénal.

II. ABUS DE VULNÉRABILITÉ PRÉVU PAR LE CODE PÉNAL

Le code pénal a créé une infraction similaire à celle du code de la consommation, incriminée, depuis la loi du 12 juin 2001, aux articles 223-15-2 à 223-15-4. Ce texte ne s'adresse pas spécifiquement aux consommateurs, mais aux *personnes momentanément ou durablement en situation de faiblesse*. Ce délit vise certaines catégories de personnes, protégées en tant que telles et non en leur qualité éventuelle de consommateurs. En effet, est réprimé l'abus frauduleux de l'état d'ignorance ou de la situation de faiblesse soit d'un mineur, soit d'une personne dont la particulière vulnérabilité, due à son âge, à une maladie, à une infirmité, à une déficience physique ou psychique ou à son état de grossesse, est apparente ou connue de son auteur, pour obliger ce mineur ou cette personne à un acte ou une abstention qui lui sont gravement préjudiciables (V. ss. art. L. 121-8).

Le délit est puni de trois années d'emprisonnement et d'une amende de 375 000 €, outre les peines complémentaires prévues à l'article 313-7. Toutefois, lorsque l'infraction est commise par le dirigeant de fait ou de droit d'un groupement qui poursuit des activités ayant pour but ou pour effet de créer, de maintenir ou d'exploiter la sujétion psychologique ou physique des personnes qui participent à ses activités, l'amende est portée au double et l'emprisonnement à cinq ans.

Le tribunal correctionnel peut aussi prononcer un certain nombre de peines complémentaires telles que la fermeture pour une durée de cinq ans au plus des établissements ayant servi à commettre l'infraction ou encore la diffusion de la décision.

Les personnes morales peuvent être déclarées pénalement responsables de cette infraction.

A la différence du droit de la consommation, les cas de vulnérabilité sont strictement encadrés. Mais l'abus est retenu quelle que soit la nature de l'acte ou de l'abstention.

Dans les cas où le même acte viole à la fois le code de la consommation et le code pénal, il y aura cumul idéal d'infractions. Le conflit sera en principe résolu par préférence donnée à la qualification spéciale – une seule condamnation devant être prononcée –, en d'autres termes en faveur du droit de la consommation.

III. PROTECTION PAR LE DROIT COMMUN

Si l'abus de faiblesse s'accompagne de tromperie ou de violences physiques ou morales, le contrat pourra être annulé pour les vices de dol ou de violence – notamment, depuis la réforme du droit des obligations du 10 février 2016, sur le terrain de la violence économique en cas d'abus de dépendance aboutissant à un avantage manifestement excessif (art. 1143 C. civ., à compter du 1er oct. 2016).

Ainsi, si les conditions restrictives de l'abus de faiblesse – tant en droit de la consommation qu'en droit pénal – ne sont pas réunies, le consommateur victime pourra se tourner vers le droit commun plus facilement depuis la réforme du droit des obligations. Pour autant, le simple abus de dépendance ne sera pas suffisant en soi : il faudra ensuite qu'il ait provoqué un déséquilibre manifestement excessif ; dans cette conception, il s'agit en quelque sorte d'une « lésion provoquée ». Dans les deux cas, la sanction aboutit à l'anéantissement du contrat et non à sa révision. Mais la nullité ne sera pas de plein droit, contrairement à ce qui est prévu pour l'abus de faiblesse.

IV. ACTION JUDICIAIRE EN ANNULATION DU CONTRAT DEVANT LA JURIDICTION CIVILE

Si la victime peut obtenir une indemnisation de son préjudice devant le tribunal correctionnel, elle devra s'adresser au juge civil pour faire annuler son contrat et obtenir les restitutions qui en découlent.

V. SANCTIONS CIVILES

La victime peut obtenir une indemnisation de son préjudice devant le tribunal correctionnel, de même que la nullité de plein droit du contrat (art. L. 132-13). ❑

Art. L. 121-8 Est interdit le fait d'abuser de la faiblesse ou de l'ignorance d'une personne pour lui faire souscrire, par le moyen de visites à domicile, des engagements au comptant ou à crédit sous quelque forme que ce soit, lorsque les circonstances montrent que cette personne n'était pas en mesure d'apprécier la portée des engagements qu'elle prenait ou de déceler les ruses ou artifices déployés pour la convaincre à y souscrire ou font apparaître qu'elle a été soumise à une contrainte. – *[C. consom., art. L. 122-8, al. 1er, hors sanction.]*

Sur les sanctions, V. art. L. 132-13 s.

I. INCRIMINATION

1. État de faiblesse. Pour être caractérisé le délit d'abus de faiblesse, incriminé à l'art. L. 122-8 [L. 121-8] C. consom., suppose l'existence d'un état de faiblesse ou d'ignorance de la victime préalable à la sollicitation et indépendant des circonstances dans lesquelles elle a été placée pour souscrire l'engagement. • Crim. 18 mai 1999 : *Gaz. Pal. 19-21 sept. 1999, chron. 126, par Doucet ; BID 1999, n° 10, p. 48.* ♦ Cassation d'un arrêt qui avait déduit l'état de faiblesse des victimes de la mise en scène et des ruses et artifices déployés par le vendeur pour les convaincre de souscrire la commande. • Toulouse, 9 oct. 1997 : *BID 1998, n° 6, p. 62* • Douai, 7 nov. 2002, n° 97/01901 : *CCC 2003, n° 117, obs. Raymond* • 7 déc. 2006, n° 06/01358 : *CCC 2007, n° 136, obs. Raymond.* ♦ En ce sens que la faiblesse de la victime doit s'entendre non seulement d'une faiblesse définitive due à un état de santé physique ou psychique déficient mais aussi d'une faiblesse passagère due à un état de fatigue, V. • Paris, 15 juin 1999 : *RJDA 1999, n° 1260.* ♦ Le fait d'être atteint de surdité-mutité ne constitue pas en soi un état de faiblesse au sens de l'art. L. 122-8 [L. 121-8]. • Douai, 7 nov. 2002 : *préc.* ♦ Une cour d'appel ne peut, sans se contredire, constater la particulière vulnérabilité de la victime (confusion mentale) et énoncer qu'elle avait agi de son plein gré. • Crim. 16 oct. 2007 : *Dr. pénal 2008, n° 9, obs. Véron.*

2. Date d'appréciation. L'abus de faiblesse doit s'apprécier au regard de l'état de particulière vulnérabilité de la victime au moment où est accompli l'acte qui lui est gravement préjudiciable (décision rendue en application de l'art. 223-15-2 C. pén.). • Crim. 26 mai 2009 : *Bull. crim. n° 104; D. 2009. Chron. C. cass. 1720, obs. Degorce ; ibid. Pan. 2831, obs. Mirabail ; ibid. AJ 1830, obs. Darsonville ; AJ pénal 2009. 357, obs. Lasserre Capdeville ; RSC 2009. 594, obs. Mayaud ; JCP 2009, n° 39, p. 19, note Salvage; CCC 2009, n° 297, obs. Raymond; Dr. pénal 2009, n° 118, obs. Véron.*

3. Connaissance de l'état de faiblesse. Doit être condamné le démarcheur qui a fait signer un contrat pour des travaux superflus à une personne dont il ne pouvait ignorer l'état de faiblesse caractérisée notamment par son illettrisme et son incompréhension des choses simples. • Montpellier, 8 mars 2001, n° 00/01234 : *CCC 2002, n° 65, obs. Raymond.* ♦ Par contre, doit être relaxé le vendeur qui a conclu un contrat avec un acheteur atteint de la maladie d'Alzheimer car ce dernier n'était pas à un stade de la maladie où des signes de comitialités étaient visibles et rien n'indique qu'il n'était pas en mesure d'apprécier la portée de ses engagements qu'il a par ailleurs signés d'une écriture normale. • Toulouse, 8 nov. 2001, n° 01/00418 : *ibid.* ♦ Pour que l'infraction d'abus de faiblesse soit constituée il est nécessaire que l'état de faiblesse psychologique soit apparent et que le vendeur ait conscience du préjudice occasionné. • Paris, 11 janv. 2005, n° 04/02323 : *CCC 2005, n° 195, obs. Raymond.*

4. Personnes âgées. Il n'y a pas abus de faiblesse dès lors qu'il ressort des courriers adressés par les plaignants même très âgés que ceux-ci avaient des qualités intellectuelles qui ne révèlent pas une vulnérabilité particulière quand bien même les méthodes utilisées par les démarcheurs étaient peu transparentes et dépourvues de tout scrupule. • Aix-en-Provence, 18 janv. 2000 : *CCC 2001, n° 49, obs. Raymond* • Crim. 7 nov. 2001 : *BID 2002, n° 10, p. 32* • Grenoble, 23 févr. 2001 : *BID 2002, n° 12, p. 31.* ♦ De même, il n'y a pas abus de faiblesse lorsque c'est la personne, âgée de 73 ans, qui a contacté la société mise en cause car il n'y a pas démarchage à domicile au sens de l'art. L. 122-8 [L. 121-8] et l'état de faiblesse ne peut résulter du seul âge de la victime. • Montpellier, 7 déc. 2000 : *JCP 2002. IV. 1257.* ♦ L'âge de la victime (66 ans) n'est pas à lui seul une preuve de vulnérabilité, pas plus que le taux d'incapacité de travail de 60 % indiqué sans autre précision, dès lors qu'il n'est pas établi que ses capacités intellectuelles seraient diminuées. • Pau, 26 juin 2001 : *BID 2002, n° 12, p. 31* • Rennes, 17 oct. 2003, n° 02/06158 : *CCC 2004, n° 85, obs. Raymond.* ♦ ... Ni le fait d'être atteint de surdi-mutité. • Douai, 7 nov. 2002 : *préc. note 1.*

5. Personne âgée en état de faiblesse. Il y a abus de faiblesse lorsqu'une personne âgée de 86 ans, s'exprimant en anciens francs est démarchée à trois reprises en dix-huit mois et poussée à acheter un extincteur puis un contrat d'entretien, puis un nouvel extincteur en remplacement du premier défectueux, pour un montant bien supérieur à ses revenus. • Dijon, 10 févr. 2000 : *CCC 2001, n° 49, obs. Raymond* • Caen, 11 déc. 2000 : *BID 2001, n° 3, p. 24* • Crim. 14 nov. 2000 : *BID 2001, n° 4, p. 23* • Crim. 12 déc. 2000 : *BID 2001, n° 4, p. 26.* – V. aussi • Crim. 29 avr. 2003 : *RJDA 2003, n° 887* (personne âgée et illettrée) • Riom, 11 juin 2003, n° 03/00047 : *CCC 2004, n° 48, obs. Raymond* (personne âgée et atteinte de la maladie d'Alzheimer). ♦ Doit être condamné pour abus de faiblesse le vendeur qui à deux reprises en trois mois, accompagné d'un autre vendeur, a démarché un homme âgé de soixante-quatorze ans et l'a poussé à commander deux systèmes d'alarme et à souscrire deux offres de crédit comportant des mensualités supérieures au tiers de ses faibles revenus alors que la victime qui avait un cadre de vie modeste dans une petite commune rurale sans délinquance n'était pas en mesure d'apprécier la portée de son engagement. • Crim. 19 avr. 2005 : *Bull. crim. n° 138; RSC 2006. 325, obs. Ottenhof ; JCP 2005. IV. 2353; CCC 2005, n° 156, obs. Raymond; RJDA 2005, n° 1160.* ♦ Pour une personne âgée de 90 ans, atteinte d'une importante surdité, se déplaçant à l'aide d'un déambulateur, le certificat médical de la victime attestant son incapacité à entretenir une conversation normale et les carences amnésiques qu'elle présente : • Angers, 11 mars 1999, n° 98/00541 : *CCC 2000, n° 15, obs. Raymond.*

6. Intervention d'urgence. L'intervention en urgence d'une société de dépannage précédant un départ imminent en congé est constitutive de la notion de faiblesse au sens de l'art. L. 122-8

[L. 121-8] : • Paris, 12 févr. 2001 : *BID 2002, n° 2, p. 12.*

7. *Pluralité de visites.* Il ne résulte pas des termes de l'art. L. 122-8 [L. 121-8] que plusieurs visites au domicile d'une même personne soient nécessaires pour constituer le délit d'abus de faiblesse. • Crim. 8 mars 2016, n° 14-88.347 P : *cité note 5 ss. art. L. 132-14.*

8. *Souscription d'un engagement.* Le délit d'abus de faiblesse suppose la souscription d'un engagement, lequel n'est pas rapporté lorsqu'une mineure remet une fontaine en cuivre aux prévenus contre la remise d'un chèque. • Bordeaux, 13 mai 1998 : *CCC 1999, n° 29, obs. Raymond.* ♦ Il en va en revanche ainsi d'une procuration sur comptes bancaires et de la signature d'un acte par lequel la victime cédait ses biens immobiliers en rente viagère alors que celle-ci n'a par la suite jamais été payée. • Crim. 7 nov. 2001 : *BID 2002, n° 10, p. 30.* ♦ La signature d'une lettre de voiture ne constitue pas un engagement au comptant ou à crédit dont la souscription est un élément constitutif du délit d'abus de faiblesse. • Civ. 1re, 12 oct. 2016, n° 15-21.194 : *cité ss. C. com., art. L. 133-9, reproduit ss. art. L. 224-64.*

9. *Incidence du prix de vente.* Le caractère élevé du prix n'est pas une circonstance suffisante pour caractériser le délit d'abus de faiblesse. • Paris, 24 janv. 1994 : *BID 1994, n° 11, p. 24.*

II. APPLICATIONS

10. *Applications : oui.* Se rendent coupables du délit d'abus de faiblesse les démarcheurs qui, abusant du très bas niveau d'instruction et du peu d'aptitude au raisonnement de leurs victimes, les ont harcelées par des visites très rapprochées, leur ont fait souscrire plusieurs crédits pour une même acquisition et se sont adressés ultérieurement à plusieurs organismes de crédit pour ne pas faire apparaître la situation de surendettement des emprunteurs. • Lyon, 19 sept. 1990 : *D. 1991. 250, note Ruellan.* ♦ ... Ceux qui profitent de l'âge avancé des clients ou de leur état de faiblesse dû à la maladie pour leur vendre, à la suite d'incidents bénins justifiant une réparation d'un coût modeste, des appareils neufs, à des prix éventuellement exorbitants. • Paris, 22 mai 1991 : *BID 1991, n° 12, p. 20* • Toulouse, 26 sept. 1991 : *ibid., p. 23* • TGI Paris, 27 sept. 1991 : *ibid., p. 32.* ♦ ... Ou pour leur vendre à plusieurs reprises des appareils identiques. • Grenoble, 2 nov. 1995 : *CCC 1996, n° 74, obs. Raymond.* ♦ ... Ceux qui se sont fait remettre par la victime, en profitant de sa solitude et de l'affaiblissement de ses facultés, des bons au porteur et un contrat d'assurance, lui ont fait signer une demande de rachat de ses bons, sans mentionner leur nombre, leur montant ni leur numéro et sans lui délivrer aucun reçu, la contrepartie offerte restant incertaine, le remboursement des valeurs n'ayant pas été demandé au nom de la victime. • Crim. 26 oct. 1999 : *Bull. crim. n° 232; RSC 2000. 614, obs. Ottenhof; CCC 2000, n° 102, obs. Raymond.* ♦ ... Ceux qui ont fait souscrire un bon de commande pour l'installation d'un système d'alarme sans rapport avec le modeste habitat du souscripteur, par le moyen de visite à domicile, alors que la personne n'était pas en mesure d'apprécier la portée des engagements qu'elle prenait. • TGI Villefranche-sur-Saône, 5 janv. 1999 : *BID 2002, n° 1, p. 21.* – V. aussi • Crim. 19 avr. 2005 : *préc. note 5.*

Pour l'usage de ruses, d'artifices et de pressions à seule fin de vendre de multiples extincteurs en quantité bien supérieure aux besoins de la victime qui n'était pas en mesure d'apprécier la portée de ses engagements, V. • Caen, 11 déc. 2000 : *BID 2002, n° 2, p. 10* • TGI Paris, 15 janv. 2002 : *ibid. n° 12, p. 32.* ♦ Pour des pratiques de harcèlement et de pression sur une personne âgée et atteinte de handicaps physiques, V. • Crim. 19 déc. 2001 : *BID 2002, n° 10, p. 31* • 21 nov. 2001 : *ibid., p. 30.* ♦ Pour un arrêt ayant pris en compte la méconnaissance de la langue française et l'état de nécessité, V. • Paris, 13 mai 1996 : *CCC 1996, n° 178, obs. Raymond*, conf. par • Crim. 5 août 1997 : *BID 1998, n° 4, p. 48; Dr. pénal 1998, n° 37, obs. J.-H. Robert; RSC 1999. 102, obs. Ottenhof.* ♦ La contrainte évoquée par les époux doit être considérée au regard des éléments de personnalité tels qu'ils ont été décrits dans le rapport d'examen médico-psychologique, à savoir un couple de personnes de caractère faible, anxieux et suggestible qui ne pouvait saisir les nuances utilisées pour imposer la signature des contrats. • Paris, 11 janv. 2005, n° 04/02323 : *CCC 2005, n° 195, obs. Raymond.*

11. *Applications : non.* Le délit n'est pas constitué lorsque l'acheteur n'est pas affecté de faiblesse ou d'ignorance intellectuelle, qu'il jouit d'une aptitude normale au raisonnement. • Toulouse, 10 oct. 1991 : *BID 1992, n° 7/8, p. 28* • Paris, 7 nov. 2006, n° 06/02878 : *CCC 2007, n° 135, obs. Raymond.* ♦ Il n'est pas constitué non plus lorsqu'aucun élément de la personnalité d'un locataire, jeune étudiant de province venu poursuivre ses études à Paris, n'établit qu'il ait été particulièrement vulnérable. • Paris, 7 oct. 1998 : *BID 1999, n° 12, p. 51.* – V. aussi : • Paris, 28 févr. 2001 : *BID 2002, n° 2, p. 13.* ♦ Ainsi, une technique de vente consistant à sélectionner les acquéreurs potentiels en fonction de leur capacité financière et à les entraîner à effectuer un achat d'un prix élevé au moyen d'une mise en scène ne permet pas d'établir l'état de faiblesse ou d'ignorance des personnes sollicitées. • Crim. 19 févr. 1997 : *Bull. crim. n° 70; D. Affaires 1997. 567; RTD com. 1997. 696, obs. Bouloc; Dr. pénal 1998, n° 71, obs. J.-H. Robert; BID 1998, n° 2, p. 27; Rev. huiss. 1997. 1367, note Bazin.*

Code pénal **Art. 223-15-2** *(L. nº 2001-504 du 12 juin 2001)* Est puni de trois ans d'emprisonnement et de 375 000 € d'amende l'abus frauduleux de l'état d'ignorance ou de la situation de faiblesse soit d'un mineur, soit d'une personne dont la particulière vulnérabilité, due à son âge, à une maladie, à une infirmité, à une déficience physique ou psychique ou à un état de grossesse, est apparente *(L. nº 2009-526 du 12 mai 2009, art. 133-II)* « ou connue » de son auteur, soit d'une personne en état de sujétion psychologique ou physique résultant de l'exercice de pressions graves ou réitérées ou de techniques propres à altérer son jugement, pour conduire ce mineur ou cette personne à un acte ou à une abstention qui lui sont gravement préjudiciables.

Lorsque l'infraction est commise par le dirigeant de fait ou de droit d'un groupement qui poursuit des activités ayant pour but ou pour effet de créer, de maintenir ou d'exploiter la sujétion psychologique ou physique des personnes qui participent à ces activités, les peines sont portées à cinq ans d'emprisonnement et à 750 000 € d'amende.

Pour les peines complémentaires applicables aux personnes physiques et la responsabilité des personnes morales, V. C. pén., art. 223-15-3 et 223-15-4. – ***C. pén.***

Art. L. 121-9 Est interdit le fait d'abuser de la faiblesse ou de l'ignorance d'une personne pour obtenir des engagements :

1° Soit à la suite d'un démarchage par téléphone ou télécopie ;

2° Soit à la suite d'une sollicitation personnalisée, sans que cette sollicitation soit nécessairement nominative, à se rendre sur un lieu de vente, effectuée à domicile et assortie de l'offre d'avantages particuliers ;

3° Soit à l'occasion de réunions ou d'excursions organisées par l'auteur de l'infraction ou à son profit ;

4° Soit lorsque la transaction a été faite dans des lieux non destinés à la commercialisation du bien ou du service proposé ou dans le cadre de foires ou de salons ;

5° Soit lorsque la transaction a été conclue dans une situation d'urgence ayant mis la victime de l'infraction dans l'impossibilité de consulter un ou plusieurs professionnels qualifiés, tiers au contrat. – *[C. consom., art. L. 122-9.]*

1. Exemples. V., avant l'intervention de la loi du 18 janv. 1992 (dispositions reprises par l'art. L. 121-9) : • Crim. 26 févr. 1979 : *Bull. crim. nº 85* • T. corr. Albi, 11 juill. 1985 : *Gaz. Pal. 1985. 2. 588, note J.-P. D.* • Lyon, 19 sept. 1990 : *D. 1991. 250, note Ruellan* • Paris, 17 janv. 1992 : *CCC 1992, nº 170, obs. Raymond* • TGI Poitiers, 24 juin 1992 : *ibid., nº 193, obs. Raymond.*

Et, postérieurement à cette loi, V. • Crim. 1er févr. 2000 : *cité note 10 ss. art. L. 132-14* (vente à des personnes âgées de matériel en vue du soulagement des rhumatismes dans le cadre d'une excursion organisée dans ce seul but). ♦ V. aussi • T. corr. Paris, 1er juin 1993 : *RTD com. 1994. 139, obs. Bouzat* • Grenoble, 2 nov. 1995 : *CCC 1996, nº 74, obs. Raymond* (grand âge de la personne, répétition, pour des sommes importantes, d'achats d'appareils identiques) • Paris, 17 déc. 1996 : *BID 1997, nº 12, p. 27* (dépannage à domicile d'un chauffe-eau).

2. Abus de faiblesse. Dès lors que les prévenus se sont fait remettre par la victime des bons au porteur et un contrat d'assurance et lui ont fait signer une demande de rachat de ses bons, sans mentionner leur nombre, leur montant, ni leurs numéros, et sans lui délivrer aucun reçu, que d'autre part la contrepartie offerte reste incertaine, le remboursement des valeurs n'ayant pas été demandé au nom de la victime, et que les prévenus ont profité de la solitude et de l'affaiblissement des facultés de la victime, le délit d'abus de faiblesse est constitué. • Crim. 26 oct. 1999 : *Bull. crim. nº 232 ; CCC 2000, nº 102, obs. Raymond.*

Art. L. 121-10 Est interdit le fait d'abuser de la faiblesse ou de l'ignorance d'une personne pour se faire remettre, sans contreparties réelles, des sommes en numéraire ou par virement, des chèques bancaires ou postaux, des ordres de paiement par carte de paiement ou carte de crédit ou bien des valeurs mobilières, au sens de l'article 529 du code civil. – *[C. consom., art. L. 122-10.]*

SECTION III REFUS ET SUBORDINATION DE VENTE ET DE PRESTATION DE SERVICES

COMMENTAIRE

Avant la recodification, le premier alinéa de l'ancien article L. 122-1 traitait en une seule et même phrase le refus de vente et les ventes liées. Depuis l'ordonnance du 14 mars 2016, chacune des deux pratiques fait opportunément l'objet d'un alinéa distinct (respectivement les 1er et 2e al.). Par ailleurs, aux termes du dernier alinéa de l'article L. 121-11, la réglementation s'applique à toutes les activités de production, de distribution et de services, y compris celles qui sont le fait de personnes publiques, notamment dans le cadre de conventions de délégation de service public : le nouveau texte vise expressément cette catégorie, là où l'ancien texte renvoyait à l'article L. 113-2, lequel est désormais abrogé par l'ordonnance de recodification.

I. REFUS DE VENTE

En droit des obligations, le destinataire d'une offre de contracter n'est jamais tenu de l'accepter. De la même manière, le consommateur est libre de choisir le professionnel avec lequel il entend contracter.

Toutefois, le principe de liberté de l'acceptation est altéré en droit de la consommation par l'article L. 121-11 (texte qui trouve son origine dans l'Ord. du 1er déc. 1986 relative à la liberté des prix et de la concurrence), selon lequel « il est interdit de refuser à un consommateur la vente d'un produit ou la prestation d'un service, sauf motif légitime... ». Le professionnel ne peut refuser la vente du produit ou l'exécution de la prestation de services que s'il prouve qu'il a un motif légitime dont l'appréciation appartient au juge ; les principaux cas de motif légitime admis par la jurisprudence sont la mauvaise foi du demandeur, la demande anormale ou encore l'indisponibilité du produit.

Le refus de vente est sanctionné *civilement* : si la preuve de l'acceptation est rapportée, le consommateur peut demander l'exécution forcée du contrat ainsi que la réparation de son préjudice. Mais plus efficacement, le refus de vente au consommateur constituera une *contravention de la cinquième classe* (art. R. 132-1).

A titre comparatif, il est intéressant de noter que le refus de vente *entre professionnels* ne constitue plus aujourd'hui ni un délit pénal ni, depuis la loi du 1er juillet 1996, une pratique restrictive de concurrence sanctionnée *per se*. Elle pourrait néanmoins être sanctionnée sur le terrain de la responsabilité civile ou caractériser une pratique anticoncurrentielle.

II. SUBORDINATION

Le même article L. 121-11 interdit de « subordonner la vente d'un produit à l'achat d'une quantité imposée ou à l'achat concomitant d'un autre produit ou d'un service ». De même, il interdit de subordonner la prestation d'un service à celle d'un autre service ou à l'achat d'un produit. Il s'agit ici d'empêcher que le consommateur se sente prisonnier du professionnel. La même sanction pénale que pour le refus de vente est encourue par le professionnel (art. R. 132-2), le consommateur ayant droit à réparation de son préjudice personnel.

III. COMPATIBILITÉ AVEC LE DROIT EUROPÉEN

On pouvait s'interroger sur la conformité de notre législation à la jurisprudence européenne dans la mesure où un arrêt de la Cour de justice des Communautés européennes remettait en cause la validité de la législation belge sur les offres conjointes, lesquelles recouvrent dans notre droit national la pratique de vente subordonnée et celle de vente avec prime : en effet, celles-ci ne figurent pas dans la liste exhaustive des 31 pratiques trompeuses ou agressives réputées « déloyales en toutes circonstances » par la directive du 11 mai 2005 (CJCE 23 avr. 2009 : *cité note 21 ss. art. L. 121-11*). Nos juridictions ont par la suite refusé de faire application de l'ancien article L. 122-1 (Com. 13 juill. 2010 : *cité note 21 ss. art. L. 121-11* ; Paris, 26 nov. 2009 : *cité note 17 ss. art. L. 121-11*. – Arrêt toutefois cassé par Civ. 1re, 6 oct. 2011 : *cité note 1 ss. art. L. 121-1*). Par ailleurs, la Commission européenne avait, le 25 mai 2009, adressé une mise en demeure à la France. En conséquence, la loi du 17 mai 2011 a modifié le texte pour limiter l'interdiction à l'hypothèse où « cette subordination constitue une pratique commerciale déloyale ».

IV. USAGES

Il faut tenir compte des usages commerciaux consistant à vendre par lots certains produits (salons, meubles de chambre à coucher...) ou à les mettre en circulation avec un conditionnement unique (œufs, yaourts, canettes de bière...).

V. PRODUITS ET SERVICES FINANCIERS VISÉS PAR LE CODE MONÉTAIRE ET FINANCIER

Pour les établissements de crédit, les établissements de monnaie électronique (depuis la loi n° 2013-100 du 28 janvier 2013), les établissements de paiement ainsi que les organismes mentionnés à l'article L. 518-1 du code monétaire et financier, l'article L. 312-1-2 de ce même code prévoit qu'est interdite la vente ou l'offre de vente de produits ou de prestations de services groupés, sauf lorsque les produits ou prestations de services inclus dans l'offre groupée peuvent être achetés individuellement ou lorsqu'ils sont indissociables. ❑

Art. L. 121-11 **Est interdit le fait de refuser à un consommateur la vente d'un produit ou la prestation d'un service, sauf motif légitime ;** — *Sur les sanctions, V. art. R. 132-1.*

Est également interdit le fait de subordonner la vente d'un produit à l'achat d'une quantité imposée ou à l'achat concomitant d'un autre produit ou d'un autre service ainsi que de subordonner la prestation d'un service à celle d'un autre service ou à l'achat d'un produit dès lors que cette subordination constitue une pratique commerciale déloyale au sens de l'article L. 121-1. — *Sur les sanctions, V. art. R. 132-2.*

Pour les établissements de crédit et les organismes mentionnés à l'article L. 518-1 du code monétaire et financier, les règles relatives aux ventes subordonnées sont fixées par les dispositions du 1 du I de l'article L. 312-1-2 du même code. — *V. App., v° Banques.*

Les dispositions du présent article s'appliquent à toutes les activités de production, de distribution et de services, y compris celles qui sont le fait de personnes publiques, notamment dans le cadre de conventions de délégation de service public. — *[C. consom., art. L. 122-1.]*

DALLOZ RÉFÉRENCE *Droit de la publicité et de la promotion des ventes*, par FABRE, BONNET-DESPLAN, SERMET et GENTY, *2014/2015, 4e éd.*

BIBL. ▶ FABRE, *Cah. dr. entr. 1985-4* (vente ou prestation subordonnée). - CALAIS-AULOY, *D. 1987. Chron. 137.* - SERNA, *Mélanges Breton et Derrida, Dalloz, 1991.* - BOSQUET-DENIS, *D. 1991. Chron. 21* (localisation du refus de vente). - TABAKA, *D. 2005. 1218* (ordinateurs et logiciels pré-installés : le spectre de la vente liée). - FELDMAN, *CCC 2009. Alerte 39* (le consommateur est-il pieds et poings liés à son logiciel ?). - STOFFEL-MUNCK, *JCP 2009, n° 27, p. 44* (l'infraction de vente liée à la dérive). - WILHELM et FERCHICHE, *CCC 2009. Étude 8* (le sort des ventes subordonnées et des ventes avec primes en droit français de la consommation, après l'arrêt de la CJCE du 23 avr. 2009). - CHAGNY, *D. 2009. 2561* (de l'assouplissement du régime des offres liées à l'achèvement d'un droit au marché ?). - BENOÎT et COMERT, *RJDA 2010. 559* (requiem pour le droit national des promotions ?). - TAUPIAC-NOUVEL, *RLDA avr. 2011. 69* (protection du consommateur dans les pratiques commerciales : une question d'appréciation). - LEGRAND et BLIN, *D. 2011. 2886* (offres conjointes d'ordinateurs équipés de logiciels : quelles perspectives ?).

▶ L. n° 2011-525 du 17 mai 2011 : VOISSET et DUPERRAY, *LPA 5 avr. 2011* (promotion des ventes : entre réforme *a minima* et attentisme, l'insécurité juridique subsiste). - PETIT, *LPA 23 mai 2011* (promotion des ventes : une loi de simplification pour tout compliquer !). - FALKMAN, *CCC 2011. Alerte 64* (avancée juridique ou casse-tête à venir ?). - TITONE et DARY, *RLDA oct. 2011. 46* (le protectionnisme français à l'épreuve du libéralisme communautaire). - WILHELM et PRIOUX, *CCC 2012. Étude 4* (retour sur le contentieux de la vente d'ordinateurs avec logiciels préinstallés).

I. REFUS DE VENTE OU DE PRESTATION

1. Produit non disponible. Le refus de vente d'un contraceptif n'est pas pénalement punissable, dès lors que le pharmacien ne dispose pas du produit demandé ; aucun texte légal n'oblige un pharmacien à prendre l'initiative de proposer à un client de commander une marchandise qu'il n'a pas en stock (rendu sous l'empire de l'Ord. du 30 juin 1945, art. 37-1°). • Crim. 16 juin 1981 : *D. 1982. 190, note Sfez ; JCP CI 1982. II. 13708, note Chaput.* ♦ Même solution pour le refus de vente d'un stérilet. • Paris, 8 déc. 1993 : *BID 1994, n° 11, p. 37.* ♦ Sur la condamnation de pharmaciens poursuivis pour avoir, sans motif légitime, refusé à des consommateurs la vente de produits contraceptifs, un tel refus ne procédant nullement d'une impossibilité matérielle de satisfaire la demande en raison d'une indisponibilité des produits en stock mais étant opposé au nom de convictions éthiques et personnelles, V. • Crim. 21 oct. 1998 : *Bull. crim. n° 273 ; D. 1999. IR 16 ; RTD com. 1999. 526, obs. Bouloc ; D. Affaires 1999. 252, obs. C. R. ; JCP 1999. II. 10163, note Freund ; CCC 1999, n° 33, obs. Raymond ; JCP E 2000, n° 25, p. 990, obs. Garaud.* — V. dans le même sens : • CEDH 2 oct. 2001 : *JCP E 2002, n° 27, p. 1149, note Raynaud.*

2. Crédit bancaire. Il résulte du rapprochement des al. 1er et 2 de l'art. 89 de la L. du 24 janv. 1984 que les dispositions des art. 30 [C. consom., art. L. 121-11] et 36 de l'Ord. du 1er déc. 1986 relatives au refus de vente ne sont pas applicables aux opérations de banque prévues à l'art. 1er de la loi, lesquelles comprennent les opérations de crédit. • Civ. 1re, 11 oct. 1994 : *Bull. civ. I, no 289; D. 1994. IR 241*.

3. Restauration. Est coupable de refus de prestation de services le restaurateur qui refuse de servir un croque-monsieur à une table au motif que cette consommation n'est servie qu'au bar, alors que le client était accompagné d'une personne ayant commandé le plat du jour. • Paris, 24 sept. 1991 : *JCP 1992. IV. 199.* ♦ Tout consommateur peut commander des plats ou un menu sans pour autant être obligé de commander une boisson avec ces prestations et il appartient à chaque professionnel d'apprécier s'il accepte qu'un consommateur de l'un de ses services apporte sa boisson (Avis DGCCRF : *BID 1997, no 9, p. 3*).

4. Reconduction d'un contrat. Le refus de reconduire un contrat de location à durée déterminée entrant dans le champ d'application des dispositions visées à l'art. L. 113-2 [ancien] C. consom., constitue un refus de prestation de services au sens de l'art. L. 122-1 [L. 121-11] du même code. • Civ. 3e, 13 mai 2009 : *Bull. civ. III, no 107; D. 2009. AJ 1538, obs. Delpech ; AJDI 2009. 703, note de La Vaissière ; JCP 2009, no 39, p. 39, obs. Sauphanor-Brouillaud; CCC 2009, no 207, obs. Raymond; RJDA 2009, no 900; RDC 2009. 1418, note Fenouillet; Loyers et copr. 2009, no 197, obs. Vial-Pedroletti.*

5. Notion de motif légitime. Sur la condamnation d'un commerçant, pour avoir refusé de procéder à la réparation d'un scooter en soutenant qu'il s'agissait d'un modèle vendu en supermarché pour lequel il était difficile de se procurer les pièces nécessaires à la réparation, alors qu'en réalité le fabricant pouvait assurer la livraison des pièces de rechange, V. • T. pol. Paris, 5 mai 2000 : *BRDA 2000, no 18, p. 10.* ♦ Constitue en revanche un motif légitime le comportement insultant et l'impolitesse d'un consommateur : • Versailles, 7 mars 2003 : *Lettre distrib. mai 2003, p. 4.*

6. Refus discriminatoire en raison d'un handicap (art. 225-1 et 225-2 C. pén.). Se rend coupable du délit de discrimination à l'égard d'une personne physique en raison de son handicap, le directeur d'un restaurant qui refuse l'accès de son établissement à un client handicapé. • T. corr. Paris, 4 sept. 1995 : *RJDA 1996, no 286.*

7. Qualité du consommateur. L'art. L. 122-1 [L. 121-11] s'applique à la personne qui contracte en qualité de consommateur et non en qualité de professionnel; tel n'est pas le cas de celle qui réserve des nuits d'hôtel pour ses clients, le contrat de location ayant alors un rapport direct avec l'activité professionnelle exercée. • T. pol. Nantes, 16 mai 2000 : *BID 2002, no 3, p. 14.*

II. VENTE OU PRESTATION SUBORDONNÉE

8. Illustrations. En ce sens qu'est illicite le fait de proposer deux contrats présentés comme étant dépendants l'un de l'autre : • Grenoble, 4 févr. 2002 : *BRDA 2002, no 7, p. 13; Cah. dr. entr. 2002, no 5, p. 37, no 18, obs. Mainguy.* ♦ Un commerçant ne peut imposer la vente d'une certaine quantité de tissu au prétexte que la quantité restante est insuffisante pour qu'il puisse réaliser une vente ultérieure. • Paris, 6 mai 1997 : *CCC 1998, no 16, obs. Raymond.*

9. Lots de produits. L'art. 37-1 c de l'Ord. du 30 juin 1945 [C. consom., art. L. 121-11] trouve son fondement dans la situation de pénurie qui existait à cette époque; il doit être interprété d'une manière restrictive et ne vise pas la vente d'une série complémentaire de mêmes produits, telle que celle de casseroles de taille différente. • Crim. 30 nov. 1981 : *D. 1982. IR 151.* ♦ ... La vente de plusieurs unités de la même marchandise réunies sous un conditionnement unique conformément aux pratiques commerciales instaurées dans l'intérêt des consommateurs; l'ensemble ainsi formé constitue un seul produit. • Crim. 29 oct. 1984 : *Bull. crim. no 324; JCP E 1986. II. 14715, note Heidsieck* • 2 juin 1986 : *D. 1986. IR 400, obs. Roujou de Boubée.*

10. Agences de voyages. Doit être condamné le vendeur proposant un « contrat de voyage forfaitaire » comportant l'obligation de payer le coût d'une assurance garantissant les risques d'annulation et l'assistance aux personnes et aux biens, pour avoir subordonné la vente d'une prestation à celle d'un autre service. • Crim. 12 juin 1995 : *Bull. crim. no 212.*

11. Assurances. Les dispositions de l'art. 30 de l'Ord. de 1986 [C. consom., art. L. 121-11] s'appliquent à toutes les activités de production, de distribution et de services; elles s'appliquent notamment, en l'absence de dérogation expresse, aux prestations offertes par les mutuelles d'assurance, dès lors que ces prestations ne sont pas spécifiques du domaine de la mutualité et relèvent du secteur concurrentiel (président d'une mutuelle d'assurance résiliant les polices d'assurance maladie-chirurgie des adhérents qui refusent de confier à la mutuelle la garantie des autres risques). • Crim. 12 févr. 1990 : *D. 1991. Somm. 247, obs. Gavalda et Lucas de Leyssac ; JCP 1990. II. 21582, note Conte.* ♦ Tombe sous le coup de l'art. L. 122-1 [L. 121-11] la compagnie d'assurance qui subordonne l'octroi d'une garantie de responsabilité civile à la souscription d'une garantie de protection juridique. • Paris, 17 déc. 1993 : *BID 1994, no 11, p. 32.*

12. Cures thermales. Sur la subordination de l'admission au bénéfice d'une cure thermale à la qualité de curiste en traitement dans l'établissement, V. : • Crim. 14 mai 1990 : *D. 1990. IR 180* • Paris, 21 mai 1991 : *Gaz. Pal. 1991. 2.*

523, note Marchi. ♦ Est justifié le refus de prestation de services (accueil dans un établissement de cure) motivé par le fait que le client ne correspond pas à la catégorie de personnes pour lesquelles l'établissement est agréé. • Paris, 30 mai 2002 : *CCC 2002, n° 181, obs. Raymond.*

13. Hôtellerie. Si l'art. L. 122-1 [L. 121-11] s'oppose à ce qu'un hôtelier subordonne la location d'une chambre à la prise d'un repas, l'administration tolère néanmoins cette pratique à titre exceptionnel lorsque, notamment en période de pointe, l'hôtelier est manifestement assuré de pouvoir louer l'intégralité des chambres disponibles à une clientèle qui prendra également son repas dans l'établissement. Toutefois, cette tolérance, qui peut toujours être remise en cause par l'appréciation souveraine des tribunaux, cesse d'avoir cours dès lors que l'hôtelier dispose de chambres en quantité suffisante pour répondre normalement aux demandes d'hébergement simples, sans être conduit à refuser ultérieurement le gîte à des clients souhaitant également prendre leur repas dans l'établissement (Rép. min. n° 10389 : *JO Sénat Q 22 oct. 1998, p. 3380*). ♦ Doit être condamné le patron d'hôtel qui inclut dans le prix d'une chambre d'hôtel le prix du petit déjeuner. • T. pol. Paris, 2 juill. 1993 : *BID 1994, n° 11, p. 31.* ♦ Sur le fait d'imposer des services spécifiques à tous les étudiants recherchant un logement, V. • Com. 20 nov. 2007, n° 06-13.993.

14. Internet. Constitue une vente subordonnée prohibée le rachat imposé à un abonné internet du modem jusque-là utilisé, pour obtenir un nouveau modem permettant un accès haut débit. • TGI Paris, réf., 23 juill. 2004 : *CCE 2004, n° 143, obs. Grynbaum.* ♦ V. en matière de téléchargement payant de musique sur internet : • TGI Nanterre, 15 déc. 2006 : *D. 2007. AJ 219, obs. Manara ; JCP E 2007, n° 37, p. 20, obs. Ibrahim ; Gaz. Pal. 2007. 1177, note Tellier-Loniewski et Revel de Lambert ; CCC 2007, n° 76, obs. Raymond ; RJDA 2007, n° 568 ; CCE 2007, n° 64, obs. Caprioli.* ♦ Les Dir. 2002/21/CE du 7 mars 2002, relative à un cadre réglementaire commun pour les réseaux et services de communications électroniques, et 2002/22/CE du 7 mars 2002, concernant le service universel et les droits des utilisateurs au regard des réseaux et services de communications électroniques, doivent être interprétées en ce sens qu'elles ne s'opposent pas à une réglementation nationale qui interdit de subordonner la conclusion d'un contrat de fourniture de services à la conclusion par l'utilisateur final d'un contrat relatif à la fourniture d'autres services. • CJUE 11 mars 2010 : *Dalloz actualité, 15 avr. 2010, obs. Demunck ; RTD eur. 2010. 715, obs. Aubert de Vincelles ; CCE 2010, n° 63, obs. Chagny ; Dr. et proc. oct. 2010, Cah. dr. consom., p. 19, obs. Picod ; Gaz. Pal. 2010. 3032, et les obs. ; Europe 2010, n° 182, obs. Idot.*

15. Presse. La vente sous le même emballage d'un hebdomadaire d'informations générales et d'un livre contenant une œuvre littéraire romanesque, lequel constitue un produit distinct de l'hebdomadaire, s'analyse en une vente subordonnée, prohibée par l'art. L. 122-1 [L. 121-11], et caractérise une pratique commerciale illicite constitutive de concurrence déloyale envers les libraires, dont le Syndicat de la librairie française peut obtenir réparation. • TGI Paris, 13 mai 2003 : *Gaz. Pal. 5-6 mars 2004, note Louvier.*

16. Téléphonie mobile. Interdiction faite à France Télécom de commercialiser des téléphones mobiles avec la fonction WAP qui ne comportaient pas la possibilité, clairement indiquée, de remplacer la préprogrammation du fournisseur d'accès à internet de l'opérateur – « déWAPlockage » – par un autre fournisseur d'accès au gré de l'utilisateur moyennant quelques manœuvres simples, V. • T. com. Paris, réf., 30 mai 2000 : *D. 2000. AJ 349, obs. Manara .* – Rappr. en matière de « déSIMlockage » : • Versailles, 4 oct. 2002 : *JCP E 2003, n° 9, p. 344.*

17. Informatique. BIBL. Mazeau, *RLDA mai 2012. 95* (les ventes liées d'ordinateurs et de logiciels). – NDLR, *BRDA 2014, n° 13, p. 19* (la vente d'ordinateurs prééquipés de logiciels est-elle une pratique commerciale déloyale ?). – Jakouloff, *LPA 2-3 sept. 2014* (vente d'ordinateurs avec logiciels préinstallés : quelles informations délivrées aux consommateurs ?). – Bazin, *CCE 2014. Étude 20* (sur la loyauté de la vente d'un ordinateur pré-équipé de logiciels). ♦ La notion de contrat de bail est inopérante pour caractériser la fourniture d'un logiciel réalisé afin de permettre le fonctionnement d'un ordinateur ; cette conception strictement civiliste est insuffisante pour rendre compte de la notion de prestation de services au sens de l'art. L. 122-1 [L. 121-11] et du contexte économique dans lequel elle a été élaborée. • TGI Paris, 24 juin 2008 : *D. 2009. Pan. 2002, obs. Le Stanc ; JCP 2008. II. 10185, note Stoffel-Munck ; JCP E 2009, n° 27, p. 20, obs. Vivant, Mallet-Poujol et Bruguière ; Gaz. Pal. 2008. 3502, obs. Arrigo et Schurr ; CCC 2008, n° 210, obs. Bosco ; CCE 2008, n° 115, obs. Stoffel-Munck.* ♦ La vente d'un ordinateur muni de logiciels préinstallés constitue une vente liée dès lors que le consommateur se voyait offrir la faculté de remboursement des logiciels non désirés dans des conditions telles que celles-ci devaient être considérées comme abusives au sens de l'art. L. 132-1 [L. 212-1], et donc non écrites. • TI Puteaux, j. prox., 23 juill. 2007 : *BRDA 2007, n° 19, p. 14.* ♦ Après avoir observé qu'ayant bénéficié de la possibilité d'obtenir le remboursement du logiciel, même à des conditions laborieuses et peu intéressantes, le consommateur ne pouvait invoquer à son profit la vente subordonnée, que, bien que client averti, il n'avait jamais émis le souhait d'acquérir un ordinateur ne comportant pas de logiciels préinstallés et que, malgré le défaut d'affichage de la décomposition des prix du matériel informatique, la concurrence restait possible entre les différentes solutions présentes sur le marché, la juridiction de proximité a souverainement constaté l'inexistence du préjudice allégué. • Com. 5 juin 2008 : *JCP 2008. II. 10185, note Stoffel-Munck ; CCC 2008, n° 210, obs. Bosco ; CCE 2008, n° 115, obs. Stoffel-Munck.* ♦ Après avoir relevé qu'un ordinateur prêt à l'emploi se composait de deux éléments intrinsèquement distincts, une partie proprement matérielle et un logiciel destiné à le faire fonctionner selon les besoins de l'utilisateur, que l'acheteur avait délibérément acquis l'ordinateur litigieux avant de solliciter le remboursement du prix des logiciels dont il connaissait l'installation préalable et qu'il n'était pas constaté l'impossibilité de se procurer, après information relative aux conditions d'utilisation des logiciels, un ordinateur « nu » identique, le juge de proximité ne pouvait pas retenir l'existence d'une pratique commerciale déloyale. • Civ. 1re, 5 févr. 2014 : *Bull. civ. I, n° 19 ; D. 2014. Pan. 1300, obs. Sauphanor-Brouillaud ; ibid. Chron. C. cass. 1718, obs. Darret-Courgeon ; JCP E 2014, n° 1146, note Dupont ; JCP 2014, n° 427, note Aubert de Vincelles ; CCC 2014, n° 145, obs. Raymond ; RJDA 2014, n° 733 ; LPA 28 févr. 2014, note Legrand ; CCE 2014, n° 27, obs. Loiseau ; RLDA juill.-août 2014. 37, note Forti ; RDC 2015. 41, obs. Huet.* ♦ Sur le montant du remboursement des logiciels préinstallés, V. • TI Libourne, j. prox., 13 févr. 2008 : *Gaz. Pal. 2008. 2735, obs. Arrigo et Schurr.* ♦ Jugeant que la vente liée et le défaut d'information du consommateur sur la ventilation possible des prix entre l'ordinateur et le logiciel n'est pas déloyale et n'est pas de nature à altérer de façon substantielle le comportement économique du consommateur, V. • Paris, 26 nov. 2009 : *D. 2010. Pan. 792, obs. Sauphanor-Brouillaud ; ibid. AJ 9, obs. Delpech ; CCC 2010, n° 85, obs. Raymond ; CCE 2010, n° 5, obs. Stoffel-Munck ; Gaz. Pal. 2010. 1096, obs. Schurr ; RJDA 2010, n° 302 ; Lettre distrib. déc. 2009, p. 4* (cassé par • Civ. 1re, 6 oct. 2011 : *cité note 1 ss. art. L. 121-1*, mais confirmé par • Civ. 1re, 29 mars 2017, n° 15-13.248 P : *eod. loc.*). ♦ Contre l'application de l'art. L. 122-1 [L. 121-11], V. : • TI Tarascon, j. prox., 20 nov. 2008 : *CCE 2009, n° 47, obs. Stoffel-Munck* • TI Chinon, j. prox., 7 avr. 2009 : *CCE 2009, n° 57, obs. Stoffel-Munck.* ♦ La vente au consommateur d'ordinateurs prêts à l'emploi, pré-équipés d'un système d'exploitation et de logiciels de base, ne constitue pas par principe, dans la réalité d'aujourd'hui, une vente prohibée au sens de l'art. L. 122-1 [L. 121-11]. • TGI Nanterre, 30 oct. 2009 : *CCC 2010, n° 86, obs. Raymond ; Gaz. Pal. 2010. 1695, et les obs. ; CCE 2010, n° 5, obs. Stoffel-Munck.* ♦ La vente d'un ordinateur équipé d'un système d'exploitation n'est pas une vente liée répréhensible dans la mesure où elle ne constitue pas la vente concomitante « d'un autre produit » au sens de l'art. L. 122-1 [L. 121-11] dès lors que sans lui l'ordinateur ne peut être utilisé (distinction avec les logiciels préinstallés). • Montpellier, 7 mai 2009, n° 08/01398 : *JCP 2009, n° 39, p. 8 ; CCC 2009, n° 280, obs. Raymond ; Gaz. Pal. 2010. 423, obs. Piedelièvre.*

18. *Transports publics.* Sur l'obligation faite à tous les banlieusards usagers désirant se rendre à Paris d'acheter un titre de transport comprenant non seulement le trajet effectué entre la banlieue et Paris mais aussi un trajet sur le réseau ferré de la zone urbaine exploité par la RATP ou la SNCF, justifiée pour mettre fin à la disparité des tarifs jusque-là existante. • CE 13 mars 2002 : *RTD com. 2002. 669, obs. Orsoni.*

19. *Sanction pénale.* L'abrogation de l'art. 30 de l'Ord. du 1er déc. 1986 à la suite de sa codification à l'art. L. 122-1 [L. 121-11] C. consom., par la L. du 26 juill. 1993, ne modifiant ni la teneur des dispositions transférées, ni leur portée, il s'ensuit que l'art. 33 du Décr. du 29 déc. 1986 [désormais art. R. 132-2], pris en application de cette ordonnance et réprimant ladite infraction des peines d'amende prévues pour les contraventions de 5e classe, demeure applicable. • Crim. 12 juin 1995 : *préc. note 10.*

20. *Horodateur.* La redevance d'utilisation temporaire du domaine public, laquelle n'est pas un acte commercial, fixée par le maire dans le cadre des pouvoirs qu'il tient de l'art. L. 2213-6 CGCT, échappe au code de la consommation, et notamment à son art. L. 122-1 [L. 121-11] qui, s'il s'applique aux personnes publiques, ne le fait qu'à l'égard de leurs activités de production, de distribution et de services. • Crim. 26 avr. 2006 : *cité note 1 ss. art. L. 112-5 C. mon. fin., App., v° Prix* • 13 juin 2007 : *ibid.* – V. aussi • Crim. 23 janv. 2013 : *Bull. crim. n° 28 ; Dalloz actualité, 11 mars 2013, obs. Bombled ; D. 2013. Actu. 506 ; Banque et Droit mai-juin 2013. 49, obs. Lasserre Capdeville ; Dr. pénal 2013, n° 57, obs. J.-H. Robert.*

21. *Compatibilité avec le droit européen.* BIBL. Stoffel-Munck, *JCP 2009, n° 27, p. 44* (l'infraction de vente liée à la dérive). – Wilhelm et Ferchiche, *CCC 2009. Étude 8* (le sort des ventes subordonnées et des ventes avec primes en droit français après l'arrêt du 23 avr. 2009). – Razavi et Falkman, *CCC 2010. Alerte 22* (ventes subordonnées, ventes avec primes et loteries sont-elles désormais licites par principes ?). ♦ Une pratique commerciale consistant en la vente d'un ordinateur équipé de logiciels préinstallés sans possibilité pour le consommateur de se procurer le même modèle d'ordinateur non équipé de logiciels préinstallés ne constitue pas, en tant que telle, une pratique commerciale déloyale au sens de l'art. 5, § 2, de la Dir. 2005/29/CE du 11 mai 2005, relative aux pratiques commerciales déloyales des entreprises vis-à-vis des consommateurs, à moins qu'une telle pratique soit contraire aux exigences de la diligence professionnelle et altère ou soit susceptible d'altérer de manière substantielle le comportement économique du consommateur moyen par rapport à ce produit, ce qu'il appartient à la juridiction nationale d'apprécier, en tenant compte des circonstances spécifiques de l'affaire au principal. • CJUE 7 sept. 2016, n° C-310/15 : *Dalloz actualité, 15 sept. 2016, obs. Autier; D. 2016. Actu. 1813 ; AJ contrat 2016. 484, note Aubry; Dalloz IP/IT 2016. 558, obs. Lecourt ; AJ pénal 2016. 491, obs. Raschel ; JCP E 2016, n° 1538, note Bazin; JCP 2016, n° 1221, note Huet; CCC 2016, n° 243, obs. Bernheim-Desvaux; RJDA 2017, n° 49; LPA 10 oct. 2016, note Legrand; Gaz. Pal. 13 déc. 2016, p. 27, obs. Piedelièvre; CCE 2016, n° 81, obs. Loiseau; ibid. Étude 19, par Piedelièvre; RLDA déc. 2016. 12, note Titone et Dary; Europe 2016, n° 423, obs. Bouveresse* (sur une question préjudicielle de • Civ. 1re, 17 juin 2015, n° 14-11.437 P : *D. 2015. Pan. 2223, obs. Le Stanc ; JCP E 2015, n° 1347; CCC 2015, n° 250, obs. G. R.; Gaz. Pal. 2015. 3136, obs. Jaoul; CCE 2015, n° 69, obs. Loiseau; RLDA nov. 2015. 13, note Dary et Diouf; RLDI oct. 2015. 24, note Gladz et Varet*). – Pour l'application en droit interne : • Civ. 1re, 14 déc. 2016, n° 14-11.437 P : *D. 2016. Actu. 2565 ; AJ contrat 2017. 81, obs. Legrand; JCP E 2017, n° 1040; CCC 2017, n° 44, obs. Bernheim-Desvaux; RJDA 2017, n° 290; CCE 2017. Étude 8, par Bazin* • 29 mars 2017 : *cité note 1 ss. art. L. 121-1.* ♦ Dans le cadre d'une offre conjointe consistant en la vente d'un ordinateur équipé de logiciels préinstallés, l'absence d'indication du prix de chacun des logiciels préinstallés ne constitue pas une pratique commerciale trompeuse au sens de l'art. 5, § 4, sous a), et de l'art. 7 de la Dir. 2005/29/CE. • CJUE 7 sept. 2016, n° C-310/15 : *préc.* ♦ La Dir. 2005/29/CE du 11 mai 2005 doit être interprétée en ce sens qu'elle s'oppose à une réglementation nationale qui, sauf certaines exceptions et sans tenir compte des circonstances spécifiques du cas d'espèce, interdit toute offre conjointe faite par un vendeur à un consommateur (droit belge). • CJCE 23 avr. 2009 : *D. 2009. AJ 1273, obs. E. Petit ; RTD com. 2009. 607, obs. Bouloc ; JCP 2009, n° 39, p. 39, obs. Chagny; Gaz. Pal. 2010. 423, obs. S. Piedelièvre; CCC 2009, n° 183, obs. Raymond; RJDA 2009, n° 786; RLDA juill. 2009. 45, note Grall et Camilleri; RDC 2009. 1458, note Aubert de Vincelles; Lettre distrib. mai 2009, p. 1, obs. Delesalle et Lafont; Europe 2009, n° 251, obs. Michel* • CJUE 11 mars 2010 : *préc. note 14.* ♦ Appliquant cette jurisprudence en droit interne : • Paris, 14 mai 2009 : *D. 2009. AJ 1475, obs. E. Petit ; JCP E 2009, n° 25, p. 5, obs. Roskis; Gaz. Pal. 2009. 3193, note Prieur; CCC 2009, n° 201, obs. Bosco; CCE 2009, n° 68, note Stoffel-Munck; BRDA 2009, n° 11, p. 12; Lettre distrib. mai 2009, p. 1, obs. Delesalle et Lafont; RDLC 2009, n° 3, p. 132, obs. Berg et Tran-Thiet; RDC 2010. 18, obs. Rochfeld; Propr. ind. 2009, n° 53, obs. Larrieu* (conf. par • Com. 13 juill. 2010 : *Bull. civ. IV, n° 127; D. 2010. Actu. 1934 ; Gaz. Pal. 2010. 2821, note Huertas; ibid. 2971, obs. Frossard; CCC 2010, n° 253, obs. Malaurie-Vignal; CCE 2010, n° 98, obs. Chagny; RJDA 2011, n° 90*). ♦ ... Qui censure le jugement qui avait estimé que l'offre d'Orange Foot qui conditionne l'abonnement à la chaîne Orange Foot à un abonnement à internet Orange était constitutive d'une vente subordonnée prohibée par l'art. L. 122-1 [L. 121-11]. • T. com. Paris, 23 févr. 2009 : *JCP 2009. I. 144, n° 9, obs. Grynfogel; RDLC 2009, n° 2, p. 193, obs. Berg et Tran-Thiet.* ♦ Pour une analyse sur le terrain du droit de la concurrence, V. • Aut. conc., avis, n° 09-A-42 du 7 juill. 2009 : *BOCC 3 août 2009; D. 2009. 1816, obs. Chevrier ; JCP E 2009, n° 31-34, p. 12; CCC 2009, n° 229, obs. Bosco; CCE 2009. Chron. 9, n° 10, par Maetz.* – Sur cet avis, V. aussi Feldman, *D. 2009. 2114* (carton orange pour l'Autorité de la concurrence). ♦ L'art. 3, § 9, de la Dir. 2005/29/CE du 11 mai 2005 doit être interprété en ce sens qu'il ne s'oppose pas à une disposition d'un État membre (Belgique) qui prévoit une interdiction générale, sous réserve de cas limitativement énumérés par la législation nationale, des offres conjointes proposées au consommateur dont au moins un des éléments est un service financier. • CJUE 18 juill. 2013 : *D. 2014. Pan. 1299, obs. Sauphanor-Brouillaud ; RTD eur. 2013. 570, obs. Aubert de Vincelles ; RLDA oct. 2013. 60, note Combet; Europe 2013, n° 403, obs. Gazin.*

Il résulte de l'arrêt de la CJCE du 23 avr. 2009 que l'art. L. 122-1 [L. 121-11], qui interdit les offres conjointes sans tenir compte des circonstances spécifiques, doit être appliqué dans le respect des critères énoncés par la Dir. 2009/29/CE du 11 mai 2005, de telle sorte qu'en statuant comme elle l'a fait sans rechercher si la pratique commerciale dénoncée entrait dans les prévisions des dispositions de la directive relative aux pratiques commerciales déloyales, la juridiction de proximité n'a pas donné de base légale à sa décision. • Civ. 1re, 15 nov. 2010 : *Bull. civ. I, n° 232; D. 2011. Chron. C. cass. 629, obs. Creton; D. 2010. Actu. 2765, obs. Delpech ; JCP E 2010, n° 2135, note Dupont; CCC 2011, n° 9, obs. Malaurie-Vignal; LPA 21 mars 2011, note Ay; Gaz. Pal. 2011. 246, note Poissonnier; ibid. 311, note Schurr; CCE 2011, n° 5, obs. Stoffel-Munck; RJDA 2011, n° 354.* ♦ V. l'ajout apporté par la L. n° 2011-525 du 17 mai 2011 au 1er al. de l'anc. art. L. 122-1, *in fine*, et désormais le 2e al. de l'art. L. 121-11. ♦ L'existence d'une omission trompeuse au sens de l'art. 7 de la Dir. 2005/29/CE du 11 mai 2005 doit être appréciée au regard d'un consommateur moyen, sans avoir égard aux qualités propres du consommateur ayant conclu le contrat litigieux. • Civ. 1re, 22 janv. 2014 : *CCC 2014, n° 145, obs. Raymond; CCE 2014, n° 37, obs. Loiseau.*

SECTION IV VENTE ET PRESTATION DE SERVICES SANS COMMANDE PRÉALABLE

COMMENTAIRE

I. DUALITÉ DE TEXTES

La pratique dite communément de l'envoi forcé consiste pour un commerçant à envoyer un objet à une personne qui ne l'a pas commandé et à lui indiquer qu'elle peut soit le garder en payant le prix, soit le renvoyer.

Cette pratique est prohibée par deux textes : l'article R. 635-2 du code pénal, d'une part, l'article L. 121-12 du code de la consommation et d'autre part, lesquels diffèrent aussi bien par leur champ d'application que par les sanctions qu'ils édictent. Depuis la loi du 17 mai 2011 coexistent désormais deux incriminations sanctionnant les envois forcés.

II. INTERDICTION DE LA VENTE FORCÉE PAR CORRESPONDANCE APPRÉHENDÉE PAR LE DROIT PÉNAL

Selon l'article R. 635-2 du code pénal, « le fait d'adresser à une personne, sans demande préalable de celle-ci, un objet quelconque accompagné d'une correspondance indiquant que cet objet peut être accepté contre versement d'un prix fixé ou renvoyé à son expéditeur, même si ce renvoi peut être fait sans frais pour le destinataire, est puni de l'amende prévue pour les contraventions de la 5e classe ». L'article R. 131-2 du code de la consommation renvoie expressément à l'article R. 635-2 du code pénal, sans le reproduire comme avant.

Cette infraction peut être commise quelle que soit la qualité du destinataire. C'est en revanche un objet qui doit être envoyé ; l'infraction ne sera pas constituée si un service a été fourni sans commande préalable. Le texte est cependant suffisamment vague pour permettre une application très extensive. Ont été considérés comme objet au sens de l'article R. 635-2 une carte d'adhérent d'une association (Paris, 27 oct. 1965 : *cité note 4 ss. art. R. 132-3*) ou une carte d'abonnement à une revue (Crim. 14 avr. 1972 : *eod. loc.*).

L'infraction est par conséquent constituée lorsque trois conditions sont réunies : envoi d'un objet ; absence de commande préalable ; envoi accompagné d'une lettre donnant au destinataire le choix entre le paiement du prix et le renvoi de l'objet.

Elle est pénalement sanctionnée par l'amende prévue en cas de contravention de cinquième classe : 1 500 € selon l'article 131-13 du code pénal, 3 000 € en cas de récidive dans les conditions fixées à l'article 132-11 du même code. Des peines complémentaires sont également prévues (confiscation de l'objet, interdiction d'émettre des chèques). Les personnes morales peuvent être déclarées pénalement responsables dans les conditions prévues par l'article 121-2 du code pénal et encourent de ce fait une amende dont le montant s'élève au quintuple de celui prévu pour les personnes physiques (C. pén., art. 131-41).

III. INTERDICTION DES VENTES SANS COMMANDE PRÉALABLE APPRÉHENDÉE PAR LE CODE DE LA CONSOMMATION

Dans sa version initiale, le texte de l'ancien article L. 122-3 interdisait les envois d'objets, mais aussi la fourniture de services, sans commande au consommateur. Toutefois, la sanction était seulement civile, le texte précisant que le professionnel devait restituer les sommes qu'il aurait indûment perçues sans engagement exprès et préalable du consommateur et que ces sommes étaient productives d'intérêts au taux légal calculé à compter de la date du paiement indu et d'intérêts aux taux légal majoré de moitié à compter de la demande de remboursement faite par le consommateur.

Le législateur, dans la loi n° 2011-525 du 17 mai 2011, maintenait cette disposition, devenue l'alinéa 4 de l'ancien article L. 122-3, précisant que tout contrat conclu consécutivement à la mise en œuvre de la pratique commerciale illicite était nul et de nul effet. Surtout, il érigeait la pratique en infraction pénale, sanctionnée par les peines délictuelles alors applicables aux pratiques agressives : deux ans d'emprisonnement et 150 000 € d'amende, outre des peines complémentaires.

L'ancien article L. 122-3 était en même temps réécrit : l'élément matériel de l'infraction est constitué soit par le fait d'exiger le paiement immédiat ou différé de biens ou services fournis par un professionnel sans commande préalable, soit par celui d'exiger le renvoi ou la conservation de biens fournis par un professionnel sans commande préalable (la demande de paiement n'est donc pas indispensable).

En contrepartie, on assistait à la suppression du paragraphe 6 de l'ancien article L. 122-11-1 qui était inséré à la section consacrée aux « Pratiques commerciales agressives », paragraphe qui précisait : « Sont réputées agressives au sens de l'article L. 122-11 les pratiques commerciales qui ont pour objet : [...] 6° D'exiger le paiement immédiat ou différé de produits fournis par le professionnel sans que le consommateur les ait demandés, ou exiger leur renvoi ou leur conservation, sauf lorsqu'il s'agit d'un produit de substitution fourni conformément à l'article L. 121-20-3. » Cette disposition transposait pratiquement mot pour mot le paragraphe 29 de l'annexe I de la directive européenne 2005/29 du 11 mai 2005 qui qualifiait de pratique commerciale agressive le fait d'« exiger le paiement immédiat ou différé de produits fournis par le professionnel sans que le consommateur les ait demandés, ou exiger leur renvoi ou leur conservation, sauf lorsqu'il s'agit d'un produit de substitution fourni conformément à l'article 7, paragraphe 3, de la directive 97/7/CE (...) ».

La loi n° 2014-344 du 17 mars 2014 relative à la consommation a ensuite apporté deux modifications au régime de la vente sans commande préalable, à la fois directement et indirectement : d'une part, la loi Hamon applique ce texte aux contrats portant sur la fourniture d'eau, de gaz ou d'électricité lorsqu'ils ne sont pas conditionnés dans un volume délimité ou en quantité déterminée ainsi que sur la fourniture de chauffage urbain et de contenu numérique non fourni sur support matériel ; d'autre part, en alignant le montant de l'amende encourue pour les pratiques agressives sur celui encouru pour les pratiques trompeuses (300 000 €, montant pouvant être porté à 10 % du chiffre d'affaires annuel), le législateur a indirectement accru la sanction applicable – par renvoi – aux ventes sans commande préalable.

L'ordonnance de recodification du 14 mars 2016 a renuméroté et scindé en quatre le texte : les anciens alinéas 1er et 5 composent aujourd'hui l'article L. 121-12 ; quant aux alinéas 2, 3 et 4, qui concernaient les sanctions encourues, ils sont désormais relégués au sein du titre regroupant les sanctions aux articles L. 132-16 (sanctions civiles), L. 132-17 (sanctions pénales principales) et L. 132-18 (sanctions pénales complémentaires).

IV. DIFFÉRENCES

Le texte consumériste interdit les envois forcés au seul *consommateur* : d'un côté, son champ d'application est plus étroit que celui du texte du code pénal ; d'un autre côté, l'interdiction ne concerne plus seulement l'envoi d'objets, mais s'applique aussi à la fourniture de services non commandés. En outre, les sanctions des deux textes diffèrent : les ventes et prestations sans commande visées par l'alinéa 1er de l'article L. 122-3 ne sont pas punies de simples peines contraventionnelles.

V. DIRECTIVE DU 25 OCTOBRE 2011 RELATIVE AUX DROITS DES CONSOMMATEURS

Si la pratique consistant à exiger le paiement de produits fournis sans commande ou leur renvoi ou leur conservation est elle-même assimilée à une pratique agressive par le droit de l'Union européenne (art. 5, § 5, et annexe I, point 29, de la directive 2005/29/CE), l'article 27 de la directive 2011/83/UE relative aux droits des consommateurs (V. ce texte ss. art. L. 232-3) dispense pour sa part le consommateur de l'obligation de verser toute contre-prestation en cas de fourniture non demandée d'un bien ou de prestation non demandée de services, précisant que l'absence de réponse ne vaut pas consentement.

VI. EXCEPTIONS

Les articles L. 121-13 et L. 121-14 prévoient des exceptions tout à fait logiques à l'interdiction des ventes ou prestations de services sans commande préalable. La première est relative aux conventions de compte bancaire : non seulement des intérêts, commissions et frais peuvent être réclamés dans les conditions du code monétaire et financier (art. L. 312-1-1), mais, en outre, la mise en œuvre d'une clause de révision des conditions initiales du contrat, acceptée par les parties *ab initio*, ne tombe pas sous le coup de l'interdiction posée par l'article L. 121-12. Selon la seconde, en matière de paiements réclamés en application d'une obligation prévue par une loi ou un texte réglementaire, aucun accord exprès ne doit être donné préalablement par le consommateur. ❑

Art. L. 121-12 Est interdit le fait d'exiger le paiement immédiat ou différé de biens ou de services fournis par un professionnel ou, s'agissant de biens, d'exiger leur ren-

voi ou leur conservation, sans que ceux-ci aient fait l'objet d'une commande préalable du consommateur.

Les dispositions du présent article s'appliquent également aux contrats portant sur la fourniture d'eau, de gaz ou d'électricité lorsqu'ils ne sont pas conditionnés dans un volume délimité ou en quantité déterminée ainsi que sur la fourniture de chauffage urbain et de contenu numérique non fourni sur support matériel. – *[C. consom., art. L. 122-3, al. 1er et 5.]*

Sur les sanctions, V. art. L. 132-16 à L. 132-18 et R. 132-3.

1. ***Acceptation tacite.*** En subordonnant seulement à deux démarches préalables d'information des abonnés par les opérateurs de télécommunication l'extension de leur contrat au nouveau service des appels locaux, ce qui impliquait que le silence des abonnés vaudrait acceptation tacite de cette modification contractuelle, l'Autorité de régulation des télécommunications a méconnu les dispositions de l'art. L. 122-3 [L. 121-12]. • CE 15 oct. 2003 : *RFDA 2003. 1259.*

2. ***Vente forcée en magasin.*** L'acquéreur n'établit en rien le harcèlement dont il se prévaut; que s'il ne voulait pas acheter, il lui suffisait de sortir du magasin et surtout de ne pas remettre un chèque d'acompte représentant plus de la moitié du prix, et en outre de ne pas faire procéder à des modifications de décoration pour que le meuble soit mieux à son goût. Dès lors, il n'existe aucun indice de vente forcée relevant des dispositions de l'art. L. 122-3 [L. 121-12] s'agissant de surcroît d'une vente en magasin et en rien d'un démarchage à domicile. • Paris, 22 mai 2001, n° 2000/01567.

3. ***Vente forcée sur internet.*** Condamnation de la pratique de vente forcée consistant à l'ajout de commandes supplémentaires présélectionnées d'office par le cybermarchand en fonction de l'achat initial du cyberconsommateur, dans la mesure où l'information relative aux produits présélectionnés n'étant pas clairement affichée, il subsistait toujours un doute sur l'expression de la volonté du cyberconsommateur quant à l'achat de ces produits complémentaires. • TGI Bordeaux, 11 mars 2008 : *LPA 2 juill. 2009, obs. Craponne; CCE 2008, n° 69, obs. Debet; RJDA 2008, n° 1190; Lettre distrib. avr. 2008, p. 2.*

4. ***Professionnel de santé.*** L'art. L. 122-3 [L. 121-12] n'a pas vocation à régir les relations entre un patient et un professionnel de santé organisées par des dispositions du CSP, étant relevé que l'absence de commande, qui ne doit pas être assimilée à l'absence d'écrit, ne peut être retenue s'agissant de soins dentaires qui supposent, sinon la participation active du patient, à tout le moins qu'il se rende aux rendez-vous fixés par le praticien. • Paris, 21 mars 2013 : *cité note 5 ss. art. L. 111-1.* – Comp. note 12 ss. art. L. 621-1 et note 3 ss. art. L. 112-1.

Art. L. 121-13 **Les dispositions de l'article L. 121-12 ne font pas obstacle à la perception d'intérêts, de commissions ou de frais au titre de facilités de caisse ou de découverts bancaires prévus par la convention de compte instituée à l'article L. 312-1-1 du code monétaire et financier qui précise le montant ou le mode de calcul de ces rémunérations.** – *V. App., v° Banques.*

Il en est de même dans le cas où une modification des conditions initiales du contrat résulte de la mise en œuvre d'une clause de révision dont les modalités ont été expressément définies et ont recueilli l'accord des parties au moment de la signature du contrat. – *[C. consom., art. L. 122-4.]*

1. ***Rémunération du banquier.*** Sur l'information du client par la banque ayant affiché dans ses agences les principales commissions de service et lui ayant adressé des relevés de comptes sur lesquels figurait un message qui faisait état de l'envoi d'une lettre d'information fournissant des précisions sur la perception des commissions contestées en cas de dépassement de découvert, V. • TI Lille, 2 mai 2001 : *Banque et Droit mai-juin 2002, p. 55, obs. Guillot.*

2. ***Modification des frais bancaires.*** Sur la condamnation d'une banque ayant prélevé des frais bancaires sans que les modifications tarifaires aient été préalablement portées à la connaissance de son client dans un relevé d'opérations dont la réception par lui n'aurait été suivie d'aucune protestation ou réserve. • Com. 14 mars 2006 : *JCP E 2006, n° 48, p. 2030, n° 16, obs. Lassalas-Langlais; RJDA 2006, n° 939.* – Comp. • Paris, 12 oct. 2001, n° 1999/05721.

Art. L. 121-14 **Le paiement résultant d'une obligation législative ou réglementaire n'exige pas d'engagement exprès et préalable.** – *[C. consom., art. L. 122-5.]*

SECTION V VENTE OU PRESTATION DE SERVICES « À LA BOULE DE NEIGE »

BIBL. GÉN. ▸ Toulemon, *RTD com. 1953. 53.* – Lefranc, *Gaz. Pal. 1995. 1. Doctr. 94* (vente en réseaux : le marketing multiniveau). – Hurstel, *ibid. 97* (la vente multiniveaux serait-elle remise en cause ?). – PUECH, *D. 1995. Chron. 118* (vente multiniveau) ; *Gaz. Pal. 1995. 1. Doctr. 102* (jurisprudence du parrainage en matière de vente multiniveaux). – DESURVIRE, *Rev. huiss. 1995. 657 ; CCC 1995. Chron. 6* (même thème). – BADENAS CARPIO, *Mélanges Calais-Auloy, Dalloz, 2004, p. 45* (droit espagnol). – MALAURIE-VIGNAL, *RTD com. 2016. 407* (parrainage, vente à la boule de neige et vente pyramidale : la délicate frontière entre le licite et l'illicite).

COMMENTAIRE

I. ÉLÉMENTS CONSTITUTIFS

Il s'agit ici de « la contagion de l'enthousiasme de la réussite » (rapport Assemblée nationale, n° 1775, déc. 1994) ou de la « bonne affaire ». L'article L. 121-15 prohibe la pratique dite de *vente « à la boule de neige »* ou encore *vente pyramidale*, laquelle consiste à offrir des marchandises à un consommateur en lui faisant espérer qu'il pourra les obtenir à un meilleur prix ou gratuitement s'il recrute de nouveaux acheteurs qui, eux-mêmes, bénéficieront des mêmes avantages en recrutant à nouveau d'autres acheteurs et ainsi de suite. Or le marché arrive rapidement à saturation, ce qui explique que cette technique de distribution par les consommateurs soit prohibée. L'article L. 121-15-1°, décrit sous forme d'exemple un procédé qui peut apparaître sous d'autres formes lorsque la méthode utilisée fait dépendre l'avantage offert au consommateur de la collecte d'adhésions.

L'interdiction a été étendue à certaines méthodes lucratives n'ayant pas la qualification de vente (art. L. 121-15-2°, se substituant à l'anc. art. L. 122-6-2°, dont la rédaction a été modifiée par la loi n° 2008-3 du 3 janv. 2008) ; ce sont des systèmes de *chaînes d'argent*, présentés comme un moyen efficace et rapide d'obtenir des revenus conséquents grâce à une progression géométrique du nombre de personnes recrutées ou inscrites sur les listes. Chacun sait que cette rentabilité est illusoire car elle repose sur une progression constante et exponentielle des adhérents.

Une loi du 1er février 1995 avait complété l'ancien texte par un deuxième alinéa prenant en considération une forme de vente pyramidale déguisée lorsque, dans le cas de réseaux commerciaux constitués en chaîne d'adhérents ou d'affiliés, on exige de ces derniers le versement d'une somme ou l'acquisition soit de matériels soit de services bénéficiant aux autres membres du réseau. En outre, ce même article interdit de proposer à l'adhérent l'acquisition d'un stock sans garantie de reprise aux conditions d'achat.

Le procédé pyramidal est autorisé – mais réglementé – dès lors que l'avantage promis n'est subordonné qu'au recrutement d'un seul adhérent, la progression devenant effectivement possible ; mais le procédé est alors encadré par les alinéas 3 et 4 de l'article L. 121-15.

II. SANCTIONS

Depuis l'ordonnance de recodification du 14 mars 2016, les sanctions encourues en matière de vente « à la boule de neige » ont été séparées du texte d'incrimination : elles figurent aux articles L. 132-19 et L. 132-20.

Art. L. 121-15 **Sont interdits :**

1° La vente pratiquée par le procédé dit "de la boule de neige" ou tous autres procédés analogues consistant en particulier à offrir des marchandises au public en lui faisant espérer l'obtention de ces marchandises à titre gratuit ou contre remise d'une somme inférieure à leur valeur réelle et en subordonnant les ventes au placement de bons ou de tickets à des tiers ou à la collecte d'adhésions ou inscriptions ;

2° Le fait de proposer à une personne de collecter des adhésions ou de s'inscrire sur une liste en exigeant d'elle le versement d'une contrepartie quelconque et en lui faisant espérer des gains financiers résultant d'une progression du nombre de personnes recrutées ou inscrites plutôt que de la vente, de la fourniture ou de la consommation de biens ou services.

Dans le cas de réseaux de vente constitués par recrutement en chaîne d'adhérents ou d'affiliés, il est interdit d'obtenir d'un adhérent ou affilié du réseau le versement d'une somme correspondant à un droit d'entrée ou à l'acquisition de matériels ou de services à vocation pédagogique, de formation, de démonstration ou de vente ou tout autre matériel ou service analogue, lorsque ce versement conduit à un paiement ou

à l'attribution d'un avantage bénéficiant à un ou plusieurs adhérents ou affiliés du réseau.

En outre, est interdit, dans ces mêmes réseaux, le fait d'obtenir d'un adhérent ou affilié l'acquisition d'un stock de marchandises destinées à la revente, sans garantie de reprise du stock aux conditions de l'achat, déduction faite éventuellement d'une somme n'excédant pas 10 p. 100 du prix correspondant. Cette garantie de reprise peut toutefois être limitée à une période d'un an après l'achat. – *[C. consom., art. L. 122-6.]*

Sur les sanctions, V. art. L. 132-19 et L. 132-20.

BIBL. ▸ NDLR, *BRDA 2008, n° 2, p. 22* (L. n° 2008-3 du 3 janv. 2008).

1. Délit d'escroquerie. Le procédé de la boule de neige, utilisé pour obtenir une somme d'argent, constitue une escroquerie réprimée par l'art. 405 C. pén. (arrêt rendu avant que le procédé de la boule de neige ne fût spécialement réprimé par la L. du 5 nov. 1953, art. 1er [C. consom., art. L. 121-15]). • Crim. 7 mai 1951 : *D. 1951. 489, note Vouin ; S. 1952. 1. 21, note Légal* (vente de montres). ♦ Pour une « chaîne d'argent », également sanctionnée sur le fondement de l'escroquerie, V. : • TGI Angers, 29 mai 1991 : *CCC 1992, n° 191, obs. Raymond.*

2. Procédés illicites. Le procédé de la boule de neige est répréhensible même dans le cas où le choix est laissé au client entre un achat à prix réduit, subordonné à la collecte d'adhésions, et un achat à prix plus élevé, sans collecte d'adhésions. • Crim. 27 janv. 1966 : *Bull. crim. n° 26 ; D. 1966. Somm. 55* (pelotes de laine à prix réduit) • 4 mai 1966 : *Bull. crim. n° 138* (paires de bas à prix réduits). ♦ Constitue une vente à la boule de neige le fait pour un commerçant de proposer à ses clients la remise gratuite de deux vêtements, le troisième, réglé au moyen de plusieurs chèques, leur étant remboursé par restitution d'une mensualité en contrepartie de chaque nouveau client se présentant de la part du client initial. • T. corr. Versailles, 16 oct. 2000 : *RJDA 2001, n° 819.* ♦ Sur la méthode consistant à consentir une remise aux acheteurs qui fournissent le nom de clients éventuels, V. : * Rép. min. : *JOAN Q 1er avr. 1991 ; BID. 1991, n° 5, p. 62* * Rép. min. : *JOAN Q 13 mai 1991 ; BID 1991, n° 6, p. 45.*

3. Chaînes d'argent. Se rend coupable du délit prévu à l'art. L. 122-6 [L. 121-15] (2°) celui qui propose à d'autres personnes, en même temps qu'une opération de vente de produits de nettoyage à un prix inférieur à leur valeur réelle, la remise de vingt exemplaires « complets et originaux » d'un ouvrage avec leurs noms et adresses imprimés afin qu'elles les envoient à vingt personnes de leur choix et puissent ainsi, dans un premier temps, se voir verser par chacune de celles-ci la somme de 50 F, dans un deuxième temps, la même somme par les vingt personnes que chacune de celles-ci auront à leur tour recrutées. • T. corr. Bourg-en-Bresse, 7 juin 1995 : *RJDA 1996, n° 285.*

Jugé également que constitue une infraction à l'art. L. 122-6 [L. 121-15] (2°), le fait, pour une société, d'organiser la distribution de produits en recrutant des revendeurs par voie d'annonces dans la presse, chacun de ces revendeurs devant, d'une part, revendre les produits à des particuliers et, d'autre part, recruter lui-même d'autres personnes sur les ventes desquelles il perçoit une commission. Cette commission évoluant proportionnellement à la croissance du réseau, l'activité de parrainage constitue non pas une source de revenus complémentaires mais un élément primordial de la rémunération des distributeurs. • T. corr. Brest, 20 sept. 1994 : *RJDA 1994, n° 1382 ; Gaz. Pal. 1995. 1. Doctr. 102, note Puech.* – Arrêt réformé par • Rennes, 8 juin 1995, n° 94-01624 : *cité note 4.* ♦ Si le document stipule qu'une commission de 3 % sur les paiements nets des factures et qu'un lot d'une valeur de 3000 F seront versés à chaque concessionnaire en activité pour le recrutement d'un collègue, supérieur à la ristourne de 1 % allouée à chaque concessionnaire qui aura réalisé un chiffre d'affaires d'achat annuel donné, ces avantages ne constituent pas les ressources dominantes des concessionnaires qui déterminent eux-mêmes leur marge bénéficiaire sur les ventes ; si ces avantages sont de nature à inciter au recrutement de nouveaux concessionnaires, les ventes ne sont pas conditionnées par des adhésions ou inscriptions de nouveaux concessionnaires, de telle sorte que l'activité en cause n'est pas constitutive d'une vente prohibée par l'art. L. 122-6 [L. 121-15]. • CAA Bordeaux, 27 mai 1999, n° 97BX00290.

4. Parrainage. Pour un parrainage sur internet assimilé à une vente à la boule de neige ou pyramidale au sens de l'art. L. 122-6 [L. 121-15] (2°), V. • Paris, 15 juin 2001, n° 2001/04387 : *CCC 2002, n° 19, obs. Raymond ; CCE 2002, n° 43, obs. Grynbaum ; RJDA 2002, n° 444 ; JCP E 2003, n° 4, p. 176, obs. S. A.-D.* • Montpellier, 12 janv. 2006, n° 05/01132 : *CCC 2006, n° 135, obs. Raymond.* ♦ Pour la participation à un système pyramidal de bulles pour lequel l'adhésion semblait davantage résulter du bouche-à-oreille que d'une publicité plus ou moins occulte par internet, V. • Montpellier, 13 mars 2012, n° 11/00851 : *CCC 2012, n° 249, obs. Raymond.* ♦ Pour que l'infraction soit constituée, il faut que l'auteur de la proposition ait laissé croire que l'avantage financier promis était obtenu par la seule multiplication d'un nombre constant de nouveaux adhérents. En l'espèce, aucun témoin n'a affirmé que les prévenus, à l'occasion de leur démonstration de l'intérêt du parrainage, n'avaient mis en avant que le recrutement de nouveaux distributeurs, et pour ces derniers le parrainage de nouveaux filleuls, suffirait à l'obtention de gains. Par ailleurs, le guide du distributeur, s'il souligne les avantages financiers du parrainage et incite les distributeurs à le pratiquer afin de se créer leur propre réseau de distribution, n'énonce nullement que les profits résultant de cette activité procèdent d'une progression géométrique des filleuls recrutés. Si le « plan de commercialisation » présenté aux candidats-distributeurs expose quels sont les effets positifs sur le plan pécuniaire d'une progression géométrique des distributeurs recrutés puisqu'il fait le rapport des gains obtenus en cas de parrainage de quatre distributeurs et de recrutement par ces derniers de quatre nouveaux distributeurs chacun, ce document ne constitue toutefois pas un support essentiel du système de parrainage ayant emporté la conviction des personnes auxquelles il a été soumis. • Rennes, 8 juin 1995, n° 94-01624 (réformant • T. corr. Brest, 20 sept. 1994 : *préc. note 3*).

5. Participation financière. L'annexe I, pt 14, de la Dir. 2005/29/CE du 11 mai 2005 relative aux pratiques commerciales déloyales, doit être interprétée en ce sens qu'un système de promotion pyramidale ne constitue une pratique commerciale déloyale en toutes circonstances que lorsqu'un tel système exige du consommateur une participation financière, quel que soit son montant, en échange de la possibilité pour ce dernier de percevoir une contrepartie provenant essentiellement de l'entrée d'autres consommateurs dans le système plutôt que de la vente ou de la consommation de produits. • CJUE 3 avr. 2014 : *D. 2014. Actu. 925 ; RTD eur. 2014. 730, obs. Aubert de Vincelles ; JCP 2014, n° 464, obs. Berlin ; RJDA 2014, n° 677 ; Europe 2014, n° 275, obs. Gazin.* ♦ L'annexe I, point 14, de la Dir. 2005/29/CE du 11 mai 2005, relative aux pratiques commerciales déloyales, doit être interprétée en ce sens que cette disposition permet de qualifier une pratique commerciale de « système de promotion pyramidale » même dans l'hypothèse où il n'existe qu'un lien indirect entre les participations versées par de nouveaux adhérents à un tel système et les contreparties perçues par les adhérents en place. • CJUE 15 déc. 2016, n° C-667/15 : *D. 2017. Pan. 542, obs. Poillot ; Europe 2017, n° 82, obs. Daniel.*

6. Intention frauduleuse. La caractérisation de l'élément intentionnel de l'infraction caractérisée par l'art. L. 122-6 [L. 121-15] (2°) n'est pas subordonnée à la preuve de la conscience qu'ont les prévenus, au moment où ils proposent à des tiers d'adhérer, du caractère préjudiciable du système pyramidal, mais suppose seulement que soit établie leur volonté de proposer une telle adhésion en faisant espérer à ces tiers un gain financier qui résulterait de la progression du nombre d'adhérents. • Crim. 6 avr. 2016, n° 15-81.206 P : *Dalloz actualité, 6 mai 2016, obs. Gallois ; D. 2016. Actu. 836 ; AJ pénal 2016. 386, obs. Raschel ; JCP E 2016, n° 1303 ; CCC 2016, n° 156, obs. Bernheim-Desvaux ; RJDA 2016, n° 741 ; Gaz. Pal. 13 sept. 2016, p. 21, obs. Piedelièvre ; Dr. pénal 2016, n° 95, obs. J.-H. Robert.*

SECTION VI NUMÉRO TÉLÉPHONIQUE SURTAXÉ

COMMENTAIRE

Le secteur de la téléphonie est celui qui a fait l'objet des abus les plus criants ces dernières années. Une protection spécifique du consommateur a ainsi été instaurée en deux étapes.

La loi du 21 juin 2004 (mod. par la L. n° 2009-594 du 27 mai 2009) pour la confiance dans l'économie numérique a tout d'abord formulé une exigence particulière de transparence et de clarté en matière de téléphonie pour répondre aux critiques adressées par les associations de consommateurs ayant constaté et dénoncé de nombreux abus de la part des opérateurs. Plusieurs mesures ont été prises, figurant aujourd'hui dans l'article L. 112-7.

Ensuite, le législateur, par la loi n° 2008-776 du 4 août 2008, a souhaité interdire la surfacturation des appels suscités par une mauvaise exécution du contrat initialement souscrit en faisant référence à la « bonne exécution [du] contrat », dans ce qui est devenu l'article L. 121-16 (V. Rép. min. n° 102693 : *citée note ss. art. L. 121-16*).

Depuis la loi n° 2014-344 du 17 mars 2014 relative à la consommation, les dispositions relatives à cette surtaxation sont sanctionnées par des amendes administratives prévues à l'article L. 132-21 : 3 000 € pour une personne physique et 15 000 € pour une personne morale. ❑

Art. L. 121-16 Le numéro de téléphone destiné à recueillir l'appel d'un consommateur en vue d'obtenir la bonne exécution d'un contrat conclu avec un professionnel ou le traitement d'une réclamation ne peut pas être surtaxé.

Ce numéro est indiqué dans le contrat et la correspondance. – *[C. consom., art. L. 113-5.]*

L'art. L. 121-16, qui reprend les dispositions de l'anc. art. L. 113-5, est entré en vigueur le 1er janv. 2009. Il est applicable aux contrats en cours à cette date (L. no 2008-776 du 4 août 2008, art. 87-II).

Sur les sanctions, V. art. L. 132-21.

BIBL. ▸ Delpech, *Rép. com. Dalloz, Cah. de l'actualité no 2008-5, p. 28* (abandon des numéros surtaxés en matière de relations contractuelles). – NDLR, *BRDA 2008, no 18, p. 17* (LME : mesures en droit de la consommation).

Champ d'application. En faisant référence à la « bonne exécution du contrat », le législateur a voulu interdire la surfacturation des appels suscités par une mauvaise exécution du contrat initialement souscrit afin d'éviter que l'entreprise ne tire bénéfice de sa défaillance et pour qu'elle soit ainsi amenée à la corriger. Cette interdiction ne s'applique pas à des services correspondant à des prestations très spécifiques, telles que la déclaration du sinistre dans le cadre d'un contrat d'assurance ou le signalement du vol d'une carte bancaire. * Rép. min. no 102693 : *JOAN Q 5 juill. 2011 ; D. 2011. Actu. 2108.*

SECTION VII PAIEMENT SUPPLÉMENTAIRE SANS CONSENTEMENT EXPRÈS

Les dispositions des art. L. 121-17 et L. 121-18 résultent de leur rédaction issue de l'art. 18 de la L. no 2014-344 du 17 mars 2014, et s'appliquent aux contrats conclus après le 13 juin 2014 (L. préc., art. 34).

COMMENTAIRE

Dans l'hypothèse où le paiement supplémentaire résulte d'un simple consentement du consommateur donné par défaut, autrement dit en l'absence d'adhésion expresse de sa part à des options qu'il n'a pas sollicitées lui-même (assurance, garantie…), le consommateur peut prétendre au remboursement des sommes versées à ce titre puisqu'il n'a pas véritablement consenti au paiement de ces frais. L'article L. 121-18 confère à ces dispositions un caractère impératif.

De façon à assurer l'effectivité de ce droit au remboursement reconnu au consommateur, l'article L. 132-22 prévoit que ces dispositions sont sanctionnées par une amende administrative de 3000 € pour une personne physique et de 15 000 € pour une personne morale. ❑

Art. L. 121-17 Préalablement à la conclusion d'un contrat de vente ou de prestation de services, le professionnel s'assure du consentement exprès du consommateur pour tout paiement supplémentaire venant s'ajouter au prix de l'objet principal du contrat.

Dans l'hypothèse où le paiement supplémentaire résulte d'un consentement du consommateur donné par défaut, c'est-à-dire en l'absence d'opposition expresse de sa part à des options payantes qu'il n'a pas sollicitées, le consommateur peut prétendre au remboursement des sommes versées au titre de ce paiement supplémentaire.

Les dispositions du présent article s'appliquent aux contrats portant sur la fourniture d'eau, de gaz ou d'électricité lorsqu'ils ne sont pas conditionnés dans un volume délimité ou en quantité déterminée ainsi que sur la fourniture de chauffage urbain et de contenu numérique non fourni sur un support matériel. – *[C. consom., art. L. 114-1.]*

Sur les sanctions, V. art. L. 132-22.

Art. L. 121-18 Les dispositions de la présente section sont d'ordre public. – *[C. consom., art. L. 114-3.]*

SECTION VIII VENTES OU PRESTATIONS DE SERVICE AVEC PRIMES

DALLOZ RÉFÉRENCE *Droit de la publicité et de la promotion des ventes*, par Fabre, Bonnet-Desplan, Sermet et Genty, *2014/2015, 4e éd.*

BIBL. GÉN. ▸ GOYET, *RTD com. 1975. 35.* – CALAIS-AULOY, *D. 1987. Chron. 137.* – DELBARRE, *Cah. dr. entr. 1987-1.* – GREFFE et BOESPFLUG, *Gaz. Pal. 1987. 1. Doctr. 160.* – JASKOWIEC, *Rev. Conc. Consom. 1987, n° 38.* – PÉDAMON, *Études Calais-Auloy, Dalloz, 2004, p. 823.* – SERINET, *D. 2002. Chron. 3252* (ventes ou prestations de services avec primes : d'une prohibition à l'autre). – WILHELM et FERCHICHE, *CCC 2009. Étude 8* (le sort des ventes subordonnées et des ventes avec primes en droit français de la consommation, après l'arrêt de la CJCE du 23 avr. 2009).

▸ L. n° 2011-525 du 17 mai 2011 : VOISSET et DUPERRAY, *LPA 5 avr. 2011* (promotion des ventes : entre réforme *a minima* et attentisme, l'insécurité juridique subsiste). – PETIT, *LPA 23 mai 2011* (promotion des ventes : une loi de simplification pour tout compliquer !). – FALKMAN, *CCC 2011. Alerte 64* (avancée juridique ou casse-tête à venir ?). – TITONE et DARY, *RLDA oct. 2011. 46* (le protectionnisme français à l'épreuve du libéralisme communautaire).

▸ L. n° 2014-344 du 17 mars 2014 : ANDRIEU, *CCC 2014. Étude 13* (ventes avec primes : la nouvelle réglementation et ses conséquences).

COMMENTAIRE

La vente avec primes est une stratégie de promotion commerciale par laquelle, pour tout achat de produit ou de service, il est offert gratuitement un objet, produit ou service.

Elle est régie par l'article L. 121-19 qui, à l'occasion de la recodification du code par l'ordonnance du 14 mars 2016, a remplacé l'ancien article L. 121-35, tout en l'expurgeant de ses alinéas 2 et 3, afin de mettre le texte en conformité avec le droit de l'Union européenne.

La réglementation s'applique à toutes les activités de production, de distribution et de services, y compris celles qui sont le fait de personnes publiques, notamment dans le cadre de conventions de délégation de service public. Le nouveau texte vise expressément cette catégorie, là où l'alinéa 4 de l'ancien article L. 121-35 renvoyait à l'ancien article L. 113-2, lequel n'a pas été repris par l'ordonnance de recodification. Les ventes avec primes ne sont toutefois interdites qu'à l'égard des consommateurs : elles sont en effet susceptibles de fausser à la fois son choix en l'induisant en erreur et les conditions de concurrence fondée sur la compétitivité (CJCE 15 déc. 1982 : *Activités CJCE, n° 30*) ; en revanche, les primes offertes par un fabricant à un revendeur ou à ses préposés sont permises.

L'article L. 121-9 énonce un principe d'interdiction tout en précisant la notion de prime interdite :

– La vente avec primes suppose l'existence d'un contrat à titre onéreux par lequel le consommateur obtient un bien ou un service à titre principal ; la prime est l'accessoire et elle se distingue du cadeau qui est un produit ou un service accordé sans obligation de contracter (par exemple, objet remis à tout visiteur). Seules les primes sont en principe interdites, à la différence des cadeaux, encore que certains professionnels entretiennent parfois le doute pour échapper à la répression.

– L'interdiction s'applique aux primes de toute nature dès lors qu'il s'agit « de produits, de biens ou de prestations de services ». Seules sont donc concernées les primes en nature. La remise d'espèces ou la réduction de prix sous forme d'escompte ne constituent pas des primes au sens de l'article L. 121-19 (V. toutefois Com. 20 nov. 2007 : *cité note 11 ss. art. L. 121-19*, en matière de bons d'achat).

– L'interdiction s'applique uniquement lorsque la prime est attribuée à titre totalement *gratuit*. Il en résulte que la technique bien connue du couponnage, consistant à donner au consommateur un avantage sous forme de réduction de prix lors de l'achat d'un autre produit ou service, n'est pas prohibée *per se*.

Enfin, jusqu'à la loi du 17 mars 2014 relative à la consommation, l'interdiction supposait que la prime fût un bien ou un service *non identique* à celui faisant l'objet du contrat : le genre de promotion « trois articles pour le prix de deux » équivalait à une remise que le consommateur pouvait facilement calculer. De même, le texte prévoyait que l'interdiction ne s'appliquait pas « aux menus objets ou services de faible valeur ni aux échantillons ».

Or, comme en matière de ventes subordonnées, le législateur français a été contraint d'assouplir sa législation pour la rendre conforme aux exigences européennes. La loi n° 2011-525 du 17 mai 2011 avait ainsi ajouté au texte initial la restriction suivante : « dès lors que la pratique en cause revêt un caractère déloyal au sens de l'article L. 120-1 [ancien] », subordonnant ainsi le caractère illicite de la pratique à la preuve d'une déloyauté – conciliation qui se révélera sans doute difficile. On pouvait en effet légitimement s'interroger sur la conformité de notre législation à la jurisprudence européenne dans la mesure où un arrêt de la Cour de justice remettait en cause la validité de la législation belge sur les offres conjointes, lesquelles recouvrent dans notre droit national la pratique des ventes subordonnées (art. L. 121-11) et celle des ventes avec primes (art. L. 121-19) : en effet, celles-ci ne figurent pas dans la liste exhaustive des 31 pratiques trompeuses ou agressives, réputées « déloyales en toutes circonstances » par la directive du 11 mai 2005 (CJCE 23 avr. 2009 : *cité note 21 ss. art. L. 121-11*).

Malgré cet ajout, la rédaction du texte suscitait encore de nombreuses interrogations. En particulier, on a pu se demander s'il fallait considérer qu'une vente avec prime consistant à offrir un bien différent du produit objet de la vente, ou d'une valeur supérieure à celle des menus objets tels que définis à l'ancien article R. 121-8 du code de la consommation, était nécessairement déloyale. Une telle interprétation pouvait contrevenir à l'esprit de la directive n° 2005/29/CE, dans la mesure où elle consisterait à fixer des critères préétablis concernant la déloyauté d'une vente avec primes. Cela semblait contourner toute analyse *in concreto* de la pratique pourtant prônée par la Commission européenne. On pouvait néanmoins estimer que le respect de ces critères d'exonération n'aboutissait qu'à créer une présomption de loyauté de ladite pratique. La loi n° 2014-344 du 17 mars 2014, dont résulte l'article L. 121-19, confirme l'analyse selon laquelle la licéité d'une vente avec primes doit s'apprécier au regard de son seul caractère déloyal et ce, nonobstant la nature et la valeur du bien offert à titre de prime. A ce titre, toute référence aux anciennes exceptions relatives aux objets identiques, d'une part, et aux menus objets ou services de faible valeur et aux échantillons, d'autre part, est gommée du texte. La loi de 2014 avait en revanche conservé la condition de respect de critères à remplir afin de satisfaire à des exigences environnementales, que la loi du 12 juillet 2010 avait formulées à propos des seuls menus objets distribués. L'ordonnance de recodification du 14 mars 2016 a pris le parti de ne pas reprendre les alinéas 2 et 3 de l'ancien article L. 121-35, lesquels concernaient les exigences environnementales et sanitaires à respecter pour les objets distribués, mais ils figurent désormais dans la partie réglementaire (art. R. 121-1).

Expressément visé par le troisième alinéa de l'article L. 121-19, l'article L. 312-1-2 (I, 2) du code monétaire et financier interdit, pour sa part, toute vente ou offre de vente de produit ou de prestation de services faite au client et donnant droit, à titre gratuit, à une prime financière ou en nature de produits, biens ou services dont la valeur est supérieure à un seuil fixé – en fonction du type de produit ou de service offert à la clientèle – par un règlement pris par arrêté du ministre chargé de l'économie (V. App., v° *Banques*). Depuis la réforme du crédit issue de la loi du 1er juillet 2010, seules sont concernées désormais par ce texte les ventes avec primes applicables aux produits et services proposés pour la gestion d'un compte de dépôt. ❑

Art. L. 121-19 Est interdite toute vente ou offre de vente de produits ou de biens ou toute prestation ou offre de prestation de services faite aux consommateurs et donnant droit, à titre gratuit, immédiatement ou à terme, à une prime consistant en produits, biens ou services dès lors que la pratique en cause revêt un caractère déloyal au sens de l'article L. 121-1.

Les dispositions du présent article s'appliquent à toutes les activités de production, de distribution et de services, y compris celles qui sont le fait de personnes publiques, notamment dans le cadre de conventions de délégation de service public.

Les règles relatives aux ventes avec primes applicables aux produits et services proposés pour la gestion d'un compte de dépôt sont fixées au 2 du I de l'article L. 312-1-2 du code monétaire et financier. – *[C. consom., art. L. 121-35, al. 1er, 4 et 5.]*
– V. App., v° Banques.
V. aussi art. R. 121-1.

Jurispr. antérieure à la L. n° 2014-344 du 17 mars 2014.

I. GÉNÉRALITÉS

1. Contrat principal. L'interdiction s'applique dans le cas où le client a, par contrat, un droit actuel et définitif à un objet déterminé. • Crim. 12 mai 1955 : *D. 1955. 486.*

2. Offre assortie d'une promesse de prime. La simple offre de produits ou de services, assortie de la promesse d'une prime, est pénalement répréhensible, même si aucun contrat n'est conclu par la suite. • Crim. 12 juill. 1961 : *Bull. crim. n° 337.*

3. Produits ou prestations indispensables. La vente avec prime se caractérise par l'incitation à l'achat consistant à attirer le client en lui offrant la perspective d'obtenir, avec un produit ou un service acquis à titre onéreux, un autre objet ou un autre service remis gratuitement ou à des conditions avantageuses. La prime, pour constituer une incitation à l'achat, doit viser un produit ou un service que l'on peut désirer pour lui-même, et que l'on acquiert d'ordinaire à titre onéreux. Le port ou la livraison d'un produit n'a pas de caractère marchand autonome par rapport à ce produit ; dès lors il ne constitue pas un service distinct et détachable de la vente du produit, sa gratuité ne saurait donc constituer une prime. • Paris, 9 avr. 2009 : *D. 2009. AJ 1534* ; *Lettre distrib. juill.-août 2009, p. 3.* ♦ ... Rendu sur renvoi d'un arrêt de cassation ayant jugé que la prise en charge par le vendeur du coût afférent à l'exécution de son obligation de délivrance du produit vendu ne constitue pas une prime au sens du code de la consommation. • Com. 6 mai 2008 : *Bull. civ. IV, n° 97; D. 2008. 2186, note Feldman* ; *ibid. AJ 1474, obs. Rondey* ; *RTD com. 2009. 200, obs. Bouloc* ; *JCP E 2008, n° 28-29, p. 25, note Prieur; JCP 2008. Act. 342, obs. Derieux; CCC 2008, n° 251, obs. Raymond; LPA 2 juill. 2009, obs. Bénilsi et Mainguy; CCE 2008, n° 93, obs. Debet; RJDA 2008, n° 954; RDC 2008. 1222, obs. Fenouillet; RDC 2009. 147, obs. Pimont.* ♦ Contra et cassant l'arrêt jugeant que le transport consistant à la mise à disposition de l'acheteur du produit considéré et étant, à ce titre, nécessairement antérieur à l'utilisation de celui-ci, le vendeur ne peut soutenir, pour bénéficier des dérogations de l'art. R. 121-9 [ancien] C. consom., que le transport constituait un service indispensable à l'utilisation normale du produit, et donc, exclusif de toute qualification de prime. • Paris, 23 mai 2007 : *D. 2007. 2311, note Feldman* ; *D. 2008. Pan. 253, obs. Picod* ; *JCP E 2008, n° 3, p. 18, obs. Alma-Delettre; CCC 2007, n° 292, obs. Raymond; CCE 2007, n° 110, obs. Debet* • TGI Versailles, 11 déc. 2007 : *CCE 2008, n° 22, obs. Debet; RLDA févr. 2008. 58, obs. Anadon; RLC avr.-juin 2008. 104, obs. Arcelin-Lécuyer.* ♦ Ne sont pas considérés comme des primes les biens, produits ou prestations indispensables à l'utilisation normale du produit, bien ou service faisant l'objet de la vente, à condition que le prix de ce dernier ne soit pas inférieur au seuil de la revente à perte (à propos de l'offre de l'abonnement à l'acheteur d'un téléphone mobile). * Rép. min. n° 34906 : *JOAN Q 6 mai 1996, p. 2494.* ♦ Et il n'y a pas de revente à perte lorsque le deuxième produit est offert pour un franc dès lors que globalement l'opération n'est pas inférieure au prix de revient (opération combinant un abonnement au réseau internet et la fourniture de modem) : • Crim. 7 mai 2002 : *Bull. crim. n° 109; D. 2002. AJ 2050 et les obs.* ; *CCC 2002, n° 166, obs. Raymond; JCP 2003. I. 103, n° 15, obs. Robert; RTD com. 2002. 738, obs. Bouloc* ; *RJDA 2003, n° 197.* – V. aussi Serinet, *D. 2002. Chron. 3252*. – V. C. com., art. L. 442-2 et les notes ss. C. com., art. L. 442-4, App., v° *Prix.*

4. Remise. Sur la distinction entre une prime illicite et une réduction de prix, V. • Com. 24 oct. 2000 : *BRDA 2000, n° 21, p. 13.*

5. Droit communautaire. BIBL. Wilhelm et Ferchiche, *CCC 2009. Étude 8* (le sort des ventes subordonnées et des ventes avec primes en droit français après l'arrêt du 23 avr. 2009). ♦ La Dir. 2005/29/CE du 11 mai 2005, relative aux pratiques commerciales déloyales des entreprises vis-à-vis des consommateurs, doit être interprétée en ce sens qu'elle s'oppose à une réglementation nationale qui, sauf certaines exceptions et sans tenir compte des circonstances spécifiques du cas d'espèce, interdit toute offre conjointe faite par un vendeur à un consommateur. • CJCE 23 avr. 2009 : *cité note 21 ss. art. L. 121-11.* ♦ V. la rédaction du 1er al. de l'art. L. 121-19, *in fine.*

II. DESTINATAIRE DE LA PRIME

6. Parrainage. La L. du 20 mars 1951 [C. consom., art. L. 121-19] ne prohibe que la prime attribuée au cocontractant du vendeur ou du prestataire ; elle n'interdit pas le cadeau fait à la personne qui parraine un nouvel acheteur. • Versailles, 23 janv. 1980 : *D. 1980. 262, note Hémard.*

7. Enquêteur. Même solution s'agissant du cadeau à une personne qui effectue une enquête. • Versailles, 28 avr. 1982 : *RTD com. 1982. 607, obs. Hémard et Bouloc.*

8. Partenaires commerciaux. L'Ord. de 1986 [C. consom., art. L. 121-19] interdit seulement la prime offerte au consommateur ; la prime offerte à un fabricant ou à un revendeur ne tombe donc pas sous le coup de l'interdiction. * Rép. min. : *JOAN Q 21 nov. 1988, p. 3329.*

9. Nombre restreint de destinataires. Il n'importe, pour l'application de l'art. L. 121-35 [L. 121-19], que l'attribution de la prime à laquelle donne droit la vente soit limitée à un nombre restreint de consommateurs. • Crim. 5 avr. 1995 : *Bull. crim. n° 151.*

III. BIENS OU SERVICES OFFERTS EN PRIME

10. Remise en espèces. Sous l'empire de la L. de 1951, l'interdiction s'appliquait lors même que « l'option serait laissée au bénéficiaire d'obtenir une remise en espèces » (disposition non reprise dans l'Ord. de 1986). • Paris, 13 mars 1968 : *D. 1969. 185, note Schmidt.*

11. Primes interdites. Tombent sous le coup de la loi l'offre d'un cyclomoteur à tout acheteur d'une automobile. • Crim. 16 mai 1973 : *D. 1973. 602, note Robert.* ♦ ... L'offre d'une vidange gratuite pour tout changement d'échappement. • T. com. Nanterre, 6 mars 1991 : *Gaz. Pal. 1991. 2. 639, note Guyot-Sionnest.* ♦ ... Ou l'achat d'un bidon d'huile : • TI Dreux, 7 juin 2002 : *Rev. conc. consom. 2004, n° 138, p. 7.* ♦ ... L'opération promotionnelle consistant en l'attribution par tirage au sort de deux billets d'avion vers une destination à choisir par les gagnants, les frais de séjour dans les hôtels sélectionnés par l'organisateur restant à leur charge. • Rennes, 14 janv. 1993 : *RJDA 1993, n° 849.* ♦ ... L'offre d'une cuillère doseur ou d'une cuillère dorée à l'or fin, par une société de vente par correspondance, aux acheteurs de certaines catégories de café. • Douai, 8 juin 1993 : *BID 1994, n° 11, p. 28.* ♦ ... L'offre d'un appareil photo jetable aux acheteurs de trois pellicules. • Nancy, 15 oct. 1996 : *CCC 1997, n° 142, obs. Raymond; BID. 1997, n° 11, p. 32.* ♦ ... Le jeu-concours, organisé par une grande surface, consistant à offrir des bons d'achat de 500 F à 1 500 F aux trois personnes ayant acheté le plus grand nombre de produits portant une certaine mention. • TGI Pontoise, 6 juill. 1994 : *RJDA 1994, n° 1380.* ♦ ... L'offre, aux cent premiers acheteurs d'une batterie de cuisine, d'une montre d'une valeur de 850 F. • Crim. 5 avr. 1995 : *préc. note 9.* ♦ Justifie légalement sa décision la cour d'appel qui, pour condamner une société pour avoir méconnu l'interdiction de vente à prime de livres édictée par la L. n° 81-766 du 10 août 1981 (V. art. 6 de cette loi, App., v° *Livres*), retient que les bons d'achat de la société pouvaient donner lieu à la remise gratuite ou à des conditions avantageuses d'un autre objet ou d'un service lors d'un second achat, de sorte que le bon d'achat constituait un avantage définitivement acquis lors de la première vente, quand bien même son obtention se trouvait différée, et qu'il n'était pas seulement destiné à être imputé sur le prix d'autres biens. • Com. 20 nov. 2007 : *Bull. civ. IV, n° 252; D. 2008. Pan. 253, obs. Picod ; ibid. AJ 9, obs. Rondey ; RTD com. 2008. 408, obs. Bouloc ; JCP E 2008, n° 14, p. 23, note Mainguy et Bénilsi; RJDA 2008, n° 580; RLC avr.-juin 2008. 104, obs. Arcelin-Lécuyer.*

12. *Prime différée/prime autopayante.* En ce sens que, l'attribution d'une prime autopayante doit s'analyser, quelle que soit la qualification retenue par les parties, en un contrat de vente, peu important que cette vente soit consécutive à la conclusion préalable d'un autre contrat, V. • Versailles, 28 janv. 1999 : *D. 1999. IR 71 ; D. Affaires 1999. 449, obs. E. P.; Cah. dr. entr. 1999, n° 2, p. 36, note Genty et Becquart; LPA 8 nov. 1999, obs. Etner*, confirmé par • Com. 29 janv. 2002 : *D. 2002. AJ 885, obs. Chevrier ; LPA 3 juill. 2003, obs. Etner; RJDA 2002, n° 696.* ♦ Sur la distinction entre la *prime différée* (produit ou service gratuit pour l'acheteur qui a cumulé un nombre suffisant de preuves d'achat), illicite, et la *prime autopayante* (proposition d'un article à prix avantageux à tout acheteur d'un produit d'une autre marque), licite, V. • Paris 3 mars 1992 : *CCC 1992, n° 169, obs. Raymond* • T. com. Paris, 26 juill. 1995 : *RJDA 1996, n° 139.* ♦ Le fait de vendre deux produits, l'un à prix « normal » et l'autre au prix symbolique de 1 F (0,15 €), ne constitue pas une vente avec prime illicite, la vente du produit principal ne donnant pas droit à une prime remise « à titre gratuit », interdite par l'art. L. 121-35 [L. 121-19], texte de nature pénale et par conséquent d'interprétation stricte. * Rép. min. n° 15532 : *JOAN Q 16 nov. 1998, p. 6306.*

13. *Prime payante.* L'offre de temps de communication gratuit à l'occasion d'un nouvel abonnement s'analyse en une prime payante pour un service identique à celui du contrat principal; une telle prime n'est pas prohibée par le code de la consommation. • T. com. Nanterre, 6 févr. 2004 : *CCC 2004, n° 117, obs. crit. Raymond.*

IV. RESPONSABILITÉ DES DIRIGEANTS

14. *Personne responsable.* Le champ d'application de la réglementation des ventes avec primes s'étend à tout producteur qui propose un produit au consommateur, fût-ce par l'intermédiaire d'un revendeur. • Com. 11 mars 2003 : *JCP E 2003, n° 20, p. 832; CCC 2003, n° 119, obs. Raymond; Gaz. Pal. 2004. Somm. 4055, obs. Boulet; RJDA 2003, n° 889.*

15. *Délégation.* Sur la validité d'une délégation écrite, incluse dans le contrat de travail d'un chef de rayon, et exonérant le directeur de la grande surface de la responsabilité pénale encourue pour infraction aux dispositions de l'art. L. 121-35 [L. 121-19] (offre d'une hotte pour l'achat d'appareils de cuisine), V. • Agen, 17 févr. 1994 : *CCC 1995, n° 97, obs. Raymond.* ♦ Sur la délégation de pouvoirs, V. Dreyer, *D. 2004. 937* (les pouvoirs délégués afin d'exonérer pénalement le chef d'entreprise).

SECTION IX LOTERIES PUBLICITAIRES

DALLOZ RÉFÉRENCE *Droit de la publicité et de la promotion des ventes*, par Fabre, Bonnet-Desplan, Sermet et Genty, *2014/2015, 4e éd.*

BIBL. GÉN. ▶ Ristori-Maria, *Gaz. Pal. 1995. 2. Doctr. 1076.* – Lambert, *RJ com. 1995. 213.* – Fabre et J.-M. Mousseron, *Cah. dr. entr. 1995, n° 6, p. 37.* – Devésa, *ibid. 1996, n° 3, p. 21.* – Delga, *Gaz. Pal. 1996. 1. Doctr. 576* (loteries avec prétirage). – Daille-Duclos, *ibid. 1996. 2. Doctr. 840.* – Lecourt, *JCP 1999. I. 155.* – Autem, *CCC 1999. Chron. 11* (fondement pour la responsabilité des sociétés de vente par correspondance en matière de loterie avec prétirage). – Le Tourneau et Zabalza, *CCC 2002. Chron. 22* (le réveil des quasi-contrats à propos des loteries publicitaires). – Brun, *Études Calais-Auloy, Dalloz, 2004, p. 191* (foire aux qualifications). – Tchendjou, *Mélanges Aubert, Dalloz, 2005, p. 311* (responsabilité civile des organisateurs de loteries publicitaires). – DUTOIT, *Mélanges Serra, Dalloz, 2006, p. 145* (le consommateur face aux promesses de gain non tenues : quel tribunal est compétent ?). – FENOUILLET, *RDC 2007. 788* (loteries publicitaires : pour un droit efficace !). – BENOÎT et COMERT, *RJDA 2010. 559* (requiem pour le droit national des promotions ?). – BURGARD, *LPA 5 nov. 2010* (loteries publicitaires : le nouveau visage du quasi-contrat ?). – BERNHEIM-DESVAUX, *CCC 2011. Formule 2* (clause d'attribution des gains dans les loteries publicitaires). – PETIT, *D. 2013. 2649* (loteries publicitaires : d'un assouplissement à l'autre ?).

▸ L. n° 2011-525 du 17 mai 2011 : VOISSET et DUPERRAY, *LPA 5 avr. 2011* (promotion des ventes : entre réforme *a minima* et attentisme, l'insécurité juridique subsiste). – PETIT, *LPA 23 mai 2011* (promotion des ventes : une loi de simplification pour tout compliquer !). – FALKMAN, *CCC 2011. Alerte 64* (avancée juridique ou casse-tête à venir ?). – TITONE et DARY, *RLDA oct. 2011. 46* (le protectionnisme français à l'épreuve du libéralisme communautaire).

▸ L. n° 2014-1545 du 20 déc. 2014 : E. PETIT, *D. 2015. Actu. 373* (loteries publicitaires : nouveau régime). – COMERT, *BRDA 2015, n° 3, p. 19* (organisation des loteries commerciales après la L. du 20 déc. 2014).

COMMENTAIRE

I. DOUBLE PRÉVENTION

Le régime des loteries publicitaires, tel que nous le connaissions avant la loi n° 2014-344 du 17 mars 2014 relative à la consommation, était complexe dans la mesure où il était régi par deux textes – la loi du 21 mai 1836 portant prohibition des loteries et l'article L. 121-36 de l'ancien code de la consommation (repris à l'art. L. 121-20 depuis la recodification opérée par l'Ord. du 14 mars 2016). Or l'articulation de ces deux textes était assez confuse.

D'une part, la loi du 21 mai 1836, qui n'a jamais été codifiée dans le code de la consommation, trouvait son siège, depuis l'ordonnance n° 2012-351 du 12 mars 2012, dans le code de la sécurité intérieure. Les articles L. 322-1 et L. 322-2 de ce code réputaient loteries et interdisaient comme telles les ventes d'immeubles, de meubles ou de marchandises effectuées par la voie du sort, ou auxquelles avaient été réunis des primes ou autres bénéfices dus, même partiellement, au hasard, et généralement toutes opérations offertes au public, sous quelque dénomination que ce fût, pour faire naître l'espérance d'un gain qui serait acquis par la voie du sort (V. ce texte, ss. art. L. 121-41). Étaient exonérées par les articles L. 322-3 à L. 322-6 du code de la sécurité intérieure les loteries d'objets mobiliers exclusivement destinées à des actes de bienfaisance, les loteries proposées au public à l'occasion, pendant la durée et dans l'enceinte des fêtes foraines.

D'autre part, l'article 5 de la loi n° 89-421 du 23 juin 1989 était, quant à lui, codifié aux articles L. 121-36 et suivants de l'ancien code de la consommation. Avant la loi du 17 mars 2014, le texte visait les *opérations publicitaires* réalisées *par voie d'écrit* tendant à faire naître l'espérance d'un gain attribué à chacun des participants, quelles que fussent les modalités de tirage au sort. Le texte disposait que de telles opérations ne pouvaient être pratiquées que si elles n'imposaient aux participants *aucune contrepartie financière ni dépense* sous quelque forme que ce fût. L'interdiction concernait expressément les loteries publicitaires dans lesquelles les participants sélectionnés avaient l'assurance de gagner un lot d'une valeur variable en fonction du classement des participants. Mais la jurisprudence avait étendu son champ d'application à toutes les loteries publicitaires. La Cour de cassation avait ainsi jugé que l'article L. 121-36 de l'époque n'était pas limité aux seules loteries prévoyant autant de lots que de participants (Crim. 30 oct. 1995 et 1er oct. 1997 : *cités note 1 ss. art. L. 121-20*).

Or, dans un premier temps, la législation allemande (similaire à la nôtre) interdisant de soumettre la participation à un jeu à l'acquisition d'un bien ou d'un service ayant été déclarée non conforme à la directive de 2005 sur les pratiques déloyales, laquelle se veut d'harmonisation totale (CJUE 14 janv. 2010 : *cité note 2 ss. art. L. 121-20*), la loi du 17 mai 2011 était venue satisfaire à ces nouvelles exigences. Sans modifier l'alinéa 1er de l'article L. 121-36 de l'ancien code de la consommation, elle avait ajouté un deuxième alinéa indiquant que « lorsque la participation à cette opération est conditionnée à une obligation d'achat, la pratique n'est illicite que dans la mesure où elle revêt un caractère déloyal au sens de l'article L. 120-1 [ancien] ».

Cette retouche laissait cependant subsister des difficultés d'articulation entre les deux codes susmentionnés : dans la mesure où le code de la sécurité intérieure posait un principe général d'interdiction de toute loterie, on pouvait légitimement considérer que l'article L. 121-36 de l'ancien code de la consommation constituait une exception à ce principe, qu'il convenait, à ce titre, d'interpréter strictement. Or, lors des discussions portant sur le projet de loi relative à la consommation, il avait été relevé qu'un tel double régime encadrant les loteries commerciales était particulièrement complexe tant pour les consommateurs que pour les professionnels concernés et que, dès lors, il devenait urgent d'opérer une clarification de ces dispositions.

II. LOI DU 17 MARS 2014, MODIFIÉE

La loi n° 2014-344 du 17 mars 2014 relative à la consommation est venue, à ce titre, simplifier et clarifier cette réglementation en modifiant la rédaction tant de l'article L. 121-36 de l'ancien code de la consommation que de l'article L. 322-2 du code de la sécurité intérieure.

D'une part, le champ d'application du texte consumériste a été élargi à toutes les loteries à caractère publicitaire ou promotionnel, qu'elles soient ou non réalisées par voie d'écrit et qu'elles prévoient ou non l'organisation d'un tirage au sort. En d'autres termes, les loteries publicitaires non conditionnées à une obligation d'achat demeurent, comme autrefois, licites ; quant aux loteries publicitaires liées à un achat, elles sont par principe licites, sauf si elles présentent un caractère déloyal.

D'autre part, le champ d'application de l'article L. 322-2 du code de la sécurité intérieure a été modifié en ce qu'il se trouve, par le jeu de l'article L. 121-36 de l'ancien code de la consommation, amputé de toutes les loteries publicitaires sans exception. Tombent en revanche, désormais, dans son champ tous les jeux d'argent et de hasard ou d'adresse dans le cadre desquels l'espérance de gain est due, même partiellement, au hasard (casino, poker, etc.), quand bien même le règlement du jeu prévoirait un remboursement ultérieur des frais de participation (CSI, art. L. 322-2-1). Cette modification devrait ainsi permettre de lutter contre la « recrudescence de jeux s'apparentant à des loteries et qui permettent à ceux qui s'y adonnent, après avoir acquitté une participation théoriquement remboursable, d'espérer un gain très substantiel, le plus souvent en nature (voiture, maison, appartement…) » (ARJEL, rapport d'activité 2012). Afin de parfaire l'articulation du texte avec la législation consumériste, l'article L. 322-2-2 du code de la sécurité intérieure exclut clairement de son champ d'application les loteries publicitaires, par un renvoi, aujourd'hui, à l'article L. 121-20 ; ce qui signifie que ce dernier constitue une dérogation aux dispositions de l'article L. 322-2 du code de la sécurité intérieure en ce qui concerne les loteries. Par ailleurs, l'article L. 322-3 du même code prévoit que « sont exceptées des dispositions des articles L. 322-1 et L. 322-2 les loteries d'objets mobiliers exclusivement destinées à des actes de bienfaisance, à l'encouragement des arts ou au financement d'activités sportives à but non lucratif, lorsqu'elles ont été autorisées par le maire de la commune où est situé le siège social de l'organisme bénéficiaire et, à Paris, par le préfet de police ».

Dans sa version issue de la loi n° 2014-1545 du 20 décembre 2014, l'article L. 121-36 de l'ancien code de la consommation ne vise plus que les pratiques commerciales mises en œuvre « à l'égard des consommateurs » (formulation reprise par l'art. L. 121-20), alors que la loi du 17 mars 2014 visait « toute opération promotionnelle tendant à faire naître l'espérance d'un gain ». Se trouvant exclues de l'harmonisation opérée par la directive du 11 mai 2005, les loteries publicitaires s'adressant à des professionnels devraient donc logiquement rester soumises à l'interdiction des loteries de toute espèce posée par l'article L. 322-2 du code de la sécurité intérieure : selon l'article L. 322-2-2 de ce code, l'interdiction ne recouvre pas les opérations publicitaires mentionnées au code de la consommation, dont le champ d'application est désormais restreint.

III. SANCTIONS : RÉÉCRITURES SUCCESSIVES, ABROGATION

Avant la loi du 17 mars 2014, tant le code de consommation que le code de la sécurité intérieure prévoyaient des sanctions pénales délictuelles assez lourdes et dont les grandes différences de quantum accroissaient les difficultés d'articulation entre les deux textes. La loi du 17 mars 2014 avait, par la suite, prévu que l'article L. 121-41 de l'ancien code de la consommation était le seul à s'appliquer : tout manquement était passible d'une amende administrative dont le montant ne pouvait excéder 15 000 € pour une personne physique et 75 000 € pour une personne morale.

La loi n° 2014-1545 du 20 décembre 2014 relative à la simplification de la vie des entreprises et portant diverses dispositions de simplification et de clarification du droit et des procédures administratives a mis fin à la parenthèse de la loi du 17 mars 2014. En effet, elle a supprimé l'essentiel des dispositions de la section consacrée aux loteries publicitaires en abrogeant les articles L. 121-36-1 à L. 121-41 de l'ancien code de la consommation. Quant à l'article L. 121-36 de l'ancien code de la consommation, il était rédigé de la façon suivante : « les pratiques commerciales mises en œuvre par les professionnels à l'égard des consommateurs [formulation plus restrictive qu'auparavant], sous la forme d'opérations promotionnelles tendant à l'attribution d'un gain ou d'un avantage de toute nature par la voie d'un tirage au sort, quelles qu'en soient les modalités, ou par l'intervention d'un élément aléatoire, sont licites dès lors qu'elles ne sont pas déloyales au regard de l'article L. 120-1 ». Ainsi réécrit, le texte se mettait au diapason de la jurisprudence de la Cour de justice de l'Union européenne, laquelle a estimé que toute législation nationale interdisant ou encadrant des pratiques commerciales ne figurant pas dans l'annexe de la directive du 11 mai 2005, relative aux pratiques commerciales déloyales des entreprises vis-à-vis des consommateurs, devait être considérée comme non conforme à cette directive (CJUE 10 juill. 2014 : *cité note 1 ss. art. 2 de l'Arr. du 31 déc. 2008, App., vº Prix [publicité]*).

On observera que les dispositions relatives aux pratiques trompeuses trouveront notamment à s'appliquer chaque fois que la loterie comporte des présentations fausses ou pouvant induire en erreur (V. antérieurement, en cas de publicité trompeuse : Crim. 8 mars 1990 : *cité note 13 ss. art. L. 121-2*), ce qui est souvent le cas de loteries offrant un gros lot figurant en face du nom du destinataire et indiquant que le client est gagnant.

IV. RECOURS AU QUASI-CONTRAT POUR OBTENIR LA DÉLIVRANCE DES LOTS

En droit commun des obligations, des sanctions civiles existent. Les juges ont ainsi retenu la responsabilité délictuelle des organisateurs de loteries ou leur engagement unilatéral de volonté ou encore leur responsabilité contractuelle. Or, depuis deux décisions du 6 septembre 2002, plusieurs fois réitérées, la Cour de cassation, réunie en chambre mixte, a estimé, sous le visa de l'ancien article 1371 du code civil, que l'organisateur d'une loterie qui annonce un gain à une personne dénommée sans mettre en évidence l'existence d'un aléa s'oblige, par ce fait purement volontaire, à le délivrer (Cass., ch. mixte, 6 sept. 2002 : *cité note 7 ss. art. L. 121-20*). Ce recours à la théorie des quasi-contrats est pourtant contestable (V. Picod, Droit de la consommation, *Sirey U, sept. 2015, 3e éd., nº 206*). ❑

Art. L. 121-20 Dès lors qu'elles sont déloyales au sens de l'article L. 121-1, sont interdites les pratiques commerciales mises en œuvre par les professionnels à l'égard des consommateurs, sous la forme d'opérations promotionnelles tendant à l'attribution d'un gain ou d'un avantage de toute nature par la voie d'un tirage au sort, quelles qu'en soient les modalités, ou par l'intervention d'un élément aléatoire. – *[C. consom., art. L. 121-36.]*

Jurispr. antérieure à la L. du 20 déc. 2014.

1. *Espérance d'un gain.* BIBL. Benoît et Delbarre, *BRDA 1996, nº 4, p. 15.* ♦ N'entrent pas seulement dans les prévisions de l'art. L. 121-36 [L. 121-20] les loteries dans lesquelles chaque participant gagne un lot. • Crim. 30 oct. 1995 : *Bull. crim. nº 334; D. 1996. IR 33; Gaz. Pal. 1996. 2. 440, note Misse* • 1er oct. 1997 : *Bull. crim. nº 323; D. Affaires 1997. 1417; D. 1997. IR 257; CCC 1998, nos 13 et 124, obs. Raymond; BID 1998, nº 4, p. 52; Gaz. Pal. 1998. 1. Chron. 20, par Doucet.* ♦ V. aussi Rép. min. nº 2220 : *JOAN Q 23 sept. 2002; BID 2002, nº 10, p. 42.*

2. *Participation financière.* La Dir. 2005/29/CE du 11 mai 2005 relative aux pratiques commerciales déloyales doit être interprétée en ce sens qu'elle s'oppose à une réglementation nationale, telle que celle en cause au principal (loi allemande), qui prévoit une interdiction de principe, sans tenir compte des circonstances spécifiques du cas d'espèce, des pratiques commerciales faisant dépendre la participation des consommateurs à un concours ou à un jeu promotionnels de l'acquisition d'un bien ou d'un service. • CJUE 14 janv. 2010 : *D. 2010. Pan. 791, obs. Sauphanor-Brouillaud; RTD eur. 2010. 715, obs. Aubert de Vincelles; JCP E 2010, nº 1044; Gaz. Pal. 2010. 1043, obs. Pezé; CCC 2010, nº 84, obs. Raymond; RJDA 2010, nº 300; Dr. et proc. 2010. 115, note de la Asuncion Planes; RLDA avr. 2010. 37, note Grall et Camilleri; RDC 2010. 1290, note Aubert de Vincelles; Europe 2010, nº 120, obs. Meister.* – V. aussi Razavi et Falkman, *CCC 2010. Alerte 22* (ventes subordonnées, ventes avec primes et loteries sont-elles désormais licites par principes ?). ♦ La possibilité de participer à un jeu-concours doté d'un prix, liée à l'achat d'un journal, ne constitue pas une pratique commerciale déloyale au sens de l'art. 5, § 2, de la Dir. 2005/29/CE, du seul fait que cette possibilité de participer à un jeu représente, au moins pour une partie des consommateurs concernés, le motif déterminant qui les a incités à acheter ce journal. • CJUE 9 nov. 2010 : *D. 2011. Pan. 975, obs. Sauphanor-Brouillaud; RTD eur. 2011. 630, obs. Aubert de Vincelles; CCC 2011, nº 21, obs. Raymond; Gaz. Pal. 2011. 952, obs. S. Piedelièvre; Dr. et proc. févr. 2011, Cah. dr. consom., p. 5, obs. De la Asuncion Planes; RDLC 2011, nº 1, p. 127, obs. Roberval; Europe 2011, nº 30, obs. Idot.*

En ce sens que les dépenses exposées pour entrer en possession de ce qui n'est qu'une libéralité n'entrent pas dans le champ d'application de l'art. L. 121-36 [L. 121-20], dès lors qu'elles ne sont pas exigées pour participer au tirage, mais déboursées volontairement et postérieurement au tirage, V. • Paris, 9 mars 1995 : *CCC 1995, n° 158, obs. crit. Raymond.* ♦ Pour la condamnation d'une entreprise de vente par correspondance, organisatrice d'une loterie avec prétirage, qui indiquait dans ses documents publicitaires des mentions s'analysant en une invitation pressante à passer plusieurs commandes, mais n'imposant toutefois aux participants aucune contrepartie financière, V. • Paris, 16 nov. 1999 : *BRDA 2000, n° 3, p. 10.* ♦ Pour une ambiguïté liée à la question de savoir si le gain d'un ordinateur était ou non soumis à la souscription d'un contrat d'abonnement à internet, V. • TGI Paris, 27 avr. 2001 : *Gaz. Pal. 2003. Somm. 1974, obs. Vray.* ♦ Les opérations publicitaires réalisées par voie d'écrit qui tendent à faire naître l'espérance d'un gain, acquis par voie de tirage au sort, ne peuvent être pratiquées que si elles n'imposent aux participants aucune contrepartie financière ni dépense sous quelque forme que ce soit (rendu sur le fondement de l'art. L. 131-36 [L. 121-20] dans sa rédaction alors en vigueur). • Com. 20 janv. 2015 : *BICC 1er mai 2015, n° 528 ; Dalloz actualité, 17 févr. 2015, obs. Delpech ; D. 2015. Actu. 260*.

3. Bulletin de participation distinct. L'appréciation du caractère distinctif des documents relève du pouvoir souverain du juge du fond. • Crim. 5 avr. 1995 : *Bull. crim. n° 151* (V. l'arrêt confirmé : • Paris, 10 mars 1994 : *CCC 1994, n° 232, obs. Raymond*) • Crim. 30 oct. 1995 : *préc. note 1* • Crim. 14 nov. 2000 : *BID 2001, n° 11, p. 15.* – V. aussi • T. corr. Paris, 9 janv. 1998 : *RJDA 1998, n° 654 ; Gaz. Pal. 1998. 1. Somm. 346, obs. Pezé.*

En ce sens que le bon de commande ne doit pas nécessairement être séparé du bulletin de participation, qu'ils peuvent figurer sur une même page à condition qu'il soit clairement indiqué que la participation au jeu n'est pas subordonnée à une commande, V. • Crim. 5 oct. 1995 : *BID 1998, n° 9, p. 47.* ♦ V. aussi, jugeant qu'il n'est pas nécessaire que le bon de participation soit séparé du bon de commande d'une façon matérielle, ni qu'un prédécoupage soit effectué : • Paris, 30 juin 1995 : *RJDA 1996, n° 434* • 6 nov. 1996 : *D. Affaires 1997. 407.* ♦ *Contra* : • Paris, 12 sept. 1994 : *INC Hebdo, n° 871, p. 12.* ♦ Jugeant le délit établi dès lors que le bon de commande et le bon de participation figurent sur le même feuillet, ce dernier mentionne qu'il convient, pour plus de sécurité, de renvoyer l'intégralité de la page : • Crim. 20 nov. 2012 : *Gaz. Pal. 2013. 461, obs. Dreyer.*

4. Loterie à « double entrée ». Les loteries à « double entrée » offrant cumulativement, au choix du consommateur, deux accès de participation, l'un gratuit (bon de participation remis gratuitement sur demande), l'autre onéreux (bon de participation dans le conditionnement d'un produit ou lié à un achat), ne peuvent être considérées comme illicites. • Paris, 14 nov. 2003 : *Gaz. Pal. 2004. Somm. 1345, obs. Elsen ; ibid. 3988, obs. Pezé ; BRDA 2004, n° 5, p. 12 ; Lettre distrib. mars 2004, p. 4.* ♦ Il n'est nullement exigé une égalité des conditions d'accès entre la voie gratuite et la voie payante, laquelle est par nature impossible à définir, mais un accès réel et effectif à la voie gratuite permettant de bénéficier d'une équivalence de chance de gain. • Même arrêt. ♦ Le fait que l'accès gratuit n'ait été ouvert qu'à raison d'une possibilité de jeu par personne et par semaine ne peut suffire à rendre inégalitaire cette voie d'accès, étant observé que l'organisateur démontre que la fréquentation moyenne de ses établissements est d'environ une fois toutes les quatre semaines. • Même arrêt.

5. Document trompeur. En présentant de façon affirmative la simple éventualité du gain d'un lot important, une société de vente par correspondance commet une faute de nature à engager sa responsabilité, dès lors qu'il est justifié que le destinataire de cette information a subi un préjudice constitué par la personnalisation du document envoyé et la vaine croyance dans l'acquisition d'une somme importante. • Civ. 2e, 3 mars 1988 : *Bull. civ. II, n° 57 ; D. 1988. Somm. 405, obs. Aubert.* ♦ V. aussi, pour une omission de porter à la connaissance des participants certaines clauses du règlement, • Civ. 2e, 18 déc. 1996 : *Bull. civ. II, n° 307 ; D. Affaires 1997. 407.* ♦ ... Pour un document ne mentionnant un pré-tirage qu'au recto, en caractères infimes et dans un texte confus et sur plusieurs lignes, • Crim. 4 déc. 2001 : *BID 2001, n° 10, p. 29.* ♦ ... Pour une confusion volontairement entretenue entre les deux sens du mot « règlement », le destinataire étant persuadé recevoir le règlement du gain annoncé et non le règlement du jeu, • Paris, 7 avr. 2006 : *JCP 2006. IV. 2088.* ♦ Pour d'autres exemples, V. • Paris, 7 mars 1997 : *Gaz. Pal. 1997. 2. 408, obs. Vray* • 27 juin 1997 : *D. Affaires 1997. 1112* • Versailles, 11 janv. 1996 : *RJDA 1996, n° 563* • Caen, 24 mars 1998 : *JCP E 1998, n° 39, p. 1477* • TGI Paris, 13 nov. 2000 : *BID 2002, n° 2, p. 9* • Bordeaux, 11 mai 2007 : *JCP 2007. IV. 3195.* ♦ V. aussi, pour : un document ne faisant pas allusion à une quelconque division du gain annoncé entre divers attributaires, • Civ. 2e, 28 juin 1995 : *Bull. civ. II, n° 225 ; D. 1996. 180, note Mouralis ; CCC 1995, n° 195, note Raymond.* ♦ ... Un document trompeur quant au lot gagné, • Dijon, 12 mai 1995 : *JCP 1996. IV. 174* • Civ. 2e, 14 janv. 1998 : *Rev. huiss. 1998. 1127, obs. Bazin.* ♦ Comp : • Paris, 6 nov. 1996 : *préc. note 3.* ♦ Pour une appréciation *in concreto*, tenant compte du caractère « averti » du consommateur, V. • Aix-en-Provence, 30 avr. 1997 : *BID 1998, n° 2, p. 19.* ♦ V., considérant que le consommateur moyen ne peut plus être considéré comme l'homme actif, instruit, diligent, ainsi qu'était le « bon père de famille » dans le code Napoléon, mais comme un être plus vulnérable auquel doivent être présentés de façon claire tous les termes du marché et tous les risques auxquels il s'expose : • Bourges, 5 oct. 1998 : *Gaz. Pal. 23-27 mai 1999, p. 33, obs. Pezé.* ♦ Sur l'obligation pour le destinataire de documents invitant à la participation à une loterie, de lire l'ensemble des documents reçus et notamment les règlements de jeux, V. • Dijon, 8 déc. 1998 : *BICC 1999, n° 862; Gaz. Pal. 30 janv.-1er févr. 2000, p. 9, obs. Peisse; JCP 1999. IV. 3092.*

Bien qu'aucun texte n'interdise de mettre en œuvre deux loteries en même temps, cette dualité crée un risque de confusion qui, dès lors que celle-ci est entretenue, ne peut résulter du hasard et relève de la malhonnêteté au moins intellectuelle, constituant ainsi une faute. • Toulouse, 15 déc. 1997 : *JCP 1998. IV, n° 2043.* ♦ Le fait de qualifier de gros chèque mis en jeu, un chèque d'un montant dérisoire, relève de l'abus de langage et par conséquent de la malhonnêteté. • Même arrêt. ♦ Il ne peut être reproché à une société, qui organise des loteries dans un but promotionnel, d'utiliser des titres et des phrases accrocheurs, des termes grandiloquents, des annonces fracassantes, de gros caractères d'imprimerie, des photographies et des lettres de couleur, éléments qui sont inhérents à ce type de jeu. • Douai, 12 sept. 2011 : *CCC 2012, n° 30, obs. Raymond; Gaz. Pal. 2012. 2384, obs. Greffe.* ♦ Pour un arrêt retenant la responsabilité délictuelle d'un vendeur par correspondance ayant présenté à son client de façon affirmative et délibérément trompeuse la simple éventualité de gain d'un lot important qui ne constituait qu'un événement hypothétique, V. • Paris, 18 juin 1999 : *D. 1999. AJ 4, obs. C. R.; JCP 2000. II. 322, note Psaume.*

Pour une loterie publicitaire annoncée par l'envoi d'un document intitulé « Notification officielle » adressé à chaque destinataire sous une enveloppe à en-tête de la « Trésorerie générale », V. • Crim. 18 févr. 1998 : *Bull. act. Lamy droit économique, mai 1998, p. 7.*

6. Préjudice. Le préjudice moral du consommateur est constitué par la profonde déception qu'il a ressentie à la suite de l'annonce qu'il n'avait pas gagné la somme promise, ce préjudice étant à la mesure de l'espérance du gain qu'il avait pu entretenir, déception d'autant plus grande que la tromperie dont il a été victime émane d'une grande entreprise à laquelle des millions de consommateurs font confiance. • Paris, 27 oct. 1995 : *D. 1995. IR 251.* – V. aussi • TGI Paris, 31 janv. 1996 : *Gaz. Pal. 1996. 1. Somm. 266* • Bordeaux, 7 sept. 1995 : *Cah. jurispr. Aquitaine 1996, n° 1, p. 77* • 31 janv. 2001 : *BICC, n° 1122.* ♦ En raison de ses attentes et de sa déception, la destinataire a subi un préjudice moral qui, certes, n'est pas égal à la perte du gain annoncé et ne peut donc être indemnisé par une somme équivalente. • Bordeaux, 18 nov. 2003 : *Gaz. Pal. 2004. Somm. 2071, obs. Vray.* ♦ Pour la réparation de la perte d'une chance de participer aux jeux proposés, V. • TI Paris, 23 nov. 1995 : *CCC 1996, n° 92, obs. Raymond.* ♦ La gagnante ne justifiant pas d'un préjudice autre que celui résultant du non-paiement du gain (dont le versement a été ordonné accompagné des intérêts au taux légal et capitalisation de ceux-ci), il n'est pas fait droit à sa demande de dommages-intérêts. • Lyon, 4 oct. 2007 : *JCP 2008. IV. 2250.*

7. Responsabilité quasi contractuelle. Les quasi-contrats étant des faits purement volontaires de l'homme dont il résulte un engagement quelconque envers un tiers, l'organisateur d'une loterie qui annonce un gain à une personne dénommée sans mettre en évidence l'existence d'un aléa s'oblige, par ce fait purement volontaire, à le délivrer. • Cass., ch. mixte, 6 sept. 2002 : *Bull. civ. n° 4; BICC 15 oct. 2002, concl. de Gouttes, rapp. Gridel; D. 2002. 2963, note D. Mazeaud; ibid. AJ 2531, obs. Lienhard; GAJC 2008. II. 568, note Terré et Lequette; JCP 2002. II. 10173, note Reifegerste (2e esp.); ibid. I. 186, n° 1, obs. Viney; JCP E 2002. 1687, note Viney (1re esp.); Gaz. Pal. 15-16 nov. 2002, concl. de Gouttes (2e esp.); Defrénois 2002. 1608, obs. Savaux; CCC 2002, n° 151, note Raymond (2e esp.); Cah. dr. entr. 2002, n° 5, p. 38, obs. Mainguy; RJDA 2002, n° 1332; ibid., Chron. n° 22, par le Tourneau et Zabalza; LPA 24 oct. 2002, note Houtcieff (2e esp.); CCE 2002, n° 156, note Stoffel-Munck* (cassation pour violation de l'art. 1371 [1300] C. civ. d'un arrêt qui avait retenu une faute délictuelle) • Civ. 1re, 18 mars 2003 : *D. 2003. IR 1009; JCP E 2003, n° 21-22, p. 882; CCC 2003, n° 1000, obs. Raymond; RDC 2003. 80, obs. Fenouillet; Defrénois 2003. 1168, obs. Libchaber; RJDA 2003, n° 656* • Montpellier, 18 oct. 2005 : *CCC 2006, n° 58, obs. Raymond* • Civ. 1re, 13 juin 2006 : *Bull. civ. I, n° 308; D. 2006. IR 1772; JCP 2007. I. 104, n° 18, obs. Sauphanor-Brouillaud; CCC 2006, n° 222, obs. Leveneur; RJDA 2006, n° 1081; RDC 2006. 1115, obs. Fenouillet; Lettre distrib. sept. 2006, p. 3* • Paris, 19 mars 2008 : *JCP E 2008, n° 28-29, p. 27, obs. Burgard* • Aix-en-Provence, 5 févr. 2008 : *JCP E 2008, n° 39, p. 23, obs. Burgard* • Colmar, 31 mars 2008 : *eod. loc.* ♦ V. aussi * Rép. min. n° 3728 : *JOAN Q 25 nov. 2002; BID 2002, n° 12, p. 46.* ♦ Condamnation, sur le fondement de l'art. 1371 [1300] C. civ., de la société organisatrice au paiement des gains annoncés, dès lors que le document adressé au destinataire ne laisse aucun doute sur le fait qu'il a gagné, hormis une mention en petit caractère faisant état d'un aléa. • Montpellier, 18 oct. 2005 : *CCC 2006, n° 58, obs. Raymond.* ♦ L'existence de l'aléa affectant l'attribution du prix doit être mis en évidence, à première lecture, dès l'annonce du gain.

• Civ. 1re, 14 janv. 2010 : *RTD civ. 2010. 325, obs. Fages ; JCP E 2010, n° 1291, obs. Burgard ; Gaz. Pal. 2010. 918, obs. Mekki* • 13 juin 2006 : *préc.* • 25 févr. 2010 : *RTD civ. 2010. 325, obs. Fages ; CCC 2010, n° 172, obs. Raymond* • 23 juin 2011 : *CCC 2011, n° 210 ; LPA 6-7 sept. 2011, note Burgard ; RJDA 2011, n° 966* • Poitiers, 19 janv. 2011 : *RLDC avr. 2011. 12, obs. Paulin.* ♦ L'organisateur de la loterie publicitaire est alors tenu à la délivrance du gain annoncé, sans pouvoir la subordonner au renvoi par le destinataire du bon de participation. • Civ. 1re, 19 mars 2015 : *Dalloz actualité, 14 avr. 2015, obs. Kilgus ; D. 2015. Actu. 733 ; JCP E 2015, n° 1344, note Le Gac-Pech ; RJDA 2015, n° 534.*

Auparavant, V., considérant qu'une entreprise de vente par correspondance doit être condamnée au paiement d'une somme d'argent à un client dont l'attribution lui était attestée par une lettre, alors que c'est par une interprétation souveraine et rendue nécessaire non seulement de l'attestation mais aussi de sa lettre d'accompagnement que la cour d'appel retient, de la part de cette entreprise, l'engagement de payer au client le prix en espèces représenté par la somme révélée au grattage et correspondant au numéro certifié gagnant qui lui avait été attribué, • Civ. 1re, 28 mars 1995 : *Bull. civ. I, n° 150 ; D. 1996. 180, note Mouralis ; D. 1995. Somm. 227, obs. Delebecque .* ♦ V. aussi • Paris, 18 juin 1999 : *préc. note 5.* ♦ Pour une condamnation d'une société de vente par correspondance à exécuter son engagement contractuel du fait de la rencontre des volontés, dès lors qu'il se déduit nécessairement des termes affirmatifs et non ambigus qu'elle avait utilisés, que celle-ci voulait faire entendre à sa cliente qu'elle avait gagné la somme promise, la société n'ayant pu se méprendre sur la portée d'un engagement aussi clairement affiché, V. • Civ. 2e, 11 févr. 1998 : *Bull. civ. II, n° 55 ; D. 1999. Somm. 109, obs. Libchaber ; D. Affaires 1998. 947, obs. J.F. ; JCP 1998. I. 185, n° 1, obs. Viney et II, 10156, note Carducci ; Rev. huiss. 1998. 1127, obs. Bazin ; Defrénois 2000. 1044, obs. Mazeaud* (confirmant • Toulouse, 14 févr. 1996 : *BICC 1996, n° 731 ; CCC 1996, n° 133, obs. Raymond*). ♦ V. également • Grenoble, 28 oct. 1996 : *JCP 1997. IV. 2050* • Aix-en-Provence, 5 janv. 2000 : *JCP E 2000, n° 50, p. 1982* • Civ. 1re, 12 juin 2001 : *Bull. civ. I, n° 174 ; D. 2002. Somm. 1316, obs. Mazeaud ; JCP 2002. II. 10104, note Houtcieff.* ♦ Rappr. • TGI Paris, 13 févr. 2002 : *RJDA 2002, n° 824 ; Gaz. Pal. 2003. Somm. 1943, obs. Pezé,* confirmé par • Paris, 19 déc. 2003 : *BRDA 2004, n° 5, p. 13.* ♦ Comp., confirmant un arrêt qui, après avoir retenu le caractère équivoque des documents publicitaires adressés par une entreprise de correspondance à l'un de ses clients, ces documents mentionnant en petits caractères que l'envoi faisait office de bon de participation et annonçant par ailleurs au destinataire qu'il était « propriétaire », retient une absence de volonté certaine de la société d'attribuer la maison litigieuse au destinataire du courrier et alloue à ce dernier, en réparation du préjudice, une somme inférieure à la valeur de la maison : • Civ. 1re, 19 oct. 1999 : *Bull. civ. I, n° 289 ; D. 2000. Somm. 357, obs. Mazeaud ; JCP 2000. II. 10347, note Mehrez ; ibid. I. 241, n° 1, obs. Viney ; Defrénois 1999. 1320, obs. Mazeaud.* ♦ V. aussi • Douai, 28 juin 1999 : *JCP 2000. I. 241, n° 1, obs. Viney.*

Sur la responsabilité délictuelle d'une entreprise de vente par correspondance ayant à l'occasion de l'organisation d'une loterie, envoyé des documents dont la lecture hâtive pouvait créer, en raison de leur présentation équivoque, l'espérance d'un gain, V. • Civ. 2e, 26 oct. 2000 : *Bull. civ. II, n° 148 ; Defrénois 2001. 693, obs. Savaux.*

8. Infractions distinctes. Le dirigeant d'une société de vente par correspondance déjà condamné pour publicité trompeuse et organisation de loterie publicitaire illicite peut faire l'objet d'une seconde condamnation pour l'infraction précitée, dans la mesure où la publicité se présente de manière individualisée, alors même qu'il s'agit d'une campagne publicitaire unique. • Crim. 25 juin 1997 : *Bull. crim. n° 257 ; D. Affaires 1997. 1181 ; JCP 1997. IV. 2140 ; Dr. pénal 1997, n° 145, obs. J.-H. Robert.*

9. Compétence internationale. V. note 1 ss. art. 7, et note 5 ss. art. 17 du Règl. (UE) n° 1215/2012 du 12 déc. 2012, App., v° *Compétence.*

10. Compétence territoriale. Les options de compétence territoriale ouvertes au demandeur par l'art. 46 NCPC [renommé C. pr. civ.] sont d'interprétation stricte et ne s'appliquent pas aux actions fondées sur un quasi-contrat. • Civ. 2e, 7 juin 2006 : *Bull. civ. II, n° 149 ; D. 2006. IR 1841 ; RTD civ. 2007. 174, obs. Théry ; JCP 2006. I. 183, n° 9, obs. Serinet ; LPA 3 août 2006, note Pierroux ; RJDA 2007, n° 106 ; RDC 2006. 1117, obs. Fenouillet ; Procédures 2006, n° 175, obs. Perrot ; ibid., n° 241, obs. Croze* • 7 juin 2006 : *CCC 2006, n° 222, obs. Leveneur ; Dr. et patr. févr. 2007. 117, obs. Amrani-Mekki.* ♦ La loterie ne pouvant être regardée comme l'accessoire du contrat de vente conclu entre l'organisateur et le client, et l'obligation souscrite par l'organisateur de la loterie étant un paiement qui ne peut être assimilé à une livraison ou une prestation de service, il en résulte que les conditions d'application de l'art. 46 NCPC [renommé C. pr. civ.], qui permet de saisir, en matière contractuelle, la juridiction du lieu de la livraison effective de la chose ou du lieu d'exécution de la prestation de service, ne sont pas réunies et la détermination de la juridiction doit être effectuée selon les règles de droit commun. • Toulouse, 25 janv. 2005 : *JCP E 2005, n° 27-28, p. 1187.*

11. Inventaire. Ne satisfait pas aux exigences légales [anc. art. L. 121-37 dans sa rédaction alors applicable] le règlement de la loterie comprenant l'inventaire des lots qui figure sur la face interne d'une enveloppe adressée au client. • Crim. 14 nov. 2000 : *BID 2001, n° 11, p. 15.*

12. Responsabilité de l'huissier. **BIBL.** Bazin, *Rev. huiss. 1998. 524* (huissier de justice, loterie commerciale et protection des consommateurs) ; *Dr. et proc. 2011. 226* (huissier de justice et loteries après la L. du 17 mai 2011) ; *ibid. 2017. 2* (implication de l'huissier de justice dans la loyauté des loteries). ♦ Pour un jugement condamnant également l'huissier chargé de contrôler la régularité de l'opération, V. • TI Périgueux, 28 févr. 1997 : *CCC 1997, n° 69, note Raymond.* ♦ Pour un arrêt, refusant de retenir la complicité de publicité mensongère d'un huissier qui n'avait commis qu'une simple imprudence et non une faute professionnelle en laissant apposer son macaron et son sceau sur le règlement d'une loterie publicitaire et sur les documents envoyés au public, alors qu'il ignorait aussi bien l'envoi que la présentation définitive de ces documents, V. • Paris, 8 oct. 1997 : *Gaz. Pal. 17-19 mai 1998, p. 27, obs. Vray.* ♦ V. également • Reims, 21 avr. 1999 : *BICC 2000, n° 570.*

13. Règlement de la loterie. Les consommateurs peuvent se prévaloir des dispositions de l'art. L. 121-38 [anc. C. consom.] pour obtenir gratuitement, lorsqu'il n'est pas annexé aux documents publicitaires, le règlement des opérations d'une loterie commerciale : * Rép. min. n° 2220 : *JOAN Q 23 sept. 2002 ; BID 2002, n° 10, p. 42.*

Code de la sécurité intérieure

(Ord. n° 2012-351 du 12 mars 2012, en vigueur le 1er mai 2012)

RÉP. CIV. v° *Jeu-pari,* par GUERCHOUN.

RÉP. PÉN. vis *Jeu-pari,* par CULIOLI et GIOANNI ; *Loterie,* par GIOANNI.

Art. L. 320-1 Les jeux d'argent et de hasard sont régis par les dispositions du présent titre et par celles du chapitre Ier de la loi n° 2010-476 du 12 mai 2010 relative à l'ouverture à la concurrence et à la régulation du secteur des jeux d'argent et de hasard en ligne. – *V. ce texte, infra.*

....

Art. L. 322-1 Les loteries de toute espèce sont prohibées. – *[L. du 21 mai 1836, art. 1er.]*

BIBL. ▸ MATHIEU, *LPA 8 janv. 1999* (les jeux d'argent et de hasard en droit français). – DA SILVA, *JCP 2011, n° 1029* (jeu et droit).

1. Loi applicable. L'infraction de loterie prohibée est soumise à l'application de la loi française dès lors que la diffusion des billets a eu lieu en partie en France. • Crim. 22 mai 1997 : *Bull. crim. n° 198 ; BID 1998, n° 4, p. 49.*

2. Compatibilité avec le droit communautaire (Jurispr. antérieure à la L. du 12 mai 2010). **BIBL.** Durand, *RLDA déc. 2012. 56* (marché intérieur et jeux de hasard, un épilogue à la saga jurisprudentielle ?). ♦ Une réglementation nationale qui interdit l'exercice d'activités de collecte, d'acceptation, d'enregistrement et de transmission de propositions de pari, notamment sur les événements sportifs, en l'absence de concession ou d'autorisation de police délivrée par l'État membre concerné, constitue une restriction à la liberté d'établissement ainsi qu'à la libre prestation de services [actuels art. 49 et 56 TFUE]. Il incombera aux juridictions de renvoi de vérifier si, dans la mesure où elle limite le nombre d'opérateurs agissant dans le secteur des jeux de hasard, la réglementation nationale répond véritablement à l'objectif visant à prévenir l'exploitation des activités dans ce secteur à des fins criminelles ou frauduleuses. • CJCE 6 mars 2007 : *D. 2007. 1314, note Clergerie* ; *CCE 2007. Chron. 10, n° 12, obs. Porrachia.* ♦ Les dispositions combinées de la loi du 21 mai 1836 [CSI, art. L. 322-1 s.] et du décret du 9 nov. 1978, qui réservent l'organisation et l'exploitation des loteries à une société contrôlée par l'État, sont commandées par une mission impérieuse d'intérêt général tenant à la protection de l'ordre public par la limitation des jeux et leur contrôle. La restriction à la liberté de prestation de services garantie par l'art. 49 CE [actuel art. 56 TFUE] qui en résulte est proportionnée à l'objectif poursuivi. • Crim. 3 juin 2009 : *Bull. crim. n° 110 ; D. 2009. Chron. C. cass. 1717, obs. Chaumont* ; *Dalloz actualité, 8 juill. 2009, obs. Dasonville ; RTD com. 2009. 815, obs. Bouloc* ; *AJ pénal 2009. 361, obs. M.-E. C.* ; *Dr. pénal 2009, n° 109, obs. J.-H. Robert.* – V. aussi • CE 15 mai 2000 : *RJDA 2001, n° 401.* ♦ L'art. 49 CE [actuel art. 56 TFUE] ne s'oppose pas à une réglementation d'un État membre qui interdit à des opérateurs établis dans d'autres États membres, où ils fournissent légalement des services analogues, de proposer des jeux de hasard par l'internet sur le territoire dudit État membre. • CJCE 8 sept. 2009 : *D. 2009. 2585, note Clergerie* ; *ibid. AJ 2218, obs. Lavric* ; *AJDA 2009. 2984, note Le Roy* ;

ibid. 2277, obs. Aubert, Broussy et Donnat ; *JCP E 2009, n° 51-52, p. 20, note Thomas; JCP 2009, n° 46, p. 12, note F. Picod; ibid., p. 47, note Cassia; CCC 2009. Étude 11, par Wilhelm et Levy; LPA 16 oct. 2009, note Chaltiel; CCE 2009, n° 114, obs. Debet; RJDA 2010, n° 110; RLDA oct. 2009. 52, obs. Anadon; Europe 2009, n° 410, obs. Simon; Dr. adm. 2009, n° 152, obs. Gautier; JDI 2010. 621, note Francq.* – Comp. • CJCE 6 oct. 2009 : *JCP 2009, n° 43, p. 33, obs. F. Picod; JCP 2010, n° 5, p. 249, obs. Castets-Renard; Europe 2009, n° 454, obs. Michel.* ♦ *Contra*, pour une activité d'organisation et d'exploitation de paris en ligne sur des courses hippiques se déroulant notamment en France : • Com. 10 juill. 2007 : *Bull. civ. IV, n° 186; D. 2007. 2359, note Clergerie* ; *ibid. AJ 2098, obs. Manara* ; *ibid. 2008. Pan. 42, obs. Nourissat* ; *JCP E 2007 n° 39, p. 11, note B. Daille-Duclos; JCP 2007. II. 10182, note F. Picod; JCP 2008. I. 112, n° 6, obs. Castets-Renard; LPA 20 janv. 2009, obs. Marmayou; CCE 2007, n° 123, obs. Debet* (cassation de • Paris, 4 janv. 2006 : *AJDA 2006. 481, note Jeanneney*, qui confirmait • TGI Paris, ord., 8 juill. 2005 : *CCE 2005, n° 172, obs. Grynbaum*). ♦ L'art. 49 CE [actuel art. 56 TFUE] doit être interprété en ce sens qu'il ne s'oppose pas à une réglementation d'un État membre qui soumet l'organisation et la promotion des jeux de hasard à un régime d'exclusivité en faveur d'un seul opérateur et qui interdit à tout autre opérateur, y compris à un opérateur établi dans un autre État membre, de proposer, par internet, sur le territoire du premier État membre, des services relevant dudit régime. Ce même article doit être interprété en ce sens que le principe d'égalité de traitement et l'obligation de transparence qui en découle sont applicables aux procédures d'octroi et de renouvellement d'agrément au profit d'un opérateur unique dans le domaine des jeux de hasard, pour autant qu'il ne s'agit pas d'un opérateur public dont la gestion est soumise à la surveillance directe de l'État ou d'un opérateur privé sur les activités duquel les pouvoirs publics sont en mesure d'exercer un contrôle étroit. • CJUE 3 juin 2010 : *Dalloz actualité, 15 juill. 2010, obs. Demunck; JCP E 2010. Actu. 325; RLDA juill.-août 2010. 50, obs. Anadon; Europe 2010, n° 274, obs. Simon.* ♦ Un État membre cherchant à assurer un niveau de protection particulièrement élevé des consommateurs dans le secteur des jeux de hasard peut être fondé à considérer que seul l'octroi de droits exclusifs à un organisme unique soumis à un contrôle étroit des pouvoirs publics est de nature à permettre de maîtriser les risques liés audit secteur et de poursuivre l'objectif de prévention de l'incitation à des dépenses excessives liées aux jeux et de lutte contre l'assuétude au jeu d'une façon suffisamment efficace. • CJUE 30 juin 2011 : *AJDA 2011. 2031* ; *CCE 2012, n° 5, obs. Debet; RLDA oct. 2011. 51, obs. Mathonnière; Europe 2011, n° 300, obs. Simon.* ♦ Afin d'apprécier l'atteinte à la libre prestation de services par un système qui consacre un régime d'exclusivité pour l'organisation des paris hippiques, il incombe aux juridictions nationales de tenir compte de l'ensemble des canaux de commercialisation substituables de ces paris, à moins que le recours à internet n'ait pour conséquence d'aggraver les risques liés aux jeux de hasard concernés au-delà de ceux existants en ce qui concerne les jeux commercialisés par des canaux traditionnels. En présence d'une réglementation nationale qui s'applique de la même manière à l'offre de paris hippiques en ligne et à celle effectuée par des canaux traditionnels, il convient d'apprécier l'atteinte à la libre prestation de services du point de vue des restrictions apportées à l'ensemble du secteur concerné. • Même décision.

V. désormais L. n° 2010-476 du 12 mai 2010, *infra*.

Art. L. 322-2 Sont réputées loteries et interdites comme telles : les ventes d'immeubles, de meubles ou de marchandises effectuées par la voie du sort, ou auxquelles ont été réunies des primes ou autres bénéfices dus, même partiellement, au hasard *(L. n° 2014-344 du 17 mars 2014, art. 148-I)* « et, d'une manière générale, toutes opérations offertes au public, sous quelque dénomination que ce soit, pour faire naître l'espérance d'un gain qui serait dû, même partiellement, au hasard et pour lesquelles un sacrifice financier est exigé par l'opérateur de la part des participants ». — *[L. du 21 mai 1836, art. 2.]*

1. ***Versement d'argent.*** Pour que s'applique la prohibition de la loi de 1836 [désormais CSI, art. L. 322-2], il faut qu'un versement d'argent soit demandé au participant et que celui-ci soit attiré par l'espérance d'un gain (vente d'objets dont certains contiennent un louis d'or). • Crim. 26 févr. 1964 : *Bull. crim. n° 69; JCP 1964. II. 13688, note de Lestang* • 18 juill. 1985 : *Bull. crim. n° 271.* ♦ Mais la somme de 11 francs pour frais d'envoi ne constitue pas un sacrifice financier suffisant pour entraîner l'application du texte. • Crim. 21 nov. 1989 : *Bull. crim. n° 432; D. 1990. IR 40* . ♦ Rejet du pourvoi contre : • Douai, 22 juin 1998 : *D. 1990. Somm. 105, obs. Gavalda et Lucas de Leyssac* .

2. ***Intervention du hasard.*** Pour que s'appliquent les dispositions légales, il faut que le hasard intervienne, au moins partiellement (concours de mots croisés). • Crim. 31 juill. 1952 : *Bull. crim. n° 217; JCP 1953. II. 7424, note Delpech* • 29 janv. 1958 : *Bull. crim. n° 101; D. 1958. 357.* ♦ Application à un concours de pronostics concernant des matchs de football : • Paris, 28 avr. 1971 : *Gaz. Pal. 1971. 2. 503, note D.S.* ♦ Application à un concours de pronostics sur les résultats du Tour de France 1989 : • Crim. 22 mai 1997 : *Bull. crim. n° 198; BID 1998, n° 4, p. 49.*

3. *Risque de perte.* Le texte s'applique sans qu'il soit nécessaire qu'il y ait risque de perte pour le participant, l'emploi de la voie du sort dans l'opération proposée étant prohibé, abstraction faite de ses résultats. • Crim. 8 oct. 1958 : *Bull. crim. n° 606; D. 1959. 136, note Bredin* • 18 avr. 1969 : *Bull. crim. n° 136* • 10 févr. 1970 : *ibid. n° 58; D. 1970. Somm. 142.*

4. *Objet de la loterie.* Le texte n'interdit que les opérations où la voie du sort est la condition de l'acquisition d'un bien, et non celles où, le gain étant déjà contractuellement déterminé, le sort n'intervient que pour fixer la date de son règlement. • Crim. 13 oct. 1993 : *Bull. crim. n° 293; D. 1993. IR 251* • Civ. 1re, 2 févr. 1994 : *D. 1994. Somm. 210, obs. Kullmann*.

Art. L. 322-2-1 *(L. n° 2014-344 du 17 mars 2014, art. 148-I)* Cette interdiction recouvre les jeux dont le fonctionnement repose sur le savoir-faire du joueur.

Le sacrifice financier est établi dans les cas où l'organisateur exige une avance financière de la part des participants, même si un remboursement ultérieur est rendu possible par le règlement du jeu.

Art. L. 322-2-2 *(L. n° 2014-344 du 17 mars 2014, art. 148-I)* Cette interdiction ne recouvre pas les opérations publicitaires mentionnées à l'article *(Ord. n° 2016-301 du 14 mars 2016, art. 2, en vigueur le 1er juill. 2016)* « L. 121-20 » du code de la consommation.

Art. L. 322-3 Sont exceptées des dispositions des articles L. 322-1 et L. 322-2 les loteries d'objets mobiliers exclusivement destinées à des actes de bienfaisance, à l'encouragement des arts ou au financement d'activités sportives à but non lucratif, lorsqu'elles ont été autorisées par le *(L. n° 2015-177 du 16 févr. 2015, art. 15-III)* « maire de la commune » où est situé le siège social de l'organisme bénéficiaire et, à Paris, par le préfet de police.

Les modalités d'application de cette dérogation sont fixées par voie réglementaire. — *[L. du 21 mai 1836, art. 5.] — V. CSI, art. D. 322-1 s.*

Art. L. 322-4 Les dispositions des articles L. 322-1 et L. 322-2 ne sont pas non plus applicables aux lotos traditionnels, également appelés "poules au gibier", "rifles" ou "quines", lorsqu'ils sont organisés dans un cercle restreint et uniquement dans un but social, culturel, scientifique, éducatif, sportif ou d'animation sociale et se caractérisent par des mises de faible valeur, inférieures à 20 euros. Ces lots ne peuvent, en aucun cas, consister en sommes d'argent ni être remboursés. Ils peuvent néanmoins consister dans la remise de bons d'achat non remboursables. — *[L. du 21 mai 1836, art. 6].*

Exceptions. Caractérise, dans tous leurs éléments constitutifs, les délits d'organisations de loteries prohibées et de tenue d'une maison de jeux de hasard la cour d'appel qui relève que les loteries des deux prévenus s'inscrivaient dans une activité de type industriel, totalement étrangère à la notion de lotos traditionnels telle que définie par l'art. 6 de la loi du 21 mai 1836 [CSI, art. L. 322-4], dès lors qu'elle revêt une ampleur et un but recherché, bien différent de celui d'une simple animation locale, mais davantage en adéquation avec la réalisation d'importants profits. • Crim. 5 nov. 1998 : *RSC 1999. 592, obs. Delmas Saint-Hilaire*. ♦ Se rend aussi coupable d'une loterie prohibée le prévenu qui organise périodiquement des lotos sous des chapiteaux pouvant accueillir 3 000 personnes, avec une publicité sans mention du but de l'association organisatrice, excluant ainsi la notion de cercle restreint prévue par l'exception de l'art. 6 de la loi du 21 mai 1836 [CSI, art. L. 322-4]. • Pau, 8 oct. 1997 : *Cah. jurispr. Aquitaine 1999, n° 2, p. 127.* ♦ Il en est de même pour la gérante d'une société qui organise régulièrement des lotos pour le compte de diverses associations dans une salle de spectacles, dans la mesure où l'organisation des lotos est totalement maîtrisée par sa société, laquelle ne cherche qu'à réaliser des bénéfices et encaisse directement les recettes, les associations clientes ne servant que de prête-noms. • Pau, 6 oct. 1998 : *Cah. jurispr. Aquitaine 1999, n° 1, p. 153.*

Art. L. 322-5 Sont également exceptées des dispositions des articles L. 322-1 et L. 322-2 les loteries proposées au public à l'occasion, pendant la durée et dans l'enceinte des fêtes foraines.

Les caractéristiques techniques des loteries foraines mentionnées à l'alinéa précédent, les personnes susceptibles d'en proposer l'utilisation au public, la nature et la valeur des lots sont précisées par voie réglementaire. — *[L. du 21 mai 1836, art. 7.] — V. CSI, art. D. 322-4.*

....

Art. L. 324-6 La violation des interdictions prévues aux *(L. n° 2014-344 du 17 mars 2014, art. 148-I)* « articles L. 322-1, L. 322-2 et L. 322-2-1 » est punie de trois ans d'emprisonnement et de 90 000 euros d'amende. Ces peines sont portées à sept ans d'emprisonnement et à 200 000 euros d'amende lorsque l'infraction est commise en bande organisée.

La confiscation des appareils de jeux ou de loterie est obligatoire; leur destruction peut être ordonnée par le tribunal. — *[L. du 21 mai 1836, art. 3, al. 1er et 2.]*

Art. L. 324-7 Les personnes physiques coupables de la violation des interdictions prévues aux *(L. n° 2014-344 du 17 mars 2014, art. 148-I)* « articles L. 322-1, L. 322-2 et L. 322-2-1 » encourent également les peines complémentaires suivantes :

1° L'interdiction des droits civiques, civils et de famille dans les conditions prévues à l'article 131-26 du code pénal ;

2° La confiscation des biens meubles ou immeubles, divis ou indivis, ayant servi directement ou indirectement à commettre l'infraction ou qui en sont le produit, y compris les fonds ou effets exposés au jeu ou mis en loterie ainsi que les meubles ou effets mobiliers dont les lieux sont garnis ou décorés, à l'exception des objectifs susceptibles de donner lieu à restitution.

S'il s'agit de loteries d'immeubles, la confiscation prononcée à l'encontre du propriétaire de l'immeuble mis en loterie est remplacée par une amende pouvant s'élever jusqu'à la valeur estimative de cet immeuble ;

3° L'affichage ou la diffusion de la décision prononcée dans les conditions prévues à l'article 131-35 du code pénal ;

4° La fermeture définitive ou pour une durée de cinq ans au plus des établissements ou de l'un ou de plusieurs des établissements de l'entreprise ayant servi à commettre les faits incriminés ;

5° L'interdiction, suivant les modalités prévues par l'article 131-27 du code pénal, soit d'exercer une fonction publique ou d'exercer l'activité professionnelle ou sociale dans l'exercice ou à l'occasion de l'exercice de laquelle l'infraction a été commise, soit d'exercer une profession commerciale ou industrielle, de diriger, d'administrer, de gérer ou de contrôler à un titre quelconque, directement ou indirectement, pour son propre compte ou pour le compte d'autrui, une entreprise commerciale ou industrielle ou une société commerciale. Ces interdictions d'exercice peuvent être prononcées cumulativement. — *[L. du 21 mai 1836, art. 3, al. 3 à 9.]*

Art. L. 324-8 Les personnes morales déclarées pénalement responsables, dans les conditions prévues par l'article 121-2 du code pénal, de la violation des interdictions prévues aux *(L. n° 2014-344 du 17 mars 2014, art. 148-I)* « articles L. 322-1, L. 322-2 et L. 322-2-1 » encourent, outre l'amende suivant les modalités prévues par l'article 131-38 du code pénal :

1° Les peines mentionnées aux 1°, 4°, 8° et 9° de l'article 131-39 du code pénal ;

2° L'interdiction, pour une durée de cinq ans au plus, de solliciter l'agrément prévu à l'article 21 de la loi n° 2010-476 du 12 mai 2010 relative à l'ouverture à la concurrence et à la régulation du secteur des jeux d'argent et de hasard en ligne ainsi que l'autorisation prévue à l'article L. 321-1 et, le cas échéant, le retrait d'un tel agrément ou autorisation si la personne morale en est titulaire au moment du jugement. — *[L. du 21 mai 1836, art. 3, al. 10 à 13.]*

Art. L. 324-9 Les peines prévues à l'article L. 324-6 sont encourues par les auteurs, entrepreneurs ou agents des loteries françaises ou étrangères prohibées par les *(L. n° 2014-344 du 17 mars 2014, art. 148-I)* « articles L. 322-1, L. 322-2 et L. 322-2-1 », ou des opérations qui leur sont assimilées.

Sont punis de 100 000 euros d'amende ceux qui auront colporté ou distribué des billets, ceux qui, par des avis, annonces, affiches ou par tout autre moyen de publication, auront fait connaître l'existence des loteries prohibées ou facilité l'émission des billets. Le tribunal peut porter le montant de l'amende au quadruple du montant des dépenses publicitaires consacrées à l'opération illégale. — *[L. du 21 mai 1836, art. 4.]*

Art. L. 324-10 Les infractions prévues aux *(L. n° 2014-344 du 17 mars 2014, art. 148-I)* « articles L. 322-1, L. 322-2 et L. 322-2-1 » peuvent être constatées et poursuivies dans les conditions fixées par les articles L. 450-1, L. 450-2, L. 450-3 et L. 450-8 du code de commerce. — *[L. du 21 mai 1836, art. 7-1.]*

Pour l'application de ces dispositions à l'outre-mer, V. CSI, art. L. 341-1 s.

Loi n° 2010-476 du 12 mai 2010,

Relative à l'ouverture à la concurrence et à la régulation du secteur des jeux d'argent et de hasard en ligne.

V. aussi Recomm. CE du 14 juill. 2014 relative à des principes pour la protection des consommateurs et des joueurs dans le cadre des services de jeux d'argent et de hasard en ligne et pour la prévention des jeux d'argent et de hasard en ligne chez les mineurs (JOUE L 214 du 19 juill. 2014).

BIBL. ▶ CASTETS-RENARD, CCC 2007. *Étude 12* (jeux et paris en ligne). – JACQUEMET, *AJDA 2007. 1282* (monopole des jeux de hasard et ordre public). – PÉRALDI-LENEUF, *RTD eur. 2010. 7* (la Cour de justice et la libéralisation des jeux en ligne : l'exigence de cohérence). – AUBERT, *RSC 2010. 474* (prohibition des loteries et libéralisation européenne). – BERNARD, *Europe 2010. Étude 12* (la Cour de justice précise les règles du jeu). – ICARD, *D. 2010. 2816* (régime jurisprudentiel des paris sportifs dans l'UE). – LAVAUD, *CCE 2011. Alerte 46* (licéité et illicéité des jeux-concours en ligne).

▶ Loi n° 2010-476 du 12 mai 2010 : JUSTIER et RELANGE, *CCC 2009. Alerte 50* (projet de loi relatif à l'ouverture à la concurrence du marché des paris et des jeux sur internet). – DE GAULLE et HORN, *JCP E 2009, n° 26, p. 3 (idem)*. – PORACCHIA, *CCE 2009. Chron. 9, n° 7 (idem*, 1re lecture AN, 13 oct. 2009). – ALAPHILIPPE, *D. 2010. Pan. 401* (*idem*). – BÈGUE, *Journ. sociétés 2009. 54* (jeux d'argent en ligne : l'impératif de lutte contre la fraude et la criminalité). – VERBIEST, PELLETIER et LEBON, *RLDA mai 2010. 37* (libéralisation des jeux en ligne : aperçu juridique du nouveau cadre légal). – CONTIS, *JCP 2010, n° 590* (ouverture à la concurrence des jeux et paris en ligne). – RAZAVI et FALKMAN, *JCP E 2010. Actu. 290* (apports de la loi du 12 mai 2010). – ARCELIN-LÉCUYER, *CCC 2010. Alerte 42* (une réforme bien timide) ; *JCP E 2010, n° 1525* (paris limités, paris maîtrisés, paris régulés... mais paris libérés !). – LE MORE et SAUTEL, *CCC 2010. Étude 7* (éclairages économique et juridique croisés). – LASSERRE-KIESOW et LE MORE, *D. 2010. 1495* (jeux en ligne : nouvelle régulation sectorielle). – CAPRIOLI, *CCE 2010, n° 79* (paris en ligne). – VILA, *AJDA 2010. 1366* (ouverture à la concurrence des jeux d'argent et de hasard en ligne). – FRÉGET et POTEL-SAVILLE, *RDLC 2010, n° 3, p. 47* (libéralisation des jeux à la française, une vraie-fausse ouverture à la concurrence ?). – ALLAND, *AJDA 2010. 1970* (droit de l'Union européenne et droit français des jeux de hasard et d'argent en ligne). – AUNEAU, *RTD com. 2010. 469* (une libéralisation sous contrôle). – BARRAUD, *RLDI avr. 2014. 91* (régulation des jeux d'argent en ligne : entre intérêt général et intérêts financiers).

CHAPITRE Ier. *DISPOSITIONS RELATIVES À L'ENSEMBLE DU SECTEUR DES JEUX D'ARGENT ET DE HASARD*

Art. 1er Les jeux d'argent et de hasard ne sont ni un commerce ordinaire, ni un service ordinaire ; dans le respect du principe de subsidiarité, ils font l'objet d'un encadrement strict au regard des enjeux d'ordre public, de sécurité publique et de protection de la santé et des mineurs.

Art. 2 *(L. n° 2014-344 du 17 mars 2014, art. 148-IV)* La notion de jeu d'argent et de hasard dans la présente loi s'entend des opérations mentionnées aux articles L. 322-2 et L. 322-2-1 du code de la sécurité intérieure.

Art. 3 I. — La politique de l'État en matière de jeux d'argent et de hasard a pour objectif de limiter et d'encadrer l'offre et la consommation des jeux et d'en contrôler l'exploitation afin de :

1° Prévenir le jeu excessif ou pathologique et protéger les mineurs ;

2° Assurer l'intégrité, la fiabilité et la transparence des opérations de jeu ;

3° Prévenir les activités frauduleuses ou criminelles ainsi que le blanchiment de capitaux et le financement du terrorisme ;

4° Veiller au développement équilibré et équitable des différents types de jeu afin d'éviter toute déstabilisation économique des filières concernées.

II. — Compte tenu des risques d'atteinte à l'ordre public et à l'ordre social, l'exploitation des jeux d'argent et de hasard est placée sous un régime de droits exclusifs délivrés par l'État.

Pour les mêmes motifs, sont soumis à un régime d'agrément, dans les conditions prévues par la présente loi, les jeux et les paris en ligne qui font appel au savoir-faire des joueurs et, s'agissant des jeux, font intervenir simultanément plusieurs joueurs.

III. — *Abrogé par Décr. n° 2015-1469 du 13 nov. 2015, art. 16.*

Art. 4 I. — Le pari hippique et le pari sportif s'entendent de paris comportant un enjeu en valeur monétaire où les gains éventuels des joueurs dépendent de l'exactitude de leurs pronostics portant sur le résultat de toute épreuve hippique ou compétition sportive réelle légalement organisée en France ou à l'étranger.

II. — Le pari en la forme mutuelle est le pari au titre duquel les joueurs gagnants se partagent l'intégralité des sommes engagées, réunies dans une même masse avant le déroulement de l'épreuve, après déduction des prélèvements de toute nature prévus par la législation et la réglementation en vigueur et de la part de l'opérateur, ce dernier ayant un rôle neutre et désintéressé quant au résultat du pari.

Le pari à cote s'entend du pari pour lequel l'opérateur propose aux joueurs, avant le début des compétitions sportives ou au cours de leur déroulement, des cotes correspondant à son évaluation des probabilités de survenance des résultats de ces compétitions sur lesquels les joueurs parient. Le gain est fixe, exprimé en multiplicateur de la mise et garanti aux joueurs par l'opérateur.

Art. 5 Les mineurs, même émancipés, ne peuvent prendre part à des jeux d'argent et de hasard dont l'offre publique est autorisée par la loi, à l'exception des jeux de loterie mentionnés *(L. n° 2014-344 du 17 mars 2014, art. 158)* « aux articles L. 322-3, L. 322-4 et L. 322-5 du code de la sécurité intérieure ». – *V. ces art., supra.*

Les opérateurs de jeux d'argent et de hasard légalement autorisés sont tenus de faire obstacle à la participation de mineurs, même émancipés, aux activités de jeu ou de pari qu'ils proposent. Ils ne peuvent financer l'organisation ou parrainer la tenue d'événements à destination spécifique des mineurs.

Les opérateurs de jeux ou de paris en ligne mettent en place, lors de toute connexion à leur site, un message avertissant que les jeux d'argent et de hasard sont interdits aux mineurs. La date de naissance du joueur est exigée au moment de son inscription, ainsi qu'à chacune de ses visites sur le site de l'opérateur.

Art. 6 Ne peuvent être proposés au public les paris sportifs à la cote dans lesquels le montant maximal de la perte potentielle est, hors application des prélèvements et déductions prévus ou autorisés par la loi, supérieur au montant de la mise.

Art. 7 Toute communication commerciale en faveur d'un opérateur de jeux d'argent et de hasard légalement autorisé est :

1° Assortie d'un message de mise en garde contre le jeu excessif ou pathologique, ainsi que d'un message faisant référence au système d'information et d'assistance prévu à l'article 29 ;

2° Interdite dans les publications à destination des mineurs ;

3° Interdite sur les services de communication audiovisuelle et dans les programmes de communication audiovisuelle, présentés comme s'adressant aux mineurs au sens de l'article 15 de la loi n° 86-1067 du 30 septembre 1986 relative à la liberté de communication ;

4° Interdite dans les services de communication au public en ligne à destination des mineurs ;

5° Interdite dans les salles de spectacles cinématographiques lors de la diffusion d'œuvres accessibles aux mineurs.

Un décret précise les modalités d'application des 1°, 2°, 4° et 5°.

Une délibération du Conseil supérieur de l'audiovisuel précise les conditions de diffusion, par les services de communication audiovisuelle, des communications commerciales mentionnées au premier alinéa, notamment les modalités d'application du 3°. – *V. Décr. n° 2010-624 du 8 juin 2010, infra. — V. aussi Délib. CSA n° 2011-09 du 27 avr. 2011 (JO 30 avr.).*

BIBL. ▸ NDLR, *BRDA 2010, n° 10, p. 10* (publicité en faveur des jeux d'argent et de hasard). – HAQUET, *Gaz. Pal. 2011. 2889* (CSA et communications commerciales en faveur des jeux d'argent et de hasard).

Publicité. L'art. 49 CE [actuel art. 56 TFUE] doit être interprété en ce sens qu'il ne s'oppose pas à une réglementation d'un État membre qui interdit de faire de la publicité à destination des résidents de cet État pour des jeux de hasard organisés dans d'autres États membres à des fins lucratives par des opérateurs privés. • CJUE 8 juill. 2010 : *Dalloz actualité, 31 août 2010, obs. Demunck ; JCP E 2010, n° 1698 ; Europe 2010, n° 318, obs. Simon.* ♦ L'art. 49 CE [actuel art. 56 TFUE] doit être interprété en ce sens qu'il s'oppose à une réglementation d'un État membre soumettant les jeux de hasard à un régime de droits exclusifs et selon laquelle la promotion de ces jeux organisés dans un autre État membre est passible de sanctions plus sévères que la promotion de tels jeux exploités sur le territoire national sans autorisation. • Même arrêt.

Art. 8 Un rapport du Conseil supérieur de l'audiovisuel, élaboré en concertation avec les organismes d'autorégulation mis en place dans le secteur de la publicité, évalue les conséquences de la publicité en faveur des jeux d'argent et de hasard. Il est remis au Parlement dans un délai de dix-huit mois à compter de la date d'entrée en vigueur de la présente loi.

Dans son rapport annuel, le Conseil supérieur de l'audiovisuel évalue l'évolution et les incidences de la publicité en faveur des jeux d'argent et de hasard.

Art. 9 Quiconque émet ou diffuse, par quelque moyen que ce soit, une communication commerciale non conforme aux dispositions du deuxième alinéa de l'article 5 et de l'article 7 est puni d'une amende de 100 000 €. Le tribunal peut porter le montant de l'amende au quadruple du montant des dépenses publicitaires consacrées à l'opération illégale.

Les associations dont l'objet statutaire comporte la lutte contre les addictions, régulièrement déclarées depuis au moins cinq ans à la date des faits, peuvent exercer les droits reconnus à la partie civile pour les infractions à l'article 7. Peuvent exercer les mêmes droits les associations de consommateurs mentionnées à l'article *(Ord. nº 2016-301 du 14 mars 2016, art. 2, en vigueur le 1er juill. 2016)* « L. 621-1 » du code de la consommation ainsi que les associations familiales mentionnées aux articles L. 211-1 et L. 211-2 du code de l'action sociale et des familles.

CHAPITRE II. *LES CATÉGORIES DE JEUX ET PARIS EN LIGNE SOUMIS À AGRÉMENT*

Art. 10 Au sens de la présente loi :

1º Le jeu et le pari en ligne s'entendent d'un jeu et d'un pari dont l'engagement passe exclusivement par l'intermédiaire d'un service de communication au public en ligne. Ne constitue pas un jeu ou un pari en ligne le jeu ou le pari enregistré au moyen de terminaux servant exclusivement ou essentiellement à l'offre de jeux ou à la prise de paris et mis à la disposition des joueurs dans des lieux publics ou des lieux privés ouverts au public ;

2º Est un opérateur de jeux ou de paris en ligne toute personne qui, de manière habituelle, propose au public des services de jeux ou de paris en ligne comportant des enjeux en valeur monétaire et dont les modalités sont définies par un règlement constitutif d'un contrat d'adhésion au jeu soumis à l'acceptation des joueurs ;

3º Un joueur ou un parieur en ligne s'entend de toute personne qui accepte un contrat d'adhésion au jeu proposé par un opérateur de jeux ou de paris en ligne. Toute somme engagée par un joueur, y compris celle provenant de la remise en jeu d'un gain, constitue une mise ;

4º Un compte de joueur en ligne s'entend du compte attribué à chaque joueur par un opérateur de jeux ou de paris en ligne pour un ou plusieurs jeux. Il retrace les mises et les gains liés aux jeux et paris, les mouvements financiers qui leur sont liés ainsi que le solde des avoirs du joueur auprès de l'opérateur.

Art. 11 I. — Par dérogation aux dispositions de l'article 4 de la loi du 2 juin 1891 ayant pour objet de réglementer l'autorisation et le fonctionnement des courses de chevaux, toute personne peut organiser, dans les conditions fixées par la présente loi, la prise de paris hippiques en ligne dès lors qu'elle est titulaire de l'agrément prévu à l'article 21 de la présente loi en tant qu'opérateur de tels paris. *— V. L. du 2 juin 1891, art. 4, et L. du 12 mai 2010, art. 21. — **C. pén.***

Ces paris ne peuvent porter que sur les réunions de courses et les courses figurant sur une liste établie suivant des modalités définies par voie réglementaire. Cette liste détermine également les réunions de courses et les courses pouvant servir de support à des paris complexes en ligne. *— V. Décr. nº 2010-498 du 17 mai 2010 (JO 18 mai), mod. par Décr. nº 2010-798 du 12 juill. 2010 (JO 14 juill.).*

II. — Seules sont autorisées l'organisation et la prise de paris hippiques en ligne en la forme mutuelle enregistrés préalablement au départ de l'épreuve qui en est l'objet. Les règles encadrant la prise de paris en la forme mutuelle ne font pas obstacle au recours, par les opérateurs de paris agréés, à des mécanismes d'abondement des gains, sous réserve que cette pratique demeure ponctuelle et n'ait pas pour effet de dénaturer le caractère mutuel des paris.

Art. 12 *(L. nº 2017-261 du 1er mars 2017, art. 7)* « I. — Par dérogation aux articles L. 322-1, L. 322-2 et L. 324-1 du code de la sécurité intérieure, toute personne titulaire de l'agrément prévu à l'article 21 de la présente loi en tant qu'opérateur de paris sportifs en ligne peut organiser, dans les conditions prévues par la présente loi, la prise de tels paris. La liste des compétitions ou manifestations sportives sur lesquelles des paris sportifs sont autorisés en tout ou partie est fixée par l'Autorité de régulation des jeux en ligne au regard des risques de manipulation que les compétitions ou manifestations sportives présentent et suivant des modalités définies par voie réglementaire. *— Décr. nº 2010-483 du 12 mai 2010 (JO 13 mai). — V. CSI, art. L. 322-1 et L. 322-2, supra. — V. CSI, art. L. 324-1, et L. du 12 mai 2010, art. 21. — **C. pén.***

« II. — Les types de résultats supports des paris ainsi que les phases de jeux correspondantes sont fixés, pour chaque sport, par l'Autorité de régulation des jeux en ligne au regard des risques de manipulation qu'ils présentent et suivant des modalités définies par voie réglementaire. »

III. — Les règles encadrant la prise de paris en la forme mutuelle ne font pas obstacle au recours, par les opérateurs de paris agréés en application de l'article 21, à des mécanismes d'abondement des gains, sous réserve que cette pratique demeure ponctuelle et n'ait pas pour effet de dénaturer le caractère mutuel des paris.

IV. — Seules sont autorisées l'organisation et la prise de paris sportifs en ligne en la forme mutuelle ou à cote au sens de l'article 4 de la présente loi.

(L. n° 2017-261 du 1er mars 2017, art. 7) « V. — Le président de l'Autorité de régulation des jeux en ligne peut, s'il existe des indices graves et concordants de manipulation d'une compétition ou manifestation sportive inscrite sur la liste définie au I du présent article, interdire, pour une durée qu'il détermine, tout pari sur celle-ci. L'organisateur de la compétition ou manifestation sportive peut le saisir à cette fin. »

Sur l'organisation et le fonctionnement de l'Autorité de régulation des jeux en ligne (ARJEL), V. Décr. n° 2010-481 du 12 mai 2010 (JO 13 mai), mod. par Décr. n° 2010-1070 du 8 sept. 2010 (JO 10 sept.).

Art. 13 I. — En matière de paris en ligne sur les épreuves hippiques ou sportives, sont seules autorisées l'organisation et la prise de paris enregistrés en compte par transfert de données numériques exclusivement par l'intermédiaire d'un service de communication au public en ligne, à l'initiative du joueur connecté directement au site de l'opérateur agréé.

II. — Les catégories de paris sportifs et hippiques autorisés, les principes régissant leurs règles techniques et la proportion maximale des sommes versées en moyenne aux joueurs, y compris la contre-valeur des lots en nature attribués, par rapport aux sommes engagées par type d'agrément sont fixés par décret. — *V. Décr. n° 2010-483 du 12 mai 2010 (JO 13 mai) et Décr. n° 2010-605 du 4 juin 2010, infra.*

Art. 14 I. — Par dérogation aux dispositions *(L. n° 2014-344 du 17 mars 2014, art. 158)* « de l'article L. 324-1 du code de la sécurité intérieure », toute personne titulaire de l'agrément prévu à l'article 21 de la présente loi en tant qu'opérateur de jeux de cercle en ligne peut organiser, dans les conditions prévues par la présente loi, de tels jeux. — *V. CSI, art. L. 324-1, et L. du 12 mai 2010, art. 21.* — ***C. pén.***

II. — Pour l'application du I, seuls peuvent être proposés en ligne les jeux de cercle constituant des jeux de répartition reposant sur le hasard et sur le savoir-faire dans lesquels le joueur, postérieurement à l'intervention du hasard, décide, en tenant compte de la conduite des autres joueurs, d'une stratégie susceptible de modifier son espérance de gains.

Seuls sont autorisés les jeux de cercle entre joueurs jouant via des sites d'opérateurs titulaires de l'agrément prévu à l'article 21.

(L. n° 2016-1321 du 7 oct. 2016, art. 95) « Toutefois, par dérogation au premier alinéa du présent II, l'Autorité de régulation des jeux en ligne peut autoriser un opérateur titulaire de l'agrément prévu à l'article 21 à proposer aux joueurs titulaires d'un compte validé sur un site faisant l'objet de l'agrément de participer à des jeux de cercle définis au même premier alinéa avec les joueurs titulaires d'un compte ouvert sur un site faisant l'objet d'un agrément par un État membre de l'Union européenne ou d'un État partie à l'accord sur l'Espace économique européen.

« Cette autorisation est subordonnée à l'existence d'une convention conclue dans les conditions prévues au second alinéa du V de l'article 34. Elle détermine les obligations particulières imposées à l'opérateur afin de permettre l'exercice du contrôle de son activité par l'Autorité de régulation des jeux en ligne. »

III. — Les mises sont enregistrées en compte par transfert de données numériques exclusivement par l'intermédiaire d'un service de communication au public en ligne, à l'initiative du joueur connecté directement au site de l'opérateur agréé.

IV. — Les catégories de jeux de cercle mentionnées au II ainsi que les principes régissant leurs règles techniques sont fixés par décret. — *V. Décr. n° 2016-1326 du 6 oct. 2016 (JO 8 oct.).*

CHAPITRE III. *LES OBLIGATIONS DES ENTREPRISES SOLLICITANT L'AGRÉMENT D'OPÉRATEUR DE JEUX OU DE PARIS EN LIGNE*

Art. 15 L'entreprise sollicitant l'agrément en tant qu'opérateur de jeux ou de paris en ligne justifie de l'identité et de l'adresse de son propriétaire ou, s'il s'agit d'une personne morale, de son siège social, de sa structure juridique, de l'identité et de l'adresse de ses dirigeants. Elle fournit les éléments relatifs à des condamnations pénales, déterminées par le décret mentionné au III de l'article 21, ou des sanctions administratives, mentionnées à l'article 43, dont elle-même, son propriétaire ou, s'il s'agit d'une personne morale, un de ses dirigeants ou de ses mandataires sociaux a, le cas échéant, fait l'objet. — *V. Décr. n° 2010-482 du 12 mai 2010 (JO 13 mai).*

Dans le cas où l'entreprise est constituée en société par actions, elle présente l'ensemble des personnes physiques ou morales qui détiennent plus de 5 % de son capital ou de ses droits de vote ainsi que, le cas échéant, la ou les personnes qui la contrôlent directement ou indirectement au sens de l'article L. 233-16 du code de commerce.

L'entreprise justifie de ses moyens humains et matériels et communique l'ensemble des informations comptables et financières de nature à attester sa solidité financière et sa capacité à assumer les investissements nécessaires au respect de ses obligations légales et réglementaires. S'il s'agit d'une entreprise individuelle, elle présente les montants des actifs détenus par l'entrepreneur et des dettes qu'il a contractées.

L'entreprise sollicitant l'agrément ne peut avoir son siège social, une filiale ou un équipement dans un État ou territoire non coopératif au sens de l'article 238-0 A du code général des impôts.

Toute modification de ces éléments intervenant postérieurement à l'agrément est portée à la connaissance de l'Autorité de régulation des jeux en ligne dans les conditions prévues au V de l'article 21.

(L. nº 2014-344 du 17 mars 2014, art. 151) « Elle justifie de l'existence d'une sûreté, d'une fiducie, d'une assurance, d'un compte sous séquestre ou de tout autre instrument ou mécanisme garantissant, en toutes circonstances, le reversement de la totalité des avoirs exigibles des joueurs.

« L'opérateur veille à ce que l'étendue de la garantie qu'il fournit soit toujours à la mesure des avoirs exigibles des joueurs. Il informe, sans délai, l'Autorité de régulation des jeux en ligne des variations qui affectent l'étendue de cette garantie. Le cas échéant, l'Autorité de régulation des jeux en ligne peut, de sa propre initiative, exiger de l'opérateur qu'il procède aux adaptations nécessaires de l'étendue de cette garantie, dans un délai qu'elle détermine. »

Art. 16 L'entreprise sollicitant l'agrément présente la nature, les caractéristiques et les modalités d'exploitation, d'organisation ou de sous-traitance du site de jeux en ligne et des opérations de jeu ou de pari en ligne qu'elle entend proposer au public ainsi que les caractéristiques des plates-formes et logiciels de jeux et de traitement de paris qu'elle compte utiliser.

Elle décrit, pour chaque jeu proposé, le processus de traitement des données de jeu ainsi que les moyens permettant que ces données soient, en temps réel ou différé, mises à la disposition de l'Autorité de régulation des jeux en ligne.

Elle donne connaissance des contrats de fourniture ou de sous-traitance d'opérations de jeu ou de pari en ligne qu'elle a conclus.

Elle souscrit l'engagement de donner aux représentants habilités de l'Autorité de régulation des jeux en ligne l'accès au local où se trouve le support matériel de données mentionné à l'article 31.

Elle justifie de sa capacité à maintenir la conformité des jeux qu'elle propose à la réglementation qui leur est applicable. Elle désigne la ou les personnes, domiciliées en France, qui en sont responsables.

Elle communique, à titre d'information, dans l'hypothèse où elle opère légalement dans son État d'établissement pour une même catégorie de jeux ou de paris en ligne, les exigences et, en général, la surveillance réglementaire et le régime des sanctions auxquels elle est déjà soumise dans cet État. — *V. Décr. nº 2010-482 du 12 mai 2010 (JO 13 mai).*

Sur la procédure de sanction applicable aux opérateurs agréés de jeux ou de paris en ligne, V. Décr. nº 2010-495 du 14 mai 2010 (JO 15 mai).

CHAPITRE IV. *LUTTE CONTRE LA FRAUDE*

Art. 17 L'entreprise sollicitant l'agrément précise les modalités d'accès et d'inscription à son site de tout joueur et les moyens lui permettant de s'assurer de l'identité de chaque nouveau joueur, de son âge, de son adresse et de l'identification du compte de paiement sur lequel sont reversés ses avoirs. Elle s'assure également, lors de l'ouverture initiale du compte joueur et lors de toute session de jeu, que le joueur est une personne physique, en requérant l'entrée d'un code permettant d'empêcher les inscriptions et l'accès de robots informatiques.

Elle justifie, auprès de l'Autorité de régulation des jeux en ligne, compte tenu de la date de transmission des documents d'ouverture de compte, du processus assurant qu'un compte joueur est ouvert à tout nouveau joueur ou parieur avant toute activité de jeu ou de pari et, pour les personnes autres que celles visées à l'article 68, que cette ouverture et l'approvisionnement initial par son titulaire sont intervenus postérieurement à sa date d'agrément.

L'ouverture d'un compte joueur ne peut être réalisée qu'à l'initiative de son titulaire et après sa demande expresse, à l'exclusion de toute procédure automatique.

L'opérateur agréé de jeux ou de paris en ligne peut proposer au joueur, de manière provisoire, une activité de jeu d'argent ou de pari en ligne avant vérification des éléments mentionnés au premier alinéa. Cette vérification et celle de la majorité du joueur conditionnent toutefois la validation du compte joueur et la restitution de son éventuel solde créditeur. *(L. n° 2015-1785 du 29 déc. 2015, art. 50)* « Sans préjudice des cas de clôture d'un compte pouvant être prévus dans le règlement portant conditions générales de l'offre de jeux et de paris, l'opérateur clôture le compte provisoire lorsqu'il ne peut le valider eu égard aux justificatifs ou formalités exigés ou lorsque le joueur en fait la demande. Un décret en Conseil d'État précise les modalités de clôture d'un compte provisoire. En cas de clôture d'un compte provisoire présentant un solde créditeur, l'opérateur met en réserve, sans délai, la somme correspondante, pour une durée de six ans à compter de cette clôture. Durant cette période, sans préjudice de l'application de l'article L. 561-16 du code monétaire et financier, le joueur peut obtenir le reversement de ce solde créditeur en communiquant à l'opérateur, qui les vérifie, les éléments mentionnés au premier alinéa du présent article. Si, à l'issue du délai de six années, cette somme n'a pas été reversée au joueur, elle est acquise à l'État. Trois mois avant l'expiration de ce délai, l'opérateur utilise tout moyen à sa disposition pour informer le joueur des conditions dans lesquelles il peut obtenir le reversement de cette somme et, à défaut, de l'acquisition de celle-ci à l'État. »

Le compte joueur ne peut être crédité que par son titulaire au titre des approvisionnements qu'il réalise dans les conditions définies au présent article ou par l'opérateur agréé qui détient le compte soit au titre des gains réalisés par le joueur, soit à titre d'offre promotionnelle.

L'approvisionnement d'un compte joueur par son titulaire ne peut être réalisé qu'au moyen d'instruments de paiement mis à disposition par un prestataire de services de paiement établi dans un État membre de la Communauté européenne ou un État partie à l'accord sur l'Espace économique européen ayant conclu avec la France une convention contenant une clause d'assistance administrative en vue de lutter contre la fraude et l'évasion fiscales. Seuls peuvent être utilisés les instruments de paiement mentionnés au chapitre III du titre III du livre Ier du code monétaire et financier.

(L. n° 2015-1785 du 29 déc. 2015, art. 50) « L'opérateur procède à la clôture du compte, sur la demande du joueur ou dans les cas prévus par décret. En cas de clôture du compte présentant un solde créditeur et s'il ne peut procéder au reversement, notamment parce qu'il n'est pas en mesure de vérifier les références du compte de paiement, l'opérateur met en réserve, sans délai, la somme correspondante pour une durée de six ans à compter de cette clôture. Durant cette période, et sans préjudice de l'application de l'article L. 561-16 du code monétaire et financier, le joueur peut obtenir le reversement de cette somme en communiquant à l'opérateur, qui les vérifie, les éléments d'identification nécessaires. Si, à l'issue du délai de six années, cette somme n'a pas été reversée au joueur, elle est acquise à l'État. Trois mois avant l'expiration de ce délai, l'opérateur utilise tout moyen à sa disposition pour informer le joueur des conditions dans lesquelles il peut obtenir le reversement de cette somme et, à défaut, de l'acquisition de celle-ci à l'État. »

Les avoirs du joueur auprès de l'opérateur ne peuvent être reversés que sur un seul compte de paiement ouvert par le joueur auprès d'un prestataire de services de paiement établi dans un État membre de la Communauté européenne ou un État partie à l'accord sur l'Espace économique européen ayant conclu avec la France une convention contenant une clause d'assistance administrative en vue de lutter contre la fraude et l'évasion fiscales. Le joueur communique à l'opérateur les références de ce compte de paiement lors de l'ouverture de son compte joueur. Le reversement de ces avoirs ne peut être réalisé que par virement vers ce compte de paiement. — *V. Décr. n° 2010-518 du 19 mai 2010, infra.*

Art. 18 L'entreprise sollicitant l'agrément précise les modalités d'encaissement et de paiement, à partir de son site, des mises et des gains.

Elle justifie de la disposition d'un compte ouvert dans un établissement de crédit établi dans un État membre de la Communauté européenne ou un État partie à l'accord sur l'Espace économique européen ayant conclu avec la France une convention contenant une clause d'assistance administrative en vue de lutter contre la fraude et l'évasion fiscales, sur lequel sont exclusivement réalisées les opérations d'encaissement et de paiement liées aux jeux et paris qu'elle propose légalement en France. *(L. n° 2014-344 du 17 mars 2014, art. 151)* « Le cas échéant, le compte dédié peut être établi au nom d'un fiduciaire réglementé, ou l'équivalent dans l'État concerné, à raison de la conclusion entre l'opérateur et le fiduciaire d'une convention de fiducie relevant du droit français ou de celui d'un État membre de l'Union européenne, au bénéfice des joueurs en vue de la protection de leurs avoirs. »

Elle justifie de sa capacité à assumer ses obligations en matière de lutte contre les activités frauduleuses ou criminelles, en particulier le blanchiment de capitaux et le financement du terrorisme.

L'entreprise demandant l'agrément accrédite, s'il y a lieu, un représentant en France conformément à l'article 302 *bis* ZN du code général des impôts.

Elle précise l'organisation lui permettant d'assurer la déclaration et le paiement des versements de toute nature dus au titre de l'activité pour laquelle elle sollicite l'agrément.

Art. 19 L'entreprise sollicitant l'agrément décrit les moyens qu'elle met en œuvre pour protéger les données à caractère personnel et la vie privée des joueurs, conformément aux dispositions de la loi n° 78-17 du 6 janvier 1978 relative à l'informatique, aux fichiers et aux libertés.

Elle présente la procédure de réclamation gratuite mise à leur disposition.

Art. 20 Les obligations prévues aux articles 15 à 19 sont précisées par décret en Conseil d'État. Ce décret détermine notamment les conditions de recueil du consentement des joueurs aux utilisations, autres que celles nécessaires au contrôle des autorités publiques, des données personnelles les concernant. — *V. Décr. n° 2010-482 du 12 mai 2010 (JO 13 mai).*

Les éléments constitutifs de la demande d'agrément sont établis par un cahier des charges approuvé par le ministre de l'intérieur, le ministre chargé du budget, le ministre chargé de l'agriculture et le ministre chargé des sports, sur proposition de l'Autorité de régulation des jeux en ligne. — *V. Arr. du 17 mai 2010 (JO 18 mai).*

....

CHAPITRE VII. *LA LUTTE CONTRE LE JEU EXCESSIF OU PATHOLOGIQUE*

Art. 26 L'opérateur de jeux ou de paris en ligne titulaire de l'agrément prévu à l'article 21 est tenu de faire obstacle à la participation aux activités de jeu ou de pari qu'il propose des personnes interdites de jeu en vertu de la réglementation en vigueur ou exclues de jeu à leur demande. Il interroge à cette fin, par l'intermédiaire de l'Autorité de régulation des jeux en ligne et dans le respect des dispositions de la loi n° 78-17 du 6 janvier 1978 précitée, les fichiers des interdits de jeu tenus par les services du ministère de l'intérieur. Il clôture tout compte joueur dont le titulaire viendrait à être touché par une interdiction ou une exclusion.

Il prévient les comportements de jeu excessif ou pathologique par la mise en place de mécanismes d'auto-exclusion et de modération et de dispositifs d'autolimitation des dépôts et des mises. *(L. n° 2016-1321 du 7 oct. 2016, art. 96)* « Il met également en place, pour les jeux de cercle en ligne définis à l'article 14, un dispositif d'autolimitation de temps de jeu effectif. » Il communique en permanence à tout joueur fréquentant son site le solde instantané de son compte. Il informe les joueurs des risques liés au jeu excessif ou pathologique par le biais d'un message de mise en garde, ainsi que des procédures d'inscription sur les fichiers des interdits de jeu tenus par les services du ministère de l'intérieur. Un arrêté du ministre de la santé précise le contenu de ce message de mise en garde. — *V. Arr. du 8 juin 2010, infra.*

(L. n° 2014-344 du 17 mars 2014, art. 153) « Il s'abstient d'adresser toute communication commerciale aux titulaires d'un compte joueur bénéficiant d'une mesure d'auto-exclusion sur son site et, dans le cas des joueurs auto-exclus définitivement, pendant la période durant laquelle ceux-ci ne peuvent solliciter à nouveau l'ouverture d'un compte. A compter du 1er janvier 2015, il s'abstient également d'adresser toute communication commerciale aux anciens titulaires d'un compte joueur dès lors qu'ils sont inscrits sur les fichiers des interdits de jeu mentionnés au premier alinéa et que l'opérateur dispose des informations personnelles relatives à ces joueurs permettant d'interroger ces fichiers dans le respect de la loi n° 78-17 du 6 janvier 1978 précitée. »

Lutte contre la dépendance aux jeux. Une réglementation nationale qui vise à réfréner la dépendance aux jeux de hasard ainsi qu'à lutter contre la fraude et qui contribue effectivement à la réalisation de ces objectifs peut être considérée comme limitant les activités de paris de manière cohérente et systématique, alors même que le titulaire ou les titulaires d'une autorisation exclusive sont habilités à rendre attrayante leur offre sur le marché en introduisant de nouveaux jeux de hasard et en recourant à la publicité. Il appartient à la juridiction de renvoi de vérifier si les activités de jeux illégales peuvent constituer un problème dans l'État membre concerné, auquel une expansion des activités autorisées et réglementées pourrait remédier, et si cette expansion n'a pas une ampleur susceptible de la rendre inconciliable avec l'objectif de réfréner ladite dépendance. • CJUE 3 juin 2010 : *Dalloz actualité, 15 juill. 2010, obs. Demunck; JCP 2010, n° 704, obs. F. Picod; RLDA juill.-août 2010. 50, obs. Anadon; Europe 2010, n° 274, obs. Simon.*

Art. 27 L'opérateur de jeux ou de paris en ligne titulaire de l'agrément prévu à l'article 21 rend compte dans un rapport annuel, transmis à l'Autorité de régulation des jeux en ligne, des actions qu'il a menées et des moyens qu'il a consacrés pour promouvoir le jeu responsable et lutter contre le jeu excessif ou pathologique.

Il rend également compte annuellement à la même autorité des résultats des contrôles qu'il a réalisés en matière de lutte contre les activités frauduleuses ou criminelles ainsi que le blanchiment de capitaux et le financement du terrorisme.

Art. 28 I. — L'opérateur de jeux ou de paris en ligne titulaire de l'agrément prévu à l'article 21 informe en permanence les joueurs de l'existence du service d'information et d'assistance prévu à l'article 29.

II. — Tout autre organisme que l'organisme prévu à l'article 29 qui souhaite proposer un service d'information et d'assistance doit adresser, chaque année, *(Abrogé par Décr. nº 2015-1469 du 13 nov. 2015, art. 16) « au comité consultatif des jeux »* un rapport précisant les modalités d'organisation et le bilan de ses actions. Les informations devant figurer dans ce rapport sont précisées par décret *(Abrogé par Décr. nº 2015-1469 du 13 nov. 2015, art. 16) «, sur proposition du comité consultatif des jeux »*.

Art. 29 Un numéro d'appel téléphonique est mis à la disposition des joueurs excessifs ou pathologiques et de leur entourage par les pouvoirs publics sous la responsabilité de l'Institut national de prévention et d'éducation pour la santé. Cet appel est facturé à l'abonné au prix d'un appel local.

Art. 30 Le jeu à crédit est interdit.

Il est interdit à tout opérateur de jeux titulaire de l'agrément mentionné à l'article 21 ainsi qu'à tout dirigeant, mandataire social ou employé d'un tel opérateur de consentir des prêts d'argent aux joueurs ou de mettre en place directement ou indirectement des dispositifs permettant aux joueurs de s'accorder des prêts entre eux.

Le site de l'opérateur agréé de jeux en ligne ne peut contenir aucune publicité en faveur d'une entreprise susceptible de consentir des prêts d'argent aux joueurs ou de permettre le prêt entre joueurs, ni aucun lien vers le site d'une telle entreprise.

CHAPITRE VIII. *LA TRANSPARENCE DES OPÉRATIONS DE JEU*

Art. 31 L'opérateur de jeux ou de paris en ligne titulaire de l'agrément prévu à l'article 21 est tenu de procéder à l'archivage en temps réel, sur un support matériel situé en France métropolitaine, de l'intégralité des données mentionnées *(L. nº 2014-344 du 17 mars 2014, art. 154)* « aux 1° à » 3° de l'article 38. L'ensemble des données échangées entre le joueur et l'opérateur transitent par ce support.

(L. nº 2014-344 du 17 mars 2014, art. 154) « L'obligation d'archivage prévue au premier alinéa s'applique à compter du 1er juillet 2015 s'agissant des données portant sur les références du compte de paiement mentionnées au 2° du même article 38. »

....

Art. 38 Un contrôle permanent de l'activité des opérateurs de jeux ou de paris en ligne agréés est réalisé par l'Autorité de régulation des jeux en ligne aux fins d'assurer le respect des objectifs définis à l'article 3. A cette fin, les opérateurs mettent à la disposition permanente de l'Autorité de régulation des jeux en ligne des données portant sur :

1° L'identité de chaque joueur, son adresse et son adresse sur un service de communication au public en ligne ;

2° Le compte de chaque joueur, notamment sa date d'ouverture, et les références du compte de paiement mentionné au dernier alinéa de l'article 17 ;

3° Les événements de jeu ou de pari et, pour chaque joueur, les opérations associées ainsi que toute autre donnée concourant à la formation du solde du compte joueur ;

4° Les événements relatifs à l'évolution et à la maintenance des matériels, plates-formes et logiciels de jeux utilisés.

(L. nº 2016-731 du 3 juin 2016, art. 46) « L'Autorité de régulation des jeux en ligne peut utiliser ces données afin de rechercher et d'identifier tout fait commis par un joueur ou un parieur, susceptible de constituer une fraude ou de relever du blanchiment de capitaux ou du financement du terrorisme. »

Un décret en Conseil d'État, pris après avis de la Commission nationale de l'informatique et des libertés, précise la liste des données que les opérateurs de jeux ou de paris en ligne sont tenus de mettre à la disposition de l'Autorité de régulation des jeux en ligne. Il précise les modalités techniques de stockage et de transmission de ces données, le délai pendant lequel l'opérateur est tenu de les archiver, ainsi que les modalités des contrôles réalisés par l'Autorité de régulation des jeux en ligne à partir de ces données. – *V. Décr. n° 2010-509 du 18 mai 2010 (JO 19 mai).*

(L. n° 2016-1321 du 7 oct. 2016, art. 98) « L'Autorité de régulation des jeux en ligne peut également disposer des données précitées en vue de l'accomplissement des missions énoncées au IV de l'article 34 de la présente loi, dans le respect de la loi n° 78-17 du 6 janvier 1978 relative à l'informatique, aux fichiers et aux libertés. »

(L. n° 2014-344 du 17 mars 2014, art. 154) « Toutefois, pour l'application du présent article, les données relatives aux opérations de jeu réalisées dans le cadre de l'exploitation des droits exclusifs en matière d'offre publique de jeux en ligne accordés sur le fondement de l'article 136 de la loi du 31 mai 1933 portant fixation du budget général de l'exercice 1933 ne font pas partie des données exigibles par l'Autorité de régulation des jeux en ligne. »

....

CHAPITRE XII. *MESURES DE LUTTE CONTRE LES SITES ILLÉGAUX DE JEUX D'ARGENT*

Art. 56 I. — Quiconque aura offert ou proposé au public une offre en ligne de paris ou de jeux d'argent et de hasard sans être titulaire de l'agrément mentionné à l'article 21 ou d'un droit exclusif est puni de trois ans d'emprisonnement et de 90 000 € d'amende. Ces peines sont portées à sept ans d'emprisonnement et à 200 000 € d'amende lorsque l'infraction est commise en bande organisée.

II. — *Modification de la L. n° 83-628 du 12 juill. 1983, art. 1er. – V. désormais, CSI, art. L. 324-1.* – ***C. pén.***

III. — *Modification de la L. du 21 mai 1836, art. 3. – V. désormais, CSI, art. L. 324-6, supra.*

IV. — Les personnes physiques coupables de l'infraction prévue au I encourent également les peines complémentaires suivantes :

1° L'interdiction des droits civiques, civils et de famille dans les conditions prévues à l'article 131-26 du code pénal ;

2° La confiscation des biens mobiliers et immobiliers, divis ou indivis, ayant servi directement ou indirectement à commettre l'infraction ou qui en sont le produit, y compris les fonds ou effets exposés au jeu ou mis en loterie ainsi que les meubles ou effets mobiliers dont les lieux sont garnis ou décorés, à l'exception des objets susceptibles de donner lieu à restitution ;

3° L'affichage ou la diffusion de la décision prononcée dans les conditions prévues à l'article 131-35 du code pénal ;

4° La fermeture définitive, ou pour une durée de cinq ans au plus, des établissements ou de l'un ou de plusieurs des établissements de l'entreprise ayant servi à commettre les faits incriminés ;

5° L'interdiction, suivant les modalités prévues par l'article 131-27 du code pénal, soit d'exercer une fonction publique ou d'exercer l'activité professionnelle ou sociale dans l'exercice ou à l'occasion de l'exercice de laquelle l'infraction a été commise, soit d'exercer une profession commerciale ou industrielle, de diriger, d'administrer, de gérer ou de contrôler à un titre quelconque, directement ou indirectement, pour son propre compte ou pour le compte d'autrui, une entreprise commerciale ou industrielle, ou une société commerciale. Ces interdictions d'exercice peuvent être prononcées cumulativement.

V. — Les personnes morales déclarées responsables pénalement, dans les conditions prévues à l'article 121-2 du code pénal, de l'infraction prévue au I du présent article encourent, outre l'amende suivant les modalités prévues par l'article 131-38 du code pénal, les peines mentionnées aux 1°, 4°, 8° et 9° de l'article 131-39 du même code. Elles encourent également l'interdiction, pour une durée de cinq ans au plus, de solliciter l'agrément prévu à l'article 21 de la présente loi ainsi que l'autorisation prévue à l'article *(L. n° 2014-344 du 17 mars 2014, art. 158)* « L. 321-1 du code de la sécurité intérieure » et, le cas échéant, le retrait d'un tel agrément ou autorisation si la personne morale en est titulaire au moment du jugement.

VI. — *Modification de la L. du 21 mai 1836, art. 3. – V. désormais, CSI, art. L. 324-7 et L. 324-8, supra.*

VII. — *Modification de la L. n° 83-628 du 12 juill. 1983, art. 1er. – V. désormais, CSI, art. L. 324-1.* – ***C. pén.***

VIII. — *V. L. du 2 juin 1891, art. 4.* – ***C. pén.***

Art. 57 I. — Quiconque fait de la publicité, par quelque moyen que ce soit, en faveur d'un site de paris ou de jeux d'argent et de hasard non autorisé en vertu d'un droit exclusif ou de l'agrément prévu à l'article 21 est puni d'une amende de 100 000 €. Le tribunal peut porter le montant de l'amende au quadruple du montant des dépenses publicitaires consacrées à l'activité illégale.

Ces peines sont également encourues par quiconque a, par quelque moyen que ce soit, diffusé au public, aux fins de promouvoir des sites de jeux en ligne ne disposant pas de l'agrément prévu à l'article 21, les cotes et rapports proposés par ces sites non autorisés.

(L. nº 2014-344 du 17 mars 2014, art. 155) « Le président de l'Autorité de régulation des jeux en ligne peut saisir le président du tribunal de grande instance de Paris aux fins de voir ordonnée, en la forme des référés, toute mesure permettant la cessation de toute publicité en faveur d'un site de paris ou de jeux d'argent et de hasard non autorisé en vertu d'un droit exclusif ou de l'agrément prévu à l'article 21 ou en contravention avec le titre II du livre III du code de la sécurité intérieure. »

II. — *Modification de la L. du 21 mai 1836, art. 4. – V. désormais, CSI, art. L. 324-9, supra.*

III. — *V. L. du 2 juin 1891, art. 4. –* ***C. pén.***

IV. — *Modification de la L. nº 83-628 du 12 juill. 1983, art. 1er. – V. désormais, CSI, art. L. 324-1. –* ***C. pén.***

Décret nº 2010-518 du 19 mai 2010,

Relatif à la mise à disposition de l'offre de jeux et de paris par les opérateurs agréés de jeux ou de paris en ligne.

CHAPITRE Ier. *CARACTÉRISTIQUES GÉNÉRALES DE L'OFFRE DE JEUX ET DE PARIS PROPOSÉE PAR LES OPÉRATEURS AGRÉÉS DE JEUX OU DE PARIS EN LIGNE*

Art. 1er Le site internet mentionné à l'article 24 de la loi du 12 mai 2010 susvisée *[relative à l'ouverture à la concurrence et à la régulation du secteur des jeux d'argent et de hasard en ligne]* est présenté en langue française.

Il indique, de manière apparente et aisément accessible, le ou les numéros d'agrément d'opérateur de jeux ou de paris en ligne dont dispose l'opérateur.

Le règlement portant conditions générales de l'offre de jeux et de paris ainsi que les règlements particuliers des jeux et paris proposés par l'opérateur sont rédigés en langue française et mis à disposition du joueur de manière aisément accessible. Ils comportent les informations exigées en application de l'article 32 de la loi du 6 janvier 1978 susvisée *[relative à l'informatique, aux fichiers et aux libertés]*.

CHAPITRE II. *CONDITIONS D'OUVERTURE ET DE FONCTIONNEMENT DU COMPTE JOUEUR*

Art. 2 Lorsqu'une personne sollicite l'ouverture d'un compte joueur auprès d'un opérateur agréé de jeux ou de paris en ligne, celui-ci, préalablement à l'ouverture de ce compte, lui demande :

1º De lui communiquer ses nom, prénoms, date et lieu de naissance, l'adresse postale de son domicile ainsi que les références du compte de paiement, tel que mentionné au dernier alinéa de l'article 17 de la loi du 12 mai 2010 susvisée *[V. supra]*, sur lequel l'opérateur reversera, le cas échéant, les avoirs du joueur ;

2º De certifier qu'elle a pris connaissance du règlement portant conditions générales de l'offre de jeux et de paris et de manifester explicitement son acceptation des clauses de ce règlement ; cette acceptation doit être renouvelée à chaque modification du règlement ;

3º Si elle consent à ce que les données personnelles qu'elle confie à l'opérateur fassent l'objet d'utilisations à des fins de prospection commerciale.

La demande prévue au 3º doit être distincte de celle mentionnée au 2º et le consentement de la personne doit résulter d'une manifestation expresse de sa volonté. L'opérateur informe préalablement la personne de la finalité de ces utilisations.

Les réponses aux demandes énumérées aux 1º à 3º sont obligatoires. L'opérateur peut en outre exiger que la personne sollicitant l'ouverture d'un compte lui communique une adresse de courrier électronique. L'opérateur refuse l'ouverture d'un compte à toute personne ne lui ayant pas communiqué l'intégralité de ces réponses. Il refuse également l'ouverture d'un compte à toute personne mineure ou faisant l'objet d'une mesure d'interdiction de jeu. Il s'assure que la personne ne fait pas l'objet d'une telle mesure dans les conditions prévues à l'*(Décr. nº 2015-620 du 5 juin 2015, art. 2)* « article 22 ».

L'opérateur informe la personne que la demande d'ouverture d'un compte joueur emporte renonciation à l'exercice du droit prévu au premier alinéa de l'article 38 de la loi du 6 janvier

1978 susvisée. Il l'informe également qu'elle dispose, pour les données personnelles *(Décr. n° 2015-620 du 5 juin 2015, art. 2)* « la concernant », d'un droit d'accès et de rectification, conformément aux dispositions des articles 39 et 40 de la même loi.

L'opérateur informe le joueur que l'Autorité de régulation des jeux en ligne peut être destinataire des données personnelles qu'il lui a confiées, ainsi que de celles relatives à son activité de jeu ou de pari.

Art. 3 *(Décr. n° 2015-620 du 5 juin 2015, art. 3)* « Préalablement à la saisie par le joueur du code secret prévue à l'article 5 », seul peut être ouvert un compte joueur provisoire ne permettant pas à son titulaire d'ordonner le reversement, même partiel, du solde créditeur de ce compte sur son compte de paiement.

L'opérateur qui propose l'ouverture d'un compte provisoire informe le joueur qui sollicite l'ouverture d'un tel compte de ses conditions de fonctionnement. Lorsque le joueur sollicite l'ouverture d'un compte provisoire, l'opérateur lui demande d'accepter explicitement ces conditions de fonctionnement.

Art. 4 Toute personne sollicitant l'ouverture d'un compte joueur auprès d'un opérateur agréé de jeux ou de paris en ligne communique à ce dernier, dans le délai maximum d'un mois à compter de la demande d'ouverture du compte :

1° La copie d'une carte nationale d'identité, d'un passeport ou d'un permis de conduire en cours de validité justifiant de son identité et de sa date de naissance ;

2° Un document portant références du compte de paiement distinct mentionné au 1° de l'article 2 et attestant que ce compte est ouvert à son nom.

(Décr. n° 2015-620 du 5 juin 2015, art. 4) « A l'issue du délai d'un mois à compter de la demande d'ouverture du compte, si l'une des pièces exigées ne lui a pas été communiquée, l'opérateur désactive le compte provisoire.

« A l'issue du délai de deux mois à compter de la demande d'ouverture de ce compte provisoire, si l'une des pièces exigées ne lui a pas été communiquée, l'opérateur clôture le compte dans les conditions prévues à l'article 8.

« Dans l'hypothèse où l'opérateur constate une discordance entre les informations saisies par le joueur et les pièces justificatives transmises résultant d'une erreur matérielle de saisie, il en avise sans délai le joueur et lui propose de rectifier ces informations dans un délai de sept jours suivant cet avertissement. Le joueur peut soit procéder lui-même à la rectification des informations saisies en accédant à son compte, soit donner son accord à l'opérateur pour que celui-ci procède à la rectification nécessaire. Dans cette dernière hypothèse, le joueur doit valider la rectification lors de sa prochaine connexion à son compte. A défaut de rectification, l'opérateur clôture le compte sans délai. »

Art. 5 *(Décr. n° 2015-620 du 5 juin 2015, art. 5)* « Lorsque l'opérateur a procédé aux vérifications à l'aide des pièces exigées à l'article 4 et, le cas échéant, que la rectification prévue au même article a été réalisée », il communique au joueur, par courrier envoyé à l'adresse postale déclarée par ce dernier, un code secret, distinct du mot de passe permettant au joueur d'accéder, le cas échéant, à son compte provisoire.

Lorsqu'un compte provisoire a été ouvert, seule la saisie par le joueur du code secret permet de mettre fin au statut provisoire du compte. *(Abrogé par Décr. n° 2015-620 du 5 juin 2015, art. 5) « Dans les autres cas, la saisie par le joueur du code secret permet l'ouverture du compte.*

« Si, à l'expiration du délai mentionné à l'article 4, l'une des pièces exigées en vertu de ce même article ne lui a pas été communiquée, l'opérateur désactive le compte provisoire.

« Si, au terme d'un délai de deux mois à compter de la demande d'ouverture de ce compte provisoire, l'une des pièces exigées en vertu de l'article 4 ne lui a pas été communiquée, l'opérateur clôture le compte dans les conditions prévues à l'article 8. » *(Décr. n° 2015-620 du 5 juin 2015, art. 5)* « L'opérateur clôture le compte dans les conditions prévues à l'article 8 » si, à l'expiration d'un délai de six semaines à compter de l'envoi par l'opérateur du code secret mentionné au premier alinéa, le joueur n'a pas saisi ce code.

Art. 6 La désactivation d'un compte joueur empêche son titulaire d'engager des mises et d'ordonner le reversement, même partiel, du solde créditeur de ce compte sur son compte de paiement.

Elle ne fait pas obstacle à son accès aux informations mentionnées à l'article 13.

Si le compte n'a pas été clôturé, l'opérateur le réactive lorsque son titulaire lui a communiqué l'ensemble des pièces mentionnées à l'article 4 *(Décr. n° 2015-620 du 5 juin 2015, art. 6)* « et*[,]* le cas échéant, que la rectification prévue au même article a été réalisée ».

Art. 7 Sans préjudice des cas mentionnés aux *(Décr. nº 2015-620 du 5 juin 2015, art. 7)* « articles 4, 5, 12 et 18 », ainsi que des autres cas de clôture d'un compte pouvant être prévus dans le règlement portant conditions générales de l'offre de jeux et de paris, l'opérateur clôture sans délai un compte joueur lorsque son titulaire :

1° En fait la demande ;

2° Lui communique, après l'ouverture d'un compte joueur, des pièces comportant des informations ne correspondant pas à celles qu'il a saisies lors de l'ouverture du compte *(Décr. nº 2015-620 du 5 juin 2015, art. 7)* « , si cette discordance ne résulte pas d'une erreur matérielle de saisie » ;

3° Lui communique, aux fins de *(Décr. nº 2015-620 du 5 juin 2015, art. 7)* « rectification » des informations associées à son compte joueur dans les conditions prévues par l'article 12, des pièces dont les informations ne correspondent pas à celles qu'il a saisies *(Décr. nº 2015-620 du 5 juin 2015, art. 7)* « , si cette discordance ne résulte pas d'une erreur matérielle de saisie » ;

4° Vient à être interdit de jeu en application de la réglementation en vigueur ;

5° N'a pas réalisé, dans les douze derniers mois, d'opération de jeu ou de pari.

Art. 8 L'opérateur clôturant un compte joueur provisoire informe le joueur du motif de cette clôture *(Décr. nº 2015-620 du 5 juin 2015, art. 8)* « et de la mise en œuvre des dispositions prévues ci-dessous dont il reproduit les termes dans sa communication.

« Lorsque le compte provisoire clôturé présente un solde » créditeur, l'opérateur met en réserve sans délai la somme correspondante, pour une durée de *(Décr. nº 2015-620 du 5 juin 2015, art. 8)* « six » ans à compter de la clôture du compte.

Durant cette période, et sans préjudice de l'application de l'article L. 561-16 du code monétaire et financier dans les conditions prévues à l'article 9, le titulaire du compte peut obtenir le versement du montant du solde créditeur en communiquant à l'opérateur les pièces exigées à l'article 4, sauf si ces pièces permettent d'établir qu'il n'était pas autorisé à jouer au moment où le compte provisoire était actif *(Décr. nº 2015-620 du 5 juin 2015, art. 8)* « ou, le cas échéant, si les discordances entre les informations saisies par le joueur et les pièces justificatives transmises ne résultent pas d'une erreur matérielle de saisie. »

Art. 9 L'opérateur clôturant un compte joueur non provisoire :

1° Le cas échéant, reverse immédiatement son solde créditeur sur le compte de paiement du joueur ; cette opération peut toutefois être différée, en application de l'article L. 561-16 du code monétaire et financier, si l'opérateur soupçonne qu'elle est liée au blanchiment de capitaux ou au financement du terrorisme ;

2° Informe le joueur de la clôture de son compte et du motif de cette clôture, par tout moyen à sa disposition et dans un délai de trois jours ouvrés ; il précise, le cas échéant, le montant des sommes qu'il a reversées sur son compte de paiement.

L'opérateur faisant application de l'article L. 561-16 du code monétaire et financier dans le cas prévu au 1° est tenu d'émettre la déclaration prévue à l'article L. 561-15 du même code.

Art. 10 L'opérateur met en place sur son site internet une procédure simple et aisément accessible permettant au joueur de demander à tout moment la clôture de son compte joueur.

Art. 11 Les données personnelles confiées par le titulaire d'un compte joueur à l'opérateur sont conservées par ce dernier dans les conditions prévues par le décret du 18 mai 2010 susvisé.

Art. 12 Le joueur peut *(Décr. nº 2015-620 du 5 juin 2015, art. 9)* « rectifier » les informations personnelles le concernant *(Abrogé par Décr. nº 2015-620 du 5 juin 2015, art. 9)* « *, à l'exclusion de celles relatives à sa date et à son lieu de naissance* ».

(Décr. nº 2015-620 du 5 juin 2015, art. 9) « Lorsque la rectification » porte sur les informations relatives à son état civil ou les références du compte de paiement mentionné au 1° de l'article 2, le joueur communique à l'opérateur, dans le délai d'un mois à compter de cette *(Décr. nº 2015-620 du 5 juin 2015, art. 9)* « rectification », les pièces justificatives exigées à l'article 4. Si, à l'expiration de ce délai, ces pièces n'ont pas été communiquées à l'opérateur, celui-ci désactive le compte. Si, dans un délai de deux mois à compter de la *(Décr. nº 2015-620 du 5 juin 2015, art. 9)* « rectification » d'informations, ces pièces n'ont pas été communiquées à l'opérateur, celui-ci clôture le compte dans les conditions prévues aux articles 8 et 9.

(Décr. nº 2015-620 du 5 juin 2015, art. 9) « Dans l'hypothèse où l'opérateur constate une discordance entre les informations saisies par le joueur et les pièces justificatives transmises résultant d'une erreur matérielle de saisie, il en avise sans délai le joueur et lui propose de rectifier ces informations dans un délai de sept jours suivant cet avertissement. Le joueur peut soit procéder lui-même à la rectification des informations initialement saisies en accédant à son compte, soit donner son accord à l'opérateur pour que celui-ci procède à la rectification

nécessaire. Dans cette dernière hypothèse, le joueur doit valider la rectification lors de sa prochaine connexion à son compte. A défaut de rectification, l'opérateur clôture le compte sans délai. »

Lorsque la (*Décr. nº 2015-620 du 5 juin 2015, art. 9*) « rectification » d'informations porte sur l'adresse postale du joueur, l'opérateur lui communique, par courrier envoyé à cette nouvelle adresse, un code secret, distinct du mot de passe permettant au joueur d'accéder à son compte, dont la saisie par le joueur valide définitivement sa nouvelle adresse postale.

Si le joueur n'a pas saisi ce code dans le délai de six semaines à compter de son envoi par l'opérateur, ce dernier clôture le compte dans les conditions prévues aux articles 8 et 9.

Art. 13 Le compte joueur retrace :

1° Les données personnelles du joueur : nom, prénoms, sexe, date et lieu de naissance, adresse postale du domicile et, le cas échéant, adresse de courrier électronique ;

2° L'identifiant permettant au joueur d'accéder à son compte ;

3° La date la plus récente à laquelle le joueur a accepté les clauses du règlement portant conditions générales de l'offre de jeux et de paris ;

4° Les références du compte de paiement du joueur ;

5° La date de création du compte ;

6° Les montants retenus par le joueur en application des articles 16 et 17 ;

7° Le solde des avoirs du joueur, en distinguant les sommes versées par le joueur, les sommes versées par l'opérateur sous forme de gains, y compris les abondements de gains, et les sommes versées par ce dernier à titre d'offre promotionnelle et pouvant être misées par le joueur ;

8° L'historique, sur un an, des mises, des gains et des pertes du joueur, pour chaque course hippique, compétition sportive ou partie de jeux de cercle ;

9° L'historique, sur un an, des offres promotionnelles attribuées par l'opérateur sous quelque forme que ce soit, y compris les lots en nature ;

10° L'historique, sur un an, du déroulement des parties de jeux de cercle auxquelles le joueur a participé ;

11° L'historique, sur un an, des mouvements financiers affectant le compte.

Art. 14 Les montants figurant dans le compte joueur sont exprimés en euros.

Les opérations de conversion de devises effectuées, le cas échéant, par l'opérateur pour le compte du joueur donnent lieu à une information de ce dernier sur le taux de change applicable, préalablement à l'engagement du jeu ou du pari donnant lieu à cette conversion.

Art. 15 Sans préjudice des clauses liées à la régularité du jeu prévues dans le règlement portant conditions générales de l'offre de jeux et de paris, l'opérateur crédite immédiatement le compte joueur des gains réalisés ainsi que des sommes versées par son titulaire, dès réception des fonds, après vérification que l'instrument de paiement permettant l'approvisionnement du compte joueur satisfait aux conditions prescrites par le sixième alinéa de l'article 17 de la loi du 12 mai 2010 susvisée *[V. supra]*.

Toutefois, l'opération de crédit du compte joueur peut être différée, en application de l'article L. 561-16 du code monétaire et financier, si l'opérateur soupçonne qu'elle est liée au blanchiment de capitaux ou au financement du terrorisme.

L'opérateur reverse immédiatement sur le compte de paiement du joueur, sur demande de ce dernier ou par l'effet des dispositions de l'article 17, les sommes figurant sur son compte joueur. Cette opération peut toutefois être différée, en application de l'article L. 561-16 du code monétaire et financier, si l'opérateur soupçonne qu'elle est liée au blanchiment de capitaux ou au financement du terrorisme.

L'opérateur faisant application de l'article L. 561-16 du code monétaire et financier dans les cas prévus au présent article est tenu d'émettre la déclaration prévue à l'article L. 561-15 du même code.

CHAPITRE III. *LUTTE CONTRE LE JEU EXCESSIF OU PATHOLOGIQUE*

Art. 16 Dès l'ouverture d'un compte joueur, l'opérateur demande au joueur d'encadrer sa capacité de jeu par la fixation de limites d'approvisionnement de son compte et d'engagement des mises. Aucune opération de jeu ne peut être réalisée tant que le joueur n'a pas fixé ces limites.

Les limites mentionnées à l'alinéa précédent s'appliquent, d'une part, au montant cumulé des approvisionnements réalisés par le joueur par périodes de sept jours et, d'autre part, au montant cumulé des mises engagées par le joueur par périodes de sept jours.

Le joueur peut modifier ces limites à tout moment. Lorsqu'il augmente l'une ou l'autre, la modification prend effet au plus tôt dans un délai de deux jours francs à compter de sa saisie par le joueur. Lorsqu'il diminue l'une ou l'autre, la modification est d'effet immédiat.

Art. 17 Lors de la saisie du code secret mentionné au premier alinéa de l'article 5, l'opérateur demande au joueur de déterminer un montant au-delà duquel les crédits disponibles inscrits sur son compte joueur sont automatiquement reversés sur son compte de paiement mentionné au 1° de l'article 2. Aucune opération de jeu ne peut être réalisée tant que le joueur n'a pas déterminé ce montant. Le joueur doit pouvoir en permanence modifier ce montant par un dispositif aisément accessible.

Art. 18 L'opérateur met en permanence à la disposition du joueur un dispositif lui permettant de demander son exclusion du jeu, de manière temporaire ou définitive.

Le joueur détermine la durée de son exclusion temporaire, qui ne peut être inférieure à sept jours.

L'exclusion définitive du joueur entraîne la clôture *(Décr. n° 2015-620 du 5 juin 2015, art. 10)* « sans délai » de son compte par l'opérateur dans les conditions prévues aux articles 8 et 9. Le joueur ne peut solliciter à nouveau l'ouverture d'un compte avant l'expiration d'un délai de trois ans à compter de cette clôture.

Art. 19 *(Décr. n° 2010-623 du 8 juin 2010, art. 1er-I)* L'opérateur informe les joueurs, sur la page d'accueil de chaque site de jeu ou pari régi par l'article 24 de la loi du 12 mai 2010 susvisée, des risques liés au jeu excessif ou pathologique par un message de mise en garde dont les termes et les modalités d'affichage sont précisés par un arrêté du ministre chargé de la santé, pris sur avis du ministre chargé du budget. — *V. Arr. du 8 juin 2010, art. 1er, infra.*

Art. 20 *(Décr. n° 2010-623 du 8 juin 2010, art. 1er-I)* Sur la page d'accueil mentionnée à l'article 19, l'opérateur informe les joueurs de la procédure d'inscription volontaire sur les fichiers d'interdits de jeu tenus par le ministère de l'intérieur par un message dont les termes et les modalités d'affichage sont précisés par arrêté conjoint du ministre de l'intérieur et du ministre chargé du budget.

Art. 21 *(Décr. n° 2010-623 du 8 juin 2010, art. 1er-I)* Tout opérateur agréé de jeux et de paris en ligne informe les joueurs du système d'information et d'assistance mis à leur disposition en vue de prévenir le jeu excessif en application de l'article 29 de la loi susmentionnée.

Le message d'information prévu par l'alinéa précédent doit apparaître sur l'ensemble des pages de ses sites, à l'exception des pages d'accueil, et le joueur qui active ce message doit être dirigé vers le site internet du service d'aide aux joueurs mis en place sous la responsabilité de l'Institut national de prévention et d'éducation pour la santé.

Les termes de ce message d'information et ses modalités d'affichage sont précisés dans l'arrêté mentionné à l'article 19. — *V. Arr. du 8 juin 2010, art. 2, infra.*

Art. 22 *(Décr. n° 2010-623 du 8 juin 2010, art. 1er-II)* L'opérateur vérifie, par l'intermédiaire du système d'information de l'Autorité de régulation des jeux en ligne, si les personnes sollicitant l'ouverture d'un compte joueur ou disposant d'un tel compte auprès de lui sont inscrites dans un fichier des interdits de jeu tenu par le ministère de l'intérieur en application de la réglementation en vigueur. *(Abrogé par Décr. n° 2015-620 du 5 juin 2015, art. 11)* *« Cette vérification est réalisée lors de chaque demande d'ouverture d'un compte joueur et mensuellement pour chaque joueur ayant un compte auprès de l'opérateur. »*

(Décr. n° 2015-620 du 5 juin 2015, art. 11) « Les conditions de cette vérification, qui intervient au moins tous les huit jours, ainsi que les modalités techniques de connexion au système d'information de l'Autorité de régulation des jeux en ligne permettant à l'opérateur de procéder à ces vérifications sont déterminées par l'Autorité, dans le respect des dispositions de la loi susvisée relative à l'informatique, aux fichiers et aux libertés. »

Décret n° 2010-605 du 4 juin 2010,

Relatif à la proportion maximale des sommes versées en moyenne aux joueurs par les opérateurs agréés de paris hippiques et de paris sportifs en ligne.

Art. 1er La proportion maximale des sommes versées en moyenne aux joueurs mentionnée au II de l'article 13 de la loi du 12 mai 2010 susvisée *[sur l'ouverture à la concurrence et la régulation du secteur des jeux d'argent et de hasard en ligne]* se définit comme le rapport entre les sommes versées aux joueurs par l'opérateur de paris et les mises engagées par ces joueurs.

Art. 2 Les sommes versées au joueur sur son compte joueur par l'opérateur s'entendent :

1° Des gains, en numéraire ou en nature, perçus par le joueur dans le cadre de ses activités de pari ;

2° Des mises apportées par l'opérateur, à titre gracieux, en complément de celles du joueur, y compris dans le cadre de l'offre de paris gratuits ;

3° Des gains, en numéraire ou en nature, apportés par l'opérateur, à titre gracieux, en complément de ceux du joueur ;

4° Des crédits de jeu offerts par l'opérateur à titre gracieux dès lors qu'ils sont engagés par le joueur sous forme de mise.

Pour le calcul de la proportion maximale des sommes versées en moyenne aux joueurs, les sommes mentionnées aux 2° et 4° sont prises en compte au moment de leur engagement par le joueur sous forme de mises et sont également comptabilisées en tant que mises engagées par le joueur.

Art. 3 La proportion maximale des sommes versées en moyenne aux joueurs dans le cadre de l'exploitation des paris en ligne est de 85 %.

Art. 4 Pour l'application de l'article 3, la proportion maximale des sommes versées en moyenne aux joueurs :

1° Est appréciée agrément par agrément ;

2° Est appréciée annuellement, sur la base de l'année civile ;

(Abrogé par Décr. n° 2015-1309 du 19 oct. 2015, art. 1er) « 3° Ne peut cependant faire l'objet d'un dépassement du plafond mentionné à l'article 3 deux trimestres consécutifs. »

Art. 5 I. — L'opérateur transmet chaque trimestre à l'Autorité de régulation des jeux en ligne, au titre de son activité correspondant à chacun des agréments d'opérateur de paris en ligne dont il est titulaire, un document retraçant la totalité des sommes qu'il a versées aux joueurs et la totalité des mises engagées par ces derniers.

II. — Ce document distingue les montants correspondant aux différentes catégories de versements mentionnées à l'article 2, tant en ce qui concerne les sommes versées aux joueurs que, s'agissant des sommes mentionnées aux 2° et 4° de l'article 2, de l'utilisation qui en est faite par les joueurs. Les gains en nature sont valorisés par l'opérateur afin d'entrer dans le calcul de la proportion des sommes qu'il a versées aux joueurs ; l'opérateur informe l'Autorité de régulation des jeux en ligne des éléments sur lesquels il a basé cette valorisation.

III. — Ce document est transmis :

1° Au plus tard le 15 avril s'agissant des opérations de paris réalisées au cours du premier trimestre de l'année en cours ;

2° Au plus tard le 15 juillet s'agissant des opérations de paris réalisées au cours du deuxième trimestre de l'année en cours ;

3° Au plus tard le 15 octobre s'agissant des opérations de paris réalisées au cours du troisième trimestre de l'année en cours ;

4° Au plus tard le 15 janvier s'agissant des opérations de paris réalisées au cours du quatrième trimestre de l'année précédente.

IV. — Lorsque, à raison du commencement de son activité, l'opérateur transmet pour la première fois le document susmentionné et que celui-ci couvre une période inférieure à un trimestre, la règle mentionnée au 3° de l'article 4 ne s'applique pas.

Art. 5-1 *(Décr. n° 2015-1309 du 19 oct. 2015, art. 2)* Les opérateurs titulaires de l'agrément prévu à l'article 21 de la loi du 12 mai 2010 *[n° 2010-476]* susvisée qui décident de mutualiser entre eux les mises engagées par leurs propres parieurs concluent à cet effet, par écrit, une convention de mutualisation.

Un exemplaire de la convention de mutualisation est transmis, après sa signature, à l'Autorité de régulation des jeux en ligne.

La convention définit les droits et obligations des opérateurs agréés qui y sont parties et détermine notamment :

1° La personne chargée de gérer les masses mutualisées de sorte que les opérateurs agréés respectent la proportion maximale des sommes versées en moyenne aux joueurs définie à l'article 3 ;

2° En matière de paris hippiques, la course ou la réunion de courses ainsi que le type de résultat qui constituent l'objet de la mutualisation ;

3° En matière de paris sportifs, la compétition ou la manifestation sportive ainsi que le type de résultat qui constituent l'objet de la mutualisation ;

4° Les modalités de gestion des bonus, des abondements de mises et de gains définies par les opérateurs en vue du respect du taux fixé à l'article 3 ;

5° Les modalités techniques suivant lesquelles la mutualisation des masses est réalisée.

Art. 5-2 *(Décr. n° 2015-1309 du 19 oct. 2015, art. 2)* La proportion des sommes versées en moyenne aux joueurs, ou taux de retour aux joueurs (TRJ), est déterminée, pour chaque opérateur agréé partie à une convention de mutualisation, par application de la formule suivante :

$$TRJ = \sum_{i=0}^{n} \frac{Mises(Mi)}{\sum_{j=0}^{n} Mises(Mj)} \times TRJ(Mi)$$

Mises(Mi) correspond au montant total des mises effectuées par les joueurs de l'opérateur agréé au niveau de la masse Mi.

M0 correspond à la masse non mutualisée avec d'autres opérateurs agréés. Cette masse correspond, selon le cas, à la masse propre de l'opérateur agréé ou à la masse mutualisée par cet opérateur avec des opérateurs non titulaires de l'agrément prévu à l'article 21 de la loi du 12 mai 2010 susvisée.

Mi avec $i \neq 0$ correspond à la masse mutualisée avec d'autres opérateurs agréés à travers le contrat *i*.

$\Sigma^{n}_{j=0}$ *Mises(Mj)* correspond au montant total des mises de l'opérateur agréé, réalisées par ses joueurs.

TRJ(M0) correspond au TRJ de la masse de l'opérateur non mutualisée avec d'autres opérateurs agréés. *TRJ(M0)* est calculé selon la méthode générale indiquée aux articles 1er et 2 en prenant en compte exclusivement les éléments liés aux opérations non mutualisées avec des opérateurs agréés et réalisées exclusivement par les joueurs de l'opérateur.

TRJ(Mi) avec $i \neq 0$ correspond au TRJ de la masse mutualisée *Mi*.

TRJ(Mi) est calculé selon la méthode générale indiquée aux articles 1er et 2 en prenant en compte exclusivement les éléments liés au contrat de mutualisation *i* et concernant l'ensemble des joueurs des opérateurs agréés parties prenantes à ce contrat de mutualisation.

L'Autorité de régulation des jeux en ligne détermine les modalités d'enregistrement sur le support matériel d'archivage défini à l'article 31 de la loi du 12 mai 2010 susvisée des données résultant de l'exécution de la convention de mutualisation.

Art. 5-3 *(Décr. n° 2015-1309 du 19 oct. 2015, art. 2)* La proportion des sommes versées en moyenne aux joueurs par un opérateur titulaire de l'agrément prévu à l'article 21 de la loi du 12 mai 2010 susvisée qui mutualise les mises engagées par ses propres parieurs uniquement avec celles engagées par les parieurs d'un opérateur non titulaire de cet agrément est déterminée en application des articles 1er à 4.

Décret n° 2010-624 du 8 juin 2010,

Relatif à la réglementation des communications commerciales en faveur des opérateurs de jeux d'argent et de hasard ainsi qu'à l'information des joueurs quant aux risques liés à la pratique du jeu.

CHAPITRE Ier. *MESSAGE DE MISE EN GARDE ACCOMPAGNANT TOUTE COMMUNICATION COMMERCIALE EN FAVEUR D'UN OPÉRATEUR DE JEUX D'ARGENT ET DE HASARD*

Art. 1er Toute communication commerciale en faveur d'un opérateur de jeux d'argent et de hasard est assortie de l'un des messages de mise en garde suivants :

« Jouer comporte des risques : endettement, dépendance... Appelez le 09-74-75-13-13 (appel non surtaxé) ».

« Jouer comporte des risques : isolement, endettement... Appelez le 09-74-75-13-13 (appel non surtaxé) ».

« Jouer comporte des risques : dépendance, isolement... Appelez le 09-74-75-13-13 (appel non surtaxé) ».

Ces messages sont présentés de manière accessible et aisément lisible, respectueuse de leur vocation de santé publique et clairement distinguable du message publicitaire ou promotionnel qui les accompagne.

Les messages de mise en garde susmentionnés apparaissent en alternance sur chaque support publicitaire ou promotionnel.

Art. 2 Lorsque les messages publicitaires ou promotionnels sont diffusés dans les salles de spectacles cinématographiques, les messages de mise en garde mentionnés à l'article 1er sont :

1° Soit inclus dans un bandeau, fixe ou déroulant, maintenu pendant toute la durée d'émission du message publicitaire ; ce bandeau recouvre au moins 7 % de la hauteur de l'écran ;

2° Soit présentés dans un écran suivant immédiatement le message.

Art. 3 Lorsque les messages publicitaires ou promotionnels sont diffusés à la radio, le message de mise en garde, diffusé immédiatement après le message publicitaire ou promotionnel, est le suivant :

« Jouer avec excès comporte des risques. Appelez le 09-74-75-13-13 (appel non surtaxé). »

La présentation des messages de mise en garde respecte les règles et usages de bonnes pratiques régulièrement définis par la profession.

En cas de parrainage, le message de mise en garde ainsi que le message faisant référence au service d'information et d'assistance sont diffusés dans l'écran publicitaire suivant immédiatement l'émission parrainée, ou pendant l'émission, si la longueur de celle-ci le justifie.

Art. 4 Lorsque les messages publicitaires ou promotionnels sont diffusés sur un support imprimé, les messages de mise en garde mentionnés à l'article 1er s'inscrivent dans un espace horizontal réservé au texte et recouvrant au moins 7 % de la surface publicitaire.

Dans le cas où plusieurs messages publicitaires ou promotionnels en faveur d'un même opérateur de jeu*[x]* apparaissent sur un même support, les messages de mise en garde mentionnés à l'article 1er peuvent n'être apposés qu'une seule fois dans un bandeau recouvrant au moins 7 % de la surface du support.

Pour les messages publicitaires ou promotionnels, diffusés sur un support imprimé, par les personnes morales titulaires de droits exclusifs en matière d'offre publique de jeux et paris sur le fondement de l'article 5 de la loi du 2 juin 1891 ayant pour objet de réglementer l'autorisation et le fonctionnement des courses de chevaux, de l'article 136 de la loi du 31 mai 1933 portant fixation du budget général de l'exercice 1933 et de l'article 42 de la loi de finances pour 1985 (n° 84-1208 du 29 décembre 1984), dans les lieux où sont proposés leurs jeux et paris, les dispositions du présent article entrent en vigueur le premier jour du quatrième mois suivant celui de leur publication.

Art. 5 Les dispositions de l'article 4 ne sont pas applicables aux articles de sport commercialisés ou mis à disposition par les fédérations sportives, les organisateurs de manifestations sportives mentionnés au premier alinéa de l'article L. 331-5 du code du sport ou les associations et sociétés sportives mentionnées respectivement aux articles L. 122-1 et L. 122-2 du même code.

Art. 6 Lorsque les messages publicitaires ou promotionnels sont diffusés par voie de services de communication au public en ligne, les messages de mise en garde mentionnés à l'article 1er apparaissent en même temps que le message publicitaire ou promotionnel qui les accompagne. Ces messages sont affichés de sorte que le joueur, en cliquant sur ceux-ci, est renvoyé vers le service de communication en ligne du dispositif public d'aide aux joueurs mis en place sous la responsabilité de l'Institut national de prévention et d'éducation pour la santé.

Ces messages sont présentés de manière accessible et aisément lisible, respectueuse de leur vocation de santé publique et clairement distinguable du message publicitaire ou promotionnel qui les accompagne.

CHAPITRE II. *INTERDICTION DES COMMUNICATIONS COMMERCIALES EN FAVEUR DES OPÉRATEURS DE JEUX D'ARGENT ET DE HASARD SUR CERTAINS MÉDIAS*

Art. 7 Toute communication commerciale en faveur d'un opérateur de jeux d'argent et de hasard est interdite :

1° Dans les publications destinées à la jeunesse, au sens de la loi n° 49-956 du 16 juillet 1949 susvisée ;

2° Sur les services de communication au public en ligne, ou les rubriques de ces services, qui, par leur caractère, leur présentation ou leur objet, apparaissent comme principalement destinés aux mineurs.

Arrêté du 8 juin 2010,

Fixant le contenu et les modalités d'affichage des messages de mise en garde prévus par les articles 26, 28, 29 et 33 de la loi n° 2010-476 du 12 mai 2010 relative à l'ouverture à la concurrence et à la régulation du secteur des jeux d'argent et de hasard en ligne.

Art. 1er Les messages de mise en garde prévus à l'article 19 du décret n° 2010-518 du 19 mai 2010 susvisé sont les suivants :

"Famille, vie sociale, santé financière. Êtes-vous prêt à tout miser ? Pour être aidé, appelez le 09-74-75-13-13 (appel non surtaxé)" ;

"Jouer comporte des risques : endettement, isolement, dépendance. Pour être aidé, appelez le 09-74-75-13-13 (appel non surtaxé)".

Les messages de mise en garde ne peuvent être modifiés.

Ces messages sont présentés selon les modalités techniques prévues à l'annexe 1.

Les messages de mise en garde sont diffusés en alternance à raison de 1 sur 2 toutes les trois minutes sur la même page de manière que l'apparition régulière de chacun d'entre eux soit garantie.

Art. 2 Les messages d'information permanents prévus à l'article 21 du décret n° 2010-518 du 19 mai 2010 susvisé sont les suivants :

"Famille, vie sociale, santé financière. Êtes-vous prêt à tout miser ? Pour être aidé, appelez le 09-74-75-13-13 (appel non surtaxé)" ;

"Jouer comporte des risques : endettement, isolement, dépendance. Pour être aidé, appelez le 09-74-75-13-13 (appel non surtaxé)".

Les messages d'information permanents ne peuvent être modifiés.

Ces messages sont présentés selon les modalités techniques prévues à l'annexe 2.

Les messages d'information sont fixes et visibles en permanence sans altération de leur contenu.

Les messages d'information permanents sont diffusés en alternance à raison de 1 sur 2 sur la même page de manière que l'apparition régulière de chacun d'entre eux soit garantie.

ANNEXE 1

Dispositions graphiques des messages de mise en garde

Sur la page d'accueil des sites, les messages de mise en garde apparaissent entre le haut de page et le contenu du service de communication en ligne. Les conditions d'affichage des messages de mise en garde sont les suivantes :

1° Les messages sont insérés à l'intérieur d'un cartouche de fond noir (fond : R 0, V 0, B 0), d'une hauteur minimale de 60 pixels ;

2° Les messages sont reproduits en lettres capitales de couleur blanche (approche de la typographie : 0) d'une taille minimale de 22 points au moyen du modèle typographique Alternate Gothic n° 2. La mention « (appel non surtaxé) » apparaît en lettres capitales (approche de la typographie : 0) d'une taille minimale de 12 points. La typographie des messages de mise en garde est centrée dans le cartouche en hauteur et en largeur ;

3° Lorsque la bordure immédiate du cartouche est noire, les messages sont insérés dans un cartouche de fond blanc d'une hauteur minimale de 60 pixels et reproduits en lettres capitales de couleur noire selon les mêmes contraintes de taille et d'emplacement mentionnées au 2° ;

4° Le cartouche dans son ensemble, lorsqu'il est activé par le joueur, renvoie sur la page internet d'information et de présentation du service public d'aide aux joueurs : www.joueurs-info-service.fr

Lorsque l'éditeur du site ne peut, pour des raisons d'incompatibilité technique, insérer un cartouche répondant à ces caractéristiques, il peut faire apparaître les messages de mise en garde dans un pavé situé en haut à droite du contenu.

Dans ce cas, les conditions d'affichage des messages de mise en garde sont les suivantes :

1° Les messages sont insérés à l'intérieur d'un cartouche de fond noir (fond : R 0, V 0, B 0), d'une largeur minimale de 300 pixels et d'une hauteur minimale de 250 pixels ;

2° Les messages sont reproduits en lettres capitales de couleur blanche (approche de la typographie : 0) au moyen du modèle typographique Alternate Gothic n° 2. La typographie des messages de mise en garde est centrée dans le cartouche aussi bien en hauteur qu'en largeur ;

3° Dans le cadre du message « Jouer comporte des risques : endettement, isolement, dépendance. Pour être aidé, appelez le 09-74-75-13-13 (appel non surtaxé) », les ensembles de mots : « Jouer comporte des risques : » et « endettement, isolement, dépendance. » forment deux lignes distinctes, centrées dans le cartouche en hauteur comme en largeur. Les lettres de la première ligne sont d'une taille minimale de 28 points et celles de la seconde ligne sont d'une taille minimale de 19 points ; les mots : « Pour être aidé, appelez le 09-74-75-13-13 » sont placés à 20 pixels du bord gauche, 20 pixels du bas et les lettres sont d'une taille minimale de 19 points. La mention : « (appel non surtaxé) » qui apparaît sous l'ensemble de mots : « Pour être aidé, appelez le 09-74-75-13-13 » est d'une taille minimale de 12 points, centrée dans le cartouche en largeur ;

4° Dans le cadre du message « Famille, vie sociale, santé financière. Êtes-vous prêt à tout miser ? Pour être aidé, appelez le 09-74-75-13-13 (appel non surtaxé) », les ensembles de mots : « Famille, vie sociale, santé financière. » et « Êtes-vous prêt à tout miser ? » forment deux lignes distinctes, centrées dans le cartouche en hauteur comme en largeur. Les lettres de la première ligne sont d'une taille minimale de 19 points et celles de la seconde ligne sont d'une taille minimale de 28 points ; les mots : « Pour être aidé, appelez le 09-74-75-13-13 » sont placés à 20 pixels du bord gauche, 20 pixels du bas et les lettres sont d'une taille minimale de 19 points. La mention : « (appel non surtaxé) » qui apparaît sous l'ensemble de mots : « Pour être aidé, appelez le 09-74-75-13-13 » est d'une taille minimale de 12 points, centrée dans le cartouche en largeur ;

5° Lorsque la bordure immédiate du cartouche est noire, les messages sont insérés dans un cartouche de fond blanc d'une largeur minimale de 300 pixels et d'une hauteur minimale de 250 pixels. Les messages sont alors reproduits en lettres capitales de couleur noire selon les mêmes contraintes de taille et d'emplacement mentionnées aux 2°, 3° et 4° ;

6° Le cartouche dans son ensemble, lorsqu'il est activé par le joueur, renvoie sur la page internet d'information et de présentation du service d'aide aux joueurs : www.joueurs-info-service.fr

ANNEXE 2

Dispositions graphiques des messages d'information permanents

Les conditions d'affichage des messages d'information permanents sur les pages de contenu des sites des opérateurs sont les suivantes :

1° Les messages sont insérés de manière centrée, en hauteur comme en largeur, à l'intérieur d'un cartouche de fond noir, d'une hauteur minimale de 60 pixels ;

2° Les messages sont reproduits en lettres capitales de couleur blanche, d'une taille minimale de 22 points au moyen du modèle typographique Alternate Gothic n° 2 ; la mention : « (appel non surtaxé) » est d'une taille minimale de 12 points ;

3° Lorsque la bordure immédiate du cartouche est noire, les messages sont insérés dans un cartouche de fond blanc d'une hauteur minimale de 60 pixels et reproduits en lettres capitales de couleur noire selon les mêmes contraintes de taille et d'emplacement mentionnées au 2° ;

4° Les cartouches mentionnés au 1° et au 3° sont placés entre le haut de la page et son contenu ;

5° Le cartouche dans son ensemble, lorsqu'il est activé par le joueur, renvoie sur la page internet d'information et de présentation du service public d'aide aux joueurs : www.joueurs-info-service.fr

6° Les messages d'information permanents sont diffusés en alternance de l'ordre de 1 sur 2 toutes les trois minutes sur la même page ;

Lorsque l'éditeur du site ne peut, pour des raisons d'incompatibilité technique, insérer un cartouche répondant à ces caractéristiques, il peut faire apparaître les messages d'information permanents dans un pavé situé en haut à droite du contenu.

Dans ce cas, les conditions d'affichage des messages d'information permanents sont les suivantes :

1° Les messages sont insérés de manière centrée, en hauteur comme en largeur, à l'intérieur d'un cartouche de fond noir, d'une largeur minimale de 300 pixels et d'une hauteur minimale de 250 pixels ;

2° Les messages sont reproduits en lettres capitales de couleur blanche (approche de la typographie : 0) au moyen du modèle typographique Alternate Gothic n° 2. La typographie des messages de mise en garde est centrée dans le cartouche aussi bien en hauteur qu'en largeur ;

3° Dans le cadre du message « Jouer comporte des risques : endettement, isolement, dépendance. Pour être aidé, appelez le 09-74-75-13-13 (appel non surtaxé) », les ensembles de mots : « Jouer comporte des risques : » et « endettement, isolement, dépendance. » forment deux lignes distinctes, centrées dans le cartouche en hauteur comme en largeur. Les lettres de la première ligne sont d'une taille minimale de 28 points et celles de la seconde ligne sont d'une taille minimale de 19 points ; les mots : « Pour être aidé, appelez le 09-74-75-13-13 » sont placés à 20 pixels du bord gauche, 20 pixels du bas et les lettres sont d'une taille minimale de 19 points. La mention : « (appel non surtaxé) » qui apparaît sous l'ensemble de mots : « Pour être aidé, appelez le 09-74-75-13-13 » est d'une taille minimale de 12 points, centrée dans le cartouche en largeur ;

4° Dans le cadre du message « Famille, vie sociale, santé financière. Êtes-vous prêt à tout miser ? Pour être aidé, appelez le 09-74-75-13-13 (appel non surtaxé) », les ensembles de mots : « Famille, vie sociale, santé financière. » et « Êtes-vous prêt à tout miser ? » forment deux lignes distinctes, centrées dans le cartouche en hauteur comme en largeur. Les lettres de la première ligne sont d'une taille minimale de 19 points et celles de la seconde ligne sont d'une taille minimale de 28 points ; les mots : « Pour être aidé, appelez le 09-74-75-13-13 » sont placés à 20 pixels du bord gauche, 20 pixels du bas et les lettres sont d'une taille minimale de 19 points. La mention : « (appel non surtaxé) » qui apparaît sous l'ensemble de mots : « Pour être aidé, appelez le 09-74-75-13-13 » est d'une taille minimale de 12 points, centrée dans le cartouche en largeur ;

5° Lorsque la bordure immédiate du cartouche est noire, les messages sont insérés dans un cartouche de fond blanc d'une largeur minimale de 300 pixels et d'une hauteur minimale de 250 pixels. Les messages sont alors reproduits en lettres capitales de couleur noire selon les mêmes contraintes de taille et d'emplacement mentionnées aux 2°, 3° et 4° ;

6° Le cartouche dans son ensemble, lorsqu'il est activé par le joueur, renvoie sur la page internet d'information et de présentation du service public d'aide aux joueurs : www.joueurs-info-service.fr

7° Les messages d'information permanents sont diffusés en alternance de l'ordre de 1 sur 2 toutes les trois minutes sur la même page.

Les conditions d'affichage des messages d'information permanents sur les pages de chargement des sites des opérateurs sont les suivantes :

1° Les messages sont insérés de manière centrée, en hauteur comme en largeur, à l'intérieur d'un cartouche de fond noir, d'une hauteur minimale de 300 pixels et d'une largeur minimale de 400 pixels. Le cartouche est centré dans la page de chargement où les messages de mise en garde apparaissent ;

2° Les messages sont reproduits en lettres capitales de couleur blanche au moyen du modèle typographique Alternate Gothic n° 2 ;

3° Dans le cadre du message « Jouer comporte des risques : endettement, isolement, dépendance. Pour être aidé, appelez le 09-74-75-13-13 (appel non surtaxé) », les ensembles de mots : « Jouer comporte des risques : » et « endettement, isolement, dépendance. » forment deux lignes distinctes, centrées dans le cartouche en hauteur comme en largeur. Les lettres de la première ligne sont d'une taille minimale de 35 points et celles de la seconde ligne sont d'une taille minimale de 22 points ; les mots : « Pour être aidé, appelez le 09-74-75-13-13 » sont placés à 48 pixels du bord gauche, 31 pixels du bas et les lettres sont d'une taille minimale de 22 points. La mention : « (appel non surtaxé) » qui apparaît sous l'ensemble de mots : « Pour être aidé, appelez le 09-74-75-13-13 » est d'une taille minimale de 12 points, centrée dans le cartouche en largeur ;

4° Dans le cadre du message « Famille, vie sociale, santé financière. Êtes-vous prêt à tout miser ? Pour être aidé, appelez le 09-74-75-13-13 (appel non surtaxé) », les ensembles de mots : « Famille, vie sociale, santé financière. » et « Êtes-vous prêt à tout miser ? » forment deux lignes distinctes, centrées dans le cartouche en hauteur comme en largeur. Les lettres de la première ligne sont d'une taille minimale de 22 points et celles de la seconde ligne sont d'une taille minimale de 35 points ; les mots : « Pour être aidé, appelez le 09-74-75-13-13 » sont placés à 48 pixels du bord gauche, 31 pixels du bas et les lettres sont d'une taille minimale de 22 points. La mention : « (appel non surtaxé) » qui apparaît sous l'ensemble de mots : « Pour être aidé, appelez le 09-74-75-13-13 » est d'une taille minimale de 12 points, centrée dans le cartouche en largeur ;

5° Lorsque la bordure immédiate du cartouche est noire, les messages sont insérés dans un cartouche de fond blanc d'une hauteur minimale de 300 pixels et d'une largeur minimale de

400 pixels. Les messages sont alors reproduits en lettres capitales de couleur noire selon les mêmes contraintes de taille et d'emplacement mentionnées aux 2°, 3° et 4 ;

6° Les messages d'information permanents sont diffusés en alternance de l'ordre de 1 sur 2.

Arrêté du 8 juin 2010,

Relatif aux contenu et modalités d'affichage du message d'information relatif à la procédure d'inscription sur le fichier des interdits de jeu.

Art. 1er Le message informant les joueurs des procédures d'inscription sur les fichiers des interdits de jeu prévu par l'article 26 de la loi du 12 mai 2010 susvisée est ainsi rédigé :

"INTERDICTION VOLONTAIRE DE JEUX

"Toute personne souhaitant faire l'objet d'une interdiction de jeux doit le faire elle-même auprès du ministère de l'intérieur.

"Cette interdiction est valable dans les casinos, les cercles de jeux et sur les sites de jeux en ligne autorisés en vertu de la loi n° 2010-476 du 12 mai 2010.

"*(Arr. du 23 mars 2015, art. 1er)* « Cette interdiction est également valable sur le site de la personne morale titulaire de droits exclusifs en matière d'offre publique de jeux en ligne sur le fondement de l'article 136 de la loi du 31 mai 1933 portant fixation du budget général de l'exercice 1933. »"

"Elle est prononcée pour une durée de trois ans non réductible."

Art. 2 Les opérateurs de jeux et de paris en ligne titulaires de l'agrément mentionné à l'article 21 de la loi du 12 mai 2010 susvisée doivent faire figurer le message prévu à l'article 1er sur les pages d'accueil de leurs sites tels que mentionnés à l'article 24 de cette même loi. *(Arr. du 23 mars 2015, art. 2)* « La personne morale titulaire de droits exclusifs en matière d'offre publique de jeux en ligne sur le fondement de l'article 136 de la loi du 31 mai 1933 portant fixation du budget général de l'exercice 1933 est également tenue de faire figurer le message prévu à l'article premier pour son offre publique de jeux en ligne. »

Art. 3 I. — Le message prévu à l'article 1er doit être présenté de manière accessible et aisément lisible.

II. — Ce message est affiché de sorte que le joueur, lorsqu'il l'active, est renvoyé vers le service de communication au public en ligne du service public d'information sur la procédure d'inscription de jeu mis en place par le ministère de l'intérieur (http://www.interieur.gouv.fr/sections/a_votre_service/vos_demarches/interdiction-jeux).

SECTION X **FRAIS DE RECOUVREMENT**

COMMENTAIRE

La loi du 17 mars 2014 a intégré dans l'ancien code de la consommation un article interdisant au professionnel de mettre à la charge du débiteur les frais liés au recouvrement d'une créance alors qu'il ne dispose d'aucun titre exécutoire. Cette disposition, reprise à l'article L. 121-21 du nouveau code, a pour but d'éviter les pratiques de certaines sociétés de recouvrement qui imputent au débiteur les frais du recouvrement amiable.

Le non-respect de cette disposition fait encourir au professionnel des sanctions pénales : si l'ancien texte opérait un renvoi aux sanctions des pratiques commerciales agressives, l'ordonnance de recodification a relégué, dans un nouvel article L. 132-23, l'énoncé des sanctions correspondantes. Ainsi, de façon à assurer l'effectivité du droit au remboursement reconnu au consommateur, cette disposition prévoit une amende de 300 000 € et un emprisonnement de deux ans, à l'instar des pratiques trompeuses et agressives. On retrouve la prise en compte de la faute lucrative, à travers le déplafonnement de l'amende porté à 10 % du chiffre d'affaires réalisé par le professionnel. ❑

Art. L. 121-21 Est interdit le fait pour un professionnel de solliciter ou de percevoir d'un consommateur des frais de recouvrement dans des conditions contraires au deuxième alinéa de l'article L. 111-8 du code des procédures civiles d'exécution. – *[C. consom., art. L. 122-16, hors sanction.]*

Sur les sanctions, V. art. L. 132-23.

SECTION XI PUBLICITÉ PORTANT SUR DES OPÉRATIONS COMMERCIALES RÉGLEMENTÉES

COMMENTAIRE

Les publicités portant sur des opérations commerciales nécessitant une autorisation administrative préalable (vente au déballage, soldes, ouverture des magasins le dimanche, salon professionnel…) sont interdites tant que l'autorisation n'a pas été délivrée, sous peine d'amende (art. L. 132-24) – administrative, depuis la loi du 17 mars 2014, pénale auparavant.

Non seulement l'ordonnance de recodification du 14 mars 2016 a renuméroté l'ancien article L. 121-15 (devenu art. L. 121-22), mais elle lui a en outre consacré une section à part entière, alors que l'ancien texte se fondait dans la masse des dispositions relatives à la publicité et faisait suite à la publicité comparative… Il est d'ailleurs quelque peu curieux que cette nouvelle section soit dissociée du nouveau chapitre II relatif aux pratiques commerciales réglementées (qui lui fait immédiatement suite dans le code), dont les sections sont pourtant respectivement consacrées à la publicité comparative (section I), aux offres et opérations promotionnelles proposées par voie électronique (section II) et aux règles spécifiques à certaines publicités (section III)…

D'autres régimes de publicité (alcools, tabac…) n'ont pas été intégrés au code de la consommation, le code de la santé publique en étant le réceptacle principal (V. *App.*). ❑

Art. L. 121-22 Est interdite toute publicité portant :

1° Sur une opération commerciale soumise à autorisation ou à déclaration au titre soit des articles L. 310-1 à L. 310-4 et L. 310-7 du code de commerce *[V. App., v° Ventes]*, **soit des articles L. 752-1 et L. 752-16 du même code, et qui n'a pas fait l'objet de cette autorisation ou de cette déclaration ;** – *V. C. com.*

2° Sur une opération commerciale dont la réalisation nécessite l'emploi de personnel salarié requérant une autorisation au titre du chapitre II du titre III du livre Ier de la troisième partie du code du travail *[relatif au repos hebdomadaire]* **et réalisée sans l'obtention préalable de cette autorisation, ou qui est en infraction avec les dispositions du chapitre IV du titre III du livre Ier de la troisième partie du même code et de leurs textes d'application ;**

3° Sur une opération commerciale réalisée ou devant être réalisée en infraction avec les dispositions de l'article L. 3132-29 du code du travail *[fermeture ordonnée par arrêté préfectoral pendant la durée du repos hebdomadaire]* **;**

4° Sur une manifestation commerciale soumise à la déclaration prévue à l'article L. 762-2 du code de commerce *[salon professionnel]* **et qui n'a pas fait l'objet de cette déclaration.** – *[C. consom., art. L. 121-15, al. 1er à 5.]*

Sur les sanctions, V. art. L. 132-24.

1. Vente au déballage. Tombe sous le coup de la loi du 31 déc. 1989, art. 8 [C. consom., art. L. 121-22], la publicité pour une vente au déballage effectuée sans autorisation. • Crim. 22 févr. 1993 : *Bull. crim. n° 85 ; D. 1993. IR 152*. ♦ En ce qui concerne la publicité pour une vente non autorisée, elle doit être retenue à l'égard du prévenu, le texte la prévoyant expressément et distinctement de la vente au déballage sans autorisation, si l'on examine attentivement la teneur de l'art. L. 121-15 [L. 121-22]. • Paris, 13 avr. 1995, n° 95/00204 : *CCC 1995, n° 212, obs. Raymond.*

2. Complicité. Sur la complicité de vente au déballage non autorisée et de publicité en vue d'une telle vente : • Paris, 13 avr. 1995 : *CCC 1995, n° 212, obs. Raymond.*

3. Responsabilité pénale. Une publicité commerciale concernant l'extension non autorisée d'un magasin de grande surface est une publicité interdite. Elle peut être imputée tant au dirigeant de la société propriétaire qu'au directeur salarié du magasin dans la mesure où, si elle relève des pouvoirs et de la compétence du directeur de magasin, le choix de l'étendue de la surface de vente, la location du chapiteau et la campagne publicitaire incriminée, lancée à l'occasion de l'ouverture de l'hypermarché dépendaient de la direction de la société. • Crim. 11 mars 1998 : *Dr. pénal 1998, n° 102, obs. J.-H. Robert.* — V. aussi • Crim. 19 mars 1997, n° 96-80.853 P : *JCP 1998. II. 10095, note Fardoux ; LPA 12 juill. 2002, note Courrech ; Dr. pénal 1997, n° 107, obs. Véron.*

4. Personnes morales. Une personne morale n'est pas responsable de publicité en faveur d'une opération commerciale soumise à autorisation sans avoir obtenu celle-ci, dès lors qu'il n'est pas établi à sa charge, en quelque organe ou représentant que ce soit, d'agissements distincts de ceux constitutifs du délit retenu à l'encontre de la personne physique. En effet, la mise en œuvre de la responsabilité pénale de la personne morale nécessite qu'il soit établi à son encontre l'ensemble des éléments constitutifs de l'infraction poursuivie, l'élément intentionnel d'une part, l'élément matériel d'autre part, par une abstention délibérée ou par la réalisation d'actes, certes imputables à ses organes ou représentants, mais distincts de ceux qui pourraient être reprochés aux personnes physiques ayant participé à la commission de l'infraction. Toute autre solution conduirait en pratique à ériger une responsabilité pénale de ple n droit des personnes morales du fait de leurs dirigeants agissant pour leur compte. • T. corr. Lyon, 9 oct. 1997 : *D. 1997. IR 250*; *Dr. pénal 1997, n° 154, obs. J.-H. Robert; JCP 1998. I. 105, note Maron.*

5. Autorisation/déclaration. Pour déclarer le prévenu coupable du délit réprimé par l'art. L. 121-15 [L. 121-22 et L. 132-24] C. consom., il est relevé que l'opération de liquidation sur laquelle a porté la publicité n'a pas fait l'objet de déclaration préalable, en méconnaissance de l'art. L. 310-1 C. com. En statuant ainsi, alors que le délit de l'art. L. 121-15 [L. 121-22] n'incrimine et ne sanctionne que la publicité effectuée pour une opération commerciale sans autorisation, la cour d'appel a méconnu les textes susvisés et le principe d'interprétation stricte de la loi pénale. • Crim. 3 nov. 2010 : *CCC 2011, n° 82, obs. Raymond; Dr. et proc. sept. 2011, Cah. dr. consom., p. 28, obs. Gavalda-Moulenat.*

6. Renvoi. V. C. com., art. L. 310-1 s., App., v° *Ventes.*

Code pénal

Art. 431-29 *(L. n° 2011-267 du 14 mars 2011, art. 50)* La distribution sur la voie publique, à des fins publicitaires, de pièces de monnaie ou de billets de banque ayant cours légal est puni de six mois d'emprisonnement et 30 000 € d'amende.

Le fait d'annoncer publiquement, par tout moyen, qu'il sera procédé sur la voie publique, à des fins publicitaires, à la distribution de pièces de monnaie ou de billets de banque ayant cours légal est puni de trois mois d'emprisonnement et 15 000 € d'amende.

Dans le cas prévu par le premier alinéa, la peine d'amende peut être portée au double des sommes ayant été distribuées.

Art. 431-30 *(L. n° 2011-267 du 14 mars 2011, art. 50)* Les personnes morales déclarées responsables pénalement, dans les conditions prévues par l'article 121-2, des infractions définies à la présente section encourent, outre l'amende suivant les modalités prévues par l'article 131-38, la peine d'affichage de la décision prononcée ou de diffusion de celle-ci soit par la presse écrite, soit par tout moyen de communication au public par voie électronique.

CHAPITRE II PRATIQUES COMMERCIALES RÉGLEMENTÉES

COMMENTAIRE

Depuis la recodification du 14 mars 2016, ce chapitre épouse une nouvelle architecture : il oppose les dispositions générales et les dispositions sectorielles, ce qui permettra – conformément aux vœux du rapport au président de la République – « d'anticiper sur l'adaptation des réglementations à venir propres à certaines pratiques ou certains contrats issues du droit européen et faciliter ainsi leur intégration ultérieure ».

Ainsi, après la publicité comparative et les opérations promotionnelles par voie électronique, sont traitées les règles propres à certaines publicités et pratiques commerciales, parmi lesquelles figurent les préparations pour nourrissons et les appellations de boulanger ou de « fait maison ».

Il est cependant quelque peu curieux que la section précédant immédiatement le présent chapitre ait été dissociée de ce dernier, alors qu'elle est relative à la publicité portant sur des opérations commerciales réglementées, et qu'avant la recodification, l'article unique de cette section (art. L. 121-22) se fondait dans la masse des dispositions relatives à la publicité et faisait suite à la publicité comparative… ❑

SECTION PREMIÈRE PUBLICITÉ COMPARATIVE

RÉP. COM. v° *Publicité fausse ou de nature à induire en erreur - Publicité comparative* par CARREAU.

DALLOZ RÉFÉRENCE *Droit de la publicité et de la promotion des ventes*, par FABRE, BONNET-DESPLAN, SERMET et GENTY, *2014/2015, 4ᵉ éd.*

BIBL. GÉN. ▶ PIROVANO, *D. 1974. Chron. 279.* – FOURGOUX, *Gaz. Pal. 1976. 2. Doctr. 408.* – CHOLLET-GRACH, *Cah. dr. entr. 1977-3.* – GOURDET, *RTD com. 1980. 25.* – AZÉMA, *RJ com., n° spéc., déc. 1980.* – FOURGOUX, *Gaz. Pal. 1985. 1. Doctr. 135.* ▶ L. n° 92-60 du 18 janv. 1992 : BYRAMJEE, *Rev. eur. consom. 1992. 126.* – RAYMOND, *CCC 1992, Chron. 2* (commentaire de la loi). – ROTHMANN, *INC hebdo, n° 762, mars 1992.* – SERANDOUR, *JCP 1992. I. 3596.* – LUBY, *D. 1993. Chron. 53* (propos critiques sur la légalisation de la publicité comparative). – BIOLAY, *LPA 19 sept. 1994.* – FILY, *BID 1995, n° 2, p. 39* (sanctions applicables). ▶ Dir. 97/55/CE du 6 oct. 1997 : DERIEUX, *LPA 30 janv. 1998.* – GUNTHER, *CCC 1998. Chron. 2.* – CALVO, *LPA 13 avr. 1998.* – LOLIVIER, *Gaz. Pal. 1998. 1. Doctr. 621.* – VEYSSIÈRE, *ibid.* – FOURGOUX, *RSC 1998. 559* . – BINDER et BOINET, *LPA 24 mai 1999.* – FABRE, *Cah. dr. entr. 1999, n° 2, p. 13.* – BRUNET, *Gaz. Pal. 17-18 déc. 1999, p. 6.* – PICOD, *D. 2001. Chron. 914* (obligation de communication). – LAURENT, *CCC 2001. Chron. 16* (transposition de la directive).

▶ Autres thèmes : MONTEIRO, *Gaz. Pal. 1996. 1. Doctr. 607* (droit des marques et publicité comparative). – CALVO, *LPA 12 mai 1997* (publicité comparative et médicaments). – LAUDE, *RDSS 1998. 513* (publicité comparative en matière de médicaments). – HÉNIN et DEVRED, *Gaz. Pal. 1998. 2. Doctr. 1442.* – DE CANDÉ, *D. 2000. Chron. 33* (publicité comparative notamment dans le domaine du médicament, état des lieux). – FOURGOUX, *Études Calais-Auloy, Dalloz, 2004, p. 399* (information ou manipulation ?). – ARCELIN, *RLC oct.-déc. 2007. 130 ; ibid. janv.-mars 2008. 177* (la publicité comparative, à la croisée des intérêts des consommateurs et des concurrents). – GRYNBAUM, *RLC avr.-juin 2012. 146* (publicité et internet). – ARCELIN, *RLDA févr. 2014. 31* (les méandres de la publicité cachée sur internet). – DISSAUX, *JCP E 2015, n° 1600* (comparaison des prix dans la grande distribution alimentaire : questions de méthode).

COMMENTAIRE

Selon la directive 97/55/CE du 10 octobre 1997 (*JOCE 23 oct., n° L 290, p. 18*), la publicité comparative est celle qui « exclusivement ou implicitement identifie un concurrent ou des biens ou services offerts par un concurrent ». A ce titre, elle doit être distinguée des essais comparatifs destinés à mieux informer le consommateur.

Elle présente l'avantage de stimuler la concurrence lorsqu'elle s'exerce loyalement et de mieux informer le consommateur lorsqu'elle s'exerce de bonne foi. Cependant, bien qu'ayant fini par assouplir sa position dans les années 1980, la jurisprudence voyait dans la publicité comparative soit un délit d'usage de marque sans autorisation, soit un dénigrement constitutif de concurrence déloyale, selon les circonstances de l'espèce.

La loi du 18 janvier 1992 a autorisé la publicité comparative sous réserve de respecter des conditions strictes, désormais définies aux articles L. 122-1 à L. 122-6. Le 10 octobre 1997, une directive européenne a été adoptée, laquelle a été transposée en droit interne par l'ordonnance du 23 août 2001. Cette dernière n'a pas opéré de changements profonds, mais a cependant modifié le champ d'application de la réglementation ainsi que certaines dispositions du code de la consommation.

On notera que la chambre commerciale de la Cour de cassation a estimé, dans un arrêt du 4 octobre 2011 (*cité note 4 ss. art. L. 122-1*), que la fixation des prix par le libre jeu de la concurrence commande que les concurrents puissent comparer leurs prix et en conséquence en faire pratiquer des relevés par leurs salariés dans leurs magasins respectifs, infirmant ainsi la position d'une cour d'appel qui se réfugiait derrière la protection du droit de propriété.

I. CHAMP D'APPLICATION

Dans cette définition, il n'est fait aucune référence au *destinataire* de la publicité : la réglementation est alors applicable que la publicité s'adresse à des consommateurs ou à des professionnels (pour une application de ces règles à une publicité entre professionnels, V. Com. 26 mars 2008 : *cité note 3 ss. art. L. 122-2*). En revanche, la réglementation ne peut s'appliquer qu'à la publicité comparative proprement dite : celle qui vise un *concurrent*. Mais la référence à un concurrent peut être explicite ou simplement implicite. Le concurrent doit donc être identifié ou, à défaut, identifiable.

II. CONDITIONS POSITIVES DE LICÉITÉ

Parmi les conditions positives posées par l'article L. 122-1 :

– la publicité comparative doit être *exacte*, en ce sens qu'elle doit non seulement ne pas être trompeuse ou de nature à induire en erreur, mais que la charge de la preuve est ici renversée, conformément aux dispositions de l'article L. 122-5 ;

– la publicité doit porter sur des produits ou services répondant aux *mêmes besoins ou ayant les mêmes objectifs*, alors que le texte initial parlait de produits de même nature ;

– la publicité doit être *objective*, autrement dit porter sur un ou plusieurs éléments essentiels, pertinents, vérifiables et représentatifs tels que le prix (pour une application de l'absence d'objectivité d'une publicité opérée par un loueur de véhicules, V. Com. 1er juill. 2008 : *cité note 2 ss. art. L. 132-25*) ;

– lorsque la publicité fait référence à une offre spéciale, elle devait préciser clairement les dates de disponibilité des biens et services offerts, le cas échéant la limitation de l'offre, des stocks disponibles et les conditions spécifiques applicables ; il s'agissait ici d'éviter les présentations fallacieuses ou trompeuses. L'alinéa 2 de l'ancien article L. 121-8 a cependant été supprimé par la loi du 17 mai 2011. En abrogeant cette disposition, le législateur assouplit ainsi les règles de la publicité comparative relatives à une offre spéciale.

III. CONDITIONS NÉGATIVES DE LICÉITÉ

Plusieurs conditions négatives sont posées par les articles L. 122-2 à L. 122-4. Elles consistent pour la plupart à éliminer les comportements parasitaires, mais constituent un frein à la libre concurrence :

– la publicité ne peut pas tirer profit de la *notoriété* attachée à une marque de fabrique, de commerce ou de service, à un nom commercial, à d'autres signes distinctifs d'un concurrent ou à l'appellation d'origine ainsi qu'à l'indication géographique protégée, d'un produit concurrent ;

– la publicité ne peut pas engendrer de *confusion* entre l'annonceur et un concurrent ou entre les marques, noms commerciaux, autres signes distinctifs, biens ou services de l'annonceur et ceux d'un concurrent ;

– la publicité ne peut pas présenter des biens ou des services comme une *imitation* ou une *reproduction* d'un bien ou d'un service bénéficiant d'une marque ou d'un nom commercial protégé ;

– la publicité ne peut pas entraîner le *discrédit* ou le *dénigrement* des marques, noms commerciaux, autres signes distinctifs, biens, services, activité ou situation d'un concurrent, ce qui permet de sanctionner les comportements déloyaux constatés ;

– la possibilité de comparer est limitée pour les produits bénéficiant d'une *appellation d'origine* ou d'une *indication géographique protégée* : ils ne peuvent être comparés qu'entre eux ;

– la publicité est incompatible avec l'utilisation de certains *supports*, trop nombreux et diversifiés pour être contrôlés : emballages, factures, titres de transport, moyens de paiement ou billets d'accès à des spectacles ou à des lieux ouverts au public ne peuvent pas être utilisés.

Ces dispositions sont à rapprocher de l'article L. 433-11 qui prévoit que les propriétaires de marque peuvent s'opposer à ce que les textes publicitaires concernant leur marque soient diffusés lorsque l'utilisation de celle-ci vise à tromper le consommateur ou qu'elle est faite de mauvaise foi. Cependant, la suppression de la communication préalable (V. *infra*) ne facilite pas une action préventive du concurrent. Les propriétaires de marque ne pourront agir bien souvent qu'après coup sur le fondement de la responsabilité pénale ou civile lorsque cette dernière a été citée ou reproduite au mépris des articles L. 122-1 et L. 122-2. ❑

Art. L. 122-1 Toute publicité qui met en comparaison des biens ou services en identifiant, implicitement ou explicitement, un concurrent ou des biens ou services offerts par un concurrent n'est licite que si :

1° Elle n'est pas trompeuse ou de nature à induire en erreur ;

2° Elle porte sur des biens ou services répondant aux mêmes besoins ou ayant le même objectif ;

3° *Elle compare* objectivement une ou plusieurs caractéristiques essentielles, pertinentes, vérifiables et représentatives de *ces biens* ou services, dont le prix peut faire partie. – *[C. consom., art. L. 121-8.]*

Sur les sanctions, V. art. L. 132-25.

V. Dir. 97/55/CE du 6 oct. 1997, modifiant la Dir. 84/450/CEE sur la publicité trompeuse afin d'y inclure la publicité comparative (JOCE 23 oct. 1997), transposée par Ord. no 2001-741 du 23 août 2001. – V. Dir. 2006/114/CE du 12 déc. 2006 en matière de publicité trompeuse et de publicité comparative (JOUE L 376 du 27 déc. 2006) procédant à la codification de la Dir. 84/450/CEE, et entrant en vigueur le 12 déc. 2007. – V. ss. art. L. 121-5.

1. Domaine d'application. En ce sens que constitue une publicité comparative, au sens de la loi, le sondage faisant apparaître des chiffres comparés de parts de marché pour deux publications, dès lors qu'il n'est pas une simple étude technique mais qu'il reprend des données de cette étude et des commentaires qui y sont apportés, V. • T. com. Paris, 16 mai 1995 : *cité note 3*, conf. par • Paris, 22 oct. 1997 : *D. Affaires 1997. 1458.* ♦ Il importe peu que le document n'ait pas eu d'objectif de promotion. • T. com. Paris, 3 oct. 1995 : *Gaz. Pal. 1996. 2. Somm. 535.* ♦ Ne peut être considérée comme une simple lettre d'information, l'annonce qui s'appuyant sur et exploitant les résultats de l'étude annexée, contient l'affirmation d'un meilleur rapport qualité/prix et d'une plus grande compétitivité des prestations de publicité du magazine de l'annonceur par rapport aux concurrents de celui-ci et ce même si son envoi a été limité à un certain nombre de professionnels faisant insérer des annonces dans le magazine dès lors qu'il est acquis que cette lettre a fait l'objet d'une large diffusion. • Versailles, 10 sept. 1998 : *cité note 3.* ♦ Constituent une publicité des tableaux comparatifs des prix et caractéristiques d'imprimantes de marques concurrentes présentés à des revendeurs multimarques par les représentants commerciaux d'un des fabricants de ces produits, dans la mesure où, loin d'être destinés à l'usage exclusivement interne de l'entreprise, ils avaient été présentés à certains revendeurs, peu important que la diffusion de ces tableaux n'eût pas été systématique. • Versailles, 9 déc. 2004 : *BRDA 2005, n° 9, p. 12.*

La publication par un magazine d'un article représentant la photographie d'un mannequin portant des vêtements d'une marque de luxe à côté de celle d'un autre mannequin portant des vêtements du même genre, mais d'une marque de grande diffusion, dont les prix et les points de vente étaient indiqués constitue une publicité comparative et non un article d'information dans la mesure où ces informations étaient manifestement destinées à inciter les lecteurs à acheter les produits dits de substitution. • Paris, 8 déc. 1999 : *BRDA 2000, n° 8, p. 11.* ♦ Comp., jugeant que ce type de présentation a un caractère incitatif à la vente qui ne saurait avoir pour effet de conférer à cette revue la qualité d'annonceur, et ne peut par conséquent être définie comme une publicité comparative illicite (condamnation pour usage illicite de marque). • TGI Paris, 19 sept. 1997 : *Gaz. Pal. 1998. 1. Somm. 372, obs. Staeffen.*

2. Illustrations négatives. Ne constitue pas une publicité comparative : l'apposition sur la devanture d'une pharmacie d'un bandeau annonçant « parapharmacie moins chère qu'une para » dès lors que l'emploi du terme « para », employé comme diminutif de parapharmacie ne permet pas à lui seul d'identifier ou de reconnaître l'enseigne du magasin de parapharmacie situé à proximité de l'officine et que cette publicité ne s'appuie sur aucune opinion ou appréciation individuelle ou collective. • Versailles, 21 nov. 1997 : *BICC 1998, n° 857 ; JCP E 1998, n° 10, p. 350 ; Gaz. Pal. 1998. 1. Somm. 374.* ♦ ... Le message diffusé à l'adresse du grand public dans un film publicitaire en faveur de l'énergie nucléaire, et à l'évidence de fiction, dès lors que les personnes visées n'ignorent pas les inconvénients de l'énergie nucléaire, ni les inconvénients économiques et environnementaux de l'industrie pétrolière. • Paris, 17 mars 1998 : *D. 1998. IR 119* ; *LPA 19 août 1998, obs. Malaurie-Vignal.* ♦ ... L'affichage de listes de prix sur un stand d'information installé dans la galerie marchande d'un hypermarché dont l'objet est d'informer les clients de l'hypermarché de l'évolution des prix pratiqués au sein de celui-ci à l'occasion d'un changement d'enseigne, et non de procéder à une comparaison entre les prix pratiqués par l'hypermarché et ceux de magasins concurrents. • Paris, 19 mai 1999 : *RJDA 1999, n° 1262.* ♦ ... L'exposition par une grande surface d'un caddy rempli de produits provenant de son magasin et d'un autre caddy contenant les mêmes produits provenant de chez un concurrent avec indication des prix de l'un et de l'autre au motif que le concurrent n'est ni identifié, ni identifiable. • Aix-en-Provence, 21 déc. 2001 : *CCC 2002, n° 83, obs. Raymond.* ♦ Sur la question de savoir si le fait de se dire « numéro 1 » peut être qualifié de publicité comparative, V. • Rennes, 6 sept. 1995 : *Gaz. Pal. 1996. 1. 535* • T. com. Paris, 6 nov. 2002 : *CCC 2003, n° 101, obs. Raymond ; Gaz. Pal. 2003. Somm. 3901, obs. Joseph* (conf. par • Paris, 4 mai 2006 : *Gaz. Pal. 2006. 4166, obs. Joseph*).

La loi n'interdit pas de citer dans une publicité un tiers, même s'il est concurrent ; cela ne suffit pas à conférer à une publicité le caractère de publicité comparative dès lors qu'elle n'énumère aucun produit ou service offert au consommateur en en citant les prix ou tarifs. • T. com. Paris, 3 nov. 2004 : *CCE 2005, n° 12, obs. Grynbaum.*

3. Revue professionnelle. Jugé que, même si une publicité comparative figure dans une revue principalement destinée aux professionnels, elle est soumise à la L. du 18 janv. 1992 [C. consom., art. L. 122-1 s.], l'intitulé de celle-ci ne limitant pas son champ d'application aux rapports entre professionnels et consommateurs. • TGI Paris, 18 nov. 1992 : *RJDA 1993, n° 73.* ♦ *Contra* : • T. com. Paris, 14 sept. 1992 : *ibid. 1992, n° 1181* • T. com. Nanterre, réf., 21 avr. 1997 : *Quot. jur. 26 févr. 1998, p. 8.* – V. aussi • T. com. Nanterre, 19 déc. 1997 : *Bull. act. Lamy droit économique févr. 1998, p. 5* • Versailles, 10 sept. 1998 : *D. Affaires 1998. 1895, obs. V. A.-R ; LPA 26 nov. 1999, obs. Etner.* ♦ Comp. aussi : • T. com. Paris, 16 mai 1995 : *CCC 1995, n° 214, obs. Raymond ; Gaz. Pal. 1996. 1. Somm. 51.*

Dès lors que la publicité incriminée, uniquement destinée aux professionnels, se limite à citer la marque du produit princeps et ne comporte aucun élément de comparaison entre la spécialité générique et le produit princeps, il en résulte que l'annonceur ne peut valablement légitimer l'usage de la marque sur le fondement des art. L. 121-8 s. [L. 122-1 s.]. • Paris, 3 mai 2006 : *Gaz. Pal. 2006. 3996, obs. Hoffman* (cassé par • Com. 26 mars 2008 : *cité note 3 ss. art. L. 122-2*). ♦ La publication d'un guide de spécialités pharmaceutiques comparables ne constitue pas une publicité commerciale dès lors qu'elle ne vise qu'à présenter des informations sur les médicaments non au grand public mais aux seuls médecins. • Paris, 23 oct. 1996 : *Gaz. Pal. 1997. I. 352, concl. Benas.* ♦ V. aussi, excluant de la réglementation une publicité parue exclusivement dans la presse médicale et s'adressant aux médecins en tant que prescripteurs : • T. com. Nanterre, réf., 21 avr. 1997 : *préc.* ♦ Dans le même sens, s'agissant de la reproduction dans une brochure publicitaire scientifique, • Paris, 15 mai 1998 : *D. Affaires 1998. 1311 ; CCC 1998, n° 171, obs. Raymond.* ♦ Comp., considérant qu'une publicité comparative se référant à la comparaison de l'efficacité de médicaments, caractéristique essentielle, significative, pertinente et vérifiable, est manifestement licite dès lors qu'elle repose sur une étude comparative, sur des éléments statistiques, et que la différence significative dont elle fait état a déjà fait l'objet d'une publication. • Versailles, 3 avr. 1998 : *D. Affaires 1998. 1168, obs. V. A.-R. ; LPA 28 juin 1999, obs. Etner* • 18 févr. 1999 : *JCP E 1999, n° 16, p. 697 ; LPA 26 nov. 1999, obs. Etner ; CCC 2000, n° 72, obs. Raymond* • 15 nov. 2001 : *JCP E 2002, n° 8-9, 341 ; BRDA 2002, n° 3, p. 14* • Paris, 22 févr. 2006 : *CCC 2006, n° 149, obs. Raymond* (mais jugeant la comparaison non objective). ♦ Sur la notion de caractéristique essentielle, V. • Versailles, 22 mai 1998 : *D. Affaires 1998. 1439, obs. V. A.-R. ; LPA 28 juin 1999, obs. Etner.*

4. *Relevés de prix.* BIBL. Lamazerolles, *JCP E 2010, n° 1471* (le droit de relevé les prix chez un concurrent à la lumière de la jurisprudence). ♦ La fixation des prix par le libre jeu de la concurrence commande que les concurrents puissent comparer leurs prix et en conséquence en faire pratiquer des relevés par leurs salariés dans leurs magasins respectifs. • Com. 4 oct. 2011 : *Bull. civ. IV, n° 146 ; D. 2011. 2900, note Durez ; ibid. Actu. 2462, obs. Chevrier ; JCP E 2012, n° 1074, note Lamazerolles ; CCC 2012, n° 7, obs. Malaurie-Vignal ; LPA 8 déc. 2011, note Quiroga-Galdo ; RJDA 2012. 3, rapp. Michel-Amsellem ; Dr. et proc. févr. 2012, suppl. Dr. de la consommation, p. 2, obs. Picod* (cassation de • Montpellier, 18 mai 2010 : *JCP 2010, n° 892, obs. Durand*, qui avait écarté l'existence d'un usage commercial constituant une restriction licite au droit de propriété). ♦ Cette interprétation, faite au regard du principe de police économique visant à permettre la détermination des prix par le libre jeu de la concurrence, ne porte pas une atteinte disproportionnée aux dispositions, règles et principes de valeur constitutionnelle. • Com., QPC, 13 mars 2012 : *RJDA 2012, n° 621.* ♦ La société entendant pratiquer des relevés de prix a, en tant qu'acteur économique, un intérêt né, actuel, direct et personnel à observer les prix pratiqués par ses concurrents, cet intérêt pouvant exister indépendamment de l'existence d'un litige né et actuel. Cette pratique, ayant pour but de s'informer et non de procéder à des contrôles, n'est pas réservée aux seuls agents de l'État. • Rennes, 3 févr. 2009 : *CCC 2009, n° 259, obs. G. R.* ♦ Le fait d'opérer un relevé des prix pratiqués par un distributeur concurrent ne porte pas atteinte au respect du domicile de la personne morale ou encore à son droit de propriété, dès lors que les locaux professionnels dans lesquels les informations sont prises sont des surfaces libres d'accès au public, et que les actions de relevés, qui ne peuvent être sérieusement assimilées à des perquisitions, ne résultent pas du fait de l'autorité publique, ou à des constats d'huissiers, ne pouvant constituer des preuves devant être produites en justice, et ne sauraient être soumises à une autorisation préalable quelconque. • Même arrêt. ♦ Bien que la pratique des relevés de prix par un acteur économique chez un concurrent n'a pas été définitivement consacrée par la loi de modernisation de l'économie, l'usage n'en existe pas moins et le fait que cette proposition n'ait pas été suivie n'a pas pour effet de l'interdire, y compris par un procédé informatique et non seulement manuel, les relevés devant cependant être réalisés dans des conditions n'occasionnant pas de troubles dans le magasin. • Même arrêt • Rouen, 24 févr. 2011 : *CCC 2011, n° 181, obs. G. R.* ♦ Sur les comparateurs de prix, V. art. L. 111-6.

5. *Assortiment de produits.* BIBL. Boulet, *CCE 2007. Étude 24* (publicité comparative d'assortiments de produits). ♦ La condition de licéité de la publicité comparative posée par l'art. 3 *bis*, § 1, sous *b*), de la Dir. 84/450/CEE du 10 sept. 1984, telle que modifiée par la Dir. 97/55/CE du 6 oct. 1997, doit être interprétée en ce sens qu'elle ne s'oppose pas à ce qu'une publicité comparative porte collectivement sur des assortiments de produits de consommation courante commercialisés par deux chaînes de grands magasins concurrentes pour autant que lesdits assortiments soient constitués, de part et d'autre, de produits individuels qui, envisagés par paires, satisfont individuellement à l'exigence de comparabilité que pose cette condition. • CJCE 19 sept. 2006 : *BICC 15 janv. 2007, n° 14 ; D. 2006. AJ 2394, obs. Chevrier ; JCP E 2006, n° 41, p. 1734 ; Gaz. Pal. 2007. 1409, note Bille ; CCC 2006, n° 240, obs. Raymond ; RJDA 2006, n° 1277 ; Europe 2006, n° 334, obs. Bouveresse ; RLDA nov. 2006. 54, obs. Cheynel.* ♦ En relevant que, sous couvert d'une comparaison de produits dits de consommation courante, une société avait entrepris une démarche consistant à rechercher des prix inférieurs pratiqués par son enseigne par rapport à ceux de son concurrent alors que l'exigence d'objectivité aurait impliqué de sélectionner préalablement un panel représentatif des produits couramment consommés, puis d'en faire ensuite la comparaison, en terme de prix, la cour d'appel qui constate que la publicité comparative manquait d'objectivité, loin d'avoir ajouté une condition à la loi, a justifié sa décision. • Com. 31 oct. 2006 : *Bull. civ. IV, n° 207; JCP 2006. IV. 3309; CCC 2007, n° 32, obs. Malaurie-Vignal; RJDA 2007, n° 415; RDLC 2007, n° 1, p. 108, obs. Fasquelle et Morel.* – V. aussi • Pau, 15 juin 2006 : *CCC 2006, n° 252, obs. Raymond.* ♦ Le fait que la publicité repose uniquement sur des produits sélectionnés par l'annonceur lui-même ne caractérise pas l'absence de condition d'objectivité. • Com. 12 avr. 2016, n° 13-28.217 : *D. 2016. Chron. C. cass. 2246, obs. Le Bras; RJDA 2016, n° 652.*

S'agissant de produits vendus en grande surface, une comparaison objective exige deux conditions qui sont cumulatives, à savoir d'une part que les produits choisis soient représentatifs des achats moyens en grande surface, d'autre part qu'ils soient suffisamment nombreux pour permettre la généralisation. Tel n'est pas le cas d'une campagne publicitaire comparative portant sur vingt-trois produits seulement, aucun d'entre eux ne concernant les liquides et les produits frais, ce qui ne correspond pas aux achats d'un consommateur ordinaire, et alors, d'autre part, que le nombre des produits retenus est insuffisant par rapport aux milliers de produits généralement référencés dans une grande surface. • TGI Chalon-sur-Saône, 24 juin 1994 : *Gaz. Pal. 1996. 1. Somm. 272.*

La comparaison du coût de deux chariots de produits de consommation courante provenant de deux enseignes concurrentes doit être faite de manière objective, sur des produits présentant les mêmes caractéristiques essentielles. • Crim. 9 mai 2007 : *Bull. crim. n° 119; D. 2007. 2144, note Arcelin; ibid. AJ 1658, obs. Rondey; RTD com. 2008. 199, obs. Bouloc; AJ pénal 2007. 326, obs. Rondey; JCP E 2008, n° 21, p. 30, obs. Mainguy; CCC 2007, n° 314, obs. Raymond; LPA 25 sept. 2008, obs. Nadaud; Gaz. Pal. 2007. 2759, obs. M. B.; RJDA 2007, n° 905; Dr. pénal 2008. Chron. 4, n° 54, par Lepage.* ♦ La reproduction des seuls tickets de caisse ne permet pas au consommateur de s'assurer que les produits comparés, qui, pour certains, présentaient des différences de qualité, de poids, de contenance et de composition, et qui étaient placés dans des chariots recouverts d'un film plastifié, présentaient les mêmes caractéristiques essentielles, de sorte que leur comparaison ne pouvait être opérée de façon objective. • Crim. 4 mars 2008 : *Bull. crim. n° 57; D. 2008. AJ 1051*, obs. Rondey; RTD com. 2008. 882, obs. *Bouloc; AJ pénal 2008. 279, obs. Rondey; RSC 2009. 106, obs. Ambroise-Castérot; JCP 2008. IV. 1682; CCC 2008, n° 171, obs. G. R.; LPA 16 sept. 2008, obs. M.-E. B.-M.; RJDA 2008, n° 860; Dr. pénal 2008, n° 69, obs. J.-H. Robert.* ♦ En effet, lorsque les éléments de comparaison sur lesquels repose la caractéristique mentionnée dans la publicité comparative ne sont pas énumérés, le destinataire du message publicitaire doit être mis en mesure, par l'annonceur, d'en vérifier l'exactitude ainsi que celle de la caractéristique en cause. • Même arrêt • Crim. 13 janv. 2009 : *CCC 2009, n° 154, obs. G. R.; Dr. pénal 2009, n° 51, obs. J.-H. Robert.* ♦ Un prospectus publicitaire diffusé par une grande surface dans lequel est effectuée une comparaison de certains produits sur la seule base des tarifs, sans démontrer que ces produits présentent bien les mêmes qualités, notamment gustatives, ni que ces produits répondent aux mêmes besoins, ne permet d'effectuer de façon objective aucune comparaison, aucun des produits comparés ainsi n'étant équivalent et substituable. • Lyon, 5 juin 2008 : *BICC 1er mars 2009, n° 299.*

L'art. 3 *bis*, § 1, sous b), de la Dir. 84/450/CEE du 10 sept. 1984 doit être interprété en ce sens que la seule circonstance que les produits alimentaires diffèrent quant à leur comestibilité et quant au plaisir qu'ils procurent au consommateur, en fonction des conditions et du lieu de leur fabrication, de leurs ingrédients et de l'identité de leur fabricant, n'est pas de nature à exclure que la comparaison de tels produits puisse satisfaire à l'exigence édictée par ladite disposition et voulant que ceux-ci répondent aux mêmes besoins ou aient le même objectif, c'est-à-dire qu'ils présentent entre eux un degré d'interchangeabilité suffisant. • CJUE 18 nov. 2010 : *JCP E 2010, n° 637; CCC 2011, n° 61, obs. Malaurie-Vignal; RDLC 2011, n° 1, p. 138, obs. Mitchell; Europe 2011, n° 31, obs. Rigaux.* ♦ Une telle publicité peut revêtir un caractère trompeur, notamment s'il est constaté, eu égard à toutes les circonstances pertinentes du cas d'espèce, et notamment aux indications ou aux omissions dont s'accompagne cette publicité, que la décision d'achat d'un nombre significatif de consommateurs auxquels elle s'adresse est susceptible d'être prise dans la croyance erronée que la sélection de produits opérée par l'annonceur est représentative du niveau général des prix de ce dernier par rapport à celui pratiqué par son concurrent, et que, dès lors, ces consommateurs réaliseront des économies de l'ordre vanté par ladite publicité en effectuant régulièrement leurs achats de biens de consommation courante auprès de l'annonceur plutôt qu'auprès dudit concurrent, ou encore dans la croyance erronée que tous les produits de l'annonceur sont moins chers que ceux de son concurrent, ou s'il est constaté que, aux fins d'une comparaison effectuée sous l'angle exclusif du prix, ont été sélectionnés des produits alimentaires qui présentent pourtant des différences de nature à conditionner de manière sensible le choix du consommateur moyen, sans que lesdites différences ressortent de la publicité concernée. • Même décision.

L'art. 4, sous a) et c), de la Dir. 2006/114/CE du 12 déc. 2006, en matière de publicité trompeuse et de publicité comparative, lu en combinaison avec l'art. 7, § 1 à 3, de la Dir. 2005/29/CE du 11 mai 2005, relative aux pratiques commerciales déloyales, doit être interprété en ce sens qu'est susceptible d'être illicite, au sens de la première de ces dispositions, une publicité comparant les prix de produits vendus dans des magasins de tailles ou de formats différents, lorsque ces magasins font partie d'enseignes possédant chacune une gamme de magasins de tailles et de formats différents et que l'annonceur compare les prix pratiqués dans les magasins de tailles ou de formats supérieurs de son enseigne avec ceux relevés dans des magasins de tailles ou de formats inférieurs des enseignes concurrentes, à moins que les consommateurs ne soient informés, de façon claire et par le message publicitaire lui-même, que la comparaison a été effectuée entre les prix pratiqués dans les magasins de tailles ou de formats supérieurs de l'enseigne de l'annonceur et ceux relevés dans les magasins de tailles ou de formats inférieurs des enseignes concurrentes. • CJUE 8 févr. 2017, n° C-562/15 : *Dalloz actualité, 20 févr. 2017, obs. Dary; D. 2017. Actu. 348; CCC 2017, n° 90, obs. Bernheim-Desvaux; RJDA 2017, n° 292; RLDA avr. 2017. 49, note Dary et Titone; RLC mai 2017. 46, note Sochirca; Europe 2017, n° 156, obs. Rigaux; Légipresse 2017. 205, obs. Andrieu et de Turckeim* (réponse à une question préjudicielle de • Paris, 29 oct. 2015, n° 14/01030 : *CCC 2016, n° 27, obs. Bernheim-Desvaux*).

6. Identification du concurrent. Jugé qu'une publicité peut être qualifiée de comparative, même si l'entreprise visée par la comparaison n'est pas nommément désignée, dès lors que cette entreprise est aisément identifiable. • TGI Paris, 18 nov. 1992 : *préc. note 3* • Versailles, 18 févr. 1999 : *JCP E 1999, n° 16, p. 697* • Versailles, 27 juin 2002 : *CCC 2003, n° 65, obs. Raymond* • T. com. Nanterre, 27 mai 2005 : *Lettre distrib. juill.-août 2005, p. 2; BRDA 2005, n° 20, p. 9* (allégation litigieuse suivie d'un astérisque renvoyant à une étude Sofrès portant sur la comparaison de 24 laboratoires pharmaceutiques dûment identifiés et nommés). ♦ *Une publicité générale visant la clientèle d'un marché donné ne répond pas à la définition de l'art. L. 121-8 [L. 122-1], qui vise un concurrent identifié.* • T. com. Nanterre, 6 févr. 2004 : *CCC 2004, n° 117, obs. Raymond.* ♦ Il s'évince de ces dispositions que les publicités d'ordre général ne sont pas concernées dès lors que le concurrent n'est pas identifiable, les sacs plastiques reproduits n'étant pas aisément reconnaissables. • Aix-en-Provence, 10 oct. 2001, n° 98/02904 : *CCC 2002, n° 83, obs. Raymond.*

Constitue toutefois une publicité comparative la campagne publicitaire menée par un opérateur privé, à propos des nouveaux tarifs d'une prestation, fondée sur la comparaison, présumée favorable, avec d'autres tarifs pratiqués mais dont la provenance n'est pas précisée, dès lors que, s'agissant du marché des télécommunications récemment ouvert à la concurrence mais encore largement dominé par l'opérateur public précédemment détenteur d'un monopole, cette comparaison renvoie nécessairement, dans l'esprit du public, aux tarifs de l'opérateur public, en raison de sa notoriété. • Versailles, 26 mars 1999 : *JCP E 1999, n° 44-45, p. 1753; Gaz. Pal. 17-18 nov. 1999, p. 33,* conf. par • Com. 27 mars 2001 : *Gaz. Pal. 21-22 nov. 2001, p. 67.* ♦ Comp., estimant que la situation particulière du marché de la téléphonie mobile qui ne comporte que trois opérateurs en France, ne permet pas de considérer que le message de l'un d'entre eux visant à séduire la clientèle des deux autres constituerait nécessairement une publicité comparative en l'absence de tout élément permettant d'identifier l'image, la marque, les services particuliers ou les caractéristiques spécifiques de l'un ou l'autre de ces concurrents : • T. com. Nanterre, 6 févr. 2004 : *préc.*

V. également, dans d'autres affaires opposant des opérateurs téléphoniques : • Versailles, 27 juin 2002 : *JCP E 2003, n° 2, p. 56* • Aix-en-Provence, 21 déc. 2001, n° 00/11993 : *CCC 2002, n° 83, obs. Raymond* • T. com. Nanterre, 19 oct. 1999 : *Gaz. Pal. 19-20 mai 2000, p. 26, obs. Grelier-Lenain* • Paris, 5 mars 2003 : *Gaz. Pal. 2003. Somm. 3990, obs. Biolay.*

Pour un arrêt excluant les règles concernant la publicité comparative, de même que le dénigrement, s'agissant d'une annonce identifiant le concurrent direct et unique, d'une manière amusante et spirituelle, sans le nommer, V. • Versailles, 26 juin 1997 : *D. Affaires 1997. 1037.*

7. Compatibilité avec la Convention EDH. La réglementation de la publicité comparative constitue une mesure nécessaire à la protection de la réputation des droits d'autrui, justifiant une restriction à la liberté d'expression (décision fondée sur l'art. 10, § 2, de la Conv.) • Crim. 16 oct. 1996 : *Bull. crim. n° 364; CCC 1997, n° 36, obs. Raymond; D. 1997. IR 13; JCP 1997. IV. 433.*

8. Droit communautaire. Le bénéfice qu'un annonceur tire de la publicité comparative n'est pas susceptible à lui seul de constituer un élément déterminant dans l'appréciation de la légalité du comportement de l'annonceur. • CJCE 23 févr. 2006 : *CCE 2006, n° 128, obs. Chabert; Lettre distrib. juin 2006, p. 2.* ♦ Toute publicité qui met en comparaison des biens ou services en identifiant, implicitement ou explicitement, un concurrent n'est licite que si elle ne tire pas indûment profit de la notoriété attachée à une marque, à un nom commercial ou à d'autres signes distinctifs d'un concurrent, V. • CJCE

25 oct. 2001 : *RJDA 2002, n° 108 ; RTD com. 2002. 402, obs. Luby* . ♦ L'art. 7, § 2, de la Dir. du 10 sept. 1984 s'oppose à l'application à la publicité comparative de dispositions nationales plus strictes en matière de protection contre la publicité trompeuse en ce qui concerne la forme et le contenu de la comparaison, sans qu'il y ait lieu d'établir des distinctions entre les différents éléments de la comparaison, c'est-à-dire les indications relatives à l'offre de l'annonceur, les indications relatives à l'offre du concurrent et le rapport entre ces offres. • CJCE 8 avr. 2003 : *BICC 2003, n° 529 ; JCP E 2004, n° 43, p. 1682, n° 21, obs. Parleani ; Gaz. Pal. 2003. Somm. 3992, obs. Biolay ; ibid. 2004. Somm. 2027, obs. L. C. F. ; RJDA 2003, n° 787 ; Europe 2003, n° 223, obs. Rigaux et Idot.*

L'art. 3 *bis*, § 1, de cette directive, doit être interprété en ce sens que, si l'annonceur est en principe libre d'indiquer ou non dans une publicité comparative la marque des produits concurrents, il appartient toutefois au juge national de vérifier si, dans des circonstances particulières, caractérisées par l'importance de la marque dans le choix de l'acheteur et par l'importante différence, en terme de notoriété, entre les marques respectives des produits comparés, l'omission de la marque la plus renommée est susceptible de s'avérer trompeuse. • CJCE 8 avr. 2003 : *préc.* ♦ Ce même article ne s'oppose pas à ce que les produits comparés soient achetés par des canaux de distribution différents, ni à ce que la publicité reproduise, outre le nom du concurrent, son sigle et une image de la façade de son magasin, si cette publicité respecte les conditions de licéité fixées par le droit communautaire. • Même arrêt.

La circonstance que plusieurs concurrents de l'annonceur ou des biens ou des services qu'ils offrent puissent être identifiés comme étant concrètement visés par le message publicitaire est sans pertinence en vue de la reconnaissance du caractère comparatif de la publicité. • CJCE 19 avr. 2007 : *D. 2007. AJ 1418, obs. Rondey* ; *JCP E 2008, n° 21, p. 30, obs. Mainguy ; CCC 2007, n° 161, obs. Raymond ; LPA 25 sept. 2008, obs. Nadaud ; RJDA 2007, n° 904 ; Dr. pénal 2008. Chron. 4, n° 53, par Lepage ; Europe 2007, n° 170, obs. Simon.* ♦ L'existence d'un rapport de concurrence entre l'annonceur et l'entreprise qui est identifiée dans le message publicitaire ne peut pas être établie indépendamment des biens ou des services offerts par celle-ci. • Même arrêt. ♦ Une publicité qui fait référence à un type de produit sans pour autant identifier un concurrent ou les biens offerts par ce dernier n'est pas illicite au regard de l'art. 3 *bis*, § 1, de la Dir. 84/450 ; les conditions de licéité d'une telle publicité doivent alors être examinées à la lumière d'autres dispositions, indépendamment du fait que cela pourrait impliquer une moindre protection des consommateurs ou des entreprises concurrentes. • Même arrêt. ♦ N'est pas illicite toute comparaison qui, pour des produits n'ayant pas d'appellation d'origine, se rapporte à des produits bénéficiant d'une telle appellation. • Même arrêt.

Lorsque les conditions requises à l'art. 5, § 1, sous *b)*, de la Dir. 89/104 du 21 déc. 1988 pour interdire l'usage d'un signe identique ou similaire à une marque enregistrée sont réunies, il est exclu que la publicité comparative dans laquelle ce signe est utilisé satisfasse à la condition de licéité énoncée à l'art. 3 *bis*, § 1, sous *d)*, de la Dir. 84/450 du 10 sept. 1984. • CJCE 12 juin 2008 : *D. 2008. AJ 1824, et les obs.* ; *JCP E 2008, n° 25, p. 6 ; Gaz. Pal. 2008. 4182, obs. Staeffen et Delucenay ; CCE 2008, n° 132, obs. Caron ; RJDA 2008, n° 1063 ; Europe 2008, n° 281, obs. Idot.* ♦ L'art. 5, § 1, ss. *a)*, de la Dir. 89/104 doit être interprété en ce sens que le titulaire d'une marque enregistrée est habilité à faire interdire l'usage par un tiers, dans une publicité comparative qui ne satisfait pas à toutes les conditions de licéité énoncées à l'art. 3 *bis*, § 1, de la Dir. 84/450/CEE du 10 sept. 1984, en matière de publicité trompeuse et de publicité comparative, d'un signe identique à cette marque pour des produits ou des services identiques à ceux pour lesquels ladite marque a été enregistrée, même lorsque cet usage n'est pas susceptible de porter atteinte à la fonction essentielle de la marque, qui est d'indiquer la provenance des produits ou services, à condition que ledit usage porte atteinte ou soit susceptible de porter atteinte à l'une des autres fonctions de la marque. • CJCE 18 juin 2009 : *JCP 2009, n° 28, p. 35, obs. F. Picod ; JCP E 2009, n° 49, p. 21, obs. Caron ; CCE 2009, n° 111, obs. Caron ; RJDA 2009, n° 1125 ; Dr. et patr. oct. 2009. 110, obs. Velardocchio ; Europe 2009, n° 330, obs. Idot.* ♦ L'art. 3 *bis*, § 1, précité, doit être interprété en ce sens qu'un annonceur qui mentionne de manière explicite ou implicite, dans une publicité comparative, que le produit qu'il commercialise constitue une imitation d'un produit portant une marque notoirement connue présente « un bien ou un service comme une imitation ou une reproduction », au sens de cet art. 3 *bis*, § 1, ss. *h)*. Le profit réalisé par l'annonceur grâce à une telle publicité comparative illicite doit être considéré comme « indûment tiré » de la notoriété attachée à cette marque, au sens dudit art. 3 *bis*, § 1, ss. *g)*. • Même arrêt.

9. Renvois. V. notes ss. art. L. 122-2, L. 122-5 et L. 132-25.

Art. L. 122-2 **La publicité comparative ne peut :**

1° Tirer indûment profit de la notoriété attachée à une marque de fabrique, de commerce ou de service, à un nom commercial, à d'autres signes distinctifs d'un concurrent ou à l'appellation d'origine ainsi qu'à l'indication géographique protégée d'un produit concurrent ;

2° Entraîner le discrédit ou le dénigrement des marques, noms commerciaux, autres signes distinctifs, biens, services, activité ou situation d'un concurrent ;

3° Engendrer de confusion entre l'annonceur et un concurrent ou entre les marques, noms commerciaux, autres signes distinctifs, biens ou services de l'annonceur et ceux d'un concurrent ;

4° Présenter des biens ou des services comme une imitation ou une reproduction d'un bien ou d'un service bénéficiant d'une marque ou d'un nom commercial protégé. – *[C. consom., art. L. 121-9.]*

Sur les sanctions, V. art. L. 132-25.

1. Dénigrement. Une comparaison de prix n'entraîne le discrédit d'un concurrent, au sens de l'art. 3 *bis*, § 1 de la Dir. modifiée du 10 sept. 1984, ni au motif que l'écart de prix entre les produits comparés est supérieur à l'écart de prix moyen ni en raison du nombre de comparaisons effectuées. • CJCE 8 avr. 2003 : *cité note 8 ss. art. L. 122-1.* ♦ Si l'exagération propre à toute publicité n'enfreint pas, en elle-même, les règles de loyauté de la concurrence, la revendication d'exclusivités ou de propriétés superlatives ne peut être admise si de telles insertions aboutissent, par un dénigrement indirect, à dépouiller les concurrents des mêmes vertus. • Douai, 2 oct. 1995 : *D. 1996. 99, note Fourgoux ; D. 1996. Somm. 179, obs. Gavalda et Lucas de Leyssac ; D. Affaires 1995. 83 ; Gaz. Pal. 1996. 1. 77, note Massoni ; CCC 1995, n° 184, obs. Vogel ; ibid. 1995, n° 213, obs. Raymond.* ♦ Par ailleurs, l'outrance ayant ses limites, celles-ci interdisent de fabuler sur de prétendues supériorités, et la vérification objective de l'absence de telles ou telles qualités permet sans conteste de considérer que la publicité visée est fausse ou de nature à induire en erreur. • Même arrêt. ♦ V. aussi, pour des ajouts aux observations d'une étude scientifique de commentaires mettant en avant le produit objet de la publicité et des propos alarmistes sur les produits concurrents, créant une rumeur dénigrante. • Versailles, 15 nov. 2001 : *JCP E 2002, n° 8-9, 341 ; RJDA 2002. n° 569.* ♦ En appuyant sa campagne publicitaire sur les résultats fallacieux de son comparateur pour discréditer ses concurrents, l'annonceur a contrevenu aux dispositions de l'art. L. 121-9 [L. 122-2]. • Colmar, 13 mai 2008 : *BICC 15 sept. 2008, n° 1354 ; Gaz. Pal. 2009. 652, obs. Forster et Hadjadje.*

S'agissant d'une campagne publicitaire par laquelle une société de vente à distance a vanté les mérites de son nouveau service de livraison rapide en rapprochant sa prestation dite le « 24 heures gratuit » de celle proposée par son concurrent dite le « 48 heures chrono », il y a lieu de resituer les deux prestations proposées dans le cadre général de l'ensemble des prestations offertes par les deux firmes qui, à côté du service de livraison à domicile sans garantie particulière de délai, proposent toutes deux un service de livraison sous 24 heures qui est payant et un service de livraison gratuit sur site sans supplément de prix sous 48 heures pour la Redoute, qui l'assortit d'une garantie de remboursement sous forme d'un chèque cadeau égal au montant des articles commandés dans l'hypothèse d'une non-livraison dans les délais, et sous 24 heures pour les 3 Suisses, qui n'offre aucune « garantie » équivalente, et qui limite l'accès de ce service aux titulaires de certaines cartes. • Douai, 2 oct. 1995 : *préc.* – V. aussi Fabre, *Cah. dr. entr. 1995, n° 6, p. 35.*

Sur le dénigrement résultant d'une publicité comportant le sigle Leclerc et la mention « A peine plus loin, mais tellement moins cher », placée à environ 15 mètres du parking « Géant Casino », à 30 mètres environ de l'entrée principale de la cafétéria « Géant Casino » et à 6 mètres de l'entrée. V. • T. com. Chalon-sur-Saône, 12 oct. 1995 : *Gaz. Pal. 1995. 2. Somm. 611.* – V. aussi • T. com. Paris réf., 25 juill. 1995 : *Gaz. Pal. 1996. 1. Somm. 35.* ♦ S'agissant d'une publicité faite par une radio, représentant une radio concurrente comme une quille sur le point de tomber sous le coup d'une boule symbolisant la première radio, V. • Paris, 10 sept. 1999, n° 1996/14797 : *CCC 2000, n° 89, obs. Raymond.* ♦ Sur le caractère trompeur et dénigrant d'une publicité comparative d'un fabricant d'aspirateurs sans sac, V. • Paris, 5 janv. 2010 : *RJDA 2010, n° 687.* ♦ Sur le caractère dénigrant d'une publicité comparant les cafetières à piston aux cafetières à capsules, V. • Com. 25 sept. 2012 : *CCC 2012, n° 290, obs. Raymond ; RJDA 2012, n° 1110* (cassation de • Versailles, 19 mai 2011 : *RJDA 2011, n° 1078*).

2. Préjudice. Le dénigrement résultant, pour une société concurrente, d'une publicité comparative illicite est générateur d'un trouble commercial et entraîne nécessairement un préjudice. • Com. 14 juin 2000 : *Bull. civ. IV, n° 126 ; BRDA 2000, n° 15-16, p. 9.*

3. Imitation ou reproduction. Pour dire que la société G Gam a commis des actes de contrefaçon, l'arrêt retient que la publicité litigieuse se limite à citer la marque Deroxat et ne comporte aucun élément de comparaison entre la spécialité générique Paroxétine G Gam et le produit princeps commercialisé sous cette marque. En statuant ainsi, alors qu'en présentant la spécialité paroxétine G Gam comme le générique du Deroxat, la société G Gam informait le public que cette spécialité avait la même composition qualitative et quantitative en principe actif, la même forme pharmaceutique que la spécialité de référence, et que sa bioéquivalence avec cette spécialité était démontrée, ce dont il résulte qu'elle procédait à une comparaison de caractéristiques essentielles, pertinentes, vérifiables et représentatives de ces produits, la cour d'appel a violé les art. L. 121-8 [L. 122-1] C. consom. et L. 5121-1-5° CSP. • Com. 26 mars 2008 : *Bull. civ. IV, n° 71 ; D. 2008. 1524, note Azéma ; ibid. AJ 1139, obs. Rondey ; D. 2009. Pan. 395, obs. Sauphanor-Brouillaud ; JCP 2008. IV. 1828 ; CCC 2008, n° 171, obs. G. R. ; LPA 25 nov. 2008, obs. A. G. ; CCE 2008. Chron. 7, n° 24, par Dreyer ; RJDA 2008, n° 959.* – Dans le même sens : • Com. 7 juill. 2009 : *Bull. civ. IV, n° 104 ; D. 2009. AJ 1890 ; JCP E 2009, n° 39, p. 32 ; CCC 2009, n° 257, obs. Raymond ; RJDA 2010, n° 89.* ♦ Retenant que le générique était substituable au princeps et constituait son équivalent, il n'imitait pas le princeps et que la disposition de l'art. L. 121-9, al. 4 [L. 122-2, al. 4], visant la reproduction devait être différenciée de la notion de bioéquivalence qui caractérise le générique, la cour d'appel a fait l'exacte application de la loi en écartant la qualification d'imitation ou de reproduction. • Com. 24 mai 2011 : *Bull. civ. IV, n° 85 ; D. 2011. Actu. 1550, obs. Delpech ; RTD com. 2012. 101, obs. Azéma ; JCP 2011, n° 716 ; Gaz. Pal. 2011. 3042, note Brunot et Bachelez ; ibid. 3713, note Peigné ; RJDA 2011, n° 850 ; RLDA sept. 2011. 15, note Bertholet et Eme.*

4. Notoriété. La mention entre parenthèses et en petits caractères « générique de Deroxat paru au JO du 1er novembre 2002 » ne cherche pas à exploiter la notoriété de la marque « Deroxat » mais à donner une information immédiate au public concerné, à savoir les pharmaciens et professionnels de santé, en leur indiquant que ce produit est le générique de la spécialité de référence Deroxat. Dès lors, en l'état de ces seules appréciations, faisant ressortir que cette référence conditionnait l'existence d'une concurrence effective sur le marché en cause, la cour d'appel a exactement retenu que la société en cause n'avait pas tiré indûment profit de la notoriété de la marque « Deroxat ». • Com. 24 mai 2011 : *préc. note 3.* ♦ Après avoir relevé la valeur économique et le succès commercial remporté par l'exploitation, dans ses applications thérapeutiques et cosmétiques, du produit commercialisé sous la dénomination « Botox », ainsi que l'importance des investissements réalisés dans la recherche et le développement mondial de ce produit, l'arrêt retient que c'est sans nécessité qu'une société, qui commercialise un produit ne contenant pas de toxine botulique, a apposé sur ce produit la mention « l'alternative aux injections de Botox » et assuré sa promotion avec le slogan « botox like », cherchant à créer un lien dans l'esprit du consommateur entre leur produit et l'image positive véhiculée par le produit « Botox », afin de tirer parti de la force attractive de ce dernier ; en cet état, la cour d'appel a fait ressortir le caractère fautif de la comparaison. • Com. 30 mars 2016, n° 13-12.122 : *CCC 2016, n° 164, obs. Malaurie-Vignal.*

Art. L. 122-3 Pour les produits bénéficiant d'une appellation d'origine ou d'une indication géographique protégée, la comparaison n'est autorisée qu'entre des produits bénéficiant chacun de la même appellation ou de la même indication. – *[C. consom., art. L. 121-10.]*

Sur les sanctions, V. art. L. 132-25.

Art. L. 122-4 Est interdit le fait de faire figurer des annonces comparatives telles que définies aux articles L. 122-1 et L. 122-2 sur des emballages, des factures, des titres de transport, des moyens de paiement ou des billets d'accès à des spectacles ou à des lieux ouverts au public. – *[C. consom., art. L. 121-11.]*

Sur les sanctions, V. art. L. 132-25.

COMMENTAIRE

Les emballages, les factures, les titres de transport, les moyens de paiement ou les billets d'accès à des spectacles ou à des lieux ouverts au public ne peuvent être utilisés pour réaliser une publicité comparative. Ces supports ont été écartés parce que, compte tenu notamment de l'importance de leur diffusion, ils sont considérés comme étant de nature à rendre très difficile la vérification des conditions de licéité de la publicité comparative ainsi que l'application de sanctions éventuelles (*JO Sénat CR 15 oct. 1991, p. 2899*).

Art. L. 122-5 L'annonceur pour le *compte duquel* la publicité comparative est diffusée doit être en mesure de prouver dans un bref délai l'exactitude matérielle des énonciations, indications et présentations contenues dans la publicité. – *[C. consom., art. L. 121-12.]* – *V. aussi art. L. 512-15.*

Sur les sanctions, V. art. L. 132-25.

BIBL. ▸ PICOD, *D. 2001. Chron. 914* (Dir. CE 6 oct. 1997).

COMMENTAIRE

Dans sa version initiale, l'ancien article L. 121-12 imposait à l'annonceur, « avant toute diffusion, qu'il communique l'annonce comparative aux professionnels visés, dans un délai au moins égal à celui exigé, selon le type de support retenu, pour l'annulation d'un ordre de publicité ». Suite à la directive de 1997, transposée par l'ordonnance du 23 août 2001, le texte n'exige plus une communication préalable au concurrent visé.

Toutefois, l'exactitude des éléments invoqués par l'annonceur d'une publicité comparative constitue une condition de sa licéité. Selon l'article L. 122-5, reprenant l'ancien article L. 121-12 dans sa dernière version, l'annonceur pour le compte duquel la publicité comparative est diffusée doit être en mesure de prouver l'exactitude matérielle des énonciations, indications et présentations contenues dans la publicité. L'ordonnance du 23 août 2001 a ajouté que l'annonceur doit être en mesure d'apporter cette preuve dans un bref délai, ce qui confère sans doute à l'obligation un caractère plus contraignant, mais qui induit une marge d'approximation.

Faute de rapporter la preuve de l'exactitude matérielle du contenu dans un bref délai, la diffusion de la publicité incriminée constitue un procédé de dénigrement (Com. 18 mai 1993 : *cité note 5 ss. art. L. 122-1*) et la publicité en cause est de surcroît considérée comme illicite (Com. 14 juin 2000 : *cité note 2 ss. art. L. 122-2*). ❑

1. Preuve des allégations. Présente un caractère illicite la publicité comparative comportant des indications chiffrées dont l'annonceur pour le compte duquel cette publicité est diffusée n'est pas en mesure d'établir l'exactitude des faits allégués. • Com. 14 juin 2000 : *cité note 2 ss. art. L. 122-2.* ♦ Estimant qu'un délai d'environ un mois pour répondre ne correspond pas au bref délai de l'art. L. 121-12 [L. 122-2], V. • Nancy, 19 mars 2007, n° 04/01030 : *JCP 2008. IV. 1273 ; CCC 2007, n° 315, obs. Raymond.* ♦ L'annonceur ne peut opposer le secret des affaires à un tiers, notamment à un concurrent, qui lui demande la communication des méthodes d'essais ou des critères de notation utilisés. Cependant, cette communication pourra être limitée aux éléments nécessaires à une vérification de la comparaison et de son objectivité (Avis CEPC n° 09-14 du 9 déc. 2009 : *BRDA 2010, n° 3, p. 12 ; RLC oct.-déc. 2010. 21, obs. Béhar-Touchais*). ♦ Sur la charge de la preuve, V. encore • Com. 18 mai 1993 : *Bull. civ. IV, n° 199 ; D. 1994. Somm. 172, obs. Gavalda et de Leyssac ; JCP 1994. II. 22243, note Dekeuwer ; CCC 1993, n° 168, obs. Raymond.*

2. Annonceur. L'art. L. 121-12 [L. 122-5] met à la charge du seul annonceur pour le compte duquel la publicité comparative est diffusée de prouver l'exactitude matérielle des énonciations contenues dans la publicité, de telle sorte que c'est contre ce seul annonceur que les actions éventuelles doivent être engagées, et non contre les personnes morales qui ont pu bénéficier de la campagne en cause (action contre l'enseigne et non contre des supermarchés franchisés locaux). • Paris, 12 déc. 2013 : *CCC 2014, n° 103, obs. Raymond.*

Art. L. 122-6 **Les insertions réalisées dans la presse pour une publicité définie aux articles L. 122-1 et L. 122-2 ne donnent pas lieu au droit de réponse tel qu'il est défini par l'article 13 de la loi du 29 juillet 1881 sur la liberté de la presse et l'article 6 de la loi n° 82-652 du 29 juillet 1982 sur la communication audiovisuelle.** – *[C. consom., art. L. 121-13.] – V. ces art., relatifs au droit de réponse, au* ***C. pén.***

COMMENTAIRE

La publicité comparative licite ne peut donner lieu à aucun droit de réponse (art. L. 122-6), de façon à ne pas décourager les initiatives en la matière. ❑

Art. L. 122-7 **Les modalités d'application des articles L. 122-1 à L. 122-6 sont précisées par décret en Conseil d'État.** – *[C. consom., art. L. 121-14, al. 2.]*

SECTION II OFFRES ET OPÉRATIONS PROMOTIONNELLES PROPOSÉES PAR VOIE ÉLECTRONIQUE

COMMENTAIRE

Le législateur a réglementé la publicité par voie électronique par la loi n° 2004-575 du 21 juin 2004 pour la confiance dans l'économie numérique, en instaurant une protection spécifique du destinataire du message publicitaire adressé par courrier électronique (d'autres dispositions ont été introduites dans le code civil). Trois articles avaient, à cette occasion, été insérés dans l'ancien code de la consommation. L'ordonnance de recodification du 14 mars 2016 a non seulement renuméroté les textes mais leur a, en outre, consacré une section spécifique prenant la suite de celle sur la publicité comparative, alors que les anciens textes se fondaient dans la masse des dispositions relatives à la publicité.

Selon l'article L. 122-8, toutes les publicités par courrier électronique doivent être identifiables et transparentes. L'article L. 122-9 précise que les conditions du bénéfice d'offres promotionnelles ou de la participation à des concours ou jeux promotionnels doivent être clairement précisées et aisément accessibles lorsque ces offres, concours et jeux sont proposés par voie électronique. L'article L. 122-10 étend ce dispositif « aux publicités, concours ou jeux à destination des professionnels ».

Parallèlement, l'ordonnance n° 2011-1012 du 24 août 2011 relative aux communications électroniques, prise en application de la loi du 22 mars 2011 portant transposition de diverses directives européennes, a renforcé, notamment, la protection des consommateurs sur internet et l'atteinte à leur vie privée. Elle complète les textes en matière d'identification des publicités par courrier électronique en précisant que ces messages doivent indiquer une adresse ou un moyen électronique pour que leur destinataire puisse obtenir leur cessation (art. L. 122-8, al. 2). ❑

Art. L. 122-8 Les publicités et notamment les offres promotionnelles, telles que les rabais, les primes ou les cadeaux, ainsi que les concours ou les jeux promotionnels, adressés *[adressées]* **par courrier électronique, doivent pouvoir être identifiés** *[identifiées]* **de manière claire et non équivoque dès leur réception par leur destinataire ou, en cas d'impossibilité technique, dans le corps du message.**

Ces messages indiquent une adresse ou moyen électronique permettant effectivement au destinataire de transmettre une demande visant à obtenir que ces publicités cessent. – *[C. consom., art. L. 121-15-1.]*

Sur les sanctions, V. art. L. 132-26.

BIBL. ▸ PIEDELIÈVRE, *CCE 2011. Étude 22* (dispositions relatives au code de la consommation de l'Ord. n° 2011-1012 du 24 août 2011).

Art. L. 122-9 Les conditions auxquelles sont soumises la possibilité de bénéficier d'offres promotionnelles ainsi que celle de participer à des concours ou à des jeux promotionnels, lorsque ces offres, concours ou jeux sont proposés par voie électronique, sont clairement précisées et aisément accessibles. – *[C. consom., art. L. 121-15-2.]*

Sur les sanctions, V. art. L. 132-26.

Art. L. 122-10 Les dispositions des articles L. 122-8 et L. 122-9 sont applicables aux publicités, offres, concours ou jeux à destination des professionnels. – *[C. consom., art. L. 121-15-3, al. 1er.]*

SECTION III RÈGLES PROPRES À CERTAINES PUBLICITÉS ET PRATIQUES COMMERCIALES

SOUS-SECTION 1 CLASSEMENT ÉNERGÉTIQUE

Art. L. 122-11 Lorsque des publicités, quel que soit leur support, présentent des produits soumis à l'étiquetage énergétique européen en indiquant leur prix de vente, elles comportent la mention de la classe énergétique de ces produits de façon aussi visible, lisible et intelligible que l'indication de leur prix de vente. – *[C. consom., art. L. 121-15-4.]*

COMMENTAIRE

La loi n° 2010-788 du 12 juillet 2010 a prévu que, lorsque les publicités présentent des produits soumis à l'étiquetage énergétique de l'Union européenne en indiquant leur prix de vente, elles doivent comporter, de façon aussi apparente que le prix de vente, la classe énergétique desdits produits (art. L. 122-11). Il s'agit d'éviter que l'achat de produits énergivores ne se fasse à l'insu d'un consommateur séduit par leur prix.

Si, avant la recodification opérée par l'ordonnance du 14 mars 2016, le texte clôturait la section relative à la publicité, il est aujourd'hui dissocié des dispositions relatives à la publicité comparative (section I) ainsi que de celles concernant les offres et opérations promotionnelles par voie électronique (section II), pour être traité au sein des règles spécifiques à certaines publicités. ❑

SOUS-SECTION 2 PRÉPARATIONS POUR NOURRISSONS

COMMENTAIRE

L'objet de ces articles est de transposer la directive n° 91/321 CEE du 14 mai 1991 concernant les préparations pour les nourrissons. Ces dispositions définissent les préparations, réglementent la publicité les concernant et interdisent certains types de promotion (L. n° 2004-575 du 21 juin 2004 pour la confiance dans l'économie numérique, *JO 22 juin*). Est ensuite intervenu le décret n° 98-688 du 30 juillet 1998, ce dernier n'ayant toutefois pas été intégré dans la partie réglementaire du code de la consommation (V. ce texte ss. art. L. 122-16).

L'ordonnance de recodification du 14 mars 2016 s'est contentée de renuméroter les textes et de simplifier l'intitulé initial de la sous-section (« Publicité et pratiques commerciales concernant les préparations pour nourrissons »), l'expression « Publicité et pratiques commerciales » présente dans le titre de la section n'ayant pas à être reprise dans les différentes subdivisions. ❑

Art. L. 122-12 **Au sens de la présente sous-section, constituent des préparations pour nourrissons les denrées alimentaires destinées à l'alimentation des enfants jusqu'à l'âge de quatre mois accomplis et présentées comme répondant à elles seules à l'ensemble des besoins nutritionnels de ceux-ci.** — *[C. consom., art. L. 121-50.] — V. Arr. du 11 avr. 2008, ss. art. L. 122-16.*

Art. L. 122-13 **La publicité en faveur des préparations pour nourrissons n'est autorisée que dans la presse écrite destinée aux professions de santé.** — *[C. consom., art. L. 121-51.] — V. Arr. du 11 avr. 2008, art. 19, ss. art. L. 122-16.*

Art. L. 122-14 **Est interdit, dans le commerce de détail, le fait de distribuer à titre gratuit des échantillons de préparations pour nourrissons ainsi que de se livrer à toute autre pratique promotionnelle en faveur de la vente directe de ces préparations.** — *[C. consom., art. L. 121-52, al. 1er.]*

Art. L. 122-15 **Est interdit aux fabricants et aux distributeurs le fait de fournir au public à titre gratuit des préparations pour nourrissons, des échantillons de ces produits ou tout autre cadeau promotionnel, que ce soit directement ou indirectement par l'intermédiaire des services de santé ou de leurs agents.** — *[C. consom., art. L. 121-52, al. 2.]*

Art. L. 122-16 **Les modalités d'applications de la présente sous-section sont fixées par décret en Conseil d'État.** — *[C. consom., art. L. 121-53.] — V. Décr. n° 98-688 du 30 juill. 1998, ci-dessous.*

Décret n° 98-688 du 30 juillet 1998,

Pris en application de l'article L. 122-16 du code de la consommation relatif à la distribution gratuite des préparations pour nourrissons, à la documentation et au matériel de présentation les concernant (Ord. n° 2016-301 du 14 mars 2016, art. 2, en vigueur le 1er juill. 2016).

Art. 1er Toute documentation à but d'information ou d'éducation, tant écrite qu'audiovisuelle, portant sur l'alimentation des nourrissons et établie à l'intention des femmes enceintes ou des mères de nourrissons ou de jeunes enfants ou à l'attention des personnes s'occupant des problèmes nutritionnels des nourrissons et des jeunes enfants doit comporter des informations sur :

a) Les avantages et la supériorité de l'allaitement au sein ;

b) La nutrition de la mère et la façon de se préparer à l'allaitement au sein et de le poursuivre ;

c) L'éventuel effet négatif sur l'allaitement au sein d'une alimentation partielle au biberon ;

d) La difficulté de substituer un allaitement au sein à une alimentation utilisant des préparations pour nourrissons ;

e) En cas de besoin, l'utilisation correcte des préparations pour nourrissons, qu'elles soient industrielles ou confectionnées à domicile. Dans ce cas, cette documentation doit également faire état des incidences, notamment financières, de cette utilisation, signaler les dangers pour la santé de l'emploi d'aliments ou de méthodes d'alimentation inadéquates et, en particulier, de l'utilisation incorrecte de ces préparations. Cette documentation ne doit contenir aucune image de nature à présenter l'utilisation de préparations pour nourrissons comme la solution idéale.

Art. 2 Les dons de matériel ou de documentation, à but d'information ou d'éducation, par des fabricants ou des distributeurs de préparations pour nourrissons ne peuvent être faits que sur demande des établissements de soins et des œuvres ou organismes d'intérêt général ayant un caractère philanthropique, social ou humanitaire. Ils sont soumis aux conditions suivantes :

a) Le fabricant ou le distributeur qui souhaite bénéficier des dispositions du présent article doit en faire la déclaration préalable écrite à la direction régionale des affaires sanitaires et sociales d'implantation de l'organisme concerné ;

b) Le matériel ou la documentation peuvent porter le nom ou le sigle de l'entreprise donatrice, mais toute référence à une marque spécifique de préparation pour nourrissons est interdite ;

c) La distribution de la documentation aux mères doit être effectuée par l'intermédiaire des personnels de santé.

Art. 3 Les fabricants et les distributeurs peuvent exceptionnellement fournir au public à titre gratuit des préparations pour nourrissons dans les conditions suivantes :

a) Peuvent seuls procéder à de telles distributions les œuvres ou organismes d'intérêt général ayant un caractère philanthropique, social ou humanitaire ;

b) Les préparations pour nourrissons distribuées dans les conditions précitées ne peuvent être destinées qu'à l'alimentation de nourrissons devant être alimentés au moyen de telles préparations et exclusivement dans la quantité requise ;

c) Les œuvres et organismes bénéficiaires doivent tenir à jour un registre indiquant les quantités reçues, le nom des donateurs et les quantités données ;

d) Pendant une période de six mois à compter de la publication du présent décret, l'étiquetage des préparations pour nourrissons ainsi distribuées doit être complété par la mention : "(Ce produit) doit être utilisé à l'intérieur des établissements d'accouchement ou selon les indications fournies par l'organisme habilité donateur. – Revente ou redistribution gratuite interdite."

A l'issue de la période de six mois, l'étiquetage de ces préparations pour nourrissons devra comporter la mention : "(Ce produit) doit être utilisé selon les indications fournies par l'organisme habilité donateur. – Revente ou redistribution gratuite interdite."

Art. 4 Pendant une période de six mois à compter de la publication du présent décret, les fabricants et les distributeurs peuvent continuer à fournir à titre gratuit des préparations pour nourrissons aux établissements de santé publics ou privés disposant de services de maternité, de néonatalogie ou de pédiatrie dans les conditions suivantes :

a) Les préparations pour nourrissons distribuées dans les conditions précitées ne peuvent être destinées qu'à l'alimentation de nourrissons devant être alimentés au moyen de telles préparations et exclusivement dans la quantité requise. La distribution gratuite de préparations pour nourrissons ne peut se poursuivre au-delà du séjour en maternité ;

b) Les établissements de santé précités doivent tenir à jour un registre indiquant les quantités reçues, le nom des donateurs et les quantités données ;

c) L'étiquetage des préparations pour nourrissons ainsi distribuées doit être complété par la mention : « (Ce produit) doit être utilisé à l'intérieur des établissements d'accouchement ou selon les indications fournies par l'organisme habilité donateur. – Revente ou redistribution gratuite interdite. »

Art. 5 *Est puni des peines d'amende prévues* pour les contraventions de la 5e classe :

a) Le fait de diffuser ou de faire diffuser des publicités en faveur de préparations pour nourrissons dans des supports autres que la presse écrite destinée aux professionnels de santé ;

b) Le fait, dans le commerce de détail, de distribuer ou de permettre la distribution à titre gratuit des échantillons de préparations pour nourrissons et de se livrer à toute autre pratique promotionnelle en faveur de la vente directe de ces préparations ;

c) Le fait pour tout fabricant ou distributeur de fournir au public à titre gratuit, que ce soit directement ou indirectement par l'intermédiaire des services de santé ou de leurs agents, des préparations pour nourrissons, des échantillons de ces produits ou tout autre cadeau promotionnel, dans des conditions autres que celles qui sont prévues aux articles 3 et 4 du présent décret ;

d) Le fait pour tout fabricant ou distributeur de distribuer à titre gratuit du matériel et de la documentation portant sur les préparations pour nourrissons dans des conditions autres que celles qui sont prévues à l'article 1er du présent décret.

En cas de récidive, la peine d'amende prévue pour la récidive des contraventions de la 5e classe sera applicable.

Les personnes morales peuvent être déclarées responsables pénalement des infractions aux obligations définies par le présent décret.

Arrêté du 11 avril 2008,

Relatif aux préparations pour nourrissons et aux préparations de suite et modifiant l'arrêté du 20 septembre 2000 relatif aux aliments diététiques destinés à des fins médicales spéciales.

Art. 1er 1. Le présent arrêté fixe les dispositions relatives à la nature, la composition, l'étiquetage, la présentation et la publicité applicables aux préparations pour nourrissons et aux préparations de suite destinées aux nourrissons en bonne santé.

2. Aucun produit autre que les préparations pour nourrissons ne peut être commercialisé ou autrement présenté comme de nature à répondre à lui seul aux besoins nutritionnels des nourrissons normaux en bonne santé pendant les premiers mois de leur vie jusqu'à l'introduction d'une alimentation complémentaire appropriée.

Art. 2 1. Aux fins du présent arrêté, on entend par :

a) "Nourrissons" : les enfants âgés de moins de douze mois ;

b) "Enfants en bas âge" : les enfants âgés de un à trois ans ;

c) "Préparations pour nourrissons" : les denrées alimentaires destinées à l'alimentation particulière des nourrissons pendant les premiers mois de leur vie et répondant à elles seules aux besoins nutritionnels de ces nourrissons jusqu'à l'introduction d'une alimentation complémentaire appropriée ;

d) "Préparations de suite" : les denrées alimentaires destinées à l'alimentation particulière des nourrissons lorsqu'une alimentation complémentaire appropriée est introduite et constituant le principal élément liquide d'une alimentation progressivement diversifiée de ces nourrissons ;

e) "Résidus de pesticides" : les résidus d'un produit phytopharmaceutique tel que défini au 1° du II de l'article L. 253-1 du code rural et de la pêche maritime, y compris ses métabolites et les produits de sa dégradation ou de sa réaction, présents dans les préparations pour nourrissons et préparations de suite.

2. Les définitions des termes "allégation", "allégation nutritionnelle", "allégation de santé" et "allégation relative à la réduction d'un risque de maladie" énoncées à l'article 2, paragraphe 2, points 1, 4, 5 et 6, du règlement (CE) n° 1924/2006 susvisé *[du 20 déc. 2006, concernant les allégations nutritionnelles et de santé portant sur les denrées alimentaires ; V. App., v° Denrées alimentaires]* s'appliquent.

Art. 3 Les préparations pour nourrissons et les préparations de suite ne contiennent aucune substance dans des proportions susceptibles de nuire à la santé des nourrissons et des enfants en bas âge.

Art. 4 1. Les préparations pour nourrissons sont fabriquées, selon le cas, à partir de sources protéiques définies au point 2 de l'annexe I et d'autres ingrédients alimentaires dont il a été démontré par des données scientifiques généralement admises qu'ils conviennent à l'alimentation particulière des nourrissons dès leur naissance.

2. Les préparations de suite sont fabriquées, selon le cas, à partir de sources protéiques définies au point 2 de l'annexe II et d'autres ingrédients alimentaires dont il a été démontré par des données scientifiques généralement admises qu'ils conviennent à l'alimentation particulière des nourrissons de plus de six mois.

3. L'adéquation des ingrédients alimentaires, mentionnés aux *(Abrogé par Arr. du 9 mai 2014, art. 2-III)* « *paragraphes* » 1 et 2 du présent article, à l'alimentation particulière des nourrissons est démontrée par un examen systématique des données disponibles sur les avantages escomptés et les considérations de sécurité ainsi que, le cas échéant, par des études appropriées réalisées conformément aux orientations des experts généralement admises concernant la conception et la réalisation de ces études.

Art. 5 1. Les préparations pour nourrissons répondent aux critères de composition fixés à l'annexe I, compte tenu des spécifications de l'annexe V.

2. Dans le cas des préparations pour nourrissons à base de protéines de lait de vache *(Arr. du 9 mai 2014, art. 2-I)* « ou de lait de chèvre » définies au point 2.1 de l'annexe I ayant une teneur en protéines comprise entre le minimum et 0,5 g/100 kJ (2 g/100 kcal), l'adéquation de la préparation pour nourrissons à l'alimentation particulière des nourrissons est démontrée par des études appropriées réalisées conformément aux orientations des experts généralement admises concernant la conception et la réalisation de ces études.

3. Dans le cas des préparations pour nourrissons à base d'hydrolysats de protéines définies au point 2.2 de l'annexe I ayant une teneur en protéines comprise entre le minimum et 0,56 g/100 kJ (2,25 g/100 kcal), l'adéquation de la préparation pour nourrissons à l'alimentation particulière des nourrissons est démontrée par des études appropriées réalisées conformément aux orientations des experts généralement admises concernant la conception et la réalisation de ces études et répond aux spécifications appropriées figurant à l'annexe VI.

4. Les interdictions et limitations prévues à l'annexe I doivent être observées pour l'utilisation des ingrédients alimentaires dans les préparations pour nourrissons.

Art. 6 1. Les préparations de suite répondent aux critères de composition fixés à l'annexe II, compte tenu des spécifications de l'annexe V.

2. Les interdictions et limitations prévues à l'annexe II doivent être observées pour l'utilisation des ingrédients alimentaires dans les préparations de suite.

(Arr. du 9 mai 2014, art. 2-II) « 3. Dans le cas des préparations de suite à base d'hydrolysats de protéines définies au point 2.2 de l'annexe II ayant une teneur en protéines comprise entre le minimum et 0,56 g/100 kJ (2,25 g/100 kcal), l'adéquation de la préparation de suite à l'alimentation particulière des nourrissons est démontrée par des études appropriées réalisées conformément aux orientations des experts généralement admises concernant la conception et la réalisation de ces études et répond aux spécifications appropriées figurant à l'annexe VI. »

Art. 7 Les préparations pour nourrissons et les préparations de suite ne nécessitent, le cas échéant, qu'une adjonction d'eau pour être prêtes à l'emploi.

Art. 8 1. Seules les substances énumérées à l'annexe III peuvent être utilisées pour la fabrication des préparations pour nourrissons et des préparations de suite afin de répondre aux besoins en :

a) Éléments minéraux ;

b) Vitamines ;

c) Acides aminés et autres composés azotés ;

d) Autres substances à but nutritionnel particulier.

2. Les substances énumérées à l'annexe III doivent répondre aux critères de pureté fixés par l'arrêté du 2 octobre 1997 susvisé ou, à défaut, par la pharmacopée ou, à défaut, aux normes suivantes :

— teneur maximale en arsenic : 2 milligrammes par kilogramme ;

— teneur maximale en plomb : 5 milligrammes par kilogramme ;

— teneur maximale en mercure : 1 milligramme par kilogramme ;

— teneur maximale en cadmium : 1 milligramme par kilogramme.

Art. 9 1. Lors de la première mise sur le marché national d'une préparation pour nourrissons, l'opérateur doit en faire la déclaration à la direction générale de la concurrence, de la consommation et de la répression des fraudes. Un exemplaire de l'étiquetage dudit produit doit être joint à cette déclaration.

2. Une copie de cette déclaration est adressée à la *(Décr. n° 2009-1377 du 10 nov. 2009, art. 11-II)* « direction régionale des entreprises, de la concurrence, de la consommation, du travail et de l'emploi » du lieu de fabrication ou d'importation.

Art. 10 1. Les préparations pour nourrissons et les préparations de suite ne doivent pas contenir de résidus des différents pesticides dans des proportions supérieures à 0,01 mg/kg.

2. Les pesticides énumérés à l'annexe VIII ne doivent pas être utilisés sur les produits agricoles destinés à la fabrication des préparations pour nourrissons et des préparations de suite. Toutefois, aux fins du contrôle :

a) Les pesticides énumérés au tableau 1 de l'annexe VIII sont réputés ne pas avoir été utilisés si leurs résidus ne dépassent pas une teneur de 0,003 mg/kg. Cette teneur, qui est considérée comme la limite de quantification des méthodes d'analyse, est réexaminée périodiquement à la lumière des progrès techniques ;

b) Les pesticides énumérés au tableau 2 de l'annexe VIII sont réputés ne pas avoir été utilisés si leurs résidus ne dépassent pas une teneur de 0,003 mg/kg. Cette teneur est réexaminée périodiquement à la lumière des données sur la contamination environnementale.

3. Par dérogation au *(Abrogé par Arr. du 9 mai 2014, art. 2-IV)* « *paragraphe* » 1, les teneurs maximales en résidus spécifiées à l'annexe IX s'appliquent aux pesticides énumérés à ladite annexe.

4. Les teneurs visées aux *(Abrogé par Arr. du 9 mai 2014, art. 2-IV)* « *paragraphes* » 1, 2 et 3 s'appliquent aux produits prêts à consommer ou reconstitués selon les instructions des fabricants.

Art. 11 1. Sans préjudice de l'application de l'article 5 du décret du 29 août 1991 susvisé *[relatif aux aliments destinés à une alimentation particulière ; V. App., v° Produits diététiques, compléments alimentaires]*, l'étiquetage et la présentation de tout produit alimentaire destiné aux nourrissons doivent répondre aux prescriptions particulières que fixe le présent arrêté.

2. Outre les mentions prévues aux articles R. 112-9 à R. 112-31 *[anciens]* du code de la consommation susvisés, les mentions prévues aux articles 14 à 16 du présent arrêté figurent, le cas échéant, sur l'étiquetage des préparations pour nourrissons et des préparations de suite.

Art. 12 La dénomination de vente des produits mentionnés *(Arr. du 9 mai 2014, art. 2-V)* « au *c* et au *d* du 1 de l'article 2 » est, respectivement, "Préparation pour nourrissons" et "Préparation de suite" ou, lorsque ces produits sont entièrement à base de protéines de lait de vache *(Arr. du 9 mai 2014, art. 2-V)* « ou de lait de chèvre », "Lait pour nourrissons" et "Lait de suite".

Art. 13 Conformément à l'article 5 du décret du 29 août 1991 susvisé *[relatif aux aliments destinés à une alimentation particulière ; V. App., v° Produits diététiques, compléments alimentaires]*, il est précisé sur l'étiquetage des produits l'indication de leur destination selon les modalités suivantes :

a) Dans le cas des préparations pour nourrissons, une mention précisant que le produit convient à l'alimentation particulière des nourrissons dès leur naissance quand ils ne sont pas allaités ;

b) Dans le cas des préparations de suite, une mention précisant que le produit ne convient qu'à l'alimentation particulière des nourrissons ayant atteint l'âge d'au moins six mois, qu'il ne peut être qu'un élément d'une alimentation diversifiée, qu'il ne peut être utilisé comme substitut du lait maternel pendant les six premiers mois de la vie et que la décision d'introduire des aliments complémentaires, y compris toute exception avant l'âge de six mois, ne devrait être prise que sur avis de personnes indépendantes qualifiées dans le domaine de la médecine, de la nutrition ou de la pharmacie, ou d'autres spécialistes responsables des soins maternels et infantiles, sur la base des besoins spécifiques de chaque nourrisson en termes de croissance et de développement.

Art. 14 1. L'étiquetage comporte les informations nutritionnelles suivantes :

a) Dans le cas des préparations pour nourrissons et des préparations de suite, la valeur énergétique disponible exprimée en kilojoules et en kilocalories ainsi que la teneur en protéines, glucides et lipides, exprimée sous forme numérique, pour 100 millilitres de produit prêt à l'emploi ;

b) Dans le cas des préparations pour nourrissons et des préparations de suite, la quantité moyenne de chaque élément minéral et de chaque vitamine figurant respectivement à l'annexe I et à l'annexe II et, le cas échéant, de choline, d'inositol et de carnitine, exprimée sous forme numérique, pour 100 millilitres de produit prêt à l'emploi ;

2. L'étiquetage peut comporter les informations nutritionnelles suivantes :

a) Pour les préparations pour nourrissons et les préparations de suite, la quantité moyenne des nutriments mentionnés à l'annexe III, lorsque cette indication n'est pas couverte par les dispositions du paragraphe 1, point *b*, du présent article, exprimée sous forme numérique, pour 100 millilitres du produit prêt à l'emploi ;

b) Pour les préparations de suite, en plus des informations numériques, des données concernant les vitamines et les minéraux figurant à l'annexe VII, exprimées en pourcentages des valeurs de référence qui y sont données, pour 100 millilitres du produit prêt à l'emploi.

Art. 15 1. L'étiquetage des préparations pour nourrissons et des préparations de suite comporte des instructions concernant la préparation, la conservation et l'élimination appropriées du produit, avec mention des risques pour la santé résultant d'une préparation ou d'une conservation inappropriées.

2. L'étiquetage des préparations pour nourrissons comporte, en plus, les mentions obligatoires suivantes, précédées des termes "Avis important" ou d'une formulation équivalente :

a) Une mention relative à la supériorité de l'allaitement au sein ;

b) Une mention recommandant de n'utiliser le produit que sur avis de personnes indépendantes qualifiées dans le domaine de la médecine, de la nutrition ou de la pharmacie, ou d'autres spécialistes responsables des soins maternels et infantiles.

3. L'étiquetage des préparations pour nourrissons et des préparations de suite est conçu de manière à fournir les renseignements nécessaires à l'utilisation appropriée du produit et de manière à ne pas décourager l'allaitement au sein.

Art. 16 1. L'emploi des termes "humanisé", "maternisé", "adapté" ou de termes similaires est interdit sur l'étiquetage des préparations pour nourrissons et des préparations de suite.

2. L'étiquetage des préparations pour nourrissons ne peut comporter aucune représentation de nourrissons ni d'autres représentations ou textes de nature à idéaliser l'utilisation du produit. Il peut cependant comporter des représentations graphiques facilitant l'identification du produit et illustrant les méthodes de préparation.

3. L'étiquetage des préparations pour nourrissons ne peut comporter des allégations nutritionnelles et de santé que dans les cas énumérés à l'annexe IV et conformément aux conditions qui y sont fixées.

Art. 17 Les préparations pour nourrissons et les préparations de suite sont étiquetées de manière à permettre aux consommateurs d'établir une distinction claire entre ces produits, de façon à éviter tout risque de confusion entre les préparations pour nourrissons et les préparations de suite.

Art. 18 Les prescriptions, prohibitions et restrictions prévues aux paragraphes 2 et 3 de l'article 15 et aux articles 16 et 17 s'appliquent également :

a) A la présentation des produits concernés, et notamment à la forme et à l'aspect donnés à ceux-ci, à leur emballage, aux matériaux d'emballage utilisés, à la manière dont ils sont disposés ainsi qu'à l'environnement dans lequel ils sont exposés ;

b) A la publicité.

Art. 19 Sans préjudice des dispositions de l'article *(Ord. nº 2016-301 du 14 mars 2016, art. 2, en vigueur le 1er juill. 2016)* « L. 122-13 » du code de la consommation susvisé, les publicités en faveur des préparations pour nourrissons ne contiennent que des informations de nature scientifique et factuelle. Ces informations ne doivent pas laisser entendre ou accréditer l'idée que l'utilisation du biberon est égale ou supérieure à l'allaitement au sein.

Art. 20 1. Sauf décision contraire ou disposition particulière établie par le pays importateur, les préparations pour nourrissons et les préparations de suite destinées à être exportées vers des pays tiers doivent être conformes :

a) Aux articles 4 à 6 du présent arrêté ou aux normes internationales applicables à cet égard établies par le *Codex alimentarius* ;

b) Aux articles 14 à 18 du présent arrêté ;

c) Aux articles R. 112-5, R. 112-27 et R. 112-28 *[anciens]* du code de la consommation.

2. Les préparations pour nourrissons et les préparations de suite destinées à être exportées vers des pays tiers doivent être étiquetées en une langue adéquate et de façon à éviter tout risque de confusion entre ces deux catégories de produits.

3. Les prescriptions, prohibitions et restrictions prévues aux articles 14 à 18 du présent arrêté s'appliquent également à la présentation des préparations pour nourrissons et des préparations de suite destinées à être exportées vers des pays tiers, et notamment à leur forme, aspect ou emballage et aux matériaux d'emballage utilisés.

4. Aucun autre produit que les préparations pour nourrissons, destiné à être exporté vers des pays tiers, ne peut être présenté comme apte à satisfaire à lui seul les besoins nutritifs de nourrissons normaux en bonne santé au cours des quatre à six premiers mois de leur vie.

Art. 21 Il est interdit de détenir en vue de la vente ou de la distribution à titre gratuit, de mettre en vente, de vendre ou de distribuer à titre gratuit des préparations pour nourrissons et préparations de suite qui ne répondent pas aux dispositions du présent arrêté.

Art. 22 Sans préjudice de l'article 24 du présent arrêté, les préparations pour nourrissons et préparations de suite conformes au décret du 29 août 1991 *[relatif aux aliments destinés à une alimentation particulière ; V. App., vº Produits diététiques, compléments alimentaires]* et à l'arrêté du 1er juillet 1976 susvisé *[relatif aux aliments destinés aux nourrissons et aux enfants en bas âge]* peuvent continuer à être commercialisées jusqu'au 31 décembre 2009.

Art. 23 1. Les dispositions de l'arrêté du 1er juillet 1976 susvisé *[relatif aux aliments destinés aux nourrissons et aux enfants en bas âge]* ne sont plus applicables aux préparations pour nourrissons et aux préparations de suite à compter de la publication du présent arrêté.

2. Toutes les dispositions relatives aux préparations pour nourrissons et préparations de suite faisant référence à l'arrêté du 1er juillet 1976 *[relatif aux aliments destinés aux nourrissons et aux enfants en bas âge]* demeurent en vigueur et doivent être comprises comme faisant référence au présent arrêté.

SOUS-SECTION 3 APPELLATION DE BOULANGER ET ENSEIGNE DE BOULANGERIE

COMMENTAIRE

Une loi du 25 mai 1998 a curieusement introduit dans le code de la consommation des dispositions concernant l'exercice de la profession d'artisan boulanger, de façon à défendre la boulangerie artisanale contre la boulangerie industrielle.

Les articles L. 122-17 et L. 122-18 ont pour objet de définir l'appellation de boulangerie et de la réserver aux seuls professionnels assurant eux-mêmes les différentes phases de fabrication énumérées. Est assimilé à ces derniers celui qui fabrique intégralement son pain en un même lieu et le vend de façon itinérante. ❑

Art. L. 122-17 Les professionnels qui n'assurent pas eux-mêmes, à partir de matières premières choisies, le pétrissage de la pâte, sa fermentation et sa mise en forme ainsi que la cuisson du pain sur le lieu de vente au consommateur final ne peuvent utiliser l'appellation de "boulanger" et l'enseigne commerciale de "boulangerie" ou une dénomination susceptible de porter à confusion, sur le lieu de vente du pain au consommateur final ou dans des publicités à l'exclusion des documents commerciaux à usage strictement professionnel.

La pâte et les pains ne peuvent à aucun stade de la production ou de la vente être surgelés ou congelés. – *[C. consom., art. L. 121-80.]*

Sur les sanctions, V. art. L. 132-27 et L. 132-28.

BIBL. ▸ RAYMOND, *CCC 1998, nº 103* (appellation de boulanger). – LE BRIERO, *JCP E 2000, nº 9, p. 558* (l'entreprise boulangère par rapport au droit).

1. Dénomination de boulangerie. La mention boulangerie ne peut être apposée sur la devanture d'un point de vente où le pain n'est pas fabriqué sur place. • T. corr. Nanterre, 1er févr. 2000 : *BID 2001, nº 1, p. 24.* ♦ De même dans tout établissement qui n'assure pas le pétrissage de la pâte, sa fermentation, sa mise en forme et sa cuisson. • T. corr. Nanterre, 23 mai 2000 : *ibid.* ♦ Peu importe que le propriétaire du local de vente fabrique par ailleurs lui-même son pain dans une autre boutique qui peut être qualifiée de boulangerie. • Grenoble, 4 juill. 2001 : *CCC 2002, nº 85, obs. Raymond.*

2. Exploitation d'un fonds de boulangerie. Sur l'obligation de fabrication au regard, non de la dénomination de boulangerie, mais de l'exploitation d'un fonds de commerce de boulangerie-patisserie, V. les obs. de Denizot ss. • Civ. 3e, 27 juin 2007 : *AJDI 2008. 201.*

Art. L. 122-18 L'appellation de boulanger et l'enseigne commerciale de boulangerie mentionnées à l'article L. 122-17 peuvent être utilisées lorsque le pain est vendu de façon itinérante par le professionnel, ou sous sa responsabilité, lorsque ce professionnel remplit les conditions énoncées au même article. – *[C. consom., art. L. 121-81.]*

Sur les sanctions, V. art. L. 132-27 et L. 132-28.

SOUS-SECTION 4 UTILISATION DE LA MENTION « FAIT MAISON »

COMMENTAIRE

Issues de la loi nº 2014-344 du 17 mars 2014, ces dispositions font l'objet, depuis l'ordonnance de recodification du 14 mars 2016, d'une sous-section baptisée « Utilisation de la mention "Fait maison" », sans que l'on ne comprenne pourquoi l'intitulé « Qualité et transparence dans l'élaboration des plats proposés dans le cadre d'une activité de restauration commerciale » n'a pas été repris. Sans doute a-t-on jugé que l'expression initiale se mariait mal avec le nouvel intitulé de la section fédératrice : « Règles propres à certaines publicités et pratiques commerciales ».

I. LE « FAIT MAISON »

Parallèlement à l'exigence de traçabilité des produits, la loi du 17 mars 2014 relative à la consommation a entendu protéger le client de produits de restauration ou de vente à emporter, parfois trompé par une appellation équivoque lui laissant croire que le produit est « fait maison » et qu'il a donc une valeur ajoutée. Cette démarche d'information transparente répond à une attente des consommateurs : savoir ce qu'ils mangent et comment leur plat a été préparé. Mais le « fait maison » est également devenu un affichage fortement souhaité par les professionnels, car c'est aussi devenu un important élément de marketing. Si le caractère « fait maison » d'un plat sur les cartes ou autres supports est autorisé dans le cadre de la restauration commerciale ou de vente à emporter, il est cependant soumis à des exigences strictes légalement définies.

Le décret n° 2014-797 du 11 juillet 2014, entré en vigueur le 15 juillet 2014, définit et précise les modalités de mise en œuvre du « fait maison ». Ces dispositions, oubliées dans un premier temps par le décret n° 2016-884 du 29 juin 2016 relatif à la partie réglementaire du code de la consommation, ont été finalement reprises aux articles D. 122-1 à D. 122-3 par le rectificatif publié au *Journal officiel* du 1er octobre 2016.

II. LE TITRE DE « MAÎTRE-RESTAURATEUR »

Le titre de « maître-restaurateur » est défini depuis 2014 comme distinguant une personne physique à la tête d'une entreprise exploitant un fonds de commerce de restauration ou y exerçant son activité, pour la qualité de l'établissement et de sa cuisine (art. L. 121-21). Il s'agit de reconnaître l'excellence des meilleurs professionnels de la restauration traditionnelle, en valorisant leur compétence ainsi que leur engagement en faveur de la qualité. C'est le préfet du département du principal établissement du candidat, ou de l'entreprise qu'il dirige, qui est chargé d'attribuer le titre de « maître-restaurateur », au vu du rapport d'audit et de l'ensemble des pièces du dossier de candidature. En contrepartie, l'État accompagne les chefs d'entreprise ayant obtenu le titre dans leurs efforts de modernisation et de développement de la qualité, en leur accordant un crédit d'impôt sur les dépenses directement en rapport avec les exigences du titre (V. Décr. n° 2007-1359 du 14 sept. 2007 relatif au titre de maître-restaurateur, précisant les titres et conditions d'expérience, App., v° *Hôtels, restaurants, débits de boissons*). ❑

Art. L. 122-19 Les personnes ou entreprises qui transforment ou distribuent des produits alimentaires dans le cadre d'une activité de restauration commerciale ou de vente à emporter de plats préparés, permanente ou occasionnelle, principale ou accessoire, précisent sur leurs cartes ou sur tout autre support qu'un plat proposé est "fait maison". — *[C. consom., art. L. 121-82-1, al. 1er.]*

Arrêté du 11 juillet 2014,

Relatif à la mention "fait maison" dans les établissements de restauration commerciale ou de vente à emporter de plats préparés.

Art. 1er Est approuvé le logo relatif à la mention "fait maison" dans les établissements de restauration commerciale ou de vente à emporter de plats préparés, disponible sur le site internet www.economie.gouv.fr.

Ce logo est imprimable ou reproductible à la main.

Art. 2 Le présent arrêté entre en vigueur le 15 juillet 2014.

ANNEXE

LOGO CERTIFIANT LA MENTION "FAIT MAISON"

Le logo certifiant la mention "fait maison" est la propriété de l'État.

Art. L. 122-20 Un plat "fait maison" est élaboré sur place à partir de produits bruts. Des produits, déterminés par voie réglementaire, peuvent entrer dans la composition des plats "faits maison" après avoir subi une transformation de leur état brut nécessaire à leur utilisation.

Les modalités de mise en œuvre de la mention "fait maison", les conditions d'élaboration des plats "faits maison", notamment les cas dans lesquels le lieu d'élaboration peut être différent du lieu de consommation ou de vente et celles permettant au consommateur d'identifier les plats "faits maison" et ceux qui ne le sont pas, sont précisées par décret. — *[C. consom., art. L. 121-82-1, al. 2 et 3.] — V. art. D. 122-1 s.*

BIBL. ▶ RAYMOND, *CCC 2014. Repère 10* (le « fait maison » vidé de sa substance).

Art. L. 122-21 Le titre de maître-restaurateur distingue les personnes physiques qui dirigent une entreprise exploitant un fonds de commerce de restauration ou y exercent leur activité pour la qualité de leur établissement et de leur cuisine.

Il est délivré par le représentant de l'État dans le département de l'établissement pour lequel le titre est demandé.

Les conditions dans lesquelles le titre de maître-restaurateur est délivré par l'autorité administrative et dans lesquelles le cahier des charges est établi sont définies par décret en Conseil d'État. — *[C. consom., art. L. 121-82-2.] — V. Décr. nº 2007-1359 du 14 sept. 2007, App., vº Hôtels, restaurants, débits de boissons.*

Peuvent se prévaloir de la qualité d'artisan cuisinier, les personnes mentionnées au IV de l'art. 21 de la L. nº 96-603 du 5 juill. 1996 [V. ***C. com.****] lorsque l'ensemble des plats qu'elles proposent est « fait maison » au sens des art. D. 122-1 à D. 122-3 C. consom. (Décr. nº 2017-978 du 10 mai 2017).*

SOUS-SECTION 5 APPELLATION DE COFFRE-FORT NUMÉRIQUE

(L. nº 2016-1321 du 7 oct. 2016, art. 87-II)

COMMENTAIRE

Le 19 septembre 2013, la CNIL a pris une délibération portant recommandation sur les services dits de « coffre-fort numérique ou électronique » destinés aux particuliers. A cette occasion, elle avait rappelé que ces services constituent un traitement automatisé de données à caractère personnel et qu'ils devaient faire l'objet de formalités préalables auprès de la CNIL avant leur mise en œuvre. La délibération contenait en outre une liste de recommandations sur les données traitées, leurs destinataires, les mesures de sécurité à prendre, les durées de conservation et l'information des personnes. Le 23 janvier 2014, la CNIL a adopté un référentiel pour la délivrance de labels en matière de services de coffre-fort numérique s'adressant aux particuliers.

La loi pour une République numérique du 7 octobre 2016 crée un article L. 137 dans le code des postes et des communications électroniques, lequel définit le service de coffre-fort numérique. Il s'agit d'un service qui a pour objet notamment « la réception, le stockage, la suppression et la transmission de données ou documents électroniques dans des conditions permettant de justifier de leur intégrité et de l'exactitude de leur origine », « la traçabilité des opérations réalisées sur ces documents ou données » et « de donner la possibilité à l'utilisateur de récupérer les documents et les données stockées dans un standard ouvert ». Une certification pourra être accordée selon un cahier des charges proposé par l'ANSSI, après avis de la CNIL et approbation par arrêté du ministre chargé du numérique.

Le non-respect des obligations énoncées est passible des sanctions prévues en matière de pratiques commerciales trompeuses, l'article L. 122-22 du code de la consommation procédant par renvoi. ❑

Art. L. 122-22 Le fournisseur qui se prévaut d'une offre de service de coffre-fort numérique défini aux 1º à 5º de l'article L. 137 du code des postes et des communications électroniques et qui ne respecte pas les obligations qui y sont énoncées est passible des sanctions prévues aux articles L. 132-2 et L. 132-3 du présent code.

BIBL. ▶ CAPRIOLI, *CCE 2017, nº 28* (coffre-fort numérique dans la loi pour une République numérique).

Code des postes et des communications électroniques Art. L. 137 *(L. nº 2016-1321 du 7 oct. 2016, art. 87-I)* Un service de coffre-fort numérique est un service qui a pour objet :

1º La réception, le stockage, la suppression et la transmission de données ou documents électroniques dans des conditions permettant de justifier de leur intégrité et de l'exactitude de leur origine ;

2º La traçabilité des opérations réalisées sur ces documents ou données et la disponibilité de cette traçabilité pour l'utilisateur ;

3º L'identification de l'utilisateur lors de l'accès au service par un moyen d'identification électronique respectant l'article L. 136 ;

4º De garantir l'accès exclusif aux documents électroniques, données de l'utilisateur ou données associées au fonctionnement du service à cet utilisateur, aux tiers autres que le prestataire de service de coffre-fort numérique, explicitement autorisés par l'utilisateur à accéder à ces documents et données et, le cas échéant, au prestataire de service de coffre-fort numérique réalisant un traitement de ces documents ou données au seul bénéfice de l'utilisateur et après avoir recueilli son accord exprès dans le respect de la loi nº 78-17 du 6 janvier 1978 relative à l'informatique, aux fichiers et aux libertés ;

5º De donner la possibilité à l'utilisateur de récupérer les documents et les données stockées dans un standard ouvert aisément réutilisable et exploitable par un système de traitement automatisé de données, sauf dans le cas des documents initialement déposés dans un format non ouvert ou non aisément réutilisable qui peuvent être restitués dans leur format d'origine, dans des conditions définies par décret.

Le service de coffre-fort numérique peut également proposer des services de confiance au sens du règlement (UE) nº 910/2014 du Parlement européen et du Conseil du 23 juillet 2014 sur l'identification électronique et les services de confiance pour les transactions électroniques au sein du marché intérieur et abrogeant la directive 1999/93/CE.

Ce service de coffre-fort numérique peut bénéficier d'une certification établie selon un cahier des charges proposé par l'autorité nationale de la sécurité des systèmes d'information après avis de la Commission nationale de l'informatique et des libertés et approuvé par arrêté du ministre chargé du numérique.

Les modalités de mise en œuvre du service de coffre-fort numérique et de sa certification par l'État sont définies par décret en Conseil d'État pris après avis de la Commission nationale de l'informatique et des libertés.

SOUS-SECTION 6 INVESTISSEMENT LOCATIF OUVRANT DROIT À UNE RÉDUCTION D'IMPÔT

(L. nº 2016-1691 du 9 déc. 2016, art. 78-II)

COMMENTAIRE

Depuis la réforme du crédit à la consommation de 2010, toute publicité relative à une opération d'acquisition de logement destiné à la location et susceptible de bénéficier d'avantages fiscaux est encadrée. Les dispositions prévues, concernant désormais les investissements Malraux, Censi-Bouvard et Pinel, sont codifiées dans le code de la consommation par la loi nº 2016-1691 du 9 décembre 2016 relative à la transparence, à la lutte contre la corruption et à la modernisation de la vie économique (dite « Sapin 2 ») et complétées par une sanction qui prend la forme d'une amende administrative, dont le montant peut atteindre 100 000 € en cas de non-respect des prescriptions en la matière.

L'article L. 122-23 formule des exigences d'intelligibilité, de clarté et de mise en garde de la publicité, le système fiscal étant complexe.

Art. L. 122-23 Toute publicité relative à une opération d'acquisition de logement destiné à la location et susceptible de bénéficier des dispositions prévues aux articles 199 *tervicies*, 199 *sexvicies* et 199 *novovicies* du code général des impôts :

1º Permet raisonnablement de comprendre les risques afférents à l'investissement ;

2º Comporte une mention indiquant que le non-respect des engagements de location entraîne la perte du bénéfice des incitations fiscales, qui doit :

a) Figurer dans une taille de caractères au moins aussi importante que celle utilisée pour indiquer toute autre information relative aux caractéristiques de l'investissement ;

b) S'inscrire dans le corps principal du texte publicitaire.

Tout manquement aux dispositions du présent article est passible d'une amende administrative dont le montant ne peut excéder 100 000 €.

L'amende est prononcée dans les conditions prévues au chapitre II du titre II du livre V du présent code.

TITRE TROISIÈME SANCTIONS

COMMENTAIRE

Les sanctions, regroupées dans ce titre III depuis l'ordonnance de recodification du 14 mars 2016, ont été évoquées et précisées au fil de nos développements.

On observera que les sanctions prévues par le chapitre Ier (information des consommateurs) sont généralement de nature différente de celle des sanctions du chapitre II (pratiques interdites et réglementées), lesquelles sont – la plupart du temps – constitutives de délits (abus de faiblesse, pratiques trompeuses et agressives, etc.) et relèvent donc du droit pénal de la consommation, compte tenu de la gravité de l'atteinte portée aux valeurs protégées – hormis, à la marge, certaines d'entre elles, comme le numéro surtaxé, le paiement supplémentaire, la publicité sur des opérations commerciales réglementées ou encore les offres et opérations promotionnelles proposées par voie électronique, passibles de simples amendes administratives. ❑

CHAPITRE PREMIER INFORMATION DES CONSOMMATEURS

COMMENTAIRE

Avant la loi n° 2014-344 du 17 mars 2014 instaurant des sanctions administratives, les textes ne prévoyaient aucune sanction particulière en cas de manquement à l'obligation générale d'information. Mais la jurisprudence a admis qu'ils puissent être sanctionnés par la nullité du contrat. Il ne résulte pas pour autant de l'article L. 111-1 que tout manquement par un professionnel à son obligation d'information soit sanctionné par la nullité du contrat, laquelle suppose la démonstration d'un vice du consentement (Paris, 13 avr. 2012 : *cité note 4 ss. art. L. 111-1*). De même, la responsabilité civile du professionnel pourrait être recherchée sur le fondement d'un manquement à ces dispositions (Civ. 1re, 1er mars 2005 : *cité note 1 ss. art. L. 111-1*). Observons que le nouvel article 1112-1 du code civil (applicable au 1er oct. 2016) consacre l'obligation prétorienne d'information en droit commun : celle des parties qui connaît une information dont l'importance est déterminante pour le consentement de l'autre (autrement dit, une obligation pertinente) doit l'en informer dès lors que, légitimement, cette dernière ignore cette information ou fait confiance à son cocontractant. Néanmoins, le texte précise que l'obligation ne porte pas sur la valeur de la prestation. Cet article est d'ordre public. La sanction prévue est l'annulation éventuelle du contrat en cas de vice du consentement, outre la responsabilité (délictuelle) encourue.

Par ailleurs, des dispositions pénales sont parfois prévues par des textes spécifiques. On observera que le manquement à l'obligation d'information peut être sanctionné sur le terrain des pratiques déloyales (Crim. 20 déc. 1988 : *cité note 23 ss. art. L. 441-1*).

L'apport de la loi du 17 mars 2014 est d'avoir prévu des sanctions administratives pour inciter les professionnels à respecter le dispositif légal : c'est le cas en cas de manquement à l'obligation d'information précontractuelle visée par les articles L. 111-1 à L. 111-3 (art. L. 131-1) ; c'est aussi le cas en cas de violation de l'obligation d'information portant sur la durée de disponibilité des pièces détachées (art. L. 131-2) ; c'est enfin le cas d'information sur les prix et conditions de vente (art. L. 131-5 et L. 131-6). Dans toutes ces hypothèses, l'amende ne peut excéder 3 000 € pour une personne physique et 15 000 € pour une personne morale. Cependant, les manquements à l'article L. 111-7 (obligation de loyauté des plateformes en ligne dans les rapports avec les utilisateurs consommateurs), issu de la loi pour une République numérique, peuvent atteindre 75 000 € pour une personne physique et 375 000 € pour une personne morale.

Le respect de ces textes d'ordre public (art. L. 111-8), donc à effet impératif, relève par conséquent d'une méthode préventive et collective dispensant le consommateur d'agir individuellement.

SECTION PREMIÈRE OBLIGATION GÉNÉRALE D'INFORMATION PRÉCONTRACTUELLE

Art. L. 131-1 Tout manquement aux obligations d'information précontractuelle mentionnées aux articles L. 111-1 à L. 111-3 est passible d'une amende administrative dont le montant ne peut excéder 3 000 euros pour une personne physique et 15 000 euros pour une personne morale.

Cette amende est prononcée dans les conditions prévues au chapitre II du titre II du livre V. — *[C. consom., art. L. 111-6, sanction-informations précontractuelles.]*

Les dispositions de l'art. L. 131-1 résultent de leur rédaction issue de l'art. 6 de la L. n° 2014-344 du 17 mars 2014, et s'appliquent aux contrats conclus après le 13 juin 2014 (L. préc., art. 34). — Pour la rédaction antérieure, V. ***C. consom.****, éd. 2015.*

COMMENTAIRE

Avant la loi n° 2014-344 du 17 mars 2014, les manquements aux obligations générales d'information prévues en matière de biens et services n'étaient spécifiquement pas sanctionnés. L'apport de cette loi est d'avoir prévu des sanctions administratives en cas de non-respect de ces obligations précontractuelles. Mais le législateur n'est pas allé plus loin sur le terrain civil, ce que l'on peut regretter ; le droit commun des obligations aura donc vocation à s'appliquer.

Art. L. 131-2 Tout manquement à l'obligation d'informer sur la durée de disponibilité des pièces détachées mentionnée à l'article L. 111-4 est passible d'une amende administrative dont le montant ne peut excéder 3 000 euros pour une personne physique et 15 000 euros pour une personne morale.

Cette amende est prononcée dans les conditions prévues au chapitre II du titre II du livre V. — *[C. consom., art. L. 111-6, sanction-information pièces détachées.]*

Art. L. 131-3 *(Abrogé par L. n° 2016-1321 du 7 oct. 2016, art. 49-II)* ***Tout manquement aux obligations d'informations mentionnées à l'article L. 111-6 en matière d'activité de fourniture d'informations en ligne permettant la comparaison de prix est passible d'une amende administrative dont le montant ne peut excéder 75 000 euros pour une personne physique et 375 000 euros pour une personne morale.***

Cette amende est prononcée dans les conditions prévues au chapitre II du titre II du livre V. — [C. consom., art. L. 111-6-1, sanction-information comparateurs.]

L'art. L. 131-3 est abrogé à compter de l'entrée en vigueur des mesures réglementaires nécessaires à l'application de l'art. L. 111-7, dans sa rédaction résultant du 1° du I de l'art. 49 de la L. n° 2016-1321 du 7 oct. 2016 (L. préc., art. 49-II).

Art. L. 131-4 Tout manquement aux obligations d'information mentionnées à l'article L. 111-7 *(Abrogé par L. n° 2016-1321 du 7 oct. 2016, art. 49-I)* ***« en matière d'activité de mise en relation par voie électronique »*** *(L. n° 2016-1321 du 7 oct. 2016, art. 52)* **« et à l'article L. 111-7-2 » est passible d'une amende administrative dont le montant ne peut excéder 75 000 euros pour une personne physique et 375 000 euros pour une personne morale.**

Cette amende est prononcée dans les conditions prévues au chapitre II du titre II du livre V. — *[C. consom., art. L. 111-6-1, sanction-information plateformes.]*

Les modifications issues de la L. n° 2016-1321 du 7 oct. 2016 sont applicables dans les îles Wallis-et-Futuna (L. préc., art. 110-III).

SECTION II INFORMATION SUR LES PRIX ET CONDITIONS DE VENTE

Art. L. 131-5 Tout manquement aux dispositions de l'article L. 112-1 définissant les modalités d'information sur le prix et les conditions de vente ainsi qu'aux dispositions des arrêtés pris pour son application est passible d'une amende administrative

dont le montant ne peut excéder 3 000 euros pour une personne physique et 15 000 euros pour une personne morale.

Cette amende est prononcée dans les conditions prévues au chapitre II du titre II du livre V. – *[C. consom., art. L. 113-3-2, sanction-information sur les prix.]*

Les dispositions des art. L. 131-5 et L. 131-6 résultent de leur rédaction issue de l'art. 6 de la L. n° 2014-344 du 17 mars 2014, et s'appliquent aux contrats conclus après le 13 juin 2014 (L. préc., art. 34). – Pour la rédaction antérieure, V. ***C. consom.****, éd. 2015.*

Art. L. 131-6 Tout manquement aux dispositions des articles L. 112-3 et L. 112-4 relatifs aux modalités de calcul du prix est passible d'une amende administrative dont le montant ne peut excéder 3 000 euros pour une personne physique et 15 000 euros pour une personne morale.

Cette amende est prononcée dans les conditions prévues au chapitre II du titre II du livre V. – *[C. consom., art. L. 113-3-2, sanction-calcul du prix.]*

V. note ss. art. L. 131-5.

CHAPITRE II PRATIQUES COMMERCIALES INTERDITES ET PRATIQUES COMMERCIALES RÉGLEMENTÉES

COMMENTAIRE

L'ordonnance de recodification du 14 mars 2016 a procédé à une réorganisation des pratiques commerciales, interdites ou réglementées. Pour la plupart, les sanctions encourues sont de nature pénale : pratiques trompeuses et agressives, ventes ou prestations à la boule de neige, abus de faiblesse, etc. Certaines pratiques n'ont pas la même gravité et ne font l'objet que de sanctions administratives, qu'il s'agisse de pratiques interdites – comme le paiement supplémentaire sans consentement exprès – ou de pratiques réglementées – telles les offres et opérations promotionnelles par voie électronique. ❑

SECTION PREMIÈRE PRATIQUES COMMERCIALES INTERDITES

SOUS-SECTION 1 PRATIQUES COMMERCIALES TROMPEUSES

COMMENTAIRE

Sous-catégorie de la notion mère de pratiques déloyales, les pratiques trompeuses sont constitutives d'un délit, à l'origine puni d'un emprisonnement de deux ans et/ou d'une amende de 37 500 € (qui étaient les peines prévues à l'anc. art. L. 213-1, al. 1er, relatif aux tromperies), le montant de l'amende pouvant être porté à 50 % des dépenses de la publicité ou de la pratique constituant le délit (anc. art. L. 121-6, dans sa première version). Le scandale portant sur la présence de viande chevaline dans des produits censés être cuisinés à base de bœuf a rendu nécessaire le renforcement des sanctions encourues par les auteurs de tromperies économiques. Aussi le plafond des amendes prévues a-t-il considérablement augmenté avec la loi n° 2014-344 du 17 mars 2014 relative à la consommation : de 37 500 à 300 000 €. L'actuel article L. 132-2 sur les pratiques trompeuses a subi le même traitement, par un effet d'alignement, encore que le renvoi exprès antérieur aux fraudes et falsifications ait été supprimé. Outre l'amende de 300 000 €, la peine d'emprisonnement de deux ans devient cumulative comme en matière de fraude.

Par ailleurs, le juge pourra prononcer des amendes pouvant atteindre 10 % du chiffre d'affaires, de façon à tenir compte du profit *réalisé*, à l'instar des pratiques agressives, des ventes à la boule de neige et de l'abus de faiblesse. C'est ici la sanction de la faute lucrative, même si l'on ne va pas jusqu'à la confiscation intégrale du profit comme dans certains droits étrangers. Une fois de plus, les sanctions des pratiques déloyales trompeuses sont alignées sur celles des tromperies, ce qui augmente du même coup leur aspect dissuasif. A titre de peine complémentaire, la loi du 17 mars 2014 renvoie aux interdictions de gérer ou d'exercer prévues à l'article 131-27 du code pénal, sans pouvoir dépasser une durée de cinq ans et pouvant être prononcées cumulativement (art. L. 132-3, al. 1er et 2).

Les personnes morales sont pénalement responsables, le texte – réécrit par la loi du 17 mars 2014 et figurant désormais à l'alinéa 3 de l'article L. 132-3 – renvoyant aux articles 131-38 (selon lequel le taux maximal de l'amende applicable aux personnes morales est égal au quintuple de celui prévu pour les personnes physiques par la loi qui réprime l'infraction) et 131-39 du code pénal (à l'exception de la dissolution et de mesures concernant les animaux), prévoyant une litanie de peines complémentaires : confiscation, affichage, ou encore diverses interdictions, ces dernières ne pouvant cependant dépasser une durée de cinq ans.

L'article L. 132-8 prévoit la possibilité pour le juge d'instruction ou le tribunal saisi des poursuites de faire cesser la pratique commerciale trompeuse. L'article L. 132-4 prévoit une peine complémentaire de publication de la décision et, facultativement, de diffusion d'annonce rectificative. La loi du 17 mars 2014 avait complété les textes en permettant également au tribunal d'ordonner l'affichage ou la diffusion de tout ou partie de la décision ou d'un communiqué informant le public des motifs et du dispositif de celle-ci.

C'est la personne pour le compte de laquelle la pratique commerciale est mise en œuvre qui est responsable à titre principal, ce qui n'interdisait pas de rechercher les coauteurs et les complices. La nouvelle rédaction, issue de la loi du 17 mars 2014, simplifie les choses en évitant la référence restrictive à la personne pour le compte de laquelle est mise en œuvre la pratique (art. L. 132-1).

En revanche, il est curieux de relever que, contrairement aux pratiques agressives pour lesquelles la nullité du contrat éventuellement souscrit est expressément prévue (art. L. 132-10), aucune sanction civile n'a été prévue en matière de pratiques trompeuses, lacune n'ayant été comblée ni par la loi du 17 mars 2014, ni par celle du 6 août 2015. Pourtant les mêmes causes devraient produire les mêmes effets… Même si la nullité n'est pas de plein droit, cela n'empêchera toutefois pas le juge d'annuler le contrat pour vice du consentement (dol en l'occurrence), voire de considérer que le contrat a été souscrit en violation de normes pénales, contraires à l'ordre public. ❑

Art. L. 132-1 Le délit de pratique commerciale trompeuse défini aux articles L. 121-2 à L. 121-4 est constitué dès lors que la pratique est mise en œuvre ou qu'elle produit ses effets en France. – *[C. consom., art. L. 121-5.]*

I. ANNONCEUR

1. *Mandataire.* L'annonceur, au sens de l'art. 44-II de la loi du 27 déc. 1973 [C. consom., anc. art. L. 121-5], est celui qui donne l'ordre de diffuser une annonce; il ne perd pas la qualité d'annonceur lorsqu'il agit comme mandataire d'un tiers. • Crim. 5 mai 1977 : *D. 1977. 502, note Pirovano.* ♦ Le mandat donné à autrui de vendre un appartement ne fait pas perdre au propriétaire sa qualité d'annonceur au sens de l'art. L. 121-5 [ancien]. • Crim. 27 mars 1996 : *Bull. crim. n° 139; BID 1996, n° 12, p. 21; RSC 1997. 122, note Giudicelli.* ♦ Comp., toutefois, jugeant qu'agissant comme mandataire des vendeurs, une agence immobilière est l'auteur des annonces publicitaires et de la fiche descriptive, de telle sorte qu'elle a bien la qualité d'annonceur pour le compte duquel les publicités étaient diffusées et son dirigeant se trouve par conséquent responsable à titre d'auteur principal en application des dispositions de l'art. L. 121-5 [L. 132-1] : • Rennes, 31 mai 2007 : *JCP 2007. IV. 3146.* ♦ L'annonceur pour le compte duquel la publicité est diffusée est responsable à titre principal de l'infraction commise, quel que soit le mode d'*organisation des ventes en cause : ainsi*, peu importe que la vente fût effectuée par un commissaire-priseur et que le catalogue ait été établi en collaboration avec le personnel de ce commissaire-priseur. • Crim. 18 oct. 2005 : *CCC 2006, n° 14, obs. Raymond.*

2. *Franchisé.* Le fait d'avoir utilisé les documents publicitaires émanant du franchiseur n'exonère pas le franchisé de sa responsabilité pénale pour publicité trompeuse. • Crim. 27 nov. 1990 : *Bull. crim. n° 408; D. 1994. Somm. 160, obs. Roujou de Boubée; RTD com. 1991. 436, obs. Bouloc.* – V. aussi • Crim. 18 oct. 1995, n° 94-85.525 : *RJDA 1996, n° 143; BID 1996, n° 5, p. 35.*

3. *Distributeur.* Constitue le délit de publicité trompeuse le fait, pour un distributeur non agréé, de mettre en vente un produit portant la mention « vente exclusive par un distributeur agréé », même si cette mention a été apposée par le fabricant. • Com. 27 oct. 1992 : *D. 1992. 506, note Bénabent* • 24 nov. 1992 : *CCC 1993, n° 36, obs. Raymond.* ♦ Mais le délit n'est pas constitué si la mention est invisible pour les acheteurs potentiels. • Crim. 15 mars 1990 : *cité note 24 ss. art. L. 121-2.*

4. *Publicité conçue par un tiers.* La circonstance que des documents publicitaires aient été conçus par un tiers ne saurait exonérer celui qui les utilise pour son propre compte de la responsabilité pénale qu'il encourt lorsqu'il ne respecte pas la promesse annoncée par la publicité. • Crim. 3 sept. 1992 : BID 1993, n° 2, p. 28; *JCP E 1992. Pan. 1237.*

5. *Personnes morales.* Un prévenu, poursuivi à raison de son fait personnel, ne saurait invoquer à sa décharge la responsabilité pénale de la personne morale qu'il dirige, cette responsabilité instituée par l'art. 121-2 C. pén. n'étant pas, à défaut de disposition spéciale, encourue pour les infractions prévues par le code de la consommation. • Crim. 30 oct. 1995 : *Bull. crim. n° 336; D. 1996. IR 26; D. Affaires 1996. 117; CCC 1996, n° 66, obs. Raymond; Gaz. Pal. 1996. 1. Chron. 38, par Doucet; Dr. pénal 1996, n° 62, obs. J.-H. Robert.* ♦ Conf. : • Paris, 24 mai 1994 : *JCP E 1994. Pan. 931* • 5 mars 1999 : *D. 1999. IR 112; D. Affaires 1999. 986, obs. C. R.* ♦ Il importe peu que l'infraction puisse être imputée à un représentant déterminé de la société, dès lors qu'il est établi qu'elle a été commise dans tous ses éléments matériels par une personne physique quelconque représentant la prévenue; cette circonstance ne saurait donc ainsi s'opposer à la reconnaissance de la responsabilité pénale de la prévenue. • Crim. 24 mars 2009 : *RTD com. 2009. 637, obs. Bouloc; JCP E 2009, n° 26, p. 24, note J.-H. Robert; CCC 2009, n° 235, obs. Raymond; Dr. pénal 2009, n° 84, obs. J.-H. Robert.* ♦ Dans les cas prévus par la loi, la faute pénale de l'organe ou du représentant suffit, lorsqu'elle est commise pour le compte de la personne morale, à engager la responsabilité pénale de celle-ci, sans que doive être établie une faute distincte à la charge de la personne morale. • Crim. 23 févr. 2010 : *CCC 2010, n° 193, obs. Raymond.* ♦ La L. n° 2008-3 du 3 janv. 2008, si elle a mis fin à la responsabilité pénale de plein droit du dirigeant de la personne morale pour le compte de laquelle la pratique commerciale trompeuse est mise en œuvre, n'interdit pas de retenir la responsabilité pénale de ce dirigeant à raison de sa participation personnelle à la réalisation de l'infraction. • Crim. 6 oct. 2009 : *RTD com. 2010. 218, obs. Bouloc; CCC 2010, n° 28, obs. Raymond; RJDA 2010, n° 685; Dr. pénal 2009, n° 153, obs. crit. J.-H. Robert; RLDA juill.-août 2010. 87, note Jazottes; Dr. et proc. oct. 2010, Cah. dr. consom., p. 31, obs. Gavalda-Moulenat.*

II. DIRIGEANTS D'UNE PERSONNE MORALE

6. *Délégation de pouvoirs.* S'il est vrai que la responsabilité pénale pèse sur le chef d'entreprise, auquel il appartient de veiller au respect de la législation, il en est autrement lorsqu'il est établi que celui-ci a délégué ses pouvoirs à un préposé pourvu de la compétence et investi de l'autorité nécessaire. • Crim. 7 déc. 1981 : *D. 1982. IR 151.* ♦ Cependant, la délégation de pouvoir opérée par un gérant de société ne saurait exonérer celui-ci de sa responsabilité pour publicité trompeuse, dès lors que, compte tenu de son ampleur, l'opération publicitaire ne pouvait être suivie et contrôlée que par le dirigeant de la société. • Crim. 30 oct. 1990 : *JCP E 1990. I. 106, obs. Joly-Sibuet; Dr. pénal 1991, n° 84, obs. J.-H. Robert.* ♦ De même, ne saurait exonérer de sa responsabilité pénale pour publicité trompeuse le président d'une société, la délégation de pouvoirs, consentie au directeur de magasin, qui a pour objet la mise en œuvre et le suivi des campagnes publicitaires mais ne saurait s'étendre ni à la conception ni à l'organisation d'une opération publicitaire décidée et conçue à l'échelon national. • Crim. 3 avr. 1996 : *BID 1996, n° 12, p. 22.* ♦ Ne permet pas l'exonération de la responsabilité du prévenu la délégation de pouvoirs effectuée par le président d'une société à un directeur de centre, en matière publicitaire, dès lors qu'il incombait au premier de vérifier, avant le lancement d'une opération publicitaire dont il était le concepteur, la réalité de la disponibilité des stocks de marchandises. Est ainsi caractérisée la participation personnelle du prévenu à la réalisation de l'infraction. • Crim. 6 mai 1996 : *BID 1997, n° 5, p. 19.* ♦ V. aussi : note 32 ss. C. com., art. L. 442-4, App., v° *Prix.*

7. *Forme de la délégation.* La délégation n'est soumise à aucune forme particulière, mais la preuve de la délégation incombe au prévenu. • Crim. 11 mars 1993 : *Bull. crim. n° 112; JCP E 1994. II. 571, note Robert.*

8. *Contenu de la délégation.* Le président du conseil d'administration ne peut s'exonérer de sa responsabilité par la production d'une note dont la date n'est pas certaine, qui ne comporte ni délégation expresse de responsabilité, ni indication précise des pouvoirs conférés au directeur commercial, et qui ne peut donc être considérée comme établissant l'existence d'une délégation de responsabilité exempte d'ambiguïté. • Crim. 2 févr. 1982 : *JCP CI 1982. I. 10567; Gaz. Pal. 1982. 2. Jur. 456.*

9. *Responsabilité du fait d'un salarié.* Lorsqu'un salarié tient des propos de nature à tromper la clientèle, l'employeur ne peut être tenu pour pénalement responsable s'il n'a pas été informé de la teneur de ces propos. • Crim. 13 déc. 1982 : *Bull. crim. n° 285; RTD com. 1984. 329, obs. Hémard et Bouloc.*

10. *Coauteurs.* Si l'art. L. 121-5 [ancien] prévoit la responsabilité des dirigeants de la personne morale ayant la qualité d'annonceur, il ne fait pas obstacle à ce que soit aussi retenue la responsabilité de ceux qui ont, avec ces dirigeants, accompli les actes matériels constitutifs de l'infraction. • Crim. 18 mai 1994 : *D. 1994. IR 179; CCC 1994, n° 180, obs. Raymond.*

III. COMPLICITÉ

11. *Participation intentionnelle.* Le délit de publicité trompeuse étant exclusif de la mauvaise foi, il faut et il suffit, pour retenir la complicité, d'établir que c'est en connaissance de cause que le complice a donné à l'annonceur des instructions ou lui a fourni les moyens pour la création de la publicité. • Crim. 15 févr. 1982 : *Bull. crim. n° 50; D. 1983. 275, note Mayer et Pizzio.* ♦ V. dans le même sens : • Crim. 7 juill. 1993 : *Dr. pénal 1993, n° 263, obs. J.-H. Robert.* ♦ Est complice du délit de publicité fausse le créateur d'un logiciel fourni à l'annonceur, société de vente par correspondance de produits se rapportant à l'astrologie, dès lors que, ayant participé à la rédaction et au graphisme des lettres publicitaires, il connaissait le mode de réalisation des prestations offertes par la publicité et savait nécessairement qu'aucune étude personnalisée, préalable à l'envoi de celle-ci, n'avait été effectuée. • Crim. 23 avr. 1997 : *Bull. crim. n° 143; D. Affaires 1997. 892; RSC 1998. 95, obs. Bouloc; CCC 1997, n° 159, obs. Raymond; Dr. pénal 1997, n° 114, obs. J.-H. Robert.* ♦ En acceptant de diffuser une publicité vantant un panty amincissant dont l'action accompagnerait chaque mouvement, deux croquis avant et après semblant attester ces allégations mensongères, les directeurs des publications, dans lesquelles l'annonce a été diffusée, se rendent complices de publicité trompeuse. • TGI Paris, 23 avr. 1997 : *Gaz. Pal. 1998. 1. 364, note Grelier-Lenain.* ♦ V. dans le même sens, à propos d'une publicité en faveur de pilules prétendument amincissantes : • Paris, 25 mars 1999 : *RJDA 1999, n° 1143.*

IV. LIEU DE L'INFRACTION

12. *Territoire national.* Le délit est constitué lorsqu'une étiquette faisant état de mentions fausses est apposée sur des bouteilles vendues à un client étranger dès lors que l'étiquetage fallacieux a été effectué sur le territoire national. • Crim. 15 mai 2001 : *Bull. crim. n° 122; JCP 2001. IV. 2426; Dr. pénal 2001, n° 118, obs. J.-H. Robert.* ♦ Pour une décision contraire, V. • T. corr. Valence, 28 janv. 2000 : *BID 2001, n° 7-8, p. 23.*

Art. L. 132-2 Les pratiques commerciales trompeuses mentionnées aux articles L. 121-2 à L. 121-4 sont punies d'un emprisonnement de deux ans et d'une amende de 300 000 euros.

Le montant de l'amende peut être porté, de manière proportionnée aux avantages tirés du délit, à 10 % du chiffre d'affaires moyen annuel, calculé sur les trois derniers chiffres d'affaires annuels connus à la date des faits, ou à 50 % des dépenses engagées pour la réalisation de la publicité ou de la pratique constituant ce délit. — *[C. consom., art. L. 121-6, al. 1er et 2.]*

Lorsqu'une sanction administrative est susceptible de se cumuler avec une sanction pénale, le principe de proportionnalité implique qu'en tout état de cause le montant global des sanctions éventuellement prononcées ne dépasse pas le montant le plus élevé de l'une des sanctions encourues; il appartiendra donc aux autorités administratives et judiciaires compétentes de veiller au respect de cette exigence. Sous cette réserve, les modifications apportées par la L. n° 2014-344 du 17 mars 2014 aux deux premiers al. de l'art. L. 121-6, repris à l'art. L. 132-2 par l'Ord. n° 2016-301 du 14 mars 2016, sont conformes à la Constitution (Cons. const. n° 2014-690 DC du 13 mars 2014).

1. *Infraction unique.* Le délit de publicité trompeuse, même s'il se manifeste lors de chaque communication au public, constitue une infraction unique qui ne peut être poursuivie et sanctionnée qu'une seule fois dès l'instant où il s'agit d'allégations identiques contenues dans le même message publicitaire et diffusées simultanément. • Crim. 8 déc. 1987 : *Bull. crim. n° 451; RTD com. 1988. 668, obs. Hémard et Bouloc* • 27 mars 2007 : *Bull. crim. n° 94; R. 2007, p. 470; D. 2007. AJ 1336, obs. Rondey; RTD com. 2007. 846, obs. Bouloc; AJ pénal 2007. 280, obs. M.-E. C.; Gaz. Pal. 2008. 505, obs. Y. M.; RJDA 2007, n° 903; Dr. pénal 2007, n° 87, obs. J.-H. Robert; RLC juill.-sept. 2007. 75, note Bouloc.*

2. *Infractions distinctes.* Constituent des publicités distinctes celles qui, adressées à des personnes différentes, mettent en scène de manière individualisée leurs destinataires, objet de leurs allégations trompeuses. • Crim. 30 janv. 1992 : *JCP E 1992. Pan. 829; RTD com. 1993. 151, obs. Bouloc.*

3. *Prescription.* Le délai de prescription de l'action publique ne peut commencer à courir tant que les victimes n'ont pas été en mesure de constater le défaut de conformité entre ce qui était promis et ce qui est réalisé. • Crim. 20 févr. 1986 : *D. 1986. IR 398, obs. Roujou de Boubée.* ♦ En matière de publicité de nature à induire en erreur, devenue pratique commerciale trompeuse, le point de départ du délai de prescription de l'action publique est fixé au jour où le délit est apparu et a pu être constaté dans les conditions permettant l'exercice de cette action. • Crim. 4 nov. 2008 : *RTD com. 2009. 473, obs. Bouloc; CCC 2009, n° 65, obs. Raymond; Dr. pénal 2009, n° 24, obs. J.-H. Robert* • 24 mars 2015 : *CCC 2015, n° 161, obs. Raymond.*

Art. L. 132-3 Les personnes physiques coupables du délit puni à l'article L. 132-2 encourent également à titre de peines complémentaires l'interdiction, suivant les modalités prévues à l'article 131-27 du code pénal, soit d'exercer une fonction publique ou d'exercer l'activité professionnelle ou sociale dans l'exercice ou à l'occasion de l'exercice de laquelle l'infraction a été commise, soit d'exercer une profession commerciale ou industrielle, de diriger, d'administrer, de gérer ou de contrôler à un

titre quelconque, directement ou indirectement, pour leur propre compte ou pour le compte d'autrui, une entreprise commerciale ou industrielle ou une société commerciale.

Ces interdictions d'exercice ne peuvent excéder une durée de cinq ans. Elles peuvent être prononcées cumulativement.

Les personnes morales déclarées responsables pénalement, dans les conditions prévues à l'article 121-2 du code pénal, du délit puni à l'article L. 132-2 encourent, outre l'amende suivant les modalités prévues à l'article 131-38 du code pénal, les peines prévues aux 2° à 9° de l'article 131-39 du même code.

L'interdiction mentionnée au 2° du même article 131-39 porte sur l'activité dans l'exercice ou à l'occasion de l'exercice de laquelle l'infraction a été commise. Les peines prévues aux 2° à 7° de cet article ne peuvent être prononcées que pour une durée de cinq ans au plus. – *[C. consom., art. L. 121-6, peines complémentaires.]*

1. Interdiction des droits civiques. Les juges ne peuvent prononcer l'interdiction des droits civiques, civils et de famille, non prévue par les textes réprimant la publicité mensongère. • Cass., ass. plén., 24 oct. 2003, n° 97-85.763 P : *CCC 2004, n° 69, obs. Raymond; RJDA 2004, n° 107.*

2. Personnes morales. V., pour l'application des peines dans le temps, • Crim. 19 juin 2007 : *cité ss. art. L. 451-6.*

Art. L. 132-4 **En cas de condamnation, le tribunal peut ordonner, par tous moyens appropriés, l'affichage ou la diffusion de l'intégralité ou d'une partie de la décision ou d'un communiqué informant le public des motifs et du dispositif de celle-ci. Il peut, de plus, ordonner la diffusion, aux frais de la personne condamnée, d'une ou de plusieurs annonces rectificatives.**

Le jugement fixe les termes de ces annonces et les modalités de leur diffusion et impartit à la personne condamnée un délai pour y faire procéder.

En cas de carence, il est procédé à cette diffusion à la diligence du ministère public aux frais de la personne condamnée. – *[C. consom., art. L. 121-4.]*

1. Affichage de la condamnation (jurispr. antérieure à la L. n° 2014-344 du 17 mars 2014). Sont seules prévues en matière de publicité trompeuse les peines complémentaires de publication de la décision et, facultativement, de diffusion d'annonces rectificatives; les juges ne peuvent donc ordonner l'affichage de la condamnation. • Crim. 19 juin 1979 : *JCP CI 1979. I. 8082* • 9 nov. 1993 : *JCP E 1994. Pan. 304* • 5 déc. 1995 : *Bull. crim. n° 366; Gaz. Pal. 1996. 1. Chron. 57, par Doucet* • 6 févr. 2001 : *Dr. pénal 2001, n° 78, obs. J.-H. Robert.* ♦ Si l'art. L. 121-4 [ancien] prévoit la publication de la condamnation, il n'en autorise pas l'affichage. • Crim. 28 juin 2011 : *RSC 2012. 159, obs. Ambroise-Castérot; CCC 2011, n° 249, obs. Raymond; Gaz. Pal. 2011. 3441, obs. Dreyer; ibid. 3553, obs. Piedelièvre.*

2. Publication du jugement (jurispr. antérieure à la L. n° 2014-344 du 17 mars 2014). L'art. L. 121-4 [ancien], qui rend obligatoire la publication du jugement en cas de condamnation pour publicité trompeuse, s'applique, quand bien même le prévenu a été poursuivi pour d'autres infractions. • Crim. 28 févr. 1996 : *BID 1996, n° 12, p. 20.* ♦ *Contra* : • Paris, 23 sept. 1997 : *Dr. pénal 1999, n° 25, obs. J.-H. Robert.* ♦ Au regard du principe selon lequel doit être établi le caractère strictement et évidemment nécessaire de toute peine, la question posée, qui tend à faire constater que l'art. L. 121-4 [ancien] qui impose, sans possibilité de dérogation, le prononcé d'une peine complémentaire obligatoire de publication de la décision de condamnation est contraire à la Constitution au regard de l'art. 8 DDH, présente un caractère sérieux en ce qu'elle concerne une peine de publication que le juge est tenu de prononcer. • Cass., QPC, 8 juill. 2010 : *D. 2010. Actu. 1717; JCP 2010, n° 875.* ♦ Si le juge qui prononce une condamnation pour le délit de publicité mensongère est tenu d'ordonner la publication du jugement de condamnation, il lui appartient, outre la mise en œuvre des dispositions du code pénal relatives à la dispense de peine, de fixer, en application de l'art. 131-35 C. pén., les modalités de cette publication, de telle sorte qu'il peut ainsi en faire varier l'importance et la durée, et qu'il n'est pas privé du pouvoir d'individualiser la peine. • Cons. const. 29 sept. 2010 : *D. 2011. 54, note Bouloc*; JCP E 2010, n° 544; CCC 2010. Alerte *65; Gaz. Pal. 2010. 3402, obs. Mongin-Archambeaud; CCE 2010, n° 123, obs. Debet.*

3. Diffusion d'un communiqué. La diffusion d'un communiqué, informant le public des motifs et du dispositif d'une décision condamnant un prévenu personne physique pour pratiques commerciales trompeuses, sur le site internet de l'entreprise commerciale qu'il dirige constitue une mesure de publication autorisée par l'art. L. 121-4 [L. 132-4]. • Crim. 15 mai 2012 : *RJDA 2012, n° 902.*

Art. L. 132-5 **Le défaut d'exécution dans le délai imparti des annonces rectificatives prévues à l'article L. 132-4 est puni d'un emprisonnement de deux ans et d'une amende de 300 000 euros.** – *[C. consom., art. L. 121-7, al. 2, sanctions annonces.]*

Art. L. 132-6 **Pour l'application des articles L. 132-2 et L. 132-3 le tribunal peut demander tant aux parties qu'à l'annonceur la communication de tous documents utiles.**

En cas de refus, il peut ordonner la saisie de ces documents ou toute mesure d'instruction appropriée.

Il peut en outre prononcer une astreinte pouvant atteindre 4 500 euros par jour de retard à compter de la date qu'il a retenue pour la production de ces documents. – *[C. consom., art. L. 121-7, al. 1er.] — Sur les sanctions, V. aussi art. L. 132-7.*

1. *Défaut de réponse.* Le défaut de réponse du prévenu aux demandes réitérées et motivées, adressées par les agents de l'administration, équivaut à un refus de communication. • Crim. 11 juin 1985 : *D. 1986. IR 398, obs. Roujou de Boubée.*

2. *Refus de communication.* Doit être condamné pour refus de communication des éléments justificatifs d'une publicité le dirigeant d'un magasin d'optique qui s'est abstenu de fournir aux agents de la DGCCRF les factures remises à la clientèle lors des achats, en prétextant qu'aucune copie papier de celles-ci n'existait et que le système informatique ne permettait de sortir les factures que pour les clients dont le nom était connu. • Douai, 26 janv. 1999 : *BID 1999, n° 11, p. 52.* ♦ Doit, au contraire, être relaxé le prévenu qui, sur demande de justification par les agents de la DGCCRF d'une remise de 40 %, leur a communiqué un document émanant d'un fournisseur, et faisant état de prix inférieurs de 40 % à ceux de la concurrence. • Douai, 26 janv. 1999 : *BID 1999, n° 11, p. 52.* ♦ Sur les sanctions, V. aussi art. L. 132-7.

Art. L. 132-7 **Le refus de communication des éléments de justification ou des publicités diffusées dans les conditions prévues à l'article L. 132-6 est puni d'un emprisonnement de deux ans et d'une amende de 300 000 euros.** – *[C. consom., art. L. 121-7, al. 2 sanction refus de communication.]*

Art. L. 132-8 **La cessation de la pratique commerciale trompeuse peut être ordonnée par le juge d'instruction ou par le tribunal saisi des poursuites, soit sur réquisition du ministère public, soit d'office. La mesure ainsi prise est exécutoire nonobstant toutes voies de recours. Mainlevée peut en être donnée par la juridiction qui l'a ordonnée ou qui est saisie du dossier. La mesure cesse d'avoir effet en cas de décision de non-lieu ou de relaxe.**

Les décisions statuant sur les demandes de mainlevée peuvent faire l'objet d'un recours devant la chambre de l'instruction ou devant la cour d'appel selon qu'elles ont été prononcées par un juge d'instruction ou par le tribunal saisi des poursuites.

La chambre de l'instruction ou la cour d'appel statue dans un délai de dix jours à compter de la réception des pièces. – *[C. consom., art. L. 121-3.]*

1. *Pouvoirs du tribunal.* Dès lors qu'ils le font en termes clairs et précis, les juges peuvent non seulement interdire l'émission de nouveaux messages trompeurs, mais encore ordonner la disparition des messages déjà émis. • Crim. 13 mars 1979 : *JCP CI 1979. II. 13104, note Guinchard.*

2. *Pouvoirs du juge d'instruction.* Sur une suspension de publicité ordonnée par le juge d'instruction, V. : • Crim. 15 déc. 1992 : *Bull. crim. n° 420 ; RTD com. 1993. 704, obs. Bouloc.*

3. *Juge des référés.* Le fait que les dispositions de l'Arr. n° 77-105 P du 2 sept. 1977 relatif à la publicité des prix [remplacé par Arr. du 31 déc. 2008, relatif aux annonces de réduction de prix à l'égard des consommateurs, V. App., v° *Prix (publicité)*] et de l'art. L. 121-1 [L. 121-2] sur la publicité mensongère soient sanctionnées pénalement ne fait pas obstacle à ce que le juge des référés puisse prescrire en la matière les mesures qui s'imposent pour faire cesser un trouble manifestement illicite. • Com. 19 oct. 1999, n° 97-18.490 P : *D. 1999. AJ 76, obs. C. R. ; CCC 2000, n° 37, obs. Raymond ; RJDA 1999, n° 1277.* ♦ Le juge pénal a un pouvoir concurrent pour mettre fin aux agissements dont il a à connaître et non une compétence exclusive qui déposséderait le juge des référés du pouvoir que lui confère l'art. 809 NCPC [renommé C. pr. civ.] de prescrire les mesures conservatoires qui s'imposent pour faire cesser un trouble manifestement illicite. • Paris, 18 sept. 1996 : *D. 1996. IR 234.*

Art. L. 132-9 **L'inobservation de la décision du juge ordonnant la cessation de la pratique commerciale trompeuse est punie d'un emprisonnement de deux ans et d'une amende de 300 000 euros.** – *[C. consom., art. L. 121-7, sanction cessation.]*

SOUS-SECTION 2 PRATIQUES COMMERCIALES AGRESSIVES

COMMENTAIRE

La nouvelle présentation des sanctions encourues en matière de pratiques agressives – issue de l'ordonnance de recodification du 14 mars 2016 – est pédagogique, en ce sens que les sanctions civiles sont distinguées des sanctions pénales.

Sur le plan civil, le contrat souscrit du fait d'une pratique agressive est frappé de nullité (art. L. 132-10), à l'inverse – assez curieusement – des pratiques trompeuses. Il sera alors sans doute plus facile d'obtenir la nullité sur ce terrain que sur celui du vice de violence.

Sur le plan pénal, le simple fait de mettre en œuvre une pratique déloyale agressive était puni, avant 2014, d'une peine d'emprisonnement de deux ans et d'une amende de 150 000 € (anc. art. L. 122-12, dans sa version initiale). Or, la sanction pécuniaire correspondait curieusement à quatre fois le montant de l'amende alors prévue en matière de pratiques trompeuses (anc. art. L. 121-6, dans sa version initiale, qui prévoyait une amende de 37 500 €) – pourtant tout aussi déloyales que les premières, s'agissant toutes deux de « notions filles » des pratiques déloyales. Depuis, avec la loi n° 2014-344 du 17 mars 2014, le plafond des amendes prévues en matière de tromperies a considérablement augmenté (anc. art. L. 213-1, al. 1er), en raison notamment de scandales liés à la présence de viande chevaline dans des plats cuisinés : l'amende est ainsi passée, de façon dissuasive, de 37 500 à 300 000 €.

Dans un souci d'harmonisation du régime des pratiques commerciales déloyales, les pratiques agressives ont elles-mêmes été assorties d'une amende de 300 000 € (art. L. 132-11). Par ailleurs, depuis la loi du 17 mars 2014, à l'instar des pratiques trompeuses, des ventes à la boule de neige et de l'abus de faiblesse, la notion de faute lucrative est retenue : en effet, le montant de l'amende peut être porté, de manière proportionnée aux avantages tirés du manquement, à 10 % du chiffre d'affaires moyen annuel, calculé sur les trois derniers chiffres d'affaires annuels connus à la date des faits. Le législateur n'est cependant pas allé jusqu'à porter l'amende à la moitié des dépenses engagées pour la réalisation de la pratique, contrairement à ce qui est désormais prévu en matière de pratiques trompeuses. Les personnes physiques déclarées pénalement responsables encourent en outre une interdiction, pouvant atteindre cinq ans, d'exercer directement ou indirectement une activité commerciale (art. L. 132-12). Les personnes morales sont pénalement responsables, le texte réécrit par la loi du 17 mars 2014 renvoyant aux articles 131-38 (selon lequel le taux maximal de l'amende applicable aux personnes morales est égal au quintuple de celui prévu pour les personnes physiques par la loi qui réprime l'infraction) et 131-39 du code pénal (à l'exception de la dissolution et de mesures concernant les animaux), prévoyant une litanie de peines complémentaires : confiscation, affichage, ou encore diverses interdictions, ces dernières ne pouvant cependant dépasser une durée de cinq ans (art. L. 132-12). ❑

§ 1er SANCTIONS CIVILES

Art. L. 132-10 Le contrat conclu à la suite d'une pratique commerciale agressive mentionnée aux articles L. 121-6 et L. 121-7 est nul et de nul effet. – *[C. consom., art. L. 122-15.]*

§ 2 SANCTIONS PÉNALES

Art. L. 132-11 **Les pratiques commerciales agressives mentionnées aux articles L. 121-6 et L. *121-7 sont punies* d'un emprisonnement de deux ans et d'une amende de 300 000 euros.**

Le montant de l'amende peut être porté, de manière proportionnée aux avantages tirés du délit, à 10 % du chiffre d'affaires moyen annuel, calculé sur les trois derniers chiffres d'affaires annuels connus à la date des faits. – *[C. consom., art. L. 122-12.]*

Lorsqu'une sanction administrative est susceptible de se cumuler avec une sanction pénale, le principe de proportionnalité implique qu'en tout état de cause le montant global des sanctions éventuellement prononcées ne dépasse pas le montant le plus élevé de l'une des sanctions encourues ; il appartiendra donc aux autorités administratives et judiciaires compétentes de veiller au respect de cette exigence. Sous cette réserve, les modifications apportées par la L. n° 2014-344 du 17 mars 2014 à l'art. L. 122-12, repris à l'art. L. 132-11 par l'Ord. n° 2016-301 du 14 mars 2016, sont conformes à la Constitution (Cons. const. n° 2014-690 DC du 13 mars 2014).

Art. L. 132-12 **Les personnes physiques coupables du délit puni à l'article L. 132-11 encourent une interdiction, pour une durée de cinq ans au plus, d'exercer directement ou indirectement une activité commerciale.**

Les personnes morales déclarées pénalement responsables dans les conditions prévues à l'article 121-2 du code pénal, du délit puni à l'article L. 132-11 encourent, outre l'amende suivant les modalités prévues à l'article 131-38 du code pénal, les peines prévues aux 2° à 9° de l'article 131-39 du même code.

L'interdiction mentionnée au 2° du même article 131-39 porte sur l'activité dans l'exercice ou à l'occasion de l'exercice de laquelle l'infraction a été commise. Les peines prévues aux 2° à 7° de cet article ne peuvent être prononcées que pour une durée de cinq ans au plus. – *[C. consom., art. L. 122-13 et L. 122-14.]*

SOUS-SECTION 3 ABUS DE FAIBLESSE

COMMENTAIRE

I. DROIT DE LA CONSOMMATION

Les sanctions de l'abus de faiblesse sont désormais traitées aux articles L. 132-13 en matière de sanctions civiles, L. 132-14 et L. 132-15 concernant les sanctions pénales, tant principales que complémentaires.

Sur le plan des sanctions pénales, l'ancien article L. 122-8 punissait initialement d'un emprisonnement de cinq ans et/ou d'une amende de 9 000 € quiconque avait abusé de la faiblesse ou de l'ignorance d'une personne pour lui faire souscrire, par le moyen de visites domiciliaires, des engagements au comptant ou à crédit sous quelque forme que ce soit lorsque les circonstances montraient que cette personne n'était pas en mesure d'apprécier la portée des engagements qu'elle prenait ou de déceler les ruses ou artifices déployés pour la convaincre d'y souscrire ou faisaient apparaître qu'elle avait été soumise à une contrainte. Par souci de cohérence, la loi n° 2014-344 du 17 mars 2014 a aligné les peines sur les sanctions du délit pénal correspondant (abus de vulnérabilité) : trois ans d'emprisonnement et 375 000 € d'amende (reprise à l'art. L. 132-14, al. 1er). Par ailleurs, depuis cette réforme, à l'instar des pratiques trompeuses ou agressives et des ventes à la boule de neige, la notion de faute lucrative est retenue : le montant de l'amende peut être porté, de manière proportionnée aux avantages tirés du manquement, à 10 % du chiffre d'affaires moyen annuel, calculé sur les trois derniers chiffres d'affaires annuels connus à la date des faits (art. L. 132-14, al. 2). Le législateur n'est cependant pas allé jusqu'à porter l'amende à la moitié des dépenses engagées pour la réalisation de la pratique, contrairement à ce qui est désormais prévu en matière de pratiques trompeuses. Des peines complémentaires, initialement introduites par la LME du 4 août 2008, sont prévues : le texte (art. L. 132-15) renvoie aux interdictions d'exercice prévues à l'article 131-27 du code pénal, sans pouvoir dépasser une durée de cinq ans, et pouvant être prononcées cumulativement ; concernant les personnes morales pénalement responsables, le texte renvoie aux articles 131-38 (selon lequel le taux maximal de l'amende applicable aux personnes morales est égal au quintuple de celui prévu pour les personnes physiques par la loi qui réprime l'infraction) et 131-39 du code pénal (à l'exception de la dissolution et de mesures concernant les animaux), prévoyant une litanie de peines complémentaires : confiscation, affichage, ou encore diverses interdictions (ces dernières ne pouvant cependant dépasser une durée de cinq ans). Le texte bénéficie aux seuls acquéreurs, à l'exclusion des vendeurs, en position de faiblesse.

Sur le plan civil, la nullité de plein droit du contrat conclu est expressément prévue (art. L. 132-13). Il s'agit d'une extension de la règle concernant les pratiques agressives (art. L. 132-10).

Enfin, il faut observer que, lorsque les conditions de l'abus de faiblesse ne sont pas réunies, la pratique litigieuse pourra être évaluée sous l'angle des pratiques agressives, en cas de sollicitations répétées, les sanctions encourues étant les mêmes sur le terrain civil que sur le plan pénal.

II. ABUS DE VULNÉRABILITÉ PRÉVU PAR LE CODE PÉNAL

Le code pénal a créé une infraction similaire à celle du code de la consommation, incriminée, depuis la loi du 12 juin 2001, aux articles 223-15-2 à 223-15-4. Le délit est puni de trois années d'emprisonnement et d'une amende de 375 000 €, outre les peines complémentaires prévues à l'article 313-7. Toutefois, lorsque l'infraction est commise par le dirigeant de fait ou de droit d'un groupement qui poursuit des activités ayant pour but ou pour effet de créer, de maintenir ou d'exploiter la sujétion psychologique ou physique des personnes qui participent à ces activités, l'amende est portée au double et l'emprisonnement à cinq ans.

Le tribunal correctionnel peut aussi prononcer un certain nombre de peines complémentaires telles que la fermeture pour une durée de cinq ans au plus des établissements ayant servi à commettre l'infraction ou encore la diffusion de la décision.

Les personnes morales peuvent être déclarées pénalement responsables de cette infraction.

Dans les cas où le même acte viole à la fois le code de la consommation et le code pénal, il y aura cumul idéal d'infractions. Le conflit sera en principe résolu par préférence donnée à la qualification la plus élevée – une seule condamnation devant être prononcée –, en d'autres termes en faveur du droit de la consommation.

III. PROTECTION PAR LE DROIT COMMUN

Si l'abus de faiblesse s'accompagne de tromperie ou de violences physiques ou morales, le contrat pourra être annulé pour les vices de dol et de violence – notamment, depuis la réforme du droit des obligations opérée par l'ordonnance n° 2016-131 du 10 février 2016, sur le terrain de la violence économique en cas d'abus de dépendance aboutissant à un avantage manifestement excessif (art. 1143 C. civ., à compter du 1er oct. 2016).

Ainsi, si les conditions restrictives de l'abus de faiblesse – tant en droit de la consommation qu'en droit pénal – ne sont pas réunies, le consommateur victime pourra se tourner vers le droit commun plus facilement depuis la réforme du droit des obligations. Pour autant, le simple abus de dépendance ne sera pas suffisant en soi : il faudra ensuite qu'il ait provoqué un déséquilibre manifestement excessif ; dans cette conception, il s'agit en quelque sorte d'une « lésion provoquée ». Dans les deux cas, la sanction aboutit à l'anéantissement du contrat et non à sa révision. En revanche, la nullité ne sera pas de plein droit, contrairement à ce qui est prévu pour l'abus de faiblesse. ❑

§ 1er SANCTIONS CIVILES

Art. L. 132-13 Le contrat conclu à la suite d'un abus de faiblesse est nul et de nul effet. – *[C. consom., art. L. 122-8, al. 5.]*

§ 2 SANCTIONS PÉNALES

Art. L. 132-14 Le fait d'abuser de la faiblesse ou de l'ignorance d'une personne au sens des articles L. 121-8 à L. 121-10 est puni d'un emprisonnement de trois ans et d'une amende de 375 000 euros.

Le montant de l'amende peut être porté, de manière proportionnée aux avantages tirés du délit, à 10 % du chiffre d'affaires moyen annuel, calculé sur les trois derniers chiffres d'affaires annuels connus à la date des faits. – *[C. consom., art. L. 122-8, al. 1er, sanction et al. 2.]*

Lorsqu'une sanction administrative est susceptible de se cumuler avec une sanction pénale, le principe de proportionnalité implique qu'en tout état de cause le montant global des sanctions éventuellement prononcées ne dépasse pas le montant le plus élevé de l'une des sanctions encourues ; il appartiendra donc aux autorités administratives et judiciaires compétentes de veiller au respect de cette exigence. Sous cette réserve, les modifications apportées par la L. n° 2014-344 du 17 mars 2014 aux deux premiers al. de l'art. L. 122-8, repris à l'art. L. 132-14 par l'Ord. n° 2016-301 du 14 mars 2016, sont conformes à la Constitution (Cons. const. n° 2014-690 DC du 13 mars 2014).

1. *Responsabilité pénale des dirigeants.* Est pénalement responsable du délit d'abus de faiblesse prévu par les art. L. 122-8 et L. 122-9 [L. 121-8 et L. 121-9] C. consom., le dirigeant d'une société commercialisant des articles de textile qui a organisé une vente de marchandises, au cours d'une excursion, par l'intermédiaire d'un agent commercial, lequel n'a fait que se conformer aux directives de la société et exécuter le procédé de vente par voyage publicitaire institué par la direction. • Crim. 1er févr. 2000 : *Bull. crim. n° 52 ; D. 2000. AJ 198, obs. Rondey ; RTD com. 2000. 741, obs. Bouloc ; Dr. pénal 2000, n° 59, obs. J.-H. Robert ; CCC 2001, n° 14, obs. Raymond.* ♦ La délégation de responsabilité consentie à un directeur commercial n'exclut pas la responsabilité pénale du chef d'entreprise dès lors qu'il est à l'origine de la politique commerciale agressive mise en œuvre, sur ses directives, par des commerciaux encouragés par lui et motivés par un système d'intéressement. • Crim. 17 sept. 2002 : *RJDA 2003, n° 30 ; Dr. pénal 2003, n° 9, obs. J.-H. Robert.* ♦ Lorsqu'un abus de faiblesse a été commis, le gérant de l'entreprise est pénalement responsable, même s'il n'a pas personnellement traité avec les clients. • Paris, 22 mai 1991 : *cité note 10 ss. art. L. 121-8.* ♦ Le gérant n'est pénalement responsable que s'il a donné à ses préposés des consignes visant à abuser de la faiblesse des clients. • Toulouse, 26 sept. 1991 : *cité note 10 ss. art. L. 121-8.* ♦ Doit être infirmé le jugement condamnant pour abus de faiblesse le gérant d'une SARL, dans la mesure où n'était pas établie la participation personnelle du prévenu, à titre d'auteur principal ou de complice, les opérations de démarchage et de vente à domicile ayant été menées par des préposés. • Paris, 9 nov. 1994 : *BID 1995, n° 10, p. 22.* ♦ Doit être relaxé l'employeur de commerciaux poursuivi pour abus de faiblesse, dès lors qu'il n'est pas établi qu'il ait personnellement, directement ou indirectement participé à l'infraction ou qu'il ait eu connaissance des actes commis par ses employés; le mode de rémunération des vendeurs (fixe faible et commissions) ne saurait être une preuve d'une incitation de l'employeur au comportement répréhensible de ses salariés. • Orléans, 25 sept. 2000 : *BID 2002, n° 4, p. 27.* ♦ Comp., jugeant que le dirigeant de droit d'une société est responsable de ses préposés : • Paris, 12 févr. 2001 : *cité note 6 ss. art. L. 121-8.* ♦ V. aussi, jugeant que les faits constitutifs de l'infraction prévue à l'art. L. 121-26 (obtention d'une contrepartie avant l'expiration du délai de réflexion en cas de démarchage) ne sont pas constitutifs d'un abus de faiblesse de la part du gérant, faute de preuve qu'il ait dicté leurs comportements aux représentants, • Aix-en-Provence, 30 janv. 1997 : *JCP 1997. IV. 2309.*

2. Tentative. La tentative d'abus de faiblesse n'étant pas visée par l'art. L. 122-8 [L. 121-8], elle ne peut faire l'objet d'une répression. • Orléans, 25 sept. 2000 : *BID 2002, n° 4, p. 27.*

3. Indemnisation. Le dédommagement des victimes, une fois l'infraction commise, ne supprime pas celle-ci; il peut seulement influer sur l'application de la peine. • Toulouse, 26 sept. 1991 : *cité note 10 ss. art. L. 121-8.* ♦ Les proches de la victime d'un abus frauduleux de l'état d'ignorance ou de faiblesse sont recevables à rapporter la preuve d'un dommage dont ils ont personnellement souffert et qui découle directement des faits, objet de la poursuite (décision rendue en application de l'art. 223-15-2 C. pén.). • Crim. 3 nov. 2009 : *Bull. crim. n° 182; Dalloz actualité, 15 déc. 2009, obs. Gachi; Gaz. Pal. 2010. 274, note Mésa; Dr. pénal 2010, n° 2, obs. Véron.*

4. Délit instantané. Le délit d'abus de faiblesse ne disparaît pas alors même que la vente conclue au cours d'une exposition a été annulée et que la cliente abusée a obtenu la restitution de l'acompte versé. • Crim. 19 févr. 1997 : *Bull. crim. n° 70; D. Affaires 1997. 567; RTD com. 1997. 696, obs. Bouloc; JCP 1997. IV. 1613; Rev. huiss. 1997, note Bazin; Dr. pénal 1998, n° 71, obs. J.-H. Robert.*

5. Concours d'infractions. La qualification d'abus de faiblesse et celles résultant du non-respect des obligations prescrites par les art. L. 121-23 à L. 121-28 anciens du code de la consommation en cas d'engagement conclu lors d'un démarchage à domicile, infractions qui ne présentent entre elles aucune incompatibilité, sont susceptibles d'être appliquées concurremment, dès lors qu'elles défendent des intérêts distincts tenant à la protection des personnes vulnérables et à celle des consommateurs. • Crim. 8 mars 2016, n° 14-88.347 P : *Dalloz actualité, 4 avr. 2016, obs. Gallois; D. 2016. Actu. 652; JCP E 2016, n° 1240; CCC 2016, n° 130, obs. Bernheim-Desvaux; RJDA 2016, n° 651; Gaz. Pal. 13 sept. 2016, p. 22, obs. Piedelièvre.*

Art. L. 132-15 **Les personnes physiques coupables du délit puni à l'article L. 132-14 encourent également à titre de peines complémentaires l'interdiction, suivant les modalités prévues à l'article 131-27 du code pénal, soit d'exercer une fonction publique ou d'exercer l'activité professionnelle ou sociale dans l'exercice ou à l'occasion de l'exercice de laquelle l'infraction a été commise, soit d'exercer une profession commerciale ou industrielle, de diriger, d'administrer, de gérer ou de contrôler à un titre quelconque, directement ou indirectement, pour leur propre compte ou pour le compte d'autrui, une entreprise commerciale ou industrielle ou une société commerciale.**

Ces interdictions d'exercice ne peuvent excéder une durée de cinq ans. Elles peuvent être prononcées cumulativement.

Les personnes morales déclarées responsables pénalement, dans les conditions prévues à l'article 121-2 du code pénal, du délit puni à l'article L. 132-14 encourent, outre l'amende suivant les modalités prévues à l'article 131-38 du code pénal, les peines prévues aux 2° à 9° de l'article 131-39 du même code.

L'interdiction mentionnée au 2° du même article 131-39 porte sur l'activité dans l'exercice ou à l'occasion de l'exercice de laquelle l'infraction a été commise. Les peines prévues aux 2° à 7° de cet article ne peuvent être prononcées que pour une durée de cinq ans au plus. – *[C. consom., art. L. 122-8, al. 3 et 4.]*

SOUS-SECTION 4 VENTE ET PRESTATION DE SERVICES SANS COMMANDE PRÉALABLE

COMMENTAIRE

Cette pratique est prohibée par deux textes : l'article L. 121-12 du code de la consommation, d'une part, l'article R. 635-2 du code pénal, d'autre part, lesquels diffèrent aussi bien par leur champ d'application que par les sanctions qu'ils édictent. Depuis la loi du 17 mai 2011 coexistent désormais deux incriminations sanctionnant les envois forcés.

I. INTERDICTION DES VENTES SANS COMMANDE PRÉALABLE APPRÉHENDÉE PAR LE CODE DE LA CONSOMMATION

Les sanctions encourues en cas de ventes ou prestations de services sans commande préalable sont à la fois pénales et civiles.

Sur le plan pénal, le législateur du 17 mai 2011 a érigé la pratique en infraction, sanctionnée par les peines délictuelles alors applicables aux pratiques agressives : il s'agissait de deux ans d'emprisonnement et de 150 000 € d'amende, outre des peines complémentaires.

La loi du 17 mars 2014 relative à la consommation a ensuite modifié le montant de l'amende : en alignant le montant de l'amende encourue pour les pratiques agressives sur celui des pratiques trompeuses (300 000 €, montant pouvant être porté à 10 % du chiffre d'affaires annuel), le législateur a indirectement accru la sanction applicable aux ventes sans commande préalable (art. L. 132-17). Des peines complémentaires sont en outre prévues à l'article L. 132-18 : notamment, comme autrefois, les personnes physiques encourent une interdiction, pour une durée de cinq ans au plus, d'exercer directement ou indirectement une activité commerciale, et les personnes morales peuvent se voir appliquer les peines mentionnées à l'article 131-39 du code pénal.

Sur le plan civil, l'article L. 132-16 prévoit, comme autrefois, la nullité de plein droit des contrats conclus et l'obligation pour le professionnel de restituer les sommes indûment perçues, lesquelles sont productives d'intérêts.

II. INTERDICTION DE LA VENTE FORCÉE PAR CORRESPONDANCE APPRÉHENDÉE PAR LE DROIT PÉNAL

La vente forcée est pénalement sanctionnée par l'amende prévue en cas de contravention de 5e classe : 1 500 € selon l'article 131-13 du code pénal, 3 000 € en cas de récidive dans les conditions fixées à l'article 132-11 du même code. Des peines complémentaires sont également prévues (confiscation de l'objet, interdiction d'émettre des chèques). Les personnes morales peuvent être déclarées pénalement responsables dans les conditions prévues par l'article 121-2 du code pénal et encourent de ce fait une amende dont le montant s'élève au quintuple de celui prévu pour les personnes physiques (art. 131-41 C. pén.). ❑

§ 1er SANCTIONS CIVILES

Art. L. 132-16 Tout contrat conclu à la suite d'une pratique commerciale illicite mentionnée à l'article L. 121-12 est nul et de nul effet.

Le professionnel doit, en outre, restituer les sommes qu'il aurait indûment perçues sans engagement exprès et préalable du consommateur. Ces sommes sont productives d'intérêts au taux légal à compter de la date du paiement indu et d'intérêts au taux légal majoré de moitié à compter de la demande de remboursement faite par le consommateur. – *[C. consom., art. L. 122-3, al. 3 et 4.]*

§ 2 SANCTIONS PÉNALES

Art. L. 132-17 La violation de l'interdiction mentionnée à l'article L. 121-12 est punie d'un emprisonnement de deux ans et d'une amende de 300 000 euros.

Le montant de l'amende peut être porté, de manière proportionnée aux avantages tirés du délit, à 10 % du chiffre d'affaires moyen annuel, calculé sur les trois derniers chiffres d'affaires annuels connus à la date des faits. – *[C. consom., art. L. 122-3, al. 2, peines principales.]*

Art. L. 132-18 **Les personnes physiques coupables du délit puni à l'article L. 132-17 encourent une interdiction, pour une durée de cinq ans au plus, d'exercer directement ou indirectement une activité commerciale.**

Les personnes morales déclarées pénalement responsables, dans les conditions prévues à l'article 121-2 du code pénal, du délit puni à l'article L. 132-17 encourent, outre l'amende suivant les modalités prévues à l'article 131-38 du code pénal, les peines prévues aux 2° à 9° de l'article 131-39 du même code.

L'interdiction mentionnée au 2° du même article 131-39 porte sur l'activité dans l'exercice ou à l'occasion de l'exercice de laquelle l'infraction a été commise. Les peines prévues aux 2° à 7° de cet article ne peuvent être prononcées que pour une durée de cinq ans au plus. – *[C. consom., art. L. 122-3, al. 2, peines complémentaires.]*

SOUS-SECTION 5 VENTE OU PRESTATION « À LA BOULE DE NEIGE »

COMMENTAIRE

Les sanctions pénales prévues, initialement d'un an d'emprisonnement et de 4 500 € d'amende, ont été considérablement accrues avec la loi n° 2014-344 du 17 mars 2014 : deux ans d'emprisonnement et 300 000 € d'amende, lourdes peines alignées sur les sanctions applicables en matière de pratiques trompeuses (art. L. 132-19).

Cette harmonisation s'étend aux peines complémentaires (art. L. 132-20). Une fois de plus, la loi de 2014 renvoie aux interdictions d'exercice prévues à l'article 131-27 du code pénal, sans qu'elles puissent dépasser une durée de cinq ans, mais pouvant être prononcées cumulativement ; concernant les personnes morales pénalement responsables, le texte renvoie aux articles 131-38 (selon lequel le taux maximal de l'amende applicable aux personnes morales est égal au quintuple de celui prévu pour les personnes physiques par la loi qui réprime l'infraction) et 131-39 du code pénal (à l'exception de la dissolution et de mesures concernant les animaux), prévoyant une litanie de peines complémentaires : confiscation, affichage, ou encore diverses interdictions (ces dernières ne pouvant cependant dépasser une durée de cinq ans).

Par ailleurs, depuis la loi du 17 mars 2014, à l'instar des pratiques trompeuses ou agressives et de l'abus de faiblesse, la notion de faute lucrative est retenue : en effet, le montant de l'amende peut être porté, de manière proportionnée aux avantages tirés du manquement, à 10 % du chiffre d'affaires moyen annuel, calculé sur les trois derniers chiffres d'affaires annuels connus à la date des faits. Le législateur n'est cependant pas allé jusqu'à porter l'amende à la moitié des dépenses engagées pour la réalisation de la pratique, contrairement à ce qui est prévu en matière de pratiques trompeuses (art. L. 132-2, al. 2).

Ces sanctions pénales n'empêchent pas la victime du procédé d'obtenir le remboursement des sommes versées. Par ailleurs, l'auteur de l'infraction est privé de recours contre celui qui a obtenu la marchandise, en vertu de l'adage selon lequel « nul ne peut se prévaloir de sa propre turpitude ». ❑

Art. L. 132-19 **Le fait de procéder à une vente ou une prestation "à la boule de neige" ou tout procédé analogue défini aux 1° et 2° de l'article L. 121-15 est puni d'un emprisonnement de deux ans et d'une amende de 300 000 euros.**

Le montant de l'amende peut être porté, de manière proportionnée aux avantages tirés du délit, à 10 % du chiffre d'affaires moyen annuel, calculé sur les trois derniers chiffres d'affaires annuels connus à la date des faits. – *[C. consom., art. L. 122-7, al. 1er et 2.]*

Lorsqu'une sanction administrative est susceptible de se cumuler avec une sanction pénale, le principe de proportionnalité implique qu'en tout état de cause le montant global des sanctions éventuellement prononcées ne dépasse pas le montant le plus élevé de l'une des sanctions encourues ; il appartiendra donc aux autorités administratives et judiciaires compétentes de veiller au respect de cette exigence. Sous cette réserve, les modifications apportées par la L. n° 2014-344 du 17 mars 2014 aux deux premiers alinéas de l'art. L. 122-7, repris à l'art. L. 132-19 par l'Ord. n° 2016-301 du 14 mars 2016, sont conformes à la Constitution (Cons. const. n° 2014-690 DC du 13 mars 2014).

Application dans le temps. *A l'époque de la commission des faits*, antérieure à l'entrée en vigueur de la L. n° 2014-344 du 17 mars 2014, le délit prévu et réprimé par les art. L. 122-6 [L. 121-15] et L. 122-7 [L. 131-19 et L. 131-20] n'était pas puni d'une peine d'emprisonnement d'une durée supérieure à une année, mais seulement d'une année, et la peine complémentaire de confiscation, prévue à l'art. 131-21 C. pén., n'était pas encourue. • Crim. 6 avr. 2016, n° 15-81.206 P : *cité note 6 ss. art. L. 121-15.*

Art. L. 132-20 Les personnes physiques coupables du délit puni à l'article L. 132-19 encourent également à titre de peines complémentaires l'interdiction, suivant les modalités prévues à l'article 131-27 du code pénal, soit d'exercer une fonction publique ou d'exercer l'activité professionnelle ou sociale dans l'exercice ou à l'occasion de l'exercice de laquelle l'infraction a été commise, soit d'exercer une profession commerciale ou industrielle, de diriger, d'administrer, de gérer ou de contrôler à un titre quelconque, directement ou indirectement, pour leur propre compte ou pour le compte d'autrui, une entreprise commerciale ou industrielle ou une société commerciale.

Ces interdictions d'exercice ne peuvent excéder une durée de cinq ans. Elles peuvent être prononcées cumulativement.

Les personnes morales déclarées responsables pénalement, dans les conditions prévues à l'article 121-2 du code pénal, du délit puni à l'article L. 132-19 encourent, outre l'amende suivant les modalités prévues à l'article 131-38 du code pénal, les peines prévues aux 2° à 9° de l'article 131-39 du même code.

L'interdiction mentionnée au 2° du même article 131-39 porte sur l'activité dans l'exercice ou à l'occasion de l'exercice de laquelle l'infraction a été commise. Les peines prévues aux 2° à 7° de cet article ne peuvent être prononcées que pour une durée de cinq ans au plus. – *[C. consom., art. L. 122-7, al. 3 et 4.]*

SOUS-SECTION 6 NUMÉRO TÉLÉPHONIQUE SURTAXÉ

Art. L. 132-21 Tout manquement aux obligations relatives au numéro de téléphone d'assistance au consommateur mentionnées à l'article L. 121-16 est passible d'une amende administrative dont le montant ne peut excéder 3 000 euros pour une personne physique et 15 000 euros pour une personne morale.

Cette amende est prononcée dans les conditions prévues au chapitre II du titre II du livre V. – *[C. consom., art. L. 113-6.]*

SOUS-SECTION 7 PAIEMENT SUPPLÉMENTAIRE SANS CONSENTEMENT EXPRÈS

Art. L. 132-22 Tout manquement à l'obligation de recueil du consentement exprès du consommateur dans les conditions prévues à l'article L. 121-17 est passible d'une amende administrative dont le montant ne peut excéder 3 000 euros pour une personne physique et 15 000 euros pour une personne morale.

Cette amende est prononcée dans les conditions prévues au chapitre II du titre II du livre V. – *[C. consom., art. L. 114-2.]*

SOUS-SECTION 8 FRAIS DE RECOUVREMENT

Art. L. 132-23 La violation de l'interdiction relative aux frais de recouvrement mentionnée à l'article L. 121-21 est punie d'un emprisonnement de deux ans et d'une amende de 300 000 euros.

Le montant de l'amende peut être porté, de manière proportionnée aux avantages tirés du délit, à 10 % du chiffre d'affaires moyen annuel, calculé sur les trois derniers chiffres d'affaires annuels connus à la date des faits. – *[C. consom., art. L. 122-16, sanction.]*

SOUS-SECTION 9 PUBLICITÉ PORTANT SUR DES OPÉRATIONS COMMERCIALES RÉGLEMENTÉES

Art. L. 132-24 Le fait pour tout annonceur de diffuser ou faire diffuser une publicité interdite dans les conditions prévues à l'article L. 121-22 est passible d'une amende administrative dont le montant ne peut excéder 15 000 euros pour une personne physique et 75 000 euros pour une personne morale.

Cette amende est prononcée dans les conditions prévues au chapitre II du titre II du livre V. – *[C. consom., art. L. 121-15, al. 6.]*

SECTION II PRATIQUES COMMERCIALES RÉGLEMENTÉES

SOUS-SECTION 1 PUBLICITÉ COMPARATIVE

Art. L. 132-25 **Les infractions aux dispositions des articles L. 122-1 à L. 122-5 sont, le cas échéant, punies des peines prévues, d'une part, aux articles L. 132-2 à L. 132-9, d'autre part, aux articles L. 716-9 et L. 716-12 du code de la propriété intellectuelle.** – *[C. consom., art. L. 121-14, al. 1er.]*

COMMENTAIRE

Sur le *plan pénal*, lorsque la publicité est trompeuse ou de nature à induire en erreur, les peines prévues pour le délit de pratiques trompeuses seront applicables : il s'agit des lourdes peines prévues aux articles L. 132-2 à L. 132-9, qui avaient été aggravées par la loi no 2014-344 du 17 mars 2014. De même, pour les autres infractions relatives à la protection des marques, les lourdes sanctions prévues par le code de la propriété intellectuelle pourront s'appliquer : les articles L. 716-9 et L. 716-12 sont expressément visés.

Ces sanctions pénales n'empêcheront pas l'application de sanctions civiles sur le terrain du droit commun : le contrevenant engagera en effet sa *responsabilité civile* sur le fondement de l'article 1240 (anc. art. 1382) du code civil : action en réparation – par exemple pour un préjudice causé par un dénigrement constitutif de concurrence déloyale – ou cessation de l'illicite, au besoin grâce à l'intervention du juge des référés.

Parallèlement, une action en contrefaçon est également envisageable lorsque la citation et la représentation de la marque d'autrui s'y prêtent. ❑

1. *Responsabilité civile.* La publication d'une publicité comparative qui ne satisfait pas aux conditions posées par les textes [C. consom., art. L. 122-1 s.] cause un préjudice à l'entreprise visée ouvrant droit à réparation. • TGI Paris, 18 nov. 1992 : *cité note 3 ss. art. L. 122-1.* ◆ Le responsable du dénigrement est autant celui qui le réalise, sans être le concurrent, que celui qui en profite (le concurrent). • T. com. Paris, 3 oct. 1995 : *Gaz. Pal. 1996. 2. Somm. 495.*

Pour une condamnation sur le fondement de la concurrence déloyale, V. • Orléans, 29 nov. 1994 : *JCP 1995. IV. 1214* • Versailles, 20 nov. 1997 : *RJDA 1998, no 355.* ◆ Pour une condamnation pour contrefaçon par l'usage de la marque d'un concurrent dans une plaquette publicitaire comparative, déclarée illicite en raison d'un défaut de loyauté et d'objectivité, V. • Versailles, 15 nov. 2001 : *JCP E 2002, no 8-9, 345.* ◆ La publicité ne portant que sur les produits vendus en ligne, particulièrement sur les sites internet *rueducommerce.com* et *fnac.com*, il s'ensuit que la SA Fnac, dont l'activité n'est pas visée, ne justifie du seul fait de sa dénomination sociale et de la prétendue titularité des marques éponymes d'aucun intérêt à agir. • Paris, 23 juin 2006 : *JCP 2006. II. 10163, note du Crest ; Lettre distrib. déc. 2006, p. 3.*

2. *Publicités comparatives illicites.* Pour être licite, la comparaison doit reposer sur des critères appropriés, c'est-à-dire sur des caractéristiques à la fois essentielles, pertinentes, vérifiables et représentatives des services concernés. • Com. 18 déc. 2007 : *Bull. civ. IV, no 269 ; D. 2008. AJ 157, obs. Rondey ; RTD com. 2008. 614, obs. Bouloc ; JCP 2008. IV. 1166 ; CCC 2008, no 148, obs. Raymond ; LPA 25 sept. 2008, obs. Nadaud ; RJDA 2008, no 723* • 1er juill. 2008 : *CCC 2008, no 263, obs. Raymond ; RJDA 2008, no 1317.* ◆ N'est pas licite la publicité comparative résultant d'une étude non exhaustive applicable à un seul site et ne faisant apparaître d'effet d'économie qu'en négligeant le coût de l'investissement nécessaire pour réaliser les installations indispensables à l'utilisation du gaz alors que la publicité litigieuse a étendu une appréciation à l'ensemble des locaux de la capitale pouvant être chauffés soit au gaz, soit à la vapeur. • TGI Paris, 18 nov. 1992 : *BICC 1993, no 651.* ◆... La publicité comparative portant sur les prix, fondée sur la moyenne pondérée tirée de relevé de prix de produits regroupés selon les critères propres à chacun des instituts de mesure, ces produits ne retrouvant leur individualité que si l'on a accès au détail des relevés, communication dont ne bénéficie par hypothèse pas le consommateur lorsque la méthode indiciaire, a pu être utilisée. • Aix-en-Provence, 20 mars 1997 : *D. Affaires 1997. 789 ; RJDA 1997, no 1559.* ◆ Par ailleurs, il a été jugé que la référence, en avril 1993, aux prix relevés durant le trimestre précédent, ne répond pas par son caractère prospectif et en raison de l'extrême variabilité du prix dans le secteur de la grande distribution, à cette exigence. • Même arrêt.

Ne satisfait pas à la condition de « produits identiques » la publicité qui compare des produits qui ne sont pas identiques quant à leur marque ou leur origine. • Crim. 16 oct. 1996 : *Bull. crim. no 364 ; RTD com. 1997. 340, obs. Bouloc ; CCC 1997, no 36, obs. Raymond ; JCP 1997. IV. 433 ; Gaz. Pal. 1997. 1. Somm. 214.* ◆ De la même façon, est illicite la publicité comparative qui ne concerne pas des produits identiques vendus dans des conditions semblables, qui ne se limite pas à une comparaison objective et dans laquelle la durée des offres tarifaires n'est pas précisée. • Versailles, 27 juin 2002 : *cité note 6 ss. art. L. 122-1.* ♦ L'appréciation du caractère identique des produits relève du pouvoir souverain des juges du fond. • Même arrêt. ♦ Si le prix peut être la caractéristique principale sur laquelle la publicité entend faire porter l'attention du consommateur, il n'en reste pas moins que l'exigence d'objectivité suppose que le consommateur puisse avoir connaissance des caractéristiques propres à justifier les différences de prix; il ne s'agit pas alors de faire porter la comparaison sur ces derniers éléments mais simplement d'informer objectivement le consommateur lorsque le prix est la seule caractéristique comparée. • Com. 31 oct. 2006 : *cité note 5 ss. art. L. 122-1.* ♦ Si l'exigence d'objectivité de la publicité comparative, posée par l'art. L. 121-8, 3° [L. 122-1, 3°], suppose que soient données au consommateur les informations sur les caractéristiques propres du produit comparé de nature à justifier l'écart de prix vanté et l'avantage financier susceptible d'être réellement obtenu, cette exigence n'implique pas l'obligation d'exposer au consommateur les paramètres qui permettent de déterminer le prix des produits comparés. • Com. 5 juill. 2016, n° 14-26.095 : *CCC 2016, n° 226, obs. Bernheim-Desvaux.* ♦ Considérant qu'est illicite la publicité comparative sur le prix de produits vendus en grande surface prenant la forme d'un tract qui porte sur la comparaison du prix de produits génériques, sans précision ni de marque, ni de qualité, ni d'origine, V. • Orléans, 27 mai 1999, n° 97/03203 : *CCC 2000, n° 36, obs. Raymond* • Agen, 23 mai 2005 : *ibid. 2006, n° 40, obs. Raymond* (caddy comparatif). ♦ Il en va de même des produits dits « d'appel ou de premier prix » identifiés par une appellation générale (porto, whisky, etc.), dont il n'est pas établi qu'ils aient eu le même fabricant, la même présentation ni les mêmes caractéristiques. • Nancy, 14 févr. 1996 : *JCP 1997. IV. 1181.* ♦ Jugeant qu'une publicité comparative n'est licite que lorsque les termes de la comparaison sont clairement énoncés, V. • T. com. Paris, 7 mai 2003 : *CCC 2004, n° 31, obs. Raymond.* ♦ Sanctionnant une publicité comparative portant sur des prix de produits non identiques, V. • T. com. Nanterre, 19 oct. 1999 : *cité note 6 ss. art. L. 122-1* • Versailles, 27 juin 2002 : *ibid.* ♦ V. désormais la rédaction de l'art. L. 122-1-2° n'exigeant plus que des « biens ou services répondant aux mêmes besoins ou ayant le même objectif »; et pour une application : • Paris, 4 déc. 2002, n° 2002/18040 : *CCC 2003, n° 65, obs. Raymond.* ♦ ... Une publicité comparative menée sur le marché des télécommunications et imputant à une société des pratiques tarifaires héritées d'une situation monopolistique révolue alors que la désuétude prêtée aux tarifs de cette société ne correspondait pas à la réalité. • Versailles, 26 mars 1999 : *cité note 6 ss. art. L. 122-1,* confirmé par • Com. 27 mars 2001 : *ibid.*

V. aussi, pour une comparaison entre des audiences de deux stations de radio, déformant les résultats d'un sondage, • Paris, 24 janv. 1995 : *D. 1996. Somm. 73, obs. Hassler.* – Comp. : • TGI Paris, 31 mai 1996 : *RJDA 1996, n° 1409; Gaz. Pal. 1996. 2. Somm. 535,* conf. par • Paris, 10 sept. 1999 : *D. 1999. AJ 30; Gaz. Pal. 19-20 mai 2000, p. 42, obs. Grelier-Lenain.* ♦ ... Émettant un certain nombre « d'hypothèses de travail », incompatibles avec une comparaison objective des caractéristiques des différents produits : • TGI Strasbourg, 11 oct. 2007 : *RJDA 2008, n° 88; CCE 2008, n° 24, obs. A. D.; Lettre distrib. déc. 2007, p. 4.* ♦ ... Ou excluant alternativement d'un tableau comparatif certaines écoles lorsque, dans l'une ou l'autre des différentes matières enseignées, leur taux de réussite était meilleur que celui de l'établissement de formation. • Paris, 23 mai 2003 : *BRDA 2003, n° 20, p. 11.*

L'information relative à l'importance de la diffusion d'une revue constituant une caractéristique significative, pertinente et vérifiable, une revue informatique ne satisfait pas aux exigences de l'art. L. 121-8 [L. 122-1] dès lors qu'elle se présente dans une publicité comme le « numéro un » en diffusion, sans donner aucune information de cette nature sur la revue concurrente, et remplace le chiffre de diffusion de celle-ci par un point d'interrogation, lequel fait volontairement planer un doute sur la diffusion du concurrent et sur le fait que ses dirigeants pourraient être à l'origine de ce doute pour dissimuler un mauvais résultat. • Paris, 1er juill. 1998 : *D. 1998. IR 197; D. Affaires 1998. 1636, obs. C. R.; LPA 28 juin 1999, obs. Etner.*

Sur l'appréciation du caractère déloyal d'une publicité comparative, V. aussi • Com. 18 juin 1996 : *Bull. civ. IV, n° 18; D. 1997. Somm. 237, obs. Izorche* • 1er juill. 2003, n° 99-17.183 P : *D. 2003. Somm. 2427, obs. Ferrier; RTD com. 2004. 364, obs. Bouloc; JCP E 2003, n° 1435, note Vilmart; CCC 2003, n° 160, obs. Malaurie-Vignal* • Paris, 4 déc. 2002 : *préc.* ♦ Sur le caractère illicite d'une publicité comparative résultant du caractère trompeur d'une publicité, V. • Paris, 5 févr. 2015, n° 11/09260 : *CCC 2015, n° 131, obs. Raymond.*

3. Compétence du juge des référés. L'appréciation du caractère loyal et véridique d'une publicité au sens de l'art. L. 121-8 [L. 122-1] n'incombe pas au juge des référés. • Paris, 2 juill. 1997 : *CCC 1997, n° 185, obs. Raymond.* ♦ Pour un arrêt considérant que l'éventuelle nécessité d'un pluriel, s'agissant des « caractéristiques » mentionnées à l'art. L. 121-8 [L. 122-1], nécessite une interprétation dépassant l'aptitude du juge des référés, V. • Versailles, 22 mai 1998 : *cité note 3 ss. art. L. 122-1.* ♦ Dans un cadre de libre concurrence entre les différents opérateurs présents sur un marché, les publicités effectuées par l'un d'entre eux pour convaincre les consommateurs d'utiliser ses services plutôt que ceux de ses concurrents ne constituent pas un dommage imminent au sens de l'art. 873, al. 1er NCPC [renommé C. pr. civ.], permettant au juge des référés commerciaux d'interdire, pour ce seul motif, la diffusion des publicités incriminées. • Paris, 4 déc. 2002 : *préc. note 1.*

4. *Mesures d'instruction.* Le comparé, qui est en droit de vérifier le caractère loyal, véridique, objectif de la publicité, justifie d'un intérêt légitime au sens de l'art. 145 NCPC [renommé C. pr. civ.] à obtenir avant tout procès, la preuve des faits dont pourrait dépendre la solution du litige. • Paris, 8 oct. 1997 : *D. Affaires 1997. 1318.*

5. *Conflits de lois.* La loi applicable à la responsabilité extra-contractuelle est celle du lieu où le fait dommageable s'est produit ; ce lieu s'entend aussi bien de celui du fait générateur du dommage que du lieu de réalisation de ce dernier (application de la loi française à une publicité émise aux États-Unis et diffusée en France). • Civ. 1re, 14 janv. 1997 : *Bull. civ. I, no 14 ; D. 1997. 177, note Santa-Croce ; D. Affaires 1997. 215 ; Rev. crit. DIP 1997. 504, note Bischoff ; JCP 1997. II. 22903, note Muir Watt.*

6. *Affichage de la décision.* Ayant ordonné l'affichage du dispositif de son arrêt à l'entrée principale du magasin, alors qu'une telle mesure n'entre pas dans les prévisions de l'art. L. 121-14 [L. 132-25], la cour d'appel a violé celui-ci. • Com. 2 févr. 2010 : *CCC 2010, no 144, obs. Raymond ; Gaz. Pal. 2010. 2968* • Crim. 28 juin 2011 : *cité note 1 ss. art. L. 132-4.*

SOUS-SECTION 2 OFFRES ET OPÉRATIONS PROMOTIONNELLES PROPOSÉES PAR VOIE ÉLECTRONIQUE

Art. L. 132-26 Tout manquement aux obligations mentionnées aux articles L. 122-8 et L. 122-9 relatives aux offres et opérations promotionnelles par voie électronique est passible d'une amende administrative dont le montant ne peut excéder 3 000 euros pour une personne physique et 15 000 euros pour une personne morale.

Cette amende est prononcée dans les conditions prévues au chapitre II du titre II du livre V. — *[C. consom., art. L. 121-15-3, al. 2.]*

COMMENTAIRE

L'alinéa 2 de l'ancien article L. 121-15-3 prévoyait que les dispositions relatives aux offres et opérations promotionnelles par voie électronique étaient passibles des sanctions prévues pour la publicité trompeuse. Mais la loi no 2014-344 du 17 mars 2014 s'est contentée de sanctions administratives, refusant d'aligner les sanctions sur celles des pratiques trompeuses, aujourd'hui lourdement sanctionnées. Les infractions sont néanmoins recherchées et constatées dans les mêmes conditions que pour la publicité trompeuse.

En fin de compte, avec la recodification opérée par l'ordonnance du 14 mars 2016, ce second alinéa a été dissocié du texte pour être déplacé au sein des sanctions : l'article L. 132-26 prévoit ainsi une amende administrative de 3000 € pour une personne physique et 15 000 € pour une personne morale.

SOUS-SECTION 3 APPELLATION BOULANGER ET ENSEIGNE DE BOULANGERIE

COMMENTAIRE

Depuis la loi no 2014-344 du 17 mars 2014, les manquements aux dispositions relatives à l'appellation de boulanger et à l'enseigne de boulangerie sont sanctionnés des peines encourues pour les pratiques commerciales trompeuses : en effet, l'ancien article L. 121-82 renvoyait à l'ancien article L. 121-6. Depuis la recodification opérée par l'ordonnance du 14 mars 2016, les sanctions ont été déplacées et font l'objet de deux textes spécifiques (art. L. 132-27 et L. 132-28), développant à l'origine les mêmes peines que pour les pratiques trompeuses, à la fois principales (deux ans d'emprisonnement et 300 000 € d'amende pouvant être portée à 10 % du chiffre d'affaires du professionnel) et complémentaires (interdiction de gérer, notamment). *Toutefois, la loi du 9 décembre 2016* a supprimé la peine d'emprisonnement, initialement prévue.

Art. L. 132-27 Le fait de méconnaître les dispositions des articles L. 122-17 et L. 122-18 est puni *(Abrogé par L. no 2016-1691 du 9 déc. 2016, art. 132) « d'un emprisonnement de deux ans et »* **d'une amende de 300 000 euros.**

Le montant de l'amende peut être porté, de manière proportionnée aux avantages tirés du délit, à 10 % du chiffre d'affaires moyen annuel, calculé sur les trois derniers chiffres d'affaires annuels connus à la date des faits. – *[C. consom., art. L. 121-82, peines principales.]*

Art. L. 132-28 Les personnes physiques coupables du délit puni à l'article L. 132-27 encourent également à titre de peines complémentaires l'interdiction, suivant les modalités prévues à l'article 131-27 du code pénal, soit d'exercer une fonction publique ou d'exercer l'activité professionnelle ou sociale dans l'exercice ou à l'occasion de l'exercice de laquelle l'infraction a été commise, soit d'exercer une profession commerciale ou industrielle, de diriger, d'administrer, de gérer ou de contrôler à un titre quelconque, directement ou indirectement, pour leur propre compte ou pour le compte d'autrui, une entreprise commerciale ou industrielle ou une société commerciale.

Ces interdictions d'exercice ne peuvent excéder une durée de cinq ans. Elles peuvent être prononcées cumulativement.

Les personnes morales déclarées responsables pénalement, dans les conditions prévues à l'article 121-2 du code pénal, du délit puni à l'article L. 132-27 encourent, outre l'amende suivant les modalités prévues à l'article 131-38 du de ce code, les peines prévues aux 2° à 9° de l'article 131-39 du même code.

L'interdiction mentionnée au 2° du même article 131-39 porte sur l'activité dans l'exercice ou à l'occasion de l'exercice de laquelle l'infraction a été commise. Les peines prévues aux 2° à 7° de cet article ne peuvent être prononcées que pour une durée de cinq ans au plus. – *[C. consom., art. L. 121-82, peines complémentaires.]*

TITRE QUATRIÈME DISPOSITIONS RELATIVES À L'OUTRE-MER

CHAPITRE UNIQUE DISPOSITIONS COMMUNES

Art. L. 141-1 Dans les collectivités relevant de l'article 73 de la Constitution *(Ord. n° 2017-269 du 2 mars 2017, art. 1er, en vigueur le 1er juill. 2017)* « et dans les collectivités de Saint-Barthélemy, de Saint-Martin, de Saint-Pierre-et-Miquelon et des îles Wallis-et-Futuna », en cas de situation conjoncturelle où le prix de cession par leur producteur de produits agricoles périssables ou de produits issus de cycles courts de production est anormalement bas par rapport à la moyenne des prix observés lors de la période correspondante de la précédente campagne, l'observatoire des prix, des marges et des revenus mentionné au titre Ier A du livre IX du code de commerce peut proposer au représentant de l'État de rendre obligatoire l'affichage sur les lieux de vente du prix d'achat au producteur et du prix de vente au consommateur. – *[C. consom., art. L. 113-3, al. 2.]*

Les dispositions issues de l'Ord. n° 2017-269 du 2 mars 2017 entrent en vigueur à la date d'entrée en vigueur du décret portant dispositions relatives à l'outre-mer du code de la consommation et au plus tard le 1er juill. 2017 (Ord. préc., art. 9). – V. Décr. n° 2017-1166 du 12 juill. 2017 (JO 14 juill.), qui ne prévoit pas d'entrée en vigueur particulière, de telle sorte que les dispositions relatives à l'outre-mer ont vocation à entrer en vigueur le 1er juillet 2017.

en faveur du débiteur, et le contrat d'adhésion contre celui qui l'a proposé » (C. civ., art. 1190), en pratique le professionnel.

Par ailleurs, alors que l'article 1190 du code civil n'a qu'une valeur supplétive, les dispositions de l'article L. 133-2 sont impératives et peuvent par conséquent servir de fondement à un pourvoi en cassation (Civ. 1re, 13 oct. 1993 : *JCP 1994. I. 3757, obs. M. Billiau* ; 21 janv. 2003 : *cité ss. art. L. 211-1*). Le doute peut notamment découler de l'absence de cohérence de clauses pourtant claires (Civ. 2e, 3 juill. 2014 : *cité note 3 ss. art. L. 211-1*).

L'article L. 211-1 précise toutefois que la règle n'est pas applicable dans l'hypothèse où une association de consommateurs exerce une action en suppression de clauses abusives (V. art. L. 621-8). En effet, cette action a trait non pas à l'interprétation de la clause mais à son appréciation.

Art. L. 211-1 Les clauses des contrats proposés par les professionnels aux consommateurs doivent être présentées et rédigées de façon claire et compréhensible.

Elles s'interprètent en cas de doute dans le sens le plus favorable au consommateur. Les dispositions du présent alinéa ne sont toutefois pas applicables aux procédures engagées sur le fondement de l'article L. 621-8.

Un décret en Conseil d'État précise, en vue d'assurer l'information du consommateur, les modalités de présentation des contrats mentionnés au premier alinéa. – *[C. consom., art. L. 133-1 et L. 133-2.]*

Sur les contrats conclus par voie électronique, V. C. civ., art. 1125 s. — ***C. civ.***

BIBL. ▶ LAMOUREUX, *D. 2006. 2848* (interprétation des contrats de consommation). – GRYNBAUM, *RDC 2007. 973* (de l'art de la mesure dans la protection du consentement). – NOGUÉRO, *Gaz. Pal. 2011. 3252 ; ibid. 2012. 712* (détermination du contenu du contrat d'assurance par son interprétation). – BERNHEIM-DESVAUX, *CCC 2012. Formule 10* (clause d'acceptation des conditions générales du contrat).

1. *Interprétation des clauses ambiguës.* Viole l'art. L. 133-2, al. 2 [L. 211-1, al. 2], la cour d'appel qui déboute un assuré de sa demande en garantie, alors que la clause définissant le risque était ambiguë, de sorte qu'elle devait être interprétée dans le sens le plus favorable à cet assuré. • Civ. 1re, 21 janv. 2003 : *Bull. civ. I, n° 19 ; D. 2003. 2600, note Claret ; Dr. et patr. mai 2003. 112, obs. Chauvel ; RCA 2003. Chron. 13, par Courtieu ; RTD com. 2003. 559, obs. Bouloc ; RTD civ. 2003. 292, obs. Mestre et Fages ; RDC 2003. 91, obs. Bruschi ; RGDA 2003. 442, note Kullmann ; JCP E 2003, n° 11, p. 442* • Civ. 2e, 13 juill. 2006 : *Bull. civ. II, n° 214 ; RTD com. 2007. 435, obs. Bouloc ; JCP 2006. IV. 2742 ; Gaz. Pal. 2007. 4036, note. Leducq ; CCC 2006, n° 209, obs. Raymond ; RJDA 2006, n° 1196 ; RDC 2007. 347, obs. Fenouillet* • Civ. 1re, 22 mai 2008 : *cité note 4 ss. art. L. 212-1* • Civ. 2e, 9 avr. 2009 : *JCP 2009, n° 29-30, p. 12, note Noguéro ; CCC 2009, n° 205, obs. Raymond.*

Dès lors qu'il est relevé qu'il existe une confusion dans l'interprétation des clauses du contrat qui a sa source dans l'ambiguïté rédactionnelle et qu'aucun élément du dossier n'indique que des explications claires avaient été fournies, la compagnie d'assurance doit assumer la responsabilité d'un libellé contestable de la clause litigieuse. • Civ. 1re, 11 mars 2010 : *CCC 2010, n° 170, obs. Raymond.* ♦ En interprétant d'une certaine façon la clause litigieuse ambiguë alors qu'une autre interprétation plus favorable à l'assurée était soutenue et avait été retenue par les premiers juges, la cour d'appel a violé l'art. L. 133-2 [L. 211-1]. • Civ. 2e, 1er juin 2011 : *Bull. civ. II, n° 126 ; D. 2011. Actu. 1612, obs. Ravel d'Esclapon ; Gaz. Pal. 2012. 286, obs. Houtcieff ; Defrénois 2011. 1485, obs. Seube.* ♦ V. aussi : • Civ. 1re, 17 nov. 2011 : *CCC 2012, n° 142, obs. G. R. ; Dr. et proc. juill.-août 2012, Cah. dr. consom., p. 22, obs. Picod* • Civ. 2e, 15 déc. 2011 : *eod. loc ; Gaz. Pal. 2012. 2357, obs. Leducq.* ♦ Dès lors qu'il résultait des constatations, empruntées aux clauses du contrat de prêt, qu'en cas de mise à disposition des fonds en une seule fois, privant la période d'utilisation de tout effet, la période de remboursement succédait directement à la période de disponibilité, la cour d'appel, qui a appliqué la clause litigieuse dans le sens le plus défavorable à l'emprunteur en lui imputant l'omission d'une diligence à laquelle il n'était pas tenu, a violé l'art. L. 133-2 [L. 211-1]. • Civ. 1re, 17 juin 2015, n° 14-17.009 : *Banque et Droit sept.-oct. 2015. 29, obs. Helleringer.*

2. *Clauses claires et compréhensibles.* La clause litigieuse, qui stipule que les indemnités journalières sont versées au cours de la période pendant laquelle l'état de santé de l'assuré ne lui permet, temporairement, d'effectuer aucune activité professionnelle et que ces indemnités lui sont versées jusqu'à la date à laquelle il peut reprendre une activité professionnelle, quelle qu'elle soit, étant rédigée de façon claire et compréhensible, sans laisser place au doute, elle ne peut être interprétée. • Civ. 1re, 13 déc. 2012 : *Bull. civ. I, n° 259 ; Dalloz actualité, 23 janv. 2013, obs. Kilgus ; D. 2013. Actu. 6 ; JCP E 2013, n° 1059 ; CCC 2013, n° 47, obs. G. R. ; RJDA 2013,* *n° 264; Gaz. Pal. 2013. 494, obs. Piedelièvre; RDC 2013. 489, obs. Rochfeld; ibid. 554, obs. Viney.*

3. Clauses divergentes. En présence de deux clauses ayant le même objet, provenant de deux contrats successifs dont il n'est pas établi que le consommateur ait renoncé à l'un d'eux, en-soi claires et précises, mais divergentes, et dont l'ambiguïté naissant de leur rapprochement rendait nécessaire l'interprétation, exclusive de dénaturation, la cour d'appel a fait une exacte application des dispositions de l'art. L. 133-2 [L. 211-1] en décidant que l'assuré devait bénéficier de la stipulation la plus favorable qui était celle prévue par le second contrat. • Civ. 2e, 3 juill. 2014 : *Bull. civ. II, n° 168; Dalloz actualité, 23 juill. 2014, obs. de Ravel d'Esclapon; RLDA oct. 2014. 41, obs. Mathonnière.*

Art. L. 211-2 Les conditions générales de vente applicables aux contrats de consommation mentionnent :

1° Selon des modalités fixées par arrêté du ministre chargé de l'économie, l'existence, les conditions de mise en œuvre et le contenu de la garantie légale de conformité et de la garantie relative aux défauts de la chose vendue, dues par le vendeur ; – *V. Arr. du 18 déc. 2014, ci-dessous.*

2° Le cas échéant, l'existence d'une garantie commerciale et d'un service après-vente. – *[C. consom., art. L. 133-3.]* – *V. Arr. du 22 déc. 1987 relatif à la présentation des écrits constatant les contrats de garantie et de service après-vente, ss. art. R. 211-1.*

Arrêté du 18 décembre 2014,

Relatif aux informations contenues dans les conditions générales de vente en matière de garantie légale.

BIBL. ▶ NDLR, *BRDA 2015, n° 1, p. 14* (comment présenter les garanties légales dans les CGV aux consommateurs).

Art. 1er En application de l'article *(Ord. n° 2016-301 du 14 mars 2016, art. 2, en vigueur le 1er juill. 2016)* « L. 211-2 » du code de la consommation, les conditions générales de vente des contrats de consommation doivent comporter les nom et adresse du vendeur garant de la conformité des biens au contrat, permettant au consommateur de formuler une demande au titre de la garantie légale de conformité prévue aux articles *(Ord. n° 2016-301 du 14 mars 2016, art. 2, en vigueur le 1er juill. 2016)* « L. 217-4 » et suivants du code de la consommation ou de la garantie des défauts de la chose vendue au sens des articles 1641 et suivants du code civil.

Art. 2 Les conditions générales de vente des contrats de consommation mentionnent que le vendeur est tenu des défauts de conformité du bien au contrat dans les conditions de l'article *(Ord. n° 2016-301 du 14 mars 2016, art. 2, en vigueur le 1er juill. 2016)* « L. 217-4 » et suivants du code de la consommation et des défauts cachés de la chose vendue dans les conditions prévues aux articles 1641 et suivants du code civil.

Art. 3 Les conditions générales de vente des contrats de consommation font figurer dans un encadré les mentions selon lesquelles, lorsqu'il agit en garantie légale de conformité, le consommateur :

— bénéficie d'un délai de deux ans à compter de la délivrance du bien pour agir ;

— peut choisir entre la réparation ou le remplacement du bien, sous réserve des conditions de coût prévues par l'article *(Ord. n° 2016-301 du 14 mars 2016, art. 2, en vigueur le 1er juill. 2016)* « L. 217-9 » du code de la consommation ;

— est dispensé de rapporter la preuve de l'existence du défaut de conformité du bien durant les six mois suivant la délivrance du bien. Ce délai est porté à vingt-quatre mois à compter du 18 mars 2016, sauf pour les biens d'occasion.

Ce même encadré rappelle que la garantie légale de conformité s'applique indépendamment de la garantie commerciale éventuellement consentie.

Il rappelle, enfin, que le consommateur peut décider de mettre en œuvre la garantie contre les défauts cachés de la chose vendue au sens de l'article 1641 du code civil et que dans cette hypothèse, il peut choisir entre la résolution de la vente ou une réduction du prix de vente conformément à l'article 1644 du code civil.

Art. 4 Le présent arrêté entre en vigueur le 1er mars 2015.

Art. L. 211-3 Lors de la conclusion de tout contrat écrit, le consommateur est informé par le professionnel de la possibilité de recourir, en cas de contestation, à la

procédure de médiation de la consommation dans les conditions prévues au titre Ier du livre VI. – *[C. consom., art. L. 133-4.]*

BIBL. ▶ BERNHEIM-DESVAUX, *CCC 2015. Formule 11* (la clause de recours à la médiation).

Art. L. 211-4 **Les dispositions du présent chapitre sont également applicables aux contrats conclus entre des professionnels et des non-professionnels.**

CHAPITRE II CLAUSES ABUSIVES

RÉP. COM. v° *Clauses abusives*, par SAUPHANOR-BROUILLAUD.

BIBL. GÉN. ▶ Auteurs sous la direction de GHESTIN, *LGDJ 1991* (les clauses abusives dans les contrats types en France et en Europe). – BAZIN, *Rev. huiss. 1995. 523.* – BIHL, *Dalloz 1986, nos 401 s.* (droit de la vente). – BRICKS, *J.-Cl. Conc. Consom. 810; LGDJ 1982* (les clauses abusives). – BRIÈRE DE L'ISLE, *RD imm. janv.-mars 1981.* – CALAIS-AULOY, *Dalloz 1992, nos 144 s.* (droit de la consommation). – CARMET, *RTD com. 1982. 1* (sur la loi du 10 janv. 1978). – CHEMEL, *CCC 1996. Chron. 2* (consommateur-touriste; loi n° 92-645 du 13 juill. 1992). – COTTEREAU, *JCP 1993. I. 3691.* – DANGLEHAUT, *ALD 1995. 127.* – ESPÉRIQUETTE, *Rev. Conc. Consom. 1989, n° 51* (action de la DGCCRF dans la lutte contre les clauses abusives). – GHESTIN, *Études Calais-Auloy, Dalloz, 2004, p. 447* (élimination par le juge). – GRIDEL, *D. 1984. Chron. 153* (sur l'art. 35, loi du 10 janv. 1978). – HENRY, *D. 2003. 2557* (clauses abusives : appréciation du rapport direct avec l'activité). – HUET, *JCP 1992. I. 3592* (sur la loi du 18 janv. 1992); *D. 1993. Chron. 331* (contrôle des clauses abusives par le juge judiciaire). – KARIMI, *LPA 5 mai 1995; Gaz. Pal. 1995. 2. Doctr. 1163* (examen de 26 décisions judiciaires); *JCP 1996. I. 3918* (application du droit commun en matière de clauses abusives après la loi du 1er févr. 1996). – KUHNMUNCH, *Rev. Conc. Consom. 1992, n° 65.* – KULLMANN, *D. 1993. Chron. 59*. – X. LAGARDE, *D. 2005. Chron. 2222* (clause abusive et irrégularité formelle); *JCP 2006. I. 110* (qu'est-ce qu'une clause abusive ?). – LUBY, *CCC 2004. Chron. 1* (quand la CJCE ébranle le régime juridique des clauses abusives). – MALINVAUD, *D. 1981. Chron. 49.* – D. MAZEAUD, *Dr. et patr., 1995. 42.* – MESTRE, *Mélanges Terré, Dalloz, PUF, J.-Cl. 1999, p. 677* (vingt ans de lutte contre les clauses abusives). – NGUYEN-THANH-BOURGEAIS, *D. 1984. Chron. 91* (ordre public dans les lois Scrivener). – PAISANT, *D. 1986. Chron. 299.* – PATAUT, *Études Calais-Auloy, préc., p. 807* (clauses attributives de juridiction). – PICOD, *JCP 1990. I. 3447* (clause résolutoire et règle morale). – RAYMOND, *CCC oct. 1992. 1; ibid. 1995, n° 56.* – RIEG, *Études Rodière 1981, p. 225* (lutte contre les clauses abusives, solutions allemande et française). – ROCHFELD, *Études Calais-Auloy, préc., p. 981* (exigence de transparence). – SINAY-CYTERMANN, *RTD civ. 1985. 471.* – TESTU, *JCP 1993. I. 3673* (le juge et le contrat d'adhésion); *D. Affaires 1996. 372.* – LE TOURNEAU, *LPA 12 sept. 2005* (critères de la qualité de professionnel). – Actes de la journée d'étude du 29 mai 1998, *Rev. Conc. Consom. sept.-oct. 1998* (protection du consommateur contre les clauses abusives). – RAYMOND, *RD banc. fin. mai-juin 2006. 41* (clauses abusives dans les conventions de compte de dépôt). – J.-L. FOURGOUX, *RLDA sept. 2006. 72* (clauses abusives : les écueils à éviter). – ERHARDT, *CCC 2007. Étude 1* (la clause de confirmation de commande à la lumière de la réglementation des clauses abusives). – LICARI, *Mélanges le Tourneau, Dalloz, 2008, p. 655* (quelques réflexions et propositions au sujet des clauses « déraisonnables » ou « abusives » dans les contrats conclus entre professionnels, à la lueur du droit comparé et des propositions savantes). – SAUPHANOR-BROUILLAUD, *CCC 2008. Étude 7* (clauses abusives dans les contrats de consommation : critères de l'abus). – GOLDIE-GÉNICON, *D. 2008. 2447* (l'assurance de groupe à l'épreuve de la législation sur les clauses abusives). – WHITTAKER, *D. 2009. 1152* (clauses abusives et garanties des consommateurs : la proposition de directive relative aux droits des consommateurs et la portée de l'« harmonisation complète »). – THÉPOT, *RLDA juill.-août* 2011. 76 (articulation des règles relatives à la prohibition des clauses abusives). – FORTI, *RTD com. 2012. 433* (le fractionnement abusif du contrat de consommation). – ZABEL, *LPA 12-13 sept. 2013* (clauses abusives et droit du travail : le concept issu du droit de la consommation pénètre-t-il le droit du travail ?). – PICOD, MAZEAUD et LAUROBA, *SLC, coll. Droit comparé et européen, 2013* (clauses abusives : approches croisées franco-espagnoles). – AMARO, *CCC 2014. Étude 8* (le déséquilibre significatif en droit commun des contrats ou les incertitudes d'une double filiation). – CHANTEPIE, *AJCA 2015. 121* (les clauses abusives et leur sanction en droit commun des contrats). – Dossier, *RD banc. fin. 2016. Dossier 17 s.* (la banque et le droit des clauses abusives). – JAKOULOFF, *LPA 10 juin 2015* (des clauses abusives aux pratiques commerciales déloyales : deux directives complémentaires). – PELLIER, *LPA 10 juin 2016* (retour sur le domaine et la sanction des clauses abusive au sens de l'art. L. 132-1 [L. 212-1] C. consom.). – Dossier, *RD banc. fin. 2016. Dossier 17* (la banque et le droit des clauses abusives). – FORTUNATO, *AJ contrat 2017. 25* (protection des personnes morales contre les clauses abusives). – GOUËZEL, *RD banc. fin. 2017. Étude 9* (sûretés et clauses abusives).

▸ L. du 1er févr. 1995 : GELOT, *Defrénois 1995. 1201* (incidences de la loi du 1er févr. 1995 sur la rédaction des contrats). – GHESTIN et MARCHESSAUX-VAN MELLE, *JCP 1995. I. 3854*. – PAISANT, *D. 1995. Chron. 99*; *ibid. Chron. 223* (clauses pénales et clauses abusives).

▸ L. n° 2008-776 du 4 août 2008 : DELPECH, *D. 2008. 2220* (LME : renforcement du mécanisme de lutte contre les clauses abusives). – BRUSCHI, *RLDA nov. 2008. 37* (renforcement de la protection des consommateurs). – ROCHFELD, *RTD civ. 2008. 732* (du droit de la consommation au droit de la régulation du marché : des dangers des listes et de l'harmonisation maximale). – PATTETA, *blog.dalloz.fr, 8 janv. 2009* (une solution réglementaire aux problèmes de suppression des clauses abusives ?). – LAGARDE, *LPA 23 févr. 2009* (observations sur le volet consommation de la LME). – DURAFFOUR, *RLDA mars 2009. 43* (est-il possible d'encadrer réglementairement l'appréciation judiciaire du caractère abusif d'une clause contractuelle ?). – DESHAYES, *RDC 2009. 1602* (les réformes récentes et attendues en 2009). – SAUPHANOR-BROUILLAUD, *RLDC sept. 2010. 7* (un an après le décret du 18 mars 2009, l'actualité des clauses abusives).

▸ Ord. n° 2016-301 du 14 mars 2016 : PÉGLION-ZIKA, *D. 2016. 1208* (les clauses abusives et la recodification du code de la consommation).

COMMENTAIRE

I. DÉFINITION

La clause abusive est définie par l'article L. 212-1 comme celle qui a « pour objet ou pour effet de créer, au détriment du consommateur, un *déséquilibre significatif* entre les droits et les obligations des parties au contrat », l'article L. 212-2 étendant la protection au bénéfice du non-professionnel dont la définition est précisée dans l'article liminaire. Cette définition date de la loi du 1er février 1995 transposant la directive de 1993. Selon la Cour de justice de l'Union européenne, l'existence d'un déséquilibre significatif ne requiert pas nécessairement que les coûts mis à la charge des consommateurs par une clause contractuelle aient à l'égard de celui-ci une incidence économique significative au regard du montant de l'opération concernée. Le déséquilibre peut en effet résulter du simple fait d'une atteinte suffisamment grave à la situation juridique du consommateur : restriction au contenu des droits contractuels ou entrave à l'exercice de ceux-ci (CJUE 16 janv. 2014 : *cité note 1 ss. art. 3 de la Dir. 93/13/CEE du 5 avr. 1993, App., v° Clauses abusives*).

Il s'agit de rétablir l'équilibre inhérent aux clauses contractuelles, et non d'assurer une équivalence globale entre les prestations. C'est pourquoi l'alinéa 3 précise que « l'appréciation du caractère abusif des clauses (...) ne porte ni sur la définition de l'objet principal de contrat ni sur l'adéquation du prix ou de la rémunération au bien vendu ou au service offert, pour autant que ces clauses soient rédigées de façon claire et compréhensible », ce qui résulte de l'article 4 de la directive du 5 avril 1993. Ainsi, un compromis d'arbitrage entre un assureur et un assuré, signé après naissance du litige, constitue un contrat en soi et non une clause contractuelle, ce qui exclut l'application de la législation sur les clauses abusives (Civ. 1re, 25 févr. 2010 : *cité note 94 ss. art. L. 212-1*). Mais la Cour de justice de l'Union européenne a jugé que les articles 4 et 8 doivent être interprétés en ce sens qu'ils ne s'opposent pas à une réglementation nationale qui autorise un contrôle juridictionnel du caractère abusif des clauses contractuelles portant sur la définition de l'objet principal du contrat ou sur l'adéquation entre le prix et la rémunération, d'une part, et les services ou les biens à fournir en contrepartie, d'autre part (CJUE 3 juin 2010 : *cité note 18 ss. art. L. 212-1*).

Par ailleurs, l'article L. 212-1 précise dans son alinéa 2 que « le caractère abusif d'une clause s'apprécie en se référant, au moment de la conclusion du contrat, à toutes les circonstances qui entourent sa conclusion, de même qu'à toutes les autres clauses du contrat » et qu'il s'évalue aussi en considération de « celles contenues dans un autre contrat lorsque les deux contrats sont juridiquement liés dans leur conclusion ou leur exécution » (simple reformulation de la version antérieure à la recodification).

Enfin, le caractère essentiel de l'obligation affectée par la clause litigieuse ne constitue pas une condition de mise en œuvre de l'article L. 212-1, ainsi que l'a rappelé logiquement un arrêt de 2006 (Civ. 1re, 3 mai 2006 : *cité note 17 ss. art. L. 212-1*).

II. DOMAINE D'APPLICATION

Il s'agit généralement de clauses incluses dans des contrats d'adhésion, mais les contrats négociés ne sont pas exclus. La Cour de justice des Communautés européennes a estimé que la directive du 5 avril 1993 concernant les clauses abusives dans les contrats conclus avec les consommateurs devait être interprétée en ce sens qu'elle vise exclusivement les personnes physiques (CJCE 22 nov. 2001 : *cité note 5 ss. art. L. 212-1*).

A l'instar de l'ancien article L. 132-1, mais dans une disposition cette fois spécifique, le nouvel article L. 212-2 précise que les dispositions de l'article L. 212-1 sont également applicables aux contrats conclus entre des professionnels et des non-professionnels, dont la définition est précisée dans l'article liminaire. Dans la partie réglementaire, le nouvel article R. 212-5 (création) précise parallèlement que les dispositions des articles R. 212-1 à R. 212-4 sont également applicables aux contrats conclus entre des professionnels et des non-professionnels.

Pour sa part, la Cour de cassation s'est appuyée, non sans artifice, sur la notion de non-professionnel pour appliquer l'ancien article L. 132-1 aux personnes morales (Civ. 1re, 15 mars 2005 : *eod. loc.* ; V. toutefois : Civ. 1re, 11 déc. 2008 : *eod. loc.*, qui se contente d'affirmer que l'anc. art. L. 132-1 ne s'applique pas aux litiges entre sociétés commerciales). La définition légale du « non-professionnel » contenue dans l'article liminaire conduit à appliquer le droit des clauses abusives à « toute personne morale qui agit à des fins qui n'entrent pas dans le cadre de son activité commerciale, industrielle, artisanale, libérale ou agricole », ce qui constitue une vision plus large que celle envisagée par la jurisprudence (hormis la conception très extensive de l'arrêt de la 3e chambre civile du 4 févr. 2016 : *cité note 45 ss. art. L. 212-1*), laquelle s'en tenait aux associations et syndicats de copropriétaires, c'est-à-dire aux personnes morales sans activité lucrative.

L'autre question posée par le domaine d'application est beaucoup plus délicate. Il s'agit de savoir si une personne physique ou morale qui agit dans le cadre d'une activité habituelle et organisée de production, de distribution de prestation de services peut être considérée comme un consommateur, d'autant que les articles L. 212-1 et L. 212-2 visent à la fois les consommateurs et les non-professionnels. Dans un premier temps, la Cour de cassation a opté pour une position extensive : elle a considéré que, dès lors que le contrat échappait à sa compétence, le professionnel se trouvait dans le même état d'ignorance que n'importe quel consommateur et méritait, par conséquent, d'être protégé. Cependant, depuis un arrêt du 24 janvier 1995 (V. *note 1 ss. art. L. 212-2*), la Cour de cassation adopte une position plus restrictive : elle rappelle de façon constante, tout en s'en remettant à l'appréciation souveraine des juges du fond, que l'ancien article L. 132-1 (aujourd'hui art. L. 212-2) ne s'applique pas aux contrats de fourniture de biens ou de services qui ont un *rapport direct* avec l'activité professionnelle exercée. D'apparence objective, la notion de *rapport direct* aboutit presque systématiquement à fermer la porte à la protection du professionnel, donc à une exclusion de fait de ce dernier, ce qui peut paraître excessif (en ce sens, V. obs. ss. Civ. 1re, 27 sept. 2005 : *D. 2005. 238*, arrêt écartant l'application des dispositions protectrices en ce qui concerne une association, en l'occurrence la Fédération française d'athlétisme, qui avait souscrit un emprunt afin d'améliorer les conditions d'exercice de son activité ; V. toutefois en sens contraire : Civ. 3e, 4 févr. 2016 : *cité note 45 ss. art. L. 212-1*, adoptant une conception très étroite du critère de compétence en faveur du professionnel, conception à ce jour non partagée par les autres chambres : V. Com. 16 févr. 2016 : *cité note 3 ss. art. L. 215-1*).

III. ÉLIMINATION RÉSULTANT D'UN DÉCRET (ANCIEN RÉGIME)

L'ancien article L. 132-1, alinéa 2, dans sa version initiale, autorisait le Gouvernement à prendre des décrets en Conseil d'État, après avis de la Commission des clauses abusives, déterminant des types de clauses qui devaient être regardées comme abusives. C'était en quelque sorte la *liste noire*.

Le Gouvernement avait très peu utilisé la prérogative conférée par ce texte ; seulement deux décrets d'application étaient venus interdire des clauses abusives : le décret no 78-464 du 24 mars 1978 (anc. art. R. 132-1 et R. 132-2) et le décret no 2005-1450 du 25 novembre 2005 (anc. art. R. 132-2-1). Trois clauses ont été visées par ces dispositions :

– *La clause qui, dans un contrat de vente, supprime ou réduit le droit à réparation du consommateur en cas de manquement par le vendeur à l'une quelconque de ses obligations* (anc. art. R. 132-1).

Ce texte a été interprété par la jurisprudence de façon large :

Quant aux *contrats*, l'ancien article R. 132-1 ne visait expressément, dans sa version d'origine, que les « contrats de vente ». Il a été néanmoins jugé que cet article était applicable au contrat d'achat de films pour diapositives, développement compris ; l'achat et le développement étant indivisibles au regard de la volonté des parties, le contrat comprenait, ne serait-ce que de manière partielle, le caractère de vente (Civ. 1re, 25 janv. 1989 : *cité note 7 ss. art. L. 212-1*).

Quant aux *clauses*, il a été jugé par exemple que la clause stipulant qu'un délai de livraison n'avait qu'un caractère indicatif devait être réputée non écrite comme réduisant le droit à réparation de l'acquéreur non professionnel en cas de manquement par le vendeur professionnel à son obligation essentielle de délivrance dans le temps convenu (Civ. 1re, 16 juill. 1987 : *cité note 8 ss. art. L. 212-1*). De même, a été jugée abusive la clause incluse dans un contrat de vente de cuisine intégrée précisant que le retard de livraison ne donnait lieu à aucun droit de résiliation ou à aucune indemnisation (Toulouse, 6 déc. 1995 : *eod. loc.*).

– La clause qui réserve au professionnel le droit de modifier unilatéralement les caractéristiques du bien à livrer ou du service à rendre.

La jurisprudence a considéré que ce texte avait vocation à s'appliquer largement : par exemple dans un contrat de location saisonnière, en cas de clause permettant au prestataire de services de remplacer un séjour réservé par un autre (Paris, 2 oct. 1978 : *D. 1998. IR 238*).

– La clause qui, dans les contrats de fourniture de services financiers à distance, a pour objet ou pour effet de prévoir qu'incombe au consommateur la charge de la preuve du respect par le fournisseur des obligations qui découlent de la nouvelle législation en la matière.

Ce texte résultant du décret du 25 novembre 2005 était un développement des dispositions particulières consacrées aux contrats portant sur des services financiers émanant de l'ordonnance du 6 juin 2005.

Le décret du 24 mars 1978 interdisait en outre, très logiquement, *l'adhésion du consommateur à des conditions ne figurant pas dans le contrat*. Malheureusement, le texte a été annulé par le Conseil d'État.

Les trois clauses mentionnées ci-dessus étaient, comme aujourd'hui, *réputées non écrites* dans tout contrat passé entre un professionnel et un consommateur. En effet, l'éradication de la clause apparaît comme la meilleure protection du consommateur qui a généralement intérêt à la survie du contrat sans la clause, considérée comme inexistante.

IV. ÉLIMINATION RÉSULTANT D'UNE DÉCISION JUDICIAIRE

En 1978, le législateur n'a jamais entendu, à la différence du législateur allemand, confier au juge un tel pouvoir de contrôle. Mais devant l'immobilisme du gouvernement, il a admis d'abord prudemment, puis franchement, que le juge puisse contrôler le caractère abusif d'une clause, malgré l'absence de décret d'application la prohibant. Cette solution controversée a finalement été implicitement consacrée par le législateur lui-même en 1995 à l'occasion du toilettage de l'ancien article L. 132-1. Mais la marge d'initiative du juge a évolué.

Pour apprécier le caractère abusif en dehors du cadre réglementaire, les juges se référaient alors aux critères définis par l'ancien article L. 132-1 et à la liste annexée au code de la consommation, liste indicative et non exhaustive des clauses types pouvant être regardées comme abusives au regard de l'article précité et à laquelle renvoyait expressément l'alinéa 3 dudit article. Cette liste était considérée comme une simple *liste grise* dans la mesure où, selon l'ancienne rédaction de l'article L. 132-1, en cas de litige, le demandeur n'était pas dispensé d'apporter la preuve du caractère abusif de la clause.

Le juge pouvait bien entendu s'inspirer aussi des recommandations de la Commission des clauses abusives (V. *infra*). La marge d'appréciation des magistrats était différente de celle dont ils disposaient en présence d'un décret d'application : dans cette dernière hypothèse, le juge ne faisait que constater le caractère abusif alors que, si la clause figure dans la liste annexée, le demandeur n'était pas dispensé d'apporter la preuve du caractère abusif de la clause (anc. art. L. 132-1, al. 3). En cas de doute, le juge pouvait enfin toujours saisir pour avis la Commission des clauses abusives, sans être lié dans sa décision (V. *infra*).

V. SYSTÈME INSTAURÉ PAR LA LME (NOUVEAU RÉGIME)

Le système instauré a été très critiqué du fait de la superposition des régimes de protection : il a été relevé que le système ne permettait pas, « compte tenu de la supériorité de la loi sur le règlement, d'interdire par voie réglementaire des clauses figurant dans l'annexe ayant valeur législative, quand bien même leur caractère abusif est systématiquement reconnu tant par la commission des clauses abusives que par la jurisprudence » (Rapport Sénat, n° 413, p. 303).

La LME du 4 août 2008 maintient le double régime, mais simplifie et renforce encore le dispositif de lutte contre les clauses abusives : une *liste noire* et une *liste grise* de clauses abusives devaient être déterminées, toutes deux par décret en Conseil d'État (Décr. n° 2009-302 du 18 mars 2009, *JO 20 mars*), après avis de la commission des clauses abusives ; les clauses figurant sur la *liste noire* (celles désormais visées par l'art. L. 212-1, al. 4, et l'art. R. 212-1) sont présumées abusives de manière irréfragable, les clauses figurant sur la *liste grise* (celles désormais visées par l'art. L. 212-1, al. 5, et l'art. R. 212-2) ne font l'objet que d'une présomption simple, la preuve de leur caractère non abusif pouvant être rapportée par le professionnel : la charge de la preuve est, dans ce dernier cas, renversée au bénéfice du consommateur, à la différence du système précédent. Ces nouvelles listes ont pris le relais des anciennes. La proposition de directive relative aux droits des consommateurs laissait présager de nouvelles listes – au demeurant appauvries – dans sa version initiale du 8 octobre 2008, mais la version définitive, adoptée en 2011, a réduit les ambitions européennes initiales quant à l'ampleur et la portée de la réforme.

Comme en matière de pratiques déloyales, cette stratégie de listes vise à réduire les distorsions entre les États, dans une logique de marché, la marge d'initiative du juge national étant chaque fois plus limitée. A titre préventif, elle permettra aux acteurs économiques de connaître concrètement les clauses présumées abusives.

Ces dispositions devaient entrer en vigueur au plus tard au 1er janvier 2009, mais le décret n° 2009-302 a été pris avec un peu de retard le 18 mars 2009 (*JO 20 mars*).

L'ensemble est pour l'essentiel une reprise des anciennes listes, sans innovation majeure : sur les douze clauses de la liste noire de l'article R. 212-1, une dizaine est issue de la liste annexée à la directive du 5 avril 1993 ; sur les dix clauses de la liste grise de l'article R. 212-2, huit sont issues de cette directive. Le critère de l'atteinte grave portée à l'équilibre contractuel, lequel préside à la détermination des clauses noires, n'a par ailleurs pas été explicité par l'article L. 212-1, lequel le vise pourtant expressément.

VI. PORTÉE DU CONTRÔLE

Il ne s'agit pas d'une consécration de la sanction du déséquilibre économique au sens de la lésion : l'article L. 212-1, alinéa 3, prévoit à cet égard que « l'appréciation du caractère abusif des clauses au sens du premier alinéa ne porte ni sur la définition de l'objet principal du contrat ni sur l'adéquation du prix ou de la rémunération au bien vendu ou au service offert (...) ». En effet, le code de la consommation ne cherche qu'à éviter le déséquilibre juridique créé par les clauses d'un contrat. Encore faut-il qu'elles soient exprimées loyalement, en d'autres termes qu'elles soient *rédigées de façon claire et compréhensible*, ce qui conditionne l'exclusion.

Observons que le nouvel article 1171 du code civil, applicable au 1er octobre 2016, étend à tous les contrats d'adhésion, nonobstant la qualité des parties, le contrôle des clauses abusives par le juge, en adoptant le même critère de « déséquilibre significatif » et la même exclusion : objet principal du contrat et inadéquation du prix à la prestation. Pour sa part, l'article L. 442-6-I-2° du code de commerce qui permet d'engager la responsabilité civile de celui qui soumet ou tente de soumettre un partenaire commercial à des conditions créant un déséquilibre significatif dans les droits et obligations des parties, se réfère au même critère, mais sans reprendre l'exclusion. En ce sens, la Cour de cassation considère que le déséquilibre créé par une clause peut *être compensé par l'équilibre* général du contrat (Com. 3 mars 2015, n° 13-27.525 P : *D. 2015. Chron. C. cass. 997, obs. Tréard ; ibid. 1021, note Buy ; AJCA 2015. 218, note Chantepie ; RTD com. 2015. 486, obs. Chagny ; JCP E 2015, n° 1207, note Le Gac-Pech ; CCC 2015, n° 115, obs. Mathey ; RJDA 2015, n° 393*).

Notons toutefois que la Cour de justice de l'Union européenne a jugé, pour sa part, que la directive du 5 avril 1993 ne s'oppose pas à ce qu'une réglementation nationale autorise un contrôle juridictionnel du caractère abusif des clauses contractuelles portant sur la définition de l'objet principal du contrat ou sur l'adéquation entre le prix ou la rémunération et les services ou les biens à fournir en contrepartie (CJUE 3 juin 2010 : *cité note 18 ss. art. L. 212-1*). D'autres États ont choisi d'élargir ainsi le contrôle (sur ces différences, V. Les clauses abusives : approches croisées franco-espagnoles [sous la dir. Y. Picod, D. Mazeaud et E. Lauroba], *SLC 2013*).

VII. OFFICE DU JUGE

A l'égard des clauses hors liste et des clauses simplement présumées abusives, le juge conserve le pouvoir d'apprécier le déséquilibre significatif. Il ne fait pas que procéder à un constat. Cette identification des clauses abusives s'opère sous le contrôle de la Cour de cassation.

Dans sa version issue de la loi du 3 janvier 2008, l'ancien article L. 141-4 prévoyait que le juge pouvait soulever d'office le caractère abusif d'une clause (rappr. CJCE 27 juin 2000 : *cité note 10 ss. art. L. 212-1* ; Civ. 1re, 22 janv. 2009 : *cité note 2 ss. art. L. 312-18*). La Cour de justice des Communautés européennes (devenue CJUE depuis l'entrée en vigueur du Traité de Lisbonne le 1er déc. 2009) a considéré que le juge national était *tenu* d'examiner d'office le caractère abusif d'une clause contractuelle dès qu'il disposait des éléments de droit et de fait nécessaires à cet effet (CJCE 4 juin 2009 : *cité note 10 ss. art. L. 212-1*), passant ainsi d'un pouvoir à un devoir de contrôle. Ce devoir est même élargi à la procédure d'injonction de payer, en l'absence même d'opposition du débiteur, autrement dit en dehors de toute action procédurale (CJUE 14 juin 2012 : *cité note 87 ss. art. L. 212-1*). Pour mettre en harmonie notre législation avec le droit de l'Union européenne, la loi du 17 mars 2014 substitue à la faculté le devoir pour le juge d'écarter une clause abusive d'office, en respectant toutefois le contradictoire, lorsque son caractère abusif ressort des éléments du débat, modifiant ainsi l'article L. 141-4 dans sa version antérieure à la recodification opérée en 2016. Ces dispositions ont été déclassées par l'ordonnance du 14 mars 2016 et figurent désormais dans la partie réglementaire (V. art. R. 632-1).

VIII. CARACTÈRE PRÉVENTIF DE L'ACTION EN SUPPRESSION

Les associations de consommateurs peuvent par ailleurs demander la suppression des clauses abusives dans les contrats ou types de contrats destinés aux consommateurs et proposés par les professionnels : lorsqu'il est saisi en application de l'article L. 621-7, le juge peut en effet ordonner, le cas échéant sous astreinte, la suppression d'une clause illicite ou abusive dans tout contrat ou type de contrat proposé ou destiné au consommateur ou dans tout contrat en cours d'exécution (art. L. 621-8).

On notera que la DGCCRF dispose de pouvoirs parallèles de sollicitation en vue de la suppression d'une clause devant la juridiction civile ou administrative : l'autorité administrative chargée de la concurrence et de la consommation peut demander non seulement à la juridiction civile, mais, s'il y a lieu, à la juridiction administrative : 1° D'ordonner, le cas échéant sous astreinte, la suppression d'une clause illicite, interdite ou abusive insérée par un professionnel dans tout contrat ou type de contrat proposé ou destiné aux consommateurs ou aux non-professionnels (par extension, à la différence de l'action des associations) ou dans tout contrat en cours d'exécution ; 2° De déclarer que cette clause est réputée non écrite dans tous les contrats identiques conclus par le même professionnel avec des consommateurs ou des non-professionnels ; 3° Et d'ordonner au professionnel d'en informer à ses frais les consommateurs ou les non-professionnels concernés par tous moyens appropriés (art. L. 524-1).

Il faut observer que l'action en suppression des clauses abusives ouverte aux associations agréées de défense des consommateurs peut s'exercer même en amont du processus contractuel (Civ. 1re, 3 févr. 2011 : *cité note 2 ss. art. L. 621-8*). Il importe peu que le professionnel ne soit pas partie au contrat : en l'espèce, une association de consommateurs agissait en suppression d'une clause incluse dans des contrats de location saisonnière proposés par une association, laquelle prévoyait l'interdiction de détenir un animal domestique dans les locaux loués. L'association mise en cause n'étant pas partie au contrat de location saisonnière, les juges du fond avaient déclaré en conséquence l'action irrecevable. La décision est censurée sur ce point par la première chambre civile, qui confirme par ailleurs le caractère abusif de la clause.

IX. SANCTIONS

Lorsqu'il déclare la clause abusive, le juge procède par éradication : le contrat est maintenu sans la clause, laquelle est alors réputée non écrite, autrement dit inexistante. Cela signifie que « le contrat reste applicable dans toutes ses dispositions autres que celles jugées abusives s'il peut subsister sans ces clauses », précise l'article L. 241-1, conformément à la directive.

La CJUE a précisé que la directive s'opposait à la réglementation espagnole en ce que celle-ci accorde au juge national, lorsqu'il constate la nullité d'une clause abusive, la faculté de la modifier (CJUE 14 juin 2012 : *préc.*), le pouvoir de réfaction affaiblissant la sanction. Auparavant, elle avait estimé que la directive ne s'opposait pas à ce qu'un État membre prévoie, dans le respect du droit de l'Union, qu'un contrat conclu avec un consommateur par un professionnel et contenant une ou plusieurs clauses abusives soit nul dans son ensemble lorsqu'il s'avère que cela assure une meilleure protection du consommateur (CJUE 15 mars 2012 : *cité note 1 ss. Dir. 93/13/CEE du 5 avr. 1993, art. 6, App., v° Clauses abusives*).

Toutefois, la sanction de la suppression de la clause risque de n'être pas suffisamment dissuasive, le professionnel peu scrupuleux ne prenant pas un grand risque à insérer une clause abusive. A ce titre, le droit de la concurrence prévoit (en théorie du moins) des sanctions plus sévères entre professionnels en permettant d'engager la responsabilité civile de celui qui soumet ou tente de soumettre un partenaire commercial à des conditions créant un déséquilibre significatif dans les droits et obligations des parties (C. com., art. L. 442-6-I-2°). Le ministre de l'économie et le parquet peuvent demander en outre la nullité des clauses ou contrats illicites, la répétition de l'indu, la cessation des pratiques et surtout une importante amende civile (C. com., art. L. 442-6-III).

Jusqu'à la loi du 17 mars 2014, seules existaient des sanctions civiles en matière de clauses abusives. De façon à assurer l'effectivité de la répression, des amendes administratives sont prévues par cette loi, mais pour les violations les plus graves à l'équilibre contractuel : celles figurant sur la liste noire, autrement dit les clauses regardées, de manière irréfragable, comme abusives (V. art. L. 241-2).

L'injonction adressée à un professionnel par l'administration tendant à ce qu'il supprime de ses contrats ou offres de contrat une ou plusieurs clauses de la liste noire – dans un délai raisonnable – peut faire l'objet d'une mesure de publicité, effectuée par voie de presse, par voie électronique ou par voie d'affichage. La diffusion et l'affichage peuvent être ordonnés cumulativement (art. R. 521-2).

En dernier lieu, la loi du 6 août 2015 prévoit les conditions dans lesquelles la publicité, aux frais du professionnel, doit s'effectuer. ❑

Art. L. 212-1 Dans les contrats conclus entre professionnels et consommateurs, sont abusives les clauses qui ont pour objet ou pour effet de créer, au détriment du consommateur, un déséquilibre significatif entre les droits et obligations des parties au contrat.

Sans préjudice des règles d'interprétation prévues aux *(Ord. n° 2016-131 du 10 févr. 2016, art. 6-IV, en vigueur le 1er oct. 2016)* **« articles 1188, 1189, 1191 et 1192** *[ancienne rédaction : articles 1156 à 1161, 1163 et 1164]* **» du code civil, le caractère abusif d'une clause s'apprécie en se référant, au moment de la conclusion du contrat, à toutes les circonstances qui entourent sa conclusion, de même qu'à toutes les autres clauses du contrat. Il s'apprécie également au regard de celles contenues dans un autre contrat lorsque les deux contrats sont juridiquement liés dans leur conclusion ou leur exécution.**

L'appréciation du caractère abusif des clauses au sens du premier alinéa ne porte ni sur la définition de l'objet principal du contrat ni sur l'adéquation du prix ou de la rémunération au bien vendu ou au service offert pour autant que les clauses soient rédigées de façon claire et compréhensible.

Un décret en Conseil d'État, pris après avis de la commission des clauses abusives, détermine des types de clauses qui, eu égard à la gravité des atteintes qu'elles portent à l'équilibre du contrat, doivent être regardées, de manière irréfragable, comme abusives au sens du premier alinéa. – *V. art. R. 212-1.*

Un décret pris dans les mêmes conditions, détermine une liste de clauses présumées abusives ; en cas de litige concernant un contrat comportant une telle clause, le professionnel doit apporter la preuve du caractère non abusif de la clause litigieuse. – *V. art. R. 212-2.*

Ces dispositions sont applicables quels que soient la forme ou le support du contrat. Il en est ainsi notamment des bons de commande, factures, bons de garantie, bordereaux ou bons de livraison, billets ou tickets, contenant des stipulations négociées librement ou non ou des références à des conditions générales préétablies. – *[C. consom., art. L. 132-1, al. 1er à 5 et 7.]*

Sur les sanctions, V. art. L. 241-1 et L. 241-2.

Sur les Recomm. CCA, V. art. L. 822-6.

Sur la protection des consommateurs dans les opérations de vente de voyages ou de séjours, V. C. tourisme, art. L. 211-8 s. et R. 211-5, App., vº Agences de voyages.

PLAN DES ANNOTATIONS

1. *Influence de la directive sur l'interprétation du droit antérieur.* Sur l'obligation pour le juge national, appliquant les dispositions du droit national, de les interpréter à la lumière de la directive 93/13/CE du 5 avr. 1993 sur les clauses abusives, et selon la finalité de ce texte, V. • CJCE 27 juin 2000 : *JCP E 2001. 1281, note Carballo Fidalgo et Paisant ; LPA 24 juill. 2001, note Hourdeau ; RTD civ. 2001. 878, obs. Mestre et Fages*. ♦ Même sens : • Lyon, 18 sept. 1998 : *CCC 1999, nº 119, obs. Raymond.* ♦ Il appartient au juge national de déterminer si une clause réunit les critères requis pour être qualifiée d'abusive au sens de la directive. • CJCE 1er avr. 2004 : *D. 2004. AJ 1812, et les obs. ; JCP 2004. I. 159, nº 10, obs. Rueda ; RTD com. 2004. 838, obs. Luby*.

I. DOMAINE DE LA PROTECTION CONTRE LES CLAUSES ABUSIVES

2. *Nature du contrat : services publics.* BIBL. Amar, *D. 2001. Chron. 2810 ; CCC 2002. Chron. 2.* – Lazzarin, *RFDA 2011. 591*. ♦ Application de la réglementation des clauses abusives aux services publics : V. • CE 11 juill. 2001 : *RTD civ. 2001. 878, obs. Mestre et Fages ; RTD com. 2002. 51, obs. Orsoni ; RFDA 2001. 1124 ; JCP 2001. I. 370, nº 1 s., obs. Sauphanor-Brouillaud ; RCA 2002, nº 2, note Guettier ; Gaz. Pal. 2002. 98, note Sylvestre.* ♦ Sur la compétence : V. note 97.

Sur l'application des dispositions relatives aux clauses abusives aux contrats d'amodiation, V. • Civ. 1re, 8 déc. 2009 : *JCP 2010, nº 516, obs. Sauphanor-Brouillaud ; CCC 2010, nº 108, obs. Raymond.*

3. *Notion de professionnel : illustrations.* Lorsqu'elle procède au don de chiens, la SPA agit à des fins qui n'entrent pas dans le cadre de son activité commerciale, industrielle, artisanale, libérale ou agricole, de sorte qu'elle n'a pas la qualité de professionnel au sens de l'art. L. 132-1 *[L. 212-1]. • Civ. 1re, 1er juin 2016, nº 15-13.236 P : Dalloz actualité, 22 juin 2016, obs. Avena-Robardet ; D. 2016. Actu. 1253 ; AJ contrat 2016. 436, obs. Picod ; JCP 2016, nº 924, note Paisant ; JCP E 2016, nº 1419, note Loir ; CCC 2016, nº 201, obs. Bernheim-Desvaux ; BRDA 2016, nº 17, p. 17 ; LPA 20 oct. 2016, note Bouix ; Gaz. Pal. 13 sept. 2016, p. 26, obs. Piedelièvre.* ♦ Un artiste lyrique ne pratiquant l'élevage d'une race particulière de chats qu'à titre de passion n'est pas un professionnel. • Versailles, 4 oct. 2002 : *BICC 15 juill. 2003, nº 939 ; RTD civ. 2003. 292, obs. Mestre et Fages* (contrat conclu avec un autre passionné). ♦ Solution inverse pour une association d'information des comités d'entreprise, dans le cadre de sa fonction d'édition. • Paris, 22 mars 1990 : *D. 1990. IR 98 ; RTD civ. 1990. 474, obs. Mestre*.

4. *... Influence de la présence d'un intermédiaire.* Les dispositions concernant les clauses abusives ne peuvent être invoquées contre le vendeur par l'acheteur d'un appartement, ayant signé un compromis de vente établi selon un modèle type édité par une société d'édition spécialisée, dès lors que cet acte n'a pas été conclu entre un professionnel et un consommateur. • Civ. 1re, 4 mai 1999 : *Bull. civ. I, nº 147 ; D. 2000. Somm. 48, obs. Pizzio ; D. Affaires 1999. 985, obs. V. A.-R. ; JCP 1999. II. 10205, note Paisant ; ibid. I. 171, nº 1 s., obs. Jamin ; Defrénois 1999. 1004, obs. D. Mazeaud ; CCC 1999, nº 125, note Leveneur ; ibid. nº 134, note Raymond ; LPA 24 mars 2000, note Lawson-Body ; RTD civ. 2000. 107, obs. Mestre*. ♦ Irrecevabilité de la demande d'une association contre l'éditeur d'un modèle de contrat qui n'a lui-même conclu aucun contrat avec un consommateur : • Civ. 1re, 4 mai 1999 : *préc.* ♦ Comp. la solution inverse dans le cadre d'actions préventives d'associations de consommateurs : • CJCE 24 janv. 2002 : *D. 2002. AJ 1065, obs. Chevrier ; ibid. Somm. 2930, obs. Pizzio ; RTD com. 2003. 195, obs. Luby*.

L'adhésion au contrat d'assurance de groupe, bien que conséquence d'une stipulation pour autrui, n'en crée pas moins, entre l'adhérent et l'assureur, qui l'agrée, un lien contractuel direct, de nature synallagmatique, dont les stipulations relèvent, comme telles, des dispositions de l'art. L. 132-1 [L. 212-1]. • Civ. 1re, 22 mai 2008 : *Bull. civ. I, nº 145 ; D. 2008. 1954, note D. R. Martin ; ibid. AJ 1547, obs. Delpech ; D. 2009. Pan. 397, obs. Sauphanor-Brouillaud ; RTD civ. 2008. 477, obs. Fages ; JCP 2008. II. 10133, note Sériaux ; ibid. I. 179, n° 8, obs. Grosser ; ibid. I. 218, n° 11, obs. Sauphanor-Brouillaud ; Gaz. Pal. 2009. 595, note Ben Hadj Yahia ; Defrénois 2008. 1974, obs. Savaux ; RDC 2008. 1135, obs. D. Mazeaud ; ibid. 1155, obs. Deshayes ; RJDA 2009, n° 579 ; RLDA juill.-août 2008. 45, note Bruschi ; RCA 2008, n° 270, obs. Groutel.* ♦ Sur cet arrêt, V. aussi Goldie-Génicon, *D. 2008. 2447* (l'assurance de groupe à l'épreuve de la législation sur les clauses abusives).

5. Consommateur personne physique. BIBL. Deharo, *RJ com. 2014. 133* (clause abusive : question de compétence). – Fortunato, *AJ contrat 2017. 25* (protection des personnes morales contre les clauses abusives). ♦ La notion de consommateur, telle que définie dans la directive 93/13/CEE concernant les clauses abusives dans les contrats conclus avec les consommateurs, doit être interprétée en ce sens qu'elle vise exclusivement les personnes physiques. • CJCE 22 nov. 2001 : *JCP 2002. II. 10047, note Paisant ; D. 2002. AJ 90, note Rondey ; ibid. Somm. 2929, obs. Pizzio ; CCC 2002, n° 18, note Raymond ; ibid. Chron. 14, par Luby ; LPA 22 mai 2002, note Nourissat ; RTD civ. 2002. 291, obs. Mestre et Fages ; ibid. 397, obs. Raynard ; RTD com. 2002. 404, obs. Luby .* ♦ Même solution dans le cadre du démarchage à domicile : • Civ. 1re, 15 déc. 1998 : *D. 2000. Somm. 40, obs. Pizzio ; CCC 1999, n° 80, obs. Raymond* • Toulouse, 19 juin 2003, n° 2002/02237 : *CCC 2003, n° 171, note Raymond.*

Cependant, la notion distincte de non-professionnel utilisée par le législateur français n'exclut pas les personnes morales de la protection contre les clauses abusives. • Civ. 1re, 15 mars 2005 : *Bull. civ. I, n° 135 ; D. 2005. 1948, note Boujeka ; ibid. AJ 887, obs. Rondey ; ibid. Pan. 2840, obs. Amrani Mekki ; JCP 2005. II. 10114, note Paisant ; JCP E 2005. 769, note Bakouche ; Defrénois 2005. 2009, obs. Savaux ; CCC 2005, n° 100, note Raymond ; LPA 12 mai 2005, note Bert ; Gaz. Pal. 2006. Somm. 2017, obs. B. B. ; RDC 2005. 740, obs. Fenouillet* (protection refusée, en l'espèce, la personne morale – syndicat professionnel d'éleveurs – n'ayant pu contracter qu'en qualité de professionnel). ♦ V. aussi • Civ. 1re, 27 sept. 2005 : *Bull. civ. I, n° 347 ; D. 2006. 238, note Y. Picod ; D. 2005. AJ 2670, obs. Delpech ; Gaz. Pal. 2005. 4097, concl. Sainte-Rose ; JCP 2006. I. 123, n° 1, obs. Sauphanor-Brouillaud ; Defrénois 2005. 2003, obs. Savaux ; ibid. 2006. 332, note S. Piedelièvre ; CCC 2005, n° 215, note Raymond ; ibid. 2006, n° 2, note Leveneur ; RDC 2006. 359, obs. Bruschi* (Fédération française d'athlétisme : protection refusée en raison du rapport direct entre l'activité professionnelle de l'association et l'emprunt litigieux). ♦ V. encore • Paris, 4 sept. 2003 : *Loyers et copr. 2004, n° 59, obs. Vigneron*, estimant que le fait (pour un syndicat de copropriétaires, en l'espèce) d'être une personne morale n'est pas incompatible avec la qualité de consommateur. ♦ Jugeant encore que les personnes morales ne sont pas exclues de la protection contre les clauses abusives : • Versailles, 10 nov. 2005 : *RJDA 2006, n° 468* • Reims, 19 mai 2005 : *JCP 2006. IV. 1864.* ♦ *Contra*, jugeant que les dispositions de l'art. L. 132-1 [L. 212-1] ne s'appliquent pas aux contrats de fournitures de biens ou de services conclus entre sociétés commerciales. • Civ. 1re, 11 déc. 2008 : *JCP E 2009, n° 12, p. 18, note Raymond ; CCC 2009, n° 69, obs. Leveneur ; Dr. et proc. 2010, suppl. n° 2, p. 3, obs. Y. Picod* • Com. 3 déc. 2013 : *JCP 2014, n° 115, note Sauphanor-Brouillaud ; CCC 2014, n° 60, obs. Leveneur ; RJDA 2014, n° 388 ; LPA 6 mai 2014, note Pellier.* ♦ Le comité d'entreprise est une personne morale qui ne peut se prévaloir des dispositions du code de la consommation relatives aux clauses abusives, d'autant que les contrats souscrits l'ont été pour satisfaire aux obligations découlant des art. R. 232-3 et R. 232-3-1 C. trav. [ancien], et sont donc en rapport direct avec son activité professionnelle. • Orléans, 16 juin 2008 : *JCP 2009. IV. 1936.*

6. Consommateur représenté par un mandataire. Application de la législation sur les clauses abusives à un comité d'entreprise contractant avec une agence de voyages en qualité de mandataire de ses membres. • Paris, 21 nov. 1996 : *D. Affaires 1997. 147 ; RJDA 1997/3, n° 432.*

II. NOTION DE CLAUSE ABUSIVE

A. CLAUSES DÉCLARÉES ABUSIVES PAR DÉCRET (ANCIEN RÉGIME)

7. Domaine. Jugé, avant l'arrêt du 14 mai 1991 et la réforme de 1995, que, lorsqu'un contrat présente, fût-ce partiellement, le caractère d'une vente, l'art. 2 du Décr. du 24 mars 1978 lui est applicable, dès lors que l'acte juridique présente, selon l'appréciation souveraine des juges du fond, un caractère indivisible. • Civ. 1re, 25 janv. 1989 : *Bull. civ. I, n° 43 ; D. 1989. 253, note Malaurie ; ibid. Somm. 303, obs. Hassler et 337, obs. Aubert ; JCP 1989. II. 21357, note Paisant.* ♦ V. aussi : • Civ. 1re, 6 juin 1990 : *Bull. civ. I, n° 145 ; JCP 1991. II. 21594, note Hassler.* ♦ Refus d'application à un contrat conclu avec France Télécom : • Civ. 1re, 13 nov. 1996 : *Bull. civ. I, n° 399 ; D. 1997.* Somm. 174, obs. Delebecque *; JCP 1997. I. 4015, n° 1, obs. Jamin ; CCC 1997, n° 32, obs. Raymond ; RTD civ. 1997. 791, obs. Libchaber .*

8. Retard. V. Recomm. CCA n° 80-06 sur les délais de livraison, App., v° *Clauses abusives.* ♦ Est abusive, en application de l'art. R. 132-1 [R. 212-1], la clause incluse dans un contrat de vente de cuisine intégrée précisant qu'un retard de livraison ne peut donner lieu à aucune résiliation ou indemnisation. • Toulouse, 6 déc. 1995 : *D. 1996. IR 87 ; RJDA 1996/6, n° 840.* ♦ V. déjà :

• Civ. 1re, 16 juill. 1987 : *Bull. civ. I, n° 226; D. 1987. Somm. 456, obs. J.-L. Aubert; D. 1988. Jur. 49, note Calais-Auloy; JCP 1988. II. 21001, note Paisant* • TGI Paris, 16 avr. 1991 : *D. 1991. 460*. ♦ V. encore, sans référence à l'art. R. 132-1 [R. 212-1], réputant non écrite une clause d'un contrat de vente sur internet laissant la date de livraison à la discrétion du vendeur : • TGI Paris, 4 févr. 2003 : *cité note 20*.

B. *RÉGIME GÉNÉRAL*

1° *PRINCIPES GÉNÉRAUX*

9. Contrôle de la Cour de cassation. Sous réserve de l'appréciation du rapport direct entre le contrat conclu et l'activité du cocontractant, l'identification des clauses abusives s'opère sous le contrôle de la Cour de cassation. V., outre de nombreuses décisions citées par ailleurs : • Civ. 1re, 3 déc. 1991 : *Bull. civ. I, n° 342* • 21 nov. 1995 : *Bull. civ. I, n° 422* • 7 juill. 1998 : *Bull. civ. I, n° 240; D. 1999. Somm. 111, obs. D. Mazeaud; D. Affaires 1998. 1389, obs. V. A.-R.; Defrénois 1998. 1417, obs. D. Mazeaud; CCC 1998, n° 120, note Raymond*. ♦ Mais cet examen suppose que le caractère abusif ait été soumis aux juges du fond, faute de quoi le moyen est nouveau et irrecevable devant la Cour de cassation. V. par exemple : • Civ. 1re, 21 nov. 1995 : *préc.* • 3 déc. 1991 : *préc.*

10. Pouvoir du juge. Le juge national est tenu d'examiner d'office le caractère abusif d'une clause contractuelle dès qu'il dispose des éléments de droit et de fait nécessaires à cet effet. • CJCE 4 juin 2009 : *D. 2009. 2312, note Poissonnier; D. 2010. Pan. 797, obs. Poillot; RTD com. 2009. 794, obs. Legeais; RTD civ. 2009. 684, obs. Rémy-Corlay; JCP 2009, n° 42, p. 33, note Paisant; JCP E 2009, n° 42, p. 26, note Raschel; Gaz. Pal. 2010. 421, obs. S. Piedelièvre; RJDA 2009, n° 899; RDC 2009. 1467, note Aubert de Vincelles; RLDA oct. 2009. 71, obs. Bernadskaya; Procédures 2009, n° 275, obs. Nourissat; Dr. et proc. 2010, suppl. n° 2, p. 6, obs. Y. Picod; RDC 2010. 59, obs. Deshayes; Europe 2009, n° 334, obs. Michel et Meister*. – V. aussi : • Civ. 1re, 3 nov. 2016, n° 15-20.621 P : *cité note 63*. ♦ Le juge doit pouvoir relever d'office le caractère abusif d'une clause. • CJCE 27 juin 2000 : *JCP E 2001. 1281, note Carballo Fidalgo et Paisant; LPA 24 juill. 2001, note Hourdeau; RTD civ. 2001. 878, obs. Mestre et Fages* • CJCE 21 nov. 2002 : *cité note 95*. ♦ V. aussi en ce sens : • TI Vienne, 14 mars 2003 : *CCC 2003, n° 118, obs. Raymond* • TI Roubaix, 16 oct. 2003 : *ibid. 2004, n° 14, obs. Raymond* • TI Roubaix, 15 avr. 2004 : *Gaz. Pal. 2004. 2591, note Tricoit* • TI Roubaix, 11 juin 2004 : *CCC 2004, n° 132, obs. Raymond* • TI Bourganeuf, 8 déc. 2004 : *D. 2005. AJ 277, obs. Avena-Robardet* • TI Saintes, 4 janv. 2006 : *CCC 2006, n° 94, obs. Raymond*. ♦ Le juge national qui a constaté d'office le caractère abusif d'une clause n'est pas tenu, afin de pouvoir tirer les conséquences de cette constatation, d'attendre que le consommateur, informé de ses droits, présente une déclaration demandant que ladite clause soit annulée; il doit toutefois, en vertu du principe du contradictoire, en informer les parties au litige et leur donner la possibilité d'en débattre contradictoirement selon les formes prévues à cet égard par les règles nationales de procédure. • CJUE 21 févr. 2013 : *Dalloz actualité, 1er mars 2013, obs. Delpech; D. 2013. Pan. 954, obs. Poillot; RTD eur. 2013. 559, obs. Aubert de Vincelles; JCP E 2013, n° 1226, note Moracchini-Zeidenberg; CCC 2013, n° 142, obs. Raymond; RJDA 2013, n° 458; LPA 17-18 sept. 2013, note Combet; Gaz. Pal. 2013. 2386, obs. Piedelièvre; Europe 2013, n° 183, obs. Dupont-Lassalle*. ♦ Le juge national doit, afin de porter une appréciation sur le caractère éventuellement abusif de la clause contractuelle qui sert de base à la demande dont il est saisi, tenir compte de toutes les autres clauses du contrat. • Même décision.

Le moyen, qui n'invoque pas la faculté pour le juge de relever d'office la disproportion manifeste d'une clause dans un contrat de consommation, mais l'obligation pour celui-ci, nécessairement soumise au contrôle de la Cour de cassation, d'examiner d'office le caractère abusif d'une telle clause, est recevable. • Civ. 1re, 29 mars 2017, n° 16-13.050 P : *Dalloz actualité, 28 avr. 2017, obs. Delpech; D. 2017. Actu. 758; AJ contrat 2017. 278, note Brignon; JCP 2017, n° 532, note Bonneau; JCP E 2017, n° 1267, note Lasserre Capdeville; JCP N 2017, n° 1158, note Piedelièvre*. ♦ Dès lors qu'il résultait des éléments de fait et de droit débattus devant elle que, selon le contrat litigieux, les mensualités étaient susceptibles d'augmenter, sans plafond, lors des cinq dernières années, de sorte qu'il lui incombait de rechercher d'office, notamment, si le risque de change ne pesait pas exclusivement sur les emprunteurs et si, en conséquence, la clause litigieuse n'avait pas pour objet ou pour effet de créer un déséquilibre significatif entre les droits et obligations des parties au contrat, au détriment des consommateurs, la cour d'appel a violé l'art. L. 132-1 [L. 212-1]. • Même arrêt. – V. aussi • Civ. 1re, 29 mars 2017, n° 15-27.231 P : *eod. loc.* ♦ Sur la limitation de cet office du juge au strict domaine des clauses abusives, V. • Civ. 1re, 23 nov. 2004 : *cité note 19* (non-application en cas d'irrégularité d'une offre de crédit). ♦ Sur la répartition de compétence entre le juge du fond et le JEX, V. • TGI Bobigny, JEX, 26 sept. 2007 : *D. 2007. AJ 2730; LPA 21 avr. 2008, note Lamoureux*. ♦ V., depuis la L. n° 2008-3 du 3 janv. 2008, l'anc. art. L. 141-4, repris à l'art. R. 632-1.

11. Rôle des avis et recommandations de la Commission des clauses abusives. Les recommandations de la CCA ne sont pas génératrices de règles dont la méconnaissance ouvre la voie à la cassation. • Civ. 1re, 13 nov. 1996 : *préc.*

note 7. ♦ Comp. cep., la formule plus ambiguë selon laquelle la clause doit « être réputée non écrite selon la recommand. n° 82-04 de la Commission des clauses abusives ». • Civ. 1re, 19 juin 2001 : *Bull. civ. I, n° 181 ; JCP 2001. II. 10631, note Paisant.* ♦ Les recomm. CCA ne présentent aucun caractère normatif. • TGI Paris, 7 sept. 1999 : *D. 1999. AJ 89, obs. Rouquet* • Paris, 7 mai 1998 : *D. Affaires 1998. 1851, obs. V. A.-R.* (le juge peut les utiliser pour s'éclairer) • TGI Rennes, J. prox., 15 mai 2008 : *cité note 47.* ♦ Sur l'incidence des avis et recommandations de la commission sur la solution du litige, V. Mestre, *obs. RTD civ. 1999. 94* .

12. Date d'appréciation des conditions. Pour apprécier le caractère abusif d'un délai de « franchise » dans un contrat d'assurance garantissant une ouverture de crédit, le juge doit se placer à la date de la conclusion du contrat, où la reconduction de l'ouverture de crédit était éventuelle, et non en tenant compte de la durée totale de celle-ci. • Civ. 1re, 26 févr. 2002 : *Bull. civ. I, n° 71 ; Defrénois 2002. 771, obs. Savaux ; RTD civ. 2003. 90, obs. Mestre et Fages* .

Le simple rappel d'une disposition légale, licite à la date de l'établissement d'un contrat type mais devenue ensuite obsolète, est de nature à tromper un consommateur sur l'étendue exacte de ses droits, et est donc tout à la fois une absence trompeuse d'information préjudiciable au consommateur et une clause abusive ayant pour effet de créer, au détriment du consommateur, un déséquilibre significatif entre les droits et obligations des parties au contrat. • Aix-en-Provence, 16 janv. 2007 : *BICC 1er mai 2008, n° 796* (est ainsi abusive une clause limitant, de façon inappropriée, les droits légaux du consommateur vis-à-vis d'un professionnel par simple renvoi à un article du code de commerce devenu inapplicable au contrat litigieux).

13. Clause abusive et clause illicite. BIBL. Chantepie, *AJCA 2015. 121* (les clauses abusives et leur sanction en droit commun des contrats). ♦ Les juges du fond peuvent à bon droit, sans faire application de l'art. L. 132-1 [L. 212-1], déclarer contraire à l'ordre public la clause d'un prêt immobilier qui, en interdisant à l'emprunteur sous peine de déchéance du terme de vendre ou de louer l'immeuble, porte atteinte au droit constitutionnellement reconnu de disposer de son bien de la manière la plus absolue. • Civ. 1re, 13 déc. 2005 : *RTD civ. 2006. 557, obs. Mestre et Fages ; JCP E 2006, n° 49, p. 2080, note Lamoureux ; CCC 2006, n° 35, note Raymond.*

14. Influence de l'esprit général du contrat : service public. Le caractère abusif d'une clause s'apprécie non seulement au regard de cette clause elle-même mais aussi compte tenu de l'ensemble des stipulations du contrat et, lorsque celui-ci a pour objet l'exécution d'un service public, des caractéristiques particulières de ce service. • CE 11 juill. 2001 : *préc. note 2.* ♦ Des dispositions qui peuvent conduire à faire supporter par un usager les conséquences de dommages qui ne lui seraient pas imputables sans pour autant qu'il lui soit possible d'établir une faute de l'exploitant, qui s'insèrent, pour un service assuré en monopole, dans un contrat d'adhésion et qui ne sont pas justifiées par les caractéristiques particulières de ce service public, présentent le caractère d'une clause abusive au sens des dispositions de l'art. 35 de la loi du 10 janv. 1978 ; illégales dès leur adoption, elles ne sont pas davantage conformes aux dispositions de l'art. L. 132-1 [L. 212-1] C. consom. dans sa rédaction issue de la loi du 1er févr. 1995, d'ordre public. • Même arrêt • TA Amiens, 13 oct. 2008 : *AJDA 2009. 663* . ♦ Un article du règlement général concernant la fourniture d'eau qui prévoit une exonération générale de responsabilité de la commune introduit, quelles que soient par ailleurs les obligations de la commune dans la gestion du service de l'eau, un déséquilibre significatif entre les droits et obligations des parties au contrat, qui n'est pas justifié par les nécessités du service. • TA Nice, 28 avr. 2006 : *CCC 2006, n° 145, obs. Bazex.*

15. Influence de l'esprit général du contrat : esprit mutualiste. Rappr. avant la loi de 1995, admettant la validité d'une clause par laquelle un organisme mutualiste de crédit aux fonctionnaires prévoit le versement d'une somme destinée à faire participer chaque emprunteur aux risques constitués par la défaillance de certains débiteurs : • Civ. 1re, 26 mai 1993 : *Bull. civ. I, n° 192 ; D. 1993. 568, note Paisant ; D. 1994. Somm. 12, obs. Delebecque ; JCP 1993. II. 22158, note Bazin ; ibid. I. 3709, nos 10 s., obs. Marchessaux ; JCP E 1994. I. 313, n° 15, obs. Izorche ; Defrénois 1994. 351, obs. D. Mazeaud ; RTD civ. 1994. 97, obs. Mestre* • 27 avr. 1994 : *LPA 3 mars 1995, note Bazin.*

16. Influence de l'esprit général du contrat : nature financière. V. note 39 sur le crédit-bail.

17. Caractère accessoire de l'obligation contractuelle. Certaines décisions montrent que le professionnel ne peut échapper à la qualification de clause abusive d'une stipulation générale, au motif que celle-ci se justifierait en fait par des circonstances particulières et qu'elle serait appliquée avec mesure, alors que toute stipulation conventionnelle a pour vocation d'être appliquée. V. par exemple : • Paris, 7 mai 1998 : *D. Affaires 1998. 1851, obs. V. A.-R.* (« circonstances extérieures » permettant la modification du contrat devant selon le professionnel s'entendre comme se limitant aux cas de force majeure ; clause reportant la location en cas d'arrivée tardive, devant s'entendre selon le professionnel comme une simple obligation d'avertir, le supplément de prix prévu n'ayant jamais été en fait demandé) • TGI Brest, 21 déc. 1994 : *D. 1995. Somm. 310, obs. Pizzio*; *RJDA 1995, n° 218* (clause autorisant de façon générale l'expulsion d'un membre de club sportif, alors que le club prétendait ne viser que deux hypothèses : le port de maillot de bain et l'interdiction de fumer). ♦ L'appréciation du caractère abusif d'une clause ne dépend pas du caractère principal ou accessoire de l'obligation contractuelle. • Civ. 1re, 3 mai 2006 : *Bull. civ. I, n° 213; D. 2006. 2743, note Dagorne-Labbe*; *RTD com. 2007. 219, obs. Bouloc*; *JCP 2006. IV. 2152; RJDA 2006, n° 1079; RDC 2006. 1114, obs. Fenouillet; ibid. 1225, obs. Carval.*

18. Objet principal du contrat. La clause, relative au montant de la garantie due par l'assureur, portant sur l'objet principal du contrat, l'al. 7 de l'art. L. 132-1 [L. 212-1, al. 3] ne permet pas d'en apprécier le caractère éventuellement abusif. • CCA avis, n° 09-01 du 11 janv. 2010 : *BRDA 2010, n° 2, p. 12.* – Pour une application, V. • Civ. 1re, 13 déc. 2012 : *cité note 2 ss. art. L. 211-1.* ♦ L'offre litigieuse ayant pour caractéristique de mettre à la disposition du consommateur une ligne téléphonique pendant une durée limitée, moyennant le règlement par avance d'un crédit de communication, lui-même limité dans le temps en fonction du montant acquitté par le client, la cour d'appel a, à bon droit, fait ressortir que la durée de validité du crédit de communication et celle de la ligne dédiée participaient de la définition de l'objet principal du contrat. • Civ. 1re, 3 juin 2015, n° 14-13.193 P : *D. 2016. Pan. 621, obs. Sauphanor-Brouillaud*; *JCP E 2015, n° 1509, note Le Gac-Pech; RJDA 2015, n° 710.* ♦ Mais ni les art. 4, § 2, et 8 de la Dir. 93/13/CEE du 5 avr. 1993, ni les art. 2 CE, 3, § 1, sous g), CE et 4, § 1, CE, ne s'opposent à une réglementation nationale qui autorise un contrôle juridictionnel du caractère abusif des clauses contractuelles portant sur la définition de l'objet principal du contrat ou sur l'adéquation entre le prix et la rémunération, d'une part, et les services ou les biens à fournir en contrepartie, d'autre part, même si ces clauses sont rédigées de façon claire et compréhensible. • CJUE 3 juin 2010 : *D. 2011. Pan. 978, obs. Sauphanor-Brouillaud*; *Dalloz actualité, 25 juin 2010, obs. Delpech; RTD eur. 2010. 714, obs. Aubert de Vincelles*; *JCP 2011, n° 61, note Paisant et San Miguel Pradera; Dr. et proc. févr. 2011, Cah. dr. consom., p. 2, obs. Picod; RDC 2010. 1299, note Aubert de Vincelles; Europe 2010, n° 290, obs. Simon.*

19. Sanction de la clause abusive. La sanction *de la déchéance du prêteur de son droit aux intérêts* n'a pas vocation à recevoir application à l'égard des clauses abusives, qui ne peuvent qu'être réputées non écrites. • Civ. 1re, 23 nov. 2004 : *Bull. civ. I, n° 287; D. 2005. 443, note Tricoit*; *D. 2004. AJ 3217, et les obs.*; *RDC 2005. 732, obs. Fenouillet.* – X. Lagarde, *D. 2005. Chron. 2222.*

2° CLAUSE ABUSIVE PAR COMBINAISON AVEC D'AUTRES TEXTES SPÉCIAUX

20. Agence de voyages. V. Recomm. CCA n° 2008-01 sur les contrats de fourniture de voyages proposés sur internet, App., v° *Agences de voyages.* ♦ Caractère abusif de la clause d'exonération en cas de retard et changement d'horaires, contraire aux dispositions combinées des art. 1er et 23 de la loi du 13 juill. 1992 [C. tourisme, art. L. 211-1 et L. 211-16], et de celle maintenant à la charge du client les frais de changement d'aéroport, contraire à l'art. 98 du Décr. du 14 juin 1994. • TGI Paris, 4 févr. 2003 : *D. 2003. 762, note Manara*; *JCP 2003. II. 10079, note Stoffel-Munck; Defrénois 2004. 56, obs. Raynouard; Dr. et patr. juill.-août 2004, p. 101, obs. Caprioli.* ♦ Pour des clauses portant sur les places disponibles et la durée du séjour, V. • TGI Bobigny, 26 sept. 2007 : *Tourisme & Droit nov. 2007. 9, obs. J. C.*

21. Contrat à distance. Est abusive la clause supprimant la faculté de rétractation prévue par l'art. 121-20 [L. 221-18] dans des cas non prévus par le texte. • TGI Paris, 4 févr. 2003 : *préc. note 20.*

22. Copropriété. V. par exemple : • TGI Paris, 7 sept. 1999 : *D. 1999. AJ 89, obs. Y. R.*

23. Crédit à la consommation. BIBL. Lokiec, *RD banc. fin. 2004. 221* (clauses abusives et crédit à la consommation). – Poissonnier, *D. 2006. Chron. 370* (clauses résolutoires abusives dans les contrats de crédit à la consommation). ♦ Caractère abusif de la clause stipulant que la délivrance de l'information prévue par l'art. L. 311-9 [ancien] C. consom. sera établie par la production de l'enregistrement informatique de l'envoi, en ce qu'elle inverse la charge de la preuve au détriment du consommateur. • Civ. 1re, 1er févr. 2005 : *Bull. civ. I, n° 60; D. 2005. AJ 640, obs. Avena-Robardet*; *CCC 2005, n° 99, note Raymond; RTD civ. 2005. 393, obs. Mestre et Fages*; *RDC 2005. 719, obs. Fenouillet.* ♦ ... D'une clause de résiliation anticipée de l'offre de crédit, en cas de décès de la caution ou de l'un des co-emprunteurs et en cas de liquidation judiciaire de l'emprunteur ou du co-emprunteur. • TI Rennes, 27 juin 2000 : *Banque et Droit nov.-déc. 2001, p. 46, obs. Guillot.* ♦ ... D'une clause permettant au prêteur de suspendre ou de résilier unilatéralement le contrat de crédit permanent en cas de décès ou de perte totale et irrémédiable d'autonomie de l'un des deux emprunteurs. • TI Rennes, 7 mai 2007 : *RJDA 2007, n° 1289.* ♦ ... D'une clause soumettant le remboursement anticipé à un préavis de trois mois, en contravention à l'art. L. 311-29 [ancien] C. consom., qui ne prévoit pas de délai. • TI Roubaix, 16 oct. 2003 : *préc. note 10* • TI Roubaix,

15 avr. 2004 : *eod. loc.* ♦ ... D'une clause prévoyant la résiliation avec pénalités du contrat dans le cas de deux mensualités impayées sur l'un quelconque des crédits de l'emprunteur auprès du prêteur, en ce qu'elle applique une clause pénale à une défaillance extracontractuelle et en ce qu'elle contrevient à l'art. L. 311-30 [ancien] C. consom. • Civ. 1re, 1er févr. 2005 : *préc.* – Rappr. • TI Roubaix, 11 juin 2004 : *préc. note 10* • Amiens, 3 nov. 2011 : *CCC 2012, no 106, obs. Raymond.* ♦ ... D'une clause de nature à induire le consommateur en erreur sur la gratuité d'un prêt. • TI Vienne, 14 mars 2003 : *CCC 2003, no 118, obs. Raymond.* ♦ ... D'une clause résolutoire prévue au contrat de prêt en cas de renonciation de l'emprunteur à la souscription d'un contrat d'assurance décès-incapacité, dans la mesure où, prévue par la loi seulement en cas de défaillance dans les remboursements, une telle clause résolutoire aggrave la situation de l'emprunteur. • TI Roubaix, 11 sept. 2003 : *D. 2005. 443, note Tricoit.* ♦ L'art. L. 132-1 [L. 212-1] répute non écrite comme abusive la clause prévoyant l'augmentation du montant du crédit initial sans acceptation par l'emprunteur d'une nouvelle offre de crédit. • Cass., avis, 10 juill. 2006 : *Bull. civ. no 6 ; BICC 1er nov. 2006, p. 36, rapp. Richard, obs. Petit ; D. 2006. AJ 2313, obs. Avena-Robardet ; RTD com. 2006. 894, obs. Legeais ; JCP E 2006, no 35, p. 1427 ; CCC 2006, no 210, obs. Raymond (1re esp.) ; Banque et Droit nov.-déc. 2006. 26, obs. Bonneau ; RJDA 2007, no 199 ; Dr. et patr. mars 2007. 101, obs. Mattout et Prüm ; RLDA oct. 2006. 43, obs. Pourtau* • TI Saintes, 4 déc. 2006 : *CCC 2007, no 61, obs. Raymond.* ♦ La clause du contrat d'ouverture de crédit par découvert en compte, distinguant le découvert utile et le découvert maximal autorisé et permettant de dépasser le montant du découvert initialement autorisé sans émission d'une nouvelle offre, est une clause abusive. • Amiens, 20 sept. 2007 : *JCP 2008. IV. 1080 ; CCC 2008, no 31, obs. Raymond.* – V. aussi • Paris, 14 mai 2009 : *RJDA 2009, no 1113* • 4 juin 2009 : *ibid.* ♦ ... Comme l'est la clause du contrat d'ouverture de crédit qui assimile tout dépassement du découvert autorisé à une demande d'augmentation de celui-ci et qui prévoit que l'attribution du découvert correspondant à la demande vaudra approbation. • Douai, 3 mai 2007 : *JCP 2007. IV. 2655.* ♦ ... Comme l'est la clause du contrat de crédit utilisable par fractions selon laquelle le montant du découvert maximal autorisé à l'ouverture « est révisable par le prêteur qui se réserve le droit de la modifier à la hausse ou à la baisse », et peut être augmenté « sur simple demande » par l'emprunteur, dans la limite d'un montant maximum. • Paris, 17 juin 2010 : *Gaz. Pal. 2010. 3500, obs. Roussille.* ♦ Sur la clause de déchéance par contagion, V. • Montpellier, 7 juin 2007 : *cité note 38.*

24. *Transport.* Est abusive la cl[…] le vendeur de son obligation d[…] cas d'absence de réserves à la […] défauts apparents ou non, cette cl[…] surplus contraire à l'art. L. 133-3 C. com[…] dans les trois jours auprès du transporteur). […] Paris, 4 févr. 2003 : *préc. note 20.* ♦ En matière de déménagement, V. note 47.

3o ILLUSTRATIONS PAR TYPES DE CONTRATS

25. *Abonnement autoroutier.* V. Recomm. CCA no 95-01 sur les contrats d'abonnement autoroutier, App., vo *Autoroutes.*

26. *Agence matrimoniale.* V. Recomm. CCA no 87-02 sur les contrats proposés par les agences matrimoniales, App., vo *Agences matrimoniales.*

27. *Agence de voyages.* V. Recomm. CCA no 2008-01 sur les contrats de fourniture de voyages proposés sur internet, App., vo *Agences de voyages.* ♦ Est abusive : la clause exonérant l'agence en cas de retour ne s'effectuant pas au même aéroport qu'au départ. • TGI Paris, 7 nov. 2000 : *RJDA 2001/12, no 1274.* ♦ ... Celle limitant au double du forfait payé par le client les dommages et intérêts en cas de modification substantielle du contrat. • Même jugement. ♦ ... La clause étendant la notion de force majeure. • TGI Paris, 4 févr. 2003 : *préc. note 20.* ♦ ... La clause du contrat d'assurance annulation voyage qui définit la maladie grave comme la maladie interdisant toute activité professionnelle et interdisant de quitter la chambre, dans la mesure où cette clause permet d'écarter de la garantie la plupart des maladies. • Chambéry, 21 mars 2006 : *JCP 2006. IV. 2732.* ♦ ... Celle excluant, en toute hypothèse, la responsabilité de l'agence de voyage en cas de refus d'embarquement, faute pour le client de satisfaire aux formalités de police, dès lors que le refus d'embarquement ne découlait pas d'une faute ou négligence des clients mais bien d'un défaut d'information imputable au voyagiste. • Nancy, 28 nov. 2013 : *RD transp. 2014, no 16, obs. Bon-Garcin.*

28. *Agent immobilier.* V. Recomm. CCA no 2002-01 relative aux ventes de listes en matière immobilière, App., vo *Agences immobilières.* – Recomm. CCA no 2003-02 relative aux mandats de vente, de location ou de recherche d'un bien immobilier, App., vo *Agences immobilières.* ♦ Est abusive la clause d'un mandat de vente immobilière conclu entre un agent immobilier et un particulier donnant à l'agent mandataire le pouvoir d'engager des frais administratifs pour réclamer toutes pièces, actes et certificats nécessaires au dossier et pour effectuer, le cas échéant, toutes démarches administratives. • Com. 2 oct. 2007 : *RJDA 2008, no 196.* ♦ En revanche, n'est pas abusive la clause interdisant au mandant, pendant la durée du mandat et les douze mois qui suivent, de traiter directement avec un acquéreur présenté par le andataire. • Versailles, 28 janv. 2005 : *BICC 15 sept. 2005, n° 1761.* ♦ Même solution pour une durée de vingt-quatre mois : • Com. 2 oct. 2007 : *préc.*

29. Assurance. BIBL. Bruschi, *RGDA 2014. 364* (protection des consommateurs contre les clauses abusives dans le contrat d'assurance). ♦ V. Recomm. CCA n° 80-02 sur la continuation de l'assurance en cas de vente immobilière, App., v° *Assurances.* – Recomm. CCA n° 85-04 sur l'assurance « multirisque habitation », App., v° *Assurances.* – Recomm. CCA n° 89-01 sur l'assurance des véhicules de tourisme, App., v° *Automobiles.* – Recomm. CCA n° 90-01 sur l'assurance complémentaire à un crédit, App., v° *Assurances.* – Recomm. CCA n° 90-02 sur l'assurance « dommages-ouvrages », App., v° *Assurances.* – Recomm. CCA n° 2002-03 relative aux contrats d'assurance de protection juridique, App., v° *Assurances.* ♦ Est abusive la clause de délai de franchise contenue dans un contrat d'assurance de groupe souscrit en garantie d'une ouverture de crédit d'une durée d'un an renouvelable, nonobstant le fait que ladite ouverture de crédit a fonctionné pendant quatre ans. • Civ. 1re, 26 févr. 2002 : *préc. note 12.*

N'est pas abusive la clause d'un contrat d'assurance multirisque habitation mettant à la charge du consommateur la preuve de l'événement garanti et des conditions posées pour la mise en jeu de la garantie. • Civ. 1re, 7 juill. 1998 : *préc. note 9.* ♦ ... La clause qui subordonne la mise en œuvre de la garantie vol à la double preuve d'une effraction lors de l'entrée dans le véhicule et lors de sa mise en route. • Versailles, 6 sept. 2002 : *BICC 15 juin 2003, n° 743; Jurispr. auto. 2003. 242.*

30. Assurance décès et invalidité. Caractère abusif de la clause subordonnant le paiement du capital à la constatation médicale de l'invalidité pendant la durée de la garantie, alors que l'assureur dispose d'une faculté de résiliation annuelle dont il peut faire usage en cas de maladie évolutive. • Lyon, 28 mars 1991 : *D. 1991. 460.*

31. Assurance perte d'emploi, assurance incapacité temporaire. Clauses jugées non abusives : V. • Civ. 1re, 12 mars 2002 : *Bull. civ. I, n° 92* (rédaction antérieure à la loi de 1995; clause d'exclusion du chômage survenant à l'expiration d'un CDD) • Versailles, 21 nov. 2003 : *BICC 1er août 2005, n° 1641* (clause subordonnant la mise en jeu de la garantie d'ITT à l'écoulement d'un délai de latence). ♦ N'est pas abusive la clause d'un contrat d'assurance de groupe perte d'emploi limitant, pour un prêt de quatre ans, la durée de prise en charge du chômage à quatre mois. • Civ. 1re, 26 oct. 2004 : *D. 2005. Pan. 2195, obs. Willmann.* ♦ Ayant fait ressortir que la clause litigieuse n'était pas claire et compréhensible en ce qu'elle ne définissait pas précisément l'ITT, de sorte qu'entraînant une restriction substantielle de garantie, elle avait pour objet ou pour effet de créer un déséquilibre significatif entre les droits et obligations des parties au détriment du non-professionnel ou du consommateur, la cour d'appel a retenu, à bon droit, qu'elle présentait un caractère abusif. • Civ. 1re, 14 avr. 2016, n° 15-19.107 : *JCP E 2016, n° 1467, note Le Gac-Pech; RJDA 2016, n° 825; RDC 2016. 688, obs. Leduc; RCA 2016, n° 243, obs. Groutel.*

32. Auto-écoles. V. Recomm. CCA n° 2005-03 relative aux contrats de formation à titre onéreux à la conduite automobile (permis B) proposés par les établissements d'enseignement agréés, App., v° *Automobiles.*

33. Bail d'habitation. V. Recomm. CCA n° 80-04 sur la location de locaux à usage d'habitation, App., v° *Logement [location].* – Recomm. CCA n° 2000-01 relative aux contrats de location de locaux à usage d'habitation, App., v° *Logement [location].* – Recomm. CCA n° 13-01 relative aux contrats de location non saisonnière de logement meublé, App., v° *Logement [location].* ♦ La clause, qui fait peser sur le locataire la quasi-totalité des dépenses incombant normalement au bailleur et dispense sans contrepartie le bailleur de toute participation aux charges qui lui incombent normalement en sa qualité de propriétaire, a pour effet de créer, au détriment du consommateur, un déséquilibre significatif entre les droits et obligations des parties au contrat. • Civ. 3e, 17 déc. 2015, n° 14-25.523 P : *Dalloz actualité, 5 janv. 2016, obs. Rouquet; JCP E 2016, n° 1029; CCC 2016, n° 77, obs. Bernheim-Desvaux; RJDA 2016, n° 234; RDC 2016. 253, obs. Seube.* ♦ Déclarant abusives les clauses prévoyant des majorations forfaitaires en cas d'impayés ou l'acquisition de plein droit du dépôt de garantie en cas d'infractions régulièrement constatées : • Paris, 26 juin 2008 : *Loyers et copr. 2008, n° 180, obs. Vial-Pedroletti.* ♦ Estimant non abusive la clause de solidarité entre les cotitulaires d'un bail d'habitation : • Civ. 3e, 12 janv. 2017, n° 16-10.324 P : *D. 2017. 430, note Tisseyre; AJ fam. 2017. 199, obs. Casey; RTD civ. 2017. 129, obs. Barbier; CCC 2017, n° 64, obs. Bernheim-Desvaux; RJDA 2017, n° 374* • Amiens, 26 janv. 2012 : *Loyers et copr. 2012, n° 159, obs. Vial-Pedroletti.* ♦ Pour un passage en revue de clauses en matière de bail d'habitation, V. • TGI Grenoble, 4 nov. 2013 : *Rev. loyers 2014. 122, note Brena.*

34. Banque : compte bancaire. BIBL. Routier, *D. 2006. 985* (multiplication des frais et commissions de banque). – Raymond, *RD banc. fin.* mai-juin 2006. 41 (clauses abusives dans les conventions de compte de dépôt). ♦ Sur les frais de tenue de compte : • Paris, 17 déc. 1990 : *D. 1991. 350, note crit. D. Martin* • TGI Paris, 15 nov. 1993 : *JCP E 1994. I. 376, n° 11, obs. Gavalda et Stoufflet.* ♦ Pour diverses clauses abusives en matière de tenue de compte, V. • TGI Paris, 9 nov. 2005 : *D. 2006. AJ 295, obs. Avena-Robardet* ; *RJDA 2006, n° 469* • TGI Niort, 9 janv. 2006 : *D. 2006. 985, note Routier* ; *CCC 2006, n° 75, obs. Raymond* • TGI Paris, 13 sept. 2006 : *RJDA 2007, n° 105* ; *Banque et Droit juill.-août 2007. 56, obs. Guillot* (partiellement infirmé par • Paris, 3 avr. 2008 : *RJDA 2008, n° 859* ; partiellement censuré par • Civ. 1re, 28 mai 2009 : *Bull. civ. I, n° 110* ; *D. 2009. AJ 1602* ; *JCP E 2009, n° 44-45, p. 10, obs. Mathey* ; *RJDA 2009, n° 783* ; *RD banc. fin. 2009, n° 149, obs. Crédot et Samin* ; *RDC 2009. 1430, note Fenouillet* ; *RLDA juin 2009. 36, obs. Carolle-Brisson* ; *RLDC sept. 2009. 15, obs. Maugeri*). ♦ Jugeant abusives la clause qui postule l'approbation tacite des relevés de compte dans un délai de trois mois ainsi que la clause qui assimile un compte de dépôt à un compte courant : • Civ. 1re, 8 janv. 2009 : *D. 2010. Pan. 1046, obs. D. R. Martin* ; *RTD com. 2009. 418, obs. Legeais* ; *JCP E 2009, n° 22, p. 12, obs. Mathey* ; *JCP 2009. I. 138, n° 14, obs. Sauphanor-Brouillaud* ; *CCC 2009, n° 85, obs. Raymond* ; *RJDA 2009, n° 783* ; *RD banc. fin. 2009, n° 44, obs. Crédot et Samin* ; *Banque et Droit mars-avr. 2009. 30, obs. Bonneau* ; *Dr. et proc. 2010, suppl. n° 2, p. 5, obs. Y. Picod.*

35. ... Dates de valeur. Caractère abusif des clauses de date de valeur incluses dans les conditions contractuelles proposées par les banques, mais seulement pour les opérations autres que l'encaissement des chèques déposés ou le paiement de chèques étrangers ou les opérations en devises, ces clauses créant un déséquilibre significatif entre les parties puisque la banque perçoit alors des intérêts qui ne sont justifiés par aucune contrepartie. • TGI Paris, 18 mai 2004 : *D. 2004. 2288, note Boujeka (1re et 3e esp.)* . ♦ En revanche, compte tenu de la subsistance des délais nécessaires à l'encaissement des chèques, la pratique des dates de valeur pour ce type d'opération ne crée pas un déséquilibre significatif entre les droits et obligations des parties au contrat, l'application d'intérêts aux comptes débiteurs pendant le délai d'encaissement du chèque étant justifiée par le crédit ainsi consenti à son client par la banque dès la remise du chèque. • TGI Paris, 18 mai 2004 : *ibid. (2e et 4e esp.)*. ♦ Il convient de ne pas faire de différence entre la remise de chèques internes ou les remises de chèques provenant d'un autre établissement bancaire. • Paris, 6 janv. 2006 : *RJDA 2006, n° 938* ; *Banque et Droit mars-avr. 2007. 65, obs. Guillot* (conf. par • Com. 11 déc. 2007 : *JCP E 2008, n° 11, p. 19, note Crédot et Samin* ; *CCC 2008, n° 60, obs. G. R.* ; *RJDA 2008, n° 316* ; *RD banc. fin. 2008, n° 3, obs. Crédot et Samin*).

36. ... Chèques. BIBL. Kilgus, *AJ contrat 2017. 172* (clauses abusives en matière d'octroi d'un instrument de paiement). ♦ Clauses abusives en matière de délivrance ou de retrait de chéquier et d'opposition au paiement de chèque, V. • TGI Paris, 9 nov. 2005 : *préc. note 34.*

37. ... Cartes bancaires. BIBL. Kilgus, *AJ contrat 2017. 172* (clauses abusives en matière d'octroi d'un instrument de paiement). ♦ V. Recomm. CCA n° 94-02 relative aux contrats porteurs des cartes de paiement assorties ou non d'un crédit, App., v° *Banques.* ♦ Sur les clauses de résiliation, V. • T. com. Fréjus, 1er mars 1993 : *JCP 1994. II. 22194, note Coutant et Alexandre* • TGI Paris, 9 nov. 2005 : *préc. note 34.* ♦ Sur les clauses de responsabilité du porteur quant à l'utilisation de la carte : • Douai, 19 févr. 1998 : *CCC 1998, n° 120, note Raymond.* ♦ Rappr., pour une carte téléphonique, note 69. ♦ N'est pas abusive la clause prévoyant la possibilité pour une banque de modifier unilatéralement le contrat de carte bancaire, dès lors que ces modifications sont annoncées clairement aux clients, et qu'il est stipulé qu'elles ne produiront effet qu'à l'issue d'un délai raisonnable (un mois) et suffisant pour que le porteur puisse renoncer au bénéfice de ce contrat s'il ne souhaite pas se voir imposer ces modifications. • T. com. Paris, 2 sept. 1997 : *Banque et Droit, janv.-févr. 1998, p. 41, obs. Guillot.* ♦ Sur une clause précisant les modalités de l'opposition au paiement par carte, V. • TGI Paris, 9 nov. 2005 : *préc. note 34.*

38. ... Crédit. V. Recomm. CCA n° 88-01 sur les prêts dans les contrats d'accession à la propriété immobilière, App., v° *Clauses abusives.* – Recomm. CCA n° 2004-03 relative aux contrats de prêt immobilier, App., v° *Clauses abusives.* ♦ N'est pas abusive la clause d'un contrat de prêt prévoyant la mutualisation des risques. • Civ. 1re, 26 mai 1993 : *préc. note 15.* ♦ Est abusive la clause dite de déchéance par contagion qui permet au banquier, à l'occasion de la défaillance de l'emprunteur dans le remboursement d'un prêt personnel de moindre importance, de se prévaloir de la déchéance du terme de tous les prêts immobiliers régulièrement payés. • Montpellier, 7 juin 2007 : *JCP 2007. IV. 3305.* ♦ Prévoyant la résiliation du contrat de prêt pour une défaillance de l'emprunteur extérieure à ce contrat, envisagée en termes généraux et afférente à l'exécution de conventions distinctes, une telle clause crée un déséquilibre significatif entre les droits et obligations des parties au détriment du consommateur, ainsi exposé, par une décision unilatérale de l'organisme prêteur, en dehors du mécanisme de la condition résolutoire, à une aggravation soudaine des conditions de remboursement et à une modification majeure de l'économie du contrat de prêt. • Civ. 1re, 27 nov. 2008 : *Bull. civ. I, n° 275* ; *D. 2009. Pan. 396, obs. Sauphanor-Brouillaud* ; *ibid. AJ 16, obs. Avena-Robardet* ; *RTD com. 2009. 190, obs. Legeais* ; *RTD civ. 2009. 116, obs. Fages* ; *JCP E 2009, n° 24, p. 11, obs. Routier* ; *RD banc. fin. 2009, n° 50, obs. Crédot et Samin* ; *RJDA 2009, n° 685* ; *Dr. et patr. mars 2009. 103, obs. Mattout* *et Prüm; RDC 2009. 564, obs. Fenouillet; RLDC févr. 2009. 11, obs. Maugeri; Dr. et proc. 2010, suppl. n° 2, p. 4, obs. Y. Picod.* ♦ La clause insérée dans un contrat de crédit stipulant que les emprunteurs s'engagent à ne pas souscrire de nouveaux crédits et à ne pas accepter de nouvelles charges financières susceptibles d'aggraver leur endettement, sauf accord exprès de la banque, a pour effet de créer, au détriment du non-professionnel ou du consommateur, un déséquilibre significatif entre les droits et obligations des parties au contrat, en ce que en soumettant à l'accord exprès de la banque toute nouvelle charge financière, elle concerne tous les actes susceptibles d'être conclus par les emprunteurs, y compris les actes conservatoires et d'administration, et que, telle qu'elle est rédigée, elle octroie à la banque un pouvoir discrétionnaire de refus de la souscription de tout nouveau crédit. • CCA, avis n° 15-01 du 24 sept. 2015 : *RD banc. fin. 2016. Étude 30, par Malherbe.*

39. … Crédit-bail. N'est pas abusive la clause d'un contrat de crédit-bail faisant supporter au locataire la perte, même par cas fortuit, du matériel loué. • Civ. 1re, 17 nov. 1998 : *cité note 1 ss. art. L. 212-2.*

40. Bourse. V. • Paris, 23 sept. 1993 : *D. 1994. Somm. 213, obs. Delebecque ; D. 1995. Somm. 199, obs. Bon-Garcin ; RD bancaire et bourse 1994. 79, obs. Crédot et Gérard; RTD com. 1994. 87, obs. Cabrillac et Teyssié .* ♦ La reconnaissance par le mandant de sa connaissance du risque ne crée pas un déséquilibre dans les droits et obligations des parties au contrat et ne confère aucun avantage professionnel à la banque qui est tenue en sa qualité de mandataire dans les termes de la responsabilité de droit commun pour faute dans l'exécution du mandat. • Paris, 5 févr. 2015 : *RD banc. fin. 2015, n° 61, obs. Riassetto.*

41. Cinéma. V. Recomm. CCA n° 2002-02 relative aux formules d'accès au cinéma donnant droit à des entrées multiples, App., v° *Clauses abusives.*

42. Coffre-fort. V. Recomm. CCA n° 87-01 sur la location de coffres-forts, App., v° *Banques.*

43. Club sportif. V. Recomm. CCA n° 87-03 sur les clubs de sport à caractère lucratif, App., v° *Clauses abusives.* ♦ Est abusive la clause par laquelle le centre sportif se réserve le droit de modifier unilatéralement les horaires de cours. • TGI Brest, 21 déc. 1994 : *préc. note 17* (horaires initiaux choisis par le client en fonction de ses disponibilités) • Rennes, 30 mars 2001 : *RJDA 2001, n° 818* (modification des horaires et suppression d'installations).

Est abusive la clause ne prévoyant pas le remboursement des sommes versées en cas d'empêchement indépendant de la volonté du client. • TGI Brest, 21 déc. 1994 : *préc.* (contrat ne prévoyant qu'une suspension en cas de maladie ou de raison professionnelle et non une résiliation, cette lacune n'étant pas compensée par la possibilité de souscrire une assurance-interruption complémentaire dont l'objet n'est que d'assurer un dédommagement). ♦ … La clause subordonnant l'assurance interruption à la remise d'un certificat médical dans les dix jours. • Rennes, 30 mars 2001 : *préc.* ♦ … La clause interdisant toute résiliation anticipée, même pour des événements que le consommateur ne pouvait ni prévoir, ni éviter. • Même arrêt. ♦ … La clause qui oblige à payer le prix dans tous les cas même si la contrepartie promise n'est pas fournie. • Même arrêt.

Est abusive la clause d'exclusion immédiate en cas de comportement gênant, avec perte totale des sommes versées. • TGI Brest, 21 déc. 1994 : *préc.* (clause instaurant un pouvoir disciplinaire général, alors que le club prétendait ne viser que deux hypothèses : le port de maillot de bain et l'interdiction de fumer). ♦ … La clause pénale d'un montant très élevé sanctionnant le prêt de la carte d'adhérent. • Même jugement.

Est abusive la clause exonérant le club de toute responsabilité en cas de maladie contractée ou d'accident survenu dans le club. • TGI Brest, 21 déc. 1994 : *préc.* ♦ … La clause mettant à la charge du client, qui n'a pas justifié de sa constitution physique et de son état de santé par une attestation médicale, toute détérioration ultérieure de sa santé. • TGI Bourges, 30 nov. 1995 : *RJDA 1996, n° 979.* ♦ … La clause exonérant le club de toute responsabilité en cas de dommage corporel. • TGI Bourges, 30 nov. 1995 : *préc.* ♦ … La clause exonérant le club de toute obligation de sécurité à l'égard des enfants. • Rennes, 30 mars 2001 : *préc.* ♦ Est abusive la stipulation du contrat d'abonnement à un club de sport exonérant ce dernier de sa responsabilité pour les vols commis dans l'établissement. • TGI Brest, 21 déc. 1994 : *préc.* • Rennes, 30 mars 2001 : *préc.*

44. Conseils juridiques. Pour des clauses abusives figurant dans les offres de services d'un site internet ayant pour objet la défense des consommateurs au moyen de « class actions » : • TGI Paris, 6 déc. 2005 : *D. 2007. Pan. 834, obs. Blanchard ; D. 2006. AJ 141, obs. Avena-Robardet ; JCP 2006. II. 10019, note R. Martin; CCC 2006, n° 38, note Raymond* (conf. par : • Paris, 17 oct. 2006 : *CCC 2007, n° 113, obs. Raymond; CCE 2007, n° 27, obs. Stoffel-Munck; RJDA 2007, n° 411*; puis par : • Civ. 1re, 30 sept. 2008 : *JCP 2009. I. 120, n° 3, obs. Bortoluzzi; CCC 2008, n° 284, obs. Raymond; RJDA 2008, n° 1316; Bull. Joly 2009. 18, note Daigre; Lettre distrib.* nov. 2008, p. 4). ♦ Sur les sites de conseils juridiques, V. aussi Lesueur, *JCP 2010. 175* (avocat et publicité sur internet : une relation à définir).

45. Construction. V. Recomm. CCA n°s 81-02 et 91-03 sur le contrat de construction de maison individuelle, App., v° *Logement [construction].* ♦

Dès lors qu'il est relevé que la SCI, promoteur immobilier, était un professionnel de l'immobilier mais pas un professionnel de la construction, la cour d'appel a pu retenir que celle-ci devait être considérée comme un non-professionnel vis-à-vis du contrôleur technique, en application de l'art. L. 132-1 [L. 212-2]. • Civ. 3e, 4 févr. 2016, n° 14-29.347 P : *D. 2016. 639, note Péglion-Zika ; AJCA 2016. 200, obs. Carval ; AJDI 2016. 623, obs. Cohet ; RDI 2016. 290, obs. Boubli ; JCP E 2016, n° 1300, note N. Picod : JCP N 2016, n° 1223, obs. Storck ; CCC 2016, n° 105, obs. Bernheim-Desvaux ; RJDA 2016, n° 327 ; LPA 1er juill. 2016, note Maume ; LPA 5 juill. 2016, note Moreil ; Gaz. Pal. 22 mars 2016, p. 20, note Mazeaud ; Constr.-Urb. 2016, n° 44, obs. Sizaire.* ♦ Aucune règle d'ordre public n'interdisant aux parties liées par un contrat de vente en l'état futur d'achèvement de fixer un délai pour agir en réparation des défauts de conformité apparents, une cour d'appel en a exactement déduit que la clause litigieuse n'était pas abusive. • Civ. 3e, 9 juill. 2014 : *RDI 2014. 568, obs. Tournafond ; Gaz. Pal. 2014. 3069, obs. Zalewski-Sicard.* ♦ La clause qui assimile la prise de possession à une réception de fait et sans réserve, alors que la réception suppose la volonté non équivoque de recevoir l'ouvrage, crée au détriment du non-professionnel un déséquilibre significatif de telle sorte qu'elle doit être réputée non écrite. • Civ. 3e, 6 mai 2015, n° 13-24.947 P : *D. 2015. Actu. 1100 ; RDI 2015. 355, obs. Garcia ; JCP 2015, n° 722, note Serinet ; JCP E 2015, n° 1357, note Le Gac-Pech ; RJDA 2015, n° 788.* ♦ La clause d'un contrat de vente d'un immeuble en l'état futur d'achèvement qui stipule un report du délai de livraison de ce bien en présence de jours d'intempéries, ledit report défini comme d'une durée du double desdits jours, ne peut être jugée abusive dès lors que : le relevé desdits jours est réalisé par un tiers au contrat et sur la base de relevés météorologiques publics ; le report du délai de livraison pour un nombre de jours double de celui des jours d'intempéries ne paraît pas, au regard des nécessités de réorganisation d'un chantier, manifestement disproportionné ; ledit report ne modifie pas les stipulations ne rendant exigibles les obligations de paiement échelonné des sommes dues par le consommateur qu'au fur et à mesure de l'achèvement des étapes de la construction (Avis CCA n° 16-01 du 29 sept. 2016 : *RDI 2017. 93, obs. Tournafond et Tricoire*).

46. Cuisines. V. Recomm. CCA n° 82-03 sur l'installation de cuisines, App., v° *Ameublement.*

47. Déménagement. V. Recomm. CCA n° 82-02 sur les contrats proposés par les déménageurs, App., v° *Déménagements.* ♦ Caractère abusif de la clause prévoyant l'application conventionnelle de la CMR à un contrat de déménagement international. • TGI Toulouse, 20 juin 2002 : *Bull. transp. 2002. 488.* ♦ Sur le caractère abusif du délai de réclamation et du délai de prescription d'un contrat de déménagement, V. : • CCA, avis, n° 07-01, 25 janv. 2007 : *BRDA 2007, n° 9, p. 9 ; RLDA mars 2007. 46, obs. Anadon.* ♦ Même si dans son avis n° 07-01 la Commission des clauses abusives a considéré qu'une clause mentionnant le délai de trois jours de l'art. L. 133-3 C. com. est abusive, il n'en reste pas moins qu'il ne s'agit que d'un avis et qu'une telle clause peut toujours figurer dans les conditions générales d'un contrat dès lors que la loi ne l'interdit pas. • TGI Rennes, J. prox., 15 mai 2008 : *RJDA 2008, n° 1189* (possibilité de vérifier les manquants dans le délai fixé par la clause compte tenu du volume du déménagement de 23 m³, correspondant à une surface d'environ 35 m²). ♦ Le délai d'un an contractuellement prévu pour introduire une action en justice au titre des pertes et avaries, dont la constatation est possible dès la livraison du mobilier, n'empêche pas ni ne rend particulièrement plus difficile l'exercice par les consommateurs de leur droit à agir en justice. • Civ. 1re, 11 déc. 2013 : *CCC 2014, n° 102, obs. Raymond* • 14 févr. 2008 : *JCP E 2008, n° 2206, obs. Bon-Garcin.*

48. Dépôt-vente. V. Recomm. CCA n° 99-01 concernant les contrats de dépôt-vente, App., v° *Clauses abusives.* ♦ N'est pas abusive la clause selon laquelle, si le déposant n'a pas retiré les marchandises invendues dans les quinze jours de la résiliation ou de l'expiration du contrat, le dépositaire pourra en disposer à sa guise, dès lors que le déposant est clairement informé de son obligation de se manifester à l'issue du contrat. • Civ. 1re, 1er févr. 2005 : *Bull. civ. I, n° 61 ; RDC 2005. 727, obs. Fenouillet.* ♦ ... Ni celle prévoyant qu'en accord avec le déposant, il pourra être convenu d'une fourchette à titre de prix de mise en vente initial. • Même arrêt.

49. Développement de pellicules. V. Recomm. CCA n° 82-04 sur les travaux photographiques ou cinématographiques, App., v° *Clauses abusives.* ♦ Est abusive la clause d'un contrat de développement de pellicules photographiques qui, par sa rédaction ambiguë, exonère le laboratoire de toute responsabilité pour perte des pellicules moyennant le versement d'une somme modique. • Civ. 1re, 19 juin 2001 : *préc. note 11.* ♦ V. aussi • Civ. 1re, 5 févr. 2002 : *Bull. civ. I, n° 43.* ♦ V. déjà : caractère abusif de la clause d'exonération de responsabilité en cas de perte par le laboratoire des diapositives confiées pour tirage. • Civ. 1re, 14 mai 1991 : *Bull. civ. I, n° 153 ; R., p. 346 ; GAJC II 2008. 137, note Terré et Lequette ; D. 1991. 449, note Ghestin ; D. 1991. Somm. 320, obs. Aubert ; JCP 1991. II. 21763, note Paisant ; RTD civ. 1991. 526, obs. Mestre* (décision rendue sur le fondement de l'art. 35 de la L. 10 janv. 1978, antérieurement à la L. 1er févr. 1995).

Admission d'un déséquilibre significatif lorsque le client n'est pas assez informé de la possibilité, moyennant le paiement d'une somme supplémentaire, d'obtenir une indemnité non forfaitaire, cette faculté n'étant indiquée qu'au dos du ticket remis au client, de façon peu visible. • Aix-en-Provence, 20 sept. 1995 : *CCC 1996, n° 172, note Raymond.*

50. Établissement d'enseignement. V. Recomm. CCA n° 91-01 sur les contrats proposés par les établissements d'enseignement et Recomm. CCA n° 2010-01 sur les contrats de soutien scolaire, App., v° *Enseignement.* ♦ Est abusive la clause d'un contrat passé avec un établissement d'enseignement prévoyant que l'élève doit payer la totalité de la scolarité, alors même qu'une maladie ferait obstacle à l'exécution du contrat. • Civ. 1re, 10 févr. 1998 : *Bull. civ. I, n° 53; D. 1998. 539, note D. Mazeaud; JCP 1998. I. 155, nos 12 s., obs. Jamin; ibid. II. 10124, note Paisant; Defrénois 1998. 1051, obs. D. Mazeaud; CCC 1998, n° 70, note Leveneur; RTD civ. 1998. 674, obs. Mestre.* ♦ V. déjà : • Civ. 1re, 31 janv. 1995 : *D. 1995. Somm. 229, obs. Delebecque; RTD civ. 1995. 620, obs. Mestre.* ♦ Comp. : • Civ. 1re, 6 déc. 1989 : *D. 1990. 289 (1re esp.), note Ghestin; JCP 1990. II. 21534, note Delebecque.* ♦ Est abusive la clause qui fait du prix total de la scolarité un forfait intégralement acquis à l'école dès la signature du contrat et qui, sans réserver le cas d'une résiliation pour un motif légitime et impérieux, ne permet une dispense partielle du règlement de la formation qu'en cas de force majeure. • Civ. 1re, 13 déc. 2012 : *Bull. civ. I, n° 260; D. 2013. 818, note Lemay; ibid. Pan. 949, obs. Sauphanor-Brouillaud; JCP 2013, n° 6, obs. Prieur; ibid., n° 140, note Paisant; JCP E 2013, n° 1054, note Le Bail-Dupont; CCC 2013, n° 65, obs. Raymond; LPA 19 mars 2013, note Atani; RJDA 2013, n° 211; Gaz. Pal. 2013. 493, obs. Piedelièvre; RLDA févr. 2013. 40, obs. de Romanet; Defrénois 2013. 781, obs. Seube.* ♦ Sur le déséquilibre significatif entre les droits et obligations des parties en ce que le professionnel pouvait retenir des sommes versées par le consommateur lorsque celui-ci renonçait à conclure ou à exécuter le contrat, sans que soit prévu le droit, pour le consommateur, de percevoir une indemnité d'un montant équivalent de la part du professionnel lorsque c'était celui-ci qui renonçait, V. • Civ. 1re, 2 avr. 2009 : *RJDA 2010, n° 85; RDC 2009. 1426, note Fenouillet* • 12 mai 2011 : *CCC 2011, n° 223, obs. Raymond; RJDA 2012, n° 214.* – V. aussi • Montpellier, 12 janv. 2010 : *CCC 2011, n° 20, obs. Raymond* • Paris, 20 sept. 2012 : *CCC 2012, n° 17, obs. Raymond.* ♦ Si la clause d'un contrat d'enseignement qui laisse acquises à l'établissement les sommes versées par l'élève quelles que soient les causes de la résiliation du contrat par l'élève est abusive, il revient au juge d'apprécier le caractère sérieux et légitime de la résiliation. • Paris, 23 mai 2013 : *CCC 2013, n° 223, obs. Raymond.*

51. Fourniture d'eau. V. Recomm. CCA n° 85-01 sur la distribution de l'eau et Recommandation complémentaire n° 01-01, App., v° *Eau.* ♦ Caractère abusif de la clause rendant le propriétaire d'un immeuble caution des engagements d'un locataire à l'égard du délégataire de service public, ce dernier ne pouvant imposer à un autre que l'usager une charge correspondant à une contrepartie et non à une imposition. • TGI Nîmes, réf., 28 mai 2003 : *BICC 2003, n° 1274* (clause jugée abusive par la recommandation 2001-1 du 25 janv. 2001). ♦ Caractère abusif d'une clause exonérant le service des eaux des conséquences d'un branchement défectueux. • TGI Paris, 17 janv. 1990 : *D. 1990. 289, note Ghestin* (exemple : mise en place d'une canalisation atteinte d'un vice). ♦ V. aussi : • TGI Mâcon, 25 févr. 1991 : *Gaz. Pal. 1992. 2. Somm. 515.* ♦ Caractère abusif d'une clause prévoyant une exonération générale de responsabilité de la commune en raison de causes résultant de l'exploitation même du service (interruption, variation de pression, qualité physique ou chimique de l'eau...). • TA Nice, 28 avr. 2006 : *préc. note 14.* ♦ Les dispositions qui exonèrent de toute responsabilité le service des eaux dans le cas où une fuite dans les installations intérieures de l'abonné résulterait d'une faute commise par ce service sont abusives. • CE 30 déc. 2015, n° 387666 : *AJDA 2016. 6, obs. Poupeau; CCC 2016, n° 78, obs. Bernheim-Desvaux; RJDA 2016, n° 486.* ♦ Pour des clauses jugées non abusives, V. • CAA Nantes, 29 déc. 2005 : *AJDA 2006. 1289, note Fialaire.*

52. Fourniture d'électricité et de gaz. V. Recomm. CCA n° 84-01 sur la distribution de gaz liquéfié, App., v° *Energie domestique.* ♦ Caractère abusif de la clause exonérant le fournisseur d'électricité de toute responsabilité pour un sinistre survenu dans les locaux de l'abonné, quelle qu'en soit l'origine. • Bordeaux, 2 juin 1997 : *BICC 1997, n° 1490.* ♦ Même solution pour une clause limitant la responsabilité d'EDF. • TGI Angers, 11 mars 1986 : *JCP 1987. II. 20789, note Gridel.*

53. Généalogistes. V. Recomm. CCA n° 96-03 sur les contrats de révélation de succession proposées par les généalogistes, App., v° *Clauses abusives.*

54. Halte-garderie. Pour des clauses jugées abusives dans le cadre d'un contrat de halte-garderie, V. • Paris, 5 déc. 2013 : *CCC 2014, n° 110, obs. G. R.*

55. Hôtel. V. Recomm. CCA n° 84-03 sur l'hôtellerie de plein air, App., v° *Clauses abusives.* – Recomm. CCA n° 2005-01 sur les contrats d'hôtellerie de plein air et les contrats de locations d'emplacements de résidence mobile, App., v° *Hôtels, restaurants, débits de boissons.*

56. Informatique. V. Recomm. CCA n° 95-02 sur les contrats proposés par les éditeurs ou distributeurs de logiciels ou de progiciels, App., v° *Informatique*.

57. Internet. **BIBL.** Gaboriau, *RDC 2009. 1674* (les clauses abusives dans le secteur des communications électroniques). ♦ V. Recomm. CCA du 26 sept. 2002 relative aux contrats de fourniture d'accès à internet, App., v° *Informatique*. – Recomm. CCA n° 2007-01 relative aux contrats proposant les services groupés de l'internet, du téléphone et de la télévision (triple-play), App., v° *Informatique*. ♦ Pour des exemples de clauses jugées abusives dans des contrats de fourniture d'accès à internet, V. • TGI Paris, 5 avr. 2005 : *CCE 2005, n° 104, note Stoffel-Munck; CCC 2005, n° 140, note Raymond* • Versailles, 15 sept. 2005 : *JCP 2006. II. 10029, note Fages; CCE 2005, n° 171, note Stoffel-Munck* (confirmant; et conf. par • Civ. 1re, 8 nov. 2007 : *RTD civ. 2008. 103, obs. Fages; JCP 2008. I. 104, n° 12, obs. Grosser; CCE 2008, n° 7, obs. Debet; RJDA 2008, n° 333*) • TGI Paris, 21 févr. 2006 : *D. 2006. 1102, obs. Rondey; RJDA 2006, n° 965* (et en appel : • Paris, 13 févr. 2009 : *cité note 4 ss. art. L. 621-8*) • TGI Nanterre, 9 févr. 2006 : *ibid.; CCE 2006, n° 126, obs. Stoffel-Munck* • TI Cherbourg, 12 juill. 2007 : *JCP E 2008, n° 3, p. 18, obs. Favreau; CCE 2007, n° 135, obs. Debet*. – V. aussi • CCA, avis, n° 05-05, 29 sept. 2005 : *CCE 2005, n° 188, obs. Grynbaum*. ♦ N'est, en revanche, pas abusive la clause exigeant le versement d'un dépôt de garantie destiné à garantir la restitution du matériel mis à disposition lorsque l'abonné n'opte pas pour un paiement par prélèvement automatique. • Caen, 26 juin 2014 : *RJDA 2014, n° 871*.

58. Location avec option d'achat. V. Recomm. CCA n° 86-01 sur la location avec option d'achat, App., v° *Clauses abusives*.

59. Location mobilière. V. Recomm. CCA n° 91-04 sur les contrats de location de certains biens mobiliers, App., v° *Clauses abusives*. ♦ Sur les pratiques abusives dans les locations de meublés, V. * Rép. min. n° 80014 : *JOAN Q 10 août 2010; D. 2010. Actu. 1871*.

60. Location de voiture. V. Recomm. CCA n° 96-02 sur les locations de véhicules automobiles, App., v° *Automobiles*. ♦ Est abusive la clause d'un contrat de location de véhicule imposant au preneur de s'assurer contre les risques de perte et de détérioration de la chose louée, y compris par force majeure et cas fortuit. • Civ. 1re, 17 mars 1998 : *Bull. civ. I, n° 116; CCC 1998, n° 104, note Raymond* et, sur renvoi : • Bourges, 23 févr. 2000 : *CCC 2001, n° 15, obs. Raymond* (caractère abusif de la clause qui fait peser sur le locataire la perte du véhicule par cas de force majeure) • Civ. 1re, 6 janv. 1994 : *Bull. civ. I, n° 8; D. 1994. Somm. 209, obs. Delebecque; JCP 1994. II. 22237, note Paisant; ibid. I. 3773, n° 25, obs. Viney; CCC 1994, n° 58, note Raymond; RTD civ. 1994. 601, obs. Mestre*. ♦ V. aussi : • Civ. 1re, 6 janv. 1994 : *préc.* (caractère abusif de la clause privant le preneur de toute influence sur les conditions de la revente et de toute possibilité de recherche d'un acquéreur). ♦ *Contra* : • Versailles, 9 juin 2000 : *RJDA 2000, n° 1053*. ♦ Comp. • Paris, 20 sept. 1991 : *Gaz. Pal. 1993. 1. 211*.

N'est pas abusive la clause imposant au locataire la continuation du paiement des loyers en cas d'immobilisation du véhicule, dès lors que le loueur ne s'exonère de l'obligation de fournir un véhicule de remplacement qu'en cas de force majeure et qu'il s'oblige à diminuer le loyer lorsque l'immobilisation est imputable à ses propres fautes et négligences. • Versailles, 4 mars 2003 : *BICC 15 nov. 2003, n° 1423*. ♦ N'est pas abusive la clause qui réserve au preneur, qui invoque l'impossibilité d'assurer les restitutions requises dans le délai convenu (clés et carte grise), la faculté d'opposer la force majeure pour échapper au paiement de la franchise. • Civ. 1re, 4 juin 2014 : *Bull. civ. I, n° 103; D. 2014. Actu. 1268; JCP E 2014, n° 1386; RJDA 2014, n° 804; Gaz. Pal. 2014. 3228, obs. Piedelièvre; RLDA sept. 2014. 52, obs. Lecourt*.

61. Location saisonnière. V. Recomm. CCA n° 94-04 relative aux locations saisonnières, App., v° *Logement [location]*. ♦ Est abusive la clause d'un contrat de location saisonnière qui dispose que, dans le cas où un séjour réservé par le client devrait être modifié par le prestataire du fait de circonstances extérieures, celui-ci lui proposera un séjour de remplacement, interdiction étant faite au client d'annuler sa réservation dans le délai de sept jours. Le texte de la clause, vague et général, couvre des hypothèses plus larges que la force majeure et impose une modification unilatérale par le prestataire sans véritable dédommagement du client. • Paris, 7 mai 1998 : *D. Affaires 1998. 1851, obs. V. A.-R.* ♦ ... La clause relative au nombre de couchages de la location, qui prévoit une variation en plus ou en moins, le nombre indiqué de couchages constituant la capacité maximum. • Paris, 7 mai 1998 : *préc.* ♦ ... La clause qui stipule que le client dispose de vingt-quatre heures pour dénoncer les anomalies constatées à son arrivée dans les locaux, à l'exception de l'état de propreté qui doit être constaté sur le champ. • Paris, 7 mai 1998 : *préc.* (durée d'autant plus discutable que les locations commencent en général le samedi et que l'agence de location est fermée le dimanche). ♦ ... La clause qui impose, en cas de retard du client après 18 heures 30, le report de la prise de possession des lieux au prochain jour ouvrable à 9 heures, et qui prévoit une facturation par heure de retard pour le locataire en cas d'arrivée tardive. • Paris, 7 mai 1998 : *préc.* (les périodes de location commencent en général le samedi, alors que l'agence de location est fermée le dimanche et qu'aucune contrepartie n'est prévue en faveur du preneur). ♦ ... La clause tendant à interdire la détention d'animaux familiers dans les locaux donnés en location. • Civ. 1re, 3 févr. 2011 : *cité note 2 ss. art. L. 621-8.* ♦ Sur les clauses relatives au remboursement des dépôts de garantie : • TGI Grenoble, 22 mai 1997 : *RJDA 1997, n° 1553.* ♦ Sur les clauses figurant dans un contrat de location longue durée d'un emplacement dans un camping, V. • Civ. 3e, 10 juin 2009 : *Bull. civ. III, n° 140; D. 2009. AJ 1685, obs. Delpech ; JCP 2009, n° 28, p. 22; CCC 2009, n° 258, obs. Raymond; RJDA 2009, n° 784; Defrénois 2009. 2340, note Savaux; RDC 2009. 1434, note Fenouillet; RLDC sept. 2009. 14, obs. Maugeri; Dr. et proc. 2010, suppl. n° 2, p. 5, obs. Y. Picod.* – V. aussi : • Caen, 1er juill. 2010 : *CCC 2011, n° 52, obs. G. R.*

62. *Maintenance et entretien.* V. Recomm. CCA n° 97-02 sur les contrats de maintenance de certains équipements d'immeuble, App., v° *Clauses abusives.* ♦ Pour une clause (non abusive) d'un contrat de location financière d'une fontaine à eau mettant à la charge du locataire, par dérogation à l'art. 1721 C. civ., le maintien du matériel en parfait état de fonctionnement, d'entretien et de conformité aux règlements et qui stipule l'indépendance des obligations issues du contrat de location avec le contrat de maintenance, V. • Colmar, 26 sept. 2006 : *JCP 2007. IV. 1699.*

63. *Maison de retraite.* V. Recomm. CCA n° 85-03 sur les établissements hébergeant des personnes âgées et Recomm. CCA n° 2008-02 sur les contrats proposés par certains établissements hébergeant des personnes âgées et non habilités à recevoir des bénéficiaires de l'aide sociale, complétant la recommandation n° 85-03, App., v° *Hébergement des personnes âgées.* ♦ Ayant exactement relevé que le contenu du forfait d'hébergement était défini par l'art. R. 314-159 CASF, dont la légalité n'était pas contestée, c'est à bon droit que la cour d'appel en a déduit que la clause litigieuse prévoyant un prix forfaitaire pour ces prestations n'était pas abusive. • Civ. 1re, 3 nov. 2016, n° 15-20.621 P : *D. 2017. Pan. 548, obs. Poillot ; JCP 2016, n° 1351, note Paisant; CCC 2017, n° 22, obs. Bernheim-Desvaux; RJDA 2017, n° 208.* ♦ Mais dès lors qu'il est constaté que le délai de restitution du dépôt de garantie contractuellement prévu était de deux mois, quand l'art. R. 314-149 CASF prévoit une restitution dans les trente jours du départ du résident, il en résulte que cette clause est illicite et que, maintenue dans le contrat, elle est abusive. • Même arrêt. ♦ Contrôle des clauses abusives contenues dans le règlement intérieur d'une maison de retraite : • Aix-en-Provence, 18 sept. 1995 : *CCC 1995, n° 190, obs. Raymond* (clauses jugées abusives : clause attributive de compétence; clause exonératoire de toute responsabilité; clause de modification de prix sans référence à des critères objectifs; interdiction de faire venir des boissons de l'extérieur). ♦ Neutralisant les dispositions du contrat de séjour en les interprétant de manière constructive et non en faisant application de la réglementation sur les clauses abusives, V. • TA Lyon, 31 mai 2012 : *LPA 4-5 sept. 2012, concl. Béroujon.*

64. *Publicité.* V. Recomm. CCA n° 80-01 sur la location d'emplacements pour affichage publicitaire, App., v° *Clauses abusives.* ♦ Est abusive la clause qui interdit au souscripteur d'espace publicitaire toute réclamation après l'ordre de publicité et dégage l'éditeur de toute responsabilité quant à l'exécution technique. • Paris, 22 mars 1990 : *D. 1991. IR 98.*

65. *Réseaux sociaux.* V. Recomm. CCA n° 2014-02 relative aux contrats proposés par les fournisseurs de services de réseaux sociaux, App., v° *Informatique.* ♦ La clause attributive de compétence prévue au contrat oblige le souscripteur à saisir une juridiction particulièrement lointaine et à engager des frais sans aucune proportion avec l'enjeu économique du contrat souscrit pour des besoins personnels ou familiaux. Les difficultés pratiques et le coût d'accès aux juridictions californiennes sont de nature à dissuader le consommateur d'exercer toute action devant les juridictions concernant l'application du contrat et à le priver de tout recours à l'encontre de la société Facebook. La clause doit donc être déclarée abusive. • TGI Paris, ord., 5 mars 2015, n° 12/12401 : *Gaz. Pal. 2015. 1603, note Prieur; CCE 2015, n° 51, obs. Loiseau; RJ com. 2015. 459, obs. Berlioz; RDC 2016. 45, obs. Huet; RLDI mai 2015. 16, note Moritz.* ♦ Dans la même affaire, les juges se prononçant pour la compétence du juge français en écartant la clause attributive de compétence figurant dans les conditions générales que tout utilisateur doit accepter en vue de créer un compte : • Paris, 12 févr. 2016, n° 15/08624 : *Dalloz actualité, 19 févr. 2016, obs. Mélin; D. 2016. Actu. 422 ; AJCA 2016. 109 ; RTD civ. 2016. 310, note Usunier ; Dalloz IP/IT 2016. 214, obs. André et Lallemand ; JCP E 2016, n° 1309, note Marion; CCC 2016, n° 132, obs. S. B.-D.; RJDA 2016, n° 570; CCE 2016, n° 33, obs. Loiseau; ibid. Étude 12, note Mailhé.*

66. *Séjour linguistique.* V. Recomm. CCA n° 94-03 relative aux contrats de séjour linguistiques, App., v° *Agences de voyages.* ♦ Est abusive la clause d'un contrat de séjour linguistique qui exclut toute compensation en cas de changement de ville de résidence de l'enfant, dès lors que l'organisateur du voyage insiste, dans les documents remis au consommateur, sur le particularisme de chaque région, et ne peut donc soutenir que le choix du séjour linguistique est totalement indépendant du lieu de résidence. • Paris, 2 oct. 1998 : *D. Affaires 1998. 1851, obs. V. A.-R.; RJDA 1998, n° 1424.*

67. *Syndic de copropriété.* BIBL. Dreveau, *AJDI 2013. 481* (droit de la consommation et des entreprises : les nouvelles sources du droit de la copropriété). – Chamard, *Administrer mars 2015. 13* (statut du syndicat des copropriétaires au regard des dispositions du code de la consommation). ♦ V. Recomm. CCA n° 96-01 sur les contrats proposés par les syndics de copropriété et Recomm. CCA n° 2011-01 relative aux contrats de syndic de copropriété, App., v° *Clauses abusives.* ♦ Caractère abusif de la clause d'un contrat de syndic de copropriété prévoyant une libre révocation par le syndic et une limitation du droit de résiliation du syndicat, contrairement aux solutions posées par les art. 2003 et 2004 C. civ. : si ces textes ne sont pas d'ordre public, l'inversion des solutions crée un déséquilibre entre les parties. • TGI Paris, 7 sept. 1999, *CSCV c/ Foncia : D. 1999. AJ 89, obs. Y. R.* ; *RJDA 1999, n° 1257.* ♦ Mais absence de caractère abusif pour une clause stipulant une faculté de résiliation pour « motifs graves et légitimes » pour le syndicat et pour « raisons fondées et graves » pour le syndic. • TGI Paris, 7 sept. 1999, *CSCV c/ Loiselet : RJDA 1999, n° 1257.*

Caractère abusif de la clause se contentant de proposer au vote de l'assemblée un contrat contenant un compte bancaire unique, sans préciser les modalités de fonctionnement de comptes séparés, et en laissant croire que le compte unique est la seule possibilité légale. • TGI Paris, 7 sept. 1999, *CSCV c/ Foncia : préc.*, confirmé par • Paris, 4 sept. 2003 : *Loyers et copr. 2004, n° 59, obs. Vigneron.* ♦ V. aussi, dans le même sens, avec une motivation différente : • TGI Paris, 7 sept. 1999, *CSCV c/ Loiselet : préc.* ♦ ... De la clause prévoyant des frais pour la transmission du dossier au nouveau syndic, alors qu'il s'agit d'une obligation légale et que la clause prévoit une somme forfaitaire sans préciser les prestations complémentaires par rapport aux obligations légales. • Même jugement, confirmé par • Paris, 4 sept. 2003 : *préc.* ♦ Sur le caractère abusif de clauses relatives au classement en prestations variables de certaines prestations, V. • Grenoble, 17 juin 2013 : *AJDI 2014. 47* .

Absence de caractère abusif de la clause prévoyant une rémunération pour la gestion courante et une rémunération pour prestations particulières. • TGI Paris, 7 sept. 1999, *CSCV c/ Loiselet : préc.* (absence de preuve que la gestion courante inclut les prestations particulières, le fait de ne payer que ce qui est effectivement effectué n'étant pas critiquable). ♦ ... De la clause de révision de prix, dépourvue d'automatisme, et restant soumise au vote des copropriétaires, sans contredire l'art. 11-4° du décr. du 17 mars 1967. • TGI Paris, 7 sept. 1999, *CSCV c/ Loiselet : préc.* ♦ ... De la clause contraignant le copropriétaire, en cas de litige avec le syndic, à un préliminaire de conciliation, dès lors qu'une telle clause est exempte d'un quelconque déséquilibre significatif au détriment du consommateur. • Civ. 1re, 1er févr. 2005 : *Bull. civ. I, n° 64 ; D. 2005. AJ 565, obs. Avena-Robardet* ; *ibid. Pan. 2840, obs. Amrani Mekki* ; *JCP 2005. I. 141, n° 8 s., obs. Sauphanor-Brouillaud ; ibid. I. 181, n° 7, obs. Périnet-Marquet ; Defrénois 2005. 1178, obs. Atias ; CCC 2005, n° 97, note Raymond ; RTD civ. 2005. 393, obs. Mestre et Fages* ; *RDC 2005. 725, obs. Fenouillet, et 1141, obs. X. Lagarde*, cassant sur ce point • Paris, 4 sept. 2003 : *préc.*

68. Systèmes de surveillance. V. Recomm. CCA n° 97-01 sur les contrats concernant la télésurveillance, App., v° *Clauses abusives.* ♦ Caractère abusif d'une clause précisant les conditions financières d'une résiliation anticipée dans un contrat de vente de matériel de télésurveillance, dont le prix faisait l'objet d'une remise en contrepartie de la conclusion par le consommateur d'engagements complémentaires (promotion et abonnement à un service de télésurveillance). • Civ. 1re, 29 oct. 2002 : *Bull. civ. I, n° 254 ; JCP 2003. I. 122, n° 25 s., obs. Sauphanor-Brouillaud ; RTD civ. 2003. 90, obs. Mestre et Fages* . ♦ Caractère abusif de la clause imposant au client de payer l'arriéré de loyers et la totalité des loyers restant à courir jusqu'à la fin du contrat même lorsque le contrat est résilié pour une cause légitime (prestation de télésurveillance en l'espèce défectueuse dès la mise en place de l'installation dont l'alarme se déclenchait intempestivement). • Dijon, 23 mars 2000 : *BICC 2001, n° 149* • Versailles, 21 janv. 2005 : *JCP 2005. IV. 2528.* ♦ Caractère abusif de la clause pénale stipulant que, en cas de résiliation anticipée du contrat de télésurveillance, le solde des loyers de la période contractuelle en cours deviendra immédiatement exigible, indemnisation hors de proportion avec le préjudice réel subi, compte tenu de la nature du matériel loué et de la possibilité de le réutiliser. • Rennes, 17 oct. 2003 : *CCC 2004, n° 85, note Raymond.* ♦ S'agissant d'un contrat de location de matériel autant que de prestation de services, la durée du contrat et la faculté de résiliation doivent être appréciées au regard du mode de financement du matériel et à la faculté de le céder à un tiers en cas de résiliation anticipée. • Paris, 30 mai 2007 : *RJDA 2007, n° 1158.* ♦ Doit être considérée comme abusive la clause d'un contrat de télésurveillance qui prévoit une durée d'engagement de 48 mois irrévocable et indivisible. • Aix-en-Provence, 25 juin 2008 : *JCP 2008. IV. 2775 ; RJDA 2009, n° 143* • Versailles, 27 oct. 2011 : *RJDA 2012, n° 340* (durée irrévocable de 60 mois).

69. Téléphonie. Contrat de « Carte Pastel » : n'est pas abusive la clause imposant au client la confidentialité de son code secret et dégageant la responsabilité de France Télécom en cas de divulgation. • Civ. 1re, 13 nov. 1996 : *préc. note 7.* ♦ Rappr. note 37. ♦ ... Ni la clause stipulant que la responsabilité de la conservation et de l'utilisation de la carte incombe au titulaire, laquelle ne dispense pas France Télécom de son obligation de garantie des cartes défectueuses. • Civ. 1re, 13 nov. 1996 : *préc.* ♦ Sur ces deux points, V. aussi, dans le même sens, • Versailles, 4 févr. 2004 : *D. 2004. AJ 635, obs. Avena-Robardet* ✎; *CCE 2004, n° 57, note Stoffel-Munck.* ♦ V. Recomm. CCA n° 2007-01 relative aux contrats proposant les services groupés de l'internet, du téléphone et de la télévision (triple-play), App., v° *Informatique*.

70. Téléphonie mobile. BIBL. Gaboriau, *RDC 2009. 1674* (les clauses abusives dans le secteur des communications électroniques). ♦ V. Recomm. CCA n° 99-02 relative aux contrats de radiotéléphones portables, App., v° *Clauses abusives.* ♦ Est abusive la clause d'un contrat de téléphonie mobile prévoyant que l'abonnement est souscrit pour une durée d'un an renouvelable tacitement, en ce que l'opérateur, en tant que professionnel, a manqué à son obligation d'information et de conseil en ne mentionnant pas la faculté de résiliation pour inexécution et en ne faisant apparaître cette clause que dans les conditions générales et non dans le feuillet signé par le client. • TGI Grenoble, 7 sept. 2000 : *D. 2000. 385, note Avena-Robardet* ✎. ♦ V. aussi • TGI Paris, 20 oct. 1998 : *D. Affaires 1999. 860, obs. V. A.-R.; RJDA 1999, n° 729* (exonération pour les informations figurant dans les documents remis) • TGI Paris, 16 mars 1999 : *D. Affaires 1999. 860, obs. V. A.-R.; RJDA 1999, n° 729* (valeur purement indicative de la carte de couverture du réseau). ♦... La clause qui prévoit une pénalité très élevée en cas de rupture dans les douze premiers mois. • TGI Nanterre, 3 mars 1999 : *D. Affaires 1999. 860, obs. V. A.-R.; RJDA 1999, n° 729.* ♦... La clause admettant la résiliation anticipée au cours de la période initiale d'un an pour les seuls motifs limitativement énumérés par l'opérateur. • Versailles, 4 févr. 2004 : *D. 2004. AJ 635, obs. Avena-Robardet* ✎; *CCE 2004, n° 57, note Stoffel-Munck; CCC 2004, n° 99, note Raymond; Gaz. Pal. 10-12 oct. 2004, obs. Misse et Avignon* • TGI Paris, 30 sept. 2008 : *RJDA 2009, n° 56.* ♦... La clause qui prévoit une faculté unilatérale de suspension ou de résiliation en cas de violation d'une obligation même minime. • TGI Paris, 16 mars 1999 : *préc.* ♦... La clause permettant à l'opérateur de demander la remise d'un dépôt de garantie pendant la durée du contrat. • Versailles, 4 févr. 2004 : *préc.* ♦... La clause qui prévoit comme cas d'exonération de responsabilité des hypothèses qui ne sont pas des cas de force majeure mais qui dépendent du pouvoir et de la décision unilatérale de l'opérateur. • TGI Grenoble, 7 sept. 2000 : *préc.* ♦... La clause qui assimile à un cas de force majeure tout dysfonctionnement résultant de perturbations dans la fourniture de moyens de télécommunications. • *TGI Paris, 20 oct. 1998 : D. Affaires 1999. 860, obs. V. A.-R.; RJDA 1999, n° 729.* – Même sens : • Versailles, 4 févr. 2004 : *préc.* ♦... La clause qui autorise un changement unilatéral du numéro d'appel qui est un élément essentiel pour le consommateur. • TGI Nanterre, 17 mars 1999 : *D. Affaires 1999. 860, obs. V. A.-R.; RJDA 1999, n° 729.* ♦ V. aussi, pour des modifications techniques unilatérales dans des cas ne se limitant pas aux contraintes imposées par les autorités : • TGI Paris, 16 mars 1999 : *préc.* ♦... La clause qui prévoit des factures bimestrielles tout en autorisant l'opérateur à émettre des factures intermédiaires avec comme seul critère leur importance. • TGI Nanterre, 3 mars 1999 : *préc.* ♦... La clause qui prévoit, en cas d'inaccessibilité du service du fait exclusif de France Télécom, la possibilité pour l'abonné de réclamer indemnisation à l'opérateur, alors qu'une lettre recommandée avec accusé de réception sera nécessaire, ce qui, eu égard au coût de cette démarche, aura pour effet d'exclure l'indemnisation. • TGI Grenoble, 7 sept. 2000 : *préc.* ♦ Sur les contrats de téléphonie mobile, V. aussi : • TGI Nanterre, 10 sept. 2003 : *CCC 2004, n° 13, note Raymond; CCE 2003, n° 107, note Grynbaum*, et, en appel, • Versailles, 4 févr. 2004 : *préc.* ♦ Jugé que ni le maintien du contrat en cas de vol du téléphone portable, ni la nécessité subséquente pour le client d'acheter un nouvel appareil, ni la remise en service aux frais du client ne créent un déséquilibre significatif de nature à donner un caractère abusif à ces clauses. • Rennes, 13 nov. 2003 : *JCP E 2004. 849.*

71. Télévision. V. Recomm. CCA n° 98-01 relative aux contrats d'abonnement au câble et à la télévision à péage, App., v° *Clauses abusives.* – Recomm. CCA n° 2007-01 relative aux contrats proposant les services groupés de l'internet, du téléphone et de la télévision (triple-play), App., v° *Informatique*. ♦ Sur la télévision par satellite, V. par exemple : • TGI Paris, 10 oct. 2000 : *RJDA 2001, n° 94* (clauses jugées abusives : résiliation au jour de la date anniversaire et absence de droit de résilier pour motif légitime, lié notamment aux programmes; droit de modifier, résilier ou interrompre certains programmes, sans avertissement et sans droit de résiliation; clause de variation de prix annoncée de façon globale, par une revue, et non par une information individualisée; clause d'exonération de responsabilité; clause relative à la responsabilité du locataire du matériel ne lui permettant pas de rapporter la preuve de son absence de faute; clause de recours fixée à un mois ne précisant pas que cela ne concerne qu'un recours amiable, sans influence sur une action judiciaire) • TI Béthune, 5 avr. 2007 : *CCE 2007, n° 135, obs. Debet.* – V. aussi • CCA, avis n° 05-05 du 29 sept. 2005 : *CCE 2005, n° 188, obs. Grynbaum.*

72. Termites. V. Recomm. CCA n° 2004-01 relative aux contrats de traitement contre les termites et autres insectes xylophages, App., v° *Clauses abusives.*

73. Transport terrestre. V. Recomm. CCA n° 82-01 sur le transport terrestre de marchandises, App., v° *Clauses abusives.* – Recomm. CCA nº 84-02 sur le transport terrestre de voyageurs, App., vº *Agences de voyages.* – Recomm. CCA nº 86-02 sur les remontées mécaniques dans les stations de sports d'hiver, App., vº *Remontées mécaniques.* ♦ Absence de caractère abusif des plafonds de réparation définis dans les contrats types de transport de marchandises, dès lors qu'ils ne s'appliquent qu'à défaut de convention écrite particulière et qu'ils sont écartés en cas de déclaration spéciale de valeur et en cas de faute lourde du transporteur. • CE 6 juill. 2005 : *D. 2005. 2094, note Delebecque ; JCP 2005. II. 10154, concl. Donnat ; RJDA 2006, nº 594 ; RDC 2006 375, obs. Fenouillet.*

74. Transport aérien. En décidant que les stipulations des conditions générales de transport relèvent de l'art. R. 132-1 [R. 212-1], 1º et 4º, et présentent un caractère abusif, en ce qu'elles font référence à la facturation de « frais de services » pour, notamment, l'émission d'un nouveau billet, dès lors qu'une telle référence, opérée sans autre précision, laisse au professionnel le pouvoir de déterminer librement les frais en cause, sans que le consommateur ait eu connaissance de règles de principe préalablement fixées et permettant leur fixation, la cour d'appel a légalement justifié sa décision de ce chef. • Civ. 1re, 26 avr. 2017, nº 15-18.970 P : *Dalloz actualité, 10 mai 2017, obs. Delpech ; D. 2017. Actu. 974 ; JCP 2017, nº 614, note Paisant ; BRDA 2017, nº 11, p. 16 ; CCE 2017, nº 52, obs. Loiseau.* ♦ Après avoir énoncé que l'absence d'indication de l'existence d'un remboursement automatique, en cas de suppression ou de réduction des frais, taxes ou redevances imposés par un gouvernement, par toute autorité ou par le gestionnaire d'un aéroport, impliquait une démarche active du consommateur pour obtenir un remboursement en cas de paiement excédentaire, rien n'empêchant le professionnel de préciser la démarche à suivre pour obtenir ce remboursement, ce dont il résultait qu'à défaut de remboursement automatique ou de mise à la disposition du consommateur d'une information sur l'existence et les caractéristiques d'une procédure permettant d'obtenir le remboursement des sommes indûment versées, le consommateur s'exposait à la perte de son droit à remboursement, de sorte que le professionnel n'exécutait pas les obligations mises à sa charge par l'art. R. 132-1 [R. 212-1], 5º, la cour d'appel a décidé, à bon droit, que la clause litigieuse présentait un caractère abusif. • Même arrêt. ♦ Après avoir constaté que la compagnie aérienne proposait, sous la rubrique « services à la carte », la possibilité de commander un repas à la carte ou encore un repas composé d'un menu spécial, et estimé que le consommateur, qui avait pu contracter en raison de l'existence de ce service, ne pouvait en être privé pour des motifs tenant à de simples considérations d'exploitation, la cour d'appel, qui a ainsi, en faisant ressortir l'imprécision du motif invoqué par le professionnel pour justifier l'absence d'exécution de son obligation, caractérisé l'existence d'une faculté, à son profit, de modifier unilatéralement les clauses du contrat relatives aux caractéristiques du service à rendre, au sens de l'art. R. 132-1 [R. 212-1], 3º, en a déduit, à bon droit, que la clause litigieuse présentait un caractère abusif. • Même arrêt. ♦ L'art. 3, § 2, du Règl. (CE) nº 261/2004 du 11 févr. 2004, établissant des règles communes en matière d'indemnisation et d'assistance des passagers en cas de refus d'embarquement et d'annulation ou de retard important d'un vol, subordonne l'application de ce règlement à diverses conditions dont l'une, énoncée à l'art. 3, § 2, sous a), est que les passagers se présentent à l'enregistrement, comme spécifié et à l'heure indiquée à l'avance et par écrit par le transporteur aérien, ou, en l'absence d'indication d'heure, au plus tard 45 minutes avant l'heure de départ publiée. Cette règle, qui constate la liberté du transporteur aérien de fixer lui-même une heure limite d'enregistrement, ne permet pas au passager de savoir si celui-ci a fait usage de cette liberté ni, dans une telle hypothèse, d'avoir connaissance de l'heure retenue, ou si, en l'absence de fixation d'une heure limite d'enregistrement, seule l'heure prévue par le règlement doit être observée. Ainsi, le moyen pris de la connaissance par le passager de l'heure limite d'enregistrement arrêtée par l'art. 3, § 2, sous a), sans l'information complémentaire, d'une part, du choix effectif opéré par le transporteur de fixer lui-même, ou non, une heure limite d'enregistrement différente de celle-ci, d'autre part, de l'heure éventuellement retenue, est inopérant au regard du caractère abusif de la clause litigieuse, au sens de l'art. R. 132-1 [R. 212-1], 4º et 6º, C. consom., dès lors que cette clause dispense le transporteur aérien d'informer le passager des heures limites d'enregistrement concernant les parcours autres que le premier vol, en cas de parcours ultérieurs. • Même arrêt. ♦ En retenant que le consommateur, qui ne bénéficie d'aucun droit au remboursement de son billet s'il n'est pas en mesure de prendre son vol pour un motif légitime ou même de force majeure, ne peut invoquer ni les dispositions de l'art. R. 132-1 [R. 212-1], 5º, ni l'existence d'un déséquilibre significatif entre les droits et obligations des parties au contrat, dès lors que le mécanisme de la force majeure ne trouve pas à s'appliquer, en l'espèce, où l'hypothèse envisagée par les clauses litigieuses est celle dans laquelle la force majeure empêche le passager de voyager et non d'exécuter sa propre obligation de payer, la cour d'appel a légalement justifié sa décision. • Même arrêt. ♦ En revanche, ayant constaté que l'incessibilité du billet répondait à des impératifs de sécurité, et que certains tarifs étaient effectivement attachés à la personne même du consommateur, comme le tarif enfant ou le tarif senior, la cour d'appel en a justement déduit que les clauses litigieuses, qui n'avaient ni pour objet ni pour effet de contraindre le non-professionnel ou le consommateur à exécuter ses obligations alors que, réciproquement, le professionnel n'exécuterait pas les siennes, au sens de l'art. R. 132-1 [R. 212-1], 5°, ne présentaient pas un caractère abusif. • Même arrêt. ♦ De même, ayant constaté que les clauses litigieuses ne faisaient que confirmer l'obligation pour le consommateur de respecter le contrat de transport qu'il avait conclu et dont les obligations réciproques avaient été précisément évaluées en fonction d'une politique tarifaire spécifique, laquelle ne pouvait être appliquée qu'à la condition que les coupons de vols soient utilisés dans un certain ordre, ce dont il résultait que de telles clauses ne réservaient pas au professionnel le droit de modifier unilatéralement les autres clauses du contrat relatives aux caractéristiques et au prix du service à rendre, au sens de l'art. R. 132-1 [R. 212-1], 3°, la cour d'appel en a déduit à bon droit que les clauses litigieuses ne présentaient pas un caractère abusif. • Même arrêt.

75. Vente. V. Recomm. CCA n° 79-01 sur les contrats de garantie, App., v° *Clauses abusives.* – Recomm. CCA n° 80-05 sur l'achat d'objets d'ameublement, App., v° *Ameublement.* – Recomm. CCA n° 80-06 sur les délais de livraison, App., v° *Clauses abusives.* ♦ N'est pas abusive la clause incluse dans les conditions générales de vente aux termes de laquelle aucun retour de marchandises pour examen ne peut être effectué sans avoir été autorisé par le vendeur. • Paris, 28 juin 1996 : *BRDA 1996, n° 17, p. 11; RJDA 1996, n° 1407.*

Est abusive la clause d'un contrat de vente de meuble, rédigée de façon vague, et assimilant à la force majeure, pour le revendeur, la défaillance du fabricant. • TGI Paris, 16 avr. 1991 : *D. 1991. 460.* ♦ ... La clause entretenant la confusion entre non-conformité et garantie des vices quant au délai pour agir. • TGI Paris, 16 avr. 1991 : *préc.* ♦ ... La clause prévoyant un délai de réclamation excessivement court compte tenu du temps nécessaire à la vérification de la marchandise et aux contraintes du calendrier de la vie moderne. • TGI Paris, 16 avr. 1991 : *préc.*

76. Vente de voitures neuves. V. Recomm. CCA n° 85-02 sur l'achat de véhicules automobiles, App., v° *Automobiles.* – Recomm. CCA n° 2004-02 relative aux contrats de vente de véhicules automobiles neufs, App., v° *Automobiles.* ♦ Pour des exemples de clauses jugées abusives, V. • Civ. 1re, 14 nov. 2006 : *Bull. civ. I, nos 488 et 489; D. 2006. AJ 2980, obs. Rondey; RTD com. 2007. 437, obs. Bouloc; JCP 2007. II. 10056, note Paisant; CCC 2007. Étude 2, note Raymond; RJDA 2008, n° 87; Lettre distrib. févr. 2007, p. 1,* obs. Lafont *(4 arrêts).* ♦ N'est pas abusive la clause obligeant un consommateur à confier son véhicule à un concessionnaire du constructeur, dès lors qu'une telle clause concernait uniquement les travaux de réparation effectués en exécution de la garantie conventionnelle, le constructeur en assurant gratuitement la prise en charge et pouvant ainsi exiger la certification et l'agrément préalable du réparateur. • Civ. 1re, 20 mars 2013 : *Bull. civ. I, n° 53; Dalloz actualité, 3 avr. 2013, obs. Delpech; D. 2013. Actu. 832; JCP 2013, n° 538, note Paisant; JCP E 2013, n° 1454, spéc. n° 11, obs. Loir; CCC 2013, n° 151, obs. G. R.; RJDA 2013, n° 555; Gaz. Pal. 2013. 2383, obs. Piedelièvre; RLDA mai 2013. 44, obs. Lalot.* ♦ Sont en revanche abusives les clauses qui, en raison de leur ambiguïté, ont pour effet de laisser croire au consommateur que l'utilisation de pièces non d'origine emporte en toute hypothèse exclusion de la garantie conventionnelle, ou que le consommateur est tenu, pour bénéficier de cette garantie, de faire effectuer par un agent de la marque toutes les interventions exécutées sur son véhicule, quand bien même la garantie sollicitée serait sans lien avec ces travaux. • Même arrêt.

77. Reprise de voitures d'occasion. V. Recomm. CCA n° 94-05 concernant les bons de commandes et contrats de garantie des véhicules d'occasion, App., v° *Automobiles.*

78. Vente sur internet. V. Recomm. CCA n° 2007-02 relative aux contrats de vente mobilière conclus par internet, App., v° *Clauses abusives.* ♦ Est abusive la clause permettant au vendeur de modifier les termes du contrat figurant dans ses conditions générales. • TGI Paris, 4 févr. 2003 : *D. 2003. AJ 762, note Manara; JCP 2003. II. 10079, note Stoffel-Munck; Defrénois 2004. 56, obs. Raynouard; Dr. et patr., juill.-août 2004, p. 101, obs. Caprioli.* ♦ ... La clause permettant au vendeur de différer l'obligation d'information prévue par l'art. L. 111-1 à la livraison, les modes et conseils d'utilisation revêtant une importance particulière dans les ventes à distance. • Même jugement. ♦ ... La clause supprimant la faculté de rétractation prévue par l'art. L. 121-20 [L. 221-18] pour des cas non prévus par le texte. • Même jugement. ♦ Clauses abusives dans un contrat de « vente » de voyages, V. note 27.

N'est pas abusive la clause ne libérant pas le vendeur de son obligation de conformité et ne concernant que des variations minimes des produits avec les photographies présentées sur le site. • TGI Paris, 4 févr. 2003 : *préc.* ♦ Est en revanche abusive la clause exonérant le vendeur de son obligation de conformité en cas d'absence de réserves à la livraison pour des défauts apparents ou non, cette clause étant au surplus contraire à l'art. L. 133-3 C. com. (réserve dans les trois jours auprès du transporteur). • Même jugement.

N'est pas abusive la clause d'exonération de responsabilité relative à la navigation sur le site internet circonscrite à des hypothèses déterminées. • TGI Paris, 4 févr. 2003 : *préc.* ♦ Pour des clauses jugées abusives concernant, notamment, les conditions de livraison, la garantie des vices cachés, le délai de rétractation ou l'exclusion de la responsabilité du cybermarchand en cas de grève du transporteur et de la poste, V. • TGI Bordeaux, 11 mars 2008 : *cité note 3 ss. art. L. 121-12.* ♦ Pour des clauses relatives à l'activité de cybermarchand, au courtage en ligne et à l'hébergement de contenus, V. • TGI Paris, 28 oct. 2008 : *CCE 2009, nº 15, obs. Debet.*

4º ILLUSTRATIONS PAR TYPES DE CLAUSES

79. Émission du consentement. **BIBL.** Bretzner, *RDC 2009. 1662* (la durée, l'abus et le contrat). ♦ V. Recomm. CCA nº 80-03 sur la formation du contrat, App., vº *Clauses abusives.* – Recomm. CCA nº 94-01 sur les clauses dites de consentement implicite, App., vº *Clauses abusives.* ♦ Jugé que présente un caractère abusif la clause de confirmation de commande insérée dans un contrat de vente de cuisine intégrée dès lors que le vendeur est en état de pollicitation permanente. • Toulouse, 6 déc. 1995 : *D. 1996. IR 87 ; RJDA 1996, nº 840.* ♦ Caractère abusif de la clause prévoyant que la remise de renseignements bancaires, tout paiement ou toute acceptation de documents émanant d'une agence de voyages implique l'approbation et la ratification des conditions générales. • TGI Paris, 7 nov. 2000 : *RJDA 2001, nº 1274.*

80. Clause d'annulation. L'annulation des réservations par le client, alors même que des acomptes ont été versés, fonde pour l'agence de voyages le droit à une indemnisation des débours engagés et la réparation du manque à gagner. Si la clause n'est pas abusive, faute de déséquilibre significatif, son montant est excessif et doit être réduit dès lors que l'acompte représentait 30 % du prix et que l'annulation a été effectuée trois mois avant le voyage. • Paris, 21 nov. 1996 : *D. Affaires 1997. 147 ; RJDA 1997, nº 432.*

81. Contenu du contrat : adhésion aux conditions générales. V. Recomm. CCA nº 94-01 sur les clauses dites de consentement implicite, App., vº *Clauses abusives.* ♦ Le renvoi dans les conditions particulières d'un contrat d'assurance aux conditions générales, dans lesquelles l'assuré reconnaît avoir reçu un exemplaire, ne contrevient pas aux dispositions de l'art. L. 132-1 [L. 212-1], dans sa rédaction antérieure à la loi du 1er févr. 1995, faute de révéler un abus de puissance économique de l'assureur et de lui conférer un avantage excessif. • Civ. 1re, 10 avr. 1996 : *Bull. civ. I, nº 177 ; R., p. 331 ; JCP 1996. II. 22694, note Claret et Paisant ; CCC 1996, nº 113, obs. Raymond ; RTD civ. 1997. 118, obs. Mestre.* ♦ Ayant souverainement constaté que la documentation commerciale à laquelle faisaient référence les clauses litigieuses, composée de la documentation tarifaire des offres « Mobiles » comprenant la fiche d'information standardisée du produit « à la carte », et les conditions d'abonnement et d'utilisation des offres de l'opérateur comprenant les conditions générales d'utilisation de ce produit, était clairement identifiable par le consommateur, la cour d'appel en a exactement déduit que ces clauses répondaient aux exigences légales. • Civ. 1re, 3 juin 2015, nº 14-13.193 P : *préc. note 18.* ♦ Absence de caractère abusif dans une vente sur internet de la clause d'acceptation des conditions générales qui peuvent être consultées sur le site. • TGI Paris, 4 févr. 2003 : *préc. note 78.* ♦ Mais caractère abusif de la clause donnant force obligatoire au règlement intérieur d'une maison de retraite même lorsque le pensionnaire ne l'a pas signé. • Aix-en-Provence, 18 sept. 1995 : *CCC 1995, nº 190, obs. Raymond.*

82. ... Modifications unilatérales. Est abusive la clause donnant à un opérateur de téléphonie mobile la possibilité de demander la remise d'un dépôt de garantie pendant la durée du contrat dans certaines situations. • Versailles, 4 févr. 2004 : *préc. note 70.*

83. ... Clauses inconnues du consommateur. Caractère abusif de la clause prévoyant l'application conventionnelle de la CMR à un contrat de déménagement international et ayant pour effet de constater l'adhésion irréfragable du client à des clauses dont il n'a pu avoir connaissance avant la conclusion du contrat. • TGI Toulouse, 20 juin 2002 : *Bull. transp. 2002. 488.* ♦ ... De la clause d'un contrat de location de véhicule automobile relative à l'indemnisation du préjudice corporel prévoyant un plafond dont le consommateur ne pouvait avoir connaissance du montant avant la conclusion. • Paris, 29 avr. 2003 : *CCC 2003, nº 190, note Raymond* (plafond absent du contrat de location et de la police d'assurance).

84. Obligation d'information. Est abusive la clause permettant au vendeur sur internet de différer l'obligation d'information prévue par l'art. L. 111-1 à la livraison, les modes et conseils d'utilisation revêtant une importance particulière dans les ventes à distance. • TGI Paris, 4 févr. 2003 : *préc. note 78.* ♦ V. aussi note 70.

85. Clauses de prix. **BIBL.** Noblot, *CCC 2013. Formule 5* (clauses restrictives des modes de paiement dans les contrats de consommation). ♦ Caractère abusif d'une clause de modification de prix sans référence à des critères objectifs dans un contrat de maison de retraite. • Aix-en-Provence, 18 sept. 1995 : *CCC 1995, nº 190, obs. Raymond.* ♦ Ayant relevé que le mode de calcul du prix de la prestation ainsi stipulé créait une réelle incertitude quant à la durée effective de celle-ci, le prix de la prestation fournie étant modifié en fonction du temps de trajet, la cour d'appel a pu en déduire que cette clause plaçait le consommateur dans l'impossibilité de connaître et maîtriser son coût, de sorte que, ne bénéficiant qu'au prestataire, elle entraînait un déséquilibre significatif dans les droits et obligations des parties au détriment du consommateur et qu'elle était abusive. • Civ. 1re, 12 oct. 2016, n° 15-20.060 : *JCP E 2017, n° 1090, note Le Gac-Pech.* ♦ L'art. L. 442-6-I-2° C. com., qui figure dans le livre IV de ce code relatif à la liberté des prix et de la concurrence, et au chapitre II du titre IV, dédié aux pratiques restrictives de concurrence, n'exclut pas, contrairement à l'art. L. 212-1 C. consom., que le déséquilibre significatif puisse résulter d'une inadéquation du prix au bien vendu. • Com. 25 janv. 2017, n° 15-23.547 P : *D. 2017. 481, note Buy ; JCP E 2017, n° 1092 ; BRDA 2017, n° 4, p. 14.*

86. Preuve. Caractère abusif d'une clause inversant la charge de la preuve au détriment du consommateur. • Civ. 1re, 1er févr. 2005 : *préc. note 23.* ♦ Sont abusives les clauses ayant pour objet ou pour effet d'imposer au non-professionnel ou au consommateur la charge de la preuve, qui, en vertu du droit applicable, devrait incomber normalement à l'autre partie au contrat ; il incombe donc à la cour d'appel de rechercher d'office si sont abusives les clauses d'un contrat d'assurance prévoyant que sont exclus de la garantie les dommages occasionnés au véhicule assuré et les dommages corporels, s'il est établi que le conducteur se trouvait lors du sinistre sous l'empire d'un état alcoolique, sauf si l'assuré ou ses ayants droit prouvent que l'accident est sans relation avec cet état, alors qu'en vertu du droit commun, il appartiendrait à l'assureur d'établir que l'accident était en relation avec l'état alcoolique du conducteur. • Civ. 1re, 12 mai 2016, n° 14-24.698 P : *Dalloz actualité, 8 juin 2016, obs. de Ravel d'Escaplon ; JCP E 2016, n° 1332 ; CCC 2016, n° 176, obs. Bernheim-Desvaux ; RJDA 2016, n° 826 ; Gaz. Pal. 13 sept. 2016, p. 27, obs. Piedelièvre.* ♦ N'est pas abusive la clause d'un contrat d'assurance mettant à la charge de l'assuré la preuve du vol et, en l'absence d'effraction, la preuve de l'escalade, des fausses clés ou de l'introduction clandestine. • TGI Paris, 29 juin 1994 : *BICC 1994, n° 994 ; LPA 4 sept. 1995, note Karimi* (preuve jugée non impossible, compte tenu de divers éléments), confirmé par • Paris, 3 avr. 1996 : *D. 1996. IR 142 ; RJDA 1996, n° 1271,* pourvoi rejeté par • Civ. 1re, 7 juill. 1998 : *préc. note 9.* ♦ Sur la validité des conventions de preuve entre professionnels, V. • T. com. Paris, 3 sept. 2007 : *RD banc. fin. 2008, n° 121, obs. Caprioli.*

87. Sanction de l'inexécution. V. Recomm. CCA n° 81-01 sur l'équilibre des obligations en cas d'inexécution du contrat, App., v° *Clauses abusives.* ♦ La Dir. 93/13/CEE du 5 avr. 1993 doit être interprétée en ce sens qu'elle s'oppose à une réglementation d'un État membre qui ne permet pas au juge saisi d'une demande d'injonction de payer d'apprécier d'office, *in limine litis* ni à aucun autre moment de la procédure, alors même qu'il dispose des éléments de droit et de fait nécessaires à cet effet, le caractère abusif d'une clause d'intérêts moratoires contenue dans un contrat conclu entre un professionnel et un consommateur, en l'absence d'opposition formée par ce dernier. • CJUE 14 juin 2012 : *cité note 2 ss. art. 6 de la Dir. 93/13/CEE du 5 avr. 1993, App., v° Clauses abusives.*

88. Réserve de propriété. Est abusive la clause prévoyant la subrogation du prêteur dans la réserve de propriété du vendeur en application des dispositions de l'art. 1250, 1° [1346-1] C. civ. • Cass., avis, 28 nov. 2016, n° 16-70.009 P : *Dalloz actualité, 21 déc. 2016, obs. de Ravel d'Esclapon ; D. 2016. Actu. 2516 ; AJ contrat 2017. 29, note Lasserre Capdeville ; RTD civ. 2017. 197, obs. Crocq ; JCP E 2017, n° 1065, note Poissonnier ; CCC 2017, n° 68, obs. Bernheim-Desvaux ; Gaz. Pal. 21 févr. 2017, p. 68, obs. Bourassin ; Banque et Droit janv.-févr. 2017. 14, obs. Helleringer.* – V. aussi Latina, *AJ contrat 2017. 209* (l'instant du transfert de propriété dans le prêt d'argent consensuel). ♦ Est également abusive, sauf preuve contraire, la clause prévoyant la renonciation du prêteur au bénéfice de la réserve de propriété grevant le bien financé et la faculté d'y substituer unilatéralement un gage portant sur le même bien. • Même avis. ♦ Est abusive la clause ne prévoyant pas, en cas de revente par le prêteur du bien financé grevé d'une réserve de propriété, la possibilité pour l'emprunteur de présenter lui-même un acheteur faisant une offre. • Même avis.

89. Résiliation. BIBL. Bretzner, *RDC 2009. 1662* (la durée, l'abus et le contrat). ♦ V. Recomm. CCA n° 2001-02 sur les clauses relatives à la durée des contrats conclus entre professionnels et consommateurs, App., v° *Clauses abusives.* ♦ Caractère abusif de la clause comportant une faculté de résiliation à charge d'indemnité au bénéfice d'un seul contractant. • Besançon, 10 juin 1994 : *CCC 1995, n° 23, note Raymond ; RJ com. 1995. 286, note Karimi.* – Poissonnier, *D. 2006. Chron. 370* (clauses résolutoires abusives dans les contrats de crédit à la consommation). ♦ La clause d'un contrat de télésurveillance et de location de matériel par abonnement prévoyant une durée du contrat de 48 mois sans possibilité de résiliation avant terme ne crée pas un déséquilibre significatif entre les droits et obligations des parties au contrat et n'est donc pas abusive. • Paris, 30 mai 2007 : *préc. note 68.*

90. Force majeure. Caractère abusif de la clause étendant la notion de force majeure : dans un contrat de « vente » de voyages. • TGI Paris, 4 févr. 2003 : *préc. note 78.* ♦ ... Dans un contrat d'abonnement de téléphonie mobile. • Versailles, 4 févr. 2004 : *préc. note 79.* ♦ En revanche, cassant un arrêt ayant retenu que la clause prévoyant des majorations de délai en cas d'intempéries et de défaillance d'une entreprise conférait systématiquement les effets de la force majeure à des événements qui n'en présentent pas forcément le caractère, V. • Civ. 3e, 24 oct.

2012 : *Bull. civ. III, n° 152; D. 2013. Pan. 949, obs. Sauphanor-Brouillaud ; RDI 2013. 93, obs. Tournafond ; JCP E 2012, n° 1723, note Dupont; RJDA 2013, n° 71; Gaz. Pal. 2012. 3490, obs. Piedelièvre; Defrénois 2013. 525, obs. Périnet-Marquet; Constr.-Urb. 2012, n° 182, obs. Sizaire.*

91. *Garantie.* BIBL. Noblot, *CCC 2013. Formule 1* (clause de réserve de propriété dans les contrats de consommation). ♦ Est abusive la clause qui stipule au profit du prêteur une réserve de propriété d'un véhicule et un gage sur ce même véhicule, la conjugaison de ces deux garanties créant une ambiguïté quant à la définition du propriétaire du véhicule permettant au prêteur durant l'exécution du contrat de définir selon son seul intérêt l'étendue des droits du consommateur et d'invoquer unilatéralement un droit de propriété lui permettant de réaliser plus facilement le bien ou d'évoquer plutôt un gage, afin d'échapper au risque de perte fortuite de cette chose. • TI Villeurbanne, 19 nov. 2012 : *CCC 2013, n° 18, obs. Raymond.*

92. *Clause pénale.* BIBL. Laithier, *RDC 2009. 1650* (clauses abusives : les clauses de responsabilité). ♦ Caractère abusif d'une clause pénale sanctionnant le prêt de la carte d'adhérent à un club sportif. • TGI Brest, 21 déc. 1994, *UFC-Brest c/ SA Gymnasium : D. 1995. Somm. 310, obs. Pizzio ; RJDA 1995, n° 218* (avantage excessif découlant du montant très élevé et de l'obligation pour le consommateur de saisir le juge pour en obtenir la réduction). ♦ ... D'une clause pénale sanctionnant une défaillance extracontractuelle. • Civ. 1re, 1er févr. 2005 : *préc. note 23.* ♦ V. aussi, note 60 *in fine* et note 68.

93. *Recours au juge.* V. Recomm. CCA n° 79-02 sur les recours en justice, App., v° *Clauses abusives.* ♦ Absence de caractère abusif d'une clause imposant au copropriétaire un préalable obligatoire de conciliation avant toute poursuite en justice, dès lors qu'une telle clause est exempte d'un quelconque déséquilibre significatif au détriment du consommateur. • Civ. 1re, 1er févr. 2005 : *préc. note 67,* cassant sur ce point • Paris, 4 sept. 2003 : *préc. note 67.* – Pelletier, *JCP 2005. Actu. 133.*

94. *Clause attributive de compétence.* BIBL. *Seraglini, Gaz. Pal. 2007. 3848* (les parties faibles face à l'arbitrage international : à la recherche de l'équilibre). – Matray, *Rev. arb. 2009. 455* (clauses abusives et modes alternatifs de règlement des litiges). – Sauphanor-Brouillaud, *LPA 20 juill. 2009* (la clause compromissoire abusive). ♦ Dès lors que le contrat met en cause des intérêts du commerce international, sans qu'il importe qu'il réalise un achat destiné à l'usage personnel de l'acheteur, la clause compromissoire qu'il comporte doit recevoir application en vertu de l'indépendance d'une telle clause en droit international sous la seule réserve des règles d'ordre public international, qu'il appartiendra à l'arbitre de mettre en œuvre, sous le contrôle du juge de l'annulation, pour vérifier sa propre compétence, spécialement en ce qui concerne l'arbitrabilité du litige. • Civ. 1re, 21 mai 1997 : *Bull. civ. I, n° 159; RTD com. 1998. 330, obs. Dubarry et Loquin ; Rev. crit. DIP 1998. 87, obs. Heuzé ; CCC 1997, n° 143, obs. Leveneur; RJDA 1997, n° 1286; JDI 1998. 969, obs. Poillot-Peruzzetto.* ♦ En faveur du caractère abusif d'une clause attributive de compétence : • CJCE 27 juin 2000 : *JCP E 2001. 1281, note Carballo Fidalgo et Paisant; LPA 24 juill. 2001, note Hourdeau; RTD civ. 2001. 878, obs. Mestre et Fages .* ♦ V. aussi • Aix-en-Provence, 18 sept. 1995 : *CCC 1995, n° 190, obs. Raymond* • Toulouse, 6 déc. 1995 : *D. 1996. IR 87 ; RJDA 1996, n° 840* • Rennes, 28 janv. 2005 : *JCP 2005. II. 10156, note Corgas-Bernard; CCC 2005, n° 154, note Raymond* (conditions générales de vente d'un voyagiste). ♦ Sur l'annulation d'une sentence arbitrale en cas de clause abusive dans la convention d'arbitrage, V. • CJCE 26 oct. 2006 : *D. 2006. Pan. 3027, obs. Clay ; ibid. AJ 2910, obs. Avena-Robardet ; RTD civ. 2007. 633, obs. Théry ; JCP E 2007, n° 35, p. 26, obs. Seraglini; LPA 20 sept. 2007, note Poissonnier et Tricoit; LPA 31 juill. 2007, obs. Legros; Gaz. Pal. 2007. 1972, obs. Train; RLDA mars 2007. 55, note Nourissat; Europe 2006, n° 378, obs. Idot; JDI 2007. 581, note Mourre.* ♦ La Dir. n° 93/13 du 5 avr. 1993, concernant les clauses abusives dans les contrats conclus avec les consommateurs, doit être interprétée en ce sens qu'une juridiction nationale saisie d'un recours en exécution forcée d'une sentence arbitrale ayant acquis la force de chose jugée, rendue sans comparution du consommateur, est tenue d'apprécier d'office le caractère abusif de la clause d'arbitrage contenue dans un contrat conclu entre un professionnel et un consommateur, dans la mesure où, selon les règles de procédure nationales, elle peut procéder à une telle appréciation dans le cadre de recours similaires de nature interne. Si tel est le cas, il incombe à cette juridiction de tirer toutes les conséquences qui en découlent selon le droit national afin de s'assurer que ce consommateur n'est pas lié par ladite clause. • CJCE 6 oct. 2009 : *D. 2009. Pan. 2960, obs. Clay ; D. 2010. Pan. 797, obs. Poillot ; RTD civ. 2009. 684, obs. Rémy-Corlay ; RTD eur. 2010. 710, obs. Aubert de Vincelles ; JCP 2009, n° 51, p. 42, obs. Sauphanor-Brouillaud; JCP 2010, n° 644, spéc. n° 1, obs. Seraglini; CCC 2010, n° 33, obs. G. R.; Gaz. Pal. 2010. 269, note Poissonnier et Tricoit; Procédures 2009, n° 400, obs. Nourissat; RDC 2010. 59, obs. Deshayes; ibid. 648, note Aubert de Vincelles; Europe 2009, n° 469, obs. Idot; Rev. arb. 2009. 813, note Jarrosson.* ♦ Le compromis d'arbitrage signé, hors toute clause compromissoire insérée à la police d'assurance, entre l'assureur et l'assuré après la naissance d'un litige ne constitue pas une clause figurant dans un contrat conclu entre un professionnel et un non-professionnel ou un consommateur, et n'est donc pas susceptible de présenter un caractère abusif au sens de l'art. L. 132-1. • Civ. 1re, 25 févr. 2010 : *Bull. civ. I, n° 49; D. 2011. Pan. 977, obs. Sauphanor-Brouillaud ; RTD civ. 2010. 323, obs. Fages ; RTD com. 2010. 774, obs. Bouloc ; JCP 2010, n° 659, note Pélissier; JCP E 2010, n° 1818, note Helleringer; CCC 2010, n° 146, obs. G. R.; RJDA 2010, n° 563; Dr. et patr. juill.-août 2010. 106, obs. Aynès; RDC 2010. 886, note Sauphanor-Brouillaud; Dr. et proc. oct. 2010, Cah. dr. consom., p. 18, obs. Picod.*

Le juge national doit prendre d'office des mesures d'instruction afin d'établir si une clause attributive de compétence juridictionnelle territoriale exclusive figurant dans le contrat faisant l'objet du litige dont il est saisi, et qui a été conclu entre un professionnel et un consommateur, entre dans le champ d'application de la Dir. 93/13 et, dans l'affirmative, apprécier d'office le caractère éventuellement abusif d'une telle clause. • CJUE 9 nov. 2010 : *BICC 1er mars 2011, n° 210; D. 2011. Pan. 983, obs. Poillot ; RTD eur. 2011. 632, obs. Aubert de Vincelles ; RJDA 2011, n° 88; Europe 2011, n° 28, obs. Meister.*

III. RÉGIME DE L'ACTION

95. Prescription de l'action. La directive 93/13/CEE du Conseil du 5 avr. 1993, concernant les clauses abusives dans les contrats conclus avec les consommateurs, s'oppose à une réglementation interne qui, dans une action intentée par un professionnel à l'encontre d'un consommateur et fondée sur un contrat conclu entre eux, interdit au juge national à l'expiration d'un délai de forclusion de relever, d'office ou à la suite d'une exception soulevée par le consommateur, le caractère abusif d'une clause insérée dans ledit contrat. • CJCE 21 nov. 2002 : *D. 2003. 486, note Nourissat ; ibid. 2002. AJ 3339, obs. Avena-Robardet ; JCP 2003. II. 10082, note Paisant; JCP E 2003. 321, note Fadlallah et Baude-Texidor; Gaz. Pal. 2003. 1711, note Flores et Biardeaud; CCC 2003, n° 31, obs. Raymond.* ♦ V. désormais art. R. 312-35 réservant le délai de deux ans aux seules actions en paiement.

96. Action des associations de consommateurs. V. notes ss. art. L. 621-8.

97. Compétence : services publics. Les dispositions du cahier des charges pour l'exploitation par affermage d'un service de distribution d'eau potable ont un caractère réglementaire, de sorte que les tribunaux de l'ordre judiciaire ne peuvent, sans méconnaître le principe de séparation des pouvoirs, déclarer que de telles dispositions sont des clauses abusives au sens de l'art. 35 de la loi du 10 janv. 1978. • Civ. 1re, 31 mai 1988 : *Bull. civ. I, n° 161; D. 1988. Somm. 406, obs. Aubert* • Dijon, 2 juill. 1992 : *RJDA 1993, n° 970.* ♦ V. aussi : • Civ. 1re, 22 nov. 1994 : *Bull. civ. I, n° 343* • TI Bourganeuf, 8 déc. 2004 : *D. 2005. AJ 277, obs. Avena-Robardet .*

Art. L. 212-2 **Les dispositions de l'article L. 212-1 sont également applicables aux contrats conclus entre des professionnels et des non-professionnels.** — *V. aussi art. R. 212-5.*

Pour une définition du non-professionnel, V. art. liminaire.

I. EXCLUSION DES CONTRATS AYANT UN RAPPORT DIRECT AVEC L'ACTIVITÉ PROFESSIONNELLE : PRINCIPES

1. Affirmation du critère actuel du rapport direct. Un contractant ne peut se prévaloir des dispositions de l'art. L. 132-1 [L. 212-1] relatives aux clauses abusives lorsque le contrat qu'il a conclu a un rapport direct avec son activité professionnelle. • Civ. 1re, 24 janv. 1995 : *Bull. civ. I, n° 54; D. 1995. 327, note Paisant ; D. 1995. Somm. 229, obs. Delebecque ; ibid. 310, obs. Pizzio ; JCP 1995. I. 3893, n° 28, obs. Viney; CCC 1995, n° 84, note Leveneur* • 3 janv. 1996 : *Bull. civ. I, n° 9; D. 1996. 228, note Paisant ; JCP 1996. II. 22654, note Leveneur; ibid. I. 3929, n° 1 s., obs. Labarthe; RTD civ. 1996. 609, obs. Mestre ; CCC 1996. Chron. 4, par Leveneur; Defrénois 1996. 766, obs. D. Mazeaud* • 30 janv. 1996 : *Bull. civ. I, n° 55; eod. loc.* • 10 juill. 1996 : *Bull. civ. I, n° 318; CCC 1996, n° 157, obs. Raymond* • 5 nov. 1996 : *Bull. civ. I, n° 377; CCC 1997, n° 23, obs. Leveneur; ibid., n° 12, obs. Raymond* • 17 nov. 1998 : *Bull. civ. I, n° 322; CCC 1999, n° 21, note Leveneur* (contrat de crédit-bail conclu par le crédit-preneur dans le cadre de son activité professionnelle) • 23 févr. 1999 : *Bull. civ. I, n° 59.* ♦ Pour une solution identique en matière de démarchage à domicile, V. • Civ. 1re, 9 mai 1996 : *Bull. civ. I, n° 197; CCC 1996, n° 117, obs. Raymond; Defrénois 1996. 1375, obs. Aubert* • 17 juill. 1996 : *Bull. civ. I, n° 331; JCP 1996. II. 22747, note Paisant; Defrénois 1997. 346, obs. Aubert.*

2. Appréciation souveraine du rapport direct. Selon la première chambre civile, l'appréciation du rapport direct avec l'activité relève du pouvoir souverain des juges du fond. La solution a d'abord été posée en matière de démarchage : • Civ. 1re, 17 juill. 1996 : *préc. note 1* • 1er déc. 1998 : *Bull. civ. I, n° 339; D. 2000. Somm. 39, note Pizzio .* ♦ V. cep. • Civ. 1re, 25 nov. 2002 : Bull. civ. I, n° 290; CCC 2003, n° 80, note Raymond. ♦ V. dans le même sens, pour la chambre criminelle : • Crim. 29 juin 1999 : *Bull. crim. n° 159; JCP 2000. I. 235, n° 7, obs. Robert; Dr. pénal 2000, n° 6, obs. Robert; RTD com. 2000. 200, obs. Bouloc .*

La première chambre civile a maintenu le contrôle dans le cadre des clauses abusives : • Civ. 1re, 5 nov. 1996 : *préc. note 1.* ♦ V. aussi, moins net : • Civ. 1re, 23 févr. 1999 : *préc. note 1.* ♦ ... Avant d'étendre le retranchement derrière le pouvoir souverain aux clauses abusives (décisions rappelant toutefois en détail les faits et précisant le raisonnement à tenir) : • Civ. 1re, 10 juill. 2001 : *Bull. civ. I, n° 209; D. 2001. 2828, obs. Rondey ; ibid. Somm. 932, obs. Tournafond ; JCP 2002. I. 148, n° 1, obs. Sauphanor-Brouillaud; RTD civ. 2001. 873, obs. Mestre et Fages* (absence de nécessité de vérifier les compétences professionnelles; matériel technique et coûteux) • 22 mai 2002 : *Bull. civ. I, n° 143; Gaz. Pal. 2003. Somm. 1189, obs. Guével; LPA 25 mars 2003, obs. Robine; RTD civ. 2003. 90, obs. Mestre* (absence de nécessité de vérifier les compétences professionnelles que le client avait lui-même déclarées en se présentant comme loueur professionnel de bateau). ♦ La solution n'exclut pas la cassation des décisions insuffisamment motivées et ne respectant pas le critère : • Civ. 1re, 5 mars 2002 : *Bull. civ. I, n° 78; D. 2002. AJ 2052 ; JCP 2002. II. 10123, note Paisant; CCC 2002, n° 118, note Leveneur; Gaz. Pal. 2003. Somm. 1188, obs. Guével; RTD civ. 2002. 291, obs. Mestre et Fages* (défaut de base légale, la décision ayant procédé par affirmation et n'ayant pas recherché le rapport direct).

La chambre commerciale, dans des décisions non publiées, a maintenu son contrôle, en cassant pour violation de la loi des arrêts sous le visa de l'art. L. 132-1 [L. 212-1] : • Com. 1er juin 1999, n° 96-20.962 (appareil de mammographie acquis par un radiologue) • 16 mai 2000, n° 96-20.376 (matériel permettant de diffuser une publicité pour des produits pharmaceutiques et para-pharmaceutiques). ♦ ... Ou en rejetant les pourvois avec l'expression « à bon droit » : • Com. 14 mars 2000 : *RJDA 2000/5, n° 608* (art. 35 L. 1978; logiciel de comptabilité) • 13 mars 2001 : *pourvoi n° 98-21.912.* ♦ V. également, pour la deuxième chambre civile, semblant implicitement admettre ce contrôle : • Civ. 2e, 18 mars 2004 : *cité note 13* (contrat d'assurance).

3. *Éviction du critère de la compétence.* La compétence professionnelle du professionnel quant au contrat conclu n'a plus à être prise en compte. V. par exemple : • Civ. 1re, 10 juill. 2001 : *préc. note 2* • 5 mars 2002 : *ibid.* • 22 mai 2002 : *ibid.*

4. *Autres critères.* Pour l'exclusion des contrats conclus par un commerçant pour les besoins de son commerce : • Civ. 1re, 21 févr. 1995 : *JCP 1995. II. 22502, note Paisant; CCC 1995, n° 84, note Leveneur.* ♦ Pour l'exclusion des contrats « conclus entre deux commerçants dans le cadre de relations d'affaires habituelles » : • Com. 23 nov. 1999 : *Bull. civ. IV, n° 210; JCP 2000. II. 10326, note Chazal; CCC 2000, n° 40, note Leveneur; ibid., n° 69, note Raymond; Defrénois 2000. 245, obs. D. Mazeaud.* ♦ Déjà en ce sens : • Com. 10 mai 1994 : *D. 1995. Somm. 89, obs. D. Mazeaud ; CCC 1994, n° 155, note Leveneur.*

II. EXCLUSION DES CONTRATS AYANT UN RAPPORT DIRECT AVEC L'ACTIVITÉ PROFESSIONNELLE : ILLUSTRATIONS

A. CONTRATS CONCLUS EN VUE D'UNE ACTIVITÉ

5. *Contrats nécessaires au démarrage de l'activité.* N'entre pas dans le domaine de la loi sur le démarchage à domicile le contrat conclu par un commerçant pour lui permettre d'exercer une activité commerciale. • Civ. 1re, 9 mai 1996 : *préc. note 1.* ♦ Rappr. dans le même sens, pour la Convention de Bruxelles : les art. 13, premier al., et 14, premier al., de la convention du 27 sept. 1968 concernant la compétence judiciaire et l'exécution des décisions en matière civile et commerciale, doivent être interprétés en ce sens qu'un demandeur qui a conclu un contrat en vue de l'exercice d'une activité professionnelle non actuelle mais future ne peut être considéré comme un consommateur. • CJCE 3 juill. 1997 : *BICC n° 457, p. 2.* ♦ V. aussi : • CJCE 19 janv. 1993 : *cité note 1 ss. art. 17 du Règl. (UE) n° 1215/2012 du 12 déc. 2012, App., v° Compétence.* ♦ Rappr. aussi l'exclusion identique dans le cadre du crédit au consommateur pour des activités principales : • Civ. 3e, 25 avr. 1984 : *Bull. civ. III, n° 91* (achat d'un vignoble prestigieux) • Civ. 1re, 7 oct. 1992 : *Bull. civ. I, n° 244* (agriculteur achetant une exploitation agricole de 140 hectares).

6. *Contrats permettant l'exercice d'une activité complémentaire.* N'entre pas dans le domaine de la loi sur le démarchage le contrat permettant à un commerçant d'exercer une activité commerciale complémentaire. • Civ. 1re, 9 mai 1996 : *préc. note 1* (commande de 200 cassettes vidéos et accord pour la création d'un « point club vidéo ») • 2 juill. 1996 : *CCC 1996, n° 176, obs. Raymond* (location de cassettes vidéos pour un bar-tabac) • 10 juill. 2001 : *préc. note 2.* ♦ Pour des activités complémentaires, V. dans le même sens, pour les textes sur le démarchage dans leur rédaction antérieure à la loi de 1989 : • Civ. 1re, 2 févr. 1994 : *Bull. civ. I, n° 48; D. 1994. IR 62* (arrêt n° 2 : boulanger achetant une machine automatique de distribution de glaces, décision qui casse un arrêt d'appel ayant clairement visé la compétence) • 2 févr. 1994 : (arrêt n° 1 : location de cassettes vidéos). ♦ Rappr. aussi l'exclusion de la protection en matière de crédit à la consommation : • Civ. 1re, 23 juin 1987 : *Bull. civ. I, n° 209* (commerçant en électro-ménager achetant une machine à imprimer des cartes de visite).

B. CONTRATS CONCLUS PENDANT L'ACTIVITÉ

7. Contrats nécessaires au fonctionnement de l'activité : machines et outils. V., admettant l'existence d'un rapport direct : • Civ. 1re, 10 juill. 1996 : *préc. note 1* (pivot d'arrosage acheté par un GAEC) • Civ. 1re, 21 févr. 1995 : *préc. note 4* (location de véhicule auprès du loueur habituel) • Rouen, 1er févr. 1996 : *RJDA 1996/5, no 712* (bar, location d'une friteuse). ♦ V. aussi *supra*, les décisions citées à propos d'activités complémentaires. ♦ V. aussi *infra*, pour les contrats de financement de l'acquisition de ces matériels. ♦ V. également, avant le nouveau critère, l'exclusion d'un contrat de vente d'arbres à un arboriculteur : • Civ. 1re, 24 nov. 1993 : *D. 1994. Somm. 236, obs. Paisant*. ♦ *Contra*, écartant le rapport direct : • Paris, 8 nov. 1999 : *RJDA 2000/3, no 346* (achat d'insecticide par une entreprise de dératisation).

8. ... Entreprise médicale. Admettant en matière de démarchage l'existence d'un rapport direct, V. par exemple : • Nîmes, 23 mars 1999 : *Gaz. Pal. 2000. Somm. 1820, obs. Depadt* (médecin ; matériel informatique à finalité esthétique et diététique).

9. ... Fourniture d'eau. La fourniture d'eau est en rapport direct avec l'activité d'une société qui, dans l'exercice normal de son activité industrielle, consomme de grandes quantités d'eau. • Civ. 1re, 3 janv. 1996 : *préc. note 1* (verrerie utilisant l'eau pour refroidir des coulées en fusion). ♦ V. aussi : • Paris, 14 juin 1996 : *RJDA 1996, no 1406* (fourniture d'eau de mer pour les bassins de poissons d'un éleveur). ♦ Comp. • CE 11 juill. 2001 : *cité note 2 ss. art. L. 212-1*.

10. ... Fourniture d'électricité ou de gaz. V. déjà, pour l'absence d'application de l'art. 35 de la loi de 1978 à la fourniture d'électricité haute tension à un héliograveur : • Civ. 1re, 24 janv. 1995 : *préc. note 1*. ♦ Dans le même sens : • Paris, 14 juin 1996 : *préc. note 9* (pompes électriques permettant la fourniture d'eau de mer pour les bassins de poissons d'un éleveur), pourvoi rejeté par • Civ. 1re, 30 juin 1998 : *CJEG 1999. 158, note Camax-Morice* • Grenoble, 18 janv. 1996 : *CJEG 1997. 319* (éleveur). ♦ *Contra*, pour une commune consommatrice, avec une régie d'électricité en situation de monopole : • Bordeaux, 2 juin 1997 : *BICC 1997, no 1490*. ♦ V. aussi : • Rennes, 11 déc. 1997 : *CJEG 1998. 358* (éleveur).

11. ... Véhicules et transports. Absence d'application de l'art. 35 de la loi de 1978. • Civ. 1re, 21 févr. 1995 : *préc. note 4*. ♦ V. aussi *infra, sur le financement*.

12. Financement de l'activité : crédit. Protection refusée à la Fédération française d'athlétisme en raison du rapport direct entre l'activité professionnelle de cette association et l'emprunt litigieux contracté pour l'acquisition et l'aménagement de son nouveau siège social. • Civ. 1re, 27 sept. 2005 : *cité note 5 ss. art. L. 212-1*. ♦ Absence d'application de la législation sur les clauses abusives pour la souscription d'un crédit-bail. • Civ. 1re, 17 nov. 1998 : *préc. note 1* (tracto-pelle). ♦ V. aussi : • Com. 10 mai 1994 : *D. 1995. Somm. 89, obs. D. Mazeaud* ; *CCC 1994, no 155, obs. Leveneur* (refus d'appliquer l'art. 35 à une entreprise de supermarché et une banque pour la convention de carte bleue) • Paris, 13 oct. 1994 : *D. 1995. 264, note Dagorne-Labbe* (affacturage).

13. ... Contrats accessoires. Ne relève pas de la législation sur les clauses abusives applicables aux consommateurs un contrat d'assurance de groupe accessoire à des prêts professionnels souscrits par l'emprunteur pour les besoins de l'exploitation d'un fonds de commerce. • Civ. 2e, 18 mars 2004 : *Bull. civ. II, no 136 ; D. 2004. AJ 1018, obs. Rondey* ; *JCP 2004. II. 10106, note Bakouche ; ibid. I. 173, no 5 s., obs. Sauphanor-Brouillaud ; CCC 2004, no 76, obs. Leveneur ; ibid., no 110, obs. Raymond (1re esp.)*. ♦ Comp., jugeant que les stipulations d'un contrat d'assurance groupe relèvent de l'art. L. 132-1 [L. 212-1] : • Civ. 1re, 22 mai 2008 : *cité note 4 ss. art. L. 212-1*.

14. Contrats relatifs au paiement des prestations. V., admettant l'existence d'un rapport direct : • Rouen, 10 nov. 1999 : *RJDA 2000/6, no 722* (location d'un terminal de paiement par carte et d'un appareil lecteur de chèques). ♦ V. dans le même sens, en matière de démarchage : • Toulouse, 28 juin 1999 : *CCC 2000, no 119, obs. Raymond* (station-service, lecteur de chèques) • T. com. Chambéry, 27 févr. 1998 : *RJDA 1998/10, no 1162* • Paris, 15 mars 1996 : *D. Affaires 1996. 802 ; RJDA 1996/7, no 980* (service de recouvrement des factures). ♦ *Contra*, réfutant le rapport direct : • Chambéry, 26 sept. 2001 : *JCP 2002. IV. 2645* (démarchage ; fleuriste) • Aix-en-Provence, 16 mars 2005 : *CCC 2005, no 215, note Raymond* (démarchage ; coiffeuse).

15. Promotion de l'activité (publicité, embellissement du fonds). V., admettant l'existence d'un rapport direct : • Com. 23 nov. 1999 : *préc. note 4* (film remis par un vendeur de cycles à une imprimerie) • Versailles, 19 juin 1997 : *D. Affaires 1997. 1387* (distribution par la poste de dépliants publicitaires pour un commerçant, contrat « Postcontact ») • Paris, 6 oct. 1995 : *D. 1995. IR 268* (annonceur traitant en qualité de professionnel avec le publicitaire depuis plusieurs années). ♦ V. déjà : • Civ. 1re, 15 avr. 1986 : *D. 1986. IR 393* (publicité pour un agent d'assurance). ♦ V. dans le même sens, en matière de démarchage : • Civ. 1re, 26 nov. 2002 : *Bull. civ. I, no 290 ; CCC 2003, no 80, note Raymond* (publicité ; couturière) • Rennes, 18 déc. 1997 (commerçant passant un contrat de publicité pour l'encart d'imprimés sur un protège-annuaires diffusé localement, afin de promouvoir et développer l'activité), pourvoi rejeté par • Crim. 29 juin 1999 : *préc. note 2* (pouvoir souverain) • Angers, 6 sept. 1994 (journal d'enseigne lumineux pour un agent d'assurances), pourvoi rejeté par • Civ. 1re, 18 mars 1997 : *RJDA 1997, n° 850* (pouvoir souverain).

16. Gestion administrative de l'entreprise : logiciels et matériel informatique. V., admettant l'existence d'un rapport direct : • Com. 14 mars 2000 : *RJDA 2000, n° 608* (art. 35 L. 1978 ; logiciel de comptabilité) • Civ. 1re, 30 janv. 1996 : *préc. note 1* (logiciel de gestion du fichier clientèle). ♦ Rappr., dans le cadre du démarchage : • Com. 10 mai 1989 : *Bull. civ. IV, n° 148* (achat de matériel informatique par un agent d'assurance) • Colmar, 11 avr. 2006 : *CCC 2006, n° 212, obs. Raymond* (contrat de création d'un site web marchand pour une antiquaire).

Contra, réfutant le rapport direct : • Toulouse, 9 janv. 1996 : *JCP 1996. II. 22747, note Paisant* (pas de rapport direct pour l'achat par un masseur-kinésithérapeute d'un logiciel de comptabilité gérant l'agenda, la rédaction de l'entente préalable avec la sécurité sociale, la facturation et la comptabilité, puisque cela a pour but de se passer de l'expert-comptable), pourvoi rejeté par • Civ. 1re, 1er déc. 1998 : *préc. note 2* (qui se retranche derrière le pouvoir souverain des juges du fond). ♦ Rappr., en matière de crédit à la consommation, • Civ. 1re, 8 juill. 2003 : *JCP 2004. II. 10107, note Duvert et Sauphanor-Brouillaud* (absence de rapport direct entre l'activité pastorale d'un curé et l'achat d'un photocopieur, même acquis pour les besoins de la paroisse).

17. ... Téléphone/télécopie. V., admettant l'existence d'un rapport direct : • Civ. 1re, 5 nov. 1996 : *préc. note 1* (fabricant de bracelets de cuir qui loue un matériel téléphonique). • Pau, 23 janv. 2012 : *RJDA 2012, n° 1004* (association de défense d'une langue régionale qui loue un copieur numérique).

18. Protection de l'entreprise : prévention des risques (alarme, surveillance, etc.). Ont un rapport direct avec l'activité les contrats qui visent à protéger l'activité du professionnel contre les incidents qui pourraient être dommageables à l'entreprise. V. par exemple : • Lyon, 18 sept. 1998 : *CCC 1999, n° 119, obs. Raymond* (magasin) • *Paris, 22 oct. 1999 : RJDA 2000, n° 103* (bijouterie) • Dijon, 23 févr. 2006 : *JCP 2006. IV. 1929* (débit de boissons). ♦ V. aussi dans le même sens, en matière de démarchage à domicile : • T. com. Paris, 3 mars 1997 : *Gaz. Pal. 1998. 1. Somm. 185* (pharmacie) • Rennes, 19 mars 1997 : *BICC 15 sept. 1997, n° 457* (locaux commerciaux) • Versailles, 28 oct. 1999 : *RJDA 2000-10, n° 924* (pharmacienne) • Versailles, 4 oct. 2002 : *BICC 1er juill. 2003, n° 826* (dentiste).

Contra, excluant l'existence d'un rapport direct : • Dijon, 23 mars 2000 : *BICC 2001, n° 149* (exploitation viticole) • Amiens, 6 avr. 2006 : *CCC 2006, n° 212, obs. Raymond; RJDA 2007, n° 104* (salon de coiffure) • Pau, 5 oct. 2007 : *BICC 1er mai 2008, n° 797* (pharmacie). ♦ V. aussi, en matière de démarchage : • Toulouse, 21 nov. 2002 : *JCP 2003. IV. 2656* (vendeur de chaussures) • Chambéry, 24 sept. 2002 : *CCC 2003, n° 80, note Raymond* (pressing). ♦ Comp., estimant sans rapport direct avec son activité professionnelle les contrats de télésurveillance conclus par un avocat pour la protection de sa villa abritant à la fois son domicile privé et son cabinet professionnel : • Aix-en-Provence, 26 mai 2005 : *CCC 2006, n° 54, note Raymond.* ♦ V. aussi • Versailles, 21 janv. 2005 : *BICC 1er févr. 2006, n° 225*, estimant que le contrat de télésurveillance conclu par une personne exerçant l'activité de conseil en économie de la construction pour ses locaux professionnels n'est pas directement destiné à la mise en œuvre de son activité professionnelle et relève de l'art. L. 132-1 [L. 212-1].

19. Protection de l'entreprise : couverture des risques (assurance, expertise de sinistre). Il y a rapport direct lorsqu'une société de navigation louant des navires souscrit une assurance pour garantir le détournement de navires par des locataires. • Civ. 1re, 23 févr. 1999 : *préc. note 1.* ♦ V. aussi note 13.

20. Conditions de travail : climatisation. Existence d'un rapport direct (démarchage) : • Toulouse, 19 juin 2003 : *CCC 2003, n° 171, obs. Raymond* (salon de coiffure).

21. Usage mixte. L'usage mixte par un salarié d'un véhicule loué à des fins privées, mais utilisé également dans l'exercice de sa profession, ne suffit pas à faire perdre à l'intéressé sa qualité de consommateur. • Grenoble, 13 juin 1991 : *JCP 1992. II. 21819, note Paisant.* – V. aussi • Aix-en-Provence, 26 mai 2005 : *préc. note 18.* ♦ V. aussi pour une application du code de la consommation à un avocat ayant contracté avec une société de télésurveillance pour la sécurité de l'immeuble dans lequel il a son domicile mais aussi son cabinet professionnel : • Aix-en-Provence, 26 mai 2005 : *CCC 2006, n° 54, obs. Raymond.*

C. CONTRATS CONCLUS À LA FIN D'UNE ACTIVITÉ

22. Contrats visant la cession de l'activité. N'ont a priori plus de rapport avec l'activité les contrats permettant au professionnel de céder son activité. V. déjà, sous l'empire des textes anciens relatifs au démarchage, pour les contrats qui se rattachent à la cession de l'exploitation : • Civ. 1re, 14 mars 1984 : *Bull. civ. I, n° 101* (agriculteur qui vend sa ferme et qui s'adresse à une agence immobilière) • Crim. 14 juin 1988 : *JCP 1988. IV. 298* (contrat de publicité pour la vente d'un fonds de commerce) • Crim. 26 mai 1993 : *Bull. crim. n° 193* (idem). ♦ V. également : • CJCE 14 mars 1991 : *Rec. CJCE I-1206* (la Dir. 85/577/CEE du conseil ne s'oppose pas à ce qu'une législation nationale sur le démarchage étende la protection qu'elle établit à des commerçants lorsque ceux-ci accomplissent des actes en vue de la vente de leur fonds de commerce). ♦ Jugeant toutefois qu'en confiant à un agent immobilier mandat de vendre le fonds de commerce qu'il exploitait, un pharmacien n'a pas agi en qualité de non-professionnel ou de consommateur, V. • Civ. 1re, 5 mars 2015, nº 14-13.062 : *D. 2015. 1030, note Henry*.

Art. L. 212-3 Les dispositions du présent chapitre sont d'ordre public. — *[C. consom., art. L. 132-1, al. 9.] — V. aussi art. L. 241-1.*

CHAPITRE III CONSERVATION DES CONTRATS CONCLUS PAR VOIE ÉLECTRONIQUE

COMMENTAIRE

La loi nº 2004-575 du 21 juin 2004 pour la confiance dans l'économie numérique, dont est issu l'article L. 213-1, complétée par un décret du 16 février 2005 (V. art. D. 213-1 et D. 213-2), prévoit en outre que le contrat conclu par voie électronique et portant sur une somme égale ou supérieure à un montant fixé à 120 € doit être conservé par le professionnel pendant une période de dix ans à compter de la conclusion du contrat lorsque la livraison du bien ou l'exécution de la prestation est immédiate et, dans le cas contraire, à compter de cette dernière ; le professionnel en garantit à tout moment l'accès à celui qui en fait la demande (art. D. 213-2).

Cette disposition figurait, sous l'empire de l'ancien code de la consommation, dans un chapitre consacré à la remise des contrats, lequel figure désormais dans le livre Ier sous cet intitulé (art. L. 114-1).

Art. L. 213-1 Lorsque le contrat est conclu par voie électronique et qu'il porte sur une somme égale ou supérieure à un montant fixé par décret, le contractant professionnel assure la conservation de l'écrit qui le constate pendant un délai déterminé par ce même décret et en garantit à tout moment l'accès à son cocontractant si celui-ci en fait la demande. — *[C. consom., art. L. 134-2.] — V. art. D. 213-1 et D. 213-2.*

CHAPITRE IV ARRHES ET ACOMPTES

BIBL. GÉN. ▶ TRICLIN, *JCP 1994 I. 3732* (arrhes). – DELPECH, *Tourisme & Droit mars 2008. 20* (le contrat de réservation d'hôtel).

COMMENTAIRE

L'article 1590 du code civil attribue aux arrhes ce caractère de moyen de dédit : chaque partie a la faculté de se départir du contrat à son gré, sauf pour elle à perdre le montant versé ; celle qui les a données, ne peut demander restitution, celle qui les a reçues doit en restituer le double (V. ce texte, *infra*). En revanche, le versement d'un acompte qui n'est qu'un versement anticipé à valoir sur le paiement final ne permet pas de se soustraire à ses obligations en abandonnant la somme remise. Il est cependant délicat d'apprécier si la somme versée l'a été au titre d'acompte ou d'arrhes dans la mesure où les parties ne se sont pas réellement exprimées sur la qualification du versement et où elles auront parfois confondu les deux notions. La Cour de cassation considère que cette question relève du pouvoir souverain des juges du fond.

Pour préserver la faculté de dédit, l'ancien article L. 114-1, alinéa 4, du code de la consommation, issu de la loi du 18 janvier 1992, prenait position en faveur de la qualification d'arrhes pour tout contrat ayant pour objet la vente d'un bien meuble ou la fourniture d'une prestation de services à un consommateur : « sauf stipulation contraire du contrat, les sommes versées d'avance sont des arrhes, ce qui a pour effet que chacun des cocontractants peut revenir sur son engagement, le consommateur en perdant les arrhes, le professionnel en les restituant au double ». La loi du 17 mars 2014 relative à la consommation ayant réécrit l'article L. 114-1, la règle avait été reprise à l'article L. 131-1, lequel est devenu l'article L. 214-1 avec la recodification de 2016, avec une formule similaire. Les parties peuvent néanmoins, dans la version nouvelle comme dans l'ancienne, stipuler le contraire, cette disposition n'étant pas, une fois n'est pas coutume, d'ordre public, à la différence des autres règles de ce chapitre sur les arrhes et les acomptes (art. L. 214-4).

La dualité de régime entre les acomptes et les arrhes tend aujourd'hui à s'effacer. En effet, l'article L. 214-2 prévoit que toute somme versée d'avance, quelle que soit sa nature, portera *intérêt au taux légal à l'expiration d'un délai de trois mois* à compter du versement jusqu'à la réalisation de la vente, sans préjudice de l'obligation de livrer, dont le professionnel n'est pas dispensé pour autant, en ce qui concerne les ventes mobilières. Lorsque le contrat porte sur une prestation de services, les sommes versées d'avance portent également intérêt au taux légal à l'expiration d'un délai de trois mois à compter du versement jusqu'à l'exécution de la prestation, sans préjudice là aussi de l'obligation d'exécuter la prestation.

Les commandes spéciales sur devis ou ventes de produits sur commande spéciale ne sont cependant pas concernées (art. L. 214-3).

On notera enfin que la clause dont l'objet ou l'effet est de permettre au professionnel de retenir les sommes versées par le consommateur lorsque celui-ci renonce à conclure ou à exécuter le contrat, sans prévoir le droit, pour le consommateur, de percevoir une indemnité d'un montant équivalent de la part du professionnel lorsque c'est celui-ci qui renonce peut être considérée comme abusive (clause figurant sur la liste grise). ❑

Art. L. 214-1 **Sauf stipulation contraire, pour tout contrat de vente ou de prestation de services conclu entre un professionnel et un consommateur, les sommes versées d'avance sont des arrhes, au sens de l'article 1590 du code civil.**

Dans ce cas, chacun des contractants peut revenir sur son engagement, le consommateur en perdant les arrhes, le professionnel en les restituant au double. – *[C. consom., art. L. 131-1, I.]*

Arrhes. V. note 7 ss. art. L. 216-1.

Code civil **Art. 1590** Si la promesse de vendre a été faite avec des arrhes chacun des contractants est maître de s'en départir,

Celui qui les a données, en les perdant,

Et celui qui les a reçues, en restituant le double.

RÉP. CIV. vº *Arrhes*, par DJOUDI.

Art. L. 214-2 **Lorsque le contrat de vente porte sur un bien mobilier, toute somme versée d'avance sur le prix, quels que soient la nature de ce versement et le nom qui est donné dans l'acte, est productive, au taux légal en matière civile, d'intérêts qui commencent à courir à l'expiration d'un délai de trois mois à compter du versement jusqu'à la livraison, sans préjudice de l'obligation de livrer, qui reste entière.**

Lorsque le contrat porte sur une prestation de services, les sommes versées d'avance portent intérêt au taux légal à l'expiration d'un délai de trois mois à compter du versement jusqu'à l'exécution de la prestation, sans préjudice de l'obligation d'exécuter la prestation.

Les intérêts sont déduits du solde à verser au moment de la livraison du bien mobilier ou de l'exécution de la prestation de services. – *[C. consom., art. L. 131-1, II.]*

Art. L. 214-3 **Les dispositions du présent chapitre ne sont pas applicables aux commandes spéciales sur devis ni aux ventes de produits dont la fabrication est entreprise *sur commande spéciale* de l'acheteur.** – *[C. consom., art. L. 131-2.]*

Art. L. 214-4 **Les dispositions du présent chapitre sont d'ordre public.** – *[C. consom., art. L. 131-3.]*

CHAPITRE V RECONDUCTION DES CONTRATS DE PRESTATIONS DE SERVICES

BIBL. GÉN. ▶ CLARET, *JCP 2005. I. 140*. – COELHO, *LPA 6 sept. 2005*. – FAUVARQUE-COSSON, *D. 2005. Pan. 2846*. – GAUTIER, *Bull. act. Lamy droit économique mars 2005, p. 1*. – MALLET-BRICOUT, *Dr. et patr., sept. 2005, p. 38*. – ROCHFELD, *RTD civ. 2005. 478*. – SAUPHANOR-BROUILLAUD, *RLDC 2005/15, nº 603*. – STOFFEL-MUNCK, *JCP 2005. I. 129*. – NDLR, *BRDA 2008, nº 2, p. 24* (L. nº 2008-3 du 3 janv. 2008). – REY, *RLDA juill. 2009*.

103 (les difficultés d'application de la loi du 3 janv. 2008 : le non-professionnel en question). – Bernheim-Desvaux, *CCC 2012. Formule 6* (clause de tacite reconduction). – Prieur, *CCC 2013. Étude 11* (tacite reconduction dans les contrats de fourniture de programmes télévisuels payants).

COMMENTAIRE

La loi n° 2005-67 du 28 janvier 2005 (V. Raymond, *CCC 2005. Étude 3*) tendant à conforter la confiance et la protection du consommateur introduit dans le code de la consommation (art. L. 215-1 s.), le code des assurances (art. L. 113-15-1) ainsi que le code de la mutualité (art. L. 221-10) des dispositions visant à faciliter la résiliation des *contrats renouvelables par tacite reconduction*.

Dans les nombreux contrats à exécution successive souscrits par les ménages en France pour des services, la clause de reconduction tacite est souvent de style : contrats d'entretien, contrats d'assurance, abonnements divers... Compte tenu de leur nombre, le consommateur laisse bien souvent passer le délai qui l'autorise à résilier en temps voulu.

Sans remettre en cause la pratique de telles dispositions, l'article L. 215-1 prévoit que, dans les contrats de prestation de services conclus avec une clause de reconduction tacite, le professionnel doit informer le consommateur par écrit (la loi du 17 mars 2014 précise « par lettre nominative ou courrier électronique dédiés »), au plus tôt trois mois et au plus tard un mois avant le terme, de la possibilité de ne pas reconduire le contrat. L'information, délivrée dans des termes clairs et compréhensibles, mentionne, dans un encadré apparent, la date limite de résiliation. La loi relative à la consommation exige aussi la reproduction intégrale de l'article L. 215-1 dans les contrats de prestation de services auxquels il s'applique (art. L. 215-4).

L'article 33 de la loi n° 2008-3 du 3 janvier 2008, repris à l'article L. 215-3, précise que le texte s'applique au consommateur ainsi qu'au « non-professionnel » (expression également utilisée en matière de clauses abusives) ; l'introduction de cette dernière expression (non dénuée d'ambiguïté) étant censée élargir le cercle des personnes protégées. Il semble que cette catégorie vise la personne physique qui a souscrit des contrats de services tacitement reconductibles pour les besoins de son activité professionnelle dans des domaines qui ne ressortent pas de celle-ci (rapport Sénat, n° 111). Depuis la loi du 3 janvier 2008, les personnes morales peuvent entrer dans la catégorie des « non-professionnels » bénéficiant des dispositions de l'article L. 215-1, selon des arrêts récents (Civ. 1re, 23 juin 2011 : *cité note 1 ss. art. L. 215-1* ; Paris, 15 janv. 2014 : *cité note 2 ss. art. L. 215-1*), ce qui n'était pas le cas auparavant (Civ. 1re, 2 avr. 2009 : *cité note 1 ss. art. L. 215-1*).

En cas de manquement à cette obligation d'information, le consommateur pourra mettre fin – unilatéralement et sans frais – au contrat à tout moment à compter de la date de reconduction. Le consommateur a donc la possibilité de sortir à tout moment du contrat lorsque l'obligation légale d'information incombant au professionnel n'a pas été respectée.

Les avances qui auraient été effectuées après la dernière date de reconduction (ou, pour les contrats à durée indéterminée, après la date de transformation du contrat initial à durée déterminée) doivent être remboursées dans un délai de trente jours à compter de la date de résiliation, déduction faite des sommes correspondant, jusqu'à celle-ci, à l'exécution du contrat. Faute de remboursement, les sommes dues seront productives d'intérêts au taux légal (art. L. 241-3).

Des dispositions particulières sont insérées dans le code des assurances (art. L. 113-15-1) pour les *contrats d'assurance tacitement reconductibles*, mais au seul profit des personnes physiques agissant en dehors de leurs activités professionnelles : la date limite d'exercice par l'assuré du droit de dénoncer le contrat doit être rappelée avec chaque avis d'échéance annuelle de prime ou de cotisations ; lorsque l'avis lui est adressé moins de 15 jours avant cette date ou lorsqu'il lui est adressé après, l'assuré est informé par l'avis d'échéance de ce qu'il dispose d'un délai de 20 jours suivant la date d'envoi pour dénoncer le contrat, ce délai courant à partir de *la date qui figure sur le cachet de la poste*. Si l'information ne lui a pas été adressée conformément aux dispositions précédentes, l'assuré peut mettre fin à tout moment au contrat par lettre recommandée adressée à l'assureur.

Ces dispositions ne s'appliquent toutefois pas aux contrats d'assurance sur la vie ainsi qu'aux assurances de groupe, ceux-ci étant souscrits par des organismes professionnels qui n'ont pas besoin de protection particulière.

Des dispositions analogues sont insérées enfin dans le code de la mutualité (art. L. 221-10-1) en faveur des *mutualistes* pour les adhésions à tacite reconduction relatives à des opérations individuelles à caractère non professionnel.

Art. L. 215-1 Pour les contrats de prestations de services conclus pour une durée déterminée avec une clause de reconduction tacite, le professionnel prestataire de services informe le consommateur par écrit, par lettre nominative ou courrier électronique dédiés, au plus tôt trois mois et au plus tard un mois avant le terme de la période autorisant le rejet de la reconduction, de la possibilité de ne pas reconduire le contrat qu'il a conclu avec une clause de reconduction tacite. Cette information, délivrée dans des termes clairs et compréhensibles, mentionne, dans un encadré apparent, la date limite de non-reconduction.

Lorsque cette information ne lui a pas été adressée conformément aux dispositions du premier alinéa, le consommateur peut mettre gratuitement un terme au contrat, à tout moment à compter de la date de reconduction.

Les avances effectuées après la dernière date de reconduction ou, s'agissant des contrats à durée indéterminée, après la date de transformation du contrat initial à durée déterminée, sont dans ce cas remboursées dans un délai de trente jours à compter de la date de résiliation, déduction faite des sommes correspondant, jusqu'à celle-ci, à l'exécution du contrat.

(L. n° 2017-203 du 21 févr. 2017, art. 7) **« Les dispositions du présent article s'appliquent sans préjudice de celles qui soumettent légalement certains contrats à des règles particulières en ce qui concerne l'information du consommateur. »** — *[C. consom., art. L. 136-1, al. 1er, al. 2, hors sanction et al. 3.]*

Sur les sanctions, V. art. L. 241-3.

1. *Personne physique ou morale.* V. aussi art. L. 215-3. ♦ L'art. L. 136-1 [L. 215-1], dans sa rédaction issue de la loi du 28 janv. 2005 applicable en la cause, qui s'applique exclusivement au consommateur, ne concerne que les personnes physiques (inapplicabilité à un comité d'entreprise). • Civ. 1re, 2 avr. 2009 : *JCP 2009, n° 38, p. 21, note Paisant; CCC 2009, n° 182, obs. Raymond; Gaz. Pal. 2010. 419, obs. S. Piedelièvre; Dr. et proc. 2010, suppl n° 2, p. 3, obs. Picod.* – *Contra* : • TI Colombes, 16 sept. 2009 : *CCC 2010, n° 27, obs. crit. Raymond; Gaz. Pal. 2010. 419, obs. crit. S. Piedelièvre.* ♦ Les personnes morales ne sont pas exclues de la catégorie des non-professionnels bénéficiant des dispositions de l'art. L. 136-1 [L. 215-1] dans sa rédaction issue de la loi du 3 janv. 2008, applicables à la reconduction des contrats concernés, dès lors que le délai imparti au prestataire de services par le premier alinéa pour donner l'information requise n'avait pas commencé à courir à la date d'entrée en vigueur de l'art. 33 de cette loi. • Civ. 1re, 23 juin 2011 : *Bull. civ. I, n° 122; D. 2011. 2245, note Tisseyre; D. 2012. Pan. 844, obs. Poillot; RTD com. 2011. 627, obs. Bouloc; JCP E 2011, n° 1660, note Lemay; JCP 2011, n° 1080, note Paisant; CCC 2011, n° 226, obs. Raymond; LPA 30 sept. 2011, note Claude; Gaz. Pal. 2011. 3549, obs. Piedelièvre; RJDA 2012, n° 154; RLDC oct. 2011. 12, obs Paulin; ibid. 60, obs. Perruchot-Triboulet; RDC 2011. 1246, note Sauphanor-Brouillaud; Bull. Joly 2011. 848, note Macorig-Venier; Rev. loyers 2011. 325, note Bert; Droit et proc. sept. 2011, Cah. dr. consom., p. 20, obs. Picod; Loyers et copr. 2011, n° 278, obs. Vigneron; ibid. Étude 11, par Rouquette-Térouanne; Constr.-Urb. 2011, n° 145, obs. Sizaire; Administrer févr. 2012. 49, obs. Bouyeure.* – V. aussi • Paris, 7 mars 2013 : *CCC 2013, n° 222, obs. Raymond* (pour un établissement public).

2. *Notions de consommateur et de non-professionnel.* V. aussi art. L. 215-3. ♦ L'art. L. 136-1 [L. 215-1] ne s'applique pas aux professionnels ayant conclu un contrat de prestation de services en rapport direct avec leurs activités. • Civ. 1re, 2 juill. 2014 : *Bull. civ. I, n° 121; D. 2015. Pan. 591, obs. Sauphanor-Brouillaud; CCC 2014, n° 256, obs. Raymond; Gaz. Pal. 2014. 3226, obs. Piedelièvre; RLDA oct. 2014. 41, obs. Mathonnière; Defrénois 2014. 1024, obs. Seube.* ♦ Un syndicat des copropriétaires, n'ayant pour objet que l'entretien et la gestion de l'immeuble, se trouve dans la même position qu'un consommateur dans ses rapports avec les prestataires de services, peu important qu'il soit représenté par un syndic professionnel qui n'est qu'un exécutant et non un décideur relativement aux contrats conclus avec les fournisseurs; il en résulte que le syndicat des copropriétaires était en droit de résilier unilatéralement le contrat avant la fin de la période de reconduction, faute pour le professionnel de lui avoir délivré l'information visée au 1er al. de l'art. L. 136-1 [L. 215-1]. • Paris, 15 janv. 2014 : *CCC 2014, n° 172, obs. Raymond.* ♦ La représentation d'un syndicat de copropriétaires par un syndic professionnel ne lui fait pas perdre sa qualité de non-professionnel, en sorte qu'il peut bénéficier des dispositions de l'art. L. 136-1 [L. 215-1] nonobstant cette représentation. • Civ. 1re, 25 nov. 2015, n° 14-20.760 P : *D. 2016. 234, note Tadros ; RTD civ. 2016. 354, obs. Barbier ; AJDI 2016. 1, note Elbaz ; JCP 2016, n° 260, note Dissaux ; CCC 2016, n° 49, obs. Bernheim-Desvaux ; RJDA 2016, n° 107 ; Gaz. Pal. 12 avr. 2016, p. 34, obs. Piedelièvre ; RLDA mars 2016. 13, note Maume ; Constr.-Urb. 2016, n° 14, obs. Sizaire ; Rev. loyers 2016. 581, obs. Guégan.* ♦ Ayant relevé que le syndic professionnel n'était pas intervenu à titre personnel mais en qualité de mandataire de chacun des syndicats de copropriétaires concernés, c'est à bon droit que la cour d'appel a retenu que ces derniers devaient être considérés comme des non-professionnels pour l'application de l'art. L. 136-1 [L. 215-1 et L. 215-3]. • Civ. 1re, 25 nov. 2015, n° 14-21.873 P : *D. 2016. 234, note Tadros ; AJDI 2016. 518, obs. Tomasin ; JCP E 2015, n° 1631 ; CCC 2016, n° 49, obs. Bernheim-Desvaux ; RJDA 2016, n° 107 ; Gaz. Pal. 12 avr. 2016, p. 34, obs. Piedelièvre ; RLDA mars 2016. 13, note Maume ; Constr.-Urb. 2016, n° 14, obs. Sizaire.* ♦ Ne constitue pas une condition d'application de ce texte le fait pour un syndic professionnel d'être dûment mandaté par le syndicat des copropriétaires pour résilier le contrat conclu avec le prestataire de services. • Même décision. ♦ Les dispositions de l'art. L. 136-1 [L. 215-1], dans sa rédaction applicable en la cause, en ce qu'elles visent les consommateurs, ne concernent que les personnes physiques et, en ce qu'elles visent les non-professionnels, sont inapplicables aux contrats qui ont un rapport direct avec leur activité professionnelle. • Com. 16 févr. 2016, n° 14-25.146 P : *Dalloz actualité, 22 mars 2016, obs. Delpech ; D. 2016. Actu. 1364 ; JCP E 2016, n° 1162 ; CCC 2016, n° 129, obs. Bernheim-Desvaux ; BRDA 2016, n° 6, p. 17 ; CCE 2016, n° 40, obs. Loiseau.* ♦ Au sens de l'art. L. 136-1 [L. 215-1], dans sa rédaction antérieure à celle issue de l'Ord. n° 2016-301 du 14 mars 2016, le consommateur est une personne physique et le non-professionnel, une personne morale. En retenant qu'un syndicat de copropriétaires n'est pas une personne physique, il ne peut être invoquer les dispositions de l'art. L. 136-1 [L. 215-1], applicable aux seules relations entre un professionnel prestataire de services et un consommateur, alors que le texte susvisé est applicable aux non-professionnels, la cour d'appel en a méconnu les termes. • Civ. 1re, 29 mars 2017, n° 16-10.007 P : *Dalloz actualité, 26 avr. 2017, obs. Delpech ; D. 2017. Actu. 812 ; JCP E 2017, n° 1227 ; BRDA 2017, n° 11, p. 18 ; Loyers et copr. 2017, n° 117, obs. Lebatteux.* ♦ Il résulte de l'art. L. 2323-83 C. trav. que le comité d'entreprise assure, contrôle ou participe à la gestion de toutes les activités sociales et culturelles établies dans l'entreprise prioritairement au bénéfice des salariés ou de leur famille ; lorsqu'il exerce cette mission légale, le comité d'entreprise agit à des fins qui n'entrent pas dans le cadre d'une activité commerciale, industrielle, artisanale, libérale ou agricole, en sorte que, non-professionnel, il bénéficie des dispositions de l'art. L. 136-1 [L. 215-1] C. consom. • Civ. 1re, 15 juin 2016, n° 15-17.369 P : *D. 2016. 1844, note Loiseau ; JCP E 2016, n° 1408 ; CCC 2016, n° 200, obs. Bernheim-Desvaux ; RJDA 2016, n° 824 ; CCE 2016, n° 69, obs. Loiseau.*

3. Sociétés commerciales. L'art. L. 136-1 [L. 215-1], qui s'applique exclusivement au consommateur et au non-professionnel, ne concerne pas les contrats conclus entre sociétés commerciales. • Com. 6 sept. 2011 : *Bull. civ. IV, n° 127 ; D. 2011. Actu. 2198, obs. Delpech ; D. 2012. Pan. 844, obs. Poillot ; JCP E 2011, n° 1716, note Bazin ; JCP 2011, n° 1203, obs. Paisant ; CCC 2011, n° 248, obs. Raymond ; Gaz. Pal. 2011. 3549, obs. Piedelièvre ; RJDA 2012, n° 37 ; RLDC nov. 2011. 11, obs. Paulin ; RLDA oct. 2011. 13, note Bert ; RDC 2012. 498, obs. Sauphanor-Brouillaud.* – V. aussi Mairot, *Dr. sociétés 2011. Alerte 42* (pour une affirmation légale de la qualité de professionnel des sociétés).

4. Date d'effet de la résiliation. Il résulte de l'art. L. 136-1 [L. 215-1] que la faculté de résiliation ouverte par celui-ci au consommateur prend effet au jour où il l'exerce. • Civ. 1re, 10 avr. 2013 : *Bull. civ. I, n° 76 ; D. 2013. Actu. 989 ; RTD com. 2013. 799, obs. Bouloc ; JCP E 2013, n° 1454, spéc. n° 7, obs. Loir ; CCC 2013, n° 196, obs. Raymond ; RJDA 2013, n° 608 ; Gaz. Pal. 2013. 3301, obs. Piedelièvre ; RLDA juin 2013. 46, obs. Lalout ; RDC 2013. 963, obs. Sauphanor-Brouillaud.*

Art. L. 215-2 **Les dispositions du présent chapitre ne sont pas applicables aux exploitants des services d'eau potable et d'assainissement.** – *[C. consom., art. L. 136-1, al. 4, service eau.]*

Art. L. 215-3 **Les dispositions du présent chapitre sont également applicables aux contrats conclus entre des professionnels et des non-professionnels.** – *[C. consom., art. L. 136-1, al. 4, non-professionnels.]*

V. notes ss. art. L. 215-1.

Art. L. 215-4 **Les dispositions des articles L. 215-1 à L. 215-3 et L. 241-3 sont intégralement reproduites dans les contrats de prestation de services auxquels elles s'appliquent.** – *[C. consom., art. L. 136-2.]*

Art. L. 215-5 **Les règles relatives à la tacite reconduction des contrats d'assurance sont fixées par les dispositions du chapitre III du titre Ier du livre Ier du code des assurances.**

Les règles relatives à la tacite reconduction des contrats d'adhésion proposées par des mutuelles et des unions de mutuelles sont fixées par les dispositions du chapitre Ier du titre II du livre II du code de la mutualité.

Les règles relatives à la tacite reconduction des contrats portant sur des opérations individuelles proposées par des institutions de prévoyance sont fixées par les dispositions du chapitre II du titre III du livre IX du code de la sécurité sociale.

CHAPITRE VI LIVRAISON ET TRANSFERT DE RISQUE

COMMENTAIRE

I. LIVRAISON ET MANQUEMENTS

Ayant, avant la loi du 17 mars 2014 relative à la consommation, leur siège à l'article L. 114-1, les dispositions relatives aux délais de livraison avaient été reprises aux articles L. 138-1 et suivants de l'ancien code de la consommation. Désomais, l'article L. 216-1 prévoit que le professionnel qui livre un bien ou fournit un service le fait dans le délai indiqué, sauf si les parties en conviennent autrement. Il faut rappeler que, selon le 3° de l'article L. 111-1, le professionnel est tenu d'indiquer, en l'absence d'exécution immédiate du contrat, la date ou le délai auquel il s'engage à livrer le bien ou à exécuter le service.

A défaut de précision sur la date de livraison ou d'accord exprès entre les parties, le professionnel livre ou exécute sans retard injustifié, autrement dit dans un délai raisonnable, au plus tard trente jours après la conclusion du contrat. Il est précisé que la livraison est définie comme le transfert de la possession matérielle ou le contrôle du bien au consommateur, ce qui rappelle la définition donnée de la délivrance par l'article 1604 du code civil : « La délivrance est le transport de la chose vendue en la puissance et possession de l'acheteur », sachant que la livraison n'est qu'une modalité possible de délivrance, au même titre que le retirement de la chose.

L'article L. 216-2 prévoit la sanction du non-respect du délai de livraison : le consommateur peut résoudre le contrat par lettre recommandée avec demande d'avis de réception ou par écrit sur un support durable et ce, après avoir donné en vain au professionnel un délai supplémentaire raisonnable pour s'exécuter.

Le contrat est considéré comme résolu à la réception par le professionnel de la lettre ou de l'écrit l'informant de la résolution. Il s'agit ici de l'illustration d'une nouvelle sanction, d'influence européenne et figurant dans le code civil depuis la réforme du droit des obligations résultant de l'ordonnance n° 2016-131 du 10 février 2016 : la résolution par notification ou résolution unilatérale (C. civ., art. 1226). Le concept de résolution a donc d'abord fait son entrée en droit de la consommation avant même d'être consacré par le nouveau droit des contrats.

Par ailleurs, le texte permet au consommateur de mettre fin immédiatement au contrat lorsque le professionnel refuse de livrer le bien ou de fournir le service ou même lorsqu'il n'exécute pas le contrat dans le délai si le consommateur en fait une condition essentielle ou encore si celle-ci résulte des circonstances qui entourent sa conclusion. En droit commun, l'exception d'inexécution, aujourd'hui consacrée par les articles 1219 et 1220 du code civil, permet aussi de faire pression sur le débiteur, et ce, même par anticipation, selon l'article 1220.

L'article L. 216-3 prévoit que le professionnel est tenu de rembourser le consommateur de la totalité des sommes versées en cas de résolution et ce, au plus tard dans les quatorze jours de la date de dénonciation. La somme sera également majorée forfaitairement en fonction du retard dans le remboursement (art. L. 241-4) : c'est une pénalité civile, en d'autres termes l'équivalent d'une clause pénale exerçant une pression sur le professionnel pour qu'il exécute son obligation de remboursement le plus tôt possible. En effet, cette somme est de plein droit majorée de 10 % si le remboursement intervient au plus tard trente jours au-delà de ce terme, de 20 % jusqu'à soixante jours et de 50 % ultérieurement.

Toutes ces dispositions sont d'ordre public (art. L. 216-6). Toutefois, l'article L. 216-1, concernant la date ou le délai de livraison, prévoit une dérogation par volonté réciproque : la liberté contractuelle reprend ici son rôle.

II. ABROGATION DE L'ANCIEN ARTICLE R. 114-1

Avant la loi du 17 mars 2014, le consommateur ne pouvait résilier sa commande pour non-respect des délais de livraison d'un bien ou d'exécution d'une prestation « en cas de dépassement de la date de livraison du bien ou d'exécution de la prestation excédant sept jours » que lorsque le prix convenu était supérieur à 500 €. L'article 7 du décret nº 2014-1061 du 17 septembre 2014 a alors abrogé l'ancien article R. 114-1 qui établissait ce seuil.

Art. L. 216-1 **Le professionnel livre le bien ou fournit le service à la date ou dans le délai indiqué au consommateur, conformément au 3º de l'article L. 111-1, sauf si les parties en ont convenu autrement.**

A défaut d'indication ou d'accord quant à la date de livraison ou d'exécution, le professionnel livre le bien ou exécute la prestation sans retard injustifié et au plus tard trente jours après la conclusion du contrat.

La livraison s'entend du transfert au consommateur de la possession physique ou du contrôle du bien. – *[C. consom., art. L. 138-1.]*

BIBL. ▶ Bibl. antérieure à la L. nº 2014-344 du 17 mars 2014 : LEROUX, *Rev. Conc. Consom. 1992, nº 66, p. 44* (loi du 18 janv. 1992). – RAYMOND, *CCC févr. 1992. Chron.* (même thème). – TRICLIN, *JCP 1994. I. 3732* (arrhes). – DELPECH, *Tourisme & Droit mars 2008. 20* (contrat de réservation d'hôtel). – BERNHEIM-DESVAUX, *CCC 2011. Formule 5* (clause prévoyant un paiement préalable du prix). – FORTI, *RTD com. 2012. 433* (fractionnement abusif du contrat de consommation).

Jurispr. antérieure à la L. nº 2014-344 du 17 mars 2014

1. *Notion de consommateur.* Est un consommateur et peut par conséquent bénéficier de l'art. L. 114-1 [rédaction antérieure à la L. nº 2014-344 du 17 mars 2014], un syndicat de copropriété qui, ayant pour objet la conservation d'un immeuble bâti en copropriété et l'administration des parties communes, n'a pas d'activité professionnelle à proprement parler. • Paris, 13 nov. 1997 : *D. 1998. IR 11 ; D. Affaires 1998. 60, obs. E. P.* – V. aussi : * Rép. min. nº 23114 : *JOAN Q 28 oct. 2008, p. 9314 ; AJDI 2008. 969.* ♦ La représentation d'un consommateur par un mandataire professionnel ne lui fait pas perdre sa qualité de non-professionnel, en sorte qu'il peut bénéficier des dispositions de l'art. L. 114-1 [rédaction antérieure à la L. nº 2014-344 du 17 mars 2014] nonobstant cette représentation. • Civ. 1re, 1er mars 2017, nº 16-14.157 : *Constr.-Urb. 2017, nº 71, obs. Sizaire.* ♦ Est un contrat de consommation la vente portant sur des toiles de peintre. • Grenoble, 11 sept. 2012, nº 10/02423 : *CCC 2013, nº 22, obs. Raymond.*

2. *Mention du délai de livraison.* La clause, selon laquelle « les commandes ne prennent date, pour la livraison et la garantie de prix, qu'après versement par le client d'un acompte », laisse le consommateur maître du versement de son acompte pour fixer la date de sa commande et n'est pas contraire aux dispositions de l'art. L. 114-1 [rédaction antérieure à la L. nº 2014-344 du 17 mars 2014] dès lors que le contrat comportait la date limite à laquelle le professionnel s'engageait à livrer le véhicule. • Civ. 1re, 14 nov. 2006, nº 04-15.890 P : *Bull. civ. I, nº 489 ; D. 2006. AJ 2980, obs. Avena-Robardet ; RTD com. 2007. 437, obs. Bouloc ; RJDA 2008, nº 87.* ♦ Les mentions d'une livraison « fin juillet » et « début septembre » satisfont aux prescriptions légales de l'art. L. 114-1 [rédaction antérieure à la L. nº 2014-344 du 17 mars 2014], les précisions apportées étant suffisantes pour assurer la légitime protection du consommateur au regard du respect par le professionnel des délais de livraison convenus par les parties. • Paris, 3 juill. 2001 : *D. 2001. AJ 2740, obs. Rondey.* ♦ Même solution s'agissant d'une livraison devant intervenir « au plus tard deuxième quinzaine du mois de mars ». • Paris, 2 oct. 2003 : *RJDA 2004, nº 152 ; Lettre distrib. janv. 2004, p. 4* (solution implicite). ♦ En ce sens que le consommateur qui n'a pas été livré dans le délai prévu, majoré de sept jours, peut résilier son contrat sauf si le défaut de livraison est consécutif à un cas de force majeure, V. • Besançon, 15 janv. 2002, nº 99/01655 : *CCC 2002, nº 149, obs. Raymond.*

3. *Délai de prévenance.* La mention « délai de prévenance de deux mois » laisse les acquéreurs maîtres de décider de la date de la livraison, le fournisseur disposant alors d'un délai minimal de deux mois, constituant la date limite pour y procéder. • Rennes, 25 mars 2005, nº 04/05227 : *CCC 2006, nº 11, obs. Raymond.* ♦ Une telle mention ne peut cependant valoir date de livraison ; en l'absence de celle-ci, le consommateur ne peut obtenir la résolution de la vente que s'il a mis en demeure le vendeur d'exécuter et que celui-ci n'y a pas satisfait dans un délai raisonnable. • Même arrêt.

4. *Absence d'indication de délai.* La mention du délai de livraison ou d'exécution de la prestation de services n'est pas prescrite à peine de nullité par l'art. L. 114-1 [rédaction antérieure à la L. nº 2014-344 du 17 mars 2014]. • Civ. 1re, 28 mai 2009 : *CCC 2009, nº 256, obs. Raymond.* ♦ Mais en l'absence d'indication de délai de livraison dans le contrat de vente d'un bien meuble, l'acheteur peut obtenir la résolution du contrat sur le fondement de l'art. L. 114-1 [rédaction antérieure à la L. nº 2014-344 du 17 mars 2014], dès lors que le délai de livraison qu'il avait exigé et dont la durée était raisonnable, n'a pas été respecté par le vendeur. • Paris, 13 nov. 1997 : *préc. note 1.*

5. Dépassement du délai de livraison. Jugeant que le délai prévu par l'art. L. 114-1 [rédaction antérieure à la L. n° 2014-344 du 17 mars 2014] a un fondement contractuel et qu'aucun texte ne prévoit sa prorogation, contrairement au délai de renonciation prévu en matière de démarchage, V. • Paris, 2 oct. 2003 : *préc. note 2* (indifférence qu'un jour férié se soit trouvé au début et à la fin de la période de dépassement de la date de livraison prévue). ♦ Pour une résiliation, faute de livraison dans le délai prévu d'un meuble conforme à la commande, V. • Paris, 21 janv. 1997 : *RJDA 1997, n° 630; CCC 1997, n° 105, obs. Raymond.* ♦ La lettre recommandée avec accusé de réception, adressée au vendeur, dans laquelle l'acheteur déclarait que faute de livraison, il lui demandait la restitution de son acompte, vaut clairement dénonciation du contrat de vente par l'acheteur, pour non-respect du délai de livraison, de sorte que le contrat doit être considéré comme rompu à la date de réception de ce courrier. • Versailles, 5 juin 1998 : *BICC 1999, n° 358; D. 1999. Somm. 14, obs. Paisant*. ♦ Pour une dénonciation prématurée du contrat de vente alors que le délai de livraison fixé n'était pas encore dépassé et que, de plus, il n'y avait pas encore eu dépassement de cette date de livraison de plus de sept jours, V. • Versailles, 22 sept. 2000 : *D. 2002. Somm. 998, obs. Pignarre ; RJDA 2001, n° 16.* ♦ Il appartient au vendeur de s'assurer de l'accord du client de manière à respecter le délai de livraison prévu au contrat. • Versailles, 8 mars 2002 : *BRDA 2002, n° 9, p. 10.*

6. Renonciation. Le fait de ne pas résilier le contrat de vente lorsqu'il a eu connaissance du retard de livraison, ainsi que l'art. L. 114-1 [rédaction antérieure à la L. n° 2014-344 du 17 mars 2014] le lui permet, et le fait de confirmer sans réserve la commande ne sauraient, à eux seuls, constituer pour l'acquéreur une renonciation au droit de demander réparation de ce préjudice. • Civ. 1re, 12 mai 2004 : *RJDA 2004, n° 1309; ibid. 2005, n° 113.* ♦ Si le consommateur n'a pas résilié le contrat dans les soixante jours du délai initialement prévu, il l'a fait par lettre recommandée avec accusé de réception dans les soixante jours de la demande de fixation d'une nouvelle date; il en résulte que le contrat de vente avait été régulièrement dénoncé. • Riom, 26 févr. 2006, n° 08/01472 : *CCC 2009, n° 204, obs. Raymond.*

7. Droit de revenir sur son engagement. Jugé qu'en application de l'art. 3, al. 4, de la L. du 18 janv. 1992 [C. consom., art. L. 114-1, al. 4, rédaction antérieure à la L. n° 2014-344 du 17 mars 2014], dont se prévaut l'acheteur d'un véhicule ayant signé le bon de commande, celui-ci a la faculté de revenir sur son engagement en perdant les 10 000 F versés d'avance à titre d'arrhes, de sorte qu'il convient de débouter le vendeur de ses demandes en paiement de la somme principale, sauf à préciser que les 10 000 F lui sont acquis (ledit acheteur, en réponse à une lettre recommandée avec accusé de réception du vendeur, avait fait savoir qu'il ne prendrait pas livraison « pour des raisons personnelles »). • Orléans, 13 avr. 1994 : *D. 1996. Somm. 11, obs. Paisant*. ♦ Il appartient au juge du fond de dire en quoi les parties au contrat ont voulu renoncer à la qualification supplétive d'arrhes, prévue dans l'art. L. 114-1, al. 4 [rédaction antérieure à la L. n° 2014-344 du 17 mars 2014], pour donner la qualification d'acompte aux sommes versées d'avance, à l'occasion de la commande. • Civ. 1re, 5 juill. 2006 : *CCC 2006, n° 237, obs. Raymond.*

8. Force majeure. Le retard de fabrication d'un constructeur automobile étant un événement prévisible, pour un arrêt retenant la responsabilité du concessionnaire automobile qui ne rapportait pas la preuve qu'il avait pris les mesures destinées à éviter le retard de livraison : • Versailles, 22 sept. 2000 : *BRDA 2000, n° 21, p. 12.* ♦ Le choix du coloris par l'acheteur du meuble, acheté et non livré dans le délai prévu, ne saurait constituer un cas de force majeure, car il n'est ni imprévisible ni irrésistible. • Versailles, 8 mars 2002 : *préc. note 5.* ♦ Jugeant que l'argument du vendeur tiré de ce que l'acquéreur disposerait de deux adresses ne serait qu'un prétexte pour justifier la livraison tardive, V. • Bordeaux, 9 mars 2010, n° 09/00025.

Art. L. 216-2 **En cas de manquement du professionnel à son obligation de livraison du bien ou de fourniture du service à la date ou à l'expiration du délai prévus au *premier alinéa de l'article L. 216-1 ou, à défaut*, au plus tard trente jours après la conclusion du contrat, le consommateur peut résoudre le contrat, par lettre recommandée avec demande d'avis de réception ou par un écrit sur un autre support durable, si, après avoir enjoint, selon les mêmes modalités, le professionnel d'effectuer la livraison ou de fournir le service dans un délai supplémentaire raisonnable, ce dernier ne s'est pas exécuté dans ce délai.**

Le contrat est considéré comme résolu à la réception par le professionnel de la lettre ou de l'écrit l'informant de cette résolution, à moins que le professionnel ne se soit exécuté entre-temps.

Le consommateur peut immédiatement résoudre le contrat lorsque le professionnel refuse de livrer le bien ou de fournir le service ou lorsqu'il n'exécute pas son obligation de livraison du bien ou de fourniture du service à la date ou à l'expiration du

délai prévu au premier alinéa de l'article L. 216-1 et que cette date ou ce délai constitue pour le consommateur une condition essentielle du contrat. Cette condition essentielle résulte des circonstances qui entourent la conclusion du contrat ou d'une demande expresse du consommateur avant la conclusion du contrat. – *[C. consom., art. L. 138-2.]*

Art. L. 216-3 Lorsque le contrat est résolu dans les conditions prévues à l'article L. 216-2, le professionnel rembourse le consommateur de la totalité des sommes versées, au plus tard dans les quatorze jours suivant la date à laquelle le contrat a été dénoncé. – *[C. consom., art. L. 138-3, hors sanctions.]*

Sur les sanctions, V. art. L. 241-4.

Art. L. 216-4 Tout risque de perte ou d'endommagement des biens est transféré au consommateur au moment où ce dernier ou un tiers désigné par lui, et autre que le transporteur proposé par le professionnel, prend physiquement possession de ces biens. – *[C. consom., art. L. 138-4.]*

COMMENTAIRE

En droit commun, le transfert de propriété s'effectue normalement dès la conclusion du contrat à moins que ce transfert soit subordonné à l'exécution d'une condition ou d'un terme. L'acheteur devient immédiatement propriétaire et conséquemment les risques liés à la chose sont transférés sur sa personne. En effet, selon l'article 1196 du code civil (applicable au 1er oct. 2016 et se substituant à l'art. 1138), « dans les contrats ayant pour objet l'aliénation de la propriété ou la cession d'un autre droit, le transfert s'opère lors de la conclusion du contrat », autrement dit selon le principe traditionnel du transfert de propriété *solo consensu* (l'ancien art. 1138 adoptait une formulation moins explicite en distinguant l'obligation de donner celle de livrer la chose). Le second alinéa de l'article 1196 rappelle le caractère supplétif de ce texte auquel les parties ou le législateur peuvent déroger ou la nature des choses s'opposer ; le troisième alinéa consacre la règle selon laquelle le propriétaire supporte la perte de la chose (locution latine « *res perit domino* ») en prévoyant que le transfert de propriété emporte transfert des risques et en instaurant une limite : la mise en demeure de délivrer opère transfert des risques à la charge du vendeur. En revanche, pour les choses de genre (marchandises vendues au poids, au compte ou à la mesure), l'article 1585 du même code prévoit que « la vente n'est point parfaite, en ce sens que les choses vendues sont aux risques du vendeur jusqu'à ce qu'elles soient pesées, comptées ou mesurées » (c'est-à-dire individualisées). Toutefois, ces dispositions du code civil ne sont pas d'ordre public : les parties peuvent notamment prévoir une clause de réserve de propriété, voire dissocier le transfert des risques du transfert de propriété.

Le code de la consommation diverge en faveur du consommateur sur plusieurs points. Tout d'abord, l'article L. 216-4 prévoit que le transfert des risques se fait au moment où le consommateur (à défaut un tiers désigné par lui) prend physiquement possession du bien, sans distinction selon sa nature. Ensuite, l'article L. 216-5 prévoit une anticipation exceptionnelle du transfert des risques lorsque le consommateur confie la livraison à un transporteur autre que celui proposé par le professionnel : dans ce cas, le risque est transféré à la remise du bien au transporteur. Enfin, l'article L. 216-6 ajoute que ces dispositions sont d'ordre public, à la différence du droit commun.

Art. L. 216-5 Lorsque le consommateur confie la livraison du bien à un transporteur autre que celui proposé par le professionnel, le risque de perte ou d'endommagement du bien est transféré au consommateur lors de la remise du bien au transporteur. – *[C. consom., art. L. 138-5.]*

Art. L. 216-6 Les dispositions du présent chapitre sont d'ordre public. – *[C. consom., art. L. 138-6.]*

CHAPITRE VII OBLIGATION DE CONFORMITÉ AU CONTRAT

BIBL. GÉN. ▶ V. Rapport au Président de la République sur l'Ord. nº 2005-136 du 17 févr. 2005, *JO 18 févr. 2005.* – BRUSCHI, *RDC 2005. 710.* – CALAIS-AULOY, *RTD civ. 2005. 701.* – CONTE, *Dr. pénal 2006. Chron. 4* (1905-2005, cent ans de protection pénale du consommateur). – FAGES, *RLDC 2005/16, nº 639.* – HOCQUET-BERG, *RCA 2005. Alertes. 37.* – IDOT,

Europe 2005, n° 141. – LEROYER, *chron. lég. RTD civ. 2005. 483*. – MAINGUY, *JCP E 2005. 630*. – PAISANT, *JCP 2005. I. 146; CCC 2005. Étude 8*. – RONDEY, *D. 2005. 562*. – ROUSSILLE, *Dr. et patr., juill.-août 2005, p. 38*. – TOURNAFOND, *D. 2005. Chron. 1557*. – COLLART-DUTILLEUL, GAUTIER, TOURNAFOND, BRUN, MAINGUY, SERINET et PUIG, *RDC 2005. 921* (débats). – ANCEL, *RDC 2005. 881* (aperçus de droit comparé). – LABARTHE et NOBLOT, *JCP 2005. I. 168* (contrat d'entreprise et art. L. 211-1 s. C. consom.). – RÉMY-CORLAY, *RTD civ. 2005. 345* (comparaison avec la directive transposée). – PIMONT, *RTD com. 2006. 261* (variations françaises autour de la préservation des particularités nationales et de l'intégration communautaire). – DE GRANVILLIERS, *Gaz. Pal. 2006. Doctr. 2152* (ratification de l'Ord. du 17 févr. 2005 par la L. du 5 avr. 2006). – SALVAT, *CCC 2006. Étude 18* (la garantie spéciale de conformité et l'obligation générale de délivrance conforme : quel choix d'action pour l'acheteur ?). – LEVENEUR, *Mélanges le Tourneau, Dalloz, 2008, p. 638* (la nouvelle garantie légale de conformité des biens vendus aux consommateurs). – GOUT et MARIA, *JCP 2008. I. 109* (réflexions sur la transmission éventuelle des actions en garantie de conformité). – GAUDIN, *D. 2008. 631* (regards dubitatifs sur l'effectivité des remèdes offerts au consommateur en cas de défaut de conformité de la chose vendue). – RETTERER, *AJDA 2011. 2047* (le contrôle des mesures administratives relatives à la conformité des produits et à la sécurité des consommateurs). – ROSKIS et JAFFAR, *Cah. dr. entr. juill.-août 2013. Dossier 29* (le contrôle de l'obsolescence programmée au regard des garanties de droit commun : une nécessaire réforme ?).

COMMENTAIRE

La principale innovation de l'ordonnance n° 2005-136 du 17 février 2005 concernait la fusion des deux obligations traditionnelles du vendeur : délivrer une chose conforme et garantir les vices cachés. Désormais, le vendeur est tenu à une obligation identique : livrer un bien conforme au contrat et répondre des défauts de conformité existant lors de la délivrance. L'article L. 217-4 l'énonce clairement.

La portée de l'obligation est large : le professionnel répond aussi des défauts de conformité résultant de l'emballage, des instructions de montage ou de l'installation quand elle est mise à sa charge par le contrat ou réalisée sous sa responsabilité.

Le défaut de conformité doit s'apprécier au regard des données techniques connues ou prévisibles au jour de la vente : il ne peut résulter d'une inadéquation de la chose vendue à des normes ultérieurement mises au point et découlant de l'évolution de la technique (Civ. 1re, 7 mai 2008 : *cité note 2 ss. art. L. 217-4*).

L'ancien code de la consommation traitait de la garantie légale avec la conformité aux normes et la sécurité (ancien livre II, devenu livre IV). En effet, la notion de conformité a deux sens. Dans un premier sens, celui relatif à l'obligation générale de conformité, elle s'apprécie en fonction des règles impératives de la même façon qu'elle s'évalue en d'autres circonstances par rapport aux normes professionnelles. Dans un second sens, celui du droit des obligations, la conformité s'apprécie au regard des prévisions contractuelles.

Très logiquement, la garantie prise dans le sens du contenu contractuel intègre, dans le nouveau code, le dispositif commun aux contrats de consommation. ❑

Sur les sanctions aux art. L. 217-1 s., V. art. L. 241-5 à L. 241-7.

SECTION PREMIÈRE **CHAMP D'APPLICATION**

COMMENTAIRE

La garantie a un champ limité aux contrats de vente de biens meubles corporels, auxquels sont assimilés les contrats de fourniture de biens meubles à fabriquer ou à produire (art. L. 217-1). L'article L. 217-2 prévoit des exclusions, telle l'électricité. Enfin, l'article L. 217-3 précise le cadre strict des relations contractuelles : vendeur professionnel/acheteur répondant à la définition de consommateur.

Les dispositions qui régissent la garantie légale de conformité sont applicables aux ventes d'animaux conclues entre un vendeur agissant au titre de son activité professionnelle ou commerciale et un acheteur agissant en qualité de consommateur (Civ. 1re, 19 févr. 2014 : *cité note 3 ss. art. L. 217-4*). ❑

Art. L. 217-1 **Les dispositions du présent chapitre s'appliquent aux contrats de vente de biens meubles corporels. Sont assimilés aux contrats de vente les contrats de fourniture de biens meubles à fabriquer ou à produire.**

Elles s'appliquent à l'eau et au gaz lorsqu'ils sont conditionnés dans un volume délimité ou en quantité déterminée. — *[C. consom., art. L. 211-1.]*

Sur les sanctions, V. art. L. 241-5.

Art. L. 217-2 **Les dispositions du présent chapitre ne sont applicables ni aux biens vendus par autorité de justice ni à ceux vendus aux enchères publiques.**

Elles ne s'appliquent pas non plus à l'électricité. — *[C. consom., art. L. 211-2.]*

Sur les sanctions, V. art. L. 241-5.

Art. L. 217-3 **Les dispositions du présent chapitre sont applicables aux relations contractuelles entre le vendeur agissant dans le cadre de son activité professionnelle ou commerciale et l'acheteur agissant en qualité de consommateur.**

Pour l'application des dispositions du présent chapitre, est producteur le fabricant d'un bien meuble corporel, l'importateur de ce bien sur le territoire de l'Union européenne ou toute personne qui se présente comme producteur en apposant sur le bien son nom, sa marque ou un autre signe distinctif. — *[C. consom., art. L. 211-3.]*

Sur les sanctions, V. art. L. 241-5.

Conformité à la Constitution. La QPC ne présente pas un caractère sérieux en ce que l'art. L. 211-3 [L. 217-3] fixe le champ d'application des dispositions générales relatives à la conformité des produits et services en considération de l'objectif recherché par la Dir. 1999/44/CE du 25 mai 1999, laquelle vise à renforcer la confiance des consommateurs et à permettre à ceux-ci de profiter au mieux du marché intérieur. Seul le vendeur agissant à l'occasion de son activité professionnelle ou commerciale a vocation à servir un tel but et à connaître ainsi d'un régime spécifique de garantie qui impose aux professionnels, notamment, de garantir l'ensemble des défauts de conformité présumés exister au moment de la délivrance, sauf preuve contraire, de procéder, selon le choix du consommateur, à la réparation ou au remplacement du bien, sous réserve d'un coût manifestement disproportionné, et d'offrir une garantie commerciale, toute clause contraire étant réputée non écrite. Il en résulte qu'en visant ce seul vendeur, l'art. L. 211-3 [L. 217-3] ne porte pas atteinte au principe d'égalité, qui ne s'oppose pas à ce que des situations différentes soient réglées de façon différente. • Civ. 1re, QPC, 25 nov. 2015, n° 15-40.035 P : *JCP E 2015, n° 1632 ; CCC 2016, n° 55, obs. Bernheim-Desvaux.*

SECTION II GARANTIE LÉGALE DE CONFORMITÉ

Art. L. 217-4 **Le vendeur livre un bien conforme au contrat et répond des défauts de conformité existant lors de la délivrance.**

Il répond également des défauts de conformité résultant de l'emballage, des instructions de montage ou de l'installation lorsque celle-ci a été mise à sa charge par le contrat ou a été réalisée sous sa responsabilité. — *[C. consom., art. L. 211-4.] — Sur les informations contenues dans les CGV en matière de garantie légale, V. Arr. du 18 déc. 2014, ss. art. L. 211-2.*

Sur les sanctions, V. art. L. 241-5.

1. Champ d'application. En application de l'art. L. 211-4 [L. 217-4], le vendeur, agissant dans le cadre de son activité professionnelle ou commerciale, est tenu de livrer à l'acheteur, agissant en qualité de consommateur, un bien conforme au contrat et répond des défauts de conformité existant lors de la délivrance. • Reims, 8 févr. 2011 : *CCC 2011, n° 180, obs. Raymond.* ♦ Le vendeur de matériaux avec pose est responsable en cas de non-conformité entre ce qui a été commandé et ce qui a été exécuté. • Paris, 19 mai 2011, n° 09/14610 : *CCC 2011, n° 224, obs. Raymond.*

2. Date d'appréciation du défaut de conformité. Jugeant, sur le fondement des art. 1134 [ancien] et 1604 C. civ., que, sauf stipulation contraire, le défaut de conformité doit s'apprécier au regard des données techniques connues ou prévisibles au jour de la vente et ne peut résulter d'une inadéquation de la chose vendue à des normes ultérieurement mises au point et découlant de l'évolution de la technique (rétroprojecteur HD). • Civ. 1re, 7 mai 2008 : *Bull. civ. I, n° 128 ; D. 2008. AJ 1409, obs. Gallmeister ; RTD com. 2009. 199, obs. Bouloc ; JCP 2008. IV. 2021 ; RJDA 2008, n° 1243 ; RDC 2008. 1172, obs. Viney.*

3. Animaux. BIBL. Paisant, *JCP 2016, n° 173* (la question des vices cachés dans les ventes d'animaux domestiques aux consommateurs). – Noblot, *CCC 2016. Formule 6* (clause d'extension de la garantie des vices cachés dans une vente d'animal domestique). ♦ Les dispositions qui régissent la garantie légale de conformité sont applicables aux ventes d'animaux conclues entre un vendeur agissant au titre de son activité professionnelle ou commerciale et un acheteur agissant en qualité de consommateur. • Civ. 1re, 19 févr. 2014 : *CCC 2014, n° 146, obs. Raymond; Gaz. Pal. 2014. 1735, obs. Mayer.* ♦ Pour l'application des art. L. 211-1 s. [L. 217-1 s.] à la vente : d'un cheval de course, V. • Bourges, 10 janv. 2008, n° 07/00410 : *CCC 2009, n° 60, obs. Raymond.* ♦ ... D'un chiot de race chihuahua atteint de diverses pathologies, notamment de graves anomalies affectant ses yeux, V. • Civ. 1re, 12 juin 2012 : *cité note ss. art. L. 241-5.* ♦ ... D'un cheval destiné aux compétitions de dressage et dont le pronostic sportif est définitivement compromis, V. • Chambéry, 28 août 2012 : *CCC 2012, n° 293, obs. Raymond.* ♦ S'agissant d'un jeune animal de compagnie, ce dernier doit être conforme aux standards de sa race et notamment exempt de toute malformation. • Reims, 8 févr. 2011 : *préc. note 1.*

Art. L. 217-5 **Le bien est conforme au contrat :**

1° S'il est propre à l'usage habituellement attendu d'un bien semblable et, le cas échéant :

— s'il correspond à la description donnée par le vendeur et possède les qualités que celui-ci a présentées à l'acheteur sous forme d'échantillon ou de modèle ;

— s'il présente les qualités qu'un acheteur peut légitimement attendre eu égard aux déclarations publiques faites par le vendeur, par le producteur ou par son représentant, notamment dans la publicité ou l'étiquetage ;

2° Ou s'il présente les caractéristiques définies d'un commun accord par les parties ou est propre à tout usage spécial recherché par l'acheteur, porté à la connaissance du vendeur et que ce dernier a accepté. — *[C. consom., art. L. 211-5.]*

Sur les sanctions, V. art. L. 241-5.

COMMENTAIRE

Pour être conforme au contrat, le bien doit satisfaire aux conditions posées par l'article L. 217-5. Il doit être propre à l'usage habituellement attendu d'un bien semblable et, le cas échéant, correspondre à la description donnée par le vendeur et posséder les qualités que celui-ci a présentées sous forme d'échantillon ou de modèle. Il doit présenter les qualités qu'un acheteur peut légitimement attendre eu égard aux déclarations publiques faites par le producteur ou par le vendeur à travers la publicité ou l'étiquetage (hypothèse du contrat d'adhésion ne laissant aucune place à la négociation de dispositions spécifiques).

Le texte permet néanmoins alternativement de prendre en considération dans l'appréciation de la conformité d'éventuelles précisions relatives aux caractéristiques ou à l'usage spécial du bien que les parties auraient apportées dans le cadre d'une véritable négociation, s'inscrivant sous le sceau de la liberté contractuelle. ❑

Usage habituellement attendu. Pour exclure la non-conformité du bien au contrat, l'arrêt retient que, la norme française invoquée n'étant pas obligatoire, elle ne saurait correspondre à l'usage habituellement attendu d'un bien semblable en France ; en se fondant sur une considération générale sans constater que le bien vendu était propre à l'usage habituellement attendu d'un bien semblable, la cour d'appel a privé sa décision de base légale au regard de l'art. L. 211-5 [L. 217-5]. • Civ. 1re, 5 févr. 2014 : *CCC 2014, n° 144, obs. Raymond.*

Art. L. 217-6 **Le vendeur n'est pas tenu par les déclarations publiques du producteur ou de son représentant s'il est établi qu'il ne les connaissait pas et n'était légitimement pas en mesure de les connaître.** — *[C. consom., art. L. 211-6.]*

Sur les sanctions, V. art. L. 241-5.

Art. L. 217-7 **Les défauts de conformité qui apparaissent dans un délai de vingt-quatre mois à partir de la délivrance du bien sont présumés exister au moment de la délivrance, sauf preuve contraire.**

Pour les biens vendus d'occasion, ce délai est fixé à six mois.

Le vendeur peut combattre cette présomption si celle-ci n'est pas compatible avec la nature du bien ou le défaut de conformité invoqué. — *[C. consom., art. L. 211-7.]*

Sur les sanctions, V. art. L. 241-5.

COMMENTAIRE

Une présomption d'antériorité du défaut par rapport à la délivrance de ce bien est instaurée (art. L. 217-7). Cette présomption simple, permettant de renverser temporairement la charge de la preuve, améliore très sensiblement la situation du consommateur par rapport au droit antérieur. En revanche, lorsque l'acquéreur agit sur le fondement de l'article 1648 du code civil relatif à la garantie des vices cachés, il ne bénéficie pas d'une telle présomption, ce qui est source de difficultés probatoires pour lui.

On observera que la loi n° 2014-344 du 17 mars 2014 renforce considérablement la situation du consommateur en faisant passer le délai de six mois à vingt-quatre mois à compter de la délivrance du bien. Le délai est différencié pour les biens d'occasion puisqu'il est maintenu à six mois.

Présomption. La panne d'embrayage, qui rendait le véhicule impropre à l'usage habituellement attendu d'un bien semblable, étant apparue dans un délai de six mois à partir de la délivrance du véhicule, il en résulte que, en l'absence de preuve contraire, le défaut constaté était présumé exister au moment de la délivrance. • Civ. 1re, 30 avr. 2014, n° 13-12.066 : *RTD com. 2014. 679, obs. Bouloc* ; *CCC 2014, n° 237, obs. Raymond.* ♦ Ayant retenu que le défaut de conformité de l'animal était présumé exister au jour de sa délivrance, concomitante à la vente, sans que soit démontrée une acquisition en connaissance de cause, le tribunal a implicitement mais nécessairement considéré que l'éleveur, réputé connaître le défaut de conformité du bien vendu en sa qualité de vendeur professionnel, avait commis une faute. • Civ. 1re, 9 déc. 2015, n° 14-25.910 P : *cité note ss. art. L. 217-9.*

Art. L. 217-8 **L'acheteur est en droit d'exiger la conformité du bien au contrat. Il ne peut cependant contester la conformité en invoquant un défaut qu'il connaissait ou ne pouvait ignorer lorsqu'il a contracté. Il en va de même lorsque le défaut a son origine dans les matériaux qu'il a lui-même fournis.** — *[C. consom., art. L. 211-8.]*

Sur les sanctions, V. art. L. 241-5.

Art. L. 217-9 **En cas de défaut de conformité, l'acheteur choisit entre la réparation et le remplacement du bien.**

Toutefois, le vendeur peut ne pas procéder selon le choix de l'acheteur si ce choix entraîne un coût manifestement disproportionné au regard de l'autre modalité, compte tenu de la valeur du bien ou de l'importance du défaut. Il est alors tenu de procéder, sauf impossibilité, selon la modalité non choisie par l'acheteur. — *[C. consom., art. L. 211-9.]*

Sur les sanctions, V. art. L. 241-5.

COMMENTAIRE

La loi instaure une hiérarchie des droits du consommateur en ce qui concerne les remèdes au défaut de conformité : le consommateur doit choisir entre le *remplacement* et la *réparation* du bien (art. L. 217-9) ; la priorité est donnée aux remèdes contractuels qui assurent l'exécution conforme du contrat. Le professionnel peut toutefois inverser l'option en cas d'impossibilité ou en cas de disproportion manifeste.

Dans certaines hypothèses, telles que l'impossibilité de procéder à la réparation ou au remplacement du bien, le consommateur pourra demander la résolution du contrat, c'est-à-dire son anéantissement, ou la réduction du prix du bien, ce qui revient à une réfaction assurant la survie du contrat. En pratique, les professionnels proposent une réparation, arguant du coût du remplacement. Mais encore faut-il qu'elle intervienne dans un temps raisonnable, ce qui n'est pas toujours le cas dans la grande distribution : d'où ce délai d'un mois à compter de la réclamation, fixé par l'article L. 217-10. Mais la résolution n'est pas recevable en cas de défaut mineur (art. L. 217-10).

1. Réparation et remplacement. L'art. L. 211-9 [L. 217-9] ouvre au vendeur le droit d'opter pour une réparation, modalité non choisie par l'acheteur, lorsque le défaut constaté de la chose vendue est d'importance mineure, sauf impossibilité qui ne saurait être déduite d'un défaut d'entente sur la date des réparations s'il n'est pas démontré qu'elle est due à l'opposition du vendeur. • Civ. 1re, 30 avr. 2014, n° 12-29.895 : *D. 2015. Pan. 592, obs. Poillot* ; *RTD com. 2014. 681, obs. Bouloc*. ♦ Pour une hypothèse où le consommateur ayant accepté dans un premier temps la réparation demande ensuite, les défauts ayant persisté, le remplacement du bien,

V. • Aix-en-Provence, 21 avr. 2015, n° 2015/242 : *CCC 2015, n° 187, obs. Raymond.* ♦ Ayant relevé que le chien en cause était un être vivant, unique et irremplaçable, et un animal de compagnie destiné à recevoir l'affection de son maître, sans aucune vocation économique, le tribunal, qui a ainsi fait ressortir l'attachement de l'acquéreur pour son chien, en a exactement déduit que son remplacement était impossible, au sens de l'art. L. 211-9 [L. 217-9]. • Civ. 1re, 9 déc. 2015, n° 14-25.910 P : *D. 2016. 360, note Desmoulin-Canselier ; RTD com. 2016. 179, obs. Bouloc ; JCP 2016, n° 173, note Paisant ; CCC 2016, n° 53, obs. Bernheim-Desvaux ; LPA 10 févr. 2016, note Alidor.*

2. Droit européen. V. note 2 ss. Dir. 99/44/CE du 25 mai 1999, art. 3, App., v° *Ventes.*

Art. L. 217-10 Si la réparation et le remplacement du bien sont impossibles, l'acheteur peut rendre le bien et se faire restituer le prix ou garder le bien et se faire rendre une partie du prix.

La même faculté lui est ouverte :

1° Si la solution demandée, proposée ou convenue en application de l'article L. 217-9 ne peut être mise en œuvre dans le délai d'un mois suivant la réclamation de l'acheteur ;

2° Ou si cette solution ne peut l'être sans inconvénient majeur pour celui-ci compte tenu de la nature du bien et de l'usage qu'il recherche.

La résolution de la vente ne peut toutefois être prononcée si le défaut de conformité est mineur. – *[C. consom., art. L. 211-10.]*

Sur les sanctions, V. art. L. 241-5.

Restitution. Les art. L. 211-9 et L. 211-10 [L. 217-9 et L. 217-10] prévoient une sanction automatique dès lors que la solution choisie par l'acheteur n'a pu être mise en œuvre dans le délai d'un mois sans laisser d'appréciation sur le comportement du vendeur et ses éventuelles difficultés. • TI Nice, 7 nov. 2006 : *D. 2007. AJ 441, obs. Rondey.* ♦ Dès lors que le défaut de conformité empêchait l'utilisation normale de l'appareil et a nécessité le remplacement d'une pièce essentielle et que, par ailleurs, la société n'a pas, dans le délai d'un mois, fait effectuer les réparations ou remplacer l'appareil, il convient de prononcer la résolution de la vente intervenue entre les parties. Il y a lieu dès lors d'ordonner à l'acheteur de restituer l'objet de la vente et à la société de restituer le prix de la vente. • Même décision. ♦ Dès lors que la réparation ou le remplacement du boîtier défectueux n'est pas possible puisqu'il est affecté d'un défaut inhérent à la conception même de l'appareil photo, l'acheteur est en droit d'obtenir la résolution de la vente, celle-ci entraînant le remboursement du prix et la restitution du matériel, les intérêts au taux légal ne pouvant courir qu'à compter de la demande en justice. • Paris, 27 nov. 2014 : *CCC 2015, n° 74, obs. Raymond.*

Art. L. 217-11 L'application des dispositions des articles L. 217-9 et L. 217-10 a lieu sans aucun frais pour l'acheteur.

Ces mêmes dispositions ne font pas obstacle à l'allocation de dommages et intérêts. – *[C. consom., art. L. 211-11.]*

Sur les sanctions, V. art. L. 241-5

COMMENTAIRE

Le remède doit être sans frais pour l'acquéreur (CJCE 17 avr. 2008 : *cité note 1 ss. art. 3 de la Dir. 99/44/CE du 25 mai 1999, App., v° Ventes*), ce que confirme logiquement l'article L. 217-11. Par ailleurs, le consommateur a droit à des dommages et intérêts s'il subit un préjudice (V. Civ 1re, 9 déc. 2015 : *cité note* ss. art. L. 217-9) et ne doit supporter aucun frais (art. L. 217-11). Cet ajout à la directive concernant la réparation pécuniaire ne la contredit pas puisqu'elle prévoit que les États puissent accorder des mesures plus favorables au consommateur (art. 8, point 2). En revanche, la directive s'oppose à ce qu'une réglementation nationale permette d'exiger une indemnité pour l'usage tiré d'un bien non conforme avant son remplacement (V. à propos de l'Allemagne, l'affaire « Quelle », CJCE 17 avr. 2008 : *préc.*). ❑

Art. L. 217-12 L'action résultant du défaut de conformité se prescrit par deux ans à compter de la délivrance du bien. – *[C. consom., art. L. 211-12.]*

Sur les sanctions, V. art. L. 241-5.

BIBL. ▸ QUÉZEL-AMBRUNAZ, *RLDC nov. 2008. 65* (la durée de la garantie de conformité dans la transposition de la directive de 1999).

COMMENTAIRE

Conformément à la directive, l'action du consommateur est soumise à un délai de prescription de deux ans à compter de la délivrance du bien (art. L. 217-12). Ce délai ne se confond pas avec celui de l'acquéreur prévu par l'article 1648 du code civil pour agir en garantie des vices cachés, lequel court à compter de la découverte du vice et non pas à compter de la date de la vente. Il faut néanmoins observer que l'ordonnance n° 2005-136 du 17 février 2005 substitue un délai de deux ans au *bref délai* antérieurement prévu par cet article 1648 du code civil. ☐

1. *Délai de prescription.* Sur des stipulations contraires au délai de prescription légale, V. note ss. art. L. 241-5.

2. *Interruption de la prescription.* La prescription est interrompue par la reconnaissance que le débiteur fait du droit de celui contre lequel il prescrivait. • Civ. 1re, 5 nov. 2009 : *CCC 2010, n° 60, obs. Raymond.* ♦ Les contacts entre les deux parties dans la période de deux ans pendant laquelle courait la prescription, s'ils ont permis d'espérer une solution amiable du litige, ne permettent pas de dire que le vendeur a reconnu les droits de l'acheteur, de telle sorte que la prescription a continué à courir. • Même arrêt.

Art. L. 217-13 Les dispositions de la présente section ne privent pas l'acheteur du droit d'exercer l'action résultant des vices rédhibitoires telle qu'elle résulte des articles 1641 à 1649 du code civil ou toute autre action de nature contractuelle ou extracontractuelle qui lui est reconnue par la loi. — *[C. consom., art. L. 211-13.]*

Sur les sanctions, V. art. L. 241-5.

RÉP. CIV. v° *Vente (3° effets)*, par BARRET.

BIBL. ▸ LE TOURNEAU, *RTD com. 1980. 231.* – TOURNAFOND, *D. 1989. Chron. 237.* – ATIAS, *D. 1993. Chron. 265*. – CALAIS-AULOY, *D. 1993. Chron. 130* (conformité et sécurité). – JOURDAIN, *Gaz. Pal. 1994. 2. Doctr. 826* (actions). – BÉNABENT, *D. 1994. Chron. 115*. – FOURMENT, *RTD com. 1997. 395* (défauts cachés de la chose vendue : que reste-t-il de l'action en garantie des vices cachés ?). – CASAUX-LABRUNÉE, *D. 1999. Chron. 1*. – SALVAT, *CCC 2006. Étude 18* (la garantie spéciale de conformité et l'obligation générale de délivrance conforme : quel choix d'action pour l'acheteur ?). – NOBLOT, *CCC 2016. Formule 6* (clause d'extension de la garantie des vices cachés dans une vente d'animal domestique).

COMMENTAIRE

Aux termes de l'article L. 217-13, l'existence de l'action en garantie de conformité prévue par le code de la consommation ne peut avoir pour effet de priver le consommateur du droit d'exercer les autres actions autorisées par la loi (dispositions du code civil ou encore du code rural et de la pêche maritime pour les vices cachés affectant les animaux). C'est donc la voie de la complémentarité qui est choisie, et non de la substitution qui avait été défendue par la commission Viney.

La nouvelle garantie ne remplace ni les actions du code civil fondées sur la responsabilité délictuelle ou la défaillance contractuelle, ni la garantie contre les vices cachés résultant du code civil ou du code rural et de la pêche maritime. Par conséquent, le consommateur peut agir selon son intérêt sur le fondement des dispositions du code de la consommation ou sur celui des règles du code civil, voire du code rural et de la pêche maritime. Ainsi, compte tenu de sa computation, le délai de deux ans prévu en matière de garantie des vices cachés (V. *supra*) permettra parfois au consommateur d'agir alors que le délai de l'action en garantie de conformité est éteint (sur l'imbrication du droit commun et du droit de la consommation, V. Picod, Droit de la consommation, *Sirey U, sept. 2015, n° 224*), mais sans bénéficier en revanche de la présomption d'antériorité. Par ailleurs, s'il se prévaut de la garantie des vices cachés, l'acheteur devra opter entre l'action estimatoire (réduction de prix) et l'action rédhibitoire (restitutions réciproques) : les remèdes sont ici plus limités. ☐

PLAN DES ANNOTATIONS

I. CONDITIONS DE FOND DE LA GARANTIE LÉGALE DES VICES CACHÉS (ARTICLE 1641 DU CODE CIVIL)

A. NOTION DE VICES CACHÉS

1. *Appréciation souveraine.* Les juges du fond apprécient souverainement si la chose vendue est impropre à sa destination. • Civ. 3e, 22 janv. 1997 : *Bull. civ. III, no 23 ; JCP N 1997. II. 778.*

2. *Défaut grave.* Ne constituent pas un vice caché justifiant l'action en garantie introduite par l'acquéreur d'une voiture de tourisme des défauts mineurs (vibrations et turbulences d'air), diminuant seulement l'agrément de la chose, mais sans influence sur son utilité économique et objective. • Nîmes, 18 déc. 1980 : *D. 1983. 29, note Larroumet.* ♦ *Contra*, pour un bruit de fonctionnement excessif : • Civ. 1re, 7 mars 2000 : *Bull. civ. I, no 86* (moyen non reproduit)*; D. 2000. IR 102.*

3. *Défaut inhérent au produit.* Le vice caché, étant nécessairement inhérent à la chose elle-même, ne peut résulter de l'association de deux médicaments ; les juges du fond n'ont donc pas à rechercher si les troubles subis par le demandeur étaient dus au prétendu vice caché de deux médicaments qui ne pouvaient être associés. • Civ. 1re, 8 avr. 1986 : *JCP 1987. II. 20721, note Viala et Viandier ; RTD civ. 1986. 779, obs. Huet.* ♦ Comp., retenant le vice caché dans le cas d'incompatibilité d'un matériau avec un autre, contrairement à l'affirmation du fabricant : • Civ. 3e, 31 janv. 1990 : *Bull. civ. III, no 39 ; Defrénois 1990. 1357, obs. Vermelle.*

Le réparateur qui n'a pas procédé au remplacement des pièces défectueuses nécessaires à la réparation dont son client l'a chargé n'est pas tenu envers lui, du fait de cette omission, de la garantie des vices cachés, lesquels ne peuvent affecter que les pièces ou aménagements fournis ou en être la conséquence, mais de la responsabilité contractuelle de droit commun pour n'avoir pas satisfait à son obligation de réparer. • Com. 16 févr. 1999 : *Bull. civ. IV, no 45 ; Defrénois 1999. 803, obs. Bénabent.*

4. *Origine extérieure.* En retenant que le vice caché d'un appartement ne saurait résulter d'un trouble ayant son origine dans un élément d'équipement de l'immeuble (bruit des chaudières), une cour d'appel ajoute à la loi une restriction qu'elle ne comporte pas. • Civ. 3e, 6 oct. 2004 : *Bull. civ. III, no 167 (arrêt no 2) ; D. 2004. IR 2694 ; Gaz. Pal. 2005. 500, note Dagorne-Labbe ; CCC 2005, no 5, note Leveneur.*

5. *Défaut persistant.* Dès lors que les défectuosités de la chose vendue ont été réparées par le vendeur, que les juges du fond ont souverainement constaté qu'elle fonctionne normalement et qu'ainsi les défauts l'affectant ne la rendent plus impropre à l'usage auquel elle était destinée, ces défauts n'ouvrent pas l'action en garantie des vices cachés. • Civ. 1re, 2 déc. 1997 : *Bull. civ. I, no 351 ; D. 1999. Somm. 17, obs. Brun ; D. Affaires 1998. 104, obs. J. F. ; RTD civ. 1998. 397, obs. Gautier.* ♦ *Contra* : • Civ. 1re, 6 oct. 1998 : *D. Affaires 1998. 1810, obs. J.-F. ; D. 2000. Somm. 290, obs. Pignarre ; RTD civ. 1999. 127, obs. Gautier.*

6. *Usage convenu.* L'acheteur d'un véhicule destiné, lors de la vente, au seul usage de collection, qui en a modifié unilatéralement la destination lors de l'immatriculation, doit rapporter la preuve que les défauts qui rendent le véhicule inapte à une circulation normale, le rendent aussi impropre à l'usage auquel il était spécialement destiné. • Civ. 1re, 24 nov. 1993 : *Bull. civ. I, no 347.* ♦ Appréciation souveraine par les juges du fond de l'absence de vice d'un véhicule acheté comme véhicule de collection par un collectionneur averti. • Civ. 1re, 22 avr. 1997 : *Bull. civ. I, no 129 ; D. 1998. 272, note R. Martin ; D. 1999. Somm. 15, obs. Tournafond ; JCP 1997. II. 22944, note Bolard ; LPA 23 juill. 1997, note Dagorne-Labbe.*

7. *Usage normal.* N'est pas tenu à la garantie des vices cachés le vendeur d'un produit normalement fabriqué et techniquement correct qui a été utilisé de façon défectueuse par l'acheteur, lequel était au surplus un professionnel dont l'ignorance peut paraître inexcusable. • Com. 4 déc. 1950 : *Bull. civ. II, no 365.*

8. Défaut antérieur à la vente. Nécessité d'établir que le vice existait antérieurement à la vente ou à la livraison de la chose, ou encore que ledit vice existait déjà à l'état de germe : V. • Civ. 3e, 9 févr. 1965 : *Bull. civ. III, n° 103* • Com. 10 déc. 1973 : *D. 1975. 122, note Ghestin ; JCP 1975. II. 17950, note Malinvaud* • Civ. 1re, 12 janv. 1977 : *Bull. civ. I, n° 28* • Com. 18 janv. 1984 : *ibid. IV, n° 26.*

9. Nécessité d'un vice déterminant. Dès lors que le défaut de la chose vendue rend celle-ci impropre à sa destination, il n'y a pas lieu de rechercher si un tel vice a été déterminant dans le consentement de l'acheteur pour que le vendeur soit tenu à garantie. • Com. 7 févr. 1995 : *Defrénois 1995. 1292, note Dagorne-Labbe.*

10. Illustrations. Décidé que constituent des vices cachés : la présence de termites ayant provoqué des dégâts tels que leur antériorité à la vente de l'immeuble est établie. • Civ. 1re, 31 mars 1954 : *D. 1954. 417.* ◆ Comp. : • Civ. 3e, 16 nov. 1988 : *Bull. civ. III, n° 164.* ◆ ... Le caractère gélif de tuiles. • Civ. 3e, 9 févr. 1965 : *Bull. civ. III, n° 103* • 27 mars 1991 : *D. 1992. 95, note Karila ; D. 1992. Somm. 200, obs. Tournafond ; JCP 1992. II. 21935, note Ginestet* • 23 oct. 1991 : *Bull. civ. III, n° 249.* ◆ ... La consommation excessive d'un véhicule automobile. • Paris, 3 mai 1967 : *Gaz. Pal. 1967. 2. 34, note J.-P. D.* • 11 juin 1970 : *ibid. 1971. 1. Somm. 47 ; RTD civ. 1971. 389, obs. Cornu.* ◆ ... La survenance de fuites dans le système hydraulique d'une voiture. • Civ. 1re, 5 janv. 1972 : *JCP 1973. II. 17340, note Malinvaud ; Gaz. Pal. 1973. 2. 773, note Plancqueel.* ◆ ... La mauvaise conception d'une râpe coupe-fruits entraînant des risques de coupure aux doigts pour l'utilisateur. • Versailles, 7 janv. 2000 : *CCC 2000, n° 120, obs. Raymond.* ◆ ... Le défaut de conception d'un publiphone à pièces, permettant la fraude des utilisateurs. • Com. 14 nov. 1989 : *D. 1990. Somm. 321, obs. Huet.* ◆ ... Le défaut de conception d'un moteur. • Civ. 1re, 23 mai 1995 : *Bull. civ. I, n° 217 ; D. 1996. Somm. 15, obs. Tournafond.* ◆ ... S'agissant de la vente d'une maison, le risque d'inondation rendant le sous-sol à usage d'habitation impropre à sa destination. • Civ. 3e, 22 janv. 1997 : *préc. note 1* • 7 juill. 2004 : *Bull. civ. III, n° 150.* ◆ ... L'absence d'eau courante pour une maison d'habitation équipée de canalisations et de robinetteries. • Versailles, 13 janv. 2000 : *D. 2000. IR 94.* ◆ ... La pollution d'un terrain. • Versailles, 13 janv. 2000 : *eod. loc.* ◆ ... L'incapacité d'un logiciel à passer l'an 2000 : V. note 56. ◆ ... La décoloration des moquettes d'un hôtel. • Com. 5 mars 2002 : *Bull. civ. IV, n° 50.* ◆ ... La présence d'un dispositif anti-copie dans un CD le rendant illisible sur certains supports, tel un auto-radio. • TGI Nanterre, 2 sept. 2003 : *D. 2003. Somm. 2824, obs. Le Stanc ; Gaz. Pal. 12-14 sept. 2004, Somm., obs. Rapini ; CCE 2003, n° 108, note Grynbaum* (confirmé par : • Versailles, 15 avr. 2005, n° 03/07172 : *CCC 2005, n° 101, obs. Raymond ; CCE 2005, n° 173, obs. Chabert*) • TGI Paris, 10 janv. 2006 : *D. 2006. Pan. 790, obs. Le Stanc.*

Vices d'un véhicule d'occasion dus tant à l'accident subi qu'aux réparations mal faites. • Civ. 1re, 25 mars 2003 : *Bull. civ. I, n° 89 ; JCP 2004. II. 10112, note Lièvremont* (cassation de l'arrêt qui condamne le garagiste à garantir le vendeur de la restitution du prix, alors que ce dernier a sciemment déclaré le véhicule indemne de tout sinistre).

B. DOMAINE D'APPLICATION

11. Principe : généralité du texte. L'art. 1641 s'applique en principe à la vente de toutes marchandises et de tous objets, et les juges du fond qui ont constaté qu'un piano avait été présenté, dans une vente aux enchères, comme étant en état de servir à condition de le réaccorder, alors qu'en réalité il était irréparable, peuvent en déduire qu'en l'espèce il y avait vice caché, pour lequel les commissaires-priseurs devaient garantie à l'acheteur. • Civ. 1re, 16 févr. 1983 : *Bull. civ. I, n° 65.*

12. Animaux. L'action en garantie dans les ventes d'animaux domestiques est régie, sauf convention contraire, par les art. 284 s. [L. 213-1 s.] C. rur. • Civ. 1re, 6 mars 2001 : *Bull. civ. I, n° 65 ; D. 2001. IR 1073* (cassation de l'arrêt ne constatant pas l'existence d'une telle convention) • 29 janv. 2002 : *CCC 2002, n° 74, note Leveneur* (même solution). ◆ Comp. antérieurement : l'application de l'art. 1641 C. civ. peut être étendue aux vendeurs d'animaux domestiques par une convention dérogatoire aux dispositions du code rural, laquelle peut être implicite et résulter notamment de la destination des animaux vendus et du but que les parties se sont proposé. • Civ. 1re, 12 juill. 1977 : *Bull. civ. I, n° 332 ; Gaz. Pal. 1978. 1. 206, note Lachaud* • 26 nov. 1981 : *Bull. civ. I, n° 353* • 11 janv. 1989 : *ibid. I, n° 1 ; Defrénois 1989. 1133, obs. Vermelle.* ◆ V. aussi Pautot, *Gaz. Pal. 1985. 1. Doctr. 246* (vente et achat des chiens).

S'agissant d'une vente d'animal de compagnie, ayant le caractère d'un contrat de consommation, l'art. L. 211-1 n'a pas pour effet de faire obstacle à la législation spécifique et dérogatoire prévue en cette matière par le code rural. • Paris, 10 sept. 1999 : *CCC 2000, n° 86, obs. Raymond.*

13. Accessoires du bien vendu. Une disquette informatique, insérée au milieu d'un journal, qui est fixée à ce support sans pouvoir en être physiquement dissociée avant l'achat de la revue et qui est destinée à favoriser la vente de cette dernière, par le biais d'une publicité sur la couverture mentionnant sa présence gratuite, constitue un des éléments du contrat de vente à l'égard duquel les obligations légales du vendeur sont applicables. • Com. 25 nov. 1997 : *Bull. civ. IV, n° 308 ; D. 1999. Somm. 16, obs. Tournafond ;*

JCP E 1998. 853, note Gross; ibid. 845, n° 20, obs. Vivant et Le Stanc; CCC 1998, n° 43, obs. Leveneur; RTD civ. 1998. 386, obs. Jourdain.

C. DISTINCTION ET PROHIBITION DES CUMULS D'ACTIONS

14. *Erreur et vice caché.* La garantie des vices cachés constituant l'unique fondement de l'action exercée pour défaut de la chose vendue la rendant impropre à sa destination normale, une cour d'appel n'a pas à rechercher si l'acheteur peut prétendre à des dommages et intérêts sur le fondement de l'erreur. • Civ. 1re, 14 mai 1996 : *Bull. civ. I, n° 213; D. Affaires 1997. 722; D. 1998. 305, note Jault-Seseke ; D. 1997. Somm. 345, obs. Tournafond*. – V. Radé, *JCP 1997. I. 4009;* D. Boulanger, *JCP N 1996. I. 1585.* – V. aussi • Civ. 3e, 7 juin 2000 : *D. 2002. Somm. 1002, obs. Tournafond ; CCC 2000, n° 159, note Leveneur* • 17 nov. 2004 : *JCP 2004. IV. 3523.* ♦ V. aussi note 70.

Comp., s'agissant du dol : l'action en garantie des vices cachés n'est pas exclusive de l'action en nullité pour dol. • Civ. 1re, 6 nov. 2002 : *Bull. civ. I, n° 260; D. 2002. IR 3190 ; CCC 2003, n° 38, note Leveneur; Dr. et patr., févr. 2003, p. 109, obs. Chauvel; LPA 28 juill. 2003, note Staeger.*

15. *... Illustrations.* Viole l'art. 16 NCPC la cour d'appel qui, requalifiant les éléments de fait soumis aux débats, estime que le fondement de l'action dont elle était saisie était en réalité la non-conformité de la chose vendue à la commande de l'acheteur, sans avoir au préalable invité les parties à présenter leurs observations sur ce moyen, alors que le demandeur sollicitait à titre principal l'annulation de la vente sur la base d'un vice du consentement et à titre subsidiaire la résolution du contrat sur la base de la garantie des vices cachés. • Civ. 1re, 27 oct. 1993 : *D. 1994. 211 et chron. Bénabent, D. 1994. Chron. 115*. ♦ Ne donne pas de base légale à sa décision la cour d'appel qui, pour rejeter la demande d'un acheteur en nullité de la vente pour erreur sur les qualités substantielles du véhicule vendu, statue sans rechercher, comme elle en a l'obligation aux termes de l'art. 12, al. 2, NCPC, si l'action en annulation engagée par l'acheteur, qui invoque des défectuosités rendant le véhicule impropre à la circulation, ne doit pas être requalifiée en une demande en garantie des vices cachés. • Civ. 1re, 12 juill. 2001 : *Bull. civ. I, n° 225; D. 2001. IR 2462; JCP 2001. I. 370, nos 10 s., obs. Loiseau; Dr. et patr., déc. 2001, p. 99, obs. Chauvel.*

16. *Non-conformité et vices cachés.* Sur la distinction, V. Bénabent, *D. 1994. Chron. 115* ; Boullez, *Gaz. Pal. 1994. 2. Doctr. 1241.* ♦ La non-conformité de la chose aux spécifications convenues par les parties est une inexécution de l'obligation de délivrance. En revanche, la non-conformité de la chose à sa destination normale ressortit à la garantie des vices cachés. Ainsi jugé que les défauts qui rendent la chose impropre à sa destination normale constituent des vices définis par l'art. 1641, qui est donc l'unique fondement possible de l'action formée contre le fabricant d'un chauffe-eau qui a présenté à l'intérieur une fuite provenant d'un défaut de montage. • Civ. 1re, 27 oct. 1993 : *Bull. civ. I, n° 305; D. 1994. 212* • Civ. 3e, 14 févr. 1996 : *Bull. civ. III, n° 47* (exclusion de l'action en responsabilité contractuelle) • 24 avr. 2003 : *Bull. civ. III, n° 86; D. 2003. IR 1341* (obligation d'agir à bref délai). ♦ Dès lors qu'est retenue l'absence d'un dispositif, rendant le matériel impropre à sa destination, est justifiée la résolution de la vente, abstraction faite des motifs pris du défaut de conformité aux spécifications contractuelles, qui doivent être tenus pour surabondants. • Civ. 1re, 20 févr. 1996 : *Bull. civ. I, n° 86; LPA 4 oct. 1996, note Dagorne-Labbe.*

17. *... Illustrations.* Pour des illustrations de l'application des critères de distinction entre la non-conformité et les vices cachés, V. • Civ. 1re, 8 déc. 1993 : *Bull. civ. I, n° 362; D. 1994. 212* • Com. 26 avr. 1994 : *JCP 1994. II. 22356, note Leveneur* (défectuosité d'un véhicule) • 31 mai 1994 : *Bull. civ. IV, n° 199* (défauts de fabrication d'une machine) • Civ. 3e, 28 juin 1995 : *ibid. III, n° 162* (défectuosité d'un matériau de construction) • Civ. 1re, 4 juill. 1995 : *ibid. I, n° 302; D. 1997. Somm. 346, obs. Tournafond* (défectuosité d'un véhicule neuf) • Civ. 3e, 4 oct. 1995 : *ibid. III, n° 216* (graves désordres d'une habitation la rendant non conforme au but recherché) • 24 janv. 1996 : *ibid. III, n° 27; D. 1997. Somm. 346, obs. Tournafond* (appartement insalubre, inhabitable en l'état) • 14 févr. 1996 : *Bull. civ. III, n° 47; D. 1997. Somm. 346, obs. Tournafond* (bordures de trottoirs gélives) • Civ. 1re, 18 nov. 1997 : *RCA 1998, n° 63* (semences ne possédant pas les qualités germinatives prévues du fait d'une pollution transmise par le matériel du fournisseur) • 1er déc. 1998 : *CCC 1999, n° 39, note Leveneur* (tuiles gélives) • Civ. 3e, 6 oct. 2004 : *Bull. civ. III, n° 167 (arrêt n° 1); D. 2004. IR 2766 ; CCC 2205, n° 25, note Leveneur* (défaut d'étanchéité d'une toiture-terrasse).

S'agissant de la vente d'un véhicule d'occasion atteint d'un défaut de structure consécutif à un accident, sont à bon droit déclarées irrecevables l'action de l'acquéreur fondée sur le dol et, subsidiairement, son action fondée sur l'art. 1603 C. civ., dès lors qu'il n'est pas établi que le vendeur ait eu connaissance de l'accident, la seule action ouverte étant l'action en garantie des vices cachés. • Civ. 1re, 19 févr. 2002 : *Bull. civ. I, n° 59.*

18. *Obligation de requalification.* Ayant constaté qu'elle était saisie d'une demande fondée sur l'existence d'un vice caché dont la preuve n'était pas rapportée, la cour d'appel, qui n'était pas tenue de rechercher si cette action pouvait être fondée sur un manquement du vendeur à son obligation de délivrance d'un véhicule conforme aux stipulations contractuelles, a légalement justifié sa décision de ce chef. • Cass., ass. plén., 21 déc. 2007 : *Bull. civ. n° 10; R. 2007, p. 445; BICC 15 avr. 2008, p. 18, rapp. Loriferne, avis de Gouttes; D. 2008. 1102, note Deshayes; ibid. AJ 228, obs. Dargent; RTD civ. 2008. 317, obs. Gautier; RDI 2008. 102, obs. Malinvaud; JCP 2008. I. 138, n° 9, obs. Amrani Mekki; CCC 2008, n° 92, obs. Leveneur; Gaz. Pal. 2008. 290, avis de Gouttes; Defrénois 2008. 1457, note Savaux; BRDA 2008, n° 2, p. 13; Dr. et proc. 2008. 96, rapp. Loriferne, obs. Lefort; Procédures 2008, n° 71, obs. Perrot; RCA 2008, n° 112, obs. Hocquet-Berg.* – V. aussi : Rép. min. n° 12494 : *JOAN Q 4 mars 2008, p. 1897; D. 2008. 836.* ♦ *Contra*, jugeant que la juridiction saisie d'une demande de résolution fondée de façon inexacte sur la garantie des vices cachés doit rechercher si cette demande ne peut aboutir sur le fondement d'un manquement du vendeur à son obligation de délivrance qu'elle avait retenu : • Civ. 1re, 25 janv. 2005 : *JCP 2005. II. 10184, note Lièvremont.*

D. RÉGIME

19. Preuve : principe. Il incombe à l'acheteur de rapporter la preuve du vice caché et de ses différents caractères. – V. en ce sens (jurisprudence constante) : • Civ. 3e, 9 févr. 1965 : *Bull. civ. III, n° 103* • Com. 10 déc. 1973 : *D. 1975. 122, note Ghestin; JCP 1975. II. 17950, note Malinvaud* • 18 janv. 1994 : *Bull. civ. IV, n° 26* • Civ. 1re, 12 janv. 1977 : *Bull. civ. I, n° 28.*

20. Impossibilité de réparation. L'impossibilité dans laquelle s'est trouvé le vendeur de remettre en état de marche la machine vendue montre que le vice rendait la chose impropre à l'usage auquel elle était destinée. • Com. 1er avr. 1997 : *D. Affaires 1997. 632.* ♦ L'attitude du vendeur qui, après deux pannes successives affectant la même pièce, accepte de la remplacer à ses frais, établit, en l'absence d'éléments contraires, l'existence d'un vice caché. • Même arrêt.

21. Preuve : assouplissements. Une cour ne méconnaît pas les règles relatives à la charge de la preuve en énonçant que l'incendie d'une machine révélait nécessairement l'existence d'un vice de construction dès lors qu'elle était peu ancienne, bien entretenue et récemment révisée et qu'une imprudence ou un sabotage n'étaient pas allégués. • Civ. 1re, 2 déc. 1992 : *Bull. civ. I, n° 303; D. 1993. Somm. 241, obs. Tournafond.* ♦ V. aussi : • Civ. 1re, 18 janv. 1978 : *Bull. civ. I, n° 27* (vice retenu après élimination des autres causes possibles) • 21 juill. 1987 : *Bull. civ. I, n° 259* (feu ayant pris naissance dans le moteur d'une voiture entretenue, aucune preuve d'une intervention étrangère ou d'une mauvaise utilisation n'étant rapportée) • 5 nov. 1996 : *Bull. civ. I, n° 386; D. 1997. Somm. 348, obs. Tournafond* • 15 juill. 1999 : *CCC 1999, n° 175, note Leveneur.* ♦ Comp. • Civ. 1re, 16 oct. 2001 : *Bull. civ. I, n° 259, D. 2001. IR 3254.*

22. Force majeure. Le caractère imprévisible et irrésistible du fait d'un tiers, à l'origine de la contamination d'une disquette par un virus informatique, n'est pas démontré dès lors, d'une part, que ce risque était connu, avait suscité une abondante littérature ainsi que la mise au point de logiciels de protection et d'une stratégie de défense à l'égard de ces risques d'invasion, et d'autre part, que la société venderesse, qui avait élaboré un logiciel antivirus, confirmant sa maîtrise en ce domaine et sa qualité de professionnelle, avait procédé à un contrôle sur la disquette de démonstration, démontrant ainsi que cette vérification était usuelle et réalisable. • Com. 25 nov. 1997 : *préc. note 13.* ♦ Sur la responsabilité du distributeur d'eau polluée, tenu d'une obligation de résultat, ne pouvant se prévaloir d'un événement imprévisible et irrésistible tenant à la pollution aux nitrates et aux pesticides, constitutif d'un cas de force majeure, V. • Civ. 1re, 30 mai 2006 : *Bull. civ. I, n° 279; D. 2006. IR 1705; RD imm. 2006. 364, note Trébulle; JCP 2006. IV. 2376; RJDA 2006, n° 1113; RD rur. 2006, n° 216.*

Tenu d'une obligation de résultat quant aux services offerts, le fournisseur d'accès à internet (offre « *triple play* ») ne pouvait s'exonérer de sa responsabilité à l'égard de son client en raison d'une défaillance technique, hormis le cas de force majeure, c'est-à-dire d'un événement présentant un caractère imprévisible lors de la conclusion du contrat et irrésistible au moment de son exécution, ce que la défaillance technique relevée, même émanant d'un tiers, ne permettait pas de caractériser à défaut d'imprévisibilité. • Civ. 1re, 19 nov. 2009 : *D. 2009. AJ 2927, obs. Guiomard; LPA 22 janv. 2010, note Fernet; CCC 2010, n° 35, obs. Leveneur; Gaz. Pal. 2010. 917, obs. Mekki; RJDA 2010, n° 118; RCA 2010, n° 19, obs. Hocquet-Berg.*

23. Clauses relatives à la garantie. V. notes 38 s.

24. Exception d'inexécution. L'action en garantie des vices cachés de la chose vendue ne peut être rejetée au motif que le vendeur n'ayant pas été payé en totalité du montant du prix serait en droit de faire jouer l'exception d'inexécution dont il avait menacé son débiteur. • Com. 28 mai 1991 : *Bull. civ. IV, n° 194.*

25. Transmission de l'action en garantie : principe. Le sous-acquéreur est recevable à exercer l'action en garantie des vices cachés contre le vendeur originaire. • Civ. 3e, 7 mars 1990 : *Bull. civ. III, n° 72.* ♦ Cette action étant celle de son auteur, c'est-à-dire celle du vendeur intermédiaire contre le vendeur originaire, ce dernier ne peut être tenu de restituer davantage qu'il n'a reçu, sauf à devoir des dommages-intérêts en réparation du préjudice causé. • Civ. 1re, 27 janv. 1993 : *Bull. civ. I, nº 45; JCP 1993. I. 3864, nº 5, obs. Ghestin; Defrénois 1993. 1437, obs. Vermelle* • 4 mars 1997 : *CCC 1997, nº 93, note Leveneur; LPA 19 sept. 1997, note Mouloungui* (vendeur originaire non payé).

Une clause de non-garantie opposable par un vendeur intermédiaire à son propre acquéreur ne peut faire obstacle à l'action directe de l'acquéreur final contre le vendeur originaire, dès lors qu'aucune clause de non-garantie n'a été stipulée lors de la première vente. • Civ. 3e, 16 nov. 2005 : *Bull. civ. III, nº 222; D. 2006. 971, note R. Cabrillac; RCA 2006, nº 62, note Groutel.*

26. Conditions : vice caché lors de la vente initiale. Dans le cas de ventes successives d'un véhicule d'occasion, la garantie du vendeur initial peut être retenue si les vices cachés, constatés alors que la chose vendue était la propriété du dernier acquéreur, existaient lors de la première vente. • Civ. 1re, 5 janv. 1972 : *JCP 1973. II. 17340, note Malinvaud; Gaz. Pal. 1973. 2. 773, note Plancqueel.* ♦ En tant qu'acheteur, le revendeur professionnel n'est pas tenu, en droit, de connaître les vices de la chose au jour de son acquisition; dès lors, cette qualité ne prive pas celui à qui il a revendu la chose de l'action rédhibitoire transmissible au sous-acquéreur. • Civ. 1re, 20 juin 1995 : *Bull. civ. I, nº 275.*

27. Conservation de l'action par le vendeur intermédiaire. Si l'action en garantie se transmet en principe avec la chose vendue au sous-acquéreur, le vendeur intermédiaire ne perd pas la faculté de l'exercer quand elle présente pour lui un intérêt direct et certain. • Civ. 1re, 19 janv. 1988 : *Bull. civ. I, nº 20* • Civ. 3e, 27 juin 2001 : *D. 2002. Somm. 1005, obs. Brun.* ♦ Comp. note 46.

28. Restitutions. Le vendeur originaire ne restitue que le prix qu'il a reçu. • Civ. 1re, 27 janv. 1993 : *préc. note 25.*

29. Compatibilité des fondements des actions directe et récursoire. Une cour d'appel ne peut accueillir les demandes formées contre le fabricant par le maître de l'ouvrage et par l'entrepreneur relativement à la même défectuosité du produit vendu, en retenant deux fondements juridiques distincts (vices cachés et non-conformité). • Civ. 3e, 3 oct. 1991 : *Bull. civ. III, nº 220; D. 1992. Somm. 272, obs. Kullmann; RTD civ. 1992. 579, obs. Gautier* • 5 nov. 1997 : *Bull. civ. III, nº 195; RCA 1998, nº 97.*

II. CONNAISSANCE DU VICE (ARTICLE 1642 DU CODE CIVIL)

A. PRINCIPES

30. Moment de la connaissance. Le vendeur n'est pas tenu à garantie lorsque l'acheteur a eu connaissance, au moment de la vente, du vice dont la chose vendue était affectée. • Civ. 1re, 13 mai 1981 : *Bull. civ. I, nº 165* (connaissance déduite du fort écart entre le prix d'achat et le prix de revente) • Civ. 3e, 16 nov. 1988 : *ibid. III, nº 164.* ♦ Ainsi jugé à propos de l'existence de termites. • Civ. 1re, 8 janv. 1991 : *JCP N 1991. II. 200, note Leveneur.* ♦ Sur la date d'appréciation de la connaissance : V. note 36. ♦ Comp., pour l'inefficacité d'une clause générale par laquelle l'acheteur prend l'immeuble en l'état : • Civ. 3e, 28 juin 2000 : *Gaz. Pal. 7-8 févr. 2001, note Teillais.*

31. Vice indécelable. L'acheteur n'a pu se convaincre lui-même des vices de la chose alors qu'il est constaté que seule une expertise a permis d'en constater l'existence. • Civ. 1re, 7 juin 1995 : *Bull. civ. I, nº 250.* ♦ Rappr. • Civ. 3e, 4 févr. 2004 : *Bull. civ. III, nº 23; JCP N 2004. 1296, étude Vignon-Barrault; CCC 2004, nº 57, note Leveneur; RCA 2004, nº 146, note Groutel* (vice décelable au prix d'un examen « acrobatique »). ♦ Sur le caractère indécelable du vice même pour un acheteur professionnel, V. note 37.

32. Vice non décelé par un contrôleur. Condamnation *in solidum* du vendeur de véhicule d'occasion et de la société chargée du contrôle technique, en raison des graves négligences commises par celle-ci dans l'exécution de sa mission. • Civ. 2e, 28 mars 2002 : *Bull. civ. II, nº 66; CCC 2002, nº 105, note Leveneur.* – Même sens : • Douai, 5 avr. 2004 : *JCP 2005. II. 10148, note Lièvremont.* ♦ Rappr., pour une attestation ne permettant pas à l'acheteur de mesurer l'importance et la gravité des désordres affectant le véhicule : • Civ. 1re, 8 mars 2005 : *Bull. civ. I, nº 128* (caractère caché du vice).

33. Assistance de l'acheteur. Ajoutent une condition non prévue à l'art. 1642 les juges qui retiennent que le vice n'est pas caché lorsqu'il est visible par un homme de l'art dont l'acquéreur d'un immeuble doit demander l'avis afin de connaître l'état réel de vétusté et d'entretien de l'immeuble. • Civ. 3e, 3 mai 1989 : *D. 1990. 117, note Tournafond; Defrénois 1990. 502, obs. Vermelle.*

34. Vices apparents : illustrations. La présence de nombreuses pièces rouillées sur un véhicule neuf et l'existence d'infiltrations d'eau constituent des anomalies qui ne peuvent être considérées par les juges du fond comme des vices rédhibitoires sans qu'il soit relevé par aucun motif que ces vices étaient demeurés cachés pour l'acquéreur. • Com. 24 janv. 1984 : *Bull. civ. IV, nº 34.* ♦ Même solution, s'agissant de l'achat d'un manteau jauni par le soleil lors de son exposition à l'étalage du magasin. • Com. 5 févr. 1974 : *Bull. civ. IV, nº 50.* ♦ Sur le caractère apparent, même pour un non-professionnel, de défauts ayant provoqué le naufrage d'un bateau, V. • Civ. 1re, 7 janv. 1982 : *Bull. civ. I, no 8.*

Ne prouve pas le vice caché l'acheteur d'une maison dont l'acte de vente précisait qu'un traitement antiparasitaire avait été effectué, son attention ne pouvant normalement qu'être attirée sur le risque d'un retour des termites. • Civ. 3e, 22 nov. 1995 : *Bull. civ. III, no 242.* ♦ Dans le même sens, pour la présence non révélée de termites, dès lors que l'infestation par des capricornes avait été mentionnée et que l'acheteur avait reçu le conseil de prendre l'avis d'un spécialiste : • Civ. 3e, 26 févr. 2003 : *Bull. civ. III, no 53; Defrénois 2003. 914, note Dagorne-Labbe; AJDI 2003. 609, note Thioye ; RD imm. 2003. 245, obs. F. G. T.* ♦ Mais il y a vices cachés lorsque la fissure d'un mur extérieur est masquée par une vigne vierge et que la fente d'un sol disparaît sous l'épaisse moquette d'une pièce garnie de meubles. • Civ. 3e, 21 juill. 1998 : *CCC 1998, no 144, note Leveneur.* ♦ En cas d'achat par un professionnel de fruits tachés, les juges du fond peuvent décider, dans l'exercice de leur pouvoir souverain, que le vice ayant entraîné la perte de la marchandise et dont seul le rythme d'évolution n'était pas prévisible constituait un vice apparent. • Com. 15 févr. 1982 : *Bull. civ. IV, no 59.*

B. ACHETEUR PROFESSIONNEL

35. Présomption simple de connaissance. Décide justement que des défectuosités ne constituent pas des vices cachés pour un acheteur professionnel, la cour qui constate qu'un homme de métier pouvait facilement et surtout devait les découvrir. • Civ. 1re, 18 déc. 1962 : *Bull. civ. I, no 554.* ♦ V. aussi : • Com. 17 déc. 1964 : *Bull. civ. III, no 571* (vérification de la charge utile d'un camion constituant une opération élémentaire) • 16 déc. 1981 : *Bull. civ. IV, no 448* (négociant en matériels de travaux publics qui aurait dû découvrir le vice lors de ses essais). ♦ V. aussi Malinvaud, *JCP 1977. II. 18531*; Ghestin, *JCP 1975. II. 17918.*

36. Date d'appréciation. Cassation de l'arrêt qui déboute l'acheteur professionnel de son action en garantie, sans rechercher si, au moment de la livraison, celui-ci pouvait déceler le vice de la chose vendue. • Civ. 1re, 23 févr. 1993 : *Bull. civ. I, no 77.* ♦ V. aussi, pour un vice indécelable à la livraison : • Com. 21 févr. 1966 : *Bull. civ. III, no 109.* ♦ Comp., pour une connaissance, au moment de la vente, du vice d'un camion d'occasion qui avait été essayé avant la conclusion du contrat : • Com. 5 oct. 1965 : *D. 1965. 831.*

37. Vice indécelable. Des vices indécelables constituent des vices cachés, même pour un acheteur professionnel. • Com. 15 nov. 1983 : *Bull. civ. IV, no 311* (vente de matériel qu'il a fallu détruire pour découvrir le vice) • 21 févr. 1966 : *préc. note 36.*

C. VENDEUR PROFESSIONNEL

38. Principes. Le vendeur professionnel ne peut ignorer les vices de la chose vendue, même à un professionnel. • Com. 27 nov. 1991 : *Bull. civ. IV, no 367* • 21 janv. 1992 : *CCC 1992. 94, note Leveneur* • Civ. 2e, 30 mars 2000 : *Bull. civ. II, no 57; D. 2000. IR 132 .* ♦ ... Alors même qu'il a fait livrer la chose directement par le fournisseur à son client. • Civ. 1re, 8 juin 1999 : *Bull. civ. I, no 198.* – Izorche, *D. 2000. Chron. 407 .* ♦ Absence de présomption de connaissance des vices, s'agissant d'un intermédiaire, agent immobilier, et non d'un vendeur : V. • Civ. 1re, 20 déc. 2000 : *Bull. civ. I, no 335; RCA 2001. Chron. 11, par Agard.* ♦ Tenu de les connaître, il ne peut donc se prévaloir d'une stipulation excluant à l'avance sa garantie pour vices cachés. • Civ. 3e, 3 janv. 1984 : *Bull. civ. III, no 4* • Com. 17 déc. 1973 : *Gaz. Pal. 1974. 1. 429, note Planc-queel; JCP 1975. II. 17912, note R. Savatier.* ♦ Même solution en cas de clause limitant ou aménageant la garantie : • Com. 4 juin 1969 : *D. 1970. 51* • Civ. 1re, 5 mai 1982 : *Bull. civ. I, no 163.*

Une clause relative aux vices cachés ne prive pas la convention de cause dès lors qu'elle n'exonère pas le vendeur d'un manquement total à l'obligation essentielle de la convention, mais se borne à aménager les conditions de mise en œuvre de sa garantie. • Paris, 26 févr. 1999 : *JCP 2000. I. 215, no 1, obs. Rochfeld.*

39. Droit communautaire. Les dispositions du droit communautaire visant à assurer la concurrence et la libre circulation des marchandises ne s'opposent pas à l'application de la jurisprudence française qui interdit aux vendeurs professionnels de faire la preuve qu'ils n'avaient pas connaissance du vice de leur fourniture. • CJCE 24 janv. 1991 : *D. 1991. 273, note Berr ; D. 1992. Somm. 202, obs. Tournafond .* – V. aussi Ricatte, *Gaz. Pal. 1991. 2. Doctr. 619.*

40. Notion de professionnel : professionnel de vente. V. note 58. ♦ Le fabricant étant tenu de connaître les vices de la chose, sa bonne foi ne l'exonère pas de l'obligation de verser à l'acquéreur des dommages-intérêts à titre compensatoire. • Civ. 1re, 16 avr. 1996 : *Bull. civ. V, no 188; D. Affaires 1996. 678.*

41. SAFER. Les SAFER sont, dès lors qu'elles rétrocèdent un bien rural, tenues, comme un vendeur professionnel, de connaître les vices de la chose vendue et doivent, malgré les stipulations d'une clause de non-garantie des vices cachés, réparer les conséquences dommageables de ces vices. • Civ. 3e, 4 juin 1975 : Gaz. Pal. 1975. 2. 857.

42. Personnes assimilées au vendeur professionnel. Doit être assimilé au vendeur tenu de connaître le vice le technicien du bâtiment qui a vendu un immeuble après l'avoir conçu ou construit. • Civ. 3e, 26 févr. 1980 : *Gaz. Pal. 1981. 2. 646, note Leneveu.* ♦ Même sens pour un artisan-maçon : • Civ. 3e, 27 sept. 2000 : *D. 2001. 2628, note J.-P. Storck*. ♦ Bien que ne vendant pas le matériau incriminé (produit d'isolation « Roofmate »), la société chargée contre rémunération d'en faire accroître les ventes et d'en diffuser la technique d'emploi est présumée, de par sa qualité de « professionnel », ne pas ignorer les imperfections qu'il présentait. • Civ. 1re, 27 oct. 1982 : *Bull. civ. I, no 308.*

43. Professionnels de même spécialité : principes. BIBL. Kengne, *LPA 20 juill. 2000.* ♦ En cas de vente entre professionnels de la même spécialité, la garantie du vendeur ne peut être invoquée lorsqu'une clause de non-garantie des vices cachés est insérée dans l'acte. • Com. 6 nov. 1978 : *JCP 1979. II. 19178 (2e esp.), note Ghestin.* – V. aussi : • Civ. 3e, 30 oct. 1978 : *JCP 1979. II. 19178 (1re esp.), note Ghestin* • Com. 3 déc. 1985 : *Bull. civ. IV, no 287; RTD civ. 1986. 775, obs. Huet* • Civ. 1re, 20 févr. 1996 : *Bull. civ. I, no 86; CCC 1996, no 96, obs. Leveneur.* ♦ Pour des décisions fondant cette solution sur la capacité réelle de l'acheteur de contrôler la chose vendue : • Civ. 1re, 21 juill. 1987 : *Bull. civ. I, no 241* • Com. 22 juin 1993 : *Bull. civ. IV, no 267.* ♦ Rappr. • Com. 29 nov. 1983 : *Bull. civ. IV, no 329* (situation proche d'une vente aux risques et périls de l'acheteur, averti des difficultés posées par le produit).

44. ... Appréciation souveraine. Les juges du fond apprécient souverainement la condition d'identité de spécialité. • Civ. 1re, 21 juill. 1987 : *Bull. civ. I, no 241* • 20 févr. 1996 : *préc. note 43.*

45. ... Appréciation dans le cadre d'une action directe. Sur le jeu de l'exception dans des ventes successives, en cas d'exercice de l'action directe, V., implicitement en faveur d'une recherche de l'identité de spécialité entre les parties à l'action directe : • Civ. 3e, 30 oct. 1978 : *préc. note 43* • Com. 3 déc. 1985 : *Bull. civ. IV, no 287.* ♦ Comp., plutôt favorable à une appréciation entre le vendeur originaire et son cocontractant : • Civ. 3e, 26 mai 1992 : *Gaz. Pal. 1993. 2. 427, note D. Mazeaud.*

46. Vendeurs professionnels ayant une connaissance effective du vice. Vendeur professionnel, *présumé de mauvaise foi,* mais ayant une connaissance effective des vices dans l'affaire. • Com. 3 févr. 1998 : *Bull. civ. IV, no 60; D. 1998. 455, note Revel ; D. Affaires 1998. 329, obs. J.F. ; JCP 1998. I. 187, no 27, obs. Viney* (cassation de l'arrêt refusant de faire application d'une clause exonératoire de garantie insérée par un garagiste professionnel ayant vendu un véhicule après l'avoir réparé à un autre garagiste professionnel, les deux contractants étant des professionnels de la même spécialité).

Si le vendeur professionnel est tenu de réparer toutes les conséquences dommageables du vice caché, aussi bien le dommage causé par la vente que celui causé par la chose atteinte du vice, l'acquéreur, également vendeur professionnel, qui a effectivement décelé ce vice après la livraison, ne peut se faire garantir par son propre vendeur des conséquences de la faute qu'il a commise en revendant le produit en connaissance de cause. • Civ. 1re, 3 juill. 1985 : *Bull. civ. I, no 210.* ♦ V. dans le même sens : • Civ. 3e, 16 nov. 1988 : *Bull. civ. III, no 164.*

47. Vendeur non professionnel de bonne foi. Les juges du fond, qui ont constaté que la mauvaise foi des vendeurs n'était pas établie, ne peuvent, sans dénaturation, refuser d'appliquer une clause de non-garantie stipulant que l'acquéreur prendrait l'immeuble dans son état actuel, avec tous ses vices ou défauts, apparents ou cachés (présence de termites dans l'immeuble vendu). • Civ. 3e, 12 nov. 1975 : *Bull. civ. III, no 330.* – Déjà en ce sens : • Civ. 3e, 19 oct. 1971 : *D. 1972. 77* (capricornes des maisons).

III. OPTION DE L'ACQUÉREUR : ACTIONS RÉDHIBITOIRE ET ESTIMATOIRE (ARTICLE 1644 DU CODE CIVIL)

48. Option de l'acheteur : principe. L'acheteur qui a agi en garantie contre son vendeur, en raison des vices cachés de la chose vendue, dispose à son choix des deux actions rédhibitoire et estimatoire et peut, après avoir intenté l'une d'elles, exercer l'autre tant qu'il n'a pas été statué sur sa demande par décision passée en force de chose jugée ou que le vendeur n'a pas acquiescé. • Civ. 2e, 11 juill. 1974 : *Bull. civ. II, no 231.*

49. Liberté de choix. Le choix offert à l'acheteur par l'art. 1644 s'exerce sans que cet acheteur ait à le justifier. • Civ. 1re, 5 mai 1982 : *Bull. civ. I, no 163.* ♦ L'acheteur est seul libre de choisir entre les options qu'offre l'art. 1644, sans que le juge ait à prendre en considération ses interventions pour remédier aux vices cachés. • Civ. 3e, 17 févr. 1988 : *Bull. civ. III, no 38.*

Une clause privant l'acheteur d'une des branches de l'option prévue par l'art. 1644 ne peut être invoquée par un vendeur professionnel. • Civ. 3e, 11 mai 1994 : *Bull. civ. III, no 95.* ♦ Le refus opposé par l'acheteur du remplacement de pièces défectueuses dans le cadre de la garantie contractuelle ne lui interdit pas d'invoquer les manquements du vendeur à ses obligations légales à l'appui d'une demande en résolution de la vente. • Com. 28 juin 1994 : *Bull. civ. IV, no 248; Defrénois 1995. 886, note Dagorne-Labbe ; RTD civ. 1995. 138, obs. Gautier*. ♦ L'offre du vendeur d'effectuer des réparations sur la chose défectueuse ne fait pas obstacle, même si ces réparations sont modiques, à l'action de l'acquéreur en résolution de la vente. • Civ. 1re, 23 mai 1995 : *Bull. civ. I, no 216;*

D. 1996. Somm. 14, obs. Tournafond; *RTD civ. 1996. 190, obs. Gautier*.

50. *Limites : perte de la chose.* La perte de la chose fait obstacle à la résolution de la vente. • Civ. 1re, 12 janv. 1994 : *Bull. civ. I, n° 23*; *RTD civ. 1994. 878, obs. Gautier*. ♦ ... Sauf si cette perte résulte du vice lui-même. • Civ. 1re, 28 avr. 1976 : *D. 1976. IR 204* • Civ. 22 mars 1853 : *DP 1853. 1. 83*. ♦ V. note 60.

51. *... Impossibilité de restituer.* L'impossibilité de restituer la chose fait obstacle à l'action en résolution. Ainsi en est-il lorsque l'acheteur-bailleur a été définitivement débouté de son action en revendication de la chose dans le cadre de la liquidation judiciaire du locataire. • Com. 6 juill. 1999 : *Bull. civ. IV, n° 155*. ♦ Lorsque la restitution en nature de la chose est impossible, la créance de restitution en valeur est égale, non pas au prix convenu, mais à la valeur effective de la chose au jour de la vente. • Civ. 1re, 8 mars 2005 : *Bull. civ. I, n° 128*.

52. *... Influence de la gravité du vice.* Saisie d'une action rédhibitoire à titre principal et estimatoire à titre subsidiaire, une cour d'appel peut, appréciant souverainement la gravité du vice invoqué, estimer qu'il n'était pas de nature à justifier la résolution de la vente mais était suffisamment grave pour justifier une réduction du prix. • Com. 6 mars 1990 : *Bull. civ. IV, n° 75*.

53. *Réduction du prix.* C'est sans exercer le choix entre action rédhibitoire et estimatoire, lequel n'appartient qu'à l'acheteur, que les juges du fond, saisis d'une demande en résolution de la vente, décident la réduction du prix dans une proportion qu'ils fixent souverainement, dès lors qu'ils ont relevé qu'indépendamment du vice dont était affectée la machine vendue, celle-ci avait subi une dépréciation par le fait de l'acquéreur alors qu'il en était encore propriétaire. • Civ. 1re, 23 oct. 1974 : *D. 1975. 424*.

Sur l'obligation de l'arbitrage de la réduction du prix par experts, V. • Civ. 3e, 10 nov. 1999 : *D. 1999. IR 274*.

54. *Restitution partielle du prix.* Le trouble d'exploitation, résultant d'un vice caché, qui a diminué temporairement l'usage par l'acquéreur de l'immeuble vendu ne justifie pas la condamnation du vendeur à la restitution partielle du prix. • Civ. 3e, 25 janv. 1989 : *D. 1990. 100, note Dagorne-Labbe*; *Defrénois 1989. 1135, obs. Vermelle*. ♦ Lorsque l'acquéreur conserve la chose vendue, il n'a droit de se faire rendre qu'une partie du prix. • Civ. 3e, 19 avr. 2000 : *Bull. civ. III, n° 87*; *D. 2000. IR 146*; *Defrénois 2000. 1175, obs. Bénabent*; *CCC 2000, n° 125, note Leveneur*; *AJDI 2000. 1054, note Cohet-Cordey*; *RD imm. 2000. 582, obs. Groslière*.

55. *Action en garantie.* Le vendeur de la chose défectueuse ne saurait obtenir du constructeur la garantie d'un prix auquel, du fait de la résolution de la vente et de la remise consécutive de la chose, il n'avait plus droit. • Civ. 1re, 7 mars 2000 : *Bull. civ. I, n° 86*; *D. 2000. IR 102*; *Gaz. Pal. 8-10 juill. 2001, Somm., obs. Guével*.

56. *Réparation du vice : « bogue » de l'an 2000.* Le vendeur d'un logiciel qui ne démontre pas que ses clients savaient que la fonction comptabilité du logiciel ne serait plus utilisable à compter du 1er janvier 2000, alors que le produit était présenté comme ayant une « durée illimitée », doit être condamné sous astreinte à réaliser les modifications nécessaires pour éviter ce dysfonctionnement. • Dijon, 4 févr. 1999 : *D. 1999. IR 157*; *JCP 1999. II. 10100, note Amandric du Chaffaut*; *JCP E 1999. 767, note Mino-Guers*; *ibid. 911, obs. Vivant et Le Stanc*; *ibid. 1328, note Le Stanc*; *RTD civ. 1999. 396, obs. Mestre*. ♦ Comp. • Paris, 1er juill. 1999 : *D. Affaires 1999. 1281, obs. J.F.* : en l'absence de contrat de maintenance, le fournisseur d'un progiciel n'a pas l'obligation de procéder à l'adaptation de sa configuration informatique au passage à l'an 2000 (confirmation de • T. com. Créteil, 16 juin 1998 : *JCP E 1999. 911, obs. Vivant et Le Stanc*).

57. *Procédure.* La demande tendant à obtenir la résolution d'une vente à raison de vices cachés présente un caractère indéterminé de sorte que le jugement qui statue sur cette demande est susceptible d'appel. • Civ. 1re, 26 janv. 1994 : *Bull. civ. I, n° 29*.

IV. RÉPARATION PAR LE VENDEUR DE MAUVAISE FOI (ARTICLE 1645 DU CODE CIVIL)

58. *Notion de vendeur professionnel.* Application de l'art. 1645 au vendeur professionnel, comme au fabricant, tenus de connaître les vices affectant la chose vendue. • Civ. 1re, 19 janv. 1965 : *D. 1965. 389*; *RTD civ. 1965. 665, obs. Cornu* (boulanger ; affaire du « pain maudit » de Pont-St-Esprit) • 21 nov. 1972 : *JCP 1974. II. 17890, note Ghestin* (garagiste) • Com. 27 nov. 1973 : *JCP 1974. II. 17887, note Malinvaud* (fabricant) • Civ. 1re, 9 oct. 1979 : *Gaz. Pal. 1980. 1. 249, note Plancqueel* (garagiste) • 11 mars 1980 : *Bull. civ. I, n° 84* (vendeur de graines de salade) • Com. 3 mai 1983 : *ibid. IV, n° 131* (fournisseur de lait) • Civ. 1re, 16 avr. 1996 : *ibid. I, n° 188* (vendeur se présentant dans ses conclusions comme un fabricant) • Com. 11 févr. 1997 : *ibid. IV, n° 50* (constructeur de navire) • Civ. 2e, 30 mars 2000 : *ibid. II, n° 57*; *Gaz. Pal. 2000. 2. Somm. 2325, obs. Guével* (fournisseur de matériaux de construction). ♦ Comp. • Civ. 1re, 4 févr. 1963 : *JCP 1963. II. 13159, note R. Savatier*. ♦ Application à un marchand de biens ayant acquis par adjudication la maison revendue : • Civ. 3e, 13 nov. 2003 : *Bull. civ. III, n° 194*; *AJDI 2004. 748, note Thioye*.

59. *Nature de l'obligation du vendeur.* Mais si le vendeur professionnel doit réparer l'intégralité du préjudice provoqué par le vice affectant la chose vendue (en ce sens : • Civ. 1re, 24 nov. 1954 : *JCP 1955. II. 8565, note H.B.*), il n'est pas tenu d'une obligation de résultat quant aux dommages causés par la chose vendue à l'acquéreur. • Civ. 1re, 16 mai 1984 : *Bull. civ. I, n° 165; RTD civ. 1985. 403, obs. Huet.*

60. *Perte de la chose.* La perte de la chose, si elle fait obstacle à la résolution de la vente, ne prive pas l'acquéreur du droit de demander des dommages-intérêts au vendeur qui connaissait les vices de la chose vendue. • Civ. 1re, 12 janv. 1994 : *Bull. civ. I, n° 23; RTD civ. 1994. 878, obs. Gautier.*

61. *Lien de causalité.* Les juges du fond ne peuvent imputer au vendeur professionnel la responsabilité du dommage subi par l'acheteur sans rechercher s'il existe un lien de causalité entre l'anomalie constatée et l'accident survenu. • Com. 15 mars 1976 : *JCP 1977. II. 18632, note Ghestin.* ♦ V. aussi • Civ. 1re, 18 mars 1986 : *Bull. civ. I, n° 75* (existence d'un lien de causalité suffisamment caractérisé par les juges du fond entre le défaut de fonctionnement d'un système d'alarme et le cambriolage dont l'acheteur a été victime).

62. *Préjudice réparable.* Viole l'art. 1645 la cour d'appel qui limite les dommages et intérêts accordés à l'acheteur à la valeur de la chose ou au montant du prix que le vendeur aurait dû restituer dans le cadre d'une action rédhibitoire et qui fait application d'un abattement pour vétusté sur le coût de la démolition et de la reconstruction de la maison viciée. • Civ. 3e, 8 oct. 1997 : *Bull. civ. III, n° 193; D. Affaires 1997. 1321; CCC 1998, n° 5, note Leveneur; JCP N 1998. 767. 17, obs. J.-B. Seube.* ♦ Le vendeur professionnel d'ardoises défectueuses est à bon droit condamné, outre à la restitution du prix, au coût de la réfection de la toiture, à titre de dommages-intérêts. • Civ. 1re, 6 juill. 1999 : *CCC 2000, n° 23, note Leveneur.*

Le préjudice résultant de la perte patrimoniale subie par l'acheteur (préjudice dû à l'évolution des prix dans le secteur considéré) est indépendant du préjudice causé par le retard dans le remboursement du prix de la vente. • Civ. 3e, 20 déc. 1995 : *D. Affaires 1996. 230; Gaz. Pal. 1996. 2. 464, concl. Weber.* ♦ Condamnation du vendeur, à titre de dommages et intérêts compensatoires, au paiement des intérêts de la créance de restitution du prix de vente depuis la date du paiement de celui-ci. • Com. 11 févr. 1997 : *Bull. civ. IV, n° 50; LPA 5 août 1998, note Courtier.* ♦ V. déjà : • Civ. 1re, 16 avr. 1996 : *Bull. civ. I, n° 188.*

63. *Déclaration de la créance.* La créance née de la garantie des vices cachés ayant son origine au jour de la conclusion de la vente et non au jour de la révélation du vice, en cas de vente antérieure au jugement d'ouverture du redressement judiciaire du vendeur, la créance de dommages-intérêts afférente à l'avarie survenue après le jugement d'ouverture doit être déclarée au passif du vendeur. • Com. 8 juin 1999 : *Bull. civ. IV. n° 121; D. 2000. Somm. 95, obs. A. Honorat; D. Affaires 1999. 1116, obs. A.L.; CCC 1999, n° 157, note Leveneur.*

V. OBLIGATION DE RESTITUTION ET DE REMBOURSEMENT DES FRAIS (ARTICLE 1646 DU CODE CIVIL)

64. *Principe.* Le vendeur qui ignore l'existence d'un vice de la chose n'est tenu qu'à la restitution du prix et des frais de la vente, sans devoir garantir l'acheteur des conséquences du dommage causé par le vice. • Civ. 1re, 4 févr. 1963 : *JCP 1963. II. 13159, note R. Savatier.* ♦ Déjà en ce sens : • Civ. 1re, 10 févr. 1959 : *D. 1959. 117* (dommages consécutifs à un incendie imputable à un vice de construction). ♦ Comp. • Req. 21 oct. 1925 : *DP 1926. 1. 9, rapport Celice, note Josserand.*

65. *Frais de la vente.* Les frais occasionnés par la vente s'entendent des dépenses directement liées à la conclusion du contrat. • Civ. 1re, 16 juill. 1998 : *Bull. civ. I, n° 266; D. 1998. IR 210.* ♦ Ne répondent pas à cette définition les frais de pension et de maréchalerie engagés postérieurement à la vente d'une jument atteinte d'un vice caché. • Même arrêt.

Dès lors qu'il n'est pas établi que le vendeur (transporteur routier), qui doit être considéré comme non professionnel, ait connu au moment de la vente l'existence des vices cachés affectant le véhicule, les juges du fond ne peuvent le condamner à verser à l'acquéreur une somme comprenant, outre le prix de vente du véhicule et de la carte grise, le coût des réparations imputables aux vices cachés. • Com. 12 déc. 1984 : *Bull. civ. IV, n° 349.* ♦ ... Ou des dommages-intérêts. • Civ. 1re, 22 nov. 1988 : *Bull. civ. I, n° 333.*

66. *Indemnité d'occupation.* BIBL. Kessler, *JCP 2004. I. 154* (restitutions en nature et indemnité de jouissance). – Wintgen, *Defrénois 2004. 692* (indemnité de jouissance en cas d'anéantissement rétroactif d'un contrat translatif). ♦ En raison de l'effet rétroactif de la résolution de la vente, le vendeur n'est pas fondé à obtenir une indemnité correspondant à la seule utilisation de la chose par l'acquéreur. • Civ. 1re, 11 mars 2003 : *Bull. civ. I, n° 74; D. 2003. 2522, note Serinet (1re esp.); JCP 2004. II. 10159, note Lièvremont; RTD civ. 2003. 501, obs. Mestre et Fages; RDC 2004. 265, obs. Stoffel-Munck* (véhicule d'occasion) • Cass., ch. mixte, 9 juill. 2004 : *Bull. civ. n° 2; BICC 1er nov. 2004, rapp. Pinot, concl. Guérin; D. 2004. 2175, note Tuaillon; JCP 2004. II. 10190, note G. François; ibid. I. 173,* *nos 14 s., obs. Serinet; ibid. 2005. I. 132, no 1, obs. Viney; Defrénois 2004. 1402, obs. Libchaber; CCC 2004, no 168, obs. Leveneur; AJDI 2005. 331, note Cohet-Cordey ; RLDC 2004/10, no 396, note Malaurie-Vignal; RDC 2005. 280, obs. Stoffel-Munck; RTD civ. 2005. 125, obs. Mestre et Fages* (immeuble). ♦ La partie de bonne foi au contrat de vente annulé peut seule demander la condamnation de la partie fautive à réparer le préjudice qu'elle a subi en raison de la conclusion du contrat annulé. • Cass., ch. mixte, 9 juill. 2004 : *préc.*

VI. PERTE DE LA CHOSE (ARTICLE 1647 DU CODE CIVIL)

67. *Perte de la chose.* L'art. 1647, al. 2, n'exclut pas, pour l'acheteur, la possibilité d'obtenir, par la voie de l'action estimatoire, la réduction du prix que justifie la gravité du vice dont la chose vendue était atteinte. • Civ. 1re, 3 déc. 1996 : *Bull. civ. I, no 441; D. Affaires 1997. 182; CCC 1997, no 44, obs. Leveneur.*

VII. DÉLAI D'ACTION (ARTICLE 1648 DU CODE CIVIL)

A. DOMAINE D'APPLICATION

1o ACTIONS EXCLUES

68. *Contrat d'entreprise.* Le contrat de réparation passé avec un garagiste étant un contrat d'entreprise, l'art. 1648 est sans application. • Civ. 1re, 2 juin 1982 : *Bull. civ. I, no 204.*

69. *Non-conformité.* L'action en résolution fondée sur la non-conformité de la marchandise livrée à celle commandée n'est soumise à aucune condition de délai, et les juges du fond qui déclarent cette action irrecevable en raison de sa tardiveté méconnaissent l'art. 1184 [ancien] C. civ. • Com. 3 mai 1983 : *Gaz. Pal. 1983. 2. Pan. 240, obs. Dupichot.* ♦ Distinction de l'action fondée sur l'inexécution de l'obligation de délivrance pour défaut de conformité et de l'action en garantie pour vice caché : V. note 16.

70. *Vice du consentement.* La garantie des vices cachés constituant l'unique fondement de l'action exercée pour défaut de la chose vendue la rendant impropre à sa destination normale, une cour d'appel n'a pas à rechercher si l'acheteur peut prétendre à des dommages-intérêts sur le fondement de l'erreur. • Civ. 1re, 14 mai 1996 : *préc. note 14* • Civ. 3e, 7 juin 2000 : *préc. note 14.* ♦ Comp. • Civ. 3e, 29 nov. 2000 : *Bull. civ. III, no 182; CCC 2001, no 41, obs. Leveneur* (l'action fondée sur une réticence dolosive de nature à vicier le consentement n'est pas soumise au bref délai de l'art. 1648).

71. *Garantie conventionnelle.* Sauf stipulation contraire, l'art. 1648 ne s'applique pas à l'action tendant à faire sanctionner l'inexécution par le vendeur d'une obligation contractuelle de garantie (protection de réservoirs contre la rouille avec garantie de dix ans). • Com. 2 mai 1990 : *Bull. civ. IV, no 132; RTD civ. 1991. 136, obs. Rémy*. – Dans le même sens : • Civ. 1re, 6 juill. 1999 : *CCC 1999, no 174, note Leveneur.* ♦ De même, l'action en responsabilité contractuelle exercée contre le vendeur pour manquement à son obligation de sécurité, laquelle consiste à ne livrer que des produits exempts de tout vice et de tout défaut de fabrication de nature à créer un danger pour les personnes ou pour les biens, n'est pas soumise au bref délai imparti par l'art. 1648. • Civ. 1re, 11 juin 1991 : *Bull. civ. I, no 201; D. 1993. Somm. 241, obs. Tournafond ; RTD civ. 1992. 114, obs. Jourdain* . ♦ Dans le même sens, pour l'action en responsabilité du fait d'un produit défectueux : • Civ. 1re, 14 juin 2000 : *CCC 2000, no 158, note Leveneur.*

2o ACTIONS SOUMISES AU BREF DÉLAI

72. *Vente de navire de série.* La demande en garantie formée par l'acheteur d'un navire de plaisance, produit en série et commercialisé sous une marque, est soumise au bref délai de l'art. 1648 et non au délai d'un an de l'art. 8 de la loi du 3 janv. 1967 [C. transp., art. L. 5113-5] qui ne concerne que les ventes à livrer par lesquelles un fabricant s'engage à construire un navire pour le compte d'un client déterminé. • Com. 13 oct. 1998 : *Bull. civ. IV, no 234; D. 2000. Somm. 17, obs. Brémond* (action exercée en l'espèce par un revendeur à l'encontre du constructeur).

73. *Action directe.* L'action directe dont dispose le sous-acquéreur contre le fabricant ou un vendeur intermédiaire, pour la garantie du vice caché affectant la chose vendue dès sa fabrication, est nécessairement de nature contractuelle et doit être intentée dans le bref délai prévu par la loi. • Civ. 1re, 9 oct. 1979 : *Gaz. Pal. 1980. 1. 249, note Plancqueel; D. 1980. IR 222, obs. Larroumet.* ♦ Le sous-acquéreur d'un immeuble peut exercer l'action en garantie des vices cachés contre le vendeur originaire sans être tenu de mettre en cause le vendeur intermédiaire. • Civ. 3e, 7 juin 1989 : *Bull. civ. III, no 133.*

B. RÉGIME

74. *Conformité à la Convention EDH.* La notion de bref délai de l'art. 1648, si elle n'indique pas une durée précise, n'en est pas moins claire dans son objectif et d'application simple selon une jurisprudence constante; cette disposition ne saurait donc constituer une restriction inadmissible au droit d'agir consacré par l'art. 6, § 1, de la Conv. EDH. • Civ. 1re, 21 mars 2000 : *Bull. civ. I, no 97; D. 2000. 593, note Atias ; CCC 2000, no 126, note Leveneur; RTD civ. 2000. 592, obs. Gautier* .

75. *Point de départ : principe.* Le délai prévu par l'art. 1648 ne court que du jour de la découverte du vice par l'acheteur. • Com. 22 nov.

1965 : *Bull. civ. III, n° 593* • 18 févr. 1992 : *ibid. IV, n° 82* • Civ. 3e, 2 févr. 1999 : *CCC 1999, n° 71, note Leveneur.* – V. aussi • Civ. 1re, 3 mai 1984 : *Bull. civ. I, n° 148.* ♦ Comp. • Com. 18 févr. 1974 : *JCP 1974. II. 17798, note Thuillier.* ♦ Les juges du fond apprécient souverainement la durée et le point de départ de l'action récursoire en garantie résultant des vices rédhibitoires de la chose vendue. • Civ. 1re, 11 mars 1986 : *Bull. civ. I, n° 66.* ♦ La connaissance certaine du vice par l'acheteur, marquant le point de départ du bref délai, peut se situer au jour de la notification du rapport d'expertise. • Civ. 1re, 11 janv. 1989 : *Bull. civ. I, n° 12; Defrénois 1989. 1137, obs. Vermelle* • 5 nov. 1996 : *JCP 1997. II. 22872, note Radé.* ♦ ... Ou même d'une contre-expertise officieuse demandée par l'acheteur. • Civ. 1re, 19 mars 1991 : *Bull. civ. I, n° 101.*

76. ... Action récursoire. Le vendeur ne peut agir contre le fabricant avant d'avoir été lui-même assigné par son acquéreur. • Com. 20 mars 1984 : *Bull. civ. IV, n° 111.* – V. aussi • Com. 19 mars 1974 : *D. 1975. 628, note Malinvaud; JCP 1975. II. 17941, note Ghestin* • 17 déc. 1973 : *JCP 1975. II. 17912, note R. Savatier; Gaz. Pal. 1974. 1. 429, note Plancqueel* • 17 févr. 1987 : *Bull. civ. IV, n° 47.* ♦ ... Le point de départ du bref délai étant constitué par la date de sa propre assignation. • Civ. 1re, 24 oct. 2000 : *CCC 2001, n° 6, note Leveneur* • Civ. 3e, 20 oct. 2004 : *RDC 2005. 345, obs. Collart. Dutilleul.*

77. Appréciation souveraine. L'appréciation du bref délai prévu par l'art. 1648 C. civ. relève du pouvoir souverain des juges du fond. • Com. 18 juill. 1966 : *Bull. civ. III, n° 362* • 13 oct. 1998 : *ibid. IV, n° 234.* ♦ ... Et il leur appartient d'en déterminer, selon la nature des vices et d'après les faits et circonstances de la cause, la durée. • Civ. 1re, 10 janv. 1968 : *D. 1968. 282* • 16 juill. 1987 : *Bull. civ. I, n° 230* • Com. 15 nov. 1971 : *D. 1972. 211* • Civ. 3e, 16 mai 1973 : *JCP 1975. II. 17932, note Ghestin.* ♦ ... En tenant compte, en cas de demande d'aide judiciaire, du moment où celle-ci a été formée. • Civ. 1re, 22 mai 1991 : *Bull. civ. I, n° 165.* ♦ S'agissant d'une vente d'animaux, rien n'interdit aux juges du fond, pour l'appréciation du bref délai, de faire référence au délai de l'action rédhibitoire régie par l'art. 285 [art. L. 213-2] C. rur. • Civ. 1re, 11 avr. 1995 : *Bull. civ. I, n° 178.* ♦ *V. aussi, s'agissant* de vente de chiens de race : • Orléans, 14 déc. 1994 : *JCP 1996. IV. 1668.*

78. Articulation du bref délai et de la prescription de droit commun. Le bref délai de l'action en garantie des vices cachés ne peut être utilement invoqué qu'à l'intérieur de la prescription de droit commun de dix ans [désormais cinq ans] de l'art. L. 110-4 C. com., dont le point de départ se situe à la date de la vente. • Com. 27 nov. 2001 : *Bull. civ. IV, n° 187; JCP 2002. II. 10021, note Jourdain; CCC 2002, n° 43, note Leveneur* (solution rendue en matière de contrat de construction de navire : C. transp., art. L. 5113-5).

79. Interruption. Le bref délai est interrompu par une assignation en référé. • Civ. 1re, 21 nov. 1995 : *Bull. civ. I, n° 428; CCC 1996, n° 20, note Leveneur.* ♦ Même solution pour une assignation en référé-expertise. • Civ. 3e, 5 nov. 1997 : *Bull. civ. III, n° 199* • Com. 6 mars 2001 : *ibid. IV, n° 52; D. 2001. IR 983* • 5 mars 2002 : *Bull. civ. IV, n° 50* • 28 mai 2002 : *CCC 2002, n° 139, note Leveneur* • Civ. 1re, 25 juin 2002 : *Bull. civ. I, n° 176; LPA 18 nov. 2002, note Stoffel-Munck.*

80. Conséquence de l'interruption : prescription de droit commun. Lorsque l'acheteur a satisfait à l'art. 1648, en assignant en référé son vendeur dans un bref délai, ce texte n'a plus lieu de trouver application et c'est la prescription de droit commun qui commence à courir. • Civ. 1re, 21 oct. 1997 : *Bull. civ. I, n° 292; D. 1998. 409, note Bruschi ; D. 1999. Somm. 17, obs. Tournafond ; D. Affaires 1997. 1418; CCC 1998, n° 23, note Leveneur; JCP 1998. II. 10063, note Mouloungui* • 19 oct. 1999 : *Bull. civ. I, n° 288; D. 2001. 389, note Bufflier ; D. 2000. Somm. 290, obs. Tournafond ; CCC 2000, n° 22, obs. Leveneur; RTD civ. 2000. 133, obs. Gautier* • Com. 6 mars 2001 : *préc. note 79* • 28 mai 2002 : *préc. note 79* • Civ. 1re, 25 juin 2002 : *préc. note 79* • Com. 3 déc. 2003 : *D. 2004. IR 190* . ♦ ... A compter de la conclusion de la vente. • Civ. 1re, 19 oct. 1999 : *préc.* • 5 oct. 2000 : *Bull. civ. I, n° 241; D. 2001. IR 750* • 12 déc. 2000 : *Bull. civ. I, n° 324; D. 2001. IR 358* . ♦ Comp., précédemment, fixant le point de départ à la date de l'ordonnance de référé : • Civ. 1re, 21 oct. 1997 : *préc.*

81. Procédure. La fin de non-recevoir prise de ce que l'action fondée sur un vice caché a été introduite tardivement peut être proposée en tout état de l'instance et même pour la première fois en cause d'appel. • Civ. 2e, 12 juill. 1972 : *Bull. civ. II, n° 218.* ♦ Mais elle n'est pas d'ordre public et ne peut donc être soulevée d'office par le juge. • Civ. 1re, 26 oct. 1983 : *Bull. civ. I, n° 249* • 12 déc. 2000 : *préc. note 80.* ♦ ... Ni être soulevée pour la première fois devant la Cour de cassation. • Civ. 1re, 5 déc. 1995 : *Bull. civ. I, n° 451.* ♦ Celui qui oppose cette fin de non-recevoir doit en justifier. • Civ. 3e, 31 mai 1989 : *Bull. civ. III, n° 121.*

Art. L. 217-14 L'action récursoire peut être exercée par le vendeur final à l'encontre des vendeurs ou intermédiaires successifs et du producteur du bien meuble corporel, selon les principes du code civil. – *[C. consom., art. L. 211-14.]*

Sur les sanctions, V. art. L. 241-5.

SECTION III GARANTIE COMMERCIALE

BIBL. GÉN. ▶ LEGRAND, *LPA 7 mai 2014* (amélioration de l'information et des droits contractuels des consommateurs). – MALINVAUD, *RDI 2017. 49* (la garantie commerciale de l'art. L. 217-15 C. consom. vue par les professionnels).

COMMENTAIRE

L'ordonnance n° 2005-136 du 17 février 2005 envisage aussi la garantie contractuelle, ici appelée *garantie commerciale*, souvent offerte par les professionnels pour une durée déterminée. Pour le professionnel, il s'agit d'une stratégie commerciale efficace valorisant le produit ; néanmoins, le consommateur dont le sort est destiné à être amélioré par ses garanties la confond généralement avec la garantie légale. En réalité, cette garantie contractuelle, dite commerciale, souvent proposée au consommateur, présente tantôt des aspects favorables au consommateur (extension de garantie), tantôt défavorables (limitation de sa durée à un an ou des remèdes proposés).

La loi n° 2014-344 du 17 mars 2014 relative à la consommation a retouché le texte pour renforcer les droits des consommateurs : en particulier, elle définit la notion de *garantie commerciale* de façon à bien la différencier de la garantie légale, conformément à la directive. Son objet est identifié : remboursement, remplacement, réparation du bien en complément de la garantie de conformité découlant de la loi.

Par souci de clarté, la garantie commerciale doit faire l'objet d'un écrit dont un exemplaire est remis au consommateur : un simple affichage ne sera pas suffisant. Elle devra mentionner certaines informations de nature à assurer la protection du consommateur : contenu de la garantie, modalités de sa mise en œuvre, prix, durée, étendue territoriale ainsi que coordonnées du garant... L'écrit reproduit par ailleurs l'article L. 217-16.

L'écrit mentionne, de façon claire et précise, donc dénuée de toute ambiguïté, que le vendeur reste tenu – indépendamment de la garantie contractuelle, dite commerciale – de la garantie légale de conformité figurant aux articles L. 217-4 à L. 217-12 ainsi que de la garantie des vices cachés prévue aux articles 1641 à 1648 et 2232 du code civil. Le formalisme est imposant puisqu'un simple renvoi au texte ne suffit pas : les articles L. 217-4, L. 217-5 et L. 217-12 du code de la consommation ainsi que l'article 1641 et le premier alinéa de l'article 1648 du code civil sont intégralement reproduits. Ces dispositions signifient simplement que la garantie commerciale ne peut porter préjudice aux droits de l'acquéreur : elles ne peuvent qu'améliorer le sort du consommateur, qui, en tout état de cause, reste protégé par le texte de droit commun ou le droit de la consommation. Elle ne jouera qu'*in mitius*. ❑

Art. L. 217-15 La garantie commerciale s'entend de tout engagement contractuel d'un professionnel à l'égard du consommateur en vue du remboursement du prix d'achat, du remplacement ou de la réparation du bien ou de la prestation de tout autre service en relation avec le bien, en sus de ses obligations légales visant à garantir la conformité du bien.

La garantie commerciale fait l'objet d'un contrat écrit, dont un exemplaire est remis à l'acheteur.

Le contrat précise le contenu de la garantie, les modalités de sa mise en œuvre, son prix, sa durée, son étendue territoriale ainsi que le nom et l'adresse du garant.

En outre, il mentionne de façon claire et précise que, indépendamment de la garantie commerciale, le vendeur reste tenu de la garantie légale de conformité mentionnée aux articles L. 217-4 à L. 217-12 et de celle relative aux défauts de la chose vendue, dans les conditions prévues aux articles 1641 à 1648 et 2232 du code civil.

Les dispositions des articles L. 217-4, L. 217-5, L. 217-12 et L. 217-16 ainsi que l'article 1641 et le premier alinéa de l'article 1648 du code civil sont intégralement reproduites *[reproduits]* **dans le contrat.**

En cas de non-respect de ces dispositions, la garantie demeure valable. L'acheteur *est en droit de s'en prévaloir.* — [*C. consom., art. L. 211-15.*]

Sur les sanctions, V. art. L. 241-5 et L. 241-6.

Art. L. 217-16 Lorsque l'acheteur demande au vendeur, pendant le cours de la garantie commerciale qui lui a été consentie lors de l'acquisition ou de la réparation d'un bien meuble, une remise en état couverte par la garantie, toute période d'immo-

bilisation d'au moins sept jours vient s'ajouter à la durée de la garantie qui restait à courir.

Cette période court à compter de la demande d'intervention de l'acheteur ou de la mise à disposition pour réparation du bien en cause, si cette mise à disposition est postérieure à la demande d'intervention. – *[C. consom., art. L. 211-16.]*

Sur les sanctions, V. art. L. 241-5 et L. 241-6.

COMMENTAIRE

I. REMISE EN ÉTAT

Lorsque l'acheteur demande au vendeur une remise en état couverte par la garantie au cours de la garantie commerciale qui lui a été consentie – que ce soit lors de l'acquisition ou de la réparation du bien, précise la loi de ratification n° 2006-406 du 5 avril 2006 –, toute période d'immobilisation d'au moins sept jours vient s'ajouter à la durée de la garantie restant à courir (art. L. 217-16). Cette période courra à compter de la demande d'intervention de l'acquéreur ou de la mise à disposition du bien en vue de sa réparation, si la mise à disposition est postérieure à la demande d'intervention. Sans cette disposition, l'option en faveur de la réparation ne serait pas intéressante pour le consommateur, du moins lorsque les travaux de réparation risquent d'être longs et d'amputer ainsi le temps de la garantie.

II. SANCTIONS

La sanction civile du manquement à ce formalisme est la suivante : la garantie demeurera valable et l'acheteur sera en droit de s'en prévaloir. Par ailleurs, pour mieux assurer l'effectivité du dispositif, la loi du 17 mars 2014 prévoit que tout manquement aux dispositions des articles L. 217-15 et L. 217-16 relatifs à la garantie commerciale est passible d'une amende administrative dont le montant ne peut excéder 3 000 € pour une personne physique et 15 000 € pour une personne morale (art L. 241-6).

III. CLAUSES LIMITATIVES OU EXCLUSIVES DE RESPONSABILITÉ

La garantie de conformité est d'ordre public. Selon l'article L. 241-5, les clauses exclusives ou limitatives de responsabilité conclues entre le vendeur et l'acheteur, avant que ce dernier n'ait formulé de réclamation, sont réputées non écrites. Rien ne s'oppose, en revanche, à ce qu'une transaction intervienne entre les parties après la formulation d'une réclamation par le consommateur.

1. *Obligation de résultat.* La garantie contractuelle comporte pour le vendeur une obligation de résultat ; elle doit donc jouer à défaut de justification par celui-ci d'une cause étrangère exonératoire. • Civ. 1re, 13 oct. 1993 : *CCC 1994, n° 13, obs. Raymond.*

2. *Bref délai.* Le bref délai de l'art. 1648 C. civ. est propre à la garantie légale ; sauf stipulation contraire, il ne s'applique pas à la garantie contractuelle. • Com. 2 mai 1990 : *Bull. civ. IV, n° 132 ; D. 1990. IR 146 ; RTD civ. 1991. 136, obs. Rémy.*

3. *Action rédhibitoire.* Le refus, par l'acquéreur d'une chose atteinte d'un vice caché et ne répondant pas aux spécifications contractuelles, du remplacement des pièces défectueuses dans le cadre de la garantie conventionnelle, ne lui interdit pas d'invoquer les manquements du vendeur à ses obligations légales, à l'appui d'une demande en résolution de la vente. • Com. 28 juin 1994 : *cité note 49 ss. art. L. 217-13.*

SECTION IV PRESTATIONS DE SERVICES APRÈS-VENTE

BIBL. GÉN. ▸ NDLR, *BRDA 2008, n° 18, p. 16* (LME : mesures en droit de la consommation).

COMMENTAIRE

La loi n° 2008-776 du 4 août 2008 prévoit un certain nombre de dispositions spécifiques aux prestations de services après-vente exécutées par le professionnel à titre onéreux lorsqu'elles ne relèvent pas de la garantie commerciale. Facteur de surcoût, elles répondent à un objectif de transparence et de loyauté : élaboration d'un contrat remis à l'acquéreur, obligations de dispenser certaines informations pertinentes... L'initiative était nécessaire pour que le consommateur distingue bien ce qui ressort de la garantie commerciale du vendeur (envisagée à la section III) et du « service après-vente » (traité à la présente section IV), ce dernier étant en effet facturé au consommateur : la loi n° 2014-344 du 17 mars 2014 précise à toutes fins utiles que les dispositions ci-dessous ne s'appliquent pas au service gratuit.

Tout manquement aux dispositions des articles L. 217-17 à L. 217-20 relatifs aux prestations de services après-vente est passible d'une amende administrative dont le montant ne peut excéder 3 000 € pour une personne physique et 15 000 € pour une personne morale (art. L. 241-7).

Art. L. 217-17 Les prestations de services après-vente exécutées par le vendeur et ne relevant pas de la garantie commerciale visée à la section III font l'objet d'un contrat dont un exemplaire est remis à l'acheteur. – *[C. consom., art. L. 211-19.]*

Sur les sanctions, V. art. L. 241-5 et L. 241-7.

Art. L. 217-18 La mise en service effectuée par le vendeur comprend l'installation et la vérification du fonctionnement de l'appareil.

La livraison ou la mise en service s'accompagne de la remise de la notice d'emploi et, s'il y a lieu, du certificat de garantie de l'appareil. – *[C. consom., art. L. 211-20.]*

Sur les sanctions, V. art. L. 241-5 et L. 241-7.

Art. L. 217-19 Le vendeur indique par écrit à l'acheteur lors de son achat, s'il y a lieu, le coût de la livraison et de la mise en service du bien.

Un écrit est laissé à l'acheteur lors de l'entrée en possession du bien, mentionnant la possibilité pour l'acheteur de formuler des réserves, notamment en cas de défauts apparents de l'appareil ou de défaut de remise de la notice d'emploi. – *[C. consom., art. L. 211-21.]*

Sur les sanctions, V. art. L. 241-5 et L. 241-7.

Art. L. 217-20 Lorsqu'il facture des prestations de réparation forfaitaires, le vendeur doit, par écrit, informer l'acheteur de l'origine de la panne, de la nature de l'intervention et des pièces ou fournitures remplacées. – *[C. consom., art. L. 211-22.]*

Sur les sanctions, V. art. L. 241-5 et L. 241-7.

CHAPITRE VIII PRESCRIPTION

BIBL. GÉN. ▶ RAYMOND, *CCC 2008, n° 189.* – FENOUILLET, *RDC 2008. 1228.*

COMMENTAIRE

I. PRESCRIPTION ABRÉGÉE

Selon l'article 2224 du code civil, issu de la loi n° 2008-561 du 17 juin 2008 réformant la prescription, les actions personnelles ou mobilières se prescrivent par cinq ans à compter du jour où le titulaire du droit a connu ou aurait dû connaître les faits lui permettant de l'exercer. Tranchant avec le silence du code civil de 1804, mais conformément à la jurisprudence, l'article 2254 du même code autorise les aménagements conventionnels de la prescription : les parties peuvent d'un commun accord aménager (soit abréger, soit allonger) le délai ou bien ajouter une cause de suspension ou d'interruption.

Toutefois, la liberté contractuelle n'est pas illimitée. Tout d'abord, les modifications du délai ne peuvent intervenir que dans une fourchette de un à dix ans. Par ailleurs, des exceptions sont prévues : en particulier, aucun aménagement n'est possible dans les contrats passés entre professionnels et consommateurs (C. consom., art. L. 212-1) ou dans les contrats d'assurance (C. assur., art. L. 114-3), de même qu'entre parties à une opération individuelle ou collective relevant du code de la mutualité (C. mut., art. L.221-12-1).

Par ailleurs, l'article L. 218-2 du code de la consommation, issu de la même loi, prévoit que *l'action des professionnels, pour les biens ou les services qu'ils fournissent aux consommateurs, se prescrit par deux ans* (à distinguer du délai biennal de forclusion en matière de crédit à la consommation : les dispositions légales qui se trouvaient dans l'anc. art. L. 311-52 ont été déclassées dans la partie réglementaire par l'Ord. du 14 mars 2016 et figurent désormais à l'art. R. 312-35). C'est en réalité une extension de l'ancienne prescription présomptive de deux ans visant les marchands pour les marchandises vendues aux particuliers, prévue par l'ancien article 2272, alinéa 4, du code civil (B. Fauvarque-Cosson et J. François, Commentaire de la loi du 17 juin 2008 portant réforme de la prescription en matière civile, *D. 2008. 2512*).

La Cour de cassation estime, au visa de l'article L. 137-2, devenu l'article L. 218-2, que les crédits immobiliers consentis aux consommateurs constituent des services financiers fournis par des professionnels, donc soumis à un délai de prescription biennale (Civ. 1re, 28 nov. 2012 : *cité note 3 ss. art. L. 218-2*). Il en va de même du cautionnement (Civ. 1re, 17 mars 2016 : *eod. loc.*). Le cautionnement, quel que soit son souscripteur, est une opération de crédit, plus précisément de crédit par signature, au sens de l'article L. 313-1 du code monétaire et financier. Lorsqu'il est souscrit par un établissement de crédit ou tout autre créancier professionnel, l'établissement financier qui se porte caution d'emprunteurs d'un crédit immobilier exécute un service financier, soumis, par dérogation à l'article 2224 du code civil, à la prescription biennale du code de la consommation dans son recours contre la caution. Enfin, observons que le client agissant en dehors de son activité professionnelle bénéficie de la prescription biennale pour le paiement des honoraires de son avocat (Civ. 2e, 26 mars 2015 : *cité note 4 ss. art. L. 218-2*), conformément à la décision « Siba » (CJUE 15 janv. 2015 : *D. 2015. 588, obs. N. Sauphanor-Brouillaud*).

II. COMPUTATION DU DÉLAI

La jurisprudence considérait que le point de départ du délai de prescription biennale se situait au jour où le titulaire du droit a connu ou aurait dû connaître les faits lui permettant d'exercer l'action concernée (Civ. 1re, 10 juill. 2014 : *cité note 7 ss. art. L. 218-2*), c'est-à-dire à la date du premier incident de paiement non régularisé, et non lorsque la banque prononce la « déchéance du terme », qui signifie que la banque exige le paiement immédiat des sommes restant dues (capital…).

La Cour de cassation a, dans quatre arrêts de principe (Civ. 1re, 11 févr. 2016 : *cité note 7 ss. art. L. 218-2*), réglé le jeu de la prescription des actions en justice des prêteurs professionnels relatives à des crédits immobiliers non remboursés. Les décisions intervenues règlent la question de cette prescription, d'une importance majeure pour les établissements comme pour les emprunteurs. La haute juridiction juge que, à l'égard d'une dette payable par termes successifs, la prescription se divise comme la dette elle-même et court à l'égard de chacune de ses fractions à compter de son échéance, de sorte que si l'action en paiement des mensualités impayées se prescrit à compter de leurs dates d'échéances successives, l'action en paiement du capital restant dû se prescrit à compter de la déchéance du terme, qui emporte son exigibilité.

Cette jurisprudence est défavorable aux consommateurs : tout d'abord, parce que le délai de deux ans s'applique à chaque échéance : « la prescription se divise comme la dette elle-même, et court à l'égard de chacune de ses fractions à compter de son échéance » et l'action en paiement des mensualités impayées se prescrit « à compter de leurs dates d'échéance successives » ; ensuite, parce que le fait pour le banquier de dépasser ce délai de prescription n'a plus d'incidence sur le reste de la dette. En effet, selon la Cour, « l'action en paiement du capital restant dû se prescrit à compter de la déchéance du terme, qui emporte son exigibilité » : cela signifie que le banquier dispose de deux ans à compter du moment où il décide de prononcer la déchéance du terme pour poursuivre son client. ❑

Art. L. 218-1 Par dérogation à l'article 2254 du code civil, les parties au contrat entre un professionnel et un consommateur ne peuvent, même d'un commun accord, ni modifier la durée de la prescription, ni ajouter aux causes de suspension ou d'interruption de celle-ci. – *[C. consom., art. L. 137-1.]*

BIBL. ▸ BERNHEIM-DESVAUX, *CCC 2014. Formule 10* (clauses relatives aux causes de suspension ou d'interruption de la prescription extinctive).

Art. L. 218-2 L'action des professionnels, pour les biens ou les services qu'ils fournissent aux consommateurs, se prescrit par deux ans. – *[C. consom., art. L. 137-2.]*

BIBL. ▸ BAZIN, *Dr. et proc. 2016. 130* (de la prescription et de la forclusion biennales en droit de la consommation).

I. CHAMP D'APPLICATION

1. Portée générale. BIBL. Bazin, *Dr. et proc. 2014. 210* (de la prescription de l'action en paiement du prêteur en matière de crédit immobilier consenti à un consommateur). ♦ L'art. L. 137-2 [L. 218-2] ne distingue pas selon la nature de la prestation de services fournie et, en particulier, il ne comporte aucune disposition limitant son champ d'application aux prestations de services de nature commerciale ; il doit donc régir les relations entre tous les professionnels et les consommateurs de prestations, auxquels est réclamé le paiement d'une facture. • Dijon, ord., 23 déc. 2014 : *CCC 2015, n° 100, obs. Raymond.* ♦ L'art. L. 137-2 [L. 218-2] édicte une règle de portée générale ayant vocation à s'appliquer à tous les services financiers consentis par des professionnels à des particuliers, de sorte que c'est à juste titre que les emprunteurs ont invoqué ce texte, la nature du prêt, immobilier ou de trésorerie, étant indifférente. • Civ. 1re, 11 févr. 2016, n° 14-22.938 P : *D. 2016. 870, note Lagelée-Heymann ; RTD com. 2016. 314, obs. Legeais ; RDI 2016. 269, obs. Heugas-Darraspen ; JCP 2016, n° 220, obs. Lasserre Capdeville ; JCP E 2016, n° 1175, note Bazin ; CCC 2016, n° 103, obs. Bernheim-Desvaux ; RJDA 2016, n° 473 ; LPA 11 mars 2016, note Legrand ; Gaz. Pal. 8 mars 2016, p. 19, note Joly et Cuturi-Ortega ; RD banc. fin. 2016, n° 59, obs. Mathey ; Constr.-Urb. 2016, n° 62, obs. Zalewski-Sicard.* ♦ L'art. L. 137-2 [L. 218-2] ne distingue pas entre les biens meubles ou immeubles fournis par les professionnels aux consommateurs, de telle sorte qu'une cour d'appel a exactement retenu que l'action d'une société, professionnelle de l'immobilier, en règlement du solde du prix de l'immeuble vendu à un consommateur, était prescrite comme ayant été engagée plus de deux ans après le délai ouvert par ce texte. • Civ. 1re, 17 févr. 2016, n° 14-29.612 P : *D. 2016. Actu. 477 ; JCP 2016, n° 470, note Paisant ; CCC 2016, n° 104, obs. Bernheim-Desvaux ; RJDA 2016, n° 496 ; Constr.-Urb. 2016, n° 59, obs. Sizaire.* ♦ Mais le bail d'habitation régi par la L. n° 89-462 du 6 juill. 1989 obéit à des règles spécifiques exclusives du droit de la consommation, de sorte que la prescription édictée par l'art. 7-1 de cette loi est seule applicable à l'action en recouvrement des réparations locatives et des loyers impayés, ce qui exclut l'application de l'art. L. 137-2 [L. 218-2] C. consom. • Civ. 3e, 26 janv. 2017, n° 15-27.580 P : *D. 2017. 388, note Pezzella ; AJDI 2017. 443, obs. Damas ; JCP 2017, n° 239, note Paisant ; CCC 2017, n° 88, obs. Bernheim-Desvaux ; RJDA 2017, n° 320.* ♦ La gestion d'affaires ne relève pas de la prescription édictée par l'art. L. 137-2, devenu L. 218-2, applicable uniquement à l'action des professionnels pour les biens et services qu'ils fournissent contractuellement aux consommateurs. • Civ. 1re, 9 juin 2017, n° 16-21.247 P : *Dalloz actualité, 26 juin 2017, obs. Kilgus ; D. 2017. Actu. 1245 .*

2. *Application conventionnelle.* Pour constater la prescription de l'action en recouvrement des deux prêts et annuler le commandement, l'arrêt retient que la soumission volontaire du contrat de crédit aux art. L. 312-1 s. [L. 313-1 s.] C. consom. entraîne l'application de l'art. L. 137-2 [L. 218-2] du même code. En statuant ainsi, alors que la volonté des parties de soumettre un acte de prêt immobilier aux dispositions du code de la consommation est sans effet sur l'application de la prescription biennale, la cour d'appel a violé le texte susvisé. • Civ. 1re, 3 nov. 2016, n° 15-23.405 : *CCC 2017, n° 46, obs. Bernheim-Desvaux.*

3. *Crédit immobilier.* L'art. L. 137-2 [L. 218-2] revêt une portée générale. Ainsi, en l'absence de dispositions spéciales relatives à la prescription de l'action des professionnels en matière de crédit immobilier, et sous réserve de l'interprétation souveraine des juridictions, cet article a vocation à s'appliquer à celle-ci (Rép. min. n° 41018 : *JOAN Q 21 avr. 2009 ; D. 2009. 1344*). ♦ Pour une application en la matière, V. • Douai, 30 juin 2011 : *CCC 2011, n° 273, obs. G. R.* ♦ En effet, les crédits immobiliers consentis aux consommateurs par des organismes de crédit constituent des services financiers fournis par des professionnels, et sont comme tels soumis à la prescription de l'art. L. 137-2 [L. 218-2]. • Civ. 1re, 28 nov. 2012 : *Bull. civ. I, n° 247 ; D. 2012. Actu. 2885, obs. Avena-Robardet ; D. 2013. Pan. 953, obs. Aubry ; RTD com. 2013. 126, obs. Legeais ; JCP 2013, n° 73, note Monachon-Duchêne ; JCP E 2013, n° 1135, note Dupré ; CCC 2013, n° 45, obs. Raymond ; RJDA 2013, n° 153 ; LPA 1er-4 nov. 2013, obs. Éréséo ; RD banc. fin. 2013, n° 47, obs. Mathey ; Dr. et proc. 2013. 8, note Bazin ; ibid. févr. 2013, Cah. dr. consom., p. 11, obs. Valette-Ercole ; LEDB janv. 2013, p. 5, obs. Lasserre Capdeville* • 9 avr. 2014 : *CCC 2014, n° 171, obs. Raymond ; LPA 1er août 2014, obs. Lasserre Capdeville ; Gaz. Pal. 2014. 3288, obs. Roussille.* ♦ Dès lors que le cautionnement litigieux était un service financier fourni aux emprunteurs par un professionnel en vue de garantir le remboursement d'un crédit immobilier accordé à ceux-ci par un établissement bancaire, c'est la prescription de l'art. L. 137-2 [L. 218-2] C. consom. qui s'applique et non celle de l'art. L. 110-4 C. com. • Civ. 1re, 17 mars 2016, n° 14-12.494 P : *Dalloz actualité, 29 mars 2016, obs. Avena-Robardet ; D. 2016. Actu. 700 ; RDI 2016. 469, obs. Heugas-Darraspen ; JCP E 2016, n° 1205 ; RJDA 2016, n° 896 ; Gaz. Pal. 7 juin 2016, p. 69, obs. Bourassin ; RD banc. fin. 2016, n° 122, obs. Cerles.* ♦ Ne perd pas la qualité de consommateur la personne physique qui, agissant à des fins qui n'entrent pas dans le cadre de son activité commerciale, industrielle, artisanale ou libérale, souscrit un prêt de nature spéculative. • Civ. 1re, 22 sept. 2016, n° 15-18.858 P : *Dalloz actualité, 3 oct. 2016, obs. Delpech ; D. 2016. Actu. 1924 ; AJ contrat 2016. 493, obs. Legrand ; JCP E 2016, n° 1574, note Loir ; CCC 2016, n° 269, obs. Bernheim-Desvaux ; RJDA 2017, n° 207 ; Gaz. Pal. 13 déc. 2016, p. 34, obs. Piedelièvre ; ibid. 21 févr. 2017, p. 58, obs. Roussille ; Banque et Droit janv.-févr. 2017. 15, obs. Helleringer ; RD banc. fin. 2016, n° 236, obs. Mathey.*

4. *Honoraires d'avocat.* Est soumise à la prescription biennale de l'art. L. 137-2 [L. 218-2] la demande d'un avocat en fixation de ses honoraires dirigée contre une personne physique ayant eu recours à ses services à des fins n'entrant pas dans le cadre d'une activité commerciale, industrielle, artisanale ou libérale. • Civ. 2e, 26 mars 2015, n° 14-11.599 P : *D. 2015. Actu. 812 ; Dalloz avocats 2015. 137, obs. Dargent; JCP 2015, n° 393, obs. Lasserre Capdeville; ibid., n° 649, note Caseau-Roche; CCC 2015, n° 156, obs. Raymond; RJDA 2015, n° 472; Gaz. Pal. 2015. 1571, note Mignot; Dr. et proc. 2015, Cah. dr. consom., n° 7, p. 22, obs. Picod.* ♦ Même fournie à l'occasion d'une procédure juridictionnelle et comportant par suite une exécution échelonnée dans le temps, la prestation de l'avocat doit être analysée comme destinée à un consommateur dès lors qu'elle ne s'inscrit pas dans une relation d'affaires habituelle avec le client, comme cela serait le cas par exemple si un avocat était chargé du traitement de l'ensemble des litiges locatifs d'une personne physique propriétaire d'un important patrimoine immobilier. • Dijon, ord., 23 déc. 2014 : *préc.* ♦ Appliquant l'art. L. 137-2 [L. 218-2] à un marché de travaux d'électricité conclu entre un entrepreneur et une SCI dès lors que le contrat était conclu à la fois pour des besoins personnels et en vue d'une activité professionnelle, V. • Toulouse, 5 mai 2015, n° 14/05183 : *CCC 2015, n° 212, obs. Raymond; Constr.-Urb. 2015, n° 105, obs. Sizaire.*

5. Qualité de consommateur. Sur la qualité de « consommateur » d'un syndicat de propriétaires, V. • Montpellier, 9 oct. 2013 : *AJDI 2014. 290* . ♦ Pour un refus d'application de l'art. L. 137-2 [L. 218-2] : pour un prêt professionnel, V. • Civ. 1re, 3 juin 2015, n° 14-15.950 P : *cité note 7* • 30 sept. 2015, n° 14-20.277 : *CCC 2015, n° 290, obs. Raymond; RD banc. fin. 2016, n° 6, obs. Mathey.* ♦ ... Pour l'action d'une banque dès lors qu'en l'espèce la SCI ne pouvait être regardée comme étant un consommateur au sens de ces dispositions, V. • Civ. 2e, 3 sept. 2015, n° 14-18.287 P : *JCP E 2015, n° 1452; Gaz. Pal. 2015. 3008, note Lauvergnat; Procédures 2015, n° 322, obs. Laporte.* – V. aussi • Douai, 9 juill. 2015, n° 14/07628 : *CCC 2015, n° 242, obs. Raymond* • Metz, 15 déc. 2015, n° 15/00752 : *CCC 2016, n° 76, obs. Bernheim-Desvaux* • Civ. 1re, 17 févr. 2016, n° 14-29.261 : *JCP N 2016, n° 1224, obs. de Ravel d'Esclapon; RJDA 2016, n° 642; RD banc. fin. 2016, n° 114, obs. Mathey* • 13 juill. 2016, n° 15-17.702 : *CCC 2016, n° 222, obs. Bernheim-Desvaux; ibid., n° 227, obs. Leveneur; Gaz. Pal. 13 déc. 2016, p. 35, obs. Piedelièvre.* ♦ Pour déclarer l'action de la banque prescrite en application de l'art. L. 137-2 [L. 218-2], l'arrêt relève qu'il ressort de l'examen de l'offre de prêt litigieuse que la banque et l'emprunteur ont entendu soumettre celle-ci aux dispositions des art. L. 312-1 s. [L. 313-1 s.]; en statuant ainsi, alors que l'art. L. 137-2 [L. 218-2] concerne uniquement l'action des professionnels pour les biens et services qu'ils fournissent aux consommateurs et qu'elle n'avait pas constaté la qualité de consommateur de l'emprunteur, la cour d'appel n'a pas donné de base légale à sa décision. • Civ. 1re, 3 févr. 2016, n° 15-14.689 P : *D. 2016. Actu. 372, obs. Avena-Robardet ; JCP E 2016, n° 1348, note Pellier; JCP N 2016, n° 1133, note Hovasse; CCC 2016, n° 104, obs. Bernheim-Desvaux; RJDA 2016, n° 497; Banque et Droit juill.-août 2016. 17, obs. Helleringer; Dr. sociétés 2016, n° 56, obs. Hovasse.* ♦ S'il est applicable aux crédits immobiliers, l'art. L. 137-2 [L. 218-2] concerne uniquement l'action des professionnels pour les biens ou les services qu'ils fournissent aux consommateurs; après avoir retenu que le prêt destiné au financement des trois immeubles avait un rapport direct avec l'objet social de la SCI qui devait être considérée comme un professionnel et non une société familiale au regard des opérations accomplies, la cour d'appel en a déduit à bon droit que celle-ci ne pouvait, nonobstant la mention dans l'acte notarié de certaines dispositions du code de la consommation, bénéficier de la prescription biennale prévue par le texte précité et était soumise à la prescription de droit commun. • Civ. 1re, 14 oct. 2015, n° 14-24.185 : *AJDI 2016. 137, obs. Porcheron ; Gaz. Pal. 12 avr. 2016, p. 36, obs. Piedelièvre.* ♦ Dès lors qu'il est relevé que les emprunteurs avaient souscrit le prêt litigieux à fin d'acquérir un lot de copropriété destiné à la location au sein d'une résidence hôtelière et que l'un d'eux était inscrit au RCS en tant que loueur en meublé professionnel, il en résulte que le prêt litigieux était destiné à financer une activité professionnelle, fût-elle accessoire, exclusive de la prescription biennale applicable au seul consommateur. • Civ. 1re, 12 oct. 2016, n° 15-19.670 : *JCP E 2016, n° 1671, note Loir; RD banc. fin. 2017, n° 10, obs. Mathey* • 25 janv. 2017, n° 16-10.105 P : *Dalloz actualité, 14 févr. 2017, obs. de Ravel d'Esclapon; JCP E 2017, n° 1096; CCC 2017, n° 69, obs. Leveneur; BRDA 2017, n° 6, p. 14; RD banc. fin. 2017, n° 64, obs. Mathey.*

6. Loi applicable. Pour un refus d'application de l'art. L. 137-2 [L. 218-2] dans le cadre d'une procédure collective, la loi allemande étant applicable à l'espèce, V. • Com. 2 oct. 2012 : *Bull. civ. IV, n° 175; Rev. crit. DIP 2013. 201, note Bureau* .

II. RÉGIME DE LA PRESCRIPTION

7. Délai de prescription. A l'égard d'une dette payable par termes successifs, la prescription se divise comme la dette elle-même et court à l'égard de chacune de ses fractions à compter de son échéance, de sorte que, si l'action en paiement des mensualités impayées se prescrit à compter de leurs dates d'échéance successives, l'action en paiement du capital restant dû se prescrit à compter de la déchéance du terme, qui emporte son exigibilité. • Civ. 1re, 11 févr. 2016, nº 14-27.143 P : *D. 2016. 870, note Lagelée-Heymann ; RTD com. 2016. 314, obs. Legeais ; AJDI 2016. 445, note Valdelièvre ; RDI 2016. 269, obs. Heugas-Darraspen ; JCP 2016, nº 405, note Gouëzel ; JCP E 2016, nº 1175, note Bazin ; JCP N 2016, nº 1298, note Piedelièvre ; CCC 2016, nº 103, obs. Bernheim-Desvaux ; RJDA 2016, nº 473 ; LPA 11 mars 2016, note Legrand ; ibid. 30 juin 2016, note Lardeau-Clerc ; Gaz. Pal. 8 mars 2016, p. 19, note Joly et Cuturi-Ortega ; Procédures 2016, nº 126, obs. Laporte ; RD banc. fin. 2016, nº 59, obs. Mathey ; Constr.-Urb. 2016, nº 62, obs. Zalewski-Sicard* • 14 avr. 2016 : *CCC 2016, nº 177, obs. Bernheim-Desvaux ; RD banc. fin. 2016, nº 112, obs. Mathey* • 16 nov. 2016, nº 15-22.140 : *Banque et Droit janv.-févr. 2017. 16, obs. Helleringer* • Civ. 2e, 1er déc. 2016, nº 15-21.777 : *RD banc. fin. 2017, nº 28, obs. Piedelièvre* • Civ. 1re, 14 déc. 2016, nº 15-24.055 : *LPA 5 avr. 2017, obs. Lasserre Capdeville.* ♦ *Contra*, jugeant que le point de départ du délai de prescription biennale prévu par l'art. L. 137-2 [L. 218-2] se situe au jour où le titulaire du droit a connu ou aurait dû connaître les faits lui permettant d'exercer l'action concernée, soit, dans le cas d'une action en paiement au titre d'un crédit immobilier consenti par un professionnel à un consommateur, à la date du premier incident de paiement non régularisé : • Civ. 1re, 10 juill. 2014 : *Bull. civ. I, nº 138 ; D. 2015. Pan. 595, obs. Aubry ; RTD com. 2014. 675, obs. Legeais ; JCP 2014, nº 948, note Lasserre Capdeville ; JCP E 2014, nº 1441, note Legeais ; CCC 2014, nº 255, obs. Raymond ; RJDA 2014, nº 935 ; Gaz. Pal. 2014. 3005, note Mignot ; ibid. 3221, obs. Piedelièvre ; Dr. et proc. 2015, Cah. dr. consom., nº 1, p. 16, obs. Valette-Ercole ; RLDA oct. 2014. 41, obs. Chelliah ; Banque et Droit sept.-oct. 2014. 13, note Percie du Sert* • 16 avr. 2015, nº 13-24.024 P : *D. 2015. Actu. 916, obs. Avena-Robardet ; RTD com. 2015. 337, obs. Legeais ; JCP E 2015, nº 1226 ; RJDA 2015, nº 778 ; Gaz. Pal. 2015. 1768, obs. Piedelièvre ; RD banc. fin. 2015, nº 117, obs. Mathey* • 9 juill. 2015, nº 14-17.870 : *CCC 2015, nº 244, obs. Raymond ; Gaz. Pal. 2015. 3690, obs. Roussille.* ♦ ... Et non à la date de déchéance du terme du prêt. • Civ. 1re, 3 juin 2015, nº 14-16.950 P : *D. 2016. Pan. 623, obs. Aubry ; AJDI 2015. 693, obs. Cohet ; JCP E 2015, nº 1313 ; Gaz. Pal. 2015. 3690, obs. Roussille ; RD banc. fin. 2015, nº 117, obs. Mathey.* ♦ Le point de départ du délai biennal de prescription prévu à l'art. L. 137-2, devenu L. 218-2, se situe au jour où le titulaire du droit a connu ou aurait dû connaître les faits lui permettant d'exercer l'action concernée, soit, dans le cas d'une action en recouvrement d'un prêt viager hypothécaire, à la date à laquelle le prêteur a connaissance de l'identité des héritiers de l'emprunteur. • Civ. 1re, 11 mai 2017, nº 16-13.278 P : *Dalloz actualité, 29 mai 2017, obs. de Ravel d'Esclapon ; D. 2017. Actu. 1045 ; JCP E 2017, nº 1311.* – V. aussi • Civ. 1re, 15 mars 2017, nº 15-27.574 P : *D. 2017. Actu. 702 ; BRDA 2017, nº 9, p. 15.* ♦ Le point de départ du délai de prescription biennale de l'action en paiement de la facture litigieuse (travaux de rénovation) se situe au jour de son établissement. • Civ. 1re, 3 juin 2015, nº 14-10.908 P : *D. 2016. Pan. 625, obs. Poillot ; RDI 2015. 410, obs. Heugas-Darraspen ; JCP E 2015, nº 1317 ; CCC 2015, nº 223, obs. Leveneur ; ibid., nº 243, obs. Raymond ; RJDA 2015, nº 620 ; Dr. et proc. janv. 2016. 18, obs. Boisliveau.* ♦ Le point de départ du délai biennal de prescription ne doit pas être fixé au jour du relevé ayant donné lieu à la facturation litigieuse mais au jour de l'établissement de la facture litigieuse (relevé de compteur d'eau). • Civ. 1re, 9 juin 2017, nº 16-12.457 P : *D. 2017. Actu. 1245.*

8. Interruption du délai. Lorsqu'un acte de procédure est déclaré nul, il est non avenu et ses effets sont rétroactivement anéantis. Ainsi, des conclusions ayant été annulées, il en résulte que la reconnaissance qu'elles contenaient ne pouvait avoir eu pour effet d'interrompre le délai de prescription biennal de l'art. L. 137-2 [L. 218-2]. • Civ. 2e, 19 févr. 2015, nº 14-10.622 P : *Dalloz actualité, 13 mars 2015, obs. Avena-Robardet ; D. 2015. Actu. 495.* ♦ Sur l'absence d'effet interruptif d'une assignation délivrée en paiement d'un autre prêt, V. • Civ. 1re, 19 mars 2015, nº 14-11.340 : *AJDI 2015. 367 ; CCC 2015, nº 160, obs. Raymond (1re esp.) ; Gaz. Pal. 2015. 2336, obs. Roussille.* ♦ Sur l'effet interruptif d'une requête aux fins de saisie des rémunérations, équivalant à la citation en justice, V. • Civ. 1re, 19 mars 2015, nº 14-10.972 : *CCC 2015, nº 160, obs. Raymond (2e esp.) ; RD banc. fin. 2015, nº 117, obs. Mathey.* ♦ La prescription de l'action des avocats pour le paiement de leurs honoraires court à compter de la date à laquelle leur mission a pris fin. Dès lors, le premier président, qui n'a pas recherché, comme il y était invité, si la demande en fixation de ses honoraires formée par l'avocat l'avait été dans le délai de deux années à compter de la fin de sa mission, lequel ne pouvait avoir été interrompu par l'envoi d'une lettre recommandée avec demande d'avis de réception, a privé sa décision de base légale. • Civ. 2e, 10 déc. 2015, nº 14-25.892 P : *D. 2016. Actu. 19 ; D. avocats 2016. 97, note Deharo ; JCP E 2016, nº 1047 ; CCC 2016, nº 52, obs. Bernheim-Desvaux ; RJDA 2016, nº 244.* ♦ Jugeant qu'en matière de crédit, chaque paiement intervenu en exécution de l'autorisation de prélèvement mensuel est interruptif de la prescription de la créance litigieuse, V. • Civ. 1re, 25 janv. 2017, nº 15-25.759 P : *Dalloz actualité, 20 févr. 2017, obs. de Ravel d'Esclapon.*

9. Prorogation du délai. La France n'ayant pas ratifié la Convention européenne sur la computation des délais conclue à Bâle le 16 mai 1972, ses juridictions ne peuvent l'appliquer. Les règles de computation des délais de prescription devant être distinguées de celles régissant les délais de procédure et dès lors qu'il résulte de l'art. 2229 C. civ. que la prescription est acquise lorsque le dernier jour du terme est accompli, la cour d'appel en a exactement déduit, sans méconnaître l'art. 6, § 1, Conv. EDH, que le délai de prescription applicable à la banque n'avait pas lieu d'être prorogé au premier jour ouvrable suivant son terme. • Civ. 2e, 7 avr. 2016, n° 15-12.960 P : *CCC 2016, n° 157, obs. S. B.-D.*

10. Titre exécutoire. Le créancier titulaire d'un titre exécutoire notarié pouvant interrompre le délai de prescription par l'engagement d'une mesure conservatoire ou d'une mesure d'exécution forcée, la volonté d'interrompre ce délai ne saurait justifier, en elle-même, l'introduction d'une action en liquidation de la créance constatée par le titre exécutoire. • Civ. 1re, 16 oct. 2013 : *Bull. civ. I, n° 200; Dalloz actualité, 29 oct. 2013, obs. Avena-Robardet; JCP 2013, n° 1299, note Croze; RJDA 2014, n° 157; RD banc. fin. 2014, n° 63, obs. Piedelièvre; Dr. et proc. 2014. 158, note Vinckel.* ♦ En vertu de l'art. L. 137-2 [L. 218-2] applicable aux crédits immobiliers, l'action des professionnels, pour les biens ou les services qu'ils fournissent aux consommateurs, se prescrit par deux ans, la circonstance que le contrat de prêt soit constaté par acte authentique revêtu de la formule exécutoire n'ayant pas pour effet de modifier cette durée. • Civ. 1re, 9 juill. 2015, n° 14-19.101 : *AJDI 2015. 695; Gaz. Pal. 2015. 3690, obs. Roussille; Procédures 2015, n° 292, obs. Laporte; Dr. et proc. 2015, Cah. dr. consom., n° 7, p. 34, obs. Valette-Ercole* • 28 oct. 2015, n° 14-24.679 : *AJDI 2016. 50.* ♦ Les créances périodiques nées d'une créance en principal fixée par un titre exécutoire à la suite de la fourniture d'un bien ou d'un service par un professionnel à un consommateur sont soumises au délai de prescription prévu à l'art. L. 218-2, applicable au regard de la nature de la créance. • Cass., avis, 4 juill. 2016, n° 16-70.004 P : *D. 2016. 1824, note Poissonnier; JCP 2016, n° 987, note Poillot; JCP E 2016, n° 1525, note Poissonnier et Loir; BRDA 2016, n° 14, p. 15; Gaz. Pal. 29 nov. 2016, p. 80, obs. Lauvergnat; Dr. et proc. juill.-août 2016. 115, obs. Lauvergnat.* ♦ L'acte notarié, bien que constituant un titre exécutoire, ne revêt pas les attributs d'un jugement et aucune disposition légale ne fait obstacle à ce qu'un créancier dispose de deux titres exécutoires pour la même créance. • Civ. 1re, 1er mars 2017, n° 15-28.012 P.

TITRE DEUXIÈME RÈGLES DE FORMATION ET D'EXÉCUTION DE CERTAINS CONTRATS

COMMENTAIRE

Les règles de formation et d'exécution de certains contrats (titre II) regroupent un ensemble de contrats qui étaient, avant la recodification, curieusement placés au sein des pratiques commerciales dans le livre Ier.

Les contrats traités obéissent parfois à des modes de passation spécifiques : les contrats conclus à distance et hors établissement (chap. Ier) et les contrats à distance portant sur des services financiers (chap. II). Figurent ensuite de façon moins attendue des dispositions sur l'opposition au démarchage téléphonique (chap. III). Enfin, les « règles spécifiques à des contrats ayant un objet particulier », au sens de la prestation fournie (objet de l'obligation), ont été regroupées dans un chapitre IV.

Ladite prestation peut consister en la fourniture d'électricité ou de gaz naturel ou la vente de métaux précieux, le consommateur étant dans ce dernier cas vendeur et non acquéreur. Mais la spécificité de certains contrats réside parfois davantage dans les circonstances qui entourent leur conclusion : c'est le cas des « contrats conclus dans les foires et les salons ». Ce chapitre IV accueille également des dispositions ayant jusqu'à présent échappé à la codification, ce qui était pointé du doigt par la doctrine : il s'agit du courtage matrimonial (art. L. 224-90 s.). Enfin, les sections X à XV de ce même chapitre ressuscitent la méthode que l'on croyait révolue du code suiveur. Le code de la consommation renvoie en effet d'autres codes « pilotes », sans que les articles visés ne soient reproduits. Ce procédé permet de dresser un pont avec des domaines spécifiques (santé, enseignement, tourisme...). On évite d'alourdir pour autant le contenu du code de la consommation, lequel ne peut traiter de tout : le consommateur sait au moins à quel code pilote il devra se référer... ❑

CHAPITRE PREMIER CONTRATS CONCLUS À DISTANCE ET HORS ÉTABLISSEMENT

BIBL. GÉN. ▶ LEGRAND, *LPA 4 juin 2013* (contrats conclus à distance et hors établissement). – MARX, *Journ. sociétés déc. 2013. 36* (les ventes à distance et hors établissement). – LEGRAND, *LPA 12 mars 2014* (le nouveau droit de la vente à distance et du démarchage).

– Loiseau, *CCE 2014, n° 36* (les contrats de commerce électronique dans la L. n° 2014-344 du 17 mars 2014). – Raymond, *CCC 2014. Dossier 6* (contrats conclus à distance ou hors établissement). – Rzepecki, *Gaz. Pal. 2014. 1407* (renforcement de la protection pour les contrats conclus à distance et hors établissement). – Feferman et Petit, *AJDI 2014. 606* (quels impacts sur les pratiques des agents immobiliers ?). – Boulanger, *JCP N 2014, n° 1298* (contrats de l'immobilier hors établissement : délicate mise en œuvre de la loi Hamon). – Perbost, *RJ com. 2015. 598* (impact de la loi du 17 mars 2014 sur la rédaction des CGV des sites de commerce électronique). – Lucas-Puget, *CCC 2016. Formule 1* (clause informant le consommateur de son droit de rétractation).

COMMENTAIRE

La directive 85/577/CEE du Conseil du 20 décembre 1985 concernant la protection des consommateurs dans le cas de contrats négociés en dehors des établissements commerciaux visait à faire respecter la loyauté en matière de démarchage à domicile, lieu où le consentement du consommateur privé de tout repère est facilement surpris. Il est vrai que la France s'était déjà dotée depuis une loi du 22 décembre 1972 d'une protection adaptée.

Si le succès de la vente hors établissement, encore appelée démarchage à domicile, n'est pas épuisé, des procédés de télécommunications se sont successivement développés au cours des dernières décennies – téléphone, télévision, télécopie et surtout internet – venant concurrencer la traditionnelle vente par correspondance à laquelle se ramenait autrefois la vente à distance. Or si ces systèmes de communication présentent pour le consommateur des avantages matériels évidents, ils favorisent aussi le risque de harcèlement et de représentation trompeuse de l'objet vendu.

Une directive européenne avait été adoptée le 20 mai 1997 en matière de contrats à distance. Directive minimale, son objet était de rapprocher les différentes législations dans la mesure où le commerce, notamment par voie d'internet, dépasse les frontières. La directive avait été transposée dans notre législation par l'ordonnance du 23 août 2001.

La directive 2011/83/UE du 25 octobre 2011, relative aux droits des consommateurs (V. ss. art. L. 232-3), abroge la directive du 20 décembre 1985 concernant la protection des consommateurs dans le cas des contrats négociés en dehors des établissements commerciaux ainsi que la directive du 20 mai 1997 sur les ventes à distance. Ces deux directives sont remplacées par une seule, ayant pour finalité de définir des règles standard pour les aspects communs de ces contrats en renonçant au principe d'harmonisation minimale régissant les anciennes directives, tout en permettant aux États de maintenir ou d'adapter des règles nationales concernant certains aspects. Il a été demandé aux États membres de transposer cette directive, d'harmonisation totale, dans leur droit national au plus tard le 13 décembre 2013, les règles de droit national issues de la directive entrant en vigueur dans les États concernés au plus tard le 13 juin 2014. C'est la loi n° 2014-344 du 17 mars 2014 relative à la consommation qui a réalisé, avec un peu de retard, la transposition en droit français.

Le nouveau dispositif concernant l'obligation d'information est impressionnant, d'autant que la charge de la preuve incombe au professionnel (art. 6). A cela s'ajoutent des dispositions formelles tant pour les contrats hors établissement (art. 7) que pour ceux à distance (art. 8). A l'instar du crédit à la consommation, le délai de rétractation passe dans les deux cas à quatorze jours à compter de la conclusion du contrat de service ou du jour où le consommateur prend physiquement possession du bien (art. 9). ❑

V. Dir. n° 2011/83/UE du 25 oct. 2011 relative aux droits des consommateurs, ss. art. L. 232-3. Sur la protection du consommateur et le commerce électronique, V. Avis et rapport CNC (BOCC du 9 déc. 1997). — Sur l'offre d'accès à internet, V. Avis CNC du 18 févr. 1997, App., v° Informatique. — Sur le traitement des données relatives à la carte de paiement en matière de vente de biens ou de fourniture de services à distance, V. Délib. CNIL n° 2013-358 du 14 nov. 2013, App., v° Banques.

SECTION PREMIÈRE **DÉFINITIONS ET CHAMP D'APPLICATION**

COMMENTAIRE

L'article L. 221-1 définit à la fois les contrats hors établissement et à distance, ainsi que les supports durables. Ce traitement conjoint est le fruit de la fusion opérée par la directive de 2011.

Le 1° indique qu'est un *contrat à distance* « tout contrat conclu entre un professionnel et un consommateur, dans le cadre d'un système organisé de vente ou de prestation de services à distance, sans la présence simultanée du professionnel et du consommateur, par le recours exclusif à une ou plusieurs techniques de communication à distance jusqu'à la conclusion du contrat ». Cette nouvelle définition a pour conséquence de réduire le domaine du contrat à distance puisque ne sont considérés comme tels que les contrats conclus dans le cadre d'un système organisé de vente ou de prestation de services à distance, exigence non prévue antérieurement à la loi du 17 mars 2014. Le domaine d'application de l'article L. 221-1, 1°, sera donc étroitement lié à l'interprétation prétorienne de la notion de « système organisé de vente à distance ». Outre les contrats conclus par voie électronique, sont également concernés les contrats conclus à distance à la suite d'un démarchage téléphonique ; ce n'est pas nouveau dans la mesure où, depuis la loi du 21 juin 2004, le démarchage par téléphone était soumis aux anciennes dispositions encadrant la vente à distance.

Quant au *contrat hors établissement*, il est d'abord défini par le 2° *a)* de l'article L. 221-1 comme tout « contrat conclu entre un professionnel et un consommateur dans un lieu qui n'est pas celui où le professionnel exerce son activité en permanence ou de manière habituelle, en la présence physique simultanée des parties y compris à la suite d'une sollicitation ou d'une offre faite par le consommateur ». En second lieu, le *b)* qualifie de contrat hors établissement le contrat conclu entre un professionnel et un consommateur dans le lieu où le professionnel exerce son activité en permanence ou de manière habituelle ou au moyen d'une technique de communication à distance, « immédiatement après que le consommateur a été sollicité personnellement et individuellement dans un lieu différent de celui où le professionnel exerce en permanence ou de manière habituelle son activité et où les parties étaient, physiquement et simultanément, présentes ». Cette catégorie semble couvrir les contrats conclus à distance, en dehors d'un système organisé de vente ou de prestation de services à distance (aujourd'hui exclus de la définition stricte des contrats à distance), mais à la condition que la conclusion du contrat fasse suite à une rencontre entre le professionnel et le consommateur dans un lieu différent de celui où le professionnel exerce en permanence ou de manière habituelle son activité. La troisième hypothèse, visée au *c)*, évoque le contrat conclu pendant une excursion organisée par le professionnel ayant pour but ou pour effet de promouvoir et de vendre des biens ou des services au consommateur.

Enfin, le *support durable* est défini comme tout instrument permettant au consommateur ou au professionnel de stocker des informations qui lui sont adressées personnellement, afin de pouvoir s'y reporter ultérieurement pendant un laps de temps adapté aux fins auxquelles les informations sont destinées et qui permet la reproduction à l'identique des informations stockées. Cette définition est celle donnée par la directive 2011/83/UE du 25 octobre 2011 (art. 2-10). Le formalisme des contrats à distance ou hors établissement conduit en effet à utiliser le concept de support durable, utilisé par le législateur français depuis longtemps sans qu'il prenne pourtant la peine de le définir. On rappellera que le considérant 23 de la directive du 20 mai 1997 énumérait, au titre des supports censés être durables, le papier, la clé USB, le CD-Rom, le DVD, le disque dur d'ordinateur, la carte mémoire et le courriel. En tout état de cause, si l'effort de définition est louable, des questions relatives aux formes du support durable subsistent néanmoins. ❑

Art. L. 221-1 **I. — Pour l'application du présent titre, sont considérés comme :**

1° Contrat à distance : tout contrat conclu entre un professionnel et un consommateur, dans le cadre d'un système organisé de vente ou de prestation de services à distance, sans la présence physique simultanée du professionnel et du consommateur, *par le recours exclusif* à une ou plusieurs techniques de communication à distance jusqu'à la conclusion du contrat ;

2° Contrat hors établissement : tout contrat conclu entre un professionnel et un consommateur :

***a)* Dans un lieu qui n'est pas celui où le professionnel exerce son activité en permanence ou de manière habituelle, en la présence physique simultanée des parties, y compris à la suite d'une sollicitation ou d'une offre faite par le consommateur ;**

***b)* Ou dans le lieu où le professionnel exerce son activité en permanence ou de manière habituelle ou au moyen d'une technique de communication à distance, immédiatement après que le consommateur a été sollicité personnellement et individuellement dans un lieu différent de celui où le professionnel exerce en permanence**

ou de manière habituelle son activité et où les parties étaient, physiquement et simultanément, présentes ;

c) Ou pendant une excursion organisée par le professionnel ayant pour but ou pour effet de promouvoir et de vendre des biens ou des services au consommateur ;

3° Support durable : pour l'application du chapitre Ier du présent titre, tout instrument permettant au consommateur ou au professionnel de stocker des informations qui lui sont adressées personnellement afin de pouvoir s'y reporter ultérieurement pendant un laps de temps adapté aux fins auxquelles les informations sont destinées et qui permet la reproduction à l'identique des informations stockées ;

4° Contenu numérique : des données produites et fournies sous forme numérique.

II — Les dispositions du présent titre s'appliquent aux contrats portant sur la vente d'un ou plusieurs biens, au sens de l'article 528 du code civil, et au contrat en vertu duquel le professionnel fournit ou s'engage à fournir un service au consommateur en contrepartie duquel le consommateur en paie ou s'engage à en payer le prix. Le contrat ayant pour objet à la fois la fourniture de prestation de services et la livraison de biens est assimilé à un contrat de vente. — *[C. consom., art. L. 121-16.]*

Sur les vendeurs à domicile indépendants, V. C. com., art. L. 135-1 s., App., v° Ventes.

1. Prestation de services. Pour une application à la fourniture à distance d'une prestation de services alors que sa rédaction antérieure à l'ord. du 23 août 2001 ne visait que la vente à distance de produits, V. • Civ. 1re, 29 oct. 2002 : *Bull. civ. I, n° 256 ; CCC 2003, n° 18, obs. Raymond ; Dr. et patr., févr. 2003, p. 108, obs. Chauvel ; RJDA 2003, n° 329.* ♦ Pour l'application du droit de la consommation à un contrat de généalogiste, V. • Versailles, 27 avr. 2011 : *CCC 2011, n° 267, obs. Raymond.* ♦ ... Ou à un contrat d'abonnement téléphonique, V. • Angers, 13 mars 2012, n° 11/00487 : *CCC 2012, n° 239, obs. Raymond.*

2. Initiative. Le texte ne réserve pas la qualification de contrat à distance au cas où l'initiative des contacts entre le consommateur et le professionnel revient au seul professionnel. • Rouen, 19 mai 2005, n° 04/00753 : *CCC 2005, n° 176, obs. Raymond.*

3. Communication à distance. Il suffit que soit mise en œuvre une technique de commercialisation à distance entre un professionnel et un consommateur ; tel est le cas lorsque le téléphone puis la voie postale ont été utilisés, les parties n'ayant jamais été mises physiquement en présence l'une de l'autre. • Rouen, 19 mai 2005 : *préc. note 2.*

4. Vente entre particuliers. La transaction litigieuse ayant été réalisée de particulier à particulier, l'acquéreur ne peut bénéficier du droit de rétractation, les textes prévoyant expressément que cette prérogative de rétractation ne trouve à s'appliquer que lorsque le contrat de vente à distance a été conclu par un consommateur avec un vendeur professionnel. • TI Dieppe, J. prox., 7 févr. 2011 : *CCE 2011, n° 37, obs. Debet ; RLDC avr. 2011. 66, obs. Fauchoux.* ♦ Même solution pour une vente conclue par l'intermédiaire d'un site internet de vente de biens d'occasion : • TI Paris, J. prox., 25 juin 2013 : *D. 2013. Pan. 2496, obs. Le Stanc.*

5. Démarcheurs visés. Peut être condamné le dirigeant d'une société au profit de laquelle un représentant indépendant a irrégulièrement démarché une personne, ladite loi ne supposant pas nécessairement l'existence d'un contrat de travail dans le rapport entre le démarcheur et la société pour laquelle il travaille. • Crim. 11 janv. 1990 : *Bull. crim. n° 20 ; D. 1990. Somm. 360, obs. Roujou de Boubée* • 21 sept. 1994 : *JCP E 1995. Pan. 11* • Paris, 20 févr. 1995 : *CCC 1995, n° 95, obs. Raymond.* ♦ Rappr. • Crim. 26 févr. 1998 : *Bull. crim. n° 77 ; D. Affaires 1998. 1045, obs. V. A.-R. ; RSC 1999. 113, obs. Giudicelli.* ♦ Dans le même sens s'agissant d'un dirigeant de droit d'une société à l'origine d'un démarchage effectué par des sociétés tierces. • Grenoble, 21 avr. 2004 : *JCP 2005. IV. 1581.* ♦ Le fait d'agir comme organe ou représentant d'une personne morale ne peut exclure les poursuites liées à l'inobservation des règles du démarchage à domicile. • Rennes, 23 juin 2005 : *JCP 2006. IV. 1633* (conf. par • Crim. 26 sept. 2006 : *Bull. crim. n° 236 ; D. 2006. AJ 2732, obs. Rondey ; AJ pénal 2007. 29, obs. Rondey ; RSC 2007. 96, obs. Ambroise-Castérot ; JCP 2007. II. 10022, note Bazin ; ibid. I. 111, n° 13, obs. J.-H. Robert ; Gaz. Pal. 2006. 3408, obs. M. B. ; CCC 2007, n° 31, obs. Raymond ; Dr. pénal 2006, n° 156, obs. J.-H. Robert ; RJDA 2007, n° 200*). ♦ V. aussi, pour la condamnation d'un gérant de fait. • Crim. 22 janv. 1997 : *D. Affaires 1997. 503.*

6. Commerçants ambulants. Les commerçants ambulants sont soumis aux dispositions sur le démarchage. • Crim. 2 déc. 1998 : *BID 1999, n° 3, p. 43.* ♦ Peut être condamné un fournisseur pratiquant un démarchage par l'intermédiaire de marchands forains, V. • Crim. 18 janv. 2000 : *Bull. crim. n° 27 ; JCP 2001. II. 10502, note Rebut ; Dr. et patr., juin 2000. 115, obs. Renucci ; RTD com. 2000. 742, obs. Bouloc.* ♦ Se rendent complices des infractions aux règles de démarchage à domicile commises par des démarcheurs ambulants, les dirigeants d'une société qui leur fournissent les produits à vendre, les bons de garantie et leur accordent des facilités de paiement. • Paris, 13 sept. 1999 : *CCC 2000, n° 118, obs. Raymond.*

7. Délégation de pouvoirs. Le président du conseil d'administration d'une société qui a délégué les pouvoirs de formation, recrutement et sanction des collaborateurs chargés des ventes dans le respect de la réglementation en vigueur à un cadre supérieur ayant sous ses ordres un directeur administratif et des directeurs d'agence ne peut être poursuivi pour des infractions à la législation sur le démarchage à domicile, quand bien même ce président avait antérieurement à la délégation diffusé une note donnant des directives contraires à la loi. • Crim. 6 mars 2001 : *Dr. pénal 2001, n° 75, obs. J.-H. Robert.* ♦ Sont soumis aux dispositions légales non seulement les démarcheurs eux-mêmes, mais également leurs mandants. • Paris, 28 sept. 1999 : *D. 2000. AJ 70.* ♦ Sur la condamnation d'une gérante de société pour démarchage irrégulier alors que celle-ci n'avait pas remis personnellement au vendeur les bons de commande irréguliers : • Même arrêt. ♦ Jugeant que le dirigeant d'une entreprise doit veiller personnellement à ce que ses subordonnés disposent des documents contractuels adaptés aux exigences légales en matière de démarchage, V. • Paris, 10 janv. 2001 : *BID 2002, n° 2, p. 11.*

8. Personnes protégées. Les dispositions légales sont sans effet au regard du démarchage accompli auprès d'une personne morale. • Civ. 1re, 15 déc. 1998 : *D. Affaires 1999. 413, obs. C. R.; D. 2000. Somm. 39, obs. Pizzio; CCC 1999, n° 80, obs. Raymond* • Toulouse, 19 juin 2003 : *CCC 2003, n° 171, obs. Raymond.* – Sur cette question, V. aussi Amar, *CCC 2003. Chron. 5.* ♦ ... Serait-elle à but non lucratif. • Dijon, 24 mai 2005, n° 04/01718 : *CCC 2005, n° 214, obs. Raymond.* ♦ Ainsi, une coopérative est, en raison de sa qualité de personne morale, exclue du champ d'application de la réglementation sur le démarchage au domicile. • Crim. 4 août 1998 : *BID 1999, n° 1, p. 30.* ♦ Dans le même sens, considérant qu'une société ne saurait se prévaloir des dispositions de la loi, V. • Com. 8 mars 1977 : *Bull. civ. IV, n° 78; JCP 1977. II. 18649; RTD com. 1977. 873, obs. Houin* • Crim. 15 mars 1978 : *Bull. crim. n° 99* • Lyon, 14 avr. 2000 : *BICC, n° 1299.* ♦ Le fait que la société soit composée de deux associés, personnes physiques, ne saurait suffire à faire entrer le contrat dans le champ d'application de la réglementation excluant les démarchages de personnes morales. • Paris, 17 sept. 1999 : *D. 1999. AJ 66.* ♦ Une personne morale (salon de coiffure) démarchée pour un système de climatisation devant équiper ses locaux ne peut bénéficier des dispositions protectrices puisque le contrat a été conclu pour les besoins de l'exploitation. • Toulouse, 19 juin 2003, n° 2002/02237 : *CCC 2003, n° 171.* – V. aussi pour un médecin démarché pour la location longue durée d'un matériel médical : • Paris, 15 sept. 2016, n° 14/07535 : *CCC 2016, n° 244, obs. Bernheim-Desvaux.* ♦ Comp. art. L. 221-3.

9. Application conventionnelle. En l'absence de disposition contraire de la loi, les parties sont libres de soumettre, par une manifestation de volonté dépourvue d'équivoque, aux dispositions du code de la consommation relatives au démarchage à domicile, les opérations de commercialisation d'un bien ou d'un service qui n'en relèvent pas. • Civ. 1re, 7 déc. 2004 : *RJDA 2006, n° 71* • Metz, 5 oct. 2006 : *JCP 2007. IV. 2174.* ♦ Un contrat de location (de matériel de surveillance) destiné uniquement aux professionnels qui porte intégralement le texte de divers articles du code de la consommation, ainsi qu'un formulaire de rétractation, constitue la preuve que les parties ont entendu volontairement et sans ambiguïté soumettre leur convention aux dispositions protectrices du code de la consommation. • Bordeaux, 3 janv. 2005 : *JCP 2005. IV. 3046.* ♦ Mais la circonstance que le bon de commande reproduise certaines dispositions des articles sur le démarchage ne saurait avoir, par elle seule, pour effet d'entraîner l'application des sanctions pénales édictées par les textes lorsque, comme en l'espèce, l'opération ne relève pas de la législation sur le démarchage. • Crim. 27 juin 2006 : *D. 2007. 484, note Bazin; JCP E 2007, n° 47, p. 22, obs. Azarian et Saintourens; CCC 2006, n° 211, obs. Raymond; RSC 2007. 92, obs. Ambroise-Castérot.*

Bien qu'aux termes du texte seul le démarchage d'une personne physique soit visé par la loi, les personnes morales peuvent convenir de placer leurs relations contractuelles dans le cadre de cette réglementation (reprise des dispositions de la loi dans les conditions générales de vente et établissement de la commande au nom du gérant de la société). • Paris, 27 nov. 1997 : *RJDA 1998, n° 524* • Rouen, 7 déc. 2000 : *RJDA 2001, n° 513.*

10. Avenant à un contrat préexistant et succession de contrats. La conclusion d'un avenant à un contrat préexistant n'entre pas dans le cadre des dispositions relatives au démarchage à domicile qui suppose une prospection commerciale en vue de chercher des cocontractants nouveaux. • Douai, 29 juin 2000 : *JCP 2001. IV. 2543.* ♦ Jugeant inapplicables les dispositions légales à la signature, au domicile des promettants, d'une promesse synallagmatique de vente d'une parcelle de bois, alors que les acquéreurs entretenaient avec les promettants des relations régulières et bonnes, que l'opération faisait suite à une promesse de vente non critiquée et concrétisait l'option d'acquérir de son bénéficiaire, V. • Civ. 3e, 15 janv. 2003 : *JCP E 2003, n° 10, p. 395.* ♦ En revanche, lorsqu'une société de démarchage à domicile a livré et installé au domicile des acquéreurs un matériel dont la commande a fait ultérieurement l'objet d'une rétractation régulière, et qu'elle a obtenu aussitôt, dans les mêmes conditions, une seconde commande concernant ce même matériel, c'est à bon droit que les acquéreurs invoquent la nullité de cette seconde vente car la signature du second contrat a placé les candidats acquéreurs devant une situation non prévue et génératrice de problèmes de droit liés à l'acceptation ou au refus, qu'ils auraient à résoudre immédiatement sans en connaître les conséquences, et susceptible d'affecter leur libre réflexion durant le nouveau délai légal de rétractation. • Bordeaux, 20 mars 1995 : *Gaz. Pal. 1995. 2. Somm. 533 ; BICC 1995, n° 727.*

11. Modification unilatérale du contrat. En l'absence d'acceptation formelle – écrite ou électronique – des nouvelles conditions contractuelles proposées par démarchage, et *a fortiori* après l'opposition écrite du client, le fournisseur d'accès à internet n'est pas fondé à modifier les conditions d'un abonnement à internet. • TI Vanves, 13 janv. 2004 : *D. 2004. AJ 697*.

12. Notion de démarchage au domicile. Dès lors que la vente a déjà été conclue, la seule rédaction de l'acte de vente au domicile de l'acheteur n'entre pas dans le champ d'application de la loi. • T. corr. Paris, 13 oct. 1981 : *Gaz. Pal. 1981. 2. 805, note Marchi.* ♦ Mais un contrat de commande conclu consécutivement à la réception d'une offre portant sur l'établissement d'un devis gratuit et à son acceptation suivie d'une visite d'un agent commercial à domicile relève des dispositions sur le démarchage, sans qu'importe la circonstance qu'un nouveau bon de commande ait été substitué au bon de commande initial dès lors que cette substitution ne constitue qu'une modification du premier contrat. • Versailles, 20 févr. 2004 : *BICC 2006, n° 127 ; JCP E 2004, n° 42, p. 1614.*

Les textes sont applicables alors même que le démarchage a été effectué à la demande du client. • Civ. 1re, 30 mai 2012 : *CCC 2012, n° 246, obs. Raymond.* ♦ Il en va également ainsi alors même que le démarchage a été effectué à la demande d'un éventuel client, a été accepté au préalable par ce dernier, ou a été précédé de pourparlers au cours desquels aucun engagement n'a été contracté par l'intéressé. • Civ. 1re, 30 mars 1994 : *Bull. civ. I, n° 132 ; D. 1994. IR 108* • Rennes, 30 mars 2000 : *CCC 2001, n° 32, obs. Raymond.* ♦ Sur l'application des textes même en cas de démarchage à la demande de la personne démarchée, • Civ. 1re, 15 déc. 1993 : *CCC 1994, n° 64, obs. Raymond.* ♦ V. déjà avant l'intervention de la loi du 23 juin 1989, • Crim. 14 févr. 1991 : *Bull. crim. n° 75.* ♦ Le fait, pour un serrurier, d'avoir été appelé au domicile d'une personne en vue d'une réparation n'ôte pas le caractère de démarchage à sa proposition de vente d'une nouvelle serrure. • Civ. 1re, 3 mars 1993 : *Bull. civ. I, n° 96 ; D. 1993. Somm. 238, obs. Paisant ; CCC 1993, n° 101, note Raymond* • Paris, 9 nov. 1993 : *BID 1994, n° 11, p. 22* • 11 mars 2002 : *BRDA 2002, n° 12, p. 10.* ♦ Comp., refusant d'appliquer la loi s'agissant de la signature à domicile d'un devis pour la pose d'un volet roulant par un installateur contacté par le consommateur parce qu'il lui avait déjà posé sa véranda : • Bordeaux, 26 janv. 1993 : *CCC 1993, n° 226, obs. Raymond.* ♦ De la même façon, le déplacement d'un professionnel au domicile d'un consommateur pour l'étude des lieux et la prise des mesures nécessaires à l'établissement d'un devis envoyé ultérieurement par voie postale, qui n'a donné lieu à aucun engagement du destinataire, ne constitue pas un démarchage. • Crim. 27 juin 2006 : *D. 2007. 484, note Bazin ; JCP E 2007, n° 47, p. 22, obs. Azarian et Saintourens ; CCC 2006, n° 211, obs. Raymond ; RSC 2007. 92, obs. Ambroise-Castérot* • Civ. 1re, 12 juill. 2012 : *CCC 2012, n° 267, obs. Raymond.* ♦ Mais si le fait pour un artisan de se déplacer chez un client pour effectuer des métrés ne s'analyse pas en un fait de démarchage à domicile, il en va différemment du déplacement de l'artisan au domicile du consommateur destiné à lui faire signer une commande. • Rennes, 4 mai 2012 : *CCC 2013, n° 19, obs. Raymond.*

13. Démarchage dans les lieux non destinés à la commercialisation. Ne sont pas des « lieux non destinés à la commercialisation » : des foires et salons. • Civ. 1re, 10 juill. 1995 : *Bull. civ. I, n° 317 ; D. 1995. IR 191 ; D. Affaires 1995. 65 ; CCC 1995, n° 194, note Raymond ; Defrénois 1995. 1415, obs. Aubert ; Rev. huiss. 1995. 1211, note Bazin* • Chambéry, 16 févr. 1999 : *JCP 1999. IV. 2822* • Lyon, 24 juin 2004, n° 03/02717 : *CCC 2005, n° 21, obs. Raymond* • Riom, 15 janv. 2009, n° 08/01383 : *CCC 2009, n° 121, obs. Raymond.* ♦ ... Le stand implanté au centre d'une allée de la galerie commerciale d'un supermarché. • Paris, 5 mai 1998 : *D. Affaires 1998. 1042.* ♦ La signature, au domicile du consommateur, d'un contrat dont le principe et les conditions essentielles avaient été définitivement arrêtés dans un salon professionnel, lieu destiné à la commercialisation des biens et services en cause, ne procède pas d'un démarchage à domicile. • Crim. 27 juin 2006 : *préc. note 12* • Riom, 5 févr. 2009 : *JCP 2009. IV. 1814.*

En revanche, la vente conclue dans un lieu non habituellement affecté au commerce (exposition de porcelaine dans la salle des fêtes d'une commune) avec des personnes invitées à s'y rendre par voie postale ou téléphonique est soumise à la réglementation du démarchage. • Crim. 18 sept. 1995 : *Bull. crim. n° 271 ; D. Affaires 1996. 11 ;* Rev. huiss. 1996. 471, note Bazin ; CCC 1996, *n° 54, obs. Raymond* • Limoges, 7 mai 1998 : *BICC 1998, n° 1162* • TGI Chalon-sur-Saône, 11 déc. 2000 : *BID 2002, n° 2, p. 10.* ♦ De même, les consommateurs ayant été attirés hors de leur domicile par l'annonce publicitaire reçue dans leur courrier, fût-elle non nominative, pour se rendre dans un lieu non habituellement destiné à la commercialisation du bien proposé, il y a bien démarchage. • Crim. 4 oct. 2005 : *Bull. crim. n° 249; D. 2005. AJ 2941, obs. Chevrier ; RTD com. 2006. 498, obs. Bouloc ; RSC 2006. 88, obs. Ambroise-Castérot ; Dr. pénal 2005, n° 180, obs. J.-H. Robert; CCC 2006, n° 12, obs. Raymond; LPA 14-17 juill. 2006, note Bazin; RJDA 2006, n° 204; RDC 2006. 362, obs. Bruschi.*

Pour une application des dispositions relatives au démarchage à une opération de remise de prospectus dans la rue, suivie d'une vente dans un lieu que rien ne destinait à la commercialisation, V. • Pau, 4 juin 1996 : *BID 1997, n° 12, p. 21.* ♦ ... À une vente conclue au domicile d'un tiers au contrat de démarchage, V. • Civ. 1re, 9 juill. 2003 : *D. 2003. AJ 2236, obs. Rondey ; JCP E 2003, n° 39, p. 1512; CCC 2003, n° 172, note Raymond; Dr. et patr., nov. 2003. 86, obs. Chauvel; RJDA 2004, n° 106; RDC 2004. 302, obs. Bruschi.*

14. Invitation téléphonique. **BIBL.** Bazin, *Rev. huiss. 1997. 409.* ♦ La vente conclue dans un magasin avec un consommateur invité par téléphone à s'y rendre sous prétexte de retirer un cadeau est soumise à la réglementation du démarchage à domicile. • Crim. 10 janv. 1996 : *Bull. crim. n° 12; D. 1996. IR 120 ; D. Affaires 1996. 577; Rev. huiss. 1996. 1141, note Bazin* • 26 oct. 1999 : *JCP E 2000, n° 20, p. 804, note J.-H. Robert* • 12 déc. 2000 : *BID 2002, n° 10, p. 32* • 7 févr. 2006 : *CCC 2006, n° 121, obs. Raymond.* – Dans ce sens aussi, V. • Agen, 18 févr. 1993 : *RJDA 1993, n° 1094; CCC 1993, n° 165, obs. Raymond* • Rouen, 13 sept. 1995 : *RJDA 1996, n° 283* • 13 mai 1996 : *BID 1997, n° 11, p. 32* • TI Rennes, 17 avr. 1997 : *CCC 1997, n° 168, obs. Raymond* • Paris, 19 mars 1999 : *D. 1999. IR 50* • TGI Mâcon, 12 sept. 2001 : *BID 2002, n° 1, p. 58.* – Comp. : • T. corr. Le Mans, 24 avr. 1995 : *BRDA 1995, n° 13, p. 14.* ♦ Sur cette interprétation du démarchage, V. Chabrux, *CCC 1994. Chron. 6.* ♦ V. aussi, sur cette question : *BID 1996, n° 3, p. 11.*

15. « Boîtage », prospectus. En ce sens que la distribution en boîtes aux lettres de documents publicitaires non personnalisés contenant une invitation à venir retirer un cadeau ne peut être assimilée à une opération de démarchage à domicile, V. • Montpellier, 12 janv. 1999 : *CCC 1999, n° 99, obs. Raymond.* ♦ Un document publicitaire apposé sur le pare-brise d'une voiture n'étant pas nominatif ni personnalisé il en résulte que, même si un avantage était offert à la personne qui se rendrait à cette invitation, cette opération commerciale ne peut être assimilée à un démarchage à domicile. • Douai, 7 nov. 2011 : *CCC 2012, n° 143, obs. G. R.* ♦ En revanche, l'opération publicitaire par laquelle une société sollicite un client en lui annonçant le gain d'un avoir à valoir sur l'achat d'un ensemble de meubles constitue un acte de démarchage. • Pau, 6 mai 1998 : *Cah. jurispr. Aquitaine 1998, n° 3, p. 40.* ♦ De la même façon, la réception à son domicile, par une personne inscrite dans un fichier clients d'une entreprise, d'une lettre circulaire l'incitant, par le biais de cadeaux offerts, à se déplacer dans les locaux de l'entreprise pour conclure un contrat, constitue un acte de démarchage. • Civ. 1re, 4 févr. 2015, n° 14-11.002 P : *D. 2015. Actu. 372 ; JCP E 2015, n° 1116; CCC 2015, n° 129, obs. Raymond; Gaz. Pal. 2015. 1766, obs. Piedelièvre; Dr. pénal 2015, n° 70, obs. J.-H. Robert; RLDA mars 2015. 44, obs. Mathonnière; Dr. et proc. 2015, Cah. dr. consom., n° 7, p. 38, obs. Galvada-Moulenat.*

16. Fourniture de services. Le contrat ayant pour objet le ravalement d'une façade constitue une prestation de services au sens des dispositions sur le démarchage. • Civ. 1re, 7 févr. 1990 : *Bull. civ. I, n° 40; D. 1990. IR 51 .* ♦ De même, la fourniture et la pose d'une véranda constituent la vente d'un bien et la fourniture d'un service entrant dans les prévisions légales. • Crim. 19 janv. 1994 : *Bull. crim. n° 28; D. 1994. IR 77 .* ♦ Le contrat, qui porte sur la réalisation d'une étude pour l'agrandissement d'un bâtiment existant, consiste bien en la fourniture d'un service, les dispositions sur le démarchage n'excluant nullement l'exécution d'un travail intellectuel. • Dijon, 11 déc. 2007, n° 06/01789 : *CCC 2008, n° 138, obs. Raymond.* ♦ V. aussi, pour le démarchage ayant pour objet la détection de fuites de gaz. • Paris, 4 juin 1987 : *D. 1987. IR 196.* ♦ Le contrat de maîtrise d'œuvre est une convention de louage d'ouvrage et d'industrie qui a pour objet de confier au professionnel intéressé une mission de conception et de suivi d'un projet architectural constitutif d'une prestation de services et qui ne fait l'objet d'aucune réglementation particulière; il est donc susceptible d'entrer dans le champ d'application des dispositions sur le démarchage. • Rennes, 30 mars 2000 : *CCC 2001, n° 32, obs. Raymond.* ♦ Sur l'application des textes protecteurs aux activités de dépannage à l'exclusion des interventions limitées à ce qui est strictement nécessaire pour faire cesser le trouble, V. • Paris, 5 nov. 1997 : *BID 1998, n° 12, p. 28* • 19 nov. 1997 : *ibid., p. 29* • TGI Paris, 5 janv. 1998 : *ibid., p. 28.* ♦ Constitue une fourniture de services, une convention d'assistance et de gestion proposée aux accidentés de la circulation ou à leurs ayants droit. • Crim. 26 sept. 2006 : *préc. note 2.*

17. Avocats. Les dispositions du code de la consommation ne sont pas applicables au démarchage de l'avocat qui est prévu et réprimé par l'art. 66-4 de la L. du 31 déc. 1971. • Crim. 23 janv. 2001 : *Bull. crim. n° 20; JCP 2001. I. 346, note J.-H. Robert; Dr. pénal 2001, n° 62, obs. J.-H. Robert.*

18. Généalogistes. Le généalogiste qui a fait proposer au domicile de son cocontractant la fourniture d'un service est soumis aux dispositions sur le démarchage, peu important que le client potentiel soit unique et déterminé à l'avance (à propos d'un contrat de révélation de succession). • Crim. 30 oct. 1996 : *Bull. crim. n° 386; D. 1997. IR 44; D. Affaires 1997. 306; CCC 1997, n° 54, obs. Raymond; RSC 1998. 122, obs. Giudicelli* (V. l'arrêt d'appel • Riom, 8 juin 1995 : *BICC 1996, n° 680*) • Civ. 1re, 9 juill. 2003 : *CCC 2004, n° 67, obs. Raymond.* – V. Sion, *JCP N 1998, n° 10, p. 354.* – V. également • TGI Paris, 2 déc. 1996 : *BICC 1997, n° 399* • Paris, 18 juin 1997 : *RSC 1998. 122, obs. Giudicelli* • 19 mars 1998 : *D. 1998. IR 178; D. Affaires 1998. 758; CCC 1998, n° 169, obs. Raymond* • Paris, 18 avr. 2000 : *ibid 2001, n° 51, obs. Raymond.* ♦ Jugeant qu'il importe peu que les recherches ayant amené la découverte de l'héritier aient été accomplies avant la signature du contrat, la réalisation d'autres prestations devant être postérieure à sa conclusion, V. • TGI Rennes, 2 juill. 1998 : *BICC 1999, n° 282.*

Le contrat de révélation de succession par lequel un généalogiste, après des recherches effectuées à la demande d'un notaire, s'engage à révéler à l'héritier, qu'il a préalablement identifié, la succession ouverte à son insu, contre l'abandon d'une quote-part de l'actif net successoral, n'est pas un contrat de démarchage mais s'analyse comme un contrat *sui generis*, aléatoire pour le généalogiste, dont l'objet est la révélation d'un secret. • Paris, 11 mars 2015, n° 14/07929 : *CCC 2015, n° 157, obs. Raymond; Dr. et proc. 2015, Cah. dr. consom., n° 7, p. 39, obs. Gavalda-Moulenat.*

19. Éléments préfabriqués de cuisine. La vente d'éléments préfabriqués de cuisine ou de cheminées entre dans les prévisions légales; par conséquent, le vendeur ne peut obtenir une autorisation de prélèvement du client avant l'expiration du délai de réflexion. • Crim. 17 sept. 2002 : *Dr. pénal 2003, n° 9, obs. J.-H. Robert.*

20. Emplacement pour panneau publicitaire. Constitue un démarchage le fait de se rendre au domicile d'un propriétaire pour lui proposer de donner à bail un emplacement pour y apposer un panneau publicitaire. • Douai, 29 juin 2000 : *JCP 2001. IV. 2543.* ♦ V. aussi, jugeant que le contrat de location d'emplacement publicitaire est un contrat de location de bien soumis aux dispositions relatives au démarchage : • Montpellier, 16 déc. 2003, n° 01/05029 : *CCC 2004, n° 116, obs. Raymond.*

21. Implantation d'une antenne-relais de téléphonie mobile. Le démarchage au domicile du propriétaire en vue de lui proposer de donner à bail un emplacement afin d'y installer une antenne-relais de téléphonie mobile constitue un démarchage en vue de la location d'un bien. • Civ. 1re, 30 mars 2005 : *D. 2005. AJ 1081, obs. Rondey; CCC 2005, n° 120, obs. Raymond; JCP 2005. IV. 2151; RJDA 2006, n° 72; RDC 2005. 1056, obs. Fenouillet; ibid. 1090, obs. Sembe; Gaz. Pal. 2005. 3416, note Bazin* (qui casse • Aix-en-Provence, 20 janv. 2004 : *JCP E 2004, n° 45-46, p. 1761*). – Et sur renvoi après cassation, statuant dans le même sens que la haute juridiction : • Nîmes, 15 janv. 2008 : *JCP 2008. II. 10137, note Beroujon.*

22. Adhésion à un fonds immobilier. La Dir. 85/577/CEE du 20 déc. 1985 [abrogée et remplacée par Dir. 2011/83/UE du 25 oct. 2011; V. ce texte ss. art. L. 232-3] s'applique à un contrat portant sur l'adhésion d'un consommateur à un fonds immobilier fermé constitué sous la forme d'une société de personnes lorsque la finalité d'une telle adhésion est prioritairement non pas de devenir membre de ladite société, mais de faire un placement financier. • CJUE 15 avr. 2010 : *D. 2011. Pan. 979, obs. Poillot; Europe 2010, n° 218, obs. Idot.* ♦ L'art. 5, § 2, de la Dir. 85/577 ne s'oppose pas à une règle nationale selon laquelle, en cas de révocation de l'adhésion à un fonds immobilier fermé constitué sous la forme d'une société de personnes, effectuée à la suite d'un démarchage non sollicité à domicile, le consommateur peut faire valoir à l'encontre de cette société, sur l'actif net de liquidation, un droit calculé en fonction de la valeur de sa participation à la date de son retrait de ce fonds, et ainsi obtenir éventuellement la restitution d'un montant inférieur à son apport ou être tenu de participer aux pertes dudit fonds. • Même arrêt.

23. Réglementation particulière. Le démarchage au domicile d'un propriétaire, pour lui proposer un mandat exclusif de vente de son immeuble, constitue un démarchage en vue d'une prestation de service qui ne fait l'objet d'aucune réglementation particulière, et qui dès lors tombe sous le coup de la loi sur le démarchage. • Crim. 12 mars 1984 : *D. 1985. 1, note Waremboug-Auque.* ♦ Même solution s'agissant d'un propriétaire sollicité à domicile pour donner à bail un emplacement afin d'y apposer un panneau publicitaire. • Crim. 16 juin 1993 : *Bull. crim. n° 215; BID 1994, n° 1, p. 18* • Montpellier, 16 déc. 2003, n° 01/05029 : *CCC 2004, n° 116, obs. Raymond.* ♦ *Contra*, excluant le contrat de louage d'emplacement publicitaire en raison de la loi du 29 déc. 1979 [C. envir., art. L. 581-1 s.] : • Paris, 20 sept. 1989 : *D. 1989. IR 255.*

Le démarchage en vue de donner des consultations ou de rédiger des actes en matière juridique, défini à l'art. 1er du Décr. du 25 août 1972, est pénalement sanctionné par l'art. 66-4 de la L. du 31 déc. 1971 et non par les dispositions du C. consom. relatives au démarchage à domicile. • Crim. 23 janv. 2001 : *Bull. crim. n° 20; Dr. pénal 2001, n° 62, obs. J.-H. Robert.* ♦ Seul le démarchage en matière d'assurance sur la vie se trouve réglementé par l'art. L. 132-5-1 C. assur.;

dès lors, les autres branches de l'activité d'assurance, dont celle litigieuse (complémentaire santé), qui ne relèvent pas de dispositions spécifiques, restent régies par le code de la consommation. • Crim. 2 oct. 2007 : *Bull. crim. n° 233 ; R. 2007, p. 470 ; D. 2007. AJ 2871, obs. Rondey ; D. 2009. Pan. 253, obs. Groutel ; AJ pénal 2007. 536 ; RSC 2008. 93, obs. Ambroise-Castérot ; JCP 2008. II. 10067, note Séraiche ; CCC 2008, n° 28, obs. Raymond ; LPA 17 janv. 2008, note Gosscu ; Gaz. Pal. 2008. 1835, obs. Cerveau ; RJDA 2008, n° 197 ; Dr. pénal 2007, n° 160, obs. J.-H. Robert.* – V. et comp., à partir du 1er juill. 2008, C. assur., art. L. 112-9. – **C. assur.**

L'art. 24, § 1, de la Dir. 2006/123/CE du 12 déc. 2006, relative aux services dans le marché intérieur, doit être interprété en ce sens qu'il s'oppose à une réglementation nationale qui interdit totalement aux membres d'une profession réglementée, telle que la profession d'expert-comptable, d'effectuer des actes de démarchage (anc. Décr. n° 2007-1387 du 27 sept. 2007, aujourd'hui abrogé par Décr. n° 2012-432 du 30 mars 2012, qui ne contient plus une telle interdiction). • CJUE 5 avr. 2011 : *D. 2011. Actu. 1072, obs. Delpech ; AJDA 2011. 1011 , et les obs. ; RTD eur. 2011. 592, obs. Sibony et Defossez ; JCP E 2011, n° 198 ; CCC 2011, n° 225, obs. Raymond ; LPA 23 juin 2011, obs. Barbièri ; RJDA 2011, n° 851 ; Europe 2011, n° 219, obs. Michel* (réponse à une question préjudicielle posée par • CE 4 mars 2009 : *Dalloz jurisprudence*). ♦ Refusant d'appliquer cette solution aux huissiers de justice, pour lesquels les règles des autres professions réglementées ne sont justement pas applicables, V. • Paris, 24 avr. 2013 : *Dr. et proc. 2013. 165, obs. Guinot.*

Art. L. 221-2 **Sont exclus du champ d'application du présent chapitre :**

1° Les contrats portant sur les services sociaux, y compris le logement social, l'aide à l'enfance et aux familles, à l'exception des services à la personne mentionnés à l'article L. 7231-1 du code du travail ;

2° Les contrats portant sur les services de santé fournis par des professionnels de la santé aux patients pour évaluer, maintenir ou rétablir leur état de santé, y compris la prescription, la délivrance et la fourniture de médicaments et de dispositifs médicaux ;

3° Les contrats portant sur les jeux d'argent mentionnés à l'article L. 320-1 du code de la sécurité intérieure, y compris les loteries, les jeux de casino et les transactions portant sur des paris ;

4° Les contrats portant sur les services financiers ;

5° Les contrats portant sur un forfait touristique, au sens de l'article L. 211-2 du code du tourisme ;

6° Les contrats portant sur les contrats d'utilisation de biens à temps partagé, les contrats de produits de vacances à long terme et les contrats de revente et d'échange mentionnés aux articles L. 224-69 et L. 224-70 ;

7° Les contrats rédigés par un officier public ;

8° Les contrats portant sur la fourniture de denrées alimentaires, de boissons ou d'autres biens ménagers de consommation courante, qui sont livrés physiquement par un professionnel lors de tournées fréquentes et régulières au domicile ou au lieu de résidence ou de travail du consommateur ;

9° Les contrats portant sur les services de transport de passagers, à l'exception des dispositions prévues à l'article L. 221-14 ;

10° Les contrats conclus au moyen de distributeurs automatiques ou de sites commerciaux automatisés ;

11° Les contrats conclus avec des opérateurs de télécommunications pour l'utilisation des cabines téléphoniques publiques ou aux fins d'une connexion unique par *téléphone, internet ou télécopie, notamment* les services et produits à valeur ajoutée accessibles par voie téléphonique ou par message textuel ;

12° Les contrats portant sur la création, l'acquisition ou le transfert de biens immobiliers ou de droits sur des biens immobiliers, la construction d'immeubles neufs, la transformation importante d'immeubles existants ou la location d'un logement à des fins résidentielles. – *[C. consom., art. L. 121-16-1, I.]*

COMMENTAIRE

L'article L. 221-2 énumère les contrats exclus du champ d'application des nouvelles dispositions, cette liste étant plus longue que celle antérieure à la loi du 17 mars 2014, laquelle ne visait que quelques contrats. Sont en particulier exclus les services financiers, les services de santé ou les services sociaux ainsi que les jeux d'argent, les forfaits touristiques et le *time-share*. En revanche, sont concernés les contrats portant sur la fourniture d'eau, de gaz ou d'électricité, lorsqu'ils ne sont pas conditionnés dans un volume délimité ou en quantité déterminée, ainsi que ceux portant sur la fourniture de chauffage urbain et de contenu numérique non fourni sur un support matériel (art. L. 221-4). Il faut observer que sont désormais formellement exclus par la loi du 6 août 2015 les contrats en matière immobilière (V. nos développements, au-dessus de l'art. L. 221-18, à propos du délai de rétractation).

Par ailleurs, une partie du dispositif est étendue au bénéfice de professionnels dont la vulnérabilité est assimilée à celle de consommateurs, en fonction de critères d'incompétence présumée et de taille (micro-entreprises) : « contrats conclus hors établissement entre deux professionnels dès lors que l'objet de ces contrats n'entre pas dans le champ de l'activité principale du professionnel sollicité et que le nombre de salariés employés par celui-ci est inférieur ou égal à cinq » (art. L. 221-3). ❑

1. Produits de consommation courante. N'entrent pas dans cette catégorie les reproductions de tableaux par sérigraphie, quel que soit le prix. • Crim. 29 oct. 1985 : *Bull. crim. n° 333; D. 1986. IR 399, obs. Roujou de Boubée.* ♦ V. aussi • Paris, 11 juin 1996 : *CCC 1996, n° 175, note Raymond.* ♦ ... Ni des services de table et des ménagères (en porcelaine de Limoges). • Crim. 18 sept. 1995 : *Bull. crim. n° 271; Gaz. Pal. 1996. 1. Chron. 3, par Doucet* • Besançon, 12 déc. 1996 : *BID 1998, n° 1, p. 20.* ♦ ... Ni des tapis. • Rennes, 8 juin 1995 : *BID 1997, n° 3, p. 27.*

2. Tournée de voisinage. L'art. L. 121-22-1° [rédaction antérieure à la L. du 17 mars 2014] ne peut être invoqué alors qu'il est constaté que les prévenus géraient la société, dont le siège était en Isère, depuis leur domicile personnel situé dans les Hautes-Alpes et que les employés effectuaient des tournées à partir d'un dépôt situé près du siège social de la société, avec des camions immatriculés dans les Hautes-Alpes, pour vendre des denrées alimentaires dans les départements de la Savoie, de la Haute-Savoie, de l'Isère, de la Drôme, du Rhône et de l'Ain. • Crim. 22 mars 2005 : *Bull. crim. n° 99; D. 2005. AJ 1349, obs. Chevrier; JCP 2005. IV. 2081; RTD com. 2005. 620, obs. Bouloc; RSC 2006. 88, obs. Ambroise-Castérot; RJDA 2005, n° 896; RDC 2005. 1057, obs. Fenouillet.*

3. Prestation de transports. L'art. 3, § 2, de la Dir. 97/7/CE du 20 mai 1997, concernant la protection des consommateurs en matière de contrats à distance [abrogée et remplacée par Dir. 2011/83/UE du 25 oct. 2011 ; V. ce texte ss. art. L. 232-3], doit être interprété en ce sens que la notion de « contrats de fourniture de services de transports » inclut les contrats de fourniture de services de location de voitures. • CJCE 10 mars 2005 : *JCP 2005. II. 10059, note Zarka; LPA 20 mars 2006, obs. Claret; RJDA 2005, n° 800; Europe 2005, n° 179, obs. Idot; BEEI 2005, n° 2, p. 12.* ♦ Jugeant que le droit de rétractation n'est pas applicable à la prestation de service litigieuse consistant à acheter auprès de la SNCF un billet nominatif aller-retour Paris/Amsterdam en utilisant le site internet « Thalys » : • Civ. 1re, 6 déc. 2007 : *CCC 2008, n° 58, obs. Raymond.*

4. Contrat électronique. Le droit de rétractation ne s'applique pas aux contrats conclus par voie électronique ayant pour objet la prestation de services d'hébergement, de transport, de restauration, de loisirs qui doivent être fournis à une date ou selon une périodicité déterminée (réservation d'une chambre d'hôtel). • Civ. 1re, 25 nov. 2010 : *Bull. civ. I, n° 244; D. 2011. 802, note Dagorne-Labbe; JCP E 2011, n° 1054, note Brunaux; CCC 2011, n° 49, obs. Raymond; Gaz. Pal. 2011. 953, obs. S. Piedelièvre; RJDA 2011, n° 130; CCE 2011, n° 36, obs. Debet; RLDC janv. 2011. 12, obs. Paulin; RD transp. 2011. Étude 3, par Bazin-Beust.*

Art. L. 221-3 **Les dispositions des sections II, III, VI du présent chapitre applicables aux relations entre consommateurs et professionnels, sont étendues aux contrats conclus hors établissement entre deux professionnels dès lors que l'objet de ces contrats n'entre pas dans le champ de l'activité principale du professionnel sollicité et que le nombre de salariés employés par celui-ci est inférieur ou égal à cinq.** — *[C. consom., art. L. 121-16-1, III.]*

Micro-professionnels. Sur l'existence de déséquilibres significatifs dans les droits et obligations des parties, dans le cadre de démarchages *ayant abouti à la signature de contrats par des* professionnels podologues pour la création de sites web destinés à développer leur activité professionnelle, V. : • CEPC, avis n° 15-03 du 22 janv. 2015.

Art. L. 221-4 **Les dispositions du présent chapitre s'appliquent aux contrats portant sur la fourniture d'eau, de gaz ou d'électricité lorsqu'ils ne sont pas conditionnés dans un volume délimité ou en quantité déterminée ainsi que sur la fourniture de chauffage urbain.**

Elles s'appliquent également aux contrats portant sur la fourniture de contenu numérique indépendamment de tout support matériel. – *[C. consom., art. L. 121-16-2.]*

SECTION II OBLIGATION D'INFORMATION PRÉCONTRACTUELLE

COMMENTAIRE

I. LISTE DES INFORMATIONS

L'article L. 221-5 énumère les informations devant être communiquées par le professionnel au consommateur de manière lisible et compréhensible. Il s'agit d'abord des informations prévues aux articles L. 111-1 et L. 111-2, applicables à tout contrat de vente ou de services en droit de la consommation.

Il s'agit ensuite des informations relatives à l'existence et aux modalités d'exercice du droit de rétractation, aux coordonnées du professionnel et, le cas échéant, aux coûts de l'utilisation de la technique à distance, à l'existence de codes de bonne conduite, aux cautions et garanties, aux modalités de rétractation, aux modes de règlement des litiges et aux autres conditions contractuelles dont la liste et le contenu sont fixés par décret en Conseil d'État.

II. FRAIS SUPPLÉMENTAIRES

Si le professionnel n'a pas respecté ses obligations d'information concernant les frais supplémentaires (art. L. 112-3), le professionnel sera civilement sanctionné : le consommateur ne sera pas tenu au paiement de ces frais, par application de l'article L. 221-6.

III. DÉCRET D'APPLICATION DU 17 SEPTEMBRE 2014

En application du 6° de l'article L. 221-5 le professionnel communique au consommateur les informations énumérées par l'article R. 221-2 : existence de codes de conduite applicables, durée minimale des obligations contractuelles du consommateur, coût de l'utilisation de la technique de communication à distance pour la conclusion du contrat, lorsque ce coût est calculé sur une base autre que le tarif de base…

Le formulaire type de rétractation, mentionné au 2° de l'article L. 221-5, figure en annexe de l'article R. 221-1. Les informations relatives au droit de rétractation mentionnées aux 2°, 3° et 4° de l'article L. 221-5 peuvent être fournies au moyen de l'avis d'information type dûment complété figurant en annexe de l'article R. 221-3.

IV. PREUVE

La charge de la preuve concernant le respect des obligations d'information ici mentionnées pèse logiquement sur le professionnel (art. L. 221-7).

V. SANCTIONS

Tout manquement aux obligations d'information prévues aux articles L. 221-5 et L. 221-6 (mais aussi aux art. L. 221-8, L. 221-11 et L. 221-12 à L. 221-14) est passible d'une amende administrative dont le montant ne peut excéder 3 000 € pour une personne physique et 15 000 € pour une personne morale (art. L. 242-10). ❑

Art. L. 221-5 Préalablement à la conclusion d'un contrat de vente ou de fourniture de services, le professionnel communique au consommateur, de manière lisible et compréhensible, les informations suivantes :

1° Les informations prévues aux articles L. 111-1 et L. 111-2 ;

2° Lorsque le droit de rétractation existe, les conditions, le délai et les modalités d'exercice de ce droit ainsi que le formulaire type de rétractation, dont les conditions de présentation et les mentions qu'il contient sont fixées par décret en Conseil d'État ; – *V. art. R. 221-1 et R. 221-3.*

3° Le cas échéant, le fait que le consommateur supporte les frais de renvoi du bien en cas de rétractation et, pour les contrats à distance, le coût de renvoi du bien lorsque celui-ci, en raison de sa nature, ne peut normalement être renvoyé par la poste ;

4° L'information sur l'obligation du consommateur de payer des frais lorsque celui-ci exerce son droit de rétractation d'un contrat de prestation de services, de

distribution d'eau, de fourniture de gaz ou d'électricité et d'abonnement à un réseau de chauffage urbain dont il a demandé expressément l'exécution avant la fin du délai de rétractation ; ces frais sont calculés selon les modalités fixées à l'article L. 221-25 ;

5° Lorsque le droit de rétractation ne peut être exercé en application de l'article L. 221-28, l'information selon laquelle le consommateur ne bénéficie pas de ce droit ou, le cas échéant, les circonstances dans lesquelles le consommateur perd son droit de rétractation ;

6° Les informations relatives aux coordonnées du professionnel, le cas échéant aux coûts de l'utilisation de la technique de communication à distance, à l'existence de codes de bonne conduite, le cas échéant aux cautions et garanties, aux modalités de résiliation, aux modes de règlement des litiges et aux autres conditions contractuelles, dont la liste et le contenu sont fixés par décret en Conseil d'État. – *V. art. R. 221-2.*

Dans le cas d'une vente aux enchères publiques telle que définie par le premier alinéa de l'article L. 321-3 du code de commerce, les informations relatives à l'identité et aux coordonnées postales, téléphoniques et électroniques du professionnel prévues au 4° de l'article L. 111-1 peuvent être remplacées par celles du mandataire. – *[C. consom., art. L. 121-17, I.] – V. art. R. 221-4.*

Sur les sanctions, V. art. L. 242-10.

BIBL. ▸ LUCAS-PUGET, *RCA 2016. Formule 10* (la clause informant le consommateur de son droit de rétractation dans les contrats à distance et hors établissement).

Coordonnées. Pour des coordonnées quasi-ment indéchiffrables et, qui plus est, incomplètes, compte tenu des exigences légales, puisque le numéro de téléphone de la société n'est pas indiqué. • Aix-en-Provence, 30 avr. 2008 : *CCC 2008, n° 262, obs. Raymond* (qui souligne aussi l'absence du bon de rétractation « exigé » alors que cette *exigence* ne semble pas figurer dans le texte).

Art. L. 221-6 **Si le professionnel n'a pas respecté ses obligations d'information concernant les frais supplémentaires mentionnés à l'article L. 112-3 et au 3° de l'article L. 221-5, le consommateur n'est pas tenu au paiement de ces frais.** – *[C. consom., art. L. 121-17, II.]*

Sur les sanctions, V. art. L. 242-10.

Art. L. 221-7 **La charge de la preuve du respect des obligations d'information mentionnées à la présente section pèse sur le professionnel.** – *[C. consom., art. L. 121-17, III.]*

SECTION III DISPOSITIONS PARTICULIÈRES APPLICABLES AUX CONTRATS CONCLUS HORS ÉTABLISSEMENT

COMMENTAIRE

I. PRESCRIPTION

C'est sur support papier ou, avec l'accord du consommateur, sur support durable que les informations susmentionnées doivent être fournies – de manière lisible et compréhensible –, qu'il s'agisse des informations prévues à l'article L. 221-5 (art. L. 221-8) ou de l'exemplaire du contrat confirmant l'engagement des parties (art. L. 221-9).

Le contrat doit comprendre toutes les informations susmentionnées, à peine de nullité : on retrouve ici la même exigence formaliste qu'en matière de cautionnement.

Le contrat est accompagné d'un formulaire type de rétractation, qui doit être détachable. De façon à mieux protéger ce droit de rétractation, le professionnel ne peut recevoir aucun paiement ou aucune contrepartie sous quelque forme que ce soit de la part du consommateur avant *un délai de sept* jours à compter de la conclusion du contrat. Il prévoit malgré tout un certain nombre d'exceptions permettant de répondre à des nécessités pratiques : souscription à domicile d'un abonnement à une publication quotidienne, contrat à exécution successive proposé par un organisme agréé ou relevant d'une autorité administrative ayant pour objet la fourniture de services mentionnés par le code du travail, travaux d'entretien ou de réparation en urgence, etc.

II. SANCTIONS

Ces obligations sont lourdement sanctionnées sur le plan pénal.

Le fait de ne pas remettre au client un exemplaire du contrat dans les conditions prévues à l'article L. 221-9 ou de remettre un contrat non conforme aux dispositions du même article est puni d'une peine d'emprisonnement de deux ans et d'une amende de 150 000 € (art. L. 242-5). Par ailleurs, l'absence du formulaire de rétractation détachable prévu à l'article L. 221-9 ou la remise d'un formulaire non conforme aux dispositions du 2° de l'article L. 221-5 est punie d'une peine d'emprisonnement de deux ans et d'une amende de 150 000 € (art. L. 242-6).

Le fait d'exiger ou d'obtenir du client, en infraction aux dispositions de l'article L. 221-10, une contrepartie, un engagement, ou d'effectuer des prestations de services avant l'expiration du délai de sept jours à compter de la conclusion du contrat hors établissement est puni d'une peine d'emprisonnement de deux ans et d'une amende de 150 000 € (art. L. 242-7).

Tout manquement aux obligations d'information prévues à l'article L. 221-8 est passible d'une amende administrative dont le montant ne peut excéder 3 000 € pour une personne physique et 15 000 € pour une personne morale (art. L. 242-10).

Les dispositions de l'article L. 221-9 sont prévues à peine de nullité du contrat conclu hors établissement (art. L. 242-1). ❑

Art. L. 221-8 Dans le cas d'un contrat conclu hors établissement, le professionnel fournit au consommateur, sur papier ou, sous réserve de l'accord du consommateur, sur un autre support durable, les informations prévues à l'article L. 221-5.

Ces informations sont rédigées de manière lisible et compréhensible. – *[C. consom., art. L. 121-18.]*

Sur les sanctions, V. art. L. 242-10.

BIBL. ▶ LUCAS-PUGET, *CCC 2016. Formule 1* (clause informant le consommateur de son droit de rétractation).

Art. L. 221-9 Le professionnel fournit au consommateur un exemplaire daté du contrat conclu hors établissement, sur papier signé par les parties ou, avec l'accord du consommateur, sur un autre support durable, confirmant l'engagement exprès des parties.

Ce contrat comprend toutes les informations prévues à l'article L. 221-5.

Le contrat mentionne, le cas échéant, l'accord exprès du consommateur pour la fourniture d'un contenu numérique indépendant de tout support matériel avant l'expiration du délai de rétractation et, dans cette hypothèse, le renoncement de ce dernier à l'exercice de son droit de rétractation.

Le contrat est accompagné du formulaire type de rétractation mentionné au 2° de l'article L. 221-5. – *[C. consom., art. L. 121-18-1, hors sanction.]*

Sur les sanctions, V. art. L. 242-1, L. 242-5 et L. 242-6.

1. Prix global à payer. Jugé que doit être annulée en sa totalité la vente à domicile pour un prix global, sans référence à un prix unitaire, de meubles différents, dès lors, d'une part, que le prix unitaire de chacun des meubles constituait une caractéristique essentielle des marchandises et que, d'autre part, l'absence de référence à un prix unitaire interdisait toute comparaison de prix dans le délai légal de rétractation. • Colmar, 3 févr. 1995 : *Gaz. Pal. 1995. 2. Somm. 532, obs. Vray.* ◆ Sur la nullité d'un contrat de vente conclu à domicile, le bon de commande n'indiquant pas le prix unitaire de chaque matériel commandé de sorte que toute comparaison des prix était interdite, V. • Pau, 6 mai 1999 : *CCC 2000, n° 33, obs. Raymond.*

2. Modalités de paiement. Dès lors que l'exemplaire du contrat remis à l'acheteur ne fait mention que d'un seul crédit pour le financement d'une alarme, alors que postérieurement à la commande un second crédit a été souscrit par celui-ci, affecté aussi au financement de l'alarme, le contrat ne répond pas aux exigences légales, prescrites à peine de nullité. • Lyon, 5 juill. 1995 : *BICC 1996, n° 349 ; Rev. huiss. 1996. 630.*

3. Vente à crédit. Justifie sa décision faisant droit à l'action en paiement contre l'emprunteur démarché une cour d'appel qui, après avoir constaté que le prêt consenti (pour financer l'achat du bien objet du démarchage) avait fait l'objet d'une offre préalable jointe au contrat proposé à celui-ci par le démarcheur, a relevé que la validité de cette offre n'était pas contestée par l'emprunteur, ce dont il résulte que les renseignements exigés par les textes, qui sont au nombre de ceux que doit aussi contenir toute offre de prêt, ont été portés à la connaissance de l'emprunteur à l'occasion du démarchage au cours duquel lui a été proposé le contrat principal, en sorte qu'il a été satisfait aux prescriptions du texte. • Civ. 1re, 3 mai 2007 : *Bull. civ. I, n° 169 ; D. 2008. Pan. 880, obs. D. R. Martin ; D. 2007. AJ 1499, obs. Rondey ; RTD com. 2007. 575, obs. Legeais ; JCP 2007. II. 10171, note Bazin ; ibid. I. 195, n° 1, obs. Sauphanor-Brouillaud ; CCC 2007, n° 192, obs. Raymond ; LPA 13 nov. 2007, obs. Paisant ; RDC 2007. 1194, obs. Fenouillet.* ♦ Les dispositions légales s'appliquent à tout vendeur à domicile, même si le crédit est consenti au client par un organisme tiers. • Crim. 21 mai 1997 : *Bull. crim. n° 194 ; D. Affaires 1997. 1215 ; RJDA 1998, n° 232.*

4. *Charge de la preuve.* Il appartient à celui qui réclame l'exécution d'un contrat d'établir sa régularité. • Civ. 1re, 17 févr. 1993 : *Bull. civ. I, n° 79 ; JCP 1994. II. 22217, note Dagorne-Labbe ; CCC 1993, n° 100, note Raymond.*

5. *Sanction.* En ce sens que la méconnaissance des dispositions de la loi est sanctionnée par une nullité relative, V. • Civ. 1re, 28 nov. 1995 : *CCC 1996, n° 34, note Raymond* • 2 oct. 2007 : *Bull. civ. I, n° 316 ; RTD com. 2008. 407, obs. Bouloc ; JCP N 2007, n° 47, p. 27, obs. Piedelièvre ; RJDA 2008, n° 198.* ♦ Jugeant que l'annulation du contrat principal doit nécessairement conduire à l'annulation du contrat accessoire, ce dernier contrat se trouvant dépourvu de cause du fait de l'annulation du contrat principal, V. • Toulouse, 6 févr. 2001 : *JCP E 2001. 1890* (installation d'un système d'alarme et location du matériel). ♦ L'action en nullité est recevable bien que la personne démarchée ait signé le procès-verbal de réception sans avoir reçu le matériel, l'adage *Nemo auditur* ne s'opposant pas à la demande en annulation mais seulement, le cas échéant, à l'exercice des actions en restitution subséquentes. • Civ. 1re, 17 juill. 1996 : *Bull. civ. I, n° 331 ; D. Affaires 1996. 1025 ; JCP 1996. II. 22747, note Paisant.* ♦ ... Ou sans qu'il puisse être utilement opposé l'absence de rétractation de l'acquéreur dans le délai de sept jours. • Versailles, 20 févr. 2004 : *JCP E 2004, n° 42, p. 1614.*

6. *Délai de rétractation.* L'art. 4 de la Dir. 85/577/CEE du 20 déc. 1985 [abrogée et remplacée par Dir. 2011/83/UE du 25 oct. 2011 ; V. ce texte ss. art. L. 232-3] ne s'oppose pas à ce qu'une juridiction nationale déclare d'office la nullité d'un contrat relevant du champ d'application de cette directive au motif que le consommateur n'a pas été informé de son droit de résiliation, alors même que cette nullité n'a à aucun moment été invoquée par le consommateur devant les juridictions nationales compétentes. • CJUE 17 déc. 2009 : *D. 2010. Pan. 797, obs. Poillot ; ibid. AJ 146 ; RTD eur. 2010. 711, obs. Aubert de Vincelles ; JCP 2010, n° 3, p. 44, obs. F. Picod ; JCP 2010, n° 516, obs. Sauphanor-Brouillaud ; JCP E 2010, n° 1290, obs. Idot ; Gaz. Pal. 2010. 421, obs. S. Piedelièvre ; CCC 2010, n° 171, obs. Raymond ; RLDA mars 2010. 60, note Combet ; RDC 2010. 652, note Aubert de Vincelles ; Europe 2010, n° 88, obs. Idot.* ♦ La sanction de nullité doit s'appliquer également au cas où le démarcheur ne respecte pas l'interdiction légale de recevoir une contrepartie quelconque avant l'expiration du délai de réflexion. • Aix-en-Provence, 1er mars 1995 : *BICC 1995, n° 918 ; Rev. huiss. 1995. 1399.*

7. *Lieu de conclusion du contrat.* Ayant relevé que le bon de commande avait été établi en méconnaissance des dispositions relatives au démarchage à domicile et qu'en particulier, il ne comportait pas l'indication du lieu de conclusion du contrat, la cour d'appel a, par ces seuls motifs, pu retenir qu'en versant les fonds sans procéder préalablement aux vérifications nécessaires auprès du vendeur et des emprunteurs, ce qui lui aurait ainsi permis de constater que le contrat était affecté d'une cause de nullité, la banque avait commis une faute la privant de sa créance de restitution. • Civ. 1re, 10 déc. 2014 : *JCP 2015, n° 236, obs. Menjucq ; RCA 2015, n° 92.*

8. *Formulaire détachable.* Sur sa présentation, V. : • Angers, 24 sept. 1986 : *Gaz. Pal. 1987. 1. Somm. 143* • Nîmes, 14 mai 1998 : *CCC 1998, n° 168, obs. Raymond* • TGI Lille, 7 avr. 2000 : *BID 2002, n° 2, p. 8.* ♦ Jugeant que le formulaire de rétractation n'est pas facilement détachable de l'ensemble du document remis dans la mesure où son découpage implique une amputation du corps du contrat, V. • Paris, 13 mai 2002 : *BID 2002, n° 12, p. 29* • 20 déc. 2007 : *CCC 2008, n° 139, obs. Raymond.* ♦ Le formulaire qui figure au pied du verso du contrat à pour effet, s'il est utilisé, de faire disparaître la signature du client au pied du recto de celui-ci et dès lors priver le consommateur de la preuve de son engagement. • Rennes, 6 déc. 2007 : *Dr. pénal 2008. Chron. 4, n° 57, par Lepage.* ♦ Les textes imposent une mention en caractères très lisibles et gros afin de protéger le consommateur et d'attirer son attention sur la faculté de rétractation qui lui est offerte ; ne respecte pas cette prescription la mention « annulation de commande » qui, bien qu'écrite en gras, ne figure pas en gros caractères, leur hauteur étant inférieure à celle des autres titres de rubriques figurant en gras au verso du contrat telles que les conditions générales de vente. • Nancy, 17 oct. 2013 : *CCC 2014, n° 56, obs. Raymond.*

Le formulaire détachable destiné à faciliter pour le client la faculté de rétractation doit comporter sur une face, l'adresse exacte et complète à laquelle il doit être envoyé et sur l'autre face, les modalités d'annulation de la commande, aucune autre mention que celles visées par les textes ne pouvant figurer. • Civ. 1re, 21 nov. 2006 : *Bull. civ. I, n° 510 ; D. 2007. AJ 151, obs. Rondey ; RTD com. 2007. 436, obs. Bouloc ; JCP 2007. II. 10090, note Bazin ; CCC 2007, n° 77, obs. Raymond ; RJDA 2007, n° 1159 ; RDC 2007. 793, obs. Bruschi.*

Art. L. 221-10 **Le professionnel ne peut recevoir aucun paiement ou aucune contrepartie, sous quelque forme que ce soit, de la part du consommateur avant l'expiration d'un délai de sept jours à compter de la conclusion du contrat hors établissement.**

Toutefois, ne sont pas soumis aux dispositions du premier alinéa :

1° La souscription à domicile d'un abonnement à une publication quotidienne et assimilée, au sens de l'article 39 *bis* du code général des impôts ;

2° Les contrats à exécution successive, conclus dans les conditions prévues au présent chapitre et proposés par un organisme agréé ou relevant d'une décision de l'autorité administrative, ayant pour objet la fourniture de services mentionnés à l'article L. 7231-1 du code du travail ;

3° Les contrats conclus au cours de réunions organisées par le vendeur à son domicile ou au domicile d'un consommateur ayant préalablement et expressément accepté que cette opération se déroule à son domicile ;

4° Les contrats ayant pour objet des travaux d'entretien ou de réparation à réaliser en urgence au domicile du consommateur et expressément sollicités par lui, dans la limite des pièces de rechange et travaux strictement nécessaires pour répondre à l'urgence.

Pour les contrats mentionnés aux 1° et 2°, le consommateur dispose d'un droit de résiliation du contrat à tout moment et sans préavis, frais ou indemnité et d'un droit au remboursement, dans un délai de quinze jours, des sommes versées au prorata de la durée du contrat restant à courir. – *[C. consom., art. L. 121-18-2.]*

Sur les sanctions, V. art. L. 242-7.

1. Acomptes. Le démarcheur ne peut recevoir, avant l'expiration du délai de réflexion, aucune contrepartie, et donc aucun acompte, même s'il ne l'a pas sollicité. • Crim. 16 déc. 1986 : *Bull. crim. n° 373 ; D. 1987. Somm. 457, obs. Aubert* • Pau, 28 janv. 1993 : *JCP 1993. IV. 888* • Civ. 1re, 22 nov. 1994 : *D. 1995. Somm. 311, obs. Pizzio* • Paris, 24 oct. 1995 : *BID 1996, n° 11, p. 42* • TGI Mâcon, 12 sept. 2001 : *BID 2002, n° 1, p. 58.* ♦ ... Et même si, s'agissant d'un chèque, celui-ci n'a pas été encaissé avant l'expiration dudit délai. • Civ. 1re, 18 juin 1996 : *Bull. civ. I, n° 263 ; CCC 1996, n° 177, note Raymond* • Paris, 13 mai 1996 : *CCC 1996, n° 178, note Raymond.* ♦ V. aussi : • Crim. 5 août 1997 : *Dr. pénal 1998, n° 37, note J.-H. Robert,* rejetant le pourvoi contre • Paris, 13 mai 1996 : *CCC 1996, n° 178, note Raymond.* – V. aussi • Crim. 5 oct. 1987 : *Bull. crim. n° 334* • Pau, 28 janv. 1993 : *JCP 1993. IV. 883* • Crim. 21 avr. 1998 : *BID 1998, n° 12, p. 40* • 23 sept. 2003 : *Bull. crim. n° 169 ; D. 2003. AJ 2765, obs. Chevrier ; JCP E 2003, n° 48, p. 1894 ; Dr. pénal 2004, n° 9, obs. J.-H. Robert ; RJDA 2004, n° 248 ; RSC 2004. 105, obs. Ambroise-Castérot* • Rennes, 13 juin 2008 : *JCP 2009. IV. 1713.*

2. Autorisation de prélèvement. BIBL. Raymond, *CCC 1997, Chron. 4.* ♦ Une autorisation de prélèvement bancaire, même si elle peut être révoquée par le signataire, doit être considérée comme une contrepartie ; le démarcheur qui obtient une telle autorisation en même temps que la signature du contrat est donc passible de sanctions pénales. • Crim. 6 mars 1984 : *D. 1984. 552, note Pizzio ; Gaz. Pal. 1984. 2. Somm. 344, obs. Doucet* • 7 déc. 1999 : *CCC 2000, n° 134, obs. Raymond.* ♦ ... Alors même que la vente est assortie d'un crédit affecté, l'art. L. 311-27 [L. 312-50] ne validant la signature d'autorisations de prélèvement qu'à la condition qu'elles ne prennent effet que lorsque la vente est parfaite. • Crim. 17 sept. 2002 : *cité note 3 ss. art. L. 312-50.* ♦ Tel est le cas, lorsque l'autorisation de prélèvement est donnée au jour de la réception de la marchandise ou de l'engagement d'achat, malgré la possibilité de révocation de cette autorisation. • Aix-en-Provence, 30 janv. 1997 : *JCP 1997. IV. 2309.* ♦ Ces agissements ne sont cependant pas constitutifs d'abus de faiblesse de la part du gérant de la société, dès lors qu'il n'est pas rapporté qu'il a dicté le comportement de ses représentants. • Même arrêt. ♦ En faisant interdiction au notaire de lui verser une partie du prix de vente égale au prix de la prestation financée et en l'autorisant expressément à verser cette somme directement au prêteur, et ce, avant l'expiration du délai de rétractation, la personne démarchée a accordé une contrepartie tombant sous le coup de l'interdiction édictée par les textes. • Amiens, 11 sept. 2008, n° 06/03571 : *CCC 2009, n° 64, obs. Raymond.*

3. Acceptation d'un crédit. Le texte ne fait pas obstacle à l'acceptation d'une offre de crédit, assortissant le contrat principal dans les conditions fixées par l'art. L. 121-23-6° C. com. • Crim. 22 mars 2005 : *Bull. crim. n° 98 ; JCP 2006. I. 113, n° 15, obs. Robert ; RJDA 2005, n° 897 ; RTD com. 2005. 620, obs. Bouloc ; RSC 2006. 91, obs. Ambroise-Castérot ; CCC 2005, n° 177, obs. Raymond ; AJ pénal 2005. 286, obs. Girault ; Dr. pénal 2005, n° 109, obs. J.-H. Robert ; RDC 2005. 1058, obs. Fenouillet.* ♦ L'acceptation d'une offre de crédit ne constitue pas, à elle seule, un commencement d'exécution, dès lors qu'une telle offre n'est pas accompagnée de la délivrance d'une autorisation de prélèvement bancaire. • Même arrêt. – Comp. • Civ. 1re, 12 juill. 2007 : cité note 3 ss. art. L. 224-91. ♦ Une demande de crédit antidatée, privant son signataire de sa faculté de se rétracter dans le délai de sept jours, constitue un engagement au sens des dispositions légales. • Douai, 24 mai 2005 : *D. 2005. AJ 1694, obs. Rondey*.

4. Chèque non encaissé. La remise d'un chèque doit être considérée comme une contrepartie, même si le chèque n'est pas encaissé tant que court le délai de rétractation. • Besançon, 17 déc. 1991 : *BID 1992, n° 7/8, p. 35.*

5. Preuve. Il appartient au consommateur de rapporter la preuve du non-respect du délai sans qu'il puisse se contenter d'invoquer des délais non respectés. • Rennes, 17 oct. 2003, n° 02/06158 : *CCC 2004, n° 85, obs. Raymond.* ♦ Mais il a été jugé qu'il appartient au démarcheur de prouver que l'autorisation de prélèvement automatique a été signée par le client après l'expiration du délai de rétractation. • Grenoble, 3 mars 2009, n° 07/00003 : *CCC 2009, n° 210, obs. Raymond.*

6. Publications quotidiennes. Sur le régime de l'exception en la matière, V. • Crim. 10 janv. 2012 : *Bull. crim. n° 6; Dalloz actualité, 20 févr. 2012, obs. Bombled; D. 2012. Actu. 492; RTD com. 2012. 413, obs. Bouloc; AJ pénal 2012. 228, obs. Lasserre Capdeville; RSC 2013. 95, obs. Ambroise-Castérot; JCP E 2012, n° 1171; CCC 2012, n° 139, obs. Raymond; RJDA 2012, n° 536; Dr. pénal 2012, n° 39, obs. J.-H. Robert.*

SECTION IV DISPOSITIONS PARTICULIÈRES APPLICABLES AUX CONTRATS CONCLUS À DISTANCE

COMMENTAIRE

I. DISPOSITIONS SPÉCIFIQUES

Des dispositions spécifiques sont prévues pour les contrats à distance de manière à mieux protéger le consentement du consommateur, particulièrement vulnérable en la matière compte tenu de la pratique de certains cyber-professionnels : information sur les caractéristiques essentielles, prix, identité, durée, droit de rétractation. Le consommateur doit ensuite recevoir sur support durable la confirmation du contrat comprenant toutes les informations visées par l'article L. 221-5 (art. L. 221-11), et ce, après la conclusion du contrat mais au plus tard au moment de la livraison ou du début d'exécution. Le contrat est accompagné d'un formulaire type de rétractation.

L'article L. 221-14 (également applicable au contrat de transport de passagers pourtant expressément exclu du champ d'application des dispositions sur la vente à distance et hors établissement) exige que, pour les contrats conclus par voie électronique, le professionnel rappelle au consommateur, avant la commande, les informations relatives aux caractéristiques essentielles, au prix, à la durée du contrat et, s'il y a lieu, à la durée minimale des obligations prévues. A peine de nullité, le consommateur, lors de la commande, doit reconnaître son obligation de paiement par la mention « Commande avec obligation de paiement » (art. L. 221-14), une formule similaire étant toutefois admise à condition qu'elle ne soit pas ambiguë. De même, antérieurement au processus de commande, les sites de commerce en ligne doivent indiquer les moyens de paiement acceptés par le professionnel et les restrictions éventuelles de livraison.

Enfin, l'article L. 221-15 instaure une responsabilité de plein droit du professionnel à l'égard du consommateur pour la bonne exécution du contrat, que les obligations aient été exécutées par lui-même ou par autrui, sans préjudice du droit de recours. Les causes d'exonération sont strictement déterminées : il ne peut s'exonérer en prouvant l'absence de faute, mais il peut établir une cause étrangère (inexécution ou mauvaise exécution imputable au consommateur, à un tiers ou à un cas de force majeure) ; il s'agit bien alors d'une obligation de résultat.

II. SANCTIONS

Le dispositif fait ici l'objet de sanctions administratives. En effet, tout manquement aux obligations d'information prévues aux articles L. 221-11 et L. 221-12 à L. 221-14 est passible d'une amende administrative dont le montant ne peut excéder 3 000 € pour une personne physique et 15 000 € pour une personne morale (art. L. 242-10). Par ailleurs, tout manquement aux *obligations de confirmation* du contrat et, le cas échéant, du support choisi par le consommateur, définies à l'article L. 221-13, est passible d'une amende administrative dont le montant ne peut excéder 3 000 € pour une personne physique et 15 000 € pour une personne morale (art. L. 242-11).

Il faut aussi rappeler que les dispositions du deuxième alinéa de l'article L. 221-14 sont prévues à peine de nullité du contrat conclu par voie électronique (art. L. 242-2).

Art. L. 221-11 **Lorsque le contrat est conclu à distance, le professionnel fournit au consommateur, de manière lisible et compréhensible, les informations prévues à l'article L. 221-5 ou les met à sa disposition par tout moyen adapté à la technique de communication à distance utilisée.** – *[C. consom., art. L. 121-19.]*

Sur les sanctions, V. art. L. 242-10.

BIBL. ▶ LUCAS-PUGET, *CCC 2016. Formule 1* (clause informant le consommateur de son droit de rétractation).

Information par un hyperlien. L'art. 5, § 1, de la Dir. 97/7/CE du 20 mai 1997, concernant la protection des consommateurs en matière de contrats à distance, doit être interprété en ce sens qu'une pratique commerciale, qui consiste à ne rendre accessibles les informations prévues à cette disposition que par un hyperlien sur un site Internet de l'entreprise concernée, ne satisfait pas aux exigences de ladite disposition, dès lors que ces informations ne sont ni « fournies » par cette entreprise ni « reçues » par le consommateur, au sens de cette même disposition, et qu'un site Internet tel que celui en cause au principal ne peut être considéré comme un « support durable » au sens dudit article. • CJUE 5 juill. 2012 : *D. 2013. Pan. 951, obs. Poillot ; RTD eur. 2012. 666, obs. Aubert de Vincelles ; JCP 2012, n° 1187, note Honorat ; CCC 2012, n° 292, obs. Raymond ; LPA 9 janv. 2013, note Brunaux ; CCE 2012, n° 110, obs. Loiseau ; RJDA 2012, n° 843 ; Europe 2012, n° 346, obs. Gazin.*

Art. L. 221-12 **Lorsque la technique de communication à distance utilisée impose des limites d'espace ou de temps pour la présentation des informations, le professionnel fournit au consommateur, avant la conclusion du contrat et dans les conditions prévues à l'article L. 221-5, au moins les informations relatives aux caractéristiques essentielles des biens ou des services, à leur prix, à son identité, à la durée du contrat et au droit de rétractation.**

Le professionnel transmet au consommateur les autres informations prévues au même article par tout autre moyen adapté à la technique de communication à distance utilisée. – *[C. consom., art. L. 121-19-1.]*

Sur les sanctions, V. art. L. 242-10.

Art. L. 221-13 **Le professionnel fournit au consommateur, sur support durable, dans un délai raisonnable, après la conclusion du contrat et au plus tard au moment de la livraison du bien ou avant le début de l'exécution du service, la confirmation du contrat comprenant toutes les informations prévues à l'article L. 221-5, sauf si le professionnel les lui a déjà fournies, sur un support durable, avant la conclusion du contrat. Le contrat est accompagné du formulaire type de rétractation mentionné au 2° du même article.**

Le cas échéant, le professionnel fournit au consommateur, dans les mêmes conditions et avant l'expiration du délai de rétractation, la confirmation de son accord exprès pour la fourniture d'un contenu numérique non présenté sur un support matériel et de son renoncement à l'exercice du droit de rétractation. – *[C. consom., art. L. 121-19-2.]*

Sur les sanctions, V. art. L. 242-10 et L. 242-11.

Art. L. 221-14 **Pour les contrats conclus par voie électronique, le professionnel rappelle au consommateur, avant qu'il ne passe sa commande, de manière lisible et compréhensible, les informations relatives aux caractéristiques essentielles des biens ou des services qui font l'objet de la commande, à leur prix, à la durée du contrat et, s'il y a lieu, à la durée minimale des obligations de ce dernier au titre du contrat, telles que prévues à l'article L. 221-5.**

Le professionnel veille à ce que le consommateur, lors de sa commande, reconnaisse explicitement son obligation de paiement. A cette fin, la fonction utilisée par le consommateur pour valider sa commande comporte la mention claire et lisible : commande avec obligation de paiement ou une formule analogue, dénuée de toute ambiguïté, indiquant que la passation d'une commande oblige à son paiement.

Les sites de commerce en ligne indiquent clairement et lisiblement, au plus tard au début du processus de commande, les moyens de paiement acceptés par le professionnel et les éventuelles restrictions de livraison. – *[C. consom., art. L. 121-19-3, hors sanction.]*

Sur les sanctions, V. art. L. 242-2 et L. 242-10.

Art. L. 221-15 **Le professionnel est responsable de plein droit à l'égard du consommateur de la bonne exécution des obligations résultant du contrat conclu à distance, que ces obligations soient exécutées par le professionnel qui a conclu ce contrat ou par d'autres prestataires de services, sans préjudice de son droit de recours contre ceux-ci.**

Toutefois, il peut s'exonérer de tout ou partie de sa responsabilité en apportant la preuve que l'inexécution ou la mauvaise exécution du contrat est imputable soit au consommateur, soit au fait, imprévisible et insurmontable, d'un tiers au contrat, soit à un cas de force majeure. – *[C. consom., art. L. 121-19-4.]*

Notion de tiers au contrat. Le prestataire de services auquel le professionnel a recours pour l'exécution des obligations résultant d'un contrat conclu à distance n'est pas un tiers au contrat au sens de l'art. L. 121-20-3 [ancien]. • Civ. 1re, 13 nov. 2008 : *Bull. civ. I, n° 263 ; D. 2009. Pan. 399, obs. Poillot ; D. 2008. AJ 3003, obs. Avena-Robardet ; JCP E 2009, n° 7, p. 38, note Chantepie ; CCC 2008, n° 288, obs. Raymond ; RJDA 2009, n° 838 ; RDC 2009. 515, obs. Deshayes ; ibid. 568, obs. Fenouillet ; RLDC janv. 2009. 12, obs. Maugeri.* – V. aussi • Paris, 12 sept. 2013 : *CCC 2014, n° 55, obs. Raymond ; CCE 2013, n° 124, obs. Debet.*

SECTION V DÉMARCHAGE TÉLÉPHONIQUE ET PROSPECTION COMMERCIALE

COMMENTAIRE

Lorsqu'un professionnel contacte par téléphone le consommateur pour conclure ou modifier un contrat de vente d'un bien ou de fourniture de services, il a l'obligation de dévoiler son identité dès le début de la conversation ou l'identité de la personne pour le compte de laquelle l'appel a été effectué, ainsi que la nature commerciale de celui-ci. Surtout, il adresse par la suite au consommateur une confirmation de l'offre faite par téléphone sur papier ou sur support durable, avec toutes les informations visées par l'article L. 221-5.

Le consommateur n'est engagé qu'après avoir accepté un contrat par écrit ou après avoir donné son consentement par voie électronique (art. L. 221-16). Il faut observer que tout manquement aux obligations prévues à l'article L. 221-16 en matière de démarchage téléphonique et de prospection commerciale est passible d'une amende administrative dont le montant ne peut excéder 3 000 € pour une personne physique et 15 000 € pour une personne morale (art. L. 242-12).

L'utilisation d'un numéro masqué est interdite pour le professionnel (art. L. 221-17). Tout manquement aux dispositions de l'article L. 221-17 relatif à l'interdiction des numéros masqués en matière de démarchage téléphonique est passible d'une amende administrative dont le montant ne peut excéder 3 000 € pour une personne physique et 15 000 € pour une personne morale (art. L. 242-14).

Art. L. 221-16 **Sans préjudice des dispositions de l'article L. 221-12, le professionnel qui contacte un consommateur par téléphone en vue de conclure un contrat portant sur la vente d'un bien ou sur la fourniture d'un service indique au début de la conversation son identité, le cas échéant l'identité de la personne pour le compte de laquelle il effectue cet appel et la nature commerciale de celui-ci.**

A la suite d'un démarchage par téléphone, le professionnel adresse au consommateur, sur papier ou sur support durable, une confirmation de l'offre qu'il a faite et reprenant toutes les informations prévues à l'article L. 221-5.

Le consommateur n'est engagé par cette offre qu'après l'avoir signée et acceptée par écrit ou avoir donné son consentement par voie électronique. – *[C. consom., art. L. 121-20.]*

Sur les sanctions, V. art. L. 242-12.

1. Démarchage téléphonique. Dès lors qu'il *ressort du bon de commande* et des déclarations des clients que ceux-ci ont été démarchés par téléphone, ceux-ci ont le droit de se désister de leur commande avant la livraison, et d'obtenir remboursement de l'acompte versé. • Civ. 1re, 30 mars 1994 : *Bull. civ. I, n° 131 ; D. 1994. Somm. 235, obs. Paisant ; JCP 1994. II. 22302,* note Raymond ; RTD com. 1994. 765, obs. *Bouloc.*

2. Vente à distance (non). Par application de l'art. L. 121-27 [rédaction antérieure à la L. du 17 mars 2014], la vente réalisée, après commande verbale, au domicile du client par le vendeur qui livre la marchandise et fait viser le bon de livraison, n'est, en l'absence d'acceptation écrite par l'acheteur, pas soumise aux art. L. 121-16 et L. 121-19 [rédaction antérieure à la L. du 17 mars 2014] sur la vente à distance mais relève de la législation sur le démarchage à domicile. • Crim. 12 oct. 1999 : *Bull. crim. n° 214; JCP E 2000, n° 20, p. 804, note J.-H. Robert; CCC 2000, n° 104, obs. Raymond; Dr. pénal 2000, n° 32, obs. J.-H. Robert.*

Art. L. 221-17 Lorsqu'un professionnel contacte un consommateur par téléphone dans les conditions prévues à l'article L. 221-16, l'utilisation d'un numéro masqué est interdite.

Le numéro affiché avant l'établissement de l'appel en application du premier alinéa est affecté au professionnel pour le compte duquel l'appel est effectué. En cas de rappel du consommateur à ce numéro, ce professionnel s'identifie préalablement à la facturation de toute prestation de services autre que le prix de la communication. Un arrêté conjoint des ministres chargés de la consommation et de l'économie numérique, pris après avis de l'Autorité de régulation des communications électroniques et des postes, définit les tranches de numéro *[numéros]* **qui ne peuvent être utilisées comme identifiant d'appel par un professionnel qui joint un consommateur, en tenant compte du plafond de tarification et du format de ces numéros.** – *[C. consom., art. L. 121-34-2, al. 1er, 2 et 3.] – V. Arr. du 5 juill. 2016, ci-dessous.*

Sur les sanctions, V. art. L. 242-14.

Arrêté du 5 juillet 2016,

Relatif à la définition des tranches de numéros qui ne peuvent être utilisées comme identifiant d'appel par un professionnel dans le cadre d'un démarchage téléphonique.

Art. 1er Le présent arrêté est applicable aux professionnels qui joignent un consommateur par téléphone dans les conditions mentionnées à l'article L. 221-16 du code de la consommation.

Art. 2 Les tranches de numeros qui ne peuvent être utilisées comme identifiant d'appel par un professionnel qui joint un consommateur sont les numéros spéciaux vocaux à tarification majorée commençant par 089, les numéros courts à tarification banalisée ou majorée 3BPQ (hors 30PQ et 31PQ) et les numéros courts de service de renseignements téléphoniques 118 XYZ.

Art. 3 Les dispositions du présent arrêté entrent en vigueur le 1er août 2016.

SECTION VI DROIT DE RÉTRACTATION APPLICABLE AUX CONTRATS CONCLUS À DISTANCE ET HORS ÉTABLISSEMENT

COMMENTAIRE

I. DROIT DE RÉTRACTATION

Qu'il s'agisse d'un contrat à distance ou conclu hors établissement, depuis la loi n° 2014-344 du 17 mars 2014, le délai de rétractation passe de sept à quatorze jours (art. L. 221-18), conformément à la directive de 2011, toute clause contraire étant nulle. Il s'agit, comme par le passé, d'un droit discrétionnaire pour le consommateur (V. toutefois en droit des assurances : *Civ. 2e, 19 mai 2016 : RTD civ. 2016. 605, obs. Barbier*).

La computation du délai est soigneusement précisée par le même article : à compter de la conclusion du contrat pour les prestations de services, de la réception du bien par le consommateur ou un tiers. La loi n° 2014-1545 du 20 décembre 2014 de simplification et de clarification du droit ajoute que le consommateur peut toutefois exercer son droit de rétractation dès la conclusion du contrat, sans attendre la réception. Mais la loi n° 2015-990 du 6 août 2015 réserve aux seuls contrats hors établissement le droit d'exercer la rétractation à compter de la conclusion du contrat. Désormais, les consommateurs ayant acheté un bien sur internet ne peuvent plus exercer leur droit de rétractation avant que celui-ci ne leur soit livré, car on a jugé que c'est à partir de ce moment-là qu'ils peuvent se rendre compte de leur erreur d'appréciation et du caractère impulsif de leur achat. Cette évolution a été jugée défavorable au consommateur dans la mesure où les frais de retour constituent fréquemment une forte barrière psychologique et financière, dissuadant le consommateur de se rétracter. Lors des débats, certains parlementaires s'étaient légitimement étonnés que l'on rende plus coûteux et plus contraignant l'exercice du droit de rétractation, en condamnant le consommateur à attendre la livraison du bien pour pouvoir se rétracter. Mais le ministre de l'économie a estimé que la date de livraison doit servir d'élément déclencheur, car c'est à cette date seulement que le consommateur peut mesurer la portée de son acte, ce qui nous semble discutable.

Conformément à la directive européenne, lorsque les informations relatives à ce droit de rétractation n'auront pas été respectées, le délai sera prolongé de douze mois.

Il faut noter que la charge de la preuve de l'exercice de ce droit repose ici sur le consommateur (art. L. 221-22) : la solution est logique, même si elle est exceptionnelle.

Lorsqu'il exerce discrétionnairement son droit de rétractation, le consommateur est lui-même tenu par certaines obligations : celles de renvoyer ou de restituer le bien au professionnel ou à la personne désignée par lui dans un délai raisonnable (sans retard excessif selon le texte), en tout cas au plus tard dans les quatorze jours suivant la communication de sa décision de rétractation (art. L. 221-23).

De façon à ne pas dissuader le consommateur d'exercer son droit de rétractation, celui-ci ne supporte que les coûts directs de renvoi du bien et encore, pour ces derniers, la règle ne s'applique pas lorsque le professionnel accepte de les prendre en charge (ce qui peut être une stratégie commerciale) ou qu'il n'a pas informé le consommateur que ces coûts étaient à sa charge. Il est même prévu – pour les contrats conclus hors établissement livrés au domicile du consommateur – que le professionnel récupère les biens à ses frais s'ils ne peuvent, compte tenu de leur nature, être renvoyés normalement par voie postale.

Le même article L. 221-23 prévoit une disposition spéciale sur la responsabilité du consommateur, laquelle ne peut être engagée qu'en cas de dépréciation du bien résultant de manipulations non nécessaires.

En ce qui concerne le professionnel, il est tenu d'une obligation de remboursement de la totalité des sommes versées, y compris les frais de livraison et ce, sans retard injustifié, au plus tard dans les quatorze jours de la date à laquelle il est informé de la rétractation. Pour les ventes de biens, le remboursement peut être différé jusqu'à la récupération des biens ou jusqu'à ce que le consommateur fournisse la preuve de leur expédition.

De façon dissuasive, les sommes dues sont de plein droit majorées du taux d'intérêt légal si le remboursement intervient au plus tard dix jours après l'expiration des délais. Au-delà, les retards sont sanctionnés par l'application d'intérêts allant de 5 à 50 % proportionnellement à l'importance dudit retard (art. L. 242-4), à l'image d'une astreinte pesant sur le professionnel débiteur.

Le remboursement s'effectue selon le même moyen de paiement utilisé par le consommateur, sauf accord exprès de ce dernier pour un autre mode de paiement.

Le professionnel n'est toutefois pas tenu des frais supplémentaires si c'est le consommateur qui choisit un mode de livraison plus coûteux que le mode de livraison proposé par le professionnel.

Par ailleurs, en matière de prestation de services, une disposition spécifique est prévue par l'article L. 221-25 : l'exécution peut intervenir avant la fin du délai de rétractation si le consommateur en fait la demande expresse sur support écrit ou durable. S'il exerce son droit de rétractation par la suite, il verse au professionnel un montant correspondant au service fourni jusqu'à la communication de sa décision de rétractation.

Une disposition particulière est également prévue pour un contrat de fourniture de contenu numérique non fourni sur un support matériel (art. L. 221-26).

L'article L. 221-27 prévoit les conséquences de l'exercice du droit de rétractation : il met logiquement fin à l'obligation des parties d'exécuter ou de conclure l'offre ainsi qu'à tout contrat *accessoire sans* frais pour le consommateur, autres que les frais susmentionnés.

Enfin, l'article L. 221-28 écarte le droit de rétractation pour un certain nombre de contrats : ceux conclus lors d'une enchère publique ou portant sur des biens pouvant se détériorer ou se périmer rapidement, ou encore ceux portant sur la fourniture d'un contrat numérique non fourni sur un support matériel dont l'exécution a commencé après accord préalable du consommateur et renonciation (ici exceptionnellement possible) à exercer son droit de rétractation.

II. VENTE DE BIENS IMMOBILIERS

En matière d'actes ayant pour objet la construction ou l'acquisition d'un immeuble à usage d'habitation, il faut tenir compte de l'article L. 271-1 CCH (modifié par la loi du 6 août 2015) : le texte prévoit un délai de rétractation ou de réflexion (s'il s'agit d'un acte authentique non précédé d'un acte sous seing privé ou d'une promesse) de dix jours (antérieurement sept) à compter du lendemain de la première présentation de la lettre recommandée notifiant l'acte à l'acquéreur (et non à compter du lendemain de la signature de l'acte de réservation). Auparavant, en cas de concurrence des délais issus du code de la consommation et du code de la construction et de l'habitation, c'était le délai le plus favorable au consommateur qui devait s'appliquer (V. en ce sens, sous l'empire des anciens textes : Montpellier, 16 mai 2013 : *Constr.-Urb. 2014, n° 35, obs. Sizaire*).

La loi du 20 décembre 2014 prévoyait, à ce titre, des règles spéciales de computation des délais de rétractation en matière immobilière lorsque le contrat était passé hors établissement, textes désormais abrogés par la loi du 6 août 2015, qui exclut parallèlement du champ d'application de la réglementation sur les contrats à distance ou hors établissement « les contrats portant sur la création, l'acquisition ou le transfert de biens immobiliers ou de droits sur des biens immobiliers, la construction d'immeubles neufs, la transformation importante d'immeubles existants ou la location d'un logement à des fins résidentielles » (art. L. 221-2).

Ainsi, désormais, seul le délai de dix jours du code de la construction et de l'habitation sera applicable. Il avait d'abord été prévu de doubler ledit délai et de le porter à quatorze jours comme en cas de contrat hors établissement et à distance, afin que la durée de la rétractation soit identique dans les deux codes. Mais l'Assemblée nationale a finalement adopté la position du Gouvernement en le fixant à dix jours, l'objectif étant de ne pas allonger davantage les délais de vente.

III. SANCTIONS

Tout d'abord, est logiquement nulle toute clause par laquelle le consommateur abandonne son droit de rétractation défini à l'article L. 221-18 (art. L. 242-3).

Ensuite, lorsque le professionnel n'a pas remboursé les sommes versées par le consommateur, les sommes dues sont de plein droit majorées du taux d'intérêt légal si le remboursement intervient au plus tard dix jours après l'expiration des délais fixés aux premier et deuxième alinéas de l'article L. 221-24, de 5 % si le retard est compris entre dix et vingt jours, de 10 % si le retard est compris entre vingt et trente jours, de 20 % si le retard est compris entre trente et soixante jours, de 50 % entre soixante et quatre-vingt-dix jours et de cinq points supplémentaires par nouveau mois de retard jusqu'à concurrence du prix du produit, puis du taux d'intérêt légal (art. L. 242-4).

Enfin, il faut observer que tout manquement aux dispositions d'ordre public des articles L. 221-18 à L. 221-28 encadrant les conditions d'exercice du droit de rétractation ainsi que ses effets est passible d'une amende administrative dont le montant ne peut excéder 15 000 € pour une personne physique et 75 000 € pour une personne morale (art. L. 242-13). ❑

Art. L. 221-18 Le consommateur dispose d'un délai de quatorze jours pour exercer son droit de rétractation d'un contrat conclu à distance, à la suite d'un démarchage téléphonique ou hors établissement, sans avoir à motiver sa décision ni à supporter d'autres coûts que ceux prévus aux articles L. 221-23 à L. 221-25.

***Le délai mentionné* au premier alinéa court à compter du jour :**

1° De la conclusion du contrat, pour les contrats de prestation de services et ceux mentionnés à l'article L. 221-4 ;

2° De la réception du bien par le consommateur ou un tiers, autre que le transporteur, désigné par lui, pour les contrats de vente de biens. Pour les contrats conclus hors établissement, le consommateur peut exercer son droit de rétractation à compter de la conclusion du contrat.

Dans le cas d'une commande portant sur plusieurs biens livrés séparément ou dans le cas d'une commande d'un bien composé de lots ou de pièces multiples dont la livraison est échelonnée sur une période définie, le délai court à compter de la réception du dernier bien ou lot ou de la dernière pièce.

Pour les contrats prévoyant la livraison régulière de biens pendant une période définie, le délai court à compter de la réception du premier bien. – [*C. consom., art. L. 121-21, hors sanction.*]

Sur les sanctions, V. art. L. 242-3 et L. 242-13.

BIBL. ▶ CORNILLE, *Constr.-Urb. 2015, n° 29* (L. n° 2014-1545 du 20 déc. 2014 : précisions bienvenues sur le délai de rétractation du consommateur pour les contrats conclus « hors établissement »).

Conséquence de la rétractation. L'exercice par l'acquéreur de son droit de rétractation entraîne l'anéantissement du contrat (à propos de l'art. L. 271-1 CCH). • Civ. 3e, 13 févr. 2008, n° 06-20.334 P : *D. 2008. 1530, note Dagorne-Labbe ; ibid. Chron. C. cass. 1230, obs. Nési ; JCP E 2008, n° 37, p. 25, obs. Stoffel-Munck ; CCE 2008, n° 91, obs. Stoffel-Munck.*

Art. L. 221-19 **Conformément au règlement n° 1182/71/CEE du Conseil du 3 juin 1971 portant détermination des règles applicables aux délais, aux dates et aux termes :**

1° Le jour où le contrat est conclu ou le jour de la réception du bien n'est pas compté dans le délai mentionné à l'article L. 221-18 ;

2° Le délai commence à courir au début de la première heure du premier jour et prend fin à l'expiration de la dernière heure du dernier jour du délai ;

3° Si ce délai expire un samedi, un dimanche ou un jour férié ou chômé, il est prorogé jusqu'au premier jour ouvrable suivant.

Art. L. 221-20 **Lorsque les informations relatives au droit de rétractation n'ont pas été fournies au consommateur dans les conditions prévues au 2° de l'article L. 221-5, le délai de rétractation est prolongé de douze mois à compter de l'expiration du délai de rétractation initial, déterminé conformément à l'article L. 221-18.**

Toutefois, lorsque la fourniture de ces informations intervient pendant cette prolongation, le délai de rétractation expire au terme d'une période de quatorze jours à compter du jour où le consommateur a reçu ces informations. – [*C. consom., art. L. 121-21-1.*]

Sur les sanctions, V. art. L. 242-13.

Art. L. 221-21 **Le consommateur exerce son droit de rétractation en informant le professionnel de sa décision de se rétracter par l'envoi, avant l'expiration du délai prévu à l'article L. 221-18, du formulaire de rétractation mentionné au 2° de l'article L. 221-5 ou de toute autre déclaration, dénuée d'ambiguïté, exprimant sa volonté de se rétracter.**

Le professionnel peut également permettre au consommateur de remplir et de transmettre en ligne, sur son site internet, le formulaire ou la déclaration prévus au premier alinéa. Dans cette hypothèse, le professionnel communique, sans délai, au consommateur un accusé de réception de la rétractation sur un support durable. – [*C. consom., art. L. 121-21-2, al. 1er et 2.*]

Sur les sanctions, V. art. L. 242-13.

Art. L. 221-22 **La charge de la preuve de l'exercice du droit de rétractation dans les conditions prévues à l'article L. 221-21 pèse sur le consommateur.** – [*C. consom., art. L. 121-21-2, al. 3.*]

Preuve. Il appartient au consommateur de prouver qu'il a exercé sa faculté de rétractation dans les formes et délais prévus par le texte pour pouvoir prétendre à l'annulation de la commande. • Civ. 1re, 13 mars 1996, n° 93-20.425 : *RJDA 1996, n° 155.*

Art. L. 221-23 **Le consommateur renvoie ou restitue les biens au professionnel ou à une personne désignée par ce dernier, sans retard excessif et, au plus tard, dans les** ***quatorze jours suivant*** **la communication de sa décision de se rétracter conformément à l'article L. 221-21, à moins que le professionnel ne propose de récupérer lui-même ces biens.**

Le consommateur ne supporte que les coûts directs de renvoi des biens, sauf si le professionnel accepte de les prendre à sa charge ou s'il a omis d'informer le consommateur que ces coûts sont à sa charge. Néanmoins, pour les contrats conclus hors

établissement, lorsque les biens sont livrés au domicile du consommateur au moment de la conclusion du contrat, le professionnel récupère les biens à ses frais s'ils ne peuvent pas être renvoyés normalement par voie postale en raison de leur nature.

La responsabilité du consommateur ne peut être engagée qu'en cas de dépréciation des biens résultant de manipulations autres que celles nécessaires pour établir la nature, les caractéristiques et le bon fonctionnement de ces biens, sous réserve que le professionnel ait informé le consommateur de son droit de rétractation, conformément au 2° de l'article L. 221-5. – *[C. consom., art. L. 121-21-3.]*

Sur les sanctions, V. art. L. 242-13.

1. Frais d'expédition. L'art. 6, § 1, 1er al., 2e phrase, et 2, de la Dir. 97/7/CE du 20 mai 1997 [abrogée et remplacée par Dir. 2011/83/UE du 25 oct. 2011 ; V. ce texte ss. art. L. 232-3] doit être interprété en ce sens qu'il s'oppose à une réglementation nationale qui permet au fournisseur, dans un contrat conclu à distance, d'imputer les frais d'expédition des marchandises au consommateur dans le cas où ce dernier exerce son droit de rétractation. • CJUE 15 avr. 2010 : *D. 2010. 2132, note Busseuil ; ibid. Actu. 1140, obs. Avena-Robardet ; D. 2011. Pan. 979, obs. Poillot ; RTD eur. 2010. 712, obs. Aubert de Vincelles ; JCP 2010, n° 773, note Paisant ; CCC 2010, n° 195, obs. G. R. ; Gaz. Pal. 2010. 1666, obs. S. Piedelièvre ; ibid. 2375, obs. Avignon et Landes-Gronowski ; CCE 2010, n° 125, obs. Stoffel-Munck ; RDC 2010. 1295, note Aubert de Vincelles ; Europe 2010, n° 217, obs. Idot.*

2. Frais de retour. En cas de retour du produit, l'acheteur n'est tenu qu'aux frais de retour, ce qui interdit au vendeur de réclamer des frais pour « test et recertification de produit technique en retour ». • Civ. 1re, 23 juin 1993 : *Bull. civ. I, n° 232 ; Defrénois 1994. 360, obs. Delebecque ; CCC 1993. 202, note Raymond ; RTD com. 1994. 338, note Bouloc.*

3. Indemnité d'usage du bien. Le vendeur ne peut réclamer au consommateur une indemnité compensatrice pour l'utilisation d'un bien acquis par un contrat à distance en cas d'exercice du droit de rétractation dans les délais, sauf à ce qu'il ait été fait usage du bien d'une manière incompatible avec les principes de droit civil, tels que la bonne foi ou l'enrichissement sans cause. • CJCE 3 sept. 2009 : *BICC 15 janv. 2010, n° 9 ; D. 2009. AJ 2161, obs. Avena-Robardet ; D. 2010. Pan. 794, obs. Poillot ; RTD eur. 2010. 712, obs. Aubert de Vincelles ; JCP 2009, n° 47, p. 25, note Paisant ; JCP E 2009, n° 50, p. 21, note Rousset ; CCC 2009. Alerte 70 ; CCE 2010, n° 64, obs. Stoffel-Munck ; LPA 3 mai 2010, note Busseuil ; RJDA 2009, n° 944 ; RDC 2010. 113, note Pimont ; ibid. 643, note Aubert de Vincelles ; Europe 2009, n° 436, obs. Idot.* ♦ Pour un manquement du consommateur à son obligation de restitution découlant de l'exercice de son droit de rétractation – survenue dix-huit mois après, alors qu'il était constaté un usage important du bien – laissant à sa charge 80 % du prix, V. • Rouen, 17 déc. 2008 : *CCC 2009, n° 238, obs. Raymond.*

Art. L. 221-24 Lorsque le droit de rétractation est exercé, le professionnel rembourse le consommateur de la totalité des sommes versées, y compris les frais de livraison, sans retard injustifié et au plus tard dans les quatorze jours à compter de la date à laquelle il est informé de la décision du consommateur de se rétracter.

Pour les contrats de vente de biens, à moins qu'il ne propose de récupérer lui-même les biens, le professionnel peut différer le remboursement jusqu'à récupération des biens ou jusqu'à ce que le consommateur ait fourni une preuve de l'expédition de ces biens, la date retenue étant celle du premier de ces faits.

Le professionnel effectue ce remboursement en utilisant le même moyen de paiement que celui utilisé par le consommateur pour la transaction initiale, sauf accord exprès du consommateur pour qu'il utilise un autre moyen de paiement et dans la mesure où le remboursement n'occasionne pas de frais pour le consommateur.

Le professionnel n'est pas tenu de rembourser les frais supplémentaires si le consommateur a expressément choisi un mode de livraison plus coûteux que le mode de livraison standard proposé par le professionnel. – *[C. consom., art. L. 121-21-4, al. 1er, 2, 4 et 5.]*

Sur les sanctions, V. art. L. 242-4 et L. 242-13.

Preuve du remboursement. En cas de retour, le vendeur qui prétend avoir remboursé doit prouver le paiement dont il se prévaut. • Civ. 1re, 23 juin 1993 : *cité note 2 ss. art. L. 221-23.*

Art. L. 221-25 Si le consommateur souhaite que l'exécution d'une prestation de services ou d'un contrat mentionné au premier alinéa de l'article L. 221-4 commence avant la fin du délai de rétractation mentionné à l'article L. 221-18, le professionnel

recueille sa demande expresse par tout moyen pour les contrats conclus à distance et sur papier ou sur support durable pour les contrats conclus hors établissement.

Le consommateur qui a exercé son droit de rétractation d'un contrat de prestation de services ou d'un contrat mentionné au premier alinéa de l'article L. 221-4 dont l'exécution a commencé, à sa demande expresse, avant la fin du délai de rétractation verse au professionnel un montant correspondant au service fourni jusqu'à la communication de sa décision de se rétracter ; ce montant est proportionné au prix total de la prestation convenu dans le contrat. Si le prix total est excessif, le montant approprié est calculé sur la base de la valeur marchande de ce qui a été fourni.

Aucune somme n'est due par le consommateur ayant exercé son droit de rétractation si sa demande expresse n'a pas été recueillie en application du premier alinéa ou si le professionnel n'a pas respecté l'obligation d'information prévue au 4° de l'article L. 221-5. — *[C. consom., art. L. 121-21-5.]*

Sur les sanctions, V. art. L. 242-13.

Livraison anticipée. Déclarant nul le contrat dès lors que le professionnel a commencé à exécuter le contrat avant l'expiration du délai de rétractation, même si le consommateur n'a pas exercé son droit de repentir : • Civ. 1re, 1er oct. 2014, n° 13-24.848 : *D. 2015. Pan. 593, obs. Poillot ; CCC 2015, n° 22, obs. Raymond.*

Art. L. 221-26 Le consommateur qui a exercé son droit de rétractation d'un contrat de fourniture de contenu numérique non fourni sur un support matériel n'est redevable d'aucune somme si :

1° Le professionnel n'a pas recueilli son accord préalable exprès pour l'exécution du contrat avant la fin du délai de rétractation ainsi que la preuve de son renoncement à son droit de rétractation ;

2° Le contrat ne reprend pas les mentions prévues au *(L. n° 2017-203 du 21 févr. 2017, art. 7)* « troisième alinéa de l'article L. 221-9 et au second alinéa de l'article L. 221-13 *[ancienne rédaction : deuxième alinéa des articles L. 221-9 et L. 221-13]* ». — *[C. consom., art. L. 121-21-6.]*

Sur les sanctions, V. art. L. 242-13.

Art. L. 221-27 L'exercice du droit de rétractation met fin à l'obligation des parties soit d'exécuter le contrat à distance ou le contrat hors établissement, soit de le conclure lorsque le consommateur a fait une offre.

L'exercice du droit de rétractation d'un contrat principal à distance ou hors établissement met automatiquement fin à tout contrat accessoire, sans frais pour le consommateur autres que ceux prévus aux articles L. 221-23 à L. 221-25. — *[C. consom., art. L. 121-21-7.]*

Sur les sanctions, V. art. L. 242-13.

Anéantissement du contrat accessoire. Jugeant que l'annulation du contrat principal doit nécessairement conduire à l'annulation du contrat accessoire, ce dernier contrat se trouvant dépourvu de cause du fait de l'annulation du contrat principal, V. • Toulouse, 6 févr. 2001 : *JCP E 2001. 1890* (installation d'un système d'alarme et location du matériel).

Art. L. 221-28 Le droit de rétractation ne peut être exercé pour les contrats :

1° De fourniture de services pleinement exécutés avant la fin du délai de rétractation et dont l'exécution a commencé après accord préalable exprès du consommateur et renoncement exprès à son droit de rétractation ;

2° De fourniture de biens ou de services dont le prix dépend de fluctuations sur le marché financier échappant au contrôle du professionnel et susceptibles de se produire pendant le délai de rétractation ;

3° De fourniture de biens confectionnés selon les spécifications du consommateur *ou nettement personnalisés* ;

4° De fourniture de biens susceptibles de se détériorer ou de se périmer rapidement ;

5° De fourniture de biens qui ont été descellés par le consommateur après la livraison et qui ne peuvent être renvoyés pour des raisons d'hygiène ou de protection de la santé ;

6° De fourniture de biens qui, après avoir été livrés et de par leur nature, sont mélangés de manière indissociable avec d'autres articles ;

7° De fourniture de boissons alcoolisées dont la livraison est différée au-delà de trente jours et dont la valeur convenue à la conclusion du contrat dépend de fluctuations sur le marché échappant au contrôle du professionnel ;

8° De travaux d'entretien ou de réparation à réaliser en urgence au domicile du consommateur et expressément sollicités par lui, dans la limite des pièces de rechange et travaux strictement nécessaires pour répondre à l'urgence ;

9° De fourniture d'enregistrements audio ou vidéo ou de logiciels informatiques lorsqu'ils ont été descellés par le consommateur après la livraison ;

10° De fourniture d'un journal, d'un périodique ou d'un magazine, sauf pour les contrats d'abonnement à ces publications ;

11° Conclus lors d'une enchère publique ;

12° De prestations de services d'hébergement, autres que d'hébergement résidentiel, de services de transport de biens, de locations de voitures, de restauration ou d'activités de loisirs qui doivent être fournis à une date ou à une période déterminée ;

13° De fourniture d'un contenu numérique non fourni sur un support matériel dont l'exécution a commencé après accord préalable exprès du consommateur et renoncement exprès à son droit de rétractation. – *[C. consom., art. L. 121-21-8.]*

Sur les sanctions, V. art. L. 242-13.

1. Logiciels descellés. Pour s'appliquer, l'exception prévue au texte [art. L. 221-28-9°] suppose que la vente concerne non du matériel informatique mais des logiciels, et que ceux-ci aient été « descellés » par le consommateur ; si l'on peut admettre le jeu de l'exception à l'égard d'un logiciel, installé et configuré, fourni avec un scanner et permettant sa mise en fonction, rien ne permettait en revanche de refuser le retour et le remboursement du scanner. • T. pol. Les Andelys, 10 déc. 2004 : *CCE 2005, n° 43, obs. Tabaka.*

2. Biens personnalisés. Les motocyclettes vendues aux termes d'un contrat conclu à distance ayant uniquement fait l'objet d'une immatriculation qui n'avait pu modifier leur nature ou leur destination, la juridiction de proximité en a exactement déduit que les biens vendus n'étaient pas nettement personnalisés, de sorte que l'exclusion du droit de rétractation légalement prévue ne pouvait être opposée aux acquéreurs. • Civ. 1re, 20 mars 2013 : *Bull. civ. I, n° 54 ; D. 2013. Chron. C. cass. 2057, obs. Darret-Courgeon ; ibid. Actu. 830, obs. Delpech ; RTD com. 2013. 321, obs. Bouloc ; JCP 2013, n° 377 ; CCC 2013, n° 150, obs. Raymond ; RJDA 2013, n° 598 ; LPA 14 juin 2013, note Daudet ; Gaz. Pal. 2013. 2378, obs. Piedelièvre ; CCE 2013, n° 67, obs. Loiseau ; RLDA avr. 2013. 49, obs. de Romanet.*

SECTION VII DISPOSITIONS D'ORDRE PUBLIC

Art. L. 221-29 **Les dispositions du présent chapitre sont d'ordre public.** – *[C. consom., art. L. 121-25.]*

Ordre public. Sous l'empire de la L. du 22 déc. 1972, il avait déjà été jugé que les dispositions sur le démarchage étaient d'ordre public. • Civ. 1re, 16 mars 1994, n° 92-13.828 : *CCC 1994, n° 152, obs. Raymond.* ♦ Sur l'application de la loi française dès lors que le client avait été démarché en tant que consommateur à son domicile en France, lieu où il avait signé le contrat, V. • Civ. 1re, 12 juill. 2005, n° 02-16.915 P : *D. 2005. IR 2337 ; Rev. crit. DIP 2006. 94, note Lagarde ; JCP 2005. IV. 3059 ; Dr. et patr. nov. 2005. 113, obs. Ancel ; CCE 2005, n° 189, obs. Chabert ; JDI 2006. 985, note Sinay-Cytermann.*

CHAPITRE II DISPOSITIONS PARTICULIÈRES AUX CONTRATS CONCLUS À DISTANCE PORTANT SUR DES SERVICES FINANCIERS

RÉP. COM. v° *Démarchage bancaire ou financier*, par AUBRY.

BIBL. GÉN. ▶ PARLÉANI, *RD banc. fin 2002, n° 247* (commercialisation à distance des services financiers). – PORTIER, *ibid.*, n° 236 (même thème). – GRYNBAUM, *CCE 2003, n° 15* (commercialisation à distance de services financiers). – BOUTEILLER, *JCP E 2005. 1859.* – FENOUILLET, *RDC 2005. 1052.* – GRYNBAUM, *CCE 2005, n° 138.* – GRYNBAUM et LEPLAT, *JCP 2005. I. 193.* – D. LEGEAIS, *RTD com. 2005. 816*. – M. STORCK, *RTD com. 2005. 787*. – JOUFFRIN, *D. 2006. 1534*. – COUPEZ et VERBIEST, *ibid. 3057* (commercialisation à distance des services financiers). – BOUTEILLER, *RLDA sept. 2008. 75* (démarchage et autres pratiques commerciales). – ROUSSILLE, *JCP E 2010, n° 4, p. 28 ; CCC 2010. Étude 2* (démarchage et services financiers à distance : quelle protection pour le consommateur ?). – AUBRY et SAUPHANOR-BROUILLAUD, *RD banc. fin. 2010. Étude 33* (protection de l'investisseur par les législations spéciales : quels critères ?). – CAPRIOLI et CANTERO, *Banque et Droit juin 2013. Hors-série. 65* (protection des données à caractère personnel dans le cadre de la banque en ligne). – RZEPECKI, *ibid. 76* (protection du cyberconsommateur bancaire).

COMMENTAIRE

I. SOURCE EUROPÉENNE

La directive 2002/65/CE du 23 septembre 2002 relative à la commercialisation à distance de services financiers auprès des consommateurs recouvre un champ d'application très large : elle concerne tout service ayant trait à la banque, au crédit, à l'assurance, aux retraites individuelles, aux investissements et au paiement. Elle a pour but de rééquilibrer le contrat en faveur du consommateur en lui accordant un droit de rétractation et en instaurant parallèlement une obligation d'information précontractuelle à la charge du professionnel. Son article 3 instaure une obligation d'information très complète portant notamment sur la description des principales caractéristiques du service financier. En ce qui concerne le *spamming*, l'article 10 de la directive prévoit que les États membres doivent prendre les mesures nécessaires pour interdire la fourniture de services financiers à un consommateur sans demande préalable de sa part, lorsque cette fourniture comporte une demande de paiement immédiat ou différé. L'article 6 prévoit un délai de rétractation de quatorze jours, porté à trente jours pour certains contrats d'assurance vie ou de retraite individuelle ; ce délai ne s'applique toutefois pas aux services financiers dont le prix dépend des fluctuations du marché.

L'ordonnance n° 2005-648 du 6 juin 2005 relative à la commercialisation à distance de services financiers auprès des consommateurs, entrée en vigueur le 1er décembre 2005, a transposé la directive de 2002. Observons que la directive du 25 octobre 2011 relative aux droits des consommateurs (V. ce texte ss. art. L. 232-3) ne s'applique pas aux contrats portant sur les services financiers (art. 3. 3 d). Toutefois, à l'occasion de la loi n° 2014-344 du 17 mars 2014 transposant ladite directive, les articles concernant les services financiers ont été déplacés. Par ailleurs, cette même loi a introduit incidemment quelques modifications aux textes antérieurs.

II. INFORMATION

Les obligations précontractuelles et contractuelles d'information sont détaillées par les articles L. 222-5 et L. 222-6 ainsi que par les articles R. 222-1 et R. 222-2 (en cas de communication par téléphonie vocale).

III. RÉTRACTATION

Aux termes de l'article L. 222-7, le consommateur dispose là aussi d'un délai de quatorze jours pour exercer son droit de rétractation, sans avoir à justifier de motif ni à supporter de pénalités : sa décision est discrétionnaire. Ce délai pendant lequel peut s'exercer le droit de rétractation court à compter du jour où le contrat à distance est conclu (et non le lendemain) ou du jour où le consommateur reçoit les conditions contractuelles et les informations, conformément à l'article L. 222-6, si cette dernière date est postérieure (art. L. 222-8). Les articles L. 222-9 et L. 222-10 prévoient un certain nombre d'exclusions importantes : crédit immobilier, contrats exécutés intégralement par les deux parties à la demande expresse du consommateur avant que ce dernier n'exerce son droit de rétractation…

Pour les contrats de crédit affecté conclus selon une technique de communication à distance (pour lesquels existe une protection spécifique), le délai de rétractation de quatorze jours ne peut en revanche être réduit (art. L. 222-11) et l'exercice du droit de rétractation emporte résolution de plein droit du contrat de vente ou de prestation de service. Si le contrat principal ainsi financé n'est pas conclu à distance, le consommateur peut solliciter expressément la livraison ou la fourniture immédiate du bien ou du service, l'exercice du droit de rétractation *n'emportant résolution de plein* droit du contrat principal que s'il intervient dans un délai de trois jours à compter de la conclusion du contrat de crédit. Toute livraison ou fourniture anticipée est à la charge du vendeur, qui en supporte tous les risques (art. L. 222-12).

Selon l'article L. 222-13, les contrats pour lesquels s'applique le délai de rétractation ne peuvent recevoir de commencement d'exécution avant l'arrivée du terme du délai de rétractation sans l'accord du consommateur. Lorsque ce dernier exerce son droit de rétractation, il ne peut être tenu qu'au paiement proportionnel du service financier effectivement reçu, à l'exclusion de toute pénalité.

Les contrats de crédit à la consommation ne peuvent recevoir, même avec l'accord du consommateur, de commencement d'exécution durant les sept premiers jours, à l'exception des contrats de crédit affecté, lesquels ne peuvent recevoir de commencement d'exécution durant les trois premiers jours (art. L. 222-14).

En cas d'exercice du droit de rétractation, le fournisseur est tenu de rembourser dans les meilleurs délais et au plus tard dans les trente jours toutes les sommes qu'il aurait éventuellement perçues du consommateur, là aussi à l'exception du montant correspondant au service effectivement fourni. Le délai ne commence à courir que le jour où le fournisseur reçoit notification par le consommateur de sa volonté de rétractation. La somme à restituer produit des intérêts au taux légal au-delà du délai de trente jours (art. L. 222-15).

IV. SANCTIONS

Outre la sanction civile de nullité, découlant à notre sens logiquement du non-respect des dispositions essentielles pour la formation du contrat figurant aux articles L. 222-5 et L. 222-6, le non-respect des dispositions figurant ci-dessous (violation de l'obligation d'information, non-remboursement dans les trente jours du consommateur ayant exercé son droit de rétractation) est pénalement sanctionné par des amendes prévues pour les contraventions de la cinquième classe (art. R. 242-1 à R. 242-3).

Ainsi, le fait de ne pas communiquer au consommateur les informations mentionnées aux 1°, 2°, 3° et 5° de l'article R. 222-1 ni celles mentionnées au 5° de l'article L. 222-5, ou de les lui communiquer sans faire apparaître de manière claire le caractère commercial de sa démarche, est puni de la peine d'amende prévue pour les contraventions de la cinquième classe (art. R. 242-1). Le fait de ne pas communiquer au consommateur, dans les conditions prévues à l'article L. 222-6, les informations mentionnées à cet article est puni de la même peine (art. R. 242-2). Par ailleurs, le fait de ne pas rembourser le consommateur dans les conditions fixées à l'article L. 222-15 est aussi puni de la peine d'amende prévue pour les contraventions de la cinquième classe (art. R. 242-3), étant précisé que lorsque le professionnel n'a pas remboursé le consommateur dans les conditions prévues, à l'expiration du délai de trente jours, la somme due est, de plein droit, productive d'intérêts au taux légal en vigueur (art. L. 242-15).

V. CARACTÈRE D'ORDRE PUBLIC

Les dispositions relatives aux services financiers contenues dans ce chapitre sont d'ordre public (art. L. 222-18). ❑

SECTION PREMIÈRE CHAMP D'APPLICATION ET DÉFINITIONS

Art. L. 222-1 Les dispositions du présent chapitre s'appliquent aux services mentionnés aux livres Ier à III et au titre V du livre V du code monétaire et financier ainsi qu'aux opérations pratiquées par les entreprises régies par le code des assurances, par les mutuelles et unions régies par le livre II du code de la mutualité et par les institutions de prévoyance et unions régies par le titre III du livre IX du code de la sécurité sociale sans préjudice des dispositions spécifiques prévues par ces codes. – *[C. consom., art. L. 121-26, al. 2.]*

V. aussi art. R. 222-3.

Art. L. 222-2 Les obligations prévues **par les dispositions du présent chapitre s'imposent aux fournisseurs et aux intermédiaires de services financiers. –** *[C. consom., art. L. 121-26, al. 1er.]*

Art. L. 222-3 Pour les contrats portant sur des services financiers comportant une première convention de service suivie d'opérations successives ou d'une série d'opérations distinctes, de même nature, échelonnées dans le temps, les dispositions du présent chapitre ne s'appliquent qu'à la première convention de service. Pour les contrats renouvelables par tacite reconduction, les dispositions du présent chapitre ne s'appliquent qu'au contrat initial.

En l'absence de première convention de service, lorsque des opérations successives ou distinctes, de même nature, échelonnées dans le temps, sont exécutées entre les

mêmes parties, les dispositions de l'article L. 222-5 ne sont applicables qu'à la première opération. Cependant, lorsqu'aucune opération de même nature n'est effectuée pendant plus d'un an, ces dispositions s'appliquent à l'opération suivante, considérée comme une première opération.

Art. L. 222-4 **Pour l'application du présent chapitre, est considéré comme support durable, tout instrument permettant au consommateur de stocker des informations qui lui sont adressées personnellement afin de pouvoir s'y reporter ultérieurement pendant un laps de temps adapté aux fins auxquelles les informations sont destinées et qui permet la reproduction à l'identique des informations stockées.**

SECTION II OBLIGATION D'INFORMATION PRÉCONTRACTUELLE

Art. L. 222-5 **En temps utile et avant qu'il ne soit lié par un contrat, le consommateur reçoit des informations dont la liste est fixée par décret en Conseil d'État et portant sur :** — *V. art. R. 222-1.*

1° L'identité et les coordonnées du professionnel et de toute personne agissant pour son compte ;

2° Les informations relatives aux produits, instruments et services financiers proposés ;

3° Le droit de rétractation ;

4° Les conditions contractuelles, notamment tarifaires, et les modalités ainsi que le lieu de conclusion du contrat ;

5° La loi applicable au contrat et la juridiction compétente.

Les informations communiquées par le fournisseur au consommateur sur les obligations contractuelles sont conformes à la loi applicable au contrat en cas de conclusion de celui-ci.

Ces informations, dont le caractère commercial doit apparaître sans équivoque, sont fournies de manière lisible et compréhensible par tout moyen adapté à la technique de communication à distance utilisée.

Le présent article est applicable sans préjudice de l'application des obligations législatives et réglementaires spécifiques à chaque produit, instrument financier ou service proposé.

Les modalités particulières applicables en cas de communication par téléphonie vocale sont fixées par décret en Conseil d'État. — *[C. consom., art. L. 121-27.] — V. art. R. 222-2.*

Sur les sanctions, V. art. R. 242-1.

SECTION III FORMATION ET EXÉCUTION DU CONTRAT

Art. L. 222-6 **Le consommateur reçoit, par écrit ou sur un autre support durable à sa disposition et auquel il a accès en temps utile et avant tout engagement, les conditions contractuelles ainsi que les informations mentionnées à l'article L. 222-5. Elles sont fournies au consommateur conformément aux dispositions législatives et réglementaires spécifiques à chaque produit, instrument financier ou service proposé.**

Le fournisseur exécute ses obligations de communication immédiatement après la conclusion du contrat, lorsque celui-ci a été conclu à la demande du consommateur en utilisant une technique de communication à distance ne permettant pas la transmission des informations précontractuelles et contractuelles sur un support papier ou sur un autre support durable. Dans ce cas et lorsque le contrat porte sur une opération mentionnée au premier alinéa de l'article L. 312-84, le fournisseur n'est tenu de communiquer au consommateur que les seules informations contractuelles.

***A tout moment au cours* de la relation contractuelle, le consommateur a le droit, s'il en fait la demande, de recevoir les conditions contractuelles sur un support papier. En outre, le consommateur a le droit de changer les techniques de communication à distance utilisées, à moins que cela ne soit incompatible avec le contrat à distance conclu ou avec la nature du service financier fourni.** — *[C. consom., art. L. 121-28.]*

Sur les sanctions, V. art. R. 242-2.

SECTION IV DÉLAI DE RÉTRACTATION

Art. L. 222-7 Le consommateur dispose d'un délai de quatorze jours *(L. nº 2017-203 du 21 févr. 2017, art. 7)* « calendaires révolus » pour exercer son droit de rétractation, sans avoir à justifier de motif ni à supporter de pénalités.

Le délai pendant lequel peut s'exercer le droit de rétractation court à compter du jour où :

1º Le contrat à distance est conclu ;

2º Le consommateur reçoit les conditions contractuelles et les informations, conformément à l'article L. 222-6, si cette dernière date est postérieure à celle mentionnée au 1º. — *[C. consom., art. L. 121-29, I.]*

V. aussi art. R. 222-4.

Art. L. 222-8 *(L. nº 2017-203 du 21 févr. 2017, art. 7)* Le délai mentionné à l'article L. 222-7 court à compter du jour où :

1º Le contrat à distance est conclu ;

2º Le consommateur reçoit les conditions contractuelles et les informations conformément à l'article L. 222-6, si cette dernière date est postérieure à celle mentionnée au 1º du présent article.

Ancien art. L. 222-8 *Conformément au règlement nº 1182/71/CEE du Conseil du 3 juin 1971 portant détermination des règles applicables aux délais, aux dates et aux termes :*

1º Le jour où le contrat est conclu ou le jour où le consommateur reçoit les documents mentionnés au 2º de l'article L. 222-7 n'est pas compté dans le délai ;

2º Le délai commence à courir au début de la première heure du premier jour et prend fin à l'expiration de la dernière heure du dernier jour du délai ;

3º Si ce délai expire un samedi, un dimanche ou un jour férié ou chômé, il est prorogé jusqu'au premier jour ouvrable suivant.

Art. L. 222-9 Le droit de rétractation ne s'applique pas :

1º A la fourniture d'instruments financiers mentionnés à l'article L. 211-1 du code monétaire et financier ainsi qu'aux services de réception-transmission et exécution d'ordres pour le compte de tiers mentionnés à l'article L.321-1 du même code ;

2º Aux contrats exécutés intégralement par les deux parties à la demande expresse du consommateur avant que ce dernier n'exerce son droit de rétractation ;

3º Aux contrats de crédit immobilier définis à l'article L. 313-1 ;

4º Aux contrats de prêts viagers hypothécaires définis à l'article L. 315-1. — *[C. consom., art. L. 121-29, II.]*

Art. L. 222-10 Les dispositions de l'article L. 222-7 ne s'appliquent pas aux contrats d'utilisation de biens à temps partagé, aux contrats de produit de vacances à long terme, aux contrats de revente et contrats d'échange mentionnés à l'article L. 224-69. — *[C. consom., art. L. 121-29, III.]*

Art. L. 222-11 Pour les contrats de crédit affecté définis au 9º de l'article L. 311-1 conclus selon une technique de communication à distance, le délai de rétractation de quatorze jours ne peut pas être réduit. — *[C. consom., art. L. 121-29, IV, al. 1er.]*

Art. L. 222-12 *L'exercice du droit de* rétractation emporte résolution de plein droit du contrat de vente ou de prestation de services.

Si le bien ou la prestation de services à financer ne sont pas vendus à distance et que le consommateur, par une demande expresse, sollicite la livraison ou la fourniture immédiate du bien ou du service, l'exercice du droit de rétractation n'emporte résolution de plein droit du contrat de vente ou de prestation de services que s'il intervient dans un délai de trois jours à compter de la conclusion du contrat de crédit.

Toute livraison ou fourniture anticipée est à la charge du vendeur, qui en supporte tous les risques. — *[C. consom.. art. L. 121-29, IV, al. 2 et 3.]*

Art. L. 222-13 Les contrats pour lesquels s'applique le délai de rétractation défini à l'article L. 222-7 ne peuvent recevoir de commencement d'exécution par les parties

avant l'arrivée du terme de ce délai sans l'accord du consommateur. Lorsque celui-ci exerce son droit de rétractation, il ne peut être tenu qu'au paiement proportionnel du service financier effectivement fourni, à l'exclusion de toute pénalité.

Le fournisseur ne peut exiger du consommateur le paiement du service mentionné au premier alinéa que s'il peut prouver que le consommateur a été informé du montant dû, conformément à l'article L. 222-5. Toutefois, il ne peut pas exiger ce paiement s'il a commencé à exécuter le contrat avant l'expiration du délai de rétractation sans demande préalable du consommateur. — *[C. consom., art. L. 121-30, I, al. 1er et 2.]*

Art. L. 222-14 **Les contrats de crédit à la consommation prévus au chapitre II du titre Ier du livre III ne peuvent recevoir, même avec l'accord du consommateur, de commencement d'exécution durant les sept premiers jours, sauf s'agissant des contrats de crédit affecté mentionnés à l'article L. 222-11, qui ne peuvent recevoir de commencement d'exécution durant les trois premiers jours.** — *[C. consom., art. L. 121-30, I, al. 3.]*

Art. L. 222-15 **Le fournisseur rembourse au consommateur dans les meilleurs délais et au plus tard dans les trente jours toutes les sommes qu'il a perçues de celui-ci en application du contrat, à l'exception du montant mentionné au premier alinéa de l'article L. 222-13. Ce délai commence à courir le jour où le fournisseur reçoit notification par le consommateur de sa volonté de se rétracter.**

Le consommateur restitue au fournisseur dans les meilleurs délais et au plus tard dans les trente jours toute somme et tout bien qu'il a reçus de ce dernier. Ce délai commence à courir à compter du jour où le consommateur communique au fournisseur sa volonté de se rétracter. — *[C. consom., art. L. 121-30, II, hors sanction.]*

Sur les sanctions, V. art. L. 242-15 et R. 242-3.

SECTION V **DISPOSITIONS PARTICULIÈRES** *(L. no 2017-203 du 21 févr. 2017, art. 7).*

Art. L. 222-16 **Les dispositions de l'article L. 34-5 du code des postes et communications électroniques sont applicables aux services financiers.** — *V. ce texte, App., vo Poste et télécommunications.*

Les techniques de communication à distance destinées à la commercialisation de services financiers autres que celles mentionnées à l'article L. 34-5 du code des postes et communications électroniques ne peuvent être utilisées que si le consommateur n'a pas manifesté son opposition.

Les mesures prévues au présent article ne doivent pas entraîner de frais pour le consommateur. — *[C. consom., art. L. 121-31.]*

Art. L. 222-16-1 *(L. no 2016-1691 du 9 déc. 2016, art. 75)* **La publicité, directe ou indirecte, adressée par voie électronique à des clients susceptibles d'être non professionnels, notamment des clients potentiels, relative à la fourniture de services d'investissement portant sur les contrats financiers définis à l'article L. 533-12-7 du code monétaire et financier est interdite.**

Est passible d'une amende administrative dont le montant ne peut excéder 100 000 € :

1° Tout annonceur, à l'exception des prestataires de services d'investissement mentionnés au même article L. 533-12-7 et des conseillers en investissements financiers mentionnés à l'article L. 541-9-1 du même code, qui diffuse ou fait diffuser une publicité interdite en application du présent article ;

2° Tout intermédiaire réalisant, pour le compte d'un annonceur, une prestation ayant pour objet l'édition d'une publicité interdite en application du présent article ;

3° Tout prestataire qui fournit à un annonceur des services de conseil en plan média ou de préconisation de support d'espace publicitaire pour une publicité interdite en application du présent article ;

4° Tout acheteur d'espace publicitaire réalisant, pour le compte d'un annonceur, une prestation ayant pour objet la diffusion d'une publicité interdite en application du présent article ;

5° Tout vendeur d'espace publicitaire, en qualité de support ou de régie, réalisant une prestation ayant pour objet la diffusion d'une publicité interdite en application du présent article, sans préjudice des dispositions prévues au I de l'article 6 de la loi n° 2004-575 du 21 juin 2004 pour la confiance dans l'économie numérique ;

6° Toute personne diffusant une publicité interdite en application du présent article.

L'amende est prononcée dans les conditions prévues au chapitre II du titre II du livre V du présent code.

Art. L. 222-16-2 *(L. n° 2016-1691 du 9 déc. 2016, art. 77-I)* **Toute opération de parrainage ou de mécénat est interdite lorsqu'elle a pour objet ou pour effet la publicité, directe ou indirecte, en faveur de services d'investissement portant sur les contrats financiers définis à l'article L. 533-12-7 du code monétaire et financier.**

Tout manquement aux dispositions du présent article est passible d'une amende administrative dont le montant ne peut excéder 100 000 €.

L'amende est prononcée dans les conditions prévues au chapitre II du titre II du livre V du présent code.

L'exécution des contrats en cours au 1er juill. 2016 relatifs à toute opération mentionnée au 1er al. de l'art. L. 222-16-2 est poursuivie jusqu'au 30 juin 2017 au plus tard (L. n° 2016-1691 du 9 déc. 2016, art. 77-II).

Art. L. 222-17 **Des règles spécifiques relatives à la fourniture à distance d'opérations d'assurance** *[à]* **un consommateur sont par ailleurs fixées par les dispositions :**

– du chapitre II du titre Ier du livre I du code des assurances pour les opérations pratiquées par les entreprises régies par le même code ;

– du chapitre Ier du titre II du livre II du code de la mutualité pour les opérations pratiquées par les mutuelles et unions de mutuelles régies par le même code ;

– du chapitre II du titre III du livre IX du code de la sécurité sociale pour les opérations pratiquées par les institutions de prévoyance et d'unions régies par le même code.

SECTION VI **DISPOSITIONS D'ORDRE PUBLIC** *(L. n° 2017-203 du 21 févr. 2017, art. 7).*

Art. L. 222-18 **Les dispositions du présent chapitre sont d'ordre public.** – *[C. consom., art. L. 121-33.]*

CHAPITRE III **OPPOSITION AU DÉMARCHAGE TÉLÉPHONIQUE**

BIBL. GÉN. ► DEBET, *CCE 2015, n° 63* (liste d'opposition au démarchage téléphonique). – JOUFFIN, *Banque et Droit juill.-août 2015. 45* (démarchage téléphonique). – BOCCARA et JOUFFIN, *ibid. mai-juin 2016. 41* (opposition au démarchage téléphonique : le dispositif se met en place). – E. PETIT, *AJDI 2016. 557* (remarques critiques sur la foire aux questions Bloctel). – PERRAY et UZAN-NAULIN, *CCE 2017. Étude 3* (la nouvelle norme simplifiée de la CNIL en matière de clients, prospects et vente en ligne : entre convergence, cohérence et conformité).

COMMENTAIRE

Afin de mieux protéger les consommateurs les moins avertis des démarches de prospection « agressive », bien souvent téléphonique, la loi n° 2014-344 du 17 mars 2014 a instauré la création d'une liste d'opposition (art. L. 223-1). Les consommateurs ne souhaitant pas faire l'objet de prospection commerciale par voie téléphonique peuvent s'inscrire sur cette liste d'opposition. Il est interdit à tout professionnel de démarcher téléphoniquement un consommateur inscrit sur cette liste, sans l'accord de ce dernier.

Les modalités de fonctionnement sont précisées aux articles R. 223-1 et suivants. Il est notamment indiqué que la liste repose sur un traitement automatisé de données à caractère personnel dont la mise en œuvre et la gestion sont confiées à un organisme de droit public ou de droit privé désigné dans les conditions prévues à l'article L. 223-4, pour une durée maximale de cinq ans.

Est par ailleurs interdite la location ou la vente de fichiers contenant des données téléphoniques et comportant les coordonnées d'un ou de plusieurs consommateurs inscrits sur la liste d'opposition au démarchage téléphonique (art. L. 223-3).

A tout le moins, quand le démarchage n'est pas interdit, il est encadré : lorsqu'un professionnel est amené à recueillir auprès d'un consommateur des données téléphoniques, il l'informe de son droit à s'inscrire sur la liste d'opposition au démarchage téléphonique. Lorsque ce recueil d'informations se fait à l'occasion de la conclusion d'un contrat, ce dernier mentionne, de manière claire et compréhensible, l'existence de ce droit pour le consommateur (art. L. 223-2).

Pour assurer l'effectivité du dispositif, l'article L. 242-16 prévoit des sanctions administratives en cas de non-respect de ces prescriptions. ❑

Art. L. 223-1 **Le consommateur qui ne souhaite pas faire l'objet de prospection commerciale par voie téléphonique peut gratuitement s'inscrire sur une liste d'opposition au démarchage téléphonique.** — *V. art. R. 223-1 s.*

Il est interdit à un professionnel, directement ou par l'intermédiaire d'un tiers agissant pour son compte, de démarcher téléphoniquement un consommateur inscrit sur cette liste, sauf en cas de relations contractuelles préexistantes. — *[C. consom., art. L. 121-34, al. 1er et 2.]*

Sur les sanctions, V. art. L. 242-16.

Art. L. 223-2 **Lorsqu'un professionnel est amené à recueillir auprès d'un consommateur des données téléphoniques, il l'informe de son droit à s'inscrire sur la liste d'opposition au démarchage téléphonique.**

Lorsque ce recueil d'information se fait à l'occasion de la conclusion d'un contrat, le contrat mentionne, de manière claire et compréhensible, l'existence de ce droit pour le consommateur. — *[C. consom., art. L. 121-34, al. 3.]*

Sur les sanctions, V. art. L. 242-16.

Art. L. 223-3 **Est interdite la location ou la vente de fichiers contenant des données téléphoniques et comportant les coordonnées d'un ou plusieurs consommateurs inscrits sur la liste d'opposition au démarchage téléphonique.** — *[C. consom., art. L. 121-34, al. 4.]*

Sur les sanctions, V. art. L. 242-16.

Art. L. 223-4 **Le ministre chargé de l'économie désigne par arrêté l'organisme chargé de la gestion de la liste d'opposition au démarchage téléphonique, après mise en concurrence, pour une durée fixée par voie réglementaire.** — *V. Arr. du 25 févr. 2016, ci-dessous.*

Les modalités de fonctionnement du mécanisme d'opposition au démarchage téléphonique, les conditions dans lesquelles les entreprises ont accès à une version actualisée de la liste et les modalités du contrôle de l'État sur l'organisme gestionnaire sont déterminées par décret en Conseil d'État, pris après avis de la Commission nationale de l'informatique et des libertés. — *[C. consom., art. L. 121-34, al. 5 et 6.]* — *V. art. R. 223-1 s.*

Sur les sanctions, V. art. L. 242-16.

Arrêté du 25 février 2016, *portant désignation de l'organisme chargé de gérer la liste d'opposition au démarchage téléphonique.* **Art. 1er** L'organisme désigné, chargé de la gestion de la liste d'opposition au démarchage téléphonique dans le cadre d'une délégation de service public, pour une durée de cinq ans, et prévu à l'article *(Ord. no 2016-301 du 14 mars 2016, art. 2, en vigueur le 1er juill. 2016)* « L. 223-4 » du code de la consommation, est la société par action simplifiée OPPOSETEL, sise 92-98, boulevard Victor-Hugo, à Clichy, et représentée par M. Éric Huignard, en sa qualité de président.

Art. L. 223-5 Les interdictions prévues aux articles L. 223-1 et L. 223-3 ne s'appliquent pas à la prospection en vue de la fourniture de journaux, de périodiques ou de magazines. – *[C. consom., art. L. 121-34, al. 7.]*

Sur les sanctions, V. art. L. 242-16.

Art. L. 223-6 Les dispositions du présent chapitre s'appliquent sans préjudice des articles 38 à 40 de la loi nº 78-17 du 6 janvier 1978 relative à l'informatique, aux fichiers et aux libertés. – *[C. consom., art. L. 121-34, al. 8.]*

Art. L. 223-7 Les conditions de la prospection directe au moyen d'un automate d'appel, d'un télécopieur ou d'un courrier électronique sont prévues à l'article L. 34-5 du code des postes et des communications électroniques. – *[C. consom., art. L. 121-34-1-1.]*

CHAPITRE IV RÈGLES SPÉCIFIQUES À DES CONTRATS AYANT UN OBJET PARTICULIER

COMMENTAIRE

Les « règles spécifiques à des contrats ayant un objet particulier » ont été regroupées dans ce chapitre IV. Il faut entendre l'objet au sens de la prestation fournie (objet de l'obligation), conformément à la définition du nouvel article 1163 du code civil selon lequel « l'obligation a pour objet une prestation présente ou future, (…) possible et déterminée ou déterminable ».

Tous ces contrats constituent des contrats spéciaux de consommation. La spécificité de certains contrats tient tantôt à la prestation elle-même (fourniture d'électricité ou de gaz naturel, vente de métaux précieux, transport et automobile, *timeshare*, courtage matrimonial), tantôt aux circonstances particulières entourant leur conclusion (contrats conclus dans les foires et salons). Enfin, pour d'autres contrats (santé, enseignement, tourisme…), le code de la consommation n'est qu'un code suiveur, ce qui obligera à une double lecture puisque les dispositions des codes pilotes ne sont pas reproduites.

Mais, par sa vocation large, ce chapitre est également destiné à être étoffé dans les années à venir en accueillant les réglementations futures à d'autres contrats, issues notamment du droit européen.

Le droit de la consommation apparaît ainsi comme « le droit commun » des contrats spéciaux dans les relations entre professionnels et consommateurs. ❑

SECTION PREMIÈRE CONTRATS DE FOURNITURE D'ÉLECTRICITÉ OU DE GAZ NATUREL

V. aussi C. énergie, art. L. 332-1 et L. 442-1, App., vº Énergie domestique.

COMMENTAIRE

L'ouverture complète des marchés de l'énergie, conformément aux directives européennes 2003/54 et 2003/55 du 26 juin 2003, est effective depuis le 1er juillet 2007. Elle permet le développement d'offres nouvelles plus adaptées aux besoins des consommateurs, libres de choisir leur fournisseur. Le développement des offres commerciales dans un cadre plus lisible et par là même sécurisant renforce l'information du consommateur. Les dispositions de la loi du 7 décembre 2006, entrant en vigueur le 1er juillet 2007, sont les suivantes.

Tout d'abord, l'article L. 224-1 définit l'objet et le champ d'application du texte : contrats conclus entre les fournisseurs de gaz ou d'électricité et les consommateurs.

Ensuite, l'article L. 224-3, dont les dispositions qu'il reprend avaient été modifiées par la loi du 17 août 2015 relative à la transition énergétique, mentionne la liste des informations qu'un fournisseur est tenu de communiquer au consommateur au moment de l'offre, afin que ce dernier soit en mesure de choisir en toute connaissance de cause un opérateur ; il précise également les moyens par lesquels le fournisseur ou son intermédiaire communique au consommateur lesdites informations précontractuelles. L'article suivant énumère un certain nombre de mentions obligatoires particulières : date d'effet du contrat, modalités d'exercice du droit de rétractation dans le cadre des ventes à distance, rappel des principales obligations légales auxquelles les clients domestiques sont tenus en matière d'installations intérieures, etc. Ces informations sont mises à la disposition du consommateur par écrit ou sur support durable préalablement à la conclusion du contrat, le consommateur n'étant engagé que par sa signature (art. L. 224-4).

Observons que le fait de ne pas mentionner dans l'offre de fourniture d'électricité ou de gaz naturel les informations prévues à l'article L. 224-3 est puni de la peine d'amende prévue pour les contraventions de la cinquième classe (art. R. 242-7), tout comme celui de ne pas fournir au consommateur un contrat de fourniture d'électricité ou de gaz naturel écrit ou disponible sur un support durable dans les conditions prévues à l'article L. 224-4 (art. R. 242-8).

La loi du 17 mars 2014 relative à la consommation avait intégré deux nouveaux paragraphes aux dispositions désormais contenues dans l'article L. 224-3. Dans le cas où le consommateur emménageant dans un site sollicite un fournisseur et souhaite que l'exécution de son contrat conclu à distance commence avant la fin du délai de rétractation, le fournisseur peut recueillir sa demande expresse, par tous les moyens, et transmettre au consommateur le contrat accompagné du formulaire de rétractation. Le texte déroge à l'article L. 221-25 exigeant un écrit ou tout support durable dans l'hypothèse d'exécution anticipée et au dernier alinéa de l'article L. 224-6.

L'objectif est aussi d'éviter de rendre le consommateur captif lorsqu'il signe un contrat avec un fournisseur d'énergie : l'article L. 224-5 respecte le principe de la liberté contractuelle en imposant toutefois aux fournisseurs de proposer une offre d'une durée d'engagement d'au moins un an ; par ailleurs, ce même texte encadre les modalités de résiliation du contrat et les frais qui pourraient être facturés au consommateur en cas de changement de fournisseur.

En outre, l'article L. 224-10 impose au fournisseur d'informer ses clients de tout projet de modification des conditions contractuelles, notamment en cas d'évolution des prix. Le consommateur est informé des modalités de résiliation. Il faut observer que les tarifs réglementés ne sont pas concernés par les dispositions de ce texte.

Enfin, il faut observer que, dans les familles modestes, les factures de chauffage ou d'électricité (besoins de première nécessité) constituent une source d'endettement, et les régularisations tardives peuvent mettre en péril l'équilibre des budgets. Dans son rapport pour 2014, le Médiateur national de l'énergie a fortement insisté sur le fait que « lorsque les régularisations tardives tiennent au manque de rigueur du gestionnaire de distribution ou du fournisseur, ce n'est pas au consommateur d'en assumer les conséquences », défendant depuis longtemps l'idée qu'il faut limiter les rattrapages de facturation. La loi du 17 août 2015 sur la transition énergétique a donc limité les possibilités de facturation d'électricité ou de gaz naturel aux quatorze mois de consommation précédant le relevé du compteur ou la transmission par le consommateur d'un auto-relevé. Fixant ainsi un point de départ clair pour l'application de la durée de rattrapage, elle exclut logiquement les cas de fraude ou de défaut d'accès au compteur, ou encore d'absence de transmission par le consommateur d'un index relatif à sa consommation réelle, après qu'un courrier lui a été adressé par lettre recommandée. ❑

SOUS-SECTION 1 CHAMP D'APPLICATION

Art. L. 224-1 Les dispositions de la présente section s'appliquent aux contrats souscrits par un consommateur avec un fournisseur d'électricité ou de gaz naturel, ainsi qu'aux contrats souscrits par un non-professionnel pour une puissance électrique égale ou inférieure à 36 kilovoltampères ou pour une consommation de gaz naturel inférieure à 30 000 kilowattheures par an.

Les dispositions de l'article L. 224-2, de l'article L. 224-3 à l'exception des 13° et 16°, des articles L. 224-4 et L. 224-6, de l'article L. 224-7 à l'exception du 2°, des articles L. 224-8 à *(L. n° 2017-203 du 21 févr. 2017, art. 7)* **« L. 224-12** *[ancienne rédaction : L. 224-13]* **» et L. 224-16 sont applicables aux contrats souscrits dans les conditions mentionnées à l'article L. 332-2 du code de l'énergie pour la fourniture d'électricité et à l'article L. 442-2 du même code pour la fourniture de gaz naturel.** – *[C. consom., art. L. 121-86.]*

Art. L. 224-2 Les fournisseurs d'électricité ou de gaz naturel doivent adapter la communication des contrats et informations aux handicaps des consommateurs. – *[C. consom., art. L. 121-93.]*

Sur les sanctions, V. art. R. 242-6.

Art. L. 224-10 **Tout projet de modification par le fournisseur des conditions contractuelles est communiqué au consommateur par voie postale ou, à sa demande, par voie électronique, au moins un mois avant la date d'application envisagée.**

Cette communication est assortie d'une information précisant au consommateur qu'il peut résilier le contrat sans pénalité, dans un délai maximal de trois mois à compter de sa réception.

Les dispositions du présent article ne sont pas applicables aux modifications contractuelles imposées par la loi ou le règlement. – *[C. consom., art. L. 121-90.]*

Sur les sanctions, V. art. R. 242-11.

Modification tarifaire. L'art. 3, § 5, de la Dir. 2003/54/CE du 26 juin 2003, concernant des règles communes pour le marché intérieur de l'électricité, et l'art. 3, § 3, de la Dir. 2003/55/CE du 26 juin 2003, concernant des règles communes pour le marché intérieur du gaz naturel, doivent être interprétés en ce sens qu'ils s'opposent à une réglementation nationale (allemande) qui détermine le contenu des contrats de fourniture de l'électricité et du gaz conclus avec les consommateurs relevant de l'obligation générale d'approvisionnement et prévoit la possibilité de modifier le tarif de cette fourniture, mais qui ne garantit pas que les consommateurs soient informés, en temps utile avant l'entrée en vigueur de cette modification, des motifs, des conditions et de l'ampleur de celle-ci. • CJUE 23 oct. 2014, n° C-359/11.

Art. L. 224-11 **Le fournisseur d'électricité ou de gaz naturel facture, au moins une fois par an, en fonction de l'énergie consommée. Aucune consommation d'électricité ou de gaz naturel antérieure de plus de quatorze mois au dernier relevé ou autorelevé ne peut être facturée, sauf en cas de défaut d'accès au compteur, d'absence de transmission par le consommateur d'un index relatif à sa consommation réelle, après un courrier adressé au client par le gestionnaire de réseau par lettre recommandée avec demande d'avis de réception, ou de fraude.** – *[C. consom., art. L. 121-91, al. 1er.]*

La 2e phrase de l'art. L. 224-11 est issue de l'insertion opérée à l'al. 1er de l'art. L. 121-91 de l'ancien code de la consommation par l'art. 202 de la L. n° 2015-992 du 17 août 2015 et devant entrer en vigueur un an après la promulgation de ladite loi. Non présente dans la version originale de l'art. L. 224-11 issue de l'Ord. n° 2016-301 du 14 mars 2016, cette 2e phrase s'applique à compter du 17 août 2016.

Sur les sanctions, V. art. R. 242-12.

COMMENTAIRE

Les fournisseurs d'électricité ne peuvent désormais plus rattraper les retards sur une durée trop longue. Auparavant, aucun texte n'empêchait les fournisseurs de remonter à plusieurs années en arrière, ce qui conduisait à des factures de plusieurs milliers d'euros. Selon l'*UFC Que Choisir*, la moitié des conflits que le médiateur national de l'énergie a traités en 2015 concernait des montants en moyenne de 3 600 €, pour des factures pouvant remonter vingt-cinq mois en arrière.

L'article L. 224-11 fixe la limite des rattrapages de factures d'électricité et de gaz à quatorze mois en arrière. L'usager concerné par un rattrapage de facturation doit avoir un comportement de bonne foi, manifesté par une obligation de coopération : il doit avoir laissé l'accès aux compteurs pour le jour du relevé ou, à défaut, avoir transmis en date et en heure les auto-relevés de consommation comme le réclament les fournisseurs. ❑

Art. L. 224-12 ***Les factures* de fourniture d'électricité et de gaz naturel sont présentées dans les conditions fixées par un arrêté du ministre chargé de la consommation et du ministre chargé de l'énergie pris après avis du Conseil national de la consommation.** – *V. Arr. du 18 avr. 2012, App., v° Énergie domestique.*

Un arrêté pris dans les mêmes conditions précise les différents modes de paiement que le fournisseur est tenu d'offrir au client et leurs modalités. Il précise quels sont les délais de remboursement ou les conditions de report des trop-perçus.

En cas de facturation terme à échoir ou fondée sur un index estimé, l'estimation du fournisseur reflète de manière appropriée la consommation probable. Cette estimation est fondée sur les consommations réelles antérieures sur la base des données transmises par les gestionnaires de réseaux lorsqu'elles sont disponibles ; le fournisseur indique au client sur quelle base repose son estimation.

Le fournisseur est tenu d'offrir au client la possibilité de transmettre, par internet, par téléphone ou tout moyen à la convenance de ce dernier, des éléments sur sa consommation réelle, éventuellement sous forme d'index, à des dates qui permettent une prise en compte de ces index pour l'émission de ses factures. — *V. Arr. du 18 avr. 2012, art. 4, App., v° Énergie domestique.*

Le fournisseur d'électricité ou de gaz naturel est tenu d'offrir gratuitement à tous ses clients la possibilité de payer ses factures par mandat compte. — *[C. consom., art. L. 121-91, al. 2 à 5 et L. 121-91-1.]*

Sur les sanctions, V. art. R. 242-13.

COMMENTAIRE

La gratuité du « mandat compte » est une mesure sociale prévue par la loi n° 2014-344 du 17 mars 2014 pour venir en aide aux plus démunis : c'est une alternative au prélèvement automatique pour ceux qui n'ont pas de compte bancaire ou qui ont besoin de plus de souplesse dans la gestion de leur trésorerie. Cette mesure doit être rapprochée d'autres dispositions de la loi relative à la consommation de 2014 interdisant de facturer des frais supplémentaires de rejet de paiement pour les personnes économiquement faibles (art. L. 224-37 : contrats de communications électroniques ; art. L. 224-13 : contrats de fourniture d'électricité ou de gaz naturel). ❑

Art. L. 224-13 Aucuns frais liés au rejet de paiement ne peuvent être imputés par un fournisseur d'électricité ou de gaz naturel aux consommateurs qui bénéficient de la tarification spéciale « produit de première nécessité » de l'électricité ou du tarif spécial de solidarité du gaz naturel. — *[C. consom., art. L. 121-92-1.] — Cette rédaction ne tient pas compte de la modification opérée par la L. n° 2015-992 du 17 août 2015 entrant en vigueur à compter de la date fixée par le décret mentionné à l'art. L. 124-1 C. énergie [V. App., v° Énergie domestique], et au plus tard à compter du 31 déc. 2018 (L. préc., art. 201-III). A compter de cette date la fin de l'article L. 224-13 est ainsi rédigée : « … qui bénéficient du chèque énergie prévu à l'article L. 124-1 du code de l'énergie. »*

COMMENTAIRE

Depuis la loi du 17 mars 2014, à l'instar de ce qui est prévu en matière de services de communications électroniques (art. L. 224–37), il est interdit aux fournisseurs d'électricité et de gaz naturel de facturer aux consommateurs des frais de rejet de paiement dès lors qu'ils bénéficient de la tarification spéciale « produit de première nécessité » de l'électricité ou du tarif spécial de solidarité du gaz naturel. Le critère est ici plus objectif qu'en matière de communication électronique, où est pris en considération leur « état de fragilité eu égard notamment à leurs ressources ».

La loi du 17 août 2015 sur la transition énergétique prend désormais comme critère le bénéfice social du chèque énergie (prévu à l'art. L. 124-1 C. énergie, dispositif devant être expérimenté avant d'entrer en vigueur au plus tard le 1er janv. 2018), étant précisé que la modification entrera en vigueur en vertu d'un décret au plus tard le 31 décembre 2018. Le chèque énergie permettra aux ménages dont le revenu fiscal de référence ne dépasse pas un certain plafond, d'acquitter tout ou partie des dépenses d'énergie de leur logement ou de financer des travaux d'amélioration de leur habitat. Son montant sera modulé en fonction du nombre de personnes composant le ménage et de ses revenus. ❑

Art. L. 224-14 Le client peut changer de fournisseur dans un délai qui ne peut excéder vingt et un jours à compter de sa demande. Dans ce cas, le contrat est résilié de plein droit à la date de prise d'effet d'un nouveau contrat de fourniture d'énergie.

S'il ne s'agit pas d'un changement de fournisseur, la résiliation prend effet à la date souhaitée par le consommateur et, au plus tard, trente jours à compter de la notification de la résiliation au fournisseur. — *[C. consom., art. L. 121-89, al. 2, trois premières phrases.]*

Art. L. 224-15 Le consommateur reçoit la facture de clôture dans un délai de quatre semaines à compter de la résiliation du contrat.

Le fournisseur ne peut facturer au consommateur que les frais correspondant aux coûts qu'il a effectivement supportés, par l'intermédiaire du gestionnaire de réseau, au titre de la résiliation et sous réserve que ces frais aient été explicitement prévus dans l'offre. Ceux-ci doivent être dûment justifiés. Aucun autre frais ne peut être réclamé au consommateur au seul motif qu'il change de fournisseur.

Le remboursement du trop-perçu éventuel est effectué dans un délai maximal de deux semaines après l'émission de la facture de clôture. – *[C. consom., art. L. 121-89, al. 2, dernière phrase, al. 3 et 4.]*

Sur les sanctions, V. art. R. 242-14.

SOUS-SECTION 5 DISPOSITIONS D'ORDRE PUBLIC

Art. L. 224-16 Les dispositions de la présente section sont d'ordre public. – *[C. consom., art. L. 121-94.]*

SECTION II CONTRATS RELATIFS AU GAZ DE PÉTROLE LIQUÉFIÉ

COMMENTAIRE

Depuis la loi du 17 mars 2014, une section est consacrée aux contrats ayant pour objet la fourniture de gaz de pétrole liquéfié en vrac, la mise à disposition ou la vente de matériels de stockage de gaz de pétrole liquéfié en vrac d'un poids supérieur à 50 kilogrammes ou l'entretien de tels matériels. D'ordre public (art. L. 224-25), elle s'applique aux consommateurs mais aussi aux non-professionnels, une fois de plus visés (art. L. 224-24).

Des exigences de contenu sont formulées (art. L. 224-18) et la durée du contrat est limitée dans le temps, plus précisément à cinq ans (art. L. 224-19). La modification du contrat est également encadrée lorsqu'elle intervient à l'initiative du professionnel (art. L. 224-22). Enfin, la restitution par le professionnel de sommes versées par le consommateur, soit par avance, soit à titre de dépôt de garantie, est encadrée (art. L. 224-23), sous peine d'être de plein droit majorées de moitié (art. L. 242-17).

La loi n° 2014-1545 du 20 décembre 2014, relative à la simplification de la vie des entreprises et portant diverses dispositions de simplification et de clarification du droit et des procédures administratives, prévoit que les manquements sont passibles d'une amende administrative dont le montant ne peut excéder 3 000 € pour une personne physique et 15 000 € pour une personne morale. ❑

Art. L. 224-17 **Les dispositions de la présente section s'appliquent aux contrats souscrits par un consommateur ayant pour objet la fourniture de gaz de pétrole liquéfié en vrac, la mise à disposition ou la vente de matériels de stockage de gaz de pétrole liquéfié en vrac d'un poids supérieur à 50 kilogrammes ou l'entretien de tels matériels.** – *[C. consom., art. L. 121-106.]*

Art. L. 224-18 **Les contrats mentionnés à l'article L. 224-17 sont écrits, le consommateur n'étant engagé que par sa signature.**

Ces contrats doivent préciser au moins les informations suivantes sous une forme claire, détaillée et aisément accessible :

1° L'identité du professionnel, ses adresses postale et électronique, ses coordonnées téléphoniques ainsi que celles de son site internet s'il en dispose ;

2° La description des produits et des services contractuels et les délais nécessaires pour en assurer la livraison ou la prestation ;

3° Les prix des produits et services contractuels à la date d'entrée en vigueur du contrat ;

4° Si le contrat comprend une clause portant sur la modification de prix, la mention des règles sur la base desquelles cette modification peut intervenir ainsi que les moyens par lesquels le consommateur obtient une information complète sur l'état actualisé de l'ensemble des prix mentionnés au 3° ;

5° Si le contrat prévoit la vente de la citerne au début ou en cours de vie du contrat, le prix initial de vente de la citerne en début de contrat et, le cas échéant, lorsque le contrat prévoit la vente de la citerne en cours de vie du contrat, un tableau présentant

le prix de vente dégressif de la citerne en fonction de la durée du contrat négociée avec le client;

6° La durée du contrat ainsi que ses conditions de reconduction, modification et résiliation;

7° L'identité du propriétaire de la citerne;

8° La possibilité de recourir à un médiateur de la consommation dans les conditions prévues au titre Ier du livre VI;

9° Les modalités de facturation et de paiement proposées;

10° Les conditions de la responsabilité contractuelle du professionnel et de remboursement ou de compensation en cas d'erreur de facturation ou de retard de livraison;

11° Le montant des sommes à payer à l'expiration du contrat ou en cas de résiliation anticipée, notamment, le cas échéant, les frais de retrait ou de neutralisation de la citerne. – *[C. consom., art. L. 121-107, al. 1er à 12.]*

Sur les sanctions, V. art. L. 242-18.

Art. L. 224-19 La durée des contrats mentionnés à l'article L. 224-17 ne peut excéder cinq ans. – *[C. consom., art. L. 121-108.]*

Sur les sanctions, V. art. L. 242-18.

Art. L. 224-20 Au terme du contrat, le professionnel informe le consommateur propriétaire ou futur propriétaire du matériel de stockage du gaz de pétrole liquéfié des obligations qui lui incombent quant à l'entretien et à la maintenance du matériel. – *[C. consom., art. L. 121-107, al. 13.]*

Sur les sanctions, V. art. L. 242-18.

Art. L. 224-21 Tout professionnel proposant les contrats mentionnés à l'article L. 224-17 est tenu à une obligation d'information du consommateur sur la sécurité pendant la durée d'exécution du contrat, dans des conditions définies par arrêté conjoint des ministres chargés de la consommation, de l'énergie et de la sécurité des équipements sous pression. – *[C. consom., art. L. 121-109.]*

Sur les sanctions, V. art. L. 242-18.

Art. L. 224-22 Tout projet de modification des conditions contractuelles à l'initiative du professionnel est communiqué par écrit par ce professionnel au consommateur au moins un mois avant son entrée en vigueur, assorti de l'information, énoncée de manière claire, précise et visible, selon laquelle ce dernier peut, tant qu'il n'a pas expressément accepté les nouvelles conditions, résilier le contrat, sans pénalité de résiliation et sans droit à dédommagement, jusque dans un délai de trois mois après l'entrée en vigueur de la modification.

Pour les contrats à durée déterminée ne comportant pas de clause déterminant précisément les hypothèses pouvant entraîner une modification contractuelle ou de clause portant sur la modification du prix, le consommateur peut exiger l'application des conditions initiales jusqu'au terme de la durée contractuelle. – *[C. consom., art. L. 121-110.]*

Sur les sanctions, V. art. L. 242-18.

Art. L. 224-23 Toute somme versée d'avance par le consommateur au professionnel lui est restituée, sous réserve du paiement des factures restant dues, au plus tard dans un délai de trente jours à compter du paiement de la dernière facture.

Les sommes versées par le consommateur au titre d'un dépôt de garantie lui sont restituées par le professionnel au plus tard dans un délai de trente jours à compter de la reprise par ce dernier de l'objet garanti, qui est effectuée au plus tard dans un *délai de trois mois à compter de* la résiliation du contrat.

En cas de transaction portant sur la propriété immobilière où la citerne est installée, le professionnel ne peut subordonner la restitution des sommes versées par le consommateur au titre d'un dépôt de garantie à la souscription d'un contrat par le nouveau propriétaire. – *[C. consom., art. L. 121-111, al. 1er, 2 et 4.]*

Sur les sanctions, V. art. L. 242-17 et L. 242-18.

Art. L. 224-24 Les dispositions de la présente section sont également applicables aux contrats conclus entre des professionnels et des non-professionnels. – *[C. consom., art. L. 121-112, 2e phrase.]*

Art. L. 224-25 Les dispositions de la présente section sont d'ordre public. – *[C. consom., art. L. 121-112, 1re phrase.]*

SECTION III CONTRATS DE SERVICES DE COMMUNICATIONS ÉLECTRONIQUES

COMMENTAIRE

I. CONTEXTE

Ces dispositions sont issues de la loi n° 2004-669 du 9 juillet 2004 sur les communications électroniques. Elles procèdent de la volonté des pouvoirs publics de tirer les leçons des premières années d'ouverture à la concurrence du secteur des télécommunications et d'intégrer les importantes mutations intervenues ces dernières années dans ce secteur. Les dispositions insérées dans le code de la consommation sont plus particulièrement destinées à renforcer la protection des utilisateurs de services de communications électroniques en prévoyant les clauses devant impérativement figurer dans les contrats et en encadrant les conditions dans lesquelles ces derniers sont susceptibles d'être modifiés.

II. CHAMP D'APPLICATION

La loi du 9 juillet 2004 concerne les services de communication électronique au sens de l'article L. 32-6° CPCE, c'est-à-dire les prestations consistant entièrement ou principalement en la fourniture de ce type de communications (opérateurs de téléphonie, fournisseurs d'accès à internet), lequel précise que ne sont pas concernés les services consistant à éditer ou à distribuer des services de communication au public par voie électronique. L'article L. 224-26 renvoie à ce texte.

Précisons que l'on entend par communications électroniques « les émissions, transmissions ou réceptions de signes, de signaux, d'écrits, d'images ou de son, par voie électromagnétique » (art. L. 32-1° CPCE).

L'article L. 224-42, qui trouve son origine dans la loi n° 2008-3 du 3 janvier 2008, précise que bénéficient de la protection instaurée les consommateurs ainsi que les non-professionnels.

III. OBLIGATION D'INFORMATION

L'article L. 224-27 instaure une obligation d'information à la charge du professionnel, fournisseur de services de communications électroniques, au bénéfice du consommateur. Des renseignements très précis, énumérés dans cet article, permettent un meilleur éclairage du consommateur sur les prestations fournies et leur teneur : identité du fournisseur, description des services tant en termes de qualité que de délai d'exécution, tarifs, durée et renouvellement du contrat, règlement amiable des litiges…

L'arrêté du 16 mars 2006 relatif au contrat de services de communications électroniques (V. ss. art. L. 224-30) précise comment le professionnel doit satisfaire à l'obligation d'information sur le niveau de qualité des services offerts.

Enfin, l'ordonnance du 24 août 2011 relative aux communications électroniques renforce, notamment, la protection des consommateurs sur internet ainsi que l'atteinte à leur vie privée. Il trouve aujourd'hui son siège à l'article L. 224-30 relatif aux informations devant être incluses dans les contrats souscrits par les consommateurs, notamment avec les fournisseurs d'accès à internet. Ces contrats devront contenir un certain nombre d'informations obligatoires rédigées « sous une forme claire, détaillée et aisément accessible », précise le nouveau texte. L'ordonnance complète ce dispositif en imposant de nouvelles informations à fournir aux consommateurs (services après-vente, possibilité de recourir à un médiateur, etc.). La loi pour une République numérique du 7 octobre 2016 complète la liste. Est également prévue l'obligation pour les fournisseurs d'informer le consommateur sur leurs points de vente et par voie téléphonique ou électronique (art. L. 224-27). ❑

Art. L. 224-26 Pour l'application des dispositions de la présente section, on entend par services de communications électroniques les prestations consistant entièrement

ou principalement en la fourniture de communications électroniques au sens du 6° de l'article L. 32 du code des postes et des communications électroniques. Ne sont pas inclus dans cette définition les services consistant à éditer ou à distribuer des services de communication au public par voie électronique.

SOUS-SECTION 1 INFORMATION DU CONSOMMATEUR

Art. L. 224-27 Tout fournisseur de services de communications électroniques met à la disposition des consommateurs, sous une forme claire, comparable, actualisée et facilement accessible, et tient à jour dans ses points de vente et par un moyen téléphonique ou électronique accessible en temps réel à un tarif raisonnable les informations suivantes :

1° Les informations mentionnées aux articles L. 111-1, L. 224-30 et, le cas échéant, L. 221-8 ;

2° Les produits et services destinés aux consommateurs handicapés ;

3° Les conséquences juridiques de l'utilisation des services de communications électroniques pour se livrer à des activités illicites ou diffuser des contenus préjudiciables, en particulier lorsqu'ils peuvent porter atteinte au respect des droits et des libertés d'autrui, y compris les atteintes aux droits d'auteur et aux droits voisins ;

4° Les moyens de protection contre les risques d'atteinte à la sécurité individuelle, à la vie privée et aux données à caractère personnel lors de l'utilisation des services de communications électroniques. – *[C. consom., art. L. 121-83-1.]*

Sur les sanctions, V. art. L. 242-20.

SOUS-SECTION 2 FORMATION DU CONTRAT

Art. L. 224-28 Les fournisseurs de services, proposant au consommateur, directement ou par l'intermédiaire d'un tiers, une offre de services de communications électroniques, ne peuvent subordonner la conclusion ou la modification des termes du contrat qui régit la fourniture d'un service de communications électroniques à l'acceptation par le consommateur d'une clause imposant le respect d'une durée minimum d'exécution du contrat de plus de vingt-quatre mois à compter de la date de conclusion du contrat ou de sa modification.

Tout fournisseur de services subordonnant la conclusion ou la modification des termes d'un contrat qui régit la fourniture d'un service de communications électroniques à l'acceptation par le consommateur d'une clause contractuelle imposant le respect d'une durée minimum d'exécution du contrat de plus de douze mois est tenu :

1° De proposer simultanément la même offre de services assortie d'une durée minimum d'exécution du contrat n'excédant pas douze mois, selon des modalités commerciales non disqualifiantes ;

2° D'offrir au consommateur la possibilité de résilier par anticipation le contrat à compter de la fin du douzième mois suivant l'acceptation d'une telle clause moyennant le paiement par le consommateur d'au plus le quart du montant dû au titre de la fraction non échue de la période minimum d'exécution du contrat.

Les dispositions du présent article s'appliquent à la conclusion ou l'exécution de tout autre contrat liant le fournisseur de services et le consommateur dès lors que la conclusion de ce contrat est subordonnée à l'existence et à l'exécution du contrat initial régissant la fourniture du service de communications électroniques, sans que l'ensemble des sommes dues au titre de la résiliation anticipée de ces contrats avant l'échéance de la durée minimum d'exécution de ces contrats puisse excéder le quart du montant dû au titre de la fraction non échue de la période minimum d'exécution du contrat. – *[C. consom., art. L. 121-84-6.]*

Sur les sanctions, V. art. L. 242-20.

BIBL. ▶ BERNHEIM-DESVAUX, *CCC 2012. Formule 8* (clause d'engagement minimum).

Subvention opérateur. **BIBL.** Limbach, *RLDA juin 2012. 53* (le contrat d'abonnement de téléphonie mobile et la subvention opérateur : une opération de crédit à la consommation ?). ♦ Jugeant que la subvention opérateur, consistant à mettre, gratuitement ou à des conditions privilégiées, à la disposition du client un terminal lors de la souscription à un abonnement téléphonique, ne peut pas être qualifiée de crédit à la consommation : • T. com. Paris, 15 janv. 2013 : *D. 2013. 649, note Storrer ; ibid. Actu. 238, obs. Chevrier ; JCP E 2013, n° 1263, note Decocq ; LPA 8 mars 2013, note Pecnard et Duperray ; RJDA 2013, n° 448.*

Art. L. 224-29 **Toute offre de fourniture d'un service de communications électroniques est accompagnée d'une information explicite sur les dispositions relatives aux modifications ultérieures des conditions contractuelles.** – *[C. consom., art. L. 121-84, al. 3.]*

Sur les sanctions, V. art. L. 242-20.

Art. L. 224-30 **Tout contrat souscrit par un consommateur avec un fournisseur de services de communications électroniques comporte au moins les informations suivantes sous une forme claire, détaillée et aisément accessible :**

1° L'identité et l'adresse du fournisseur ;

2° Les services offerts, leur niveau de qualité et le délai nécessaire pour en assurer la prestation ;

(L. n° 2016-1321 du 7 oct. 2016, art. 53-I) **« 2° *bis* Les explications prévues au d du 1 de l'article 4 du règlement (UE) 2015/2120 du Parlement européen et du Conseil du 25 novembre 2015 établissant des mesures relatives à l'accès à un internet ouvert et modifiant la directive 2002/22/CE concernant le service universel et les droits des utilisateurs au regard des réseaux et services de communications électroniques et le règlement (UE) n° 531/2012 concernant l'itinérance sur les réseaux publics de communications mobiles à l'intérieur de l'Union ; »**

3° Le détail des tarifs pratiqués, notamment les frais de résiliation et les frais de portabilité des numéros et autres identifiants, les moyens par lesquels des informations actualisées sur l'ensemble des tarifs applicables et des frais de maintenance peuvent être obtenues et les modes de paiement proposés ainsi que leurs conditions ;

4° Les compensations et formules de remboursement applicables si le niveau de qualité des services prévus dans le contrat n'est pas atteint ;

5° La durée du contrat, les conditions de renouvellement et d'interruption des services et du contrat ;

6° La possibilité de recourir à un médiateur de la consommation dans les conditions prévues au titre Ier du livre VI ;

7° Les procédures mises en place par le fournisseur pour mesurer et orienter le trafic de manière à éviter de saturer ou sursaturer une ligne du réseau et sur leurs conséquences en matière de qualité du service *(L. n° 2016-1321 du 7 oct. 2016, art. 53-I)* **« , de protection de la vie privée et des données à caractère personnel, ainsi que l'impact des limitations de volume, de débits ou d'autres paramètres sur la qualité de l'accès à internet, en particulier l'utilisation de contenus, d'applications et de services, y compris ceux bénéficiant d'une qualité optimisée » ;**

8° Les services après-vente fournis, ainsi que les modalités permettant de contacter ces services ;

9° Les restrictions à l'accès à des services et à leur utilisation, ainsi qu'à celle des équipements terminaux fournis ;

10° Les possibilités qui s'offrent à l'abonné de faire figurer ou non ses données à caractère personnel dans un annuaire et les données concernées ;

11° Toute utilisation ou durée minimale requise pour pouvoir bénéficier de promotions ;

12° Le type de mesure qu'est susceptible de prendre le fournisseur afin de réagir à un incident ayant trait à la sécurité ou à l'intégrité ou de faire face à des menaces et à des situations de vulnérabilité ;

13° Les droits conférés au consommateur dans le cadre du service universel, lorsque le fournisseur est chargé de ce service.

Ces informations sont précisées par arrêté conjoint du ministre chargé de la consommation et du ministre chargé des communications électroniques, pris après avis du Conseil national de la consommation et de l'Autorité de régulation des communications électroniques et des postes mentionnée à l'article L. 130 du code des

postes et des communications électroniques. — *[C. consom., art. L. 121-83.] — V. Arr. du 16 mars 2006, ci-dessous. — V. aussi Arr. du 3 déc. 2013, App., v° Poste et télécommunications.*

L'art. L. 224-30, dans sa rédaction résultant du I de l'art. 53 de la L. n° 2016-1321 du 7 oct. 2016, est applicable aux contrats conclus ou reconduits après la publication (JO 8 oct.) de la loi (L. préc., art. 53-II). — Les modifications issues de la L. n° 2016-1321 du 7 oct. 2016 sont applicables dans les îles Wallis-et-Futuna (L. préc., art. 110-III).

Sur les sanctions, V. art. L. 242-20.

BIBL. ▸ NDLR, *BRDA 2011, n° 17, p. 12* (amélioration des droits des utilisateurs des communications électroniques). - PIEDELIÈVRE, *CCE 2011. Étude 22* (dispositions relatives au code de la consommation de l'Ord. n° 2011-1012 du 24 août 2011). - LIMBACH, *RLDA juin 2012. 53* (le contrat d'abonnement de téléphonie mobile et la subvention opérateur : une opération de crédit à la consommation ?). - LOISEAU, *CCE 2016, n° 101* (L. n° 2016-1321 du 7 oct. 2016 : un législateur inintelligible pour promouvoir l'information des consommateurs).

1. Défaut d'information. Pour un exemple de défaut de communication des informations prescrites, V. • Paris, 23 mars 2009 : *CCC 2009, n° 234, obs. Raymond.* ◆ Mais un opérateur n'a pas à s'immiscer dans le choix des appels téléphoniques de son contractant au-delà des informations qui ont été portées à la connaissance de celui-ci conformément à l'art. L. 121-83 [L. 224-30]. • Angers, 13 mars 2012 : *CCC 2012, n° 239, obs. Raymond.* ◆ De la même façon, il ne pèse sur l'opérateur aucune obligation de restriction de l'accès au service, le titulaire prenant seul la responsabilité de l'utilisation qu'il fait de l'appareil qui lui a été fourni dès lors que l'exclusion de certains services a été clairement portée à la connaissance de l'abonné. • Bastia, 24 févr. 2012 : *CCC 2012, n° 240, obs. Raymond.*

2. Vol. Le vol du portable, s'il n'a pas été porté à la connaissance de l'opérateur, n'emporte pas de plein droit l'extinction de l'obligation au paiement. • Orléans, 2 avr. 2012 : *CCC 2012, n° 241, obs. Raymond.*

Arrêté du 16 mars 2006,

Relatif aux contrats de services de communications électroniques.

Art. 1er Pour satisfaire à l'obligation d'information sur le niveau de qualité des services offerts prévue au *(Ord. n° 2016-301 du 14 mars 2016, art. 2, en vigueur le 1er juill. 2016)* « 2° de l'article L. 224-30 » du code de la consommation, chaque contrat de services de communications électroniques doit faire apparaître au moins les mentions suivantes :

— le délai de mise en service ;

— le niveau de qualité minimum garanti pour chacune des caractéristiques techniques essentielles définies dans l'offre, telles que le débit, la capacité ou toute autre caractéristique susceptible d'être mesurée ;

— le délai de rétablissement du service lorsque celui-ci est interrompu ;

— le délai de réponse aux réclamations.

Chaque information est fournie de façon précise et quantifiée dans l'unité appropriée.

Art. 2 Chaque contrat de services de communications électroniques doit également faire apparaître, conformément au *(Ord. n° 2016-301 du 14 mars 2016, art. 2, en vigueur le 1er juill. 2016)* « 4° de l'article L. 224-30 » du code de la consommation, les compensations et formules de remboursement applicables lorsque, pour les éléments visés à l'article 1er, le service n'a pas été fourni ou lorsqu'il l'a été sans respecter le niveau de qualité contractuel.

Art. 3 Les dispositions du présent arrêté sont applicables dans un délai de neuf mois à compter de la date de sa publication.

Art. L. 224-31 Dans le cas d'un contrat conclu à distance, à la suite d'un démarchage téléphonique ou hors établissement, et dont le consommateur a demandé l'exécution avant la fin du délai de rétractation prévu à l'article L. 221-18 et, le cas échéant, à l'article L. 221-20, la demande de conservation du numéro prévue à l'article L. 44 ***du code des postes et des*** **communications électroniques adressée durant ce délai à un autre opérateur auprès duquel il souscrit un nouveau contrat entraîne, pour le consommateur, des obligations de renvoi ou de restitution des biens dans des conditions identiques à celles prévues à l'article L. 221-23 pour l'exercice du droit de rétractation, sous réserve du délai de restitution, qui court à compter du portage effectif du numéro.**

Le consommateur verse par ailleurs à son opérateur un montant correspondant au service fourni dans des conditions identiques à celles prévues à l'article L. 221-25 pour l'exercice du droit de rétractation, sous réserve que le montant corresponde au service fourni jusqu'au portage effectif du numéro.

L'opérateur rembourse les sommes versées dans des conditions identiques à celles prévues à l'article L. 221-24, sous réserve du délai de remboursement, qui court à compter du portage effectif du numéro. – *[C. consom., art. L. 121-83-2, sauf dernière phrase.]*

Sur les sanctions, V. art. L. 242-20.

Art. L. 224-32 Le consommateur est informé des conséquences d'une demande de conservation du numéro effectuée auprès d'un autre opérateur durant le délai de rétractation en même temps qu'il est informé de l'existence de son droit de rétractation. – *[C. consom., art. L. 121-83-2, dernière phrase.]*

Sur les sanctions, V. art. L. 242-20.

SOUS-SECTION 3 EXÉCUTION DU CONTRAT

Art. L. 224-33 Tout projet de modification des conditions contractuelles de fourniture d'un service de communications électroniques est communiqué par le prestataire au consommateur par écrit ou sur un autre support durable à la disposition de ce dernier au moins un mois avant son entrée en vigueur, assorti de l'information selon laquelle ce dernier peut, tant qu'il n'a pas expressément accepté les nouvelles conditions, résilier le contrat sans pénalité de résiliation et sans droit à dédommagement, jusque dans un délai de quatre mois après l'entrée en vigueur de la modification.

Pour les contrats à durée déterminée ne comportant pas de clause déterminant précisément les hypothèses pouvant entraîner une modification contractuelle ou de clause portant sur la modification du prix, le consommateur peut exiger l'application des conditions initiales jusqu'au terme de la durée contractuelle. – *[C. consom., art. L. 121-84, al. 1er et 2.]*

Sur les sanctions, V. art. L. 242-20.

COMMENTAIRE

L'article L. 224-33 encadre le projet de modification des conditions contractuelles : il s'agit, d'une part, d'informer de façon explicite le consommateur suffisamment à l'avance et, d'autre part, de lui donner la possibilité de mettre fin (sans frais) au contrat tant qu'il n'a pas expressément accepté les nouvelles conditions de ce dernier : il dispose pour cela d'un délai de quatre mois après la date prévue d'entrée en vigueur des modifications.

Enfin, l'ordonnance du 24 août 2011 prévoit que tout projet de modification des conditions contractuelles de fourniture du service sera communiqué au consommateur par écrit ou sur tout autre support durable mis à sa disposition. ❑

1. Modification substantielle. S'agissant d'une offre à durée indéterminée, France Télécom pouvait, conformément aux dispositions légales et contractuelles, modifier l'une des conditions de l'offre sans que cette modification ne soit liée à une résiliation préalable du contrat. La modification notifiée ne constituait pas, compte tenu du maintien des autres conditions de l'offre illimitée, une modification substantielle emportant novation par changement d'objet du contrat. Aucun trouble manifestement illicite et aucune faute dans la mise en œuvre des modifications de l'offre ne peuvent donc être caractérisés, au regard des dispositions de l'art. L. 121-84 [L. 221-33]. • Aix-en-Provence, 7 nov. 2006 : *Gaz. Pal. 2007. 2737, obs. Fauvet; ibid., 3414, obs. Forster.*

2. Communication par SMS. BIBL. Arnaud, Drai-Parker et van Eeckhout, RDC 2008. 557 (les pratiques contractuelles du SMS). ♦ Jugeant, précédemment à l'ajout opéré par l'Ord. n° 2011-1012 du 24 août 2011, que l'information donnée par SMS ne répond pas aux conditions posées par l'art. L. 121-84 [L. 221-33] : • TI Antony, J. prox., 12 mars 2007 : *RD banc. fin. 2008, n° 23, obs. Caprioli.* ♦ Ayant relevé que le courriel adressé à un abonné ne permettait pas à ce dernier, sauf à se livrer à des recherches sur son interface de gestion, de comprendre qu'à défaut de mettre fin à la relation contractuelle dans un délai de quatre mois, les frais d'activation prévus dans le contrat initial seraient remplacés par des frais de résiliation, la juridiction de proximité en a exactement déduit que la modification contractuelle litigieuse ne lui était pas opposable. • Civ. 1re, 2 juill. 2014, n° 13-18.062 : *CCC 2014, n° 239, obs. Leveneur ; ibid., n° 282, obs. Raymond ; CCE 2014, n° 72, obs. Loiseau ; Gaz. Pal. 2015. 505, obs. Piedelièvre ; RDC 2015. 45, obs. Danis-Fatôme.*

3. Délai de résiliation. Les modifications tarifaires imposées par l'Autorité de la concurrence dans le cadre de mesures conservatoires doivent scrupuleusement respecter les exigences du code de la consommation et notamment son art. L. 121-84 [L. 221-33], sans qu'il apparaisse nécessaire ni proportionné, en l'espèce, d'allonger, de manière dérogatoire aux dispositions envisagées par le législateur, le délai de résiliation sans pénalité. • Aut. conc. n° 09-MC-02 du 16 sept. 2009. ♦ Jugeant que l'abonné doit avoir la possibilité de s'opposer aux nouvelles conditions générales avant leur entrée en vigueur : • Civ. 1re, 20 mai 2010 : *D. 2011. Pan. 982, obs. Poillot ; CCC 2010, n° 265, obs. Raymond.*

4. Constitutionnalité. L'art. L. 121-84 [L. 221-33], qui assure la transposition de l'art. 20, § 2, de la Dir. 2002/22 du 7 mars 2002, régit, dans un but de protection des consommateurs, tout en tenant compte de la spécificité de l'objet de la convention, la modification des conditions contractuelles de fourniture d'un service de communications électroniques par le prestataire, sans créer de déséquilibre entre les droits et obligations des parties au contrat. • Civ. 1re, QPC, 5 avr. 2012 : *CCC 2012, n° 194, obs. G. R.* ♦ Cassation d'un arrêt s'étant prononcé en faveur du principe de l'intangibilité du contrat posé par l'art. 1134 [ancien] C. civ. alors que le fournisseur avait respecté les dispositions de l'art. L. 121-84 [L. 221-33] C. consom. : • Civ. 1re, 27 nov. 2013 : *CCC 2014, n° 76, obs. Raymond ; CCE 2014, n° 4, obs. Loiseau.*

Art. L. 224-34 La poursuite à titre onéreux de la fourniture de services accessoires à un contrat principal de communications électroniques comprenant une période initiale de gratuité est soumise à l'accord exprès du consommateur à qui ces services sont proposés. – *[C. consom., art. L. 121-84-4.]*

Sur les sanctions, V. art. L. 242-20.

Art. L. 224-35 Toute somme versée d'avance par le consommateur à un fournisseur de services de communications électroniques lui est restituée, sous réserve du paiement des factures restant dues, au plus tard dans un délai de dix jours à compter du paiement de la dernière facture.

La restitution, par un fournisseur de services de communications électroniques, des sommes versées par le consommateur au titre d'un dépôt de garantie est effectuée au plus tard dans un délai de dix jours à compter de la restitution au professionnel de l'objet garanti. – *[C. consom., art. L. 121-84-1, al. 1er et 2.]*

Sur les sanctions, V. art. L. 242-19 et L. 242-20.

BIBL. ▸ L. n° 2008-3 du 3 janv. 2008 : BRUSCHI, *RLDA févr. 2008. 51* (amélioration de la protection des consommateurs). – DEBET, *CCE 2008, n° 40* (dispositions du code de la consommation relatives au droit du commerce et des communications électroniques modifiées par la loi Chatel). – Rédaction D.O. *JCP E 2008, n° 12-13, p. 25* (loi Chatel : dispositions concernant, notamment, les communications électroniques). – JUSTIER et JAUNET, *CCC 2008. Étude 4* (impacts sur le secteur des communications électroniques). – FORSTER, *Gaz. Pal. 2008. 866* (mesures en faveur du pouvoir d'achat dans le secteur des télécommunications). – BIOLAY, *LPA 23 juill. 2008* (application dans le temps des dispositions législatives relatives aux contrats de communications électroniques : ce qui a changé le 1er juin 2008).

COMMENTAIRE

Les consommateurs éprouvent très souvent de nombreuses difficultés pour obtenir le remboursement des sommes payées d'avance sur leur consommation ou à titre de dépôt de garantie. C'est la raison pour laquelle la loi du 3 janvier 2008 a introduit de nouvelles dispositions, *applicables au 1er juin 2008*, destinées à faciliter ce remboursement dans un délai raisonnable, fixé à dix jours dans les conditions précisées par l'article L. 224-35.

La loi du 3 janvier 2008 prévoit, en cas de non-respect des délais pour le remboursement des sommes versées d'avance ou du dépôt de garantie, une sanction civile spécifique qui devrait inciter les professionnels à la diligence, dans la mesure où elle consiste en une majoration de plein droit de la moitié du montant dû (art. L. 242-19).

Art. L. 224-36 **Lorsqu'un contrat de communications électroniques incluant une clause imposant le respect d'une durée minimum d'exécution a été souscrit par le consommateur, les facturations établies par les fournisseurs de services de communications électroniques mentionnent la durée d'engagement restant à courir ou la date de la fin de l'engagement ou, le cas échéant, mentionnent que cette durée minimum d'exécution du contrat est échue.** – *[C. consom., art. L. 121-84-3.]*

Sur les sanctions, V. art. L. 242-20.

BIBL. ▶ BERNHEIM-DESVAUX, *RCA 2012. Formule 9* (clause d'engagement minimum).

COMMENTAIRE

Les forfaits de longue durée, fréquemment proposés dans le domaine de la téléphonie mobile, constituent un frein à la libre concurrence. Le législateur de 2008 n'hésite pas à limiter la liberté contractuelle des opérateurs pour tenir compte des forces en présence, en encadrant la durée des contrats. Lors des débats parlementaires, les députés avaient voulu réserver cette protection au consommateur agissant à des fins non professionnelles ; mais la restriction a été écartée par les sénateurs. Le dispositif prévoit que les fournisseurs de services électroniques ne peuvent subordonner la conclusion ou la modification du contrat au respect par le consommateur d'une clause imposant une durée minimale de plus de 24 mois. Par ailleurs, lorsqu'il impose une durée minimale de plus de 12 mois, l'opérateur doit notamment offrir au consommateur la possibilité de résilier le contrat à compter de la fin du douzième mois, moyennant le paiement d'une pénalité qui ne doit pas dépasser le quart des sommes restant dues. Mais les systèmes de fidélisation mis en place (jeu des points de fidélité que le Sénat avait proposé d'encadrer lors des débats parlementaires) limitent *de facto* la concurrence entre les opérateurs.

Le souci de transparence est également manifeste dans la loi du 3 janvier 2008. Lorsque le contrat de communication électronique inclut une clause imposant le respect d'une durée minimale d'exécution, le consommateur doit être informé, à travers les différentes factures émises, de la durée d'engagement restant à courir ou de la date de la fin de l'engagement (art. L. 224-36). ❑

Art. L. 224-37 **Aucuns frais liés au rejet de paiement ne peuvent être imputés par un fournisseur de services de communications électroniques aux consommateurs qui se trouvent en état de fragilité eu égard notamment à leurs ressources.** – *[C. consom., art. L. 121-84-10-1.]*

Sur les sanctions, V. art. L. 242-20.

COMMENTAIRE

Depuis la loi n° 2014-344 du 17 mars 2014, il est interdit aux fournisseurs de services de communications électroniques de facturer aux consommateurs *stricto sensu* (personnes physiques agissant en dehors de leur activité professionnelle) des frais de rejet de paiement dès lors qu'il s'agit de personnes « en état de fragilité eu égard notamment à leurs ressources » (art. L. 224-37). Cette expression ne peut que susciter l'ambiguïté : on peut penser, en effet, à des formes de fragilité autres qu'économiques, puisque l'adverbe « notamment » suggère une extension. En outre, la fragilité économique elle-même est bien difficile à cerner. ❑

Art. L. 224-38 **Les dispositions du présent article sont applicables à tout fournisseur de services de communications électroniques proposant au consommateur, directement ou par l'intermédiaire d'un tiers, un service après-vente, un service d'assistance technique ou tout autre service chargé du traitement des réclamations se rapportant à l'exécution du contrat conclu avec ce fournisseur, et accessible par un service téléphonique au public au sens du 7° de l'article L. 32 précité.**

Ces services sont accessibles depuis le territoire métropolitain, les départements et régions d'outre-mer et les collectivités territoriales de Saint-Barthélemy, Saint-Martin et Saint-Pierre-et-Miquelon, par un numéro d'appel non géographique, fixe et non surtaxé.

Aucun coût complémentaire autre que celui de la communication téléphonique ne peut être facturé pour ces services au titre de cette communication téléphonique.

Lorsque le consommateur appelle ces services depuis les territoires énumérés au deuxième alinéa en ayant recours au service téléphonique au public du fournisseur de services de communications électroniques auprès duquel il a souscrit ce contrat, aucune somme ne peut, à quelque titre que ce soit, lui être facturée tant qu'il n'a pas été mis en relation avec un interlocuteur prenant en charge le traitement effectif de sa demande. – *[C. consom., art. L. 121-84-5.]*

Sur les sanctions, V. art. L. 242-20.

Art. L. 224-39 **La durée du préavis de résiliation par un consommateur d'un contrat de services de communications électroniques ne peut excéder dix jours à compter de la réception par le fournisseur de la demande de résiliation. Le consommateur peut toutefois demander que cette résiliation prenne effet plus de dix jours après la réception, par le fournisseur, de sa demande de résiliation.** – *[C. consom., art. L. 121-84-2.]*

Sur les sanctions, V. art. L. 242-20.

COMMENTAIRE

La loi n° 2008-3 du 3 janvier 2008 pour le développement de la concurrence au service des consommateurs a introduit des mesures, applicables au 1er juin 2008, destinées à faciliter au consommateur la sortie d'un contrat dont il se sent parfois prisonnier. Le délai de préavis de résiliation du contrat conclu entre le consommateur et le fournisseur de services de communications électroniques ne peut dépasser dix jours. Le consommateur a de surcroît la possibilité de demander que cette résiliation prenne effet plus de dix jours après la réception par le fournisseur de sa demande de résiliation, ce qui introduit pour lui de la souplesse dans le changement de fournisseur d'accès à internet ou d'opérateur de téléphonie (art. L. 224-39). ❑

Art. L. 224-40 **Le fournisseur de services proposant au consommateur, directement ou par l'intermédiaire d'un tiers, un service de communications électroniques, ne peut facturer au consommateur, à l'occasion de la résiliation, que les frais correspondant aux coûts qu'il a effectivement supportés au titre de la résiliation, sans préjudice, le cas échéant, des dispositions contractuelles portant sur le respect d'une durée minimum d'exécution du contrat.**

Ces frais ne sont exigibles du consommateur que s'ils ont été explicitement prévus dans le contrat et dûment justifiés. – *[C. consom., art. L. 121-84-7.]*

Sur les sanctions, V. art. L. 242-20.

Art. L. 224-41 **Tout fournisseur d'un service de communications électroniques est tenu de permettre au consommateur de recourir à un médiateur de la consommation dans les conditions prévues au titre Ier du livre VI.** – *[C. consom., art. L. 121-84-9.]*

BIBL. ▶ NDLR, *BRDA 2011, n° 17, p. 12* (amélioration des droits des utilisateurs des communications électroniques). – PIEDELIÈVRE, *CCE 2011. Étude 22* (dispositions relatives au code de la consommation de l'Ord. n° 2011-1012 du 24 août 2011).

COMMENTAIRE

De façon à renforcer les droits des consommateurs en la matière, l'ordonnance n° 2011-1012 du 24 août 2011 crée l'obligation pour les fournisseurs de services, notamment d'accès à internet, d'instituer un médiateur destiné à régler leurs conflits avec leurs abonnés (anc. art. L. 121-84-9). L'article L. 224-41 tient compte des récentes dispositions sur la médiation auxquelles il renvoie. ❑

Art. L. 224-42 **Les dispositions de la présente section sont également applicables aux contrats conclus entre des professionnels et des non-professionnels.** – *[C. consom., art. L. 121-85.]*

COMMENTAIRE

Comme en en matière de contrats renouvelables par tacite reconduction ou de clauses abusives ou encore de fourniture de gaz, le législateur élargit ici la protection aux non-professionnels, définis dans l'article liminaire. ❑

Toute violation à ces dispositions, qui sont également applicables aux contrats conclus entre des professionnels et des non-professionnels (art. L. 224-55), est passible d'une amende administrative dont le montant ne peut excéder 3 000 € pour une personne physique et 15 000 € pour une personne morale (art. L. 242-21). ❑

Art. L. 224-43 **L'opérateur de communications électroniques, au sens du 6° de l'article L. 32 du code des postes et des communications électroniques, exploitant un numéro à valeur ajoutée, son abonné auquel ce numéro est affecté et, s'il est différent, le fournisseur du produit ou du service à valeur ajoutée mettent gratuitement à la disposition des consommateurs un outil accessible en ligne permettant d'identifier, à partir du numéro d'appel ou de message textuel, le nom du produit ou du service accessible à ce numéro d'appel ou de message textuel, la description sommaire du produit ou du service, le nom du fournisseur, son site internet, s'il existe, l'adresse du fournisseur ainsi que l'adresse ou le numéro de téléphone auxquels le consommateur peut adresser ses réclamations.** – *V. art. D. 224-17 s.*

Cet outil permet aux consommateurs d'obtenir les informations prévues au premier alinéa pendant une période qui ne peut être inférieure à douze mois à compter de la date d'achat du produit ou du service. Il est mis à la disposition des consommateurs sous la forme d'un accès unique dédié aux numéros d'appel et d'un accès unique dédié aux numéros de messages textuels. – *[C. consom., art. L. 121-42, al. 1er et 2.]*

Sur les sanctions, V. art. L. 242-21.

Art. L. 224-44 **L'opérateur en relation contractuelle avec le consommateur l'informe, sur son site internet, de l'existence de cet outil et des moyens permettant d'y accéder.** – *[C. consom., art. L. 121-42, al. 3.]*

Sur les sanctions, V. art. L. 242-21.

Art. L. 224-45 **Les abonnés et les fournisseurs de produits ou de services à valeur ajoutée concernés ne peuvent s'opposer à la communication et à la publication par des tiers des informations mentionnées au premier alinéa de l'article L. 224-43 en vue de constituer l'outil mentionné au même alinéa.** – *[C. consom., art. L. 121-42, al. 4.]*

Sur les sanctions, V. art. L. 242-21.

Art. L. 224-46 **L'opérateur prévoit, dans le contrat avec l'abonné auquel il affecte un numéro à valeur ajoutée, sous peine de résiliation, que l'abonné l'informe de toute modification concernant son identité et son adresse, lesquelles doivent figurer dans le contrat.**

Le contrat prévoit également, sous peine de la suspension de l'accès aux numéros concernés, qui peut être suivie de la résiliation du contrat en cas de réitération, que l'abonné fournit à l'opérateur les informations prévues au premier alinéa de l'article L. 224-43 et informe l'opérateur de toute modification avec un préavis suffisant afin que l'outil soit mis à jour.

La description du produit ou du service doit permettre à l'opérateur de s'assurer qu'il ne fait pas partie de ceux que l'opérateur exclut, le cas échéant, au titre de ses règles déontologiques. – *[C. consom., art. L. 121-42, al. 5 et 6.]*

Sur les sanctions, V. art. L. 242-21.

Art. L. 224-47 **Un mécanisme de signalement impose à l'opérateur de vérifier les renseignements présents dans l'outil afin de procéder en cas d'inexactitude à la suspension de l'accès au numéro et, le cas échéant, à la résiliation prévues à l'article L. 224-46.** – *[C. consom., art. L. 121-42, al. 7.]*

Sur les sanctions, V. art. L. 242-21.

Art. L. 224-48 **Les dispositions des articles L. 224-43 à L. 224-47 s'appliquent sans préjudice des autres causes légales ou contractuelles de suspension ou de résiliation, notamment déontologiques.** – *[C. consom., art. L. 121-42, al. 8.]*

Sur les sanctions, V. art. L. 242-21.

Art. L. 224-49 Les coûts de mise en place et de fonctionnement de l'outil sont mutualisés par les professionnels mentionnés au premier alinéa de l'article L. 224-43. – *[C. consom., art. L. 121-43.]*

Sur les sanctions, V. art. L. 242-21.

Art. L. 224-50 Tout fournisseur de produit ou de service à valeur ajoutée mentionné au premier alinéa de l'article L. 224-43 conserve, pendant un délai minimal de cinq ans après la cessation des relations contractuelles, les coordonnées de tout prestataire cocontractant associé à la promotion du produit ou du service. – *[C. consom., art. L. 121-44.]*

Sur les sanctions, V. art. L. 242-21.

Art. L. 224-51 Tout fournisseur d'un service téléphonique au public, au sens du 7° de l'article L. 32 du code des postes et des communications électroniques, propose aux consommateurs avec lesquels il est en relation contractuelle un dispositif leur permettant de signaler, par messages textuels, les appels et messages textuels non sollicités émis par des professionnels et le numéro de téléphone de leurs émetteurs. – *V. art. D. 224-19.*

Ce dispositif peut être mutualisé par plusieurs des fournisseurs mentionnés au premier alinéa.

Ces fournisseurs agrègent les signalements par numéro des émetteurs des appels et messages textuels non sollicités ainsi que par numéro auquel le consommateur est invité à envoyer un message textuel ou qu'il est incité à appeler. – *[C. consom., art. L. 121-45, al. 1er, 2 et première phrase de l'al. 3.]*

Sur les sanctions, V. art. L. 242-21.

Art. L. 224-52 Les opérateurs mentionnés au premier alinéa de l'article L. 224-43 sont informés des numéros signalés les concernant. – *[C. consom., art. L. 121-45, deuxième phrase de l'al. 3.]*

Sur les sanctions, V. art. L. 242-21.

Art. L. 224-53 Les modalités du mécanisme de signalement prévu à l'article L. 224-47 et les modalités selon lesquelles les opérateurs sont informés des numéros les concernant en application de l'article L. 224-52 sont fixées par décret. – *[C. consom., art. L. 121-46.] – V. art. D. 224-17 s.*

Sur les sanctions, V. art. L. 242-21.

Art. L. 224-54 Tout fournisseur d'un service téléphonique au public, au sens du 7° de l'article L. 32 du code des postes et des communications électroniques, propose au consommateur une option gratuite permettant de bloquer les communications à destination *(L. n° 2016-1321 du 7 oct. 2016, art. 88, en vigueur le 7 avr. 2017)* « des numéros surtaxés » de certaines tranches de numéros à valeur ajoutée. Ces tranches de numéros sont définies par un arrêté conjoint des ministres chargés de la consommation et de l'économie numérique, pris après avis de l'Autorité de régulation des communications électroniques et des postes, qui tient compte du plafond de tarification et du format de ces numéros. – *[C. consom., art. L. 121-47.]*

Sur les sanctions, V. art. L. 242-21.

Art. L. 224-55 Les dispositions de la présente section sont également applicables aux contrats conclus entre des professionnels et des non-professionnels. – *[C. consom., art. L. 121-48.]*

Art. L. 224-56 *Aucune* somme ne peut être facturée au consommateur pour un appel depuis le territoire métropolitain, les départements et régions d'outre-mer et les collectivités territoriales de Saint-Barthélemy, Saint-Martin et Saint-Pierre-et-Miquelon à un service téléphonique lorsqu'il lui a été indiqué, sous quelque forme que ce soit, que l'appel à ce service est gratuit.

Les dispositions du présent article sont applicables à toute entreprise proposant, directement ou par l'intermédiaire d'un tiers, un service accessible par un service téléphonique au public. – *[C. consom., art. L. 121-84-8.]*

SOUS-SECTION 2 RENSEIGNEMENTS TÉLÉPHONIQUES

Art. L. 224-57 Sous réserve du tarif appliqué au titre de la fourniture des prestations de renseignements téléphoniques, aucun tarif de communication spécifique autre que celui d'une communication nationale ne peut être appliqué, par les opérateurs de téléphonie mobile, aux appels émis vers des services de renseignements téléphoniques. – *[C. consom., art. L. 121-84-10.]*

Sur les sanctions, V. art. L. 242-20.

Renseignements téléphoniques. Les dispositions de l'art. L. 121-84-9 [devenu art. L. 121-84-10 ; désormais art. L. 224-57] visent à imposer aux opérateurs mobiles un prix pour la composante « C » (également appelée « *air time* »), rémunérant la communication (par opposition à la composante « S », qui rémunère les prestations liées au service), en les obligeant à l'inclure dans le forfait, pour les formules qui en comportent, et en le fixant à celui d'une communication nationale dans les autres cas. • Cons. conc., avis, n° 08-A-03 du 31 mars 2008 : *BOCC 26 juin 2008.*

Art. L. 224-58 Lorsqu'ils proposent d'assurer la mise en relation à la suite de la fourniture d'un numéro de téléphone, les fournisseurs de renseignements téléphoniques ont l'obligation d'informer le consommateur du tarif de cette mise en relation. Cette information doit être fournie systématiquement et préalablement à l'acceptation expresse de l'offre de mise en relation par le consommateur. – *[C. consom., art. L. 121-84-11.]*

Sur les sanctions, V. art. L. 242-20.

COMMENTAIRE

L'autorité de régulation des communications et des postes avait dénoncé l'augmentation du coût des services de renseignements téléphoniques. De façon à limiter les coûts, l'article L. 224-58 oblige les opérateurs à informer le consommateur du montant de la surtaxation qu'entraîne la mise en relation avec le numéro demandé, préalablement à l'acceptation expresse de l'offre. ❑

SECTION V CONTRATS CONCLUS DANS LES FOIRES ET SALONS

COMMENTAIRE

Les consommateurs sont généralement persuadés, à tort, qu'il est possible de se rétracter d'un achat réalisé auprès d'un commerçant, alors qu'en réalité le code de la consommation n'accorde cette protection que dans le cadre de certaines circonstances, telles les ventes hors établissement. Toutefois, ce droit de rétractation ne s'applique pas pour des achats effectués dans les foires et salons, à moins d'y avoir été invité par le vendeur. Mais la confusion du consommateur est fréquente et a parfois des conséquences financières dramatiques, ce qui a conduit la loi du 17 mars 2014 à clarifier la situation.

Deux hypothèses sont distinguées.

Tout d'abord, l'article L. 224-59 pose le principe selon lequel le professionnel doit informer le consommateur de l'absence de délai de rétractation avant même la conclusion du contrat. De la même manière, les offres de contrat doivent mentionner l'absence de délai de rétractation dans un encadré apparent et dans des termes clairs et lisibles. Les deux exigences sont cumulatives et leur non-respect fait encourir une amende administrative. Un arrêté du 2 décembre 2014 (V. ss. art. L. 224-61) prévoit les modalités techniques de cette transparence.

Ensuite, et par exception, l'article L. 224-62 prévoit la situation d'un crédit affecté : dans ce cas, le contrat doit mentionner dans un encadré apparent en termes clairs et lisibles l'existence d'un droit de rétractation pour le crédit affecté finançant l'achat, la résolution de plein droit sans indemnité du contrat principal en cas de rétractation et l'obligation pour le professionnel de rembourser sur simple demande toute somme versée par avance par le consommateur dans cette même hypothèse.

C'est un progrès en termes d'information du consommateur, même si l'on aurait pu espérer le bénéfice du délai de rétractation pour toute vente hors établissement au sens large.

La loi n° 2014-1545 du 20 décembre 2014, relative à la simplification de la vie des entreprises et portant diverses dispositions de simplification et de clarification du droit et des procédures administratives, prévoit que les manquements aux dispositions régissant les contrats conclus dans les foires et salons sont passibles d'une amende administrative dont le montant ne peut excéder 3 000 € pour une personne physique et 15 000 € pour une personne morale (art. L. 242-23). Lorsque le vendeur ou le prestataire de services n'a pas remboursé le consommateur dans les conditions prévues à l'article L. 224-62, la somme due est productive d'intérêts, de plein droit, au taux de l'intérêt légal majoré de moitié (art. L. 242-22). ❑

Art. L. 224-59 **Avant la conclusion de tout contrat entre un consommateur et un professionnel à l'occasion d'une foire, d'un salon ou de toute manifestation commerciale relevant du chapitre II du titre VI du livre VII du code de commerce, le professionnel informe le consommateur qu'il ne dispose pas d'un délai de rétractation.** – *[C. consom., art. L. 121-97, al. 1er, 1re phrase.]*

Sur les sanctions, V. art. L. 242-23.

Art. L. 224-60 **Les offres de contrat faites dans les foires et les salons mentionnent l'absence de délai de rétractation, en des termes clairs et lisibles, dans un encadré apparent.** – *[C. consom., art. L. 121-97, al. 1er, 2e phrase.]*

Art. L. 224-61 **Les modalités de mise en œuvre des dispositions des articles L. 224-59 et L. 224-60 sont fixées par arrêté du ministre chargé de l'économie.** – *[C. consom., art. L. 121-97, al. 2.] – V. Arr. du 2 déc. 2014, ci-dessous.*

Arrêté du 2 décembre 2014,

Relatif aux modalités d'information sur l'absence de délai de rétractation au bénéfice du consommateur dans les foires et salons.

Art. 1er Dans les foires, les salons ou à l'occasion de toute manifestation commerciale relevant du chapitre II du titre VI du livre VII du code de commerce, les professionnels proposant la vente de biens ou la fourniture de services affichent, de manière visible pour les consommateurs, sur un panneau ne pouvant pas être inférieur au format A3 et dans une taille de caractère ne pouvant être inférieure à celle du corps quatre-vingt-dix, la phrase suivante : "Le consommateur ne bénéficie pas d'un droit de rétractation pour tout achat effectué dans *[cette foire]* ou *[ce salon]*, ou *[sur ce stand]*" ; le professionnel choisissant la formulation la mieux adaptée.

Art. 2 Les offres de contrat visées à l'article *(Ord. n° 2016-301 du 14 mars 2016, art. 2, en vigueur le 1er juill. 2016)* « L. 224-60 » mentionnent, dans un encadré apparent, situé en en-tête du contrat et dans une taille de caractère qui ne peut être inférieure à celle du corps 12, la phrase suivante : "Le consommateur ne bénéficie pas d'un droit de rétractation pour un achat effectué dans une foire ou dans un salon."

Art. 3 Les dispositions prévues à l'article 2 entrent en vigueur à compter du 1er mars 2015.

Art. L. 224-62 **Lorsque la conclusion d'un contrat de vente ou de prestation de services entre un professionnel et un consommateur, à l'occasion d'une foire, d'un salon ou de toute manifestation commerciale relevant du chapitre II du titre VI du livre VII** *du code de commerce,* **s'accompagne, de la part du professionnel, d'une offre de crédit affecté tel que défini au 9° de l'article L. 311-1, le contrat de vente ou de prestation de services mentionne en des termes clairs et lisibles, dans un encadré apparent, que :**

1° L'acheteur dispose d'un droit de rétractation pour le crédit affecté servant à financer son achat ;

2° Le contrat de vente ou de prestation de services est résolu de plein droit, sans indemnité, si l'emprunteur, dans le délai de quatorze jours, exerce son droit de rétractation relatif au crédit affecté dans les conditions prévues à l'article L. 312-52 ;

3° En cas de résolution du contrat de vente ou de prestation de services consécutive à l'exercice du droit de rétractation pour le crédit affecté, le vendeur ou le prestataire de services rembourse, sur simple demande, toute somme que l'acheteur aurait versée d'avance sur le prix. – *[C. consom., art. L. 121-98, al. 1er et 2, al. 3, hors sanction et al. 4.]*

Sur les sanctions, V. art. L. 242-22 et L. 242-23.

SECTION VI TRANSPORTS ET AUTOMOBILE

BIBL. GÉN. ▸ Tosi, *Liber amicorum Calais-Auloy, Dalloz, 2004, p. 1121* (droit des transports et droits des consommateurs de transport).

COMMENTAIRE

Le code de la consommation abrite parfois certaines dispositions relatives au droit des transports, dont les sources sont souvent éclatées. La loi du 17 août 2015 relative à la transition énergétique pour la croissance verte crée une nouvelle section consacrée à l'automobile et au transport de personnes, qui regroupe diverses dispositions tantôt issues de la loi n° 2014-344 du 17 mars 2014, tantôt nouvellement créées. L'ordonnance de recodification met de l'ordre en intégrant dans la présente section les contrats de transport de déménagement et hors déménagement, eux-mêmes éclatés à différents endroits. ❑

SOUS-SECTION 1 CONTRATS DE TRANSPORT DE DÉMÉNAGEMENT

BIBL. GÉN. ▸ Fl. Petit, *JCP E 2009, n° 41, p. 23* (les errements législatifs du déménagement). – Mausen, *LPA 3 nov. 2009* (le déménageur, nouveau Janus du monde juridique). – Brunaux, *CCC 2010. Étude 5* (la nature juridique du contrat de déménagement). – Gency-Tandonnet, *JCP E 2010, n° 1655* (le régime mixte du contrat de transport de déménagement). – Fl. Petit, *ibid., n° 1772, spéc. n° 4* (le déménageur, un transporteur pas comme les autres). – Bon-Garcin, *RD transp. 2010. Étude 14* (le contrat de déménagement au regard du droit français et du droit allemand).

COMMENTAIRE

La loi relative à l'organisation et à la régulation des transports ferroviaires porte diverses dispositions relatives aux transports et transpose les dispositions de l'Union européenne constituant le « troisième paquet ferroviaire » relatif au transport des voyageurs ; les premier et deuxième paquets ferroviaires portant respectivement sur les infrastructures et l'ouverture du marché du fret ayant déjà été transcrits en droit français. Le texte prévoit l'ouverture à la concurrence du transport international de voyageurs avec possibilité de cabotage à compter du 13 décembre 2009. Seules quelques dispositions de ce texte intéressent les droits des consommateurs.

En particulier, il est dérogé, en faveur du consommateur, à l'article L. 133-3 du code de commerce, lequel prévoit que « la réception des objets transportés éteint toute action contre le voiturier pour avarie ou perte partielle si dans les trois jours, non compris les jours fériés, qui suivent celui de la réception, le destinataire n'a pas notifié au voiturier, par acte extrajudiciaire *ou par lettre recommandée*, sa protestation motivée ». Or, la protection du consommateur est accrue, le délai de forclusion applicable aux contrats de transports de déménagement conclus entre un professionnel et un consommateur étant fixé à *dix jours calendaires* à compter de la réception. Lorsque le consommateur n'a pas été à même d'émettre des réserves, le délai est porté à trois mois (art. L. 224-63).

Par ailleurs, une entaille est faite à l'*action directe* du voiturier : celui-ci dispose en effet, en application de l'article L. 132-8 du code de commerce, d'une action directe en paiement de ses prestations à l'encontre de l'expéditeur et du destinataire, toute clause contraire étant réputée non écrite. De façon à éviter des abus à la suite de l'insolvabilité de l'entreprise de déménagement, l'action directe ne pourra être mise en œuvre à l'encontre du consommateur qui s'est déjà acquitté du paiement de la prestation (art. L. 224-64) ; il ne pourra ainsi être amené à payer deux fois. ❑

Art. L. 224-63 **Par dérogation aux dispositions du premier alinéa de l'article L. 133-3 du code de commerce, le délai de forclusion applicable aux contrats de transports de déménagement conclus entre un professionnel et un consommateur est fixé à dix jours** *(L. n° 2017-203 du 21 févr. 2017, art. 7)* **« calendaires révolus » à compter de la réception des objets transportés. Les protestations motivées émises par lettre recommandée dans ce délai produisent leurs effets même en l'absence de réserves formulées à la livraison. Les réserves émises par le destinataire à la livraison et non contestées par le transporteur dispensent de la protestation motivée prévue au présent article.**

Lorsque la procédure à suivre pour émettre des réserves n'a pas été communiquée au consommateur dans les conditions fixées par arrêté ministériel, le délai prévu au premier alinéa est porté à trois mois. — *[C. consom., art. L. 121-95.] — V. Arr. du 27 avr. 2010, App., v° Déménagement.*

Art. L. 224-64 **L'action directe en paiement du transporteur prévue par l'article L. 132-8 du code de commerce ne peut être mise en œuvre à l'encontre du consommateur qui s'est déjà acquitté du paiement de la prestation de déménagement auprès d'une entreprise de déménagement.** — *[C. consom., art. L. 121-96.]*

Code de commerce **Art. L. 133-9** *(L. n° 2009-1503 du 8 déc. 2009, art. 40-II)* Sans préjudice des articles *(Ord. n° 2016-301 du 14 mars 2016, art. 2, en vigueur le 1er juill. 2016)* « L. 224-63 et L. 224-64 » du code de la consommation, les dispositions des articles L. 133-1 à L. 133-8 relatives au voiturier s'appliquent aux entreprises de transport de déménagement dès lors que la prestation objet du contrat de déménagement comprend pour partie une prestation de transport. — *V. ces art. au* ***C. com.***

Prescription. Il résulte de la combinaison des art. L. 133-6 et L. 133-9 C. com. que les actions auxquelles peut donner lieu le contrat de déménagement sont prescrites dans le délai d'un an, dès lors que ce contrat comprend pour partie une prestation de transport, et qu'un tel délai court à compter de la remise de la marchandise au destinataire, peu important que celui-ci soit un consommateur. • Civ. 1re, 12 oct. 2016, n° 15-21.194 : *D. 2017. 51, note Balat ; AJ contrat 2017. 45, obs. Bazin ; CCC 2017, n° 2, obs. Leveneur ; ibid., n° 24, obs. Bernheim-Desvaux.*

SOUS-SECTION 2 CONTRATS DE TRANSPORT HORS DÉMÉNAGEMENT

COMMENTAIRE

Aux termes de l'article L. 133-3 du code de commerce, « la réception des objets transportés éteint toute action contre le voiturier pour avarie ou perte partielle si dans les trois jours, non compris les jours fériés, qui suivent celui de cette réception, le destinataire n'a pas notifié au voiturier, par acte extrajudiciaire ou par lettre recommandée, sa protestation motivée ». Ce délai de réclamation propre au transport de marchandises est porté à dix jours en matière de contrats de déménagement (art. L. 224-63) et, depuis la loi du 17 mars 2014, de contrats de transport hors déménagement (art. L. 224-65). La seule exception concerne l'hypothèse où le transporteur a laissé à son client la possibilité de vérifier le bon état des objets transportés, ce qu'il doit justifier.

Art. L. 224-65 **Lorsque le consommateur prend personnellement livraison des objets transportés et lorsque le voiturier ne justifie pas lui avoir laissé la possibilité de vérifier effectivement leur bon état, le délai mentionné à l'article L. 133-3 du code de commerce qui éteint toute action contre le voiturier est porté à dix jours.** — *[C. consom., art. L. 121-105.]*

SOUS-SECTION 3 CONTRATS DE TRANSPORT AÉRIEN

COMMENTAIRE

Sous peine de sanctions administratives désormais énoncées à l'article L. 242-24, la loi du 17 mars 2014 met ici à la charge des transporteurs aériens et de tous ceux qui commercialisent des titres de transport aérien certaines obligations : quand le titre n'est plus valide et n'a pas donné lieu à transport, ils ont l'obligation de rembourser les taxes et redevances individualisées et affichées comme telles. Un tel remboursement doit intervenir rapidement : au plus tard trente jours à compter de la date de réception de la demande, laquelle peut être déposée par tout moyen (art. L. 224-66). ❑

Art. L. 224-66 **Les transporteurs aériens et les personnes physiques ou morales commercialisant des titres de transport aérien remboursent les taxes et redevances individualisées et affichées comme telles dans le prix du titre qu'ils ont vendu, dont l'exigibilité procède de l'embarquement effectif du passager, lorsque le titre n'est plus valide et n'a pas donné lieu à transport.**

Ce remboursement intervient au plus tard trente jours à compter de la date de réception de la demande, qui peut être déposée par tout moyen, notamment en ligne.

Le remboursement ne peut donner lieu à la facturation de frais excédant 20 % du montant remboursé. Il est gratuit lorsque la demande est déposée en ligne.

Les conditions générales de vente ou de transport précisent la possibilité du remboursement et ses modalités. – *[C. consom., art. L. 121-118.]*

Sur les sanctions, V. art. L. 242-24.

SOUS-SECTION 4 ENTRETIEN ET RÉPARATION AUTOMOBILE

COMMENTAIRE

A compter du 1er janvier 2016, les garagistes devront laisser le choix aux consommateurs entre des pièces neuves et d'occasion, issues de l'économie circulaire, la charge de la preuve incombant aux professionnels. La liste des pièces concernées, la définition des pièces issues de l'économie circulaire et les conditions dans lesquelles les professionnels sont dispensés de leur obligation (indisponibilité des pièces ou autres motifs légitimes) sont établies par un décret en Conseil d'État : il s'agit du décret n° 2016-703 du 30 mai 2016 relatif à l'utilisation de pièces de rechange automobiles issues de l'économie circulaire (*JO 31 mai 2016*), qui avait introduit dans l'ancien code de la consommation les articles R. 121-26 à R. 121-29 applicables au 1er janvier 2017 (il était ainsi prévu que le professionnel qui commercialise des prestations d'entretien ou de réparation de voitures particulières et de camionnettes permette au consommateur d'opter pour l'utilisation de pièces de rechange issues de l'économie circulaire à la place de pièces neuves). Ces dispositions ne se retrouvaient pas dans le décret n° 2016-884 du 29 juin 2016 de recodification de la partie réglementaire du code. Le décret n° 2016-1890 du 27 décembre 2016 a corrigé cet oubli en renumérotant les anciens articles R. 121-26 à R. 121-29 en articles R. 224-22 à R. 224-25.

Cette mesure issue de la loi du 17 août 2015 relative à la transition énergétique pour la croissance verte vise à protéger tant l'environnement que le consommateur (pour lequel le coût sera moindre). Introduite dans le code de la consommation et non dans le code de l'environnement, son champ d'application est ainsi limité à l'obligation à l'égard des seuls consommateurs, restriction qui peut surprendre compte tenu de la finalité environnementale du texte.

L'économie circulaire (expressément mentionnée par l'art. L. 224-67) est une économie fondée sur une consommation sobre et responsable des ressources naturelles et des matières premières primaires ainsi que sur la prévention de la production de déchets, notamment par le réemploi des produits, et une réutilisation, un recyclage ou, à défaut, une valorisation des déchets. Elle s'oppose ainsi à *l'économie linéaire* consistant à extraire, fabriquer, consommer et jeter. ❑

Art. L. 224-67 **Tout professionnel qui commercialise des prestations d'entretien ou de réparation de véhicules automobiles permet aux consommateurs d'opter pour l'utilisation, pour certaines catégories de pièces de rechange, de pièces issues de l'économie circulaire à la place de pièces neuves.**

Un décret en Conseil d'État établit la liste des catégories de pièces concernées et précise la définition des pièces issues de l'économie circulaire, au sens du présent article. Il définit également les conditions dans lesquelles le professionnel n'est pas tenu de proposer ces pièces du fait de leur indisponibilité ou d'autres motifs légitimes.
– V. art. R. 224-22 s. – Sur ces dispositions réglementaires, V. le commentaire supra.

Les modalités d'information du consommateur sont arrêtées dans les conditions prévues à l'article L. 112-1.

En cas de litige, il appartient au professionnel de prouver qu'il a exécuté ses obligations. – *[C. consom., art. L. 121-117.]*

Sur les sanctions, V. art. L. 242-25.

SOUS-SECTION 5 STATIONNEMENT

COMMENTAIRE

Ce texte, introduit par la loi n° 2014-344 du 17 mars 2014, est destiné à éviter des abus de facturation de la part des exploitants de parkings à usage public en instaurant des tranches progressives plus serrées.

Art. L. 224-68 Tout exploitant de parc de stationnement affecté à un usage public applique au consommateur, pour les stationnements d'une durée inférieure à douze heures et payés à la durée, une tarification par pas de quinze minutes au plus. – *[C. consom., art. L. 121-116.]*

SECTION VII CONTRATS D'UTILISATION DE BIENS À TEMPS PARTAGÉ, CONTRATS DE PRODUIT DE VACANCES À LONG TERME, CONTRATS DE REVENTE ET CONTRATS D'ÉCHANGE

RÉP. SOCIÉTÉS v° *Sociétés d'attribution d'immeubles en jouissance à temps partagé,* par COLLART. DUTILLEUL et FRIANT-PERROT.

BIBL. GÉN. ▶ Loi n° 98-566 du 8 juill. 1998 : PÉRINET-MARQUET, *RDI 1998. 591* (transposition de la directive du 26 oct. 1994). – BOURGEOIS, *JCP 1998, n° 30, Actualité.* – SAINT-ALARY, *D. 1999. Chron. 147*. – SIZAIRE, *JCP E 1999, n° 11, p. 454.* – DESURVIRE et LECHAU, *LPA 17 août 1999.* – GARRON, *RTD eur. 2002. 223* (la protection du consommateur sur le marché européen des droits de séjour à temps partagé). ▶ Loi n° 2009-888 du 22 juill. 2009 : DURAND-PASQUIER, *Constr.-Urb. 2009. Alerte 14* (un renforcement de la protection des vacanciers en perspective !). – MORTIER, *Dr. sociétés 2009. Repère 10* (la réforme du *timeshare*). – MARTEL, *RLDC nov. 2009. 7* (une loi pour la confiance... dans les produits du *timeshare*). – MÉSA, *AJDI 2010. 9* (modification du régime de la jouissance d'un immeuble à temps partagé). – ROBINNE, *Dr. et proc. 2010, suppl. n° 2, p. 8* (contrats d'utilisation de biens à temps partagé). – DURAND-PASQUIER, *Constr.-Urb. 2010. Étude 6* (renouveau de la jouissance d'immeubles à temps partagé : la réforme des contrats de commercialisation et de la société d'attribution). – MAIGRET-MATHIOT, *JCP N 2017, n° 1133* (le retrait plus facile des sociétés d'attribution immobilière à temps partagé).

COMMENTAIRE

I. PRÉSENTATION

C'est dans le secteur de l'immeuble de loisirs que ce type de contrat a fait son apparition en France à une période récente. Il est connu sous le nom de multipropriété ou de *timesharing*. Par ce contrat, le consommateur se voit offrir la possibilité d'occuper un appartement pendant une certaine période de l'année en France ou à l'étranger. L'acquéreur n'est pas propriétaire de l'appartement occupé, ni locataire : il devient détenteur de parts de sociétés lui donnant le droit d'occuper pendant une ou plusieurs semaines de l'année l'appartement choisi, lequel sera occupé pour les autres périodes par d'autres personnes. Sur le plan commercial, le système s'accompagne généralement de la possibilité de changer de lieu de vacances par l'affiliation du professionnel à une bourse d'échanges, de façon à permettre au consommateur qui le souhaite de pouvoir changer de lieu de vacances.

Pour le consommateur, ce contrat présente de nombreux risques ; en particulier, il ne voit pas les locaux offerts et mesure mal le coût de l'opération, d'autant que ce genre de contrat est précédé de méthodes de vente agressives, avec des propositions alléchantes de séjours – prétendument gratuits – dans des sites de rêve. Ce secteur a par ailleurs donné lieu à de multiples escroqueries, souvent commises à l'étranger ou bien sur les département ou territoires d'outre-mer, au préjudice de consommateurs français ou métropolitains.

En France, la loi n° 86-18 du 6 janvier 1986 relative aux sociétés d'attribution d'immeubles en jouissance à temps partagé a instauré un début de protection des acquéreurs en obligeant les professionnels à indiquer la nature des charges à payer à hauteur des parts détenues et en permettant la participation des associés à la gestion des sociétés d'attribution.

Certes, la législation sur les contrats hors établissement ou à distance est expressément exclue en matière de contrats d'utilisation de biens à temps partagé par l'article L. 221-2-6°, ce qui empêche le consommateur de profiter de la faculté de rétractation de quatorze jours. En revanche, il bénéficie du délai soit de rétractation, soit de réflexion (s'il s'agit d'un acte authentique non précédé d'un acte sous seing privé ou d'une promesse) de dix jours prévu par l'article L. 271-1 CCH (dans sa rédaction issue de la loi du 6 août 2015) puisque la souscription de parts donnant vocation à l'attribution en jouissance d'immeubles d'habitation est expressément visée depuis une loi du 13 décembre 2000 (V. App., v° *Logement [construction]*) ou bien, en cas de recours au crédit, du délai de réflexion – également de dix jours – prévu en matière immobilière (V. *infra*). Cependant, le mérite est revenu à une loi du 8 juillet 1998, transposant la directive n° 94/97 CE du 26 octobre 1994 (aujourd'hui abrogée et remplacée par la Dir. 2008/122/CE du 14 janv. 2009), d'avoir introduit une section dans le code de la consommation, spécialement consacrée au *contrat de jouissance d'immeuble à temps partagé* et très protectrice du consommateur (formalisme, délai de rétractation…).

Renforçant les dispositions de la précédente directive de 1994, la directive 2008/122/CE du Parlement et du Conseil en date du 14 janvier 2009 relative à la protection des consommateurs en ce qui concerne certains aspects des contrats d'utilisation de biens à temps partagé (V. ce texte ss. art. L. 232-5), dite *timeshare*, vise à renforcer la confiance du consommateur dans la multipropriété et à réguler ce secteur, lequel représente plus de 10,5 milliards d'euros et emploie plus de 400 000 personnes en Europe. Afin de mieux adapter la protection des consommateurs à l'évolution des pratiques commerciales de ce secteur, elle étend le champ d'application des règles actuelles, notamment :

– aux contrats de courte durée (contrats d'une durée de moins de trois ans) ;

– aux biens mobiliers (contrats de multipropriété portant sur des hébergements tels que les péniches fluviales, les caravanes et les navires de croisière) ;

– aux produits de vacances à long terme (plus de paiement intégral à l'avance ; les consommateurs pourront étaler le paiement en versements annuels).

Cette nouvelle réglementation améliore sensiblement les droits des consommateurs dans l'ensemble de l'Union européenne : elle allonge le délai de rétractation qui passe de 10 à 14 jours, pose le principe de l'interdiction de tout paiement pendant ce délai pour les contrats de biens à temps partagé ou de vacances à long terme, et enfin oblige le professionnel à délivrer une information précontractuelle détaillée.

A la suite de cette directive, la loi n° 2009-888 du 22 juillet 2009 de développement et de modernisation des services touristiques a procédé, six mois plus tard, à la réécriture complète des dispositions du code de la consommation en la matière, entrées en vigueur le 1er janvier 2010. La loi (art. L. 224-89) qualifie elle-même le dispositif d'ordre public.

II. CHAMP D'APPLICATION

Le champ d'application de la loi est très large de façon à embrasser un ensemble de montages ou de combinaisons juridiques : sont ainsi concernés les contrats (ou groupes de contrats) d'une durée de plus d'un an d'utilisation de biens immobiliers ou mobiliers à usage d'habitation à temps partagé conclus à titre onéreux entre un professionnel et un consommateur pour des périodes déterminées ou déterminables ; sont aussi concernés les contrats de produits de vacances d'une durée de plus d'un an par lesquels le consommateur acquiert auprès du professionnel à titre onéreux un droit à hébergement pour une période déterminée ou déterminable, lequel est assorti de réductions ou d'autres avantages ; sont assimilés à ces conventions les contrats de revente portant sur ces opérations ; enfin, sont expressément soumis à la loi nouvelle comme à l'ancienne, les contrats de souscription ou de cession de parts ou actions de sociétés d'attribution d'immeuble en jouissance à temps partagé régis par la loi du 6 janvier 1986. ❑

SOUS-SECTION 1 CHAMP D'APPLICATION ET DÉFINITIONS

Art. L. 224-69 Est soumis aux dispositions de la présente section tout contrat ou groupe de contrats, conclu à titre onéreux, par lequel un professionnel confère à un consommateur, directement ou indirectement, un droit ou un service d'utilisation de

biens à temps partagé ou concernant des produits de vacances à long terme, ou de revente ou d'échange de tels droits ou services. — *V. L. nº 70-9 du 2 janv. 1970, art. 1er-8º, App., vº Agences immobilières. — Sur la possibilité, pour les agents de voyages, de conclure ou de prêter leur concours à la conclusion de tels contrats, V. C. tourisme, art. L. 211-24, App., vº Agences de voyages.*

Est également soumis aux dispositions de la présente section le contrat de souscription ou de cession de parts ou actions de sociétés d'attribution d'immeubles en jouissance à temps partagé régi par la loi nº 86-18 du 6 janvier 1986 relative aux sociétés d'attribution d'immeubles en jouissance à temps partagé. — *[C. consom., art. L. 121-60.] — V. cette loi au **C. sociétés**, au **CCH** ou au **C. tourisme.***

Sur les sanctions, V. art. L. 242-28.

1. Cession de parts. En vertu de l'art. L. 121-60 [L. 224-69] en matière de cession de parts de sociétés d'attribution d'immeubles en jouissance à temps partagé régie par la loi du 6 janv. 1986, l'offre de contracter indique notamment à sa date de prise d'effet les installations et équipements communs mis à la disposition du consommateur ainsi que les services fournis et leurs prestataires, le montant détaillé de toutes les sommes dues périodiquement ou leurs éléments de déterminations. En outre, l'offre reproduit en caractères très apparents les dispositions des art. L. 121-63 et L. 121-68 [L. 224-73 et L. 221-78]. • Paris, 16 févr. 2006 : *Gaz. Pal. 2006. 3887.*

2. Contrat de réservation. Le contrat de réservation de parts de sociétés d'attribution d'immeubles en jouissance à temps partagé qui ne respecte pas le formalisme imposé par le code de la consommation est nul et ne peut être régularisé ultérieurement, en particulier à l'occasion de la cession ultérieure des parts sociales émises par la société de *time sharing*. • Civ. 3e, 26 janv. 2011 : *Bull. civ. III, nº 14 ; D. 2011. Actu. 438, obs. Delpech ; AJDI 2011. 653, obs. Porcheron ; JCP 2011, nº 207 ; RJDA 2011, nº 552 ; Dr. sociétés 2011, nº 68, obs. Hovasse.* ♦ Comp., jugeant que la nullité du contrat de réservation n'est pas de nature à entacher la validité de l'acte de cession de parts sociales ultérieurement signé par les parties. • Civ. 3e, 12 sept. 2007 : *AJDI 2008. 53 ; RJDA 2008, nº 335 ; Constr.-Urb. 2007, nº 222, obs. Sizaire.*

Art. L. 224-70 Les contrats mentionnés au premier alinéa de l'article L. 224-69 sont ainsi définis :

1º Le contrat d'utilisation de biens à temps partagé est un contrat d'une durée de plus d'un an par lequel un consommateur acquiert, à titre onéreux, la jouissance d'un ou plusieurs biens immobiliers ou mobiliers, à usage d'habitation, pour des périodes déterminées ou déterminables ;

2º Le contrat de produit de vacances à long terme est un contrat d'une durée de plus d'un an par lequel un consommateur acquiert, à titre onéreux, un droit à hébergement pour une période déterminée ou déterminable assorti de réductions ou d'autres avantages ou services ;

3º Le contrat de revente est un contrat de service par lequel un professionnel, à titre onéreux, assiste un consommateur en vue de la vente, de la revente ou de l'achat d'un droit d'utilisation de biens à temps partagé ou d'un produit de vacances à long terme ;

4º Le contrat d'échange est un contrat à titre onéreux par lequel un consommateur accède à un système d'échange qui lui permet, en contrepartie de son contrat d'utilisation de biens à temps partagé ou de son contrat de produit de vacances à long terme, d'accéder à la jouissance d'un autre bien ou à un autre hébergement ou à d'autres services.

Pour les contrats visés aux 1º et 2º, la détermination de la durée minimale tient compte de toute clause contractuelle de reconduction ou de prorogation tacite les portant à une durée supérieure à un an. — *[C. consom., art. L. 121-61.]*

Sur les sanctions, V. art. L. 242-28.

SOUS-SECTION 2 PUBLICITÉ

COMMENTAIRE

La publicité des contrats visés par la présente section est réglementée : elle doit indiquer la possibilité d'obtenir les informations mentionnées par le texte ; toute invitation à une manifestation ayant pour objet la vente ou la promotion de tels produits doit être transparente quant à sa finalité, le professionnel devant par ailleurs mettre à disposition du consommateur lesdites informations. Il s'agit de prévenir les pièges de toute nature susceptibles de tromper le consommateur. □

Art. L. 224-71 **Toute publicité relative à tout contrat ou groupe de contrats d'utilisation de biens à temps partagé, de produit de vacances à long terme ou de revente ou d'échange indique la possibilité d'obtenir les informations mentionnées aux articles L. 224-73 et L. 224-74. Toute invitation à une manifestation ayant pour objet la vente ou la promotion d'un des produits ou services ci-dessus mentionnés indique clairement le but commercial et la nature de cette manifestation. Pendant la durée de celle-ci, le professionnel met à la disposition du consommateur les informations mentionnées aux articles L. 224-73 et L. 224-74.** – *[C. consom., art. L. 121-62, al. 1er.]*

Sur les sanctions, V. art. L. 242-27.

Art. L. 224-72 **Les biens à temps partagé et produits de vacances à long terme proposés ne peuvent être présentés ni être vendus comme un investissement.** – *[C. consom., art. L. 121-62, al. 2.]*

Sur les sanctions, V. art. L. 242-27.

SOUS-SECTION 3 INFORMATION PRÉCONTRACTUELLE

COMMENTAIRE

La loi de 1998 obligeait déjà tout professionnel du « *time share* » à proposer au consommateur un contrat suffisamment détaillé pour garantir un consentement éclairé. La protection du consommateur au cours de la période précontractuelle est encore renforcée par rapport à la loi antérieure. En effet, le professionnel doit obligatoirement mettre à la disposition du consommateur (gratuitement et au moyen d'un formulaire propre à chaque contrat, déterminé par arrêté) un certain nombre d'informations, lesquelles sont mentionnées aux articles L. 224-73 et L. 224-74. Cela permettra aux consommateurs de contracter en connaissance de cause. Ces informations essentielles doivent être rédigées clairement et de façon compréhensible par écrit ou sur un support durable, au choix du consommateur dans la langue de l'État membre dans lequel il réside ou dont il a la nationalité.

Celles envisagées par l'article L. 224-73 concernent tous les contrats visés : elles portent notamment sur l'identification du professionnel, l'objet du contrat et sa nature juridique, le bien et les services proposés, la durée du contrat, le prix du bien et des services et installations mis à disposition du consommateur, la faculté de rétractation, la résiliation du contrat (et, s'il y a lieu, des contrats dits accessoires).

Celles visées par l'article L. 224-74, sont spécifiques à chaque contrat : pour les *contrats de jouissance à temps partagée*, l'existence d'un système d'échange et son coût sont indiqués ; d'autres informations sont relatives à l'hypothèse où l'immeuble serait en construction. Pour les *contrats de produits de vacances à long terme*, l'offre doit préciser les modalités relatives à l'échéancier et les indications relatives à l'augmentation éventuelle des annuités. Pour les *contrats de revente*, l'offre indique le prix à payer pour le consommateur en vue de bénéficier des services du professionnel et l'indication des frais complémentaires obligatoires.

Le professionnel remet au consommateur un contrat écrit sur support papier ou sur un autre support durable, rédigé, au choix du consommateur, dans la langue d'un État membre dans *lequel il réside ou dont il a la nationalité. Le texte précise que le contrat est rédigé en français* dès lors qu'il réside en France ou que le professionnel exerce son activité sur notre territoire.

Les informations figurant ci-dessus font partie intégrante de l'offre contractuelle, laquelle ne peut être modifiée par le professionnel qu'en cas de force majeure ou d'accord formellement constaté entre les parties. En tout état de cause, l'éventuelle modification doit faire l'objet d'une communication écrite au consommateur avant son acceptation.

L'article L. 224-78 précise le contenu du contrat : les informations susvisées et leurs modifications éventuelles, l'indication de l'identité et du lieu de résidence des parties, la date et le lieu de la conclusion du contrat ainsi que la signature des parties. Le professionnel doit également remettre un formulaire de rétractation distinct du contrat et conforme à un modèle déterminé par arrêté. Le texte insiste sur le fait que les pages du contrat relatives à l'existence de ce droit de rétractation, à ses modalités d'exercice ainsi qu'à l'interdiction de tout paiement anticipé doivent être signées par le consommateur, de façon à attirer plus particulièrement son attention sur ces dispositions essentielles. Enfin, le professionnel doit remettre au consommateur une ou plusieurs copies de l'ensemble du contrat le jour de sa conclusion.

Tout ce formalisme informatif est prescrit à peine de nullité du contrat par l'article L. 242-26.

Enfin, de façon à déjouer les pratiques agressives de vente de certains commerciaux sur le lieu même des vacances, l'article L. 224-71 prévoit que toute invitation à une manifestation ayant pour objet la vente ou la promotion d'un des produits ou services (de jouissance d'immeuble à temps partagé) indique « clairement le but commercial et la nature de cette manifestation ».

En dernier lieu, il convient d'observer qu'un arrêté du 15 juin 2010 (V. ss. art. L. 224-75 et L. 224-78) fixe le contenu des formulaires standards d'information relatifs aux contrats d'utilisation de biens à temps partagé, aux contrats de produits de vacances à long terme, aux contrats de revente, aux contrats d'échange, ainsi que le contenu du formulaire standard de rétractation visant à faciliter le droit de rétractation. ❑

Art. L. 224-73 **En temps utile et avant tout engagement de sa part, le consommateur reçoit du professionnel de manière claire et compréhensible, par écrit ou sur un support durable aisément accessible, les informations exactes et suffisantes relatives aux biens ou services pour lesquels il envisage de contracter.**

Pour l'ensemble des contrats mentionnés et définis aux articles L. 224-69 et L. 224-70, l'offre indique, conformément aux modèles de formulaire d'information correspondants :

1° L'identité et le domicile du ou des professionnels ou s'il s'agit d'une personne morale, sa dénomination, sa forme juridique et son siège ;

2° La désignation et la description du ou des biens ou services ainsi que de leur situation ;

3° L'objet du contrat ainsi que la nature juridique du ou des droits conférés au consommateur ;

4° La période précise pendant laquelle les droits seront exercés ;

5° La durée du contrat et sa date de prise d'effet ;

6° Le prix principal à payer pour l'exercice du ou des droits conférés par le contrat et l'indication des frais accessoires obligatoires éventuels ;

7° Les services et installations mis à la disposition du consommateur et leur coût ;

8° La durée du droit de rétractation, ses modalités d'exercice et ses effets ;

9° Les informations relatives à la résiliation du contrat, le cas échéant à la résiliation du contrat accessoire, et à leurs effets ;

10° L'interdiction de tout paiement d'avances ;

11° Le fait que le contrat peut être régi par une loi autre que celle de l'État membre de l'Union européenne dans lequel le consommateur a sa résidence ou son domicile habituel ;

12° L'indication de la ou des langues utilisées entre le consommateur et le professionnel concernant toute question relative au contrat ;

13° La possibilité de recourir à un médiateur de la consommation dans les conditions prévues au titre Ier du livre VI ;

14° L'existence, le cas échéant, d'un code de bonne conduite. — *[C. consom., art. L. 121-63.]*

Sur les sanctions, V. art. L. 242-26 et L. 242-28.

Art. L. 224-74 **Pour les contrats de jouissance à temps partagé, l'offre mentionnée à l'article L. 224-73 indique en outre :**

1° L'existence ou non de la possibilité de participer à un système d'échange et, dans l'affirmative, l'indication du nom de ce système d'échange et de son coût ;

2° Si l'immeuble est en construction, les indications essentielles relatives au permis de construire, à l'état et aux délais d'achèvement du logement et de ses services, au raccordement aux divers réseaux, et aux garanties d'achèvement ou de remboursement en cas de non-achèvement.

Pour les contrats de produit de vacances à long terme, l'offre mentionnée à l'article L. 224-73 indique en outre :

1° Les modalités relatives au calendrier de paiement échelonné du prix ;
2° Les indications relatives à l'éventuelle augmentation du coût des annuités.
Pour les contrats de revente, l'offre mentionnée à l'article L. 224-73 indique en outre le prix à payer par le consommateur pour bénéficier des services du professionnel et l'indication des frais complémentaires obligatoires. – *[C. consom., art. L. 121-64.]*
Sur les sanctions, V. art. L. 242-26 et L. 242-28.

Art. L. 224-75 Le professionnel fournit gratuitement au consommateur les informations mentionnées aux articles L. 224-73 et L. 224-74, au moyen de formulaires propres à chacun des contrats cités aux articles L. 224-69 et L. 224-70, et dont les modèles sont déterminés par arrêté conjoint du ministre chargé de la consommation et du ministre de la justice. – *V. Arr. du 15 juin 2010, ci-dessous.*

Les informations mentionnées aux articles L. 224-73, L. 224-74 et au présent article sont rédigées au choix du consommateur dans la langue ou dans l'une des langues de l'État membre dans lequel il réside ou dont il a la nationalité, à la condition qu'il s'agisse d'une langue officielle de l'Union européenne. – *[C. consom., art. L. 121-65.]*
Sur les sanctions, V. art. L. 242-26 et L. 242-28.

Arrêté du 15 juin 2010,

Fixant le contenu des formulaires standards d'information relatifs aux contrats d'utilisation de biens à temps partagé, aux contrats de produits de vacances à long terme, aux contrats de revente, aux contrats d'échange et le contenu du formulaire standard de rétractation visant à faciliter le droit de rétractation.

Art. 1er Les formulaires standards de contrats d'utilisation de biens à temps partagé, de contrats de produits de vacances à long terme, de contrats de revente, de contrats d'échange prévus par l'article *(Ord. n° 2016-301 du 14 mars 2016, art. 2, en vigueur le 1er juill. 2016)* « L. 224-75 » du code de la consommation font, respectivement, l'objet des annexes I, II, III et IV du présent arrêté.

ANNEXE I

FORMULAIRE STANDARD D'INFORMATION SUR LES CONTRATS D'UTILISATION DE BIENS À TEMPS PARTAGÉ

Partie 1

Identité, lieu de résidence et statut juridique du/des professionnel(s) qui sera/seront partie(s) au contrat : ....

Brève description du produit (par exemple, description du bien immobilier) : ....

Nature et contenu précis du/des droit(s) : ....

Indication précise de la période pendant laquelle le droit objet du contrat peut être exercé et, le cas échéant, durée du régime mis en place : ....

Date à partir de laquelle le consommateur peut exercer le droit objet du contrat : ....

Si le contrat concerne un bien spécifique en construction, date à laquelle le logement et les services/installations seront achevés/disponibles : ....

Prix à payer par le consommateur pour l'acquisition du/des droits : ....

Aperçu des frais obligatoires supplémentaires imposés en vertu du contrat ; type de frais et indication des montants (par exemple, cotisations annuelles, autres frais récurrents, taxes spéciales, impôts locaux) : ....

Résumé des services essentiels mis à la disposition du consommateur (par exemple, électricité, eau, entretien, enlèvement des ordures) et une indication du montant que doit payer le consommateur pour ceux-ci : ....

Résumé des installations mises à la disposition du consommateur (par exemple, piscine, sauna) : ....

Ces installations sont-elles incluses dans les frais indiqués ci-dessus ? ....

Dans la négative, préciser ce qui est inclus et ce qui ne l'est pas : ....

Est-il possible de participer à un système d'échange ? ....

Dans l'affirmative, indiquer le nom du système d'échange : ....

Indication des coûts de participation/d'échange : ....

Le professionnel a-t-il signé un/des code(s) de conduite et si oui où peut-on le/les trouver ?..

Partie 2

Informations générales :

Le consommateur a le droit de se rétracter du présent contrat sans donner de motif dans un délai de quatorze jours francs à compter de la conclusion du contrat ou tout contrat préliminaire contraignant ou de la réception de ces contrats si celle-ci a lieu ultérieurement.

Durant cette période de rétractation, tout paiement d'avances par le consommateur est interdit. Cette interdiction concerne toute rémunération, y compris notamment le paiement, la constitution de garanties, la réservation d'argent sur des comptes, la reconnaissance explicite de dettes, et s'applique non seulement au paiement au professionnel, mais également aux tiers.

Le consommateur ne sera pas exposé à d'autres frais ou obligations que ceux spécifiés dans le contrat.

Conformément au droit international privé, le contrat peut être régi par une loi autre que celle de l'État membre dans lequel le consommateur a sa résidence ou son domicile habituel et d'éventuels litiges peuvent être portés devant d'autres juridictions que celles de l'État membre dans lequel le consommateur a sa résidence ou son domicile habituel.

Signature du consommateur

Partie 3

Informations complémentaires auxquelles le consommateur a droit et endroit précis où elles peuvent être obtenues (par exemple, dans quelle section d'une brochure générale), si elles ne sont pas fournies ci-dessous :

1. *Informations relatives aux droits acquis*

Conditions d'exercice du droit objet du contrat sur le territoire de l'État membre ou des États membres où sont situés le ou les biens concernés ; indiquer si ces conditions ont été remplies ou, dans le cas contraire, préciser quelles sont les conditions qui doivent encore l'être.

Lorsque le contrat prévoit des droits d'occupation d'un hébergement à sélectionner parmi un ensemble d'hébergements, des informations sur toute restriction de la faculté du consommateur d'occuper tout hébergement de l'ensemble à un quelconque moment.

2. *Informations relatives aux biens*

Lorsque le contrat concerne un bien immobilier spécifique, description exacte et détaillée de ce bien et de sa situation ; lorsque le contrat porte sur plusieurs biens (lieux de villégiature multiples), description appropriée de ces biens et de leur situation ; lorsque le contrat concerne un hébergement autre qu'un bien immobilier, description appropriée de l'hébergement et de ses équipements.

Services (par exemple, électricité, eau, entretien, enlèvement des ordures) auxquels le consommateur a ou aura accès, et conditions de cet accès.

Le cas échéant, installations communes, telles que piscine, sauna, etc., auxquelles le consommateur a ou aura éventuellement accès et conditions de cet accès.

3. *Exigences additionnelles pour les logements en construction (le cas échéant)*

État d'achèvement du logement et des services rendant le bien pleinement opérationnel (raccordement au gaz, à l'électricité, à l'eau et au téléphone) et toute installation à laquelle le consommateur aura accès.

Délai d'achèvement du logement et des services rendant le bien pleinement opérationnel (raccordement au gaz, à l'électricité, à l'eau et au téléphone) et estimation raisonnable du délai d'achèvement de toute installation à laquelle le consommateur aura accès.

Numéro du permis de construire et nom(s) et adresses(s) complète(s) de l'autorité ou des autorités compétentes en la matière.

Garanties relatives au bon achèvement du logement ou au remboursement de tout paiement effectué en cas de non-achèvement du bien et, le cas échéant, modalités d'application de ces garanties.

4. *Informations sur les coûts*

Description exacte et appropriée de l'ensemble des coûts associés au contrat d'utilisation de biens à temps partagé ; manière dont ces frais seront imputés au consommateur, modalités et délais à respecter pour l'augmentation de ces coûts ; méthode de calcul du montant des charges liées à l'occupation du bien immobilier, des charges légales obligatoires (par exemple, les taxes et les redevances) ainsi que des frais généraux administratifs (par exemple, gestion, entretien et réparations).

Le cas échéant, informations concernant l'existence de charges, d'hypothèques, de servitudes ou de tout autre privilège grevant le droit de propriété de l'hébergement.

5. *Informations relatives à la résiliation du contrat*

Le cas échéant, informations sur les modalités de résiliation des contrats accessoires et sur les conséquences d'une telle résiliation.

Conditions de résiliation du contrat, conséquences de la résiliation et informations relatives aux frais éventuels pouvant résulter de cette résiliation, dont le consommateur serait redevable.

6. *Informations complémentaires*

Informations sur les modalités suivant lesquelles sont organisés l'entretien et les réparations du bien immobilier ainsi que son administration et sa gestion ; il convient également de préciser si le consommateur peut influencer les décisions à cet égard et y prendre part, et selon quelles modalités.

Informations sur la possibilité ou non de participer à un système de revente du droit objet du contrat, informations concernant ce système et indication des frais liés à la revente par l'intermédiaire de ce système.

Indication de la ou des langues qui pourront être utilisées pour les communications avec le professionnel en rapport avec le contrat, par exemple, concernant les décisions de gestion, l'augmentation des coûts et le traitement des questions et des plaintes.

Le cas échéant, possibilité de résolution extrajudiciaire des litiges.

Accusé de réception des informations :

Signature du consommateur

ANNEXE II

FORMULAIRE STANDARD D'INFORMATION SUR LES CONTRATS DE PRODUITS DE VACANCES À LONG TERME

Partie 1

Identité, lieu de résidence et statut juridique du/des professionnel(s) qui sera/seront partie(s) au contrat : ....

Brève description du produit : ....

Nature et contenu précis du/des droit(s) : ....

Indication précise de la période pendant laquelle le droit objet du contrat peut être exercé et, le cas échéant, durée du régime mis en place : ....

Date à partir de laquelle le consommateur peut exercer le droit objet du contrat : ....

Prix à payer par le consommateur pour l'acquisition du/des droit(s), y compris tout frais récurrent que le consommateur pourrait encourir du fait de son droit d'accès à l'hébergement, au transport et à tout autre produit ou service connexe comme indiqué : ....

Calendrier de paiement échelonné de ce prix fixant des annuités d'un montant égal à payer durant toute la durée du contrat et dates auxquelles elles doivent être payées : ....

Après la première année, le montant des paiements ultérieurs peut être ajusté afin de faire en sorte que la valeur réelle des versements échelonnés soit maintenue, par exemple pour tenir compte de l'inflation : ....

Aperçu des frais obligatoires imposés en vertu du contrat ; type de frais et indication des montants (par exemple, cotisations annuelles) : ....

Résumé des services essentiels mis à la disposition du consommateur (par exemple, séjours à l'hôtel et vols à prix réduit) : ....

Sont-ils inclus dans les frais indiqués ci-dessus ? ....

Dans la négative, préciser ce qui est inclus et ce qui ne l'est pas (par exemple, un séjour de 3 nuits inclus dans les cotisations annuelles ; tout autre hébergement doit être payé séparément) :

Le professionnel a-t-il signé un/des code(s) de conduite et si oui où peut-on le/les trouver ?.

Partie 2

Informations générales :

Le consommateur a le droit de se rétracter du présent contrat sans donner de motif dans un délai de quatorze jours francs à compter de la conclusion du contrat ou de tout contrat préliminaire contraignant ou de la réception de ces contrats si celle-ci a lieu ultérieurement.

Durant cette période de rétractation, tout paiement d'avances par le consommateur est interdit. Cette interdiction concerne toute rémunération, y compris notamment le paiement, la constitution de garanties, la réservation d'argent sur des comptes, la reconnaissance explicite de dettes, et s'applique non seulement au paiement au professionnel, mais également aux tiers.

Le consommateur a le droit de mettre fin au contrat sans encourir de sanction en donnant un préavis au professionnel dans les quatorze jours francs qui suivent la réception de la demande de paiement pour chaque annuité.

Le consommateur ne sera pas exposé à d'autres frais ou obligations que ceux spécifiés dans le contrat.

Conformément au droit international privé, le contrat peut être régi par une loi autre que celle de l'État membre dans lequel le consommateur a sa résidence ou son domicile habituel et d'éventuels litiges peuvent être portés devant d'autres juridictions que celles de l'État membre dans lequel le consommateur a sa résidence ou son domicile habituel.

Signature du consommateur

Partie 3

Informations complémentaires auxquelles le consommateur a droit et endroit précis où elles peuvent être obtenues (par exemple dans quelle section d'une brochure générale) si elles ne sont pas fournies ci-dessous :

1. *Informations relatives aux droits acquis*

Description appropriée et correcte des réductions offertes pour toutes réservations futures, illustrée par un ensemble d'exemples d'offres récentes.

Informations sur les restrictions de la faculté du consommateur de faire usage de ces droits, telles que disponibilité ou offres limitées proposées selon le principe du « premier arrivé, premier servi » ou réductions et promotions spéciales assorties d'un délai.

2. *Informations sur la résiliation du contrat*

Le cas échéant, informations sur les modalités de résiliation des contrats accessoires et sur les conséquences d'une telle résiliation.

Conditions de résiliation du contrat, conséquences de la résiliation et informations relatives aux frais éventuels pouvant résulter de cette résiliation, dont le consommateur serait redevable.

3. *Informations complémentaires*

Indication de la ou des langues qui pourront être utilisées pour les communications avec le professionnel en rapport avec le contrat, par exemple, en ce qui concerne le traitement des questions et des plaintes. Le cas échéant, possibilité de résolution extrajudiciaire des litiges.

Accusé de réception des informations :

Signature du consommateur

ANNEXE III

Formulaire standard d'information sur les contrats de revente

Partie 1

Identité, lieu de résidence et statut juridique du/des professionnel(s) qui sera/seront partie(s) au contrat : ....

Brève description des services (par exemple, marketing) : ....

Durée du contrat : ....

Prix à payer par le consommateur pour bénéficier des services : ....

Aperçu des frais obligatoires supplémentaires imposés en vertu du contrat ; type de frais et indication des montants (par exemple, taxes locales, frais de notaire, frais de publicité) :..........

Le professionnel a-t-il signé un/des code(s) de conduite et si oui où peut-on le/les trouver ?..

Partie 2

Informations générales :

Le consommateur a le droit de se rétracter du présent contrat sans donner de motif dans un délai de quatorze jours francs à compter de la conclusion du contrat ou de tout contrat préliminaire contraignant ou de la réception de ces contrats si celle-ci a lieu ultérieurement.

Tout paiement d'avances par le consommateur est interdit jusqu'à ce que la vente ait effectivement eu lieu ou jusqu'à ce qu'il soit mis fin au contrat de revente par d'autres voies. Cette interdiction concerne toute rémunération, y compris notamment le paiement, la constitution de garanties, la réservation d'argent sur des comptes, la reconnaissance explicite de dettes, et s'applique non seulement au paiement au professionnel, mais également aux tiers.

Le consommateur ne sera pas exposé à d'autres frais ou obligations que ceux spécifiés dans le contrat.

Conformément au droit international privé, le contrat peut être régi par une loi autre que celle de l'État membre dans lequel le consommateur a sa résidence ou son domicile habituel et d'éventuels litiges peuvent être portés devant d'autres juridictions que celles de l'État membre dans lequel le consommateur a sa résidence ou son domicile habituel.

Signature du consommateur

Partie 3

Informations complémentaires auxquelles le consommateur a droit et endroit précis où elles peuvent être obtenues (par exemple, dans quelle section d'une brochure générale), si elles ne sont pas fournies ci-dessous :

Conditions de résiliation du contrat, conséquences de la résiliation et informations relatives aux frais éventuels pouvant résulter de cette résiliation, dont le consommateur serait redevable.

Indication de la ou des langues qui pourront être utilisées pour les communications avec le professionnel en rapport avec le contrat, par exemple en ce qui concerne le traitement des questions et des plaintes.

Le cas échéant, possibilité de résolution extrajudiciaire des litiges.

Accusé de réception des informations :

Signature du consommateur

ANNEXE IV

FORMULAIRE STANDARD D'INFORMATION SUR LES CONTRATS D'ÉCHANGE

Partie 1

Identité, lieu de résidence et statut juridique du/des professionnel(s) qui sera/seront partie(s) au contrat : ....

Brève description du produit : ....

Nature et contenu précis du/des droit(s) : ....

Indication précise de la période pendant laquelle le droit objet du contrat peut être exercé *et, le cas échéant, durée du régime mis en place* : ....

Date à partir de laquelle le consommateur peut exercer le droit objet du contrat :...............

Prix à payer par le consommateur pour les frais d'adhésion au système d'échange :..............

Aperçu des frais obligatoires supplémentaires imposés en vertu du contrat ; type de frais et indication des montants (par exemple, frais de renouvellement, autres frais récurrents, taxes spéciales, impôts locaux) : ....

Résumé des services essentiels mis à la disposition du consommateur : ....

Sont-ils inclus dans les frais indiqués ci-dessus ?...

Dans la négative, préciser ce qui est inclus et ce qui ne l'est pas (type de frais et indications des montants ; par exemple, estimation du prix à payer pour les opérations individuelles d'échange, y compris tout frais supplémentaire)..

Le professionnel a-t-il signé un/des code(s) de conduite et si oui où peut-on le/les trouver ?..

Partie 2

Informations générales :

Le consommateur a le droit de se rétracter du présent contrat sans donner de motif dans un délai de quatorze jours francs à compter de la conclusion du contrat ou de tout contrat préliminaire contraignant ou de la réception de ces contrats si celle-ci a eu lieu ultérieurement. Dans le cas où le contrat d'échange est proposé avec et en même temps que le contrat d'utilisation de biens à temps partagé, un seul délai de rétractation s'applique aux deux contrats.

Durant cette période de rétractation, tout paiement d'avances par le consommateur est interdit. Cette interdiction concerne toute rémunération, y compris notamment le paiement, la constitution de garanties, la réservation d'argent sur des comptes, la reconnaissance explicite de dettes, et s'applique non seulement au paiement au professionnel, mais également aux tiers.

Le consommateur ne sera pas exposé à d'autres frais ou obligations que ceux spécifiés dans le contrat.

Conformément au droit international privé, le contrat peut être régi par une loi autre que celle de l'État membre dans lequel le consommateur a sa résidence ou son domicile habituel et d'éventuels litiges peuvent être portés devant d'autres juridictions que celles de l'État membre dans lequel le consommateur a sa résidence ou son domicile habituel.

Signature du consommateur

Partie 3

Informations complémentaires auxquelles le consommateur a droit et adresse précise à laquelle elles peuvent être obtenues (par exemple, dans quelle section d'une brochure générale), si elles ne sont pas fournies ci-dessous :

1. *Informations relatives aux droits acquis*

Explication du fonctionnement du système d'échange ; possibilités et modalités d'échange, indication de la valeur attribuée au temps partagé du consommateur dans le système d'échange et exemples de possibilités concrètes d'échange.

Indication du nombre de lieux de séjour disponibles et de participants au système d'échange, y compris toute limitation concernant la disponibilité de l'hébergement choisi par le consommateur par exemple, en raison de périodes de pointe, l'éventuelle nécessité de réserver longtemps à l'avance, et toute restriction de choix découlant des droits d'utilisation partagés déposés par le consommateur dans le système d'échange.

2. *Informations relatives aux biens*

Description brève et appropriée des biens et de leur situation ; lorsque le contrat concerne un hébergement autre qu'un bien immobilier, description appropriée de l'hébergement et des installations ; endroit où le consommateur peut obtenir des informations supplémentaires.

3. *Informations sur les coûts*

Informations sur l'obligation du professionnel de fournir des détails avant qu'un échange ne soit organisé, en ce qui concerne chaque échange proposé, sur tout frais supplémentaire éventuel dont le consommateur est tenu dans le cadre de l'échange.

4. *Informations sur la résiliation du contrat*

Le cas échéant, informations sur les modalités de résiliation des contrats accessoires et sur les conséquences d'une telle résiliation.

Conditions de résiliation du contrat, conséquences de la résiliation et informations relatives aux frais éventuels pouvant résulter de cette résiliation, dont le consommateur serait redevable.

5. *Informations complémentaires*

Indication de la ou des langues qui pourront être utilisées pour les communications avec le professionnel en rapport avec le contrat, par exemple en ce que concerne le traitement des questions et des plaintes.

Le cas échéant, possibilité de résolution extrajudiciaire des litiges.

Accusé de réception des informations :

Signature du consommateur

SOUS-SECTION 4 FORMATION DU CONTRAT

Art. L. 224-76 **Le professionnel remet au consommateur un contrat écrit sur support papier ou sur tout autre support durable.**

Il est rédigé au choix du consommateur, dans la langue ou dans une des langues de l'État membre dans lequel il réside ou dont il a la nationalité, à condition qu'il s'agisse d'une langue officielle de l'Union européenne.

En tout état de cause, le contrat est rédigé en langue française dès lors que le consommateur réside en France ou que le professionnel exerce son activité de vente sur le territoire français.

Dans le cas d'un contrat d'utilisation de biens à temps partagé concernant un bien immobilier précis situé sur le territoire d'un État membre, le professionnel remet au consommateur une traduction certifiée conforme du contrat dans la langue ou l'une des langues de cet État membre. – *[C. consom., art. L. 121-66.]*

Sur les sanctions, V. art. L. 242-26.

Art. L. 224-77 **Les informations mentionnées aux articles L. 224-73 et L. 224-74 font partie intégrante du contrat. Le professionnel ne peut modifier tout ou partie des informations fournies qu'en cas de force majeure ou d'accord formel intervenu entre les parties.**

Toute modification fait l'objet d'une communication au consommateur avant la conclusion du contrat, par écrit, sur support papier ou sur tout autre support durable et figure expressément dans ledit contrat.

Avant la signature du contrat, le professionnel attire l'attention du consommateur sur l'existence du droit de rétractation et sa durée, ainsi que sur l'interdiction d'un paiement d'avances pendant le délai de rétractation. – *[C. consom., art. L. 121-67.]*

Sur les sanctions, V. art. L. 242-26.

Art. L. 224-78 **Le contrat comprend :**

1° Les informations mentionnées aux articles L. 224-73 et L. 224-74 ;

2° Le cas échéant, les modifications intervenues sur ces mêmes informations conformément aux dispositions de l'article L. 224-77 ;

3° L'indication de l'identité et du lieu de résidence des parties ;

4° La date et le lieu de sa conclusion, ainsi que la signature des parties ;

5° Un formulaire de rétractation distinct du contrat, conforme à un modèle déterminé par arrêté conjoint du ministre chargé de la consommation et du ministre de la justice. – *V. Arr. du 15 juin 2010, ci-dessous.*

La ou les pages du contrat relatives à l'existence d'un droit de rétractation et à ses modalités d'exercice ainsi qu'à l'interdiction de paiement d'avance *[avances]* **sont signées par le consommateur.**

Une ou plusieurs copies de l'ensemble du contrat sont remises au consommateur au moment de sa conclusion. – *[C. consom., art. L. 121-68.]*

Sur les sanctions, V. art. L. 242-26.

Arrêté du 15 juin 2010,

Fixant le contenu des formulaires standards d'information relatifs aux contrats d'utilisation de biens à temps partagé, aux contrats de produits de vacances à long terme, aux contrats de revente, aux contrats d'échange et le contenu du formulaire standard de rétractation visant à faciliter le droit de rétractation.

Art. 2 Le formulaire standard de rétractation prévu par l'article *(Ord. nº 2016-301 du 14 mars 2016, art. 2, en vigueur le 1er juill. 2016)* « L. 224-78, 5°, » du code de la consommation fait l'objet de l'annexe V du présent arrêté.

ANNEXE V

FORMULAIRE STANDARD DE RÉTRACTATION DISTINCT POUR FACILITER LE DROIT DE RÉTRACTATION

Droit de rétractation

Le consommateur a le droit de se rétracter du présent contrat sans donner de motif dans un délai de quatorze jours francs.

Le droit de rétractation court à compter du... (à remplir par le professionnel avant la transmission du formulaire au consommateur).

Si le consommateur ne reçoit pas ce formulaire, la période de rétraction court à compter du moment où le consommateur reçoit les informations complètes, mais expire dans tous les cas après un an et quatorze jours francs.

Si le consommateur ne reçoit pas toutes les informations requises, la période de rétractation court à compter du moment où le consommateur reçoit les informations complètes, mais expire dans tous les cas après trois mois et quatorze jours francs.

Pour exercer le droit de rétractation, le consommateur notifie sa décision de se rétracter au professionnel au nom et à l'adresse indiqués ci-dessous en utilisant un « support durable » (par exemple, lettre écrite envoyée par la poste, courrier électronique). Le consommateur peut, s'il le souhaite, utiliser le présent formulaire.

Si le consommateur exerce le droit de rétractation, il n'est tenu au paiement d'aucun frais.

Outre le droit de rétractation, les législations nationales en matière de contrats peuvent prévoir des droits pour le consommateur, par exemple le droit de résilier le contrat lorsque certaines informations n'ont pas été communiquées.

Interdiction de paiements d'avances

Au cours du délai de rétraction, tout paiement d'avances par le consommateur est interdit. Cette interdiction concerne toute rémunération, y compris notamment le paiement, la constitution de garanties, la réservation d'argent sur des comptes, les reconnaissances explicites de dettes.

Elle s'applique non seulement au paiement fait à un professionnel, mais également à celui fait à des tiers.

A .... (nom et adresse du professionnel) (*).

Je/nous (**) soussigné(s) notifie/notifions ma/notre (**) rétractation du contrat.

Contrat conclu le (*).

Nom du/des consommateurs (**).

Signature du/des consommateur(s) (seulement si le présent formulaire est notifié par écrit) (**).

(*) Champ à remplir par le professionnel avant de donner le formulaire au consommateur.

(**) Biffer la mention inutile.

(***) Champ à remplir par le(s) consommateur(s) lorsque le présent formulaire est utilisé aux fins de rétractation du contrat.

Accusé de réception des informations :

Signature du consommateur

Art. L. 224-79 **Le consommateur dispose d'un délai de quatorze jours francs pour se rétracter d'un des contrats mentionnés aux articles L. 224-69 et L. 224-70, sans avoir à indiquer de motif.**

Il dispose de ce droit à compter du jour de la conclusion du contrat ou du jour de sa réception, si cette réception est postérieure au jour de la conclusion dudit contrat, sans indemnité ni frais. – *[C. consom., art. L. 121-69.]*

Sur les sanctions, V. art. L. 242-29.

BIBL. ▶ BAZIN, *D. 2008. 3028* (le droit de repentir en droit de la consommation).

COMMENTAIRE

Le consommateur dispose d'un *délai de quatorze jours francs* (il était antérieurement de dix jours) pour se rétracter à compter du jour de la conclusion du contrat ou du jour de sa *réception. Là aussi, il s'agit* d'un droit discrétionnaire du consommateur (art. L. 224-79). La loi envisage de façon assez complexe des règles particulières destinées à sanctionner soit l'absence de fourniture de formulaire de rétractation ou des informations énumérés par les articles L. 224-73 et L. 224-74, soit leur fourniture tardive (art. L. 224-80). Si le délai expire un samedi, un dimanche, un jour férié ou chômé, il est prorogé jusqu'au premier jour ouvrable suivant (art. L. 224-82). Aucune somme d'argent ou indemnité ne peut être réclamée au consommateur qui fait usage de cette faculté : sinon, certains professionnels trouveraient là un moyen de dissuader le consommateur d'exercer son droit (art. L. 224-84).

En principe, l'exercice de la faculté de rétractation ne devrait pas conduire le consommateur à solliciter du professionnel le remboursement des sommes réglées d'avance, dès lors que la loi interdit de tels versements : l'article L. 224-85, reformulé par la loi du 17 mars 2014 relative à la consommation, prévoit qu'avant l'expiration du délai de rétractation le professionnel ne peut – pour lui-même ou pour un tiers – exiger de recevoir du consommateur aucun versement ou engagement de versement, ni même une simple constitution de garanties. Toute violation de ces règles engagerait particulièrement sévèrement la responsabilité pénale du professionnel (art. L. 242-29). Le fait pour tout professionnel de faire supporter au consommateur qui exerce son droit de rétractation des coûts, y compris ceux afférents à d'éventuels services fournis avant l'exercice du droit de rétractation, est puni d'une amende de 300 000 € (art. L. 242-30). ❑

Art. L. 224-80 **Dans le cas où le professionnel n'a pas rempli et fourni au consommateur sur support papier ou sur tout autre support durable le formulaire de rétractation prévu au 5° de l'article L. 224-78, le consommateur dispose d'un délai de rétractation d'un an et quatorze jours à compter du jour de la conclusion du contrat ou du jour de sa réception.**

Si le formulaire de rétractation est remis au consommateur sur support papier ou sur tout autre support durable dans l'année suivant le jour de la conclusion du contrat ou de sa réception, le délai de rétractation de quatorze jours commence à courir à compter du jour de la réception ou de la remise dudit formulaire.

Dans le cas où le professionnel n'a pas fourni au consommateur, par écrit, sur support papier ou sur tout autre support durable, les informations figurant aux articles L. 224-73 et L. 224-74 ainsi que le formulaire d'information correspondant, le consommateur dispose d'un délai de rétractation de trois mois et quatorze jours à compter du jour de la conclusion du contrat ou du jour de sa réception.

Si ces informations sont remises au consommateur dans les trois mois suivant le jour de la conclusion du contrat ou de sa réception, le délai de quatorze jours commence à courir à compter du jour de la réception ou de la remise des informations et du formulaire standard d'information. – *[C. consom., art. L. 121-70.]*

Sur les sanctions, V. art. L. 242-29.

Art. L. 224-81 **Si le consommateur souscrit simultanément un contrat d'utilisation de biens à temps partagé et un contrat d'échange, un seul délai de rétractation s'applique aux deux contrats.** – *[C. consom., art. L. 121-71.]*

Sur les sanctions, V. art. L. 242-29.

Art. L. 224-82 **Les délais prévus par les dispositions des articles L. 224-79, L. 224-80 et L. 224-81 qui expirent un samedi, un dimanche ou un jour férié ou chômé sont prorogés jusqu'au premier jour ouvrable suivant.** – *[C. consom., art. L. 121-72.]*

Art. L. 224-83 **Le consommateur qui entend exercer son droit de rétractation notifie sa décision au professionnel avant l'expiration des délais définis aux articles L. 224-79, L. 224-80 et L. 224-81, par lettre recommandée avec demande d'avis de réception ou, à défaut, par tout autre moyen présentant des garanties équivalentes permettant de prouver cet envoi.**

***Le consommateur peut utiliser, suivant* les mêmes formalités de transmission, le formulaire standard de rétractation mentionné à l'article L. 224-78.**

L'exercice de son droit de rétractation par le consommateur met fin à l'obligation des parties d'exécuter le contrat. – *[C. consom., art. L. 121-73.]*

Art. L. 224-84 **Le professionnel ne peut, directement ou indirectement, faire supporter au consommateur qui exerce son droit de rétractation aucun coût, y compris ceux afférents à d'éventuels services fournis avant l'exercice de son droit de rétractation.** – *[C. consom., art. L. 121-74.]*

Art. L. 224-85 **Le professionnel ne peut demander ni recevoir du consommateur, sous quelque forme que ce soit, le paiement d'avance** *[avances]*, **une constitution de**

garanties, une reconnaissance de dettes, une réserve d'argent sur des comptes, pour les prestations objets des contrats mentionnés à l'article L. 224-69 et définis aux 1°, 2° et 4° de l'article L. 224-70, ou toute autre rémunération pour lui-même ou pour un tiers avant l'expiration des délais de rétractation définis aux articles L. 224-79 à L. 224-81 et la conclusion effective des contrats.

Pour les contrats de revente mentionnés au 3° de l'article L. 224-70, les interdictions prévues au premier alinéa courent jusqu'à ce que la vente ait effectivement eu lieu ou qu'il ait été mis fin, par tout moyen, au contrat de revente. – *[C. consom., art. L. 121-75.]*

Art. L. 224-86 **Lorsque le consommateur exerce son droit de rétractation du contrat d'utilisation de biens à temps partagé ou de produit de vacances à long terme, tout contrat accessoire, y compris le contrat d'échange, est résilié de plein droit sans frais ni indemnité.**

Le contrat accessoire s'entend d'un contrat par lequel le consommateur acquiert des services liés à un contrat d'utilisation de biens à temps partagé ou un contrat de produit de vacances à long terme, ces services étant fournis par le professionnel ou un tiers sur la base d'un accord entre ce tiers et le professionnel. – *[C. consom., art. L. 121-77.]*

Art. L. 224-87 **En ce qui concerne les contrats de produit de vacances à long terme mentionnés à l'article L. 224-70, le paiement se fait selon un calendrier de paiements échelonnés auquel il est interdit de déroger. Les paiements, y compris toute cotisation, sont divisés en annuités, chacune étant d'égale valeur. Le professionnel envoie une demande de paiement par écrit, sur support papier ou sur tout autre support durable, au moins quatorze jours avant chaque date d'échéance.**

A partir de la deuxième annuité, le consommateur peut mettre fin au contrat sans encourir de pénalités, en donnant un préavis au professionnel dans un délai de quatorze jours suivant la réception de la demande de paiement pour chaque annuité.

A partir de la deuxième annuité, le professionnel et le consommateur peuvent convenir de l'indexation du prix sur la base d'un indice en lien avec l'objet du contrat. – *[C. consom., art. L. 121-76.]*

Sur les sanctions, V. art. L. 242-26.

COMMENTAIRE

Pour les contrats de produits de vacances à long terme, l'échelonnement des paiements doit être scrupuleusement prévu selon le calendrier fixé et selon des annuités de valeur égale, sous peine de nullité du contrat (l'art. L. 242-26 sur les sanctions civiles renvoyant à l'art. L. 224-87). Le professionnel doit adresser la demande de paiement *quatorze jours* avant la date d'échéance.

Le consommateur peut résilier le contrat sans avoir à supporter une quelconque clause pénale, en donnant un préavis de *quatorze jours* suivant la réception de la demande de paiement. Il bénéficie de ce droit de résiliation à partir de la deuxième annuité, ce qui évite de l'enfermer dans un contrat à long terme contraire à ses intérêts. L'indexation du prix ne peut être convenue qu'à partir de cette deuxième annuité (art. L. 224-87).

Art. L. 224-88 **Lorsque le paiement du prix est acquitté en tout ou partie à l'aide d'un crédit accordé au consommateur par le professionnel ou par l'intermédiaire d'un tiers, l'exercice par le consommateur de son droit de rétractation du contrat d'utilisation de biens à temps partagé, du contrat de produit de vacances à long terme, de revente ou d'échange emporte la résiliation de plein droit, sans frais ni indemnité, du contrat de crédit.** – *[C. consom., art. L. 121-78.]*

COMMENTAIRE

L'article L. 224-88 envisage le sort du contrat de crédit en cas d'exercice du droit de rétractation : celui-ci est résilié de plein droit sans frais et sans indemnité, que le crédit soit accordé par le professionnel ou par l'intermédiaire d'un tiers.

L'article L. 224-86 prévoit le même sort pour tout contrat dit « accessoire » (entendu ici comme celui relatif aux services liés au contrat principal), y compris le contrat d'échange.

SOUS-SECTION 5 DISPOSITIONS D'ORDRE PUBLIC

Art. L. 224-89 Les dispositions de la présente section sont d'ordre public. – *[C. consom., art. L. 121-79-5, 1re phrase.]*

SECTION VIII CONTRATS DE COURTAGE MATRIMONIAL

BIBL. GÉN. ▶ HEIDSIECK, *JCP 1990. I. 3432.* – HUGOT, *JCP N 1999, n° 17, p. 720* (le contrat de courtage matrimonial).

COMMENTAIRE

I. RÉGIME PROTECTEUR

La réglementation relative au contrat de courtage matrimonial, contenue jusqu'alors dans la loi n° 89-421 du 23 juin 1989 et le décret n° 90-422 du 16 mai 1990, est codifiée depuis l'ordonnance du 14 mars 2016. Cette codification était souhaitée par la doctrine dans la mesure où il s'agit d'un contrat de services empruntant une logique consumériste :

– formalisme protecteur (exigence d'un écrit par l'art. L. 224-90). L'annexe au contrat et l'annonce personnalisée mentionnées aux articles L. 224-90 et L. 224-93 précisent la catégorie d'âges, la région de résidence, la situation familiale et professionnelle ainsi que les autres qualités, estimées essentielles par le cocontractant du professionnel, de la personne que recherche le cocontractant (art. R. 224-1) ;

– délai de rétractation (sept jours) avec interdiction de tout paiement anticipé (art. L. 224-91) ;

– précision de l'information (tant pour le professionnel que pour la personne recherchée) ;

– caractère d'ordre public (art. L. 224-95).

Dérogeant au principe de liberté contractuelle, le texte prévoit que ces contrats sont établis pour une durée déterminée ne pouvant être supérieure à un an et surtout ne peuvent être renouvelés par tacite reconduction (art. L. 224-90).

Chacune des parties peut résilier le contrat pour motif légitime : on a voulu éviter aux clients de l'agence d'être prisonniers du contrat. En cas de résiliation du contrat pour motif légitime prévue à l'article L. 224-90, le prix initialement convenu est réduit à proportion, respectivement, de la durée du contrat courue et de celle qui reste à courir (art. R. 224-2).

II. SANCTIONS

Observons que l'article L. 242-33 sanctionne les attitudes peu scrupuleuses de certains professionnels dispensant des services fictifs. Ainsi, le fait, pour un professionnel, sous prétexte d'une présentation de candidats au mariage ou à une union stable, de mettre en présence ou de faire communiquer des personnes dont l'une est rémunérée par lui, ou se trouve placée, directement ou indirectement, sous son autorité, ou n'a pas effectué de demande en vue d'un mariage ou d'une union stable, est puni des peines prévues aux articles 313-1 à 313-3 du code pénal. Par ailleurs, le fait, pour ce professionnel, de promettre d'organiser des rencontres en vue de la réalisation d'un mariage ou d'une union stable avec une personne fictive est puni des mêmes peines.

Sont également punis de la peine d'amende prévue pour les contraventions de la cinquième classe un certain nombre de comportements : le fait pour un professionnel de ne pas mentionner dans l'annexe au contrat prévue à l'article L. 224-90 les informations prévues à l'article R. 224-1 ou de ne pas remettre à son cocontractant, au moment de la conclusion du contrat, un exemplaire du contrat, ou encore de percevoir, avant l'expiration du délai de renonciation prévu à l'article L. 224-91, un paiement ou un dépôt sous quelque forme que ce soit, ou enfin de diffuser une annonce personnalisée non conforme aux prescriptions de l'article L. 224-93 (art. R. 242-16 s.).

Sur le plan civil, les mentions énumérées au deuxième alinéa de l'article L. 224-90 sont prescrites à peine de nullité du contrat (art. L. 242-32). ❑

Art. L. 224-90 L'offre de rencontres en vue de la réalisation d'un mariage ou d'une union stable, proposée par un professionnel, fait l'objet d'un contrat écrit, rédigé en caractères lisibles, dont un exemplaire est remis au cocontractant du professionnel au moment de sa conclusion.

Le contrat mentionne le nom du professionnel, son adresse ou celle de son siège social, la nature des prestations fournies, ainsi que le montant et les modalités de paiement du prix. Est annexée au contrat l'indication des qualités de la personne recherchée par le cocontractant du professionnel. — *V. art. R. 224-1.*

Ces contrats sont établis pour une durée déterminée, qui ne peut être supérieure à un an ; ils ne peuvent être renouvelés par tacite reconduction. Ils prévoient une faculté de résiliation pour motif légitime au profit des deux parties. — *[L. nº 89-421 du 23 juin 1989, art. 6-I, al. 1, 2 hors sanction et al. 3.] — V. art. R. 224-2.*

Sur les sanctions, V. art. L. 242-32, R. 242-16 et R. 242-17.

1. Interprétation du texte. Les dispositions applicables à la profession d'agent matrimonial sont contenues dans un seul article de loi et quatre articles de décret, ce qui implique que le législateur a entendu réduire au strict minimum indispensable la réglementation en ce domaine et que pour le surplus l'exercice professionnel est entièrement libre. • Lyon, 1er juill. 1992 : *CCC 1993, nº 201, obs. Raymond.* ♦ V. cependant note 4.

2. Champ d'application. N'est pas soumise aux obligations énoncées par l'art. 6 la société qui, sans organiser des rencontres, se borne à publier des annonces à caractère matrimonial. • Paris, 12 mai 1993 : *CCC 1993, nº 200, obs. Raymond ; BID 1994, nº 11, p. 8.* ♦ Même solution s'agissant d'un club de loisirs, dès lors qu'il n'est pas constaté que son offre avait pour objet la recherche, en vue de la réalisation d'un mariage ou d'une union stable, d'une personne dont les qualités estimées essentielles étaient précisées par l'adhérent. • Civ. 1re, 21 févr. 1995 : *Bull. civ. I, nº 98* • Versailles, 22 janv. 1999 : *BICC 1999, nº 1301 ; CCE 2000, nº 103, obs. Galloux* • Bordeaux, 16 déc. 1999 : *BICC 2000, nº 877* • Civ. 1re, 13 nov. 2008 : *CCC 2009, nº 30, obs. Raymond ; Dr. fam. 2009, nº 11, obs. Larribau-Terneyre.* ♦ Ayant relevé que le contrat spécifiait expressément que l'offre présentée par la société ne portait pas sur des rencontres ayant pour but une union stable ou un mariage, mais avait seulement pour objet de favoriser des rencontres dans un but amical, le juge de proximité en a justement déduit qu'il ne constituait pas un contrat de courtage matrimonial soumis aux dispositions de la loi du 23 juin 1989 [art. L. 224-90 s.]. • Civ. 1re, 12 mai 2010 : *Dalloz actualité, 4 juin 2010, obs. Guiomard.* ♦ V. en sens contraire : • TI Périgueux, 13 sept. 1996 : *CCC 1996, nº 210, obs. Raymond.*

Sur le pouvoir de requalification d'un « contrat de service de mise en relation » en contrat de courtage matrimonial, par le juge après analyse du contenu du contrat, V. • TI Châlons-en-Champagne, 6 mai 1997 : *CCC 1997, nº 155, obs. Raymond.*

3. Contrat écrit. Lorsqu'un client reconnaît avoir reçu un exemplaire du contrat de courtage matrimonial en apposant sa signature sous une formule imprimée, il est satisfait aux exigences de la L. nº 89-421 du 23 juin 1989 [art. L. 224-90 s.]. • Civ. 1re, 13 févr. 2007 : *CCC 2007, nº 106, obs. Raymond.*

4. Démarchage. Pour la soumission du contrat conclu par démarchage à domicile aux règles sur le démarchage, outre les dispositions de l'art. 6 de la loi du 23 juin 1989 [art. L. 224-90 s.] : • TI Niort, 8 déc. 1999 : *CCC 2000, nº 32, obs. Raymond.*

5. Devoir d'information. L'agent matrimonial lié par un contrat de courtage matrimonial à ses adhérents a, à leur égard, un devoir d'information et il est, à ce titre, tenu de vérifier les renseignements élémentaires concernant les personnes dont il propose la rencontre. • Civ. 1re, 13 avr. 1999 : *Bull. civ. I, nº 132 ; D. 1999. Somm. 371, obs. Lemouland.* ♦ Caractérise un manquement du professionnel à ses obligations l'agence matrimoniale qui présente des personnes figurant sous un même nom sur d'autres sites de rencontre, avec des âges et professions différents de ceux qu'elle indiquait. • Civ. 1re, 9 juill. 2015, nº 14-23.109 P : *D. 2016. Pan. 624, obs. Aubry ; CCC 2015, nº 265, obs. Raymond ; RDC 2016. 24, note Borghetti.* ♦ L'inexécution de l'obligation d'information justifie la résolution du contrat. • Même arrêt.

6. Étendue du contrat. Le contrat passé avec une agence matrimoniale comprend nécessairement l'ensemble des prestations fournies par le professionnel en vue de rechercher la réalisation d'une union stable, y compris la réalisation d'une analyse graphomorphopsychologique, qui doit par conséquent respecter les dispositions de l'art. 6 de la L. nº 89-421 du 23 juin 1989 [art. L. 224-90 s.], notamment pour le paiement. • Crim. 20 mars 2001 : *Bull. crim. nº 74 ; D. 2001. AJ 1871, note Rondey ; RTD com. 2001. 795, obs. Bouloc ; JCP 2001. IV. 2054.* – V. arrêt de la cour d'appel : • Paris, 2 oct. 2000, nº 07/00003 : *CCC 2001, nº 63, obs. Raymond ; D. 2002. Somm. 534, obs. Lemouland.* ♦ Le contrat proposé par un professionnel, relatif à l'offre de rencontres en vue de la réalisation d'un mariage ou d'une union stable, qui ne se confond pas avec une telle réalisation, n'est pas nul, comme ayant une cause contraire à l'ordre public et aux bonnes mœurs, du fait qu'il est conclu par une personne mariée. • Civ. 1re, 4 nov. 2011 : *Bull. civ. I, nº 191 ; D. 2012. 59, note Libchaber ; ibid. Pan. 848, obs. Aubry ; ibid. Pan. 971, obs. Lemouland et Vigneau ; RTD civ. 2012. 93, obs. Hauser ; AJ fam. 2011. 614, obs. Chénedé ; JCP 2012, nº 9, note Bakouche ; CCC 2012, nº 76, obs. Raymond ; Gaz. Pal. 2012. 249,* *note Tosi ; ibid. 285, obs. Houtcieff ; RLDC janv. 2012. 15, obs. Pouliquen ; RDC 2012. 383, obs. Laithier ; ibid. 473, obs. Fenouillet*

7. Responsabilité contractuelle. Le client qui n'a exprimé que des préférences ne présentant pas un caractère impératif n'est pas en droit d'obtenir la résolution du contrat au motif que le courtier ne justifierait pas avoir mis tout en œuvre pour le satisfaire, alors que, créancier d'une obligation de moyens, il lui appartient de faire la preuve de la faute du débiteur. • Civ. 1re, 14 déc. 2004 : *D. 2005. Pan. 810, obs. Lemouland et Vigneau ; JCP 2005. IV. 1206 ; CCC 2005, n° 62, note Leveneur.* ♦ L'inexécution partielle de son obligation par l'agence matrimoniale est suffisamment grave pour justifier la résiliation du contrat. • Civ. 1re, 19 juin 2007 : *CCC 2007, n° 264, obs. Raymond ; LPA 25 juill. 2007, note Garaud.* ♦ Sur l'obligation de moyen de l'agence de rencontre, V. • Riom, 28 sept. 2006 : *JCP 2007. IV. 2050.* ♦ Le moyen qui reproche au tribunal un manque de base légale dans l'évaluation du préjudice est inopérant dès lors que le contrat n'a pas été résilié ou annulé mais que le tribunal s'est borné à en ordonner l'exécution. • Civ. 1re, 19 juin 2007 : *LPA 25 juill. 2007, note Garaud.*

8. Loi applicable. A défaut de choix de la loi applicable exercé par les parties conformément à l'art. 3 de la Conv. Rome du 19 juin 1980, la loi française s'applique, en exécution de l'art. 5, au contrat de courtage matrimonial proposé par démarchage par un courtier allemand à un consommateur domicilié en France qui l'a signé à son domicile. • Civ. 1re, 12 juill. 2005 : *Bull. civ. I, n° 322 ; D. 2006. Pan. 1498, obs. Courbe ; Dr. fam. 2005, n° 203, note Larribau-Terneyre ; RDC 2006. 503, obs. Bureau ; CCE 2005, n° 189, note Chabert ; Rev. crit. DIP 2006. 94, obs. Lagarde ; JDI 2006. 985, note Sinay-Cytermann.* ♦ Pour le blocage d'un nom de domaine demandé par des concurrents, s'agissant d'un site domicilié dans les îles Vierges britanniques ne respectant pas la législation française, V. • T. com. Vienne, ord., 11 juill. 2013 : *CCE 2013, n° 103, obs. Loiseau.*

Art. L. 224-91 **Sans préjudice des dispositions de l'article L. 221-18, dans un délai de sept jours à compter de la signature du contrat, le cocontractant du professionnel mentionné à l'article L. 224-90 peut revenir sur son engagement, sans être tenu au paiement d'une indemnité.** — *V. art. R. 224-3.*

Avant l'expiration de ce délai, il ne peut être reçu de paiement ou de dépôt sous quelque forme que ce soit. — *[L. n° 89-421 du 23 juin 1989, art. 6, II.]*

Sur les sanctions, V. art. R. 242-18.

1. Délai de rétractation. Le jour de la signature de l'acte n'entre pas dans la computation du délai de sept jours prévu à l'art. 6-II de la L. n° 89-421 du 23 juin 1989 [art. L. 224-91]. • Civ. 1re, 6 févr. 1996 : *Bull. civ. I, n° 69 ; Rev. huissiers 1996. 1269, note Bazin.*

2. Faculté de rétractation. La faculté de rétractation prévue à l'art. 6-II n'a pas à être mentionnée dans le contrat. Ainsi, l'omission de cette mention ne saurait justifier la nullité du contrat. • TI Sarreguemines, 10 avr. 1997 : *CCC 1998, n° 78, obs. Raymond.* ♦ En effet, la possibilité de rétractation dans le délai de sept jours à compter de la signature du contrat ne fait pas partie des dispositions que la loi impose à peine de nullité. • Chambéry, 5 mai 2009 : *CCC 2009, n° 298, obs. Raymond.* ♦ Comp., déclarant les prévenues coupables de pratiques commerciales trompeuses par omission de l'information substantielle relative au droit de rétractation, • Crim. 13 janv. 2016, n° 14-84.072 P : *cité note 1 ss. art. L. 121-3.* ♦ L'inexactitude de la date portée au contrat équivaut à l'absence de date et entraîne la nullité du contrat, dès lors qu'elle ne permet pas de s'assurer du respect de la faculté de rétractation prévue à l'art. 6-II de la L. n° 89-421 du 23 juin 1989 [art. L. 224-91]. • Civ. 1re, 13 janv. 1998 : *CCC 1998, n° 62, obs. Raymond.* ♦ Les dispositions de l'art. 6-II de la L. n° 89-421 du 23 juin 1989 [art. L. 224-91] ne sont pas applicables au contrat de crédit. • Civ. 1re, 12 juin 2012 : *CCC 2012, n° 244, obs. Raymond.*

3. Paiements anticipés ou non restituables. La signature d'une offre préalable de crédit accessoire à la prestation de services proposée, laquelle engage l'emprunteur, doit s'analyser en une forme de paiement. • Civ. 1re, 12 juill. 2007 : *CCC 2007, n° 284, obs. Raymond.* ♦ N'est pas conforme aux dispositions légales le contrat type établi par le syndicat professionnel auquel adhèrent les agences matrimoniales, dont certaines clauses prévoient des frais annexes et des frais de constitution de dossier n'entrant pas dans le champ d'application de la loi, payables dès la signature du contrat et acquis au professionnel à titre définitif en cas de rupture imputable au client, dès lors que ces prestations dites complémentaires sont présentées de façon arbitraire comme extérieures au contrat de courtage matrimonial alors qu'à l'évidence elles en font partie et doivent en conséquence respecter les prescriptions légales sur l'interdiction des paiements anticipés ou non remboursables. • Rennes, 23 janv. 2003 : *Gaz. Pal. 2004. Somm. 1396.* ♦ En établissant ce contrat type et en délivrant aux agences adhérentes des certificats affirmant qu'elles respectent bien la législation en vigueur, le président de ce syndicat se rend personnellement coupable de publicité mensongère. • Même arrêt.

Art. L. 224-92 **Si le délai mentionné à l'article L. 224-91 expire un samedi, un dimanche ou un jour férié ou chômé, ce délai est prorogé jusqu'au premier jour ouvrable suivant.** – *[L. nº 89-421 du 23 juin 1989, art. 10, II partiel.]*

Art. L. 224-93 **Toute annonce personnalisée diffusée par l'intermédiaire d'un professionnel pour proposer des rencontres en vue de la réalisation d'un mariage ou d'une union stable comporte son nom, son adresse ou celle de son siège social, ainsi que son numéro de téléphone. Lorsque plusieurs annonces sont diffusées par le même professionnel, son adresse peut ne figurer qu'une seule fois, à condition d'être parfaitement apparente.**

Chaque annonce précise le sexe, l'âge, la situation familiale, le secteur d'activité professionnelle et la région de résidence de la personne concernée, ainsi que les qualités de la personne recherchée par elle. – *V. art. R. 224-1.*

Le professionnel doit pouvoir justifier de l'existence d'un accord de la personne présentée par l'annonce sur le contenu et la diffusion de celle-ci. – *[L. nº 89-421 du 23 juin 1989, art. 6, III.]*

Sur les sanctions, V. art. R. 242-19.

1. Annonce personnalisée. En ce qui concerne l'annonce personnalisée, l'agent matrimonial n'est punissable que s'il omet d'y mentionner les qualités de la personne recherchée telles que définies à l'art. 6-III de la L. nº 89-421 du 23 juin 1989 [art. L. 224-93], la précision figurant au 3e al. de ce paragraphe impliquant nécessairement que le client est libre d'accepter ou de refuser d'y faire figurer la catégorie d'âges, la région de résidence et la situation familiale et professionnelle de la personne qu'il recherche. • Lyon, 1er juill. 1992 : *cité note 1 ss. art. L. 224-90.* ♦ Est coupable de la contravention de diffusion d'annonces matrimoniales personnalisées irrégulières le prévenu qui ne mentionne pas un élément important de la situation familiale de la personne présentée, à savoir l'existence ou non d'enfant(s). • T. pol. Paris, 21 juin 1996 : *BID 1997, nº 1, p. 34.*

2. Accord du client sur l'annonce. Dès lors qu'aucun texte n'a prévu les modalités pratiques de la justification de l'accord envisagée par l'art. 6-III de la loi nº 89-421 du 23 juin 1989 [art. L. 224-93], et en vertu du principe de l'interprétation stricte de la loi pénale, la clause du contrat selon laquelle « l'adhérent mandate l'agence pour publier éventuellement des annonces le concernant » doit être considérée comme un accord général donné par le client tant sur la publication de l'annonce que sur son contenu. • T. pol. Nancy, 18 nov. 1996 : *BID 1997, nº 9, p. 14.* ♦ *Contra,* reconnaissant un caractère d'ordre public aux dispositions de l'art. 6-III, al. 3, de la loi du 23 juin 1989 [art. L. 224-93], et jugeant en conséquence contraire à la loi une clause d'accord général du client sur la rédaction et la diffusion de l'annonce : • TI Niort, 8 déc. 1999 : *CCC 2000, nº 32, obs. Raymond.*

Art. L. 224-94 **Les conditions d'application de la présente section, notamment les modalités de restitution des sommes versées en cas de résiliation du contrat sont précisées par décret en Conseil d'État.** – *[L. nº 89-421 du 23 juin 1989, art. 6, IV.]*

Art. L. 224-95 **Les dispositions de la présente section sont d'ordre public.**

SECTION IX **CONTRATS D'ACHATS** *[ACHAT]* **DE MÉTAUX PRÉCIEUX**

COMMENTAIRE

Depuis le début de la crise en 2007 – qui a entraîné une hausse spectaculaire des métaux précieux, en particulier de l'or –, les enseignes spécialisées dans le rachat aux particuliers de métaux précieux se sont multipliées, provoquant le mécontentement des autorités, qui ont dénoncé régulièrement un manque de professionnalisme en la matière.

Désormais, avec la loi du 17 mars 2014 relative à la consommation, ce secteur est bien encadré. D'une part, les organismes spécialisés doivent indiquer, par voie d'affichage, les prix proposés, selon des modalités fixées par arrêté (art. L. 224-96). D'autre part, ils devront rédiger un contrat écrit dont un exemplaire sera remis au consommateur-vendeur (art. L. 224-97), contenant diverses mentions obligatoires (à peine de nullité selon l'art. L. 242-34, à l'instar du contrat de cautionnement), telles que détaillées à l'article L. 224-98, lequel prévoit également *in fine* que le contrat doit être assorti d'un formulaire détachable. Enfin, l'article L. 224-99 consacre un droit de rétractation, remarquable à deux points de vue : d'une part, une fois n'est pas coutume, c'est ici le vendeur (certes consommateur et donc partie faible) qui est protégé ;

d'autre part, le délai de rétractation est, compte tenu des circonstances, non pas de quatorze jours mais réduit à quarante-huit heures (initialement vingt-quatre heures, avant la loi de ratification du 21 févr. 2017) à compter de la signature du contrat, ce qui est exceptionnellement court. Sur le contrat figure la mention suivante : « Si vous souhaitez exercer votre droit de rétractation dans les 48 heures à compter de la signature du contrat, vous pouvez utiliser le formulaire détachable prévu à cet effet ou toute autre déclaration dénuée d'ambiguïté exprimant votre volonté de vous rétracter » (art. R. 224-4).

Le 2e alinéa de l'article L. 224-99 précise que l'exercice du droit de rétractation met fin aux obligations des parties : le consommateur doit alors rembourser au professionnel le prix perçu et, en contrepartie, ce dernier doit lui restituer le ou les objets achetés. A défaut de restitution, le professionnel verse au consommateur une somme équivalente au double du prix de vente perçu pour le bien ou les objets achetés. Cette disposition a été ajoutée par la loi de ratification du 21 février 2017 à des fins dissuasives.

En ce qui concerne les sanctions, une amende administrative est encourue en cas de méconnaissance de l'exigence d'affichage des prix (art. L. 224-96). Des sanctions pénales particulièrement dissuasives (outre la sanction civile de nullité susmentionnée) s'appliquent pour les autres manquements (art. L. 242-36 s.), en l'occurrence : exigence d'un écrit, mentions obligatoires et droit de rétractation. Des peines complémentaires sont également prévues : les personnes physiques peuvent subir une interdiction de gérer ou d'exercer une activité ; quant aux personnes morales, le texte renvoie à l'article 131-39 du code pénal (à l'exception de la dissolution et de mesures concernant les animaux), prévoyant une liste de peines complémentaires : confiscation, affichage, ou encore diverses interdictions (ces dernières ne pouvant cependant dépasser une durée de cinq ans). ❑

Art. L. 224-96 **Tout professionnel proposant des opérations d'achat de métaux précieux, notamment d'or, d'argent ou de platine, sous quelque forme que ce soit, auprès des consommateurs indique, par voie d'affichage, les prix proposés, selon des modalités fixées par arrêté du ministre chargé de l'économie, pris après consultation du Conseil national de la consommation.** – *[C. consom., art. L. 121-99.] – V. Arr. du 18 août 2015, App., vº Bijoux, pierres et métaux précieux.*

Sur les sanctions, V. art. L. 242-39.

Art. L. 224-97 **Toute opération d'achat de métaux précieux, notamment d'or, d'argent ou de platine, sous quelque forme que ce soit, par un professionnel auprès d'un consommateur fait l'objet d'un contrat écrit dont un exemplaire est remis au consommateur-vendeur au moment de sa conclusion.** – *[C. consom., art. L. 121-100.]*

Sur les sanctions, V. art. L. 242-36.

Art. L. 224-98 **Le contrat prévu à l'article L. 224-97 comporte les mentions suivantes :**

1º Le nom et l'adresse complète du professionnel-acheteur ou, s'il s'agit d'une personne morale, sa raison sociale et l'adresse de son siège social ;

2º Le numéro d'inscription au registre du commerce et des sociétés ou au répertoire des métiers ;

3º Le cas échéant, le numéro individuel d'identification, si le professionnel est assujetti à la taxe sur la valeur ajoutée et identifié par un numéro individuel en application de l'article 286 *ter* du code général des impôts ;

4º Le nom et l'adresse complète du consommateur-vendeur ;

5º La date et l'adresse du lieu de conclusion du contrat ; – *V. art. R. 224-4.*

6º La désignation précise de la nature et des caractéristiques des biens objets du contrat, dont le poids et, le cas échéant, la pureté exprimée en millièmes ;

7º Le prix de vente ainsi que toutes taxes ou tous frais éventuels à la charge du consommateur-vendeur.

Le contrat comprend un formulaire détachable destiné à faciliter l'exercice du droit de rétractation dans les conditions prévues à l'article L. 224-99.

Les conditions de présentation de ce formulaire et les mentions devant figurer sur ce dernier sont précisées par décret en Conseil d'État. – *[C. consom., art. L. 121-101, hors sanction.] – V. art. R. 224-4 s.*

Sur les sanctions, V. art. L. 242-34 et L. 242-36.

Art. L. 224-99 Le consommateur dispose d'un délai de *(L. nº 2017-203 du 21 févr. 2017, art. 8-I)* « quarante-huit *[ancienne rédaction : vingt-quatre]* » heures à compter de la signature du contrat pour exercer son droit de rétractation, sans avoir à justifier de motifs ni à payer de pénalités. *(Abrogé par L. nº 2017-203 du 21 févr. 2017, art. 8-I) « L'exécution des obligations contractuelles incombant aux parties est suspendue jusqu'à l'expiration de ce délai de rétractation. »* — *V. art. R. 224-7.*

(L. nº 2017-203 du 21 févr. 2017, art. 8-I) « L'exercice du droit de rétractation met fin aux obligations des parties. Le consommateur doit alors rembourser au professionnel le prix perçu et, en contrepartie, ce dernier doit lui restituer le ou les objets achetés. A défaut de restituer le ou les objets achetés, le professionnel verse au consommateur une somme équivalente au double du prix de vente perçu pour le bien ou les objets achetés. »

Ce délai de rétractation ne s'applique pas aux opérations d'or investissement. — *[C. consom., art. L. 121-102, al. 1er et 2.]*

Sur les sanctions, V. art. L. 242-35 et L. 242-37.

SECTION X CONTRATS DANS LES DOMAINES BANCAIRE, FINANCIER ET DES ASSURANCES

Art. L. 224-100 Les règles relatives à l'obligation de renseignements par les établissements de crédit, les sociétés de financement, les établissements de monnaie électronique, les établissements de paiement et les organismes mentionnés à l'article L. 518-1 du code monétaire et financier à l'égard de leurs clients sont fixées par les dispositions des sections III et IV du chapitre IV du titre Ier du livre III du code monétaire et financier.

Les règles relatives aux relations contractuelles entre les établissements de crédit et leurs clients sont fixées par les dispositions du chapitre II du titre III du livre Ier et celles du chapitre II du titre Ier du livre III du même code. — *[C. consom., art. L. 113-3, al. 4, relations clients.]*

Art. L. 224-101 Les règles relatives au démarchage bancaire ou financier sont fixées par les dispositions du chapitre Ier du titre IV du livre III du code monétaire et financier.

Art. L. 224-102 Les règles relatives au démarchage en matière d'assurances sont fixées par les dispositions du chapitre II du titre Ier du livre I du code des assurances.

SECTION XI ENSEIGNEMENT

Art. L. 224-103 Les règles relatives à l'enseignement privé à distance sont fixées par les dispositions du chapitre IV du titre IV du livre IV du code de l'éducation. — *V. App., vº Enseignement et formation.*

SECTION XII CONTRATS PORTANT SUR LES VOYAGES À FORFAIT

Art. L. 224-104 Les règles relatives aux contrats de vente de voyages et séjours à forfait sont fixées par les dispositions du chapitre unique du titre Ier du livre II du code du tourisme. — *V. App., vº Agences de voyages.*

SECTION XIII CONTRATS DE PRESTATIONS DE SOINS MÉDICAUX

Art. L. 224-105 Les règles relatives à l'information du patient par les professionnels de santé sont fixées par les dispositions du chapitre Ier du titre Ier du livre Ier de la première partie du code de la santé publique. — *V. App., vº Médecins.*

Les règles relatives à l'information du patient et au délai de réflexion en matière de chirurgie esthétique sont fixées par les dispositions du chapitre II du titre II du livre III de la sixième partie du code de la santé publique. — *V. App., vº Médecins.*

Les règles relatives à l'information du patient par un chirurgien-dentiste ou un médecin à l'occasion d'un acte faisant appel à un fournisseur ou un prestataire de services sont fixées par les dispositions du chapitre II du titre VI du livre Ier du code de la sécurité sociale.

SECTION XIV CONTRATS D'HÉBERGEMENT DE PERSONNES ÂGÉES ET SERVICES D'AIDE ET D'ASSISTANCE À DOMICILE

Art. L. 224-106 **Les règles relatives aux contrats d'hébergement des personnes âgées sont fixées par les dispositions du chapitre II du titre IV du livre III du code de l'action sociale et des familles.** – *V. App., v° Hébergement des personnes âgées.*

Art. L. 224-107 **Les règles relatives aux contrats de services d'aide et d'accompagnement à domicile sont fixées par les dispositions du chapitre III du titre Ier et du chapitre VII du titre IV du livre III du code de l'action sociale et des familles.**

SECTION XV CONTRATS DE SERVICES FUNÉRAIRES

Art. L. 224-108 **Les règles relatives aux contrats de service** *[services]* **funéraires sont fixées par les dispositions du chapitre III du titre II du livre II de la deuxième partie du code général des collectivités territoriales.** – *V. App., v° Pompes funèbres.*

TITRE TROISIÈME LOI APPLICABLE AUX CONTRATS TRANSFRONTALIERS

COMMENTAIRE

L'ordonnance de recodification du 14 mars 2016 a le mérite de regrouper au sein de ce titre III, consacré au conflit de lois, des dispositions autrefois éclatées à différents endroits du code. Tout d'abord, l'article L. 231-1, consacré aux dispositions communes, reprend la définition de lien étroit avec le territoire d'un État membre (bien connue de l'art. 4 du règlement Rome I : loi applicable à défaut de choix). Ensuite, suivant une approche sectorielle, l'article L. 232-1 porte sur les clauses abusives, l'article L. 232-2 est relatif à la garantie de conformité dans la vente, les articles L. 232-3 et L. 232-4 concernent les contrats à distance et les articles L. 232-5 et L. 232-6 sont consacrés aux contrats d'utilisation de biens à temps partagé. ❑

CHAPITRE PREMIER DISPOSITIONS COMMUNES

Art. L. 231-1 **Pour l'application des articles L. 232-1, L. 232-2, L. 232-3 et L. 232-4, un lien étroit avec le territoire d'un État membre est réputé établi notamment :**

1° Si le contrat a été conclu dans l'État membre du lieu de résidence habituelle du consommateur ;

2° Si le professionnel dirige son activité vers le territoire de l'État membre où réside le consommateur, sous réserve que le contrat entre dans le cadre de cette activité ;

3° Si le contrat a été précédé dans cet État membre d'une offre spécialement faite ou d'une publicité et des actes accomplis par le consommateur nécessaires à la conclusion de ce contrat ;

4° Si le contrat a été conclu dans un État membre où le consommateur s'est rendu à la suite d'une proposition de voyage ou de séjour faite, directement ou indirectement, par le vendeur pour l'inciter à conclure ce contrat. – *[C. consom., art. L. 139-1.]*

Dans la désignation, l'offre, la présentation, le mode d'emploi ou d'utilisation, la description de l'étendue et des conditions de garantie d'un bien, d'un produit ou d'un service, ainsi que dans les factures et quittances, l'emploi de la langue française est obligatoire. – Les mêmes dispositions s'appliquent à toute publicité écrite, parlée ou audiovisuelle. – Les dispositions du présent art. ne sont pas applicables à la dénomination des produits typiques et spécialités d'appellation étrangère connus du plus large public. – La législation sur les marques ne fait pas obstacle à l'application des premier et troisième al. du présent art. aux mentions et messages enregistrés avec la marque. – V. L. n° 94-665 du 4 août 1994, relative à l'emploi de la langue française, App., v° Langue française.

La L. n° 94-665 du 4 août 1994 est d'ordre public et s'applique aux contrats conclus postérieurement à son entrée en vigueur (art. 20). – Sur l'application de la loi, V. Circ. 19 mars 1996, App., v° Langue française.

Sur les sanctions pénales, V. Décr. n° 95-240 du 3 mars 1995, App., v° Langue française.

CHAPITRE II DROIT APPLICABLE AUX CONTRATS

Art. L. 232-1 Nonobstant toute stipulation contraire, le consommateur ne peut être privé de la protection que lui assurent les dispositions prises par un État membre de l'Union européenne en application de la directive 93/13/CEE du Conseil, du 5 avril 1993 concernant les clauses abusives dans les contrats conclus avec les consommateurs *[V. ce texte, App., v° Clauses abusives]*, **lorsque le contrat présente un lien étroit avec le territoire d'un État membre.** – *[C. consom., art. L. 135-1.]*

COMMENTAIRE

Afin de mieux protéger le consommateur contre les clauses abusives, la loi du 1er février 1995 avait inséré un nouveau chapitre dans le code de la consommation destiné à transposer l'article 6-2 de la directive du 5 avril 1993 : l'ancien article L. 135-1 permettait à ce titre d'éviter l'application d'une loi d'un État non membre de l'Union européenne, même si les règles générales de conflit désignent ladite loi. La loi du 17 mars 2014 relative à la consommation avait réécrit le texte.

C'est pourquoi les consommateurs peuvent se prévaloir des dispositions des articles L. 212-1 et suivants, dès lors que le contrat contenant une clause abusive présente un lien étroit avec le territoire d'un État membre, notion précisée par l'article L. 231-1. Ces dispositions sont d'ordre public. ❑

Art. L. 232-2 Lorsque la loi qui régit le contrat est celle d'un État n'appartenant pas à l'Union européenne, le consommateur ne peut être privé de la protection que lui assurent les dispositions prises par un État membre de l'Union européenne en application de la directive 1999/44/CE du Parlement européen et du Conseil du 25 mai 1999 sur certains aspects de la vente et des garanties des biens de consommation *[V. ce texte, App., v° Ventes]* **et qui ont un caractère impératif lorsque le contrat présente un lien étroit avec le territoire de cet État membre.** – *[C. consom., art. L. 211-18.]*

COMMENTAIRE

Le texte rappelle le caractère impératif des dispositions relatives à la garantie de conformité et prévoit que le consommateur ne peut être privé de son bénéfice lorsque la loi applicable au contrat est celle d'un État non membre de l'Union européenne dès lors que le contrat de vente présente un lien étroit avec le territoire d'un État de l'Union européenne (notion précisée par l'art. L. 231-1). ❑

Art. L. 232-3 Nonobstant toute stipulation contraire, le consommateur ne peut être privé de la protection que lui assurent les dispositions prises par un État membre de l'Union européenne en application de la directive 2011/83/UE du Parlement européen et du Conseil du 25 octobre 2011 relative aux droits des consommateurs, modifiant la directive 93/13/CEE du Conseil et la directive 1999/44/CE du Parlement européen et du Conseil et abrogeant la directive 85/577/CEE du Conseil et la directive 97/7/CE du Parlement européen et du Conseil, lorsque le contrat conclu à distance ou hors établissement présente un lien étroit avec le territoire de cet État. – *[C. consom., art. L. 121-24.]*

Directive 2011/83/UE du Parlement européen et du Conseil du 25 octobre 2011,

Relative aux droits des consommateurs

BIBL. ▶ Aubert de Vincelles, *RTD eur. 2011. 621* (poursuite de l'harmonisation par voie de directive en droit de la consommation) ; *RDC 2011. 1224* (adoption, enfin, de *la directive sur les droits* des consommateurs !). – Broussolle, LPA 10 *janv.* 2012 (vente à distance et démarchage : les principales dispositions de la directive consommateurs). – Paisant, *JCP 2012, n° 62* (la Dir. du 25 oct. 2011 relative aux droits des consommateurs). – Lestienne-Sauvé, *JCP E 2012, n° 1072* (la Dir. européenne de 2011 et le droit européen des contrats). – Raymond, CCC 2012. *Étude 3* (directive consommateurs du 25 oct. 2011). – Idot, *Europe 2012. Alerte 6* (un pas supplémentaire vers un code européen de la consommation). – DE LA ASUNCION PLANES, *Dr. et proc. févr. 2012, suppl. Dr. de la consommation, p. 6* (premier aperçu de la directive). – NDLR, *BRDA 2012, n° 3, p. 20* (l'essentiel des dispositions). – DEBET, *CCE 2012. Étude 8* (nouvelles règles européennes encadrant les contrats à distance).

Art. L. 232-4 Lorsque les parties ont choisi la loi d'un État non membre de l'Union européenne pour régir le contrat, le juge devant lequel est invoquée cette loi est tenu d'en écarter l'application au profit des dispositions plus protectrices de la loi de la résidence habituelle du consommateur assurant la transposition de la directive 2002/65/CE du Parlement européen et du Conseil du 23 septembre 2002 modifié *[modifiée]* **concernant la commercialisation à distance de services financiers auprès des consommateurs, et modifiant les directives 90/619/CEE du Conseil, 97/7/CE et 98/27/CE, lorsque le contrat présente un lien étroit avec le territoire d'un ou plusieurs États membres de l'Union européenne.** – *[C. consom., art. L. 121-32.]*

COMMENTAIRE

Parallèlement aux dispositions de l'article L. 232-3, la loi n° 2014-344 du 17 mars 2014 prévoit que lorsque les parties ont choisi la loi d'un État non membre de l'Union européenne pour régir le contrat (loi d'autonomie), le juge devant lequel est invoquée cette loi est tenu d'en écarter l'application au profit des dispositions plus protectrices de la loi de la résidence habituelle du consommateur assurant la transposition de la directive du 23 septembre 2002, lorsque le contrat présente un lien étroit avec le territoire d'un ou de plusieurs États membres de l'Union européenne, notion précisée par l'article L. 231-1.

Les deux textes relatifs à la loi applicable en matière de vente à distance (l'un général, l'autre particulier) se suivent depuis la recodification de 2016 dans un souci de cohérence. ❑

Art. L. 232-5 Le consommateur ne peut être privé de la protection que lui assurent les dispositions prises en application de la directive 2008/122/CE du Parlement européen et du Conseil du 14 janvier 2009 relative à la protection des consommateurs en ce qui concerne certains aspects des contrats d'utilisation de biens à temps partagé, des contrats de produits de vacances à long terme et des contrats de revente et d'échange lorsque le contrat est régi par la législation d'un État membre de l'Union européenne. – *[C. consom., art. L. 121-79.]*

Directive 2008/122/CE du 14 janvier 2009,

Relative à la protection des consommateurs en ce qui concerne certains aspects des contrats d'utilisation de biens à temps partagé, des contrats de produits de vacances à long terme et des contrats de revente et d'échange.

BIBL. ▸ QUÉGUINER, *RLDA oct. 2009. 72* (premières vues sur la nouvelle directive *Timeshare*). – PERREAU-SAUSSINE, *RDI 2010. 423* (la nouvelle directive sur le *timeshare*).

Art. L. 232-6 Le consommateur ne peut être privé de la protection mentionnée à la section VII du chapitre IV du titre III du présent livre, y compris lorsque la loi applicable est celle d'un pays tiers, dès lors que :

– *pour les contrats définis par* l'article L. 224-70 et portant sur la jouissance de tout ou partie d'un bien immobilier, ce bien immobilier est situé sur le territoire d'un État membre de l'Union européenne ;

– pour les autres contrats définis à l'article L. 224-70, le professionnel exerce une activité commerciale ou professionnelle dans un État membre ou que celui-ci dirige de quelque manière que ce soit son activité vers un État membre et que le contrat rentre dans le cadre de cette activité. – *[C. consom., art. L. 121-79-1.]*

COMMENTAIRE

Les articles L. 232-5 et L. 232-6 envisagent les aspects internationaux des contrats d'utilisation de biens à temps partagé de façon à donner au texte la plus grande portée.

Le premier envisage l'hypothèse où la loi applicable est la loi d'un État membre de l'Union : toute renonciation du consommateur aux droits qui lui sont conférés par le présent texte sera réputée non écrite, ce qui revient à une nullité partielle du contrat.

Le second envisage l'hypothèse où la loi applicable est celle d'un pays tiers à l'Union européenne ; la clause de renonciation sera néanmoins réputée non écrite dans deux hypothèses : pour les contrats visés portant sur la jouissance de tout ou partie d'un bien immeuble, si le bien est situé dans l'Union ; dans les autres cas entrant dans le champ d'application de la loi, si le professionnel exerce une activité dans un État membre ou s'il dirige d'une façon ou d'une autre son activité vers cet État. ❑

TITRE QUATRIÈME SANCTIONS

COMMENTAIRE

Les sanctions, désormais regroupées dans un titre IV, ont été évoquées et précisées au fil de nos développements. Certaines d'entre elles ne se retrouvent néanmoins pas ici. Par exemple, l'article L. 215-1 prévoit pour les contrats reconductibles : « Lorsque cette information ne lui a pas été adressée conformément aux dispositions du premier alinéa, le consommateur peut mettre gratuitement un terme au contrat, à tout moment à compter de la date de reconduction ». De même, les remèdes à la non-conformité sont traités aux articles L. 217-9 et L. 217-10.

Les sanctions civiles sont les plus fréquentes, s'agissant du droit des contrats. Elles sont d'une grande richesse : pragmatiques (remèdes en matière de non-conformité, résiliation en cas d'absence d'information pour les contrats d'abonnement), ciblées (réputé non écrit des clauses abusives, nullité des contrats à distance et hors établissement ou des contrats de *timeshare*, en cas de non-respect du formalisme), punitives (intérêts moratoires, majorations diverses incitatives).

Ce sont ensuite les sanctions administratives, apport de la loi n° 2014-344 du 17 mars 2014 : celle-ci retouche le dispositif pour assurer l'effectivité du droit de la consommation contre les clauses abusives en ayant recours aux amendes administratives pour les clauses figurant sur la liste noire. On y a aussi recours en matière de non-conformité et de garantie après-vente.

Les sanctions pénales sont devenues en revanche exceptionnelles, réservées aux cas portant le plus atteinte à l'ordre public : la loi du 17 mars 2014 a en effet procédé à la dépénalisation totale de la vente à distance. En revanche, pour les contrats conclus hors établissement, de lourdes sanctions délictuelles sont prévues, mais dans deux hypothèses seulement : non-respect du formalisme (déjà civilement sanctionné par la nullité) et interdiction de recevoir un paiement avant sept jours, outre des peines complémentaires d'interdiction professionnelle d'exercer. ❑

CHAPITRE PREMIER CONDITIONS GÉNÉRALES DES CONTRATS

SECTION PREMIÈRE CLAUSES ABUSIVES

SOUS-SECTION 1 SANCTIONS CIVILES

Art. L. 241-1 Les clauses abusives sont réputées non écrites.

Le contrat reste applicable dans toutes ses dispositions autres que celles jugées abusives s'il peut subsister sans ces clauses.

Les dispositions du présent article sont d'ordre public. — *[C. consom., art. L. 132-1, al. 6, 8 et 9.]*

COMMENTAIRE

Par une fiction, tout se passe comme si la clause n'avait jamais existé. Le contrat survit sans *la clause abusive retranchée*, mais à condition qu'il puisse se maintenir sans la clause, ce qui sera presque toujours le cas en droit français dans la mesure où l'appréciation ne porte pas sur l'objet ou sur le prix. Dans ces dernières hypothèses, la Cour de justice a considéré que l'on peut remédier à la disparition de la clause en lui substituant une disposition supplétive (CJUE 30 avr. 2014, n° C-26/13 : *cité note 2 ss. Dir. n° 93/13/CEE du 5 avr. 1993, art. 4, App., v° Clauses abusives*). Néanmoins, le juge ne pourra procéder à la réfaction de ladite clause

(CJUE 21 janv. 2015, n° C-482/13 : *cité note 2 ss. Dir. n° 93/13/CEE du 5 avr. 1993, art. 6, App., v° Clauses abusives*).

La Cour de cassation a par ailleurs considéré, en visant l'article 1382 du code civil (devenu, depuis le 1er oct. 2016, l'art. 1240 du même code), que la stipulation d'une clause abusive constitue en elle-même une faute de nature à porter atteinte à l'intérêt collectif des consommateurs (Civ. 1re, 1er févr. 2005 : *cité note 11 ss. art. L. 621-8*). ❏

SOUS-SECTION 2 SANCTIONS ADMINISTRATIVES

Art. L. 241-2 Dans les contrats mentionnés à l'article L. 212-1, la présence d'une ou de plusieurs clauses abusives relevant du décret pris en application du quatrième alinéa de l'article L. 212-1 est passible d'une amende administrative dont le montant ne peut excéder 3 000 euros pour une personne physique et 15 000 euros pour une personne morale.

Cette amende est prononcée dans les conditions prévues au chapitre II du titre II du livre V. — *[C. consom., art. L. 132-2, al. 1er.]*

SECTION II RECONDUCTION DES CONTRATS DE PRESTATIONS DE SERVICES

Art. L. 241-3 Lorsque le professionnel n'a pas procédé au remboursement dans les conditions prévues à l'article L. 215-1, les sommes dues sont productives d'intérêts au taux légal. — *[C. consom., art. L. 136-1, sanction.]*

COMMENTAIRE

En cas de manquement à l'information requise pour les contrats reconductibles, le consommateur peut mettre gratuitement un terme au contrat, à tout moment à compter de la date de reconduction.

Les avances qui auraient été effectuées après la dernière date de reconduction (ou, pour les contrats à durée indéterminée, après la date de transformation du contrat initial à durée déterminée) doivent être remboursées dans un délai de trente jours à compter de la date de résiliation, déduction faite des sommes correspondant, jusqu'à celle-ci, à l'exécution du contrat. Faute de remboursement, les sommes dues seront productives d'intérêts au taux légal (art. L. 241-3). ❏

SECTION III LIVRAISON ET TRANSFERT DE RISQUE

Art. L. 241-4 Lorsque le professionnel n'a pas remboursé la totalité des sommes versées par le consommateur dans les conditions prévues à l'article L. 216-3, cette somme est de plein droit majorée de 10 % si le remboursement intervient au plus tard trente jours au-delà de ce terme, de 20 % jusqu'à soixante jours et de 50 % ultérieurement. — *[C. consom., art. L. 138-3, sanction.]*

COMMENTAIRE

L'article L. 216-3 prévoit que le professionnel est tenu de rembourser le consommateur de la totalité des sommes versées en cas de résolution et ce, au plus tard dans les quatorze jours *de la date de dénonciation.* La somme sera également majorée forfaitairement en fonction du retard dans le remboursement (art. L. 241-4) : c'est une sorte de peine civile, en d'autres termes, l'équivalent d'une clause pénale exerçant une pression sur le professionnel pour qu'il exécute son obligation de remboursement le plus tôt possible. En effet, cette somme est de plein droit majorée de 10 % si le remboursement intervient au plus tard trente jours au-delà de ce terme, de 20 % jusqu'à soixante jours et de 50 % ultérieurement. ❏

SECTION IV OBLIGATION DE CONFORMITÉ AU CONTRAT

SOUS-SECTION 1 SANCTIONS CIVILES

Art. L. 241-5 Les conventions qui écartent ou limitent directement ou indirectement les droits résultant des articles L. 217-1 à L. 217-20 relatifs à la garantie de confor-

mité des biens, à la garantie commerciale ou aux prestations de services après-vente, conclues entre le vendeur et l'acheteur avant que ce dernier n'ait formulé de réclamation, sont réputées non écrites. – *[C. consom., art. L. 211-17.]*

COMMENTAIRE

On sait que les clauses exclusives ou limitatives de garantie en matière de vices cachés sont pourchassées par le droit commun (nullité de la clause consacrée par la jurisprudence) lorsqu'elles émanent d'un vendeur professionnel, censé connaître les défauts de la chose. En droit de la consommation, elles sont réputées non écrites par l'article L. 241-5, la protection étant d'ordre public. Elles sont de surcroît abusives, figurant à ce titre sur la liste noire. ❑

Dispositions contractuelles contraires. Viole les art. L. 213-1 C. rur. et L. 211-1 à L. 211-17 [L. 217-1 s. et L. 241-5] C. consom. le juge qui déclare prescrite l'action fondée sur la garantie légale de conformité au motif qu'il résulte du contrat liant les parties que la vente est régie par les seules dispositions des art. L. 213-1 s. C. rur. et qu'en application de l'art. R. 213-5-2° [ancien] le délai d'action en matière de vices rédhibitoires est de trente jours à compter de la livraison de l'animal. • Civ. 1re, 12 juin 2012 : *Bull. civ. I, n° 127; Dalloz actualité, 10 juill. 2012, obs. Fleuriot; D. 2012. Actu. 1669; JCP E 2012. Actu. 400; CCC 2012, n° 242, obs. Raymond; RD rur. 2013, n° 36, obs. Ferraris.* – V. aussi • Civ. 1re, 10 juill. 2014 : *D. 2015. Pan. 592, obs. Poillot; CCC 2014, n° 258, obs. Raymond.* ♦ Sur le délai de prescription, V. art. L. 217-12 et L. 217-13.

SOUS-SECTION 2 SANCTIONS ADMINISTRATIVES

Art. L. 241-6 **Tout manquement aux dispositions des articles L. 217-15 et L. 217-16 relatifs à la garantie commerciale est passible d'une amende administrative dont le montant ne peut excéder 3 000 euros pour une personne physique et 15 000 euros pour une personne morale.**

Cette amende est prononcée dans les conditions prévues au chapitre II du titre II du livre V. – *[C. consom., art. L. 211-16-1.]*

Art. L. 241-7 **Tout manquement aux dispositions des articles L. 217-17 à L. 217-20 relatifs aux prestations de service après-vente est passible d'une amende administrative dont le montant ne peut excéder 3 000 euros pour une personne physique et 15 000 euros pour une personne morale.**

Cette amende est prononcée dans les conditions prévues au chapitre II du titre II du livre V. – *[C. consom., art. L. 211-23.]*

COMMENTAIRE

Comme en matière de clauses abusives figurant sur la liste noire, les manquements à l'obligation de conformité et aux dispositions sur le service après-vente sont sanctionnés par des amendes administratives. Cette police des contrats résulte de la loi n° 2014-344 du 17 mars 2014. ❑

CHAPITRE II RÈGLES DE FORMATION ET D'EXÉCUTION DE CERTAINS CONTRATS

SECTION PREMIÈRE CONTRATS CONCLUS À DISTANCE ET HORS ÉTABLISSEMENT

SOUS-SECTION 1 SANCTIONS CIVILES

Art. L. 242-1 *Les dispositions* **de l'article L. 221-9 sont prévues à peine de nullité du contrat conclu hors établissement.** – *[C. consom., art. L. 121-18-1, al. 1er, nullité.]*

Art. L. 242-2 **Les dispositions du deuxième alinéa de l'article L. 221-14 sont prévues à peine de nullité du contrat conclu par voie électronique.** – *[C. consom., art. L. 121-19-3, al. 2, nullité.]*

Art. L. 242-3 **Est nulle toute clause par laquelle le consommateur abandonne son droit de rétractation défini à l'article L. 221-18.** – *[C. consom., art. L. 121-21, al. 1er, nullité.]*

Art. L. 242-4 **Lorsque le professionnel n'a pas remboursé les sommes versées par le consommateur, les sommes dues sont de plein droit majorées du taux d'intérêt légal si le remboursement intervient au plus tard dix jours après l'expiration des délais fixés aux premier et deuxième alinéas de l'article L. 221-24, de 5 % si le retard est compris entre dix et vingt jours, de 10 % si le retard est compris entre vingt et trente jours, de 20 % si le retard est compris entre trente et soixante jours, de 50 % entre soixante et quatre-vingt-dix jours et de cinq points supplémentaires par nouveau mois de retard jusqu'à concurrence du prix du produit, puis du taux d'intérêt légal.** – *[C. consom., art. L. 121-21-4, al. 2, sanction.]*

SOUS-SECTION 2 SANCTIONS PÉNALES

Art. L. 242-5 **Le fait de ne pas remettre au client un exemplaire du contrat dans les conditions prévues à l'article L. 221-9 ou de remettre un contrat non conforme aux dispositions du même article est puni d'une peine d'emprisonnement de deux ans et d'une amende de 150 000 euros.** – *[C. consom., art. L. 121-23, al. 1er, sanction contrat non conforme.]*

Art. L. 242-6 **L'absence du formulaire de rétractation détachable prévu à l'article L. 221-9 ou la remise d'un formulaire non conforme aux dispositions du 2° de l'article L. 221-5 est puni** *[punie]* **d'une peine d'emprisonnement de deux ans et d'une amende de 150 000 euros.** – *[C. consom., art. L. 121-23, al. 1er, sanction formulaire.]*

Art. L. 242-7 **Le fait d'exiger ou d'obtenir du client, en infraction aux dispositions de l'article L. 221-10** *(L. no 2017-203 du 21 févr. 2017, art. 7)* **« , un paiement ou une contrepartie** *[ancienne rédaction : une contrepartie, un engagement ou d'effectuer des prestations de services]* **» avant l'expiration du délai de sept jours à compter de la conclusion du contrat hors établissement est puni d'une peine d'emprisonnement de deux ans et d'une amende de 150 000 euros.** – *[C. consom., art. L. 121-23, al. 1er, sanction contrepartie.]*

Art. L. 242-8 **Les personnes physiques déclarées coupables des délits punis aux articles L. 242-5 et L. 242-7 encourent également, à titre de peines complémentaires, l'interdiction, suivant les modalités prévues à l'article 131-27 du code pénal, soit d'exercer une fonction publique ou d'exercer l'activité professionnelle ou sociale dans l'exercice ou à l'occasion de l'exercice de laquelle l'infraction a été commise, soit d'exercer une profession commerciale ou industrielle, de diriger, d'administrer, de gérer ou de contrôler à un titre quelconque, directement ou indirectement, pour leur propre compte ou pour le compte d'autrui, une entreprise commerciale ou industrielle ou une société commerciale.**

Ces interdictions d'exercice ne peuvent excéder une durée de cinq ans. Elles peuvent être prononcées cumulativement.

Les personnes morales déclarées responsables pénalement, dans les conditions prévues à l'article 121-2 du code pénal, des délits punis aux articles L. 242-5 et L. 242-7 encourent, outre l'amende suivant les modalités prévues à l'article 131-38 du code pénal, les peines prévues aux 2° à 9° de l'article 131-39 du même code.

L'interdiction mentionnée au 2° du même article 131-39 porte sur l'activité dans l'exercice ou à l'occasion de l'exercice de laquelle l'infraction a été commise. Les peines prévues aux 2° à 7° de cet article ne peuvent être prononcées que pour une durée de cinq ans au plus. – *[C. consom., art. L. 121-23, al. 2 et 4, peines complémentaires.]*

1. Responsabilité du salarié. En cas d'inobservation de la loi, le démarcheur salarié est responsable au même titre que le gérant de la société. • TGI Rennes, 26 sept. 1991 : *BID 1992, no 7/8, p. 26.*

2. Délégation de pouvoir. Peut être condamné pour infraction à la loi du 22 déc. 1972 [C. consom., art. L. 221-1 s.] le dirigeant d'une société au profit de laquelle un représentant indépendant a irrégulièrement démarché une personne, ladite loi ne supposant pas nécessairement l'existence d'un contrat de travail dans le rapport entre le démarcheur et la société pour laquelle il travaille. • Crim. 11 janv. 1990 : *Bull. crim. n° 20; D. 1990. Somm. 360, obs. Roujou de Boubée* • 21 sept. 1994 : *JCP E 1995. Pan. 11* • Paris, 20 févr. 1995 : *CCC 1995, n° 95, obs. Raymond.* ♦ Rappr. • Crim. 26 févr. 1998 : *Bull. crim. n° 77; D. Affaires 1998. 1045, obs. V. A.-R.; RSC 1999. 113, obs. Giudicelli* . ♦ Dans le même sens s'agissant d'un dirigeant de droit d'une société à l'origine d'un démarchage effectué par des sociétés tierces. • Grenoble, 21 avr. 2004 : *JCP 2005. IV. 1581.* ♦ Le fait d'agir comme organe ou représentant d'une personne morale ne peut exclure les poursuites liées à l'inobservation des règles du démarchage à domicile. • Rennes, 23 juin 2005 : *JCP 2006. IV. 1633* (conf. par • Crim. 26 sept. 2006 : *Bull. crim. n° 236; D. 2006. AJ 2732, obs. Rondey ; AJ pénal 2007. 29, obs. Rondey ; RSC 2007. 96, obs. Ambroise-Castérot ; JCP 2007. II. 10022, note Bazin; ibid. I. 111, n° 13, obs. J.-H. Robert; Gaz. Pal. 2006. 3408, obs. M. B.; CCC 2007, n° 31, obs. Raymond; Dr. pénal 2006, n° 156, obs. J.-H. Robert; RJDA 2007, n° 200*). ♦ V. aussi, pour la condamnation d'un gérant de fait. • Crim. 22 janv. 1997 : *D. Affaires 1997. 503.*

Le président du conseil d'administration d'une société qui a délégué les pouvoirs de formation, recrutement et sanction des collaborateurs chargés des ventes dans le respect de la réglementation en vigueur à un cadre supérieur ayant sous ses ordres un directeur administratif et des directeurs d'agence ne peut être poursuivi pour des infractions à la législation sur le démarchage à domicile, quand bien même ce président avait antérieurement à la délégation diffusé une note donnant des directives contraires à la loi. • Crim. 6 mars 2001 : *Dr. pénal 2001, n° 75, obs. J.-H. Robert.* ♦ Sont soumis aux dispositions légales, non seulement les démarcheurs eux-mêmes, mais également leurs mandants. • Paris, 28 sept. 1999 : *D. 2000. AJ 70* . ♦ Sur la condamnation d'une gérante de société pour démarchage irrégulier alors que celle-ci n'avait pas remis personnellement au vendeur les bons de commande irréguliers : • Même arrêt. ♦ Jugeant que le dirigeant d'une entreprise doit veiller personnellement à ce que ses subordonnés disposent des documents contractuels adaptés aux exigences légales en matière de démarchage, V. • Paris, 10 janv. 2001 : *BID 2002, n° 2, p. 11.*

3. Action civile des syndicats professionnels. V. : • Paris, 30 nov. 1976 : *JCP E 1978. II. 12761, note Guérin.*

Art. L. 242-9 **A l'occasion des poursuites pénales exercées contre le vendeur, le prestataire de services ou le démarcheur, en application des dispositions des articles L. 242-5 et L. 242-7**[,] **le consommateur qui s'est constitué partie civile est recevable à demander devant la juridiction répressive une somme égale au montant des paiements effectués ou des effets souscrits, sans préjudice de tous dommages et intérêts.** — *[C. consom., art. L. 121-23, al. 3.]*

Dommages-intérêts. Jugé que méconnaît les dispositions légales une cour d'appel qui, pour dire non fondées les demandes de restitution d'acompte et de dommages-intérêts présentées par la partie civile, retient que le préjudice invoqué ne résultait pas de l'infraction sanctionnée dès lors que le chèque d'acompte n'avait pas été encaissé avant l'expiration du délai légal de réflexion, durant lequel la cliente ne s'était pas rétractée. • Crim. 23 sept. 2003 : *Bull. crim. n° 169; D. 2003. AJ 2765, obs. Chevrier ; JCP E 2003, n° 48, p. 1894; Dr. pénal 2004, n° 9, obs. Robert; RTD com. 2004. 169, obs. Bouloc ; RJDA 2004, n° 248; RSC 2004. 105, obs. Ambroise-Castérot* . ♦ Méconnaît le sens et la portée des textes [art. L. 242-9] une cour d'appel qui, pour écarter les demandes d'indemnisation des parties civiles, relève l'absence de lien de causalité entre l'infraction et le préjudice, dès lors qu'aucun des demandeurs n'a allégué avoir eu l'intention de renoncer à son engagement d'achat dans le délai de rétractation légalement prévu, alors que les demandes des parties civiles étaient nécessairement fondées sur les dispositions de l'anc. art. L. 121-31 [L. 242-9]. • Crim. 4 avr. 2006 : *Bull. crim. n° 103; D. 2006. AJ 1444, obs. Rondey ; RTD com. 2006. 927, obs. Bouloc ; RSC 2007. 97, obs. Ambroise-Castérot ; RJDA 2006, n° 1080; Dr. pénal 2006, n° 103, obs. J.-H. Robert; Gaz. Pal. 2006. Somm. 1316, obs. M. B.; RDC 2007. 335, obs. Fenouillet* (et sur renvoi après cassation : • Aix-en-Provence, 21 mai 2007 : *Dr. pénal 2008. Chron. 4, n° 59, par Lepage*). ♦ Comp., refusant d'accorder des dommages-intérêts dès lors qu'il n'est résulté aucun préjudice de l'encaissement des chèques délivrés en méconnaissance des dispositions légales : • Metz, 25 mars 2004 : *JCP E 2005, n° 4, p. 111.* ♦ En l'état de ces énonciations – déclarant coupable le prévenu des délits de demande ou d'obtention d'accord ou de paiement avant la fin du délai de réflexion et d'exécution d'une prestation de service avant la fin de ce délai, et allouant des dommages-intérêts aux victimes constituées parties civiles –, la cour d'appel, qui n'a pas fait application de l'art. L. 121-31, devenu l'art. L. 242-9, a souverainement apprécié, dans la limite des conclusions des parties, l'indemnité propre à réparer le dommage né de l'infraction. • Crim. 25 oct. 2016, n° 15-83.624 P : *Dalloz actualité, 15 nov. 2016, obs. Priou-Alibert; CCC 2017, n° 23, obs. Bernheim-Desvaux; Dr. pénal 2016, n° 178, obs. Haas.*

SOUS-SECTION 3 SANCTIONS ADMINISTRATIVES

Art. L. 242-10 Tout manquement aux obligations d'information prévues aux articles L. 221-5, L. 221-6, L. 221-8, L. 221-11, L. 221-12 à L. 221-14 est passible d'une amende administrative dont le montant ne peut excéder 3 000 euros pour une personne physique et 15 000 euros pour une personne morale.

Cette amende est prononcée dans les conditions prévues au chapitre II du titre II du livre V. – *[C. consom., art. L. 121-22, sanction obligation d'information.]*

Art. L. 242-11 Tout manquement aux obligations de confirmation du contrat et, le cas échéant, du support choisi par le consommateur, définies à l'article L. 221-13, est passible d'une amende administrative dont le montant ne peut excéder 3 000 euros pour une personne physique et 15 000 euros pour une personne morale.

Cette amende est prononcée dans les conditions prévues au chapitre II du titre II du livre V. – *[C. consom., art. L. 121-22, sanction confirmation contrat.]*

Art. L. 242-12 Tout manquement aux obligations prévues à l'article L. 221-16 en matière de démarchage téléphonique et de prospection commerciale est passible d'une amende administrative dont le montant ne peut excéder 3 000 euros pour une personne physique et 15 000 euros pour une personne morale.

Cette amende est prononcée dans les conditions prévues au chapitre II du titre II du livre V. – *[C. consom., art. L. 121-22, sanction démarchage téléphonique.]*

Art. L. 242-13 Tout manquement aux dispositions des articles L. 221-18 à L. 221-28 encadrant les conditions d'exercice du droit de rétractation reconnu au consommateur, ainsi que ses effets, est passible d'une amende administrative dont le montant ne peut excéder 15 000 euros pour une personne physique et 75 000 euros pour une personne morale.

Cette amende est prononcée dans les conditions prévues au chapitre II du titre II du livre V. – *[C. consom., art. L. 121-22-1.]*

Art. L. 242-14 Tout manquement aux dispositions de l'article L. 221-17 relatif à l'interdiction des numéros masqués en matière de démarchage téléphonique est passible d'une amende administrative dont le montant ne peut excéder 3 000 euros pour une personne physique et 15 000 euros pour une personne morale.

Cette amende est prononcée dans les conditions prévues au chapitre II du titre II du livre V. – *[C. consom., art. L. 121-34-2, al. 4.]*

SECTION II DISPOSITIONS PARTICULIÈRES AUX CONTRATS CONCLUS À DISTANCE

Art. L. 242-15 Lorsque le professionnel n'a pas remboursé le consommateur dans les conditions prévues à l'article L. 222-15, à l'expiration du délai de trente jours, la somme due est, de plein droit, productive d'intérêts au taux légal en vigueur. – *[C. consom., art. L. 121-30, sanction.]*

SECTION III OPPOSITION AU DÉMARCHAGE TÉLÉPHONIQUE

Art. L. 242-16 *Tout manquement* aux dispositions des articles L. 223-1 à L. 223-5 est passible d'une amende administrative dont le montant ne peut excéder 15 000 euros pour une personne physique et 75 000 euros pour une personne morale.

Cette amende est prononcée dans les conditions prévues au chapitre II du titre II du livre V. – *[C. consom., art. L. 121-34-1.]*

SECTION IV RÈGLES SPÉCIFIQUES À DES CONTRATS AYANT UN OBJET PARTICULIER

SOUS-SECTION 1 CONTRATS RELATIFS AU GAZ DE PÉTROLE LIQUÉFIÉ

§ 1er SANCTIONS CIVILES

Art. L. 242-17 Lorsque le professionnel n'a pas remboursé le consommateur dans les conditions prévues à l'article L. 224-23, les sommes dues par le professionnel sont de plein droit majorées de moitié. – *[C. consom., art. L. 121-111, al. 3.]*

§ 2 SANCTIONS ADMINISTRATIVES

Art. L. 242-18 Tout manquement aux dispositions des articles L. 224-18 à L. 224-23 est passible d'une amende administrative dont le montant ne peut excéder 3 000 euros pour une personne physique et 15 000 euros pour une personne morale.

Cette amende est prononcée dans les conditions prévues au chapitre II du titre II du livre V. – *[C. consom., art. L. 121-114.]*

SOUS-SECTION 2 CONTRATS DE SERVICES DE COMMUNICATIONS ÉLECTRONIQUES

§ 1er SANCTIONS CIVILES

Art. L. 242-19 Lorsque le professionnel n'a pas remboursé le consommateur dans les conditions prévues à l'article L. 224-35, les sommes dues par le professionnel sont de plein droit majorées de moitié. – *[C. consom., art. L. 121-84-1, al. 3.]*

§ 2 SANCTIONS ADMINISTRATIVES

Art. L. 242-20 Tout manquement aux dispositions des articles L. 224-27 à L. 224-40 ainsi qu'aux articles *(L. nº 2016-1321 du 7 oct. 2016, art. 48, en vigueur le 25 mai 2018)* « L. 224-42-3*[,]* » L. 224-57 et L. 224-58 est passible d'une amende administrative dont le montant ne peut excéder 3 000 euros pour une personne physique et 15 000 euros pour une personne morale.

Cette amende est prononcée dans les conditions prévues au chapitre II du titre II du livre V. – *[C. consom., art. L. 121-85-1.]*

Les dispositions issues de la L. nº 2016-1321 du 7 oct. 2016 sont applicables dans les îles Wallis-et-Futuna (L. préc., art. 110-III).

SOUS-SECTION 3 SERVICES ACCESSIBLES PAR L'INTERMÉDIAIRE DES OPÉRATEURS DE COMMUNICATIONS ÉLECTRONIQUES

Art. L. 242-21 Tout manquement aux dispositions des articles L. 224-43 à L. 224-54 est passible d'une amende administrative dont le montant ne peut excéder 3 000 euros pour une personne physique et 15 000 euros pour une personne morale.

Cette amende est prononcée dans les conditions prévues au chapitre II du titre II du livre V. – *[C. consom., art. L. 121-49.]*

SOUS-SECTION 4 CONTRATS CONCLUS DANS LES FOIRES ET SALONS

§ 1er SANCTIONS CIVILES

Art. L. 242-22 Lorsque le vendeur ou le prestataire de services n'a pas remboursé le consommateur dans les conditions prévues à l'article L. 224-62, la somme due est productive d'intérêts, de plein droit, aux taux de l'intérêt légal majoré de moitié. – *[C. consom., art. L. 121-98, al. 4, sanction.]*

§ 2 SANCTIONS ADMINISTRATIVES

Art. L. 242-23 Tout manquement aux dispositions des articles L. 224-59 *(L. n° 2017-203 du 21 févr. 2017, art. 7)* **« à** *[ancienne rédaction : et]* **» L. 224-62 est passible d'une amende administrative dont le montant ne peut excéder 3 000 euros pour une personne physique et 15 000 euros pour une personne morale.**

Cette amende est prononcée dans les conditions prévues au chapitre II du titre II du livre V. — *[C. consom., art. L. 121-98-1.]*

SOUS-SECTION 5 TRANSPORTS ET AUTOMOBILE

Art. L. 242-24 Tout manquement à l'article L. 224-66 est passible d'une amende administrative dont le montant ne peut excéder 3 000 euros pour une personne physique et 15 000 euros pour une personne morale.

Cette amende est prononcée dans les conditions prévues au chapitre II du titre II du livre V. — *[C. consom., art. L. 121-119, sanction transport aérien.]*

Art. L. 242-25 Tout manquement à l'article L. 224-67 est passible d'une amende administrative dont le montant ne peut excéder 3 000 euros pour une personne physique et 15 000 euros pour une personne morale.

Cette amende est prononcée dans les conditions prévues au chapitre II du titre II du livre V. — *[C. consom., art. L. 121-119, sanction automobile.]*

SOUS-SECTION 6 CONTRATS D'UTILISATION DE BIENS À TEMPS PARTAGÉ, CONTRATS DE PRODUIT DE VACANCES À LONG TERME, CONTRATS DE REVENTE ET CONTRATS D'ÉCHANGE

§ 1er SANCTIONS CIVILES

Art. L. 242-26 Le non-respect des dispositions prévues aux articles L. 224-73 à L. 224-78 et à l'article L. 224-87 est sanctionné par la nullité du contrat. — *[C. consom., art. L. 121-79-5, sanctions civiles.]*

Nullité absolue. Est nul tout contrat de jouissance d'immeuble à temps partagé qui ne résulte pas de l'acceptation par le consommateur d'une offre de contracter conforme aux exigences légales (jurisprudence rendue sous l'empire de la législation antérieure). • Civ. 3e, 26 janv. 2011 : *cité note 2 ss. art. L. 224-69.*

§ 2 SANCTIONS PÉNALES

Art. L. 242-27 Le fait, pour tout annonceur de diffuser ou de faire diffuser une publicité non conforme aux obligations prévues aux dispositions des articles L. 224-71 et L. 224-72, est puni d'une amende de 150 000 euros. — *[C. consom., art. L. 121-79-2, al. 1er et 3.]*

Art. L. 242-28 Le fait, pour tout professionnel, de soumettre à un consommateur une offre tendant à la conclusion de tout contrat ou groupe de contrats mentionnés aux articles L. 224-69 et L. 224-70, non conforme aux dispositions des articles L. 224-73 à L. 224-75 est puni d'une amende de 150 000 euros. — *[C. consom., art. L. 121-79-2, al. 1er et 2.]*

Art. L. 242-29 Le fait, pour tout professionnel, d'exiger ou de recevoir du consommateur, directement ou indirectement, tout versement ou engagement de versement, à quelque titre et sous quelque forme que ce soit, avant l'expiration des délais de rétractation prévus aux articles L. 224-79, L. 224-80 et L. 224-81 est puni d'une amende de 300 000 euros. — *[C. consom., art. L. 121-79-3, al. 1er.]*

Art. L. 242-30 Le fait pour tout professionnel, directement ou indirectement, de faire supporter au consommateur qui exerce son droit de rétractation des coûts, y compris ceux afférents à d'éventuels services fournis avant l'exercice du droit de rétractation est puni d'une amende de 300 000 euros. — *[C. consom., art. L. 121-79-3, al. 2.]*

Art. L. 242-31 Les personnes physiques déclarées coupables de l'une des infractions punies aux articles L. 242-27 à L. 242-30 encourent également, à titre de peines complémentaires, l'interdiction, suivant les modalités prévues à l'article 131-27 du code pénal, soit d'exercer une fonction publique ou d'exercer l'activité professionnelle ou sociale dans l'exercice ou à l'occasion de l'exercice de laquelle l'infraction a été commise, soit d'exercer une profession commerciale ou industrielle, de diriger, d'administrer, de gérer ou de contrôler à un titre quelconque, directement ou indirectement, pour leur propre compte ou pour le compte d'autrui, une entreprise commerciale ou industrielle ou une société commerciale.

Ces interdictions d'exercice ne peuvent excéder une durée de cinq ans. Elles peuvent être prononcées cumulativement.

Les personnes morales déclarées responsables pénalement, dans les conditions prévues à l'article 121-2 du code pénal, de l'une des infractions punies aux articles L. 242-27 à L. 242-30 encourent, outre l'amende suivant les modalités prévues à l'article 131-38 du code pénal, les peines prévues aux 2° à 9° de l'article 131-39 du même code.

L'interdiction mentionnée au 2° de *[du]* même article 131-39 porte sur l'activité dans l'exercice ou à l'occasion de l'exercice de laquelle l'infraction a été commise. Les peines prévues aux 2° à 7° de cet article ne peuvent être prononcées que pour une durée de cinq ans au plus. – *[C. consom., art. L. 121-79-4.]*

SOUS-SECTION 7 CONTRATS DE COURTAGE MATRIMONIAL

§ 1er SANCTIONS CIVILES

Art. L. 242-32 Les mentions prescrites au deuxième alinéa de l'article L. 224-90 sont prévues à peine de nullité du contrat. – *[L. nº 89-421 du 23 juin 1989, art. 6, I, al. 2, nullité.]*

§ 2 SANCTIONS PÉNALES

Art. L. 242-33 Le fait, pour un professionnel, sous prétexte d'une présentation de candidats au mariage ou à une union stable, de mettre en présence ou de faire communiquer des personnes dont l'une est rémunérée par lui, ou se trouve placée, directement ou indirectement, sous son autorité, ou n'a pas effectué de demande en vue du mariage ou d'une union stable, est puni des peines prévues aux articles 313-1 à 313-3 du code pénal.

Le fait, pour un professionnel, de promettre d'organiser des rencontres en vue de la réalisation d'un mariage ou d'une union stable avec une personne fictive, est puni des mêmes peines. – *[L. nº 89-421 du 23 juin 1989, art. 6, V.]*

SOUS-SECTION 8 CONTRATS D'ACHAT DE MÉTAUX PRÉCIEUX

§ 1er SANCTIONS CIVILES

Art. L. 242-34 Les dispositions de l'article L. 224-98 sont prévues à peine de nullité du contrat. – *[C. consom., art. L. 121-101, al. 1er, nullité.]*

Art. L. 242-35 Toute clause du contrat par laquelle le consommateur-vendeur abandonne son droit de rétractation est nulle. – *[C. consom., art. L. 121-102, al. 3.]*

§ 2 SANCTIONS PÉNALES

Art. L. 242-36 Le fait de ne pas remettre au client un exemplaire du contrat prévu à l'article L. 224-97 ou de remettre un contrat non conforme aux dispositions de l'article L. 224-98 est puni d'une peine d'emprisonnement de deux ans et d'une amende de 150 000 euros. – *[C. consom., art. L. 121-104, al. 1er, sanction contrat.]*

Art. L. 242-37 Le non-respect des obligations prévues à l'article L. 224-99 est puni d'une peine d'emprisonnement de deux ans et d'une amende de 150 000 euros. – *[C. consom., art. L. 121-104, al. 1er, sanction rétractation.]*

Art. L. 242-38 Les personnes physiques déclarées coupables des infractions punies aux articles L. 242-36 et L. 242-37 encourent également à titre de peines complémentaires l'interdiction, suivant les modalités prévues à l'article 131-27 du code pénal, soit d'exercer une fonction publique ou d'exercer l'activité professionnelle ou sociale dans l'exercice ou à l'occasion de l'exercice de laquelle l'infraction a été commise, soit d'exercer une profession commerciale ou industrielle, de diriger, d'administrer, de gérer ou de contrôler à un titre quelconque, directement ou indirectement, pour leur propre compte ou pour le compte d'autrui, une entreprise commerciale ou industrielle ou une société commerciale.

Ces interdictions d'exercice ne peuvent excéder une durée de cinq ans. Elles peuvent être prononcées cumulativement.

Les personnes morales déclarées responsables pénalement, dans les conditions prévues à l'article 121-2 du code pénal, des infractions punies aux articles L. 242-36 et L. 242-37 encourent, outre l'amende suivant les modalités prévues à l'article 131-38 du code pénal, les peines prévues aux 2° à 9° de l'article 131-39 du même code. L'interdiction mentionnée au 2° de l'article 131-39 de ce code porte sur l'activité dans l'exercice ou à l'occasion de l'exercice de laquelle l'infraction a été commise. Les peines prévues aux 2° à 7° de cet article ne peuvent être prononcées que pour une durée de cinq ans au plus. – *[C. consom., art. L. 121-104, al. 2 et 3.]*

§ 3 SANCTIONS ADMINISTRATIVES

Art. L. 242-39 Tout manquement aux dispositions de l'article L. 224-96 et aux textes pris pour son application est passible d'une amende administrative dont le montant ne peut excéder 3 000 euros pour une personne physique et 15 000 euros pour une personne morale.

Cette amende est prononcée dans les conditions prévues au chapitre II du titre II du livre V. – *[C. consom., art. L. 121-103.]*

SOUS-SECTION 9 CONTRATS DANS LE DOMAINE BANCAIRE, FINANCIER ET DES ASSURANCES

Art. L. 242-40 Les sanctions relatives aux infractions commises par les établissements de crédit en matière de conventions de compte et de relations avec leurs clients sont fixées par les dispositions du chapitre Ier du titre V du livre III du code monétaire et financier.

Art. L. 242-41 Les sanctions relatives aux infractions en matière de démarchage bancaire ou financier sont fixées par les dispositions du chapitre III du titre V du livre III du code monétaire et financier.

Art. L. 242-42 Les sanctions des infractions en matière de démarchage dans le domaine des assurances sont fixées par les dispositions du chapitre II du titre Ier du livre I du code des assurances.

SOUS-SECTION 10 ENSEIGNEMENT

Art. L. 242-43 Les sanctions relatives aux infractions en matière d'enseignement privé à distance sont fixées par les dispositions du chapitre IV du titre IV du livre IV du code de l'éducation.

Les sanctions des infractions relatives au démarchage en matière d'enseignement sont fixées par les dispositions du chapitre Ier du titre VII du livre IV du code de l'éducation.

SOUS-SECTION 11 CONTRATS DE PRESTATIONS DE SOINS MÉDICAUX

Art. L. 242-44 Les sanctions aux infractions relatives au devis et au délai de réflexion en matière de chirurgie esthétique sont fixées par les dispositions du chapitre IV du titre II du livre III de la sixième partie du code de la santé publique.

SOUS-SECTION 12 CONTRATS DE SERVICES FUNÉRAIRES

Art. L. 242-45 Les sanctions relatives aux infractions en matière de contrats de pompes funèbres sont fixées par les dispositions du chapitre III du titre II du livre II de la deuxième partie du code général des collectivités territoriales.

TITRE CINQUIÈME DISPOSITIONS RELATIVES À L'OUTRE-MER

(Ord. nº 2017-269 du 2 mars 2017, art. 2, en vigueur le 1er juill. 2017)

Le titre V, tel qu'issu de l'Ord. nº 2017-269 du 2 mars 2017, entre en vigueur à la date d'entrée en vigueur du décret portant dispositions relatives à l'outre-mer du code de la consommation et au plus tard le 1er juill. 2017 (Ord. préc., art. 9). — V. Décr. nº 2017-1166 du 12 juill. 2017 (JO 14 juill.), qui ne prévoit pas d'entrée en vigueur particulière, de telle sorte que les dispositions relatives à l'outre-mer ont vocation à entrer en vigueur le 1er juill. 2017.

CHAPITRE PREMIER CONDITIONS GÉNÉRALES DES CONTRATS

Art. L. 251-1 Sont applicables dans les îles Wallis-et-Futuna et dans les Terres australes et antarctiques françaises les dispositions des articles mentionnés dans la colonne de gauche du tableau ci-après, dans leur rédaction indiquée dans la colonne de droite du même tableau :

ARTICLES APPLICABLES	DANS LEUR RÉDACTION
L. 218-1	Résultant de l'ordonnance n° 2016-301 du 14 mars 2016
L. 218-2	Résultant de l'ordonnance n° 2016-301 du 14 mars 2016

CHAPITRE II RÈGLES DE FORMATION ET D'EXÉCUTION DES CONTRATS

Art. L. 252-1 Sont applicables dans les îles Wallis-et-Futuna, sous réserve des adaptations prévues aux articles L. 252-2 et L. 252-3, les dispositions des articles mentionnés dans la colonne de gauche du tableau ci-après, dans leur rédaction indiquée dans la colonne de droite du même tableau :

ARTICLES APPLICABLES	DANS LEUR RÉDACTION
L. 222-1 à L. 222-6	Résultant de l'ordonnance n° 2016-301 du 14 mars 2016
L. 222-7 et L. 222-8	Résultant de la loi n° 2017-203 du 21 février 2017
L. 222-9 à L. 222-16	Résultant de l'ordonnance n° 2016-301 du 14 mars 2016
L. 222-16-1 et L. 222-16-2	Résultant de la loi n° 2016-1691 du 9 décembre 2016
L. 222-18	Résultant de l'ordonnance n° 2016-301 du 14 mars 2016
L. 242-15	Résultant de l'ordonnance n° 2016-301 du 14 mars 2016

Art. L. 252-2 En l'absence d'adaptation, les références faites, par des dispositions des articles mentionnés à l'article L. 252-1, à des dispositions qui ne sont pas applicables dans les îles Wallis-et-Futuna, notamment en matière d'assurance et de mutualité, sont remplacées par des références aux dispositions ayant le même objet applicables localement.

Art. L. 252-3 Pour l'application de l'article L. 222-10 dans les îles Wallis-et-Futuna :

1° Les mots : "mentionnés à l'article L. 224-69" sont remplacés par les mots : "ou groupe de contrats, conclus à titre onéreux, par lequel un professionnel confère à un consommateur, directement ou indirectement, un droit ou un service d'utilisation de biens à temps partagé, ou concernant des produits de vacances à long terme, ou de revente ou d'échange de tels droits ou services" ;

2° Il est ajouté un alinéa ainsi rédigé :

"Les dispositions de cet article ne s'appliquent pas non plus aux contrats de souscription ou de cession de parts ou actions de sociétés d'attribution d'immeubles en jouissance à temps partagé régis par les dispositions applicables localement relatives aux sociétés d'attribution d'immeubles en jouissance à temps partagé."

CHAPITRE III LOI APPLICABLE AUX CONTRATS TRANSFRONTALIERS

Art. L. 253-1 Sont applicables dans les îles Wallis-et-Futuna, sous réserve des adaptations prévues à l'article L. 253-2, les dispositions de l'article mentionné dans la colonne de gauche du tableau ci-après, dans leur rédaction indiquée dans la colonne de droite du même tableau :

ARTICLES APPLICABLES	DANS LEUR RÉDACTION
L. 232-4	Résultant de l'ordonnance n° 2016-301 du 14 mars 2016

Art. L. 253-2 Pour son application dans les îles Wallis-et-Futuna, l'article L. 232-4 est ainsi rédigé :

"Art. L. 232-4. – Lorsque les parties ont choisi la loi d'un État autre que la France pour régir le contrat, le juge devant lequel est invoquée cette loi est tenu d'en écarter l'application au profit des dispositions plus protectrices de la loi de la résidence habituelle du consommateur concernant la protection des consommateurs en matière de commercialisation à distance de services financiers."

LIVRE TROISIÈME CRÉDIT

RÉP. PÉN. v° *Crédit*, par ROYER.

COMMENTAIRE

Le livre III, issu de l'ordonnance de recodification n° 2016-301 du 14 mars 2016, est consacré, comme dans l'ancien code, au crédit, mais expurgé du surendettement (V. désormais, art. L. 711-1 s.).

Le crédit est l'opération consistant pour un consommateur à obtenir d'un établissement financier ou d'une banque le versement de sommes d'argent lui permettant de financer l'acquisition d'un bien ou d'un service, à charge pour lui de rembourser le prêteur pour le montant emprunté auquel s'ajoutent presque toujours des intérêts au titre du service rendu.

Le consommateur ayant recours au crédit est protégé par deux dispositifs essentiels : le premier s'applique lorsque le crédit est mobilier (on parle alors de crédit mobilier au sens strict) ; le second trouve application en matière immobilière (il s'agit du crédit dénommé immobilier). Ces deux catégories sont ici traitées successivement dans les chapitres II (art. L. 312-1 s.) et III (art. L. 343-1 s.) au sein des dispositions relatives aux opérations de crédit (titre Ier). Sont ensuite abordées les dispositions sur les intermédiaires (titre II), puis sur le cautionnement (titre III), lesquelles jouent un rôle majeur compte tenu de leur champ d'application. Enfin, les sanctions sont regroupées dans un titre IV, à l'instar des autres livres.

La transposition de la directive 2014/17/UE relative au crédit hypothécaire par l'ordonnance n° 2016-351 du 25 mars 2016 sur les contrats de crédit aux consommateurs relatifs aux biens immobiliers à usage d'habitation a été intégrée dans la structure du nouveau code. Son entrée en vigueur est fixée au 1er juillet 2016 ; cependant, elle prévoit des dates d'entrée en vigueur différée : le 1er octobre 2016 en matière de publicité, d'information générale et précontractuelle (pour partie le 1er janv. 2017 s'agissant de la FISE), de prêts en devises étrangères et s'agissant des dispositions relatives au TAEG ; le 20 mars 2017 pour les dispositions tenant à la formation continue ; le 21 mars 2019 pour l'exigence d'une formation complémentaire à l'expérience professionnelle des prêteurs.

TITRE PREMIER OPÉRATIONS DE CRÉDIT

COMMENTAIRE

Concernant les opérations de crédit, le codificateur de 2016 traite du crédit à la consommation (art. L. 312-1 s.), puis du crédit immobilier (art. L. 313-1 s.). Les dispositions communes à ces deux formes de crédit n'ont, curieusement, pas été placées en exergue avec les définitions (chap. Ier), mais dans un chapitre IV, après les dispositions propres au crédit à la consommation (chap. II) et au crédit immobilier (chap. III). Le chapitre V étant consacré au prêt viager hypothécaire (art. L. 315-1 s.).

CHAPITRE PREMIER DÉFINITIONS

Art. L. 311-1 **Pour l'application des dispositions du présent titre, sont considérés comme :**

1° Prêteur, toute personne qui consent ou s'engage à consentir un crédit mentionné *(L. n° 2017-203 du 21 févr. 2017, art. 9-I)* **« au présent titre** *[ancienne rédaction : à l'article L. 312-1]* **» dans le cadre de l'exercice de ses activités commerciales ou professionnelles ;**

(Ord. n° 2016-351 du 25 mars 2016, art. 1er-1° à 3°, en vigueur le 1er juill. 2016) **« 2° Emprunteur ou consommateur, toute personne physique qui est en relation avec un prêteur, ou un intermédiaire de crédit, dans le cadre d'une opération de crédit réalisée ou envisagée dans un but étranger à son activité commerciale ou professionnelle ;**

« 3° Acquéreur, toute personne qui acquiert, souscrit ou commande au moyen des prêts mentionnés au 1° de l'article L. 313-1 ;

« 4° Vendeur, l'autre partie à ces mêmes opérations ;

« 5° » Intermédiaire de crédit, toute personne qui, dans le cadre de ses activités commerciales ou professionnelles habituelles et contre une rémunération ou un

avantage économique, apporte son concours à la réalisation d'une opération mentionnée au présent titre, sans agir en qualité de prêteur ;

(Ord. nº 2016-351 du 25 mars 2016, art. 1er-4º et 5º, en vigueur le 1er juill. 2016) **« 6º Opération ou contrat de crédit, un contrat en vertu duquel un prêteur consent ou s'engage à consentir à l'emprunteur un crédit, relevant du champ d'application du présent titre, sous la forme d'un délai de paiement, d'un prêt, y compris sous forme de découvert ou de toute autre facilité de paiement similaire, à l'exception des contrats conclus en vue de la fourniture d'une prestation continue ou à exécution successive de services ou de biens de même nature et aux termes desquels l'emprunteur en règle le coût par paiements échelonnés pendant toute la durée de la fourniture ;**

« 7º Coût total du crédit pour l'emprunteur, tous les coûts, y compris les intérêts, les frais, les taxes, les commissions ou rémunérations de toute nature, directs ou indirects, supportés par l'emprunteur et connus du prêteur à la date d'émission de l'offre de crédit ou de l'avenant au contrat de crédit, ou dont le montant peut être déterminé à ces mêmes dates, et qui constituent une condition pour obtenir le crédit ou pour l'obtenir aux conditions annoncées. Ce coût ne comprend pas les frais liés à l'acquisition des immeubles mentionnés au 1º de l'article L. 313-1 tels que les taxes y afférentes *(L. nº 2017-203 du 21 févr. 2017, art. 9-I)* **« ou** *[ancienne rédaction : , ni]* **» les frais d'acte notarié, ni les frais à la charge de l'emprunteur en cas de non-respect de l'une de ses obligations prévues dans le contrat de crédit.**

« L'ensemble de ces coûts est défini à l'article L. 314-1 relatif au taux annuel effectif global, selon des modalités précisées par décret en Conseil d'État.

« 8º » Taux débiteur, le taux d'intérêt exprimé en pourcentage fixe ou variable, appliqué au capital emprunté ou au montant de crédit utilisé, sur une base annuelle. Le taux débiteur est fixe lorsque le contrat de crédit prévoit soit un taux débiteur constant sur toute la durée du contrat de crédit, soit plusieurs taux débiteurs constants appliqués à des périodes partielles prédéterminées ; dans ce dernier cas, le taux est fixe uniquement pour ces périodes partielles, dans les autres cas, le taux débiteur est variable ou révisable ;

9º Montant total dû par l'emprunteur, la somme du montant total du crédit et du coût total du crédit dû par l'emprunteur ;

10º Montant total du crédit, le plafond ou le total des sommes rendues disponibles en vertu d'un contrat ou d'une opération de crédit ;

11º Contrat de crédit affecté ou contrat de crédit lié, le crédit servant exclusivement à financer un contrat relatif à la fourniture de biens particuliers ou la prestation de services particuliers ; ces deux contrats constituent une opération commerciale unique. Une opération commerciale unique est réputée exister lorsque le vendeur ou le prestataire de services finance lui-même le crédit ou, en cas de financement par un tiers, lorsque le prêteur recourt aux services du vendeur ou du prestataire pour la conclusion ou la préparation du contrat de crédit ou encore lorsque le contrat de crédit mentionne spécifiquement les biens ou les services concernés ;

12º Autorisation de découvert ou facilité de découvert, le contrat de crédit en vertu duquel le prêteur autorise expressément l'emprunteur à disposer de fonds qui dépassent le solde du compte de dépôt de ce dernier ;

13º Dépassement, un découvert tacitement accepté en vertu duquel un prêteur autorise l'emprunteur à disposer de fonds qui dépassent le solde de son compte de dépôt ou de l'autorisation de découvert convenue ;

14º Support durable, tout instrument permettant à l'emprunteur de conserver les informations qui lui sont adressées personnellement, d'une manière qui permet de s'y reporter aisément à l'avenir pendant un laps de temps adapté aux fins auxquelles les informations sont destinées et qui permet la reproduction identique des informations stockées ; *— Les 6º à 12º deviennent respectivement les 8º à 14º (Ord. nº 2016-351 du 25 mars 2016, art. 1er-5º, en vigueur le 1er juill. 2016).*

(Ord. nº 2016-351 du 25 mars 2016, art. 1er-6º, en vigueur le 1er juill. 2016) **« 15º Service accessoire, un service proposé à l'emprunteur en rapport avec un contrat de crédit entrant dans le champ du présent titre ;**

« 16° Crédit relais, un crédit d'une durée limitée destiné à faire l'avance partielle ou totale, et temporaire du produit de la vente d'un bien immobilier pour en acquérir un autre avant la vente du premier bien. » – *[C. consom., art. L. 312-1.]*

Les prêteurs disposent d'un délai de trois mois à compter de la promulgation de la L. n° 2017-203 du 21 févr. 2017 pour se mettre en conformité avec le 7° de l'art. L. 311-1, dans sa rédaction résultant du I de l'art. 9 de la loi préc. Le même 7°, dans sa rédaction antérieure à ladite loi, leur demeure applicable jusqu'à cette mise en conformité (L. préc., art. 9-II).

COMMENTAIRE

Dans la droite ligne de la directive européenne du 23 avril 2008 (V. ce texte ss. art. L. 312-94), l'article L. 311-1, lequel a conservé la même numérotation malgré la recodification opérée en 2016, énumère un certain nombre de définitions essentielles telles que celles d'emprunteur ou de consommateur. L'ordonnance n° 2016-301 du 14 mars 2016 enrichit à la marge ces définitions et ajoute celles de vendeur et d'acquéreur. On remarquera en particulier que le consommateur-emprunteur est identifié à une personne physique en relation avec un prêteur (ou un intermédiaire de crédit, précise le nouveau texte) dans un but étranger à son activité professionnelle (artisanale, libérale, industrielle ou agricole). En d'autres termes, la définition restreint le champ d'application aux personnes physiques agissant à des fins privées (art. L. 311-1-2°). Ainsi seront clairement exclues les associations bénéficiant de prêt.

La définition du prêteur est attendue (art. L. 311-1-1°) : c'est un professionnel, ce qui exclut le prêt entre particuliers. Ce n'est pas forcément pour autant un professionnel du crédit.

L'opération de crédit est définie comme une opération par laquelle un prêteur consent à s'engager à consentir à l'emprunteur un crédit sous la forme d'un délai de paiement, d'un prêt, d'un découvert ou de tout autre facilité, mais à l'exception des ventes aux prestations successives (art. L. 311-1-6°). Cependant, les articles L. 312-2 et L. 312-3 assimilent à des opérations de crédit la location-vente ou la location avec option d'achat ainsi que, pour partie (opérations de publicité), les prêts sur gage des caisses de crédit municipal qui pensaient pouvoir y échapper.

On remarquera qu'en matière de crédit affecté (art. L. 311-1-11°), le législateur considère que les deux contrats liés forment une opération commerciale unique, ce qui devrait inciter la jurisprudence à alléger le formalisme en la matière. Enfin, une distinction est opérée entre le découvert tacite (art. L. 311-1-13°) et celui autorisé (art. L. 311-1-12°).

A l'instar de la directive, le texte (art. L. 311-1-8°) introduit la notion du *taux débiteur* : le taux d'intérêt exprimé en pourcentage fixe ou variable, appliqué au capital emprunté ou au montant de crédit utilisé, sur une base annuelle.

L'article L. 311-1-7° définit par ailleurs le coût total du crédit, à distinguer du montant total dû par l'emprunteur, figurant au 9° du même texte et qui procède de l'addition du montant total du crédit, en d'autres termes le montant du capital emprunté, et des sommes représentatives du coût total du crédit. En revanche, le coût total du crédit ne comprend pas les frais liés à l'acquisition des immeubles (taxes et émoluments du notaire), ni les frais dont l'emprunteur est redevable en cas d'inexécution de ses obligations contractuelles. Cependant, la rédaction initiale (antérieure à la loi de ratification du 21 févr. 2017) laissait penser que tous les frais d'acte notarié, y compris ceux engagés dans le cadre d'une prise d'hypothèque, étaient exclus du coût total du crédit alors que ces mêmes frais font partie du taux annuel effectif global (TAEG) dès lors que leur montant peut être indiqué avec précision (art. R. 314-4-3°).

Le crédit-relais (art. L. 311-1-16°) et le service accessoire (art. L. 311-1-15°) sont définis par le texte issu de l'ordonnance du 14 mars 2016. ❑

1. Notion d'emprunteur. L'art. L. 311-1, dans sa rédaction résultant de la L. n° 2010-737 du 1er juill. 2010, qui définit expressément l'emprunteur ou le consommateur comme « toute personne physique », n'est pas applicable s'agissant d'une convention de compte courant souscrite par une SCI. • Metz, 28 janv. 2012, n° 11/00706 : *CCC 2012, n° 243, obs. Raymond.*

2. Intermédiaire de crédit. L'art. 3, sous f), et l'art. 7 de la Dir. 2008/48/CE du 23 avr. 2008, concernant les contrats de crédit aux consommateurs, doivent être interprétés en ce sens qu'une agence de recouvrement qui conclut, au nom d'un prêteur, un accord de rééchelonnement d'un crédit impayé mais qui n'agit en qualité d'intermédiaire de crédit qu'à titre accessoire, ce qu'il appartient à la juridiction de renvoi de vérifier, doit être considérée comme étant un « intermédiaire de crédit », au sens de cet art. 3, sous f), et n'est pas soumise à l'obligation d'information précontractuelle du consommateur, au titre des art. 5 et 6 de cette directive. • CJUE 8 déc. 2016, n° C-127/15 : *D. 2016. Actu. 2564 ; AJ contrat 2017. 80, obs. Boucard ; Europe 2017, n° 83, obs. Cazet.* – V. le 5° de l'art. L. 311-1.

CHAPITRE II CRÉDIT À LA CONSOMMATION

La rédaction du chapitre relatif au crédit à la consommation est issue de la transposition de la Dir. 2008/48/CE du 23 avr. 2008 par la L. n° 2010-737 du 1er juill. 2010 reprise, depuis l'Ord. n° 2016-301 du 14 mars 2016, aux art. L. 312-1 s. Les règles d'application dans le temps sont exposées à l'art. 61 de la L. n° 2010-737 du 1er juill. 2010 (JO 2 juill.) ainsi qu'au ***C. consom.****, éd. 2015 ou antérieures.*

RÉP. COM. v° *Crédit à la consommation,* par S. PIEDELIÈVRE.

BIBL. GÉN. ▶ Loi n° 2010-737 du 1er juill. 2010 : RAYMOND, *CCC 2009. Étude 6* (analyse critique du projet de loi portant réforme du crédit à la consommation). – BAZIN-BEUST, *RD banc. fin. 2009. Étude 23* (le crédit renouvelable : critique d'une réforme annoncée). – LEGRAND, *JCP 2010, n° 6, p. 298* (banques et endettement : les résolutions pour 2010). – VALETTE-ERCOLE, *JCP 2010, n° 779* (vers un crédit responsable ?). – NDLR, *BRDA 2010, n° 13, p. 14* (adoption de la réforme du crédit à la consommation). – GOURIO, *JCP E 2010, n° 1675* (réforme du crédit à la consommation). – RZEPECKI, *LPA 23 juill. 2010* (même thème). – BOUTEILLER, *RLDA juill.-août 2010. 32* (même thème). – POISSONNIER, *Gaz. Pal. 2010. 2039* (présentation générale). – S. PIEDELIÈVRE, *D. 2010. 1952* (réforme du crédit à la consommation). – RAYMOND, *CCC 2010. Étude 11* (même thème). – AUBRY, *RLDC sept. 2010. 57* (la formation du contrat de crédit après la loi portant réforme du crédit à la consommation). – VALETTE-ERCOLE, *Dr. et proc. oct. 2010, Cah. dr. consom., p. 21* (loi du 1er juill. 2010 et loi et endettement du consommateur). – MATHEY, *Dr. et patr. oct. 2010. 42* (présentation générale de la loi). – LAGARDE et MATHEY, *RD banc. fin. 2010. Dossier 23* (réforme du crédit à la consommation). – SAUPHANOR-BROUILLAUD, *RDC 2010. 1304* (présentation générale). – LEGEAIS, *Mélanges Tricot, Dalloz/Litec, 2011, p. 39* (« le crédit responsable » : les dangers d'un slogan). – VIGNEAU et LAURIAT, *Dr. et proc. 2011. 31* (réforme du crédit à la consommation). – CATHELINEAU-ROULAUD, *CCC 2011. Étude 6* (banque et surendettement). – BOUTEILLER, *RLDA juill.-août 2011. 52* (premières observations et difficultés quant à la mise en œuvre de la réforme). – Dossier, *RD banc. fin. 2011. Dossier nos 25 à 31* (vers un nouveau droit de la consommation : la réforme du crédit à la consommation). – CLARET, *CCC 2011. Étude 14* (les obligations d'information du prêteur professionnel après la réforme du crédit à la consommation). – LE MASNE, *ibid. 15* (les réponses du juge aux failles de la transposition de la directive crédit). – BAZIN-BEUST, *LPA 21 mai 2012* (réforme du crédit à la consommation : entre protection du consommateur et protection de la consommation). – LASSERRE CAPDEVILLE, *RD banc. fin. 2012. Alerte 23* (rapport sur l'impact de la réforme « Lagarde »). – ÉRÉSÉO, *Banque et Droit juin 2013. Hors-série. 33* (opérations de crédit en ligne : le cas du crédit à la consommation). – LEGEAIS, *RD banc. fin. 2013. Dossier 50* (apport du crédit à la consommation au droit bancaire). – BAZIN, *Dr. et proc. 2013. 182* (responsabilité du banquier dispensateur de crédit à la consommation). – LASSERRE CAPDEVILLE, *LPA 25-26 août 2015* (le banquier prêteur face à l'emprunteur sous tutelle : attention danger !) ; *RD banc. fin. 2016. Dossier 19* (le droit des clauses abusives et le contrat de crédit à la consommation).

COMMENTAIRE

La loi n° 2010-737 du 1er juillet 2010 ne s'est pas limitée à transposer la directive du 23 avril 2008 (V. ce texte ss. art. L. 312-94) puisqu'elle regroupe, outre les mesures relatives au crédit à la consommation, des dispositions modifiant en profondeur le droit de surendettement ainsi que d'autres mesures concernant l'organisation des institutions de la consommation. La volonté du Gouvernement a été de développer un crédit plus responsable, renforcé par les obligations et la responsabilité des prêteurs ainsi que par les règles de protection des emprunteurs.

L'accent est notamment mis sur l'information de l'emprunteur, celui-ci devant se référer aux conditions générales du crédit pour apprécier la portée de son engagement. A cet égard, l'article L. 312-28 prévoit qu'un décret en Conseil d'État fixe la liste des informations devant figurer dans le contrat, ce qui devrait faciliter l'information (V. art. R. 312-10 s.).

Il convient d'attirer l'attention sur l'article 61 de la loi qui détermine des règles d'application dans le temps d'une grande complexité. D'une manière générale, l'ensemble du dispositif s'applique à compter du 1er mai 2011, mais, sur des questions particulières, certaines dispositions ont une date d'application antérieure. C'est ainsi que celles relatives à la publicité s'appliquent dès le 1er septembre 2010 (V. art. L. 312-5 s.).

SECTION PREMIÈRE CHAMP D'APPLICATION

Art. L. 312-1 Les dispositions du présent chapitre s'appliquent à toute opération de crédit mentionnée au *(L. nº 2017-203 du 21 févr. 2017, art. 9-I)* **« 6º » de l'article L. 311-1, qu'elle soit conclue à titre onéreux ou à titre gratuit et, le cas échéant, à son cautionnement, dès lors que le montant total du crédit est** *(L. nº 2017-203 du 21 févr. 2017, art. 9-I)* **« égal ou » supérieur à 200 euros et inférieur** *(L. nº 2017-203 du 21 févr. 2017, art. 9-I)* **« ou égal » à 75 000 euros.** – *[C. consom., art. L. 311-2, al. 1er, et L. 311-3, 2º.]*

BIBL. ▶ LIMBACH, *RLDA juin 2012. 53* (le contrat d'abonnement de téléphonie mobile et la subvention opérateur : une opération de crédit à la consommation ?). – BIARDEAUD, *D. 2014. 625* (découverts et dépassements : un régime juridique dispersé et contraignant).

1. Organismes de droit public. La loi du 10 janv. 1978 [art. L. 312-1 s.] ne prévoit aucune exception au profit des organismes prêteurs de droit public; un établissement de crédit municipal ne peut donc arguer de son statut et du mode de recouvrement des crédits comme en matière de contribution directe pour faire échec aux dispositions d'ordre public d'une loi générale. • Paris, 12 oct. 1990 : *D. 1990. IR 258*.

2. Notion de crédit. L'application de la loi du 10 janv. 1978 [art. L. 312-1 s.] suppose l'existence d'une opération de crédit par laquelle le prêteur consent à l'emprunteur un délai pour rembourser le prêt ou payer le prix de la vente ou de la prestation de services après livraison du bien ou exécution de cette prestation; le seul fait que le paiement soit échelonné ne suffit pas à entraîner l'application de ladite loi, dès lors que n'est pas caractérisé un délai entre l'avance accordée par le prêteur et la restitution par l'emprunteur. Ainsi la loi ne s'applique pas aux paiements trimestriels dus à une école privée pour une scolarité annuelle : • Civ. 1re, 15 déc. 1993 : *Bull. civ. I, nº 370; D. 1994. 297, note Davo; CCC 1994, nº 38, obs. Raymond* • Versailles, 31 mai 1995 : *BICC 1995, nº 1256; JCP E 1995. Pan. 1433.* ♦ ... A un abonnement annuel, payable par mensualités, à un club de sports et loisirs : • Paris, 24 mai 1994 : *JCP E 1994. Pan. 1084* • Paris, 30 juin 1994 : *JCP 1994. IV. 2450.* ♦ ... Au paiement échelonné convenu pour l'achat d'une cuisine, le solde étant réglé au moment de son installation : • Civ. 1re, 26 mai 1994 : *Bull. civ. I, nº 188; D. 1994. IR 153; JCP E 1994. Pan. 994; RTD com. 1994. 767, obs. Bouloc* • 13 févr. 1996 : *CCC 1996, nº 70, obs. Raymond; Rev. huiss. 1996. 983, note Bazin.* ♦ Comp., jugeant que le contrat de vente de mobilier prévoyant un paiement échelonné, mais acquis en totalité à la livraison reportée à deux ans, s'il est attirant par l'économie d'intérêts qu'il permet, prive l'acheteur du droit de repentir que comporte le recours à une opération de crédit et constitue une fraude à la loi du 10 janv. 1978 [art. L. 312-1 s.] : • Colmar, 22 mars 1996 : *BICC 1996, nº 740.* ♦ Comp. également, assimilant à une opération de crédit le paiement d'un mobilier par billet à ordre à neuf mois, et par versement d'une somme à la livraison, prévue dix-huit mois après la souscription du contrat : • Paris, 13 sept. 1994 : *D. 1994. IR 233*. ♦ Dans le même sens, pour un paiement échelonné sans frais en douze mensualités à compter de la livraison, V. • Montpellier, 11 déc. 1996 : *JCP 1997. IV. 2169.* ♦ V. encore, jugeant qu'est assimilée à une opération de crédit à la consommation offrant à l'acquéreur une faculté de rétractation la vente dont le paiement est échelonné, différé ou fractionné : • Civ. 1re, 3 juill. 2013 : *JCP E 2013, nº 1481; CCC 2013, nº 251, obs. Raymond; LPA 1er août 2014, obs. Lasserre Capdeville.* ♦ Comp., s'agissant d'un paiement fractionné par chèques : • TGI Lyon, 12 févr. 1997 : *D. 1998. Somm. 285, obs. Boutelet-Blocaille et Bourrier* • Crim. 24 févr. 2004 : *CCC 2004, nº 131, obs. Raymond* (contrat de rencontre proposé par une agence matrimoniale). ♦ En ce sens que l'opération par laquelle l'acquéreur d'un mobilier, qui a versé près de la moitié du prix d'acquisition le jour de l'acte de vente, s'engage à compléter dans son intégralité le paiement, le jour même de la livraison, ne constitue pas une vente à crédit soumise aux dispositions de la loi du 10 janv. 1978 [art. L. 312-1 s.], dès lors que la remise de l'objet et la transmission de son usage ne sont pas intervenues avant l'exécution par l'acquéreur de ses obligations, successives dans le temps, de règlement du prix : • TGI Créteil, 15 mars 1991 : *BICC 1991, nº 1194.*

En raison de leur vocation sociale et de l'absence d'objectif de rentabilité, les aides financières accordées par les caisses d'allocations familiales à leurs allocataires ne peuvent être qualifiées d'opérations de crédit. • Civ. 1re, 10 juill. 2001 : *Bull. civ. I, nº 211; CCC 2001, nº 166, obs. Raymond.*

3. Carte à débit différé. Pour un arrêt considérant que la mise à disposition d'une carte accréditive à débit différé n'est pas une opération de crédit soumise aux art. L. 311-1 s. [L. 312-1 s.], V. • Paris, 20 oct. 2000 : *D. 2001. AJ 229, obs. crit. Delpech*.

4. Location assortie d'un bon de commande. Constitue une opération de crédit soumise à la loi de 1978 le contrat de location d'un véhicule automobile, conclu en même temps que fut signé un bon de commande de véhicule d'occasion concernant le même véhicule à l'expiration de la période de location. • Civ. 1re, 19 juin 1990 : *Bull. civ. I, n° 173 ; D. 1990. IR 198 ; RTD com. 1991. 85, obs. Bouloc*. ♦ V. aussi note 3 ss. art. L. 312-4.

5. Location longue durée. N'entre pas dans les prévisions de la loi de 1978 l'opération par laquelle une société se borne à acheter comptant un « mobil home » choisi chez un fournisseur par des particuliers et à passer ensuite avec ceux-ci une location de longue durée (six ans) ne comportant pas d'option d'achat (arrêt rendu sur le fondement de l'ancien art. 2 de la loi, qui visait « les prêts d'argent, les contrats de location-vente ou de location assortie d'une promesse de vente et toutes les opérations de crédit liées à des ventes ou à des prestations de services dont le paiement est échelonné ou fractionné », la rédaction actuelle résultant de la loi du 23 juin 1989). • Civ. 1re, 11 oct. 1989 : *Bull. civ. I, n° 317 ; D. 1991. 225, note Ancel ; RTD com. 1990. 244, obs. Bouloc*. ♦ *Contra*, jugeant qu'une location mobilière de longue durée est susceptible de constituer une opération de crédit au sens de l'art. L. 311-2 [L. 312-1] si cette durée correspond à la durée normale d'utilisation du bien et si le montant total des loyers est au moins équivalent au prix du bien augmenté des intérêts : • Paris, 9 oct. 1996 : *Rev. dr. bancaire 1997. 162, obs. Crédot et Gérard*. ♦ Comp., rejetant l'application du code de la consommation du fait que le véhicule loué pour une durée de deux ans, avait conservé une valeur marchande à l'issue de la location, le montant total des loyers étant inférieur au prix d'acquisition du véhicule par le loueur : • Paris, 27 mars 1996 : *BICC 1996, n° 738 ; Rev. dr. bancaire 1997. 162, obs. Crédot et Gérard*. ♦ V. aussi, sur la notion de location-vente, • Rouen, 21 nov. 1989 : *Gaz. Pal. 1992. 2. Somm. 551*.

6. Ouverture de crédit : compte courant. BIBL. Martin et Gérard Godard, *RLDA juin 2011. 78* (souplesse de l'ouverture de crédit et du découvert). ♦ La circonstance qu'une ouverture de crédit ait fonctionné comme un compte courant n'est pas de nature à faire obstacle à l'application de la loi de 1978 [art. L. 312-1 s.]. • Paris, 13 juin 1991 : *D. 1991. IR 196*. ♦ Comp. • Paris, 7 sept. 1999 : *D. 1999. AJ 20*. ♦ Le fait qu'un document intitulé « compte-courant » ne vise à aucun moment la possibilité de remises réciproques, la transformation de toutes les opérations en simple articles de crédit et de débit générateurs, lors de la clôture, d'un solde créditeur ou débiteur, établit qu'il s'agit en réalité d'une ouverture de crédit indéterminée consentie à des particuliers et par suite soumise aux dispositions des art. L. 311-1 s. [L. 312-1 s.]. • Riom, 11 sept. 2002 : *JCP 2003. IV. 1541*. ♦ Constitue une ouverture de crédit soumise aux dispositions d'ordre public de la loi du 10 janv. 1978 [art. L. 312-1 s.] un compte courant ayant présenté un solde débiteur pendant une période où son titulaire exerçait une activité commerciale, qu'il avait cessé d'exercer ensuite, V. • Paris, 6 mars 1996 : *BICC 1996, n° 688*.

Ayant constaté que la commune intention des parties avait été de s'engager dans une opération complexe, autorisant le fonctionnement à découvert du compte, qualifié de compte courant sur les relevés trimestriels d'intérêts et de commissions, et ayant enregistré des remises d'espèces importantes ainsi que des règlements d'achats auprès de commissaires-priseurs, correspondant à l'activité professionnelle du client, la cour d'appel en a exactement déduit que cette convention ne relevait pas des règles applicables au crédit à la consommation. • Civ. 1re, 6 janv. 2011 : *cité note 8 ss. art. L. 312-4*.

7. ... Découvert bancaire. Lorsqu'une banque consent à son client des avances de fonds pendant plus de trois mois, ce découvert en compte constitue une ouverture de crédit soumise aux dispositions d'ordre public de la loi du 10 janv. 1978 [art. L. 312-1 s.], sous réserve des exceptions prévues à son art. 3 [art. L. 312-4]. • Cass., avis, 9 oct. 1992 : *Bull. civ., n° 1 ; D. 1992. IR 258 ; JCP 1993. II. 22024, note Morgan de Rivery-Guillaud* • Civ. 1re, 30 mars 1994 : *Bull. civ. I, n° 126 ; JCP 1995. II. 22405, note Gramaize ; D. 1994, IR 101* • 16 janv. 1996 : *Bull. civ. I, n° 31 ; D. 1996. IR 39 ; D. Affaires 1996. 171 ; RJ com. 1996. 232, note Bruschi*. ♦ Pour un découvert consenti tacitement pendant plus de trois mois, la banque n'ayant pas demandé au titulaire d'une carte bancaire de cesser d'utiliser celle-ci dès l'apparition du solde débiteur, V. • Versailles, 17 nov. 1995 : *D. Affaires 1996. 259 ; JCP E 1996. Pan. 248*.

En ce sens que, pour bénéficier des art. L. 311-1 s. [L. 312-1 s.], le client doit prouver que son découvert lui a été accordé par le biais d'une convention distincte de celle afférente à l'ouverture du compte, V. • Civ. 1re, 27 févr. 1996 : *JCP E 1997. I. 616 (annexe I), note Riffard* • 7 janv. 1997 : *CCC 1997, n° 52, obs. Raymond* • 18 févr. 1997 : *Bull. civ. I, n° 66* • 26 nov. 2002 : *Bull. civ. I, n° 287 ; JCP E 2003, n° 25, p. 1049, note Bonhomme ; RTD com. 2003. 346, obs. Legeais ; Banque et droit mars-avr. 2003. 60, obs. Bonneau ; RD banc. fin. 2003, n° 132, obs. Crédot et Gérard ; RJDA 2003, n° 300* • Lyon, 7 mai 1997 : *CCC 1998, n° 50, obs. Raymond* • Versailles, 22 juin 2001 : *RJDA 2002, n° 83*. ♦ L'existence d'une convention de découvert est établie lorsque le compte, sur lequel les prélèvements des échéances d'un prêt sont régulièrement effectués, était débiteur avant même la conclusion de ce prêt. • Civ. 1re, 17 mars 1998 : *Bull. civ. I, n° 118 ; D. Affaires 1998. 757, obs. V. A.-R. ; RTD com. 1998. 906, obs. Bouloc*. ♦ V. aussi, jugeant qu'un solde débiteur maintenu pendant plus de trois mois et résultant de la remise et de l'encaissement d'un chèque sans provision ne peut être assimilé à une ouverture de crédit • Versailles, 17 janv. 1997 : *BICC 1997,* n° 869 ; D. Affaires 1997. 439 ; Rev. dr. bancaire 1997. 163, obs. Crédot et Gérard.* ♦ Pour une hypothèse de prélèvement fictif des mensualités d'un prêt en débit d'un compte dont le solde reste durablement débiteur, sans qu'aucune opération n'y soit enregistrée, l'augmentation du débit du compte étant due aux prélèvements des échéances par la banque, V. • Grenoble, 2 sept. 1997 : *JCP E 1998, n° 11, p. 395.*

8. Opération de bourse. Sur la distinction entre autorisation de découvert et opération d'achat sur le marché à règlement mensuel, V. • Paris, 11 mars 2003 : *Banque et Droit sept.-oct. 2003. 51, obs. de Vauplane et Daigre.*

9. Gestion du patrimoine. Un découvert, consenti depuis plusieurs années par une banque, sous forme d'une avance de fonds, s'analyse en une opération de crédit, eût-elle été adossée à un mandat de gestion du patrimoine de titre du titulaire du compte. • Civ. 1re, 3 mai 2007 : *JCP E 2007, n° 46, p. 19, obs. Causse ; CCC 2007, n° 189, obs. Raymond.*

10. Subvention opérateur. Jugeant que la subvention opérateur n'est pas une opération de crédit à la consommation, V. • T. com. Paris, 15 janv. 2013 : *cité ss. art. L. 224-28.*

11. Crédit affecté. Sur la requalification d'un prêt personnel en crédit affecté, V. • TI Vichy, 28 août 2015, n° 11-15-000139 : *D. 2015. Actu. 1766, obs. Poissonnier.*

12. Application conventionnelle. Rien n'interdit aux parties de soumettre volontairement les opérations de crédit qu'elles concluent aux règles édictées par la loi du 10 janv. 1978 [art. L. 312-1 s.], même si ces opérations n'entrent pas dans les prévisions de la loi. Application à une offre de location avec promesse de vente se référant expressément à la loi de 1978, bien que le montant du crédit soit supérieur à celui qui fixe la limite d'application de la loi : • Civ. 1re, 6 juill. 1988 : *D. 1988. Somm. 405, obs. Aubert ; JCP 1989. II. 21194, note Taisne* • 3 mars 1993 : *CCC 1993, n° 98, obs. Raymond* • 3 janv. 1996 : *RJDA 1996, n° 660* • Paris, 5 juill. 1995 : *D. 1995. IR 190* • Versailles, 3 déc. 1998 : *D. 1999. IR 45.* ♦ Cette volonté peut résulter de la qualification de prêt personnel choisie par les parties. • Civ. 1re, 30 mars 1994 : *Bull. civ. I, n° 128 ; D. 1994. IR 129 ; RTD com. 1994. 767, obs. Bouloc ; CCC 1994, n° 128, obs. Raymond.*

Le juge ayant constaté que les parties avaient fait clairement référence aux dispositions de la loi du 10 janv. 1978 dans le contrat, en a justement déduit que la loi était applicable en toutes ses dispositions. • Civ. 1re, 9 déc. 1997 : *Bull. civ. I, n° 364 ; D. Affaires 1998. 192, obs. S. P. ; Rev. dr. bancaire 1998. 59, obs. Crédot et Gérard* • Paris, 8 oct. 2009 : *RJDA 2010, n° 171.*

Sur les éléments permettant de déduire la volonté des parties (utilisation d'un imprimé type d'offre de crédit, indication des mentions légales obligatoires...), V. • Versailles, 13 mars 1997 : *RJDA 1998, n° 94* • 3 déc. 1998 : *préc.* (offre préalable et document intitulé « détail de créance » mentionnant les intérêts de retard par référence expresse à l'art. 20 de la loi de 1978, devenu art. L. 312-39) • Orléans, 16 nov. 2006 : *RJDA 2007, n° 189* (offre préalable de crédit en tous points conforme à celle utilisée pour le crédit à la consommation, qui renvoit expressément à la compétence du tribunal d'instance).

Art. L. 312-2 **Pour l'application des dispositions du présent chapitre, la location-vente et la location avec option d'achat sont assimilées à des opérations de crédit.** — *[C. consom., art. L. 311-2, al. 2.]*

Art. L. 312-3 **Les opérations de prêts sur gage corporel souscrits auprès des caisses de crédit municipal en application de l'article L. 514-1 du code monétaire et financier sont soumises aux dispositions des articles L. 312-5, L. 312-6 et L. 312-8 à L. 312-11.**

Le contenu des informations que les caisses mentionnées au premier alinéa doivent mettre à la disposition de leur clientèle préalablement à l'octroi de ce prêt, les conditions dans lesquelles ces informations sont portées à la connaissance du public ainsi que les mentions obligatoires devant figurer dans les contrats de crédit sont fixés par *décret. — [C. consom., art. L. 311-2, al. 3 et 4.] — V. C. mon. fin., art. D. 514-8-1. —* ***C. mon. fin.***

Art. L. 312-4 **Sont exclus du champ d'application des dispositions du présent chapitre :**

1° Les opérations de crédit destinées à permettre l'acquisition ou le maintien de droits de propriété ou de jouissance d'un terrain ou d'un immeuble existant ou à construire, y compris lorsque ces opérations visent également à permettre la réalisation de travaux de réparation, d'amélioration ou d'entretien du terrain ou de l'immeuble ainsi acquis ;

(Ord. n° 2016-351 du 25 mars 2016, art. 2-1°, en vigueur le 1er juill. 2016) **« 2° Les opérations de crédit garanties par une hypothèque, par une autre sûreté comparable**

sur les biens immobiliers à usage d'habitation ou par un droit lié à un bien immobilier à usage d'habitation relevant des dispositions du chapitre III du présent titre ; »

3° Les opérations dont le montant total du crédit est inférieur à 200 euros ou supérieur à 75 000 euros, à l'exception de celles mentionnées à l'article L. 314-10 ayant pour objet le regroupement de crédits *(Ord. n° 2016-351 du 25 mars 2016, art. 2-2°, en vigueur le 1er juill. 2016)* **« et de celles destinées à financer les dépenses relatives à la réparation, l'amélioration ou l'entretien d'un immeuble d'habitation ou à usage professionnel et d'habitation, lorsque le crédit n'est pas garanti par une hypothèque, par une autre sûreté comparable sur les biens immobiliers à usage d'habitation ou par un droit lié à un bien immobilier à usage d'habitation » ;**

4° Les opérations consenties sous la forme d'une autorisation de découvert remboursable dans un délai d'un mois ;

5° Les opérations de crédit comportant un délai de remboursement ne dépassant pas trois mois qui ne sont assorties d'aucun intérêt ni d'aucuns frais ou seulement d'intérêts et de frais d'un montant négligeable ;

6° Les opérations mentionnées au 3 de l'article L. 511-6 du code monétaire et financier ;

7° Les opérations mentionnées au 2 de l'article L. 321-2 du code monétaire et financier ;

8° Les contrats qui sont l'expression d'un accord intervenu devant une juridiction ;

9° Les contrats résultant d'un plan conventionnel de redressement mentionné à l'article L. 732-1 conclu devant la commission de surendettement des particuliers ;

10° Les accords portant sur des délais de paiement accordés pour le règlement amiable d'une dette existante, à condition qu'aucuns frais supplémentaires à ceux stipulés dans le contrat ne soient mis à la charge du consommateur ;

11° Les cartes proposant un débit différé n'excédant pas quarante jours et n'occasionnant aucuns autres frais que la cotisation liée au bénéfice de ce moyen de paiement. – *[C. consom., art. L. 311-3.] – Les 2° à 10° deviennent respectivement les 3° à 11° (Ord. n° 2016-351 du 25 mars 2016, art. 2-3°, en vigueur le 1er juill. 2016).*

BIBL. ▶ FORTI, *RTD com. 2012. 433* (fractionnement abusif du contrat de consommation).

COMMENTAIRE

I. APPLICATION AU CAUTIONNEMENT

Les principales règles protégeant l'emprunteur s'appliquent à la caution ; le caractère accessoire de son engagement justifiait une protection identique. Il résulte de la loi du 23 juin 1989, reprise par la réforme de 2010 dans l'article L. 311-2, que les dispositions protectrices s'appliquent à toute opération de crédit (mentionnée au 6° de l'art. L. 311-1), qu'elle soit conclue à titre onéreux ou à titre gratuit et, le cas échéant, à son cautionnement (art. L. 312-1).

II. EXCLUSIONS

Les articles L. 312-1 et L. 312-4 comportent une douzaine d'exclusions, lesquelles peuvent être classées de la façon suivante :

– *Exclusions tenant compte de la finalité de l'opération.* Comme par le passé, le financement d'une activité professionnelle est exclu. Mais cette exclusion est redondante puisque la définition de l'emprunteur conduisait à ce résultat. Les crédits destinés à financer une opération immobilière sont également exclus, y compris ceux destinés à financer la réalisation de travaux de réparation, d'amélioration, d'entretien d'un terrain ou d'un immeuble.

– *Exclusion tenant à la garantie de l'opération :* l'ordonnance du 25 mars 2016 ajoute une nouvelle exclusion dans un 2° inséré à l'article L. 312-4, à savoir toutes « les opérations de crédit garanties par une hypothèque, par une autre sûreté comparable sur les biens immobiliers à usage d'habitation ou par un droit lié à un bien immobilier à usage d'habitation relevant des dispositions du chapitre III du présent titre ». Le champ du crédit immobilier s'étend donc corrélativement.

– *Exclusions à raison du montant du crédit :* les crédits d'une durée inférieure à trois mois ainsi que les crédits d'un montant supérieur à 75 000 € (au lieu de 21 500 € par le passé) ou inférieur à 200 €. C'est désormais (depuis la réforme du 17 mars 2014) la loi qui fixe le montant et non plus le règlement. L'exception concerne les regroupements de crédits et, à compter du 1er juillet 2016, les opérations « destinées à financer les dépenses relatives à la réparation, l'amélioration ou l'entretien d'un immeuble d'habitation ou à usage professionnel et d'habitation, lorsque le crédit n'est pas garanti par une hypothèque, par une autre sûreté comparable sur les biens immobiliers à usage d'habitation ou par un droit lié à un bien immobilier à usage d'habitation ». Le droit du crédit à la consommation a vocation à s'appliquer, dans cette hypothèse, à des crédits supérieurs à 75 000 €. Ce qui est déterminant désormais, c'est l'absence d'hypothèque ou d'une autre sûreté équivalente.

– *Exclusions fondées sur la durée* : l'article L. 312-4 précise que les découverts remboursables dans un délai de moins d'un mois (art. L. 312-4-4°) ou les crédits gratuits ou quasi gratuits (intérêts et frais négligeables) de moins de trois mois (art. L. 312-4-5°), les cartes à paiement différé n'excédant pas quarante jours et sans frais (art. L. 312-4-11°) sont exclus. En d'autres termes, les banques sont encouragées à la prudence en ne prolongeant pas trop les découverts.

– *Exclusions tenant à des circonstances particulières* : sont exclus les crédits résultant d'un accord intervenu devant une juridiction, les plans conventionnels de redressement en matière de surendettement, les accords portant sur des délais de paiement accordés pour le règlement amiable d'une dette. Sont aussi exclues les opérations mentionnées dans plusieurs articles du code monétaire et financier : elles visent les crédits octroyés par les entreprises qui consentent des avances sur salaire ou bien des prêts de caractère exceptionnel consentis pour des motifs d'ordre social à leurs salariés ainsi que les opérations de crédit à un investisseur pour lui permettre d'effectuer une transaction qui porte sur un instrument financier et dans laquelle intervient l'entreprise qui octroie le prêt ou le crédit. L'ordonnance n° 2016-351 du 25 mars 2016 ajoute à la liste les opérations de crédit garanties par une hypothèque, par une autre sûreté comparable sur les biens immobiliers à usage d'habitation ou par un droit lié à un bien immobilier à usage d'habitation relevant des dispositions des articles L. 313-1 et suivants. ❑

I. DURÉE MINIMALE

1. Concours bancaires. Lorsqu'une banque consent à son client des avances de fonds pendant plus de trois mois, ce découvert en compte constitue une ouverture de crédit soumise aux dispositions de la loi du 10 janv. 1978 [art. L. 312-1 s.]. • Cass., avis, 9 oct. 1992 : *Bull. civ., n° 1 ; D. 1992. IR 258 ; JCP 1993. II. 22024, note Morgan de Rivery-Guillaud ; JCP E 1993. I. 207, Chron. D. Martin ; CCC 1992, n° 231, obs. Raymond* • Civ. 1re, 30 mars 1994 : *Bull. civ. I, n° 126 ; D. 1994. IR 101 ; JCP E 1994. Pan. 606 ; CCC 1994, n° 127, obs. Raymond.* ♦ Le découvert d'un compte bancaire constitue une ouverture de crédit lorsqu'il ne s'agit pas d'une facilité de caisse occasionnelle ; spécialement, le découvert toléré pendant plus de trois mois par une banque, au profit d'un client dont le compte a fonctionné en permanence avec un solde débiteur jusqu'à sa clôture, est bien un concours bancaire soumis aux dispositions de la loi de 1978. • Paris, 30 mars 1990 : *D. 1990. IR 112*. ♦ Mais *ayant constaté que l'offre de paiements* échelonnés litigieuse datait du 1er juill. 2004 et qu'il n'était pas contesté que les trois mensualités s'échelonnaient entre le 30 juill. 2004 et le 30 sept. 2004, la juridiction de proximité en a exactement déduit que le prêt avait été consenti pour une durée totale égale à trois mois, de sorte qu'il n'entrait pas dans le champ des dispositions relatives au crédit à la consommation. • Civ. 1re, 11 mars 2010, n° 09-65.121. ♦ Si le solde débiteur du compte peut être analysé en un octroi de crédit tacite, il ne saurait être soumis aux dispositions des art. L. 311-1 s. [anciens] dans la mesure où la position débitrice n'a jamais perduré de manière ininterrompue pendant trois mois au moins et d'autre part que les commissions d'intervention qui rémunèrent un service facturé conformément aux conditions indiquées à la convention tarifaire applicable aux parties ne sont pas liées à une opération de crédit et n'entrent pas dans le calcul du TEG. • Civ. 1re, 22 mars 2012 : *RTD com. 2012. 391, obs. Bouloc ; CCC 2012, n° 160, obs. Raymond ; LPA 5 nov. 2012, obs. Lasserre Capdeville ; Gaz. Pal. 2012. 2795, obs. Piedelièvre.*

II. MONTANT MAXIMAL

2. Somme prêtée. En cas d'ouverture de crédit indéterminée, le montant du crédit qu'il convient d'apprécier au regard du plafond est celui du découvert atteint à l'issue des trois premiers mois d'utilisation de la faculté ouverte au client, peu important que le découvert ait excédé, à la date de la clôture du compte, ce plafond. • Civ. 1re, 17 juill. 1996 : *Bull. civ. I, n° 331 ; Défrénois 1997. 347, obs. Aubert ; Gaz. Pal. 1997. 1. Pan. 104 ; JCP E 1996. Pan. 1083, obs. Bouteiller* • 27 mai 1997 : *Bull. civ. I, n° 174 ; D. Affaires 1997. 791 ; Rev. dr. bancaire 1997. 162, obs. Crédot et Gérard ; CCC 1997, n° 156, obs. Raymond.* – V. aussi • Civ. 1re, 30 sept. 1997 : *CCC 1997, n° 183, obs. Raymond* • 7 oct. 1998 : *D. 1998. IR 247 ; D. Affaires 1999. 26, obs. C. R. ; RJDA 1998, n° 1403* • 9 oct. 2001 : *JCP E 2001. 1790 ; CCC 2002, n° 35, obs. Raymond* • Com. 20 févr. 2007 : *RJDA 2007, n° 1005 (1re esp.) ; RLDA avr. 2007. 57, obs. Anadon* • Civ. 1re, 30 sept. 2008 : *CCC 2008, n° 282, obs. Ray-*

mond • 17 févr. 2016, n° 11-25.558 : *RD banc. fin. 2016, n° 58, obs. Mathey.* ♦ L'existence d'une convention tacite de découvert étant incompatible avec la conclusion préalable d'une convention expresse de découvert d'un montant déterminé sur le même compte, le dépassement du découvert en compte autorisé au-delà du seuil maximal d'application de la réglementation sur le crédit à la consommation ne fait pas échapper à cette réglementation l'ouverture de crédit consentie pour un montant inférieur au seuil maximal d'application, de sorte que seul le montant du découvert autorisé devait être pris en compte pour se prononcer utilement sur l'exception d'incompétence soulevée. • Civ. 1re, 3 mai 2007 : *Bull. civ. I, n° 168; D. 2007. AJ 1418, obs. Rondey ; RTD com. 2007. 575, obs. Legeais ; JCP E 2007, n° 46, p. 19, obs. Mathey; CCC 2007, n° 188, obs. Raymond; Banque et Droit sept.-oct. 2007. 27, obs. Bonneau; RJDA 2009, n° 260; Procédures 2007, n° 197, obs. H. C.* ♦ Si l'ouverture de crédit en compte n'est pas continue, chaque autorisation de découvert doit être considérée comme un nouveau contrat pour lequel il convient d'apprécier si le seuil d'application de la réglementation sur le crédit à la consommation est atteint. • Civ. 1re, 14 nov. 2001 : *Bull. civ. I, n° 279; CCC 2002, n° 53, obs. Raymond.* ♦ Une nouvelle offre est nécessaire lorsque le montant initial d'un crédit est augmenté dans les limites du plafond prévu, selon la formule dite du « découvert maximum autorisé ». • Civ. 2e, 27 juin 2006 : *CCC 2006, n° 210, obs. Raymond (2e esp.).*

3. *Coût total du crédit.* Il n'y a pas lieu de prendre en compte le coût global du crédit, la loi ne visant que le montant de la somme prêtée. • Toulouse, 2 avr. 1996 : *BICC 1996, n° 962.* ♦ Dès lors que l'application de la loi est subordonnée au montant du crédit et non au coût total de l'opération, la location d'un véhicule, avec promesse de vente, dont le montant est inférieur au plafond légal, bénéficie des dispositions protectrices des consommateurs. • Civ. 1re, 28 avr. 1998 : *Bull. civ. I, n° 156; D. Affaires 1998. 994, obs. V. A.-R.; RTD com. 1999. 176, obs. Bouloc ; CCC 1998, n° 121, obs. Raymond.*

4. *Cautionnement donné pour un montant global.* En ce sens qu'en cas de cautionnement de deux opérations de crédit distinctes, il convient de rechercher si chaque opération a été consentie pour un montant inférieur ou égal au seuil réglementaire, peu important que le cautionnement ait été donné pour un montant global, V. • Civ. 1re, 13 nov. 1996 : *Bull. civ. I, n° 395; D. 1996. IR 265 ; D. Affaires 1997. 149.*

5. *Durée.* Une convention de facilité de caisse qui n'a pas donné lieu à un découvert continu et permanent supérieur à trois mois ne peut être assimilée à une ouverture de crédit au sens de la loi du 10 janv. 1978 [art. L. 312-1 s.]. • Versailles, 12 janv. 2001 : *Gaz. Pal. 30-31 janv. 2002, p. 8.* ♦ Un découvert tacite ne relève des dispositions du crédit à la consommation que dans la mesure où le compte demeure à découvert pendant trois mois consécutifs; tel n'est pas le cas lorsque le compte a été débiteur pendant une durée de trois mois, interrompue par des périodes où il a été créditeur. • Versailles, 22 févr. 2002 : *BICC 2002, n° 1285.* ♦ En présence d'un compte ouvert en déc. 1989, présentant un solde débiteur à compter de juill. 1990 et dont la banque a interrompu les avances de fonds à compter de sept. 1990, une cour d'appel ne peut exclure l'application de la réglementation relative au crédit à la consommation en retenant que l'augmentation du solde débiteur au-delà du 30 sept. est due aux intérêts de retard et frais de rejet et non d'avance de fonds, dès lors qu'il résulte de ses constatations que le crédit consenti s'était poursuivi pendant une durée supérieure à trois mois. • Civ. 1re, 13 nov. 2002 : *JCP E 2003, n° 1, p. 7; CCC 2003, n° 47, obs. Raymond; RJDA 2003, n° 299.* ♦ En cas de vente avec paiement échelonné ou différé, le point de départ du délai de trois mois est constitué par la livraison du bien objet du contrat. • Civ. 1re, 4 mars 2003 : *RJDA 2003, n° 762* • Metz, 25 mars 2004 : *CCC 2005, n° 16, obs. Raymond.*

6. *Opérations portant sur des immeubles.* S'agissant des dépenses de construction, réparation, amélioration ou entretien d'un immeuble, il faut, pour savoir si la limite est ou non dépassée, se référer au montant des dépenses et non au montant du prêt. • Civ. 1re, 15 déc. 1993 : *Bull. civ. IV, n° 371; D. 1994. 217, note Davo ; CCC 1994, n° 39, obs. Raymond* • Reims, 16 oct. 2003 : *JCP 2004. IV. 2229.* ♦ Sur la prise en considération de l'ensemble des dépenses que le prêt avait pour objet de financer, V. aussi • Civ. 1re, 29 oct. 2002 : *JCP E 2002, n° 51-52, p. 2035.*

Ne constitue pas une opération de crédit portant sur un immeuble le prêt accordé dans l'attente de la vente d'un immeuble. • Paris, 6 juill. 1994 : *BICC 1994, n° 1175.* ♦ N'est pas une opération portant sur un immeuble l'achat de jouissance en temps partagé d'appartements, dès lors que les associés ont des obligations proches de celles de locataires, ou de bénéficiaires de services hôteliers, que la société reste propriétaire de l'immeuble et que le droit de jouissance ne peut faire l'objet que d'un nantissement, et non d'une hypothèque. • Paris, 9 mars 1995 : *CCC 1995, n° 155, obs. Raymond; RJDA 1995, n° 1408.* ♦ Dès lors que les sommes remises à l'emprunteur sont versées à titre de prêt immobilier, ce prêt n'est pas soumis à la réglementation applicable au crédit à la consommation, peu important l'utilisation faite des sommes versées et ce qui a pu être convenu entre les parties. • Civ. 1re, 26 janv. 1999 : *CCC 1999, n° 62, obs. Raymond.* ♦ N'est pas davantage un crédit portant sur un immeuble le prêt accordé pour financer l'acquisition de parts d'une SCPI dans la mesure où l'emprunteur ne retire de l'opération aucun droit personnel de propriété ou de jouissance sur les biens de la société, l'actif social appartenant exclusivement à celle-ci, les droits sociaux seuls acquis demeurant toujours de nature mobilière. • Pau, 13 mai 2002 : *JCP E 2002, n° 49, p. 1938.*

III. ACTIVITÉ PROFESSIONNELLE DE L'EMPRUNTEUR

7. Besoins de l'activité professionnelle. BIBL. Paisant, *JCP 1993. I. 3655; Err. 3663 bis.* ♦ L'application de la loi est déterminée par l'objet du prêt et non par la personnalité de ceux qui s'y engagent; dès lors qu'un prêt a été consenti à une commerçante pour les besoins exclusifs de son activité professionnelle, le conjoint de celle-ci, poursuivi en tant que coemprunteur en remboursement du prêt litigieux, ne peut pas utilement invoquer sa qualité de non-commerçant pour prétendre que ce prêt est soumis à la réglementation sur le crédit à la consommation. • Civ. 1re, 8 juill. 1997 : *D. Affaires 1997. 1319; Rev. dr. bancaire 1997. 163, obs. Crédot et Gérard; BRDA 1997, n° 15/17, p. 11* • 18 févr. 2003 : *cité note 9* (coemprunteur fonctionnaire). – V. déjà • Nancy, 29 oct. 1996 : *JCP 1998. IV. 2357.* ♦ *Contra :* • Agen, 5 avr. 1995 : *CCC 1995, n° 171, obs. Raymond.* ♦ Un prêt consenti par l'Association pour le droit à l'initiative économique (ADIE) ayant pour objet d'aider les personnes démunies à créer leur entreprise en leur donnant accès au crédit a une destination professionnelle et ne relève donc pas des dispositions sur le crédit à la consommation. • Douai, 30 juin 2011 : *RD banc. fin. 2011, n° 195, obs. Mathey.* ♦ Le prêt ayant servi à financer pour une part importante un bien personnel sans lien avec une activité professionnelle ne peut être considéré comme destiné à financer les besoins d'une telle activité. • Paris, 9 nov. 1994 : *CCC 1995, n° 40, obs. Raymond.*

Le caractère professionnel du découvert afférent à un compte joint est déterminé à partir du volume des opérations professionnelles faites sur ce compte. • Orléans, 22 juill. 1997 : *CCC 1998, n° 48, obs. Raymond.* ♦ En ce sens qu'un prêt ayant indistinctement servi à satisfaire les besoins personnels et professionnels d'un avocat ne bénéficie pas des art. L. 311-1 s. [L. 312-1 s.], V. • Versailles, 9 mai 1997 : *D. Affaires 1997. 828.* – V. aussi, s'agissant d'un prêt destiné, notamment, à l'acquisition de matériel informatique par un avocat, • Versailles, 19 juin 1998 : *D. Affaires 1998. 1390, obs. V.A.-R.* ♦ La simple mention « avocate » sous la rubrique profession de l'intéressée n'implique pas, à défaut d'autres précisions, que les prêts consentis étaient destinés à financer les besoins de l'activité professionnelle de l'emprunteur. • Versailles, 1er déc. 1995 : *JCP E 1996. Pan. 247.*

Sur la compatibilité de la qualité de salarié de l'emprunteur avec le caractère professionnel du prêt, V. • Civ. 1re, 17 juill. 1996 : *CCC 1996, n° 158, obs. Raymond.*

8. Destination contractuelle. La destination professionnelle d'un crédit ne peut résulter que d'une stipulation expresse. • Civ. 1re, 27 mai 2003 : *JCP 2004. II. 10050, note Bonnet; CCC 2003, n° 170, obs. Raymond; Banque et Droit sept.-oct. 2003. 74, obs. Bonneau; RJDA 2003, n° 1232; Procédures 2003, n° 259, obs. Croze* • 23 mars 2004 : *RD banc. fin. 2004, n° 157, obs. Crédot et Gérard* • 22 nov. 2007 : *CCC 2008, n° 88, obs. Raymond* • 20 déc. 2007 : *Bull. civ. I, n° 395; D. 2008. AJ 220; RTD com. 2008. 407, obs. Bouloc; RDI 2008. 265, obs. Heugas-Darraspen; JCP E 2008, n° 24, p. 19, obs. Salgueiro; RJDA 2008, n° 448* • 22 mai 2008 : *RJDA 2008, n° 943.* ♦ Comp., jugeant que la destination doit s'apprécier compte tenu de la volonté des parties lors de la conclusion du contrat, peu important, s'agissant de l'ouverture d'un compte bancaire professionnel, qu'il ait été aussi utilisé pour les besoins personnels de son titulaire. • Paris, 29 oct. 1996 : *RJDA 1997, n° 238.* ♦ Jugeant qu'en présence de découverts sur les comptes tant professionnels que personnels de l'emprunteur et de transferts de fonds du compte personnel au compte professionnel, il faut rechercher la destination contractuelle de chaque opération de crédit pour apprécier l'application de la législation relative au crédit à la consommation : • Civ. 1re, 18 déc. 2001 : *Bull. civ. I, n° 323; RTD com. 2002. 354, obs. Cabrillac; CCC 2002, n° 100, obs. Raymond; RD banc. fin. 2002, n° 82, obs. Crédot et Gérard; Banque et Droit mars-avr. 2003. 63, obs. Guillot.* ♦ Pour déterminer si un crédit relève des art. L. 311-1 s. [L. 312-1 s.], il convient de se référer à la destination contractuelle du prêt. • Civ. 1re, 22 mai 2002 : *CCC 2002, n° 147, obs. Raymond.* ♦ Jugeant que la destination formelle d'un crédit, même affecté à un compte professionnel, ne peut résulter que d'une stipulation expresse, V. • Civ. 1re, 21 oct. 2003 : *D. 2003. AJ 2829, obs. Rondey; JCP E 2003, n° 49, p. 1939; CCC 2004, n° 15, obs. Raymond; RTD com. 2004. 136, obs. Legeais; LPA 24 juin 2004, note Dagorne-Labbe; ibid. 11 oct. 2004, obs. Paisant; RJDA 2004, n° 358; RDC 2004. 300, obs. Bruschi; Dr. et proc. 2004. 110, obs. Bazin* • Versailles, 24 mars 2005 : *BICC 2006, n° 1233* • Civ. 1re, 13 mars 2008 : *RTD com. 2008. 608, obs. Legeais; RJDA 2008, n° 705* • 30 sept. 2008 : *CCC 2008, n° 281, obs. Raymond.*

Si la destination professionnelle d'un crédit doit résulter d'une stipulation expresse, les dispositions régissant le crédit à la consommation ne sont pas applicables à la convention de compte courant à vocation professionnelle, ce dernier eût-il fonctionné à découvert. • Civ. 1re, 6 janv. 2011 : *Bull. civ. I, n° 3; D. 2011. 489, note Routier ; RTD com. 2011. 401, obs. Legeais ; JCP E 2011, n° 1140, note Legeais ; JCP 2011, n° 48, obs. Lasserre Capdeville ; CCC 2011, n° 80, obs. Raymond ; Gaz. Pal. 2011. 955, obs. S. Piedelièvre ; ibid. 1579, obs. Mekki ; RJDA 2011, n° 345 ; Banque et Droit mars-avr. 2011. 25, obs. Bonneau ; RD banc. fin. 2011, n° 44, obs. Mathey, et Repère 2, par Legeais ; RLDA mars 2011. 43, obs. Lecourt ; Dr. et proc. sept. 2011, Cah. dr. consom., p. 24, obs. Valette-Ercole* • 14 oct. 2015, n° 14-21.894 P : *D. 2016. Pan. 2310, obs. Martin ; JCP E 2015, n° 1552 ; CCC 2016, n° 22, obs. Bernheim-Desvaux ; RJDA 2015, n° 859 ; RD banc. fin. 2016, n° 10, obs. Mathey.* – V. aussi note 6 ss. art. L. 312-1.

9. Illustrations. La loi de 1978 [art. L. 312-1 s.] n'est pas applicable au crédit destiné à financer un achat fait pour les besoins de l'activité professionnelle d'un commerçant, fût-ce en vue d'en étendre la forme. • Civ. 1re, 23 juin 1987 : *Bull. civ. I, n° 209 ; RTD com. 1988. 483, obs. Hémard et Bouloc.* ♦ ... A la convention de crédit-bail conclue entre commerçants pour les besoins de leurs activités professionnelles respectives. • Paris, 11 mars 1987 : *D. 1987. 492, note Paisant.* ♦ ... A l'acquisition d'un matériel informatique par un agent d'assurance pour la gestion de son entreprise. • Com. 10 mai 1989 : *Bull. civ. IV, n° 148 ; JCP E 1989. I. 18764 ; RTD com. 1990. 89, obs. Bouloc.* ♦ ... A la commande par un hôtelier d'une pompe à chaleur destinée à équiper son établissement (gîte en zone de montagne). • Nancy, 15 avr. 1993 : *JCP 1993. IV. 2443.* ♦ ... A un « prêt conventionné artisan » destiné à l'achat de matériel et d'un véhicule. • Bordeaux, 24 juin 1997 : *Gaz. Pal. 1998. 1. Somm. 24.* ♦ ... A un prêt destiné à l'acquisition d'un véhicule à usage professionnel pour l'un des époux débiteurs, le couple se servant également de ce véhicule pour son usage privé. • Civ. 1re, 4 mai 1999 : *Bull. civ. I, n° 148 ; D. 1999. IR 170 ; D. Affaires 1999. 1073 ; RD bancaire et bourse 1999. 122, obs. Crédot et Gérard ; CCC 1999, n° 165, obs. Raymond ; RTD com. 2000. 161, obs. Bouloc.* ♦ Jugeant que, dès lors qu'il est constaté que le prêt a été consenti pour les besoins de l'activité professionnelle d'un époux, le prêt est exclu du champ d'application de la législation relative au crédit à la consommation, peu important que cette activité professionnelle ne corresponde pas à celle de l'autre emprunteur : • Civ. 1re, 18 févr. 2003 : *RJDA 2004, n° 357.*

10. Cautions. La caution d'un prêt consenti pour les besoins exclusifs d'une activité professionnelle ne peut se prévaloir des art. L. 311-1 s. [L. 312-1 s.]. • Civ. 1re, 23 mai 2000 : *Bull. civ. I, n° 154.* ♦ La loi de 1978 [art. L. 312-1 s.] ne s'applique pas au cautionnement garantissant un prêt consenti pour l'achat d'un véhicule destiné à l'activité d'une société, cette activité ne pouvant être que professionnelle. ♦ V. aussi • Paris, 4 juin 1993 : *D. 1993. IR 243.*

11. Associés d'une SARL. Sont exclus du champ d'application de la loi des prêts bancaires consentis personnellement à deux emprunteurs associés d'une SARL, à charge pour eux de réinvestir les fonds dans la société. • Com. 20 nov. 1990 : *Bull. civ. IV, n° 283 ; RTD com. 1991. 429, obs. Bouloc.* ♦ Comp. : • Civ. 1re, 30 mars 1994 : *Bull. civ. I, n° 128 ; D. 1994. IR 129 ; CCC 1994, n° 127, obs. Raymond.* ♦ En revanche, l'exclusion ne joue pas s'agissant d'un prêt à titre personnel consenti à l'emprunteur pour lui permettre de financer l'acquisition de parts de SCPI et non à ladite société pour les besoins de son activité professionnelle. • Pau, 13 mai 2002 : *préc. note 6.*

12. Étudiant. Un prêt d'études, accordé à l'élève d'une école de commerce, ne peut être assimilé à un prêt destiné au financement des besoins d'une activité professionnelle. • Civ. 1re, 17 nov. 1993 : *Bull. civ. I, n° 333 ; JCP E 1994. Pan. 80.* ♦ Comp., pour un prêt souscrit par un étudiant, sollicité et obtenu par l'intéressé en sa qualité de fondateur et de président d'une SA en cours d'immatriculation et pour permettre à celle-ci de faire face à ses premiers besoins en trésorerie, V. • Com. 28 févr. 2006 : *RJDA 2006, n° 570.*

IV. EXTENSION DU CHAMP D'APPLICATION

13. Application conventionnelle. V. note 12 ss. art. L. 312-1.

14. Prêts hypothécaires. L'Ord. du 23 mars 2006, fût-elle d'ordre public, qui est une loi de fond en ce qu'elle soumet au régime applicable au crédit à la consommation les prêts hypothécaires conclus par actes authentiques, ne pouvant, en l'absence de dispositions spéciales, régir les prêts conclus antérieurement à son entrée en vigueur, c'est à bon droit que la cour d'appel a jugé que n'étaient applicables aux prêts litigieux ni, dans leur rédaction applicable en la cause, les dispositions de l'art. L. 311-3-1° [dans sa rédaction antérieure à la L. n° 2010-737 du 1er juill. 2010], telles que modifiées par cette ordonnance, ni, par voie de conséquence, celles de l'art. L. 311-37 [dans sa rédaction antérieure à la L. n° 2010-737 du 1er juill. 2010] qui sont indissociables de ce régime. • Civ. 1re, 29 mai 2013 : *Bull. civ. I, n° 106 ; Dalloz actualité, 21 juin 2013, obs. Avena-Robardet ; D. 2013. Actu. 1405 ; JCP E 2013, n° 1387 ; CCC 2013, n° 198, obs. Raymond ; RJDA 2013, n° 898 ; LPA 1er-4 nov. 2013, obs. Lasserre Capdeville ; Gaz. Pal. 2013. 2379, obs. Piedelièvre ; Dr. et proc. 2013. 196, obs. Bazin ; Banque et Droit juill.-août 2013. 18, obs. Helleringer.*

15. Accord de rééchelonnement. L'art. 2, § 2, sous j), de la Dir. 2008/48/CE du 23 avr. 2008, concernant les contrats de crédit aux consommateurs, doit être interprété en ce sens qu'un accord de rééchelonnement d'un crédit, qui est conclu, à la suite de la défaillance du consommateur, entre celui-ci et le prêteur par l'intermédiaire d'une agence de recouvrement, n'est pas consenti « sans frais », au sens de cette disposition, lorsque, par cet accord, le consommateur s'engage à rembourser le montant total de ce crédit et à payer des intérêts ou des frais n'ayant pas été prévus par le contrat initial aux termes duquel ledit crédit a été accordé. • CJUE 8 déc. 2016, n° C-127/15 : *cité note 2 ss. art. L. 311-1.* – V. le 10° de l'art. L. 312-4.

SECTION II **PUBLICITÉ**

BIBL. GÉN. ▶ AVIGNON et LANDES-GRONOWSKI, *Gaz. Pal. 2010. 2798* (*vade-mecum* des mentions publicitaires obligatoires depuis la loi portant réforme du crédit à la consommation) ; *ibid. 2011. 1901* (publicité en matière de crédit à la consommation). – ARCELIN-LÉCUYER, *CCC 2011. Étude 9* (la redondance informative ou le bon sens oublié). – NDLR, *BRDA 2013, n° 15-16, p. 11* (nouvelles mesures de protection des consommateurs en matière bancaire). – ROUSSILLE, *CCC 2014. Étude 3* (loi SRAB : incidences sur les relations des banques avec les consommateurs).

COMMENTAIRE

L'encadrement de la publicité est destiné à diminuer les pratiques agressives ou déloyales à l'égard du consommateur. Conformément aux exigences de l'article L. 312-6, les informations doivent être claires, précises et lisibles. La publicité doit indiquer un taux d'intérêt ou des informations chiffrées liées au coût du crédit avec un exemple représentatif destiné à faire passer le message (en ce qui concerne les crédits renouvelables, le décret n° 2010-1005 du 30 août 2010 précise le contenu et les modalités de présentation de l'exemple représentatif : V. art. D. 312-21 s.).

L'article L. 312-6 énumère les mentions devant figurer dans la publicité : taux débiteur et sa nature, frais entrant dans le coût total du crédit, montant total du crédit, taux annuel effectif global, durée, prix au comptant si le crédit consiste en un délai de paiement, montant total dû et montant des échéances. La loi n° 2013-672 du 26 juillet 2013 visant à séparer les activités utiles aux clients de leurs activités pour compte propre énonce les mentions devant figurer en cas de recours à une assurance (de façon à en faire apparaître la nécessité et le coût réel). Elle trouve désormais son siège à l'article L. 312-7, qui précise que l'exemple représentatif s'applique en la matière.

Outre des exigences de présentation et de lisibilité, l'article L. 312-10, modifié dans son ancienne numérotation par la loi relative à la consommation du 17 mars 2014, énumère un certain nombre d'interdictions destinées à assurer une éthique de l'information et à éviter ainsi les pratiques trompeuses à l'égard des emprunteurs naïfs.

En particulier, la mention d'une période de franchise de loyers ou de remboursement d'échéances pour un crédit supérieur à trois mois est prohibée, sauf pour les prêts aidés par l'État. Il est aussi interdit de faire de la publicité en faveur du crédit en promettant la remise de cadeaux ou la participation à une loterie : il a semblé inacceptable que la souscription de crédit puisse être influencée par l'offre de cadeaux ou de lots promotionnels (art. L. 312-11).

Toute publicité, hormis celles qui sont radiodiffusées, doit reproduire une mention figurant au dernier alinéa de l'article L. 312-5 attirant l'attention de l'emprunteur (ici présumé d'une naïveté qui confine à l'infantilisme) sur ses capacités dans la perspective du remboursement.

Enfin, le législateur a souhaité lutter contre la multiplication des courriers non sollicités proposant des crédits à la consommation : il oblige les annonceurs à indiquer aux destinataires qu'ils peuvent s'opposer à l'utilisation de leurs données personnelles et demander la cessation de l'envoi de ces courriers sans frais (art. L. 312-9).

Le fait pour l'annonceur de diffuser ou de faire diffuser une publicité non conforme aux obligations prévues aux articles L. 312-5, L. 312-6 et L. 312-8 à L. 312-11 est puni de la peine d'amende prévue pour les contraventions de la 5ᵉ classe (art. R. 341-1). ❑

Art. L. 312-5 Toute publicité, à l'exception des publicités radiodiffusées, contient, quel que soit le support utilisé, la mention suivante : "Un crédit vous engage et doit être remboursé. Vérifiez vos capacités de remboursement avant de vous engager". – *[C. consom., art. L. 311-5, al. 6.]*

Sur les sanctions, V. art. R. 341-1.

Art. L. 312-6 **Toute publicité, quel qu'en soit le support, qui porte sur l'une des opérations mentionnées à l'article L. 312-1 et indique un taux d'intérêt ou des informations chiffrées liées au coût du crédit mentionne de façon claire, précise et visible les informations suivantes à l'aide d'un exemple représentatif :**

1° Le taux débiteur et la nature fixe, variable ou révisable du taux, sauf pour les opérations de location-vente ou de location avec option d'achat, ainsi que les informations relatives à tous les frais compris dans le coût total du crédit pour l'emprunteur ;

2° Le montant total du crédit ;

3° Le taux annuel effectif global, sauf pour les opérations de location-vente ou de location avec option d'achat ;

4° S'il y a lieu, la durée du contrat de crédit ;

5° S'il s'agit d'un crédit accordé sous la forme d'un délai de paiement pour un bien ou un service donné, le prix au comptant et le montant de tout acompte ;

6° Le montant total dû par l'emprunteur et le montant des échéances.

Si le prêteur exige qu'un service accessoire soit fourni pour l'obtention du crédit, notamment une assurance, la publicité mentionne de façon claire, précise et visible la nécessité de contracter ce service. — *[C. consom., art. L. 311-4, al. 1er à 7 et 9.]*

V. aussi art. L. 312-59 et D. 312-21.

Sur les sanctions, V. art. R. 341-1.

1. Internet. L'internet constituant un support publicitaire même si l'internaute a une démarche active pour la consultation du site, le message publicitaire diffusé sur ce support doit par conséquent respecter les prescriptions de l'art. L. 311-4 [L. 312-6]. • Rennes, 31 mars 2000 : *D. 2000. AJ 358, obs. Manara* ; *RD banc. fin. 2000, n° 104, obs. Caprioli* • TI Saint-Malo, 18 déc. 2001 : *CCC 2002, n° 131, obs. Raymond ; JCP E 2003, n° 4, p. 175, obs. V. N. ; CCE 2002, n° 142, obs. Grynbaum.*

2. Lisibilité et compréhensibilité de l'information. Ne respecte pas l'obligation d'information du consommateur l'annonceur qui, dans le cadre d'une campagne par voie d'affichage et télévisuelle destinée à promouvoir un crédit permanent, utilise pour les mentions informatives obligatoires de l'art. L. 311-4 [L. 312-6] des caractères de petite taille ou une vitesse de défilement du texte ne permettant pas au consommateur d'attention moyenne, d'une part, de prendre immédiatement connaissance des conditions véritablement offertes relatives à l'accès et à l'octroi de ce crédit et, d'autre part, d'en appréhender d'emblée le sens. • TGI Paris, réf., 13 mars 1998 : *Gaz. Pal. 1998. 1. Somm. 331, obs. Antoine-Lalance.* ♦ Les informations prescrites par l'art. L. 311-4 [L. 312-6] doivent pouvoir être lues par ceux à qui elles sont destinées, leur lisibilité et leur compréhension s'appréciant en fonction du support de leur diffusion et des caractéristiques techniques du message. • Paris, 19 févr. 1999 : *D. 1999. IR 96* ; *D. Affaires 1999. 706, obs. C. R. ; Gaz. Pal. 23-27 mai 1999, p. 20, obs. Grelier-Lenain ; CCE 1999, n° 10, obs. Galloux.* ♦ V. aussi, jugeant que la régularité formelle ne suffit pas, mais qu'il convient de s'assurer que les messages sont reçus dans des conditions normales de lecture, d'audition ou de visualisation, cette appréciation se faisant *in concreto* en fonction du support utilisé et de la cible visée : • Rennes, 19 déc. 2003 : *CCC 2004, n° 115, obs. Raymond.*

3. Bureau de vérification de la publicité. L'avis favorable émis par le Bureau de vérification de la publicité à la diffusion d'un film publicitaire ne peut valoir certificat de respect de la loi ni décharger l'annonceur de sa responsabilité. • Paris, 19 févr. 1999 : *préc. note 2.*

4. Domaine d'application : crédit à la consommation. Les mentions exigées par l'art. L. 311-4 [L. 312-6] ne le sont que pour les publicités portant sur l'une des opérations de crédit visées à l'art. L. 311-2 [L. 312-1]. • Civ. 1re, 21 nov. 2006 : *Bull. civ. I, n° 509 ; D. 2007. AJ 81, obs. Chevrier* ; *RTD com. 2007. 211, obs. Legeais* ; *JCP 2006. IV. 3489 ; Banque et Droit mars-avr. 2007. 31, obs. Bonneau ; RJDA 2009, n° 259.* ♦ Sanctionné pénalement, l'art. L. 311-4 [L. 312-6] doit être appliqué strictement, ce qui exclut que l'action promotionnelle en cause (publicité pour une carte de fidélité) puisse être assimilée, même de manière implicite, à une opération de crédit à la consommation. • Rennes, 11 mars 2005 : *CCC 2005, n° 210, obs. Raymond.*

Art. L. 312-7 **Lorsqu'un prêteur propose habituellement des contrats de crédit assortis d'une proposition d'assurance ayant pour objet la garantie de remboursement du** ***crédit, toute publicité mentionnée*** **au premier alinéa de l'article L. 312-6 diffusée pour son compte sur ces contrats mentionne le coût de l'assurance, à l'aide de l'exemple représentatif mentionné au même alinéa. Ce coût est exprimé :**

1° A l'exclusion de tout autre taux, en taux annuel effectif de l'assurance, qui permette la comparaison par l'emprunteur de ce taux avec le taux annuel effectif global du crédit ; — *V. art. R. 314-11.*

2° En montant total d[illegible] euros par l'emprunteur au titre de l'assurance sur la durée totale du prêt ;

3° En euros par mo[illegible] est précisé si ce montant s'ajoute ou non à l'échéance de remboursement du c[illegible] — [C. consom., art. L. 311-4-1.]

Art. L. 312-8 Da[illegible] publicité écrite, quel que soit le support utilisé, les informations relatives a[illegible]nuel effectif global, à sa nature fixe, variable ou révisable, au montant to[illegible] l'emprunteur et au montant des échéances, ainsi que la mention indi[illegible]ticle L. 312-5, figurent dans une taille de caractère plus importante [illegible]ilisée pour indiquer toute autre information relative aux caractérist[illegible]ncement, notamment le taux promotionnel, et s'inscrivent dans le c[illegible] du texte publicitaire. — [C. consom., art. L. 311-5, al. 1er.]

Sur les [illegible] R. 341-1.

Art. [illegible] [illegible]ne publicité est adressée par voie postale ou par courrier élec-[illegible]irectement à domicile ou sur la voie publique, le document [illegible]teur lui rappelle de façon claire, précise et visible son droit de [illegible] l'utilisation de ses données personnelles à des fins de prospec-tro[illegible]dalités d'exercice de ce droit.

[illegible]icité indique un taux d'intérêt ou des informations chiffrées liées [illegible]es informations mentionnées à l'article L. 312-8 figurent, sous [illegible] en-tête du texte publicitaire. — [C. consom., art. L. 311-5, al. 2.]

[illegible] art. R. 341-1.

[illegible] est interdit dans toute publicité d'indiquer qu'une opération ou un [illegible]t, ou une opération de crédit consistant à regrouper des crédits antérieurs [illegible]re consenti sans élément d'information permettant d'apprécier la situation [illegible]ière de l'emprunteur, ou de laisser entendre que le prêt améliore la situation [illegible]ancière ou le budget de l'emprunteur, entraîne une augmentation de [illegible]rces, constitue un substitut d'épargne ou accorde une réserve automatique [illegible]gent immédiatement disponible sans contrepartie financière identifiable.

[illegible]orsqu'une publicité compare le montant des échéances d'un ou plusieurs crédits antérieurs, et le cas échéant d'autres dettes, à celui d'une échéance résultant d'une opération de regroupement de crédits, elle mentionne de manière claire et apparente, d'une part, la somme des coûts totaux des crédits antérieurs et, d'autre part, le coût total du crédit postérieur à l'opération précitée.

Il est également interdit dans toute publicité de mentionner l'existence d'une période de franchise de paiement de loyers ou de remboursement des échéances du crédit supérieure à trois mois. Cette interdiction ne s'applique pas aux prêts aidés par l'État destinés au financement d'une formation à la conduite et à la sécurité routière et aux prêts garantis par l'État destinés au financement de leurs études par les étudiants. — [C. consom., art. L. 311-5, al. 3 et 4.]

Sur les sanctions, V. art. R. 341-1.

Art. L. 312-11 Il est interdit dans toute publicité de proposer sous quelque forme que ce soit des lots promotionnels liés à l'acceptation d'une offre préalable de crédit. — [C. consom., art. L. 311-5, al. 5.] — V. art. D. 312-1.

Sur les sanctions, V. art. R. 341-1.

SECTION III INFORMATION PRÉCONTRACTUELLE DE L'EMPRUNTEUR

COMMENTAIRE

Une fiche d'information, prévue par l'article L. 312-12, doit être remise à l'emprunteur afin qu'il puisse choisir en connaissance de cause le crédit le plus intéressant pour lui. La liste et le contenu des informations devant figurer dans cette fiche ont été précisés par le décret n° 2011-136 du 1er février 2011 (art. R. 312-2 s. et fiche annexée à l'art. R. 312-5) : identité et adresse du prêteur, type de crédit, montant total du crédit, durée, sûretés exigées… Le coût de l'assurance éventuelle doit être mentionné et illustré par un exemple, selon les éléments mentionnés à l'article L. 312-7. En outre, un exemplaire de l'offre … être remis gratuitement à l'emprunteur à sa demande.

Lorsque le candidat à l'emprunt sera agréé par le prêteur, p… équent disposé à lui accorder le prêt, il pourra lui demander, sur le fondement de l'articl… 13, la remise sans frais d'un exemplaire de l'offre de contrat, obligation distincte … évue à l'article L. 114-1 obligeant tout professionnel à remettre à la personne intéres… it la demande un exemplaire des conventions qu'il propose habituellement (sont vi… e dernière hypothèse les conditions générales du contrat, par conséquent celles qui… rsonnali-sées). *A contrario*, lorsque le prêteur renonce après étude du dossier … ent, il n'est pas tenu par cette information de remise sans frais d'un exemplaire … rat.

De façon à éviter que la fiche standardisée ne soit obscurcie par des inf… purement commerciale, l'article L. 312-13 prévoit que toutes les autres … prêteur souhaiterait fournir à l'emprunteur devront faire l'objet d'un docum…

Selon le juge européen, il appartient à l'organisme de crédit de rapporter … informations ont été fournies à l'emprunteur : la clause figurant dans les cond… du contrat inversant la charge de la preuve est, à ce titre, inopérante (CJUE … *cité note ss. art. L. 312-12*).

Pénalement, le fait pour le prêteur de ne pas respecter les formalités prescri… L. 312-12 et au deuxième alinéa de l'article L. 312-13 est puni de la peine d'ame… pour les contraventions de la 5e classe (art. R. 341-2). Sur le plan civil, le prêteur q… un crédit sans communiquer à l'emprunteur les informations précontractuelles dans … tions fixées par l'article L. 312-12 est déchu du droit aux intérêts (art. L. 341-1).

Art. L. 312-12 Préalablement à la conclusion du contrat de crédit, le prête… l'intermédiaire de crédit donne à l'emprunteur, sous forme d'une fiche d'info… tions, par écrit ou sur un autre support durable, les informations nécessaires … comparaison de différentes offres et permettant à l'emprunteur, compte tenu de… préférences, d'appréhender clairement l'étendue de son engagement.

La liste et le contenu des informations devant figurer dans la fiche d'information… à fournir pour chaque offre de crédit ainsi que les conditions de sa présentation son… fixés par décret en Conseil d'État. – *V. art. R. 312-2 s.*

Cette fiche comporte, en caractères lisibles, la mention indiquée à l'article L. 312-5.

Lorsque le consommateur sollicite la conclusion d'un contrat de crédit sur le lieu de vente, le prêteur veille à ce que la fiche d'informations mentionnée au premier alinéa lui soit remise sur le lieu de vente.

Lorsque le prêteur offre à l'emprunteur ou exige de lui la souscription d'une assurance, le prêteur ou l'intermédiaire de crédit informe l'emprunteur du coût de l'assurance en portant à sa connaissance les éléments mentionnés à l'article L. 312-7. – *[C. consom., art. L. 311-6.]*

Sur les sanctions, V. art. L. 341-1 et R. 341-2.

BIBL. ▶ BIARDEAUD et FLORES, *D. 2011. 688* (décrets du 1er févr. 2011 et information de l'emprunteur : le compte n'y est pas !).

Fiche d'information. C'est sur le prêteur que pèse la charge de la preuve de la délivrance à l'emprunteur de la fiche d'informations précontractuelles et de la conformité de son contenu à la loi ; l'existence d'une clause pré-imprimée par laquelle l'emprunteur reconnaîtrait avoir reçu cette fiche ne suffit pas. • TI Douai, 30 juill. 2014 : *D. 2014. Actu. 1933, obs. Poissonnier ; RTD com. 2014. 835, obs. Legeais*. – V. aussi • *CJUE 18 déc. 2014 : D. 2015. 715, note Poissonnier ; ibid. Pan. 594, obs. Aubry ; RTD com. 2015. 138, obs. Legeais ; JCP E 2015, n° 1137, note Moracchini-Zeidenberg ; ibid., n° 1254, spéc. n° 18, obs. Salgueiro ; CCC 2015, n° 75, obs. Raymond ; RJDA 2015, n° 520 ; Banque et Droit mai-juin 2015. 30, obs. Bonneau ; RLDA avr. 2015. 25, note Claret ; Dr. et proc. 2015, Cah. dr. consom., n° 7, p. 30, obs. Valette-Ercole ; Europe 2015, n° 84, obs. Cazet.* ♦ Sur l'insuffisance de la fiche d'information concernant le TAEG, V. • TI Beauvais, 16 sept. 2015 : CCC 2015, n° 291, obs. Raymond ; *Gaz. Pal. 12 avr. 2016, p. 27, obs. Piedelièvre.*

Art. L. 312-13 A sa demande, l'emprunteur reçoit sans frais, si le prêteur est disposé à lui consentir un crédit, outre les informations mentionnées à l'article L. 312-12, un exemplaire de l'offre de contrat.

Toutes les informations complémentaires que le prêteur souhaite donner à l'emprunteur sont fournies dans un document distinct de la fiche mentionnée à l'article L. 312-12. – *[C. consom., art. L. 311-7.]*

Sur les sanctions, V. art. R. 341-2.

SECTION IV EXPLICATIONS FOURNIES À L'EMPRUNTEUR ET ÉVALUATION DE SA SOLVABILITÉ

SOUS-SECTION 1 EXPLICATIONS FOURNIES À L'EMPRUNTEUR

COMMENTAIRE

Dans le prolongement de l'importante jurisprudence sur l'*obligation de mise en garde* de l'emprunteur non averti (V. par ex. Civ. 1re, 17 déc. 2009, n° 08-12.783), l'article L. 312-14 met à la charge des établissements de crédit un *devoir de mise en garde* au bénéfice de l'emprunteur, en l'aidant à déterminer son choix et en attirant son attention sur les caractéristiques essentielles du crédit proposé ainsi que sur les conséquences du crédit sur sa situation financière. Le texte renforce aussi la protection du consommateur sollicité sur un lieu de vente en astreignant la banque à des obligations spécifiques.

L'article L. 312-15 encadre, quant à lui, l'octroi d'un crédit assorti d'une prime en nature. Il s'agit pour le prêteur de proposer un crédit au consommateur en lui offrant, dans le même temps, un bien ou un produit, celui-ci constituant la prime. Or, l'arrêté du 30 novembre 2010 (V. ce texte ss. art. L. 312-15), entrant en vigueur le 1er mai 2011, prévoit que la prime correspondant à ce bien ou produit doit être au maximum de 80 €. En cas de non-respect de cette disposition, une amende correspondant à une contravention de la cinquième classe est encourue.

Le fait pour le prêteur ou l'intermédiaire de crédit de se soustraire aux dispositions de l'article L. 312-15 est puni de la peine d'amende prévue pour les contraventions de la 5e classe (art. R. 341-3). Le prêteur qui n'a pas respecté les obligations fixées à l'article L. 312-14 est déchu du droit aux intérêts, en totalité ou dans la proportion fixée par le juge (art. L. 341-2). ❑

Art. L. 312-14 Le prêteur ou l'intermédiaire de crédit fournit à l'emprunteur les explications lui permettant de déterminer si le contrat de crédit proposé est adapté à ses besoins et à sa situation financière, notamment à partir des informations contenues dans la fiche mentionnée à l'article L. 312-12. Il attire l'attention de l'emprunteur sur les caractéristiques essentielles du ou des crédits proposés et sur les conséquences que ces crédits peuvent avoir sur sa situation financière, y compris en cas de défaut de paiement. Ces informations sont données, le cas échéant, sur la base des préférences exprimées par l'emprunteur.

Lorsque le crédit est proposé sur un lieu de vente, le prêteur veille à ce que l'emprunteur reçoive ces explications de manière complète et appropriée sur le lieu même de la vente, dans des conditions garantissant la confidentialité des échanges. – *[C. consom., art. L. 311-8, al. 1er et 2.]*

Sur les sanctions, V. art. L. 341-2.

BIBL. ▶ SOUSA, *JCP E 2011, n° 1749* (contenu des devoirs précontractuels du prêteur). – SAINT-DIDIER, *RD banc. fin. 2012. Dossier 24* (prise en compte du risque et de la situation de surendettement par les établissements de crédit). – FORTI, *RTD com. 2012. 433* (fractionnement abusif du contrat de consommation). – POISSONNIER, *D. 2013. 1632* (personnalisation du devoir d'explication à l'emprunteur). – BAZIN, Dr. et proc. 2013. 182 (responsabilité du banquier dispensateur de crédit à la consommation).

Devoir d'explication du prêteur. La clause qui a pour objet de permettre au prêteur de se préconstituer la preuve, en toutes circonstances et même dans l'éventualité d'un manquement de sa part, de la bonne exécution du devoir d'explication qui lui incombe, en ce qu'elle ne permet pas, par sa rédaction abstraite et générale, d'apprécier le caractère personnalisé des explications fournies à l'emprunteur est propre à vider les dispositions de l'art. L. 311-8 [L. 312-14] de leur portée pratique et doit être déclarée abusive. • CCA avis, n° 13-01 du 6 juin 2013 : *RTD com. 2013. 789, obs. Legeais* ; *RD banc. fin. 2014. Étude 16, par Malherbe.*

Art. L. 312-15 Lorsque la conclusion d'une opération mentionnée à l'article L. 312-1 donne droit, ou peut donner droit, à titre gratuit, immédiatement ou à terme, à une

prime en nature de produits ou biens, la valeur de cette prime ne peut être supérieure à un seuil fixé par arrêté du ministre chargé de l'économie. – *[C. consom., art. L. 311-10-1.]*

Sur les sanctions, V. art. R. 341-3.

Arrêté du 30 novembre 2010, *fixant la valeur maximale de la prime en nature de produit ou bien à laquelle la souscription d'un crédit à la consommation peut donner droit à titre gratuit.* **Art. 1er** La valeur de la prime mentionnée à l'article *(Ord. no 2016-301 du 14 mars 2016, art. 2, en vigueur le 1er juill. 2016)* « L. 312-15 » du code de la consommation ne peut être supérieure à 80 euros.

L'Arr. du 30 nov. 2010 entre en vigueur le 1er mai 2011. Il est applicable en Nouvelle-Calédonie, en Polynésie française et dans les îles Wallis-et-Futuna (Arr. préc., art. 2 et 3).

SOUS-SECTION 2 ÉVALUATION DE LA SOLVABILITÉ DE L'EMPRUNTEUR

COMMENTAIRE

L'article L. 312-16 impose aux prêteurs de vérifier la *solvabilité* de l'emprunteur à partir des éléments fournis par ce dernier ou des éléments tirés du fichier des incidents de paiement, laissant à un arrêté, celui du 26 octobre 2010 (V. ce texte ss. art. L. 751-6), le soin de fixer les modalités selon lesquelles les établissements de crédit justifieront de la consultation de ce fichier.

Tant l'obligation de mise en garde que celle de vérification de la solvabilité de l'emprunteur doivent être respectées sous peine de déchéance totale ou partielle des intérêts pour le prêteur (art. L. 341-2). L'automaticité de la sanction est toutefois remise en question par un arrêt rendu par la Cour de justice de l'Union européenne : le prononcé de la déchéance doit être soumis à une appréciation des juges nationaux et ne peut être automatique (CJUE 27 mars 2014 : *cité note 1 ss. art. L. 341-2*).

Parallèlement, l'article L. 312-17 prévoit, sous peine de déchéance de plein droit du droit aux intérêts pour le prêteur (art. L. 341-3), que, lorsque les opérations de crédit sont conclues sur le lieu de vente ou au moyen d'une technique de communication à distance, une fiche d'informations, distincte de la fiche mentionnée à l'article L. 312-12 (de façon à ne pas détourner l'objet de celle-ci), doit être remise à l'emprunteur soit par le prêteur, soit par l'intermédiaire de crédit. Cette fiche, dite de *dialogue*, comportant notamment les éléments relatifs aux ressources et charges de l'emprunteur est signée et son contenu authentifié par l'emprunteur au moyen de la voie électronique. Son rôle est fondamental pour l'information du prêteur et la décision qu'il prendra en conséquence. Pour les crédits d'un montant supérieur à un seuil, fixé par décret à 3 000 € (art. D. 312-7), les informations portées sur la fiche de dialogue doivent être confirmées par des justificatifs. On peut néanmoins douter de l'efficacité de ce dispositif (V. Valette-Ercole, Crédit et surendettement, *Dr. et proc. févr. 2011, Cah. dr. consom., no 3*). ❑

Art. L. 312-16 Avant de conclure le contrat de crédit, le prêteur vérifie la solvabilité de l'emprunteur à partir d'un nombre suffisant d'informations, y compris des informations fournies par ce dernier à la demande du prêteur. Le prêteur consulte le fichier prévu à l'article L. 751-1, dans les conditions prévues par l'arrêté mentionné à l'article L. 751-6, sauf dans le cas d'une opération mentionnée au 1 de l'article L. 511-6 ou au 1 du I de l'article L. 511-7 du code monétaire et financier. – *[C. consom., art. L. 311-9.]*

Sur les sanctions, V. art. L. 341-2.

BIBL. ▶ VALETTE-ERCOLE, *JCP 2010, no 779* (vers un crédit responsable ?). – CATHELINEAU-ROULAUD, *CCC 2011. Étude 6* (banque et surendettement). – SOUSA, *JCP E 2011, no 1749* (contenu des devoirs précontractuels du prêteur). – AUBRY, *RLDA févr. 2012. 94* (transparence du patrimoine et octroi de crédit). – LEGEAIS, RD banc. fin. 2012. Dossier 10 (crédit responsable). – BAZIN, *Dr. et proc. 2013. 182* (responsabilité du banquier dispensateur de crédit à la consommation).

Vérification de la solvabilité. Il découle des dispositions de l'art. L. 311-9 [L. 312-16] qu'elles font peser sur le prêteur une véritable obligation de vérification de la solvabilité de l'emprunteur et que le prêteur ne peut à cet égard se contenter des éléments déclarés par l'emprunteur au titre des ressources et charges, mais qu'il doit en vérifier la réalité en sollicitant tout document utile à cette vérification. • TI Nevers, 29 janv. 2015 : *CCC 2015, n° 128, obs. Raymond.* ♦ Sur les règles et la preuve du respect de cette obligation, V. aussi : • TI Nogent-sur-Marne, 15 oct. 2013 : *Gaz. Pal. 2013. 3747, note Poissonnier ; ibid. 2014. 505, obs. Piedelièvre* • Lyon, 4 juin 2015, n° 13/07275 : *RD banc. fin. 2015, n° 119, obs. Mathey* • TI Digne-les-Bains, 17 nov. 2015 : *CCC 2016, n° 51, obs. Bernheim-Desvaux* • Paris, 17 déc. 2015, n° 14/17346 : *RTD com. 2016. 176, obs. Legeais ; CCC 2016, n° 83, obs. S. B.-D. ; Gaz. Pal. 12 avr. 2016, p. 28, obs. Piedelièvre.* ♦ Sur la preuve et les sanctions attachées à l'obligation de consulter le FICP, V. : • TI Saint-Brieuc, 17 juin 2013 : *Gaz. Pal. 2013. 2324, note Poissonnier* • TI Nogent-sur-Marne, 10 sept. 2013 : *cité note 1 ss. art. L. 312-17* • TI Saint-Étienne, 3 nov. 2015 : *CCC 2016, n° 57, obs. Bernheim-Desvaux* • TI Saint-Brieuc, 12 déc. 2016 : *CCC 2017, n° 65, obs. Bernheim-Desvaux.* ♦ Sur la compatibilité des sanctions avec le droit de l'Union européenne, V. • CJUE 27 mars 2014 : *cité note 1 ss. art. L. 341-2.* ♦ Pour une consultation précoce du FICP, V. • TI Manoudzou, 17 mai 2016 : *D. 2016. Actu. 1197, obs. Poissonnier.*

Art. L. 312-17 Lorsque les opérations de crédit sont conclues sur le lieu de vente ou au moyen d'une technique de communication à distance, une fiche d'informations distincte de la fiche mentionnée à l'article L. 312-12 est remise par le prêteur ou par l'intermédiaire de crédit à l'emprunteur.

Cette fiche, établie par écrit ou sur un autre support durable, comporte notamment les éléments relatifs aux ressources et charges de l'emprunteur ainsi que, le cas échéant, aux prêts en cours contractés par ce dernier.

La fiche est signée ou son contenu confirmé par voie électronique par l'emprunteur et contribue à l'évaluation de sa solvabilité par le prêteur. Les informations figurant dans la fiche font l'objet d'une déclaration certifiant sur l'honneur leur exactitude.

Cette fiche est conservée par le prêteur pendant toute la durée du prêt.

Si le montant du crédit accordé est supérieur à un seuil défini par décret, la fiche est corroborée par des pièces justificatives dont la liste est définie par décret. – *[C. consom., art. L. 311-10.] – V. art. D. 312-7 et D. 312-8.*

Sur les sanctions, V. art. L. 341-3.

1. Fiche d'évaluation. Pour une fiche d'évaluation, aussi appelée fiche de dialogue ou fiche de renseignement, ne comportant qu'une déclaration sur l'honneur certifiant l'exactitude desdits renseignements, sans être accompagnée des documents justificatifs les corroborant, V. : • TI Nogent-sur-Marne, 10 sept. 2013 : *D. 2013. Actu. 2637, obs. Poissonnier.*

2. Formation. Sur l'obligation de formation du prêteur proposant un crédit sur les lieux de vente, V. • TI Lille, 24 nov. 2014 : *CCC 2015, n° 106, obs. G. R.*

SECTION V FORMATION DU CONTRAT DE CRÉDIT

BIBL. GÉN. ▶ AUBRY, *RLDC sept. 2010. 57* (la formation du contrat de crédit après la loi portant réforme du crédit à la consommation).

COMMENTAIRE

L'établissement de l'offre de contrat se fait par écrit ou sur un support durable et celle-ci doit être remise à chacune des parties ainsi qu'aux cautions éventuelles. L'offre doit être maintenue pendant un délai de quinze jours à compter de sa remise ou de son envoi (art. L. 312-18). Le prêteur qui accorde un crédit sans remettre à l'emprunteur un contrat satisfaisant aux conditions fixées par l'article L. 312-18 est déchu du droit aux intérêts (art. L. 341-4). Le fait pour le prêteur de ne pas respecter les formalités prescrites est par ailleurs puni de la peine d'amende prévue pour les contraventions de la 5e classe (art. R. 341-4).

L'acceptation pourra intervenir à tout moment dans ce délai. Il s'agit d'un véritable *délai de réflexion* dans la mesure où il se situe nécessairement avant toute signature du contrat. Mais en pratique, le consommateur signera tout de suite l'offre proposée, sans tirer parti du délai (Picod, Droit de la consommation, *Sirey U, 3e éd., sept. 2015, n° 519*).

Néanmoins, par transposition de la directive du 23 avril 2008 (V. ce texte ss. art. L. 312-94), l'article L. 312-19 accorde aux consommateurs un *droit de repentir* de quatorze jours à compter de l'acceptation de l'offre. Il s'agit de jours calendaires révolus : ce sont tous les jours du calendrier de l'année civile qui doivent être comptabilisés (samedi, dimanche, jours fériés et chômés inclus), ainsi que le précise la loi de ratification du 21 février 2017. Ce délai de rétractation, jusqu'à la réforme de 2010, était fixé à sept jours, identique à celui fixé en matière de démarchage à domicile.

L'article L. 312-20, entièrement nouveau, établit les règles de computation du délai de rétractation de quatorze jours dont bénéficie l'emprunteur à compter de l'acceptation de l'offre de crédit comprenant les informations prévues à l'article L. 312-28 ; des précisions sont données par le règlement n° 1182/71 du 3 juin 1971 portant détermination des règles applicables aux délais, aux dates et aux termes. Ainsi, ont été intégrées dans le nouveau code de la consommation des règles européennes directement applicables en droit français.

L'article L. 312-21 impose, par ailleurs, au prêteur de joindre à son offre un formulaire de rétractation détachable, sous peine d'amende prévue pour les contraventions de cinquième classe, visée par l'article R. 341-4 (un modèle type de bordereau détachable est annexé à l'art. R. 312-9) et de déchéance des intérêts (art. L. 341-4).

Lorsque le prêt est accessoire à une vente, le délai peut être réduit à trois jours (art. L. 312-47), sur demande du consommateur.

Pour assurer l'efficacité du délai de rétractation, l'article L. 312-25 prévoit qu'aucun commencement d'exécution ne pourra être effectué pendant un délai de sept jours à compter de l'acceptation du contrat par l'emprunteur. Une dérogation existe : le versement au comptant d'une partie du prix est possible lorsque le crédit est lié à une vente ou une prestation de services, le consommateur recevant alors un récépissé valant reçu et comportant l'intégrale reproduction des articles L. 312-52, L. 312-53 et L. 341-10 (art. L. 312-50).

Le fait pour le prêteur ou le vendeur de réclamer ou de recevoir de l'emprunteur ou de l'acheteur, en infraction aux dispositions de l'article L. 312-25 ainsi que, pour un contrat de crédit affecté, à celles de l'article L. 312-50, un paiement sous quelque forme que ce soit, est puni d'une amende de 300 000 euros (art. L. 341-12). Par ailleurs, le fait de faire signer des formules de prélèvements sur comptes bancaires contenant des clauses contraires aux dispositions de l'article L. 312-25 et, pour un contrat de crédit affecté, à celles de l'article L. 312-50 est puni d'une amende du même montant (art. L. 341-13). Ces lourdes sanctions pénales contribuent à l'effectivité du droit de la consommation en dissuadant les professionnels d'agissements portant profondément atteinte aux droits essentiels du consommateur.

Enfin, il convient de remarquer qu'aux termes de l'article L. 312-24, le contrat accepté par l'emprunteur ne devient parfait qu'à la double condition que ce dernier n'ait pas usé de la faculté de rétractation et que le prêteur ait fait connaître sa décision d'accorder le crédit dans le délai de sept jours, ce qui mettra fin à la pratique des offres préacceptées, envoyées par des établissements de crédit à des clients présélectionnés. Ainsi, faute de décision notifiée à l'emprunteur à l'expiration de ce délai, l'agrément qui n'était, jusqu'à la réforme de 2010, qu'une simple faculté, sera présumé refusé. Toutefois, le texte prévoit, à l'avantage du consommateur emprunteur, que si l'agrément est parvenu à sa connaissance après l'expiration du délai, il peut toujours en bénéficier s'il le souhaite. De même, la mise à disposition des fonds au-delà du délai de sept jours suppose l'agrément de l'emprunteur par le prêteur. ❑

Art. L. 312-18 L'offre de contrat de crédit est établie par écrit ou sur un autre support durable. Elle est remise ou adressée en autant d'exemplaires que de parties et, le cas échéant, à chacune des cautions.

La remise ou l'envoi de l'offre de contrat de crédit à l'emprunteur oblige le prêteur à en maintenir les conditions pendant une durée minimale de quinze jours à compter de cette remise ou de cet envoi. – *[C. consom., art. L. 311-11.]*

Sur les sanctions, V. art. L. 341-4 et R. 341-4.

BIBL. ▶ POISSONNIER, *CCC 2011. Étude 7* (principales irrégularités des offres préalables de crédit à la consommation).

1. Nullité d'ordre public. La nullité résultant de l'inobservation de la règle d'ordre public édictée par l'art. 5 de la loi de 1978 [art. L. 312-18] ne peut être couverte par la renonciation, même expresse, des parties. • *Civ. 1re, 19 janv. 1994 : CCC 1994, n° 85, obs. Raymond.*

2. Office du juge. **BIBL.** Fadlallah et Baude-Texidor, *D. 2003. Chron. 750*. – Masquefa, *Cah. dr. entr. 2001, n° 2, p. 23.* – Canut, *D. 2007. 2257* (le relevé d'office de moyens d'ordre public de protection). – Flores et Biardeaud, *D. 2009. 2227* (l'office du juge et le crédit à la consommation). ♦ La méconnaissance des dispositions d'ordre public du code de la consommation peut être relevée d'office par le juge. • *Civ. 1re, 22 janv. 2009 : Bull. civ. I, n° 9; Just. et cass. 2010. 451, rapp. Richard, obs. Pagès; D. 2009. 908, note Piedelièvre ; ibid. 2009. AJ 365, obs. Avena-Robardet ; RTD com. 2009. 421, obs. Legeais ; JCP 2009. II. 10037, note La-*

garde; ibid. Actu. 66, obs. Gout; LPA 8 avr. 2009, note Poissonnier; ibid. 12 mai 2009, obs. Gout; RD banc. fin. 2009, n° 45, obs. Lagarde; RJDA 2009, n° 382; Defrénois 2009. 663, obs. Savaux; RDC 2009. 1078, note Fenouillet; CCC 2009, n° 88, obs. Raymond; Procédures 2009, n° 84, obs. Raschel; Dr. et proc. 2009. 159, obs. Bazin.

3. *Modalités de remboursement.* Les parties peuvent convenir du remboursement d'un crédit à la consommation par prélèvements sur un compte bancaire ou postal; ces prélèvements opèrent paiement lorsque le compte fonctionne à découvert conformément à une convention distincte, expresse ou tacite, entre le prêteur et l'emprunteur. • Cass., avis, 9 oct. 1992 : *Bull. civ., n° 1; JCP 1993. II. 22024, note Morgan de Rivery-Guillaud; JCP E 1993. I. 207, chron. D. Martin* • Civ. 1re, 30 mars 1994 : *Bull. civ. I, n° 126; JCP 1995. II. 22405, note Gramaize.*

4. *Cautionnement.* BIBL. Barret-Barnay, *Gaz. Pal. 19-20 nov. 1999* (sort du cautionnement en cas de non-conformité de l'offre de crédit à la consommation). ♦ Une caution n'ayant pas été informée du prêt personnel consenti à son père par une banque, le cautionnement qu'elle a consenti ne peut s'étendre, en application de l'art. 2015 [2292] C. civ. et de l'art. L. 311-8 [L. 312-18] C. consom., au prêt relevant des dispositions de la loi du 10 janv. 1978 [art. L. 312-1 s.]. • Civ. 1re, 20 déc. 1994 : *Bull. civ. I, n° 381; D. 1995. IR 21.*

Art. L. 312-19 **L'emprunteur peut se rétracter sans motifs dans un délai de quatorze jours** *(L. n° 2017-203 du 21 févr. 2017, art. 9-I)* **« calendaires révolus » à compter du jour de l'acceptation de l'offre de contrat de crédit comprenant les informations prévues à l'article L. 312-28.** – *[C. consom., art. L. 311-12, al. 1er, 1re phrase.]*

BIBL. ▸ DETRAZ, *CCC 2004. Chron. 7* (plaidoyer pour une analyse fonctionnelle du droit de rétractation). – BOUJEKA, *RD banc. fin. 2004. 219* (délai de réflexion et délai de rétractation). – BAZIN, *D. 2008. 3028* (le droit de repentir en droit de la consommation).

1. *Acceptation de l'offre.* Aucune disposition de la loi n'interdit que l'offre de prêt soit faite et acceptée le même jour alors qu'en tout état de cause le bénéficiaire n'est pas privé de la possibilité de la rétractation légalement prévue. • Versailles, 10 mars 1995 : *RJDA 1995, n° 871.* ♦ Lorsque l'offre préalable de crédit ne comporte comme seule date que celle de présentation du contrat, ce dernier, conformément aux règles de droit commun du prêt, est réputé accepté et donc définitivement formé, le jour de la remise effective des fonds intervenue durant le délai légal de validité de l'offre. • Bordeaux, 26 juin 1997 : *BICC 1997, n° 1409.*

2. *Exercice du droit de rétractation.* Il résulte de la combinaison de l'art. 1998, al. 1er, C. civ., ensemble les art. 7, al. 1er, et 13, al. 3, de la loi de 1978 [art. L. 312-19 et L. 312-52], que l'emprunteur peut exercer son droit de rétractation auprès du vendeur s'il a la croyance légitime que celui-ci a pouvoir d'engager l'organisme de crédit, et que les circonstances l'autorisent à ne pas vérifier les limites exactes de ce pouvoir. • Civ. 1re, 12 févr. 1991 : *cité note 4* • 2 févr. 1994 : *CCC 1994, n° 84, obs. Raymond.* ♦ Sur la détermination de l'assise de la relation vendeur-organisme de crédit, V. • Civ. 1re, 19 mars 2008 : *CCC 2008, n° 216, obs. Raymond.*

3. *Bénéficiaire du droit de rétractation.* Le bénéfice du délai de rétractation ne peut profiter qu'à l'emprunteur et non à la caution. • Douai, 15 sept. 1994 : *Gaz. Pal. 1996. 1. Somm. 150.* ♦ Lorsqu'une épouse remplit, au nom de son mari mais à l'insu de celui-ci, une formule de demande de prêt, et qu'ainsi le mari est privé de la possibilité de rétracter un consentement qu'au surplus il n'a pas initialement donné, l'emprunt ne peut se réaliser, faute d'accord de l'emprunteur. • Civ. 1re, 22 juill. 1987 : *D. 1987. IR 186.*

4. *Formulaire de rétractation.* L'emprunteur peut exercer son droit de rétractation par d'autres moyens que le formulaire détachable, lequel a pour but tant d'attirer son attention sur ce droit que de lui en faciliter l'exercice. • Civ. 1re, 12 févr. 1991 : *Bull. civ. I, n° 62; D. 1992. Somm. 269, obs. Penneau; RTD civ. 1991. 525, obs. Mestre.* ♦ Sur le formulaire, V. art. L. 312-21.

5. *Charge de la preuve.* Il incombe au vendeur de prouver que l'emprunteur, dûment informé de l'obtention du crédit, a laissé passer le délai imparti sans exercer son droit de rétractation. • Paris, 30 janv. 1981 : *D. 1981. IR 346.*

6. *Vice du consentement.* Jugeant que le droit commun des contrats s'applique au contrat de crédit à la consommation et que l'engagement de l'emprunteur suppose, pour qu'il soit licite, qu'il comprenne la teneur et la portée du contrat qu'il signe; que tel n'est pas le cas d'un co-emprunteur ne parlant pas et ne comprenant pas le français ce dont il résulte que son consentement n'a pas été donné de manière valable au sens de l'art. 1109 [1130] C. civ., V. • Reims, 15 févr. 2001 : *CCC 2002, n° 37, note Raymond.* ♦ Lorsque le curateur a eu connaissance des relevés de compte du majeur pendant un an, il ne peut prétendre que le prêt qui a été accordé est entaché de nullité pour défaut d'assistance de son curateur et il ne saurait être reproché à la banque une quelconque faute dès lors qu'il n'est ni allégué ni démontré qu'elle ait eu connaissance de la curatelle de l'emprunteur. • Aix-en-Provence, 13 mai 2002 : *CCC 2002, n° 178, obs. Raymond.* ♦ Un majeur atteint de schizophrénie peut malgré sa maladie disposer du discernement suffisant pour passer des contrats de crédits à la consommation, au moins avant qu'une mesure de tutelle ou de curatelle ne soit prise à son égard. • Bordeaux, 1er avr. 2004 : *CCC 2004, n° 164, obs. Raymond.*

7. Caducité. La faculté de rétractation ayant été exercée dans le délai requis, il en résulte que le contrat de crédit était caduc. • Civ. 1re, 25 févr. 2010 : *CCC 2010, n° 139, obs. Raymond ; RD banc. fin. 2010, n° 130, obs. Mathey; Gaz. Pal. 2010. 2312, obs. Roussille ; ibid. 3056, obs. S. Piedelièvre.*

Art. L. 312-20 *(L. n° 2017-203 du 21 févr. 2017, art. 9-I)* **Le délai mentionné à l'article L. 312-19 court à compter du jour de l'acceptation de l'offre de contrat de crédit comprenant les informations prévues à l'article L. 312-28.**

Ancien art. L. 312-20 *Conformément au règlement n° 1182/71/CEE du Conseil du 3 juin 1971 portant détermination des règles applicables aux délais, aux dates et aux termes :*

1° Le jour de l'acceptation de l'offre n'est pas compté dans le délai mentionné à l'article L. 312-19 ;

2° Le délai commence à courir au début de la première heure du premier jour et prend fin à l'expiration de la dernière heure du dernier jour du délai ;

3° Si ce délai expire un samedi, un dimanche ou un jour férié ou chômé, il est prorogé jusqu'au premier jour ouvrable suivant.

Art. L. 312-21 **Afin de permettre l'exercice du droit de rétractation mentionné à l'article L. 312-19, un formulaire détachable est joint à son exemplaire du contrat de crédit.** — *[C. consom., art. L. 311-12, al. 1er, 2e phrase.] — V. art. R. 312-9.*

Sur les sanctions, V. art. L. 341-4.

Art. L. 312-22 **L'exercice par l'emprunteur de son droit de rétractation ne peut donner lieu à enregistrement sur un fichier.** — *[C. consom., art. L. 311-12, al. 1er, 3e phrase.]*

Art. L. 312-23 **En cas d'exercice de son droit de rétractation, l'emprunteur n'est plus tenu par le contrat de service accessoire au contrat de crédit.** — *[C. consom., art. L. 311-12, al. 2.]*

Art. L. 312-24 **Le contrat accepté par l'emprunteur ne devient parfait qu'à la double condition que celui-ci n'ait pas fait usage de sa faculté de rétractation et que le prêteur ait fait connaître à l'emprunteur sa décision d'accorder le crédit, dans un délai de sept jours. L'agrément de la personne de l'emprunteur est réputé refusé si, à l'expiration de ce délai, la décision d'accorder le crédit n'a pas été portée à la connaissance de l'intéressé. L'agrément de la personne de l'emprunteur parvenu à sa connaissance après l'expiration de ce délai reste néanmoins valable si celui-ci entend toujours bénéficier du crédit.**

La mise à disposition des fonds au-delà du délai de sept jours mentionné à l'article L. 312-25 vaut agrément de l'emprunteur par le prêteur. — *[C. consom., art. L. 311-13.]*

Art. L. 312-25 **Pendant un délai de sept jours à compter de l'acceptation du contrat par l'emprunteur, aucun paiement, sous quelque forme et à quelque titre que ce soit, ne peut être fait par le prêteur à l'emprunteur ou pour le compte de celui-ci, ni par l'emprunteur au prêteur.**

Pendant ce même délai, l'emprunteur ne peut non plus faire, au titre de l'opération en cause, aucun dépôt au profit du prêteur ou pour le compte de celui-ci.

Si une autorisation du prélèvement sur son compte bancaire est signée par l'emprunteur, sa validité et sa prise d'effet sont subordonnées à celles du contrat de crédit. — *[C. consom., art. L. 311-14.]*

Sur les sanctions, V. art. L. 341-12 et L. 341-13.

BIBL. ▶ RAYMOND, *CCC 1997. Chron.* 4 (prélèvements bancaires).

1. Ordre public. Le consommateur ne peut renoncer au bénéfice des dispositions des art. L. 311-1 s. [L. 312-1 s.] qui sont d'ordre public. Ni l'utilisation des fonds, ni le remboursement d'échéances, ni la signature d'un avenant de réaménagement ne sont donc de nature à couvrir le non-respect de l'art. L. 311-17 [L. 312-25]. • TI Dijon, 21 avr. 2010 : *D. 2010. Actu. 2210, note Poissonnier.*

Il résulte des dispositions combinées des art. L. 311-15 et L. 311-17 [L. 312-19 s.] que tant que l'opération de crédit n'est pas définitivement conclue, et notamment jusqu'à l'expiration du délai de rétractation de 7 jours, aucun paiement, sous quelque forme que ce soit et à quelque titre que ce soit, ne peut être fait par le prêteur à l'emprunteur, peu important la renonciation tacite de ce dernier à sa faculté de rétractation résultant de son exécution du contrat, par ailleurs impossible en raison du caractère d'ordre public de ces dispositions. • Amiens, 7 juin 2012 : *CCC 2012, n° 289, obs. Raymond.*

2. Déblocage prématuré. Une remise prématurée des fonds a nécessairement pour conséquence une atteinte à la faculté de rétractation et, ce faisant, une atteinte à la liberté de consentement du consommateur. • TI Villefranche-sur-Saône, 4 nov. 2014 : *D. 2014. Actu. 2461, obs. Poissonnier.*

3. Sanctions. La méconnaissance des dispositions de l'art. L. 311-17 [L. 312-25] est sanctionnée non seulement pénalement, comme le prévoit l'art. L. 311-35 [L. 341-12 et L. 341-13] C. consom., mais également par la nullité du contrat de crédit en vertu de l'art. 6 C. civ., laquelle entraîne le remboursement par l'emprunteur du capital prêté. • Civ. 1re, 22 janv. 2009, n° 03-11.775.

Art. L. 312-26 **A compter du jour suivant la mise à disposition des fonds à l'emprunteur et en cas de rétractation, l'emprunteur rembourse au prêteur le capital versé et paye les intérêts cumulés sur ce capital depuis la date à laquelle le crédit lui a été versé jusqu'à la date à laquelle le capital est remboursé, sans retard indu et au plus tard trente jours après avoir envoyé la notification de la rétractation au prêteur. Les intérêts sont calculés sur la base du taux débiteur figurant au contrat.**

Le prêteur n'a droit à aucune indemnité versée par l'emprunteur en cas de rétractation. – *[C. consom., art. L. 311-15.]*

Art. L. 312-27 **Le prêteur est responsable de plein droit à l'égard de l'emprunteur de la bonne exécution des obligations relatives à la formation du contrat de crédit, que ces obligations soient à exécuter par le prêteur qui a conclu ce contrat ou par des intermédiaires de crédit intervenant dans le processus de formation du contrat de crédit, sans préjudice de son droit de recours contre ceux-ci.** – *[C. consom., art. L. 311-51.]*

SECTION VI INFORMATIONS MENTIONNÉES DANS LE CONTRAT

COMMENTAIRE

L'article L. 312-28 instaure une règle de forme : le contrat doit être établi par écrit et doit être distinct de tout support ou document publicitaire ainsi que de la fiche de renseignements concernant les caractéristiques du crédit. L'attention de l'emprunteur doit être rappelée par un encadré figurant en exergue. Les différentes informations contenues dans le contrat et dans l'encadré ont été précisées par le décret n° 2011-136 du 1er février 2011 relatif à l'information précontractuelle et aux conditions contractuelles en matière de crédit à la consommation (art. R. 312-10 et R. 312-14 pour la location avec option d'achat). Elles doivent être claires, lisibles et « en caractères dont la hauteur ne peut être inférieure à celle du corps huit » (art. R. 312-14).

Le texte de loi initial renvoyait à des modèles types de contrats élaborés par voie réglementaire, ce qui n'est plus le cas depuis la réforme opérée par la loi n° 2010-737 du 1er juillet 2010.

Quand l'offre prévoit une assurance, une notice comportant les extraits des conditions générales et précisant les nom et adresse de l'assureur, la durée, les risques couverts et ceux qui sont exclus, doit être jointe à l'offre. Dans l'hypothèse où l'assurance est obligatoire, l'emprunteur doit savoir qu'il peut souscrire une assurance équivalente auprès d'un assureur de son choix. En revanche, lorsque l'assurance est facultative, l'offre de contrat de crédit doit indiquer les modalités suivant lesquelles l'emprunteur peut ne pas y adhérer (art. L. 312-29).

Le prêteur qui accorde un crédit sans remettre à l'emprunteur un contrat satisfaisant aux conditions fixées par les articles L. 312-28 et L. 312-29 est déchu du droit aux intérêts (art. L. 341-4). Pénalement, le fait pour le prêteur de ne pas respecter les formalités prescrites aux mêmes articles est puni de la peine d'amende prévue pour les contraventions de la 5e classe (art. R. 341-5).

Le cas du crédit renouvelable mis à part, le professionnel ne peut, pour un même bien ou une même prestation de services, faire signer un ou plusieurs contrats de crédit par un même client, d'un montant total en capital qui serait supérieur à la valeur payable à crédit du bien ou de la prestation de services : le contrat principal et le crédit forment en effet une convention unique (art. L. 312-30). La sanction est sévère : amende de 300 000 € (art. L. 341-16).

Art. L. 312-28 **Le contrat de crédit est établi par écrit ou sur un autre support durable. Il constitue un document distinct de tout support ou document publicitaire, ainsi que de la fiche mentionnée à l'article L. 312-12. Un encadré, inséré au début du contrat, informe l'emprunteur des caractéristiques essentielles du crédit.**

La liste des informations figurant dans le contrat et dans l'encadré mentionné au premier alinéa est fixée par décret en Conseil d'État. — *[C. consom., art. L. 311-18.]* — *V. art. R. 312-10.*

Sur les sanctions, V. art. L. 341-4 et R. 341-5.

1. *Document unique.* L'art. 10, § 1 et 2, de la Dir. 2008/48/CE du 23 avr. 2008 concernant les contrats de crédit aux consommateurs, lu en combinaison avec l'art. 3, sous m), doit être interprété en ce sens que le contrat de crédit ne doit pas nécessairement être établi dans un seul document, mais tous les éléments visés à l'art. 10, § 2, de ladite directive doivent être établis sur un support papier ou sur un autre support durable. • CJUE 9 nov. 2016, n° C-42/15 : *cité ss. art. R. 312-10.*

2. *Signature.* L'art. 10, § 1 et 2, de la Dir. 2008/48/CE du 23 avr. 2008 ne s'oppose pas à ce qu'un État membre prévoie, dans sa réglementation nationale, d'une part, que le contrat de crédit qui relève du champ d'application de la directive et qui est établi sur un support papier doit être signé par les parties et, d'autre part, que cette exigence de signature s'applique à l'égard de tous les éléments de ce contrat visés à l'art. 10, § 2, de cette directive. • CJUE 9 nov. 2016, n° C-42/15 : *préc. note 1.*

Art. L. 312-29 **Lorsque l'offre de contrat de crédit est assortie d'une proposition d'assurance, une notice est remise à l'emprunteur, qui comporte les extraits des conditions générales de l'assurance le concernant, notamment les nom et adresse de l'assureur, la durée, les risques couverts et ceux qui sont exclus.**

Si l'assurance est exigée par le prêteur pour obtenir le financement, la fiche d'informations mentionnée à l'article L. 312-12 et l'offre de contrat de crédit rappellent que l'emprunteur peut souscrire une assurance équivalente auprès de l'assureur de son choix. Si l'assurance est facultative, l'offre de contrat de crédit rappelle les modalités suivant lesquelles l'emprunteur peut ne pas y adhérer. — *[C. consom., art. L. 311-19.]*

Sur les sanctions, V. art. L. 341-4 et R. 341-5.

BIBL. ▶ V. la bibl. ss. art. L. 313-29.

1. *Assurances.* Lorsque l'offre préalable est assortie d'une proposition d'assurance, l'établissement de crédit remplit son obligation d'information envers l'emprunteur par la simple remise de la notice prévue par l'art. L. 311-12 [L. 312-29] et sans qu'aucune autre formalité ne puisse être exigée. • Civ. 1re, 27 févr. 2001 : *BRDA 2001, n° 6, p. 10* • Angers, 24 mai 2005 : *JCP 2005. IV. 3160.* ♦ Comp., jugeant que l'obligation de conseil et d'information de l'établissement de crédit, souscripteur d'une assurance groupe, envers l'emprunteur qui adhère à cette assurance ne se limite pas à la remise de la notice lorsque celle-ci ne définit pas de façon claire et précise les risques garantis ainsi que les modalités de mise en jeu de l'assurance. • Civ. 2e, 3 juin 2004 : *Bull. civ. II, n° 261; JCP E 2004, n° 48, p. 1884, note Leveneur; CCC 2004, n° 137, obs. Leveneur; Dr. et patr. nov. 2004. 86, obs. Saint-Alary; Banque et Droit nov.-déc. 2005. 87, obs. Guillot; RTD com. 2004. 798, obs. Legeais; RJDA 2004, n° 1030; RDC 2005. 321, obs. Bruschi.* – V. aussi • Civ. 2e, 13 janv. 2005 : *Bull. civ. II, n° 4; D. 2005. IR 456; JCP 2005. I. 149, n° 12, obs. Viney; Banque et Droit mai-juin 2006. 85, obs. Guillot; RJDA 2005, n° 610* • 5 juill. 2006 : *Bull. civ. II, n° 184; D. 2008. Pan. 127, obs. Groutel; RJDA 2006, n° 1259.* ♦ V. surtout : • Cass., ass. plén., 2 mars 2007 : *cité note 1 ss. art. L. 313-29.* ♦ Sur la responsabilité du banquier à l'égard de la caution, V. • Com. 3 nov. 2004 : *RD banc. fin. 2005, n° 44, obs. Legeais.*

2. *Langue française.* Aucune disposition n'oblige une banque à fournir à son client étranger la traduction des termes d'un contrat de prêt passé avec lui. Dès lors que la banque a fourni un contrat rédigé en français comme le lui impose l'art. L. 112-3 C. assur., il faut considérer qu'elle n'a pas manqué à son obligation de conseil et d'information. • Civ. 2e, 22 nov. 2007 : *JCP 2008. I. 134, n° 6, obs. Kullmann; LPA 5 mars 2008, note Boismain; RCA 2008, n° 76.*

Art. L. 312-30 **Aucun vendeur ni prestataire de services ne peut, pour un même bien ou une même prestation de services, faire signer par un même client un ou plusieurs contrats de crédit, d'un montant total en capital supérieur à la valeur payable à crédit du bien acheté ou de la prestation de services fournie.**

Cette disposition ne s'applique pas aux contrats de crédit renouvelable mentionnés à l'article L. 312-57. — *[C. consom., art. L. 311-20.]*

SECTION VII EXÉCUTION DU CONTRAT DE CRÉDIT

SOUS-SECTION 1 INFORMATION DE L'EMPRUNTEUR

COMMENTAIRE

Ces dispositions encadrent l'obligation d'information à la charge du prêteur au cours de l'exécution du contrat de crédit : information préalable de l'emprunteur de la modification du taux d'intérêt (art. L. 312-31) et information annuelle de l'emprunteur portant sur le montant du capital restant à rembourser (art. L. 312-32) ; par ailleurs, en cas de défaillance de l'emprunteur, celui-ci doit être alerté des risques encourus (art. L. 312-36). L'assureur est lui-même tenu d'informer le prêteur du non-paiement par l'emprunteur de sa prime d'assurance ou de toute modification substantielle du contrat d'assurance (art. L. 312-33), d'autant que l'organisme de crédit peut se substituer à l'emprunteur dans le paiement des cotisations d'assurance pour lesquelles des impayés ont été constatés, de façon à maintenir la couverture du risque (art. L. 312-36).

S'agissant d'un crédit renouvelable, une obligation d'information mensuelle spécifique est prévue en caractères lisibles : les mentions exigées figurent à l'article L. 312-71.

Le fait pour le prêteur de ne pas respecter les formalités prescrites à l'article L. 312-32 est puni de la peine d'amende prévue pour les contraventions de la 5e classe (art. R. 341). Sur le plan civil, le prêteur qui n'a pas respecté les obligations relatives à l'information de l'emprunteur en cas de modification du taux débiteur fixées à l'article L. 312-31 et, pour les opérations de découvert en compte, à l'article L. 312-89 est déchu du droit aux intérêts, en totalité ou dans la proportion fixée par le juge (art. L. 341-6). ❑

Art. L. 312-31 En cas de modification du taux débiteur, l'emprunteur en est informé par écrit ou sur un autre support durable, avant que la modification n'entre en vigueur. Cette information indique le montant des échéances après l'entrée en vigueur du nouveau taux débiteur ainsi que, le cas échéant, toute modification du nombre ou de la périodicité des échéances.

Lorsque la modification du taux débiteur résulte d'une variation du taux de référence, que le nouveau taux de référence est rendu public par des moyens appropriés et que l'information relative au nouveau taux de référence est également disponible dans les locaux du prêteur, les parties peuvent convenir dans le contrat de crédit que cette information est communiquée périodiquement à l'emprunteur. – *[C. consom., art. L. 311-21.]*

Sur les sanctions, V. art. L. 341-6.

Art. L. 312-32 Pour les opérations de crédit mentionnées au présent chapitre, à l'exclusion de la location-vente et de la location avec option d'achat, le prêteur porte, au moins une fois par an, à la connaissance de l'emprunteur le montant du capital restant à rembourser. Cette information figure, en caractères lisibles, sur la première page du document adressé à l'emprunteur. – *[C. consom., art. L. 311-25-1.]*

Sur les sanctions, V. art. R. 341-6.

Art. L. 312-33 Lorsque la souscription d'une assurance a été exigée par le prêteur et que l'emprunteur a souscrit une assurance auprès de l'assureur de son choix, celui-ci informe le prêteur de toute modification substantielle du contrat d'assurance. – *[C. consom., art. L. 311-22-3, modification assurance.]*

BIBL. ▶ V. la bibl. ss. art. L. 313-29.

SOUS-SECTION 2 REMBOURSEMENT ANTICIPÉ

COMMENTAIRE

L'échéance étant stipulée dans l'intérêt conjoint des deux parties, l'emprunteur est tenu de rembourser en respectant la convention. Néanmoins, de façon à favoriser le désendettement, le législateur permet un remboursement anticipé du crédit.

Dans le système antérieur, ce remboursement était gratuit. Désormais, cette faculté de remboursement anticipé sans frais ni indemnité est partiellement remise en cause : l'article L. 312-34 prévoit en effet que l'organisme de crédit peut réclamer une indemnité égale au maximum à 1 % du montant du crédit si le montant du remboursement est supérieur à une somme fixée par décret (art. D. 312-15), lorsqu'il intervient plus d'un an avant la fin du contrat. Si ce délai entre le remboursement et l'échéance est inférieur à un an, l'indemnité devra être au maximum égale à 0,5 % du montant du crédit remboursé. Un plafond est toutefois prévu : l'indemnité ne peut dépasser le montant des intérêts que l'emprunteur aurait dû payer durant la période comprise entre le remboursement et la date prévue pour la fin du contrat.

Par ailleurs, le remboursement ne donnera lieu à aucune perception dans quatre hypothèses : en cas de remboursement de découvert, en cas de remboursement par une assurance, lorsque le remboursement intervient dans une période où le taux débiteur n'est pas fixe (art. L. 312-34) ou encore s'il s'agit d'un crédit renouvelable (art. L. 312-73).

L'article L. 314-34 ne s'applique toutefois pas aux opérations de location avec option d'achat (art. L. 312-35). ❑

Art. L. 312-34 L'emprunteur peut toujours, à son initiative, rembourser par anticipation, en partie ou en totalité, le crédit qui lui a été consenti. Dans ce cas, les intérêts et frais afférents à la durée résiduelle du contrat de crédit ne sont pas dus.

Aucune indemnité de remboursement anticipé ne peut être réclamée à l'emprunteur dans les cas suivants :

1° En cas d'autorisation de découvert ;

2° Si le remboursement anticipé a été effectué en exécution d'un contrat d'assurance destiné à garantir le remboursement du crédit ;

3° Si le remboursement anticipé intervient dans une période où le taux débiteur n'est pas fixe.

Dans les autres cas, lorsque le montant du remboursement anticipé est supérieur à un seuil fixé par décret, le prêteur peut exiger une indemnité qui ne peut dépasser 1 % du montant du crédit faisant l'objet du remboursement anticipé si le délai entre le remboursement anticipé et la date de fin du contrat de crédit est supérieur à un an. Si le délai ne dépasse pas un an, l'indemnité ne peut pas dépasser 0,5 % du montant du crédit faisant l'objet d'un remboursement anticipé. En aucun cas l'indemnité éventuelle ne peut dépasser le montant des intérêts que l'emprunteur aurait payés durant la période comprise entre le remboursement anticipé et la date de fin du contrat de crédit convenue initialement. – *V. art. D. 312-15.*

Aucune indemnité autre que celle mentionnée au présent article ni aucuns frais ne peuvent être mis à la charge de l'emprunteur en cas de remboursement par anticipation. – *[C. consom., art. L. 311-22, sauf 4°.]*

BIBL. ▶ MIRBEAU-GAUVIN, *D. 1995. Chron. 46* (le remboursement anticipé du prêt en droit français).

1. Délai de préavis. Les dispositions de l'art. L. 311-29 [L. 312-34] ne soumettent pas le remboursement anticipé au respect par le consommateur d'un délai entre le moment où il informe l'établissement de crédit de son intention et le moment où il est autorisé à procéder à ce remboursement. Imposer au consommateur un délai de préavis de trois mois constitue dès lors une restriction de nature temporelle à la possibilité qui lui est reconnue par la loi de rembourser le prêt de manière anticipée ; une telle clause doit être déclarée abusive. • TI Roubaix, 15 avr. 2004 : *Gaz. Pal. 2004. 2591, note Tricoit.* ♦ Prononçant le caractère *illicite* de la clause, et non *abusif* : • Civ. 1re, 5 févr. 2009 : *JCP E 2009, n° 24, p. 15, obs. Salgueiro ; CCC 2009, n° 116, obs. Raymond ; LPA 11 juin 2010, note Poissonnier ; RJDA 2009, n° 470* • *30 avr. 2014 : CCC 2014, n° 233, obs. Raymond ; RJDA 2014, n° 722.*

2. Modalités du remboursement. La clause de remboursement anticipé stipulant notamment « Vous devez informer le prêteur de votre décision avant une échéance mensuelle et régler au prêteur le montant du remboursement à la date d'échéance concernée » n'apparaît pas abusive, ni contraire aux dispositions de l'art. L. 311-29 [L. 312-34] dans la mesure où elle ne constitue que la définition des modalités pratiques de remboursement anticipé ménageant l'équilibre des obligations de l'emprunteur et du prêteur, en donnant au prêteur un délai nécessaire et suffisant pour procéder dans les meilleures conditions aux opérations techniques d'arrêt des comptes et d'arrêt des prélèvements automatiques, en générant un coût d'intérêts limité pour l'emprunteur, ne pouvant être assimilée à une indemnité déguisée en agios et donc proscrite. • Rennes, 28 févr. 2014 : *CCC 2014, n° 207, obs. G. R.*

3. Renégociation du taux. Après avoir exactement énoncé que le seul refus d'une partie de renégocier un contrat ou le refus de contracter ne peuvent constituer une faute, et relevé que la clause afférente au remboursement anticipé du prêt, claire et explicite, est dépourvue de toute équivoque quant à l'absence d'un droit quelconque pour l'emprunteur à obtenir une diminution du taux d'intérêt convenu ou l'octroi d'un nouveau financement, c'est sans méconnaître la clause litigieuse que la cour d'appel a pu déduire que le refus de la banque de renégocier le taux d'intérêt du prêt accordé ou de consentir un nouveau prêt, dont l'octroi eût permis à l'emprunteur de ne pas devoir l'indemnité de remboursement anticipé et, éventuellement, de minorer la charge des intérêts, ne pouvait donc constituer une faute engageant sa responsabilité. • Com. 18 sept. 2012 : *RTD com. 2013. 121, obs. Legeais ; JCP E 2013, n° 1282, spéc. n° 22, obs. Mathey ; RJDA 2013, n° 64 ; Banque et Droit nov.-déc. 2012. 27, obs. Bonneau.*

Art. L. 312-35 **Les dispositions de l'article L. 312-34 ne s'appliquent pas aux opérations de location avec option d'achat.** – *[C. consom., art. L. 311-22-1.]*

SOUS-SECTION 3 DÉFAILLANCE DE L'EMPRUNTEUR

COMMENTAIRE

I. CLAUSE PÉNALE

La défaillance de l'emprunteur permettra au prêteur d'exiger le remboursement immédiat du capital restant dû, majoré des intérêts échus mais non payés. En outre, le prêteur ne manquera pas de réclamer à l'emprunteur l'application d'une clause pénale qui, compte tenu de la durée restant à courir du contrat et sans préjudice de l'application éventuelle du nouvel article 1231-5 du code civil relatif à la modération judiciaire des clauses pénales, sera fixée suivant un barème déterminé par décret (art. L. 312-39 ; V. art. D. 312-16). Par ailleurs, lorsque le prêteur n'exige pas le remboursement immédiat du capital restant dû, il peut demander à l'emprunteur défaillant une indemnité égale à 8 % des échéances échues impayées. Cependant, dans le cas où le prêteur accepte des reports d'échéances à venir, le montant de l'indemnité est ramené à 4 % des échéances reportées (art. D. 312-17).

Dans l'hypothèse spécifique de défaillance de l'emprunteur dans l'exécution d'un contrat de location assorti d'une promesse de vente ou d'un contrat de location-vente, le prêteur est en droit d'exiger, outre la restitution du bien et le paiement des loyers échus et non réglés, une clause pénale qui, compte tenu de la durée restant à courir du contrat et sans préjudice de l'application du nouvel article 1231-5 du code civil, sera fixée suivant un barème déterminé par décret (art. L. 312-40 et D. 312-19).

II. PROCÉDURE

La loi du 1er juillet 2010 a conservé au tribunal d'instance sa compétence pour tous les litiges relatifs au crédit à la consommation, sachant que désormais le seuil de compétence peut atteindre 75 000 €, voire plus en cas de regroupement de crédits.

De la même façon, le délai de forclusion biennal est maintenu, mais le point de départ est désormais précisé : à l'instar de la jurisprudence, la loi envisage à ce titre plusieurs hypothèses : non-paiement des sommes dues, premier incident non régularisé. L'hypothèse du crédit renouvelable est envisagée : le point de départ est le dépassement non régularisé du montant total du crédit consenti. En cas de découvert bancaire, ce point de départ est le jour où le découvert atteint trois mois sans avoir été régularisé. Dans l'hypothèse de réaménagement ou rééchelonnement du crédit, c'est le premier incident non régularisé qui est pris en considération. Enfin, en cas de plan conventionnel de redressement, c'est aussi le premier incident de paiement non régularisé qui sert de point de départ.

Ces dispositions légales, qui figuraient dans l'article L. 311-52 de l'ancien code, ont été *déclassées dans la partie réglementaire* par l'ordonnance du 14 mars 2016 (art. R. 312-35).

Art. L. 312-36 **Dès le premier manquement de l'emprunteur à son obligation de rembourser, le prêteur informe celui-ci des risques qu'il encourt au titre des articles L. 312-39 et L. 312-40 ainsi que, le cas échéant, au titre de l'article L. 141-3 du code des assurances.**

Cette alerte ne fait pas obstacle à ce que, si les difficultés de remboursement ne sont pas rapidement résolues, le prêteur puisse régler de manière temporaire et pour une durée fixée par lui la cotisation d'assurance du crédit pour lequel des impayés ont été constatés, afin de permettre le maintien de la couverture assurantielle. – *[C. consom., art. L. 311-22-2.]*

Art. L. 312-37 **Lorsque la souscription d'une assurance a été exigée par le prêteur et que l'emprunteur a souscrit une assurance auprès de l'assureur de son choix, celui-ci informe le prêteur du non-paiement par l'emprunteur de sa prime d'assurance.** – *[C. consom., art. L. 311-22-3, non-paiement.]*

Art. L. 312-38 **Aucune indemnité ni aucuns frais autres que ceux mentionnés aux articles L. 312-39 et L. 312-40 ne peuvent être mis à la charge de l'emprunteur dans les cas de défaillance prévus par ces articles.**

Toutefois, le prêteur peut réclamer à l'emprunteur, en cas de défaillance de celui-ci, le remboursement des frais taxables qui lui ont été occasionnés par cette défaillance, à l'exclusion de tout remboursement forfaitaire de frais de recouvrement.

En cas de défaillance de l'emprunteur, seuls les modes de réalisation du gage autorisés par les articles 2346 et 2347 du code civil sont ouverts aux créanciers gagistes, à l'exclusion du pacte commissoire prévu à l'article 2348 du même code qui est réputé non écrit. – *[C. consom., art. L. 311-23.]*

1. Frais de gardiennage. L'art. 22 de la loi de 1978 [art. L. 312-38] interdit de mettre à la charge de l'emprunteur, notamment, les frais de gardiennage d'un véhicule après sa restitution à un organisme de crédit. • Civ. 1re, 12 nov. 1987 : *Bull. civ. I, n° 289 ; D. 1988. Somm. 406, obs. Aubert ; RTD com. 1988. 669, obs. Bouloc et Hémard* • Versailles, 10 oct. 1997 : *D. Affaires 1998. 103.*

2. Frais irrépétibles. L'exclusion de tout remboursement forfaitaire n'exclut pas l'application de l'art. 700 NCPC [renommé C. pr. civ.]. • Nîmes, 19 févr. 1987 : *Gaz. Pal. 1987. 2. 506, note Bey.*

3. Indemnité de résiliation et des frais taxables. Le prêteur peut exiger, en cas de défaillance de l'emprunteur, outre le remboursement du capital restant dû, majoré des intérêts échus, l'indemnité de résiliation et des frais taxables, ainsi que les intérêts de retard des sommes encore dues à un taux égal à celui du prêt. • Paris, 23 mars 1987 : *D. 1987. IR 103.*

4. Assurance vie. En ce sens que l'art. L. 311-32 [L. 312-38] ne faisant pas obstacle à ce que le prêteur réclame à l'emprunteur défaillant le paiement d'une créance qu'il peut détenir sur lui à un autre titre, il en résulte que l'emprunteur qui a adhéré au moment de la souscription du prêt à un contrat d'assurance-vie est redevable des cotisations afférentes à ce contrat auprès de l'établissement de crédit chargé de recouvrer cette somme pour le compte de l'assureur. • Civ. 1re, 20 oct. 1998 : *Bull. civ. I, n° 308 ; D. 1998. IR 243 ; D. Affaires 1998. 1894, obs. C. R.* • Orléans, 13 oct. 2005 : *JCP 2006. IV. 3184.*

5. Capitalisation des intérêts. La règle édictée par l'art. L. 311-32 [L. 312-38], selon lequel aucune indemnité ni aucun coût autres que ceux qui sont mentionnés aux art. L. 311-29 à L. 311-31 [L. 312-39 et L. 312-40] ne peuvent être mis à la charge de l'emprunteur dans les cas de remboursement par anticipation ou de défaillance prévue par ces articles, fait obstacle à l'application de la capitalisation des intérêts prévue par l'art. 1154 [1343-2] C. civ. • Civ. 1re, 9 févr. 2012 : *Bull. civ. I, n° 27 ; D. 2012. 1158, note Poissonnier ; RTD com. 2012. 387, obs. Legeais ; JCP 2012, n° 208, obs. Lasserre Capdeville ; CCC 2012, n° 105, obs. Raymond ; LPA 5 nov. 2012, obs. Eréséo ; Gaz. Pal. 2012. 795, note Piedelièvre ; ibid. 1559, obs. Roussille ; RJDA 2012, n° 710 ; RD banc. fin. 2012, n° 76, obs. Mathey ; Dr. et proc. juill.-août 2012, Cah. dr. consom., p. 26, obs. Valette-Ercole ; RDC 2012. 827, obs. Klein.* ♦ V. aussi note 9 ss. art. L. 312-39.

Art. L. 312-39 **En cas de défaillance de l'emprunteur, le prêteur peut exiger le remboursement immédiat du capital restant dû, majoré des intérêts échus mais non payés. Jusqu'à la date du règlement effectif, les sommes restant dues produisent les intérêts de retard à un taux égal à celui du prêt.**

En outre, le prêteur peut demander à l'emprunteur défaillant une indemnité qui, dépendant de la durée restant à courir du contrat et sans préjudice de l'application *(Ord. n° 2016-131 du 10 févr. 2016, art. 6-IV, en vigueur le 1er oct. 2016)* **« de l'article 1231-5** *[ancienne rédaction : des articles 1152 et 1231]* **» du code civil, est fixée suivant un barème déterminé par décret.** – *[C. consom., art. L. 311-24.]* – *V. art. D. 312-16.*

1. Mise en demeure. Sur l'exigence d'une mise *en demeure préalable* pour bénéficier du paiement de l'indemnité prévue à l'art. L. 311-24 [L. 312-39], V. • Paris, 4 déc. 2014 : *CCC 2015, n° 101, obs. Raymond.*

2. Déchéance du terme. Même s'il est établi que le litige entre les parties résulte d'une erreur de compte commise par l'établissement de crédit, la déchéance du terme doit être prononcée pour défaut de paiement des échéances par l'emprunteur, celui-ci ayant consigné les échéances sur le compte CARPA de son avocat sans y avoir été autorisé conformément aux art. 1426 à 1429 C. pr. civ. • Douai, 6 nov. 2003 : *JCP 2004. IV. 3215.*

3. Taux des intérêts de retard. En cas de défaillance de l'emprunteur, et jusqu'à la date du règlement effectif, les sommes restant dues produisent des intérêts de retard à un taux égal à celui du prêt ; il en découle que le prêteur a droit au paiement des intérêts au taux conventionnel du prêt, auxquels ne peuvent être substitués des intérêts au taux légal. • Civ. 1re, 10 janv. 1995 : *Bull. civ. I, no 28 ; D. 1995. IR 27.*

4. Point de départ des intérêts de retard. Lorsque joue la clause de déchéance du terme, le point de départ des intérêts est non le jour de l'assignation, mais celui de la déchéance du terme consécutive à la mise en demeure restée infructueuse. • Paris, 25 oct. 1991 : *D. 1992. IR 24.* ♦ V. aussi, considérant que même si c'est la défaillance de l'emprunteur et non la notification à ce dernier de la déchéance du terme, qui rend la créance exigible, cette notification est nécessaire pour informer l'emprunteur de l'exigibilité, surtout en cas de crédit consenti sous forme de découvert en compte, la date à laquelle les intérêts commencent à courir étant alors celle de la déchéance consécutive à la mise en demeure restée infructueuse, • Versailles, 12 févr. 1999 : *RJDA 1999, no 988.*

5. Assurance. Dès lors que la police d'assurance souscrite par l'emprunteur, accessoirement à l'acceptation de l'offre préalable de crédit, prévoit la prise en charge de tout ou partie des mensualités que l'assuré s'est engagé à payer en exécution de l'opération de financement, il ne peut être réclamé à l'assureur de régler le capital restant dû après la déchéance du terme, si celle-ci a été acquise à la suite de la défaillance de l'emprunteur et indépendamment du fait de l'assureur, l'objet d'une telle assurance étant de garantir le règlement des échéances du prêt. • Versailles, 17 avr. 1992 : *JCP 1992. IV. 2258.*

6. Clauses pénales. Il ne peut être fait application des art. 1152 et 1231 [1231-5] C. civ., dès lors que le taux contractuel n'apparaît pas abusif et qu'il est prévu par les dispositions mêmes de l'art. L. 311-30 [L. 312-39] que les sommes restant dues produisent jusqu'à la date du règlement effectif des intérêts de retard à un taux égal à celui du prêt et que ceux-ci peuvent se cumuler avec une indemnité fixée par le Decr. no 78-372 du 17 mars 1978 à 8 % du capital restant dû à la date de la défaillance, qui tient compte de l'exécution partielle de l'engagement, telle que prévue par l'art. 1231 [1231-5] C. civ. • Paris, 20 juin 1995 : *D. 1995. IR 187.* ♦ V. aussi • Rouen, 9 févr. 1994 : *JCP 1994. IV. 1976* • Versailles, 18 nov. 2003 : *Banque et Droit mai-juin 2005. 76, obs. Guillot.* ♦ Jugeant que l'indemnité légale de 8 % en cas de non-paiement des échéances s'ajoute aux intérêts de retard si elle est stipulée au contrat, mais qu'elle vaut dommages-intérêts pour le prêteur non désintéressé : • Rennes, 18 sept. 2003 : *CCC 2004, no 66, obs. Raymond.*

Mais la clause énonçant qu'« au cas où le prêteur serait obligé de recouvrer sa créance par quelque moyen que ce soit et notamment par voie judiciaire, il aurait droit, outre les frais et dépens éventuels, à une indemnité », n'ayant pas pour objet de faire assurer par l'une des parties l'exécution de son obligation, n'a pas le caractère d'une clause pénale. • Com. 30 mars 2005 : *RD banc. fin. 2005, no 161, obs. Crédot et Gérard.* ♦ Pour la réduction d'une indemnité jugée excessive, en application de l'art. 1152 [1231-5] C. civ., V. • Versailles, 22 oct. 2009 : *RD banc. fin. 2010, no 49, obs. Mathey.*

7. Clauses abusives. Dans la mesure où l'emprunteur a eu connaissance au moment de s'engager de l'échéancier de ses remboursements, la clause de résiliation de plein droit d'un contrat de prêt personnel en cas de non-paiement d'une mensualité n'est pas de nature à créer un déséquilibre significatif entre les droits et obligations des parties au détriment de ce dernier. • Limoges, 5 avr. 2006 : *D. 2006. AJ 1886, obs. Avena-Robardet.* ♦ La clause qui prévoit que le contrat de prêt peut être résilié après envoi par le prêteur d'une mise en demeure dans le cas de deux mensualités impayées sur l'un quelconque des crédits de l'emprunteur auprès du prêteur, cette résiliation entraînant le paiement de l'indemnité de résiliation, est abusive en ce que, prévoyant l'application d'une clause pénale à une défaillance extra-contractuelle, elle crée un déséquilibre significatif entre les droits et obligations des parties et est illicite en ce qu'elle impose une sanction financière à l'emprunteur qui ne se justifie, au regard de l'art. L. 311-30 [L. 312-39], qu'en cas de défaillance de sa part, et non dans le cas d'un crédit qui serait régulièrement honoré. • Civ. 1re, 1er févr. 2005 : *Bull. civ. I, no 60 ; D. 2005. AJ 640, obs. Avena-Robardet ; JCP E 2005, no 11, p. 456 ; CCC 2005, no 99, obs. Raymond ; BRDA 2005, no 8, p. 14.* ♦ Sur les clauses résolutoires et leur conformité avec la législation sur les clauses abusives, V. aussi : • CCA, avis, nos 05-01, 05-02 et 05-03, 24 févr. 2005 : *D. 2005. AJ 1285, obs. Avena-Robardet ; JCP E 2005, no 47, p. 1978, obs. Mathey.*

8. Délais de paiement. L'art. L. 311-30 [L. 312-39] qui permet d'exiger le remboursement immédiat des sommes qu'il précise n'écarte pas les dispositions de l'art. 1244-1 [1343-5] C. civ. qui permet au juge, compte tenu de la situation du débiteur et en considération des besoins du créancier, de reporter ou échelonner le paiement des sommes dues, dans la limite de deux années. • Paris, 20 juin 1995 : *préc. note 6.*

9. Intérêts moratoires. Prive sa décision de base légale au regard de l'art. 1154 [1343-2] C. civ. la cour d'appel qui condamne un emprunteur défaillant aux intérêts conventionnels calculés sur une somme qui comprenait, conformément aux dispositions de l'art. L. 311-30 [L. 312-39] C. consom., non seulement le capital restant dû et les échéances impayées incluant les intérêts, mais également les intérêts moratoires calculés sur cette somme, sans relever l'existence ni d'une convention ni d'une demande aux fins de capitalisation des intérêts moratoires. • Civ. 1re, 14 oct. 2010 : *Bull. civ. I, n° 203.* ♦ V. aussi note 5 ss. art. L. 312-38.

Code civil

Art. 1231-5 *(Ord. n° 2016-131 du 10 févr. 2016, art. 3, en vigueur le 1er oct. 2016)* Lorsque le contrat stipule que celui qui manquera de l'exécuter paiera une certaine somme à titre de dommages et intérêts, il ne peut être alloué à l'autre partie une somme plus forte ni moindre.

Néanmoins, le juge peut, même d'office, modérer ou augmenter la pénalité ainsi convenue si elle est manifestement excessive ou dérisoire.

Lorsque l'engagement a été exécuté en partie, la pénalité convenue peut être diminuée par le juge, même d'office, à proportion de l'intérêt que l'exécution partielle a procuré au créancier, sans préjudice de l'application de l'alinéa précédent.

Toute stipulation contraire aux deux alinéas précédents est réputée non écrite.

Sauf inexécution définitive, la pénalité n'est encourue que lorsque le débiteur est mis en demeure. — *Anc. art. 1152 et 1231 C. civ.*

Art. L. 312-40 **En cas de défaillance dans l'exécution par l'emprunteur d'un contrat de location assorti d'une promesse de vente ou d'un contrat de location-vente, le prêteur est en droit d'exiger, outre la restitution du bien et le paiement des loyers échus et non réglés, une indemnité qui, dépendant de la durée restant à courir du contrat et sans préjudice de l'application de** *(Ord. n° 2016-131 du 10 févr. 2016, art. 6-IV, en vigueur le 1er oct. 2016)* **« l'article 1231-5** *[ancienne rédaction : l'article 1152]* **» du code civil, est fixée suivant un barème déterminé par décret.** — *[C. consom., art. L. 311-25.] — V. cet art. ss. art. L. 312-39. — V. art. D. 312-18.*

BIBL. ▶ A.-S. et G. GUGLIELMI, *Gaz. Pal. 1989. 2. Doctr. 379* (l'indemnité de résiliation prévue à l'art. 21 de la L. du 10 janv. 1978 [art. L. 312-40]).

1. Défaillance de l'emprunteur. En ce sens que ne peut être condamné au paiement d'une indemnité de résiliation le bénéficiaire d'une offre de location avec promesse de vente d'un véhicule, volé moins d'un an après la signature du contrat, dès lors qu'aucune défaillance dans l'exécution de ses obligations n'a été relevée. • Civ. 1re, 16 juill. 1998 : *Bull. civ. I, n° 257 ; D. 1998. IR 206 ; D. Affaires 1998. 1561, obs. C. R.*

2. Intérêts de retard. Ce n'est pas la date de la « défaillance » dans l'exécution par l'emprunteur qui doit être prise comme date pour calculer les « loyers échus et non réglés », mais bien celle de la « résiliation du contrat ». • Douai, 16 juin 1994 : *Gaz. Pal. 1996. 1. Somm. 156.* ♦ Les dispositions de l'art. 21 de la loi de 1978 [art. L. 312-40] ne dérogent pas aux dispositions du C. civ. relatives aux intérêts de droit attachés aux créances de sommes d'argent, et la faculté donnée au juge de modérer la peine convenue ne fait pas perdre à celle-ci son caractère d'indemnité forfaitaire contractuellement prévue en cas d'inexécution, de sorte que les intérêts au taux légal de la somme retenue par le juge sont dus du jour de l'assignation valant sommation de payer. • Civ. 1re, 12 nov. 1987 : *Bull. civ. I, n° 289 ; D. 1988. Somm. 406, obs. Aubert ; RTD com. 1988. 669, obs. Bouloc et Hémard.*

3. Clauses pénales. V. note 6 ss. art. L. 312-39.

4. Clauses abusives. La clause qui impose au preneur de restituer le véhicule loué dans les plus brefs délais à compter de la résiliation et l'empêche ainsi de mettre en œuvre la faculté de présentation d'un acquéreur impérativement ouverte par les anc. art. L. 311-31 [L. 312-40] et D. 311-13 [D. 312-18] a pour effet de créer, au détriment du consommateur, un déséquilibre significatif entre les droits et obligations des parties. • Civ. 1re, 10 avr. 2013 : *Bull. civ. I, n° 75 ; D. 2013. Actu. 990 ; RTD com. 2013. 799, obs. Bouloc ; JCP 2013, n° 472 ; CCC 2013, n° 170, obs. Raymond ; RJDA 2013, n° 667 ; Defrénois 2013. 781, obs. Seube ; RDC 2013. 960, obs. Sauphanor-Brouillaud.*

SECTION VIII CRÉDIT GRATUIT

BIBL. GÉN. ▶ GAVALDA, *D. 1984. Chron. 181.* – LARAIZE, *Gaz. Pal. 1984. 2. Chron. 319.* – ROUBACH, *ibid.* – *Chron. 298.* – SOINNE, *ALD 1985. 125.* – Table ronde, *RD banc. fin. mars-avr. 2007.* 39 (crédits gratuit et promotionnel : vraies et fausses rémunérations). ▶ L. n° 2010-737 du 1er juill. 2010 : MENDÈS-GIL, *Dr. et patr. oct. 2010. 54* (contrats de crédits spéciaux : crédit renouvelable, crédit affecté, regroupement de crédits, crédit gratuit).

COMMENTAIRE

En matière de crédit gratuit, la loi du 1er juillet 2010 impose à l'auteur du message publicitaire de faire mention, dans ce message, du montant de l'escompte éventuel consenti en cas de paiement comptant et de préciser qui prend en charge le coût du crédit consenti gratuitement (art. L. 312-41).

Selon l'article L. 312-42, si l'opération de financement prévoit une prise en charge totale ou partielle des frais (sans autre distinction), le vendeur ne peut demander à l'acheteur une somme qui excède le prix le plus bas ayant été pratiqué pour l'achat au comptant d'un article ou d'une prestation similaire dans le même établissement au cours des trente derniers jours qui précèdent le début de la publicité ou de l'offre. On observera par ailleurs que le texte ne reprend pas l'exclusion des prêts aidés par l'État destinés au financement d'une formation à la conduite et à la sécurité routière.

Enfin, l'article L. 312-43 encadre les opérations de crédit à titre onéreux proposées concomitamment à des opérations de crédit gratuit ou promotionnel : elles doivent faire l'objet d'une offre préalable de crédit distincte, dans les conditions fixées ci-dessus.

Le prêteur qui accorde un crédit sans remettre à l'emprunteur un contrat satisfaisant aux conditions fixées par l'article L. 312-43 est déchu du droit aux intérêts (art. L. 341-4). Sur le plan pénal, le fait pour l'annonceur de diffuser ou de faire diffuser une publicité non conforme aux obligations prévues aux dispositions de l'article L. 312-41 est puni de la peine d'amende prévue pour les contraventions de la 5e classe. Le tribunal peut également ordonner la publication du jugement et la rectification de la publicité aux frais du condamné (art. R. 341-7). De même, le fait pour le vendeur de ne pas respecter les formalités prescrites à l'article L. 312-42 est également puni de la peine d'amende prévue pour les contraventions de la 5e classe (art. R. 341-8). Enfin, le fait pour le prêteur de ne pas respecter les formalités prescrites à l'article L. 312-43 est puni de la même peine d'amende (art. R. 341-9). ❑

Art. L. 312-41 **Toute publicité, quel qu'en soit le support, qui porte sur une opération de crédit dont la durée est supérieure à trois mois et pour laquelle ne sont pas requis d'intérêts ou d'autres frais, indique le montant de l'escompte sur le prix d'achat éventuellement consenti en cas de paiement comptant et précise qui prend en charge le coût du crédit consenti gratuitement.** – *[C. consom., art. L. 311-27.]*

Sur les sanctions, V. art. R. 341-7.

Art. L. 312-42 **Lorsqu'une opération de financement comporte une prise en charge totale ou partielle des frais, le vendeur ne peut demander à l'acheteur à crédit ou au locataire une somme d'argent supérieure au prix le plus bas effectivement pratiqué pour l'achat au comptant d'un article ou d'une prestation similaire, dans le même établissement de vente au détail, au cours des trente derniers jours précédant le début de la publicité ou de l'offre.** – *[C. consom., art. L. 311-28.]*

Sur les sanctions, V. art. R. 341-8.

Art. L. 312-43 **Toute opération de crédit à titre onéreux proposée concomitamment à une opération de crédit gratuit ou promotionnel est conclue dans les termes d'un contrat de crédit distinct, conforme aux dispositions des articles L. 312-18 à L. 312-29.** – *[C. consom., art. L. 311-29.]*

Sur les sanctions, V. art. L. 341-4 et *R. 341-9.*

SECTION IX **CRÉDIT AFFECTÉ**

BIBL. GÉN. ▶ M.-Th. Calais-Auloy, *JCP 1984. I. 3144* (fondement du lien juridique unissant vente et prêt dans le prêt lié). – Grua et Viratelle, *JCP 1995. I. 3826* (affectation d'un crédit ou d'un dépôt en banque). – Pairault, *LPA 18 juill. 1997* (interdépendance du contrat de prêt et du contrat principal). – Vigneau, *CCC 2006. Étude 19* (financement à crédit du contrat de consommation). – Routier, *RLDA oct. 2008. 93* (les prêts liés). – Bros, *Liber amicorum Larroumet, Economica, 2010, p. 43* (le crédit affecté, entre groupe de contrats et opération juridique à trois personnes). ▶ L. n° 2010-737 du 1er juill. 2010 : Mendès-Gil, *Dr. et patr. oct. 2010. 54* (contrats de crédits spéciaux : crédit renouvelable, crédit affecté, regroupement de crédits, crédit gratuit).

COMMENTAIRE

En matière de crédit affecté, encore dénommé crédit lié, le législateur considère désormais que les deux contrats liés forment une opération commerciale unique : ici, le crédit est exclusivement destiné à financer un contrat relatif à une fourniture de biens particuliers ou une prestation de services particuliers (V. art. L. 311-1-11°). La réforme de 2010 renforce l'interdépendance des opérations puisqu'elles participent de la même opération, mais les modifications apportées par le texte du 1er juillet 2010 sont souvent purement formelles par rapport au droit ancien. Sous peine d'amende (contravention de 5e classe prévue à l'art. R. 341-10), le contrat de vente ou de prestation de services devra préciser que le paiement du prix sera acquitté en tout ou partie à l'aide d'un crédit (art. L. 312-45), quelle que soit l'indemnité du prêteur. Le vendeur ou prestataire de services devra prendre soin, dans ce dernier cas, d'interroger l'acquéreur sur le mode de financement de l'achat.

En ce qui concerne les obligations de l'emprunteur, l'article L. 312-48 clarifie les choses : elles ne prennent effet qu'à compter de la livraison du bien ou de la fourniture de la prestation de services. Il précise que lorsqu'il s'agit d'un contrat à exécution successive, les obligations de l'emprunteur prennent effet à compter du début de la livraison ou de la fourniture et ajoute qu'elles prennent fin en cas d'interruption de cette dernière.

L'article L. 312-55 a prévu l'hypothèse d'un litige sur le contrat principal : le tribunal pourra suspendre l'exécution du contrat de crédit jusqu'à la solution du litige ; l'anéantissement judiciaire du contrat de prêt provoquera l'anéantissement de plein droit du contrat principal. A l'issue du procès, et ce conformément à l'article L. 312-56, si la résolution judiciaire ou l'annulation du contrat principal survient du fait du vendeur, le prêteur pourra demander, outre l'indemnisation de son préjudice, que le vendeur garantisse l'emprunteur du remboursement du prêt.

Aux termes de l'article L. 312-46, aucun engagement ne peut valablement être contracté par l'acheteur à l'égard du vendeur tant qu'il n'a pas accepté l'offre préalable du prêteur, quelle que soit l'identité de ce dernier, précise le législateur de 2010. Le texte ajoute qu'aucun paiement ni aucun dépôt ne peuvent être reçus.

Le délai de rétractation de quatorze jours est aussi applicable en matière de crédits liés, avec une possible réduction à trois jours lorsque le consommateur en fait la demande expresse pour obtenir la livraison ou la fourniture immédiate (art. L. 312-47). Il faut toutefois rapprocher ce texte de l'article L. 222-11 selon lequel, pour les contrats de crédit affecté conclus selon une technique de communication à distance, le délai de rétractation de quatorze jours ne peut pas être réduit, l'article suivant rappelant que l'exercice du droit de rétractation pendant ce délai emporte résolution de plein droit du contrat de vente ou de prestation de services.

Le vendeur ou le prestataire de services n'est pas tenu d'exécuter son obligation tant que le prêteur ne l'a pas prévenu de l'octroi du crédit et tant que l'emprunteur est à même d'exercer sa faculté de rétractation. Cependant, lorsque le consommateur sollicite la livraison ou la fourniture immédiate du bien ou de la prestation de services, le délai de rétractation expire à la date de livraison ou de fourniture, sans pouvoir excéder le délai de rétractation porté à quatorze jours, ni être inférieur à trois jours (art. L. 312-47). Observons que l''acheteur qui sollicite la livraison ou la fourniture immédiate du bien ou de la prestation de services – en application de l'article L. 312-47 – doit apposer sur le contrat de vente une demande rédigée de sa main dans les termes mentionnés à l'article R. 312-20. Si le prêteur n'a pas, dans le délai de sept jours à compter de l'acceptation de l'emprunteur, informé le vendeur de l'attribution du crédit, ou s'il a exercé son droit de rétractation dans le délai de quatorze jours, le contrat principal est résolu de plein droit, sans aucune indemnité (art. L. 312-52, al. 1er). L'article L. 312-52, alinéa 2, envisage ici aussi l'hypothèse de la demande expresse d'exécution immédiate. Toutefois, le contrat n'est pas résolu si, avant l'expiration des délais mentionnés, l'acquéreur paie comptant (art. L. 312-52, al. 3).

Le texte prévoit que le vendeur ou le prestataire de services doit, en cas de résolution, sur simple demande de l'intéressé, rembourser toute somme versée d'avance sur le prix, laquelle produira, à compter du huitième jour suivant la demande, des intérêts au taux légal majoré de moitié (art. L. 341-10).

L'article L. 312-54 envisage pour sa part l'hypothèse de la rétractation du contrat de vente ou de la prestation de services – participant à la fameuse convention unique, en d'autres termes globale – et ses conséquences sur le contrat de crédit, à savoir sa résiliation de plein droit sans frais ou indemnité.

Pour déjouer certaines stratégies permettant de contourner la loi, il est prévu par l'article L. 341-11 que l'engagement préalable de payer comptant en cas de refus de prêt est nul de plein droit.

Par ailleurs, il résulte de l'article L. 312-50 que l'emprunteur ne peut procéder à aucun dépôt au profit du prêteur ou pour le compte de celui-ci pendant le délai de sept jours à compter de l'acceptation du contrat par l'emprunteur (art. L. 312-25). Lorsque le consommateur signe une autorisation de prélèvement, sa validité et sa prise d'effet sont subordonnées à celles du contrat de crédit ou du contrat de vente. Néanmoins, le versement comptant d'une partie du prix lorsque le crédit est lié à une vente ou à l'exécution d'une prestation de services est possible, le consommateur devant alors recevoir un récépissé.

Enfin, en cas de vente ou de démarchage à domicile (contrat hors établissement), le délai de rétractation est de quatorze jours calendaires quelle que soit la date de livraison ou de fourniture du bien ou de la prestation de services. Aucun paiement comptant ne peut intervenir avant l'expiration de ce délai (art. L. 312-51). ❑

Art. L. 312-44 **Sont soumis aux dispositions de la présente section les contrats de crédit affecté mentionnés au** *(L. n° 2017-203 du 21 févr. 2017, art. 9-I)* **« 11° » de l'article L. 311-1.** — *[C. consom., art. L. 311-30.]*

Art. L. 312-45 **Chaque fois que le paiement du prix est acquitté, en tout ou partie, à l'aide d'un crédit, le contrat de vente ou de prestation de services le précise, quelle que soit l'identité du prêteur.** — *[C. consom., art. L. 311-34, 1re phrase, hors sanctions.]*

Sur les sanctions, V. art. R. 341-10.

Art. L. 312-46 **Aucun engagement ne peut valablement être contracté par l'acheteur à l'égard du vendeur tant qu'il n'a pas accepté le contrat de crédit. Lorsque cette condition n'est pas remplie, le vendeur ne peut recevoir aucun paiement, sous quelque forme que ce soit, ni aucun dépôt.** — *[C. consom., art. L. 311-34, 2e et 3e phrase.]*

Sur les sanctions, V. art. L. 341-11.

1. Annulation du contrat de vente. Lorsque le contrat de prêt ne peut se former faute d'accord de l'emprunteur, le contrat de vente qui lui est subordonné doit être annulé. • Civ. 1re, 22 juill. 1987 : *Bull. civ. I, n° 259 ; D. 1987. IR 186.* ♦ En application des dispositions de l'art. L. 311-34 [L. 312-46], l'entrepreneur aurait dû, avant de commencer les travaux, s'assurer que le crédit était accordé et, dans la négative, faire en sorte que ses cocontractants souscrivent une telle offre. • Orléans, 16 janv. 2017, ♔ n° 15/02389 : *Constr.-Urb. 2017, n° 58, obs. Sizaire.*

2. Acompte. Le paiement d'un acompte avant l'acceptation de l'offre préalable entraîne la nullité du contrat de vente ; cette nullité est relative et peut en conséquence faire l'objet d'une confirmation ; tel est le cas lorsque le client réitère sa commande après expiration du délai de sept jours. • Paris, 16 mai 1986 : *D. 1986. 465, concl. Paire.*

Art. L. 312-47 **Tant que le prêteur ne l'a pas avisé de l'octroi du crédit, et tant que l'emprunteur peut exercer sa faculté de rétractation, le vendeur n'est pas tenu d'accomplir son obligation de livraison ou de fourniture.**

Toutefois, lorsque par une demande expresse rédigée, datée et signée de sa main même, l'acheteur sollicite la livraison ou la fourniture immédiate du bien ou de la prestation de services, le délai de rétractation ouvert à l'emprunteur par l'article L. 312-19 expire à la date de la livraison ou de la fourniture, sans pouvoir ni excéder quatorze jours ni être inférieur à trois jours. — *V. art. R. 312-20.*

Toute livraison ou fourniture anticipée est à la charge du vendeur qui en supporte tous les frais et risques. — *[C. consom., art. L. 311-35.]*

1. Demande de livraison immédiate. Le défaut de mention particulière relative à la livraison immédiate entraîne la nullité de la vente. • Civ. 1re, 19 mai 1992 : ♔ *CCC 1992, n° 189, obs. Raymond.* ♦ V. aussi notes ss. art. R. 312-20.

2. Livraison anticipée. Sur la portée de l'obligation du vendeur d'en assumer les risques, V. : • Civ. 1re, 22 juill. 1987 : *Bull. civ. I, n° 259 ; D. 1987. IR 186.*

3. Sanction. Il résulte de l'art. L. 311-24 [L. 312-47] que le défaut de demande expresse, rédigée, datée et signée de la main même de l'acheteur, entraîne la nullité de la vente en cas de livraison anticipée par rapport à la date d'expiration du délai de rétractation de trois à sept jours. • Versailles, 29 janv. 1999 : *D. Affaires 1999. 549, obs. C. R.* ♦ V. aussi, prononçant la nullité du contrat en cas de livraison anticipée dès lors que le formalisme et les délais légalement prévus n'ont pas été respectés : • Amiens, 3 avr. 2012 : *CCC 2012, n° 217, obs. Raymond.*

Art. L. 312-48 **Les obligations de l'emprunteur ne prennent effet qu'à compter de la livraison du bien ou de la fourniture de la prestation.**

En cas de contrat de vente ou de prestation de services à exécution successive, les obligations prennent effet à compter du début de la livraison ou de la fourniture et cessent en cas d'interruption de celle-ci. – *[C. consom., art. L. 311-31, 1re phrase.]*

1. Ordre public. Il ne peut être renoncé par l'emprunteur à se prévaloir de l'art. 9, al. 1er [art. L. 312-48], dont les dispositions sont d'ordre public. • Civ. 1re, 17 mars 1993 : *Bull. civ. I, no 116; D. 1993. IR 87*. ♦ De même, aucune stipulation d'un contrat de location avec option d'achat ne peut faire obstacle à l'action en résolution de la vente pour vices cachés engagée par le locataire, en raison du caractère d'ordre public de l'art. 9 [art. L. 312-48 et L. 312-55]. • Civ. 1re, 11 févr. 1986 : *Bull. civ. I, no 27; D. 1986. 541, note Gross; RTD civ. 1987. 100, obs. Mestre.* ♦ L'absence d'action en annulation ou en résolution du contrat principal n'interdit pas à l'emprunteur de se prévaloir des dispositions de l'art. L. 311-20 [L. 312-48]. • Civ. 1re, 19 févr. 2014 : *LPA 1er août 2014, obs. Éréséo.* ♦ Déclarant nulle la renonciation anticipée à se prévaloir de l'inexécution complète des contrats principaux, V. • Civ. 1re, 6 avr. 2016, no 15-12.251 : *RD banc. fin. 2016, no 110, obs. Mathey.* ♦ La Dir. no 87/102/CEE du 22 déc. 1986 relative au crédit à la consommation [abrogée avec effet au 12 mai 2010, remplacée par Dir. 2008/48/CE du 23 avr. 2008. – V. ce texte ss. art. L. 312-94] doit être interprétée en ce sens qu'elle permet au juge national d'appliquer d'office les dispositions transposant en droit interne l'art. 11 § 2 de celle-ci. • CJCE 4 oct. 2007 : *D. 2008. 458, note Claret; RTD com. 2008. 403, obs. Legeais; JCP 2008. II. 10031, note Paisant; JCP E 2008, no 4, p. 40, note Ho-Dac; Gaz. Pal. 2007. 4152, obs. Poissonnier et Tricoit; CCC 2007, no 310, obs. Raymond; RJDA 2008, no 184; Procédures 2008, no 79, obs. Nourissat; Europe 2007, no 352, obs. Rigaux.*

2. Crédit affecté. V. note 2 ss. art. L. 312-55.

3. Bien ou prestation de services déterminés. L'offre qui concerne un prêt personnel en vue de l'achat d'une automobile dont les caractéristiques sommaires ne sont pas indiquées dans l'acte n'est pas soumise aux dispositions de l'art. 9 [art. L. 312-48 et L. 312-55], qui ne visent que l'offre préalable d'un crédit accessoire à l'achat d'un bien déterminé. • Civ. 1re, 26 nov. 1991 : *Bull. civ. I, no 336.* ♦ Dans le même sens, s'agissant d'une offre préalable de crédit ne mentionnant pas expressément la prestation de services financée (abonnement à un club de gymnastique), V. • Civ. 1re, 17 févr. 1998 : *RD bancaire et bourse 1998. 142, obs. Crédot et Gérard.* ♦ Un prêt n'est soumis aux dispositions relatives aux prêts affectés que si l'offre préalable mentionne le bien ou la prestation de service financé. • Civ. 1re, 29 juin 2004 : *Bull. civ. I, no 188; D. 2004. 2565, note Auby (1re esp.); JCP 2004. IV. 2803; CCC 2004, no 165, obs. Raymond (2e esp.); RTD com. 2004. 795, obs. Legeais; RJDA 2004, no 1257; RDC 2005. 319, obs. Bruschi* (l'affectation ne saurait être déduite de la simple connaissance qu'a le prêteur de l'utilisation des fonds).

L'art. 11 de la Dir. no 87/102/CEE du 22 déc. 1986 [abrogée avec effet au 12 mai 2010, remplacée par Dir. 2008/48/CE du 23 avr. 2008. – V. ce texte ss. art. L. 312-94] s'oppose à ce que le droit du consommateur d'exercer un recours contre le prêteur soit subordonné à la condition que l'offre préalable de crédit mentionne le bien ou la prestation de services financé. • CJCE 4 oct. 2007 : *préc. note 1.*

4. Livraison. La livraison est assimilable à la délivrance de la chose, prévue par l'art. 1615 C. civ., et comprend également l'obligation de livrer ses accessoires et tout ce qui est destiné à son usage (en l'espèce, la carte grise d'un véhicule). • Paris, 29 avr. 1987 : *D. 1987. IR 132* • Civ. 1re, 4 févr. 1997 : *D. Affaires 1997. 305.* ♦ Les acheteurs d'un salon à crédit ne peuvent être condamnés à payer le solde dès lors qu'ils contestent la réalité de la livraison et que le vendeur ne produit qu'un « certificat de livraison », document sur lequel il est mentionné expressément qu'il est établi sous la seule responsabilité du vendeur alors qu'il est d'usage qu'au moment d'une livraison le livreur fasse attester par le livré que l'opération a été effectuée. • Douai, 8 sept. 1994 : *BICC 1994, no 1176; Rev. huiss. 1995. 116.* ♦ Pour accueillir la demande en restitution du capital emprunté, consécutivement à la résolution du contrat principal et du contrat de crédit affecté, l'arrêt retient qu'il ne peut être reproché à la banque d'avoir commis une quelconque faute, dès lors qu'elle a remis les fonds sur le fondement d'une attestation de livraison délivrée par les emprunteurs; en se déterminant ainsi, sans rechercher, comme elle y était invitée, si le bon de livraison signé des emprunteurs attestait, lors du déblocage des fonds, de l'exécution complète de la prestation convenue, la cour d'appel n'a pas légalement justifié sa décision. • Civ. 1re, 1er juin 2016, no 15-18.043 : *Gaz. Pal. 13 sept. 2016, p. 24, obs. Piedelièvre.*

5. Non-conformité. Dès lors que l'emprunteur a signé un bon attestant que la livraison a été effectuée, le prêteur a pu, sans commettre de faute, adresser les fonds au vendeur et l'emprunteur ne saurait invoquer des malfaçons et non-conformités pour refuser de régler les échéances. • Civ. 1re, 9 juin 1993 : *Bull. civ. I, no 212; D. 1993. IR 204; RTD com. 1994. 337, obs. Bouloc.* ♦ De même, l'emprunteur qui a signé le

« certificat de livraison » du bien n'est pas recevable à soutenir ensuite, au détriment du prêteur, que le bien ne lui a pas été livré dès lors qu'en signant le certificat il a déterminé le prêteur à verser les fonds au vendeur. • Civ. 1re, 14 nov. 2001 : *Bull. civ. I, n° 280 ; CCC 2002, n° 38, obs. Raymond.* ♦ Comp. notes 7 et 11 ss. art. L. 312-55.

6. « Bon à payer ». Le vendeur ne peut réclamer à l'emprunteur, avant la livraison du bien ou la fourniture du service, un « bon à payer » lui permettant d'obtenir le déblocage des fonds prêtés ; la remise d'un tel bon est de nature à faire obstacle à l'application du principe d'ordre public de l'interdépendance du contrat principal et du contrat de crédit. • Civ. 1re, 7 juill. 1992 : *Bull. civ. I, n° 224 ; D. 1992. IR 214 ; CCC 1992, n° 188, obs. Raymond ; RTD com. 1993. 354, obs. Bouloc* • Nîmes, 28 févr. 2005 : *CCC 2005, n° 158, obs. Raymond.*

7. Fait du vendeur. Quand le bien financé n'a pas été livré par la faute du vendeur, le prêteur ne peut réclamer à l'emprunteur, dont les obligations à son égard n'ont pas pris effet, la restitution des sommes versées au vendeur. • Civ. 1re, 7 févr. 1995 : *Bull. civ. I, n° 70 ; D. 1995. Somm. 314, obs. Pizzio ; CCC 1995, n° 156, note Raymond ; RJDA 1995, n° 872 ; JCP E 1995. Pan. 393 ; Rev. huiss. 1995. 934, note Bazin.* ♦ Comp. note 9, ci-dessous, et notes 7, 9 et 11 ss. art. L. 312-55.

8. Fait de l'emprunteur. Si, en application de l'art. 9 [art. L. 312-48], les obligations de l'emprunteur ne prennent effet qu'à compter de la livraison du bien commandé, il en est autrement dans le cas où une absence de livraison est imputable au fait de l'emprunteur. • Civ. 1re, 16 avr. 1991 : *Bull. civ. I, n° 140 ; D. 1991. IR 139.*

9. Faute du prêteur. Il incombe au prêteur, lequel ne peut délivrer les fonds au vendeur ou au prestataire de services qu'au reçu d'un document attestant l'exécution, au moins partielle, du contrat principal, de démontrer cette exécution. • Civ. 1re, 3 mai 1995 : *CCC 1995, n° 175, obs. Raymond* • Paris, 21 nov. 1995 : *D. Affaires 1996. 139* • Douai, 8 sept. 1994 : *Gaz. Pal. 1996. 1. Somm. 151* (insuffisance d'un « certificat de livraison » établi sous la seule responsabilité du vendeur) • Versailles, 11 sept. 2001 : *RJDA 2002, n° 84* (insuffisance d'une « attestation de livraison » non signée par le vendeur, non datée et ne comportant aucune mention sur les modalités de règlement du prix par l'emprunteur) • Saint-Denis de la Réunion, 28 mai 2010 : *CCC 2011, n° 18, obs. Raymond.* – V. aussi • Lens, 10 févr. 2015 : *D. 2015. Actu. 21, obs. Poissonnier.* ♦ Ayant relevé que l'attestation de « livraison-demande de financement » signée par l'emprunteur n'était pas suffisamment précise pour rendre compte de la complexité de l'opération financée et ainsi permettre au prêteur de s'assurer de l'exécution complète du contrat principal, la cour d'appel a pu en déduire qu'en libérant la totalité des fonds au seul vu de cette attestation, la banque avait commis une faute excluant le remboursement du capital emprunté. • Civ. 1re, 10 déc. 2014, n° 13-22.679 : *Banque et Droit mai-juin 2015. 29, obs. Helleringer.* ♦ Mais il ne peut être reproché au prêteur d'avoir commis une faute en délivrant les fonds sans attestation d'acceptation du bien, l'emprunteur ne justifiant pas s'être opposé au déblocage du crédit dès la livraison des éléments de cuisine dont l'installation restait à faire. • Civ. 1re, 10 juill. 1995 : *Bull. civ. I, n° 316 ; CCC 1995, n° 192, obs. Raymond.* ♦ Comp., jugeant que le seul fait que le prêteur ait pu prélever certaines échéances du prêt sur le compte de l'emprunteur, sans protestation immédiate de la part de celui-ci, n'impliquait pas, à lui seul, que l'intéressé reconnaissait avoir reçu livraison du bien convenu et devoir rembourser le prêt. • Versailles, 7 janv. 2003 : *BICC 2003, n° 1273 ; RJDA 2004, n° 213.* ♦ Pour une interprétation favorable au consommateur de l'art. L. 311-31, les juges estimant que l'organisme de crédit qui verse les fonds au vendeur-installateur sans s'assurer de l'exécution complète du contrat commet une faute qui le prive de son droit à restitution du capital emprunté, V. • Reims, 18 déc. 2015, n° 15/00188 : *D. 2016. Actu. 373, obs. Poissonnier.* ♦ V. aussi note 7 ss. art. L. 312-55.

10. Contrat à exécution successive. En cas de contrat de prestations de services à exécution successive en vue duquel un contrat de crédit a été conclu, les obligations de l'emprunteur cessent en cas d'interruption de la fourniture des prestations ; mais l'état de santé du débiteur, l'empêchant d'utiliser les prestations sportives prévues par le contrat, ne suffit pas à le dispenser de ses obligations. • Civ. 1re, 15 mai 1990 : *D. 1990. IR 142.* ♦ L'organisme de crédit ne peut, en cas d'interruption du contrat à exécution successive, obtenir du consommateur la restitution des sommes versées en règlement de la part de prestation non fournie. • Rennes, 4 févr. 1999 : *CCC 1999, n° 136, obs. Raymond.* ♦ En cas de contrat à exécution successive, il incombe à l'emprunteur de justifier la suspension du remboursement du crédit en rapportant la preuve de l'interruption des livraisons. • Civ. 1re, 31 mars 1998 : *CCC 1998, n° 93, obs. Raymond.*

11. Délai de forclusion. Sur l'inapplicabilité du délai de forclusion prévu par l'art. R. 312-35, V. note 9 ss. cet art.

Art. L. 312-49 **Le vendeur ou le prestataire de services conserve une copie du contrat de crédit et la présente sur leur demande aux agents chargés du contrôle.** – *[C. consom., art. L. 311-31, 2e phrase.]*

Art. L. 312-50 **Le vendeur ou le prestataire de services ne peut recevoir, de la part de l'acheteur, aucun paiement sous quelque forme que ce soit, ni aucun dépôt, en sus de la partie du prix que l'acheteur a accepté de payer au comptant, tant que le contrat relatif à l'opération de crédit n'est pas définitivement conclu.**

Si une autorisation de prélèvement sur compte bancaire est signée par l'acquéreur, sa validité et sa prise d'effet sont subordonnées à celles du contrat de vente.

En cas de paiement d'une partie du prix au comptant, le vendeur ou prestataire de services doit remettre à l'acheteur un récépissé valant reçu et comportant la reproduction intégrale des dispositions des articles L. 312-52, L. 312-53 et L. 341-10. – *[C. consom., art. L. 311-40.]*

Sur les sanctions, V. art. L. 341-12 et L. 341-13.

1. Qualité de vendeur. Le prévenu, directeur commercial d'une entreprise dont il est coassocié à 50 % avec le gérant, qui a conduit personnellement l'affaire et a exigé le versement d'un acompte sur le prix de vente, puis, sur rétractation de l'acheteur, a refusé de le restituer, a la qualité de vendeur au sens de l'art. 15 de la loi de 1978 [art. L. 312-50]. • Crim. 12 déc. 1991 : *Bull. crim. n° 476 ; JCP 1992. IV. 1039.*

2. Forme de paiement. La simple remise d'un chèque est constitutive d'un « paiement sous quelque forme que ce soit ». • Crim. 12 déc. 1991 : *préc. note 1.*

3. Acompte. Les dispositions de l'art. L. 311-27 [L. 312-50] ne sont pas en contradiction avec l'interdiction faite au vendeur de recevoir le moindre titre de paiement avant l'expiration du délai de réflexion résultant de l'art. L. 121-26 [ancien] car ces dispositions ne concernent pas les ventes à domicile. • Crim. 17 sept. 2002 : *Dr. pénal 2003, n° 9, obs. J.-H. Robert* • 5 mai 2009 : *CCC 2010, n° 32, obs. G. R.*

Art. L. 312-51 **En cas de vente ou de démarchage à domicile, le délai de rétractation est de quatorze jours** *(L. n° 2017-203 du 21 févr. 2017, art. 9-I)* **« calendaires révolus » quelle que soit la date de livraison ou de fourniture du bien ou de la prestation de services.**

Aucun paiement comptant ne peut intervenir avant l'expiration de ce délai. – *[C. consom., art. L. 311-41.]*

Art. L. 312-52 **Le contrat de vente ou de prestation de services est résolu de plein droit, sans indemnité :**

1° Si le prêteur n'a pas, dans un délai de sept jours à compter de l'acceptation du contrat de crédit par l'emprunteur, informé le vendeur de l'attribution du crédit ;

2° Ou si l'emprunteur a exercé son droit de rétractation dans le délai prévu à l'article L. 312-19.

Toutefois, lorsque l'emprunteur, par une demande expresse, sollicite la livraison ou la fourniture immédiate du bien ou de la prestation de services, l'exercice du droit de rétractation du contrat de crédit n'emporte résolution de plein droit du contrat de vente ou de prestation de services que s'il intervient dans un délai de trois jours à compter de l'acceptation du contrat de crédit par l'emprunteur.

Le contrat n'est pas résolu si, avant l'expiration des délais mentionnés au présent article, l'acquéreur paie comptant. – *[C. consom., art. L. 311-36.]*

1. Charge de la preuve. Il incombe au vendeur de prouver que l'emprunteur, dûment informé de l'obtention du crédit, a laissé passer le délai imparti sans exercer son droit de rétractation. • Paris, 30 janv. 1981 : *D. 1981. IR 346.*

2. Faute de l'acquéreur. Aucune faute ne peut être reprochée à l'acheteur dès lors que la demande de documents formulée par le vendeur était postérieure à la résolution de la vente. • Civ. 1re, 30 oct. 2008 : *CCC 2009, n° 61, obs. Raymond.*

Art. L. 312-53 **Dans les cas de résolution du contrat de vente ou de prestations de services prévus à l'article L. 312-52, le vendeur ou le prestataire de services rembourse, sur simple demande, toute somme que l'acheteur aurait versée d'avance sur le prix.** – *[C. consom., art. L. 311-37, hors sanction.]*

Sur les sanctions, V. art. L. 341-10 et L. 341-17.

Art. L. 312-54 **Lorsque le consommateur exerce son droit de rétractation du contrat de vente ou de fourniture de prestation de services mentionné au 9° de l'article L. 311-1, le contrat de crédit destiné à en assurer le financement est résilié de plein droit sans frais ni indemnité, à l'exception éventuellement des frais engagés pour l'ouverture du dossier de crédit.** – *[C. consom., art. L. 311-38.]*

Art. L. 312-55 **En cas de contestation sur l'exécution du contrat principal, le tribunal peut, jusqu'à la solution du litige, suspendre l'exécution du contrat de crédit. Celui-ci est résolu ou annulé de plein droit lorsque le contrat en vue duquel il a été conclu est lui-même judiciairement résolu ou annulé.**

Les dispositions du premier alinéa ne sont applicables que si le prêteur est intervenu à l'instance ou s'il a été mis en cause par le vendeur ou l'emprunteur. – *[C. consom., art. L. 311-32.]*

1. Ordre public. V. note 1 ss. art. L. 312-48. ♦ Est sans effet la clause d'un contrat de crédit-bail qui prévoit, en cas de résolution de la vente pour vice caché, la restitution du bien au vendeur contre reversement, par celui-ci, après remboursement du prix d'achat au bailleur, de la valeur du bien financé amortie par les termes du loyer déjà versés, sans déduction de toute somme restant due. • Nancy, 13 sept. 1994 : *Gaz. Pal. 1995. 2. Somm. 500.*

2. Crédit affecté. Les dispositions de l'art. L. 311-21 [L. 312-55], ne pouvant être appliquées qu'aux crédits affectés, c'est-à-dire aux crédits destinés à financer un achat préalable, ne peuvent pas par conséquent concerner l'ouverture d'un compte de crédit permanent. • Paris, 18 nov. 1997 : *D. Affaires 1998. 59, obs. E. P.* – V. aussi • Aix-en-Provence, 7 juin 2005 : *CCC 2006, n° 10, obs. Raymond* • 14 févr. 2006 : *CCC 2006, n° 251, obs. Raymond (1re esp.).* ♦ Le crédit, bien que qualifié de revolving, est bien affecté dès lors qu'il est lié indivisiblement à l'abonnement d'un club de sport et que les emprunteurs ne l'ont pas utilisé à autre chose. • Montpellier, 26 nov. 2003 : *D. 2004. 2565, note Auby (3e esp.).* ♦ Même si le contrat de crédit ne mentionne pas expressément le bien financé, il ressort d'un ensemble d'éléments qu'il s'agit d'un crédit affecté, l'absence de mention de l'objet du financement et la scission apparente du contrat de crédit et du contrat principal n'ayant eu pour but que de tourner les dispositions d'ordre public du code de la consommation. • Paris, 29 juin 2006 : *CCC 2006, n° 251, obs. Raymond (2e esp.).* ♦ Commet une fraude à la loi le prêteur, professionnel du crédit à la consommation, qui fait souscrire une offre de crédit renouvelable à la place d'un crédit affecté en vue d'un abonnement à un club de sport, ce dont il avait parfaitement connaissance. • Civ. 1re, 7 févr. 2006 : *Bull. civ. I, n° 58; D. 2007. Pan. 759, obs. D. R. Martin; D. 2006. AJ 649, obs. Rondey; RTD civ. 2006. 308, obs. Mestre et Fages; RTD com. 2006. 460, obs. Legeais; JCP E 2006, n° 11, p. 516; CCC 2006, n° 55, obs. Raymond; LPA 12 déc. 2006, obs. Claret; RJDA 2006, p. 446, avis Sainte-Rose; RDC 2006. 733, obs. Bruschi; Banque et Droit juill.-août 2006. 61, obs. Bonneau* (conf. de • Montpellier, 26 nov. 2003 : *préc.*). ♦ V. note 3 ss. art. L. 312-48.

3. Nullité du contrat principal. Sur l'application de l'art. L. 311-32 [L. 312-55] à un majeur vulnérable, emprunteur à la consommation, V. • Paris, 11 juin 2015, n° 13/08036 : *Dr. fam. 2015, n° 177, obs. Maria.* ♦ Pour une indivisibilité conventionnelle des contrats de prêt et de vente dans une opération non soumise aux dispositions du code de la consommation, V. • Civ. 1re, 10 sept. 2015, n° 14-13.658 P : *D. 2015. Actu. 1837, obs. Avena-Robardet; AJCA 2015. 469, obs. Mazeaud; RTD com. 2015. 723, obs. Legeais; RTD civ. 2016. 111, obs. Barbier; JCP 2015, n° 1138, note Lasserre Capdeville; JCP E 2015, n° 1548, note Le Gac-Pech; CCC 2015, n° 266, obs. Raymond; ibid., n° 274, obs. Leveneur; RJDA 2016, n° 1; LPA 18 nov. 2015, note Legrand; Gaz. Pal. 5 janv. 2016, p. 37, obs. Houtcieff; Defrénois 2016. 76, obs. Seube; RDC 2016. 16, note Laithier; Banque et Droit nov.-déc. 2015. 23, obs. Helleringer; RD banc. fin. 2016, n° 9, obs. Mathey.*

4. Suspension du crédit. Le juge civil saisi d'une action en paiement d'un emprunt doit, en vertu de l'art. 4, al. 2, C. pr. pén., surseoir à statuer si une action publique est exercée contre le vendeur, pouvant aboutir à mettre en cause la validité du contrat de vente, et par voie de conséquence celle du contrat de prêt. • Civ. 1re, 20 déc. 1988 : *Bull. civ. I, n° 371; D. 1989. Somm. 341, obs. Aubert.* ♦ Il résulte de l'art. L. 311-32 [L. 312-55] que la suspension de l'exécution du contrat de crédit affecté est décidée, s'il y a lieu, par le tribunal saisi de la contestation sur l'exécution du contrat principal, le prêteur intervenant à l'instance ou étant mis en cause par le vendeur ou l'emprunteur. • Civ. 1re, 9 déc. 2015, n° 14-23.272 P : *D. 2016. Actu. 4; JCP E 2016, n° 1048; RJDA 2016, n° 316; RD banc. fin. 2016, n° 57, obs. Mathey.*

5. Résolution du contrat de crédit. La résolution du contrat principal entraîne celle du contrat de crédit dès lors que les deux opérations ont été présentées comme liées à l'acheteur, même en l'absence de mention au contrat de crédit. • Com. 19 janv. 1993 : *Bull. civ. IV, nº 26 ; RTD com. 1993. 707, obs. Bouloc*.

6. *Annulation du contrat de crédit.* Sur l'extension de la nullité du contrat de vente au contrat de prêt, V. • Com. 18 mai 1993 : *CCC 1993, nº 182, obs. Raymond* • Besançon, 27 juin 1995 : *BICC 1996, nº 905.*

7. *Comportement fautif du prêteur.* Il résulte de la combinaison des art. L. 311-20 et L. 311-21 [L. 312-48 et L. 312-55] que les obligations de l'emprunteur ne prennent effet qu'à compter de l'exécution de la prestation de services qui doit être complète, hors le cas d'une prestation de services à exécution successive, et que commet une faute qui le prive de la possibilité de se prévaloir, à l'égard de l'emprunteur, des effets de la résolution du contrat de prêt, conséquence de celle du contrat principal, le prêteur qui délivre les fonds au vendeur sans s'assurer que celui-ci a exécuté son obligation. • Civ. 1re, 16 janv. 2013 : *Bull. civ. I, nº 6 ; D. 2013. Actu. 237, obs. Avena-Robardet ; ibid. Pan. 978, note Poissonnier ; RTD com. 2013. 572, obs. Legeais ; JCP E 2013, nº 1097 ; CCC 2013, nº 91, obs. Raymond ; RJDA 2013, nº 449 ; LPA 1er-4 nov. 2013, obs. Éréséo ; Gaz. Pal. 2013. 492, obs. Piedelièvre ; ibid. 1157, obs. Roussille ; RD banc. fin. 2013, nº 81, obs. Mathey* • 2 juill. 2014 : *Gaz. Pal. 2014. 3285, obs. Roussille.* ♦ Le prêteur qui a délivré les fonds au vendeur ou au prestataire de services sans s'assurer que celui-ci avait exécuté son obligation, commet une faute qui le prive de la possibilité de se prévaloir, à l'égard de l'emprunteur, des effets de la résolution du contrat de prêt, conséquence de la résolution du contrat principal. • Civ. 1re, 8 juill. 1994 : *CCC 1994, nº 213, obs. Raymond* • Lyon, 3 mai 1995 : *CCC 1996, nº 32, obs. Raymond* • Toulouse, 3 nov. 2009 : *RJDA 2010, nº 426.* ♦ Comp. note 9 ss. art. L. 312-48. ♦ La circonstance que l'emprunteur n'ait pas recouru aux possibilités offertes par les art. L. 311-21 et L. 311-22 [L. 312-55 et L. 312-56], notamment l'annulation ou la résolution judiciaire du contrat principal, ne saurait le priver de la possibilité de se prévaloir des dispositions de l'art. L. 311-20 [L. 312-48] à l'égard du prêteur qui a payé sans s'assurer de la complète exécution du contrat principal. • Versailles, 9 mars 2001 : *Gaz. Pal. 30-31 janv 2002, p. 9.* ♦ Mais le déblocage prématuré et imprudent reproché à l'établissement de crédit n'est pas de nature à faire obstacle à la restitution des fonds, par le vendeur, corrélative à la résolution du contrat de prêt consécutive à celle du contrat de vente. • Civ. 1re, 13 nov. 2008 : *Bull. civ. I, nº 260 ; RTD com. 2009. 189 obs. Legeais ; JCP 2008. IV. 2981 ; Dr. et patr. mars 2009. 105, obs. Mattout et Prüm.*

8. *Absence de faute du prêteur.* Une personne ayant, à la suite d'un démarchage, valablement renoncé à sa commande dans le délai de sept jours légalement prévu sans user de la même faculté de rétractation à l'égard de l'établissement de crédit, l'annulation du contrat principal entraîne de plein droit celle du contrat de crédit, et le prêteur, qui n'a commis aucune faute, est donc fondé à demander à l'emprunteur le remboursement de la somme prêtée, conséquence de l'annulation du contrat de crédit. • Civ. 1re, 8 nov. 1994 : *Bull. civ. I, nº 324 ; D. 1995. Somm. 313, obs. Pizzio*. ♦ L'emprunteur qui détermine l'établissement de crédit à verser les fonds au vendeur au vu de la signature par lui du certificat de livraison du bien n'est pas recevable à soutenir ensuite, au détriment du prêteur, que le bien ne lui avait pas été livré ou que la prestation accessoire n'avait pas été exécutée. • Civ. 1re, 3 juill. 2013 : *RTD com. 2014. 377, obs. Legeais ; CCC 2013, nº 250, obs. Raymond.*

9. *Obligation de restitution.* La résolution ou l'annulation d'un contrat de crédit en conséquence de l'annulation du contrat constatant la vente qu'il finançait emporte pour l'emprunteur, hors le cas d'absence de livraison du bien vendu ou de faute du prêteur dans la remise des fonds prêtés, l'obligation de rembourser au prêteur le capital prêté, sauf la faculté, pour le prêteur, d'appeler le vendeur en garantie, peu important que le capital eût été versé directement au vendeur par le prêteur et que la faculté ouverte à celui-ci par l'art. L. 311-22 [L. 312-56] n'eût pu être exercée. • Civ. 1re, 9 nov. 2004 : *Bull. civ. I, nº 263 ; D. 2005. AJ 76 ; JCP E 2004, nº 51, p. 2000 ; Banque et Droit mars-avr. 2006. 75, obs. Guillot ; RJDA 2005, nº 316 ; RTD com. 2005. 156, obs. Legeais* • Metz, 11 oct. 2007 : *JCP 2008. IV. 2050.* ♦ La résolution du prêt, en conséquence de la résolution de la vente, doit entraîner la restitution des prestations reçues de part et d'autre, et la protection du consommateur tient à la possibilité pour l'emprunteur de se faire garantir par le vendeur du remboursement du capital prêté auquel il est tenu. • Civ. 1re, 2 mai 1989 : *Bull. civ. I, nº 181 ; D. 1989. Somm. 338, obs. Aubert* • Colmar, 7 févr. 1997 : *BICC 1997, nº 1002 ; D. Affaires 1997. 1388.* ♦ Sur cette garantie de remboursement, V. art. L. 312-56. ♦ En revanche, la faute du prêteur peut l'empêcher de réclamer la restitution des capitaux prêtés : V. note 12.

V. aussi, jugeant que la demande tendant à la restitution par l'emprunteur du capital versé ne saurait prospérer à son encontre dans la mesure où les sommes correspondant au prix du matériel ont été directement versées au vendeur, • Dijon, 17 juin 1994 : *CCC 1994, nº 147, obs. Raymond.* – V. encore • Versailles, 27 juin 1997 : *BICC 1998, nº 613.* ♦ Pour un arrêt subordonnant le remboursement par l'acheteur au remboursement par le vendeur lui-même à cet acheteur du prix de l'objet acheté : • Limoges, 2 nov. 1995 : *CCC 1996, nº 33, obs. Raymond.* ♦ L'art. 11, § 2, de la Dir. 87/102/CEE du 22 déc. 1986 doit être interprété en ce sens que l'existence d'un accord entre le prêteur et le fournisseur, sur la base duquel un prêt est octroyé exclusivement par ce prêteur aux clients de ce fournisseur, n'est pas une condition nécessaire du droit pour ces clients d'agir à l'encontre dudit prêteur en cas d'inexécution des obligations incombant audit fournisseur afin d'obtenir la résolution du contrat de prêt et la restitution subséquente des sommes versées à l'organisme de financement. • CJCE 23 avr. 2009 : *D. 2009. AJ 1276 ; JCP E 2009, nº 18, p. 10 ; LPA 3 juill. 2009, note Poissonnier ; RLDA juin 2009. 64, obs. Bonnamour ; Europe 2009, nº 252, obs. Simon.*

10. En l'absence d'une demande expresse du vendeur, les emprunteurs doivent mettre à la disposition le bien financé en vue d'une restitution, et attendre une éventuelle demande du vendeur dirigée contre les acquéreurs pour l'utilisation de ce bien pendant plusieurs années. • Besançon, 14 mars 1995 : *JCP 1996. IV. 633.*

Sur la nécessité, pour le juge, de rechercher si la résolution du contrat principal a été judiciairement prononcée et si le prêteur est intervenu à l'instance ou a été mis en cause, V. • Civ. 1re, 31 janv. 1995 : *Bull. civ. I, nº 55 ; D. 1995. IR 58 ; RTD com. 1995. 639, obs. Bouloc .* ♦ V. aussi, considérant que l'emprunteur reste tenu par le contrat de crédit dès lors qu'il ne peut pas se prévaloir d'une contestation de l'exécution du contrat de vente faute d'avoir mis en cause le vendeur, son insatisfaction résidant dans le fait que le produit acheté était en vente sur le marché à un prix dix fois inférieur à celui payé par lui, • Versailles, 1er mars 2002 : *BRDA 2002, nº 9, p. 11.*

11. Délai de forclusion. Sur l'inapplicabilité du délai de forclusion prévu par l'art. R. 312-35, V. note 9 ss. cet art.

12. Résolution du contrat de crédit aux torts du prêteur. En cas d'exécution du contrat de crédit, et sauf faute imputable au prêteur, prêteur et emprunteur doivent se restituer mutuellement les prestations échangées. • Civ. 1re, 16 janv. 1996 : *CCC 1996, nº 47, obs. Raymond.* ♦ Ainsi, dès lors que l'exécution de la prestation en vue de laquelle a été consenti un prêt n'a pas été assurée par la société qui en avait la charge, la faute qu'a commise l'organisme prêteur en versant à cette société la somme prêtée, au vu d'un document établi le jour de l'acceptation de l'offre de crédit attestant que les travaux avaient été exécutés, l'empêche de réclamer à l'emprunteur l'exécution de son obligation de remboursement du prêt, à laquelle il n'est pas tenu avant l'exécution de la prestation. Celle-ci étant devenue impossible à la suite de l'ouverture d'une procédure collective à l'encontre de ladite société, le contrat de prêt doit être considéré comme résolu aux torts de l'organisme prêteur. • Civ. 1re, 28 janv. 1992 : *Bull. civ. I, nº 34.*

13. État de santé. En l'absence d'interruption de la fourniture des prestations, l'état de santé du débiteur ne lui permettant pas de continuer de bénéficier de ces prestations, ne peut justifier l'interruption du paiement des mensualités. • Civ. 1re, 15 mai 1990 : *D. 1990. IR 142 .*

14. Vol de l'objet vendu. Ne constitue ni un dol, ni une erreur de droit le fait que l'emprunteur ne fût pas informé par le prêteur que le prêt qu'il avait conclu pour l'acquisition d'un véhicule survivrait, le cas échéant, à la disparition de celui-ci. • Civ. 1re, 14 juin 1989 : *Bull. civ. I, nº 240 ; D. 1989. Somm. 338, obs. Aubert ; JCP 1991. II. 21632, note Virassamy.*

Art. L. 312-56 Si la résolution judiciaire ou l'annulation du contrat principal survient du fait du vendeur, celui-ci peut, à la demande du prêteur, être condamné à garantir l'emprunteur du remboursement du prêt, sans préjudice de dommages et intérêts vis-à-vis du prêteur et de l'emprunteur. — *[C. consom., art. L. 311-33.]*

1. Fait du vendeur. L'art. L. 311-22 [L. 312-56] constitue le vendeur, défaillant dans l'exécution de ses obligations, garant tant à l'égard de l'acquéreur qui doit rembourser le montant du prêt alors qu'il n'a pu obtenir la prestation promise qu'à l'égard du prêteur dont le contrat est résolu alors qu'il a fidèlement exécuté ses obligations. • Colmar, 7 févr. 1997 : *BICC 1997, nº 1002 ; D. Affaires 1997. 1388.* ♦ Pour une autre application, V. • Amiens, 20 sept. 1994 : *Gaz. Pal. 1995. 1. 152, note Vindreau.* ♦ V. aussi note 7 ss. art. L. 312-48 et note 9 ss. art. L. 312-55.

2. Créance de l'emprunteur. La créance de l'emprunteur à l'encontre du vendeur au titre de son obligation de le garantir envers le prêteur du remboursement du prêt par application de l'art. L. 311-22 [L. 312-56] trouve son origine, non pas dans la conclusion des contrats, mais dans la résolution du contrat de vente par le fait du vendeur et la résiliation consécutive du contrat de crédit. • Civ. 1re, 6 avr. 2004 : *RJDA 2004, nº 1155.*

SECTION X CRÉDIT RENOUVELABLE

BIBL. GÉN. ▸ FLORES, *CCC 1999. Chron. 3* (information du consommateur lors du renouvellement du compte permanent). – POLLAUD-DULIAN, *RD banc. fin. nov.-déc. 2002, p. 341* (devoir d'information du banquier et crédits au consommateur). – CRÉDOT et GÉRARD, *RD banc. fin. 2003, nº 214* (loi sécurité financière). ▸ Loi du 28 janv. 2005 : CLARET, *JCP 2005. I. 140.* – COELHO, *LPA 6 sept. 2005.* – MALLET-BRICOUT, *Dr. et patr., sept. 2005, p. 38.*

– ROCHFELD, *RTD civ. 2005. 478* . – STOFFEL-MUNCK, *CCE 2005, n° 45*. – Dossier spécial, *RD banc. fin. juill.-août 2005. 75* (discussion sur le crédit renouvelable). – DEBET, *D. 2009. 1004* (faut-il interdire le crédit *revolving* ?). ▶ L. n° 2010-737 du 1er juill. 2010 : MENDÈS-GIL, *Dr. et patr. oct. 2010. 54* (contrats de crédits spéciaux : crédit renouvelable, crédit affecté, regroupement de crédits, crédit gratuit). – EDEL, *Dr. et patr. mai 2011. 44* (crédit renouvelable : des quelques choix législatifs en contradiction avec les objectifs affichés). – DELECRAZ et CHETAILLE, *RLDA mai 2011. 78* (les dangers du crédit renouvelable). – BIARDEAUD et FLORES, *D. 2011. 1697* (décrets des 22 mars et 26 avr. 2011 : les crédits renouvelables restent des crédits permanents). – V. MAZEAUD, *CCC 2011. Étude 10* (le juge et la clause de double montant du crédit renouvelable). – LEGRAND, *Gaz. Pal. 2011. 1896* (la nouvelle philosophie du crédit renouvelable) ; *D. 2011. 1990* (le crédit renouvelable va-t-il devenir responsable ?). – BAZIN, *Dr. et proc. 2014. 150* (le crédit renouvelable : un crédit à risque). – BIARDEAUD, *D. 2015. 1448* (crédits renouvelables : quand le vautour se rit de l'archer). – AGBAYISSAH, *RD banc. fin. 2016. Étude 35* (les ouvertures de crédit à l'épreuve de l'application dans le temps de la réforme du code civil).

COMMENTAIRE

La lutte contre l'endettement excessif du consommateur passe, nécessairement, par une protection spécifique de celui-ci dans le cadre des crédits renouvelables (V. Valette-Ercole, *Dr. et proc. 2010, Cah. dr. consom. n° 2, p. 11*).

Des dispositions spécifiques ont été prévues pour le crédit renouvelable, au cœur des débats parlementaires, compte tenu des dangers particuliers qu'il présente. C'est la raison pour laquelle sa publicité est particulièrement encadrée. Il est d'ailleurs présenté comme un crédit subsidiaire au crédit amortissable par l'article L. 312-62.

Le crédit renouvelable est défini par l'article L. 312-57, étant précisé que les autres appellations (il est aussi appelé parfois crédit *revolving* ou crédit permanent) sont prohibées dans la publicité et le contrat pour éviter toute confusion dans l'esprit du consommateur (art. L. 312-58). Son régime juridique déroge au contrat de crédit classique.

Lorsqu'un consommateur se voit proposer, sur le lieu de vente ou par un moyen de vente de biens ou de services à distance, un contrat de crédit renouvelable pour financer l'achat de biens ou de prestations de services particuliers pour un montant supérieur au seuil fixé par décret (art. D. 312-25), le prêteur ou l'intermédiaire de crédit accompagne l'offre de crédit renouvelable d'une proposition de crédit amortissable (art. L. 312-62), de façon à éclairer l'emprunteur sur la pertinence de son choix.

Par ailleurs, lors de l'ouverture d'un crédit renouvelable, l'établissement d'un contrat de crédit est obligatoire pour la conclusion du crédit initial et, dans les mêmes conditions, pour toute augmentation de ce crédit consentie ultérieurement (art. L. 312-64).

La durée du contrat est limitée à un an renouvelable et l'organisme de crédit devra faire connaître, trois mois avant l'échéance, les conditions de reconduction du contrat (art. L. 312-65).

Partant du principe qu'un crédit responsable est un crédit qui se rembourse, la loi n° 2010-737 du 1er juillet 2010 a prévu que chaque échéance devait comprendre un remboursement minimal du capital emprunté (art. L. 312-65), celui-ci variant selon le montant du crédit et selon des modalités définies par décret (art. D. 312-27 s.). L'objectif du législateur est clair : il s'agit d'éviter l'endettement permanent dans lequel l'emprunteur ne fait que rembourser ses intérêts.

Le décret n° 2011-457 du 26 avril 2011 (V. au **C. consom.**, éd. 2015 et antérieures) fixe les conditions d'application progressive de la réforme du crédit à la consommation – issue de la loi n° 2010-737 du 1er juillet 2010 – aux contrats de crédit renouvelable en cours.

Le fait pour l'annonceur de diffuser ou de faire diffuser une publicité non conforme aux obligations prévues aux articles L. 312-58, L. 312-59 et L. 312-61 est puni de la peine d'amende prévue pour les contraventions de la 5e classe, le tribunal pouvant également ordonner la publication du jugement et la rectification de la publicité aux frais du condamné (art. R. 341-12).

Art. L. 312-57 Constitue un crédit renouvelable, une ouverture de crédit qui, assortie ou non de l'usage d'une carte de crédit, offre à son bénéficiaire la possibilité de disposer de façon fractionnée, aux dates de son choix, du montant du crédit consenti. – *[C. consom., art. L. 311-16, 1re phrase, définition.]*

Art. L. 312-58 **Tout crédit renouvelable au sens de l'article L. 312-57 est désigné dans tout document commercial ou publicitaire par le terme : "crédit renouvelable", à l'exclusion de tout autre.** – *[C. consom., art. L. 311-16, 2e phrase.]*

Sur les sanctions, V. art. R. 341-12.

SOUS-SECTION 1 PUBLICITÉ

BIBL. GÉN. ▶ AVIGNON et LANDES-GRONOWSKI, *Gaz. Pal. 2010. 2798* (*vade-mecum* des mentions publicitaires obligatoires depuis la loi portant réforme du crédit à la consommation) ; *ibid. 2011. 1901* (publicité en matière de crédit à la consommation).

Art. L. 312-59 *(L. nº 2017-203 du 21 févr. 2017, art. 9-I)* **Pour l'application de l'article L. 312-6, le contenu et les modalités de présentation de l'exemple représentatif pour le crédit renouvelable sont précisés par décret.** – *V. art. D. 312-21 s.*

Sur les sanctions, V. art. R. 341-12.

Ancien art. L. 312-59 ***Dans toute publicité, outre les informations mentionnées à l'article L. 312-6, des informations sur le coût du crédit renouvelable sont fournies à l'aide d'un exemple représentatif.***

Le contenu et les modalités de présentation de cet exemple sont précisés par décret. – [C. consom., art. L. 311-4, al. 8.]

Art. L. 312-60 **La publicité portant sur les avantages de toute nature ouverts par la carte associée à un crédit renouvelable indique à l'emprunteur les modalités selon lesquelles cette carte permet de payer comptant ou à crédit et l'informe des modalités d'utilisation du crédit.** – *[C. consom., art. L. 311-17, al. 3.]*

Art. L. 312-61 **Lorsqu'une carte de paiement émise par un établissement de crédit est associée soit à un compte de dépôt et à un crédit renouvelable, soit à un compte de paiement et à un crédit renouvelable, la publicité portant sur cette carte informe le consommateur des modalités d'utilisation du crédit.** – *[C. consom., art. L. 311-17-1, al. 1er partiel et al. 2.]*

Sur les sanctions, V. art. R. 341-12.

SOUS-SECTION 2 INFORMATION PRÉCONTRACTUELLE DE L'EMPRUNTEUR

Art. L. 312-62 **Lorsqu'un consommateur se voit proposer, sur le lieu de vente ou par un moyen de vente de biens ou de services à distance, un contrat de crédit renouvelable pour financer l'achat de biens ou de prestations de services particuliers pour un montant supérieur à un seuil fixé par décret, le prêteur ou l'intermédiaire de crédit accompagne l'offre de crédit renouvelable d'une proposition de crédit amortissable.** – *V. art. D. 312-25.*

La proposition comporte les informations permettant au consommateur de comparer de façon claire le fonctionnement, le coût et les modalités d'amortissement des deux crédits proposés selon au moins deux hypothèses de délai de remboursement. Ces informations ainsi que les conditions de leur présentation sont définies par décret. – *V. art. D. 312-26.*

Si le consommateur opte pour le crédit amortissable qui lui est proposé, le prêteur ou l'intermédiaire de crédit lui fournit l'offre de crédit correspondant à la proposition. – *[C. consom., art. L. 311-8-1.]*

Sur les sanctions, V. art. R. 341-13.

COMMENTAIRE

L'article L. 312-62, dont la substance résulte de la loi nº 2014-344 du 17 mars 2014 relative à la consommation, impose qu'une offre de crédit amortissable soit effectivement proposée comme alternative au crédit renouvelable sur le lieu de vente ou dans le cadre d'une vente à distance à partir d'un seuil fixé par décret. Il faut donner au consommateur un véritable choix, loyalement présenté. Antérieurement, il était seulement prévu que le consommateur devait disposer de la possibilité de souscrire un crédit amortissable à la place d'un crédit renouvelable au-delà de ce seuil, mais les textes n'imposaient pas que cette offre alternative fût effectivement proposée.

Le fait pour le prêteur ou l'intermédiaire de crédit de contrevenir aux obligations prévues par les articles L. 312-62 et L. 312-63 en matière d'information précontractuelle est puni de la peine d'amende prévue pour les contraventions de la 5ᵉ classe (art. R. 341-13). ❑

Art. L. 312-63 Les enseignes de distribution proposant un programme comportant des avantages de toute nature et incluant un crédit proposent par ailleurs au consommateur un autre programme comportant des avantages de toute nature non liés à un crédit. — *[C. consom., art. L. 311-17, al. 2.]*

Sur les sanctions, V. art. R. 341-13.

SOUS-SECTION 3 FORMATION DU CONTRAT ET MENTIONS OBLIGATOIRES

COMMENTAIRE

Lors de l'ouverture d'un crédit renouvelable, l'établissement d'un contrat de crédit est obligatoire pour la conclusion du crédit initial comme pour toute augmentation ultérieure de ce crédit. Le contrat doit répondre aux exigences de l'article L. 312-65.

Le fait pour le prêteur de ne pas respecter les formalités prescrites à l'article L. 312-28, auquel il est renvoyé, est puni de la peine d'amende prévue pour les contraventions de la 5ᵉ classe (art. R. 341-5). Le fait pour le prêteur de remettre un contrat non conforme aux dispositions des articles L. 312-64 et L. 312-65 est puni de la peine d'amende prévue pour les contraventions de la 5ᵉ classe (art. R. 341-14).

Lorsque le crédit renouvelable est assorti d'une carte ouvrant droit à des avantages de toute nature, le contrat de crédit indique à l'emprunteur les modalités selon lesquelles cette carte offre la possibilité de payer au comptant ou à crédit et l'informe des modalités d'utilisation du crédit : il s'agit d'éviter toute confusion dans l'esprit du consommateur-emprunteur. Dans cet esprit, quand une carte de crédit est associée au contrat, la mention « carte de crédit » est spécifiée en caractères lisibles au recto de la carte, sous peine d'amende prévue pour les contraventions de la 5ᵉ classe (art. R. 341-15).

Le prêteur accordant un crédit renouvelable sans remettre à l'emprunteur un contrat dans les conditions fixées par les articles L. 312-64, L. 312-65 et L. 312-66 est déchu du droit aux intérêts (art. L. 341-5). ❑

Art. L. 312-64 Lors de l'ouverture d'un crédit renouvelable, l'établissement d'un contrat de crédit est obligatoire pour la conclusion du crédit initial et, dans les mêmes conditions, pour toute augmentation de ce crédit consentie ultérieurement. — *[C. consom., art. L. 311-16, 1ʳᵉ phrase, contrat.]*

Sur les sanctions, V. art. L. 341-5 et R. 341-14.

Art. L. 312-65 Outre les informations obligatoires prévues à l'article L. 312-28, le contrat de crédit prévoit que chaque échéance comprend un remboursement minimal du capital emprunté, qui varie selon le montant total du crédit consenti et dont les modalités sont définies par décret. — *V. art. D. 312-27 s.*

Il précise que la durée du contrat est limitée à un an renouvelable et que le prêteur devra indiquer, trois mois avant l'échéance, les conditions de reconduction du contrat.

Il fixe également les modalités du remboursement, qui doit être échelonné, sauf volonté contraire du débiteur, des sommes restant dues dans le cas où le débiteur demande à ne plus bénéficier de son ouverture de crédit.

Le contrat précise également que le taux débiteur qu'il mentionne est révisable et qu'il suivra les variations en plus ou en moins du taux de base que le prêteur applique aux opérations de même nature ou du taux qui figure dans les barèmes qu'il diffuse auprès du public. — *[C. consom., art. L. 311-16, al. 2, 1ʳᵉ et 2ᵉ phrases, et al. 3 et R. 311-5, I, 2°, e, al. 2, information taux révisable.]*

Sur les sanctions, V. art. L. 341-5 et R. 341-14.

Art. L. 312-66 **Lorsque le crédit renouvelable est assorti d'une carte ouvrant droit à des avantages de toute nature, le contrat de crédit indique à l'emprunteur les modalités selon lesquelles cette carte offre la possibilité de payer au comptant ou à crédit et l'informe des modalités d'utilisation du crédit.** – *[C. consom., art. L. 311-17, al. 1er, 1re phrase partielle et al. 4, information sur modalités de paiement.]*

Sur les sanctions, V. art. L. 341-5.

Art. L. 312-67 **Lorsqu'une carte de crédit est associée au contrat, la mention : « carte de crédit » est spécifiée en caractères lisibles au recto de la carte.** – *[C. consom., art. L. 311-16, 1re phrase, carte.]*

Sur les sanctions, V. art. R. 341-15.

SOUS-SECTION 4 EXÉCUTION DU CONTRAT

COMMENTAIRE

I. LOI Nº 2010-737 DU 1ER JUILLET 2010

La loi du 1er juillet 2010 a délié l'usage des cartes de fidélité et de crédit, avec l'objectif d'éviter d'inciter les emprunteurs à recourir au crédit renouvelable pour acquérir un avantage commercial. Pour ce faire, chaque carte de fidélité prévoit obligatoirement une fonction de paiement au comptant et la fonction crédit de la carte ne pourra être activée qu'avec l'accord exprès de son titulaire. L'activation ne pourra pas se faire à son insu. Le consentement du porteur pour l'utilisation du crédit sera constaté par son accord exprès lors de la réalisation de l'opération de paiement ou par la manifestation de son consentement dans un délai raisonnable à réception des relevés mensuels de l'opération. Le mécanisme est toutefois lourd et aurait pu être pensé de façon plus pragmatique.

Lorsque le crédit renouvelable mentionné est assorti de l'usage d'une carte ouvrant droit à des avantages commerciaux et promotionnels, le bénéfice desdits avantages ne peut être subordonné à l'utilisation à crédit de la carte, comme cela a été souvent le cas par le passé (art. L. 312-68), sous peine d'amende prévue pour les contraventions de la 5e classe (art. R. 341-16).

Le prêteur qui n'a pas respecté les modalités d'utilisation du crédit renouvelable fixées par les dispositions de l'article L. 312-68, mais aussi des articles L. 312-69 et L. 312-70, est déchu du droit aux intérêts, en totalité ou dans la proportion fixée par le juge (art. L. 341-7).

Le prêteur communique à l'emprunteur, par tout moyen, mensuellement et dans un délai raisonnable avant la date de paiement, un état actualisé de l'exécution du contrat de crédit renouvelable, faisant clairement référence à l'état précédent avec les mentions énumérées à l'article L. 312-71, sous peine d'amende prévue pour les contraventions de la 5e classe (art. R. 341-17).

En cas de révision du taux débiteur, le prêteur en informe préalablement l'emprunteur par courrier avant la date effective d'application du nouveau taux, l'emprunteur disposant d'un délai de trente jours après réception de cette communication, pour refuser cette révision sur demande écrite adressée au prêteur (art. L. 312-72).

II. LOI Nº 2014-344 DU 17 MARS 2014

L'expression « avantages commerciaux et promotionnels » figurant dans le texte initial a été remplacée par le terme plus englobant d'« avantages de toute nature ».

Par ailleurs, lorsqu'une enseigne de distribution accorde au consommateur *une carte avec des "avantages de toute nature" liée à un crédit renouvelable*, le professionnel a dorénavant l'obligation de lui proposer une autre carte, non assortie d'un crédit renouvelable, mais comportant des avantages similaires (art. L. 312-63). ❑

Art. L. 312-68 **Lorsque le crédit renouvelable est assorti d'une carte ouvrant droit à des avantages de toute nature, le bénéfice de ces avantages ne peut être subordonné au paiement à crédit.**

Dans ce cas, le prêteur ou l'intermédiaire de crédit a l'obligation de proposer au consommateur la possibilité de payer au comptant avec cette carte.

Est assimilé à une carte tout moyen de paiement dématérialisé accessoire à un crédit renouvelable. – *[C. consom., art. L. 311-17, 1re, 2e et dernière phrases.]*

Sur les sanctions, V. art. L. 341-7 et R. 341-16.

Art. L. 312-69 **L'utilisation du crédit résulte de l'accord exprès du consommateur exprimé lors du paiement ou dans un délai raisonnable, à réception de l'état actualisé à** *[de]* **l'exécution du contrat de crédit prévu à l'article L. 312-71.** – *[C. consom., art. L. 311-17, al. 1er, 3e phrase.]*

Sur les sanctions, V. art. L. 341-7.

Art. L. 312-70 **Lorsqu'une carte de paiement émise par un établissement de crédit est associée soit à un compte de dépôt et à un crédit renouvelable, soit à un compte de paiement et à un crédit renouvelable, l'utilisation du crédit résulte de l'accord exprès du consommateur exprimé lors du paiement avec la carte ou dans un délai raisonnable, à réception de l'état actualisé de l'exécution du contrat de crédit prévu à l'article L. 312-71.** – *[C. consom., art. L. 311-17-1, al. 1er.]*

Sur les sanctions, V. art. L. 341-7.

Art. L. 312-71 **Le prêteur porte à la connaissance de l'emprunteur, par tout moyen, mensuellement et dans un délai raisonnable avant la date de paiement, un état actualisé de l'exécution du contrat de crédit renouvelable, faisant clairement référence à l'état précédent et précisant :**

1° La date d'arrêté du relevé et la date du paiement ;

2° La fraction du capital disponible ;

3° Le montant de l'échéance, dont la part correspondant aux intérêts ;

4° Le taux de la période et le taux effectif global ;

5° Le cas échéant, le coût de l'assurance ;

6° La totalité des sommes exigibles ;

7° Le montant des remboursements déjà effectués depuis le dernier renouvellement, en faisant ressortir la part respective versée au titre du capital emprunté et celle versée au titre des intérêts et frais divers liés à l'opération de crédit ;

8° La possibilité pour l'emprunteur de demander à tout moment la réduction de sa réserve de crédit, la suspension de son droit à l'utiliser ou la résiliation de son contrat ;

9° Le fait qu'à tout moment l'emprunteur peut payer comptant tout ou partie du montant restant dû, sans se limiter au montant de la seule dernière échéance ;

10° L'estimation du nombre de mensualités restant dues pour parvenir au remboursement intégral du montant effectivement emprunté, établie en fonction des conditions de remboursement convenues.

Ces informations figurent obligatoirement, en caractères lisibles, sur la première page du document adressé à l'emprunteur. – *[C. consom., art. L. 311-26.]*

Sur les sanctions, V. art. R. 341-17.

Art. L. 312-72 **En cas de révision du taux débiteur, le prêteur en informe préalablement l'emprunteur par courrier avant la date effective d'application du nouveau taux.**

L'emprunteur dispose d'un délai de trente jours après réception de cette information, pour refuser cette révision sur demande écrite adressée au prêteur.

Dans ce cas, son droit à crédit prend fin et le remboursement du crédit déjà utilisé s'effectue de manière échelonnée, sauf avis contraire de *(L. n° 2017-203 du 21 févr. 2017, art. 9-I)* **« sa » part, aux conditions applicables avant la modification que celui-ci a refusée.**

Les dispositions du présent article sont reproduites dans le contrat. – *[C. consom., art. R. 311-5, I, 2°, e, al. 2, révision.]*

Art. L. 312-73 **Lorsqu'en application des dispositions du premier alinéa de l'article L. 312-34, l'emprunteur rembourse à son initiative la totalité du crédit renouvelable par anticipation, aucune indemnité de remboursement anticipé ne peut lui être réclamée.** – *[C. consom., art. L. 311-22, al. 2 et 6.]*

Art. L. 312-74 **La capitalisation des intérêts est soumise aux dispositions de** *(Ord. n° 2016-131 du 10 févr. 2016, art. 6-IV, en vigueur le 1er oct. 2016)* **« l'article 1343-2** *[ancienne rédaction : l'article 1154]* **» du code civil.** – *[C. consom., art. L. 311-16, al. 11.]*

SOUS-SECTION 5 RECONDUCTION

COMMENTAIRE

La vérification de la solvabilité de l'emprunteur est ici spécifiquement encadrée, sachant qu'elle peut évoluer très vite. En particulier, le prêteur doit préalablement à la reconduction, chaque année, consulter le fichier des incidents de paiement (FICP) et, tous les trois ans, vérifier la solvabilité du débiteur dans les mêmes conditions que s'il accordait un nouveau crédit (art. L. 312-75). En fonction de circonstances lui permettant de douter de la solvabilité de son débiteur, il a la possibilité de refuser cette reconduction ou bien de suspendre le droit d'utiliser le crédit ou encore de réduire le montant total de celui-ci. Ces mesures préventives ne dispensent pas l'emprunteur de rembourser sa dette, mais il doit en être préalablement informé (art. L. 312-76).

Le texte encadre le pouvoir de l'emprunteur de s'opposer aux modifications proposées et aux modalités de remboursement de la réserve d'argent utilisée (art. L. 312-77).

L'article L. 312-80 reprend les dispositions relatives à l'absence d'utilisation de la réserve mise à disposition du consommateur. La résiliation de plein droit interviendra dans les conditions fixées à l'article L. 312-82.

Si le prêteur ne respecte pas l'une des obligations relatives à la reconduction des contrats renouvelables, telles que prévues aux articles L. 312-75 à L. 312-83, il encourt une peine d'amende prévue pour les contraventions de la 5e classe (art. R. 341-18). ❑

Art. L. 312-75 **Avant de proposer à l'emprunteur de reconduire le contrat, le prêteur consulte tous les ans le fichier prévu à l'article L. 751-1, dans les conditions prévues par l'arrêté mentionné à l'article L. 751-6 et, tous les trois ans, il vérifie la solvabilité de l'emprunteur dans les conditions fixées à l'article L. 312-16.** – *[C. consom., art. L. 311-16, al. 3, solvabilité.]*

Sur les sanctions, V. art. R. 341-18.

Art. L. 312-76 **Le prêteur peut réduire le montant total du crédit, suspendre le droit d'utilisation du crédit par l'emprunteur ou ne pas proposer la reconduction du contrat lorsque les éléments recueillis en application des dispositions de l'article L. 312-75 le justifient ou, à tout moment, s'il dispose d'informations démontrant une diminution de la solvabilité de l'emprunteur telle qu'elle avait pu être appréciée lors de la conclusion du contrat. Il en informe préalablement l'emprunteur par écrit ou sur un autre support durable.**

A tout moment, à l'initiative du prêteur ou à la demande de l'emprunteur, le montant total du crédit peut être rétabli et la suspension du droit d'utilisation du crédit levée, après vérification de la solvabilité de l'emprunteur dans les conditions fixées à l'article L. 312-16.

Pendant la période de suspension du droit d'utilisation du crédit par l'emprunteur ou en cas de non-reconduction du contrat, l'emprunteur rembourse, aux conditions fixées par le contrat, le montant du crédit utilisé. – *[C. consom., art. L. 311-16, al. 4, 5 et 6.]*

Sur les sanctions, V. art. R. 341-18.

Art. L. 312-77 **Lors de la reconduction du contrat, jusqu'au moins vingt jours avant la date où celles-ci deviennent effectives, l'emprunteur peut s'opposer aux modifications proposées par le prêteur en utilisant un bordereau-réponse annexé aux informations écrites communiquées par le prêteur.**

Les caractéristiques de ce bordereau ainsi que les mentions devant y figurer sont précisées par décret. – *[C. consom., art. L. 311-16, al. 7, opposition et bordereau.]*

Sur les sanctions, V. art. R. 341-18.

1. Bordereau-réponse. Il ne résulte nullement, tant des dispositions de l'anc. art. L. 311-9, al. 3 [rédaction antérieure à la L. n° 2010-737 du 1er juill. 2010] que de celles du nouvel art. L. 311-16, al. 8 [L. 312-77], que le bordereau-réponse ne serait pas obligatoire lorsque aucune modification contractuelle n'est proposée à l'emprunteur lors de la reconduction annuelle de son contrat de crédit. Les articles précités ne conditionnent pas l'envoi d'un bordereau-réponse à l'existence d'une proposition de modifications faite par le prêteur. • TI Douai, 9 sept. 2013 : *CCC 2013, n° 278, obs. Raymond.*

2. Preuve de l'information. Il incombe bien au prêteur d'apporter la preuve qu'il a satisfait à l'obligation d'information exigée par l'anc. art. L. 311-9, al. 3 [rédaction antérieure à la L. n° 2010-737 du 1er juill. 2010], et par le nouvel art. L. 311-16, al. 8 [L. 312-77]. • TI Douai, 9 sept. 2013 : *préc. note 1.*

Art. L. 312-78 **En cas de refus des nouvelles conditions de taux ou de remboursement proposées lors de la reconduction du contrat, l'emprunteur** *(L. n° 2017-203 du 21 févr. 2017, art. 9-I)* **« rembourse » aux conditions précédant les modifications proposées le montant du crédit déjà utilisé, sans pouvoir, toutefois, procéder à une nouvelle utilisation de l'ouverture de crédit.** – *[C. consom., art. L. 311-16, al. 8.]*

Sur les sanctions, V. art. R. 341-18.

Art. L. 312-79 **L'emprunteur peut demander à tout moment la réduction du montant maximal de crédit consenti, la suspension de son droit à l'utiliser ou la résiliation de son contrat.**

Dans ce dernier cas, il rembourse, aux conditions du contrat, le montant du crédit déjà utilisé. – *[C. consom., art. L. 311-16, al. 7, modifications demandées par l'emprunteur.]*

Sur les sanctions, V. art. R. 341-18.

Art. L. 312-80 **Si, pendant un an, le contrat d'ouverture de crédit ou tout moyen de paiement associé n'a fait l'objet d'aucune utilisation, le prêteur qui entend proposer la reconduction du contrat adresse à l'emprunteur, à l'échéance de l'année écoulée, un document annexé aux conditions de cette reconduction. Ce document indique l'identité des parties, la nature de l'opération, le montant du crédit disponible, le taux annuel effectif global ainsi que le montant des remboursements par échéance et par fractions de crédit utilisées.** – *[C. consom., art. L. 311-16, al. 10, non-utilisation.]* – *V. art. D. 312-31.*

Sur les sanctions, V. art. R. 341-18.

Art. L. 312-81 **A défaut pour l'emprunteur de retourner** *(L. n° 2017-203 du 21 févr. 2017, art. 9-I)* **« le document » mentionné à l'article L. 312-80, signé et daté, au plus tard vingt jours avant la date d'échéance du contrat, le prêteur suspend à cette date le droit d'utilisation du crédit par l'emprunteur.**

La suspension ne peut être levée qu'à la demande de l'emprunteur et après vérification de la solvabilité de ce dernier dans les conditions fixées à l'article L. 312-16. – *[C. consom., art. L. 311-16, al. 9, suspension.]*

Sur les sanctions, V. art. R. 341-18.

Art. L. 312-82 **Dans le cas où l'emprunteur n'a pas demandé la levée de la suspension à l'expiration du délai d'un an suivant la date de la suspension de son contrat de crédit renouvelable, le contrat est résilié de plein droit.** – *[C. consom., art. L. 311-16, al. 9, résiliation.]*

Sur les sanctions, V. art. R. 341-18.

Art. L. 312-83 **Lorsque l'ouverture de crédit est assortie de l'usage d'une carte de crédit, le prélèvement de la cotisation liée au bénéfice de ce moyen de paiement ne fait pas obstacle à la mise en œuvre des dispositions de l'article L. 312-82.** – *[C. consom., art. L. 311-16, al. 9, carte.]*

Sur les sanctions, V. art. R. 341-18.

SECTION XI OPÉRATIONS DE DÉCOUVERT EN COMPTE

BIBL. GÉN. ▸ BOCCARA, *Dr. et patr. oct. 2010. 63* (la nouvelle réglementation des découverts en compte). – MALHERBE, *Banque et Droit mars-avr. 2017. 18* (modalités de dénonciation du découvert bancaire).

COMMENTAIRE

I. DISTINCTION

Il existe trois types de découverts :

– les découverts remboursables dans le délai d'un mois (facilités de caisse) ;

– les découverts dont la durée de remboursement est supérieure à un mois et ne dépassant pas trois mois ;

– les dépassements d'une durée supérieure à trois mois.

Il faut rappeler que ce sont tous les contrats de crédit prévoyant un délai *supérieur à trois mois* qui entrent dans le champ d'application du présent chapitre. Sont exclus les découverts de *moins d'un mois*. En revanche, les découverts intermédiaires, c'est-à-dire *supérieurs à un mois et inférieurs ou égaux à trois mois*, se voient appliquer un régime spécifique introduit par la loi du 1er juillet 2010 (art. L. 312-84). Observons que dans ce dernier cas, le prêteur doit donner au consommateur par écrit les informations nécessaires pour comprendre le sens de son engagement préalablement à la conclusion d'une autorisation de découvert d'un à trois mois (art. L. 312-85). Le décret n° 2011-136 du 1er février 2011 fixe la liste et les conditions de présentation des informations précontractuelles (art. R. 312-32 et annexe), ainsi que la liste des informations figurant dans le contrat, lesquelles doivent être claires, lisibles et « en caractères dont la hauteur ne peut être inférieure à celle du corps huit » (art. R. 312-33).

Pour les autorisations de découvert *supérieures à un mois*, l'organisme de crédit doit adresser régulièrement à l'emprunteur un relevé de compte. Les dispositions de l'article L. 312-31 relatives à la variation du taux d'intérêt sont reprises ici par l'article L. 312-89. Les mentions du relevé de compte prévu par ce texte sont énumérées à l'article R. 312-34, issu du décret du 1er février 2011.

Enfin, le régime de l'autorisation de découvert *à durée indéterminée* est prévu par l'article L. 312-90 : l'emprunteur peut résilier, à tout moment et sans frais, sous réserve d'un délai de préavis expressément stipulé, lequel ne peut être supérieur à un mois. De son côté, le prêteur peut résilier moyennant un préavis d'au moins deux mois si le contrat de crédit le prévoit, mais peut se dispenser de préavis en cas de motif légitime (art. L. 312-91), lequel doit être communiqué à l'emprunteur avant la résiliation (la responsabilité de la banque pour rupture sans préavis ne saurait alors être engagée).

II. DÉCHÉANCES

Le prêteur qui accorde un crédit sans remettre à l'emprunteur un contrat satisfaisant aux conditions fixées pour les opérations de découvert en compte par les articles L. 312-85 à L. 312-87 et L. 312-92, est déchu du droit aux intérêts.

Par ailleurs, le prêteur qui n'a pas respecté les formalités prescrites au dernier alinéa de l'article L. 312-92 et à l'article L. 312-93 ne peut réclamer à l'emprunteur les sommes correspondant aux intérêts et frais de toute nature applicables au titre du dépassement mentionné à ces articles. ❑

Art. L. 312-84 Les dispositions des 1° à 3° de l'article L. 312-6 et celles des articles L. 312-16, L. 312-17, L. 312-27, L. 312-38, L. 312-39, L. 312-44, L. 312-48, L. 312-49, L. 312-54, L. 312-55, L. 312-56 et L. 312-85 à L. 312-91 s'appliquent aux opérations de crédit consenties sous la forme d'une autorisation de découvert remboursable dans un délai supérieur à un mois et inférieur ou égal à trois mois.

Lorsque le contrat de crédit prévoit un délai de remboursement supérieur à trois mois, l'intégralité des dispositions du présent chapitre lui est applicable. – *[C. consom., art. L. 311-42, hors sanction.]*

Art. L. 312-85 Préalablement à la conclusion d'une opération mentionnée au premier alinéa de l'article L. 312-84, le prêteur donne à l'emprunteur, par écrit ou sur un autre support durable, les informations lui permettant d'appréhender clairement l'étendue de son engagement.

La liste et les conditions de présentation de ces informations sont fixées par décret en Conseil d'État. – *[C. consom., art. L. 311-43, I.] – V. art. R. 312-32.*

Sur les sanctions, V. art. L. 341-4.

Art. L. 312-86 **Si le prêteur est disposé à consentir un crédit à l'emprunteur, celui-ci reçoit sans frais, à sa demande, les informations prévues au second alinéa de l'article L. 312-87.** — *[C. consom., art. L. 311-43, II.]*

Sur les sanctions, V. art. L. 341-4.

Art. L. 312-87 **Le contrat de crédit est établi par écrit ou sur un autre support durable. Il constitue un document distinct de tout support ou document publicitaire.**

La liste des informations figurant dans le contrat est fixée par décret en Conseil d'État. — *[C. consom., art. L. 311-43, III.] — V. art. R. 312-33.*

Sur les sanctions, V. art. L. 341-4.

Art. L. 312-88 **Pour les opérations consenties sous la forme d'une autorisation de découvert remboursable dans un délai supérieur à un mois, le prêteur est tenu d'adresser régulièrement à l'emprunteur, par écrit ou sur un autre support durable, un relevé de compte comprenant les informations dont la liste et le contenu sont fixés par décret en Conseil d'État.** — *[C. consom., art. L. 311-44, al. 1er.] — V. art. R. 312-34.*

Art. L. 312-89 **En cas d'augmentation du taux débiteur ou des frais dont il est redevable, l'emprunteur est informé par écrit ou sur un autre support durable avant que ces modifications n'entrent en vigueur.**

Lorsque la modification du taux débiteur résulte d'une variation du taux de référence, que le nouveau taux de référence est rendu public par des moyens appropriés et que l'information relative au nouveau taux de référence est également disponible dans les locaux du prêteur, les parties peuvent convenir dans le contrat de crédit que cette information est communiquée dans le relevé de compte mentionné à l'article L. 312-88. — *[C. consom., art. L. 311-44, al. 2 et 3.]*

Sur les sanctions, V. art. L. 341-4.

Art. L. 312-90 **L'emprunteur peut procéder à tout moment et sans frais à la résiliation d'une autorisation de découvert à durée indéterminée, à moins que les parties n'aient convenu d'un délai de préavis. Ce délai ne peut être supérieur à un mois.** — *[C. consom., art. L. 311-44, al. 4.]*

Art. L. 312-91 **Si le contrat de crédit le prévoit, le prêteur a la faculté de résilier l'autorisation de découvert à durée indéterminée moyennant un préavis d'au moins deux mois communiqué à l'emprunteur par écrit ou sur un autre support durable. En cas de motif légitime, cette résiliation peut intervenir sans préavis et, dans ce cas, le prêteur en communique les motifs à l'emprunteur, si possible avant la résiliation.** — *[C. consom., art. L. 311-44, al. 5.]*

Art. L. 312-92 **Lorsque la convention de compte mentionnée au deuxième alinéa du I de l'article L. 312-1-1 du code monétaire et financier prévoit la possibilité d'un dépassement, cette convention mentionne le taux débiteur, les conditions applicables à ce taux, tout indice ou taux de référence qui se rapporte au taux débiteur initial, les frais applicables et, le cas échéant, les conditions dans lesquelles ces frais peuvent être modifiés. Dans tous les cas, le prêteur fournit ces informations par écrit ou sur un autre support durable à intervalles réguliers.**

Dans le cas d'un dépassement significatif qui se prolonge au-delà d'un mois, le prêteur informe l'emprunteur, sans délai, par écrit ou sur un autre support durable, du montant du dépassement, du taux débiteur et de tous frais ou intérêts sur arriérés qui sont applicables. — *[C. consom., art. L. 311-46.]*

Sur les sanctions, V. art. L. 341-4 et L. 341-9.

Art. L. 312-93 **Lorsque le dépassement se prolonge au-delà de trois mois, le prêteur propose sans délai à l'emprunteur un autre type d'opération de crédit au sens du 4° de l'article L. 311-1, dans les conditions régies par les dispositions du présent chapitre.** — *[C. consom., art. L. 311-47.]*

Sur les sanctions, V. art. L. 341-9.

Art. L. 312-94 **Les dispositions des articles L. 312-27, L. 312-92 et L. 312-93 s'appliquent aux opérations de crédit consenties sous la forme d'un dépassement mentionné au 11° de l'article L. 311-1.** – *[C. consom., art. L. 311-45.]*

Directive n° 2008/48/CE du Parlement européen et du Conseil du 23 avril 2008,

Concernant les contrats de crédit aux consommateurs et abrogeant la directive 87/102/CEE du Conseil (JOUE L 133 du 22 mai 2008).

BIBL. ▸ LEGEAIS, *RTD com. 2008. 395* (directive crédit à la consommation). – GOSSOU, *Banque et Droit juill.-août 2008. 39* (directive relative aux crédits à la consommation : impacts sur les assurances emprunteurs). – RAYMOND, *JCP 2008. I. 215 ; CCC 2008. Étude 9* (directive 2008/48/CE : premières approches). – RAYNOUARD, *RJ com. 2008. 300* (harmonisation maximale laissant subsister des différences nationales). – GOURIO, *JCP E 2008, n° 36, p. 13*. – S. PIEDELIÈVRE, *D. 2008. 2614* (directive du 23 avr. 2008 sur le crédit aux consommateurs). – CLARET, *LPA 12 mai 2009 (idem)*.

CHAPITRE III CRÉDIT IMMOBILIER

RÉP. COM. v° *Crédit immobilier*, par PIEDELIÈVRE.

BIBL. GÉN. ▸ BEZ, *JCP N 1981. I. 125*. – CALAIS-AULOY et BIHL, *JCP CI 1980. I. 9045*. – M.-TH. CALAIS-AULOY, *JCP 1984. I. 3144*. – COLLART-DUTILLEUL, *RDI 1989. 159* (clauses abusives). – CRÔNE, *LPA 19 mai 2000* (crédit immobilier et DIP). – DAGOT, *JCP 1980. I. 2973 et 2979*. – DJOUDI et BOUCARD, *D. 2008. 500* (la protection de l'emprunteur profane). – FLORES et BIARDEAUD, *D. 2000. Chron. 191* (protection de l'emprunteur : une notion menacée). – GAVALDA, *D. 1980. Chron. 211 ; RDI 1980. 389*. – HAUX, *LPA 1er mars 2001* (protection des consommateurs dans la Convention de Rome : pour une interprétation cohérente des dispositions applicables). – JESTAZ et GODÉ, *RTD civ. 1979. 850*. – JESTAZ, LANCEREAU et ROUJOU DE BOUBÉE, *RDI 1979. 409*. – X. LAGARDE, *LPA 16 oct. 2003* (actualité jurisprudentielle). – LANCEREAU, *RDI 1980. 22*. – MEYSSON, *JCP N 1981. I. 17*. – SALATS, *ibid. 1986. I. 208*. – SANTACREU, *ibid. 1982. I. 147*. – STOUFFLET, *Mélanges Gavalda, Dalloz, 2001, p. 287* (propos non conformistes sur la protection du consommateur emprunteur). – Colloque du 17 oct. 1997, *LPA 29 avr. 1998, n° spécial* (crédit immobilier : questions choisies). – Huitièmes « Rencontres notariat-universite » du 23 nov. 1998, *LPA 29 juin 1999, n° spécial* (crédit immobilier, notaire, banquier et consommateur). – SAGAUT, *RDC 2009. 251* (de quelques cas encore (!) incertains de l'application de la loi Scrivener). – GOURIO, *JCP E 2011, n° 1639* (proposition de directive européenne sur le crédit immobilier). – ROUTIER, *Dr. et patr. janv. 2012. 76* (le financement de l'immeuble). – MATHEY, *Banque et Droit juin 2013, hors-série. p. 37* (le crédit immobilier en ligne). – DECKON, *LPA 18 mai 2016* (le sort du prêt immobilier). – DE RAVEL D'ESCLAPON, *AJ contrat 2017. 118* (de la validité de la clause de domiciliation des revenus en matière de crédit immobilier).

▸ Réforme du 31 déc. 1989 : DELEBECQUE, *D. 1990. Chron. 255*. – PAISANT, *JCP 1990. I. 3457*. – SCHAUFELBERGER, *RDI 1990. 301*. – VION, *Defrénois 1990. 321*.

▸ Réforme du 1er juill. 2010 : S. PIEDELIÈVRE, *Defrénois 2010. 1539* (dispositions relatives au crédit immobilier). – HEUGAS-DARRASPEN, *RDI 2011. 196* (incidences sur le crédit immobilier) ; *Gaz. Pal. 2011. 1905* (la « face cachée » d'une réforme du crédit immobilier).

▸ Ord. n° 2016-351 du 25 mars 2016 : LEGRAND, *LPA 22 avr. 2016* (le nouveau droit du crédit immobilier : enfin la consécration d'un crédit responsable ?). – NDLR, *BRDA 2016, n° 9, p. 19* (transposition de la Dir. 2014/17 du 4 févr. 2014). – GOURIO, *JCP E 2016, n° 1362* (réforme du crédit immobilier aux particuliers). – LASSERRE CAPDEVILLE, *JCP 2016, n° 517* (la réforme du crédit immobilier : une évolution juridique de bon sens !). – BOCCARA et JOUFFIN, *Banque et Droit mai-juin 2016. 34* (réforme du crédit immobilier aux consommateurs). – GILLOUARD et LE ROUVILLOIS, *Gaz. Pal. 7 juin 2016, p. 47* (réforme du crédit immobilier aux particuliers). – LEGEAIS, *RTD com. 2016. 305* (commentaire de l'Ord. du 25 mars 2016). – LASSERRE CAPDEVILLE, *LPA 23-24 août 2016* (le renforcement des obligations de formation des prêteurs, des intermédiaires de crédit et des IOBSP suite à la réforme du crédit immobilier). – COHET, *AJDI 2016. 574* (vers un droit du crédit immobilier harmonisé à l'échelle européenne). – HEUGAS-DARRASPEN et SALVENDY, *RDI 2016. 508* (Ord. du 26 mars 2016 relative au crédit immobilier, ultime volet de l'incidence européenne sur le crédit aux consommateurs). – Dossier, *RD banc. fin. 2016. Dossier 30* (réforme du crédit immobilier à la consommation). – LOIR, *Defrénois 2016. 1127* (réforme du crédit immobilier : quel champ d'application ?).

COMMENTAIRE

La directive 2014/17/UE du 4 février 2014 sur les contrats de crédit aux consommateurs relatifs aux biens immobiliers à usage résidentiel, dite « crédit hypothécaire » (V. ss. art. L. 313-64), est la première directive en matière de crédit immobilier. Jusqu'ici le droit européen ne s'était intéressé qu'au crédit mobilier, à travers la directive du 22 décembre 1986, remplacée par celle du 23 avril 2008. Désormais, le droit européen de la consommation fait une intrusion dans le droit immobilier. C'est le résultat d'un processus de dix années de concertation, notamment marquées par différentes étapes : un livre vert en 2005, un livre blanc en 2007 et une proposition de directive en 2011. Le contexte de crise financière internationale survenue au cours de cette période n'est pas indifférent au contenu des dispositions : il s'agit aussi de restaurer la confiance des emprunteurs en Europe.

La directive du 4 février 2014 apparaît comme le point de jonction du droit de la consommation et du droit financier ; deux branches *a priori* antinomiques, mais dont les aspirations convergent en réalité souvent. La crise financière provoquée par la pratique américaine des *subprimes* a sans doute infléchi la démarche. Initialement dirigé vers une logique de marché – passant par la promotion des activités transfrontalières et la création d'un marché intérieur des contrats de crédit relatifs aux biens immobiliers à usage résidentiel –, l'objectif de la directive s'est ensuite déplacé vers la protection des consommateurs : à la fois directement par l'encadrement des relations précontractuelles et indirectement par une réglementation plus stricte des activités des professionnels. Le législateur européen entend clairement faciliter l'accès au crédit sur le marché européen en améliorant l'accessibilité et la comparabilité des prêts tout en responsabilisant les professionnels du crédit.

La philosophie de la directive peut être résumée par de deux idées. Tout d'abord, l'aspect éducatif est prononcé puisqu'il est question d'éducation financière, et d'information, qu'il s'agisse des publicités ou des informations précontractuelles, souvent personnalisées. Ensuite, l'aspect moralisateur est très marqué à travers les diverses exigences de loyauté : il se manifeste à travers l'information sur la rémunération des services, les informations périodiques en cas de prêt dans une monnaie étrangère, l'évaluation approfondie des biens immobiliers, la vérification rigoureuse de la solvabilité de l'emprunteur (l'obligation de refuser le crédit en cas d'évaluation négative des perspectives de remboursement du crédit a toutefois été supprimée lors de la discussion du texte)…

L'aspiration à un « marché intérieur » laissait penser que les États membres prendraient l'option, en matière de crédit immobilier, d'une obligation d'harmonisation maximale. Or, la directive du 4 février 2014 a opté, à la différence de celle de 2008 sur le crédit à la consommation, pour une harmonisation minimale, à l'exception des mesures concernant le modèle de fiche d'information personnalisée (FISE) et le taux annuel effectif global (TAEG). Comme toujours, les sanctions sont laissées à la discrétion des États, à condition toutefois qu'elles soient efficaces, proportionnées et dissuasives.

L'ordonnance n° 2016-351 du 25 mars 2016 a opéré, en droit interne, la transposition. Elle modifie nettement le droit français du crédit immobilier, mais également l'encadrement juridique des intermédiaires en crédit immobilier. De nouvelles obligations sont introduites dans le code de la consommation et dans le code monétaire et financier, relatives à l'information générale du consommateur, à la remise d'une fiche d'information précontractuelle standardisée européenne (FISE), à l'évaluation de solvabilité, aux explications adéquates, au devoir d'alerte, au service de conseil, à l'évaluation du bien immobilier, aux règles de conduite, de rémunération et de compétence. Les principales innovations concernent la période précontractuelle, à l'instar de certaines règles propres à la réforme du crédit mobilier. Se dégage ainsi un parfum de cohérence de notre droit du crédit aux particuliers, même si le crédit immobilier garde toute sa spécificité.

Les dispositions de l'ordonnance entrent en vigueur le 1er juillet 2016. Toutefois, des dates différentes sont prévues pour certaines dispositions : le 1er octobre 2016 pour celles relatives à la publicité, à l'information générale et précontractuelle, aux prêts en devises étrangères et celles concernant le taux annuel effectif global ; le 1er janvier 2017 s'agissant de la fiche d'information précontractuelle ; le 20 mars 2017 concernant la formation continue ; le 21 mars 2019 pour l'exigence d'une formation complémentaire à l'expérience professionnelle des prêteurs. ❑

Les dispositions issues de l'Ord. n° 2016-351 du 25 mars 2016 s'appliquent aux contrats dont l'offre a été émise après leur entrée en vigueur (Ord. préc., art. 13-VII).

V. aussi Dir. 2014/17/UE du 4 févr. 2014 sur les contrats de crédit aux consommateurs relatifs aux biens immobiliers à usage résidentiel, ss. art. L. 313-64.

SECTION PREMIÈRE CHAMP D'APPLICATION

COMMENTAIRE

Sont soumis aux règles du crédit immobilier tous les crédits garantis par une hypothèque, quel que soit leur montant ou leur objet. Avant l'ordonnance du 25 mars 2016, seuls les crédits ayant pour objet l'acquisition d'un bien immobilier entraient dans le champ d'application du crédit immobilier (dans le cas des crédits en matière de travaux, le montant du crédit devait être supérieur à 75 000 €). L'une des principales modifications de l'ordonnance concerne les domaines respectifs du crédit mobilier et du crédit immobilier. En effet, pour tenir compte de la pratique européenne des crédits, elle ne va pas seulement s'appliquer aux crédits immobiliers, mais également aux crédits garantis par une hypothèque.

Au préalable, il faut rappeler que le périmètre du crédit à la consommation est modifié, comme en attestent les modifications apportées à l'article L. 312-4-2°. En effet, on prévoit que ne relèvent pas du régime du crédit à la consommation « les opérations de crédit garanties par une hypothèque, par une autre sûreté comparable sur les biens immobiliers à usage d'habitation ou par un droit lié à un bien immobilier à usage d'habitation relevant des dispositions du chapitre III du présent titre ». De ce fait, le droit régissant le crédit immobilier a donc un champ plus étendu.

Toutefois, si jusqu'à présent l'alinéa suivant du même article prévoyait que sont également exclues « les opérations dont le montant total du crédit est inférieur à 200 € ou supérieur à 75 000 €, à l'exception de celles, mentionnées à l'article L. 313-15, ayant pour objet le regroupement de crédits », l'article 2 de l'ordonnance du 25 mars 2016 complète cette dernière exception en visant les opérations « destinées à financer les dépenses relatives à la réparation, l'amélioration ou l'entretien d'un immeuble d'habitation ou à usage professionnel et d'habitation, lorsque le crédit n'est pas garanti par une hypothèque, par une autre sûreté comparable sur les biens immobiliers à usage d'habitation ou par un droit lié à un bien immobilier à usage d'habitation ». En d'autres termes, le droit régissant les crédits à la consommation a vocation à s'appliquer, dans cette hypothèse, à des crédits supérieurs à 75 000 €. Un seul critère : l'absence d'hypothèque ou d'une autre sûreté proche.

Ensuite, l'article 3 de l'ordonnance du 25 mars 2016 modifie le champ d'application du crédit immobilier, dont les dispositions s'appliquent dans trois hypothèses :

– première hypothèse : contrats de crédit destinés à financer des opérations expressément énumérées. D'une part, en ce qui concerne les immeubles à usage d'habitation ou à usage professionnel et d'habitation : il s'applique à leur acquisition en propriété ou à la souscription ou l'achat de parts ou actions de sociétés donnant vocation à leur attribution en propriété (y compris lorsque ces opérations visent également à permettre la réalisation de travaux de réparation, d'amélioration ou d'entretien de l'immeuble ainsi acquis), mais aussi à leur acquisition en jouissance ou à la souscription ou l'achat de parts ou actions de sociétés donnant vocation à leur attribution en jouissance, ou enfin pour les dépenses relatives à leur construction. D'autre part, le droit régissant le crédit immobilier s'applique aussi à l'achat de terrains destinés à la construction de tels immeubles ;

– deuxième hypothèse : contrats de crédit accordés à un emprunteur – au sens des définitions prévues à l'article L. 311-1-2° – qui sont garantis par une hypothèque, par une autre sûreté comparable sur les biens immobiliers à usage d'habitation, ou par un droit lié à un bien immobilier à usage d'habitation. L'article précise qu'il s'agit notamment des contrats destinés à financer, pour les immeubles à usage d'habitation ou à usage professionnel et d'habitation, les dépenses relatives à leur réparation, leur amélioration ou leur entretien ;

– troisième hypothèse : crédits visés par la première hypothèse souscrits par des personnes morales de droit privé, lorsque le crédit accordé n'est pas destiné à financer une activité professionnelle, « notamment celle des personnes morales qui, à titre habituel, même accessoire à une autre activité, ou en vertu de leur objet social, procurent (…) des immeubles ou fractions d'immeubles, bâtis ou non, achevés ou non, collectifs ou individuels, en propriété ou en jouissance ». Ces personnes sont bien des non-professionnels au sens de l'article liminaire du code.

Le domaine est également défini négativement par une série d'exclusions, plus fournie qu'auparavant. La liste comprend dix contrats de crédit, énumérés par l'article L. 313-2. ❑

Art. L. 313-1 *(Ord. nº 2016-351 du 25 mars 2016, art. 3-1º, en vigueur le 1er juill. 2016)* **Les dispositions du présent chapitre s'appliquent :**

1º Aux contrats de crédit, définis au 6º de l'article L. 311-1, destinés à financer les opérations suivantes :

a) **Pour les immeubles à usage d'habitation ou à usage professionnel et d'habitation :**

— leur acquisition en propriété ou la souscription ou l'achat de parts ou actions de sociétés donnant vocation à leur attribution en propriété, y compris lorsque ces opérations visent également à permettre la réalisation de travaux de réparation, d'amélioration ou d'entretien de l'immeuble ainsi acquis ;

— leur acquisition en jouissance ou la souscription ou l'achat de parts ou actions de sociétés donnant vocation à leur attribution en jouissance, y compris lorsque ces opérations visent également à permettre la réalisation de travaux de réparation, d'amélioration ou d'entretien de l'immeuble ainsi acquis ;

— les dépenses relatives à leur construction ;

b) **L'achat de terrains destinés à la construction des immeubles mentionnés au *a* ci-dessus ;**

2º Aux contrats de crédit accordés à un emprunteur défini au 2º de l'article L. 311-1, qui sont garantis par une hypothèque, par une autre sûreté comparable sur les biens immobiliers à usage d'habitation, ou par un droit lié à un bien immobilier à usage d'habitation. Ces contrats ainsi garantis sont notamment ceux destinés à financer, pour les immeubles à usage d'habitation ou à usage professionnel et d'habitation, les dépenses relatives à leur réparation, leur amélioration ou leur entretien ;

3º Aux contrats de crédit mentionnés au 1º, qui sont souscrits par les personnes morales de droit privé, lorsque le crédit accordé n'est pas destiné à financer une activité professionnelle, notamment celle des personnes morales qui, à titre habituel, même accessoire à une autre activité, ou en vertu de leur objet social, procurent, sous quelque forme que ce soit, des immeubles ou fractions d'immeubles, bâtis ou non, achevés ou non, collectifs ou individuels, en propriété ou en jouissance. — *[C. consom., art. L. 312-2.]*

BIBL. ▶ PIEDELIÈVRE, *Defrénois 2010. 1539* (dispositions de la loi du 1er juill. 2010 relatives au crédit immobilier).

Jurispr. antérieure à l'Ord. nº 2016-351 du 25 mars 2016.

1. *Notion d'immeuble.* Les dispositions relatives au crédit immobilier impliquent que la construction financée ait un caractère immobilier ; ne constitue pas un immeuble une construction reposant sur un cadre de poutrelles métalliques posé sur des parpaings et qui n'est donc pas incorporée au sol. • Aix-en-Provence, 3 mai 2005 : *CCC 2005, nº 211, obs. Raymond.*

2. *Destination de l'immeuble.* La loi du 13 juill. 1979 [C. consom., art. L. 313-1 s.] s'applique aux prêts consentis pour financer l'acquisition d'immeubles à usage d'habitation, sans qu'il y ait à distinguer entre les acquisitions destinées à l'habitation effective et celles effectuées dans un but d'investissement. • Crim. 7 août 1990 : *D. 1990. IR 225 ; BID 1991, nº 2, p. 27.* ♦ Les juges du fond ne sont pas tenus de vérifier d'office que la partie qui invoque l'application de la loi de 1979 avait l'intention d'acquérir pour habiter. • Civ. 3e, 10 déc. 1986 : *Bull. civ. III, nº 181 ; D. 1987. Somm. 458, obs. Aubert ; D. 1988. Somm. 114, obs. Magnin ; Defrénois 1987. 33978, nº 45, obs. Aubert.* ♦ Pour un prêt consenti pour acquérir un immeuble à usage professionnel, V. • Com. 11 juin 2014 : *cité note 5 ss. art. L. 314-15.*

3. *Immeuble en jouissance à temps partagé.* La loi du 13 juill. 1979 [C. consom., art. L. 313-1 s.] est applicable aux acquisitions d'immeubles en jouissance à temps partagé. • Civ. 1re, 27 juin 1995 : *Bull. civ. I, nº 288 ; CCC 1995, nº 191, obs. Raymond.* ♦ Comp. : • Paris, 9 mars 1995 : *CCC 1995, nº 155, obs. Raymond.*

4. *Propriété agricole.* La loi du 13 juill. 1979 [C. consom., art. L. 313-1 s.] n'est pas applicable au prêt destiné à financer l'achat d'une propriété agricole, même si celle-ci comporte accessoirement des bâtiments d'exploitation. • Civ. 1re, 7 oct. 1992 : *D. 1992. IR 252 ; CCC 1993, nº 14, obs. Raymond.*

5. *Terrain nu.* Ne relève pas de l'art. L. 312-2 [L. 313-1] l'emprunt souscrit à l'effet de régler une soulte due au titre d'un terrain reçu en donation-partage, destiné à être aussitôt vendu sans construction. • Com. 18 mai 2005 : *Bull. civ. IV, nº 106 ; JCP 2005. IV. 2511 ; Defrénois 2005. 1425, note S. Piedelièvre.*

6. *Destination du crédit.* S'agissant des dépenses de construction, de réparation, d'amélioration ou d'entretien d'un immeuble, il faut, pour déterminer les textes applicables, se référer au montant des dépenses et non au montant du prêt. • Civ. 1re, 15 déc. 1993 : *cité note 6 ss. art. L. 312-4.* ♦ Ayant constaté que les prêts contractés étaient destinés à financer la vente et l'installation en toiture de panneaux photovoltaïques permettant aux propriétaires d'un immeuble à usage d'habitation d'améliorer leur bien par la production de leur propre électricité, même si tout ou partie de celle-ci pouvait être vendue à un fournisseur d'énergie, la cour d'appel en a exactement déduit que ces prêts relevaient des opérations énumérées à l'art. L. 312-2 [L. 313-1]. • Civ. 1re, 11 déc. 2013 : *RTD com. 2014. 377, obs. Legeais ; AJDI 2014. 526, note Wertenschlag, Poindron et Moreau ; RJDA 2014, n° 376.* – V. aussi, relevant qu'il revient au juge de déterminer si l'installation de panneaux photovoltaïques est à mettre au rang des travaux d'amélioration de l'immeuble : • Civ. 1re, 18 déc. 2014 : *AJDI 2015. 367 ; CCC 2015, n° 78, obs. Raymond ; RD banc. fin. 2015, n° 35, obs. Mathey.* ♦ Pour une application des dispositions régissant le crédit à la consommation, V. • Paris, 10 oct. 2013 : *CCC 2014, n° 80, obs. Raymond.*

7. Apurement après la vente du solde restant dû sur le prêt initial. Le prêt consenti après la vente d'un immeuble en vue d'apurer le solde restant dû sur le prêt immobilier initial, accordé pour l'achat de cet immeuble, s'inscrit dans l'opération d'acquisition du bien et est par conséquent soumis aux dispositions des art. L. 312-2 s. [L. 313-1 s.]. • Cass., avis, 20 juin 1997 : *Bull. civ. n° 4.* ♦ En revanche, le prêt destiné à financer le regroupement de divers crédits immobiliers ayant permis l'acquisition d'un immeuble d'habitation est exclu du champ d'application des dispositions du code de la consommation sur le crédit immobilier. • Civ. 1re, 28 juin 2007 : *CCC 2007, n° 267, obs. Raymond ; RJDA 2009, n° 263.*

8. Formes de crédit. La loi du 13 juill. 1979 [C. consom., art. L. 313-1 s.] est applicable aux facilités de paiement offertes par une société d'HLM, aboutissant à consentir aux acquéreurs un crédit d'une certaine valeur moyennant des intérêts calculés en fonction de celle-ci. • Civ. 1re, 10 juin 1987 : *D. 1987. Somm. 457, obs. Aubert ; Defrénois 1987. 34056, n° 83, obs. Vermelle* • 3 mars 1998 : *CCC 1998, n° 106, obs. Raymond.* ♦ ... Au contrat par lequel un établissement de crédit s'engage à faire bénéficier les emprunteurs d'une prorogation du prêt notarié contracté par eux pour parvenir à rembourser un prêt affecté à l'achat d'une maison d'habitation. • Civ. 1re, 20 janv. 1993 : *Bull. civ. I, n° 29 ; D. 1993. IR 42 ; JCP E 1993. Pan. 358.* ♦ ... Au crédit relais consenti par une banque dans l'attente de la consolidation d'un prêt demandé et accordé sous réserve de la garantie par une assurance décès-invalidité. • Civ. 1re, 26 janv. 1999 : *CCC 1999, n° 63, obs. Raymond.* ♦ V. aussi note 1 ss. anc. art. L. 313-4.

9. Contrat d'architecte. Il résulte des termes des art. L. 312-1, L. 312-2 et L. 312-19 [L. 311-1, L. 313-1, L. 313-44] que les honoraires d'architecte relèvent des dispositions du code de la consommation sur le crédit immobilier, dès lors qu'ils sont inclus dans l'estimation globale du prix de la construction. • Civ. 1re, 3 janv. 1996 : *Bull. civ. I, n° 10 ; D. Affaires 1996. 172.*

10. Épargne logement. Dans le cadre d'un plan ou compte d'épargne logement, la banque est tenue d'accorder à son client, sauf s'il est en situation de surendettement, le prêt auquel elle s'est obligée lors de la conclusion du contrat, dès lors que les conditions légales et réglementaires sont réunies. • Civ. 1re, 3 juin 1997 : *Bull. civ. I, n° 181 ; D. 1998. 245, note Heugas-Darraspen .* ♦ Sur les conditions d'obtention d'un prêt lorsque le plan ou compte épargne logement est venu à terme, V. CCH, art. L. 315-1 s., R. 315-25 et R. 315-34. – **CCH.**

11. Droit international privé. BIBL. Crône, *LPA 19 mai 2000* (crédit immobilier et DIP). ♦ Dans le cas d'un contrat de prêt immobilier stipulant l'application d'une loi étrangère, l'acte notarié établi en France ayant pour seul objet de constituer les garanties hypothécaires sur des immeubles situés en France, la créance du prêteur est soumise à la loi d'autonomie, tandis que la sûreté immobilière destinée à garantir cette créance est soumise à la loi de situation des biens. • Civ. 1re, 19 janv. 1999 : *D. 1999. IR 45 ; D. Affaires 1999. 371, obs. X. D. ; JCP 1999. II. 10248, note Vignal.*

12. Convention de Rome. BIBL. Haux, *LPA 1er mars 2001* (protection des consommateurs dans la Convention de Rome). – Boskovic, *D. 2008. 2175* (protection de la partie faible dans le règlement Rome I). ♦ Lorsqu'un emprunt est destiné à financer une opération immobilière concernant pour 46 % un immeuble à l'usage d'habitation et pour le solde un immeuble à usage professionnel, l'art. 15 de la Convention de Bruxelles ne s'applique pas. • Civ. 1re, 18 juill. 2000 : *cité note 2 ss. art. 17 du Règl. du 12 déc. 2012, App., v° Compétence.*

13. Ordre public de protection. Si la loi du 13 juill. 1979 sur le crédit immobilier relève du domaine de l'ordre public de protection, la nullité des contrats souscrits en violation de ce texte est une *nullité* relative soumise à la prescription quinquennale de l'art. 1304 [ancien] C. civ. • Rouen, 12 mars 1997 : *RJDA 1997, n° 805.* ♦ L'inobservation du délai prévu pour la protection de l'emprunteur par l'art. L. 312-10, al. 2 [L. 313-34], est sanctionnée par une nullité relative. • Civ. 1re, 27 févr. 2001 : *cité note 3 ss. art. L. 313-34.* ♦ En cas d'octroi d'un crédit soumis à la réglementation sur le crédit immobilier, les parties ne peuvent pas renoncer par avance aux dispositions d'ordre public de la loi. • Civ. 1re, 8 juin 1994 : *cité note 4 ss. art. L. 313-29.*

Art. L. 313-2 *(Ord. nº 2016-351 du 25 mars 2016, art. 3-1º, en vigueur le 1er juill. 2016)* **Sont exclus du champ d'application du présent chapitre :**

1º Les prêts consentis à des personnes morales de droit public ;

2º Ceux destinés, sous quelque forme que ce soit, à financer une activité professionnelle, notamment celle des personnes physiques ou morales qui, à titre habituel, même accessoire à une autre activité, ou en vertu de leur objet social, procurent, sous quelque forme que ce soit, des immeubles ou fractions d'immeubles, bâtis ou non, achevés ou non, collectifs ou individuels, en propriété ou en jouissance ;

3º Les opérations de crédit différé, régies par la loi nº 52-332 du 24 mars 1952 relative aux entreprises de crédit différé lorsqu'elles ne sont pas associées à un crédit d'anticipation ; — *V. cette loi au* **C. sociétés.**

4º Les opérations mentionnées au 3º de l'article L. 511-6 du code monétaire et financier ;

5º Les opérations de crédit qui ne sont assorties d'aucun intérêt ni d'aucun frais autres que les frais couvrant les coûts liés à la garantie du crédit ;

6º Les opérations consenties sous la forme d'une autorisation de découvert remboursable dans un délai d'un mois ;

7º Les contrats qui sont l'expression d'un accord intervenu devant une juridiction ;

8º Les contrats résultant d'un plan conventionnel de redressement mentionné à l'article L. 732-1 conclu devant la commission de surendettement des particuliers ;

9º Les contrats de crédit conclus à l'occasion d'un délai de paiement accordé, sans frais, pour le règlement d'une dette existante qui ne sont pas garantis par une hypothèque ou une sûreté réelle comparable ;

10º Le prêt viager hypothécaire régi par les articles L. 315-1 et suivants *[.] — [C. consom., art. L. 312-3.]*

1. Activité professionnelle. Constitue une activité professionnelle celle d'une SCI qui a pour objet la mise en location (meublée ou non) d'un ou plusieurs appartements. • Civ. 1re, 10 févr. 1993 : *Bull. civ. I, nº 71 ; D. 1993. IR 60 ; CCC 1993, nº 81, obs. Raymond* • 14 oct. 2015, nº 14-24.915 : *Gaz. Pal. 12 avr. 2016, p. 30, obs. Piedelièvre ; Defrénois 2016. 171, note Bocquet-Ickowicz ; RD banc. fin. 2016, nº 8, obs. Mathey.* ♦ ... Ou l'achat d'immeubles de bureaux. • Civ. 1re, 26 mai 1993 : *CCC 1993, nº 159, obs. Raymond.* ♦ ... Le nombre des immeubles sur lesquels s'exerce cette activité étant indifférent. • Civ. 1re, 11 oct. 1994 : *JCP E 1994. Pan. 1316.* ♦ Après avoir constaté que les emprunts souscrits par les demandeurs étaient destinés à financer l'acquisition de parts de sociétés dont l'objet était la construction ainsi que l'aménagement d'un hôtel et donc d'un immeuble, non à vocation d'habitation, mais à vocation commerciale, une cour d'appel en a exactement déduit que de tels emprunts étaient exclus du champ d'application des dispositions des art. L. 312-1, L. 312-2 et L. 312-3 [L. 311-1, L. 312-1, L. 312-2]. • Civ. 1re, 20 mars 2007 : *Bull. civ. I, nº 122 ; D. 2007. AJ 1077, obs. Rondey ; RTD com. 2007. 430, obs. Legeais ; RDI 2007. 409, obs. Heugas-Darraspen ; JCP N 2007, nº 47, p. 19, obs. Piedelièvre ; CCC 2007, nos 159 et 190, obs. Raymond ; RJDA 2007, nº 768.* ♦ Une cour d'appel, qui relève que, d'une part, pour entrer dans le champ d'application des dispositions des art. L. 312-1 s. [L. 313-1 s.], le prêt doit être destiné à financer notamment la souscription ou l'achat de parts ou actions de sociétés donnant vocation à l'attribution en propriété ou en jouissance d'un immeuble d'habitation ou à usage professionnel et d'habitation et, d'autre part, que la détention de parts de SCPI, sociétés civiles qualifiées par l'art. L. 214-1 C. mon. fin. d'organismes de placement collectif, ne donne nullement vocation à l'attribution en propriété ou en jouissance d'un tel local mais seulement à la perception des revenus locatifs encaissés par la SCPI dans le cadre de la gestion des immeubles dont elle est propriétaire, en déduit justement que l'acquéreur de parts d'une société de cette nature ne peut prétendre bénéficier, pour le prêt souscrit aux fins de cette acquisition, des dispositions protectrices du code de la consommation. • Civ. 1re, 14 juin 2007 : *Bull. civ. I, nº 235 ; D. 2007. AJ 1869, obs. Rondey ; RTD com. 2007. 576, obs. Legeais ; JCP N 2007, nº 47, p. 23, obs. Piedelièvre ; Bull. Joly 2007. 1111, obs. Parachkevova.*

En dépit des références à la loi du 13 juill. 1979 [C. consom., art. L. 313-1 s.] que comportait l'acte de prêt, celui-ci n'est pas soumis au régime du C. consom. dès lors qu'il est constaté que les emprunteurs, cherchant un financement destiné à apurer les dettes de la société dont l'un était gérant, ont à cette fin contracté un prêt en leur nom personnel destiné à servir de crédit relais dans l'attente de la vente de l'immeuble et du fonds de commerce exploité dans cet immeuble. • Civ. 1re, 1er juin 1999 : *Bull. civ. I, nº 188 ; D. 1999. IR 176 ; JCP 1999. IV. 2408 ; CCC 1999, nº 168, obs. Raymond ; Defrénois 1999. 1338, obs. Aubert.*

2. Fait de l'emprunteur. Il suffit, pour écarter l'application des dispositions du C. consom. en matière de crédit, que l'emprunteur ait voulu prendre auprès du prêteur l'apparence d'un professionnel. • Com. 3 mai 1994 : *CCC 1994, n° 183, obs. Raymond.*

3. Application conventionnelle. Si les prêts destinés notamment à financer les besoins d'une activité professionnelle sont exclus du champ d'application des dispositions relatives au crédit immobilier, rien n'interdit aux parties de soumettre volontairement les opérations qu'elles concluent à ces dispositions qui leur sont alors impérativement applicables. • Civ. 1re, 23 mars 1999 : *Bull. civ. I, n° 108; D. 2000. Somm. 50, obs. Pizzio ; CCC 1999, n° 167, obs. Raymond; D. Affaires 1999. 754, obs. C. R.; JCP 1999. IV. 1938* • 2 oct. 2002 : *Bull. civ. I, n° 203; D. 2002. AJ 3012 ; RTD civ. 2003. 85, obs. Mestre et Fages .* ♦ V. jugeant que ce choix ne peut être partiel, les parties ne pouvant éliminer telle ou telle règle qui ne leur conviendrait pas : • Civ. 1re, 4 avr. 2006 : *CCC 2006, n° 119, obs. Raymond; JCP N 2006, n° 36, p. 1544, obs. S. Piedelièvre; Banque et Droit mai-juin 2006. 67, obs. Stork.* ♦ ... De telle sorte que doivent être respectées les dispositions imposant la mention d'un tableau d'amortissement. • Paris, 15 janv. 2009 : *JCP N 2010, n° 1, p. 28, obs. Piedelièvre; CCC 2009, n° 181, obs. Raymond.* ♦ Cette soumission doit résulter d'une manifestation de volonté dépourvue d'équivoque et dont la réalité est soumise à l'appréciation souveraine des juges du fond. • Civ. 1re, 1er juin 1999 : *préc. note 1* • 2 oct. 2002 : *préc.* • Nîmes, 12 juin 2003, n° 01/4177 : *CCC 2004, n° 30, obs. Raymond* (volonté non établie, en l'espèce).

SECTION II PUBLICITÉ ET INFORMATIONS GÉNÉRALES

COMMENTAIRE

Dans la mesure où il s'agit de l'une des techniques de protection essentielles des consommateurs, les règles de publicité se trouvent renforcées. Le document publicitaire doit mentionner que l'emprunteur dispose d'un délai de réflexion de dix jours, que la vente est subordonnée à l'obtention du prêt et que, si celui-ci n'est pas obtenu, le vendeur doit lui rembourser les sommes versées (art. L. 313-3). La publicité doit préciser l'identité du prêteur ou de l'intermédiaire de crédit, la nature et l'objet du prêt. Lorsque cette publicité comporte un taux d'intérêt ou des chiffres relatifs au coût du crédit pour l'emprunteur, elle précise également de façon claire, concise et visible les informations complémentaires sur les caractéristiques du crédit, fournies, le cas échéant, à l'aide d'un exemple représentatif (art. L. 313-4, R. 313-1 et R. 313-2).

Aux termes de l'article L. 341-21, le fait pour l'annonceur de diffuser ou de faire diffuser une publicité non conforme aux obligations prévues aux articles L. 313-3 à L. 313-5 est puni d'une amende de 30 000 euros.

Le prêteur et l'intermédiaire de crédit assurent gratuitement la disponibilité permanente des informations sur les contrats de crédit (art. L. 313-6), sous peine d'une même amende pénale (art. L. 341-23 et L. 341-24).

SOUS-SECTION 1 PUBLICITÉ

Art. L. 313-3 *(Ord. n° 2016-351 du 25 mars 2016, art. 3-2°, en vigueur le 1er oct. 2016)* **Tout document publicitaire mis à disposition de l'emprunteur portant sur l'une des opérations visées à l'article L. 313-1 mentionne que l'emprunteur dispose d'un délai de réflexion de dix jours, que la vente est subordonnée à l'obtention du prêt et que, si celui-ci n'est pas obtenu, le vendeur doit lui rembourser les sommes versées.** – *[C. consom., art. L. 312-4.]*

Sur les sanctions, V. art. L. 341-21.

Ancien art. L. 313-3 ***Toute publicité faite, reçue ou perçue en France, qui, quel que soit son support, porte sur l'un des prêts mentionnés à l'article L. 313-1, précise :***

1° L'identité du prêteur, la nature et l'objet du prêt;

2° Si elle comporte un ou plusieurs éléments chiffrés, la durée de l'opération proposée ainsi que le coût total et le taux effectif global annuel du crédit, à l'exclusion de tout autre taux.

Toutes les mentions obligatoires sont présentées de manière parfaitement lisible et compréhensible par le consommateur.

Art. L. 313-4 *(Ord. n° 2016-351 du 25 mars 2016, art. 3-2°, en vigueur le 1er oct. 2016)* **Toute publicité faite, reçue ou perçue en France, qui, quel que soit son support, porte sur l'un des prêts mentionnés à l'article L. 313-1, précise l'identité du prêteur ou de l'intermédiaire de crédit, la nature et l'objet du prêt. Lorsque cette publicité comporte**

un taux d'intérêt ou des chiffres relatifs au coût du crédit pour l'emprunteur, elle précise également de façon claire, concise et visible les informations complémentaires sur les caractéristiques du crédit, fournies, le cas échéant, à l'aide d'un exemple représentatif.

Un décret en Conseil d'État fixe la liste et les modalités de présentation de ces informations. – *[C. consom., art. L. 312-5.]* – *V. art. R. 313-1 et R. 313-2.*

Sur les sanctions, V. art. L. 341-21.

Ancien art. L. 313-4 ***Tout document publicitaire ou tout document d'information remis à l'emprunteur et portant sur l'une des opérations visées à l'article L. 313-1 mentionne que l'emprunteur dispose d'un délai de réflexion de dix jours, que la vente est subordonnée à l'obtention du prêt et que si celui-ci n'est pas obtenu, le vendeur lui rembourse les sommes versées.***

1. Opérations concernées. L'annonce concernant l'acquisition d'un bien immobilier doit contenir les mentions rendues obligatoires par l'art. 4 de la loi de 1979 [C. consom., art. L. 313-4] dès lors qu'elle prévoit la possibilité d'obtenir, pour l'achat d'une maison à un prix déterminé, un prêt sous forme d'un remboursement assimilable à un loyer. • Crim. 4 juill. 1990 : *D. 1990. IR 225*. ♦ Même solution s'agissant de publicités relatives à l'acquisition d'immeubles de loisirs, le paiement par mensualités proposé impliquant le recours à un prêt. • Crim. 3 oct. 1991 : *D. 1991. IR 272 ; CCC 1992, nº 17, obs. Raymond ; RTD com. 1992. 711, obs. Bouzat*. ♦ Dans le même sens, s'agissant de publicités relatives aux prêts pour la construction de maisons individuelles, V. • Agen, 4 juin 1998 : *JCP 1998. IV. 3480 ; RJDA 1999, nº 831.* ♦ Une invitation à racheter des crédits en les globalisant en un crédit nouveau entre dans le champ d'application de l'art. L. 312-4 [L. 313-4]. • TI Saint-Malo, 18 déc. 2001 : *D. 2002. Somm. 2933, obs. J. Franck ; CCC 2002, nº 131, note Raymond ; CCE 2002, nº 142, note Grynbaum.*

2. Supports concernés : internet. Une page web du site internet d'un intermédiaire financier constitue une publicité soumise aux dispositions de l'art. L. 312-4 [L. 313-4]. • TI Saint-Malo, 18 déc. 2001 : *préc. note 1.*

Art. L. 313-5 *(Ord. nº 2016-351 du 25 mars 2016, art. 3-2º, en vigueur le 1er oct. 2016)* **Il est interdit dans toute communication publicitaire et commerciale :**

1º D'assimiler les mensualités de remboursement à des loyers ou faisant référence, pour le calcul des échéances, à des prestations sociales qui ne sont pas assurées pendant toute la durée du contrat ;

2º De faire figurer toute formulation susceptible de faire naître chez le consommateur de fausses attentes concernant la disponibilité ou le coût d'un crédit. – *[C. consom., art. L. 312-6.]*

Sur les sanctions, V. art. L. 341-21.

Ancien art. L. 313-5 ***Est interdite toute publicité assimilant les mensualités de remboursement à des loyers ou faisant référence, pour le calcul des échéances, à des prestations sociales qui ne sont pas assurées pendant toute la durée du contrat.***

SOUS-SECTION 2 INFORMATIONS GÉNÉRALES

Art. L. 313-6 *(Ord. nº 2016-351 du 25 mars 2016, art. 3-2º, en vigueur le 1er oct. 2016)* **Le prêteur assure la disponibilité permanente des informations générales, claires et compréhensibles, sur les contrats de crédit visés à l'article L. 313-1. L'intermédiaire de crédit assure également la disponibilité permanente des mêmes informations. Ces dernières sont délivrées sur papier, sur tout autre support durable ou sous forme électronique. Elles sont facilement accessibles et sont fournies gratuitement à l'emprunteur.**

Un décret en Conseil d'État détermine la liste et le contenu de ces informations générales. – *[Ord. nº 2016-351 du 25 mars 2016, art. 3, 2º, b.]* – *V. art. R. 313-3.*

Sur les sanctions, V. art. L. 341-23 et L. 341-24.

SECTION III INFORMATION PRÉCONTRACTUELLE DE L'EMPRUNTEUR

BIBL. GÉN. ▸ HOUTCIEFF, *RD banc. fin. 2016. Dossier 33* (devoirs précontractuels d'information du prêteur).

COMMENTAIRE

Au titre des mesures de transposition totale de la directive 2014/17 du 4 février 2014 sur le crédit immobilier, on trouve la fiche d'information standardisée européenne (la FISE), laquelle évoque la fiche précontractuelle d'information envisagée en matière de crédit à la consommation par l'article L. 312-12, qui trouve son origine dans la loi n° 2010-737 du 1er juillet 2010.

Au plus tard lors de l'émission de l'offre de crédit, le prêteur ou l'intermédiaire de crédit doit communiquer gratuitement à l'emprunteur, par écrit ou sur un autre support durable, sous la forme d'une fiche d'information standardisée européenne, les informations personnalisées lui permettant de comparer les différentes offres de crédit disponibles sur le marché, d'évaluer leurs implications et de se déterminer en toute connaissance de cause sur l'opportunité de conclure un contrat de crédit (art. L. 313-7). Les informations personnalisées que le prêteur ou l'intermédiaire de crédit communique à l'emprunteur sous la forme de la fiche mentionnée à l'article L. 313-7, dont le modèle est annexé au présent code, sont détaillées à l'article R. 313-4.

Par ailleurs, une fiche standardisée d'information européenne est remise, lors de la première simulation, à toute personne qui se voit proposer ou qui sollicite une assurance ayant pour objet de garantir le remboursement d'un prêt mentionné, de façon à bien faire apparaître le coût de l'assurance, lequel majore parfois considérablement le coût du crédit. Ladite fiche mentionne la possibilité pour l'emprunteur de souscrire auprès de l'assureur de son choix une assurance dans les conditions fixées aux articles L. 313-29 et L. 313-30 (art. L. 313-10). Elle énonce de manière claire et lisible les principales caractéristiques de l'assurance ayant pour objet de garantir le remboursement d'un prêt soumis aux dispositions du chapitre III du titre Ier, dont le modèle est annexé au présent code (V. art. R. 313-8). ❑

SOUS-SECTION 1 FICHE D'INFORMATION STANDARDISÉE EUROPÉENNE

Art. L. 313-7 *(Ord. n° 2016-351 du 25 mars 2016, art. 3-3° et 13-III, en vigueur le 1er oct. 2016)* **Au plus tard lors de l'émission de l'offre de crédit, le prêteur ou l'intermédiaire de crédit communique à l'emprunteur, par écrit ou sur un autre support durable, sous la forme d'une fiche d'information standardisée européenne, les informations personnalisées permettant à l'emprunteur de comparer les différentes offres de crédit disponibles sur le marché, d'évaluer leurs implications et de se déterminer en toute connaissance de cause sur l'opportunité de conclure un contrat de crédit.**

Un décret en Conseil d'État fixe la liste et le contenu des informations devant figurer dans cette fiche d'information standardisée européenne à fournir pour l'offre de crédit ainsi que les conditions de sa présentation. – *V. art. R. 313-4 s.*

Toutes les informations complémentaires que le prêteur souhaite donner à l'emprunteur sont fournies dans un document distinct de la fiche mentionnée au présent article.

L'ensemble des informations fourni en application du présent article l'est gratuitement. – *[Ord. n° 2016-351 du 25 mars 2016, art. 3, 3°, b.]*

La mention, au sein de la fiche d'information standardisée européenne mentionnée à l'art. L. 313-7, dans sa rédaction issue de l'Ord. n° 2016-351 du 25 mars 2016, de la rémunération de l'intermédiaire de crédit, est applicable à partir du 1er janv. 2017 au plus tard, selon les modalités précisées par décret en Conseil d'État (Ord. préc., art. 13-III).

A compter du 1er oct. 2016, la fiche d'information standardisée européenne mentionnée à l'art. L. 313-7 est présentée conformément au modèle type annexé à l'art. R. 313-4, hormis la mention des informations relatives au mode de rémunération de l'intermédiaire de crédit figurant au 4° de la section 2 de ce modèle, qui est applicable à compter du 1er janv. 2017 (Décr. n° 2016-884 du 29 juin 2016, art. 11-II).

Sur les sanctions, V. art. L. 341-24 s. et R. 341-20.

SOUS-SECTION 2 INFORMATION RELATIVE À L'ASSURANCE-EMPRUNTEUR

Art. L. 313-8 **Tout document remis à l'emprunteur préalablement à la formulation de l'offre mentionnée à l'article** *(Ord. n° 2016-351 du 25 mars 2016, art. 3-3°, en vigueur le 1er juill. 2016)* **« L. 313-24** *[ancienne rédaction : L. 313-9]* **» et comportant un ou plusieurs éléments chiffrés sur l'assurance de groupe mentionnée au premier ali-**

néa de l'article *(Ord. nº 2016-351 du 25 mars 2016, art. 3-3º, en vigueur le 1er juill. 2016)* **« L. 313-29** *[ancienne rédaction : L. 313-14]* **» mentionne le coût de cette assurance. Ce coût est exprimé :**

1º A l'exclusion de tout autre taux, en taux annuel effectif de l'assurance, qui permette la comparaison par l'emprunteur de ce taux avec *(Ord. nº 2016-351 du 25 mars 2016, art. 3-3º, en vigueur le 1er oct. 2016)* **« le taux annuel effectif global du crédit** *[ancienne rédaction : le taux effectif global annuel]* **» ;** *— V. art. R. 314-12.*

2º En montant total en euros dû par l'emprunteur au titre de l'assurance sur la durée totale du prêt ;

3º En euros et par période, selon la périodicité de paiement. Il est précisé si ce montant s'ajoute ou non à l'échéance de remboursement du crédit.

Simultanément à la remise de tout document mentionné au présent article, doivent être remises la fiche standardisée d'information mentionnée à l'article *(Ord. nº 2016-351 du 25 mars 2016, art. 3-3º, en vigueur le 1er juill. 2016)* **« L. 313-10** *[ancienne rédaction : L. 313-8]* **» ainsi que la notice mentionnée au 1º de l'article** *(Ord. nº 2016-351 du 25 mars 2016, art. 3-3º, en vigueur le 1er juill. 2016)* **« L. 313-29** *[ancienne rédaction : L. 313-14]* **».** *— [C. consom., art. L. 312-6-1, al. 1er à 5.] — Anc. art. L. 313-6 (Ord. nº 2016-351 du 25 mars 2016, art. 3-3º, en vigueur le 1er juill. 2016).*

BIBL. ▸ NDLR, *BRDA 2013, nº 15-16, p. 11* (nouvelles mesures de protection des consommateurs en matière bancaire).

Art. L. 313-9 **Tout intermédiaire d'assurance ou organisme assureur au sens du code des assurances proposant à l'emprunteur une assurance en couverture d'un crédit immobilier est soumis aux obligations prévues à l'article** *(Ord. nº 2016-351 du 25 mars 2016, art. 3-3º, en vigueur le 1er juill. 2016)* **« L. 313-8** *[ancienne rédaction : L. 313-6]* **».** *— [C. consom., art. L. 312-6-1, al. 6.] — Anc. art. L. 313-7 (Ord. nº 2016-351 du 25 mars 2016, art. 3-3º, en vigueur le 1er juill. 2016).*

Art. L. 313-10 **Une fiche standardisée d'information est remise, lors de la première simulation, à toute personne qui se voit proposer ou qui sollicite une assurance ayant pour objet de garantir le remboursement d'un prêt mentionné** *(Ord. nº 2016-351 du 25 mars 2016, art. 3-3º, en vigueur le 1er juill. 2016)* **« au 1º de l'article L. 313-1 ou destiné à financer une opération relative à la réparation, l'amélioration ou l'entretien d'immeubles à usage d'habitation ou à usage professionnel et d'habitation, lorsque le crédit est supérieur à 75 000 euros et garanti par une hypothèque, par une autre sûreté comparable sur les biens immobiliers à usage d'habitation, ou par un droit lié à un bien immobilier à usage d'habitation** *[ancienne rédaction : à l'article L. 313-1]* **». Les modalités d'application du présent alinéa sont fixées par décret en Conseil d'État.** *— V. art. R. 313-8 s.*

La fiche standardisée d'information mentionne la possibilité pour l'emprunteur de souscrire auprès de l'assureur de son choix une assurance dans les conditions fixées aux articles *(Ord. nº 2016-351 du 25 mars 2016, art. 3-3º, en vigueur le 1er juill. 2016)* **« L. 313-29 et L. 313-30** *[ancienne rédaction : L. 313-14 et L. 313-15]* **» et précise les types de garanties proposées Le format de cette fiche ainsi que son contenu sont fixés par arrêté.** *— [C. consom., art. L. 312-6-2.] — Anc. art. L. 313-8 (Ord. nº 2016-351 du 25 mars 2016, art. 3-3º, en vigueur le 1er juill. 2016). — V. annexe à l'art. R. 313-8.*

SECTION IV EXPLICATIONS FOURNIES À L'EMPRUNTEUR ET ÉVALUATION DE SA SOLVABILITÉ

SOUS-SECTION 1 EXPLICATIONS ADÉQUATES ET MISE EN GARDE

(Ord. nº 2016-351 du 25 mars 2016, art. 3-4º, en vigueur le 1er juill. 2016)

COMMENTAIRE

I. PRESCRIPTION

La loi nº 2010-737 du 1er juillet 2010 a instauré, dans la législation régissant le crédit à la consommation, une obligation d'explication dont découle une obligation de mise en garde, à la charge du prêteur, que l'on retrouve à l'article L. 312-14. L'ordonnance du 25 mars 2016, s'agissant du crédit immobilier, va plus loin en ce qu'elle les différencie plus nettement par deux articles distincts.

En premier lieu, l'article L. 313-11 prévoit que le prêteur ou l'intermédiaire de crédit doit fournir gratuitement à l'emprunteur les explications adéquates lui permettant de déterminer si le ou les contrats de crédit proposés et les éventuels services accessoires sont adaptés à ses besoins et à sa situation financière. Ces explications doivent être suffisamment larges, qu'illustrent les exemples visés par le texte.

En second lieu, aux termes de l'article L. 313-12, « le prêteur ou l'intermédiaire de crédit met en garde gratuitement l'emprunteur lorsque, compte tenu de sa situation financière, un contrat de crédit peut induire des risques spécifiques pour lui ». Le devoir de mise en garde est ici explicitement consacré, à la différence du crédit à la consommation. La banque sera débitrice de cette obligation, sans la conditionner au caractère averti ou non de l'emprunteur. Le texte va ainsi plus loin que la jurisprudence. La notion de « risques spécifiques » fera toutefois l'objet d'interprétations diverses, source de contentieux. On peut cependant imaginer que des crédits faisant naître des risques particuliers, comme les crédits relais, les crédits à taux variables ou à des taux indexés, justifieront plus facilement ce devoir de mise en garde.

Observons que les devoirs d'explication et de mise en garde consacrés sont nécessairement gratuits, à la différence du devoir de conseil qui peut être délivré à titre onéreux, conseil qualifié d'indépendant (comp. art. L. 313-11 et L. 313-12 avec art. L. 313-15).

II. SANCTIONS

Le fait pour le prêteur ou l'intermédiaire de crédit de ne pas respecter l'obligation de gratuité des informations fournies en application des dispositions des articles L. 313-11 et L. 313-12 est puni d'une amende de 30 000 euros (art. L. 341-24).

Sont sanctionnés de la même peine :
– le fait de ne pas fournir à l'emprunteur les explications adéquates lui permettant de déterminer si le contrat de crédit et les éventuels services accessoires sont adaptés à ses besoins et à sa situation financière à partir des informations prévues à l'article L. 313-11 ;
– celui de ne pas mettre en garde l'emprunteur, en méconnaissance de l'article L. 313-12, sur le risque spécifique que peut induire pour lui le contrat compte tenu de sa situation financière, lorsqu'un tel risque a été identifié (art. L. 341-31).

Une déchéance des intérêts, dans les conditions fixées à l'article L. 341-27, est susceptible de sanctionner le devoir d'explication et de mise en garde. ❑

Art. L. 313-11 *(Ord. nº 2016-351 du 25 mars 2016, art. 3-4º et 13-III, en vigueur le 1er oct. 2016)* **Le prêteur ou l'intermédiaire de crédit fournit gratuitement à l'emprunteur les explications adéquates lui permettant de déterminer si le ou les contrats de crédit proposés et les éventuels services accessoires sont adaptés à ses besoins et à sa situation financière.**

Ces explications comprennent notamment :

1º Les informations contenues dans la fiche d'information standardisée européenne mentionnée à l'article L. 313-7, ainsi que, pour les intermédiaires de crédit, les obligations d'information prévues en application de l'article L. 519-4-1 du code monétaire et financier ;

2º Les principales caractéristiques du ou des crédits et services accessoires proposés ;

3º Les effets spécifiques que le ou les crédits et services accessoires proposés peuvent avoir sur l'emprunteur, y compris les conséquences d'un défaut de paiement de l'emprunteur, notamment en cas de réalisation des garanties. Lorsque la garantie est constituée par un cautionnement accordé par un organisme de cautionnement professionnel, le prêteur informe l'emprunteur de la nature, des bénéficiaires et des conditions dans lesquelles celle-ci peut être actionnée et des conséquences pour l'emprunteur ;

4º S'agissant des éventuels services accessoires liés au contrat de crédit, l'indication de la possibilité ou non de résilier chaque composante séparément et les implications d'une telle procédure pour l'emprunteur. — *[Ord. nº 2016-351 du 25 mars 2016, art. 3, 4º.]*

Sur les sanctions, V. art. L. 341-24, L. 341-27, L. 341-31 et R. 341-21.

Art. L. 313-12 Sans préjudice de l'examen de solvabilité mentionné à l'article L. 313-16, le prêteur ou l'intermédiaire de crédit met en garde gratuitement l'emprunteur lorsque, compte tenu de sa situation financière, un contrat de crédit peut induire des risques spécifiques pour lui. – *[Ord. nº 2016-351 du 25 mars 2016, art. 3, 4º.]*

Sur les sanctions, V. art. L. 341-24, L. 341-27 et L. 341-31.

BIBL. ▸ LASSERRE CAPDEVILLE, CCC *2016. Étude 12* (la reconnaissance légale de l'obligation de mise en garde par l'Ord. nº 2016-351 du 25 mars 2016).

SOUS-SECTION 2 SERVICE DE CONSEIL

(Ord. nº 2016-351 du 25 mars 2016, art. 3-4º, en vigueur le 1er juill. 2016)

BIBL. GÉN. ▸ TANDEAU DE MARSAC, *RD banc. fin. 2016. Dossier 36* (obligations pesant sur les conseils en gestion de patrimoine intermédiaires en opérations de banque). – LASSERRE CAPDEVILLE, CCC *2017. Étude 6* (le service de conseil en matière de crédit immobilier).

COMMENTAIRE

L'article 22 de la directive du 4 février 2014 (V. ss. art. L. 313-64) mentionne la possibilité, pour les États membres, de créer un régime de services de conseil définis comme « la fourniture de recommandations personnalisées à un consommateur en ce qui concerne une ou plusieurs opérations liées à des contrats de crédit, qui constitue une activité distincte de l'octroi de crédit et des activités d'intermédiaire de crédit ».

L'ordonnance du 25 mars 2016 transpose cette hypothèse dans notre droit. La notion de service de conseil est définie par l'article L. 313-13 comme « la fourniture à l'emprunteur de recommandations personnalisées en ce qui concerne un ou plusieurs contrats de crédit » et le service de conseil « constitue une activité distincte de l'octroi de crédit et de l'activité d'intermédiation ».

Le prêteur ou l'intermédiaire de crédit indique explicitement à l'emprunteur s'il propose le service de conseil mentionné à l'article L. 313-13 (art. R. 313-11). Il précise, avant la conclusion du contrat portant sur ce service, par écrit ou sur tout autre support durable :

1º S'il s'agit d'un conseil indépendant mentionné à l'article L. 313-14 ;

2º Si la recommandation faite dans le cadre de ce service porte sur sa propre gamme de produits ou sur une large gamme de contrats de crédit disponibles sur le marché ;

3º Si l'emprunteur devra acquitter des frais en rémunération de ce service et, le cas échéant, le montant de ces frais ou, si ce montant ne peut être déterminé avec certitude au moment de la communication des informations, son mode de détermination (art. R. 313-11).

L'article L. 313-14 ajoute la notion de conseil indépendant, qui est le seul à pouvoir faire l'objet d'une rémunération (art. L. 313-15).

Le fait pour le prêteur ou l'intermédiaire de crédit qui fournit un service de conseil prévu à l'article L. 313-13 de ne pas remettre à l'emprunteur une recommandation personnalisée est puni d'une amende de 30 000 euros (art. L. 341-29). Celui pour le prestataire d'un service de conseil indépendant d'être rémunéré par le prêteur ou un intermédiaire de crédit en violation des dispositions du premier alinéa de l'article L. 313-14 est puni d'une amende de 300 000 euros (art. L. 341-30). ❑

Art. L. 313-13 Sans préjudice des dispositions relatives aux explications adéquates et à la mise en garde mentionnées aux articles L. 313-11 et L. 313-12, le prêteur ou l'intermédiaire peut fournir à l'emprunteur un service de conseil en matière de contrats de crédit définis à l'article L. 313-1.

Le service de conseil consiste en la fourniture à l'emprunteur de recommandations personnalisées en ce qui concerne un ou plusieurs contrats de crédit et constitue une activité distincte de l'octroi de crédit et de l'activité d'intermédiation.

***Cette recommandation personnalisée* porte sur un ou plusieurs contrats de crédits adaptés aux besoins et à la situation financière de l'emprunteur sur la base de la prise en considération :**

— par les prêteurs ainsi que les intermédiaires, lorsque ceux-ci agissent en vertu d'un mandat délivré par un prêteur, d'un nombre suffisamment important de contrats de crédit de leur gamme de produits ;

– par les intermédiaires, lorsque ceux-ci agissent en vertu d'un mandat délivré par un client au sens de l'article L. 519-2 du code monétaire et financier, d'un nombre suffisamment important de contrats de crédit disponibles sur le marché.

Les conditions de la fourniture du service de conseil sont précisées par décret en Conseil d'État. – *[Ord. nº 2016-351 du 25 mars 2016, art. 3, 4º.] – V. art. R. 313-11 et R. 313-12.*

Sur les sanctions, V. art. L. 341-29.

Art. L. 313-14 Le conseil est qualifié d'indépendant dès lors qu'il est rendu à partir d'un nombre suffisamment important de contrats de crédit disponibles sur le marché et que sa fourniture ne donne lieu à aucune rémunération autre que celle versée, le cas échéant, par *(L. nº 2017-203 du 21 févr. 2017, art. 9-I)* **« l'emprunteur ». Le service de conseil indépendant ne peut en aucun cas donner lieu à une rémunération, sous quelque forme que ce soit, de la part d'un prêteur ou d'un intermédiaire de crédit.**

Le prêteur ou l'intermédiaire de crédit qui fournit un service de conseil indépendant peut se prévaloir de l'appellation de conseiller indépendant.

Les conditions de la fourniture du service de conseil indépendant sont précisées par décret en Conseil d'État. – *[Ord. nº 2016-351 du 25 mars 2016, art. 3, 4º.]*

Sur les sanctions, V. art. L. 341-30.

Art. L. 313-15 Seul le conseil qualifié d'indépendant au sens de l'article L. 313-14 peut donner lieu à rémunération. Cette rémunération émane uniquement *(L. nº 2017-203 du 21 févr. 2017, art. 9-I)* **« de l'emprunteur ».** – *[Ord. nº 2016-351 du 25 mars 2016, art. 3, 4º.]*

SOUS-SECTION 3 ÉVALUATION DE SOLVABILITÉ

(Ord. nº 2016-351 du 25 mars 2016, art. 3-4º, en vigueur le 1er juill. 2016)

BIBL. GÉN. ▸ ATTARD, *LPA 8-9 sept. 2016* (crédits immobiliers aux particuliers : analyse de la solvabilité de l'emprunteur). – MATHEY, *RD banc. fin. 2016. Dossier 37* (amélioration de la qualité du crédit immobilier).

COMMENTAIRE

Selon l'article 18, § 5, de la directive du 4 février 2014 (V. ss. art. L. 313-64), les États membres devaient veiller à ce que le prêteur « accorde uniquement le crédit au consommateur si le résultat de l'évaluation de la solvabilité indique que les obligations découlant du contrat du crédit seront vraisemblablement respectées conformément à ce qui est prévu par ledit contrat », ce qui a pu apparaître comme une atteinte à sa liberté contractuelle. L'article L. 313-16 prévoit pour sa part, en des termes un peu différents, que le crédit « n'est accordé à l'emprunteur que si le prêteur a pu vérifier que les obligations découlant du contrat de crédit seront vraisemblablement respectées conformément à ce qui est prévu par ce contrat ».

Avant de conclure un contrat de crédit, le prêteur doit procéder à une évaluation rigoureuse de la solvabilité ; celle-ci étant définie comme la probabilité que l'emprunteur remplisse ses obligations au terme du contrat. Comme en matière de crédit à la consommation, le prêteur est tenu d'un devoir d'évaluation de la solvabilité de l'emprunteur potentiel. Le contenu de cette obligation est cependant défini dans des termes différents de ceux utilisés pour le crédit mobilier.

La vérification de solvabilité consistera pour le banquier à « prendre en compte les facteurs pertinents permettant de vérifier » cette probabilité. Le code précise que ces facteurs sont, notamment, « les informations nécessaires, suffisantes et proportionnées relatives aux revenus et dépenses de l'emprunteur ». Le prêteur doit, selon l'article L. 313-16, procéder à une évaluation « rigoureuse » de la solvabilité de l'emprunteur, expression dont pourra se prévaloir l'emprunteur arguant d'un manque de diligence du prêteur à son égard. Peut-on alors en déduire une obligation de refuser le crédit, source de responsabilité civile ? La directive a cependant écarté une telle obligation, même si cela avait pourtant été envisagé.

Selon l'article R. 313-14, l'évaluation de la solvabilité se fonde sur des informations relatives aux revenus de l'emprunteur, à son épargne et à ses actifs, ainsi qu'aux dépenses régulières de l'emprunteur, à ses dettes et autres engagements financiers.

Le prêteur tient compte, dans la mesure du possible, des événements pouvant survenir pendant la durée du contrat de crédit proposé tels que, le cas échéant, une augmentation possible du taux débiteur ou un risque d'évolution négative du taux de change en cas de prêt libellé en une devise autre que l'euro mentionné à l'article L. 313-64.

L'article R. 313-15 précise que le prêteur ou l'intermédiaire de crédit avertit l'emprunteur de la nécessité de fournir des éléments exacts et complets afin qu'il puisse être procédé à une évaluation appropriée. Il l'informe que le crédit ne peut être accordé lorsque le prêteur ne peut procéder à l'évaluation de solvabilité du fait du refus de l'emprunteur de communiquer ces informations. Il ajoute que le prêteur conserve la preuve de cet avertissement sur support durable pendant la durée du contrat de crédit.

Aux termes de l'article L. 313-17, le prêteur ne peut ni résilier ni modifier ultérieurement le contrat de crédit conclu avec l'emprunteur en arguant du fait que les informations fournies étaient incomplètes ou qu'il a vérifié la solvabilité de manière incorrecte. Règle morale oblige : on exclut le cas où des informations essentielles à la conclusion du contrat auraient été dissimulées ou falsifiées par l'emprunteur en connaissance de cause.

Toute augmentation postérieure du montant conduira naturellement à une réévaluation (art. L. 313-18).

Le fait de ne pas procéder à l'évaluation de la solvabilité de l'emprunteur dans les conditions prévues aux articles L. 313-16 à L. 313-18 est puni d'une amende de 30 000 euros, outre les déchéances d'intérêts encourues (art. L. 341-27 et L. 341-28), lesquelles peuvent être totales en l'absence d'étude de solvabilité. ❑

Art. L. 313-16 **Le crédit n'est accordé à l'emprunteur que si le prêteur a pu vérifier que les obligations découlant du contrat de crédit seront vraisemblablement respectées conformément à ce qui est prévu par ce contrat.**

A cette fin, avant de conclure un contrat de crédit, le prêteur procède à une évaluation rigoureuse de la solvabilité de l'emprunteur. Cette évaluation prend en compte de manière appropriée les facteurs pertinents permettant d'apprécier la capacité de l'emprunteur à remplir ses obligations définies par le contrat de crédit. — *V. art. R. 313-13 s.*

Le prêteur s'appuie dans ce cadre sur les informations nécessaires, suffisantes et proportionnées relatives aux revenus et dépenses de l'emprunteur ainsi que sur d'autres critères économiques et financiers.

Ces informations sont recueillies par le prêteur auprès de sources internes ou externes pertinentes, y compris de l'emprunteur et comprennent notamment les informations fournies, le cas échéant, par l'intermédiaire de crédit au cours de la procédure de demande de crédit.

L'emprunteur est informé par le prêteur, au stade précontractuel, de manière claire et simple, des informations nécessaires à la conduite de l'évaluation de solvabilité et les *[des]* **délais dans lesquels celles-ci doivent lui être fournies.**

Les informations sont contrôlées de façon appropriée, en se référant notamment à des documents vérifiables.

Le prêteur consulte également le fichier prévu à l'article L. 751-1, dans les conditions prévues par l'arrêté mentionné à l'article L. 751-6.

A l'issue de la vérification de la solvabilité, le prêteur informe, dans les meilleurs délais, l'emprunteur du rejet, le cas échéant, de sa demande de crédit.

Lorsque cette décision est fondée sur le résultat de la consultation du fichier mentionné ci-dessus, le prêteur en informe l'emprunteur. Il lui communique ce résultat ainsi que les renseignements issus de cette consultation. — *[Ord. nº 2016-351 du 25 mars 2016, art. 3, 4º.]*

Sur les sanctions, V. art. L. 341-27, L. 341-28, L. 341-31.

Art. L. 313-17 **Le prêteur ne peut ni résilier ni modifier ultérieurement le contrat de crédit** ***conclu avec l'emprunteur au motif*** **que les informations** ***fournies étaient incomplètes*** **ou qu'il a vérifié la solvabilité de manière incorrecte, sauf dans l'hypothèse où il est avéré que des informations essentielles à la conclusion du contrat ont été sciemment dissimulées ou falsifiées par l'emprunteur.** — *[Ord. nº 2016-351 du 25 mars 2016, art. 3, 4º.]*

Sur les sanctions, V. art. L. 341-27 et L. 341-31.

Art. L. 313-18 **Le prêteur réévalue la solvabilité de l'emprunteur, sur la base d'informations mises à jour, avant qu'une augmentation significative du montant total du crédit ne soit accordée après la conclusion du contrat de crédit, à moins que ce crédit supplémentaire n'ait été prévu et intégré dans l'évaluation initiale de la solvabilité.** – *[Ord. nº 2016-351 du 25 mars 2016, art. 3, 4º.]*

Sur les sanctions, V. art. L. 341-27 et L. 341-31.

Art. L. 313-19 **Les modalités d'application de l'évaluation de la solvabilité de l'emprunteur sont précisées par décret en Conseil d'État.** – *[Ord. nº 2016-351 du 25 mars 2016, art. 3, 4º.]*

SOUS-SECTION 4 ÉVALUATION DU BIEN IMMOBILIER

(Ord. nº 2016-351 du 25 mars 2016, art. 3-4º, en vigueur le 1er juill. 2016)

COMMENTAIRE

Dans la plupart des pays européens, le crédit immobilier est un crédit presque toujours garanti par une hypothèque (d'où l'expression crédit hypothécaire), ce qui donne lieu à une expertise.

L'évaluation en question est donc envisagée par les articles L. 313-20 à L. 313-22, transposés de la directive 2014/17 du 4 février 2014 (V. ss. art. L. 313-64). Elle doit être réalisée par un expert en évaluation immobilière justifiant de sa compétence professionnelle et indépendant du processus de décision d'octroi du prêt afin de fournir une évaluation impartiale et objective. Évaluateur externe ou interne répondant aux prescriptions de l'article R. 313-17, l'expert en évaluation immobilière répond à des compétences précisées par l'article R. 313-18.

Le fait pour le prêteur de contrevenir aux dispositions des articles L. 313-20 et L. 313-22 relatives à l'évaluation du bien immobilier est puni de la peine d'amende prévue pour les contraventions de 5e classe (art. R. 341-22).

Art. L. 313-20 **Lorsque le prêteur procède ou fait procéder à l'évaluation du bien immobilier à usage d'habitation financé à l'aide d'un prêt mentionné à l'article L. 313-1, il veille à ce que :**

1º Celle-ci soit réalisée par un expert en évaluation immobilière justifiant de sa compétence professionnelle et indépendant du processus de décision d'octroi du prêt afin de fournir une évaluation impartiale et objective ;

2º Il soit fait application de normes d'évaluation fiables, tenant compte des normes reconnues au niveau international.

Un décret en Conseil d'État précise les conditions du présent article, et notamment celles relatives à la compétence et à l'indépendance de l'évaluateur. – *[Ord. nº 2016-351 du 25 mars 2016, art. 3, 4º.] – V. art. R. 313-17 s.*

Sur les sanctions, V. art. R. 341-22.

Art. L. 313-21 **L'évaluation mentionnée à l'article L. 313-20 consiste à déterminer la valeur du bien immobilier après analyse de toutes les pièces communiquées par le prêteur et qui sont utiles à la réalisation de l'évaluation selon les normes en vigueur.** – *[Ord. nº 2016-351 du 25 mars 2016, art. 3, 4º.]*

Art. L. 313-22 **L'évaluation mentionnée à l'article L. 313-20 donne lieu à la rédaction d'un document d'expertise prenant en compte, suivant les normes mentionnées au 2º du même article, les facteurs juridiques, économiques, techniques et fiscaux permettant d'établir la valeur du bien immobilier.**

Cette évaluation est consignée sur un support durable. La liste des pièces conservées par le prêteur est précisée par décret. – *[Ord. nº 2016-351 du 25 mars 2016, art. 3, 4º.] – V. art. D. 313-20.*

Sur les sanctions, V. art. R. 341-22.

Art. L. 313-23 **Le prêteur tient des archives appropriées concernant les types de biens immobiliers acceptés comme garantie ainsi que les procédures qui s'y rap-**

portent en matière d'octroi de prêts mentionnés au 2° de l'article L. 313-1. – *[Ord. nº 2016-351 du 25 mars 2016, art. 3, 4°.]*

SECTION V FORMATION DU CONTRAT DE CRÉDIT

Art. L. 313-24 *(Ord. nº 2016-351 du 25 mars 2016, art. 3-5°, en vigueur le 1er juill. 2016)* **Pour les prêts mentionnés à l'article L. 313-1, le prêteur formule par écrit une offre adressée gratuitement sur papier ou sur un autre support durable à l'emprunteur ainsi qu'aux cautions déclarées par l'emprunteur lorsqu'il s'agit de personnes physiques.** – *V. aussi art. R. 313-21.*

Cette offre est accompagnée de la fiche d'information standardisée européenne mentionnée à l'article L. 313-7 lorsque ses caractéristiques sont différentes des informations contenues dans la fiche d'information fournie précédemment le cas échéant. – *[C. consom., art. L. 312-7.] – Anc. art. L. 313-9 (Ord. nº 2016-351 du 25 mars 2016, art. 3-5°, en vigueur le 1er juill. 2016).*

Le 2e al. de l'art. L. 313-24, dans sa rédaction issue de l'Ord. nº 2016-351 du 25 mars 2016, entre en vigueur le 1er oct. 2016 (Ord. préc., art. 13-III).

Sur les sanctions, V. art. L. 341-25, L. 341-26, L. 341-37 et R. 341-20.

COMMENTAIRE

L'article L. 313-24 prévoit que pour les prêts visés à l'article L. 313-1, le prêteur doit formuler par écrit une offre adressée gratuitement sur papier ou sur un autre support durable à l'emprunteur ainsi qu'aux cautions déclarées par l'emprunteur lorsqu'il s'agit de personnes physiques. Ainsi, le recours à la voie postale précédemment prévu dans l'ancien code de la consommation disparaît.

Cette offre – dont le contenu est décrit par l'article L. 313-25 – doit être accompagnée de la FISE si ses caractéristiques sont différentes des informations contenues dans la fiche d'information fournie précédemment.

Le prêteur qui accorde un crédit sans respecter les conditions applicables en matière d'information précontractuelle, fixées au second alinéa de l'article L. 313-24, peut être déchu du droit aux intérêts, dans la proportion fixée par le juge, jusqu'à un montant ne pouvant excéder 30 % des intérêts, plafonné à 30 000 euros (art. L. 341-25). Le prêteur qui accorde un crédit sans communiquer à l'emprunteur la fiche d'information standardisée européenne mentionnée à l'article L. 313-7 et au second alinéa de l'article L. 313-24 peut être déchu du droit aux intérêts, en totalité ou dans la proportion fixée par le juge (art. L. 341-26).

Le fait pour le prêteur ou le bailleur de ne pas respecter l'une des obligations prévues aux articles L. 313-24 et L. 313-25 est puni d'une amende de 150 000 euros (art. L. 341-37).

1. *Nature du contrat.* Les prêts régis par les art. L. 312-7 s. [L. 313-24 s.] n'ayant pas la nature de contrat réel, il en résulte que la garantie du risque invalidité souscrite par l'emprunteur, adhérent à une assurance de groupe, a pris effet dès l'acceptation par ce dernier de l'offre de prêt et non au jour de la réitération du contrat en la forme authentique. • Civ. 1re, 27 mai 1998 : *Bull. civ. I, nº 186 ; D. 1999. 194, note Bruschi ; ibid. Somm. 28, obs. Jobard-Bachellier ; ibid. 2000. Somm. 50, obs. Pizzio ; LPA 16 juill. 1999, note Depadt-Sebag.* ♦ Le prêt consenti par un professionnel du crédit n'est pas un contrat réel. • Civ. 1re, 28 mars 2000 : *Bull. civ. I, nº 105 ; D. 2000. 482, note S. Piedelièvre ; ibid. Somm. 358, obs. Delebecque ; D. 2001. Somm. 1615, obs. Jobard-Bachellier ; D. 2002. Somm. 640, obs. D. R. Martin ; JCP 2000. II. 10296, concl. Sainte-Rose ; JCP N 2000. 1270, note Lochouarn ; Defrénois 2000. 720, obs. Aubert ; CCC 2000, nº 106, obs. Leveneur* • 27 nov. 2001 : *D. 2002. 119, note Chartier ; JCP 2002. II. 10050, note S. Piedelièvre ; Defrénois 2002. 259, obs. Libchaber.* ♦ Le prêt consenti par un professionnel du crédit n'étant pas un contrat réel, c'est dans l'obligation souscrite par le prêteur que l'obligation de l'emprunteur trouve sa cause, dont l'existence, comme l'exactitude, doit être appréciée au moment de la conclusion du contrat. • Com. 19 juin 2008 : *D. 2008. AJ 1825, obs. Delpech ; JCP 2008. Actu. 471, et les obs.*

2. *Crédit relais.* En ce sens que le crédit relais [crédit consenti sous forme de découvert en compte] consenti par une banque dans l'attente de la consolidation d'un prêt immobilier demandé et accordé sous réserve de la garantie par une assurance décès-invalidité, doit être précédée d'une offre préalable, V. • Civ. 1re, 26 janv. 1999 : *CCC 1999, nº 63, obs. Raymond.*

3. *Envoi par voie postale.* Dès lors que l'offre de crédit immobilier a été réitérée dans un acte notaré qui fait référence à l'envoi de l'offre par la poste, le fait que le prêteur ne rapporte pas la preuve de cet envoi importe peu. • Paris, 2 nov. 2006 *CCC 2007, n° 108, obs. Raymond.* ♦ Comp., jugeant qu'est irrégulière la transmission d'une offre de prêt par télécopie. • Paris, 15 sept. 1999 : *D. 1999. AJ 64, obs. C. R.* ; *JCP N 2000. 1549, note Raymond ; CCC 2000, n° 71, obs. Raymond.* ♦ En imposant aux cautions la charge de prouver que l'offre a été adressée par voie postale, une cour d'appel renverse la charge de la preuve et viole l'art. 1315 [1353] C. civ. • Civ. 1re, 10 déc. 2002 : *CCC 2003, n° 96, note Raymond.* ♦ Ayant relevé qu'il résultait des énonciations du contrat de prêt que l'emprunteur y avait déclaré avoir reçu l'offre par voie postale, la cour d'appel en a justement déduit, sans avoir à répondre à une allégation de refus de recevoir paiement dépourvue d'offre de preuve, que la formalité d'envoi prescrite par l'art. L. 312-7 [L. 313-24] avait été respectée. • Civ. 1re, 19 févr. 2014 : *AJDI 2014. 385* ; *RJDA 2014, n° 560.*

4. *Destinataire de l'envoi.* Pour une offre préalable envoyée non à l'emprunteur mais au mandataire auquel l'emprunteur avait confié le soin de rechercher un prêteur, V. • Civ. 1re, 16 janv. 2013 : *CCC 2013, n° 94, obs. Raymond ; RJDA 2013, n° 746.*

5. *Démarchage à domicile.* La Dir. 85/577/CEE du 20 déc. 1985 sur le démarchage à domicile [abrogée et remplacée par Dir. 2011/83/UE du 25 oct. 2011 ; V. ce texte ss. art. L. 232-3] doit être interprétée en ce sens qu'elle s'applique à un contrat de crédit foncier, de sorte que le consommateur qui a conclu un tel contrat dispose d'un droit de rétractation. • CJCE 13 déc. 2001, n° C-481/99 : *JCP 2002. I. 168, étude Bernardeau.*

6. *Cautionnement.* Le cautionnement est nul, dès lors qu'il est constaté que la caution n'avait reçu de la banque qu'un exemplaire de l'offre de crédit différé accompagnée du cahier des charges, sans que ces documents ne fassent référence à la convention ultérieurement régularisée par acte authentique relative à un crédit d'anticipation couplé avec un crédit différé. • Civ. 1re, 13 juin 1995 : *cité note 5 ss. art. L. 313-25.*

7. *Sanction.* V. notes 5 s. ss. art. L. 341-34.

Art. L. 313-25 **L'offre mentionnée à l'article** *(Ord. n° 2016-351 du 25 mars 2016, art. 3-5°, en vigueur le 1er juill. 2016)* **« L. 313-24** *[ancienne rédaction : L. 313-9]* **» :**

1° Mentionne l'identité des parties et éventuellement des cautions déclarées ;

2° Précise la nature, l'objet, les modalités du prêt, notamment celles qui sont relatives aux dates et conditions de mise à disposition des fonds ;

3° Pour les offres de prêts dont le taux d'intérêt est fixe, comprend un échéancier des amortissements détaillant pour chaque échéance la répartition du remboursement entre le capital et les intérêts ;

4° Pour les offres de prêts dont le taux d'intérêt est variable *(Ord. n° 2016-351 du 25 mars 2016, art. 3-5°, en vigueur le 1er juill. 2016)* **« , ou révisable », est accompagnée d'une notice présentant les conditions et modalités de variation du taux d'intérêt et d'un document d'information contenant une simulation de l'impact d'une variation de ce taux sur les mensualités, la durée du prêt et le coût total du crédit. Cette simulation ne constitue pas un engagement du prêteur à l'égard de l'emprunteur quant à l'évolution effective des taux d'intérêt pendant le prêt et à son impact sur les mensualités, la durée du prêt et le coût total du crédit. Le document d'information mentionne le caractère indicatif de la simulation et l'absence de responsabilité du prêteur quant à l'évolution effective des taux d'intérêt pendant le prêt et à son impact sur les mensualités, la durée du prêt et le coût total du crédit ;**

5° Indique, outre le montant du crédit susceptible d'être consenti et, le cas échéant, celui de ses fractions périodiquement disponibles, son coût total, son taux défini conformément aux articles L. 314-1 à L. 314-4 ainsi que, s'il y a lieu, les modalités de l'indexation ;

6° Énonce, en donnant une évaluation de leur coût, les stipulations, les assurances et les sûretés réelles ou personnelles exigées, qui conditionnent la conclusion du prêt ;

7° Mentionne que l'emprunteur peut souscrire auprès de l'assureur de son choix une assurance dans les conditions fixées aux articles *(Ord. n° 2016-351 du 25 mars 2016, art. 3-5°, en vigueur le 1er juill. 2016)* **« L. 313-29 et L. 313-30** *[ancienne rédaction : L. 313-14 et L. 313-15]* **»** *(L. n° 2016-1691 du 9 déc. 2016, art. 82-I)* **« et précise les documents que doit contenir la demande de substitution » ;**

8° Fait état des conditions requises pour un transfert éventuel du prêt à une tierce personne ;

9° Rappelle les dispositions de l'article *(Ord. n° 2016-351 du 25 mars 2016, art. 3-5°, en vigueur le 1er juill. 2016)* **« L. 313-34** *[ancienne rédaction : L. 313-19]* **» ;**

(Ord. nº 2017-1090 du 1er juin 2017, art. 1er) **« 10º Indique si le prêt est subordonné à la condition de domiciliation mentionnée à l'article L. 313-25-1. Si c'est le cas, sont mentionnés la durée de celle-ci, le cas échéant les frais d'ouverture et de tenue du compte sur lequel les salaires ou revenus assimilés sont domiciliés, ainsi que la nature de l'avantage individualisé consenti en contrepartie par le prêteur. L'offre doit permettre d'identifier clairement cet avantage en mentionnant les conditions, de taux ou autres, au regard desquelles elle est établie, et qui seraient appliquées par le prêteur si l'exigence de domiciliation n'était plus respectée par l'emprunteur. »**

(Ord. nº 2016-351 du 25 mars 2016, art. 3-5º, en vigueur le 1er juill. 2016) **« Le cas échéant, l'information relative aux différents contrats de crédit composant une opération de financement peut figurer dans l'offre. »** — *[C. consom., art. L. 312-8, al. 1er à 10.] — Anc. art. L. 313-10 (Ord. nº 2016-351 du 25 mars 2016, art. 3-5º, en vigueur le 1er juill. 2016).*

Les dispositions issues de la L. nº 2016-1691 du 9 déc. 2016 s'appliquent aux offres mentionnées à l'art. L. 313-25 formulées à compter du 1er janv. 2017 (L. préc., art. 82-II).

Les dispositions issues de l'Ord. nº 2017-1090 du 1er juin 2017 s'appliquent aux offres de prêts émises à compter du 1er janv. 2018 ainsi qu'aux avenants modifiant les contrats conclus à la suite de ces offres (Ord. préc., art. 3).

Sur les sanctions, V. art. L. 341-37.

BIBL. ▶ GOURIO, *LPA 29 juin 1999* (information du consommateur et crédit immobilier). ▶ L. nº 2008-3 du 3 janv. 2008 : NDLR, *BRDA 2008, nº 2, p. 26*. – BOUTEILLER, *RLDA févr. 2008. 30, spéc. 34* (nouvelles mesures régissant les relations entre les établissements de crédit et leurs clients). – RAYMOND, *JCP E 2008, nº 12-13, p. 17, spéc. p. 24 ; CCC 2008. Étude 3* (modifications au droit de la consommation apportées par la loi).

1. *Mentions légales.* L'apposition sur l'offre de prêt des mentions « lu et approuvé » et « bon pour acceptation », non exigées par la loi, ne démontre pas que le formalisme légal n'aurait pas été respecté, et l'acceptant n'est pas fondé à soulever l'irrégularité de l'offre. • Versailles, 21 avr. 2000 : *BICC 1er févr. 2001, nº 151.*

2. *Coût des sûretés.* Le coût des sûretés réelles et personnelles exigées, et qui conditionnent l'octroi du prêt, doit être mentionné dans l'offre, sauf lorsque le montant de ces charges ne peut être indiqué avec précision avant la signature du contrat. • Civ. 1re, 23 nov. 2004 : *Bull. civ. I, nº 289 ; JCP 2005. IV. 1013.* ♦ Il résulte de la combinaison des art. L. 312-8-4º [L. 313-25-6º] et L. 312-33 [L. 341-34] que la déchéance du droit aux intérêts est encourue par le prêteur qui omet d'énoncer dans l'offre de prêt immobilier, en donnant une évaluation de son coût, la sûreté réelle exigée (privilège d'un prêteur de deniers), qui conditionne la conclusion du prêt. • Civ. 1re, 9 avr. 2014 : *CCC 2014, nº 170, obs. Raymond ; RJDA 2014, nº 666 ; LPA 1er août 2014, obs. Lasserre Capdeville.*

3. *Échéancier.* Ne satisfait pas aux exigences légales : le tableau établi sur la base d'un prêt de 10 000 F alors que le prêt effectivement souscrit était supérieur, l'emprunteur ne devant pas se voir imposer un calcul pour mesurer l'étendue de son engagement. • Civ. 1re 2 juill. 1996 : *Bull. civ. I, nº 283 ; LPA 2 avr. 1997, note Rieubernet ; RJDA 1997, nº 386.* ♦ ... Non plus que le tableau qui se contente de détailler les dates des échéances et leur montant global, sans préciser la part du remboursement affecté dans chacune d'entre elles à l'amortissement du capital par rapport à celle couvrant les intérêts. • Civ. 1re, 16 mars 1994 : *Bull. civ. I, nº 100 ; D. 1994. IR 85* • 20 juill. 1994 : *Bull. civ. I, nº 262 ; D. 1995. Somm. 314, obs. Pizzio* • Versailles, 18 janv. 1996 : *D. Affaires 1996. 514* • Limoges, 13 févr. 1996 : *D. Affaires 1996. 744.* ♦ ... Le tableau qui mentionne pour chaque année, et non pour chaque échéance mensuelle, la part de l'amortissement du capital par rapport à celle couvrant les intérêts. • Civ. 1re, 18 mars 1997 : *Bull. civ. I, nº 97.* – Dans le même sens : • Agen, 15 janv. 2002 : *BICC 1er déc. 2002, nº 1240.*

Ne contient pas d'échéancier détaillé et n'est par conséquent pas régulière l'offre préalable de crédit immobilier qui ne comporte que le nombre des échéances, la simple mention du montant des douze premières mensualités et la seule indication du taux de progressivité. • Civ. 1re, 13 nov. 1997 : *Bull. civ. I, nº 311 ; CCC 1998, nº 31, obs. Raymond ; D. Affaires 1998. 19, obs. C. R.* ♦ V. L. nº 96-314 du 12 avr. 1996, art. 87-I, *infra.*

4. *Frais de dossier.* Ne satisfait pas aux exigences de la loi, l'indication sur l'offre préalable qu'une somme est due au titre de frais de dossier, sans qu'il soit permis à l'emprunteur d'en déterminer l'objet. • Amiens, 9 mars 1998 : *Gaz. Pal. 19-20 nov. 1999. Somm. 40.*

5. *Crédit différé couplé à un crédit d'anticipation.* Est nul le cautionnement d'un contrat de crédit immobilier différé, dès lors que l'information de la caution ne fait aucunement référence au crédit d'anticipation couplé audit crédit différé. • Civ. 1re, 13 juin 1995 : *Bull. civ. I, nº 260 ; D. 1995. IR 178.*

6. Charge de la preuve. Une cour d'appel peut, sans inverser la charge de la preuve, estimer que la déclaration de l'emprunteur ne suffit pas à établir que l'échéancier des amortissements était joint à l'offre lorsqu'il l'avait acceptée. • Civ. 1re, 16 mars 1994 : *préc. note 3.*

7. Responsabilité du prêteur. La présentation d'une offre préalable conforme aux exigences de l'art. 5 de la L. du 13 juill. 1979 [C. consom., art. L. 313-24 et L. 313-25] ne dispense pas l'établissement de crédit de son devoir de conseil, notamment lorsque le taux d'endettement est excessif par rapport à la modicité des ressources de l'emprunteur. La responsabilité du prêteur est engagée du fait du défaut de mise en garde du consommateur. • Civ. 1re, 27 juin 1995 : *D. 1995. 621, note Piedelièvre ; LPA 29 nov. 1996, note Arlie.*

8. Novation. La réduction de la durée d'un contrat de prêt, jointe à l'augmentation du taux d'intérêt, réalise une modification importante des éléments essentiels du contrat, n'emporte pas la novation de la dette des emprunteurs. Pour une analyse des conséquences résultant de cette affirmation en matière de crédit immobilier, V. • Civ. 1re, 2 déc. 1997 : *RJ com. 1999. 115, note Cimar.*

9. Rectification. Sur le pouvoir du juge de rectifier une erreur matérielle figurant dans l'offre de prêt, V. • Civ. 1re, 24 févr. 1998 : *Banque juill.-août 1998. 82, obs. Guillot; Defrénois 1999. 378, note Mazeaud.*

10. Transfert du prêt. L'art. L. 312-8 [L. 313-25] ne trouve pas à s'appliquer lorsque, par suite de la mutation entre vifs du logement financé par un prêt pour l'accession à la propriété, l'acquéreur qui a obtenu le transfert du prêt se trouve substitué de plein droit aux obligations de son vendeur à l'égard du prêteur. • Civ. 1re, 13 nov. 1996 : *Bull. civ. I, n° 400 ; D. 1997. Somm. 178, obs. Aynès ; Defrénois 1997. 324, note Delebecque.* – Dans le même sens : • Civ. 1re, 18 oct. 2000 : *Bull. civ. I, n° 255* (reprise du prêt régulière et prêt poursuivi aux mêmes conditions).

11. Prêt à taux variable. S'agissant de prêts immobiliers stipulant des intérêts à taux variable, aucun échéancier des amortissements ni aucune évaluation du coût total du prêt ne peut être remis aux emprunteurs. • Civ. 1re, 13 avr. 1999 : *Bull. civ. I, n° 135.* ♦ Sous l'empire du droit antérieur, il avait été jugé que n'était pas conforme aux dispositions de l'art. L. 312-8 [L. 313-25] l'offre de prêt à taux variable comportant l'explication détaillée des variations du taux, assortie d'un échéancier prévisionnel, et indiquant qu'un nouveau tableau d'amortissement serait adressé chaque année. • Civ. 1re, 19 nov. 1996 : *Bull. civ. I, n° 408 ; D. Affaires 1997. 74 ; CCC 1997, n° 33, obs. Raymond ; RJDA 1997, n° 536 ; Defrénois 1997. 339, note Mazeaud.* ♦ V. désormais art. L. 313-25-4°, dont la rédaction est issue de la L. n° 2008-3 du 3 janv. 2008.

Un prêt ne peut être qualifié de prêt à taux variable lorsque la progressivité ne concerne que les échéances du prêt et non l'intérêt lui-même, un taux d'intérêt variable résultant de l'application d'un indice nécessairement extérieur au prêteur. • TGI Carpentras, 12 oct. 1999 : *BICC 15 mai 2000, n° 648.*

12. Prêt à taux fixe puis variable. Un prêt notarié qui, stipulé remboursable pour partie à taux fixe sur une première période, puis à taux variable pour la seconde, ne comporte qu'un tableau d'amortissement limité à la seule première période ne contrevient pas aux dispositions légales, dès lors que l'art. L. 312-8-2° [L. 313-25-2°] envisage expressément ce type de prêt et dans ces cas n'exige plus, depuis la loi du 12 avr. 1996, un échéancier des amortissements. • Versailles, 13 nov. 1998 : *Gaz. Pal. 13-14 août 1999, Somm. 13.*

13. Prêt-relais. La clause d'un contrat de prêt prévoyant le paiement d'intérêts à un certain taux jusqu'à l'échéance fixée pour le remboursement suffit pour que les intérêts continuent à courir après ladite échéance, si le débiteur ne se libère pas à cette époque. • Com. 18 janv. 2017, n° 15-14.665 P : *Dalloz actualité, 2 févr. 2017, obs. Delpech ; D. 2017. Actu. 212 ; JCP E 2017, n° 1097 ; RJDA 2017, n° 272 ; Banque et Droit mai-juin 2017. 27, obs. Bonneau.* ♦ Après avoir relevé que l'emprunteur avait bénéficié du 15 avr. 2008 au 2 avr. 2010 d'un prêt-relais générant des intérêts au taux de 5,2 % l'an, puis d'un prêt, souscrit par acte sous seing privé du 18 sept. 2010 réitéré par acte authentique le 6 janv. 2011, accordé en substitution de ce prêt-relais, l'arrêt retient que les intérêts de ce dernier prêt n'avaient pu que continuer à courir après son terme, en l'absence de paiement, et qu'étaient, en conséquence, dus les intérêts générés par le prêt-relais pendant la période courant entre le 2 avr. 2010 et la date à laquelle a été débloquée la somme issue de ce nouveau prêt, de sorte que la banque n'avait pas commis de faute. • Même arrêt.

14. Assurance. Le banquier, qui mentionne dans l'offre de prêt que celui-ci sera garanti par un contrat d'assurance souscrit par l'emprunteur auprès d'un assureur choisi par ce dernier, est tenu de vérifier qu'il a été satisfait à cette condition ou, à tout le moins, de l'éclairer sur les risques d'un défaut d'assurance. • Civ. 2e, 14 juin 2007 : *Bull. civ. II, n° 163 ; D. 2007. AJ 1868, obs. Delpech ; RDI 2007. 319, obs. Grynbaum ; JCP E 2007, n° 46, p. 20, obs. Routier ; JCP N 2007, n° 47, p. 24, obs. Piedelièvre ; Banque et Droit sept.-oct. 2007. 30, obs. Bonneau.* ♦ Le devoir d'information du prêteur en matière d'assurance bénéficie à tous les emprunteurs, fussent-ils avertis, et s'impose, indépendamment de tout risque d'endettement excessif, la souscription d'une assurance destinée à garantir le remboursement d'un prêt n'étant pas déterminée par le niveau d'endettement de l'emprunteur mais par la perspective d'un risque dont la couverture apparaît opportune lors de la souscription du prêt. • Civ. 1re, 30 sept. 2015, nº 14-18.854 P : *D. 2015. Actu. 2004 ; JCP E 2015, nº 1539 ; Banque et Droit janv.-févr. 2016. 44, obs. Bonneau ; RD banc. fin. 2016, nº 25, obs. Djoudi.* ♦ V. aussi art. L. 313-25-7º. ♦ Sur l'assurance groupe, V. note 1 ss. art. L. 313-29.

15. Sanction. V. notes 5 s. ss. art. L. 341-34.

Loi nº 96-314 du 12 avril 1996, *portant diverses dispositions d'ordre économique et financier (JO 13 avr.).* **Art. 87** I. — Sous réserve des décisions de justice passées en force de chose jugée, les offres de prêts mentionnées à l'article L. 312-7 [L. 313-24] du code de la consommation et émises avant le 31 décembre 1994 sont réputées régulières au regard des dispositions relatives à l'échéancier des amortissements prévues par le 2º de l'article L. 312-8 [L. 313-25] du même code, dès lors qu'elles ont indiqué le montant des échéances de remboursement du prêt, leur périodicité, leur nombre ou la durée du prêt, ainsi que, le cas échéant, les modalités de leurs variations. — *L'art. 87-I a été jugé conforme à la Constitution par le Conseil constitutionnel (Décis. nº 96-375 DC du 9 avr. 1996, JO 13 avr.).*

BIBL. ▸ GOURIO, *JCP E 1996. I. 576.* – PIEDELIÈVRE, *Defrénois 1997. 446* (brèves remarques sur l'art. 87 de la loi du 2 avr. 1996). – ALEXIS et ROUX, *CCC 2001. Chron. 11* (les lois de validation affectant les intérêts des consommateurs).

1. Loi de validation. Le principe de prééminence du droit et la notion de procès équitable (Conv. EDH, art. 6) s'opposent, sauf pour d'impérieux motifs d'intérêt général, à l'ingérence du pouvoir législatif dans l'administration de la justice dans le but d'influer sur le dénouement judiciaire d'un litige dans le sens d'une issue favorable à l'État. • CEDH 28 oct. 1999, *Zielinski c/ France : D. 2000. Somm. 184, obs. Fricero ; LPA 8 juin 2000, note Boujeka ; RFDA 2000. 1254, étude Bolle ; RTD civ. 2000. 436, obs. Marguénaud ; ibid. 629, obs. Perrot.*

Mais tel n'est pas le cas avec la loi du 12 avr. 1996, art. 87, I, où l'intervention du législateur n'a eu pour objet que de limiter, pour l'avenir, la portée d'une interprétation jurisprudentielle et non de trancher un litige dans lequel l'État aurait été partie. • Civ. 1re, 20 juin 2000 : *Bull. civ. I, nº 191 (arrêt nº 1) ; D. 2000. AJ 341, obs. Rondey ; JCP 2001. II. 10454, note Gourio ; RFDA 2000. 1189, concl. Sainte-Rose, note Mathieu ; LPA 5 mars 2001, note Thioye* (cassation de • Dijon, 28 mai 1998 : *BICC 1er févr. 1999, nº 142 ; D. Affaires 1998. 1436, obs. C. R.*). – Même sens : • Civ. 1re, 13 nov. 2002 : *Bull. civ. I, nº 268 ; JCP 2003. IV. 1005 ; CCC 2003, nº 78, note Raymond ; Gaz. Pal. 8-9 août 2003, Somm., obs. S. Piedelièvre.* ♦ V., dans le même sens que l'arrêt cassé : • Limoges, 19 nov. 1998 : *Gaz. Pal. 1999. 2. Somm. 735, obs. Vray* • Paris, 25 mars 1999 : *RDI 1999. 447, obs. Heugas-Darraspen* • Poitiers, 27 mars 2001 : *JCP 2002. IV. 2212* (l'art. 87, I doit être jugé dépourvu de portée). – ... En sens inverse : • TGI Paris, 22 janv. 1999 : *RDI 1999. 447, obs. Heugas-Darraspen* • TGI Bobigny, 4 févr. 1999 : *D. 1999. IR 86.*

2. Conformité au Protocole additionnel de la Conv. EDH. Dans les circonstances de l'espèce, l'art. 87 de la loi du 12 avr. 1996 a définitivement réglé le fond du litige en donnant raison à l'une des parties, privant les requérants d'une valeur patrimoniale préexistante et faisant partie de leurs biens, au sens de l'art. 1er du Protocole nº 1, dont ils pouvaient légitimement espérer obtenir le remboursement (violation de l'art. 1er du Protocole nº 1). • CEDH 14 févr. 2006, *Lecarpentier c/ France : D. 2006. AJ 717, obs. Rondey ; RTD civ. 2006. 261, obs. Marguénaud ; RTD com. 2006. 462, obs. Legeais ; RDI 2006. 458, obs. Heugas-Darraspen ; JCP 2006. II. 10171, note Thioye ; JCP E 2006, nº 27-28, p. 1208, note Raynaud ; ibid., nº 38, p. 1566, note S. Piedelièvre ; LPA 3 mai 2006, note Garaud ; RJDA 2006, nº 1193 ; RDC 2006. 289, obs. Revet ; Defrénois 2006. 1102, note Rouzet ; RLDA mai 2006. 52, obs. Méar ; Dr. et patr. sept. 2006. 79, obs. Mattout et Prüm* • 3 oct. 2006, *Achache c/ France : RLDA nov. 2006. 60, obs. Cheynel* • 12 juin 2007, *Ducret c/ France : D. 2007. AJ 2030 ; CCC 2007, nº 288, obs. Raymond ; RJDA 2008, nº 362.*

La déchéance du droit aux intérêts est une sanction civile dont la loi laisse à la discrétion du juge tant l'application que la détermination du montant ; de ce fait, l'emprunteur qui sollicite la déchéance du droit aux intérêts ne fait valoir qu'une prétention à l'issue incertaine qui n'est, dès lors, pas constitutive d'un droit au regard de l'art. 1er du Protocle additionnel de la Conv. EDH, relatif au respect du droit de propriété, et de l'art. 6 § 1 de la même convention, relatif au droit à un procès équitable. • Civ. 1re, 20 juin 2000 : *Bull. civ. I, nº 191 (arrêt nº 2) ; D. 2000. 699, note Niboyet ; JCP 2001. II. 10454, note Gourio ; JCP E 2000. 1663, note S. Piedelièvre ; RFDA 2000. 1189, concl. Sainte-Rose, note Mathieu ; LPA 5 mars 2001, note Thioye* • 13 nov. 2002 : préc. note 1. ♦ Contra : • CEDH 14 févr. 2006 : *préc.*

La déchéance du droit aux intérêts dont aurait été privé l'emprunteur par application de l'art. 87-1 de la loi du 12 avr. 1996 est une sanction civile laissée à la discrétion du juge, par nature incertaine et ne pouvant donc faire naître une espérance légitime, s'analysant en un bien au sens de l'art. 1er du Premier Protocole additionnel, avant toute décision au fond, laquelle étant intervenue suite à une action introduite postérieurement à l'entrée en vigueur de la loi précitée, n'a pu créer une telle espérance. • Civ. 1re, 30 sept. 2010 : *Bull. civ. I, n° 180; D. 2011. Pan. 1650, obs. D. R. Martin ; D. 2010. Actu. 2358, obs. Avena-Robardet ; RTD com. 2010. 767, obs. Legeais ; JCP 2010, n° 995, obs. Boismain; Gaz. Pal. 2010. 3399, note Lasserre Capdeville; RJDA 2011, n° 74; RD banc. fin. 2010, n° 209, obs. Mathey.*

3. Impérieux motifs d'intérêt général. Obéit à d'impérieux motifs d'ordre général l'intervention du législateur, par la loi du 12 avr. 1996, art. 87-1, destinée à aménager les effets d'une jurisprudence de nature à compromettre la pérennité des activités bancaires dans le domaine du crédit immobilier. • Civ. 1re, 29 avr. 2003 : *Bull. civ. I, n° 100; D. 2003. AJ 1435, obs. Avena-Robardet ; Defrénois 2003. 1183, obs. Savaux; RTD com. 2003. 554, obs. D. L. ; RDC 2004. 453, obs. Debet* • 9 juill. 2003 : *JCP 2004. II. 10016, note Prétot; Gaz. Pal. 2003. 3151, concl. Sainte-Rose (3 arrêts).* ♦ *Contra* : outre qu'en principe un motif financier ne permet pas à lui seul de justifier une intervention législative rétroactive, en l'espèce aucun élément ne vient étayer l'argument selon lequel l'équilibre du secteur bancaire et l'activité économique en général auraient été mis en péril. • CEDH 14 févr. 2006 : *préc. note 2.*

4. Portée de la codification. Sur l'applicabilité de l'art. 87-I à des offres de prêt émises sous l'empire de la loi du 13 juill. 1979, art. 5, avant sa codification à l'art. L. 312-8 [ancien], V. • Com. 5 oct. 2004 : *Bull. civ. IV, n° 180.*

Art. L. 313-25-1 *(Ord. n° 2017-1090 du 1er juin 2017, art. 1er)* **Le prêteur peut conditionner l'offre de prêt mentionnée à l'article L. 313-24 à la domiciliation par l'emprunteur de ses salaires ou revenus assimilés sur un compte de paiement mentionné à l'article L. 314-1 du code monétaire et financier, sous réserve pour ce prêteur de faire bénéficier en contrepartie l'emprunteur d'un avantage individualisé.**

Cette condition ne peut être imposée à l'emprunteur au-delà d'une durée maximale fixée par décret en Conseil d'État. Au terme du délai prévu par le contrat de crédit, l'avantage individualisé est acquis à l'emprunteur jusqu'à la fin du prêt. — *V. art. R. 313-21-1.*

Si, avant le terme de ce délai, l'emprunteur cesse de satisfaire à la condition de domiciliation susmentionnée, le prêteur peut mettre fin, pour les échéances restant à courir jusqu'au terme du prêt, à l'avantage individualisé mentionné au premier alinéa, et appliquer les conditions, de taux ou autres, mentionnées au 10° de l'article L. 313-25.

Les dispositions du présent article peuvent être appliquées à chacun des contrats de crédit composant l'opération de financement figurant dans l'offre de prêt.

Les dispositions de l'art. L. 313-25-1, telles qu'issues de l'Ord. n° 2017-1090 du 1er juin 2017, s'appliquent aux offres de prêts émises à compter du 1er janv. 2018 ainsi qu'aux avenants modifiant les contrats conclus à la suite de ces offres (Ord. préc., art. 3).

Sur les sanctions, V. art. L. 341-34-1.

BIBL. ▸ DE RAVEL D'ESCLAPON, *AJ contrat 2017. 118* (de la validité de la clause de domiciliation des revenus en matière de crédit immobilier). – LASSERRE CAPDEVILLE, *JCP 2017, n° 697* (encadrement de la clause de domiciliation de revenus en matière de crédit immobilier).

COMMENTAIRE

La signature d'un contrat de crédit immobilier permet à la banque prêteuse de capter la clientèle pour d'autres produits connexes et de s'assurer de leur fidélité : c'est un produit d'appel. Aussi, au moment de contracter un prêt immobilier, les banques font inscrire dans le contrat de crédit une clause contraignant les emprunteurs à domicilier leurs revenus chez elles. En phase de négociation commerciale, il est alors difficile au futur emprunteur de refuser.

L'ordonnance n° 2017-1090 du 1er juin 2017 – prise sur le fondement de l'habilitation donnée au gouvernement, en application du II de l'article 67 de la loi n° 2016-1691 du 9 décembre 2016 sur la transparence, la lutte contre la corruption et la modernisation de la vie économique, dite « Sapin 2 » – entend éviter les abus en la matière. Son entrée en vigueur est fixée au 1er janvier 2018 ; elle s'applique aux offres de prêt émises à compter de cette date ainsi qu'aux avenants modifiant ces offres.

Les clauses de domiciliation sont encadrées et limitées dans leur durée pour éviter « les abus de dépendance » de la clientèle par les nouveaux articles L. 313-25-1 et L. 341-34-1, et la modification des articles L. 313-25 et L. 313-39. La protection du consommateur de crédit immobilier prend plusieurs directions.

Les conditions dans lesquelles l'offre de crédit peut être subordonnée à une clause de domiciliation des salaires sur un compte de paiement ouvert auprès du prêteur sont encadrées. Le prêteur doit dans ce cadre consentir un avantage individualisé en contrepartie d'une telle clause (art. L. 313-25-1, al. 1er) ; par exemple, la banque devra préciser dans le contrat le taux préférentiel consenti en contrepartie de la domiciliation de revenus : l'emprunteur saura alors par avance qu'il risque de perdre ce bénéfice s'il change de banque avant terme. Il y a ici une exigence d'équilibre qui évoque la désormais défunte notion de cause.

L'obligation de domicilier son salaire sur un compte ouvert auprès du prêteur en contrepartie d'un avantage individualisé fait l'objet d'une limitation dans le temps (art. L. 313-25-1, al. 2). L'article R. 313-21-1 fixe ce délai à dix ans. A l'issue de celui-ci, l'avantage individualisé consenti à l'emprunteur sera considéré comme définitivement acquis jusqu'au terme du contrat de crédit : l'emprunteur ne risque aucune pénalité ou perte d'avantage en changeant de domiciliation. En revanche, si avant le terme, l'emprunteur cesse de satisfaire à ladite condition de domiciliation, le prêteur peut mettre fin, mais uniquement pour les échéances restant à courir jusqu'au terme du prêt, à l'avantage individualisé mentionné au premier alinéa, et appliquer les conditions, de taux ou autres, mentionnées au 10° de l'article L. 313-25 (art. L. 313-25-1, al. 3).

L'emprunteur bénéficie d'une information renforcée : le prêteur doit préciser dans l'offre de prêt (art. L. 313-25, 10°), ou le cas échéant dans l'avenant au contrat de prêt initial (art. L. 313-39, al. 2), la nature de l'avantage individualisé accordé en contrepartie de la clause susmentionnée, le taux ou toute autre condition au regard duquel cet avantage est établi et qui serait appliqué si cette condition n'était pas remplie, la conséquence en cas de son non-respect, ainsi que le cas échéant les frais d'ouverture et de tenue du compte sur lequel les salaires sont domiciliés.

Lorsque la clause de domiciliation est insérée dans le contrat de crédit sans avantage individualisé accordé en contrepartie à l'emprunteur ou pour une durée excédant celle fixée par décret, la clause est réputée non écrite par application de l'article L. 341-34-1. Elle est donc assimilée à une clause abusive de la liste noire. La Commission des clauses abusives avait adopté en ce sens une recommandation (Recomm. CCA n° 2004-03 du 27 mai 2004, App., v° *Clauses abusives*). Elle estimait que « les clauses selon lesquelles l'emprunteur est tenu, pendant toute la durée du prêt, de verser l'ensemble de ses revenus sur un même compte dans l'établissement du prêteur peuvent apparaître déséquilibrées si cette obligation n'est accompagnée d'aucune contrepartie individualisée au profit de l'emprunteur ». La commission recommandait donc d'éliminer toute clause ne prévoyant « aucune contrepartie individualisée ». Elle a joué ici un rôle précurseur. ❑

Art. L. 313-26 **Le modèle de l'offre mentionnée aux articles** *(Ord. n° 2016-351 du 25 mars 2016, art. 3-5°, en vigueur le 1er juill. 2016)* **« L. 313-24 et L. 313-25** *[ancienne rédaction : L. 313-9 et L. 313-10]* **»** *(L. n° 2017-203 du 21 févr. 2017, art. 9-I)* **« peut, en tant que de besoin, être fixé** *[ancienne rédaction : est fixé]* **» par arrêté du ministre chargé de l'économie.** — *[C. consom., art. L. 313-16, 2e phrase, partiel 1.] — Anc. art. L. 313-11 (Ord. n° 2016-351 du 25 mars 2016, art. 3-5°, en vigueur le 1er juill. 2016).*

COMMENTAIRE

Dans le cadre de l'ordonnance du 25 mars 2016, une disposition prévoyait l'établissement, par arrêté, d'un modèle d'offre de prêt. Cette disposition est supprimée par la loi de ratification et remplacée par la disposition antérieure à l'ordonnance du 25 mars 2016, laquelle prévoyait qu'un modèle d'offre peut, « en tant que de besoin », être fixé par arrêté. ❑

Art. L. 313-27 **Toute modification des conditions d'obtention d'un prêt dont le taux d'intérêt est fixe, notamment le montant ou le taux du crédit, donne lieu à la remise à l'emprunteur d'une nouvelle offre préalable.** — *[C. consom., art. L. 312-8, al. 11.] — Anc. art. L. 313-12 (Ord. n° 2016-351 du 25 mars 2016, art. 3-5°, en vigueur le 1er juill. 2016).*

Pour les taux d'intérêt variables, V. art. L. 313-39 et L. 313-46.

Sur les sanctions, V. art. L. 341-37.

Modification des conditions du prêt. L'art. L. 312-8 [L. 313-27] n'exige pas la réitération de l'offre préalable de crédit lorsque seule la durée du prêt est prolongée. • Civ. 1re, 8 oct. 1996 : *Bull. civ. I, no 344 ; D. Affaires 1996. 1251 ; CCC 1996, no 208, obs. Raymond ; Defrénois 1997. 229, note S. Piedelièvre.* ♦ ... Ou lorsque seules les échéances sont modifiées par suite d'un remboursement partiel anticipé. • Civ. 1re, 13 nov. 2002 : *Defrénois 2003. 261, obs. Aubert.* ♦ L'obligation de réitération de l'offre ne saurait viser que les seules situations entraînant, pour l'emprunteur, un alourdissement de ses obligations contractuelles, non celles conduisant à leur allègement. • Bordeaux, 28 févr. 2000 : *BICC 15 janv. 2001, no 77.* ♦ L'art. L. 312-8 [L. 313-27] n'est pas applicable lorsque les modifications des conditions de l'obtention d'un prêt sont retenues comme mesure de traitement de la situation de surendettement. • Civ. 1re, 4 oct. 2000 : *Bull. civ. I, no 237 ; D. 2000. AJ 403 ; JCP N 2000. 1836, note Gourio ; Defrénois 2001. 248, obs. Savaux.* ♦ Le prêt de restructuration consenti n'étant pas destiné à financer l'acquisition d'un immeuble et ne constituant pas une modification des conditions d'obtention du prêt immobilier, les dispositions relatives à l'offre préalable prévues à l'art. L. 312-8 [L. 313-27] ne sont pas applicables. • Paris, 4 juill. 2013 : *RD banc. fin. 2013, no 188, obs. Mathey.* ♦ Par ailleurs, lorsque les modifications des conditions d'obtention du prêt résultent d'une décision judiciaire prononçant la déchéance du droit aux intérêts, les art. L. 312-8 et L. 312-10 [L. 313-27 et L. 313-34] ne sont pas applicables. • Com. 9 juill. 2013 : *RJDA 2013, no 933.* ♦ Sur la distinction entre la modification des conditions d'obtention d'un prêt et la modification des conditions de remboursement, V. • Civ. 1re, 6 janv. 1998 : *Bull. civ. I, no 5 ; D. 1998. 503, rapp. Catry, note Martin ; RTD civ. 1998. 698, obs. Gautier.* ♦ Les modifications des conditions d'obtention d'un prêt, notamment le montant ou le taux du crédit, donnent lieu à la remise à l'emprunteur d'une nouvelle offre préalable. • Même arrêt. ♦ V. désormais art. L. 313-39 et L. 313-46.

Art. L. 313-28 **Dans les cas où l'emprunteur présente un autre contrat d'assurance à la place du contrat d'assurance de groupe proposé par le prêteur dans les conditions prévues à l'article** *(Ord. no 2016-351 du 25 mars 2016, art. 3-5o, en vigueur le 1er juill. 2016)* **« L. 313-29** *[ancienne rédaction : L. 313-14]* **», le prêteur peut émettre une offre modifiée sous réserve des dispositions de l'article** *(Ord. no 2016-351 du 25 mars 2016, art. 3-5o, en vigueur le 1er juill. 2016)* **« L. 313-32** *[ancienne rédaction : L. 313-17]* **», sans que les délais mentionnés à l'article** *(Ord. no 2016-351 du 25 mars 2016, art. 3-5o, en vigueur le 1er juill. 2016)* **« L. 313-34** *[ancienne rédaction : L. 313-19]* **» ne soient prorogés ni ne courent à nouveau.**

Les modalités selon lesquelles le prêteur établit l'offre modifiée mentionnée à l'article *(Ord. no 2016-351 du 25 mars 2016, art. 3-5o, en vigueur le 1er juill. 2016)* **« L. 313-27** *[ancienne rédaction : L. 313-12]* **» et les conditions dans lesquelles le prêteur et l'assureur délégué s'échangent les informations préalables à la souscription des contrats sont fixées par décret en Conseil d'État.** – *[C. consom., art. L. 312-8, al. 12 et L. 312-9, al. 7.] – Anc. art. L. 313-13 (Ord. no 2016-351 du 25 mars 2016, art. 3-5o, en vigueur le 1er juill. 2016).*

V. Recomm. ACPR no 2017-R-01 du 26 juin 2017 sur le libre choix de l'assurance emprunteur souscrite en couverture d'un crédit immobilier.

COMMENTAIRE

Les pouvoirs publics souhaitaient réformer l'assurance emprunteur pour accroître la concurrence au bénéfice des consommateurs. A cet effet, la loi sur le crédit à la consommation du 1er juillet 2010 proposait d'élargir la liberté de choix des consommateurs en supprimant la disposition qui autorise les prêteurs à imposer leur propre contrat d'assurance de groupe. Toutefois, le choix est limité : l'emprunteur peut avoir recours à une autre compagnie d'assurances, mais à condition qu'elle présente un niveau de garantie équivalent au contrat d'assurance de groupe proposé par le prêteur. Le refus du prêteur devra être motivé en tenant compte de cette exigence légale. Pour éviter toute manœuvre déloyale, l'article L. 313-32 prévoit que le prêteur ne peut modifier le taux de crédit prévu dans l'offre en contrepartie de l'acceptation en garantie d'un contrat d'assurance différent de l'assurance de groupe qu'il propose.

La concurrence entre les banques n'a pas eu les effets attendus. D'où une nouvelle intervention du législateur par la loi no 2013-672 du 26 juillet 2013 qui a renforcé l'obligation d'information de l'emprunteur, tant en matière d'offre de crédit immobilier (art. L. 313-8 et L. 313-9) qu'en matière de publicité d'un crédit à la consommation (art. L. 312-7). Pour cela, a été créé le taux annuel effectif de l'assurance (TAEA), mentionné auxdits articles.

Surtout, l'article L. 313-30 interdit désormais au prêteur, jusqu'à la signature par l'emprunteur de l'offre, de refuser un autre contrat d'assurance, dès lors que celui-ci présente un niveau de garantie équivalent au contrat d'assurance de groupe qu'il propose lui-même. Il lui interdit aussi, en contrepartie de l'acceptation d'une délégation, de modifier les conditions d'octroi du crédit (et pas seulement le taux comme avant), et d'exiger le paiement de frais supplémentaires (en particulier, les frais d'étude de délégation qui peuvent être dissuasifs).

Pour sa part, la loi du 17 mars 2014 relative à la consommation simplifie les textes en n'utilisant que les termes « assurance », sans la référence antérieure au groupe et à l'adhésion. Elle ajoute un troisième cas d'inopposabilité d'une modification du contrat initial au consommateur en prévoyant qu'un changement de tarification du contrat n'est pas opposable à l'emprunteur qui y a déjà souscrit : jusqu'ici, seule la définition des risques garantis et les modalités de la mise en jeu de l'assurance étaient visées en tant que modification inopposable.

Cette même loi prévoit surtout, afin de rendre plus effective la concurrence, une faculté de substitution dans un délai de douze mois à compter de la signature de l'offre de prêt (art. L. 313-30 s.) : le consommateur peut changer d'assureur pendant la première année suivant la conclusion du contrat de prêt (par exemple, en résiliant le contrat d'assurance proposé par la banque). Le consommateur doit alors transmettre au prêteur son nouveau contrat d'assurance ; celui-ci doit vérifier que les risques garantis sont équivalents à ceux garantis par l'assurance antérieure et doit notifier au consommateur, dans les dix jours de la réception de ce second contrat, son accord ou son refus, lequel doit être motivé (art. L. 313-31). S'il accepte, le prêteur ne pourra plus modifier le contrat à l'occasion de cette substitution d'assurance, ni percevoir de frais découlant de la rédaction d'un nouvel avenant.

La loi de ratification du 21 février 2017 précise que les emprunteurs pourront résilier leur contrat d'assurance à l'échéance annuelle. Pour ce faire, le code de la consommation est modifié (art. L. 313-30 et L. 313-31) et inclut expressément une référence à l'article L. 113-12 du code des assurances (selon lequel l'assuré a le droit de résilier le contrat à l'expiration d'un délai d'un an, en envoyant une lettre recommandée à l'assureur au moins deux mois avant la date d'échéance) et à l'article L. 221-10 du code de la mutualité (selon lequel le membre participant, pour les opérations individuelles, le membre participant ou l'employeur ou la personne morale, pour les opérations collectives à adhésion facultative, la personne morale souscriptrice, pour les opérations collectives à adhésion obligatoire, peut mettre fin à son adhésion ou résilier le contrat collectif tous les ans en envoyant une lettre recommandée à la mutuelle ou à l'union au moins deux mois avant la date d'échéance). La loi de ratification clarifie ainsi la possibilité de résilier annuellement l'assurance emprunteur, tout en maintenant la possibilité ouverte par la loi du 17 mars 2014 de résiliation pendant le délai de douze mois après la signature de l'offre de prêt.

Ce texte est à mettre en parallèle avec les dispositions prévoyant pour les contrats d'assurance (C. assur., art. L. 113-15-2) couvrant les personnes physiques en dehors de leurs activités professionnelles la possibilité de résiliation unilatérale à l'expiration d'un délai d'un an à compter de la première souscription (la résiliation prenant effet un mois après la notification à l'assureur) : il s'agit dans les deux cas d'alimenter la concurrence entre assureurs, et par là même de redonner du pouvoir d'achat au consommateur.

Enfin, l'assureur est tenu d'informer le prêteur du non-paiement par l'emprunteur de sa prime d'assurance ou de toute modification substantielle du contrat d'assurance (art. L. 313-33).

Les obligations définies par les articles L. 313-30 et L. 313-31 sont sanctionnées pénalement d'une amende de 3 000 euros (art. L. 341-39). ❑

Art. L. 313-29 Lorsque le prêteur propose à l'emprunteur un contrat d'assurance en vue de garantir en cas de survenance d'un des risques que ce contrat définit, soit le remboursement total ou partiel du montant du prêt restant dû, soit le paiement de tout ou partie des échéances dudit prêt, les dispositions suivantes sont obligatoirement appliquées :

1° Au contrat de prêt est annexée une notice énumérant les risques garantis et précisant toutes les modalités de la mise en jeu de l'assurance ;

2° *Toute modification apportée ultérieurement* à la définition des risques garantis, aux modalités de la mise en jeu de l'assurance ou à la tarification du contrat est inopposable à l'emprunteur qui n'y a pas donné son acceptation ;

3° Lorsque l'assureur a subordonné sa garantie à l'agrément de la personne de l'assuré et que cet agrément n'est pas donné, le contrat de prêt est résolu de plein droit à la demande de l'emprunteur sans frais ni pénalité d'aucune sorte. Cette

demande doit être présentée dans le délai d'un mois à compter de la notification du refus de l'agrément. — *[C. consom., art. L. 312-9, al. 1er à 4.] — Anc. art. L. 313-14 (Ord. nº 2016-351 du 25 mars 2016, art. 3-5º, en vigueur le 1er juill. 2016).*

BIBL. ▶ SAUVAGE, *RD banc. fin. mai-juin 2007. 57* (devoir d'information et de conseil du banquier intermédiaire en assurance emprunteurs). - MAYAUX, *JCP N 2007, nº 46, p. 31* (la participation aux bénéfices dans les assurances « emprunteurs »). - RIFFARD, *RD banc. fin. nov.-déc. 2007. 97* (éclairages sur les obligations du banquier en matière d'assurance couvrant la défaillance de l'emprunteur). - COURTIEU, *RCA 2009. Dossier 8* (assurance des emprunteurs : garanties collectives et situations personnelles). - LEBLOND, *Gaz. Pal. 2010. 2509* (réflexions sur la nature juridique des assurances du crédit : assurance-emprunteurs et assurance-crédit). - DJOUDI, *ibid. 2515* (obligation d'éclairer l'assuré sur l'inadaptation de la garantie à sa situation personnelle). ▶ L. nº 2010-737 du 1er juill. 2010 : GOSSOU, *Banque et Droit juill.-août 2010. 42* (« déliaison » du prêt et de l'assurance). - S. PIEDELIÈVRE, *Defrénois 2010. 1539* (dispositions relatives au crédit immobilier). - LEDUCQ, *Gaz. Pal. 2011. 803* (le client profane, le client averti, le client responsable et la loi Lagarde). - DELECRAZ et CHETAILLE, *RLDA mai 2011. 76* (assurance-emprunteur : apports et limites de la loi du 1er juill. 2010). - CANNARSA, *Gaz. Pal. 2011. 3192* (la libéralisation du marché de l'assurance-emprunteur). - LEBLOND, *ibid. 3197* (l'information en assurance-emprunteur) ; *RCA 2012. Étude 2* (de quelques difficultés suscitées par la substitution d'assurance-emprunteur) ; *AJDI 2012. 847* (l'assurance dans la garantie du prêt immobilier). ▶ L. nº 2013-672 du 26 juill. 2013 : ROUSSILLE, *JCP E 2013, nº 1661* (loi SRAB : incidences sur les relations des banques avec leur clientèle) ; *CCC 2014. Étude 3* (loi SRAB : incidences sur les relations des banques avec les consommateurs). ▶ L. nº 2014-344 du 17 mars 2014 : NDLR, *BRDA 2014, nº 7, p. 26* (mesures concernant le crédit). - DÉFOSSEZ, *RD banc. fin. 2015. Dossier 3* (l'établissement bancaire et l'assurance-groupe). - LEBLOND, *RCA 2015. Étude 3* (substitution d'assurance-emprunteur : précisions sur la notion de niveau de garantie équivalent). - PAILLER, *D. 2016. 953* (précisions sur les obligations d'information du banquier souscripteur d'une assurance de groupe).

1. *Notice.* **BIBL.** Ghueldre et Delevaux, *Dr. et patr. mai 2008. 56* (l'obligation d'information et de conseil des banques en assurances des emprunteurs depuis l'arrêt du 2 mars 2007). ♦ Le souscripteur d'une assurance de groupe ne s'acquitte de son obligation d'information qu'en annexant au contrat de prêt une notice claire et précise; cassation de l'arrêt qui relève que les emprunteurs avaient pris connaissance des conditions du contrat dont ils avaient reçu un exemplaire avant la signature de l'offre de crédit, alors que la notice n'avait pas été annexée au contrat de prêt. • Civ. 1re, 4 nov. 2003 : *RDSS 2004. 224, note Willmann* • 2 oct. 2007 : *CCC 2008, nº 27, obs. Raymond; RCA 2007, nº 366, obs. Courtieu.* ♦ Pour un arrêt ayant retenu que la notice visée à l'art. L. 312-9 [L. 313-29] doit être annexée au contrat de prêt et non remise au moment de l'offre de prêt, V. • Civ. 1re, 20 janv. 1998 : *Bull. civ. I, nº 25; D. 1998. IR 48 ; D. Affaires 1998. 284, obs. V. A.-R.* ♦ Constatant que les documents contractuels n'évoquent pas la remise d'une notice, document spécifique et distinct des conditions générales et particulières regroupant synthétiquement et de façon claire et précise les risques garantis ainsi que les modalités de la mise en jeu de l'assurance : • Civ. 2e, 24 mai 2006 : *CCC 2006, nº 169, obs. Raymond.* – V. aussi • Civ. 2e, 25 janv. 2007 : *Bull. civ. II, nº 17; D. 2008. Pan. 127, obs. Groutel ; D. 2007. AJ 577, obs. Rondey ; JCP 2007. IV. 1405; Gaz. Pal. 2007. 4041, note. Leducq; CCC 2007, nº 139, obs. Raymond; RJDA 2007, nº 766.* – Sur cet arrêt, V. aussi Courtieu, *RCA 2007. Étude 6* (notes et notices d'information... vers un excès de formalisme ?).

Le banquier, qui propose à son client auquel il consent un prêt d'adhérer au contrat d'assurance groupe qu'il a souscrit à l'effet de garantir, en cas de survenance de divers risques, l'exécution de tout ou partie de ses engagements, est tenu de l'éclairer sur l'adéquation des risques couverts à sa situation personnelle d'emprunteur, la remise de la notice ne suffisant pas à satisfaire à cette obligation. • Cass., ass. plén., 2 mars 2007 : *Bull. civ. nº 4; R., p. 443; BICC 15 mai 2007, p. 44, rapp. Renard-Payen, avis Main; D. 2008. Pan. 880, obs. D. R. Martin ; ibid. 2007. 985, note S. Piedelièvre ; JCP 2007. II. 10098, note Gourio; JCP E 2007, nº 12, p. 10, obs. Legeais; LPA 10 mai 2007, note Markhoff; LPA 25 mai 2007, note Gossou; LPA 23 août 2007, note Prigent; RD banc. fin. 2007, nº 55, obs. Legeais; ibid., nº 93, obs. Crédot et Samin; Banque et Droit juill.-août 2007. 20, obs. Bonneau; RJDA 2007, nº 766; RCA 2007. Étude 8, par Courtieu* • Civ. 1re, 18 sept. 2008 : D. 2009. Chron. *C. cass. 754, obs. Creton ; ibid. 2008. AJ 2351, obs. Avena-Robardet ; JCP 2008. Actu. 587, obs. Dumoulin; JCP E 2008, nº 44, p. 11, note Legeais; RD banc. fin. 2008, nº 164, obs. Legeais; Banque et Droit nov.-déc. 2008. 22, obs. Bonneau; ibid. 45, obs. Gossou; RJDA 2009, nº 409; RCA 2008, nº 340, obs. Courtieu* • Civ. 2e, 2 oct. 2008 : *Bull. civ. II, nos 201 et 202; D. 2008. AJ 2499, obs. Avena-Robardet ; ibid. 2009. Pan. 1054, obs. D. R. Martin, et 1056, obs. Synvet ; JCP E 2008, nº 48, p. 14, note Legeais; LPA*

30 janv. 2009, note Siffrein-Blanc; RD banc. fin. 2008, n° 164, obs. Legeais; Banque et Droit nov.-déc. 2008. 22, obs. Bonneau; RJDA 2009, n° 132; RDC 2009. 101, obs. Carval; RCA 2008, n^{os} *338 et 339, obs. Courtieu* • 10 nov. 2009 : *RCA 2010, n° 53, obs. Groutel.* ♦ La connaissance par le client des stipulations du contrat d'assurance de groupe auquel il a adhéré ne peut dispenser chacun des banquiers de l'éclairer sur l'adéquation des risques couverts par ces stipulations, fussent-elles claires et précises, à sa situation personnelle d'emprunteur. • Civ. 1re, 22 janv. 2009 : *Bull. civ. I, n° 7; D. 2009. AJ 368, obs. Avena-Robardet ; RDI 2009. 306, obs. D. N. ; JCP 2009. IV. 1300; Gaz. Pal. 2009. 3290, obs. Bury; RD banc. fin. 2009, n° 128, obs. Djoudi; Banque et Droit mars-avr. 2009. 46, obs. Gossou; RJDA 2009, n° 573.* ♦ ... Ce devoir de conseil profitant aussi bien aux emprunteurs profanes qu'aux emprunteurs avertis. • Civ. 2e, 3 sept. 2009 : *JCP 2009, n° 49, p. 28, note Dupont; Banque et Droit nov.-déc. 2009. 39, obs. Bonneau; RD banc. fin. 2010, n° 16, obs. Sauvage; RJDA 2009, n° 1111.* ♦ Ainsi, l'établissement de crédit qui fait souscrire à la caution une assurance groupe doit alerter cette dernière de l'exclusion des risques aériens lorsqu'il ne peut ignorer que la caution fera usage d'un ULM. • Paris, 1er juin 2007 : *RD banc. fin. 2007, n° 216, obs. Legeais.* ♦ Pour un arrêt jugeant que la banque souscripteur du contrat d'assurance groupe s'était parfaitement acquittée de son obligation d'information par la remise lors de l'adhésion d'un extrait des conditions générales précisant l'étendue des garanties et les modalités de leur mise en jeu et qu'il ne pouvait lui être reproché de ne pas avoir conseillé au client de contracter une assurance complémentaire : • Montpellier, 14 févr. 2007 : *Banque et Droit mai-juin 2008. 39, obs. Guillot.* ♦ La demande d'adhésion signée par des emprunteurs ayant adhéré à une assurance de groupe contenant la reconnaissance de la remise, par le prêteur, des conditions générales et particulières de l'assurance, lesquelles prévoyaient la possibilité de restrictions de couverture par l'assureur et ces restrictions ayant été clairement portées, par lettres recommandées avec demande d'accusé de réception, à leur connaissance, il en résulte que le prêteur a rempli son obligation. • Com. 16 mars 2010 : *JCP E 2010, n° 1765, note Dupont.* ♦ Dès lors que l'assurance groupe souscrite est en adéquation avec les risques encourus par l'emprunteur, ce dernier n'est pas fondé à reprocher à la banque, qui lui a proprosé cette adhésion à l'occasion de la souscription d'un prêt, un manquement à son devoir d'éclairer. • Com. 11 juin 2014 : *RJDA 2014, n° 720.*

2. Information exhaustive. Le banquier doit informer l'emprunteur qui souscrit un crédit immobilier de tous les risques pouvant être garantis; il ne doit ainsi pas limiter son information aux risques faisant l'objet d'une assurance obligatoire, mais doit étendre celle-ci aux assurances facultatives dont l'assurance perte d'emploi. • Com. 31 janv. 2012 : *RJDA 2012, n° 429.* ♦ La banque doit notamment informer l'emprunteur de l'existence, de la durée et du point de départ du délai de prescription prévu à l'art. L. 114-1 C. assur. • Civ. 1re, 17 juin 2015, n° 14-20.257 P : *D. 2015. Actu. 1365 ; JCP E 2015, n° 1365; RJDA 2015, n° 697; RDC 2016. 27, note Viney; RD banc. fin. 2015, n° 158, obs. Djoudi; RCA 2015, n° 263, obs. Groutel.*

3. Modification ultérieure de la garantie. Est inopposable à l'assuré qui ne l'a pas acceptée la clause qui, stipulée lors de la souscription par le prêteur d'un nouveau contrat d'assurance collective destiné à se substituer à celui qui existait lors de l'adhésion, a pour effet d'exclure de la garantie invalidité les assurés en arrêt de travail lors de la prise d'effet de ce nouveau contrat. • Civ. 1re, 20 juin 2000 : *Bull. civ. I, n° 194; CCC 2000, n° 133, obs. Raymond.* ♦ La disposition de l'art. L. 312-9-2° [L. 313-29-2°], ayant été édictée dans l'intérêt exclusif de l'adhérent au contrat d'assurance collective, seul ce dernier peut s'en prévaloir. • Civ. 1re, 11 juin 2003 : *Bull. civ. I, n° 140; Gaz. Pal. 2004. 1168, note Périer; RDI 2003. 309, obs. L. G. ; RGDA 2003. 520, note Mayaux.*

4. Agrément de l'assuré. Le prêteur doit informer l'emprunteur qu'il peut demander la résolution du contrat de prêt dans les conditions prévues par l'art. L. 312-9-3° [L. 313-29-3°]; il engage sa responsabilité s'il ne fournit pas cette information. • Civ. 1re, 8 juin 1994 : *JCP E 1994, Pan. 1052; CCC 1994, n° 185, obs. Raymond* • Rennes, 20 janv. 2006 : *JCP 2006. IV. 2487.*

5. Participation des assurés. BIBL. Bigot, *JCP 2005, n° 47, Actualités* (contrats emprunteurs : la bombe à retardement ?). – Rétif, *JCP 2005, n° 31-35, Libres propos* (non, les bénéfices techniques et financiers ne profitent pas aux adhérents des assurances emrpunteurs !). – Mayaux, *JCP N 2007, n° 46, p. 31* (la participation aux bénéfices dans les assurances « emprunteurs »). ♦ Sur la question, V. : Rép. min. n° 1891 : *JOAN Q 20 nov. 2007, p. 7288; JCP E 2007, n° 50, p. 20.* ♦ Se prononçant en faveur de la liberté contractuelle... que le juge doit interpréter, V. Rép. min. n° 8128 : *JOAN Q 1er janv. 2008, p. 81; D. 2008. 216, obs. Speroni .* ♦ Pour une action en diffamation initiée par de grands groupes bancaires à l'encontre de UFC-Que Choisir, V. • TGI Paris, 23 sept. 2009 : *Banque et Droit janv.-févr. 2010. 44, obs. Gossou.*

6. Stipulation pour autrui. BIBL. Mignot, *RLDC mars 2011. 27* (l'assurance de l'emprunteur et la stipulation pour autrui). ♦ L'adhésion au contrat d'assurance de groupe, bien que conséquence d'une stipulation pour autrui, n'en crée pas moins, entre l'adhérent et l'assureur, qui l'agrée, un lien contractuel direct, de nature synallagmatique. • Civ. 1re, 22 mai 2008 : *cité note 4 ss.*

art. L. 212-1. ♦ L'adhésion au contrat d'assurance de groupe, bien que conséquence d'une stipulation pour autrui, n'en crée pas moins un lien contractuel direct entre l'adhérent et l'assureur, le souscripteur étant alors un tiers par rapport au contrat d'assurance liant l'assureur à l'adhérent assuré. • Com. 13 avr. 2010 : *Bull. civ. IV, n° 76; D. 2011. Pan. 1653, obs. D. R. Martin ; D. 2010. Actu. 1208, obs. Delpech ; JCP 2010, n° 566; RD banc. fin. 2010, n° 120, obs. Crédot et Samin; ibid., n° 178, obs. Djoudi; Banque et Droit mai-juin 2010. 41, obs. Gossou; RDC 2010. 1228, note Genicon.* ♦ L'obligation précontractuelle de mise en garde et de conseil est à la charge du banquier intermédiaire qui fait souscrire l'adhésion et non à celle de l'assureur qui ne se trouve lié à l'emprunteur qu'à compter de l'adhésion. • Civ. 2e, 9 déc. 2010 : *RD banc. fin. 2011, n° 58, obs. Djoudi.*

Art. L. 313-30 **Jusqu'à la signature par l'emprunteur de l'offre mentionnée à l'article** *(Ord. n° 2016-351 du 25 mars 2016, art. 3-5°, en vigueur le 1er juill. 2016)* **« L. 313-24** *[ancienne rédaction : L. 313-9]* **», le prêteur ne peut pas refuser en garantie un autre contrat d'assurance dès lors que ce contrat présente un niveau de garantie équivalent au contrat d'assurance de groupe qu'il propose. Il en est de même lorsque l'emprunteur fait usage du droit de résiliation mentionné au premier alinéa de l'article L. 113-12-2 du code des assurances ou au deuxième alinéa de l'article L. 221-10 du code de la mutualité dans un délai de douze mois à compter de la signature de l'offre de prêt mentionnée à l'article** *(Ord. n° 2016-351 du 25 mars 2016, art. 3-5°, en vigueur le 1er juill. 2016)* **« L. 313-24** *[ancienne rédaction : L. 313-9]* **»** *(L. n° 2017-203 du 21 févr. 2017, art. 10-I)* **« ou qu'il fait usage du droit de résiliation annuel mentionné au deuxième alinéa de l'article L. 113-12 du code des assurances ou au premier alinéa de l'article L. 221-10 du code de la mutualité. Toute décision de refus doit être motivée. »**

(Abrogé par L. n° 2017-203 du 21 févr. 2017, art. 10-I) ***« Au-delà du délai de douze mois mentionné au premier alinéa, le contrat de prêt peut prévoir une faculté de substitution du contrat d'assurance en cas d'exercice par l'emprunteur du droit de résiliation d'un contrat d'assurance de groupe ou individuel mentionné à l'article L. 113-12 du code des assurances ou au premier alinéa de l'article L. 221-10 du code de la mutualité.***

« Dans ce cas, l'existence d'une faculté de substitution ainsi que ses modalités d'application sont définies dans le contrat de prêt. Toute décision de refus doit être motivée. » — *[C. consom., art. L. 312-9, al. 5.] — Anc. art. L. 313-15 (Ord. n° 2016-351 du 25 mars 2016, art. 3-5°, en vigueur le 1er juill. 2016).*

Les modifications issues de la L. n° 2017-203 du 21 févr. 2017 sont applicables aux offres de prêts émises à compter de la date de publication de la loi précitée. Elles sont également applicables, à compter du 1er janv. 2018, aux contrats d'assurance en cours d'exécution à cette date (L. préc., art. 10-IV et V).

V. aussi art. R. 313-23 et R. 313-24.

Sur les sanctions, V. art. L. 341-39.

BIBL. ▶ PÉLISSIER, *D. 2016. 1328* (de la « spécialité » de l'assurance emprunteur). – LEBLOND, *RCA 2017. Étude 8* (la résiliation annuelle applicable à l'assurance emprunteur d'un crédit immobilier). – A. FRANÇOIS, *JCP E 2017, n° 1343* (l'assurance emprunteur éligible à la résiliation annuelle).

Faculté de résiliation. L'art. L. 312-9 [L. 313-30], qui régit spécialement le contrat d'assurance garantissant, en cas de survenance d'un risque qu'il définit, le remboursement total ou partiel du montant d'un prêt immobilier restant dû, ne prévoit pas de faculté de résiliation du contrat ou de substitution d'assureur. Dès lors, doit être censuré l'arrêt qui retient qu'à défaut de dispositions spécifiques il n'y a pas lieu de considérer que l'art. L. 312-9 [L. 313-30] C. consom. exclut toute faculté de résiliation de l'adhésion au contrat d'assurance de groupe souscrit par le prêteur, laquelle est soumise à l'art. L. 113-12 C. assur. • Civ. 1re, 9 mars 2016, n° 15-18.899 P : *Dalloz actualité, 22 mars 2016, obs. de Ravel d'Esclapon; D. 2016. Actu. 596 ; JCP E 2016, n° 1260, note François; CCC 2016, n° 131, obs. Bernheim-Desvaux; RJDA 2016, n° 393; LPA 1er juill. 2016, note Noguéro; Gaz. Pal. 7 juin 2016, p. 74, obs. Bury; Banque et Droit mars-avr. 2016. 77, obs. Gossou;* RD banc. fin. *2016, n° 115, obs. Mathey; ibid., n° 126, obs. Djoudi; RCA 2016, n° 209, obs. Courtieu.* ♦ En vertu de l'art. L. 312-9 [L. 313-30] C. consom., ce dernier dans sa rédaction antérieure à celle issue de la L. n° 2010-737 du 1er juill. 2010 et dans celle issue de cette loi, applicables en la cause, le droit de résilier le contrat d'assurance au moins deux mois avant la date d'échéance annuelle, prévu par l'art. L. 113-12 C. assur. au profit tant de l'assuré que de l'assureur, ne leur est pas ouvert dans le cas d'un contrat d'assurance de groupe garantissant le remboursement total ou partiel du montant d'un prêt immobilier restant dû, ce contrat étant souscrit pour la durée de l'emprunt et ne comportant pas d'échéance annuelle. En l'état de ces textes, la reconnaissance, au bénéfice de l'emprunteur, d'une faculté de résiliation annuelle du contrat d'assurance conduirait, à défaut de l'accord du prêteur sur le nouveau contrat d'assurance offert en garantie, à la résiliation du contrat de prêt consenti sous la condition de l'octroi et du maintien d'une assurance agréée par le prêteur, une telle résiliation pouvant imposer à l'emprunteur de vendre l'immeuble financé afin de désintéresser le créancier ; à supposer même le maintien du contrat de prêt, sa nécessaire modification serait rendue incertaine en raison de l'absence de dispositions légales applicables au litige, régissant les effets d'une résiliation par l'emprunteur de son adhésion au contrat d'assurance de groupe. • Civ. 1re, 24 mai 2017, n° 15-27.127 P : *Dalloz actualité, 1er juin 2017, obs. de Ravel d'Esclapon ; D. 2017. Actu. 1120 ; JCP E 2017, n° 1332.* ♦ V. désormais la rédaction de l'art. L. 313-30 issue de la L. n° 2017-203 du 21 févr. 2017.

Art. L. 313-31 **Si l'offre mentionnée à l'article** *(Ord. n° 2016-351 du 25 mars 2016, art. 3-5°, en vigueur le 1er juill. 2016)* **« L. 313-24** *[ancienne rédaction : L. 313-9]* **» a été émise, le prêteur notifie à l'emprunteur sa décision d'acceptation ou de refus et lui adresse, s'il y a lieu, l'offre modifiée mentionnée à l'article** *(Ord. n° 2016-351 du 25 mars 2016, art. 3-5°, en vigueur le 1er juill. 2016)* **« L. 313-27** *[ancienne rédaction : L. 313-12]* **», dans un délai de dix jours ouvrés à compter de la réception de la demande de substitution.**

Si l'emprunteur fait usage du droit de résiliation du contrat d'assurance *(L. n° 2017-203 du 21 févr. 2017, art. 10-I)* **« en application du deuxième alinéa de l'article L. 113-12 du code des assurances, du premier alinéa de l'article L. 113-12-2 du même code, ou des premier ou deuxième alinéas de l'article L. 221-10 du code de la mutualité », le prêteur notifie à l'emprunteur sa décision d'acceptation ou de refus dans un délai de dix jours ouvrés à compter de la réception d'un autre contrat d'assurance.**

En cas d'acceptation, le prêteur modifie par voie d'avenant le contrat de crédit conformément à l'article *(Ord. n° 2016-351 du 25 mars 2016, art. 3-5°, en vigueur le 1er juill. 2016)* **« L. 313-39** *[ancienne rédaction : L. 313-24]* **» en y mentionnant, notamment, le nouveau taux** *(Ord. n° 2016-351 du 25 mars 2016, art. 3-5° et 13-II, en vigueur le 1er oct. 2016)* **« annuel » effectif global calculé, conformément aux articles L. 314-1 à L. 314-4, en se fondant sur les informations transmises par l'assureur délégué dans les conditions fixées au deuxième alinéa de l'article** *(L. n° 2017-203 du 21 févr. 2017, art. 9-I)* **« L. 313-28 ».**

Lorsque l'avenant comporte un ou plusieurs éléments chiffrés sur le coût de l'assurance, ce coût est exprimé selon les modalités définies à l'article *(Ord. n° 2016-351 du 25 mars 2016, art. 3-5°, en vigueur le 1er juill. 2016)* **« L. 313-8** *[ancienne rédaction : L. 313-6]* **».**

Le prêteur ne peut exiger de frais supplémentaires de l'emprunteur pour l'émission de cet avenant. — *[C. consom., art. L. 312-9, al. 6.] — Anc. art. L. 313-16 (Ord. n° 2016-351 du 25 mars 2016, art. 3-5°, en vigueur le 1er juill. 2016).*

Les modifications issues de la L. n° 2017-203 du 21 févr. 2017 sont applicables aux offres de prêts émises à compter de la date de publication de la loi précitée. Elles sont également applicables, à compter du 1er janv. 2018, aux contrats d'assurance en cours d'exécution à cette date (L. préc., art. 10-IV et V).

Sur les sanctions, V. art. L. 341-39.

Art. L. 313-32 **Le prêteur ne peut, en contrepartie de son acceptation en garantie d'un contrat d'assurance autre que le contrat d'assurance qu'il propose, y compris en cas d'exercice du droit de résiliation en application du premier alinéa de l'article L. 113-12-2 du code des assurances** *(L. n° 2017-203 du 21 févr. 2017, art. 10-I)* **« , du deuxième alinéa de l'article L. 113-12 du même code, ou des premier ou deuxième alinéas de l'article L. 221-10 du code de la mutualité[,] » ni modifier le taux, qu'il soit fixe** *(Ord. n° 2016-351 du 25 mars 2016, art. 3-5°, en vigueur le 1er juill. 2016)* **« , variable ou révisable** *[ancienne rédaction : ou variable]* **», ou les conditions d'octroi du crédit, prévus dans l'offre mentionnée à l'article** *(Ord. n° 2016-351 du 25 mars 2016, art. 3-5°, en vigueur le 1er juill. 2016)* **« L. 313-24** *[ancienne rédaction : L. 313-9]* **», ni exiger le paiement de frais supplémentaires, y compris les frais liés aux travaux d'ana-**

lyse de cet autre contrat d'assurance. – *[C. consom., art. L. 312-9, al. 8.] – Anc. art. L. 313-17 (Ord. nº 2016-351 du 25 mars 2016, art. 3-5º, en vigueur le 1er juill. 2016).*

Les modifications issues de la L. nº 2017-203 du 21 févr. 2017 sont applicables aux offres de prêts émises à compter de la date de publication de la loi précitée. Elles sont également applicables, à compter du 1er janv. 2018, aux contrats d'assurance en cours d'exécution à cette date (L. préc., art. 10-IV et V).

Art. L. 313-33 L'assureur est tenu d'informer le prêteur du non-paiement par l'emprunteur de sa prime d'assurance ou de toute modification substantielle du contrat d'assurance. – *[C. consom., art. L. 312-9, al. 9.] – Anc. art. L. 313-18 (Ord. nº 2016-351 du 25 mars 2016, art. 3-5º, en vigueur le 1er juill. 2016).*

Art. L. 313-34 L'envoi de l'offre oblige le prêteur à maintenir les conditions qu'elle indique pendant une durée minimale de trente jours à compter de sa réception par l'emprunteur.

L'offre est soumise à l'acceptation de l'emprunteur et des cautions, personnes physiques, déclarées. L'emprunteur et les cautions ne peuvent accepter l'offre que dix jours après qu'ils l'ont reçue. L'acceptation est donnée par lettre, le cachet de *(Ord. nº 2016-351 du 25 mars 2016, art. 3-5º, en vigueur le 1er juill. 2016)* **« l'opérateur postal faisant foi, ou selon tout autre moyen convenu entre les parties de nature à rendre certaine la date de l'acceptation par l'emprunteur** *[ancienne rédaction : la poste faisant foi]* **».** – *[C. consom., art. L. 312-10.] – Anc. art. L. 313-19 (Ord. nº 2016-351 du 25 mars 2016, art. 3-5º, en vigueur le 1er juill. 2016).*

Sur les sanctions, V. art. L. 341-40.

BIBL. ▶ MONACHON-DUCHÊNE, *JCP 2004. I. 152* (protection du délai de réflexion de l'emprunteur immobilier).

COMMENTAIRE

Comme antérieurement, il est prévu que l'envoi de l'offre oblige le prêteur à maintenir les conditions qu'elle indique pendant une durée minimale de trente jours à compter de sa réception par l'emprunteur. Par ailleurs, dans le prolongement du droit antérieur, l'emprunteur et les cautions ne peuvent accepter l'offre que dix jours après qu'ils l'ont reçue. Les délais de maintien de l'offre et de réflexion ne sont donc pas remis en cause (art. L. 313-34).

Toutefois, désormais, l'acceptation peut non seulement être donnée par lettre (le cachet de l'opérateur postal faisant foi), mais aussi « selon tout autre moyen convenu entre les parties de nature à rendre certaine la date de l'acceptation par l'emprunteur » (art. L. 313-34). Le délai de réflexion peut par conséquent être aussi garanti par le recours à un moyen électronique.

L'offre est, comme avant, acceptée sous la condition résolutoire de la non-conclusion, dans un délai de quatre mois à compter de son acceptation, du contrat pour lequel le prêt est demandé (art. L. 313-36), de façon à lier le sort des deux opérations. Jusqu'à cette acceptation, l'emprunteur ne peut, là encore comme par le passé, faire aucun dépôt, souscrire ou avaliser aucun effet de commerce, ni signer aucun chèque (art. L. 313-35), de façon à éviter toute pression.

Observons qu'aux termes de l'article L. 341-40, le fait pour le prêteur de faire souscrire par l'emprunteur ou les cautions déclarées ou de recevoir de leur part l'acceptation de l'offre, sans que celle-ci comporte de date ou dans le cas où elle comporte une date fausse de nature à faire croire qu'elle a été donnée après expiration du délai de dix jours prévu à l'article L. 313-34 est puni d'une amende de 300 000 euros.

1. Délai d'acceptation de l'offre. Est irrégulière une offre de prêt acceptée par l'emprunteur moins de dix jours après qu'il l'a reçue. • Paris, 15 sept. 1999, nº 1998/00980 : *D. 1999. AJ 64, obs. C. R.* ; *CCC 2000, nº 71, obs. Raymond* ♦ Est irrégulière une offre de prêt dont l'acceptation n'a pas été donnée dans les formes prescrites par l'art. L. 312-10 [L. 313-34], mais par déclaration écrite signée par l'emprunteur, une telle déclaration ne faisant pas foi de la date de l'acceptation. • Civ. 1re, 29 oct. 2002 : *Bull. civ. I, nº 255 ; D. 2002. AJ 3076, obs. Rondey* ; *JCP 2003. II. 10056, note S. Piedelièvre ; JCP E 2003. 762, note A. Morin ; Defrénois 2002. 1624, obs. Savaux ; CCC 2003, nº 14, note Raymond ; CCE 2003, nº 49, note Grynbaum ; RDI 2003. 166, obs. H. H.-D.* ; *RTD com. 2003. 149, obs. D. L.* – Comp. l'ajout opéré par l'Ord. nº 2016-351 du 25 mars 2016. ♦ Peu important que le délai d'acceptation de l'offre ait été supérieur à trente jours dès lors que l'art. L. 312-10 [L. 313-34] n'interdit pas au prêteur de maintenir son offre au-delà de cette durée, laquelle ne constitue qu'une durée minimale. • Civ. 1re, 5 déc. 2006 : *RTD com. 2007. 212, obs. Legeais*.

Dès lors que l'épouse, co-emprunteuse avec son mari, a reconnu avoir eu connaissance de l'offre au moins dix jours avant son acceptation en signant l'offre de prêt envoyée en double exemplaire par la banque et précisant la qualité de co-emprunteur des deux époux et la nécessité de leur double signature, il importe peu que le document n'ait été envoyé au domicile commun des époux qu'au nom du mari seul. • Toulouse, 22 mars 1999 : *Juridice n° 1998/02853.*

Ayant relevé que la banque produisait une enveloppe d'expédition prouvant que l'acceptation de l'offre de prêt immobilier avait été donnée par lettre, au terme d'un délai de réflexion d'au moins dix jours, comme le montre le cachet de la poste, et énoncé que la loi n'impose ni un envoi par lettre recommandée avec demande d'avis de réception pour prouver le contenu de l'enveloppe ni une rédaction de l'adresse d'expédition de la main des emprunteurs, la cour d'appel a justement déduit que le document produit répondait aux exigences de l'art. L. 312-10 [L. 313-24]. • Civ. 1re, 1er juin 2016, n° 15-15.051 P : *Dalloz actualité, 14 juin 2016, obs. Avena-Robardet; D. 2016. Actu. 1252 ; AJDI 2016. 695, obs. Cohet ; JCP E 2016, n° 1396; RJDA 2017, n° 110; Gaz. Pal. 13 sept. 2016, p. 22, obs. Piedelièvre; RD banc. fin. 2016, n° 159, obs. Mathey.*

2. Perte du droit aux intérêts. La seule sanction civile de l'inobservation de la règle de forme édictée à l'art. L. 312-10, al. 2 [L. 313-34, al. 2], est la perte, en totalité ou en partie, du droit aux intérêts dans la proportion prévue par le juge. • Civ. 1re, 29 oct. 2002 : *préc. note 1.* ♦... A l'exclusion de toute autre sanction (rejet de l'action en responsabilité). • Civ. 1re, 4 déc. 2001 : *D. 2002. IR 456 ; JCP 2002. IV. 1097.* ♦ V. notes ss. art. L. 341-34.

3. Nullité sanctionnant le non-respect du délai. La méconnaissance du délai d'acceptation de dix jours est sanctionnée par la nullité de l'engagement de caution. • Civ. 1re, 25 nov. 2010 : *CCC 2011, n° 47, obs. Raymond; RD banc. fin. 2011, n° 15, obs. Legeais.* ♦ Si l'inobservation des règles de forme relatives aux modalités d'acceptation de l'offre de prêt immobilier est sanctionnée par la déchéance du droit aux intérêts, la méconnaissance du délai d'acceptation de dix jours l'est par une nullité relative qui se prescrit par cinq ans à compter de *l'acceptation de l'offre.* • *Civ. 1re, 12 juill. 2005 : CCC 2005, n° 212, obs. Raymond* • 9 juill. 2003 : *cité note 4.* ♦ La règle énonçant que l'offre préalable de crédit immobilier ne peut être acceptée par l'emprunteur que dix jours après qu'il l'a reçue, protectrice d'un intérêt privé, ne peut être invoquée que par la personne qu'elle a vocation de protéger, et la violation est sanctionnée par la nullité relative du contrat. • Civ. 1re, 27 févr. 2001 : *Bull. civ. I, n° 48; D. 2001. AJ 1388, obs. Avena-Robardet*.

Comp., jugeant que dès lors que la preuve du délai de dix jours n'est pas rapportée, par ignorance soit de la date de l'acceptation soit de la date de l'offre, il s'impose d'admettre qu'a vocation à s'appliquer l'art. L. 312-33, al. 2 [L. 341-41]; en l'espèce, l'absence de date de l'offre ne saurait être sanctionnée par la nullité du prêt, dont la date d'acceptation est, elle, connue, seule restant indéterminée la durée séparant l'offre de l'acceptation, et le banquier doit être sanctionné par la déchéance du droit aux intérêts, en l'absence de preuve d'un dol. • Pau, 4 nov. 2002 : *JCP 2003. IV. 2186.*

4. Prescription de l'action en nullité. L'action en nullité fondée sur l'art. L. 312-10 [L. 313-34] se prescrit par cinq ans. • Civ. 1re, 27 févr. 2001 : *préc. note 3* • 9 juill. 2003 : *Bull. civ. I, n° 170; D. 2003. AJ 2008 ; Dr. et patr., nov. 2003, p. 85, obs. Chauvel; CCC 2004, n° 49, note Raymond (2e esp.); RTD com. 2003. 794, obs. D. L.*

5. Exception de nullité. En ce sens que l'exception de nullité pouvant seulement jouer pour faire échec à la demande d'exécution d'un acte juridique qui n'a pas encore été exécuté, elle ne peut donc être invoquée par des emprunteurs ayant déjà commencé à rembourser les fonds prêtés, V. • Civ. 1re, 1er déc. 1998 : *Bull. civ. I, n° 338; JCP E 1999, n° 2, p. 56, obs. Morvan; RD bancaire et bourse 1999. 29, obs. Crédot et Gérard* • 9 nov. 1999 : *Bull. civ. I, n° 298; D. 2000. AJ 95 ; JCP 2000. II. 10335, note Seraglini; CCC, n° 70, obs. Raymond* • 13 mars 2001 : *Bull. civ. I, n° 70; CCC 2001, n° 113, obs. Raymond* • 3 juill. 2001 : *Bull. civ. I, n° 201; JCP 2001. I. 370, nos 14 s., obs. Serinet.*

6. Réitération de l'acceptation. La nullité résultant de la violation de la règle d'ordre public de l'art. L. 312-10, al. 2 [L. 313-34, al. 2], ne peut être couverte par la réitération de l'acceptation; application à une caution qui avait donné son engagement avant l'expiration du délai de dix jours : • Civ. 1re, 30 mars 1994 : *Bull. civ. I, n° 130; D. 1994. IR 102 ; Defrénois 1994. 1476, note D. Mazeaud; CCC 1994, n° 129, obs. Raymond.* ♦ L'irrégularité de l'acceptation faite moins de dix jours après la réception d'une offre de prêt immobilier ne peut être couverte par une confirmation. • Civ. 1re, 18 janv. 2000 : *CCC 2000, n° 117, obs. Raymond.* ♦ Mais c'est sans violer les dispositions des art. 7 et 36 de la loi de 1979 [art. L. 313-34 et L. 314-26] qu'une cour d'appel estime, par une appréciation souveraine déduite des énonciations de l'acte authentique constatant le crédit, que l'acceptation de l'offre préalable a été donnée après l'expiration du délai de 10 jours. • Civ. 1re, 19 mai 1999 : *Bull. civ. I, n° 167 ; D. 1999. IR 170*. ♦ En effet, aucune disposition légale n'interdit à l'emprunteur de renouveler son acceptation après l'expiration de ce délai. • Civ. 1re, 18 janv. 2000 : *préc.* ♦ Si aucune disposition légale n'interdit à l'emprunteur de renouveler son acceptation de l'offre après l'expiration de ce délai, le renouvellement peut être formalisé lors de la signature de l'acte authentique de vente à seule condition que les énonciations en fassent explicitement mention. • Civ. 1re, 16 mai 2013 : *CCC 2013, n° 197, obs. Raymond ; RJDA 2013, n° 932 ; Gaz. Pal. 2013. 3292, obs. Piedelièvre.*

7. Renonciation. Les dispositions de l'art. L. 312-10, al. 2 [L. 313-34, al. 2], étant d'ordre public, il n'est donc pas possible d'y renoncer ; dès lors l'emprunteur ayant accepté une offre de crédit immobilier avant l'expiration du délai de dix jours suivant la réception de l'offre peut, deux ans après avoir signé le contrat de prêt, et alors même que celui-ci a été exécuté, assigner la banque prêteuse en nullité de ce dernier. • Civ. 1re, 9 déc. 1997 : *Bull. civ. I, n° 368 ; CCC 1998, n° 53, obs. Raymond ; D. 1998. IR 29 ; JCP 1998. II. 10148, obs. Piedelièvre.* ♦ V. aussi, sur renvoi, • Paris, 15 sept. 1999 : *préc. note 1*, précisant que la seule sanction est la déchéance du droit aux intérêts.

8. Responsabilité du notaire. Engage sa responsabilité le notaire qui rédige l'acte de prêt avant l'expiration du délai légal de l'art. L. 312-10 [L. 313-34], en violation d'une réglementation d'ordre public. • Civ. 1re, 4 déc. 2001 : *préc. note 2.*

Art. L. 313-35 Jusqu'à l'acceptation de l'offre par l'emprunteur, aucun versement, sous quelque forme que ce soit, ne peut, au titre de l'opération en cause, être fait par le prêteur à l'emprunteur ou pour le compte de celui-ci, ni par l'emprunteur au prêteur.

Jusqu'à cette acceptation, l'emprunteur ne peut, au même titre, faire aucun dépôt, souscrire ou avaliser aucun effet de commerce, ni signer aucun chèque. Si une autorisation de prélèvement sur compte bancaire ou postal est signée par l'emprunteur, sa validité et sa prise d'effet sont subordonnées à celle du contrat de crédit. — *[C. consom., art. L. 312-11.] — Anc. art. L. 313-20 (Ord. n° 2016-351 du 25 mars 2016, art. 3-5°, en vigueur le 1er juill. 2016).*

Sur les sanctions, V. art. L. 341-42.

Art. L. 313-36 L'offre est toujours acceptée sous la condition résolutoire de la non-conclusion, dans un délai de quatre mois à compter de son acceptation, du contrat pour lequel le prêt est demandé.

Les parties peuvent convenir d'un délai plus long que celui défini au premier alinéa. — *[C. consom., art. L. 312-12.] — Anc. art. L. 313-21 (Ord. n° 2016-351 du 25 mars 2016, art. 3-5°, en vigueur le 1er juill. 2016).*

COMMENTAIRE

I. CONTRATS LIÉS : CONTRAT DE PRÊT ET CONTRAT PRINCIPAL

Deux hypothèses doivent être distinguées :

– *Résolution du contrat de prêt en cas de non-conclusion du contrat principal.* Le contrat de crédit est conclu sous la condition résolutoire de l'absence de conclusion du contrat principal de vente, de construction ou de réparation immobilière qu'il finance dans un délai de quatre mois à compter de l'acceptation du prêt, délai qui peut être conventionnellement allongé par les parties (art. L. 313-36). Cette condition résolutoire n'a pas d'effet sur l'exécution du contrat de prêt, le prêteur pouvant alors effectuer des versements. Mais si le contrat en vue duquel le prêt a été accordé n'est pas conclu dans le délai prévu, l'emprunteur pourra demander le remboursement des sommes versées au titre du contrat de crédit. Observons que le prêteur ne peut, selon les termes combinés des articles L. 313-38 et R. 313-22, retenir ou demander que les frais d'étude dont le montant ne peut excéder 0,75 % du montant du prêt, dans la limite de 150 €.

– *Résolution du contrat de prêt en cas d'anéantissement du contrat principal.* En raison de l'effet rétroactif attaché tant à la résolution qu'à l'annulation du contrat principal, le contrat de prêt est censé n'avoir jamais existé. Par une interprétation audacieuse de l'article L. 312-12 de l'ancien code de la consommation (art. L. 313-36, désormais), la Cour de cassation considère que le contrat de prêt est anéanti de plein droit lorsque le contrat principal disparaît du fait d'une annulation (Civ. 1re, 16 déc. 1992 : *cité note 2 ss. art. L. 313-36*) ou d'une résolution (Civ. 1re, 1er déc. 1993 : *eod. loc*). Sur ces questions, V. Picod, Droit de la consommation, *Sirey U, sept. 2015, nos 335 s.*

II. CONTRATS DE CRÉDIT LIÉS

En cas de pluralité de crédits sollicités par l'emprunteur pour financer une même opération, chaque crédit est consenti sous la condition suspensive, et non résolutoire, de l'octroi des autres crédits. Le contrat affecté d'une condition suspensive ne peut être immédiatement exécuté, son exécution étant subordonnée à la réalisation de cette condition. Le dispositif ne s'appliquera toutefois qu'au prêt dont le montant est supérieur à 10 % du crédit total (art. L. 313-37). ❑

1. *Ordre public.* On ne peut renoncer au bénéfice des dispositions d'ordre public de l'art. L. 312-12 [L. 313-36]. • Civ. 1re, 27 juin 1995 : *cité note 3 ss. art. L. 313-1.* ♦ V. et comp., pour des renonciations *a posteriori*, note 4.

2. *Interdépendance des deux contrats.* En application des art. 9 de la loi du 13 juill. 1979 [C. consom., art. L. 313-36] et 1184 [ancien] C. civ., la résolution judiciaire de la vente d'immeuble entraîne, en raison de son effet rétroactif, la résolution de plein droit du contrat de prêt. • Civ. 1re, 1er déc. 1993 : *JCP 1994. II. 22325, note Jamin; Defrénois 1994. 823, obs. D. Mazeaud; RTD civ. 1994. 859, obs. Mestre* • 13 févr. 1996 : *Bull. civ. I, no 82; D. Affaires 1996. 349* • 21 oct. 2003 : *CCC 2004, no 86, note Raymond.* ♦ Déjà en ce sens : • Civ. 1re, 16 déc. 1992 : *Bull. civ. I, no 316; Defrénois 1993. 1133, note J. Honorat.* ♦ V. aussi note 3.

3. *Effet rétroactif de la résolution.* Le contrat de construction annulé étant censé n'avoir pas été conclu dans le délai fixé par la loi, sa disparition rétroactive entraîne l'annulation de plein droit du prêt souscrit pour assurer globalement le financement de l'achat du terrain et de l'opération de construction. • Civ. 1re, 18 juin 1996 : *Bull. civ. I, no 262; D. Affaires 1996. 1122* • 7 juill. 1998 : *Bull. civ. I, no 242; D. 1998. IR 207 ; D. Affaires 1998. 1771, obs. C. R.* ♦ V. aussi note 2.

4. *Renonciation.* Les juges du fond ne peuvent rejeter la demande d'annulation du prêt par l'effet de l'annulation de la vente sans relever d'acte positif de nature à caractériser sans équivoque la volonté de l'emprunteur de renoncer à se prévaloir de l'interdépendance des contrats de vente et de prêt. • Civ. 1re, 1er mars 2005 : *Bull. civ. I, no 108; D. 2005. AJ 888, obs. Rondey ; AJDI 2005. 746, note Cohet-Cordey ; RTD civ. 2005. 391, obs. Mestre et Fages ; RTD com. 2005. 576, obs. D. Legeais ; Gaz. Pal. 2006. Somm. 2111, obs. B. B.* • 3 mai 2006 : *RJDA 2006, no 944.* ♦ Dès lors qu'un emprunteur a conservé la somme prêtée après sa restitution par le vendeur à la suite de la résolution judiciaire de la vente, qu'il a disposé des fonds reçus à d'autres fins qu'au remboursement de la banque, cette dernière n'ayant pas été attraite par les parties à l'instance relative à la résolution du contrat, une cour d'appel peut souverainement estimer que l'emprunteur a ainsi manifesté sa volonté de ne pas se prévaloir de l'interdépendance des deux contrats et que, par conséquent, le contrat de prêt n'ayant pas été résolu, l'emprunteur doit rembourser le montant du prêt avec les intérêts. • Civ. 1re, 6 janv. 1998 : *Bull. civ. I, no 6; D. 1998. IR 48 .* ♦ V. et comp., pour des renonciations anticipées, note 1.

5. *Restitution des intérêts.* Par application de l'art. 1153 [1231-6] C. civ., en raison de la résolution du crédit consécutive à l'annulation de la vente, les parties devant être placées dans l'état où elles auraient été si le prêt n'avait pas été souscrit, la banque peut prétendre à des intérêts au taux légal sur la somme avancée, mais seulement depuis la mise en demeure et non depuis la mise des fonds à la disposition des emprunteurs. • Civ. 1re, 26 nov. 2002 : *Bull. civ. I, no 289; JCP 2003. IV. 1125; AJDI 2003. 278, obs. Cohet-Cordey ; RTD com. 2003. 553, obs. D. L.*

6. *Prescription.* Dès lors que l'annulation du prêt a pour cause, non le vice affectant la vente, mais l'annulation de celle-ci, la prescription de l'action en annulation du prêt ne commence à courir que du jour de l'annulation de la vente et non de la connaissance du vice. • Civ. 1re, 10 mai 2005 : *Bull. civ. I, no 205; D. 2005. IR 1735; JCP E 2005. 1676, no 53 s., obs. A. S.; RTD com. 2005. 577, obs. D. Legeais ; Gaz. Pal. 2006. Somm. 2066, obs. B. B.; RDC 2006. 363, obs. Fenouillet.*

Art. L. 313-37 **Lorsque l'emprunteur informe ses prêteurs qu'il recourt à plusieurs prêts pour la même opération, chaque prêt est conclu sous la condition suspensive de l'octroi de chacun des autres prêts. Cette disposition ne s'applique qu'aux prêts dont le montant est supérieur à 10 % du crédit total.** — *[C. consom., art. L. 312-13.]* — *Anc. art. L. 313-22 (Ord. no 2016-351 du 25 mars 2016, art. 3-5o, en vigueur le 1er juill. 2016).*

Art. L. 313-38 **Lorsque le contrat en vue duquel le prêt a été demandé n'est pas conclu dans le délai fixé en application des dispositions de l'article** *(Ord. no 2016-351 du 25 mars 2016, art. 3-5o, en vigueur le 1er juill. 2016)* **« L. 313-36** *[ancienne rédaction : L. 313-21]* **», l'emprunteur rembourse la totalité des sommes que le prêteur lui aurait**

déjà effectivement versées ou qu'il aurait versées pour son compte ainsi que les intérêts y afférents ; le prêteur ne peut retenir ou demander que des frais d'étude dont le montant maximum est fixé suivant un barème déterminé par décret. – *V. art. R. 313-22.*

Le montant de ces frais ainsi que les conditions dans lesquelles ils sont perçus figurent distinctement dans l'offre. – *[C. consom., art. L. 312-14.] – Anc. art. L. 313-23 (Ord. nº 2016-351 du 25 mars 2016, art. 3-5º, en vigueur le 1er juill. 2016).*

Sur les sanctions, V. art. L. 341-37 et L. 341-43.

COMMENTAIRE

Le fait pour le prêteur, en infraction aux dispositions de l'article L. 313-38, pour un contrat de location-vente et de location assortie d'une promesse de vente, de ne pas restituer les sommes mentionnées lorsque le contrat en vue duquel le prêt a été demandé n'est pas conclu, est puni d'une amende de 300 000 euros (art. L. 341-43). Par ailleurs, le fait pour le professionnel de ne pas respecter l'obligation prévue au deuxième alinéa de l'article L. 313-38 est puni d'une amende de 150 000 euros (art. L. 341-37). ❑

Intérêts afférents au capital. L'art. L. 312-14 [L. 313-38] visant seulement le cas où le contrat en vue duquel le prêt a été demandé n'a pas été conclu, suite à l'annulation d'un contrat de prêt, consécutive à celle de la vente, les choses doivent être remises en état comme si le prêt n'avait pas existé, de sorte que le prêteur ne peut prétendre aux intérêts afférents au capital. • Civ. 1re, 7 avr. 1999 : *Bull. civ. I, nº 125 ; D. 2000. Somm. 461, obs. D. Martin ; Defrénois 1999. 756, obs. Aubert.* ♦ Comp., considérant que l'emprunteur est tenu de rembourser la totalité des sommes que le prêteur lui a déjà effectivement versées ou qu'il a versées pour son compte ainsi que les intérêts y afférents au taux légal : • Paris, 3 févr. 1999 : *D. 1999. IR 67*.

Art. L. 313-39 **En cas de renégociation de prêt, les modifications au** *(Ord. nº 2016-351 du 25 mars 2016, art. 3-5º, en vigueur le 1er juill. 2016)* **« contrat de crédit** *[ancienne rédaction : contrat de prêt]* **» initial sont apportées sous la seule forme d'un avenant** *(Ord. nº 2016-351 du 25 mars 2016, art. 3-5º, en vigueur le 1er juill. 2016)* **« établi sur papier ou sur un autre support durable ».**

Cet avenant comprend, d'une part, un échéancier des amortissements détaillant pour chaque échéance le capital restant dû en cas de remboursement anticipé et, d'autre part, le *(Ord. nº 2016-351 du 25 mars 2016, art. 3-5º et 13-II, en vigueur le 1er oct. 2016)* **« taux annuel effectif global** *[ancienne rédaction : taux effectif global]* **» ainsi que le coût du crédit, calculés sur la base des seuls échéances et frais à venir. Pour les prêts à taux variable** *(Ord. nº 2016-351 du 25 mars 2016, art. 3-5º, en vigueur le 1er juill. 2016)* **« ou révisable », l'avenant comprend le** *(Ord. nº 2016-351 du 25 mars 2016, art. 3-5º et 13-II, en vigueur le 1er oct. 2016)* **« taux annuel effectif global** *[ancienne rédaction : taux effectif global]* **» ainsi que le coût du crédit, calculés sur la base des seuls échéances et frais à venir jusqu'à la date de la révision du taux, ainsi que les conditions et modalités de variation du taux.**

(Ord. nº 2017-1090 du 1er juin 2017, art. 1er) **« Lorsque les modifications au contrat de crédit initial portent sur la condition mentionnée à l'article L. 313-25-1, l'avenant mentionne cette condition, sa durée, le cas échéant les frais de tenue du compte sur lequel les salaires et revenus assimilés sont domiciliés, la nature de l'avantage individualisé consenti en contrepartie par le prêteur et les conditions, de taux ou autres, mentionnées au 10º de l'article L. 313-25. L'avenant mentionne également la conséquence tirée par le prêteur du non-respect de cette condition par l'emprunteur. »**

L'emprunteur dispose d'un délai de réflexion de dix jours à compter de la réception des informations mentionnées au deuxième alinéa.

(Ord. nº 2016-351 du 25 mars 2016, art. 3-5º, en vigueur le 1er juill. 2016) **« L'acceptation doit être donnée par lettre, le cachet de l'opérateur postal faisant foi, ou selon tout autre moyen convenu entre les parties de nature à rendre certaine la date de l'acceptation par l'emprunteur. »** – *[C. consom., art. L. 312-14-1.] – Anc. art. L. 313-24 (Ord. nº 2016-351 du 25 mars 2016, art. 3-5º, en vigueur le 1er juill. 2016).*

L'art. L. 313-39 s'applique à tout avenant établi à compter de l'entrée en vigueur de la L. n° 2017-203 du 21 févr. 2017, quelle que soit la date à laquelle l'offre de crédit du contrat modifié par cet avenant a été émise (L. préc., art. 9-III).

Les dispositions issues de l'Ord. n° 2017-1090 du 1er juin 2017 s'appliquent aux offres de prêts émises à compter du 1er janv. 2018 ainsi qu'aux avenants modifiant les contrats conclus à la suite de ces offres (Ord. préc., art. 3).

Sur les sanctions, V. art. L. 341-22.

BIBL. ▶ MATHEY, *RLDA oct. 2008. 88* (la renégociation des crédits bancaires).

COMMENTAIRE

Depuis la loi du 25 juin 1999 relative à l'épargne et à la sécurité financière, les opérations de renégociation, qui consistent à modifier les conditions initiales du prêt, donnent lieu à un avenant au contrat de crédit comportant un certain nombre d'informations destinées à permettre à l'emprunteur de renégocier le prêt en connaissance de cause.

Ainsi, l'avenant est soumis à un certain formalisme : il comprend un échéancier des amortissements détaillant pour chaque échéance le capital restant dû en cas de remboursement anticipé. Mais il doit aussi mentionner la nouvelle notion de « taux annuel effectif global » (TAEG), applicable depuis le 1er octobre 2016. La loi de ratification du 21 février 2017 précise à ce sujet que l'article L. 313-39 s'applique à tout avenant établi à compter du 23 février 2017, quelle que soit la date à laquelle l'offre de crédit du contrat modifié par cet avenant a été émise.

L'emprunteur dispose d'un délai de réflexion de dix jours à compter de la réception des informations mentionnées.

Pour les prêts à taux variable ou révisable, le texte souligne que l'avenant comprend le « taux annuel effectif global ainsi que le coût du crédit, calculés sur la base des seuls échéances et frais à venir jusqu'à la date de la révision du taux, ainsi que les conditions et modalités de variation du taux ».

1. Renégociation : délai de réflexion. Des emprunteurs n'ayant indiqué ni la date à laquelle ils ont signé l'avenant, ni celle à laquelle ils l'avaient renvoyé, ne peuvent se prévaloir de leur propre carence pour arguer du non-respect de délai de réflexion. • Civ. 1re, 8 nov. 2007 : *D. 2007. AJ 2944, obs. Rondey ; RDI 2008. 267, obs. Heugas-Darraspen ; JCP E 2007, n° 50, p. 20 ; BRDA 2007, n° 23, p. 13 ; Dr. et patr. mars 2008. 76, obs. Mattout et Prüm ; Defrénois 2008. 681, note S. Piedelièvre.*

2. Avenant. Les obligations prévues aux art. L. 312-7, L. 312-8, L. 312-10 et L. 312-33 [L. 313-24, L. 312-25, L. 313-34 et L. 341-40 s.] ne sont pas applicables, en cas de renégociation d'un prêt immobilier entre les mêmes parties, aux modifications du contrat de prêt initial qui ne peuvent être apportées que sous la forme d'un avenant conformément à l'art. L. 312-14-1 [L. 313-39], introduit par la L. n° 99-532 du 25 juin 1999. • Civ. 1re, 3 mars 2011 : *Bull. civ. I, n° 46 ; D. 2011. Actu. 814, obs. Avena-Robardet ; RTD com. 2011. 402, obs. Legeais ; RDI 2011. 265, note Heugas-Darraspen ; JCP 2011, n° 581, note Monachon-Duchêne ; JCP N 2011, n° 1210, note Rzepecki ; CCC 2011, n° 148, obs. Raymond ; Gaz. Pal. 2011. 1755, obs. Bury ; RD banc. fin. 2011, n° 158, obs. Mathey ; RLDA avr. 2011. 46, obs. Lecourt.* – V. aussi : • Civ. 1re, 16 mai 2013 : *AJDI 2013. 685 ; RDI 2013. 587, obs. Heugas-Darraspen ; JCP E 2013, n° 1662, spéc. n° 22, obs. Mathey.*

3. Informations erronées. L'art. L. 312-33 [L. 341-40 s.] ne sanctionne pas la fourniture d'informations erronées, le texte susvisé ne renvoyant pas à l'art. L. 312-14-1 [L. 313-39] consacré spécifiquement à la renégociation du contrat de prêt. • Versailles, 25 nov. 2010 : *CCC 2011, n° 127, obs. Raymond.*

4. Facilité de paiement. Le seul fait pour le prêteur d'accorder une facilité de paiement à l'emprunteur ne caractérise pas une renégociation du prêt. • Civ. 1re, 17 juin 2015, n° 14-14.326 P : *Dalloz actualité, 10 juill. 2015, obs. Avena-Robardet ; D. 2015. Actu. 1365 ; AJDI 2015. 784, obs. Cohet ; JCP E 2015, n° 1348 ; CCC 2015, n° 248, obs. G. R. ; RJDA 2015, n° 857 ; Gaz. Pal. 2015. 2941, note Lasserre Capdeville ; ibid. 3232, obs. Piedelièvre ; Banque et Droit sept.-oct. 2015. 26, obs. Bonneau ; RD banc. fin. 2015, n° 145, obs. Mathey ; ibid., n° 182, obs. Crédot et Samin ; RLDA sept. 2015. 35, obs. Rochette.* ♦ La banque ayant seulement accepté, à la demande des emprunteurs, de reporter en fin de contrat les échéances dues pour la période comprise entre le 15 oct. 2010 et le 15 mars 2011, les autres conditions du prêt demeurant inchangées et aucune incidence n'étant invoquée sur les sommes dues aux titres des frais et intérêts, la cour d'appel en a exactement déduit que ne s'imposait pas aux parties le formalisme requis en cas de renégociation par l'art. L. 321-14-1 [L. 313-39]. • Même arrêt.

Loi nº 99-532 du 25 juin 1999, *relative à l'épargne et à la sécurité financière.* **Art. 115** II. — Sous réserve des décisions de justice passées en force de chose jugée, les renégociations de prêt antérieures à la publication de la présente loi sont réputées régulières au regard du neuvième *[onzième]* alinéa de l'article L. 312-8 *[L. 313-25]* du code de la consommation, dès lors qu'elles sont favorables aux emprunteurs, c'est-à-dire qu'elles se traduisent soit par une baisse du taux d'intérêt du prêt, soit par une diminution du montant des échéances du prêt, soit par une diminution de la durée du prêt.

BIBL. ▶ GOURIO, *JCP E 1999, nº 39, p. 1524* (nouveau régime des renégociations des prêts au logement). – MARTIN, *RD bancaire et bourse 1999. 108* (même thème).

1. Portée de la rétroactivité. Jugeant que cet art ne valide les irrégularités des prêts immobiliers qu'au regard de l'art. L. 312-8 [L. 313-25], mais pas les autres irrégularités commises au moment de la renégociation du prêt, V. • TGI Périgueux, 19 oct. 1999 : *CCC 2000, nº 14, obs. Raymond.*

2. Modification favorable à l'emprunteur. Il n'y a pas lieu à émission d'une nouvelle offre préalable lorsque la renégociation du prêt n'a porté que sur la réduction du taux d'intérêt et qu'elle était donc favorable aux emprunteurs. • Civ. 1re, 4 mars 2003 : *Bull. civ. I, nº 63; JCP 2003. II. 10161, note Monachon-Duchêne; RTD civ. 2003. 521, obs. Gautier.*

3. Appréciation de l'opportunité de la renégociation. Le caractère plus favorable de la renégociation doit être apprécié en considération de tous les éléments sur lesquels elle a porté et pas seulement de ceux énumérés à l'art. 115-II de la loi du 25 juin 1999; un avenant qui, bien qu'ayant modifié à la baisse le taux d'intérêt, a également mis à la charge des emprunteurs une indemnité en cas de remboursement anticipé, alourdissant ainsi leurs obligations, aurait dû respecter les exigences prévues par l'art. L. 312-8 [L. 313-25]. • Civ. 1re, 6 juill. 2004 : *Bull. civ. I, nº 202; D. 2004. AJ 2498, obs. Rondey; JCP 2004. II. 10193, note Nicolas; JCP E 2004. 1642, note S. Piedelièvre; RTD com. 2004. 798, obs. D. Legeais* (déchéance du droit aux intérêts).

SECTION VI CONTRAT PRINCIPAL

COMMENTAIRE

Les articles L. 313-40 à L. 313-45 fixent les règles destinées à subordonner la réalisation de l'opération immobilière à l'obtention du ou des prêts destinés à la financer. Mais à la différence du crédit à la consommation, le lien n'existe qu'au stade de la formation du contrat.

L'acte écrit constatant le contrat principal (y compris la promesse unilatérale de vente acceptée ainsi que le contrat préliminaire par lequel, en contrepartie d'un dépôt de garantie effectué à un compte spécial, le vendeur s'engage à réserver à un acheteur un immeuble ou une partie d'immeuble) doit indiquer si le prix est payé directement ou indirectement avec l'aide d'un prêt (art. L. 313-40). Les contrats sont liés à la condition que l'un fasse référence à l'autre, une clause précisant que le contrat principal n'est conclu que sous la condition suspensive de l'obtention d'un prêt, la durée de validité de cette condition suspensive ne pouvant être inférieure à un mois (art. L. 313-41). Ces dispositions étant d'ordre public, toute clause contraire serait nulle (Civ. 1re, 28 janv. 1992 : *cité note 10 ss. art. L. 313-41*). En conséquence, malgré l'imprécision du texte légal, seul l'acquéreur peut se prévaloir des conséquences juridiques de la défaillance de la condition suspensive d'obtention d'un prêt (Civ. 3e, 8 juill. 2014 : *cité note 10 ss. art. L. 313-41*).

Si le prêt n'est pas obtenu dans le délai, le contrat principal est résolu et toutes les sommes versées d'avance par l'acquéreur doivent lui être remboursées. La condition est réputée réalisée en cas de présentation par l'organisme de crédit d'une offre régulière correspondant aux caractéristiques du prêt sollicité (Civ. 1re, 9 déc. 1992 : *cité note 1 ss. art. L. 313-41*).

Lorsque le contrat mentionne que le prix sera payé sans le financement d'un prêt, l'article L. 313-42 précise que ce contrat doit porter la mention écrite de l'acquéreur selon laquelle s'il a ultérieurement recours à un prêt, les règles précédentes ne trouvent pas à s'appliquer. Le consommateur est ainsi clairement informé de l'indépendance des deux contrats et en supporte toutes les conséquences.

Par l'article L. 313-44, le législateur envisage l'incidence du contrat principal sur le prêt. Si le prêt est destiné à financer des travaux immobiliers – au moyen d'un contrat de promotion, de construction, de maîtrise ou d'entreprise – et s'il mentionne cette affectation, le juge peut suspendre les obligations de l'emprunteur en cas de contestation affectant le contrat immobilier jusqu'à la solution du litige.

Pour que le texte soit applicable, le prêteur doit avoir été mis en cause ou être intervenu à l'instance (art. L. 313-44). Il peut obtenir réparation du préjudice que lui cause la suspension.

La Cour de cassation écarte l'application du texte après la réception des travaux, celui-ci ne pouvant jouer que pour la période d'édification (Civ. 1re, 26 mai 1994 : *cité note 1 ss. art. L. 313-44*) : l'interprétation extensive de certaines cours d'appel n'imposant aucune condition de simultanéité entre la contestation et l'exécution des travaux a été ainsi écartée.

Enfin, il faut observer que les dispositions des articles L. 313-40 à L. 313-44 ne sont pas applicables aux ventes par adjudication (art. L. 313-45). ❑

Art. L. 313-40 L'acte écrit, y compris la promesse unilatérale de vente acceptée et le contrat préliminaire prévu à l'article L. 261-15 du code de la construction et de l'habitation, ayant pour objet de constater l'une des opérations mentionnées *(Ord. nº 2016-351 du 25 mars 2016, art. 3-6º, en vigueur le 1er juill. 2016)* **« au 1º de l'article L. 313-1** *[ancienne rédaction : à l'article L. 313-1]* **», doit indiquer si le prix sera payé directement ou indirectement, même en partie, avec ou sans l'aide d'un ou plusieurs prêts régis par les sections I à V du présent chapitre.** — *[C. consom., art. L. 312-15.] — Anc. art. L. 313-25 (Ord. nº 2016-351 du 25 mars 2016, art. 3-6º, en vigueur le 1er juill. 2016).*

1. Mentions exigées. Aucune disposition du code n'exige que les mentions du taux du prêt envisagé, de durée de remboursement et de montant maximum des échéances mensuelles doivent figurer à peine de nullité dans l'acte visé à l'art. L. 312-15 [L. 313-40]. • Cass., avis, 18 mai 1998 : *Bull. civ., nº 7 ; D. 1998. IR 222*. ♦ Les règles édictées par les art. L. 312-15 s. [L. 313-40 s.] n'exigent pas que la mention des prêts dont l'obtention constitue une condition suspensive de la vente soit conforme aux prescriptions des art. L. 312-2 s. [L. 313-1 s.] qui ne concernent que les rapports entre prêteurs et emprunteurs. • Limoges, 18 mars 1999 : *BICC 1999, nº 1038*. ♦ *Contra*, ayant jugé que la loi a pour objet d'obliger les parties à préciser à quelles conditions sera consenti le prêt immobilier sollicité, et non seulement le montant de ce prêt, et que devait donc être annulée la vente qui prévoyait que l'acquéreur aurait recours à un prêt sans préciser le montant maximum des remboursements, et d'une façon générale les conditions précises de taux et d'échéance : • Paris, 30 janv. 1991 : *D. 1991. IR 59*. ♦ Comp. aussi • Paris, 25 sept. 1996 : *cité note 33 ss. art. L. 313-41.*

2. Absence de mention. Sur l'absence de mention, V. art. L. 313-42, al. 2.

Art. L. 313-41 Lorsque l'acte mentionné à l'article *(Ord. nº 2016-351 du 25 mars 2016, art. 3-6º, en vigueur le 1er juill. 2016)* **« L. 313-40** *[ancienne rédaction : L. 313-25]* **» indique que le prix est payé, directement ou indirectement, même partiellement, à l'aide d'un ou plusieurs prêts régis par les dispositions des sections I à V et de la section VII du présent chapitre, cet acte est conclu sous la condition suspensive de l'obtention du ou des prêts qui en assument le financement. La durée de validité de cette condition suspensive ne peut être inférieure à un mois à compter de la date de la signature de l'acte ou, s'il s'agit d'un acte sous seing privé soumis à peine de nullité à la formalité de l'enregistrement, à compter de la date de l'enregistrement.**

Lorsque la condition suspensive prévue au premier alinéa n'est pas réalisée, toute somme versée d'avance par l'acquéreur à l'autre partie ou pour le compte de cette dernière est immédiatement et intégralement remboursable sans retenue ni indemnité à quelque titre que ce soit. — *[C. consom., art. L. 312-16, hors sanctions.] — Anc. art. L. 313-26 (Ord. nº 2016-351 du 25 mars 2016, art. 3-6º, en vigueur le 1er juill. 2016).*

Sur les sanctions V. art. L. 341-35 et L. 341-43.

BIBL. ▶ Refus du prêt par l'acquéreur : CORNILLE et RAFFRAY, *JCP N 1988. I. 93*. – WALLUT, *LPA 29 juin 1999*. ▶ Condition suspensive d'obtention du prêt : AYNÈS, *D. 1988. Chron. 283*. – BÉNAC-SCHMIDT, *D. 1990. Chron. 7*. – BERGEL, *JCP N 1988. I. 225*. – D. MAZEAUD, *JCP N 1993. I. 345*. – STEINMETZ, *RDI 1993. 305*. – WALLUT, *LPA 29 juin 1999*. – BURDIN, *LPA 12 févr. 2010* (vices et vertus des clauses relatives à la condition suspensive d'obtention d'un prêt en matière de crédit immobilier). – DELECRAZ et CHETAILLE, JCP N 2011, nº 1180 (condition suspensive d'obtention d'un prêt : ou comment concilier la sécurité de l'acquéreur et l'équilibre du contrat). – VALDÈS, *Administrer avr. 2013. 33* (vente d'immeuble sous condition suspensive d'un prêt). – KHAYAT, *LPA 22-23 sept. 2016* (ressuscitons la condition suspensive d'obtention du prêt issue de la loi *Scrivener* !). – LUCAS-PUGET, *CCC 2017. Formule 1* (clause relative à la condition suspensive d'obtention d'un prêt immobilier).

COMMENTAIRE

L'article L. 313-41 est assorti de sanctions de nature pénale et civile. Le fait pour le prêteur de ne pas restituer les sommes mentionnées est puni d'une amende de 300 000 euros (art. L. 341-43). Ensuite, lorsque la somme versée d'avance par l'acquéreur n'a pas été remboursée dans les conditions prévues au second alinéa de l'article L. 313-41 la somme due est productive d'intérêts au taux légal majoré de moitié à compter du quinzième jour suivant la demande de remboursement (art. L. 341-35).

PLAN DES ANNOTATIONS

I. MISE EN JEU DE LA CONDITION SUSPENSIVE

A. L'OFFRE DE PRÊT

1. *Offre régulière et conforme.* La condition suspensive de l'obtention d'un prêt est réputée réalisée dès la présentation par un organisme de crédit d'une offre régulière correspondant aux caractéristiques du financement de l'opération stipulées par l'emprunteur dans l'acte visé à l'art. L. 312-15 [L. 313-40]. • Civ. 1re, 9 déc. 1992 : *D. 1993. Somm. 210, obs. Penneau ; JCP 1993. II. 22106, note Gourio ; Defrénois 1993. 317, note Aubert ; CCC 1993, no 43, obs. Leveneur ; ibid. no 80, obs. Raymond.* ♦ Les juges du fond ne peuvent déclarer que la condition suspensive est réalisée sans relever que l'acquéreur avait reçu, dans le délai fixé, une offre de prêt conforme à la convention des parties et à la législation applicable. • Civ. 3e, 18 nov. 1992 : *Bull. civ. III, no 300 ; D. 1993. Somm. 210, obs. Penneau*. ♦ La condition suspensive de l'obtention d'un prêt est réalisée au moment de la notification d'une offre à l'acquéreur et non à la date de l'autorisation du prêt par la banque. • Civ. 3e, 11 mai 2011 : *Bull. civ. III, no 76 ; Dalloz actualité, 7 juin 2011, obs. Dreveau ; RDI 2011. 443, obs. Heugas-Darraspen ; RLDC juill.-août 2011. 12, obs. Paulin.* ♦ Exigeant une offre *ferme et sans réserve* : • Civ. 3e, 27 janv. 2009 : *JCP N 2010, no 1, p. 29, obs. Piedelièvre ; CCC 2009, no 117, obs. Raymond.* ♦ La clause « sous réserve de l'acceptation à l'assurance des emprunteurs » ne porte pas atteinte au caractère ferme de l'offre de crédit caractérisant l'obtention d'un prêt au sens de l'art. L. 312-16 [L. 313-41]. • Civ. 3e, 23 juin 2010 : *Bull. civ. III, no 133 ; Dalloz actualité, 7 juill. 2010, obs. Chenu ; D. 2010. Actu. 1701 ; RTD civ. 2010. 551, obs. Fages ; RTD com. 2010. 765, obs. Legeais ; JCP E 2010, no 1870, note Leveneur ; JCP N 2010, no 1320, spéc. no 7, obs. S. Piedelièvre ; CCC 2010, no 221, obs. Leveneur ; Gaz. Pal. 2010. 3061, obs. Mathieu ; ibid. 35403, obs. Bury ; RJDA 2010, no 1100 ; RLDC oct. 2010. 16, obs. Paulin ; Dr. et patr. févr. 2011. 64, obs. Stoffel-Munck ; RDC 2011. 131, obs. Fenouillet.* – V. aussi • Civ. 1re, 14 janv. 2010 : *cité note 3.*

Il incombe à l'emprunteur qui reproche à un établissement de crédit d'avoir refusé d'exécuter un contrat de prêt immobilier régi par le code de la consommation d'apporter la preuve que celui-ci a été conclu conformément aux règles d'ordre public qui gouvernent la formation d'un tel contrat. Ayant constaté que les demandeurs ne prouvaient pas qu'une offre de prêt leur eût été adressée par la banque, ni même, à supposer qu'un document intitulé « étude de financement » pût être regardé comme telle, qu'ils eussent manifesté la volonté de l'accepter, la cour d'appel en a déduit que la preuve n'était pas apportée de la conclusion du contrat de prêt dont ceux-ci se prévalaient. • Civ. 1re, 19 sept. 2007 : *Bull. civ. I, no 293 ; AJDI 2008. 41 ; JCP 2007. IV. 2883 ; Banque et Droit janv.-févr. 2008. 25, obs. Bonneau ; RJDA 2008, no 185.*

2. *Offre non rétractée.* La condition suspensive de l'obtention d'un prêt est réputée réalisée dès présentation, par un organisme de crédit, d'une offre non suivie d'une rétractation. • Civ. 1re, 20 janv. 1993 : *Bull. civ. I, no 30 ; JCP 1993. II. 22106, note Gourio ; Defrénois 1993. 1382, note Aubert.* ♦ V. aussi • Civ. 1re, 17 nov. 1998 : *cité note 19.*

3. *Offre même non formalisée.* Une offre préalable de crédit conforme aux dispositions du code de la consommation, qui ne sont exigées que pour la protection de l'emprunteur, n'est pas nécessaire pour la réalisation de la condition suspensive d'obtention du prêt au sens de l'art. L. 312-16 [L. 313-41]. • Civ. 1re, 14 janv. 2010 : *RJDA 2010, no 779 ; Defrénois 2011. 245, obs. Dagot ; Administrer janv. 2011. 83, obs. Zalewski.*

♦ Les dispositions de l'art. L. 312-16 [L. 313-41] étant édictées dans l'intérêt exclusif de l'acquéreur, la condition suspensive doit être réputée réalisée s'il est constaté que la banque avait informé l'acquéreur de l'octroi du crédit dans le délai de la condition suspensive, même si, à cette date, elle n'avait pas encore formalisé l'offre. • Civ. 3e, 24 sept. 2003 : *Bull. civ. III, nº 164 ; D. 2003. AJ 2694 ; JCP E 2004. 204, note S. Piedelièvre ; AJDI 2004. 151, note Prigent ; LPA 8 sept. 2004, note Tchotourian ; RTD civ. 2003. 697, obs. Mestre et Fages ; ibid. 2004. 112, obs. Gautier*. ♦ Cependant, dès lors que les juges du fond ont relevé que la condition suspensive d'un prêt ne serait réalisée qu'à l'acceptation par les acquéreurs de l'offre de crédit, et qu'aucun acte de prêt n'avait été formalisé au terme convenu, cette condition doit être considérée comme défaillie et les acquéreurs ne peuvent, par conséquent, exiger que l'acte de vente, devenu caduc, soit réitéré. • Civ. 3e, 30 avr. 1997 : *Bull. civ. III, nº 95 ; D. 1997. Somm. 342, obs. Tournafond ; D. Affaires 1997. 696 ; RJDA 1997, nº 922 ; Defrénois 1997. 1014, note Mazeaud.*

Une attestation établie, sans autre date que le 30 avr. 2002 mentionnée sur la télécopie, à l'entête de l'agence de la banque, par le sous-directeur de l'agence, certifiant donner son accord de principe aux acquéreurs, ne constitue pas une offre de prêt. • Civ. 3e, 7 nov. 2007 : *Bull. civ. III, nº 200 ; D. 2008. Chron. C. cass. 1229, obs. Nési ; D. 2007. AJ 3002, obs. Rondey (1re esp.) ; RDI 2008. 262, obs. Heugas-Darraspen ; JCP 2008. I. 104, nos 1 s., obs. Sérinet ; JCP N 2008, nº 12, p. 15, note Kenfack ; ibid., nº 19-20, p. 16, obs. Piedelièvre ; JCP E 2008, nº 15, p. 18, obs. Lafont ; LPA 5 févr. 2008, note Houtcieff ; Defrénois 2007. 1744, note Savaux ; RJDA 2008, nº 245.* ♦ La promesse de vente n'exigeant pas de forme spéciale pour la notification, par les acquéreurs, de l'octroi de leur crédit bancaire, il se déduit de la production par ces derniers du tirage d'un courrier électronique de la banque à leur intention, comprenant proposition d'un prêt aux conditions fixées dans la promesse, et d'une lettre de ce même établissement notifiant l'accord de la banque sur ce prêt, l'existence non pas d'un accord de principe, mais d'une offre de prêts emportant réalisation de la condition suspensive. • Civ. 3e, 7 nov. 2007 : *Bull. civ. III, nº 199 ; D. 2008. Chron. C. cass. 1229, obs. Nési ; D. 2007. AJ 3002, obs. Rondey (2e esp.) ; RTD com. 2008. 157, obs. Legeais ; RDI 2008. 262, obs. Heugas-Darraspen ; JCP 2008. I. 104, nos 1 s., obs. Sérinet ; JCP N 2008, nº 12, p. 15, note Kenfack ; ibid., nº 19-20, p. 17, obs. Piedelièvre ; JCP E 2008, nº 15, p. 18, obs. Lafont ; LPA 5 févr. 2008, note Houtcieff ; Defrénois 2007. 1744, note Savaux ; RJDA 2008, nº 244 ; Administrer août-sept. 2008. 58, obs. Zalewski.* ♦ Mais un accord de principe donné par une banque « sous les réserves d'usage » implique nécessairement que les conditions définitives de l'octroi de son concours restent à définir et oblige seulement celle-ci à poursuivre, de bonne foi, les négociations en cours. • Com. 10 janv. 2012 : *D. 2013. Pan. 391, obs. Mekki ; RTD com. 2012. 174, obs. Legeais ; RDI 2012. 222, note Heugas-Darraspen ; JCP E 2012, nº 1349, spéc. nº 12, obs. Mathey ; CCC 2012, nº 86 ; RJDA 2012, nº 428 ; Banque et Droit mars-avr. 2012. 22, obs. Bonneau ; RD banc. fin. 2012, nº 111, obs. Crédot et Samin.*

4. *Offre même déclinée.* Le prêt doit être considéré comme obtenu, et la condition suspensive comme réalisée, du seul fait de son offre par un établissement bancaire, alors même que le bénéficiaire aurait décliné l'offre. • Civ. 1re, 16 juill. 1991 : *CCC 1991, nº 250, obs. Raymond ; Defrénois 1992. 748, note Aubert* • 2 juin 1993 : *Bull. civ. I, nº 198 ; D. 1993. IR 154.*

B. LE PRÊT

5. *Prêt complémentaire.* L'acte dont la validité est subordonnée à l'obtention d'un prêt par les art. L. 312-15 et L. 312-16 [L. 313-40 et L. 313-41] est celui en vue duquel le prêt a été demandé ; dès lors que le prêt nécessaire à l'acquisition de l'immeuble a été obtenu, l'acheteur doit conclure la vente et il est fautif s'il refuse de le faire en invoquant la non-obtention d'un prêt ultérieur destiné à l'amélioration de l'immeuble, sauf si la vente a été conventionnellement subordonnée à l'obtention de ce prêt ultérieur. • Civ. 1re, 21 févr. 1989 : *Bull. civ. I, nº 91 ; D. 1989. Somm. 340, obs. Aubert.*

6. *Prêts multiples.* A la différence de l'art. L. 312-13 [L. 313-37], l'art. L. 312-16 [L. 313-41] ne fait aucune distinction entre les prêts d'un montant supérieur ou inférieur à 10 % du crédit total ; il en résulte que l'importance relative du prêt complémentaire importe peu, du moment que la condition suspensive est accomplie. • Civ. 1re, 6 janv. 1993 : *Bull. civ. I, nº 3 ; D. 1993. IR 28*.

7. *Prêt non spécifié.* Dès lors que le prêt spécifié dans l'acte de vente n'a pu être obtenu, la condition suspensive a défailli ; les juges ne sauraient reprocher à l'acquéreur d'avoir refusé un prêt équivalent, dès lors que les parties n'étaient pas convenues d'un autre mode de financement susceptible de se substituer au prêt non obtenu. • Civ. 3e, 9 nov. 1988 : *Bull. civ. III, nº 159 ; D. 1989. Somm. 340, obs. Aubert ; JCP 1989. II. 21296, obs. Thuillier.*

8. *Autres modes d'obtention de la somme.* La condition suspensive est réalisée dès lors que l'acquéreur a obtenu, sous quelque qualification ou par quelque technique que ce soit, la somme nécessaire à la réalisation de l'opération prévue par l'accord des parties. • Civ. 1re, 7 avr. 1992 : *Defrénois 1992. 1078, note Aubert.*

9. Location-accession. Lorsque le contrat de location-accession à la propriété indique que l'accédant entend recourir à un ou plusieurs prêts régis par les art. L. 312-1 s. [L. 313-1 s.] la vente convenue en exécution de ce contrat est nécessairement conclue sous la condition suspensive des prêts indiqués, de sorte que le délai de prescription de l'action en rescision pour lésion ne peut commencer à courir à compter de la date correspondant au dernier versement de la redevance. • Civ. 1re, 20 janv. 1998 : *Bull. civ. I, no 24 ; D. 1998. IR 54 ; D. Affaires 1998. 328, obs. V. A.-R.*

C. ORDRE PUBLIC

10. Principe. Les dispositions de l'art. L. 312-16 [L. 313-41] sont édictées dans l'intérêt exclusif de l'acquéreur. • Civ. 3e, 24 sept. 2003 : *préc. note 3.* ♦ ... Qui seul peut se prévaloir des conséquences juridiques de la défaillance de la condition suspensive d'obtention d'un prêt. • Civ. 3e, 8 juill. 2014 : *AJDI 2014. 809 ; JCP N 2015, no 1113, note Collard ; CCC 2014, no 254, obs. Raymond ; Dr. et proc. 2015, Cah. dr. consom., no 1, p. 17, obs. Valette-Ercole.* ♦ L'application de l'art. L. 312-16 [L. 313-41], texte d'ordre public, ne peut être affectée par la stipulation d'obligations contractuelles imposées à l'acquéreur et de nature à accroître les exigences résultant de ce texte. • Civ. 3e, 18 juill. 1986 : *Bull. civ. III, no 126 ; D. 1987. Somm. 460, obs. Aubert ; RTD civ. 1987. 109, obs. Rémy* • Civ. 1re, 11 juill. 1988 : *Bull. civ. I, no 239 ; D. 1989. Somm. 339, obs. Aubert ; Defrénois 1988. 34335, note Morin* • 28 janv. 1992 : *Bull. civ. I, no 35 ; D. 1992. IR 99 ; CCC 1992, no 121, obs. Raymond ; ibid. no 132, obs. Leveneur* • 7 juill. 1993 : *Bull. civ. I, no 252 ; D. 1993. IR 193 ; Defrénois 1994. 358, note D. Mazeaud* • Civ. 3e, 6 juill. 2005 : *Bull. civ. III, no 154 ; D. 2005. AJ 2145, obs. Rondey ; JCP N 2006. 1023, étude Dagot ; Rev. loyers 2007. 63, obs. Garcia.* ♦ L'inobservation de la clause d'une promesse de vente obligeant l'acquéreur à justifier au vendeur et au rédacteur de la promesse la réception de toute offre de prêt dans le délai de 48 h ouvrables à compter de la réception de l'offre ne peut avoir pour effet d'entraîner la caducité de la vente alors que le caractère d'ordre public de l'art. L. 312-16 [L. 313-41] interdit la stipulation d'obligations contractuelles imposées à l'acquéreur de nature à accroître les exigences du texte. • Civ. 3e, 7 nov. 2007 : *Bull. civ. III, no 201 ; D. 2008. Chron. C. cass. 1229, obs. Nési ; D. 2007. AJ 3002, obs. Rondey (3e esp.) ; RTD com. 2008. 157, obs. Legeais ; RDI 2008. 262, obs. Heugas-Darraspen ; JCP 2008. I. 104, nos 1 s., obs. Sérinet ; JCP N 2008, no 12, p. 15, note Kenfack ; ibid., no 19-20, p. 17, obs. Piedelièvre ; JCP E 2008, no 15, p. 18, obs. Lafont ; LPA 5 févr. 2008, note Houtcieff ; Defrénois 2007. 1744, note Savaux ; RJDA 2008, no 321.*

11. Aménagements conventionnels licites. N'ajoute pas aux exigences légales, dont elle ne constitue que la mise en œuvre, une clause qui impose aux bénéficiaires d'une promesse de vente conclue sous condition suspensive de justifier au moyen d'une lettre des établissements de crédit sollicités le refus de prêt. • Civ. 1re, 7 janv. 1997 : *CCC 1997, no 68, note Raymond ; RJDA 1997, no 923.* ♦ ... Une clause précisant que la condition suspensive serait réalisée dès l'acceptation par l'acquéreur de l'offre de prêt, l'offre devant intervenir dans le délai d'un mois et l'acceptation devant intervenir entre le dixième et le quinzième jour suivant la réception de l'offre. • Civ. 3e, 30 avr. 1997 : *préc. note 3.* ♦ ... Une clause de déchéance du droit de demander la restitution de l'acompte versé pour défaut de justification de la demande de prêt, dès lors que la durée de cette clause, étant égale au minimum fixé par la loi pour la condition suspensive, laissait aux acquéreurs le temps nécessaire à l'accomplissement des démarches préparatoires à la demande du crédit (en l'espèce, le prêt demandé – et refusé – était destiné, non au seul financement du terrain à bâtir prévu à la condition suspensive, mais au financement à la fois du terrain et de la construction). • Civ. 1re, 4 juin 1996 : *Bull. civ. I, no 239 ; D. Affaires 1996. 1001 ; RJDA 1997, no 388 ; Defrénois 1997. 758, obs. Mazeaud.* ♦ ... Une clause subordonnant le remboursement de l'indemnité d'immobilisation à la production d'une preuve par l'emprunteur du refus de trois établissements de crédit dans les conditions prévues dans la promesse de vente. • Civ. 3e, 21 juill. 1998 : *CCC 1999, no 46, obs. Raymond.* ♦ En effet, n'ajoute pas aux dispositions d'ordre public des art. L. 312-15 et L. 312-16 [L. 313-40 et L. 313-41] la cour d'appel qui, pour dire que l'indemnité d'immobilisation est acquise au promettant, retient que le bénéficiaire n'établit pas avoir notifié sa renonciation à la condition suspensive d'obtention d'un prêt dans le délai et les formes contractuellement convenues. • Civ. 3e, 23 juin 2010 : *RJDA 2010, no 1101.*

12. Aménagements conventionnels illicites. Les dispositions d'ordre public de l'art. L. 312-16 [L. 313-41] interdisent d'imposer à l'acquéreur de déposer une demande de crédit dans un certain délai, cette obligation contractuelle étant de nature à accroître les exigences de ce texte. • Civ. 3e, 12 févr. 2014 : *Bull. civ. III, no 20 ; D. 2014. Chron. C. cass. 1009, obs. Guillaudier ; RDI 2014. 204, obs. Heugas-Darraspen ; JCP N 2014, no 1150, note Piedelièvre ; CCC 2014, no 122, obs. Raymond ; RJDA 2014, no 861 ; LPA 1er août 2014, obs. Lasserre Capdeville ; Dr. et proc. mars 2014, suppl., p. 12, obs. Valette-Ercole ; Constr.-Urb. 2014, no 70, obs. Sizaire ; Administrer juin 2014. 54, obs. Valdès* • 12 nov. 2014 : *AJDI 2015. 144 .* ♦ A ainsi été jugée contraire à l'art. L. 312-16 [L. 313-41] une clause obligeant l'acquéreur à déposer ses demandes de crédit dans les dix jours de la signature de l'acte de vente et à en justifier auprès du rédacteur de l'acte dans les quarante-huit heures. • Civ. 1re, 28 janv. 1992 : *préc. note 10* • Civ. 3e, 6 juill. 2005 : *préc. note 10* (délai de quinze jours pour déposer la demande de crédit) • Civ. 3e, 7 avr. 2009 : *AJDI 2009. 477 ; RJDA 2009, n° 998* (délai de 20 jours pour déposer la demande de prêt). – Comp. • Civ. 3e, 13 janv. 1999 : *Bull. civ. III, n° 14 ; D. Affaires 1999. 588 ; RJDA 1999, n° 254 ; Administrer juin 1999. 53, obs. Laurent.* ♦ ... Une clause stipulant que le prêt serait supposé obtenu si sa non-obtention n'était pas notifiée au vendeur dans un délai déterminé, qui assimile ainsi le défaut de notification du refus du prêt à l'obtention du prêt, entraînant de ce fait pour l'acquéreur le non-remboursement des sommes versées d'avance. • Civ. 3e, 18 juill. 1986 : *préc. note 10* • Civ. 1re, 11 juill. 1988 : *préc. note 10.* ♦ Rappr. • Civ. 1re, 9 mai 1996 : *Bull. civ. I, n° 196 ; D. 1996. 539, note Bénac-Schmidt* (illicéité de la clause faisant obligation à l'acquéreur de signifier au vendeur la non-obtention du prêt dans le délai légal). ♦ Comp., jugeant que, sauf stipulation contraire, le fait pour le bénéficiaire d'une promesse de vente sous condition suspensive de l'obtention d'un prêt de ne pas informer le promettant du refus de la demande de prêt avant l'expiration du délai de validité de la promesse ne suffit pas à caractériser une faute dans l'exécution de ses obligations contractuelles : • Civ. 3e, 11 mai 2006 : *Bull. civ. III, n° 123 ; RTD civ. 2006. 759, obs. Mestre et Fages ; RJDA 2006, n° 1120.* ♦ ... Une clause selon laquelle, à défaut de réponse de l'organisme prêteur dans le délai convenu, l'indemnité d'immobilisation serait acquise au promettant. • Civ. 1re, 7 juill. 1993 : *préc. note 10.*

13. *Renonciation.* S'il est interdit de renoncer par avance aux règles de protection établies par la loi sous le sceau de l'ordre public, il est en revanche permis de renoncer aux effets acquis de telles règles. • Civ. 1re, 17 mars 1998 : *D. 1998. IR 118 ; D. Affaires 1998. 756, obs. S. P. ; JCP 1998. II. 10148, obs. Piedelièvre ; CCC 1998, n° 86, obs. Leveneur.* ♦ Manifeste sans équivoque sa volonté à renoncer à se prévaloir du jeu de la condition suspensive et doit par conséquent payer au constructeur l'indemnité contractuelle de résiliation le bénéficiaire d'un contrat de construction de maison individuelle, qui en dépit du refus que la banque sollicitée avait opposé à sa demande de crédit, a néanmoins poursuivi l'exécution du contrat puis a enfin abandonné son projet de construction. • Même arrêt. ♦ V. aussi note 7 ss art. L. 313-34.

II. DILIGENCES DE L'ACQUÉREUR

14. *Principe.* S'il est exact que l'art. L. 312-16 [L. 313-41] est d'ordre public et subordonne la conclusion de l'acte de vente à l'obtention réelle des prêts, encore faut-il, pour son application, que le bénéficiaire d'une promesse de vente ait fait le nécessaire pour obtenir les crédits en temps voulu. • Civ. 1re, 19 juin 1990 : *Bull. civ. I, n° 175 ; D. 1990. IR 175 ; Defrénois 1990. 1026, obs. Aubert.* ♦ En l'absence de stipulations contractuelles contraires, le bénéficiaire d'une promesse de vente conclue sous condition suspensive d'obtention d'un prêt effectue les diligences requises et n'empêche pas l'accomplissement de la condition, lorsqu'il présente au moins une demande d'emprunt conforme aux caractéristiques stipulées à la promesse et restée infructueuse. • Civ. 3e, 8 déc. 1999 : *Bull. civ. III, n° 240 ; D. 2000. IR 40 ; Defrénois 2000. 254, obs. D. Mazeaud ; CCC 2000, n° 76, note Leveneur ; JCP E 2001. 270, obs. Mainguy ; RTD civ. 2000. 328, obs. Mestre et Fages.*

15. *Charge de la preuve.* Il appartient au bénéficiaire de la promesse de vente de démontrer qu'il a bien sollicité un prêt conforme aux caractéristiques définies dans la promesse. • Civ. 1re, 13 nov. 1997 : *Bull. civ. I, n° 310 ; D. 1997. IR 264.* ♦ Dans le même sens, V. • Civ. 3e, 13 janv. 1999 : *Bull. civ. III, n° 14* • Civ. 1re, 9 févr. 1999 : *ibid. I, n° 50 ; D. 1999. IR 60 ; D. Affaires 1999. 587, obs. V. A.-R. ; Defrénois 1999. 755, obs. Aubert* • Civ. 3e, 19 mai 1999 : *Bull. civ. III, n° 120 ; D. 2000. 692, note Ardeef ; JCP 2000. II. 10336, note Elhoueiss ; CCC 1999, n° 141, obs. Leveneur* (faute de l'emprunteur qui a demandé un prêt supérieur à celui prévu dans la promesse de vente) • Civ. 1re, 7 mai 2002 : *Bull. civ. I, n° 124* • Civ. 3e, 30 janv. 2008 : *Bull. civ. III, n° 22 ; D. 2008. Chron. C. cass. 1229, obs. Nési ; ibid. AJ 545, obs. Forest ; JCP 2008. II. 10116, note Mallet-Bricout ; JCP N 2008, n° 19-20, p. 14, obs. Piedelièvre ; RJDA 2008, n° 775 ; Administrer août-sept. 2008. 59, obs. Zalewski.* ♦ Il appartient aux acquéreurs, qui s'étaient obligés, dans un délai déterminé, à déposer des demandes de prêt conformes aux prévisions du contrat, de justifier de l'exécution de cette obligation. • Civ. 1re, 13 févr. 2001 : *Bull. civ. I, n° 33 ; JCP E 2002. 640, n° 5, obs. Neau-Leduc.* ♦ Les juges ne sont pas tenus de rechercher d'office si la condition suspensive doit être réputée accomplie en application de l'art. 1178 [1304-3] C. civ. • Civ. 3e, 10 déc. 1986 : *Bull. civ. III, n° 181 ; D. 1987. Somm. 458, obs. Aubert ; D. 1988. Somm. 114, obs. Magnin.* ♦ En jugeant qu'il n'y avait pas eu « instrumentalisation » de la condition suspensive par le seul fait de demander un taux légèrement inférieur au taux prévu par la promesse, dès lors qu'il n'était pas fantaisiste, la cour d'appel n'a pas tiré les conséquences légales de ses constatations. • Civ. 3e, 20 nov. 2013 : *Bull. civ. III, n° 150 ; D. 2014. 196, note Tisseyre ; ibid. Chron. C. cass. 1008, obs. Guillaudier ; AJDI 2014. 307, note Cohet ; RDI 2014. 99, obs. Heugas-Darraspen ; JCP E 2014, n° 1023, note Piedelièvre ; JCP N 2014, n° 1098, note Randoux ; RJDA 2014, n° 93 ; LPA 21 janv. 2014, note Hisquin ; De-

frénois 2014. 176, obs. Seube; RDC 2014. 211, note Latina; Banque et Droit janv.-févr. 2014. 20, obs. Helleringer; Administrer mai 2014. 53, obs. Valdès. ♦ Sur l'office du juge, V. aussi • Civ. 1re, 13 janv. 1999 : *préc. note 12* • 22 mai 2008 : *CCC 2008, no 250, obs. Raymond; JCP N 2009, no 1-2, p. 29, obs. S. Piedelièvre.*

Mais il appartient au créancier d'une condition suspensive d'apporter la preuve que le débiteur a empêché la réalisation de celle-ci. • Aix-en-Provence, 27 févr. 2008 : *CCC 2008, no 260, obs. Raymond.* ♦ En effet, lorsqu'il est établi que l'acquéreur a présenté une demande de prêt conforme aux caractéristiques stipulées, il appartient au vendeur de rapporter la preuve que le bénéficiaire a empêché l'accomplissement de la condition. • Civ. 3e, 6 oct. 2010 : *Bull. civ. III, no 183; Dalloz actualité, 22 oct. 2010, obs. Franchi-Elie; JCP E 2010, no 2134, spéc. no 2, obs. Seube; Gaz. Pal. 2010. 3484, obs. Houtcieff; RJDA 2011, no 121; Dr. et patr. févr. 2011. 66, obs. Stoffel-Munck.* ♦ En l'état d'une lettre de la banque expliquant de manière explicite les raisons techniques pour lesquelles le prêt sollicité n'avait pas été accordé, les vendeurs ne peuvent exiger, sur le fondement de l'art. 145 C. pr. civ., la communication de la totalité du dossier de demande de prêts. • TGI Brest, 29 juin 2009 : *JCP E 2009, no 30, p. 12, note Bouteiller; RD banc. fin. 2009, no 176, obs. Crédot et Samin.*

16. Sanction : réalisation de la condition. Lorsque le maître de l'ouvrage met obstacle à la réalisation de la condition suspensive du contrat de construction, celle-ci doit être, à titre de sanction, réputée accomplie, conformément à l'art. 1178 [1304-3] C. civ. • Civ. 3e, 4 févr. 1987 : *RTD civ. 1988. 542, obs. Mestre* • Civ. 1re, 25 oct. 1994 : *CCC 1995. 22, obs. Raymond.* ♦ Faute pour le bénéficiaire d'une promesse de vente de demander l'octroi d'un prêt conforme aux stipulations de celle-ci, la condition suspensive doit être réputée accomplie par application de l'art. 1178 [1304-3] C. civ. • Civ. 1re, 13 nov. 1997 : *Bull. civ. I, no 310; D. 1997. IR 264.* ♦ Ayant relevé que l'acquéreur avait sollicité un prêt d'un montant supérieur à celui contractuellement prévu, la cour d'appel en a exactement déduit que la condition suspensive d'obtention du prêt devait être réputée acquise. • Civ. 3e, 16 janv. 2013 : *RDI 2013. 148, obs. Heugas-Darraspen; JCP N 2013, no 1120, note Coutant-Lapalus et Collard; RJDA 2013, no 393.*

17. Responsabilité de l'acquéreur. Commet une faute extérieure à l'exécution du contrat l'acquéreur qui incite le vendeur à prolonger la durée de la condition suspensive en lui donnant des assurances mensongères sur l'obtention de son financement. • Versailles, 13 oct. 1989 : *D. 1989. IR 291.* ♦ L'acquéreur engage sa responsabilité dès lors que, par négligence fautive, il laisse le vendeur dans la plus parfaite ignorance des problèmes de financement qu'il rencontre, laissant le notaire poursuivre les formalités relatives à la préparation de l'acte authentique, comme si la vente devait se réaliser, et immobilisant inutilement le bien du vendeur, qui doit en être indemnisé. • Versailles, 1er juin 1990 : *D. 1990. IR 213.*

18. Absence de faute de l'acquéreur. L'acquéreur qui s'adresse à d'autres banques pour obtenir des prêts à de meilleures conditions et qui les obtient après de nombreuses démarches avant la limite fixée pour la levée de l'option, sans pouvoir cependant en justifier dans le délai convenu, ne commet pas de faute et ne peut donc se voir imputer la non-réalisation de la condition suspensive. • Civ. 1re, 7 juill. 1993 : *préc. note 10.* ♦ Le bénéficiaire de la promesse n'a pas empêché par sa faute l'accomplissement de la condition suspensive dès lors que la banque a indiqué, études de simulation à l'appui, que le prêt sur douze ans avait été refusé eu égard à une insuffisance de capacité financière compte tenu des emprunts en cours. Si la durée d'emprunt n'était pas conforme aux prévisions de la convention, les calculs produits par la banque démontrent qu'un prêt, fût-il sur quinze ans, excédait de même les capacités financières de l'emprunteur. • Civ. 3e, 12 sept. 2007 : *Bull. civ. III, no 143; D. 2008. 329, note A.-C. Martin; RTD civ. 2007. 770, obs. Fages; RDI 2008. 37, obs. Heugas-Darraspen; JCP 2008. II. 10116, note Mallet-Bricout; Defrénois 2007. 1745, note Savaux; BRDA 2007, no 19, p. 5; Administrer févr. 2008. 44, note Bérenger.*

19. Perte de l'indemnité d'immobilisation. Si la condition suspensive d'obtention d'un prêt n'est réputée réalisée que si l'offre de crédit n'a pas été rétractée, les acquéreurs, qui ont versé une indemnité d'immobilisation à l'occasion d'une promesse de vente et auxquels la rétractation de l'offre de crédit a été notifiée après la date ultime prévue pour la réalisation de la vente, doivent être déboutés de leur demande en restitution de cette indemnité dans la mesure où c'est bien de leur fait que la vente n'a pu être régularisée. • Civ. 1re, 17 nov. 1998 : *Bull. civ. I, no 324; D. 1999. IR 11; D. Affaires 1999. 118, obs. C. R.; CCC 1999, no 19, note Leveneur; RJDA 1999, no 88.* ♦ Sur l'indemnité d'immobilisation, V. aussi notes 27 s.

20. Obstacle mis par un tiers. La condition ne peut être réputée accomplie lorsque sa réalisation est empêchée par un autre que le débiteur engagé sous cette condition. • Civ. 1re, 23 nov. 1983 : *Bull. civ. I, no 279; RTD civ. 1984. 714, obs. Mestre* (prêt empêché par le refus du père de l'un des acheteurs de se porter caution solidaire).

III. SOMMES VERSÉES D'AVANCE

21. Principe de remboursement. Lorsque la condition suspensive de l'obtention d'un prêt assumant le financement de l'acquisition immobilière, constatée dans l'acte écrit, n'est pas réalisée, toutes sommes versées par l'acquéreur à l'autre partie ou pour le compte de cette dernière est immédiatement et intégralement remboursable : • Civ. 1re, 10 mars 1987 : *cité note 5 ss. art. L. 313-42.*

22. Dépôt de garantie. Le dépôt de garantie versé par le candidat acquéreur lors de la signature du contrat préliminaire doit lui être restitué si la vente ne peut se conclure faute d'obtention du crédit sollicité. • Civ. 1re, 3 juill. 1990 : *Bull. civ. I, no 190 ; D. 1990. IR 183* • Civ. 3e, 20 déc. 1994 : *Bull. civ. III, no 223 ; D. 1995. Somm. 282, obs. Magnin*. ♦ Mais il en va autrement et la restitution du dépôt de garantie n'est pas due lorsque les candidats acquéreurs ont déclaré faire leur affaire personnelle de l'obtention du prêt, les art. R. 261-26 et R. 261-31 CCH n'étant alors pas applicables, non plus que l'art. L. 312-16 [L. 313-41] C. consom., qui ne vise que le seul contrat de vente, à l'exclusion du contrat préliminaire, à moins que les parties ne soient expressément convenues de placer ce contrat préliminaire sous le régime de la condition suspensive d'obtention du prêt ou des dispositions du code de la consommation. • Civ. 3e, 6 févr. 2002 : *Bull. civ. III, no 28 ; BICC 15 avr. 2002, no 356, et la note ; D. 2002. AJ 804, obs. Avena-Robardet*. ♦ Ayant constaté que les réservataires avaient mis fin au contrat de réservation sans invoquer l'une des causes prévues par l'art. R. 261-31, *c)*, CCH et alors que l'art. L. 261-15 du même code n'est applicable qu'au contrat de vente, la cour d'appel ne pouvait accueillir la demande en restitution du dépôt de garantie. • Civ. 3e, 21 juin 2006 : *Bull. civ. III, no 155 ; D. 2006. IR 1912 ; JCP 2006. IV. 2561 ; RJDA 2007, no 139 ; RDC 2006. 1121, obs. Fenouillet ; Defrénois 2008. 80, obs. Périnet-Marquet.*

23. Intérêts. En cas de défaillance de la condition suspensive, toute somme versée d'avance doit être remboursée, mais les intérêts ne courent pas de plein droit à partir de cette date ; ils ne peuvent courir, ainsi qu'il résulte de l'art. 1153 [1231-6] C. civ., qu'à compter de la sommation de restituer. • Civ. 1re, 11 juill. 1988 : *préc. note 10.* ♦ La disposition de l'art. L. 312-16, al. 2 [L. 341-35], sur la majoration du taux des intérêts n'est applicable qu'en cas de non-réalisation de la condition suspensive, non en cas de nullité de la promesse unilatérale de vente pour défaut d'enregistrement qui entraîne l'anéantissement du contrat. • Civ. 3e, 20 mars 2002 : *AJDI 2003. 699, note Cohet-Cordey*.

24. Acompte. Est à l'origine d'un trouble manifestement contraire aux dispositions de l'art. L. 312-16 [L. 313-41] l'agent immobilier qui, après avoir été informé du refus de la banque d'accorder le prêt aux acquéreurs d'un bien immobilier, porte néanmoins à l'encaissement le chèque versé à titre d'acompte sur le prix de vente et sur la commission. • Bordeaux, 20 juin 2007 : *JCP 2007. IV. 3199.*

25. Honoraires d'architecte. L'intervention de l'architecte n'étant pas exclue des prévisions de la loi de 1979 [C. consom., art. L. 313-41], les sommes versées à celui-ci en vertu d'une convention se rapportant à une opération de construction doivent être remboursées lorsque la condition suspensive n'est pas réalisée. • Crim. 9 nov. 1993 : *Bull. crim. no 331 ; D. 1994. IR 58*. ♦ Dans le même sens : • Civ. 1re, 3 janv. 1996 : *Bull. civ. I, no 10 ; D. Affaires 1996. 172.* ♦ Viole les art. L. 312-2 et L. 312-16 [L. 313-1 et L. 313-41] une cour d'appel qui, pour accueillir la demande en paiement d'honoraires d'un maître d'œuvre, retient que la mention « règlement après déblocage du prêt » ne saurait constituer une condition suspensive à l'obtention du prêt immobilier dès lors que le montant des honoraires de l'architecte n'était pas inclus dans le montant du prêt sollicité, alors que la simple référence au recours par le maître de l'ouvrage à un prêt suffisait à ériger l'obtention de celui-ci en condition suspensive. • Civ. 3e, 28 mars 2007 : *Bull. civ. III, no 48 ; D. 2008. Pan. 878, obs. D. R. Martin ; D. 2007. AJ 1269, obs. Rondey ; RTD com. 2007. 576, obs. Legeais ; JCP N 2007, no 47, p. 20, obs. Piedelièvre ; CCC 2007, no 159, obs. Raymond ; RJDA 2007, no 769 ; RDC 2007. 785, obs. Fenouillet.*

26. Convention EDH. Les dispositions de l'art. 17 de la loi du 13 juill. 1979 [C. consom., art. L. 313-41] ne sont pas contraires à l'art. 4, § 2, de la Conv. EDH prohibant le travail forcé et obligatoire, dès lors que le caractère contraignant de la réglementation, édictée en vue de la protection d'un intérêt social, n'est pas abandonné à la volonté discrétionnaire de celui qui contracte. • Crim. 9 nov. 1993 : *préc. note 25.*

IV. INDEMNITÉ D'IMMOBILISATION

27. Distinction avec la clause pénale. La stipulation d'une indemnité d'immobilisation en cas de non-réalisation de la condition suspensive n'est pas une clause pénale, car elle n'a pas pour objet de faire assurer par l'une des parties l'exécution de son obligation ; le montant d'une telle indemnité ne peut donc être réduit par le juge. • Civ. 3e, 29 juin 1994 : *Bull. civ. III, no 139 ; D. 1994. IR 195* • Paris, 25 mars 1999 : *D. 1999. IR 154*.

28. Finalité. Les juges du fond ne peuvent rejeter la demande en restitution sans rechercher si cette indemnité n'avait pas été fixée par les parties en tenant compte de la durée d'immobilisation de l'immeuble et si son montant ne devait pas être réduit du fait de la renonciation anticipée des demandeurs au bénéfice de la promesse. • Civ. 3e, 5 déc. 1984 *(2 espèces) : D. 1985. 544, note Bénac-Schmidt ; RTD civ. 1985. 372, obs. Mestre ; ibid. 592 et 594, obs. Rémy.* ♦ Mais cette recherche est inutile dès lors qu'ils relèvent que l'indemnité d'immobilisation serait acquise de plein droit au promettant à titre de dommages-intérêts. • Civ. 3e, 10 déc. 1986 : *JCP 1987. II. 20857, note Paisant.*

29. Vérification. Le notaire, séquestre d'une indemnité d'immobilisation, ne peut en restituer le montant au bénéficiaire d'une promesse de vente conclue sous condition suspensive d'obtention d'un prêt, que lorsque est établi le non-accomplissement de cette condition. • Civ. 1re, 13 nov. 1997 : *préc. note 15.*

30. Compétence territoriale. La demande qui porte exclusivement sur la restitution d'une indemnité d'immobilisation est une action purement personnelle et mobilière ; le tribunal compétent est celui du lieu où demeure le débiteur, et non celui de la situation de l'immeuble. • Civ. 2e, 23 oct. 1991 : *Bull. civ. II, no 270.*

31. Renvoi. Sur l'indemnité d'immobilisation, V. aussi notes 12 et 19.

V. DURÉE DE LA CONDITION SUSPENSIVE

32. Absence de terme. La loi n'imposant à l'acquéreur aucun délai pour demander un prêt, il en résulte que, lorsque les parties n'ont pas fixé de terme, la condition suspensive a la durée de la promesse de vente elle-même. • Paris, 22 sept. 1999 : *BICC 1er mai 2000, no 569.*

VI. NULLITÉ DE LA CONDITION SUSPENSIVE

33. Éléments essentiels. La Cour de cassation est d'avis qu'aucune disposition n'exige que les mentions du taux de prêt envisagé, de durée de remboursement et de montant maximum figurent à peine de nullité dans l'acte visé à l'art. L. 312-15 [L. 313-40]. • Cass., avis, 18 mai 1998 : *Bull. civ. no 7; D. 1998. IR 222.* ♦ En sens contraire, il était considéré que l'acte de vente ne comportant aucune indication relative au taux d'intérêt, à la durée du prêt devant servir au financement de l'opération, la condition suspensive était nulle pour indétermination de ses éléments essentiels ; la nullité de cette condition suspensive, essentielle et d'ordre public, entraînait celle de l'acte entier : • Paris, 25 sept. 1996 : *D. Affaires 1996. 1349.*

Art. L. 313-42 Lorsque l'acte mentionné à l'article *(Ord. no 2016-351 du 25 mars 2016, art. 3-6o, en vigueur le 1er juill. 2016)* **« L. 313-40** *[ancienne rédaction : L. 313-25]* **» indique que le prix sera payé sans l'aide d'un ou plusieurs prêts, cet acte porte, de la main de l'acquéreur, une mention par laquelle celui-ci reconnaît avoir été informé que s'il recourt néanmoins à un prêt il ne peut se prévaloir des dispositions du présent chapitre.**

En l'absence de l'indication prescrite à l'article *(Ord. no 2016-351 du 25 mars 2016, art. 3-6o, en vigueur le 1er juill. 2016)* **« L. 313-40** *[ancienne rédaction : L. 313-25]* **» ou si la mention exigée au premier alinéa manque ou n'est pas de la main de l'acquéreur et si un prêt est néanmoins demandé, le contrat est considéré comme conclu sous la condition suspensive prévue à l'article** *(Ord. no 2016-351 du 25 mars 2016, art. 3-6o, en vigueur le 1er juill. 2016)* **« L. 313-41** *[ancienne rédaction : L. 313-26]* **».** — *[C. consom., art. L. 312-17.] — Anc. art. L. 313-27 (Ord. no 2016-351 du 25 mars 2016, art. 3-6o, en vigueur le 1er juill. 2016).*

BIBL. ▶ BIRRAUX, *JCP N 2014, Actualité 843* (condition de prêt et mention manuscrite doivent-elles figurer dans le même acte ?).

1. Forme de la mention manuscrite. La mention manuscrite doit figurer dans l'acte relatif à l'une des opérations visées par la loi et constatant l'engagement des parties, ou dans un document séparé mais auquel cet acte se réfère. • Civ. 1re, 16 févr. 1994 : *Bull. civ. I, no 68; D. 1994. IR 72; CCC 1994, no 87, note. Raymond.*

2. Contenu de la mention manuscrite. La mention manuscrite « je renonce au statut protecteur de la loi du 13 juillet 1979 » n'est pas conforme aux exigences de cette loi et ne permet pas de savoir si l'acquéreur a été informé des conséquences de sa renonciation et spécialement du fait que, s'il recourait néanmoins à un prêt, il ne pourrait se prévaloir du bénéfice de la loi. • Paris, 13 mai 1992 : *D. 1992. IR 200.*

3. Langue de la mention manuscrite. Dès lors que l'acquéreur avait apposé sur l'acte une mention manuscrite dans la langue maternelle, que l'acte avait été dressé avec l'assistance d'un interprète en langue russe, que l'acquéreur avait été informé des dispositions des art. L. 312-1 à L. 312-36 [L. 313-1 s.] et qu'il ne démontrait pas que les mentions manuscrites en langue russe figurant à l'acte n'étaient pas la traduction fidèle de la mention prescrite à l'art. L. 312-17 [L. 313-42], une cour d'appel a retenu à bon droit que ces dispositions n'imposaient pas que la mention prévue à l'art. L. 312-17 [L. 313-42] doive être impérativement rédigée en français. • Civ. 3e, 18 déc. 2012 : *RDA 2013, no 358; Gaz. Pal. 2013. 491, obs. Piedelièvre.* ♦ S'il peut être exigé, compte tenu du but de protection des emprunteurs poursuivi par le législateur, que la mention manuscrite soit rédigée dans la langue maternelle de l'acquéreur étranger, cette exigence n'est pas requise lorsqu'il est établi que celui-ci a eu parfaite connaissance du texte français qu'il devait être amené à signer, qu'il a eu le temps et les moyens de s'entourer de tous les renseignements nécessaires et qu'il a, de fait, utilisé ces possibilités. • Toulouse, 27 juill. 2000 : *Juridice n° 1999/01381.*

4. *Demande de prêt faite avant la mention manuscrite.* L'al. 2 de l'art. L. 312-17 [L. 313-42] ne faisant aucune distinction selon la date de demande du prêt par rapport à celle du contrat, le refus d'un prêt sollicité avant la signature de l'acte de vente d'un immeuble entraîne la restitution à l'acquéreur de l'acompte versé. • Civ. 3e, 24 juin 1987 : *Bull. civ. III, n° 132 ; D. 1988. Somm. 407, obs. Aubert.* ♦ Viole les art. 1178 [1304-3] C. civ. et L. 312-17 [L. 313-42] C. consom. la cour d'appel qui, pour condamner l'acquéreur au paiement de la clause pénale pour non-réalisation d'une vente conclue sous la condition suspensive de l'obtention d'un prêt, relève qu'il n'a pas accompli les diligences pour obtenir une réponse de l'établissement bancaire dans le temps voulu et qu'il a sollicité un prêt supérieur au prix de vente fixé, alors qu'elle avait constaté que la banque avait refusé le prêt avant la date limite stipulée pour la réitération de la vente par acte authentique et que la promesse de vente ne comportait aucune mention relative au prêt. • Civ. 3e, 14 mars 2007 : *RJDA 2007, n° 770.*

5. *Demande de prêt faite malgré la mention manuscrite.* Dès lors qu'il est établi, nonobstant la mention manuscrite contraire apposée par l'acquéreur sur la promesse d'achat d'un immeuble d'habitation, qu'en réalité le prix de cet immeuble doit être payé à l'aide d'un prêt, l'acte est nécessairement conclu sous la condition suspensive de son obtention. • Civ. 1re, 10 mars 1987 : *Bull. civ. I, n° 90 ; D. 1987. 577, note Morin ; D. 1987. Somm. 459, obs. Aubert ; D. 1988. Somm. 114, obs. Magnin ; JCP N 1987. II. 191, note Thuillier.* ♦ *Contra*, jugeant que l'acquéreur qui a porté à l'acte la mention manuscrite prévue à l'art. L. 312-17 [L. 313-42] ne peut, s'il recourt néanmoins à un prêt, se prévaloir du défaut d'obtention de ce prêt, sauf en cas de fraude à la loi : • Civ. 1re, 16 mai 1995 : *Bull. civ. I, n° 213.* ♦ Une cour d'appel, qui a pu retenir que les mentions de l'acte authentique, conformes à l'art. L. 312-17 [L. 313-42], procédaient d'une fraude à la loi tendant à éluder les dispositions relatives au crédit immobilier, ledit acte authentique ne faisant pas foi jusqu'à inscription de faux de la sincérité des déclarations et affirmations des parties, en a exactement déduit que la renonciation au bénéfice des dispositions protectrices de l'acheteur à crédit d'un bien immobilier était sans effet, de sorte que l'acte devait être considéré comme conclu sous la condition suspensive, non réalisée, de l'obtention d'un prêt. • Civ. 1re, 16 oct. 2008 : *AJDI 2008. 962.* ♦ Lorsque l'acte ne mentionne pas si le prix sera payé avec ou sans l'aide d'un prêt, la preuve qu'un prêt a été néanmoins demandé peut être rapportée par tous moyens : cette preuve étant faite, le contrat doit être considéré comme conclu sous la condition suspensive prévue à l'art. L. 312-16 [L. 313-41]. • Civ. 3e, 10 déc. 1986 : *cité note 2 ss. art. L. 313-1.* ♦ Pour estimer qu'une promesse de vente immobilière est conclue sous la condition suspensive de l'obtention d'un prêt, les juges du fond doivent au préalable rechercher si le promettant avait connaissance, lors de la conclusion de la promesse de vente, de l'intention du bénéficiaire de recourir à un prêt. • Civ. 3e, 29 janv. 2014 : *Bull. civ. III, n° 14 ; D. 2014. 972, note Pezzella ; JCP N 2014, n° 1234, note Piedelièvre ; CCC 2014, n° 143, obs. Raymond ; RJDA 2014, n° 471 ; LPA 1er août 2014, obs. Lasserre Capdeville ; Gaz. Pal. 2014. 1105, obs. Houtcieff ; Administrer mars 2015. 55, obs. Le Mith.*

6. *Responsabilité du notaire.* Écartant la responsabilité du notaire qui, n'ayant pas participé à la rédaction du compromis de vente mais seulement reçu le dépôt de garantie, ne pouvait pas utilement conseiller les vendeurs quant à la mention de la renonciation par les acheteurs aux dispositions de l'art. L. 312-17 [L. 313-42], V. • Civ. 1re, 22 mars 2012 : *CCC 2012, n° 163, obs. Raymond.*

Art. L. 313-43 Pour les dépenses *(Ord. n° 2016-351 du 25 mars 2016, art. 3-6°, en vigueur le 1er juill. 2016)* « relatives à la réparation, l'amélioration ou l'entretien d'immeubles à usage d'habitation ou à usage professionnel et d'habitation, lorsque le crédit est garanti par une hypothèque, par une autre sûreté comparable sur les biens immobiliers à usage d'habitation ou par un droit lié à un bien immobilier à usage d'habitation *[ancienne rédaction : désignées au c du 1° de l'article L. 313-1]* », et à défaut d'un contrat signé des deux parties, la condition suspensive prévue à l'article *(Ord. n° 2016-351 du 25 mars 2016, art. 3-6°, en vigueur le 1er juill. 2016)* « L. 313-41 *[ancienne rédaction : L. 313-[illegible]]* » ne peut résulter que d'un avis donné par le maître de l'ouvrage par écrit avant tout commencement d'exécution des travaux indiquant qu'il entend en payer le prix directement ou indirectement, même en partie, avec l'aide d'un ou plusieurs prêts. – *[C. consom., art. L. 312-18.] – Anc. art. L. 313-28 (Ord. n° 2016-351 du 25 mars 2016, art. 3-6°, en vigueur le 1er juill. 2016).*

Art. L. 313-44 Lorsqu'il est déclaré dans l'acte constatant le prêt que celui-ci est destiné à financer des ouvrages ou des travaux immobiliers au moyen d'un contrat

de promotion, de construction, de maîtrise d'œuvre ou d'entreprise, le tribunal peut, en cas de contestation ou d'accidents affectant l'exécution des contrats et jusqu'à la solution du litige, suspendre l'exécution du contrat de prêt sans préjudice du droit éventuel du prêteur à l'indemnisation. Ces dispositions ne sont applicables que si le prêteur est intervenu à l'instance ou s'il a été mis en cause par l'une des parties. – *[C. consom., art. L. 312-19.] — Anc. art. L. 313-29 (Ord. nº 2016-351 du 25 mars 2016, art. 3-6º, en vigueur le 1er juill. 2016).*

BIBL. ▶ PÉRICAUD, *RDI 2002. 355* (suspension du contrat de prêt au profit de l'acquéreur de l'immeuble à construire).

1. Domaine. Seuls les accidents ou la contestation affectant l'exécution du contrat principal déterminent la suspension du contrat de prêt destiné à le financer. • Civ. 1re, 18 déc. 2014, nº 13-24.385 P : *Dalloz actualité, 6 janv. 2015, obs. Avena-Robardet; JCP E 2015, nº 1043; CCC 2015, nº 103, obs. Raymond; Gaz. Pal. 2015. 497, obs. Piedelièvre; RLDA févr. 2015. 49, obs. Mathonnière; Constr.-Urb. 2015, nº 44, obs. Sizaire.* ♦ Le contrat de vente en l'état futur d'achèvement présente une nature hybride puisqu'il porte sur la vente mais aussi sur la construction d'ouvrages, dont l'acquéreur devient propriétaire au fur et à mesure de leur exécution, ce dont il résulte que la cour d'appel a pu décider, à bon droit, que ledit contrat devait être assimilé aux contrats visés par l'art. L. 312-19 [L. 313-44]. • Civ. 1re, 9 déc. 2015, nº 14-29.960 : *Gaz. Pal. 12 avr. 2016, p. 29, obs. Piedelièvre.*

2. Moment de la contestation. Viole, par fausse interprétation, l'art. L. 312-19 [L. 313-44] la cour d'appel qui retient que ce texte, en disposant que la contestation doit affecter l'exécution des contrats, signifie « qu'elle lui est relative et non contemporaine » et n'impose pas que la contestation intervienne pendant la durée de l'exécution des contrats de promotion, construction, maîtrise d'œuvre ou d'entreprise. • Civ. 1re, 26 mai 1994 : *Bull. civ. I, nº 189; D. 1994. IR 162; JCP E 1994. Pan. 961; CCC 1994, nº 184, obs. Raymond.*

3. Référé-suspension des remboursements. Lorsque l'exécution du contrat de construction est sérieusement contestée du fait de l'erreur d'implantation commise par le constructeur, il est légitime que les emprunteurs soient autorisés en référé à suspendre le remboursement du prêt tant que le contrat principal n'est pas exécuté. • TGI Grasse, 5 déc. 1990 : *D. 1991. IR 69.*

Art. L. 313-45 Les dispositions de la présente section ne sont pas applicables aux ventes par adjudication. – *[C. consom., art. L. 312-20.] — Anc. art. L. 313-30 (Ord. nº 2016-351 du 25 mars 2016, art. 3-6º, en vigueur le 1er juill. 2016).*

SECTION VII EXÉCUTION DU CONTRAT DE CRÉDIT

SOUS-SECTION 1 INFORMATION DE L'EMPRUNTEUR

COMMENTAIRE

L'obligation d'information concerne ici l'exécution du contrat : est instituée une obligation annuelle d'information concernant les prêts dont le taux d'intérêt est variable ou révisable. En cas de modification du taux débiteur, l'emprunteur en est informé par écrit ou sur un autre support durable, avant que la modification n'entre en vigueur. Ces informations sont délivrées gratuitement.

Pénalement, le fait pour le prêteur ou l'intermédiaire de crédit de ne pas respecter l'obligation de gratuité de celle-ci est puni d'une amende de 30 000 euros (art. L. 341-24). Plus généralement, le fait pour le prêteur ou l'intermédiaire de crédit de ne pas respecter les obligations relatives à l'information de l'emprunteur en cas de modification du taux débiteur est puni de la peine d'amende prévue pour les contraventions de la 5e classe.

Sur le plan des sanctions civiles, le prêteur qui n'a pas respecté l'obligation d'information de l'emprunteur en cas de modification du taux débiteur mentionnée à l'article L. 313-46 peut être déchu du droit aux intérêts, en totalité ou dans la proportion fixée par le juge (art. L. 341-45).

Art. L. 313-46 *(Ord. nº 2016-351 du 25 mars 2016, art. 3-7º, en vigueur le 1er juill. 2016)* **Pour les prêts dont le taux d'intérêt est variable ou révisable, le prêteur est tenu, une fois par an, de porter à la connaissance de l'emprunteur le montant du capital restant à rembourser.**

En cas de modification du taux débiteur, l'emprunteur en est informé par écrit ou sur un autre support durable, avant que la modification n'entre en vigueur. Cette information indique le montant des échéances après l'entrée en vigueur du nouveau taux débiteur ainsi que, le cas échéant, toute modification du nombre ou de la périodicité des échéances.

Lorsque la modification du taux débiteur résulte d'une variation du taux de référence, que le nouveau taux de référence est rendu public par des moyens appropriés et que l'information relative au nouveau taux de référence est également disponible dans les locaux du prêteur, les parties peuvent convenir dans le contrat de crédit que cette information est communiquée périodiquement à l'emprunteur avec le montant des nouveaux paiements périodiques.

Lorsque le contrat de crédit est un crédit à taux variable ou révisable, le prêteur veille à utiliser un indice ou taux de référence clair, accessible, objectif et vérifiable. Il conserve des archives des indices utilisés pour calculer les taux débiteurs.

Le prêteur fournit gratuitement à l'emprunteur les informations fournies mentionnées au présent article. — *[C. consom., art. L. 312-14-2.] — Anc. art. L. 313-31 (Ord. nº 2016-351 du 25 mars 2016, art. 3-7º, en vigueur le 1er juill. 2016).*

Sur les sanctions, V. art. L. 341-24, L. 341-45 et R. 341-23.

SOUS-SECTION 2 REMBOURSEMENT ANTICIPÉ

BIBL. GÉN. ▶ MIRBEAU-GAUVIN, *D. 1995. Chron. 46* (remboursement anticipé du prêt en droit français). – BARRET-BARNAY, *D. 2002. Chron. 2178* (régularité de la clause d'indemnisation en cas de remboursement anticipé après renégociation du prêt).

COMMENTAIRE

Facteur de désendettement, la faculté pour l'emprunteur de rembourser son crédit de façon anticipée a été consacrée. L'ordonnance du 25 mars 2016 maintient cette solution. Dès lors, l'emprunteur peut toujours, à son initiative, rembourser par anticipation, en partie ou en totalité son crédit immobilier. Le contrat de prêt peut toutefois interdire les remboursements égaux ou inférieurs à 10 % du montant initial du prêt, sauf s'il s'agit de son solde. Le contrat de prêt ne manquera pas de prévoir le paiement d'une clause pénale (donc révisable en cas d'excès manifeste) dont le montant est fixé suivant un barème déterminé par décret.

Ce qui est nouveau avec l'ordonnance de 2016, et va dans le sens de l'encouragement des remboursements anticipés, c'est l'obligation pour le prêteur de communiquer gratuitement et sans tarder à l'emprunteur, après réception de la demande de remboursement par anticipation, sur support papier ou sur un autre support durable, les informations nécessaires à l'examen de cette faculté (art. L. 313-47, al. 3). Le fait pour le prêteur ou l'intermédiaire de crédit de ne pas respecter l'obligation de gratuité de l'information prévue est puni d'une amende de 30 000 euros (art. L. 341-24).

L'indemnité éventuellement due par l'emprunteur en cas de remboursement par anticipation, prévue à l'article L. 313-47, ne peut excéder la valeur d'un semestre d'intérêt sur le capital remboursé au taux moyen du prêt, sans pouvoir dépasser 3 % du capital restant dû avant le remboursement (art. R. 313-25).

Observons qu'en vertu de l'article L. 313-49, aucune indemnité n'est due par l'emprunteur en cas de remboursement par anticipation lorsque le remboursement est motivé par la vente du bien immobilier faisant suite à un changement du lieu d'activité professionnelle de l'emprunteur ou de son conjoint, par le décès ou par la cessation forcée de l'activité professionnelle de ces derniers. Le non-respect de cette obligation est puni par l'article L. 341-46 d'une amende de 300 000 euros.

Art. L. 313-47 **L'emprunteur peut toujours, à son initiative, rembourser par anticipation, *en partie ou en totalité*, les prêts régis par les sections 1 à V du présent chapitre.** ***Le*** **contrat de prêt peut interdire les remboursements égaux ou inférieurs à 10 % du montant initial du prêt, sauf s'il s'agit de son solde.**

Si le contrat de prêt comporte une clause aux termes de laquelle, en cas de remboursement par anticipation, le prêteur est en droit d'exiger une indemnité au titre des intérêts non encore échus, celle-ci ne peut, sans préjudice de l'application de *(Ord.*

nº 2016-131 du 10 févr. 2016, art. 6-IV, en vigueur le 1er oct. 2016) **« l'article 1231-5** *[ancienne rédaction : l'article 1152]* **» du code civil, excéder un montant qui, dépendant de la durée restant à courir du contrat, est fixé suivant un barème déterminé par décret.** – *V. art. R. 313-25.*

(Ord. nº 2016-351 du 25 mars 2016, art. 3-7º, en vigueur le 1er juill. 2016) **« Le prêteur communique gratuitement sans tarder à l'emprunteur, après réception de la demande de remboursement par anticipation, sur support papier ou sur un autre support durable, les informations nécessaires à l'examen de cette faculté. Ces informations chiffrent au moins les conséquences qui s'imposeront à l'emprunteur s'il s'acquitte de ses obligations avant l'expiration du contrat de crédit et formule clairement les hypothèses utilisées. »** – *[C. consom., art. L. 312-21, al. 1er et 2.] – Anc. art. L. 313-32 (Ord. nº 2016-351 du 25 mars 2016, art. 3-7º, en vigueur le 1er juill. 2016).*

Sur les sanctions, V. art. L. 341-24.

1. Clause de remboursement anticipé. Lorsqu'une clause stipule des intérêts compensatoires en cas de remboursement anticipé, il faut et il suffit que les modalités de calcul en soient indiquées dans l'offre pour permettre à l'emprunteur d'avoir connaissance du maximum de ce qu'il pourrait devoir. • Civ. 1re, 30 mars 1994 : *Bull. civ. I, nº 129 ; D. 1994. IR 102* • 8 juill. 1994 : *CCC 1994, nº 241, obs. Raymond* • 26 janv. 1999 : *CCC 1999, nº 64, obs. Raymond.* ♦ Viole l'art. L. 312-21 [L. 313-47] un tribunal qui a retenu qu'une combinaison de clauses établissait la volonté commune des parties de prévoir une indemnité de remboursement anticipé et d'en limiter les effets, alors que le contrat de prêt ne comportait aucune clause prévoyant expressément qu'en cas de remboursement par anticipation, le prêteur était en droit d'exiger une indemnité au titre des intérêts non encore échus. • Civ. 1re, 24 avr. 2013 : *Bull. civ. I, nº 87 ; D. 2013. Actu. 1124 ; JCP E 2013, nº 1662, spéc. nº 29, obs. Mathey ; RJDA 2013, nº 835 ; LPA 1er-4 nov. 2013, obs. Éréséo ; RLDA sept. 2013. 62, obs. Lalot.*

2. Mode de fixation de l'indemnité. Par application de l'art. 1129 [ancien] C. civ., l'emprunteur ne saurait être condamné à payer une indemnité dont le calcul s'effectue par référence à des éléments qui dépendent de la volonté unilatérale du prêteur. • Civ. 1re, 22 juin 1994 : *D. 1995. 368, note A. Penneau* . ♦ V. dans le même sens : • Civ. 1re, 9 mai 1996 : *D. Affaires 1996. 839 ; CCC 1996, nº 136, obs. Leveneur,* prononçant la cassation au visa de l'art. 1129 [ancien] C. civ. nonobstant les arrêts d'assemblée plénière du 1er déc. 1995 qui ont déclaré l'art. 1129 [ancien] non applicable à la détermination du prix. ♦ Sur cette question, V. notes 13 s. ss. art. L. 314-5.

3. Intérêts compensatoires. V. notes ss. art. R. 313-25.

4. Licenciement. Ayant relevé que les emprunteurs avaient motivé leur décision de remboursement anticipé des prêts par le licenciement de l'un d'eux, c'est à bon droit que la cour d'appel, qui a exactement énoncé que le motif tenant à la réduction des taux d'intérêt n'était nullement exclusif de celui tenant au licenciement, a condamné la banque à restituer les indemnités de remboursement anticipé. • Civ. 1re, 17 juin 2015, nº 14-14.444 P : *D. 2015. Actu. 1364, obs. Avena-Robardet ; AJDI 2015. 849, obs. Cohet ; JCP E 2015, nº 1364 ; RJDA 2016, nº 54 ; Banque et Droit sept.-oct. 2015. 26, obs. Hellerinoer ; RLDA sept. 2015. 36, obs. Rochette.*

Art. L. 313-48 **Pour les contrats conclus à compter de la date d'entrée en vigueur de la loi nº 99-532 du 25 juin 1999 relative à l'épargne et à la sécurité financière, aucune indemnité n'est due par l'emprunteur en cas de remboursement par anticipation lorsque le remboursement est motivé par la vente du bien immobilier faisant suite à un changement du lieu d'activité professionnelle de l'emprunteur ou de son conjoint, par le décès ou par la cessation forcée de l'activité professionnelle de ces derniers.** – *[C. consom., art. L. 312-21, al. 3.] – Anc. art. L. 313-33 (Ord. nº 2016-351 du 25 mars 2016, art. 3-7º, en vigueur le 1er juill. 2016).*

Art. L. 313-49 **Aucune indemnité ni aucun coût autres que ceux qui sont mentionnés aux articles** *(Ord. nº 2016-351 du 25 mars 2016, art. 3-7º, en vigueur le 1er juill. 2016)* **« L. 313-47 et L. 313-48** *[ancienne rédaction : L. 313-32 et L. 313-33]* **» ne peuvent être mis à la charge de l'emprunteur dans les cas de remboursement par anticipation prévus par ces articles.** – *[C. consom., art. L. 312-23, remboursement.] - Anc. art. L. 313-34 (Ord. nº 2016-351 du 25 mars 2016, art. 3-7º, en vigueur le 1er juill. 2016.*

Sur les sanctions, V. art. L. 341-46.

SOUS-SECTION 3 DÉFAILLANCE DE L'EMPRUNTEUR

COMMENTAIRE

Lorsque le prêteur décide la résolution du contrat, il est en droit d'exiger le remboursement immédiat du capital restant dû, ainsi que le paiement des intérêts échus, outre le paiement de la clause pénale dont le taux maximal est fixé par l'article R. 313-28 (7 % du capital restant dû ainsi que des intérêts à échoir), outre la faculté de révision offerte par le droit commun en cas d'excès manifeste.

Mais il peut aussi ne pas demander la résolution et demander à l'emprunteur défaillant une indemnité dépendant de la durée restant à courir du contrat et fixée suivant un barème déterminé par l'article R. 313-26 (majoration de trois points maximum).

L'article L. 313-52 interdit le paiement de toute indemnité autre que celle prévue à l'article L. 313-51, mais autorise le remboursement des frais taxables, sur justification, qui correspondent aux frais de justice et aux honoraires des officiers ministériels. Le non-respect de cette disposition est pénalement puni par l'article L. 341-46 d'une amende de 300 000 euros. ❑

Art. L. 313-50 **En cas de défaillance de l'emprunteur et lorsque le prêteur n'exige pas le remboursement immédiat du capital restant dû, il peut majorer, dans des limites fixées par décret, le taux d'intérêt que l'emprunteur aura à payer jusqu'à ce qu'il ait repris le cours normal des échéances contractuelles.** — *[C. consom., art. L. 312-22, 1re phrase.] — Anc. art. L. 313-35 (Ord. n° 2016-351 du 25 mars 2016, art. 3-7°, en vigueur le 1er juill. 2016). — V. art. R. 313-26.*

Art. L. 313-51 **Lorsque le prêteur est amené à demander la résolution du contrat, il peut exiger le remboursement immédiat du capital restant dû, ainsi que le paiement des intérêts échus. Jusqu'à la date du règlement effectif, les sommes restant dues produisent des intérêts de retard à un taux égal à celui du prêt.**

En outre, le prêteur peut demander à l'emprunteur défaillant une indemnité qui, sans préjudice de l'application *(Ord. n° 2016-131 du 10 févr. 2016, art. 6-IV, en vigueur le 1er oct. 2016)* **« de l'article 1231-5** *[ancienne rédaction : des articles 1152 et 1231]* **» du code civil, ne peut excéder un montant qui, dépendant de la durée restant à courir du contrat, est fixé suivant un barème déterminé par décret.** — *[C. consom., art. L. 312-22, 2e, 3e et 4e phrases.] — Anc. art. L. 313-36 (Ord. n° 2016-351 du 25 mars 2016, art. 3-7°, en vigueur le 1er juill. 2016).*

Le texte de l'art. 1231-5 C. civ. est reproduit ss. l'art. L. 312-39.

Les contrats conclus avant le 1er oct. 2016 demeurent soumis à la loi ancienne. Lorsqu'une instance a été introduite avant l'entrée en vigueur de l'Ord. n° 2016-131 du 10 févr. 2016, l'action est poursuivie et jugée conformément à la loi ancienne. Cette loi s'applique également en appel et en cassation (Ord. préc., art. 9).

1. Intérêts de retard. Lorsque le prêteur est amené à demander la résolution du prêt, jusqu'à la date du règlement effectif, les sommes restant dues produisent des intérêts de retard à un taux égal à celui du prêt ; il s'ensuit que le juge n'a pas à procéder à la recherche d'un éventuel accord des parties sur la fixation du taux d'intérêt du solde du prêt en cas de déchéance du terme. • Civ. 1re, 27 nov. 1990 : *D. 1991. IR 3.*

2. Indemnité spéciale. L'indemnité éventuellement prévue en cas de défaillance de l'emprunteur ne peut être due que si le prêteur a demandé la résolution du contrat. • Civ. 1re, 3 juill. 1996 : *Bull. civ. I n° 295 ; D. Affaires 1996. 1090.* ◆ *Tel n'est pas le cas lorsque le prêteur prononce la déchéance du terme après la dernière échéance du prêt.* • Civ. 1re, 5 mars 2009 : *RJDA 2009, n° 669.*

3. Clause abusive. La clause pénale d'un contrat de prêt immobilier fixant le montant de l'indemnité due au prêteur par l'emprunteur dont la défaillance a entraîné la résolution du contrat ne peut revêtir un caractère abusif dès lors qu'elle est stipulée en application des art. L. 312-22 [L. 313-51] et R. 312-3 [R. 313-26 s.]. • Com. 3 mai 2006 : *Bull. civ. IV, n° 102 ; JCP E 2006, n° 48, p. 2035, n° 41, obs. Mathey ; CCC 2006, n° 148, obs. Raymond ; LPA 12 déc. 2006, obs. Paisant ; RJDA 2006, n° 1164 ; RDC 2006. 737, obs. Fenouillet.*

Art. L. 313-52 **Aucune indemnité ni aucun coût autres que ceux qui sont mentionnés à l'article** *(Ord. n° 2016-351 du 25 mars 2016, art. 3-7°, en vigueur le 1er juill. 2016)* **« L. 313-51** *[ancienne rédaction : L. 313-36]* **» ne peuvent être mis à la charge de l'emprunteur dans les cas de défaillance prévus par les dispositions de cet article.**

Toutefois, le prêteur peut réclamer à l'emprunteur, en cas de défaillance de celui-ci, le remboursement, sur justification, des frais taxables qui lui ont été occasionnés par cette défaillance à l'exclusion de tout remboursement forfaitaire de frais de recouvrement. – *[C. consom., art. L. 312-23, défaillance.] – Anc. art. L. 313-37 (Ord. nº 2016-351 du 25 mars 2016, art. 3-7º, en vigueur le 1er juill. 2016).*

Sur les sanctions, V. art. L. 341-46.

Capitalisation des intérêts. Pour exclure les deux prêts litigieux du bénéfice des art. L. 312-22 et L. 312-23 [L. 313-50 à L. 313-52] C. consom., l'arrêt retient que si ces textes limitent de façon impérative les surcoûts résultant notamment de la capitalisation des intérêts prévue par l'art. 1154 [1343-2] C. civ., il résulte de l'art. L. 311-3 [L. 312-4] C. consom. qu'en sont notamment exclus les opérations de crédit portant sur des immeubles. En statuant ainsi, alors que ce n'est pas l'art. L. 311-3 [L. 312-4] mais l'art. L. 312-3 [L. 313-2] C. consom. qui dresse la liste des emprunts qui sont exclus du champ d'application des art. L. 312-22 et L. 312-23 [L. 313-50 à L. 313-52], la cour d'appel a violé les textes susvisés. • Civ. 1re, 13 mai 2014 : *RD banc. fin. 2014, nº 191, obs. Crédot et Samin.* ♦ La règle édictée par l'art. L. 312-23 [L. 313-52], selon lequel aucune indemnité ni aucun coût autres que ceux qui sont mentionnés aux art. L. 312-21 et L. 312-22 [L. 313-51] de ce code ne peuvent être mis à la charge de l'emprunteur dans les cas de remboursement par anticipation ou de défaillance prévue par ces articles, fait obstacle à l'application de la capitalisation des intérêts prévue par l'art. 1154 [1343-2] C. civ. • Civ. 1re, 17 juin 2015, nº 14-11.807 : *AJDI 2015. 614 ; CCC 2015, nº 249, obs. G. R.* ♦ V. aussi, en matière de crédit à la consommation, note 5 ss. art. L. 312-38.

SECTION VIII LOCATION-VENTE ET LOCATION ASSORTIE D'UNE PROMESSE DE VENTE

COMMENTAIRE

I. RÉGIME

Les articles suivants visent les contrats de location-vente et de location avec promesse de vente, formes spécifiques et moins fréquentes d'accession à la propriété.

Ces contrats sont assimilés à des contrats de crédit et font l'objet d'une réglementation adaptée à cette spécificité : il s'agit de règles relatives à la publicité (art. L. 313-54), aux mentions obligatoires de l'offre préalable (art. L. 313-55 s.), au délai de réflexion et aux conditions d'acceptation de l'offre (art. L. 313-58) ainsi qu'à la défaillance de l'emprunteur (art. L. 313-60 et L. 313-61).

Observons que l'indemnité, prévue à l'article L. 313-60 en cas de défaillance du preneur dans l'exécution de tels contrats, ne peut excéder 2 % de la part des versements correspondant à la valeur en capital du bien à effectuer jusqu'à la date prévue du transfert de propriété (art. D. 313-29).

En cas de location assortie d'une promesse de vente, l'acte constatant la levée de l'option est conclu sous la condition suspensive prévue à l'article L. 313-41. Lorsque cette condition n'est pas réalisée, le bailleur restitue toutes sommes versées par le preneur, à l'exception des loyers et des frais de remise en état du bien (art. L. 313-62).

II. SANCTIONS

Le fait pour le bailleur de ne pas respecter l'une des obligations encadrant l'offre, prévues à l'article L. 313-55 pour un contrat de location-vente et de vente assortie d'une promesse de vente, est puni d'une amende de 150 000 euros (art. L. 341-38). Par ailleurs, le fait pour le bailleur de faire souscrire par le preneur ou de recevoir de sa part l'acceptation de l'offre sans que celle-ci comporte de date ou dans le cas où elle comporte une date fausse de nature à faire croire qu'elle a été donnée après l'expiration du délai de dix jours prescrit à l'article L. 313-58 pour un contrat de location-vente ou de location assortie d'une promesse de vente, est puni d'une amende de 300 000 euros (art. L. 341-41). Enfin, le fait pour le bailleur d'accepter de recevoir de l'emprunteur ou du preneur, ou pour le compte d'un de ces derniers, en violation de l'article L. 313-59, un versement ou un dépôt, un chèque ou un effet de commerce souscrit, endossé ou avalisé à son profit ou d'utiliser une autorisation de prélèvement sur compte bancaire ou postal, est puni d'une amende de 300 000 euros (art. L. 341-2).

Le fait pour le prêteur, en infraction aux dispositions de l'article L. 313-62 pour un contrat de location-vente et de location assortie d'une promesse de vente, de ne pas restituer les sommes lorsque la condition suspensive n'est pas réalisée est puni d'une amende de

300 000 euros. Lorsque la somme versée d'avance par le preneur n'a pas été restituée dans les conditions prévues au second alinéa de l'article L. 313-62, la somme due est productive d'intérêts au taux légal majoré de moitié à compter du quinzième jour suivant la demande de remboursement (art. L. 341-36).

Art. L. 313-53 *(Ord. nº 2016-351 du 25 mars 2016, art. 3-8º, en vigueur le 1er juill. 2016)* **« Les** *[ancienne rédaction : Sous réserve des dispositions des 1º et 2º de l'article L. 313-2, les]* **» contrats de location-vente ou de location assortis d'une promesse de vente relatifs aux immeubles** *(Ord. nº 2016-351 du 25 mars 2016, art. 3-8º, en vigueur le 1er juill. 2016)* **« mentionnés au *a* du 1º de l'article L. 313-1** *[ancienne rédaction : mentionnés au 1º de l'article L. 313-1]* **» sont soumis aux dispositions du présent chapitre, dans des conditions fixées à la présente section.** – *[C. consom., art. L. 312-24.] – Anc. art. L. 313-38 (Ord. nº 2016-351 du 25 mars 2016, art. 3-8º, en vigueur le 1er juill. 2016).*

Art. L. 313-54 Toute publicité faite, reçue ou perçue en France, qui, quel que soit son support, porte sur l'un des contrats régis par les dispositions de la présente section, précise l'identité du bailleur, la nature et l'objet du contrat.

Si cette publicité comporte un ou plusieurs éléments chiffrés, elle mentionne la durée du bail ainsi que le coût annuel et le coût total de l'opération. – *[C. consom., art. L. 312-25.] – Anc. art. L. 313-39 (Ord. nº 2016-351 du 25 mars 2016, art. 3-8º, en vigueur le 1er juill. 2016).*

Art. L. 313-55 Pour les contrats régis par les dispositions de la présente section, le bailleur est tenu de formuler par écrit une offre adressée gratuitement par voie postale au preneur éventuel.

Cette offre mentionne l'identité des parties. Elle précise la nature et l'objet du contrat ainsi que ses modalités, notamment en ce qui concerne les dates et conditions de mise à disposition du bien, le montant des versements initiaux et celui des loyers ainsi que les modalités éventuelles d'indexation. Elle rappelle, en outre, les dispositions de l'article *(Ord. nº 2016-351 du 25 mars 2016, art. 3-8º, en vigueur le 1er juill. 2016)* **« L. 313-58** *[ancienne rédaction : L. 313-43]* **».** – *[C. consom., art. L. 312-26, al. 1er et 2.] – Anc. art. L. 313-40 (Ord. nº 2016-351 du 25 mars 2016, art. 3-8º, en vigueur le 1er juill. 2016).*

Sur les sanctions, V. art. L. 341-38.

Art. L. 313-56 Pour les contrats de location assortis d'une promesse de vente, l'offre fixe également :

1º Les conditions de levée de l'option et son coût décomposé entre, d'une part, la fraction des versements initiaux et des loyers prise en compte pour le paiement du prix et, d'autre part, la valeur résiduelle du bien, compte tenu de l'incidence des clauses de révision éventuellement prévues au contrat ;

2º Les conditions et le coût de la non-réalisation de la vente. – *[C. consom., art. L. 312-26, al. 3, 4 et 5.] – Anc. art. L. 313-41 (Ord. nº 2016-351 du 25 mars 2016, art. 3-8º, en vigueur le 1er juill. 2016).*

Art. L. 313-57 Le modèle de l'offre mentionnée à l'article *(Ord. nº 2016-351 du 25 mars 2016, art. 3-8º, en vigueur le 1er juill. 2016)* **« L. 313-55** *[ancienne rédaction : L. 313-40]* **» est fixé par arrêté du ministre chargé de l'économie.** – *[C. consom., art. L. 313-16, al. 2, partiel 2.] – Anc. art. L. 313-42 (Ord. nº 2016-351 du 25 mars 2016, art. 3-8º, en vigueur le 1er juill. 2016).*

Art. L. 313-58 L'envoi de l'offre oblige le bailleur à maintenir les conditions qu'elle indique pendant une durée minimale de trente jours à compter de sa réception par le preneur.

L'offre est soumise à l'acceptation du preneur qui ne peut accepter l'offre que dix jours après qu'il l'a reçue. L'acceptation est notifiée par lettre, le cachet de la poste faisant foi. – *[C. consom., art. L. 312-27.] – Anc. art. L. 313-43 (Ord. nº 2016-351 du 25 mars 2016, art. 3-8º, en vigueur le 1er juill. 2016).*

Sur les sanctions, V. art. L. 341-41.

Art. L. 313-59 **Jusqu'à l'acceptation de l'offre, le preneur ne peut faire aucun dépôt, souscrire ou avaliser aucun effet de commerce, signer aucun chèque ni aucune autorisation de prélèvement sur compte bancaire ou postal au profit du bailleur ou pour le compte de celui-ci.** – *[C. consom., art. L. 312-28.] – Anc. art. L. 313-44 (Ord. n° 2016-351 du 25 mars 2016, art. 3-8°, en vigueur le 1er juill. 2016).*

Sur les sanctions, V. art. L. 341-42.

Art. L. 313-60 **En cas de défaillance du preneur dans l'exécution d'un contrat régi par la présente section, le bailleur est en droit d'exiger, outre le paiement des loyers échus et non réglés, une indemnité qui, sans préjudice de l'application de** *(Ord. n° 2016-131 du 10 févr. 2016, art. 6-IV, en vigueur le 1er oct. 2016)* **« l'article 1231-5** *[ancienne rédaction : l'article 1152]* **» du code civil, ne peut excéder un montant dépendant de la durée restant à courir du contrat et fixé suivant un barème déterminé par décret.** – *V. art. D. 313-29.*

En cas de location-vente, le bailleur ne peut exiger la remise du bien qu'après remboursement de la part des sommes versées correspondant à la valeur en capital de ce bien. – *[C. consom., art. L. 312-29, al. 1er et 2.] – Anc. art. L. 313-45 (Ord. n° 2016-351 du 25 mars 2016, art. 3-8°, en vigueur le 1er juill. 2016).*

Sur les sanctions, V. art. L. 341-46.

Les contrats conclus avant le 1er oct. 2016 demeurent soumis à la loi ancienne. Lorsqu'une instance a été introduite avant l'entrée en vigueur de l'Ord. n° 2016-131 du 10 févr. 2016, l'action est poursuivie et jugée conformément à la loi ancienne. Cette loi s'applique également en appel et en cassation (Ord. préc., art. 9).

Art. L. 313-61 **Aucune indemnité ni aucun coût autres que ceux qui sont mentionnés à l'article** *(Ord. n° 2016-351 du 25 mars 2016, art. 3-8°, en vigueur le 1er juill. 2016)* **« L. 313-60** *[ancienne rédaction : L. 313-45]* **» ne peuvent être mis à la charge du preneur. Toutefois, le bailleur peut réclamer au preneur, en cas de défaillance de celui-ci, le remboursement sur justification des frais taxables qui lui ont été occasionnés par cette défaillance, à l'exclusion de tout remboursement forfaitaire de frais de recouvrement.** – *[C. consom., art. L. 312-29, al. 3.] – Anc. art. L. 313-46 (Ord. n° 2016-351 du 25 mars 2016, art. 3-8°, en vigueur le 1er juill. 2016).*

Sur les sanctions, V. art. L. 341-46.

Art. L. 313-62 **En cas de location assortie d'une promesse de vente, l'acte constatant la levée de l'option est conclu sous la condition suspensive prévue à l'article** *(Ord. n° 2016-351 du 25 mars 2016, art. 3-8°, en vigueur le 1er juill. 2016)* **« L. 313-41** *[ancienne rédaction : L. 313-26]* **».**

Lorsque cette condition n'est pas réalisée, le bailleur restitue toutes sommes versées par le preneur à l'exception des loyers et des frais de remise en état du bien. – *[C. consom., art. L. 312-30, partiel.] – Anc. art. L. 313-47 (Ord. n° 2016-351 du 25 mars 2016, art. 3-8°, en vigueur le 1er juill. 2016).*

Sur les sanctions, V. art. L. 341-36 et L. 341-43.

Art. L. 313-63 **Les dispositions de l'article L. 314-20 sont applicables aux contrats soumis aux dispositions de la présente section.** – *[C. consom., art. L. 312-31.] – Anc. art. L. 313-48 (Ord. n° 2016-351 du 25 mars 2016, art. 3-8°, en vigueur le 1er juill. 2016).*

V. aussi art. R. 313-33.

SECTION IX **PRÊTS LIBELLÉS DANS UNE DEVISE AUTRE QUE L'EURO** *(Ord. n° 2016-351 du 25 mars 2016, art. 3-9° et 13-IV, en vigueur le 1er oct. 2016).*

L'ancien intitulé de la section IX était : « Crédit libellé en devise étrangère à l'Union européenne ».

COMMENTAIRE

Environ 6 000 Français ont contracté un prêt en devise helvétique en 2008 et 2009. Avec la forte appréciation du franc suisse, le montant du capital qu'ils ont emprunté a augmenté de près de 50 %, de façon imprévisible. C'est pour éviter ce genre de désagréments que les articles

L. 313-64, R. 313-30 et suivants encadrent les prêts libellés dans une devise autre que l'euro, remboursables en euros ou dans la devise concernée.

Le régime de ces prêts était prévu par l'ancien article L. 312-3-1. Le texte visait les prêts libellés dans une devise étrangère à l'Union européenne remboursables en monnaie nationale. Le nouvel article L. 313-64 vise les prêts libellés dans une devise autre que l'euro, remboursables en euros ou dans la devise concernée.

En particulier, les risques inhérents et les conditions d'octroi des prêts mentionnés à l'article L. 313-64 (percevoir principalement ses revenus ou détenir un patrimoine dans cette devise au moment de la signature du contrat de prêt) sont communiqués à l'emprunteur dans la fiche d'information standardisée européenne mentionnée à l'article L. 313-7 (art. R. 313-30).

Le prêteur qui accorde un crédit sans respecter les conditions, applicables en matière d'information précontractuelle, fixées par les dispositions du deuxième alinéa de l'article L. 313-64, peut être déchu du droit aux intérêts, dans la proportion fixée par le juge, jusqu'à un montant ne pouvant excéder 30 % des intérêts, plafonné à 30 000 euros (art. L. 341-25). De même, le prêteur qui accorde un crédit sans communiquer à l'emprunteur l'information précontractuelle mentionnée au deuxième alinéa de l'article L. 313-64 peut être déchu du droit aux intérêts, en totalité ou dans la proportion fixée par le juge (art. L. 341-26).

Sur le terrain pénal, le fait pour le prêteur de contrevenir aux dispositions du premier alinéa de l'article L. 313-64 relatives aux conditions d'octroi d'un prêt en devises étrangères est puni d'une amende de 300 000 euros (art. L. 341-32). ❑

Art. L. 313-64 *(Ord. nº 2016-351 du 25 mars 2016, art. 3-9º et 13-IV, en vigueur le 1er oct. 2016)* **Les emprunteurs ne peuvent contracter de prêts libellés dans une devise autre que l'euro, remboursables en euros ou dans la devise concernée, que s'ils déclarent percevoir principalement leurs revenus ou détenir un patrimoine dans cette devise au moment de la signature du contrat de prêt, excepté si le risque de change n'est pas supporté par l'emprunteur.**

Au plus tard à l'émission de l'offre de prêt, le prêteur informe l'emprunteur des risques inhérents à un tel contrat de prêt et des possibilités éventuelles de conversion des remboursements en euros en cours de prêt leur *[lui]* **sont précisées.**

Un décret en Conseil d'État précise les conditions d'application du présent article. – *[C. consom., art. L. 312-3-1.] – Anc. art. L. 313-49 (Ord. nº 2016-351 du 25 mars 2016, art. 3-9º, en vigueur le 1er juill. 2016). – V. art. R. 313-30 s.*

Sur les sanctions, V. art. L. 341-25, L. 341-26 et L. 341-32.

Ancien art. L. 313-64 ***Les emprunteurs, personnes physiques n'agissant pas pour des besoins professionnels, ne peuvent contracter de prêts libellés dans une devise étrangère à l'Union européenne remboursables en monnaie nationale que s'ils déclarent percevoir principalement leurs revenus ou détenir un patrimoine dans cette devise au moment de la signature du contrat de prêt, excepté si le risque de change n'est pas supporté par l'emprunteur.***

Ils sont informés des risques inhérents à un tel contrat de prêt et les possibilités éventuelles de conversion des remboursements en monnaie nationale en cours de prêt leur sont précisées avant l'émission de l'offre de prêt.

Les conditions d'application du présent article sont fixées par décret en Conseil d'État. – Anc. art. L. 313-49 (Ord. nº 2016-351 du 25 mars 2016, art. 3-9º, en vigueur le 1er juill. 2016).

Directive 2014/17/UE du Parlement européen et du Conseil du 4 février 2014,

Sur les contrats de crédit aux consommateurs relatifs aux biens immobiliers à usage résidentiel.

BIBL. ▶ Fériel, *D. 2014. 877* (évolution européenne du devoir de mise en garde du banquier). – Gourio et Thébault, *RD banc. fin. 2014, nº 70* (adoption de la directive sur le crédit immobilier). – Legeais, *RTD com. 2014. 380* (présentation générale). – *NDLR, BRDA 2014, nº 12, p. 13* (directive relative au crédit immobilier). – Piedelièvre, *JCP N 2014, nº 1357* (aperçu sur la Dir. du 4 févr. 2014 sur le crédit immobilier). – Valette-Ercole, *Dr. et proc. 2015, Cah. dr. consom., nº 1, p. 12* (présentation générale). – Gourio, *JCP E 2015, nº 1114* (directive européenne sur le crédit immobilier aux consommateurs). – Maymont, *CCC 2015. Étude 5* (avènement d'un crédit responsable en matière immobilière ?). – Dossier, *RD banc. fin. 2015. Dossiers 20 à 28* (directive « crédit hypothécaire »). – Alonso-Pérez, *Rev. UE 2015. 479* (l'art. 28 : conséquence du défaut de paiement du consommateur dans le prêt immobilier). – MARTEL, *AJDI 2016. 675* (directive européenne « crédit immobilier » : obligation d'évaluation immobilière... ou pas ?).

CHAPITRE IV DISPOSITIONS COMMUNES AU CRÉDIT À LA CONSOMMATION ET AU CRÉDIT IMMOBILIER

Les dispositions issues de l'Ord. nº 2016-351 du 25 mars 2016 s'appliquent aux contrats dont l'offre a été émise après leur entrée en vigueur (Ord. préc., art. 13-VII).

SECTION PREMIÈRE TAUX D'INTÉRÊT

RÉP. COM. vº *Intérêts des capitaux*, par PIEDELIÈVRE.

BIBL. GÉN. ▸ BOIZARD, *Thèse Paris I, 1986* (fixation des taux en matière de compte courant). – MALAURIE et AYNÈS, *Defrénois 1991. 466*. – D. SCHMIDT, *RJ com. 1990. 385*. – VION, *Defrénois 1990. 922*. – LASSERRE CAPDEVILLE, *Banque et Droit juill.-août 2013. 8* (protection du consommateur-emprunteur par l'encadrement légal du taux d'intérêt) ; *RD banc. fin. 2013. Dossier 45* (intérêt et usure : des concepts confrontés à des objectifs contradictoires). – BOUCARD, *RD banc. fin. 2014. Étude 25* (le contentieux des intérêts). – MARTIN, *Banque et Droit nov.-déc. 2016, hors-série, p. 26* (de l'intérêt). – HECKETSWEILER, *RD banc. fin. 2017. Étude 8* (l'intérêt, le dividende : des fruits ?).

SOUS-SECTION 1 TAUX EFFECTIF GLOBAL

COMMENTAIRE

La loi du 1er juillet 2010 n'a pas modifié la définition du taux effectif global figurant désormais à l'article L. 314-1, si ce n'est que ce taux est désormais dénommé « taux annuel effectif global » dans les crédits à la consommation (art. L. 314-3).

I. ÉLÉMENTS INCLUS DANS L'ÉVALUATION DU TEG

Le taux effectif global est une des mentions obligatoires portées à la connaissance du consommateur intéressé par une offre de crédit à la consommation ou immobilier. L'indication du TEG doit être faite par écrit (C. consom., art. L. 314-5 ; C. civ., art. 1907), ce qui permet à l'emprunteur de connaître le coût global du prêt proposé, tous frais compris. L'indication du taux d'intérêt sur les relevés de comptes ne saurait suppléer l'absence d'un accord écrit mentionnant le taux, même si cette indication n'a fait l'objet d'aucune protestation de la part du client (Civ. 1re, 17 janv. 1995 : *cité note 9 ss. art. L. 314-5*).

L'ordonnance du 25 mars 2016 modifie les articles L. 314-1 à L. 314-4. L'article L. 314-1, reformulé par ladite ordonnance, détermine ainsi les éléments qui s'ajoutent aux intérêts pour le calcul du taux.

Les éléments permettant de déterminer le taux effectif global sont :
– le taux d'intérêt proprement dit, qui correspond à la rémunération du prêteur ;
– les frais, commissions ou rémunérations de toute nature, directs ou indirects, notamment les frais fiscaux répercutés sur l'emprunteur, les primes d'assurance vie lorsque la souscription de cette assurance a été exigée de l'emprunteur, les frais directement payés par l'emprunteur à un intermédiaire.

La définition est réajustée (du fait de la directive 2014/17/UE) par l'ordonnance du 25 mars 2016 pour y ajouter dans le calcul, de manière officielle, outre les intérêts, les frais, les taxes, les commissions ou rémunérations de toute nature, directs ou indirects, supportés par l'emprunteur et connus du prêteur à la date d'émission de l'offre de crédit ou de l'avenant au contrat de crédit, ou dont le montant peut être déterminé à ces mêmes dates, et qui constituent une condition pour obtenir le crédit ou pour l'obtenir aux conditions annoncées. De la sorte, si les frais de notaire et d'inscription hypothécaire étaient déterminables à la date de l'acte, la banque doit inclure ces frais dans le calcul. Ainsi, le TAEG est calculé selon la méthode actuarielle et non plus proportionnelle (D. Legeais, *RTD com. 2016. 305*).

Le décret d'application précise les modalités de détermination de l'assiette et du calcul du TAEG (art. R. 314-1 s.).

L'article L. 314-2 précise que pour les contrats de crédit avec un amortissement échelonné, le taux effectif global doit être calculé en tenant compte des modalités de l'amortissement de la créance.

II. ÉLÉMENTS EXCLUS DANS L'ÉVALUATION DU TEG

Selon la jurisprudence, les dommages-intérêts stipulés dans une clause pénale au cas d'inexécution par le débiteur de ses obligations ne peuvent pas être compris dans l'évaluation du taux. En matière de crédit immobilier, sont exclus les charges liées aux garanties dont ces crédits sont éventuellement assortis ainsi que les honoraires d'officiers ministériels lorsque leur montant ne peut être indiqué avec précision antérieurement à la conclusion du contrat.

III. SANCTIONS

L'observation de ces dispositions est spécifiquement sanctionnée par une amende prévue par l'article L. 341-49, laquelle était passée, avec la loi du 17 mars 2014, de 4 500 à 150 000 €. Cette même loi ajoute des peines complémentaires d'interdiction pouvant frapper les personnes physiques, celles-là ne pouvant toutefois pas excéder cinq ans.

La jurisprudence considère que ce texte est d'ordre public et qu'à défaut de mention du taux, la nullité (de nature relative) de la convention d'intérêts (non du prêt lui-même) sera encourue (la nullité de la convention entraîne logiquement l'application du taux légal à compter de la date du prêt). La jurisprudence précise que l'emprunteur ne peut renoncer dans l'acte de prêt à la nullité de la clause de stipulation d'intérêts conventionnels (Civ. 1re, 15 oct. 2014 : *cité note 17 ss. art. L. 314-5*).

IV. TAUX ANNUEL EFFECTIF DE L'ASSURANCE

La loi no 2013-672 du 26 juillet 2013 a créé un taux annuel effectif de l'assurance (TAEA), mentionné aux articles L. 312-7 et L. 312-8. L'information de l'emprunteur serait ainsi mieux assurée, selon le législateur, à l'instar du TEG..., ce qui reste à démontrer. ❑

Art. L. 314-1 *(Ord. no 2016-351 du 25 mars 2016, art. 4-1o et 13-II, en vigueur le 1er oct. 2016)* **Dans tous les cas, pour la détermination du taux effectif global du prêt, comme pour celle du taux effectif pris comme référence, sont ajoutés aux intérêts les frais, les taxes, les commissions ou rémunérations de toute nature, directs ou indirects, supportés par l'emprunteur et connus du prêteur à la date d'émission de l'offre de crédit ou de l'avenant au contrat de crédit, ou dont le montant peut être déterminé à ces mêmes dates, et qui constituent une condition pour obtenir le crédit ou pour l'obtenir aux conditions annoncées.** – *[C. consom., art. L. 313-1, al. 1er.]*

Ancien art. L. 314-1 ***Dans tous les cas, pour la détermination du taux effectif global du prêt, comme pour celle du taux effectif pris comme référence, sont ajoutés aux intérêts les frais, commissions ou rémunérations de toute nature, directs ou indirects, y compris ceux qui sont payés ou dus à des intermédiaires intervenus de quelque manière que ce soit dans l'octroi du prêt, même si ces frais, commissions ou rémunérations correspondent à des débours réels.***

BIBL. ▶ BEZ, *JCP N 1978. Prat. 6757.* – SALATS, *Defrénois 1978. 593.* – RAFFRAY, *JCP N 1986. Prat. 9631.* – SCHMIDT et LUTZ, *Banque 1986. 863.* – DEVÈZE, *RJ com. 1994. 295.* – CROZE, *ibid. 1994. 285* (stipulation de l'intérêt). – DELATOLLAS et MARTY, *RJDA 1997, p. 684* (même thème). – LUTZ, *D. 2009. 2955* (taux débiteur et TAEG dans la directive européenne sur le crédit aux consommateurs). – LEFEBVRE et MURADOVA, *JCP E 2014, no 1353* (le TEG dans les crédits à finalité professionnelle). – LUTZ, *RD banc. fin. 2014. Étude 23* (TEG : réflexions d'un praticien). – DE MAROLLES, *Banque et Droit mai-juin 2015. 17* (la banque confrontée aux problématiques du mode de calcul du TEG dans les contrats de crédit consentis à des professionnels). – DUVAL-STALLA et MONOD, *JCP E 2016, no 1094* (un an de jurisprudence du TEG en matière de crédit immobilier). – LASSERRE CAPDEVILLE, *LPA 12 sept. 2016* (les frais d'information de la caution doivent-ils être inclus dans le TEG ?). – ATTARD, *Defrénois 2016. 1131* (l'assiette du TAEG des droits immobiliers et des crédits garantie par une hypothèque). – DUVAL-STALLA et MONOD, *JCP E 2017, no 1229* (un an de jurisprudence du TEG en matière de crédit immobilier).

1. Critère. Seuls doivent entrer en compte les éléments formant un tout avec l'acte de prêt. • Com. 3 oct. 1995 : *Rev. huiss. 1996. 1378, note Hesbert.* ♦ Il convient de rechercher en quoi la prestation est indépendante de l'opération de crédit, peu important que le service comporte ou non un risque. • Crim. 10 sept. 2003 : *JCP E 2004, no 20-21, p. 815, obs. Stoufflet; RD banc. fin. 2003, no 219, obs. Crédot et Gérard; RJDA 2004, no 607* (et sur renvoi • Lyon, 30 juin 2004 :

Banque et Droit nov.-déc. 2005. 88, obs. Guillot, pour une commission d'encaissement des effets de commerce). ♦ C'est à bon droit qu'une banque a exclu du calcul du TEG le montant de la participation au fonds de garantie de l'organisme de cautionnement au motif qu'elle ne pouvait être établie avec précision antérieurement à la conclusion du contrat de prêt. • Versailles, 22 févr. 2006 : *Banque et Droit mai-juin 2007. 68, obs. Guillot.* ♦ Jugeant que l'approximation est exclusive de la précision visée à l'art. L. 313-1, al. 2 [L. 314-1], V. • Nîmes, 28 janv. 2003 : *Banque et Droit sept.-oct. 2004. 88, obs. Guillot.*

I. ÉLÉMENTS INCLUS DANS L'ÉVALUATION DU TEG

2. Rémunération d'intermédiaires. Les sommes versées à des intermédiaires doivent être prises en compte, même si elles sont stipulées par des actes distincts du prêt. • Crim. 30 janv. 1975 : *Bull. crim. n° 38 ; D. 1975. IR 60 ; RTD com. 1976. 722 ; Gaz. Pal. 1975. 1. 319 ; Defrénois 1975. 696, note Morin ; RSC 1975. 714, obs. Bouzat.* ♦ Solution réaffirmée, sur recours contre l'arrêt de la juridiction de renvoi, par : • Crim. 8 juin 1977 : *D. 1977. IR 423, obs. Puech ; JCP 1978. II. 18875, note Husset.* ♦ V. aussi : • Crim. 12 nov. 1998 : *Bull. crim. n° 297 ; D. 1999. IR 42 ; D. Affaires 1999. 257, obs. X. D. ; RD bancaire et bourse 1999. 68, obs. Crédot et Gérard ; RTD com. 1999. 774, obs. Bouloc ; BRDA 1999, n° 3, p. 12.* ♦ ... Qu'elles soient intégralement payées au moment du prêt ou qu'elles le soient ultérieurement par versements échelonnés. • Crim. 5 juin 1989 : *Bull. crim. n° 237.*

Sur l'inclusion des commissions liées à l'opération de crédit : • Dijon, 27 janv. 2004 : *JCP E 2005, n° 21, p. 868, obs. Lassalas-Langlais* • Paris, 17 nov. 2005 : *JCP E 2006, n° 22, p. 964, obs. Lassalas-Langlais.* ♦ Les juges doivent tenir compte, pour le calcul du TEG, de la commission due à une société de crédit hypothécaire en rémunération d'un « contrat de gestion de prêt », dès lors que ce contrat forme un tout avec le contrat de prêt. • Civ. 1re, 12 juin 1990 : *Bull. civ. I, n° 161 ; D. 1990. IR 180 ; RTD com. 1990. 618, obs. Cabrillac et Teyssié.*

3. Assurances. La première prime du contrat d'assurance sur la vie, dont la souscription subordonne l'octroi d'un prêt, entre en compte pour le calcul du TEG ; il n'importe que cette prime ne soit pas encaissée par le prêteur dès lors que l'emprunteur se trouve dans l'obligation de la payer pour obtenir la délivrance de son emprunt. • Crim. 12 oct. 1976 : *Bull. crim. n° 288 ; D. 1976. IR 288 ; RTD com. 1977. 144, obs. Cabrillac et Rives-Lange ; Gaz. Pal. 1976. 2. 762.* ♦ Les frais relatifs à l'assurance-incendie ne sont intégrés dans la détermination du TEG que lorsque la souscription d'une telle assurance est imposée à l'emprunteur comme une condition de l'octroi du prêt, et non à titre d'obligation dont l'inexécution est sanctionnée par la déchéance du terme. • Civ. 1re, 6 févr. 2013 : *Bull. civ. I, n° 11 ; Dalloz actualité, 27 févr. 2013, obs. Avena-Robardet ; D. 2013. Actu. 429 ; RDI 2013. 207, obs. Heugas-Darraspen ; JCP 2013, n° 435, note Maetz ; JCP E 2013, n° 1159, note Bouteiller et Crédot ; JCP N 2013, n° 1067, note Lepeltier ; CCC 2013, n° 101, obs. G. R. ; RJDA 2013, n° 446 ; LPA 1er-4 nov. 2013, obs. Lasserre Capdeville ; Banque et Droit mars-avr. 2013. 31, obs. Bonneau ; RD banc. fin. 2013, n° 46, obs. Mathey* • 6 avr. 2016, n° 15-12.774 : *RJDA 2017, n° 41 ; Banque et Droit juill.-août 2016. 16, obs. Bonneau ; RD banc. fin. 2016, n° 151, obs. Crédot et Samin.* – Sur l'inclusion des frais d'assurance-incendie, V. aussi • Civ. 1re, 23 nov. 2004 : *Bull. civ. I, n° 289 ; JCP E 2005, n° 3, p. 61 ; RD banc. fin. 2005, n° 6, obs. Crédot et Gérard ; Banque et Droit mars-avr. 2005. 46, obs. Bonneau ; RJDA 2005, n° 746.* – Sur cet arrêt, V. aussi Lutz et Berg, *D. 2005. 841.* ♦ Il incombe ainsi à la banque, qui avait subordonné l'octroi du crédit à la souscription d'une assurance, de s'informer auprès du souscripteur du coût de celle-ci avant de procéder à la détermination du taux effectif global dans le champ duquel un tel coût entrait impérativement. • Civ. 1re, 13 nov. 2008 : *Bull. civ. I, n° 262 ; D. 2008. AJ 3006, obs. Avena-Robardet ; D. 2009. Pan. 1051, obs. D. R. Martin ; RTD com. 2009. 188, obs. Legeais ; JCP E 2009, n° 24, p. 12, obs. Lassalas-Langlais ; JCP N 2009, n° 1-2, p. 42, note Lepeltier ; Banque et Droit janv.-févr. 2009. 22, obs. Bonneau ; BRDA 2008, n° 24, p. 8.* – *Contra* : • Orléans, 6 avr. 2006 : *JCP E 2006, n° 48, p. 2033, n° 35, obs. Stoufflet ; RD banc. fin. 2006, n° 127, obs. Crédot et Samin ; Banque et Droit juill.-août 2007. 55, obs. Guillot.* ♦ ... Des frais d'adhésion à une convention de cautionnement mutualiste, constituant elle-même un investissement avec le prêt garanti, ces frais étant par ailleurs parfaitement déterminables puisque d'un montant de 0,70 % du montant initial du prêt. • Paris, 6 oct. 2005 : *JCP 2005. IV. 3493.* ♦ La somme payée par l'emprunteur au titre de la constitution d'un fonds de garantie créé par une société de caution mutuelle pour garantir la bonne exécution du prêt, et dont le montant est déterminé lors de la conclusion du prêt, est imposée comme une condition d'octroi de celui-ci, de sorte qu'elle doit être prise en compte pour le calcul du TEG. • Civ. 1re, 9 déc. 2010 : *Bull. civ. I, n° 257 ; D. 2011. 720, note Lasserre Capdeville ; RTD com. 2011. 618, obs. Legeais ; JCP E 2011, n° 1009, note Legeais ; CCC 2011, n° 79, obs. Raymond ; RJDA 2011, n° 174 ; RD banc. fin. 2011, n° 41, obs. Crédot et Samin ; RLDA févr. 2011. 25, note Bouteiller* (cassation de • Dijon, 19 mars 2009 : *JCP E 2009, n° 44-45, p. 12, obs. Routier ; RD banc. fin. 2009, n° 187, obs. Crédot et Samin).* ♦ Un prêteur ayant subordonné l'octroi des concours bancaires à la constitution par l'emprunteur de garantie dont le nantissement d'un contrat d'assurance-vie, c'est à raison que ce dernier soutient que la banque devait non seulement retenir le coût de la prise de garantie mais aussi les frais d'adhésion versés par le souscripteur dans le calcul du TEG. • Douai, 27 oct. 2011 : *JCP E 2011, n° 1906, note crit. Bouteiller et Crédot.* ♦ V. aussi note 8.

4. Impôts et taxes. Les impôts, taxes et droits mis par le contrat à la charge de l'emprunteur doivent être pris en compte pour le calcul du TEG, dès lors qu'ils accroissent les charges de l'emprunt, même si cette obligation a été librement consentie, ne recèle aucune condition potestative et est parfaitement déterminable en fin d'exercice. • Civ. 1re, 21 janv. 1992 : *Bull. civ. I, n° 22 (arrêts nos 2 et 3) ; D. 1992. IR 72 ; RJDA 1992, n° 371 (2e et 3e esp.).* ♦ V. aussi note 11.

5. Frais de souscription de parts sociales. Le coût des parts sociales dont la souscription est imposée par l'établissement prêteur comme une condition d'octroi du prêt constitue des frais entrant nécessairement dans le calcul du TEG. • Civ. 1re, 9 déc. 2010 : *Bull. civ. I, n° 258 ; D. 2011. Pan. 1650, obs. D. R. Martin ; ibid. Actu. 7, obs. Avena-Robardet ; RTD com. 2011. 617, obs. Legeais ; JCP E 2011, n° 1009, note Legeais ; ibid., n° 1712, spéc. n° 5, obs. Karlshausen ; CCC 2011, n° 55, obs. Leveneur ; ibid., n° 79, obs. Raymond ; LPA 17 févr. 2011, note Lasserre Capdeville ; ibid. 29 avr. 2011, note Bargue ; RJDA 2011, n° 174 ; RD banc. fin. 2011, n° 4, obs. Mathey ; RLDA févr. 2011. 25, note Bouteiller* (et sur renvoi : • TI Niort, 14 sept. 2011 : *Gaz. Pal. 2011. 2851, note Lasserre Capdeville*). ♦ Sur l'inclusion de ces frais, V. aussi • Civ. 1re, 23 nov. 2004 : *préc. note 3* • 6 déc. 2007 : *Bull. civ. I, n° 381 ; D. 2008. AJ 81, obs. Rondey ; RTD com. 2008. 159, obs. Legeais ; RDI 2008. 266, obs. Heugas-Darraspen ; JCP E 2008, n° 24, p. 16, obs. Lassalas-Langlais ; Banque et Droit mars-avr. 2008. 15, obs. Bonneau ; RJDA 2008, n° 704.* ♦ *Contra* : • Orléans, 6 avr. 2006 : *ibid.* • 16 janv. 2009 : *RD banc. fin. 2009, n° 118, obs. Crédot et Samin* • TI Poitiers, 13 mars 2009 : *ibid.* ♦ Sur la souscription de parts sociales lors de l'octroi d'un prêt relais, V. • Civ. 1re, 24 avr. 2013 : *Bull. civ. I, n° 88 ; Dalloz actualité, 15 mai 2013, obs. Avena-Robardet ; RTD com. 2013. 564, obs. Legeais ; RDI 2013. 360, obs. Heugas-Darraspen ; JCP 2013, n° 739, note Lasserre Capdeville ; RJDA 2013, n° 834 ; Gaz. Pal. 2013. 2358, obs. Roussille ; ibid. 2381, obs. Piedelièvre ; Banque et Droit juill.-août 2013. 17, obs. Bonneau.*

6. Frais de notaire et d'hypothèque (jurispr. antérieure à la L. n° 2010-737 du 1er juill. 2010). Dès lors qu'à la date de l'acte, les frais de notaire et d'inscription hypothécaire étaient déterminables, ceux-ci doivent être compris dans le calcul du TEG. • Civ. 1re, 30 mars 2005 : *Bull. civ. I, n° 161 ; D. 2005. 2757, note Biardeaud et Flores ; D. 2006. Pan. 165, obs. D. R. Martin ; JCP E 2005, n° 47, p. 1974, obs. Lassalas-Langlais ; RTD com. 2005. 575, obs. Legeais ; Banque et Droit juill.-août 2005. 69, obs. Bonneau ; RJDA 2006, n° 176 ; RDI 2005. 435, obs. Heugas-Darraspen* (qui casse • Paris, 9 nov. 2001 : *D. 2002. AJ 211, obs. Lienhard*) • 14 févr. 2008 : *CCC 2008, n° 118, obs. Raymond.* ♦ Seules les charges liées aux garanties dont le crédit est assorti ainsi que les honoraires d'officiers ministériels, qui ne sont pas déterminables à la date de l'acte de prêt, ne sont pas compris dans le TEG. • Civ. 1re, 28 juin 2007 : *Bull. civ. I, n° 248 ; D. 2007. AJ 2029, obs. Avena-Robardet ; RTD com. 2007. 816, obs. Legeais ; JCP E 2007, n° 46, p. 16, obs. Mathey ; JCP N 2007, n° 47, p. 22, obs. Piedelièvre ; CCC 2007, n° 266, obs. Raymond ; Banque et Droit sept.-oct. 2007. 28, obs. Bonneau ; BRDA 2007, n° 15-16, p. 8.*

7. Autres frais. Sur l'inclusion dans le calcul du TEG d'une prime dite de « réaménagement » intégrée ultérieurement au capital restant dû, • Civ. 1re, 27 févr. 2007 : *Bull. civ. I, n° 84 ; D. 2008. Pan. 879, obs. D. R. Martin ; D. 2007. AJ 938, obs. Rondey ; RTD com. 2007. 427, obs. Legeais ; RDI 2008. 36, obs. Heugas-Darraspen ; JCP E 2007, n° 46, p. 16, obs. Mathey ; JCP N 2007, n° 47, p. 23, obs. Piedelièvre ; LPA 12 nov. 2007, obs. Claret ; RD banc. fin. 2007, n° 141, obs. Crédot et Samin ; Banque et Droit juill.-août 2007. 17, obs. Bonneau ; RJDA 2007, n° 651* • 6 avr. 2016, n° 15-12.774 : *préc. note 3.* ♦ Comp., pour une indemnité pour remboursement anticipée : • Civ. 1re, 27 sept. 2005 : *cité note 10.* ♦ Sur l'inclusion des dates de valeurs dans le calcul du TEG, V. • T. com. Rouen, 11 sept. 2006 : *Banque et Droit nov.-déc. 2007. 53, obs. Guillot.* ♦ ... Des frais de dossier. • Paris, 18 nov. 2005 : *JCP E 2006, n° 22, p. 964, obs. Lassalas-Langlais.* ♦ ... Des frais de forçage prélevés sur le compte à l'occasion de chaque opération effectuée au-delà du découvert autorisé. • Com. 5 févr. 2008 : *Bull. civ. IV, n° 25 ; D. 2008. AJ 609, obs. Rondey ; D. 2009. Pan. 1051, obs. D. R. Martin ; RTD com. 2008. 399, obs. Legeais ; RDI 2008. 266, obs. Heugas-Darraspen ; JCP E 2008, n° 24, p. 16, obs. Routier ; RD banc. fin. 2008, n° 66, obs. Crédot et Samin ; Banque et Droit mai-juin 2008. 20, obs. Bonneau ; RJDA 2008, n° 568.* ♦ Sur le sort réservé aux frais d'information annuelle des cautions de l'art. L. 313-22 C. mon. fin., V. • Civ. 1re, 15 oct. 2014, n° 13-19.241 : *RJDA 2015, n° 213 ; Gaz. Pal. 2015. 499, obs. Piedelièvre ; Banque et Droit janv.-févr. 2015. 39, obs. Bonneau ; RD banc. fin. 2015, n° 4, obs. Crédot et Samin* • Grenoble, 16 juin 2011 : *RD banc. fin. 2012, n° 3, obs. Crédot et Samin* • Paris, 3 oct. 2013 : *BRDA 2013, n° 21, p. 8 ; RD banc. fin. 2014, n° 4, obs. Crédot et Samin.* – *Contra*, V. : • Poitiers, 19 juill. 2011 : *RD banc. fin. 2012, n° 3, obs. Crédot et Samin.* ♦ La durée de la période de franchise et les intérêts s'y rapportant étant précisément prévus par le contrat, ils étaient déterminés lorsqu'il a été signé et ils relevaient ainsi des intérêts, frais, commissions et rémunérations de toute nature qui sont une condition de l'octroi du crédit aux conditions acceptées par l'emprunteur. • Civ. 1re, 17 juin 2015, n° 14-14.326 P : *cité note 4 ss. art. L. 313-39.* – V. aussi sur l'inclusion des frais d'une franchise liée à la prise d'un risque par la banque du fait de la prorogation du terme de l'échéance du prêt consenti : • Versailles, 8 févr. 2005 : *RJDA 2006, n° 691.* ♦ Les intérêts et frais dus au titre de la période de préfinancement sont liés à l'octroi du prêt et entrent dans le calcul du TEG dès lors que leur montant est déterminable lors de la signature du contrat. • Civ. 1re, 14 déc. 2016, n° 15-26.306 P : *cité note 18 ss. art. L. 314-5.*

La méthode employée par la banque consistant à retenir un taux nominal annuel et à adopter dans le tableau d'amortissement un taux mensuel égal à un douzième de ce taux est critiquable dès lors que celui-ci ne tient pas compte des frais facturés pour obtenir les fonds ; ce seul motif suffisant à caractériser l'erreur affectant le TEG. • Civ. 1re, 30 oct. 2007 : *RJDA 2008, n° 567 ; RD banc. fin. 2014, n° 4, obs. Crédot et Samin.*

II. ÉLÉMENTS EXCLUS

8. *Assurances.* Les frais d'assurance n'ont pas à être pris en compte pour le calcul du TEG lorsque l'emprunteur a été libre de contracter ou non une assurance décès-invalidité. • Paris, 11 janv. 1982 : *D. 1982. IR 413, obs. Vasseur ; Gaz. Pal. 1982. 1. 131, note Marchi.* ♦ En effet, le coût d'une assurance facultative dont la souscription ne conditionne pas l'octroi du prêt n'entre pas dans la détermination du TEG. • Civ. 1re, 8 nov. 2007 : *Bull. civ. I, n° 349 ; D. 2007. AJ 2944, obs. Rondey ; RTD com. 2008. 159, obs. Legeais ; JCP 2007. IV. 3211 ; RJDA 2008, n° 186 ; Banque et Droit janv.-févr. 2008. 23, obs. Bonneau.* ♦ Pour les frais relatifs à une assurance incendie considérée comme ne participant pas des frais d'octroi du prêt, V. • Civ. 1re, 26 mai 2011 : *AJDI 2011. 540 ; RTD com. 2011. 620, obs. Legeais ; RD banc. fin. 2011, n° 157, obs. Lagarde ; Banque et Droit juill.-août 2011. 14, obs. crit. Bonneau* • Toulouse, 5 oct. 2011 : *RD banc. fin. 2012, n° 4, obs. Crédot et Samin.* ♦ V. aussi note 3.

9. *Clauses pénales.* Sur l'exclusion des clauses pénales motivées par la défaillance de l'emprunteur, V. : • Com. 22 févr. 1977 : *D. 1977. IR 244.*

10. *Indemnité de remboursement anticipé.* Doit être exclue du calcul du TEG l'indemnité de remboursement anticipé, dont la mise en œuvre est éventuelle et donc étrangère aux frais intervenus dans l'octroi du prêt. • Civ. 1re, 27 sept. 2005 : *Bull. civ. I, n° 347 ; D. 2006. 238, note Picod ; JCP 2005. IV. 3311 ; Gaz. Pal. 2005. 4097, concl. Sainte-Rose ; Banque et Droit janv.-févr. 2006. 59, obs. Bonneau ; RJDA 2006, n° 178 ; Defrénois 2005. 2003, obs. Savaux ; ibid. 2006. 332, obs. Piedelièvre ; Dr. et patr. sept. 2006. 82, obs. Mattout et Prüm.* ♦ Comp. pour une prime de réaménagement : • Civ. 1re, 27 févr. 2007 : *préc. note 7.*

11. *TVA.* Sur l'exclusion de la TVA sur les agios, V. : • Bordeaux, 22 janv. 1980 : *JCP 1980. IV. 392.* ♦ V. aussi note 4.

12. *Commissions de compte.* Les commissions de gestion de compte décomposées en commission de compte, frais de gestion et TVA afférente, qui rémunèrent des prestations distinctes du découvert, n'ont pas à être prises en compte dans le calcul du TEG. • T. com. Rouen, 11 sept. 2006 : *préc. note 7.* ♦ V. : • Aix-en-Provence, 29 sept. 1990 : *JCP E 1991. I. 91, n° 27, obs. Gavalda et Stoufflet* • Com. 14 déc. 2004 : *D. 2005. AJ 276, obs. Avena-Robardet ; RD banc. fin. 2005, n° 36, obs. Crédot et Gérard ; Banque et Droit mars-avr. 2005. 47, obs. Bonneau ; BRDA 2005, n° 3, p. 9.*

13. *Commission d'agrément.* V. : • Paris, 12 janv. 1996 : *D. 1996. IR 72 ; D. Affaires 1996. 266.*

14. *Commission d'intervention.* Les commissions d'intervention, qui sont facturées quel que soit le sort réservé à l'incident et que cela se traduise ou non par une acceptation du dépassement du découvert, ne sont pas liées à l'opération de crédit et n'ont donc pas à être incluses dans l'assiette de calcul du TEG (Rép. min. n° 735 : *JO Sénat Q 27 avr. 2010, p. 2828 ; RD banc. fin. 2010, n° 169, obs. Crédot et Samin*). – Dans le même sens : • Rouen, 25 nov. 2010 : *n° 08/03715* • Poitiers, 18 janv. 2011 : *n° 10/00889* • Riom, 9 févr. 2011 : *RD banc. fin. 2011, n° 155, obs. Crédot et Samin* • Civ. 1re, 22 mars 2012 : *cité note 1 ss. art. L. 312-4* • TI Rennes, 18 nov. 2013 : *JCP E 2014, n° 1034, note Bouteiller* • Com. 8 juill. 2014 : *RJDA 2015, n° 41 ; Gaz. Pal. 2014. 3287, obs. Roussille ; Banque et Droit nov.-déc. 2014. 18, obs. Bonneau ; RD banc. fin. 2014, n° 164, obs. Crédot et Samin.*

15. *Indexation.* L'indexation du capital prêté ne doit pas être prise en compte pour la détermination du TEG. • Civ. 1re, 21 janv. 1992 : *Bull. civ. I, n° 22 (arrêt n° 3).*

III. MODE DE CALCUL DU TEG

16. *Majoration.* Entraînent une majoration du taux de l'intérêt les clauses stipulant, soit que les intérêts à échoir seront retenus sur le montant de la somme prêtée, soit que les intérêts, calculés sur la base d'un taux annuel, seront versés trimestriellement. • Crim. 30 janv. 1975 : *préc. note 2* • Crim. 8 juin 1977 : *eod. loc.*

17. Intérêts composés. Le TEG est fonction du temps pendant lequel l'emprunteur a disposé des sommes prêtées ; se conforme aux exigences de la loi l'arrêt qui procède à l'escompte, à intérêts composés et à la date de chaque opération, d'une part du montant du prêt porté au débit du compte de l'emprunteur, d'autre part de tous les versements inscrits au crédit de ce même compte, pour déduire de l'égalité de ces deux calculs le taux effectif global de l'intérêt. • Crim. 30 janv. 1975 : *préc. note 2* • Crim. 8 juin 1977 : *eod. loc.* ♦ En matière de prêt à amortissement échelonné, le TEG doit être calculé selon la méthode des intérêts composés. • Civ. 1re, 9 janv. 1985 : *Bull. civ. I, n° 15 ; JCP 1986. II. 20532, note Pitou.*

18. Méthode proportionnelle. Seule la méthode proportionnelle, qui consiste à multiplier le taux de période par le nombre de périodes comprises dans l'année, peut être utilisée pour calculer le TEG annuel de l'intérêt à partir d'un TEG exprimé suivant une périodicité inférieure à un an. • Civ. 1re, 9 janv. 1985 : *préc. note 17.*

19. Taux d'intérêt négatif. BIBL. M. et J. Moreau et Poindron, *RD banc. fin. 2016. Étude 24* (contrat de prêt : un taux variable peut-il devenir négatif ?). – Auckenthaler, *ibid. 33* (taux d'intérêt négatif : le monde à l'envers ?). – Quignon, *Banque et Droit nov.-déc. 2016, hors-série, p. 28* (regard d'un économiste sur les taux d'intérêt négatifs). ♦ Rejetant l'imprévision et appliquant un taux négatif, V. • Colmar, 8 mars 2017, n° 16/00310 : *D. 2017. Actu. 701, obs. Lasserre Capdeville ; ibid. 965, note Ghozi ; BRDA 2017, n° 11, p. 12.* ♦ Refusant d'appliquer un taux négatif, V. • TGI Thonon-les-Bains, 30 nov. 2016 : *RD banc. fin. 2017, n° 45, obs. Samin et Torck.*

Art. L. 314-2 *(Ord. n° 2016-351 du 25 mars 2016, art. 4-1° et 13-II, en vigueur le 1er oct. 2016)* **Pour les contrats de crédit qui prévoient un amortissement échelonné, le taux effectif global doit être calculé en tenant compte des modalités de l'amortissement de la créance.** – *[C. consom., art. L. 313-1, al. 2 et 4.]*

Ancien art. L. 314-2 ***Pour l'application des articles L. 313-3 à L. 313-13, les charges liées aux garanties dont les crédits sont éventuellement assortis ainsi que les honoraires d'officiers ministériels ne sont pas compris dans le taux effectif global défini à l'article L. 314-1, lorsque leur montant ne peut être indiqué avec précision antérieurement à la conclusion définitive du contrat.***

Pour les prêts qui font l'objet d'un amortissement échelonné, le taux effectif global doit être calculé en tenant compte des modalités de l'amortissement de la créance.

Art. L. 314-3 *(Ord. n° 2016-351 du 25 mars 2016, art. 4-1° et 13-II, en vigueur le 1er oct. 2016)* **Pour les contrats de crédit entrant dans le champ d'application des chapitres II et III du présent titre, le taux effectif global est dénommé "Taux annuel effectif global".** – *[C. consom., art. L. 313-1, al. 3.]*

Ancien art. L. 314-3 ***Pour les contrats de crédit entrant dans le champ d'application du chapitre II du présent titre, le taux effectif global, qui est dénommé « Taux annuel effectif global », ne comprend pas les frais d'acte notarié.***

Art. L. 314-4 *(Ord. n° 2016-351 du 25 mars 2016, art. 4-1° et 13-II, en vigueur le 1er oct. 2016)* **Un décret en Conseil d'État précise les conditions d'application des articles L. 314-1 à L. 314-3 et notamment les modalités de détermination de l'assiette et de calcul du taux effectif global, ainsi que les modalités de calcul du taux annuel effectif de l'assurance mentionné aux articles L. 312-7 et L. 313-8.** – *[C. consom., art. L. 313-1, al. 5 et L. 313-2-1.] – V. art. R. 314-1 s.*

Ancien art. L. 314-4 ***Les conditions d'application des dispositions des articles L. 314-1à L. 314-3 ainsi que des modalités de calcul du taux annuel effectif de l'assurance mentionné aux articles L. 312-7 et L. 313-6 sont déterminées par décret en Conseil d'État.***

Art. L. 314-5 **Le taux effectif global déterminé selon les modalités prévues aux articles L. 314-1 à L. 314-4 est mentionné dans tout écrit constatant un contrat de prêt régi par la présente section.** – *[C. consom., art. L. 313-2, al. 1er.]*

Sur les sanctions, V. art. L. 341-49.

BIBL. ▸ FERRY, *RD bancaire et bourse 1993. 106* (dates de valeur). – GHESTIN, *JCP 1993. I. 3714* (révision des taux d'intérêts). – R. MARTIN, *D. 1991. Chron. 125* (taux de base). – MOULY, *RJDA 1993. 503 ; RD bancaire et bourse 1994. 227* (dates de valeur). – D'ORNANO, *Gaz. Pal. 1988. 2. Doctr. 610.* – SCHMIDT et LUTZ, *RD bancaire et bourse 1988. 143.* – VASSEUR, *D. 1988. Chron. 157* (découvert en compte). – SERHAL et CEKICI, *Banque et Droit juill.-août*

2009. 11 (l'application du TEG aux contrats de financement islamique). – LASSERRE CAPDEVILLE, *Gaz. Pal. 2013. 1585* (délai de prescription applicable à l'action formée contre un TEG non mentionné par écrit ou erroné) ; *LPA 28 janv. 2016* (TEG erroné et délai de prescription : état du droit et observations). – SEFIANE, *JCP E 2016, n° 1141* (la sanction critiquable du TEG absent ou erroné). – GAUTIER et LÉTIENNE, *LPA 13 oct. 2016* (levée de boucliers en faveur du banquier : critique de l'automaticité de la substitution de l'intérêt légal à l'intérêt conventionnel). – PERIN-DUREAU, *RD banc. fin. 2016. Études 28 et 29* (mention du TEG : étude d'une mesure à l'efficacité et à la cohérence discutables). – MÉTAIS et VALETTE, *JCP 2017, n° 356* (TEG erroné : de la nullité vers une sanction seulement éventuelle et proportionnée ?).

I. DOMAINE D'APPLICATION

1. Généralité de l'obligation. Sur l'obligation de fixer par écrit le taux d'intérêt conventionnel, appliquée au prêt à intérêt en général, V. C. civ., art. 1907. – **C. civ.** ♦ Sur l'annulation des taux d'intérêt conventionnels de prêts toxiques alloués au conseil général de Seine-Saint-Denis parce que le contrat ne contenait pas explicitement le TEG, V. • TGI Nanterre, 8 févr. 2013 : *D. 2013. Actu. 437, obs. Brondel ; RTD com. 2013. 565, obs. Legeais ; AJDI 2013. 219, note Wertenschlag et Poindron ; AJDA 2013. 784, note Poncet ; AJCT 2013. 195, note Dreyfus et Mokhtar ; JCP E 2013, n° 1253, note du Granrut ; Gaz. Pal. 2013. 893, note Legrand et Bramard ; RD banc. fin. 2013. Étude 5, par Martin ; ibid., n° 124, obs. Crédot et Samin ; Bull. Joly Bourse 2013. 187, note Pailler ; Dr. adm. 2013, n° 41, obs. Boujeka.* – V. aussi • TGI Nanterre, 7 mars 2014 : *AJDI 2014. 715, note Wertenschlag, Poindron et Moreau ; RD banc. fin. 2014, n° 92, obs. Martin* • 4 juill. 2014 : *D. 2014. Actu. 1540, obs. Gobin .* ♦ L'exigence de la mention du TEG s'applique également aux prêts à taux variable, même si, en raison même de l'aléa inhérent à ce type de prêt, la fonction informative de la mention est moins complète en cette hypothèse ; le législateur n'a pas davantage exclu, parmi les prêts à taux variable, les prêts à taux dit structuré. • TGI Paris, 25 mars 2014 : *AJDA 2014. 656, obs. de Montecler ; AJCT 2014. 323, obs. Lasserre Capdeville ; RD banc. fin. 2014, n° 93, obs. Martin.* ♦ Sur l'inconstitutionnalité de la disposition de la loi de finances pour 2014 qui prévoyait la validation rétroactive des contrats de prêts qui seraient contestés pour défaut d'indication du TEG dans les prêts aux personnes morales, V. • Cons. const. 29 déc. 2013 : *AJDA 2014. 5, obs. Pastor ; AJCT 2014. 68, obs. Dreyfus et Mokhtar ; ibid. 107, note Lasserre Capdeville ; RD banc. fin. 2014. Étude 2, par Martin.* ♦ Sur la sécurisation des contrats de prêts structurés souscrits par les personnes morales de droit public, V. L. n° 2014-844 du 29 juill. 2014. – **C. mon. fin.**

L'exigence d'un écrit mentionnant dans le contrat le TEG est une condition de validité de la stipulation d'intérêts (insuffisance d'une stipulation d'intérêts mentionnant le taux conventionnel et l'intérêt de retard). • Civ. 1re, 22 janv. 2002 : *Bull. civ. I, n° 22 ; Banque et Droit mai-juin 2002. 50, obs. Bonneau.*

2. Ordre public. Il importe peu, en l'absence de l'écrit prévu par la loi, que le titulaire du compte ait eu la possibilité de connaître, par d'autres modes, le taux appliqué par la banque dans des situations semblables à la sienne. • Com. 13 juin 1995 : *RJDA 1995, n° 1397.* ♦ En l'état d'un prêt contracté en Espagne entre une banque espagnole et des emprunteurs de nationalité française, le défaut de la mention du taux effectif global qui a pour objet l'information du consommateur, alors que d'autres informations sont mentionnées dans l'acte espagnol, ne peut être considéré comme contraire aux fondements de l'ordre public français. • Pau, 1er mars 2001 : *D. 2002. Somm. 639, obs. Synvet .* ♦ Les dispositions afférentes au TEG n'étant pas d'ordre public, l'art. 7 de la Convention de Rome, selon lequel les dispositions impératives doivent être appliquées quelle que soit la loi applicable au contrat, ne s'applique pas, de telle sorte que c'est la loi danoise qui doit s'appliquer eu égard aux liens étroits que le contrat présente avec le Danemark. • Aix-en-Provence, 5 mai 2011 : *Gaz. Pal. 2011. 3101, note Morel-Maroger.*

3. Compte courant. L'obligation de fixer par écrit le TEG est d'application générale et concerne notamment les intérêts afférents au solde débiteur d'un compte courant. • Civ. 1re, 9 févr. 1988 : *Bull. civ. I, n° 34 ; GAJC II 2008. 800, note Terré et Lequette ; JCP 1988. II. 21026, note Gavalda et Stoufflet ; Banque 1988. 590, note Rives-Lange* • Com. 12 avr. 1988 : *D. 1988. 309, concl. Jéol ; JCP 1988. II. 21026, note Gavalda et Stoufflet ; RTD com. 1988. 475, obs. Cabrillac et Teyssié ; RTD civ. 1988. 733, obs. Mestre* • 12 févr. 1991 : *JCP 1991. II. 21740, note Amion* • 10 mars 1992 : *D. 1992. IR 115* • 4 mai 1993 : *Bull. civ. IV, n° 162 ; D. 1993. IR 146 ; RJ com. 1993. 335, note Grua* • 11 juin 2003 : *RJDA 2003, n° 1223* • Paris, 24 févr. 1998 : *Gaz. Pal. 11-12 déc. 1998, Somm., p. 24, obs. Piedelièvre* • Rennes, 23 oct. 1998 : *JCP E 2000, n° 27, p. 1077, obs. Lucas.* ♦ L'exercice par l'affacturé de la faculté, que lui ouvrait le contrat, de prélever des sommes sur le disponible de son compte courant par anticipation de l'échéance moyenne des règlements de ses acheteurs, le fait bénéficier d'avances entrant dans le champ d'application de l'art. L. 313-2 [L. 314-5]. • Civ. 1re, 30 mai 2006 : *Bull. civ. I, n° 277 ; JCP E 2006, n° 48, p. 2038, note Ansaloni ; CCC 2006,* n° 168, obs. Raymond; RD banc. fin. 2007, n° 4, obs. Crédot et Samin; Banque et Droit sept.-oct. 2006. 48, obs. Bonneau; RJDA 2007, n° 280. ♦ De telles avances entrent dans le champ d'application du texte susvisé, peu important l'adoption ultérieure d'une règle propre au contrat d'affacturage (le Décr. n° 2008-449 du 7 mai 2008). • Civ. 1re, 17 févr. 2016, n° 15-12.782 : *RJDA 2016, n° 724; RD banc. fin. 2016, n° 150, obs. Crédot et Samin.* ♦ Mais la position débitrice d'un compte courant d'associé coopérateur, dont la vocation est de faciliter les échanges commerciaux de biens agricoles, ne peut pas être assimilée à un emprunt; par suite, l'obligation de fixer par écrit le TEG n'est pas applicable au solde débiteur d'un compte courant d'associé coopérateur. • Civ. 1re, 21 févr. 2006 : *RJDA 2006, n° 552; Dr. sociétés 2006, n° 87, obs. Lucas; RD rur. 2006, n° 107, obs. Barbièri.*

4. *Prêt à finalité professionnelle.* Il ne résulte pas de l'art. L. 313-2 [L. 314-5], qui s'est borné à reprendre, dans le cadre de la codification à droit constant réalisée par L. n° 93-949 du 26 juill. 1993, les règles générales, applicables à tous les prêts, figurant jusque-là dans les art. 1er à 7 de la L. n° 66-1010 du 28 déc. 1966 qu'elle abrogeait, que les prêts à finalité professionnelle soient exclus du champ d'application de ce texte. • Com. 5 oct. 2004 : *D. 2004. AJ 2711; JCP E 2005, n° 4, p. 131, note S. Piedelièvre; CCC 2005, n° 2, note Leveneur; Banque et Droit janv.-févr. 2005. 68, obs. Bonneau; LPA 11 mai 2005, obs. E. C.; RJDA 2005, n° 185; RTD com. 2005. 153, obs. Legeais* • Civ. 1re, 3 avr. 2007 : *CCC 2007, n° 221, obs. Raymond.* ♦ Selon l'art. L. 313-2 [L. 314-5], le TEG doit être mentionné dans tout écrit constatant un contrat de prêt, de sorte que l'acte constatant un prêt à finalité professionnelle est soumis à cette obligation légale. • Civ. 1re, 22 sept. 2011 : *CCC 2012, n° 27, obs. Raymond; Gaz. Pal. 2012. 455, obs. Piedelièvre.* ♦ Une cour d'appel ajoute à l'art. L. 313-2 [L. 314-5] une restriction qu'il ne comporte pas en jugeant que l'acte notarié à finalité professionnelle n'est pas soumis à l'obligation légale de mentionner le TEG. • Civ. 1re, 22 janv. 2002 : *Bull. civ. I, n° 23; D. 2002. 2670, note Debet; ibid. AJ 884, obs. A. Lienhard; RTD civ. 2002. 287, obs. Mestre et Fages; Banque et Droit mars-avr. 2002. 54, obs. Bonneau; JCP N 2002, n° 39, p. 1341, note Leveneur; JCP E 2003, n° 11, p. 466, obs. Stoufflet* • 30 oct. 2008 : *RJDA 2009, n° 468.* ♦ Si les dispositions de l'art. 4 de la L. du 28 déc. 1966 et du Décr. du 4 sept. 1985 relatives aux taux d'intérêt effectif global et à son calcul ont effectivement été intégrées, dans le cadre de l'œuvre de codification au code de la consommation, il ne peut en être pour autant conclu qu'elles ne seraient pas applicables à une convention d'ouverture de compte courant d'une société commerciale. • Paris, 26 févr. 1999 : *D. Affaires 1999. 631, obs. X. D.; RD bancaire et bourse 1999. 119, obs. Crédot et Gérard.* ♦ Outre le fait que ces dispositions permettent le calcul du taux de l'usure, il ne peut être constaté que celles-ci feraient partie du dispositif protecteur des seuls consommateurs dont les dispositions sont regroupées spécifiquement à cette fin au sein de cet ensemble législatif et réglementaire; ces dispositions, à portée générale, restent en conséquence applicables. • Même arrêt. Dans le même sens, V. • Paris, 9 nov. 2001 : *D. 2002. AJ 211, obs. Lienhard.* ♦ *Contra*, considérant que ces dispositions ne sauraient être invoquées pour un crédit consenti à une société civile immobilière dans le cadre de son activité habituelle d'achat et de revente d'immeubles : • Poitiers, 17 févr. 1998 : *RD bancaire et bourse 1999. 119, obs. Crédot et Gérard.*

5. *Cession de créances.* Pour des opérations effectuées par bordereaux de cession de créances professionnelles, V. : • Com. 29 mars 1994 : *Bull. civ. IV, n° 134; D. 1994. 611, note Gavalda; RJ com. 1994. 234, note Grua; Banque juill.-août 1994. 91, obs. Guillot.*

II. MENTION DU TEG

6. *Localisation de la mention.* La mention du TEG pratiqué peut figurer sur l'offre qui fait corps avec le prêt. • Com. 18 mai 2005 : *RD banc. fin. 2005, n° 158, obs. Crédot et Gérard; Banque et Droit sept.-oct. 2005. 71, obs. Bonneau.* ♦ En cas d'ouverture de crédit en compte courant, l'obligation de payer dès l'origine des agios conventionnels par application du TEG exige non seulement que soit porté sur un document écrit préalable à titre indicatif le TEG mais aussi que le TEG appliqué soit porté sur les relevés périodiques, reçus par l'emprunteur sans protestation ni réserve; à défaut de cette première exigence, les agios ne sont dus qu'à compter de l'information régulièrement reçue, valant seulement pour l'avenir, et à défaut de la seconde exigence, la seule mention indicative de ce taux ne vaut pas, s'agissant d'un compte courant, reconnaissance d'une stipulation d'agios conventionnels. • Com. 20 févr. 2007 : *Bull. civ. IV, n° 47; R., p. 414; D. 2008. Pan. 879, obs. D. R. Martin; ibid. 2007. AJ 796, obs. Rondey; RTD com. 2007. 426, obs. Legeais; JCP 2007. IV. 1671; RD banc. fin. 2007, n° 142, obs. Crédot et Samin; Banque et Droit juill.-août 2007. 17, obs. Bonneau; RJDA 2007, n° 1005 (1re esp.)* • 22 mai 2007 : *cité note 17* • 8 janv. 2008 : *JCP E 2008, n° 24, p. 13, obs. Stoufflet; RD banc. fin. 2008, n° 34, obs. Crédot et Samin* • 10 juin 2008 : *Bull. civ. IV, n° 119; JCP E 2008, n° 48, p. 12, obs. Dumoulin; RD banc. fin. 2008, n° 102, obs. Crédot et Samin; Banque et Droit juill.-août 2008. 15, obs. Bonneau; Dr. et patr. mars 2009. 101, obs. Mattout et Prüm* • 27 sept. 2011 : *RJDA 2011, n° 1068* • 18 mars 2014 : *CCC 2014, n° 169, obs. Raymond; RJDA 2014, n° 661.* ♦ L'art. L. 313-2 [L. 314-5], s'il impose la mention du TEG dans tout écrit constatant un prêt, ne fait pas obligation au prêteur, en cas de stipulation de révision du taux d'intérêt originel selon l'évolution d'un indice objectif, d'informer l'emprunteur de la modification du TEG résultant d'une telle révision. • Civ. 1re, 20 déc. 2007 : *Bull. civ. I, n° 396; R., p. 419; D. 2008. Chron. C. cass. 645, obs. Creton; ibid. AJ 286, obs. Avena-Robardet; RTD com. 2008. 159, obs. Legeais; JCP 2008. II. 10044, note Gourio; Gaz. Pal. 2008. 933, note S. Piedelièvre; RD banc. fin. 2008, n° 1, obs. Crédot et Samin; Banque et Droit mars-avr. 2008. 14, obs. Bonneau; RJDA 2008, n° 566; Dr. et patr. mars 2008. 76, obs. Mattout et Prüm* • Paris, 9 oct. 2012 : *JCP E 2012, n° 1705.* ♦ *Contra*, jugeant que le caractère automatique de la variation du TEG en fonction de la modification du taux de base décidée par la banque dans un acte notarié de prêt ne dispense pas celle-ci de faire figurer le taux effectif appliqué sur les relevés reçus par l'emprunteur. • Civ. 1re, 19 oct. 2004 : *D. 2004. AJ 2932, obs. Avena-Robardet; JCP E 2004, n° 51, p. 2032, avis Cavarroc; JCP 2004. II. 10194, note Raby; CCC 2005, n° 26, obs. Leveneur; RD banc. fin. 2005, n° 7, obs. Crédot et Gérard; Banque et Droit janv.-févr. 2005. 66, obs. Bonneau; RJDA 2005, n° 187; RTD com. 2005. 152, obs. Cabrillac; Defrénois 2005. 602, obs. Dagorne-Labbe.* – Sur cet arrêt, V. aussi Lutz et Berg, *D. 2005. 841*. ♦ Dès lors que la clause prévoyait une variation automatique du TEG en fonction de l'évolution du taux de base décidée par l'établissement de crédit, qui ne constitue pas un indice objectif, le prêteur avait l'obligation de faire figurer le taux effectif appliqué sur les relevés reçus par les emprunteurs. • Civ. 1re, 1er juill. 2015, n° 14-23.483 P : *D. 2015. 2110, note Lasserre Capdeville; JCP E 2015, n° 1380; CCC 2015, n° 245, obs. Raymond; RJDA 2015, n° 775; Banque et Droit nov.-déc. 2015. 21, obs. Bonneau; RD banc. fin. 2015, n° 144, obs. Mathey; ibid., n° 181, obs. Crédot et Samin.* ♦ Si, pour les découverts en compte, la mention du TEG doit être portée, à titre indicatif, dans la convention d'ouverture de compte ou de crédit ou tout autre document, celle du TEG appliqué doit aussi figurer sur les relevés périodiques du compte. • Com. 5 oct. 2004 : *préc. note 4.* ♦ Le TEG appliqué doit figurer sur les relevés périodiques reçus par l'emprunteur. • Civ. 1re, 6 déc. 2007 : *CCC 2008, n° 87, obs. Raymond.* ♦ Le TEG doit également être mentionné dans l'acte de prorogation du prêt initial. • Com. 15 oct. 1996 : *Bull. civ. IV, n° 232; D. 1997. Somm. 171, obs. Aynès; JCP E 1997. II. 921, note Pollaud-Dulian.* ♦ Comp., jugeant que dans le cas d'une convention d'ouverture de crédit ayant continué à produire ses effets après la date prévue initialement, aux conditions d'origine, en l'absence de toute modification du taux d'intérêt stipulé dans l'accord initial, dont il n'est pas discuté qu'il s'agissait d'un TEG, l'exigence d'un écrit mentionnant ce taux n'a pas lieu de s'appliquer aux accords de prorogations successivement intervenus. • Com. 9 juill. 2002 : *Bull. civ. IV, n° 118; D. 2002. AJ 2735; Banque et Droit nov.-déc. 2002. 52, obs. Bonneau; LPA 12 sept. 2002, obs. E. C.; RTD com. 2002. 713, obs. Cabrillac; RJDA 2003, n° 54* • 31 mai 2011 : *Gaz. Pal. 2011. 3091, obs. Houin-Bressand; ibid. 2012. 456, obs. Piedelièvre; RD banc. fin. 2011, n° 191, obs. Crédot et Samin; RJDA 2011, n° 731; Banque et Droit juill.-août 2011. 14, obs. Bonneau; Dr. et proc. sept. 2011, Cah. dr. consom., p. 25, obs. Valette-Ercole.* ♦ En revanche, il importe peu que la mention manuscrite n'indique pas le taux des intérêts du prêt cautionné dès lors qu'en sa qualité de caution, l'épouse avait paraphé et signé l'acte de prêt dans lequel figurait ce taux. • Civ. 1re, 29 oct. 2002 : *JCP E 2002, n° 51-52, p. 2033; RDI 2003. 340, obs. Heugas-Darraspen*.

7. Forme de la mention. L'art. L. 313-2 [L. 314-5] n'impose aucune règle particulière quant à la forme et à l'emplacement dans un contrat de prêt d'argent de la mention du taux effectif global; la loi est respectée dès lors que les initiales « TEG » figurent au recto du contrat, avec renvoi à des conditions générales. • Civ. 1re, 24 juin 1981, *Sofinco La Hénin c/ Eychenne : D. 1982. 397, note Boizard.* ♦ L'inscription au recto du contrat des lettres « TEG », dont le détail est donné au verso, est suffisante. • Civ. 1re, 9 janv. 1985 : *Bull. civ. I, n° 15; JCP 1986. II. 20532, note Pitou; Defrénois 1985. 964, rapp. Sargos, note Salats.* ♦ Comp., en ce sens que la seule indication par écrit des éléments composant le taux effectif global, mais non du montant de ce taux, est insuffisante : • Com. 17 oct. 1995 : *RJDA 1996, n° 84.* ♦ V. aussi, pour l'insuffisance d'une simple référence au taux bancaire : • Paris, 8 janv. 1992 : *JCP E 1992. Pan. 187.* – V. • Com. 13 déc. 1994 : *Quot. jur. 16 févr. 1995, p. 3.*

III. VALIDITÉ D'UNE APPROBATION TACITE ?

8. « Fixation par écrit ». Pour la chambre commerciale, la réception sans protestation ni réserve, par le titulaire d'un compte, des relevés qui lui sont adressés ne peut suppléer l'absence de fixation préalable, par écrit, du taux de l'intérêt conventionnel : • Com. 10 mai 1994 : *Bull. civ. IV, n° 174; D. 1994. 550, note D. Martin; JCP E 1994. Pan. 907; RD bancaire et bourse 1994. 236, obs. Crédot et Gérard* • Versailles, 25 mars 1994 : *Gaz. Pal. 1994. 2. Somm. 745.* ♦ Il en est de même quant au fait que des intérêts au taux conventionnel affecté à l'ouverture de crédit litigieuse ont été antérieurement prélevés sans contestation sur le compte courant préexistant où elle a été inscrite. • Com. 11 juin 2003 : *préc. note 3.* ♦ Comp., jugeant que la reconnaissance de l'obligation de payer des intérêts conventionnels afférents au solde débiteur d'un compte courant peut, en l'absence d'indication dans la convention d'ouverture de compte courant, résulter de la réception sans protestation ni réserve des relevés de compte par l'emprunteur, dès lors que les taux de ces intérêts y sont indiqués : • Com. 18 févr. 2004 : *Bull. civ. IV, n° 38; JCP E 2004, n° 17, p. 642; RD banc. fin. 2004, n° 111, obs. Crédot et Gérard; Banque et Droit mai-juin 2004. 48, obs. Bonneau; LPA 27 juill. 2004, obs. E. C.; RJDA 2004, n° 880* • 14 déc. 2004 : *Bull. civ. IV, n° 228; D. 2005. AJ 276, obs. Avena-Robardet ; JCP E 2005, n° 8, p. 330, note Raby; Banque et Droit mars-avr. 2005. 47, obs. Bonneau; Defrénois 2005. 602, obs. Dagorne-Labbe; RJDA 2005, n° 608.* ♦ En cas d'ouverture de crédit en compte courant, la mention sur les relevés périodiques de compte du TEG régulièrement calculé pour la période écoulée vaut information de ce taux pour l'avenir à titre indicatif, et, suppléant l'irrégularité du taux figurant dans le contrat initial, emporte obligation, pour le titulaire du compte, de payer les intérêts au taux conventionnel à compter de la réception sans protestation ni réserve de cette information, même si le TEG constaté *a posteriori*, peu important qu'il soit fixe ou variable, est différent de celui qui a été ainsi communiqué. • Com. 10 mars 2015 : *D. 2015. Actu. 676, obs. Avena-Robardet ; RTD com. 2015. 338, obs. Legeais ; JCP 2015, n° 529, note Lasserre Capdeville; RJDA 2015, n° 454; Gaz. Pal. 2015. 1772, obs. Piedelièvre; Banque et Droit juill.-août 2015. 23, obs. Bonneau; RLDA mai 2015. 30, obs. Mauriès.* ♦ A défaut pour le débiteur d'apporter des éléments contraires, les copies informatiques des décomptes relatifs au compte mentionnant le TEG font présumer leur envoi ainsi que leur réception. • Com. 3 juill. 2012 : *Bull. civ. IV, n° 140; D. 2012. Actu. 1948, obs. Avena-Robardet ; RTD com. 2013. 119, obs. Legeais ; RDI 2012. 496, obs. Heugas-Darraspen ; JCP E 2012, n° 1646, spéc. n° 8, obs. Stoufflet; RJDA 2013, n° 62; RLDA nov. 2012. 27, note Djoudi; Banque et Droit nov.-déc. 2012. 25, obs. Bonneau.*

9. « *Accord écrit* ». Pour la première chambre civile, l'indication du taux d'intérêt sur les relevés de comptes ne peut suppléer l'absence d'un accord écrit mentionnant le taux de l'intérêt conventionnel, lors même que cette indication ne ferait pas l'objet d'une protestation de la part du client : • Civ. 1re, 17 janv. 1995 : *Bull. civ. I, n° 36; D. 1995. 213, note D. Martin ; Banque avr. 1995. 92, obs. Guillot; Defrénois 1995. 743, obs. D. Mazeaud; RD bancaire et bourse 1995. 79, obs. Crédot et Gérard.*

V. aussi, exigeant qu'outre la mention, à titre indicatif, dans la convention d'ouverture de crédit ou dans tout autre document, du taux effectif global correspondant à des exemples chiffrés, le TEG appliqué figure sur les relevés périodiques de compte, • Com. 9 juill. 1996 : *Bull. civ. IV, n° 205; D. 1996. IR 191 ; D. Affaires 1996. 1029; JCP 1996. II. 22721, note Stoufflet; Rect. JCP E 1996. II. 893 bis; RD bancaire et bourse 1996. 194, obs. Crédot et Gérard; CCC 1996, n° 182, note Leveneur* • 21 oct. 1997 : *Rev. dr. bancaire 1998. 10, obs. Crédot et Gérard* • 1er juin 1999 : *RJDA 1999, n° 983.* – Rappr. : • Com. 18 juin 1996 : *Bull. civ. IV, n° 183; D. Affaires 1996. 1030.* ♦ ... Le document en question doit avoir été reçu par le titulaire du compte préalablement à la perception d'agios. • Com. 24 juin 1997 : *D. Affaires 1997. 959; RTD com. 1997. 658, obs. Cabrillac ; RJDA 1997, n° 1508; JCP E 1998, n° 6, p. 224, note Bertian de Balanda.* ♦ Reprenant cette solution, des arrêts ultérieurs n'exigent plus qu'« un ou plusieurs exemples chiffrés », V. • Com. 5 mai 1998 : *Bull. civ. IV, n° 148; RJDA 1998, n° 1146; RJDA 1998, n° 1146; RTD com. 1998. 904, obs. Cabrillac ; JCP E 1999, n° 17, p. 762, obs. Gavalda et Stoufflet* • 6 avr. 1999 : *Bull. civ. IV, n° 82; D. 1999. IR 121 ; D. Affaires 1999. 829, obs. J. F.; LPA 15 juin 1999; JCP 1999. II. 10173, note Auckenthaler; RD bancaire et bourse 1999. 97, obs. Crédot et Gérard* • 4 juin 2002 : *LPA 18 déc. 2002, note Tchotourian.* – Rappr. : • Com. 18 juin 1996 : *Bull. civ. IV, n° 183; D. Affaires 1996. 1030.* ♦ Comp., imposant simplement des indications suffisamment exemplaires pour informer, exactement et préalablement, les titulaires du compte sur le TEG des opérations postérieures : • Com. 9 mars 1999 : *Bull. civ. IV, n° 54; D. Affaires 1999. 757, obs. X. D.; LPA 13 avr. 1999; RD bancaire et bourse 1999. 97, obs. Crédot et Gérard* • Paris, 24 mai 2000 : *Banque et Droit 2000. 52, obs. Guillot.* ♦ V. aussi, considérant que la convention doit contenir des exemples concrets, fussent-ils indicatifs : • Paris, 19 mars 1999 : *JCP E 1999, n° 36, p. 1367.* ♦ V. encore, jugeant que les mentions figurant sur les « arrêtés de compte courant » valent exemples indicatifs pour l'avenir jusqu'à notification d'un nouveau taux effectif global : • Com. 4 juin 2002 : *préc.* ♦ V., considérant que la banque qui consent un prêt dont le taux est fixé par référence à un taux variable doit donner à titre indicatif le montant du TEG calculé sur le taux en cours lors de la souscription du prêt augmenté des frais, et qu'à défaut il y a lieu de substituer au taux convenu le taux d'intérêt légal : • Paris, 2 déc. 2000 : *RJDA 2001, n° 494.*

10. *Jurisprudence antérieure.* Auparavant, la chambre commerciale avait jugé qu'à défaut de mention ou d'information destinée à attirer l'attention du débiteur et à susciter sa contestation éventuelle, celui-ci ne pouvait être considéré comme ayant approuvé un taux d'intérêt que les documents transmis par la banque ne lui permettaient pas de connaître : • Com. 23 oct. 1990 : *D. 1991. 73, note Gavalda ; JCP 1991. II. 21710, note Stoufflet.* ♦ Dans le même sens : • Com. 4 mai 1993 : *Bull. civ. IV, n° 162; D. 1993. IR 146 ; RJ com. 1993. 335, note Grua.* ♦ V. aussi, rappelant que la confirmation d'un acte nul exige à la fois la connaissance du vice l'affectant et l'intention de le réparer : • Com. 29 mars 1994 : *préc. note 5.*

11. Incidence des art. R. 313-1 à R. 313-5 anciens. La loi du 28 déc. 1966 [C. consom., art. L. 314-5] n'étant pas applicable avant l'entrée en vigueur du Décr. nº 85-944 du 4 sept. 1985 [C. consom., anc. art. R. 313-1 à R. 313-5] déterminant le mode de calcul du TEG, l'acceptation tacite du taux des intérêts pouvait alors se déduire de la réception sans protestation ni réserve des relevés de compte par le débiteur : • Com. 9 avr. 1991 : *Bull. civ. IV, nº 122* • 22 mai 1991 : *Bull. civ. IV, nº 168; D. 1991. 428, note Gavalda ; JCP E 1991. II. 190, note Stoufflet* • 10 mars 1992 : *Bull. civ. IV, nº 107* • Civ. 1re, 8 juin 1994 : *Bull. civ. I, nº 205* • 4 juin 2002 : *préc. note 9.* ♦ Mais la réception d'un seul relevé de compte était jugée insuffisante à suppléer l'absence d'écrit fixant le taux. • Com. 9 mars 1993 : *Bull. civ. IV, nº 98; D. 1993. IR 94*. ♦ Sur l'incidence à cet égard de l'entrée en vigueur du décret, V. aussi Rives-Lange, *Banque 1991. 92.*

Il a été jugé qu'est valable le taux d'intérêt conventionnel, dès lors que la convention prévoyait que le taux d'intérêt serait stipulé dans un document correspondant au concours qui serait mis à la disposition du titulaire du compte, et que son mandataire avait reçu, en conséquence, une lettre fixant ce taux pour le crédit qui lui était consenti, et qu'il avait effectivement utilisé ce crédit dont les conditions avaient été ainsi précisées. • Com. 18 févr. 1997 : *Bull. civ. IV, nº 52; D. Affaires 1997. 474.* ♦ Considérant que la réception sans protestations ni réserves de relevés de compte comportant à la fois indication du taux d'intérêt conventionnel et du TEG vaut acceptation tacite des taux même en l'absence de fixation préalable, V. • Com. 3 mai 2000 : *Banque et Droit janv.-févr. 2001. 50, obs. Guillot.*

IV. EFFET DE LA MENTION

12. Preuve contraire. Dès lors que le taux est mentionné par écrit dans un contrat de prêt d'argent, ni le fait que des intérêts supérieurs aient été payés pendant un certain temps, ni les dispositions relatives à la preuve testimoniale ne peuvent être invoqués pour prouver outre ou contre l'écrit fixant le taux initialement convenu. • Civ. 1re, 24 juin 1981 : *D. 1982. 397, note Boizard; JCP 1982. II. 19713, note Vasseur; RTD com. 1981. 809, obs. Cabrillac et Teyssié; RTD civ. 1982. 429, obs. Rémy.*

V. MENTION D'UN TAUX VARIABLE

13. Détermination du taux. BIBL. Ghestin, *JCP 1993. I. 3714* (crédit à la consommation et nullité des clauses de révision des taux). – Lagarde, *D. 2004. 2702* (crédit à la consommation : licéité de la clause de variation du taux de l'intérêt ?). ♦ L'art. 1129 [ancien] C. civ. n'étant pas applicable à la détermination du prix, le taux de l'intérêt convenu dans une convention d'ouverture de compte courant peut varier en fonction de l'évolution du taux de base bancaire. • Com. 9 juill. 1996 : *préc. note 9.* ♦ Dans le même sens, précisant qu'une telle clause de variation est soumise aux règles générales de l'abus de droit, V. • Paris, 12 janv. 1996 : *D. 1996. Somm. 324, obs. D. Mazeaud ; D. Affaires 1996. 266; Defrénois 1996. 754, obs. D. Mazeaud.* – V. aussi • T. com. Nanterre, 27 oct. 1995 : *D. 1996. IR 11 ; D. Affaires 1996. 17.* ♦ Sur la cassation d'un arrêt qui, sur le fondement de l'art. 1129 [ancien] C. civ., a annulé la clause d'un contrat de prêt prévoyant le paiement d'une indemnité financière de remboursement anticipé en retenant que l'exigibilité de l'indemnité dépendait exclusivement de la volonté du prêteur, V. • Civ. 1re, 14 juin 2000 : *Bull. civ. I, nº 184; D. 2001. Somm. 1136, obs. Mazeaud ; RTD civ. 2000. 830, obs. Mestre et Fages ; Dr. et patr., 2001. 86, obs. Chauvel.* ♦ Dans le même sens, V. • Civ. 1re, 6 mars 2001 : *Bull. civ. I, nº 54; D. 2001. AJ 1172, obs. Avena-Robardet ; Defrénois 2001. 696, obs. Savaux.* ♦ *Contra*, considérant qu'en application de l'art. 1129 [ancien] C. civ., est nulle la clause d'une convention de crédit utilisable par fractions qui prévoit la variabilité du taux d'intérêt selon des données fixées unilatéralement par la banque : • Paris, 13 avr. 1998 : *RJDA 1999, nº 822.* ♦ En ce sens que lorsque le taux d'intérêt conventionnel est déterminé au moment de la formation du contrat, seule la clause de variation qui l'affecte doit être annulée, le taux déterminé à la conclusion du contrat se substituant alors au taux variable, V. • Même arrêt.

Auparavant, la chambre commerciale avait considéré que n'était pas indéterminée, au sens de l'art. 1129 [ancien] C. civ., l'obligation résultant pour le débiteur principal et ses cautions d'une clause de variabilité du taux d'intérêt conventionnel applicable à une convention de compte courant dès lors que le débiteur principal était informé de l'évolution des taux d'intérêt, tant par des écrits à lui adressés en tant qu'associé de l'établissement de crédit auprès duquel il était titulaire du compte, que par les relevés de son compte portant mention des taux, ce dont il résultait que c'est en connaissance de ceux-ci qu'il avait ordonné sur son compte des inscriptions en débit, et ainsi utilisé, continûment, l'autorisation de découvert qu'il avait obtenue. • Com. 17 oct. 1995 : *RJDA 1996, nº 83; RTD com. 1996. 95, obs. Cabrillac*. – V. aussi • Pau, 8 févr. 1993 : *JCP E 1993. I. 302, nº 4, obs. Gavalda et Stoufflet* • 18 mai 2000 : *JCP 2001. IV. 1239.*

Comp., dans le sens de l'indétermination, cause de nullité, d'un taux d'intérêt dépendant d'un taux de référence de la banque prêteuse : • Civ. 1re, 2 mai 1990 : *D. 1991. 41, note Gavalda ; JCP 1991. II. 21655, note Stoufflet; Banque 1990.*

1097, obs. Rives-Lange • Paris, 23 oct. 1991 : *JCP E 1991. Pan. 1300* • Poitiers, 6 mai 1992 : *JCP 1992. IV. 2943.*

S'agissant des clauses de remboursement anticipé, la jurisprudence s'était également prononcée en faveur de l'application de l'art. 1129 [ancien] C. civ. : • Com. 15 déc. 1992 : *Bull. civ. IV, nº 417; D. 1993. IR 25; Defrénois 1993. 310, obs. Aubert* • Civ. 1re, 22 juin 1994 : *Bull. civ. I, nº 222; D. 1995. 368, note A. Penneau* • Paris, 15 sept. 1994 : *D. 1994. IR 236*. – V. D. Martin, *D. 1991. Chron. 125*. ♦ Par un arrêt du 9 mai 1996, la 1re chambre civile a confirmé sa position : • Civ. 1re, 9 mai 1996 : *D. 1997. Somm. 176, obs. D. Mazeaud ; D. Affaires 1996. 839; CCC 1996, nº 136, note Leveneur.* ♦ Comp., sur l'application désormais, par l'Assemblée plénière, d'un critère de validité fondé sur l'absence d'abus de droit et la bonne foi contractuelle (à propos de la détermination du prix dans l'exécution des contrats de location-entretien d'installation téléphonique et des contrats de franchisage), • Cass., ass. plén., 1er déc. 1995 : *Bull. civ., nºs 7 et 9; D. 1996. 13, concl. Jéol, note Aynès ; D. Affaires 1996. 14; JCP 1996. II. 22565, concl. Jéol, note Ghestin; Gaz. Pal. 1995. 2. 626, concl. Jéol, note de Fontbressin.* – V. aussi Laude, *D. Affaires 1996. 3.* ♦ Sur la portée de ces arrêts en matière de prêt, V. Stoufflet, *RD bancaire et bourse 1996. 2*; Crédot et Gérard, *ibid. 1996. 46*; Finel, *JCP 1996. I. 3957.*

14. Nullité de la clause de variabilité. Jugé, avant les arrêts d'Assemblée plénière du 1er déc. 1995 (V. note 13 *in fine*), que la clause prévoyant un taux d'intérêt variant selon le taux bancaire de base, nulle en raison de l'indétermination de son objet, n'étant susceptible ni de confirmation ni de ratification, il est sans intérêt pour la solution du litige de rechercher si le débiteur n'avait pas tacitement accepté l'application du taux bancaire de base. Seule la clause de variabilité doit être annulée, et le taux à substituer est, non le taux légal, mais le taux conventionnel déterminé au moment de la formation du contrat. • Com. 9 juin 1992 : *Bull. civ. IV, nº 228; D. 1992. 529, note Gavalda ; JCP 1992. II. 21892, concl. Curti; JCP N 1992. II. 289, note Hannoun; Gaz. Pal. 1992. 2. 704, concl. Curti; Banque 1992. 736, obs. Rives-Lange; RTD civ. 1993. 351, obs. Mestre* • Civ. 1re, 9 févr. 1994 : *Bull. civ. I, nº 54; D. 1994. 605, note Casaux*. ♦ V. aussi : Schmidt, *RD bancaire et bourse 1992. 136.* ♦ ... Que, si la clause faisant varier le taux de l'intérêt en fonction d'éléments dépendant de la volonté du prêteur est nulle comme contraire aux dispositions de l'art. 1129 [ancien] C. civ., une telle nullité n'entraîne pas celle du contrat de prêt. • Civ. 1re, 9 févr. 1994 : *préc.*

15. Clause pénale. Sur la notion de clause pénale dans les contrats de prêts et la comparaison avec le cas de remboursement anticipé, V. • Com. 9 mai 2001 : *Bull. civ. IV, nº 86; D. 2001. AJ 1945*. ♦ Le taux d'intérêt annuel d'un emprunt, qui est prévu contractuellement par les parties, constitue la rémunération du banquier et s'analyse en une des caractéristiques principales du prêt dont il fait partie intégrante; il ne peut donc être assimilé à la majoration conventionnelle qui sanctionne le non-paiement des échéances et relève de la clause pénale qui seule est susceptible de réduction. • Versailles, 7 oct. 1999 : *BICC 2000, nº 934.*

16. Indexation en écus. Sur la validité d'un contrat de prêt interne indexé sur l'écu, V. • Civ. 1re, 13 avr. 1999 : *Bull. civ. I, nº 135; D. 2000. Somm. 365, obs. Libchaber ; D. Affaires 1999. 870, obs. X. D.* ♦ Sur la distinction entre prêt bancaire de monnaie étrangère et prêt indexé sur une monnaie étrangère, V. • Com. 22 mai 2001 : *Bull. civ. IV, nº 98; D. 2001. AJ 2127 ; Defrénois 2001. 1068, obs. Libchaber.*

VI. SANCTIONS DE L'OMISSION

17. Nullité relative de la stipulation d'intérêts. BIBL. NDLR, *BRDA 2009, nº 2, p. 14* (annulation d'une clause d'intérêts). ♦ Le TEG doit être mentionné dans tout écrit constatant un contrat de prêt, la méconnaissance de cette règle d'ordre public entachant la clause de stipulation d'intérêts conventionnels d'une nullité à laquelle l'emprunteur ne peut renoncer dans l'acte de prêt. • Civ. 1re, 15 oct. 2014, nº 13-17.215 : *RJDA 2015, nº 211; Gaz. Pal. 2015. 500, obs. Piedelièvre; Banque et Droit janv.-févr. 2015. 39, obs. Bonneau.* ♦ Le prêteur n'est pas recevable à se prévaloir des dispositions de l'art. 4 [C. consom., art. L. 314-5]. • Civ. 1re, 21 févr. 1995 : *Bull. civ. I, nº 97; D. 1995. IR 98 ; JCP 1995. IV. 996.* ♦ La méconnaissance des dispositions d'ordre public de l'art. L. 313-2 [L. 314-5], édictées dans le seul intérêt de l'emprunteur, est sanctionnée par la nullité relative de la reconnaissance de la stipulation d'intérêts conventionnels; l'action en nullité s'éteint si elle n'a pas été exercée pendant cinq ans à compter de cette reconnaissance. • Civ. 1re, 21 janv. 1992 : *Bull. civ. I, nº 22 (arrêt nº 1); JCP 1992. I. 3591, nº 5, obs. Fabre-Magnan* • Com. 12 mars 2002 : *RJDA 2002, nº 796.* ♦ Comp., jugeant que la reconnaissance de l'obligation de payer des intérêts conventionnels, point de départ de l'action en nullité, peut résulter de la réception sans protestation ni réserve des relevés de compte par l'emprunteur : • Com. 29 mars 1994 : *préc. note 5.* ♦ Mais après avoir constaté que la mention du TEG figurant dans chacun des actes de prêt était erronée, une cour d'appel en déduit exactement que le délai de la prescription quinquennale de l'action en annulation des stipulations d'intérêts litigieuses commençait de courir à compter de la révélation à l'emprunteur d'une telle erreur, de sorte que ladite action, engagée dans l'année de cette révélation, était recevable. • Civ. 1re, 7 mars 2006 : *Bull. civ. I, nº 135; D. 2006. AJ 913, obs. Avena-*

Robardet ; JCP N 2006, n° 36, p. 1546, obs. S. Piedelièvre ; RD banc. fin. 2006, n° 93, obs. Crédot et Samin ; Banque et Droit juill.-août 2006. 61, obs. Bonneau ; ibid. sept.-oct. 2007. 52, obs. Guillot ; RJDA 2006, n° 940.

Il résulte des dispositions des art. 1304 [ancien] et 1907 C. civ., ensemble l'art. L. 313-2 [L. 314-5] C. consom., qu'en cas d'octroi d'un crédit à un consommateur ou à un non-professionnel la prescription de l'action en nullité de la stipulation de l'intérêt conventionnel engagée par celui-ci en raison d'une erreur affectant le TEG court, de même que l'exception de nullité d'une telle stipulation contenue dans un acte de prêt ayant reçu un commencement d'exécution, à compter du jour où l'emprunteur a connu ou aurait dû connaître cette erreur ; qu'ainsi le point de départ de la prescription est la date de la convention lorsque l'examen de sa teneur permet de constater l'erreur, ou, lorsque tel n'est pas le cas, la date de la révélation de celle-ci à l'emprunteur. • Civ. 1re, 11 juin 2009 : *Bull. civ. I, n° 125 ; BICC 1er déc. 2009, n° 1563, et les obs. ; D. 2009. 2728, note Grimonprez ; ibid. AJ 1689, obs. Avena-Robardet ; D. 2010. Pan. 1050, obs. D. R. Martin ; RTD com. 2009. 600 et 792, obs. Legeais ; JCP E 2009, n° 37, p. 11, note Gourio ; Gaz. Pal. 2009. 3229, obs. Bury ; RD banc. fin. 2009, n° 150, obs. Crédot et Samin ; Banque et Droit sept.-oct. 2009. 23, obs. Bonneau ; RJDA 2009, n° 883 ; Defrénois 2009. 1929, note S. Piedelièvre ; RDC 2009. 1440, note Fenouillet ; Dr. et proc. 2010, suppl. n° 2, p. 15, obs. Valette-Ercole* • 16 oct. 2013 : *CCC 2014, n° 20, obs. Raymond ; RJDA 2014, n° 153 ; Gaz. Pal. 2014. 503, obs. Piedelièvre* • Com. 7 févr. 2012 : *JCP 2012, n° 489, note Lasserre Capdeville ; CCC 2012, n° 138, obs. Raymond ; LPA 6 nov. 2012, obs. Eréséo ; Banque et Droit mai-juin 2012. 19, obs. Bonneau ; Dr. et proc. juill.-août 2012, suppl. Droit de la consommation, p. 25, obs. Valette-Ercole.* ♦ L'action en nullité d'un prêt fondée sur une erreur ou un dol résultant de l'erreur affectant la stipulation du TEG se prescrit, dans les relations entre professionnels, dans le délai de cinq ans à compter du jour où l'emprunteur a connu ou aurait dû connaître le vice affectant ce taux ; s'agissant d'un prêt, le point de départ de cette prescription est la date de la convention. • Com. 17 mai 2011 : *Bull. civ. IV, n° 77 ; D. 2011. Actu. 1477, obs. Avena-Robardet ; RTD civ. 2011. 590, obs. Perrot ; JCP 2011, n° 826, note Lasserre Capdeville ; RJDA 2011, n° 955 ; Banque et Droit juill.-août 2011. 13, obs. Bonneau ; Dr. et patr. sept. 2011. 88, obs. Mattout et Prüm.* ♦ Le point de départ de la prescription de l'action en nullité du TEG se situe au jour où l'emprunteur a connu ou aurait dû connaître l'erreur affectant celui-ci ; la cour d'appel, qui a retenu comme point de départ de cette prescription la date d'un document ne constatant aucun TEG, a violé les art. 1304 [ancien], 1906 C. civ. et L. 314-5 C. consom. • Com. 31 janv. 2017, n° 14-26.360 P : *Dalloz actualité, 20 févr. 2017, obs. Delpech ; D. 2017. Actu. 294 ; AJ contrat 2017. 179, obs. Boucard ; AJDI 2017. 359, obs. Moreau, Poindron et Wertenschlag ; RTD com. 2017. 152, obs. Legeais ; JCP 2017, n° 142, obs. Lasserre Capdeville ; BRDA 2017, n° 5, p. 11 ; Banque et Droit mai-juin 2017. 26, obs. Bonneau.* ♦ La prescription de l'action en nullité de la stipulation de l'intérêt conventionnel engagée par un emprunteur qui a obtenu un concours financier pour les besoins de son activité professionnelle court à compter du jour où il a connu ou aurait dû connaître le vice affectant le TEG ; le point de départ de cette prescription est, s'agissant d'un prêt, la date de la convention et, dans les autres cas, la réception de chacun des écrits indiquant ou devant indiquer le TEG appliqué. • Com. 10 juin 2008 : *Bull. civ. IV, nos 116, 117 et 118 ; D. 2008. 2200, note Y. Gérard et Pinot ; ibid. 2202, note D. R. Martin ; ibid. AJ 1761, obs. Avena-Robardet ; RTD com. 2008. 604, obs. Legeais ; JCP 2008. Actu. 448, obs. Roussille ; JCP E 2008, n° 41, p. 11, note Gourio et N. Aynès ; RD banc. fin. 2008, n° 103, obs. Crédot et Samin ; Banque et Droit sept.-oct. 2008. 28, obs. Bonneau ; RJDA 2009, n° 380 ; Dr. et patr. sept. 2008. 96, obs. Mattout et Prüm.* ♦ Ainsi, en cas d'ouverture de crédit en compte courant, la réception de chacun des relevés indiquant ou devant indiquer le TEG appliqué constitue le point de départ du délai de cette prescription. • Com. 10 juin 2008 : *eod. loc.* • 16 mars 2010 : *cité note 20.* ♦ Le juge doit rechercher à quelle date l'erreur alléguée affectant le TEG mentionné à l'acte de prêt, dont il n'avait pas relevé que les énonciations faisaient par elles-mêmes apparaître cette erreur, leur avait été révélée. • Civ. 1re, 3 juill. 2008 : *RTD com. 2008. 829, obs. Legeais ; CCC 2008, n° 261, obs. Raymond.* ♦ Comp., jugeant qu'à défaut du respect de la mention du taux réellement appliqué, la seule mention indicative de ce taux dans le document préalable ne vaut pas reconnaissance d'une stipulation d'agios conventionnels, de sorte que la prescription quinquennale de l'action en nullité de la stipulation de ce taux commence seulement à courir à compter de la réception des relevés périodiques mentionnant le TEG appliqué. • Com. 22 mai 2007 : *Bull. civ. IV, n° 135 ; R. 2007, p. 414 ; BICC 1er oct. 2007, n° 1908, et les obs. ; D. 2007. AJ 1654, obs. Avena-Robardet ; RTD com. 2007. 574, obs. Legeais ; JCP E 2007, n° 35, p. 17, note Berlioz ; Banque et Droit sept.-oct. 2007. 27, obs. Bonneau ; RJDA 2007, n° 1005 (2e esp.) ; Dr. et patr. nov. 2007. 71, obs. Mattout et Prüm ; Procédures 2007, n° 198, obs. H. C.*

La prescription de l'action en nullité de la stipulation de l'intérêt conventionnel exercée par un emprunteur qui a obtenu un concours financier pour les besoins de son activité professionnelle court, s'agissant d'un prêt, de la date de la convention ; par ailleurs, la règle selon laquelle l'exception de nullité est perpétuelle ne s'applique que si l'action en exécution de l'obligation litigieuse est introduite après l'expiration du délai de prescription de l'action en nullité. • Com. 3 déc. 2013 : *Bull. civ. IV, n° 176; D. 2014. Pan. 2143, obs. Synvet; RJDA 2014, n° 374; LPA 13 mai 2014, obs. Lasserre Capdeville; Banque et Droit janv.-févr. 2014. 43, obs. Netter; RD banc. fin. 2014, n° 8, obs. Legeais.* ♦ L'exception de nullité peut seulement jouer pour faire échec à la demande d'exécution d'un acte juridique qui n'a pas encore été exécuté c'est dès lors à bon droit qu'une cour d'appel, saisie d'une demande de remboursement des sommes restant dues au titre d'une ouverture de crédit dont les intérêts conventionnels avaient déjà été payés par prélèvement sur le compte courant de la débitrice principale, a, après avoir relevé que la nullité de la clause de stipulation d'intérêts avait été soulevée pour la première fois en dehors du délai de prescription, déclaré la débitrice principale et la caution irrecevables en leur demande d'annulation de la clause. • Com. 6 juin 2001 : *Bull. civ. IV, n° 113* • 28 févr. 2006 : *RJDA 2006, n° 821.* ♦ Comp., jugeant que la nullité de la stipulation d'intérêts peut être soulevée par voie d'exception contre le prêteur, même si l'action en nullité est prescrite en vertu de l'art. 1304 [ancien] C. civ. • Limoges, 19 sept. 1994 : *Rev. dr. bancaire 1996. 25, obs. Crédot et Gérard.*

18. Application du taux légal. En matière de prêt d'argent, l'exigence d'un écrit mentionnant le TEG est une condition de validité de la stipulation d'intérêt; à défaut d'une telle mention, il convient de faire application du taux d'intérêt légal à compter de la date du prêt. • Civ. 1re, 24 juin 1981 : *préc. note 12* • 12 mai 1982 : *Bull. civ. I, n° 175* • 21 janv. 1992 : *Bull. civ. I, n° 22 (arrêts nos 2 et 3)* • 6 mai 1997 : *Bull. civ. I, n° 142* • Com. 25 mars 2003 : *RJDA 2003, n° 995.* ♦ Faute d'avoir mentionné le taux d'intérêt dans le contrat, une banque ne peut valablement se prévaloir de l'acceptation tacite du client et ne peut prélever que des intérêts au taux légal. • Com. 10 mai 1994 : *préc. note 8.* ♦ L'erreur entachant le TEG dont la mention est exigée dans un contrat de prêt est exclusivement sanctionnée par la substitution au taux d'intérêt contractuel du taux de l'intérêt légal; dès lors, c'est à bon droit qu'une cour d'appel décide qu'une telle erreur n'affectait pas le recouvrement des cotisations d'assurance litigieuses. • Civ. 1re, 19 sept. 2007 : *Bull. civ. I, n° 291; D. 2007. AJ 2466, obs. Avena-Robardet; RTD com. 2008. 160, obs. Legeais; JCP E 2007, n° 46, p. 16, obs. Mathey; JCP N 2007, n° 47, p. 24, obs. Piedelièvre; Banque et Droit nov.-déc. 2007. 29, obs. Bonneau; RJDA 2008, n° 181; Dr. et patr. mars 2008. 76, obs. Mattout et Prüm.* – V. aussi : • Com. 30 sept. 2008 : *RJDA 2009, n° 52* • 30 oct. 2012 : *Bull. civ. IV, n° 197; D. 2012. Actu. 2589, obs. Avena-Robardet; RTD com. 2013. 119, obs. Legeais; RJDA 2013, n° 623; Gaz. Pal. 2013. 253, note Lasserre Capdeville; RD banc. fin. 2013, n° 43, obs. Crédot et Samin.*

Ayant constaté qu'une erreur entachait le taux effectif global mentionné dans les prêt et avenant litigieux, la cour d'appel en a exactement déduit que la sanction de cette erreur appelait la substitution du taux légal au taux conventionnel dans chacun de ces actes, à compter de leur souscription et selon le taux légal en vigueur à leurs dates respectives, peu important l'absence de novation du prêt. • Civ. 1re, 15 oct. 2014, n° 13-16.555 P : *D. 2014. Actu. 2108, obs. Avena-Robardet; RTD com. 2014. 835, obs. Legeais; RJDA 2015, n° 210; LPA 4 févr. 2015, note Deramoudt; Gaz. Pal. 2015, n° 498, obs. Piedelièvre; RLDA déc. 2014. 32, obs. de Montaigne; Banque et Droit janv.-févr. 2015. 39, obs. Bonneau; RD banc. fin. 2015, n° 31, obs. Crédot et Samin.* ♦ Le taux de l'intérêt légal est celui fixé par la loi en vigueur au moment où il est acquis et doit, en conséquence, subir les modifications successives que la loi lui apporte. • Civ. 1re, 21 janv. 1992 : *Bull. civ. I, n° 22 (arrêt n° 3).* ♦ V. aussi pour l'application du taux légal au solde débiteur du compte courant : • Civ. 1re, 9 févr. 1988 : *préc. note 3* • Paris, 24 févr. 1998 : *préc. note 3.* ♦ Refusant de substituer le taux de l'intérêt légal au taux d'intérêt contractuel au motif que l'erreur alléguée par les emprunteurs ne venait pas à leur détriment, V. • Civ. 1re, 12 oct. 2016, n° 15-25.034 P : *D. 2016. Actu. 2165, obs. Avena-Robardet; AJDI 2017. 126, obs. Moreau, Poindron et Wertenschlag; RDI 2017. 32, obs. Heugas-Darraspen; JCP E 2017, n° 1013, note Périn-Dureau; RJDA 2017, n° 109; Gaz. Pal. 13 déc. 2016, p. 28, obs. Piedelièvre; ibid. 21 févr. 2017, p. 59, obs. Roussille; Banque et Droit janv.-févr. 2017. 11, obs. Bonneau; RD banc. fin. 2017, n° 1, obs. Samin et Torck; ibid., n° 5, obs. Mathey.*

La sanction de l'erreur affectant le taux effectif global d'un prêt est la substitution au taux d'intérêt contractuel initial du taux de l'intérêt légal; cette sanction, qui est fondée sur l'absence de consentement de l'emprunteur au coût global du prêt, ne constitue pas une atteinte disproportionnée au droit de l'établissement de crédit prêteur au respect de ses biens, garanti par l'art. 1er du Protocole additionnel à la Conv. EDH. • Com. 12 janv. 2016, n° 14-15.203 P : *Dalloz actualité, 25 janv. 2016, obs. Avena-Robardet; RTD com. 2016. 825, obs. Legeais; JCP E 2016, n° 1194, note Périn-Dureau; RJDA 2016, n° 314; Banque et Droit mars-avr. 2016. 35, obs. Bonneau; RD banc. fin. 2016, n° 103, obs. Crédot et Samin.* ♦ L'action des emprunteurs ayant été fondée sur les art. L. 313-2 [L. 314-5] C. consom. et 1907 C. civ., la cour d'appel a retenu à bon droit que l'inexactitude de la mention du TEG dans l'acte de prêt était sanctionnée par la substitution du taux d'intérêt légal au taux d'intérêt contractuel depuis la signature du contrat. Cette sanction, qui est fondée sur l'absence de consentement des emprunteurs au coût global du prêt, ne constitue pas une atteinte disproportionnée au droit de l'établissement de crédit prêteur au respect de ses biens garanti par l'art. 1er du Protocole additionnel n° 1 à la Conv. EDH. • Civ. 1re, 14 déc. 2016, n° 15-26.306 P : *D. 2017. 443, note Lasserre Capdeville ; RTD com. 2017. 152, obs. Legeais ; JCP E 2017, n° 1171, note Perin-Dureau ; Banque et Droit mars-avr. 2017. 34, obs. Bonneau ; RD banc. fin. 2017, n° 8, obs. Mathey.*

19. Annulation de la clause d'indexation. En cas d'annulation de la stipulation d'intérêts conventionnels, la clause d'indexation prévue au contrat, faisant partie intégrante de la stipulation d'intérêts nulle, ne peut s'appliquer au taux légal substitué au taux conventionnel. • Civ. 1re, 22 juill. 1986 : *Bull. civ. I, n° 219.*

20. Restitution des excédents d'intérêts. Le prêteur doit restituer les excédents d'intérêts indûment perçus. • Com. 17 mai 1982 : *Bull. civ. IV, n° 181.* ♦ L'art. 1906 C. civ. ne s'oppose pas à la répétition de la partie des intérêts illégalement perçue au regard de l'art. 1907 C. civ. et de l'art. 4 de la loi du 28 déc. 1966 [C. consom., art. L. 314-5], selon lesquels le taux légal est seul applicable en l'absence de stipulation écrite. • Com. 9 avr. 1991 : *Bull. civ. IV, n° 134 ; D. 1991. 385, note Vasseur ; JCP N 1992. II. 344, note Stoufflet* • 10 mars 1992 : *RJDA 1992, n° 722* • 9 nov. 1993 : *D. 1993. IR 257.*

Les restitutions consécutives à une annulation ne relevant pas de la répétition de l'indu mais seulement des règles de nullité, il en résulte que l'action en restitution de sommes indûment perçues au titre d'intérêts conventionnels non stipulés régulièrement à la convention de compte courant est la conséquence de l'action en nullité de la clause ou des conditions de compte relatives à la stipulation d'intérêts conventionnels, laquelle ne peut être engagée que dans le délai de cinq ans à compter de la reconnaissance de l'obligation de payer les intérêts. • Civ. 1re, 24 sept. 2002 : *D. 2003. 369, note Aubert ; JCP 2002. IV. 2702 ; Banque et Droit janv.-févr. 2003. 59, obs. Bonneau ; Defrénois. 2003. 185, note Aubert ; RJDA 2004, n° 1368 (1re esp.).* ♦ Mais l'action en restitution des intérêts perçus indûment par application de dates de valeurs dépourvues de cause peut être engagée dans un délai de cinq ans à partir de leur perception, peu important l'absence de demande en nullité de la stipulation d'intérêts conventionnels. • Com. 16 mars 2010 : *Bull. civ. IV, n° 58 ; D. 2010. AJ 823, obs. Avena-Robardet ; JCP 2010, n° 537, note D. R. Martin ; JCP E 2010, n° 1577, obs. Leveneur ; RD banc. fin. 2010, n° 126, obs. Crédot et Samin ; Banque et Droit juill.-août 2010. 20, obs. Bonneau ; CCC 2010, n° 150, obs. Leveneur ; Gaz. Pal. 2010. 2146, note Lasserre Capdeville ; Dr. et patr. sept. 2010. 104, obs. Mattout ; RJDA 2010, n° 670.*

VII. DATES DE VALEUR

21. Opérations concernées. BIBL. Ferry, *Rev. dr. bancaire 1993. 106.* – Le Calvez, *D. 2002. 1891* (dates de valeur et usure). – Mouly, *RJDA 1993. 503 ; Rev. dr. bancaire 1994. 227.* ♦ En dehors des remises de chèques pour encaissement, la pratique des « dates de valeur » ne permet pas à une banque de faire naître à la charge du titulaire d'un compte courant une obligation de payer des intérêts dès lors que les opérations concernées (remises d'espèces ou retraits) n'impliquent pas que, même pour le calcul des intérêts, les dates de crédit ou de débit soient différées ou avancées. • Com. 6 avr. 1993 : *Bull. civ. IV, n° 138 ; D. 1993. 310, note Gavalda ; JCP 1993. II. 22062, note Stoufflet* • 29 mars 1994 : *préc. note 5* • 10 janv. 1995 : *Bull. civ. IV, n° 8 ; D. 1995. 229, note Gavalda* • 15 oct. 1996 : *RJDA 1997, n° 80.* – V. aussi • Civ. 1re, 10 mars 1998 : *Bull. civ. I, n° 96 ; D. Affaires 1998. 761, obs. X. D.* ♦ Il convient de distinguer, parmi les opérations effectuées (compte courant et compte de créances cédées), entre celles qui impliquent que, même pour le calcul des intérêts, les dates de crédit ou de débit soient différées ou avancées, et celles pour lesquelles de tels décalages de date ne sont pas justifiés. • Com. 7 juin 1994 : *Bull. civ. IV, n° 201 ; Banque juill.-août 1994. 91, obs. Guillot ; D. 1994. IR 183 ; RTD com. 1994. 758, obs. Cabrillac* • 21 mai 1996 : *RTD com. 1996. 507, obs. Cabrillac* (arrêt visant expressément, à titre d'exception, les remises de chèques en vue de leur encaissement). ♦ Pour un autre arrêt en ce sens, pris sous le visa de l'art. 1131 [ancien] C. civ., V. • Com. 5 mai 1998 : *préc. note 9.* – V. aussi • Paris, 14 mars 2000 : *RD banc. fin. 2001, n° 9, obs. Crédot et Gérard.* ♦ Pour les mêmes solutions malgré l'instauration du système d'échange d'image chèque (EIC), V. • TGI Paris, 18 mai 2004 : *D. 2004. 2288, note Boujeka (4 jugements) ; Banque et Droit sept.-oct. 2004. 84, obs. Bonneau (4 jugements) ; RJDA 2004, n° 1365 (2 jugements).* ♦ ... Et depuis la mise en place du système interbancaire de télécompensation (SIT) : • Paris, 6 janv. 2006 : *RJDA 2006, n° 938 ; Banque et Droit mars-avr. 2007. 65, obs. Guillot* (conf. par • Com. 11 déc. 2007 : *JCP E 2008, n° 11, p. 19, note* Crédot et Samin ; CCC 2008, n° 60, obs. G. R. ; *RD banc. fin. 2008, n° 3, obs. Crédot et Samin ; RJDA 2008, n° 316*). ♦ Comp., jugeant que, s'agissant de remise de chèques, le fait que les dates de crédit ou de débit soient différées ou avancées est justifié par le délai requis par le traitement des chèques et les nécessaires contrôles auxquels est tenu de procéder l'établissement teneur de compte, celui-ci étant en droit de payer les chèques lors de l'encaissement des sommes correspondantes : • Paris, 5 juill. 1996 : *JCP E 1996. Pan. 1235.* ♦ Dans le même sens, ne distinguant pas selon que le chèque est porté au crédit ou au débit du compte, V. : * Rép. min. n° 41027 : *JOAN Q 30 sept. 1996, p. 5173.*

Lorsque les parties ne contestent pas les délais retenus par une banque pour le calcul des dates de valeur, il n'y a pas lieu de soulever d'office la question de savoir si, en fait, l'usage de l'informatique permet de procéder aux opérations de présentation et de vérification des chèques dans des délais qui conduiraient à réduire l'espace de temps séparant leur remise et leur inscription au crédit ou au débit des comptes et à modifier en conséquence les dates de valeur. • Paris, 5 juill. 1996 : *préc.*

22. Responsabilité civile de la banque. Le titulaire d'un compte bancaire est en droit de disposer du montant d'un virement fait à son profit dès que la banque l'a reçu, sans devoir attendre l'écoulement d'un délai supplémentaire. • Com. 27 juin 1995 : *Bull. civ. IV, n° 192 ; D. 1996. 383, note Romani ; D. 1996. Somm. 114, obs. Libchaber ; D. Affaires 1995. 24 ; Banque 1996. 80, obs. Guillot.* ♦ Commet, dès lors, une faute la banque qui rejette un effet tiré sur son client, en raison de l'insuffisance du solde du compte de celui-ci à la date de présentation de l'effet, alors qu'un virement d'un montant suffisant pour assurer le paiement de cet effet était parvenu antérieurement. • Même arrêt.

23. Validité de la pratique du décalage. En ce sens que le décalage ne constitue pas une condition potestative au sens de l'art. 1174 [1304-2] C. civ., V. : • Paris, 7 déc. 1994 : *RJDA 1995, n° 462.* ♦ ... Ni une clause abusive : • TGI Paris, 18 mai 2004 : *préc. note 21 (2e et 4e esp.).* – V. toutefois note 35 ss. art. L. 212-1.

SOUS-SECTION 2 TAUX D'USURE

RÉP. COM. v° *Usure*, par PIEDELIÈVRE.

COMMENTAIRE

L'usure constitue un délit pénal constitué lorsque que le prêteur fixe un taux d'intérêt qui dépasse un taux maximal établi par la loi. C'est ce que précise l'article L. 314-6 qui définit le prêt usuraire comme le prêt dont le taux effectif global excède de plus du tiers le taux effectif moyen pratiqué par les établissements de crédit (et les sociétés de financement) au cours du trimestre précédant le moment où il a été consenti, et ce pour des opérations de même nature comportant des risques analogues (V. aussi C. mon. fin., art. L. 313-5. – **C. mon. fin.**).

Il existait autrefois, par conséquent, un taux d'usure pour les différentes catégories identifiées de prêts. Afin de rationaliser la législation sur l'usure, et notamment de supprimer l'écart constaté entre les prêts personnels et les prêts renouvelables, la loi du 1er juillet 2010 ajoute que toutes les catégories de prêts aux particuliers, à l'exception des prêts immobiliers, sont définies au regard de la notion d'usure, exclusivement en fonction de leur montant et non plus comme auparavant par la combinaison de leur nature et de leur montant. Afin de tenir compte de cette réforme, qui nécessite une période d'adaptation, la loi du 1er juillet 2010 prévoit que des dérogations peuvent être prises à titre transitoire par le ministre des Finances, mais elles ne peuvent excéder huit trimestres consécutifs : elles concernent une variation d'une ampleur exceptionnelle du coût des ressources des établissements de crédit ou des modifications de la définition des opérations de même nature visées dans la définition du taux (V. Arr. du 22 mars 2011 au **C. consom.**, éd. 2014 et antérieures). Enfin, un comité de suivi *ad hoc* présidé par le gouverneur de la Banque de France est mis en place.

La location-vente et la location avec promesse de vente sont expressément exclues, à la différence des ventes à tempérament qui sont assimilées aux prêts (art. L. 314-6).

Les conditions de calcul et de publicité des taux effectifs moyens mentionnés à l'article L. 314-6 sont fixées par les articles D. 314-15 et suivants.

L'usure est sanctionnée tant sur le plan pénal que civil (V. art. L. 341-48 s.).

La loi du 1er août 2003 a réduit le champ d'application et le régime de l'interdiction de l'usure en distinguant selon la qualité de l'emprunteur : si l'emprunteur est une *personne morale exerçant une activité professionnelle*, une lecture combinée du code de la consommation et du code monétaire et financier est alors nécessaire. Selon l'article L. 314-6 du code de la *consommation, l'interdiction de l'usure* disparaît en principe ; ce sera le cas notamment en *matière de prêt ou autres crédits*. L'interdiction de l'usure ne subsiste qu'en matière de découvert en compte (C. mon. fin., art. L. 313-5-1). Cependant, dans ce dernier cas, seule la sanction civile reste applicable : aucune sanction pénale ne peut être prononcée, le code monétaire et financier ne faisant aucune référence au code de la consommation en ce qui concerne les sanctions pénales. Dans le prolongement de cette évolution, la loi du 2 août 2005 en faveur des PME écarte également la protection des règles de l'usure pour les prêts accordés aux *personnes physiques agissant pour des besoins professionnels* (art. L. 314-9). Cependant, comme pour les personnes morales, l'article L. 313-5-1 du code monétaire et financier déroge à la règle en ce qui concerne le découvert en compte. Cette réforme est destinée à permettre à ceux qui agissent à des fins professionnelles de trouver plus facilement un partenaire financier, quel qu'en soit le coût. ❑

Art. L. 314-6 Constitue un prêt usuraire tout prêt conventionnel consenti à un taux effectif global qui excède, au moment où il est consenti, de plus du tiers, le taux effectif moyen pratiqué au cours du trimestre précédent par les établissements de crédit et les sociétés de financement pour des opérations de même nature comportant des risques analogues, telles que définies par l'autorité administrative après avis du Comité consultatif du secteur financier. Les catégories d'opérations pour les prêts aux particuliers n'entrant pas dans le champ d'application *(Ord. n° 2016-351 du 25 mars 2016, art. 4-2°, en vigueur le 1er juill. 2016)* **« du 1° de l'article L. 313-1 ou ne constituant pas une opération de crédit d'un montant supérieur à 75 000 euros destiné à financer, pour les immeubles à usage d'habitation ou à usage professionnel et d'habitation, les dépenses relatives à leur réparation, leur amélioration ou leur entretien** *[ancienne rédaction : des articles L. 313-1 et L. 313-2]* **» sont définies à raison du montant des prêts.** — *V. Arr. du 24 août 2006, ci-dessous.*

Les crédits accordés à l'occasion de ventes à tempérament sont, pour l'application de la présente section, assimilés à des prêts conventionnels et considérés comme usuraires dans les mêmes conditions que les prêts d'argent ayant le même objet. — *[C. consom., art. L. 313-3, al. 1er et 2.]*

V. aussi art. D. 314-15 s.

Sur les sanctions, V. art. L. 341-48 s.

BIBL. ▶ LE CALVEZ, *D. 2002. Chron. 1891* (les dates de valeur et l'usure). - N. FERRIER, *RTD com. 2005. 219* (régime de l'usure et codification). - BRAGANTINI-BONNET, *JCP E 2008, n° 19, p. 13, spéc. n° 8* (l'anatocisme conventionnel). - LASSERRE CAPDEVILLE, *RLDA oct. 2008. 98* (le prêt usuraire).

▶ Loi n° 2003-721 du 1er août 2003 : BOULOC, *RD banc. fin. 2003. 387.* - ROBERT, *Dr. pénal 2004, n° 26.* - PIEDELIÈVRE, *JCP E 2003, n° 42, p. 1658.* - CARAMALLI, *LPA 25 août 2003.* - LEGEAIS, *RTD com. 2003. 78* (même thème). - V. aussi Circ. CRIM. 2003-15 G3/18-12-2003 *(BOMJ 2003, n° 92, p. 30).* ▶ Loi n° 2010-737 du 1er juill. 2010 : LAGARDE, *RD banc. fin. 2011, n° 46* (taux d'usure et crédit *revolving* : de quelques difficultés pratiques...). - LASSERRE CAPDEVILLE, *RD banc. fin. 2013. Étude 14* (second rapport du Comité de suivi de la réforme de l'usure).

1. Découvert en compte. Les dispositions de la loi s'appliquent à un découvert en compte. • Com. 12 avr. 1988 : *cité note 3 ss. art. L. 314-5.* ♦ La position débitrice d'un compte courant d'associé coopérateur, dont la vocation est de faciliter les échanges commerciaux de biens agricoles, ne peut pas être assimilée à un emprunt ; par suite, les dispositions des art. L. 313-3 et L. 313-4 [L. 314-6 s. et L. 341-48] relatives au taux d'usure ne sont pas applicables au solde débiteur d'un compte courant d'associé coopérateur. • Civ. 1re, *21 févr. 2006 : cité note 3 ss. art. L. 314-5.*

2. Personne morale. Jugeant qu'en vertu de l'art. 32 de la loi n° 2003-721 du 1er août 2003, le délit d'usure ne s'applique plus aux découverts en compte et aux lignes d'escompte consentis aux personnes morales, V. • Montpellier, 16 déc. 2003 : *RD banc. fin. 2004. 136, note Bouloc.* ♦ V. aussi • Crim. 3 nov. 2005 : *Bull. crim. n° 277 ; D. 2006. AJ 138, obs. Lienhard ; RTD com. 2006. 499, obs. Bouloc ; AJ pénal 2006. 217, obs. Royer ; JCP E 2006, n° 22, p. 964, obs. Coudert ; RD banc. fin. 2006, n° 54, obs. Crédot et Samin ; RJDA 2006, n° 454.*

3. Ouverture de crédit. La loi sur l'usure ne s'applique à l'ouverture de crédit que si les fonds mis à la disposition de l'emprunteur sont utilisés. • Com. 17 mai 1982 : *Bull. civ. IV, n° 181.*

4. Crédit-bail. La loi ne permet de retenir la notion d'usure qu'au cas de prêt conventionnel d'argent ou de crédits accordés à l'occasion de ventes à tempérament ; elle est inapplicable à l'opération de leasing ou crédit-bail. • Rouen, 3 juill. 1970 : *D. 1971. 465, note Dessens* • Toulouse, 8 mai 1970 : *JCP 1970. II. 16481, note E. M. B.*

5. Opérations aléatoires. La loi est inapplicable aux prêts aléatoires tels qu'une rémunération correspondant à un pourcentage d'une plus-value éventuelle dans la vente d'un fonds de commerce. • Paris, 11 mai 1967 : *JCP 1968. II. 15334, note H. B.* ♦ ... Ou un pourcentage de recettes du film financé par le prêt. • Com. 4 oct. 1977 : *Bull. civ. IV, n° 218 ; D. 1978. IR 168, obs. Vasseur.*

6. Emprunts obligataires. **BIBL.** Caramelli, *D. 2002. 1413.* - *Dossier JNSA oct. 2002, n° 3158.*

7. Titres de créance. Pour l'avis du ministre de l'économie estimant que le taux de l'usure ne s'applique pas aux émissions de titres de créance visés à l'art. L. 211-1, I-2, C. mon. fin., V. Rép. min. n° 1827 : *JO Sénat Q, 2 janv. 2003, p. 41 ; D. 2003. 259 ; LPA 15 janv. 2003, obs. Caramalli ; JCP E 2003, n° 5, p. 200 ; RD banc. fin. 2003, n° 90, obs. Portier ; Dr. sociétés 2003, n° 95, obs. Bonneau ; Bull. Joly Bourse 2003. 111 ; BRDA 2003, n° 2, p. 8.*

8. Prêts successifs. Pour caractériser le délit d'usure, le TEG doit être apprécié au moment où chaque prêt est consenti ; des prêts successifs, même consentis par la même société de crédit, ne peuvent donc être appréciés globalement. • Paris, 11 janv. 1982 : *D. 1982. IR 413, obs. Vasseur ; Gaz. Pal. 1982. 1. 131, note Marchi.*

9. Clause pénale. La clause pénale, fixant les dommages et intérêts dus par le débiteur qui n'exécute pas son obligation, ne joue que comme sanction de cette inexécution et n'est donc pas soumise aux dispositions des textes réprimant l'usure. • Com. 22 févr. 1977 : *cité note 9 ss. anc. art. L. 314-1.*

10. Prêt international. BIBL. Crédot et Gérard, *LPA 15 mai 1989.* ♦ Les offres de prêt émises à l'étranger proposées par des intermédiaires et acceptées en France, de sorte que les contrats ont été formés sur le territoire national, sont soumises à la loi française. • Crim. 28 nov. 1996 : *Bull. crim. n° 437.* ♦ Pour le rejet de la demande en nullité d'un prêt contracté, à un taux usuraire, entre une banque espagnole et des emprunteurs de nationalité française, la banque ayant, en cours d'instance, renoncé au taux initial puis recalculé sa créance en fonction d'un taux inférieur au seuil de l'usure en France, V. • Pau, 1er mars 2001 : *D. 2002. Somm. 639, obs. Synvet.*

11. Preuve. Il appartient aux juges du fond de rechercher le taux effectif global du prêt, puis de le comparer avec le taux de référence publié en application de la L. n° 66-1010 du 28 déc. 1966 (C. consom., art. L. 314-1 s.). • Civ. 1re, 22 avr. 1997 : *Bull. civ. I, n° 124 ; D Affaires 1997. 698 ; CCC 1997, n° 141, note Raymond* • 20 oct. 2011 : *RD banc. fin. 2012, n° 5, obs. Mathey.*

Sur la nécessité de se référer au TEG pratiqué au cours du trimestre « précédent », afin de déterminer si le délit est constitué, V. • Crim. 14 janv. 1997 : *CCC 1997, n° 108, obs. Raymond.*

12. Date d'appréciation du caractère usuraire. Le délit d'usure doit s'apprécier au moment de la conclusion des différents contrats ou conventions (pour une convention de compte et un découvert en compte). • TGI Sarreguemines, 23 nov. 2001 : *Banque et Droit janv.-févr. 2003. 65, obs. Guillot*, conf. par • Metz, 21 mars 2002 : *Banque et Droit mai-juin 2003. 64, obs. Guillot.* ♦ Le débiteur ne peut donc pas établir l'existence de taux usuraires en se fondant sur des analyses de taux d'intérêts qui reposent sur des vérifications opérées à des dates postérieures à celles de souscription des contrats de prêts. • Riom, 13 déc. 2006 : *JCP 2007. IV. 2043.* ♦ Le délit d'usure n'est constitué qu'au moment où le prêt est consenti, c'est-à-dire à la date à laquelle le contrat devient parfait. S'agissant d'un crédit à la consommation, en l'absence de clause d'agrément de l'emprunteur, le contrat de prêt devient parfait à la date d'acceptation de l'offre préalable par l'emprunteur et dans le cas d'un crédit immobilier, il convient de retenir la même date : * Rép. min. n° 27268 : *JO Sénat 8 févr. 2001, p. 523.*

13. Application de la loi dans le temps. Sur l'application dans le temps de la loi « Neiertz » du 31 déc. 1989, qui a modifié l'art. 1er de la loi du 28 déc. 1966, aujourd'hui codifié à l'art. L. 314-6 C. consom., V. • Com. 26 mars 2002 : *Bull. civ. IV, n° 57 ; D. 2002. AJ 1341, obs. Lienhard ; JCP E 2002, n° 22, p. 903, note Gourio ; Banque et Droit juill.-août 2002. 46, obs. Bonneau.* ♦ Sur l'application dans le temps de la loi « initiative économique » du 1er août 2003, qui a supprimé le délit d'usure à l'encontre des personnes morales, V. • Montpellier, 16 déc. 2003 : *préc. note 2.*

14. Activité professionnelle non commerciale. Ayant constaté que la société avait pour objet la propriété et l'administration de tous les immeubles et droits immobiliers à destination agricole composant son patrimoine, et relevé que la plupart de ses parcelles étaient données à bail conformément aux statuts interdisant toute exploitation en faire-valoir direct, la cour d'appel en a exactement déduit que la société exerçait une activité professionnelle non commerciale au sens de l'art. L. 313-3 [L. 314-6], en sorte que les dispositions relatives au taux d'usure ne lui étaient pas applicables. • Civ. 1re, 25 nov. 2015, n° 14-23.224 P : *D. 2015. Actu. 2500 ; JCP E 2015, n° 1634 ; CCC 2016, n° 50, obs. Bernheim-Desvaux ; RJDA 2016, n° 219 ; RD banc. fin. 2016, n° 53, obs. Crédot et Samin.*

Arrêté du 24 août 2006, *fixant les catégories de prêts servant de base à l'application de l'article L. 314-6 du code de la consommation et de l'article L. 313-5-1 du code monétaire et financier, relatif à l'usure.* **Art. 1er** *(Arr. du 16 juin 2016, en vigueur le 1er juill. 2016)* Les catégories d'opérations de même nature comportant des risques analogues visées à l'article L. 314-6, premier alinéa, du code de la consommation sont les suivantes :

1° Pour les contrats de crédits consentis à des consommateurs,

— destinés à financer les opérations entrant dans le champ d'application du 1° de l'article L. 313-1 du code de la consommation, relatif au crédit immobilier ; ou

— d'un montant supérieur à 75 000 euros, destinés à financer, pour les immeubles à usage d'habitation ou à usage professionnel et d'habitation, les dépenses relatives à leur réparation, leur amélioration ou leur entretien,
il s'agit des catégories suivantes :
(Arr. du 26 sept. 2016, art. 1er, en vigueur le 1er janv. 2017) « — prêts à taux fixe :
« — prêts d'une durée inférieure à 10 ans ;
« — prêts d'une durée comprise entre 10 ans et moins de 20 ans ;
« — prêts d'une durée de 20 ans et plus ; »
— prêts à taux variable ;
— prêts-relais.

Sont incluses dans les opérations visées au premier tiret du 1°, les opérations de crédit destinées à regrouper des crédits antérieurs comprenant un ou des crédits mentionnés au 1° de l'article L. 313-1 du code de la consommation dont la part relative dépasse 60 % du montant total de l'opération de regroupement de crédits.

2° Pour les contrats de crédits consentis à des consommateurs,
— n'entrant pas dans le champ d'application du 1° de l'article L. 313-1 du code de la consommation, ou
— ne constituant pas une opération de crédit d'un montant supérieur à 75 000 euros destinée à financer, pour les immeubles à usage d'habitation ou à usage professionnel et d'habitation, les dépenses relatives à leur réparation, leur amélioration ou leur entretien,
il s'agit des catégories suivantes :
— prêts d'un montant inférieur ou égal à 3 000 euros ;
— prêts d'un montant supérieur à 3 000 euros et inférieur ou égal à 6 000 euros ;
— prêts d'un montant supérieur à 6 000 euros.

3° Pour les prêts accordés aux personnes physiques agissant pour leurs besoins professionnels et aux personnes morales ayant une activité industrielle, commerciale, artisanale, agricole ou professionnelle non commerciale :
— découverts en compte.

4° Pour les prêts aux personnes morales n'ayant pas d'activité industrielle, commerciale, artisanale, agricole ou professionnelle non commerciale :
— prêts consentis en vue d'achats ou de ventes à tempérament ;
— prêts d'une durée initiale supérieure à deux ans, à taux variable ;
— prêts d'une durée initiale supérieure à deux ans, à taux fixe ;
— découverts en compte ;
— autres prêts d'une durée initiale inférieure ou égale à deux ans.

Les services de la direction générale du Trésor et de la Banque de France sont chargés d'assurer le suivi et l'évaluation de l'impact sur les taux de l'usure et leur évolution de l'introduction des trois tranches de maturité insérées par l'Arr. du 26 sept. 2016. Un rapport d'évaluation, élaboré conjointement par ces services, est remis au ministre chargé de l'économie ainsi qu'au président du Comité consultatif du secteur financier le 1er oct. 2019 (Arr. préc., art. 2).

Art. 2 L'arrêté du 25 juin 1990 fixant les catégories de prêts servant à l'application de la loi n° 66-1010 du 28 décembre 1966 relative à l'usure, aux prêts d'argent et à certaines opérations de démarchage et de publicité est abrogé.

Arrêté du 23 février 2017,

Portant extension en Nouvelle-Calédonie, en Polynésie française et dans les îles Wallis-et-Futuna des dispositions de l'arrêté du 24 août 2006 fixant les catégories de prêts servant de base à l'application de l'article L. 313-3 [L. 314-6] du code de la consommation et de l'article L. 313-5-1 du code monétaire et financier, relatifs à l'usure.

Art. 1er L'arrêté du 24 août 2006 susvisé, tel qu'il est modifié par les arrêtés du 16 juin 2016 et du 26 septembre 2016 susvisés, est applicable en Nouvelle-Calédonie*[,]* en Polynésie française et dans les îles Wallis-et-Futuna, à compter du 1er jour du trimestre suivant le jour de la publication au *Journal officiel* de la République française du décret en Conseil d'État relatif aux dispositions outre-mer de la partie règlementaire du code de la consommation.

V. Ord. n° 2017-269 du 2 mars 2017, art. 8 et 9, au-dessus de l'art. liminaire. — V. aussi art. L. 351-5 à L. 351-8.

Art. 2 Jusqu'à la date d'entrée en vigueur prévue à l'article 1er, les dispositions suivantes sont applicables en Nouvelle-Calédonie et en Polynésie française :

Pour les contrats de crédits consentis à des consommateurs, les catégories d'opérations de même nature comportant des risques analogues mentionnées à l'article L. 313-3 du code de la consommation dans sa version résultant de la loi n° 2014-1545 du 20 décembre 2014, sont celles figurant à l'arrêté du 24 août 2006 susvisé tel que modifié par les arrêtés du 16 juin 2016 et du 26 septembre 2016 susvisés pour les contrats de crédits consentis à des consommateurs :

1° Destinés à financer les opérations entrant dans le champ d'application de l'article L. 312-2 du code de la consommation relatif au crédit immobilier, dans sa version résultant la loi n° 2010-737 du 1er juillet 2010 ;

2° Ou d'un montant supérieur à 8 950 000 Francs CFP, destinés à financer, pour les immeubles à usage d'habitation ou à usage professionnel et d'habitation, les dépenses relatives à leur réparation, leur amélioration ou leur entretien.

Il s'agit des catégories suivantes :

1° Prêts à taux fixe, dont :

a) Prêts d'une durée inférieure à 10 ans ;

b) Prêts d'une durée comprise entre 10 ans et moins de 20 ans ;

c) Prêts d'une durée de 20 ans et plus ;

2° Prêts à taux variable ;

3° Prêts-relais.

Art. 3 Jusqu'à la date d'entrée en vigueur prévue à l'article 1, les dispositions suivantes sont applicables en Nouvelle-Calédonie, en Polynésie française et dans les îles Wallis-et-Futuna :

Pour les contrats de crédits consentis à des consommateurs n'entrant pas dans le champ d'application de l'article L. 312-2 du code de la consommation relatif au crédit immobilier, dans sa version résultant de la loi n° 2010-737 du 1er juillet 2010, les catégories d'opérations de même nature comportant des risques analogues visées à l'article L. 313-3 du code de la consommation dans sa version résultant de la loi n° 2014-1545 du 20 décembre 2014, sont celles figurant à l'arrêté du 24 août 2006 susvisé tel que modifié par les arrêtés du 16 juin 2016 et du 26 septembre 2016 susvisés.

Il s'agit des catégories suivantes :

1° prêts d'un montant inférieur ou égal à 358 000 francs CFP ;

2° prêts d'un montant supérieur à 358 000 francs CFP et inférieur ou égal à 716 000 francs CFP ;

3° prêts d'un montant supérieur à 716 000 francs CFP.

Art. L. 314-7 Les conditions de calcul et de publicité des taux effectifs moyens mentionnés à l'article L. 314-6 sont fixées par décret. – *[C. consom., art. L. 313-3, al. 3.] – V. art. D. 314-15 s.*

Art. L. 314-8 Des mesures transitoires, dérogeant aux dispositions de l'article L. 314-6, peuvent être mises en œuvre par le ministre chargé de l'économie, sur proposition motivée du gouverneur de la Banque de France, pour une période ne pouvant excéder huit trimestres consécutifs, en cas de :

– variation d'une ampleur exceptionnelle du coût des ressources des établissements de crédit et des sociétés de financement ;

– modifications de la définition des opérations de même nature mentionnées à l'article L. 314-6. – *[C. consom., art. L. 313-3, al. 4.] – V. Arr. du 22 mars 2011,* ***C. consom.****, éd. 2014 et antérieures.*

Art. L. 314-9 Les dispositions des articles L. 314-6 à L. 314-8 ne sont pas applicables aux prêts accordés à une personne physique agissant pour ses besoins professionnels ou à une personne morale se livrant à une activité industrielle, commerciale, artisanale, agricole ou professionnelle non commerciale. – *[C. consom., art. L. 313-3, al. 5.]*

SECTION II REGROUPEMENTS DE CRÉDITS

BIBL. GÉN. ▸ *NDLR, BRDA 2010, n° 13, p. 34* (regroupement de crédits). – MENDÈS-GIL, *Dr. et patr. oct. 2010. 54* (contrats de crédits spéciaux : crédit renouvelable, crédit affecté, regroupement de crédits, crédit gratuit). – PRIGENT, *Defrénois 2011. 1110* (opération de regroupement de crédits contractés par un jeune couple : cas pratique) ; *ibid. 1115* (prêt bancaire destiné à rembourser par anticipation plusieurs crédits). – PIEDELIÈVRE, *Gaz. Pal. 2012. 1357* (le consommateur et le regroupement de crédit).

COMMENTAIRE

Cette section est consacrée au regroupement de crédits, opération qui n'est toutefois pas définie par le législateur. On peut néanmoins penser qu'elle désigne l'apurement d'une dette antérieure au titre de contrats de crédit antérieurement souscrits par un nouveau crédit conclu avec une même entité ou une autre.

L'article L. 314-10 prévoit que lorsque les crédits visés à l'article L. 312-1 (champ d'application du crédit à la consommation) font l'objet d'un regroupement de crédits, le nouveau contrat reste soumis aux dispositions relatives au crédit à la consommation.

Lorsque les crédits regroupés sont ceux visés à l'article L. 313-1 (champ d'application du crédit immobilier), le nouveau contrat est soumis aux dispositions relatives au crédit immobilier. L'ordonnance du 25 mars 2016 ajoute : « Toute opération de regroupement de crédits garantie par une hypothèque, par une autre sûreté comparable sur les biens immobiliers à usage d'habitation ou par un droit lié à un bien immobilier à usage d'habitation, est soumise, quel que soit son objet, aux dispositions du chapitre III du présent titre », concernant le crédit immobilier.

La difficulté porte alors sur les hypothèses intermédiaires : aussi, le texte prévoit que, lorsqu'une opération de crédit destinée à regrouper des crédits antérieurs comprend un ou des crédits immobiliers dont la part relative ne dépasse pas un certain seuil, le nouveau contrat de crédit est soumis aux dispositions relatives au crédit à la consommation (art. L. 314-11). Dans le cas contraire, le nouveau contrat de crédit est soumis aux dispositions relatives au crédit immobilier.

Ce seuil a été fixé par décret en Conseil d'État : l'article R. 314-18, issu d'un décret du 30 août 2010, prévoit que le seuil mentionné à l'article L. 314-11 est atteint lorsque la part des crédits immobiliers représente 60 % du montant total de l'opération de regroupement de crédits. Le montant des crédits immobiliers inclut tous les coûts, intérêts, commissions, taxes, pénalités et autres frais dont l'emprunteur est tenu de s'acquitter pour le remboursement de ces crédits. Ces frais ne sont inclus dans le montant des crédits immobiliers que s'ils figurent dans le montant total de l'opération de regroupement.

Enfin, le texte prévoit des dispositions particulières en ce qui concerne le crédit renouvelable (art. L. 314-13) : tout d'abord, lorsque le regroupement comprend un ou plusieurs contrats de crédit renouvelable, le prêteur effectue directement le remboursement concernant ces crédits auprès du prêteur initial ; ensuite, lorsque l'opération porte sur la totalité du montant restant dû au titre d'un crédit renouvelable, le prêteur doit prendre l'initiative d'attirer l'attention de l'emprunteur sur la possibilité de résilier le contrat et de lui proposer même d'adresser la lettre de résiliation (signée par l'emprunteur).

On observera que ces dispositions sont applicables à compter du 1er septembre 2010. ❑

V. Avis CCA n° 15-01 du 24 sept. 2015 relatif aux contrats de restructuration de crédit (D. 2015. Actu. 2437, obs. Poissonnier).

Art. L. 314-10 Lorsque les crédits mentionnés à l'article L. 312-1 font l'objet d'une opération de crédit destinée à les regrouper, le nouveau contrat de crédit est soumis au chapitre II. – *[C. consom., art. L. 313-15, al. 1er.]*

Art. L. 314-11 Lorsqu'une opération de crédit destinée à regrouper des crédits antérieurs comprend un ou des *(Ord. n° 2016-351 du 25 mars 2016, art. 4-3°, en vigueur le 1er juill. 2016)* **« crédits mentionnés à l'article L. 313-1** *[ancienne rédaction : crédits immobiliers]* **» dont la part relative ne dépasse pas un seuil fixé par décret en Conseil d'État, le nouveau contrat de crédit est soumis au chapitre II. Lorsque cette part relative dépasse ce seuil, le nouveau contrat de crédit est soumis au chapitre III du présent titre.** – *[C. consom., art. L. 313-15, al. 2.] – V. art. R. 314-18.*

Art. L. 314-12 Lorsqu'une opération de crédit est destinée à regrouper des crédits mentionnés à l'article L. 313-1, le nouveau contrat de crédit est soumis au chapitre III.

(Ord. n° 2016-351 du 25 mars 2016, art. 4-4°, en vigueur le 1er juill. 2016) **« Toute opération de regroupement de crédit garantie par une hypothèque, par une autre sûreté comparable sur les biens immobiliers à usage d'habitation ou par un droit lié à un bien immobilier à usage d'habitation est soumise, quel que soit son objet, aux dispositions du chapitre III du présent titre. »** – *[C. consom., art. L. 313-15, al. 3.]*

Art. L. 314-13 **Le prêteur qui consent une opération de regroupement de crédits comprenant un ou plusieurs contrats de crédits renouvelables mentionnés à l'article L. 312-57 effectue le remboursement du montant dû au titre de ces crédits directement auprès du prêteur initial. Lorsque l'opération porte sur la totalité du montant restant dû au titre d'un crédit renouvelable, le prêteur rappelle à l'emprunteur la possibilité de résilier le contrat afférent et lui propose d'adresser sans frais la lettre de résiliation signée par l'emprunteur.** — *[C. consom., art. L. 313-15, al. 4.]*

Art. L. 314-14 **Les modalités selon lesquelles les opérations de crédit mentionnées aux articles L. 314-10 à L. 314-13 sont conclues afin de garantir la bonne information de l'emprunteur sont précisées par décret en Conseil d'État.** — *[C. consom., art. L. 313-15, al. 5.] — V. art. R. 314-19 à R. 314-21.*

SECTION III SÛRETÉS PERSONNELLES

BIBL. GÉN. ▶ DEFOSSEZ, *RD banc. fin. 2003. 247* (cautionnement et protection du consommateur). – LOISEAU et DJOUDI, *ibid. 256* (fonction de la mention manuscrite). – ALBIGES, *Études Calais-Auloy, Dalloz, 2004, p. 1* (influence du droit de la consommation sur l'engagement de la caution). – GUERCHOUN, *RLDC avr. 2009. 31* (faut-il privilégier le cautionnement authentique ?). – BAZIN, *Dr. et proc. 2014. 74* (de la protection de la caution en droit de la consommation). – FERRY, *RD banc. fin. 2016. Étude 2* (forme du cautionnement international et lois de police).

COMMENTAIRE

Quatre mesures particulières en faveur des cautions personnes physiques ont été prévues dans le cadre de la loi Neiertz du 31 décembre 1989, figurant ci-dessous depuis la codification de ces dispositions. Elles portent sur le formalisme de la mention manuscrite (art. L. 314-15 et L. 314-16), sur l'obligation d'information de la caution dès le premier incident de paiement caractérisé susceptible d'inscription au fichier des incidents de paiement (art. L. 314-17), ainsi que sur l'exigence de proportionnalité de l'engagement souscrit par rapport aux biens et revenus de la caution (art. L. 314-18).

Ces règles s'appliquent au cautionnement des opérations de crédit à la consommation (passé par acte sous seing privé pour un montant inférieur à une somme fixée à 75 000 € et supérieur à 200 €, par application de l'art. L. 312-4) ainsi qu'au cautionnement des crédits immobiliers. Il s'agit d'un cautionnement souscrit par ces personnes physiques auprès d'un établissement de crédit, ou bien d'un établissement de paiement ou d'un organisme mentionné au 5 de l'article L. 511-6 du code monétaire et financier ou enfin d'un établissement de monnaie électronique, lequel est visé par la loi n° 2013-100 du 28 janvier 2013 d'adaptation de la législation au droit de l'Union européenne en matière économique et financière.

Ces mesures ont été étendues et, à certains égards, renforcées par la loi du 1er août 2003 pour l'initiative économique à tout cautionnement souscrit par une personne physique envers un créancier professionnel (V. titre IV, auquel nous renvoyons pour une étude plus détaillée), sans que les précédentes dispositions n'aient été toutefois abrogées. Pourtant, leur champ d'application se superpose désormais.

Aucune sanction spécifique des articles L. 314-15 et L. 314-16 n'avaient été initialement prévues dans les développements séparés consacrés auxdites sanctions lors de la recodification. Elles le sont depuis la loi de ratification du 21 février 2017. L'article L. 341-51-1 prévoit que les prescriptions des articles L. 314-15 et L. 314-16 sont prévues à peine de nullité de l'engagement, comme antérieurement à l'ordonnance du 14 mars 2016. ❑

Art. L. 314-15 **La personne physique qui s'engage par acte sous seing privé en qualité de caution pour l'une des opérations relevant des chapitres II ou III du présent titre fait précéder sa signature de la mention manuscrite suivante et uniquement de celle-ci :**

"*En me portant caution* de X ..., dans la limite de la somme de ... couvrant le paiement du principal, des intérêts et, le cas échéant, des pénalités ou intérêts de retard et pour la durée de ..., je m'engage à rembourser au prêteur les sommes dues sur mes revenus et mes biens si X ... n'y satisfait pas lui-même." — *[C. consom., art. L. 313-7, hors sanction.]— Rappr. art. L. 331-1.*

Sur les sanctions, V. art. L. 341-51-1.

BIBL. ▶ PICOD, *Dr. et proc. 2004. 256* (la mention manuscrite de la caution à l'épreuve de la loi pour l'initiative économique). – RABY, *JCP N 2004, n° 52-53, p. 1940* (la mention manuscrite et le cautionnement notarié). – PICOD, *Mélanges F. Chabas, Bruylant, 2011* (le formalisme de la mention manuscrite de la caution).

1. Pouvoir des juges. En ce sens qu'en cas d'insuffisance de la mention, la nullité est encourue sans qu'un pouvoir d'appréciation soit reconnu aux juges, V. • Lyon, 21 juin 1995 : *JCP 1997. I. 3991, p. 23, obs. Simler et Delebecque* • Agen, 17 janv. 1996 : *ibid.* • Besançon, 23 janv. 1996 : *ibid.* ♦ Pour un autre exemple, V. • Versailles, 30 janv. 1998 : *D. Affaires 1998. 571 ; Rev. huiss. 1999. 471, obs. Teilliais* • Toulouse, 5 mai 1998 : *Banque et Droit, mars-avr. 2000. 51, obs. Guillot.* ♦ Comp., jugeant que l'omission de la conjonction de coordination « et » entre, d'une part la formule définissant le montant et la teneur de l'engagement, d'autre part celle relative à la durée de celui-ci, n'affecte ni le sens, ni la portée de la mention manuscrite de telle sorte que la sanction édictée par l'art. L. 313-7 [L. 314-15] n'était pas encourue : • Civ. 1re, 9 nov. 2004 : *Bull. civ. I, n° 254; D. 2005. Pan. 2839, obs. Amrani Mekki ; JCP E 2005, n° 5, p. 183, note D. Legeais; LPA 28-29 mars 2005, obs. D. H.; Banque et Droit mars-avr. 2006. 73, obs. Guillot; RJDA 2005, n° 442; RDC 2005. 403, obs. Houtcieff.* ♦ Pour la nullité, V., par analogie, art. L. 343-1.

2. Nature de la nullité. En ce sens que la caution qui a confirmé son obligation, par son exécution volontaire, ne peut plus invoquer la nullité, V. • Paris, 17 mai 1996 : *JCP 1997. I. 3991, p. 23, obs. Simler et Delebecque* • Aix-en-Provence, 15 janv. 2008 : *JCP 2008. I. 152, n° 1, obs. Simler et Delebecque.* ♦ *Contra*, jugeant que le fait d'avoir réglé quelques mensualités ne vaut pas ratification : • Limoges, 20 mai 1997 : *CCC 1998, n° 12, obs. Raymond.*

3. Plafond du cautionnement. Viole les art. 1134 [ancien] et 2015 [2292] C. civ., ensemble l'art. L. 313-7 [L. 314-15] C. consom., une cour d'appel qui pour condamner une caution à une dette d'un montant supérieur à celui indiqué dans l'acte de cautionnement, considère que la caution ne s'est pas obligée pour une somme déterminée au principal et que son engagement s'étend également aux intérêts et accessoires inclus dans la dette du débiteur principal alors que la clause de l'acte de cautionnement, stipulée conformément aux exigences de l'art. L. 313-7 [L. 314-15], assignait à l'engagement de la caution un plafond pour la couverture des sommes dues par le débiteur garanti en principal, intérêts et, le cas échéant, pénalités ou intérêts de retard. • Civ. 1re, 7 juill. 1998 : *Bull. civ. I, n° 241; RJDA 1998, n° 1147.*

4. Mandat de se porter caution. Sur la question de savoir si le mandat de se porter caution est soumis aux mentions manuscrites exigées à titre de validité du cautionnement, V. Legeais, obs. ss. • Civ. 1re, 5 juin 2008 : *RD banc. fin. 2008, n° 108.* ♦ Le mandat sous seing privé de se porter caution pour l'une des opérations relevant des chapitres Ier ou II du titre Ier du livre III du code de la consommation [ancien] doit répondre aux exigences des art. L. 313-7 et L. 313-8 [L. 314-15 et L. 314-16] de ce code ; l'irrégularité qui entache le mandat s'étendant au cautionnement subséquent donné sous la forme authentique. • Civ. 1re, 8 déc. 2009 : *Dalloz actualité, 4 janv. 2010, obs. Guiomard; AJDI 2010, n° 145 ; JCP 2010, n° 6, p. 274, note Simler; JCP N 2010. 1119, note Garçon; Gaz. Pal. 2010. 418, obs. S. Piedelièvre ; RD banc. fin. 2010, n° 55, obs. Cerles; RJDA 2010, n° 287.*

5. Champ d'application. Il résulte de la combinaison des art. L. 312-2-1°-*a* et L. 313-7 [L. 313-1 et L. 314-15] que seuls les cautionnements de prêts destinés à financer l'acquisition en propriété ou en jouissance d'immeubles à usage d'habitation ou à usage professionnel d'habitation relèvent des dispositions du code de la consommation. • Com. 11 juin 2014 : *Bull. civ. IV, n° 107; Dalloz actualité, 27 juin 2014, obs. Avena-Robardet; D. 2014. Pan. 1615, obs. Crocq ; CCC 2014, n° 230, obs. Raymond; RJDA 2015, n° 43; LPA 27 août 2014, note Lasserre Capdeville; Gaz. Pal. 2014. 2306, obs. Pailler; RLDA sept. 2014. 53, obs. Lecourt; RD banc. fin. 2014, n° 168, obs. Cerles.*

Art. L. 314-16 **Lorsque le créancier demande un cautionnement solidaire pour l'une des opérations relevant des chapitres II ou III du présent titre, la personne physique qui se porte caution fait précéder sa signature de la mention manuscrite suivante :**

"En renonçant au bénéfice de discussion défini à l'article 2298 du code civil et en m'obligeant solidairement avec X ..., je m'engage à rembourser le créancier sans pouvoir exiger qu'il poursuive préalablement X...". — *[C. consom., art. L. 313-8, hors sanction.] — Rappr. art. L. 331-2.*

Sur les sanctions, V. art. L. 341-51-1.

BIBL. ▶ BERNHEIM-DESVAUX, *CCC 2014. Formule 4* (clause de solidarité dans le cautionnement).

1. Acte authentique. Les art. L. 313-7 et L. 313-8 [L. 314-15 et L. 314-16] sont seulement applicables aux cautionnements consentis par acte sous seing privé. • Civ. 1re, 24 févr. 2004 :

Bull. civ. I, n° 60; D. 2004. AJ 805, obs. Avena-Robardet ; JCP E 2004, n° 36, p. 1340, obs. Simler; CCC 2004, n° 100, obs. Raymond; RD banc. fin. 2004, n° 112, obs. Legeais; LPA 17 mai 2004, obs. Houtcieff; RJDA 2004, n° 1029; Defrénois 2004. 709, note S. Piedelièvre; ibid. 1073, note Dagorne-Labbe; AJDI 2004. 648, obs. Cohet-Cordey ; Dr. et proc. 2004. 205, obs. Picod. ♦ Déjà jugé que l'absence de référence à « l'acte sous seing privé » dans l'art. L. 313-8 [L. 314-16], alors que cet acte est expressément visé à l'art. L. 313-7 [L. 314-15], n'a pas pour effet d'imposer la rédaction de la mention manuscrite prévue à l'art. L. 313-8 [L. 314-16] dans un acte notarié. • Paris, 1er févr. 2002 : *RJDA 2002, n° 681.* ♦ V., dans le même sens, l'avis du Conseil supérieur du notariat, du 4 mai 1990 : *JCP N 1990, Prat. 1471* (similitude de régime entre le cautionnement simple et solidaire).

2. Caution solidaire. Un jugement retient à bon droit que l'absence de la mention manuscrite prévue à l'art. L. 313-8 [L. 314-16] a pour seul effet de priver le créancier du caractère solidaire du cautionnement souscrit et affirme à juste titre, en privant dès lors de toute portée l'insertion du terme « solidaire » dans la mention manuscrite apposée par les cautions, dont il relève qu'il n'est pas contesté qu'elles ont reporté la mention prévue par l'art. L. 313-7 [L. 314-15], que celles-ci ne se sont engagées qu'en qualité de cautions simples. • Civ. 1re, 5 avr. 2012 : *Bull. civ. I, n° 84; D. 2012. Pan. 1578, obs. Crocq ; ibid. Actu. 1004, obs. Avena-Robardet ; JCP E 2012, n° 1329, note Legeais; CCC 2012, n° 186, obs. Raymond; LPA 6 nov. 2012, obs. Lasserre Capdeville; Gaz. Pal. 2012. 1410, note Piedelièvre; RD banc. fin. 2012, n° 86, obs. Cerles; RDC 2012. 1263, obs. Barthez.*

Art. L. 314-17 Toute personne physique qui s'est portée caution à l'occasion d'une opération de crédit relevant des chapitres II ou III du présent titre est informée par l'établissement prêteur de la défaillance du débiteur principal dès le premier incident de paiement caractérisé susceptible d'inscription au fichier institué à l'article L. 751-1. — *[C. consom., art. L. 313-9, hors sanction.] — Rappr. art. L. 333-1.*

BIBL. ▶ LEGEAIS, *JCP E 1998, n° 44, p. 1725* (réforme du cautionnement par la loi du 29 juill. 1998 relative à la lutte contre les exclusions). – CROCQ, *Mélanges Cabrillac, Dalloz-Litec, 1999, p. 843* (les développements récents de l'obligation d'information de la caution). – CERLES, *Banque et Droit, mars-avr. 1999. 3* (même thème). – SEIGNEUR, *LPA 7 mai 1999* (même thème). – CRÉDOT, *ibid. 21 mai 1999; Banque et Droit nov.-déc. 1998, p. 3.* – B. AUBERT, *CCC 1999. Chron. 7.* – GÉRARDIN, *LPA 31 mars 2000* (créancier, caution et débiteur surendetté). – PIEDELIÈVRE, *Defrénois 2000. 1073* (surendettement et cautionnement). – AVENA-ROBARDET, *D. 2003. 2083* (réforme du cautionnement par la loi du 1er août 2003 pour l'initiative économique). – LUTUN, *RD banc. fin. 2003. 262* (information de la caution). – PICOD, *Mélanges Simler, Dalloz-Litec, 2006, p. 395* (l'évolution de l'obligation d'information de la caution pendant l'exécution du contrat).

1. Application d'office. Étant saisie, au soutien d'une demande générale de déchéance du droit aux intérêts conventionnels, du moyen pris du défaut d'information de la caution, une cour d'appel est tenue de faire application de l'art. L. 313-9 [L. 314-17], et ce quand bien même ce texte n'eût pas été expressément invoqué. • Com. 3 mai 2006 : *JCP 2006. IV. 2175; CCC 2006, n° 148, obs. Raymond; Gaz. Pal. 2006. 1929, note S. Piedelièvre; RLDA juill. 2006. 64, obs. Méar; RDC 2006. 737, obs. Fenouillet.*

2. Fichier des incidents de paiement. L'établissement prêteur a l'obligation, sous peine de déchéance du droit de percevoir des intérêts, d'aviser la caution de la défaillance du débiteur principal, dès le premier incident de paiement susceptible d'entraîner l'inscription au fichier de la Banque de France. Seuls sont inscrits à ce fichier les incidents de paiement caractérisés (transmission du dossier litigieux au conseil de la banque). • Versailles, 23 janv. 1998 : *D. Affaires 1998. 369, obs. S. P.* ♦ Aussi longtemps que la banque est en pourparlers amiables avec le débiteur, les échéances impayées ne peuvent être inscrites au fichier. • Même arrêt.

3. Modalités de l'information. Sur une mise en demeure suivie d'une lettre d'information portant à la connaissance de la caution la défaillance de l'emprunteur résultant du non-approvisionnement du compte, V. • Paris, 31 oct. 1996, n° 95/004132. ♦ Mais la seule mise en demeure adressée au débiteur principal et à la caution de régler le solde débiteur du compte joint ne saurait constituer l'information de la caution, telle qu'exigée par l'art. L. 313-9 [L. 314-17] qui fait obligation à l'établissement prêteur d'informer la caution de la défaillance du débiteur principal. • Reims, 27 févr. 1997, n° 95/1606.

4. Étendue de l'engagement de la caution. En application de l'art. L. 313-9 [L. 314-17], si la caution est tenue au paiement des intérêts au taux légal entre le premier incident de paiement et la date où elle a été informée de l'exigibilité de la créance, elle n'est pas tenue au paiement des intérêts au taux conventionnel pendant cette période. • Basse-Terre, 13 mars 2006, n° 03/00768.

Art. L. 314-18 Un établissement de crédit, une société de financement, un établissement de monnaie électronique, un établissement de paiement ou un organisme men-

tionné au 5 de l'article L. 511-6 du code monétaire et financier ne peut se prévaloir d'un contrat de cautionnement d'une opération de crédit relevant des chapitres II ou III du présent titre, conclu par une personne physique dont l'engagement était, lors de sa conclusion, manifestement disproportionné à ses biens et revenus, à moins que le patrimoine de cette caution, au moment où celle-ci est appelée, ne lui permette de faire face à son obligation. — *[C. consom., art. L. 313-10.] — Rappr. art. L. 332-1.*

BIBL. ▸ JOBARD-BACHELLIER et BRÉMOND, *RTD com. 1999. 327* (droit de la responsabilité et cautionnement d'activités professionnelles). - RAYNAUD, *LPA 21 janv. 2000* (solvabilité de la caution). - ARLIE, *LPA 3 oct. 2001* (négligence du prêteur, règle de l'accessoire attachée au cautionnement et libération de la caution). - DE LAENDER, *RD banc. fin. 2003. 259* (exigence de proportionnalité). - PICOD, *Études Calais-Auloy, Dalloz, 2004, p. 843* (proportionnalité et cautionnement). - PESENTI, *LPA 11 mars 2004* (principe de proportionnalité en droit des sûretés). - BAKOUCHE, *CCC 2004. Chron. 5* (proportionnalité dans le cautionnement à l'épreuve de la loi et de la jurisprudence). - PIETTE, *Dr. et patr. juin 2004. 44* (sanction du cautionnement disproportionné). - CROCQ, *Mélanges Simler, Dalloz-Litec, 2006, p. 291* (sûretés et proportionnalité). - MATHEY, *RD banc. fin. 2012. Dossier 41* (le caractère excessif de l'engagement de la caution). - WATERLOT, *Dr. et patr. avr. 2016. 24* (appréciation de la proportionnalité des cautionnements consentis solidairement par des époux séparés de biens).

1. Application dans le temps. Les dispositions de la loi du 31 déc. 1989, dont est issu l'art. 7-4 de la loi du 10 janv. 1978 [C. consom., art. L. 314-18], ne sont pas applicables à un acte conclu avant son entrée en vigueur. • Grenoble, 20 févr. 1996 : *JCP 1997. I. 3991, p. 22, obs. Simler et Delebecque.*

2. Domaine d'application. Les dispositions de l'art. L. 313-10 [L. 314-18] sont inapplicables dans le cas de cautionnement de prêts n'entrant pas dans le champ d'application du code de la consommation. • Paris, 4 juin 1993 : *D. 1993. IR 243* (exclusion pour le cautionnement donné par un président de société à sa société pour les besoins de l'activité professionnelle de celle-ci) • Paris, 9 avr. 1999 : *CCC 2000, n° 115, obs. Raymond* (exclusion pour le cautionnement d'un prêt à une personne morale se livrant à titre habituel à des activités immobilières). ♦ Une épouse qui s'est engagée à garantir, en qualité de caution solidaire, le solde débiteur du compte courant de son mari, agent commercial, ne peut pas invoquer les dispositions de l'art. L. 313-10 [L. 314-18], dès lors qu'elle ne démontre pas que le compte aurait essentiellement servi aux besoins personnels du couple et non à l'activité professionnelle de son mari. • Grenoble, 25 oct. 2000 : *JCP 2002. IV. 3081.* ♦ *Contra*, retenant qu'un établissement de crédit n'est pas fondé à soutenir que l'art. L. 313-10 [L. 314-18] n'est pas applicable en raison du caractère professionnel du prêt dès lors que les cautionnements souscrits par les cautions n'avaient aucune finalité commerciale : • Douai, 21 nov. 2000 : *D. 2001. AJ 2127, obs. Rondey*. ♦ *Contra*, également, pour une application de l'art. L. 313-10 [L. 314-18] au cautionnement d'un prêt à caractère professionnel, V. • TGI Saintes, 25 oct. 1996 : *BICC 1997, n° 1475; Gaz. Pal. 1er-2 sept. 1999, p. 21, obs. Vray.* ♦ Le constituant d'une sûreté réelle pour autrui ne peut invoquer le bénéfice de l'art. L. 313-10 [L. 314-18] puisque la sûreté réelle consentie pour garantir la dette d'un tiers n'implique aucun engagement personnel à satisfaire l'obligation d'autrui et n'est donc pas un cautionnement. • Civ. 1re, 5 nov. 2009 : *CCC 2010, n° 59, obs. Raymond; RLDC 2010. 37, obs. Ansault.*

3. Cautionnement solidaire. Le caractère manifestement disproportionné de l'engagement des cautions solidaires doit être apprécié au regard des revenus de chacune d'elles. • Civ. 1re, 22 oct. 1996 : *Bull. civ. I, n° 362; D. 1997. 515, note Wacongne ; ibid. Somm. 166, obs. Aynès ; RTD civ. 1997. 189, obs. Crocq ; JCP 1997. II. 22826, note S. Piedelièvre; ibid. I. 3991, p. 22, obs. Simler et Delebecque; CCC 1997, n° 11, obs. Raymond* • Civ. 1re, 29 oct. 2002 : *RJDA 2003, n° 191.* ♦ Rappr. : • Paris, 27 juin 2000 : *D. 2001. 1382, note Grignon-Derenne ; JCP 2001. I. 315, obs. Simler et Delebecque.* ♦ Comp., en ce sens que le caractère manifestement disproportionné du cautionnement solidaire garantissant un prêt immobilier s'apprécie par référence à l'équilibre général du contrat et doit prendre en considération les autres garanties existantes : • Paris, 7 nov. 2000 : *ibid.* ♦ V. aussi, jugeant que lorsque des époux communs en biens se sont simultanément portés cautions solidaires d'une même dette, le caractère manifestement disproportionné de leur engagement est apprécié, non au regard des revenus de chacun d'eux, mais eu égard aux biens et revenus de la communauté qu'ils ont engagée : • Civ. 1re, 27 mai 2003 : *Bull. civ. I, n° 132; RJDA 2003, n° 1000.*

4. Preuve. Conformément à l'art. 1315 [1353] C. civ., il appartient à la caution qui entend opposer à la banque créancière les dispositions de l'art. L. 313-10 [L. 314-18] C. consom., de rapporter la preuve du caractère manifestement disproportionné de son engagement par rapport à ses biens. • Bordeaux, 26 août 1997 : *JCP E 1998, n° 13, p. 486* • Com. 10 mars 2004 : *RD banc.*

fin. 2004, n° 116, obs. Legeais. ♦ Il incombe à la caution qui se prévaut du caractère disproportionné de son engagement d'apporter la preuve de l'existence, lors de la souscription de celui-ci, d'une disproportion manifeste entre le montant de la somme garantie et la valeur de ses biens et revenus. • Com. 2 oct. 2007 : *RJDA 2008, n° 85.* ♦ Le caractère manifestement disproportionné de l'engagement de la caution doit s'apprécier objectivement, sans égard à la bonne ou mauvaise foi de celle-ci, sauf fraude dont la preuve incombe alors à l'établissement de crédit. • Bordeaux, 26 août 1997 : *préc.* ♦ Afin d'établir l'existence de la fraude, la banque doit justifier qu'elle a, préalablement à la signature du contrat, expressément questionné la caution et qu'elle s'est vu fournir des réponses mensongères et des justificatifs trompeurs sur sa situation de fortune. • Bordeaux, 26 août 1997 : *préc.*

5. Diligence du banquier. La banque, étant tenue de respecter la proportionnalité de l'engagement de la caution par rapport à ses ressources à la date de conclusion du contrat, doit s'informer activement des capacités financières de celle-ci avant de l'inviter à s'engager (insuffisance des simples déclarations de l'emprunteur ou des réponses à un questionnaire succinct sur la situation de fortune de la caution). • Bordeaux, 26 août 1997 : *préc. note 4.* ♦ L'art. L. 313-10 [L. 314-18] oblige l'établissement de crédit à interroger la caution sur sa situation financière personnelle et à procéder à une vérification de la proportionnalité de l'engagement de la caution par rapport à ses ressources propres connues de l'établissement de crédit. • Paris, 2 avr. 2002 : *CCC 2002, n° 165, obs. Raymond.* ♦ La banque doit procéder à une vérification objective de la situation de la caution et à une obligation de justification de cette vérification qui doit être réalisée par des moyens qui ne ressortent toutefois pas d'une enquête à caractère inquisitorial. • Même arrêt. ♦ V. aussi : • Com. 13 févr. 2007 : *CCC 2007, n° 137, obs. Raymond; LPA 25 sept. 2008, obs. Cadoret.* ♦ Pour une banque ayant fait preuve d'un manque de diligence dans le montage du dossier d'un prêt relais, V. • Orléans, 8 mars 2007 : *JCP 2007. IV. 3055.*

6. Exemples. Pour des exemples d'application de l'art. L. 313-10 [L. 314-18], V. : • Paris, 17 sept. 1993 : *JCP E 1994. I. 408, n° 8, obs. Simler et Delebecque* • Lyon, 13 janv. 1994 : *eod. loc.* • Paris, 30 janv. 1996 : *D. Affaires 1996. 229* (disproportion manifeste entre la somme due par la caution, représentant environ 50 % de son revenu disponible, et les biens et les revenus de celle-ci) • 27 mai 1997 : *CCC 1998, n° 47, obs. Raymond* (engagement représentant trois fois le revenu annuel de la caution) • 27 sept. 1996 : *RD bancaire et bourse 1997. 114, obs. Crédot et Gérard* • Douai, 15 sept. 1994 : *Gaz. Pal. 1996. 2. Somm. 150* (caution pour la somme de 115 422 F avec des revenus de 3 500 F par mois) • Civ. 1re, 22 oct. 1996 : *préc. note 3* (cautions pour un montant de 137 150 F avec des revenus mensuels respectifs de 6 380 F et 4 730 F) – Dans le même sens, V. • Chambéry, 5 févr. 1997 : *BICC 1997, n° 937.*

7. Exclusion des financements professionnels. L'art. L. 313-10 [L. 314-18] n'est pas applicable au P.-D.G. d'une société qui s'est porté caution, avec celle-ci, d'un prêt consenti à une autre société dont il est également PDG, l'opération étant destinée au financement des besoins d'une activité professionnelle. • Paris, 4 juin 1993 : *D. 1993. IR 243.* – V. note 2.

8. Généralisation du principe de proportionnalité ? (jurisprudence antérieure à la loi du 1er août 2003). BIBL. Legeais, *LPA 30 sept. 1998.* – Molfessis, *Banque et Droit, mai-juin 2000. 4.* – Cerles, *Dr. et patr., juill.-août 2003. 54.* ♦ Ne sont pas fondées à rechercher la responsabilité de l'établissement de crédit les cautions qui, ayant respectivement la qualité de président du conseil d'administration et de directeur général de la société bénéficiaire du prêt cautionné, n'ont jamais prétendu ni démontré que le prêteur aurait eu sur leurs revenus, leurs patrimoines et leurs facultés de remboursement raisonnablement prévisibles des informations qu'elles-mêmes auraient ignorées. • Com. 8 oct. 2002 : *Bull. civ. IV, n° 136; D. 2003. 414, note Koering; ibid. Somm. 1284, obs. Brémond; JCP E 2002, n° 48, p. 1920, note Legeais; JCP 2003. II. 10017, note Picod; RD banc. fin. 2002, n° 231, obs. Legeais; Banque et Droit janv.-févr. 2003. 52, obs. Jacob; Bull. Joly 2003. 133, note Devèze; CCC 2003, n° 20, obs. Leveneur; RTD civ. 2003. 125, obs. Crocq; Defrénois 2003. 456, note Piedelièvre; ibid. 411, obs. Théry; RJ com. 2003. 267, note Pohe; RJDA 2003, n° 439* • 18 mars 2003 : *RJDA 2003, n° 1109 (2e esp.)* • 17 déc. 2003 : *D. 2004. AJ 208; JCP 2004. II. 10072, note Casey; RD banc. fin. 2004, n° 65, obs. Legeais* (qui distingue toutefois entre la caution dirigeante et son épouse). ♦ Comp., retenant la responsabilité d'une banque ayant demandé un aval « sans aucun rapport » avec le patrimoine et les revenus de l'avaliste : • Com. 17 juin 1997 : *Bull. civ. IV, n° 188; D. 1998. 208, note Casey; D. Affaires 1997. 929; RTD civ. 1998. 157, obs. Crocq; Bull. Joly 1997. 866, note Le Cannu; JCP E 1997. II. 1007, note Legeais; Dr. sociétés 1997, n° 152, note Bonneau.* ♦ V. aussi, jugeant qu'un établissement de crédit peut engager sa responsabilité pour non-respect du principe de proportionnalité envers une caution extérieure à la société dont les obligations sont garanties : • Com. 25 mars 2003 : *RD banc. fin. 2003, n° 135, obs. Legeais; JCP E 2004, n° 3, p. 76, obs. Simler.*

Sur l'appréciation du principe de proportionnalité à l'égard d'emprunteurs avertis : • Civ. 1re, 12 juill. 2005 : *Bull. civ. I, n° 324; D. 2007. Pan.*

761, obs. D. R. Martin ; D. 2005. 3094, note Parance (2e esp.) ; ibid. AJ 2276, obs. Delpech (1re esp.) ; JCP E 2005, no 38, p. 1521, note Legeais (4e esp.); JCP 2005. II. 10140, note Gourio (2e esp.) • 25 avr. 2007 : *LPA 21 déc. 2007, note Attard.* ♦ ... D'emprunteurs profanes : • Civ. 1re, 12 juill. 2005 : *Bull. civ. I, no 327; D. 2005. 3094, note Parance (3e esp.) ; ibid. AJ 2276, obs. Delpech (2e esp.) ; JCP E 2005, no 38, p. 1521, note Legeais (1re esp.); JCP 2005. II. 10140, note Gourio (2e esp.)* • Com. 6 févr. 2007 : *Bull. civ. IV, no 18; D. 2007. AJ 575, obs. Avena-Robardet ; RTD civ. 2007. 372, obs. Crocq ; JCP 2007. IV. 1525; RD banc. fin. 2007, no 62, obs. Legeais; Banque et Droit mai-juin 2007. 42, obs. Bonneau; RJDA 2007, no 778; RJ com. 2007. 351, obs. Macorig-Venier.*

En demandant une garantie manifestement disproportionnée par rapport aux facultés financières de celui qui s'engage, une banque commet une faute dont elle doit réparation au garant. • Aix-en-Provence, 8 oct. 1998 : *BICC 1999, no 1021.* ♦ V. aussi • Lyon, 16 janv. 1998 : *JCP 1999. I. 116, obs. Simler* • Paris, 27 nov. 1998 : *ibid.; JCP 1999. II. 10092, note Casey.* ♦ V. déjà, dans le cas d'un crédit destiné à financer une activité professionnelle : • Paris, 25 févr. 2000 : *D. 2000. AJ 262, obs. Rondey* . ♦ Comp. • Douai, 21 nov. 2000 : *D. 2001. AJ 2127, obs. Rondey* . ♦ V. également, jugeant que la caution ne saurait faire état de la disproportion de ses moyens par rapport à l'engagement contracté dès lors que ces dispositions ne peuvent être invoquées que par le créancier, qui se verrait offrir des garanties insuffisantes, et en aucun cas par la caution : • Versailles, 31 oct. 1997 : *D. Affaires 1998. 106, obs. X. D.* ♦ Jugeant qu'il ne peut être reproché à une cour d'appel d'avoir déclaré recevable la demande de crédit-bailleurs contre les cautions, dès lors que celles-ci s'étaient bornées à se prétendre insolvables sans alléguer que la charge de la dette était manifestement disproportionnée avec leur patrimoine et leurs ressources à l'époque des cautionnements, V. • Com. 11 juin 2003 : *D. 2003. AJ 2094 ; Banque et Droit juill.-août 2003. 61, obs. Jacob; RD banc. fin. 2003, no 222, obs. Cerles; JCP E 2004, no 3, p. 76, obs. Simler; LPA 9 avr. 2004, note Guerchoun; RDI 2003. 566, obs. Heugas-Darraspen ; RD banc. fin. 2005, no 36, obs. Crédot et Gérard; Banque et Droit mars-avr. 2005. 47, obs. Bonneau; RJDA 2003, no 1206* (pour des cautions-associées).

V. désormais art. L. 332-1.

9. Délai de forclusion. V. note 39 ss. art. R. 312-35.

10. Sanction. BIBL. de Laender, *RD banc. fin. 2003. 259* (exigence de proportionnalité). ♦ Jugeant qu'en application de l'art. L. 313-10 [L. 314-18] les juges doivent seulement décider que l'établissement de crédit ne peut se prévaloir des cautionnements et non annuler ceux-ci, V. • Civ. 1re, 22 oct. 1996 : *préc. note 3.* ♦ Comp., s'agissant du cautionnement de droit commun : • Civ. 1re, 9 juill. 2003 : *D. 2004. 204, note Picod ; JCP E 2003, nos 45-46, p. 1821, note Casey; ibid. 2004, no 3, p. 76, obs. Simler* • 6 avr. 2004 : *D. 2004. AJ 1232 ; JCP E 2004, no 24, p. 934; Banque et Droit juill.-août 2004. 58, obs. Bonneau; LPA 10 nov. 2004, note Raby; RJDA 2004, no 1045; Defrénois 2005. 339, obs. Théry* • 29 juin 2004 : *D. 2004. Somm. 2707, obs. Aynès ; JCP E 2004, no 38, p. 1416; Dr. et patr. nov. 2004. 85, obs. Saint-Alary; Banque et Droit nov.-déc. 2004. 56, obs. Bonneau; RJDA 2004, no 1164.* – V. sur cet arrêt, M.-E. Mathieu, *RD banc. fin. 2004. 345* (la banque créancière et le cautionnement disproportionné). – V. aussi : • Civ. 1re, 20 déc. 2007 : *Bull. civ. I, no 393; D. 2008. AJ 287, obs. Avena-Robardet ; JCP 2008. IV. 1141; CCC 2008, no 115, obs. Raymond; RD banc. fin. 2008, no 10, obs. Legeais; Dr. et proc. 2008. 82, obs. Picod.*

Art. L. 314-19 La garantie autonome définie à l'article 2321 du code civil ne peut être souscrite à l'occasion d'un crédit relevant des chapitres II et III du présent titre. — *[C. consom., art. L. 313-10-1.] — V. art. préc. au* **C. civ.** *ou* **C. com.**

COMMENTAIRE

L'article L. 314-19, qui trouve son origine dans la réforme du droit des sûretés, exclut la garantie autonome, *désormais définie* par l'article 2321 du code civil, des modes de garantie des crédits relevant tant du chapitre III (crédit immobilier) que du chapitre II (crédit à la consommation) du présent titre. Si une telle sûreté avait été admise en droit de la consommation, elle aurait rapidement remplacé le cautionnement. Or, une telle substitution aurait considérablement affaibli la protection des garants, en particulier au regard du principe d'inopposabilité des exceptions qui caractérise la garantie indépendante et du formalisme de la mention manuscrite. Rien n'empêche cependant une personne physique de souscrire une garantie autonome au profit d'un créancier professionnel hors crédit à la consommation ou crédit immobilier et de contourner ainsi les dispositions protectrices des articles L. 331-1 et suivants du code de la consommation (V. Houtcieff, Les sûretés personnelles, *JCP 2006, suppl. au no 20, p. 7 s.*). Dans le même esprit, un nouvel article 22-1-1 inséré dans la loi du 6 juillet 1989 tendant à améliorer les rapports locatifs précise que « la garantie autonome prévue à l'article 2321 du code civil ne peut être souscrite en lieu et place du dépôt de garantie prévu à l'article 22 et que dans la limite du montant résultant des dispositions du premier alinéa de cet article », soit deux mois de loyer. ❑

SECTION IV DÉLAI DE GRÂCE

COMMENTAIRE

L'objet du texte est d'informer les consommateurs confrontés à des difficultés de paiement de la possibilité de solliciter du juge un délai de grâce conformément au droit commun.

L'article L. 314-20 insiste pour sa part sur la situation de licenciement de l'emprunteur ; mais cette donnée est une simple directive d'application, le juge d'instance conservant toute liberté d'appréciation.

Il faut souligner que l'ordonnance du juge d'instance peut prévoir que, durant le délai de grâce, les sommes dues ne produiront pas d'intérêt. Mais ces dispositions sont purement facultatives pour le juge.

Ce dernier peut aussi déterminer dans son ordonnance les modalités de paiement des sommes qui seront exigibles au terme du délai de suspension, de façon à pallier toute difficulté relative à la portée pratique du délai, avec une seule limite : le dernier versement ne peut excéder de plus de deux ans le terme initialement prévu pour le remboursement du prêt. ❑

Art. L. 314-20 L'exécution des obligations du débiteur peut être, notamment en cas de licenciement, suspendue par ordonnance du juge d'instance dans les conditions prévues *(Ord. n° 2016-131 du 10 févr. 2016, art. 6-IV, en vigueur le 1er oct. 2016)* **« à l'article 1343-5** *[ancienne rédaction : aux articles 1244-1 à 1244-3]* **» du code civil. L'ordonnance peut décider que, durant le délai de grâce, les sommes dues ne produiront point intérêt.**

En outre, le juge peut déterminer dans son ordonnance les modalités de paiement des sommes qui seront exigibles au terme du délai de suspension, sans que le dernier versement puisse excéder de plus de deux ans le terme initialement prévu pour le remboursement du prêt ; il peut cependant surseoir à statuer sur ces modalités jusqu'au terme du délai de suspension. — *[C. consom., art. L. 313-12.] — V. aussi art. R. 313-33.*

Les contrats conclus avant le 1er oct. 2016 demeurent soumis à la loi ancienne. Lorsqu'une instance a été introduite avant l'entrée en vigueur de l'Ord. n° 2016-131 du 10 févr. 2016, l'action est poursuivie et jugée conformément à la loi ancienne. Cette loi s'applique également en appel et en cassation (Ord. préc., art. 9).

1. Ordre public. Sur l'inefficacité d'une clause d'un contrat de prêt immobilier stipulant l'exigibilité immédiate des sommes restant dues en cas de défaillance de l'emprunteur, V. : • Civ. 1re, 24 févr. 1987 : *Bull. civ. I, n° 71.* ♦ Fait une exacte application de l'art. L. 313-12 [L. 314-20], le juge qui ordonne au profit d'un débiteur la suspension pendant deux ans du remboursement des échéances, l'amortissement des sommes restant dues avant le terme initialement prévu, nonobstant la déchéance du terme dont les effets se trouvent par là même suspendus. • Civ. 1re, 7 janv. 1997 : *Bull. civ. I, n° 9 ; CCC 1997, n° 53, obs. Raymond ; RJDA 1997, n° 677.* ♦ *Contra*, jugeant que l'art. L. 313-12 [L. 314-20] ne peut être appliqué lorsque la déchéance du terme est acquise et que la totalité du *prêt est devenue exigible.* • *Paris, 12 oct. 1994 : D. 1995. IR 36.* ♦ V. aussi, considérant que la suspension des obligations du débiteur en cas de licenciement peut être ordonnée même lorsque la déchéance du terme est intervenue : • Amiens, 2 mars 1998 : *Gaz. Pal. 1er-2 sept. 1999, p. 15.*

2. Domaine d'application. Les dispositions de l'art. L. 313-12 [L. 314-20] ne sont applicables qu'en matière de crédit à la consommation et de crédit immobilier, et non au débiteur des ASSEDIC dans le cadre d'une restitution d'indemnités de chômage. • Soc. 27 févr. 2002 : *Gaz. Pal. 19-20 juill. 2002. Pan. 21.* ♦ Aucune disposition du code de la consommation sur les crédits immobiliers n'exclut les personnes morales autres que de droit public de son champ d'application, et les parties peuvent soumettre volontairement les opérations qu'elles concluent à ces dispositions qui leur sont alors applicables en totalité. Il résulte des contrats de prêts litigieux que ces contrats sont expressément placés sous le régime des dispositions du code de la consommation relatives aux prêts immobiliers, de telle sorte que, et sans qu'il y ait lieu de rechercher si ces prêts étaient destinés à financer une activité professionnelle, l'emprunteur était recevable à demander le bénéfice des dispositions de l'art. L. 313-12 [L. 314-20]. • Rennes, 7 mai 2015, n° 14/07511 : *CCC 2015, n° 213, obs. Raymond ; Gaz. Pal. 2015. 3234, obs. Piedelièvre.*

3. Durée d'amortissement. Dérogatoires au droit commun, l'art. L. 313-12 [L. 314-20] C. consom., et l'art. 1244, al. 2, [ancien] C. civ. doivent être d'interprétation stricte : s'ils permettent d'accorder un répit aux débiteurs malheureux et de bonne foi, en les dispensant provisoirement de payer certaines échéances, ils ne sauraient avoir pour effet de ruiner l'autorité des contrats ; ainsi, le juge n'a pas le pouvoir d'allonger la durée d'amortissement d'un prêt d'épargne logement. • Versailles, 31 janv. 1986 : *D. 1986. IR 393, obs. Aubert.*

4. Échéances suspendues. Pour le bénéficiaire d'un crédit immobilier, la première échéance exigible à l'expiration de la période de suspension est celle qui aurait dû être payée à la date à laquelle a été fixé le point de départ du délai de suspension, de sorte que le terme du prêt est reporté d'une durée égale à celle de la suspension accordée ; l'établissement de crédit ne peut donc exiger à l'expiration du délai de suspension le paiement des sommes venues à échéance pendant ce laps de temps. • Limoges, 18 mars 1987 : *D. 1987. Somm. 458, obs. Aubert.*

Une cour d'appel, après avoir relevé qu'un emprunteur avait été licencié pour motif économique et que son épouse ne travaillait pas, peut estimer qu'il convient, pour éviter qu'à l'issue du délai de grâce le règlement global et immédiat des échéances suspendues puisse entraîner la résolution du prêt, de déterminer des modalités de paiement desdites échéances jusqu'au terme initialement prévu pour le remboursement du prêt, sa décision ne prorogeant pas la suspension des obligations des emprunteurs au-delà du délai de deux ans. • Civ. 1re, 19 juin 1990 : *D. 1990. IR 198.*

5. HLM. Pour l'application de l'art. L. 313-12 [L. 314-20] aux crédits accordés par les sociétés d'HLM, V. : • Civ. 1re, 10 juin 1987 : *D. 1987. Somm. 457, obs. Aubert ; Defrénois 1987. 34056, obs. Vermelle.*

6. Crédit foncier. Les dispositions d'ordre public de l'art. 14 de la loi du 13 juill. 1979 [C. consom., art. L. 314-20] l'emportent sur celles du décret du 28 févr. 1852 relatif aux sociétés de crédit foncier, disposant que « les juges ne peuvent accorder aucun délai pour le paiement des annuités » ; les emprunteurs des sociétés de crédit foncier peuvent donc obtenir la suspension de l'exécution de leurs obligations. • TGI Laon, 11 déc. 1986 : *D. 1987. Somm. 306.*

7. Délai de forclusion. Le délai de suspension accordé en application de l'art. L. 313-12 [L. 314-20] emporte le report du point de départ du délai de forclusion au premier incident de paiement non régularisé survenu après l'expiration de ce délai. • Civ. 1re, 1er juill. 2015, no 14-13.790 P : *D. 2015. Actu. 1484 ; RTD com. 2015. 735, obs. Bouloc ; JCP E 2015, no 1376 ; CCC 2015, no 267, obs. Raymond ; Gaz. Pal. 2015. 3236, obs. Piedelièvre ; RLDA sept. 2015. 36, obs. Rochette ; RD banc. fin. 2015, no 146, obs. Mathey.*

SECTION V LETTRE *[LETTRES]* DE CHANGE ET BILLETS À ORDRE

COMMENTAIRE

En raison du principe de l'inopposabilité des exceptions, le signataire du titre de paiement et de crédit ne peut opposer à son créancier porteur des titres souscrits les moyens de défense dont il dispose à l'égard de son propre débiteur. Si les établissements de crédit étaient autorisés à tirer des lettres de change ou des billets à ordre sur les consommateurs, la protection de ces derniers serait anéantie. Le principe d'inopposabilité des exceptions les empêcherait d'obtenir l'annulation, la suspension ou la résolution du contrat de prêt en cas d'inexécution du contrat de vente.

C'est la raison pour laquelle l'article L. 314-21 du code de la consommation renvoie aux dispositions de l'article L. 511-5 du code de commerce qui déclare nulles les lettres de change souscrites par des mineurs. Autrement dit, le consommateur est ici assimilé à un incapable. ❑

Art. L. 314-21 Les dispositions de l'article L. 511-5 du code de commerce sont applicables aux lettres de change et billets à ordre souscrits ou avalisés par les emprunteurs même majeurs à l'occasion des opérations de crédit régies par le présent titre à l'exception des sections II, VI et VIII du chapitre III et des sections I, II, IV, V et VI du présent chapitre et de la section II du chapitre Ier du titre IV. – *[C. consom., art. L. 313-13.]*

1. Domaine de la nullité. Il résulte de l'art. L. 313-13 [L. 314-21] C. consom. que la nullité prévue par l'art. L. 511-5 C. com. applicable aux lettres de change et billets à ordre souscrits ou avalisés par les emprunteurs à l'occasion des opérations de crédit régies par le titre I du livre III du code de la consommation [ancien] n'est pas applicable aux effets souscrits ou avalisés à l'occasion du contrat principal financé par un crédit soumis au chapitre II de ce titre. • Civ. 1re, 4 févr. 2003 : *D. 2004. Somm. 2038, obs. Boujeka, RJDA 2003, no 1115.* ♦ Par suite, ayant relevé qu'une banque avait demandé, en sa qualité de tiers porteur, le paiement de traites escomptées par elle émises pour le remboursement de travaux et non pas pour le remboursement des prêts consentis, une cour d'appel a légalement justifié sa décision de rejeter la demande en nullité de ces lettres formée par le client. • Même arrêt. ♦ Pour une lettre de change souscrite à l'occasion d'une opération de construction et non d'une opération de crédit, V. • Com. 23 juin 2004 : *RJDA 2005, nº 71.*

2. Moment de la souscription de l'effet de commerce. Pour l'application de l'art. L. 313-13 [L. 314-21], il importe peu que la souscription d'une lettre de change par un consommateur en remboursement de l'intégralité ou du solde de l'opération de crédit soit contemporaine ou non de l'ouverture de crédit ou du prêt consentis. • Civ. 1re, 30 sept. 1997 : *D. 1997. IR 215 ; D. Affaires 1997. 1214 ; JCP E 1997. Pan. 1183, obs. Bouteiller; CCC 1997, nº 182, obs. Raymond.*

3. Compétence. La nullité de cette lettre de change prive, en vertu de l'art. L. 311-37 [R. 312-35], le tribunal de commerce de toute compétence. • Civ. 1re, 30 sept. 1997 : *préc. note 2.*

SECTION VI RÈGLE DE CONDUITE ET RÉMUNÉRATION

(Ord. nº 2016-351 du 25 mars 2016, art. 4-5º, en vigueur le 1er juill. 2016)

COMMENTAIRE

Des règles morales de bonne conduite (art. L. 314-22) et de rémunération (art. L. 314-23) viennent renforcer les obligations existantes des prêteurs, conformément à la directive de 2014. Seules les règles de rémunération sont sanctionnées par l'article L. 341-52.

Antérieurement à l'ordonnance nº 2016-301 du 14 mars 2016, le code de la consommation, modifié par la loi nº 2014-344 du 17 mars 2014, visait déjà à combattre la pratique consistant pour le prêteur à rémunérer le vendeur (personne physique) en fonction du taux de crédit ou du type de crédit qu'il a fait souscrire, mais il sanctionnait faiblement (Jouffin, La rémunération des vendeurs de crédit : toujours plus de transparence, *Banque et Droit mai-juin 2015. 53*).

Le fait de rémunérer ou de faire rémunérer les personnels mentionnés aux quatrième et septième alinéas de l'article L. 314-23 dans des conditions contraires à ces dispositions est puni d'une amende de 30 000 euros, depuis l'ordonnance du 25 mars 2016 (art. L. 341-52). Mais le fait de rémunérer ou de faire rémunérer un vendeur d'un bien mobilier ou immobilier dans des conditions contraires aux dispositions du troisième alinéa de l'article L. 314-23 est puni de la peine d'amende prévue pour les contraventions de la 5e classe (art. R. 341-24), tout comme le fait pour un vendeur d'être rémunéré dans des conditions contraires aux dispositions du troisième alinéa de l'article L. 314-23 (art. R. 341-25). ❑

Art. L. 314-22 **Dans le cadre de l'élaboration, de l'octroi et de l'exécution d'un contrat de crédit, de service de conseil ou de services accessoires, les prêteurs agissent d'une manière honnête, équitable, transparente et professionnelle, au mieux des droits et des intérêts des** *(L. nº 2017-203 du 21 févr. 2017, art. 9-I)* **« emprunteurs ».**

L'octroi de crédit, de services accessoires ou de services de conseil s'appuie sur les informations relatives à la situation de l'emprunteur et sur toute demande spécifique formulée par celui-ci, ainsi que sur les hypothèses raisonnables quant aux risques que la durée du contrat de crédit fait courir à l'emprunteur. – *[Ord. nº 2016-351 du 25 mars 2016, art. 4, 4º.]*

BIBL. ▶ HOUTCIEFF, *RD banc. fin. 2016. Dossier 33* (devoirs précontractuels d'information du prêteur).

Art. L. 314-23 **La manière dont les prêteurs rémunèrent leur personnel et les intermédiaires de crédit ne porte pas atteinte aux obligations mentionnées à l'article** ***L. 314-22.***

Les **personnels concernés sont les personnes physiques qui travaillent pour le prêteur et qui exercent directement ou participent à des activités d'élaboration, de proposition, d'octroi ou d'exécution des contrats de crédit ou de fourniture de services de conseil mentionnés au présent titre. Sont également concernées les personnes physiques qui encadrent directement les personnes susmentionnées.**

Tout vendeur personne physique, salarié ou non d'un prêteur, ne peut, en aucun cas, être rémunéré en fonction du taux du crédit ou du type de crédit qu'il a fait contracter.

Pour les opérations de crédit mentionnées à l'article L. 313-1, la politique de rémunération du personnel responsable de l'évaluation de la solvabilité est élaborée, dans la mesure nécessaire compte tenu de la taille, de l'organisation interne et de la nature, de l'étendue et de la complexité des activités du prêteur, dans le respect des principes énoncés à l'article L. 511-71 du code monétaire et financier.

Les prêteurs veillent à ce que la politique de rémunération permette et promeuve une gestion du risque saine et comporte des mesures visant à éviter les conflits d'intérêts.

Cette politique de rémunération ne dépend pas du nombre ou de la proportion des demandes acceptées.

La politique de rémunération du personnel fournissant un service de conseil mentionné aux articles L. 313-13 et L. 313-14 ne porte pas atteinte à sa capacité de servir au mieux les intérêts de l'emprunteur et ne dépend pas exclusivement des objectifs de vente. — *[Ord. n° 2016-351 du 25 mars 2016, art. 4, 4°.]*

Sur les sanctions, V. art. L. 341-24, L. 341-25 et L. 341-52.

SECTION VII FORMATION DU PRÊTEUR ET DE L'INTERMÉDIAIRE

(Ord. n° 2016-351 du 25 mars 2016, art. 4-6°, en vigueur le 1er juill. 2016)

COMMENTAIRE

Est instaurée une obligation pour les personnels des prêteurs et des intermédiaires de justifier de compétences professionnelles à l'entrée dans la profession et de mettre à jour ces compétences tout au long de leur activité professionnelle, notamment une obligation de formation à la distribution du crédit à la consommation et à la prévention du surendettement, dont les exigences seront fixées par décret. Ce sont les agents de la Direction générale de la concurrence, de la consommation et de la répression des fraudes (DGCCRF) qui seront habilités à contrôler le respect de cette nouvelle obligation.

Les modalités d'application de l'article L. 314-24 sont détaillées par les articles D. 314-22 et suivants.

Le fait pour le prêteur ou l'intermédiaire de ne pas respecter ses obligations prévues par les dispositions des articles L. 314-24 et L. 314-25 est puni de la peine d'amende prévue pour les contraventions de 5e classe (art. R. 341-26). ❑

Art. L. 314-24 Les prêteurs et les intermédiaires de crédit veillent à ce que le personnel placé sous leur autorité possède et maintienne à jour des connaissances et compétences appropriées concernant l'élaboration, la proposition et l'octroi des contrats de crédit mentionnés à l'article L. 313-1, la fourniture de service de conseil mentionné aux articles L. 313-13 et L. 313-14 ainsi que, le cas échéant, l'activité d'intermédiation. — *V. Arr. du 9 juin 2016 au* ***C. mon. fin.***

Lorsque la conclusion d'un contrat de crédit implique la souscription de services *accessoires*, un niveau suffisant de connaissance de ces services et de compétence pour leur fourniture est exigé.

Les modalités d'application du présent article sont fixées par décret. — *[Ord. n° 2016-351 du 25 mars 2016, art. 4, 4°.] — V. art. D. 314-22 s.*

L'art. L. 314-24, dans sa rédaction issue de l'Ord. n° 2016-351 du 25 mars 2016, entre en vigueur selon les modalités précisées par décret : a) Au plus tard le 1er janv. 2017, s'agissant des dispositions relatives aux connaissances et compétences exigées à l'entrée en fonction des personnels des prêteurs ; b) Au plus tard le 20 mars 2017, s'agissant des dispositions applicables en matière de formation continue des personnels des prêteurs ; c) Au plus tard le 21 mars 2019, s'agissant de l'exigence supplémentaire d'une formation professionnelle pour la prise en compte de l'expérience professionnelle à l'entrée en fonction des personnels prêteurs (Ord. préc., art. 13-V). — V. Décr. n° 2016-607 du 13 mai 2016 (JO 15 mai).

Sur les sanctions, V. art. R. 341-26.

Art. L. 314-25 **Les personnes chargées de fournir à l'emprunteur les explications sur les prêts mentionnés aux articles L. 312-1 à L. 312-3 et de recueillir les informations nécessaires à l'établissement de la fiche prévue à l'article L. 312-17 sont formées à la distribution du crédit à la consommation et à la prévention du surendettement. L'employeur de ces personnes tient à disposition, à des fins de contrôle, l'attestation de formation mentionnée à l'article L. 6353-1 du code du travail, établie par un des prêteurs dont les crédits sont proposés, sur le lieu de vente ou par un organisme de formation enregistré. Les exigences minimales auxquelles doit répondre cette formation sont définies par décret.** — *[Ord. nº 2016-351 du 25 mars 2016, art. 4, 4º.]* — *V. art. D. 314-27 à D. 314-29.*

Sur les sanctions, V. art. R. 341-25.

SECTION VIII DISPOSITIONS D'ORDRE PUBLIC

COMMENTAIRE

Il n'est pas possible de déroger aux dispositions sur le crédit à la consommation et sur le crédit immobilier, lesquelles sont d'ordre public. L'exclusion de la section I du chapitre IV pourrait laisser penser que la législation sur l'usure n'est pas d'ordre public, ce qui n'est pourtant pas le cas.

Art. L. 314-26 **Les dispositions des chapitres II et III et des sections II à VII du présent chapitre sont d'ordre public.** — *[C. consom., art. L. 313-17.]* — *Anc. art. L. 314-24 (Ord. nº 2016-351 du 25 mars 2016, art. 4-7º, en vigueur le 1er juill. 2016).*

1. *Indifférence du préjudice.* En cas d'omission de l'une des mentions exigées par la loi, il importe peu de vérifier si le consommateur contractant en a subi personnellement un préjudice, alors que le législateur a instauré un formalisme d'ordre public, à l'effet d'orienter la rédaction de tous les contrats d'adhésion de même catégorie, sans référence à chaque cas particulier. • Paris, 27 oct. 1987 : *D. 1987. IR 249.*

2. *Sanction.* Si les dispositions concernant le crédit sont d'ordre public, les nullités sanctionnant les irrégularités relevées sont des nullités relatives. • Paris, 16 mai 1986 : *D. 1986. 465, concl. Paire.* ♦ V. aussi notes 17 s. ss. art. L. 314-5.

CHAPITRE V PRÊT VIAGER HYPOTHÉCAIRE

RÉP. CIV. vº *Prêt viager hypothécaire,* par PIEDELIÈVRE.

BIBL. GÉN. ▶ GRIMALDI, *D. 2006. 1294* ; *JCP 2006, suppl. au nº 20, p. 33* ; *CCC 2006. Chron. 14* ; *RD banc. fin. mai-juin 2006. 75* (hypothèque rechargeable et prêt viager hypothécaire). – LEPELTIER, *BRDA 2006, nº 10, p. 16* (même thème). – BOUTEILLER, *AJ fam. 2006. 281* (incidences perceptibles du prêt viager hypothécaire sur le droit de la personne ou de la famille). – LEGEAIS, *RTD com. 2006. 640* (prêt viager hypothécaire). – PROVANSAL, *Gaz. Pal. 2007. 873* (le prêt viager hypothécaire : le style Art nouveau). – SAINT-ALARY, *Dr. et patr. mai 2007. 54* (prêt viager hypothécaire). – MORIN BRUCKER, *JCP N 2007, nº 19, p. 35.* – KHAIRALLAH, *Defrénois 2007. 929* (aspects internationaux). – PRIGENT, *Defrénois 2008. 2155* (analyse) ; *ibid. 2258* (formules) ; *ibid. 2009. 414* (prêt viager hypothécaire et solutions alternatives : les éléments du conseil). – RANDOUX, *Defrénois 2009. 2263 et 2401* (l'avenir du prêt viager hypothécaire). – GALLIEZ et POUZENC, *AJDI 2011. 351* (comparaison entre la vente en viager et le prêt viager hypothécaire). – BEDDELEEM, *Administrer juill. 2012. 7* (le prêt viager hypothécaire). – PÉCOURT, *JCP N 2014, nº 1330* (les réponses apportées par le prêt viager hypothécaire face aux enjeux du vieillissement de la population). – BOCCARA, *Banque et Droit janv.-févr. 2016. 61* (L. nº 2015-992 du 17 août 2015). – GIJSBERS, *JCP N 2016, nº 1103* (l'insuccès du prêt viager hypothécaire).

COMMENTAIRE

I. GENÈSE

D'inspiration anglo-saxonne, ce prêt issu de l'ordonnance du 23 mars 2006 relative à la réforme du droit des sûretés est destiné à des personnes propriétaires de leur logement et désireuses de le conserver mais dépourvues de revenus suffisants pour subvenir à leurs besoins (V. Grimaldi, L'hypothèque rechargeable et le prêt viager hypothécaire, *D. 2006, Dossier spécial, p. 1294* ; Picod, Droit des sûretés, *PUF, coll. Thémis, 2011, nos 311 et 348*). Ce prêt a pour vocation de financer les besoins personnels de l'emprunteur : frais de santé, aide à domicile, maison de retraite, travaux d'amélioration ou d'entretien d'un immeuble, voyages, loisirs...

Malgré ces atouts, le prêt viager hypothécaire n'a pas rencontré le succès attendu : ainsi, seuls 7 000 crédits ont été accordés par le Crédit Foncier entre 2006 et fin 2014, pour un montant moyen de 80 000 € garanti par un immeuble d'une valeur de 330 000 €. En fait, les rares banques qui le commercialisent le proposent à des clients âgés d'au moins 65 ans. C'est pourquoi les pouvoirs publics ont décidé, par le biais de la loi du 17 août 2015 relative à la transition énergétique pour la croissance verte, de retoucher le texte pour l'assouplir.

II. CHAMP D'APPLICATION

Ce prêt est souscrit par une personne physique sous la forme d'un capital ou d'une rente, moyennant hypothèque d'un bien à usage exclusif d'habitation de l'emprunteur, remboursable en principal et intérêts « capitalisés annuellement », précise la LME, au décès de ce dernier (ou, le cas échéant, lors de la cession ou du démembrement de la propriété de l'immeuble). Il ne peut être destiné à financer les besoins d'une activité professionnelle (art. L. 315-3).

La loi du 17 août 2015 a procédé à deux élargissements (art. L. 315-1 et L. 315-2). Tout d'abord, le nouveau dispositif prévoit que le remboursement des intérêts peut désormais être effectué à échéance régulière et plus seulement en une seule fois à la fin de l'emprunt, ce qui diminuera l'endettement dû à la capitalisation des intérêts : l'hypothèque ne garantira alors que le remboursement du capital. Ensuite, est créé, à côté de la formule classique, une nouvelle formule baptisée « prêt avance mutation ». Concrètement, les établissements de crédit ou financiers et les sociétés de tiers financement peuvent désormais financer des travaux de rénovation sur un bien immobilier au moyen d'un prêt garanti par une hypothèque constituée à hauteur du montant emprunté augmenté des intérêts capitalisés annuellement et dont le remboursement ne peut être exigé que lors de la mutation de ce bien (vente, donation...). Le texte précise que le remboursement des intérêts peut faire l'objet, à l'instar du modèle précédent, d'un remboursement progressif.

III. RÉGIME

La publicité relative à ce type de prêt et l'offre préalable sont spécialement encadrées (art. L. 315-4 à L. 315-11) : obligation de maintien des conditions pendant une durée minimale de trente jours, délai de réflexion de dix jours, interdiction de tout versement jusqu'à l'acceptation, etc.

Les mentions de l'offre sont détaillées par l'article L. 315-9. En cas de remboursement périodique des intérêts, l'offre préalable d'un prêt viager hypothécaire doit comprendre une mention relative à l'échéancier des versements périodiques d'intérêts pour les prêts dont le taux d'intérêt est fixe, ou à la simulation de l'impact d'une variation du taux sur les mensualités d'intérêts pour les prêts dont le taux d'intérêt est variable. A l'évidence, cette simulation ne peut engager le prêteur à l'égard de l'emprunteur quant à l'évolution effective des taux d'intérêt (difficilement prévisible) pendant le prêt et à son impact sur les mensualités.

L'acceptation de l'offre fait l'objet d'un acte notarié.

La dette de l'emprunteur ou de ses ayants droit est plafonnée à la valeur de l'immeuble, laquelle s'apprécie lors de l'échéance du terme (art. L. 315-15).

Il faut souligner que le terme est ici le décès de l'emprunteur ou du dernier vivant des co-*emprunteurs (art.* L. 315-20). L'emprunteur peut néanmoins, de façon unilatérale, mettre un terme au contrat de prêt en remboursant *l'intégralité des sommes*, le prêteur ayant la faculté de prévoir une indemnité compensatrice dont les modalités sont fixées par décret (art. L. 315-17 et R. 315-1 s.). Ainsi, le montant prévu à l'article L. 315-16, en dessous duquel le prêteur est en droit de refuser un remboursement partiel anticipé du prêt par l'emprunteur, est fixé à 10 % du capital versé. L'indemnité éventuellement due par l'emprunteur, prévue à l'article L. 315-17, ne peut être supérieure à un montant correspondant aux modalités prévues par l'article R. 315-2.

Si le montant de la dette est inférieur à la valeur de l'immeuble, le surplus revient aux ayants droit du débiteur ou à ce dernier dans l'hypothèse d'une cession.

Les héritiers de l'emprunteur peuvent choisir soit de payer la dette plafonnée de façon à libérer l'immeuble, soit de laisser le créancier procéder à l'exécution forcée.

IV. SANCTION

Un certain nombre de sanctions (art. L. 341-53 à L. 341-61) sont destinées à assurer l'efficacité du dispositif : déchéance des intérêts et peine d'amende en cas de non-respect des dispositions sur l'offre préalable, peines d'emprisonnement et d'amende en cas de démarchage financier – lequel est interdit par l'article L. 315-8 –, peine d'amende sanctionnant le défaut de restitution de sommes dues en cas de mise en jeu de la sûreté à l'échéance du terme, si la dette est inférieure à la valeur de l'immeuble en application de l'article L. 315-15. On notera, avec la loi du 17 mars 2014, l'aggravation très nette de l'amende prévue par l'article L. 341-57 pour protéger l'offre et par l'article L. 341-58 en matière de restitutions, ainsi que l'instauration d'une peine complémentaire d'interdiction par ces mêmes articles.

En outre, l'obligation pour l'emprunteur d'apporter à l'immeuble hypothéqué tous les soins raisonnables est sanctionnée par l'article L. 315-12, ce qui suppose qu'il dispose de ressources suffisantes pour en assurer l'entretien. Ainsi, conformément à la solution traditionnelle de l'article 1305-4 du code civil, le débiteur ne peut plus réclamer le bénéfice du terme lorsqu'il ne fournit pas les sûretés conformément à son engagement ou lorsqu'il a diminué fautivement la valeur de la sûreté qu'il avait donnée par le contrat à son créancier (art. L. 315-13). Le débiteur perd également le bénéfice du terme lorsqu'il change l'affectation du bien hypothéqué ou lorsqu'il refuse au créancier l'accès de l'immeuble hypothéqué pour s'assurer de son bon état d'entretien et de conservation ou, en cas de prêt viager hypothécaire à versement périodique d'intérêts, lorsqu'il est défaillant dans le versement d'une ou de plusieurs échéances d'intérêts, ajoute la loi du 17 août 2015 (art. L. 315-14).

La loi de 2015 introduit d'autres sanctions ayant trait au remboursement périodique des intérêts. En cas de défaillance de l'emprunteur, le prêteur peut exiger le remboursement immédiat des intérêts (art. L. 315-22). Il peut également demander la résolution du contrat, ce qui implique le remboursement du capital versé ainsi que des intérêts échus (art. L. 315-23). Jusqu'au règlement complet, les sommes produisent des intérêts de retard au taux du prêt. En outre, l'établissement financier est en droit de réclamer à l'emprunteur le versement d'une indemnité d'un montant fixé par décret (art. L. 315-23).

V. DÉCRET D'APPLICATION

Le décret n° 2015-1849 du 29 décembre 2015 établit le barème prévu par l'article L. 315-23 permettant de déterminer le montant maximal de l'indemnité que le prêteur peut demander à l'emprunteur défaillant d'un prêt viager hypothécaire à versements périodiques d'intérêts. Le décret permet ainsi de fixer au regard de la durée restant à courir du contrat le montant maximal de l'indemnité que le prêteur peut réclamer à l'emprunteur défaillant, sans préjudice des dispositions de droit commun sur la révision des clauses pénales.

En ce qui concerne la durée théorique du prêt, elle est déterminée en fonction de l'espérance de vie de l'emprunteur. La durée résiduelle du prêt correspond à la différence entre la durée théorique de celui-ci et la période écoulée pendant laquelle l'emprunteur a versé les intérêts dus. ❑

SECTION PREMIÈRE DÉFINITION ET CHAMP D'APPLICATION

Art. L. 315-1 Le prêt viager hypothécaire est un contrat par lequel un établissement de crédit ou un établissement financier consent à une personne physique un prêt sous forme d'un capital ou de versements périodiques, garanti par une hypothèque constituée sur un bien immobilier de l'emprunteur à usage exclusif d'habitation et dont le remboursement-principal et intérêts capitalisés annuellement ne peut être exigé qu'au décès de l'emprunteur ou lors de l'aliénation ou du démembrement de la propriété de l'immeuble hypothéqué s'ils surviennent avant le décès.

Ce contrat peut également prévoir le même dispositif avec un remboursement périodique des seuls intérêts. – *[C. consom., art. L. 314-1- I, al. 1er et 3.]*

Surendettement. A défaut d'aliénation du bien hypothéqué, le *remboursement du prêt viager hypothécaire n'est pas exigible du vivant des débiteurs, de sorte que cette dette ne peut être traitée dans le cadre d'un plan de désendettement.* • Civ. 2e, 4 sept. 2014 : *Bull. civ. II, n° 180; Dalloz actualité, 16 sept. 2014, obs. Avena-Robardet; D. 2014. Actu. 1764; AJDI 2014. 792; RDI 2014. 554, note Heugas-Darraspen; JCP N 2015, n° 1181, note Piedelièvre; CCC 2015, n° 24, obs. Raymond; LPA 30 oct. 2014, note Legrand; Gaz. Pal. 2014. 3846, obs. Albiges; RD banc. fin. 2014, n° 209, obs. Piedelièvre; Dr. et proc. 2015, Cah. dr. consom., n° 1, p. 17, obs. Valette-Ercole; Rev. proc. coll. 2015, n° 137, obs. Gjidara-Decaix.*

Art. L. 315-2 **Un établissement de crédit, un établissement financier ou une société de tiers-financement mentionnée au 8 de l'article L. 511-6 du code monétaire et financier peuvent procéder au financement de travaux de rénovation au moyen d'un prêt avance mutation garanti par une hypothèque constituée à hauteur du montant initial du prêt augmenté des intérêts capitalisés annuellement et dont le remboursement ne peut être exigé que lors de la mutation du bien.**

Le remboursement des intérêts peut faire l'objet d'un remboursement progressif, selon une périodicité convenue. – *[C. consom., art. L. 314-1, II.]*

Art. L. 315-3 **Le prêt viager hypothécaire ne peut être destiné à financer les besoins d'une activité professionnelle.** – *[C. consom., art. L. 314-2, hors sanction.]*

Sur les sanctions, V. art. L. 341-53.

SECTION II **PUBLICITÉ**

Art. L. 315-4 **Toute publicité faite, reçue ou perçue en France qui, quel que soit son support, porte sur une opération de prêt viager hypothécaire défini à l'article L. 315-1 est loyale et informative.**

A ce titre, elle mentionne :

1° L'identité du prêteur, la nature de l'opération proposée, son coût total et le taux effectif global, à l'exclusion de tout autre taux, calculé par tranches de cinq ans, ainsi que les perceptions forfaitaires ;

2° Les modalités du terme de l'opération proposée.

Elle reproduit les dispositions des articles L. 315-11 et L. 341-43. – *[C. consom., art. L. 314-3, al. 1er à 5.]*

Sur les sanctions, V. art. L. 341-56.

Offre commerciale. Tout établissement de crédit est responsable des concours financiers qu'il apporte. Il peut fixer, dans son offre commerciale, un âge à soixante-cinq ans, de la même manière que beaucoup d'établissements élaborent des offres spécifiques pour les moins de vingt-cinq ans ou que certains prêts sont réservés à une catégorie de la population ciblée, comme les primo-accédants par exemple. Ceci correspond d'ailleurs à l'objectif recherché puisque le prêt viager hypothécaire est destiné aux seniors tandis que le reste des consommateurs ont un accès plus facile aux crédits classiques. * Rép. min. n° 104471 : *JOAN Q 21 juin 2011, p. 6605 ; D. 2011. Actu. 1812.*

Art. L. 315-5 **Lorsque la publicité est écrite et quel qu'en soit le support, les informations relatives à la nature de l'opération, aux conditions de détermination du taux effectif global et, s'il s'agit d'un taux promotionnel, à la période durant laquelle ce taux s'applique, figurent dans une taille de caractères au moins aussi importante que celle utilisée pour indiquer toute autre information relative aux caractéristiques du financement et sont inscrites dans le corps principal du texte publicitaire.** – *[C. consom., art. L. 314-3, al. 6.]*

Sur les sanctions, V. art. L. 341-56.

Art. L. 315-6 **Sont interdites dans toute publicité :**

1° La mention qu'un prêt peut être octroyé sans élément d'information permettant d'apprécier la situation financière et patrimoniale de l'emprunteur ;

2° L'indication de la ressource supplémentaire qu'offre le prêt si elle n'est suivie d'une information sur les modalités du terme de l'opération telles que prévues par les dispositions des articles L. 315-20 et L. 315-21. – *[C. consom., art. L. 314-3, al. 7 à 9.]*

Sur les sanctions, V. art. L. 341-56.

Art. L. 315-7 **L'offre préalable de crédit doit être distincte de tout support ou document publicitaire.** – *[C. consom., art. L. 314-3, al. 10.]*

Sur les sanctions, V. art. L. 341-56.

Art. L. 315-8 **Une opération de prêt viager hypothécaire ne peut faire l'objet d'un démarchage au sens du septième alinéa de l'article L. 341-1 du code monétaire et financier.** – *[C. consom., art. L. 314-4.] – V. App., v° Placements financiers.*

Sur les sanctions, V. art. L. 341-61.

SECTION III FORMATION DU CONTRAT DE CRÉDIT

Art. L. 315-9 **L'opération de prêt viager hypothécaire est conclue dans les termes d'une offre préalable comportant les mentions suivantes :**

1° L'identité des parties et la date d'acceptation de l'offre ;

2° La désignation exacte du bien hypothéqué, conforme aux exigences de la publicité foncière ;

3° La valeur du bien hypothéqué estimée par un expert choisi par les parties et les frais afférents à l'expertise mis à la charge de l'emprunteur ;

4° La nature du prêt ;

5° Les modalités du prêt et, notamment, les dates et les conditions de mise à disposition des fonds ;

6° En cas de versements échelonnés du capital, l'échéancier des versements périodiques distinguant la part du capital de celle des intérêts accumulés sur ces sommes durant la durée prévisionnelle du prêt et permettant à l'emprunteur de connaître le moment où il aura épuisé l'actif net de son logement ;

7° Lorsque le capital est versé en une seule fois, un état des intérêts accumulés sur ces sommes durant la durée prévisionnelle du prêt, permettant à l'emprunteur de connaître le moment où il aura épuisé l'actif net de son logement ;

8° A partir d'exemples représentatifs établis en fonction d'hypothèses relatives, notamment, à la durée du prêt, le coût global du crédit, le taux effectif global défini conformément aux dispositions des articles L. 314-1 à L. 314-4 ainsi que, s'il y a lieu, les modalités de l'indexation ;

9° La durée de validité de l'offre ;

10° En cas de remboursement périodique des intérêts, l'échéancier des versements périodiques d'intérêts pour les prêts dont le taux d'intérêt est fixe, ou la simulation de l'impact d'une variation du taux sur les mensualités d'intérêts pour les prêts dont le taux d'intérêt est variable. Cette simulation ne constitue pas un engagement du prêteur à l'égard de l'emprunteur quant à l'évolution effective des taux d'intérêt pendant le prêt et à son impact sur les mensualités.

L'offre reproduit les dispositions des articles L. 315-10 à L. 315-15, L. 315-20 et *(L. n° 2017-203 du 21 févr. 2017, art. 9-I)* **« L. 341-55** *[ancienne rédaction : L. 341-41]* **».** – *[C. consom., art. L. 314-5.]*

Sur les sanctions, V. art. L. 341-54 et L. 341-57.

Art. L. 315-10 **La remise de l'offre oblige le prêteur à maintenir les conditions qu'elle comporte pendant une durée minimale de trente jours à compter de son émission.** – *[C. consom., art. L. 314-6.]*

Sur les sanctions, V. art. L. 341-54 et L. 341-57.

Art. L. 315-11 **L'acceptation de l'offre ne peut intervenir que dix jours après sa réception par l'emprunteur. Elle fait alors l'objet d'un acte notarié.**

Jusqu'à l'acceptation de l'offre par l'emprunteur, aucun versement sous quelque forme que ce soit ne peut être fait, au titre de l'opération en cause, par le prêteur à l'emprunteur ou pour le compte de celui-ci, ni par l'emprunteur au prêteur.

Jusqu'à cette acceptation, l'emprunteur ne peut, au même titre, faire aucun dépôt, souscrire ou avaliser aucun effet de commerce ou signer aucun chèque. Si une autorisation de prélèvement sur compte bancaire ou postal est signée par l'emprunteur, sa validité et sa prise d'effet sont subordonnées à celle du contrat de crédit. – *[C. consom., art. L. 314-7, hors sanction.]*

Sur les sanctions, V. art. L. 341-54, L. 341-55 et L. 341-57.

SECTION IV *AFFECTATION ET ENTRETIEN DE L'IMMEUBLE*

Art. L. 315-12 **L'emprunteur doit apporter à l'immeuble hypothéqué tous les soins raisonnables.** – *[C. consom., art. L. 314-8, al. 1er.]*

Art. L. 315-13 *(L. n° 2017-203 du 21 févr. 2017, art. 9-I)* **Ainsi qu'il est dit à l'article 1305-4 du code civil, le débiteur ne peut réclamer le bénéfice du terme s'il ne fournit**

pas les sûretés promises au créancier ou s'il diminue celles qui garantissent l'obligation. – *[C. consom., art. L. 314-8, al. 2.]*

Art. L. 315-14 **Le débiteur perd également le bénéfice du terme lorsqu'il change l'affectation du bien hypothéqué ou lorsqu'il refuse au créancier l'accès de l'immeuble hypothéqué pour s'assurer de son bon état d'entretien et de conservation ou en cas de prêt viager hypothécaire à versement périodique d'intérêts, lorsqu'il est défaillant dans le versement d'une ou de plusieurs échéances d'intérêts.** – *[C. consom., art. L. 314-8, al. 3.]*

SECTION V PLAFONNEMENT DE LA DETTE

Art. L. 315-15 **La dette de l'emprunteur ou de ses ayants droit ne peut jamais excéder la valeur de l'immeuble appréciée lors de l'échéance du terme.**

Lorsque le créancier hypothécaire met en jeu sa garantie à l'échéance du terme, si la dette est alors inférieure à la valeur de l'immeuble, la différence entre cette valeur et le montant de la créance est versée, selon le cas, à l'emprunteur ou à ses héritiers.

En cas d'aliénation du bien, la valeur de l'immeuble est égale à la valeur indiquée dans l'acte de cession sous réserve des dispositions de l'article L. 315-21. – *[C. consom., art. L. 314-9.]*

Sur les sanctions, V. art. L. 341-58.

Différence entre la dette et la valeur de l'immeuble. Si la créance de l'établissement de crédit est inférieure à la valeur de l'immeuble, l'établissement de crédit doit, s'il veut rester propriétaire du bien, verser aux héritiers la différence entre cette valeur et le montant de sa créance. * Rép. min. n° 1317 : *JOAN Q 16 oct. 2007, p. 6359; AJDI 2007. 950.*

SECTION VI REMBOURSEMENT ANTICIPÉ

Art. L. 315-16 **L'emprunteur peut toujours, à son initiative, mettre un terme au contrat de prêt qui lui a été consenti en remboursant la totalité des sommes déjà versées en principal et intérêts.**

Si l'emprunteur a opté pour un versement du capital en une seule fois, il peut, à son initiative, rembourser une partie des sommes versées. Toutefois, le prêteur peut refuser un remboursement partiel inférieur à un montant fixé par décret en Conseil d'État. – *[C. consom., art. L. 314-10, al. 1er et 2.]* – *V. art. R. 315-1.*

Art. L. 315-17 **Dans les cas de remboursement prévus à l'article L. 315-16, le prêteur est en droit d'exiger une indemnité qui ne peut, sans préjudice de l'application de** *(Ord. n° 2016-131 du 10 févr. 2016, art. 6-IV, en vigueur le 1er oct. 2016)* **« l'article 1231-5** *[ancienne rédaction : l'article 1152]* **» du code civil, excéder un montant qui, dépendant de la durée du contrat déjà réalisée, est fixée selon des modalités déterminées par décret en Conseil d'État.** – *[C. consom., art. L. 314-10, al. 3.]* – *V. art. R. 315-2.*

Les contrats conclus avant le 1er oct. 2016 demeurent soumis à la loi ancienne. Lorsqu'une instance a été introduite avant l'entrée en vigueur de l'Ord. n° 2016-131 du 10 févr. 2016, l'action est poursuivie et jugée conformément à la loi ancienne. Cette loi s'applique également en appel et en cassation (Ord. préc., art. 9).

Art. L. 315-18 **Le remboursement anticipé ne peut donner lieu à aucune indemnité ni à aucun coût à la charge de l'emprunteur autres que ceux qui sont mentionnés aux articles L. 315-16 et L. 315-17.** – *[C. consom., art. L. 314-11.]*

Sur les sanctions, V. art. L. 341-59.

Art. L. 315-19 **L'emprunteur peut, en cas de versements périodiques du capital, demander une suspension ou une modification de l'échéancier des versements.**

Ces aménagements se font au taux conventionnel défini au contrat principal et donnent lieu à l'établissement d'un nouvel état des versements périodiques et des intérêts accumulés sur ces sommes pour la durée prévisionnelle du prêt restant à courir. La part du capital et celle des intérêts apparaissent de manière distincte.

Les modifications visant à accélérer les versements peuvent intervenir conformément aux stipulations contractuelles. – *[C. consom., art. L. 314-12.]*

SECTION VII TERME DE L'OPÉRATION

Art. L. 315-20 Lors du décès de l'emprunteur ou du dernier vivant des co-emprunteurs, les héritiers peuvent payer la dette plafonnée à la valeur de l'immeuble estimée au jour de l'ouverture de la succession. Il est procédé à cette estimation en tant que de besoin par un expert choisi d'un commun accord par le créancier et l'emprunteur ou désigné sur requête.

A défaut et nonobstant les règles applicables en matière d'acceptation sous bénéfice d'inventaire, le créancier hypothécaire peut à son choix :

– poursuivre la saisie et la vente de l'immeuble dans les conditions du droit commun, auquel cas la dette est plafonnée au prix de la vente ;

– ou se voir attribuer la propriété de l'immeuble par décision judiciaire ou en vertu d'un pacte commissoire alors même que celui-ci constituait la résidence principale de l'emprunteur.

Le créancier hypothécaire dispose de la même option en cas de succession vacante. – *[C. consom., art. L. 314-13.]*

Prescription. Sur le point de départ du délai de prescription biennal, V. • Civ. 1re, 11 mai 2017, n° 16-13.278 P : *cité note 7 ss. art. L. 218-2.*

Art. L. 315-21 En cas d'aliénation de l'immeuble par l'emprunteur ou ses héritiers, le projet de cession est notifié au créancier hypothécaire.

En cas de contestation par celui-ci de la valeur de l'immeuble retenue dans l'acte de cession, il est procédé à l'estimation du bien par un expert choisi d'un commun accord par le créancier et l'emprunteur ou désigné sur requête.

Si la valeur de l'immeuble s'avère finalement inférieure à cette estimation, la créance du prêteur est alors plafonnée :

– soit au prix d'adjudication de l'immeuble si le créancier hypothécaire fait procéder à la saisie et à la vente du bien en vertu de son droit de suite ;

– soit à la valeur d'expertise de l'immeuble si le créancier hypothécaire demande l'attribution judiciaire du bien ou se prévaut du pacte commissoire par lui conclu.

Les dispositions du présent article s'appliquent également au démembrement de la propriété de l'immeuble hypothéqué. – *[C. consom., art. L. 314-14.]*

Art. L. 315-22 En cas de défaillance de l'emprunteur sur le remboursement périodique des intérêts, le prêteur peut exiger le remboursement immédiat des intérêts échus mais non payés. – *[C. consom., art. L. 314-14-1, 1re phrase.]*

Art. L. 315-23 Lorsque le prêteur est amené à demander la résolution du contrat, il peut exiger le remboursement immédiat du capital versé, ainsi que le paiement des intérêts échus.

Jusqu'au règlement effectif, les sommes restant dues produisent des intérêts de retard à un taux égal au taux du prêt. En outre, le prêteur peut demander à l'emprunteur défaillant une indemnité qui, sans préjudice de l'application *(Ord. n° 2016-131 du 10 févr. 2016, art. 6-IV, en vigueur le 1er oct. 2016)* « de l'article 1231-5 *[ancienne rédaction : des articles 1152 et 1231]* » du code civil, ne peut excéder un montant qui, dépendant de la durée restant à courir du contrat, est fixé suivant un barème déterminé par décret. – *[C. consom., art. L. 314-14-1, 2e, 3e et 4e phrases.]* – *V. Décr. n° 2015-1849 du 29 déc. 2015, ci-dessous.*

Les contrats conclus avant le 1er oct. 2016 demeurent soumis à la loi ancienne. Lorsqu'une instance a été introduite avant l'entrée en vigueur de l'Ord. n° 2016-131 du 10 févr. 2016, l'action est poursuivie et jugée conformément à la loi ancienne. Cette loi s'applique également en appel et en cassation (Ord. préc., art. 9).

Décret n° 2015-1849 du 29 décembre 2015,

Établissant le barème prévu à l'article L. 315-23 du code de la consommation, permettant de déterminer le montant maximum [maximal] de l'indemnité que le prêteur peut demander à l'emprunteur défaillant d'un prêt viager hypothécaire à versements périodiques d'intérêts.

Art. 1er Pour l'application du présent décret, la durée résiduelle du prêt s'entend de la différence entre la durée théorique du prêt établie conformément à la table de mortalité homologuée par un arrêté du ministre chargé de l'économie et des finances en vigueur à la date de l'émission de l'offre de prêt par l'établissement prêteur et la durée écoulée pendant laquelle l'emprunteur a régulièrement versé les intérêts dus au titre de son prêt. Lorsque plusieurs emprunteurs sont solidairement débiteurs, la durée théorique du prêt est la plus longue des durées ainsi calculées pour chacun d'entre eux.

Art. 2 L'indemnité que le prêteur peut demander à l'emprunteur défaillant en application de l'article *(Ord. nº 2016-301 du 14 mars 2016, art. 2, en vigueur le 1er juill. 2016)* « L. 315-23 » du code de la consommation ne peut excéder :

1º Un mois d'intérêts sur le capital à rembourser, au taux d'intérêt figurant dans le contrat de prêt, si la durée résiduelle du prêt, au sens de l'article 1er, est inférieure à cinq ans ou si elle est négative ;

2º Deux mois d'intérêts sur le capital à rembourser, au taux d'intérêt figurant dans le contrat de prêt, si la durée résiduelle du prêt, au sens de l'article 1er, est comprise entre cinq ans et moins de dix ans ;

3º Trois mois d'intérêts sur le capital à rembourser, au taux d'intérêt figurant dans le contrat de prêt, si la durée résiduelle du prêt, au sens de l'article 1er, est comprise entre dix ans et moins de quinze ans ;

4º Quatre mois d'intérêts sur le capital à rembourser, au taux d'intérêt figurant dans le contrat de prêt, si la durée résiduelle du prêt, au sens de l'article 1er, est égale ou supérieure à quinze ans.

Art. 3 Les dispositions du présent décret entrent en vigueur le 1er janvier 2016.

TITRE DEUXIÈME ACTIVITÉ D'INTERMÉDIAIRE

COMMENTAIRE

Dès 1985, le législateur a cherché à protéger les consommateurs contre les vendeurs d'illusions qui, sous prétexte de fournir une prestation de services en qualité d'intermédiaire en faveur du débiteur, ne font que contribuer à accroître les difficultés financières de l'endetté. Cela concerne les officines de gestion de dettes proposant au débiteur en difficulté un plan de redressement faisant naître l'espoir de délais de paiement ou de remises de dette consentis par les créanciers contre rémunération. La dernière réforme du crédit à la consommation en date du 1er juillet 2010 a encore renforcé sur ce point la protection des consommateurs, comme nous serons amenés à le voir dans les développements suivants.

L'article L. 322-1 pose ainsi un certain nombre d'interdictions. A ce titre, l'article L. 342-1 instaure une nullité de plein droit pour toute convention par laquelle un intermédiaire se charge ou se propose, sous une forme ou sous une autre et en contrepartie d'une rémunération, soit d'examiner la situation d'un débiteur en vue de l'établissement d'un plan de remboursement, soit de rechercher pour le compte de ce dernier l'obtention de délais de paiement ou d'une remise de dette, soit d'intervenir pour les besoins de la procédure de surendettement. L'article L. 321-1 précise les hypothèses dans lesquelles l'interdiction ne s'applique pas : il s'agit des professions juridiques et judiciaires réglementées (ainsi, un huissier peut parfaitement gérer les dettes de ses clients) ainsi que des professionnels intervenant en matière de procédure collective.

Par ailleurs, la loi du 11 décembre 2001 oblige à insérer des mentions informatives dans *toute publicité* diffusée par des personnes physiques ou morales qui apportent leur concours à l'obtention de prêt d'argent (art. L. 322-2). Mais la loi du 1er juillet 2010 va encore plus loin dans la transparence : la publicité et les documents *destinés aux emprunteurs* et diffusés par ou pour le compte d'un intermédiaire de crédit doivent indiquer, de manière apparente, l'étendue des pouvoirs de l'intermédiaire, et, plus particulièrement, préciser s'il travaille à titre exclusif avec un ou plusieurs prêteurs ou en qualité de courtier indépendant (art. L. 322-3).

Toutes ces obligations sont assorties de sanctions pénales (V. art. L. 342-2 s.). ❑

CHAPITRE PREMIER CHAMP D'APPLICATION

Art. L. 321-1 Les dispositions du présent titre s'appliquent aux intermédiaires au sens du *(L. nº 2017-203 du 21 févr. 2017, art. 9-I)* **« 5º » de l'article L. 311-1.**

Elles ne sont pas applicables :

1° Aux membres des professions juridiques et judiciaires réglementées ;

2° Aux personnes physiques ou morales qui se livrent aux opérations mentionnées à l'article L. 322-1 du présent code dans le cadre de leur mission de conciliation instituée par les dispositions du chapitre Ier du titre I du livre VI du code de commerce relatives à la prévention des difficultés des entreprises, du mandat *ad hoc* et de la procédure de conciliation ;

(L. nº 2017-203 du 21 févr. 2017, art. 9-I) **« 3° Aux experts nommés par le tribunal, mentionnés à l'article L. 627-3 du code de commerce, qui se livrent aux opérations mentionnées à l'article L. 322-1 du présent code ; »**

4° Aux personnes physiques mentionnées au deuxième alinéa de l'article L. 811-2 du code de commerce, dans le cadre de la mission qui leur est confiée par une décision de justice. — *[C. consom., art. L. 322-2, al. 1er à 5.]*

Énumération limitative. Sur le caractère limitatif de cette énumération, V. • Crim. 25 janv. 2005 : cité note 2 ss. art. L. 322-1.

Art. L. 321-2 **Les dispositions du présent titre ne font pas obstacle aux dispositions législatives et réglementaires qui prévoient la représentation en justice.** — *[C. consom., art. L. 322-2, al. 6.]*

CHAPITRE II PROTECTION DES DÉBITEURS ET DES EMPRUNTEURS

Art. L. 322-1 **Il est interdit pour un intermédiaire de se charger ou de se proposer moyennant rémunération :**

1° D'examiner la situation d'un débiteur en vue de l'établissement d'un plan de remboursement ;

2° De rechercher pour le compte d'un débiteur l'obtention de délais de paiement ou d'une remise de dette*[;]*

3° D'intervenir, pour le compte du débiteur, sous quelque forme que ce soit, pour les besoins de la procédure de surendettement. — *[C. consom., art. L. 321-1, hors sanction.]*

Sur les sanctions, V. art. L. 342-1, L. 342-5 et L. 342-6.

BIBL. ▶ MOUBSIT, *LPA 12 févr. 2014* (l'activité de négociation de dettes).

1. Intermédiaires condamnés. Pour la condamnation d'un cabinet de « gestion de dettes », V. • Paris, 12 mars 1997 : *D. 1997. 429, note Fortin ; CCC 1997, nº 187, obs. Raymond.* ♦ ... Ou d'une prétendue association proposant de servir d'intermédiaire avec les créanciers, V. • Poitiers, 12 janv. 2006 : *CCC 2006, nº 244, obs. Raymond.*

2. Intermédiaires limitativement autorisés. Contrevient aux dispositions de l'art. L. 321-1 [L. 322-1] la société qui, sous couvert d'une assistance aux entreprises en difficulté, proposait, moyennant honoraires, d'effectuer le dépôt des déclarations de cessation des paiements, d'assister le débiteur lors des procédures collectives et d'élaborer un plan de continuation de l'activité alors que l'art. L. 322-2 [L. 321-1] énumère limitativement les professionnels qui peuvent percevoir des sommes d'argent à l'occasion de telles opérations. • Crim. 25 janv. 2005 : *Bull. crim. nº 28 ; AJ pénal 2005. 237, obs. Rondey ; Dr. pénal 2005, nº 62, obs. J.-H. Robert.*

Art. L. 322-2 **Toute publicité diffusée par ou pour le compte d'une personne physique ou morale qui apporte son concours, à quelque titre que ce soit et de quelque manière que ce soit, directement ou indirectement, à l'obtention d'un ou plusieurs prêts d'argent par un particulier, à l'exception des opérations de crédit mentionnées à l'article L. 312-1, comporte, de manière apparente, la mention suivante :**

"Aucun versement, de quelque nature que ce soit, ne peut être exigé d'un particulier, avant l'obtention *d'un ou plusieurs* prêts d'argent."

***Cette publicité* indique le nom et l'adresse de l'établissement de crédit, des établissements de crédit, de la société de financement ou des sociétés de financement pour le compte duquel, desquels, de laquelle ou desquelles l'intermédiaire exerce son activité.** — *[C. consom., art. L. 321-2.]*

Sur les sanctions, V. art. L. 342-2 et L. 342-6.

Art. L. 322-3 Toute publicité et tout document destinés aux emprunteurs et diffusés par ou pour le compte d'un intermédiaire de crédit au sens du 3° de l'article L. 311-1 indiquent, de manière apparente, l'étendue des pouvoirs de l'intermédiaire, et notamment s'il travaille à titre exclusif avec un ou plusieurs prêteurs ou en qualité de courtier indépendant. – *[C. consom., art. L. 321-3.]*

Sur les sanctions, V. art. L. 342-3 et L. 342-6.

Art. L. 322-4 Avant la conclusion d'un contrat de crédit portant sur une des opérations mentionnées à l'article L. 312-1, l'intermédiaire de crédit et l'emprunteur conviennent par écrit ou sur un autre support durable des frais éventuels dus par l'emprunteur à l'intermédiaire de crédit pour ses services.

L'intermédiaire de crédit informe le prêteur de ces frais, aux fins du calcul du taux annuel effectif global. – *[C. consom., art. L. 321-4.]*

Sur les sanctions, V. art. L. 342-4 et L. 342-6.

TITRE TROISIÈME CAUTIONNEMENT

RÉP. COM. v° *Cautionnement commercial*, par PIETTE.

BIBL. GÉN. ▶ ALBIGES, *Études Calais-Auloy, Dalloz, 2004, p. 1* (influence du droit de la consommation sur l'engagement de la caution). - S. PIEDELIÈVRE, *JCP 1998. I. 170* (cautionnement et loi relative à la lutte contre les exclusions). - CERLES et SÉJEAN, *Mélanges Simler, Dalloz-Litec, 2006, p. 273* (le cautionnement : du code civil au code de la consommation ou les illusions de la protection). - BOUTEILLER, *JCP E 2008, n° 16, p. 13* (la faute du banquier et les moyens de défense de la caution poursuivie). - BONHOMME, *BICC 15 oct. 2013, p. 16* (la constitution du cautionnement). - BAZIN, *Dr. et proc. 2014. 74* (de la protection de la caution en droit de la consommation). - ZIO, *LPA 13 avr. 2017* (banque et couple face au cautionnement : pourquoi et comment concilier des intérêts divergents ?).

▶ Réforme du 1er août 2003 : AVENA-ROBARDET, *D. 2003. Chron. 2083*. - AYNÈS, *Dr. et patr., nov. 2003, p. 28*. - FENOUILLET, *RDC 2004. 304*. - HOUTCIEFF, *JCP 2003. I. 161*. - D. LEGEAIS, *JCP E 2003. 1395*. - PASQUALINI, *LPA 3 févr. 2004*. - S. PIEDELIÈVRE, *Defrénois 2003. 1371*. - ROMAN, *Gaz. Pal. 19-20 nov. 2003, Doctr*. - SIMLER, *obs. JCP 2003. I. 176, n° 1*. - PICOD, *Dr. et proc. 2004. 4* (l'obligation de vigilance des créanciers professionnels à l'égard des cautions personnes physiques). - AVENA-ROBARDET, *D. 2008. 2657* (réforme du cautionnement : interprétation de la jurisprudence). - DUMERY, *RLDC févr. 2011. 27* (cautionnement et code de la consommation : d'une ambition protectrice à un éclatement progressif). - CERLES, *RD banc. fin. 2012. Dossier 39* (la mention manuscrite du code de la consommation : une protection de la caution source de contentieux). - MIGNOT, *LPA 9 nov. 2012* (la mention manuscrite de la caution). - BOUIX, *RD banc. fin. 2013. Étude 8* (le juge face au formalisme légal : l'exemple du droit du cautionnement). - PICOD, *Dr. et proc. 2015, Cah. dr. consom., n° 1, p. 2* (cautionnement et droit de la consommation : le régime se précise). - PUYGAUTHIER, *JCP N 2015, n° 1105* (cautionnement et loi Dutreil du 1er août 2003). - FERRY, *RD banc. fin. 2016. Étude 2* (forme du cautionnement international et lois de police). - BOURASSIN, *ibid. Dossier 3* (rationalisation du droit du cautionnement). - PIETTE, *D. 2017. 1064* (solutions pour mettre un terme au contentieux relatif aux mentions manuscrites dans le cautionnement).

COMMENTAIRE

En cas de défaillance de l'emprunteur, la caution doit payer la dette d'autrui et dispose d'un recours (souvent *illusoire*) *contre* le débiteur. Mais les dangers encourus par la caution personne physique ont incité le législateur à établir des règles lui apportant une protection spécifique, établie par le code de la consommation.

Oubliée de la législation de 1978 et 1979, la caution d'un consommateur n'était pas particulièrement protégée ; les seules règles qui lui étaient applicables étaient celles du droit commun. La protection de la caution apparaît avec les lois Neiertz des 23 juin et 31 décembre 1989. Celle-ci fait partie des règles communes identiques en matière de crédit à la consommation et de crédit immobilier (V. art. L. 314-15 s.).

D'une part, la caution de l'emprunteur bénéficie de la même protection que le débiteur principal. Le champ d'application est ici strictement celui du droit de la consommation. On applique les règles protégeant l'emprunteur à la caution personne physique du consommateur à crédit.

D'autre part, la caution bénéficie de règles spécifiques. Le champ d'application est alors plus large. Non seulement cette protection s'applique à la caution du consommateur en matière de crédit à la consommation ou immobilier, mais depuis la loi du 1er août 2003, les règles spécifiques s'appliquent à toutes les cautions personnes physiques sans distinction. Le législateur a entendu faire bénéficier de cette protection toute caution personne physique, qu'elle soit caution d'un consommateur, donc relevant du droit de la consommation au sens strict, ou qu'elle soit caution d'un débiteur quelconque, à condition que ce soit au bénéfice d'un créancier professionnel. La loi du 1er août 2003 a donc étendu, et renforcé sur certains points, la protection à toutes les cautions personnes physiques au bénéfice d'un créancier professionnel. Selon la jurisprudence (Civ. 1re, 9 juill. 2009 : *cité note 7 ss. art. L. 331-1*), le créancier professionnel est celui dont la créance est née dans l'exercice de sa profession ou bien se trouve en rapport direct avec l'une de ses activités professionnelles, même si celle-ci n'est pas principale.

Mais le législateur n'a pas abrogé les textes issus de la loi Neiertz du 31 décembre 1989. Aujourd'hui, coexistent alors, d'une part, les articles L. 314-15 et suivants, et, d'autre part, les articles L. 331-1 et suivants, issus de la loi du 1er août 2003 s'ajoutant à l'article L. 333-1, au contenu issu de la loi du 29 juillet 1998 sur les exclusions, dont les dispositions sur l'obligation d'information sont identiques, à quelques détails près, à celles de l'article L. 314-17. ❑

CHAPITRE PREMIER FORMALISME

Art. L. 331-1 Toute personne physique qui s'engage par acte sous seing privé en qualité de caution envers un créancier professionnel fait précéder sa signature de la mention manuscrite suivante et uniquement de celle-ci :

"En me portant caution de X ...., dans la limite de la somme de .... couvrant le paiement du principal, des intérêts et, le cas échéant, des pénalités ou intérêts de retard et pour la durée de ...., je m'engage à rembourser au prêteur les sommes dues sur mes revenus et mes biens si X .... n'y satisfait pas lui-même." — *[C. consom., art. L. 341-2, hors sanction.] — Rappr. art. L. 314-15.*

Sur les sanctions, V. art. L. 343-1.

BIBL. ▶ TRICOT-CHAMARD, *JCP 2004. I. 112* (mention manuscrite). – PICOD, *Dr. et proc. 2004. 256* (la mention manuscrite de la caution à l'épreuve de la loi pour l'initiative économique). – PELLIER, *LPA 16 juill. 2009* (de quelques difficultés suscitées par les mentions manuscrites en matière de cautionnement envers un créancier professionnel). – PICOD, *Mélanges F. Chabas, Bruylant, 2011, p. 775* (le formalisme de la mention manuscrite de la caution).

COMMENTAIRE

I. FORMALISME RIGOUREUX

Après avoir cédé au cours des années 1980 à la tentation du formalisme, la jurisprudence a, pour les cautionnements soumis au code civil, progressivement ramené le rôle de la mention manuscrite exigée par l'article 1376 à une simple règle de preuve ; ainsi la jurisprudence considère qu'il importe peu que la mention manuscrite incomplète soit corroborée par un élément figurant dans le contrat principal dans lequel est intégré le cautionnement.

Cette conception du cautionnement tranche avec celle du droit de la consommation qui a voulu aller plus loin dans la protection des intérêts de la caution en recourant au formalisme. Celui-ci résulte des articles L. 314-15 et L. 314-16 du code de la consommation qui exigent, à peine de nullité (art. L. 341-51-1), lorsque la caution s'engage par acte sous seing privé, la rédaction d'une mention manuscrite dont les termes sont strictement imposés (V. sur cette question, Picod, La mention manuscrite de la caution à l'épreuve de la loi pour l'initiative économique, *Dr. et proc. sept.-oct. 2004. 255* ; Davo, Le formalisme bancaire, *Liber amicorum Calais-Auloy, p. 329* ; Crocq, *RTD civ. 2004. 122*). Pour souscrire un cautionnement simple, la caution doit, en effet, *recopier la mention* figurant à l'article L. 314-15, *destinée à faire prendre conscience de la portée* de son engagement.

On observera que le cautionnement souscrit *par acte sous seing privé* est limité dans son montant, ce qui réduit les risques pris par la caution. Par ailleurs, on attire l'attention de la caution sur le montant du principal, des intérêts (dont le taux n'a toutefois pas à être mentionné), ainsi que sur les pénalités que les établissements de crédit ne manquent pas de stipuler. L'indication de la *durée* permet de limiter dans le temps le droit de poursuite du créancier alors que normalement le cautionnement d'une dette déterminée épouse la durée du crédit lui-même et reste efficace jusqu'au remboursement ; cette mesure de protection peut se retourner contre la caution puisque le créancier sera contraint d'agir dans le délai fixé pour préserver ses droits alors même qu'une chance de paiement subsisterait.

Il s'agit d'un formalisme sans liberté de plume. Seules sont tolérées des erreurs matérielles, notamment de présentation (le fait que la mention manuscrite soit interrompue par un texte pré imprimé et que la caution ait signé sur le côté de la mention et non en dessous faute de place en bas de page, V. Com. 28 juin 2016 : *cité note 5 ss. art. L. 331-1*), des erreurs de ponctuation (V. par ex. : Com. 14 juin 2016 : *cité note 4 ss. art. L. 331-1*) ou des substitutions de mots neutres (ainsi, l'évocation du caractère « personnel et solidaire » du cautionnement, d'une part, la substitution du terme « banque » à ceux de « prêteur » et de « créancier », d'autre part, n'affectent ni le sens ni la portée des mentions manuscrites prescrites, V. Civ. 1re, 10 avr. 2013 : *cité note 4 ss. art. L. 331-1*). Toutefois, plusieurs décisions de la chambre commerciale entendent limiter la sanction du non-respect du formalisme de la mention manuscrite. Ainsi, dans un arrêt du 4 novembre 2014, les hauts magistrats censuraient sévèrement les juges du fond, estimant que l'omission des intérêts conventionnels avait pour seule conséquence de limiter l'étendue du cautionnement principal, sans en affecter la validité (Com. 4 nov. 2014 : *eod. loc.*). Antérieurement, un autre arrêt du 27 mai 2014 de la même chambre commerciale réitérait la solution de l'arrêt du 1er octobre 2013 (Com. 1er oct. 2013 : *eod. loc.*), selon lequel l'omission des termes « mes biens » n'avait pour conséquence que de limiter le gage de la banque aux revenus de la caution et n'affectait nullement la validité du cautionnement (Com. 27 mai 2014 : *eod. loc.*). Selon l'arrêt de censure, cette omission ne permettait pas de douter de la connaissance qu'avait la caution de la nature et de la portée de son engagement. Dans les deux cas, la réduction est préférée à la nullité dans le but de sauver l'acte.

II. MENTION DE SOLIDARITÉ

Si le cautionnement est *solidaire*, ce qui est presque toujours le cas dans la mesure où le prêteur exige la plupart du temps un tel engagement, la caution doit inscrire, également à peine de *nullité de l'engagement* (sur l'ambiguïté de la formule, V. *infra*), la mention de l'article L. 313-8, destinée à attirer son attention sur les effets de la solidarité à l'égard du droit de poursuite du créancier.

Les mêmes dispositions ont été généralisées, en 2003 par les nouveaux articles L. 331-1 et L. 343-1 pour la mention manuscrite et L. 331-2 et L. 343-2 pour la mention spécifique de solidarité, applicables à toutes les personnes physiques qui s'engagent par acte sous seing privé en qualité de caution envers un créancier professionnel.

On observera que le cautionnement solidaire est réduit à la renonciation au seul bénéfice de discussion, alors que la renonciation au bénéfice de division en présence de plusieurs cautions peut s'avérer dangereuse. Par ailleurs, seule la mention de solidarité est rendue inefficace en cas de non-reproduction de la clause (Com. 8 mars 2011 : *cité note 4 ss. art. L. 331-2*), alors que l'on était en droit de se demander si la nullité n'affectait pas le cautionnement lui-même. Par ailleurs, de façon plus évidente, seule la stipulation de solidarité (comme la renonciation au bénéfice de discussion dont elle est l'émanation) sera réputée non écrite si l'engagement de la caution n'est pas limité à un montant global incluant le principal, les intérêts et les accessoires (art. L. 331-3 et L. 343-3 reproduisant le précédent au titre des sanctions). Le texte est manifestement inspiré de l'article 47-II de la loi du 11 février 1994 relative à l'initiative et à l'entreprise individuelle.

III. DISPENSE

Le formalisme de la mention manuscrite est écarté par la jurisprudence et aujourd'hui par la loi (C. civ., art. 1369), en matière *d'acte authentique* : le notaire est censé informer suffisamment la caution sur la portée de son engagement. Observons que les professionnels devront recourir à l'acte authentique s'ils entendent faire souscrire à une personne physique un cautionnement à durée indéterminée ou encore un cautionnement indéfini.

Enfin, selon l'article 1374 du code civil, l'acte sous signature privée contresigné par les avocats de chacune des parties ou par l'avocat de toutes les parties fait foi de l'écriture et de la signature des parties, tant à leur égard qu'à celui de leurs héritiers ou ayants cause ; cet acte est dispensé de toute mention manuscrite exigée par la loi. Le contreseing emporte ainsi dispense des mentions manuscrites informatives imposées par la loi. ❑

1. *Application dans le temps.* Les dispositions des art. L. 341-2 et L. 341-3 [L. 331-1 et L. 331-2], qui ne sont entrées en vigueur que six mois après la promulgation de la loi, n'ont pas vocation à régir les contrats souscrits antérieurement à leur entrée en vigueur. • Rennes,19 déc. 2003 : *JCP E 2004, n° 36, p. 1339, obs. Simler; Gaz. Pal. 2005. 1103, note de Granvilliers; RD banc. fin. 2004, n° 115, obs. Legeais; Bull. Joly 2004. 1218, note Routier.* – V. aussi • Paris, 22 oct. 2004 : *D. 2004. AJ 2994* (2 arrêts)*; JCP E 2005, n° 1-2, p. 8; Gaz. Pal. 2005. 1103, note de Granvilliers.*

2. Loi de police. BIBL. Ferry, *RD banc. fin. 2016. Étude 2* (forme du cautionnement international et lois de police). – Barba, *RLDA mai 2016. 21* (le cautionnement international devant l'arbitre : la clause compromissoire); *ibid. 27* (… : l'instance et la sentence). ♦ Les art. L. 341-2 et L. 341-3 [L. 331-1 et L. 331-2] ne sont pas des lois dont l'observation est nécessaire pour la sauvegarde de l'organisation politique, sociale et économique du pays au point de régir impérativement la situation, quelle que soit la loi applicable, et de constituer une loi de police. Dès lors, viole les textes susvisés l'arrêt qui, pour déclarer la loi française applicable au contrat de cautionnement, retient que les textes du droit français relatifs à la protection de la caution et au formalisme de son engagement ont un caractère impératif. • Civ. 1re, 16 sept. 2015, n° 14-10.373 P : *D. 2015. 2356, note Abadie et Lasserre Capdeville ; Rev. crit. DIP 2016. 132, note Bureau et Muir Watt ; JCP 2015, n° 1188, note Berlioz; JCP E 2015, n° 1587, note Kleiner et Porcheron; JCP N 2016, n° 1004, note Marmisse-d'Abbadie d'Arrast; RJDA 2015, n° 810; Gaz. Pal. 2015. 3012, note Mignot; ibid. 3704, obs. Morel-Maroger; RDC 2016. 80, note Laazouzi; ibid. 129, note Marchadier; RLDA déc. 2015. 10, note Boskovic; Banque et Droit sept.-oct. 2015. 77, obs. Rontchevsky; ibid. nov.-déc. 2015. 47, obs. Stoufflet; RD banc. fin. 2015, n° 191, obs. Legeais; ibid. 2016, n° 39, obs. Robinne; RJ com. 2015. 575, obs. Berlioz.* ♦ Les dispositions des art. L. 341-2 et L. 341-3 [L. 331-1 et L. 331-2] édictant des normes dont la méconnaissance, à la supposer établie, n'est pas contraire à l'ordre public international, la cour d'appel a exactement décidé qu'en l'absence de contrariété à celui-ci, le refus de la reconnaissance ou de l'exécution de la sentence arbitrale n'était pas fondé. • Civ. 1re, 2 déc. 2015, n° 14-25.147 P : *D. 2015. Actu. 2569 ; JCP E 2016, n° 1022, note Jourdan-Marques; RJDA 2016, n° 241; RD banc. fin. 2016, n° 213, obs. Robine.*

3. Domaine d'application. Toute personne physique, qu'elle soit ou non avertie, doit, dès lors qu'elle s'engage par acte sous seing privé en qualité de caution envers un créancier professionnel, faire précéder sa *signature, à peine de nullité de son engagement, qu'il soit commercial ou civil*, des mentions manuscrites exigées par les art. L. 341-2 et L. 341-3 [L. 331-1 et L. 331-2]. • Com. 10 janv. 2012 : *Bull. civ. IV, n° 2; D. 2012. Pan. 1577, obs. Crocq ; ibid. Actu. 276, obs. Avena-Robardet ; RTD com. 2012. 177, obs. Legeais ; Rev. sociétés 2012. 286, note Riassetto ; JCP E 2012, n° 1114; Gaz. Pal. 2012. 457, obs. Piedelièvre; ibid. 941, obs. Dumont-Lefrand; RJDA 2012, n° 433; RD banc. fin. 2012, n° 48, obs. Cerles; Dr. et proc. juill.-août 2012, Cah. dr. consom., p. 22, obs. Picod.* ♦ Le formalisme prévu au bénéfice de la personne physique qui s'engage par acte sous seing privé en qualité de caution envers un créancier professionnel ne se limite pas au cautionnement des prêts accordés aux personnes physiques par les établissements de crédit. • Civ. 1re, 15 oct. 2014 : *CCC 2015, n° 20, obs. Raymond; RJDA 2015, n° 46.* ♦ L'art. L. 341-2 [L. 331-1] n'opère aucune distinction parmi les cautions, dont la validité de l'engagement est soumise à l'exigence de la mention d'information légale; dès lors, cette disposition n'est pas réservée aux personnes ayant agi en qualité de consommateur. • Lyon, 15 févr. 2007 : *BICC 15 juin 2007, n° 1334.* ♦ Aucune distinction ne doit être effectuée selon la nature du cautionnement, la qualité de celui qui s'engage ou la dette cautionnée. • Montpellier, 19 janv. 2010 : *Gaz. Pal. 2010. 1780.* ♦ Nonobstant le caractère commercial du cautionnement consenti par le gérant d'une société, son engagement doit répondre aux exigences de forme prescrites à peine de nullité, dès lors que le créancier ne conteste pas sa qualité de créancier professionnel. • Même arrêt. ♦ Conçu en des termes généraux, l'art. L. 341-2 [L. 331-1] est applicable à toute personne physique qui s'engage par acte sous seing privé en qualité de caution envers un créancier professionnel, sans que soient exclus de son champ application certains actes sous seing privé en raison de leur nature commerciale ou certaines personnes physiques en raison de leur fonction ou de leurs liens avec l'entreprise débitrice. • Amiens, 11 oct. 2007 : *Banque et Droit mars-avr. 2008. 44, obs. Jacob.* ♦ Mais l'art. L. 341-2 [L. 331-1] ne s'applique qu'à l'égard d'une personne qui s'est engagée en qualité de caution et non de coemprunteur. • Aix-en-Provence, 4 sept. 2008 : *LPA 21 avr. 2009, note Pellier.* ♦ L'obligation cautionnée (sous-caution exigée par une banque pour cautionner elle-même un loyer) n'étant pas un prêt, les dispositions de l'art. L. 341-2 [L. 331-1], qui visent à protéger la caution dans ses relations avec un prêteur, selon le terme exprès du texte, ne sont pas en l'espèce applicables. • Paris, 12 oct. 2010 : *AJDI 2011. 56* . ♦ En application des art. L. 311-1 s. [L. 312-1 s.] et L. 341-1 s. [L. 331-1 s.], l'engagement de caution n'est pas soumis aux dispositions de ces textes, le contrat garanti n'étant pas un prêt ou un crédit mais un contrat de gérance de magasin. • Bourges, 6 mars 2014 : *CCC 2014, n° 230, obs. crit. Raymond.* ♦ Le formalisme des art. L. 341-2 et L. 341-3 [L. 331-1 et L. 331-2] s'impose uniquement au professionnel titulaire d'une créance envers un débiteur dont l'obligation est garantie par un cautionnement (non-application au sous-cautionnement). • Civ.

1re, 11 mars 2014 : *RTD civ. 2014. 692, obs. Crocq ; Gaz. Pal. 2014. 1773, obs. Albiges ; RDC 2014. 653, obs. Barthez.* ♦ Les art. L. 341-2, L. 341-3 et L. 341-5 [L. 331-1, L. 331-2 et L. 331-3] ne sont pas applicables au cautionnement des baux d'habitation régis par l'art. 22-1 de la L. n° 89-462 du 6 juill. 1989 qui prévoit des règles spécifiques. • Douai, 21 mars 2013 : *Rev. loyers 2013. 236* • Lyon, 14 mai 2013 : *Loyers et copr. 2013, n° 203, obs. Vial-Pedroletti.* ♦ Les dispositions des art. L. 341-2 et L. 341-3 [L. 331-1 et L. 331-2], dans leur rédaction antérieure à celle issue de l'Ord. du 14 mars 2016, ne s'appliquent pas aux cautionnements consentis par acte authentique. • Com. 14 juin 2017, n° 12-11.644 P : *D. 2017. Actu. 1244*. – V. aussi note 3 ss. art. L. 331-2. ♦ L'aval porté sur un billet à ordre irrégulier au sens des art. L. 512-1 et L. 512-2 C. com. peut constituer un cautionnement ; dès lors, à défaut de répondre aux prescriptions des art. L. 341-2 et L. 341-3 [L. 331-1 et L. 331-2] C. consom., un tel cautionnement est nul. • Com. 5 juin 2012 : *Bull. civ. IV, n° 113 ; D. 2012. Actu. 1604, obs. Delpech ; JCP E 2012, n° 1501, note Piedelièvre ; ibid., n° 1646, spéc. n° 21, obs. Salgueiro ; Gaz. Pal. 2012. 1461, avis Le Mesle ; RJDA 2012, n° 893 ; RD banc. fin. 2012, n° 117, obs. Legeais ; Banque et Droit juill.-août 2012. 43, obs. Netter.*

V., considérant qu'une modification substantielle de l'engagement de la caution entraîne la novation de l'acte, de sorte que les dispositions des art. L. 341-2 et L. 341-3 [L. 331-1 et L. 331-2] devaient être respectées : • Grenoble, 9 avr. 2015, n° 13/02277 : *CCC 2015, n° 186, obs. Raymond.*

4. Contenu de la mention. La nullité d'un engagement de caution souscrit par une personne physique envers un créancier professionnel est encourue du seul fait que la mention manuscrite portée sur l'engagement de caution n'est pas identique aux mentions prescrites par les art. L. 341-2 et L. 341-3 [L. 331-1 et L. 331-2], à l'exception de l'hypothèse dans laquelle ce défaut d'identité résulterait d'erreur matérielle. • Com. 5 avr. 2011 : *Bull. civ. IV, n° 55 ; D. 2011. Actu. 1132, obs. Avena-Robardet ; ibid. 2012. Pan. 1578, obs. Crocq ; JCP E 2011, n° 1395, note Bouteiller ; CCC 2011, n° 204, obs. Raymond ; Gaz. Pal. 2011. 1485, note Denizot ; ibid. 2860, note Piedelièvre ; RJDA 2011, n° 577 ; RD banc. fin. 2011, n° 89, obs. Legeais ; Banque et Droit juill.-août 2011. 34, obs. Jacob ; RLDA juin 2011. 27, note Albiges ; Dr. et proc. sept. 2011, Cah. dr. consom., p. 19, obs. Picod ; RDC 2011. 906, obs. Houtcieff.* ♦ L'absence de reproduction manuscrite de la ponctuation ne peut être considérée comme révélant un problème de compréhension de la part de la caution, et le simple oubli de la ponctuation, à l'exclusion de tout autre élément, permet de qualifier ce manque de simples erreurs matérielles. • Com. 14 juin 2016, n° 15-11.106 : *RJDA 2016, n° 647 ; RD banc. fin. 2016, n° 200, obs. Cerles.* ♦ L'apposition d'une virgule entre la formule caractérisant l'engagement de caution et celle relative à la solidarité n'affecte pas la portée des mentions manuscrites conformes aux dispositions légales. • Com. 5 avr. 2011 : *Bull. civ. IV, n° 54 ; BICC 15 sept. 2011, n° 987 ; eod. loc.* ♦ Cassation de l'arrêt jugeant que la juxtaposition des mentions prescrites par la loi qui doivent être apposées successivement par la caution et non pas mélangées en une phrase incertaine lui rendant plus difficile de mesurer la portée de chacun de ses deux engagements, n'est pas conforme aux prescriptions d'ordre public des art. L. 341-2 et L. 341-3 [L. 331-1 et L. 331-2]. • Rennes, 22 janv. 2010 : *JCP 2010, n° 708, spéc. n° 2, obs. Simler ; JCP E 2010, n° 1189, note Bouteiller ; Gaz. Pal. 2011. 957, obs. S. Piedelièvre ; RD banc. fin. 2010, n° 93, obs. Legeais ; Banque et Droit mars-avr. 2010. 64, obs. Rontchevsky ; RJDA 2010, n° 678.* – Dans le même sens, jugeant que les mentions énoncées aux art. L. 341-2 et L. 341-3 [L. 331-1 et L. 331-2] doivent être successivement apposées par la caution sans être mêlées dans une formule unique : • Paris, 5 mars 2009 : *JCP 2009. I. 150, n° 4, obs. Simler ; RJDA 2009, n° 678.* ♦ Ni l'omission d'un point ni la substitution d'une virgule à un point entre la formule caractérisant l'engagement de caution et celle relative à la solidarité, ni l'apposition d'une minuscule au lieu d'une majuscule au début de la seconde de ces formules n'affectent la portée des mentions manuscrites conformes pour le surplus aux dispositions légales. • Civ. 1re, 11 sept. 2013 : *Bull. civ. I, n° 174 ; D. 2013. Actu. 2164, obs. Avena-Robardet ; RDI 2013. 585, obs. Heugas-Darraspen ; JCP 2013, n° 1074, note Lasserre Capdeville ; JCP E 2013, n° 1573, note Legeais ; ibid., n° 1662, spéc. n° 32, obs. Routier ; CCC 2013, n° 276, obs. Raymond ; RJDA 2014, n° 169 ; Gaz. Pal. 2013. 3037, note Mignot ; Dr. et patr. févr. 2014. 58, obs. Dupichot ; Banque et Droit nov.-déc. 2013. 41, obs. Netter.* ♦ Ne contrevient pas aux dispositions d'ordre public de l'art. L. 341-2 [L. 331-1] l'acte de cautionnement solidaire qui, à la suite de la mention prescrite par ce texte, comporte celle prévue par l'art. L. 341-3 [L. 331-2], suivie de la signature de la caution. • Com. 27 mars 2012 : *JCP E 2012, n° 1748, spéc. n° 1, obs. Simler ; CCC 2012, n° 159, obs. Raymond ; RJDA 2012, n° 717* (cassation de : • Bourges, 1er juill. 2010 : *JCP E 2010, n° 2042, obs. crit. Bouteiller ; JCP 2011, n° 226, spéc. n° 4, obs. Simler).* ♦ Jugeant que c'est la mention manuscrite prévue à l'art. L. 341-2 [L. 331-1] C. consom. qui doit être apposée et non celle de l'art. 1326 [ancien] C. civ. : • Com. 22 janv. 2013 : *RD banc. fin. 2013, n° 54, obs. Cerles.* ♦ L'ajout, en tête de paragraphe, de la formule « je reconnais être parfaitement informé de la situation tant juridique que financière du cautionné », immédiatement suivie de la formule caractérisant son engagement de caution et de celle relative à la solidarité, ne peut entraîner la nullité de l'engagement de caution que si cet ajout modifie la formule légale ou en rend la compréhension plus difficile pour la caution. • Com. 4 nov. 2014 : *JCP E 2014, n° 1645, note Legeais; CCC 2015, n° 43, obs. Raymond; RJDA 2015, n° 707; Gaz. Pal. 2014. 3837, obs. Albiges.* ♦ Après avoir constaté qu'à la formule de l'art. L. 341-2 [L. 331-1] la banque avait fait ajouter, après la mention « au prêteur », les mots suivants : « ou à toute personne qui lui sera substituée en cas de fusion, absorption, scission ou apports d'actifs », l'arrêt retient à bon droit que cet ajout, portant exclusivement sur la personne du prêteur, ne dénature pas l'acte de caution et n'en rend pas plus difficile la compréhension. • Com. 27 janv. 2015, n° 13-24.778 : *Rev. sociétés 2015. 443, note Juillet; RJDA 2015, n° 386; RD banc. fin. 2015, n° 39, obs. Cerles; RJ com. 2015. 516, obs. Macorig-Venier.* ♦ Comp., jugeant que la rédaction de la mention manuscrite présentait un caractère désordonné et confus rendant nécessaire son interprétation dès lors qu'une telle mention n'identifiait pas le bénéficiaire du cautionnement ni d'ailleurs la personne qui se rendait caution : • Com. 27 janv. 2015, n° 13-28.502 : *RJDA 2015, n° 387; RD banc. fin. 2015, n° 39, obs. Cerles.* ♦ Faute de préciser, pour la garantie du paiement des sommes dues après un arrêté de compte, la limite chiffrée de l'engagement des cautions ou la durée de celui-ci, la mention n'est pas conforme à celle prévue par la loi, de sorte que l'engagement est nul pour le tout. • Com. 31 janv. 2017, n° 14-27.185 : *RJDA 2017, n° 282; RD banc. fin. 2017, n° 69, obs. Legeais.*

L'art. L. 341-2 [L. 331-1] n'impose pas la mention du montant de l'engagement de la caution à la fois en chiffres et en lettres. • Com. 18 janv. 2017, n° 14-26.604 P : *Dalloz actualité, 15 févr. 2017, obs. Avena-Robardet; D. 2017. Actu. 213; AJ contrat 2017. 122, note Houtcieff; JCP E 2017, n° 1106; CCC 2017, n° 89, obs. Bernheim-Desvaux; RJDA 2017, n° 206; LPA 27 mars 2017, note Lasserre Capdeville; Gaz. Pal. 21 févr. 2017, p. 26, obs. Dumont-Lefrand; Rev. proc. coll. 2017, n° 28, obs. Gijsbers.* ♦ La validité de l'engagement des cautions, qui correspond à leur volonté de permettre à la société de bénéficier du concours financier de la caisse, n'est pas affectée par la contradiction entre les deux montants – l'un porté par une mention dactylographiée (sur l'acte de prêt) et l'autre par une mention manuscrite (sur l'acte de cautionnement) –, dès lors qu'aucun manquement à une règle impérative de formalisme prévue par les art. L. 341-2 et L. 341-3 [L. 331-1 et L. 331-2] *ne peut être reproché.* • Com. 8 juin 2010 : *BRDA 2010, n° 17, p. 6.* – V. aussi : • Com. 11 juin 2014 : *RJDA 2014, n° 865; Gaz. Pal. 2014. 3293, obs. Pailler; RD banc. fin. 2014, n° 132, obs. Legeais.* ♦ S'il existe une divergence, concernant la durée du cautionnement, entre la mention manuscrite de l'art. L. 341-2, qui stipule que la caution s'engage pour une durée de onze mois, et la mention manuscrite figurant, sous la signature de cette dernière, en page 1 du cautionnement, qui limite celui-ci à la fin du mois d'octobre 2011, la validité de l'engagement n'est pas affectée par la contradiction entre ces deux dates dès lors que l'une des mentions manuscrites était conforme à celles prescrites par la loi et que la cour d'appel a pu, dans l'exercice de son pouvoir souverain, retenir que les parties avaient entendu limiter le cautionnement aux seuls engagements souscrits par la société débitrice au plus tard le 31 oct. 2011. • Com. 31 janv. 2017, n° 15-15.890 P : *Dalloz actualité, 15 févr. 2017, obs. Avena-Robardet; D. 2017. Actu. 294; JCP 2017, n° 169, obs. Pellier; CCC 2017, n° 89, obs. Bernheim-Desvaux; Rev. proc. coll. 2017, n° 29, obs. Gijsbers; Banque et Droit mars-avr. 2017. 78, obs. Netter; RD banc. fin. 2017, n° 68, obs. Legeais.* ♦ L'exigence posée par les textes légaux tend à instaurer une limite maximale du montant de l'engagement financier de la caution solidaire personnelle d'un débiteur; dès lors qu'il est constaté qu'en dehors de la référence expresse au montant mensuel du loyer, qui est garanti par l'engagement de caution, il ne ressort de la mention manuscrite aucun montant déterminé à l'avance et constituant la limite maximale de cet engagement qui pourrait porter sur « le paiement des charges justifiées ainsi que des frais d'indemnités et pénalités de toute nature prévus au bail », il en résulte la nullité de l'engagement de caution. • Bourges, 13 mars 2014 : *Loyers et copr. 2014, n° 203, obs. Vial-Pedroletti.* ♦ La mention « Je soussigné M...... déclare me porter caution de...... » au lieu et place de « En me portant caution de...... » n'affectant ni le sens, ni la portée de la mention prescrite, ne rend pas nul l'engagement de la caution. • Paris, 3 juin 2010 : *RD banc. fin. 2011, n° 16, obs. Cerles.* ♦ Ayant constaté que la mention prévue à l'art. L. 341-2 [L. 331-1] avait été intégralement et correctement reproduite et précisé que, à l'évidence, la lettre X figurant dans le texte doit être remplacée par la désignation du débiteur principal, puis retenu que les précisions concernant la désignation du débiteur, qui ne sont pas formellement interdites par l'art. L. 341-2 [L. 331-1], ne modifient en rien la formule légale ni n'en rendent sa compréhension plus difficile pour la caution, une cour d'appel a exactement décidé que la nullité du cautionnement ne pouvait être encourue pour ce motif. • Com. 16 oct. 2012 : *Bull. civ. IV, n° 184; D. 2012. Actu. 2509, obs. Avena-Robardet; JCP 2012, n° 1405, note Dumery; JCP E 2013, n° 1304, spéc. n° 31, obs. Mathey; CCC 2013, n° 16, obs. Raymond; Gaz. Pal. 2012. 3311, avis Le Mesle, note Piedelièvre; Banque et Droit nov.-déc. 2012. 56, obs. Netter; RDC 2013. 1002, obs. Barthez.* ♦ L'évocation du caractère « personnel et solidaire » du cautionnement, d'une part, la substitution du terme « banque » à ceux de « prêteur » et de « créancier », d'autre part, n'affectent ni le sens ni la portée des mentions manuscrites prescrites par les art. L. 341-2 s. [L. 331-1 s.]. • Civ. 1re, 10 avr. 2013 : *Bull. civ. I, n° 74; D. 2013. 1460, note Lasserre Capdeville et Piette ; ibid. Actu. 989, obs. Avena-Robardet ; RDI 2013. 359, obs. Heugas-Darraspen ; JCP E 2013, n° 1258, note Legeais; CCC 2013, n° 169, obs. Raymond; RJDA 2014, n° 169; Gaz. Pal. 2013. 1628, note Mignot; Banque et Droit mai-juin 2013. 43, obs. Netter; RD banc. fin. 2013, n° 85, obs. Legeais.* ♦ Dès lors que la mention manuscrite apposée sur l'engagement reflète la parfaite information dont avait bénéficié la caution quant à la nature et la portée de son engagement, il en résulte que l'omission des termes « mes biens » n'a pour conséquence que de limiter le gage de la banque aux revenus de la caution et n'affecte pas la validité du cautionnement. • Com. 1er oct. 2013 : *Bull. civ. IV, n° 143; D. 2013. Chron. C. cass. 2556, obs. Guillou; ibid. Actu. 2332, obs. Avena-Robardet ; ibid. 2014. 127, note Julienne et Andreu ; RTD com. 2013. 791, obs. Legeais ; RDI 2013. 585, obs. Heugas-Darraspen ; JCP E 2013. n° 1624, note Legeais; RJDA 2014, n° 169; LPA 31 déc. 2013, note Peltier; LPA 13 janv. 2014, note Guicherd; Gaz. Pal. 2013. 3297, obs. Piedelièvre; Dr. et patr. févr. 2014. 58, obs. Dupichot; RD banc. fin. 2013. Étude 24, par Legeais; RLDA déc. 2013. 26, note crit. Mignot; Banque et Droit nov.-déc. 2013. 43, obs. Netter; ibid. nov.-déc. 2014. 4, note Julien et Ansaloni* • 27 mai 2014 : *CCC 2014, n° 231, obs. Raymond.* ♦ L'omission du terme « intérêts » n'a pour conséquence que de limiter l'étendue du cautionnement au principal de la dette sans en affecter la validité. • Com. 4 nov. 2014, n° 13-24.706 P : *Dalloz actualité, 24 nov. 2014, obs. Avena-Robardet; D. 2014. Actu. 2293 ; AJCA 2015. 33, obs. Picod ; RTD civ. 2015. 182, obs. Crocq ; RDI 2015. 29, obs. Heugas-Darraspen ; JCP E 2014, n° 1645, note Legeais; CCC 2015, n° 43, obs. Raymond; RJDA 2015, n° 1444; Gaz. Pal. 2014. 3837, obs. Albiges; ibid. 2015. 279, note Mignot; Banque et Droit janv.-févr. 2015. 75, obs. Netter; RD banc. fin. 2015, n° 6, obs. Cerles; RLDA déc. 2014. 45, obs. Mathonnière.* ♦ Si les dispositions de l'art. L. 341-2 [L. 331-1] ne précisent pas la manière dont la durée de l'engagement de caution doit être exprimée dans la mention manuscrite, il n'en demeure pas moins que, s'agissant d'un élément essentiel permettant à la caution de mesurer la portée exacte de son engagement, cette mention doit être exprimée sans qu'il soit nécessaire de se reporter aux clauses imprimées de l'acte. • Civ. 1re, 9 juill. 2015, n° 14-24.287 P : *D. 2015. 2231, note Kassoul ; RTD civ. 2015. 916, obs. Crocq ; JCP 2015, n° 1069, note Pellier; JCP E 2016, n° 1067, note Brocard; CCC 2015, n° 239, obs. Raymond; RJDA 2015, n° 783; Gaz. Pal. 2015. 3002, note Mignot; Banque et Droit sept.-oct. 2015. 79, obs. Jacob; RD banc. fin. 2015, n° 153, obs. Cerles; RJ com. 2015. 517, obs. Macorig-Venier.* ♦ Si l'art. L. 341-2 ne précise pas la manière d'indiquer la durée de l'engagement de la caution, la cour d'appel n'a pas ajouté à ce texte une condition qu'il ne prévoit pas en imposant que la mention manuscrite se réfère sur ce point à une durée, ce qui n'est pas le cas d'une formule manuscrite se référant à cent huit mensualités et non à cent huit mois. • Com. 26 janv. 2016, n° 14-20.202 : *RJDA 2016, n° 398.* ♦ L'art. L. 341-2 [L. 331-1] ne prévoit pas l'indication, dans la mention manuscrite, du montant et des modalités de calcul des pénalités. • Com. 29 nov. 2016, n° 15-21.197 : *RJDA 2017, n° 119; Gaz. Pal. 21 févr. 2017, p. 27, obs. Albiges.*

5. Rédaction de la mention. La personne physique (caution illettrée) qui ne se trouve pas en mesure de faire précéder sa signature des mentions manuscrites exigées par les art. L. 341-2 et L. 341-3 [L. 331-1 et L. 331-2] destinées à assurer sa protection et son consentement éclairé ne peut valablement s'engager que par acte authentique en qualité de caution envers un créancier professionnel. • Civ. 1re, 9 juill. 2015, n° 14-21.763 P : *Dalloz actualité, 7 sept. 2015, obs. Avena-Robardet; D. 2015. Actu. 1533 ; RTD civ. 2015. 915, obs. Crocq ; JCP 2015, n° 1069, note Pellier; CCC 2015, n° 240, obs. Raymond; RJDA 2016, n° 58; Gaz. Pal. 5 janv. 2016, p. 31, obs. Houtcieff; Banque et Droit sept.-oct. 2015. 77, obs. Rontchevsky; ibid. nov.-déc. 2015. 26, obs. Helleringer; RD banc. fin. 2015, n° 151, obs. Legeais; RLDA oct. 2015. 27, obs. Ihami; RJ com. 2015. 515, obs. Macorig-Venier.* ♦ Jugeant que la mention manuscrite doit, à peine de nullité, être rédigée par la caution elle-même et non par une tierce personne, et ce même si la signature de la caution n'était pas contestée : • Com. 13 mars 2012 : *Gaz. Pal. 2012. 942, obs. Albiges; RJDA 2012, n° 801; RD banc. fin. 2012, n° 85, obs. Cerles.* ♦ Est nul le cautionnement seulement revêtu des initiales de la caution et non de sa signature. • Toulouse, 22 mai 2012 : *JCP E 2012, n° 1748, spéc. n° 1, obs. Simler; RD banc. fin. 2012, n° 149, obs. Cerles.* ♦ L'engagement est nul dès lors qu'il est constaté que la caution avait apposé sa signature immédiatement sous les clauses pré-imprimées de l'acte et inscrit la mention manuscrite légalement requise sous sa signature, sans la réitérer sous cette mention. • Com. 17 sept. 2013 : *Bull. civ. IV, n° 132; D. 2013. Actu. 2220, obs. Avena-Robardet ; ibid. 2014. Pan. 2146, obs. Martin ; RDI 2013. 585, obs. Heugas-Darraspen ; JCP E 2013, n° 1573, note Legeais; CCC 2013, n° 276, obs. Raymond; RJDA 2013, n° 1050; Dr. et patr. févr. 2014. 59, obs. Dupichot; RD banc. fin. 2013, n° 194, obs. Cerles* • 1er avr. 2014 : *RJDA 2014, n° 671.* – V. aussi • Versailles, 24 sept. 2015, n° 13/06350 : *RJDA 2016, n° 149.* ♦ Comp., déclarant valable le cautionnement alors même que la signature est située au-dessus de la mention manuscrite dès lors qu'il est constaté que la mention manuscrite est pourvue d'une accolade, également manuscrite, reprenant toute la marge correspondant à son texte, munie d'une flèche désignant la rubrique où elle aurait dû être apposée. Dès lors, le rédacteur de la mention, qui ne conteste pas être également l'auteur de cette accolade et de cette flèche, a ainsi regroupé toutes les lignes qui la forment pour la déplacer au dessus de sa signature. • Lyon, 6 sept. 2012 : *RD banc. fin. 2012, n° 181, obs. Cerles.* ♦ La caution a ainsi, littéralement, fait précéder sa signature de cette mention et si la loi interdit tout écart avec la formule dont elle fixe les termes, elle n'a ni pour objet ni pour effet de prohiber le recours à une telle technique afin de mettre en bonne place une mention correcte. • Même décision. ♦ La mention manuscrite, dont le texte est conforme aux dispositions de l'art. L. 341-2 [L. 331-1] et qui figure sous la signature de la caution, est immédiatement suivie du paraphe de celle-ci, de sorte que ni le sens, ni la portée, ni, en conséquence, la validité de cette mention ne s'en est trouvé affecté. • Civ. 1re, 22 sept. 2016, n° 15-19.543 P : *D. 2016. Actu. 1925, obs. Avena-Robardet ; AJ contrat 2016. 497, obs. Mégret ; RDI 2016. 640, obs. Heugas-Darraspen ; JCP E 2016, n° 1569, note Legeais ; CCC 2016, n° 267, obs. Bernheim-Desvaux ; RJDA 2016, n° 904 ; Gaz. Pal. 29 nov. 2016, p. 21, obs. Albiges ; Banque et Droit nov.-déc. 2016. 26, obs. Helleringer ; ibid. 71, obs. Netter ; RD banc. fin. 2016, n° 244, obs. Cerles.* ♦ L'interposition, entre la mention manuscrite et la signature, d'une autre mention manuscrite légale de la même caution, à l'exclusion de tout autre élément ou clause pré-imprimée, ne contrevient pas à l'exigence selon laquelle l'engagement manuscrit doit précéder la signature. • Com. 2 oct. 2012 : *RD banc. fin. 2012, n° 182, obs. Legeais ; RDC 2013. 1002, obs. Barthez.* ♦ L'art. L. 341-2 [L. 331-1] n'exige pas que la mention manuscrite précède immédiatement la signature de la caution, de sorte que l'interposition, entre la mention manuscrite requise par ce texte et la signature de la caution, d'une autre mention manuscrite de cette même caution, à l'exclusion d'une quelconque adjonction ou clause préimprimée émanant du créancier, ne contrevient pas aux exigences de ce texte. • Com. 22 janv. 2013 : *CCC 2013, n° 89, obs. Raymond.* ♦ Jugeant que le fait que la mention manuscrite soit interrompue par un texte pré-imprimé et que la caution ait signé sur le côté de la mention et non en dessous faute de place en bas de page ne rend pas le cautionnement nul, V. • Com. 28 juin 2016, n° 13-27.245 : *RJDA 2016, n° 733 ; Gaz. Pal. 29 nov. 2016, p. 21, obs. Albiges.*

6. Nullité. V. art. L. 343-1. ♦ Est nul l'engagement de caution, pris par acte sous seing privé par une personne physique envers un créancier professionnel, qui ne comporte pas la mention manuscrite exigée par ce texte (indifférence de l'aveu). • Com. 28 avr. 2009 : *Bull. civ. IV, n° 56 ; D. 2009. AJ 1351, obs. Avena-Robardet ; RTD com. 2009. 796, obs. Legeais ; JCP 2009, n° 25, p. 32, note S. Piedelièvre ; ibid., n° 48, p. 45, obs. Simler ; RD banc. fin. 2009, n° 122, obs. Cerles ; RJDA 2009, n° 795 ; RDC 2009. 1444, note Fenouillet ; Procédures 2009, n° 200, obs. H. C.* • Civ. 1re, 25 juin 2009 : *Bull. civ. I, n° 138 ; D. 2009. Chron. C. cass. 2068, obs. Creton ; ibid. AJ 1820, obs. Avena-Robardet ; RTD com. 2009. 601, obs. Legeais ; JCP E 2009, n° 35, p. 13, obs. Legeais ; CCC 2010, n° 25, obs. Raymond ; RD banc. fin. 2009, n° 153, obs. Cerles ; RJDA 2010, n° 76 ; RDC 2009. 1444, note Fenouillet ; Annonces de la Seine, 2 sept. 2010, obs. Laheyne.* ♦ La violation du formalisme des art. L. 341-2 et L. 341-3 [L. 331-1 et L. 331-2], qui a pour finalité la protection des intérêts de la caution, est sanctionnée par une nullité relative, à laquelle elle peut renoncer par une exécution volontaire de son engagement irrégulier, en connaissance du vice l'affectant. • Com. 5 févr. 2013 : *Bull. civ. IV, n° 20 ; D. 2013. 1113, note Libchaber ; ibid. Actu. 428, obs. Avena-Robardet ; Rev. sociétés 2013. 479, obs. Legeais ; RD banc. fin. 2014, n° 10, obs. Legeais ; JCP 2013, n° 440, note Simler ; JCP E 2013, n° 1174, note Le Gac-Pech ; JCP N 2013, n° 1123, note Piedelièvre ; CCC 2013, n° 124, obs. Raymond ; RJDA 2013, n° 452 ; LPA 16 mai 2013, note Laulier ; Gaz. Pal. 2013. 1160, obs. Pailler ; Banque et Droit mai-juin 2013. 42, obs. Jacob ; RD banc. fin. 2013, n° 51, obs. Legeais ; RLDA mai 2013. 12, note Gibirila.*

En retenant que le non-respect de l'art. L. 341-2 [L. 331-1] constituait une erreur de droit qui n'est pas susceptible d'entraîner la nullité de la transaction, alors que l'exclusion de l'erreur de droit comme cause de nullité de la transaction ne concerne que la règle applicable aux droits objet de la contestation qu'elle a pour but de terminer, et non les engagements souscrits pour garantir l'exécution de la transaction, la cour d'appel a violé le texte susvisé. • Civ. 1re, 8 mars 2012 : *D. 2012. Chron. C. cass. 2050, obs. Creton ; ibid. 1102, note Thibierge ; ibid. Pan. 1577, obs. Crocq ; Rev. sociétés 2012. 421, note Riassetto ; JCP E 2012, n° 1239, note Legeais ; JCP 2012, n° 517, note Piedelièvre ; CCC 2012, n° 158, obs. Raymond ; RJDA 2012, n° 716 ; RD banc. fin. 2012, n° 84, obs. Cerles ; Bull. Joly 2012. 478, note Houtcieff ; RJ com. mai-juin 2012. 41, obs. Macorig-Venier ; Dr. et proc. juill.-août 2012, Cah. dr. consom., p. 22, obs. Picod.* ♦ V. aussi note 4 ss. art. L. 331-2.

L'aval donné par une personne physique au profit d'un créancier professionnel sur une lettre de change annulée pour vice de forme, en vertu de l'al. 6 de l'art. L. 511-21 C. com., ne peut constituer un cautionnement valable, faute de comporter les mentions manuscrites prévues par les art. L. 341-2 et L. 341-3 [L. 331-1 et L. 331-2] C. consom. • Com. 27 sept. 2016, n° 14-22.013 P : *Dalloz actualité, 13 oct. 2016, obs. Delpech; D. 2016. Actu. 1996; JCP E 2016, n° 1588, note Legeais; CCC 2016, n° 268, obs. Bernheim-Desvaux; RJDA 2016, n° 897; Gaz. Pal. 21 févr. 2017, p. 65, obs. Moreil; Banque et Droit nov.-déc. 2016. 23, obs. Helleringer; RD banc. fin. 2016, n° 243, obs. Cerles.*

7. Créancier professionnel. BIBL. Gout, *RLDC déc. 2009. 24* (la notion de créancier professionnel dans le droit du cautionnement). ♦ Au sens des art. L. 341-2 et L. 341-3 [L. 331-1 et L. 331-2], le créancier professionnel s'entend de celui dont la créance est née dans l'exercice de sa profession ou se trouve en rapport direct avec l'une de ses activités professionnelles, même si celle-ci n'est pas principale. • Civ. 1re, 9 juill. 2009 : *Bull. civ. I, n° 173; D. 2009. Chron. C. cass. 2067, obs. Creton; ibid. 2198, note Piedelièvre; RTD com. 2009. 601 et 796, obs. Legeais; RTD civ. 2009. 758, obs. Crocq; JCP 2009, n° 40, p. 25, note Legeais; CCC 2009, n° 255, obs. Raymond; LPA 21 oct. 2009, note Cuperlier; Gaz. Pal. 2009. 3075, note Dagorne-Labbe; Banque et Droit sept.-oct. 2009. 44, obs. Jacob; RJDA 2010, n° 76; Dr. et proc. 2009. 362, obs. Picod; RDC 2009. 1444, note Fenouillet; Bull. Joly 2009. 1048, note Houtcieff; Dr. sociétés 2009. Pratique 9, par Cerles* • Com. 10 janv. 2012 : *préc. note 3.* ♦ Analysant le caractère professionnel au regard de l'objet social de la personne morale, V. • Paris, 14 févr. 2013 : *RJDA 2013, n° 547.* ♦ Pour des SCI, V. • Civ. 3e, 9 mars 2011 : *RD banc. fin. 2011, n° 89, obs. Legeais; RJDA 2011, n° 958* • Bordeaux, 20 oct. 2010 : *eod. loc.* ♦ Pour un brasseur, V. • Douai, 10 févr. 2011 : *RD banc. fin. 2011, n° 91, obs. Legeais.* ♦ Pour un fournisseur de matériaux de construction, V. • Nîmes, 7 juill. 2011 : *RJDA 2011, n° 959.* ♦ Pour une société dont l'objet social est l'acquisition, l'exploitation par bail, la location de tous immeubles, peu important qu'elle n'a pas la qualité de marchand de biens, qu'elle n'est propriétaire que d'un seul lot, qu'elle n'est pas assujettie à l'impôt sur les sociétés, qu'elle n'octroie aucun crédit et qu'elle est composée essentiellement de membres d'une seule famille, V. • Paris, 15 janv. 2014 : *Rev. loyers 2014. 68, obs. Brena.* ♦ Il convient aux juges du fond de déterminer en quoi une créance est née de la profession du créancier ou est en rapport direct avec l'une de ses activités. • Civ. 1re, 15 oct. 2014 : *CCC 2015, n° 19, obs. Raymond; RJDA 2015, n° 142; Gaz. Pal. 2014. 3838, obs. Albiges.*

Le créancier professionnel défini par la loi, dont les termes clairs n'ont pas à être interprétés à la lumière des travaux parlementaires, et doivent être appliqués non pas restrictivement mais exactement, est le professionnel banque, établissement financier ou tout autre professionnel qui dispense un crédit. Une société de caution mutuelle, qui accorde sa garantie au débiteur principal et reçoit l'engagement de sous-caution, ne consent pas de crédit, les circonstances que cette société soit un professionnel et une filiale du prêteur de deniers étant inopérantes. Dès lors, la société de caution mutuelle n'ayant pas la qualité de créancier professionnel au sens de la loi, les sous-cautions ne peuvent se prévaloir du fait que leurs engagements envers la caution n'avaient pas répondu aux prescriptions des art. L. 341-2 et L. 341-3 [L. 331-1 et L. 331-2]. • Paris, 28 avr. 2011 : *JCP E 2012, n° 1052, spéc. n° 2, obs. Simler; RD banc. fin. 2011, n° 198, obs. Legeais.*

8. Créancier public. Lorsqu'un conseil régional attribue, dans le cadre de la mission de développement économique de son territoire, des aides remboursables à la création d'entreprise, qui s'analysent en des prêts d'argent, l'établissement public local à qui il délègue la gestion de ces avances remboursables a, vis-à-vis des entreprises aidées, la qualité de créancier professionnel au sens de l'art. L. 341-2 [L. 331-1], alors même que ces aides sont mises en œuvre dans un but d'intérêt général et que les avances sont consenties à taux nul ou à des conditions plus favorables que celles du taux moyen des obligations. • CAA Nancy, 13 mars 2013 : *AJDA 2013. 1576, concl. Ghisu-Deparis; AJCT 2013. 416, note Lasserre Capdeville.*

Art. L. 331-2 Lorsque le créancier professionnel demande un cautionnement solidaire, la personne physique qui se porte caution fait précéder sa signature de la mention manuscrite suivante :

"En renonçant au bénéfice de discussion défini à l'article 2298 du code civil et en m'obligeant solidairement avec X .... je m'engage à rembourser le créancier sans pouvoir exiger qu'il poursuive préalablement X ....". — *[C. consom., art. L. 341-3, hors sanction.] — Rappr. art. L. 314-16.*

Sur les sanctions, V. art. L. 343-2.

BIBL. ▶ BERNHEIM-DESVAUX, *CCC 2014. Formule 4* (clause de solidarité dans le cautionnement).

1. Application dans le temps. V. note 1 ss. art. L. 331-1.

2. Contenu de la mention. Doit être annulé le cautionnement dont la mention manuscrite s'écarte considérablement des prescriptions de l'art. L. 341-3 [L. 331-2], en omettant notamment de préciser la renonciation au bénéfice de discussion et de division. • Amiens, 11 oct. 2007 : *cité* *note 3 ss. art. L. 331-1.* ♦ Une erreur dans la référence à l'article du code civil n'étant pas susceptible d'égarer la caution quant à l'appréciation de l'étendue de son obligation puisque le contenu de l'art. 2298 est identique à celui de l'anc. art. 2021, seule la numérotation ayant changé, la validité du cautionnement ne saurait être remise en cause. • Pau, 7 juill. 2011 : *RD banc. fin. 2012, n° 12, obs. Cerles* • Bordeaux, 29 avr. 2011 : *eod. loc.* • Toulouse, 5 sept. 2012 : *RJDA 2012, n° 1001. – Contra :* • Agen, 7 mai 2012 : *RJDA 2012, n° 1001.* ♦ Ni l'évocation du caractère « personnel et solidaire » du cautionnement dans la formule caractérisant l'engagement de caution, ni la substitution du numéro « 2021 » au numéro « 2298 » dans celle relative à la solidarité n'affectent la portée des mentions manuscrites. • Civ. 1re, 27 nov. 2013 : *D. 2014. Pan. 1615, obs. Crocq ; JCP E 2014, n° 1010, note Legeais; RDC 2014. 230, obs. Barthez; RD banc. fin. 2014, n° 10, obs. Legeais.* – V. aussi • Com. 8 juill. 2014 : *RD banc. fin. 2014, n° 167, obs. Legeais.* ♦ Comp., jugeant qu'une simple insuffisance des mentions prescrites par la loi suffit au prononcé automatique de cette nullité dès lors que le juge n'a pas à apprécier la gravité ou la portée de l'insuffisance reprochée, même dans l'hypothèse où la caution est une caution avertie : • Orléans, 8 févr. 2007 : *BICC 1er déc. 2008, n° 1827; Dr. sociétés 2008, n° 70, obs. M.-L. C.; RJ com. 2009. 224, obs. Macorig-Venier.* ♦ V. aussi note 4 ss. art. L. 331-1.

3. Acte authentique. Les dispositions de l'art. L. 341-3 [L. 331-2] ne s'appliquent pas aux cautionnements consentis par acte authentique. • Com. 6 juill. 2010 : *Bull. civ. IV, n° 118; BICC 1er déc. 2010, n° 1753, et les obs.; D. 2010. 2129, note S. Piedelièvre ; RTD civ. 2010. 593, obs. Crocq ; JCP 2010, n° 789, obs. Barbièri; JCP E 2010, n° 1764, note Legeais; Gaz. Pal. 2010. 2894, obs. Dumont-Lefrand; ibid. 3062, obs. Mathieu; CCC 2010, n° 263, obs. Raymond; Banque et Droit juill.-août 2010. 44, obs. Rontchevsky; RD banc. fin. 2010, n° 173, obs. Legeais; RJDA 2010, n° 1186; RJ com. 2011. 320, obs. Macorig-Venier; Dr. et proc. 2010. 261, note Picod; RDC 2010. 1349, obs. Houtcieff; ibid. 2011. 135, obs. Fenouillet.* ♦ A l'inverse des dispositions de l'art. L. 341-5 [L. 331-3], celles de l'art. L. 341-3 [L. 331-2] ne s'appliquent pas aux cautionnements consentis par acte authentique. • Cass., avis, 8 avr. 2010 : *D. 2010. Actu. 1068, obs. Avena-Robardet ; JCP N 2010, n° 1231, note Barbièri; RJDA 2010, n° 876; Defrénois 2010. 1700, obs. Seube; RD banc. fin. 2010, n° 134, obs. Cerles.*

4. Sanction. V. aussi art. L. 343-2. ♦ Ayant constaté que l'engagement de caution avait été souscrit dans le respect des dispositions de l'art. L. 341-2 [L. 331-1], la cour d'appel a retenu à bon droit que la sanction de l'inobservation de la mention imposée par l'art. L. 341-3 [L. 331-2] ne pouvait conduire qu'à l'impossibilité pour la banque de se prévaloir de la solidarité et en a exactement déduit que l'engagement souscrit par la caution demeurait valable en tant que cautionnement simple. • Com. 8 mars 2011 : *Bull. civ. IV, n° 31; D. 2011. 1193, note Picod ; ibid. Actu. 812, obs. Avena-Robardet ; RTD civ. 2011. 375, obs. Crocq ; RTD com. 2011. 402, obs. Legeais ; JCP E 2011, n° 1270, note Legeais; LPA 14-15 juill. 2011, note Brignon; Gaz. Pal. 2011. 1015, obs. Albiges; ibid. 2859, note Piedelièvre; RJDA 2011, n° 466; Defrénois 2011. 1402, obs. Lécuyer; RDC 2011. 910, obs. Houtcieff; RD banc. fin. 2011, n° 95, obs. Cerles; Bull. Joly 2011. 470, note Houtcieff; RJ com. 2011. 324, obs. Macorig-Venier; Dr. et proc. sept. 2011, Cah. dr. consom., p. 19, obs. Picod* (conf. de • Bourges, 19 nov. 2009 : *JCP 2010, n° 708, spéc. n° 4, obs. Simler)* • Com. 10 mai 2012 : *Bull. civ. IV, n° 92; Dalloz actualité, 25 mai 2012, obs. Avena-Robardet; D. 2012. Actu. 1324 ; RJDA 2012, n° 800; RD banc. fin. 2012, n° 118, obs. Cerles; Banque et Droit juill.-août 2012. 41, obs. Netter.* ♦ V. aussi note 6 ss. art. L. 331-1.

Art. L. 331-3 **Les stipulations de solidarité et de renonciation au bénéfice de discussion figurant dans un contrat de cautionnement consenti par une personne physique au bénéfice d'un créancier professionnel sont réputées non écrites si l'engagement de la caution n'est pas limité à un montant global, expressément et contractuellement déterminé, incluant le principal, les intérêts, les frais et accessoires.** — *[C. consom., art. L. 341-5.] — V. aussi art. L. 343-3.*

1. Application dans le temps. Les art. L. 341-4 [L. 332-1] et L. 341-5 [L. 331-3] issus de la L. n° 2003-721 du 1er août 2003 ne sont pas applicables aux cautionnements souscrits antérieurement à son entrée en vigueur. • Com. 13 févr. 2007 : *Bull. civ. IV, n° 31; D. 2007. AJ 652, obs. Avena-Robardet ; RTD com. 2007. 432, obs. Legeais ; Rev. sociétés 2007. 534, note Stoufflet ; JCP 2007. I. 158, n° 4, obs. Simler; LPA 6 août 2007, obs. Houtcieff; CCC 2007, n° 112, obs. Raymond; RD banc. fin. 2007, n° 96, obs. Legeais; Banque et Droit mai-juin 2007. 42, obs. Bonneau; RJDA 2007, n° 658; Dr. et patr. janv. 2008. 84, obs. Aynès et Dupichot; Dr. et proc. 2007. 233, obs. Picod.*

2. Acte authentique. Les dispositions de l'art. L. 341-5 [L. 331-3] sont applicables à tous les cautionnements solidaires consentis par des personnes physiques au profit de créanciers professionnels, peu important qu'ils soient constatés par acte authentique. • Com. 6 juill. 2010 : *cité note 3 ss. art. L. 331-2.* ♦ Les dispositions de l'art.

L. 341-5 [L. 331-3] apparaissent devoir être appliquées à tous les cautionnements solidaires consentis par des personnes physiques au profit de créanciers professionnels, peu important qu'ils soient constatés par acte authentique. • Cass., avis, 8 avr. 2010 : *eod. loc.*

CHAPITRE II **PROPORTIONNALITÉ**

Art. L. 332-1 Un créancier professionnel ne peut se prévaloir d'un contrat de cautionnement conclu par une personne physique dont l'engagement était, lors de sa conclusion, manifestement disproportionné à ses biens et revenus, à moins que le patrimoine de cette caution, au moment où celle-ci est appelée, ne lui permette de faire face à son obligation. – *[C. consom., art. L. 341-4.] – Rappr. art. L. 314-18. – V. aussi art. L. 343-4.*

BIBL. ▸ ATIAS, *D. 2003. Chron. 2620*. – BAKOUCHE, *CCC 2004. Chron. 5*. – CUPERLIER et GORNY, *JCP E 2004. 1475*. – PICOD, *Études Calais-Auloy, Dalloz, 2004, p. 843*. – PIETTE, *Dr. et patr. juin 2004. 44* (sanction du cautionnement disproportionné). – MAURY, *LPA 28 juill. 2006* (observations sur les récentes évolutions du principe de proportionnalité dans le cautionnement). – CROCQ, *Mélanges Simler, Dalloz-Litec, 2006, p. 291* (sûretés et proportionnalité). – SDECC, *BICC 15 janv. 2010, p. 31* (les obligations du banquier au regard des cautions). – MATHEY, *RD banc. fin. 2012. Dossier 41* (le caractère excessif de l'engagement de la caution). – MAIROT, *LPA 13 déc. 2012* (la proportionnalité ou la recherche d'équilibre). – LEGEAIS, *BICC 15 oct. 2013, p. 22* (proportionnalité et cautionnement ou l'histoire de deux parallèles qui se croisent).

COMMENTAIRE

I. PRINCIPE DE PROPORTIONNALITÉ DE L'ENGAGEMENT

Selon l'article L. 314-18, dont les dispositions ont été reprises et généralisées par l'article L. 332-1, si l'engagement de la caution lors de sa conclusion est manifestement disproportionné aux biens et revenus de celle-ci, l'établissement de crédit ne peut pas s'en prévaloir (V., sur ce point, Albigès, L'influence du droit de la consommation sur l'engagement de la caution, *Liber amicorum Calais-Auloy, p. 1* ; Bakouche, La proportionnalité dans le cautionnement à l'épreuve de la loi et de la jurisprudence, *CCC 2004. Chron. 5* ; Picod, Proportionnalité et cautionnement, *Mélanges Calais-Auloy, Dalloz, 2003, p. 843* ; L'obligation de vigilance des créanciers professionnels à l'égard des cautions personnes physiques imposée par la loi Dutreil, *Dr. et proc., janv.-févr. 2004. 4* ; S. Piedelièvre, Le cautionnement excessif, *Defrénois 1998. 859*).

Cette règle déroge à la force obligatoire des contrats et laisse un large pouvoir d'appréciation aux tribunaux.

La disproportion doit être *manifeste*, c'est-à-dire flagrante ou évidente pour un professionnel raisonnablement diligent. Elle ne résulte pas du seul fait que le montant du cautionnement excède la valeur du patrimoine de la caution. Elle ne se ramène pas non plus, en sens inverse, à une simple situation d'insolvabilité. La faute de l'établissement n'a pas à être caractérisée et il appartient à la caution de prouver le caractère manifestement disproportionné. Le caractère averti de la caution est ici sans incidence (Com. 10 juill. 2012 : *cité note 7 ss. art. L. 332-1*), à la différence des solutions fondées sur le droit commun de la responsabilité civile.

Plusieurs précisions ont été apportées par la Cour de cassation. Tout d'abord, la disproportion doit être évaluée en fonction de tous les éléments du patrimoine et pas seulement des revenus de la caution (Civ. *1re, 7 avr. 1999 : Dalloz jurisprudence*). Ensuite, en cas de pluralité de cautions solidaires, la proportionnalité doit être appréciée séparément puisque chaque caution est tenue au paiement intégral de la dette sans pouvoir opposer le bénéfice de discussion ou le bénéfice de division (Civ. 1re, 22 oct. 1996 : *cité note 3 ss. art. L. 314-18*). En revanche, dans l'hypothèse d'époux communs en biens, l'appréciation de la solvabilité devait se faire non au regard de la situation patrimoniale de chacun, mais de celle de la communauté (Civ. 1re, 27 mai 2003 : *Bull. civ. I, n° 132 ; RJDA 2003, n° 1000*).

Cette disproportion doit s'apprécier, d'une part, au moment de la formation du contrat et, d'autre part, au moment où la caution est appelée. En effet, l'engagement initialement disproportionné peut trouver son équilibre dans le temps si la situation patrimoniale de la caution s'améliore. Dès lors, la caution ne pourra invoquer le bénéfice du principe de proportionnalité si le déséquilibre initial disparaît au moment où elle est poursuivie.

L'extension prétorienne parallèle du principe de proportionnalité permettait d'accréditer l'idée que l'article L. 332-1 s'appliquait immédiatement aux contrats en cours, nonobstant leur date de souscription, à partir du moment où l'instance était engagée lors de son entrée en vigueur. Pourtant, en l'absence de dispositions rétroactives et dans la mesure où la règle sanctionne un abus réalisé lors de la formation du contrat, on peut estimer que les dispositions ne s'appliquent que pour l'avenir. Les juridictions du fond étaient divisées ; c'est pourquoi un arrêt rendu en chambre mixte le 22 septembre 2006 (*cité note 1 ss. art. L. 332-1*) a tranché cette question en considérant que les nouvelles dispositions ne sont pas interprétatives et s'appliquent uniquement aux contrats souscrits après la loi du 1er août 2003.

II. PREUVE DU NON-RESPECT

Deux questions de preuve peuvent se poser de façon successive : tout d'abord, celle du caractère disproportionné de l'engagement ; ensuite, celle de l'évolution du patrimoine de la caution postérieurement à son engagement disproportionné.

La Cour de cassation a logiquement décidé qu'il appartient à la caution qui entend opposer au créancier les dispositions de l'article L. 332-1 de rapporter la preuve du caractère disproportionné de son engagement par rapport à ses biens et revenus (Com. 22 janv. 2013 : *cité note 12 ss. art. L. 332-1*). En effet, il revient à celui qui se prévaut d'un fait anormal pour échapper au paiement de son obligation, à savoir le caractère disproportionné de l'engagement, d'en établir la preuve. D'autant qu'en pratique, il est plus facile pour la caution d'établir cette disproportion que pour l'établissement de crédit lui-même qui ne connaît pas nécessairement sa fortune et ses revenus.

Toutefois, la banque peut riposter en prouvant que le patrimoine de la caution a évolué depuis l'engagement dans un sens favorable au recouvrement. Il résulte alors de la combinaison des articles 1353 du code civil et L. 332-1 du code de la consommation qu'il incombe au créancier professionnel, qui entend se prévaloir du contrat de cautionnement manifestement disproportionné lors de sa conclusion aux biens et revenus de la caution, d'établir que le patrimoine de celle-ci lui permet de faire face à son obligation au moment où celle-ci est appelée (Com. 1er avr. 2014 : *cité note 12 ss. art. L. 332-1*). En effet, le créancier entend ici rétablir la situation en se prévalant d'un fait exceptionnel. Ainsi, la qualité de demandeur n'est nullement statique…

Dans deux arrêts rendus le 4 juin 2013, la chambre commerciale a censuré des décisions ayant épousé l'approche de la première chambre civile en ce qui concerne les éléments de preuve du caractère disproportionné : elle estime que « la proportionnalité de l'engagement de la caution ne peut être appréciée au regard des revenus escomptés de l'opération garantie » (Com. 4 juin 2013 : *cité note 8 ss. art. L. 332-1*).

III. SANCTION

La sanction légale ne s'apparente pas à une nullité ou une caducité. Il s'agit à l'évidence d'une déchéance du droit de poursuite du créancier professionnel. L'article L. 343-4 reproduit l'article L. 332-1, montrant les limites de l'exercice consistant à vouloir séparer à tout prix les sanctions des règles de conduite. ❑

1. Application dans le temps. L'art. L. 341-4 [L. 332-1] n'est pas applicable aux cautionnements souscrits antérieurement à son entrée en vigueur. • Cass., Ch. mixte, 22 sept. 2006 : *Bull. civ. n° 7; BICC 15 nov. 2006, p. 30, rapp. Marais, avis Allix; D. 2007. Pan. 764, obs. D.-R. Martin ; D. 2006. Pan. 2858, obs. Crocq ; ibid. AJ 2391, obs. Avena-Robardet ; RTD com. 2006. 900, obs. Legeais ; RTD civ. 2006. 799, obs. Crocq ; JCP 2006. II. 10180, note Houtcieff; JCP E 2006, n° 51-52, p. 2192, obs. Simler; Gaz. Pal. 2007. 458, note de Granvilliers; CCC 2006, n° 250, obs. Raymond; RD banc. fin. 2006, n° 196, obs. Legeais; Banque et Droit nov.-déc. 2006. 49, obs. Jacob; Dr. et patr. janv. 2007. 22, note Aynès; Dr. et procédures mars-avr. 2007. 105, obs. Salati; BRDA 2006, n° 19, p. 5; RLDA nov. 2006. 49, note Aynès; Bull. Joly 2007. 47, obs. Macorig-Venier; RJ com. 2007. 56* • Com. 13 févr. 2007 : *cité ss. art. L. 341-5* • 9 mai 2007 : *CCC 2007, n° 228, obs. G. R.* • Pau, 4 avr. 2006 : *BICC 1er mai 2007, n° 946* • Lyon, 22 févr. 2007 : *BICC 15 juin 2007, n° 1333* • Aix-en-Provence, 4 déc. 2008 : *JCP 2009. II. 10100, note Pellier* (parallèle avec l'application dans le temps de l'al. 2 de l'art. 2293 C. civ.). ♦ Le législateur n'a pas disposé expressément que l'art. L. 341-4 [L. 332-1] s'appliquait aux cautionnements souscrits avant son entrée en vigueur, et en l'absence de tout élément probant porté à la connaissance de la cour, il n'est pas établi l'intention non équivoque du législateur d'appliquer le nouveau texte aux engagements de caution souscrits antérieurement à son entrée en vigueur. • Caen, 10 juin 2004 : *D. 2004. AJ*

2437, obs. Avena-Robardet ; JCP E 2004, n° 40, p. 1515 ; Gaz. Pal. 2005. 1103, note de Granvilliers ; RTD civ. 2004. 757, obs. Crocq ; RD banc. fin. 2004, n° 199, obs. Legeais ; ibid., n° 237, obs. Cerles ; Banque et Droit nov.-déc. 2004. 48, obs. Rontchevsky ; RJDA 2004, n° 1387 • Montpellier, 19 mai 2004 : *Banque et Droit nov.-déc. 2005. 85, obs. Guillot* • Caen, 13 janv. 2005 : *JCP E 2005, n° 36, p. 1416* • Versailles, 24 mai 2005 : *ibid., n° 38, p. 1528 ; RJDA 2005, n° 1153* • Orléans, 13 avr. 2006 : *BICC 2006, n° 2054* • Lyon, 29 juin 2006 : *ibid., n° 2055.* ♦ *Contra*, jugeant que l'art. L. 341-4 [L. 332-1] est d'application immédiate, y compris au contrat en cours, sans distinction selon la personne physique et le crédit en cause, privé ou professionnel, ni selon que le cautionnement résulte d'un acte authentique ou sous seing privé. • Rennes, 19 déc. 2003 : *cité note 1 ss. art. L. 331-1* • 18 févr. 2005 : *CCC 2005, n° 155, obs. Raymond ; RD banc. fin. 2005, n° 129, obs. Legeais* • Douai, 25 janv. 2006 : *cité note 5.* ♦ Dans le même sens, mais qui subordonne l'application de la loi nouvelle à la condition que l'instance ait été engagée après la promulgation de la loi du 1er août 2003, V. • Paris, 2 déc. 2005 : *D. 2006. AJ 295, obs. Avena-Robardet ; RTD civ. 2006. 366, obs. Théry .*

2. Ordre public. L'art. L. 341-4 [L. 332-1] édicte une norme dont la méconnaissance par le juge étranger n'est pas contraire à la conception française de l'ordre public international. • Civ. 1re, 30 janv. 2013 : *Bull. civ. I, n° 9 ; Dalloz actualité, 12 févr. 2013, obs. Menetrey ; D. 2013. Actu. 371 ; RTD com. 2013. 389, obs. Delebecque ; JCP 2013, n° 165, obs. Akchoti ; RJDA 2013, n° 682 ; RJ com. 2013. 227, obs. Berlioz.* ♦ Refusant d'appliquer d'office l'art. L. 341-4 [L. 332-1] C. consom. dès lors que le demandeur invoquait seulement les dispositions de l'art. 1147 [1231 s.] C. civ., V. • Com. 17 sept. 2013 : *JCP E 2013, n° 1679, obs. Simler ; Gaz. Pal. 2013. 3904, obs. Albiges ; Dr. et patr. févr. 2014. 60, obs. Dupichot ; RD banc. fin. 2013, n° 192, obs. Legeais.*

3. Forme du cautionnement. L'art. L. 341-4 [L. 332-1] pose un principe général de proportionnalité et s'applique que le cautionnement ait été recueilli sous la forme authentique ou sous seing privé. • Rennes, 18 févr. 2005 : *préc. note 1.*

4. Contrat d'affacturage. La caution ne peut invoquer la disproportion *au sens de l'art.* L. 341-4 [L. 332-1], lorsqu'elle garantit, non un prêt bancaire au montant connu mais un contrat d'affacturage pouvant entraîner un découvert de compte de l'adhérent, situation aléatoire et non prévisible ne permettant pas d'affirmer que la proportion entre les ressources de la caution et son engagement pouvait être évaluée au moment de la formation du contrat. • Douai, 8 déc. 2005 : *BICC 2006, n° 1335.*

5. Aval. L'aval, en ce qu'il garantit le paiement d'un titre dont la régularité n'est pas discutée, constitue un engagement cambiaire gouverné par les règles propres du droit du change, de sorte que l'avaliste n'est pas fondé à rechercher la responsabilité de la banque pour manquement au devoir de mise en garde ni pour violation de l'art. L. 341-4 [L. 332-1]. • Com. 30 oct. 2012 : *Bull. civ. IV, n° 195 ; D. 2012. Actu. 2588, obs. Delpech ; RTD com. 2013. 124, obs. Legeais ; JCP E 2012, n° 1749 ; CCC 2013, n° 66, obs. Raymond ; RJDA 2013, n° 156 ; Gaz. Pal. 2012. 3491, obs. Piedelièvre ; Banque et Droit nov.-déc. 2012. 54, obs. Jacob* • 28 juin 2016, n° 14-23.836 : *AJ contrat 2016. 446, obs. Piette ; RJDA 2017, n° 112 ; Rev. proc. coll. 2017, n° 92, obs. Martin-Serf* • Civ. 1re, 19 déc. 2013 : *Bull. civ. I, n° 255 ; D. 2014. 518, note Piette et Lasserre Capdeville ; ibid. Actu. 76, obs. Avena-Robardet ; BRDA 2014, n° 2, p. 8 ; Gaz. Pal. 2014. 1063, obs. Dumont-Lefrand ; Banque et Droit janv.-févr. 2014. 46, obs. Netter ; RD banc. fin. 2014, n° 41, obs. Cerles ; RJ com. 2014. 193, obs. Macorig-Venier.* – Et sur renvoi : • Rouen, 19 juin 2014 : *RD banc. fin. 2015, n° 5, obs. Cerles.* ♦ Comp., jugeant que l'art. L. 341-4 [L. 332-1] est applicable au dirigeant de société qui s'est porté avaliste d'un billet à ordre souscrit par sa société au profit d'une banque, peu important le caractère commercial de l'aval souscrit et les spécificités de la garantie cambiaire, dès lors que dans leurs rapports, l'engagement souscrit par le dirigeant envers la banque constitue un cautionnement au sens de l'art. L. 341-4 [L. 332-1] : • Douai, 25 janv. 2006 : *BICC 2006, n° 2053.*

6. Créancier professionnel. Au sens de l'art. L. 341-4 [L. 332-1], le créancier professionnel s'entend de celui dont la créance est née dans l'exercice de sa profession ou se trouve en rapport direct avec l'une de ses activités professionnelles, même si celle-ci n'est pas principale. • Civ. 1re, 1er oct. 2014 : *RJDA 2015, n° 217 ; Gaz. Pal. 2014. 3838, obs. Albiges ; RD banc. fin. 2014, n° 199, obs. Cerles.* ♦ L'art. L. 341-4 [L. 332-1] est applicable à un fournisseur de matériaux à un entrepreneur : • Chambéry, 31 oct. 2006 : *JCP 2007. I. 158, n° 5, obs. Simler.* ♦ Ayant relevé que les vendeurs qui avaient cédé leur fonds de commerce moyennant un prix payé pour partie par un crédit octroyé par eux n'avaient pas la qualité de créanciers professionnels, une cour d'appel en déduit à bon droit que ceux-ci n'avaient pas commis de faute en faisant souscrire un engagement de cautions prétendument disproportionné à leurs revenus et patrimoine. • Com. 13 nov. 2007 : *Bull. civ. IV, n° 236 ; D. 2007. AJ 3066, obs. Avena-Robardet ; RTD civ. 2008. 328, obs. Crocq ; RTD com. 2008. 167, obs. Legeais ; JCP E 2007, n° 51-52, p. 14 ; RD banc. fin. 2008, n° 9, obs. Legeais ; Banque et Droit janv.-févr. 2008. 52, obs. Rontchevsky ; RJDA 2008, n° 325.*– Comp., jugeant que le vendeur d'un fonds de commerce qui consent un crédit-vendeur garanti par un cautionnement est un créancier professionnel : • Orléans, 18 juin 2015, n° 14/0271 : *RJDA 2015, n° 781.* ♦ Les dispositions de l'art. L. 341-4 [L. 332-1] ne sont pas applicables dans les rapports entre une société de caution professionnelle, même filiale du prêteur, et les sous-cautions. • Paris, 28 avr. 2011 : *cité note 7 ss. art. L. 331-1. – Contra* : • Amiens, 7 juill. 2016, n° 14/05361 : *RJDA 2016, n° 903.* ♦ L'interdiction, pour un créancier professionnel, de se prévaloir d'un contrat de cautionnement conclu par une personne physique dont l'engagement était, lors de sa conclusion, manifestement disproportionné à ses biens et revenus, n'est pas limitée aux cautionnements garantissant les seules opérations de crédit mais s'applique quelle que soit la nature de l'obligation garantie. • Com. 22 févr. 2017, n° 14-17.491 : *RJDA 2017, n° 432.*

7. Caution avertie. Le caractère averti de la caution est indifférent pour l'application de l'art. L. 341-4 [L. 332-1]. • Com. 10 juill. 2012 : *D. 2012. AJ 2020 ; Gaz. Pal. 2012. 2862, obs. Albiges ; RJDA 2013, n° 258 ; LEDB sept. 2012, p. 6, obs. Mignot.* ♦ L'art. L. 341-4 [L. 332-1] bénéficie à toutes les cautions personnes physiques, y compris donc à une caution dirigeante d'une société qui garantit les dettes de celle-ci envers un professionnel. • Paris, 1er juin 2007 : *RJDA 2007, n° 1280* • 25 janv. 2008 : *RJDA 2008, n° 575* • Reims, 22 mars 2010 : *Dr. sociétés 2010, n° 176, obs. Coquelet.*

8. Caractère disproportionné. La disproportion s'apprécie lors de la conclusion de l'engagement au regard du montant de l'engagement et des biens et revenus de la caution. • Com. 5 avr. 2011 : *CCC 2011, n° 176, obs. Raymond ; Gaz. Pal. 2011. 2863, note Piedelièvre* • 12 mars 2013 : *RJDA 2013, n° 663 ; RD banc. fin. 2013, n° 89, obs. Legeais.* ♦ … Et en prenant en considération l'endettement global de la caution y compris celui résultant d'engagements de caution. • Com. 22 mai 2013 : *Bull. civ. IV, n° 84 ; D. 2013. Actu. 1340, obs. Avena-Robardet ; RJDA 2013, n° 839 ; LPA 28 juin 2013, obs. Legrand ; Gaz. Pal. 2013. 1680, note Mignot ; ibid. 2365, obs. Pailler ; Dr. et patr. févr. 2014. 61, obs. Dupichot.* – V. aussi • Com. 9 avr. 2013 : *D. 2013. Pan. 1714, obs. Crocq ; Rev. sociétés 2013. 680, note Legeais ; CCC 2013, n° 168, obs. Raymond ; RJDA 2013, n° 840 ; RD banc. fin. 2013, n° 90, obs. Legeais* • Civ. 1re, 15 janv. 2015, n° 13-23.489 P : *D. 2015. Actu. 204, obs. Avena-Robardet ; RTD civ. 2015. 183, obs. Crocq ; JCP E 2015, n° 1102 ; CCC 2015, n° 99, obs. Raymond ; RJDA 2015, n° 306 ; Gaz. Pal. 2015. 503, obs. Piedelièvre ; RD banc. fin. 2015, n° 42, obs. Legeais ; RLDA févr. 2015. 35, obs. de Montaigne ; RJ com. 2015. 518, obs. Macorig-Venier.* – Comp. • Com. 27 mai 2014 : *JCP 2014, n° 899, note Albiges ; Gaz. Pal. 2014. 3222, obs. Piedelièvre.* ♦ La cour d'appel doit prendre en compte, pour apprécier la disproportion des engagements du 2 déc. 2007 par rapport aux biens et revenus des cautions à cette date, leurs cautionnements antérieurement souscrits le 6 juill. 2007, quand bien même elle les avait déclarés disproportionnés. • Com. 29 sept. 2015, n° 13-24.568 P : *Dalloz actualité, 13 oct. 2015, obs. Avena-Robardet ; D. 2015. Actu. 2004 ; JCP E 2015, n° 1538 ; RJDA 2016, n° 148 ; Gaz. Pal. 2015. 3693, obs. Pailler ; Banque et Droit juill.-août 2016. 18, obs. Helleringer ; RD banc. fin. 2015, n° 188, obs. Legeais.* ♦ La disproportion du cautionnement s'apprécie en prenant en considération l'endettement global de la caution au moment où cet engagement est consenti, sans avoir à tenir compte de ses engagements postérieurs. • Com. 3 nov. 2015, n° 14-26.051 P : *D. 2015. Actu. 2316, obs. Avena-Robardet ; Rev. sociétés 2016. 146, obs. Juillet ; JCP E 2016, n° 1052, note Lasserre Capdeville ; CCC 2016, n° 20, obs. Bernheim-Desvaux ; BRDA 2015, n° 22, p. 13 ; Gaz. Pal. 2015. 3814, obs. Albiges ; RD banc. fin. 2016, n° 19, obs. Cerles.*

Pour apprécier si le patrimoine de la caution lui permet de faire face à son obligation au moment où elle est appelée, le juge doit, en principe, se placer au jour où la caution est assignée ; cependant si, à ce moment, le débiteur principal bénéficie d'un plan de sauvegarde en cours d'exécution, l'appréciation doit être différée au jour où le plan n'est plus respecté, l'obligation de la caution n'étant exigible qu'en cas de défaillance du débiteur principal. • Com. 1er mars 2016, n° 14-16.402 P : *D. 2016. Actu. 598, obs. Avena-Robardet ; JCP E 2016, n° 1242, note Dumery ; CCC 2016, n° 158, obs. S. B.-D. ; RJDA 2016, n° 396 ; Gaz. Pal. 12 avr. 2016, p. 31, obs. Piedelièvre ; RJ com. 2016. 257, obs. Macorig-Venier ; Bull. Joly Entrep. diff. 2016. 253, obs. Perruchot-Triboulet.* ♦ Il convient d'apprécier le caractère manifestement disproportionné, d'une part, au moment de la conclusion de l'engagement de la caution et, d'autre part, au moment où la caution est appelée. • Paris, 1er juin 2007 : *préc. note 7.* ♦ La preuve du caractère disproportionné peut résulter des avis d'imposition relatifs à plusieurs années. • Même arrêt. ♦ Pour l'appréciation du patrimoine et des revenus de la caution, il ne doit pas être tenu compte des perspectives de succès de l'opération. • Paris, 3 juill. 2008 : *RD banc. fin. 2009, n° 16, obs. Legeais.* ♦ … Ni des revenus escomptés de l'opération garantie. • Com. 4 juin 2013 : *Rev. sociétés 2013. 680, note Legeais ; RJDA 2013, n° 944 ; RD banc. fin. 2013, n° 131, obs. Cerles* • 27 janv. 2015, n° 13-27.625 : *CCC 2015, n° 127, obs. Raymond ; RJDA 2015, n° 527* • Com. 22 sept. 2015, n° 14-22.913 P : *Dalloz actualité, 13 oct. 2015, obs. Avena-Robardet ; D. 2015. Actu. 1948 ; JCP 2015, n° 1090 ; RJDA 2016, n° 148 ; Gaz. Pal. 2015. 3693, obs. Pailler ; RD banc. fin. 2015, n° 190, obs. Cerles* • Civ. 1re, 3 juin 2015, n° 14-13.126 P : *D. 2015. 2044, note Juillet ; AJCA 2015. 372, obs. Mégret ; RTD com. 2015. 727, obs. Legeais ; RJDA 2015, n° 602 ; Gaz. Pal.*

2015. 3813, obs. Albiges; Banque et Droit sept.-oct. 2015. 80, obs. Netter; RLDA sept. 2015. 26, obs. Ihami; RJ com. 2015. 518, obs. Macorig-Venier. ♦ ... Ni des revenus que perçoit le conjoint. • Paris, 6 juin 2008 : *eod. loc.* ♦ Jugeant toutefois qu'appréciant souverainement les facultés contributives du dirigeant caution au regard, notamment, des perspectives de développement de l'entreprise qu'il avait créée, une cour d'appel a pu estimer que le cautionnement souscrit par celui-ci n'était pas disproportionné à ses biens et revenus. • Civ. 1re, 4 mai 2012 : *Bull. civ. I, n° 97; D. 2012. Actu. 1260 ; RTD civ. 2012. 556, obs. Crocq ; RTD com. 2012. 602, obs. Legeais ; JCP E 2012, n° 1748, spéc. n° 6, obs. Simler; Gaz. Pal. 2012. 2793, obs. Piedelièvre; ibid. 2862, obs. Albiges; RJDA 2013, n° 259; RD banc. fin. 2012, n° 120, obs. Cerles; Banque et Droit juill.-août 2012. 41, obs. Jacob; RLDA juill.-août 2012. 34, note Guyader; RJ com. janv.-févr. 2013. 59, obs. Macorig-Venier.* – V. aussi : • Toulouse, 3 sept. 2013 : *BRDA 2013, n° 19, p. 7* • Chambéry, 18 mars 2014 : *D. 2014. Actu. 1037, obs. de Boysson* . ♦ La réalité du patrimoine des époux, tous deux engagés en qualité de caution, bien qu'il soit acquis grâce à des emprunts récents, empêche de considérer que leur engagement était manifestement disproportionné. • Angers, 9 août 2011 : *RJDA 2011, n° 1074.* ♦ La disproportion de l'acte doit être nécessairement appréciée, outre les ressources de la caution, par rapport à son âge au jour de la signature de l'acte de cautionnement (73 ans) et, par conséquent, il convient de prendre en compte la réduction de ses revenus du fait de son départ inéluctable en retraite. • Nîmes, 16 févr. 2012 : *JCP 2012, n° 688, obs. Djefaflia.* ♦ Le consentement exprès donné en application de l'art. 1415 C. civ. par un époux au cautionnement consenti par son conjoint ayant pour effet d'étendre l'assiette du gage du créancier aux biens communs, c'est à bon droit que la cour d'appel a apprécié la proportionnalité de l'engagement contracté par un époux, seul, tant au regard de ses biens et revenus propres que de ceux de la communauté, incluant les salaires de son épouse. • Com. 22 févr. 2017, n° 15-14.915 P : *Dalloz actualité, 7 mars 2017, obs. Delpech; D. 2017. Actu. 500 ; RJDA 2017, n° 370; LPA 24 mai 2017, note Niel; Banque et Droit mars-avr. 2017. 79, obs. Jacob; RD banc. fin. 2017, n° 72, obs. Legeais.* ♦ Lorsque les dispositions de l'art. 1415 C. civ. sont écartées, les engagements des cautions s'apprécient tant au regard de leurs biens et revenus propres que de ceux de la communauté. • Com. 5 févr. 2013 : *Bull. civ. IV, n° 22; D. 2013. 1253, note Molière ; ibid. Actu. 429, obs. Avena-Robardet ; Rev. sociétés 2013. 507 , obs. Dauriac; JCP 2013, n° 417, note Gout; JCP N 2013, n° 1135, note Piedelièvre; CCC 2013, n° 125, obs. Raymond; BRDA 2013, n° 4, p. 8; Gaz. Pal. 2013. 896, note Mignot; Banque et Droit mars-avr. 2013. 48, obs. Jacob; RD banc. fin. 2013, n° 53, obs. Legeais.* ♦ Les époux s'étant simultanément et par un même acte constitués cautions solidaires pour la garantie d'une même dette, il en résulte que le caractère manifestement disproportionné de l'engagement de l'épouse devait s'apprécier au regard non seulement de ses biens propres mais aussi des biens et revenus de la communauté. • Com. 14 nov. 2012 : *RJDA 2013, n° 259; RD banc. fin. 2013, n° 13, obs. Cerles; LEDB janv. 2013, p. 4, obs. Mignot; RJ com. janv.-févr. 2013. 60, obs. Macorig-Venier.* ♦ En l'état du régime matrimonial des époux, mariés sous le régime de la séparation des biens, la proportionnalité du cautionnement du mari doit s'apprécier au regard de ses seuls patrimoine et revenus. • Civ. 1re, 25 nov. 2015, n° 14-24.800 : *D. 2016. Pan.1963, obs. Crocq; AJDI 2016. 123 ; JCP E 2016, n° 1311, obs. Simler; Gaz. Pal. 12 avr. 2016, p. 32, obs. Piedelièvre.* ♦ Les parts sociales et la créance inscrite en compte courant d'associé dont est titulaire la caution au sein de la société cautionnée font partie du patrimoine devant être pris en considération pour l'appréciation de ses biens et revenus à la date de la souscription de son engagement. • Com. 26 janv. 2016, n° 13-28.378 P : *Dalloz actualité, 17 févr. 2016, obs. Avena-Robardet; D. 2016. Actu. 308 ; RDI 2016. 268, obs. Heugas-Darraspen ; RJDA 2016, n° 395; RJ com. 2016. 256, obs. Macorig-Venier.* ♦ Sur des exemples de disproportion : • Paris, 7 déc. 2007 : *RD banc. fin. 2008, n° 77, obs. D. L.* • 25 janv. 2008 : *ibid.* ♦ Sur l'incidence de la garantie Oséo pour apprécier si un cautionnement est disproportionné, V. • Com. 18 janv. 2017, n° 15-12.723 P : *D. 2017. Actu. 212 ; JCP E 2017, n° 1102, note Legeais; RJDA 2017, n° 369; RD banc. fin. 2017, n° 70, obs. Legeais.*

L'engagement de caution conclu par une personne physique au profit d'un créancier professionnel ne doit pas être manifestement disproportionné aux biens et revenus déclarés par la caution, dont le créancier, en l'absence d'anomalies apparentes, n'a pas à vérifier l'exactitude. • Com. 14 déc. 2010 : *Bull. civ. IV, n° 198; D. 2011. Actu. 156, obs. Avena-Robardet ; JCP E 2011, n° 1117, note Legeais; ibid., n° 1394, spéc. n° 31, obs. Salgueiro; Gaz. Pal. 2011. 473, obs. Pailler; ibid. 958, obs. Mathieu; RD banc. fin. 2011, n° 49, obs. Cerles; RJDA 2011, n° 348.*

9. Retour à meilleure fortune. Sur l'absence d'application de l'art. L. 341-4 [L. 332-1], *in fine*, V. • Paris, 9 avr. 2009 : *RJDA 2009, n° 1009.*

10. Sanction. Selon l'art. L. 341-4 [L. 332-1], la sanction du caractère manifestement disproportionné de l'engagement de la caution est l'impossibilité pour le créancier professionnel de se prévaloir de cet engagement; il en résulte que cette sanction, qui n'a pas pour objet la réparation d'un préjudice, ne s'apprécie pas à la mesure de la disproportion. • Com. 22 juin 2010 : *Bull. civ. IV, n° 112; D. 2010. 1985, note Houtcieff ;*

ibid. Actu. 1620, obs. Avena-Robardet ; RTD com. 2010. 552, obs. Champaud et Danet ; ibid. 2011. 171, obs. Martin-Serf ; RTD civ. 2010. 593, obs. Crocq ; JCP E 2010, n° 1678, note Legeais ; CCC 2010, n° 263, obs. Raymond ; Gaz. Pal. 2010. 2195, obs. S. Piedelièvre ; RJDA 2010, n° 1107 ; Banque et Droit sept.-oct. 2010. 59, obs. Jacob ; RD banc. fin. 2010, n° 172, obs. Legeais ; Dr. et patr. sept. 2010. 89, obs. Dupichot ; RJ com. 2011. 326, obs. Macorig-Venier ; RLDA sept. 2010. 35, note Guyader ; Bull. Joly 2010. 808, obs. Houtcieff ; Dr. et proc. nov. 2010, Cah. dr. recouvr., p. 21, obs. Salati ; RDC 2010. 1351, obs. Houtcieff ; RDC 2011. 137, obs. Fenouillet. ♦ La sanction prévue par l'art. L. 341-4 [L. 332-1] C. consom. prive le contrat de cautionnement d'effet à l'égard tant du créancier que des cofidéjusseurs ; il s'en déduit que le cofidéjusseur, qui est recherché par le créancier et qui n'est pas fondé, à défaut de transmission d'un droit dont il aurait été privé, à revendiquer le bénéfice de l'art. 2314 C. civ., ne peut ultérieurement agir, sur le fondement de l'art. 2310 du même code, contre la caution qui a été déchargée en raison de la disproportion manifeste de son engagement. • Cass., ch. mixte, 27 févr. 2015 : *D. 2015. 840, note Barbaud ; AJCA 2015. 175, obs. Picod ; RTD civ. 2015. 433, obs. Crocq ; JCP 2015, n° 505, note Simler ; JCP E 2015, n° 1149, note Legeais ; ibid., n° 1318, note Danos ; RJDA 2015, n° 385 ; Gaz. Pal. 2015. 948, note Mignot ; RDC 2016. 59, note Barthez ; Banque et Droit mars-avr. 2015. 68, obs. Jacob ; RD banc. fin. 2015. Étude 7, par Bougerol et Mégret ; RLDA mai 2015. 26, note Albiges ; Dr. et patr. mai 2015. 22, note Cabrillac.*

11. *Prescription.* La prescription applicable en l'espèce n'est pas celle fondée sur l'art. 1304 [ancien] C. civ., puisqu'il ne s'agit pas d'une demande d'annulation du cautionnement mais d'inopposabilité de celui-ci ; la prescription intéressant la présente procédure est celle de l'art. L. 110-4 C. com. s'agissant de l'engagement de caution d'un gérant de SARL et de son épouse associée majoritaire de ladite société. En application de ce texte, les appelants devaient agir dans les cinq ans de leur engagement de caution, puisque depuis cette date ils connaissaient leurs biens et revenus ainsi que la disproportion avec leur engagement. • Bourges, 10 mai 2013 : *JCP E 2013, n° 1679, spéc. n° 3, obs. Simler.*

12. *Charge de la preuve.* Il appartient à la caution, personne physique, qui entend se prévaloir du caractère manifestement disproportionné du cautionnement à ses biens et revenus, lors de la souscription de son engagement, d'en apporter la preuve. • Com. 4 mai 2017, n° 15-19.141 P : *D. 2017. Actu. 972 ; JCP E 2017, n° 1297.* ♦ Il appartient à la caution qui entend opposer au créancier les dispositions de l'art. L. 341-4 [L. 332-1] de rapporter la preuve du caractère disproportionné de son engagement par rapport à ses biens et revenus. • Com. 22 janv. 2013 : *D. 2013. Chron. C. cass. 1175, obs. Guillou ; Gaz. Pal. 2013. 1095, obs. Albiges ; RD banc. fin. 2013, n° 55, obs. Legeais.* ♦ Il résulte de la combinaison des art. 1315 [1353] C. civ. et L. 341-4 [L. 332-1] C. consom. qu'il incombe au créancier professionnel qui entend se prévaloir d'un contrat de cautionnement manifestement disproportionné lors de sa conclusion aux biens et revenus de la caution, personne physique, d'établir que, au moment où il l'appelle, le patrimoine de celle-ci lui permet de faire face à son obligation. • Com. 1er avr. 2014 : *Bull. civ. IV, n° 63 ; D. 2014. Actu. 868, obs. Avena-Robardet ; ibid. Chron. C. cass. 1014, obs. Guillou ; JCP E 2014, n° 1292, note Legeais ; RJDA 2014, n° 670 ; Gaz. Pal. 2014. 1774, obs. Albiges ; Banque et Droit mai-juin 2014. 60, obs. Netter ; RJ com. 2014. 194, obs. Macorig-Venier* • 13 mai 2014 : *RJDA 2014, n° 864 ; Gaz. Pal. 2014. 1818, obs. Mathieu.* ♦ Ayant relevé, après avoir constaté la disproportion de l'engagement souscrit, qu'il ne ressortait pas des éléments communiqués qu'au moment où la caution avait été appelée, elle avait un patrimoine différent de celui déclaré lors de la souscription de son engagement, c'est sans inverser la charge de la preuve que la cour d'appel a retenu que la caution n'était pas en mesure de faire face à son obligation. • Civ. 1re, 10 sept. 2014 : *Bull. civ. I, n° 141 ; D. 2014. Actu. 1820, obs. Avena-Robardet ; ibid. 2283, note Malet-Vigneaux ; RDI 2014. 556, note Heugas-Darraspen ; CCC 2015, n° 21, obs. Raymond ; LPA 20 janv. 2015, note Lasserre Capdeville ; Banque et Droit nov.-déc. 2014. 43, obs. Netter ; RD banc. fin. 2014, n° 201, obs. Cerles ; RLDA nov. 2014. 39, obs. de Montaigne.*

CHAPITRE III INFORMATION EN COURS D'EXÉCUTION

COMMENTAIRE

L'information intervient tantôt lors de la formation du contrat tantôt lors de son exécution (*Crocq, Les développements récents de l'obligation* d'information, Mélanges Cabrillac, *Dalloz-Litec, 1999, p. 351* ; Picod, L'évolution de l'obligation d'information de la caution pendant l'exécution du contrat, *Mélanges Simler, Dalloz-Litec, 2006, p. 395*).

Tout d'abord, elle intervient lors de la *formation* du contrat. La jurisprudence admet que la caution puisse obtenir l'annulation de son engagement lorsque le prêteur ne l'a pas informée de la situation lourdement obérée du débiteur principal.

Elle intervient ensuite au moment de l'*exécution* de différentes façons. En l'absence d'une obligation générale d'information que la jurisprudence aurait pu consacrer, c'est le législateur qui a fixé le régime de cette obligation au gré des réformes entreprises.

Les articles L. 314-17 (dont le contenu est issu de la loi du 31 déc. 1989) et L. 333-1 (dont le contenu est issu de la loi du 29 juill. 1998) exigent respectivement de l'établissement de crédit et du créancier professionnel une information de la caution personne physique *dès le premier incident caractérisé susceptible d'inscription au fichier* dans le premier cas, et *dès le premier incident de paiement non régularisé dans le mois de l'exigibilité de ce paiement* dans le second. A défaut, la caution n'est pas tenue des pénalités ou intérêts de retard échus entre la date du premier incident et celle à laquelle elle en a été informée. Cette règle est importante : la caution au départ peut très bien s'engager pour un capital en cas de défaillance de l'emprunteur mais les incidents de paiement font très vite augmenter le montant dû dans des proportions non négligeables. L'accumulation des sommes dues au retard de paiement aurait pu être évitée par la caution si elle avait été rapidement prévenue de cet incident. La règle protectrice tient compte de cette évidence.

La loi du 1er août 2003 ne s'est pas contentée de reprendre en la matière la loi du 31 décembre 1989 : elle a ajouté des dispositions, reprises à l'article L. 333-2, instaurant une obligation d'information annuelle identique à celle bénéficiant à la caution d'entreprise : tout créancier professionnel doit faire connaître à la caution personne physique *avant le 31 mars de chaque année* l'état de la dette au 31 décembre de l'année précédente et le terme de l'engagement ; si l'engagement est à durée indéterminée, il doit rappeler la faculté et les conditions de la révocation. La sanction consiste également en la déchéance des pénalités ou intérêts de retard (V. art. L. 343-5 et L. 343-6).

Dans le même esprit, la loi du 29 juillet 1998 a modifié l'article 2016 du code civil (devenu l'article 2293, depuis l'ordonnance du 23 mars 2006) pour faire bénéficier la caution personne physique de l'information annuelle sur l'état de la dette en matière de cautionnement indéfini. Ce texte a un champ d'application différent : il bénéficie certes à la caution personne physique, mais s'applique à tout créancier, institutionnel ou pas. La sanction encourue est également la déchéance de tous les accessoires de la dette. ❑

Art. L. 333-1 **Sans préjudice des dispositions particulières, toute personne physique qui s'est portée caution est informée par le créancier professionnel de la défaillance du débiteur principal dès le premier incident de paiement non régularisé dans le mois de l'exigibilité de ce paiement.** — *[C. consom., art. L. 341-1, hors sanction.] — Rappr. art. L. 314-17.*

Sur les sanctions, V. art. L. 343-5.

Application dans le temps. L'obligation d'information prévue par l'art. L. 341-1 [L. 333-1] issu de la L. n° 98-657 du 29 juill. 1998 ne peut s'appliquer aux situations consommées antérieurement à la date de son entrée en vigueur sauf à conférer à cette disposition un caractère rétroactif qu'elle ne comporte pas. • Com. 13 févr. 2007 : *cité note 1 ss. art. L. 333-2.*

Art. L. 333-2 **Le créancier professionnel fait connaître à la caution personne physique, au plus tard avant le 31 mars de chaque année, le montant du principal et des intérêts, commissions, frais et accessoires restant à courir au 31 décembre de l'année précédente au titre de l'obligation garantie, ainsi que le terme de cet engagement.**

Si l'engagement est à durée indéterminée, il rappelle la faculté de révocation à tout moment et les conditions dans lesquelles celle-ci est exercée. — *[C. consom., art. L. 341-6, hors sanction.]*

Sur les sanctions, V. art. L. 343-6.

BIBL. ▸ PICOD, *Mélanges Simler, Dalloz-Litec, 2006, p. 395* (l'évolution de l'obligation d'information de la caution pendant l'exécution du contrat).

1. *Application dans le temps.* L'art. L. 341-6 [L. 333-2] issu de la L. n° 2003-721 du 1er août 2003 ne peut entraîner la déchéance du droit aux intérêts conventionnels qu'à compter de la date de son entrée en vigueur et n'est pas applicable aux situations consommées avant cette date. • Com. 13 févr. 2007 : *Bull. civ. IV, n° 32; D. 2007. AJ 651, obs. Avena-Robardet; RTD civ. 2007. 370, obs. Crocq; RTD com. 2007. 432, obs. Legeais; JCP 2007. I. 158, n° 4, obs. Simler; RD banc. fin. 2007, n° 95, obs. Legeais; Banque et Droit mars-avr. 2007. 59, obs. Jacob; Dr. et patr. janv. 2008. 83, obs. Aynès et Dupichot; Dr. et proc. 2007. 233, obs. Picod.*

2. *Faculté de révocation.* Dès lors qu'elle tend à priver d'effet l'exercice de la faculté de révoquer unilatéralement le cautionnement à durée indéterminée, la clause litigieuse est nulle, de sorte que, ne pouvant recevoir application, elle n'est pas de nature à affecter la validité du cautionnement. • Civ. 1re, 7 mars 2006 : *Bull. civ. I, n° 132; D. 2006. AJ 981, obs. Avena-Robardet ; RTD civ. 2006. 762, obs. Mestre et Fages ; CCC 2006, n° 125, obs. Leveneur; RD banc. fin. 2006, n° 97, obs. Legeais; Banque et Droit mai-juin 2006. 76, obs. Rontchevsky; RJDA 2006, n° 950; Dr. et patr. oct. 2006. 97, obs. Stoffel-Munck; RDC 2007. 428, obs. Houtcieff.*

3. Pouvoir du JEX. Le juge de l'exécution doit, pour trancher la contestation qui lui est soumise, statuer sur le respect par les parties de leurs obligations fondées sur le titre originel des poursuites et sur les sanctions résultant de leur violation éventuelle. • Civ. 2e, 19 mars 2009 : *RD banc. fin. 2009, n° 88, obs. Legeais.*

4. Domaine d'application. Les dispositions de l'art. L. 341-6 [L. 333-2] s'appliquent à tout cautionnement souscrit par une personne physique envers un créancier professionnel. • Civ. 1re, 14 janv. 2010 : *pourvoi n° 08-17.719* • 28 nov. 2012 : *Bull. civ. I, n° 251; D. 2013. 547, note Juillet ; JCP E 2013, n° 1007; RJDA 2013, n° 257; Banque et Droit janv.-févr. 2013. 38, obs. Netter; RLDA mars 2013. 25, note Mathieu; Dr. et patr. févr. 2013. 76, obs. Dupichot; LEDB janv. 2013, p. 3, obs. Mignot.*

5. Sanction. V. aussi art. L. 343-6. ♦ Aucune information n'ayant été adressée à la caution entre le 31 mars 2004 et le 30 mai 2006, le créancier est déchu du droit aux intérêts courus entre le 1er janv. 2003 et le 31 déc. 2005. • Amiens, 2 juill. 2009, n° 07/02723. ♦ ur la déchéance du droit aux intérêts, V. aussi • Civ. 1re, 9 avr. 2015, n° 14-15.033 : *CCC 2015, n° 185, obs. Raymond.*

6. Information annuelle. La seule production de la copie d'une lettre détaillant le montant des engagements de la caution au 31 déc. de l'année précédente en principal, intérêts et accessoires ne suffit pas à justifier de son envoi. • Com. 9 févr. 2016, n° 14-22.179 P : *Dalloz actualité, 17 mars 2016, obs. Delpech; D. 2016. Actu. 420 ; Rev. sociétés 2016. 435, obs. Martial-Braz ; JCP E 2016, n° 1145; RJDA 2016, n° 479; Banque et Droit mars-avr. 2016. 87, obs. Jacob; RD banc. fin. 2016, n° 69, obs. Legeais; ibid., n° 123, obs. Cerles.*

TITRE QUATRIÈME SANCTIONS

CHAPITRE PREMIER OPÉRATIONS DE CRÉDIT

SECTION PREMIÈRE CRÉDIT À LA CONSOMMATION

BIBL. GÉN. ▸ BOULOC, *Liber amicorum Calais-Auloy, Dalloz, 2004, p. 81* (la perte du droit aux intérêts). – LASSERRE CAPDEVILLE, *AJ pénal 2010. 385* (aspects pénaux de la réforme du crédit à la consommation). – POISSONNIER, *CCC 2013. Étude 10* (pour une vraie déchéance du droit aux intérêts en droit du crédit à la consommation); *CCC 2014. Étude 9* (la déchéance du droit aux intérêts doit être une sanction dissuasive).

COMMENTAIRE

La loi du 1er juillet 2010 a conservé deux catégories de sanctions : la déchéance du droit aux intérêts, sans doute la plus efficace dans la mesure où elle prive le banquier des fruits qu'il espère tirer du crédit (à condition d'en tirer toutes les conséquences au regard de son effectivité, V. CJUE 27 mars 2014 : *cité ss. art. L. 341-2*); mais aussi les sanctions pénales : amende qui peut atteindre la somme de 300 000 € (depuis la loi du 17 mars 2014 qui a décuplé l'amende) dans les cas visés par les articles L. 341-12 à L. 341-17, en pratique rarement prononcées. La même loi de 2014 ajoute des peines complémentaires d'interdiction pouvant frapper les personnes physiques, celles-là ne pouvant toutefois pas excéder cinq ans (art. L. 341-18).

SOUS-SECTION 1 INFORMATION PRÉCONTRACTUELLE DE L'EMPRUNTEUR

Art. L. 341-1 **Le prêteur qui accorde un crédit sans communiquer à l'emprunteur les informations précontractuelles dans les conditions fixées par l'article L. 312-12 ou, pour les opérations de découvert en compte, à l'article L. 312-85 est déchu du droit aux intérêts.** – *[C. consom., art. L. 311-48, al. 1er, info précontractuelle.]*

BIBL. ▸ POISSONNIER, *CCC 2013. Étude 10* (pour une vraie déchéance du droit aux intérêts en droit du crédit à la consommation); *CCC 2014. Étude 9* (la déchéance du droit aux intérêts doit être une sanction dissuasive).

SOUS-SECTION 2 FORMATION ET EXÉCUTION DU CONTRAT

BIBL. GÉN. ▶ POISSONNIER, *CCC 2013. Étude 10* (pour une vraie déchéance du droit aux intérêts en droit du crédit à la consommation) ; *CCC 2014. Étude 9* (la déchéance du droit aux intérêts doit être une sanction dissuasive).

COMMENTAIRE

Est ici opérée une distinction entre les textes violés. En cas de non-respect de certaines dispositions, notamment des obligations précontractuelles d'information (art. L. 341-1), le prêteur est déchu du droit aux intérêts *ipso jure*. En revanche, le texte prévoit une déchéance totale ou partielle, à l'appréciation du juge, donc modulable, et répondant à une exigence de proportionnalité, dans d'autres cas : ainsi, tant l'obligation de mise en garde que celle de vérification de la solvabilité de l'emprunteur doivent être respectées sous peine de déchéance totale ou partielle des intérêts pour le prêteur (art. L. 341-2).

On observera que l'automaticité de la sanction est toutefois remise en question par un arrêt rendu par la Cour de justice de l'Union européenne : le prononcé de la déchéance doit être soumis à une appréciation des juges nationaux et ne peut être automatique (CJUE 27 mars 2014 : *cité note 1 ss. art. L. 341-2*).

Par ailleurs, logiquement, lorsque le prêteur est déchu du droit aux intérêts, l'emprunteur n'est tenu qu'au seul remboursement du capital suivant l'échéancier prévu, ainsi qu'éventuellement au paiement des intérêts dont le prêteur n'a pas été déchu (art. L. 341-8).

On observera enfin que l'article L. 312-27 dispose que le prêteur est responsable de plein droit à l'égard de l'emprunteur de la bonne exécution des obligations relatives à la formation du contrat de crédit : il importe peu à cet égard que les obligations soient à la charge du prêteur ou d'un intermédiaire de crédit intervenant dans le processus, ce dernier pouvant ensuite exercer son droit de recours contre le premier. ❑

§ 1er SANCTIONS CIVILES

Art. L. 341-2 Le prêteur qui n'a pas respecté les obligations fixées aux articles L. 312-14 et L. 312-16 est déchu du droit aux intérêts, en totalité ou dans la proportion fixée par le juge. – *[C. consom., art. L. 311-48, al. 2, solvabilité.]*

1. Compatibilité avec le droit de l'Union. L'art. 23 de la Dir. 2008/48/CE du 23 avr. 2008 [V. ss. art. L. 312-94] doit être interprété en ce sens qu'il s'oppose à l'application d'un régime national de sanctions en vertu duquel, en cas de violation par le prêteur de son obligation précontractuelle d'évaluer la solvabilité de l'emprunteur en consultant une base de données appropriée, le prêteur est déchu de son droit aux intérêts conventionnels, mais bénéficie de plein droit des intérêts au taux légal, exigibles à compter du prononcé d'une décision de justice condamnant cet emprunteur au versement des sommes restant dues, lesquels sont en outre majorés de cinq points si, à l'expiration d'un délai de deux mois qui suit ce prononcé, celui-ci ne s'est pas acquitté de sa dette, lorsque la juridiction de renvoi constate que, dans un cas tel que celui de l'espèce, impliquant l'exigibilité immédiate du capital du prêt restant dû en raison de la défaillance de l'emprunteur, les montants susceptibles d'être effectivement perçus par le prêteur à la suite de l'application de la sanction de la déchéance des intérêts ne sont pas significativement inférieurs à ceux dont celui-ci pourrait bénéficier s'il avait respecté son obligation de vérification de la solvabilité de l'emprunteur. • CJUE 27 mars 2014 : *BICC 1er févr. 2015, nº 91 ; D. 2014. 1307, note Poissonnier ; ibid. Pan. 1305, obs. Aubry ; D. 2015. Pan. 590, obs. Poillot ; RTD com. 2015. 139, obs. Legeais ; JCP E 2014, nº 1196 ; RJDA 2014, nº 665 ; Gaz. Pal. 2014. 1646, note Lasserre Capdeville ; ibid. 1812, obs. Piedelièvre ; LPA 1er août 2014, obs. Éréséo ; Banque et Droit 2014. 33, obs. Bonneau ; Dr. et proc. 2015, Cah. dr. consom., nº 1, p. 17, obs. Valette-Ercole ; RLDA mai 2014. 53, obs. Mathonnière ; Europe 2014, nº 233, obs. Gazin.* ♦ S'appuyant sur cet arrêt, jugeant que la sanction de la déchéance du droit aux intérêts est insuffisamment dissuasive et effective et qu'il y a lieu de prévoir que la condamnation de l'emprunteur à payer le capital restant dû sera improductive d'intérêts : • TI Orléans, 3 juill. 2014 : *D. 2014. Actu. 1685, obs. Poissonnier.*

2. Dommages et intérêts. La L. du 1er juill. 2010, en ce qu'elle consacre les obligations de mise en garde et d'évaluation de la solvabilité de l'emprunteur (C. consom., art. L. 312-14 et L. 312-16), dont le contenu permet au consommateur de prendre sa décision en connaissance de cause, et en ce qu'elle prévoit expressément que leur non-respect est sanctionné par la déchéance du droit aux intérêts (C. consom., art. L. 341-2), exclut le cumul de cette sanction, laquelle, modulable dans son principe et dans son montant, est de nature à réparer le préjudice subi par l'emprunteur résultant de la perte de chance de ne pas contracter, avec les dommages-intérêts. • Nancy, 18 juin 2015, n° 14/01753 : *RTD com. 2015. 573, obs. Legeais*.

3. Mise en demeure. Si le contrat de prêt d'une somme d'argent peut prévoir que la défaillance de l'emprunteur non commerçant entraînera la déchéance du terme, celle-ci ne peut, sauf disposition expresse et non équivoque, être déclarée acquise au créancier sans la délivrance d'une mise en demeure restée sans effet, précisant le délai dont dispose le débiteur pour y faire obstacle. • Civ. 1re, 3 juin 2015, n° 14-15.655 P : *D. 2015. 1677, note Poissonnier ; RTD civ. 2015. 875, obs. Barbier ; JCP E 2015, n° 1317 ; RJDA 2015, n° 5 ; Banque et Droit sept.-oct. 2015. 25, obs. Bonneau ; RD banc. fin. 2015, n° 183, obs. Crédot et Samin ; RDC 2015. 836, obs. Laithier.* – V. aussi • TI Aubervilliers, 18 oct. 2016 : *D. 2016. Actu. 2277, obs. Poissonnier*.

Art. L. 341-3 Le prêteur qui accorde un crédit sans remettre et faire signer ou valider par voie électronique la fiche mentionnée à l'article L. 312-17 est déchu du droit aux intérêts. – [*C. consom., art. L. 311-48, al. 1er, fiche.*]

Art. L. 341-4 Le prêteur qui accorde un crédit sans remettre à l'emprunteur un contrat satisfaisant aux conditions fixées par les articles L. 312-18, L. 312-21, L. 312-28, L. 312-29, L. 312-43 ainsi que, pour les opérations de découvert en compte, par les articles L. 312-85 à L. 312-87 et L. 312-92, est déchu du droit aux intérêts. – [*C. consom., art. L. 311-48, al. 1er, contrat.*]

1. Ordre public. La disposition d'ordre public doit recevoir application même dans le cas où un coemprunteur a régulièrement payé les intérêts convenus. • Civ. 1re, 18 févr. 1997 : *Bull. civ. I, n° 66 ; D. 1997. IR 111 ; D. Affaires 1997. 372.*

2. Nullité. L'irrégularité de l'offre préalable, surchargée et remaniée, ne saurait entraîner la nullité du prêt, mais simplement la déchéance du prêteur du droit aux intérêts, l'emprunteur et la caution n'étant tenus qu'aux intérêts au taux légal depuis la mise en demeure. • Civ. 1re, 28 nov. 1995 : *Bull. civ. I, n° 439.*

3. Domaine de la déchéance du droit aux intérêts. La sanction de la déchéance du droit aux intérêts ne s'applique qu'au non-respect des dispositions que le texte prévoit ; dès lors il ne saurait être fait application de cette sanction en raison d'irrégularités affectant le versement du crédit mis à la disposition de l'emprunteur. • Civ. 1re, 10 mai 2000 : *Bull. civ. I, n° 139 ; D. 2000. AJ 317, obs. Rondey ; CCC 2000, n° 166, obs. Raymond.* ♦ V. déjà • Limoges, 15 févr. 1994 : *JCP 1995. IV. 831.* ♦ N'est pas sanctionné par la déchéance du droit aux intérêts le défaut de mention de la date d'acceptation de l'offre préalable. • Bordeaux, 26 juin 1997 : *BICC 1997, n° 1409.* – Comp. • TI Nogent-sur-Marne, 26 juin 2012 : *D. 2012. AJ 2021, obs. Poissonnier*. ♦ Dans le même sens, en cas de différence entre le montant de la mensualité avec assurance mentionnée dans l'offre et celui indiqué dans le tableau d'amortissement. • Civ. 1re, 4 juin 2002 : *CCC 2002, n° 148, obs. Raymond ; RD banc. fin. 2002, n° 127, obs. Crédot et Gérard.*

En revanche, la déchéance est applicable à un prêteur dont l'offre de prêt est rédigée en caractères d'une hauteur inférieure à celle du corps 8 prescrit par l'art. 1er du Décr. n° 78-509 du 24 mars 1978. • Lyon, 9 juill. 1992 : *Rev. huiss. 1995. 1144* • Rennes, 8 mars 1988 : *Gaz. Pal. 1988. 2. 720, note Bey.* – V. aussi • Rennes, 5 nov. 1998 : *D. Affaires 1999. 27 ; CCC 1999, n° 13, obs. Raymond* • 25 juin 1999 : *Gaz. Pal. 19-20 nov. 1999, p. 33.* ♦ ... Et le prêteur qui a accordé un crédit suivant une offre préalable ne comportant pas de formulaire détachable de rétractation doit être déchu de son droit aux intérêts. • Civ. 1re, 14 janv. 2010 : *Gaz. Pal. 2010. 847, note Poissonnier ; ibid. 1663, note S. Piedelièvre ; RD banc. fin. 2010, n° 46, obs. Lagarde.* ♦ Est déchu du droit aux intérêts le prêteur qui n'a pas respecté son obligation mensuelle d'information relative à l'état actualisé de l'exécution du contrat. • Paris, 21 mars 2013 : *D. 2013. Actu. 1678, obs. Poissonnier* • TI Nogent-sur-Marne, 25 juin 2013 : *eod. loc.* ♦ Est également déchu du droit aux intérêts le prêteur qui émet une offre préalable assortie d'une proposition d'assurance, sans remettre à l'emprunteur une notice qui comporte les extraits des conditions générales de l'assurance le concernant. • Civ. 1re, 19 févr. 2013 : *CCC 2013, n° 145, obs. Raymond ; LPA 1er-4 nov. 2013, obs. Lasserre Capdeville.*

4. Découvert bancaire. Un découvert bancaire consenti pour une durée de plus de trois mois doit faire l'objet d'une offre préalable, à peine de déchéance du droit aux intérêts. • Versailles, 22 févr. 2002 : *BICC 2002, n° 1285.* ♦ La Cour de cassation est d'avis que la déchéance du droit aux intérêts s'applique à l'ensemble des intérêts courus sur le solde débiteur d'un compte bancaire ayant fonctionné à découvert pendant plus de trois mois. • Cass., avis, 8 oct. 1993 : *Bull. civ. n° 13 ; D. 1993. IR 248*. ♦ Cependant la déchéance n'est pas encourue lorsque la banque, avant l'expiration du délai de trois mois, présente une offre conforme aux dispositions légales. • Même avis. ♦ Dans le même sens : • Civ. 1re, 30 mars 1994 : *Bull. civ. I, n° 126 ; JCP 1995. II. 22405, note Gramaize ; D. 1994. IR 101*

• 16 janv. 1996 : *Bull. civ. I, n° 31 ; D. 1996. IR 39 ; D. Affaires 1996. 171 ; RJ com. 1996. 232, note Bruschi* • 19 nov. 2009 : *RD banc. fin. 2010, n° 47, obs. Mathey* • 26 nov. 2014 : *CCC 2015, n° 44, obs. Raymond ; RD banc. fin. 2015, n° 34, obs. Mathey.*

5. Contrats de location-vente. La déchéance du droit aux intérêts s'applique aux contrats de location avec promesse de vente. • Civ. 1re, 1er déc. 1993 : *Bull. civ. I, n° 354 ; D. 1994. IR 10 ; CCC 1994, n° 40, note Raymond.*

6. Remboursement du capital. Si, pour le prêteur, l'absence d'offre préalable entraîne la déchéance du droit aux intérêts, l'emprunteur n'en reste pas moins tenu aux intérêts au taux légal depuis la mise en demeure. • Civ. 1re, 26 nov. 2002 : *Bull. civ. I, n° 288 ; D. 2003. AJ 273 ; JCP E 2003, n° 4, p. 151 ; Defrénois 2003. 261, obs. Aubert ; RJDA 2003, n° 302* • 27 mai 2003 : *JCP E 2003, n° 31, p. 1261 ; CCC 2003, n° 169, obs. Raymond ; LPA 8 déc. 2003, obs. Paisant ; RJDA 2003, n° 999.* ♦ Jugeant que la déchéance du droit aux intérêts ne s'étend pas aux frais, ni aux intérêts légaux dus après mise en demeure, V. • Civ. 1re, 18 mars 2003 : *D. 2003. AJ 1036, obs. Rondey ; JCP E 2003, n° 21-22, p. 879 ; CCC 2003, n° 97, obs. Raymond ; RTD com. 2003. 554, obs. Legeais ; LPA 8 déc. 2003, obs. Paisant ; RJDA 2003, n° 764 ; RDC 2003. 95, obs. Bruschi ; RDI 2004. 94, obs. Heugas-Darraspen.* ♦ Le prêteur qui n'a pas présenté au titulaire d'un compte bancaire ayant fonctionné à découvert depuis plus de trois mois une offre préalable de crédit ne peut réclamer que le capital restant dû. Dès lors, en retenant que cette sanction n'avait pas pour conséquence la répétition des frais, commissions et autres accessoires inscrits au compte qui ne sont pas des intérêts auxquels seule la sanction prévue s'applique, la cour d'appel a violé le texte susvisé. • Civ. 1re, 31 mars 2011 : *Bull. civ. I, n° 65 ; D. 2011. Chron. C. cass. 2148, obs. Creton ; ibid. Actu. 1069, obs. Avena-Robardet ; D. 2012. Pan. 1914, obs. D. R. Martin ; RTD com. 2011. 621, obs. Legeais ; CCC 2011, n° 177, obs. Raymond ; Gaz. Pal. 2011. 1560, note Poissonnier ; ibid. 1761, obs. Roussille ; RJDA 2011, n° 570 ; RD banc. fin. 2011, n° 159, obs. Mathey.*

7. Forclusion. La déchéance du droit aux intérêts, qui sanctionne les irrégularités commises par l'emprunteur et, en l'espèce, l'absence de notification du renouvellement du contrat de crédit trois mois avant l'échéance du contrat initial, s'applique non à compter de la date de formation du contrat, dès lors que la forclusion acquise s'oppose à la remise en question de la régularité de l'offre, mais à compter de celle de son renouvellement. • Montpellier, 29 févr. 2000 : *BICC 2000, n° 1121.*

Art. L. 341-5 **Le prêteur qui accorde un crédit renouvelable sans remettre à l'emprunteur un contrat satisfaisant aux conditions fixées par les articles L. 312-64, L. 312-65 et L. 312-66 est déchu du droit aux intérêts.** – *[C. consom., art. L. 311-48, al. 1er, contrat crédit renouvelable.]*

Art. L. 341-6 **Le prêteur qui n'a pas respecté les obligations relatives à l'information de l'emprunteur en cas de modification du taux débiteur fixées à l'article L. 312-31 et, pour les opérations de découvert en compte, à l'article L. 312-89 est déchu du droit aux intérêts, en totalité ou dans la proportion fixée par le juge.** – *[C. consom., art. L. 311-48, al. 2, taux.]*

Art. L. 341-7 **Le prêteur qui n'a pas respecté les modalités d'utilisation du crédit renouvelable fixées par les dispositions des articles L. 312-68, L. 312-69 et L. 312-70 est déchu du droit aux intérêts, en totalité ou dans la proportion fixée par le juge.** – *[C. consom., art. L. 311-48, al. 2, utilisation crédit.]*

Art. L. 341-8 **Lorsque le prêteur est déchu du droit aux intérêts dans les conditions *prévues aux articles* L. 341-1 à L. 341-7, l'emprunteur n'est tenu qu'au seul remboursement du capital suivant l'échéancier prévu, ainsi que, le cas échéant, au paiement des intérêts dont le prêteur n'a pas été déchu.**

Les sommes déjà perçues par le prêteur au titre des intérêts, qui sont productives d'intérêts au taux de l'intérêt légal à compter du jour de leur versement, sont restituées par le prêteur ou imputées sur le capital restant dû. – *[C. consom., art. L. 311-48, al. 3.]*

Art. L. 341-9 **Le prêteur qui n'a pas respecté les formalités prescrites au dernier alinéa de l'article L. 312-92 et à l'article L. 312-93 ne peut réclamer à l'emprunteur les sommes correspondant aux intérêts et frais de toute nature applicables au titre du dépassement mentionné à ces articles.** – *[C. consom., art. L. 311-48, al. 4.]*

Art. L. 341-10 **Dans les cas de résolution du contrat de vente ou de prestations de services prévus à l'article L. 312-53, à compter du huitième jour suivant la demande de remboursement de toute somme versée d'avance par l'acheteur, cette somme est productive d'intérêts, de plein droit, au taux de l'intérêt légal majoré de moitié.** – *[C. consom., art. L. 311-37, intérêts.]*

Art. L. 341-11 **Dans le cas d'un contrat de crédit affecté mentionné à l'article L. 312-44, l'engagement préalable de payer comptant en cas de refus de prêt est nul de plein droit.** – *[C. consom., art. L. 311-39.]*

§ 2 SANCTIONS PÉNALES

BIBL. GÉN. ▸ LASSERRE CAPDEVILLE, *AJ pénal 2016. 251* (la double réforme du droit pénal des crédits aux consommateurs).

Art. L. 341-12 **Le fait pour le prêteur ou le vendeur de réclamer ou de recevoir, en infraction aux dispositions de l'article L. 312-25 ainsi que, pour un contrat de crédit affecté, à celles de l'article L. 312-50, de l'emprunteur ou de l'acheteur un paiement sous quelque forme que ce soit, est puni d'une amende de 300 000 euros.** – *[C. consom., art. L. 311-50, al. 1er et 2.]*

Art. L. 341-13 **Le fait de faire signer des formules de prélèvements sur comptes bancaires contenant des clauses contraires aux dispositions de l'article L. 312-25 et, pour un contrat de crédit affecté, à celles de l'article L. 312-50 est puni d'une amende de 300 000 euros.** – *[C. consom., art. L. 311-50, al. 1er et 3.]*

Art. L. 341-14 **Le fait de faire souscrire ou accepter ou avaliser par l'emprunteur ou l'acheteur des lettres de change ou des billets à ordre est puni d'une amende de 300 000 euros.** – *[C. consom., art. L. 311-50, al. 1er et 4.]*

Art. L. 341-15 **Le fait d'enregistrer ou faire enregistrer sur un fichier, en infraction aux dispositions de l'article L. 312-22, le nom des personnes faisant usage de la faculté de rétractation, est puni d'une amende de 300 000 euros.** – *[C. consom., art. L. 311-50, al. 1er et 6.]*

Art. L. 341-16 **Le fait de faire signer par un même client une ou plusieurs offres de contrat de crédit d'un montant total en capital supérieur à la valeur payable à crédit du bien acheté ou de la prestation de services fournie est puni d'une amende de 300 000 euros.** – *[C. consom., art. L. 311-50, al. 1er et 7.]*

Art. L. 341-17 **Le fait pour le vendeur ou le prestataire de services, en méconnaissance des dispositions de l'article L. 312-53, de ne pas rembourser les sommes dues à l'acheteur, est puni d'une amende de 300 000 euros.** – *[C. consom., art. L. 311-50, al. 1er et 5.]*

Art. L. 341-18 **Les personnes physiques coupables des délits punis aux articles L. 341-12 à L. 341-17 encourent également à titre de peines complémentaires l'interdiction, suivant les modalités prévues à l'article 131-27 du code pénal, soit d'exercer une fonction publique ou d'exercer l'activité professionnelle ou sociale dans l'exercice ou à l'occasion de l'exercice de laquelle l'infraction a été commise, soit d'exercer une profession commerciale ou industrielle, de diriger, d'administrer, de gérer ou de contrôler à un titre quelconque, directement ou indirectement, pour leur propre compte ou pour le compte d'autrui, une entreprise commerciale ou industrielle ou une société commerciale.**

Ces interdictions d'exercice ne peuvent excéder une durée de cinq ans. Elles peuvent être prononcées cumulativement. – *[C. consom., art. L. 311-50, al. 8.]*

SOUS-SECTION 3 OPÉRATIONS DE DÉCOUVERT EN COMPTE

Art. L. 341-19 **Les dispositions des articles L. 341-1 à L. 341-9 et L. 341-12 à L. 341-18 s'appliquent aux opérations de crédit consenties sous la forme d'une auto-**

risation de découvert remboursable dans un délai supérieur à un mois et inférieur ou égal à trois mois. – *[C. consom., art. L. 311-42, renvois sanctions.]*

Art. L. 341-20 **Les dispositions des articles L. 341-1 à L. 341-9 et L. 341-12 à L. 341-18 s'appliquent aux opérations de crédit consenties sous la forme d'un dépassement défini au 11° de l'article L. 311-1.** – *[C. consom., art. L. 311-45, renvoi sanction.]*

SECTION II CRÉDIT IMMOBILIER

BIBL. GÉN. ▶ BOUCARD, *RD banc. fin. 2016. Dossier 34* (sanctions issues de la réforme du crédit immobilier par l'Ord. du 25 mars 2016).

Les dispositions issues de l'Ord. n° 2016-351 du 25 mars 2016 s'appliquent aux contrats dont l'offre a été émise après leur entrée en vigueur (Ord. préc., art. 13-VII).

COMMENTAIRE

I. SANCTIONS CIVILES

Si la violation des obligations en matière de crédit immobilier donne lieu à de nombreuses sanctions de nature pénale, celles-ci sont très rarement prononcées en pratique. D'autant que la sanction civile la plus efficace est la déchéance du droit aux intérêts : elle apparaît comme une peine civile, privative de profit.

L'ordonnance du 25 mars 2016 y a largement recours. Elle est ainsi encourue en cas de non-respect des obligations concernant l'information précontractuelle de l'emprunteur (art. L. 341-25 et L. 341-26), les explications à fournir à l'emprunteur et l'évaluation de sa solvabilité (art. L. 341-27 et L. 341-28), la formation du crédit et du contrat principal (art. L. 341-34) et l'exécution du contrat de crédit (art. L. 341-45).

Jusqu'à présent, la déchéance pouvait être prononcée « en totalité ou dans la proportion fixée par le juge ». Or, le nouveau régime instauré par l'ordonnance du 25 mars de 2016 prévoit deux degrés de peine privée. En effet, pour les manquements jugés les plus graves (par exemple, prêt accordé sans étude de solvabilité), cette déchéance est totale ou fixée par le juge. En revanche, pour de nombreuses violations, la déchéance du droit aux intérêts demeure fixée par le juge, mais dans la limite d'un montant « ne pouvant excéder 30 % des intérêts, plafonné à 30 000 € ». C'est le cas du manquement en matière de devoir d'explication, de mise en garde ou d'évaluation de la solvabilité de l'emprunteur.

II. SANCTIONS PÉNALES

La dépénalisation n'est manifestement pas d'actualité en la matière. Les obligations pesant sur le professionnel du crédit ont été multipliées : il en résulte que les circonstances dans lesquelles ce dernier voit peser le risque d'être pénalement sanctionné se sont également accrues. Les auteurs encourent des amendes qui varient selon les manquements en question. Elles vont de 3000 (art. L. 341-39) à 300 000 € (entre autres, art. L. 341-43, ou encore art. L. 341-32 sanctionnant le fait pour le prêteur de contrevenir aux dispositions du 1er al. de l'art. L. 313-64 relatives aux conditions d'octroi d'un prêt en devises étrangères).

Une série de contraventions de la cinquième classe complète l'édifice (V. art. R. 341-20 s.).

SOUS-SECTION 1 PUBLICITÉ ET INFORMATIONS GÉNÉRALES

Art. L. 341-21 **Le fait pour l'annonceur de diffuser ou de faire diffuser une publicité non conforme aux obligations prévues aux articles L. 313-3 à L. 313-5 est puni d'une amende de 30 000 euros.** – *[C. consom., art. L. 312-32, al. 1er, publicité.]*

Art. L. 341-22 **Le fait pour l'annonceur de diffuser ou de faire diffuser une publicité non conforme aux obligations prévues à l'article** *(L. n° 2017-203 du 21 févr. 2017, art. 9-I)* **« L. 313-54 », pour un contrat de location-vente et location assortie d'une promesse de vente, est puni d'une amende de 30 000 euros.** – *[C. consom., art. L. 312-32, al. 1er, publicité location-vente.]*

Art. L. 341-23 *(Ord. nº 2016-351 du 25 mars 2016, art. 5-1º, en vigueur le 1er juill. 2016)* **Le fait pour le prêteur ou l'intermédiaire de crédit de ne pas respecter les obligations en matière d'informations générales prévues aux dispositions de l'article L. 313-6 est puni d'une amende de 30 000 euros.** – *[Ord. nº 2016-351 du 25 mars 2016, art. 5, 1º.]*

Art. L. 341-24 *(Ord. nº 2016-351 du 25 mars 2016, art. 5-1º, en vigueur le 1er juill. 2016)* **Le fait pour le prêteur ou l'intermédiaire de crédit de ne pas respecter l'obligation de gratuité des informations fournies en application des dispositions des articles L. 313-6, L. 313-7, L. 313-11, L. 313-12, L. 313-46, L. 313-47 est puni d'une amende de 30 000 euros.** – *[Ord. nº 2016-351 du 25 mars 2016, art. 5, 1º.]*

SOUS-SECTION 2 INFORMATION PRÉCONTRACTUELLE DE L'EMPRUNTEUR

(Ord. nº 2016-351 du 25 mars 2016, art. 5-2º, en vigueur le 1er juill. 2016)

Art. L. 341-25 **Le prêteur qui accorde un crédit sans respecter les conditions, applicables en matière d'information précontractuelle, fixées par les dispositions de l'article L. 313-7, du second alinéa de l'article L. 313-24 ou du deuxième alinéa de l'article L. 313-64, peut être déchu du droit aux intérêts, dans la proportion fixée par le juge, jusqu'à un montant ne pouvant excéder 30 % des intérêts, plafonné à 30 000 euros.** – *[Ord. nº 2016-351 du 25 mars 2016, art. 5, 2º.]*

Art. L. 341-26 **Le prêteur qui accorde un crédit sans communiquer à l'emprunteur la fiche d'information standardisée européenne mentionnée à l'article L. 313-7 et au second alinéa de l'article L. 313-24 ou l'information précontractuelle mentionnée au deuxième alinéa de l'article L. 313-64 peut être déchu du droit aux intérêts, en totalité ou dans la proportion fixée par le juge.** – *[Ord. nº 2016-351 du 25 mars 2016, art. 5, 2º.]*

SOUS-SECTION 3 EXPLICATIONS FOURNIES À L'EMPRUNTEUR ET ÉVALUATION DE SA SOLVABILITÉ

(Ord. nº 2016-351 du 25 mars 2016, art. 5-2º, en vigueur le 1er juill. 2016)

§ 1er SANCTIONS CIVILES

Art. L. 341-27 **Peut être déchu du droit aux intérêts dans la proportion fixée par le juge, jusqu'à un montant ne pouvant excéder, pour chacun des manquements énumérés ci-après, 30 % des intérêts et plafonné à 30 000 euros, le prêteur qui accorde un crédit :**

1º Sans avoir fourni à l'emprunteur les explications adéquates permettant à celui-ci de déterminer si le contrat de crédit et les éventuels services accessoires sont adaptés à ses besoins et à sa situation financière à partir des informations prévues à l'article L. 313-11 ; ou

2º Sans avoir, en méconnaissance de l'article L. 313-12, mis en garde l'emprunteur, sur le risque spécifique que peut induire pour lui le contrat compte tenu de sa situation financière, lorsqu'un tel risque a été identifié ; ou

3º Sans avoir respecté les conditions prévues aux articles L. 313-16 à L. 313-18, applicables en matière d'évaluation de la solvabilité de l'emprunteur. – *[Ord. nº 2016-351 du 25 mars 2016, art. 5, 2º.]*

Art. L. 341-28 **Le prêteur qui accorde un crédit sans réaliser l'étude de solvabilité mentionnée à l'article L. 313-16 peut être déchu du droit aux intérêts, en totalité ou dans la proportion fixée par le juge.** – *[Ord. nº 2016-351 du 25 mars 2016, art. 5, 2º.]*

§ 2 SANCTIONS PÉNALES

BIBL. GÉN. ▶ LASSERRE CAPDEVILLE, *AJ pénal 2016. 251* (la double réforme du droit pénal des crédits aux consommateurs).

Art. L. 341-29 Le fait pour le prêteur ou l'intermédiaire de crédit qui fournit un service de conseil prévu à l'article L. 313-13 de ne pas remettre à l'emprunteur une recommandation personnalisée ou de lui remettre une recommandation ne répondant pas aux exigences de l'article L. 313-13 est puni d'une amende de 30 000 euros. – *[Ord. nº 2016-351 du 25 mars 2016, art. 5, 2º.]*

Art. L. 341-30 Le fait pour le prestataire d'un service de conseil indépendant d'être rémunéré par le prêteur ou un intermédiaire de crédit en violation des dispositions du premier alinéa de l'article L. 313-14 est puni d'une amende de 300 000 euros. – *[Ord. nº 2016-351 du 25 mars 2016, art. 5, 2º.]*

Art. L. 341-31 Est puni d'une amende de 30 000 euros le fait pour le prêteur ou l'intermédiaire de crédit :

1º De ne pas fournir à l'emprunteur les explications adéquates lui permettant de déterminer si le contrat de crédit et les éventuels services accessoires sont adaptés à ses besoins et à sa situation financière à partir des informations prévues à l'article L. 313-11 ;

2º De ne pas mettre en garde l'emprunteur, en méconnaissance de l'article L. 313-12, sur le risque spécifique que peut induire pour lui le contrat compte tenu de sa situation financière, lorsqu'un tel risque a été identifié ;

3º De ne pas procéder à l'évaluation de la solvabilité de l'emprunteur dans les conditions prévues aux articles L. 313-16 à L. 313-18. – *[Ord. nº 2016-351 du 25 mars 2016, art. 5, 2º.]*

Art. L. 341-32 Le fait pour le prêteur de contrevenir aux dispositions du premier alinéa de l'article L. 313-64 relatives aux conditions d'octroi d'un prêt en devises étrangères est puni d'une amende de 300 000 euros. – *[Ord. nº 2016-351 du 25 mars 2016, art. 5, 2º.]*

Art. L. 341-33 Les personnes physiques déclarées coupables des infractions punies par les dispositions des articles L. 341-29 à L. 341-32 encourent également à titre de peines complémentaires l'interdiction, suivant les modalités prévues à l'article 131-27 du code pénal, soit d'exercer une fonction publique ou d'exercer l'activité professionnelle ou sociale dans l'exercice ou à l'occasion de l'exercice de laquelle l'infraction a été commise, soit d'exercer une profession commerciale ou industrielle, de diriger, d'administrer, de gérer ou de contrôler à un titre quelconque, directement ou indirectement, pour leur propre compte ou pour le compte d'autrui, une entreprise commerciale ou industrielle ou une société commerciale. Ces interdictions d'exercice ne peuvent excéder une durée de cinq ans. Elles peuvent être prononcées cumulativement.

Les personnes morales déclarées responsables pénalement, dans les conditions prévues à l'article 121-2 du code pénal, des infractions punies par les dispositions des articles L. 341-29 et L. 341-30 encourent également à titre de peines complémentaires les peines prévues aux 2º à 9º de l'article 131-39 du code pénal. L'interdiction mentionnée au 2º du même article 131-39 porte sur l'activité dans l'exercice ou à l'occasion de l'exercice de laquelle l'infraction a été commise. Les peines prévues aux 2º à 7º de cet article ne peuvent être prononcées que pour une durée de cinq ans au plus.

Le tribunal pourra *en outre* ordonner, aux frais du condamné, la publication intégrale ou par extraits du jugement dans les journaux qu'il fixe, sans que le coût de cette publication puisse excéder le montant de l'amende encourue. – *[Ord. nº 2016-351 du 25 mars 2016, art. 5, 2º.]*

SOUS-SECTION 4 FORMATION DU CONTRAT DE CRÉDIT ET DU CONTRAT PRINCIPAL *(Ord. nº 2016-351 du 25 mars 2016, art. 5-3º, en vigueur le 1er juill. 2016).*

§ 1er SANCTIONS CIVILES

Art. L. 341-34 Dans les cas prévus aux articles *(Ord. nº 2016-351 du 25 mars 2016, art. 5-3º, en vigueur le 1er juill. 2016)* « L. 341-37, L. 341-38, L. 341-40 et L. 341-41 *[ancienne rédaction : L. 341-26, L. 341-27, L. 341-29 et L. 341-30]* **», le prêteur ou le bailleur peut être déchu du droit aux intérêts, en totalité ou dans la proportion fixée par le juge.** – *[C. consom., art. L. 312-33, al. 5.] – Anc. art. L. 341-23 (Ord. n° 2016-351 du 25 mars 2016, art. 5-3°, en vigueur le 1er juill. 2016).*

BIBL. ▶ BOULOC, *Études Calais-Auloy, Dalloz, 2004, p. 81* (la perte du droit aux intérêts). – MAGNIER, *JCP 2004. I. 106* (sanctions du formalisme informatif). – BOISMAIN, *LPA 12 janv. 2012* (la déchéance des intérêts des prêts immobiliers de l'art. L. 312-33 [L. 341-34]). – ROUSSILLE, *Gaz. Pal. 21 févr. 2017, p. 48* (à Paris, la nullité pour TEG erroné dans un crédit immobilier, c'est fini !).

1. Domaine de la déchéance du droit aux intérêts. La déchéance du droit aux intérêts ne concerne que les prêts de nature immobilière. • Civ. 1re, 30 oct. 2007 : *RJDA 2009, n° 264.* ♦ La déchéance du droit aux intérêts est encourue lorsque l'acceptation de l'offre de prêt n'a pas été donnée dans les formes prescrites par l'art. L. 312-10 [L. 313-34], de sorte que l'acte invoqué ne fait pas foi de la date de cette acceptation. • Civ. 1re, 29 oct. 2002 : *cité note 1 ss. art. L. 313-34.* ♦ Application de la déchéance du droit aux intérêts dans le cas de non-conformité de l'échéancier des amortissements : V. • Civ. 1re, 16 mars 1994 : *cité note 3 ss. art. L. 313-25* • 18 mars 1997 : *ibid.* • 9 juill. 2003 : *cité note 5.* ♦ La déchéance du droit aux intérêts ne peut sanctionner que l'inobservation des obligations prévues aux art. L. 312-7, L. 312-8, L. 312-14, al. 2, et L. 312-26 [L. 313-24, L. 313-25, L. 313-38, L. 313-55 et L. 313-56], tous articles qui ne concernent pas les modalités matérielles de signature de l'offre par un membre du personnel de l'établissement de crédit. • Civ. 1re, 6 juin 2000 : *Bull. civ. I, n° 177.* ♦ Si la seule sanction de la mention, dans le contrat de prêt, d'un TEG erroné est la nullité de la stipulation contractuelle relative aux intérêts conventionnels, la déchéance du droit aux intérêts telle que prévue à l'art. L. 312-33 [L. 341-34] est également encourue lorsque la mention d'un TEG irrégulier figure dans l'offre de prêt. • Civ. 1re, 18 févr. 2009 : *RJDA 2009, n° 574.* ♦ Il résulte des dispositions de l'art. L. 312-8-3° [L. 313-25] que l'offre de prêt doit indiquer, outre le montant du crédit, son coût total et son taux défini conformément à l'art. L. 313-1 [L. 314-1], de telle sorte que l'art. L. 312-33 [L. 341-34] peut être invoqué au titre du calcul erroné du TEG. • Civ. 1re, 30 sept. 2010 : *Bull. civ. I, n° 180 ; D. 2011. Pan. 1650, obs. D. R. Martin ; JCP 2010, n° 1361, note S. Piedelièvre ; CCC 2011, n° 46, obs. Raymond ; RD banc. fin. 2010, n° 209, obs. Mathey.* ♦ V. aussi note 3 ss. art. L. 313-34.

2. Étendue de la déchéance. Si, pour le prêteur, la méconnaissance des obligations prévues par l'art. L. 312-8 [L. 313-25] *peut entraîner la déchéance du droit aux intérêts*, l'emprunteur reste néanmoins tenu aux intérêts au taux légal depuis la mise en demeure, par application de l'art. 1153, al. 3, [1231-6] C. civ. • Civ. 1re, 18 mars 2003 : *Bull. civ. I, n° 84 ; D. 2003. AJ 1036, obs. Rondey ; CCC 2003, n° 97, note Raymond ; Gaz. Pal. 2003. Somm. 2574, obs. S. Piedelièvre ; RTD com. 2003. 554, obs. D. L. ; RDC 2003. 95, obs. Bruschi ; RDI 2004. 94, obs. Heugas-Darraspen* • 5 juin 2008 : *CCC 2008, n° 217, obs. crit. Raymond.* ♦ L'art. L. 312-33 [L. 341-34] envisage seulement la déchéance du droit aux intérêts, non celle des frais. • Civ. 1re, 18 mars 2003 : *préc.* ♦ Ainsi, la déchéance de la banque de son droit aux intérêts conventionnels est sans incidence sur son droit d'obtenir le paiement des frais et commissions définis contractuellement. • Civ. 1re, 5 févr. 2009 : *RJDA 2009, n° 472.*

3. Imputation. La déchéance du droit aux intérêts conventionnels prononcée à l'encontre de la banque ne constituant pas un paiement, la cour d'appel en a, à bon droit, déduit que le montant correspondant devait en être imputé sur le capital. • Civ. 1re, 18 févr. 2009 : *Bull. civ. I, n° 34 ; D. 2009. AJ 725 ; RTD com. 2009. 419, obs. Legeais ; JCP N 2010, n° 1, p. 28, obs. Piedelièvre ; CCC 2009, n° 150, obs. Raymond ; RJDA 2009, n° 668 ; RDC 2009. 1082, note Fenouillet.*

4. Pouvoir du juge. La sanction de la déchéance du droit aux intérêts relève du pouvoir discrétionnaire du juge, qui pourra alors, en application de l'art. L. 312-33 [L. 341-34], prononcer une déchéance totale ou partielle. • Civ. 1re, 18 mars 1997 : *Bull. civ. I, n° 97 ; D. 1997. IR 97 ; D. Affaires 1997. 502 ; CCC 1997, n° 87, note Raymond.* ♦ La déchéance du droit aux intérêts est une sanction civile dont la loi laisse à la discrétion du juge tant l'application que la détermination. • Civ. 1re, 11 sept. 2013 : *Gaz. Pal. 2013. 3801, obs. Roussille ; Defrénois 2013. 1239, note Piedelièvre.* ♦ La sanction de la déchéance du droit aux intérêts en cas de non-respect des règles de forme est facultative pour les juges du fond. • Civ. 1re, 19 mai 1999 : *CCC 1999, n° 167, obs. Raymond (2e esp.)* • 2 juill. 2002 : *Bull. civ. I, n° 181 ; JCP 2002. IV. 2474 ; RDI 2003. 166, obs. H. H.-D.* • 9 juill. 2003 : *CCC 2004, n° 49, note Raymond (1re esp.)* (à supposer même qu'une irrégularité ait été commise, le juge peut estimer qu'elle ne justifie pas la déchéance du droit aux intérêts). – Déjà en ce sens, V. • Limoges, 13 févr. 1996 : *D. Affaires 1996. 744* • Versailles, 18 janv. 1996 : *D. Affaires 1996. 514.*

L'inobservation des règles de forme prévues par l'art. L. 312-8 [L. 313-25] étant la perte en totalité ou en partie du droit aux intérêts dans la proportion fixée discrétionnairement par le juge, la cour d'appel a, à bon droit, décidé que le préjudice subi correspondait à une perte de chance dès lors que le prêteur n'était pas automatiquement déchu de la totalité de son droit aux intérêts et a fixé discrétionnairement le montant de la réparation qui ne pouvait être égale à l'avantage qu'aurait procuré cette chance si elle s'était réalisée. • Civ. 1re, 2 nov. 2005 : *RDC 2006. 367, obs. Fenouillet.* ♦ Sur les conséquences de ce pouvoir discrétionnaire, V. aussi note 2 ss. L. n° 96-314 du 12 avr. 1996, art. 87-I, ss. art. L. 313-25.

5. Prescription. La déchéance du droit aux intérêts, qui ne sanctionne pas une condition de formation du contrat, n'est pas une nullité relevant de l'art. 1304 [ancien] C. civ., mais est soumise à la prescription de l'art. L. 110-4 C. com. • Civ. 1re, 24 avr. 2013 : *D. 2013. Actu. 1124 ; JCP E 2013, n° 1408, note Lasserre Capdeville ; CCC 2013, n° 171, obs. Raymond* • 30 sept. 1997 : *Bull. civ. I, n° 262 ; D. 1997. IR 215 ; D. Affaires 1997. 124 ; CCC 1997, n° 184, obs. Raymond* • 13 mars 2001 : *Bull. civ. I, n° 70 ; CCC 2001, n° 113, obs. Raymond* • 9 juill. 2003 : *Bull. civ. I, n° 170 ; D. 2003. AJ 2008 ; Gaz. Pal. 2004. Somm. 2081, obs. S. Piedelièvre ; Dr. et patr. nov. 2003. 85, obs. Chauvel ; CCC 2004, n° 49, obs. Raymond (2e esp.).* – V. aussi • Civ. 1re, 2 juill. 1996 : *Bull. civ. I, n° 283 ; D. Affaires 1996. 1024 ; RJDA 1997, n° 386 ; LPA 2 avr. 1997, note Rieubernet* • 18 mars 1997 : *préc. note 4.* ♦ ... Alors même que la demande serait présentée par voie d'exception. • Civ. 1re, 4 mai 1999 : *Bull. civ. I, n° 150 ; D. Affaires 1999. 934, obs. V. A.-R. ; CCC 1999, n° 150, obs. Raymond* • 16 oct. 2001 : *Bull. civ. I, n° 258 ; CCC 2002, n° 67, obs. Raymond.* ♦ En sens contraire, considérant que l'action en déchéance du droit aux intérêts, formée en défense à l'action en paiement du prêteur, n'est pas liée à la nullité du contrat de prêt et n'est enfermée dans aucun délai spécifique, V. • Versailles, 18 janv. 1996 : *préc. note 4.* ♦ Comp. aussi, soumettant l'action en déchéance à la prescription trentenaire : • Versailles, 29 janv. 1999 : *D. Affaires 1999. 790, obs. C. R.* ♦ Si la seule sanction de la mention, dans le contrat de prêt, d'un TEG erroné (art. L. 313-25) est la nullité de la stipulation contractuelle relative aux intérêts conventionnels, la possible déchéance du droit aux intérêts, en totalité ou dans la proportion fixée par le juge, telle que prévue à l'art. L. 312-33 [L. 341-34], sanction civile soumise à la prescription décennale de l'art. L. 110-4 C. com., est également encourue lorsque la mention d'un TEG irrégulier figure dans l'offre de prêt. • Civ. 1re, 29 mai 2013 : *Bull. civ. I, n° 106 ; Dalloz actualité, 21 juin 2013, obs. Avena-Robardet ; D. 2013. Actu. 1405 ; JCP E 2013, n° 1387 ; CCC 2013, n° 198, obs. Raymond ; RJDA 2013, n° 898 ; LPA 1er-4 nov. 2013, obs. Lasserre Capdeville ; Gaz. Pal. 2013. 2379, obs. Piedelièvre ; Dr. et proc. 2013. 196, obs. Bazin ; Banque et Droit juill.-août 2013. 18, obs. Helleringer.* ♦ Il en va également ainsi du non-respect du formalisme des art. L. 312-7 et L. 312-10 [L. 313-24 et L. 313-34] C. consom. • Même arrêt.

6. Point de départ de la prescription. Le point de départ du délai de prescription de l'action en déchéance du droit aux intérêts conventionnels se situe au jour où l'emprunteur a connu ou aurait dû connaître l'erreur affectant le TEG. Pour déclarer prescrite la demande en déchéance du droit aux intérêts conventionnels, l'arrêt retient que cette demande se prescrit à compter de la date à laquelle le contrat est définitivement formé. En statuant ainsi, la cour d'appel a violé l'art. L. 312-33 [L. 341-34] C. consom., dans sa rédaction antérieure à celle issue de l'Ord. n° 2000-916 du 19 sept. 2000, ensemble l'art. L. 110-4 C. com., dans sa rédaction antérieure à celle issue de la L. n° 2008-561 du 17 juin 2008. • Civ. 1re, 1er mars 2017, n° 16-10.142 P : *D. 2017. Actu. 565 ; CCC 2017, n° 111, obs. Bernheim-Desvaux ; RJDA 2017, n° 426 ; Banque et Droit mai-juin 2017. 26, obs. Bonneau.* ♦ Comp., jugeant que le point de départ de la prescription décennale de l'action en déchéance du droit aux intérêts doit être fixé au jour où l'obligation du débiteur a été mise à exécution, c'est-à-dire à la date de conclusion du prêt. • Com. 7 janv. 2004 : *RDC 2004. 663, obs. Bruschi.*

7. Interruption du délai de prescription. L'action en déchéance du droit aux intérêts étant distincte par son objet de l'action en nullité pour non-respect du délai de réflexion, l'exercice de celle-ci n'interrompt pas le délai de prescription de celle-là. • Civ. 1re, 9 juill. 2003 : *préc. note 5.* ♦ V. aussi • Civ. 1re, 5 déc. 2006 : *CCC 2007, n° 109, obs. Raymond* • 16 janv. 2007 : *RTD com. 2007. 213, obs. Legeais ; CCC 2007, n° 109, obs. Raymond.*

8. Principe d'exclusion de la nullité. Si la méconnaissance du délai d'acceptation de dix jours est sanctionnée par une nullité relative, l'inobservation des règles de forme relatives aux modalités d'envoi de l'offre de prêt est sanctionnée par la déchéance du droit aux intérêts. • Civ. 1re, 19 mars 2009 : *JCP N 2010, n° 1, p. 29, obs. Piedelièvre ; CCC 2009, n° 208, obs. Raymond ; Dr. et proc. 2010, suppl. n° 2, p. 14, obs. Valette-Ercole.* ♦ Il résulte des dispositions de l'art. L. 312-33 [L. 341-34] que la seule sanction civile de l'inobservation des règles de forme prévues par l'art. L. 312-8 [L. 313-25] est la perte, en totalité ou en partie, du droit aux intérêts dans la proportion fixée par le juge. • Civ. 1re, 23 mars 1999 : *Bull. civ. I, n° 108 ; D. 2000. Somm. 50, obs. Pizzio ; D. Affaires 1999. 754, obs. C. R. ; CCC 1999, n° 167, obs. Raymond* • 23 nov. 1999 : *Bull. civ. I, n° 321 ; CCC 2000, no 51, obs. Raymond ; LPA 24 août 2000, note Courtier ; JCP 1999. IV. 1036* • 2 juill. 2002 : *préc. note 4* • 27 nov. 2008 : *CCC 2009, n° 63, obs. Raymond.* ♦ La sanction du défaut de communication du tableau d'amortissement à l'emprunteur est la perte, en totalité ou en partie, du droit aux intérêts du prêteur, dans la proportion fixée par le juge et non la nullité du prêt. • Civ. 1re, 9 mars 1999 : *Bull. civ. I, n° 86 ; D. Affaires 1999. 628, obs. C. R. ; JCP N 1999, n° 40, p. 1428, note Piedelièvre.*

Contra, antérieurement, considérant que le non-respect des dispositions de l'art. L. 312-8 [L. 313-25] était sanctionné non seulement par la déchéance du droit aux intérêts, mais encore par la nullité du contrat de prêt, en raison du caractère d'ordre public de ces dispositions (art. L. 314-26) : • Civ. 1re, 20 juill. 1994 : *Bull. civ. I, n° 262 ; D. 1995. Somm. 314, obs. Pizzio*. ♦ Il avait été jugé également que, les art. L. 312-1 s. [L. 313-1 s.] relevant de l'ordre public de protection, la nullité des contrats souscrits en violation de ces textes était une nullité relative soumise à la prescription quinquennale de l'art. 1304 [ancien] C. civ. : • Rouen, 12 mars 1997 : *RJDA 1997, n° 805*. ♦ Dans le même sens, V. • Versailles, 29 janv. 1999 : *préc. note 5* • Limoges, 13 févr. 1996 : *préc. note 4*. ♦ V. aussi note 9.

Sur la validation législative des offres de prêt non conformes, V. L. n° 96-314 du 12 avr. 1996, art. 87-I, ss. art. L. 313-25.

9. Application exceptionnelle de la nullité. Sur la nullité relative du contrat de prêt conclu avant l'expiration du délai de réflexion, V. notes 3 s. ss. art. L. 313-34.

10. Compétence. Le juge civil étant compétent pour prononcer la déchéance du droit aux intérêts en application de l'art. L. 312-33 [L. 341-34], le moyen alléguant la compétence exclusive du juge répressif est sans fondement. • Civ. 1re, 18 mars 1997 : *D. 1997. IR 97 ; Defrénois 1997. 1131, note Piedelièvre ; CCC 1997, n° 87, note Raymond* • 4 mai 1999 : *Bull. civ. I, n° 143 ; D. 1999. IR 170 ; D. Affaires 1999. 1106* • 27 mai 1999 : *CCC 2000, n° 50, obs. Raymond* (juge du surendettement, en l'espèce).

Si la déchéance des intérêts convenus en conséquence d'une offre de prêt irrégulière est bien une remise en cause des obligations stipulées à l'acte lui-même, excédant donc les attributions du juge de l'exécution, la cour d'appel, juridiction d'appel du juge d'instance, considéré tant comme juge de l'exécution que comme juge des litiges de prêts immobiliers, a compétence pour apprécier elle-même l'incidence de l'irrégularité dénoncée sur les droits du prêteur. • Civ. 1re, 16 oct. 2001 : *préc. note 5.*

Art. L. 341-34-1 *(Ord. n° 2017-1090 du 1er juin 2017, art. 2)* **Est réputée non écrite toute clause par laquelle le prêteur subordonne l'octroi du prêt ou la conclusion de l'avenant au contrat de crédit initial à la condition de domiciliation mentionnée à l'article L. 313-25-1 sans l'assortir en contrepartie de l'avantage individualisé mentionné au même article. Il en va de même de toute clause par laquelle le prêteur exige le respect de cette condition au-delà de la durée déterminée en application du même article.**

Les dispositions de l'art. L. 341-34-1, telles qu'issues de l'Ord. n° 2017-1090 du 1er juin 2017, s'appliquent aux offres de prêts émises à compter du 1er janv. 2018 ainsi qu'aux avenants modifiant les contrats conclus à la suite de ces offres (Ord. préc., art. 3).

Art. L. 341-35 **Lorsque la somme versée d'avance par l'acquéreur n'a pas été remboursée dans les conditions prévues au second alinéa de l'article** *(Ord. n° 2016-351 du 25 mars 2016, art. 5-3°, en vigueur le 1er juill. 2016)* **« L. 313-41** *[ancienne rédaction : L. 313-26]* **», la somme due est productive d'intérêts au taux légal majoré de moitié à compter du quinzième jour suivant la demande de remboursement.** — *[C. consom., art. L. 312-16, sanctions.] — Anc. art. L. 341-24 (Ord. n° 2016-351 du 25 mars 2016, art. 5-3°, en vigueur le 1er juill. 2016).*

Art. L. 341-36 **Lorsque la somme versée d'avance par le preneur n'a pas été restituée dans les conditions prévues au second alinéa de l'article** *(Ord. n° 2016-351 du 25 mars 2016, art. 5-3°, en vigueur le 1er juill. 2016)* **« L. 313-62** *[ancienne rédaction : L. 313-47]* **» pour un contrat de location-vente et de vente assortie d'une promesse de vente, la somme due est productive d'intérêts au taux légal majoré de moitié à compter du quinzième jour suivant la demande de remboursement.** — *[C. consom., art. L. 312-30, al. 3.] — Anc. art. L. 341-25 (Ord. n° 2016-351 du 25 mars 2016, art. 5-3°, en vigueur le 1er juill. 2016).*

§ 2 SANCTIONS PÉNALES

Art. L. 341-37 **Le fait pour le prêteur ou le bailleur de ne pas respecter l'une des obligations prévues aux articles** *(Ord. n° 2016-351 du 25 mars 2016, art. 5-3°, en vigueur le 1er juill. 2016)* **« L. 313-24 et L. 313-25** *[ancienne rédaction : L. 313-9 et*

L. 313-10] » et au deuxième alinéa de l'article *(Ord. n° 2016-351 du 25 mars 2016, art. 5-3°, en vigueur le 1er juill. 2016)* « **L. 313-38** *[ancienne rédaction : L. 313-23]* » est puni d'une amende de 150 000 euros. – *[C. consom., art. L. 312-33, al. 1er.] – Anc. art. L. 341-26 (Ord. n° 2016-351 du 25 mars 2016, art. 5-3°, en vigueur le 1er juill. 2016).*

Art. L. 341-38 Le fait pour le prêteur ou le bailleur de ne pas respecter l'une des obligations prévues à l'article *(Ord. n° 2016-351 du 25 mars 2016, art. 5-3°, en vigueur le 1er juill. 2016)* « **L. 313-55** *[ancienne rédaction : L. 313-40]* » pour un contrat de location-vente et de vente assortie d'une promesse de vente, est puni d'une amende de 150 000 euros. – *[C. consom., art. L. 312-33, al. 1er, location-vente.] – Anc. art. L. 341-27 (Ord. n° 2016-351 du 25 mars 2016, art. 5-3°, en vigueur le 1er juill. 2016).*

Art. L. 341-39 Le fait pour le prêteur de ne pas respecter l'une des obligations prévues aux articles *(Ord. n° 2016-351 du 25 mars 2016, art. 5-3°, en vigueur le 1er juill. 2016)* « **L. 313-30** et **L. 313-31** *[ancienne rédaction : L. 313-15 et L. 313-16]* » est puni d'une amende de 3 000 euros. – *[C. consom., art. L. 312-32-1.] – Anc. art. L. 341-28 (Ord. n° 2016-351 du 25 mars 2016, art. 5-3°, en vigueur le 1er juill. 2016).*

Art. L. 341-40 Le fait pour le prêteur de faire souscrire par l'emprunteur ou les cautions déclarées ou de recevoir de leur part l'acceptation de l'offre *[,]* sans que celle-ci comporte de date ou dans le cas où elle comporte une date fausse de nature à faire croire qu'elle a été donnée après expiration du délai de dix jours prescrit à l'article *(Ord. n° 2016-351 du 25 mars 2016, art. 5-3°, en vigueur le 1er juill. 2016)* « **L. 313-34** *[ancienne rédaction : L. 313-19]* », est puni d'une amende de 300 000 euros. – *[C. consom., art. L. 312-33, al. 2.] – Anc. art. L. 341-29 (Ord. n° 2016-351 du 25 mars 2016, art. 5-3°, en vigueur le 1er juill. 2016).*

Art. L. 341-41 Le fait pour le bailleur de faire souscrire par le preneur ou de recevoir de sa part l'acceptation de l'offre sans que celle-ci comporte de date ou dans le cas où elle comporte une date fausse de nature à faire croire qu'elle a été donnée après l'expiration du délai de dix jours prescrit à l'article *(Ord. n° 2016-351 du 25 mars 2016, art. 5-3°, en vigueur le 1er juill. 2016)* « **L. 313-58** *[ancienne rédaction : L. 313-43]* » pour un contrat de location-vente ou de location assortie d'une promesse de vente, est puni d'une amende de 300 000 euros. – *[C. consom., art. L. 312-33, al. 3.] – Anc. art. L. 341-30 (Ord. n° 2016-351 du 25 mars 2016, art. 5-3°, en vigueur le 1er juill. 2016).*

Art. L. 341-42 Le fait pour le prêteur ou le bailleur, en infraction aux dispositions de l'article *(Ord. n° 2016-351 du 25 mars 2016, art. 5-3°, en vigueur le 1er juill. 2016)* « **L. 313-35** *[ancienne rédaction : L. 313-20]* » ou, pour un contrat de location-vente et de location assortie d'une promesse de vente, à celles de l'article *(Ord. n° 2016-351 du 25 mars 2016, art. 5-3°, en vigueur le 1er juill. 2016)* « **L. 313-59** *[ancienne rédaction : L. 313-44]* », d'accepter de recevoir de l'emprunteur ou du preneur, ou pour le compte d'un de ces derniers, un versement ou un dépôt, un chèque ou un effet de commerce souscrit, endossé ou avalisé à son profit ou d'utiliser une autorisation de prélèvement sur compte bancaire ou postal, est puni d'une amende de 300 000 euros. – *[C. consom., art. L. 312-34, al. 1er.] – Anc. art. L. 341-31 (Ord. n° 2016-351 du 25 mars 2016, art. 5-3°, en vigueur le 1er juill. 2016).*

Art. L. 341-43 Le fait pour le prêteur, en infraction aux dispositions de l'article *(Ord. n° 2016-351 du 25 mars 2016, art. 5-3°, en vigueur le 1er juill. 2016)* « **L. 313-38** *[ancienne rédaction : L. 313-23]* », pour le vendeur, en infraction aux dispositions de l'article *(Ord. n° 2016-351 du 25 mars 2016, art. 5-3°, en vigueur le 1er juill. 2016)* « **L. 313-41** *[ancienne rédaction : L. 313-26]* » ou pour le bailleur, en infraction aux dispositions de l'article *(Ord. n° 2016-351 du 25 mars 2016, art. 5-3°, en vigueur le 1er juill. 2016)* « **L. 313-62** *[ancienne rédaction : L. 313-47]* » pour un contrat de location-vente et de location assortie d'une promesse de vente de ne pas restituer les sommes mentionnées à ces articles, est puni d'une amende de 300 000 euros. – *[C. consom., art. L. 312-35 al. 1er.] – Anc. art. L. 341-32 (Ord. n° 2016-351 du 25 mars 2016, art. 5-3°, en vigueur le 1er juill. 2016).*

Liste limitative. Le constructeur de maisons individuelles ne figure pas dans l'énumération limitative des personnes susceptibles de commettre le délit prévu à l'art. L. 312-35 [L. 341-43]. • Crim. 4 nov. 2014, nº 13-88.408 P : *Dalloz actualité, 21 nov. 2014, obs. Priou-Alibert; D. 2014. Actu. 2340; CCC 2015, nº 47, obs. Raymond; RJDA 2015, nº 302; Gaz. Pal. 2015. 498, obs. Piedelièvre; Banque et Droit nov.-déc. 2014. 52, obs. Lasserre Capdeville; RLDA déc. 2014. 45, obs. Mathonnière.*

Art. L. 341-44 *(Ord. nº 2016-351 du 25 mars 2016, art. 5-3º, en vigueur le 1er juill. 2016)* **Les personnes physiques coupables des délits punis aux articles L. 341-37, L. 341-38 et L. 341-40 à L. 341-43 encourent également à titre de peines complémentaires l'interdiction, suivant les modalités prévues à l'article 131-27 du code pénal, soit d'exercer une fonction publique ou d'exercer l'activité professionnelle ou sociale dans l'exercice ou à l'occasion de l'exercice de laquelle l'infraction a été commise, soit d'exercer une profession commerciale ou industrielle, de diriger, d'administrer, de gérer ou de contrôler à un titre quelconque, directement ou indirectement, pour leur propre compte ou pour le compte d'autrui, une entreprise commerciale ou industrielle ou une société commerciale.**

Ces interdictions d'exercice ne peuvent excéder une durée de cinq ans. Elles peuvent être prononcées cumulativement. – *[Ord. nº 2016-351 du 25 mars 2016, art. 5, 3º.]*

SOUS-SECTION 5 EXÉCUTION DU CONTRAT DE CRÉDIT

(Ord. nº 2016-351 du 25 mars 2016, art. 5-4º, en vigueur le 1er juill. 2016)

§ 1er SANCTIONS CIVILES

Art. L. 341-45 **Le prêteur qui n'a pas respecté l'obligation d'information de l'emprunteur en cas de modification du taux débiteur mentionnée à l'article L. 313-46 peut être déchu du droit aux intérêts, en totalité ou dans la proportion fixée par le juge.** – *[Ord. nº 2016-351 du 25 mars 2016, art. 5, 3º.]*

§ 2 SANCTIONS PÉNALES

Art. L. 341-46 **Le fait pour le prêteur de réclamer à l'emprunteur ou au preneur ou de retenir sur son compte des sommes supérieures à celles qu'il est autorisé à réclamer ou à retenir en application des dispositions des articles L. 313-49, L. 313-52, L. 313-60 ou L. 313-61 est puni d'une amende de 300 000 euros.**

Les personnes physiques encourent également à titre de peines complémentaires l'interdiction, suivant les modalités prévues à l'article 131-27 du code pénal, soit d'exercer une fonction publique ou d'exercer l'activité professionnelle ou sociale dans l'exercice ou à l'occasion de l'exercice de laquelle l'infraction a été commise, soit d'exercer une profession commerciale ou industrielle, de diriger, d'administrer, de gérer ou de contrôler à un titre quelconque, directement ou indirectement, pour leur propre compte ou pour le compte d'autrui, une entreprise commerciale ou industrielle ou une société commerciale.

Ces interdictions d'exercice ne peuvent excéder une durée de cinq ans. Elles peuvent être prononcées cumulativement. – *[Ord. nº 2016-351 du 25 mars 2016, art. 5, 3º.]*

SOUS-SECTION 6 DISPOSITIONS COMMUNES AUX SANCTIONS CIVILES

(Ord. nº 2016-351 du 25 mars 2016, art. 5-4º, en vigueur le 1er juill. 2016)

Art. L. 341-47 **Lorsque le prêteur est déchu du droit aux intérêts dans les conditions prévues à *la présente section*, l'emprunteur n'est tenu qu'au seul remboursement du capital suivant l'échéancier prévu ainsi que, le cas échéant, au paiement des intérêts dont le prêteur n'a pas été déchu. Les sommes perçues au titre des intérêts, qui sont productives d'intérêts au taux de l'intérêt légal à compter du jour de leur versement, sont restituées par le prêteur ou imputées sur le capital restant dû.** – *[Ord. nº 2016-351 du 25 mars 2016, art. 5, 3º.]*

SECTION III TAUX D'INTÉRÊT

COMMENTAIRE

I. PEINES

Sur le plan civil, les dispositions sur l'usure sont sanctionnées par la restitution à l'emprunteur des sommes perçues illégalement en dépassement du taux maximal (et non par la nullité du contrat), la perception excessive étant imputée de plein droit sur les intérêts normaux échus et subsidiairement sur le capital restant dû (art. L. 341-48).

Sur le plan pénal, il est prévu une peine d'amende de 300 000 € (depuis la loi du 17 mars 2014) et un emprisonnement de deux ans, assortis de peines complémentaires d'interdiction d'exercice, lesquelles ne peuvent excéder une durée de cinq ans, mais peuvent être prononcées cumulativement (art. L. 341-50), outre la fermeture (provisoire ou définitive) de l'entreprise et la publication de la décision. Une amende de 150 000 € est susceptible d'être prononcée si le taux effectif global déterminé selon les modalités prévues aux articles L. 314-1 à L. 314-4 n'est pas mentionné dans tout écrit constatant un contrat de prêt (art. L. 341-49).

II. PRESCRIPTION

Le délit pénal d'usure se prescrit à compter du jour de la dernière perception soit du capital soit des intérêts, le délai de prescription étant de trois ans selon le droit commun (art. L. 341-51). ❑

SOUS-SECTION 1 SANCTIONS CIVILES

Art. L. 341-48 Lorsqu'un prêt conventionnel est usuraire, les perceptions excessives au regard des articles L. 314-1 à L. 314-9 sont imputées de plein droit sur les intérêts normaux alors échus et subsidiairement sur le capital de la créance.

Si la créance est éteinte en capital et intérêts, les sommes indûment perçues sont restituées avec intérêts légaux à compter du jour où elles ont été payées. – *[C. consom., art. L. 313-4.] – Anc. art. L. 341-35 (Ord. n° 2016-351 du 25 mars 2016, art. 5-5°, en vigueur le 1er juill. 2016).*

1. *Absence de nullité.* V. notes 13 s. ss. art. L. 314-5. ♦ Une caution solidaire ne saurait invoquer un taux usuraire pour se prétendre libérée de l'obligation principale, laquelle n'est pas annulée de ce seul fait. • Civ. 1re, 19 juill. 1978 : *Gaz. Pal. 1978. 2. Somm. 417.*

2. *Restitution.* Le prêteur doit restituer les excédents d'intérêts indûment perçus. V. • Com. 17 mai 1982 : *Bull. civ. IV, n° 181.*

3. *Exigence d'un paiement volontaire.* La banque qui a imputé unilatéralement au débit du compte de son client des intérêts que celui-ci n'avait pas payés volontairement ne peut invoquer à son encontre les dispositions de l'art. 1906 C. civ. • Com. 23 oct. 1990 : *D. 1991. 73, note Gavalda ; JCP E 1991. II. 106, note Stoufflet; Bull. civ. IV, n° 249* (V. l'arrêt confirmé : • Montpellier, 22 sept. 1988 : *D. 1989. 150, note Gavalda*).

4. *Intérêt légal.* L'art. 1906 C. civ. ne s'oppose pas à la répétition de la partie des intérêts illégalement perçue, au regard de l'art. 1907 du même code et de l'art. 4 de la loi du 28 déc. 1966 [C. consom., art. L. 314-5], selon lesquels le taux légal est seul applicable en l'absence de stipulation écrite. • Com. 9 avr. 1991 : *Bull. civ. IV, n° 134; D. 1991. 385, note Vasseur* • 10 mars 1992 : *RJDA 1992, n° 722* • 9 nov. 1993 : *D. 1993. IR 257* • 18 juin 1996 : *D. Affaires 1996. 1030* • Civ. 1re, 8 juin 1994 : *Bull. civ. I, n° 205* • Poitiers, 6 mai 1992 : *JCP 1992. IV. 2943.*

5. *Office du juge.* Sur le pouvoir d'appréciation du juge civil de fixer le taux d'usure dans la limite du taux maximal constaté par le juge pénal, V. • Reims, 29 oct. 1979 : *D. 1981. 355, note Boizard.*

6. *Prescription.* La sanction de l'usure ne consiste pas dans la nullité de la stipulation d'intérêts mais dans l'imputation des perceptions excessives sur les intérêts normaux alors échus et subsidiairement sur le capital de la créance, et si la créance est éteinte en capital et intérêts, dans leur restitution avec intérêt au taux légal du jour où elles auront été payées, de sorte que la prescription applicable à l'action fondée sur l'art. L. 313-4 [L. 341-48] C. consom. est celle prévue par l'art. L. 110-4 C. com. • Com. 11 oct. 2011 : *Bull. civ. IV, n° 156; D. 2011. Actu. 2533 ; JCP E 2012, n° 1349, spéc. n° 13, obs. Routier; RJDA 2012, n° 196; Banque et Droit janv.-févr. 2012. 33, obs. Bonneau; RLDA déc. 2011. 32, obs. Mauries.*

SOUS-SECTION 2 SANCTIONS PÉNALES

Art. L. 341-49 Le fait de ne pas respecter les dispositions de l'article L. 314-5 est puni d'une amende de 150 000 euros.

Les personnes physiques coupables encourent également à titre de peines complémentaires l'interdiction, suivant les modalités prévues à l'article 131-27 du code pénal, soit d'exercer une fonction publique ou d'exercer l'activité professionnelle ou sociale dans l'exercice ou à l'occasion de l'exercice de laquelle l'infraction a été commise, soit d'exercer une profession commerciale ou industrielle, de diriger, d'administrer, de gérer ou de contrôler à un titre quelconque, directement ou indirectement, pour leur propre compte ou pour le compte d'autrui, une entreprise commerciale ou industrielle ou une société commerciale.

Ces interdictions d'exercice ne peuvent excéder une durée de cinq ans. Elles peuvent être prononcées cumulativement. — *[C. consom., art. L. 313-2, al. 2 et 3.] — Anc. art. L. 341-36 (Ord. nº 2016-351 du 25 mars 2016, art. 5-5º, en vigueur le 1er juill. 2016).*

BIBL. ▶ Lasserre Capdeville, *Gaz. Pal. 2013. 1585* (délai de prescription applicable à l'action formée contre un TEG non mentionné par écrit ou erroné) ; *LPA 28 janv. 2016* (TEG erroné et délai de prescription : état du droit et observations). – Sefiane, *JCP E 2016, nº 1141* (la sanction critiquable du TEG absent ou erroné). – Gautier et Létienne, *LPA 13 oct. 2016* (levée de boucliers en faveur du banquier : critique de l'automaticité de la substitution de l'intérêt légal à l'intérêt conventionnel).

Art. L. 341-50 Le fait de consentir à autrui un prêt usuraire ou d'apporter à quelque titre et de quelque manière que ce soit, directement ou indirectement, son concours à l'obtention ou à l'octroi d'un prêt usuraire ou d'un prêt qui deviendrait usuraire au sens de l'article L. 314-6 du fait de son concours est puni d'un emprisonnement de deux ans et d'une amende de 300 000 euros.

En cas de condamnation, le tribunal peut en outre ordonner :

1º La publication intégrale, ou par extraits, de sa décision, aux frais du condamné, dans les journaux qu'il désigne, ainsi que l'affichage de cette décision dans les conditions prévues à l'article 131-35 du code pénal ;

2º La fermeture, pour une durée de cinq ans au plus ou définitive, de l'entreprise dont l'une des personnes chargées de l'administration ou de la direction est condamnée en application de l'alinéa premier du présent article, assortie éventuellement de la nomination d'un administrateur ou d'un liquidateur ;

3º L'interdiction, suivant les modalités prévues par l'article 131-27 du code pénal, soit d'exercer une fonction publique ou d'exercer l'activité professionnelle ou sociale dans l'exercice ou à l'occasion de l'exercice de laquelle l'infraction a été commise, soit d'exercer une profession commerciale ou industrielle, de diriger, d'administrer, de gérer ou de contrôler à un titre quelconque, directement ou indirectement, pour son propre compte ou pour le compte d'autrui, une entreprise commerciale ou industrielle ou une société commerciale. Ces interdictions d'exercice ne peuvent excéder une durée de cinq ans. Elles peuvent être prononcées cumulativement.

En cas de fermeture, le tribunal fixe la durée pendant laquelle le délinquant ou l'entreprise doit continuer à payer à son personnel les salaires, indemnités et rémunérations de toute nature auxquels celui-ci avait droit jusqu'alors ; cette durée ne saurait excéder trois mois. — *[C. consom., art. L. 313-5, hors prescription.] — Anc. art. L. 341-37 (Ord. nº 2016-351 du 25 mars 2016, art. 5-5º, en vigueur le 1er juill. 2016).*

Caractère intentionnel. Sont coupables du délit d'usure un conseiller financier qui a sciemment apporté son concours à l'action d'un prêt usuraire. • Paris, 29 mai 1976 : *Gaz. Pal. 1977. 1. 308, note Guth.* ♦ ... *L'intermédiaire* avec lequel l'emprunteur a passé une convention aux termes de laquelle ce dernier s'engageait à acquitter entre ses mains des remboursements en capital et intérêts, à charge pour lui de les verser aux emprunteurs, en contrepartie d'une rémunération au titre de son mode de gestion. • Crim. 12 nov. 1998 : *cité note 2 ss. anc. art. L. 314-1.* ♦ En revanche, un directeur d'agence de banque ne peut être poursuivi, faute d'avoir apporté un quelconque concours en connaissance de cause, dès lors que le mode de calcul des agios était déterminé à partir d'une grille tarifaire et que le décompte était effectué automatiquement par un centre de traitement informatique commun à plusieurs établissements. • Crim. 2 oct. 2002 : *cité note 2 ss. art. L. 341-51.*

Art. L. 341-51 **En ce qui concerne le délit mentionné à l'article** *(Ord. n° 2016-351 du 25 mars 2016, art. 5-5°, en vigueur le 1er juill. 2016)* **« L. 341-50** *[ancienne rédaction : L. 341-37]* **», la prescription de l'action publique court à compter du jour de la dernière perception, soit d'intérêt, soit de capital.** – *[C. consom., art. L. 313-5, prescription.] – Anc. art. L. 341-38 (Ord. n° 2016-351 du 25 mars 2016, art. 5-5°, en vigueur le 1er juill. 2016).*

1. Prescription. L'action publique contre l'infraction de délit d'usure se prescrit par trois années à compter du jour de la perception des derniers intérêts relatifs aux opérations critiquées et/ou du dernier remboursement de capital de l'opération critiquée. • TGI Sarreguemines, 23 nov. 2001 : *Banque et Droit janv.-févr. 2003. 65, obs. Guillot*, conf. par • Metz, 21 mars 2002 : *Banque et Droit mai-juin 2003. 64, obs. Guillot.* ♦ L'infraction est prescrite depuis la dénonciation de la convention de compte par la banque dès lors qu'il est constaté qu'à partir de cette date aucun remboursement de capital relatif aux opérations de crédit critiquées n'avaient été perçu. • TGI Sarreguemines, 23 nov. 2001 : *préc.* ♦ La prescription ayant commencé à courir à compter de la perception des derniers intérêts relatifs aux opérations d'escompte critiquées et non à la date de la clôture du compte courant et de l'apurement du solde, la chambre d'accusation [chambre de l'instruction] était fondée à retenir l'exception de prescription du délit d'usure et à confirmer l'ordonnance de non-lieu du juge d'instruction. • Crim. 26 sept. 1996 : *Bull. crim. n° 337 ; JCP 1996. IV. 2568 ; RJDA 1996, n° 1502 ; RTD com. 1997. 337, obs. Bouloc.*

2. Suspension de la prescription. La prescription du délit d'usure n'est pas suspendue pendant la procédure de règlement judiciaire, le débiteur n'étant pas dans l'impossibilité d'agir en justice. • Crim. 15 mars 1994 : *Bull. crim. n° 98 ; D. 1994. IR 124.* ♦ Le recouvrement de sommes en exécution d'une décision judiciaire ne peut être considéré comme la perception soit d'intérêts, soit de capital au sens du dernier alinéa de l'art. L. 313-5 ; dès lors, les poursuites diligentées contre la caution ne suspendent pas la prescription. • Crim. 2 oct. 2002 : *Bull. crim. n° 179 ; JCP E 2002, n° 50, p. 1986 ; Gaz. Pal. 2003. Somm. 2569, et les obs. ; Dr. pénal 2003, n° 11, obs. J.-H. Robert ; RTD com. 2003. 147, obs. Legeais ; RJDA 2003, n° 297 ; RSC 2003. 109, obs. Renucci et Ambroise-Castérot* • 16 nov. 2005 : *JCP 2006. II 10111 ; ibid. I. 159, n° 21, obs. J.-H. Robert ; Dr. pénal 2006, n° 43, obs. J.-H. Robert.*

SECTION IV SÛRETÉS PERSONNELLES

(L. n° 2017-203 du 21 févr. 2017, art. 9-I)

Art. L. 341-51-1 **Les prescriptions des articles L. 314-15 et L. 314-16 sont prévues à peine de nullité de l'engagement.**

COMMENTAIRE

Les sanctions spécifiques des articles L. 314-15 et L. 314-16 n'avaient pas été prévues dans les développements séparés consacrés auxdites sanctions lors de la recodification opérée en 2016. Elles le sont depuis la loi de ratification du 21 février 2017. L'article L. 341-51-1 précise en effet que les prescriptions des articles L. 314-15 et L. 314-16 sont prévues à peine de nullité de l'engagement, comme avant l'ordonnance du 14 mars 2016. ❑

SECTION V RÈGLE DE CONDUITE ET RÉMUNÉRATION *(L. n° 2017-203 du 21 févr. 2017, art. 9-I).*

(Ord. n° 2016-351 du 25 mars 2016, art. 5-6°, en vigueur le 1er juill. 2016)

Art. L. 341-52 **Le fait de rémunérer ou de faire rémunérer les personnels mentionnés aux quatrième et septième alinéas de l'article L. 314-23 dans des conditions contraires à ces dispositions est puni d'une amende de 30 000 euros.** – *[Ord. n° 2016-351 du 25 mars 2016, art. 5, 6°.]*

COMMENTAIRE

Les peines antérieures sur la rémunération des personnels dans des conditions contraires à celles mentionnées et étudiées précédemment sont considérablement augmentées à l'occasion de l'ordonnance du 25 mars 2016 : amende de 30 000 €. Auparavant, il s'agissait d'une contravention de la cinquième classe. ❑

SECTION VI PRÊT VIAGER HYPOTHÉCAIRE *(L. nº 2017-203 du 21 févr. 2017, art. 9-I).*

COMMENTAIRE

Un certain nombre de sanctions sont destinées à assurer l'efficacité du dispositif : déchéance des intérêts et peine d'amende en cas de non-respect des dispositions sur l'offre préalable, peines d'emprisonnement et d'amende en cas de démarchage financier – lequel est interdit par l'article L. 315-8 –, peine d'amende sanctionnant le défaut de restitution de sommes dues en cas de mise en jeu de la sûreté à l'échéance du terme, si la dette est inférieure à la valeur de l'immeuble en application de l'article L. 315-15. On notera, avec la loi du 17 mars 2014, l'aggravation très nette de l'amende prévue par l'article L. 341-57 pour protéger l'offre et par l'article L. 341-58 en matière de restitutions, ainsi que l'instauration d'une peine complémentaire d'interdiction par ces mêmes articles.

En outre, l'obligation pour l'emprunteur d'apporter à l'immeuble hypothéqué tous les soins raisonnables est sanctionnée par l'article L. 315-12, ce qui suppose qu'il dispose de ressources suffisantes pour en assurer l'entretien. Ainsi, conformément à l'article 1305-4 du code civil, le débiteur ne peut plus réclamer le bénéfice du terme lorsqu'il a diminué fautivement la valeur de la sûreté qu'il avait donnée par le contrat à son créancier (art. L. 315-14). Le débiteur perd également le bénéfice du terme lorsqu'il change l'affectation du bien hypothéqué ou lorsqu'il refuse au créancier l'accès de l'immeuble hypothéqué pour s'assurer de son bon état d'entretien et de conservation ou, en cas de prêt viager hypothécaire à versement périodique d'intérêts, lorsqu'il est défaillant dans le versement d'une ou de plusieurs échéances d'intérêts, ajoute la loi du 17 août 2015 (art. L. 315-14).

La loi de 2015 introduit d'autres sanctions ayant trait au remboursement périodique des intérêts. En cas de défaillance de l'emprunteur, le prêteur peut exiger le remboursement immédiat des intérêts (art. L. 315-22). Il peut également demander la résolution du contrat, ce qui implique le remboursement du capital versé ainsi que des intérêts échus (art. L. 315-23). Jusqu'au règlement complet, les sommes produisent des intérêts de retard au taux du prêt. En outre, l'établissement financier est en droit de réclamer à l'emprunteur le versement d'une indemnité d'un montant fixé par décret (art. L. 315-23). ❑

SOUS-SECTION 1 SANCTIONS CIVILES

Art. L. 341-53 Les dispositions de l'article L. 315-3 sont prévues à peine de nullité du prêt viager hypothécaire. – *[C. consom., art. L. 314-2, nullité.] – Anc. art. L. 341-39 (Ord. nº 2016-351 du 25 mars 2016, art. 5-7º, en vigueur le 1er juill. 2016).*

Art. L. 341-54 Le fait pour le prêteur d'accorder un prêt viager hypothécaire sans saisir l'emprunteur d'une offre préalable conforme à l'article L. 315-9 ou dans des conditions non conformes aux articles L. 315-10 et L. 315-11 peut entraîner déchéance du droit aux intérêts en totalité ou dans la proportion fixée par le juge. – *[C. consom., art. L. 314-15.] – Anc. art. L. 341-40 (Ord. nº 2016-351 du 25 mars 2016, art. 5-7º, en vigueur le 1er juill. 2016).*

Art. L. 341-55 Les dispositions du premier alinéa de l'article L. 315-11 sont prévues à peine de nullité du contrat. – *[C. consom., art. L. 314-7, nullité.] – Anc. art. L. 341-41 (Ord. nº 2016-351 du 25 mars 2016, art. 5-7º, en vigueur le 1er juill. 2016).*

SOUS-SECTION 2 SANCTIONS PÉNALES

Art. L. 341-56 Le fait pour l'annonceur de diffuser ou de faire diffuser une publicité non conforme aux obligations prévues aux articles L. 315-4 à L. 315-7 est puni d'une *amende 150 000* euros. – *[C. consom., art. L. 314-16, al. 2.] – Anc. art. L. 341-42 (Ord. nº 2016-351 du 25 mars 2016, art. 5-7º, en vigueur le 1er juill. 2016).*

Art. L. 341-57 Le fait pour le prêteur d'accorder un prêt viager hypothécaire *[,]* sans saisir l'emprunteur d'une offre préalable conforme à l'article L. 315-9 ou dans des conditions non conformes aux articles L. 315-10 et L. 315-11, est puni d'une amende

de 150 000 euros. – *[C. consom., art. L. 314-16, al. 1er.] – Anc. art. L. 341-43 (Ord. nº 2016-351 du 25 mars 2016, art. 5-7º, en vigueur le 1er juill. 2016).*

Art. L. 341-58 Le fait pour le prêteur de ne pas restituer les sommes dues en application de l'article L. 315-15 à l'échéance du terme lorsque la dette est inférieure à la valeur de l'immeuble, est puni d'une amende de 300 000 euros. – *[C. consom., art. L. 314-17, sanction 1.] – Anc. art. L. 341-44 (Ord. nº 2016-351 du 25 mars 2016, art. 5-7º, en vigueur le 1er juill. 2016).*

Art. L. 341-59 Le fait pour le prêteur de réclamer à l'emprunteur des sommes supérieures à celles dont il est autorisé à demander le versement en application de l'article L. 315-18, est puni d'une amende de 300 000 euros. – *[C. consom., art. L. 314-17, sanction 2.] – Anc. art. L. 341-45 (Ord. nº 2016-351 du 25 mars 2016, art. 5-7º, en vigueur le 1er juill. 2016).*

Art. L. 341-60 Les personnes physiques coupables des délits punis par les dispositions des articles *(Ord. nº 2016-351 du 25 mars 2016, art. 5-7º, en vigueur le 1er juill. 2016)* **« L. 341-56 à L. 341-59** *[ancienne rédaction : L. 341-42 à L. 341-45]* **» encourent également à titre de peines complémentaires l'interdiction, suivant les modalités prévues à l'article 131-27 du code pénal, soit d'exercer une fonction publique ou d'exercer l'activité professionnelle ou sociale dans l'exercice ou à l'occasion de l'exercice de laquelle l'infraction a été commise, soit d'exercer une profession commerciale ou industrielle, de diriger, d'administrer, de gérer ou de contrôler à un titre quelconque, directement ou indirectement, pour leur propre compte ou pour le compte d'autrui, une entreprise commerciale ou industrielle ou une société commerciale.**

Ces interdictions d'exercice ne peuvent excéder une durée de cinq ans. Elles peuvent être prononcées cumulativement. – *[C. consom., art. L. 314-16, al. 3 et L. 314-17, al. 2.] – Anc. art. L. 341-46 (Ord. nº 2016-351 du 25 mars 2016, art. 5-7º, en vigueur le 1er juill. 2016).*

Art. L. 341-61 Tout démarchage au sens de l'article L. 341-1 du code monétaire et financier en vue de la réalisation d'une opération de prêt viager hypothécaire est puni d'une peine de cinq ans d'emprisonnement et d'une amende de 375 000 euros.

Les personnes coupables du délit mentionné au premier alinéa encourent également les peines complémentaires suivantes :

1º L'interdiction des droits civiques, civils et de famille, suivant les modalités prévues par l'article 131-26 du code pénal ;

2º L'interdiction, suivant les modalités prévues par l'article 131-27 du code pénal, d'exercer une fonction publique ou d'exercer une activité professionnelle ou sociale dans l'exercice ou à l'occasion de laquelle l'infraction a été commise, pour une durée de cinq ans au plus ;

3º L'affichage ou la diffusion de la décision prononcée, dans les conditions prévues par l'article 131-35 du code pénal. – *[C. consom., art. L. 314-18 et L. 314-19.] – Anc. art. L. 341-47 (Ord. nº 2016-351 du 25 mars 2016, art. 5-7º, en vigueur le 1er juill. 2016).*

CHAPITRE II ACTIVITÉ D'INTERMÉDIAIRE

COMMENTAIRE

L'article L. 342-1 instaure une nullité de plein droit pour toute convention par laquelle un intermédiaire se charge ou se propose, sous une forme ou sous une autre et en contrepartie d'une rémunération, soit d'examiner la situation d'un débiteur en vue de l'établissement d'un plan de remboursement, soit de rechercher pour le compte de ce dernier l'obtention de délais de paiement ou d'une remise de dette, soit d'intervenir pour les besoins de la procédure de surendettement.

Le fait pour l'intermédiaire de crédit de percevoir une somme d'argent à l'occasion d'une opération mentionnée à l'article L. 322-1 est puni d'un emprisonnement d'un an et d'une amende de 300 000 € (art. L. 342-5). Les autres obligations définies aux articles L. 322-2,

L. 322-3 et L. 322-4 sont sanctionnées par une lourde amende de 150 000 €, outre les peines complémentaires de l'article L. 342-6. ❑

SECTION PREMIÈRE SANCTIONS CIVILES

Art. L. 342-1 **Est nulle de plein droit toute convention par laquelle un intermédiaire se charge ou se propose moyennant rémunération de procéder à l'une des opérations mentionnées à l'article L. 322-1.** – *[C. consom., art. L. 321-1, nullité.]*

SECTION II SANCTIONS PÉNALES

Art. L. 342-2 **Le fait pour l'annonceur de diffuser ou de faire diffuser une publicité non conforme aux obligations prévues à l'article L. 322-2 est puni d'une amende de 150 000 euros.** – *[C. consom., art. L. 322-3, sanction publicité.]*

Art. L. 342-3 **Le non-respect des dispositions de l'article L. 322-3 est puni d'une amende de 150 000 euros.** – *[C. consom., art. L. 322-3, sanction info publicité.]*

Art. L. 342-4 **Le fait pour l'intermédiaire de crédit de ne pas respecter les obligations prévues à l'article L. 322-4 est puni d'une amende de 150 000 euros.** – *[C. consom., art. L. 322-3, sanction frais.]*

Art. L. 342-5 **Le fait pour l'intermédiaire de crédit de percevoir une somme d'argent à l'occasion d'une des opérations mentionnées à l'article L. 322-1 est puni d'un emprisonnement d'un an et d'une amende de 300 000 euros.**

Le tribunal peut en outre ordonner, aux frais du condamné, la publication intégrale ou par extraits du jugement dans les journaux qu'il fixe, sans que le coût de cette publication puisse excéder le montant de l'amende encourue. – *[C. consom., art. L. 322-1, al. 1er et 3.]*

Art. L. 342-6 **Les personnes physiques coupables des délits punis aux articles L. 342-2 à L. 342-5 encourent également à titre de peines complémentaires l'interdiction, suivant les modalités prévues à l'article 131-27 du code pénal, soit d'exercer une fonction publique ou d'exercer l'activité professionnelle ou sociale dans l'exercice ou à l'occasion de l'exercice de laquelle l'infraction a été commise, soit d'exercer une profession commerciale ou industrielle, de diriger, d'administrer, de gérer ou de contrôler à un titre quelconque, directement ou indirectement, pour leur propre compte ou pour le compte d'autrui, une entreprise commerciale ou industrielle ou une société commerciale.**

Ces interdictions d'exercice ne peuvent excéder une durée de cinq ans. Elles peuvent être prononcées cumulativement. – *[C. consom., art. L. 322-1, al. 2 et L. 322-3, al. 2.]*

CHAPITRE III CAUTIONNEMENT

COMMENTAIRE

On trouve ici une variété de peines : déchéance des intérêts ou pénalités pendant le manquement à l'information, déchéance du droit de poursuite en cas de manquement à l'exigence de proportionnalité, nullité du contrat pour non-respect du formalisme des articles L. 331-1 et L. 331-2, clause de solidarité non écrite.

La jurisprudence limite, en cas de manquement à l'article L. 331-2, les effets de la nullité en la réduisant à la seule clause de solidarité, malgré la formulation de l'article L. 331-2, ou bien réduit dans certains cas la portée du cautionnement qui ne respecte pas un formalisme excessivement pointilleux, malgré la rigueur de l'article L. 343-1. ❑

Art. L. 343-1 **Les formalités définies à l'article** *(L. nº 2017-203 du 21 févr. 2017, art. 9-I)* **« L. 331-1 » sont prévues à peine de nullité.** – *[C. consom., art. L. 341-2, sanction.]*

Art. L. 343-2 **Les formalités définies à l'article L. 331-2 sont prévues à peine de nullité.** – *[C. consom., art. L. 341-3, sanction.]*

Art. L. 343-3 **Les stipulations de solidarité et de renonciation au bénéfice de discussion figurant dans un contrat de cautionnement consenti par une personne physique au bénéfice d'un créancier professionnel sont réputées non écrites si l'engagement de la caution n'est pas limité à un montant global, expressément et contractuellement déterminé, incluant le principal, les intérêts, les frais et accessoires.** – *[C. consom., art. L. 341-5, sanction.] – V. aussi art. L. 331-3.*

Art. L. 343-4 **Un créancier professionnel ne peut se prévaloir d'un contrat de cautionnement conclu par une personne physique dont l'engagement était, lors de sa conclusion, manifestement disproportionné à ses biens et revenus, à moins que le patrimoine de cette caution, au moment où celle-ci est appelée, ne lui permette de faire face à son obligation.** – *[C. consom., art. L. 341-4, sanction.] – V. aussi art. L. 332-1.*

Art. L. 343-5 **Lorsque le créancier ne se conforme pas à l'obligation définie à l'article L. 333-1, la caution n'est pas tenue au paiement des pénalités ou intérêts de retards échus entre la date de ce premier incident et celle à laquelle elle en a été informée.** – *[C. consom., art. L. 341-1, hors sanction.]*

Pénalités. L'indemnité forfaitaire de 10 % du capital échu en retard prévue au contrat de prêt constitue une pénalité au sens de l'art. L. 341-1 [L. 343-5]. • Civ. 1re, 19 juin 2013 : *Bull. civ. I, nº 131; D. 2013. Actu. 1615, obs. Avena-Robardet ; RTD com. 2013. 787, obs. Legeais ; RTD civ. 2013. 653, obs. Crocq ; AJDI 2013. 765, obs. Cohet ; JCP E 2013, nº 1448; CCC 2013, nº 249, obs. Raymond; RJDA 2013, nº 1047; Gaz. Pal. 2013. 3294, obs. Piedelièvre; Banque et Droit sept.-oct. 2013. 8, note Bonnard; ibid. 48, obs. Rontchevsky; RD banc. fin. 2013, nº 153, obs. Cerles.*

Art. L. 343-6 **Lorsqu'un créancier ne respecte pas les obligations prévues à l'article L. 333-2, la caution n'est pas tenue au paiement des pénalités ou intérêts de retard échus depuis la précédente information jusqu'à la date de communication de la nouvelle information.** – *[C. consom., art. L. 341-6, sanction.]*

TITRE CINQUIÈME DISPOSITIONS RELATIVES À L'OUTRE-MER

CHAPITRE PREMIER OPÉRATIONS DE CRÉDIT

(Ord. nº 2017-269 du 2 mars 2017, art. 3, en vigueur le 1er juill. 2017)

Le chapitre I, tel qu'issu de l'Ord. nº 2017-269 du 2 mars 2017, entre en vigueur à la date d'entrée en vigueur du décret portant dispositions relatives à l'outre-mer du code de la consommation et au plus tard le 1er juill. 2017 (Ord. préc., art. 9). – V. Décr. nº 2017-1166 du 12 juill. 2017 (JO 14 juill.), qui ne prévoit pas d'entrée en vigueur particulière, de telle sorte que les dispositions relatives à l'outre-mer ont vocation à entrer en vigueur le 1er juillet 2017.

SECTION PREMIÈRE DÉFINITIONS

Art. L. 351-1 **Sont applicables dans les îles Wallis-et-Futuna, les dispositions de l'article mentionné dans la colonne de gauche du tableau ci-après, dans leur rédaction indiquée dans la colonne de droite du même tableau :**

ARTICLES APPLICABLES	DANS LEUR RÉDACTION
L. 311-1	Résultant de la loi nº 2017-203 du 21 février 2017

Art. L. 351-2 **Pour l'application des dispositions du présent titre dans les îles Wallis-et-Futuna, les références faites à des dispositions du code du travail sont remplacées par les références aux dispositions applicables localement ayant le même effet.**

SECTION II CRÉDIT À LA CONSOMMATION

Art. L. 351-3 Sont applicables dans les îles Wallis-et-Futuna, sous réserve des adaptations prévues à l'article L. 351-4, les dispositions des articles mentionnés dans la colonne de gauche du tableau ci-après, dans leur rédaction indiquée dans la colonne de droite du même tableau :

ARTICLES APPLICABLES	DANS LEUR RÉDACTION
L. 312-1	Résultant de la loi n° 2017-203 du 21 février 2017
L. 312-2	Résultant de l'ordonnance n° 2016-301 du 14 mars 2016
L. 312-4	Résultant de l'ordonnance n° 2016-351 du 25 mars 2016
L. 312-5 à L. 312-18	Résultant de l'ordonnance n° 2016-301 du 14 mars 2016
L. 312-19 et L. 312-20	Résultant de la loi n° 2017-203 du 21 février 2017
L. 312-21 à L. 312-43	Résultant de l'ordonnance n° 2016-301 du 14 mars 2016
L. 312-44	Résultant de la loi n° 2017-203 du 21 février 2017
L. 312-45 à L. 312-58	Résultant de l'ordonnance n° 2016-301 du 14 mars 2016
L. 312-59	Résultant de la loi n° 2017-203 du 21 février 2017
L. 312-60 à L. 312-71	Résultant de l'ordonnance n° 2016-301 du 14 mars 2016
L. 312-72	Résultant de la loi n° 2017-203 du 21 février 2017
L. 312-73 à L. 312-77	Résultant de l'ordonnance n° 2016-301 du 14 mars 2016
L. 312-78	Résultant de la loi n° 2017-203 du 21 février 2017
L. 312-79 et L. 312-80	Résultant de l'ordonnance n° 2016-301 du 14 mars 2016
L. 312-81	Résultant de la loi n° 2017-203 du 21 février 2017
L. 312-82 à L. 312-94	Résultant de l'ordonnance n° 2016-301 du 14 mars 2016

Art. L. 351-4 Pour l'application dans les îles Wallis-et-Futuna de l'article L. 351-3 :

1° Au 3° de l'article L. 312-4, le montant : "200 €" est remplacé par le montant : "24 000 francs CFP" et le montant : "75 000 €" est remplacé par le montant : "8 950 000 francs CFP" ;

2° Aux 2° et 3° de l'article L. 312-7, les mots : "en euros" sont remplacés par les mots : "en francs CFP" ;

3° A l'article L. 312-20, le premier alinéa est ainsi rédigé :

"Pour la détermination des délais relatifs aux offres de crédit :".

SECTION III DISPOSITIONS COMMUNES AU CRÉDIT À LA CONSOMMATION ET AU CRÉDIT IMMOBILIER

SOUS-SECTION 1 DISPOSITIONS APPLICABLES EN POLYNÉSIE FRANÇAISE ET EN NOUVELLE-CALÉDONIE

Art. L. 351-5 Sont applicables en Nouvelle-Calédonie et en Polynésie française, sous réserve des adaptations prévues à l'article L. 351-6, les dispositions des articles mentionnés dans la colonne de gauche du tableau ci-après, dans leur rédaction indiquée dans la colonne de droite du même tableau :

ARTICLES APPLICABLES	DANS LEUR RÉDACTION
L. 314-1 à L. 314-4	Résultant de l'ordonnance n° 2016-351 du 25 mars 2016
L. 314-5	Résultant de l'ordonnance n° 2016-301 du 14 mars 2016

ARTICLES APPLICABLES	DANS LEUR RÉDACTION
L. 314-6	Résultant de l'ordonnance n° 2016-351 du 25 mars 2016
L. 314-7 à L. 314-9	Résultant de l'ordonnance n° 2016-301 du 14 mars 2016
L. 314-22	Résultant de la loi n° 2017-203 du 21 février 2017
L. 314-23, à l'exception de son quatrième alinéa et de son dernier alinéa, L. 314-24 et L. 314-25	Résultant de l'ordonnance n° 2016-351 du 25 mars 2016

Art. L. 351-6 Pour l'application de l'article L. 351-5 :

1° Sont remplacées par les références aux dispositions applicables localement ayant le même effet, les références au code des assurances et à l'attestation de formation établie pour les personnes chargées de fournir à l'emprunteur les explications sur les prêts ;

2° A l'article L. 314-6, les mots : "75 000 euros" sont remplacés par les mots : "8 950 000 francs CFP" ;

3° Pour l'application de l'article L. 314-24, les mots : ", la fourniture de service de conseil mentionné aux articles L. 313-13 et L. 313-14" sont supprimés ;

4° Pour l'application de l'article L. 314-25, les mots : "à L. 312-3" sont remplacés par les mots : "et L. 312-2".

SOUS-SECTION 2 DISPOSITIONS APPLICABLES DANS LES ÎLES WALLIS-ET-FUTUNA

Art. L. 351-7 Sont applicables dans les îles Wallis-et-Futuna, sous réserve des adaptations prévues à l'article L. 351-8, les dispositions des articles mentionnés dans la colonne de gauche du tableau ci-après, dans leur rédaction indiquée dans la colonne de droite du même tableau :

ARTICLES APPLICABLES	DANS LEUR RÉDACTION
L. 314-1 à L. 314-4	Résultant de l'ordonnance n° 2016-351 du 25 mars 2016
L. 314-5	Résultant de l'ordonnance n° 2016-301 du 14 mars 2016
L. 314-6	Résultant de l'ordonnance n° 2016-351 du 25 mars 2016
L. 314-7 à L. 314-10 et L. 314-13 à L. 314-20	Résultant de l'ordonnance n° 2016-301 du 14 mars 2016
L. 314-22	Résultant de la loi n° 2017-203 du 21 février 2017
L. 314-23, à l'exception de son quatrième et de son dernier alinéa, et L. 314-25 à L. 314-26	Résultant de l'ordonnance n° 2016-351 du 25 mars 2016

Art. L. 351-8 Pour l'application de l'article L. 351-7 dans les îles Wallis-et-Futuna :

1° A l'article L. 314-6, les mots : "75 000 euros" sont remplacés par les mots : "8 950 000 francs CFP" ;

2° A l'article L. 314-14, *les mots :* "L. 314-10 à L. 314-13" sont remplacés par les mots : "L. 314-10 et L. 314-13" ;

3° Aux articles L. 314-15 à L. 314-19, les termes : "ou III" sont supprimés ;

4° Les références à l'attestation de formation établie pour les personnes chargées de fournir à l'emprunteur les explications sur les prêts sont remplacées par les références aux dispositions applicables localement ayant le même effet.

CHAPITRE II ACTIVITÉ D'INTERMÉDIAIRE

(Ord. n° 2017-269 du 2 mars 2017, art. 3, en vigueur le 1er juill. 2017)

Le chapitre II, tel qu'issu de l'Ord. n° 2017-269 du 2 mars 2017, entre en vigueur à la date d'entrée en vigueur du décret portant dispositions relatives à l'outre-mer du code de la consommation et au plus tard le 1er juill. 2017 (Ord. préc., art. 9). — V. Décr. n° 2017-1166 du 12 juill. 2017 (JO 14 juill.), qui ne prévoit pas d'entrée en vigueur particulière, de telle sorte que les dispositions relatives à l'outre-mer ont vocation à entrer en vigueur le 1er juill. 2017.

Art. L. 352-1 **Sont applicables dans les îles Wallis-et-Futuna, en Polynésie française et en Nouvelle-Calédonie, sous réserve des adaptations prévues à l'article L. 352-2, les dispositions des articles mentionnés dans la colonne de gauche du tableau ci-après, dans leur rédaction indiquée dans la colonne de droite du même tableau :**

ARTICLES APPLICABLES	DANS LEUR RÉDACTION
L. 321-1	Résultant de la loi n° 2017-203 du 21 février 2017
L. 321-2	Résultant de l'ordonnance n° 2016-301 du 14 mars 2016

Art. L. 352-2 **Pour l'application de l'article L. 321-1 en Polynésie française et en Nouvelle-Calédonie, les références au code de commerce sont remplacées par les références aux dispositions applicables localement ayant le même effet.**

Art. L. 352-3 **Sont applicables en Polynésie française et en Nouvelle-Calédonie, les dispositions des articles mentionnés dans la colonne de gauche du tableau ci-après, dans leur rédaction indiquée dans la colonne de droite du même tableau :**

ARTICLES APPLICABLES	DANS LEUR RÉDACTION
L. 322-1 et L. 322-4	Résultant de l'ordonnance n° 2016-301 du 14 mars 2016

Art. L. 352-4 **Sont applicables dans les îles Wallis-et-Futuna, les dispositions des articles mentionnés dans la colonne de gauche du tableau ci-après, dans leur rédaction indiquée dans la colonne de droite du même tableau :**

ARTICLES APPLICABLES	DANS LEUR RÉDACTION
L. 322-1 à L. 322-4	Résultant de l'ordonnance n° 2016-301 du 14 mars 2016

CHAPITRE III CAUTIONNEMENT

(Ord. n° 2017-269 du 2 mars 2017, art. 3, en vigueur le 1er juill. 2017)

Le chapitre III, tel qu'issu de l'Ord. n° 2017-269 du 2 mars 2017, entre en vigueur à la date d'entrée en vigueur du décret portant dispositions relatives à l'outre-mer du code de la consommation et au plus tard le 1er juill. 2017 (Ord. préc., art. 9). — V. Décr. n° 2017-1166 du 12 juill. 2017 (JO 14 juill.), qui ne prévoit pas d'entrée en vigueur particulière, de telle sorte que les dispositions relatives à l'outre-mer ont vocation à entrer en vigueur le 1er juillet 2017.

Art. L. 353-1 **Sont applicables dans les îles Wallis-et-Futuna, les dispositions des articles mentionnés dans la colonne de gauche du tableau ci-après, dans leur rédaction indiquée dans la colonne de droite du même tableau :**

ARTICLES APPLICABLES	DANS LEUR RÉDACTION
L. 331-1 à L. 331-3, L. 332-1, L. 333-1 et L. 333-2	Résultant de l'ordonnance n° 2016-301 du 14 mars 2016

CHAPITRE IV SANCTIONS

(Ord. nº 2017-269 du 2 mars 2017, art. 3, en vigueur le 1er juill. 2017)

Le chapitre IV, tel qu'issu de l'Ord. nº 2017-269 du 2 mars 2017, entre en vigueur à la date d'entrée en vigueur du décret portant dispositions relatives à l'outre-mer du code de la consommation et au plus tard le 1er juill. 2017 (Ord. préc., art. 9). — V. Décr. nº 2017-1166 du 12 juill. 2017 (JO 14 juill.), qui ne prévoit pas d'entrée en vigueur particulière, de telle sorte que les dispositions relatives à l'outre-mer ont vocation à entrer en vigueur le 1er juill. 2017.

Art. L. 354-1 **Pour l'application du présent chapitre en Nouvelle-Calédonie, en Polynésie française et dans les îles Wallis-et-Futuna :**

1º Les mots : "30 000 euros" sont remplacés par les mots : "3 580 000 francs CFP" ;

2º Les mots : "150 000 euros" sont remplacés par les mots : "17 900 000 francs CFP" ;

3º Les mots : "300 000 euros" sont remplacés par les mots : "35 800 000 francs CFP" ;

4º Les mots : "375 000 euros" sont remplacés par les mots : "44 750 000 francs CFP".

SECTION PREMIÈRE SANCTIONS RELATIVES AU CRÉDIT À LA CONSOMMATION

Art. L. 354-2 **Sont applicables dans les îles Wallis-et-Futuna, sous réserve des adaptations prévues à l'article L. 354-1, les dispositions des articles mentionnés dans la colonne de gauche du tableau ci-après, dans leur rédaction indiquée dans la colonne de droite du même tableau :**

ARTICLES APPLICABLES	DANS LEUR RÉDACTION
L. 341-1 à L. 341-20	Résultant de l'ordonnance nº 2016-301 du 14 mars 2016

SECTION II SANCTIONS COMMUNES AU CRÉDIT IMMOBILIER ET AU CRÉDIT À LA CONSOMMATION

Art. L. 354-3 **Sont applicables en Polynésie française, en Nouvelle-Calédonie et dans les îles Wallis-et-Futuna, sous réserve des adaptations prévues à l'article L. 354-1, les dispositions des articles mentionnés dans la colonne de gauche du tableau ci-après, dans leur rédaction indiquée dans la colonne de droite du même tableau :**

ARTICLES APPLICABLES	DANS LEUR RÉDACTION
L. 341-48 à L. 341-51 et L. 341-52	Résultant de l'ordonnance nº 2016-351 du 25 mars 2016

SECTION III SANCTIONS RELATIVES AUX INTERMÉDIAIRES

SOUS-SECTION 1 DISPOSITIONS APPLICABLES À LA POLYNÉSIE FRANÇAISE ET À LA NOUVELLE-CALÉDONIE

Art. L. 354-4 **Sont applicables en en Polynésie française et en Nouvelle-Calédonie, sous réserve des adaptations prévues aux articles L. 354-1 et L. 354-5, les dispositions des articles mentionnés dans la colonne de gauche du tableau ci-après, dans leur rédaction indiquée dans la colonne de droite du même tableau :**

ARTICLES APPLICABLES	DANS LEUR RÉDACTION
L. 342-1 et L. 342-4 à L. 342-6	Résultant de l'ordonnance nº 2016-301 du 14 mars 2016

Art. L. 354-5 Pour l'application de l'article L. 354-4, les dispositions de l'article L. 342-6 ne s'appliquent qu'aux dispositions visées par les articles L. 342-4 et L. 342-5.

SOUS-SECTION 2 DISPOSITIONS APPLICABLES AUX ÎLES WALLIS-ET-FUTUNA

Art. L. 354-6 Sont applicables dans les îles Wallis-et-Futuna, sous réserve des adaptations prévues à l'article L. 354-1, les dispositions des articles mentionnés dans la colonne de gauche du tableau ci-après, dans leur rédaction indiquée dans la colonne de droite du même tableau :

ARTICLES APPLICABLES	DANS LEUR RÉDACTION
L. 342-1 à L. 342-6	Résultant de l'ordonnance n° 2016-301 du 14 mars 2016

SECTION IV SANCTIONS RELATIVES AU CAUTIONNEMENT

Art. L. 354-7 Sont applicables dans les îles Wallis-et-Futuna, les dispositions des articles mentionnés dans la colonne de gauche du tableau ci-après, dans leur rédaction indiquée dans la colonne de droite du même tableau :

ARTICLES APPLICABLES	DANS LEUR RÉDACTION
L. 343-1 à L. 343-6	Résultant de l'ordonnance n° 2016-301 du 14 mars 2016

LIVRE QUATRIÈME CONFORMITÉ ET SÉCURITÉ DES PRODUITS ET SERVICES

COMMENTAIRE

La question de la conformité des produits et services bascule du livre II au livre IV à l'occasion de la nouvelle codification.

Il était devenu indispensable de gommer les incohérences initiales en réorganisant les dispositions des différents livres à ce sujet. C'est ainsi que les dispositions relatives à la garantie des biens, jusqu'ici traitées avec les questions de sécurité et de conformité générale (ancien livre II) sont transférées dans le nouveau livre II traitant de la formation et de l'exécution des contrats. Parallèlement, les dispositions relatives à l'étiquetage et à la valorisation des produits et services sont expurgées du livre Ier et transférées au livre IV relatif à la conformité et à la sécurité des produits et services ; ces dispositions relèvent en effet plus de la logique de conformité des produits que de celle de l'information des consommateurs.

Seul l'intitulé du présent livre demeure inchangé. Son architecture est retravaillée : à la conformité (titre Ier) et la sécurité (titre II) vient s'agréger la valorisation des produits et services (titre III). Les « fraudes », jusqu'ici traitées conjointement avec les falsifications dans les dispositions sur la conformité, en sont détachées et forment, avec le délit d'obsolescence programmée, un tout autour d'un titre autonome (titre IV). Enfin, par souci de clarté, les sanctions sont regroupées dans un dernier titre V, assez long et répétitif. Les redécoupages internes sont alors multiples. ❑

TITRE PREMIER CONFORMITÉ

COMMENTAIRE

La notion de conformité a deux sens. Dans un premier sens, celui de l'article L. 411-1 relatif à l'obligation générale de conformité, elle s'apprécie en fonction des règles impératives de la même façon qu'elle s'évalue en d'autres circonstances par rapport aux normes professionnelles. Dans un second sens, celui du droit des obligations, la conformité s'apprécie au regard des prévisions contractuelles : cet aspect est désormais traité dans le livre II consacré au contrat (art. L. 217-1 s.). Le professionnel doit respecter l'obligation de conformité envisagée ici dans ces deux aspects.

De façon à pallier les insuffisances du droit commun, de nombreuses dispositions pénales sanctionnent le défaut de conformité. ❑

CHAPITRE PREMIER OBLIGATION GÉNÉRALE DE CONFORMITÉ

COMMENTAIRE

L'obligation générale de conformité consacrée par l'article L. 411-1 concerne bien entendu les produits, mais aussi les services.

L'article L. 411-1, alinéa 2, instaure une obligation d'*auto-contrôle* : dès leur première mise sur le marché, les produits doivent répondre aux prescriptions en vigueur relatives à la sécurité et à la santé des personnes, à la loyauté des transactions commerciales et à la protection des consommateurs.

Les prescriptions en vigueur renvoient à l'ensemble des règles relatives non seulement à la sécurité et à la santé des personnes, mais aussi à des transactions commerciales et à la protection des consommateurs trouvant leur origine dans les textes légaux, les dispositions réglementaires prises en application de l'article L. 412-1 ou encore dans les textes européens. Ces *prescriptions* ont par définition un caractère obligatoire qui les distinguent de la *normalisation*, autre catégorie de références qui n'a pas de caractère contraignant ; nous préciserons simplement que la normalisation était définie par un décret du 26 janvier 1984 jusqu'à la réforme opérée par le décret n° 2009-697 du 16 juin 2009 (V. ce texte, App., v° *Normalisation*), lequel précise la mission d'intérêt général confiée à l'AFNOR, la procédure d'élaboration et d'homologation des projets de normes ainsi que les modalités d'application des normes homologuées (A. Penneau, La réforme de la normalisation : quel système pour quel intérêt public ?, *JCP E 2009. 2038*) ; toutefois, si les normes sont d'application volontaire, elles peuvent être rendues d'application obligatoire par arrêté signé du ministre chargé de l'industrie et des ministres intéressés (art. 17 du décret).

Les textes figurant ci-dessous visent spécifiquement le responsable de la première mise sur le marché, autrement dit le producteur si le produit est fabriqué en France auquel il faut assimiler l'importateur lorsque le produit est fabriqué à l'étranger. Cela ne dispense pas pour autant les autres professionnels (en particulier les distributeurs) de toute obligation de vérification, l'obligation de conformité s'appliquant pendant toute la période où le produit se trouve sur le marché.

Le responsable de la première mise sur le marché est aussi tenu de justifier des vérifications et contrôles effectués : il doit établir et conserver la preuve de ces vérifications ou contrôles, l'alinéa 3 du texte renversant la charge de la preuve. Les agents disposent de pouvoirs importants et renforcés à l'occasion de chaque réforme, leur donnant notamment accès au dossier de fabrication, conformément aux dispositions des articles L. 511-22 et suivants.

Aucune sanction spécifique n'est prévue en cas de non-respect de l'obligation d'autocontrôle en tant que telle, mais une telle attitude du professionnel pourra être prise en considération dans le cadre de l'appréciation du délit de tromperie. Par ailleurs, l'inobservation des décrets pris en application de l'article L. 412-1 est pénalement sanctionnée dans le cadre de la législation sur les fraudes.

Par ailleurs, tout opérateur qui a connaissance, après avoir acquis ou cédé des produits, d'une non-conformité à la réglementation portant sur une qualité substantielle de tout ou partie de ces produits doit, en vertu de l'article L. 411-2, transmettre immédiatement l'information à celui qui lui a fourni ces produits et à ceux à qui il les a cédés. Le fait pour l'opérateur de ne pas procéder à cette information est pénalement puni d'une peine d'un an d'emprisonnement et de 150 000 euros d'amende (art. L. 451-1). ❑

Art. L. 411-1 Dès la première mise sur le marché, les produits et les services doivent répondre aux prescriptions en vigueur relatives à la sécurité et à la santé des personnes, à la loyauté des transactions commerciales et à la protection des consommateurs.

Le responsable de la première mise sur le marché d'un produit ou d'un service vérifie que celui-ci est conforme aux prescriptions en vigueur.

A la demande des agents habilités, il justifie des vérifications et contrôles effectués.
– [C. consom., art. L. 212-1.] – V. art. L. 521-12 et L. 521-13.

V. Dir. (CE) n° 99/44 du 25 mai 1999 relative à certains aspects de la vente et des garanties des biens de consommation, App., v° Ventes. – Pour la transposition de cette directive, V. art. L. 217-1 s.

Sur l'obligation de conformité aux prescriptions, règles et procédures réglementaires en matière de niveaux sonores, V. C. envir., art. L. 571-2 s., App., v° Bruit.

BIBL. ▶ LECOURT, *Rev. Conc. Consom. 1994, n° 77* (contrôle de conformité).

1. Obligations de l'importateur : principe. L'importateur doit contrôler périodiquement que les marchandises importées sont conformes à la réglementation française ; en s'abstenant d'effectuer les vérifications nécessaires, il commet une négligence ne lui permettant pas d'exciper de sa bonne foi. • Crim. 30 oct. 1990 : *BID 1991, n° 4, p. 24.* ♦ Sur la tromperie commise par l'importateur n'ayant pas vérifié la marchandise importée, V. : • Paris, 18 mars 1992 : *CCC 1992, n° 212, obs. Raymond* • Crim. 17 janv. 1996 : *D. Affaires 1996. 674.* ♦ Sur la tromperie commise par l'importateur n'ayant fait procéder qu'à un contrôle sur les échantillons de la marchandise importée, V. : • Crim. 10 avr. 1997 : *Bull. crim. n° 138; CCC 1997, n° 161, obs. Raymond; RJDA 1997, n° 1133; Dr. pénal 1997, n° 113, obs. J.-H. Robert.* ♦ Confirmation de : • Paris, 25 mars 1996 : *CCC 1996, n° 214, obs. Raymond.* ♦ Sur la tentative de tromperie commise par un importateur n'ayant pas vérifié la conformité de la marchandise importée à la réglementation en vigueur, V. : • Crim. 29 juin 1999 : *Dr. pénal 1999, n° 133, obs. J.-H. Robert; BID 1999, n° 12, p. 62.* ♦ L'importateur se doit de vérifier le poids net de produit annoncé sur l'étiquetage des marchandises préemballées qu'il entend mettre en vente dans le conditionnement d'origine. • Grenoble, 16 juin 2000 : *BID 2002, n° 3, p. 17.* ♦ Il lui incombe de s'assurer de la conformité des produits aux prescriptions relatives à la loyauté des transactions commerciales, nonobstant les indications d'un fournisseur étranger. • Crim. 9 mars 1999 : *Bull. crim. n° 33; D. 2000. Somm. 43, obs. Pizzio; RSC 1999. 809, obs. Bouloc; ibid. 2000. 211, note Rebut; RTD com. 1999. 997, obs. Bouloc; CCC 1999, n° 121, obs. Raymond.* ♦ L'art. L. 212-1 [L. 411-1] impose un contrôle des produits importés à leur arrivée sur le territoire national, qui est seul de nature à garantir la conformité aux normes de sécurité. • Crim. 13 juin 2006 : *Bull. crim. n° 176; AJ* *pénal 2006. 362, obs. Rondey* ; *RTD com. 2007. 249, obs. Bouloc* ; *JCP 2006. IV. 2517*; *CCC 2006, n° 218, obs. Raymond*; *Dr. pénal 2006, n° 143, obs. J.-H. Robert* (contrôle ayant eu lieu avant importation). ♦ Se fiant aux seules analyses, insuffisantes, d'un laboratoire chinois, le prévenu ne s'était pas assuré lui-même que les produits étaient bien conformes à la réglementation en vigueur, ce défaut de vérification caractérisant l'élément intentionnel de la tromperie. • Paris, 4 juill. 2007 : *Dr. pénal 2008. Chron. 4, n° 31, par Lepage.* ♦ L'inobservation par la prévenue de l'obligation de vérification de conformité du produit mis en vente, qui pesait sur elle, en sa qualité de responsable de la première mise sur le marché d'un produit importé, en application de l'art. L. 212-1 [L. 411-1], caractérise l'élément intentionnel de l'infraction reprochée. • Crim. 20 sept. 2011 : *Bull. crim. n° 181*; *D. 2012. Pan. 841, obs. Poillot* ; *RTD com. 2011. 808, obs. Bouloc* ; *AJ penal 2012. 38, note Gallois*; *RSC 2012. 154, obs. Ambroise-Castérot* ; *JCP E 2011, n° 1817*; *CCC 2012, n° 32, obs. Raymond*; *Gaz. Pal. 2012. 300, obs. Dreyer*; *RJDA 2011, n° 1076*; *Dr. pénal 2011, n° 156, obs. J.-H. Robert*; *RDC 2012. 946, obs. Malabat.*

2. ... Marquage CE. La présence sur le produit d'un marquage CE ne dispense pas l'importateur, responsable de la première mise sur le marché national, de veiller à la conformité de la marchandise aux prescriptions en vigueur. • Crim. 7 avr. 1999 : *Bull. crim. n° 72*; *D. 2000. Somm. 130, obs. Roujou de Boubée* ; *RSC 2000. 626, obs. Fourgoux* ; *RTD com. 1999. 997, obs. Bouloc* ; *Dr. pénal 1999, n° 103, obs. J.-H. Robert*; *CCC 1999, n° 186, obs. Raymond* (poussettes-cannes pliantes pour poupées). ♦ Dans le même sens : • Crim. 6 avr. 2004 : *Bull. crim. n° 86*; *CCC 2004, n° 118, obs. Raymond*; *Dr. et patr. nov. 2004. 102, obs. P. Mousseron*; *RTD com. 2004. 829, obs. Bouloc* ; *Dr. pénal 2004, n° 114, obs. J.-H. Robert*; *AJ pénal 2004. 244* (ours en peluche). ♦ Mais les dispositions de la Dir. n° 98/37/CE du 22 juin 1998 s'opposent à l'application de dispositions nationales prévoyant que l'importateur dans un État membre d'une machine fabriquée dans un autre État membre, munie du marquage « CE » et accompagnée d'une déclaration « CE » de conformité, doit veiller à ce que cette machine réponde aux exigences essentielles de sécurité et de santé fixées par cette directive. • CJCE 8 sept. 2005 : *CCC 2006, n° 97, obs. Raymond*; *Gaz. Pal. 2006. Somm. 1286, obs. M. N.*

Ne donne pas de base légale à sa décision au regard des art. L. 212-1 [L. 411-1] C. consom., 2 et 3 du Décr. n° 89-662 du 12 sept. 1989 [V. ce décret, App., v° *Jouets, divertissements*], un tribunal qui, pour condamner une société au paiement de sa commande de godets de peinture acrylique à l'usage des enfants et de dommages-intérêts pour rupture abusive du contrat, retient qu'il n'appartient pas à l'acquéreur de vérifier l'exactitude de l'apposition du logo CE, celui-ci édictant une présomption de conformité, alors que les jouets ne comportaient pas le marquage CE, ce qui contrevenait aux prescriptions impératives du décret précité, dont l'acheteur était fondé à se prévaloir pour annuler sa commande, et que le tribunal ne s'est pas assuré que le vendeur pouvait régulièrement apposer le marquage. • Civ. 1re, 21 nov. 2006 : *Bull. civ. I, n° 508*; *D. 2007. AJ 14, obs. Rondey* ; *RTD civ. 2007. 331, obs. Mestre et Fages* ; *RTD com. 2007. 438, obs. Bouloc* ; *JCP 2006. IV. 3488*; *CCC 2007, n° 79, obs. Raymond*; *RJDA 2007, n° 294.*

3. ... Norme technique. La conformité du produit à une norme technique n'exclut pas toute responsabilité civile de l'importateur. • TGI Versailles, 11 mars 2004 : *CCC 2004, n° 146, obs. Raymond* (peluche ayant provoqué la mort d'un enfant par inhalation de fibres).

4. Chaîne de contrats. La responsabilité du fournisseur d'étagères métalliques en kit ayant occasionné une profonde coupure à un acheteur lors de leur déballage est engagée et il doit garantir le vendeur des condamnations prononcées contre lui; il doit être lui-même garanti par le fabricant des étagères, celles-ci présentant un vice de conception et de fabrication. • Rennes, 30 oct. 2002 : *JCP 2003. IV. 2759.*

5. Droit communautaire. Une disposition imposant au responsable de la première mise sur le marché national d'un produit de vérifier la conformité de ce produit aux prescriptions en vigueur est compatible avec les art. 28 et 30 du Traité CE [art. 34 et 36 TFUE], à la condition que son application aux produits fabriqués dans un autre État membre ne soit pas assortie d'exigences qui dépassent ce qui est nécessaire pour atteindre l'objectif visé, compte tenu, d'une part, de l'importance de l'intérêt général en cause, d'autre part des moyens de preuve normalement disponibles pour un importateur, conformément au principe de proportionnalité. Spécialement, s'agissant de la composition d'un produit, l'importateur doit pouvoir se fier aux certificats délivrés par les autorités de l'État membre de production ou par un laboratoire reconnu à cet effet par cette autorité, ou, si la législation de cet État n'impose pas la production de tels certificats, à d'autres attestations présentant un degré de garantie analogue. • CJCE 11 mai 1989 : *D. 1990. Somm. 94, obs. Cartou* ; *BID 1991, n° 10, p. 15.*

Dès lors qu'un règlement communautaire fait peser sur les acteurs d'une chaîne de commercialisation une obligation de veiller à la conformité des marchandises aux prescriptions communautaires, les manquements étant sanctionnés des peines prévues par l'art. L. 214-2 [R. 451-1] C. consom., la question de la compatibilité de l'art. L. 212-1 [L. 411-1] du même code avec le droit communautaire apparaît sans objet et il n'y a pas lieu de saisir la CJCE sur le fondement de l'art. 234 du traité CE [art. 267 TFUE]. • Paris, 20 févr. 1995 : *D. 1995. Somm. 315, obs. Pizzio* ; *Dr. pénal 1995, n° 125, obs. J.-H. Robert.*

Art. L. 411-2 **Tout opérateur ayant connaissance, après avoir acquis ou cédé des produits, d'une non-conformité à la réglementation portant sur une qualité substantielle de tout ou partie de ces produits, en informe sans délai, par tous moyens dont il peut justifier, celui qui lui a fourni ces produits et ceux à qui il les a cédés.** – *[C. consom., art. L. 217-5, al. 1er.]*

Sur les sanctions, V. art. L. 451-1.

CHAPITRE II MESURES D'APPLICATION

SECTION PREMIÈRE MESURES GÉNÉRALES

COMMENTAIRE

L'article L. 412-1 permet au pouvoir réglementaire de prendre, par décret en Conseil d'État, les mesures destinées à assurer l'exécution de la loi. Il appartient alors aux pouvoirs publics de réglementer la composition, la fabrication, la présentation, les emballages et la dénomination de vente des marchandises. De nombreux textes intervenus dans les domaines les plus divers, en particulier en matière alimentaire, posent des règles prises en application de cet article ; les principaux sont énumérés dans le tableau figurant sous l'article L. 412-1.

La loi de ratification du 21 février 2017 abroge l'ancien article L. 422-2 pour en reprendre le contenu : elle réécrit le texte en visant notamment les conditions d'exportation et l'offre, les règles d'hygiène. Dans le prolongement, l'article L. 412-1 (II), issu de cette même loi précise que des décrets peuvent même ordonner que des produits soient retirés du marché ou rappelés en vue de leur modification, de leur remboursement total ou partiel ou de leur échange, et prévoir des obligations relatives à l'information des consommateurs. Ces décrets peuvent de la même façon ordonner la destruction de ces produits au cas où celle-ci constitue le seul moyen de faire cesser un danger. Ainsi, le texte attribue à l'Administration le pouvoir de faire respecter l'obligation générale de sécurité. Le législateur délègue ainsi au Gouvernement le pouvoir de prendre, par décret en Conseil d'État, les mesures nécessaires pour prévenir ou faire cesser les dangers générés.

L'article L. 412-2 vise, quant à lui, les règlements d'origine européenne ayant pour objet d'unifier les réglementations nationales. La France est alors parfois amenée à modifier sa réglementation pour la mettre en conformité avec ces règlements.

Aux termes de l'article R. 412-1, les décrets prévus à l'article L. 412-1 sont pris après avis de l'Agence nationale chargée de la sécurité sanitaire de l'alimentation, de l'environnement et du travail mentionnée à l'article L. 1313-1 du code de la santé publique lorsqu'ils comportent des dispositions visant à prévenir des risques sanitaires ou nutritionnels. Ces avis sont rendus publics. Toutefois, ces dispositions ne s'appliquent pas aux décrets qui ont pour objet la mise en conformité de la réglementation avec les décisions et les actes de l'Union européenne contraignants.

Les infractions à ces dispositions sont punies de la peine d'amende prévue pour les contraventions de cinquième classe (art. R. 451-1).

Art. L. 412-1 *(L. n° 2017-203 du 21 févr. 2017, art. 11)* **« I. – Des décrets en Conseil d'État définissent les règles auxquelles doivent satisfaire les marchandises. Ils déterminent notamment :**

« 1° Les conditions dans lesquelles l'exportation, l'offre, la vente, la distribution à titre gratuit, la détention, l'étiquetage, le conditionnement ou le mode d'utilisation des marchandises sont interdits ou réglementés ;

« 2° Les conditions dans lesquelles la fabrication et l'importation des marchandises autres que les produits d'origine animale et les denrées alimentaires en contenant, les aliments pour animaux d'origine animale et les aliments pour animaux contenant des produits d'origine animale sont interdites ou réglementées ; »

3° Les modes de présentation ou les inscriptions de toute nature sur les marchandises elles-mêmes, les emballages, les factures, les documents commerciaux ou docu-

ments de promotion, en ce qui concerne notamment : le mode de production, la nature, les qualités substantielles, la composition y compris, pour les denrées alimentaires, la composition nutritionnelle, la teneur en principes utiles, l'espèce, l'origine, l'identité, la quantité, l'aptitude à l'emploi, les modes d'emploi ainsi que les marques spéciales facultatives ou obligatoires apposées sur les marchandises françaises exportées à l'étranger ;

4° La définition, la composition et la dénomination des marchandises de toute nature, les traitements licites dont elles peuvent être l'objet, les caractéristiques qui les rendent impropres à la consommation ;

5° La définition et les conditions d'emploi des termes et expressions publicitaires, dans le but d'éviter une confusion ;

6° Les règles d'hygiène que doivent respecter les exploitants du secteur alimentaire et du secteur de l'alimentation animale à toutes les étapes de la production, de la transformation et de la distribution, y compris lors des importations et des exportations, de produits et denrées alimentaires autres que les produits d'origine animale et les denrées en contenant, et d'aliments pour animaux autres que ceux d'origine animale ou contenant des produits d'origine animale ;

7° La détermination des conditions dans lesquelles sont préparés, conservés, détenus en vue de la vente ou de la distribution à titre gratuit, mis en vente, vendus, servis et transportés les produits destinés à l'alimentation humaine ou animale autres que les produits d'origine animale, les denrées en contenant et les aliments pour animaux d'origine animale et aliments pour animaux contenant des produits d'origine animale, ainsi que la détermination des caractéristiques auxquelles doivent répondre les équipements nécessaires à leur préparation, leur conservation, leur détention en vue de leur vente ou en vue de leur distribution à titre gratuit, leur mise en vente, leur vente, leur distribution à titre gratuit et leur transport ;

8° Les conditions dans lesquelles sont déterminées les caractéristiques microbiologiques et hygiéniques des produits destinés à l'alimentation humaine ou animale autres que les produits d'origine animale et les denrées alimentaires en contenant, les aliments pour animaux d'origine animale et les aliments pour animaux contenant des produits d'origine animale ;

9° *(L. nº 2017-203 du 21 févr. 2017, art. 11)* **« Les modalités de » traçabilité des marchandises ;**

10° Les exigences de précision, de vérification et de prise en compte des éléments significatifs du cycle de vie des produits dans l'élaboration des allégations à caractère environnemental ou utilisant les termes de développement durable ou ses synonymes, lorsque ces allégations sont présentées sur les produits et denrées destinés à la vente aux consommateurs ou accompagnent leur commercialisation sous forme de mentions sur les emballages, les publications, la publicité, la télémercatique ou d'insertions sur supports numériques ou électroniques ; — *[C. consom., art. L. 214-1, al. 1er à 11.]*

(L. nº 2017-203 du 21 févr. 2017, art. 11) **« 11° Les conditions d'hygiène et de salubrité que doivent observer les personnes qui participent à la fabrication, à la transformation, au transport, à l'entreposage ou à la vente des produits.**

« *Les 1° à 11° s'appliq*uent aux prestations de services.

« II. — Les décrets mentionnés au I peuvent ordonner que des produits soient retirés du marché ou rappelés en vue de leur modification, de leur remboursement total ou partiel ou de leur échange, et prévoir des obligations relatives à l'information des consommateurs. Ils peuvent également ordonner la destruction de ces produits lorsque celle-ci constitue le seul moyen de faire cesser un danger.

« Ces décrets précisent les conditions dans lesquelles sont mis à la charge des fabricants, importateurs, distributeurs ou prestataires de services les frais afférents aux dispositions à prendre en vertu de la réglementation ainsi édictée. » — *V. anc. art. L. 422-2.*

V. aussi art. R. 412-1.

Sur les sanctions, V. art. R. 451-1.

BIBL. ▶ J.-H. Robert, *JCP 1990. I. 3444* (distinction des délits et des contraventions de fraude). – Lorvellec, *JCP E 1999. 1225* (principaux aspects de la loi d'orientation agricole). – Icard, *RTD eur. 2002. 471* (principe de précaution : exception à l'application du droit communautaire ?). – Truchet, *JCP 2002. I. 138* (douze remarques sur le principe de précaution).

1. Usage. Si, en matière de fraude commerciale, les juges du fond ont tout pouvoir pour reconnaître ou dénier l'existence d'un usage, cette appréciation ne peut être faite qu'en l'absence d'une réglementation s'opposant audit usage ; encourt donc la cassation l'arrêt qui, sur la base des usages, relaxe un prévenu ayant vendu du miel sous le nom de « miel gâtinais », alors qu'il aurait dû se référer au Décr. nº 76-717 du 22 juill. 1976 fixant les règles de dénomination du miel. • Crim. 15 janv. 1985 : *cité note 21 ss. art. L. 441-1.*

2. Libre circulation. La réglementation française interdisant l'emploi de l'hydrazide maléique (produit inhibiteur de croissance pour la conservation des oignons) doit être considérée comme ayant pour objet essentiel la protection de la santé ; elle relève donc de l'exception de l'art. 30 du traité CE [art. 36 TFUE], justifiant une restriction quantitative au commerce entre États membres. • Crim. 8 janv. 1985 : *cité note 34 ss. art. L. 441-1.*

3. Principe de précaution. Le Décr. nº 97-964 du 14 oct. 1997 interdisant l'emploi de certains tissus ou liquides corporels d'origine bovine, mais aussi d'origine ovine et caprine dans les aliments pour bébé ainsi que dans les compléments alimentaires trouve son fondement légal dans les dispositions de l'art. L. 214-1 [L. 412-1] C. consom. En outre, le Premier ministre n'a pas commis d'erreur manifeste d'appréciation en décidant d'édicter, eu égard aux mesures de précaution qui s'imposent en matière de santé publique, les interdictions faisant l'objet du décret précité. • CE 24 févr. 1999 : *CCC 1999, nº 185, obs. Raymond ; Dr. adm. 1999, nº 239, obs. J.-C. B.*

4. Composition. Dès lors que parmi les indications obligatoires figure la liste des matières premières entrant dans la composition du produit, ces dispositions ne sauraient être interprétées comme faisant obstacle à ce qu'un décret en Conseil d'État pris sur le fondement du 2º de l'art. L. 214-1 [L. 412-1-3º] impose, dans le but d'une information plus précise des consommateurs, que cette liste soit assortie d'information relative aux proportions dans lesquelles ces matières premières entrent dans la composition du produit. • CE 27 oct. 2006 : *D. 2007. 621, note Cassia ; JCP 2006. IV. 3257 ; RJDA 2007, nº 1049.*

TABLEAU DES FRAUDES

De nombreux textes réglementaires ont été pris en application de l'art. 11 de la loi du 1er août 1905, puis de l'art. L. 214-1, devenu l'art. L. 412-1, C. consom. Les principaux sont énumérés ci-après, avec références au Journal officiel (JO), ou renvoi à la partie Appendice du présent code ; certains ont d'ailleurs été codifiés aux art. R. 412-17 s. Sont également mentionnées les lois qui complètent cette réglementation ou édictent des règles particulières à certains produits ou denrées.

PRODUITS	TEXTES APPLICABLES
Additifs et arômes génétiquement modifiés (étiquetage des denrées alimentaires en contenant)	Art. R. 412-24
Additifs destinés à l'alimentation des animaux	Art. R. 412-39
Additifs employés dans les denrées destinées à l'alimentation humaine	Art. R. 412-22
Adjonction de vitamines, de minéraux et de certaines autres substances aux denrées alimentaires	Art. R. 412-23
Aliments destinés à une alimentation particulière	Décr. nº 91-827 du 29 août 1991, App., vº *Produits diététiques, compléments alimentaires*
Ameublement	Décr. nº 86-583 du 14 mars 1986, App., vº *Ameublement*
Apéritifs à base de cidre ou à base de poiré	Décr. nº 86-208 du 11 févr. 1986, App., vº *Cidres, poirés*
Appareils électriques et électroniques (compatibilité électromagnétique)	Décr. nº 2015-1084 du 27 août 2015, App., vº *Énergie domestique*

PRODUITS	**TEXTES APPLICABLES**
Appareils à usage domestique (étiquetage des produits ayant une incidence sur la consommation d'énergie)	Décr. n° 2011-1479 du 9 nov. 2011, App., v° *Appareils domestiques*
Armagnac et cognac (appellations)	L. du 4 juill. 1934 (*JO 6 juill.*)
Arômes destinés à être employés dans les denrées alimentaires	Art. R. 412-22
Arômes de fumée utilisés ou destinés à être utilisés dans ou sur les denrées alimentaires	Art. R. 412-22
Ascenseurs	Décr. n° 2000-810 du 24 août 2000 (*JO 27 août*)
Auxiliaires technologiques pouvant être employés dans la fabrication des denrées destinées à l'alimentation humaine	Décr. n° 2011-509 du 10 mai 2011, App., v° *Denrées alimentaires*
Beurre	Décr. n° 88-1204 du 30 déc. 1988, App., v° *Beurre, margarine*
Bières	Décr. n° 92-307 du 31 mars 1992, App., v° *Bière*
Boissons (vente au détail)	Décr. n° 60-296 du 28 mars 1960, App., v° *Jus de fruits, sirops*
Boissons alcoolisées aromatisées à base de raisin ou de pomme	Art. R. 412-21
Boissons spiritueuses	Art. R. 412-21
Bronzes (objets d'art vendus sous la dénomination de)	L. du 8 mars 1935, App., v° *Objets d'art, objets anciens*
Café	Décr. n° 91-340 du 3 avr. 1991 (*JO 9 avr.*)
Calculatrices électroniques de poche avec fonction spécifique pour convertir la monnaie nationale en euro	Décr. n° 98-1142 du 15 . 1998, App., v° *Banques*
Carcasses des espèces bovine, ovine et porcine (présentation, pesée, classification et marquage)	Art. R. 412-30 ; Décr. n° 94-808 du 12 sept. 1994, App., v° *Viandes, charcuteries*
Caséines et caséinates destinées à l'alimentation humaine	Décr. n° 2016-1598 du 25 nov. 2016, App., v° *Lait, produits laitiers*
Chocolat	Décr. n° 76-692 du 13 juill. 1976 (*JO* 25 juill.)
Cidres et poirés	Décr. n° 53-978 du 30 sept. 1953, App., v° *Cidres, poirés*
Compléments alimentaires	Décr. n° 2006-352 du 20 mars 2006, App., v° Produits diététiques, *compléments alimentaires*
Confitures, gelées et marmelades de fruits et autres produits similaires	Décr. n° 85-872 du 14 août 1985 (*JO 20 août*)
Conserves et semi-conserves alimentaires (commerce des)	Décr. n° 55-241 du 10 févr. 1955, App., v° *Conserves*
Conserves de poissons, crustacés et autres animaux marins (contrôle de la fabrication)	Ord. n° 58-1357 du 27 déc. 1958, App., v° *Poissons, produits de la mer* ; Décr. n° 60-1524 du 30 déc. 1960, *eod. loc.*
Conserves de sardines	Art. R. 412-29

PRODUITS	TEXTES APPLICABLES
Conserves de thon et bonite (commercialisation)	Art. R. 412-29
Contaminants (limites maximales autorisées dans les denrées alimentaires)	Art. R. 412-24
Contrôle métrologique de certains préemballages	Décr. n° 78-166 du 31 janv. 1978 (*JO 16 févr.*)
Coquillages vivants	Décr. n° 94-340 du 28 avr. 1994, App., v° *Poissons, produits de la mer*
Crèmes de lait destinées à la consommation	Décr. n° 80-313 du 23 avr. 1980, App., v° *Lait, produits laitiers*
Cuir et similaires du cuir	L. du 25 juin 1936 (*JO 26 juin*) ; Décr. n° 2010-29 du 8 janv. 2010, App., v° *Textiles*
Denrées alimentaires, spécialement viandes, produits de la charcuterie, fruits, légumes, poissons et conserves	Décr. du 15 avr. 1912, App., v° *Denrées alimentaires*
Denrées alimentaires d'origine animale et certains produits à usage vétérinaire	C. rur., art. R. 234-2, App., v° *Viandes, charcuteries*
Dentelles	Décr. du 25 janv. 1939 (*JO 28 janv.*)
Détergents	Décr. n° 87-1055 du 24 déc. 1987 (*JO 30 déc.*)
Eaux et extraits de Javel	Décr. n° 2001-881 du 25 sept. 2001 (*JO 27 sept.*)
Eaux minérales naturelles et eaux potables conditionnées	CSP, art. R. 1322-44-9 s., App., v° *Eau*
Écaille, ivoire, ambre et écume	L. du 21 avr. 1939 (*JO 22 avr.*) ; Décr. n° 50-1312 du 7 oct. 1950 (*JO 22 oct.*); Décr. du 11 mai 1937 (*JO 15 mai*)
Émail et produits émaillés ou vitrifiés	Décr. n° 82-223 du 25 févr. 1982 (*JO 5 mars*)
Emballages (prise en compte des exigences liées à l'environnement dans la conception et la fabrication)	C. envir., art. R. 543-42 s.
Engrais (engrais portant l'indication « engrais CE »)	Art. R. 412-40
Essence de térébenthine	L. du 30 déc. 1931 (*JO 1er janv. 1932*) ; Décr. du 4 oct. 1932 (*JO 23 oct.*)
Étain (objets en)	Décr. n° 76-492 du 28 mai 1976 (*JO 6 juin*)
Étiquetage relatif aux qualités nutritionnelles des denrées alimentaires	Décr. n° 93-1130 du 27 sept. 1993, App., v° *Denrées alimentaires*
Étiquetage des détergents	Art. R. 412-41
Étiquetage des viandes bovines	Décr. n° 98-940 du 19 oct. 1998, Décr. n° 99-260 du 2 avr. 1999, App., v° *Viandes, charcuteries*
Extraits de café et extraits de chicorée	Décr. n° 2001-977 du 26 oct. 2001 (*JO 28 oct.*)
Fine (emploi du mot dans le commerce des eaux-de-vie)	L. du 20 févr. 1928 (*JO 24 févr.*)
Foie gras (préparations à base de)	Décr. n° 93-999 du 9 août 1993, App., v° *Œufs, volailles*
Fourrure et produits similaires	Décr. n° 91-1163 du 12 nov. 1991,

PRODUITS	TEXTES APPLICABLES
	App., v° *Textiles*
Fromages	Décr. n° 70-559 du 23 juin 1970 ; Décr. n° 82-257 du 18 mars 1982 ; Décr. n° 2007-628 du 27 avr. 2007, App., v° *Fromages*
Fruits à l'eau-de-vie	Décr. n° 78-466 du 29 mars 1978, App., v° *Fruits et légumes*
Fruits et légumes	Art. R. 412-25 ; Décr. n° 55-1126 du 19 août 1955, App., v° *Fruits et légumes*
Gommes à mâcher ou chewing-gums	Décr. n° 81-1112 du 15 déc. 1981 (*JO 17* déc.)
Graisses et huiles comestibles	Décr. n° 2008-184 du 26 févr. 2008 (*JO 28 févr.*) ; L. du 6 août 1933, art. 5 (*JO 8* août)
Huile d'olive et olives de table	Art. R. 412-26
Hydromels	Décr. du 2 mai 1911 (*JO 7 mai*)
Hygiène des produits et des denrées alimentaires autres que les produits d'origine animale et des denrées alimentaires en contenant	Décr. n° 2009-1121 du 16 sept. 2009, App., v° *Denrées alimentaires*
Indications géographiques, appellations d'origine et attestations de spécificité des produits agricoles et des denrées alimentaires	Art. R. 412-33
Ionisation des denrées destinées à l'alimentation humaine ou animale (traitement par)	Décr. n° 2001-1097 du 16 nov. 2001 (*JO 23 nov.*)
Jus de fruits	Décr. n° 2003-838 du 1er sept. 2003, App., v° *Jus de fruits, sirops*
Label écologique de l'UE institué par le règlement (CE) n° 66/2010 du 25 nov. 2009	Art. R. 412-33
Lait et produits de la laiterie	Art. R. 412-28 ; Décr. du 25 mars 1924, App., v° *Lait, produits laitiers*
Laits de conserve partiellement ou totalement déshydratés destinés à l'alimentation humaine	Décr. n° 2003-1148 du 28 nov. 2003, App., v° *Lait, produits laitiers*
Laits destinés à la consommation humaine	Décr. n° 55-771 du 21 mai 1955, App., v° *Lait, produits laitiers*
Laits fermentés, yaourt ou yoghourt	Décr. n° 88-1203 du 30 déc. 1988, App., v° *Lait, produits laitiers*
Magret ou maigret (dénomination)	Décr. n° 86-226 du 18 févr. 1986, App., v° Œufs, volailles
Margarine	Décr. n° 88-1205 du 30 déc. 1988, App., v° *Beurre, margarine*
Matériaux et objets destinés à entrer en contact avec les denrées alimentaires	Art. R. 412-38 ; Décr. n° 92-631 du 8 juill. 1992 ; Décr. n° 2007-766 du 10 mai 2007, App., v° *Denrées alimentaires*
Matières fertilisantes et supports de culture	Décr. n° 80-478 du 16 juin 1980 (*JO 29 juin*)
Matières grasses tartinables	Art. R. 412-28

PRODUITS	TEXTES APPLICABLES
Miel	Décr. n° 2003-587 du 30 juin 2003 (*JO 2 juill.*)
Morilles	Circ. du 5 juill. 1938 (*JO 13 juill.*)
Moteurs électriques polyphasés (certains) (indication d'origine)	Décr. n° 79-751 du 29 août 1979 (*JO 7 sept.*)
Moutarde	Décr. n° 2000-658 du 6 juill. 2000 (*JO 14 juill.*)
Noix de Grenoble	Décr.-L. du 17 juin 1938 (*JO 26 juin*) ; Décr. n° 68-485 du 29 mai 1968 (*JO 31 mai*)
Nouveaux aliments et nouveaux ingrédients alimentaires	Art. R. 412-19
Œufs	C. rur., art. R. 654-115, App., v° *Œufs, volailles*
Œuvres d'art et objets de collection (transactions)	Décr. n° 81-255 du 3 mars 1981, App., v° *Objets d'art, objets anciens*
Organismes génétiquement modifiés	Décr. n° 93-1177 du 18 oct. 1993 (*JO 20 oct.*) ; Décr. n° 95-487 du 28 avr. 1995 (*JO 30 avr.*)
Organismes génétiquement modifiés et denrées alimentaires et aliments pour animaux produits à partir de tels organismes	Art. R. 412-20
Pain	Décr. n° 93-1074 du 13 sept. 1993, App., v° *Pain*
Pâtes alimentaires	L. du 3 juill. 1934 (*JO 6 juill.*) ; Décr. n° 55-1175 du 31 août 1955 (*JO 4 sept.*)
Pierres gemmes et perles	Décr. n° 2002-65 du 14 janv. 2002, App., v° *Bijoux, pierres et métaux précieux*
Plantes (commercialisation des jeunes plants de légumes, plantes fruitières et matériels de multiplication de toutes ces plantes)	Décr. n° 94-510 du 23 juin 1994 (*JO 24 juin*)
Plantes fruitières (commercialisation des matériels de multiplication des plantes fruitières et des plantes fruitières destinées à la production de fruits)	Décr. n° 2010-1329 du 8 nov. 2010 (*JO 9 nov.*)
Plantes ornementales (commercialisation des matériels de reproduction)	Décr. n° 2000-1165 du 27 nov. 2000 (*JO 2 déc.*)
Porcelaine	Décr. n° 78-141 du 8 févr. 1978 (*JO 10 févr.*)
Produits agricoles et denrées alimentaires (production biologique et mention)	Décr. n° 94-1212 du 26 déc. 1994, App., v° *Produits biologiques*
Produits alimentaires préemballés (étiquetage et présentation)	Décr. n° 72-937 du 12 oct. 1972 (*JO 14 oct.*)
Produits destinés à l'alimentation des animaux	Art. R. 412-39
Produits de la pêche	Art. R. 412-29
Produits surgelés	Art. R. 412-35 ; Décr. n° 64-949 du 9 sept. 1964, App., v° *Produits surgelés*
Produits utilisés pour la destruction des ravageurs de cultures	Décr. du 11 mai 1937 (*JO 15 mai*)

PRODUITS	TEXTES APPLICABLES
Produits utilisés pour le nettoyage des matériaux et objets destinés à entrer en contact avec des denrées, produits et boissons	Décr. n° 73-138 du 12 févr. 1973, App., v° *Denrées alimentaires*
Réactifs de laboratoires destinés aux analyses de biologie médicale	Décr. du 8 sept. 1982 (*JO NC 16 sept.*)
Réfrigérateurs et congélateurs électriques à usage domestique (consommation en énergie)	C. envir., art. R. 224-61 s., App., v° *Appareils domestiques*
Résidus des produits utilisés en agriculture ou en élevage pouvant être tolérés dans les denrées alimentaires et les boissons	Décr. n° 71-644 du 30 juill. 1971 (*JO 3 août*)
Résidus de pesticides présents dans ou sur les denrées alimentaires et les aliments pour animaux, d'origine végétale ou animale	Art. R. 412-34
Rhums	Décr. n° 63-765 du 25 juill. 1963 (*JO 31 juill.*); Décr. n° 88-416 du 22 avr. 1988 (*JO 24 avr.*)
Sécurité sanitaire des aliments (publication des résultats des contrôles officiels)	Décr. n° 2016-1750 du 15 déc. 2016 (*JO 16 déc.*)
Sels	Décr. n° 2007-588 du 24 avr. 2007 (*JO 25 avr.*)
Semences et plants	Décr. n° 81-605 du 18 mai 1981 (*JO 20 mai*)
Sirops	Décr. n° 92-818 du 18 août 1992, App., v° *Jus de fruits, sirops*
Sucres (certains) destinés à l'alimentation humaine	Décr. n° 2003-586 du 30 2003, App., v° *Sucre, substances édulcorantes*
Sucrerie, confiserie, chocolaterie	Décr. n° 2008-1370 du 19 déc. 2008, App., v° *Sucre, substances édulcorantes*
Tabac, produits du tabac et leurs succédanés	Décr. n° 78-1108 du 23 nov. 1978, App., v° *Tabac, produits du tabac*
Textiles	Art. R. 412-42
Thé et chicorée	Décr. du 7 oct. 1932, art. 7 à 17 (*JO 13 oct.*)
Vanille	Décr. n° 66-319 du 20 mai 1966, App., v° *Sucre, substances édulcorantes*
Véhicules automobiles	Décr. n° 78-993 du 4 oct. 1978, App., v° *Automobiles*
Vêtements masculins	Décr. n° 55-15 du 4 janv. 1955, App., v° Textiles
Viandes hachées, viandes en morceaux de moins de 100 grammes et préparations de viandes	Décr. n° 97-74 du 28 janv. 1997, App., v° *Viandes, charcuteries*
Vinaigres	Décr. n° 88-1207 du 30 déc. 1988, App., v° *Vins*
Vins, vins mousseux, vins pétillants, vins de liqueur et eaux-de-vie	Code du vin (Décr. du 1er déc. 1936 mod.); Décr. n° 2012-655 du 4 mai 2012, App., v° *Vins* ; Décr. du 19 août 1921, *eod. loc.*
Vins de liqueur, vermouths et apéritifs à base de vin	Décr. du 31 janv. 1930, App., v° *Vins*

PRODUITS	TEXTES APPLICABLES
Vins de table	Décr. n° 82-309 du 23 août 1982, App., v° *Vins*
Volailles abattues pour la consommation humaine	Art. R. 412-27 ; Décr. n° 67-251 du 17 mars 1967, App., v° *Œufs, volailles*
Volailles de Bresse	L. n° 57-866 du 1er août 1957, App., v° *Œufs, volailles*
Zootechnie (valeur génétique et aptitude des reproducteurs, valeur technique de la semence)	L. n° 66-1005 du 28 déc. 1966, art. 7 (*JO 29 déc.*)

Art. L. 412-2 **Lorsqu'un règlement européen contient des dispositions qui entrent dans le champ d'application du présent titre, un décret en Conseil d'État précise que ces dispositions, ainsi que celles des règlements européens qui les modifient ou qui sont pris pour leur application, constituent les mesures d'exécution prévues à l'article L. 412-1.** — *[C. consom., art. L. 214-3, mesures d'exécution – hors sanction.]* — *V. art. R. 412-17 s.*

Règlement communautaire. L'interdiction d'ajouter de l'albumine de sang, posée par l'art. 15 du Règl. 822/87/CEE du 16 mars 1987, modifié par le Règl. 2087/97/CEE, portant organisation commune du marché viti-vinicole, est directement applicable sans mesure portant réception en droit interne, pour caractériser l'exposition, la mise en vente et la vente de produits non conformes à la réglementation en vigueur au sens de l'art. L. 213-3, al. 1er, 4° [L. 413-1-3°]. • Crim. 4 nov. 2003 : *Dr. pénal 2004, n° 38, obs. J.-H. Robert.* ♦ Le Règl. 2202/89 du 20 juill. 1989, pris pour l'application du Règl. 822/87 du 16 mars 1987, mesure d'application de la loi du 1er août 1905, en vigueur à l'époque des faits, interdisant le couplage des vins d'appellation contrôlée et de vins de table, constitue l'une des mesures d'exécution prévues par les art. L. 214-1 [L. 412-1] et L. 214-3 [L. 412-2]. • Crim. 10 oct. 2006 : *Bull. crim. n° 247 ; D. 2006. AJ 2909, obs. Rondey ; RTD com. 2007. 467, obs. Bouloc ; AJ pénal 2006. 505, obs. Roussel ; JCP 2006. IV. 3159 ; Gaz. Pal. 2006. 4052, obs. M. B. ; Dr. pénal 2007, n° 22, obs. J.-H. Robert ; RJDA 2007, n° 201.*

SECTION II MESURES SPÉCIFIQUES

COMMENTAIRE

La loi du 27 juillet 2010 de modernisation de l'agriculture et de la pêche prévoyait en matière de produits agricoles que l'indication de l'origine des denrées alimentaires et l'indication du pays d'origine pouvaient être rendues obligatoires. La loi du 17 mars 2014 relative à la consommation a rendu obligatoires ces indications (art. L. 412-4).

A la suite de récents scandales, cette dernière a aussi institué une exigence de traçabilité alimentaire pour toutes les viandes, celle-ci étant étendue aux produits agricoles et alimentaires à base de viande (art. L. 412-5). Ce texte a été modifié par l'article 111 de la loi du 9 décembre 2016 relative à la transparence, à la lutte contre la corruption et à la modernisation de la vie économique, dite « loi Sapin 2 ». Cette exigence porte désormais sur « l'indication de l'origine pour le lait, ainsi que pour le lait utilisé en tant qu'ingrédient dans les produits laitiers et pour les viandes utilisées en tant qu'ingrédient dans les produits transformés ». Cet étiquetage de l'origine est rendu obligatoire à titre expérimental à compter du 9 décembre 2016 et jusqu'au 31 décembre 2018.

Art. L. 412-3 **Les conditions dans lesquelles la déclaration nutritionnelle obligatoire prévue par le règlement (UE) n° 1169/2011 du Parlement européen et du Conseil, du 25 octobre modifié concernant l'information des consommateurs sur les denrées *alimentaires, modifiant les règlements* (CE) n° 1924/2006 et (CE) n° 1925/2006 du Parlement européen et du Conseil et abrogeant la directive 87/250/CEE de la Commission, la directive 90/496/CEE du Conseil, la directive 1999/10/CE de la Commission, la directive 2000/13/CE du Parlement européen et du Conseil, les directives 2002/67/CE et 2008/5/CE de la Commission et le règlement (CE) n° 608/2004 de la Commission** *[V. ce texte, App., v° Denrées alimentaires]* **peut être**

accompagnée d'une présentation ou d'une expression complémentaire sont fixées à l'article L. 3232-8 du code de la santé publique. – *[C. consom., art. L. 112-13.]*

BIBL. ▶ NDLR, *BRDA 2016, n° 3, p. 21* (vers une déclaration nutritionnelle sur les denrées alimentaires au moyen de graphiques ou symboles).

Code de la santé publique **Art. L. 3232-8** *(L. n° 2016-41 du 26 janv. 2016, art. 14-II)* Afin de faciliter le choix du consommateur au regard de l'apport en énergie et en nutriments à son régime alimentaire, sans préjudice des articles 9, 16 et 30 du règlement (UE) n° 1169/2011 du Parlement européen et du Conseil du 25 octobre 2011 concernant l'information des consommateurs sur les denrées alimentaires, modifiant les règlements (CE) n° 1924/2006 et (CE) n° 1925/2006 du Parlement européen et du Conseil et abrogeant la directive 87/250/CEE de la Commission, la directive 90/496/CEE du Conseil, la directive 1999/10/CE de la Commission, la directive 2000/13/CE du Parlement européen et du Conseil, les directives 2002/67/CE et 2008/5/CE de la Commission et le règlement (CE) n° 608/2004 de la Commission *[V. ce texte, App., v° Denrées alimentaires]*, la déclaration nutritionnelle obligatoire prévue par le même règlement peut être accompagnée d'une présentation ou d'une expression complémentaire au moyen de graphiques ou de symboles, dans les conditions prévues à l'article 35 dudit règlement.

Les modalités selon lesquelles les recommandations de l'autorité administrative prévues au 2 du même article 35 sont établies et font l'objet d'une évaluation sont définies, après avis de l'Agence nationale de sécurité sanitaire de l'alimentation, de l'environnement et du travail, par décret en Conseil d'État.

Art. R. 3232-7 *(Décr. n° 2016-980 du 19 juill. 2016, art. 1er, en vigueur le 1er août 2016)* I. — La forme de présentation complémentaire à la déclaration nutritionnelle recommandée en application de l'article L. 3232-8 consiste en une signalétique nutritionnelle conforme à un cahier des charges fixé par arrêté des ministres chargés de la santé, de la consommation et de l'agroalimentaire, après avis de l'Agence nationale de sécurité sanitaire de l'alimentation, de l'environnement et du travail. Cet arrêté respecte les dispositions de l'article 35 du règlement (UE) n° 1169/2011 du Parlement européen et du Conseil du 25 octobre 2011 modifié concernant l'information des consommateurs sur les denrées alimentaires.

II. — L'engagement des fabricants et des distributeurs dans la démarche volontaire d'utiliser la forme de présentation complémentaire recommandée mentionnée au I porte sur l'ensemble des catégories de denrées alimentaires qu'ils mettent sur le marché sous leurs propres marques, dans le respect du champ d'application de la déclaration nutritionnelle obligatoire prévue par le règlement (UE) n° 1169/2011 précité.

Le cahier des charges mentionné au I de l'art. R. 3232-7 CSP est déterminé sur la base des conclusions d'une évaluation préalable organisée par les ministres chargés de la santé, de la consommation et de l'agroalimentaire. Cette évaluation, portant sur plusieurs formes d'expression et s'effectuant en conditions réelles d'achat, contribue à définir le choix de la forme de présentation complémentaire à la déclaration nutritionnelle. Une évaluation du dispositif instaurée par ce même art. R. 3232-7 est réalisée par les ministres chargés de la santé, de la consommation et de l'agroalimentaire au plus tard dans un délai de trois ans suivant l'entrée en vigueur de l'arrêté mentionné au I de cet article (Décr. n° 2016-980 du 19 juill. 2016, art. 2).

Art. L. 412-4 **Sans préjudice des dispositions spécifiques relatives au mode d'indication de l'origine des denrées alimentaires, l'indication du pays d'origine est obligatoire pour les produits agricoles et alimentaires et les produits de la mer, à l'état brut ou transformé.**

La liste des produits concernés et les modalités d'application de l'indication de l'origine mentionnée au premier alinéa sont fixées par décret en Conseil d'État après que la Commission européenne a déclaré compatible avec le droit de l'Union européenne l'obligation prévue au présent article. – *[C. consom., art. L. 112-11.] – V. Décr. n° 2016-1137 du 19 août 2016, App., v° Denrées alimentaires.*

BIBL. ▶ LEBEL, *RD rur. 2010. Étude 18* (la qualité des produits alimentaires précisée par la L. n° 2010-874 du 27 juill. 2010).

Art. L. 412-5 *(L. n° 2016-1691 du 9 déc. 2016, art. 111)* **Sans préjudice des dispositions spécifiques relatives à l'indication de l'origine des denrées alimentaires, l'indication de l'origine est rendue obligatoire pour le lait, ainsi que pour le lait utilisé en tant**

qu'ingrédient dans les produits laitiers et pour les viandes utilisées en tant qu'ingrédient dans les produits transformés, à titre expérimental à compter de la publication de la loi n° 2016-1691 du 9 décembre 2016 relative à la transparence, à la lutte contre la corruption et à la modernisation de la vie économique et jusqu'au 31 décembre 2018.

Les modalités d'application de l'indication de l'origine mentionnée au premier alinéa sont fixées par décret en Conseil d'État et conformément à la procédure définie à l'article 45 du règlement (UE) n° 1169/2011 du Parlement européen et du Conseil du 25 octobre 2011 concernant l'information des consommateurs sur les denrées alimentaires, modifiant les règlements (CE) n° 1924/2006 et (CE) n° 1925/2006 du Parlement européen et du Conseil et abrogeant la directive 87/250/CEE de la Commission, la directive 90/496/CEE du Conseil, la directive 1999/10/CE de la Commission, la directive 2000/13/CE du Parlement européen et du Conseil, les directives 2002/67/CE et 2008/5/CE de la Commission et le règlement (CE) n° 608/2004 de la Commission.

Ancien art. L. 412-5 ***Sans préjudice des dispositions spécifiques relatives à l'indication de l'origine des denrées alimentaires, l'indication du pays d'origine est obligatoire pour toutes les viandes et pour tous les produits agricoles et alimentaires à base de viande ou contenant en tant qu'ingrédient de la viande, à l'état brut ou transformé.***

Les modalités d'application de l'indication de l'origine mentionnée au premier alinéa sont fixées par décret en Conseil d'État après que la Commission européenne a déclaré compatible avec le droit de l'Union européenne l'obligation prévue au présent article. — [C. consom., art. L. 112-12.] — V. Décr. préc. à l'art. L. 412-4.

Les dispositions de l'art. L. 412-5 résultent de leur rédaction issue de l'art. 6 de la L. n° 2014-344 du 17 mars 2014, qui s'appliquent aux contrats conclus après le 13 juin 2014 (L. préc., art. 34). — Pour la rédaction antérieure, V. ***C. consom.****, éd. 2015.*

BIBL. ▶ Bombardier et Viruéga, *RD rur. 2017. Étude 6* (entrée en vigueur du décret sur les mentions d'origine : quelles conséquences pour les entreprises ?).

Art. L. 412-6 *(L. n° 2016-816 du 20 juin 2016, art. 90)* **Les personnes ou les entreprises qui transforment ou distribuent des produits alimentaires dans le cadre d'une activité de restauration commerciale ou collective ou de vente à emporter de plats préparés, permanente ou occasionnelle, principale ou accessoire, peuvent préciser sur leurs cartes ou sur tout autre support la zone de capture ou de production des produits aquatiques qu'ils proposent. La zone de capture ou de production est déterminée dans les conditions prévues à l'article 38 du règlement (UE) n° 1379/2013 du Parlement européen et du Conseil du 11 décembre 2013 portant organisation commune des marchés dans le secteur des produits de la pêche et de l'aquaculture, modifiant les règlements (CE) n° 1184/2006 et (CE) n° 1224/2009 du Conseil et abrogeant le règlement (CE) n° 104/2000 du Conseil.**

Les modalités de mise en œuvre du présent article sont fixées par décret.

CHAPITRE III FALSIFICATIONS ET AUTRES INFRACTIONS RELATIVES AUX PRODUITS *(L. n° 2017-203 du 21 févr. 2017, art. 11).*

COMMENTAIRE

I. ÉLÉMENT MATÉRIEL DE LA FALSIFICATION

La falsification suppose la fabrication d'un produit dans des conditions non conformes à la réglementation en vigueur. Elle peut consister en une addition (par exemple, chaptalisation au-dessus du niveau autorisé) ou une mixtion, une soustraction (par exemple, écrémage du lait), une substitution ou une altération du produit.

L'article L. 413-1 vise exclusivement les denrées alimentaires (destinées à l'homme ou à l'animal), les boissons (alcoolisées ou non) et les produits agricoles ou naturels (produits agricoles non alimentaires et non transformés comme les plantes et produits naturels en relation avec une profession agricole telle la cire). Son domaine est donc plus étroit que celui de la tromperie.

L'infraction de falsification suppose que la marchandise soit destinée à être vendue, même si elle est stockée au moment du contrôle.

Conformément au principe de légalité, encore faut-il qu'un règlement en vigueur, national ou européen (la réglementation de l'Union européenne primant la réglementation française), ait été enfreint. Toutefois, la jurisprudence considère que le délit n'est pas subordonné à l'existence d'une réglementation : la fabrication d'un produit en violation d'usages professionnels et constants peut être retenue. Les codes d'usages élaborés par certaines professions pourront servir de référence.

Le texte assimile à ceux qui falsifient, ceux qui exposent ou vendent soit les produits falsifiés, corrompus ou toxiques soit les produits ou objets propres à effectuer la falsification ainsi que ceux qui auront provoqué à leur emploi par divers moyens : annonces, prospectus…

L'article L. 413-2 punit, quant à lui, la détention dans les locaux professionnels ou dans les véhicules de transport soit d'appareils de mesure inexacts, soit de denrées ou produits corrompus, soit d'objets propres à falsifier. Il s'agit ici de réprimer de simples actes préparatoires, non constitutifs de tentative. Avec la loi du 17 mars 2014, les peines ont été aggravées.

II. ÉLÉMENT MORAL

L'élément intentionnel suppose que l'auteur ait eu connaissance de la falsification, donc qu'il soit de mauvaise foi. Bien entendu, il est difficile de considérer qu'un producteur ou un fabricant a pu altérer un produit en toute bonne foi. Comme en matière de tromperie, le professionnel qui n'a pas procédé aux vérifications habituelles sera assimilé à un auteur de mauvaise foi.

Par ailleurs, la falsification doit porter sur un produit destiné à être vendu. Cela signifie que les interventions éventuelles du consommateur sur ses propres produits, lesquels sont destinés à être consommés, ne sont pas concernées.

III. CAS PARTICULIER DES MÉDICAMENTS

Suite à la directive 2011/62/UE du Parlement européen et du Conseil du 8 juin 2011 modifiant la directive 2001/83/CE instituant un code communautaire relatif aux médicaments à usage humain, en ce qui concerne la prévention de l'introduction dans la chaîne d'approvisionnement légale de médicaments falsifiés, l'ordonnance n° 2012-1427 du 19 décembre 2012 renforce la sécurité de la chaîne d'approvisionnement des médicaments, encadre strictement la vente de médicaments sur internet et lutte contre la falsification des médicaments. Le dispositif figure notamment aux articles L. 5122-6-1, L. 5125-33 et suivants du code la santé publique en ce qui concerne le commerce électronique, avec un dispositif répressif adapté. L'ordonnance tend à créer ainsi les conditions de l'émergence d'un nouveau secteur économique, celui du commerce électronique des produits de santé.

Par ailleurs, l'activité de courtage de médicaments est encadrée par les articles L. 5124-19 et suivants. Enfin, les articles L. 5421-13 et suivants punissent la fabrication, le courtage, la distribution, la publicité, l'offre de vente, la vente, l'importation, l'exportation de médicaments falsifiés de peines particulièrement sévères, compte tenu de la nature des produits : cinq ans d'emprisonnement et 375 000 € d'amende.

Les dispositions de l'ancien code de la consommation figurant auparavant aux articles L. 213-3 et L. 213-4 et visant les médicaments falsifiés ont alors été abrogées du fait du nouveau texte ; elles ne se retrouvent donc pas dans les nouveaux articles L. 413-1 et L. 413-2. ❑

SECTION PREMIÈRE ***FALSIFICATIONS*** *(L. n° 2017-203 du 21 févr. 2017, art. 11).*

Art. L. 413-1 Il est interdit :

1° De falsifier des produits servant à l'alimentation humaine ou animale, des boissons et des produits agricoles ou naturels destinés à être vendus ;

2° D'exposer, de mettre en vente ou de vendre des produits servant à l'alimentation humaine ou animale, des boissons et des produits agricoles ou naturels, sachant qu'ils sont falsifiés, corrompus ou toxiques ;

3° D'exposer, de mettre en vente ou de vendre, en connaissant leur destination, des produits, objets ou appareils propres à effectuer la falsification des produits servant à l'alimentation humaine ou animale, des boissons ou des produits agricoles ou naturels ;

4° D'inciter à l'emploi des produits, objets ou appareils mentionnés au 3° par le moyen de brochures, circulaires, prospectus, affiches, annonces ou instructions quelconques.

L'infraction est constituée même au cas où la falsification nuisible est connue de l'acheteur ou du consommateur. — *[C. consom., art. L. 213-3, I et III, al. 2.]*

Sur les sanctions, V. art. L. 451-1-1, L. 451-2, L. 451-5 à L. 451-8.

BIBL. ▶ GONI, *RD rur. 1999. 456* (responsabilité pénale de l'agriculteur du fait de ses produits).

1. Définition du produit falsifié. Toute falsification d'un produit implique le recours à une manipulation ou à un traitement illicite ou non conforme à la réglementation en vigueur, de nature à en altérer la constitution physique. • Crim. 15 déc. 1993 : *JCP E 1994. Pan. 432.* ♦ ... Ou la substance. • Crim. 23 janv. 2001 : *Bull. crim. n° 19 ; RTD com. 2001. 791, obs. Bouloc ; JCP 2001. IV. 1836 ; Dr. pénal 2001, n° 89, obs. J.-H. Robert* • 7 oct. 2003 : *Dr. pénal 2004, n° 39, obs. J.-H. Robert ; RSC 2004. 102, obs. Ambroise-Castérot*.

2. Charcuterie. Un charcutier est coupable de mise en vente de denrées alimentaires corrompues ou toxiques dès lors que la contamination des produits vendus doit être imputée, non à leur traitement en abattoir, mais au défaut de soin et d'hygiène dans la charcuterie, et que le prévenu, bien qu'averti de la présence de bactéries dans ses produits, avait continué à les fabriquer et à les mettre en vente sans remédier aux causes de leur contamination. • Crim. 25 oct. 1990 : *BID 1991, n° 9, p. 15.*

3. Anabolisants. Est coupable de mise en vente de substance médicamenteuse falsifiée le vétérinaire qui fabrique et met en vente des anabolisants de synthèse classés comme substance vénéneuse sans avoir obtenu les autorisations nécessaires. • Crim. 3 oct. 1991 : *CCC 1992, n° 65, obs. Raymond ; BID 1992, n° 1, p. 28.* ♦ Commet le délit de mise en vente de denrées falsifiées prévu à l'art. L. 213-3 (2°) [L. 413-1-2°] le prévenu qui commercialise des animaux destinés à la boucherie auxquels ont été administrées des substances anabolisantes dont l'usage était illicite. • Crim. 18 juin 1997 : *RJDA 1997, n° 1421* • Grenoble, 18 déc. 2007 : *JCP 2008. IV. 2208.* ♦ V. aussi : • Crim. 25 févr. 1998 : *BID 1998, n° 7-8, p. 35.* ♦ Rejet du pourvoi contre : • Poitiers, 13 juin 1996 : *BID 1997, n° 2, p. 32.*

4. Algues. Commet le délit de mise en vente de denrées alimentaires corrompues, falsifiées ou toxiques, la gérante d'une société, qui distribue, en France, une gamme de compléments alimentaires à base d'algue bleue d'eau douce, conditionnés sous forme de gélules, alors que le Conseil supérieur d'hygiène publique a émis un avis défavorable pour une utilisation de l'algue en alimentation humaine, car elle présente un caractère toxique pour l'homme. • Crim. 4 févr. 1998 : *BID 1998, n° 7-8, p. 38 ; Dr. pénal 1998, n° 85, note J.-H. Robert.*

5. Vins. Les juges du fond caractérisent le délit de falsification d'un vin d'appellation d'origine contrôlée en retenant l'enrichissement de celui-ci par du sucre afin d'augmenter son titre alcoométrique, en violation de la réglementation applicable à ce vin pour la récolte incriminée. • Crim. 17 déc. 1997 : *Bull. crim. n° 433 ; RTD com. 1998. 698, obs. Bouloc.* ♦ Constitue le délit de falsification au sens de l'art. L. 213-3 [L. 413-1] le fait de livrer, en connaissance de cause, des sacs de sucre à des clients situés dans des départements où la chaptalisation est prohibée. • TGI Foix, 2 mars 1999 : *BID 1999, n° 11, p. 57.* ♦ Caractérise le délit de falsification la cour qui relève que le prévenu a clandestinement acheté du sucre pour l'ajouter au moût de raisin sans en faire la moindre déclaration. • Crim. 23 janv. 2001 : *Bull. crim. n° 19 ; RTD com. 2001. 791, obs. Bouloc ; JCP 2001. IV. 1836 ; Dr. pénal 2001, n° 89, obs. J.-H. Robert.* ♦ Il y a également falsification lorsque le prévenu a incorporé des douelles de chêne dans les cuves en inox ou en ciment contenant des vins destinés à être commercialisés sous l'appellation d'origine contrôlée Haut-Médoc au mépris de l'art. 15.1 du Règl. n° 822/87/CEE du 16 mars 1987. • Crim. 6 févr. 2001 : *Bull. crim. n° 37 ; JCP 2001. IV. 1661 ; Dr. pénal 2001, n° 37, obs. J.-H. Robert.* ♦ Le délit est constitué lorsqu'un commerçant vend, en connaissance de sa destination, de la glycérine qui doit être additionnée au vin par un viticulteur. • T. corr. Dijon, 22 janv. 1999 : *BID 2002, n° 3, p. 24* (confirmé par : • Dijon, 15 sept. 1999 : *BID 2002, n° 3, p. 25*). ♦ Sur l'application d'un règlement communautaire pour caractériser l'exposition, la mise en vente et la vente de produits non conformes à la réglementation en vigueur, V. • Crim. 4 nov. 2003 : *cité note ss. art. L. 412-2.* ♦ S'agissant de la production de cognac, l'infusion de copeaux dans un produit autre que l'eau distillée constitue une manipulation illicite de la boisson (pratique de la macération directe de copeaux de bois dans l'alcool). • Crim. 18 nov. 2014 : *BICC 1er mars 2015, n° 254 ; Dalloz actualité, 4 déc. 2014, obs. Priou-Alibert ; D. 2014. Actu. 2404 ; RTD com. 2015. 167, obs. Bouloc ; JCP E 2014, n° 1612 ; CCC 2015, n° 52 ; RJDA 2015, n° 313 ; Dr. pénal 2015, n° 11, obs. J.-H. Robert.*

6. Additifs. La commercialisation de denrées alimentaires comportant des additifs autres que ceux prévus par la réglementation est illicite en France ; cette interdiction s'applique aux produits importés, même légalement fabriqués et commercialisés dans un État membre de la Communauté, dès lors que la réglementation est justifiée par des raisons de protection de la santé selon les prévisions du traité de Rome, art. 30 [art. 36 TFUE]. • Crim. 3 nov. 1993 : *RD pén. crim. 1994. 40, note Robert ; BID 1994, n° 3, p. 20.* ♦ Commet une falsification le dirigeant d'une société spécialisée dans la commercialisation de compléments alimentaires qui met en vente un produit nutritionnel auquel a été ajouté une surdose de vitamine E, produit chimique dès lors qu'elle est extraite d'un produit naturel par un procédé chimique. • Paris, 26 oct. 1998 : *CCC 1999. n° 81, note Raymond.* ♦ Commet aussi le délit de mise en vente de denrées falsifiées le dirigeant d'un laboratoire de phytothérapie et herboristerie, qui fabrique et commercialise des compléments alimentaires non diététiques, et en tant que tels soumis aux règles générales applicables aux denrées alimentaires, dès lors que les substances additives ne pouvaient pas entrer dans la composition des produits en cause, leur emploi n'étant pas autorisé par arrêté ministériel, aux termes de l'art. 1er du Décr. du 15 avr. 1912. • Crim. 1er juin 1999 : *Bull. crim. n° 116 ; BID 2000, n° 10, p. 40.* ♦ Comp. • Crim. 1er avr. 2003 : *Bull. crim. n° 82 ; RSC 2004. 102, obs. Ambroise-Castérot* : cassation de l'arrêt qui, dans des circonstances similaires, a condamné le prévenu sans préciser en quoi les substances contenues dans les compléments alimentaires constituaient des produits chimiques au sens de l'art. 1er précité et sans rechercher si certaines de ces substances n'entraient pas dans les prévisions du Règl. n° 258/97 relatif aux nouveaux aliments et ingrédients alimentaires. – V. aussi, dans le même sens : • Crim. 7 oct. 2003 : *préc. note 1.*

En l'état de ces énonciations, la cour d'appel, qui a caractérisé les éléments tant matériels qu'intentionnels du délit de l'art. L. 213-3, al. 1er, 4° [L. 413-1], incriminant le fait de faciliter la falsification d'une denrée alimentaire par adjonction d'un additif non autorisé en vendant en connaissance de cause le produit prohibé, a justifié sa décision, peu important à cet égard l'auteur de la falsification et la destination finale de la denrée falsifiée. • Crim. 31 mai 2016, n° 15-83.046 P : *Dalloz actualité, 22 juin 2016, obs. Fucini ; JCP E 2016, n° 1407 ; CCC 2016, n° 223, obs. Bernheim-Desvaux ; RJDA 2017, n° 291 ; Dr. pénal 2016, n° 110, obs. J.-H. Robert.*

7. Semences. Doivent être relaxés du délit de falsification de produits agricoles les prévenus qui ont pulvérisé sur des sacs de semence d'ail un produit phytosanitaire nocif dont le document d'homologation n'autorisait l'usage que sur les parties aériennes de certains végétaux, dès lors que l'ail n'était pas en l'état un produit destiné à la consommation humaine et qu'en outre, il n'est pas ainsi établi que le traitement subi soit de nature à falsifier l'ail issu de la semence. • Toulouse, 7 oct. 1999 : *JCP 2000. IV. 1761.*

8. Produits alimentaires corrompus ou toxiques. Doit être condamné le commerçant qui a mis en vente des sacs de riz qui se sont avérés être infestés de parasites dont il ne pouvait ignorer la présence compte tenu notamment de leur aspect et de leur présence sur le repli extérieur de la fermeture des sacs. Les décisions jurisprudentielles relatives au délit de tromperie [art. L. 441-1] et au contrôle de conformité des produits mis sur le marché sont inopérantes dans le cadre de l'art. L. 213-3-2° [L. 413-1-2°]. • Toulouse, 8 nov. 2000 : *BID 2002, n° 4, p. 42.* ♦ De même, doit être condamné pour vente de produits corrompus le commerçant qui stockait en plein air et au soleil des palettes de bouteilles d'eau qui devaient être conservées à l'abri du soleil. • Lyon, 14 nov. 2001 : *BID 2002, n° 9, p. 12.* ♦ La toxicité d'un produit s'apprécie au regard de sa nocivité pour les organismes vivants, en l'occurrence pour des produits d'herboristerie, cosmétologie et des compléments alimentaires, grâce aux avis du Conseil supérieur de l'hygiène publique (CSHP), décrivant certains composants comme des produits toxiques en raison des troubles – décrits par les juges – causés par leur ingestion, caractérisant une intolérance potentielle au produit liée à ses qualités intrinsèques ou son processus d'ingestion. • Crim. 7 oct. 2003 : *préc. note 1.* ♦ Sur les compléments alimentaires, V. • Crim. 23 mars 2004 : *Bull. crim. nos 74 et 75 ; Dr. pénal 2004, n° 93, obs. J.-H. Robert ; RSC 2005. 82, obs. Ambroise-Castérot* • 29 juin 2004 : *Dr. pénal 2004, n° 160, obs. J.-H. Robert.*

9. Produits falsificateurs. Doit être condamné le commerçant en produits de droguerie qui a vendu en connaissance de leur destination des produits propres à effectuer la falsification de boissons, soit en l'espèce 850 kg de glycérine à des viticulteurs en vue de son addition à du vin. • T. corr. Dijon, 22 janv. 1999 : *préc. note 5.*

10. Concours de qualifications. Il ne saurait être reproché à une cour d'appel d'avoir retenu le délit général réprimé par l'art. L. 213-3-1° [L. 413-1-1°] C. consom., plutôt que l'incrimination, moins sévèrement punie, prévue par les art. 2 et 6 de la L. n° 84-609 du 16 juill. 1984 [C. rur., art. L. 234-2 et L. 237-1], dès lors que les faits poursuivis consistaient, non dans l'administration à des animaux de substances anabolisantes, seule visée par cette loi, mais dans la falsification de denrées destinées à l'alimentation du bétail. • Crim. 21 mars 2006 : *Bull. crim. n° 84 ; RTD com. 2006. 926, obs. Bouloc ; Dr. pénal 2006, n° 89, obs. J.-H. Robert ; Gaz. Pal. 2006. Somm. 1353, obs. M. B.*

Art. L. 413-2 **Il est interdit de détenir, sans motif légitime, dans tous les lieux de fabrication, de production, de conditionnement, de stockage, de dépôt ou de vente, dans les véhicules utilisés pour le transport des marchandises, ainsi que dans les lieux**

où sont hébergés ou abattus les animaux dont la viande ou les produits sont destinés à l'alimentation humaine ou animale :

1° Des poids ou instruments de mesure faux ou autres appareils inexacts servant au pesage ou au mesurage des marchandises ;

2° Des produits servant à l'alimentation humaine ou animale, des boissons, des produits agricoles ou naturels dont le détenteur sait qu'ils sont falsifiés, corrompus ou toxiques ;

3° Des produits, objets ou appareils propres à effectuer la falsification des produits servant à l'alimentation humaine ou animale, des boissons ou des produits agricoles ou naturels. – *[C. consom., art. L. 213-4, al. 1er à 4.]*

Sur les sanctions, V. art. L. 451-3 à L. 451-6.

1. Objet de la détention. La détention de denrées falsifiées, corrompues ou toxiques est punissable dès lors que les circonstances montrent que le prévenu avait l'intention de les vendre, et non pas d'en faire un simple inventaire. • Poitiers, 19 sept. 1991 : *BID 1992, n° 6, p. 16.* ♦ L'art. L. 213-4 [L. 413-2] réprime la seule détention sans motifs légitimes de produits propres à effectuer la falsification sans qu'il soit nécessaire d'établir qu'il en ait été fait usage. • Paris, 25 juin 2007 : *Dr. pénal. 2008. Chron. 4, n° 27, par Lepage.* ♦ L'art. L. 213-4 [L. 413-2] incrimine la simple détention, sans motifs légitimes, dans un lieu de stockage, de denrées corrompues servant à l'alimentation de l'homme ou des animaux, peu important que les matières corrompues n'aient pas été destinées à la fabrication de produits finis. • Crim. 1er sept. 2015, n° 14-84.677 : *Dr. pénal 2015, n° 166, obs. J.-H. Robert.* ♦ Pour écarter l'argumentation du prévenu, poursuivi notamment pour détention de denrées corrompues, selon laquelle les bocaux concernés auraient été déclassés et les problèmes seraient liés à l'expérimentation d'un nouvel autoclave, les juges du fond ont retenu à bon droit que des bulletins d'analyse largement antérieurs au changement d'autoclave montraient déjà la présence de conserves non stables, et que, lors du contrôle, les bocaux corrompus n'étaient en aucune manière identifiés comme tels ni séparés des autres conserves. • Crim. 21 févr. 2017, n° 16-81.189 P : *JCP E 2017, n° 1226 ; Dr. pénal 2017, n° 76, obs. J.-H. Robert.*

2. Marchandise corrompue. Est coupable du délit de l'art. 4 de la loi de 1905 [C. consom., art. L. 413-2] le restaurateur qui détient dans la chambre froide de son établissement des denrées corrompues ou toxiques. • Crim. 12 déc. 1991 : *BID 1992, n° 6, p. [illegible]4* • Poitiers, 14 janv. 1993 : *CCC 1994, n° 18, obs. Raymond.* ♦ ... De même le restaurateur qui détient dans son établissement une huile improp[illegible] à la consommation, le défaut de surveillance devant être assimilé à la mauvaise foi. • Caen, 18 [illegible]r. 1991 : *BID 1991, n° 5, p. 36.* ♦ ... Peu importe que le prévenu s'apprête à changer l'huile. • Crim. [illegible]7 janv. 1999 : *BID 1999, n° 6, p. 39.* ♦ ... De même le responsable d'une société qui détient dans un entrepôt des marchandises avariées, au mépris des règles de stockage et de conservation, et qui les revend dans des foyers africains. • Crim. 26 janv. 1999 : *BID 1999, n° 6, p. 41.* ♦ ... De même l'importateur ayant procédé aux opérations de dédouanement qui entrepose dans les cuves d'un tiers un vin mouillé destiné à la revente, sans s'être assuré de sa qualité marchande au moment de sa livraison. • Crim. 22 août 1995 : *Bull. crim. n° 268 ; Dr. pénal 1995, n° 283, obs. J.-H. Robert.* ♦ ... De même le directeur d'un magasin qui a pris l'initiative de faire transférer des volailles crues en date limite de consommation du rayon boucherie au rayon traiteur en vue de leur préparation. En effet, une telle décision, à l'origine de la présence de denrées corrompues dans la chambre froide, n'a pu être prise par le responsable du rayon traiteur, mais résulte nécessairement d'un ordre de la direction. • Angers, 24 févr. 1998 : *JCP 1999. IV. 1371.* ♦ Pour une application de l'art. L. 213-4-2° [L. 413-2-2°], V. • Douai, 3 oct. 2008 : *Dr. pénal 2009. Chron. 5, n° 9, par Lepage.*

3. Peine. L'aggravation de peine prévue par le deuxième alinéa de l'art. L. 213-4 [L. 451-4] n'est applicable que si l'infraction porte sur la détention d'une substance alimentaire falsifiée ou corrompue ou sur une substance médicamenteuse falsifiée nuisible à la santé de l'homme ou de l'animal ; elle ne s'applique pas lorsque le prévenu est poursuivi pour avoir détenu des produits propres à effectuer la falsification de ces denrées. • Crim. 21 janv. 2003 : *Bull. crim. n° 14 ; JCP 2003. IV. 1530 ; Dr. pénal 2003, n° 49, obs. J.-H. Robert ; RSC 2004. 101, obs. Ambroise-Castérot*.

4. Élément intentionnel. L'élément intentionnel du délit est constitué par le fait pour un professionnel de ne pas s'assurer de la qualité de la marchandise conservée. • Paris, 25 avr. 2007, n° 06/05501 : *CCC 2007, n° 223, obs. Raymond.* ♦ L'élément intentionnel est caractérisé dès lors qu'il est relevé que des bocaux non étanches et ne permettant pas d'assurer la stabilité des conserves ont été retrouvés dans la salle d'expédition, qu'il a été constaté une odeur âcre et nauséabonde dans le local, un exsudat grisâtre dans les conserves et la présence de mouches, de telle sorte que le caractère corrompu de ces denrées ne faisait aucun doute en raison de leur odeur et de leur aspect. • Crim. 21 févr. 2017, n° 16-81.189 P : *préc. note 1.*

Art. L. 413-3 **Les dispositions des articles L. 413-1 et L. 413-2 ne sont pas applicables aux fruits frais et légumes frais, fermentés ou corrompus.** – *[C. consom., art. L. 213-3, III, al. 3 et L. 213-4, al. 7.]*

Art. L. 413-4 **Il est interdit d'apposer ou de faire apparaître par addition, retranchement ou par une altération quelconque sur des produits, de fausses indications concernant le nom du fabricant, la raison sociale ou le lieu de fabrication.** – *[C. consom., art. L. 217-1, al. 1er, hors sanction.]*

Sur les sanctions, V. art. L. 451-9, L. 451-15 et L. 451-16.

BIBL. ▸ BOYER-PAILLARD, *RD rur. 2015. Étude 16* (essai sur les notions d'origine et de provenance en droit du commerce : la reconnaissance juridique des « territoires des productions typiques »).

SECTION II AUTRES INFRACTIONS RELATIVES AUX PRODUITS *(L. no 2017-203 du 21 févr. 2017, art. 11).*

Art. L. 413-5 **Il est interdit à tout professionnel d'exposer ou de mettre en vente des produits marqués de noms faux ou altérés.** – *[C. consom., art. L. 217-1, al. 2.]*

Sur les sanctions, V. art. L. 451-10, L. 451-15 et L. 451-16.

Art. L. 413-6 **Il est interdit de supprimer, masquer, altérer ou modifier frauduleusement de quelque façon que ce soit, les noms, signatures, monogrammes, lettres, chiffres, numéros de série, emblèmes, signes de toute nature apposés ou intégrés sur ou dans les marchandises et servant à les identifier de manière physique ou électronique.** – *[C. consom., art. L. 217-2, hors sanction.]*

Sur les sanctions, V. art. L. 451-11, L. 451-15 et L. 451-16.

1. Masquage d'un blister. Tombe sous le coup de l'art. 1er de la L. du 24 juin 1928 [C. consom., art. L. 413-6] le fait de masquer le blister d'un véhicule sous un conditionnement nouveau et une présentation personnalisée, dans le but évident de le commercialiser sous cette forme particulière. • Com. 6 mai 1991 : *D. 1991. IR 172; D. 1993. Somm. 116.*

2. Marque auriculaire du bétail. Doit être condamné pour modification frauduleuse des signes distinctifs de la marchandise l'agriculteur qui à la suite de l'abattage d'une vache de son cheptel atteinte d'encéphalopathie spongiforme a changé les marques auriculaires de plusieurs animaux, parmi lesquels la mère de la bête malade, et a demandé des comparaisons génétiques pour faire croire qu'une erreur s'était produite au laboratoire et que les résultats d'analyses concernaient une vache provenant d'un autre élevage. • Crim. 18 nov. 2003 : *Bull. crim. no 214; JCP 2004. IV. 1104; Dr. pénal 2004, no 25, obs. J.-H. Robert; RSC 2004. 100, obs. Ambroise-Castérot.*

3. Modification de date. La date limite d'utilisation optimale d'une denrée alimentaire ne constitue pas un signe distinctif de la marchandise au sens de l'art. L. 217-2 [L. 413-6]. • Crim. 25 oct. 1995 : *Bull. crim. no 321; D. 1996. IR 24; CCC 1996, no 72, obs. Raymond; BID 1996, no 5, p. 27; Gaz. Pal. 1996. 1. Chron. 38, par Doucet.* ♦ V. notes 26 et 34 ss. art. L. 441-1.

4. Intention frauduleuse. Les altérations des identifications des marchandises, ainsi que la vente de ces marchandises, requièrent, pour être punissables, une intention frauduleuse. • Crim. 25 mai 1994 : *BID 1994, no 12, p. 23.* ♦ Mais dès lors qu'il est relevé que l'altération répétée du code ne pouvait être le fait d'une inadvertance, la cour d'appel a caractérisé l'élément intentionnel de cette infraction. • Com. 19 janv. 2010 : *cité note 5.*

5. Identification des marchandises. Dès lors qu'il est constaté que le code en question permet d'identifier chaque bouteille, de façon à assurer la traçabilité du produit, il s'en déduit que cette mention fait partie des signes que l'art. L. 217-2 [L. 413-6] interdit de supprimer, masquer, altérer ou modifier (code client destiné à contrôler le circuit de commercialisation des bouteilles). • Com. 19 janv. 2010 : *Bull. civ. IV, no 14; D. 2010. AJ 323; JCP 2010, no 186; RJDA 2010, no 568; RD rur. 2011, no 36, obs. Lebel.*

Art. L. 413-7 **Il est interdit d'exposer, mettre en vente, vendre ou détenir dans des locaux utilisés à des fins professionnelles, des marchandises dont les signes d'identification ont été altérés.** – *[C. consom., art. L. 217-3, hors sanction.]*

Sur les sanctions, V. art. L. 451-12, L. 451-15 et L. 451-16.

1. Poursuites. Est justifiée la condamnation du président du conseil d'administration d'une société pour avoir détenu, mis en vente et vendu des bouteilles de champagne dont le code d'identification de lot avait été altéré par meulage, dès lors qu'il n'a pris les conseils de la

DGCCRF pour assurer la traçabilité des marchandises, après changement d'identification du numéro des marchandises, qu'après avoir écoulé les bouteilles altérées, et postérieurement à la mise en mouvement des poursuites. • Crim. 17 oct. 2000 : *Bull. crim. nº 299 ; D. 2001. AJ 124, obs. Rondey ; BID 2001, nº 9, p. 35.* ♦ V. également l'arrêt de la cour d'appel : • Paris, 27 sept. 1999 : *BID 2001, nº 9, p. 30.* ♦ Les dispositions de l'art. L. 217-3 [L. 413-7] ne s'appliquent pas au seul auteur de l'altération, mais à toute personne qui, sciemment, a exposé, mis en vente, vendu ou aura été trouvée détentrice dans des locaux commerciaux de marchandises portant le signe altéré. • Com. 19 janv. 2010 : *cité note 5 ss. art. L. 413-6.*

2. Confiscation des produits. Le tribunal ne peut ordonner la confiscation des produits saisis lors de la constatation de l'infraction à titre de peine complémentaire car les art. L. 217-3 et L. 217-4 [L. 451-12, L. 451-15 et L. 451-16] ne prévoient pas une telle peine. • Crim. 17 oct. 2000 : *préc. note 1.*

Art. L. 413-8 **Il est interdit, sur des produits naturels ou fabriqués, détenus ou transportés en vue de la vente, mis en vente ou vendus, d'apposer ou d'utiliser une marque de fabrique ou de commerce, un nom, un signe ou une indication quelconque de nature à faire croire, s'ils sont étrangers, qu'ils ont été fabriqués en France ou qu'ils sont d'origine française et, dans tous les cas, qu'ils ont une origine différente de leur véritable origine française ou étrangère.**

Toutefois, ces dispositions ne sont pas applicables lorsque le produit porte, en caractères manifestement apparents, l'indication de la véritable origine.

En ce qui concerne les produits français, la raison sociale, le nom et l'adresse du vendeur ne constituent pas nécessairement une indication d'origine. – *[C. consom., art. L. 217-6, hors sanction.]*

Sur les sanctions, V. art. L. 451-13, L. 451-15 et L. 451-16.

BIBL. ▶ BONET, *JCP E 1990. II. 15931* (marque constituée par un nom géographique).

1. Fausse origine géographique. Tombe sous le coup de la L. du 26 mars 1930 [C. consom., art. L. 413-8] le fait de vendre un mélange, fait en France, de whisky, d'alcool neutre et de sirop, sous des étiquettes rédigées en anglais, laissant croire qu'il s'agit de whisky écossais. • Crim. 4 mai 1957 : *D. 1957. 526, note Liotard ; JCP 1957. II. 10089, note Vivez.* ♦ ... De même le fait de vendre sous le nom de « Old Scotch Whisky » un whisky d'origine hollandaise. • Paris, 17 mars 1960 : *JCP 1960. II. 11609, note Aymond.*

2. Obligation d'indication de l'origine. La L. du 26 mars 1930 [C. consom., art. L. 413-8] n'a pas instauré une obligation générale d'indication de l'origine de fabrication sur les produits. V : * Rép. min. : *JOAN Q 8 juin 1992, nº 23 ; BID 1992, nº 7-8, p. 51.*

Art. L. 413-9 **Il est interdit de faire croire à l'origine française de produits étrangers ou, pour tous produits, à une origine différente de leur véritable origine, par addition, retranchement ou par une altération quelconque des mentions primitivement portées sur le produit, par des annonces, brochures, circulaires, prospectus ou affiches, par la production de factures ou de certificats d'origine mensongers, par une affirmation verbale ou par tout autre moyen.** – *[C. consom., art. L. 217-7, hors sanction.]*

Sur les sanctions, V. art. L. 451-14 à L. 451-16.

CHAPITRE IV DISPOSITIONS RELATIVES À CERTAINS ÉTABLISSEMENTS

Art. L. 414-1 **Les établissements traitant par ionisation des denrées destinées à l'alimentation humaine ou animale font l'objet d'un agrément par l'autorité administrative dans des conditions prévues par décret en Conseil d'État.** – *V. art. R. 414-1 s.*

Toutefois, l'agrément n'est pas requis lorsque ces établissements traitent par ionisation des denrées dont la liste est définie par décret en Conseil d'État. – *[C. consom., art. L. 218-6.] – V. art. R. 414-4.*

Sur les sanctions, V. art. L. 451-17.

COMMENTAIRE

Le traitement ionisant des aliments est un procédé qui a pour but d'assainir et d'augmenter la durée de conservation des aliments. Il n'est pas destiné à remplacer les méthodes classiques comme la cuisson, mais apparaît comme complémentaire de celles-ci. Il est toutefois susceptible de provoquer des réactions négatives à l'égard de certains consommateurs, ce qui en limite l'utilisation.

C'est la raison pour laquelle le traitement de denrées destinées à l'alimentation humaine ou animale par ionisation fait par principe l'objet d'un agrément de l'autorité administrative.

Selon l'article R. 414-1 (issu de l'art. 1er de l'Arr. du 8 janv. 2002 relatif à l'agrément et aux contrôles et vérifications des installations de traitement des denrées par ionisation), l'agrément mentionné à l'article L. 414-1 est délivré par le préfet du département.

Des sanctions pénales de nature correctionnelle sont prévues en cas de manquement à ces dispositions (art. L. 451-17).

TITRE DEUXIÈME SÉCURITÉ

BIBL. GÉN. ▶ JOURDAIN, *Gaz. Pal. 1993. 2. Doctr. 1171.* – LAMBERT-FAIVRE, *D. 1994. Chron. 81*. – GROSS, *D. Affaires 1996. 667.* – HASSLER, *LPA 12 févr. 1997* (le point sur l'obligation de sécurité). – DEFFERARD, *D. 1999. Chron. 364* (analyse de l'obligation de sécurité à l'épreuve de la cause étrangère). – RETTERER, *AJDA 2011. 2047* (le contrôle des mesures administratives relatives à la conformité des produits et à la sécurité des consommateurs). – GARIN, *Journ. sociétés févr. 2013. 16* (application des règles relatives à la responsabilité du fait des produits défectueux et à la sécurité générale des produits aux biens immatériels). – AKYUREK et PHILIBERT, *LPA 30 juin 2016* (prévention des risques et sécurité des produits : aperçu des obligations légales et réglementaires pesant sur les professionnels).

COMMENTAIRE

Les problèmes de sécurité et de santé sont ceux qui ont le plus sensibilisé l'opinion publique au cours de ces dernières décennies, notamment avec l'apparition de nouvelles pandémies. Les textes relatifs à l'obligation de conformité ne peuvent suffire pour assurer la sécurité physique des personnes dans la mesure où les valeurs à protéger sont d'un autre niveau que de simples intérêts économiques.

Le titre II du livre IV du code de la consommation regroupe les dispositions de la loi du 21 juillet 1983 modifiée sur la sécurité des consommateurs, laquelle instaure une obligation générale de sécurité à la charge du professionnel quant aux produits et aux services qu'il fabrique, réalise ou commercialise.

L'objectif est avant tout préventif : l'obligation générale de sécurité a pour finalité de prévenir les risques exposés par les produits ou les services. Il s'agit essentiellement d'un texte de police administrative permettant aux pouvoirs publics d'intervenir pour limiter ce risque en prenant toutes les mesures adéquates. Le texte initial a été modifié et complété par l'ordonnance du 9 juillet 2004 transposant la directive européenne du 3 décembre 2001, laquelle introduit des obligations nouvelles à la charge des professionnels responsables de la mise sur le marché : obligations d'information, de suivi des produits, de signalement des risques.

Il faut préciser que l'ordonnance du 9 juillet 2004 n'a pas transposé l'article 3 de la directive, laquelle dispose qu'un produit est présumé sûr quand il est conforme à la norme européenne dont la référence est publiée au *JOUE*. L'article 36 de la loi n° 2008-3 du 3 janvier 2008 avait habilité en ce sens le gouvernement à légiférer par voie d'ordonnance pour préciser les modalités d'évaluation et de conformité des produits à l'obligation générale de sécurité. C'est ce qu'a fait l'ordonnance du 22 août 2008, dont les dispositions figurent aux articles L. 421-5 à L. 421-7 du nouveau code de la consommation.

Toutefois, les mesures ci-dessous édictées ne peuvent suffire à éliminer des accidents causés par les produits et services. Elles doivent être complétées par des règles relatives à la réparation des préjudices. En France, notre jurisprudence a consacré depuis longtemps dans le contrat de transport, puis dans des contrats de plus en plus nombreux, une obligation de sécurité découlant de l'article 1135 du code civil, dont la substance a été reprise par le nouvel article 1194 de ce code résultant de l'ordonnance du 10 février 2016, profitant aux contractants, mais aussi aux tiers utilisateurs, permettant d'engager la responsabilité civile des professionnels en cas de manquement à cette obligation. Par ailleurs, les autorités de l'Union européenne ont cherché à harmoniser la protection des consommateurs à l'égard des produits défectueux.

Les annotations figurant ci-dessous sont relatives à ***l'obligation de sécurité*** *au sens du* ***droit civil.***

Plan des annotations

I. SPORTS ET LOISIRS

A. TRANSPORT

1. *Notion de contrat de transport.* L'existence d'un contrat de transport, générateur d'une obligation de résultat mise à la charge du transporteur, implique que le contrôle et la conduite du moyen de locomotion fourni pour parcourir un itinéraire ne soient pas abandonnés à la personne qui parcourt cet itinéraire. • Civ. 1re, 27 janv. 1982 : *Bull. civ. I, no 52.*

Constitue un transport aérien un vol en ULM, avec pilote et passager, dont l'objet principal est le déplacement d'un aérodrome à un autre. • Civ. 1re, 7 mars 2000 : *Bull. civ. I, no 85.* ♦ ... De même que le vol en ULM consistant en une promenade aérienne, qui réalise un transport au sens de l'art. L. 310-1 C. aviat. civ. • Civ. 1re, 3 juill. 2001 : *Bull. civ. I, no 206; RCA 2001, no 330, note Vaillier.* ♦ Comp. • Civ. 1re, 25 nov. 1997 : *Bull. civ. I, no 332* : un vol ayant pour but la participation sportive du passager (voltige) et non son acheminement d'un point à un autre ne constitue pas un transport aérien. ♦ Conformément à l'art. L. 322-3 C. aviat. civ., l'acheminement de passagers par aéronef constitue un transport aérien; doit être qualifié comme tel le baptême de l'air en deltaplane biplace. • Civ. 1re, 22 nov. 2005 : *Bull. civ. I, no 444; D. 2007. Pan. 112, obs. Kenfack; RTD com. 2006. 657, obs. Bouloc; JCP 2006. II. 10051, note Gency-Tandonnet; LPA 4 août 2006, note Bruneau; RCA 2006, no 61, note Groutel* (cassation de l'arrêt ayant appliqué l'anc. art. 1147 C. civ.). – V. conf. • Civ. 1re, 22 nov. 2005 : *Bull. civ. I, no 445; eod. loc.* (parapente biplace) • 22 nov. 2005 : *Bull. civ. I, no 446; D. 2006. 421, note Tosi; RTD com. 2006. 657, obs. Bouloc; JCP 2006. II. 10051, note Gency-Tandonnet; CCC 2006, no 46, obs. Leveneur; RDC 2006. 1160, obs. Delebecque* (ULM biplace). – Déjà en ce sens : • Civ. 1re, 19 oct. 1999 : *Bull. civ. I, no 287; D. 2000. Somm. 298, obs. Mercadal; JCP E 2000. 1224, obs. M. B.* • 3 juill. 2001 : *Bull. civ. I, no 205; RCA 2001, no 330, note Vaillier.* ♦ Comp. • Crim. 20 mars 2001 : *Bull. crim. no 76; D. 2001. IR 1773* (le vol de découverte en parapente biplace constitue pour le passager une activité sportive et pour le pilote l'encadrement de cette activité). ♦ Le fait que le passager ait participé à certaines phases du vol, tels que le décollage ou l'atterrissage, est inhérent au mode de transport (baptême en parapente bi-place) et ne saurait donc établir à lui seul que le vol a eu pour objet principal de l'initier à la pratique sportive du parapente. • Riom, 24 oct. 2007 : *JCP 2008. IV. 1616.* ♦ Sur la question des baptêmes de l'air, V. Gency-Tandonnet, *D. 2005. Chron. 3039.*

2. *« Transports » ludiques ou sportifs.* L'exploitant d'un toboggan est, pendant la descente, tenu d'une obligation de résultat en ce qui concerne la sécurité de ses clients. • Civ. 1re, 28 oct. 1991 : *Bull. civ. I, no 289; D. 1992. Somm. 271, obs. Fortis; RTD civ. 1992. 397, obs. Jourdain* • 3 févr. 2011 : *Dalloz actualité, 23 févr. 2011, obs. Guiomard; RJDA 2011, no 581* • Civ. 2e, 14 oct. 2010 : *RJDA 2011, no 469.* ♦ Comp. : • Montpellier, 20 janv. 1992 : *JCP 1993. II. 22125, note Bories.* ♦ Il en est de même de l'exploitant d'une piste de bob-luge, dès lors que ses clients ne peuvent décider librement de la trajectoire de l'engin. • Civ. 1re, 17 mars 1993 : *Bull. civ. I, no 119.*

Si l'obligation de sécurité pesant sur l'exploitant d'un télésiège est de résultat pendant le trajet, elle n'est plus que de moyens lors des opérations d'embarquement et de débarquement, en raison du rôle actif qu'y tiennent les usagers. • Civ. 1re, 10 mars 1998 : *Bull. civ. I, no 110; D. 1998. 505, note Mouly; LPA 2 oct. 1998, note Gauvin* • 11 juin 2002 : *Bull. civ. I, no 166; D. 2002. IR 2099; CCC 2002, no 154, obs. Leve-*

neur (phase préliminaire au débarquement : obligation de résultat). ♦ En raison de la participation active de l'usager d'un remonte-pente, l'exploitant est tenu d'une obligation de sécurité de moyens. • Civ. 1re, 4 nov. 1992 : *D. 1994. 45, note Brun ; D. 1994. Somm 15, obs. Fortis ; JCP 1993. II. 22058, note Sarraz-Bournet ; Gaz. Pal. 1993. 2. 436, note Leroy ; RTD civ. 1993. 364, obs. Jourdain* .

3. Mise à disposition de moyens de déplacement. Un aéroclub, dès lors qu'il a perdu la maîtrise de l'appareil mis à la disposition d'un utilisateur qui en assure le pilotage, n'est pas tenu envers celui-ci, ni envers les passagers, d'une quelconque obligation de résultat. • Civ. 1re, 5 juil. 1989 : *Bull. civ. I, no 283.* ♦ L'organisateur d'un stage d'initiation au vol en ULM est tenu, en ce qui concerne la sécurité des participants, d'une obligation de moyens qui doit s'apprécier avec d'autant plus de sévérité qu'il s'agit d'un sport dangereux ; aussi a-t-il le devoir non seulement de faire assimiler aux élèves les consignes techniques mais aussi de tester leurs capacités psychologiques. • Civ. 1re, 29 nov. 1994 : *Bull. civ. I, no 351.* ♦ Sur les locations de cheval, V. note 7.

B. ACTIVITÉS SPORTIVES ET DE LOISIR

BIBL. Mistretta, *JCP 1998. I. 116* (responsabilité civile sportive). – Cabrol, *LPA 9 janv. 2001* (la sécurité des loisirs). – Rizzo, *LPA 8 juill. 2002* (responsabilité des clubs sportifs vis-à-vis des spectateurs). – Hocquet-Berg, *RCA 2011. Étude 3* (l'acceptation des risques en matière sportive enfin abandonnée !). – Mouly, *D. 2011. 690* (abandon de la théorie de l'acceptation des risques en matière de responsabilité civile du fait des choses).

4. Principe. L'association sportive est tenue d'une obligation contractuelle de sécurité, de prudence et de diligence envers les sportifs exerçant une activité dans ses locaux et sur des installations mises à leur disposition, quand bien même ceux-ci pratiquent librement cette activité. • Civ. 1re, 15 déc. 2011 : *Bull. civ. I, no 219 ; D. 2012. 539, note Develay ; RTD civ. 2012. 121, obs. Jourdain ; JCP 2011, no 1443, obs. Barbièri ; CCC 2012, no 58, obs. Leveneur ; LPA 16 avr. 2012, note Vial ; Gaz. Pal. 2012. 287, obs. Houtcieff ; RJDA 2012, no 439 ; RDC 2012. 430, obs. Borghetti ; RCA 2012, no 120, obs. Hocquet-Berg.* ♦ Comp., ayant jugé que tant le club sportif que les moniteurs ne sont tenus que d'une obligation de moyens en ce qui concerne la sécurité des adhérents dans la pratique de leur sport (gymnastique), • Civ. 1re, 21 nov. 1995 : *Bull. civ. I, no 424,* rejetant le pourvoi contre • Versailles, 10 nov. 1993 : *Gaz. Pal. 1996. 1. Somm. 181.* ♦ Cette obligation est cependant appréciée avec plus de rigueur lorsqu'il s'agit d'un sport dangereux. • Civ. 1re, 16 oct. 2001 : *Bull. civ. I, no 260 ; D. 2002. Somm. 2711, obs. Lacabarats ; JCP 2002. II. 10194, note Lièvremont ; Gaz. Pal. 2002. 1374, note Polère ; CCC 2002, no 21, obs. Leveneur ; Dr. et patr. mars 2002. 96, obs. Chabas ; RTD civ. 2002. 107, obs. Jourdain* (planeur). ♦ Tenu d'une obligation de moyens, l'organisateur d'une compétition à risques élevés et connus doit néanmoins prévenir ceux-ci dans toute la mesure du possible. • Civ. 1re, 25 janv. 2005 : *Bull. civ. I, no 46 ; D. 2005. IR 459 ; RCA 2005, no 80, note Hocquet-Berg.* ♦ L'organisateur d'un parcours d'aventure dans les arbres est tenu, à l'égard de ses clients, à une obligation de sécurité de moyens en raison du rôle actif de chaque participant. • Civ. 1re, 22 janv. 2009 : *LPA 6 avr. 2009, note Corpart ; LPA 6 janv. 2010, note Vial ; RJDA 2009, no 304.* – V. aussi pour l'exploitant d'un local de *laser game* : • Civ. 2e, 22 oct. 2015, no 14-17.813 : *CCC 2016, no 2, obs. Leveneur ; RCA 2016, no 3, obs. Hocquet-Berg.*

Sur la responsabilité du loueur professionnel de matériel sportif, V. • Civ. 1re, 6 févr. 2001 : *D. 2001. Somm. 1661, obs. F. Lagarde* (canoës-kayaks).

5. Accrobranche. Ayant relevé que les protections placées tant sur la plate-forme d'arrivée de la grande tyrolienne que sur l'arbre auquel celle-ci était fixée avaient été choisies en fonction d'un dénivelé plus faible que celui existant réellement et que, mesurées ainsi en fonction d'une vitesse à l'arrivée inférieure à celle susceptible d'être effectivement atteinte, elles étaient insuffisantes, la cour d'appel, qui en a déduit que la tyrolienne n'était pas conforme à l'article 8.3.3.2 de la norme XP S 52-902-1 qui tient compte de la vitesse à l'arrivée, a légalement justifié sa décision condamnant le parc de loisirs pour défaut de sécurité. • Civ. 1re, 6 avr. 2016, no 15-16.364 : *CCC 2016, no 163.*

6. Alpinisme. Obligation pesant sur l'organisateur d'un stage d'alpinisme : • Civ. 1re, 10 mars 1992 : *Bull. civ. I, no 80* (obligation de moyens). – V. aussi • Grenoble, 15 juin 1993 : *D. 1994. 239, note Lebreton* . ♦ Une association sportive est tenue de mettre en œuvre tous les moyens propres à assurer la sécurité de ses membres ou des personnes qu'elle autorise à pratiquer un sport dans ses installations (club d'escalade). • TGI Paris, 10 juill. 2007 : *Tourisme & Droit mai 2008. 8, obs. J. C.* ♦ L'obligation contractuelle de sécurité de l'exploitant d'une salle d'escalade est une obligation de moyens dans la mesure où la pratique de l'escalade implique un rôle actif de chaque participant. • Civ. 1re, 25 janv. 2017, no 16-11.953 P : *Dalloz actualité, 8 févr. 2017, obs. Kilgus ; D. 2017. Actu. 296 ; JCP E 2017, no 1101 ; CCC 2017, no 70, obs. Leveneur.*

7. Équitation. L'obligation qui pèse sur un loueur de chevaux n'est qu'une obligation de prudence et de diligence. • Civ. 1re, 16 mars

1970 : *D. 1970. 421, note Rodière ; RTD civ. 1970. 793, obs. Cornu ; ibid. 1971. 161, obs. Durry* • 17 févr. 1982 : *Bull. civ. I, n° 82.* ♦ Comp., pour l'entrepreneur de promenades équestres, • Civ. 1re, 27 mars 1985 : *Bull. civ. I, n° 111 ; RTD civ. 1986. 609, obs. Rémy* • 11 mars 1986 : *Bull. civ. I, n° 64 ; RTD civ. 1986. 768, obs. Huet* • 29 juin 1994 : *Bull. civ. I, n° 231* (obligation de sécurité qui n'est qu'une obligation de moyens) • 5 mai 1998 : *Bull. civ. I, n° 164 ; CCC 1998, n° 110, obs. Leveneur* (l'insuffisante qualification du moniteur constitue un manquement à l'obligation de moyens). ♦ Sur le degré de diligence exigé du maître de manège, V. • Civ. 1re, 30 avr. 1965 : *D. 1965. 709* • 22 mars 1983 : *Bull. civ. I, n° 106* • 28 nov. 2000 : *ibid, n° 310 ; D. 2001. IR 44 ; JCP 2002. II. 10010, note Lièvremont.* ♦ Le contrat de dressage de chevaux ne comporte, sauf clause contraire, qu'une obligation de moyens en ce qui concerne la sécurité de l'animal. • Civ. 1re, 15 avr. 1980 : *JCP 1980. II. 19402, et Rect. 19404 bis, note Bénabent.* ♦ Sur la responsabilité des prestataires d'activités équestres, V. obs. E. Wagner, *D. 1989. Somm. 408.*

8. Manèges forains. L'exploitant d'un manège d'autos tamponneuses est, pendant le jeu, tenu d'une obligation de résultat en ce qui concerne la sécurité de ses clients. • Civ. 1re, 12 févr. 1975 : *D. 1975. 512, note le Tourneau ; JCP 1975. II. 18179, note Viney.* ♦ Même solution pour l'exploitant d'un manège de balançoires : • Civ. 1re, 18 févr. 1986 : *Bull. civ. I, n° 32 ; RTD civ. 1986. 770, obs. Huet.*

9. Parapente. L'association organisant un stage de parapente, tenue d'une obligation de moyens, commet une faute en n'interrogeant pas la stagiaire avant son premier saut sur son état physique et psychologique. • Civ. 1re, 5 nov. 1996 : *Bull. civ. I, n° 380 ; D. 1998. Somm. 37, obs. Lacabarats.* ♦ Mais l'organisateur d'un vol en parapente et le moniteur sont tenus d'une obligation de résultat en ce qui concerne la sécurité de leurs clients pendant les vols sur appareil biplace au cours desquels ceux-ci n'ont joué aucun rôle actif. • Civ. 1re, 21 oct. 1997 : *Bull. civ. I, n° 287 ; D. 1998. 271, note Brun ; D. 1998. Somm. 199, obs. Jourdain ; D. 1999. Somm. 85, obs. Lacabarats ; JCP 1998. II. 10103, note Varet ; ibid. I. 144, n° 9, obs. Viney ; Gaz. Pal. 1999. 1. 236, note Mouly.* - V. aussi • Civ. 1re, 19 oct. 1999 : *préc. note .*

10. Pêche. Une association de pêche est tenue, à l'égard de ses adhérents, d'une obligation de sécurité qui n'est que de moyens. • Civ. 1re, 22 juin 1999 : *Bull. civ. I, n° 207 ; D. 1999. IR 194.*

11. Piscine. L'obligation de sécurité mise à la charge de l'exploitant d'une piscine s'analyse en une obligation de moyens. • Civ. 1re, 12 juin 1985 : *Bull. civ. I, n° 186.*

12. Saut à l'élastique. Le participant à une activité de saut à l'élastique ne contribue pas à sa sécurité par son comportement, la seule initiative qu'il peut avoir résidant dans la décision de sauter ou non et dans la force de l'impulsion donnée, il ne dispose d'aucun moyen de se prémunir lui-même du danger qu'il court en sautant et s'en remet donc totalement à l'organisateur pour assurer sa sécurité, de sorte qu'aucun élément ne permet de considérer qu'il joue un rôle actif au cours du saut. Dès lors, l'obligation contractuelle de sécurité de l'organisateur d'une telle activité est une obligation de résultat. • Civ. 1re, 30 nov. 2016, n° 15-25.249 P : *D. 2017. 198, note D. Mazeaud ; JCP E 2017, n° 1011 ; CCC 2017, n° 31, obs. Leveneur ; RJDA 2017, n° 210.*

13. Ski. Ne manque pas à son obligation de sécurité, l'exploitant d'un domaine skiable qui a mis en place un système de signalisation efficace, la victime moniteur de ski ayant adopté une vitesse excessive compte tenu des circonstances climatiques. • Civ. 1re, 19 mars 1996 : *Bull. civ. I, n° 142.* ♦ Obligation pesant sur un moniteur diplômé de ski. • Civ. 1re, 9 févr. 1994 : *Bull. civ. I, n° 61* (obligation de moyens). ♦ En l'absence de toute faute prouvée de la victime, l'exploitant, tenu d'une obligation de moyens, a manqué à son obligation générale de sécurité, en négligeant non seulement de procéder à l'endroit précis de l'accident à une signalisation spécifique, mais encore en omettant de mettre en place un dispositif de protection adéquat sous la forme de filets. • Civ. 1re, 17 févr. 2011 : *RJDA 2011, n° 470 ; RCA 2011, n° 189.*

14. Sports mécaniques. L'organisateur d'un rallye qui a porté à la connaissance des participants les conditions de la course et notamment le fait qu'une épreuve de liaison se courait sur des routes non neutralisées, ce qui impliquait le respect des conditions locales de circulation, n'a commis aucun manquement à son obligation de moyens concernant la sécurité des participants. • Civ. 2e, 27 mai 1999 : *Bull. civ. II, n° 104.* ♦ Mais a manqué à son obligation de sécurité l'organisateur d'une épreuve d'endurance motocycliste sur circuit non ouvert à la circulation qui n'a pas mis en place les aménagements de nature à empêcher l'accident survenu à un pilote (choc contre un arbre en bordure de piste). • Civ. 1re, 15 juill. 1999 : *Bull. civ. I, n° 251 ; JCP 2000. I. 197, n° 9, obs. Viney* (caractère inopérant du moyen tiré de l'acceptation des risques). ♦ Sur l'obligation de sécurité de moyens des organisateurs de courses ou de stages de kart, V. • Civ. 1re, 1er déc. 1999 : *Bull. civ. I, n° 330 ; D. 2000. 287, note Mouly* • 1er déc. 1999 : *Bull. civ. I, n° 329 ; D. 2000. 287, note Mouly ; CCC 2000, n° 59, obs. Leveneur* • Paris, 27 juin 2011 : *RJDA 2011, n° 967.*

II. AGENCES DE VOYAGES

15. Transports. L'organisateur d'un voyage n'est tenu, en ce qui concerne la sécurité de ses clients pendant les transports relevant de ce voyage, que d'une obligation de moyens. • Civ. 1re, 29 mai 1990 : *Bull. civ. I, n° 128 ; D. 1990. IR 151*. – Comp. • Paris, 15 mars 2004 : *cité infra.* ♦ Lorsqu'il fait appel à un transporteur local, il est tenu d'une obligation de surveillance de ce transporteur et doit notamment veiller à ce que le transport soit exécuté dans des conditions de sécurité suffisantes. • Civ. 1re, 23 févr. 1983 : *JCP CI 1983. II. 14006, concl. Gulphe ; RTD com. 1984. 336, obs. Hémard et Bouloc* • 29 janv. 1991 : *D. 1992. 435, note Diener* • Paris, 4 mars 1997 : *D. 1998. 7, note Dagorne-Labbe* • Paris, 10 janv. 2004 : *Gaz. Pal. 2004. Somm. 2609* (caractère indifférent du changement de transporteur intervenu). ♦ Dès lors qu'il s'adresse à un transporteur pour effectuer un déplacement, l'organisateur de voyage garantit et emprunte la responsabilité de ce transporteur, responsabilité qui, en raison de l'obligation de résultat qui caractérise le contrat de transport, est présumée, lorsque celui-ci n'est pas conduit à son terme. • Paris, 15 mars 2004 : *D. 2004. 2006, note Dagorne-Labbe ; Gaz. Pal. 2004. 1899.* ♦ V. désormais C. tourisme, art. L. 211-16, App., v° *Agences de voyages.*

16. Séjours. L'organisateur de séjours (club de vacances) n'est tenu, pour les activités de ses clients, que d'une obligation de moyens. • Civ. 1re, 18 févr. 1981 : *Gaz. Pal. 1981. 2. Pan. 174, obs. Chabas.* ♦ V. cependant • Crim. 1er juill. 1997 : *Bull. crim. n° 259 ; D. 1998. Somm. 199, obs. Jourdain ; RCA 1998. Chron. 6, par Leduc,* cassant pour manque de base légale l'arrêt qui, pour exonérer de sa responsabilité contractuelle l'exploitant d'un club de vacances pour l'accident survenu à un client au cours d'une séance de plongée (morsure par une murène), a retenu que cet exploitant n'avait pas commis de faute, sans relever le caractère imprévisible et irrésistible de la présence d'une murène sur les lieux de plongée. ♦ V. désormais C. tourisme, art. L. 211-16, App., v° *Agences de voyages.*

17. Prestations locales. L'organisateur de voyages, qui est garant de l'organisation du voyage ou du séjour, est responsable de sa bonne exécution, à l'exception des cas de force majeure, cas fortuits ou faits de tiers étrangers à la fourniture des prestations au contrat de voyage ; il est tenu dans les mêmes conditions de la bonne exécution des prestations fournies par les représentants locaux auxquels il a recours pour l'exécution du contrat qu'il propose à sa clientèle. • Paris, 19 sept. 1989 : *D. 1989. IR 249* • 29 nov. 1990 : *D. 1992. Somm. 82, obs. Rémond-Gouilloud* • 29 oct. 1991 : *D. 1991. IR 276* • 10 janv. 2004 : *préc. note 15.* ♦ La responsabilité de l'agence de voyages ne saurait être supérieure à celle du prestataire de services local dont les obligations s'apprécient en fonction du droit et des circonstances locaux. • Paris, 5 nov. 1996 : *D. 1997. 292, note Dagorne-Labbe ; D. Affaires 1997. 76.* ♦ Responsable à l'égard de ses clients de l'organisation et de l'exécution du séjour qu'elle vend, une agence de voyages est responsable des maladies contractées par ses clients en raison de l'utilisation d'une eau non potable par le prestataire de services local auquel elle fait appel pour assurer la croisière prévue au contrat. • Paris, 12 juin 1997 : *D. 1998. 252, note Dagorne-Labbe*. ♦ V. désormais C. tourisme, art. L. 211-17, App., v° *Agences de voyages.*

18. Séjour hôtelier. L'agence de voyages, organisatrice d'un séjour dans un hôtel, est tenue de veiller à la bonne exécution de celui-ci. • Civ. 1re, 16 févr. 1999 : *JCP 2000. II. 10323, note Lachassagne* (la responsabilité de l'agence est engagée du seul fait du dommage subi par son client lors de son séjour dans l'hôtel). ♦ Dans le même sens : • Civ. 1re, 3 mai 2000 : *Bull. civ. I, n° 129 ; D. 2001. 670, note Dagorne-Labbe ; RCA 2000, n° 235, note Groutel ; LPA 16 oct. 2001, note Rolland* (l'agence de voyages répond de l'hôtelier qu'elle s'est substitué quant à la sécurité des voyageurs). ♦ L'agence de voyages, organisatrice d'un séjour dans un hôtel, est tenue de la même responsabilité que l'hôtelier auquel elle a eu recours. • Civ. 1re, 15 janv. 1991 : *D. 1992. 242, note Dagorne-Labbe ; ibid. 435, note Diener*. ♦ V. aussi note 26.

Une agence de voyages est responsable du dommage causé à son client par l'incendie d'un hôtel, dès lors qu'elle n'avait pas averti ledit client que l'hôtelier n'était pas assuré. • Civ. 1re, 3 nov. 1983 : *JCP E 1984. II. 14194, concl. Gulphe ; RTD civ. 1984. 322, obs. Durry.*

III. COLONIES DE VACANCES

19. Accueil des enfants d'autrui. Nature de l'obligation de sécurité pesant sur ceux qui se chargent des enfants d'autrui (colonie de vacances, centre de jeu pour enfants, nourrice...) : V. obs. Durry, *RTD civ. 1982. 769* et obs. Huet, *ibid. 1985. 389.* ♦ L'obligation de moyens qui pèse sur l'organisateur d'une colonie de vacances impose de surveiller les activités des enfants pour éviter qu'ils s'exposent à des dangers dont ils pourraient sous-estimer la gravité. • Civ. 1re, 10 févr. 1993 : *Bull. civ. I, n° 66 ; D. 1993. 605, note Bonnard* • 11 mars 1997 : *Bull. civ. I, n° 89 ; D. 1997. IR 94* • 10 févr. 1998 : *Bull. civ. I, n° 57.* ♦ Le simple fait, pour un enfant âgé d'une douzaine d'années, de s'amuser avec un ballon dans une prairie, ne présentant aucune configuration à risque, n'est pas une activité potentiellement dangereuse. • Aix-en-Provence, 27 mars 2007 : *BICC 1er févr. 2008, n° 191.* ♦ Un centre municipal de loisirs est tenu d'une obligation de moyens à l'égard des enfants qu'il accueille. • Civ. 1re, 1er févr. 1983 : *JCP 1984. II. 20129, note Chabas.* ♦ V. conf., pour un club de plage, • Civ. 1re, 19 janv. 1982 : *Bull. civ. I, no 32.*

IV. ÉCOLES PRIVÉES

20. *Sécurité des élèves.* Contractuellement tenu d'assurer la sécurité de ses élèves, un établissement d'enseignement privé est responsable des dommages qui leur sont causés non seulement par sa faute mais encore par le fait des choses qu'il met en œuvre pour l'exécution de son obligation contractuelle. • Civ. 1re, 17 janv. 1995 : *D. 1995. 350, note Jourdain ; D. 1996. Somm. 15, obs. Paisant ; RTD civ. 1995. 631, obs. Jourdain .*

V. ENTREPRISES DE CONSTRUCTION ET DE RÉPARATION

21. *Obligation de sécurité.* L'obligation contractuelle de l'entrepreneur de construire ou réparer ne comporte pas en elle-même une obligation de sécurité. • Civ. 3e, 27 nov. 1970 : *Bull. civ. III, no 653.* ♦ V. cependant : • Civ. 3e, 9 oct. 1991 : *RTD civ. 1992. 107, obs. Jourdain .* ♦ Comp., considérant que le réparateur d'un ascenseur est tenu d'une obligation de résultat en ce qui concerne la sécurité de l'appareil : • Civ. 1re, 15 juill. 1999 : *Bull. civ. I, no 238 ; D. 1999. IR 221 .* ♦ V. aussi, sur les ascensoristes : Jacob, *Gaz. Pal. 1995. 1. Doctr. 626.*

VI. GARAGES ET CENTRES DE CONTRÔLE TECHNIQUE AUTOMOBILE

22. *Présomption de faute du garagiste.* Le garagiste chargé de réparer un véhicule est soumis à une obligation de résultat qui emporte à la fois présomption de causalité entre la prestation fournie et le dommage et présomption de faute. • Civ. 1re, 2 févr. 1994 : *Bull. civ. I, no 41 ; JCP 1994. II. 22294, note Delebecque* • 20 juin 1995 : *Bull. civ. I, no 263* • 21 oct. 1997 : *D. 1997. IR 252 ; JCP 1997. IV. 2395* • 8 déc. 1998 : *Bull. civ. I, no 343 ; D. Affaires 1999. 123 ; CCC 1999, no 38, obs. Leveneur ; JCP E 1999, no 4, p. 150 ; Gaz. Pal. 1999. 2. Somm. 408, obs. Peisse* • Versailles, 27 nov. 1998 : *BICC 1999, no 1019.* ♦ Le garagiste est tenu, envers ses clients qui lui confient un véhicule en réparation, d'une obligation de sécurité dont il peut s'exonérer en prouvant qu'il n'a pas commis de faute. • Civ. 1re, 9 juin 1993 : *Bull. civ. I, no 209 ; D. 1993. IR 178 ; RTD civ. 1993. 828, obs. Jourdain .* ♦ Il appartient à chacune des deux sociétés, consécutivement exploitantes du garage, de prouver que la persistance de la panne, malgré les interventions conduites sur plusieurs organes électriques, ne découlait pas de prestations insuffisantes ou défectueuses en regard de l'obligation de résultat pesant sur le réparateur professionnel, preuve que la seule indétermination de l'identité du dirigeant du garage au moment de ces interventions ne pouvait constituer. • Civ. 1re, 5 févr. 2014 : *Bull. civ. I, no 17 ; D. 2014. Actu. 422 ; RTD civ. 2014. 377, obs. Jourdain ; JCP E 2014, no 1287, note Ranouil ; Gaz. Pal. 2014. 1136, obs. Gerry-Vernières ; LPA 21-22 avr. 2014, note Fabas-Serlooten.* ♦ Mais il incombe au client de démontrer que le dommage subi par son véhicule trouve son origine dans l'organe sur lequel est intervenu le garagiste. • Civ. 1re, 14 mars 1995 : *Bull. civ. I, no 122 ; RTD civ. 1995. 635, obs. Jourdain .* ♦ ... Et la responsabilité de plein droit qui pèse sur le garagiste-réparateur ne s'étend qu'aux dommages causés par le manquement à son obligation de résultat. • Com. 22 janv. 2002 : *RTD civ. 2002. 514, obs. Jourdain* (garagiste auteur d'une réparation électrique non responsable d'une panne du système frigorifique du véhicule) • Civ. 1re, 28 mars 2008 : *Bull. civ. I, no 94 ; D. 2008. AJ 1059 ; JCP 2008. IV. 1819 ; LPA 24 juin 2008, note El Badawi ; RJDA 2009, no 209.* ♦ La responsabilité de plein droit qui pèse sur le garagiste réparateur ne s'étend qu'aux dommages causés par le manquement à son obligation de résultat ; il appartient alors à celui qui recherche cette responsabilité, lors de la survenance d'une nouvelle panne, de rapporter la preuve que les dysfonctionnements allégués sont dus à une défectuosité déjà existante au jour de l'intervention du garagiste ou sont reliés à celle-ci. • Civ. 1re, 31 oct. 2012 : *Bull. civ. I, no 227 ; Dalloz actualité, 16 nov. 2012, obs. Gallmeister ; RJDA 2013, no 225.* ♦ Si la défaillance d'un organe mécanique rend nécessaire une nouvelle intervention après une première réparation, il appartient au garagiste de démontrer que l'usure de la pièce défectueuse n'exigeait pas qu'elle fût alors remplacée. • Civ. 1re, 12 janv. 1994 : *Bull. civ. I, no 9 ; R., p. 359 ; JCP 1994. II. 22294, note Delebecque ; RTD civ. 1994. 613, obs. Jourdain .*

23. *Intervention du client.* Le réparateur d'une automobile, tenu de la remettre en état de marche, ne peut s'exonérer de sa responsabilité sans apporter la preuve que son client a refusé de lui laisser faire une réparation nécessaire ou que lui-même l'a averti du caractère incomplet de celle qu'il a effectuée (accident causé par le mauvais fonctionnement du frein à main). • Civ. 1re, 15 nov. 1988 : *D. 1989. 179, note Malaurie.* ♦ Le garagiste n'est pas responsable de la défectuosité d'une pièce fournie par son client pour qu'il la monte sur le véhicule de celui-ci. • Civ. 1re, 24 oct. 1995 : *Bull. civ. I, no 376.* ♦ Absence de responsabilité du garagiste, tant sur le fondement de son obligation de résultat, que sur celui de son obligation de conseil, qui, sur instruction expresse de son client qui en acceptait les risques, s'est contenté d'effectuer une réparation de fortune au moindre coût. • Civ. 1re, 7 juin 1995 : *Bull. civ. I, no 235 ; Gaz. Pal. 1997. 1. Somm. 103, obs. Peisse.*

24. *Contrôle technique automobile.* La mission des centres de contrôle technique automobile se limite, eu égard aux dispositions qui les régissent, à la détection de défaillances en des points définis. • Civ. 1re, 21 juin 2005 : *D. 2006. 1221, note Huet*. ♦ En dehors de la mission restreinte que leur assigne l'arrêté les réglementant, la responsabilité des centres de contrôle technique automobile ne peut être recherchée qu'en cas de négligence susceptible de mettre en cause la sécurité du véhicule. • Civ. 1re, 19 oct. 2004 : *D. 2004. IR 2835; RCA 2004, n° 373, note Hocquet-Berg; LPA 9 févr. 2005, note Dagorne-Labbe.* ♦ Le centre de contrôle technique n'est tenu, sauf négligence de sa part, qu'à la détection de défaillances sur les points définis par la réglementation. • Com. 13 mars 2012 : *Bull. civ. IV, n° 54; Dalloz actualité, 23 mars 2012, obs. Delpech; JCP E 2012, n° 1267; RJDA 2012, n° 579.*

VII. HÔTELS, CAFÉS, RESTAURANTS

25. Bars et cafés. Si le tenancier d'un bar ou d'un café n'est tenu, en principe, en ce qui concerne la sécurité de ses clients, que d'une obligation de moyens, les juges du fond peuvent estimer qu'il contracte l'obligation de mettre à la disposition des clients des sièges suffisamment solides pour ne pas s'effondrer sous leur poids. • Civ. 1re, 2 juin 1981 : *JCP 1982. II. 19912, note Dejean de la Bâtie.*

26. Hôtellerie. La responsabilité de l'hôtelier, tenu à l'égard de ses clients d'une obligation contractuelle de sécurité, suppose qu'une faute soit établie à son encontre (chute d'un client regagnant sa chambre : autorité au civil de la décision pénale de relaxe). • Civ. 1re, 22 mai 1991 : *Bull. civ. I, n° 163; RTD civ. 1991. 757, obs. Jourdain*. ♦ V. aussi : • Civ. 1re, 19 juill. 1983 : *Bull. civ. I, n° 211; RTD civ. 1984. 729, obs. Huet* (explosion d'un radiateur à gaz démuni de dispositif de sécurité efficace) • 29 janv. 1985 : *Gaz. Pal. 1985. 1. 264* (faute ayant permis la propagation rapide de l'incendie).

27. Restauration. En cas de chute d'un client dans un restaurant, la responsabilité du restaurateur est de nature contractuelle, ce qui exclut la responsabilité délictuelle, même dans le cas où la victime aurait intérêt à invoquer celle-ci. • Civ. 1re, 9 mars 1970 : *Bull. civ. I, n° 87; RTD civ. 1971. 139, obs. Durry*. ♦ V. pour un enfant s'étant blessé en faisant usage de l'aire de jeux, exclusivement réservée à la clientèle du restaurant, au cours d'un goûter auquel il participait en compagnie d'un adulte et d'autres enfants : • Civ. 1re, 28 juin 2012 : *Bull. civ. I, n° 147; D. 2012. Actu. 1736 ; RTD civ. 2012. 729, obs. Jourdain ; JCP 2012, n° 1069, note Dubarry; LPA 28 sept. 2012, note Bascoulergue; Gaz. Pal. 2012. 2891, obs. Mekki; RJDA 2013, n° 176.* ♦ Si, en ce qui concerne la qualité gustative et digestive des mets servis, le restaurateur n'est tenu que d'une obligation de diligence ordinaire, par contre en ce qui concerne la sécurité du client, l'obligation contractuelle assumée est bien une obligation déterminée consistant à rendre le client sain et sauf à l'issue du repas, le client entendant ne point être empoisonné par les aliments absorbés et la présence de toxine botulinique dans le poisson servi ne constitue pas un cas de force majeure exonérant le restaurateur de sa responsabilité. • Poitiers, 16 déc. 1970 : *JCP 1972. II. 17127, note Mémeteau* (réformation de • TGI Poitiers, 7 janv. 1969 : *D. 1969. 174, note Pradel).* ♦ Dans l'aménagement, l'organisation et le fonctionnement de son établissement, le restaurateur est tenu d'observer les règles de prudence et de surveillance qu'exige la sécurité de ses clients. • Civ. 1re, 14 mars 1995 : *Bull. civ. I, n° 129* (noyade d'un jeune enfant dans la piscine insuffisamment protégée lors d'une soirée de mariage). ♦ N'a pas manqué à son obligation de sécurité l'établissement ayant agi avec la diligence et la prudence nécessaires pour prévenir la survenance d'accidents à l'occasion de l'utilisation normale de sa structure de jeux. • Civ. 1re, 10 juill. 2014 : *RJDA 2015, n° 52* (usage anormal par un enfant sans surveillance parentale). ♦ Jugé que le restaurateur contracte à l'égard de chacun de ses clients une obligation de sécurité le rendant, sauf force majeure ou cause extérieure, responsable des dommages soufferts pendant le temps de la consommation ; responsabilité du restaurateur pour les brûlures subies par un enfant du fait d'un autre enfant qui, par son comportement turbulent, a provoqué des projections de café brûlant; faute, au surplus, du restaurateur pour avoir servi du café excessivement chaud. • Paris, 17 janv. 2005 : *D. 2005. IR 388* .

VIII. LAVERIES

28. Obligation de moyens. L'exploitant d'une laverie automatique est tenu d'une obligation de moyens quant à la sécurité de ses clients; il manque à cette obligation en laissant sur le sol de l'eau savonneuse provenant de machines dont le fonctionnement est défectueux. • Civ. 1re, 16 nov. 1976 : *D. 1977. IR 87; RTD civ. 1977. 323, obs. Durry.*

IX. EXPLOITATION DE MAGASINS DE VENTE

29. Principe. La personne blessée par une chute dans un magasin ne peut invoquer la responsabilité contractuelle de l'exploitant, parce que ni le contrat de vente ni le fait de pénétrer dans le magasin ne créent d'obligation contractuelle de sécurité à son profit. • Civ. 2e, 19 nov. 1964 : *D. 1965. 93, note Esmein; JCP 1965. II. 14022, note Rodière; RTD civ. 1965. 363, obs. Rodière.* ♦ La responsabilité d'un commerçant à l'égard de ses clients quant à l'organisation et au fonctionnement d'un établissement dont l'entrée est libre est de nature quasi délictuelle. • Civ. 2e, 5 juin 1991 : *D. 1992. 409, note Lapoyade Deschamps ; D. 1992. Somm. 270, obs. Penneau* . ♦ V. dans le même sens : • Civ. 1re,

29 mai 1996 : *Bull. civ. I, n° 227 ; RTD civ. 1997. 140, obs. Jourdain* (le commerçant n'est pas tenu à l'égard des personnes se trouvant dans son magasin d'une obligation contractuelle de sécurité) • 9 juill. 2002 : *Bull. civ. I, n° 188 ; D. 2003. Somm. 461, obs. Jourdain* (responsabilité de l'exploitant du magasin retenue sur le fondement de l'art. 1384, al. 1er). ♦ Pour la responsabilité délictuelle de l'exploitant d'un magasin, de forte corpulence, qui a saisi le bras d'une de ses clientes, d'environ vingt ans son aînée et pesant à peine 60 kilos, afin de la faire sortir du magasin où elle prétendait rester, V. • Rouen, 27 févr. 2008 : *JCP 2008. IV. 2457.*

L'exploitant d'un magasin a l'obligation de ne mettre à la disposition de ses clients que des articles ne présentant pas de dangers autres que ceux pouvant résulter normalement de leur nature (à propos de l'explosion d'une bouteille prise sur un rayon). • Civ. 1re, 12 juin 1979 : *RTD civ. 1985. 587, obs. Huet.*

30. Transfert de la garde. La manipulation par un client d'un objet offert à la vente ne suffit pas à lui en transférer la garde. • Civ. 2e, 28 févr. 1996 : *Bull. civ. II, n° 52 ; D. 1997. Somm. 29, obs. Jourdain ; RCA 1996. Chron. 20, par Groutel.* ♦ Mais les clients, qui ont le libre usage des chariots mis à leur disposition par le magasin, en acquièrent la garde. • Civ. 2e, 14 janv. 1999 : *Bull. civ. II, n° 13 ; JCP 2000. II. 10245, note Reifegerste ; RTD civ. 1999. 630, obs. Jourdain.*

31. Conditions de la responsabilité. L'application de l'art. 1384, al. 1er, [1242] C. civ. suppose que soit apportée par la victime la preuve que la chose (en l'espèce le sol du magasin) a été, d'une quelconque manière, et ne fût-ce que pour partie, l'instrument du dommage (ce qui n'était pas le cas en l'espèce). • Civ. 2e, 19 nov. 1964 : *préc. note 29* • 3 févr. 1977 : *D. 1977. Somm. 327, obs. Larroumet.* ♦ C'est l'anormalité de la chose (en l'espèce un rail de guidance sur un parking de supermarché), de par son état, sa position ou son fonctionnement, qui doit receler le dommage potentiel, la survenue de ce dommage n'étant pas en elle-même démonstrative de cette anormalité (chute de la personne poussant un caddie). • Civ. 2e, 16 oct. 2008 : *RCA 2008, n° 353, obs. Groutel.* ♦ Dès lors qu'un muret en béton délimitant un chemin d'accès piétonnier à l'entrée de la surface de vente – de couleur blanche, en bon état, parfaitement visible pour une personne normalement attentive et qu'il n'est de surcroît pas obligatoire de franchir pour se rendre dans le magasin –, chose inerte, n'était pas placé dans une position anormale et n'avait joué aucun rôle actif dans la chute de la victime, le juge a exactement déduit que ce muret n'avait pas été l'instrument du dommage. • Civ. 2e, 29 mars 2012 : *Bull. civ. II, n° 66 ; Dalloz actualité, 10 avr. 2012, obs. Marrocchella ; D. 2012. Actu. 1008 ; JCP E 2012, n° 1297 ; Gaz. Pal. 2012. 2893, obs. Mekki ; RJDA 2012, n° 729 ; RCA 2012, n° 150, obs. Groutel.* ♦ La responsabilité de l'exploitant n'est pas engagée dès lors que l'accident a été causé par un comportement de la victime que l'exploitant ne pouvait prévoir et qu'il n'a pu surmonter. • Civ. 2e, 11 mai 1966 : *D. 1966. 735, note Azard ; RTD civ. 1967. 639, obs. Durry.* ♦ Le prêt à usage d'un caddie de supermarché opère transfert de sa garde au client utilisateur, seul ayant la possibilité de prévenir le préjudice que cet engin pourrait causer, à partir du moment où il en prend possession jusqu'à celui où il le remet dans un des emplacements spécialement prévus à cet effet ; le caddie ayant été détourné de sa fonction, à la fois par celui qui ne l'a pas remis avec les autres caddies à l'emplacement prévu, et par celui qui l'a fait ou laissé tomber dans l'eau, le supermarché, dépossédé du caddie litigieux, n'en était plus gardien. • Civ. 2e, 13 janv. 2012 : *CCC 2012, n° 85, obs. Leveneur ; RJDA 2012, n° 730.*

32. Applications. La responsabilité de l'exploitant, sur la base de l'art. 1384, al. 1er, [1242] C. civ., a été retenue dans le cas d'une glissade sur un détritus. • Civ. 2e, 14 févr. 1979 : *Bull. civ. II, n° 51* • 24 janv. 1985 : *Bull. civ. II, n° 21 ; RTD civ. 1986. 115, obs. Huet.* ♦ ... D'une chute sur une grille métallique. • Civ. 2e, 17 mars 1970 : *Bull. civ. II, n° 106 ; RTD civ. 1971. 854, obs. Durry.* ♦ ... D'une chute sur un escalier roulant. • Civ. 2e, 1er févr. 1973 : *JCP 1974. II. 17810, note Dejean de la Batie.* ♦ ... Du bris d'une bouteille présentée à la vente. • Civ. 2e, 16 mai 1984 : *Bull. civ. II, n° 86 ; Gaz. Pal. 1984. 2. Somm. 264, obs. Chabas ; RTD civ. 1985. 585, obs. Huet.* ♦ ... Du basculement d'un portail d'exposition, alors même que celui-ci a été manipulé par le client, dès lors que le magasin n'avait nullement restreint ou interdit au public l'accès à la zone d'exposition, et qu'une telle manipulation était prévisible. • Pau, 26 févr. 2008 : *JCP 2008. IV. 2356.*

X. MÉDECINE ET TRANSFUSIONS SANGUINES

33. Renvoi. V. C. civ., art. 1242 (notes ss. art. L. 1142-1 CSP). – **C. civ.**

XI. SPECTACLES

34. Obligation de moyens. L'entrepreneur de spectacles n'est tenu, sauf circonstances particulières découlant de la nature du spectacle, que d'une obligation de moyens quant à la sécurité des spectateurs. • Civ. 17 mars 1947 : *D. 1947. 269* (cinéma) • Civ. 1re, 10 juin 1986 : *Bull. civ. I, n° 164* (discothèque) • 11 févr. 1975 : *D. 1975. 533, note le Tourneau* • 29 nov. 1989 : *Bull. civ. I, n° 371* • 30 mars 1994 : *ibid., n° 134* • 22 juin 1999 : *ibid., n° 214* (exploitant de discothèque organisateur de « combats de sumo »).

35. Spectacles extérieurs. L'exploitant d'un site touristique naturel (grottes) a une obligation de sécurité de moyens. • Civ. 1re, 17 juin 1997 :

Bull. civ. I, n° 202; RTD civ. 1998. 116, obs. Jourdain. ♦ Même solution pour : l'exploitant d'un parc zoologique. • Civ. 1re, 30 mars 1994 : *Bull. civ. I, n° 134; D. 1994. IR 104*. ♦... L'exploitant d'un parc de loisirs. • Montpellier, 20 janv. 1992 : *JCP 1993. II. 22125, note Bories*. ♦ L'exploitant d'un toboggan est tenu d'une obligation de résultat en ce qui concerne la sécurité de ses clients dont il peut s'exonérer partiellement ou totalement par la preuve d'une faute de la victime. • Paris, 2 juill. 2007 : *Gaz. Pal. 2007. 3483, et les obs.* ♦ L'exploitant d'un parc de loisirs, où se louent des quads, est tenu d'une obligation de sécurité qui est une obligation de moyens, de sorte que le locataire d'un quad, victime d'un accident au sein du parc de loisirs, doit prouver la faute de l'exploitant pour engager sa responsabilité sur le fondement de l'art. 1147 [ancien] C. civ. • Caen, 22 nov. 2007 : *JCP 2008. IV. 1739*. ♦ En revanche, l'exploitant du parc a manqué à son obligation de conseil en ne relevant pas l'identité des participants, ce qui a privé la victime de la possibilité d'agir sur le fondement de l'art. 1384 [1242] C. civ. contre le conducteur l'ayant heurté. • Même arrêt.

XII. TRANSPORTEURS

36. Obligation de résultat. L'exécution du contrat de transport comporte pour le transporteur l'obligation de conduire le voyageur sain et sauf à destination. • Civ. 21 nov. 1911 : *GAJC, 11e éd., n° 262; DP 1913. 1. 249 (1re esp.), note Sarrut; S. 1912. 1. 73, note Lyon-Caen*. ♦ Le transporteur ne peut s'exonérer de son obligation de sécurité qu'en démontrant que l'accident est dû à la faute exclusive de la victime présentant le caractère de la force majeure. • Civ. 1re, 26 juin 1990 : *Bull. civ. I, n° 181*. ♦... Ou à un fait imprévisible et irrésistible. • Civ. 1re, 21 oct. 1997 : *Bull. civ. I, n° 288; D. Affaires 1997. 1352*. ♦ Cette preuve ne peut résulter d'éléments provenant exclusivement du transporteur, en l'occurrence ferroviaire. • Civ. 1re, 2 avr. 1996 : *Bull. civ. I, n° 170; D. 1996. Somm. 329, note Delebecque*. ♦ Cette preuve n'est pas rapportée dans l'hypothèse de la chute d'un voyageur par la portière d'un train, accident qui aurait pu être évité par la mise en place d'un système approprié interdisant l'ouverture des portières pendant la marche du train. • Civ. 1re, 21 oct. 1997 : *préc.* • Grenoble, 22 janv. 2007 : *BICC 1er févr. 2008, n° 194*. ♦... Ni dans le cas d'une agression commise sur un voyageur dans un train, dès lors que les agressions ne sont pas imprévisibles et que la présence de contrôleurs en nombre suffisant peut revêtir un effet dissuasif. • Civ. 1re, 3 juill. 2002 : *Bull. civ. I, n° 183; D. 2002. 2631, note Gridel; RCA 2002, n° 323, note Groutel; RTD civ. 2002. 821, obs. Jourdain*. – Déjà en ce sens : • Civ. 1re, 12 déc. 2000 : *Bull. civ. I, n° 323; D. 2001. 1650, note Paulin; ibid. Somm. 2230, obs. Jourdain; CCC 2001, n° 53, obs. Leveneur; RCA 2001. Chron. 6, par Groutel*. ♦ Comp. en matière de transport international ferroviaire : • Civ. 1re, 13 mars 2008 : *Bull. civ. I, n° 77; D. 2008. 1582, note Viney; JCP 2008. I. 186, n° 8, obs. Stoffel-Munck; RJDA 2008, n° 1023*. ♦ Le transporteur tenu d'une obligation de sécurité de résultat envers un voyageur ne peut s'en exonérer partiellement, la faute de la victime, à condition de présenter le caractère de la force majeure, ne pouvant jamais emporter qu'exonération totale. • Civ. 1re, 13 mars 2008 : *Bull. civ. I, n° 76; D. 2008. 1582, note Viney; ibid. Chron. C. cass. 2370, obs. Creton; RTD civ. 2008. 312, obs. Jourdain; JCP 2008. II. 10085, note Grosser; ibid. I. 186, n° 8, obs. Stoffel-Munck; CCC 2008, n° 173, obs. Leveneur; LPA 6 août 2008, note Quézel-Ambrunaz; LPA 25 août 2008, note Bouche; RCA 2008, n° 159, obs. Leduc, et Étude 6, par Hocquet-Berg* • Cass., ch. mixte, 28 nov. 2008 : *BICC 1er mars 2009, p. 9, rapp. Petit, avis Domingo; D. 2009. 461, note Viney; JCP 2009. II. 10011, note Grosser; RJDA 2009, n° 216; RCA 2009, n° 4, obs. Hocquet-Berg*.

37. Limites dans le temps. L'obligation de sécurité n'existe à la charge du transporteur que pendant l'exécution du contrat de transport, c'est-à-dire à partir du moment où le voyageur commence à monter dans le véhicule et jusqu'au moment où il achève d'en descendre. • Civ. 1re, 1er juill. 1969 : *Bull. civ. I, n° 260; D. 1969. 640, note G. C.-M.; JCP 1969. II. 16091, concl. Lindon, note M. B. et A. R.; RTD civ. 1970. 184, obs. Durry* • 7 mars 1989 : *Bull. civ. I, n° 118; D. 1991. 1, note Malaurie; Gaz. Pal. 1989. 2. 632, note Paire; RTD civ. 1989. 548, obs. Jourdain* • 15 juill. 1999 : *Bull. civ. I, n° 242; D. 2000. 283, note Pech-Le Gac; JCP E 2000. 1225, obs. Bon-Garcin; RTD civ. 1999. 843, obs. Jourdain* (transport aérien). ♦ L'obligation de sécurité afférente au contrat de transport cesse avec celui-ci, à partir de l'instant où les voyageurs ont repris leur autonomie. • Civ. 2e, 10 mai 1991 : *Bull. civ. II, n° 135*. – Mascala, *D. 1991. Chron. 80*. ♦ En dehors de l'exécution du contrat de transport, la responsabilité du transporteur à l'égard du voyageur est soumise aux règles de la responsabilité délictuelle. • Civ. 1re, 7 mars 1989 : *préc.* ♦ V. conf. • Civ. 1re, 19 févr. 1991 : *Bull. civ. I, n° 72* (accident survenu au cours d'une correspondance). ♦ Comp. • Civ. 1re, 15 juill. 1999 : *préc.* (reconnaissant, à la charge du transporteur aérien, en dehors du vol proprement dit et des opérations d'embarquement et de débarquement, une obligation de sécurité de moyens dans l'exécution du contrat le liant à ses clients).

38. Personnes concernées. Le tiers au contrat de transport liant le transporteur à la personne transportée n'est pas fondé à se prévaloir de l'obligation contractuelle de résultat quant à la sécurité de la personne transportée (question du recours de l'auteur du dommage contre le transporteur). • Civ. 1re, 2 mai 1989 : *Bull. civ. I, n° 182 ; RTD civ. 1989. 758, obs. Jourdain.*

39. Contrats visés : notion de contrat de transport. L'existence d'un accord sur le partage des frais de voyage est insuffisante pour établir entre les parties un lien de nature à engendrer une responsabilité contractuelle liée à une obligation de sécurité. • Civ. 1re, 6 avr. 1994 : *Bull. civ. I, n° 136 ; RTD civ. 1994. 866, obs. Jourdain ; JCP 1994. I. 3781, nos 1 s., obs. Fabre-Magnan ; Defrénois 1994. 1129, obs. Delebecque.* ♦ L'existence d'un contrat de transport, générateur d'une obligation de résultat mise à la charge du transporteur, implique que le contrôle et la conduite du moyen de locomotion fourni pour parcourir un itinéraire ne soient pas abandonnés à la personne qui parcourt cet itinéraire. • Civ. 1re, 27 janv. 1982 : *Bull. civ. I, n° 52.*

40. Transporteurs aériens. V. Conv. de Varsovie du 12 oct. 1929 et textes subséquents. – **C. transp.**

41. Transporteurs maritimes. V. Conv. de Bruxelles du 29 avr. 1961 et C. transp., art. L. 5421-2 à L. 5421-7. – **C. transp.** ♦ Dès lors que le transporteur avait manqué à son obligation de sécurité en n'alertant pas les passagers sur les conditions difficiles de la traversée, en ne demandant pas à ceux-ci de rester assis et, surtout, en n'interdisant pas l'accès au pont, une cour d'appel a décidé à bon droit qu'un tel manquement, qui impliquait objectivement la conscience de la probabilité du dommage et son acceptation téméraire, revêtait un caractère inexcusable. • Civ. 1re, 18 juin 2014 : *Bull. civ. I, n° 113 ; Gaz. Pal. 2014. 2992, note Paulin.*

XIII. ACTIVITÉS DE FABRICATION ET DE VENTE PROFESSIONNELLE

A. PRINCIPE

42. Absence de défaut de nature à causer un danger pour les personnes et les biens. Le fabricant est tenu de livrer un produit exempt de tout défaut de nature à causer un danger pour les personnes ou les biens, c'est-à-dire un produit qui offre la sécurité à laquelle on peut légitimement s'attendre. • Civ. 1re, 3 mars 1998 : *Bull. civ. I, n° 95 ; D. 1999. 36, note Pignarre et Brun ; JCP 1998. II. 10049, rapp. Sargos ; ibid. I. 144, n° 18, obs. Viney ; Gaz. Pal. 1998. 2. 720, note Fouassier ; RTD civ. 1998. 683, obs. Jourdain* (responsabilité du fabricant pour le dommage causé par l'enveloppe non digestible d'un comprimé médicamenteux). ♦ Dans le même sens, pour un vendeur professionnel, avec une formule légèrement différente : le vendeur professionnel est tenu de livrer des produits exempts de tout vice ou de tout défaut de fabrication de nature à créer un danger pour les personnes ou les biens ; il en est responsable tant à l'égard des tiers que de son acquéreur. • Civ. 1re, 17 janv. 1995 : *D. 1995. 350, note Jourdain ; D. 1996. Somm. 15, obs. Paisant ; RTD civ. 1995. 631, obs. Jourdain.*

V. précédemment, sans référence aux tiers : • Civ. 1re, 20 mars 1989 : *D. 1989. 381, note Malaurie ; RTD civ. 1989. 756, obs. Jourdain* (implosion d'un poste de télévision) • 11 juin 1991 : *Bull. civ. I, n° 201 ; D. 1993. Somm. 241, obs. Tournafond ; RTD civ. 1992. 114, obs. Jourdain* (dégagement d'oxyde de carbone par le système de chauffage équipant un mobile home) • 27 janv. 1993 : *Bull. civ. I, n° 44 ; RTD civ. 1993. 592, obs. Jourdain* • 15 oct. 1996 : *Bull. civ. I, n° 354 ; D. 1997. Somm. 287, obs. Jourdain ; ibid. 348, obs. Brun ; JCP 1997. I. 4025, n° 14, obs. Viney* (lunettes de motocycliste prétendument incassables et ayant éclaté après un choc avec un oiseau ; décision visant les fabricants et les vendeurs professionnels).

43. Défaut d'information. Dès lors que la notice d'un médicament ne met pas en garde le prescripteur ou l'utilisateur contre l'existence d'effets secondaires, même exceptionnels, ce défaut d'information peut être assimilé à un défaut du produit et constitue un manquement à l'obligation de sécurité qui pèse sur le fabricant. • Paris, 23 sept. 2004 : *D. 2005. 1012, note Gorny ; Gaz. Pal. 4 janv. 2005, Somm., obs. Vray ; RCA 2005, n° 293, note Radé.* ♦ Cependant, l'état des connaissances scientifiques sur les effets secondaires du médicament étant limité lors de la réalisation du dommage, il y a lieu d'exonérer le fabricant de sa responsabilité de ce chef. • Même arrêt. ♦ Cette décision a été cassée par : • Civ. 1re, 15 mai 2007 : *Bull. civ. I, n° 185 ; D. 2007. Pan. 2907, obs. Brun ; JCP 2007. I. 185, n° 7, obs. Stoffel-Munck ; Gaz. Pal. 2007. 4242, obs. Onat ; RJDA 2007, n° 1044 ; RDC 2007. 1147, obs. Borghetti ; RCA 2007, n° 219, obs. Radé.*

44. Produits défectueux. Viole l'art. 1147 [ancien] C. civ. interprété à la lumière de la Dir. CEE n° 85-374 du 24 juill. 1985 (relative à la responsabilité du fait des produits défectueux) le tribunal qui retient la responsabilité du fabricant d'un produit alors que n'est pas constaté un défaut de sécurité ayant causé un dommage à une personne ou à un bien autre que le produit défectueux lui-même. • Civ. 1re, 9 juill. 2003 : *Bull. civ. I, n° 173 ; RCA 2003, n° 268* (coulures du mastic de fenêtres à double vitrage). ♦ ... Ou le tribunal qui retient la responsabilité du fabricant d'un médicament en se bornant à la seule constatation que certains principes actifs de celui-ci sont dangereux sans rechercher si, au regard des circonstances, le produit était défectueux. • Civ. 1re, 5 avr. 2005 : *Bull. civ. I, n° 173 ; D. 2005. 2256, note Gorny ; D. 2006. Pan. 1929, obs. Jourdain et Brun ; JCP 2005. II. 10085, note Grynbaum et Job ; ibid. I. 149, n° 7, obs. Viney ; RCA 2005, n° 189, note Radé ; LPA 21 juin 2005, note Henin et Maillols ; ibid. 12 juill. 2005, note Rebeyrol ; RTD civ. 2005. 607, obs. Jourdain.*

45. Débiteurs de l'obligation. Pour les fabricants et les vendeurs professionnels, V. note 42. ♦ Il incombe au distributeur, spécialiste des problèmes d'élevage, de s'assurer que les produits qu'il conseille ne présentent pas de risque pour son client et le fait que le fabricant n'ait pas, sur ses étiquettes, mentionné l'extrême inflammabilité du gaz dégagé par le produit n'est pas de nature à dégager le distributeur de sa responsabilité contractuelle. • Civ. 1re, 4 avr. 1991 : *Bull. civ. I, n° 131.* ♦ V. aussi • TGI Paris, 21 sept. 1998 : *D. Affaires 1999. 415, obs. C. R.* (défectuosité du conditionnement d'un produit destiné à des nourrissons).

46. Créanciers de l'obligation. Selon les art. 1147 [ancien] et 1384, al. 1er, [1242] C. civ. interprétés à la lumière de la Dir. CEE n° 85-374 du 24 juill. 1985 (relative à la responsabilité du fait des produits défectueux), tout producteur est responsable des dommages causés par un défaut de son produit, tant à l'égard des victimes immédiates que des victimes par ricochet, sans qu'il y ait lieu de distinguer selon qu'elles ont la qualité de partie contractante ou de tiers. • Civ. 1re, 28 avr. 1998 : *Bull. civ. I, n° 158 ; D. Affaires 1998. 1122, obs. J. F. ; JCP 1998. II. 10088, rapp. Sargos ; ibid. I. 185, n° 19 s., obs. Viney ; LPA 13 janv. 1999, note Fouassier ; RTD civ. 1998. 684, obs. Jourdain* (fourniture de sang contaminé par un centre régional de transfusion sanguine, indemnisation du préjudice subi par le mari et les enfants d'une personne contaminée par le virus du sida). ♦ V. dans le même sens : • Civ. 1re, 3 mars 1998 : *préc. note 42* • 17 janv. 1995 : *préc. note 42* • TGI Nanterre, 5 juin 1998 : *D. 1999. Somm. 246, obs. Revel ; ibid. 336, obs. Galloux ; D. Affaires 1999. 66, obs. S. B.-T. ; Gaz. Pal. 1999. 2. Somm. 620, obs. Beslay* (vaccin contre l'hépatite B), confirmé par • Versailles, 2 mai 2001 : *D. 2001. IR 1592 ; RTD civ. 2001. 891 et 896, obs. Jourdain* • TGI Nanterre, 24 mai 2002 : *D. 2002. IR 1885 ; RTD civ. 2002. 527, obs. Jourdain ; RDSS 2002. 502, note Neyret* (Distilbène), confirmé par • Versailles, 30 avr. 2004 : *D. 2004. 2071, note Gossement ; RCA 2004. Étude 22, par Radé ; LPA 22 juin 2005, note Niel* (pourvoi rejeté par • Civ. 1re, 7 mars 2006 : *Bull. civ. I, n° 142 ; D. 2006. IR 812, obs. Gallmeister ; RTD civ. 2006. 565, obs. Mestre et Fages ; JCP 2006. I. 166, n° 8, obs. Stoffel-Munck ; RJDA 2006, n° 633*).

47. Nature de l'obligation. Si le fabricant et le vendeur de certains produits d'usage courant spécialement destinés aux soins ou au confort du corps humain sont tenus d'une obligation de sécurité, celle-ci se limite à la délivrance de produits qui, employés dans des conditions conformes aux recommandations des fournisseurs, ne présentent normalement pour leurs utilisateurs aucun caractère dangereux ; cette obligation ne comporte pas une garantie de plein droit de tous les dommages pouvant résulter de l'usage de ces produits. • Civ. 1re, 22 janv. 1991 : *Bull. civ. I, n° 30 ; RTD civ. 1991. 539, obs. Jourdain* (rejet de la responsabilité du fabricant, le dommage étant lié, non à un vice du produit, mais à des caractères propres de l'utilisateur : réaction allergique à un composant ordinairement anodin d'une crème). ♦ V. pour une décision ancienne : • Civ. 1re, 4 oct. 1967 : *D. 1967. 652 ; JCP 1968. II. 15698, note Dejean de la Bâtie* (aucune obligation de résultat ne pèse sur le coiffeur à raison des produits utilisés). ♦ Comp. • Douai, 3 juin 1993 : *BICC 15 mai 1994, n° 570* (l'institut de beauté qui fournit l'usage d'un appareil de bronzage artificiel ne comportant aucun réglage à l'exception d'une minuterie est tenu d'une obligation de résultat quant à l'innocuité de cet appareil). ♦ Un laboratoire pharmaceutique manque à son obligation de vigilance et commet une faute en ne surveillant pas l'efficacité du médicament litigieux et en maintenant sa distribution malgré les avertissements contenus dans la littérature médico-scientifique. • Civ. 1re, 7 mars 2006 : *préc. note 46*, rejetant le pourvoi contre • Versailles, 30 avr. 2004 : *préc. note 46* (Distilbène).

48. Produits visés. V. par exemple : pour des objets fabriqués (appareils, machines), notes 42 et 47 *in fine*. ♦ ... Pour un médicament : notes 42, 43, 46 et 47. ♦ ... Pour du sang : note 46. ♦ ... Pour un vaccin contre l'hépatite B : note 46. ♦ ... Pour l'hormone de croissance extractive d'origine humaine, V. • TGI Montpellier, 9 juill. 2002 : *JCP 2002. II. 10158, et la note ; RTD civ. 2002. 818, obs. Jourdain*. ♦ ... Pour des produits courants d'hygiène du corps : note 47. ♦ Jugé que l'obligation de sécurité d'un vendeur d'aliments pour chèvres doit être exclue au motif que le produit vendu n'est pas toxique. • Civ. 1re, 6 mars 1996 : *Bull. civ. I, n° 128 ; JCP 1997. I. 4025, n° 15, obs. Viney.*

B. RESPONSABILITÉ CONTRACTUELLE : RÉGIME

49. Preuve de la causalité entre le vice et le dommage. L'action en responsabilité pour manquement du vendeur professionnel à son obligation de sécurité nécessite, pour sa mise en œuvre, que le vice de la chose ait été la cause d'un accident ; à défaut, le seul fondement possible de l'action est la garantie des vices cachés. • Civ. 1re, 16 oct. 2001 : CCC 2002, n° 4, obs. Leveneur. ♦ La responsabilité du producteur est soumise à la condition que le demandeur prouve, outre le dommage, le défaut du produit et le lien de causalité entre le défaut et le dommage. • Civ. 1re, 23 sept. 2003 : *Bull. civ. I, n° 188 ; D. 2004. 898, note Serinet et Mislawski ; JCP 2003. II. 10179, note Jonquet, Maillols, Mainguy et Terrier ; JCP E 2003. 1749, note Mistretta et Faict ; RCA 2003. Chron. 28, par Radé ; CCC 2004. Chron. 2, par Paul ; RLDC 2004/1, n° 9, note Hocquet-Berg ; LPA 16 janv. 2004, note Gossement ; ibid. 22 avr. 2004, note Mémeteau ; RTD civ. 2004. 101, obs.*

Jourdain (vaccin contre l'hépatite B et sclérose en plaques : lien de causalité non établi, en l'espèce), cassant • Versailles, 2 mai 2001 : *D. 2001. IR 1592 ; RTD civ. 2001. 891 et 896, obs. Jourdain* (confirmant • TGI Nanterre, 5 juin 1998 : *D. 1999. Somm. 246, obs. Revel ; ibid. 336, obs. Galloux ; D. Affaires 1999. 66, obs. S. B.-T.; Gaz. Pal. 1999. 2. Somm. 620, obs. Beslay*). ♦ Doit être cassé l'arrêt qui déduit le caractère défectueux du vaccin litigieux (contre l'hépatite B) des seules constatations que le vaccin avait été le facteur déclenchant du syndrome de Guillain-Barré développé par la victime et que l'autorisation de mise sur le marché énumérait cette affection au titre des effets indésirables, en mentionnant « très rarement, des neuropathies périphériques ». • Civ. 1re, 24 janv. 2006 : *Bull. civ. I, n° 33; D. 2006. 1273, note Neyret ; GAJC II 2008. 527, note Terré et Lequette ; RTD civ. 2006. 325, obs. Jourdain ; RTD com. 2006. 652, obs. Bouloc ; RDSS 2006. 495, note Peigné ; JCP 2006. II. 10082, note Grynbaum; Gaz. Pal. 2006. Somm. 2056, obs. Job; CCC 2006, n° 77, obs. Leveneur; LPA 3 mars 2006, concl. Sarcelet*, cassant • Versailles, 12 sept. 2003 : *D. 2003. IR 2549 ; RCA 2004, n° 344, note Radé*. ♦ V. aussi, estimant que la preuve du lien de causalité n'est pas rapportée : • TGI Lyon, 28 avr. 2003 : *JCP 2003. II. 10166, note Mistretta*. ♦ Si l'action en responsabilité du fait d'un produit défectueux exige la preuve du dommage, du défaut et du lien de causalité entre le défaut et le dommage, une telle preuve peut résulter de présomptions, pourvu qu'elles soient graves, précises et concordantes. • Civ. 1re, 22 mai 2008 : *Bull. civ. I, nos 147, 148 et 149; D. 2008. Pan. 2897, obs. Jourdain ; RTD civ. 2008. 492, obs. Jourdain ; RDSS 2008. 578, obs. Peigné ; JCP 2008. II. 10131, note Grynbaum; JCP E 2008, n° 38, p. 27, note Daille-Duclos; LPA 22 août 2008, note Sintez; Gaz. Pal. 2008. 1686, note Pierroux; RJDA 2008, n° 1069; RCA 2008. Étude 8, par Radé; RLDC sept. 2008. 15, note Brun et Quézel-Ambrunaz*. ♦ Présomptions graves, précises et concordantes permettant, en l'espèce, d'imputer l'apparition des troubles à la prise du médicament (Isoméride) : V. • Civ. 1re, 24 janv. 2006 : *Bull. civ. I, n° 35; D. 2006. Pan. 1931, obs. Jourdain ; RTD civ. 2006. 322, obs. Jourdain ; RTD com. 2006. 652, obs. Bouloc ; RDSS 2006. 495, note Peigné ; JCP 2006. II. 10082, note Grynbaum; RJDA 2006, n° 845*. ♦ ... D'imputer la maladie de Creutzfeldt-Jakob contractée par la victime à l'hormone de croissance fournie par l'association France hypophyse. • Civ. 1re, 24 janv. 2006 : *Bull. civ. I, n° 34; D. 2006. Pan. 1931, obs. Jourdain ; RTD civ. 2006. 322, obs. Jourdain ; RTD com. 2006. 652, obs. Bouloc ; RDSS 2006. 495, note Peigné ; JCP 2006. II. 10082, note Grynbaum; LPA 13 juill. 2006, avis Sarcelet*.

La responsabilité de plein droit qui pèse sur le vendeur-installateur ne s'étend qu'aux dommages causés par le manquement à son obligation de résultat; il incombe, en conséquence, à la victime d'une explosion de gaz survenue plus d'un an après l'installation par le professionnel d'une gazinière de démontrer que l'explosion a trouvé son origine dans la prestation effectuée. • Civ. 1re, 16 oct. 2001 : *CCC 2002, n° 25, obs. Leveneur; RTD civ. 2002. 514, obs. Jourdain* . ♦ Rappr., pour un garagiste, • Com. 22 janv. 2002 : *RTD civ. 2002. 514, obs. Jourdain* .

50. Exigence de motivation des juges du fond. Sur l'obligation, pour les juges du fond, de préciser le fondement juridique de la « garantie sécurité » qu'ils retiennent à la charge d'un fabricant : • Civ. 1re, 16 oct. 2001 : *Bull. civ. I, n° 259; D. 2001. IR 3254* .

51. Exonération. Si le juge national, saisi d'un litige dans une matière entrant dans le domaine d'application d'une directive, est tenu d'interpréter son droit interne à la lumière du texte et de la finalité de la directive, c'est à la condition que celle-ci soit contraignante pour l'État membre et ne lui laisse pas une faculté d'option pour l'adaptation de son droit national au droit communautaire; tel est le cas pour l'exonération pour risque de développement que les États membres ont la faculté ou non d'introduire (sang contaminé). • Civ. 1re, 9 juill. 1996 : *Bull. civ. I, n° 304; D. 1996. 610, note Lambert-Faivre ; JCP 1996. I. 3985, n° 16, obs. Viney; CCC 1996, n° 200, obs. Leveneur; RTD civ. 1997. 146, obs. Jourdain* . ♦ V. désormais les art. 1245-10 et 1245-11 C. civ., App., v° *Responsabilité du fait de produits*.

52. Prescription : rejet du bref délai. L'action en responsabilité contractuelle exercée contre le vendeur en cas de manquement à son obligation de sécurité n'est pas soumise au bref délai imparti par l'art. 1648 C. civ. • Civ. 1re, 11 juin 1991 : *Bull. civ. I, n° 201; RTD civ. 1992. 114, obs. Jourdain* . ♦ Dans le même sens, pour l'action en responsabilité exercée par la victime d'un produit défectueux contre le vendeur professionnel : • Civ. 1re, 14 juin 2000 : *CCC 2000, n° 158, obs. Leveneur*.

53. Recours. En cas de dommage dû à un vice du produit, le fabricant doit garantie au vendeur professionnel (distributeur) pour la totalité des condamnations prononcées contre ce dernier. • Civ. 1re, 17 janv. 1995 : *préc. note 42*.

54. Autres fondements. Sur la responsabilité des vendeurs et fabricants, V. aussi notes ss. art. L. 111-1 (obligation d'information), et notes ss. art. L. 217-13 (garantie des vices cachés). – V. également art. 1245 s. C. civ., App., v° *Responsabilité du fait des produits*.

C. RESPONSABILITÉ DÉLICTUELLE

55. Article 1382 [1240] du code civil. Pour l'application de l'art. 1382 [1240] C. civ. au fabricant fautif, V. : • Civ. 2e, 8 juin 1979 : *D. 1980. 563, note Espagnon* • Paris, 25 nov. 1987 : *D. 1988. IR 7.* ♦ Sur l'exigence d'un lien de causalité entre la faute et le dommage, V. : • Civ. 1re, 8 avr. 1986 : *RTD civ. 1987. 557, obs. Huet.*

56. Article 1384 [1242] du code civil. Pour l'application de l'art. 1384, al. 1er, [1242] C. civ. au fabricant « gardien de la structure » d'une chose « douée d'un dynamisme propre », V. : • Civ. 1re, 12 nov. 1975 : *JCP 1976. II. 18479, note Viney* (explosion d'une bouteille) • Paris, 5 déc. 1975 *eod. loc.* (explosion d'une pile électrique) • Civ. 2e, 20 juill. 1981 : *JCP CI 1982. II. 13898, note Chabas; RTD civ. 1982. 423, obs. Durry* (explosion d'une bouteille). ♦ Encore faut-il que le dommage ait pour cause un défaut ou, à tout le moins, une caractéristique de la structure existant lors de la fabrication de l'objet. • Versailles, 5 févr. 1988 : *D. 1988. IR 103.*

XIV. SALONS D'ESTHÉTIQUE

57. Obligation de moyens. L'exploitante d'un salon d'esthétique n'est tenue, en ce qui concerne la sécurité de ses clients pendant l'utilisation des douches mises à leur disposition, que d'une obligation de moyens. • Civ. 1re, 8 déc. 1998 : *Bull. civ. I, n° 350; D. 1999. Somm. 260, obs. Jourdain*.

XV. AUTO-ÉCOLE

58. Obligation de moyens. Une société d'auto-école est tenue envers ses élèves d'une obligation contractuelle de sécurité, qui est de moyens. L'apprenti conducteur ayant indiqué à deux reprises au moniteur que ses doigts étaient engourdis par le froid, ce dernier, ainsi averti de ce danger particulier, aggravé par le fait que l'élève était encore en début d'apprentissage, aurait dû suspendre la leçon jusqu'à la disparition de cet état ou lui signifier qu'il était imprudent de continuer l'exercice dans ces conditions, à défaut de pouvoir manipuler les commandes et doser la pression sur l'accélérateur en toute sécurité. • Civ. 1re, 15 oct. 2014, n° 13-20.851 P : *D. 2014. 2386, note Da Silva ; Gaz. Pal. 2015. 384, obs. Mekki; RCA 2015, n° 8, obs. Hocquet-Berg.*

CHAPITRE PREMIER OBLIGATION GÉNÉRALE DE SÉCURITÉ

BIBL. GÉN. ▶ TRAYNARD, *Rev. Conc. Consom. 1990, n° 57* (bilan de l'application de la loi du 21 juill. 1983). – WAUQUIER, *ibid. 1994, n° 81, p. 45* (bilan de douze années de jurisprudence du Conseil d'État : 1982-1994). – DUPRAT, *AJDA 2006. 2046* (la sécurité des produits et la protection de la santé publique). – N. DUPONT, *CCC 2009. Étude 2* (l'action en justice des associations de consommateurs en matière de sécurité). ▶ Ord. n° 2008-810 du 22 août 2008 : NDLR, *BRDA 2008, n° 17, p. 28* (sécurité générale des produits). – J.-A. ROBERT, *RLDC suppl. mars 2009. 32* (la responsabilité du fait des produits défectueux : l'Ord. du 22 août 2008). – PUGNET, *CCC 2009. Étude 10* (la réglementation de la sécurité des produits : un risque pour l'entreprise).

COMMENTAIRE

L'article L. 421-3 pose le principe d'une obligation générale de sécurité des produits et des services, consacrant ainsi la jurisprudence antérieure et permettant de définir le champ d'action de l'administration en la matière. Son application est générale : tout utilisateur, consommateur ou professionnel, de *produits* ou *services* (ce qui exclut les immeubles et les équipements qui sont incorporés) peut en bénéficier « dans des conditions normales d'utilisation ou dans d'autres conditions raisonnablement prévisibles ». Ces dispositions s'appliquent tant au bénéfice des tiers que des acquéreurs (Com. 9 déc. 1997 : *RLDA 1998, n° 2, p. 74*). Le seul critère est ici *l'attente légitime du consommateur*, autrement dit l'attente de l'homme raisonnable, appelé jusqu'à une date récente « bon père de famille » (Picod, Droit de la consommation, *Sirey U, sept. 2015, n° 382*), et non celle d'un spécialiste. L'ordonnance n° 2008-210 du 22 août 2008, prise sur le fondement de la loi du 3 janvier 2008, a inséré dans le code de la consommation les définitions des termes « producteur » et « distributeur » telles qu'elles résultent de la directive du 3 décembre 2001. On les retrouve désormais à l'article L. 421-1. L'article L. 421-4 précise explicitement l'obligation pour ces derniers de prendre toutes les mesures utiles pour contribuer au respect de l'ensemble des obligations de sécurité définies par le titre IV.

L'ordonnance du 9 juillet 2004 avait introduit plusieurs précisions sur les conditions et les conséquences de cette obligation générale de sécurité. C'est ainsi que l'article L. 421-2 exclut les antiquités et les produits d'occasion qui nécessitent une réparation ou une remise en état préalablement à leur utilisation. Mais c'est à condition que le fournisseur réponde à son obligation d'information quant à la nécessité de cette préparation ou de cette remise en état. ❑

V. Dir. 2001/95/CE du 3 déc. 2001 relative à la sécurité générale des produits, ss. art. L. 422-4.
V. avis CNC n° 30 du 20 sept. 2001 sur le principe de précaution et la responsabilité dans le domaine alimentaire, BOCC 21 janv. 2002, p. 41.

Art. L. 421-1 **Pour l'application du présent titre, on entend par :**

1° Producteur :

***a)* Le fabricant du produit, lorsqu'il est établi dans l'Union européenne et toute autre personne qui se présente comme fabricant en apposant sur le produit son nom, sa marque ou un autre signe distinctif, ou celui qui procède à la remise en état du produit ;**

***b)* Le représentant du fabricant, lorsque celui-ci n'est pas établi dans l'Union européenne ou, en l'absence de représentant établi dans l'Union européenne, l'importateur du produit ;**

***c)* Les autres professionnels de la chaîne de commercialisation, dans la mesure où leurs activités peuvent affecter les caractéristiques de sécurité d'un produit ;**

2° Distributeur : tout professionnel de la chaîne de commercialisation dont l'activité n'a pas d'incidence sur les caractéristiques de sécurité du produit. – *[C. consom., art. L. 221-1, définitions.]*

Art. L. 421-2 **Les dispositions du présent titre ne s'appliquent pas aux antiquités et aux produits d'occasion nécessitant une réparation ou une remise en état préalablement à leur utilisation lorsque le fournisseur informe la personne à laquelle il fournit le produit de la nécessité de cette réparation ou de cette remise en état.** – *[C. consom., art. L. 221-1-1.]*

Art. L. 421-3 **Les produits et les services doivent présenter, dans des conditions normales d'utilisation ou dans d'autres conditions raisonnablement prévisibles par le professionnel, la sécurité à laquelle on peut légitimement s'attendre et ne pas porter atteinte à la santé des personnes.** – *[C. consom., art. L. 221-1, al. 1er.] – Sur les critères d'évaluation de conformité, V. art. L. 421-5 à L. 421-7.*

1. Responsabilité sans faute. Par application de l'art. L. 221-1 [L. 421-3], qui édicte une obligation de sécurité-résultat à la charge du fabricant, le laboratoire fabriquant un médicament (Distilbène), administré à une femme enceinte et ayant provoqué l'apparition d'une tumeur cancéreuse chez l'enfant exposé *in utero*, doit répondre d'une responsabilité sans faute en raison de la défectuosité de son produit, dès lors que la preuve du rôle causal du produit est rapportée. • TGI Nanterre, 24 mai 2002 : *D. 2002. IR 1885* ; *RTD civ. 2002. 527, obs. Jourdain* ; *RDSS 2002. 502, note Neyret*, confirmé par • Versailles, 30 avr. 2004 : *D. 2004. 2071, note Gossement* ; *RCA 2004. Étude 22, par Radé* (pourvoi rejeté par • Civ. 1re, 7 mars 2006 : *Bull. civ. I, n° 142* ; *D. 2006. IR 812, obs. Gallmeister* ; *JCP 2006. I. 166, n° 8, obs. Stoffel-Munck* ; *RJDA 2006, n° 633*). ♦ Même solution pour le laboratoire fabriquant un médicament de lutte contre l'obésité (Isoméride) ayant provoqué le déclenchement d'une hypertension artérielle pulmonaire. • TGI Nanterre, 22 déc. 2000 : *Gaz. Pal. 2002, Somm. 264, obs. Vray*. ♦ V. aussi, pour la responsabilité du producteur de l'hormone de croissance extractive, à l'origine de la maladie de Creutzfeldt Jakob chez des personnes traitées avec ce produit : • TGI Montpellier, 9 juill. 2002 : *JCP 2002. II. 10158, et la note* ; *RTD civ. 2002. 818, obs. Jourdain*. ♦ Sur le lien de causalité entre la défectuosité du produit et le dommage, V. note 49 précédant l'art. L. 421-1. ♦ Comp., exonérant le laboratoire pharmaceutique, eu égard à l'état des connaissances scientifiques au moment de la mise en circulation du médicament (Pentasa) : • Paris, 23 sept. 2004 : *D. 2005. 1012, note Gorny* ; *Gaz. Pal. 4 janv. 2005, Somm., obs. Vray* (cassé par • Civ. 1re, 15 mai 2007 : *cité note 43 avant l'art. L. 421-1*).

2. Co-responsabilité. Condamnation *in solidum*, sur le fondement de l'art. L. 221-1 [L. 421-3], du fabricant et du vendeur d'un lampadaire halogène dépourvu de grille de protection à la réparation du dommage provoqué par l'éclatement de l'ampoule. • Douai, 7 janv. 1999, n° 95/05836 : *CCC 2000, n° 73, obs. Raymond.*

3. Produits défectueux. Sur la responsabilité des producteurs du fait des produits défectueux, V. Dir. du 25 juill. 1985 et art. 1245 s. C. civ., App., v° *Responsabilité du fait des produits.*

4. Tabac. Sur l'absence de violation d'une obligation de sécurité de la SEITA pour la fabrication et la commercialisation des cigarettes, V. • Montpellier, 22 mars 2006 : *JCP 2006. II. 10158, note Daille-Duclos.*

5. Manuel d'entretien. Le contenu rédactionnel d'un manuel d'entretien d'un avion et le suivi de cette documentation technique destinée au mécanicien aéronautique ne sauraient être qualifiés de produit ou service au sens de l'art. L. 221-1 [L. 421-3]. • Agen, 9 oct. 2007, n° 05/01593 : *CCC 2008, n° 142, obs. Raymond.*

6. Conditions normales d'utilisation. Le moyen tenant à l'obligation de sécurité résultant des art. L. 221-1 s. [L. 421-1 s.] est inopérant dans la mesure où, dans les « conditions normales d'utilisation » stipulées par l'art. L. 221-1 [L. 421-3], c'est-à-dire au cas d'espèce dans les conditions de ventilation prescrites sur l'emballage du produit, l'accident mortel dont a été victime l'utilisateur aurait pu être évité. • Versailles, 9 sept. 1998 : *CCC 1999, n° 47, obs. Raymond.* ♦ L'art. L. 221-1 [L. 421-3] est venu confirmer la jurisprudence antérieure qui décidait que le vendeur est débiteur d'une obligation de sécurité de résultat à condition que le produit soit utilisé dans des conditions normales, auxquelles il faut ajouter celles raisonnablement prévisibles par le professionnel. • Grenoble, 18 déc. 1995, n° 94/2499 : *CCC 1996, n° 173, obs. Raymond.*

Art. L. 421-4 **Les producteurs et les distributeurs prennent toutes mesures utiles pour contribuer au respect de l'ensemble des obligations de sécurité prévues au présent titre.** – *[C. consom., art. L. 221-1, al. 8.]*

Art. L. 421-5 **Un produit est considéré comme satisfaisant à l'obligation générale de sécurité prévue à l'article L. 421-3, lorsqu'il est conforme à la réglementation spécifique qui lui est applicable ayant pour objet la protection de la santé ou de la sécurité des consommateurs.** – *[C. consom., art. L. 222-1.]*

Art. L. 421-6 **Un produit est présumé satisfaire à l'obligation générale de sécurité prévue à l'article L. 421-3, en ce qui concerne les risques et les catégories de risque couverts par les normes qui lui sont applicables, lorsqu'il est conforme aux normes nationales non obligatoires transposant les normes européennes dont la Commission européenne a publié les références au *Journal officiel de l'Union européenne* en application de l'article 4 de la directive 2001/95/CE du 3 décembre 2001 relative à la sécurité générale des produits.** – *[C. consom., art. L. 222-2.] – V. ce texte ss. art. L. 422-4. – V. Avis relatif à l'application de la Dir. 2001/95/CE (JO 20 juin 2017).*

Art. L. 421-7 **Dans les cas autres que ceux mentionnés aux articles L. 421-5 et L. 421-6, la conformité d'un produit à l'obligation générale de sécurité est évaluée en prenant en compte notamment les éléments suivants quand ils existent :**

1° Les normes nationales non obligatoires transposant des normes européennes applicables au produit autres que celles dont la référence est publiée au *Journal officiel de l'Union européenne* en application de l'article 4 de la directive 2001/95/CE du 3 décembre 2001 relative à la sécurité générale des produits ; – *V. ce texte ss. art. L. 422-4.*

2° Les autres normes françaises ;

3° Les recommandations de la Commission européenne établissant des orientations concernant l'évaluation de la sécurité des produits ;

4° Les guides de bonne pratique en matière de sécurité des produits en vigueur dans le secteur concerné ;

5° L'état actuel des connaissances et de la technique ;

6° La sécurité à laquelle les consommateurs peuvent légitimement s'attendre. – *[C. consom., art. L. 222-3.]*

CHAPITRE II MESURES D'APPLICATION

Art. L. 422-1 **Les produits et services ne satisfaisant pas à l'obligation générale de sécurité prévue à l'article L. 421-3 sont interdits ou réglementés dans les conditions *fixées à l'article*** *(L. n° 2017-203 du 21 févr. 2017, art. 11)* **« L. 412-1** *[ancienne rédaction : L. 422-2]* **».** – *[C. consom., art. L. 221-2 et L. 221-4.]*

Loi n° 2010-729 du 30 juin 2010, *tendant à suspendre la commercialisation de tout conditionnement comportant du bisphénol A et destiné à recevoir des produits alimentaires.* **Art. 1er** *(L. n° 2012-1442 du 24 déc. 2012, art. 1er) (Censuré par Cons. const. n° 2015-480 QPC du 17 sept. 2015, à compter du 19 sept. 2015) « La fabrication, »* l'importation *(Censuré par Cons. const. n° 2015-480 QPC du 17 sept. 2015, à compter du 19 sept. 2015) « , l'exportation »* et la mise sur le marché à titre gratuit ou onéreux de tout conditionnement, contenant ou ustensile comportant du bisphénol A et destiné à entrer en contact direct avec des denrées alimentaires pour les nourrissons et enfants en bas âge, au sens des a et b de l'article 2 de la directive 2006/141/CE de la Commission du 22 décembre 2006 concernant les préparations pour nourrissons et les préparations de suite et modifiant la directive 1999/21/CE, sont suspendues à compter du premier jour du mois suivant la promulgation de la loi nº 2012-1442 du 24 décembre 2012 visant à la suspension de la fabrication, de l'importation, de l'exportation et de la mise sur le marché de tout conditionnement à vocation alimentaire contenant du bisphénol A, jusqu'à ce que le Gouvernement, après avis de l'Agence nationale de sécurité sanitaire de l'alimentation, de l'environnement et du travail, autorise la reprise de ces opérations. — *V. art. L. 511-13.*

Cette suspension prend effet, dans les mêmes conditions, au 1er janvier 2015 pour tout autre conditionnement, contenant ou ustensile comportant du bisphénol A et destiné à entrer en contact direct avec des denrées alimentaires.

Avant le 1er juillet 2014, le Gouvernement remet au Parlement un rapport évaluant les substituts possibles au bisphénol A pour ses applications industrielles au regard de leur éventuelle toxicité.

La déclaration d'inconstitutionnalité des mots « La fabrication » et « , l'exportation » figurant au 1er al. de l'art. 1er de la L. nº 2010-729 du 30 juin 2010 prend effet à compter de la publication (JO 19 sept.) de la décision du Cons. const. nº 2015-480 QPC du 17 sept. 2015 ; elle est applicable à toutes les affaires non jugées définitivement à cette date (Décis. préc., art. 3).

Art. 2 *(L. nº 2012-1442 du 24 déc. 2012, art. 1er)* Tout conditionnement comportant du bisphénol A et destiné à entrer en contact direct avec des denrées alimentaires doit comporter, dans des conditions fixées par décret, un avertissement sanitaire déconseillant son usage, du fait de la présence de bisphénol A, aux femmes enceintes, aux femmes allaitantes et aux nourrissons et enfants en bas âge, au sens des a et b de l'article 2 de la directive 2006/141/CE de la Commission du 22 décembre 2006 précitée.

Art. L. 422-2 **Il est interdit de détenir en vue de la vente ou de la distribution à titre gratuit, de mettre en vente, de vendre, de distribuer à titre gratuit, les produits dont l'importation est prohibée par des décisions de la Commission européenne prises en application de l'article 18 de la directive 91/496/CEE du Conseil du 15 juillet 1991 fixant les principes relatifs à l'organisation des contrôles vétérinaires pour les animaux en provenance des pays tiers introduits dans la Communauté et modifiant les directives 89/662/CEE, 90/425/CEE et 90/675/CEE ou de l'article 22 de la directive 97/78/CE du Conseil du 18 décembre 1997 fixant les principes relatifs à l'organisation des contrôles vétérinaires pour les produits en provenance des pays tiers introduits dans la Communauté fixant les principes relatifs à l'organisation des contrôles vétérinaires pour les animaux en provenance des pays tiers introduits dans la Communauté, ou qui ne sont pas conformes aux prescriptions qu'elles édictent.** — *[C. consom., art. L. 217-1-1.] — Anc. art. L. 422-3 (L. nº 2017-203 du 21 févr. 2017, art. 11).*

Sur les sanctions, V. art. R. 452-1.

Ancien art. L. 422-2 *Des décrets en Conseil d'État :*

1º Fixent, en tant que de besoin, par produits ou catégories de produits, par services ou catégories de services, les conditions dans lesquelles la fabrication, l'importation, l'exportation, l'offre, la vente, la distribution à titre gratuit, la détention, l'étiquetage, le conditionnement, la circulation des produits ou des services ou le mode d'utilisation de ces produits ou services sont interdits ou réglementés ;

2º Déterminent les conditions d'hygiène et de salubrité que doivent observer les personnes qui participent à la fabrication, à la transformation, au transport, à l'entreposage, à la vente des produits ou qui assurent des prestations de services ;

3º Peuvent ordonner que ces produits ou services soient retirés du marché ou rappelés en vue de leur modification, de leur remboursement total ou partiel ou de leur échange, et prévoir des obligations relatives à l'information des consommateurs. Ils peuvent également ordonner la destruction de ces produits lorsque celle-ci constitue le seul moyen de faire cesser le danger ;

4º Précisent les conditions selon lesquelles seront mis à la charge des fabricants, importateurs, distributeurs ou prestataires de services, les frais afférents aux dispositions de sécurité à prendre en vertu de la réglementation ainsi édictée. — [C. consom., art. L. 221-3.]

V. aussi art. R. 422-1.

1. Produits et préparations dangereux. N'est pas justifiée la condamnation pour homicide involontaire d'un dirigeant d'une société commercialisant un produit dangereux, à la suite de la mort d'un utilisateur qui avait omis d'aérer la pièce où il travaillait, dans la mesure où les juges du fond n'ont pas répondu aux arguments du prévenu soutenant que la croix de Saint-André sur fond orangé et la mention « nocif par inhalation » étaient conformes aux prescriptions prévues en matière d'étiquetage et d'emballage des préparations dangereuses par la Dir. CEE n° 88/1379 du 7 juin 1988 et l'Arr. du 21 févr. 1990 pris pour son application, et alors que les recommandations techniques du fabricant non reproduites sur l'emballage y figuraient sous une autre forme. • Crim. 24 sept. 1997 : *Dr. pénal 1998, n° 53, obs. J.-H. Robert; CCC 1999, n° 47, obs. Raymond.* ♦ Sur renvoi, pour une relaxe du chef d'homicide involontaire du dirigeant de la société commercialisant le produit dangereux, V. : • Versailles, 9 sept. 1998 : *CCC 1999, n° 47, obs. Raymond.*

2. *Cyclomoteurs.* Viole le Décr. n° 92-987 du 10 sept. 1992 le directeur d'une société qui détient en vue de la vente des pièces ou dispositifs ayant pour effet d'augmenter la puissance du moteur des cyclomoteurs, la libre circulation des marchandises entre pays membres de la Communauté européenne ayant pour limite les exigences impératives telle notamment la protection des consommateurs. • Aix-en-Provence, 6 mai 1998 : *CCC 1998, n° 172, obs. Raymond.*

3. *Bicyclettes.* Peu importe que des bicyclettes importées d'Indonésie aient été déclarées conformes aux normes de sécurité italiennes (moins contraignantes que les normes françaises dans ce domaine), il n'y a pas lieu de relaxer l'importateur qui n'était pas en mesure de remettre aux agents des douanes chargés du contrôle le dossier mentionné à l'art. 5 du Décr. n° 95-937 du 24 août 1995 qui permet aux douaniers de s'assurer de la conformité des bicyclettes aux exigences de sécurité. • Crim. 6 avr. 2005 : *Bull. crim. n° 119; RTD com. 2005. 861, obs. Bouloc; JCP 2005. IV. 2205, obs. Rouaul.* – V. C. douanes, art. 38. – **C. douanes.**

4. *Proportionnalité.* En décidant une interdiction générale alors que les dispositions de l'art. L. 221-3 [L. 422-2] permettent également de réglementer, notamment, l'étiquetage, le conditionnement ou le mode d'utilisation des produits, y compris en adoptant des restrictions partielles, le Premier ministre a adopté une mesure excessive et disproportionnée au regard des risques. • CE 15 mai 2009 : *D. 2009. 2466, note Thirion; AJDA 2009. 1668, note Markus; RTD com. 2009. 701, obs. Orsoni; RFDA 2009. 868; JCP E 2009, n° 26, p. 41; CCC 2009, n° 236, obs. Raymond; Gaz. Pal. 2009. 4022, note Hérail; RJDA 2010, n° 684.*

DÉCRETS PRIS EN APPLICATION DE L'ARTICLE L. 422-2 DU CODE DE LA CONSOMMATION

– Décret n° 87-729 du 28 août 1987 relatif aux dissolutions de caoutchouc et aux colles à boyaux ;

– Décret n° 88-683 du 6 mai 1988 relatif à l'utilisation des mousses urée-formol dans les locaux à usage d'habitation ou destinés à une occupation humaine permanente ou semi-permanente ;

– Décret n° 88-1231 du 29 décembre 1988 relatif à certaines substances et préparations dangereuses ;

– Décret n° 89-662 du 12 sept. 1989 relatif à la prévention des risques résultant de l'usage des jouets (V. App., v° Jouets, divertissements) ;

– Décret n° 91-1175 du 13 nov. 1991 relatif à la sécurité des consommateurs en ce qui concerne certains objets [briquets, masques de plongée, arbres de Noël artificiels, bougeoirs, vélos tout terrain] (V. App., v° Jouets, divertissements) ;

– Décret n° 91-1292 du 20 déc. 1991 relatif à la prévention des risques résultant de l'usage des articles de puériculture (V. App., v° Puériculture [articles de]) ;

– Décret n° 92-985 du 9 sept. 1992 relatif à la prévention des risques résultant de l'usage de certains produits imitant des denrées alimentaires (V. App., v° Jouets, divertissements) ;

– Décret n° 92-987 du 10 sept. 1992 relatif à la sécurité des consommateurs en ce qui concerne les dispositifs et transformations visant à augmenter la puissance du moteur des cyclomoteurs. – Codifié au C. route, art. R. 317-29. – **C. route**. *– V. désormais C. route, art. L. 317-5, App., v° Bicyclettes, cyclomoteurs ;*

– Décret n° 92-1280 du 10 déc. 1992 édictant les prescriptions de sécurité relatives aux appareils mobiles de chauffage à combustible liquide et à leurs pièces de rechange ;

– Décret n° 93-1185 du 22 octobre 1993 relatif à la sécurité des consommateurs en ce qui concerne les foyers fermés de cheminée et les inserts utilisant des combustibles solides. – Ce décret est abrogé à compter du 1er sept. 2008. Pour la période antérieure à cette date, les dispositions du décret de 1993 ne demeurent applicables qu'aux seuls produits mis pour la première fois sur le marché avant le 1er sept. 2006 et qui ne satisfont pas aux dispositions du Décr. n° 92-647 du 8 juill. 1992 concernant l'aptitude à l'usage des produits de construction (Décr. n° 2007-1378 du 21 sept. 2007, JO 23 sept.) ;

– Décret n° 94-689 du 5 août 1994 relatif à la prévention des risques résultant de l'usage des équipements de protection individuelle pour la pratique sportive ou de loisirs ;

– Décret n° 94-699 du 10 août 1994 fixant les exigences de sécurité relatives aux équipements d'aires collectives de jeux (V. App., v° Jouets, divertissements) ;

– Décret n° 95-326 du 20 mars 1995 relatif aux obligations de sécurité concernant la distribution de certains liquides à base de monoéthylèneglycol ;

– Décret n° 95-937 du 24 août 1995 relatif à la prévention des risques résultant de l'usage des bicyclettes (V. App., v° Bicyclettes, cyclomoteurs) ;

– Décret n° 95-949 du 25 août 1995 relatif à la prévention des risques résultant de l'usage des lits superposés destinés à être utilisés dans les lieux domestiques ou en collectivités (V. App., v° Ameublement) ;

– Décret n° 96-333 du 10 avr. 1996 relatif à la sécurité des consommateurs en ce qui concerne les échelles portables, escabeaux et marchepieds (V. App., v° Échelles, escabeaux) ;

– Décret n° 96-360 du 23 avr. 1996 relatif aux mises en garde concernant les jeux vidéo (V. App., v° Jouets, divertissements) ;

– Décret n° 96-495 du 4 juin 1996 fixant les exigences de sécurité auxquelles doivent répondre les cages de buts de football, de handball, de hockey sur gazon et en salle et les buts de basket-ball ;

– Décret n° 96-611 du 4 juill. 1996 relatif à la mise sur le marché des bateaux de plaisance et des pièces et éléments d'équipement ;

– Décret n° 96-1136 du 18 déc. 1996 fixant les prescriptions de sécurité relatives aux aires collectives de jeux (V. App., v° Jouets, divertissements) ;

– Décret n° 96-1133 du 24 déc. 1996 relatif à l'interdiction de l'amiante (V. App., v° Amiante) ;

– Décret n° 97-617 du 30 mai 1997 relatif à la vente et à la mise à disposition du public de certains appareils de bronzage utilisant des rayonnements ultraviolets (V. App., v° Bronzage) ;

– Décret n° 98-397 du 20 mai 1998 relatif aux interdictions concernant les plantes dénommées Stephania tetrandra et Aristolochia fangchi ;

– Décret n° 99-777 du 9 sept. 1999 relatif à la prévention des risques liés à l'usage des sièges pliants de types chilienne, transatlantique et flâneuse ;

– Décret n° 2000-164 du 23 févr. 2000 relatif à la sécurité de certains articles de literie (V. App., v° Textiles) ;

– Décret n° 2003-158 du 25 févr. 2003 relatif à la sécurité des produits abrasifs agglomérés rotatifs destinés aux opérations de meulage et de tronçonnage à l'aide de machines électroportatives ;

– Décret n° 2004-572 du 17 juin 2004 relatif aux interdictions concernant certaines confiseries gélifiées (V. App., v° Sucre, substances édulcorantes) ;

– Décret n° 2005-1184 du 19 sept. 2005 portant interdiction de plusieurs espèces, sous-espèces ou variétés de champignons ;

– Décret n° 2006-18 du 4 janv. 2006 relatif à la sécurité des barbecues utilisant des combustibles solides ;

– Décret n° 2006-286 du 13 mars 2006 relatif aux produits composés d'une confiserie et d'éléments non comestibles solidaires de celle-ci lors de sa consommation ;

– Décret n° 2006-1129 du 8 sept. 2006 relatif à la sécurité des briquets ;

– Décret n° 2007-665 du 2 mai 2007 relatif à la sécurité des appareils à laser sortant ;

– Décret n° 2009-873 du 16 juill. 2009 relatif à la sécurité des alarmes de piscine par détection d'immersion (App., v° Jouets, divertissements).

– Décret n° 2010-321 du 23 mars 2010 relatif à la prévention des risques résultant de l'usage des générateurs d'aérosols ;

– Décret n° 2012-412 du 23 mars 2012 relatif à la sécurité des machines à laver et essoreuses mises à disposition du public (V. App., v° Appareils domestiques) ;

– Décret n° 2015-1083 du 27 août 2015 relatif à la mise à disposition sur le marché du matériel électrique destiné à être employé dans certaines limites de tension (V. App., v° Énergie domestique) ;

– Décret n° 2015-1084 du 27 août 2015 relatif à la compatibilité électromagnétique des équipements électriques et électroniques (V. App., v° Énergie domestique).

Sur la sécurité des téléphones portables, V. CPCE, art. R. 20-10 et 1er Arr. du 8 oct. 2003, App., v° Poste et télécommunications.

Sur la sécurité des ascenseurs, V. CCH, art. L. 125-1 s. - **CCH.**

Sur la sécurité des portes automatiques de garage, V. CCH, art. L. 125-3 s. - **CCH.**

Sur la sécurité des piscines, V. CCH, art. L. 128-1 s. - **CCH.** *- V. aussi Décr. n° 2009-873 du 16 juill. 2009, App., v° Jouets, divertissements.*

Sur la sécurité des dispositifs médicaux, V. CSP, art. R. 5211-21 s. - **CSP.**

Art. L. 422-3 Les mesures prises par la Commission européenne en application de l'article 53 du règlement (CE) n° 178/2002 du Parlement européen et du Conseil du 28 janvier 2002 établissant les principes généraux et les prescriptions générales de la législation alimentaire, instituant l'Autorité européenne de sécurité alimentaire et fixant des procédures relatives à la sécurité des denrées alimentaires et de l'article 13 de la directive 2001/95/CE du Parlement européen et du Conseil du 3 décembre 2001 relative à la sécurité générale des produits, qui contiennent des dispositions entrant dans le champ d'application du présent titre, constituent des mesures d'exécution de l'article *(L. n° 2017-203 du 21 févr. 2017, art. 11)* **« L. 412-1** *[ancienne rédaction : L. 422-2]* **».** — *[C. consom., art. L. 221-11.] — Anc. art. L. 422-4 (L. n° 2017-203 du 21 févr. 2017, art. 11).*

Sur les sanctions, V. art. R. 452-3.

COMMENTAIRE

Il résulte de l'article L. 422-3 que les décisions de la Commission européenne contenant des dispositions entrant dans le champ d'application du présent titre – en application de l'article 53 du règlement (CE) du 28 janvier 2002 sur la législation alimentaire – sont assimilées aux mesures d'exécution prévues à l'article L. 521-17 quant à leurs effets. L'objectif est d'introduire ces dispositions dans le dispositif réglementaire et de les sanctionner pénalement. ❑

Directive 2001/95/CE du Parlement européen et du Conseil du 3 décembre 2001,

Relative à la sécurité générale des produits

BIBL. ▶ RAYMOND, *CCC 2002, n° 54.* - PUGNET, *CCC 2013. Étude 7* (le paquet « sécurité des produits et surveillance du marché » : de nouveaux enjeux pour les produits non alimentaires).

CHAPITRE III OBLIGATIONS DES PRODUCTEURS ET DES DISTRIBUTEURS

COMMENTAIRE

Les dispositions des articles L. 423-1 et suivants prévoient l'obligation pour les professionnels de prendre toutes les mesures utiles pour contribuer au respect de l'ensemble des obligations de sécurité ci-dessous définies.

L'article L. 423-1 consacre une obligation d'*information* à la charge du producteur envers les consommateurs consistant à leur fournir toutes les données utiles leur permettant d'évaluer les risques inhérents à un produit pendant sa durée d'utilisation normale ou prévisible et de s'en prémunir lorsque les risques ne sont pas immédiatement perceptibles. Il instaure également une *obligation de suivi des produits* à la charge du responsable de la mise sur le marché : les professionnels doivent adopter des mesures qui leur permettent de se tenir informés des risques que les produits qu'ils commercialisent peuvent présenter et d'engager les actions nécessaires pour maîtriser ces risques.

L'article L. 423-3 impose une *obligation de signalement des risques* à l'égard des producteurs et des distributeurs, lesquels devront informer sans délai les autorités compétentes lorsqu'ils ont connaissance qu'un produit fourni ne présente pas la sécurité à laquelle on peut s'attendre et porte atteinte à la santé des personnes ; ils devront indiquer les actions qu'ils engagent pour prévenir les risques en question.

Le code de la consommation habilite les pouvoirs publics à prendre deux catégories de mesures à l'égard des produits ou services menaçant la santé ou la sécurité publique : des mesures permanentes (interdictions ou réglementations à caractère définitif) ; des mesures d'urgence (temporaires). Enfin, l'article L. 423-4, dont les dispositions sont issues de l'ordonnance du 22 août 2008, rappelle les obligations des distributeurs au regard des produits qu'ils commercialisent. ❑

Art. L. 423-1 **Le producteur fournit au consommateur les informations utiles qui lui permettent d'évaluer les risques inhérents à un produit pendant sa durée d'utilisation normale ou raisonnablement prévisible et de s'en prémunir, lorsque ces risques ne sont pas immédiatement perceptibles par le consommateur sans un avertissement adéquat.**

Ces dispositions s'appliquent sans préjudice des autres obligations mentionnées aux articles L. 421-3, L. 423-2, et L. 423-3. – *[C. consom., art. L. 221-1-2, I.]*

Art. L. 423-2 **Le producteur adopte les mesures qui, compte tenu des caractéristiques des produits qu'il fournit, lui permettent :**

1° De se tenir informé des risques que les produits qu'il commercialise peuvent présenter ;

2° D'engager les actions nécessaires pour maîtriser ces risques, y compris le retrait du marché, la mise en garde adéquate et efficace des consommateurs ainsi que le rappel auprès des consommateurs des produits mis sur le marché.

Ces mesures peuvent notamment consister en la réalisation d'essais par sondage ou en l'indication sur le produit ou son emballage d'un mode d'emploi, de l'identité et de l'adresse du producteur, de la référence du produit ou du lot de produits auquel il appartient. Ces indications peuvent être rendues obligatoires par arrêté du ministre chargé de la consommation et du ou des ministres intéressés. – *[C. consom., art. L. 221-1-2, II.]*

Art. L. 423-3 **Lorsqu'un producteur ou un distributeur sait que des produits destinés aux consommateurs qu'il a mis sur le marché ne répondent pas aux exigences énoncées à l'article L. 421-3, il engage les actions nécessaires pour prévenir les risques pour les consommateurs et en informe immédiatement les autorités administratives compétentes.**

Les modalités de cette information sont définies par arrêté du ministre chargé de la consommation et des ministres intéressés.

Le producteur ou le distributeur ne peut s'exonérer de ses obligations en soutenant n'avoir pas eu connaissance des risques qu'il ne pouvait raisonnablement ignorer. – *[C. consom., art. L. 221-1-3.]*

Sur les sanctions, V. art. R. 452-2.

BIBL. ▶ MERCIER-HAVSTEEN et BARREAU, *JCP E 2006, n° 43-44, p. 1848* (comment signaler efficacement un risque en matière de sécurité des produits ?).

Arrêté du 9 septembre 2004,

Portant application de l'article L. 423-3 du code de la consommation
(Ord. n° 2016-301 du 14 mars 2016, art. 2, en vigueur le 1er juill. 2016).

Art. 1er Le présent arrêté définit les modalités de l'information des autorités administratives compétentes prévue à l'article *(Ord. n° 2016-301 du 14 mars 2016, art. 2, en vigueur le 1er juill. 2016)* « L. 423-3 » du code de la consommation.

Art. 2 L'information réalisée selon les indications d'un avis aux opérateurs publié au *Journal officiel* de la République française du 10 juillet 2004, comporte les éléments suivants : la date du signalement, le nom ou la raison sociale et l'adresse du professionnel auteur du signalement, du ou des professionnels lui ayant fourni le produit et du ou des professionnels auxquels il a fourni le produit, la description du produit (notamment dénomination, marque, numéro de lot, volumes concernés), la description du danger et des mesures prises par le professionnel et toute autre information que le professionnel estimera utile aux autorités administratives compétentes.

Art. 3 Les autorités auxquelles l'information est adressée sont les suivantes :

a) La direction générale de la concurrence, de la consommation et de la répression des fraudes pour l'information concernant les produits non alimentaires, sous réserve des dispositions du c, et les denrées alimentaires et les aliments pour animaux ne relevant pas de la compétence de la direction générale de l'alimentation;

b) La direction générale de l'alimentation pour l'information concernant les denrées alimentaires animales ou d'origine animale destinées à l'alimentation humaine, sauf lorsque le danger est lié à un additif, un arôme, un auxiliaire technologique ou un matériau destiné à entrer en contact avec ces denrées et pour l'information concernant les aliments médicamenteux destinés aux animaux lorsque le danger est lié à l'aspect médicamenteux;

c) La direction de la sécurité et de la circulation routières pour l'information émanant des constructeurs automobiles et de leur réseau de distribution concernant les véhicules et leurs équipements vendus sous marque de constructeur.

Avis

Aux opérateurs économiques sur la mise en place de l'obligation de signalement des risques et des mesures prises (JO 11 févr. 2012).

En application de l'article L. 221-1-3 *[L. 423-3]* du code de la consommation, les opérateurs professionnels (fabricants, importateurs, distributeurs...) doivent, dès qu'ils en ont connaissance, informer les autorités compétentes des risques présentés par les produits destinés au consommateur qu'ils ont mis sur le marché et des mesures qu'ils ont prises pour écarter ces risques.

Sont soumis à cette obligation les produits non alimentaires, les denrées destinées à l'alimentation humaine et les aliments pour animaux.

Sont exclus de cette obligation les produits pharmaceutiques, les aliments médicamenteux, les dispositifs médicaux, et les produits non destinés au consommateur final. Les dispositions ci-dessous ne s'appliquent donc pas aux professionnels de santé qui sont soumis à des obligations de déclarations imposées par le code de la santé publique.

1. Les autorités administratives chargées de réceptionner les signalements sont les suivantes :

1.1. La direction générale de la concurrence, de la consommation et de la répression des fraudes (DGCCRF) :

Dans le secteur des produits non alimentaires, elle recueille :

— les signalements relatifs aux produits destinés à être vendus ou remis à titre gratuit aux consommateurs;

— les signalements effectués par les opérateurs du secteur automobile (distributeurs, réparateurs non membres d'un réseau de constructeur ou d'équipementiers...) autres que ceux effectués au titre de l'article R. 321-14-1 du code de la route par les constructeurs. Sont notamment visées les notifications concernant les véhicules à moteur à deux ou trois roues ainsi que les équipements, qui doivent être effectuées auprès de la DGCCRF.

Dans le secteur alimentaire, elle reçoit les signalements qui concernent :

— les denrées destinées à l'alimentation humaine, sauf les produits d'origine animale ou les denrées en contenant lorsque le risque n'est pas lié à un additif, un arôme, un auxiliaire technologique ou un matériau au contact des denrées;

— les aliments pour animaux ne contenant pas de produits d'origine animale.

La DGCCRF est l'administration compétente qui réceptionne par défaut les notifications non destinées à d'autres autorités administratives.

1.2. La direction générale de l'alimentation (DGAL) :

Elle recueille les signalements qui concernent :

— les produits d'origine animale destinés à l'alimentation humaine ou les denrées en contenant sauf lorsque le risque est lié à un additif, un arôme, un auxiliaire technologique ou un matériau au contact des denrées;

— les aliments pour animaux d'origine animale ou contenant des produits d'origine animale.

1.3. La direction générale de l'énergie et du climat (DGEC); sous-direction de la sécurité et des émissions des véhicules au ministère de l'écologie, du développement durable, des transports et du logement :

— elle reçoit les signalements effectués par les constructeurs automobiles au titre de l'article R. 321-14-1 du code de la route concernant les véhicules et leurs équipements réceptionnés CE par les autorités françaises.

2. Les modalités du signalement effectué auprès de la DGCCRF et de la DGAl :

2.1. Pour les produits non alimentaires :

Depuis le 1er mai 2009, les signalements relatifs aux produits non alimentaires doivent en priorité être réalisés au moyen de l'application informatique dénommée « business application » mise à disposition des autorités nationales et des opérateurs professionnels par la Commission européenne et accessible à l'adresse suivante :

https ://webgate.ec.europa.eu/gpsd-ba.

L'opérateur, en cas d'impossibilité de procéder par la voie de l'application « business application », informe les pouvoirs publics en s'adressant à la DD(CS)PP du département dans lequel il est situé.

Des informations complémentaires sont disponibles sur le site internet de la DGCCRF à l'adresse suivante : http://www.economie.gouv.fr/dgccrf/Signalement-des-produits.

2.2. Pour les produits alimentaires :

Le signalement est effectué auprès de la DD(CS)PP du département où se situe l'exploitant agroalimentaire (importation, production, transport, entreposage ou vente au consommateur final) chez lequel a été identifié le danger.

Lorsque le danger a été identifié par une analyse, cet exploitant s'assure que le produit en cause ou un échantillon approprié de celui-ci est conservé de façon à permettre la réalisation d'éventuels contrôles officiels.

La liste des DD(CS)PP est disponible sur les sites internet de la DGCCRF et du ministère en charge de l'agriculture et de l'alimentation, accessibles aux adresses suivantes :

http://www.economie.gouv.fr/dgccrf/Liste-des-directions-departementales-de-la-protect ou http://agriculture.gouv.fr/services-deconcentres. Les modalités pratiques de signalement ainsi qu'un formulaire type de signalement figure dans le « Guide d'aide à la gestion des alertes *[d'origine]* alimentaire entre les exploitants et les administrations » (guide disponible sur les mêmes sites aux adresses suivantes : http://www.economie.gouv.fr/dgccrf/v/alerte ou http://agriculture.gouv.fr/surveillance-controles-alertes.

Les DD(CS)PP adressent en retour un accusé de réception aux opérateurs ayant notifié. Celui-ci ne vaut validation ni des informations transmises, ni de la pertinence des mesures annoncées dans le signalement. Dans l'hypothèse où le signalement relèverait de la compétence d'une autre administration, un accusé de transmission à cette administration sera transmis au professionnel.

3. Les modalités du signalement effectué auprès de la DGEC, sous-direction de la sécurité et des émissions des véhicules du MEDDTL :

— le signalement est effectué auprès de la DGEC, sous-direction de la sécurité et des émissions des véhicules, appartenant au ministère de l'écologie, du développement durable, des transports et du logement. Cette sous-direction a désigné la direction régionale et interdépartementale de l'environnement et de l'énergie d'Île-de-France comme service administratif chargé de recevoir et d'instruire les rappels des véhicules notifiés par les constructeurs ou fabricants d'équiments *[d'équipements]* et les autres États membres conformément aux dispositions de l'article 32 de la directive 2007/46/CE.

Ce signalement émanant des constructeurs auxquels les autorités françaises ont délivré la réception CE par type de véhicule doit parvenir sous forme de courriel à l'adresse suivante : cnrv@developpement-durable.gouv.fr, il propose notamment un ensemble de solutions appropriées en vue de neutraliser le risque.

Le modèle de notification figure à l'annexe 8 de l'arrêté ministériel du 4 mai 2009 relatif à la réception des véhicules à moteur, de leurs remorques et des systèmes et équipements destinés à ces véhicules en application de la directive 2007/46/CE.

La DRIEE/CNRV (Centre national de réception des véhicules) reçoit les notifications émanant des constructeurs, les enregistre et les communique sans tarder à ses homologues des autres États membres.

Les constructeurs sont les *personnes* responsables devant les autorités compétentes de tous *les aspects du processus* de réception et de conformité de la production au sens de l'article 5 de la directive 2007/46/CEE modifiée établissant un cadre pour la réception des véhicules à moteur, de leurs remorques et des systèmes, des composants et des entités techniques destinés à ces véhicules. Les autres intervenants de la branche automobile sont invités à effectuer le signalement conformément au point 2 de cet avis.

Cet avis remplace le précédent avis aux opérateurs économiques sur la mise en place de l'obligation de signalement et des mesures prises par les professionnels, publié au *Journal officiel* du 10 juillet 2004.

Art. L. 423-4 **Les distributeurs s'interdisent de fournir des produits dont ils savent, sur la base des informations en leur possession et en leur qualité de professionnel, qu'ils ne satisfont pas aux obligations de sécurité définies au présent titre.**

En outre, dans les limites de leurs activités respectives, les distributeurs participent au suivi de la sécurité des produits mis sur le marché par la transmission des informations concernant les risques liés à ces produits, par la tenue et la fourniture des documents nécessaires pour assurer leur traçabilité, ainsi que par la collaboration aux actions engagées par les producteurs et les autorités administratives compétentes, pour éviter les risques. – *[C. consom., art. L. 221-1-4.]*

CHAPITRE IV DISPOSITIONS COMMUNES

Art. L. 424-1 **Les modalités selon lesquelles, lors de la constatation d'un manquement à la réglementation relative à la sécurité alimentaire, les dépenses liées aux contrôles supplémentaires, définies à l'article 28 du règlement (CE) n° 882/2004 du Parlement européen et du Conseil du 29 avril 2004 relatif aux contrôles officiels effectués pour s'assurer de la conformité avec la législation sur les aliments pour animaux et les denrées alimentaires et avec les dispositions relatives à la santé animale et au bien-être des animaux, sont laissées à la charge du propriétaire ou du détenteur des produits ou de l'exploitant responsable du manquement sont définies par décret.** – *[C. consom., art L. 216-12.]*

CHAPITRE V DISPOSITIONS RELATIVES AUX AÉRONEFS CIRCULANT SANS PERSONNE À BORD

(L. n° 2016-1428 du 24 oct. 2016, art. 3)

COMMENTAIRE

A la suite de plusieurs incidents liés à des drones (risque de collision avec un avion mais aussi survol de sites sensibles), il a été décidé d'insérer dans la législation les dispositions nécessaires à un encadrement juridique, sans pour autant freiner le développement d'un secteur économique très dynamique. La loi n° 2016-1428 du 24 octobre 2016 instaure des règles portant sur la circulation des « aéronefs opérés sans personne à bord » qui s'adressent tout à la fois aux pilotes (C. transp., art. L. 6214-1 à L. 6214-3), aux fabricants et aux importateurs de drones (C. transp., art. L. 6214-4 à L. 6214-5 ; C. consom., art. L. 425-1). ❑

Art. L. 425-1 **Les fabricants ou importateurs d'aéronefs circulant sans personne à bord incluent dans les emballages de leurs produits ainsi que dans les emballages de leurs pièces détachées une notice d'information relative à l'usage de ces aéronefs. Cette notice rappelle les principes et les règles à respecter pour utiliser ces appareils en conformité avec la législation et la réglementation applicables.**

***L'obligation définie* au premier alinéa s'impose au vendeur d'un aéronef d'occasion. Un décret en Conseil d'État précise les modalités d'application du présent article.**

TITRE TROISIÈME VALORISATION DES PRODUITS ET SERVICES

CHAPITRE PREMIER APPELLATIONS D'ORIGINE

RÉP. COM. v° *Appellations d'origine et indications de provenance,* par OLSZAK.

BIBL. GÉN. ▶ BONET, *JCP E 1990. II. 15931.* – FILHOL et HOCHARD, *Rev. Conc. Consom. 1990, n° 62.* – PIATTI, *RTD com. 1999. 557* . – CHALTIEL, *LPA 7 sept. 2004* (les appellations protégées en Europe). – OLSZAK, *Mélanges Simler, Dalloz-Litec, 2006, p. 777* (l'appellation d'origine, un bien sublime ?). – LE GOFFIC, *RD rur. 2007. Étude 37* (l'appellation d'origine, reconnaissance juridique du concept géographique de terroir). – VISSE-CAUSSE, *ibid. 2010. Étude 2* (de la nécessité d'une qualification juridique respectant une institution des terroirs). – CANTREAU et BRUNOT, *Gaz. Pal. 2011. 67* (le *made in France* : des moyens techniques au service de la traçabilité). – NGO, *Propr. ind. 2011. Étude 10* (l'apposition obligatoire de l'origine géographique des produits : une harmonisation entraînant le déclin des indications géographiques et le triomphe des marques). – Congrès national de l'Association française de droit rural, *RD rur. 2011. Dossier 17* (politique de qualité des produits agricoles).

SECTION PREMIÈRE DÉFINITION ET CONDITION D'UTILISATION

COMMENTAIRE

L'*appellation d'origine* contient toujours une dénomination géographique. Cependant, toute dénomination géographique ne constitue pas pour autant une appellation d'origine : encore faut-il que la qualité ou les caractères soient dus au milieu géographique (par exemple, qualités de fabrication fondée sur la tradition ou le terroir), comprenant aux termes mêmes de l'article L. 431-1 des facteurs naturels et humains.

En effet, certaines dénominations ne sont que des indications de provenance n'imposant aucune particularité tenant au terroir (par exemple, vin des Pyrénées) ou au mode de production. Elles ne constituent alors qu'un renseignement sur l'origine du produit, aucune protection ne pouvant être accordée (Com. 30 mai 2000 : *Bull. civ. IV, n° 111*).

D'autres dénominations évoquent un lieu où autrefois le produit a pu trouver son origine, mais ne servent plus aujourd'hui qu'à désigner un procédé de fabrication ou bien de préparation. L'indication de la provenance est tombée dans le domaine public et est devenue une simple appellation générique ne donnant lieu à aucun usage exclusif (moutarde de Dijon, nougat de Montélimar, eau de Cologne ou eau de Javel...).

L'appellation d'origine se distingue de la marque de fabrique ou de commerce qui sert à désigner les produits, objets ou services d'une entreprise. Toutefois, l'article 1er de la loi du 31 décembre 1964 admet les noms géographiques parmi les dénominations susceptibles de constituer une marque ; les juges ont d'ailleurs reconnu que certains noms de lieu pouvaient être utilisés à titre de marque (par exemple, sirop des Vosges). Par ailleurs, il a été jugé que l'appellation d'origine, du fait de son caractère d'ordre public, primait sur une marque pourtant antérieurement déposée (Com. 1er déc. 1987 : *cité note 3 ss. art. L. 431-5* [Romanée-Conti]. – V. Bonet, La marque constituée par un nom géographique en droit français, *JCP E 1990. II. 15931*). ❑

Art. L. 431-1 Constitue une appellation d'origine la dénomination d'un pays, d'une région ou d'une localité servant à désigner un produit qui en est originaire et dont la qualité ou les caractères sont dus au milieu géographique, comprenant des facteurs naturels et des facteurs humains. – *[C. consom., art. L. 115-1.]*

1. Droit de propriété. Le droit à l'appellation d'origine ne constitue pas un droit acquis attaché aux parcelles en tant qu'accessoire du droit de propriété, de sorte qu'en procédant à la révision et à une nouvelle délimitation de l'aire d'AOC, l'INAO n'a pas pris de décision portant une atteinte grave au droit de propriété ou à une liberté fondamentale. • Civ. 1re, 30 sept. 2009 : *D. 2010. 309, note Visse-Causse ; RJDA 2010, n° 191 ; RD rur. 2010, n° 34, obs. Renard-Payen.*

2. Facteur naturel et humain. Il convient de tenir compte, dans la préparation de la délimitation de l'aire d'appellation, à la fois des facteurs géographiques, notamment géologiques, pédologiques et climatiques, et des facteurs historiques et humains, en particulier de l'ancienneté et de la constance de l'usage viticole. • CE 30 déc. 2009 : *Gaz. Pal. 2010. 1008, note Robbe ; Dr. adm. 2010, n° 48, obs. Georgopoulos.*

Art. L. 431-2 Il est interdit :

1° De délivrer une appellation d'origine contrôlée sans satisfaire aux conditions prévues à l'article L. 642-3 du code rural et de la pêche maritime ;

2° De délivrer une appellation d'origine contrôlée qui n'a pas fait l'objet de l'homologation prévue à l'article L. 641-7 du code rural et de la pêche maritime ;

3° D'utiliser ou de tenter d'utiliser frauduleusement une appellation d'origine ou une indication géographique définie à l'article L. 721-2 du code de la propriété intellectuelle ;

4° D'apposer ou de faire apparaître, par addition, retranchement ou par une altération quelconque, sur des produits, naturels ou fabriqués, mis en vente ou destinés à être mis en vente, une appellation d'origine ou une indication géographique définie à l'article L. 721-2 du code de la propriété intellectuelle, en la sachant inexacte ;

5° De faire croire ou tenter de faire croire qu'un produit bénéficie d'une appellation d'origine ou d'une indication géographique définie au même article L. 721-2 ;

6° De faire croire ou de tenter de faire croire qu'un produit assorti d'une appellation d'origine ou d'une indication géographique définie au même article L. 721-2 est garanti par l'État ou par un organisme public ;

7° De mentionner sur un produit la présence dans sa composition d'un autre produit bénéficiant d'une appellation d'origine ou d'une indication géographique lorsque cette mention détourne ou affaiblit la réputation de l'appellation ou de l'indication concernée. – *[C. consom., art. L. 115-16, al. 1 à 8, hors sanction.]*

Sur les sanctions, V. art. L. 453-1, L. 453-4, L. 453-9 et L. 453-10.

COMMENTAIRE

Les dispositions pénales en matière de non-respect des modalités applicables aux divers modes de valorisation des produits agricoles et des denrées alimentaires sont redéfinies dans le code de la consommation.

L'article L. 431-2 regroupe un certain nombre de comportements délictueux relatifs à la délivrance ou à l'utilisation des appellations d'origine ou encore d'une indication géographique (ajout de la loi du 17 mars 2014). L'ordonnance du 7 décembre 2006 a été par la suite complétée pour sanctionner le fait de mentionner, sur un produit, la présence dans sa composition d'un autre produit bénéficiant d'une appellation d'origine ou d'une indication géographique définie à l'article L. 721-2 du code de la propriété intellectuelle lorsque cette mention détourne ou affaiblit la réputation de ladite appellation ou indication. Des poursuites pour publicité trompeuse sont également possibles (art. L. 121-2).

Le droit de se constituer partie civile appartient à toute personne lésée ; il est également reconnu aux syndicats et associations régulièrement constitués depuis six mois, quant aux droits qu'ils ont pour objet de défendre (art. L. 431-7). ❑

1. Usage. Celui qui appose une fausse appellation d'origine ne saurait invoquer, pour sa défense, un usage ne bénéficiant pas d'une reconnaissance suffisante (huîtres « belon »). • Crim. 16 mars 1964 : *JCP 1964. II. 13677, note Delpech.*

2. Support. Le délit d'apposition d'une fausse appellation d'origine n'est constitué que lorsque la fausse appellation a été apposée sur le produit lui-même ; il ne l'est pas si la fausse appellation a été apposée sur un emballage ou quelque autre présentation. • Crim. 12 janv. 1934 : *DH 1934. 134.* ♦ Mais le délit de mise en vente ou en circulation de produits portant une appellation sciemment inexacte est établi quel que soit le support de la fausse appellation. • Crim. 16 févr. 1966 : *D. 1966. Somm. 71* • 17 janv. 1974 : *JCP 1974. IV. 71* • 12 juill. 1960 : *D. 1960. 704, note Liotard* • 18 juin 1997 : *Bull. crim. n° 242 ; D. 1997. IR 191 ; JCP 1997. IV. 2143.* ♦ En relaxant un prévenu du chef d'apposition d'une fausse appellation d'origine au motif que les bouteilles en cause, dépourvues d'étiquette, ne comportaient aucun signe révélateur d'une appellation d'origine, de sorte que l'élément matérie fait défaut, une cour d'appel n'a pas justifié sa décision, dès lors qu'elle n'a pas recherché si l'utilisation de la bouteille de type « flûte d'Alsace », réservée pour les vins issus de raisins récoltés sur le territoire français à certains vins d'appellation d'origine dont le vin d'Alsace, en vertu de l'art. 20 du Règl. CEE n° 3201-90 du 16 oct. 1990, accompagnée d'un bouchon portant la mention « mis en bouteille en Alsace », ne suffisait pas à faire apparaître l'appellation d'origine Alsace. • Crim. 26 avr. 2000 : *Bull. crim. n° 165.*

3. Usurpation. Sont coupables du délit d'usurpation d'appellation d'origine et de complicité de ce délit les prévenus qui ont livré ou utilisé, pour la fabrication du fromage vendu sous l'appellation d'origine Comté, du lait propre à la fabrication d'un tel fromage, alors qu'il avait été mélangé avec du lait ne répondant pas aux exigences réglementaires définies par le Décr. du 29 déc. 1986 sur l'appellation d'origine Comté. Par ailleurs, les faits ayant été commis antérieurement à l'entrée en vigueur du Décr. du 18 nov. 1994 modifiant les conditions de collecte du lait et les conditions de fabrication de ce fromage jusque-là définies par le Décr. de 1986, les prévenus ont été, à bon droit, poursuivis en application de ce dernier décret, dès lors qu'il n'est pas justifié que les dispositions ayant modifié ou abrogé ce texte réglementaire soient moins sévères que les dispositions anciennes. • Crim. 7 déc. 1999 : *Bull. crim. n° 293 ; RSC 2000. 599, obs. Bouloc.*

Les faits prévus et punis par l'art. L. 115-16, al. 4, en vigueur à la date des faits (délit de mise en vente de produits portant une appellation d'origine inexacte), restent punissables en application du 3° du même art. [L. 431-2-3°] dans sa version issue de l'Ord. n° 2006-1547 du 7 déc. 2006. • Crim. 30 juin 2009 : *Bull. crim. n° 138 ; D. 2010. 181, note Agostini ; AJ pénal 2009. 410, obs. M.-E. C. ; JCP 2009, n° 37, p. 34 ; RJDA 2010, n° 565.* ♦ Il en est ainsi de la mise en vente de sandwichs indiquant « recette au beaufort fondu » alors qu'ils ne comportent que 51 % de beaufort. • Même arrêt.

4. Dénomination composée. L'appellation d'origine « Époisses de Bourgogne » étant protégée par décret et règlement communautaire, la cour ne pouvait relaxer le prévenu qui a utilisé la dénomination « fromages d'Époisses affinés au Chablis » pour un produit fabriqué en dehors des exigences du décret protégeant l'appellation d'origine sans justifier du caractère commun ou générique du nom « Époisses » ni rechercher si l'emploi de cette dénomination ne constituait pas au regard de l'art. 13 du Règl. 2081/92/CEE du 14 juill. 1992 une imitation ou une évocation par rapport à la dénomination complète et n'était pas de nature à induire en erreur le public sur l'origine des produits. • Crim. 6 févr. 2001 : *Bull. crim. n° 36 ; RTD com. 2001. 792, obs. Bouloc ; JCP 2001. IV. 2106.*

5. Concours d'infractions. Les qualifications de tromperie et d'usurpation d'appellation d'origine, qui ne présentent entre elles aucune incompatibilité, sont susceptibles d'être appliquées concurremment. • Crim. 16 janv. 2007 : *Dr. pénal 2007, n° 57, obs. J.-H. Robert.*

6. Constitutionnalité. La définition du délit posée par l'art. L. 115-16-7° [L. 431-2-7°], au regard tant de la nature de la mention incriminée que du fait que cette dernière détourne ou affaiblit la réputation d'une appellation d'origine, est rédigée en termes suffisamment clairs et précis pour permettre l'interprétation de la disposition contestée et sa sanction, qui entrent dans l'office du juge, sans risque d'arbitraire. • Com., QPC, 14 janv. 2014 : *RD rur. 2014, n° 102, obs. Olszak.*

Code de la propriété intellectuelle Art. L. 721-2 *(L. n° 2014-344 du 17 mars 2014, art. 73-I)* Constitue une indication géographique la dénomination d'une zone géographique ou d'un lieu déterminé servant à désigner un produit, autre qu'agricole, forestier, alimentaire ou de la mer, qui en est originaire et qui possède une qualité déterminée, une réputation ou d'autres caractéristiques qui peuvent être attribuées essentiellement à cette origine géographique. Les conditions de production ou de transformation de ce produit, telles que la découpe, l'extraction ou la fabrication, respectent un cahier des charges homologué par décision prise en application de l'article L. 411-4.

BIBL. ▶ LACHACINSKI et FAJGENBAUM, *RLDI mai 2015. 57* (protection du nom des collectivités territoriales). – BOUCHE, *Propr. ind. 2016. Étude 7* (indications géographiques protégeant les produits industriels et artisanaux).

Art. R. 721-8 *(Décr. n° 2015-595 du 2 juin 2015, art. 5)* Un logo dédié aux indications géographiques, prévues à l'article L. 721-2, est défini par arrêté conjoint du ministre chargé de la propriété industrielle et du ministre chargé de l'artisanat. Lorsqu'un opérateur, membre de l'organisme de défense et de gestion, souhaite indiquer que le produit respecte le cahier des charges homologué d'une indication géographique, le logo, accompagné du nom de l'indication géographique et du numéro d'homologation, peut être apposé sur le produit, sur son emballage ou sur son étiquetage. — *V. Arr. du 7 févr. 2017, ci-dessous.*

Arrêté du 7 février 2017,

Relatif au logotype des indications géographiques protégeant les produits industriels et artisanaux.

Art. 1er Le modèle du logotype prévu à l'article R. 721-8 du code de la propriété intellectuelle est défini à l'annexe 1 du présent arrêté. Il est reproduit, accompagné du nom et du numéro d'homologation de l'indication géographique du produit, dans le respect de la charte graphique définie à l'annexe 2 du présent arrêté.

La taille du logotype apposé est suffisante pour en garantir la lisibilité.

La forme simplifiée du logotype n'est utilisée qu'en cas d'impossibilité matérielle d'apposition de la forme complète.

Le logotype peut être reproduit dans tout support visant à assurer la publicité du produit ou la promotion de l'indication géographique. Dans ce cas, il est apposé de manière à identifier le ou les produits protégés par l'indication géographique, sans risque de confusion avec d'autres produits non protégés présentés dans le support.

L'apposition du logotype est compatible avec l'apposition d'autres signes distinctifs, y compris un logotype distinct réservé à l'indication géographique concernée.

Art. 2 Seuls sont autorisés à utiliser le logotype :

1° Les opérateurs figurant sur la liste prévue à l'article L. 721-5 du code de la propriété intellectuelle ;

2° L'organisme de défense et de gestion pour l'exercice des missions mentionnées à l'article L. 721-6 du code de la propriété intellectuelle ;

3° L'État, l'INPI et les associations ayant pour objet d'assurer la promotion et la défense des indications géographiques, pour la promotion du dispositif des indications géographiques.

Lors de l'homologation du cahier des charges d'une indication géographique en application de l'article L. 721-3 du code de la propriété intellectuelle, l'INPI transmet le logotype ainsi que la charte graphique à l'organisme de défense et de gestion par voie électronique en format vectorisé. L'organisme de défense et de gestion est chargé de la transmission du logotype aux opérateurs figurant sur la liste prévue à l'article L. 721-5 du code de la propriété intellectuelle.

ANNEXES

ANNEXE 1

LOGOTYPE DES INDICATIONS GÉOGRAPHIQUES PRÉVUES À L'ARTICLE L. 721-2 DU CODE DE LA PROPRIÉTÉ INTELLECTUELLE

Forme complète

Forme simplifiée

ANNEXE 2

CHARTE GRAPHIQUE POUR L'UTILISATION DU LOGOTYPE DES INDICATIONS GÉOGRAPHIQUES PRÉVUES À L'ARTICLE L. 721-2 DU CODE DE LA PROPRIÉTÉ INTELLECTUELLE

Les caractères du logotype et des mentions obligatoires l'accompagnant sont en police Frutiger *LT en graisse bold.*

Le logotype est reproduit en noir ou en blanc.

Le logotype respecte les tailles minimales et maximales prévues.

	Logotype reproduit en noir	Logotype reproduit en blanc	Taille minimale	Taille maximale
Forme complète	IG INDICATION GÉOGRAPHIQUE	IG INDICATION GÉOGRAPHIQUE	IG INDICATION GÉOGRAPHIQUE 6 mm	Pas de taille maximale
	IG	IG	IG 2,5 mm	Pas de taille maximale
Forme simplifiée	IG	IG	IG 6 mm	IG 18 mm

SECTION II UTILISATION DU LOGO « APPELLATION D'ORIGINE CONTRÔLÉE »

Art. L. 431-3 **Un signe d'identification visuelle officiel, dénommé logo "appellation d'origine contrôlée", au sens du 2 de l'article 6 *ter* de la convention de Paris du 20 mars 1883 pour la protection de la propriété industrielle, est utilisé dans toute présentation des produits agricoles et des denrées alimentaires bénéficiant d'une appellation d'origine contrôlée, à l'exception des vins, des boissons spiritueuses et des produits intermédiaires.**

Le modèle du logo officiel et ses modalités d'utilisation sont déterminés par décret en Conseil d'État, après consultation de l'Institut national de l'origine et de la qualité mentionné à l'article L. 642-5 du code rural et de la pêche maritime. – *[C. consom., art. L. 112-2.]*

APPELLATIONS D'ORIGINE (autres que vinicoles) DÉFINIES PAR VOIE LÉGISLATIVE OU RÉGLEMENTAIRE

Fromages

V. Décr. nº 2008-356 du 15 avr. 2008 portant suppression de l'obligation d'apposition du logo spécifique aux appellations d'origine contrôlée fromagères (JO 17 avr.).

– *Abondance* (Décr. du 15 mai 2007),
– *Banon* (Décr. du 23 juill. 2003),
– *Beaufort* (Décr. nº 2012-1418 du 18 déc. 2012),
– *Bleu d'Auvergne (Décr. du 29 déc. 1986),*
– *Bleu des Causses* (Arr. du 8 mars 2017),
– *Bleu de Gex Haut-Jura ou Bleu de Septmoncel* (Décr. nº 2011-701 du 20 juin 2011),
– *Bleu du Vercors-Sassenage* (Décr. du 30 juill. 1998),
– *Brie de Meaux* (Décr. du 29 déc. 1986),

- *Brie de Melun* (Décr. du 18 août 1980),
- *Brocciu corse ou Brocciu* (Décr. n° 2013-849 du 23 sept. 2013),
- *Camembert de Normandie* (Décr. n° 2013-1059 du 22 nov. 2013),
- *Cantal, Fourme de Cantal* (Décr. du 8 mars 2007, mod. par Décr. n° 2012-1501 du 27 déc. 2012),
- *Chabichou du Poitou* (Décr. du 29 juin 1990),
- *Chaource* (Décr. n° 2013-1063 du 25 nov. 2013),
- *Charolais* (Décr. n° 2010-84 du 21 janv. 2010),
- *Chevrotin* (Décr. n° 2011-1645 du 24 nov. 2011),
- *Comté* (Décr. n° 2007-822 du 11 mai 2007, mod. par Décr. n° 2008-905 du 5 sept. 2008),
- *Crottin de Chavignol, Chavignol* (Décr. du 30 mars 2007),
- *Époisses* (Décr. n° 2010-1092 du 15 sept. 2010),
- *Fourme d'Ambert* (Décr. n° 2012-549 du 23 avr. 2012),
- *Fourme de Montbrison* (Décr. n° 2012-550 du 23 avr. 2012),
- *Gruyère* (Décr. du 28 mars 2007, abrogé par Décr. n° 2012-1206 du 30 oct. 2012),
- *Laguiole* (Arr. du 16 mars 2017),
- *Langres* (Décr. n° 2009-48 du 13 janv. 2009),
- *Livarot* (Décr. du 30 mars 2007),
- *Mâconnais* (Décr. n° 2010-724 du 28 juin 2010),
- *Maroilles, Marolles* (Décr. n° 2015-1032 du 19 août 2015),
- *Morbier* (Décr. n° 2011-441 du 20 avr. 2011),
- *Munster, Munster Géromé* (Décr. du 29 déc. 1986),
- *Neufchâtel* (Décr. du 21 mars 2007),
- *Ossau-Iraty* (Décr. n° 2015-1225 du 2 oct. 2015),
- *Pélardon* (Décr. n° 2011-1605 du 21 nov. 2011),
- *Picodon* (Décr. du 25 août 2000),
- *Pont-l'Évêque* (Décr. n° 2010-128 du 8 févr. 2010),
- *Pouligny-Saint-Pierre* (Décr. du 29 déc. 1986),
- *Reblochon ou Reblochon de Savoie* (Décr. n° 2012-643 du 3 mai 2012),
- *Rigotte de Condrieu* (Décr. n° 2013-1058 du 22 nov. 2013),
- *Rocamadour* (Décr. n° 2014-1150 du 7 oct. 2014),
- *Roquefort* (L. du 26 juill. 1925, Décr. du 22 janv. 2001),
- *Saint-Nectaire* (Arr. du 15 févr. 2017),
- *Sainte-Maure de Touraine* (Décr. du 29 juin 1990, mod. par Décr. du 11 sept. 1998),
- *Salers* (Décr. du 14 mars 2000),
- *Selles-sur-Cher* (Décr. n° 2011-1604 du 21 nov. 2011),
- *Tomme des Bauges* (Décr. n° 2015-347 du 26 mars 2015),
- *Vacherin du Haut-Doubs, Mont d'Or* (Décr. n° 2012-754 du 7 mai 2012),
- *Valençay* (Décr. n° 2012-1137 du 8 oct. 2012).

Beurres et crèmes

- *Beurre de Bresse* (Décr. n° 2012-756 du 9 mai 2012),
- *Beurre Charente-Poitou, Beurre des Charentes, Beurre des Deux-Sèvres* (Décr. du 29 août 1979),
- *Beurre d'Isigny, Crème d'Isigny* (Décr. du 30 juin 1986),
- *Crème de Bresse* (Décr. n° 2012-825 du 26 juin 2012).

Cidres

– *Cornouaille* (Décr. du 7 juin 2000),

– *Eau-de-vie de cidre de Bretagne* (Décr. n° 2015-175 du 13 févr. 2015),

– *Eau-de-vie de cidre du Maine* (Décr. n° 2015-176 du 13 févr. 2015),

– *Pays d'Auge* (Décr. du 2 juin 2000),

– *Pommeau de Bretagne* (Décr. n° 2009-399 du 10 avr. 2009).

Volailles

– *Dinde de Bresse* (Décr. n° 2008-1068 du 17 oct. 2008),

– *Volaille de Bresse (V. App., v° Œufs, volailles, L. du 1er août 1957)* ; (Décr. n° 2009-1601 du 18 déc. 2009).

Produits végétaux

– *Abricots rouges du Roussillon* (Décr. n° 2015-345 du 26 mars 2015),

– *Chasselas de Moissac* (Décr. du 14 juin 1971 ; Décr. du 25 nov. 2003),

– *Châtaigne d'Ardèche* (Décr. n° 2010-1290 du 27 oct. 2010),

– *Coco de Paimpol* (Décr. du 9 févr. 1998),

– *Farine de châtaigne corse – Farina Castagnina corsa* (Décr. n° 2010-703 du 25 juin 2010),

– *Figue de Solliès* (Décr. n° 2010-1164 du 29 sept. 2010),

– *Foin de Crau* (Décr. n° 2015-1226 du 2 oct. 2015),

– *Huile essentielle de lavande de Haute-Provence ou Essence de lavande de Haute-Provence* (Décr. n° 2013-97 du 24 janv. 2013),

– *Huile d'olive d'Aix-en-Provence* (Décr. n° 2014-1145 du 7 oct. 2014),

– *Huile d'olive de Corse ou Huile d'olive de Corse – Oliu di Corsica* (Décr. du 26 nov. 2004),

– *Huile d'olive de Haute-Provence* (Décr. n° 2015-346 du 26 mars 2015),

– *Huile d'olive de Nice* (Décr. n° 2014-1148 du 7 oct. 2014),

– *Huile d'olive de Nîmes* (Décr. n° 2014-1146 du 7 oct. 2014),

– *Huile d'olive de Nyons* (Décr. n° 2014-89 du 30 janv. 2014),

– *Huile d'olive de Provence* (Décr. du 14 mars 2007),

– *Huile d'olive de la vallée des Baux-de-Provence* (Arr. du 19 juin 2017),

– *Lentille verte du Puy* (Arr. du 31 mars 2017),

– *Miel de Corse – Mele di Corsica* (Décr. n° 2013-1057 du 22 nov. 2013),

– *Miel de sapin des Vosges* (Décr. n° 2010-1046 du 31 août 2010),

– *Muscat du Ventoux* (Décr. n° 2011-1867 du 12 déc. 2011),

– *Noix de Grenoble* (Décr. n° 2014-1431 du 1er déc. 2014),

– *Noix du Périgord* (Décr. n° 2014-1130 du 3 oct. 2014),

– *Oignon doux des Cévennes* (Arr. du 6 janv. 2017),

– *Oignon de Roscoff* (Décr. n° 2013-755 du 16 août 2013),

– *Olive de Nice* (Décr. n° 2014-1147 du 7 oct. 2014),

– *Olive de Nîmes* (Décr. n° 2014-1149 du 7 oct. 2014),

– *Olives cassées de la vallée des Baux-de-Provence* (Arr. du 16 juin 2017),

– *Olives noires de la vallée des Baux-de-Provence* (Arr. du 16 juin 2017),

– *Olives noires de Nyons (Décr. n° 2014-53* du 23 janv. 2014),

– *Piment d'Espelette ou Piment d'Espelette-Ezpeletako Biperra* (Décr. n° 2013-765 du 22 août 2013),

– *Pomme du Limousin* (Arr. du 13 avr. 2017),

– *Pomme de terre de l'île de Ré* (Décr. n° 2011-1915 du 20 déc. 2011).

Viandes

– *Barèges-Gavarnie* (Décr. n° 2008-1067 du 17 oct. 2008) *[viande ovine]*,

– *Bœuf de Charolles* (Décr. n° 2010-1033 du 31 août 2010),

– *Fin Gras ou Fin Gras du Mézenc* (Décr. n° 2012-252 du 21 févr. 2012) *[viande bovine réfrigérée]*,

– *Maine-Anjou* (Décr. n° 2004-1178 et n° 2004-1179 du 4 nov. 2004) *[viande bovine]*,

– *Prés-salés de la baie de Somme* (Décr. n° 2012-278 du 27 févr. 2012),

– *Prés-salés du Mont-Saint-Michel* (Décr. n° 2009-1245 du 15 oct. 2009),

– *Taureau de Camargue* (Décr. n° 2011-641 du 8 juin 2011).

Produits non agricoles

– *Monoï de Tahiti* (Décr. du 1er avr. 1992).

Charcuterie

– *Coppa de Corse ou Coppa de Corse – Coppa di Corsica* (Décr. n° 2012-444 du 2 avr. 2012),

– *Jambon sec de Corse ou Jambon sec de Corse – Prisuttu* (Décr. n° 2012-445 du 2 avr. 2012),

– *Lonzo de Corse ou Lonzo de Corse – Lonzu* (Décr. n° 2012-446 du 2 avr. 2012).

Fruits de mer

– *Moules de bouchot de la baie du Mont-Saint-Michel* (Arr. du 16 mars 2017).

SECTION III PROTECTION ADMINISTRATIVE

COMMENTAIRE

Ces textes instituent une procédure administrative de protection propre aux *appellations d'origine*.

L'article L. 431-5 renvoie aux dispositions du code rural et de la pêche maritime fixant les règles d'attribution.

Peuvent bénéficier d'une appellation d'origine contrôlée les produits agricoles ou alimentaires, comme antérieurement à l'ordonnance, mais aussi les produits forestiers et les produits de la mer, bruts ou transformés. Ces produits doivent remplir les conditions fixées par la définition même de l'appellation d'origine résultant de l'article L. 431-1. Ils doivent avoir une notoriété dûment établie et leur production est soumise à des procédures d'agrément.

Comme précédemment, la reconnaissance de l'*appellation d'origine contrôlée* est proposée par l'*Institut national de l'origine et de la qualité* (INAO), mais après avis de l'*organisme de défense et de gestion* prévu par les nouveaux articles L. 642-17 et suivants du code rural et de la pêche maritime (l'Ord. du 7 déc. 2016 innove en distinguant les organismes de défense et de gestion, d'une part, et les organismes assurant le contrôle du respect des cahiers des charges, d'autre part, ce qui instaure une séparation nette entre les fonctions de promotion et de contrôle).

La reconnaissance est prononcée par décret, lequel délimite l'aire géographique de production et détermine les conditions de production telles qu'elles résultent du cahier des charges.

L'ordonnance du 7 décembre 2006 (art. L. 641-10 C. rur.) institue une relation obligatoire entre les appellations d'origine contrôlée françaises et les appellations d'origine protégée de l'Union européenne.

Art. L. 431-4 **En l'absence de décision judiciaire définitive rendue sur le fondement de l'article L. 431-6, un décret en Conseil d'État, pris après enquête publique réalisée conformément au code de l'expropriation pour cause d'utilité publique et consultation des groupements professionnels directement intéressés, peut délimiter l'aire géographique de production et déterminer les qualités ou caractères d'un produit portant une appellation d'origine en se fondant sur des usages locaux, loyaux et constants.**

La publication du décret en Conseil d'État fait obstacle pour l'avenir à l'exercice de l'action prévue à l'article L. 431-6.

Ce décret peut également interdire de faire figurer, sur les produits autres que ceux bénéficiant de l'appellation d'origine ou sur les emballages qui les contiennent et les étiquettes, papiers de commerce et factures qui s'y réfèrent, toute indication pouvant provoquer une confusion sur l'origine des produits. – *[C. consom., art. L. 115-2, L. 115-3 et L. 115-4.]*

Sur les sanctions, V. art. L. 453-2, L. 453-9 et L. 453-10.

Usages locaux. Si l'aire géographique de production et les qualités ou caractères d'un produit portant une appellation d'origine doivent être définis, en application des dispositions du code de la consommation, sur le fondement des usages locaux, loyaux et constants, une telle obligation ne s'impose pas pour la reconnaissance d'une appellation d'origine contrôlée, en application des dispositions des art. L. 641-5 s. C. rur.; l'art. L. 641-8 C. rur. précise d'ailleurs expressément que les dispositions de l'art. L. 115-2 [L. 431-4] C. consom. ne sont pas applicables aux produits bénéficiant d'une AOC. Par suite, s'il est loisible à l'INAO de prendre en compte les usages locaux, loyaux et constants pour définir le contenu des cahiers des charges relatifs aux AOC, il n'est pas tenu de s'y conformer. • CE 9 févr. 2012 : *RD rur. 2012, n° 54, obs. Biagini-Girard.*

Art. L. 431-5 Les dispositions applicables aux appellations d'origine contrôlée sont prévues à la sous-section 2 de la section I du chapitre Ier du titre IV du livre VI du code rural et de la pêche maritime. – *[C. consom., art. L. 115-5.]* – *V. C. rur., art. L. 641-5 s., App., v° Valorisation des produits et des services.*

1. Appellations d'origine et dénominations du domaine public. Ne constitue plus une appellation d'origine, pour être tombée dans le domaine public, la dénomination « moutarde de Dijon ». • Paris, 19 mars 1929 : *DH 1929. 257.* ♦ … De même la dénomination « nougat de Montélimar ». • Req. 24 oct. 1928 : *DH 1928. 541.*

2. Appellations d'origine et désignations géographiques. Ne constitue pas une appellation d'origine la dénomination « beurre de Surgères »; il s'agit d'une simple désignation géographique, à la disposition de tous les producteurs se trouvant dans cette aire agricole. • Com. 22 nov. 1955 : *Bull. civ. III, n° 333.* ♦ … De même la dénomination « linge basque ». • Pau, 8 mars 1957 : *D. 1957. Somm. 118.* ♦ … De même la dénomination « vin des Pyrénées ». • TGI Thonon-les-Bains, 13 juill. 1960 : *D. 1961. Somm. 19.*

3. Appellations d'origine et marques. Une marque ou une dénomination commerciale incorporant un nom de lieu ne peut être utilisée pour désigner un produit dont l'origine ne lui donne pas droit au nom indiqué, lequel bénéficie d'une protection d'ordre public. • Com. 9 nov. 1981 : *Bull. civ. IV, n° 386* (« Médoc »). ♦ Compte tenu du caractère d'ordre public de la protection dont bénéficient les appellations d'origine contrôlée, encourt la nullité la marque identique à une appellation d'origine contrôlée quand bien même celle-ci n'aurait été attribuée que postérieurement au dépôt de marque. • Com. 1er déc. 1987 : *Bull. civ. IV, n° 256; JCP 1988. II. 21080, note Agostini* (« Romanée-Conti »). ♦ Le statut des appellations d'origine contrôlée est d'ordre public et en interdit toute appropriation privative, quelle que soit l'époque à laquelle la marque critiquée a été déposée. • Paris, 12 sept. 2001 : *D. 2002. 1894, note Olszak* (« Bain de Champagne »).

Pour des produits non susceptibles de bénéficier d'une appellation d'origine, l'incorporation dans la marque du nom géographique, indicatif d'une provenance, crée une confusion trompeuse, entachant la marque du vice de déceptivité. • Angers, 17 févr. 1992 : *D. 1994. Somm. 55, obs. Burst* (« Maret Cholet France »). ♦ Le mot « Fourme » étant lié à une aire géographique déterminée (Auvergne, Cantal, Forez, Ambert et Montbrison), il a, dans l'expression « Fourme d'Ambert », autant d'importance que le lieu géographique lui-même. Doit donc être annulée la marque (« Fourme de Bresse ») reprenant cette désignation pour un produit ne présentant pas les caractères de ceux bénéficiant de l'appellation d'origine, l'usage de ce terme étant susceptible de faire naître une confusion sur l'origine du produit. • Com. 26 oct. 1993 : *D. 1995. 58, note Agostini; RTD com. 1994. 269, obs. Chavanne.*

4. Détournement de notoriété. BIBL. Barthe, *RLDA déc. 2011. 97* (le Champagne produit de luxe? entre AOC et marque notoire). ♦ L'utilisation du nom de « Chaume » associé à la mention « premier cru » pour la création d'une nouvelle appellation Chaume-Premier cru des Coteaux du Layon, à la place de l'ancienne appellation Coteaux du Layon, par le décret du 19 sept. 2003, correspondant à une aire de production extérieure au village de Chaume, permet à cette nouvelle appellation de bénéficier de la notoriété du Quarts de Chaume tout en profitant exclusivement de la mention « premier cru »; cette utilisation est de nature à susciter une confusion dans l'esprit du consommateur, à créer l'apparence d'une hiérarchisation des vins favorable à la nouvelle appellation et, par conséquent, à détourner ou affaiblir la notoriété de l'appellation Quarts de Chaume en violation des dispositions de l'art. L. 641-2 C. rur. Annulation du décret contesté. • CE 27 juill. 2005 : *D. 2006. 310, note Agostini* *et Thévenin ; RD rur. 2005, n° 362, concl. de Silva.*

L'adoption du nom « Champagne » pour un nouveau parfum de luxe, le choix d'une présentation rappelant le bouchon caractéristique des bouteilles de ce vin et l'utilisation, dans des arguments promotionnels, de l'image et des sensations qu'il évoque dénotent l'intention de créer un effet attractif emprunté au prestige de cette appellation ; ce procédé est constitutif d'agissements parasitaires consistant à détourner la notoriété dont seuls peuvent se prévaloir les négociants en Champagne. • Paris, 15 déc. 1993 : *D. 1994. 145, note le Tourneau ; RTD com. 1994. 269, obs. Chavanne ; JCP 1994. II. 22229, note Pollaud-Dulian.* ♦ Les dénominations en cause (« Russian Champagne » et « Soviet Champagne »), reprises sous la forme traduite et translittérée de l'appellation d'origine sont susceptibles par leur consonance de l'évoquer en induisant un simple rattachement à celle-ci, et ainsi de détourner ou d'affaiblir sa notoriété, agissements interdits par l'art. L. 643-1 C. rur. (V. cet art., App., v° *Valorisation des produits*). • Paris, 25 avr. 2007 : *D. 2007. Pan. 2836, obs. Durrande .* ♦ En commercialisant des produits (foie gras) dans la dénomination desquels entre le terme notoire Champagne ou en s'y référant sur des emballages ou publicités, une société n'a pu que chercher à bénéficier de la valeur économique et de l'attractivité de l'appellation d'origine Champagne, alors que ce vin n'entrait que pour 2 % dans la composition du produit et n'était perceptible que par une minorité de consommateurs. • Com. 25 nov. 2014 : *CCC 2015, n° 32, obs. Malaurie-Vignal ; RD rur. 2015, n° 36, obs. Olszak.* ♦ En adoptant la dénomination « Cham'alal », qui associe les syllabes Cham et alal renvoyant visuellement et phonétiquement au concept de champagne halal, et en se référant, pour promouvoir celle-ci, à un rapprochement systématique avec l'appellation d'origine Champagne, le prévenu a délibérément mis en œuvre une stratégie commerciale consistant à emprunter, pour la détourner, l'image de prestige, de luxe et de tradition qui fait la notoriété de l'authentique vin de Champagne ; cette pratique, qui banalise l'appellation d'origine Champagne en l'utilisant comme référence constante pour désigner, fût-ce *a contrario*, un jus de raisin pétillant, comporte en elle-même le risque d'une atteinte à la notoriété de cette appellation, entre par là même dans les prévisions de l'art. L. 643-1, al. 2, C. rur., et se trouve dès lors interdite par les dispositions de ce texte. • Paris, 3 nov. 2010 : *Propr. ind. 2011, n° 40, obs. Tréfigny-Goy.* ♦ Mais la société défenderesse (Champomy) ayant fait émerger un univers propre autour de son produit, la cour d'appel a suffisamment écarté le risque, même résultant d'une simple association, d'affaiblissement de la distinctivité attachée à l'appellation Champagne ; ce, même en présence de la reprise d'éléments caractéristiques des produits commercialisés sous cette appellation. • Com. 7 juill. 2009 : *D. 2010. Pan. 854, obs. Durrande ; JCP E 2009, n° 44-45, p. 23, note Visse-Causse ; ibid., n° 49, p. 22, obs. Caron ; RJDA 2010, n° 182.*

5. Tromperie sur l'appellation d'origine. Fait une appréciation erronée la cour d'appel qui, pour relaxer le prévenu de l'infraction de mise en vente d'un produit portant une appellation d'origine inexacte, énonce qu'il n'y a pas de risque d'équivoque entre la dénomination miel « Fleurs des Vosges » et l'appellation « Miel de sapin des Vosges » au motif que le miel de sapin est un miel de miellat alors que le miel de fleurs est un miel de nectar. • Crim. 21 janv. 2003 : *Bull. crim. n° 15 ; JCP 2003. IV. 1525.* – V. aussi • Crim. 10 janv. 2006 : *RD rur. 2006, n° 73.*

6. Droit communautaire. Le Traité CE, art. 28 et 30 (actuels art. 34 et 36 TFUE), ne s'oppose pas à l'application de règles édictées par une convention bilatérale entre États membres relative à la protection des indications de provenance et des appellations d'origine, pourvu que les dénominations protégées n'aient pas acquis un caractère générique dans l'État d'origine. • CJCE 10 nov. 1992 : *D. 1993. 545, note Bergerès .*

SECTION IV PROTECTION JUDICIAIRE

COMMENTAIRE

Une personne qui utilise une appellation d'origine sans faire reconnaître ses droits peut s'exposer à *des conséquences judiciaires* si son droit est contesté par un tiers. La juridiction saisie peut lui interdire l'usage irrégulier d'une appellation d'origine (art. L. 431-6) ; elle peut aussi lui interdire toute indication susceptible de provoquer une confusion sur l'origine des produits. L'action est portée devant le tribunal de grande instance du lieu d'origine du produit dont l'appellation est contestée (art. R. 431-2).

Il est précisé que toute personne, tout syndicat ou toute association remplissant les conditions légales pourra intervenir dans l'instance (art. R. 431-5).

L'article R. 431-1 prévoit que la juridiction saisie d'une action exercée en application de l'article L. 431-6 peut connaître d'une action tendant à interdire de faire figurer, sur les produits autres que ceux bénéficiant de l'appellation d'origine ou sur les emballages qui les contiennent et les étiquettes, papiers de commerce et factures qui s'y réfèrent, toute indication pouvant provoquer une confusion sur l'origine des produits.

Enfin, c'est la Cour de cassation, saisie d'un pourvoi, qui est compétente pour apprécier si les usages invoqués pour l'emploi d'une appellation d'origine possèdent tous les caractères légaux exigés par la présente section (art. R. 431-4). □

Art. L. 431-6 Toute personne qui prétend qu'une appellation d'origine est utilisée à son préjudice direct ou indirect et contre son droit, à un produit naturel ou fabriqué, contrairement à l'origine de ce produit, peut exercer une action en justice pour faire interdire l'usage de cette appellation.

La même action peut être introduite par les syndicats et associations régulièrement constitués, depuis six mois au moins, quant aux droits qu'ils ont pour objet de défendre.

Sur la base d'usages locaux, loyaux et constants, le juge peut délimiter l'aire géographique de production et déterminer les qualités ou caractères du produit mentionné au premier alinéa. — *[C. consom., art. L. 115-8.]*

V. aussi art. R. 431-1 s.

BIBL. ▶ VISSE-CAUSSE, *RD rur. 2016. Étude 1* (la protection de l'appellation d'origine par l'action en contrefaçon).

1. Ordre public. Le caractère d'ordre public de la protection dont bénéficient les appellations d'origine contrôlées entraîne la nullité des marques créant une confusion avec une telle appellation : V. note 3 ss. art. L. 431-5.

2. Absence de confusion. La marque « Vins de Gravillons » ne peut créer aucune confusion avec les vins d'appellation d'origine « Graves » vendus en bouteilles d'un type différent. • Crim. 6 nov. 1957 : *JCP 1958. II. 10464, note Vivez.* ♦ De même la marque « Les Vieux Papes » ne peut créer de confusion avec l'appellation d'origine « Châteauneuf-du-Pape ». • Aix-en-Provence, 2 juin 1961 : *D. 1962. 345, note Liotard.*

3. Intérêt à agir. Une fédération nationale des producteurs de vins de pays et de table peut obtenir réparation du préjudice matériel subi collectivement par les producteurs français suite à des fraudes commerciales consistant en des importations de vins étrangers à bas prix, vendus ensuite sous une fausse dénomination française, dès lors qu'elle est contrainte de rémunérer en permanence une équipe de juristes, d'œnologues et de chimistes travaillant au sein de son service contentieux. • Amiens, 19 févr. 1998 : *BICC 1999, n° 1065.*

APPELLATIONS CONTRÔLÉES (autres que vinicoles) DÉFINIES PAR JUGEMENT

Volailles

- *Pintadeaux de la Drôme (2 déc. 1969),*
- *Poulets du Bourbonnais (28 mars 1961).*

Miels

- *Miel de Lorraine, Miel des Vosges (25 avr. 1962).*

Produits végétaux

- *Carottes de Créance (12 juill. 1960),*
- *Foin de Crau (12 juill. 1960),*
- *Truffe du Tricastin (26 avr. 1978).*

Plats cuisinés

- *Raviole du Dauphiné (4 avr. 1988).*

Produits non agricoles

- *Dentelles du Puy (19 févr. 1931),*
- *Mouchoirs et Toiles de Cholet (17 nov. 1935),*
- *Poterie de Vallauris (19 nov. 1930).*

Art. L. 431-7 Les personnes, syndicats et associations mentionnés aux deux premiers alinéas de l'article L. 431-6 qui se prétendent lésés par les faits prohibés par les articles L. 431-2 et L. 431-4 peuvent se constituer partie civile conformément aux

dispositions du code de procédure pénale. – *[C. consom., art. L. 115-17 et L. 115-18, renvoi à l'art. L. 115-17.]*

CHAPITRE II AUTRES SIGNES D'IDENTIFICATION DE L'ORIGINE ET DE LA QUALITÉ

RÉP. COM. v° *Appellations d'origine et indications de provenance,* par OLSZAK.

BIBL. GÉN. ▸ COHEN, *Rev. Conc. Consom. 1988, n° 43* (les signes de qualité : une garantie pour les consommateurs). – BLAIZE, *ibid. 1990, n° 57* (la politique de qualité et la certification de qualité). – DOUSSIN, *BID 1997, n° 11, p. 52* (réglementation, normalisation, certification). – NGUYEN THANH-BOURGEAIS, *CCC 1998, Chron. 1* (certification de qualité des produits agro-alimentaires). – Congrès national de l'Association française de droit rural, *RD rur. 2011. Dossier 17* (politique de qualité des produits agricoles).

SECTION PREMIÈRE LABEL ROUGE

COMMENTAIRE

Les dispositions des articles L. 641-1 et suivants du code rural et de la pêche maritime, auxquelles renvoie l'article L. 432-1 du code de la consommation, ont adopté l'expression « label rouge », plus connue du consommateur que l'expression antérieurement consacrée de « label agricole ». Les produits susceptibles de bénéficier du label rouge sont les denrées alimentaires (produits de la mer inclus) et les produits agricoles non alimentaires et non transformés.

Le *label* atteste qu'un produit possède un ensemble distinct de qualités et de caractéristiques spécifiques préalablement fixées dans un cahier des charges et établissant un niveau de qualité supérieure. Cette qualité supérieure résulte des conditions particulières de production et de fabrication, et non de l'origine géographique. A ce titre, l'alinéa 2 de l'article L. 641-2 du code rural et de la pêche maritime précise qu'un label rouge ne peut comporter une mention géographique, sauf si celle-ci figure dans la dénomination devenue générique du produit. Par ailleurs, le premier alinéa de ce texte confirme qu'un label rouge peut bénéficier aussi d'une indication géographique protégée. Il peut également bénéficier d'une spécialité traditionnelle garantie, mais non d'une appellation d'origine ou de la dénomination « vin de pays » (V. App., v° *Valorisation des produits et des services*).

Seuls les producteurs ou transformateurs organisés en groupe sont habilités à demander la délivrance d'un label (C. rur., art. L. 641-3). L'homologation d'un label rouge est prononcée, sur proposition de l'Institut national de l'origine et de la qualité (INAO), par un arrêté du ou des ministres concernés (C. rur., art. L. 641-4).

Les articles L. 453-4, L. 453-9 et L. 453-10 prévoient des peines principales et complémentaires identiques à celles concernant les appellations d'origine contrôlée pour toute une série de comportements délictueux similaires, tels que le fait de délivrer un label rouge sans respecter les conditions fixées par le code rural et de la pêche maritime, d'utiliser ou de tenter d'utiliser frauduleusement un label rouge, etc. (art. L. 432-2). ❑

Art. L. 432-1 Les dispositions applicables au label rouge sont prévues à la sous-section 1 de la section I du chapitre Ier du titre IV du livre VI du code rural et de la pêche maritime. – *[C. consom., art. L. 115-19.]* – *V. C. rur., art. L. 641-1 s., App., v° Valorisation des produits et des services.*

1. Définition du label. Le terme label se définit comme une marque spéciale créée par un syndicat professionnel et apposée sur un produit destiné à la vente pour en certifier l'origine et les conditions de fabrication. Il ressort de la combinaison des art. L. 115-22 [L. 432-4] et L. 115-23-2 [ancien] C. consom. dans leur rédaction applicable au moment des faits litigieux que la délivrance d'un label agricole suppose le regroupement de producteurs et de transformateurs d'un domaine agroalimentaire qui élaborent un cahier des charges public pour un label et le soumettent à une homologation ministérielle, le groupement devenant, en cas d'homologation, détenteur dudit cahier des charges. Seuls les opérateurs qui respectent ce cahier des charges homologué et contrôlés à ce titre sont en droit d'apposer ce label sur leurs produits qui est délivré par un organisme indépendant. • Paris, 25 mai 2011 : *Prop. ind. 2011, n° 75, obs. Larrieu.*

2. Refus d'un label. Le refus d'un label par l'organisme certificateur à un agriculteur pour un lot de volailles nourries de façon non conforme constitue, non une sanction disciplinaire, mais la conséquence de l'inexécution par l'éleveur de ses obligations contractuelles. • Civ. 1re, 21 févr. 1995 : *Bull. civ. I, n° 85.*

Art. L. 432-2 **Il est interdit :**

1° De délivrer un label rouge sans satisfaire aux conditions prévues à l'article L. 642-3 du code rural et de la pêche maritime ;

2° De délivrer un label rouge qui n'a pas fait l'objet de l'homologation prévue à l'article L. 641-4 du code rural et de la pêche maritime ;

3° De délivrer un label rouge en méconnaissance de l'article L. 641-2 du code rural et de la pêche maritime ;

4° D'utiliser ou de tenter d'utiliser frauduleusement un label rouge ;

5° D'apposer ou de faire apparaître, par addition, retranchement ou par une altération quelconque, sur des produits, naturels ou fabriqués, mis en vente ou destinés à être mis en vente, un label rouge en le sachant inexact ;

6° D'utiliser un mode de présentation faisant croire ou de nature à faire croire qu'un produit bénéficie d'un label rouge ;

7° De faire croire ou de tenter de faire croire qu'un produit assorti d'un label rouge est garanti par l'État ou par un organisme public. – *[C. consom., art. L. 115-20, al. 1er à 8 hors sanction.]*

Sur les sanctions, V. art. L. 453-4, L. 453-9 et L. 453-10.

SECTION II APPELLATION D'ORIGINE PROTÉGÉE, INDICATION GÉOGRAPHIQUE PROTÉGÉE, SPÉCIALITÉ TRADITIONNELLE GARANTIE

BIBL. GÉN. ▶ LECERF et DURODEZ, *JCP E 1994. I. 402* (règlements communautaires et code de la consommation). – BINEAU, CCC *2013. Étude 3* (extension attendue de l'indication géographique protégée aux produits manufacturés). – CORDIER et VILAR, *Cah. dr. entr. juill.-août 2013. Dossier 26* (les indications géographiques dans le projet de loi relatif à la consommation). – MARIE-VIVIEN, CCC *2013. Étude 15* (protection de l'indication géographique de produits industriels et artisanaux : le choix d'un régime juridique spécifique en question).

COMMENTAIRE

Là encore, le texte du code de la consommation (art. L. 432-3) renvoie aux dispositions du code rural et de la pêche maritime.

Il faut signaler que le règlement européen n° 1151/2012 du 21 novembre 2012 comporte un certain nombre de définitions comme celles d'« appellation d'origine » et d'« indication géographique » ou de « spécificité traditionnelle garantie » (V. ce texte, App., v° *Valorisation des produits et des services*).

Depuis l'ordonnance du 7 décembre 2006, une relation obligatoire entre l'*appellation d'origine contrôlée française*, d'une part, et l'*appellation d'origine protégée communautaire*, d'autre part, est instituée. Aux termes de l'article L. 641-10 du code rural et de la pêche maritime, doivent solliciter le bénéfice d'une appellation d'origine protégée les produits agricoles ou alimentaires entrant dans le champ d'application du règlement (CE) n° 510/2006 du 20 mars 2006 (désormais remplacé par le Règl. (UE) n° 1151/2012 du 21 nov. 2012) auxquels une appellation d'origine contrôlée a été reconnue. Par conséquent, toute appellation d'origine contrôlée devra être enregistrée en tant qu'appellation d'origine protégée, sauf en ce qui concerne des produits tels que les vins et spiritueux, pour lesquels le régime de l'appellation d'origine protégée n'est pas applicable. Inversement, si le produit ne répond pas aux conditions posées par le règlement de l'Union européenne et ne peut en conséquence bénéficier de l'appellation d'origine protégée, il perd le bénéfice de l'appellation d'origine contrôlée.

L'article L. 641-11 du code rural et de la pêche maritime rappelle que les produits pouvant bénéficier d'une *indication géographique protégée* sont les produits agricoles ou alimentaires qui satisfont aux conditions posées par le règlement (CE) n° 510/2006 du 20 mars 2006 (désormais remplacé par le Règl. (UE) n° 1151/2012 du 21 nov. 2012). Ils doivent faire *l'objet d'un cahier des charges proposé* par l'INAO, homologué par arrêté du ou des ministres intéressés. Les dispositions exigeant que le produit soit reconnu en tant que label ou certification de conformité pour obtenir l'indication géographique protégée ont été abrogées par la loi du 5 janvier 2006 d'orientation agricole.

La *spécialité traditionnelle garantie* remplace l'attestation de spécificité depuis le règlement (CE) n° 509/2006 du 20 mars 2006 (désormais remplacé par le Règl. (UE) n° 1151/2012 du 21 nov. 2012), auquel l'article L. 641-12 du code rural et de la pêche maritime fait référence. Ces spécialités sont désormais gérées par l'INAO. Peuvent être reconnus comme spécialité traditionnelle garantie des produits agricoles ou alimentaires qui satisfont aux conditions posées par ledit règlement. Ils doivent faire l'objet d'un cahier des charges proposé par l'INAO, homologué par arrêté du ou des ministres intéressés.

L'article L. 115-22 de l'ancien code de la consommation, issu de l'ordonnance du 7 décembre 2006, prévoyait des peines principales et complémentaires (identiques à celles concernant les appellations d'origine contrôlée) pour une série de comportements délictueux relatifs à la délivrance et à l'utilisation d'une appellation d'origine protégée ou d'une indication géographique protégée ou encore d'une spécialité traditionnelle garantie. La loi du 17 mars 2014 avait complété la panoplie en alignant le dispositif de répression sur les peines principales et complémentaires relatives aux appellations d'origine contrôlée (art. L. 453-5, L. 453-9 et L. 453-10). ❑

Art. L. 432-3 Les dispositions applicables aux appellations d'origine protégées, aux indications géographiques protégées et aux spécialités traditionnelles garanties sont prévues au chapitre Ier du titre IV du livre VI du code rural et de la pêche maritime. — *[C. consom., art. L. 115-21.] — V. C. rur., art. L. 641-10 s., App., v° Valorisation des produits et des services.*

Sur les procédures d'examen des demandes d'enregistrement des appellations d'origine protégées et des indications géographiques protégées, V. C. rur., art. R. 642-1 s., App., v° Valorisation des produits et des services ; ... des demandes d'enregistrement des attestations de spécificité, V. C. rur., art. R. 642-16 s., ibid.

Art. L. 432-4 Il est interdit :

1° De délivrer une appellation d'origine protégée, une indication géographique protégée ou une spécialité traditionnelle garantie sans satisfaire aux conditions prévues à l'article L. 642-3 du code rural et de la pêche maritime ;

2° De délivrer une appellation d'origine protégée, une indication géographique protégée ou une spécialité traditionnelle garantie qui n'a pas fait l'objet de l'homologation prévue respectivement aux articles L. 641-10, L. 641-11 et L. 641-12 du code rural et de la pêche maritime ; — *V. App., v° Valorisation des produits et des services.*

3° D'utiliser ou de tenter d'utiliser frauduleusement une appellation d'origine protégée, une indication géographique protégée ou une spécialité traditionnelle garantie ;

4° D'apposer ou de faire apparaître, par addition, retranchement ou par une altération quelconque, sur des produits, naturels ou fabriqués, mis en vente ou destinés à être mis en vente, une appellation d'origine protégée, une indication géographique protégée ou une spécialité traditionnelle garantie en les sachant inexactes ;

5° D'utiliser un mode de présentation faisant croire ou de nature à faire croire qu'un produit bénéficie d'une appellation d'origine protégée, d'une indication géographique protégée ou d'une spécialité traditionnelle garantie ;

6° De faire croire ou de tenter de faire croire qu'un produit assorti d'une spécialité traditionnelle garantie, d'une appellation d'origine protégée ou d'une indication géographique protégée est garanti par l'État ou par un organisme public. — *[C. consom., art. L. 115-22, al. 1er à 7, hors sanction.]*

Sur les sanctions, V. art. L. 453-5, L. 453-9 et L. 453-10.

Erreur sur les caractéristiques du produit. La *possibilité prévue par* le décret instituant l'AOC « Salers » de faire figurer la mention « Tradition Salers » sur les fromages provenant de laits de vaches exclusivement de race Salers n'est pas de nature, compte tenu des conditions posées, à induire le consommateur en erreur sur les caractéristiques du produit. • CE 7 juill. 2004 : *Gaz. Pal. 2005. 503.* ♦ Le Gouvernement n'a pas commis d'erreur manifeste d'appréciation en ne soumettant pas la reconnaissance de l'appellation d'origine contrôlée « Salers » à la condition que les laits utilisés proviennent exclusivement de vaches de race « Salers », dès lors qu'il existe une tradition locale bien établie en ce sens. • Même décision.

SECTION III AGRICULTURE BIOLOGIQUE

COMMENTAIRE

L'article L. 432-5 prévoit que les conditions d'octroi de la mention « agriculture biologique » sont fixées par l'article L. 641-13 du code rural et de la pêche maritime (V. App., v° *Produits biologiques*). Ces textes prévoient que peuvent bénéficier de cette mention les produits agricoles transformés ou non, qui satisfont aux conditions de production, de transformation et de commercialisation posées par le règlement (CE) n° 2092/91 du 24 juin 1991 (abrogé et remplacé, à compter du 1er janv. 2009, par le Règl. (CE) n° 834/2007 du 28 juin 2007 ; V. ce texte, App., v° *Produits biologiques)* ou, le cas échéant, aux conditions définies par le cahier des charges homologué par arrêté du ou des ministres concernés, sur proposition de l'INAO. Ce dernier va, par conséquent, intervenir dans la gestion du mode de valorisation concernant l'agriculture biologique, en lieu et place de l'ancienne Commission nationale des labels et de la certification de conformité.

L'article L. 453-6 punit des peines prévues en matière de tromperie (deux ans d'emprisonnement et une amende de 300 000 €) des comportements délictueux tels que le fait d'utiliser ou de tenter d'utiliser frauduleusement la qualité de produits de l'agriculture biologique, d'utiliser ou de tenter d'utiliser un cahier des charges non homologué, etc. (art. L. 432-6). La loi du 17 mars 2014 relative à la consommation complète la panoplie en alignant le dispositif de répression sur les peines principales et complémentaires relatives aux appellations d'origine contrôlée (art. L. 453-9 et L. 453-10). ❑

Art. L. 432-5 **Les dispositions applicables à la mention "agriculture biologique" sont prévues à la sous-section 5 de la section I du chapitre Ier du titre IV du livre VI du code rural et de la pêche maritime.** — *[C. consom., art. L. 115-23.] — V. C. rur., art. L. 641-13, App., v° Produits biologiques.*

Art. L. 432-6 **Il est interdit :**

1° De délivrer une mention "agriculture biologique" sans satisfaire aux conditions prévues à l'article L. 642-3 du code rural et de la pêche maritime ;

2° De délivrer une mention "agriculture biologique" à un produit qui ne remplit pas les conditions, rappelées à l'article L. 641-13 du code rural et de la pêche maritime, pour en bénéficier ; — *V. App., v° Produits biologiques.*

3° D'utiliser ou de tenter d'utiliser frauduleusement le signe "agriculture biologique" ;

4° D'utiliser un mode de présentation faisant croire ou de nature à faire croire qu'un produit a la qualité de produit de l'agriculture biologique ;

5° De faire croire ou de tenter de faire croire qu'un produit ayant la qualité de produit de l'agriculture biologique est garanti par l'État ou par un organisme public. — *[C. consom., art. L. 115-24, al. 1er à 6 hors sanction.]*

Sur les sanctions, V. art. L. 453-6, L. 453-9 et L. 453-10.

SECTION IV UTILISATION SIMULTANÉE D'UNE MARQUE ET D'UN MODE DE VALORISATION

Art. L. 432-7 **Les conditions d'utilisation simultanée, pour l'étiquetage d'une denrée alimentaire ou d'un produit agricole non alimentaire et non transformé, à l'exception des vins, des boissons spiritueuses et des produits intermédiaires, d'une marque commerciale et d'une référence à l'un des modes de valorisation mentionnés à l'article L. 640-2 du code rural et de la pêche maritime, sont précisées par décret en Conseil d'État.** — *[C. consom., art. L. 112-4.]*

CHAPITRE III CERTIFICATION DE CONFORMITÉ

SECTION PREMIÈRE PRODUITS AGRICOLES ET DENRÉES ALIMENTAIRES

BIBL. GÉN. ▶ Nguyen Thanh-Bourgeais, *CCC 1998. Chron. 1* (certification de qualité des produits agro-alimentaires).

COMMENTAIRE

La certification du produit est un mode de valorisation à part. L'article L. 433-1 renvoie aux dispositions des articles L. 641-20 à L. 641-23 du code rural et de la pêche maritime relatifs à la certification de conformité (V. App., v° *Valorisation des produits et des services*).

Peuvent faire l'objet d'une *certification de conformité* les denrées alimentaires et les produits agricoles non alimentaires et non transformés qui respectent les règles relatives à la production, à la transformation ou au conditionnement. L'apport de l'ordonnance du 7 décembre 2006 réside dans le fait que ces règles sont fixées par produit ou par famille de produits, par arrêté du ou des ministres intéressés. Il n'est plus fait référence à des règles définies par des cahiers des charges.

Il est précisé que les produits bénéficiant d'une appellation d'origine, d'un label rouge ou de la mention « vin de pays » ne peuvent faire l'objet d'une certification de conformité et que cette dernière ne peut comporter de mention géographique, sauf si celle-ci figure dans la dénomination devenue générique du produit en question.

L'ordonnance du 7 décembre 2006 a introduit une nouveauté en ce que les déclarations d'engagement des entreprises concernées sont enregistrées par le ministre chargé de l'agriculture (art. L. 641-22 C. rur.).

La certification de conformité est toujours délivrée par des organismes certificateurs accrédités par un organisme d'accréditation signataire de l'accord multilatéral pris dans le cadre de la coordination européenne des organismes d'accréditation sur la base de la norme NF EN 45011.

L'article L. 453-7 punit les comportements délictueux consistant à délivrer un certificat de conformité sans satisfaire aux prescriptions légales ou à se livrer à certaines fraudes précisées à l'article L. 433-2. La loi du 17 mars 2014 relative la consommation complète la panoplie en alignant le dispositif de répression sur les peines principales et complémentaires relatives aux appellations d'origine contrôlée (art. L. 453-9 et L. 453-10). ❑

Art. L. 433-1 Les dispositions applicables à la certification de la conformité des produits agricoles et des denrées alimentaires sont fixées à la section III du chapitre Ier du titre IV du livre VI du code rural et de la pêche maritime. — *[C. consom., art. L. 115-25.] — V. C. rur., art. L. 641-20 s., App., vº Valorisation des produits et des services.*

Art. L. 433-2 Il est interdit :

1º De délivrer un certificat de conformité sans satisfaire aux conditions prévues à l'article L. 641-23 du code rural et de la pêche maritime ;

2º De délivrer un certificat de conformité en méconnaissance de l'article L. 641-21 du code rural et de la pêche maritime ; — *V. App., vº Valorisation des produits et des services.*

3º D'utiliser ou de tenter d'utiliser frauduleusement un certificat de conformité ;

4º D'apposer ou de faire apparaître, par addition, retranchement ou par une altération quelconque, sur des produits, naturels ou fabriqués, mis en vente ou destinés à être mis en vente, un certificat de conformité en le sachant inexact ;

5º D'utiliser un mode de présentation faisant croire ou de nature à faire croire qu'un produit bénéficie d'un certificat de conformité ;

6º De faire croire ou de tenter de faire croire qu'un produit assorti d'un certificat de conformité est garanti par l'État ou par un organisme public ;

7º De se prévaloir de l'engagement d'une démarche de certification sans que celle-ci ait été enregistrée conformément à l'article L. 641-22 du code rural et de la pêche maritime. — *[C. consom., art. L. 115-26, al. 1er à 8 hors sanction.]*

Sur les sanctions, V. art. L. 453-7, L. 453-9 et L. 453-10.

SECTION II SERVICES ET PRODUITS AUTRES QU'AGRICOLES, FORESTIERS, ALIMENTAIRES OU DE LA MER

BIBL. GÉN. ▸ NGUYEN THANH-BOURGEAIS, CCC *1996. Chron. 7* (la certification des produits industriels et des services). - PONTIER, *D. 1996. Chron. 355* (la certification).

COMMENTAIRE

I. DISPOSITIF

La loi du 3 juin 1994 a entendu revaloriser la certification des produits en simplifiant les règles existantes.

L'article L. 433-3 définit la certification comme l'activité par laquelle un organisme distinct du fabricant, de l'importateur, du vendeur ou du prestataire de services ou du client atteste qu'un produit ou un service, voire une composition de produits et services (ainsi que le précise la L. n° 2008-776 du 4 août 2008), est conforme à des caractéristiques décrites dans un document appelé référentiel, lequel se substitue à l'ancien règlement technique.

L'article L. 433-8 délimite le champ d'application de cette section II en procédant à un certain nombre d'exclusions, tels les produits agricoles, forestiers, alimentaires ou de la mer.

Quant aux organismes délivrant l'accréditation (instance d'accréditation française ou d'un autre pays de l'UE), la loi du 3 mai 1994, modifiée par la loi du 4 août 2008, a instauré un système plus souple qu'antérieurement (art. L. 433-4 et L. 433-5). Pour garantir l'impartialité de l'accréditation, il est créé une instance nationale d'accréditation, laquelle est seule habilitée à délivrer les certificats d'accréditation en France.

II. INFORMATION DES CONSOMMATEURS

Les consommateurs doivent pouvoir accéder dans la transparence à l'information (art. L. 433-6). La loi du 4 août 2008, modifiant la loi du 3 juin 1994 et complétée par le décret du 19 décembre 2008 (art. R. 433-2), prévoit un certain nombre de dispositions en ce sens. L'information doit également être facilement accessible (principe de gratuité).

III. SANCTIONS

L'article L. 433-9 énumère les infractions en matière de certification, lesquelles se voient appliquer les peines du délit de tromperie, ici également applicables (art. L. 453-8). En revanche, le non-respect des dispositions de l'article R. 433-2 est sanctionné par une peine de contravention de la cinquième classe (art. R. 453-1). A cet égard, il faut relever que la loi n° 2011-525 du 17 mai 2011 de simplification et d'amélioration de la qualité du droit, puis la loi n° 2014-344 du 17 mars 2014 (en ce qui concerne les peines complémentaires) avaient procédé à un toilettage des dispositions en la matière (V. art. L. 453-9 et L. 453-10). ❑

Art. L. 433-3 Constitue une certification de produit ou de service soumise aux dispositions de la présente section l'activité par laquelle un organisme, distinct du fabricant, de l'importateur, du vendeur, du prestataire ou du client, atteste qu'un produit, un service ou une combinaison de produits et de services est conforme à des caractéristiques décrites dans un référentiel de certification.

Le référentiel de certification est un document technique définissant les caractéristiques que doit présenter un produit, un service ou une combinaison de produits et de services, et les modalités de contrôle de la conformité à ces caractéristiques.

L'élaboration du référentiel de certification incombe à l'organisme certificateur qui recueille le point de vue des parties intéressées. – *[C. consom., art. L. 115-27.]*

BIBL. ▶ NDLR, *BRDA 2008, n° 18, p. 18* (LME : mesures en droit de la consommation).

Tribunal compétent. Incompétence du juge administratif pour connaître de la requête en annulation d'un référentiel établi par un organisme certificateur (« Qualité France »), dès lors que ces règles, dont la sanction consiste uniquement dans le retrait de la certification, ne procèdent de l'exercice par l'organisme certificateur d'aucune prérogative de puissance publique. • CE 24 mars 1999 : *D. 1999. IR 121*.

Art. L. 433-4 Peuvent seuls procéder à la certification de produits ou de services les organismes qui bénéficient d'une accréditation délivrée par l'instance nationale d'accréditation, ou l'instance nationale d'accréditation d'un autre État membre de l'Union européenne, membre de la coopération européenne pour l'accréditation et ayant signé les accords de reconnaissance mutuelle multilatéraux couvrant la certification considérée. – *[C. consom., art. L. 115-28, al. 1er.] – V. L. n° 2008-776 du 4 août 2008, art. 137-I, ci-dessous.*

1. Juridiction compétente. Le juge administratif est incompétent pour se prononcer sur une demande, par une association pour la gestion du patrimoine immobilier, d'annulation d'un référentiel établi par un organisme certificateur, dès lors que les règles établies par ce dernier ne procèdent de l'exercice d'aucune prérogative de puissance publique. • CE 24 mars 1999 : D. 1999. IR 121 ; *Dr. adm. 1999, n° 148.*

2. Procédure d'agrément. La procédure d'agrément instituée par une fédération de « motards » et concernant des antivols de moto est illicite par application de l'art. 22 de la L. n° 78-23 du 8 juill. 1978 [devenu C. consom., art. L. 115-27 et L. 115-28 ; désormais art. L. 433-3 et L. 433-4]. • Com. 3 oct. 1995 : *CCC 1996, n° 15, obs. Raymond.* ♦ Dès lors, est à bon droit rejetée la demande d'indemnisation présentée par un fabricant à qui un refus d'agrément a été opposé. • Même arrêt.

Loi n° 2008-776 du 4 août 2008,

De modernisation de l'économie.

Art. 137 I. — L'accréditation est l'attestation de la compétence des organismes qui effectuent des activités d'évaluation de la conformité. Afin de garantir l'impartialité de l'accréditation, il est créé une instance nationale d'accréditation, seule habilitée à délivrer les certificats d'accréditation en France. *(Ord. n° 2010-49 du 13 janv. 2010, art. 5)* « Cette instance procède à l'accréditation des laboratoires. » Un décret en Conseil d'État désigne cette instance et fixe ses missions. — *V. Décr. n° 2008-1401 du 19 déc. 2008, ci-dessous.*

Décret n° 2008-1401 du 19 décembre 2008,

Relatif à l'accréditation et à l'évaluation de conformité pris en application de l'article 137 de la loi n° 2008-776 du 4 août 2008 de modernisation de l'économie.

Art. 1er L'instance nationale d'accréditation mentionnée à l'article 137 de la loi du 4 août 2008 susvisée est le Comité français d'accréditation (COFRAC).

Art. 2 Le Comité français d'accréditation est seul habilité à délivrer des certificats d'accréditation aux organismes d'évaluation de la conformité, que cette accréditation soit obligatoire ou non.

Art. 3 Le Comité français d'accréditation fixe, par délibération du conseil d'administration ou d'une section spécialisée au vu des normes homologuées en vigueur, les conditions devant être remplies par tout organisme demandant son accréditation, après avis des représentants des associations de consommateurs et d'utilisateurs, des organismes professionnels, des organismes d'évaluation de la conformité ainsi que des administrations concernées ; ces conditions sont publiées sur le site internet du comité.

L'appréciation du respect de ces conditions est faite par des évaluateurs et des experts choisis par le comité, lequel en assure la formation et la qualification.

Art. 4 Le directeur général du Comité français d'accréditation assure le contrôle sur place et sur pièces des organismes auxquels il a délivré un certificat d'accréditation. S'il constate qu'un organisme accrédité n'est plus compétent pour réaliser une activité spécifique d'évaluation ou a commis un manquement grave à ses obligations, il prend toutes les mesures appropriées pour restreindre, suspendre ou retirer l'accréditation.

Préalablement à la saisine du juge, les décisions de restriction, de suspension, de retrait, de refus d'accréditation peuvent faire l'objet d'un recours administratif préalable devant une section spécialisée du comité selon la procédure prévue dans les statuts du comité.

Art. 5 Le délégué interministériel aux normes exerce les fonctions de commissaire du Gouvernement auprès du Comité français d'accréditation ; il peut s'opposer aux décisions du comité si elles sont contraires à des dispositions législatives ou réglementaires ou à l'intérêt général.

En cas d'empêchement, le commissaire du Gouvernement peut se faire représenter aux séances du conseil d'administration par un agent placé sous son autorité.

Art. 6 Le Comité français d'accréditation est soumis au contrôle *(Décr. n° 2012-1247 du 7 nov. 2012, art. 49)* « budgétaire » de l'État organisé par le décret du 26 mai 1955 *[n° 55-733]* susvisé.

Art. L. 433-5 **Un organisme non encore accrédité pour la certification considérée peut, dans des conditions définies par décret, effectuer des certifications, sous réserve d'avoir déposé une demande d'accréditation.** — *[C. consom., art. L. 115-28, al. 2.]*

Art. L. 433-6 **Toute référence à la certification dans la publicité, l'étiquetage ou la présentation de tout produit ou service, ainsi que sur les documents commerciaux qui s'y rapportent est accompagnée d'informations claires permettant au consommateur ou à l'utilisateur d'avoir facilement accès aux caractéristiques certifiées.**

La consultation des référentiels de certification s'effectue soit gratuitement auprès de l'organisme certificateur, soit par la délivrance d'exemplaires aux frais du demandeur. – *[C. consom., art. L. 115-28, al. 3.]*

Art. L. 433-7 Le signe distinctif qui, le cas échéant, accompagne ou matérialise la certification est déposé comme marque collective de certification, conformément à la législation sur les marques de fabrique, de commerce et de service. – *[C. consom., art. L. 115-28, al. 4.]*

Art. L. 433-8 Les dispositions des articles L. 433-3 à L. 433-7 ne sont pas applicables :

1° A la certification des produits agricoles, forestiers, alimentaires ou de la mer ;

2° Aux autorisations de mise sur le marché des médicaments à usage humain ou vétérinaire faisant l'objet des dispositions de la Vème partie du code de la santé publique ;

3° A la délivrance des poinçons, estampilles, visas, certificats d'homologation, marques collectives ou attestations de conformité aux dispositions européennes par l'autorité publique ou par des organismes désignés à cet effet et soumis à un contrôle technique ou administratif de l'autorité publique en vertu de dispositions législatives ou réglementaires ;

4° A la délivrance de labels ou marques prévus par l'article L. 2134-1 du code du travail *[marques syndicales]* ainsi que des marques d'artisan et de maître artisan pour autant que ces marques ne tendent qu'à attester l'origine d'un produit ou d'un service et la mise en œuvre des règles de l'art et usages quand ils leur sont spécifiques. – *[C. consom., art. L. 115-29.]*

Art. L. 433-9 Il est interdit :

1° De délivrer, en violation des dispositions prévues aux articles L. 433-3 à L. 433-7, un titre, un certificat ou tout autre document attestant qu'un produit ou un service présente certaines caractéristiques ayant fait l'objet d'une certification ;

2° D'utiliser tout moyen de nature à faire croire faussement qu'un organisme satisfait aux conditions définies aux articles L. 433-3 à L. 433-7. – *[C. consom., art. L. 115-30, al. 1er à 4, hors sanction.]*

Sur les sanctions, V. art. L. 453-8 à L. 453-10.

Art. L. 433-10 Les modalités d'application des articles L. 433-3 à L. 433-7 sont fixées par décret en Conseil d'État. – *[C. consom., art. L. 115-32.]*

Art. L. 433-11 Les propriétaires de marques de commerce, de fabrique ou de service peuvent s'opposer à ce que des textes publicitaires concernant nommément leur marque soient diffusés lorsque l'utilisation de cette marque vise à tromper le consommateur ou qu'elle est faite de mauvaise foi. – *[C. consom., art. L. 115-33.]*

TITRE QUATRIÈME FRAUDES

RÉP. COM. v° *Fraudes*, par PIGASSOU et AMBROISE-CASTÉROT.

BIBL. GÉN. ▶ ROBERT, *JCP 1990. I. 3444* (la distinction des délits et des contraventions de fraude). – F. AGOSTINI, *LPA 11-12 nov. 2004* (de quelques applications du C. consom. en matière de sécurité alimentaire). – CONTE, *Dr. pénal 2006. Chron. 4* (1905-2005, cent ans de protection pénale du consommateur). – LECOURT, *D. 2006. Chron. 722* (la loi du 1er août 1905 : protection du marché ou protection du consommateur).

CHAPITRE UNIQUE TROMPERIES

COMMENTAIRE

I. ÉLÉMENT MATÉRIEL DE LA TROMPERIE

A. CADRE CONTRACTUEL

L'article L. 441-1 suppose l'existence d'un contrat, la personne trompée devant être partie à la convention. Il importe peu que le contrat ait été exécuté, ni même conclu puisque le texte vise expressément la simple tentative de tromperie. Par conséquent, une offre de contracter non acceptée pourra être retenue comme un commencement d'exécution.

Selon une jurisprudence constante, l'infraction ne s'applique qu'aux contrats souscrits à titre onéreux. Les contrats à titre gratuit ne sont pas passibles du délit de tromperie, mais peuvent tomber sous le coup de la publicité trompeuse. Parmi les contrats à titre onéreux, le contrat de vente est le plus souvent concerné.

La jurisprudence considère qu'en cas de ventes successives, le délit de tromperie peut être commis par le premier vendeur (Crim. 12 nov. 1985 : *cité note 15 ss. art. L. 441-1*). Par ailleurs, l'article L. 441-1 est censé s'appliquer à tous les stades de commercialisation du produit (Crim. 13 janv. 2015 : *eod. loc.*).

B. PERSONNES CONCERNÉES

L'article L. 441-1 s'applique quelle que soit la qualité de l'auteur et de la victime de la tromperie. Il concerne le plus souvent les rapports entre professionnels et consommateurs, mais peut s'appliquer entre particuliers (vente par petites annonces) ou entre professionnels (contrats commerciaux). Son objectif dépasse la protection du consommateur, bien que celle-ci tienne en réalité une place privilégiée.

Peu importe que l'auteur de l'infraction soit ou non partie au contrat : la tromperie peut émaner d'un tiers comme du cocontractant ; en cas de ventes successives, la tromperie peut émaner des premiers vendeurs.

C. OBJET

Le délit de tromperie est susceptible de s'appliquer à toutes les marchandises : produits pharmaceutiques et cosmétiques, denrées alimentaires, appareils ménagers et même produits dérivés du sang (Crim. 22 juin 1994 : *Bull. crim. n° 248*). Par objets mobiliers, il faut entendre « les choses mobilières qui se comptent, se pèsent ou se mesurent », à l'exclusion des droits incorporels (Crim. 5 déc. 1977 : *Gaz. Pal. 1978. 1. Jur. 127*).

De façon discutable, le texte n'est pas appliqué aux prestations immobilières. En revanche, les prestations de services sont expressément visées par le dernier alinéa de l'article L. 441-1. Peu importe que les services soient exécutés par des professions commerciales, artisanales ou libérales.

D. FONDEMENT

L'article L. 412-1 permet au pouvoir réglementaire de prendre, par décret en Conseil d'État, les mesures destinées à assurer l'exécution de la loi : de nombreux textes posent ainsi des règles tendant à éviter que le consommateur ne soit, pour tel ou tel produit, trompé.

Toutefois, l'article L. 441-1 peut être appliqué sans texte précis à l'appui : les juges se réfèrent alors aux usages professionnels ou commerciaux dont ils sont habilités à constater ou dénier l'existence (V. par exemple, à propos de truites d'élevage vendues sous l'appellation saumonées : Crim. 10 mars 1987 : *cité note 21 ss. art. L. 441-1*). En l'absence de réglementation ou d'usage professionnel, le délit de tromperie ne saurait être retenu.

E. ÉLÉMENTS VISÉS

La tromperie devra porter sur l'un des éléments énumérés par l'article L. 441-1 :

– soit la nature, l'espèce, l'origine (vente de poulets « fermiers » provenant d'un élevage industriel : Crim. 28 mai 1974 : *cité note 32 ss. art. L. 441-1*), les qualités substantielles (vente d'un véhicule d'occasion en dissimulant le nombre de kilomètres réels (Crim. 21 juill. 1977 : *cité note 33 ss. art. L. 441-1*), la composition ou la teneur en principes utiles de toutes marchandises ;

– soit la quantité des choses livrées (vente de produits alimentaires d'un poids réel inférieur à celui indiqué sur l'emballage : Crim. 8 déc. 1965 : *cité note 51 ss. art. L. 441-1*) ou leur identité ;

– soit l'aptitude à l'emploi, les risques inhérents à l'utilisation du produit, les contrôles effectués (vente de jouets en prétendant faussement leur conformité aux normes obligatoires : Paris 18 mars 1992 : *cité note 53 ss. art. L. 441-1*), les modes d'emploi ou les précautions à prendre.

Ces éléments visant les marchandises, leur transposition aux services, par une extension postérieure au texte initial, s'avère délicate.

II. ÉLÉMENT MORAL

A. INFRACTION INTENTIONNELLE

Le délit de tromperie est une infraction intentionnelle, à la différence de la publicité trompeuse. Ils supposent nécessairement la mauvaise foi de l'auteur, laquelle ne se présume pas.

B. CARACTÉRISTIQUES

La mauvaise foi de l'agent sera caractérisée par des manœuvres, mais aussi, selon la jurisprudence, par le mensonge ou la réticence constituée par le silence gardé sur certains défauts ou sur certaines caractéristiques du produit.

C. APPRÉCIATION DIFFÉRENCIÉE

L'intention frauduleuse s'apprécie en principe différemment selon la qualité du prévenu : professionnel ou non-professionnel. Les juges déduiront parfois la mauvaise foi d'un défaut de vérification du bien ou du produit vendu par un professionnel alors même qu'on ne pourrait reprocher à un simple particulier un tel défaut de vérification.

Pour autant, la jurisprudence a rappelé qu'un vendeur non professionnel d'un véhicule d'occasion ne saurait échapper à une condamnation dès lors qu'il ne pouvait ignorer l'état réel du véhicule. Tout est question de circonstances.

III. RÉPRESSION

A. DÉLIT CONSOMMÉ OU TENTATIVE

Il n'est pas nécessaire pour qu'il y ait tromperie qu'un préjudice ait été causé à la victime. Par exemple, le délit est consommé si une automobile est vendue comme neuve alors qu'elle a été immatriculée, encore que le véhicule soit techniquement neuf (Crim. 26 mai 1983 : *Bull. crim. n° 159*).

La tentative de tromperie (visée par l'art. L. 441-1) est punissable au même titre que la tromperie elle-même : la mise en vente d'un produit sera suffisante en soi.

B. PRESCRIPTION

S'agissant d'un délit instantané, la prescription du délit de fraude court du jour de la livraison de la marchandise ou de l'exécution de la prestation, et non du jour de la découverte de la tromperie. Lorsque le contrat est à exécution successive, le point de départ de la prescription se situe au jour où la prestation a commencé (Crim. 21 nov. 1983 : *JCP 1984. II. 20267, note B. Boccara*). ❑

Art. L. 441-1 Il est interdit pour toute personne, partie ou non au contrat, de tromper ou tenter de tromper le contractant, par quelque moyen ou procédé que ce soit, même par l'intermédiaire d'un tiers :

1° Soit sur la nature, l'espèce, l'origine, les qualités substantielles, la composition ou la teneur en principes utiles de toutes marchandises ;

2° Soit sur la quantité des choses livrées ou sur leur identité par la livraison d'une marchandise autre que la chose déterminée qui a fait l'objet du contrat ;

3° Soit sur l'aptitude à l'emploi, les risques inhérents à l'utilisation du produit, les contrôles effectués, les modes d'emploi ou les précautions à prendre.

Les dispositions du présent article sont également applicables aux prestations de services. — *[C. consom., art. L. 213-1, hors sanctions.]*

Sur les sanctions, V. art. L. 454-1 s.

BIBL. ▶ ROBERT, *JCP 1990. I. 3444* (délits et contraventions de fraude). – RIBAUT, *BID 1993, n° 1, p. 30* (denrées alimentaires). – MENJUCQ, *Mélanges Bouloc, Dalloz, 2006, p. 831* (répression des tromperies en matière d'appellation d'origine viticole). – L. JEAN, *Dr. pénal 2008. Pan. 1* (fraudes et falsification en droit pénal de la consommation : panorama Juris-Data). – J.-H. ROBERT, *Dr. pénal 2014, n° 94* (commerçants, lisez le nouvel art. L. 213-1 [L. 441-1]).

PLAN DES ANNOTATIONS

I. CONTRATS CONCERNÉS

A. CONTRATS DE VENTE

1. Contrats à titre onéreux. La loi de 1905 [C. consom., art. L. 441-1] suppose l'existence d'un contrat ou d'un acte à titre onéreux et n'est donc pas applicable si l'objet est remis à titre gratuit. • Crim. 8 mars 1990 : *Bull. crim. no 111 ; JCP 1990. II. 21542, note Robert ; D. 1994. Somm. 158, obs. Roujou de Boubée* (loterie publicitaire). ♦ ... Mais les dispositions interdisant la publicité trompeuse sont applicables en pareil cas : V. notes ss. art. L. 121-2. ♦ Il n'importe qu'un contrat de dépôt-vente pour la revente d'une automobile, pris isolément, n'ait pas été lucratif, dès lors que ce contrat s'insérait dans une perspective commerciale plus vaste incluant la vente d'un véhicule neuf. • Crim. 14 févr. 1996 : *CCC 1996, no 132, obs. Raymond ; BID 1996, no 9, p. 40.*

Le délit de tromperie suppose l'existence d'un contrat ou d'un acte à titre onéreux qui est ou va être conclu et qui porte soit sur une marchandise soit sur une prestation de service déterminées. Tel n'est pas le cas d'informations d'ordre général, délivrées en dehors de tout lien contractuel et ne se rapportant à aucun produit particulier. • Crim. 20 nov. 2012 : *Bull. crim. no 251 ; D. 2013. 218, note Lacroix ; AJ pénal 2013. 220, note Lasserre Capdeville ; RTD com. 2013. 361, obs. Bouloc ; RSC 2013. 89, obs. Ambroise-Castérot ; AJDA 2012. 2252, obs. de Montecler ; RJDA 2013, no 169 ; CCE 2013, no 7, obs. Lepage ; Dr. pénal 2013, nos 17 et 28, et les obs. ; RDC 2014. 89, obs. Ollard.*

2. Parties au contrat. Selon l'art. L. 213-1 [L. 441-1], commet le délit de tromperie quiconque aura trompé ou tenté de tromper le cocontractant, la loi ne prévoyant aucune exception lorsque l'infraction est commise dans les relations entre professionnels ; dès lors, la rédaction du texte en cause est conforme aux principes de clarté, d'accessibilité et d'intelligibilité de la loi pénale dont elle permet de déterminer le champ d'application sans porter atteinte au principe constitutionnel de la légalité des délits et des peines (non-lieu à renvoi d'une QPC). • Crim. 6 sept. 2011 : *Dr. pénal 2011, no 139, obs. J.-H. Robert ; Dr. et proc. févr. 2012, Cah. dr. consom., p. 14, obs. Gavalda-Moulenat.* ♦ Méconnaît le sens et la portée de ce texte la chambre de l'instruction qui retient que l'art. L. 213-1 [L. 441-1] ne s'applique pas aux relations entre professionnels. • Crim. 4 nov. 2008 : *Bull. crim. no 223 ; D. 2009. Pan. 394, obs. Sauphanor-Brouillaud ; AJ pénal 2008. 74, obs. Demarchi ; RTD com. 2009. 472, obs. Bouloc ; RSC 2009. 102, obs. Ambroise-Castérot ; CCC 2009, no 90, obs. Raymond ; RJDA 2009, no 277 ; Dr. pénal 2009, no 14, obs. J.-H. Robert.*

3. Marchandises exportées. Les dispositions de l'art. L. 213-1 [L. 441-1] ne s'appliquent pas pour un contrat conclu par une société française avec un vendeur professionnel pour des produits destinés à l'exportation qui ne seront pas offerts au consommateur national. • Paris, 10 oct. 2001 : *Gaz. Pal. 23-25 nov. 2003, p. 35.*

4. Produits visés. Le terme « marchandises » a une acception très large s'appliquant à tout objet mobilier, et notamment aux véhicules automobiles. • Crim. 22 juin 1977 : *D. 1977. IR 481.* ♦ Les dispositions du code de la santé publique applicables à la préparation, la détention et la délivrance des produits sanguins ne font pas obstacle à ce que les dérivés du sang, fabriqués industriellement, entrent dans la catégorie des marchandises visées par l'art. L. 213-1 [L. 441-1]. • Crim. 22 juin 1994 : *Bull. crim. no 248.*

5. Exclusion des biens immobiliers. **BIBL.** Fourgoux, *Gaz. Pal. 2009. 2899* (l'agent immobilier, la publicité et le consommateur). – Raffi, *LPA 9 nov. 2009* (réflexions sur la qualification de tromperie en matière de location d'immeuble). – Beddeleem, *Administrer mars 2010. 9* (la responsabilité du rédacteur d'actes). ♦ La loi de 1905 [C. consom., art. L. 441-1 s.] ne s'applique qu'aux choses mobilières, et non aux biens immobiliers. • Paris, 24 mai 1982 : *D. 1983. 11, note Pradel et Paire.* ♦ La location d'un immeuble, fût-il meublé, n'entre pas, en tant que telle, dans le champ d'application de la loi. • Crim. 24 janv. 1991 : *Bull. crim. no 41 ; D. 1991. Somm. 271, obs. Azibert ; D. 1994. Somm. 158, obs. Roujou de Boubée* • 13 janv. 2009 : *Bull. crim. no 12 ; AJ pénal 2009. 179, obs. Demarchi ; RSC 2010.*

152, obs. Ambroise-Castérot ; RDI 2009. 249, obs. Roujou de Boubée ; JCP 2009. II. 10094, note Donnier; JCP E 2009, n° 15, p. 30, obs. J.-H. Robert; CCC 2009, n° 119, obs. Raymond; Dr. pénal 2009, n° 37, obs. J.-H. Robert; RJDA 2009, n° 787; RDC 2009. 1075, note Fenouillet; Administrer janv. 2010. 70, obs. Laporte-Leconte. ♦ Mais le fait de vendre des listes d'appartements, dont le contenu ne correspond pas aux attentes des clients, a été réprimé sur le terrain de la tromperie portant sur la qualité substantielle de la prestation : • Chambéry, 18 juin 2008, n° 07/00690 : *CCC 2009, n° 93, obs. G. R.*

B. PRESTATION DE SERVICES

6. Tromperie sur une prestation de services. Tombe sous le coup des art. 1er et 16 de la loi de 1905 [C. consom., art. L. 213-1 et L. 216-1 ; désormais art. L. 441-1] le prestataire qui promet à un client une prestation alors qu'il sait ne pas disposer des moyens nécessaires à cet effet. • Crim. 9 janv. 1986 : *JCP 1989. II. 21258, note Robert.* ♦ Constitue une tromperie sur des prestations de services le fait, pour un agent immobilier, de se présenter comme mandataire d'acheteurs pressés, alors qu'il ne dispose d'aucun contact. • Crim. 9 juill. 1987 : *Bull. crim. n° 293; JCP E 1989. II. 15601, note J.-H. Robert.*

7. Dépanneur, réparateur, poseur. Constitue une tromperie le fait, pour un dépanneur, de majorer le temps passé sur sa prestation, alors qu'il prétend exécuter ses travaux dans les règles de l'art. • Paris, 16 déc. 1987 : *JCP E 1989. II. 15601, note J.-H. Robert.* ♦ ... Pour un plombier, de facturer des pièces et appareils non fournis. • Crim. 15 nov. 1990 : *cité note 25.* ♦ ... Le fait de poser un enduit sur une façade sans respecter les règles de l'art. • Douai, 18 juin 1991 : *BID 1991, n° 12, p. 43.*

8. Contrôle technique automobile. Constitue une tromperie le fait, pour le responsable d'un centre de contrôle technique automobile, de masquer les défauts d'un véhicule. • Crim. 16 mai 1991 : *cité note 14* • 10 août 1993 : *BID 1994, n° 1, p. 34.* ♦ En prononçant contre le prévenu, déclaré coupable de tromperie, faux et usage de faux, délits punis de peines d'emprisonnement et commis en l'espèce à l'occasion de contrôles techniques d'automobile, la peine principale de cinq ans d'interdiction d'exercer une activité professionnelle ou sociale dans toutes les professions de l'automobile, la cour d'appel, qui a souverainement apprécié l'étendue de cette mesure, a fait l'exacte application des art. 131-6-11°, C. pén., L. 213-1 et L. 216-1 [L. 441-1] *C. consom.* • *Crim. 1er avr. 2008 : Bull. crim. n° 87; RTD com. 2009. 221, obs. Bouloc ; AJ pénal 2008. 278, obs. M.-E. C. ; RJDA 2008, n° 1059.*

9. Centre de formation. Constitue une tromperie le fait, pour le responsable d'un centre de formation à la vente, de ne pas préciser qu'il relève de l'« Église de scientologie ». • Crim. 15 nov. 1990 : *cité note 48.* ♦ ... Pour le responsable d'une école, de s'engager à former une « élite » qui aurait « l'avantage de pouvoir travailler toute l'année avec des professionnels et d'avoir tout le matériel lourd à disposition » alors qu'il n'y avait que quatre enseignants manquant de rigueur et de compétence, un matériel insuffisant et des cours qui ne correspondaient pas au programme d'examen final. • Crim. 3 oct. 2000 : *Dr. pénal 2001, n° 23, obs. J.-H. Robert.*

10. Médecine. Constitue une tromperie le fait, pour des médecins, le personnel médical ou les responsables d'établissement de soins, de réutiliser, même après restérilisation, un dispositif médical présenté par le fabricant, pour satisfaire à la réglementation, comme étant destiné à un usage unique. • Crim. 29 juin 1999 : *cité note 48.*

11. Agence de mannequins. Constitue une tromperie le fait, pour la gestionnaire d'une prétendue agence de mannequins, de promettre des stages de formation et des rôles dans des films à l'étranger en échange du paiement d'une avance sur frais sans que rien ne se concrétise en réalité. • Paris, 19 mars 2002, n° 01/03787 : *CCC 2002, n° 168, obs. Raymond.*

12. Location d'immeuble. La location d'un immeuble, fût-il meublé, n'entre pas, en tant que telle, dans le champ d'application de la loi du 1er août 1905 [C. consom., art. L. 441-1 s.]. • Crim. 24 janv. 1991 : *BID 1991, n° 7-8, p. 34* • 13 janv. 2009 : *cité note 5.* ♦ Mais la loi s'applique à la prestation de services fournie par un agent de voyages, même si celle-ci comporte une location d'immeuble. • Crim. 17 mars 1993 : *Bull. crim. n° 123; D. 1993. IR 144 ; JCP 1994. II. 22192, note Couvrat; JCP E 1993. I. 270, obs. Danjaume; BID 1993, n° 9, p. 18, note Bertrand; CCC 1993, n° 164, obs. Raymond; RTD com. 1994. 145, obs. Bouzat .*

13. Logiciel informatique. Constitue une prestation de services au sens de l'art. L. 216-1 [L. 441-1] la fourniture d'un logiciel qui ne confère au contractant qu'un droit d'usage. • Crim. 2 nov. 2005 : *Bull. crim. n° 273; D. 2005. AJ 65, obs. Chevrier ; RTD com. 2006. 499, obs. Bouloc ; JCP 2006. II. 10031, note Plama; JCP E 2006, n° 23, p. 1003, obs. Vivant, Mallet-Poujol et Bruguière; Gaz. Pal. 2006. Somm. 1353, obs. Tellier-Loniewski et de Paz.*

II. PERSONNES PUNISSABLES

14. Profession de l'auteur. L'auteur du délit peut être un producteur. • Crim. 12 avr. 1976 : *JCP E 1977. II. 12469.* ♦ ... Un importateur. • Crim. 29 avr. 1980 : *Bull. crim. n° 111* • 17 oct. 1991 : *D. 1992. 208, note Saintourens .* ♦ ... Un distributeur. • Crim. 21 juill. 1977 : *Gaz. Pal. 1977. 2. 613.* ♦ ... Un prestataire (responsable d'un centre de contrôle technique automobile). • Crim. 16 mai 1991 : *BID 1991, n° 11, p. 16.*

15. Ventes successives. En cas de ventes successives, le délit de tromperie peut être commis par le premier vendeur, même si le premier acheteur est informé de la fraude, du moment que celui-ci a lui-même acheté pour revendre et que ses propres acheteurs sont susceptibles d'être trompés. • Crim. 12 nov. 1985 : *D. 1986. IR 402, obs. Roujou de Boubée.* ♦ L'art. L. 213-1 [L. 441-1], en vue d'assurer la loyauté des transactions commerciales, s'applique à tous les stades de commercialisation du produit. • Crim. 13 janv. 2015, n° 13-88.386 : *RTD com. 2015. 391, obs. Bouloc.*

16. Dirigeants. Un chef d'entreprise ne saurait s'exonérer de sa responsabilité pénale en invoquant une délégation qui n'est pas prévue par la loi, dès lors que des obligations de contrôle résultent, pour lui personnellement, des fonctions d'administration générale qu'il assume. • Crim. 13 janv. 1981 : *Bull. crim. n° 18* • 26 janv. 1987 : *D. 1990. Somm. 363, obs. Roujou de Boubée.* ♦ Le directeur d'un magasin de grande surface est tenu de prendre toutes mesures utiles pour assurer le respect de la réglementation par ses salariés ; il ne peut donc se dégager de sa responsabilité au motif que la fraude a été commise par un salarié disposant d'une certaine autonomie dans la gestion de son rayon. • Crim. 12 mars 1992 : *BID 1993, n° 2, p. 16.* ♦ Mais les juges doivent répondre aux conclusions du prévenu, poursuivi pour vente de carcasses de bovins d'origine belge présentées comme françaises, faisant valoir qu'il avait délégué ses pouvoirs à un salarié, cadre commercial, responsable des abattoirs. • Crim. 29 juin 2004 : *Dr. pénal 2004, n° 163, obs. J.-H. Robert.* ♦ Si l'arrêt ne précise pas son identité, l'auteur du manquement à l'obligation de vérifier la conformité du produit mis en vente ne peut être qu'un organe ou un représentant de la société. • Crim. 1er déc. 2009 : *D. 2010. Pan. 1663, obs. Mascala ; JCP 2010, n° 689, note J.-H. Robert.* ♦ L'infraction de tromperie peut être commise par quelque moyen ou procédé que se soit, même par l'intermédiaire d'un tiers. • Crim. 22 mars 2016, n° 15-82.677 P : *Dalloz actualité, 22 avr. 2016, obs. Gallois ; D. 2016. Actu. 780 ; RTD com. 2016. 349, obs. Bouloc ; RJDA 2016, n° 860 ; Dr. pénal 2016, n° 84, obs. J.-H. Robert.*

17. Cadres. A justifié sa décision la cour d'appel qui, pour retenir la culpabilité d'un directeur des ventes, a relevé que ce dernier bénéficiait d'une pleine autonomie, de pleins pouvoirs et d'une totale liberté de décision dans la direction et l'administration du service de la vente des voitures d'occasion dont il était spécialement chargé. • Crim. 11 févr. 1986 : *D. 1986. IR 402, obs. Roujou de Boubée.* ♦ Justifie sa décision le tribunal qui, pour retenir la culpabilité d'un directeur commercial du chef de tromperie, relève que ce dernier disposait effectivement des compétences techniques, de l'autorité et des moyens nécessaires pour la commercialisation des jouets en cause sur le marché national et qu'il avait en conséquence l'obligation personnelle de vérifier leur conformité aux normes de sécurité en vigueur. • TGI Agen, 6 mai 1997 : *BID 1997, n° 12, p. 16.* ♦ Doit être condamné pour tromperie le chef de dépôt d'une société de poissonnerie, dont la fonction consiste en l'achat et le négoce de poissons, dès lors qu'il a commis une erreur d'étiquetage accompagnant des filets de dorade. En effet, il disposait en tant qu'ancien exploitant d'une poissonnerie, de la compétence, de l'autorité et des moyens nécessaires en matière de commercialisation des produits. Dès lors, la délégation de pouvoirs qui lui est octroyée par le président du groupe n'est pas contestée, la preuve en étant suffisamment rapportée, et ce dernier n'ayant pas pris personnellement part à la réalisation de l'infraction. • Rouen, 24 sept. 1998 : *CCC 1999, n° 103, obs. Raymond.*

18. Complices. Est complice du délit de tromperie le fournisseur de matériel informatique qui, en connaissance de cause, a procuré à l'auteur principal, maître d'œuvre, les moyens de commettre la tromperie, en acceptant de supprimer la mention « matériel de démonstration » portée sur la facture et le bon de livraison remis au client. • Crim. 17 sept. 1997 : *BID 1998, n° 2, p. 22.* ♦ Un franchiseur est aussi déclaré complice du délit de tromperie sur les qualités substantielles de la marchandise vendue par le franchisé, dès lors que les fiches techniques mensongères ont été fournies par le franchiseur à celui-ci. • Crim. 16 déc. 1998 : *D. 2000. Somm. 44, obs. Pizzio.* ♦ Ne peut être condamné pour tromperie un contrôleur technique automobile agréé qui a omis de déclarer un défaut sur un véhicule vendu par un garagiste ; en effet il n'est pas le cocontractant de l'acheteur du véhicule et la cour d'appel n'a pas recherché si les faits pouvaient répondre à la qualification de complicité de ce délit. • Crim. 13 janv. 2004 : *Dr. pénal. 2004, n° 131, obs. J.-H. Robert ; JCP 2005. I. 106, obs. J.-H. Robert ; RSC 2005. 91, obs. Ambroise-Castérot.*

III. QUALIFICATION DE TROMPERIE

19. Conformité et composition du produit. Les éléments matériel et moral du délit de tromperie peuvent résulter de la méconnaissance des mesures d'exécution prises en application de l'art. L. 214-1 [L. 412-1] et de l'absence de vérification de la conformité du produit. • Crim. 19 oct. 2004 : *Bull. crim. n° 245 ; RSC 2005. 87, obs. Ambroise-Castérot* (œufs présentés comme issus d'un élevage en plein air, en méconnaissant les règlements communautaires applicables). ♦ Constitue l'élément matériel du délit de tromperie la mise sur le marché d'un produit non conforme à la réglementation qui en fixe la composition. • Crim. 30 mars 1994 : *JCP E 1994. Pan. 865; Dr. pénal 1994, n° 164, obs. J.-H. Robert.* ♦ ... Ou la mise sur le marché d'un produit ayant subi un traitement chimique conforme à la réglementation mais sans le préciser sur l'étiquetage. • Crim. 5 sept. 2000 : *RSC 2001. 175, obs. Rebut ; Dr. pénal 2001, n° 7, obs. J.-H. Robert; BID 2001, n° 1, p. 23.*

20. Qualités substantielles. Caractérise l'élément matériel du délit de tromperie la mise en vente d'un produit non conforme aux qualités substantielles présentées sur l'étiquetage. • Crim. 9 mars 1999 : *Bull. crim. n° 33; D. 1999. IR 116; ibid. 2000. Somm. 43, obs. Pizzio ; RSC 1999. 809, obs. Bouloc ; ibid. 2000. 211, note Rebut ; RTD com. 1999. 997, obs. Bouloc ; D. Affaires 1999. 826, obs. C. R.; CCC 1999, n° 121, obs. Raymond; RJDA 1999, n° 854.* ♦ La modification de la date limite de vente d'un produit par réétiquetage est constitutive du délit de tromperie. • Douai, 10 oct. 2002 : *CCC 2003, n° 102, obs. Raymond* • Crim. 15 nov. 2005 : *ibid. 2006, n° 60, obs. Raymond.* ♦ Le professionnel vendant un véhicule d'occasion doit s'assurer des qualités substantielles du véhicule vendu; il ne saurait s'exonérer de sa responsabilité en invoquant l'invisibilité du vice lors des contrôles réglementaires alors qu'un examen de routine aurait permis de le détecter. • Toulouse, 8 nov. 2000 : *JCP 2001. IV. 2072.* ♦ La vente de grains issus de l'agriculture conventionnelle mais présentés comme issus de l'agriculture biologique aux acheteurs par la production de faux certificats d'origine aux noms des organismes certificateurs officiels français et italien, constitue l'infraction de tromperie sur les qualités substantielles de la marchandise. • Grenoble, 8 mars 2006 : *RD rur. 2006, n° 382.*

21. Usages commerciaux. Lorsqu'une appellation n'a fait l'objet d'aucune définition législative ou réglementaire, le juge doit se référer aux usages loyaux du commerce, consacrés notamment par les avis du service de la répression des fraudes et le « consensus » de la profession. • Crim. 10 mars 1987 : *D. 1990. Somm. 361, obs. Roujou de Boubée .* ♦ V. aussi : • Crim. 7 oct. 1998 : *Dr. pénal 1999, n° 60, obs. J.-H. Robert; BID 1999, n° 2, p. 46; BRDA 1999, n° 1, p. 10.* ♦ Si, en matière de fraude commerciale, les juges du fond ont tout pouvoir pour reconnaître ou dénier l'existence d'un usage, cette appréciation ne peut être faite qu'en l'absence d'une réglementation s'opposant audit usage. • Crim. 15 janv. 1985 : *D. 1985. IR 286.* ♦ Dans le même sens : • Crim. 17 janv. 1996 : *Bull. crim. n° 30; CCC 1996, n° 211, obs. Raymond; BID 1997,* n° 1, *p. 37; RSC 1997. 127, obs. Giudicelli ; Gaz. Pal. 1996. 1. Chron. 77, par Doucet.* ♦ Procédant à son pouvoir souverain d'appréciation, une cour d'appel a pu déclarer les prévenus coupables de tromperie, en retenant que le procédé du trempage des coquilles Saint-Jacques, qui entraîne, sans que les consommateurs en soient informés, une altération des qualités substantielles ainsi qu'une modification de la teneur en principes utiles de cette marchandise, ne correspondait pas à un usage professionnel établi. • Crim. 7 nov. 2006 : *Bull. crim. n° 274; D. 2007. AJ 151, obs. Rondey ; AJ pénal 2007. 84, obs. Roussel ; Gaz. Pal. 2006. 4053, obs. M. B.; RJDA 2007, n° 414.* ♦ Pour une référence au code des usages de la charcuterie, V. • Dijon, 7 sept. 2006 : *CCC 2007, n° 141, obs. Raymond.*

22. Appellations. Lorsqu'une marchandise se voit expressément réserver une appellation, le vendeur se rend coupable de tromperie en désignant une autre marchandise, fût-elle voisine, par ladite appellation, même avec l'adjonction d'un autre terme ou d'un qualificatif. • Crim. 3 mai 1990 : *D. 1990. Somm. 362, obs. Roujou de Boubée ; BID 1991, n° 1, p. 15.* ♦ Cependant, la dénomination « vin sans alcool » n'est pas trompeuse, l'information ainsi donnée étant suffisante pour écarter le risque de confusion avec le vin au sens commun. • Crim. 10 mai 1993 : *cité note 34 ss. art. L. 121-2.* ♦ Il y a tromperie lorsque la surchaptalisation d'un vin lui a fait perdre sa qualité de vin d'appellation d'origine contrôlée mais que les ventes de ce vin ont été réalisées sous un étiquetage qui faisait état de cette qualité substantielle. • Crim. 15 nov. 2005 : *CCC 2006, n° 57, obs. Raymond.*

23. Défaut de renseignement. La tromperie peut résulter d'un défaut de renseignement; ainsi se rend coupable de tromperie le vendeur d'une voiture qui ne renseigne pas l'acheteur sur l'existence d'un accident antérieur, même si les dégâts ont été réparés. • Crim. 27 janv. 1987 : *D. 1988. 156, note Carreau* • 7 mai 1991 : *BID 1991, n° 9, p. 40.* ♦ *Contra* : • Crim. 4 janv. 1986 : *D. 1986. IR 401, obs. Roujou de Boubée.* ♦ ... De même le vendeur professionnel qui connaît le kilométrage réel d'un véhicule, très supérieur au kilométrage inscrit au compteur, et qui se borne à mentionner que celui-ci est « non garanti ». • Crim. 3 nov. 1993 : *JCP E 1994. Pan. 468.* ♦ ... De même le vendeur d'une denrée alimentaire qui n'indique pas la présence, fût-ce à faible dose, d'un produit chimique, dès lors que l'absence de traitement chimique fait partie des qualités substantielles de cette denrée. • Crim. 20 déc. 1988 : *D. 1990. Somm. 361, obs. Roujou de Boubée .*

24. Aptitude à l'emploi. Commet le délit de tromperie la société éditrice de CD dotés d'un système anti-copiage qui n'a pas fait mention sur les emballages des restrictions d'utilisation de ces CD et notamment de l'impossibilité de les lire sur certains autoradios ou lecteurs. • TGI Nanterre, 24 juin 2003 : *D. 2003. Somm. 2823, obs. Le Stanc ; CCC 2003, n° 191, obs. Raymond; CCE 2003, n° 108, obs. Grynbaum; Gaz. Pal. 24-*

25 sept. 2003, p. 42, obs. Misse et Avignon. ♦ V., en sens contraire, pour défaut de preuve de la réalité de l'illisibilité des CD : • TGI Paris, 2 oct. 2003 : *CCE 2003, n° 120, obs. Grynbaum.* ♦ Sur cette question, V. Sardain, *CCC 2004. Étude 9.*

25. Prix. Le fait de vendre une marchandise à un prix supérieur à sa valeur réelle n'est pas en lui-même constitutif du délit de fraude. • Crim. 25 oct. 1990 : *D. 1990. IR 297 ; BID 1991, n° 4, p. 22; Dr. pénal 1991, n° 18, obs. J.-H. Robert* • 3 déc. 1997 : *Bull. crim. n° 412; RTD com. 1998. 698, obs. Bouloc ; BID 1998, n° 5, p. 15.* ♦ ... De même le fait de majorer le prix d'une prestation de service. • Paris, 10 mai 1991 : *BID 1991, n° 12, p. 40; Dr. pénal 1991, n° 292, obs. J.-H. Robert.* ♦ Si l'exagération du prix n'est pas, en soi, constitutive du délit de fraude, un prix élevé laissant supposer une haute qualité peut constituer une tromperie par la dissimulation de défauts, même mineurs. • Crim. 14 janv. 1985 : *D. 1986. IR 401, obs. Roujou de Boubée.* ♦ Peut aussi constituer une tromperie le fait de facturer une pièce ou un appareil qui n'est en réalité pas fourni. • Crim. 15 nov. 1990 : *BID 1991, n° 7-8, p. 47.*

26. Erreur de qualification. Par application de l'art. 598 C. pr. pén., l'erreur de qualification commise par une cour d'appel, en déclarant un prévenu, qui avait modifié la date limite d'utilisation optimale d'une denrée alimentaire, coupable d'altération de signes destinés à identifier une marchandise, délit prévu par l'art. L. 217-2 [L. 413-6] C. consom. et réprimé par l'art. L. 213-1 [désormais art. L. 451-11] du même code, alors qu'il s'agissait d'une tentative de tromperie sur les qualités substantielles d'une marchandise réprimée par le même texte, ne saurait entraîner la censure de l'arrêt dès lors que la peine prévue par la loi pour les deux délits est la même. • Crim. 25 oct. 1995 : *Bull. crim. n° 321.*

27. Location. Ne constitue pas une tromperie sur les qualités substantielles le non-respect par le locataire de l'affectation des locaux qu'il prend en location. • Crim. 19 févr. 1997 : *Bull. crim. n° 70; Dr. pénal 1998, n° 71, note J.-H. Robert.*

IV. QUALIFICATION DE TENTATIVE DE TROMPERIE

28. Exposition à la vente. La loi punissant la tentative de tromperie comme la tromperie, le délit peut être retenu dès lors que la marchandise est exposée en vue de la vente, même si aucun fait matériel de vente n'a été relevé. • Crim. 20 mai 1985 : *D. 1986. IR 401, obs. Roujou de Boubée.* ♦ Le fait pour un vendeur d'automobiles d'occasion d'exposer à la vente des véhicules indiqués faussement comme « voitures de direction » constitue le commencement d'exécution justifiant la condamnation du prévenu pour tentative de tromperie. • Crim. 5 juin 1984 : *D. 1985. IR 90, obs. J.-M. R.* ♦ La tentative de tromperie n'est pas établie, faute d'un commencement d'exécution, lorsque les agents constatent seulement que des barquettes de viande sont en cours de reconditionnement, sans établir que de telles barquettes aient été mises à la disposition des clients. • Rouen, 18 juin 1992 : *BID 1993, n° 2, p. 20.*

29. Illustration. L'incertitude pour le client concernant la date finale réelle de l'emballage des œufs permet de retenir la qualification de tentative de tromperie sur les qualités substantielles de la marchandise vendue. • Rouen, 9 sept. 1996 : *BID 1997, n° 3, p. 20.*

V. CATÉGORIE DE TROMPERIES

A. TROMPERIE SUR LA NATURE DES MARCHANDISES

30. Appellation. Vente de margarine sous le nom de beurre. • Crim. 8 juin 1965 : *Bull. crim. n° 288.* ♦ V. aussi note 22.

B. TROMPERIE SUR L'ORIGINE

31. Principe. La loi de 1905 [C. consom., art. L. 441-1 s.] réprime la tromperie sur l'origine de la marchandise vendue lorsque la désignation de cette origine doit être considérée comme la cause principale de la vente. • Crim. 8 oct. 1974 : *D. 1975. 610, note Plaisant.*

32. Applications. Est une tromperie sur l'origine le fait de vendre comme « fermiers » des poulets provenant d'un élevage industriel. • Crim. 28 mai 1974 : *Gaz. Pal. 1974. 2. 620.* ♦ ... De vendre des carcasses d'agneaux provenant, pour certaines, de Hollande avec un étiquetage portant la mention « Commerce Viande Limousin » et la reproduction d'un drapeau français. • Crim. 7 avr. 1999 : *CCC 2000, n° 54, obs. Raymond.* ♦ ... De vendre comme « escargots de Savoie » des escargots importés de Turquie, ou comme « friture du lac » des poissons importés congelés de Grèce. • Crim. 1er déc. 1981 : *D. 1982. IR 160.* ♦ ... De vendre de la truffe chinoise au lieu et place de la truffe française « Tuber melanosporum » en s'abstenant d'aviser les contractants de l'origine étrangère du produit qui, compte tenu des prix pratiqués, pensaient acheter un produit d'origine française. • Bordeaux, 19 janv. 1999 : JCP 1999. IV. 3117. ♦ ... De présenter dans un menu des truffes fraîches sans aucune précision, dès lors qu'il y a une différence essentielle entre ce type de truffes chinoises et celles du Périgord tant sur les plans gustatif et olfactif que sur celui de la valeur marchande. • Pau, 9 juin 1999 : *BID 1999, n° 12, p. 58.* ♦ ... De vendre comme « truffes du Périgord » avec la mention « Produit français » des truffes qui sont élaborées à partir d'une matière première espagnole, cette dernière mention n'étant pas de nature à informer loyalement le consommateur sur l'origine véritable du produit, qui, si elle était connue, pourrait le dissuader d'acheter. • Paris, 20 janv. 1999 : *D. 1999. IR 83*. ♦ ... De vendre sous la désignation « Perle des neiges Savoie » un vin qui ne provenait pas de Savoie. • Rennes, 4 avr. 1996 : *D. Affaires 1996. 946 ; BID 1998, n° 5, p. 16.* ♦ Sur rejet du pourvoi, V. : • Crim. 18 juin 1997 : *Bull. crim. n° 242 ; BID 1998, n° 5, p. 18.* ♦ ... De vendre du vin de Champagne alors qu'avaient été effectuées des adjonctions d'eau et de sucres dans des proportions irrégulières et qu'a été constatée une surchaptalisation. • Crim. 6 mars 1997 : *Bull. crim. n° 92.* ♦ ... De vendre, en tant que négociant moulinier, dans une boutique située au-dessus du moulin, sa propre production artisanale d'huile d'olive, mais aussi, en quantités beaucoup plus importantes, des huiles provenant d'autres États de la Communauté européenne, présentées sous un étiquetage comportant, d'une part, à l'intérieur du dessin stylisé représentant un moulin, en caractères très apparents, les dénominations commerciales « Moulin de Saint-Côme » et « Allione-Négociant Moulinier », ainsi que le blason d'un moulin et d'une branche d'olivier, et d'autre part, à l'extérieur de ce dessin, en caractères peu apparents, l'indication selon laquelle cette « huile d'olive » était une « sélection des meilleures productions méditerranéennes », et la mention « CEE ». • Crim. 28 sept. 1999 : *Dr. pénal 2000, n° 34, obs. J.-H. Robert.*

C. TROMPERIE SUR LES QUALITÉS SUBSTANTIELLES

33. *Automobiles.* **BIBL.** Chérel, *BID 1996, n° 2, p. 9.* ♦ La puissance d'un véhicule automobile en constitue une qualité substantielle. • Crim. 20 oct. 2009 : *CCC 2010, n° 62, obs. Raymond ; Dr. pénal 2010, n° 50, obs. J.-H. Robert.* ♦ Vendre un véhicule d'occasion en laissant croire que celui-ci n'a parcouru qu'un nombre de kilomètres largement inférieur au kilométrage réel. • Crim. 21 juill. 1977 : *D. 1978. Somm. 111, obs. Puech* • 3 nov. 1993 : *préc. note 23* • 18 mai 1999 : *BID 1999, n° 10, p. 55* • 29 juin 1999 : *BID 1999, n° 12, p. 63* • 27 mai 2014 : *RTD com. 2014. 709, obs. Bouloc*. ♦ ... Ou en dissimulant un grave accident. • Crim. 12 nov. 1980 : *JCP E 1981. I. 9422* • 27 janv. 1987 : *D. 1988. 156, note Carreau* • 10 mai 1995 : *Bull. crim. n° 169 ; Dr. pénal 1995, n° 97, obs. J.-H. Robert* • 4 févr. 1998 : *BID 1998, n° 7-8, p. 36* • 11 févr. 1998 : *BID 1998, n° 7-8, p. 37* • Toulouse, 10 nov. 1999 : *D. 2000. IR 137* • Toulouse, 15 juin 2000 : *BID 2001, n° 1, p. 29.* ♦ Vendre comme neuf un véhicule ayant déjà roulé. • Crim. 29 oct. 1980 : *JCP E 1981. I. 9386* • 22 déc. 1986 : *D. 1987. IR 28.* ♦ ... Ou ayant déjà été immatriculé. • Crim. 26 mai 1983 : *Bull. crim. n° 159 ; D. 1983. IR 490* • Crim. 25 nov. 1986 : *D. 1987. IR 7* • 18 avr. 1988 : *D. 1990. Somm. 361, obs. Roujou de Boubée* • 10 janv. 1995 : *RSC 1996. 673, obs. Fourgoux ; JCP 1995. II. 22558, note Fourgoux ; Dr. pénal 1995, n° 97, obs. J.-H. Robert* • 24 janv. 1996 : *Bull. crim. n° 44 ; RSC 1996. 673, obs. Fourgoux ; Gaz. Pal. 1996. 1. Chron. 78, par Doucet.* ♦ Vendre un véhicule en le valorisant dans une annonce avec la mention TBE alors qu'il avait subi un choc antérieur important et qu'il nécessitait des réparations. • Paris, 24 mai 2000 : *BID 2002, n° 1, p. 23.* ♦ Vendre une voiture, même neuve, sous un faux millésime. • Crim. 18 mai 1994 : *D. 1994. IR 215 ; BID 1994, n° 12, p. 25 ; Dr. pénal 1994, n° 213, obs. J.-H. Robert.* ♦ Rappr. : • Crim. 22 mai 1996 : *Bull. crim. n° 213 ; D. 1996. IR 210 ; RTD com. 1997. 158, obs. Bouloc ; CCC 1996, n° 213, obs. Raymond ; Gaz. Pal. 1996. 2. Chron. 152, par Doucet.* ♦ Facturer, lors d'une remise en état d'un véhicule, comme neuves des pièces d'occasion. • Crim. 3 déc. 1997 : *Bull. crim. n° 412 ; RTD com. 1998. 698, obs. Bouloc ; BID 1998, n° 5, p. 15 ; Gaz. Pal. 1998. 1. Chron. 54, par Doucet.* ♦ Vendre un véhicule alors qu'il était destiné à la destruction. • Crim. 17 juin 1998 : *BID 1998, n° 12, p. 42* • Douai, 5 mars 1998 : *BID 1999, n° 6, p. 18.* ♦ Vendre un véhicule d'occasion en tant que professionnel, sans s'assurer de ses qualités substantielles par un examen de routine complémentaire des contrôles réglementaires pour pouvoir détecter certains vices liés à l'ancienneté du véhicule. • Toulouse, 8 nov. 2000 : *JCP 2001. IV. 2072.*

Le fait pour un concessionnaire automobile de ne pas prévenir l'acheteur lors de la rédaction d'un bon de commande que le précédent propriétaire du véhicule était une entreprise de location de voitures ne constitue pas une tromperie. • Toulouse, 14 juin 2001 : *JCP 2001. IV. 2950.*

34. *Alimentaire.* Vendre des denrées alimentaires dont la date limite de vente est dépassée. • Crim. 8 mars 1983 : *D. 1983. IR 308* • 4 nov. 1993 : *BID 1994, n° 3, p. 26* • 25 oct. 1995 : *Bull. crim. n° 321 ; Dr. pénal 1996, n° 63, obs. J.-H. Robert.* ♦ Modification de l'étiquetage pour prolonger une date limite de vente de trois mois. • Douai, 10 oct. 2002, n° 02/00931 : *CCC 2003, n° 102, obs. Raymond.* ♦ Vendre des viandes retravaillées et reconditionnées dans de nouvelles barquettes avec une date d'emballage du jour du reconditionnement et une nouvelle date limite de consommation prorogeant de deux jours la date de consommation initiale. • Toulouse, 24 sept. 1998 : *RJDA 1999, n° 855 ; BID 1999, n° 5, p. 47.* ♦ V. aussi, sur la technique de la « remballe » : • TGI Paris, 20 mai 1998 : *BID 1999, n° 6, p. 48* • Riom, 9 sept. 1998 : *BID 1999, n° 5, p. 53* • Colmar, 24 févr. 1999 : *BID 1999, n° 10, p. 52* • Crim. 30 mai 2006 : *RSC 2007. 102, obs. Ambroise-Castérot ; CCC 2006, n° 217, obs. Raymond ; RJDA 2006, n° 1274.* ♦ Vendre des produits de charcuterie contenant de la salmonelle. • TGI Albi, 16 oct. 1997 : *BID 1998, n° 10, p. 30.* ♦ Vendre des oignons ayant subi un traitement chimique interdit par la réglementation en vigueur • Crim. 8 janv. 1985 : *D. 1985. 586, note Fourgoux.* ♦ ... Sans informer les acheteurs du traitement chimique qui leur avait été appliqué. • Crim. 20 déc. 1988 : *D. 1990. Somm. 361, obs. Roujou de Boubée.* ♦ Fabriquer et commercialiser ces blocs de foie gras dont les ingrédients et additifs ne sont pas conformes à ceux autorisés par la réglementation. • Crim. 30 mars 1994 : *CCC 1994, n° 235, obs. Raymond; JCP E 1994. Pan. 865; Dr. pénal 1994, n° 164, obs. J.-H. Robert.* ♦ Vendre des aiguillettes de canards et d'oies sous la dénomination magret sans peau, susceptible de créer un risque de confusion chez le consommateur peu averti pour lequel il s'agit d'une qualité substantielle. • Agen, 9 avr. 1997 : *Cah. jurispr. Aquitaine 1998, n° 1, p. 127.* ♦ Commercialiser des huîtres sous la marque collective « Huîtres de Marennes-Oléron » sans respecter les conditions d'affinage et de conditionnement de cette appellation, prévues par une norme AFNOR. • Poitiers, 25 sept. 1997 : *BID 1999, n° 2, p. 42; JCP 1998. IV. 2454.* ♦ Vendre, comme vin rosé, un mélange de vin rouge et de vin rosé. • Crim. 3 juill. 1984 : *D. 1985. IR 74.* ♦ Vendre, comme vin rosé de France, un mélange de vins de différents pays de la Communauté européenne. • Montpellier, 20 janv. 1999 : *BID 1999, n° 7/8, p. 36.* ♦ Vendre, comme « vin de table français », un mélange de vin français et de vin « AOC Navarre » qui aurait dû être dénommé « vin de table de différents pays de la Communauté européenne ». • Pau, 12 nov. 1997 : *Cah. jurispr. Aquitaine 1998, n° 1, p. 127.* ♦ Commercialiser des carcasses de bovins auxquels ont été administrées des substances anabolisantes. • Crim. 10 déc. 1996 : *Bull. crim. n° 457; D. 1997. IR 46; JCP 1997. IV. 777.* ♦ Rappr. : • Crim. 19 juin 1996 : *BID 1997, n° 2, p. 30* (confirmation de : • Agen, 9 mars 1995 : *BID 1997, n° 2, p. 25).* ♦ Vendre sous l'appellation « bio » ou « biologique » des céréales issues en réalité de la culture conventionnelle. • Poitiers, 12 sept. 1996 : *CCC 1996, n° 212, obs. Raymond.* ♦ Vendre des pâtisseries ne présentant pas une qualité bactériologique satisfaisante. • Limoges, 21 févr. 1996 : *CCC 1997, n° 73, obs. Raymond.* ♦ Vendre des agrumes ayant subi un traitement chimique conforme à la réglementation mais sans le préciser sur l'étiquetage. • Crim. 5 sept. 2000 : *RSC 2001. 175, obs. Rebut; Dr. pénal 2001, n° 7, obs. J.-H. Robert; BID 2001, n° 1, p. 23.* ♦ Vendre sous la dénomination « jambon supérieur », un produit ne pouvant, au regard des usages, bénéficier de cette appellation étant composé d'une forte proportion d'épaule de porc et d'additifs favorisant la rétention d'eau. • Crim. 15 mai 2001 : *Bull. crim. n° 121; JCP 2001. IV. 2412.* ♦ Vendre des nectarines de calibre inférieur et non conforme à l'étiquetage effectué par le producteur car le vendeur est tenu de vérifier que les marchandises présentent les caractéristiques annoncées sur l'emballage. • Crim. 20 nov. 2001 : *Bull. crim. n° 241; JCP 2002. I. 155, obs. J.-H. Robert; Dr. pénal 2002, n° 21, obs. J.-H. Robert.* ♦ V. également • Crim. 17 oct. 2000 : *BID 2001, n° 4, p. 28.* ♦ Vendre un jambon de Bayonne en annonçant « sept mois d'âge » alors qu'il n'a en réalité que 5 mois et une semaine d'âge. • T. corr. Castres, 6 sept. 2000 : *BID 2002, n° 1, p. 42.* ♦ Vendre des noix de coquilles Saint-Jacques après trempage, pratique qui augmente le poids et le volume des noix de coquilles et donc trompe l'acheteur sur la composition, la teneur en principes utiles, la quantité et la qualité réelle des marchandises concernées. • Crim. 31 mai 2005 : *Dr. pénal 2005, n° 149, obs. J.-H. Robert.*

35. Vins. BIBL. *BID 1996, n° 4, p. 15, et n° 5, p. 18.* – Menjucq, *Mélanges Bouloc, Dalloz, 2006, p. 831* (répression des tromperies en matière d'appellation d'origine viticole). ♦ Pour un exemple de vin surchaptalisé qui a perdu sa qualité de vin d'appellation contrôlée mais quand même vendu comme tel : • Crim. 15 nov. 2005 : *préc. note 22.* ♦ Pour des vins ne titrant plus un minimum de 12,4° pourtant commercialisés comme « vin de table de l'Hérault cépage alicante » ce qui ne correspondait plus aux caractéristiques physico-chimiques et organoleptiques du produit : • Crim. 13 janv. 2009 : *RD rur. 2009, n° 84, obs. Lebel.*

36. Eau-de-vie. Commet le délit de tromperie sur les qualités substantielles de la chose vendue le prévenu qui diffuse des documents publicitaires comportant des indications d'âge pour ses cognacs que l'entreprise ne pouvait justifier et qui accréditaient faussement la conviction chez le consommateur qu'il achetait un cognac ayant bénéficié du vieillissement annoncé sur le document. • Crim. 6 sept. 2005 : *Bull. crim. n° 217; RTD com. 2006. 498, obs. Bouloc; Dr. pénal 2005, n° 177, obs. J.-H. Robert; AJ pénal 2006. 40; CCC 2006, n° 18; RD rur. 2006, n° 201, obs. Goyard et Olszak.*

37. Eau. Ne commet pas le délit de tromperie le dirigeant d'une société, dont l'activité consiste à mettre à la disposition de sa clientèle des fontaines de marque Biosource destinées à la boisson, qui a commercialisé son eau en l'assortissant du préfixe « bio ». En effet, un consommateur moyen ne peut croire que l'eau est un produit de l'agriculture biologique et, par ailleurs, l'étiquette ne comportant aucune comparaison avec les autres eaux, ce terme superfétatoire ne peut duper le consommateur quant à sa pureté. • Toulouse, 28 oct. 1999 : *D. 2000. AJ 209.* ♦ Pour l'utilisation illicite de la dénomination « eau de source », V. • Crim. 22 nov. 2016, n° 15-86.766 P : *cité note 72.*

38. Produits amaigrissants. Présentation d'un produit comme ayant un objectif nutritionnel alors que sa composition ne permettait pas de le classer parmi les aliments diététiques. • Crim. 7 oct. 1992 : *BID 1995, n° 12, p. 14; BID 2000,* *n° 10, p. 25.* ♦ Constitue une tromperie sur les qualités substantielles de la marchandise, le fait de commercialiser des produits, à titre de compléments alimentaires, sous une présentation et un étiquetage évoquant un objectif diététique et nutritionnel, alors qu'ils ne relèvent, par leur composition ou leur fonction, d'aucune des classes de produits diététiques ou de régime fixées par l'Arr. du 20 juill. 1977. • Crim. 29 janv. 1997 : *Bull. crim. n° 42 ; RTD com. 1997. 524, obs. Bouloc ; CCC 1997, n° 90, obs. Raymond ; JCP 1997. IV. 1173 ; RJDA 1997, n° 1280 ; BID 2000, n° 10, p. 27.* ♦ Rejet du pourvoi contre : • Paris, 4 mars 1996 : *CCC 1996, n° 116, obs. Raymond.*

39. Complément alimentaire pour sportifs. Il y a tromperie sur les qualités substantielles d'un complément alimentaire lorsque ce produit est présenté comme étant adapté aux besoins des sportifs après un effort particulier alors que sa composition n'est pas conforme aux prescriptions de l'Arr. du 20 juill. 1977 réglementant les produits destinés à une alimentation particulière. • Crim. 1er févr. 2000 : *CCC 2001, n° 99, obs. Raymond.*

40. Mobilier. Vendre, comme meuble en merisier, un meuble en bois de placage. • Crim. 20 juin 1983 : *D. 1983. IR 391* • 7 juill. 1993 : *BID 1994, n° 1, p. 37.* ♦ V. aussi : • Montpellier, 1er avr. 1996 : *BID 1998, n° 4, p. 40.*

41. Objets en cristal. Vendre des objets en cristal avec les mentions « Taillé main » et « Artisanat de Lorraine », ce qui laisse supposer que les produits sont fabriqués en Lorraine, berceau de la cristallerie française, alors qu'il est établi que ces objets proviennent de divers pays d'importation et ont été façonnés mécaniquement, les finitions opérées par des tailleurs employés par le vendeur n'étant qu'accessoires par rapport au rôle essentiel de la machine. • Colmar, 15 déc. 1999 : *BICC 2000, n° 873.*

42. Téléphones. Exposer à la vente des appareils téléphoniques non agréés, mélangés à des appareils conformes à la réglementation, sans aucune indication concernant l'absence d'agrément. • Crim. 19 janv. 1993 : *Bull. crim. n° 25 ; D. 1993. 462, note Fougoux ; RTD com. 1994. 136, obs. Bouzat ; Dr. pénal 1993, n° 135, obs. J.-H. Robert.*

43. Matériel informatique. Vendre un ordinateur de démonstration à la place d'un appareil neuf. • TGI Paris, 23 nov. 1998 : *BID 1999, n° 9, p. 59.*

44. Produits d'entretien dangereux. Commet le délit de tromperie sur les qualités substantielles le distributeur qui met sur le marché, en connaissance de cause, un produit d'entretien présentant des dangers pour le consommateur sans l'assortir de l'étiquetage conforme à la réglementation sur les produits dangereux. • Angers, 1er avr. 2004, n° 03/00744 : *CCC 2005, n° 19, note Raymond.*

45. Produits sanguins. Commercialiser des dérivés sanguins présentant un danger pour la santé. • Crim. 22 juin 1994 : *Bull. crim. n° 248* (affaire du sang contaminé).

46. Préservatifs. Vendre des préservatifs non conformes à la norme NF obligatoire. • TGI Lille, 1er juill. 1994 : *BID 1995, n° 9, p. 38.*

47. Œuvres d'art. Vendre pour des sculptures du XIXe siècle des épreuves dont l'ancienneté est démentie par des expertises. • Crim. 29 nov. 1995 : *BID 1996, n° 5, p. 32.*

48. Prestations de services. BIBL. *BID 1996, n° 1, p. 15.* ♦ Proposer une formation sans préciser que celle-ci relève de l'« église de scientologie ». • Crim. 15 nov. 1990 : *BID 1991, n° 7-8, p. 32 ; Dr. pénal 1991, n° 146, obs. J.-H. Robert.* ♦ Vendre, pour un chauffagiste, des pièces détachées ou appareils, sans même tenter de réparer les anciens, les prétendus neufs s'avérant par ailleurs défectueux. • Paris, 10 mai 1991 : *BID 1991, n° 12, p. 40 ; Dr. pénal 1991, n° 292, obs. J.-H. Robert.* ♦ Louer des chambres d'hôtel, alors que les établissements ont été fermés au public par arrêté municipal en raison du danger créé pour les personnes par irrespect des normes de sécurité. • TGI Marseille, 23 juin 1998 : *BID 1999, n° 5, p. 50.* ♦ Dispenser une formation à un examen professionnel sans prendre en compte la quantité des heures théoriques et pratiques indispensables à cet enseignement. • Crim. 4 mars 1998 : *BID 1998, n° 10, p. 34.* ♦ S'engager à former une « élite » qui aurait « l'avantage de pouvoir travailler toute l'année avec des professionnels et d'avoir tout le matériel lourd à disposition » alors qu'il n'y avait que quatre enseignants manquant de rigueur et de compétence et un matériel insuffisant. • Crim. 3 oct. 2000 : *Dr. pénal 2001, n° 23, obs. J.-H. Robert ; BID 2001, n° 4, p. 27.* ♦ V. également • Crim. 5 sept. 2000 : *BID 2001, n° 1, p. 19.* ♦ Réutiliser, pour des professionnels de la santé, même après restérilisation, un dispositif médical présenté par le fabricant, pour satisfaire à la réglementation, comme étant destiné à un usage unique. • Crim. 29 juin 1999 : *Bull. crim. n° 160 ; D. 1999. IR 236 ; JCP 2000. I. 207, obs. J.-H. Robert ; JCP E 2000, p. 704, note Pin ; Dr. pénal 1999, n° 153, obs. J.-H. Robert.* ♦ *Adde :* Lachaud, *Gaz. Pal. 28-29 juin 2000, p. 8.* ♦ Utiliser l'appellation de ferme auberge alors qu'un seul plat provient de la ferme. • Colmar, 16 juin 2000 : *BID 2001, n° 3, p. 24.* ♦ Vendre une croisière maritime en rapport avec le Festival de Cannes en diffusant une plaquette publicitaire d'où il ressortait que les croisiéristes assisteraient à la projection du film de clôture, après avoir gravi les marches du palais du festival, et qu'ils participeraient, au milieu des festivaliers, au dîner de gala prévu à bord du navire, alors que l'organisateur savait qu'il ne pourrait donner satisfaction aux croisiéristes. • Crim. 4 mai 2004 : *Bull. crim. n° 105 ; D. 2004. AJ 1811, et les obs.* ; *RSC 2005. 88, obs. Ambroise-Castérot*.

D. TROMPERIE SUR LA COMPOSITION

49. Illustrations. Vendre, comme « truffés », des produits ne contenant pas de truffes. • Bordeaux, 13 févr. 1964 : *JCP 1964. IV. 92.* ♦ Vendre, comme « pizza au jambon », des pizzas préparées avec de l'épaule de porc. • Crim. 28 mai 1986 : *D. 1986. IR 401, obs. Roujou de Boubée.* ♦ Vendre des fromages AOC Chaource alors que le lait de fabrication ne provenait pas de la zone AOC pour 80 %. • TGI Troyes, 9 mars 1999 : *BID 1999, n° 10, p. 53.* ♦ Apposer sur des textiles des indications fausses relatives à leur composition. • Crim. 17 oct. 1991 : *D. 1992. 208, note Saintourens*. ♦ Vendre des couettes en duvet d'oie alors qu'il s'agissait de duvet de canard. • Douai, 20 sept. 1994 : *BID 1995, n° 9, p. 36.* ♦ Vendre sous l'appellation Monoï de Tahiti des produits ne satisfaisant pas aux règles édictées par le Décr. du 4 avr. 1992 définissant les caractéristiques et l'aire géographique de production de cette appellation. • Paris, 5 nov. 1998 : *BID 1999, n° 9, p. 59.* ♦ Vendre « une huile d'amandes douces obtenue par première pression à froid, contenant de la vitamine E », ce qui laisse entendre que le produit contenait naturellement de la vitamine E alors qu'elle était de synthèse. • Crim. 5 sept. 2000 : *BID 2001, n° 1, p. 23.*

50. Complément alimentaire. Un produit commercialisé comme complément alimentaire qui n'est ni un médicament, ni un produit diététique soumis à la réglementation des aliments destinés à une alimentation particulière, relève des règles applicables aux denrées alimentaires et ne peut être additionné de substances autres que celles dont l'emploi est autorisé par arrêté ministériel ; doit être poursuivie en vertu de l'art. L. 213-3 [L. 451-2], l'entreprise qui commercialise en France un produit contenant des substances prohibées telles que la créatine. • Crim. 4 juin 2002 : *CCC 2003, n° 15, obs. Raymond.*

E. TROMPERIE SUR LA QUANTITÉ

51. Poids. Vendre des produits alimentaires d'un poids réel inférieur à celui indiqué sur l'emballage. • Crim. 8 déc. 1965 : *JCP 1966. II. 14663, note Vivez* • 5 janv. 1966 : *eod. loc* • 22 févr. 1989 : *BID 1995, n° 12, p. 12* • 22 mai 1990 : *BID 1995, n° 12, p. 12.* ♦ ... Ou mentionnant le poids brut, au lieu du poids net. • Crim. 17 nov. 1993 : *BID 1995, n° 12, p. 13.* ♦ La tolérance administrative d'une erreur de 5 % sur le poids de la viande vendue sous emballage ne saurait constituer, pour les juridictions répressives, un motif de relaxe. • Crim. 20 mai 1985 : *D. 1986. Somm. 401, obs. Roujou de Boubée.* ♦ Cependant, pour déterminer le poids réel, il faut tenir compte de l'exsudat, le Décr. du 12 oct. 1972 (remplacé par Décr. 7 déc. 1984) imposant seulement la mention du poids net lors de la mise sous conditionnement. • Crim. 20 mai 1985 : *préc.* ♦ Apposer sur des bouteilles de Calvados un sigle « e » tendant à faire croire à l'acheteur qu'un système de contrôle de la quantité était mis en place. • Caen, 21 mai 1993 : *BID 1998, n° 9, p. 11.* ♦ Ne pas tarer une balance. • Paris, 24 nov. 1998 : *BID 1999, n° 9, p. 58.*

52. Stères. Vente, à une dizaine de clients, d'une quantité moindre que celle initialement prévue de stères de bois livrés. • Douai, 15 sept. 1998 : *BID 1999, n° 5, p. 48.*

F. TROMPERIE SUR LES RISQUES INHÉRENTS À L'UTILISATION DU PRODUIT

53. Conformité à des normes. Vendre des jouets munis d'une étiquette mentionnant faussement leur conformité aux normes obligatoires. • Paris, 18 mars 1992 : *CCC 1992, n° 212, obs. Raymond.* ♦ Détenir, en vue de la vente, des jouets importés non conformes aux normes imposées par le Décr. n° 89-662 du 12 sept. 1989. • Paris, 5 févr. 1998 : *CCC 1998, n° 139, obs. Raymond* • 4 juill. 2007 : *Dr. pénal 2008. Pan. 1, obs. L. Jean.* ♦ Vendre du matériel électrique ne répondant pas aux normes de sécurité. • Crim. 10 avr. 1997 : *Bull. crim. n° 138 ; JCP 1997. IV. 1780* • 2 avr. 2007 : *Dr. pénal 2008. Pan. 1, obs. L. Jean.* ♦ Vendre des sièges réhausseurs pour enfants alors qu'ils ne sont pas conformes à la réglementation et qu'ils n'ont pas fait l'objet des contrôles nécessaires lors de leur importation en France. • T. corr. Lille, 12 mars 1999 : *BID 2002, n° 1, p. 44.*

54. Dangerosité. Commercialiser des dérivés sanguins présentant un danger pour la santé. • Crim. 22 juin 1994 : *préc. note 45.*

G. TROMPERIE SUR LES CONTRÔLES EFFECTUÉS

55. Absence de contrôle. Vendre des jouets en prétendant faussement que leur conformité aux normes obligatoires a été vérifiée. • Paris, 18 mars 1992 : *préc. note 53.* ♦ Le doute devant profiter au prévenu, il n'y a pas lieu de condamner la propriétaire d'un magasin de jouets dépourvus de la marque « CE » dès lors que les objets litigieux se trouvaient dans une remise et n'avaient pas encore été déballés. • Douai, 5 nov. 2002 : *CCC 2003, n° 98, obs. Raymond.* ♦ Affirmer, à la suite d'un contrôle technique, qu'un véhicule est en bon état, alors qu'il n'en est rien. • Paris, 23 avr. 1992 : *CCC 1992, n° 216, obs. Raymond* • Crim. 29 mai 1996 : *Gaz. Pal. 1996. 2. Chron. 152, par Doucet.*

H. TROMPERIE SUR L'APTITUDE À L'EMPLOI

56. Automobiles. Vendre un véhicule d'occasion déjà immatriculé à l'étranger, en mettant l'acquéreur dans l'impossibilité d'obtenir une carte grise, faute d'avoir soumis le véhicule au service des Mines pour réception. • Crim. 23 mai 1995 : *Bull. crim. n° 189.*

57. *Téléviseurs.* Vendre des téléviseurs comme étant susceptibles de recevoir la chaîne Canal + sans mentionner que quelques émetteurs ne pouvaient être captés. • Paris, 15 sept. 1995 : *CCC 1996, n° 51, note Raymond.*

58. *Disques CD.* Vente de CD ne pouvant être lus sur certains lecteurs : V. note 24.

VI. ÉLÉMENT INTENTIONNEL

59. *Intention frauduleuse.* BIBL. Fourgoux, *D. 1965. Chron. 233.* ♦ Pour être punissable, la tromperie doit résulter d'une intention frauduleuse. • Crim. 13 juin 1984 : *D. 1985. IR 65; JCP 1984. I. 13711.* ♦ La loi de 1905 n'institue aucune présomption de mauvaise foi. • Crim. 4 janv. 1977 : *D. 1977. 336, note Fourgoux.*

60. *Appréciation par le juge.* Les juges du fond peuvent souverainement déduire la mauvaise foi du fait que le prévenu n'a pas effectué les vérifications qui lui incombaient. • Crim. 12 avr. 1976 : *D. 1977. 239, note Fourgoux* • 13 janv. 1981 : *RTD com. 1981. 367, obs. Bouzat* • 5 nov. 1985 : *D. 1986. Somm. 402, obs. Roujou de Boubée* • 5 mai 1986 : *eod. loc* • 11 oct. 1989 : *Bull. crim. n° 355; D. 1990. Somm. 362*; *D. 1994. Somm. 159, obs. Roujou de Boubée* • 30 oct. 1990 : *BID 1991, n° 4, p. 24* • 17 mars 1993 : *Bull. crim. n° 123; D. 1993. IR 144; BID 1993, n° 9, p. 18, note Bertrand* • 17 janv. 1996 : *Bull. crim. n° 30; CCC 1996, n° 211, obs. Raymond; BID 1997, n° 1, p. 37.* ♦ Ils doivent rechercher si la mauvaise foi du prévenu ne résulte pas du défaut de vérification de l'origine et de la composition du produit qu'il a commercialisé. • Crim. 21 janv. 2003 : *Bull. crim. n° 15; JCP 2003. IV. 1525.* ♦ L'élément moral du délit de tromperie peut se déduire de l'absence ou de l'insuffisance des contrôles du produit par le fabricant, avant sa mise en vente. • Grenoble, 30 avr. 2007 : *CCC 2007, n° 311, obs. Raymond; Dr. pénal. 2008. Chron. 4, n° 30, par Lepage.*

61. *Applications.* Les juges du fond caractérisent la mauvaise foi en relevant qu'un directeur de magasin de grande surface ne pouvait ignorer que des viandes étaient reconditionnées par un chef de rayon, avec report de la date limite de consommation. • Crim. 12 mars 1992 : *BID 1993, n° 2, p. 16.* ♦ ... Que le vendeur d'une voiture, professionnel de l'automobile, a dissimulé à l'acquéreur l'existence de défectuosités graves en ne lui remettant pas le rapport de contrôle qui les constatait. • Crim. 4 sept. 1990 : *BID 1991, n° 4, p. 20.* ♦ ... Que le vendeur professionnel ne peut se prévaloir de son ignorance des caractéristiques techniques de la voiture vendue et des règles d'attribution des millésimes. • Crim. 23 juin 1993 : *BID 1994, n° 1, p. 32.* ♦ ... Que le responsable d'un centre de contrôle technique automobile a effectué un contrôle particulièrement sommaire du véhicule et a remis au vendeur une fiche manifestement incomplète alors qu'il savait que celle-ci devait être remise au futur acquéreur et que ses mentions constitueraient un facteur déterminant de la vente. • Crim. 16 mai 1991 : *BID 1991, n° 11, p. 16.* ♦ ... Que le vendeur de céréales, spécialiste du négoce des céréales, les a commercialisées sous l'appellation biologique et au prix des céréales réellement issues de la culture biologique alors qu'elles ont été cultivées selon la méthode conventionnelle. • Poitiers, 12 sept. 1996 : *CCC 1996, n° 212, obs. Raymond.* ♦ ... Qu'un professionnel, en cette qualité, est tenu de s'assurer de la conformité de son produit à la réglementation en vigueur. • Crim. 4 mars 2003 : *Dr. pénal 2003, n° 75, obs. J.-H. Robert.*

Le simple défaut de surveillance ou de vérification par un vendeur de balances régulièrement contrôlées par leur fabricant ne suffit pas à caractériser, à la charge dudit vendeur, le délit de tromperie. • Paris, 6 déc. 1991 : *CCC 1992, n° 127, obs. Raymond.* ♦ En revanche, le silence d'un vendeur professionnel de l'automobile sur l'état actuel d'un moteur de voiture alors qu'il ne pouvait l'ignorer suffit à caractériser l'intention frauduleuse du délit de tromperie. • Caen, 12 janv. 1996 : *CCC 1997, n° 56, obs. Raymond.*

62. *Importations intracommunautaires.* BIBL. Tchekhoff et Levy, *D. Affaires 1998. 1554.* ♦ Dans le commerce entre États membres de la Communauté européenne, l'importateur doit pouvoir se fier aux certificats délivrés par les autorités de l'État de production ou par un laboratoire reconnu par ces autorités, ou, si la législation de cet État n'exige pas de tels certificats, à d'autres attestations présentant un degré de garantie analogue. • CJCE 11 mai 1989 : *D. 1990. Somm. 94, obs. Cartou*. ♦ Mais l'importateur ne peut valablement se fier aux seuls documents en provenance du fabricant lui-même. • Crim. 17 oct. 1991 : *Bull. crim. n° 356; D. 1992. 208, note Saintourens*; *D. 1994. Somm. 158, obs. Roujou de Boubée*; *RTD com. 1992. 851, obs. Bouloc* • Paris, 8 janv. 1991 : *BID 1991, n° 10, p. 30.* ♦ Ne donne pas de base légale à sa décision la cour d'appel qui déclare coupables de mise en vente de denrées alimentaires falsifiées les importateurs de compléments alimentaires auxquels ont été incorporées de la coenzyme Q 10 ainsi que diverses vitamines, sans vérifier si l'utilisation de ces substances, en vente libre dans plusieurs États membres de la Communauté européenne, présentait un risque pour la santé et si la procédure d'autorisation prévue par la réglementation nationale présentait toutes les garanties nécessaires pour préserver les droits des importateurs de tels produits. • Crim. 27 mars 2007 : *Bull. crim. n° 93; RTD com. 2007. 845, obs. Bouloc*; *RSC 2008. 84, obs. Ambroise-*

Castérot ; Gaz. Pal. 2007. 2015, obs. M. B.; RJDA 2007, n° 925.

63. *Mauvaise foi avérée.* Le défaut de contrôle d'une marchandise importée, par référence à la réglementation prohibant la commercialisation de denrées animales contenant des substances interdites comme dangereuses pour la consommation humaine, alors que le prévenu ne démontre pas l'impossibilité de se livrer aux vérifications imposées, suffit à caractériser l'élément intentionnel de la tentative de tromperie. • Crim. 29 juin 1999 : *Dr. pénal 1999, n° 133, obs. J.-H. Robert; BID 1999, n° 12, p. 62.* ♦ En matière de fraude, la mauvaise foi de l'importateur se déduit du fait qu'il n'a pas vérifié la qualité des marchandises importées et, en particulier, leur conformité aux règles en vigueur en matière d'hygiène et de santé publique. • Crim. 10 déc. 1996 : *Bull. crim. n° 457; JCP 1997. IV. 777.* ♦ Il incombe, en effet, au commissionnaire, de s'assurer de la conformité des produits aux prescriptions relatives notamment à la loyauté des transactions commerciales. • Crim. 9 mars 1999 : *Bull. crim. n° 33; D. 1999. IR 116; ibid. 2000. Somm. 43, obs. Pizzio ; RSC 1999. 809, obs. Bouloc ; ibid. 2000. 211, note Rebut ; RTD com. 1999. 997, obs. Bouloc ; D. Affaires 1999. 826, obs. C. R.; CCC 1999, n° 121, obs. Raymond; RJDA 1999, n° 854* • 15 juin 1999 : *BID 1999, n° 12, p. 63.* ♦ ... Ainsi qu'aux prescriptions relatives notamment à la sécurité des personnes. • Crim. 7 avr. 1999 : *Bull. crim. n° 72; D. 1999. IR 136; ibid. 2000. Somm. 130, obs. Roujou de Boubée ; RSC 2000. 626, obs. Fourgoux ; RTD com. 1999. 997, obs. Bouloc ; Dr. pénal 1999, n° 103, obs. J.-H. Robert; CCC 1999, n° 186, obs. Raymond* • Crim. 6 avr. 2004 : *CCC 2004, n° 118, obs. Raymond; Dr. pénal 2004, n° 114, obs. J.-H. Robert; AJ pénal 2004. 244 .* ♦ Le contrôle de la qualité des produits et de leur conformité aux indications portées sur l'emballage s'exerçant à tous les stades de la commercialisation, il appartient au commissionnaire d'effectuer toutes vérifications utiles pour s'assurer que le produit correspond aux mentions de son emballage. • Crim. 11 juin 2003 : *Bull. crim. n° 120; JCP 2003. IV. 2320; Dr. pénal 2003, n° 101, obs. J.-H. Robert; Gaz. Pal. 23-25 nov. 2003, p. 34; RSC 2004. 107, obs. Ambroise-Castérot .* ♦ La mauvaise foi de l'importateur, poursuivi pour tromperie sur l'origine des moules de pêche d'Irlande qu'il commercialisait sous la dénomination « Moule de bouchot-origine Irlande », se déduit du fait qu'avant leur mise sur le marché, il n'a pas vérifié que ces moules étaient conformes aux prescriptions en vigueur. • Caen, 8 oct. 1997 : *BICC 1998, n° 609.* ♦ Doit être déclaré coupable, l'importateur de moût concentré rectifié en provenance d'Espagne, qui avait été informé de risques de fraudes et qui n'a pas procédé aux vérifications nécessaires par tous les moyens à sa disposition, quand bien même il s'agissait de méthodes de contrôle qui n'étaient pas obligatoires. • Crim. 17 sept. 2002 : *Bull. crim. n° 166; Dr. pénal 2002, n° 125, obs. J.-H. Robert.* ♦ Sur la qualité de responsable de première mise sur le marché retenue à l'encontre du fournisseur initial et non de l'introducteur en France, V. : • Montpellier, 16 juin 1997 : *D. Affaires 1998. 1554, Chron. par Tchekhoff et Levy.* ♦ Cassé par : • Crim. 15 juin 1999 : *BID 1999, n° 12, p. 62.* ♦ V. aussi : • Crim. 9 mars 1999 : *Bull. crim. n° 33; D. 2000. Somm. 43, obs. Pizzio ; RSC 1999. 809, obs. Bouloc ; ibid. 2000. 211, note Rebut ; RTD com. 1999. 997, obs. Bouloc ; D. Affaires 1999. 826, obs. C. R.; RJDA 1999, n° 854.* ♦ Pour une personne reconnue coupable de tromperie pour ne pas avoir procédé régulièrement à un contrôle de la composition du produit alors même qu'une première analyse avait été faite par un laboratoire réputé, V. • Crim. 20 mars 2012 : *D. 2012. Actu. 1668, obs. Bouloc ; D. 2013. Pan. 946, obs. Poillot ; RLDA sept. 2012. 49, note Bouloc.*

64. *Absence de mauvaise foi.* Il est jugé, cependant, que la mauvaise foi ne peut être retenue à l'encontre de commerçants français, ayant importé en France des sièges auto pour enfants, dans la mesure où ils étaient en possession d'un certificat de conformité émanant d'un laboratoire agréé de la Communauté européenne et n'avaient donc pas l'obligation de procéder à de nouvelles vérifications. • Paris, 24 juin 1997 : *CCC 1998, n° 36, obs. Raymond; BID 1999, n° 5, p. 53.* ♦ ... Qu'elle ne peut davantage l'être à l'encontre d'un dirigeant, qui a mis sur le marché des jouets non conformes à la norme électrique française, dès lors qu'il avait obtenu un certificat de conformité d'un laboratoire agréé anglais. • Paris, 2 nov. 1998 : *CCC 1999, n° 104, obs. Raymond.* – V. conf., pour des accessoires de téléphonie mobile : • Paris, 12 mai 2004 : *CCC 2005, n° 20, obs. Raymond.* ♦ ... Ni à l'encontre d'un commerçant ayant mis sur le marché des tourets électriques, fabriqués en Chine, non conformes à la norme française, et donc dangereux, dès lors qu'un certificat de conformité émanant d'un laboratoire agréé d'un autre pays de la Communauté européenne a été obtenu. • Douai, 23 févr. 1999 : *CCC 1999, n° 122, obs. Raymond.* ♦ Le fait que des anomalies pondérales aient été constatées à la fois à l'avantage et au désavantage du magasin démontre que les excès de barde reprochés ne procédaient d'aucune volonté de tirer un profit injustifié. • Paris, 25 juin 2007 : *Lettre distrib. juill.-août 2007, p. 2.*

VII. CUMUL IDÉAL D'INFRACTIONS

65. *Empoisonnement.* Saisie de la prévention de tromperie, une juridiction correctionnelle ne saurait, sans ajouter à cette prévention, retenir une qualification criminelle d'empoisonnement comportant des éléments constitutifs distincts au regard notamment de l'intention coupable, essentiellement différente, et qui serait susceptible de poursuites différentes. • Crim. 22 juin 1994 : *préc. note 45.*

66. Escroquerie. Pour une requalification d'escroquerie en tromperie, V. • Crim. 7 sept. 2004 : *Dr. pénal 2004, n° 184.*

67. Usurpation d'AOC. Sur le concours des infractions de tromperie et d'usurpation d'appellation d'origine, V. • Crim. 16 janv. 2007 : *Dr. pénal 2007, n° 57, obs. J.-H. Robert.*

68. Délit de risque causé à autrui. Sur l'application de l'art. L. 213-1 [L. 441-1] C. consom. et 223-1 C. pén. sanctionnant une violation délibérée d'une obligation particulière de sécurité ou de prudence imposée par la loi ou les règlements, V. • Nancy, 3 mai 2007 : *blog.dalloz.fr, 6 févr. 2008, obs. Garnier.* ♦ V. aussi, dans une affaire de décongélation suivie de recongélation, pour un prévenu reconnu coupable de tromperie (C. consom., art. L. 441-1) et de mise en danger d'autrui (C. pén., art. 223-1) : • Crim. 15 avr. 2008 : *CCC 2008, n° 287, obs. Raymond; Dr. pénal 2009. Chron. 5, n° 10, par Lepage.*

VIII. RÉGIME DE L'ACTION PUBLIQUE

69. Exception préjudicielle. La circonstance que la vente de matériels de télécommunication non agréés soit ou non pénalement sanctionnée est sans incidence sur le délit de tromperie, dès lors qu'il est reproché au prévenu de n'avoir pas précisé à la clientèle ceux des objets qui avaient reçu l'agrément et ceux qui ne l'avaient pas reçu; il n'y a donc pas lieu de saisir la CJCE en interprétation de la Dir. n° 88/301 du 16 mai 1988. • Crim. 19 janv. 1993 : *préc. note 42.*

70. Point de départ de la prescription. Si la tromperie est une infraction instantanée, elle n'en constitue pas moins un délit clandestin par nature, en ce qu'il a pour but de laisser le contractant dans l'ignorance des caractéristiques réelles d'un produit; dès lors, le délai de prescription commence à courir du jour où le délit apparaît et peut être constaté dans des conditions permettant l'exercice de l'action publique. • Crim. 7 juill. 2005 : *Bull. crim. n° 206; D. 2005. 2998, note Donnier; AJ pénal 2008. 370, obs. Leblois-Happe; RSC 2006. 84, obs. Ambroise-Castérot; Dr. pénal 2005, n° 132, note J.-H. Robert.* ♦ *Contra* : la prescription du délit de fraude court du jour de la livraison de la marchandise et non de la découverte de la tromperie. • Crim. 17 juin 1991 : *Bull. crim. n° 259; JCP E 1991. Pan. 1109; BID 1991, n° 11, p. 18; Dr. pénal 1991, n° 293, obs. J.-H. Robert* • 2 juill. 1997 : *Bull. crim. n° 264; CCC 1998, n° 37, obs. Raymond; BID 1998, n° 4, p. 54.*

71. Actes interruptifs de la prescription. Les procès-verbaux établis par les agents de la Direction de la concurrence, de la consommation et de la répression des fraudes pour la constatation ou la recherche d'infractions pénales sont interruptifs de prescription, ces agents étant investis de fonctions de police judiciaire par le code de la consommation. • Crim. 2 juill. 1997 : *préc. note 70.*

72. Qualité pour agir. Est irrecevable la constitution de partie civile d'une association de protection d'une appellation contrôlée qui ne figure pas parmi celles qui sont énumérées par les art. 2-1 à 2-21 C. pr. pén. et qui, la poursuite ayant été engagée pour tromperie, ne peut justifier d'un préjudice découlant directement des faits délictueux. • Crim. 29 oct. 2013 : *Bull. crim. n° 208; Rev. sociétés 2014. 454, obs. Bouloc; RJDA 2014, n° 179; Dr. pénal 2014, n° 1, obs. Georget.* – V. aussi • Crim. 24 févr. 2004 : *Bull. crim. n° 50; RTD com. 2004. 629, obs. Bouloc; RJDA 2004, n° 910.* ♦ Selon les art. 2 et 3 C. pr. pén., et sauf dispositions législatives particulières, l'exercice de l'action civile devant les juridictions répressives n'appartient qu'à ceux qui ont directement et personnellement subi un préjudice matériel ou moral résultant de l'infraction pénale; et il se déduit de l'art. L. 213-1 [L. 441-1] C. consom. que l'infraction de tromperie ne peut causer de préjudice direct qu'aux consommateurs pour la protection desquels elle est édictée. • Crim. 22 nov. 2016, n° 15-86.766 P : *Dalloz actualité, 23 déc. 2016, obs. Goetz; AJ pénal 2017. 84, obs. Gallois; RTD com. 2017. 218, obs. Bouloc; JCP E 2017, n° 1024; Dr. pénal 2017, n° 46, obs. J.-H. Robert.*

Art. L. 441-2 Est interdite la pratique de l'obsolescence programmée qui se définit par le recours à des techniques par lesquelles le responsable de la mise sur le marché d'un produit vise à en réduire délibérément la durée de vie pour en augmenter le taux de remplacement. – *[C. consom., art. L. 213-4-1, I.]*

Sur les sanctions, V. art. L. 454-6 et L. 454-7.

V. aussi Avis CNC du 12 mai 2015, NOR : EINC1511470V, sur la durabilité des produits (BOCC 9 juin 2015).

BIBL. ▶ DUPONT, *CCC 2014. Étude 10* (peut-on en finir avec l'obsolescence programmée ?). – A.-C. MARTIN, *D. 2015. 1944* (le délit d'obsolescence programmé).

COMMENTAIRE

L'article 99 de la loi du 17 août 2015 relative à la croissance verte a introduit au sein de l'ancien code de la consommation un délit destiné à mettre un terme aux pratiques d'obsolescence programmée de certains fabricants (notamment en matière d'appareils électroménagers courants dont la durée de vie s'avère beaucoup plus courte qu'autrefois), et ce, dans le prolongement de la loi du 17 mars 2014, tout en allant plus loin.

Ces techniques permettent, notamment, de prévoir l'introduction volontaire d'une défectuosité ou d'une fragilité dans le produit. Ce nouveau délit ne donnera sans doute lieu qu'à de rares condamnations : la preuve devant le juge qu'un fabricant a sciemment programmé la durée de vie d'un de ses produits pourrait, même par voie d'expertise, s'avérer difficile.

Malgré tout, le nouveau délit pourrait avoir des vertus « pédagogiques », et par là même dissuasives, sur les fabricants qui craignent avant tout la mauvaise publicité plus que les lourdes peines délictuelles encourues (deux ans d'emprisonnement et 300 000 € d'amende) et l'amende lucrative (5 % du chiffre d'affaires) prévues aux articles L. 454-6 et L. 454-7. ❑

TITRE CINQUIÈME SANCTIONS

CHAPITRE PREMIER CONFORMITÉ

SECTION PREMIÈRE OBLIGATION GÉNÉRALE DE CONFORMITÉ

(L. nº 2017-203 du 21 févr. 2017, art. 11)

Art. L. 451-1 Le fait pour l'opérateur de ne pas procéder à l'information prévue à l'article L. 411-2 est puni d'une peine d'un an d'emprisonnement et de 150 000 euros d'amende.

COMMENTAIRE

La loi de ratification du 21 février 2017 rétablit une section première relative à la sanction de l'obligation d'information instaurée par l'article L. 411-2. Selon cet article, tout opérateur ayant connaissance, après avoir acquis ou cédé des produits, d'une non-conformité à la réglementation portant sur une qualité substantielle de tout ou partie de ces produits en informe celui qui lui a fourni ces produits et ceux à qui il les a cédés. En effet, par inadvertance, le nouveau code de la consommation ne prévoyait pas de sanction pénale à l'article L. 411-2, alors qu'elle figurait à l'article L. 217-5, alinéa 2, de l'ancien code. ❑

SECTION II FALSIFICATIONS *(L. nº 2017-203 du 21 févr. 2017, art. 11).*

COMMENTAIRE

I. RÉPRESSION

Les peines encourues en matière de falsifications sont les mêmes que celles prévues pour les tromperies : deux ans d'emprisonnement et 300 000 € d'amende.

Il est prévu que si la substance falsifiée ou corrompue est nuisible à la santé de l'homme ou de l'animal, la peine d'emprisonnement sera portée à sept ans (quatre avant la loi du 17 mars 2014) et l'amende à 750 000 €, soit dix fois plus qu'avant la loi relative à la consommation (art. L. 451-2). Les différentes peines d'amende peuvent en outre, à titre de peine lucrative, être portées à 10 % du chiffre d'affaires moyen annuel, calculé sur les trois derniers chiffres d'affaires annuels connus à la date des faits (art. L. 451-5). Le doublement des peines est également prévu en cas de récidive (art. L. 455-2).

Pour la simple détention, un emprisonnement d'un an et une amende de 150 000 € sont prévus (art. L. 451-3). Si la substance est nuisible à la santé de l'homme ou de l'animal, l'emprisonnement sera porté à deux ans et l'amende à 300 000 € (art. L. 451-4). Là encore, les peines d'amende ont été considérablement relevées par la loi de 2014, sachant qu'elles peuvent atteindre 10 % du chiffre d'affaires moyen annuel, calculé sur les trois derniers chiffres d'affaires annuels connus à la date des faits.

Des peines complémentaires sont par ailleurs prévues aux articles L. 451-6 et L. 451-7.

Pour leur part, les infractions aux dispositions des décrets, pris en application de l'article L. 412-1, sont punies de la peine d'amende prévue pour les contraventions de la cinquième classe. La récidive est réprimée conformément aux dispositions des articles 132-11 et 132-15 du code pénal (art. R. 451-1).

Par ailleurs, l'article R. 451-2 prévoit que « le fait de détenir en vue de la vente ou de la distribution à titre gratuit, de mettre en vente, de vendre ou de distribuer à titre gratuit une denrée alimentaire impropre à la consommation, au sens du paragraphe 5 de l'article 14 du règlement (CE) n° 178/2002 modifié établissant les principes généraux et les prescriptions générales de la législation alimentaire, instituant l'Autorité européenne de sécurité des aliments et fixant des procédures relatives à la sécurité des denrées alimentaires, est puni de la peine d'amende prévue pour les contraventions de la cinquième classe ». Enfin, l'article R. 451-3 prévoit que « le fait de ne pas mettre en œuvre les procédures de retrait ou de rappel d'une denrée alimentaire autre qu'un produit d'origine animale ou d'une denrée en contenant impropre à la consommation, au sens du paragraphe 5 de l'article 14 du règlement n° 178/2002 modifié du Parlement européen et du Conseil du 28 janvier 2002 modifié établissant les principes généraux et les prescriptions générales de la législation alimentaire, instituant l'Autorité européenne de sécurité des aliments et fixant des procédures relatives à la sécurité des denrées alimentaires prévues à l'article 19 du même règlement, est puni de la peine d'amende prévue pour les contraventions de la cinquième classe ».

II. SANCTIONS CIVILES

Les observations figurant à propos des tromperies sont valables pour les falsifications (V. art. L. 454-1). ❑

Art. L. 451-1-1 La violation des interdictions prévues à l'article L. 413-1 est punie d'une peine d'emprisonnement de deux ans et d'une amende de 300 000 euros. – *[C. consom., art. L. 213-3, I.] – Anc. art. L. 451-1 (L. n° 2017-203 du 21 févr. 2017, art. 11).*

Art. L. 451-2 La violation des interdictions prévues à l'article L. 413-1 est punie d'une peine d'emprisonnement de sept ans et d'une amende de 750 000 euros :

1° Si la substance falsifiée ou corrompue est nuisible à la santé humaine ou animale ;

2° Si les faits ont été commis en bande organisée. – *[C. consom., art. L. 213-3, II.]*

Art. L. 451-3 La violation des interdictions prévues à l'article L. 413-2 est punie d'une peine d'emprisonnement d'un an et d'une amende de 150 000 euros. – *[C. consom., art. L. 213-4, sanction.]*

Art. L. 451-4 La violation des interdictions prévues à l'article L. 413-2 est punie d'une peine d'emprisonnement de deux ans et d'une amende de 300 000 euros si la substance alimentaire falsifiée ou corrompue est nuisible à la santé humaine ou animale. – *[C. consom., art. L. 213-4, sanction aggravée.]*

Sanction aggravée. V. note 3 ss. art. L. 413-2.

Art. L. 451-5 Le montant des peines d'amende prévues aux articles L. 451-1 à L. 451-4 peut être porté, de manière proportionnée aux avantages tirés du délit, à 10 % du chiffre d'affaires moyen annuel, calculé sur les trois derniers chiffres d'affaires annuels connus à la date des faits. – *[C. consom., art. L. 213-3, III, al. 1er et L. 213-4, al. 4.]*

Art. L. 451-6 Les personnes physiques coupables des délits punis aux articles L. 451-1 à L. 451-4 encourent également à titre de peines complémentaires l'interdiction, suivant les modalités prévues par l'article 131-27 du code pénal, soit d'exercer une fonction publique ou d'exercer l'activité professionnelle ou sociale dans l'exercice ou à l'occasion de l'exercice de laquelle l'infraction a été commise, soit d'exercer une profession commerciale ou industrielle, de diriger, d'administrer, de gérer ou de contrôler à un titre quelconque, directement ou indirectement, pour leur propre compte ou pour le compte d'autrui, une entreprise commerciale ou industrielle ou *une société commerciale*. Ces interdictions d'exercice peuvent être prononcées cumulativement.

Les personnes morales déclarées responsables pénalement, dans les conditions prévues par l'article 121-2 du code pénal, des délits punis aux articles L. 451-1 à L. 451-4 encourent, outre l'amende suivant les modalités prévues par l'article 131-38 du code pénal, les peines prévues par les 2° à 9° de l'article 131-39 du même code.

L'interdiction mentionnée au 2° de l'article 131-39 du code pénal porte sur l'activité dans l'exercice ou à l'occasion de l'exercice de laquelle l'infraction a été commise. – *[C. consom., art. L. 213-6, peines complémentaires pers. morales-falsifications et L. 216-8, peines complémentaires pers. physiques-falsifications.]*

Personnes morales. Pour une absence d'application de l'art. L. 213-6 [L. 451-6, al. 2 et 3], dans sa rédaction issue de la L. n° 2001-504 du 12 juin 2001, à une personne morale pour des faits de publicité de nature à induire en erreur et de tromperie commis entre le 1er janv. et le 31 mars 2001, V. • Crim. 19 juin 2007 : *Bull. crim. n° 169 ; D. 2007. AJ 1954 ; RTD com. 2007. 847, obs. Bouloc ; AJ pénal 2007. 433, obs. Roussel ; RSC 2008. 87, obs. Ambroise-Castérot ; JCP 2007. IV. 2641 ; LPA 25 sept. 2008, obs. Nadaud ; Gaz. Pal. 2008. 1127, obs. Y. M. ; RJDA 2007, n° 1184 ; Dr. pénal 2007, n° 134, obs. Véron ; Gaz. Pal. 2007. 3402, obs. M. B. ; RLDA oct. 2007. 55, obs. Anadon.* ♦ V. art. L. 132-3.

Art. L. 451-7 **En cas de condamnation pour les faits réprimés au 1° de l'article L. 451-2, le tribunal peut prononcer en outre :**

1° L'affichage et la diffusion de la décision dans les conditions prévues à l'article 131-35 du code pénal ;

2° La diffusion d'un ou plusieurs messages. Le jugement fixe les termes de ces messages et les modalités de leur diffusion et impartit à la personne condamnée un délai pour y faire procéder ; en cas de carence, il est procédé à cette diffusion à la diligence du ministère public aux frais de la personne condamnée ;

3° Le retrait des produits sur lesquels a porté le délit et, dans les mêmes conditions, l'interdiction de la prestation de services.

Lorsque l'affichage est ordonné à la porte des magasins de la personne condamnée, l'exécution du jugement ne peut être entravée par la vente du fonds de commerce réalisée postérieurement à la première décision qui a ordonné l'affichage. – *[C. consom., art. L. 216-3, al. 7 et L. 216-8, al. 1er à 4 (confiscation non reprise).]*

Affichage. V. note ss. art. L. 454-7.

Art. L. 451-8 **Le défaut de diffusion dans le délai imparti des messages prévus à l'article L. 451-7 est puni d'une peine d'emprisonnement de deux ans et d'une amende de 300 000 euros.** – *[C. consom., art. L. 121-7, al. 2, sanction messages-falsifications.]*

SECTION III AUTRES INFRACTIONS RELATIVES AUX PRODUITS

(L. n° 2017-203 du 21 févr. 2017, art. 11).

COMMENTAIRE

Cette section III regroupe des délits spécifiques de falsification réalisés sur les mentions et indications identifiant les marchandises.

Les peines prévues pour ces infractions sont identiques à celles qui répriment les autres falsifications et les tromperies, ou la détention irrégulière de produits falsifiés : fait d'apposer ou de faire apparaître par addition, retranchement ou par une altération quelconque sur des produits, de fausses indications concernant le nom du fabricant, la raison sociale ou le lieu de fabrication (art. L. 413-4), d exposer ou de mettre en vente des produits marqués de noms faux ou altérés (art. L. 413-5), de supprimer, masquer, altérer ou modifier frauduleusement les noms, signatures, monogrammes, lettres, chiffres, numéros de série, emblèmes, signes de toute nature apposés ou intégrés sur ou dans les marchandises et servant à les identifier de manière physique ou électronique (art. L. 413-6).

Les personnes morales encourent des amendes portées au quintuple (art. L. 451-15, al. 3). Des peines complémentaires d'interdiction d'activité sont également prévues (art L. 451-15). ❑

Art. L. 451-9 **La violation des interdictions prévues à l'article L. 413-4 est punie d'une peine d'emprisonnement de deux ans et d'une amende de 300 000 euros.** – *[C. consom., art. L. 217-1, al 1er, sanction.]*

Art. L. 451-10 La violation des interdictions prévues à l'article L. 413-5 est punie d'une peine d'emprisonnement de deux ans et d'une amende de 300 000 euros. – *[C. consom., art. L. 217-1, al. 2, sanction.]*

Art. L. 451-11 La violation des interdictions prévues à l'article L. 413-6 est punie d'une peine d'emprisonnement de deux ans et d'une amende de 300 000 euros. – *[C. consom., art. L. 217-2, sanction.]*

Art. L. 451-12 La violation des interdictions prévues à l'article L. 413-7 est punie d'une peine d'emprisonnement d'un an et d'une amende de 150 000 euros. – *[C. consom., art. L. 217-3, sanction.]*

Art. L. 451-13 La violation des interdictions prévues à l'article L. 413-8 est punie d'une peine d'emprisonnement de deux ans et d'une amende de 300 000 euros. – *[C. consom., art. L. 217-6, sanction.]*

Art. L. 451-14 La violation des interdictions prévues à l'article L. 413-9 est punie d'une peine d'emprisonnement de deux ans et d'une amende de 300 000 euros. – *[C. consom., art. L. 217-7, sanction.]*

Art. L. 451-15 Les personnes physiques coupables des délits punis aux articles L. 451-9 à L. 451-14 encourent également à titre de peines complémentaires l'interdiction, suivant les modalités prévues à l'article 131-27 du code pénal, soit d'exercer une fonction publique ou d'exercer l'activité professionnelle ou sociale dans l'exercice ou à l'occasion de l'exercice de laquelle l'infraction a été commise, soit d'exercer une profession commerciale ou industrielle, de diriger, d'administrer, de gérer ou de contrôler à un titre quelconque, directement ou indirectement, pour leur propre compte ou pour le compte d'autrui, une entreprise commerciale ou industrielle ou une société commerciale.

Ces interdictions d'exercice ne peuvent excéder une durée de cinq ans. Elles peuvent être prononcées cumulativement.

Les personnes morales déclarées responsables pénalement, dans les conditions prévues à l'article 121-2 du code pénal, des délits punis aux articles L. 451-9 à L. 451-14 encourent, outre l'amende suivant les modalités prévues à l'article 131-38 du même code, les peines prévues aux 2° à 9° de l'article 131-39 de ce code.

L'interdiction mentionnée au 2° du même article 131-39 porte sur l'activité dans l'exercice ou à l'occasion de l'exercice de laquelle l'infraction a été commise. Les peines prévues aux 2° à 7° de cet article ne peuvent être prononcées que pour une durée de cinq ans au plus. – *[C. consom., art. L. 217-12, peines complémentaires - conformité.]*

Peine complémentaire. V. note 2 ss. art. L. 413-7.

Art. L. 451-16 En cas de condamnation pour les faits punis aux articles L. 451-9 à L. 451-12, le tribunal peut en outre ordonner l'affichage et la diffusion du jugement dans les conditions prévues à l'article 131-35 du code pénal. – *[C. consom., art. L. 217-4.]*

SECTION IV DISPOSITIONS RELATIVES À CERTAINS ÉTABLISSEMENTS

(L. n° 2017-203 du 21 févr. 2017, art. 11).

Art. L. 451-17 Le fait de procéder à des traitements par ionisation sans être titulaire de l'agrément prévu à l'article L. 414-1 est puni d'une peine d'emprisonnement d'un an et d'une amende de 15 000 euros. – *[C. consom., art. L. 218-7, al. 1er, sanction.]*

COMMENTAIRE

La loi n° 2014-344 du 17 mars 2014 n'a pas changé les peines délictuelles punissant le fait de procéder au traitement par ionisation des denrées sans être titulaire de l'agrément prévu. ❑

CHAPITRE II SÉCURITÉ

COMMENTAIRE

L'article L. 452-1 punit sévèrement d'une peine de cinq ans d'emprisonnement et d'une amende de 600 000 € le fait d'exporter vers un pays tiers à l'Union européenne une denrée alimentaire préjudiciable à la santé ou un aliment pour animaux qui est dangereux, en méconnaissance des dispositions de l'Union. Des peines complémentaires sont prévues aux articles L. 452-2 (interdictions professionnelles) et L. 452-3 (affichage…).

L'article L. 452-5 punit des mêmes lourdes peines correctionnelles le fait pour l'exploitant de ne pas mettre en œuvre les procédures de retrait ou de rappel prévues par le règlement européen du 28 janvier 2002 lorsqu'il a connaissance de la dangerosité du produit. Des peines complémentaires d'interdiction d'activité sont également prévues (art. L. 452-6, al. 1er).

Les personnes morales encourent des amendes portées au quintuple (art. L. 452-6).

La peine d'amende des contraventions de la cinquième classe est prévue :
– par l'article R. 452-1, pour le fait de détenir en vue de la vente ou de la distribution à titre gratuit, de mettre en vente, de vendre ou de distribuer à titre gratuit les produits dont l'importation est prohibée en méconnaissance des dispositions de l'article L. 422-3 ;
– par l'article R. 452-2, pour le fait de ne pas informer les autorités administratives compétentes des actions engagées en application de l'article L. 423-3 ;
– par l'article R. 452-3, pour les infractions aux mesures de la Commission européenne mentionnées à l'article L. 422-4. ❑

Art. L. 452-1 **Le fait d'exporter vers un pays tiers à l'Union européenne une denrée alimentaire préjudiciable à la santé ou un aliment pour animaux qui est dangereux, en méconnaissance des dispositions de l'article 12 du règlement (CE) n° 178/2002 du Parlement européen et du Conseil du 28 janvier 2002 établissant les principes généraux et les prescriptions générales de la législation alimentaire, instituant l'Autorité européenne de sécurité des aliments et fixant des procédures relatives à la sécurité des denrées alimentaires est puni d'une peine d'emprisonnement de cinq ans et d'une amende de 600 000 euros.**

Ce montant peut être porté, de manière proportionnée aux avantages tirés du délit, à 10 % du chiffre d'affaires moyen annuel, calculé sur les trois derniers chiffres d'affaires annuels connus à la date des faits. – *[C. consom., art. L. 213-2-1.]*

Art. L. 452-2 **Les personnes physiques coupables du délit puni à l'article L. 452-1 encourent également à titre de peines complémentaires l'interdiction, suivant les modalités prévues par l'article 131-27 du code pénal, soit d'exercer une fonction publique ou d'exercer l'activité professionnelle ou sociale dans l'exercice ou à l'occasion de l'exercice de laquelle l'infraction a été commise, soit d'exercer une profession commerciale ou industrielle, de diriger, d'administrer, de gérer ou de contrôler à un titre quelconque, directement ou indirectement, pour leur propre compte ou pour le compte d'autrui, une entreprise commerciale ou industrielle ou une société commerciale. Ces interdictions d'exercice peuvent être prononcées cumulativement.**

Les personnes morales déclarées responsables pénalement, dans les conditions prévues par l'article 121-2 du code pénal, du délit puni à l'article L. 452-1 encourent, *outre* l'amende suivant les modalités prévues par l'article 131-38 du code pénal, les peines prévues par les 2° à 9° de l'article 131-39 du même code.

L'interdiction mentionnée au 2° de l'article 131-39 du code pénal porte sur l'activité dans l'exercice ou à l'occasion de l'exercice de laquelle l'infraction a été commise. – *[C. consom., art. L. 213-6, peines complémentaires personnes morales pour art. L. 213-2-1 et L. 216-8, peines complémentaires personnes physiques pour art. L. 213-2-1.]*

Art. L. 452-3 **En cas de condamnation pour les faits réprimés à l'article L. 452-1, le tribunal peut prononcer en outre :**

1° L'affichage et la diffusion de la décision dans les conditions prévues à l'article 131-35 du code pénal ;

2° La diffusion d'un ou plusieurs messages. Le jugement fixe les termes de ces messages et les modalités de leur diffusion et impartit à la personne condamnée un

délai pour y faire procéder ; en cas de carence, il est procédé à cette diffusion à la diligence du ministère public aux frais de la personne condamnée ;

3° Le retrait des produits sur lesquels a porté l'infraction et, dans les mêmes conditions, l'interdiction de la prestation de services.

Lorsque l'affichage est ordonné à la porte des magasins de la personne condamnée, l'exécution du jugement ne peut être entravée par la vente du fonds de commerce réalisée postérieurement à la première décision qui a ordonné l'affichage. – *[C. consom., art. L. 216-8, al. 1er à 4, pour art. L. 213-2-1.]*

Art. L. 452-4 Le défaut de diffusion dans le délai imparti des messages prévus à l'article L. 452-3 est puni d'une peine d'emprisonnement de deux ans et d'une amende de 300 000 euros. – *[C. consom., art. L. 121-7, al. 2, sanction messages pour art. L. 213-2-1.]*

Art. L. 452-5 Le fait, pour un exploitant, de ne pas mettre en œuvre les procédures de retrait ou de rappel prévues par les articles 19 ou 20 du règlement (CE) n° 178/2002 du Parlement européen et du Conseil du 28 janvier 2002 établissant les principes généraux et les prescriptions générales de la législation alimentaire, instituant l'Autorité européenne de sécurité des aliments et fixant des procédures relatives à la sécurité des denrées alimentaires, alors qu'il a connaissance qu'un produit ou une denrée alimentaire, autre qu'un produit d'origine animale ou une denrée en contenant, qu'il a importé, produit, transformé ou distribué est préjudiciable à la santé humaine ou qu'un aliment pour animaux autre qu'un aliment pour animaux d'origine animale ou contenant des produits d'origine animale qu'il a importé, produit, transformé ou distribué est dangereux, est puni d'une peine d'emprisonnement de cinq ans et d'une amende de 600 000 euros.

Ce montant peut être porté, de manière proportionnée aux avantages tirés du délit, à 10 % du chiffre d'affaires moyen annuel, calculé sur les trois derniers chiffres d'affaires annuels connus à la date des faits. – *[C. consom., art. L. 217-11.]*

Art. L. 452-6 Les personnes physiques coupables du délit puni à l'article L. 452-5 encourent également à titre de peines complémentaires l'interdiction, suivant les modalités prévues à l'article 131-27 du code pénal, soit d'exercer une fonction publique ou d'exercer l'activité professionnelle ou sociale dans l'exercice ou à l'occasion de l'exercice de laquelle l'infraction a été commise, soit d'exercer une profession commerciale ou industrielle, de diriger, d'administrer, de gérer ou de contrôler à un titre quelconque, directement ou indirectement, pour leur propre compte ou pour le compte d'autrui, une entreprise commerciale ou industrielle ou une société commerciale.

Ces interdictions d'exercice ne peuvent excéder une durée de cinq ans. Elles peuvent être prononcées cumulativement.

Les personnes morales déclarées responsables pénalement, dans les conditions prévues à l'article 121-2 du code pénal, du délit puni à l'article L. 452-5 encourent, outre l'amende suivant les modalités prévues à l'article 131-38 du code pénal, les peines prévues aux 2° à 9° de l'article 131-39 du même code.

L'interdiction mentionnée au 2° du même article 131-39 porte sur l'activité dans l'exercice ou à l'occasion de l'exercice de laquelle l'infraction a été commise. Les peines prévues aux 2° à 7° de cet article ne peuvent être prononcées que pour une durée de cinq ans au plus. – *[C. consom., art. L. 217-12, peines complémentaires pour art. L. 217-11.]*

CHAPITRE III VALORISATION DES PRODUITS ET SERVICES

COMMENTAIRE

En la matière, les peines avaient été harmonisées par l'ordonnance du 7 décembre 2006, complétée par la loi n° 2008-776 du 4 août 2008 : un emprisonnement de deux ans et une amende de 37 500 € étaient prévus (comme en matière de tromperie). La loi du 17 mars 2014 relative à la consommation a maintenu la peine d'emprisonnement et a modifié le montant de l'amende de manière considérable et dissuasive puisqu'il est désormais fixé à 300 000 € (peines alignées sur celles de la tromperie).

Des peines complémentaires de publicité par voie d'affichage du jugement ou d'insertion dans les journaux aux frais du condamné et des peines d'interdiction d'exercice d'activités énumérées à l'article L. 453-9 pourront en outre être prononcées. Des peines complémentaires d'interdiction d'activité sont également prévues (art. L. 453-9).

La loi du 17 mars 2014 a prévu qu'à l'égard des personnes morales les sanctions de l'article 131-39 du code pénal s'appliqueront, notamment l'interdiction, en l'occurrence pour une durée de cinq ans au plus, d'exercer directement ou indirectement une activité, en la circonstance celle dans l'exercice ou à l'occasion de l'exercice de laquelle l'infraction a été commise. Les personnes morales encourent des amendes pouvant être portées au quintuple (art. L. 453-9). ❑

Art. L. 453-1 **La violation des interdictions prévues à l'article L. 431-2 est punie d'une peine d'emprisonnement de deux ans et d'une amende de 300 000 euros.** – *[C. consom., art. L. 115-16, peine principale.]*

Art. L. 453-2 **La violation des interdictions prévues à l'article L. 431-4 est punie d'une peine d'emprisonnement de deux ans et d'une amende de 300 000 euros.** – *[C. consom., art. L. 115-18, al. 1er.]*

Art. L. 453-3 **La violation des interdictions prévues au deuxième alinéa de l'article L. 643-1 du code rural et de la pêche maritime** *[V. App., v° Valorisation des produits et des services]* **est puni** *[punie]* **d'une peine d'emprisonnement de deux ans et d'une amende de 300 000 euros.** – *[C. consom., art. L. 115-18, al. 2.]*

Art. L. 453-4 **La violation des interdictions prévues à l'article L. 432-2 est punie d'une peine d'emprisonnement de deux ans et d'une amende de 300 000 euros.** – *[C. consom., art. L. 115-20, peine principale.]*

Lorsqu'une sanction administrative est susceptible de se cumuler avec une sanction pénale, le principe de proportionnalité implique qu'en tout état de cause le montant global des sanctions éventuellement prononcées ne dépasse pas le montant le plus élevé de l'une des sanctions encourues ; il appartiendra donc aux autorités administratives et judiciaires compétentes de veiller au respect de cette exigence. Sous cette réserve, les modifications apportées par la L. n° 2014-344 du 17 mars 2014 au 1er al. des art. L. 115-20, L. 115-22, L. 115-24 et L. 115-26, repris aux art. L. 453-4, L. 453-5, L. 453-6 et L. 453-7 par l'Ord. n° 2016-301 du 14 mars 2016, sont conformes à la Constitution (Cons. const. n° 2014-690 DC du 13 mars 2014).

Art. L. 453-5 **La violation des interdictions prévues à l'article L. 432-4 est punie d'une peine d'emprisonnement de deux ans et d'une amende de 300 000 euros.** – *[C. consom., art. L. 115-22, peine principale.]*

V. note ss. art. L. 453-4.

Art. L. 453-6 **La violation des interdictions prévues à l'article L. 432-6 est punie d'une peine d'emprisonnement de deux ans et d'une amende de 300 000 euros.** – *[C. consom., art. L. 115-24, peine principale.]*

V. note ss. art. L. 453-4.

Art. L. 453-7 **La violation des interdictions prévues à l'article L. 433-2 est punie d'une peine d'emprisonnement de deux ans et d'une amende de 300 000 euros.** – *[C. consom., art. L. 115-26, peine principale.]*

V. note ss. art. L. 453-4.

Art. L. 453-8 **La violation des interdictions prévues à l'article L. 433-9 est punie d'une peine d'emprisonnement de deux ans et d'une amende de 300 000 euros.** – *[C. consom., art. L. 115-30, peine principale.]*

Art. L. 453-9 Les personnes physiques coupables des délits punis aux articles **L. 453-1 à L. 453-8 encourent également à titre de peines complémentaires l'interdiction, suivant les modalités prévues par l'article 131-27 du code pénal, soit d'exercer une fonction publique ou d'exercer l'activité professionnelle ou sociale dans**

l'exercice ou à l'occasion de l'exercice de laquelle l'infraction a été commise, soit d'exercer une profession commerciale ou industrielle, de diriger, d'administrer, de gérer ou de contrôler à un titre quelconque, directement ou indirectement, pour leur propre compte ou pour le compte d'autrui, une entreprise commerciale ou industrielle ou une société commerciale.

Ces interdictions d'exercice ne peuvent excéder une durée de cinq ans. Elles peuvent être prononcées cumulativement.

Les personnes morales déclarées responsables pénalement, dans les conditions prévues à l'article 121-2 du code pénal, des délits punis aux articles L. 453-1 à L. 453-8 encourent, outre l'amende suivant les modalités prévues à l'article 131-38 du code pénal, les peines prévues aux 2° à 9° de l'article 131-39 du même code.

L'interdiction mentionnée au 2° du même article 131-39 porte sur l'activité dans l'exercice ou à l'occasion de l'exercice de laquelle l'infraction a été commise. Les peines prévues aux 2° à 7° de cet article ne peuvent être prononcées que pour une durée de cinq ans au plus. – *[C. consom., art. L. 115-16, peines complémentaires pers. physiques et morales en facteur commun.]*

Art. L. 453-10 En cas de condamnation pour les délits punis aux articles L. 453-1 à L. 453-8, le tribunal peut en outre ordonner l'affichage et la diffusion du jugement dans les conditions prévues à l'article 131-35 du code pénal. – *[C. consom., art. L. 115-16, affichage en facteur commun.]*

CHAPITRE IV FRAUDES

COMMENTAIRE

I. SANCTIONS PÉNALES

Pour le délit de tromperie ou la tentative, l'agent encourait un emprisonnement de deux ans et/ou une amende. Le scandale portant sur la présence de viande chevaline dans des produits censés être cuisinés à base de bœuf a rendu nécessaire le renforcement des sanctions encourues par les auteurs de tromperies économiques. Aussi le plafond des amendes a-t-il considérablement augmenté avec la loi du 17 mars 2014, passant de 37 500 à 300 000 € (art. L. 451-1-1). En revanche, la peine d'emprisonnement demeure inchangée, mais est désormais cumulative avec l'amende. Par ailleurs, le juge pourra prononcer des amendes pouvant atteindre 10 % du chiffre d'affaires moyen annuel, calculé sur les trois derniers chiffres d'affaires annuels connus à la date des faits, de façon à tenir compte du profit réalisé (art. L. 454-4). C'est ici la sanction de la faute lucrative, même si l'on ne va pas jusqu'à la confiscation intégrale du profit comme dans certains droits étrangers.

Ces peines ont été portées par la loi de 2014 à cinq ans d'emprisonnement et 600 000 € d'amende lorsque la fraude a été commise à l'aide de poids, mesures et autres instruments faux ou inexacts, à l'aide de manœuvres ou procédés tendant à fausser les opérations de l'analyse ou du dosage, du pesage ou du mesurage, ou tendant à modifier frauduleusement la composition, le poids ou le volume des marchandises, même avant ces opérations ou encore à l'aide d'indications frauduleuses tendant à faire croire à une opération antérieure et exacte (art. L. 454-2). Elles peuvent même atteindre sept ans d'emprisonnement et 750 000 € d'amende si le délit ou la tentative de délit a eu pour conséquence de rendre l'utilisation de la marchandise dangereuse pour la santé de l'homme ou de l'animal ou s'il a été commis en bande organisée (art. L. 454-3).

Les personnes morales peuvent être déclarées pénalement responsables des infractions en matière de fraudes prévues aux articles L. 454-1 à L. 454-3. Le taux maximal des amendes est dans ce cas porté au quintuple et des peines complémentaires sont encourues (art. L. 454-5). Des peines complémentaires d'interdiction d'activité sont également prévues (art. L. 454-5) ainsi que de diffusion ou d'affichage (art. L. 454-7).

II. SANCTIONS CIVILES

La victime d'une fraude peut obtenir du juge répressif l'allocation de dommages et intérêts, à condition toutefois que le préjudice trouve directement sa source dans l'infraction visée. Ainsi des actes de concurrence déloyale induits par la fraude ne seront pas pris en considération par le juge répressif (Crim. 17 déc. 1990, n° 89-86.049 : *RJDA 1991, n° 249 ; Dr. pénal 1991, n° 116, obs. J.-H. Robert*). De même, ce dernier ne pourra annuler un contrat, pourtant à l'origine de la tromperie. Dans ces hypothèses, la victime devra saisir la juridiction civile compétente pour faire prévaloir ses droits. ❑

Art. L. 454-1 *(L. n° 2017-203 du 21 févr. 2017, art. 11)* **« La violation de l'interdiction prévue à l'article L. 441-1 est punie » d'une peine d'emprisonnement de deux ans et d'une amende de 300 000 euros.** – *[C. consom., art. L. 213-1, al. 1er, sanction.]*

Art. L. 454-2 La violation de l'interdiction prévue à l'article L. 441-1 est punie d'une peine d'emprisonnement de cinq ans et d'une amende de 600 000 euros si le délit ou la tentative de délit est commis :

1° Soit à l'aide de poids ou d'instruments faux ou inexacts ;

2° Soit à l'aide de manœuvres ou procédés tendant à fausser les opérations de l'analyse ou du dosage, du pesage ou du mesurage, ou tendant à modifier frauduleusement la composition, le poids ou le volume des marchandises, même avant ces opérations ;

3° Soit à l'aide d'indications frauduleuses tendant à faire croire à une opération antérieure et exacte. – *[C. consom., art. L. 213-2, I.]*

Indications frauduleuses. Constitue la circonstance aggravante de l'art. L. 213-2-2° [L. 454-2-3°], l'usage d'indications matérielles frauduleuses, tendant à faire croire à une opération antérieure et exacte, concernant notamment le caractère neuf ou d'occasion des marchandises vendues. • Crim. 25 oct. 1972 : *D. 1973. Somm. 8.*

Art. L. 454-3 *(L. n° 2017-203 du 21 févr. 2017, art. 11)* **« La violation de l'interdiction » prévue à l'article L. 441-1 est punie d'une peine d'emprisonnement de sept ans et d'une amende de 750 000 euros si le délit ou la tentative de délit :**

1° A eu pour conséquence de rendre l'utilisation de la marchandise dangereuse pour la santé de l'homme ou de l'animal ;

2° A été commis en bande organisée. – *[C. consom., art. L. 213-2, II.]*

Produits dangereux. Constitue la circonstance aggravante de l'art. L. 213-2-1° [L. 454-3-1°], le fait de commercialiser du sang contaminé par le virus du SIDA. • Crim. 22 juin 1994 : *Bull. crim. n° 248.* ♦ La circonstance aggravante de l'art. L. 213-2-1° [L. 454-3-1°], est suffisamment établie dès lors que l'administration de substances anabolisantes à des animaux destinés à la consommation est interdite tant par la loi interne que par le droit communautaire, en raison même du danger qu'elle présente pour la santé humaine. • Crim. 10 déc. 1996 : *Bull. crim. n° 457 ; RTD com. 1997. 523, obs. Bouloc.*

Art. L. 454-4 Les peines d'amende prévues aux articles L. 454-1 à L. 454-3 peuvent être portées, de manière proportionnée aux avantages tirés du délit, à 10 % du chiffre d'affaires moyen annuel, calculé sur les trois derniers chiffres d'affaires annuels connus à la date des faits. – *[C. consom., art. L. 213-2, III.]*

Art. L. 454-5 Les personnes physiques coupables des délits punis aux articles L. 454-1 à L. 454-3 encourent également à titre de peines complémentaires l'interdiction, suivant les modalités prévues par l'article 131-27 du code pénal, soit d'exercer une fonction publique ou d'exercer l'activité professionnelle ou sociale dans l'exercice ou à l'occasion de l'exercice de laquelle l'infraction a été commise, soit d'exercer une profession commerciale ou industrielle, de diriger, d'administrer, de gérer ou de contrôler à un titre quelconque, directement ou indirectement, pour leur propre compte ou pour le compte d'autrui, une entreprise commerciale ou industrielle ou une société commerciale. Ces interdictions d'exercice peuvent être prononcées cumulativement.

Les personnes morales déclarées responsables pénalement, dans les conditions prévues par l'article 121-2 du code pénal, des délits punis aux articles L. 454-1 à L. 454-3 encourent, outre l'amende suivant les modalités prévues par l'article 131-38 du code pénal, les peines prévues par les 2° à 9° de l'article 131-39 du même code.

L'interdiction mentionnée au 2° de l'article 131-39 du code pénal porte sur l'activité dans l'exercice ou à l'occasion de l'exercice de laquelle l'infraction a été commise.

– *[C. consom., art. L. 213-6, peines complémentaires pers. morales-tromperie et L. 216-8, peines complémentaires pers. physiques-tromperie.]*

Art. L. 454-6 **Le délit prévu à l'article L. 441-2 est punie *[puni]* d'une peine de deux ans d'emprisonnement et d'une amende de 300 000 euros.**

Le montant de l'amende peut être porté, de manière proportionnée aux avantages tirés du délit, à 5 % du chiffre d'affaires moyen annuel, calculé sur les trois derniers chiffres d'affaires annuels connus à la date des faits.

Les personnes physiques encourent également à titre de peines complémentaires l'interdiction, suivant les modalités prévues par l'article 131-27 du code pénal, soit d'exercer une fonction publique ou d'exercer l'activité professionnelle ou sociale dans l'exercice ou à l'occasion de l'exercice de laquelle l'infraction a été commise, soit d'exercer une profession commerciale ou industrielle, de diriger, d'administrer, de gérer ou de contrôler à un titre quelconque, directement ou indirectement, pour leur propre compte ou pour le compte d'autrui, une entreprise commerciale ou industrielle ou une société commerciale. Ces interdictions d'exercice peuvent être prononcées cumulativement. – *[C. consom., art. L. 213-4-1, II et III et L. 216-8, peines complémentaires pers. physiques – obsolescence.]*

Art. L. 454-7 **En cas de condamnation pour les délits punis aux articles L. 454-1 à L. 454-3 et L. 454-6, le tribunal peut prononcer en outre :**

1° L'affichage et la diffusion de la décision dans les conditions à l'article 131-35 du code pénal ;

2° La diffusion d'un ou plusieurs messages. Le jugement fixe les termes de ces messages et les modalités de leur diffusion et impartit à la personne condamnée un délai pour y faire procéder ; en cas de carence, il est procédé à cette diffusion à la diligence du ministère public aux frais de la personne condamnée ;

3° Le retrait des produits sur lesquels a porté l'infraction et, dans les mêmes conditions, l'interdiction de la prestation de services.

Lorsque l'affichage est ordonné à la porte des magasins de la personne condamnée, l'exécution du jugement ne peut être entravée par la vente du fonds de commerce réalisée postérieurement à la première décision qui a ordonné l'affichage. – *[C. consom., art. L. 216-3, affichage en facteur commun.]*

Affichage. Le temps pendant lequel l'affichage de la décision de condamnation pour délit de tromperie a été ordonné ne peut, selon l'art. L. 216-3 [L. 454-7] dans sa rédaction alors en vigueur, excéder sept jours. • Crim. 19 juin 2007 : *CCC 2007, n° 289, obs. Raymond ; Dr. pénal 2008. Chron. 4, n° 32, par Lepage.* ♦ Les juges, qui prononcent une condamnation du chef de tromperie, ayant la faculté, en application de l'art. L. 216-3 [L. 454-7], d'ordonner l'affichage intégral de leur décision, ne sauraient être tenus, lorsqu'ils ordonnent l'affichage par extraits, de le restreindre aux seuls chefs de condamnation pour lesquels cette peine complémentaire est prévue. • Crim. 7 nov. 2006 : *Bull. crim. n° 277 ; D. 2007. AJ 222, obs. Rondey ; AJ pénal 2007. 83, obs. Rondey ; RSC 2007. 102, obs. Ambroise-Castérot ; Gaz. Pal. 2006. 4126, obs. M. B. ; Dr. pénal 2007, n° 10, obs. J.-H. Robert ; RJDA 2007, n° 413 ; RD rur. 2007, n° 40.* ♦ L'omission, par la cour d'appel, de fixer les caractères typographiques de l'affichage de son arrêt relève du contentieux de l'exécution, tel que prévu par les art. 710 et 711 C. pr. pén. • Crim. 3 nov. 1993 : *Dr. pénal 1994, n° 66, obs. J.-H. Robert.*

CHAPITRE V DISPOSITIONS COMMUNES

Art. L. 455-1 **La suspension de commercialisation des marchandises qui ont donné lieu à des poursuites pour infraction aux dispositions des titres I, II et IV et des textes pris pour leur application peut être ordonnée par le juge d'instruction ou le tribunal saisi des poursuites.**

La mesure est exécutoire nonobstant appel. Mainlevée peut en être donnée par la juridiction qui l'a ordonnée ou qui est saisie du dossier. La mesure cesse d'avoir effet en cas de décision de non-lieu ou de relaxe.

Les décisions statuant sur les demandes de mainlevée peuvent faire l'objet d'un recours devant la chambre de l'instruction ou devant la cour d'appel selon qu'elles ont été prononcées par un juge d'instruction ou par le tribunal saisi des poursuites.

La chambre de l'instruction ou la cour d'appel statue dans un délai d'un mois à compter de la date de la décision frappée d'appel.

Si la chambre de l'instruction ou la cour d'appel n'a pas statué dans ce délai, et au plus tard dans le délai de quarante jours du prononcé de la décision, les mesures ordonnées cesseront de plein droit. – *[C. consom., art. L. 216-7.]*

Art. L. 455-2 Sont considérés, au regard de la récidive, comme une même infraction, les délits prévus et réprimés par :

1° Les articles L. 121-2 à L. 121-4 et L. 132-2, les articles L. 122-1 à L. 122-5 et L. 132-25, les articles L. 431-2, L. 431-4, L. 432-2, L. 432-4, L. 432-6, L. 433-2, L. 433-9, L. 453-1 à L. 453-8, les articles L. 441-1 et L. 454-1, les articles L. 413-1 et L. 451-1 à L. 451-4 du présent code ;

2° Les articles L. 716-9 à L. 716-11 du code de la propriété intellectuelle ;

3° Les articles L. 1343-2 à L. 1343-4, L. 3322-11, L. 3351-1, L. 3351-2, L. 4212-1, L. 4212-2, L. 4212-3, L. 4212-4, L. 4212-5, L. 4212-7, L. 4223-1, L. 4223-4, L. 4323-2, L. 5421-1, L. 5421-2, L. 5421-3, L. 5421-4, L. 5421-5, L. 5421-6, L. 5421-6-1, L. 5421-13, L. 5421-14, L. 5421-15, L. 5424-1, L. 5424-3, L. 5424-6, L. 5424-11, L. 5431-2, L. 5431-5, L. 5431-6, L. 5431-7, L. 5438-3, L. 5438-4, L. 5438-5, L. 5438-6, L. 5432-1, L. 5441-1, L. 5441-2, L. 5441-3, L. 5441-4, L. 5441-5, L. 5441-6, L. 5441-8, L. 5441-9, L. 5442-1, L. 5442-2, L. 5442-4, L. 5442-9, L. 5442-10, L. 5442-11, L. 5461-3 et L. 5462-3 du code de la santé publique ;

4° Les articles L. 237-1, L. 237-2, L. 237-3, L. 253-15 à L. 253-17, L. 254-9, L. 255-18, L. 671-9 et L. 671-10 du code rural et de la pêche maritime ;

5° La loi du 30 décembre 1931 tendant à réprimer la fraude dans le commerce de l'essence de térébenthine et des produits provenant des végétaux résineux ;

6° La loi du 3 juillet 1934 tendant à réglementer la fabrication des pâtes alimentaires ;

7° La loi du 2 juillet 1935 tendant à l'organisation et à l'assainissement des marchés du lait et des produits résineux *[V. ce texte, App., v° Lait, produits laitiers]* **;**

8° La loi du 21 avril 1939 tendant à réprimer les fraudes dans la vente des objets en écaille et en ivoire. – *[C. consom., art. L. 213-5.]*

COMMENTAIRE

Pour l'appréciation des conditions de la récidive, sont considérés comme une même infraction un certain nombre de délits insérés dans le code de la consommation ou dans des lois non codifiées, ainsi que le précise l'article L. 455-2, dans sa version modifiée par la loi du 17 mai 2011 : il suffit qu'un nouveau délit réprimé par ces mêmes textes intervienne dans les cinq ans suivant la date à laquelle la première condamnation est devenue définitive pour que l'auteur soit considéré comme récidiviste.

Dès lors, l'auteur récidiviste encourt le double des peines prévues pour la première infraction. ❑

TITRE SIXIÈME DISPOSITIONS RELATIVES À L'OUTRE-MER

CHAPITRE PREMIER CONFORMITÉ

(Ord. n° 2017-269 du 2 mars 2017, art. 4, en vigueur le 1er juill. 2017)

Le chapitre I, tel qu'issu de l'Ord. n° 2017-269 du 2 mars 2017, entre en vigueur à la date d'entrée en vigueur du décret portant dispositions relatives à l'outre-mer du code de la consommation et au plus tard le 1er juill. 2017 (Ord. préc., art. 9). – V. Décr. n° 2017-1166 du 12 juill. 2017 (JO 14 juill.), qui ne prévoit pas d'entrée en vigueur particulière, de telle sorte que les dispositions relatives à l'outre-mer ont vocation à entrer en vigueur le 1er juill. 2017.

Art. L. 461-1 Pour l'application de l'article L. 412-6 à Saint-Barthélemy et à Saint-Pierre-et-Miquelon, les mots : "à l'article 38 du règlement UE n° 1379/2013 du Parlement européen et du Conseil du 11 décembre 2013 portant organisation com-

mune des marchés dans le secteur des produits de pêche et de l'aquaculture, modifiant les règlements n° 1184/2006 et n° 1224/2009 du Conseil et abrogeant le règlement n° 104/2000 du Conseil" sont remplacés par les mots : "par les règles applicables en métropole en vertu de l'article 38 du règlement UE n° 1379/2013 du Parlement européen et du Conseil du 11 décembre 2013 portant organisation commune des marchés dans le secteur des produits de pêche et de l'aquaculture, modifiant les règlements n° 1184/2006 et n° 1224/2009 du Conseil et abrogeant le règlement n° 104/2000 du Conseil". — *Reprise du 2e al. de l'anc. art. L. 251-1 issu de la L. n° 2016-816 du 20 juin 2016, art. 96-I.*

CHAPITRE II VALORISATION DES PRODUITS ET SERVICES

(Ord. n° 2017-269 du 2 mars 2017, art. 4, en vigueur le 1er juill. 2017)

Le chapitre II, tel qu'issu de l'Ord. n° 2017-269 du 2 mars 2017, entre en vigueur à la date d'entrée en vigueur du décret portant dispositions relatives à l'outre-mer du code de la consommation et au plus tard le 1er juill. 2017 (Ord. préc., art. 9). — V. Décr. n° 2017-1166 du 12 juill. 2017 (JO 14 juill.), qui ne prévoit pas d'entrée en vigueur particulière, de telle sorte que les dispositions relatives à l'outre-mer ont vocation à entrer en vigueur le 1er juill. 2017.

Art. L. 462-1 Sont applicables dans les îles Wallis-et-Futuna, les dispositions des articles mentionnés dans la colonne de gauche du tableau ci-après, dans leur rédaction indiquée dans la colonne de droite du même tableau :

ARTICLES APPLICABLES	DANS LEUR RÉDACTION
L. 431-2, L. 453-1 et L. 453-9	Résultant de l'ordonnance n° 2016-301 du 14 mars 2016

Art. L. 462-2 Pour l'application de l'article L. 462-1 :

1° A l'article L. 431-2, les références aux articles L. 641-7 et L. 642-3 du code rural et de la pêche maritime sont remplacées par les références aux dispositions applicables localement ayant le même effet ;

2° A l'article L. 453-1, les mots : "300 000 euros" sont remplacés par les mots : "35 800 000 francs CFP".

CHAPITRE III SÉCURITÉ

(Ord. n° 2017-269 du 2 mars 2017, art. 4, en vigueur le 1er juill. 2017)

Le chapitre III, tel qu'issu de l'Ord. n° 2017-269 du 2 mars 2017, entre en vigueur à la date d'entrée en vigueur du décret portant dispositions relatives à l'outre-mer du code de la consommation et au plus tard le 1er juill. 2017 (Ord. préc., art. 9). — V. Décr. n° 2017-1166 du 12 juill. 2017 (JO 14 juill.), qui ne prévoit pas d'entrée en vigueur particulière, de telle sorte que les dispositions relatives à l'outre-mer ont vocation à entrer en vigueur le 1er juill. 2017.

Art. L. 463-1 Sont applicables dans les îles Wallis-et-Futuna et dans les Terres australes et antarctiques françaises, les dispositions de l'article mentionné dans la colonne de gauche du tableau ci-après, dans leur rédaction indiquée dans la colonne de droite du même tableau :

ARTICLES APPLICABLES	DANS LEUR RÉDACTION
L. 425-1	Résultant de la loi n° 2016-1428 du 24 octobre 2016

L'art. L. 463-1 reprend les anc. art. L. 461-1 et L. 462-1 résultant de la L. n° 2016-1428 du 24 oct. 2016, art. 6-II.

LIVRE CINQUIÈME **POUVOIRS D'ENQUÊTE ET SUITES DONNÉES AUX CONTRÔLES**

BIBL. GÉN. ▶ CHEYNEL, *RLC 2005, n° 5, p. 63* (Ord. du 1er sept. 2005 : refonte des pouvoirs d'enquête de la DGCCRF en matière de protection du consommateur). – NOTTÉ, *JCP E 2008, n° 6, p. 14* (L. n° 2007-1774 du 17 déc. 2007). – NIORÉ, *Gaz. Pal. 2015. 2917* (le secret professionnel, les avocats et la DGCCRF). – PIAU, *Gaz. Pal. 14 févr. 2017, p. 13* (du [triple] régime du contrôle des avocats par la DGCCRF à un nécessaire droit commun de la protection du secret professionnel de l'avocat). – GAUMETON, *Dr. et patr. mars 2017. 56* (des pouvoirs d'enquête et des suites de contrôle finalisés et clarifiés).

COMMENTAIRE

Le livre V, réservé aux pouvoirs d'enquête et aux suites données aux contrôles, constitue un volet important de la recodification du code de la consommation. A travers une réécriture substantielle des dispositions, les moyens d'intervention des administrations de contrôle dans ce domaine ont été simplifiés et harmonisés, ce qui constitue un apport à la codification antérieure.

L'harmonisation des pouvoirs d'enquête des agents de la DGCCRF, jusqu'ici éclatés, entre le code de commerce et le code de la consommation, constitue une avancée majeure : elle assurera à la fois une meilleure sécurité juridique pour les consommateurs et les entreprises et une plus grande efficacité d'intervention pour l'autorité publique de régulation.

Les articles 4 à 32 de l'ordonnance n° 2016-301 du 14 mars 2016 adaptent en conséquence les dispositions figurant dans d'autres codes et lois et comportant des références aux pouvoirs d'enquête du code de la consommation et du code de commerce, conformément à l'habilitation parlementaire.

Cette harmonisation a été réalisée par la suppression du renvoi aux pouvoirs mentionnés par le titre V du livre IV du code de commerce (C. com., art. L. 450-1 s.), la fusion des pouvoirs éclatés dans les livres Ier et II de l'ancien code de la consommation ainsi que celle des pouvoirs de police judiciaire et administrative. ❑

TITRE PREMIER **RECHERCHE ET CONSTATATION**

COMMENTAIRE

Le titre Ier consacre l'harmonisation et l'unification des habilitations (chap. Ier) et des pouvoirs d'enquête (chap. II) de la DGCCRF, dans le prolongement de la loi du 17 mars 2014 qui accroît le pouvoir des agents.

Les textes ont donc été réécrits autour de l'idée d'un régime unique de pouvoirs. Le cas échéant, les spécificités ont été maintenues : c'est le cas par exemple en matière de contrôle de sites internet par des identités d'emprunt (art. L. 512-16). ❑

CHAPITRE PREMIER **HABILITATIONS**

COMMENTAIRE

L'article *L. 215-1 de l'ancien code de la consommation* énumérait les agents qualifiés pour procéder à la recherche et à la constatation des infractions à la législation figurant dans l'ancien livre II. Il s'agissait des agents de la concurrence, de la consommation et de la répression des fraudes, de la direction des douanes, de la direction des finances publiques, des inspecteurs du travail, des officiers et agents de police judiciaire, des administrateurs des affaires maritimes…

Le présent chapitre est réécrit : on affiche d'abord le principe selon lequel les agents de la concurrence, de la consommation et de la répression des fraudes sont habilités à rechercher et constater les nombreuses infractions ou les manquements aux dispositions mentionnées à la section I dans les conditions définies par celle-ci (art. L. 511-3), ceux de catégorie A pouvant en outre recevoir des commissions rogatoires (art. L. 511-4). La section II énumère ensuite une litanie d'agents assimilés (agents des douanes, agents de la direction générale des finances publiques, inspecteurs du travail…), en précisant chaque fois les infractions concernées. ❑

Art. L. 511-1 **La recherche et la constatation des infractions et des manquements mentionnés au présent code sont effectuées conformément aux habilitations et aux pouvoirs d'enquête définis au présent livre.**

Art. L. 511-2 **Les agents habilités peuvent exercer les pouvoirs qu'ils tiennent des dispositions du présent livre et mettre en œuvre les mesures prévues au chapitre Ier du titre II sur toute l'étendue du territoire national.** – *[C. consom., art. L. 141-1, I, al. 1er, renvoyant au III de l'art. L. 450-3 C. com.]*

SECTION PREMIÈRE AGENTS DE LA CONCURRENCE, DE LA CONSOMMATION ET DE LA RÉPRESSION DES FRAUDES

SOUS-SECTION 1 DISPOSITIONS GÉNÉRALES

Art. L. 511-3 **Les agents de la concurrence, de la consommation et de la répression des fraudes sont habilités à rechercher et constater les infractions ou les manquements aux dispositions mentionnées à la présente section dans les conditions définies par celles-ci.** – *[C. consom., art. L. 141-1, I, al. 1er, renvoyant à l'art. L. 450-1 C. com. - agents CCRF, et L. 215-1, I, 1° agents CCRF, et L. 218-1-1.]*

BIBL. ▶ BUISSON, *Procédures 2008, n° 58.*

Procès-verbaux. Les procès-verbaux établis par les agents de la Direction de la concurrence, de la consommation et de la répression des fraudes pour la constatation ou la recherche d'infractions pénales sont interruptifs de prescription, ces agents étant investis de fonctions de police judiciaire par le code de la consommation. • Crim. 2 juill. 1997, n° 96-85.755 P : *CCC 1998, n° 37, obs. Raymond ; RJDA 1998, n° 526 ; BID 1998, n° 4, p. 54.*

Art. L. 511-4 **Des fonctionnaires de catégorie A de la concurrence, de la consommation et de la répression des fraudes, spécialement habilités à cet effet par le ministre de la justice, sur la proposition du ministre chargé de l'économie, peuvent recevoir des juges d'instruction des commissions rogatoires pour rechercher et constater les infractions prévues aux livres Ier, II et III** *(L. n° 2017-203 du 21 févr. 2017, art. 12)* **« ainsi qu'aux articles L. 413-1, L. 413-2, L. 441-1 et L. 452-1** *[ancienne rédaction : ainsi qu'à la section I du chapitre III du titre Ier du livre IV et à l'article L. 441-1]* **».** – *[C. consom., art. L. 141-1, I, al. 1er, renvoyant au II bis de l'art. L. 450-1 C. com. et L. 215-19.]*

SOUS-SECTION 2 INFORMATIONS PRÉCONTRACTUELLES, PRATIQUES COMMERCIALES, CONTRATS ET CRÉDIT

Art. L. 511-5 **Les agents sont habilités à rechercher et à constater les infractions ou les manquements aux dispositions suivantes :**

1° Les sections I, II, V, X et XI du chapitre Ier du titre II du livre Ier ;

2° Les sections I et II et les sous-sections 1, 2 et 3 de la section III du chapitre II du titre II du livre Ier ;

3° Les chapitres Ier, II et III du titre II du livre II ;

4° Les sections I, II *(L. n° 2017-203 du 21 févr. 2017, art. 12)* **« , IV », VII, VII et IX du chapitre IV du titre II du livre II ;**

5° Les chapitres II et III du titre Ier du livre III ;

6° Les sections I, II *(Ord. n° 2016-351 du 25 mars 2016, art. 6, en vigueur le 1er juill. 2016)* **« , VI et VII** *[ancienne rédaction : et VI]* **» du chapitre IV du titre Ier du livre III ;**

7° Le chapitre V du titre Ier du livre III ;

8° Le chapitre II du titre II du livre III ;

(L. n° 2017-203 du 21 févr. 2017, art. 12) **« 9° La section I du chapitre Ier du titre II du présent livre. »**

Ils disposent **à cet effet des pouvoirs définis à la section I, aux sous-sections 1 à 5 de la section II ainsi qu'à la section III du chapitre II du présent titre et peuvent mettre en œuvre les mesures prévues à la section I du chapitre Ier du titre II.**

Pour la recherche et la constatation des pratiques commerciales trompeuses mentionnées aux articles L. 121-2 à L. 121-4, ils disposent en outre des pouvoirs prévus à l'article L. 512-15 ainsi qu'à la sous-section 6 *(L. n° 2017-203 du 21 févr. 2017,* *art. 12)* « **de la section II du chapitre II du présent titre** ». – *[C. consom., art. L. 121-2, al. 1er, agents CCRF, L. 121-49, al. 2, L. 121-113 et L. 141-1, I.]*

Sur les sanctions encourues pour ne pas avoir déféré dans le délai imparti à une injonction relative aux infractions ou aux manquements constatés avec les pouvoirs mentionnés aux art. L. 511-5, L. 511-6 et L. 511-7, V. art. L. 532-1.

Art. L. 511-6 **Les agents sont habilités à rechercher et à constater les infractions ou les manquements aux dispositions suivantes :**

1° Les chapitres Ier, II et IV du titre Ier du livre Ier ;

2° Les sections III, IV, VI, VII, VIII et IX du chapitre Ier du titre II du livre Ier ;

3° Les chapitres Ier, II, III, IV, V, VI et VII du titre Ier du livre II ;

4° Les sections III et V *(L. no 2017-203 du 21 févr. 2017, art. 12)* **« et la sous-section 3 de la section VI » du chapitre IV du titre II du livre II ;**

5° Le chapitre VI du titre Ier du livre VI ;

(L. no 2017-203 du 21 févr. 2017, art. 12) **« 6° La section I du chapitre Ier du titre II du présent livre. »**

Ils disposent à cet effet des pouvoirs définis à la section I et aux sous-sections 1 à 5 de la section II du chapitre II du présent titre et peuvent mettre en œuvre les mesures prévues à la section I du chapitre Ier du titre II. – *[C. consom., art. L. 141-1, II.]*

V. note ss. art. L. 511-5.

Art. L. 511-7 **Les agents sont habilités à rechercher et à constater les infractions ou les manquements aux dispositions :**

1° Du règlement (CE) no 1371/2007 du Parlement européen et du Conseil du 23 octobre 2007 sur les droits et obligations des voyageurs ferroviaires ; – *V. **C. transp.***

2° De l'article 23 du règlement (CE) no 1008/2008 du Parlement européen et du Conseil du 24 septembre 2008 établissant des règles communes pour l'exploitation de services aériens dans la Communauté ; – *V. **C. transp.***

3° Des 1 et 2 de l'article 3 du règlement (CE) no 924/2009 du Parlement européen et du Conseil du 16 septembre 2009 modifié, concernant les paiements transfrontaliers dans la Communauté ; – *V. **C. mon. fin.***

4° Du règlement (UE) no 1177/2010 du Parlement européen et du Conseil du 24 novembre 2010 concernant les droits des passagers voyageant par mer ou par voie de navigation intérieure ; – *V. **C. transp.***

5° Du règlement (UE) no 181/2011 du Parlement européen et du Conseil du 16 février 2011 concernant les droits des passagers dans le transport par autobus et autocar et modifiant le règlement (CE) no 2006/2004 ; – *V. **C. transp.***

6° Du *d* du 3, du 8 de l'article 5 et des articles 8 *(L. no 2016-1691 du 9 déc. 2016, art. 71-I)* **« , 9 » et 16 du règlement (UE) no 260/2012 du Parlement européen et du Conseil, du 14 mars 2012 modifié, établissant des exigences techniques et commerciales pour les virements et les prélèvements en euros et modifiant le règlement (CE) no 924/2009 ;** – *V. **C. mon. fin.***

7° De l'article L. 347-1 du code de l'action sociale et des familles et des articles L. 311-4, L. 311-4-1, L. 314-10-1, L. 314-10-2, L. 342-1, L. 342-2, L. 342-3 et L. 342-4 du même code en ce qui concerne les manquements précisément énumérés *aux articles L. 314-14 et L. 342-5* de ce code ;

8° Des articles L. 271-1, L. 271-2 et L. 271-6 du code de la construction et de l'habitation ;

9° Du dernier alinéa du I de l'article L. 112-6 et des sections I à III du chapitre VIII du titre IV du livre V du code monétaire et financier*[;]*

10° Du code pénal réprimant la vente forcée par correspondance ;

11° Des articles L. 1111-3 et L. 1111-3-2 à L. 1111-3-5 du code de la santé publique et des dispositions complémentaires prises pour leur application ;

12° Des trois premiers alinéas de l'article L. 213-2 du code de la route ;

13° De l'article L. 165-9 du code de la sécurité sociale ;

(L. no 2016-1920 du 29 déc. 2016, art. 13-II) **« 14° De l'article L. 3142-5 du code des transports ; »**

15° Du chapitre Ier du titre Ier du livre II du code du tourisme ;

16° De l'article 18-1 A de la loi n° 65-557 du 10 juillet 1965 fixant le statut de la copropriété des immeubles bâtis ;

17° *(L. nº 2017-203 du 21 févr. 2017, art. 12)* **« Des titres Ier et III » de la loi n° 70-9 du 2 janvier 1970 réglementant les conditions d'exercice des activités relatives à certaines opérations portant sur les immeubles et les fonds de commerce ;**

18° De l'article 4 de la loi n° 89-462 du 6 juillet 1989 tendant à améliorer les rapports locatifs et portant modification de la loi n° 86-1290 du 23 décembre 1986 ;

19° Du titre II de la loi n° 2004-575 du 21 juin 2004 pour la confiance dans l'économie numérique ;

(L. nº 2016-1691 du 9 déc. 2016, art. 71-I) **« 20° Du règlement (UE) 2015/751 du Parlement européen et du Conseil du 29 avril 2015 relatif aux commissions d'interchange pour les opérations de paiement liées à une carte » ;** – *V. C. mon. fin., art. L. 361-1 et L. 361-2.* – **C. *mon. fin.***

(L. nº 2017-203 du 21 févr. 2017, art. 12) **« 21° De la section I du chapitre Ier du titre II du présent livre. »**

Ils disposent à cet effet des pouvoirs définis à la section I, aux sous-sections 1 à 5 de la section II ainsi qu'à la section III du chapitre II du présent titre et peuvent mettre en œuvre les mesures prévues à la section I du chapitre Ier du titre II. – *[C. consom., art. L. 141-1, III.]*

V. note ss. art. L. 511-5.

BIBL. ▶ LACHIÈZE, *CCC 2017, nº 67* (transport routier de personnes : un cadre juridique pour les centrales de réservation).

Art. L. 511-8 **Les agents sont habilités à rechercher et à constater les infractions ou les manquements aux dispositions :**

1° Du troisième alinéa de l'article 10 de la loi n° 71-1130 du 31 décembre 1971 portant réforme de certaines professions judiciaires et juridiques, dans le respect du secret professionnel mentionné à l'article 66-5 de la même loi ;

2° Du deuxième alinéa de l'article 15 de l'ordonnance du 10 septembre 1817 qui réunit, sous la dénomination d'Ordre des avocats au Conseil d'État et à la Cour de cassation, l'ordre des avocats aux conseils et le collège des avocats à la Cour de cassation, fixe irrévocablement, le nombre des titulaires, et contient des dispositions pour la discipline intérieure de l'Ordre, dans le respect du secret professionnel mentionné à l'article 15-2 de la même ordonnance.

Ils disposent à cet effet des pouvoirs définis à la section I et aux sous-sections 1 à 5 de la section II du chapitre II. – *[C. consom., art. L. 141-1, III bis.]*

Art. L. 511-9 **Dans l'exercice de leurs missions, les agents habilités peuvent constater les infractions et les manquements aux chapitres II, IV et V de la loi n° 78-17 du 6 janvier 1978 relative à l'informatique, aux fichiers et aux libertés et peuvent communiquer ces constatations à la Commission nationale de l'informatique et des libertés.** – *[C. consom., art. L. 141-1, VI.]*

Art. L. 511-10 **Dans le cadre de la coopération administrative organisée par le règlement (CE) n° 2006/2004 du Parlement européen et du Conseil du 27 octobre 2004 relatif à la coopération entre les autorités nationales chargées de veiller à l'application de la législation en matière de protection des consommateurs, lorsqu'une demande d'assistance mutuelle est formulée par un État membre de l'Union européenne, la recherche, la constatation et la cessation des infractions ou des manquements sont effectuées dans les conditions prévues au présent livre.** – *[C. consom., art. L. 141-1, X.]*

SOUS-SECTION 3 CONFORMITÉ, SÉCURITÉ ET VALORISATION DES PRODUITS ET SERVICES

Art. L. 511-11 **Les agents sont habilités à rechercher et constater les infractions aux dispositions du livre IV** *(L. nº 2017-203 du 21 févr. 2017, art. 12)* **« ainsi qu'à l'article**

L. 521-1, à la section II du chapitre Ier du titre II et à la section I du chapitre Ier du titre III du présent livre ». – *[C. consom., art. L. 115-31, al. 4, agents CCRF, et L. 215-1, I, 1°, habilitation agents CCRF, et L. 218-7, al. 3.]*

Art. L. 511-12 **Les agents sont habilités à rechercher et à constater :**

1° Les infractions aux dispositions réglementaires prises en application du II de l'article L. 231-1, des articles L. 231-5, L. 231-6, L. 236-1, L. 236-2 et L. 236-4 du code rural et de la pêche maritime, à l'exception de celles relatives à la production primaire et de celles relatives aux abattoirs ;

2° Les infractions et les manquements aux dispositions des règlements suivants et des règlements européens qui les modifieraient ou seraient pris pour leur application :

– règlement (CE) n° 178/2002 du Parlement européen et du Conseil du 28 janvier 2002 modifié établissant les principes généraux et les prescriptions générales de la législation alimentaire, instituant l'Autorité européenne de sécurité des aliments et fixant des procédures relatives à la sécurité des denrées alimentaires ;

– règlement (CE) n° 852/2004 du Parlement européen et du Conseil du 29 avril 2004 modifié relatif à l'hygiène des denrées alimentaires, à l'exception des dispositions applicables à la production primaire et aux abattoirs ;

– règlement (CE) n° 853/2004 du Parlement européen et du Conseil du 29 avril 2004 modifié fixant les règles spécifiques d'hygiène applicables aux denrées alimentaires d'origine animale, à l'exception des dispositions applicables à la production primaire et aux abattoirs ;

– règlement (CE) n° 882/2004 du Parlement européen et du Conseil du 29 avril 2004 modifié relatif aux contrôles officiels effectués pour s'assurer de la conformité avec la législation sur les aliments pour animaux et les denrées alimentaires et avec les dispositions relatives à la santé animale et au bien-être des animaux, à l'exception des dispositions applicables à la production primaire et aux abattoirs ;

– règlement (CE) n° 183/2005 du Parlement européen et du Conseil du 12 janvier 2005 modifié établissant des exigences en matière d'hygiène des aliments pour animaux à l'exception des dispositions applicables à la production primaire. – *[C. consom., art. L. 215-2 et L. 215-2-1 et L. 218-1-1, règlements.]*

Art. L. 511-13 **Les agents sont habilités à rechercher et à constater les infractions aux dispositions :**

1° Du titre IV du livre VI du code rural et de la pêche maritime et aux textes pris pour son application ;

2° Du chapitre VII du titre V du livre V du code de l'environnement lorsqu'elles concernent des produits destinés aux consommateurs ;

3° Des articles L. 716-9, L. 716-10 et L. 716-11 du code de la propriété intellectuelle ;

4° Des textes pris pour l'application de l'article 2 de la loi n° 94-665 du 4 août 1994 relative à l'emploi de la langue française ; – *V. ce texte, App., v° Langue française.*

5° De la loi n° 2010-729 du 30 juin 2010 tendant à suspendre la commercialisation de tout conditionnement comportant du bisphénol A et destiné à recevoir des produits alimentaires. – *[C. consom., art. L. 115-26-1, L. 215-2-2 et L. 215-2-4, L. n° 89-1008 du 31 déc. 1989, art. 9, al. 2, et L. n° 94-665 du 4 août 1994, art. 16.] – V. ce texte ss. art. L. 422-1.*

Art. L. 511-14 **Les agents sont habilités à procéder à des contrôles administratifs pour déterminer les caractéristiques des produits ou des services ou en apprécier le caractère dangereux.** – *[C. consom., art. L. 218-1, al. 1er, contrôles administratifs.]*

V. aussi art. R. 512-24.

Art. L. 511-15 **Pour rechercher et constater les infractions et les manquements mentionnés à la présente sous-section, les agents habilités disposent des pouvoirs définis aux sections I à III du chapitre II du présent titre et peuvent mettre en œuvre**

les mesures prévues à l'article L. 521-1 et à la section I du chapitre Ier du titre II. – *[C. consom., art. L. 215-3, 1re phrase partielle.]*

Sur les sanctions encourues pour ne pas avoir déféré dans le délai imparti à une injonction relative aux infractions ou aux manquements constatés avec les pouvoirs mentionnés à l'art. L. 511-15, V. art. L. 532-2.

SOUS-SECTION 4 CONTRÔLE DES PRODUITS AVANT MISE EN LIBRE PRATIQUE

Art. L. 511-16 Les agents sont habilités à procéder aux contrôles :

– des aliments pour animaux et des denrées alimentaires d'origine non animale originaires ou en provenance des pays tiers ;

– des matériaux et objets destinés à entrer en contact direct ou indirect avec des denrées alimentaires, originaires ou en provenance des pays tiers.

Ils disposent à cet effet des pouvoirs d'enquête prévus à la section I et aux sous-sections 1 à 6 de la section II du chapitre II du présent titre.

Les agents habilités ordonnent les mesures consécutives à ces contrôles définies aux articles 19 à 21 du règlement (CE) n° 882/2004 du Parlement européen et du Conseil du 29 avril 2004 modifié relatif aux contrôles officiels effectués pour s'assurer de la conformité avec la législation sur les aliments pour animaux et les denrées alimentaires et avec les dispositions relatives à la santé animale et au bien-être des animaux. – *[C. consom., art. L. 218-1-2, al. 1er et 11 et L. 218-1-3.]*

V. aussi art. R. 512-25.

Art. L. 511-17 Les agents sont habilités à procéder aux contrôles de conformité des fruits et légumes frais avec les normes de commercialisation prévues par le règlement d'exécution (UE) n° 543/2011 de la Commission du 7 juin 2011 modifié portant modalités d'application du règlement (CE) n° 1234/2007 du Conseil en ce qui concerne les secteurs des fruits et légumes et des fruits et légumes transformés.

Les agents habilités disposent à cet effet des pouvoirs d'enquête prévus à la section I et aux sous-sections 1 à 6 de la section II du chapitre II.

Ils sont également habilités à prendre les mesures consécutives à ces contrôles définies à l'article 17 du même règlement (UE) n° 543/2011 du 7 juin 2011 portant modalités d'application du règlement (CE) n° 1234/2007 du Conseil en ce qui concerne les secteurs des fruits et légumes et des fruits et légumes *(L. n° 2017-203 du 21 févr. 2017, art. 12)* **« transformés ». –** *[C. consom., art. L. 218-1-4.]*

Art. L. 511-18 Les contrôles mentionnés aux articles L. 511-16 et L. 511-17 sont effectués :

1° Au point d'entrée sur le territoire avant tout placement sous un régime douanier ;

2° Lorsque les marchandises sont placées sous l'un des régimes douaniers suivants :

***a)* Le transit ;**

***b)* L'entrepôt douanier ;**

***c)* Le perfectionnement actif ;**

***d)* La transformation sous douane ;**

***e)* L'admission temporaire ;**

3° Lorsqu'elles sont destinées à être introduites dans des zones franches ou entrepôts francs. – *[C. consom., art. L. 218-1-2, al. 2 à 10.]*

Sur la réglementation douanière, V. ***C. douanes.***

Art. L. 511-19 Les modalités de prélèvement d'échantillons et de contre-analyse sont définies par décret en Conseil d'État. – *[C. consom., art. L. 218-1-2, al. 12.]*

SECTION II AUTRES AGENTS HABILITÉS

Art. L. 511-20 Les agents mentionnés aux 1° à 6° et au dernier tiret du dernier alinéa du I de l'article L. 205-1 du code rural et de la pêche maritime ainsi que les agents assermentés de l'État chargés du contrôle des instruments de mesure sont

habilités à constater les pratiques commerciales trompeuses mentionnées aux articles L. 121-2 à L. 121-4.

Ils disposent à cet effet des pouvoirs prévus à la section I, aux sous-sections 1 à 6 de la section II du chapitre II ainsi qu'à l'article L. 512-15. – *[C. consom., art. L. 121-2, al. 1er, agents CCRF.]*

Art. L. 511-21 Des fonctionnaires chargés de missions de protection économique des consommateurs sont habilités par arrêté du ministre chargé de l'économie à rechercher et constater les infractions et les manquements aux dispositions mentionnées à la sous-section 2 de la section I du chapitre Ier dans les conditions définies par celles-ci. – *[C. consom., art. L. 141-1, I, al. 1er, renvoyant à l'art. L. 450-1 C. com. - autres agents.]*

Art. L. 511-22 I – Sont habilités à rechercher et à constater, dans l'exercice de leurs fonctions, les infractions aux dispositions du livre IV et les infractions et les manquements mentionnés aux articles L. 511-12 et L. 511-13 *(L. no 2017-203 du 21 févr. 2017, art. 12)* **« , à l'article L. 521-1, à la section II du chapitre Ier du titre II et à la section I du chapitre Ier du titre III du présent livre » :**

1° Les agents des douanes ;

2° Les agents de la direction générale des finances publiques ;

3° Les inspecteurs du travail ;

4° Les agents mentionnés aux 1° à 6° et au dernier tiret du dernier alinéa du I de l'article L. 205-1 du code rural et de la pêche maritime ;

5° Les agents de l'Institut français de recherche pour l'exploitation de la mer ;

6° Les agents assermentés de l'État chargés du contrôle des instruments de mesure ;

7° Les agents de l'État agréés et commissionnés par le ministre chargé de l'agriculture ;

8° Des agents chargés de mission de contrôle de conformité et de sécurité des produits et services désignés par arrêté du ministre chargé de la consommation ;

9° Les administrateurs des affaires maritimes, les officiers du corps technique et administratif des affaires maritimes et les fonctionnaires affectés dans les services exerçant des missions de contrôle sous l'autorité ou à la disposition du ministre chargé de la mer :

***a)* Dans le domaine des affaires maritimes ;**

***b)* Au titre de la surveillance du marché, dans les domaines de la conformité et de la sécurité des bateaux de plaisance et de leurs pièces et de leurs pièces et éléments d'équipement ;**

10° Les agents mentionnés au 2° du II de l'article L. 172-1 du code de l'environnement ;

11° Les agents mentionnés à l'article L. 40 du code des postes et des communications électroniques.

Ils disposent à cet effet des pouvoirs définis aux sections I et II du chapitre II du présent titre et peuvent mettre en œuvre les mesures prévues à l'article L. 521-1 ainsi qu'à la section II du chapitre Ier du titre II.

II – Sont habilités à rechercher et à constater les infractions aux dispositions du livre IV et les infractions et les manquements mentionnés aux articles L. 511-12 et L. 511-13 :

1° Les agents mentionnés à l'article L. 1312-1 du code de la santé publique, qui disposent à cet effet des pouvoirs prévus aux articles L. 1421-2 à L. 1421-3 du même code ;

2° Les inspecteurs de l'Agence nationale de sécurité du médicament et des produits de santé mentionnée à l'article L. 5311-1 du code de la santé publique, qui disposent à cet effet des pouvoirs prévus à l'article L. 5313-1 du même code ;

3° Les inspecteurs de l'Agence nationale chargée de la sécurité sanitaire de l'alimentation, de l'environnement et du travail mentionnée à l'article L. 1313-1 du code de la santé publique qui disposent à cet effet des pouvoirs prévus à l'article L. 5146-2 du même code. – *[C. consom., art. L. 115-31, autres agents sauf santé, et L. 215-1, al. 1er à 17 - autres agents, et L. 218-1-1, autres agents.]*

1. Gendarmes maritimes. Sur la compétence de gendarmes maritimes pour agir dans un restaurant exploité en centre-ville en matière de denrées alimentaires corrompues, V. • Crim. 25 janv. 2005 : *Bull. crim. n° 27 ; D. 2005. IR 669 ; RCS 2006. 77, obs. Ambroise-Castérot ; ibid. 403, obs. Buisson.*

2. Vétérinaires inspecteurs. Les vétérinaires inspecteurs ayant, concurremment avec les inspecteurs de la pharmacie et les agents de la répression des fraudes, qualité pour rechercher et constater les infractions à la législation sur la pharmacie vétérinaire, ils exercent, en application des art. L. 617-20, L. 617-21 et L. 617-22 CSP, alors applicables, les pouvoirs d'enquête définis par les dispositions, non contraires à l'art. 8 Conv. EDH, de la loi du 1er août 1905 devenues l'art. L. 215-3 [ancien] C. consom. • Crim. 30 oct. 2000 : *Bull. crim. n° 322.*

Art. L. 511-23 Les agents mentionnés aux articles L. 1421-1 et L. 1435-7 du code de la santé publique ayant la qualité de médecin ou de pharmacien sont habilités à procéder à la recherche et à la constatation des infractions aux dispositions du chapitre III du titre III du livre IV et des textes pris pour son application *(L. n° 2017-203 du 21 févr. 2017, art. 12)* **« ainsi qu'à l'article L. 521-1, à la section II du chapitre Ier du titre II et à la section I du chapitre Ier du titre III du présent livre ».**

Ils disposent à cet effet des pouvoirs définis à la section I et aux sous-sections 1 à 8 de la section II du chapitre II du présent titre et peuvent mettre en œuvre les mesures prévues à l'article L. 521-1 ainsi qu'à la section II du chapitre Ier du titre II. – *[C. consom., art. L. 115-31, agents santé.]*

Art. L. 511-24 Les agents mentionnés à l'article L. 511-22 sont habilités à procéder aux contrôles des marchandises originaires ou en provenance des pays tiers mentionnés à l'article L. 511-16 dans les conditions définies aux articles L. 511-16 et L. 511-18. – *[C. consom., art. L. 218-1-2, produits pays tiers et L. 218-1-3, produits pays tiers.]*

Art. L. 511-25 Les agents mentionnés au 8° de l'article L. 511-22 sont habilités à procéder aux contrôles de conformité des fruits et légumes frais originaires ou en provenance des pays tiers dans les conditions définies aux articles L. 511-17 et L. 511-18. – *[C. consom., art. L. 218-1-4, autres agents.]*

Art. L. 511-26 Lorsque la législation de l'Union européenne prévoit une coopération entre les États membres, les personnes désignées par les autorités compétentes d'un autre État membre peuvent assister les agents habilités dans le contrôle de l'application des dispositions du livre IV et des textes pris pour son application. – *[C. consom., art. L. 215-1-2.]*

CHAPITRE II POUVOIRS D'ENQUÊTE

COMMENTAIRE

I. POUVOIRS DE SURVEILLANCE, DE CONTRÔLE ET D'ENQUÊTE DE L'ADMINISTRATION

Il s'agit de contrôles exercés à des fins de police administrative par l'administration dans le but de déterminer les dangers présentés par les produits ou les services.

Les agents peuvent opérer sur la voie publique et pénétrer dans les lieux utilisés à des fins professionnelles en présence de l'occupant des lieux ou de son représentant pour prélever des échantillons et recueillir tous les éléments d'information permettant de déterminer les caractéristiques du produit ou du service et d'apprécier sa dangerosité. Les textes encadrent les circonstances de temps dans lequel doivent se dérouler les visites et dans quelles conditions formelles (art. L. 512-5 et L. 512-6).

La loi n° 2014-344 du 17 mars 2014 avait complété la réglementation en permettant aux agents d'exiger la communication et d'obtenir copie des documents de toute nature et, en ce qui concerne le contrôle des opérations faisant appel à l'informatique, d'avoir accès aux logiciels et aux données stockées.

Lorsqu'ils recherchent ou constatent une infraction ou un manquement, les agents habilités peuvent relever l'identité de la personne qu'ils contrôlent (art. L. 512-13), exiger la communication de documents de toute nature propres à faciliter l'accomplissement de leur mission (art.

L. 512-8), effectuer des prélèvements (art. L. 512-23) ou demander au juge des libertés et de la détention l'autorisation de consigner, dans l'attente des contrôles nécessaires, les marchandises suspectées d'être non conformes aux dispositions du livre IV et aux textes pris pour son application, lorsque leur maintien sur le marché est de nature à porter une atteinte grave et immédiate à la loyauté des transactions ou à l'intérêt des consommateurs (art. L. 512-34), ou effectuer des saisies sans autorisation judiciaire dans le cas, notamment, d'un flagrant délit de falsification (art. L. 512-29).

II. CLIENT MYSTÈRE

Les agents peuvent s'abstenir de dévoiler leur qualité réelle d'agent habilité pour contribuer à la preuve de l'infraction (ce qui permet de ne pas éveiller la méfiance du professionnel qui assimile l'agent à un client ordinaire), et ce, au plus tard jusqu'à la notification à la personne contrôlée de la constatation de l'infraction ou du manquement (art. L. 512-7).

Ils peuvent même, dans des conditions fixées par décret, utiliser un nom d'emprunt pour le contrôle de la vente de biens et de la fourniture de services sur internet (art. L. 512-16).

L'article R. 512-8 prévoit que dans ce cas, les agents dressent un procès-verbal dans lequel sont mentionnées les modalités de consultation et d'utilisation du site internet, notamment : les nom, qualité et résidence administrative de l'agent verbalisateur, l'identité d'emprunt sous laquelle le contrôle a été conduit, la date et l'heure de ce contrôle, les modalités de connexion au site et de recueil des informations. ❑

SECTION PREMIÈRE DISPOSITIONS COMMUNES

Art. L. 512-1 Sous réserve de dispositions spécifiques, les dispositions du présent chapitre s'appliquent à la recherche et à la constatation des infractions et des manquements ainsi qu'à l'exercice des contrôles administratifs.

1. Objet des investigations. Les art. L. 215-1 s. [anciens] n'imposent pas aux agents habilités à rechercher et constater certaines infractions de préciser l'objet exact de leurs investigations au responsable de la société dans laquelle ils effectuent leur enquête. • Crim. 6 mai 2002 : *BID 2002, n° 12, p. 22.*

2. Dénonciation anonyme. Il ne peut être fait grief à l'administration de procéder à un contrôle sur la foi d'un renseignement anonyme, dès lors qu'en s'y décidant elle use de son pouvoir propre d'appréciation et que le contrôle est opéré dans le respect des procédures et des droits de la défense. • Bordeaux, 26 nov. 1991 : *BID 1992, n° 6, p. 20.*

Art. L. 512-2 Les infractions et les manquements sont constatés par des procès-verbaux, qui font foi jusqu'à preuve contraire. — *[C. consom., art. L. 141-1, V, et L. 141-1-2, III, PV, et L. 215-3, al. 8, PV.]*

1. Procès-verbaux. Les procès-verbaux dressés par les agents de la direction de la concurrence, de la consommation et de la répression des fraudes ne constituent nullement de simples actes d'enquête administrative, mais sont par leur nature des actes de police judiciaire qui, ayant notamment pour objet, en application de l'art. L. 141-1 [ancien] C. consom., de constater les infractions à la réglementation des pratiques commerciales et d'en faire connaître les auteurs, interrompent au sens des art. 7 et 8 C. pr. pén., la prescription de l'action publique. • Crim. 9 mars 2010 : *Bull. crim. n° 48 ; Dalloz actualité, 6 mai 2010, obs. Priou-Alibert ; D. 2010. Actu. 1216 ; AJ pénal 2010. 252 ; CCC 2010, n° 192, obs. Raymond ; RJDA 2010, n° 883 ; Dr. pénal 2010, n° 72, obs. J.-H. Robert.* ♦ Sur le caractère interruptif de la prescription des procès-verbaux, V. note 70 ss. art. L. 441-1.

2. Compétence. L'injonction adressée par le directeur départemental de la concurrence, de la consommation et de la répression des fraudes à un professionnel de se conformer aux obligations du code de la consommation présente le caractère d'une décision administrative faisant grief détachable des procédures judiciaires susceptibles d'être par ailleurs engagées en vue de faire cesser les manquements constatés. • CAA Versailles, 16 juill. 2012 : *AJDA 2013. 28, note Courault .* ♦ Il ne ressort pas des dispositions de l'art. L. 141-1, ni d'ailleurs d'aucune autre disposition du code de la consommation, que la compétence pour apprécier la légalité des actes administratifs pris en application du V de cet article aurait été transférée aux juridictions de l'ordre judiciaire. • Même décision.

3. Signature. Échappent aux prescriptions de l'art. 31 du Décr. du 29 déc. 1986 les procès-verbaux constatant des faits de publicité de nature à induire en erreur qui n'ont, conformément au droit commun, à être signés que par leur seul rédacteur. • Crim. 25 sept. 1995 : *Bull. crim. n° 278 ; D. Affaires 1996. 12 ; Gaz. Pal. 1996.*

1. Chron. 3, par Doucet ; Dr. pénal 1996, n° 16, obs. J.-H. Robert.

4. Information. L'art. 6, § 3, a, Conv. EDH, qui dispose que tout accusé a droit à être informé dans les plus courts délais et d'une manière détaillée de la nature et de la cause de l'accusation portée contre lui, n'est pas applicable au stade de la procédure de constatation des infractions prévue par l'art. L. 121-2 [ancien] C. consom. • Crim. 29 mars 1995 : *D. 1996. 268, note Renucci ; RSC 1997. 126, obs. Giudicelli ; BID 1996, n° 3, p. 23 ; Dr. pénal 1995, n° 183, obs. J.-H. Robert.*

Art. L. 512-3 Le secret professionnel ne peut être opposé aux agents agissant dans le cadre des pouvoirs qui leur sont conférés par le présent livre. — *[C. consom., art. L. 141-1, IV.]*

BIBL. ▶ NIORÉ, *Gaz. Pal. 2015. 2917* (le secret professionnel, les avocats et la DGCCRF).

Art. L. 512-4 Il est interdit de faire obstacle à l'exercice des fonctions des agents habilités. Les agents mentionnés aux articles L. 511-3, L. 511-21 et L. 511-22 sont habilités à rechercher et constater cette infraction. — *[C. consom., art. L. 141-1, I, al. 1er, renvoyant à l'art. L. 450-8, hors sanction, et L. 215-1, al. habilitation, et L. 217-10, al. 1er, hors sanction.]*

Sur les sanctions, V. art. L. 531-1 et L. 531-2.

1. Opposition à fonction. Est justifiée la condamnation d'une exploitante agricole non soumise à la taxe professionnelle, pour délit d'entrave à l'exercice des fonctions des agents de la DGCCRF, dès lors qu'elle a, pendant cinquante minutes, interdit aux agents de contrôle l'accès aux bâtiments d'élevage, ne donnant son accord qu'après qu'ils lui eurent notifié leur départ et l'établissement d'un procès-verbal de délit. En effet, le Décr. du 22 janv. 1919 pris pour l'application de la loi du 1er août 1905 sur les fraudes a été abrogé, dans son intégralité, par l'art. 4 du Décr. du 27 mars 1997 portant codification de la partie réglementaire du code de la consommation [ancien], et l'art. 5 invoqué par les demandeurs n'a pas été transposé dans ce code, ni dans sa partie législative, ni dans sa partie réglementaire. • Crim. 18 janv. 2000 : *Dr. pénal 2000, n° 76, obs. J.-H. Robert.* ♦ *Contra* : l'agriculteur non soumis à la taxe professionnelle qui refuse l'accès de son étable aux agents de la répression des fraudes ne commet pas le délit d'opposition à fonction, car l'art. 5, al. 2, du Décr. du 22 janv. 1919 n'autorise en pareil cas les agents à pénétrer dans les chais, étables ou lieux de fabrication contre la volonté de l'exploitant qu'en vertu d'une ordonnance du juge d'instance. • Caen, 3 févr. 1992 : *BID 1992, n° 5, p. 16.*

2. Entrave volontaire aux fonctions. Ne commet pas le délit d'opposition à fonction le directeur d'une cave coopérative qui n'a pas manifesté un comportement volontaire et une intention certaine de porter entrave à l'exercice des fonctions des agents de la concurrence et de la répression des fraudes et alors que ces derniers se sont contentés de solliciter une personne étrangère à l'entreprise, sans effectuer d'autres démarches au sein de la coopérative. • Montpellier, 11 déc. 1995 : *BID 1997, n° 11, p. 29.*

SECTION II POUVOIRS D'ENQUÊTE ORDINAIRES

SOUS-SECTION 1 ACCÈS AUX LOCAUX ET AUX MOYENS DE TRANSPORT

Art. L. 512-5 Les agents habilités peuvent opérer sur la voie publique.

Entre 8 heures et 20 heures, ils peuvent pénétrer dans les lieux à usage professionnel ou dans les lieux d'exécution d'une prestation de service, ainsi qu'accéder à tous moyens de transport à usage professionnel.

Ils peuvent également pénétrer en dehors de ces heures dans ces mêmes lieux ou accéder à ces mêmes moyens de transport, lorsque ceux-ci sont ouverts au public ou lorsqu'à l'intérieur de ceux-ci sont en cours des activités de production, de fabrication, de transformation, de conditionnement, de transport ou de commercialisation. — *[C. consom., art. L. 121-12, 1re phrase partielle, renvoi aux pouvoirs de l'art. L. 121-2, L. 141-1, I, al. 1er, renvoyant à l'art. L. 450-3 C. com., lieux et moyens de transport, L. 215-3, al. 1er et 2, lieux et moyens de transport et L. 218-1, al. 1er, lieux et al. 2.]*

BIBL. ▶ DOUSSIN *Rev. conc. consom. 1993, n° 74*, p. 29 (contrôle public dans les entreprises du secteur agroalimentaire).

1. Accès aux locaux. Les agents chargés de la recherche des infractions peuvent, en vertu de l'art. L. 215-3 [L. 512-5], pénétrer dans les locaux de fabrication, de production, de conditionnement, de stockage, de dépôt ou de vente de marchandise ou de boissons. Ils peuvent accéder à ces lieux, lorsqu'ils servent également d'habitation, de jour, si l'occupant ne s'y oppose pas

[L. 512-6]. • Crim. 18 sept. 1997 : *Bull. crim. n° 306; CCC 1998, n° 38, obs. Raymond; Dr. pénal 1998, n° 23, obs. J.-H. Robert; Gaz. Pal. 1998. 1. Chron. 5, par Doucet.* ♦ Ils peuvent également constater des infractions, obtenir communication de documents et les saisir sans que cela constitue une perquisition. • Crim. 6 mai 2002 : *RSC 2002. 906, obs. Buisson.*

2. Hygiène des denrées alimentaires. Les constatations et poursuites des agents de la DGCCRF pour non-exécution des mesures et contraventions relatives à la détention et à l'hygiène de denrées destinées à la consommation humaine ne sont pas soumises aux prescriptions de l'art. L. 218-1 [ancien]. • Crim. 13 déc. 2011 : *CCC 2012, n° 107, obs. Raymond.*

3. Flagrance. Fait une exacte application de l'art. L. 215-3 [ancien] C. consom., une cour d'appel qui écarte l'exception de nullité invoquée par le prévenu qui soutenait que les gendarmes qui avaient pénétré dans son fonds de commerce, l'avaient fait en méconnaissant l'art. 76 C. pr. pén., alors que les dispositions relatives à la flagrance sont inapplicables en matière contraventionnelle. • Crim. 5 févr. 2008 : *Bull. crim. n° 30; D. 2008. AJ 780, obs. Rondey; AJ pénal 2008. 197, obs. M.-E. C.; RSC 2008. 640, obs. Buisson; RSC 2009. 104, obs. Ambroise-Castérot; Dr. pénal 2008, n° 52, obs. J.-H. Robert; RJDA 2008, n° 722; Procédures 2008, n° 219, obs. Buisson.*

Art. L. 512-6 **Lorsque les lieux mentionnés à l'article L. 512-5 sont également à usage d'habitation, les contrôles ne peuvent être effectués qu'entre 8 heures et 20 heures, et, si l'occupant s'y oppose, avec l'autorisation du juge des libertés et de la détention du tribunal de grande instance dans le ressort duquel sont situés ces lieux.** – *[C. consom., art. L. 141-1, I, al. 1er, renvoyant à l'al. 3 de l'art. L. 450-3 C. com., locaux mixtes et L. 215-3, al. 3, locaux mixtes et L. 218-1, al. 3, lieux habitation.]*

Art. L. 512-7 **Lorsque l'établissement de la preuve de l'infraction ou du manquement en dépend et qu'elle ne peut être établie autrement, les agents habilités peuvent ne décliner leur qualité qu'au moment où ils informent la personne contrôlée de la constatation d'une infraction ou d'un manquement.** – *[C. consom., art. L. 112-5 et L. 141-1, I, al. 1er, renvoyant à l'art. L. 450-3-2 C. com. et L. 215-3-4, I.]*

BIBL. ▸ SEFIANE, *CCC 2016. Étude 1* (la pratique du client mystère en droit de la concurrence et la loyauté de la preuve).

SOUS-SECTION 2 RECUEIL DE RENSEIGNEMENTS ET DE DOCUMENTS

Art. L. 512-8 **Les agents habilités peuvent exiger la communication de documents de toute nature propres à faciliter l'accomplissement de leur mission. Ils peuvent les obtenir ou en prendre copie, par tout moyen et sur tout support, ou procéder à la saisie de ces documents en quelques mains qu'ils se trouvent.** – *[C. consom., art. L. 141-1, I, al. 1er, renvoyant à l'al. 4 de l'art. L. 450-3 C. com., documents et L. 215-3, al. 4, documents et L. 218-1, al. 4, documents.]*

Art. L. 512-9 **Les agents habilités peuvent exiger la mise à leur disposition des moyens indispensables pour effectuer leurs vérifications.**

Ils peuvent également requérir l'ouverture de tout emballage. – *[C. consom., art. L. 141-1, I, al. 1er, renvoyant à la 2e phrase de l'al. 3 de l'art. L. 450-3 C. com., moyens, L. 215-3, fin de l'al. 4, moyens et L. 218-1, fin de l'al. 4, moyens.]*

Art. L. 512-10 **Les agents habilités peuvent recueillir, sur place ou sur convocation, tout renseignement, toute justification ou tout document nécessaire aux contrôles.** – *[C. consom., art. L. 141-1, I, al. 1er, renvoyant à la 3e phrase de l'al. 4 de l'art. L. 450-3 C. com., justifications, L. 215-3, al. 6, justifications et L. 218-1, al. 6, justifications.]*

Art. L. 512-11 **Lorsque les documents sont sous forme informatisée, les agents habilités ont accès aux logiciels et aux données stockées ainsi qu'à la restitution en clair des informations propres à faciliter l'accomplissement de leurs missions. Ils peuvent en demander la transcription par tout traitement approprié dans des documents directement utilisables pour les besoins du contrôle.** – *[C. consom., art. L. 141-1, I, al. 1er, renvoyant à l'al. 5 de l'art. L. 450-3 C. com., documents informatisés, L. 215-3, al. 5 et L. 218-1, al. 5.]*

Art. L. 512-12 **Lorsqu'ils constatent une infraction, les agents habilités peuvent procéder à la prise d'un échantillon de la marchandise ou d'un exemplaire de celle-ci destiné à servir de pièce à conviction. Cette prise d'échantillon donne lieu à un procès-verbal.** – *[C. consom., art. R. 215-2, al. 3, pièces à conviction.]*

Art. L. 512-13 **Lorsqu'ils recherchent ou constatent une infraction ou un manquement, les agents habilités peuvent relever l'identité de la personne qu'ils contrôlent.**

Si celle-ci refuse ou se trouve dans l'impossibilité de justifier de son identité, ils en rendent compte immédiatement à tout officier de police judiciaire territorialement compétent, qui peut alors procéder à une vérification d'identité dans les conditions prévues à l'article 78-3 du code de procédure pénale. En ce cas, le délai prévu au troisième alinéa du même article 78-3 court à compter du relevé d'identité. – *[C. consom., art. L. 141-1, I, al. 1er, renvoyant à l'al. 1er de l'art. L. 450-3 C. com. et L. 215-3-3, al. 1er.]*

Art. L. 512-14 **Les agents habilités peuvent accéder à tout document nécessaire à l'accomplissement de leur mission auprès des administrations publiques, des établissements et organismes placés sous le contrôle de l'État et des collectivités territoriales, ainsi que dans les entreprises ou services concédés par l'État, les régions, les départements et les communes.** – *[C. consom., art. L. 141-1, I, al. 1er, renvoyant à l'art. L. 450-7 C. com., et L. 215-3, al. 7, et R. 215-3, al. 3.]*

Art. L. 512-15 **Pour la recherche et la constatation des pratiques commerciales trompeuses, les agents habilités peuvent exiger du responsable de la pratique la mise à leur disposition ou la communication de tous les éléments propres à justifier les allégations, indications ou présentations, y compris lorsque ces éléments sont détenus par un fabricant implanté hors du territoire national. Ils peuvent également exiger de l'annonceur, de l'agence de publicité ou du responsable du support, la mise à leur disposition des messages publicitaires diffusés.**

Ces dispositions s'appliquent également à la recherche et à la constatation des infractions en matière de publicité comparative mentionnée à l'article L. 122-1. – *[C. consom., art. L. 121-2, al. 1er, contrôle PCT.] – V. aussi art. L. 122-5.*

BIBL. ▶ SAINT-ESTEBEN et BRETZNER, *D. 2006. 1610* (charge de la preuve en matière de publicité trompeuse).

1. Annonceur. L'annonceur doit justifier la réalité des prestations offertes (à propos d'un séjour linguistique). • Montpellier, 24 nov. 1993 : *BID 1994, n° 10, p. 15.* ♦ Il appartient à l'annonceur de justifier de l'exactitude et de l'absence d'ambiguïté des affirmations contenues dans les messages publicitaires incriminés. • Paris, 5 déc. 1997 : *CCC 1998, n° 154, obs. Raymond.*

2. Partie poursuivante. L'art. 44-II de la loi du 27 déc. 1973 [C. consom., art. L. 121-2, repris à l'art. L. 512-15] ne dispense pas la partie poursuivante d'apporter la preuve de tous les éléments constitutifs du délit de publicité trompeuse. • Crim. 28 oct. 1992 : *CCC 1993. 96, obs. Raymond; Dr. pénal 1993, n° 73, obs. J.-H. Robert* • 18 mars 2008 : *Bull. crim. n° 68; D. 2008. AJ 1342, obs. Rondey; RTD com. 2008. 237; JCP 2008. IV. 1792; LPA 25 nov. 2008, obs. AG; CCE 2008. Chron. 7, n° 19 par Dreyer; RJDA 2008, n° 958; Dr. pénal 2008, n° 70, obs. J.-H. Robert.*

3. Publicité comparative. V. notes ss. art. L. 122-5.

SOUS-SECTION 3 CONTRÔLE DE LA VENTE DE BIENS ET DE LA FOURNITURE DE SERVICES SUR INTERNET

Art. L. 512-16 **Pour le contrôle de la vente de biens et de la fourniture de services** ***sur internet, les agents habilités*** **peuvent faire usage d'une identité d'emprunt.**

Les conditions dans lesquelles ils procèdent à leurs constatations sont précisées par décret en Conseil d'État. – *[C. consom., art. L. 141-1, al. 1er, renvoyant au II de l'art. L. 450-3-2 C. com. et L. 215-3-4, II.] – V. art. R. 512-8.*

BIBL. ▶ SEFIANE, *CCC 2016. Étude 1* (la pratique du client mystère en droit de la concurrence et la loyauté de la preuve).

SOUS-SECTION 4 RECOURS À UNE PERSONNE QUALIFIÉE

Art. L. 512-17 **Les agents habilités peuvent recourir à toute personne qualifiée, désignée par l'autorité administrative dont ils dépendent.**

Cette personne peut les accompagner lors de leurs contrôles. Elle peut prendre connaissance de tout document ou élément nécessaire à la réalisation de sa mission ou de son expertise.

Elle ne peut effectuer aucun acte de procédure pénale ou de police administrative.

Elle ne peut pas utiliser les informations dont elle prend connaissance à cette occasion pour la mise en œuvre des pouvoirs de contrôle dont elle dispose, le cas échéant, en vertu d'autres dispositions législatives ou réglementaires. Elle ne peut, sous les peines prévues à l'article 226-13 du code pénal, divulguer les informations dont elle a eu connaissance dans ce cadre. – *[C. consom., art. L. 141-1, I, al. 1er, renvoyant à l'al. 2 de l'art. L. 450-3-3 C. com., et L. 215-3-3, al. 2.]*

SOUS-SECTION 5 ÉCHANGE ET DIFFUSION D'INFORMATIONS

COMMENTAIRE

L'article 5 de l'ordonnance du 1er septembre 2005 a introduit une disposition prévoyant l'inopposabilité des dispositions de l'article 11 du code de procédure pénale relatif au secret de l'enquête de l'instruction ou de celles relatives au secret professionnel aux échanges d'informations et de documents entre les agents de la direction générale de la concurrence, de la consommation et de la répression des fraudes et les autorités compétentes des États membres de l'Union européenne dans le cadre du règlement (CE) n° 2006/2004 du 27 octobre 2004 (art. L. 512-18).

Une autre disposition permet aux agents habilités de coopérer avec les autorités nationales des pays membres de l'OCDE n'appartenant pas à l'Union européenne en vue de prévenir et de faire cesser les pratiques illicites transfrontalières contraires aux lois et règlements en matière de protection des consommateurs (art. L. 512-19). ❑

Art. L. 512-18 **Les dispositions de l'article 11 du code de procédure pénale ou celles relatives au secret professionnel ne font pas obstacle à la communication, aux autorités compétentes des États membres de l'Union européenne, d'informations** *[et]* **de documents détenus et recueillis par les agents de la concurrence, de la consommation et de la répression des fraudes dans l'exercice de leurs missions de recherche et de constatation des infractions aux dispositions entrant dans le champ d'application du règlement (CE) n° 2006/2004 du Parlement européen et du Conseil du 27 octobre 2004 modifié relatif à la coopération entre les autorités nationales chargées de veiller à l'application de la législation en matière de protection des consommateurs.**

Cette communication s'effectue selon les conditions et modalités de ce règlement. – *[C. consom., art. L. 141-3, I.]*

Art. L. 512-19 **Les agents habilités peuvent coopérer, dans l'exercice de leurs missions, avec les autorités compétentes des pays membres de l'Organisation de coopération et de développement économiques (OCDE), en vue de prévenir ou de faire cesser des pratiques commerciales transfrontières illicites.**

Cette coopération consiste en l'établissement de contacts, d'échanges d'informations non couvertes par les dispositions de l'article 11 du code de procédure pénale ou celles relatives au secret professionnel, et en l'orientation des plaintes des consommateurs dans des pays tiers. – *[C. consom., art. L. 141-3, II.]*

Art. L. 512-20 **Les agents habilités peuvent se communiquer spontanément les informations et documents détenus ou recueillis dans l'exercice de leurs missions respectives en matière de conformité ou de sécurité des produits.**

Ces informations et documents peuvent être communiqués, pour l'exécution de leurs missions respectives en matière de conformité ou de sécurité des produits :

1° A l'Autorité de sûreté nucléaire et à l'Institut de radioprotection et de sûreté nucléaire mentionnés à l'article L. 592-38 du code de l'environnement ;

2° Aux agents relevant du ministre chargé des sports mentionnés à l'article L. 232-11 du code du sport;

3° A la Commission européenne ou aux autorités des autres États membres de l'Union européenne compétentes pour contrôler la conformité des produits à l'obligation générale de sécurité ou l'application de la réglementation dans le domaine des denrées alimentaires ou des aliments pour animaux, dans l'exercice de leurs missions de surveillance du marché;

4° A l'Agence nationale chargée de la sécurité sanitaire de l'alimentation, de l'environnement et du travail mentionnée à l'article L. 1313-1 du code de la santé publique afin qu'elle procède aux évaluations et expertises relevant de son champ de compétence. — *[C. consom., art. L. 215-3-1.]*

Art. L. 512-21 **Les services et établissements de l'État et des autres collectivités publiques sont tenus de communiquer aux agents de la concurrence, de la consommation et de la répression des fraudes et aux officiers et agents de police judiciaire tous les renseignements et documents en leur possession qui peuvent s'avérer utiles à la lutte contre la contrefaçon, à l'exception de ceux qu'ils ont recueillis ou échangés en application du règlement (CE) n° 1/2003 du Conseil du 16 décembre 2002 modifié relatif à la mise en œuvre des règles de concurrence prévues aux articles 81 et 82 du traité** *[art. 101 et 102 TFUE]*, **sans que puisse être opposée l'obligation de secret professionnel.** — *V. le Règl. préc. au* ***C. com.***

Les agents de la concurrence, de la consommation et de la répression des fraudes, les agents des douanes et les officiers et agents de police judiciaire peuvent se communiquer spontanément tous les renseignements et documents détenus ou recueillis dans le cadre de leur mission de lutte contre la contrefaçon. — *[C. consom., art. L. 215-3-2.]*

Art. L. 512-22 **Les dispositions de l'article 11 du code de procédure pénale ou celles relatives au secret professionnel ne font pas obstacle à la divulgation d'informations par les agents habilités, en vue de prévenir un danger grave ou immédiat pour la santé ou la sécurité des consommateurs.** — *[C. consom., art. L. 216-10.]*

Divulgation d'informations. Bien qu'elle ait constaté que les services de la répression des fraudes avaient divulgué à l'agence France-Presse des informations sur la procédure en cours et sur les faits de mise en vente de « foie gras entier » qui n'aurait pas mérité cette appellation, la cour d'appel a estimé qu'il n'était pas établi que la campagne de presse dénigrante ait été déclenchée par l'administration. En statuant ainsi, la cour d'appel a violé les art. L. 781-1 COJ et 11 et 28 C. pr. pén. • Civ. 1re, 9 mars 1999, n° 96-16.560 P : *D. 2000. 398, note Matsopoulou; JCP 1999. II. 10069, rapp. Sargos; CCC 1999, n° 100, obs. Raymond; RJDA 1999, n° 1023.*

SOUS-SECTION 6 PRÉLÈVEMENT

Art. L. 512-23 **Les agents habilités peuvent prélever des échantillons dans les conditions fixées par décret en Conseil d'État.**

Les rapports d'essais ou d'analyses des échantillons prélevés peuvent être transmis aux personnes concernées. — *[C. consom., art. L. 141-1, I, dern. al., et L. 215-3, al. 6, 1re phrase, et L. 215-9, al. 2, et L. 218-1, al. 1er, prélèvement.]*

V. aussi art. L. 512-39.

Art. L. 512-24 **Dans le cadre de la recherche et de la constatation des infractions, les échantillons dont la non-conformité à la réglementation n'a pas été établie sont remboursés à leur valeur le jour du prélèvement toutes taxes comprises.** — *[C. consom., art. L. 215-9, al. 1er, remboursement.]*

V. aussi art. R. 512-11.

SOUS-SECTION 7 CONSIGNATION ET SAISIE

COMMENTAIRE

Les autorités qualifiées sont autorisées à consigner, dans l'*attente des résultats* des contrôles nécessaires, les produits susceptibles d'être falsifiés, corrompus ou toxiques, d'être impropres à la consommation, d'être non conformes aux lois et règlements en vigueur et de présenter un danger pour la santé ou la sécurité des consommateurs (art. L. 512-26).

L'agent dresse un procès-verbal (mentionnant les produits concernés par la consignation) qu'il adresse dans les 24 heures au procureur de la République. L'article L. 512-28 prévoit les modalités de consignation dans l'attente des résultats des contrôles : la durée de consignation initiale est d'un mois, la mainlevée pouvant être ordonnée à tout moment par les autorités habilitées ou par le procureur. Le non-respect de la mesure de consignation est puni d'un emprisonnement de deux ans et d'une amende de 375 000 € (art. L. 531-3). ❑

Art. L. 512-25 Les dispositions de la présente sous-section sont applicables dans le cadre de la recherche et de la constatation des infractions.

Art. L. 512-26 Dans l'attente des résultats des contrôles nécessaires, les agents habilités peuvent consigner :

1° Les produits susceptibles d'être falsifiés, corrompus ou toxiques ;

2° Les produits susceptibles d'être impropres à la consommation, à l'exception des produits d'origine animale, des denrées alimentaires en contenant ainsi que des aliments pour animaux d'origine animale ou contenant des produits d'origine animale dont l'impropriété à la consommation ne peut être reconnue qu'en fonction de caractères organoleptiques anormaux ou de signes de pathologie lésionnelle ;

3° Les produits, objets ou appareils susceptibles d'être non conformes aux lois et règlements en vigueur et de présenter un danger pour la santé ou la sécurité des consommateurs ;

4° Les produits susceptibles d'être présentés sous une marque, une marque collective ou une marque collective de certification contrefaisantes. – *[C. consom., art. L. 215-7, al. 1er à 5.]*

Sur les sanctions, V. art. L. 531-3 et L. 531-5.

Consignation. Les agents de la DGCCRF tiennent de l'art. L. 215-7 [L. 512-26] le pouvoir de consigner les produits susceptibles d'être falsifiés, toxiques, impropres à la consommation ou de présenter un danger pour la sécurité ou la santé des consommateurs. Une cour d'appel en a exactement déduit qu'une telle mesure ne peut constituer une voie de fait. • Civ. 1re, 7 oct. 1997 : *CCC 1998, n° 35, obs. Raymond.*

Art. L. 512-27 Les produits, objets ou appareils consignés sont laissés à la garde de leur détenteur. – *[C. consom., art. L. 215-7, al. 6.]*

Art. L. 512-28 Les agents habilités dressent un procès-verbal mentionnant les produits, objets ou appareils consignés. Ce procès-verbal est transmis dans les vingt-quatre heures au procureur de la République.

La mesure de consignation ne peut excéder une durée d'un mois que sur autorisation du procureur de la République.

La mainlevée de la mesure de consignation peut être ordonnée à tout moment par les agents habilités ou par le procureur de la République. – *[C. consom., art. L. 215-7, al. 7 à 9.]*

Procès-verbaux. Les formalités de rédaction et de communication des procès-verbaux et les règles de l'expertise contradictoire de fraude, prévues, à la date des faits, par les art. 11 s. du Décr. du 22 janv. 1919 pris pour l'application de la L. du 1er août 1905, et repris par les art. L. 215-5 s. [anciens] et R. 215-2 s. [anciens] C. consom., ne s'appliquent pas aux circonstances d'une enquête préliminaire au cours de laquelle les agents verbalisateurs et les laboratoires agréés procèdent, dans l'établissement du co-contractant du prévenu, les premiers à des constatations excluant toute saisie ou prélèvement d'échantillon, les seconds à un contrôle technique de la conformité des appareils aux normes de sécurité en vigueur. • Crim. 2 juill. 1997, n° 96-85.755 P : *CCC 1998, n° 37, obs. Raymond; RJDA 1998, n° 526; BID 1998, n° 4, p. 54.*

Art. L. 512-29 Les agents habilités peuvent effectuer des saisies sans autorisation judiciaire dans le cas d'un flagrant délit de falsification ou lorsqu'elles portent sur :

1° Les produits reconnus falsifiés, corrompus ou toxiques ;

2° Les produits reconnus impropres à la consommation, à l'exception des produits d'origine animale, des denrées alimentaires en contenant ainsi que des aliments pour

animaux d'origine animale ou contenant des produits d'origine animale dont l'impropriété à la consommation ne peut être reconnue qu'en fonction de caractères organoleptiques anormaux ou de signes de pathologie lésionnelle ;

3° Les produits, objets ou appareils propres à effectuer des falsifications dans les cas prévus aux articles L. 413-1 et L. 413-2 ;

4° Les produits, objets ou appareils reconnus non conformes aux lois et règlements en vigueur et présentant un danger pour la santé ou la sécurité des consommateurs ;

5° Les produits présentés sous une marque, une marque collective ou une marque collective de certification contrefaisantes. – *[C. consom., art. L. 215-5, al. 1er à 6.]*

Sur les sanctions, V. art. L. 531-4 et L. 531-5.

COMMENTAIRE

L'article L. 512-29 énumère les cas dans lesquels une saisie de marchandises peut être effectuée sans autorisation judiciaire. Il faut soit un flagrant délit de falsification, soit que les saisies portent sur les produits énumérés à l'article L. 512-29.

La saisie peut être réalisée à la suite de constatations opérées sur place ou de l'analyse ou de l'essai d'un échantillon en laboratoire (art. L. 512-30). En toute hypothèse, l'agent compétent établit un procès-verbal de saisie adressé dans les 24 heures au parquet (art. L. 512-31). Le texte prévoit la possibilité de laisser les produits auprès du détenteur ou dans un local prévu à cet effet (art. L. 512-33). En cas de non-respect de la procédure de saisie, des sanctions pénales sont encourues (art. L. 531-4).

Les produits saisis sont placés sous scellés et adressés au parquet. S'il s'agit de produits falsifiés, corrompus ou toxiques, l'agent peut procéder à leur destruction, leur stérilisation ou leur dénaturation, l'opération étant relatée et justifiée dans le procès-verbal de saisie (art. L. 512-33). ❑

Saisie. Ne constitue pas une voie de fait la décision prise par des agents de la DGCCRF de recourir à une saisie, sans autorisation judiciaire, de produits dont la non-conformité aux normes NF en vigueur et la dangerosité pour la sécurité des utilisateurs sont affirmées par un laboratoire. En effet, les dispositions du code de la consommation n'exigeant pas que les conditions de la saisie soient reconnues par une décision judiciaire ou ministérielle, cette décision de recourir à une saisie ne peut être regardée comme manifestement insusceptible de se rattacher à l'exercice du pouvoir de la DGCCRF. • Paris, 7 oct. 1998 : *D. 1998. IR 244*.

Art. L. 512-30 Les saisies peuvent être effectuées à la suite de constatations opérées sur place ou de l'essai ou de l'analyse en laboratoire d'un échantillon prélevé. – *[C. consom., art. L. 215-5, al. 7.]*

Art. L. 512-31 Les agents habilités dressent un procès-verbal de saisie, transmis dans les 24 heures au procureur de la République. – *[C. consom., art. L. 215-5, al. 8, 1re et 3e phrases.]*

Art. L. 512-32 Les produits, objets ou appareils saisis sont laissés à la garde de leur détenteur ou, à défaut, déposés dans un local désigné par les agents habilités. – *[C. consom., art. L. 215-5, al. 8, 2e phrase.]*

Art. L. 512-33 Les agents habilités peuvent procéder à la destruction, à la stérilisation ou à la dénaturation des produits mentionnés au 1° de l'article L. 512-29.

Ces opérations sont relatées et justifiées dans le procès-verbal de saisie. – *[C. consom., art. L. 215-5, al. 9.]*

Destruction. Lorsque la marchandise présente des signes évidents de corruption ou de toxicité, les agents peuvent procéder immédiatement à sa destruction, même en l'absence du prévenu, sans méconnaître le principe du contradictoire. • Crim. 12 déc. 1991 : *Bull. crim. n° 475 ; D. 1994. Somm. 159, obs. Roujou de Boubée ; RTD com. 1992. 852, obs. Bouloc ; Dr. pénal 1992, n° 127, obs. J.-H. Robert.*

SOUS-SECTION 8 CONSIGNATION SOUMISE À AUTORISATION DU JUGE DES LIBERTÉS ET DE LA DÉTENTION

COMMENTAIRE

Les autorités qualifiées sont autorisées à consigner les *marchandises suspectées* d'être non conformes aux dispositions du livre IV. Mais c'est à la condition que leur maintien sur le marché porte une atteinte grave et immédiate à la loyauté des transactions ou à l'intérêt des consommateurs. Par ailleurs, la mesure de consignation doit être autorisée par le président du tribunal de grande instance (il statue dans les 24 heures), lequel peut ordonner sa mainlevée à tout moment. Enfin, le texte prévoit que la mesure de conciliation n'excède pas une durée de 15 jours, éventuellement renouvelable pour une même durée en cas de difficultés particulières liées à l'examen de la marchandise suspecte (art. L. 512-35). ❑

Art. L. 512-34 Les agents habilités peuvent demander au juge des libertés et de la détention l'autorisation de consigner, dans l'attente des contrôles nécessaires, les marchandises suspectées d'être non conformes aux dispositions du livre IV et aux textes pris pour son application, lorsque leur maintien sur le marché est de nature à porter une atteinte grave et immédiate à la loyauté des transactions ou à l'intérêt des consommateurs. – *[C. consom., art. L. 215-8, al. 1er.]*

Art. L. 512-35 La consignation est effectuée sur autorisation du juge des libertés et de la détention du tribunal de grande instance dans le ressort duquel sont situés les lieux de détention des marchandises litigieuses.

Ce magistrat est saisi sur requête par les agents habilités. Il statue dans les vingt-quatre heures.

Le juge des libertés et de la détention vérifie que la demande de consignation qui lui est soumise est fondée. Cette demande comporte tous les éléments d'information de nature à justifier la mesure.

La mesure de consignation ne peut excéder quinze jours. En cas de difficultés particulières liées à l'examen des marchandises, le juge des libertés et de la détention peut renouveler la mesure pour une même durée par une ordonnance motivée. – *[C. consom., art. L. 215-8, al. 2 à 5.]*

Art. L. 512-36 Les marchandises consignées sont laissées à la garde de leur détenteur. – *[C. consom., art. L. 215-8, al. 6.]*

Art. L. 512-37 Le juge des libertés et de la détention peut ordonner la mainlevée de la mesure de consignation à tout moment.

Elle est de droit dans tous les cas où les agents habilités ont constaté la conformité des marchandises consignées ou leur mise en conformité à la suite de l'engagement du responsable de leur première mise sur le marché ou de leur détenteur. – *[C. consom., art. L. 215-8, al. 7, 1re et 2e phrase.]*

Art. L. 512-38 L'ordonnance autorisant la prolongation d'une mesure de consignation est susceptible de recours devant le premier président de la cour d'appel suivant les règles prévues par le code de procédure pénale. Les parties ne sont pas tenues de constituer avocat.

Cet appel est formé par déclaration remise ou adressée par pli recommandé au greffe de la cour dans un délai de quinze jours. Ce délai court à compter de la notification de l'ordonnance. Cet appel n'est pas suspensif.

Le greffe du tribunal de grande instance transmet sans délai le dossier de l'affaire au greffe de la cour d'appel où les parties peuvent le consulter.

L'ordonnance du premier président de la cour d'appel est susceptible d'un pourvoi en cassation, selon les règles prévues par le code de procédure pénale. Le délai du pourvoi en cassation est de quinze jours.

L'ordonnance du juge des libertés et de la détention précise les voies de recours ouvertes et les conditions dans lesquelles elles sont exercées.

SOUS-SECTION 9 EXPERTISE

COMMENTAIRE

Les articles L. 512-39 et suivants sont destinés à assurer le caractère contradictoire des expertises et à encadrer le mode de désignation des experts. On relèvera à ce titre que deux experts doivent être désignés – avec la même mission –, l'un par l'intéressé, l'autre par l'autorité compétente pour connaître de l'affaire : procureur, juridiction d'instruction, juridiction de jugement (art. L. 512-42). La loi n° 2014-344 du 17 mars 2014 avait ajouté la possibilité de transmettre les rapports d'essais ou d'analyses aux intéressés.

Lorsque, sur le fondement d'essais ou d'analyses effectués dans le cadre de la recherche et de la constatation des infractions prévues au présent livre, les agents constatent par procès-verbal une infraction, ils transmettent le rapport d'essais ou d'analyses à l'auteur présumé de l'infraction, lequel dispose d'un délai de trois jours francs à compter de la réception du rapport pour leur indiquer s'il souhaite présenter ses observations au procureur de la République et s'il sollicite la mise en œuvre de l'expertise contradictoire prévue à l'article L. 512-39. Si c'est le cas, le procureur de la République doit en être informé lors de la transmission du procès-verbal.

Si le procureur de la République estime, au vu des procès-verbaux dressés ou du rapport susvisé, que des poursuites doivent être engagées, il a le choix soit de poursuivre le professionnel devant le tribunal compétent, soit de saisir le juge d'instruction en ouvrant une information (art. L. 512-41) : c'est une application du principe d'opportunité des poursuites, puis de choix de celles-ci par le parquet.

Art. L. 512-39 Les dispositions de la présente sous-section s'appliquent aux prélèvements réalisés dans le cadre de la recherche et de la constatation des infractions.

Les essais et analyses réalisés sur ces échantillons sont contradictoires.

Les modalités de prélèvement et d'expertise contradictoire sont définies par décret en Conseil d'État. – *[C. consom., art. L. 215-4, 1°, et L. 215-9, contradictoire.]*

1. Modes de preuve. L'expertise contradictoire instituée par les art. 12 de la loi du 1er août 1905 et 25 du décret du 22 janv. 1919 – devenus les art. L. 215-9 [L. 512-39] et L. 215-11 [L. 512-41] C. consom. – n'exclut pas la recherche des preuves selon le droit commun. Pour écarter la demande d'une telle expertise, les juges peuvent fonder leur conviction sur la non-conformité des marchandises mises en vente avec les usages commerciaux en vigueur. • Crim. 17 janv. 1996 : *Bull. crim. n° 30 ; RSC 1997. 127, obs. Giudicelli ; CCC 1996, n° 211, obs. Raymond ; BID 1997, n° 1, p. 37 ; Gaz. Pal. 1996. 1. Chron. 77, par Doucet.* ♦ Dès lors que la présomption de fraude et de falsification ne résultait pas de l'analyse d'un laboratoire, mais de constatations matérielles, de déclarations des victimes ainsi que de documents administratifs et comptables, il en résulte que les art. L. 215-9 [L. 512-39] et L. 215-11 [L. 512-41] n'étaient pas applicables. • Crim. 2 févr. 2016, n° 14-88.541 : *RJDA 2016, n° 487.*

2. Conditions de l'analyse. En vertu des dispositions de l'art. R. 215-4 [R. 512-17], tout prélèvement doit comporter au moins trois échantillons pour permettre la réalisation d'une expertise contradictoire. Doivent être annulées les analyses réalisées sur des échantillons uniques et lorsque l'accord des sociétés mises en cause n'avait porté que sur le principe d'une analyse effectuée à « titre informatif » et, par conséquent, non destinée à servir de base à des poursuites. • Crim. 8 févr. 2005 : *Bull. crim. n° 43 ; RSC 2006. 81, obs. Ambroise-Castérot ; Dr. pénal 2005, n° 63, obs. J.-H. Robert.*

3. Expertise contradictoire. L'impossibilité de mettre en œuvre l'expertise contradictoire a pour seule conséquence de priver de valeur probante les analyses en cause. Ainsi, la circonstance que l'expertise contradictoire demandée par l'intéressé a été rendue impossible par l'altération du produit litigieux (jus d'orange) a pour seule conséquence de priver les analyses effectuées par la DGCCRF de valeur probante. • Crim. 16 nov. 2004 : *Bull. crim. n° 287 ; JCP 2005. IV. 1127 ; RTD com. 2005. 431, obs. Bouloc ; RSC 2005. 89, obs. Ambroise-Castérot* • 8 févr. 2005 : *préc. note 2.*

4. Domaine. Les contrôles organisés par les art. 258 et 259 C. rur. [ancien ; V. art. L. 231-1 C. rur.] et par les textes pris pour leur application, qui ressortissent au domaine de la police sanitaire, ne sont pas subordonnés, faute de références expresses et non équivoques à ce texte, au respect des dispositions des art. L. 215-9 s. [L. 512-39 s.] C. consom. substituées à celles du Décr. du 22 janv. 1919 prévues en matière de contrôle bactériologique ou de pureté biologique. • Crim. 6 févr. 1997, n° 95-82.795 : *Dr. pénal 1997, n° 81, obs. J.-H. Robert.*

Art. L. 512-40 Lorsque les agents habilités constatent par procès-verbal une infraction sur le fondement d'essais ou d'analyses, ils transmettent le rapport du laboratoire d'État à l'auteur présumé de l'infraction et l'informent qu'il dispose d'un délai de trois jours francs à compter de la réception du rapport pour leur indiquer s'il demande la mise en œuvre d'une expertise prévue à la présente sous-section.

Si, dans le délai mentionné au premier alinéa, l'auteur présumé de l'infraction leur indique qu'il demande l'expertise, les agents habilités en informent le procureur de la République lorsqu'ils lui transmettent le procès-verbal. – *[C. consom., art. L. 215-10.]*

Analyse contradictoire. L'analyse faite au laboratoire de la DGCCRF sur laquelle elle a fondé sa conviction est dépourvue de valeur probante, les prescriptions de l'art. L. 215-11, dans sa rédaction antérieure à la L. n° 2014-344 du 17 mars 2014 [repris à l'anc. art. L. 215-10 devenu l'art. L. 512-40], destinées à en garantir le caractère contradictoire, n'ayant pas été observées. • Crim. 23 mars 2010, n° 09-84.291 P : *AJ pénal 2010. 338, obs. Lasserre-Capdeville ; RTD com. 2010. 817, obs. Bouloc ; RSC 2011. 109, obs. Ambroise-Castérot ; CCC 2010, n° 191, obs. Raymond; RJDA 2010, n° 1009.*

Art. L. 512-41 **Le procureur de la République, s'il estime, au vu des procès-verbaux dressés par les agents habilités ou du rapport d'essais ou d'analyses et, au besoin, après enquête préalable, que des poursuites doivent être engagées ou une information ouverte, saisit, suivant le cas, le tribunal ou le juge d'instruction.**

S'il y a lieu à expertise, celle-ci est ordonnée et exécutée selon les prescriptions et dans les formes prévues aux articles 156 à 169 du code de procédure pénale, sous les réserves mentionnées aux articles de la présente sous-section. – *[C. consom., art. L. 215-11.]*

Art. L. 512-42 **Lorsque l'expertise a été demandée ou lorsqu'elle a été décidée par le procureur de la République ou la juridiction d'instruction ou de jugement, deux experts sont désignés ; l'un est nommé par le procureur de la République ou la juridiction, l'autre est choisi par l'intéressé et nommé par le procureur de la République ou la juridiction dans les conditions prévues par l'article 157 du code de procédure pénale.**

A titre exceptionnel, l'intéressé peut choisir un expert en dehors des listes prévues au premier alinéa de l'article 157 du code de procédure pénale. Son choix est subordonné à l'agrément du procureur de la République ou de la juridiction.

Un agent exerçant sa fonction au sein d'un laboratoire d'État peut être désigné dans les conditions fixées aux premier et deuxième alinéas, même lorsqu'il ne figure pas sur les listes prévues au premier alinéa de l'article 157 du code de procédure pénale.

Pour la désignation de l'expert, un délai est imparti par le procureur de la République ou la juridiction à l'intéressé, qui a toutefois le droit de renoncer explicitement à cette désignation et de s'en rapporter aux conclusions de l'expert désigné par le procureur de la République ou la juridiction.

Si l'intéressé, sans avoir renoncé à ce droit, n'a pas désigné un expert dans le délai imparti, cet expert est nommé d'office par le procureur de la République ou la juridiction. – *[C. consom., art. L. 215-12.]*

V. aussi art. R. 512-21.

Expertise contradictoire. Pour refuser d'annuler le rapport déposé par l'expert unique, une cour d'appel avait énoncé que, si les dispositions de l'art. L. 215-12 [L. 512-42], qui prévoient que, dans un tel cas, un deuxième expert doit être désigné d'office, avaient été méconnues, cela avait pour seul effet de limiter la valeur juridique du rapport, qui ne vaut qu'à titre de simples renseignements. En se prononçant ainsi, alors que la méconnaissance d'une règle substantielle, destinée à garantir le caractère contradictoire de l'expertise en matière de fraude et falsification, porte nécessairement atteinte à l'intérêt des parties concernées, la cour d'appel a méconnu le texte précité. • Crim. 19 juin 2007 : *Bull. crim. n° 168 ; D. 2007. AJ 2031 ; RTD com. 2008. 199, obs. Bouloc ; AJ pénal 2007. 438, obs. Royer ; RSC 2008. 89, obs. Ambroise-Castérot ; CCC 2007, n° 290, obs. Raymond; Gaz. Pal. 2007. 3396, obs. M. B. ; RJDA 2008, n° 199 ; Dr. pénal 2008. Chron. 4, n° 34, par Lepage.*

S'ils voulaient contester les résultats de la première analyse, les demandeurs devaient, devant le juge d'instruction, devant le tribunal ou devant la cour d'appel, demander l'expertise contradictoire prévue par l'art. L. 215-12 [L. 512-42]. • Crim. 5 oct. 2010 : *Bull. crim. n° 150 ; Dr. pénal 2010, n° 142, obs. J.-H. Robert.*

Art. L. 512-43 **Les deux experts mentionnés au premier alinéa de l'article L. 512-42 reçoivent la même mission. Ces experts ont les mêmes obligations, les mêmes droits, la même responsabilité, et reçoivent la même rémunération, dans les conditions prévues au code de procédure pénale.**

Les experts emploient la ou les méthodes utilisées par le laboratoire d'État et procèdent aux mêmes essais et analyses ; ils peuvent toutefois employer d'autres méthodes en complément. – *[C. consom., art. L. 215-13.]*

Art. L. 512-44 A la demande du procureur de la République ou de la juridiction, le ou les échantillon(s) prélevé(s) et détenu(s) par le service administratif sont remis aux experts.

Au cas où des mesures spéciales de conservation ont été prises, le procureur de la République ou la juridiction précise les modalités de retrait des échantillons. – *[C. consom., art. L. 215-14, al. 1er.]*

Art. L. 512-45 Le procureur de la République ou la juridiction met en demeure le détenteur du ou des échantillon(s) prélevé(s) de le ou les fournir aux experts sous huitaine, intact(s).

S'il ne présente pas les échantillons intacts dans ce délai, il n'en est plus fait état à aucun moment.

Le cas échéant, le procureur de la République ou la juridiction remet aux experts les échantillons scellés, conservés par le laboratoire. – *[C. consom., art. L. 215-14, al. 2, et L. 215-14-1.]*

Art. L. 512-46 Lorsque le prélèvement a été réalisé en plusieurs échantillons mais qu'il n'a été possible de disposer que d'un échantillon pour l'expertise, les experts procèdent en commun à l'examen de l'échantillon. – *[C. consom., art. R. 215-16, al. 2.]*

Art. L. 512-47 Lorsqu'un produit est rapidement altérable ou lorsqu'il s'agit d'un objet ou d'une marchandise qui, en raison de sa valeur, de sa nature ou de la trop faible quantité du produit, ne peut, sans inconvénient, faire l'objet d'un prélèvement en plusieurs échantillons et que l'expertise ne peut être réalisée sur l'échantillon soumis à essais ou analyses, le procureur de la République ou la juridiction commet immédiatement les experts, dont celui qui est indiqué par l'intéressé, et prend toutes mesures pour que les experts se réunissent d'urgence.

L'examen commence à la diligence de l'expert le plus prompt et les experts concluent sur les constatations ainsi faites. – *[C. consom., art. L. 215-15.]*

V. aussi art. R. 512-19 et R. 512-20.

Art. L. 512-48 Par dérogation à l'article 167 du code de procédure pénale, si les experts sont en désaccord, ou s'ils sont d'accord pour infirmer les conclusions du rapport du laboratoire d'État, le procureur de la République ou la juridiction, avant de statuer, donne à ce laboratoire connaissance du rapport d'expertise et lui fixe un délai pour faire parvenir éventuellement ses observations, sauf dans le cas où le directeur du laboratoire intéressé a participé lui-même à l'expertise en qualité d'expert. – *[C. consom., art. L. 215-16.]*

Débat contradictoire. Le laboratoire de l'administration, saisi dans les conditions de l'art. L. 215-16 [L. 512-48], peut recevoir communication de toute pièce de la procédure. Dès lors que l'avis de ce dernier est soumis à débat contradictoire, il importe peu qu'il critique un rapport d'analyse technique versé aux débats par la défense. • Crim. 6 mars 1997 : *Bull. crim. n° 92; RTD com. 1997. 696, obs. Bouloc ; JCP 1997. IV. 2236.*

Art. L. 512-49 *(Abrogé par L. n° 2017-203 du 21 févr. 2017, art. 12) En matière de contrôle microbiologique, le propriétaire ou le détenteur du produit est avisé par le procureur de la République qu'il peut prendre communication du dossier, qu'un troisième prélèvement susceptible de motiver l'ouverture d'une procédure de poursuites sera effectué ultérieurement sur son produit dans le délai d'un mois au maximum et qu'un délai de trois jours francs lui est imparti pour présenter ses observations et pour faire connaître s'il réclame l'expertise contradictoire et s'il demande, au surplus, que l'expert de son choix participe à l'opération de prélèvement.*

Le propriétaire ou le détenteur du produit peut renoncer explicitement à désigner un expert et un suppléant et s'en rapporter aux conclusions de l'expert désigné par le juge d'instruction.

Dans le cas où l'expert participe à l'opération de prélèvement, il est invité, par l'agent verbalisateur, à signer le procès-verbal et à y faire insérer éventuellement ses observations. L'agent achemine, séance tenante, l'échantillon faisant l'objet de ce troisième prélèvement sur le laboratoire compétent qui a déjà examiné les deux premiers échantillons.

Le procureur de la République ou le juge d'instruction commet deux experts à l'expertise de l'échantillon prélevé, exception faite du cas où l'intéressé a déclaré s'en rapporter à l'expert unique désigné dans les mêmes conditions.

Le premier de ces experts est choisi parmi les directeurs de laboratoires d'État compétents.

Le second expert est l'expert ou son suppléant choisi par l'intéressé dans la discipline concernée sur les listes prévues à l'article 157 du code de procédure pénale.

Les deux experts procèdent en commun, dans le laboratoire auquel l'échantillon a été remis, à l'examen de cet échantillon.

Le procureur de la République ou le juge d'instruction prend toutes mesures pour que le prélèvement et l'expertise qui y fait suite immédiatement soient effectués par le laboratoire d'État et les experts à la date fixée par lui. Le défaut de l'un des experts n'empêche pas l'examen de s'accomplir, avec les effets qui s'attachent à la procédure contradictoire. — [C. consom., art. L. 215-17 et R. 215-23, al. 3, 4 et 5.]

SOUS-SECTION 10 DISPOSITIONS D'APPLICATION

Art. L. 512-50 Un décret en Conseil d'État définit les modalités d'application de la présente section. — *[C. consom., art. L. 215-1, II, al. 2, et L. 215-4, 2°.]*

SECTION III OPÉRATIONS DE VISITES ET SAISIES

Art. L. 512-51 Pour la recherche et la constatation des infractions et des manquements mentionnés aux articles L. 511-5 et L. 511-7 et des infractions au livre IV, les agents de la concurrence, de la consommation et de la répression des fraudes de catégories A et B peuvent, sur demande du ministre chargé de l'économie, procéder à des opérations de visite et de saisie en tous lieux. — *[C. consom., art. L. 215-18, I.]*

Art. L. 512-52 Chaque visite est autorisée par une ordonnance du juge des libertés et de la détention du tribunal de grande instance dans le ressort duquel sont situés les lieux à visiter.

Lorsque ces lieux sont situés dans le ressort de plusieurs juridictions et qu'une action simultanée doit être menée dans chacun d'eux, une ordonnance unique peut être délivrée par l'un des juges des libertés et de la détention compétents.

Le juge vérifie que la demande d'autorisation qui lui est soumise est fondée. Cette demande comporte les éléments d'information en possession de l'administration de nature à justifier la visite.

Le juge désigne le chef du service qui doit nommer les officiers de police judiciaire chargés d'assister à ces opérations et d'apporter leur concours en procédant, le cas échéant, aux réquisitions nécessaires. Ces officiers de police judiciaire tiendront le juge informé du déroulement des opérations. — *[C. consom., art. L. 215-18, II, al. 1er et 2.]*

V. aussi art. R. 512-39.

Art. L. 512-53 La visite et les saisies s'effectuent sous l'autorité et le contrôle du juge qui les a autorisées.

Lorsqu'elles ont lieu en dehors du ressort de sa juridiction, le juge qui a établi l'ordonnance délivre, pour exercer ce contrôle, une commission rogatoire au juge des libertés et de la détention du tribunal de grande instance dans le ressort duquel s'effectue la visite. — *[C. consom., art. L. 215-18, III, al. 1er.]*

Art. L. 512-54 Le juge peut se rendre dans les locaux visités pendant l'intervention. — *[C. consom., art. L. 215-18, III, al. 2, 1re phrase.]*

Art. L. 512-55 A tout moment, le juge peut décider la suspension ou l'arrêt de la visite. — *[C. consom., art. L. 215-18, III, al. 2, 2e phrase.]*

Art. L. 512-56 Les opérations de visite et de saisie ne peuvent être commencées ni avant 6 heures, ni après 21 heures.

Toutefois, les agents habilités peuvent, lorsque les nécessités de l'enquête l'exigent, procéder à ces opérations en dehors de ces heures dans les lieux utilisés à des fins professionnelles et dans les lieux d'exécution d'une prestation de services, sous réserve que l'ordonnance délivrée par le juge des libertés et de la détention le prévoie expressément et que ces lieux ne soient pas également à usage d'habitation. – *[C. consom., art. L. 215-18, IV.]*

Art. L. 512-57 La visite est effectuée en présence de l'occupant des lieux ou de son représentant.

L'occupant des lieux peut désigner un ou plusieurs représentants pour assister à la visite et signer le procès-verbal.

En cas d'impossibilité, l'officier de police judiciaire requiert deux témoins choisis en dehors des personnes relevant de son autorité ou de celle de l'autorité administrative chargée de la concurrence et de la consommation. – *[C. consom., art. L. 215-18, V, al. 1er.]*

V. aussi art. R. 512-40.

Art. L. 512-58 L'ordonnance mentionnée à l'article L. 512-52 est notifiée verbalement et sur place au moment de la visite à l'occupant des lieux ou à son représentant, qui en reçoit copie intégrale contre récépissé ou émargement au procès-verbal.

L'ordonnance mentionne que l'occupant des lieux ou son représentant a la faculté de faire appel au conseil de son choix. L'exercice de cette faculté n'entraîne pas la suspension des opérations de visite et de saisie.

En l'absence de l'occupant des lieux, l'ordonnance est notifiée après les opérations par lettre recommandée avec demande d'avis de réception. Il en va de même lorsqu'il n'est pas procédé à la visite de l'un des lieux visés par l'ordonnance. La notification est réputée faite à la date de réception figurant sur l'avis. – *[C. consom., art. L. 215-18, V, al. 2 et 3.]*

Art. L. 512-59 Au cours de la visite, les agents habilités peuvent procéder à la saisie de tous objets, documents et supports d'information utiles aux besoins de l'enquête. Ils peuvent prélever des échantillons de marchandises. Ils peuvent également procéder à la pose de scellés sur tous locaux commerciaux, objets, documents et supports d'information, dans la limite de la durée de la visite de ces locaux.

Les agents habilités, l'occupant des lieux ou son représentant ainsi que l'officier de police judiciaire peuvent seuls prendre connaissance des documents et des données contenues dans tout support d'information avant leur saisie.

Tous objets, documents et supports d'information saisis sont inventoriés et placés sous scellés. – *[C. consom., art. L. 215-18, V, al. 4, 5 et 6.]*

Art. L. 512-60 Les agents habilités peuvent procéder au cours de la visite à des auditions de l'occupant des lieux, de son représentant ou de toute autre personne, en vue d'obtenir les informations ou explications utiles aux besoins de l'enquête.

(L. no 2016-731 du 3 juin 2016, art. 83-V) « Conformément à l'article 28 du code de procédure pénale, l'article 61-1 du même code est applicable lorsqu'il est procédé à l'audition d'une personne à l'égard de laquelle il existe des raisons plausibles de soupçonner qu'elle a commis ou tenté de commettre une infraction. » – *[C. consom., art. L. 215-18, V, al. 7.]*

Art. L. 512-61 Lorsque la visite est effectuée dans le cabinet d'un avocat ou à son domicile, dans les locaux d'une entreprise de presse ou de communication audiovisuelle, dans le cabinet d'un médecin, d'un notaire ou d'un huissier, les articles 56-1, 56-2 ou 56-3 du code de procédure pénale, selon le cas, sont applicables. – *[C. consom., art. L. 215-18, V, al. 8.]*

Art. L. 512-62 *Les originaux* du procès-verbal et de l'inventaire des objets, documents et supports d'information saisis sont transmis au juge qui a ordonné la visite. Une copie en est remise à l'occupant des lieux ou à son représentant.

Le cas échéant, la copie de ces documents est également adressée, par lettre recommandée avec demande d'avis de réception, aux personnes mises en cause par les pièces saisies au cours de l'opération. – *[C. consom., art. L. 215-18, V, al. 9.]*

Art. L. 512-63 La personne à l'encontre de laquelle l'ordonnance mentionnée à l'article L. 512-52 a été prise peut en interjeter appel devant le premier président de la cour d'appel dans le ressort de laquelle le juge a autorisé la mesure, suivant les règles prévues au code de procédure pénale.

L'appel est formé par déclaration au greffe du tribunal de grande instance dans un délai de dix jours à compter de la notification de l'ordonnance.

Il n'est pas suspensif.

L'ordonnance du premier président de la cour d'appel est susceptible d'un pourvoi en cassation, selon les règles prévues par le code de procédure pénale.

Les pièces saisies sont conservées jusqu'à ce qu'une décision soit devenue définitive. – *[C. consom., art. L. 215-18, VI, al. 1er.]*

Art. L. 512-64 Le déroulement des opérations de visite et de saisie peut faire l'objet d'un recours devant le premier président de la cour d'appel dans le ressort de laquelle le juge a autorisé ces dernières, suivant les règles prévues par le code de procédure pénale.

La personne à l'encontre de laquelle l'ordonnance a été prise et les personnes mises en cause par les pièces saisies au cours de ces opérations peuvent former ce recours.

Ce recours est formé par déclaration au greffe du tribunal de grande instance dans un délai de dix jours à compter de la remise ou de la réception du procès-verbal et de l'inventaire ou, pour les personnes n'ayant pas fait l'objet de visite et de saisie et qui sont mises en cause, à compter de la date à laquelle elles ont reçu notification du procès-verbal et de l'inventaire.

Le recours n'est pas suspensif.

L'ordonnance du premier président de la cour d'appel est susceptible d'un pourvoi en cassation, selon les règles prévues par le code de procédure pénale.

Les pièces saisies sont conservées jusqu'à ce qu'une décision soit devenue définitive. – *[C. consom., art. L. 215-18, VI, al. 2.]*

Art. L. 512-65 Lorsque l'ordonnance mentionnée à l'article L. 512-52 concerne la recherche d'infractions aux dispositions du livre IV, le procureur de la République territorialement compétent est informé par l'autorité chargée de la concurrence et de la consommation du projet d'opération de visite et saisie préalablement à la saisine du juge des libertés et de la détention, et peut s'y opposer. – *[C. consom., art. L. 215-18, II, al. 3.]*

TITRE DEUXIÈME MESURES CONSÉCUTIVES AUX CONTRÔLES

COMMENTAIRE

Inchangées sur le fond, ces « mesures consécutives aux contrôles » font l'objet d'un titre particulier de façon à leur donner une meilleure lisibilité et de leur conférer des vertus pédagogiques. Dans un premier temps, les mesures de police administrative sont énoncées : injonctions de mise en conformité, retrait ces produits, fermeture des établissements. Sont ensuite abordées les sanctions administratives, innovation de la loi n° 2014-344 du 17 mars 2014, la transaction, et enfin le pouvoir de saisine des juridictions. ❑

CHAPITRE PREMIER MESURES DE POLICE ADMINISTRATIVE

SECTION PREMIÈRE INJONCTIONS DE MISE EN CONFORMITÉ

COMMENTAIRE

Les agents habilités à constater les infractions ou les manquements aux dispositions du présent livre peuvent, après une procédure contradictoire, enjoindre à tout professionnel, en lui impartissant un délai raisonnable, de se conformer à ces dispositions, de cesser tout agissement illicite ou encore de supprimer toute clause soit illicite, soit – ajoute la loi n° 2015-990 du 6 août 2015 – interdite.

Si le professionnel n'obtempère pas dans le délai imparti, l'autorité administrative chargée de la concurrence et de la consommation peut prononcer à son encontre une amende administrative dans les conditions fixées à l'article L. 522-1.

En matière de non-respect des règles relatives aux contrats à distance, des dispositions spécifiques sont prévues en ce sens pour enjoindre notamment le professionnel de ne plus prendre aucun paiement (art. L. 521-3).

Art. L. 521-1 **Lorsque les agents habilités constatent un manquement ou une infraction avec les pouvoirs prévus au présent livre, ils peuvent, après une procédure contradictoire, enjoindre à un professionnel, en lui impartissant un délai raisonnable qu'ils fixent, de se conformer à ses obligations.** – *[C. consom., art. L. 141-1, VII, al. 1er, injonction/obligations et L. 218-5-5.]*

Art. L. 521-2 **Les agents habilités peuvent, dans les mêmes conditions, enjoindre à tout professionnel de cesser tout agissement illicite ou de supprimer toute clause illicite ou interdite.**

L'injonction mentionnée au premier alinéa peut faire l'objet d'une mesure de publicité, dans des conditions fixées par décret en Conseil d'État. – *V. art. R. 521-2.*

Dans ce cas, le professionnel est informé, lors de la procédure contradictoire préalable au prononcé de l'injonction, de la nature et des modalités de la publicité envisagée. La publicité est effectuée aux frais du professionnel qui fait l'objet de l'injonction. – *[C. consom., art. L. 132-2, al. 2 et 3, et L. 141-1, VII, al. 1er, injonction/cessation.]*

Art. L. 521-3 **Lorsqu'un professionnel soumis aux dispositions du chapitre Ier du titre II du livre II est dans l'incapacité manifeste de respecter ses obligations prévues à l'article L. 221-15, l'autorité administrative chargée de la concurrence et de la consommation peut lui enjoindre, pour une durée initiale ne pouvant excéder deux mois et susceptible d'être renouvelée par période d'au plus un mois :**

1° De ne plus prendre aucun paiement avant la livraison intégrale du bien ou l'exécution effective du service ;

2° D'informer le consommateur de l'injonction dont il fait l'objet et, s'il y a lieu, des biens ou services visés par cette mesure, selon des modalités fixées par l'injonction.

Lorsque le professionnel n'a pas déféré à cette injonction dans le délai prescrit, l'autorité administrative chargée de la concurrence et de la consommation peut demander à la juridiction civile d'ordonner, sous astreinte, la suspension de la prise des paiements.

Les modalités d'application du présent article sont fixées par décret en Conseil d'État. – *[C. consom., art. L. 141-1-1.]* – *V. art. R. 521-1.*

SECTION II MESURES SPÉCIFIQUES APPLICABLES AUX PRODUITS, SERVICES ET ÉTABLISSEMENTS

Sur les sanctions encourues pour ne pas avoir exécuté les mesures ordonnées en application des art. L. 521-4 à L. 521-16, V. art. L. 532-3.

Art. L. 521-4 **Les mesures prévues à la présente section sont mises en œuvre par les agents de la concurrence, de la consommation et de la répression des fraudes et les agents mentionnés à l'article L. 511-22 ou par l'autorité administrative compétente.** – *[C. consom., art. L. 218-2, al. 1er.]* – *V. art. R. 521-3.*

SOUS-SECTION 1 MESURES SPÉCIFIQUES APPLICABLES AUX ÉTABLISSEMENTS ET AUX PRODUITS

Art. L. 521-5 ***Lorsque du fait d'un manquement à la réglementation prise pour*** **l'application des dispositions du livre IV ou d'un règlement de l'Union européenne, les conditions de fonctionnement d'un établissement sont telles que les produits fabriqués, détenus ou mis sur le marché présentent ou sont susceptibles de présenter un danger pour la santé publique ou la sécurité des consommateurs, les agents habilités peuvent ordonner toutes mesures correctives, notamment le renforcement des**

autocontrôles, des actions de formation du personnel, la réalisation de travaux ou d'opérations de nettoyage.

En cas de nécessité, l'autorité administrative peut prononcer par arrêté la fermeture de tout ou partie de l'établissement ou l'arrêt d'une ou de plusieurs de ses activités. – *[C. consom., art. L. 218-3, al. 1er.]*

Art. L. 521-6 Toute mesure prise en application de l'article L. 521-5, peut prévoir l'obligation pour l'exploitant de l'établissement d'afficher, en un endroit visible de l'extérieur, l'intégralité ou un extrait de cette mesure. – *[C. consom., art. L. 218-3, al. 2.]*

Art. L. 521-7 S'il est établi que des produits ne sont pas conformes à la réglementation en vigueur ou présentent ou sont susceptibles de présenter un danger pour la santé publique ou la sécurité des consommateurs, l'autorité administrative peut ordonner par arrêté une ou plusieurs des mesures suivantes : la suspension de la mise sur le marché, le retrait, le rappel et la destruction.

L'autorité administrative peut également, lorsque les produits présentent ou sont susceptibles de présenter un danger pour la santé publique ou la sécurité des consommateurs, ordonner la diffusion de mise en garde ainsi que le rappel des produits en vue d'un échange, d'une modification ou d'un remboursement total ou partiel.

Lorsque le fonctionnement d'un produit nécessite son raccordement ou sa fixation à un élément d'un bâtiment, l'autorité administrative peut ordonner par arrêté, afin d'assurer la sécurité des consommateurs, que des modifications du produit soient effectuées sur place.

Toutefois, lorsque l'opérateur apporte la preuve qu'une partie des produits est conforme à la réglementation en vigueur ou ne présente pas de danger pour la santé publique ou la sécurité des consommateurs, il peut remettre ces produits sur le marché. – *[C. consom., art. L. 218-4, al. 1er à 4.]*

Art. L. 521-8 Les frais résultant de la mise en œuvre des mesures mentionnées à l'article L. 521-7 sont à la charge des opérateurs désignés par arrêté. – *[C. consom., art. L 218-4, al. 5.]*

Art. L. 521-9 Tout opérateur ayant acquis ou cédé tout ou partie des produits et ayant connaissance de la décision mentionnée à l'article L. 521-7 est tenu d'informer l'opérateur qui lui a fourni les produits et les opérateurs à qui il les a cédés. – *[C. consom., art. L. 218-4, al. 6.]*

Art. L. 521-10 Lorsqu'il est constaté que tout ou partie des produits n'est pas conforme à la réglementation en vigueur, les agents habilités peuvent en ordonner la mise en conformité, aux frais de l'opérateur, dans un délai qu'ils fixent. Si la mise en conformité n'est pas possible, l'autorité administrative peut ordonner par arrêté l'utilisation à d'autres fins, la réexportation ou la destruction des produits dans un délai qu'elle fixe.

Ces mesures s'appliquent, le cas échéant, à l'ensemble des produits, y compris les éléments qui ne sont plus sous le contrôle direct de l'opérateur à qui elles incombent. – *[C. consom., art. L. 218-5, al. 1er et 2.]*

Inexécution de mesure corrective. Pour un exemple d'application des art. L. 218-5 [L. 521-10] et L. 218-7 [L. 532-3], V. • Crim. 22 mars 2016, ⚖ n° 15-82.668 P : *JCP E 2016, n° 1291 ; RJDA 2016, n° 860.*

Art. L. 521-11 Les frais résultant de la mise en œuvre des mesures prévues à l'article L. 521-10 sont à la charge des opérateurs désignés dans l'arrêté. – *[C. consom., art. L. 218-5, al. 3.]*

Art. L. 521-12 Lorsqu'il existe des éléments de nature à mettre en doute la conformité du produit aux prescriptions en vigueur relatives à la sécurité et à la santé des consommateurs ou à l'obligation générale de sécurité définie à l'article L. 421-3 et que le responsable de la mise sur le marché national n'est pas en mesure de justifier des contrôles et vérifications effectués, notamment ceux mentionnés à l'article

L. 411-1, afin de vérifier le respect de ces obligations, l'autorité administrative peut lui enjoindre par arrêté de faire procéder, dans un délai qu'elle fixe, à des contrôles à ses frais par un organisme présentant des garanties d'indépendance, de compétence et d'impartialité.

L'autorité administrative peut suspendre par arrêté la mise sur le marché du produit dans l'attente de la réalisation des contrôles.

L'autorité administrative peut ordonner par arrêté la consignation entre les mains d'un comptable public, avant une date qu'elle détermine, d'une somme correspondant au coût des contrôles à réaliser. La somme consignée est restituée lorsque l'opérateur a justifié des contrôles effectués. — *[C. consom., art. L. 218-5-2, al. 1er à 3.]*

Art. L. 521-13 A défaut de réalisation des contrôles ordonnés en application de l'article L. 521-12 avant l'échéance fixée, l'autorité administrative peut y faire procéder d'office aux frais de l'opérateur. La somme consignée est utilisée pour régler les dépenses ainsi engagées.

Cette somme et les éventuelles créances de l'État nées des contrôles effectués d'office bénéficient d'un privilège de même rang que celui prévu à l'article 1920 du code général des impôts. Il est procédé à leur recouvrement comme en matière de créances de l'État étrangères à l'impôt et au domaine.

L'opposition formée devant le juge administratif à l'état exécutoire pris en application d'une mesure de consignation ordonnée par l'autorité administrative n'a pas de caractère suspensif. — *[C. consom., art. L. 218-5-2, al. 4 à 6.]*

Art. L. 521-14 Lorsque les informations prévues à l'article L. 423-1 sont insuffisantes, l'autorité administrative peut ordonner par arrêté, dans un délai qu'elle fixe, qu'elles figurent sur les produits, sur leurs emballages ou dans les documents les accompagnant. — *[C. consom., art. L. 218-5-3, al. 1er.]*

Art. L. 521-15 Les frais résultant de la mise en œuvre des mesures prévues à l'article L. 521-14 sont à la charge des opérateurs désignés par arrêté. — *[C. consom., art. L. 218-5-3, al. 2.]*

Art. L. 521-16 S'il est établi qu'un produit a été mis sur le marché sans avoir été l'objet de l'autorisation, de l'enregistrement ou de la déclaration exigé par la réglementation applicable à ce produit, l'autorité administrative peut ordonner par arrêté la suspension de sa mise sur le marché et son retrait jusqu'à la mise en conformité avec la réglementation en vigueur. — *[C. consom., art. L. 218-5-4.]*

Art. L. 521-17 En cas de danger grave ou immédiat, le ministre chargé de la consommation et le ou les ministres intéressés peuvent suspendre par arrêté conjoint, pour une durée n'excédant pas un an, la fabrication, l'importation, l'exportation, la mise sur le marché à titre gratuit ou onéreux d'un produit et faire procéder à son retrait en tous lieux où il se trouve ou à sa destruction lorsque celle-ci constitue le seul moyen de faire cesser le danger. Ils ont également la possibilité d'ordonner la diffusion de mises en garde ou de précautions d'emploi ainsi que le rappel en vue d'un échange ou d'une modification ou d'un remboursement total ou partiel.

Ces produits peuvent être remis sur le marché lorsqu'ils ont été reconnus conformes à la réglementation en vigueur.

Le ministre chargé de la consommation et, selon le cas, le ou les ministres intéressés entendent sans délai les professionnels concernés et au plus tard quinze jours après qu'une décision de suspension a été prise. Ils entendent également les associations nationales agréées de défense des consommateurs.

Ces arrêtés précisent les conditions selon lesquelles seront mis à la charge des fabricants, importateurs, distributeurs les frais afférents aux dispositions de sécurité à prendre en application des dispositions du présent article.

Ces arrêtés peuvent être reconduits, selon la même procédure, pour des périodes supplémentaires dont chacune ne dépasse pas un an. — *[C. consom., art. L. 221-5.]*

Pour les prestations de services, V. art. L. 521-19 s.

Sur les sanctions, V. art. R. 532-1.

A. LÉGALITÉ DES ARRÊTÉS

1. *Caractère non contradictoire.* Un arrêté pris en application de l'art. 3 de la loi de 1983 [C. consom., art. L. 521-17] ne saurait être déclaré illégal au motif qu'il n'aurait pas été précédé d'une procédure contradictoire, dès lors que la loi, par les termes mêmes de l'art. 3, a entendu exclure une telle obligation préalable. • CE 28 mars 1990 : *D. 1991. Somm. 136, obs. Llorens et Soler-Couteaux* • 28 oct. 1991 : *JCP E 1991. Pan. 1310; CCC 1992, nº 58, obs. Raymond.*

2. *Consultations.* La circonstance que la consultation des professionnels concernés et celle des associations nationales de consommateurs agréées n'auraient pas eu lieu dans des conditions de délai prévues par la loi est sans conséquence sur la légalité de l'arrêté. • CE 27 avr. 1988 : *D. 1988. IR 147.*

3. *Reconduction de la mesure.* Le danger grave auquel l'arrêté a entendu répondre n'ayant pas disparu, l'administration peut légalement édicter de nouveau la même mesure sans procéder à un nouvel examen de l'affaire, à condition de la motiver. • CE 28 mars 1990 : *préc. note 1.*

4. *Conditions de remise sur le marché.* Le ministre n'est pas tenu, en prenant une mesure de suspension d'importation et de mise sur le marché, de prévoir les conditions dans lesquelles les produits pourraient être remis sur le marché. • CE 19 mai 1993 : *JCP E 1993. Pan. 705.*

5. *Incompétence.* Si le ministre chargé de la consommation et le ou les ministres intéressés sont habilités, en vertu de l'art. L. 221-5 [L. 521-17], en cas de danger grave ou immédiat, à suspendre, par arrêté conjoint, pour une durée n'excédant pas un an, la fabrication, l'importation, la mise sur le marché, à titre gratuit ou onéreux, et l'utilisation d'un produit, en revanche le ministre de l'agriculture ne tient d'aucun texte, ni d'aucun principe général de droit, le pouvoir d'enjoindre, de sa seule autorité, aux établissements de distribution en gros, aux pharmaciens et aux vétérinaires praticiens, de cesser immédiatement toutes opérations concernant des médicaments non autorisés ni d'ordonner la destruction des stocks ou le retour au fabricant. Ainsi, une note de service du ministre de l'Agriculture imposant la destruction des stocks d'un médicament et le retour chez le fabricant doit être annulée. • CE 23 févr. 1998 : *Dr. adm. 1998, nº 140, obs. C. M.*

6. *Compétence.* Si le produit n'est pas par lui-même dangereux, sa consommation est présentée par son producteur et par la publicité qui en accompagne la distribution comme susceptible de diminuer rapidement le taux d'alcoolémie alors qu'il résulte d'un avis de l'Agence française de sécurité sanitaire des aliments que ni sa composition ni aucune étude scientifique ne permet d'étayer cette allégation. Eu égard aux risques que pouvait entraîner pour les consommateurs une telle présentation de ce produit (la boisson « security feel better »), le ministre n'a pas fait une appréciation manifestement inexacte de la gravité du danger présenté par la commercialisation non plus que de son caractère immédiat, compte tenu des mesures de précaution qui s'impose en matière de protection de la santé publique, en décidant de faire usage des pouvoirs qu'il tient de l'art. L. 221-5 [L. 521-17]. • CE 7 févr. 2007 : *RTD com. 2007. 329, obs. Orsoni ; RFDA 2007. 429 ; JCP 2007. IV. 1531 ; LPA 17 juill. 2007, note Alonso ; CCC 2007, nº 162, obs. Raymond ; RJDA 2007, nº 667.*

B. APPLICATIONS

7. *Gommes à effacer.* En décidant de suspendre pour un an la fabrication, l'importation et la mise sur le marché de gommes à effacer qui, par leur forme, leur présentation ou leur odeur, rappellent des denrées alimentaires et qui peuvent être facilement ingérées, les auteurs de l'arrêté n'ont pas fait une appréciation inexacte de la gravité du danger qu'elles présentaient pour la santé publique des enfants, ni du caractère immédiat de ce danger. • CE 27 avr. 1988 : *préc. note 2.*

8. *Conserves.* En décidant de suspendre pour un an l'importation et la mise sur le marché de conserves, à nouveau commercialisées sur le marché français, dont certaines, portant les mêmes numéros de référence et fabriquées aux mêmes dates, avaient antérieurement causé des intoxications graves, les auteurs de l'arrêté n'ont pas adopté une mesure excessive et disproportionnée au regard des risques pour la santé que représentaient les conserves en cause. • CE 28 oct. 1991 : *préc. note 1.*

9. *Produit contenant du collagène bovin.* En décidant de suspendre pour une durée d'un an la fabrication, l'importation, la mise sur le marché et l'utilisation d'un produit contenant du collagène bovin et utilisé sur le corps humain, les signataires de l'arrêté n'ont pas entaché leur décision d'une appréciation manifestement erronée alors même qu'il s'agissait d'un produit régi par une législation particulière et ayant pour objet la protection de la santé, dès lors qu'il y a urgence. • CE 21 avr. 1997 : *D. 1997. IR 123* .

10. *Préservatifs.* En décidant de suspendre pour une période d'un an la fabrication, l'importation et la mise sur le marché de préservatifs, dont certains se sont révélés défectueux à la suite de contrôles, et en ordonnant le retrait et la destruction de ces produits, les auteurs de l'arrêté n'ont pas adopté une mesure excessive et disproportionnée au regard des risques que présentaient ces produits, ayant notamment pour objet la prévention de maladies sexuellement transmissibles. • CE 26 févr. 1996 : *BID 1998, nº 9, p. 12.*

11. *Maïs transgénique.* BIBL. Thieffry, *RTD eur. 1999. 81* . ♦ En vertu du principe de précaution prévu à l'art. L. 200-1 C. rur. et des dispositions tant de l'art. 15 de la L. du 13 juill. 1992 que de l'art. 6, § 1, ajouté au Décr. du 18 mai 1981 par le Décr. du 18 oct. 1993 pris pour l'application de la loi précitée, et en raison des conséquences que l'exécution de l'arrêté ministériel, introduisant en France trois variétés de maïs génétiquement modifié, pourrait entraîner, il y a lieu d'ordonner le sursis à l'exécution de cet arrêté. • CE 25 sept. 1998 : *D. 1999. Somm. 339, obs. Galloux ; JCP 1998. II. 10216, note De Malafosse ; Dr. adm. 1998, n° 310 et 1999, n° 11, chron. par Andriantsimbazovina.* ♦ Sur la saisine par le Conseil d'État, à l'occasion d'une demande d'annulation d'un arrêté ministériel du 5 févr. 1998 ayant pour objet l'inscription au catalogue des plantes cultivées de trois variétés de maïs génétiquement modifié, de la CJCE à propos de deux questions préjudicielles, V. • CE 11 déc. 1998 : *D. 1999. Somm. 341, obs. Galloux ; Dr. adm. 1999, n° 11, chron. par Andriantsimbazovina.*

12. Poissons d'eau douce. En prévoyant le retrait et la destruction des poissons ou produits contenant des pesticides et destinés à l'alimentation humaine ou animale, les auteurs de l'arrêté de suspension n'ont pas, eu égard aux mesures de précaution qui s'imposent en matière de santé publique, adopté une mesure excessive et disproportionnée au regard des risques pour la santé que présentaient les produits en cause. • CE 29 déc. 1999 : *D. 2000. IR 26* .

13. Engrais. En se fondant sur l'existence d'un danger grave et immédiat pour prendre une mesure de suspension d'un an des engrais NK, plus de dix-huit mois après l'avis de la commission des substances explosives, alors que les dangers potentiels de ces engrais ainsi que les précautions pour les éviter étaient connus de longue date, les ministres compétents ont fait une erreur manifeste d'appréciation. • CE 25 oct. 2004 : *JCP E 2004. 1653.*

14. Éthylotests. Ayant constaté que la mesure de retrait ordonnée par l'arrêté du 23 nov. 2004, pris en application de l'art. L. 221-5 [L. 521-17], est motivée par le danger grave et immédiat que font courir à la sécurité et à la santé des personnes les éthylotests non conformes aux normes, que son art. 3 ouvre au consommateur qui les a achetés la faculté d'obtenir le remboursement de la totalité de leur prix et qu'aucune condition de restitution n'était imposée pour ce remboursement, l'arrêt relève que les acheteurs n'ont pu obtenir le remboursement du prix, que les éthylotests sont inutilisables en raison de leur non-conformité aux normes françaises et qu'ils n'avaient plus aucune valeur marchande, et encore que les acheteurs ont été dans l'impossibilité, en raison du manquement par le vendeur à son obligation d'information, de restituer les éthylotests ; qu'il en résulte que la cour d'appel a, à bon droit, accueilli l'action estimatoire de ces derniers. • Com. 3 nov. 2009 : *RLDA janv. 2010. 44, obs. Anadon.*

Art. L. 521-18 **Le ministre chargé de la consommation ou le ou les ministres intéressés peuvent adresser aux fabricants, importateurs ou distributeurs des mises en garde et leur demander de mettre les produits qu'ils offrent au public en conformité avec les règles de sécurité et de les soumettre ensuite au contrôle, dans un délai déterminé et à leurs frais, d'un organisme présentant des garanties d'indépendance, de compétence et d'impartialité figurant sur une liste fixée par arrêté ministériel ou, à défaut, désigné par le ou les ministres intéressés.**

Lorsque pour un produit déjà commercialisé, il existe des indices suffisants d'un danger ou quand les caractéristiques d'un produit (*Abrogé par L. n° 2017-203 du 21 févr. 2017, art. 12) « ou service »* **nouveau justifient cette précaution, ils peuvent prescrire aux professionnels concernés de soumettre, dans un délai déterminé et à leurs frais, les produits qu'ils offrent au public au contrôle d'un organisme présentant des garanties d'indépendance, de compétence et d'impartialité désigné par le ou les ministres.**

Lorsqu'un produit n'a pas été soumis au contrôle prescrit en application du présent article, il est réputé ne pas répondre aux exigences de l'article L. 421-3 et le ministre peut faire procéder d'office, en lieu et place des professionnels mentionnés au premier alinéa et à leurs frais, à la réalisation de ce contrôle. – *[C. consom., art. L. 221-7.]*

V. aussi art. D. 521-4.

Pour les prestations de services, V. art. L. 521-26.

SOUS-SECTION 2 MESURES SPÉCIFIQUES APPLICABLES AUX PRESTATIONS DE SERVICES

Sur les sanctions encourues pour ne pas avoir écuté les mesures ordonnées en application des art. L. 521-19 à L. 521-24, V. art. L. 532-3 et L.532-4.

Art. L. 521-19 **Lorsqu'il est constaté qu'une prestation de services n'est pas conforme à la réglementation en vigueur prise en application du livre IV, les agents habilités peuvent en ordonner la mise en conformité, dans un délai qu'ils fixent.**

Cette mise en conformité peut concerner les produits et équipements mis à disposition des consommateurs dans le cadre de la prestation de services. – *[C. consom., art. L. 218-5-1, al. 1er et 2.]*

Art. L. 521-20 **En cas de danger grave ou immédiat, l'autorité administrative peut suspendre par arrêté la prestation de services mentionnée à l'article L. 521-19 jusqu'à sa mise en conformité avec la réglementation en vigueur.** – *[C. consom., art. L. 218-5-1, al. 3.]*

Art. L. 521-21 **Les frais résultant de la mise en œuvre des mesures prévues aux articles L. 521-19 et L. 521-20 sont à la charge du prestataire de services.** – *[C. consom., art. L. 218-5-1, al. 4.]*

Art. L. 521-22 **Toute mesure prise en application des articles L. 521-19 et L. 521-20 peut prévoir l'obligation pour le prestataire de service d'afficher, en un endroit visible de l'extérieur du lieu de la prestation, l'intégralité ou un extrait de cette mesure.** – *[C. consom., art. L. 218-5-1, al. 5.] – V. aussi art. L. 521-24.*

Art. L. 521-23 **En cas de danger grave ou immédiat et lorsque la prestation de services n'est pas réglementée en application du livre IV, l'autorité administrative prend par arrêté les mesures d'urgence qui s'imposent. Si nécessaire, elle peut suspendre la prestation de services pour une durée n'excédant pas trois mois, renouvelable dans les mêmes conditions.**

Elle peut subordonner la reprise de la prestation de services au contrôle d'un organisme présentant des garanties d'indépendance, de compétence et d'impartialité, qu'elle désigne. Le coût de ce contrôle est supporté par le prestataire. – *[C. consom., art. L. 221-6, al. 1er et 2.]*

1. Délai. Le délai imparti aux ministres pour se prononcer sur les mesures à prendre n'est pas prescrit à peine de nullité; dès lors, la circonstance que l'arrêté ministériel ait été pris après l'expiration du délai susmentionné n'est pas de nature à affecter sa régularité (ancienne rédaction de l'art. L. 221-6 de l'ancien code de la consommation qui laissait au ministre un délai de quinze jours). • CE 19 mai 1993 : *cité note 4 ss. art. L. 521-17.*

2. Incompétence. Les dispositions de l'art. L. 221-8 [non-repris] C. consom., qui prévoient qu'en cas d'urgence les mesures prévues aux art. L. 221-5 et L. 221-6 [L. 521-17 et L. 521-23] du même code peuvent être prises y compris pour des produits ou services soumis à des dispositions législatives particulières, ne donnent pas compétence au préfet pour suspendre l'exercice de sa profession pour un médecin, dès lors que les dispositions de l'art. L. 4113-14 CSP permettent au préfet de prononcer cette suspension en cas d'urgence. Ainsi, en jugeant que la décision litigieuse du préfet avait pu légalement être prise en application des dispositions de l'art. L. 221-6 [L. 521-23] C. consom., la cour administrative d'appel de Lyon a commis une erreur de droit. • CE 25 sept. 2009, n° 311597 : *JCP 2009, n° 573, obs. Rousset; Procédures 2009, n° 379, obs. Deygas.*

Art. L. 521-24 **Toute mesure prise en application de l'article** *(L. n° 2017-203 du 21 févr. 2017, art. 12)* **« L. 521-23 » peut prévoir l'obligation pour le prestataire de service d'afficher, en un endroit visible de l'extérieur du lieu de la prestation, l'intégralité ou un extrait de cette mesure***[.]* – *[C. consom., art. L. 221-6, al. 3.] – V. aussi art. L. 521-22.*

Art. L. 521-25 **Les dispositions de l'article L. 521-17 s'appliquent aux prestations de services. La prestation de services peut être suspendue dans les conditions fixées à cet article.**

Art. L. 521-26 **Les dispositions de l'article L. 521-18 s'appliquent aux prestations de services.**

SOUS-SECTION 3 DISPOSITIONS COMMUNES

Art. L. 521-27 **Les rapports d'essais ou d'analyses, avis ou autres documents justifiant les mesures, y compris ceux établis ou recueillis dans le cadre de la recherche d'infractions, peuvent être communiqués à la personne destinataire des mesures prévues au présent chapitre.** – *[C. consom., art. L. 218-2, al. 2.]*

CHAPITRE II PROCÉDURE DE SANCTIONS ADMINISTRATIVES

COMMENTAIRE

I. SANCTIONS

L'un des principaux apports de la loi du 17 mars 2014 relative à la consommation porte sur la mise en place de sanctions administratives, le plus souvent substituées aux sanctions pénales. Ce pouvoir est accordé à l'autorité administrative chargée de la concurrence et de la consommation, laquelle peut prononcer des amendes administratives, mais est aussi compétente en cas d'inexécution des mesures d'injonction (art. L. 522-1).

II. PROCÉDURE SIMPLIFIÉE

Les manquements passibles d'une amende administrative sont constatés par procès-verbaux, faisant foi jusqu'à preuve contraire, dont une copie est transmise à la personne mise en cause (art. L. 512-2). Avant toute décision, l'administration informe par écrit la personne mise en cause de la sanction envisagée à son encontre en lui indiquant qu'elle peut prendre connaissance des pièces du dossier et se faire assister par le conseil de son choix et l'invite à présenter, dans le délai de soixante jours, ses observations écrites ou orales (art. L. 522-5). Ce délai, initialement de trente jours, a été doublé lors des débats parlementaires pour mieux satisfaire aux exigences du procès équitable.

Une fois le délai écoulé, l'autorité administrative peut, par décision motivée, prononcer l'amende (art. L. 522-5).

III. DÉLAI DE PRESCRIPTION VARIABLE

Le délai de prescription de l'action de l'administration est fixé à une année révolue à compter du jour où le manquement a été commis, pour le manquement passible d'une amende administrative n'excédant pas 3 000 € pour une personne physique et 15 000 € pour une personne morale (art. L. 522-3). En revanche, le délai de prescription de trois années, identique à celui des délits pénaux, est retenu pour les manquements les plus graves, ceux dont les sanctions excèdent les peines précédentes (art. L. 522-2).

IV. PLURALITÉ DE SANCTIONS ADMINISTRATIVES PRONONCÉES POUR DES MANQUEMENTS EN CONCOURS

Depuis la loi du 9 décembre 2016, relative à la transparence, à la lutte contre la corruption et à la modernisation de la vie économique, dite « loi Sapin 2 », l'article L. 522-7 dispose que « lorsque, à l'occasion d'une même procédure ou de procédures séparées, plusieurs sanctions administratives ont été prononcées à l'encontre d'un même auteur pour des manquements en concours, ces sanctions s'exécutent cumulativement », alors qu'il était prévu jusqu'à présent que le cumul s'appliquait dans la limite du maximum légal le plus élevé.

V. PUBLICATION

Lorsqu'elle est décidée, la publication de la décision prononcée par l'autorité administrative s'effectue par voie de presse, par voie électronique ou par voie d'affichage, sachant que la diffusion et l'affichage peuvent être ordonnés cumulativement. La publication peut porter sur l'intégralité ou sur une partie de la décision, ou prendre la forme d'un communiqué informant le public des motifs et du dispositif de cette décision. La diffusion de la décision est faite au *Journal officiel*, par une publication de presse, ou par un service de communication au public par voie électronique. L'affichage s'effectue dans les lieux et pour la durée indiquée par la décision ; laquelle ne peut excéder deux mois (art. R. 522-5). ❑

Art. L. 522-1 L'autorité administrative chargée de la concurrence et de la consommation est l'autorité compétente pour prononcer les amendes administratives sanctionnant les manquements aux dispositions mentionnées aux articles L. 511-5, L. 511-6 et L. 511-7 et l'inexécution des mesures d'injonction relatives à des manquements constatés avec les pouvoirs mentionnés aux mêmes articles. — *[C. consom., art. L. 141-1-2, I.] — V. art. R. 522-1.*

Sur la coopération et l'échange d'informations entre l'Autorité de contrôle prudentiel et de résolution, l'Autorité des marchés financiers et l'autorité administrative chargée de la concurrence et de la consommation dans le domaine des pratiques de commercialisation, V. C. mon. fin., art. L. 631-1. — ***C. mon. fin.***

Art. L. 522-2 **L'action de l'administration pour la sanction d'un manquement passible d'une amende administrative excédant 3 000 euros pour une personne physique ou 15 000 euros pour une personne morale se prescrit par trois années révolues à compter du jour où le manquement a été commis si, dans ce délai, il n'a été fait aucun acte tendant à la recherche, à la constatation ou à la sanction de ce manquement.** — *[C. consom., art. L. 141-1-2, II, al. 1er.]*

Art. L. 522-3 **Le délai de prescription de l'action de l'administration pour la sanction d'un manquement passible d'une amende administrative n'excédant pas 3 000 euros pour une personne physique ou 15 000 euros pour une personne morale est d'une année révolue à compter du jour où le manquement a été commis et s'accomplit selon les distinctions spécifiées à l'article L. 522-2.** — *[C. consom., art. L. 141-1-2, II, al. 2.]*

Art. L. 522-4 **Une copie du procès-verbal constatant les manquements passibles d'une amende administrative en est** *[est]* **transmise à la personne mise en cause.** — *[C. consom., art. L. 141-1-2, III, copie.]*

Art. L. 522-5 **Avant toute décision, l'autorité administrative chargée de la concurrence et de la consommation informe par écrit la personne mise en cause de la sanction envisagée à son encontre, en lui indiquant qu'elle peut prendre** *[connaissance des pièces du dossier et]* **se faire assister par le conseil de son choix et en l'invitant à présenter, dans un délai précisé par le décret mentionné à l'article L. 522-10, ses observations écrites et, le cas échéant, ses observations orales.** — *V. art. R. 522-2.*

Passé ce délai, elle peut, par décision motivée, prononcer l'amende. — *[C. consom., art. L. 141-1-2, IV.]*

Art. L. 522-6 **La décision prononcée par l'autorité administrative chargée de la concurrence et de la consommation peut être publiée aux frais de la personne sanctionnée.** — *V. art. R. 522-3.*

L'autorité administrative informe préalablement cette dernière, lors de la procédure contradictoire fixée à l'article L. 522-5 de la nature et des modalités de la publicité envisagée. — *[C. consom., art. L. 141-1-2, V.]*

Art. L. 522-7 **Lorsque, à l'occasion d'une même procédure ou de procédures séparées, plusieurs sanctions administratives ont été prononcées à l'encontre du même auteur pour des manquements en concours** *(Abrogé par L. no 2016-1691 du 9 déc. 2016, art. 123-II)* ***« passibles d'amendes dont le montant maximal excède 3 000 euros pour une personne physique et 15 000 euros pour une personne morale »*****, ces sanctions s'exécutent cumulativement** *(Abrogé par L. no 2016-1691 du 9 déc. 2016, art. 123-II)* ***« , dans la limite du maximum légal le plus élevé ».*** — *[C. consom., art. L. 141-1-2, VII.]*

Art. L. 522-8 **Les documents recueillis et établis à l'occasion de la recherche et de la constatation d'un manquement ayant donné lieu à une procédure de sanction administrative sont communicables uniquement à la personne qui en fait l'objet ou à son représentant.** — *[C. consom., art. L. 141-1-2, VIII.]*

Art. L. 522-9 **L'amende est recouvrée comme en matière de créances étrangères à l'impôt et au domaine.** — *[C. consom., art. L. 141-1-2, IX.]*

Art. L. 522-10 **Les modalités d'application du présent chapitre sont fixées par décret en Conseil d'État.** — *[C. consom., art. L. 141-1-2, X.]*

CHAPITRE III **TRANSACTION**

BIBL. GÉN. ▶ BOMBARDIER, *RLDA janv. 2013. 65* (la transaction en droit pénal de la consommation) ; *Gaz. Pal. 2013. 3678* (procédure de transaction en droit de la consommation).

COMMENTAIRE

L'ordonnance du 1er septembre 2005 a instauré un règlement transactionnel pour les contraventions au code de commerce et au code de la consommation. La loi du 9 décembre 2004 relative à la simplification du droit avait en effet antérieurement autorisé le gouvernement à prendre par voie d'ordonnance des mesures instaurant un règlement transactionnel pour lesdites contraventions.

L'ancien article L. 141-1 avait été à nouveau retouché par les lois du 17 décembre 2007 et du 3 janvier 2008, de façon à accroître les pouvoirs d'administration et afin de tenir compte des dernières modifications sur les pratiques commerciales déloyales, elles-mêmes issues de cette dernière loi. Enfin, la loi du 17 mars 2014 relative à la consommation avait ajouté une garantie en faveur de l'auteur de l'infraction : une copie du procès-verbal de constatation de l'infraction devait être jointe à la proposition de transaction.

Ces dispositions sont réécrites, clarifiées et enrichies par l'ordonnance du 14 mars 2016.

Est ainsi instaurée en faveur des services chargés de la concurrence, de la consommation et de la répression des fraudes la faculté de proposer, avec l'accord du parquet, un règlement transactionnel aux auteurs de contraventions. Cette procédure vise désormais, ainsi que le précise, de façon synthétique, l'article L. 523-1 :

– toutes les contraventions prévues aux livres Ier, II, III et IV ainsi que celles prévues par leurs textes d'application ;

– les délits les moins graves, c'est-à-dire ceux qui ne sont pas punis d'une peine d'emprisonnement, prévus aux livres Ier, II et III ;

– les infractions délictuelles prévues aux articles L. 121-2 à L. 121-4 relatives aux pratiques commerciales trompeuses.

L'autorité administrative chargée de transiger, visée par l'article L. 523-1, est le chef du service national des enquêtes de la DGCCRF, le directeur régional des entreprises, de la concurrence, de la consommation, du travail et de l'emploi ou le directeur de la direction départementale chargée de la protection des populations (art. R. 523-1). Elle transmet ensuite la proposition de transaction au procureur de la République dans un délai de trois mois à compter de la clôture du procès-verbal de constatation de l'infraction (art. R. 523-2).

L'article R. 523-3 prévoit que, lorsque le procureur de la République a donné son accord sur la proposition de transaction, l'autorité administrative notifie cette dernière en double exemplaire à l'auteur de l'infraction. Cette notification comporte une mention précisant que si la personne ne paie pas dans le délai imparti la somme indiquée dans la proposition, le procureur de la République pourra engager les poursuites à son égard. L'auteur de l'infraction dispose d'un mois, à compter de cette notification, pour y répondre. En cas d'acceptation, l'auteur de l'infraction retourne à l'autorité administrative un exemplaire signé de la proposition.

Selon l'article R. 523-4, si au terme du délai susvisé, l'auteur de l'infraction a refusé la proposition ou n'y a pas répondu, l'autorité administrative en informe sans délai le parquet.

Les effets de la transaction sont décrits par deux dispositions successives. L'article L. 523-3 précise pour sa part que l'acte par lequel le procureur de la République donne son accord à la proposition de transaction est interruptif de la prescription de l'action publique ; l'article L. 523-4 ajoutant par ailleurs que l'action publique est éteinte lorsque l'auteur de l'infraction a exécuté dans le délai imparti les obligations résultant pour lui de l'acceptation de la transaction. □

Art. L. 523-1 L'autorité administrative chargée de la concurrence et de la consommation a droit, tant que l'action publique n'a pas été mise en mouvement, de transiger, après accord du procureur de la République, selon des modalités fixées par décret en Conseil d'État, pour :

1° *Les contraventions prévues aux livres* Ier, II, III et IV ainsi que celles prévues par leurs textes d'application ;

2° Les délits qui ne sont pas punis d'une peine d'emprisonnement, prévus aux livres I, II et III ainsi que pour les infractions prévues aux articles L. 121-2 à L. 121-4.
– [C. consom., art. L. 141-2, al. 1er, et L. 216-11, al. 1er.]

V. aussi art. R. 523-1 s.

Art. L. 523-2 Une copie du procès-verbal de constatation de l'infraction est jointe à la proposition de transaction adressée à l'auteur de l'infraction. – *[C. consom., art. L. 141-2, al. 2, et L. 216-11, al. 2.]*

Art. L. 523-3 L'acte par lequel le procureur de la République donne son accord à la proposition de transaction est interruptif de la prescription de l'action publique. – *[C. consom., art. L. 141-2, al. 3, et L. 216-11, al. 3.]*

Art. L. 523-4 L'action publique est éteinte lorsque l'auteur de l'infraction a exécuté dans le délai imparti les obligations résultant pour lui de l'acceptation de la transaction. – *[C. consom., art. L. 141-2, al. 4, et L. 216-11, al. 4.]*

Transaction. Concluant à la méconnaissance du sens et de la portée du 4e al. de l'art. L. 141-2 [L. 523-4] selon lequel l'action publique est éteinte lorsque l'auteur de l'infraction a exécuté dans le délai imparti les obligations résultant pour lui de l'acceptation de la transaction, V. • Crim. 19 mai 2015, n° 14-85. 885 P : *RTD com. 2015. 603, obs. Bouloc ; CCC 2015, n° 214, obs. Raymond ; RJDA 2016, n° 155.*

CHAPITRE IV SAISINE DE LA JURIDICTION CIVILE OU ADMINISTRATIVE

COMMENTAIRE

Aux termes des articles L. 524-1 et L. 524-2, l'autorité administrative chargée de la concurrence et de la consommation peut prendre l'initiative de :

– demander à la juridiction civile ou, s'il y a lieu, à la juridiction administrative d'ordonner, le cas échéant sous astreinte, la suppression d'une clause illicite, interdite ou abusive insérée par un professionnel dans tout contrat ou type de contrat proposé ou destiné au consommateur ou au non-professionnel, de déclarer que cette clause est réputée non écrite dans tous les contrats identiques conclus par le même professionnel avec des consommateurs – que ce contrat soit proposé ou en cours d'exécution – et de lui ordonner d'en informer à ses frais les consommateurs concernés par tous moyens appropriés. La précision contrat « en cours ou non », issue de la loi n° 2015-990 du 6 août 2015, était substituée à la formule « y compris les contrats qui ne sont plus proposés », qui avait été introduite par la loi du 17 mars 2014. L'ordonnance du 14 mars 2016 réécrit, à nouveau, le texte. Ces reformulations successives du texte visent à permettre à la DGCCRF de saisir les juridictions d'une demande de suppression d'une clause abusive sous astreinte, que le contrat soit ou non en cours. Quant au nouveau visa des clauses « interdites » par la loi du 6 août 2015, il s'agit d'un amendement de cohérence entre les droits reconnus aux personnes protégées par la réglementation économique et d'un élargissement du champ d'action de l'autorité. Enfin et surtout, la loi du 6 août 2015 vise le non-professionnel (désormais défini par l'article liminaire du code) au titre des contrats passés avec un professionnel et susceptibles d'une action en suppression, ce qui permettra à la fois de protéger les syndicats de copropriétaires dans les litiges concernant les contrats de syndic et de mettre en cohérence les champs d'application respectifs du régime des clauses abusives et de l'action en suppression.

– demander à la juridiction civile d'ordonner, le cas échéant sous astreinte, toute mesure de nature à mettre un terme aux manquements à des obligations contractuelles ou aux agissements illicites mentionnés aux articles L. 511-5, L. 511-6 et L. 511-7.

Selon l'article R. 524-1, l'autorité administrative visée aux articles L. 524-1 à L. 524-3 est le chef du service national des enquêtes de la DGCCRF, le directeur régional des entreprises, de la concurrence, de la consommation, du travail et de l'emploi ou le directeur de la direction départementale chargée de la protection des populations. ❑

Art. L. 524-1 A la suite des constatations effectuées sur le fondement des articles L. 511-5 à L. 511-7, l'autorité administrative chargée de la concurrence et de la consommation peut demander à la juridiction civile ou, s'il y a lieu, à la juridiction administrative :

1° D'ordonner, le cas échéant sous astreinte, la suppression d'une clause illicite, interdite ou abusive insérée par un professionnel dans tout contrat ou type de contrat

proposé ou destiné aux consommateurs ou aux non-professionnels ou dans tout contrat en cours d'exécution ;

2° De déclarer que cette clause est réputée non écrite dans tous les contrats identiques conclus par le même professionnel avec des consommateurs ou des non-professionnels ;

3° Et d'ordonner au professionnel d'en informer à ses frais les consommateurs ou les non-professionnels concernés par tous moyens appropriés. – *[C. consom., art. L. 141-1, VIII, 1°.]*

1. Citation directe. En donnant compétence à certains fonctionnaires pour constater le délit de publicité trompeuse, la loi n'a pas eu pour objet d'exclure les preuves de droit commun ; le délit peut donc donner lieu à une citation directe, même en l'absence de procès-verbal dressé par les agents de l'administration. • Crim. 2 oct. 1985 : *Bull. crim. n° 290 ; RTD com. 1986. 541, obs. Hémard et Bouloc.*

2. Syndicats professionnels. En matière de publicité trompeuse, l'action civile n'est pas réservée aux seules associations de consommateurs ; elle peut aussi être exercée par les syndicats professionnels, car l'infraction est de nature à porter préjudice à l'ensemble de la profession qui respecte les obligations légales. • Crim. 23 janv. 1979 : *D. 1979. IR 552 ; RTD civ. 1979. 803, obs. Durry.* ♦ Jugeant l'INAO recevable à se constituer partie civile pour une infraction de publicité de nature à induire en erreur, V. • Crim. 2 oct. 2007 : *Bull. crim. n° 231 ; RTD com. 2008. 435, obs. Bouloc ; AJ pénal 2007. 537 ; Gaz. Pal. 2007. 4088, obs. M. B. ; ibid. 2008. 1905, obs. Y. M. ; RJDA 2008, n° 201 ; CCE 2008. Chron. 7, n° 21, par Dreyer.*

Art. L. 524-2 L'autorité administrative chargée de la concurrence et de la consommation peut, après en avoir avisé le procureur de la République, demander à la juridiction civile d'ordonner, le cas échéant sous astreinte, toute mesure de nature à mettre un terme aux manquements à des obligations contractuelles ou aux agissements illicites mentionnés aux articles L. 511-5, L. 511-6 et L. 511-7. – *[C. consom., art. L. 141-1, VIII, 2°.]*

Art. L. 524-3 En cas d'infraction ou de manquement aux dispositions mentionnées aux articles L. 511-5, L. 511-6 et L. 511-7 ou au livre IV, l'autorité administrative chargée de la concurrence et de la consommation peut demander à l'autorité judiciaire de prescrire en référé ou sur requête, dans les conditions prévues au 8 du I de l'article 6 de la loi n° 2004-575 du 21 juin 2004 pour la confiance dans l'économie numérique, à toute personne mentionnée au 2 du I du même article 6 ou, à défaut, à toute personne mentionnée au 1 du même I ainsi qu'aux fournisseurs d'un service téléphonique au public, au sens du 7° de l'article L. 32 du code des postes et des communications électroniques, toutes mesures proportionnées propres à prévenir un dommage ou à faire cesser un dommage causé par le contenu d'un service de communication au public en ligne ou d'un service téléphonique. – *[C. consom., art. L. 141-1, VIII, 3°, et L. 215-20.]*

Art. L. 524-4 Un décret en Conseil d'État fixe les modalités d'application des articles L. 524-1 à L. 524-3. – *[C. consom., art. L. 141-1, VIII, al. 4.]*

CHAPITRE V PROCÉDURES DEVANT LES JURIDICTIONS

Art. L. 525-1 Devant les juridictions pénales, l'autorité administrative chargée de la concurrence et de la consommation peut, à la demande du tribunal, présenter ses observations à l'audience. – *[C. consom., art. L. 141-1, IX, 3e phrase, et L. 215-21, 3e phrase.]*

Qualité de témoin. *Sur la qualité de témoin à* l'audience devant la juridiction correctionnelle de l'agent de la direction de la concurrence, de la consommation et de la répression des fraudes intéressée aux poursuites pour publicité trompeuse, V. : • Crim. 3 janv. 1996 : *Bull. crim. n° 2 ; Gaz. Pal. 1996. 1. Chron. 77, par Doucet ; Dr. pénal 1996, n° 107, obs. J.-H. Robert.*

TITRE TROISIÈME **SANCTIONS**

COMMENTAIRE

A l'instar des autres développements, la recodification intervenue par l'ordonnance du 14 mars 2016 permet de regrouper les sanctions pénales et administratives relatives aux constatations et contrôles.

Ainsi, l'article L. 531-1 réprime plus particulièrement le délit d'opposition à fonction. Dans sa rédaction initiale, il fallait que ces agents soient mis dans l'impossibilité d'accomplir leurs fonctions, ce qui ne permettait pas de réprimer le refus de collaboration. Sous l'empire de l'ordonnance du 9 juillet 2004, les conditions de l'opposition à fonction sont assouplies puisqu'il suffit qu'il soit fait obstacle à leur exercice pour que le délit puisse être retenu. La loi n° 2014-344 du 17 mars 2014 a élargi la protection à toutes les catégories d'agents visés par les textes alors qu'antérieurement seuls les agents de la DGCCRF étaient expressément concernés. Les peines prévues sont celles de la tromperie.

De même, le fait de ne pas déférer dans le délai imparti à une injonction relative aux infractions énumérées ou aux manquements constatés est passible d'une amende administrative fixée à l'article L. 532-1 et, en matière de conformité, sécurité et valorisation des produits et services, à l'article L. 532-2.

L'article R. 531-1 prévoit, pour sa part, une peine prévue pour les contraventions de la cinquième classe lorsqu'un détenteur de marchandises n'a pas conservé un échantillon laissé à sa garde en application de l'article R. 512-15 ou en a modifié l'état. L'article R. 531-2 sanctionne de la même peine le fait de mettre en vente ou de vendre, sans attendre les résultats d'un contrôle officiel en cours, des marchandises reconnues non conformes à la réglementation ou falsifiées à l'issue de l'enquête consécutive à ce contrôle. La récidive est réprimée conformément aux articles 132-11 et 132-15 du code pénal. ❑

CHAPITRE PREMIER **RECHERCHE ET CONSTATATION**

SECTION PREMIÈRE **SANCTIONS PÉNALES**

Art. L. 531-1 Le fait de faire obstacle à l'exercice des fonctions des agents habilités en violation des dispositions de l'article L. 512-4 est puni d'un emprisonnement de deux ans et d'une amende de 300 000 euros.

Le montant de l'amende peut être porté, de manière proportionnée aux avantages tirés du délit, à 10 % du chiffre d'affaires moyen annuel, calculé sur les trois derniers chiffres d'affaires annuels connus à la date des faits. – *[C. consom., art. L. 141-1, I, al. 1er, renvoyant à l'art. L. 450-8 C. com., sanction, et L. 217-10, sanction.]*

Art. L. 531-2 Les personnes physiques coupables du délit puni à l'article L. 531-1 encourent également à titre de peines complémentaires l'interdiction, suivant les modalités prévues à l'article 131-27 du code pénal, soit d'exercer une fonction publique ou d'exercer l'activité professionnelle ou sociale dans l'exercice ou à l'occasion de l'exercice de laquelle l'infraction a été commise, soit d'exercer une profession commerciale ou industrielle, de diriger, d'administrer, de gérer ou de contrôler à un titre quelconque, directement ou indirectement, pour leur propre compte ou pour le compte d'autrui, une entreprise commerciale ou industrielle ou une société commerciale.

Ces interdictions d'exercice ne peuvent excéder une durée de cinq ans. Elles peuvent être prononcées cumulativement.

Les personnes morales déclarées responsables pénalement, dans les conditions prévues à l'article 121-2 du code pénal, du délit puni à l'article L. 531-1 encourent, outre l'amende suivant les modalités prévues à l'article 131-38 du code pénal, les peines prévues aux 2° à 9° de l'article 131-39 du même code.

L'interdiction mentionnée au 2° du même article 131-39 du code pénal porte sur l'activité dans l'exercice ou à l'occasion de l'exercice de laquelle l'infraction a été commise. Les peines prévues aux 2° à 7° de cet article ne peuvent être prononcées que pour une durée de cinq ans au plus. – *[C. consom., art. L. 217-12, opposition à fonctions.]*

Art. L. 531-3 Le non-respect de la mesure de consignation mentionnée à l'article L. 512-26 est puni d'un emprisonnement de deux ans et d'une amende de 300 000 euros. – *[C. consom., art. L. 215-7, al. 10.]*

Art. L. 531-4 Le non-respect de la mesure de saisie mentionnée à l'article L. 512-29 est puni d'un emprisonnement de trois ans et d'une amende de 375 000 euros. – *[C. consom., art. L. 215-5, al. 10, 1re phrase.]*

Art. L. 531-5 En cas de condamnation pour les faits réprimés par les articles L. 531-3 et L. 531-4, le tribunal peut prononcer en outre :

1° L'affichage et la diffusion de la décision dans les conditions prévues à l'article 131-35 du code pénal ;

2° La diffusion d'un ou plusieurs messages. Le jugement fixe les termes de ces messages et les modalités de leur diffusion et impartit à la personne condamnée un délai pour y faire procéder ; en cas de carence, il est procédé à cette diffusion à la diligence du ministère public aux frais de la personne condamnée ;

3° Le retrait des produits sur lesquels a porté l'infraction et, dans les mêmes conditions, l'interdiction de la prestation de services.

Lorsque l'affichage est ordonné à la porte des magasins de la personne condamnée, l'exécution du jugement ne peut être entravée par la vente du fonds de commerce réalisée postérieurement à la première décision qui a ordonné l'affichage. – *[C. consom., art. L. 215-5, al. 10, 2e phrase, et L. 216-3, saisie.]*

SECTION II SANCTIONS ADMINISTRATIVES

Art. L. 531-6 Sans préjudice des autres sanctions encourues, lorsque la non-conformité à la réglementation d'un produit a été établie par un essai ou une analyse, réalisé à la suite d'un prélèvement d'échantillon effectué en application du présent livre, le responsable de la mise sur le marché du produit ou, le cas échéant, toute autre personne responsable de la non-conformité supporte, à titre de sanction infligée par l'autorité administrative, les frais de prélèvement, de transport, d'analyse ou d'essai que cette autorité a exposés.

Les modalités d'application du présent article, notamment le plafond de cette sanction, sont fixées par décret en Conseil d'État. – *[C. consom., art. L. 218-5-6.] – V. art. R. 522-7 s. et R. 531-3.*

CHAPITRE II MESURES CONSÉCUTIVES AUX CONTRÔLES

COMMENTAIRE

Sont envisagées par les articles L. 532-1 à L. 532-4 différentes sanctions relatives au fait de ne pas déférer dans le délai imparti à une injonction ou au fait de ne pas exécuter les mesures ordonnées consécutives aux contrôles, ces dispositions étant complétées par les articles R. 532-1 et R. 532-2.

SECTION UNIQUE MESURES DE POLICE ADMINISTRATIVE

SOUS-SECTION 1 INFORMATIONS PRÉCONTRACTUELLES, PRATIQUES COMMERCIALES, CONTRATS ET CRÉDIT

Art. L. 532-1 Le fait de ne pas déférer dans le délai imparti à une injonction relative aux infractions ou aux manquements constatés avec les pouvoirs mentionnés aux *articles L. 511-5, L. 511-6* et L. 511-7, est passible d'une amende administrative dont le montant ne peut excéder :

1° Pour une personne physique :1 500 euros et pour une personne morale : 7 500 euros, lorsque l'infraction ou le manquement ayant justifié la mesure d'injonction est sanctionné par une amende au plus égale à celle prévue pour une contravention de la cinquième classe ou par une amende administrative dont le montant est

au plus égal à 3 000 euros pour une personne physique et à 15 000 euros pour une personne morale ;

2° Pour une personne physique : 3 000 euros et pour une personne morale : 15 000 euros, lorsque l'infraction ou le manquement ayant justifié la mesure d'injonction est sanctionné par une peine délictuelle ou une amende administrative dont le montant excède pour une personne physique 3 000 euros et 15 000 euros pour une personne morale.

L'autorité administrative chargée de la concurrence et de la consommation prononce l'amende dans les conditions prévues au chapitre II du titre II. – *[C. consom., art. L. 141-1, VII, al. 2 à 4.]*

SOUS-SECTION 2 MESURES SPÉCIFIQUES APPLICABLES AUX PRODUITS, AUX SERVICES ET AUX ÉTABLISSEMENTS

Art. L. 532-2 **Le fait de ne pas déférer dans le délai imparti à une injonction relative aux infractions ou aux manquements constatés avec les pouvoirs mentionnés à l'article L. 511-15 est puni d'un emprisonnement de deux ans et d'une amende de 15 000 euros.**

Le montant de l'amende peut être porté à 30 000 euros lorsque les produits ou les services concernés présentent ou sont susceptibles de présenter un danger pour la santé publique ou la sécurité des consommateurs. – *[C. consom., art. L. 218-7, al. 2, sanction injonction.]*

Art. L. 532-3 **Le fait de ne pas exécuter les mesures ordonnées en application des articles L. 521-4 à L. 521-16 et L. 521-19 à L. 521-22 est puni d'un emprisonnement de deux ans et d'une amende de 15 000 euros.**

Le montant de l'amende peut être porté à 30 000 euros lorsque les produits ou services concernés par ces mesures présentent ou sont susceptibles de présenter un danger pour la santé publique ou la sécurité des consommateurs. – *[C. consom., art. L. 218-7, al. 2, sanction autres mesures.]*

Art. L. 532-4 **Le fait de ne pas exécuter les mesures ordonnées en application des articles L. 521-23 et L. 521-24 est puni d'un d'emprisonnement de deux ans et d'une amende de 30 000 euros.** – *[C. consom., art. L. 223-1.]*

TITRE QUATRIÈME DISPOSITIONS RELATIVES À L'OUTRE-MER

CHAPITRE UNIQUE RECHERCHE ET CONSTATATION

(Ord. n° 2017-269 du 2 mars 2017, art. 5, en vigueur le 1er juill. 2017)

Le chapitre unique, tel qu'issu de l'Ord. n° 2017-269 du 2 mars 2017, entre en vigueur à la date d'entrée en vigueur du décret portant dispositions relatives à l'outre-mer du code de la consommation et au plus tard le 1er juill. 2017 (Ord. préc., art. 9). – V. Décr. n° 2017-1166 du 12 juill. 2017 (JO 14 juill.), qui ne prévoit pas d'entrée en vigueur particulière, de telle sorte que les dispositions relatives à l'outre-mer ont vocation à entrer en vigueur le 1er juill. 2017.

Art. L. 541-1 **Sont applicables aux agents assermentés de la Nouvelle-Calédonie mentionnés à l'article 86 de la loi organique n° 99-209 du 19 mars 1999 relative à la Nouvelle-Calédonie, sous réserve des adaptations prévues aux articles L. 541-2 et L. 541-3, les dispositions des articles mentionnés dans la colonne de gauche du tableau ci-après, dans leur rédaction indiquée dans la colonne de droite du même tableau :**

ARTICLES APPLICABLES	DANS LEUR RÉDACTION
L. 512-2 à L. 512-17, L. 512-22 à L. 512-33, L. 512-39 à L. 512-50 et L. 531-1 à L. 531-5	Résultant de l'ordonnance n° 2016-301 du 14 mars 2016

Art. L. 541-2 Les dispositions mentionnées à l'article L. 541-1 sont applicables à la Nouvelle-Calédonie sous réserve des adaptations suivantes :

1° A l'article L. 512-2, les mots : "et les manquements sont constatés" sont remplacés par les mots : "sont constatées" ;

2° A l'article L. 512-4, la seconde phrase est supprimée ;

3° A l'article L. 512-7, les mots : "ou du manquement" et "ou d'un manquement" sont supprimés ;

4° A l'article L. 512-13, les mots : "ou un manquement" sont supprimés ;

5° A l'article L. 512-15, les mots : "mentionnée à l'article L. 122-1" sont supprimés ;

6° A l'article L. 512-17, au 3e alinéa, les mots : "ou de police administrative" sont supprimés ;

7° A l'article L. 512-29, au 3°, les mots : "dans les cas prévus aux articles L. 413-1 et L. 413-2" sont supprimés et le 5° est abrogé.

Art. L. 541-3 Pour l'application en Nouvelle-Calédonie :

1° A l'article L. 512-6, le mot : "grande" est remplacé par le mot : "première" ;

2° A l'article L. 512-14, les mots : "et des établissements et organisme*[s]* placés sous le contrôle de l'État et des collectivités territoriales ainsi que dans les entreprises concédées par l'État, les régions, les départements et les communes" sont remplacés par les mots : "de la collectivité, des Provinces et des communes" ;

3° Les sanctions pécuniaires encourues en vertu du présent livre sont prononcées en monnaie locale, compte tenu de la contre-valeur de l'euro dans cette monnaie.

LIVRE SIXIÈME RÈGLEMENT DES LITIGES

BIBL. GÉN. ▶ RODRIGUEZ, *Dr. et patr. mars 2017. 60* (un droit procédural de la consommation singularisé).

COMMENTAIRE

Le nouveau livre VI consacre la spécificité des modes de règlement des litiges de consommation : il existe bien, avec le prolongement du surendettement (livre VII), un droit procédural de la consommation.

Le présent livre débute par la médiation (titre Ier), dont le particularisme en matière de consommation découle de l'ordonnance n° 2015-1033 du 20 août 2015 transposant la directive 2013/11/UE du 21 mai 2013 sur le règlement extrajudiciaire des litiges de consommation. Les textes avaient été initialement insérés dans le livre consacré à l'information des consommateurs (C. consom., anc. art. L. 151-1 s.), ce qui ne pouvait que surprendre.

Viennent à la suite les actions en justice des associations de consommateurs (titre II) – autrefois figurant dans un livre IV consacré aux associations de consommateurs – avec une présentation presque identique, sous réserve de quelques reformulations et petits redécoupages. L'action de groupe est maintenue dans le code de la consommation, même si ce modèle procédural a été, depuis son instauration en 2014, récemment étendu à d'autres domaines.

Le titre III, consacré à la compétence du juge, ne comporte aucune disposition législative. Le relevé d'office du juge et l'option de compétence du consommateur (C. consom., anc. art. L. 141-4 et L. 141-5) sont déclassés dans la partie réglementaire (art. R. 632-1 et R. 631-3), ce qui affaiblit quelque part la portée de ces règles essentielles pour assurer l'effectivité du droit de la consommation et qui sont un marqueur de sa spécificité. Mais il s'agit de répondre à la volonté affichée de « corriger certaines anomalies dans la délimitation des domaines législatif et réglementaire » (Rapp. au président de la République, *JO 16 mars 2016*), les règles de procédure relevant de la matière réglementaire.

Rappelons ici ces deux règles de procédure spécifiques essentielles qui favorisent le rééquilibrage des relations contractuelles (V. sur cette question, Y. Picod, Le droit au respect de la loi contractuelle confronté aux déloyautés et déséquilibres économiques, *in* La paix, un possible objectif pour les juristes de droit des affaires [sous la dir. J. Mestre], *LGDJ, coll. Grands colloques, 2016, p. 113*).

L'ancien article L. 141-4 sur l'office du juge en droit de la consommation est reproduit à *l'identique* à l'article R. 632-1 : « Le juge peut relever d'office toutes les dispositions du présent code dans les litiges nés de son application. Il écarte d'office, après avoir recueilli les observations des parties, l'application d'une clause dont le caractère abusif ressort des éléments du débat ». L'ancien article L. 141-5, lui donnant une option supplémentaire à celle de l'article 46 du code de procédure civile (issu de la L. n° 2009-526 du 12 mai 2009), est légèrement reformulé à l'article R. 631-3 : « Le consommateur peut saisir, soit l'une des juridictions territorialement compétentes en vertu du code de procédure civile, soit la juridiction du lieu où il demeurait au moment de la conclusion du contrat ou de la survenance du fait dommageable ».

Il en va accessoirement de même pour l'ancien article L. 141-6, devenu l'article R. 631-4, sur la possibilité pour le juge de mettre à la charge du professionnel condamné l'intégralité des droits proportionnels de recouvrement ou d'encaissement prévus par l'article L. 111-8 du code des procédures civiles d'exécution. ❏

TITRE PREMIER *MÉDIATION*

BIBL. GÉN. ▶ BERNHEIM-DESVAUX, *CCC 2015. Étude 11* (transposition de la Dir. 2013/11/UE du 21 mai 2013 relative au RELC). – JAMIN, *D. avocats 2015. 321* (le droit de la consommation toujours plus applicable aux avocats ?). – BOCCARA, *Banque et Droit sept.-oct. 2015. 42* (essor des modes alternatifs de règlement des litiges en matière bancaire). – GORCHS-GELZER, *Dr. et proc. oct. 2015. 174* (présentation générale). – NDLR, *BRDA 2015, n° 21, p. 20* (la médiation se généralise et les professionnels doivent s'organiser). – PIEDELIÈVRE, *Gaz. Pal. 2015. 3512* (le règlement amiable des litiges après l'Ord. du 20 août 2015). – Dossier, *Banque et Droit, suppl. déc. 2015* (la médiation bancaire). – PETIT, *D. 2015. 2571* (la médiation de la consommation : une procédure obligatoire pour toutes les entreprises à partir du 1er janv. 2016). – GUINCHARD, *RTD eur. 2015. 775* (transposition de la Dir. 2013/11). – DARY et LEUNG, *RLDA févr. 2016. 48* (médiation de la consommation :

contrainte ou opportunité pour les professionnels ?). – FEFERMAN et PETIT, *AJDI 2016. 91* (la médiation de la consommation et les métiers de l'immobilier). – BERNHEIM-DESVAUX, *Cah. dr. entr. 2016, n° 3, Dossier 23* (le nouveau visage de la médiation de la consommation). – BESOMBES, CHAVERNOZ, GORCHS-GELZER, HAUSER et HENRY, *JCP E 2016, n° 1505* (médiation et entreprise : nouvelles obligations et perspectives).

COMMENTAIRE

L'intérêt de l'Union européenne pour les modes extrajudiciaires remonte à 1999, date à laquelle le Conseil européen avait invité les États membres à créer des procédures de substitution extrajudiciaires. Depuis, la démarche a permis d'aboutir à une directive du 21 mai 2008 sur la médiation pour les litiges transfrontières civils et commerciaux, transposée en France par l'ordonnance du 16 novembre 2011 et le décret du 20 janvier 2012. Mais il ne s'agit pas là d'un instrument destiné au seul consommateur.

Plus récemment, l'Union européenne s'est dotée de modes alternatifs de règlement des litiges pour les contrats de consommation à travers deux textes publiés le 21 mai 2013, en l'occurrence une directive 2013/11/UE relative au règlement extrajudiciaire des litiges de consommation (RELC) et un règlement n° 524/2013 relatif au règlement en ligne des litiges de consommation (RLLC). Il s'agit d'une directive d'harmonisation minimale, laissant donc une grande marge d'initiative aux États et qui « impulse un mouvement plus général sans doute pour la médiation dans son ensemble et au-delà du secteur de la consommation » (E. Constans, Colloque de l'ANM du 4 déc. 2014, www.anm-mediation.com). La directive et le règlement, instruments liés, visent à renforcer la confiance des consommateurs sur le marché en leur offrant une solution efficace, rapide et gratuite pour régler un litige interne ou transfrontalier résultant de la vente de marchandises ou de la prestation de services en ligne ou hors ligne. Pour la France, les mécanismes de RELC sont des mécanismes de médiation.

A la suite de la publication de la directive de 2013, un rapport (rapport Constans) a été remis au ministre de l'Économie en mai 2014 avec un certain nombre de propositions, telles que la généralisation de la médiation à tous les secteurs de la consommation ou l'affirmation du principe de gratuité. C'est une loi du 30 décembre 2014 qui a autorisé le Gouvernement à procéder à la transposition de celle-ci par voie d'ordonnance. Ladite transposition a été opérée par l'ordonnance n° 2015-1033 du 20 août 2015, relative aux règlements extrajudiciaires des litiges de consommation, qui introduit, désormais aux articles L. 611-1 et suivants, un titre consacré à la médiation. Sa finalité est de faciliter pour les consommateurs le recours à des modes de résolution amiable des litiges les opposant à des professionnels et résultant de l'exécution ou de l'inexécution – totale ou partielle – de contrats de vente ou de fourniture de services.

Le dispositif général repose sur trois piliers : généralisation du mécanisme de la médiation de la consommation ; détermination des critères de qualité et d'indépendance pour les médiateurs ; contrôle et évaluation des médiateurs.

Sur le plan formel, on s'étonnera de voir figurer au livre Ier (consacré à l'information et à la formation du contrat), plutôt qu'au livre V (relatif aux institutions), la question de la médiation, mais on a sans doute souhaité enraciner la médiation dans des dispositions concernant le contrat de consommation et ses difficultés d'exécution.

Le décret d'application du 30 octobre 2015 est venu compléter la loi (art. R. 612-1 s.). Il précise les règles relatives au processus de médiation de la consommation, les exigences d'indépendance ou d'impartialité attachées au statut du médiateur ainsi que les obligations d'information et de communication qui incombent à ce dernier. Il précise également la composition, l'organisation, les moyens et les modalités de fonctionnement de la Commission d'évaluation et de contrôle de la médiation de la consommation. En outre, il fixe les modalités d'information du consommateur, lui permettant de recourir effectivement à un médiateur de la consommation, et d'assistance au consommateur, en cas de litige transfrontalier. Enfin, le décret modifie le code monétaire et financier, le code des assurances et le code de la sécurité sociale, afin de permettre la mise en œuvre de la médiation de la consommation dans ces secteurs. ❑

CHAPITRE PREMIER **DÉFINITIONS ET CHAMP D'APPLICATION**

COMMENTAIRE

I. DÉFINITIONS

Était d'abord définie dans la version antérieure à l'ordonnance de recodification la notion de professionnel, alors même que l'ancien code de la consommation ne la définissait pas dans ses dispositions préliminaires. Dans la mesure où la notion est aujourd'hui précisée dans l'article liminaire, elle a logiquement disparu dans le nouvel article L. 611-1.

Il faut observer aussi que le contrat de vente est défini par renvoi à l'article 1582 du code civil. En ce qui concerne le contrat de prestation de service (qui évoque le contrat de louage d'ouvrage du code civil), l'ordonnance du 20 août 2015 propose une définition qui apparaît comme une tautologie, le terme « service » étant repris dans la définition de l'objet du contrat. Le texte envisage aussi le contrat mixte, c'est-à-dire celui qui porte à la fois sur la vente d'un bien et sur la fourniture d'un service : la qualification de contrat de vente prévaut alors.

Seuls sont concernés les contrats entre un professionnel et un consommateur. Conformément à la directive, les litiges entre professionnels sont exclus.

Sont également distingués les litiges nationaux et transfrontaliers. Le litige national concerne le litige entre deux parties (consommateur/professionnel) résidant dans le même État. En revanche, le litige transfrontalier suppose que les deux parties résident dans deux États membres différents, l'appréciation se faisant au moment de la formation du contrat. On relèvera que l'expression « exécution d'un contrat » employée par l'article L. 611-1 pour désigner le champ d'application des textes est maladroite, dans la mesure où la directive prévoit une couverture de tous les litiges découlant du contrat, ce qui recouvre non seulement son exécution, mais également sa formation (art. 4, § 1, e) et f), de la directive).

Est enfin définie la notion de médiation, le consommateur ayant accès à un large panel de systèmes de médiation : la médiation sectorielle (dont le développement est encouragé), la médiation d'entreprise et la médiation publique. Est plus précisément définie la médiation de litiges de consommation, qui renvoie à la médiation conventionnelle, consacrée par la loi du 8 février 1995 relative à l'organisation des juridictions et de la procédure civile, pénale et administrative. En ce sens, le médiateur de la consommation désigne toute personne physique ou morale accomplissant une mission de médiation conventionnelle. Il doit figurer sur une liste établie par une commission nationale et notifiée à la Commission européenne, conformément à l'article 20 de la directive. Quant au médiateur public, il s'agit du médiateur désigné par une autorité publique. Sa définition ne figure pas dans la directive mais renvoie aux médiateurs sectoriels (tels que le médiateur national de l'énergie et le médiateur de l'Autorité des marchés financiers). Enfin, il faut observer que l'article 6, § 3, de la directive de 2013 permet aux États de créer ou de maintenir les médiations internes existant sur leur territoire, à condition que de tels médiateurs répondent aux exigences d'indépendance et d'impartialité. Cette possibilité est explicitée par les articles L. 613-2 et L. 613-3. Tous les médiateurs sont soumis à des critères de qualité, visés par la directive et repris aux articles L. 613-1, L. 613-2 et L. 613-3 du code, étant précisé que les médiateurs sectoriels et d'entreprise sont soumis à des conditions supplémentaires (V. les commentaires sous le chapitre III).

II. CHAMP D'APPLICATION

La médiation vise à la fois les litiges nationaux et transfrontaliers opposant un consommateur à un professionnel. Les dispositions précitées de la loi de 1995 sont applicables en tant que dispositions de droit commun, celles du présent titre pouvant y déroger. L'article L. 611-3 vise un certain nombre d'exclusions, telles que les litiges entre professionnels ou les réclamations portées par le consommateur auprès du service clientèle du professionnel ou encore les procédures introduites par un professionnel contre un consommateur. Enfin, l'article L. 611-4 fixe les contours du litige de consommation, excluant par exemple les services de santé fournis par des professionnels de la santé.

III. APPLICATION DANS LE TEMPS

L'article 7 de l'ordonnance du 20 août 2015 impose au professionnel de se conformer, dans les deux mois à compter de la publication du décret d'application précisant les modalités selon lesquelles le processus de médiation est mis en œuvre (décret publié le 31 oct. 2015), à l'ensemble des dispositions issues de l'ordonnance. ❑

Art. L. 611-1 Pour l'application du présent titre, on entend par :

1° Litige national : un litige de nature contractuelle entre un consommateur et un professionnel portant sur l'exécution d'un contrat de vente ou de fourniture de services, lorsqu'au moment de sa conclusion, le consommateur réside dans le même État membre que celui du lieu d'établissement du professionnel ;

2° Litige transfrontalier : un litige de nature contractuelle entre un consommateur et un professionnel portant sur l'exécution d'un contrat de vente ou de fourniture de services, lorsqu'au moment de sa conclusion le consommateur réside dans un État membre autre que celui du lieu d'établissement du professionnel ;

3° Contrat de vente : tout contrat au sens de l'article 1582 du code civil, ainsi que tout contrat ayant à la fois pour objet la vente d'un bien et la fourniture d'un service, conclu entre un professionnel et un consommateur ;

4° Contrat de prestation de services : tout contrat ayant pour objet la fourniture d'un service par le professionnel en contrepartie duquel le consommateur s'engage à payer le prix ;

5° Médiation des litiges de la consommation : un processus de médiation conventionnelle, tel que défini à l'article 21 de la loi n° 95-125 du 8 février 1995 relative à l'organisation des juridictions et de la procédure civile, pénale et administrative ou un autre processus de médiation conventionnelle prévu par la loi ; – *V. art. R. 612-1.*

6° Médiateur de la consommation : la personne physique ou la personne morale accomplissant une mission de médiation conventionnelle ;

7° Médiateur public : médiateur désigné par une autorité publique dans les conditions fixées par la loi, laquelle détermine également son statut, son champ de compétences dans le domaine des litiges prévus au présent titre et ses modalités d'intervention. – *[C. consom., art. L. 151-1, sauf a).]*

Art. L. 611-2 **La médiation de la consommation s'applique à un litige national ou transfrontalier entre un consommateur et un professionnel. Elle est régie par les dispositions du présent titre ainsi que, dans la mesure où elles ne leur sont pas contraires, par celles du chapitre Ier du titre II de la loi du 8 février 1995 mentionnée à l'article L. 611-1.** – *[C. consom., art. L. 151-2.]*

Les professionnels disposent d'un délai de deux mois à compter de la publication du décret mentionné à l'art. L. 612-1 dans sa rédaction issue de l'Ord. n° 2015-1033 du 20 août 2015 pour se conformer à l'ensemble des dispositions de celle-ci (Ord. préc., art. 7).

Art. L. 611-3 **La médiation des litiges de la consommation ne s'applique pas :**

1° Aux litiges entre professionnels ;

2° Aux réclamations portées par le consommateur auprès du service clientèle du professionnel ;

3° Aux négociations directes entre le consommateur et le professionnel ;

4° Aux tentatives de conciliation ou de médiation ordonnées par un tribunal saisi du litige de consommation ;

5° Aux procédures introduites par un professionnel contre un consommateur. – *[C. consom., art. L. 151-3.]*

Art. L. 611-4 **Ne sont pas considérés comme des litiges de consommation, au sens du présent titre, les litiges concernant :**

1° Les services d'intérêt général non économiques ;

2° Les services de santé fournis par des professionnels de la santé aux patients pour évaluer, maintenir ou rétablir leur état de santé, y compris la prescription, l'administration et la fourniture de médicaments et de dispositifs médicaux ;

3° Les prestataires publics de l'enseignement supérieur. – *[C. consom., art. L. 151-4.]*

CHAPITRE II PROCESSUS DE MÉDIATION DES LITIGES DE CONSOMMATION

COMMENTAIRE

L'article L. 612-1, alinéa 1er, instaure à la fois un principe de gratuité du recours à la médiation et d'effectivité de ce recours. Le décret du 30 octobre 2015 tempère l'exigence de gratuité en mentionnant les éventuels frais de représentation par un avocat et de recours à l'avis d'un expert (art. R. 612-1). Au demeurant, la directive – reprise sur ce point par le décret – prévoit que les parties ne sont pas obligées de recourir à un avocat bien qu'elles en aient le droit.

Le recours à la médiation est volontaire, dans la mesure où le professionnel ne peut pas l'imposer au consommateur. La liberté d'adhésion à la médiation est donc assurée : rien n'empêche le consommateur d'utiliser d'autres voies (telles que le recours à un médiateur *ad hoc*) non considérées comme des entités de RELC (V. consid. 20 de la directive). Tout contrat ou clause obligeant le consommateur à recourir à la médiation préalablement à la saisine du juge est prohibé, de façon à préserver sa liberté (art. L. 612-4). Si, sur ce point, l'ordonnance de transposition va au-delà des exigences de la directive, elle se comprend si on la rapproche de l'article R. 212-2-10°, issu du décret du 18 mars 2009, qui présume abusif (présomption simple de la liste grise) le fait d'obliger le consommateur à saisir exclusivement une juridiction d'arbitrage ou à passer obligatoirement par un mode alternatif de règlement des litiges ; au demeurant, il ne s'agit là que d'une présomption, alors que l'article L. 612-4 considère la clause comme illégale. Par ailleurs, aux termes de l'article R. 612-4, lorsque le médiateur de la consommation notifie aux parties sa saisine (par voie électronique ou par courrier simple), ladite notification doit leur rappeler qu'elles peuvent à tout moment se retirer du processus. De même, si une procédure est entamée, chacune des parties pourra arrêter le processus à tout moment. Enfin, ainsi que le précise ce même article, le médiateur doit faire respecter le libre choix jusqu'à la fin du processus puisqu'il doit préciser aux parties, dans sa notification de la solution proposée, qu'elles restent libres de l'accepter ou de la refuser après un délai de réflexion fixé par le médiateur (dernier alinéa du texte), et que la médiation ne les prive pas de la possibilité d'un recours juridictionnel, dont la solution peut être différente de celle proposée à l'amiable. La mesure de médiation n'est donc pas contraignante.

Par ailleurs, le recours à la médiation n'est recevable que si le consommateur a essuyé un échec auprès du service clientèle du professionnel : il y a donc un caractère subsidiaire au regard de la déclaration préalable. Toutefois, l'ordonnance du 20 août 2015 pose parallèlement le principe selon lequel un litige pourra être examiné par un seul médiateur (art. L. 612-2) afin d'éviter les procédures dilatoires. Autrement dit, en cas d'échec du recours à un médiateur, le consommateur ne pourra pas saisir un autre médiateur, sauf en ce qui concerne les litiges relevant du médiateur national de l'énergie (C. énergie, art. L. 122-1, al. 1er), alors que cette exception au principe n'est à l'inverse pas ouverte au médiateur de l'Autorité des marchés financiers (médiateur visé par l'art. L. 621-19 C. mon. fin. ; en conséquence, un consommateur insatisfait après la saisine d'un médiateur bancaire ne pourra pas saisir le médiateur de l'AMF).

Le consommateur devra introduire sa demande auprès du médiateur dans un délai d'un an à compter de sa déclaration écrite au professionnel. Par ailleurs, il ressort de la directive un principe de célérité, traduit par l'article R. 612-5 : le texte prévoit que l'issue du processus de médiation doit intervenir dans les quatre-vingt-dix jours à compter de la notification aux parties de la saisine du médiateur, dans le but d'éviter des manœuvres dilatoires ; néanmoins, le texte introduit un peu de souplesse en permettant au juge de proroger le délai en cas de complexité de l'affaire. Il faut noter que les demandes manifestement infondées ou abusives, ou encore n'entrant pas dans le champ de compétence du médiateur, pourront être rejetées. Le consommateur est informé par le médiateur, dans un délai de trois semaines suivant la réception du dossier, du rejet de sa demande. Selon la directive (art. 12), le recours à la médiation a un effet suspensif, ce qui est d'ailleurs prévu par la loi du 8 février 1995 et par l'article 2238 du code civil, modifié par la loi du 20 décembre 2010 et celle du 6 août 2015 (« La prescription est suspendue à compter du jour où, après la survenance d'un litige, les parties conviennent de recourir à la médiation ou à la conciliation [...] »).

Enfin, une obligation de confidentialité est prévue par l'article L. 612-3 (et non par la directive). ❑

Art. L. 612-1 Tout consommateur a le droit de recourir gratuitement à un médiateur de la consommation en vue de la résolution amiable du litige qui l'oppose à un professionnel. A cet effet, le professionnel garantit au consommateur le recours effectif à un dispositif de médiation de la consommation.

Le professionnel peut mettre en place son propre dispositif de médiation de la consommation ou proposer au consommateur le recours à tout autre médiateur de la consommation répondant aux exigences du présent titre.

Lorsqu'il existe un médiateur de la consommation dont la compétence s'étend à l'ensemble des entreprises d'un domaine d'activité économique dont il relève, le professionnel permet toujours au consommateur d'y recourir.

Les modalités selon lesquelles le processus de médiation est mis en œuvre sont précisées par décret en Conseil d'État. – *[C. consom., art. L. 152-1.]*

V. note ss. art. L. 611-2.

Art. L. 612-2 Un litige ne peut être examiné par le médiateur de la consommation lorsque :

1° Le consommateur ne justifie pas avoir tenté, au préalable, de résoudre son litige directement auprès du professionnel par une réclamation écrite selon les modalités prévues, le cas échéant, dans le contrat ;

2° La demande est manifestement infondée ou abusive ;

3° Le litige a été précédemment examiné ou est en cours d'examen par un autre médiateur ou par un tribunal ;

4° Le consommateur a introduit sa demande auprès du médiateur dans un délai supérieur à un an à compter de sa réclamation écrite auprès du professionnel ;

5° Le litige n'entre pas dans son champ de compétence.

Le consommateur est informé par le médiateur, dans un délai de trois semaines à compter de la réception de son dossier, du rejet de sa demande de médiation. – *[C. consom., art. L. 152-2.]*

Art. L. 612-3 La médiation des litiges de consommation est soumise à l'obligation de confidentialité prévue par l'article 21-3 de la loi n° 95-125 du 8 février 1995 relative à l'organisation des juridictions et de la procédure civile, pénale et administrative. – *[C. consom., art. L. 152-3.]*

Art. L. 612-4 Est interdite toute clause ou convention obligeant le consommateur, en cas de litige, à recourir obligatoirement à une médiation préalablement à la saisine du juge. – *[C. consom., art. L. 152-4.]*

BIBL. ▶ BERNHEIM-DESVAUX, CCC *2015. Formule 11* (la clause de recours à la médiation).

Art. L. 612-5 Lorsqu'un médiateur public est compétent pour procéder à la médiation d'un litige de consommation, ce litige ne peut donner lieu à d'autres procédures de médiation conventionnelle, au sens du présent titre, sous réserve de l'existence d'une convention, notifiée à la commission d'évaluation et de contrôle de la médiation mentionnée à l'article L. 615-1, qui répartit les litiges entre les médiateurs concernés. – *[C. consom., art. L. 152-5.]*

CHAPITRE III STATUT DU MÉDIATEUR DE LA CONSOMMATION

BIBL. GÉN. ▶ LORIDANT et PUJAL, *Banque et Droit, suppl. déc. 2015, p. 28* (le statut du médiateur bancaire).

COMMENTAIRE

Le médiateur de la consommation et le médiateur d'entreprise sont soumis à des critères de qualité, visés par les articles 6, 16 et 17 de la directive de 2013, désormais transposés aux articles L. 613-1, L. 613-2 et L. 613-3 du code de la consommation :

– compétence dans le domaine du droit et de la médiation (art. L. 613-1) ;

– transparence, ce qui suppose une mise à disposition des informations pertinentes au public et la rédaction de rapports d'activité ; en outre, le médiateur de la consommation met en place un site internet donnant un accès direct aux informations relatives à la médiation, ce qui permet au médiateur de déposer en ligne une requête accompagnée de justificatifs (art. L. 614-1) ;

– impartialité, ce qui signifie une absence de liens avec les parties au litige et une obligation de faire part d'éventuels conflits d'intérêts ; à l'issue de son mandat, il est interdit au médiateur d'entreprise de travailler pendant trois ans pour le professionnel qui l'a employé ;

– *indépendance*, ce qui implique une absence de hiérarchie mais aussi une nomination pour une durée suffisante, en l'occurrence un minimum de trois années et une rémunération non liée au résultat (art. L. 613-1). Au titre de ces deux derniers critères, l'article R. 613-1 oblige le médiateur à informer les parties de la survenance de toute circonstance susceptible d'affecter son indépendance, son impartialité ou de nature à créer un conflit d'intérêts ainsi que de leur droit de s'opposer à la poursuite de sa mission, et prévoit qu'il est mis fin à la mission du médiateur si l'une des parties refuse alors de poursuivre la médiation. Le texte prévoit également que, lorsque le médiateur est une personne morale, la personne physique chargée d'accomplir la mission de médiation doit être remplacée. Il précise enfin que le médiateur ne saurait recevoir aucune instruction des parties.

Lorsqu'il s'agit d'un médiateur d'entreprise (employé ou rémunéré exclusivement par le professionnel) ou sectoriel (employé ou rémunéré exclusivement par un organisme ou une fédération professionnelle), ceux-ci doivent répondre à des conditions supplémentaires, notamment : nomination par un organe collégial comprenant des représentants d'associations de consommateurs agréées et des représentants de professionnels pour le premier (art. L. 613-2), « budget distinct et suffisant pour mener à bien sa mission » pour les deux (art. L. 613-3). ❑

Art. L. 613-1 Le médiateur de la consommation accomplit sa mission avec diligence et compétence, en toute indépendance et impartialité, dans le cadre d'une procédure transparente, efficace et équitable.

Il établit chaque année un rapport sur son activité.

Il satisfait aux conditions suivantes :

1° Posséder des aptitudes dans le domaine de la médiation ainsi que de bonnes connaissances juridiques, notamment dans le domaine de la consommation ;

2° Etre nommé pour une durée minimale de trois années ;

3° Etre rémunéré sans considération du résultat de la médiation ;

4° Ne pas être en situation de conflit d'intérêts et le cas échéant le signaler.

Il est inscrit sur la liste des médiateurs notifiée à la Commission européenne.

Les modalités d'application du présent article sont fixées par décret en Conseil d'État. – *[C. consom., art. L. 153-1.]*

Art. L. 613-2 Lorsqu'il est employé ou rémunéré exclusivement par le professionnel, le médiateur de la consommation satisfait aux conditions supplémentaires suivantes :

1° Il est désigné, selon une procédure transparente, par un organe collégial mis en place par l'entreprise, comprenant des représentants d'associations de défense des consommateurs agréées et des représentants du professionnel, ou relevant d'une instance nationale consultative dans le domaine de la consommation ou propre à un secteur d'activité dans des conditions fixées par décret ; – *V. art. D. 613-2.*

2° A l'issue de son mandat, le médiateur a l'interdiction de travailler pendant au moins trois ans pour le professionnel qui l'a employé ou pour la fédération à laquelle ce professionnel est affilié ;

3° Aucun lien hiérarchique ou fonctionnel entre le professionnel et le médiateur ne peut exister pendant l'exercice de sa mission de médiation. Le médiateur est clairement séparé des organes opérationnels du professionnel et dispose d'un budget distinct et suffisant pour l'exécution de ses missions. – *[C. consom., art. L. 153-2.]*

Art. L. 613-3 Lorsque le médiateur de la consommation est employé ou rémunéré exclusivement par un organisme ou une fédération professionnelle, il répond aux exigences prévues par les dispositions de l'article L. 613-1 et dispose d'un budget distinct et suffisant pour mener à bien sa mission, hormis le cas où il appartient à un organe collégial, composé à parité de représentants d'associations agréées de défense des consommateurs et de représentants des professionnels. – *[C. consom., art. L. 153-3.]*

CHAPITRE IV OBLIGATIONS DE COMMUNICATION DU MÉDIATEUR DE LA CONSOMMATION

COMMENTAIRE

Ainsi qu'il a été précisé à propos du critère de transparence (V. commentaires au-dessus de l'art. L. 613-1), le médiateur de la consommation met en place un site internet donnant un accès direct aux informations relatives à la médiation, ce qui permet au médiateur de déposer en ligne une requête accompagnée de justificatifs (art. L. 614-1), mais les parties doivent aussi avoir la possibilité de recourir à la médiation par voie postale. Les articles R. 614-1 et R. 614-2, dont les dispositions sont issues du décret du 30 octobre 2015, précisent le contenu des informations du site. ❑

Art. L. 614-1 **Tout médiateur de la consommation met en place un site internet consacré à la médiation et fournissant un accès direct aux informations relatives au processus de médiation.** – *V. art. R. 614-1 s.*

Ce site permet aux consommateurs de déposer en ligne une demande de médiation accompagnée des documents justificatifs.

Sur demande, ces informations peuvent être mises à disposition sur un autre support durable. – *[C. consom., art. L. 154-1, al. 1er.]*

Art. L. 614-2 **Le médiateur fournit sur son site internet un lien électronique vers la plate-forme européenne de résolution en ligne des litiges prévue par le règlement (UE) n° 524/2013 du Parlement européen et du Conseil du 21 mai 2013 relatif au règlement en ligne des litiges de consommation et modifiant le règlement (CE) n° 2006/2004 et la directive n° 2009/22/CE (règlement relatif au RLLC).** – *[C. consom., art. L. 154-1, al. 4.]*

Art. L. 614-3 **Les parties doivent toujours avoir la possibilité de recourir à la médiation par voie postale.** – *[C. consom., art. L. 154-1, al. 3.]*

Art. L. 614-4 **La liste des informations mentionnée à l'article L. 614-1 et le rapport annuel mentionné à l'article L. 613-1 sont mis à la disposition du public et communiqués par le médiateur, selon les modalités fixées par décret en Conseil d'État.** – *[C. consom., art. L. 154-1, al. 2.] – V. art. R. 614-1 s.*

Art. L. 614-5 **Le médiateur de la consommation communique à la commission d'évaluation et de contrôle de la médiation de la consommation mentionnée à l'article L. 615-1 les informations relatives à ses compétences, son organisation et son activité. La liste de ces informations est fixée par décret en Conseil d'État.** – *[C. consom., art. L. 154-2.]*

CHAPITRE V COMMISSION D'ÉVALUATION ET DE CONTRÔLE DE LA MÉDIATION DE LA CONSOMMATION

BIBL. GÉN. ▶ MEURICE, *Banque et Droit, suppl. déc. 2015, p. 37* (le dispositif d'évaluation et de contrôle).

COMMENTAIRE

Il revient à la Commission d'évaluation et de contrôle de la médiation de la consommation d'assurer l'uniformisation de la médiation sous son autorité. Créée auprès du ministre de l'Économie, elle se substitue à l'ancienne Commission de la médiation de la consommation, qui avait été instituée par la loi du 1er juillet 2010 relative au crédit à la consommation : en conséquence, l'ordonnance du 20 août 2015 a abrogé le texte fondateur de la Commission de la médiation de la consommation, en l'occurrence l'article L. 534-7 de l'ancien code de la consommation.

La Commission d'évaluation et de contrôle de la médiation de la consommation est composée de magistrats (un conseiller d'État et un conseiller à la Cour de cassation), de personnes qualifiées, de représentants d'associations nationales de consommateurs et de représentants d'organisations professionnelles (art. R. 615-1). La nomination des membres vaut pour trois ans renouvelables. La présidence et la vice-présidence sont assurées soit par le conseiller d'État, soit par le conseiller à la Cour de cassation. Le secrétariat sera assuré par la DGCCRF, ce que confirme l'article R. 615-10, alinéa 2.

L'article L. 615-1 définit les missions de la Commission : établir la liste de tous les médiateurs qui remplissent les conditions fixées par les articles susvisés, procéder à la notification de celle-ci auprès de la Commission européenne (qui tient à jour la liste des médiateurs européens) et surtout évaluer leur activité ainsi qu'en contrôler la régularité. Ainsi, l'autorité d'évaluation *décidera de la conformité* aux prescriptions légales avant de délivrer le label de médiation aux organismes concernés. Elle peut refuser l'inscription sur la liste ou, dans l'hypothèse où le médiateur ne remplit plus les conditions, décider de son retrait de la liste. Sa décision doit être motivée et notifiée au médiateur (art. L. 615-2). Les textes n'envisagent pas les recours éventuels contre de telles décisions : on peut néanmoins penser que les recours de droit commun en matière administrative s'appliqueront.

L'article L. 615-3 précise le mode de saisine de l'autorité. On notera en particulier qu'elle peut se saisir d'office et qu'elle doit rendre son avis dans un délai de trois mois. ❑

Art. L. 615-1 La commission d'évaluation et de contrôle de la médiation de la consommation, placée auprès du ministre chargé de l'économie, a pour mission :

1° D'établir et de mettre à jour la liste des médiateurs, y compris les médiateurs publics, qui satisfont aux exigences prévues par les articles L. 613-1 à L. 613-3 ; – *V. art. R. 614-3.*

2° De procéder à la notification des médiateurs inscrits sur cette liste auprès de la Commission européenne ;

3° D'évaluer leur activité de médiation et d'en contrôler la régularité. – *[C. consom., art. L. 155-1, al. 1er, et L. 155-2.]*

Art. L. 615-2 Si un médiateur ne satisfait pas aux conditions exigées au présent titre, la commission d'évaluation et de contrôle de la médiation de la consommation refuse son inscription sur la liste prévue par l'article L. 615-1.

S'il est déjà inscrit et qu'il ne répond plus à ces conditions ou ne respecte pas les obligations lui incombant, la commission peut décider du retrait de l'intéressé de cette liste.

La décision prononçant le refus d'inscription ou le retrait de la liste est prise dans des conditions et suivant la procédure fixées par décret en Conseil d'État. Elle est motivée et notifiée à l'intéressé. – *[C. consom., art. L. 155-3.]*

Art. L. 615-3 La commission peut être saisie par le ministre chargé de l'économie, par le ministre chargé de la consommation, par l'Autorité de contrôle prudentiel et de résolution, par les associations de défense des consommateurs agréées ou par les organisations professionnelles de toute pratique de médiation ou de toute condition d'exercice de l'activité de médiateur considérée comme contraire aux dispositions du présent titre.

Elle peut également se saisir d'office.

La commission rend son avis dans un délai maximal de trois mois à compter de sa saisine. – *[C. consom., art. L. 155-4.]*

Art. L. 615-4 Un décret en Conseil d'État précise la composition, l'organisation, les moyens et les modalités de fonctionnement de la commission d'évaluation et de contrôle de la médiation de la consommation. – *[C. consom., art. L. 155-6.]* – *V. art. R. 615-1 s.*

CHAPITRE VI INFORMATION ET ASSISTANCE DU CONSOMMATEUR

COMMENTAIRE

Ce chapitre est consacré à l'information du consommateur par le professionnel. Ce dernier doit lui communiquer toutes les données nécessaires concernant le ou les médiateurs compétents pour le litige dont il relève. Au besoin, le professionnel informe en outre le consommateur des dispositions permettant de mettre en œuvre l'article 14 du règlement du 21 mai 2013 relatif au règlement en ligne des litiges de consommation : en vertu de ce dernier texte, un lien électronique vers cette plateforme RLL devra être présent sur le site internet du professionnel avec une information spécifique à ce sujet dans les conditions générales de vente.

Les articles R. 616-1 et R. 616-2, dont les dispositions sont issues du décret n° 2015-1382 du 30 octobre 2015, précisent les modalités de la fourniture d'informations au consommateur.

Le manquement aux obligations prévues par les articles L. 616-1 et L. 616-2 est passible d'une amende administrative (art. L. 641-1).

Enfin, l'article L. 616-3 prévoit que le consommateur bénéficie d'une assistance en cas de litige transfrontalier, de façon à être dirigé vers l'entité compétente dans un autre État membre. ❑

Art. L. 616-1 **Tout professionnel communique au consommateur, selon des modalités fixées par décret en Conseil d'État, les coordonnées du ou des médiateurs compétents dont il relève.** – *V. art. R. 616-1.*

Le professionnel est également tenu de fournir cette même information au consommateur, dès lors qu'un litige n'a pas pu être réglé dans le cadre d'une réclamation préalable directement introduite auprès de ses services. – *[C. consom., art. L. 156-1.] – Sur les sanctions, V. art. L. 641-1.*

Art. L. 616-2 **Le cas échéant, il informe en outre le consommateur des dispositions prises pour mettre en œuvre l'article 14 du règlement (UE) n° 524/2013 du Parlement européen et du Conseil du 21 mai 2013 relatif au règlement en ligne des litiges de consommation** *[V. App., v° Compétence]* **et modifiant le règlement (CE) n° 2006/2004 et la directive n° 2009/22/CE (règlement relatif au RLLC).** – *[C. consom., art. L. 156-2.] – Sur les sanctions, V. art. L. 641-1.*

Art. L. 616-3 **En cas de litige transfrontalier, tout consommateur bénéficie, selon des modalités fixées par décret en Conseil d'État, de l'assistance et des informations nécessaires pour être orienté vers l'entité de règlement extrajudiciaire des litiges de consommation compétente dans un autre État membre.** – *[C. consom., art. L. 156-4.] – V. art. R. 616-2.*

TITRE DEUXIÈME ACTIONS EN JUSTICE DES ASSOCIATIONS DE DÉFENSE DES CONSOMMATEURS

CHAPITRE PREMIER ACTIONS EXERCÉES DANS L'INTÉRÊT COLLECTIF DES CONSOMMATEURS

BIBL. GÉN. ▶ PIZZIO, *ALD 1988. 181.* – VINEY, *JCP 1988. I. 3355.* – CALAIS-AULOY, *D. 1988. Chron. 193.* – MORIN, *RED consom. 1991. 3.* – FRANCK, *ibid. 1993. 206* (action collective transfrontière). – R. MARTIN, *CCC 1994. Chron. 8.* – NANA, *Cah. dr. entr. 1995, n° 6, p. 41.* – BORÉ, *RSC 1997. 751.* – BAZIN, *D. 2001. Chron. 2395* (exercice du droit par les associations de consommateurs). – FRANCK, *Études Calais-Auloy, Dalloz 2004, p. 409* (réparation du préjudice causé à l'intérêt collectif des consommateurs). – PENNEAU, *LPA 29 avr. 2005* (l'action en défense de l'intérêt collectif des syndicats de salariés et des associations de consommateurs). – N. DUPONT, *CCC 2009. Étude 2* (l'action en justice des associations de consommateurs en matière de sécurité). – DREVEAU, *RTD civ. 2011. 249* (réflexions sur le préjudice collectif). – DE LAFORCADE, *RTD com. 2011. 711* (évolution du droit d'agir des associations de consommateurs : vers un détachement du droit pénal de leur action en justice). – AMRANI-MEKKI, *LEJEP, Université Cergy-Pontoise, 2013, p. 145* (le code de la consommation à l'épreuve des recours individuels et collectifs). – RODRIGUEZ, *RD banc. fin. 2016. Dossier 22* (voies procédurales face aux clauses abusives dans les contrats bancaires : quelles actions pour les associations de consommateurs ?).

SECTION PREMIÈRE ACTION CIVILE

COMMENTAIRE

I. CARACTÉRISTIQUES

L'action civile est l'action en réparation d'un dommage causé par une *infraction* : crime, délit ou contravention (art. 2 C. pr. pén.). Elle peut être exercée soit devant la juridiction pénale, soit devant la juridiction civile (art. 3 et 4 C. pr. pén.).

L'option s'exercera en principe en faveur de la voie pénale, plus rapide, plus économique et *plus énergique (recherche de la preuve)*. Elle est irrévocable lorsque la partie a exercé son action devant la juridiction civile (art. 5 C. pr. pén.). Sa mise en œuvre devant la juridiction pénale déclenche l'action publique.

L'association peut agir, comme toute partie civile, par voie de citation directe ou par voie de constitution de partie civile devant le juge d'instruction. Elle interviendra généralement en pratique dans une procédure déjà engagée par le parquet ou par un consommateur.

En l'absence de dispositions spécifiques, la Cour de cassation a précisé que « le droit donné aux organisations de consommateurs d'exercer l'action civile en réparation d'un dommage causé par une action pénale implique nécessairement pour ces associations la possibilité de saisir le juge des référés pour faire cesser le trouble manifestement illicite qui en découle » (Civ. 1re, 1er déc. 1987 : *cité note 3 ss. art. L. 621-2*). Ainsi, même en présence d'une contestation sérieuse, l'association peut solliciter la cessation d'un trouble manifestement illicite lorsque les conditions posées par le code de procédure civile sont réunies.

II. CONDITIONS

L'action civile dans l'intérêt collectif des consommateurs, prévue par l'article L. 621-1, alinéa 1er, suppose nécessairement que les faits soient constitutifs d'une infraction pénale portant atteinte à l'intérêt collectif des consommateurs.

C'est incontestablement à une notion large de l'intérêt collectif du consommateur que la Cour de cassation entend se référer. Comme elle l'a affirmé à différentes reprises (V., par ex., Crim. 30 juin 1995 : *CCC 1995, no 119, obs. Raymond*), « aucune infraction ayant porté un préjudice direct ou indirect à l'intérêt collectif des consommateurs n'est exclue des prévisions de l'article L. 421-1 [L. 621-1] du code de la consommation ».

Peu importe que les dispositions pénales soient visées par le code de la consommation, le code pénal ou un autre texte. La Cour de cassation admet que l'intérêt collectif ne se borne pas aux infractions spécifiques au droit de la consommation : des infractions en matière d'homicide involontaire, de droit de la presse, ou encore relatives au droit de la santé, seront censées porter atteinte à l'intérêt collectif des consommateurs. De manière encore plus significative, elle a affirmé le lien de cet intérêt collectif avec le principe d'« une concurrence saine et loyale » (à propos de revente à perte : Crim. 10 oct. 1996 : *cité note 7 ss. art. L. 621-1*), ou encore de transparence des marchés publics (à propos d'une célèbre affaire de corruption réalisée entre une société concessionnaire des eaux potables et le maire de la municipalité concédante : Crim. 27 oct. 1997 : *cité note 8 ss. art. L. 621-1*), ou de publicité trompeuse (à propos d'un fournisseur d'accès à internet : Civ. 1re, 9 mars 2004 : *cité note 4 ss. art. L. 621-1*). Le risque de provoquer des victimes potentielles suffit à caractériser l'atteinte à l'intérêt collectif : c'est le cas d'une publicité trompeuse dont aucun client n'est victime. L'association devra seulement démontrer une atteinte effective ou potentielle aux intérêts des personnes à l'occasion d'un acte de consommation, envisagé au sens large.

III. RÉPARATION PAR ÉQUIVALENT ET EN NATURE

Le préjudice, « direct ou indirect », doit être distinct de celui subi par le consommateur, victime de l'infraction, ce qui pose de délicats problèmes d'évaluation. Lorsque le préjudice collectif a été constaté, les juges ne peuvent se contenter d'accorder une indemnisation symbolique. Il leur appartient, en l'absence de justifications suffisantes, d'évaluer souverainement le préjudice en fonction des éléments dont ils disposent, au besoin après avoir ordonné toute mesure utile (Crim. 22 juill. 1986, no 84-95.057).

La doctrine considère parfois que les sommes attribuées à l'association au titre des dommages et intérêts devraient avoir un caractère punitif, compte tenu de la difficulté d'évaluation de ce préjudice (Calais-Auloy, Les actions en justice des associations de consommateurs, *D. 1988. Chron. 24*).

Dans certaines décisions, c'est la nature des faits ou leur caractère répétitif qui caractérisent le préjudice collectif. Parmi les critères utilisés, on citera la position de l'auteur sur le marché, la nature du produit ou de la clientèle et le bénéfice financier tiré de la fraude.

En tout état de cause, *les associations doivent* pouvoir obtenir le remboursement de tous les frais de procédure et notamment ceux qui ne sont pas compris dans les dépens (honoraires des avocats en particulier), comme le rappelle fort opportunément une réponse ministérielle.

Toutefois, le principal but recherché par l'association est davantage la cessation de l'illicite que la réparation du préjudice collectif. Le droit de la responsabilité est davantage tourné aujourd'hui vers l'évitement de l'« irréversible » que vers la réparation proprement dite (Picod, Droit de la consommation, *Sirey U, sept. 2015, no 626*). En ce sens, l'article L. 621-2 prévoit que l'association peut demander à la juridiction saisie (civile ou pénale) d'ordonner – au besoin sous astreinte – toute mesure destinée à faire cesser les agissements illicites ou à supprimer dans le contrat ou dans le type de contrat proposé la clause illicite. Par ailleurs, comme nous l'avons indiqué (V. *supra*), le juge des référés peut également être saisi pour faire cesser le trouble manifestement illicite.

La juridiction saisie peut aussi ordonner la diffusion du jugement rendu aux frais du condamné (art. L. 621-11). Elle dispose alors d'une grande liberté quant au choix de la mesure la plus adéquate : publication d'un communiqué dans la presse écrite, reproduction littérale du jugement, affichage, diffusion radiophonique. En raison de son coût et de ses répercussions économiques, cette mesure est susceptible d'avoir un effet dissuasif important.

Enfin, le tribunal répressif a la possibilité soit de prononcer une peine immédiatement, soit d'en ajourner son prononcé en ne statuant que sur la culpabilité (art. L. 621-3). Il peut enjoindre, le cas échéant sous astreinte, la cessation des agissements illicites et ordonner l'exécution provisoire de la décision d'injonction (art. L. 621-3 et L. 621-4). A l'audience de renvoi, la juridiction statue sur la peine et liquide l'astreinte s'il y a lieu, en supprimant ou en réduisant cette dernière (art. L. 621-5, al. 2) pour tenir compte du comportement du contrevenant. Elle est de plein droit supprimée lorsqu'il est établi que la personne concernée s'est conformée à l'injonction prononcée (art. L. 621-5, al. 3).

IV. PORTÉE DE LA SANCTION DE L'ILLICÉITÉ

De façon à mettre en conformité notre droit avec le droit européen (V. nos développements à propos de l'art. L. 621-7 et la jurisprudence citée), la loi du 17 mars 2014 relative à la consommation avait modifié l'article L. 421-2 de l'ancien code de la consommation : il était ainsi prévu que la décision de justice (juridiction civile, statuant sur l'action civile ou bien juridiction répressive, statuant sur l'action civile) relevant la présence de clauses illicites dans le contrat de consommation pouvait constater que celles-ci étaient réputées non écrites, à l'égard des contrats identiques conclus par le même professionnel avec des consommateurs, y compris lorsque le contrat n'était plus proposé au consommateur. La formule « contrat en cours ou non », issue de la loi du 6 août 2015, avait été substituée à la formule « y compris les contrats qui ne sont plus proposés », qui avait été introduite par la loi du 17 mars 2014. Cette reformulation du texte visait à permettre à l'association de saisir les juridictions sous astreinte pour faire prononcer toute mesure destinée à faire cesser des agissements illicites ou à supprimer dans le contrat ou le type de contrat une clause illicite, que le contrat soit ou non en cours. L'article L. 621-2, issu de la recodification, est encore plus clair dans sa nouvelle formulation : il vise, outre les contrats proposés, tous les contrats en cours d'exécution.

La juridiction statuant sur l'action civile pourra ordonner au professionnel poursuivi d'en informer à ses frais les consommateurs concernés par tout moyen. ❑

Art. L. 621-1 Les associations régulièrement déclarées ayant pour objet statutaire explicite la défense des intérêts des consommateurs peuvent, si elles ont été agréées à cette fin en application de l'article L. 811-1, exercer les droits reconnus à la partie civile relativement aux faits portant un préjudice direct ou indirect à l'intérêt collectif des consommateurs.

Les organisations définies à l'article L. 211-2 du code de l'action sociale et des familles *[union nationale et unions départementales des associations familiales]* **sont dispensées de l'agrément pour agir en justice dans les conditions prévues au présent article.** — *[C. consom., art. L. 421-1.]*

1. Action civile. Les associations de consommateurs ne peuvent exercer que l'action civile, c'est-à-dire l'action en réparation d'un dommage causé par une infraction pénale (arrêt rendu sous l'empire de l'art. 46 de la loi du 27 déc. 1973; solution consacrée par l'art. 1er de la loi du 5 janv. 1988, devenu C. consom., art. L. 621-1). • Civ. 1re, 16 janv. 1985 : *D. 1985. 317, note Aubert; JCP 1985. II. 20484, note Calais-Auloy.*

2. Agrément de l'association. Il incombe aux juges du fond, pour recevoir la constitution de partie civile d'une association de défense des consommateurs, de rechercher si elle a été régulièrement agréée par arrêté ou si elle a personnellement subi un préjudice résultant directement de l'infraction. • Crim. 23 janv. 1992 : *Bull. crim. n° 24.* ♦ L'association doit avoir été agréée antérieurement à sa constitution de partie civile, peu important que l'agrément soit postérieur à la commission de l'infraction. • Crim. 5 févr. 1986 : *Bull. crim. n° 47.* ♦ La modification des statuts de l'association (élargissement du domaine de l'objet social, extension de la compétence géographique) n'ayant affecté aucun des éléments constitutifs de l'objet social en considération desquels l'agrément lui avait été accordé, il en résulte que, sous sa nouvelle dénomination, celle-ci pouvait continuer de se prévaloir de cet agrément. • Civ. 1re, 20 oct. 2011 : *Bull. civ. I, n° 171; D. 2011. 2910, note Bazin; JCP E 2011, n° 1834, note Dupont; CCC 2011, n° 274, obs. G. R.; LPA 27 févr. 2012, note Gaba; Gaz. Pal. 2011. 3551, obs. Piedelièvre; RJDA 2012, n° 213; Bull. Joly 2012. 143, note Dondero.*

3. Infraction : nature indifférente. Aucune infraction ayant porté un préjudice direct ou indirect à l'intérêt collectif des consommateurs n'est exclue des prévisions de la L. n° 88-14 du 5 janv. 1988 [C. consom., art. L. 621-1]. • Crim. 30 janv. 1995 : *D. 1995. IR 77* (escroquerie) • 24 juin 1997 : *cité note 10* (homicide et blessures involontaires) • 27 oct. 1997 : *cité note 8* (corruption).

4. ... Publicité trompeuse. Les associations de consommateurs tiennent de l'art. L. 421-1 [L. 621-1] le pouvoir d'exercer les droits reconnus à la partie civile relativement aux faits portant un préjudice direct ou indirect à l'intérêt collectif des consommateurs, telle une publicité de nature à induire en erreur sur les prestations offertes par une agence de voyages. • Crim. 15 oct. 1997 : *Bull. crim. n° 337; RSC 1999. 116, obs. Giudicelli ; RTD com. 1998. 431, obs. Bouloc*. ♦ ... Ou par un opérateur de téléphonie mobile (facturation par paliers). • TGI Nanterre, 22 mai 2002 : *D. 2002. AJ 1832, obs. Avena-Robardet ; CCC 2002, n° 116, obs. Raymond.* ♦ ... Ou par un fournisseur d'accès à Internet. • Civ. 1re, 9 mars 2004 : *Bull. civ. I, n° 80; CCC 2004, n° 101, obs. Raymond; Dr. et patr. janv. 2005. 100, obs. Caprioli.*

5. ... Fraudes. L'utilisation de produits anabolisants dans l'élevage de bovins destinés à la consommation humaine étant de nature à mettre en danger la santé des consommateurs, il en résulte un préjudice porté à l'intérêt collectif des consommateurs dont une association de consommateurs est fondée à demander réparation. • Nancy, 6 sept. 2001 : *D. 2002. AJ 484* .

6. ... Loteries. L'infraction à la prohibition des loteries est de nature à porter atteinte non seulement à l'intérêt général, mais aussi à l'intérêt collectif des consommateurs ; l'action d'une association est donc recevable, même si aucun joueur ne subit personnellement de préjudice direct. • Crim. 22 août 1990 : *D. 1990. IR 243 ; BID 1991, n° 4, p. 18* (cassation de : • Paris, 10 avr. 1986 : *D. 1986. IR 392, obs. Aubert*). ♦ La réglementation des loteries publicitaires tend à la protection du public contre l'attrait de l'aléa que ces jeux comportent. En conséquence, sa transgression est nécessairement de nature à porter atteinte à l'intérêt collectif des consommateurs. • Crim. 18 févr. 1998 : *Dr. pénal 1998, n° 88, obs. Maron.*

7. ... Revente à perte. La cour d'appel caractérise le préjudice direct ou indirect allégué par une association de consommateurs agréée en affirmant que la revente à perte, incompatible avec une concurrence saine et loyale, est contraire à l'intérêt général des consommateurs. • Crim. 10 oct. 1996 : *Bull. crim. n° 358; D. Affaires 1997. 217; JCP 1997. IV. 60.*

8. ... Corruption. Aucune infraction ayant porté un préjudice direct ou indirect à l'intérêt collectif des consommateurs n'étant exclue des prévisions de l'art. L. 421-1 [L. 621-1], al. 1er, la cour d'appel a méconnu ce texte lorsque, pour écarter la constitution de partie civile d'une association de consommateurs agréée dans les poursuites exercées du chef de corruption contre des prévenus, elle retient que « les délits de corruption active et passive ne sont pas de nature à porter atteinte à l'intérêt collectif des consommateurs ». • Crim. 27 oct. 1997 : *Bull. crim. n° 352; D. Affaires 1997. 1375, obs. Ducouloux-Favard et 1429, note Boizard; JCP 1998. II. 10017, note Pralus; CCC 1998, n° 11, obs. Raymond.* ♦ Ainsi, les usagers de l'eau d'une commune, représentés par une association de consommateurs, ont subi un préjudice collectif distinct du préjudice matériel de chacun d'eux et du préjudice social relevant de l'action publique, dès lors que les augmentations de tarifs de l'eau, dont ils ont fait l'objet, sont liées aux agissements de corruption active des prévenus, ayant consisté pour le maire à consentir la concession du service de l'eau de sa commune à une société déterminée, uniquement parce qu'elle était en mesure de procurer au maire les dons et avantages personnels promis. • Crim. 8 avr. 1999 : *Gaz. Pal. 9-10 juill. 1999, chron. 112, par Doucet.*

9. ... Escroquerie. Aucune infraction ayant porté un préjudice direct ou indirect à l'intérêt collectif des consommateurs n'étant exclue des prévisions de la L. n° 88-14 du 5 janv. 1988 [C. consom., art. L. 621-1], les associations de consommateurs, parties civiles, sont recevables en leur demande de dommages-intérêts, dès lors que les publicités mensongères reprochées par la prévention constituent les manœuvres frauduleuses caractérisant l'escroquerie, et ne peuvent en conséquence être poursuivies que sous cette qualification. • Crim. 30 janv. 1995 : *préc. note 3.*

10. ... Homicide et blessures involontaires. Aucune infraction ayant porté un préjudice direct ou indirect à l'intérêt collectif des consommateurs n'est exclue des prévisions de l'art. L. 421-1 [L. 621-1], al. 1er. La cour d'appel méconnaît ce texte lorsque, pour déclarer irrecevable la constitution de partie civile d'une association agréée de consommateurs, à l'occasion des poursuites exercées du chef d'homicide et blessures involontaires à la suite de l'effondrement d'une tribune du stade de Furiani, elle retient notamment que les infractions n'ont pas été commises à raison de considérations économiques en relation avec le droit de la consommation, et que les intérêts collectifs des citoyens dans leur sécurité générale ainsi que celui de l'association ne se distinguent ni des préjudices directs ou indirects subis individuellement par les victimes, d'une part, ni du préjudice social né de l'ampleur de l'accident, d'autre part, alors qu'en vertu de l'art. L. 221-1 [L. 421-3], les services doivent dans des conditions normales d'utilisation présenter la sécurité à laquelle on peut légitimement s'attendre. • Crim. 24 juin 1997 : *Bull. crim.*

nº 251 ; D. 1997. IR 185 ; CCC 1997, nº 138, obs. Raymond • 1er avr. 2008 : *Bull. crim. nº 88 ; D. 2008. AJ 1404, obs. Darsonville ; RSC 2009. 109, obs. Ambroise-Castérot ; LPA 25 nov. 2008, obs. A. G. ; Dr. pénal 2008, nº 99, obs. J.-H. Robert ; RJDA 2008, nº 1058.*

11. ... Risque causé à autrui. Sur la recevabilité de l'action civile d'une association de consommateurs du chef de risque causé à autrui : • Aix-en-Provence, 1er déc. 1997 : *Dr. pénal 1998, nº 136, obs. Maron.*

12. ... Matière médicale. Les personnes avec lesquelles un médecin conclut un contrat médical doivent être considérées comme des consommateurs ; en cas d'infraction commise dans l'accomplissement d'un tel contrat, une association de consommateurs peut donc exercer l'action civile pour demander réparation du préjudice, même indirect, causé à l'intérêt collectif des consommateurs. • Crim. 15 mai 1984 : *D. 1985. IR 401, obs. Penneau ; D. 1986. 106, note Mémeteau* • 6 juill. 1994 : *Bull. crim. nº 267 ; D. 1994. IR 201.* ♦ Comp., estimant que l'art. L. 111-1 n'a pas vocation à régir les relations entre patient et professionnel de santé, V. • Paris, 21 mars 2013 : *cité note 5 ss. art. L. 111-1.*

13. ... Outrage aux bonnes mœurs (non). Les délits prévus par l'art. 227-24 C. pén., destinés à protéger les mineurs contre certaines atteintes aux mœurs, ne portent pas, en tant que tels, un préjudice direct ou indirect à l'intérêt collectif des consommateurs ; rejet de la constitution de partie civile d'une association de consommateurs. • Paris, 13 avr. 1995 : *CCC 1995, nº 178, note Raymond.*

14. Intérêt collectif des consommateurs. Le préjudice direct ou indirect porté par une infraction à l'intérêt collectif des consommateurs et dont une association agréée peut demander réparation ne se confond pas avec le préjudice subi personnellement par les victimes directes de l'infraction, qui peuvent seules en demander réparation. • Crim. 20 mai 1985 : *Bull. crim. nº 190.* – V. aussi • Civ. 1re, 9 mars 2004 : *préc. note 4.* ♦ Les associations régulièrement déclarées ayant pour objet statutaire explicite la défense des intérêts des consommateurs ne peuvent exercer les droits reconnus à la partie civile que relativement aux faits portant un préjudice direct ou indirect à l'intérêt collectif des consommateurs, sauf à justifier avoir souffert elles-mêmes du dommage directement causé par l'infraction. • Crim. 3 mai 2006 : *Bull. crim. nº 116 ; AJ pénal 2006. 363, obs. Rondey ; RSC 2007. 99, obs. Ambroise-Castérot ; Gaz. Pal. 2006. Somm. 1937, obs. M. B. ; RJDA 2006, nº 1078 ; RLDA oct. 2006. 46, note Bazin ; RDC 2007. 355, obs. Fenouillet.*

L'action d'une association n'est pas recevable pour un délit de tromperie commis par un particulier à l'encontre d'un autre particulier, ce délit n'ayant pas eu la même répercussion sur l'ensemble des consommateurs que s'il avait été commis par un professionnel de la vente. • Aix-en-Provence, 26 janv. 1994 : *CCC 1994, nº 238, obs. Raymond.*

15. Préjudice. Les juges du fond sont tenus de caractériser les éléments du préjudice collectif subi par les consommateurs. • Crim. 25 sept. 1997 : *Dr. pénal 1998, nº 39, obs. J.-H. Robert.* ♦ Pour indemniser le préjudice subi par l'association agissant en publicité trompeuse relativement à un forfait de téléphonie mobile, il convient de prendre en compte les frais qu'elle engage pour assurer sa mission d'information et de protection des consommateurs. • TGI Nanterre, 15 oct. 2001 : *CCC 2001, nº 182, obs. Raymond.*

16. Responsabilité civile. N'engage pas sa responsabilité civile l'association de consommateurs qui publie une liste noire des sociétés de vente par correspondance et y mentionne une société dont les pratiques ont donné lieu au dépôt d'une cinquantaine de plaintes, même si les procédures pénales ont été clôturées par un non-lieu. • Aix-en-Provence, 11 oct. 2007 : *CCC 2008, nº 52, obs. Raymond.*

Art. L. 621-2 **Les associations de consommateurs mentionnées à l'article L. 621-1 et agissant dans les conditions précisées à cet article peuvent demander à la juridiction civile, statuant sur l'action civile ou à la juridiction répressive, statuant sur l'action civile, d'ordonner au défendeur ou au prévenu, le cas échéant sous astreinte, toute mesure destinée à faire cesser des agissements illicites ou à supprimer une clause illicite dans le contrat ou le type de contrat proposé aux consommateurs ou dans tout contrat en cours d'exécution.**

Elles peuvent également demander, selon le cas, à la juridiction civile ou à la juridiction répressive de déclarer que cette clause est réputée non écrite dans tous les contrats identiques en cours d'exécution conclus par le défendeur ou le prévenu avec des consommateurs et de lui ordonner d'en informer à ses frais les consommateurs concernés par tous moyens appropriés. – [*C. consom., art. L. 421-2.*]

1. Intervention. Jugé que le terme de « demande » employé dans l'art. 3 [C. consom., art. L. 621-2] est un terme général, et ne restreint nullement le droit d'action des associations de consommateurs en ne leur permettant d'agir que si elles ont pris l'initiative du procès, puisque le vocable employé inclut l'intervention, principale ou accessoire. • Grenoble, 13 juin 1991 : *JCP 1992. II. 21819, note Paisant; Err. ibid. 21834 bis.*

2. Intérêt à agir. Sur la recevabilité de l'action intentée par la Fédération du logement, de la consommation et de l'environnement (association agréée) pour non-respect, notamment, des prescriptions de l'art. 1er de l'arrêté du 3 déc. 1987 relatif à l'information des consommateurs sur les prix, V. • TGI Rennes, réf., 24 oct. 2001 : *D. 2001. AJ 3531, obs. Rondey; CCC 2001, n° 183, obs. Raymond.* ♦ Sur la recevabilité d'une action intentée par une association agréée de consommateurs pour voir déclarer illicite une publicité par voie d'affiches relative à un crédit à la consommation, V. • Rennes, 19 déc. 2003 : *CCC 2004. n° 115, obs. Raymond.*

3. Référé. Le droit donné aux associations d'exercer l'action civile en réparation d'un dommage causé par une infraction implique nécessairement pour ces associations la faculté de saisir le juge des référés pour faire cesser le trouble manifestement illicite qui en découle. • Civ. 1re, 1er déc. 1987 : *Bull. civ. I, n° 320; D. 1987. IR 255.*

4. Dommages-intérêts. Sur le droit pour les associations agréées d'obtenir des dommages-intérêts sur le fondement de cet art., V. • Civ. 1re, 1er févr. 2005 : *cité note 11 ss. art. L. 621-8.*

5. Agissement illicite. L'agissement illicite, au sens des art. L. 421-2 [L. 621-2] et L. 421-6 [L. 621-7], n'est pas nécessairement constitutif d'une infraction pénale. • Civ. 1re, 25 mars 2010 : *Bull. civ. I, n° 76; D. 2010. 1842, note Dupont; RTD com. 2010. 599, obs. Bouloc; JCP 2010, n° 374, obs. Corgas-Bernard; JCP E 2010, n° 1722, note Rodriguez; CCC 2010, n° 169, obs. Raymond; RJDA 2010, n° 882; RDC 2010. 879, note Fenouillet.* – V. aussi • Angers, 17 mai 2011 : *CCC 2011, n° 202, obs. Raymond.*

Art. L. 621-3 **La juridiction répressive saisie dans les conditions de l'article L. 621-1 peut, après avoir déclaré le prévenu coupable, ajourner le prononcé de la peine en lui enjoignant, sous astreinte le cas échéant, de se conformer, dans un délai fixé, aux prescriptions qu'elle détermine et qui ont pour objet de faire cesser l'agissement illicite ou de supprimer une clause illicite dans le contrat ou le type de contrat proposé aux consommateurs.** – *[C. consom., art. L. 421-3, al. 1er.]*

Art. L. 621-4 **Dans le cas où la juridiction répressive assortit l'ajournement d'une astreinte, elle en prévoit le taux et la date à compter de laquelle elle commence à courir.**

L'ajournement, qui ne peut intervenir qu'une seule fois, peut être décidé même si le prévenu ne comparaît pas en personne.

Le juge peut ordonner l'exécution provisoire de la décision d'injonction. – *[C. consom., art. L. 421-3, al. 2.]*

Art. L. 621-5 **A l'audience de renvoi, qui doit intervenir au plus tard dans le délai d'un an à compter de la décision d'ajournement, la juridiction statue sur la peine et liquide l'astreinte s'il y a lieu.**

Elle peut, le cas échéant, supprimer cette dernière ou en réduire le montant.

L'astreinte est de plein droit supprimée à chaque fois qu'il est établi que la personne concernée s'est conformée à une injonction sous astreinte prononcée par un autre juge répressif ayant ordonné de faire cesser une infraction identique à celle qui fonde les poursuites. – *[C. consom., art. L. 421-4, 1re et 2e phrases et L. 421-5.]*

Art. L. 621-6 *(Abrogé par L. n° 2017-203 du 21 févr. 2017, art. 13)* ***« A l'audience de renvoi, qui doit intervenir au plus tard dans le délai d'un an à compter de la décision d'ajournement, la juridiction statue sur la peine et liquide l'astreinte s'il y a lieu. Elle peut, le cas échéant, supprimer cette dernière ou en réduire le montant. »*** **L'astreinte est recouvrée par le comptable public compétent comme une amende pénale. Elle ne peut donner lieu à contrainte judiciaire.** – *[C. consom., art. L. 421-4, 3e et 4e phrases.]*

SECTION II ACTION EN CESSATION D'AGISSEMENTS ILLICITES

COMMENTAIRE

I. ACTIONS EN CESSATION

Dans sa version issue de la loi du 5 janvier 1988, modifiée par la loi du 1er février 1995, l'article L. 421-6 de l'ancien code de la consommation autorisait les associations agréées à demander à la juridiction civile la suppression des clauses abusives dans les modèles de conventions habituellement proposés par les professionnels aux consommateurs. Cette action n'a pas disparu, mais l'ordonnance du 23 août 2001, issue de la directive du 19 mai 1998 relative aux actions en cessation en matière de protection des intérêts des consommateurs (Dir. Parl. et Cons. CE n° 98/27, abrogée et remplacée par Dir. 2009/22/CE du 23 avr. 2009 ; V. ce texte ss. art. L. 621-8), a élargi la portée du texte initial tant en ce qui concerne la gamme d'actions que leurs titulaires (V. *infra*).

II. ASPECTS TRANSFRONTALIERS

La directive du 19 mai 1998 relative aux actions en cessation en matière de protection des intérêts des consommateurs, remplacée par la directive 2009/22/CE du 23 avril 2009 (V. ce texte ss. les annotations de jurisprudence de l'art. L. 621-8), a pour objectif de rapprocher les législations des États membres et de faire cesser les pratiques transfrontalières préjudiciables à l'intérêt collectif des consommateurs. Les autorités de l'Union européenne ont pris conscience que les directives sur la protection des consommateurs pouvaient être entravées face à des agissements transfrontaliers. Or, les pratiques illicites ont souvent des effets au-delà des frontières, ce qui perturbe les règles nationales protectrices.

A cette fin, les États membres s'engagent à établir une liste d'« entités qualifiées » pour exercer des actions en cessation d'agissements illicites devant les tribunaux ou autorités des autres États membres. L'article 3 de la directive définit ces « entités qualifiées » comme « tout organisme ou organisation dûment constitué conformément au droit d'un État membre » ayant un intérêt légitime à faire respecter les dispositions visées par la directive. Sont visés plus particulièrement les organismes publics indépendants ainsi que les organisations de consommateurs.

Chaque État membre devra prendre les mesures nécessaires pour que, lorsque l'agissement illicite survient sur son territoire, l'entité qualifiée d'un autre État membre dont les intérêts sont lésés puisse saisir le tribunal ou l'autorité compétente (art. 4). Toutefois, les États membres ont la possibilité d'exiger qu'avant d'introduire l'action en cessation, l'entité qualifiée tente d'obtenir, par consultation préalable, une cessation amiable, dans un délai maximum de deux semaines.

Transposant la directive du 19 mai 1998, l'ordonnance n° 2001-741 du 23 août 2001 (Bruschi, L'amélioration de la protection contractuelle du consommateur, *RLDA 2002, n° 45*), reconnaît à toutes les associations agréées de consommateurs ainsi qu'aux organismes justifiant de leur inscription sur la liste publiée au *Journal officiel des Communautés européennes* la possibilité de faire cesser ou interdire devant la juridiction civile compétente tout agissement illicite contraire aux dispositions transposant les directives mentionnées à l'alinéa 1er de la directive précitée (art. L. 621-7, al 1er).

III. CARACTÉRISTIQUES DE L'ACTION EN SUPPRESSION D'UNE CLAUSE ILLICITE OU ABUSIVE

L'article L. 621-8 autorise les associations de consommateurs agréées à solliciter en justice la suppression des clauses abusives ou illicites dans tout contrat ou type de contrat proposé ou destiné par les professionnels aux consommateurs (Viney, Un pas vers l'assainissement des pratiques contractuelles : la loi du 5 janvier 1988 relative aux actions en justice des associations agréées de consommateurs, *JCP E 1988. II. 15336* ; Paisant, Les nouveaux aspects de la lutte contre les clauses abusives, *D. 1988. 253, nos 20 s.*). L'association ne peut agir qu'au profit de consommateurs au sens de la définition stricte : elle ne peut bénéficier au non-professionnel, non visé par le texte (Civ. 1re, 4 juin 2014 : *cité note 1 ss. art. L. 621-8*), alors même que la protection contre les clauses abusives s'étend au non-professionnel, visé par l'article L. 212-2 (V., en revanche, art. L. 524-1, à propos de la DGCCRF).

C'est une variété de l'action en cessation de l'article L. 621-2, non soumise à l'existence d'une infraction. L'association dispose par conséquent à la fois de l'action civile prévue aux articles précédents – permettant de faire cesser les agissements illicites ou de faire supprimer une clause illicite – et de l'action issue de ce texte. Mais dans la mesure où certaines directives transposées n'ont pas prévu de sanctions pénales (telle la directive sur les clauses abusives), l'action en cessation de l'article L. 621-7 est parfois la seule envisageable.

L'action en suppression de clauses abusives ouverte aux associations agréées de défense des consommateurs peut s'exercer en amont du processus contractuel : elle a vocation à s'appliquer aux modèles types de contrats destinés aux consommateurs et rédigés par des professionnels en vue d'une utilisation généralisée (Civ. 1re, 3 févr. 2011 : *cité note 2 ss. art. L. 621-8*). Cette jurisprudence relative aux contrats potentiels constitue un élargissement appréciable puisqu'il importe peu que le professionnel ne soit pas partie au contrat : dans l'affaire ayant donné lieu à l'arrêt du 3 février 2011, une association de consommateurs agissait en suppression d'une clause incluse dans des contrats de location saisonnière proposés par une association, laquelle prévoyait l'interdiction de détenir un animal domestique dans les locaux loués. L'association mise en cause n'était pas en relation avec les consommateurs, non partie au contrat de location saisonnière ; les juges du fond avaient déclaré en conséquence l'action irrecevable, mais la décision est censurée sur ce point.

IV. CONTRATS CONCERNÉS

Ce sont les contrats types proposés aux consommateurs par les professionnels qui sont concernés, quel qu'en soit le support : bons de commande, billets ou tickets, bons de garantie…

L'action de l'association sera sans objet lorsqu'il s'agira d'un contrat spécifique, encore qu'il soit d'adhésion.

Par ailleurs, l'action sera irrecevable si l'association intervient pour demander la suppression de clauses abusives entre un vendeur et un acquéreur non professionnels, même si l'acte a été conclu par l'intermédiaire d'un professionnel et même si le modèle de l'acte a été fourni par un éditeur professionnel (Civ. 1re, 4 mai 1999 : *cité note 2 ss. art. L. 621-8*).

Enfin, la Cour de cassation considérait comme sans objet l'action en suppression des clauses abusives introduite par une association de consommateurs pour des contrats en cours d'exécution lorsque les clauses ou le contrat contesté ne sont plus proposés au consommateur à la date de l'introduction de l'instance (Civ. 1re, 1er févr. 2005 : *cité note 11 ss. art. L. 621-8*). Cette solution n'était pas conforme à la jurisprudence européenne selon laquelle la directive 93/13/CEE du 5 avril 1993 concernant les clauses abusives dans les contrats conclus avec les consommateurs couvre également les contrats déjà conclus par les consommateurs. C'est pourquoi la loi du 17 mars 2014 relative à la consommation est venue modifier – outre l'article L. 421-2 de l'ancien code de la consommation pour l'action civile – l'article L. 421-6 de l'ancien code en prévoyant qu'une décision de justice relevant la présence de clauses abusives ou illicites dans un contrat de consommation et déclarant celles-ci réputées non écrites pourra être étendue à tous les contrats identiques conclus par le même professionnel avec des consommateurs, y compris lorsque le contrat n'est plus proposé au consommateur. L'expression « contrat en cours ou non », issue de la loi du 6 août 2015, s'est substituée à la formule « y compris les contrats qui ne sont plus proposés », qui avait été introduite par la loi du 17 mars 2014. Cette reformulation générale du texte visait à permettre à l'association de saisir les juridictions d'une demande de suppression d'une clause abusive sous astreinte, que le contrat soit ou non en cours. La formulation adoptée par l'article L. 621-8 vise plus clairement « tout contrat ou type de contrat proposé ou destiné au consommateur » ou « tout contrat en cours d'exécution ».

Le juge pourra ordonner au professionnel d'en informer à ses frais les consommateurs concernés par tous moyens appropriés.

V. CLAUSES ABUSIVES OU ILLICITES CONCERNÉES

Alors que l'action en cessation de l'article L. 621-2 ne vise que les « clauses illicites » (autrement dit interdites par une disposition législative ou réglementaire), l'action en suppression de l'article L. 621-8 englobe aussi les clauses abusives. Les tribunaux disposent alors d'une grande marge de manœuvre, guidés dans leur démarche par les critères énoncés par l'article L. 212-1 (clauses ayant pour objet ou pour effet de créer un déséquilibre significatif entre les droits et obligations des parties au contrat ; V. nos développements, *supra*).

VI. MISE EN ŒUVRE DE L'ACTION

L'article L. 621-8 ne peut conduire qu'à l'anéantissement de la clause litigieuse et non à une nouvelle rédaction du contrat litigieux, conformément à la jurisprudence européenne.

Le tribunal peut assortir l'injonction de suppression d'une astreinte (art. L. 621-8) et pourra ordonner la diffusion de sa décision « par tous moyens appropriés » aux frais de la partie qui succombe (art. L. 621-11). L'allocation de dommages-intérêts n'a pas été prévue, mais la Cour de cassation en a admis le principe en cas de préjudice causé à l'intérêt collectif (Civ. 1re, 5 oct. 1999 : *cité note 10 ss. art. L. 621-8*).

Il a été observé que l'arrêt de la Cour de justice de l'Union européenne en date du 26 avril 2012 (*cité note 1 ss. Dir. 93/13/CEE du 5 avr. 1993, art. 7, App., v° Clauses abusives*), concernant la législation hongroise, devrait donner à l'action en suppression toute son ampleur (C. Aubert de Vincelles, *RTD eur. 2012. 666* ; Y. Picod, *Droit et proc. févr. 2013, Cah.*

dr. consom., p. 2). En particulier, la CJUE considère que lorsque la clause a été jugée abusive dans le cadre d'une action en cessation, le juge national devra dans le futur en tirer d'office toutes les conséquences, de façon à ce que la clause ne lie plus les consommateurs qui ont conclu dans les mêmes conditions contractuelles. ❑

Art. L. 621-7 Les associations mentionnées à l'article L. 621-1 et les organismes justifiant de leur inscription sur la liste publiée au *Journal officiel de l'Union européenne* en application de l'article 4 de la directive 2009/22/ CE du Parlement européen et du Conseil du 23 avril 2009 modifiée relative aux actions en cessation en matière de protection des intérêts des consommateurs, peuvent agir devant la juridiction civile pour faire cesser ou interdire tout agissement illicite au regard des dispositions transposant les directives mentionnées à l'article 1er de la directive précitée. – *[C. consom., art. L. 421-6, al. 1er.] – V. Dir. no 2009/22/CE du 23 avr. 2009, ss. art. L. 621-8.*

Art. L. 621-8 Lorsqu'il est saisi en application de l'article L. 621-7, le juge peut ordonner, le cas échéant sous astreinte, la suppression d'une clause illicite ou abusive dans tout contrat ou type de contrat proposé ou destiné au consommateur ou dans tout contrat en cours d'exécution.

Les associations et les organismes mentionnés à l'article L. 621-7 peuvent également demander au juge de déclarer que cette clause est réputée non écrite dans tous les contrats identiques conclus par le même professionnel avec des consommateurs, et de lui ordonner d'en informer à ses frais les consommateurs concernés par tous moyens appropriés. – *[C. consom., art. L. 421-6, al. 2 et 3.]*

BIBL. ▸ PAISANT, *D. 1988. Chron. 253.* – VINEY, *JCP 1988. I. 3355.* – CHABOT, *LPA 10 oct. 2000.* – PATETTA, *RLDC mai 2009. 59* (les clauses abusives ont encore de beaux jours devant elles...). – BERNHEIM-DESVAUX, *LPA 9 juill. 2010* (brèves remarques sur l'efficacité de l'action associative et l'effectivité du droit en matière de lutte contre les clauses abusives). – PAISANT, *JCP 2013, no 297* (confirmations sur l'action collective en suppression de clauses abusives). ▸ L. no 2015-990 du 6 août 2015 : RAZAVI et BOUFFIER, *CCC 2016. Étude 2* (l'action en suppression de clauses illicites ou abusives au lendemain de la loi Macron : retour sur le délicat passage d'une action préventive à une action curative).

I. CONDITIONS DE L'ACTION

1. *Contrat proposé aux consommateurs.* L'action de l'association de consommateurs est recevable dès lors que la clause contestée figure dans un contrat type présenté à des consommateurs par un professionnel de l'assurance. • Colmar, 16 juin 1995 : *JCP 1995. II. 22932, note Bigot.* ♦ En ce sens que le règlement intérieur d'une maison de retraite constitue un modèle de conventions habituellement proposées aux consommateurs, au sens de l'art. L. 421-6 [L. 621-8], V. • Aix-en-Provence, 18 sept. 1995 : *Bull. Aix 1995, no 2, p. 25, note Agostinelli.* ♦ Pour la suppression de clauses abusives contenues dans des contrats remis par un franchiseur à ses franchisés et destinés à la clientèle, V. déjà avant la modification de l'art. L. 421-6 [L. 621-8] par la loi du 1er févr. 1995, • TGI Brest, 21 déc. 1994 : *D. 1995. Somm. 310, obs. Pizzio*; *BID 1995, no 6, p. 21.* ♦ L'action en suppression des clauses illicites ou abusives des associations visées à l'art. L. 421-1 [L. 621-1] est limitée aux contrats destinés ou proposés aux seuls consommateurs (cassation *d'un arrêt qui avait jugé recevable l'action en* suppression de clauses contenues dans un contrat proposé par un professionnel à un non-professionnel, tel un syndicat de copropriétaires). • Civ. 1re, 4 juin 2014 : *Bull. civ. I, no 102; D. 2015. Pan. 597, obs. Poillot*; *AJDI 2015. 44, note Tomasin*; *RTD com. 2014. 677, obs. Bouloc*; *JCP E 2014. Actu. 445; CCC 2014, no 232, obs. Raymond; RJDA 2014, no 870; LPA 2-3 sept. 2014, note Litaize; Gaz. Pal. 2014. 3227, obs. Piedelièvre.* ♦ Ayant relevé que l'action, engagée sur le fondement de l'art. L. 421-6 [L. 621-7], intéressait un contrat proposé ou destiné à des syndicats de copropriétaires, la cour d'appel en a exactement déduit, peu important la présence de consommateurs en leur sein, que celle-ci était irrecevable. • Civ. 1re, 17 mars 2016, no 15-14.287 : *CCC 2016, no 153, obs. Bernheim-Desvaux; Gaz. Pal. 13 sept. 2016, p. 29, obs. Piedelièvre.* ♦ Comp., jugeant qu'il ne s'agit pas, en l'espèce, pour l'association de défendre les intérêts de commerçants, mais de présenter une demande relative à une clause insérée dans une convention conclue entre un professionnel et un non-professionnel ou un consommateur, lequel peut être un commerçant non professionnel dans le domaine bancaire ou un commerçant agissant en dehors de son activité commerciale. • TGI Laval, 22 oct. 2007 : *CCC 2008, no 24, obs. Raymond.*

2. *Contrat de consommation.* L'action préventive en suppression de clauses abusives ouverte aux associations agréées de défense des consommateurs a vocation à s'appliquer aux modèles types de contrats destinés aux consommateurs et rédigés par des professionnels en vue d'une utilisation généralisée. • Civ. 1re, 3 févr. 2011 : *Bull. civ. I, n° 23 ; BICC 1er juin 2011, n° 724, et les obs. ; D. 2011. 1659, note Chantepie ; RTD civ. 2011. 350, obs. Fages ; RTD com. 2011. 404, obs. Bouloc ; JCP 2011, n° 414, note Paisant ; JCP E 2011, n° 1285, note Dupont ; CCC 2011, n° 102, obs. Raymond ; Gaz. Pal. 2011. 2864, note Piedelièvre ; LPA 13 mai 2011, note Falaise ; RJDA 2011, n° 468 ; Dr. et proc. 2011. 145, note Valette-Ercole ; RLDC avr. 2011. 11, obs. Paulin ; Loyers et copr. 2011. Repère 3, par Monéger ; Rev. loyers 2011. 109, note Rémy.* ♦ Comp., jugeant que les dispositions concernant les clauses abusives ayant pour objectif de protéger le consommateur contre des clauses qui lui sont imposées par un professionnel et qui confèrent à ce dernier un avantage excessif, lorsque l'acte litigieux n'a pas été conclu entre un professionnel et un consommateur, le vendeur et l'acquéreur étant des non-professionnels, les associations de consommateurs sont irrecevables à intervenir pour demander la suppression des clauses qui seraient abusives dans cet acte. • Civ. 1re, 4 mai 1999 : *Bull. civ. I, n° 147 ; D. 2000. Somm. 48, obs. Pizzio ; D. Affaires 1999. 985, obs. V. A.-R. ; Defrénois 1999. 1004, obs. Mazeaud ; JCP 1999. I. 171, n° 1, obs. Jamin ; ibid. II. 10205, note Paisant ; CCC 1999, n° 124, obs. Leveneur ; ibid. n° 134, obs. Raymond ; LPA 24 mars 2000, note Lawson-Body.* ♦ Est également irrecevable l'action d'associations de consommateurs à l'encontre d'un éditeur de modèles de conventions contenant des clauses abusives, cet éditeur n'ayant conclu aucun contrat avec un consommateur. • Même arrêt. ♦ Les personnes avec lesquelles un médecin conclut un contrat médical doivent être considérées comme consommateurs de services (à propos de l'art. L. 421-1 [L. 621-1]). • Crim. 6 juill. 1994 : *Bull. crim. n° 267 ; D. 1994. IR 201 ; Dr. sociétés 1994, n° 199, obs. Bonneau.*

3. Contrat effectivement signé. La nature préventive et l'objectif dissuasif des actions en suppression des clauses abusives impliquent que de telles actions puissent être exercées alors même que les clauses dont l'interdiction est réclamée n'auraient pas été utilisées dans des contrats déterminés. • CJCE 24 janv. 2002, *n° C-372/99 : D. 2002. AJ 1065, obs. Chevrier ; Europe 2002, n° 84 ; RTD com. 2003. 195, obs. Luby.* ♦ L'action collective à fin de suppression préventive et générale de clauses abusives est recevable indépendamment de toute action individuelle d'un consommateur et de la signature effective d'un contrat. • TGI Albertville, 17 janv. 1997 : *JCP 1997. IV. 2501.*

4. Contrat en cours. V. désormais la rédaction de l'art. L. 621-8. ♦ En application du principe civiliste de non-rétroactivité de la loi nouvelle, le dernier alinéa de l'art. L. 421-6 [L. 621-8], ajouté par la L. du 17 mars 2014, n'est pas applicable aux contrats antérieurs à l'entrée en vigueur de cette loi. • Paris, 3 déc. 2014 : *CCC 2015, n° 73, obs. Raymond.* ♦ Il résulte de l'art. L. 421-6 [L. 621-8] C. consom., dans sa rédaction antérieure à celle résultant de la L. n° 2014-344 du 17 mars 2014, alors applicable, interprété à la lumière de l'art. 6, § 1, de la Dir. 93/13/CEE du 5 avr. 1993, lu en combinaison avec l'art. 7, § 1 et 2, de cette directive, ainsi que de la jurisprudence de la CJUE (arrêt du 26 avr. 2012, cité note 1 ss. ledit art. 7, App., v° *Clauses abusives*), que les clauses des conditions générales d'un contrat conclu avec un consommateur par un professionnel qui sont déclarées abusives, à la suite de l'action prévue par l'art. L. 421-6 [L. 621-8], ne lient ni les consommateurs qui sont parties à la procédure ni ceux qui ont conclu avec ce professionnel un contrat auquel s'appliquent les mêmes conditions générales. • Civ. 1re, 26 avr. 2017, n° 15-18.970 P : *cité note 74 ss. art. L. 212-1.* ♦ En conséquence, les demandes de l'UFC relatives aux clauses des conditions générales qui ne sont plus applicables aux contrats de transport conclus à partir du 23 mars 2012 sont recevables, dès lors que des contrats soumis à ces conditions générales et susceptibles, en conséquence, de comporter des clauses abusives, peuvent avoir été conclus, avant cette date, avec des consommateurs. • Même arrêt.

Jurisprudence antérieure : s'il est constaté qu'avant l'introduction de l'instance par l'association de consommateurs, le professionnel avait éliminé de ses contrats les clauses critiquées, la demande est sans objet et, partant, irrecevable. • Civ. 1re, 1er févr. 2005 : *Bull. civ. I, n° 61 ; D. 2005. AJ 487, obs. Rondey (1re esp.) ; ibid. Pan. 2841, obs. Amrani Mekki ; JCP 2005. II. 10057, note Paisant ; ibid. I. 141, n° 15 s., obs. Rochfeld ; CCC 2005, n° 95, obs. Raymond ; CCE 2005, n° 85, obs. Stoffel-Munck ; RTD civ. 2005. 393, obs. Mestre et Fages ; RDC 2005. 733, obs. Fenouillet.* – Dans le même sens : • Civ. 1re, 1er févr. 2005 : *Bull. civ. I, n° 59 ; D. 2005. AJ 487, obs. Rondey (4e esp.).* – Déjà en ce sens : • Civ. 1re, 13 mars 1996 : *Bull. civ. I, n° 134 ; D. 1996. IR 95 ; RJDA 1997, n° 284* (rejet du pourvoi contre : • Grenoble, 6 oct. 1993 : *JCP 1994. II. 22237, note Paisant*) • Rennes, 28 janv. 2005, n° 04/01969 : *JCP 2005. II. 10156, note Corgas-Bernard ; CCC 2005, n° 154, obs. Raymond.* ♦ … Et l'association ne peut pas poursuivre au moyen de cette action préventive l'annulation des clauses de contrats individuels déjà conclus. • Civ. 1re, 1er févr. 2005 : *Bull. civ. I, n° 62 ; D. 2005. AJ 487, obs. Rondey (3e esp.) ; JCP eod. loc. ; CCC eod. loc.* – Déjà en ce sens : • Paris, 23 mai 2003 : *JCP E 2004, n° 4, p. 129, obs. Bruguière ; CCE 2003, n° 96, obs. Grynbaum.* – En sens contraire : • Toulouse, 6 déc. 1995 : *D. 1996. IR 87 ; D. Affaires 1996. 386.* ♦ Les demandes concernant des clauses supprimées et modifiées en cours d'instance ne peuvent qu'être rejetées, tant en ce qui concerne la demande de suppression des clauses, de mesures de publication et d'interdiction que l'indemnisation de l'atteinte portée à l'intérêt collectif des consommateurs. • Paris, 13 févr. 2009 : *Gaz. Pal. 2009. 2697, obs. de Roquefeuil et Bellesort ; CCC 2009, n° 155, obs. G. R. ; RJDA 2009, n° 684.* ♦Ayant constaté que la société ne proposait désormais plus que le contrat de syndic dans sa version 2011, c'est à bon droit que la cour d'appel a déclaré sans objet la demande d'interdiction de l'usage à l'avenir des clauses contenues dans les versions 2006, 2007 et 2008 de ce contrat. • Civ. 1re, 29 oct. 2014, n° 13-15.850 P : *AJDI 2015. 364, obs. Le Rudulier ; RJDA 2015, n° 711.*

II. RÉGIME DE L'ACTION

5. *Voie d'action ou d'intervention.* L'action de l'association de consommateurs, aux côtés d'un emprunteur, est recevable sans que puisse lui être opposée l'absence d'une intervention au sens de l'art. 66 NCPC [renommé C. pr. civ.], dès lors que cette association a introduit par le même acte une action dont elle dispose personnellement. • Colmar, 16 juin 1995 : *préc. note 1.* ♦Mais, l'art. L. 421-6 [L. 621-8] C. consom. n'exigeant pas que la demande soit faite par voie de demande initiale, au sens de l'art. 53 NCPC [renommé C. pr. civ.], l'intervention d'une association en première instance à titre principal pour demander la suppression de clauses abusives dans les modèles de conventions est recevable. • Civ. 1re, 6 janv. 1994 : *Bull. civ. IV, n° 8 ; D. 1994. IR 27 ; JCP 1994. II. 22237, note Paisant ; CCC 1994, n° 58, obs. Raymond* (rejet du pourvoi contre • Grenoble, 13 juin 1991 : *JCP 1992. II. 21819, note Paisant ; Err. ibid. 21834 bis*).

Aucune disposition ne subordonne l'action de l'association à une action parallèle d'un consommateur ou à la démonstration d'un préjudice individuel. • Rennes, 28 janv. 2005 : *préc. note 4.* – Déjà en ce sens : • Paris, 2 oct. 1998 : *D. Affaires 1998. 1851, obs. V. A.-R.* • TGI Albertville, 17 janv. 1997 : *préc. note 3.* ♦Elle peut ainsi s'exercer indépendamment du processus contractuel, pour faire supprimer des clauses abusives dans un modèle type de contrat destiné aux consommateurs. • Rennes, 28 févr. 2014 : *CCC 2014, n° 201, obs. Raymond ; Gaz. Pal. 2014. 3227, obs. Piedelièvre.*

6. *Compétence.* L'action juridictionnelle préventive, introduite par une association de protection des consommateurs en vue de faire interdire l'utilisation par un commerçant de clauses jugées abusives dans des contrats avec des particuliers, est de nature délictuelle ou quasi délictuelle *au sens de l'art. 5, point 3, de la Conv. Bruxelles* du 27 sept. 1968. • CJCE 1er oct. 2002 : *D. 2002. 3200, note Kobina Gaba ; JCP 2003. I. 107, n° 9, obs. Jazottes ; Europe 2002, n° 433, obs. Idot ; RTD com. 2003. 204, obs. Marmisse ; LPA 4 déc. 2002, obs. Legros ; Rev. crit. DIP 2003. 682, note Rémy-Corlay .*

III. OBJET DE L'ACTION

7. *Agissement illicite.* L'agissement illicite, au sens des art. L. 421-2 [L. 621-2] et L. 421-6 [L. 621-7], n'est pas nécessairement constitutif d'une infraction pénale. • Civ. 1re, 25 mars 2010 : *cité note 5 ss. art. L. 621-2.*

8. *Suppression des clauses « abusives ».* Recevabilité d'une association de consommateurs à demander la déclaration du caractère abusif de clauses insérées dans des contrats : • Civ. 1re, 7 juill. 1998 : *Bull. civ. I, n° 240 ; CCC 1998, n° 120, obs. Raymond.* ♦ Le fait que l'art. L. 421-6, dans son ancienne rédaction [L. 621-7] emploie le terme d'« abusives » pour désigner les clauses dont les associations peuvent demander la suppression, et non le terme « d'illicites » indique clairement que l'action a pour but, non pas de faire assurer le respect d'un texte législatif ou réglementaire précis qui aurait interdit telle ou telle clause, ainsi devenue illicite, mais bien de faire constater le caractère abusif, au regard de l'art. 35 de la loi du 10 janv. 1978 [C. consom., art. L. 212-1], de certaines dispositions des contrats. • Grenoble, 13 juin 1991 : *JCP 1992. II. 21819, note Paisant ; Err. ibid. 21834 bis.* ♦Le juge national est tenu d'examiner d'office le caractère abusif des clauses contractuelles invoquées par une partie dès qu'il dispose des éléments de droit et de fait nécessaires à cet effet. • Civ. 1re, 1er oct. 2014, n° 13-21.801 P : *D. 2015. Pan. 597, obs. Poillot ; JCP E 2014, n° 1591, note Dupont ; CCC 2015, n° 23, obs. Raymond ; RJDA 2015, n° 533 ; Gaz Pal. 2015. 504, obs. Piedelièvre ; Constr.-Urb. 2014, n° 166, obs. Sizaire.*

9. *Illustrations.* Pour des illustrations des art. L. 421-6 [L. 621-8] et L. 421-7 [L. 621-9], V. • Paris, 17 déc. 1990 : *D. 1991. 350, note crit. D. Martin* (une association de consommateurs est recevable à demander la nullité d'une clause de frais unilatéralement ajoutée par une banque dans un contrat de compte courant) • TGI Paris, 16 avr. 1991 : *D. 1991. 460* (clauses abusives dans un contrat de vente de meubles) • Civ. 1re, 6 janv. 1994 : *préc. note 5* (clauses abusives dans des contrats de location de longue durée de véhicules automobiles) • TGI Paris, 18 mai 2004 : *D. 2004. 2288, note Boujeka (1re et 3e esp.)* (clauses abusives en matière de dates de valeur pratiquées par les banques) • Rennes, 28 janv. 2005 : *préc. note 4* (clause attributive de compétence dans les conditions générales de vente d'un voyagiste). ♦V. aussi ss. art. L. 212-1.

10. *Réparation du préjudice collectif.* Une association agréée de défense des consommateurs est en droit de demander devant les juridictions civiles la réparation, notamment par l'octroi de dommages-intérêts, de tout préjudice direct ou indirect à l'intérêt collectif des consommateurs. • Civ. 1re, 5 oct. 1999 : *Bull. civ. I, n° 260 ; D. 2000. 110, note Paisant ; CCC 1999, n° 182,* *obs. Raymond* (cassation de • Grenoble, 3 juin 1997 : *CCC 1997, n° 139, obs. crit. Raymond)* • 21 oct. 2003 : *CCC 2004, n° 65, obs. Raymond* • 1er févr. 2005 : *Bull. civ. I, nos 59, 61 à 63 ; D. 2005. AJ 487, obs. Rondey (4 arrêts)* ; *JCP 2005. II. 10057, note Paisant ; ibid. I. 141, n° 15 s., obs. Rochfeld ; CCC 2005, n° 95, obs. Raymond ; CCE 2005, n° 85, obs. Stoffel-Munck ; RDC 2005. 733, obs. Fenouillet.* – V., dans le même sens, • Grenoble, 13 juin 1991 : *préc. note 8* • TGI Brest, 21 déc. 1994 : *préc. note 1* • Rennes, 28 janv. 2005 : *préc. note 4.* ♦ L'UFC, association déclarée et agréée pour la défense des intérêts des consommateurs, agissant sur le fondement des art. L. 421-1 [L. 621-1] et L. 421-6 [L. 621-8], est en droit, dans l'exercice de son action préventive en suppression de clauses abusives devant la juridiction civile, de demander la réparation, notamment par l'octroi de dommages-intérêts, de tout préjudice direct ou indirect porté à l'intérêt collectif des consommateurs, la stipulation de clauses abusives constituant en elle-même une faute de nature à porter atteinte à l'intérêt collectif des consommateurs. • Civ. 1re, 26 avr. 2017, n° 15-18.970 P : *cité note 74 ss. art. L. 212-1.* ♦ *Contra*, au motif que l'art. L. 421-6 [L. 621-8] ne prévoit pas cette réparation : • Versailles, 2 juin 1994 : *BID 1995, n° 6, p. 19* • Grenoble, 3 juin 1997 : *préc.*

11. Intérêt collectif des consommateurs. La stipulation de clauses abusives constitue en elle-même une faute de nature à porter atteinte à l'intérêt collectif des consommateurs, même en l'absence de décision préalable déclarant ces clauses abusives. • Civ. 1re, 1er févr. 2005 : *Bull. civ. I, n° 63 ; BICC 15 mai 2005, n° 951, et la note ; D. 2005. AJ 487, obs. Rondey (2e esp.)* ; *JCP 2005. II. 10057, note Paisant ; ibid. I. 141, n° 15 s., obs. Rochfeld ; CCC 2005, n° 96, obs. Raymond ; RDC 2005. 736, obs. Fenouillet.*

Jugeant, antérieurement à la L. n° 2014-344 du 17 mars 2014, que dès lors que le professionnel a retiré les clauses litigieuses des contrats proposés aux consommateurs, l'action de l'association initialement recevable est devenue sans objet relativement à la demande de suppression des clauses abusives et dépourvue de fondement quant à l'indemnisation du préjudice prétendument causé à l'intérêt collectif des consommateurs. • Civ. 1re, 1er févr. 2005 : *Bull. civ. I, n° 59 ; D. 2005. AJ 487, obs. Rondey (4e esp.)* ; *JCP 2005. II. 10057, note Paisant ; ibid. I. 141, n° 15 s., obs. Rochfeld ; CCC 2005, n° 95, obs. Raymond ; RDC 2005. 733, obs. Fenouillet.* ♦ Également en ce sens : • Rennes, 28 janv. 2005 : *préc. note 4*, qui attribue cependant des dommages-intérêts à l'association en réparation du préjudice moral, seul caractérisé.

12. Demande de publication. L'action principale en retrait ou en cessation ne pouvant prospérer puisque devenue sans objet, la demande de publication de la décision judiciaire, qui n'est qu'un des modes de réparation, ne le peut davantage. • Rennes, 28 janv. 2005 : *préc. note 4.* ♦ V. aussi art. L. 621-11.

Directive n° 2009/22/CE du Parlement européen et du Conseil du 23 avril 2009,

Relative aux actions en cessation en matière de protection des intérêts des consommateurs.

(1) La directive 98/27/CE du Parlement européen et du Conseil du 19 mai 1998 relative aux actions en cessation en matière de protection des intérêts des consommateurs a été modifiée à plusieurs reprises et de façon substantielle. Il convient, dans un souci de clarté et de rationalité, de procéder à la codification de ladite directive.

(2) Certaines directives figurant dans l'annexe I de la présente directive fixent des règles en matière de protection des intérêts des consommateurs.

(3) Les mécanismes existant actuellement pour assurer le respect de ces directives, tant sur le plan national que sur le plan communautaire, ne permettent pas toujours de mettre un terme, en temps utile, aux infractions préjudiciables aux intérêts collectifs des consommateurs. Par intérêts collectifs, on entend des intérêts qui ne sont pas une simple accumulation d'intérêts de particuliers auxquels il a été porté atteinte par une infraction. Cela est sans préjudice des recours individuels formés par des particuliers lésés par une infraction.

(4) Dans la mesure où l'objectif de faire cesser des pratiques illicites au regard des dispositions nationales applicables est concerné, l'efficacité des mesures nationales transposant les directives concernées, y compris les mesures de protection qui vont au-delà du niveau requis par ces directives, pour autant qu'elles soient compatibles avec le traité et autorisées par ces directives, peut être entravée lorsque celles-ci produisent des effets dans un État membre autre que celui où elles ont leur origine.

(5) Ces difficultés peuvent être nuisibles au bon fonctionnement du marché intérieur, leur conséquence étant qu'il suffit de déplacer le lieu d'origine d'une pratique illicite dans un autre pays pour la faire échapper à toute forme d'application de la loi. Ceci constitue une distorsion de concurrence.

(6) Ces mêmes difficultés sont de nature à affecter la confiance des consommateurs dans le marché intérieur et peuvent limiter le champ d'action des organisations représentatives des intérêts collectifs des consommateurs ou des organismes publics indépendants chargés de la protection des intérêts collectifs des consommateurs lésés par des pratiques qui constituent une violation du droit communautaire.

(7) De telles pratiques dépassent souvent les frontières entre les États membres. Il est nécessaire et urgent de rapprocher dans une certaine mesure les dispositions nationales permettant de faire cesser ces pratiques illicites, quel que soit l'État membre où la pratique illicite a produit ses effets. En ce qui concerne la compétence, l'action envisagée ne porte pas atteinte aux règles du droit international privé ni aux conventions en vigueur entre les États membres, tout en respectant les obligations générales des États membres découlant du traité, notamment celles qui ont trait au bon fonctionnement du marché intérieur.

(8) L'objectif de l'action envisagée ne peut être atteint que par la Communauté. Il incombe par conséquent à celle-ci d'agir.

(9) L'article 5, troisième alinéa, du traité impose à la Communauté de ne pas aller au-delà de ce qui est nécessaire pour atteindre les objectifs du traité. Conformément à cette disposition, il importe de tenir compte dans la mesure du possible des spécificités des ordres juridiques nationaux, en laissant aux États membres la possibilité de choisir entre différentes options aux effets équivalents. Les tribunaux ou autorités administratives compétents pour statuer sur les recours visés par la présente directive ont le droit d'examiner les effets de décisions antérieures.

(10) Une option devrait consister à imposer à un ou plusieurs organismes publics indépendants, spécifiquement chargés de la protection des intérêts collectifs des consommateurs, d'exercer les droits d'actions visés à la présente directive. Une autre option devrait prévoir l'exercice de ces droits par les organisations ayant pour but de protéger les intérêts collectifs des consommateurs, selon les critères établis par la législation nationale.

(11) Les États membres devraient pouvoir choisir l'une de ces options ou cumuler les deux, en désignant au plan national les organismes et/ou les organisations qualifiés aux fins de la présente directive.

(12) Aux fins de la lutte contre les infractions intracommunautaires, le principe de reconnaissance mutuelle doit s'appliquer à ces organismes et/ou organisations. Les États membres devraient communiquer à la Commission, à la demande de leurs entités nationales, le nom et l'objet de leurs entités nationales qualifiées pour intenter une action dans leur propre pays conformément aux dispositions de la présente directive.

(13) Il appartient à la Commission d'assurer la publication d'une liste de ces entités qualifiées au *Journal officiel de l'Union européenne*. Sauf publication d'une déclaration contraire, une entité qualifiée est présumée avoir la capacité pour agir si son nom figure sur cette liste.

(14) Il convient que les États membres puissent exiger une consultation préalable à l'initiative de la partie qui entend entamer une action en cessation, afin de permettre à la partie défenderesse de mettre fin à l'infraction contestée. Il convient que les États membres puissent exiger que cette consultation préalable se fasse conjointement avec un organisme public indépendant désigné par eux-mêmes.

(15) Dans le cas où les États membres ont établi qu'il devrait y avoir consultation préalable, il convient de fixer un délai limite de deux semaines après réception de la demande de consultation, délai au-delà duquel, au cas où la cessation de l'infraction ne serait pas obtenue, la partie demanderesse est en droit de saisir, sans autre délai, le tribunal ou l'autorité administrative compétents.

(16) Il convient que la Commission présente un rapport sur le fonctionnement de la présente directive et, en particulier, sur sa portée et sur le fonctionnement de la consultation préalable.

(17) L'application de la présente directive est sans préjudice de l'application des règles communautaires en matière de concurrence.

(18) La présente directive ne devrait pas porter atteinte aux obligations des États membres concernant les délais de transposition et d'application en droit national des directives indiqués à l'annexe II, partie B. — *V. cette annexe au JOUE L 110 du 1er mai 2009.*

Art. 1er *Champ d'application.* 1. La présente directive a pour objet de rapprocher les dispositions législatives, réglementaires et administratives des États membres relatives aux actions en cessation, mentionnées à l'article 2, visant à protéger les intérêts collectifs des consommateurs inclus dans les *(Règl. n° 524/2013 du 21 mai 2013, art. 20)* « actes de l'Union énumérés à l'annexe I », afin de garantir le bon fonctionnement du marché intérieur.

2. Aux fins de la présente directive, on entend par infraction tout acte qui est contraire aux *(Règl. n° 524/2013 du 21 mai 2013, art. 20)* « actes de l'Union énumérés à l'annexe I » telles que transposées dans l'ordre juridique interne des États membres et qui porte atteinte aux intérêts collectifs visés au paragraphe 1.

Art. 2 *Actions en cessation.* 1. Les États membres désignent les tribunaux ou autorités administratives compétents pour statuer sur les recours formés par les entités qualifiées au sens de l'article 3 visant :

a) à faire cesser ou interdire toute infraction, avec toute la diligence requise et, le cas échéant, dans le cadre d'une procédure d'urgence ;

b) le cas échéant, à obtenir la prise de mesures telles que la publication de la décision, en tout ou en partie, sous une forme réputée convenir et/ou la publication d'une déclaration rectificative, en vue d'éliminer les effets persistants de l'infraction ;

c) dans la mesure où le système juridique de l'État membre concerné le permet, à faire condamner le défendeur qui succombe à verser au Trésor public ou à tout bénéficiaire désigné ou prévu par la législation nationale, en cas de non-exécution de la décision au terme du délai fixé par les tribunaux ou les autorités administratives, une somme déterminée par jour de retard ou toute autre somme prévue par la législation nationale aux fins de garantir l'exécution des décisions.

2. La présente directive est sans préjudice des règles de droit international privé en ce qui concerne le droit applicable, à savoir normalement, soit le droit de l'État membre où l'infraction a son origine, soit celui de l'État membre où l'infraction produit ses effets.

Loi applicable. Le Règl. (CE) n° 593/2008 du 17 juin 2008 sur la loi applicable aux obligations contractuelles (Rome I) et le Règl. (CE) n° 864/2007 du 11 juill. 2007 sur la loi applicable aux obligations non contractuelles (Rome II) doivent être interprétés en ce sens que, sans préjudice de l'art. 1er, § 3, de chacun de ces règlements, la loi applicable à une action en cessation au sens de la Dir. 2009/22/CE du 23 avr. 2009 dirigée contre l'utilisation de clauses contractuelles prétendument illicites par une entreprise établie dans un État membre qui conclut des contrats par voie de commerce électronique avec des consommateurs résidant dans d'autres États membres et, notamment, dans l'État du for, doit être déterminée conformément à l'art. 6, § 1, du Règl. n° 864/2007, alors que la loi applicable à l'appréciation d'une clause contractuelle donnée doit toujours être déterminée en application du Règl. n° 593/2008, que cette appréciation soit effectuée dans le cadre d'une action individuelle ou dans celui d'une action collective. • CJUE 28 juill. 2016, n° C-191/15 : *cité note 1 ss. Dir. 93/13/CEE du 5 avr. 1993, art. 3, App., v° Clauses abusives.*

Art. 3 *Entités qualifiées pour intenter une action.* Aux fins de la présente directive, on entend par "entité qualifiée" tout organisme ou organisation dûment constitué conformément au droit d'un État membre, qui a un intérêt légitime à faire respecter les dispositions visées à l'article 1er et, en particulier :

a) un ou plusieurs organismes publics indépendants, spécifiquement chargés de la protection des intérêts visés à l'article 1er, dans les États membres où de tels organismes existent ; et/ou

b) les organisations dont le but est de protéger les intérêts visés à l'article 1er, conformément aux critères fixés par la législation nationale.

Art. 4 *Infractions intracommunautaires.* 1. Chaque État membre prend les mesures nécessaires pour que, en cas d'infraction ayant son origine dans cet État membre, toute entité qualifiée d'un autre État membre, lorsque les intérêts protégés par cette entité qualifiée sont lésés par l'infraction, puisse saisir le tribunal ou l'autorité administrative visés à l'article 2, sur présentation de la liste prévue au paragraphe 3 du présent article. Les tribunaux ou autorités administratives acceptent cette liste comme preuve de la capacité pour agir de l'entité qualifiée, sans préjudice de leur droit d'examiner si le but de l'entité qualifiée justifie le fait qu'elle intente une action dans une affaire donnée.

2. Aux fins de la lutte contre les infractions intracommunautaires et sans préjudice des droits reconnus à d'autres entités par la législation nationale, les États membres communiquent à la Commission, à la demande de leurs entités qualifiées, que lesdites entités sont qualifiées pour intenter une action au titre de l'article 2. Les États membres informent la Commission du nom et du but de ces entités qualifiées.

3. La Commission établit une liste des entités qualifiées visées au paragraphe 2, en précisant leur but. Cette liste est publiée au *Journal officiel de l'Union européenne* ; toute modification de cette liste fait l'objet d'une publication immédiate, une liste actualisée étant publiée tous les six mois.

Art. 5 *Consultation préalable.* 1. Les États membres peuvent prévoir ou maintenir en vigueur des dispositions en vertu desquelles la partie qui entend introduire une action en cessation ne peut engager cette procédure qu'après avoir tenté d'obtenir la cessation de l'infraction en consultation soit avec la partie défenderesse, soit avec la partie défenderesse et une entité qualifiée, au sens de l'article 3, point a), de l'État membre dans lequel l'action en cessation est introduite. Il appartient à l'État membre de décider si la partie qui entend introduire une action en cessation doit consulter l'entité qualifiée. Si la cessation de l'infraction n'est pas obtenue dans les deux semaines suivant la réception de la demande de consultation, la partie concernée peut introduire une action en cessation, sans autre délai.

2. Les modalités de la consultation préalable arrêtées par les États membres sont notifiées à la Commission et publiées au *Journal officiel de l'Union européenne*.

Art. 6 *Rapports.*

Art. 7 *Dispositions assurant une faculté d'agir plus étendue.* La présente directive ne fait pas obstacle au maintien ou à l'adoption par les États membres de dispositions visant à assurer au plan national une faculté d'agir plus étendue aux entités qualifiées ainsi qu'à toute autre personne concernée.

Art. 8 *Mise en œuvre.*

Art. 9 *Abrogation.* La directive 98/27/CE, telle que modifiée par les directives visées à l'annexe II, partie A, est abrogée, sans préjudice des obligations des États membres en ce qui concerne les délais de transposition en droit national et d'application des directives, indiqués à l'annexe II, partie B.

Les références faites à la directive abrogée s'entendent comme faites à la présente directive et sont à lire selon le tableau de correspondance figurant à l'annexe III. — *V. les annexes citées au JOUE L 110 du 1er mai 2009.*

Art. 10 *Entrée en vigueur.* La présente directive entre en vigueur le 29 décembre 2009.

ANNEXE I

LISTE DES ACTES DE L'UNION VISÉES *[VISÉS]* À L'ARTICLE 1er

1. Directive 85/577/CEE du Conseil du 20 décembre 1985 concernant la protection des consommateurs dans le cas de contrats négociés en dehors des établissements commerciaux *(JOCE L 372 du 31 déc. 1985). — Abrogée et remplacée par Dir. 2011/83/UE du 25 oct. 2011, reproduite ss. art. L. 121-24.*

2. Directive 87/102/CEE du Conseil du 22 décembre 1986 relative au rapprochement des dispositions législatives, réglementaires et administratives des États membres en matière de crédit à la consommation *(JOCE L 42 du 12 févr. 1987).*

3. Directive 89/552/CEE du Conseil du 3 octobre 1989 visant à la coordination de certaines dispositions législatives, réglementaires et administratives des États membres relatives à l'exercice d'activités de radiodiffusion télévisuelle : articles 10 à 21 *(JOUE L 298 du 17 oct. 1989). — Cette Dir. a été abrogée et remplacée par Dir. 2010/13/UE du 10 mars 2010, art. 19 à 26 (JOUE L 95 du 15 avr. 2010).*

4. Directive 90/314/CEE du Conseil du 13 juin 1990 concernant les voyages, vacances et circuits à forfait *(JOCE L 158 du 23 juin 1990). — Remplacée par Dir. 2015/2302 du 25 nov. 2015 (JOUE L 326 du 11 déc. 2015), à compter du 1er juill. 2018.*

5. Directive 93/13/CEE du Conseil du 5 avril 1993 concernant les clauses abusives dans les contrats conclus avec les consommateurs (V. App., v° Clauses abusives).

6. Directive 97/7/CE du Parlement européen et du Conseil du 20 mai 1997 concernant la protection des consommateurs en matière de contrats à distance. — *Abrogée et remplacée par Dir. 2011/83/UE du 25 oct. 2011, reproduite ss. art. L. 121-24.*

7. Directive 1999/44/CE du Parlement européen et du Conseil du 25 mai 1999 sur certains aspects de la vente et des garanties des biens de consommation *(JOUE L 171 du 7 juill. 1999).*

8. Directive 2000/31/CE du Parlement européen et du Conseil du 8 juin 2000 relative à certains aspects juridiques des services de la société de l'information, et notamment du commerce électronique, dans le marché intérieur (« directive sur le commerce électronique ») *(JOUE L 178 du 17 juill. 2000)*.

9. Directive 2001/83/CE du Parlement européen et du Conseil du 6 novembre 2001 instituant un code communautaire relatif aux médicaments à usage humain : articles 86 à 100 *(JOUE L 311 du 28 nov. 2001)*.

10. Directive 2002/65/CE du Parlement européen et du Conseil du 23 septembre 2002 concernant la commercialisation à distance de services financiers auprès des consommateurs *(JOUE L 271 du 9 oct. 2002)*.

11. Directive 2005/29/CE du Parlement européen et du Conseil du 11 mai 2005 relative aux pratiques commerciales déloyales des entreprises vis-à-vis des consommateurs dans le marché intérieur *(JOUE L 149 du 11 juin 2005)*.

12. Directive 2006/123/CE du Parlement européen et du Conseil du 12 décembre 2006 relative aux services dans le marché intérieur *(JOUE L 376 du 27 déc. 2006)*.

13. Directive 2008/122/CE du Parlement européen et du Conseil du 14 janvier 2009 relative à la protection des consommateurs en ce qui concerne certains aspects des contrats d'utilisation de biens à temps partagé, des contrats de produits de vacances à long terme et des contrats de revente et d'échange (V. ss. art. L. 121-79-5).

(Dir. 2013/11/UE du 21 mai 2013, art. 23) « 14. Directive 2013/11/UE du Parlement européen et du Conseil du 21 mai 2013 relative au règlement extrajudiciaire des litiges de consommation *(JOUE L 165 du 18 juin 2013)* : l'article 13. » — *V. App., v° Compétence.*

(Règl. n° 524/2013 du 21 mai 2013, art. 20) « 15. Règlement (UE) n° 524/2013 du Parlement européen et du Conseil du 21 mai 2013 relatif au règlement en ligne des litiges de consommation (règlement relatif au RLLC) *(JOUE L 165 du 18 juin 2013)* : l'article 14. » — *V. App., v° Compétence.*

SECTION III ACTION CONJOINTE ET INTERVENTION EN JUSTICE

COMMENTAIRE

I. CARACTÉRISTIQUES

Le texte initial permettait à l'association agréée d'intervenir au soutien d'une action engagée par un ou plusieurs consommateurs lorsque la demande initiale avait pour objet la réparation du préjudice subi par un ou plusieurs consommateurs.

L'article L. 621-9, enrichi dans sa numérotation antérieure par la loi du 6 août 2015, instaure la possibilité pour une association de consommateurs agréée d'« agir conjointement ou [d'] intervenir » pour obtenir réparation de tout fait portant un préjudice, direct ou indirect, à l'intérêt collectif des consommateurs et demander, le cas échéant, la suppression des clauses illicites ou abusives.

Cette action n'est recevable que devant les juridictions civiles : elle ne concerne ni les tribunaux répressifs (les associations ne peuvent intervenir que sur le fondement de l'action civile précédemment envisagée) ni les tribunaux administratifs.

II. OBJET

L'action principale engagée à titre individuel par un consommateur que l'association entreprend ou soutient doit avoir pour *objet la mise en œuvre* de la responsabilité délictuelle ou contractuelle du professionnel ou la supression de clauses illicites ou abusives. Cela exclut les litiges portant sur la validité du contrat.

Par ailleurs, la première chambre civile, dans un arrêt du 21 février 2006, imposait aux juges du fond une interprétation restrictive de l'intervention de l'association dans une espèce où la demande en paiement de dommages-intérêts avait été formée par l'UFC que Choisir dans l'acte introductif d'instance. D'où la reformulation qui enlève toute ambiguïté : l'association peut, depuis la loi du 6 août 2015, soit agir conjointement soit intervenir... De même a été jugée irrecevable l'intervention volontaire d'une association de consommateurs dans une procédure de règlement amiable d'une situation de surendettement dès lors que cette procédure n'avait pas pour objet la réparation d'un préjudice subi par le consommateur (Civ. 1re, 4 avr. 1991 : *cité note 6 ss. art. L. 621-9*). En revanche, il a été considéré que l'association pouvait intervenir à l'action engagée par des locataires contre leur propriétaire en remboursement de charges locatives indues (Civ. 3e, 10 mars 1999 : *JCP 2001. IV. 1054*).

L'adverbe « notamment » figurant dans la rédaction antérieure de l'article L. 421-7 de l'ancien code de la consommation ne semblait pas interdire d'autres mesures telles que l'octroi de dommages et intérêts en réparation du dommage causé à l'intérêt collectif (V. pour une application large de l'intérêt collectif apprécié au regard de la recrudescence des actions individuelles : Civ. 1re, 13 nov. 2008 : *cité note 1 ss. art. L. 621-9*) – laquelle s'ajoute à la demande de réparation individuelle – ainsi que la diffusion du jugement rendu (art. L. 621-11).

Cette interprétation est confirmée par le nouveau texte : les associations agréées exerçant leur droit d'intervention devant les juridictions civiles peuvent demander l'application des mesures prévues par l'article L. 621-2, autrement dit toute mesure destinée à faire cesser les agissements illicites ou à supprimer dans le contrat ou dans le type de contrat proposé aux consommateurs une clause illicite (que le contrat soit en cours ou non), mais solliciter aussi réparation pour tout fait portant préjudice à l'intérêt collectif (direct ou indirect, précise la loi du 6 août 2015).

De cette façon, le juge pourra ordonner la suppression de clauses interdites ou contraires à des dispositions légales ou réglementaires : clause réduisant les droits et garanties du consommateur, clause attributive de compétence territoriale… Il pourra également demander la cessation d'une pratique trompeuse, telle la publicité. ❑

Art. L. 621-9 A l'occasion d'une action portée devant les juridictions civiles et ayant pour objet la réparation d'un préjudice subi par un ou plusieurs consommateurs à raison de faits non constitutifs d'une infraction pénale, les associations mentionnées à l'article L. 621-1 peuvent agir conjointement ou intervenir pour obtenir réparation de tout fait portant un préjudice direct ou indirect à l'intérêt collectif des consommateurs et demander, le cas échéant, l'application de mesures prévues à l'article L. 621-2. – *[C. consom., art. L. 421-7.]*

1. Exercice de l'action. De la combinaison des art. L. 421-7 [L. 621-9] C. consom. et 66 et 68 NCPC [renommé C. pr. civ.] il résulte que, si les associations agréées de consommateurs peuvent intervenir à l'instance introduite sur la demande initiale en réparation du préjudice subi par un ou plusieurs consommateurs, en raison de faits non constitutifs d'une infraction pénale, à l'effet notamment d'obtenir réparation du préjudice causé à l'intérêt collectif des consommateurs, en revanche elles ne peuvent, à cette fin, introduire l'instance. • Civ. 1re, 21 févr. 2006 : *Bull. civ. I, no 95 ; R., p. 381 ; D. 2006. AJ 781, obs. Rondey ; RTD com. 2006. 906, obs. Bouloc ; AJDI 2006. 373 ; JCP E 2006, no 13, p. 621 ; RJDA 2006, no 963 ; Dr. et proc. 2006. 335, obs. Bazin* • 30 mai 2006 : *Bull. civ. I, no 276 ; RTD com. 2007. 219, obs. Bouloc ; JCP 2006. IV. 2385 ; CCC 2006, no 166, obs. Raymond ; RDC 2006. 743, obs. Fenouillet* • 30 janv. 2007 : *RCA 2007, no 110* • Paris, 20 juin 2007 : *JCP E 2007, no 35, p. 40 ; CCC 2007, no 265, obs. Raymond* • Civ. 1re, 27 nov. 2008 : *CCC 2009, no 84, obs. Raymond ; RJDA 2009, no 275.* ♦ Déjà en ce sens : est irrecevable l'action d'une association de consommateurs en garantie des vices cachés exercée à titre *principal* et *non par voie d'intervention.* • TGI Nanterre, 2 sept. 2003 : *D. 2003. Somm. 2824, obs. Le Stanc ; CCE 2003, no 108, obs. Grynbaum.* ♦ Comp., dans la même affaire, • Versailles, 15 avr. 2005 : *CCC 2005, no 101, obs. Raymond ; CCE 2005, no 173, obs. Chabert,* jugeant que l'art. L. 421-7 [L. 621-9] n'interdit pas à l'association intervenante volontaire de se joindre au demandeur principal dès l'acte introductif d'instance. ♦ V. aussi note 5 ss. art. L. 621-8.

Il résulte de la recrudescence du nombre de dossiers relatifs aux dysfonctionnements de l'accès à internet proposé par une société que l'intérêt collectif des consommateurs ayant contracté avec cette société se trouvait lésé et que, dès lors, l'association était en droit de réclamer réparation du préjudice direct et indirect qui en découlait. • Civ. 1re, 13 nov. 2008 : *JCP 2009. I. 123, no 2, obs. Stoffel-Munck ; CCC 2009, no 29, obs. Raymond ; Gaz. Pal. 2009. 1348, obs. Forster et Hadjadje ; RJDA 2009, no 682.*

2. Action en représentation conjointe. Jugé qu'est irrecevable l'action d'intérêt collectif de l'art. L. 421-7 [L. 621-9] exercée par une association de consommateurs concurremment à une action en représentation conjointe, le préjudice personnel de l'association n'étant pas démontré. • TI Pantin, 18 avr. 1998 : *D. 2000. Somm. 51, obs. Pizzio .*

3. Illustrations : suppression de clauses abusives. Sur le droit d'intervenir pour demander la suppression de clauses abusives, V. note 5 ss. art. L. 621-8.

4. … Garantie des vices cachés. V. les décisions citées note 1 (CD équipés de dispositifs anti-copie les rendant inutilisables sur certains lecteurs).

5. … Transport ferroviaire. L'art. L. 421-7 [L. 621-9] lui donnant le droit d'intervenir devant les juridictions civiles pour demander réparation du préjudice collectif subi par les usagers qu'elle représente, une association se trouve recevable à se joindre à l'action individuelle engagée par trois de ces usagers (action contre la SNCF pour retards répétés des trains). • Paris, 4 oct. 1996 : *JCP 1997. II. 22811, note Paisant et Brun; Gaz. Pal. 1996. 2. 635, concl. Gizardin, note J.-G. M.; D. Affaires 1996. 1284; RJDA 1997, n° 355.*

6. ... Surendettement (non). Une association de consommateurs n'est pas recevable à intervenir volontairement dans une procédure de règlement amiable d'une situation de surendettement, dès lors que cette procédure n'a pas pour objet la réparation d'un préjudice que le débiteur aurait subi, et que l'association ne justifie pas autrement avoir intérêt, pour la conservation de ses droits, à soutenir les prétentions du demandeur. • Civ. 1re, 4 avr. 1991 : *D. 1991. 307, note Bouloc; CCC 1991, n° 153, obs. Raymond* • 22 oct. 1991 : *CCC 1992, n° 20, obs. Raymond.*

SECTION IV DISPOSITIONS COMMUNES

COMMENTAIRE

De façon à faciliter l'action des associations de consommateurs, le législateur facilite la preuve des faits (art. L. 621-10). Quelle que soit la juridiction saisie, le ministère public peut produire les procès-verbaux ou rapports d'enquête utiles à la solution du litige : la preuve de l'infraction est en effet très souvent un obstacle à la mise en œuvre de la procédure. Mais encore faut-il que le parquet accepte de collaborer, ce qui ne devrait pas poser de problème lorsqu'une politique pénale cohérente est mise en place.

De même, la publicité de la décision peut avoir un effet dissuasif important, ce qu'a bien perçu le législateur (art. L. 621-11). Il faut observer que sa diffusion a lieu aux frais de la partie qui a été condamnée. Ces mesures de publication s'appliquent, selon la jurisprudence, lorsque l'association a saisi le juge des référés d'une demande tendant à faire cesser un trouble illicite.

Art. L. 621-10 Le ministère public peut produire devant la juridiction saisie, nonobstant les dispositions législatives contraires, les procès-verbaux ou rapports d'enquête qu'il détient, dont la production est utile à la solution du litige. — *[C. consom., art. L. 421-8.]*

Art. L. 621-11 La juridiction saisie peut ordonner la diffusion, par tous moyens appropriés, de l'information au public du jugement rendu. Lorsqu'elle ordonne l'affichage de l'information en application du présent alinéa, il est procédé à celui-ci dans les conditions prévues par l'article 131-35 du code pénal.

Cette diffusion a lieu aux frais de la partie qui succombe ou du condamné ou de l'association qui s'est constituée partie civile lorsque les poursuites engagées à son initiative ont donné lieu à une décision de relaxe. — *[C. consom., art. L. 421-9.]*

1. Publication. La mesure de publication prévue à l'art. L. 421-9 [L. 621-11] est nécessaire pour que soit assurée l'information de l'ensemble des consommateurs sur la décision à intervenir quand bien même cette décision n'a qu'un effet relatif entre les parties, d'autant qu'en l'espèce l'information des consommateurs était à l'époque du jugement justifiée. • Grenoble, 28 janv. 2013 : *cité note 3.* ♦ Les associations de consommateurs, qui sont recevables à saisir le juge des référés d'une demande tendant à faire cesser un trouble illicite, peuvent, aux termes de *l'art.* L. 421-9, solliciter la publication de la décision. • Civ. 1re, 9 mars 2004 : *Bull. civ. I, n° 80; CCC 2004, n° 101, obs. Raymond; Dr. et patr. janv. 2005. 100, obs. Caprioli.* ♦ Avant d'ordonner la publication d'un communiqué sur la décision qu'il prononce, le juge doit rechercher si la publication judiciaire et la diffusion du communiqué judiciaire sur le site internet de la compagnie aérienne, en ce que cette publicité concernait des clauses qui n'existaient plus depuis l'entrée en vigueur des nouvelles conditions générales de transport, n'étaient pas susceptibles d'induire en erreur le consommateur. • Civ. 1re, 26 avr. 2017, n° 15-18.970 P : *cité note 74 ss. art. L. 212-1.* ♦ Pour une demande de publication devenue sans objet, V. aussi note 12 ss. art. L. 621-8.

2. Courrier électronique. Pour la condamnation d'une société à adresser, à l'ensemble de ses abonnés antérieurs au prononcé de la décision la condamnant, copie du dispositif par courrier électronique, V. • TGI Paris, 15 sept. 2009 : *Lettre distrib. oct. 2009, p. 3.*

3. Publication trompeuse. La lecture de la publication judiciaire du jugement révèle que l'association de consommateurs n'a effectivement pas précisé que l'ensemble des clauses supprimées à l'exception d'une seule émanait du contrat de syndic 2006. Dès lors, même si la lecture attentive du résumé des clauses figurant dans cette publication permettait, par comparaison avec les contrats qui avaient été conclus postérieurement, de se rendre compte que ces clauses avaient été supprimées de ces derniers contrats, il n'en demeure pas moins qu'une telle publication ainsi tronquée de cette décision était de nature à semer la confusion dans l'esprit des copropriétaires et à porter ainsi atteinte à l'image de la société syndic. • Grenoble, 28 janv. 2013 : *AJDI 2013. 619*.

CHAPITRE II ACTION EN REPRÉSENTATION CONJOINTE

BIBL. GÉN. ▶ RAYMOND, *CCC févr. 1992, Chron. 1* (loi du 18 janv. 1992). – MARTON, *JCP 1994. I. 3756*. – BORÉ, *D. 1995. Chron. 267* (action en représentation conjointe : *class action* française ou action mort-née ?). – FRANCK, *Études Calais-Auloy, Dalloz 2004, p. 409* (réparation du préjudice causé à l'intérêt collectif des consommateurs).

COMMENTAIRE

I. PARTICULARITÉS

La loi du 18 janvier 1992 a complété la loi du 5 janvier 1988 afin d'instituer une action en représentation conjointe dont le principe figure aux articles L. 622-1 à L. 622-4.

Lorsque plusieurs consommateurs ont subi des préjudices individuels causés par le fait d'un même professionnel et ayant une origine commune, deux ou plusieurs d'entre eux peuvent donner mandat à une association agréée d'agir en leur nom, en réparation du préjudice. Il s'agit davantage de défense collective d'intérêts individuels que de défense de l'intérêt collectif.

II. CONDITIONS

L'action n'est recevable que si elle émane de personnes physiques nommément identifiées ayant subi un dommage en tant que consommateurs. Les préjudices individuels doivent avoir une origine commune et émaner d'un même professionnel (défaut d'un modèle de téléviseur par exemple). Ils peuvent être matériels ou moraux.

L'action a pour objet de mettre en œuvre la responsabilité délictuelle ou contractuelle du professionnel : il s'agit d'une action en réparation.

L'association est mandatée par deux consommateurs au moins sous forme écrite et individuelle. Le mandat doit préciser l'objet et conférer à l'association le pouvoir d'accomplir au nom du consommateur tous les actes de procédure nécessaires (art. R. 622-2). Il ne peut être sollicité par voie d'appel public télévisé ou radiophonique, ni par tract ou affichage (art. L. 622-2). Tout appel public par moyen de communication de masse est d'une façon plus générale interdit (Civ. 1re, 26 mai 2011 : cité *note ss. art. L. 622-2*).

L'association doit être agréée et reconnue représentative au plan national.

III. MISE EN ŒUVRE

L'action peut être portée devant « toute juridiction » (art. L. 622-1), autrement dit civile, pénale et administrative. Lorsque l'action est portée devant le juge pénal, l'association peut se constituer partie civile devant le juge d'instruction ou la juridiction de jugement compétente (art. L. 622-3).

L'association représente ses différents mandants en accomplissant en leur nom tous les actes de procédure et doit leur en rendre compte. Cependant, le mandant n'étant tenu d'aucune obligation d'assistance, l'action se distingue ainsi du mandat de représentation qui instaure un devoir de conseil sauf convention contraire (art. 413 C. pr. civ.).

Le mandant peut révoquer le mandat à tout moment et reprendre l'instance à son compte (art. R. 622-5). Le contrat peut prévoir la faculté pour l'association de renoncer à son mandat en cours de procédure si la collaboration du mandant s'avère insatisfaisante (art. R. 622-2).

La décision prononcée n'aura d'effet qu'entre les parties à l'instance : les autres consommateurs victimes, tiers à la procédure, ne pourront se prévaloir des condamnations prononcées. Si l'association obtient réparation des préjudices réclamés, les dommages et intérêts seront versés aux mandants.

IV. BILAN

Lourde, coûteuse et limitée, cette action ne connaît, en pratique, presque aucun succès. En effet, les associations ont fini par reculer devant l'ampleur des responsabilités encourues et le poids financier lié à la gestion de trop nombreux dossiers. L'objectif recherché n'étant pas atteint, l'action de groupe a été introduite dans notre droit, laquelle bouleverse nos principes processuels, mais devrait permettre de rétablir l'équilibre entre consommateurs et professionnels.

Art. L. 622-1 **Lorsque plusieurs consommateurs identifiés ont subi des préjudices individuels qui ont été causés par le fait d'un même professionnel, et qui ont une origine commune, toute association agréée et reconnue représentative sur le plan national en application de l'article L. 811-1 peut, si elle a été mandatée par au moins deux des consommateurs concernés, agir en réparation devant toute juridiction au nom de ces consommateurs.** – *[C. consom., art. L. 422-1, al. 1er.] – V. art. R. 622-1 s.*

1. Action en représentation conjointe. Pour un exemple d'action en représentation conjointe d'une association agréée, jugée recevable, V. • TI Rennes, 17 avr. 1997 : *CCC 1997, n° 168, obs. Raymond.*

2. Action d'intérêt collectif. V. note 2 ss. art. L. 621-9.

3. Action de groupe. Refusant d'analyser la participation d'actionnaires français à une *class action* aux États-Unis contre Vivendi en abus de *forum shopping*, V. • Paris, 28 avr. 2010 : *D. 2010. Pan. 2323, obs. Bollée ; ibid. Actu. 1224, obs. Delpech ; RTD com. 2010. 753, obs. Rontchevsky ; Rev. sociétés 2010. 367, note Magnier ; JCP 2010, n° 886, spéc. n° 8, obs. Nourissat ; Gaz. Pal. 2010. 1348, note Audit et Niboyet ; RJ com. 2010. 350, note Messaï-Bahri ; Banque et Droit mai-juin 2010. 23, et les obs. ; Procédures 2010. Repère 7, par Nourissat ; Dr. sociétés 2010, n° 185, obs. Mortier.* ♦ V. toutefois, mettant un coup d'arrêt aux *class actions* extraterritoriales : • Cour suprême États-Unis, 24 juin 2010 : *D. 2010. Pan. 2323, obs. Bollée ; JCP 2010, n° 743, note Gaillard ; JCP 2011, n° 944, note Dubos et Crépin ; RD banc. fin. 2010. Alerte 14, par Paclot ; ibid. Étude 17, par Dubertret ; Banque et Droit juill.-août 2010. 23, et les obs. ; Dr. sociétés 2010, n° 186, obs. Mortier ; Bull. Joly 2010. 738, note Fages et Perchet ; Bull. Joly Bourse 2010. 296, obs. Garrigues ; ibid. 308, note Gaillard.* ♦ Pour le rejet d'une *class action* pour insuffisance du caractère commun en droit ou en fait des situations des membres de la *class*, V. • Cour suprême États-Unis, 20 juin 2011 : *D. 2011. 2284, note Le Gallou.*

Art. L. 622-2 **Le mandat mentionné à l'article L. 622-1 ne peut être sollicité par voie d'appel public télévisé ou radiophonique, ni par voie d'affichage, de tract ou de lettre personnalisée.**

Il est donné par écrit par chaque consommateur. – *[C. consom., art. L. 422-1, al. 2.] – V. art. R. 622-2.*

Sollicitation des mandats. Après avoir constaté que l'UFC Que choisir était l'initiatrice de la procédure, celle-ci, qui savait ne pouvoir agir en introduisant l'instance et qui très rapidement avait pris conscience du caractère très limité du préjudice individuel de chaque abonné, s'étant efforcée d'organiser et d'orchestrer l'assignation et les interventions volontaires des abonnés au mépris des interdictions de démarchage et d'appel au public qui y faisaient obstacle, ayant fait préalablement réaliser à cet effet un calculateur de préjudice et prévu sur son site internet la possibilité pour les internautes de souscrire un contrat d'engagement la mandatant pour agir en justice, mandat qui n'avait aucune réalité puisque l'association indiquait supporter toute la procédure et la conduire, la cour d'appel a exactement retenu que l'association n'avait pas respecté les dispositions de l'art. L. 422-1 [L. 622-2], lequel, étranger à la préservation de l'image et de la présomption d'innocence, prohibe notamment tout appel public par moyen de communication de masse ou par lettre personnalisée. • Civ. 1re, 26 mai 2011 : *Bull. civ. I, n° 98 ; D. 2011. 1884, note Dupont ; RTD com. 2011. 627, obs. Bouloc ; JCP E 2011, n° 1440 ; CCC 2011, n° 201, obs. Raymond ; CCE 2011, n° 77, obs. Debet ; Gaz. Pal. 2011. 3046, note Forster et Santonja ; RJDA 2011, n° 739 ; RDC 2011. 1252, note Sauphanor-Brouillaud ; RD banc. fin. 2011, n° 156, obs. Lagarde ; RJ com. 2011. 429, note Deharo ; RDC 2012. 151, note Pelletier* (conf. de • Paris, 22 janv. 2010 : *RLDC avr. 2010. 59, note Patetta*).

Art. L. 622-3 ***Tout*** **consommateur ayant donné son accord, dans les conditions prévues à l'article L. 622-2, à l'exercice d'une action devant une juridiction pénale est considéré en ce cas comme exerçant les droits reconnus à la partie civile en application du code de procédure pénale.**

Toutefois, les significations et notifications qui concernent le consommateur sont adressées à l'association. – *[C. consom., art. L. 422-2.]*

Art. L. 622-4 **L'association qui exerce une action en justice en application des dispositions des articles L. 622-1 à L. 622-3 peut se constituer partie civile devant le juge d'instruction ou la juridiction de jugement du siège social de l'entreprise mise en cause ou, à défaut, du lieu de la première infraction.** – *[C. consom., art. L. 422-3.]*

CHAPITRE III ACTION DE GROUPE

Trente mois au plus tard après la promulgation de la L. n° 2014-344 du 17 mars 2014, le Gouvernement remet au Parlement un rapport évaluant les conditions de mise en œuvre de la procédure d'action de groupe et propose les adaptations qu'il juge nécessaires. Il envisage également les évolutions possibles du champ d'application de l'action de groupe, en examinant son extension aux domaines de la santé et de l'environnement (L. préc., art. 2-VI).

Sur l'action de groupe en matière de produits de santé, V. CSP, art. L. 1143-1 s. et R. 1143-1 s. — **CSP.**

Sur l'extension de l'action de groupe devant le juge judiciaire et devant le juge administratif en matière, notamment, de discrimination, environnementale et de protection des données à caractère personnel, V. L. n° 2016-1547 du 18 nov. 2016, art. 60 s. — Le titre V de la L. n° 2016-1547 du 18 nov. 2016 n'est pas applicable à l'action de groupe prévue au chapitre III du titre II du livre IV [livre VI] du code de la consommation (L. préc., art. 92-I).

BIBL. GÉN. ▶ Loi n° 2014-344 du 17 mars 2014 : MAINGUY et DEPINCÉ, *JCP E 2013. Actu. 355* (pour l'action de groupe en droit français). – ROSKIS et JAFFAR, *Cah. dr. entr. juill.-août 2013. Dossier 25* (une justice plus proche du citoyen ?). – AZAR-BAUD, *Gaz. Pal. 2013. 2850* (introduction d'une action de groupe en droit de la consommation). – GRANDJEAN, *JCP 2013, n° 1007* (action de groupe : petit pas ou pas de géant ?). – SÉNÉCHAL, *LPA 15 nov. 2013* (regard d'un mandataire de justice sur le projet de *class action* à la française). – A.-C. MARTIN, *Journ. sociétés déc. 2013. 12* (l'action de groupe : le droit de la consommation en quête d'efficience ?). – DE LA MURE, *ibid. 20* (l'action de groupe en matière de pratiques anticoncurrentielles : en quête d'équilibre ?). – RASKIN, *RJ com. 2013. 455* (l'action de groupe). – LIGNEUL, *Gaz. Pal. 2014. 111* (action de groupe : de la mondialisation des procédures au projet de loi sur la consommation). – MAINGUY et DEPINCÉ, *JCP E 2014, n° 1144* (introduction de l'action de groupe en droit français). – Numéro spécial, *LPA 25 mars 2014* (*class action* : la France comble enfin son retard). – NDLR, *BRDA 2014, n° 6, p. 11* (loi relative à la consommation : l'action de groupe). – RASKIN, *ibid., p. 15* (l'action de groupe vue par un avocat). – HAERI et JAVAUX, *JCP 2014, n° 375* (l'action de groupe à la française, une curiosité). – BACACHE, *ibid., n° 377* (introduction de l'action de groupe en droit français). – JOUFFIN, *Banque et Droit mars-avr. 2014. 3* (les actions de groupe... avant les actions de groupe). – REBEYROL, *D. 2014. 940* (la nouvelle action de groupe). – MOLFESSIS, *ibid. 947* (l'exorbitance de l'action de groupe à la française). – FRANÇOIS-MARTIN et DAULOUÈDE, *CCC 2014. Dossier 5* (entre risque et incertitude pour les entreprises). – HILT, *Gaz. Pal. 2014. 1420* (consécration de l'action de groupe : peut-on s'en satisfaire ?). – MAINGUY et DEPINCÉ, *Dr. et patr. mai 2014. 34* (nouvelle procédure du droit français de la consommation). – LE GAC-PECH, *Dr.et proc. mai 2014. 42* (l'avènement du printemps de la consommation). – CHONÉ-GRIMALDI et RASCHEL, *RCA 2014. Étude 4* (action de groupe à la française : tout vient à point à qui sait attendre !). – JOUFFIN, *Banque et Droit mai-juin 2014. 3* (un rendez-vous manqué ?). – SABARD, *Dr. et proc. 2014. 132* (l'action de groupe à la française). – BRUNET, DUPUIS et PAROCHE, *D. 2014. 1600* (l'indemnisation des consommateurs favorisée au détriment de la détection des cartels ?). – ASSELAIN, *RGDA 2014. 368* (assurance et action de groupe). – BRETZNER, *D. avocats 2014. 321* (le rôle de l'avocat dans la mise en œuvre de la loi Hamon : opportunités et limites). – ABID, *RTD com. 2014. 27* (le renouveau de l'arbitrage international dans les litiges de consommation : l'introduction de l'arbitrage collectif en France). – ALBERTINI, *JCP 2014, n° 1196* (les points-clés de l'action de groupe pour les entreprises). – Hors-série, *Banque et Droit nov. 2014* (l'action de groupe à la française). – CROZE, *Procédures 2014. Étude 17* (action de groupe de droit commun : schéma procédural). – Dossier, *Dr. et patr. janv. 2015. 35* (action de groupe : les premiers pas). – COIGNAC, *Dalloz actualité, 16 févr. 2015* (action de groupe : quelle stratégie pour les entreprises ?). – HAERI et JAVAUX, *RLDA oct. 2015. 50* (actions de groupe dans le domaine de la consommation : une première année mitigée). – AZAR-BAUD et CARVAL, *D. 2015. 2136* (bilan d'étape et préconisations). – ALEMAN, *RLC oct.-déc. 2015. 89* (introduction de l'action de groupe en outre-mer : un acte manqué ?). – DARY et DU CHASTEL, *ibid. 118* (premier bilan et perspectives). – FAILLET-SBLANDANO, *LPA 26 mai 2016* (les actions de groupe *in futurum*). – JAVAUX, *D. avocats 2016. 122* (les actions de groupe en France : régimes juridiques et perspectives) ; *ibid. 128* (l'avocat et les actions de groupe). – BEDDELEEM, *Administrer août-sept. 2016. 34* (l'immobilier et les actions de groupe). – AZAR-BAUD, *Gaz. Pal. 29 nov. 2016, p. 52* (décomplexer l'action de groupe par l'aménagement du régime de l'aide juridictionnelle et des frais et dépens). – RODRIGUEZ, *RD banc. fin. 2017. Étude 2* (contentieux bancaire et action de groupe). – JEULAND, *JCP 2017, n° 354* (retour sur la qualification de l'action de groupe à la lumière de la loi de modernisation de la justice du XXIe siècle). – AKYUREK et BALUSSEAU, *LPA 23 juin 2017* (les incertitudes des actions de groupe en matière de responsabilité du

fait des produits défectueux). – RANOUIL, *JCP 2017, n° 747* (action de groupe, assurance et fonds d'indemnisation).
▸ Articles de doctrine antérieurs : V. Bibl. au **C. consom.** .

COMMENTAIRE

I. CONTEXTE

En 1990, la commission de refonte avait déjà proposé un projet d'action de groupe s'inspirant en partie des modèles en vigueur aux États-Unis et au Québec.

Plus tard, un projet de loi relatif à l'action de groupe avait été adopté en conseil des ministres le 8 novembre 2006, avant d'être retiré de l'ordre du jour en février 2007. Dans ce projet, l'action ne pouvait être introduite que par une association de consommateurs représentative sur le plan national et agréée, ce qui limitait considérablement les dérives dénoncées outre-Atlantique. Par ailleurs, la version française ciblait les préjudices les plus faciles à identifier, à savoir ceux subis par les consommateurs et résultant de l'inexécution ou de la mauvaise exécution d'obligations contractuelles par un même professionnel à l'occasion « d'un même type de contrat afférent à une vente de produits ou à une prestation de services ». Étaient uniquement visés les préjudices matériels (de surcroît plafonnés par décret) subis par les personnes physiques, à l'exclusion des atteintes à l'intégrité corporelle, des dommages à l'environnement ou des dommages concurrentiels. Enfin, à la différence du système américain de l'*opt out*, une intervention volontaire de la victime à l'instance s'imposait : après la diffusion du jugement déclaratif de responsabilité de l'entreprise, tout consommateur qui s'estimait victime pouvait demander au professionnel intéressé une indemnité correspondant au préjudice subi, lequel était tenu de faire une offre ; à défaut, le consommateur auquel aucune offre n'avait été faite dans le délai imparti ou qui refusait une offre à ses yeux insuffisante adressait une demande à la juridiction ayant prononcé le jugement, celle-ci fixait l'indemnité avec éventuellement, d'office, une pénalité (dans la limite de 50 % de l'indemnité) au bénéfice du consommateur.

Par la suite, une proposition de loi du 2 septembre 2009 cherchait à intégrer l'action de groupe au code civil, laquelle pourrait être engagée à l'occasion de tout préjudice civil, de nature contractuelle ou délictuelle, en matière de consommation, de santé, d'environnement ou de concurrence. Mais cette proposition fut finalement rejetée.

La Commission européenne est très favorable à l'action de groupe, ainsi qu'en témoigne le livre vert du 27 novembre 2008 sur les recours collectifs pour les consommateurs et le livre blanc du 3 avril 2008 sur l'indemnisation des victimes de violations des règles de concurrence (Picod, Droit de la consommation, *Sirey U, sept. 2015, n° 639* ; Ferrier, L'apport du livre blanc à la protection des consommateurs, *in* L'amorce d'un droit européen du contrat, *SLC 2010, p. 21*).

La loi du 17 mars 2014 relative à la consommation est donc l'aboutissement de plusieurs années de réflexion. Elle reste dans l'esprit du projet de loi de 2006 en répondant à la réparation de préjudices de masse et de faible enjeu à l'égard desquels le consommateur reste passif.

II. CONSÉCRATION

Texte de compromis et de transition (caractère expérimental), en retrait par rapport à la *class action* américaine, l'action de groupe est une mesure phare de la loi relative à la consommation, après avoir longtemps joué le rôle d'Arlésienne. Elle contribuera au rééquilibrage des forces sur le marché. Pour garantir l'effectivité du dispositif, la loi affirme son caractère d'ordre public (art. L. 623-32). La France rejoint ainsi la quinzaine de pays européens ayant adopté l'action de groupe, parmi lesquels l'Allemagne et le Royaume-Uni, avec des modalités très différentes d'un pays à l'autre. Une harmonisation européenne serait dès lors probablement utile…

Quoi qu'il en soit, le choix du code de la consommation comme réceptacle de l'action de groupe, plutôt que du code de procédure civile, est significatif en soi : il s'agit avant tout d'un moyen d'assainir le marché.

Par ailleurs, le choix opéré est celui de la prudence : restriction des personnes pouvant engager l'action, champ d'application restrictif (sur les extensions postérieures au droit de la santé et autres domaines, V. *infra*), système de l'*opt in* limitant la portée de l'action, à l'opposé de la *class action* pratiquée aux États-Unis.

Enfin, il s'agit d'une action en réparation. La conception de l'action de groupe consacrée par la loi est tournée vers la seule indemnisation des préjudices causés aux consommateurs qui se seront manifestés. Il ne s'agit donc pas de l'appréhender comme la sanction de comportements illégaux, permettant à ce titre de confisquer le surprofit réalisé par le professionnel du fait de son attitude contraire aux intérêts du consommateur au profit d'un fonds, comme c'est le cas au Québec.

Le décret n° 2014-1081 du 24 septembre 2014 sur l'action de groupe est entré en vigueur le 1er octobre 2014. Il doit être lu à la lumière de la circulaire du 26 septembre 2014 qui permet de l'éclairer sur certains points (V. ss. art. R. 623-33), sans toutefois lever toutes les ambiguïtés d'un dispositif complexe. Observons que c'est précisément le 1er octobre 2014 que UFC-Que Choisir a assigné, devant le tribunal de grande instance de Nanterre, le groupe Foncia pour obtenir l'indemnisation des 318 000 locataires ayant payé un « service d'avis d'échéance » pour un préjudice annuel de 27,6 € par locataire, étalé sur de nombreuses années. A ce jour, seulement une dizaine d'actions de groupe ont été introduites, l'une ayant fait l'objet d'une transaction. Le bilan est donc plus que mitigé : il n'est en tout cas pas à la hauteur des ambitions affichées.

III. EXTENSION

A. LOI DE MODERNISATION DU SYSTÈME DE SANTÉ

La loi n° 2016-41 du 26 janvier 2016 introduit l'action de groupe en matière de dommages causés par un produit de santé. A l'instar de l'action de groupe consacrée par la loi du 17 mars 2014 en matière de consommation, le législateur a fait le choix de réserver l'action aux seules associations d'usagers du système de santé, agréées au niveau national.

L'action concerne la réparation « des préjudices individuels subis par des usagers du système de santé » (CSP, art. L. 1143-1), entendus uniquement comme ceux résultant de dommages corporels (CSP, art. L. 1143-2). En ce qui concerne les produits, il s'agit de ceux mentionnés à l'article L. 5311-1 du code de la santé publique, notamment, les médicaments, les dispositifs médicaux, les produits sanguins labiles, les cellules, les organes et les tissus. La liste n'est pas exhaustive ; elle renvoie à tous les produits à finalité sanitaire destinés à l'homme et aux produits à finalité cosmétique, soumis au contrôle de l'Agence nationale de sécurité du médicament et des produits de santé (ANSM).

L'action peut être intentée contre un « producteur », un « fournisseur » ou un prestataire utilisant » un produit de santé. Pourront particulièrement être poursuivis et condamnés *in solidum* les laboratoires pharmaceutiques, les pharmacies, les grossistes, mais aussi les établissements de santé et les médecins qui utilisent un produit de santé. Par ailleurs, l'action de groupe peut être intentée directement contre l'assureur du responsable (CSP, art. L. 1143-21).

B. LOI DE MODERNISATION DE LA JUSTICE DU XXe SIÈCLE

La loi n° 2016-1547 du 18 novembre 2016 – qui a pour finalité « d'améliorer la justice du quotidien et de placer le citoyen au cœur du service public de la justice » (exposé des motifs) – met en place un cadre légal commun aux actions de groupe en matière judiciaire et administrative et instaure une procédure spécifique en matière de discrimination. En première lecture, le Sénat avait restreint le cadre des actions de groupe, mais l'Assemblée nationale a étendu cette action à de nouveaux domaines : l'environnement et les données personnelles.

Sont soumises aux règles communes établies par la loi du 18 novembre 2016 les actions de groupe exercées en matière de discrimination, de discrimination au travail, d'environnement, de données personnelles et dans le domaine de la santé. Les quatre premières constituent une nouveauté, la création d'une action de groupe en matière de santé incombant à la loi n° 2016-41 du 26 janvier 2016. Le caractère autonome de l'action de groupe en matière de consommation est en revanche préservé (C. consom., art. L. 623-1 s.).

Lorsque plusieurs personnes placées dans une situation similaire subissent un dommage causé par une même personne, ayant pour cause commune un manquement de même nature à ses obligations légales ou contractuelles, une action de groupe peut être exercée en justice *au vu des cas individuels* présentés par le demandeur. L'action peut être exercée en vue soit de la cessation du manquement mentionné, soit de l'engagement de la responsabilité de la personne ayant causé le dommage afin d'obtenir la réparation des préjudices subis, soit de ces deux fins (art. 62).

Seules les associations agréées et les associations régulièrement déclarées depuis cinq ans au moins dont l'objet statutaire comporte la défense d'intérêts auxquels il a été porté atteinte peuvent exercer cette action (art. 63). La loi décline cette règle pour chaque action de groupe. Ainsi, l'action de groupe peut être introduite par les associations de défense des consommateurs représentatives au niveau national et agréées en application de l'article L. 811-1 du code de la consommation, lorsque le traitement de données personnelles affecte des consommateurs.

Les nouveaux domaines couverts sont :

– l'action de groupe en matière de discrimination : la loi du 18 novembre 2016 instaure une action de groupe généraliste en matière de discrimination et une action de groupe en matière de discrimination par un employeur public ou privé ;

– l'action de groupe en matière environnementale : prévue à l'article L. 142-3-1 du code de l'environnement, cette action de groupe a pour objet de faire cesser et/ou de demander réparation de préjudices causés à l'environnement ;

– l'action de groupe en matière de protection des données à caractère personnel : cette action permet aux personnes physiques « placées dans une situation similaire » (ex. : les utilisateurs d'un même réseau social) d'obtenir uniquement la cessation du manquement (aucune indemnisation n'est ici possible). Ces personnes doivent avoir subi un dommage consécutif à un manquement à la loi n° 78-17 du 6 janvier 1978 relative à l'informatique, aux fichiers et aux libertés (Cl. Guerrier, Protection des données à caractère personnel et actions de groupe, *RLDI mars 2017. 36*).

C. DÉCRETS D'APPLICATION SUR LES EXTENSIONS

Le décret n° 2016-1249 du 26 septembre 2016 relatif à l'action de groupe en matière de santé – pris en application de l'article 184 de la loi n° 2016-41 du 26 janvier 2016 de modernisation de notre système de santé – précise les modalités de mise en œuvre de l'action de groupe en matière de santé. Le code de la santé publique, le code de justice administrative et le code de procédure civile sont modifiés en conséquence. Le décret fixe la composition de la commission de médiation que le juge peut adjoindre au médiateur et précise les personnes appartenant à des professions judiciaires auxquelles l'association portant l'action de groupe peut avoir recours pour l'assister. Il précise également les règles de la procédure civile ou administrative que commandent les spécificités de l'action de groupe en matière de santé, notamment au regard de l'appréciation individuelle des dommages corporels.

Le décret n° 2017-888 du 6 mai 2017 relatif à l'action de groupe et à l'action en reconnaissance de droits est intervenu en application des titres V et VI de la loi n° 2016-1547 du 18 novembre 2016 de modernisation de la justice du XXIe siècle. Le code de procédure civile, le code de justice administrative, le code de l'environnement et le code de la santé publique ont été modifiés en conséquence.

Aux termes de l'article 826-2 du code de procédure civile, ces dispositions sont applicables, sous réserve des dispositions particulières prévues pour chacune de ces actions, aux actions de groupe suivantes engagées sur le fondement du titre V de la loi n° 2016-1547 du 18 novembre 2016 de modernisation de la justice du XXIe siècle :

– l'action ouverte sur le fondement de la loi n° 2008-496 du 27 mai 2008 portant diverses dispositions d'adaptation au droit communautaire dans le domaine de la lutte contre les discriminations ;

– l'action ouverte sur le fondement des articles L. 1134-6 à L. 1134-10 du code du travail ;

– l'action ouverte sur le fondement de l'article L. 142-3-1 du code de l'environnement ;

– l'action ouverte sur le fondement du chapitre III du titre IV du livre Ier de la première partie du code de la santé publique ;

– l'action ouverte sur le fondement de l'article 43 *ter* de la loi n° 78-17 du 6 janvier 1978 relative à l'informatique, aux fichiers et aux libertés.

Le décret définit les règles procédurales applicables devant le juge judiciaire, d'une part, et devant le juge administratif, d'autre part, aux actions de groupe régies par la loi de modernisation de la justice du XXIe siècle. Il comporte des dispositions spécifiques à l'action de groupe relative aux discriminations imputables à un employeur. Pour l'action de groupe en matière environnementale, il détermine les conditions d'agrément des associations dont l'objet statutaire comporte la défense des victimes de dommages corporels ou la défense des intérêts économiques de leurs membres. Le décret définit enfin les règles procédurales applicables aux actions en reconnaissance de droits devant le juge administratif. ❑

SECTION PREMIÈRE CHAMP D'APPLICATION ET QUALITÉ POUR AGIR

Art. L. 623-1 Une association de défense des consommateurs représentative au niveau national et agréée en application de l'article L. 811-1 peut agir devant une

juridiction civile afin d'obtenir la réparation des préjudices individuels subis par des consommateurs placés dans une situation similaire ou identique et ayant pour cause commune un manquement d'un ou des mêmes professionnels à leurs obligations légales ou contractuelles :

1° A l'occasion de la vente de biens ou de la fourniture de services ;

2° Ou lorsque ces préjudices résultent de pratiques anticoncurrentielles au sens du titre II du livre IV du code de commerce ou des articles 101 et 102 du traité sur le fonctionnement de l'Union européenne. – *[C. consom., art. L. 423-1, al. 1er, 2 et 3.]*

L'action exercée sur le fondement du chapitre III du titre II du livre IV [livre VI] du code de la consommation ne peut être introduite pour la réparation des préjudices causés par des manquements au titre II du livre IV du code de commerce ou aux art. 101 et 102 TFUE ayant fait l'objet d'une décision constatant ces manquements qui n'est plus susceptible de recours à la date de publication de la L. nº 2014-344 du 17 mars 2014 (L. préc., art. 2-III ; JO 18 mars).

BIBL. ▶ MATHEY, *Banque et Droit sept.-oct. 2014. 4* (domaine de l'action de groupe). – MUCHIELLI, *D. avocats 2015. 92* (l'ordre parisien lance sa plate-forme dédiée aux actions collectives). – LAPÉROU-SCHENEIDER, *Dr. soc. 2015. 256* (de la nature répressive de l'action de groupe et de son extension en droit du travail). – ALEMAN, *JCP E 2015, nº 824* (L. du 14 oct. 2015 : conséquences de l'amendement Lurel sur l'action de groupe) ; *CCC 2016. Étude 4* (fin du monopole des associations nationales : vers une action de groupe démocratique ?).

▶ Action de groupe « santé » : HAERI et JAVAUX, *D. 2015. 584* (l'action de groupe « santé » soulève de nombreuses difficultés) ; *D. 2016. 330* (une procédure complexe à l'efficience incertaine). – NDLR, *BRDA 2016, nº 3, p. 23* (l'action de groupe « santé » pourra bientôt être exercée). – DERYCKE et PRUNIER, *JCP E 2016, nº 1346* (action de groupe en santé : la défense sera judiciaire et médiatique). – NICOLAS-VULLIERME et PIETRINI, *CCC 2016. Étude 6* (l'action de groupe en matière de produits de santé : un dispositif voué à l'« asphyxie » ?). – LAUDE, *D. 2017. 412* (l'action de groupe en santé, à l'épreuve de sa complexification).

COMMENTAIRE

I. DOMAINE D'APPLICATION

L'action de groupe « à la française » cible des préjudices faciles à identifier, c'est-à-dire ceux subis par les consommateurs placés dans une situation similaire ou identique ayant pour origine commune un manquement d'un même professionnel à ses obligations légales ou contractuelles (art. L. 623-1). Comme pour l'action en suppression, il faut entendre la notion de consommateur au sens strict, le « non-professionnel » n'étant pas visé.

Ce sont uniquement les préjudices matériels subis par les personnes physiques qui sont visés (art. L. 623-2), à l'exclusion des atteintes à l'intégrité corporelle ou des préjudices moraux, lesquels appellent une plus grande personnalisation et ne se prêtent pas à un traitement uniforme. Néanmoins, l'appréciation sera parfois concrètement délicate, ainsi que l'a révélé l'affaire des prothèses mammaires PIP, dans la mesure où les préjudices matériels sont, eux aussi, parfois délicats à appréhender uniformément.

Pour autant, le champ d'application du texte n'est pas aussi restreint que dans les projets antérieurs puisqu'il s'applique à des situations juridiques plus variées :

– d'abord aux préjudices manifestés à l'occasion de la vente de biens ou de la fourniture de services (art. L. 623-1-1°). La formule employée est très large. Tout d'abord, elle permet d'englober outre de nombreux manquements résultant de la seule violation d'une disposition du code de la consommation, les manquements aux prescriptions du code civil. Ensuite, la loi ne conditionne pas l'action de groupe à l'existence d'une inexécution contractuelle. Le manquement à une obligation contractuelle (délai de livraison) ou à une obligation légale sanctionnée par la responsabilité contractuelle (garantie des vices cachés) sera souvent à l'origine d'une telle action. Mais celle-ci pourra également être utilisée dans d'autres cas de figure : mise en jeu de la responsabilité des produits défectueux par exemple ;

– *ensuite* aux préjudices découlant des atteintes au droit de la concurrence, tant européen que national (art. L. 623-1-2° et L. 623-24 s.), et ce, contrairement aux vœux du Conseil national de la consommation, mais en conformité avec le livre vert de la Commission européenne et les prises de position de l'Autorité de la concurrence. S'agissant des actions collectives susceptibles d'être initiées en droit de la concurrence, on sait également qu'elles seront limitées aux hypothèses de *follow on* (l'action ne pourra être que consécutive à une décision de condamnation prononcée par une autorité de concurrence) et il faudra attendre une décision devenue définitive d'une autorité de concurrence quant au manquement. Cela permettra sans doute de couvrir certains préjudices découlant d'ententes, voire d'abus de position à la suite d'une décision de sanction de l'Autorité de la concurrence et d'assurer une certaine unité au droit économique : on cite généralement comme exemple les consommateurs de communications téléphoniques, victimes d'ententes entre certains opérateurs. C'est bien le code de la consommation qui abrite l'ensemble du dispositif sur l'action de groupe, par une sorte d'attraction du droit du marché. Toutefois, la mise en place de l'action de groupe devra être entourée de précautions destinées à éviter l'affaiblissement de l'attractivité des programmes de clémence, ainsi que l'avait déjà exprimé le gendarme de la concurrence à l'occasion du précédent projet sur l'action de groupe : si la confidentialité des déclarations du demandeur de clémence n'est pas assurée, ce dernier sera dissuadé de dénoncer les pratiques anticoncurrentielles dont le consommateur est la première victime (Y. Picod, L'action de groupe, cet obscur objet de désir…, *Dr. et proc. 2013, Cah. dr. consom., p. 20*).

II. NOMBRE DE CONSOMMATEURS LÉSÉS

L'une des interrogations porte sur le nombre minimal de consommateurs lésés. Le décret du 24 septembre 2014 ne pose pas d'exigence sur ce point, mais la circulaire du 26 septembre 2014 indique logiquement, en l'absence de disposition contraire, que deux suffisent (V. ss. art. R. 623-33).

III. MONOPOLE DES ASSOCIATIONS DE CONSOMMATEURS

Afin d'éviter certaines dérives dénoncées à propos de la *class action* aux USA, seules les associations de consommateurs représentatives au niveau national et agréées en application de l'article L. 811-1 pourront déclencher la procédure, au grand dam du Conseil national du barreau qui met en avant les garanties de la profession d'avocat obéissant à des règles de déontologie. Ainsi que l'exprime l'exposé des motifs du projet de loi, « le statut et l'objet social des associations, à savoir la défense de l'intérêt collectif des consommateurs, leur permettent de répondre aux exigences de légitimité quant à l'intérêt pour agir et la qualité pour représenter le groupe des consommateurs en tant que tel ». En outre, la représentativité nationale et l'agrément exigé garantissent *a priori* l'indépendance de l'association à l'égard de tout intérêt économique ou professionnel particulier. Mais leur légitimité est parfois contestée. On observe aussi que leur nombre est réduit et que leur capacité financière est souvent faible.

IV. PLURALITÉ D'ACTIONS

En cas de pluralité d'associations requérantes, le consommateur manifeste son adhésion auprès de l'association de son choix ou l'en informe en cas d'adhésion auprès du professionnel. L'association concernée reçoit ainsi mandat aux fins d'indemnisation (art. R. 623-18). L'action peut en effet être intentée par plusieurs associations, ensemble ou séparément. La circulaire du 26 septembre 2014 précise qu'en cas de pluralité d'actions engagées, pourront s'appliquer les règles de procédure civile relatives à la connexité : lorsque deux juridictions également compétentes sont saisies de deux litiges différents entre lesquels existe un lien tel qu'il est de l'intérêt d'une bonne justice de les faire instruire et juger ensemble, à la demande d'une des parties, un juge peut se dessaisir au profit d'un autre. Par ailleurs, le juge peut toujours surseoir à statuer ou, sur demande des parties, retirer une affaire du rôle, en attendant l'issue d'une autre procédure. Une substitution est aussi possible en cas de défaillance de l'association qui avait initialement agi (par exemple, en cas de difficulté financière ou de perte d'agrément).

V. NATURE

A la différence de l'action en représentation conjointe prévue par les articles L. 622-1 et suivants, le mandat n'est pas nécessaire à l'introduction de l'action de groupe.

Dans un premier temps, l'action apparaît comme une sorte d'action de substitution puisque les consommateurs ne sont pas parties à la procédure, l'association agissant à la place de chaque consommateur pris individuellement. Elle ne peut donc invoquer un préjudice qui lui serait propre. A la différence d'une action en représentation, l'association de consommateurs agit, dans un premier temps du moins, sans mandat pour obtenir condamnation du professionnel en s'adressant au tribunal de grande instance compétent. Ce n'est que dans un second temps que l'association agit comme représentante des consommateurs dont elle a reçu mandat : elle devient une action en représentation dont les parties sont les consommateurs.

VI. COMPÉTENCE DES JURIDICTIONS DE DROIT COMMUN

Ce sont les juridictions de droit commun, non des tribunaux spécialisés, autrement dit d'exception, à la différence du projet, qui ont été choisies (COJ, art. L. 211-15). Une règle de compétence territoriale spécifique est toutefois instituée : le tribunal de grande instance compétent est celui du lieu où demeure le défendeur, celui de Paris l'étant lorsque le défendeur demeure à l'étranger ou n'a ni domicile ni résidence connus (art. R. 623-2). L'option de compétence de droit commun de l'article 46 du code de procédure civile est ici exclue car non justifiée.

VII. PHASES SUCCESSIVES

Le système retenu est une procédure d'*opt in* avec trois phases distinctes, déclinées comme suit : la première phase, soumise à la procédure contentieuse devant le tribunal de grande instance, vise à permettre au juge de statuer sur la responsabilité du professionnel ; la phase d'indemnisation se déroule hors le juge : elle est gérée par la ou les associations, qui peuvent se faire assister soit d'un huissier de justice soit d'un avocat (art. R. 623-5) ; et la phase de liquidation des préjudices. ❑

Champ d'application. Aucun secteur ou domaine d'activité n'est exclu du champ d'application du dispositif d'action de groupe. Les locataires, en tant que personnes physiques agissant à des fins non professionnelles, sont bien des consommateurs. Rien ne s'oppose à ce que, par l'exercice d'une action de groupe et sous réserve de sa recevabilité, ils puissent ainsi obtenir réparation des préjudices économiques subis du fait des manquements d'un même bailleur professionnel ou d'un même syndic à ses obligations légales ou contractuelles * Rép. min. n° 38849 : *JOAN Q 10 juin 2014, p. 4696 ; BRDA 2014, n° 12, p. 12.* ♦ A l'exception des domaines de la santé et de l'environnement, aucun secteur d'activité n'a été expressément exclu du champ d'application de l'action de groupe. Le législateur a clairement manifesté sa volonté d'inclure le secteur du logement dans le champ d'application du dispositif de l'action de groupe. • TGI Paris, 27 janv. 2016, n° 15/00835 : *D. 2016. 1690, note Javaux*.

Art. L. 623-2 L'action de groupe ne peut porter que sur la réparation des préjudices patrimoniaux résultant des dommages matériels subis par les consommateurs. — *[C. consom., art. L. 423-1, al. 4.]*

Art. L. 623-3 L'action de groupe est introduite selon des modalités fixées par décret en Conseil d'État. — *[C. consom., art. L. 423-2.] — V. art. R. 623-1 s.*

SECTION II JUGEMENT SUR LA RESPONSABILITÉ

COMMENTAIRE

L'action de groupe exercée par l'association en application de l'article L. 623-1 est conçue comme une instance unique, ainsi que le rappelle la circulaire du 26 septembre 2014 (V. ss. art. R. 623-33). Ainsi, l'action est engagée par une assignation qui comprend à peine de nullité, outre les mentions habituelles prévues, notamment l'identité précise et les coordonnées de l'association demanderesse et du ou des professionnels défendeurs, l'objet de la demande avec un exposé des moyens en fait et en droit, l'indication des pièces sur lesquelles elle se fonde, ou encore la constitution d'avocat pour le demandeur et le délai pour constituer pour le défendeur, une description des cas individuels que l'association a choisis au soutien de son action (art. R. 623-3). C'est en effet au vu de ces cas individuels que le juge statue (art. L. 623-4). L'action de groupe suppose en effet la lésion de l'intérêt particulier de plusieurs consommateurs.

Le juge vérifie les conditions de recevabilité et statue sur la responsabilité, tout en définissant le groupe de consommateurs « à l'égard desquels la responsabilité du professionnel est engagée », ce qui suppose une définition des critères de rattachement au groupe en question (art. L. 623-4). Le juge ordonne alors au professionnel d'informer à ses frais les consommateurs susceptibles d'appartenir à ce groupe (art. L. 623-7). Le décret du 24 septembre 2014 contient plusieurs dispositions relatives aux modalités de publicité (art. R. 623-16). Celle-ci n'est en principe permise qu'après expiration des voies de recours ordinaires et du pourvoi en cassation pour éviter toute atteinte à la réputation des professionnels, sauf en matière de concurrence du fait de la condamnation devenue définitive de ceux-ci.

Il appartiendra ici au juge de caractériser le manquement reproché au professionnel et de déterminer le montant des préjudices ou les éléments permettant leur évaluation. Le cas échéant, le juge précisera les modalités d'une réparation en nature. Son travail sera facilité en droit de la concurrence puisqu'il est prévu ici que la procédure ne peut être engagée que sur le fondement d'une décision constatant le manquement en question, prononcée par les autorités ou juridictions compétentes et non susceptible de recours (art. L. 623-25).

Toujours dans la même décision, le juge fixe, à l'intérieur d'un délai légal, le délai dont disposent les consommateurs pour adhérer au groupe afin d'obtenir la réparation de leur préjudice (art. L. 623-8). Il détermine les modalités de cette adhésion, précisant si les consommateurs doivent s'adresser directement au professionnel ou bien passer par l'intermédiaire de l'association ou de la personne désignée par l'association (avec l'aval du juge) pour l'assister et appartenant à une profession judiciaire réglementée, mentionnée à l'article L. 623-13 (art. L. 623-8), le décret visant en réalité les huissiers et les avocats (art. R. 623-5).

Le versement des sommes à l'association se réalise par dépôt à la Caisse des dépôts et consignations ou sur un compte ouvert, par l'avocat auquel elle a fait appel (V. sur cette adjonction : art. L. 623-13), à la CARPA dont il dépend.

Aux termes de l'article L. 623-11, le juge fixe le délai dans lequel doit intervenir la réparation, ainsi que celui ouvert pour le saisir (en application de l'art. L. 623-19) des demandes d'indemnisation auxquelles le professionnel n'a pas donné suite. Enfin, lorsqu'il statue sur la responsabilité, le juge peut condamner le professionnel au paiement d'une provision et ordonner éventuellement la consignation à la Caisse des dépôts et consignations d'une partie des sommes dues (art. L. 623-12). ❑

Art. L. 623-4 Le juge statue sur la responsabilité du professionnel au vu des cas individuels présentés par l'association requérante, définit le groupe des consommateurs à l'égard desquels la responsabilité du professionnel est engagée et en fixe les critères de rattachement. – *[C. consom., art. L. 423-3, al. 1er partiel.]*

Sur la compétence du TGI, V. COJ, art. L. 211-9-2, App., v° Compétence.

BIBL. ▶ G'Sell, *Gaz. Pal. 2014. 2972* (action des associations de consommateurs : à la recherche du groupe perdu).

Art. L. 623-5 Le juge détermine les préjudices susceptibles d'être réparés pour chaque consommateur ou chacune des catégories de consommateurs constituant le groupe qu'il a défini, ainsi que leur montant ou tous les éléments permettant l'évaluation de ces préjudices. – *[C. consom., art. L. 423-3, al. 2, 1re phrase.] – V. art. R. 623-9.*

BIBL. ▶ Mattout, *Banque et Droit, hors-série, nov. 2014. 20* (action de groupe et indemnisation du préjudice).

Art. L. 623-6 Lorsqu'une réparation en nature du préjudice lui paraît plus adaptée, le juge précise les conditions de sa mise en œuvre par le professionnel. – *[C. consom., art. L. 423-3, al. 2, 2e phrase et al. 3.]*

Art. L. 623-7 S'il juge que la responsabilité du professionnel est engagée, le juge ordonne par la même décision les mesures adaptées pour informer de cette décision les consommateurs susceptibles d'appartenir au groupe.

Les mesures de publicité de la décision sont à la charge du professionnel. Elles ne peuvent être mises en œuvre qu'une fois que la décision sur la responsabilité n'est plus susceptible de recours ordinaires ni de pourvoi en cassation. – *[C. consom., art. L. 423-4.] – V. art. R. 623-16.*

Art. L. 623-8 *Dans la même décision* prononçant la responsabilité du professionnel, le juge fixe le délai dont disposent les consommateurs pour adhérer au groupe afin d'obtenir la réparation de leur préjudice. Ce délai ne peut être inférieur à deux mois ni supérieur à six mois après l'achèvement des mesures de publicité ordonnées par lui.

Il détermine les modalités de cette adhésion et précise si les consommateurs s'adressent directement au professionnel ou par l'intermédiaire de l'association ou de la personne mentionnée à l'article L. 623-13. – *[C. consom., art. L. 423-5, al. 1er et 2.]*

Art. L. 623-9 L'adhésion au groupe vaut mandat aux fins d'indemnisation au profit de l'association requérante.

L'adhésion au groupe ne vaut ni n'implique adhésion à l'association requérante. – *[C. consom., art. L. 423-5, al. 3 et 4.]*

Art. L. 623-10 *(L. nº 2016-1547 du 18 nov. 2016, art. 84-II)* **Sous réserve des dispositions législatives relatives au maniement des fonds des professions judiciaires réglementées, toute somme reçue au titre de l'indemnisation des personnes lésées membres du groupe est immédiatement versée sur un compte ouvert auprès de la Caisse des dépôts et consignations. Celui-ci ne peut faire l'objet de mouvements en débit que pour le règlement de l'affaire qui est à l'origine du dépôt.** – *[C. consom., art. L. 423-6.] – V. art. R. 623-23.*

Art. L. 623-11 **Le juge fixe le délai dans lequel doit intervenir la réparation des préjudices des consommateurs lésés, ainsi que celui ouvert, à cette échéance, pour le saisir des demandes d'indemnisation auxquelles le professionnel n'a pas fait droit.** – *[C. consom., art. L. 423-7.]*

Art. L. 623-12 **Lorsqu'il statue sur la responsabilité, le juge peut condamner le professionnel au paiement d'une provision à valoir sur les frais non compris dans les dépens exposés par l'association, y compris ceux afférents à la mise en œuvre de l'article L. 623-13.**

Il peut ordonner, lorsqu'il la juge nécessaire et compatible avec la nature de l'affaire, la consignation à la Caisse des dépôts et consignations d'une partie des sommes dues par le professionnel. – *[C. consom., art. L. 423-8.]*

Art. L. 623-13 **L'association peut s'adjoindre, avec l'autorisation du juge, toute personne appartenant à une profession judiciaire réglementée, dont la liste est fixée par décret en Conseil d'État, pour l'assister, notamment afin qu'elle procède à la réception des demandes d'indemnisation des membres du groupe et plus généralement afin qu'elle représente les consommateurs lésés auprès du professionnel, en vue de leur indemnisation.** – *[C. consom., art. L. 423-9.] – V. art. R. 623-5.*

SECTION III PROCÉDURE D'ACTION DE GROUPE SIMPLIFIÉE

BIBL. GÉN. ▶ MARTINET, *Banque et Droit sept.-oct. 2014. 8* (procédure simplifiée : particularités et dangers).

COMMENTAIRE

Un amendement au projet de loi relatif à la consommation, adopté par le gouvernement et voté ensuite par l'Assemblée nationale, a introduit une procédure dite d'action de groupe simplifiée, laquelle a pour objet d'introduire une procédure accélérée pour les contentieux les plus simples, c'est-à-dire ceux pour lesquels l'identité des consommateurs lésés ou d'une partie d'entre eux est déjà connue ou peut l'être facilement (cas des abonnés d'un même prestataire ayant souscrit à un même service, existence d'un fichier client…). L'initiative a été très controversée lors des débats, et le MEDEF, hostile au principe même de l'action de groupe, a vu ici un glissement vers l'*opt out*… En tout cas, le bouleversement au regard des règles de procédure est important et doit être bien maîtrisé pour éviter certaines dérives.

L'article L. 623-14 prévoit ainsi que lorsque les consommateurs sont identifiables – et dès lors que leur nombre est connu et qu'ils ont subi un préjudice d'un même montant –, le juge peut, après avoir statué sur la responsabilité du professionnel, condamner ce dernier, au besoin sous astreinte prononcée au bénéfice de l'association, à indemniser directement et individuellement, dans un délai déterminé, les consommateurs lésés. Préalablement à son exécution par le professionnel et selon des modalités déterminées par le juge, la décision définitive fait l'objet de mesures de publicité, aux frais du professionnel, afin d'informer les consommateurs (art. L. 623-15).

Si le professionnel est défaillant à l'égard des consommateurs qui ont accepté l'indemnisation, le juge tranchera les difficultés. Enfin, l'acceptation de l'indemnisation dans les termes de *la décision* vaut mandat aux fins d'indemnisation au profit de l'association (art. L. 623-16). ❑

Art. L. 623-14 **Lorsque l'identité et le nombre des consommateurs lésés sont connus et lorsque ces consommateurs ont subi un préjudice d'un même montant, d'un montant identique par prestation rendue ou d'un montant identique par référence à une période ou à une durée, le juge, après avoir statué sur la responsabilité du profession-**

nel, peut condamner ce dernier à les indemniser directement et individuellement, dans un délai et selon des modalités qu'il fixe. – *[C. consom., art. L. 423-10, al. 1er.] – V. art. R. 623-11.*

Art. L. 623-15 Préalablement à son exécution par le professionnel et selon des modalités et dans le délai fixés par le juge, la décision mentionnée à l'article L. 623-14, lorsqu'elle n'est plus susceptible de recours ordinaires ni de pourvoi en cassation, fait l'objet de mesures d'information individuelle des consommateurs concernés, aux frais du professionnel, afin de leur permettre d'accepter d'être indemnisés dans les termes de la décision. – *[C. consom., art. L. 423-10, al. 2.] – V. art. R. 623-12.*

Art. L. 623-16 En cas d'inexécution par le professionnel, à l'égard des consommateurs ayant accepté l'indemnisation, de la décision rendue dans le délai fixé, les articles L. 623-19 et L. 623-20 sont applicables et l'acceptation de l'indemnisation dans les termes de la décision vaut mandat aux fins d'indemnisation au profit de l'association. – *[C. consom., art. L. 423-10, al. 3.]*

Art. L. 623-17 Un décret en Conseil d'État fixe les conditions d'application de la présente section. – *[C. consom., art. L. 423-10, al. 4.]*

SECTION IV MISE EN ŒUVRE DU JUGEMENT, LIQUIDATION DES PRÉJUDICES ET EXÉCUTION

COMMENTAIRE

L'adhésion des consommateurs au groupe, laquelle vaut mandat aux fins d'indemnisation au profit de l'association requérante (sans impliquer pour autant adhésion à l'association requérante), n'intervient que lors de la seconde phase pour l'exécution, spontanée ou forcée, du jugement retenant la responsabilité du professionnel (système de l'*opt in*). L'adhésion au groupe s'opère par tout moyen permettant d'en accuser la réception, selon les modalités déterminées par le juge. Elle contient notamment les nom, prénoms, domicile du consommateur ainsi que, le cas échéant, une adresse électronique où il accepte de recevoir les informations relatives à la procédure. Elle précise le montant demandé en réparation du préjudice invoqué, eu égard aux dispositions du jugement sur la responsabilité (art. R. 623-17). Le juge peut prévoir certaines modalités particulières d'adhésion, notamment en indiquant que l'adhésion sera accompagnée de certains documents, par exemple un ticket de caisse, précise la circulaire du 26 septembre 2014 (V. ss. art. R. 623-33). En cas de pluralité d'associations requérantes, le consommateur manifeste son adhésion auprès de l'association de son choix.

Le mandat aux fins d'indemnisation donné à l'association par l'effet de l'adhésion du consommateur au groupe vaut pouvoir d'accomplir au nom de celui-ci tous les actes de procédure et les diligences en vue d'obtenir la réparation du préjudice individuel subi par lui et emporte l'avance par l'association de toutes les dépenses et frais liés à la procédure et à la représentation des consommateurs lors du déroulement d'éventuelles mesures d'instruction (art. R. 623-20).

Une fois les adhésions recueillies, s'ouvre la phase de liquidation des préjudices et d'exécution. L'association de consommateurs présentera alors les demandes d'indemnisation des membres du groupe au professionnel. Lors de ladite phase de liquidation, le professionnel procède à *l'indemnisation individuelle des préjudices* subis par chacun des consommateurs dans les limites fixées par le jugement de condamnation (art. L. 623-18) et selon les modalités prévues par ce dernier à l'article L. 623-8 (directement, par l'intermédiaire de l'association ou personne désignée). Le juge tranchera les difficultés survenues à l'occasion de cette phase de liquidation des préjudices (art. L. 623-19).

Le tribunal statue dans un même jugement sur les demandes d'indemnisation auxquelles le professionnel n'a pas entendu répondre. Enfin, l'association requérante représente les consommateurs non indemnisés par le professionnel dans les délais fixés, en vue de l'exécution forcée de ce jugement (art. L. 623-20). Le consommateur qui n'a pas adhéré n'est pas lié par le jugement et peut agir individuellement, ce qui pourra être le cas compte tenu de l'enjeu.

Le tribunal peut aussi ordonner l'exécution forcée du jugement. L'article L. 623-6 admet la possibilité de réparation en nature lorsqu'elle paraît plus appropriée. La circulaire du 26 septembre 2014 renvoie quant à elle à l'article L. 217-9, qui envisage un refus de réparation en nature de la part du professionnel si elle est d'un coût manifestement disproportionné.

Le décret du 24 septembre 2014 prévoit les modalités de fonctionnement des comptes de dépôt ouverts à la Caisse des dépôts et consignations par les associations en vue de l'indemnisation des consommateurs lésés : l'association titulaire du compte spécifique au groupe est seule habilitée, sous sa responsabilité, à les faire fonctionner et à les clôturer (art. R. 623-23). Les demandes auxquelles le professionnel n'a pas fait droit sont portées devant le tribunal de grande instance compétent, dans le délai fixé par le jugement sur la responsabilité (art. R. 623-26). S'il n'a été saisi d'aucune demande d'indemnisation dans le délai fixé en application de l'article L. 623-11, le juge constate l'extinction de l'instance (art. R. 623-27). Si le tribunal fait droit à cette demande, l'association pourra, le cas échéant, recourir à l'exécution forcée pour recouvrer la créance d'indemnisation (art. R. 623-28). ❑

Art. L. 623-18 Le professionnel procède à l'indemnisation individuelle des préjudices subis par chaque consommateur, dans les conditions, limites et délais fixés par le jugement mentionné à l'article L. 623-5. — *[C. consom., art. L. 423-11.]*

Art. L. 623-19 Le juge ayant statué sur la responsabilité tranche les difficultés qui s'élèvent à l'occasion de la mise en œuvre du jugement. — *[C. consom., art. L. 423-12, al. 1er.] — V. art. R. 623-25.*

Art. L. 623-20 L'association requérante représente les consommateurs membres du groupe qui n'ont pas été indemnisés par le professionnel dans les délais fixés, aux fins de l'exécution forcée du jugement statuant sur les demandes d'indemnisation auxquelles les *[le]* professionnel n'a pas fait droit. — *[C. consom., art. L. 423-13.] — V. art. R. 623-28.*

Art. L. 623-21 L'intégralité des frais et des droits proportionnels de recouvrement ou d'encaissement prévus à l'article L. 111-8 du code des procédures civiles d'exécution, pour l'application des sections I, II et IV du présent chapitre, est à la charge du professionnel visé. — *[C. consom., art. L. 423-14.]*

SECTION V MÉDIATION

COMMENTAIRE

Le Centre de médiation et d'arbitrage de Paris, créé en 1995 par la Chambre de commerce et d'industrie de Paris, avait publié en 2010 un règlement de médiation collective et vivement encouragé ce type de médiation qui trouve ici une terre d'élection. En effet, dans le cadre d'une action de groupe, la médiation évitera aux grands groupes la mauvaise publicité et réduira la longueur du procès pour le consommateur.

Aux termes de l'article L. 623-22, l'association requérante, et elle seule, peut participer à une médiation afin d'obtenir la réparation des préjudices individuels mentionnés à l'article L. 623-1. Le juge doit alors homologuer l'accord négocié au nom du groupe, en vérifiant qu'il est conforme aux intérêts de ceux auxquels il a vocation à s'appliquer. Il ne s'agit donc pas d'un simple contrôle formel du juge, mais d'un contrôle de conformité aux intérêts protégés, en l'occurrence ceux du consommateur, et non de toutes les parties concernées (art. L. 623-23). On observera que la recommandation de la Commission européenne du 11 juin 2013 relative à des principes communs applicables aux mécanismes de recours collectif en cessation et en réparation dans les États membres en cas de violation de droits conférés par le droit de l'Union prévoit en revanche qu'« Il convient que la légalité des solutions contraignantes issues de transactions collectives soit vérifiée par une juridiction, compte tenu de la protection qu'il est opportun d'accorder aux intérêts et aux droits de toutes les parties concernées » (art. 28).

Le décret du 24 septembre 2014 n'apporte aucune précision sur la médiation. En revanche, la circulaire du 26 septembre 2014 précise que cette dernière peut avoir lieu avant l'exercice de l'action de groupe (V. ss. art. R. 623-33). ❑

Art. L. 623-22 Seule l'association requérante peut participer à une médiation, dans les conditions fixées au chapitre Ier du titre II de la loi no 95-125 du 8 février 1995 relative à l'organisation des juridictions et à la procédure civile, pénale et administra-

tive, afin d'obtenir la réparation des préjudices individuels mentionnés à l'article L. 623-1. – *[C. consom., art. L. 423-15.]*

BIBL. ▸ NEAU-LEDUC, *Banque et Droit, hors-série, nov. 2014. 30* (action de groupe et règlement extrajudiciaire des litiges).

Art. L. 623-23 Tout accord négocié au nom du groupe est soumis à l'homologation du juge, qui vérifie s'il est conforme aux intérêts de ceux auxquels il a vocation à s'appliquer et lui donne force exécutoire.

Cet accord précise les mesures de publicité nécessaires pour informer les consommateurs concernés de la possibilité d'y adhérer, ainsi que les délais et modalités de cette adhésion. – *[C. consom., art. L. 423-16.]*

BIBL. ▸ BROCHIER, *JCP E 2014, n° 1622* (la « transaction de groupe » : les particularités de la transaction dans l'action de groupe).

SECTION VI MODALITÉS SPÉCIFIQUES À L'ACTION DE GROUPE INTERVENANT DANS LE DOMAINE DE LA CONCURRENCE

BIBL. GÉN. ▸ PIETRINI, *Gaz. Pal. 2013. 2855* (introduction d'une action de groupe en droit de la concurrence). - ARHEL, *JCP E 2014. Actu. 184* (action de groupe et autres dispositions « concurrence » de la loi « consommation »). - MARÉCHAL, *CCC 2014. Dossier 4* (volet « concurrence » de la L. n° 2014-344 du 17 mars 2014). - GIRAUD et GALMICHE, *RLC avr.-juin 2014. 186* (actions de suivi en réparation des dommages de concurrence : quel impact des décisions des autorités de concurrence). - CLAUDEL, *RTD com. 2014. 339* (action de groupe et autres dispositions concurrence de la loi consommation : un dispositif singulier). - UTZSCHNEIDER et MUSSI, *AJCA 2014. 222* (l'action de groupe en droit de la concurrence, une intention louable à la mise en œuvre complexe). - BÉHAR-TOUCHAIS, *Banque et Droit, hors-série, nov. 2014. 34* (action de groupe en droit de la concurrence). - Colloque, *RLC janv.-mars 2015. 168* (les actions indemnitaires des pratiques anticoncurrentielles après la loi sur l'action de groupe et la directive européenne du 26 nov. 2014). - LE MORE, *CCC 2017. Alerte 29* (plaidoyer pour une vraie réforme de l'action de groupe en matière de concurrence).

COMMENTAIRE

Figurent dans cette section VI les règles particulières aux manquements en droit de la concurrence, précédemment évoquées (art. L. 623-1), lesquelles dérogent au cadre légal commun : nécessité d'une condamnation définitive, possibilité d'ordonner l'exécution provisoire pour les mesures de publicité et prescription quinquennale à compter de la décision. ❑

Art. L. 623-24 Lorsque les manquements reprochés au professionnel portent sur le respect des règles définies au titre II du livre IV du code de commerce ou des articles 101 et 102 du traité sur le fonctionnement de l'Union européenne, la responsabilité du professionnel ne peut être prononcée dans le cadre de l'action mentionnée à l'article L. 623-1 que sur le fondement d'une décision prononcée à l'encontre du professionnel par les autorités ou juridictions nationales ou de l'Union européenne compétentes, qui constate les manquements et qui n'est plus susceptible de recours pour la partie relative à l'établissement des manquements.

(Abrogé par Ord. n° 2017-303 du 9 mars 2017, art. 9) ***« Dans ces cas, les manquements du professionnel sont réputés établis de manière irréfragable pour l'application des articles L. 623-4 à*** *(L. n° 2017-203 du 21 févr. 2017, art. 13)* ***« L. 623-6 ». »*** – *[C. consom., art. L. 423-17.]*

Art. L. 623-25 L'action prévue à l'article L. 623-1 ne peut être engagée au-delà d'un délai de cinq ans à compter de la date à laquelle la décision mentionnée à l'article L. 623-24 n'est plus susceptible de recours. – *[C. consom., art. L. 423-18.]*

Art. L. 623-26 Par dérogation aux dispositions de l'article L. 623-7, le juge peut ordonner l'exécution provisoire du jugement mentionné à l'article L. 623-4 pour ce qui concerne les seules mesures de publicité, afin de permettre aux consommateurs de se déclarer dans le délai imparti. – *[C. consom., art. L. 423-19.]*

SECTION VII DISPOSITIONS DIVERSES

COMMENTAIRE

L'action collective de l'association suspend la prescription des actions individuelles en réparation des préjudices résultant des manquements constatés par le jugement (art. L. 623-27). Par ailleurs, les décisions prises dans le cadre des articles L. 623-4 (procédure ordinaire) et L. 623-14 (procédure simplifiée) ainsi que celles résultant de l'application de l'article L. 623-23 (médiation) ont autorité de la chose jugée à l'égard de chacun des membres du groupe dont le préjudice a été réparé au terme de la procédure. Le professionnel ne sera donc pas garanti contre d'autres actions diligentées par des consommateurs hors groupe.

En outre, l'adhésion au groupe n'empêche pas le consommateur d'agir selon les voies de droit commun pour obtenir la réparation des préjudices n'entrant pas dans le champ défini par la décision du juge ou d'un accord homologué (art. L. 623-29). En revanche, l'action n'est pas recevable lorsqu'elle se fonde sur les mêmes faits, les mêmes manquements et la réparation des mêmes préjudices que ceux ayant fait l'objet du jugement intervenu ou d'un accord homologué (art. L. 623-30).

Enfin, on observera qu'aucune disposition spécifique n'a été prévue à l'encontre de l'abus d'action dont le préjudice peut être particulièrement lourd en la matière. ❑

Art. L. 623-27 L'action mentionnée à l'article L. 623-1 suspend la prescription des actions individuelles en réparation des préjudices résultant des manquements constatés par le jugement prévu aux articles L. 623-4 ou L. 623-14.

Le délai de prescription recommence à courir, pour une durée qui ne peut être inférieure à six mois, à compter de la date à laquelle, selon le cas, le jugement rendu en application des articles L. 623-4 ou L. 623-14 n'est plus susceptible de recours ordinaire ou de pourvoi en cassation ou de l'homologation prévue à l'article L. 623-23. — *[C. consom., art. L. 423-20.]*

Art. L. 623-28 Les décisions prévues aux articles L. 623-4 et L. 623-14 ainsi que celle *[celles]* **résultant de l'application de l'article L. 623-23 ont également autorité de la chose jugée à l'égard de chacun des membres du groupe dont le préjudice a été réparé au terme de la procédure.** — *[C. consom., art. L. 423-21.]*

Art. L. 623-29 L'adhésion au groupe ne fait pas obstacle au droit d'agir selon les voies de droit commun pour obtenir la réparation des préjudices n'entrant pas dans le champ défini par la décision du juge mentionnée à l'article L. 623-4 ou d'un accord homologué en application de l'article L. 623-23. — *[C. consom., art. L. 423-22.]*

Art. L. 623-30 N'est pas recevable l'action prévue à l'article L. 623-1 lorsqu'elle se fonde sur les mêmes faits, les mêmes manquements et la réparation des mêmes préjudices que ceux ayant déjà fait l'objet du jugement prévu à l'article L. 623-4 ou d'un accord homologué en application de l'article L. 623-23. — *[C. consom., art. L. 423-23.]*

Art. L. 623-31 Toute association de défense des consommateurs représentative au niveau national et agréée en application de l'article L. 811-1 peut demander au juge, à compter de sa saisine en application de l'article L. 623-1 et à tout moment, sa substitution dans les droits de l'association requérante, en cas de défaillance de cette dernière. — *[C. consom., art. L. 423-24.] — V. art. R. 623-30.*

Art. L. 623-32 Est réputée non écrite toute clause ayant pour objet ou effet d'interdire à un consommateur de participer à une action de groupe. — *[C. consom., art. L. 423-25.]*

BIBL. ▶ Clay et Mainguy, *JCP 2015, n° 573* (arbitrage et action de groupe).

TITRE TROISIÈME COMPÉTENCE DU JUGE

Le présent titre ne comprend pas de dispositions législatives.

TITRE QUATRIÈME SANCTIONS

CHAPITRE UNIQUE MÉDIATION

Art. L. 641-1 **Tout manquement aux obligations d'information mentionnées aux articles L. 616-1 et L. 616-2 est passible d'une amende administrative dont le montant ne peut excéder 3 000 euros pour une personne physique et 15 000 euros pour une personne morale dans les conditions prévues au chapitre II du titre II du livre V.** – *[C. consom., art. L. 156-3.]*

TITRE CINQUIÈME DISPOSITIONS RELATIVES À L'OUTRE-MER

CHAPITRE PREMIER MÉDIATION

(Ord. nº 2017-269 du 2 mars 2017, art. 6, en vigueur le 1er juill. 2017)

Le chapitre I, tel qu'issu de l'Ord. nº 2017-269 du 2 mars 2017, entre en vigueur à la date d'entrée en vigueur du décret portant dispositions relatives à l'outre-mer du code de la consommation et au plus tard le 1er juill. 2017 (Ord. préc., art. 9). – V. Décr. nº 2017-1166 du 12 juill. 2017 (JO 14 juill.), qui ne prévoit pas d'entrée en vigueur particulière, de telle sorte que les dispositions relatives à l'outre-mer ont vocation à entrer en vigueur le 1er juill. 2017.

Art. L. 651-1 **Pour l'application des articles L. 614-1 à L. 614-4 à Saint-Barthélemy et à Saint-Pierre-et-Miquelon, les mots : "le règlement (UE) nº 524/2013 du Parlement européen et du Conseil du 21 mai 2013 relatif au règlement en ligne des litiges de consommation et modifiant le règlement (CE) nº 2006/2004 et la directive 2009/22/CE" sont remplacés par les mots : "les règles en vigueur en métropole en vertu des dispositions du règlement (UE) nº 524/2013 du Parlement européen et du Conseil du 21 mai 2013 relatif au règlement en ligne des litiges de consommation et modifiant le règlement (CE) nº 2006/2004 et la directive 2009/22/CE".**

Art. L. 651-2 **Pour l'application de l'article L. 616-2 à Saint-Barthélemy et à Saint-Pierre-et-Miquelon, les mots : "l'article 14 du règlement (UE) nº 524/2013 du Parlement européen et du Conseil du 21 mai 2013 relatif au règlement en ligne des litiges de consommation et modifiant le règlement (CE) nº 2006/2004 et la directive 2009/22/CE" sont remplacés par les mots : "les règles en vigueur en métropole en vertu des dispositions de l'article 14 du règlement (UE) nº 524/2013 du Parlement européen et du Conseil du 21 mai 2013 relatif au règlement en ligne des litiges de consommation et modifiant le règlement (CE) nº 2006/2004 et la directive 2009/22/CE".**

CHAPITRE II ACTION DE GROUPE

(Ord. nº 2017-269 du 2 mars 2017, art. 6, en vigueur le 1er juill. 2017)

Le chapitre II, tel qu'issu de l'Ord. nº 2017-269 du 2 mars 2017, entre en vigueur à la date d'entrée en vigueur du décret portant dispositions relatives à l'outre-mer du code de la consommation et au plus tard le 1er juill. 2017 (Ord. préc., art. 9). – V. Décr. nº 2017-1166 du 12 juill. 2017 (JO 14 juill.), qui ne prévoit pas d'entrée en vigueur particulière, de telle sorte que les dispositions relatives à l'outre-mer ont vocation à entrer en vigueur le 1er juill. 2017.

Art. L. 652-1 **Dans les collectivités relevant de l'article 73 de la Constitution et dans les collectivités de Saint-Barthélemy, de Saint-Martin, de Saint-Pierre-et-Miquelon et des îles Wallis-et-Futuna, les associations de consommateurs représentatives au niveau local peuvent également agir, dans les mêmes conditions que les associations mentionnées à l'article L. 623-1.** – *Reprise de l'anc. art. L. 651-1 résultant de l'Ord. nº 2016-301 du 14 mars 2016.*

Art. L. 652-2 **Sont applicables dans les îles Wallis-et-Futuna, les dispositions des articles mentionnés dans la colonne de gauche du tableau ci-après, dans leur rédaction indiquée dans la colonne de droite du même tableau :**

ARTICLES APPLICABLES	DANS LEUR RÉDACTION
L. 623-1 à L. 623-9 et L. 623-11 à L. 623-32	Résultant de l'ordonnance n° 2016-301 du 14 mars 2016
L. 623-10	Résultant de la loi n° 2016-1547 du 18 novembre 2016

LIVRE SEPTIÈME TRAITEMENT DES SITUATIONS DE SURENDETTEMENT

RÉP. CIV. v° *Surendettement des particuliers,* par PICOD et VALETTE-ERCOLE.

RÉP. PR. CIV. v° *Surendettement,* par PIEDELIÈVRE.

DALLOZ RÉFÉRENCE *Surendettement des particuliers,* par FERRIÈRE et AVENA-ROBARDET, 2012/2013, 4e éd.

BIBL. GÉN. ▸ Loi du 31 déc. 1989 et études thématiques : BAILLY, *ALD 1991. 107.* – R. CABRILLAC, *Études Calais-Auloy, Dalloz, 2004, p. 217* (couples mariés). – CHATAIN, *ALD 1990. 43.* – COEURET, *RTD civ. 1990. 320* ✐. – DECOOPMAN, *D. 1990. Chron. 237* ✐ (principe du contradictoire). – DELEBECQUE, *D. 1990. Chron. 255* ✐. – FIORI-KHAYAT, *Gaz. Pal. 2005. Doct. 834* (cautionnement et surendettement). – GALLET, *Rev. loyers 2008. 469* (effets du surendettement sur les parties au bail d'habitation). – GOURIO, *Gaz. Pal. 1991. 1. Doctr. 12* (exclusion des activités professionnelles). – GRAMAIZE, *Gaz. Pal. 1992. 1. Doctr. 112* (pouvoirs du juge). – GRANIER, *Rev. Conc. Consom. 1994, n° 79, p. 49* (bilan de jurisprudence). – GRYNBAUM, *CCC 2002. Chron. 16* (mutation du droit des contrats sous l'effet du traitement du surendettement). – JOBARD-BACHELLIER, *Rev. crit. DIP 2002. 491* ✐ (les procédures de surendettement et de faillite internationales ouvertes dans la Communauté européenne). – JULIEN, *Mélanges Breton et Derrida, Dalloz, 1991, p. 183* (à propos du surendettement des particuliers et des familles). – KORNMANN, *JCP N 1990. I. 123.* – LAFOREST-TACCHINI, *Dr. fam. 2003. Chron. 3* (surendettement et PACS). – LAGARDE, *JCP 2002. I. 163* (prévention du surendettement) ; *LPA 17 déc. 2002* (d'un surendettement l'autre). – LAGRIFOUL et MAGUIN, *Gaz. Pal. 1990. 1. Doctr. 324.* – LALANDE, *ibid. 2. Doctr. 504.* – LANCEREAU, *RDI 1990. 175* ✐ (dettes immobilières). – LE CANNU, *Bull. Joly 1990. 135.* – LECHARNY, *Gaz. Pal. 1990. 1. Doctr. 318* (incidences procédurales) ; *Bull. avoués 1989. 102.* – LE LIVEC-TOURNEUX, *JCP N 1993. I. 1* (régimes matrimoniaux). – LERON, *JO n° spéc. 1634, 1991* (rapport sur l'application de la loi de 1989). – LIMAGNE et DOUSSET, *Gaz. Pal. 1990. 1. Doctr. 158.* – MERLE, *RTD com. 1990. 108* ✐. – MONACHON-DUCHÊNE, *Gaz. Pal. 1994. 2. Doctr. 372* (bilan d'application). – MORIN, *RED consom. 1990. 108.* – PAISANT, *JCP 1990. I. 3457 ; JCP 1991. I. 3510 ; D. 1994. Chron. 173* ✐ ; *RTD com. 1994. 109* ✐ ; *ibid. 1995. 188* ✐. – PÉTEL, *Études Calais-Auloy, préc., p. 835* (surendettement des particuliers et difficultés des entreprises). – ROSENBERG, *Gaz. Pal. 1991. 1. Doctr. 3* (incidences en droit civil). – SAVATIER, *Defrénois 1994. 913* (implications immobilières). – SOULARD et MICHEL, *Procédures 2008. Dossier 9* (la procédure de surendettement et la suspension des poursuites). – VALLENS, *ALD 1990. 87 ; ALD 1992. 173* (nécessité d'une réforme). – VIGNEAU, *CCC 2003. Chron. 7* (conditions de recevabilité) ; *Loyers et copr. 2011. Étude 1* (logement et surendettement). – WILLMANN, *RDSS 1998. 691* ✐ (le chômage du débiteur). – GAU-CABÉE, *RTD civ. 2012. 33* ✐ (endettement des particuliers et contrat sur fond de crise : étude diachronique). – BERNAND, *LPA 3 août 2012* (le droit du surendettement de la famille). – D'HOIR-LAUPRÊTRE, *Dr. fam. 2013. Dossier 21* (le crédit des nouveaux mariés de l'an XIII). – WIART, *RLDA oct. 2013. 82* (le conjoint hors procédure de surendettement). – JULIEN, *CCC 2015. Étude 14* (l'escalier de Penrose : peut-on résorber le surendettement ?). – LEDAN-CABARROQUE, *Rev. proc. coll. 2016. Étude 6* (vente de la résidence principale appartenant à un propriétaire surendetté).

▸ Réforme du 8 févr. 1995 : CHATAIN et FERRIÈRE, *D. 1996. Chron. 39* ✐. – D. MAZEAUD, *RDI 1995. 227* ✐. – PAISANT, *RTD com. 1995. 474* ✐. ▸ Réforme du 23 janv. 1998 : PAISANT, *RTD com. 1998. 237* ✐. – CROZE et MOUSSA, *JCP 1998. Actualité, p. 633.* ▸ Réforme du 29 juill. 1998 : GOURIO, *JCP 1998. Actualité, p. 1413.* – D. MAZEAUD, P. ANCEL, M. STORCK, *Dr. et patr., oct. 1998, p. 49* (dossier sur le nouveau régime). – PAISANT, *RTD com. 1998. 749* ✐. – SINAY-CYTERMANN, *JCP 1999. I. 106.* – R. MARTIN, D. 1999. Chron. 205 ✐ (surendettement, exclusion et saisie immobilière). – CHATAIN et FERRIÈRE, *D. 1999. Chron. 288* ✐. – GALLET, *D. Affaires 1999. 698.* – GERVAIS, *CCC 1999. Chron. 5* (divorce et surendettement). – Colloque de Chambéry du 27 nov. 1998, *LPA 21 mai 1999.* – RAYMOND, *CCC 1999. Chron. 10.* – D. MAZEAUD, *LPA 29 juin 1999* (consommateur de crédit immobilier surendetté). – FLORES, *CCC 2000. Chron. 4* (Décr. 1er févr. 1999 sur la capacité de remboursement). – PERDRIAU, *Rev. Trésor, août-sept. 2000, p. 514.*

▸ Réforme du 1er août 2003 : *AJ fam. 2003. 328* ✐ (dossier). – BELLIVIER, *chron. lég. RTD civ. 2003. 752* ✐. – BOUTEILLER, *Dr. et patr., nov. 2003, p. 34.* – CHARBONNEAU et PANSIER, *Gaz. Pal. 2003. Doctr. 2765.* – CÔTE, *JCP 2003. I. 175.* – FLORES, *CCC 2005. Étude 4* (rétablissement personnel : défi pour le JEX). – GOURIO, *JCP E 2003. Actu. 242.* – J. JULIEN, *Dr. fam. 2004. Étude 14.* – PAISANT, *RTD com. 2003. 671* ✐ ; *ibid. 574* (remarques sur le projet de loi). – S. PIEDELIÈVRE, *Defrénois 2004. 14.* – RAYMOND, *CCC 2003. Chron. 9.* –

RONDEY, *D. 2003. Chron. 2162* ✎. – SAUVAGE, *RJPF 2004-11/13* (rétablissement personnel d'époux communs en biens). – LAFORE, *RDSS 2004. 732* ✎ (loi Borloo : un nouveau cadre pour la prévention et le règlement du surendettement des ménages). – SOINNE, *JCP 2003. Actu. 475* (propos « introductif »). – VAUVILLÉ, *Dr. et patr., mai 2004, p. 38.* – Colloque Montpellier 10 juin 2005, *CCC 2005. Dossier 9 à 17* (la procédure de rétablissement personnel : premières applications). – LEPLAT, *RD banc. fin. sept.-oct. 2006. 58* (de l'inégalité entre les débiteurs surendettés). – BOUJEKA, *ibid. 61* (perspectives communautaires et comparées de la procédure de rétablissement personnel). ▸ Retouches résultant de la loi du 18 janv. 2005 : BOUTEILLER, *JCP N 2005. 177.* – MORRIS-BECQUET, *RLDC 2005/15, n° 616.*

▸ Réforme du 1er juill. 2010 : RUSSO, *LPA 5 juill. 2010* (réforme de la procédure de surendettement des particuliers dans la loi du 1er juill. 2010). – NDLR, *BRDA 2010, n° 13, p. 26* (mesures en matière de traitement du surendettement). – S. PIEDELIÈVRE, *JCP 2010, n° 858* (nouvelles règles relatives au surendettement des particuliers). – GJIDARA-DECAIX, *RD banc. fin. 2010. Étude 14 ; Rev. proc. coll. 2010. Étude 20* (nouveau visage des procédures de surendettement des particuliers). – RAYMOND, *CCC 2010. Étude 11* (réforme résultant de la L. n° 2010-737 du 1er juill. 2010). – BOUTEILLER, *RLDA sept. 2010. 47 ; Dr. et patr. oct. 2010. 70* (dispositions relatives au traitement des situations de surendettements). – LEGEAIS, *RTD com. 2010. 584* ✎ (loi relative au crédit à la consommation). – JULIEN, *Dr. fam. 2010. Étude 29* (apports de la loi en matière de surendettement). – VIGNEAU et LAURIAT, *D. 2010. 2593* ✎ (réforme du droit du surendettement des particuliers). – PAISANT, *RTD com. 2010. 800* ✎ (vingt et un ans après : la nouvelle réforme des procédures de traitement des situations de surendettement). – FLORES, *AJ fam. 2011. 10* ✎ (réforme de la procédure de surendettement) ; *ibid. 18* (réforme de la prévention du surendettement). – LE BARS et SALHI, *Procédures 2011. Étude 1* (nouvelles procédures de traitement du surendettement des particuliers). – CATHELINEAU-ROULAUD, *CCC 2011. Étude 6* (banque et surendettement). – GALLET, *Rev. loyers 2011. 11* (bail d'habitation et surendettement après la loi du 1er juill. 2010) ; *ibid. 240* (... : application dans le temps des lois récentes). – SAUPHANOR-BROUILLAUD, *RDC 2011. 142* (dispositions relatives au surendettement). – VAUVILLÉ, *Defrénois 2011. 1221* (le notaire face à la procédure collective du consommateur : le réflexe « bodacc.fr »). – Dossier, *RD banc. fin. 2011. Dossier 32* (vers un nouveau droit de la consommation : la réforme du droit du surendettement). – Dossier, *RD banc. fin. 2012. Dossier 16* (le surendettement des particuliers : un régime juridique en quête d'équilibre).

▸ L. n° 2014-344 du 17 mars 2014 : LEGRAND, *RD banc. fin. 2013. Étude 15* (la lutte contre le surendettement dans le projet de loi). – GJIDARA-DECAIX, *Rev. proc. coll. 2014, n° 108* (apports des lois des 26 juill. 2013, 17 et 24 mars 2014).

▸ Ord. n° 2016-301 du 14 mars 2016 : CAZAJUS, *Dr. et patr. juill.-août 2016. 30* (modifications du droit du surendettement induites par la recodification). – GJIDARA-DECAIX, *Rev. proc. coll. 2016, n° 101* (évolution du droit du surendettement des particuliers).

▸ L. n° 2016-1547 du 18 nov. 2016 : PIEDELIÈVRE, *JCP 2016, n° 1329* (droit du surendettement dans la loi de modernisation de la justice du XXIe siècle). – GJIDARA-DECAIX, *AJ fam. 2016. 590* ✎ (justice du XXIe siècle : quels changements pour le droit du surendettement ?). – RASCHEL, *Procédures 2017. Étude 16* (justice du XXIe siècle : présentation des dispositions relatives au surendettement).

COMMENTAIRE

Le livre III de l'ancien code de la consommation a été scindé, lors de la recodification opérée par l'ordonnance du 14 mars 2016, en deux livres, à finalité différente, l'un réservé aux opérations de crédit (art. L. 311-1 s.), l'autre au traitement des situations de surendettement (art. L. 711-1 s.). Or, le surendettement n'a pas, à la différence du droit du crédit, pour objectif de définir des obligations pour les professionnels ou des droits des consommateurs et d'en sanctionner le non-respect, mais de définir les modalités procédurales et les conditions de traitement des situations de surendettement. La cohérence du plan conduisait donc à ce que ces dispositions soient traitées au sein d'un livre spécifique, ce qui est le cas du nouveau livre VII. Les dispositions relatives au fichier national des incidents de paiement figurent dans le titre VII au sein de ce livre (art. L. 751-1 s.) ; leur place dans le livre III sur le crédit aurait été tout aussi justifiée.

Le droit du surendettement, construit par strates successives, a été réécrit de façon à suivre la chronologie de la procédure de traitement des dossiers de surendettement. Cette nouvelle architecture est plus claire, plus pédagogique, et met fin aux défauts antérieurs qui rendaient les développements difficilement lisibles.

Ce livre commence par des dispositions générales relatives au traitement des situations de surendettement. Légitimement, la procédure de rétablissement personnel fait l'objet d'un titre à part entière (art. L. 741-1 s) et non plus seulement d'une section, compte tenu de son importance pratique. La rédaction de plusieurs articles a été modifiée afin de préciser l'articulation entre les différentes procédures. D'autres ont été découpés et redéployés. ❑

TITRE PREMIER DISPOSITIONS GÉNÉRALES RELATIVES AU TRAITEMENT DES SITUATIONS DE SURENDETTEMENT

COMMENTAIRE

I. UNE LÉGISLATION RÉCENTE, CONSTRUITE PAR ÉTAPES

Jusqu'à la loi Neiertz du 31 décembre 1989, le droit français ne connaissait aucune procédure collective en cas de cessation de paiement, en dehors d'une procédure collective professionnelle : commerçants, artisans, exploitants agricoles et personnes morales de droit privé. Le fléau provoqué par la consommation excessive de crédit, aggravé par la persistance d'un taux de chômage inquiétant et d'une paupérisation du tissu social, a amené le législateur à prendre des mesures « relatives à la prévention et au règlement des difficultés liées au surendettement des particuliers et des familles ».

La loi du 31 décembre 1989 instaurait deux procédures distinctes : la première, de nature amiable, se déroulait devant une *commission départementale d'examen des situations de surendettement* ; la seconde, de nature judiciaire, devant le juge d'instance, puis à compter de 1991, devant le *juge de l'exécution*. Mais devant l'engorgement des tribunaux, ces dispositions – intégrées au code de la consommation – ont été largement modifiées par la loi du 8 février 1995 qui leur donnait leur nouvelle dénomination : *Traitement des situations de surendettement* et instituait le présent titre III, dont les dispositions sont entrées en vigueur le 1er août 1995. Elle déchargeait les juridictions, victimes de leur succès, en faisant de la commission de surendettement le pivot de toute la procédure, le juge n'ayant alors qu'une mission de contrôle et d'accompagnement.

Cependant, le texte ne réglait pas de façon satisfaisante le sort des endettés installés dans la précarité et incapables d'apurer leur passif. Pour ces derniers, les mesures instaurées s'avéraient inopérantes. La loi du 29 juillet 1998 relative à la lutte contre les exclusions, entrée en vigueur le 1er février 1999, modifiait en ce sens plusieurs dispositions : la prise en compte de « l'insolvabilité durable », avec un *moratoire* destiné à apprécier si la situation était irrémédiablement compromise ou non au terme de celui-ci, permettait d'envisager l'effacement partiel ou total de la dette.

Or, devant le manque d'efficacité du moratoire, une nouvelle étape était franchie par la loi n° 2003-710 du 1er août 2003. S'inspirant du modèle éprouvé de la procédure de *faillite civile* d'Alsace-Moselle et modifiant en partie le texte antérieur (elle laisse subsister les mesures conduisant à l'effacement partiel de la dette en cas d'insolvabilité durable), la loi nouvelle instaure une procédure dite de *rétablissement personnel* aboutissant à la vente des biens et à l'effacement de la dette.

A. RÉFORME DU 1ER JUILLET 2010

Durant les six premiers mois de l'année 2009, le nombre de dépôts de dossiers auprès des commissions départementales a progressé de 17 %. Ce sont désormais 738 461 ménages qui se trouvent officiellement en situation de surendettement. L'endettement moyen par dossier s'est également accru de façon sensible. Dans ce contexte de forte dégradation, les pouvoirs publics se devaient de réagir : une nouvelle réforme a été entreprise.

Or la réforme du crédit à la consommation, intervenue par la loi n° 2010-737 du 1er juillet 2010 (*JO 2 juill.*), comprend un important volet surendettement. Son objectif est de répondre plus rapidement à l'endettement du débiteur et de mieux le protéger. L'accompagnement social n'est pas non plus négligé.

Elle modifie ainsi la procédure de traitement du surendettement des particuliers en réduisant les délais légaux d'examen par les commissions départementales de surendettement, en prévoyant la suspension automatique des procédures d'exécution diligentées contre le débiteur à compter de la décision de recevabilité et en attribuant aux commissions certains pouvoirs dévolus jusqu'à présent au juge de l'exécution (recommandations transformées en mesures). L'office du juge est recentré sur les procédures de rétablissement personnel avec liquidation, les commissions disposant d'un pouvoir renforcé de façon considérable. La loi du 1er juillet 2010 institue aussi une procédure de rétablissement personnel sans liquidation judiciaire. Les nouvelles dispositions ont fait l'objet d'un important décret d'application n° 2010-1304 du 29 octobre 2010 (art. R. 741-15 s.).

B. INCIDENCE DE LA LOI DU 22 DÉCEMBRE 2010 SUR LA COMPÉTENCE

La loi n° 2010-1609 du 22 décembre 2010 relative à l'exécution des décisions de justice, aux conditions d'exercice de certaines professions réglementées et aux experts judiciaires prévoyait que, dans les conditions fixées par décret, et au plus tard le 1er septembre 2011, le juge de l'exécution (JEX) ne devait plus connaître des mesures de traitement des situations de surendettement des particuliers et de la procédure de rétablissement personnel, le juge du tribunal d'instance devenant alors compétent en la matière. Ainsi, au titre III du livre III du code de la consommation, les mots : « juge de l'exécution » devaient être remplacés par les mots : « juge du tribunal d'instance ». Par ailleurs, un décret devait désigner, dans le ressort de chaque tribunal de grande instance, un ou plusieurs tribunaux d'instance dont les juges seront seuls compétents pour connaître de ces mesures et de cette procédure. Il convient alors de se reporter au décret n° 2011-741 du 28 juin 2011 relatif au transfert du contentieux du surendettement du juge de l'exécution au juge du tribunal d'instance, en vigueur à compter du 1er septembre 2011. Notons que le JEX demeure compétent pour statuer sur les instances introduites devant lui avant cette date. Toutefois, le 1er mars 2012, toutes les instances encore en cours ont été transférées en l'état au juge du tribunal d'instance compétent, sans qu'il y ait lieu de renouveler les actes, formalités et jugements intervenus antérieurement à cette date, à l'exception des convocations et assignations données aux parties et aux témoins qui n'auraient pas été suivies d'une comparution devant le juge de l'exécution.

Le juge du tribunal d'instance connaît donc désormais de la procédure de traitement des situations de surendettement devant la commission de surendettement et de la procédure de redressement personnel (art. L. 713-1) : le rôle qui lui est dévolu est néanmoins plus important dans le second cas.

C. INCIDENCE DE LA LOI N° 2013-672 DU 26 JUILLET 2013

A l'occasion de la loi de séparation et de régulation des activités bancaires du 26 juillet 2013, le législateur a voulu corriger certaines imperfections de la loi n° 2010-737 du 1er juillet 2010. L'ambition est encore et toujours d'améliorer la procédure de surendettement en la rendant plus rapide et plus protectrice. Pour sa part, la loi du 17 mars 2014 relative à la consommation a procédé à quelques retouches essentiellement dans le but de réduire les délais de traitement du surendettement, ce qui risque de poser d'autres difficultés pour le débiteur endetté.

Les réformes incessantes n'ont pas réussi à juguler le phénomène de l'endettement, profondément ancré dans notre économie, même si depuis deux ans le nombre de dossiers nouveaux a diminué. Elles traduisent aussi un recul progressif du pouvoir judiciaire, chaque fois plus en retrait au bénéfice des commissions de surendettement.

D. INCIDENCE DE LA LOI N° 2016-1547 DU 18 NOVEMBRE 2016

L'adoption de la loi de modernisation de la justice du XXIe siècle a offert l'occasion de modifier une nouvelle fois le dispositif de traitement des situations de surendettement, en intervenant sur la répartition des pouvoirs entre la commission de surendettement (pouvoir décisionnel) et le juge du tribunal d'instance (pouvoir juridictionnel). Avec la finalité d'alléger encore le contentieux de masse devant les tribunaux d'instance et d'accélérer le cours de la procédure, la loi du 18 novembre 2016 supprime l'homologation judiciaire des mesures recommandées (les plus graves) par la commission. Les créanciers disposent néanmoins de la faculté de contester les décisions des commissions de surendettement devant le juge du tribunal d'instance. Dans le prolongement des réformes précédentes, l'office du juge est ainsi recentré sur la résolution des situations conflictuelles.

Ce nouveau dispositif entrera en vigueur le 1er janvier 2018 : il s'appliquera aux procédures *de surendettement* en cours à cette date, sauf lorsque le juge d'instance aura été saisi par la commission aux fins d'homologation

II. PARTICULARITÉS DE LA PROCÉDURE DE RÉTABLISSEMENT PERSONNEL

Lorsque le débiteur se trouve dans l'impossibilité d'apurer sa situation de surendettement, il se trouve dans une *situation irrémédiablement compromise* (art. L. 724-1) qui ne peut conduire qu'à l'ouverture d'une procédure de rétablissement personnel (Cass., avis, 10 janv. 2005 : *cité note 2 ss. art. L. 741-1*). La mesure est subsidiaire : c'est, précise le texte, en cas d'impossibilité de mise en œuvre des mesures de traitement du surendettement qu'on y aura recours. Depuis la réforme de 2010, le rétablissement se décline en deux possibilités, selon la situation du débiteur :

1° La commission peut recommander un *rétablissement personnel sans liquidation judiciaire* si le débiteur ne possède que des biens nécessaires à la vie courante et des biens non professionnels indispensables à l'exercice de son activité professionnelle ou encore si son actif est constitué de biens dépourvus de valeur marchande ou dont les frais de vente seraient manifestement disproportionnés au regard de leur valeur vénale : en d'autres termes, il n'existe pas de biens saisissables. En l'absence de contestation, le juge procédera à l'homologation de la recommandation, qui aura force exécutoire. Depuis la loi du 26 juillet 2013, le juge compétent peut aussi, à l'occasion d'un recours, décider l'ouverture d'une procédure de rétablissement personnel sans liquidation judiciaire.

2° Avec le consentement du débiteur, la commission peut saisir le juge aux fins d'ouverture d'une procédure de *rétablissement personnel avec liquidation judiciaire* si elle constate que le débiteur ne se trouve pas dans la situation précédente. Le juge compétent peut aussi, à l'occasion d'un recours, mais dans ce cas avec l'accord du débiteur, décider l'ouverture d'une procédure de rétablissement personnel avec liquidation judiciaire.

III. BILAN

En 2016, 194 200 personnes environ ont déposé un dossier de surendettement à la Banque de France, soit une baisse de plus de 10 % sur un an, après une hausse jusque-là continue et une première inflexion, en 2014, confirmée en 2015. En moyenne, les dettes contractées par ces Français surendettés étaient de 42 000 euros.

Dans deux tiers des cas, il s'agit d'une personne vivant seule (célibataire, séparée, divorcée ou veuve et n'ayant pas de personne à charge). La classe d'âge des 45-54 ans continue à être la plus représentée, tout comme les employés et ouvriers. La majorité des dossiers concerne des locataires, rarement des propriétaires (11 % seulement). Plus de 28 % des personnes surendettées sont au chômage. Plus de la moitié des ménages surendettés ont des ressources inférieures au SMIC. Dans plus d'un dossier sur deux, les personnes n'ont aucune capacité de remboursement.

La baisse des taux d'intérêt du crédit immobilier ne suffit pas à expliquer cette amélioration. Pour la Banque de France, l'explication principale tient au ralentissement depuis cinq ans des crédits à la consommation. Les effets de la loi Lagarde de 2010 réformant le crédit à la consommation se font sentir. Le texte encadre sa publicité, ainsi que les crédits dits « renouvelables », dont la part a nettement reculé. La Banque de France rapporte que les crédits à la consommation ne représentent plus que 39,3 % des dettes des personnes surendettées, contre 58,2 % en 2011. ❑

CHAPITRE PREMIER DÉFINITION ET CHAMP D'APPLICATION

SECTION PREMIÈRE DÉFINITION

COMMENTAIRE

L'article L. 711-1 fixe les *conditions de recevabilité* en matière de traitement des situations *de surendettement*. Ces conditions de recevabilité concernent les personnes, la situation de surendettement et le comportement de bonne foi du débiteur.

I. PERSONNES CONCERNÉES

La loi s'applique uniquement à la situation de surendettement des *personnes physiques*, ce qui exclut de son champ d'application les personnes morales. La procédure bénéficie d'abord aux débiteurs domiciliés en France. Elle s'applique aussi aux débiteurs français en situation de surendettement domiciliés hors de France ayant contracté des dettes non professionnelles auprès de créanciers établis en France (art. L. 711-2). Le débiteur de nationalité française domicilié hors de France peut saisir la commission de surendettement du lieu d'établissement de l'un de ses créanciers établis en France (art. R. 711-2). Par ailleurs, une circulaire du 24 mars 1999 précise que la loi s'applique aux débiteurs étrangers résidant en France ainsi qu'aux débiteurs résidant temporairement à l'étranger et qui ont leur résidence principale sur le territoire français. Les particuliers protégés par la loi sont ici des personnes physiques agissant à des fins personnelles et non professionnelles. L'articulation avec le droit local d'Alsace-Moselle est brièvement envisagée par le second alinéa de l'article L. 711-3 du code de la consommation.

Alors que la loi du 31 décembre 1989 est « relative à la prévention et au traitement des difficultés liées au surendettement des particuliers et des familles », les différentes dispositions du code de la consommation n'envisagent pas la situation matrimoniale ou familiale du débiteur : la demande des époux sera en pratique conjointe, aucune disposition du texte n'empêchant toutefois une démarche séparée d'un des époux, voire des deux. Il appartient donc aux commissions, sous le contrôle du juge, d'apprécier cette situation en fonction des circonstances. Il faut observer que la jurisprudence n'a pas hésité à assimiler à ces situations celle des concubins qui demandent en commun l'ouverture d'une procédure.

L'article 35 de la loi du 1er août 2003 a élargi le bénéfice du surendettement aux cautions et co-obligés personnes physiques. La dette contractée à l'occasion d'un contrat de cautionnement (ou d'un engagement solidaire) pour la dette d'un entrepreneur individuel ou d'une société sera incluse au nombre des dettes non professionnelles. La loi précisait toutefois que c'était à condition que la caution n'ait pas été en droit ou en fait dirigeante de l'entreprise au profit de laquelle la garantie a été donnée. Mais cette condition a été supprimée par la LME du 4 août 2008 : il en résulte désormais que le chef d'entreprise qui s'est porté caution des dettes de sa société (voire codébiteur solidaire) bénéficiera des procédures de surendettement et de redressement personnel quand bien même le surendettement aurait un caractère professionnel. Le rapport entre l'entreprise cautionnée et la caution importe peu : le cautionnement est ici assimilé aux dettes non professionnelles.

La seule qualité d'associé unique et de gérant d'une entreprise unipersonnelle à responsabilité limitée ne suffit pas à faire relever la personne concernée du régime des procédures collectives et à l'exclure du champ d'application des dispositions du code de la consommation relatives au surendettement des particuliers (Civ. 2e, 13 oct. 2016 : *cité note 5 ss. art. L. 711-3*). En revanche, le débiteur exerçant une activité professionnelle sous le statut d'auto-entrepreneur ne relève pas de la procédure de traitement des situations de surendettement des particuliers (Civ. 2e, 18 févr. 2016 : *cité note 8 ss. art. L. 711-3*).

II. SITUATION DE SURENDETTEMENT

Encore faut-il que ces personnes physiques se retrouvent dans une situation de surendettement. La définition de ce terme figure dans l'article L. 711-1 : *impossibilité manifeste de faire face à l'ensemble des dettes non professionnelles exigibles et à échoir.* Le passif se mesure plus précisément à partir de trois éléments : les dettes non professionnelles échues, les dettes non professionnelles à échoir (pour une application relative au prêt hypothécaire, V. Civ. 2e, 4 sept. 2014 : *cité ss. art. L. 315-1* : la cour d'appel entendait traiter ce prêt comme les autres prêts, mais l'arrêt est censuré ; le remboursement du prêt n'est pas exigible puisque les époux sont vivants et que leur résidence n'a été ni vendue ni donnée) et les engagements de caution ou de codébiteur solidaire.

La situation de surendettement est caractérisée lorsque l'ensemble des revenus et du capital du débiteur ne peut permettre de désintéresser les créanciers (Civ. 1re, 27 oct. 1992 : *cité note 17 ss. art. L. 711-1*). Toutes les dettes non professionnelles seront prises en compte : dettes contractuelles (crédits, loyers…) ou extracontractuelles (amendes, impôts…). Selon la jurisprudence, il appartient au débiteur d'établir qu'il est dans une situation de surendettement et l'appréciation de la situation de surendettement relève du pouvoir souverain du juge (V. en dernier lieu : Civ. 2e, 7 juill. 2011 : *pourvoi n° 10-21.807*). Le juge apprécie la situation de surendettement au jour où il statue (V. en dernier lieu : Civ. 2e, 21 déc. 2006 : *cité note 1 ss. art. L. 733-14*).

Le texte précise que le seul fait d'être propriétaire de sa résidence principale ne peut être considéré comme empêchant que la situation de surendettement soit caractérisée : cet ajout met fin à un débat au sein des commissions ou des juridictions entre une logique purement comptable et des considérations plus humanistes. La pratique de certaines commissions a été de considérer que le débiteur propriétaire d'un logement devait procéder à la vente de son bien avant de prétendre au bénéfice d'une procédure de surendettement : cela aboutissait parfois à la vente dans l'urgence et à une situation de précarité du ménage. La loi du 26 juillet 2013 précise même qu'il importe peu que la valeur estimée de la résidence à la date du dépôt du dossier de surendettement soit égale ou supérieure au montant de l'ensemble des dettes prises en compte pour le surendettement (non professionnelles exigibles et à échoir).

III. BONNE FOI

Seuls sont protégés par le code de la consommation les débiteurs de bonne foi. Cette exigence de comportement est formulée par l'article L. 711-1 selon lequel la *situation de surendettement* est caractérisée par l'impossibilité manifeste pour le débiteur de *bonne foi* de faire face à l'ensemble de ses dettes non professionnelles.

L'exigence est à nouveau reprise par l'article L. 742-3 relatif à la procédure de *rétablissement personnel* : le juge doit en effet apprécier à la fois le caractère irrémédiablement compromis de la situation et la bonne foi du débiteur lorsqu'il entend rendre un jugement prononçant l'ouverture de la procédure.

Enfin, si *au cours de l'exécution du plan conventionnel ou des mesures imposées ou recommandées*, il apparaît que la situation du débiteur devient irrémédiablement compromise, le débiteur peut saisir la commission en vue d'une procédure de redressement personnel : il appartient alors à cette dernière d'apprécier la bonne foi du débiteur avant de saisir le juge compétent, soit pour ouvrir une procédure de redressement personnel avec liquidation, soit pour recommander un rétablissement personnel sans liquidation (art. L. 742-3). L'appréciation de la bonne foi relèvera donc tantôt de la commission, tantôt du juge du tribunal d'instance.

La bonne foi requise est manifestement conçue comme l'absence de mauvaise foi et non comme un comportement particulièrement diligent du débiteur (Civ. 1re, 5 déc. 2000 : *cité note 7 ss. art. L. 722-1*). Conformément au droit commun, cette bonne foi se présume et il appartient alors au créancier d'apporter la preuve de la mauvaise foi du débiteur (Civ. 1re, 4 avr. 1991 : *cité note 22 ss. art. L. 711-1*). En cas de demande conjointe formée par deux époux, la bonne foi s'appréciera séparément à l'égard de chacun d'entre eux (Civ. 1re, 14 mars 2000 : *cité note 29 ss. art. L. 711-1* ; Civ. 2e, 11 janv. 2006 : *cité note 31 ss. art. L. 711-1* ; Civ. 2e, 26 mai 2011 : *Dr. et proc. sept. 2011, Cah. dr. consom., p. 26, obs. V. Valette-Ercole*). Mais le contenu de la bonne foi est laissé à l'appréciation souveraine des juges du fond (Civ. 1re, 4 avr. 1991 : *préc.*), la cassation n'étant encourue que si la décision de ces derniers se fonde sur des motifs insuffisants ou inopérants (Civ. 1re, 10 févr. 2005 : *cité note 23 ss. art. L. 711-1*). L'imprévoyance ou la négligence du débiteur seront des comportements insuffisants pour retenir la mauvaise foi, laquelle doit être caractérisée par la conscience de créer ou d'aggraver l'endettement en fraude des droits des créanciers. Ainsi, le seul fait que l'endettement soit pour partie constitué d'amendes et de dommages-intérêts résultant d'un jugement de condamnation pénale est insuffisant en lui-même à caractériser la mauvaise foi du débiteur (Civ. 2e, 22 mars 2012 : *cité note 28 ss. art. L. 711-1*). Malgré tout, il faut bien constater que le pouvoir de régulation de l'accès aux procédures de traitement du surendettement, abandonné aux pouvoirs souverains des juges du fond, est source d'inégalité et d'insécurité juridique.

La question du *moment* auquel doit s'apprécier la bonne foi conduit à distinguer plusieurs périodes (sur ces questions, V. Picod, Droit de la consommation, *Sirey U, sept. 2015, n° 591*). La loi du 1er juillet 2010 n'est pas revenue sur cette appréciation.

Tout d'abord, le débiteur doit avoir été de bonne foi pendant la phase d'endettement, ce qui renvoie à son comportement contractuel antérieur à la procédure : c'est la *bonne foi contractuelle*. Seuls devraient bénéficier de la procédure de surendettement les débiteurs victimes des accidents de la vie ; en réalité, les tribunaux admettent l'imprévoyance, voire la négligence du débiteur : seuls seront de mauvaise foi les débiteurs qui ont conscience de créer ou d'aggraver leur endettement, notamment par des dépenses somptuaires ou encore par de fausses déclarations au moment de la souscription d'un nouveau crédit. Il faut préciser que selon une jurisprudence constante, le juge ne peut déclarer irrecevable la demande d'ouverture d'une nouvelle procédure sollicitée par un débiteur dont la mauvaise foi a été sanctionnée précédemment par une décision d'irrecevabilité revêtue de l'autorité de la chose jugée, sans tenir compte des éléments nouveaux invoqués par ce dernier. En d'autres termes, le débiteur qui s'est vu opposer sa mauvaise foi lors d'une demande précédente a toujours la possibilité de faire une nouvelle demande, en apportant la preuve d'un élément nouveau. Mais l'existence de cet élément nouveau est essentielle pour qu'il ne soit pas porté atteinte à l'autorité de la chose jugée de la précédente décision : il appartient au débiteur d'en apporter la preuve (Civ. 2e, 4 déc. 2014 : *cité note 6 ss. art. L. 761-1*). Une situation de chômage du débiteur peut caractériser ledit élément nouveau (Civ. 2e, 18 sept. 2014 : *cité note 24 ss. art. L. 711-1*).

Ensuite, le débiteur doit être de bonne foi, autrement dit sincère dans sa volonté de trouver une issue conforme à l'esprit de la loi, au moment où il saisit la commission de surendettement ou lorsqu'il sollicite du juge une mesure de rétablissement personnel : c'est la *bonne foi procédurale* manifestée lors de l'ouverture de la procédure. Ainsi sera déchue du bénéfice de la procédure de surendettement la personne qui aura sciemment fait de fausses déclarations ou remis des documents inexacts en vue d'obtenir le bénéfice de la procédure de traitement de la situation de surendettement ou toute personne qui, dans le même but, aura détourné ou dissimulé ou tenté de dissimuler ou détourner tout ou partie de ses biens (art. L. 761-1). Une simple négligence ou une omission ne suffit pas à écarter le débiteur du bénéfice de la procédure (Civ. 1re, 11 oct. 1994 : *Bull. civ. I, n° 288* ; Civ. 2e, 20 oct. 2005 : *cité note 26 ss. art. L. 711-1*).

Enfin, il doit demeurer sincère tout au long du déroulement de celle-ci, quelle que soit l'issue envisagée. Ainsi sera déchue du bénéfice de la procédure « toute personne qui, sans l'accord de ses créanciers, de la commission ou du juge, aura aggravé son endettement en souscrivant de nouveaux emprunts ou aura procédé à des actes de disposition de son patrimoine pendant le déroulement de la procédure de traitement de la situation de surendettement ou de rétablissement personnel ou pendant l'exécution du plan » ou des mesures fixées (art. L. 761-1).

La Cour de cassation estime que le juge a le pouvoir de relever d'office la déchéance de la procédure de traitement de la situation de surendettement d'un consommateur en difficulté (Civ. 2e, 12 avr. 2012 : *cité note 1 ss. art. L. 712-3*). Cette solution puise son fondement dans le texte, selon lequel le juge peut soulever d'office toutes les dispositions du code de de la consommation dans les litiges nés de son application. Si cette disposition est censée assurer un rééquilibrage en faveur du consommateur, elle vient ici au soutien des créanciers. Il s'agit en réalité d'assurer la police de la consommation : en relevant d'office la déchéance à partir d'éléments qui lui sont fournis, le juge ne soulève pas d'office la mauvaise foi, mais en tire toutes les conséquences.

IV. ABSENCE D'AUTRE CONDITION

En dehors des conditions posées par le texte, le juge du tribunal d'instance qui statue sur la recevabilité de la demande du débiteur n'a pas à ajouter d'autres conditions correspondant à des raisons morales : négligence du débiteur lors d'une précédente demande (Civ. 2e, 20 oct. 2005 : *préc.*), changement conjugal de la situation des débiteurs postérieurement à la saisine conjointe de la commission de surendettement (Civ. 2e, 20 oct. 2005 : *cité note 3 ss. art. L. 721-1*)... Le droit du surendettement doit pouvoir profiter au plus grand nombre de débiteurs en difficulté, la finalité sociale l'emportant sur toute autre considération. ❑

Art. L. 711-1 Le bénéfice des mesures de traitement des situations de surendettement est ouvert aux personnes physiques de bonne foi.

La situation de surendettement est caractérisée par l'impossibilité manifeste de faire face à l'ensemble de ses dettes non professionnelles exigibles et à échoir. Le seul fait d'être propriétaire de sa résidence principale dont la valeur estimée à la date du dépôt du dossier de surendettement est égale ou supérieure au montant de l'ensemble des dettes non-professionnelles *[non professionnelles]* **exigibles et à échoir ne fait pas obstacle à la caractérisation de la situation de surendettement.**

L'impossibilité de faire face à un engagement de cautionner ou d'acquitter solidairement la dette d'un entrepreneur individuel ou d'une société caractérise également une situation de surendettement. – *[C. consom., art. L. 330-1, al. 1er.]*

BIBL. ▶ Paisant, *RTD com. 2008. 875* (extension de la notion de surendettement par la loi du 4 août 2008). – Morris-Becquet, *RLDC mai 2009. 29* (les interactions positives du droit du surendettement et de la LME). – Hénaff, *RLDA nov. 2013. 37* (brève présentation des retouches apportées au droit du surendettement par la L. du 26 juill. 2013).

Plan des annotations

I. PERSONNES ÉLIGIBLES À LA PROCÉDURE

1. *Exclusion des personnes morales.* Sur l'exclusion des sociétés civiles immobilières, V. • Paris, 9 oct. 1990 : *D. 1990. IR 278*.

2. *Exclusion des personnes relevant d'une autre procédure.* Le débiteur qui a créé son entreprise individuelle inscrite au RCS ne peut prétendre au bénéfice de la procédure de traitement du surendettement, dès lors que les dispositions relatives au règlement des situations de surendettement ne s'appliquent pas lorsque le débiteur relève des procédures de redressement et de liquidation judiciaire des entreprises, nonobstant la nature de dettes impayées. • Civ. 2e, 13 juill. 2005 : *pourvoi n° 04-04.090.* ♦ Une personne physique exerçant une activité professionnelle indépendante, y compris une profession libérale soumise à un statut législatif ou réglementaire ou dont le titre est protégé, relève, à compter du 1er janv. 2006, des procédures collectives de la loi du 26 juill. 2006 de sauvegarde des entreprises aux conditions prévues par cette loi ; il en résulte que cette personne se trouve dès lors exclue des dispositions relatives au traitement des situations de surendettement prévues aux art. L. 330-1 s. [L. 711-1 s.]. • Com. 30 sept. 2008 : *Bull. civ. IV, n° 163 ; D. 2008. Chron. C. cass. 2749, obs. Bélaval ; ibid. AJ 2501, obs. Lienhard ; JCP E 2008, n° 50, p. 12, note Marmoz ; JCP E 2009, n° 1, p. 25, obs. Pétel ; LPA 2 juill. 2009, obs. Raja ; ibid. 13-14 août 2009, note Sortais ; Gaz. Pal. 2009. 669, obs. C. L. ; RD banc. fin. 2008, n° 180, obs. S. Piedelièvre ; RJDA 2009, n° 121 ; Defrénois 2009. 1394, obs. Gibirila.* ♦ C'est au jour où il se prononce que le juge doit se placer pour apprécier cette condition, ce qui signifie que, si la cour d'appel est saisie, après le 1er janv. 2006, sur recours contre des recommandations de la commission de surendettement, elle doit refuser l'application du code de la consommation bien que la cessation de l'activité du professionnel et la saisine de la commission fussent antérieures à cette date. • Com. 17 mai 2011 : *D. 2011. Actu. 1407, obs. Lienhard ; Rev. sociétés 2011. 519, obs. Roussel Galle ; JCP 2011, n° 616 ; CCC 2011, n° 183, obs. G. R. ; LPA 22 août 2011, note Diaka ; RJDA 2012, n° 512 ; RD banc. fin. 2011, n° 147, obs. S. Piedelièvre ; Rev. proc. coll. 2011, n° 124, obs. Gjidara-Decaix ; ibid., n° 212, obs. Lebel ; Bull. Joly Entrep. diff. 2011. 240, note Tagliarino-Vignal.* ♦ Ayant constaté qu'une partie du passif du débiteur, qui était dans l'impossibilité de rembourser ses dettes, était constituée d'une dette professionnelle née au titre d'une activité commerciale antérieurement exercée, le juge de l'exécution en a exactement déduit, peu important la date à laquelle le débiteur avait été radié du registre du commerce et des sociétés, que sa situation relevait des dispositions du code de commerce et non de celles du code de la consommation. • Civ. 2e, 2 juill. 2009 : *Bull. civ. II, n° 184 ; D. 2009. AJ 1965 ; JCP 2009, n° 36, p. 21 ; RD banc. fin. 2009, n° 170, obs. S. Piedelièvre ; RJDA 2009, n° 1103 ; Dr. et proc. 2009. 359, note Norguin ; Rev. proc. coll. 2010, n° 46, obs. Saintourens.* ♦ Mais le débiteur, qui n'exerçait pas la profession d'orthodontiste en son nom propre, mais en qualité d'associé d'une société civile professionnelle, n'a pas une activité professionnelle indépendante au sens de l'art. L. 631-2 C. com. • Civ. 2e, 1er juin 2017, n° 16-17.077 P : *Dalloz actualité, 16 juin 2017, obs. Payan ; D. 2017. Actu. 1188 ; JCP E 2017, n° 1348.* ♦ Les procédures de traitement du surendettement des particuliers ne sont pas au nombre de celles auxquelles s'applique le Règl. (CE) n° 1346/2000 du 29 mai 2000 relatif aux procédures d'insolvabilité. • Civ. 2e, 17 mars 2016, n° 14-26.868 P : *cité note 5 ss. art. L. 741-1.* ♦ V. aussi note 17. ♦ V. également art. L. 711-3.

II. SITUATION DE SURENDETTEMENT

3. *Motivation hypothétique.* La recevabilité de la procédure ne peut être écartée par des motifs hypothétiques, comme le caractère transitoire de la situation de chômage du demandeur, susceptible de retrouver un emploi et un niveau de ressources compatible avec le montant de ses engagements ou encore la possibilité de demander au juge un délai de grâce ; cassation de l'arrêt qui, pour de tels motifs, avait refusé au débiteur le bénéfice du redressement judiciaire civil. • Civ. 1re, 31 mars 1992 : *Bull. civ. I, n° 107 (arrêt n° 3).*

A. PASSIF

4. *Nature des dettes.* La définition de surendettement ne distingue nullement les dettes courantes (loyers, charges de copropriété, factures d'eau, de gaz ou d'électricité, taxes ou impôts) de celles résultant du remboursement des prêts consentis par des établissements de crédit. • Paris, 13 nov. 1990 : *D. 1992. Somm. 105, obs. Bouloc et Chatain.* ♦ Pour apprécier la situation de surendettement, il n'y a pas lieu non plus de distinguer selon que les dettes relèvent ou non de l'application des mesures prévues aux art. L. 331-7 et L. 331-7-1, al. 1er et 3 [L. 733-1 s.]. • Civ. 1re, 10 juill. 2002 : *Bull. civ. I, n° 196 ; D. 2002. AJ 2603, obs. Avena-Robardet ; CCC 2002, n° 180, obs. Raymond ; RJPF 2002-12/31, obs. A. L. ; RTD com. 2002. 732, obs. Paisant.* – Même sens : • Civ. 2e, 15 janv. 2004 : *Bull. civ. II, n° 10 ; JCP 2004. IV. 1448 ; RDC 2004. 665, obs. Bruschi.* – V. déjà • Civ. 1re, 18 févr. 1992 : *cité note 6.* ♦ La procédure peut être ouverte si le débiteur se trouve en situation de surendettement en considération de dettes non professionnelles, sans qu'il y ait lieu de distinguer selon qu'elles feront ou non l'objet d'une mesure de réaménagement ou de rééchelonnement. • Civ. 2e, 22 mars 2006 : *Bull. civ. II, n° 88 ; D. 2006. AJ 1368, obs. Rondey ; RTD com. 2006. 678, obs. Paisant ; JCP 2006. IV. 1912 ; Dr. et patr. juin 2007. 90, obs. Macorig-Venier* (dettes alimentaires).

5. *Arriérés de loyers.* Il y a lieu d'inclure dans la masse des dettes d'un débiteur surendetté les arriérés de loyers. • Paris, 13 nov. 1990 : *préc. note 4.*

6. *Dettes fiscales.* Les dettes non professionnelles à caractère fiscal du surendetté ne peuvent faire l'objet des mesures prévues à l'art. L. 331-7-1° [L. 733-1], mais entrent dans le calcul des dettes en vue de l'établissement du plan conventionnel. • Civ. 1re, 20 oct. 1998 : *CCC 1999, n° 34, obs. Raymond.* ♦ V. déjà, sous l'empire du droit antérieur considérant que le surendettement doit être apprécié au regard de l'ensemble des dettes non professionnelles, sans qu'il y ait lieu de distinguer selon que leur paiement sera, ou ne sera pas, susceptible d'être reporté ou réaménagé par le juge s'il est saisi, ultérieurement, d'une procédure de redressement judiciaire civil (application aux dettes fiscales) : • Civ. 1re, 18 févr. 1992 : *D. 1992. 317, note Paisant ; CCC 1992, n° 123, obs. Raymond* • 12 janv. 1994 : *CCC 1994, n° 89, obs. Raymond.* ♦ La nature exclusivement fiscale des dettes exigibles ne fait pas obstacle à l'ouverture d'une procédure de surendettement. • Civ. 1re, 10 juill. 2002 : *préc. note 4.*

L'impôt sur le revenu est une dette personnelle du redevable. • TGI Grenoble, 3 oct. 2000 : *CCC 2001, n° 149, obs. Raymond.*

7. Emprunts en cours. Pour apprécier le surendettement, le juge doit prendre en considération non seulement les dettes échues et restées impayées, mais encore la charge représentée par les échéances à venir des emprunts en cours. • Civ. 1re, 13 janv. 1993 : *Bull. civ. I, n° 18 ; D. 1993. IR 40 ; RTD com. 1993. 370, obs. Paisant .*

8. Dette unique. La situation de surendettement peut résulter de l'impossibilité manifeste de faire face à une seule dette, dans le cas où celle-ci est particulièrement importante. • Civ. 1re, 10 mars 1993 : *RTD com. 1993. 370, obs. Paisant .*

9. Dette commune aux époux. Le fait qu'une dette soit commune aux époux ou qu'ils en soient tenus solidairement n'est pas de nature à priver l'un des conjoints du bénéfice des procédures de règlement des situations de surendettement. • Civ. 1re, 31 mars 1992 : *CCC 1992, n° 145, obs. Raymond* • 17 mai 1993 : *Bull. civ. I, n° 181.* – V. aussi Paisant, *RTD com. 1994. 783 .* ♦ Mais en vertu des art. 220 et 1751 C. civ., en cas de redressement judiciaire civil d'un des époux et nonobstant le divorce intervenu, les mesures prises n'ont d'effet qu'à l'égard du débiteur surendetté et ne prive pas le créancier du droit de demander le paiement de la totalité de la dette à l'autre époux solidaire. • Paris, 16 oct. 2008 : *CCC 2009, n° 66, obs. Raymond ; Dr. et patr. sept. 2009. 117, et les obs. ; Loyer et copr. 2009, n° 34, obs. B. V.-P.* ♦ Sur les conjoints non commerçants, V. note 3 ss. art. L. 711-3. ♦ Divorce *ultérieur des époux : V.* note 3 ss. art. L. 721-1.

10. Dettes des concubins. La situation de concubinage est prise en considération par l'ensemble des instances légales et sociales, de telle sorte que l'appréciation de la situation de surendettement doit intervenir au regard des deux concubins. • Versailles, 28 nov. 2013 : *CCC 2014, n° 106, obs. Raymond.* ♦ La situation des concubins doit être appréciée dans son ensemble, dès lors que leur endettement est celui de leur famille prise globalement. • Paris, 3 juill. 1991 : *D. 1991. IR 259 ; CCC 1992, n° 41, obs. Raymond.* ♦ Lorsque deux concubins demandent conjointement un redressement judiciaire civil, l'obtention de celui-ci peut être subordonné à la vente amiable d'un immeuble appartenant à l'un d'eux. • Civ. 1re, 17 nov. 1998 : *CCC 1999, n° 48, obs. Raymond.* ♦ Sur l'appréciation de la bonne foi de concubins, V. note 29.

B. ACTIFS

11. Actif immobilier. Selon le 1er al. de l'art. L. 330-1 [L. 711-1, al. 2], dans sa rédaction issue de la L. du 26 juill. 2013 applicable aux procédures de surendettement en cours devant la Cour de cassation, le seul fait d'être propriétaire de sa résidence principale et que la valeur estimée de celle-ci à la date du dépôt du dossier de surendettement soit égale ou supérieure au montant de l'ensemble des dettes non professionnelles exigibles et à échoir ne peut être tenu comme empêchant que la situation de surendettement soit caractérisée. • Civ. 2e, 19 févr. 2015 : *D. 2016. Pan. 621, obs. Aubry ; Gaz. Pal. 2015. 3851, obs. Mouial-Bassilana ; RD banc. fin. 2015, n° 100, obs. Piedelièvre ; Dr. et proc. 2015, Cah. dr. consom., n° 7, p. 35, obs. Valette-Ercole ; Rev. proc. coll. 2015, n° 134, obs. Gjidara-Decaix* • 19 févr. 2015 : *eod. loc.* • 26 janv. 2017, n° 14-28.154 : *RD banc. fin. 2017, n° 84, obs. Piedelièvre.* ♦ V. déjà, estimant que la propriété d'un bien immobilier est tout à fait étrangère à l'absence de trésorerie, seul critère à prendre en considération dans les procédures de surendettement : • Paris, 24 nov. 1999 : *RTD com. 2000. 732, obs. Paisant .*

Jurisprudence antérieure : sur la nécessité de rechercher si, compte tenu de la valeur vénale du bien immobilier du débiteur, fût-il son logement principal, le demandeur à l'ouverture d'une procédure de redressement judiciaire serait toujours surendetté s'il l'aliénait, V. • Civ. 1re, 1er déc. 1998 : *Bull. civ. I, n° 342 ; D. 1999. Somm. 284, obs. Willmann ; D. Affaires 1999. 451, obs. C. R. ; RTD com. 1999. 211, obs. Paisant* • Civ. 2e, 27 mai 2004 : *Bull. civ. II, n° 256* • 12 juin 2008 : *RD banc. fin. 2008, n° 147, obs. S. Piedelièvre* • 9 sept. 2010 : *Dalloz actualité, 30 sept. 2010, obs. Avena-Robardet ; Rev. proc. coll. 2010, n° 200, obs. Gjidara-Decaix* • Civ. 1re, 22 mai 2001 : *Bull. civ. I, n° 148 ; JCP 2002. II. 10065, note Dagorne-Labbe ; RTD com. 2001. 780, obs. Paisant* (prise en compte, par les juges du fond, des dépenses qu'aurait engendrées, pour les débiteurs, la vente de leur logement). ♦ ... Et jugeant que c'était au débiteur sollicitant le bénéfice de la procédure de surendettement de faire la preuve que l'aliénation de son actif immobilier ne suffirait pas à lui permettre de faire face à ses dettes, et non au créancier qui conteste la situation de surendettement. • Civ. 2e, 10 mars 2005 : *Bull. civ. II, n° 67 ; Gaz. Pal. 2006. 2530, note Ledan.*

12. Immeuble d'un concubin. Pour le cas d'un immeuble appartenant à l'un des concubins, dans le cas d'une demande conjointe de redressement judiciaire civil, V. note 10.

13. Immeuble indivis. S'il est constaté que la vente du bien immobilier suffirait à apurer l'ensemble des dettes du débiteur, il importe peu que l'immeuble soit indivis entre ce dernier et ses deux enfants dès lors que, nul ne pouvant être contraint de demeurer dans l'indivision, le partage peut toujours être provoqué. • Civ. 2e, 16 oct. 2003 : *Bull. civ. II, n° 313 ; JCP 2003. IV. 2913 ; RTD com. 2004. 165, obs. Paisant.* ♦ Sur la mauvaise foi du débiteur qui n'a pas réalisé, préalablement à la requête devant la commission, la vente d'un bien figurant à l'actif familial, fût-il en indivision. • Paris, 3 juill. 1991 : *D. 1991. IR 259.*

14. APL. L'aide personnalisée au logement ne peut être prise en compte dans les ressources du débiteur, car celui-ci n'est pas libre d'en disposer pour faire face à ses dettes. • Civ. 1re, 24 févr. 1993 : *RTD com. 1993. 369, obs. Paisant.* ♦ V. aussi note 1 ss. art. L. 731-2.

15. Épargne. Le juge, ayant constaté que les débiteurs possédaient une épargne financière leur permettant de solder des prêts et de diminuer le montant mensuel de leurs échéances puisqu'ils disposaient encore, après déduction des dépenses nécessaires aux besoins de la vie courante et du montant des échéances des crédits, d'un excédent financier de 1 656 euros, en a souverainement déduit qu'ils ne se trouvaient pas dans l'impossibilité manifeste de faire face à l'ensemble de leurs dettes non professionnelles exigibles et à échoir. • Civ. 2e, 17 mars 2016, n° 15-10.965 : *Gaz. Pal. 10 mai 2016, p. 39, obs. Mouial-Bassilana ; Rev. proc. coll. 2016, n° 105, obs. Gjidara-Decaix.*

III. DETTES NON PROFESSIONNELLES

16. Définition des dettes professionnelles. Les dettes professionnelles s'entendent des dettes nées pour les besoins ou au titre d'une activité professionnelle. • Civ. 2e, 8 avr. 2004 : *Bull. civ. II, n° 190 ; D. 2004. AJ 1383, obs. Rondey ; CCC 2004, n° 166, obs. Raymond ; RTD com. 2004. 820, obs. Paisant ; RDC 2004. 953, obs. Bruschi.* ♦ N'est pas une dette professionnelle la dette d'un débiteur, salarié d'une entreprise, résultant de sa condamnation au paiement de marchandises non représentées à son employeur. • Même arrêt.

17. Exclusion des dettes professionnelles. Quand la totalité des dettes du demandeur est liée à son activité artisanale et a donc un caractère professionnel, la demande est irrecevable. • Civ. 1re, 7 mars 1995 : *Bull. civ. I, n° 119.* ♦ Si les dettes professionnelles ne doivent pas être prises en considération pour apprécier la situation de surendettement, leur existence n'exclut pas l'intéressé du bénéfice de la procédure dès lors qu'il ne relève pas de l'une des procédures prévues à l'art. 17 de la loi de 1989 [C. consom., art. L. 711-3]. • Civ. 1re, 31 mars 1992 : *Bull. civ. I, n° 111 ; D. 1992. 317, note Paisant* • 2 déc. 1992 : *D. 1993. IR 22 ; CCC 1993, n° 39, obs. Raymond ; RTD com. 1993. 173, obs. Paisant* • 16 juin 1993 : *Bull. civ. I, n° 221 ; D. 1993. IR 172.* ♦ Le caractère professionnel d'une dette n'est pas exclusif de l'application des mesures de traitement prévues par les art. L. 331-7 et L. 331-7-1 [L. 733-1 s.], dans les limites de l'art. L. 333-3, al. 1er [L. 711-3]. • Civ. 1re, 2 oct. 2002 : *Bull. civ. I, n° 232 ; D. 2002. AJ 3077 ; CCC 2003, n° 16, obs. Raymond.* ♦ En présence de dettes professionnelles et non professionnelles, le juge doit rechercher si ces dernières, à elles seules, ne plaçaient pas le demandeur en situation de surendettement. • Civ. 2e, 6 juin 2013 : *CCC 2013, n° 226, obs. Raymond ; Gaz. Pal. 2013. 2384, obs. Piedelièvre ; Rev. proc. coll. 2014, n° 41, obs. Gjidara-Decaix.* ♦ Une partie de l'endettement du débiteur résultant de son activité, il en résulte l'exclusion des règles du surendettement, peu important qu'il ait cessé son activité professionnelle. • Civ. 2e, 16 oct. 2014 : *Gaz. Pal. 2015. 1703, obs. Lasserre Capdeville ; RD banc. fin. 2015, n° 20, obs. Piedelièvre ; Rev. proc. coll. 2015, n° 133, obs. Gjidara-Decaix.*

18. Coexistence de dettes professionnelles et non professionnelles. En cas de coexistence entre dettes professionnelles et non professionnelles, c'est l'ensemble des dettes non professionnelles qui doit être pris en compte pour déterminer la recevabilité de la demande de bénéfice d'une procédure de surendettement sans qu'il y ait lieu de distinguer selon que leur paiement sera ou non susceptible d'être reporté ou réaménagé. • Com. 9 févr. 1999 : *CCC 1999, n° 66, obs. Raymond.* ♦ En cas de coexistence entre dettes professionnelles et non professionnelles, il n'y a pas lieu à ouverture de la procédure lorsque les dettes non professionnelles ne sont pas de nature, à elles seules, à provoquer le surendettement. • Civ. 1re, 18 févr. 1992 : *D. 1992. 317, note Paisant* • 27 oct. 1992 : *CCC 1993, n° 15, obs. Raymond.* ♦ Le juge ne peut écarter la procédure de surendettement sans vérifier que les dettes non professionnelles ne suffisent pas, à elles seules, à placer le débiteur en situation de surendettement. • Civ. 1re, 7 nov. 2000 : *Bull. civ. I, n° 285 ; JCP 2001. IV. 1010 ; CCC 2001, n° 36, obs. Raymond* • Civ. 2e, 29 janv. 2004 : *Bull. civ. II, n° 36 ; JCP 2004. IV. 1564* • 8 juill. 2004 : *Bull. civ. II, n° 385 ; JCP E 2004. 1401.*

19. Conjoints. BIBL. Lambert-Wiber, *Defrénois 1999. 1153*. – Lambert, *RTD com. 2007. 485* (le sort du conjoint *in bonis* engagé aux côtés de son époux surendetté ou soumis à une procédure collective). ♦ Le fait d'être marié à une commerçante n'est pas, à lui seul, une cause d'exclusion des procédures de règlement des situations de surendettement. • Civ. 1re, 31 mars 1992 : *Bull. civ. I, nº 108 ; JCP 1992. II. 21942, note Paisant ; CCC 1992, nº 123, obs. Raymond.* ♦ V. aussi note 3 ss. art. L. 711-3. ♦ ... Non plus que le fait d'être marié à un artisan. • Civ. 1re, 31 mars 1992 : *CCC 1992, nº 145, obs. Raymond.* • Civ 1re, 22 janv. 2002 : *Bull. civ. I, nº 25.* ♦ La dette contractée par le mari pour les besoins de l'activité professionnelle de son épouse ne revêt pas un caractère professionnel à l'égard de l'époux. • Civ. 1re, 10 avr. 1996 : *CCC 1996, nº 191, obs. Raymond.* ♦ Les qualités de coemprunteur et de conjoint collaborateur ne peuvent, à elles seules, conférer un caractère professionnel pour le conjoint de l'exploitant d'un fonds de commerce aux dettes contractées pour l'acquisition de ce fonds. • Civ. 2e, 27 mai 2004 : *Bull. civ. II, nº 255 ; RTD com. 2004. 620, obs. Paisant*. ♦ V. aussi, pour des dettes d'un conjoint de dirigeant de société, associé dans cette société : • Civ. 2e, 14 déc. 2006 : *RTD com. 2007. 243, obs. Paisant ; Rev. proc. coll. 2007. 207, obs. Gjidara-Decais.*

20. Cautions (jurispr. antérieure). Les dettes professionnelles sont celles nées pour le besoin ou à l'occasion de l'activité professionnelle du débiteur. • Civ. 1re, 31 mars 1992 : *Bull. civ. I, nº 107 (arrêt nº 1) ; D. 1992. Somm. 406, obs. Forti ; CCC 1992, nº 123, obs. Raymond* • 13 mars 2001 : *Bull. civ. I, nº 74 ; D. 2001. AJ 1243, obs. Rondey ; CCC 2001, nº 150, obs. Raymond ; RTD com. 2001. 781, obs. Paisant*. ♦ Le caractère professionnel de la dette de la caution ne peut donc se déduire de la nature de l'obligation principale garantie, mais doit se fonder sur les conditions personnelles dans lesquelles la caution s'est engagée. • Civ. 1re, 31 mars 1992 : *préc.* ♦ Le caractère professionnel de la dette résultant d'un engagement de caution s'apprécie au jour où cet engagement a été contracté. • Civ. 1re, 13 mars 2001 : *préc.* ♦ Il convient de caractériser en quoi la dette contractée en qualité de caution personnelle et solidaire d'une société par des époux constituait une dette professionnelle pour chacun d'eux et d'examiner s'ils ne se trouvaient pas en situation de surendettement au regard de leurs seules dettes personnelles. • Civ. 2e, 25 févr. 2010 : *RTD com. 2010. 436, obs. Paisant ; RLDC mai 2010. 36, obs. Ansault.*

Revêt un caractère professionnel la dette d'un président-directeur général qui s'est porté caution de la société qu'il dirige. • Civ. 1re, 31 mars 1992 : *Bull. civ. I, nº 107 (arrêt nº 2) ; D. 1992. Somm. 406, obs. Fortis ; CCC 1992, nº 123, obs. Raymond* • 27 oct. 1992 : *CCC 1993, nº 15, obs. Raymond.* ♦ ... Mais non la dette de l'épouse qui s'est portée caution de la société dans laquelle son époux est associé, dès lors que l'épouse n'est ni associée, ni salariée de la société. • Civ. 1re, 27 oct. 1992 : *préc.* • Paris, 24 nov. 1992 : *D. 1993. IR 56*. ♦ Comp. jugeant que les dettes résultant du cautionnement souscrit solidairement par l'épouse d'un dirigeant de SA au soutien d'engagement de la société revêtent un caractère professionnel : • TGI Lyon, 10 juin 1997 : *D. 1999. Somm. 211, obs. Chatain et Ferrière*. ♦ Dès lors qu'il est constaté que la débitrice n'était plus, au moment de l'engagement de caution, dirigeante de droit ou de fait des sociétés cautionnées, l'art. L. 330-1 doit s'appliquer. • Civ. 2e, 19 nov. 2009 : *D. 2010. Pan. 794, obs. Aubry ; RTD com. 2010. 436, obs. Paisant ; RJ com. 2010. 284, obs. Macorig-Venier.*

21. Cautions (L. du 4 août 2008). Jugeant d'application immédiate l'extension, par la L. nº 2008-776 du 4 août 2008, du domaine du surendettement à la caution dirigeante de la société cautionnée : • Civ. 2e, 2 déc. 2010 : *LPA 29 juin 2011, note Brena ; Bull. Joly 2011. 505, note Brena.* ♦ Est en situation de surendettement la personne physique qui ne peut pas faire face à l'engagement qu'elle a donné de cautionner la dette d'une société, peu important que cette personne ait été ou non dirigeante de la société cautionnée. • Civ. 2e, 27 sept. 2012 : *CCC 2012, nº 291, obs. Raymond ; BRDA 2012, nº 20, p. 8 ; Rev. proc. coll. 2013, nº 102, obs. Gjidara-Decaix ; RLDA déc. 2012. 29, obs. Mauriès.* – V. aussi : • Riom, 10 oct. 2012 : *CCC 2013, nº 70, obs. Raymond* • Civ. 2e, 5 janv. 2017, nº 15-27.909 : *Gaz. Pal. 21 févr. 2017, p. 28, obs. Albiges.*

IV. BONNE FOI DU DÉBITEUR

BIBL. Bourin, *Dr. et proc. 2007. 184* (argumentaire en faveur d'un revirement de jurisprudence). – Handebourg, *Rev. proc. coll. 1997, p. 1* (bonne foi et surendettement des ménages). – Picod, *Mélanges Tricot, Dalloz/Litec, 2011, p. 121* (bonne foi et droit de la consommation) ; *RD banc. fin. 2011. Dossier 28* (influence de la bonne foi sur le droit de la consommation).

22. Présomption. La bonne foi se présume. • Civ. 1re, 4 avr. 1991 : *D. 1991. 307, note Bouloc ; JCP 1991. II. 21702, concl. Flipo, note Picod* • 8 juill. 1994 : *CCC 1994, nº 240, obs. Raymond.* ♦ En conséquence, le juge ne peut recevoir d'office la fin de non-recevoir résultant de l'absence de bonne foi. • Civ. 1re, 13 juin 1995 : *Bull. civ. I, nº 262 ; D. 1996. Somm. 79, obs. Chatain et Ferrière ; CCC 1995, nº 193, obs. Raymond ; RTD com. 1995. 653, obs. Paisant* • 30 sept. 1997 : *RJDA 1997, nº 1556.* – Dans le même sens : • Cass., avis, 16 déc. 1994 : *Bull. civ., nº 25 ; D. 1995. IR 31*. ♦ La bonne foi du débiteur étant présumée, il appartient au créancier de détruire cette présomption. • Paris, 13 nov. 1996 : *CCC 1997, n° 39, obs. Raymond.*

23. Appréciation souveraine. L'absence de bonne foi est appréciée souverainement par les juges du fond. • Civ. 1re, 4 avr. 1991 : *préc. note 22* • 22 oct. 1991 : *CCC 1992, n° 19, obs. Raymond* • 26 mars 1996 : *CCC 1996, n° 193, obs. Raymond* • 10 févr. 2005 : *CCC 2005, n° 121, obs. Raymond.* ♦ L'appréciation de l'absence de la bonne foi du débiteur ne peut conduire à une recevabilité partielle de sa demande. • Civ. 2e, 15 oct. 2015, n° 14-22.395 P : *cité note 29.* ♦ Ayant relevé que la demande de l'intéressé incluait une nouvelle dette qu'il n'avait pas déclarée lors d'un précédent plan, alors qu'il avait conscience qu'il en était redevable et qu'il ne pourrait pas assumer ses obligations financières, c'est dans l'exercice de son pouvoir souverain d'appréciation que le juge du tribunal d'instance, appréciant la bonne foi du débiteur au vu de l'ensemble des éléments qui lui étaient soumis au jour où il statuait, a retenu que la nouvelle demande du débiteur devait être déclarée irrecevable. • Civ. 2e, 11 mai 2017, n° 16-15.481 P : *Dalloz actualité, 23 mai 2017, obs. Payan; D. 2017. Actu. 1045 ; JCP 2017, n° 612.*

24. Date d'appréciation de la bonne foi. Le juge doit se déterminer, pour apprécier la bonne foi au vu de l'ensemble des éléments qui lui sont soumis, au jour où il statue. • Civ. 2e, 13 mai 2015, n° 14-13.117 : *CCC 2015, n° 216, obs. Raymond; Gaz. Pal. 2015. 1776, obs. Piedelièvre; ibid. 3849, obs. Mouial-Bassilana; Rev. proc. coll. 2015, n° 132, obs. Gjidara-Decaix.* ♦ C'est au vu de l'ensemble des éléments qui lui sont soumis et au jour où il statue que le juge apprécie souverainement l'absence de bonne foi; il ne saurait se placer seulement au moment où le débiteur saisit les instances prévues par la loi. • Civ. 1re, 31 mars 1992 : *préc. note 19* • 12 juill. 2012 : *CCC 2012, n° 270, obs. Raymond.* ♦ En ce sens que le juge doit prendre en considération au jour où il statue les éléments nouveaux caractérisant la bonne foi du débiteur et survenus après la décision de première instance, V. • Civ. 1re, 10 déc. 1996 : *Bull. civ. I, n° 447; RTD com. 1997. 141, obs. Paisant* • Civ. 2e, 30 avr. 2009 : *CCC 2009, n° 237, obs. Raymond.* ♦... Ou les éléments nouveaux invoqués par le débiteur présentant une nouvelle demande après une précédente décision d'irrecevabilité prise en sanction de sa mauvaise foi. • Civ. 1re, 5 janv. 2000 : *Bull. civ. I, n° 2; JCP 2000. IV. 1277; RTD com. 2000. 193, obs. Paisant* • Civ. 2e, 6 mai 2004 : *Bull. civ. II, n° 223; CCC 2004, n° 148, obs. Raymond* • 18 sept. 2014 : *RD banc. fin. 2014, n° 207, obs. Piedelièvre.* ♦ La bonne foi doit être appréciée à la date des faits qui sont à l'origine du surendettement. • Versailles, 22 nov. 1990 : *D. 1991. IR 69 .* ♦ ... Pendant le processus de formation de la situation de surendettement. • Paris, 11 avr. 1991 : *D. 1991. IR 208 .* ♦ Pour un jugement ayant pris en compte le fait que le débiteur avait fait preuve d'une volonté sincère et efficace afin de redresser sa situation financière de telle manière que les éléments de mauvaise foi qui lui étaient reprochés quatre ans plus tôt ne sauraient plus lui être objectés : • TGI Nanterre, JEX, 27 juin 1996 : *D. 1997. Somm. 201, obs. crit. Chatain et Ferrière .* ♦ La bonne foi des débiteurs peut être contestée à tout moment de la procédure, y compris après l'ouverture d'une procédure de rétablissement personnel si des faits caractérisant la mauvaise foi ont été révélés ou commis après le jugement d'ouverture. • Angers, 23 mai 2006 : *CCC 2007, n° 111, obs. Raymond.*

25. Éléments d'appréciation. Pour apprécier la bonne foi, il faut considérer notamment les déclarations effectuées par les emprunteurs sur leur situation professionnelle, leurs ressources, leurs actifs, les emprunts déjà contractés et l'état des règlements effectués, les autres crédits sollicités par ailleurs. Il importe de tenir compte également de la conscience que pouvait avoir le débiteur d'un dépassement manifeste de ses capacités de règlement. • Versailles, 22 nov. 1990 : *préc. note 24.* ♦ Viole l'art. L. 331-2 [L. 731-1 s.] le juge qui retient que la nature des dettes de l'intéressé (condamnation pour abus de confiance dans l'exercice de son ancienne activité d'agent d'assurance) empêche de lui reconnaître la qualité de débiteur de bonne foi, se fondant ainsi seulement sur une circonstance inopérante affectant des dettes professionnelles. • Civ. 2e, 8 juill. 2004 : *Bull. civ. II, n° 385; JCP E 2004. 1401.* ♦ L'attitude du débiteur, qui a dissipé de l'argent qui lui avait été remis et qui était destiné à son employeur, étant relative à une dette professionnelle sans rapport direct avec la situation de surendettement, est impropre à caractériser la mauvaise foi. • Civ. 1re, 8 déc. 2011 : *CCC 2012, n° 81, obs. Raymond.* ♦ Sont des motifs impropres à caractériser la mauvaise foi des emprunteurs, le fait qu'ils ont souscrit en une année un grand nombre de crédits et qu'ils sont dans l'incapacité d'expliquer les causes de ce surendettement massif et soudain. • Civ. 2e, 15 janv. 2009 : *Bull. civ. II, n° 20; D. 2009. Chron. C. cass. 2075, obs. Sommer ; ibid.* AJ 370 ; RTD com. 2009. 466, obs. Paisant ; *JCP 2009. IV. 1249; LPA 31 mars 2009, note Dagorne-Labbe; RD banc. fin. 2009, n° 66, obs. S. Piedelièvre; BRDA 2009, n° 3, p. 10; Dr. et patr. sept. 2009. 116, et les obs.; Dr. et proc. 2009. 167, obs. Norguin; Rev. proc. coll. 2009, n° 65, obs. Gjidara-Decaix.* ♦ Appréciant la bonne foi selon trois règles, selon lesquelles le débiteur est présumé de bonne foi, le juge se détermine d'après les circonstances particulières de la cause et en fonction de la situation personnelle du débiteur, les faits constitutifs de la mauvaise foi devant être en rapport avec la situation de surendettement, V. • Poitiers, 19 avr. 2013 : *CCC 2014, n° 52, obs. crit. Raymond.* ♦ Jugeant que l'imprévoyance, la négligence voire l'incompétence du débiteur dans le cadre de la gestion budgétaire ne suffisent pas pour retenir la mauvaise foi : • Nancy, 1er juin 2015, n° 14/02664 : *Gaz. Pal. 2015. 3847, obs. Lasserre Capdeville; Loyers et copr. 2015, n° 183, obs. Vial-Pedroletti.* ♦ La nature de l'endettement – les deux tiers des dettes ayant été sanctionnées par des jugements, notamment en correctionnel –, l'absence de travail, alors même qu'il n'est pas justifié d'une recherche active d'emploi, et le fait d'élever seul un enfant sont des motifs impropres à caractériser la mauvaise foi. • Civ. 2e, 10 avr. 2014 : *D. 2015. Pan. 593, obs. Aubry ; CCC 2014, n° 174, obs. Raymond; Rev. proc. coll. 2014, n° 109, obs. Gjidara-Decaix; Journ. sociétés nov. 2014. 52, obs. de Matos.*

26. *Élément intentionnel.* Il faut rechercher chez le débiteur l'élément intentionnel ressortissant à la connaissance qu'il ne pouvait manquer d'avoir du processus de surendettement et à sa volonté non de l'arrêter mais au contraire de l'aggraver, sachant pertinemment qu'à l'évidence, il ne pourrait faire face à ses engagements. La recherche de cet élément intentionnel doit être globale; dès lors, le fait qu'à l'occasion d'un contrat déterminé, le débiteur ait dissimulé sa véritable situation ne suffit pas à révéler sa mauvaise foi. • Paris, 11 avr. 1991 : *D. 1991. IR 208* • 26 nov. 1992 : *D. 1993. IR 55* . ♦ Dans le même sens, déduisant la mauvaise foi de la qualification professionnelle : • TI Poitiers, 6 juin 2005 : *CCC 2005, n° 180, obs. Raymond* (débiteur agent d'assurances, et, comme tel, très averti des mécanismes du crédit). ♦ Est de bonne foi celui qui, sans l'avoir recherché de manière consciente et réfléchie, se trouve dans l'incapacité, malgré des efforts faits pour y parvenir, de régler toutes ses dettes. • Civ. 1re, 14 mai 1992 : *RTD com. 1992. 864, obs. Paisant* . ♦ La bonne foi du débiteur ne peut être limitée à des cas exceptionnels pas plus que la mauvaise foi assimilée à la légèreté blâmable. • Paris, 20 mars 1991 : *D. 1991. IR 128* . ♦ L'accumulation de crédits pour l'achat de biens de consommation ne suffit pas à elle seule à caractériser la mauvaise foi du débiteur. • Paris, 7 juill. 1992 : *JCP E 1993. Pan. 88.*

Statue par un motif inopérant, tiré de la négligence du débiteur, le JEX qui rejette le recours contre une décision d'irrecevabilité d'une deuxième demande de traitement de situation de surendettement motivée par la négligence du débiteur qui a omis de déclarer une créance lors de la première procédure. • Civ. 2e, 20 oct. 2005 : *Bull. civ. II, n° 270; D. 2005. AJ 2940, obs. Avena-Robardet (1re esp.) ; D. 2006. 870, note Hénaff ; RTD com. 2006. 488, obs. Paisant ; CCC 2006, n° 17, obs. Raymond; Dr. et proc. 2006. 111, obs. Bazin.*

27. *Poursuites pénales.* Le fait que le débiteur ait fait l'objet de poursuites pénales ne suffit pas à établir sa mauvaise foi. • TGI Marseille, 16 nov. 1998 : *D. 1999. Somm. 206, obs. Chatain et Ferrière* . ♦ Mais pour un arrêt jugeant que l'incendie volontaire commis par un demandeur à l'origine de sa condamnation à des dommages et intérêts, et par voie de conséquence de son état de surendettement, caractérise sa mauvaise foi, V. • Colmar, 29 août 1995 : *RTD com. 1997. 140, obs. Paisant* .

28. *Fraude fiscale.* Est de mauvaise foi le débiteur surendetté qui, s'étant abstenu de déclarer ses revenus pendant plusieurs années consécutives, a été condamné pour fraude fiscale et reste redevable à ce titre de sommes constituant une grande partie de son endettement, dès lors que cette faute est en rapport direct avec sa situation de surendettement. • Civ. 1re, 7 mai 2002 : *Bull. civ. I, n° 126; RTD com. 2002. 551, obs. Paisant* . ♦ Comp. jugeant que le seul fait que l'endettement est, pour partie, constitué d'amendes dues au Trésor public et de dommages-intérêts dus en exécution d'un jugement de condamnation pénale est insuffisant à caractériser la mauvaise foi du débiteur : • Civ. 2e, 22 mars 2012 : *CCC 2012, n° 191, obs. Raymond.*

29. *Pluralité de débiteurs.* Le juge doit se prononcer sur la bonne foi de chaque demandeur à la procédure de surendettement; viole l'art. L. 331-2 [L. 731-1 s.] le juge qui déclare irrecevable la demande formulée par deux époux en ne se prononçant que sur la bonne foi de l'époux. • Civ. 1re, 14 mars 2000 : *Bull. civ. I, n° 95; JCP 2000. IV. 1782; RTD com. 2000. 469, obs. Paisant* . ♦ En ce sens que, lorsque deux concubins sollicitent le bénéfice d'une procédure de redressement judiciaire [traitement de situation de surendettement], la bonne ou mauvaise foi de chacun doit être appréciée distinctement, V. • Civ. 1re, 27 févr. 1997 : *CCC 1997, n° 89, obs. Raymond.* ♦ Jugeant que deux concubins qui déposent séparément des demandes de bénéfice de la procédure de surendettement ne sont pas nécessairement de mauvaise foi, V. • TI Poitiers, 10 janv. 2007 : *CCC 2007, n° 84, obs. Raymond; Rev. proc. coll. 2007. 208, obs. Gjidara-Decaix.* ♦ Pour déclarer recevable la demande de deux époux de traitement de leur situation de surendettement à l'exclusion de la dette fiscale, le jugement retient que celle-ci ayant pour origine un trafic de stupéfiants, la mauvaise foi est établie par la nature même des faits à l'origine de la dette; en se déterminant ainsi, sans analyser la situation de chacun des époux individuellement, le juge a privé sa décision de base légale au regard de l'art. L. 330-1 [L. 711-1]. • Civ. 2e, 15 oct. 2015, n° 14-22.395 P : *D. 2015. Actu. 2124, obs. Avena-Robardet ; JCP E 2015, n° 1553; Gaz. Pal. 2015. 3850, obs. Mouial-Bassilana; RD banc. fin. 2016, n° 32, obs. Piede-*

lièvre ; Rev. proc. coll. 2016, n° 104, obs. Gjidara-Decaix.

30. Illustration de la bonne foi. Sont de bonne foi les époux qui, dans l'incapacité d'honorer certaines dettes se sont endettés encore plus lourdement pour rembourser les plus criantes, même s'ils sont coupables de légèreté, de manque de courage, voire d'indélicatesse pour certaines dépenses importantes et superflues, dès lors qu'ils n'ont pas exploité le crédit offert par les organismes sans contrôle suffisant, et que sans spéculer sur une protection légale qu'ils ne pouvaient prévoir, ils ont été entraînés dans une évolution qu'ils ne pouvaient plus maîtriser. • Versailles, 28 juin 1990 : *D. 1990. 578, note Vallens ; ibid. 1991. Somm. 53, obs. Bouloc et Chatain*. ♦ Est insuffisant à caractériser la mauvaise foi le fait que le débiteur a contracté des dettes après avoir été licencié en raison d'indélicatesses graves et répétées, ladite faute étant sans rapport avec la situation de surendettement. • Civ. 1re, 31 mars 1992 : *Bull. civ. I, n° 106 ; D. 1992. IR 151*. ♦ La mauvaise foi d'une débitrice surendettée ne peut se déduire de son refus de la proposition de placement sous tutelle ou curatelle, cette mesure étant conditionnée à l'impossibilité de pourvoir seul à ses intérêts et à l'altération des facultés, ce qui est sans rapport avec une situation de surendettement. • Paris, 12 mai 2009 : *Dr. fam. 2009, n° 149, obs. I. M.*

31. Illustration de la mauvaise foi. L'attitude du débiteur qui a tenté de faire échec à la procédure initiée contre lui par son créancier en réclamant le bénéfice d'une procédure de surendettement aux fins de faire échec au recouvrement caractérise sa mauvaise foi. • Agen, 31 mai 2005 : *BICC 15 févr. 2006, n° 332.* ♦ Sont de mauvaise foi, les concubins qui ont consacré à leur locomotion un budget extravagant compte tenu de leurs possibilités, qui ont délibérément masqué leur cessation de paiement et prolongé artificiellement leur situation en contractant de nouveaux emprunts, en parfaite connaissance de leur impuissance à faire face à ces nouvelles obligations ; le niveau intellectuel du concubin, les revenus réguliers dont lui et son amie, qui n'ont connu ni maladie ni chômage, ont toujours pu disposer, interdisent de retenir leur bonne foi. • Versailles, 29 nov. 1990 : *D. 1991. 253, note Vallens*. ♦ ... Les débiteurs qui, après une première résiliation de leur bail pour non-paiement des loyers, ont menti sur leur niveau de ressources pour obtenir un nouveau bail et ont cessé de payer leur loyer quatre mois avant d'être au chômage. • Civ. 2e, 11 janv. 2006 : *Bull. civ. II, n° 9 ; JCP 2006. IV. 1234 ; Dr. et proc. 2006. 174, obs. Bazin.* ♦ Si l'impérieuse nécessité de se loger doit conduire à écarter la mauvaise foi du locataire laissant sa dette de loyer s'accroître faute de pouvoir se reloger, il n'en va pas de même dans la situation présente, où la débitrice a pu louer un nouveau logement tout en laissant, en violation d'une décision de justice ordonnant son expulsion, sa dette de loyer s'accroître. Ce constat d'accroissement délibéré de la dette de loyer sans nécessité de conserver un toit caractérise suffisamment en lui-même la mauvaise foi de la débitrice en lien avec la situation de surendettement invoquée. • Caen, 24 avr. 2014 : *CCC 2014, n° 236, obs. G. R.*

Est de mauvaise foi le débiteur qui contracte des emprunts excessifs de manière irréfléchie par rapport à un salaire qui ne lui permet pas de faire face à ses engagements, notamment en faisant de nouvelles acquisitions immobilières alors que les crédits précédents ne sont pas soldés, situation qui ne peut lui échapper dans la mesure où travaillant lui-même dans un organisme de crédit, il est chargé de proposer des crédits à des clients en s'assurant de leur capacité de remboursement. • Pau, 17 déc. 1990 : *D. 1991. 270, note Groslière*. ♦ ... Le débiteur, qui loin d'être victime d'une « spirale d'endettement » à laquelle il n'aurait pas pu résister, multiplie les emprunts auprès de prêteurs volontairement sélectionnés pour leur ignorance de sa situation, et continue à s'endetter en même temps qu'il demande des délais à ses premiers créanciers. • Versailles, 20 déc. 1990 : *D. 1991. 197, note Aubert*. ♦ V. conf., pour des débiteurs qui, loin de réduire leurs dépenses, les augmentent : • TGI Paris, JEX, 20 janv. 2005 : *CCC 2005, n° 121, obs. Raymond.*

Est de mauvaise foi le débiteur dont la volonté évidente est de parvenir, au moyen d'un surendettement bien supérieur à ses ressources, à jouir d'un train de vie qu'il ne pouvait normalement atteindre. • Paris, 20 mars 1991 : *D. 1991. IR 128*. ♦ ... Celui qui, après la perte de son capital en bourse, a continué à vivre de façon dispendieuse, a revendu la voiture achetée à crédit sans rembourser le prêteur et a accumulé les découverts. • Angers, 12 avr. 2005 : *JCP 2005. IV. 3161.* ♦ ... Celui qui n'a pas réalisé, préalablement à la requête devant la commission, la vente d'un bien figurant à l'actif familial, fût-il en indivision. • Paris, 3 juill. 1991 : *D. 1991. IR 259*. ♦ ... Celui qui aggrave son endettement en procédant à une cession d'immeuble et une dation en paiement. • Paris, 22 nov. 2011 : *CCC 2012, n° 110, obs. Raymond.* ♦ ... Celui qui, à l'issue de l'audience ayant précédé le premier plan de désendettement ainsi que les jours suivants, retire de l'argent pour jouer au casino. • Civ. 2e, 15 mai 2014 : *D. 2015. Pan. 593, obs. Aubry ; CCC 2014, n° 203, obs. Raymond ; Gaz. Pal. 2015. 1704, obs. Lasserre Capdeville ; RD banc. fin. 2014, n° 206, obs. Piedelièvre ; Rev. proc. coll. 2014, n° 109, obs. Gjidara-Decaix ; Journ. sociétés nov. 2014. 52, obs. deMatos.* ♦ Ayant relevé, d'une part, que la débitrice n'avait pas recherché un emploi et n'avait produit aucun justificatif de son inscription à Pôle emploi alors que ces démarches figuraient parmi les conditions de la mise en place des moratoires dont elle avait bénéficié et, d'autre part, qu'elle avait expliqué avoir été expulsée de son logement avec ses enfants par son conjoint et avait dû se reloger, ce qui lui avait occasionné des frais alors que l'adresse qu'elle donnait aujourd'hui était la même que celle qu'elle avait fournie lors de son premier dépôt, le juge du tribunal d'instance a souverainement apprécié l'absence de bonne foi de la débitrice. • Civ. 2e, 7 janv. 2016, n° 15-10.633 : *JCP E 2016, n° 1066 ; CCC 2016, n° 80, obs. Bernheim-Desvaux ; Gaz. Pal. 10 mai 2016, p. 37, obs. Mouial-Bassilana ; RD banc. fin. 2016, n° 4, obs. Piedelièvre ; Rev. proc. coll. 2016, n° 104, obs. Gjidara-Decaix.* ♦ Jugeant que le débiteur, qui s'abstient délibérément de tout mettre en œuvre pour travailler avec une rémunération plus conséquente correspondant à ses véritables capacités professionnelles, ne cherche pas à améliorer sa situation financière, contribuant ainsi à augmenter son insolvabilité : • Douai, 21 janv. 2016, n° 15/03423 : *Gaz. Pal. 13 déc. 2016, p. 32, obs. Piedelièvre.*

Art. L. 711-2 Les dispositions du présent livre s'appliquent également aux débiteurs de nationalité française en situation de surendettement domiciliés hors de France et qui ont contracté des dettes non professionnelles auprès de créanciers établis en France. — *[C. consom., art. L. 333-3-1, al. 1er.]*

Sur la compétence territoriale de la commission de surendettement, V. art. R. 712-13. — Sur la compétence territoriale du juge, V. art. R. 713-1.

BIBL. ▶ JOBARD-BACHELLIER, *Rev. crit. DIP 2002. 491* (procédures de surendettement et de faillite internationales ouvertes dans la Communauté européenne). – RAYMOND, *CCC 2005. Étude 21* (ressortissants étrangers et surendettement français). – KESSLER, *RD banc. fin. 2012. Dossier 26* (surendettement en DIP). – LEGRAND, *D. 2015. 276* (le nouveau règlement européen relatif aux procédures d'insolvabilité transfrontières et les procédures de surendettement).

1. *Loi étrangère.* La circonstance que la dette résulterait d'un contrat de crédit soumis à une loi étrangère ne saurait faire obstacle à l'application de la loi du 8 févr. 1995 modifiée [C. consom., art. L. 711-1 s.], dont les effets sont du même ordre que ceux d'une procédure collective en cas d'insolvabilité et qui s'imposent indifféremment aux créanciers nationaux et aux créanciers étrangers. • Civ. 1re, 10 juill. 2001 : *Bull. civ. I, n° 210 ; D. 2001. AJ 2412, obs. Rondey ; Gaz. Pal. 2002. 987 ; ibid. Doctr. 1167, étude Jobard-Bachellier ; CCC 2001, n° 167, obs. Raymond ; RTD com. 2001. 985, obs. Paisant ; LPA 30 avr. 2002, note Cayrol* • 20 déc. 2001 : *Gaz. Pal. eod. loc.*

2. *Créancier étranger.* L'art. L. 333-3-1 [L. 711-2], concernant les seuls nationaux domiciliés hors de France, ne permet pas d'exclure de la procédure de surendettement le créancier étranger d'un débiteur domicilié en France. • Civ. 1re, 2 oct. 2002 : *CCC 2003, n° 34, obs. Raymond ; Rev. crit. DIP 2003.113, note Jude* • 30 janv. 2002, n° 01-04.080.

3. *Surendetté étranger.* Le fait que des demandeurs de nationalité étrangère soient propriétaires d'un bien immobilier dans un département français n'emporte pas la compétence de la commission de surendettement, dès lors qu'ils demeurent à l'étranger, alors même qu'ils auraient contracté des dettes auprès de créanciers français. • Civ. 1re, 23 févr. 1999 : *Bull. civ. I, n° 68 ; D. 1999. Somm. 208, obs. Chatain et Ferrière ; D. Affaires 1999. 664.*

SECTION II EXCLUSIONS

Art. L. 711-3 Les dispositions du présent livre ne s'appliquent pas lorsque le débiteur relève des procédures instituées par le livre VI du code de commerce.

Ces mêmes dispositions ne font pas obstacle à l'application de l'article L. 670-1 du même code. — *[C. consom., art. L. 333-3.]*

BIBL. ▶ Régime de la faillite civile en droit local : STORCK, *Dr. et patr. 1998, p. 620* (la faillite civile en Alsace-Moselle). – VALLENS, *JCP 1989. I. 3387* (la faillite civile, une institution de droit local d'Alsace et de Moselle). – RAYMOND, *CCC 2008, n° 192* (faillite civile d'Alsace-Moselle : conditions de mise en œuvre). – SANDER, *AJ fam. 2011. 36* (faillite civile d'Alsace-Moselle).

▶ Procédure collective et surendettement : Colloque Nanterre 2 févr. 2002, *Gaz. Pal. 2003. Doctr. 279* (traitement distinct des particuliers surendettés et des entreprises en difficulté ?). – LEDAN, *CCC 2006. Chron. 8 et 15* (analyse comparative de la procédure de surendettement et celle de sauvegarde des entreprises). – LAMBERT, *RTD com. 2007. 485* (le sort du conjoint in *bonis* engagé aux côtés de son époux surendetté ou soumis à une procédure collective). – CAGNOLI et SALHI, *Rev. proc. coll. 2009. Étude 17* (répartition des procédures de surendettement et des procédures collectives d'entreprises). – SDECC, *BICC 1er févr. 2010, p. 59 spéc. p. 65* (l'extension des procédures collectives aux « autres personnes physiques exerçant une activité professionnelle indépendante »). – Régnaut-Moutier et Vallansan, *Rev. proc. coll. 2011. Dossier* (le périmètre d'application des procédures collectives : la répartition entre la procédure commerciale et la procédure consumériste). – Reygrobellet, *ibid. 2012. Dossier 20* (caractère collectif de la procédure et traitements du surendettement des particuliers). – Mariani-Riela, *RD banc. fin. 2012. Dossier 19* (les frontières des procédures de surendettement des particuliers). – Borga, *Bull. Joly Entrep. diff. 2012. 316* (livre VI du code de commerce et surendettement des particuliers : concurrence ou complémentarité ?). – Legrand, *LPA 3 oct. 2016* (quel sort réserver au gérant de SARL surendetté ?).

COMMENTAIRE

Le surendettement doit concerner des dettes non professionnelles, c'est-à-dire découlant d'une activité non rattachée à l'exercice d'une profession indépendante. Ainsi, pour les commerçants, les artisans, les agriculteurs et les professions libérales pour lesquels ont été instituées des procédures spécifiques (relevant du livre VI du code de commerce), le droit du surendettement ne s'applique pas (art. L. 711-3). L'exclusion des débiteurs relevant d'un autre régime s'applique à l'ensemble des dettes, sans qu'il y ait lieu de distinguer suivant leur nature professionnelle ou non (Civ. 1re, 22 janv. 2002 : *cité note 2 ss. art. L. 711-3*). Toutes les dettes non professionnelles sont prises en compte dans l'évaluation de surendettement, même celles qui ne peuvent pas faire l'objet de mesures d'aménagement (Civ. 2e, 22 mars 2006 : *cité note 4 ss. art. L. 711-1*). Mais l'existence de dettes professionnelles ne suffit pas à exclure le débiteur du bénéfice de la procédure, dès lors que la situation de surendettement se trouve caractérisée (Civ. 1re, 16 juin 1993 : *cité note 17 ss. art. L. 711-1* ; Civ. 1re, 7 nov. 2000 : *cité note 18 ss. art. L. 711-1*).

L'articulation avec le droit local d'Alsace-Moselle est brièvement envisagée par le second alinéa de l'article L. 711-3 du code, renvoyant à l'article L. 670-1 du code de commerce. ❑

1. Date d'appréciation. C'est au jour où il statue que le juge doit apprécier si le débiteur relève de l'une des procédures visées à l'art. L. 333-3 [L. 711-3]. • Civ. 1re, 30 mai 1995 : *Bull. civ. I, n° 230 ; D. 1995. IR 156* (pour un débiteur radié depuis plus d'un an, au jour de la décision, du registre du commerce et du répertoire des métiers).

2. Conditions d'application. Les dispositions relatives au règlement des situations de surendettement ne s'appliquent pas lorsque le débiteur relève des procédures de redressement et de liquidation judiciaires des entreprises, sans qu'il y ait lieu de distinguer selon la nature des dettes impayées. • Civ. 1re, 19 nov. 1991 : *Bull. civ. I, n° 322 ; D. 1992. IR 3 ; CCC 1992, n° 21, obs. Raymond* • 22 janv. 2002 : *Bull. civ. I, n° 25 ; D. 2002. Somm. 2443, obs. Revel ; CCC 2002, n° 103, obs. Raymond ; RTD com. 2002. 552, obs. Paisant*. ♦ ... Ou selon que les conditions d'ouverture de l'une des procédures énumérées à l'art. L. 333-3 sont ou non remplies. • Civ. 1re, 26 mars 1996 : *CCC 1996, n° 87, obs. Raymond.* ♦ Ayant relevé que la débitrice avait exercé une activité commerciale et que l'inventaire de son passif comportait des dettes provenant de cette activité, le juge de l'exécution en a exactement déduit qu'elle relevait des procédures de redressement et de liquidation judiciaires des entreprises, de sorte qu'elle n'était pas recevable à demander le traitement de sa situation de surendettement, peu important qu'elle soit par ailleurs dans l'impossibilité de faire face à ses dettes non professionnelles. • Civ. 2e, 22 oct. 2009 : *Dalloz jurisprudence.* ♦ Dès lors que le débiteur ne relève pas de l'une des procédures prévues à l'art. L. 333-3 [L. 711-3], il peut bénéficier d'une procédure de règlement amiable ou de redressement judiciaire, nonobstant l'existence de dettes professionnelles, et celles-ci doivent être prises en compte lors de l'élaboration du plan. • Civ. 1re, 31 mars 1992 : *Bull. civ. I, n° 111 ; D. 1992. 317, note Paisant*. ♦ Dès lors qu'il est relevé que le débiteur avait, pour exercer son activité, souscrit un contrat de travail dont le caractère fictif n'était pas établi, la commission de surendettement ne pouvait déclarer irrecevable sa demande tendant au traitement de sa situation financière au motif que son activité était constitutive d'une profession libérale relevant des procédures collectives. • Civ. 2e, 10 avr. 2014 : *Bull. civ. II, n° 101 ; Dalloz actualité, 28 avr. 2014, obs. Avena-Robardet ; JCP E 2014, n° 1270 ; RD banc. fin. 2014, n° 144, obs. Piedelièvre ; RLDA juin 2014. 46, obs. Mathonnière ;* Rev. proc. coll. *2014, n° 110, obs. Gjidara-Decaix ; Dr. et proc. 2014. 176.* ♦ L'exclusion du bénéfice des dispositions relatives au traitement du surendettement des particuliers prévue par l'art. L. 333-3 [L. 711-3], al. 1er, s'applique à l'ensemble des dettes du débiteur, sans qu'il y ait lieu de distinguer suivant leur nature personnelle ou professionnelle. Ayant relevé que le débiteur était immatriculé au registre des agents commerciaux, le juge du tribunal d'instance en a exactement déduit que, relevant des procédures collectives du livre VI du code de commerce, il était exclu du dispositif de traitement du surendettement des particuliers prévu au code de la consommation. • Civ. 2e, 23 juin 2016, n° 15-16.637 P : *Dalloz actualité, 6 juill. 2016, obs. Avena-Robardet; D. 2016. Actu. 1428 ; JCP E 2016, n° 1429; BRDA 2016, n° 18, p. 7; RD banc. fin. 2016, n° 173, obs. Piedelièvre; Bull. Joly Entrep. diff. 2016. 402, obs. Vincent.* ♦ Il résulte, d'une part, de l'art. L. 333-3 [L. 711-3] C. consom. que le dispositif de traitement des situations de surendettement prévu par ce même code n'est pas applicable lorsque le débiteur relève des procédures instituées par le livre VI du code de commerce et d'autre part, de l'art. L. 631-2 C. com. que la procédure de redressement judiciaire est applicable notamment à toute personne physique exerçant une activité professionnelle indépendante y compris une profession libérale soumise à un statut législatif ou réglementaire ou dont le titre est protégé, sans qu'il y ait lieu de distinguer suivant la nature de l'endettement invoqué. • Civ. 2e, 18 févr. 2016, n° 14-29.223 : *Rev. proc. coll. 2016, n° 132, obs. Saintourens.* ♦ V. aussi note 2 ss. art. L. 711-1 et note 1 ss. art. L. 711-4.

3. Conjoint non commerçant. L'époux non commerçant est recevable à demander le bénéfice de la procédure de redressement judiciaire civil, alors même que la dette est commune ou que les époux en sont tenus solidairement. • Paris, 10 sept. 1997 : *CCC 1998, n° 83, obs. Raymond.* ♦ Cassation de l'arrêt qui déclare une telle demande irrecevable de la part d'une épouse non commerçante au motif que les dettes d'impôt sur le revenu ne peuvent provenir que de l'activité commerciale du mari, alors que l'épouse est solidairement tenue de la dette fiscale. • Civ. 1re, 10 juill. 2002 : *Bull. civ. I, n° 196; D. 2002. AJ 2603, obs. Avena-Robardet ; CCC 2002, n° 180, obs. Raymond; RJPF 2002-12/31, obs. A. L.; RTD com. 2002. 732, obs. Paisant .* ♦ Mais, ayant constaté que les dettes de l'épouse ont été incorporées dans le plan de continuation de la procédure de redressement judiciaire de son époux, le JEX en déduit exactement que l'épouse ne remplit pas les conditions pour bénéficier de la procédure de traitement de la situation de surendettement. • Civ. 1re, 11 oct. 2000 : *Bull. civ. I, n° 242; JCP 2000. IV. 2743.* ♦ Ne peut prétendre au bénéfice de la procédure de surendettement des particuliers le débiteur dont le passif est inclus dans la procédure collective de son conjoint; dès lors, ayant relevé que les dettes de l'épouse avaient été incorporées dans la procédure collective dont faisait l'objet son mari, le juge de l'exécution, qui n'avait pas à rechercher si *ses dettes présentaient un caractère professionnel*, a, par ce seul motif, légalement justifié sa décision. • Civ. 2e, 6 janv. 2011 : *Bull. civ. II, n° 6; D. 2011. Actu. 158, obs. Lienhard ; JCP 2011, n° 106; CCC 2011, n° 106, obs. Raymond; RD banc. fin. 2011, n° 64, obs. Piedelièvre; Dr. et proc. 2011. 78, note Norguin; RLDA mars 2011. 46, obs. Lecourt; Rev. proc. coll. 2011, n° 77, obs. Dumont-Lefrand; ibid., n° 124, obs. Gjidara-Decaix; Bull. Joly Entrep. diff. 2011. 215, note Becqué-Ickowicz.* ♦ Le juge doit caractériser en quoi les dettes de l'épouse présentaient un caractère professionnel à son égard, et rechercher si elles avaient été incorporées à la procédure collective ouverte à l'égard de son conjoint, entrepreneur défaillant. • Civ. 2e, 27 sept. 2012 : *CCC 2012, n° 291, obs. Raymond; Rev. proc. coll. 2013, n° 103, obs. Gjidara-Decaix; Bull. Joly Entrep. diff. 2012. 358, note Legrand.* ♦ Sur l'office du juge en la matière, V. aussi • Civ. 1re, 22 janv. 2002 : *préc. note 2.* ♦ V. également note 19 ss. art. L. 711-1.

4. Conjoint collaborateur. Un juge ne peut pas valablement déclarer irrecevable la demande d'ouverture d'une procédure de surendettement formée par un époux au motif que celui-ci est inscrit au RCS en qualité de conjoint collaborateur, sans rechercher si cet époux est lui-même commerçant ou artisan. • Civ. 2e, 14 sept. 2006 : *RTD com. 2006. 919, obs. Paisant ; JCP E 2007, n° 1, p. 20, obs. Cabrillac; BRDA 2006, n° 19, p. 9; Dr. et patr. juin 2007. 89, obs. Macorig-Venier.* ♦ Sur le statut de conjoint collaborateur, V. C. com., art. L. 121-4, L. 121-6 et L. 121-7. – C. com.

5. Gérant. Le gérant d'une SARL ne relève des dispositions de la loi du 25 janv. 1985 que dans les cas prévus par les art. 181 s. de cette loi [C. com., anc. art. L. 624-4 s.]; dès lors, ne donne pas de base légale à sa décision le tribunal qui, pour déclarer irrecevable la demande d'ouverture d'une procédure de règlement amiable formée par ce gérant, retient que la société est en cours de liquidation judiciaire, sans constater que le tribunal de commerce a ouvert une procédure de redressement judiciaire à l'égard du gérant ou prononcé la faillite personnelle de celui-ci. • Civ. 1re, 23 mars 1994 : *D. 1994. IR 105 ; JCP E 1994. II. 634, note Lecène-Marénaud; RTD com. 1994. 359, obs. Paisant* • Civ. 2e, 8 juill. 2004 : *Bull. civ. II, n° 386; D. 2004. 2991, note Hénaff ; ibid. AJ 2153, et les obs.* ♦ Dans le même sens, pour un dirigeant de société anonyme : • Civ. 1re, 7 nov. 2000 : *Bull. civ. I, n° 285; JCP 2001. IV. 1010; CCC 2001, n° 36, obs. Raymond.* ♦ Les associés gérants d'une société en nom collectif qui ont de droit la qualité de commerçants sont réputés exercer une activité commerciale au sens des art. L. 631-2 et L. 640-2 C. com. qui disposent, dans leur rédaction issue de l'Ord. n° 2008-1345 du 18 déc. 2008, que les procédures de redressement et liquidation judiciaires sont applicables à « toutes personnes exerçant une activité commerciale ou artisanale »; il s'ensuit qu'en application de l'art. L. 333-1 [L. 711-4] C. consom., ils sont exclus du bénéfice des dispositions relatives au surendettement des particuliers. • Civ. 2e, 5 déc. 2013 : *Bull. civ. II, n° 231; D. 2014. Chron. C. cass. 579,* *obs. Vasseur; ibid. 2013. Actu. 2911, obs. Lienhard ; JCP 2013, n° 1379; CCC 2014, n° 83, obs. Raymond; RJDA 2014, n° 358; RLDA févr. 2014. 16, note Guyader.*

La seule qualité d'associé unique et de gérant d'une entreprise unipersonnelle à responsabilité limitée ne suffit pas à faire relever la personne concernée du régime des procédures collectives et à l'exclure du champ d'application des dispositions du code de la consommation relatives au surendettement des particuliers. • Civ. 2e, 13 oct. 2016, n° 15-24.301 P : *D. 2016. 2602, note Borga ; JCP E 2016, n° 1650, note Cerati-Gauthier; Gaz. Pal. 13 déc. 2016, p. 31, obs. Piedelièvre; ibid. 10 janv. 2017, p. 59, obs. Reille; Dr. sociétés 2016, n° 206, obs. Roussille.* ♦ La seule qualité de gérante d'une société ne suffit pas à faire relever la personne concernée du régime des procédures collectives et à l'exclure du champ d'application des dispositions du code de la consommation relatives au surendettement des particuliers. • Civ. 2e, 21 janv. 2010 : *Bull. civ. II, n° 20; D. 2010. AJ 321, obs. Lienhard ; RTD com. 2010. 437, obs. Paisant ; JCP 2010, n° 401, obs. Pétel; JCP E 2010, n° 1357, note Lebel; CCC 2010, n° 142, obs. Raymond; Gaz. Pal. 2010. 1669, obs. Mathieu; Defrénois 2010. 1472, obs. Gibirila; RJ com. 2010. 305, obs. Sortais; RD banc. fin. 2010, n° 147, obs. S. Piedelièvre; RJDA 2010, n° 404; Dr. et proc. 2010. 156, note Bazin; Dr. sociétés 2010, n° 77, obs. J.-P. L.; Rev. proc. coll. 2010, n° 38, obs. Gjidara-Decaix; ibid., n° 149, obs. Saintourens; Bull. Joly 2010. 567, note Rubellin.* – V. aussi • Com. 26 mai 2010 : *Rev. sociétés 2010. 406, obs. Roussel Galle ; Rev. proc. coll. 2010, n° 199, obs. Gjidara-Decaix* • Civ. 1re, 7 juill. 2011 : *CCC 2012, n° 109, obs. Raymond.* ♦ Peut bénéficier de la procédure de surendettement le gérant qui n'a pas fait l'objet d'une extension de la procédure de liquidation judiciaire de la société mais d'une action en comblement de passif, qui n'exclut pas en soi le bénéfice des mesures de traitement du surendettement. • Civ. 2e, 12 avr. 2012 : *Bull. civ. II, n° 77; D. 2012. Actu. 1120, obs. Avena-Robardet ; ibid. 2013. Pan. 950, obs. Aubry ; Rev. sociétés 2012. 395, obs. Roussel Galle ; JCP E 2012, n° 1338, note Cerati-Gauthier; CCC 2012, n° 220, obs. Raymond; Gaz. Pal. 2012. 2252, obs. Reille; RD banc. fin. 2012, n° 129, obs. Piedelièvre; Rev. proc. coll. 2012, n° 119, obs. Gjidara-Decaix; Bull. Joly Entrep. diff. 2012. 208, obs. Favario.*

6. Anciens commerçants et artisans. Sur l'articulation entre procédures collectives et procédure de surendettement de particuliers, s'agissant de commerçants, artisans ou agriculteurs ayant cessé leurs activités, V. Rép. min. n° 12609 : *JOAN Q, 24 août 1998, p. 4721; D. Affaires 1998. 1488.* ♦ Mais celui qui donne son fonds en location gérance et qui demeure inscrit au RCS est présumé avoir la qualité de commerçant, rendant irrecevable toute demande de traitement de sa situation de surendettement. • Com. 17 févr. 2015 : *Dalloz actualité, 2 mars 2015, obs. Avena-Robardet; D. 2015. Actu. 487 ; RTD com. 2015. 227, obs. Saintourens ; JCP E 2015, n° 1326, note Brignon; RJDA 2015, n° 491; Gaz. Pal. 2015. 1702, obs. Lasserre Capdeville; RLDA avr. 2015. 37, obs. Mathonnière; RD banc. fin. 2015, n° 99, obs. Piedelièvre; Rev. proc. coll. 2015, n° 133, obs. Gjidara-Decaix.*

7. Alsace-Moselle. Sur l'articulation entre la procédure collective « civile » dans les départements d'Alsace et de Moselle et la procédure de traitement des situations de surendettement, V. • TGI Strasbourg, 8 mars 1999 : *JCP 1999. II. 10141, note Sander; RTD com. 1999. 763, obs. Paisant* • Colmar, 21 sept. 1999 : *RTD com. 2000. 192, obs. Paisant* • Colmar, 19 oct. 1999 : *eod. loc.* • Metz, 30 juin 2009 : *CCC 2009, n° 281, obs. Raymond; RD banc. fin. 2010, n° 24, obs. S. Piedelièvre.*

8. Auto-entrepreneur. Une personne ayant bénéficié d'un plan de redressement au titre de la procédure de surendettement des particuliers peut créer par la suite une activité professionnelle indépendante, notamment dans le cadre du dispositif de l'auto-entrepreneur. Cependant, il ne faut pas que cette activité ait pour conséquence de compromettre les remboursements prévus par son plan de redressement. Une fois son activité créée sous le régime de l'auto-entrepreneur, ce dernier devient alors un entrepreneur individuel soumis aux mêmes règles que tous les autres professionnels exerçant la même activité. A ce titre, en tant qu'entrepreneur individuel, il relève des procédures prévues par le livre VI du code de commerce, dont le champ d'application s'étend à toute personne exerçant une activité commerciale, artisanale, agricole ou indépendante; conformément aux dispositions de l'art. L. 333-3 [L. 711-3] C. consom., il ne pourra alors plus bénéficier de la procédure de surendettement des particuliers (Rép. min. n° 10318 : *JO Sénat Q 25 mars 2010, p. 757; JCP E 2010, n° 1358*; Rép. min. n° 62294 : *JOAN Q 6 avr. 2010; D. 2010. Actu. 1018*). ♦ Tenu de réexaminer la situation des débiteurs au jour où il statue, le juge du tribunal d'instance, qui a constaté que le débiteur exerçait une activité professionnelle sous le statut d'auto-entrepreneur, a exactement retenu qu'il ne relevait pas de la procédure de traitement des situations de surendettement des particuliers. • Civ. 2e, 18 févr. 2016, n° 15-10.876 : *Gaz. Pal. 10 mai 2016, p. 36, obs. Lasserre Capdeville; Rev. proc. coll. 2016, n° 103, obs. Gjidara-Decaix.* ♦ Pour dire que le débiteur ne pouvait pas bénéficier d'une procédure de traitement des situations de surendettement des particuliers, le jugement retient que celui-ci, auto-entrepreneur jusqu'au 31 déc. 2014, relevait à la date du jugement des procédures instituées par le livre VI du code de commerce; en statuant ainsi, sans rechercher si tout ou partie du passif provenait de son activité d'auto-entrepreneur, le juge d'instance a privé sa décision de base légale. • Civ. 2e, 1er déc. 2016, n° 15-25.485 : *Rev. proc. coll. 2017, n° 13, obs. Saintourens.*

Sur l'obligation pour le juge d'apprécier la situation du demandeur contestant la décision d'irrecevabilité de sa demande de traitement amiable alors même que son conjoint serait toujours inscrit comme auto-entrepreneur, V. • Civ. 2e, 26 sept. 2013 : *Bull. civ. II, n° 184 ; D. 2013. Actu. 2271, obs. Avena-Robardet ; AJ fam. 2013. 644, obs. Avena-Robardet ; JCP E 2013, n° 1571 ; CCC 2014, n° 29, obs. G. R. ; LPA 15 nov. 2013, note Legrand ; RD banc. fin. 2013, n° 202, obs. Piedelièvre ; Rev. proc. coll. 2014, n° 42, obs. Gjidara-Decaix.*

Art. L. 711-4 Sauf accord du créancier, sont exclues de toute remise, de tout rééchelonnement ou effacement :

1° Les dettes alimentaires ;

2° Les réparations pécuniaires allouées aux victimes dans le cadre d'une condamnation pénale ;

3° Les dettes ayant pour origine des manœuvres frauduleuses commises au préjudice des organismes de protection sociale énumérés à l'article L. 114-12 du code de la sécurité sociale ;

(Abrogé par L. n° 2017-203 du 21 févr. 2017, art. 14) « 4° Les amendes prononcées dans le cadre d'une condamnation pénale. »

L'origine frauduleuse de la dette est établie soit par une décision de justice, soit par une sanction prononcée par un organisme de sécurité sociale dans les conditions prévues aux articles L. 114-17 et L. 114-17-1 du code de la sécurité sociale.

(L. n° 2017-203 du 21 févr. 2017, art. 14) **« Les amendes prononcées dans le cadre d'une condamnation pénale sont exclues de toute remise et de tout rééchelonnement ou effacement. »** — *[C. consom., art. L. 333-1.]*

BIBL. ▶ SÉVELY-FOURNIÉ, *D. 2015. 1283* (la créance du Fonds de garantie doit-elle céder devant l'impératif de redressement du débiteur surendetté ?). – BARET, *Dr. et patr. mars 2017. 30* (droit du surendettement et subrogation d'une créance alimentaire).

1. Dettes professionnelles. Les dettes professionnelles (dettes de cotisations sociales, en l'espèce) ne sont pas comprises dans la liste exhaustive des dettes exclues par l'art. L. 333-1 [L. 711-4] de tout rééchelonnement ou effacement ; elles peuvent donc faire l'objet d'un rééchelonnement proposé au JEX par des recommandations de la commission. • Paris, 26 oct. 2005, n° 05/00040 : *CCC 2006, n° 39, obs. Raymond.* – Déjà en ce sens, sous l'empire de l'ancienne législation : • Civ. 1re, 31 mars 1992 : *Bull. civ. I, n° 111 ; D. 1992. 317, note Paisant.* ♦ Le caractère professionnel d'une dette n'est pas exclusif de l'application des mesures de traitement prévues par les art. L. 331-7 et L. 331-7-1 [L. 733-1 s.] C. consom. • Civ. 2e, 21 déc. 2006 : *Bull. civ. II, n° 373 ; D. 2007. AJ 370, obs. Rondey ; JCP 2007. II. 10036, note Marmoz ; CCC 2007, n° 83, obs. Raymond ; RD banc. fin. 2007, n° 120, obs. S. Piedelièvre ; Dr. et patr. juin 2007. 92, obs. Macorig-Venier ; Procédures 2007, n° 93, obs. H. C.*

2. Dettes alimentaires. **BIBL.** Le Labourier-Fleury Le Gros, *Dr. fam. 2009. Étude 22* (notion de créance alimentaire dans les procédures de surendettement des particuliers). ♦ La Cour est d'avis que, *au sens de l'art. L. 333-1 [L. 711-4], ne constituent pas des* dettes alimentaires du débiteur surendetté les dettes à l'égard d'une collectivité publique pour des créances portant sur des frais de restauration scolaire, d'accueil périscolaire ou de centre de loisirs. • Cass., avis, 8 oct. 2007 : *Bull. civ. n° 9 ; BICC 1er févr. 2008, p. 8, rapp. Leroy-Gissinger, obs. Magliano ; D. 2007. AJ 2669, obs. Rondey ; RTD com. 2008. 193, obs. Paisant ; AJDA 2007. 2167 ; JCP 2007. II. 10203, note Dagorne-Labbe ; CCC 2007, n° 313, obs. Raymond ; Dr. et patr. juill.-août 2008. 114, obs. Macorig-Venier ; Dr. et proc. 2008. 45, obs. Bazin ; BRDA 2008, n° 5, p. 11* • Civ. 2e, 3 juill. 2008 : *Bull. civ. II, n° 165 ; D. 2008. AJ 2070 ; RTD com. 2008. 635, obs. Paisant ; AJDA 2008. 2296 ; JCP 2008. IV. 2419 ; BRDA 2008, n° 17, p. 9 ; Dr. et proc. 2009. 46, note Bazin ; RDC 2008. 1235, obs. Fenouillet.* – Dans le même sens : • Orléans, 16 oct. 2006, n° 06/00399 : *JCP 2007. IV. 2123 ; CCC 2007, n° 81, obs. Raymond* • Rouen, 20 sept. 2007 : *CCC 2008, n° 121, obs. Raymond ; Rev. proc. coll. 2008, n° 147, obs. Gjidara-Decaix* • Chambéry, 4 déc. 2007, n° 07/01443 : *CCC 2008, n° 146, obs. Raymond.* – V. aussi Rép. min. n° 5214, *Dr. et proc. 2008. 355.* ♦ Les dettes à l'égard d'une maison de retraite ne constituent pas des dettes alimentaires. • Civ. 2e, 19 mars 2009 : *Bull. civ. II, n° 79 ; D. 2009. AJ 945, obs. Tchotourian ; AJDA 2009. 1215 ; JCP 2009. IV. 1694 ; CCC 2009, n° 212, obs. Raymond ; RD banc. fin. 2009, n° 103, obs. S. Piedelièvre ; BRDA 2009, n° 7, p. 11 ;* Dr. et patr. sept. 2009. 124, et les obs. ; *RDC 2009. 1086, obs. Fenouillet ; Dr. et proc. 2009. 231, note Norguin.* ♦ *Contra*, jugeant que les dettes de cantine scolaire ont le caractère de dettes alimentaires et de ce fait ne peuvent être rééchelonnées par le JEX. • Poitiers, 3 janv. 2006, n° 05/00559 : *CCC 2006,* *n° 242, obs. Raymond* • Rennes, 23 oct. 2007, n° 07/02374 : *CCC 2008, n° 146, obs. Raymond.* ♦ Un JEX retient exactement que les dettes à l'égard d'un établissement hospitalier correspondant à des frais d'hospitalisation d'un enfant du débiteur, ne constituent pas des dettes alimentaires au sens de l'art. L. 333-1 [L. 711-4]. • Civ. 2e, 23 oct. 2008 : *Bull. civ. II, n° 225 ; D. 2008. AJ 2864 ; JCP 2008. IV. 2832 ; CCC 2009, n° 37, obs. G. R. ; LPA 2 juill. 2009, obs. Raja ; BRDA 2008, n° 22, p. 11.* – *Contra*, jugeant que les dettes de santé sont des dettes alimentaires qui ne peuvent donc faire l'objet d'un effacement : • Limoges, 17 janv. 2007, n° 06/1252 : *CCC 2007, n° 164, obs. Raymond ; Rev. proc. coll. 2008, n° 147, obs. Gjidara-Decaix.*

La créance d'allocation de soutien familial versée, à titre d'avance sur créance alimentaire impayée, par la caisse d'allocations familiales, subrogée dans les droits du créancier d'aliments en application de l'art. L. 581-2, al. 3, CSS, constitue pour le débiteur surendetté une dette alimentaire, au sens de l'art. L. 711-4, 1°, C. consom., de sorte qu'elle est exclue de l'effacement des dettes dans la procédure de rétablissement personnel du débiteur d'aliments. • Cass., avis, 5 sept. 2016, n° 16-70.007 P : *D. 2016. Actu. 1813 ; AJ fam. 2016. 492, obs. Avena-Robardet ; JCP E 2016, n° 1511 ; Gaz. Pal. 13 déc. 2016, p. 33, obs. Piedelièvre ; Dr. et patr. mars 2017. 30, note Baret.* ♦ La créance de la caisse d'allocations familiales, laquelle en application de l'art. L. 581-3, al. 1er et 2, CSS, reçoit mandat du créancier d'aliments pour recouvrer le surplus de la pension alimentaire dont le non-paiement a donné lieu au versement de l'allocation de soutien familial, constitue pour le débiteur surendetté une dette alimentaire, au sens de l'art. L. 711-4,1°, C. consom. • Même avis.

3. *Condamnation pénale.* Viole l'art. L. 333-1 [L. 711-4] le juge de l'exécution qui, pour débouter le créancier d'une personne bénéficiaire d'un rétablissement personnel demandant l'exclusion de sa créance de la procédure, retient que la créance a été fixée par une décision civile à titre de dommages-intérêts, alors que le jugement était motivé, quant à la culpabilité du débiteur, par l'autorité de la chose jugée attachée au jugement correctionnel antérieur, de sorte que les dommages-intérêts accordés au créancier constituaient une réparation pécuniaire allouée à une victime dans le cadre d'une condamnation pénale. • Civ. 2e, 24 janv. 2008 : *Bull. civ. II, n° 23 ; D. 2008. 825, note Ferrière ; ibid. AJ 477, obs. Rondey ; RTD com. 2008. 429, obs. Paisant ; JCP 2008. IV. 1348 ; CCC 2008, n° 145, obs. Raymond ; LPA 25 sept. 2008, obs. Cadoret et Raja ; RD banc. fin. 2008, n° 52, obs. S. Piedelièvre ; Procédures 2008, n° 150, obs. H. C. ; Rev. proc. coll. 2008, n° 147, obs. Gjidara-Decaix.* ♦ L'organisme social qui intervient volontairement dans une procédure pénale pour obtenir le remboursement de ses prestations n'est pas la victime à qui est allouée une réparation pécuniaire, de telle sorte qu'elle ne peut se prévaloir des dispositions de l'art. L. 333-1 [L. 711-4]. • Civ. 2e, 23 sept. 2010 : *Bull. civ. II, n° 161 ; D. 2010. Actu. 2286 ; JCP 2010, n° 997 ; CCC 2010, n° 287, obs. Raymond ; LPA 10 nov. 2010, note Moubsit ; BRDA 2010, n° 20, p. 11 ; RD banc. fin. 2011, n° 28, obs. S. Piedelièvre ; Rev. proc. coll. 2010, n° 202, obs. Gjidara-Decaix ; RCA 2010, n° 314, obs. Groutel.* ♦ La subrogation ne conférant pas à l'assureur la qualité de victime, la société d'assurance ne peut se prévaloir de l'art. L. 333-1 [L. 711-4] pour échapper au rééchelonnement ou effacement de sa créance de dommages-intérêts alloués à l'assuré dans le cadre d'une condamnation pénale prononcée à l'encontre du surendetté. • Civ. 2e, 31 mars 2011 : *Bull. civ. II, n° 80 ; D. 2011. Actu. 1133, obs. Avena-Robardet ; JCP E 2011, n° 1373 ; RD banc. fin. 2011, n° 110, obs. Piedelièvre ; Banque et Droit juill.-août 2011. 12, obs. Malherbe ; Rev. proc. coll. 2011, n° 127, obs. Gjidara-Decaix.* – V. aussi • Metz, 30 juill. 2013 : *CCC 2014, n° 21, obs. Raymond.* ♦ En revanche, la créance du fonds de garantie-SARVI, subrogé dans les droits des victimes, conserve sa nature, à savoir une créance résultant d'une infraction pénale, et constitue bien, au sens de l'art. L. 333-1-2° [L. 711-4-4°], une réparation pécuniaire allouée aux victimes dans le cadre d'une condamnation pénale, exclue du champ de la procédure de surendettement et plus particulièrement du rétablissement personnel. • Bordeaux, 22 janv. 2015 : *CCC 2015, n° 79, obs. Raymond ; Gaz. Pal. 2015. 1712, obs. Lasserre Capdeville ; Rev. proc. coll. 2015, n° 140, obs. Gjidara-Decaix.* ♦ En application de l'art. 706-11 C. pr. pén., le Fonds de garantie des victimes des actes de terrorisme et autres infractions (FGTI) peut se prévaloir de l'exclusion prévue à l'art. L. 333-1-2° [L. 711-4-4°], C. consom. • Cass., avis, 6 juill. 2015, n° 15-70.002 P : *D. 2015. Actu. 1534, obs. Avena-Robardet ; CCC 2015, n° 247, obs. Raymond ; Gaz. Pal. 2015. 3241, obs. Piedelièvre ; ibid. 3856, obs. Lasserre Capdeville ; Rev. proc. coll. 2016, n° 107, obs. Gjidara-Decaix.* – V. aussi • Civ. 2e, 12 mai 2016, n° 15-13.742 P : *Dalloz actualité, 25 mai 2016, obs. Avena-Robardet ; D. 2016. Chron. C. cass. 1888, obs. Adida-Canac, Vasseur et de Leiris ; CCC 2016, n° 179, obs. Bernheim-Desvaux ; Gaz. Pal. 13 sept. 2016, p. 28, obs. Piedelièvre ; Rev. proc. coll. 2016, n° 107, obs. Gjidara-Decaix.* ♦ Pour les amendes pénales, V. note 23 ss. art. L. 331-7.

4. *Dettes frauduleuses.* Sont exclues de tout effacement les dettes ayant pour origine des manœuvres frauduleuses au préjudice des organismes chargés de la gestion d'un régime obligatoire de sécurité sociale (c'est-à-dire de retraite, de maladie ou d'allocations familiales), des caisses de congés payés et de Pôle Emploi, à condition que l'origine frauduleuse de la dette ait été préalablement établie soit par une décision de justice, soit par une sanction prononcée par le directeur de l'une de ces caisses dans les conditions prévues aux art. L. 114-17 et L. 162-1-14 CSS. • Douai, 28 févr. 2013 : *CCC 2013, nº 149, obs. Raymond.*

Art. L. 711-5 **Les dettes issues de prêts sur gage souscrits auprès des caisses de crédit municipal en application de l'article L. 514-1 du code monétaire et financier ne peuvent être effacées par application des mesures prévues au 2º de l'article L. 733-7 et aux articles** *(L. nº 2016-1547 du 18 nov. 2016, art. 58, en vigueur le 1er janv. 2018)* **« L. 741-2, L. 741-6 et L. 741-7** *[ancienne rédaction : L. 741-3, L. 741-7, L. 741-8]* **», L. 742-20 et L. 742-22.** – *V. art. L. 741-1 s., et la note de rédaction.*

La réalisation des gages par les caisses de crédit municipal ne peut être empêchée ou différée au-delà de la date déterminée dans le contrat de prêt. – *[C. consom., art. L. 333-1-2.]*

COMMENTAIRE

Les prêts sur gage souscrits auprès des caisses de crédit municipal font partie du passif du débiteur tout en se voyant traités différemment.

Issu de la réforme de 2010, l'actuel article L. 711-5 prévoit, en effet, que les dettes issues de prêts sur gage souscrits auprès des caisses de crédit municipal ne peuvent faire l'objet d'effacement, total ou partiel, même dans le cadre d'un rétablissement personnel. Le texte prévoit aussi que la réalisation des gages par les caisses de crédit municipal ne peut être empêchée ou différée au-delà du terme prévu par le contrat de prêt.

SECTION III ORDRE DE RÈGLEMENT DES CRÉANCES

Art. L. 711-6 **Dans les procédures ouvertes en application du présent livre, les créances des bailleurs sont réglées prioritairement aux créances des établissements de crédit et des sociétés de financement et aux crédits mentionnés au chapitre II du titre Ier du livre III.** – *[C. consom., art. L. 333-1-1.]*

COMMENTAIRE

L'article 125 de la loi de cohésion sociale du 18 janvier 2005 prévoit, dans un dessein social évident, que, dans le cadre du traitement des situations de surendettement, les créances des bailleurs sont réglées par priorité aux créances des établissements de crédit (art. L. 711-6). Le remboursement des dettes locatives est ici consacré comme une priorité par rapport à celui des dettes bancaires.

Créancier bailleur. L'art. L. 333-1-1 [L. 711-6] ne fait pas obstacle à ce que le JEX, lorsqu'il détermine souverainement pour chacune des dettes quelles sont les mesures prévues par l'art. L. 331-7 [L. 733-1 s.] qui sont propres à assurer le redressement de la situation du débiteur, prévoie le remboursement de la créance du bailleur prioritairement à celles des créanciers autres que les établissements de crédit et les prêteurs visés aux art. L. 311-1 s. [L. 312-1 s.] C. consom. • Civ. 2e, 8 mars 2007 : *Bull. civ. II, nº 62 ; D. 2007. 1012, obs. Rondey ; RTD com. 2007. 614, obs. Paisant ; JCP 2007. IV. 1765 ; CCC 2007, nº 140, obs. Raymond ; RD banc. fin. 2007, nº 162, obs. S. Piedelièvre ; BRDA 2007, nº 7, p. 13 ; Dr. et patr. juill.-août 2008. 115, obs. Macorig-Venier ; Dr. et proc. 2007. 292, obs. Bazin ; Procédures 2007, nº 260, obs. H. C.* ♦ Si l'art. L. 333-1-1 [L. 711-6] confère une priorité aux créances des bailleurs en matière de mesures imposées ou recommandées, il ne constitue nullement un obstacle à l'effacement de la dette du bailleur social, lorsque la situation irrémédiablement compromise du débiteur le rend éligible à la procédure de rétablissement personnel. • Paris, 15 janv. 2013 : *CCC 2013, nº 148, obs. Raymond* • 11 mars 2014 : *CCC 2014, nº 205, obs. Raymond.*

SECTION IV DISPOSITIONS RELATIVES À L'ENTREPRENEUR INDIVIDUEL *À RESPONSABILITÉ LIMITÉE*

BIBL. GÉN. ▶ LEGRAND, *D. 2010. 2385* (l'EIRL pourra-t-il prétendre à une procédure de surendettement ?). – LEGRAND, *D. 2011. 99* (le surendettement de l'EIRL). – DOUAOUI-CHAMSEDDINE, *JCP E 2011, nº 1116 ; RD banc. fin. 2011. Étude 4* (adaptation du droit du surendettement à l'EIRL). – LEGRAND, *LPA 29 mars 2011* (l'EIRL en surendettement : la nécessaire redéfinition des dettes non professionnelles). – DOUAOUI-CHAMSEDDINE, *RLDA juill.-août 2011. 69* (EIRL : mise en concurrence conflictuelle des procédures civiles et commerciales d'exécution).

COMMENTAIRE

I. ÉLECTION À LA PROCÉDURE DU PATRIMOINE NON AFFECTÉ

Les dispositions des articles L. 711-7 et L. 711-8 concernent la situation de surendettement de l'EIRL. Instauré par une loi du 15 juin 2010, le nouveau statut d'entrepreneur individuel à responsabilité limitée (EIRL) est entré en vigueur le 1er janvier 2011. Ce dispositif permet aux entrepreneurs individuels qui créent leur affaire ou qui sont déjà installés d'affecter à l'exercice de leur activité professionnelle les biens nécessaires à cette activité (local, matériel, marchandises…), et de séparer ainsi ce patrimoine professionnel de leur patrimoine personnel.

On pouvait alors se demander si une procédure de surendettement était envisageable dans le cadre d'une entreprise individuelle à responsabilité limitée.

L'ordonnance n° 2010-1512 du 9 décembre 2010 portant adaptation du droit des entreprises en difficulté et des procédures de traitement des situations de surendettement à l'EIRL répond à cette question : elle introduit ce nouvel article L. 711-7, précisant que l'entrepreneur individuel à responsabilité limitée peut avoir accès aux procédures de traitement des situations de surendettement au titre de son patrimoine non affecté, si cette situation de surendettement résulte exclusivement de dettes non professionnelles. Il en résulte que l'autonomie des patrimoines amènera chacun d'entre eux à une procédure de traitement différencié : tantôt loi de sauvegarde applicable au patrimoine affecté, tantôt procédure de surendettement des particuliers pour le patrimoine non affecté.

II. OBLIGATION D'INFORMATION

Si, parallèlement, une procédure relative au droit des procédures en difficulté (livre VI du code de commerce) a été mise en œuvre – par définition au seul regard du patrimoine affecté –, l'entrepreneur débiteur doit en informer la commission de surendettement dès le dépôt de son dossier en précisant auprès de quelle juridiction la procédure a été ouverte. Cette information interviendra *a posteriori* si la procédure prévue par le livre VI du code du commerce est ouverte postérieurement à la saisine de la commission. ❑

Art. L. 711-7 **Les dispositions du présent livre sont applicables au débiteur qui a procédé à une déclaration de constitution de patrimoine affecté conformément à l'article L. 526-7 du code de commerce, sous les réserves énoncées par le présent article.**

Elles s'appliquent à raison d'une situation de surendettement résultant uniquement de dettes non professionnelles. En ce cas, celles de ces dispositions qui intéressent les biens, droits et obligations du débiteur doivent être comprises, sauf dispositions contraires, comme visant les seuls éléments du patrimoine non affecté. Celles qui intéressent les droits et obligations des créanciers du débiteur s'appliquent dans les limites du seul patrimoine non affecté. – *[C. consom., art. L. 333-7, al. 1er et 2.]*

Art. L. 711-8 **Lorsqu'une procédure de surendettement est engagée devant une commission à la demande d'un entrepreneur individuel à responsabilité limitée, celui-ci indique, lors du dépôt du dossier, si une procédure instituée par les titres II à IV du livre VI du code de commerce est ouverte à son bénéfice et auprès de quelle juridiction.**

Lorsqu'une procédure instituée par les titres II à IV du livre VI du code de commerce est ouverte au bénéfice du débiteur après le dépôt du dossier et avant, selon les cas, l'approbation du plan conventionnel de redressement prévu à l'article L. 732-1, jusqu'à la décision imposant les mesures prévues *(L. n° 2016-1547 du 18 nov. 2016, art. 58, en vigueur le 1er janv. 2018)* **« aux articles L. 733-1, L. 733-4, L. 733-7** *[ancienne rédaction : par l'article L. 733-1, jusqu'à l'homologation par le juge des mesures recommandées en application des articles L. 733-7, L. 733-8]* **» et L. 741-1, jusqu'au jugement prononçant un redressement personnel sans liquidation judiciaire ou jusqu'au jugement d'ouverture d'une procédure de rétablissement personnel avec liquidation judiciaire, le débiteur en informe la commission de surendettement et indique auprès de quelle juridiction cette procédure a été ouverte.** – *[C. consom., art. L. 333-7, al. 3 et 4.] – V. art. L. 733-1 s., et la note de rédaction.*

CHAPITRE II LES COMMISSIONS DE SURENDETTEMENT DES PARTICULIERS

DALLOZ RÉFÉRENCE *Surendettement des particuliers*, par FERRIÈRE et AVENA-ROBARDET, 2012/2013, 4e éd., nos 21.00 s.

BIBL. GÉN. ▶ FERRIÈRE, *D. 2006. 2531* (nature juridique des commissions de surendettement). ▶ L. no 2010-737 du 1er juill. 2010 : RUSSO, *LPA 5 juill. 2010* (réforme de la procédure de surendettement des particuliers par la L. du 1er juill. 2010). – NDLR, *BRDA 2010, no 13, p. 26* (mesures en matière de traitement du surendettement). – S. PIEDELIÈVRE, *JCP E 2010, no 1676* (nouvelles règles relatives au surendettement des particuliers). – GJIDARA-DECAIX, *RD banc. fin. 2010. Étude 14* (nouveau visage des procédures de surendettement des particuliers). – RAYMOND, *CCC 2010. Étude 11* (réforme résultant de la L. no 2010-737 du 1er juill. 2010). – BOUTEILLER, *RLDA sept. 2010. 47 ; Dr. et patr. oct. 2010. 70* (dispositions relatives au traitement des situations de surendettement). – VIGNEAU et LAURIAT, *D. 2010. 2593* (réforme du droit du surendettement des particuliers). – FLORES, *AJ fam. 2011. 10* (réforme de la procédure de surendettement).

COMMENTAIRE

Dans chaque département, il est institué au moins une commission de surendettement des particuliers, organe non juridictionnel, pivot de la procédure (art. L. 712-4). La commission compétente est celle du domicile du débiteur, hormis la situation des débiteurs de nationalité française en situation de surendettement domiciliés hors de France et qui ont contracté des dettes non professionnelles auprès de créanciers établis en France. Cette commission de nature administrative – dont la composition est légèrement modifiée par la dernière réforme – comprend, outre le représentant de l'État dans le département (qui en est le président), le directeur départemental des finances publiques (son vice-président) ou leurs représentants respectifs. En fait également partie le représentant local de la Banque de France dans le département. Le représentant de l'État dans ce même département désigne deux personnalités, la première sur proposition de l'Association française des établissements de crédit et des entreprises d'investissement, la seconde sur proposition des associations familiales ou de consommateurs, ainsi que deux personnes justifiant pour l'une d'une expérience dans le domaine de l'économie sociale et familiale, pour l'autre d'un diplôme et d'une expérience dans le domaine juridique (art. R. 712-2).

La commission adopte un règlement intérieur (art. R. 712-10), lequel est rendu public. (art. R. 712-11).

Depuis 1995, la commission est le point de passage obligé pour tous les dossiers déposés par les débiteurs endettés. La réforme de 2010 lui a donné des pouvoirs accrus, jusqu'alors dévolus au juge de l'exécution (à l'époque compétent), que d'aucuns estiment excessifs. ❑

Art. L. 712-1 Les commissions de surendettement des particuliers ont pour mission de traiter, dans les conditions prévues par le présent livre, la situation de surendettement définie à l'article L. 711-1. – *[C. consom., art. L. 331-2, al. 1er.]*

Art. L. 712-2 La demande de traitement de la situation de surendettement est portée devant la commission compétente qui peut, soit proposer ou *(L. no 2016-1547 du 18 nov. 2016, art. 58, en vigueur le 1er janv. 2018)* **« imposer** *[ancienne rédaction : prescrire]* **» des mesures de traitement dans les conditions prévues au titre III, soit** *(L. no 2016-1547 du 18 nov. 2016, art. 58, en vigueur le 1er janv. 2018)* **« imposer** *[ancienne rédaction : recommander]* **» un rétablissement personnel sans liquidation judiciaire ou saisir, avec l'accord du débiteur, le juge du tribunal d'instance aux fins d'ouverture d'une procédure de rétablissement personnel avec liquidation judiciaire dans les conditions prévues au titre IV.**

COMMENTAIRE

Pivot du dispositif légal, les commissions de surendettement statuent sur la recevabilité du dossier, procèdent à son instruction et l'orientent vers la procédure la plus adaptée.

L'article L. 712-2, modifié par la loi du 18 novembre 2016, mais en vigueur au 1er janvier 2018, énonce les choix qui s'offrent à la commission : elle peut soit proposer ou imposer des mesures de traitement dans les conditions prévues au titre III (régime désormais unifié), soit imposer – et non plus seulement proposer comme avant – un rétablissement personnel sans liquidation judiciaire, ou encore saisir, avec l'accord du débiteur, le juge du tribunal d'instance aux fins d'ouverture d'une procédure de rétablissement personnel avec liquidation judiciaire.

L'orientation sera fonction de la situation d'endettement du débiteur et de son patrimoine. ❑

Art. L. 712-3 **La déchéance du bénéfice de la procédure de traitement du surendettement prévue à l'article L. 761-1 est prononcée par la commission, par une décision susceptible de recours, ou par le juge du tribunal d'instance à l'occasion des recours exercés devant lui ainsi que dans le cadre de la procédure de rétablissement personnel avec liquidation judiciaire.** – *[C. consom., art. L. 333-2, al. 5.]* – *V. art. R. 712-14.*

Sur les causes de la déchéance, V. art. L. 761-1.

COMMENTAIRE

Les cas de déchéance prévus par l'article L. 761-1 sont relatifs à des comportements déloyaux manifestés au cours de la procédure. Depuis la réforme de 2010, il est prévu que la décision appartient à la commission, sous réserve des voies de recours. La déchéance peut être également prononcée par le juge du tribunal d'instance à l'occasion d'un recours ou dans le cadre d'un rétablissement personnel avec liquidation. Le juge a le pouvoir de relever d'office la déchéance de la procédure de traitement de la situation de surendettement d'un consommateur en difficulté (Civ. 2e, 12 avr. 2012 : *cité note 1 ss. art. L. 712-3*) ; la solution est conforme à l'office du juge en droit de la consommation, lequel joue ici au bénéfice du créancier, assurant la police du surendettement.

Le jugement rendu en application de l'article L. 761-1 est susceptible d'appel (art. R. 713-6). ❑

1. Office du juge. Le juge a le pouvoir de relever d'office la déchéance de la procédure de traitement de la situation de surendettement. • Civ. 2e, 12 avr. 2012 : *Bull. civ. II, no 76; D. 2012. Actu. 1119, obs. Avena-Robardet ; JCP E 2012, no 1347; CCC 2012, no 193, obs. Raymond; RD banc. fin. 2012, no 130, obs. Piedelièvre; Rev. proc. coll. 2012, no 121, obs. Gjidara-Decaix.* ♦ Compte tenu des circonstances traduisant un comportement irrationnel causé par l'état de vulnérabilité de la débitrice, et de l'absence de mauvaise foi de sa part, il convient de dire qu'il n'y a pas lieu à déchéance, le prononcé d'une telle déchéance revenant à priver de la procédure de surendettement les personnes les plus fragiles, qui ont le plus besoin du secours de ce dispositif. • Nancy, 8 déc. 2014 : *CCC 2015, no 104, obs. Raymond; Gaz. Pal. 2015. 3854, obs. Lasserre Capdeville.*

2. Recours. La décision de clôture prise par une commission de surendettement, pour une des causes de déchéance de l'art. L. 333-2 [L. 761-1], est susceptible d'un recours devant le juge de l'exécution. • Cass., avis, 27 avr. 2000 : *Bull. civ. no 3; BICC 15 juin 2000, rapp. Pluyette, note Petit; D. 2000. AJ 326 ; JCP 2002. II. 10061, note Boujeka; CCC 2000, no 171, obs. Raymond; RTD com. 2000. 733, obs. Paisant.* – Dans le même sens : • TA Caen, 13 juin 2000 : *JCP 2002. II. 10061, note Boujeka.* ♦ V. déjà • Civ. 1re, 24 mars 1993 : *Bull. civ. I, no 128,* estimant que la décision prononçant la déchéance était susceptible d'appel. ♦ ... Et, dès lors que l'appel n'est exclu par aucune disposition légale, le pourvoi en cassation n'est pas ouvert, en vertu de l'art. 605 NCPC [renommé C. pr. civ.]. • Civ. 1re, 12 févr. 2002 : *Bull. civ. I, no 56* • Civ. 2e, 12 juin 2003 : *Bull. civ. II, no 194.*

Art. L. 712-4 **Dans chaque département, siège au moins une commission de surendettement des particuliers.**

La composition et les modalités de fonctionnement des commissions sont prévues par décret en Conseil d'État. – *[C. consom., art. L. 331-1, al. 1er.]*

1. Statut. La commission de surendettement des particuliers ne constitue pas un tribunal au sens de l'art. 6 Conv. EDH. • Civ. 2e, 18 déc. 2003 : *Bull. civ. II, no 397; JCP 2004. IV. 1336; CCC 2005. Chron. 1, no 4, obs. Gjidara.* ♦ La mission des commissions de surendettement participe du fonctionnement du service public de la justice sans pour autant revêtir un caractère juridictionnel. Ces commissions ont le caractère d'une autorité administrative décentralisée. Leur fonctionnement ne relève donc pas du champ d'application de l'art. 6 § 1 de la Conv. EDH, non plus que du principe de la contradiction applicable en phase contentieuse de la procédure. • Angers, 2 juin 2009 : *CCC 2009, no 301, obs. Raymond.*

2. Composition. La composition de la commission est présumée conforme aux dispositions de l'art. L. 331-1 [ancien]; rejet de l'exception de nullité d'une décision de la commission non signée et ne comportant pas la mention des membres qui l'ont rendue. • Civ. 2e, 18 déc. 2003 : *préc. note 1.*

3. Recours. Le domaine d'intervention des commissions de surendettement et leurs décisions participent de la procédure judiciaire ; il en résulte que l'erreur commise par une commission de surendettement en raison d'un avis erroné d'un de ses membres concerne le fonctionnement de cette commission et par là même le service de la justice duquel elle participe, de sorte que la responsabilité de l'État doit être recherchée devant les juridictions de l'ordre judiciaire sur le fondement de l'art. L. 781-1 [L. 141-1] COJ. • Civ. 1re, 13 déc. 2005 : *Bull. civ. I, n° 492 ; D. 2006. AJ 227, obs. Avena-Robardet ; Gaz. Pal. 2006. 499, avis Sainte-Rose ; CCC 2006, n° 59, obs. Raymond ; RJDA 2006, n° 847.* ♦ Déjà jugé que le législateur a entendu donner compétence aux juridictions de l'ordre judiciaire pour connaître de toute contestation relative aux décisions de la commission de surendettement des particuliers, y compris les demandes d'indemnité fondées sur l'illégalité dont seraient entachées ces décisions. • TA Versailles, 22 oct. 1999 : *CCC 2001, n° 34, obs. Raymond.* ♦ Comp., jugeant que le juge judiciaire est incompétent pour connaître du litige concernant l'éventuelle responsabilité de la Banque de France du fait d'une irrégularité de procédure qu'elle aurait commise dans le cadre de la procédure de surendettement : • Montpellier, 20 sept. 2007 : *CCC 2008, n° 143, obs. Raymond ; Rev. proc. coll. 2008, n° 145, obs. Gjidara-Decaix.*

Art. L. 712-5 Les membres de la commission, ainsi que toute personne qui participe à ses travaux ou est appelée au traitement de la situation de surendettement, sont tenus de ne pas divulguer à des tiers les informations dont ils ont eu connaissance dans le cadre de la procédure instituée par le présent livre, sous peine des sanctions prévues à l'article 226-13 du code pénal. – *[C. consom., art. L. 331-11, al. 1er.]*

COMMENTAIRE

L'article L. 712-5 impose une obligation de secret, en contrepartie de la levée, à la demande de la commission, du secret auquel sont tenus les administrations et les établissements de crédit, de monnaie électronique ou de paiement. Cette obligation concerne les membres de la commission en premier lieu, mais aussi toutes les personnes qui participent aux travaux de la commission ou qui sont appelées au traitement de la situation de surendettement. Ce n'est pas une simple obligation de confidentialité, mais aussi une obligation pénalement sanctionnée.

Le législateur de 2010 interdit de surcroît, sous peine des mêmes sanctions, que des renseignements soient communiqués aux créanciers, notamment aux établissements de crédit teneurs des comptes des personnes ayant déposé un dossier de surendettement (art. L. 721-3). Il s'agit d'empêcher les créanciers d'obtenir des renseignements sur les dépôts de dossier. ❑

Obligation de confidentialité. Une banque, qui est créancière des personnes faisant l'objet d'une procédure de surendettement, est, comme ses contradicteurs, partie à la procédure, et n'a donc pas la qualité de tiers, condition nécessaire à l'application de l'art. L. 331-11 [L. 712-5]. • TGI Niort, 9 janv. 2006 : *CCC 2006, n° 75, obs. Raymond.* ♦ Comp. art. L. 721-3.

Art. L. 712-6 Nonobstant toute disposition contraire, la commission peut obtenir communication, auprès des administrations publiques, des établissements de crédit, des sociétés de financement, des établissements de monnaie électronique, des établissements de paiement, des organismes mentionnés au 5 de l'article L. 511-6 du code monétaire et financier, des organismes de sécurité et de prévoyance sociale ainsi que des services chargés de centraliser les risques bancaires et les incidents de paiement, de tout renseignement de nature à lui donner une exacte information sur la situation du débiteur, l'évolution possible de celle-ci et les procédures de conciliation amiables en cours. – *[C. consom., art. L. 331-3, II, al. 5.]*

Art. L. 712-7 Les collectivités territoriales et les organismes de sécurité sociale procèdent, à la demande de la commission, à des enquêtes sociales. – *[C. consom., art. L. 331-3, II, al. 6.]*

Art. L. 712-8 Le débiteur dont la demande de traitement de la situation de surendettement est déclarée recevable est entendu à sa demande par la commission. Celle-ci peut également entendre toute personne dont l'audition lui paraît utile. – *[C. consom., art. L. 331-3, II, 1re et 2e phrases de l'al. 2.]* — *V. art. R. 712-17.*

Art. L. 712-9 A tout moment de la procédure, si la situation du débiteur l'exige, la commission l'invite à solliciter une mesure d'aide ou d'action sociale qui peut comprendre un programme d'éducation budgétaire, et notamment une mesure d'accompagnement social personnalisé, dans les conditions prévues par le livre II du code de l'action sociale et des familles. – *[C. consom., art. L. 331-3, II, 1re phrase de l'al. 7.]*

COMMENTAIRE

Le Parlement a souhaité un accompagnement social et juridique du débiteur dont la situation démontre qu'il éprouve des difficultés pour établir et maîtriser son budget. A cette fin, l'article L. 712-9 prévoit que le débiteur peut solliciter une mesure d'aide ou d'action sociale pouvant comprendre un programme d'éducation budgétaire et une mesure d'accompagnement social personnalisé.

Par ailleurs, la loi du 26 juillet 2013 prévoit, lorsque le débiteur a déjà bénéficié d'une mesure de rétablissement personnel et qu'il saisit de nouveau la commission, que celle-ci peut recommander au juge que la mesure d'effacement des dettes soit assortie de la mise en place de mesures d'accompagnement social ou budgétaire lorsqu'elle estime que la situation du débiteur est, à nouveau, irrémédiablement compromise. L'avis du membre de la commission justifiant d'une expérience en matière d'économie sociale et familiale est ici requis. ❑

CHAPITRE III COMPÉTENCE DU JUGE DU TRIBUNAL D'INSTANCE

Art. L. 713-1 Le juge du tribunal d'instance connaît des mesures de traitement des situations de surendettement des particuliers et de la procédure de rétablissement personnel. – *[C. consom., art. L. 330-1, al. 7.]*

V. COJ, art. L. 221-8-1 et D. 221-1, App., v° Compétence.

BIBL. ▶ BLÉRY, *JCP 2011, n° 807* (transfert du contentieux du surendettement). – PONS, *RD banc. fin. 2012. Dossier 18* (traitement judiciaire du surendettement).

COMMENTAIRE

I. COMPÉTENCE DU JUGE DU TRIBUNAL D'INSTANCE

L'article R. 713-1 détermine la compétence *ratione loci* du juge du tribunal d'instance : c'est celui du domicile du débiteur, sauf pour les Français domiciliés hors de France, pour lesquels la compétence géographique du juge est déterminée par la situation territoriale de la commission de surendettement saisie.

C'est le juge du tribunal d'instance (jusqu'au 1er janvier 2018 du moins, date d'entrée en application de la loi du 18 novembre 2016) qui rend exécutoires les recommandations préconisées par la commission, en procédant par ordonnance (art. R. 733-11) ; il vérifie la régularité juridique de ces recommandations ainsi que leur bien-fondé pour la mesure d'effacement partiel (art. L. 733-10 et R. 733-11), mais il ne peut les compléter ou les modifier (art. R. 733-11) : il n'a pas le pouvoir de réfaction ; à défaut de contestation des mesures, le juge confère par ordonnance force obligatoire aux recommandations. Le greffe du juge en informe la commission, qui lui transmet le dossier (art. R. 733-13).

On rappellera que le juge du tribunal d'instance est compétent pour connaître des recours dirigés contre *les décisions rendues* par la commission en matière de recevabilité et d'orientation du dossier.

II. SAISINE ET DÉCISIONS RENDUES

L'article R. 713-2 précise les modes de saisine du juge du tribunal d'instance et l'article R. 713-3 ajoute que le juge statue par jugement (sauf dispositions contraires) ou, lorsqu'il existe une disposition spéciale, par voie d'ordonnances (rendues en dernier ressort, mais pouvant faire dans le délai de quinze jours l'objet d'un recours en rétractation : art. R. 713-9) ; ces décisions sont immédiatement exécutoires (art. R. 713-10), un sursis à exécution pouvant être demandé au premier président de la cour d'appel en cas d'appel (art. R. 713-8). Elles sont notifiées par le greffe au débiteur ainsi qu'aux créanciers intéressés par lettre recommandée avec accusé de réception (art. R. 713-11). ❑

TITRE DEUXIÈME EXAMEN DE LA DEMANDE DE TRAITEMENT DE LA SITUATION DE SURENDETTEMENT

CHAPITRE PREMIER SAISINE DE LA COMMISSION DE SURENDETTEMENT DES PARTICULIERS

COMMENTAIRE

La commission doit tout d'abord vérifier si la demande est recevable (art. R. 722-1). Elle se prononce par une décision motivée qui est notifiée. Mais, alors que la loi du 1er juillet 2010 prévoyait que cette notification était adressée au débiteur, aux créanciers et aux établissements de paiement, de monnaie électronique (loi du 28 janv. 2013) ou de crédit teneurs de comptes du déposant, la loi de régulation bancaire et financière du 22 octobre 2010 a précisé que cette notification large ne concerne que la recevabilité du dossier (V. art. L. 721-2). La décision prononçant son irrecevabilité ne doit, en revanche, être notifiée qu'au débiteur.

La commission en informe la Banque de France aux fins d'inscription sur le fichier national des incidents de paiement. La lettre notifiant la décision de recevabilité indique que celle-ci emporte suspension et interdiction des procédures d'exécution diligentées à l'encontre des biens du débiteur ainsi que des cessions de rémunérations qu'il a consenties et précise les effets de cette suspension ou interdiction dans le temps (art. R. 722-6).

Il faut préciser que le juge du tribunal d'instance est seulement compétent pour connaître des recours dirigés contre les décisions de la commission relatives à la recevabilité de la demande ; ce recours peut être formé dans un délai de quinze jours à compter de la notification de la décision ; le juge statue après avoir recueilli les observations des parties auxquelles la décision est ensuite notifiée.

L'instruction et l'orientation des dossiers doivent être effectuées dans les trois mois (six mois avant la réforme de 2010) de leur dépôt (art. R. 721-2 et R. 712-15). Le délai n'est assorti d'aucune sanction. Avant la réforme de 2010, si, au terme d'une période de neuf mois, la commission n'avait pas pris de décision, le débiteur avait la faculté de saisir le juge aux fins d'ouverture d'une procédure de rétablissement personnel. Toutefois, la nouvelle loi estime que si, au terme d'un délai de trois mois, la commission n'a pas décidé de l'orientation du dossier, le taux d'intérêt applicable à tous les emprunts en cours contractés par le débiteur est, durant les trois mois suivants, le taux de l'intérêt légal, sauf décision contraire de la commission ou du juge intervenant pendant de cette période (art. L. 721-2, al. 2). On a pu observer que cela revenait à faire payer aux prêteurs les retards de la commission (P. Bouteiller, *RLDA sept. 2010. 48*).

Avant même la décision de recevabilité, l'article L. 721-4 permet désormais que, à la demande du débiteur, la commission puisse saisir le juge aux fins de suspension des procédures d'exécution. En cas d'urgence, la saisine du juge peut intervenir à l'initiative du président de la commission, des délégués de ce dernier ou du représentant local de la Banque de France, la commission étant ensuite informée de la saisine.

En cas de saisie immobilière, lorsque la vente forcée a été ordonnée, le report de la date d'adjudication ne peut résulter que d'une décision du juge chargé de la saisie immobilière, saisi à cette fin par la commission, pour causes graves et dûment justifiées (art. L. 721-7).

Enfin, il faut observer que la demande du débiteur interrompt la prescription et les délais pour agir (art. L. 721-5).

Art. L. 721-1 Le débiteur saisit la commission de surendettement des particuliers d'une demande tendant au traitement de sa situation de surendettement dans laquelle il déclare les éléments actifs et passifs de son patrimoine. – *[C. consom., art. L. 331-3, I, al. 1er.]*

1. Effets de la saisine. La saisine de la commission de surendettement *ne saurait avoir pour effet de suspendre une instance au fond*, alors que cette saisine a pour seul but de tenter d'élaborer un plan conventionnel de règlement en accord avec les divers créanciers. • Paris, 5 nov. 1991 : *D. 1992. IR 56*. ♦ Un créancier ne peut pas se prévaloir de la déchéance du terme quand la situation de surendettement est déjà déclarée et que l'une des procédures prévue pour parvenir au règlement de la situation est en cours. • Limoges, 22 juin 1993 : *D. 1993. IR 179*.

2. Décès du débiteur. La demande d'ouverture d'une procédure de surendettement, formée par un débiteur, n'est pas transmissible à cause de mort ; l'instance en cassation introduite sur la recevabilité se trouve éteinte par son décès. • Civ. 1re, 26 mars 1996 : *CCC 1996, n° 193, obs. Raymond.*

3. Conjoints divorcés. Aucune disposition n'exige, pour que la demande formée par deux époux soit recevable, que ceux-ci demeurent unis par les liens du mariage lors de l'élaboration du plan ; cassation du jugement qui rejette leur recours commun contre la décision d'irrecevabilité de la commission au motif que, postérieurement à cette décision, les demandeurs ont divorcé. • Civ. 2e, 20 oct. 2005 : *Bull. civ. II, n° 269 ; D. 2005. AJ 2940, obs. Avena-Robardet (2e esp.) ; RTD com. 2006. 489, obs. Paisant ; JCP 2005. IV. 3451 ; CCC 2006, n° 16, obs. Raymond ; Dr. et proc. 2006. 111, obs. Bazin.*

Art. L. 721-2 La commission saisie par le débiteur dispose d'un délai déterminé par décret, à compter du dépôt du dossier pour examiner la recevabilité de la demande en vérifiant que le débiteur se trouve dans la situation définie à l'article L. 711-1, notifier au demandeur la décision d'irrecevabilité du dossier ou notifier au demandeur, aux créanciers, aux établissements de paiement, aux établissements de monnaie électronique et aux établissements de crédit teneurs de comptes du déposant la décision de recevabilité du dossier, procéder à son instruction et décider de son orientation. – *V. art. R. 721-4.*

Si, au terme de ce délai, la commission n'a pas décidé de l'orientation du dossier, le taux d'intérêt applicable à tous les emprunts en cours contractés par le débiteur est, au cours des trois mois suivants, le taux de l'intérêt légal, sauf décision contraire de la commission ou du juge intervenant au cours de cette période. – *[C. consom., art. L. 331-3, I, al. 2.]*

Sur les sanctions, V. art. L. 761-2.

Sur l'examen de la recevabilité de la demande, V. aussi art. L. 722-1.

Art. L. 721-3 Les renseignements relatifs au dépôt d'un dossier de surendettement et à la situation du débiteur ne peuvent être communiqués aux créanciers, aux établissements de paiement *(L. n° 2017-203 du 21 févr. 2017, art. 14)* **« , aux établissements de monnaie électronique » et aux établissements de crédit qui tiennent les comptes de dépôt du débiteur, antérieurement à la décision de recevabilité du dossier, sous peine des sanctions prévues à l'article 226-13 du code pénal.**

Ces dispositions ne font toutefois pas obstacle à l'application des règles prévues aux articles L. 751-1 à L. 752-3, dans les limites fixées à ces articles. – *[C. consom., art. L. 331-11, al. 2.]*

Art. L. 721-4 A la demande du débiteur, la commission peut saisir, à compter du dépôt du dossier et jusqu'à la décision statuant sur la recevabilité de la demande de traitement de la situation de surendettement, le juge du tribunal d'instance aux fins de suspension des procédures d'exécution diligentées à l'encontre des biens du débiteur ainsi que des cessions de rémunération consenties par celui-ci et portant sur les dettes autres qu'alimentaires. – *V. art. R. 721-5.*

En cas d'urgence, la saisine du juge peut intervenir à l'initiative du président de la commission, du délégué de ce dernier ou du représentant local de la Banque de France. La commission est ensuite informée de cette saisine. – *[C. consom., art. L. 331-5, 1re, 2e et 3e phrases de l'al. 1er.]*

V. aussi art. L. 722-2 s.

BIBL. ▶ R. MARTIN, *D. 1999. Chron. 205* (surendettement, exclusion et saisie immobilière). - PIGNARRE, *JCP 1998. I. 150* (droit du surendettement et dettes d'aliments). - PUTMAN, *Dr. et proc. 2007. 248* (le sort des procédures civiles d'exécution en cas de surendettement). ▶ L. n° 2010-737 du 1er juill. 2010 : BOURIN et CARDINI, *Dr. et proc. 2010. 71* (suspension provisoire de la saisie immobilière en cas de surendettement : le projet de réforme). - RUSSO, *LPA 5 juill. 2010* (réforme de la procédure de surendettement). - NDLR, *BRDA 2010, n° 13, p. 26* (mesures en matière de traitement du surendettement). - PIEDELIÈVRE, *JCP 2010, n° 858* (nouvelles règles relatives au surendettement). - GJIDARA-DECAIX, *RD banc. fin. 2010. Étude 14 ; Rev. proc. coll. 2010. Étude 20* (nouveau visage des procédures de surendettement). - RAYMOND, *CCC 2010. Étude 11* (réforme résultant de la L. n° 2010-737 du 1er juill. 2010). - BOUTEILLER, *RLDA sept. 2010. 47 ; Dr. et patr. oct. 2010. 70* (dispositions relatives au traitement des situations de surendettement). - VIGNEAU et LAURIAT, *D. 2010. 2593* (réforme du droit du surendettement). - PIEDELIÈVRE, *RD banc. fin. 2010,* n° 188 (suspension de certaines mesures d'exécution forcée). – AVENA-ROBARDET, *AJ fam. 2011. 27* (fiche pratique : suspension et interdiction des voies d'exécution). – FLORES, *ibid. 2011. 530* (séparation d'un couple surendetté et sort de l'immeuble). – BOURASSIN, *LPA 10 oct. 2012* (sûretés et surendettement). – DONNIER, *RD banc. fin. 2012. Dossier 20* (impact de la législation relative au surendettement sur la théorie des voies d'exécution). – PELLIZZA, *ibid. 21* (... sur la pratique des voies d'exécution).

Code des procédures civiles d'exécution *(Décr. n° 2012-783 du 30 mai 2012, en vigueur le 1er juin 2012)* **Art. R. 322-28** La vente forcée ne peut être reportée que pour un cas de force majeure ou sur la demande de la commission de surendettement formée en application des articles *(Décr. n° 2017-892 du 6 mai 2017, art. 44)* « L. 722-4 ou L. 721-7 » du code de la consommation. – *[Décr. n° 2006-936 du 27 juill. 2006, art. 61.]*

1. Demande de suspension des procédures d'exécution : nécessité. L'engagement d'une procédure de surendettement n'a pas à lui seul pour effet de suspendre les procédures d'exécution en cours contre le débiteur. • Civ. 2e, 22 mars 2001 : *Bull. civ. II, n° 60 ; RTD com. 2001. 782, obs. Paisant.*

2. ... Conditions. Si le juge des saisies immobilières peut, en application de l'art. L. 331-5 [L. 721-4], en cas d'urgence, être saisi par le débiteur surendetté d'une demande de suspension de cette voie d'exécution, c'est à la condition que la demande remplisse les conditions de recevabilité de la demande de traitement de la situation de surendettement ; aucune décision de recevabilité n'ayant été prise, la demande est irrecevable comme prématurée. • Civ. 1re, 19 juin 2001 : *Bull. civ. I, n° 182 ; CCC 2002, n° 40, obs. Raymond.*

3. Perte de chance. Sur la perte de chance de demander la suspension des procédures d'exécution (saisie immobilière), V. • Civ. 1re, 4 juin 2007 : *Bull. civ. I, n° 217 ; D. 2007. AJ 1784 ; JCP 2007. II. 10180, note Ferrière ; RD banc. fin. 2007, n° 232, obs. Piedelièvre ; Rev. proc. coll. 2008, n° 145, obs. Gjidara-Decaix.*

4. Avis à tiers détenteur. Le Trésor public n'est pas fondé à contester la suspension d'un avis à tiers détenteur délivré antérieurement à la demande de traitement de la situation de surendettement, dès lors que le JEX tient de l'art. L. 331-5 [L. 721-4] le pouvoir de suspendre les mesures d'exécution en cours diligentées pour le recouvrement des dettes fiscales. • Civ. 2e, 15 déc. 2005 : *Bull. civ. II, n° 335 ; D. 2006. AJ 297, obs. Avena-Robardet ; JCP 2006. IV. 1138 ; RJDA 2006, n° 579 ; Dr. et proc. 2006. 172, obs. Bazin.*

5. Saisie immobilière. V. art. L. 721-7.

6. Portée de la décision. La décision par laquelle le juge, sur la requête de la commission, ordonne la suspension des voies d'exécution n'implique aucune appréciation de la recevabilité de la demande d'ouverture de la procédure. • Civ. 1re, 12 déc. 1995 : *Bull. civ. I, n° 462.* ◆ Affectant exclusivement le paiement des sommes dues, la suspension provisoire des procédures d'exécution ordonnée par le JEX en application de l'art. L. 331-5 [L. 721-4] est sans effet sur l'application des dispositions qui régissent le contentieux des cotisations de sécurité sociale et, en particulier, la saisine, préalablement à tout recours contentieux, de la commission de recours amiable de l'organisme qui a délivré une mise en demeure. • Civ. 2e, 18 nov. 2010 : *Bull. civ. II, n° 189 ; Dalloz actualité, 29 nov. 2010, obs. Avena-Robardet ; D. 2010. Actu. 2915 ; Dr. et proc. 2011. 25.*

Art. L. 721-5 La demande du débiteur formée en application *(L. n° 2017-203 du 21 févr. 2017, art. 14)* **« du premier alinéa de l'article L. 733-1 » interrompt la prescription et les délais pour agir.** – *[C. consom., art. L. 331-7, al. 9.]*

Art. L. 721-6 Lorsqu'elle est prononcée, la suspension mentionnée à l'article L. 721-4 s'applique dans les mêmes conditions et selon les mêmes modalités que celles prévues par les dispositions des articles L. 722-2 à L. 722-5. – *[C. consom., art. L. 331-5, 4e phrase de l'al. 1er.]*

Art. L. 721-7 En cas de saisie immobilière, lorsque la vente forcée a été ordonnée, le report de la date d'adjudication ne peut résulter que d'une décision du juge chargé *de la saisie immobilière*, saisi à cette fin par la commission, pour causes graves et dûment justifiées. – *[C. consom., art. L. 331-5, al. 2.]*

V. aussi art. L. 722-4 et R. 721-7.

BIBL. ▸ R. MARTIN, *D. 1999. Chron. 205* (surendettement, exclusion et saisie immobilière). – BOURIN et CARDINI, *Dr. et proc. 2010. 71* (suspension provisoire de la saisie immobilière en cas de surendettement : le projet de réforme de 2010).

1. *Saisie immobilière.* Le juge de l'exécution peut être valablement saisi d'une demande de suspension des procédures d'exécution diligentées contre le débiteur, en application de l'art. L. 331-5 [L. 721-4] [rédaction de 1995], avant la publication du commandement aux fins de saisie immobilière. • Civ. 2e, 8 avr. 1998 : *Bull. civ. II, no 125; D. 1999. Somm. 205, obs. Chatain et Ferrière ; D. Affaires 1998. 800, obs. S. P. ; CCC 1998, no 94, obs. Raymond.* ♦ N'étant pas compétent en matière d'exécution forcée sur les immeubles, il ne peut être valablement saisi d'une demande de délai et de suspension de la procédure d'exécution qu'avant la publication du commandement à fin de saisie immobilière. • Civ. 2e, 11 mars 1998 : *Bull. civ. II, no 80; D. Affaires 1998. 669, obs. S. P.* ♦ Le juge de l'exécution ne peut ordonner la suspension d'une procédure de saisie immobilière qu'à la double condition d'avoir été saisi avant la date de la publication du commandement de saisie et de statuer avant la fixation de la date d'adjudication. • Civ. 2e, 8 avr. 1998 : *Bull. civ. II, no 124; D. Affaires 1998. 800, obs. S. P. ; CCC 1998, no 94, obs. Raymond.* ♦ Lorsque en cas de saisie immobilière la date d'adjudication a été fixée, la commission peut, pour causes graves et dûment justifiées, saisir le juge de la saisie immobilière aux fins de remise de l'adjudication, par lettre recommandée avec AR ou remise contre émargement au greffe, quinze jours au moins avant la date prévue pour la vente. • Civ. 2e, 29 sept. 2011 : *CCC 2011, no 269, obs. Raymond; Dr. et proc. févr. 2012, Cah. dr. consom., p. 5, obs. Valette-Ercole.* ♦ V., sur la combinaison des pouvoirs du JEX et du juge de la procédure de saisie immobilière : • Cass., avis, 29 nov. 1993 : *Bull. civ., no 26* • 5 mai 1995 : *Bull. civ., no 5.* – V. également Rép. min. no 33999 : *JOAN Q 6 mai 1995, p. 2491; D. Affaires 1996. 745.* ♦ La décision du JEX, ordonnant la suspension des voies d'exécution sur le fondement de la loi sur le surendettement des particuliers, s'impose au juge des criées sans que les dispositions de l'art. 703 C. pr. civ. soient applicables. • Civ. 2e, 22 mars 2006 : *D. 2006. IR 1252 ; Dr. et proc. 2006. 291, obs. Leborgne.*

2. *Remise de l'adjudication fixée : auteur de la demande.* La commission de surendettement n'a pas seule qualité pour saisir le juge de la saisie immobilière; l'adjudication peut être remise sur la demande du poursuivant, de l'un des créanciers, de la partie saisie ou de la commission. • Civ. 2e, 8 avr. 2004 : *Bull. civ. II, no 160; D. 2004. IR 1354 .* – V. déjà • Civ. 2e, 14 juin 2001 : *Bull. civ. II, no 121.*

3. *... Causes graves.* La simple saisine de la commission départementale de surendettement des particuliers constitue une cause grave de remise de l'adjudication. • TGI Nantes, 11 mai 1990 : *D. 1990. Somm. 347, obs. Julien* • TGI Nantes, 30 nov. 1990 : *D. 1991. IR 36* • TGI Aix-en-Provence, 25 sept. 2006 : *Dr. et proc. 2007. 168, note Scordopoulos.* ♦ ... Mais pas une cause de sursis obligatoire. • Civ. 1re, 19 nov. 1991 : *Bull. civ. I, no 321* • 17 déc. 1991 : *ibid. I, no 361.* – Comp. • TGI Limoges, 19 avr. 1990 : *D. 1991. 382, note Prévault .* ♦ Un tribunal n'excède pas ses pouvoirs en recherchant si l'instance d'appel, relative à une ordonnance ayant rejeté la demande de suspension des poursuites contre le saisi dans le cadre d'une procédure de surendettement, constitue une cause grave l'autorisant à remettre l'adjudication; est donc irrecevable le pourvoi formé contre ce jugement rejetant la demande de remise. • Civ. 1re, 18 févr. 1992 : *Bull. civ. I, no 55; Gaz. Pal. 1992. 2. Somm. 463, obs. Véron; D. 1993. Somm. 278, obs. Julien .*

4. *... Durée.* L'art. 703 C. pr. civ. (ancien) n'autorise nullement la suspension des voies d'exécution pendant la durée du plan de redressement, mais ne prévoit que la possibilité de remettre l'adjudication à un nouveau jour qui ne peut être éloigné de plus de soixante jours [désormais, quatre mois]. • TGI Montluçon, 21 août 1991 : *Gaz. Pal. 1993. 2. Somm. 327.*

5. *... Voies de recours.* Le jugement qui statue sur une demande de remise de l'adjudication n'est susceptible d'aucun recours. • Civ. 2e, 6 déc. 2001 : *Bull. civ. II, no 181; D. 2002. IR 544 .* ♦ ... Sauf en cas d'excès de pouvoir. • Civ. 2e, 27 juin 2002 : *Bull. civ. II, no 144; D. 2002. IR 2583 .* ♦ L'irrecevabilité de l'appel du jugement statuant sur les demandes présentées sur le fondement de l'art. L. 331-5 [L. 721-7], aux fins de report de la date d'adjudication, doit être relevée d'office par le juge. • Civ. 2e, 29 sept. 2011 : *Bull. civ. II, no 179; Dalloz actualité, 19 oct. 2011, obs. Avena-Robardet; CCC 2011, no 270, obs. Raymond; Dr. et proc. 2011. 295, note Norguin; Dr. et proc. févr. 2012, Cah. dr. consom., p. 5, obs. Valette-Ercole.* – V. aussi • Civ. 2e, 3 déc. 2015, no 14-20.390 P : *D. 2016. Pan. 1288, obs. Leborgne ; AJDI 2016. 284, obs. de La Vaissière ; RD banc. fin. 2016, no 83, obs. Piedelièvre.* ♦ Est dès lors irrecevable le pourvoi formé à l'encontre du jugement qui a déclaré irrecevables les demandes des débiteurs et de la commission de surendettement des particuliers en suspension des poursuites, formées après fixation de la date de l'adjudication, et qui a été rendu conformément aux art. L. 331-5, al. 3 [L. 721-7] et R. 331-15 dernier al., C. consom. et à l'art. 703 C. pr. civ. (ancien) auquel se réfère le premier des textes précités et qui est seul applicable lorsque la date de l'adjudication a été fixée. • Civ. 2e, 6 déc. 2001 : *préc.* ♦ Mais est recevable le pourvoi contre le jugement d'un tribunal qui, méconnaissant l'étendue de ses pouvoirs, a refusé de se prononcer sur le bien-fondé d'une demande de remise de l'adjudication. • Civ. 2e, 8 avr. 2004 : *Bull. civ. II, no 160; D. 2004. IR 1354 .*

CHAPITRE II RECEVABILITÉ DE LA DEMANDE

BIBL. ▶ Paisant, *RTD com. 2007. 611* (L. du 5 mars 2007). ▶ L. n° 2010-737 du 1er juill. 2010 : Russo, *LPA 5 juill. 2010* (réforme de la procédure de surendettement). – NDLR, *BRDA 2010, n° 13, p. 26* (mesures en matière de traitement du surendettement). – Piedelièvre, *JCP 2010, n° 858* (nouvelles règles relatives au surendettement). – Gjidara-Decaix, *RD banc. fin. 2010. Étude 14 ; Rev. proc. coll. 2010. Étude 20* (nouveau visage des procédures de surendettement). – Raymond, *CCC 2010. Étude 11* (réforme résultant de la L. n° 2010-737 du 1er juill. 2010). – Bouteiller, *RLDA sept. 2010. 47 ; Dr. et patr. oct. 2010. 70* (dispositions relatives au traitement des situations de surendettement). – Piedelièvre, *RD banc. fin. 2010, n° 188* (suspension de certaines mesures d'exécution forcée). – Vigneau et Lauriat, *D. 2010. 2593* (réforme du droit du surendettement). – Avena-Robardet, *AJ fam. 2011. 27* (fiche pratique : suspension et interdiction des voies d'exécution). – Flores, *ibid. 530* (séparation d'un couple surendetté et sort de l'immeuble). – Donnier, *RD banc. fin. 2012. Dossier 20* (impact de la législation relative au surendettement sur la théorie des voies d'exécution). – Pellizza, *ibid. 21* (... sur la pratique des voies d'exécution). – Bourassin, *LPA 10 oct. 2012* (sûretés et surendettement). – Julien, *Dr. et proc. déc. 2012, suppl., p. 81* (sort du bail dans les procédures de surendettement). – Stefania, *D. 2013. 384* (sort des contrats en cours en droit du rétablissement personnel). – Hénaff, *RLDA nov. 2013. 37* (brève présentation des retouches apportées au droit du surendettement par la L. du 26 juill. 2013).

SECTION PREMIÈRE EXAMEN DE LA RECEVABILITÉ DE LA DEMANDE

Art. L. 722-1 La commission examine la situation du débiteur et se prononce sur la recevabilité de sa demande.

Sur l'examen de la recevabilité de la demande, V. aussi art. L. 721-2.

COMMENTAIRE

L'article L. 722-1 fait écho aux articles L. 721-1 et suivants : il rappelle la position phare de la commission de surendettement, laquelle se prononce sur la recevabilité, après examen de la situation du débiteur.

I. EXAMEN DE LA RECEVABILITÉ DE LA DEMANDE

1. Retrait de la décision. En l'absence d'une quelconque disposition légale ou réglementaire l'y autorisant, la commission ne peut rapporter une première décision prise sur la recevabilité de la demande formée par le débiteur. • TI Bourgoin-Jallieu, 14 mars 1995 : *D. 1996. Somm. 80, obs. Chatain et Ferrière* .

2. Entrée en vigueur des dispositions sur le rétablissement personnel. Doit être cassé l'arrêt qui rejette une demande tendant à obtenir le bénéfice des dispositions de la loi du 1er août 2003 sur le rétablissement personnel au motif qu'elles n'étaient pas applicables au jour de l'audience (23 janv. 2004), alors que cette loi, entrée en application le 27 févr. 2004, était en vigueur le 5 mars 2004, date à laquelle la décision attaquée a été rendue. • Civ. 2e, 8 déc. 2005 : *Bull. civ. II, n° 315 ; D. 2006. AJ 227, obs. Avena-Robardet ; JCP 2006. IV. 1056.*

3. Procédure orale. La procédure en matière de surendettement étant orale, les prétentions des parties peuvent être formulées au cours de l'audience ; il s'ensuit que les juges d'appel, qui ont constaté que les débiteurs, présents ou représentés, avaient répondu oralement aux conclusions communiquées par le créancier le jour de l'audience, sans solliciter de report, ont satisfait aux exigences des art. 15 et 16 C. pr. civ. • Civ. 1re, 15 févr. 2000 : *JCP 2000. IV. 1578.* ◆ La procédure en matière de surendettement des particuliers étant orale, l'appel des débiteurs doit être considéré comme non soutenu dans la mesure où ils ne comparaissent pas, ne sont pas représentés à l'audience et n'ont pas déposé de conclusions alors qu'ils ont été régulièrement convoqués puisqu'ils ont signé l'avis de réception de la lettre recommandée. • Paris, 14 oct. 2008 : *JCP 2008. IV. 2880.*

4. Jugement par défaut. En matière de surendettement, le jugement sur recours formé contre la décision de recevabilité prononcée par la commission de surendettement est rendu par défaut dès lors que le débiteur, convoqué par lettre recommandée avec demande d'avis de réception qu'il n'a pas réclamée, n'a pas comparu et ne s'est pas fait représenter. • Civ. 2e, 20 mai 2010 : *Bull. civ. II, n° 100 ; D. 2010. 1492 ; RD banc. fin. 2010, n° 227, obs. S. Piedelièvre ; Rev. proc. coll. 2010, n° 201, obs. Gjidara-Decaix.* ◆ L'art. L. 331-3 ne concerne que la procédure devant la commission de surendettement ; dès lors, le débiteur n'est pas tenu de se présenter devant le juge de l'exécution. • Civ. 2e, 30 janv. 2014 : *Bull. civ. II, n° 32 ; Dalloz actualité, 12 févr. 2014, obs. Avena-Robardet ; D. 2014. Chron. C. cass. 1731, obs. Vasseur, de Leiris et Adida-Canac ; JCP E 2014, n° 1106 ; RLDA mars 2014. 39, obs. Mathonnière ; Rev. proc. coll. 2014, n° 43, obs. Gjidara-Decaix.*

5. Prescription. Le délai de prescription n'est pas suspendu pendant l'examen, par la commission de surendettement ou par le juge du tribunal d'instance, de la recevabilité de la demande formée par le débiteur. • Civ. 2e, 17 mars 2016, n° 14-24.986 P : *D. 2016. 1481, note Maurmont ; RTD com. 2016. 315, obs. Legeais ; JCP E 2016, n° 1206 ; Gaz. Pal. 10 mai 2016, p. 44, obs. Lasserre-Capdeville ; RD banc. fin. 2016, n° 131, obs. Piedelièvre ; Rev. proc. coll. 2016, n° 106, obs. Gjidara-Decaix.* ♦ Le recours formé par un créancier contre la décision par laquelle une commission de surendettement déclare un débiteur recevable en sa demande de traitement de sa situation financière ne constitue pas, au regard de son objet, une demande en justice de nature à interrompre le délai de prescription en application de l'art. 2241 C. civ. • Même décision.

II. NOUVELLE DEMANDE DE PROCÉDURE

6. Nécessité d'éléments nouveaux. Le juge apprécie souverainement, pour rejeter la demande de nouvelle procédure, que les débiteurs ne rapportent pas la preuve d'une aggravation de leur situation. • Civ. 1re, 7 nov. 2001 : *Bull. civ I, n° 272 ; JCP 2001. IV. 3027.* ♦ Le débiteur dont les mesures de redressement ont été subordonnées à la vente préalable d'un bien, n'est recevable à demander l'ouverture d'une nouvelle procédure de surendettement que s'il est établi que par suite d'un fait nouveau, il n'a pas été en mesure de respecter cette condition préalable. • Civ. 1re, 1er déc. 1998 : *Bull. civ. I, n° 341 ; D. 1999. IR 50.* ♦ Le JEX apprécie souverainement qu'après rejet d'une première demande de procédure de surendettement pour mauvaise foi, une deuxième demande est irrecevable, faute pour le débiteur de justifier d'éléments nouveaux de nature à conduire à une analyse différente de sa situation. • Civ. 2e, 15 sept. 2005 : *Bull. civ. II, n° 221 ; CCC 2006, n° 17, obs. Raymond ; RTD com. 2005. 854, obs. Paisant.*

Ayant relevé qu'un jugement avait déclaré irrecevable pour cause de mauvaise foi une précédente demande de traitement de son surendettement formée par le débiteur, et qu'au vu des éléments versés aux débats, aucun élément significatif de nature à justifier un nouvel examen de la recevabilité n'était intervenu depuis cette décision, le JEX, qui a apprécié la situation du débiteur au jour où il statuait, en a exactement déduit, sans motiver sa décision par la seule voie de référence à une décision rendue sur un autre fondement, que la demande tendant à l'ouverture d'une procédure de rétablissement personnel n'était pas recevable. • Civ. 2e, 22 mai 2008 : *Bull. civ. II, n° 126 ; D. 2008. AJ 1688, obs. Rondey ; RTD com. 2008. 634, obs. Paisant ; JCP 2008. IV. 2130 ; RD banc. fin. 2008, n° 181, obs. S. Piedelièvre ; Rev. proc. coll. 2008, n° 148, obs. Gjidara-Decaix.*

7. Bonne foi. Le juge qui rejette la nouvelle demande du débiteur en le déclarant de mauvaise foi au motif que le fait nouveau invoqué ne constitue pas un cas de force majeure statue par un motif inopérant pour caractériser l'absence de bonne foi du débiteur. • Civ. 1re, 5 déc. 2000 : *Bull. civ. I, n° 317 ; CCC 2001, n° 98, obs. Raymond ; JCP 2001. IV. 1216.* ♦ De même, se prononce par un motif inopérant le juge qui rejette la deuxième demande de règlement amiable au motif que le débiteur n'est pas de bonne foi du fait qu'il a omis de déclarer deux créances lors de sa première demande. • Civ. 2e, 23 juin 2005 : *Bull. civ. II, n° 173 ; D. 2005. AJ 2217, obs. Rondey ; JCP 2005. IV. 2805 ; RTD com. 2005. 612, obs. Paisant.* ♦ Dans le même sens, pour une créance non déclarée lors de la première demande, par suite d'une « négligence », même non constitutive de mauvaise foi : • Civ. 2e, 20 oct. 2005 : *cité note 26 ss. art. L. 711-1.*

8. Date d'appréciation de la bonne foi. Considérant que le juge de l'exécution doit apprécier l'existence de bonne foi au vu de l'ensemble des éléments qui lui sont soumis au jour où il statue, et prendre en compte les éléments nouveaux intervenus depuis la première demande, tels que les efforts de paiement que le débiteur avait consentis depuis sa première demande, celui-ci ayant même soldé certaines de ses dettes, V. • Civ. 1re, 5 janv. 2000 : *cité note 24 ss. art. L. 711-1* • Civ. 2e, 6 mai 2004 : *ibid.* ♦ ... Sans que puisse être invoquée l'autorité de chose jugée d'un précédent jugement. • Civ. 1re, 1er juin 1999 : *CCC 2000, n° 53, obs. Raymond.* ♦ La mauvaise foi constatée dans le cadre d'une première procédure de surendettement n'implique pas automatiquement cette même mauvaise foi dans le cadre d'une demande de délai de paiement faite devant le juge de l'exécution en application de l'art. 1244-1 [1343-5] C. civ. • TGI Troyes, 15 mars 2006 : *CCC 2006, n° 123, obs. Raymond.*

SECTION II EFFETS DE LA DÉCISION DE RECEVABILITÉ

COMMENTAIRE

I. SUSPENSION AUTOMATIQUE DES POURSUITES

Apport fondamental de la loi du 1er juillet 2010 qui rétablit l'égalité entre les créanciers et accentue la protection du débiteur, la décision de recevabilité entraîne désormais la suspension automatique des voies d'exécution portant sur les biens du débiteur (art. L. 722-2), alors que, antérieurement, la suspension devait être ordonnée par le juge saisi sur requête de la commission ou du débiteur ; seule la saisine du juge aux fins de rétablissement personnel emportait automatiquement suspension.

L'article L. 721-4 prévoit néanmoins que, à la demande du débiteur, la commission puisse saisir – avant même la décision de recevabilité – le juge aux fins de suspension des procédures d'exécution. En cas d'urgence, la saisine du juge peut intervenir à l'initiative du président de la commission, des délégués de ce dernier ou du représentant local de la Banque de France, la commission étant ensuite informée de la saisine.

Sont également suspendues les cessions de rémunération portant sur des dettes autres qu'alimentaires.

Comme dans l'ancienne rédaction, l'article L. 722-4 prévoit, dans l'hypothèse d'une saisie immobilière, que lorsque la vente forcée a été ordonnée, le report de la date d'adjudication ne peut résulter que d'une décision du juge chargé de la saisie immobilière, saisi à cette fin par la commission, pour causes graves et dûment justifiées.

Cette suspension vaut pour une période maximale de deux ans depuis la loi du 26 juillet 2013 (un an auparavant) et, selon les cas, jusqu'à l'approbation du plan conventionnel de redressement, jusqu'à la décision imposant les mesures ou jusqu'au jugement d'ouverture d'une procédure de rétablissement personnel avec ou sans liquidation judiciaire (art. L. 722-3).

II. EXPULSIONS

Dès que la décision de recevabilité de la demande de traitement de la situation de surendettement est intervenue, la commission peut saisir le juge du tribunal d'instance aux fins de suspension des mesures d'expulsion du logement du débiteur (art. L. 722-6). Antérieurement à la loi du 1er juillet 2010, la jurisprudence estimait que la procédure d'expulsion n'était pas une procédure d'exécution susceptible de suspension (Civ. 1re, 22 janv. 2002, no 99-16.752 : *Bull. civ. I, no 26 ; CCC 2002, no 132, obs. Raymond*).

Cependant, le juge d'instance ne peut pas prononcer la suspension provisoire de l'expulsion lorsqu'un jugement d'adjudication a déjà été rendu en raison d'une saisie immobilière. En cas de saisie immobilière, lorsque la vente forcée a été ordonnée, le report de la date d'adjudication ne peut résulter que d'une décision du juge chargé de la saisie immobilière, saisi à cette fin par la commission, pour causes graves et dûment justifiées (art. L. 722-4).

III. CONTRATS EN COURS

Le législateur a pris soin d'ajouter que la recevabilité de la demande ne peut pas, à elle seule, constituer un motif pour mettre un terme à un contrat en cours. L'article L. 722-11 prévoit ainsi que la décision déclarant la recevabilité de la demande ne saurait provoquer aucune indivisibilité, résiliation ou résolution des contrats en cours. Par crainte de voir sa créance non remboursée, un créancier aurait pu penser à rompre le contrat qu'il avait conclu avec le consommateur en apprenant qu'il faisait l'objet d'une procédure de surendettement. Il ne peut être dérogé à cette règle impérative.

IV. ALLÈGEMENT DE LA DETTE

La loi du 26 juillet 2013 règle le sort des intérêts « intercalaires » des créances de l'état d'endettement et des pénalités de retard entre la date de recevabilité et celle de la mise en œuvre des mesures (art. L. 722-14). Afin de simplifier les modalités d'établissement de l'arrêté du passif, le législateur a prévu que les créances figurant dans l'état d'endettement du débiteur dressé par la commission ne pourront produire d'intérêts ou générer de pénalités de retard à compter de la date de la décision de recevabilité jusqu'à la mise en œuvre des différentes mesures prévues aux 1° et 2° de l'article L. 724-1 et aux articles L. 732-1, L. 733-1, L. 733-7 et L. 733-8 (art. L. 722-14). ❑

SOUS-SECTION 1 SUSPENSION ET INTERDICTION DES PROCÉDURES D'EXÉCUTION ET CESSIONS DE RÉMUNÉRATION

Art. L. 722-2 La recevabilité de la demande emporte suspension et interdiction des procédures d'exécution diligentées à l'encontre des biens du débiteur ainsi que des cessions de rémunération consenties par celui-ci et portant sur les dettes autres qu'alimentaires. – [*C. consom., art. L. 331-3-1, 1re phrase.*]

V. aussi art. L. 721-4.

Sur les sanctions, V. art. L. 761-2.

1. Biens communs. Attendu que les créanciers qui poursuivent le recouvrement d'une dette commune aux deux époux sur le fondement de l'art. 1413 C. civ. et qui sont concernés par la procédure de traitement du surendettement dont bénéficie l'un des époux, procédure dont les mesures leur sont en tout état de cause opposables, ne peuvent exercer de poursuites sur les biens communs du couple, quand bien même un seul des époux bénéficierait de la procédure de traitement du surendettement. • Douai, 14 juin 2012 : *CCC 2013, n° 21, obs. Raymond.*

2. Date des mesures d'exécution. La suspension prévue par l'art. L. 331-3-1 [L. 722-2] ne peut porter atteinte aux actes qui ont produit leur effet. Ainsi, la résiliation du bail pour défaut de paiement des loyers par l'effet de la clause résolutoire étant intervenue le 7 févr. 2011, il en résulte que le redressement personnel avec effacement de la dette prononcée le 31 mai 2011 est dépourvu d'effet à l'égard de la résolution du bail qui était déjà intervenue à cette date. • Bordeaux, 8 avr. 2013 : *Rev. loyers 2013. 283.* ♦ Pour des décisions de recevabilité prise par la commission de surendettement intervenue avant l'acquisition de la clause résolutoire, V. • Douai, 16 janv. 2014 : *Loyers et copr. 2014, n° 147, obs. Vial-Pedroletti* • Amiens, 9 mai 2014 : *ibid., n° 205, obs. Vial-Pedroletti.*

Art. L. 722-3 **Les procédures et les cessions de rémunération sont suspendues ou interdites, selon les cas, jusqu'à l'approbation du plan conventionnel de redressement prévu à l'article L. 732-1, jusqu'à la décision imposant les mesures prévues** *(L. n° 2016-1547 du 18 nov. 2016, art. 58, en vigueur le 1er janv. 2018)* **« aux articles L. 733-1, L. 733-4, L. 733-7** *[ancienne rédaction : par les dispositions de l'article L. 733-1, jusqu'à l'homologation par le juge des mesures recommandées en application des dispositions des articles L. 733-7, L. 733-8]* **» et L. 741-1, jusqu'au jugement prononçant un rétablissement personnel sans liquidation judiciaire ou jusqu'au jugement d'ouverture d'une procédure de rétablissement personnel avec liquidation judiciaire.** — *V. art. L. 733-1 s., et la note de rédaction.*

Cette suspension et cette interdiction ne peuvent excéder deux ans. — *[C. consom., art. L. 331-3-1, 2e et 3e phrase.]*

Sur les sanctions, V. art. L. 761-2.

Art. L. 722-4 **En cas de saisie immobilière, lorsque la vente forcée a été ordonnée, le report de la date d'adjudication ne peut résulter que d'une décision du juge chargé de la saisie immobilière, saisi à cette fin par la commission, pour causes graves et dûment justifiées.** — *[C. consom., art. L. 331-3-1, 4e phrase.]*

V. aussi art. L. 721-7 et R. 721-7.

Sur les sanctions, V. art. L. 761-2.

Report de l'adjudication. La vente forcée ayant été ordonnée avant que la commission de surendettement ait déclaré recevable la demande que le débiteur avait formée en vue du traitement de sa situation financière, seule cette commission pouvait saisir le juge de la saisie immobilière d'une demande de report de l'adjudication pour causes graves et dûment justifiées. • Civ. 2e, 7 janv. 2016, n° 14-26.908 P : *Dalloz actualité, 14 janv. 2016, obs. Avena-Robardet; CCC 2016, n° 81, obs. Bernheim-Desvaux; Gaz. Pal. 10 mai 2016, p. 43, obs. Lasserre Capdeville; RD banc. fin. 2016, n° 82, obs. Piedelièvre.*

Art. L. 722-5 **La suspension et l'interdiction des procédures d'exécution diligentées à l'encontre des biens du débiteur emportent interdiction pour celui-ci de faire tout acte qui aggraverait son insolvabilité, de payer, en tout ou partie, une créance autre qu'alimentaire, y compris les découverts mentionnés aux 10° et 11° de l'article L. 311-1, née antérieurement à la suspension ou à l'interdiction, de désintéresser les cautions qui acquitteraient des créances nées antérieurement à la suspension ou à l'interdiction, de faire un acte de disposition étranger à la gestion normale du patrimoine ; elles emportent aussi interdiction de prendre toute garantie ou sûreté.**

Le débiteur peut toutefois saisir le juge du tribunal d'instance afin qu'il l'autorise à accomplir l'un des actes mentionnés au premier alinéa. — *[C. consom., art. L. 331-3-1, al. 2 et 3.]* — *V. art. R. 722-8.*

Sur les sanctions, V. art. L. 761-2.

SOUS-SECTION 2 SUSPENSION DES MESURES D'EXPULSION

BIBL. GÉN. ▶ AVENA-ROBARDET, *AJ fam. 2011. 28* (fiche pratique : suspension des mesures d'expulsion).

Art. L. 722-6 **Dès que la décision de recevabilité de la demande de traitement de la situation de surendettement est intervenue, la commission peut saisir le juge du tribunal d'instance aux fins de suspension des mesures d'expulsion du logement du débiteur.** — *[C. consom., art. L. 331-3-2, 1re phrase.] — V. art. R. 722-9.*

1. Constitutionnalité. La suspension temporaire des mesures d'expulsion du débiteur de son logement n'a ni pour effet ni pour objet de priver le propriétaire de l'immeuble de son droit de propriété. Par ailleurs, elle répond à l'objectif d'intérêt général de faciliter le traitement des situations de surendettement, et les atteintes qui en résultent pour le droit de propriété sont proportionnées à cet objectif. • Civ. 3e, QPC, 11 juill. 2012 : *Bull. civ. III, no 109 ; Dalloz actualité, 6 sept. 2012, obs. Rouquet ; D. 2012. Actu. 1950 ; AJDI 2013. 56, note de La Vaissière ; RJDA 2012, no 938 ; RD banc. fin. 2012, no 194, obs. Piedelièvre ; RLDA sept. 2012. 56, obs. Diallo.*

2. Expulsion. Il résulte de la combinaison des art. L. 331-3-1 [L. 722-2 s.] et L. 331-3-2 [L. 722-6 s.] que la procédure d'expulsion du débiteur de son logement n'est pas automatiquement suspendue par la décision de recevabilité prononcée par la commission de surendettement car pour que cette suspension soit possible, la commission qui prononce la recevabilité de la demande de surendettement doit en faire la demande auprès du juge du tribunal d'instance. • Lyon, 21 oct. 2014 : *CCC 2015, no 48, obs. Raymond.*

3. Concours de la force publique. L'État engage sa responsabilité lorsqu'il n'a pas fait procéder à l'expulsion d'un locataire, quand bien même ce dernier aurait par la suite fait l'objet d'une procédure de rétablissement personnel emportant suspension des voies d'exécution à son encontre. • CE 24 avr. 2012 : *AJDA 2012. 916, obs. Grand ; Rev. proc. coll. 2012, no 123, obs. Gjidara-Decaix.* ♦ Lorsqu'un propriétaire, titulaire d'une créance sur un occupant, a demandé le concours de la force publique pour l'exécution d'une décision de justice ordonnant l'expulsion de celui-ci, son approbation ultérieurement donnée à un plan conventionnel de redressement de son débiteur ne vaut pas par elle-même renonciation à sa demande de concours de la force publique. • CE 17 janv. 2011 : *AJDA 2011. 133, obs. Brondel ; CCC 2011, no 129, obs. Raymond ; Dr. et proc. 2011. 102, note Bourdillat ; RD banc. fin. 2011, no 109, obs. Piedelièvre ; Rev. proc. coll. 2011, no 128, obs. Gjidara-Decaix.* ♦ Il est toutefois loisible aux signataires du plan d'y faire figurer une clause expresse de renonciation à la demande de concours de la force publique ou une clause valant, eu égard à son contenu, renonciation à cette demande ; une telle renonciation prend alors effet à la date de la signature du plan conventionnel de redressement en présence du préfet, président de la commission départementale de surendettement ; en cas d'inexécution des stipulations de cette clause, il appartient au bailleur, s'il entend faire à nouveau exécuter la décision de justice prononçant l'expulsion de l'occupant, de saisir le préfet d'une nouvelle demande de concours de la force publique. • Même décision.

Art. L. 722-7 **En cas d'urgence, la saisine du juge peut intervenir à l'initiative du président de la commission, du délégué de ce dernier, du représentant local de la Banque de France ou du débiteur.**

La commission est informée de cette saisine. — *[C. consom., art. L. 331-3-2, 2e et 3e phrases.]*

Art. L. 722-8 **Si la situation du débiteur l'exige, le juge prononce la suspension provisoire des mesures d'expulsion de son logement, à l'exception de celles fondées sur un jugement d'adjudication rendu en matière de saisie immobilière et de celles ordonnées sur le fondement du troisième alinéa de l'article 2198 du code civil.** — *[C. consom., art. L. 331-3-2, 4e phrase.]*

Art. L. 722-9 **Cette suspension est acquise, pour une période maximale de deux ans et, selon les cas, jusqu'à l'approbation du plan conventionnel de redressement prévu à l'article L. 732-1, jusqu'à la décision imposant les mesures prévues** *(L. no 2016-1547 du 18 nov. 2016, art. 58, en vigueur le 1er janv. 2018)* **« aux articles L. 733-1, L. 733-4, L. 733-7** *[ancienne rédaction : par les dispositions de l'article L. 733-1, jusqu'à l'homologation par le juge des mesures recommandées en application des dispositions des articles L. 733-7, L. 733-8]* **» et L. 741-1, jusqu'au jugement prononçant un rétablissement personnel sans liquidation judiciaire ou jusqu'au jugement d'ouverture d'une procédure de rétablissement personnel avec liquidation judiciaire.** — *[C. consom., art. L. 331-3-2, 5e phrase.] — V. art. L. 733-1 s., et la note de rédaction.*

SOUS-SECTION 3 AUTRES EFFETS

Art. L. 722-10 **La recevabilité de la demande emporte rétablissement des droits à l'aide personnalisée au logement et aux allocations de logement. Le déblocage des**

allocations de logement s'effectue dans les conditions prévues aux articles L. 542-7-1 et L. 831-8 du code de la sécurité sociale. – *[C. consom., art. L. 331-3-1, al. 4.]*

Code de la sécurité sociale

Art. L. 542-7-1 *(L. n° 2012-1404 du 17 déc. 2012, art. 93-I, en vigueur le 1er janv. 2013)* La décision déclarant la recevabilité de la demande mentionnée à *(Ord. n° 2016-301 du 14 mars 2016, art. 2, en vigueur le 1er juill. 2016)* « l'article L. 722-10 » du code de la consommation emporte rétablissement des droits à l'allocation de logement pour les locataires. Sauf *(L. n° 2014-366 du 24 mars 2014, art. 85-I, en vigueur le 1er janv. 2015)* « dans le cas mentionné aux II à V de l'article L. 542-2, » dans le cas prévu au dernier alinéa du II de l'article L. 553-4 du présent code ou refus du bailleur, le déblocage des allocations s'effectue au profit de ce dernier.

……………………………………………………………………………………

Art. L. 831-8 *(L. n° 2012-1404 du 17 déc. 2012, art. 93-I)* La décision déclarant la recevabilité de la demande mentionnée à *(Ord. n° 2016-301 du 14 mars 2016, art. 2, en vigueur le 1er juill. 2016)* « l'article L. 722-10 » du code de la consommation emporte rétablissement des droits à l'allocation de logement pour les locataires. Sauf *(L. n° 2014-366 du 24 mars 2014, art. 85-I, en vigueur le 1er janv. 2015)* « dans le cas mentionné aux II à V de l'article L. 831-3, » dans le cas prévu à l'avant-dernier alinéa de l'article L. 835-2 du présent code ou refus du bailleur, le déblocage des allocations s'effectue au profit de ce dernier.

……………………………………………………………………………………

Art. D. 542-22-5 *(Décr. n° 2013-1180 du 17 déc. 2013, art. 2) (Décr. n° 2016-748 du 6 juin 2016, art. 32, en vigueur le 1er sept. 2016)* « I. — Lorsqu'une procédure de surendettement a été engagée devant la commission prévue à l'article *(Ord. n° 2016-301 du 14 mars 2016, art. 2, en vigueur le 1er juill. 2016)* « L. 712-1 » du code de la consommation, préalablement ou parallèlement à l'engagement des procédures prévues aux articles D. 542-22, D. 542-22-1 et D. 542-22-6 du présent code, le versement de l'allocation est maintenu pendant le délai prévu pour l'orientation du dossier de surendettement. »

II. — Lorsque l'allocation est rétablie dans les conditions prévues à l'article L. 542-7-1, son versement est effectué entre les mains du bailleur, sauf dans les cas relevant du second alinéa de l'article D. 542-16 et sauf refus du bailleur.

III. — Dans le cas où, avant la décision déclarant la recevabilité prévue *(Ord. n° 2016-301 du 14 mars 2016, art. 2, en vigueur le 1er juill. 2016)* « à l'article L. 722-10 » du code de la consommation, l'allocation de logement était versée à l'allocataire, le refus ou l'acceptation du bailleur *(Décr. n° 2016-748 du 6 juin 2016, art. 32, en vigueur le 1er sept. 2016)* « de percevoir l'allocation entre ses mains » est transmis à l'organisme payeur mentionné à l'article L. 212-1 du présent code ou à l'article L. 723-2 du code rural et de la pêche maritime dans un délai de quinze jours à compter de la notification de la possibilité de refus qui est adressée par l'organisme payeur au bailleur par tout moyen lui donnant date certaine.

Lorsqu'une échéance de versement de l'allocation de logement intervient pendant ce délai, l'allocation de logement est rétablie par versement à l'allocataire jusqu'à la transmission à l'organisme payeur de l'acceptation du bailleur.

Si le bailleur fait connaître à cet organisme son acceptation du versement entre ses mains de l'allocation, il joint à cette déclaration les renseignements relatifs au compte de dépôt de l'établissement de crédit ou au compte de paiement de l'établissement de paiement ou de l'établissement de monnaie électronique auprès duquel il demande que soient effectués les versements.

A défaut de transmission de la déclaration d'acceptation et des renseignements précités dans le délai de quinze jours, le bailleur est réputé refuser le versement de l'allocation de logement entre ses mains. Toutefois, si le bailleur fait connaître à l'organisme payeur son acceptation et lui communique les renseignements requis après l'expiration du délai précité, le versement est effectué entre ses mains à compter du mois suivant celui de la réception par l'organisme payeur de ces pièces.

IV. — Dans le cas où, avant la décision déclarant la recevabilité prévue *(Ord. n° 2016-301 du 14 mars 2016, art. 2, en vigueur le 1er juill. 2016)* « à l'article L. 722-10 » du code de la consommation, l'allocation de logement était versée entre les mains du bailleur, le refus du bailleur est transmis à l'organisme payeur dans un délai de quinze jours à compter de la notification de cette décision au bailleur par la commission de surendettement. Le bailleur est préalablement informé par l'organisme payeur, au stade du versement initial de l'allocation entre ses mains intervenant en application du II de l'article L. 553-4 ou du II de l'article D. 542-17 du présent code, des conditions dans lesquelles il peut ainsi exprimer son refus à la suite de la déclaration de recevabilité.

A défaut de transmission à l'organisme payeur d'une déclaration de refus du bailleur dans le délai mentionné à l'alinéa précédent, le bailleur est réputé accepter le maintien du versement de l'allocation entre ses mains.

V. — Le versement de l'allocation est maintenu entre les mains du bailleur, sauf refus de ce dernier, dans les conditions prévues aux III et IV ci-dessus, jusqu'à la transmission par le bailleur à l'organisme payeur des notifications des plans, mesures ou jugements mettant fin à la procédure qui lui sont adressées par la commission de surendettement ou par le juge.

L'organisme payeur informe simultanément l'allocataire de chacune des étapes de la procédure qu'il engage auprès du bailleur et de ses conséquences.

VI. — A réception des plans, mesures ou jugements mettant fin à la procédure, l'organisme payeur maintient le versement de l'allocation sous réserve de la reprise du paiement du loyer *(Décr. n° 2016-748 du 6 juin 2016, art. 32, en vigueur le 1er sept. 2016)* « courant, ainsi que des charges locatives » et du respect des conditions prévues par la commission de surendettement, le plan conventionnel ou le juge. *(Décr. n° 2016-748 du 6 juin 2016, art. 32, en vigueur le 1er sept. 2016)* « La bonne exécution du plan, de la mesure ou de la décision judiciaire est vérifiée tous les six mois par l'organisme payeur. Si la suspension de l'allocation a été mise en œuvre avant l'engagement de la procédure de surendettement, il décide, le cas échéant, des modalités de versement du rappel de l'allocation correspondant à la période de suspension. »

....

Art. R. 831-21-5 *(Décr. n° 2013-1180 du 17 déc. 2013, art. 1er) (Décr. n° 2016-748 du 6 juin 2016, art. 21, en vigueur le 1er sept. 2016)* « I. — Lorsqu'une procédure de surendettement a été engagée devant la commission prévue à l'article *(Ord. n° 2016-301 du 14 mars 2016, art. 2, en vigueur le 1er juill. 2016)* « L. 712-2 » du code de la consommation, préalablement ou parallèlement à l'engagement des procédures prévues aux articles R. 831-21-1, R. 831-21-4 et R. 831-21-6 du présent code, le versement de l'allocation est maintenu pendant le délai prévu pour l'orientation du dossier de surendettement. »

II. — Lorsque l'allocation est rétablie dans les conditions prévues à l'article L. 831-8, son versement est effectué entre les mains du bailleur, sauf dans les cas relevant du second alinéa de l'article R. 831-10 et sauf refus du bailleur.

III. — Dans le cas où, avant la décision déclarant la recevabilité prévue *(Ord. n° 2016-301 du 14 mars 2016, art. 2, en vigueur le 1er juill. 2016)* « à l'article L. 722-10 » du code de la consommation, l'allocation de logement était versée à l'allocataire, le refus ou l'acceptation du bailleur *(Décr. n° 2016-748 du 6 juin 2016, art. 21, en vigueur le 1er sept. 2016)* « de percevoir l'allocation entre ses mains » est transmis à l'organisme payeur mentionné à l'article R. 834-14 du présent code dans un délai de quinze jours à compter de la notification de la possibilité de refus qui est adressée par l'organisme payeur au bailleur par tout moyen lui donnant date certaine.

Lorsqu'une échéance de versement de l'allocation de logement intervient pendant ce délai, l'allocation de logement est rétablie par versement à l'allocataire jusqu'à la transmission à l'organisme payeur de l'acceptation du bailleur.

Si le bailleur fait connaître à cet organisme son acceptation du versement entre ses mains de l'allocation, il joint à cette déclaration les renseignements relatifs au compte de dépôt de l'établissement de crédit ou au compte de paiement de l'établissement de paiement ou de l'établissement de monnaie électronique auprès duquel il demande que soient effectués les versements.

A défaut de transmission de la déclaration d'acceptation et des renseignements précités dans le délai de quinze jours, le bailleur est réputé refuser le versement de l'allocation de logement entre ses mains. Toutefois, si le bailleur fait connaître à l'organisme payeur son acceptation et lui communique les renseignements requis après l'expiration du délai précité, le versement est effectué entre ses mains à compter du mois suivant celui de la réception par l'organisme payeur de ces pièces.

IV. — Dans le cas où, avant la décision déclarant la recevabilité prévue *(Ord. n° 2016-301 du 14 mars 2016, art. 2, en vigueur le 1er juill. 2016)* « à l'article L. 722-10 » du code de la consommation, l'allocation de logement était versée entre les mains du bailleur, le refus du bailleur est transmis à l'organisme payeur dans un délai de quinze jours à compter de la notification de cette décision au bailleur par la commission de surendettement. Le bailleur est préalablement informé par l'organisme payeur, au stade du versement initial de l'allocation entre ses mains intervenant en application de l'article L. 835-2 ou du II de l'article R. 831-11 du présent code, des conditions dans lesquelles il peut ainsi exprimer son refus à la suite de la déclaration de recevabilité.

A défaut de transmission à l'organisme payeur d'une déclaration de refus du bailleur dans le délai mentionné à l'alinéa précédent, le bailleur est réputé accepter le maintien du versement de l'allocation entre ses mains.

V. — Le versement de l'allocation est maintenu entre les mains du bailleur, sauf refus de ce dernier, dans les conditions prévues aux III et IV ci-dessus, jusqu'à la transmission par le bailleur à l'organisme payeur des notifications des plans, mesures ou jugements mettant fin à la procédure qui lui sont adressées par la commission de surendettement ou par le juge.

L'organisme payeur informe simultanément l'allocataire de chacune des étapes de la procédure qu'il engage auprès du bailleur et de ses conséquences.

VI. — A réception des plans, mesures ou jugements mettant fin à la procédure, l'organisme payeur maintient le versement de l'allocation de logement sous réserve de la reprise du paiement du loyer *(Décr. nº 2016-748 du 6 juin 2016, art. 21, en vigueur le 1er sept. 2016)* « courant, ainsi que les charges locatives » et du respect des conditions prévues par la commission de surendettement, le plan conventionnel ou le juge. *(Décr. nº 2016-748 du 6 juin 2016, art. 21, en vigueur le 1er sept. 2016)* « La bonne exécution du plan, de la mesure ou de la décision judiciaire est vérifiée tous les six mois par l'organisme payeur. Si la suspension de l'allocation a été mise en œuvre avant l'engagement de la procédure de surendettement, il décide, le cas échéant, des modalités de versement du rappel de l'allocation correspondant à la période de suspension. »

Art. L. 722-11 **Nonobstant toute disposition légale ou toute clause contractuelle, aucune indivisibilité, résiliation ou résolution d'un contrat en cours ne peut résulter du seul fait de la décision de recevabilité de la demande.** – *[C. consom., art. L. 331-3-1, al. 5.]*

Art. L. 722-12 **En cas de rejet d'un avis de prélèvement postérieur à la notification de la décision de recevabilité, l'établissement de crédit, l'établissement de monnaie électronique ou l'établissement de paiement qui tient le compte du déposant et les créanciers ne peuvent percevoir des frais ou commissions y afférents.** – *[C. consom., art. L. 331-3, I, al. 3.]*

Sur les sanctions, V. art. L. 761-2.

Art. L. 722-13 **A compter de la décision de recevabilité de la demande, le délai de trente jours mentionné au deuxième alinéa de l'article L. 113-3 du code des assurances, lorsqu'il est applicable, est porté à cent vingt jours pour les assurances ayant pour objet la garantie de remboursement d'un emprunt relevant du chapitre II du titre Ier du livre III et figurant dans l'état du passif définitivement arrêté par la commission ou le juge. Le contrat d'assurance correspondant ne peut pas être résilié pendant la période de suspension et d'interdiction des procédures d'exécution et des cessions de rémunération définie à l'article L. 722-2.** – *[C. consom., art. L. 331-3-1, al. 6.]*

Sur les sanctions, V. art. L. 761-2.

Art. L. 722-14 ***Les créances figurant* dans l'état d'endettement du débiteur dressé par la commission ne peuvent produire d'intérêts ou générer de pénalités de retard à compter de la date de recevabilité et jusqu'à la mise en œuvre des mesures prévues aux 1° et 2° de l'article L. 724-1 et aux articles L. 732-1, L. 733-1,** *(L. nº 2016-1547 du 18 nov. 2016, art. 58, en vigueur le 1er janv. 2018)* **« L. 733-4 et L. 733-7** *[ancienne rédaction : L. 733-7 et L. 733-8]* **».** – *[C. consom., art. L. 331-3-1, al. 7.] – V. art. L. 733-1 s., et la note de rédaction.*

Sur les sanctions, V. art. L. 761-2.

Art. L. 722-15 **Les créanciers informent les personnes qu'ils ont chargées d'actions de recouvrement de la recevabilité de la demande et de ses conséquences prévues aux articles L. 722-2 et L. 722-3.** – *[C. consom., art. L. 331-3-1, al. 8.]*

Art. L. 722-16 **Lorsqu'un protocole de cohésion sociale prévu aux articles L. 353-15-2 et L. 442-6-5 du code de la construction et de l'habitation a été conclu avec le bailleur antérieurement à la décision de recevabilité, le paiement des arriérés de loyer prévu par ledit protocole est suspendu jusqu'à la mise en œuvre des mesures prévues aux 1° et 2° de l'article L. 724-1 ou aux articles L. 732-1, L. 733-1,** *(L. n° 2016-1547 du 18 nov. 2016, art. 58, en vigueur le 1er janv. 2018)* **« L. 733-4 et L. 733-7** *[ancienne rédaction : L. 733-7 et L. 733-8]* **».** – *V. art. L. 733-1 s., et la note de rédaction.*

Lorsque ces mesures prévoient des modalités de règlement de la dette de loyer, celles-ci se substituent aux modalités de règlement de la dette de loyer prévues dans le protocole de cohésion sociale, dont la durée est prolongée jusqu'au règlement de la dette de loyer, dans la limite de la durée des mesures de redressement prises en application des dispositions des articles L. 732-1, L. 733-1, *(L. n° 2016-1547 du 18 nov. 2016, art. 58, en vigueur le 1er janv. 2018)* **« L. 733-4 ou L. 733-7** *[ancienne rédaction : L. 733-7 ou L. 733-8]* **».** – *[C. consom., art. L. 331-3-1, al. 9.]*

Sur les sanctions, V. art. L. 761-2.

CHAPITRE III ÉTAT DU PASSIF

COMMENTAIRE

Saisie par le dépôt de dossier du débiteur, la commission vérifie la recevabilité de la demande. Elle dresse l'état d'endettement du débiteur ; celui-ci étant tenu de lui déclarer les éléments actifs et passifs de son patrimoine. Lorsque la commission constate l'existence d'un cautionnement, elle informe la caution de l'ouverture de la procédure (art. R. 723-4), laquelle peut présenter des observations écrites.

Dès lors que la demande a été déclarée recevable, la commission procède à une enquête : elle peut entendre toute personne dont l'audition paraît utile, faire publier un appel aux créanciers (art. L. 723-1), obtenir communication de toute information utile auprès des administrations, des établissements de crédit, de paiement ou de monnaie électronique, des organismes de sécurité sociale, et consulter le fichier des incidents de paiement. Elle peut même solliciter des enquêtes sociales.

Après avoir été informés par la commission de l'état du passif déclaré par le débiteur, les créanciers disposent d'un délai de trente jours pour fournir, en cas de désaccord, les justifications de leurs créances. A partir de l'ensemble des éléments produits, la commission dresse l'état du passif et le notifie au débiteur. Si ce dernier conteste cet état, il dispose d'un délai de vingt jours pour demander à la commission la saisine du juge du tribunal d'instance, aux fins de vérification de la validité des titres de créances et du montant des sommes réclamées (art. L. 723-3). La commission est tenue de répondre à sa demande de vérification (art. L. 723-3), mais, même en l'absence de celle-ci, la commission peut saisir le juge du tribunal d'instance en cas de difficulté (art. L. 723-4). ❑

Art. L. 723-1 **Après avoir procédé à l'examen de la recevabilité de la demande de traitement de la situation de surendettement, la commission dresse l'état du passif du débiteur. A cette fin, elle peut faire publier un appel aux créanciers.** – *[C. consom., art. L. 331-3, II, al. 1er.]* – *V. art. R. 723-2.*

Art. L. 723-2 **La commission informe le débiteur de l'état du passif qu'elle a dressé.** – *[C. consom., art. L. 331-4, 1re phrase.]*

Art. L. 723-3 **Le débiteur peut, dans un délai fixé par décret, contester l'état du passif dressé par la commission et demander à celle-ci de saisir le juge du tribunal d'instance, aux fins de vérification de la validité des créances, des titres qui les constatent et du montant des sommes réclamées.**

La commission est tenue de faire droit à cette demande. – *[C. consom., art. L. 331-4, 2e phrase partielle et 3e phrase.]*

1. Vérification des créances. La vérification de la validité et du montant des créances prévue à l'art. L. 331-4 [L. 723-3], qui n'est opérée que pour les besoins de la procédure devant la commission afin de permettre à celle-ci de poursuivre sa mission, n'a pas pour effet de priver le juge de l'exécution des pouvoirs qu'il tient de l'art. L. 332-2 [L. 733-14] de vérifier la validité et le montant des titres de créance lorsqu'il est saisi d'une contestation relative aux mesures recommandées. • Civ. 1re, 24 mars 2005 : CCC 2005, nº 145, obs. Raymond. ♦ Ainsi, le juge de l'exécution saisi en application de l'art. L. 332-2 [L. 733-14] n'est pas lié par la vérification des créances demandées aux termes de l'art. L. 331-4 [L. 723-3]. • Paris, 28 juin 2011 : CCC 2011, nº 229, obs. Raymond. ♦ Sur le rôle du juge, V. aussi • Civ. 2e, 11 juill. 2013 : RD banc. fin. 2013, nº 200, obs. Piedelièvre.

2. *Créance contestée.* Une créance dont la validité a été reconnue par un jugement frappé d'appel mais assorti de l'exécution provisoire ne doit pas être exclue de la procédure de surendettement. • Civ. 1re, 7 mai 2002 : *Bull. civ. I, nº 126.* ♦ Mais le jugement, déclarant irrecevable l'action en paiement d'un créancier en raison de la forclusion, ayant été infirmé par une décision devenue irrévocable, les juges ne pouvaient plus se fonder sur ce jugement pour écarter la créance. • Civ. 2e, 21 janv. 2010 : *pourvoi nº 09-11.988.*

3. *Délai de contestation.* Le délai de vingt jours prévu à l'art. L. 331-4 [L. 723-3], venu à expiration un dimanche, est prorogé jusqu'au premier jour ouvrable suivant. • Civ. 2e, 10 févr. 2011 : *CCC 2011, nº 149, obs. Raymond.*

Art. L. 723-4 Même en l'absence de demande du débiteur, la commission peut, en cas de difficultés, saisir le juge du tribunal d'instance aux fins de vérification de la validité des créances, des titres qui les constatent et du montant des sommes réclamées. — *[C. consom., art. L. 331-4, al. 2.] — V. art. R. 723-6.*

CHAPITRE IV ORIENTATION DU DOSSIER

COMMENTAIRE

I. ORIENTATION

Lorsque, à l'examen de la demande de traitement de la situation de surendettement, il apparaît que les ressources ou l'actif réalisable du débiteur le permettent, la commission prescrit des mesures de traitement.

En revanche, lorsque le débiteur se trouve dans une situation irrémédiablement compromise caractérisée par l'impossibilité manifeste de mettre en œuvre des mesures classiques de traitement, la commission de surendettement dispose d'un véritable pouvoir d'orientation. Elle peut alors envisager deux types de mesures, le premier résultant de la loi de 2010 sur le crédit (modifiée en 2016), alors que le second date de 2003 (art. L. 724-1).

Soit elle impose (à compter de l'entrée en application de la loi du 18 novembre 2016) un rétablissement personnel sans liquidation judiciaire si le débiteur ne possède que des biens nécessaires à la vie courante et des biens non professionnels indispensables à l'exercice de son activité professionnelle, ou encore si son actif est constitué de biens dépourvus de valeur marchande ou dont les frais de vente seraient manifestement disproportionnés au regard de leur valeur vénale. Avant l'entrée en vigueur de la loi du 18 novembre 2016, fixée au 1er janvier 2018, elle ne pouvait que recommander un rétablissement personnel sans liquidation, le juge du tribunal d'instance conférant ensuite force exécutoire à la recommandation de la commission en l'absence de contestation, après en avoir vérifié la régularité et le bien-fondé.

Soit elle saisit, avec l'accord du débiteur, le juge aux fins d'ouverture d'une procédure de rétablissement personnel avec liquidation judiciaire si elle constate que le débiteur ne se trouve pas dans la situation précédente.

Par ailleurs, si en cours d'exécution des mesures de traitement, il apparaît que la situation du débiteur devient irrémédiablement compromise, le débiteur peut saisir la commission afin de bénéficier d'une procédure de rétablissement personnel avec ou sans liquidation judiciaire (art. L. 724-2).

II. EFFETS

Ces mesures emportent suspension et interdiction des procédures d'exécution diligentées à l'encontre des biens du débiteur ainsi que des cessions de rémunération consenties par celui-ci et portant sur les dettes autres qu'alimentaires (art. L. 724-3). Elles sont acquises selon les cas jusqu'à l'homologation par le juge de la recommandation (avant l'entrée en vigueur de la loi du 18 novembre 2016), jusqu'au jugement prononçant un rétablissement personnel sans liquidation judiciaire ou jusqu'au jugement d'ouverture d'une procédure de rétablissement personnel avec liquidation judiciaire. Cette suspension et cette interdiction ne peuvent excéder deux ans (art. L. 724-4). La commission peut également demander au juge de suspendre les mesures d'expulsion du logement du débiteur (art. L. 724-5). ❑

Art. L. 724-1 **Lorsqu'il ressort de l'examen de la demande de traitement de la situation de surendettement que les ressources ou l'actif réalisable du débiteur le permettent, la commission prescrit des mesures de traitement dans les conditions prévues aux articles L. 732-1, L. 733-1,** *(L. nº 2016-1547 du 18 nov. 2016, art. 58, en vigueur le 1er janv. 2018)* **« L. 733-4 et L. 733-7** *[ancienne rédaction : L. 733-7 et L. 733-8]* **».** *— V. art. L. 733-1 s., et la note de rédaction.*

Lorsque le débiteur se trouve dans une situation irrémédiablement compromise caractérisée par l'impossibilité manifeste de mettre en œuvre des mesures de traitement mentionnées au premier alinéa, la commission peut, dans les conditions du présent livre :

1º Soit *(L. nº 2016-1547 du 18 nov. 2016, art. 58, en vigueur le 1er janv. 2018)* **« imposer** *[ancienne rédaction : recommander]* **» un rétablissement personnel sans liquidation judiciaire si elle constate que le débiteur ne possède que des biens meublants nécessaires à la vie courante et des biens non professionnels indispensables à l'exercice de son activité professionnelle, ou que l'actif n'est constitué que de biens dépourvus de valeur marchande ou dont les frais de vente seraient manifestement disproportionnés au regard de leur valeur vénale ;**

2º Soit saisir, si elle constate que le débiteur n'est pas dans la situation mentionnée au 1º, avec l'accord du débiteur, le juge du tribunal d'instance aux fins d'ouverture d'une procédure de rétablissement personnel avec liquidation judiciaire. — *[C. consom., art. L. 330-1, al. 2 à 5.]*

V. aussi art. L. 741-1 s.

Art. L. 724-2 **Si, en cours d'exécution des mesures de traitement prévues aux articles L. 732-1, L. 733-1,** *(L. nº 2016-1547 du 18 nov. 2016, art. 58, en vigueur le 1er janv. 2018)* **« L. 733-4 et L. 733-7** *[ancienne rédaction : L. 733-7 et L. 733-8]* **», il apparaît que la situation du débiteur devient irrémédiablement compromise dans les conditions prévues au deuxième alinéa de l'article L. 724-1, le débiteur peut saisir la commission afin de bénéficier d'une procédure de rétablissement personnel avec ou sans liquidation judiciaire.** — *[C. consom., art. L. 331-7-3, 1re phrase.] — V. art. L. 733-1 s., et la note de rédaction.*

Art. L. 724-3 **Dans le cas mentionné à l'article L. 724-2, après avoir constaté la bonne foi du débiteur, la commission** *(L. nº 2016-1547 du 18 nov. 2016, art. 58, en vigueur le 1er janv. 2018)* **« impose** *[ancienne rédaction : recommande]* **» un rétablissement personnel sans liquidation judiciaire ou saisit le juge du tribunal d'instance aux fins d'ouverture d'une procédure de rétablissement personnel avec liquidation judiciaire.**

Cette *(L. nº 2016-1547 du 18 nov. 2016, art. 58, en vigueur le 1er janv. 2018)* **« décision** *[ancienne rédaction : recommandation]* **» ou cette saisine emportent suspension et interdiction des procédures d'exécution diligentées à l'encontre des biens du débiteur ainsi que des cessions de rémunération consenties par celui-ci et portant sur les dettes autres qu'alimentaires. Les dispositions de l'article L. 722-5 sont applicables.** — *[C. consom., art. L. 331-7-3, 2e et 3e phrases.]*

Bonne foi. Le débiteur est présumé de bonne foi. Ni le non-respect du protocole d'accord d'apurement de la dette locative, ni l'échec du plan conventionnel de redressement ne traduisent la volonté délibérée de la débitrice de se soustraire à ses obligations. • Versailles, 3 févr. 2011 : *CCC 2011, nº 179, obs. Raymond ; RD banc. fin. 2011, nº 175, obs. S. Piedelièvre ; Rev. proc. coll. 2011, nº 129, obs. Gjidara-Decaix.*

Art. L. 724-4 **La suspension et l'interdiction mentionnées à l'article L. 724-3 sont acquises jusqu'à** *(L. nº 2016-1547 du 18 nov. 2016, art. 58, en vigueur le 1er janv. 2018)* **« la date de la décision de la commission imposant un rétablissement personnel sans liquidation judiciaire** *[ancienne rédaction : l'homologation par le juge de la recommandation en application de l'article L. 741-2]* **», jusqu'au jugement prononçant un rétablissement personnel sans liquidation judiciaire ou jusqu'au jugement d'ouverture d'une procédure de rétablissement personnel avec liquidation judiciaire. Cette suspension et cette interdiction ne peuvent excéder deux ans.** — *[C. consom., art. L. 331-7-3, 5e et 6e phrases.] — V. art. L. 741-1 s., et la note de rédaction.*

Sur les sanctions, V. art. L. 761-2.

Art. L. 724-5 **La commission peut également demander au juge de suspendre les mesures d'expulsion du logement du débiteur.** — *[C. consom., art. L. 331-7-3, 4e phrase.]*

TITRE TROISIÈME MESURES DE TRAITEMENT DES SITUATIONS DE SURENDETTEMENT

CHAPITRE PREMIER DÉTERMINATION DU MONTANT DES REMBOURSEMENTS *(L. no 2016-1691 du 9 déc. 2016, art. 66-I).*

COMMENTAIRE

La loi du 9 décembre 2016, dite « Sapin 2 » apporte une clarification de terminologie dans l'intitulé du chapitre Ier ainsi que dans l'article L. 731-1 : la notion de « capacité de remboursement » est remplacée par les termes plus explicites de « montant des remboursements ». En effet, ces dispositions traitent de la détermination du montant des remboursements, fixés en application des règles de la quotité saisissable du salaire.

La commission doit s'assurer que les remboursements laissent au débiteur un minimum de ressources. Ce « reste à vivre » est prévu par l'article L. 731-1, issu de la loi du 29 juillet 1998 relative à la lutte contre les exclusions et modifié par la loi du 19 janvier 2005 de cohésion sociale. La loi du 1er juillet 2010 ajoute que, pour la détermination du montant des remboursements que le débiteur devra satisfaire, il convient de prendre en compte la quotité saisissable des salaires visée par le code du travail, de façon que cette part de ressources minimales ne soit pas inférieure au montant forfaitaire perçu dans le cadre du revenu de solidarité active (RSA), objet de l'article L. 262-2 du code de l'action sociale et des familles, et non plus du RMI, qui servait auparavant de référence.

La loi prend en compte les diverses composantes de la vie courante pour inclure dans ce « reste à vivre » les dépenses de santé, celles occasionnées par la garde des enfants et les déplacements professionnels, ce qui était généralement pratiqué par les commissions (art. L. 731-2).

Par ailleurs, la loi prend en considération les disparités manifestes du coût de la vie selon le département de résidence du débiteur : une certaine marge d'appréciation est laissée aux commissions. Toutefois, dans un souci de conciliation du juste et de l'utile, la loi no 2013-672 du 26 juillet 2013 prévoit que le montant des remboursements peut, avec l'accord du débiteur et dans des limites raisonnables, excéder la somme calculée par référence à la quotité saisissable du salaire, lorsqu'il s'agit d'éviter la cession de la résidence principale (art. L. 731-2, al. 2). ❑

Art. L. 731-1 **Pour l'application des dispositions des articles L. 732-1, L. 733-1 ou** *(L. no 2016-1547 du 18 nov. 2016, art. 58, en vigueur le 1er janv. 2018)* **« L. 733-4** *[ancienne rédaction : L. 733-7]* **»,** *(L. no 2016-1691 du 9 déc. 2016, art. 66-I)* **« le montant des remboursements est fixé », dans des conditions précisées par décret en Conseil d'État, par référence à la quotité saisissable du salaire telle qu'elle résulte des articles L. 3252-2 et L. 3252-3 du code du travail, de manière à ce que la part des ressources nécessaire aux dépenses courantes du ménage lui soit réservée par priorité.** — *[C. consom., art. L. 331-2, al. 2, 1re phrase.] — V. art. L. 733-1 s., et la note de rédaction.*

Art. L. 731-2 **La part des ressources nécessaire aux dépenses courantes du ménage ne peut être inférieure, pour le ménage en cause, au montant forfaitaire mentionné à l'article L. 262-2 du code de l'action sociale et des familles. Elle intègre le montant des dépenses de logement, d'électricité, de gaz, de chauffage, d'eau, de nourriture et de scolarité, de garde et de déplacements professionnels ainsi que les frais de santé. Les conditions de prise en compte et d'appréciation de ces dépenses par le règlement intérieur de chaque commission sont précisées par la voie réglementaire.**

En vue d'éviter la cession de la résidence principale, le montant des remboursements peut, avec l'accord du débiteur et dans des limites raisonnables, excéder la somme calculée par référence à la quotité saisissable du salaire telle qu'elle résulte des dispositions des articles L. 3252-2 et L. 3252-3 du code du travail. — *[C. consom., art. L. 331-2, al. 2, 2e, 3e, 4e phrases, et al. 3.]*

1. Maintien de ressources minimales. Pour l'application de l'art. L. 331-2, al. 2 [L. 731-1 et L. 731-2], les juges du fond apprécient souverainement le montant des ressources mensuelles réelles du débiteur. • Civ. 1re, 18 oct. 2000 : *Bull. civ. I, no 257 ; JCP 2000. IV. 2790* (cas d'un intermittent du spectacle ayant des revenus à fortes variations). ♦ Hormis la part minimale nécessaire aux dépenses courantes, les juges du fond apprécient souverainement les facultés contributives résiduelles des débiteurs, au regard de leurs charges et ressources réelles. • Civ. 1re, 4 déc. 2001 : *Bull. civ. I, n° 309 ; RTD com. 2002. 173, obs. Paisant* • Civ. 2e, 8 juill. 2004 : *Bull. civ. II, n° 383 ; JCP E 2004. 1404.* ♦ C'est à chaque commission et non à la Banque de France qu'il incombe de fixer les règles qu'elle entend appliquer en ce domaine ; ces règles doivent être réalistes et adaptées aux différentes situations afin que les plans de redressement mis en place en faveur des débiteurs surendettés soient viables et pérennes (Rép. min. n° 104272 : *JOAN Q 9 janv. 2007, p. 256 ; D. 2007. 365*). ♦ Les dépenses de protection en matière de santé, c'est-à-dire engagées dans le cadre d'assurances complémentaires (coût d'une mutuelle), entrent dans la catégorie des frais de santé. • Orléans, 28 nov. 2013 : *CCC 2014, n° 104, obs. Raymond.* ♦ Sur la prise en compte des aides financières apportées par le débiteur à son père et son frère, eux-mêmes dénués de ressources, dans le calcul des charges, V. • Paris, 5 mai 2015, n° 14/00104 : *CCC 2015, n° 215, obs. Raymond ; Gaz. Pal. 2015. 3852, obs. Mouial-Bassilana.*

2. *Quotité saisissable du salaire.* Il résulte des textes que le renvoi à l'art. L. 145-2 [L. 3252-2 et L. 3252-3] C. trav. ne concerne que les quotités et non l'assiette du calcul du montant des remboursements. • Civ. 1re, 12 févr. 2002 : *Bull. civ. I, n° 57 ; D. 2002. AJ 955 ; CCC 2002, n° 69, obs. Raymond ; RTD com. 2002. 553, obs. Paisant* • Civ. 2e, 6 mai 2004 : *Bull. civ. II, n° 221.* ♦ ... Laquelle englobe la totalité des ressources du ménage, y compris les prestations sociales, et que, d'autre part, le calcul prend en compte cette assiette, quel que soit le débiteur des dettes considérées. • Civ. 1re, 12 févr. 2002 : *préc.* • Civ. 2e, 8 juill. 2004 : *préc. note 1* (une pension de veuve de guerre, incessible et insaisissable, constitue un revenu réel devant être compris dans la détermination du minimum vital). ♦ *Contra*, sur l'exclusion des prestations familiales de l'assiette des revenus du débiteur : • Angers, 20 mars 2000 : *BICC 1er déc. 2000, n° 1353.* ♦ ... Et jugeant que l'allocation personnalisée d'autonomie ne constitue pas un complément de revenus : • Paris, 22 sept. 2009 : *CCC 2010, n° 30, obs. Raymond.* ♦ V. pour le RSA : • Paris, 9 avr. 2013 : *CCC 2013, n° 201, obs. Raymond ; RD banc. fin. 2013, n° 203, obs. Piedelièvre ; Rev. proc. coll. 2013, n° 207, obs. Gjidara-Decaix.* ♦ ... Et la prestation de compensation du handicap aides humaines : • Paris, 9 avr. 2013 : *eod. loc.* ♦ Il s'évince des dispositions légales que la quotité saisissable définie par la loi pour déterminer les prélèvements dans le cadre d'une saisie des rémunérations constitue le montant maximal qui peut être consacré par un débiteur au paiement de ses dettes. • Paris, 24 sept. 2013 : *CCC 2014, n° 24, obs. Raymond ; RD banc. fin. 2014, n° 62, obs. Piedelièvre.*

3. *Échéances du plan excédant la quotité saisissable.* Le débiteur qui a bénéficié d'un plan amiable de règlement de ses dettes qui ne répond pas aux exigences de l'art. L. 331-2, al. 2 [L. 731-1 et L. 731-2], en ce que le montant des remboursements prévus excède la quotité saisissable de ses ressources, est recevable à former une nouvelle demande de traitement de sa situation de surendettement. • Civ. 2e, 9 juin 2005 : *Bull. civ. II, n° 152 ; D. 2005. AJ 2145, obs. Rondey ; CCC 2005, n° 183, obs. Raymond.*

Art. L. 731-3 **La part des ressources nécessaire aux dépenses courantes du ménage est fixée par la commission et mentionnée dans le plan conventionnel de redressement prévu à l'article L. 732-1** *(L. n° 2016-1547 du 18 nov. 2016, art. 58, en vigueur le 1er janv. 2018)* **« ou dans les mesures prévues aux articles L. 733-1 ou L. 733-4** *[ancienne rédaction :, dans les mesures prévues à l'article L. 733-1 ou les recommandations prévues à l'article L. 733-7]* **».** — *[C. consom., art. L. 331-2, al. 2, 5e phrase.] — V. art. L. 733-1 s., et la note de rédaction.*

CHAPITRE II PLAN CONVENTIONNEL

DALLOZ RÉFÉRENCE *Surendettement des particuliers*, par FERRIÈRE et AVENA-ROBARDET, 2012/2013, 4e éd., nos 24.00 s.

BIBL. GÉN. ▶ HÉNAFF, *RLDA nov. 2013. 37* (brève présentation des retouches apportées au droit du surendettement par la L. n° 2013-672 du 26 juill. 2013).

COMMENTAIRE

I. PLAN CONVENTIONNEL DE REDRESSEMENT

La mission de la commission est de parvenir à l'adoption d'un plan de redressement négocié entre le débiteur et ses principaux créanciers (art. L. 732-1). Cette notion de « principaux créanciers » n'est pas définie par la loi (à rapprocher de la même notion utilisée par l'art. L. 611-7

C. com., en matière de conciliation dans le cadre des entreprises en difficulté dans le prolongement de l'ancien règlement amiable) : leur détermination appartiendra alors à la commission.

Le plan conventionnel prévoit les modalités de son exécution (art. L. 732-3). Il est daté et signé par les parties qui en reçoivent une copie (art. R. 732-1). Il mentionne qu'il est de plein droit caduc quinze jours après une mise en demeure restée infructueuse (art. R. 732-2).

Le plan peut comporter des mesures de report ou de rééchelonnement de paiement des dettes, de remise de dette, de réduction ou de suppression du taux d'intérêt, de consolidation, de création ou de substitution de garantie. Il peut subordonner ces mesures à l'accomplissement par le débiteur d'actes propres à faciliter ou à garantir le paiement de la dette ; il peut également les subordonner à l'abstention par le débiteur de certains actes susceptibles d'aggraver son insolvabilité.

Le plan tient sa force obligatoire de la convention passée entre le débiteur et ses créanciers : il n'engage que ceux qui y ont souscrit, par application de l'effet relatif des contrats. Mais la commission exerce ici un rôle non négligeable, de façon à éviter que le plan ne soit que l'émanation de la volonté des créanciers.

La loi sur le crédit à la consommation du 1er juillet 2010 avait réduit à huit ans la durée totale du plan, qui était jusqu'alors de dix ans. La loi du 17 mars 2014 a réduit la durée totale du plan à sept ans (art. L. 732-3), y compris lorsqu'il fait l'objet d'une révision (en cas d'aggravation de l'endettement ou de retour à meilleure fortune, les mesures du plan peuvent être modifiées), ou d'un renouvellement (s'il n'a pas permis d'apurer les dettes).

Réduire le délai de mise en œuvre des mesures peut certes permettre de mettre fin plus rapidement à l'endettement du consommateur, mais cela suppose une pression accrue sur le débiteur. Mais, comme auparavant, il est possible de dépasser ce délai s'il s'agit de rembourser le prêt obtenu par le consommateur pour sa résidence principale et que cela permet d'éviter sa cession. La loi relative à la consommation prévoit toutefois un second cas de dépassement du délai lorsqu'un délai supplémentaire permet au débiteur d'apurer toute sa dette sans avoir à céder sa résidence principale.

Par ailleurs, jusqu'à la mise en œuvre du plan, les créances du passif ne produisent plus d'intérêts et ne génèrent aucune pénalité de retard (art. L. 722-14).

Enfin, observons que la remise de dette accordée au débiteur principal libère en principe la caution (C. civ., art. 1350-2). Mais la Cour de cassation a consacré le principe d'inopposabilité de l'ancien règlement amiable à la caution, estimant que, malgré leur caractère volontaire, les mesures consenties par le créancier dans le cadre d'un plan conventionnel de règlement « ne constituent pas, eu égard à la finalité d'un tel plan, une remise de dette au sens de l'article 1287 du code civil », devenu l'article 1350-2 (Civ. 1re, 13 nov. 1996 : *cité note 4 ss. art. L. 732-2*). Cependant, c'est une solution opposée qui a été rendue en matière de traitement des difficultés des entreprises, à propos de l'ancien règlement amiable (Com. 5 mai 2004 : *RDC 2005. 408, obs. Houtcieff*). Il faut observer que l'article L. 626-11 du code de commerce prévoit en ce sens, dans le cadre de la procédure de sauvegarde, que les personnes physiques ayant consenti un cautionnement ou une garantie autonome peuvent se prévaloir des dispositions du plan dont bénéficie le débiteur principal.

II. CONCILIATION VOUÉE À L'ÉCHEC

La commission est dispensée de la phase de conciliation, manifestement vouée à l'échec, lorsque la situation sans être vraiment irrémédiablement compromise – conduisant dans ce cas à un *rétablissement personnel – ne permet* pas de prévoir le remboursement de la totalité des dettes. Cette mesure de la loi du 26 juillet 2013 devrait permettre à la fois un gain de temps et des économies.

L'article 66 de la loi n° 2016-1691 du 9 décembre 2016 relative à la transparence, à la lutte contre la corruption et à la modernisation de la vie économique supprime, pour les dossiers de surendettement déposés à compter du 1er janvier 2018, la phase amiable de la procédure de surendettement, entre débiteurs et créanciers, lorsque le débiteur ne possède pas de bien immobilier. Dans ce cas, la commission de surendettement pourra immédiatement imposer les mesures prévues aux articles L. 733-1, L. 733-4 et L. 733-7. En outre, lorsqu'un plan conventionnel est proposé, la loi vise à raccourcir les délais d'attente en prévoyant que le silence des créanciers vaut accord de leur part, et ce, à l'issue d'un délai fixé par décret (art. L. 732-3, al. 2) : on déroge à la règle selon laquelle le silence ne vaut pas acceptation. ❑

Art. L. 732-1 **Si l'examen de la demande de traitement de la situation de surendettement fait apparaître que le débiteur se trouve dans la situation définie au premier alinéa de l'article L. 724-1** *(L. n° 2016-1691 du 9 déc. 2016, art. 66-I, en vigueur le 1er janv. 2018)* **« et que le débiteur est propriétaire d'un bien immobilier », la commission s'efforce de concilier les parties en vue de l'élaboration d'un plan conventionnel de redressement approuvé par le débiteur et ses principaux créanciers.** – *[C. consom., art. L. 331-6, I, al. 1er.]*

Les dispositions issues de la L. n° 2016-1691 du 9 déc. 2016 s'appliquent aux dossiers de surendettement déposés à compter du 1er janv. 2018 (L. préc., art. 66-II).

1. Nature juridique du plan conventionnel de redressement. Jugé que le plan conventionnel de redressement ne peut être considéré que comme un contrat *sui generis*, dérivé du contrat initial, portant sur les modalités d'exécution de ce contrat initial et en suspendant les effets. • TI Alençon, 28 sept. 1990 : *D. 1992. Somm. 109, obs. Bouloc et Chatain.*

2. Approbation. Le plan conventionnel de redressement doit être approuvé par le débiteur et ses principaux créanciers ; en l'absence de signature de l'un de ces derniers, la preuve de l'approbation du plan incombe à celui qui s'en prévaut. • Civ. 2e, 6 mai 2004 : *Bull. civ. II, n° 222 ; RTD com. 2004. 621, obs. Paisant.*

3. Nullité pour erreur. Dès lors qu'une clause particulièrement grave du plan (vente du bien immobilier) n'a été mentionnée que de façon très peu visible, il y a lieu de considérer que les débiteurs, qui ont manifesté très vite leur désaccord, n'avaient pas valablement donné leur consentement et qu'il y a eu échec de la commission dans sa mission de conciliation. • Paris, 16 oct. 1996 : *CCC 1997, n° 40, obs. Raymond.*

Art. L. 732-2 **Le plan conventionnel peut comporter des mesures de report ou de rééchelonnement des paiements des dettes, de remise des dettes, de réduction ou de suppression du taux d'intérêt, de consolidation, de création ou de substitution de garantie.**

Ce plan peut subordonner ces mesures à l'accomplissement par le débiteur d'actes propres à faciliter ou à garantir le paiement de la dette. Il peut également les subordonner à l'abstention par le débiteur d'actes qui aggraveraient son insolvabilité. – *[C. consom., art. L. 331-6, I, al. 2 et 3.]*

Sur les sanctions, V. art. L. 761-2.

1. Retour à meilleure fortune. BIBL. Mezen, *RJ com. 2011. 451* (pour une relecture de la clause de retour à meilleure fortune). ♦ Le plan conventionnel de règlement peut comporter une clause par laquelle le débiteur s'engage à payer ses dettes en cas de retour à meilleure fortune. V. : Paisant, *RTD com. 1992. 674.* ♦ Rappr. note 29 ss. art. L. 733-1.

2. Effet novatoire. La novation ne se présumant pas, elle doit résulter clairement des actes ; un réaménagement de la dette pour l'exécution d'un plan conventionnel de redressement ne suffit pas à la caractériser. • Civ. 1re, 20 mai 2003 : *Bull. civ. I, n° 122 ; RTD com. 2003. 576, obs. Paisant ; RDC 2003. 14, obs. Grimaldi* (cassation de l'arrêt qui déclare éteint du fait de la novation intervenue le cautionnement hypothécaire garantissant un prêt, suite au réaménagement conventionnel se traduisant par la substitution de deux crédits nouveaux à l'ensemble des engagements antérieurs du débiteur) • Versailles, 19 ar. 2005 : *BICC 15 mai 2005, n° 1044.*

3. Conjoints et concubins. L'établissement d'un plan de surendettement à l'égard d'un concubin est sans incidence sur les rapports financiers le liant à son ex-concubine et n'entraîne pas novation quant au règlement des emprunts souscrits (absence de solidarité entre concubins, sauf preuve contraire). • Paris, 5 sept. 2002 : *AJ fam. 2002. 415, obs. S. D.-B.* ♦ Le consentement de l'époux prévu à l'art. 1415 C. civ. ne peut se déduire de son accord et de sa participation à un plan conventionnel de redressement incluant la dette souscrite. • Civ. 1re, 29 juin 2011 : *Bull. civ. I, n° 137 ; Dalloz actualité, 26 juill. 2011, obs. de Ravel D'Esclapon ; D. 2011. Actu. 1897 ; AJ fam. 2011. 437, obs. Hilt ; JCP N 2011, n° 617 ; Gaz. Pal. 2011. 3087, obs. Roussille ; RJDA 2011, n° 1069 ; RD banc. fin. 2011, n° 174, obs. S. Piedelièvre.* ♦ Les dettes faisant l'objet des mesures de désendettement étant antérieures au mariage et personnelles à l'épouse, le plan de surendettement ne peut fixer les mesures de désendettement selon une capacité de remboursement de la débitrice en considération de ses revenus cumulés avec ceux de son époux. • Civ. 1re, 8 déc. 2011 : *CCC 2012, n° 82, obs. Raymond.*

4. Cautions. Les mesures consenties dans le plan conventionnel ne constituant pas, eu égard à leur finalité, une remise de dette au sens de l'art. 1287 [1350-2] C. civ., elles ne bénéficient pas à la caution. • Civ. 1re, 13 nov. 1996 : *Bull. civ. I, n° 401 ; D. 1997. 141, concl. contraires Sainte-Rose et note Moussa ; D. 1997. Somm. 178, obs. Mazeaud ; ibid. 200, obs. Chatain et Ferrière ; RTD civ. 1997. 190, obs. Crocq ; JCP*

1997. II. 22780, note Mury; ibid. I. 4033, n° 7, obs. Simler; JCP E 1997. II. 903, note D. Legeais; Gaz. Pal. 1997. 2. Somm. 189, obs. S. Piedelièvre; Defrénois 1997. 292, note Aynès, LPA 31 janv. 1997, note Aynès; CCC 1997. Chron. 7, par Marie. – Brocard, *D. Affaires 1998. 318.* ♦ V. aussi notes 24 et 25 ss. art. L. 733-1 et note 7 ss. art. L. 733-15. ♦ Une clause du plan conventionnel stipulant que les modalités d'apurement consenties au débiteur principal bénéficient également à la caution est inopposable à un créancier qui n'a pas signé le plan. • Civ. 2e, 6 mai 2004 : *cité note 2 ss. art. L. 732-1.*

5. *Titre exécutoire.* Sur le droit pour le créancier, en l'absence de texte l'interdisant, de saisir le juge du fond, pendant le cours de la procédure de surendettement, à l'effet d'obtenir un titre exécutoire dont l'exécution sera différée pendant la durée du plan, V. • Civ. 1re, 7 janv. 1997 : *Bull. civ. I, n° 10; D. 1997. IR 40* • 5 déc. 2000 : *CCC 2001, n° 81, obs. Raymond.* – Dans le même sens : • Versailles, 31 mars 2000 : *BICC 15 janv. 2001, n° 78.* – V. déjà : • Cass., avis, 16 juin 1995 : *Bull. civ. n° 10.* ♦ V. aussi note 4 ss. art. L. 733-17.

6. *Déchéance.* La commission, n'étant pas partie à la procédure, n'a pas compétence pour saisir le juge d'une demande de déchéance du débiteur du bénéfice d'un plan conventionnel de règlement. • Paris, 28 avr. 1993 : *JCP E 1993. Pan. 1040.*

Art. L. 732-3 Le plan prévoit les modalités de son exécution. Sa durée totale, y compris lorsqu'il fait l'objet d'une révision ou d'un renouvellement, ne peut excéder sept années.

Les mesures peuvent cependant excéder cette durée lorsqu'elles concernent le remboursement de prêts contractés pour l'achat d'un bien immobilier constituant la résidence principale du débiteur dont elles permettent d'éviter la cession ou lorsqu'elles permettent au débiteur de rembourser la totalité de ses dettes tout en évitant la cession du bien immobilier constituant sa résidence principale.

(L. n° 2016-1691 du 9 déc. 2016, art. 66-I, en vigueur le 1er janv. 2018) **« Les créanciers disposent d'un délai fixé par décret pour refuser la proposition de plan conventionnel de redressement élaborée par la commission. En l'absence de réponse dans ce délai, l'accord des créanciers est réputé acquis. »** – *[C. consom., art. L. 331-6, I, al. 4.] – V. art. D. 732-3.*

Au plus tard cinq ans après la promulgation de la L. n° 2014-344 du 17 mars 2014, le Gouvernement remet au Parlement un rapport dans lequel il présente et évalue les conditions de mise en œuvre, la pertinence et l'impact de la réduction de la durée des mesures de traitement des situations de surendettement et des autres mesures prises en matière de prévention et de traitement du surendettement dans le cadre de ladite loi, de la L. n° 2013-672 du 26 juill. 2013 et, plus généralement, de la mise en œuvre du plan pluriannuel contre la pauvreté et pour l'inclusion sociale adopté lors du comité interministériel de lutte contre les exclusions du 21 janv. 2013. Ce rapport examine la pertinence de nouvelles mesures législatives et réglementaires, en particulier une réduction supplémentaire de la durée des mesures de traitement ou une modification plus significative de la procédure de traitement des situations de surendettement. Ce rapport est élaboré après consultation de l'ensemble des parties prenantes (L. n° 2014-344 du 17 mars 2014, art. 43-III).

Les dispositions issues de la L. n° 2016-1691 du 9 déc. 2016 s'appliquent aux dossiers de surendettement déposés à compter du 1er janv. 2018 (L. préc., art. 66-II).

Durée du plan. Le délai maximal prévu par le législateur pour le remboursement des dettes d'un débiteur est de 120 mois (10 ans) de sorte que les plans successifs à l'issue d'un plan de 120 mois sont désormais proscrits. • TI Bar-sur-Aube, 23 nov. 2007 : *CCC 2008, n° 219, obs. Raymond.* ♦ Le délai a été réduit à 7 ans par la L. n° 2014-344 du 17 mars 2014.

Art. L. 732-4 *(Abrogé par L. n° 2016-1691 du 9 déc. 2016, art. 66-I, à compter du 1er janv. 2018)* ***Lorsque la situation du débiteur, sans qu'elle soit irrémédiablement compromise au sens du deuxième alinéa de l'article L. 724-1, ne permet pas de prévoir le remboursement de la totalité de ses dettes et que la mission de conciliation de la commission paraît de ce fait manifestement vouée à l'échec, celle-ci peut, après avoir mis les parties en mesure de fournir leurs observations et sous réserve de l'application de l'article L. 711-6, imposer directement*** *(L. n° 2016-1547 du 18 nov. 2016, art. 58, en vigueur le 1er janv. 2018)* ***« les mesures prévues au 4° de l'article L. 733-1 ou aux articles L. 733-4 et L. 733-7*** [ancienne rédaction : la mesure prévue au 4° de l'article L. 733-1 ou recommander les mesures prévues aux articles L. 733-7 et L. 733-8] ». – [C. consom., art. L. 331-6, II, al. 1er.] – V. art. L. 733-1 s., et la note de rédaction. – V. art. R. 733-4.

CHAPITRE III MESURES IMPOSÉES *(L. nº 2016-1547 du 18 nov. 2016, art. 58, en vigueur le 1er janv. 2018).*

Les dispositions issues de l'art. 58 de la L. nº 2016-1547 du 18 nov. 2016 s'appliquent aux procédures de surendettement en cours au 1er janv. 2018, sauf lorsque le juge d'instance a été saisi par la commission de surendettement aux fins d'homologation. Dans ce cas, l'affaire est poursuivie et jugée conformément au livre VII du code de la consommation, dans sa rédaction antérieure à ladite loi (L. préc., art. 58-II). — V. ***C. consom.****, éd. 2017.*

DALLOZ RÉFÉRENCE *Surendettement des particuliers*, par FERRIÈRE et AVENA-ROBARDET, 2012/2013, 4e éd., nos 31.00 s.

BIBL. GÉN. ▸ R. MARTIN, *D. 1999. Chron. 205* (surendettement, exclusion et saisie immobilière). – BOURCY, *Gaz. Pal. 2001. Doctr. 39*. – PAISANT, *RTD com. 2007. 611* (L. du 5 mars 2007). – MACORIG-VENIER, *Dr. et patr. sept. 2009. 54* (l'effacement des dettes dans le droit du surendettement). ▸ L. nº 2010-737 du 1er juill. 2010 : RUSSO, *LPA 5 juill. 2010* (réforme de la procédure de surendettement). – NDLR, *BRDA 2010, nº 13, p. 26* (mesures en matière de traitement du surendettement). – S. PIEDELIÈVRE, *JCP 2010, nº 858* (nouvelles règles relatives au surendettement). – GJIDARA-DECAIX, *RD banc. fin. 2010. Étude 14 ; Rev. proc. coll. 2010. Étude 20* (nouveau visage des procédures de surendettement). – RAYMOND, *CCC 2010. Étude 11* (réforme résultant de la L. nº 2010-737 du 1er juill. 2010). – BOUTEILLER, *RLDA sept. 2010. 47 ; Dr. et patr. oct. 2010. 70* (dispositions relatives au traitement des situations de surendettement). – VIGNEAU et LAURIAT, *D. 2010. 2593* (réforme du droit du surendettement). – VALETTE-ERCOLE, *CCC 2011. Alerte 1* (incidences des nouveaux pouvoirs attribués aux commissions de surendettement). – FLORES, *AJ fam. 2011. 530* (séparation d'un couple surendetté et sort de l'immeuble) ; *ibid. 533* (séparation et solde du crédit immobilier en cas de surendettement). – BOURASSIN, *LPA 10 oct. 2012* (sûretés et surendettement). ▸ L. nº 2016-1547 du 18 nov. 2016 : PIEDELIÈVRE, *JCP 2016, nº 1329* (droit du surendettement dans la loi de modernisation de la justice du XXIe siècle). – GJIDARA-DECAIX, *AJ fam. 2016. 590* (justice du XXIe siècle : quels changements pour le droit du surendettement ?). – RASCHEL, *Procédures 2017. Étude 16* (justice du XXIe siècle : présentation des dispositions relatives au surendettement). – PIEDELIÈVRE, *RD banc. fin. 2017, nº 24* (pouvoirs des commissions de surendettement et du juge).

SECTION PREMIÈRE CONTENU ET ADOPTION DES MESURES IMPOSÉES *(L. nº 2016-1547 du 18 nov. 2016, art. 58, en vigueur le 1er janv. 2018).*

Les dispositions issues de l'art. 58 de la L. nº 2016-1547 du 18 nov. 2016 s'appliquent aux procédures de surendettement en cours au 1er janv. 2018, sauf lorsque le juge d'instance a été saisi par la commission de surendettement aux fins d'homologation. Dans ce cas, l'affaire est poursuivie et jugée conformément au livre VII du code de la consommation, dans sa rédaction antérieure à ladite loi (L. préc., art. 58-II). — V. ***C. consom.****, éd. 2017.*

COMMENTAIRE

I. RÉGIME ANTÉRIEUR AU 1ER JANVIER 2018

A. MESURES DÉCIDÉES PAR LA COMMISSION

Avant l'entrée en vigueur de la loi du 8 février 1995, l'échec du règlement amiable conduisait au redressement judiciaire civil, entièrement tourné vers le juge. L'innovation majeure de cette réforme du surendettement en 1995 a consisté à attribuer à la commission un pouvoir de procéder à des recommandations. Celles-ci étaient toujours consécutives à un échec de la mission de conciliation et supposaient une demande de la part du débiteur ; cette dernière interrompait la prescription ainsi que les délais pour agir.

Après avoir mis les parties en demeure de fournir leurs observations, la commission pouvait prendre un certain nombre de mesures visant à alléger la dette ou à la rééchelonner. Jusqu'à la réforme du crédit intervenue en 2010, ces mesures ne pouvaient être que recommandées *par la commission, le juge leur* conférant un caractère exécutoire. Depuis 2010, la commission se voit reconnaître un pouvoir quasi juridictionnel, que seul l'engorgement des juridictions justifie.

La commission pouvait imposer tout ou partie des mesures suivantes (art. L. 733-1) :

– rééchelonnement du paiement des dettes de toute nature, y compris, le cas échéant, le report de paiement d'une partie d'entre elles, sans que le délai de report ou de rééchelonnement n'excède sept ans ou la moitié de la durée de remboursement restant à courir des emprunts en cours. Notons que les dettes fiscales peuvent faire l'objet d'un rééchelonnement dans les mêmes conditions que les autres dettes (anc. art. L. 733-4, désormais art. L. 733-6) ;

– imputation des paiements d'abord sur le capital, plutôt que sur les intérêts (contrairement au principe fixé par l'art. 1343-1 C. civ.) ;

– réduction du taux des intérêts des sommes restant dues, même en deçà du taux légal, sur décision spéciale et motivée et à condition que la situation du débiteur l'exige ;

– suspension de l'exigibilité des créances autres qu'alimentaires pour une durée ne pouvant excéder deux ans (durant cette période, seules les sommes dues au titre du capital peuvent être productives d'intérêts, dont le taux n'excède pas le taux de l'intérêt légal) ; si, à l'expiration de la période de suspension, le débiteur saisit de nouveau la commission, celle-ci réexamine sa situation (le texte a été modifié par la loi du 26 juill. 2013, car antérieurement l'examen par la commission était automatique) : elle peut prendre de nouvelles mesures ou recommandations, à l'exception d'une nouvelle suspension. Le cas échéant, elle peut recommander un rétablissement personnel sans liquidation judiciaire ou saisir le juge aux fins d'ouverture d'une procédure de rétablissement personnel avec liquidation judiciaire.

Par ailleurs, il était prescrit à la commission, pour la détermination des mesures, de prendre en considération la connaissance que peut avoir chacun des créanciers, lors de la conclusion du contrat, de la situation d'endettement du débiteur (ce qui est à rapprocher des obligations de vigilance et de mise en garde consacrées par la loi du 1er juillet 2010). La commission pouvait également vérifier que le contrat avait été consenti conformément aux usages professionnels.

Une partie pouvait, dans le délai de quinze jours de la notification, contester devant le juge du tribunal d'instance les mesures imposées par la commission. En l'absence de contestation, les mesures s'imposaient aux parties, à l'exception des créanciers dont l'existence n'aurait pas été signalée par le débiteur et qui n'en auraient pas été avisés par la commission. Toutefois, lorsque celles-ci étaient combinées avec les recommandations prévues aux articles suivants, l'ensemble des mesures n'était exécutoire qu'à compter de l'homologation de ces dernières par le juge.

La commission pouvait recommander que les mesures prévues soient subordonnées à l'accomplissement par le débiteur d'actes propres à faciliter ou à garantir le paiement de la dette (anc. art. L. 733-8, désormais art. L. 733-7) : ce dernier devant ainsi « donner le change » par un comportement de bonne foi.

La durée totale des mesures ne pouvait excéder sept années (huit avant la loi du 17 mars 2014). Mais, comme pour le plan et selon la même logique, il était possible de dépasser ce délai s'il s'agissait de rembourser le prêt obtenu par le consommateur pour sa résidence principale et que cela permettait d'éviter sa cession. La loi relative à la consommation prévoyait toutefois un second cas de dépassement du délai lorsqu'un délai supplémentaire permettait au débiteur d'apurer toute sa dette sans avoir à céder sa résidence principale (art. L. 733-3).

B. MESURES RECOMMANDÉES PAR LA COMMISSION

Leur domaine était plus limité depuis que la commission avait le pouvoir d'imposer directement des mesures. Deux types de recommandations pouvaient intervenir sur le fondement de l'ancien article L. 733-7 (désormais art. L. 733-4) :

1° La décision la plus grave était relative à l'hypothèse où le logement principal du débiteur est hypothéqué. La commission pouvait en effet recommander la réduction du montant de la fraction des prêts immobiliers restant dus, après imputation du prix de la vente sur le capital restant dû dans des proportions telles que son paiement, assorti d'un rééchelonnement, soit compatible avec les ressources et les charges du débiteur ; la recommandation résultait d'une proposition spéciale et motivée. Selon la Cour de cassation, cette réduction pouvait aller jusqu'à la suppression de la dette résiduelle. Ces recommandations pouvaient se combiner avec celles de l'article L. 733-1.

2° L'effacement partiel des dettes combiné avec les mesures mentionnées à l'article L. 733-1.

L'ancien article L. 733-7 (désormais art. L. 733-4) précisait que les créances dont le prix a été payé au lieu et place du débiteur par la caution ou le coobligé, personne physique, ne peuvent faire l'objet d'un effacement et que les dettes fiscales (par extension, la règle s'applique aux droits d'enregistrement, V. Civ. 2e, 26 juin 2014 : *cité note 21 ss. art. L. 733-4*) font l'objet de remise totale ou partielle dans les mêmes conditions que les autres dettes. Les créances figurant dans l'état du passif définitivement arrêté par la commission ou le juge ne pourront produire d'intérêt ou générer de pénalités de retard tant que les mesures précédemment décrites ne seront pas opposables au créancier.

En vertu de l'ancien article L. 733-8 (désormais art. L. 733-7), la commission pouvait recommander que les mesures prévues aux articles précédents soient subordonnées à l'accomplissement par le débiteur d'actes propres à faciliter ou à garantir le paiement de la dette.

A défaut de contestation des mesures ainsi recommandées dans le délai de quinze jours de la notification faite aux intéressés, le juge du tribunal d'instance conférait force exécutoire aux mesures recommandées (anc. art. L. 733-10, désormais art. L. 733-9), après en avoir vérifié la régularité et, pour l'effacement partiel, le bien-fondé. Par conséquent, le rôle du juge était souvent formel en l'absence de contestation. En revanche, il lui appartenait de trancher, après toute mesure d'information utile, si l'une des parties contestait les recommandations (V. anc. art. L. 733-12 s., désormais art. L. 733-10 s.).

II. RÉGIME POSTÉRIEUR AU 1ER JANVIER 2018

Avec l'objectif de désengorger les tribunaux d'instance et d'accélérer le cours des procédures, la loi n° 2016-1547 du 18 novembre 2016 supprime l'homologation judiciaire des mesures recommandées par la commission (le taux d'homologation atteignant jusqu'ici 98 % et le juge n'opérant qu'un contrôle formel des mesures recommandées en l'absence de contestation). Néanmoins, les créanciers disposeront toujours de la faculté de contester les décisions des commissions de surendettement devant le juge d'instance.

Cette nouvelle réforme s'inscrit dans le prolongement du processus engagé en 2010, aboutissant à un transfert des pouvoirs aux commissions dans le traitement des situations de surendettement des particuliers. Disposant d'un monopole dans l'instruction des situations de surendettement, les commissions pourront ainsi entièrement décider des mesures de traitement de la situation de surendettement du débiteur en se fondant sur la gravité de la situation envisagée. Ainsi, elles pourront imposer directement aux parties toutes les mesures prévues par les textes sans distinction selon la gravité des mesures envisagées, à la différence du droit antérieur. Le juge n'interviendra alors que s'il est saisi d'une contestation d'une décision prise par la commission.

Le Conseil constitutionnel a été saisi pour apprécier la conformité de la suppression de l'homologation judiciaire au regard des articles 2 et 17 de la Déclaration des droits de l'homme de 1789 garantissant le droit de propriété. Les Sages n'ont pas estimé que cette mesure portait une atteinte disproportionnée au droit de propriété, dès lors, d'une part, que le législateur a poursuivi « un motif d'intérêt général de règlement des situations de surendettement » et, d'autre part, que le pouvoir décisionnel de la commission se trouve conditionné et délimité (Cons. const. 17 nov. 2016, n° 2016-739 DC : *JO 19 nov. 2016*).

Il en résulte que la commission peut, à la demande du débiteur et après avoir mis les parties en mesure de présenter leurs observations, imposer par décision spéciale et motivée les deux mesures énumérées à l'article L. 733-4.

Les dettes fiscales peuvent faire l'objet non seulement d'un rééchelonnement, mais de remises totales ou partielles dans les mêmes conditions que les autres dettes (art. L. 733-6).

Reprenant en substance l'ancien article L. 733-10, l'article L. 733-9 prévoit qu'en l'absence de contestation formée par l'une des parties en application de l'article L. 733-10, les mesures mentionnées s'imposent aux parties, à l'exception des créanciers dont l'existence n'a pas été signalée par le débiteur et qui n'ont pas été avisés de ces mesures par la commission.

Pour sa part, l'article L. 733-7, reprenant la substance de l'ancien article L. 733-8, prévoit que la commission peut imposer que les mesures prévues soient subordonnées à l'accomplissement par le débiteur d'actes propres à faciliter ou à garantir le paiement de la dette. ❑

Art. L. 733-1 *(L. n° 2016-1691 du 9 déc. 2016, art. 66-I, en vigueur le 1er janv. 2018)* **« En l'absence de mission de conciliation ou en cas d'échec de celle-ci », la commission peut, à la demande du débiteur et après avoir mis les parties en mesure de fournir leurs observations, imposer tout ou partie des mesures suivantes :**

1° Rééchelonner le paiement des dettes de toute nature, y compris, le cas échéant, en différant le paiement d'une partie d'entre elles, sans que le délai de report ou de rééchelonnement puisse excéder sept ans ou la moitié de la durée de remboursement restant à courir des emprunts en cours ; en cas de déchéance du terme, le délai de

report ou de rééchelonnement peut atteindre la moitié de la durée qui restait à courir avant la déchéance ;

2° Imputer les paiements, d'abord sur le capital ;

3° Prescrire que les sommes correspondant aux échéances reportées ou rééchelonnées porteront intérêt à un taux réduit qui peut être inférieur au taux de l'intérêt légal sur décision spéciale et motivée et si la situation du débiteur l'exige. Quelle que soit la durée du plan de redressement, le taux ne peut être supérieur au taux légal*[;]*

4° Suspendre l'exigibilité des créances autres qu'alimentaires pour une durée qui ne peut excéder deux ans. Sauf décision contraire de la commission, la suspension de la créance entraîne la suspension du paiement des intérêts dus à ce titre. Durant cette période, seules les sommes dues au titre du capital peuvent être productives d'intérêts dont le taux n'excède pas le taux de l'intérêt légal. — *[C. consom., art. L. 331-7, al. 1er à 5.]*

Les dispositions issues de la L. nº 2016-1691 du 9 déc. 2016 s'appliquent aux dossiers de surendettement déposés à compter du 1er janv. 2018 (L. préc., art. 66-II).

1. Droit aux mesures de redressement. Les mesures de l'art. L. 331-7 [L. 733-1] ne peuvent être mises en œuvre que dans l'hypothèse où, éventuellement combinées avec une mesure d'effacement partiel prononcée en application de l'art. L. 331-7-1 [L. 733-4], elles sont de nature à apurer entièrement le passif du débiteur. • Cass., avis, 10 janv. 2005 : *Bull. civ. nº 1 ; BICC 1er avr. 2005, rapp. Vigneau, obs. Benmakhlouf ; JCP E 2005. 197 ; CCC 2005, nº 76, obs. Raymond ; RTD com. 2005. 424, obs. Paisant* • Civ. 2e, 22 mars 2006 : *RTD com. 2006. 680, obs. Paisant ; RD banc. fin. 2006, nº 214, obs. Piedelièvre* • Poitiers, 31 janv. 2007 : *CCC 2007, nº 225, obs. Raymond ; Rev. proc. coll. 2008, nº 146, obs. Gjidara-Decaix.* ♦ C'est dans l'exercice de son pouvoir souverain d'appréciation de la nature des mesures propres à assurer le redressement de la situation de la débitrice qu'une cour d'appel, relevant que la vente du bien immobilier de celle-ci et la liquidation de ses comptes d'épargne lui permettraient de régler les deux tiers de son passif, a confirmé le plan des mesures de la commission de surendettement et lui a conféré force exécutoire. • Civ. 2e, 21 mars 2013 : *Bull. civ. II, nº 59 ; Dalloz actualité, 3 avr. 2013, obs. Avena-Robardet ; D. 2013. Actu. 832 ; AJ fam. 2013. 246, obs. Avena-Robardet ; CCC 2013, nº 175, obs. Raymond ; Dr. et proc. 2013. 147, obs. Norguin ; Rev. proc. coll. 2013, nº 106, obs. Gjidara-Decaix.*

Auparavant, il était jugé, sous l'empire du droit antérieur (redressement judiciaire civil : loi de 1989), que, dès lors que la procédure est recevable, le juge est tenu d'élaborer un plan de redressement, même si la situation des débiteurs ne peut être apurée dans les délais prévus par la loi. • Civ. 1re, 27 janv. 1993 : *Bull. civ. I, nº 41 ; D. 1993. 343, note Bonthoux ; RTD com. 1993. 371, obs. Paisant.* ♦ ... Et que les juges du fond ne peuvent débouter le débiteur de sa demande de redressement judiciaire civil au motif qu'en raison de l'insuffisance de ses ressources aucune mesure d'aménagement ou de report des paiements ne saurait permettre le règlement des dettes. • Civ. 1re, 27 juin 1995 : *Bull. civ. I, nº 289 ; D. 1996. Somm. 122, obs. Mazeaud.* ♦ *Contra :* • Paris, 16 juin 1993 : *D. 1993. IR 220* • 22 sept. 1993 : *D. 1993. IR 227.* ♦ V. désormais note 24 ss. art. L. 733-4.

I. REPORT OU RÉÉCHELONNEMENT DES DETTES

A. DETTES CONCERNÉES

1º JURISPRUDENCE RENDUE SOUS L'EMPIRE DE L'ANCIEN ART. L. 332-5 (LOI DE 1989)

2. Dettes exigibles ou à échoir. L'ouverture d'une procédure de redressement judiciaire civil saisit le juge de l'ensemble des dettes du débiteur ; pour assurer le redressement, le juge peut aménager le paiement de toutes les dettes exigibles ou à échoir, autres que fiscales, parafiscales ou envers les organismes de sécurité sociale ; il n'appartient pas au débiteur, même avec l'accord du créancier, d'exclure l'une de ses dettes de la procédure. • Civ. 1re, 2 juin 1993 : *Bull. civ. I, nº 199 ; D. 1993. IR 160 ; RTD com. 1993. 572, obs. Paisant.*

3. Dettes professionnelles. Les dettes professionnelles du débiteur qui ne relève pas d'une des procédures mentionnées à l'art. L. 333-3 [L. 711-3] peuvent faire l'objet des mesures de redressement que le juge est autorisé à prononcer. • Civ. 1re, 31 mars 1992 : *Bull. civ. I, nº 111 ; D. 1992. 317, note Paisant* • 2 déc. 1992 : *D. 1993. IR 22 ; CCC 1993, nº 39, obs. Raymond ; RTD com. 1993. 173, obs. Paisant.* ♦ V. aussi : • Civ. 1re, 15 juin 1993 : *Bull. civ. I, nº 221 ; D. 1993. IR 172* • Civ. 2e, 15 nov. 2007 : *CCC 2008, nº 57, obs. Raymond.* ♦ V. dans le même sens, sous le régime de la loi du 1er août 2003, note 1 ss. art. L. 711-4.

4. Prêts aidés par l'État. Les dettes résultant de prêts aidés par l'État ne sont pas des dettes fiscales ou parafiscales ; elles peuvent donc faire l'objet des mesures que le juge est autorisé à prononcer. • Cass., avis, 19 mars 1993 : *Bull. civ. nº 2 ; D. 1993. IR 172 ; CCC 1993, nº 122,* *obs. Raymond* • Civ. 1re, 9 févr. 1994 : *D. 1994. IR 82* ; *RTD com. 1994. 360, obs. Paisant* .

5. Dettes exclues : dettes fiscales et sociales. Les dettes fiscales et sociales étant exclues par la loi, il n'appartient pas au juge de prendre à leur égard quelque mesure que ce soit, même si leur exclusion compromet l'élaboration et l'accomplissement du plan. • Bourges, 16 oct. 1991 : *CCC 1992, n° 124, obs. Raymond.* ♦ V. note 6 ss. art. L. 711-1.

6. ... Amendes pénales. Le recouvrement des amendes pénales relève du seul régime de l'exécution des peines. Dès lors, excède ses pouvoirs le juge de l'exécution qui ordonne la suspension, pendant la durée du plan de redressement judiciaire civil, d'une saisie-vente pratiquée par le trésorier pour le recouvrement d'une de ces amendes. • Civ. 1re, 17 nov. 1998 : *Bull. civ. I, n° 325 ; D. 1999. Somm. 206, obs. Chatain et Ferrière* ; *RTD com. 1999. 213, obs. Paisant* ; *CCC 1999, n° 17, obs. Raymond.* ♦ Pour une réparation pécuniaire allouée dans le cadre d'une condamnation pénale, V. note 3 ss. art. L. 711-4.

2° JURISPRUDENCE NOUVELLE

7. Dettes envers les organismes de sécurité sociale. Pour deux arrêts, jugeant que les caisses d'allocations familiales entrent dans la catégorie des organismes de sécurité sociale, V. • Toulouse, 16 juill. 1996 : *D. 1997. Somm. 199, obs. Chatain et Ferrière* • Bourges, 15 sept. 1995 : *ibid.* ♦ Constitue une dette envers un organisme de sécurité sociale la créance due au titre du régime d'assurance maladie des travailleurs non salariés, qui doit donc être exclue des mesures recommandées par la Commission. • TGI Lyon, 10 juin 1997 : *D. 1999. Somm. 211, obs. Chatain et Ferrière* .

8. Dette envers un crédit municipal. Les prêts sur gage accordés par le Crédit municipal de Paris ne figurent pas dans la liste des dettes exclues tant des mesures de suspension des voies d'exécution que des mesures de redressement. • Paris, 13 mars 2007 : *CCC 2007, n° 224, obs. Raymond.*

B. REPORT OU RÉÉCHELONNEMENT

1° JURISPRUDENCE RENDUE SOUS L'EMPIRE DE L'ANCIEN ART. L. 332-5 (LOI DE 1989)

9. Cumul des mesures. Le juge peut cumuler report et rééchelonnement. • Civ. 1re, 27 janv. 1993 : *préc. note 1.* ♦ *Contra* : • Versailles, 12 déc. 1991 : *D. 1992. II. 112* .

10. Cumul avec le délai de l'art. 1343-5 C. civ. Les dispositions spéciales de l'art. L. 332-5 [ancien] dérogent au droit commun exprimé par l'art. 1244-1 [1343-5] C. civ. Il en résulte que le délai de report ou le rééchelonnement prévu par l'art. L. 332-5 [ancien] ne peut se cumuler avec le délai de grâce prévu par l'art. 1244-1 [1343-5] C. civ. • Civ. 1re, 16 déc. 1992 : *Bull. civ. I, n° 317 ; D. 1994. Somm. 18, obs. Fortis* ; *RTD com. 1993. 174, obs. Paisant* . ♦ Mais en fixant le montant des mensualités à verser pour les cinq ans [huit ans], une cour d'appel n'a pas cumulé les deux délais. • Civ. 1re, 12 janv. 1994 : *JCP E 1994. Pan. 399.*

11. Délai maximal du report. La loi n'autorise pas le juge à décider, serait-ce de manière implicite, un moratoire supérieur à cinq ans [huit ans]. • Versailles, 25 mai 1992 : *D. 1992. IR 222* .

12. Emprunts en cours. Seules les dettes relatives aux emprunts en cours au jour où le juge statue peuvent être reportées ou rééchelonnées pour une durée supérieure à cinq ans [huit ans], et dans la limite de la moitié de la durée restant à courir ; le débiteur doit rapporter la preuve que l'emprunt est en cours et la preuve de la durée restant à courir. • Civ. 1re, 14 mai 1992 : *D. 1992. IR 171* *(1re esp.).* ♦ Lorsque la déchéance du terme du contrat de prêt est intervenue, l'intégralité des sommes prêtées est devenue exigible, de sorte que l'emprunt n'est plus en cours ; la durée du report ou du rééchelonnement est donc limitée à cinq ans [huit ans]. • Civ. 1re, 16 juin 1993 : *Bull. civ. I, n° 220* • 1er juin 1994 : *CCC 1994, n° 187, obs. Raymond.* ♦ Une cour d'appel ne saurait rééchelonner en 270 mensualités le paiement d'une créance sans répondre au moyen du créancier qui soutenait que l'emprunt n'était plus en cours par suite de la déchéance du terme et que la durée d'échelonnement ne pouvait donc excéder cinq ans [huit ans]. • Civ. 1re, 1er juin 1994 : *Bull. civ. I, n° 199.*

Le juge qui reporte le paiement d'une dette à cinq ans [huit ans] à compter de sa décision n'est pas tenu de rechercher s'il s'agit d'un emprunt en cours. • Civ. 1re, 5 avr. 1993 : *Bull. civ. I, n° 142 ; D. 1993. IR 120.*

13. Propositions d'un créancier. Le juge ne peut qu'entériner les propositions d'un créancier, dès lors que celles-ci forment un tout et qu'elles sont raisonnables, permettant au débiteur de garder son immeuble pour un coût d'emprunt beaucoup moins élevé que celui du contrat d'origine. • Paris, 27 oct. 1992 : *D. 1993. IR 40* . ♦ Le juge, saisi d'une demande en paiement, fût-elle dirigée contre une personne dont la demande tendant au traitement de sa situation de surendettement a été déclarée recevable, ne statue pas sur le fondement des dispositions propres au surendettement. • Civ. 2e, 5 févr. 2009 : *Bull. civ. II, n° 37 ; D. 2009. AJ 493, obs. Avena-Robardet* ; *RTD com. 2009. 467, obs. Paisant* ; *JCP 2009. IV. 1390 ; RD banc. fin. 2009, n° 67, obs. S. Piedelièvre ; BRDA 2009, n° 7, p. 11 ; Rev. proc. coll. 2009, n° 65, obs. Gjidara-Decaix.*

14. Apurement impossible. En ce sens que, dès lors que la procédure est recevable, le juge est tenu d'élaborer un plan de redressement, même si la situation des débiteurs ne peut être apurée dans les délais prévus par l'art. 12 [C. consom., anc. art. L. 332-5], V. : • Civ. 1re, 27 janv. 1993 : *préc. note 1.* ♦ Les juges du fond ne peuvent débouter le débiteur de sa demande de redressement judiciaire civil au motif qu'en raison de l'insuffisance de ses ressources aucune mesure d'aménagement ou de report des paiements ne saurait permettre le règlement des dettes. • Civ. 1re, 27 juin 1995 : *Bull. civ. I, n° 289; D. 1996. Somm. 122, obs. D. Mazeaud.* ♦ *Contra :* • Paris, 16 juin 1993 : *D. 1993. IR 220* • 22 sept. 1993 : *D. 1993. IR 227.* ♦ V. désormais note 1, ci-dessus, et note 24 ss. art. L. 733-4.

15. Expiration du délai de report. Le juge n'a pas, en l'absence de disposition légale en ce sens, à définir les modalités de paiement de la créance à l'expiration du délai de report. • Civ. 1re, 3 mai 1995 : *Bull. civ. I, n° 190.*

2° JURISPRUDENCE NOUVELLE

16. Durée de rééchelonnement. Il résulte des art. L. 331-7-1° [rédaction de 1995] [L. 733-1] et L. 332-3 [L. 733-13] qu'en cas de déchéance du terme d'un emprunt, le délai de report ou de rééchelonnement susceptible d'être accordé au débiteur en situation de surendettement peut être supérieur à cinq ans [désormais huit ans] sans toutefois pouvoir excéder la moitié de la durée du prêt qui restait à courir avant la déchéance. • Civ. 1re, 4 mai 1999 : *Bull. civ. I, n° 151; D. 1999. IR 174; RTD com. 1999. 992, obs. Paisant.* ♦ Dans le même sens, pour un emprunt en cours : • Civ. 1re, 6 nov. 2001 : *Bull. civ. I, n° 270; JCP 2001. IV. 3028; RTD com. 2002. 174, obs. Paisant.*

II. IMPUTATION DES PAIEMENTS SUR LE CAPITAL

Jurisprudence rendue sous l'empire de l'ancien art. L. 332-5 (loi de 1989)

17. Imputation facultative. L'imputation des paiements sur le capital étant une simple faculté ouverte au juge, celui-ci n'est pas tenu de se prononcer sur les modalités de l'imputation des paiements quand il n'ordonne pas cette mesure. • Civ. 1re, 27 oct. 1992 : *D. 1992. IR 278.*

18. Versements antérieurs à la décision. Les mesures de redressement judiciaire que le juge *est autorisé à prendre* ne s'appliquent qu'aux dettes exigibles ou à échoir au jour où il statue; l'imputation des paiements sur le capital ne saurait donc concerner un versement intervenu avant la décision du juge, lequel valant paiement partiel a éteint la dette à due concurrence. • Civ. 1re, 31 mars 1992 : *Bull. civ. I, n° 103; D. 1992. IR 160.*

III. RÉDUCTION DES INTÉRÊTS

19. Réduction des taux. Une cour d'appel satisfait aux exigences de la loi si elle relève que la diminution du taux des intérêts est l'unique moyen de permettre le remboursement des dettes, le seul allongement de la durée de remboursement avec des intérêts au taux légal faisant apparaître une charge de remboursement excédant les capacités financières du débiteur. • Civ. 1re, 27 oct. 1992 : *D. 1992. IR 278* • 1er juin 1994 : *CCC 1994, n° 186, obs. Raymond.*

20. Intérêts échus. La disposition du texte légal sur la réduction du taux des intérêts exclut la réduction du montant des intérêts échus au jour où le juge statue. • Civ. 1re, 14 nov. 1995 : *D. Affaires 1996. 37; CCC 1996, n° 14, obs. Raymond* • Civ. 2e, 18 sept. 2003 : *Bull. civ. II, n° 286; RTD com. 2004. 167, obs. Paisant.*

21. Suppression des intérêts. Le juge peut, par décision spéciale et motivée, et si la situation du débiteur l'exige, prévoir que les sommes reportées ne produiront pas intérêt. • Civ. 1re, 5 avr. 1993 : *D. 1993. IR 120; RTD com. 1993. 573, obs. Paisant* • 12 janv. 1994 : *D. 1994. 339, note Paisant; RTD com. 1994. 115, obs. Paisant* • 8 nov. 1994 : *D. 1994. IR 270.* ♦ Se prononce par une décision spéciale et motivée la cour d'appel qui retient que, eu égard aux possibilités de remboursement du débiteur, son endettement imposait qu'aucune des créances ne porte intérêt. • Civ. 1re, 12 janv. 1994 : *préc.*

IV. PRISE EN COMPTE DE L'ATTITUDE DES CRÉANCIERS

22. Légèretés du créancier. Répond aux exigences de la loi la cour d'appel qui, pour réduire la somme restant due à une société de crédit après la vente du logement principal, relève que cet organisme doit assumer sa part des risques encourus pour avoir prêté une somme destinée à acquérir un terrain et à édifier une maison dont il est aisé de se convaincre qu'elle ne remplissait pas les conditions d'une revente au prix coûtant en cas de nécessité pour le prêteur de réaliser son gage dans une conjoncture difficile. • Civ. 1re, 24 févr. 1993 : *Bull. civ. I, n° 86; D. 1993. IR 80.* ♦ Peut être prononcé, en application de l'art. L. 331-7-1 [L. 733-4], l'effacement des dettes résultant de crédits à la consommation accordés sans le sérieux qu'imposent les usages professionnels et sans prise en considération de la situation du débiteur. • Caen, 18 oct. 2001 : *BICC 1er mai 2002, n° 468.*

V. EFFETS DES MESURES

23. Prescription. Sur l'effet interruptif de prescription de la demande formée en application de l'art. L. 331-7, al. 1er [L. 733-1], V. • Civ. 1re, 6 juin 2001 : *Bull. civ. I, n° 164; JCP 2001. IV. 2444.* ♦ En sollicitant le plan conventionnel par lequel sa dette avait été aménagée, le débiteur avait reconnu la créance de la banque, de sorte que le délai de prescription avait été interrompu en application de l'art. 2240 C. civ. • Civ.

2e, 9 janv. 2014 : *Bull. civ. II, n° 6; D. 2014. 860, note Cattalano-Cloarec ; RTD civ. 2014. 370, obs. Barbier ; CCC 2014, n° 105, obs. Raymond; RLDA févr. 2014. 37, obs. Mathonnière; Dr. et proc. 2014. 64, note Norguin; Rev. proc. coll. 2014, n° 44, obs. Gjidara-Decaix; RD banc. fin. 2014, n° 61, obs. Piedelièvre.*

24. Effet à l'égard des cautions. Le redressement judiciaire civil ne privant pas le créancier des garanties qui lui ont été consenties, et la caution ne pouvant se prévaloir, pour se soustraire à son engagement, des mesures arrêtées par le juge en faveur du débiteur surendetté, doit être cassé l'arrêt qui, pour débouter une banque de sa demande de paiement dirigée contre une caution, retient qu'une banque ne peut se retourner contre cette dernière pendant le temps où le débiteur exécutera les obligations mises à sa charge par le plan de redressement. • Civ. 1re, 3 mars 1998 : *Bull. civ. I, n° 82; D. 1998. 421, concl. Sainte-Rose ; D. 1999. Somm. 202, obs. Chatain et Ferrière ; JCP 1998. II. 10117, note Piedelièvre.* ♦ Si la commission de surendettement peut prévoir que les aménagements apportés à la situation du débiteur bénéficieront également aux cautions, cette mesure ne peut être opposée de plein droit aux créanciers concernés; en effet, les recommandations de la commission ne constituent pas une novation, mais une nouvelle modalité d'exécution de l'obligation du débiteur principal, que la caution ne peut opposer au créancier. • TI Pontarlier, 12 mars 1996 : *D. 1999. Somm. 202, obs. Chatain et Ferrière .*

V. déjà, sous le régime antérieur (loi de 1989), jugeant que la caution ne peut pas se prévaloir des facilités accordées au débiteur principal : • Angers, 23 janv. 1991 : *D. 1992. Somm. 107, obs. Bouloc et Chatain* • Douai, 13 oct. 1994 : *D. 1996. Somm. 77, obs. Chatain et Ferrière .*

25. Caution ayant acquitté la dette. La mesure de réduction du solde de prêt immobilier restant dû à l'établissement de crédit après la vente du logement principal du débiteur surendetté ne s'applique pas à la créance de la caution qui a payé la dette de ce débiteur. • Civ. 1re, 15 juill. 1999 : *Bull. civ. I, n° 248; D. 2000. 589, note Philippe ; D. Affaires 1999. 1279, obs. C. R.; JCP 1999. II. 10196, note Piedelièvre; JCP E 1999, n° 48, p. 1925, note Legeais; Defrénois 1999. 1336, obs. Mazeaud; CCC 2000, n° 52, obs. Raymond; RTD com. 1999. 993, obs. Paisant* • 28 mars 2000 : *Bull. civ. I, n° 107; D. 2001. Somm. 699, obs. Aynès ; JCP 2000. IV. 1867; RDI 2000. 379, obs. Théry .* ♦ Dès lors, doit être cassé l'arrêt qui ordonne la remise totale de la dette d'un débiteur surendetté à l'égard de la caution qui a acquitté la dette. • Mêmes arrêts.

VI. EXÉCUTION DES MESURES

Jurisprudence rendue sous l'empire de l'ancien art. L. 332-5 (loi de 1989)

26. Non-respect du plan. Le non-respect du plan de redressement par le débiteur ne saurait entraîner la caducité de la décision rendue; il permet seulement aux créanciers concernés d'exercer leurs poursuites individuelles. • Civ. 1re, 12 janv. 1994 : *Bull. civ. I, n° 21; D. 1994. 339 ; RTD com. 1994. 116, obs. Paisant* • Grenoble, 1er déc. 1992 : *RTD com. 1993. 175, obs. Paisant* • Civ. 2e, 23 sept. 2004 : *Bull. civ. II, n° 430; D. 2004. AJ 2713, et les obs. ; JCP E 2004. 1523; RTD com. 2004. 822, obs. Paisant .* ♦ Comp., jugeant que, lorsque le plan de remboursement est assorti d'une clause de caducité, le non-paiement des échéances par le débiteur entraîne la caducité du plan : • Angers, 23 oct. 2001 : *BICC 1er mai 2002, n° 467.*

27. Nouvelle demande. Un débiteur de bonne foi qui établit que, par suite d'un élément nouveau dans sa situation financière, il n'a pas été en mesure de régler les échéances fixées par un précédent jugement, est recevable à former une nouvelle demande de redressement judiciaire civil. • Civ. 1re, 10 juill. 1995 : *Bull. civ. I, n° 318; D. 1996. Somm. 78, obs. Chatain et Ferrière ; RTD com. 1995. 843, obs. Paisant .*

28. Renouvellement de la procédure. En l'absence de tout fait nouveau, non prévisible au jour où il statue, le juge ne peut anticiper sur la recevabilité éventuelle d'une nouvelle procédure de redressement judiciaire civil à l'expiration du délai de paiement qu'il accorde. • Civ. 1re, 12 janv. 1994 : *D. 1994. IR 52 ; RTD com. 1994. 363, obs. Paisant .* ♦ V. aussi note 27.

29. Retour à meilleure fortune. Si, avant le terme assigné aux mesures prononcées, il est manifeste que, par suite d'un fait nouveau, le débiteur n'est plus en situation de surendettement, les créanciers peuvent, même en l'absence dans la décision d'une clause de retour à meilleure fortune, toujours sous-entendue, demander mainlevée de ces mesures. • Civ. 1re, 9 févr. 1994 : *Bull. civ. I, n° 59; D. 1994. IR 82 ; CCC 1994, n° 107, obs. Raymond; RTD com. 1994. 362, obs. Paisant .* ♦ V. aussi note 1 ss. art. L. 732-2.

30. Échec du plan. Un créancier peut, pendant le cours de l'exécution des mesures prises par la commission de surendettement des particuliers, saisir le juge du fond pour obtenir un titre exécutoire qui pourra être mis à exécution en cas d'échec du plan. • Civ. 2e, 28 juin 2006 : *CCC 2006, n° 243, obs. Raymond.*

Art. L. 733-2 Si, à l'expiration de la période de suspension d'exigibilité des créances, le débiteur saisit de nouveau la commission, celle-ci réexamine sa situation. En fonction de celle-ci, la commission peut imposer *(Abrogé par L. n° 2016-1547 du 18 nov. 2016, art. 58, à compter du 1er janv. 2018)* ***« ou recommander »*** **tout ou partie des**

mesures prévues à l'article L. 733-1 et aux articles *(L. nº 2016-1547 du 18 nov. 2016, art. 58, en vigueur le 1er janv. 2018)* **« L. 733-4 et L. 733-7 », à l'exception d'une nouvelle suspension.**

Elle peut, le cas échéant, *(L. nº 2016-1547 du 18 nov. 2016, art. 58, en vigueur le 1er janv. 2018)* **« imposer » un rétablissement personnel sans liquidation judiciaire ou saisir le juge aux fins d'ouverture d'une procédure de rétablissement personnel avec liquidation judiciaire.** – *[C. consom., art. L. 331-7, al. 6.]*

Art. L. 733-3 **La durée totale des mesures mentionnées à l'article L. 733-1 ne peut excéder sept années.**

Les mesures peuvent cependant excéder cette durée lorsqu'elles concernent le remboursement de prêts contractés pour l'achat d'un bien immobilier constituant la résidence principale du débiteur dont elles permettent d'éviter la cession ou lorsqu'elles permettent au débiteur de rembourser la totalité de ses dettes tout en évitant la cession du bien immobilier constituant sa résidence principale. – *[C. consom., art. L. 331-7, al. 8, 1re et 2e phrases.]*

Art. L. 733-4 *(L. nº 2016-1547 du 18 nov. 2016, art. 58, en vigueur le 1er janv. 2018)* **La commission peut également, à la demande du débiteur et après avoir mis les parties en mesure de présenter leurs observations, imposer par décision spéciale et motivée les mesures suivantes :**

1° En cas de vente forcée du logement principal du débiteur, grevé d'une inscription bénéficiant à un établissement de crédit ou à une société de financement ayant fourni les sommes nécessaires à son acquisition, la réduction du montant de la fraction des prêts immobiliers restant due aux établissements de crédit ou aux sociétés de financement après la vente, après imputation du prix de vente sur le capital restant dû, dans des proportions telles que son paiement, assorti d'un rééchelonnement calculé conformément au 1° de l'article L. 733-1, soit compatible avec les ressources et les charges du débiteur.

La même mesure est applicable en cas de vente amiable dont le principe, destiné à éviter une saisie immobilière, et les modalités ont été arrêtés d'un commun accord entre le débiteur et l'établissement de crédit ou la société de financement.

Ces mesures peuvent être prises conjointement avec celles prévues à l'article L. 733-1 ;

2° L'effacement partiel des créances combiné avec les mesures mentionnées à l'article L. 733-1. Celles de ces créances dont le montant a été payé au lieu et place du débiteur par la caution ou le coobligé, personnes physiques, ne peuvent faire l'objet d'un effacement. – *[C. consom., art. L. 331-7-1, al. 1er, 2, 3, 5 et 6.]* – *Reprise de la substance de l'anc. art. L. 733-7.*

BIBL. ▶ FLORES, *AJ fam.* 2011. 530 (séparation d'un couple surendetté et sort de l'immeuble) ; *ibid.* 533 (séparation et solde du crédit immobilier en cas de surendettement).

I. RÉDUCTION DE LA DETTE APRÈS VENTE DU LOGEMENT PRINCIPAL

A. JURISPRUDENCE RENDUE SOUS L'EMPIRE DE L'ANCIEN ART. L. 332-6 (LOI DE 1989)

1° DOMAINE D'APPLICATION

1. Cumul des mesures. Le fait que le juge ait ordonné le rééchelonnement de la dette et la diminution du taux de l'intérêt ne l'empêche pas de réduire le montant de la fraction du prêt immobilier restant due après la vente ; toutes ces mesures peuvent en effet se cumuler. • Civ. 1re, 16 juin 1992 : *D. 1992. IR 234* ; *RTD com. 1992. 867, obs. Paisant*. ♦ En ce sens que la demande d'ouverture d'une procédure de redressement judiciaire civil, par un débiteur se trouvant en situation de surendettement, tend nécessairement à l'obtention de toutes les mesures de redressement légalement prévues, y compris la mesure de réduction du solde d'un prêt immobilier prévue à l'art. L. 332-6 [ancien], V. • Civ. 1re, 2 avr. 1997 : *Bull. civ. I, nº 117 ; D. 1997. IR 110* ; *D. Affaires 1997. 628.*

2. Logement principal du débiteur. Le juge ne peut réduire le montant restant dû que si la vente concerne le logement principal du débiteur, et ce caractère s'apprécie au moment de la vente. • Civ. 1re, 21 févr. 1995 : *Bull. civ. I, nº 100* (non-application du texte à un logement donné en location) • Paris, 20 mars 1992 : *RTD com. 1992. 677, obs. Paisant* • Paris, 23 févr. 2000 : *CCC 2001, nº 35, obs. Raymond (2e esp.)* (non-application du texte à une résidence secondaire). ♦ L'art. L. 332-6 [ancien] est applicable non seulement lorsque les sommes empruntées ont servi à l'acquisition du logement principal, mais encore à son agrandissement et sa rénovation. • Cass., avis, 2 mai 1994 : *Bull. civ. n° 14; CCC 1994, n° 188, obs. Raymond; RTD com. 1994. 554, obs. Paisant*.

3. Caution. L'art. L. 332-6 [ancien] ne donne au juge la faculté de réduire le montant de la fraction des prêts immobiliers restant due après la vente de l'immeuble qu'au seul bénéfice du débiteur occupant le logement qu'il a acquis à l'aide de ces fonds et non au bénéfice de la caution de ce prêt dès lors que l'immeuble n'a pas été acquis par elle. • Civ. 1re, 14 oct. 1997 : *CCC 1998, n° 18, obs. Raymond; RJDA 1997, n° 1557.* ♦ Sur le sort de la caution, V. aussi notes 24 et 25 ss. art. L. 733-1.

4. Vente amiable. L'art. L. 332-6 [ancien] n'est pas applicable en cas de vente amiable intervenue pour des raisons personnelles au débiteur et non destinée à éviter une saisie immobilière. • Civ. 1re, 21 mars 1995 : *Bull. civ. I, n° 137; D. 1995. Somm. 235, obs. Fortis*. ♦ Les établissements de crédit dont l'accord est nécessaire à la vente amiable sont exclusivement ceux qui bénéficient d'une inscription sur l'immeuble. • Civ. 1re, 13 juin 1995 : *Bull. civ. I, n° 261; D. 1996. Somm. 77, obs. Chatain et Ferrière*.

5. Vente préalable. Le juge ne peut prononcer les mesures prévues par l'art. L. 332-6 [ancien] avant la vente du logement du débiteur, faute de connaître le montant du solde restant dû. • Civ. 1re, 10 mars 1993 : *Bull. civ. I, n° 106; D. 1993. IR 92* • Besançon, 1er mars 1991 : *RTD com. 1992. 677, obs. Paisant* • Bourges, 22 août 1991 : *eod. loc.* ♦ Sur la condition de vente préalable du logement principal, V. aussi • Civ. 1re, 8 nov. 1994 : *Bull. civ. I, n° 325; D. 1994. IR 270*.

6. Préservation du logis familial. La protection due au logis familial impose que la vente de la résidence principale soit écartée lorsque les prêts immobiliers sont anciens et déjà en grande partie remboursés. • Aix-en-Provence, 18 févr. 2005 : *CCC 2005, n° 182, obs. Raymond.*

2° RÉDUCTION DES PRÊTS

7. Fraction restant due au prêteur. Le juge ne peut réduire que le montant de la fraction du prêt restant due après la vente de l'immeuble; il ne peut donc réduire la dette lorsque la vente du logement permet le remboursement intégral du prêt immobilier. • Civ. 1re, 11 oct. 1994 : *D. 1994. IR 245; JCP E 1994. Pan. 1326.* ♦ Dès lors qu'une banque, qui a consenti un prêt pour financer la construction d'une maison d'habitation, prêt garanti par une hypothèque de deuxième rang, n'a reçu aucun fonds sur le prix de vente de la maison, attribué aux créanciers hypothécaires de premier rang, il ne saurait être fait application de l'art. L. 332-6 [ancien]. • Angers, 9 mai 1994 : *D. 1994. IR 166; RTD com. 1994. 555, obs. Paisant*.

8. Prêt de substitution. La faculté de réduction peut être appliquée au prêt consenti pour se substituer à un prêt initialement contracté par le débiteur. • Civ. 1re, 30 mai 1995 : *Bull. civ. I, n° 227.*

9. Remise totale de dette. En cas de vente du logement principal, le juge peut, par décision spéciale et motivée, aller jusqu'à une remise totale de dette, dès lors que cette mesure est seule compatible avec les ressources et les charges du débiteur. • Civ. 1re, 31 mars 1992 : *Bull. civ. I, n° 103; D. 1992. Somm. 406, obs. Fortis; RTD com. 1992. 678, obs. Paisant* • 17 mai 1993 : *D. 1993. IR 159* • 4 avr. 1995 : *Bull. civ. I, n° 161* • 13 juin 1995 : *ibid. I, n° 261; D. 1996. Somm. 77, obs. Chatain et Ferrière*.

10. Modalités. Lorsque le juge décide de réduire le montant de la fraction des prêts restant due après la vente du logement, il doit le faire dans des proportions telles que son paiement, assorti d'un rééchelonnement sur cinq ans [huit ans] au maximum, soit compatible avec les ressources et charges du débiteur. • Civ. 1re, 13 mars 1996 : *Bull. civ. I, n° 136.* ♦ Pour un arrêt considérant, sous l'empire du droit antérieur, que lorsque le juge décide de réduire le montant de la fraction des prêts immobiliers restant due par la vente du logement principal, il doit le faire dans les proportions telles que le paiement de la fraction maintenue, assortie d'un rééchelonnement sur une durée maximale de cinq ans [huit ans], soit compatible avec les ressources et charges de ce dernier, V. • Civ. 1re, 17 févr. 1998 : *Bull. civ. I, n° 66; D. 1998. IR 90; D. Affaires 1998. 412, obs. C. R.*

11. Motivation. Pour motiver la réduction du montant de la fraction restant due, le juge n'est pas tenu de se fonder sur le comportement du prêteur; il peut estimer que le paiement du solde restant dû ne permettrait pas au débiteur de faire face à ses engagements et d'apurer ses dettes. • Civ. 1re, 17 mai 1993 : *Bull. civ. I, n° 180; D. 1993. IR 159; RTD com. 1993. 576, obs. Paisant*. ♦ V. aussi note 22.

12. Motifs inopérants. Doit être cassé pour insuffisance de motifs l'arrêt qui, pour réduire le montant de la dette, retient que celle-ci comprend des intérêts de retard et une indemnité de résolution en exécution de clauses pénales, clauses que l'art. 1152 [1231-5] C. civ. permet au juge de réviser, ces seuls motifs ne permettant pas à la Cour de cassation d'exercer son contrôle sur la nature des sommes litigieuses. • Civ. 1re, 13 oct. 1993 : *JCP E 1993. Pan. 1385.* ♦ Pour d'autres exemples, V. : • Civ. 1re, 17 mai 1993 : *Bull. civ. I, n° 179* (attitude du prêteur) • 24 nov. 1993 : *CCC 1994, n° 61, obs. Raymond* (négligence du débiteur) • 4 avr. 1995 : *Bull. civ. I, n° 161; D. 1995. IR 144* (attitude fautive du prêteur) • 3 janv. 1996 : *Bull. civ. I, n° 12; D. Affaires 1996. 290* (situation du créancier à l'issue de la remise de dette).

3° DISTRIBUTION DU PRIX DE VENTE

13. Immeuble hypothéqué. La loi permet au juge, dans les cas qu'elle prévoit, de réduire le montant de la fraction des prêts immobiliers restant due, mais elle ne l'autorise pas à intervenir dans la distribution du prix de vente aux créanciers garantis par un privilège ou une hypothèque. • Civ. 1re, 31 mars 1992 : *Bull. civ. I, n° 102; D. 1992. IR 144*. ♦ Aucune disposition du code de la consommation ne prévoit la possibilité de déroger aux règles de répartition du prix de vente d'un immeuble hypothéqué. • Civ. 1re, 9 mars 1994 : *D. 1994. IR 105; RTD com. 1994. 361, obs. Paisant*. ♦ Rappr. note 20.

14. Créanciers inscrits. Le juge peut réduire le montant des prêts immobiliers restant dus aux établissements de crédit sans distinguer entre les créanciers chirographaires et ceux qui sont inscrits; ayant constaté que le produit de la vente a été entièrement absorbé par un établissement de crédit, premier inscrit, il n'a pas à rechercher si d'autres établissements de crédit bénéficient également d'une inscription. • Civ. 1re, 9 juill. 1996 : *Bull. civ. I, n° 302; D. Affaires 1996. 1159; RJDA 1997, n° 286.*

B. JURISPRUDENCE NOUVELLE

15. Notion de logement principal. Viole l'art. L. 331-7-4° [L. 733-4-1°] la cour d'appel qui recommande la réduction du solde d'un prêt immobilier restant dû au prêteur, après la vente forcée de l'immeuble appartenant à la débitrice et à son ancien époux, alors que celle-ci n'habitait plus dans l'immeuble au jour de sa vente, de sorte que ce bien ne constituait plus son logement principal. • Civ. 1re, 19 mai 1999 : *Bull. civ. I, n° 168; D. 1999. IR 174; D. Affaires 1999. 1069, obs. V.A.-R.; CCC 1999, n° 151, obs. Raymond; RTD com. 1999. 767, obs. Paisant*. ♦ Comp., jugeant que viole l'art. L. 331-7-4° [L. 733-4-1°] la cour d'appel qui, pour rejeter la demande d'imputation du prix de vente de l'immeuble sur le capital restant dû, retient que, si le bien immobilier en cause a constitué le logement de la famille, il ressort que l'épouse l'avait quitté et *qu'il avait été attribué à son ex-mari* par le juge aux affaires familiales saisi de leur demande de divorce, de sorte qu'il ne constituait plus son logement principal au moment de sa vente; alors qu'il avait été constaté que le bien, qui avait été acquis à titre de résidence principale de la famille, avait été utilisé comme tel jusqu'à ce que l'épouse soit contrainte de le quitter. • Civ. 2e, 14 mai 2009 : *Bull. civ. II, n° 126; D. 2009. Chron. C. cass. 2075, obs. Sommer; ibid. 2200, note Hénaff; RTD com. 2009. 630, obs. Paisant; AJ fam. 2009. 262, obs. Avena-Robardet; JCP 2009, n° 25, p. 28; BRDA 2009, n° 11, p. 10; Dr. et proc. 2009. 292, note Norguin; Rev. proc. coll. 2010, n° 40, obs. GJidara-Decaix.* ♦ Ne peuvent être réduits les prêts même expressément affectés à l'acquisition de la future résidence des emprunteurs, dès lors que, ces derniers ayant été obligés de rester dans l'appartement qu'ils occupaient, la future résidence ne peut alors être considérée comme leur résidence principale. • Civ. 1re, 9 nov. 1999 : *Bull. civ. I, n° 301; D. 2000. AJ 7, obs. C. R.; JCP 2000. II. 10397, note Dagorne-Labbe; CCC 2000, n° 18, obs. Raymond* • 15 juill. 1999 : *Bull. civ. I, n° 247; JCP 2000. II. 1397, note Dagorne-Labbe.*

16. Société civile immobilière. L'art. L. 331-7, al. 1er, 4° [L. 733-4-1°], ne bénéficie qu'aux débiteurs occupant le logement qu'ils ont acquis à l'aide des fonds qui leur ont été prêtés; tel n'est pas le cas de débiteurs dont le logement a été acquis par une SCI, bénéficiaire du prêt, alors même qu'ils en sont les seuls associés. • Civ. 1re, 15 févr. 2000 : *Bull. civ. I, n° 50; D. 2000. AJ 157, obs. Rondey; JCP 2000. IV. 1578; RTD com. 2000. 471, obs. Paisant*.

17. Établissement de crédit. Les organismes collecteurs de la participation des employeurs à l'effort de construction n'étant pas des établissements de crédit au sens de la L. n° 84-46 du 24 janv. 1984, la commission ne saurait recommander, en cas de vente forcée du logement principal de la débitrice, la réduction du montant de la fraction des prêts immobiliers ayant servi à l'acquisition de ce logement et restant due à l'Office central interprofessionnel de logement. • Civ. 1re, 15 juin 1999 : *Bull. civ. I, n° 204; D. Affaires 1999. 1208, obs. C. R.; CCC 1999, n° 169, obs. Raymond; RTD com. 1999. 766, obs. Paisant*. – Dans le même sens : • Civ. 1re, 15 déc. 1999 : *Bull. civ. I, n° 355; JCP 2000. IV. 1223.* ♦ L'art. L. 331-7-4° [L. 733-4-1°], sur la vente forcée du logement principal, n'étant applicable qu'à l'égard de l'établissement de crédit ayant fourni les fonds nécessaires à son acquisition, le syndic de la copropriété où est situé le logement n'a pas qualité pour en demander l'application. • TI Troyes, 23 sept. 2005 : *CCC 2005, n° 217, obs. Raymond.*

18. Codébiteurs solidaires. La décision rendue par le juge de l'exécution en application de l'art. L. 331-7 [L. 733-4] en raison de la situation personnelle d'un débiteur n'a d'autorité de la chose jugée qu'à l'égard de ce dernier, et la réduction de la dette éventuellement prononcée par le juge, qui n'en laisse pas moins subsister le principe de la créance dans son montant initial, ne peut avoir d'effet qu'à l'égard du débiteur concerné, même tenu d'un engagement solidaire. • Civ. 1re, 6 nov. 2001 : *Bull. civ. I, n° 269; D. 2002. Somm. 2444, obs. Revel; CCC 2002, n° 20, obs Raymond; Dr. et patr., févr. 2002, p. 110, obs. Chauvel; RTD com. 2002. 174, obs. Paisant* (cas d'époux coacquéreurs solidaires de leur logement principal, vendu dans le cadre d'une procédure de surendettement, et divorcés par la suite).

19. Cautions. V. notes 24 et 25 ss. art. L. 733-1.

20. Distribution du prix. Aucune disposition du code de la consommation n'autorise le juge du surendettement à déroger aux règles de répartition du prix de vente d'un immeuble hypothéqué ; dès lors, le créancier titulaire d'une hypothèque sur l'immeuble vendu ne peut être écarté de la répartition du prix de vente au profit des créanciers chirographaires. • Civ. 1re, 6 juin 2000 : *CCC 2000, n° 136, obs. Raymond.* ♦ Rappr. note 13. ♦ Le plan de redressement ne peut se substituer aux dispositions contractuelles (respect d'une clause de réserve de propriété). • Paris, 28 juin 2006 : *RTD com. 2006. 920, obs. Paisant.*

II. EFFACEMENT PARTIEL DES CRÉANCES

21. Créances concernées par le moratoire. Entre dans le champ d'application de l'art. L. 331-7-1 [L. 733-4] une créance née d'un contrat de location avec promesse de vente. • Pau, 28 avr. 2000 : *CCC 2001, n° 35, obs. Raymond (1re esp.)* (suspension de l'exigibilité des créances nées d'un tel contrat concernant une voiture, avec conservation de celle-ci, la restitution du véhicule étant de nature à obérer les chances du débiteur de retrouver un emploi et de revenir à meilleure fortune). ♦ Entre également dans le champ d'application de l'art. L. 331-7-1 [L. 733-4] une créance d'un organisme de sécurité sociale (URSSAF). • Civ. 1re, 2 oct. 2002 : *Bull. civ. I, n° 232 ; D. 2002. AJ 3077 ; CCC 2003, n° 16, note Raymond ; RTD com. 2003. 174, obs. Paisant* • Civ. 2e, 23 oct. 2003 : *Bull. civ. II, n° 327 ; D. 2003. AJ 2886 ; Gaz. Pal. 31 mars-1er avr. 2004, note Le Corre-Broly ; RTD com. 2004. 166, obs. Paisant.* ♦ En cas d'insolvabilité du débiteur, le JEX peut ordonner l'effacement partiel de toutes les créances autres qualimentaires, et, notamment, celles envers les organismes de sécurité sociale. • Civ. 2e, 21 déc. 2006 : *Bull. civ. II, n° 374 ; D. 2007. AJ 370, obs. Rondey (2e esp.) ; RTD com. 2007. 615, obs. Paisant ; JCP 2007. IV. 1197 ; CCC 2007, n° 83, obs. Raymond ; RD banc. fin. 2007, n° 120, obs. Piedelièvre (1re esp.) ; Dr. et patr. juin 2007. 92, obs. Macorig-Venier ; Procédures 2007, n° 93, obs. H. C.* ♦ L'art. L. 331-7-1 [L. 733-4], qui prévoit que les dettes fiscales font l'objet de remises totales ou partielles dans les mêmes conditions que les autres dettes, s'applique aux droits d'enregistrement. • Civ. 2e, 26 juin 2014 : *CCC 2014, n° 259, obs. Raymond ; Gaz. Pal. 2015. 1709, obs. Lasserre Capdeville ; RD banc. fin. 2015, n° 19, obs. Piedelièvre ; Rev. proc. coll. 2014, n° 111, obs. Gjidara-Decaix.*

22. Point de départ du moratoire. La suspension de l'exigibilité des dettes ordonnée par le JEX postérieurement à l'expiration du délai de deux mois suivant la délivrance du commandement de payer ne peut suspendre les effets de la clause résolutoire figurant dans le bail d'habitation et mettre obstacle à l'expulsion du débiteur. • Civ. 2e, 13 juill. 2005 : *Bull. civ. II, n° 205 ; D. 2005. IR 2175, obs. Rouquet ; Defrénois 2005. 1987, note Coutant-Lapalus ; JCP 2005. IV. 3055 ; CCC 2005, n° 198, obs. Raymond ; LPA 15 sept. 2006, note D. R. Martin (3e esp.) ; Dr. et proc. 2006. 47, obs. Salati ; RDC 2006. 390, obs. Lardeux.*

23. Effacement des dettes. Lorsque le débiteur, endetté de façon durable quoique non irrémédiable, a déjà bénéficié d'un moratoire au terme duquel il reste surendetté, un second moratoire n'est plus possible, et il doit être prononcé un effacement partiel des dettes, compatible avec les facultés financières réduites de l'intéressé. • TGI Paris, JEX, 23 févr. 2005 : *CCC 2005, n° 123, obs. Raymond.* ♦ L'art. L. 331-7, al. 2 [L. 733-1], limite à dix ans la durée d'échelonnement du passif ; au-delà de ce délai, il faut procéder à l'effacement des dettes sur le fondement de l'art. L. 331-7-1 [L. 733-4]. • TI Troyes, 14 avr. 2006 : *CCC 2006, n° 215, obs. Raymond.* ♦ En application de l'art. L. 331-7-1 [L. 733-4], les dettes fiscales font l'objet de remises totales ou partielles dans les mêmes conditions que les autres dettes et seules les dettes énumérées aux art. L. 333-1 [L. 711-4] et L. 333-1-2 [L. 711-5] sont exclues de toute mesure d'effacement. • Civ. 2e, 25 juin 2015, n° 13-27.107 P : *D. 2015. Actu. 1436 ; JCP E 2015, n° 1451, note Stefania ; CCC 2015, n° 270, obs. Raymond ; Gaz. Pal. 2015. 3242, obs. Piedelièvre ; ibid. 3855, obs. Mouial-Bassilana ; Dr. et proc. 2015, Cah. dr. consom., n° 7, p. 35, obs. Valette-Ercole ; Rev. proc. coll. 2015, n° 137, obs. Gjidara-Decaix.* ♦ La procédure prévue en matière de surendettement n'impose pas une égalité de traitement entre créanciers, l'objectif premier de la loi étant de remédier à la situation du surendetté en fonction de sa capacité de paiement et non de garantir le désintéressement de ses créanciers. La commission de surendettement a ainsi uniquement pour mission de rechercher les mesures appropriées pour permettre d'apurer tout ou partie des dettes dans l'intérêt du débiteur, sans égard particulier pour les créanciers, même si une certaine équité est néanmoins recommandée pour ne pas porter une atteinte disproportionnée au principe d'égalité devant la loi. Il n'est ainsi pas interdit à une commission de privilégier tel ou tel créancier, à condition que ce traitement différencié, que souvent elle n'explicite pas dans ses recommandations, puisse recevoir une justification au cas de recours d'un créancier qui se considère lésé. • Colmar, 16 janv. 2017, n° 16/02026 : *RD banc. fin. 2017, n° 85, obs. Piedelièvre.*

24. Rétablissement personnel. Lorsqu'un débiteur se trouve dans l'impossibilité d'apurer sa situation de surendettement par la mise en œuvre, éventuellement combinée, des mesures prévues aux art. L. 331-7 et L. 331-7-1 [L. 733-1 et L. 733-4], il est dans une situation irrémédiablement compromise au sens de l'art. L. 330-1 [L. 724-1, al. 2], conduisant à l'ouverture d'une procédure de rétablissement personnel. • Cass., avis, 10 janv. 2005 : *cité note 1 ss. art. L. 733-1.* ♦ Viole les art. L. 331-7 et L. 331-7-1 [L. 733-1 et L. 733-4], l'arrêt qui, pour rejeter l'ouverture d'un plan de rétablissement personnel, énonce que l'art. L. 331-7-1 [L. 733-1] n'autorise à l'issue d'une suspension de l'exigibilité des créances, qu'une poursuite par la voie des art. L. 331-7 et L. 331-7-1 [L. 733-1 et L. 733-4] avec éventuel effacement partiel des dettes. • Civ. 1re, 24 janv. 2008 : *cité note 2 ss. art. L. 761-1.*

25. Enchaînement des procédures de surendettement. Sur l'irrecevabilité d'une nouvelle demande d'ouverture d'une procédure de traitement de surendettement d'une personne ayant déjà bénéficié à des dates très rapprochées de deux procédures de traitement de sa situation de surendettement et de rétablissement personnel ayant eu pour effet l'effacement total de ses dettes, V. • Civ. 2e, 23 juin 2011 : *LPA 21 sept. 2011, note Stefania.* ♦ S'il est certain que la procédure de rétablissement personnel doit garder un caractère exceptionnel et subsidiaire au regard de la procédure de recommandation, la loi ne prévoit aucun délai minimum entre deux procédures de rétablissement personnel. • Chambéry, 9 juin 2011 : *CCC 2011, no 271, obs. Raymond.*

Art. L. 733-5 La commission prend en compte la connaissance que pouvait avoir chacun des créanciers, lors de la conclusion des différents contrats, de la situation d'endettement du débiteur. Elle peut également vérifier que le contrat a été consenti avec le sérieux qu'imposent les usages professionnels. — *[C. consom., art. L. 331-7, al. 7.]*

Art. L. 733-6 *(L. no 2016-1547 du 18 nov. 2016, art. 58, en vigueur le 1er janv. 2018)* **Les dettes fiscales font l'objet d'un rééchelonnement ou de remises totales ou partielles dans les mêmes conditions que les autres dettes.** — *[C. consom., art. L. 331-7, al. 8, 3e phrase.] — Reprise de la substance de l'anc. art. L. 733-4.*

Livre des procédures fiscales

Art. L. 247 A *(L. no 2003-710 du 1er août 2003, art. 45-II)* Les contribuables de bonne foi, en situation de gêne ou d'indigence, qui ont déposé auprès de la commission de surendettement des particuliers visée à l'article *(Décr. no 2017-699 du 2 mai 2017, art. 1er)* « L. 712-4 » du code de la consommation une demande faisant état de dettes fiscales et qui ne font pas l'objet d'une procédure de rétablissement personnel prévue aux articles *(Décr. no 2017-699 du 2 mai 2017, art. 1er)* « L. 742-3 à L. 742-7 » dudit code bénéficient d'un*[une]* remise d'impôts directs au moins équivalente à celle recommandée par ladite commission pour les autres créances.

Art. L. 733-7 *(L. no 2016-1547 du 18 nov. 2016, art. 58, en vigueur le 1er janv. 2018)* **La commission peut imposer que les mesures prévues aux articles L. 733-1 et L. 733-4 soient subordonnées à l'accomplissement par le débiteur d'actes propres à faciliter ou à garantir le paiement de la dette.** — *[C. consom., art. L. 331-7-2.] — Reprise de la substance de l'anc. art. L. 733-8.*

I. JURISPRUDENCE RENDUE SOUS L'EMPIRE DE L'ANCIEN ART. L. 332-5 (LOI DE 1989)

1. Conditions préalables. Des obligations peuvent être imposées au débiteur comme conditions mises à l'exécution d'un plan de redressement dont le principe et les modalités ont déjà été arrêtés; mais elles ne sauraient constituer un préalable à l'examen d'une demande d'établissement d'un tel plan. • Paris, 10 oct. 1991 : *D. 1991. IR 259.* ♦ Cassation de l'arrêt qui décide qu'aucun plan n'est possible tant que les débiteurs n'ont pas vendu leur maison d'habitation, sans envisager l'application des autres mesures prévues par la loi. • Civ. 1re, 27 janv. 1993 : *Bull. civ. I, no 41 (2e arrêt); D. 1993. 343, note Bonthoux (2e esp.); RTD com. 1993. 370, obs. Paisant.*

2. Vente de bien immobilier. Le juge peut subordonner les mesures qu'il prend à la vente par le débiteur d'un bien immobilier, surtout lorsque cette vente permet d'apurer de façon significative une partie du passif. • Civ. 1re, 24 févr. 1993 : *Bull. civ. I, no 85; D. 1993. IR 80; RTD com. 1993. 375, obs. Paisant* • 18 mai 1994 : *Bull. civ. I, no 180; RTD com. 1994. 554, obs. Paisant* • Versailles, 25 mai 1992 : *D. 1992. IR 222.* ♦ Comp. note 11 ss. art. L. 711-1. ♦ Dans ce cas, une cour d'appel ne peut prendre les mesures de redressement avant de connaître le prix de la vente éventuelle de l'immeuble et, par suite, l'importance du passif subsistant. • Civ. 1re, 3 janv. 1996 : *D. Affaires 1996. 291.*

La loi ne permet pas au juge d'ordonner la vente de la résidence principale familiale, mesure grave et qui ferait perdre au débiteur la possibilité de voir sa dette réduite. • Paris, 10 oct. 1991 : *D. 1991. IR 259*. ♦ Mais le juge qui a « ordonné la vente à l'amiable » du logement du débiteur n'a pas excédé ses pouvoirs, malgré une erreur d'expression, dès lors qu'il n'a pas contraint le débiteur à céder son bien, mais a en réalité subordonné à la vente, pour laquelle l'accord du propriétaire était nécessaire, le bénéfice des mesures de redressement. • Civ. 1re, 18 mai 1994 : *préc.*

3. Conjoints. En invitant le débiteur à procéder à la vente amiable des immeubles dont il est propriétaire, le juge ne fait pas perdre à son conjoint le bénéfice de la protection prévue par l'art. 215 C. civ. • Civ. 1re, 24 févr. 1993 : *préc. note 2.*

4. Concubins. En ce sens que le redressement judiciaire civil demandé conjointement par deux concubins peut être subordonné à la vente d'un bien immobilier appartenant à l'un d'eux, V. • Civ. 1re, 17 nov. 1998 : *CCC 1999, no 48, obs. Raymond.*

II. JURISPRUDENCE NOUVELLE

5. Aliénation d'un immeuble. L'art. L. 331-7, al. 2 [L. 733-7], permet au juge de subordonner l'adoption des mesures de redressement à la vente préalable de l'immeuble du débiteur, quelle qu'en soit la destination. • Civ. 1re, 15 janv. 2002 : *Bull. civ. I, no 16 ; JCP 2002. IV. 1320* (immeuble constituant à la fois le logement familial et l'atelier de l'époux, artiste peintre). ♦ Les juges du fond apprécient souverainement que, les débiteurs pouvant louer un logement et un atelier à moindre coût, la vente de leur immeuble était seule de nature à remédier définitivement à un surendettement persistant. • Même arrêt. ♦ La vente du logement principal ne doit pas être prononcée alors que la valeur n'apurerait pas le passif du débiteur et que la location d'un logement serait plus onéreuse que l'indemnité due pour le logement indivis. • TI Bar-sur-Seine, 14 déc. 2007 : *CCC 2008, no 89, obs. Raymond.*

6. Aliénation d'un immeuble commun. En application du 2e al. de l'art. L. 331-7 [L. 733-7], le mari peut être autorisé à vendre la maison d'habitation commune aux deux époux, malgré le refus de l'épouse, sur le fondement de l'art. 217 C. civ. • Dijon, 16 sept. 1998 : *BICC 1er mai 1999, no 560 ; RTD com. 1999. 992, obs. Paisant*. ♦ Le mari doit être autorisé à réitérer seul la vente du domicile conjugal par acte authentique, le refus de sa femme n'étant pas justifié au regard de l'endettement du couple. • Chambéry, 8 janv. 2008 : *JCP 2008. IV. 1688.*

7. Clause de réserve de propriété. Si le juge du surendettement ne peut contraindre un débiteur à restituer le véhicule qui fait l'objet d'une clause de réserve de propriété ni en ordonner la vente, en revanche il peut subordonner l'application des mesures de désendettement prévues à l'art. L. 331-7 [L. 733-1] à l'obligation de restitution du véhicule qui fait l'objet d'une clause de réserve de propriété, une telle restitution étant de nature à faciliter le paiement d'une dette au sens de l'art. L. 331-7-2 [L. 733-7] et à favoriser le redressement du débiteur en diminuant son endettement. • Douai, 13 juin 2013 : *CCC 2013, no 228, obs. Raymond.* ♦ Si le juge peut, dans le cadre de recommandations, prescrire la restitution ou la vente d'un bien, il ne peut pas imposer cette mesure au débiteur, l'inexécution de la mesure emportant simplement caducité des mesures recommandées et éventuellement le constat de la mauvaise foi du débiteur. En l'absence de texte l'y autorisant, il ne peut pas plus, au cours de l'instruction du dossier ou lorsqu'il clôt la procédure, se prononcer sur la revendication d'un bien par un créancier. • Paris, 10 sept. 2013 : *CCC 2014, no 22, obs. Raymond.*

Art. L. 733-8 *(L. no 2016-1547 du 18 nov. 2016, art. 58, en vigueur le 1er janv. 2018)* **Lorsque le débiteur a déjà bénéficié d'une mesure de rétablissement personnel prévue aux 1° et 2° de l'article L. 724-1 et qu'il saisit de nouveau la commission, celle-ci peut, si elle estime que la situation du débiteur est de nouveau irrémédiablement compromise et après avis du membre de la commission justifiant d'une expérience dans le domaine de l'économie sociale et familiale, imposer que la mesure d'effacement des dettes soit assortie de la mise en place de mesures d'accompagnement social ou budgétaire.** — *[C. consom., art. L. 331-3, II, al. 8.] — Reprise de la substance de l'anc. art. L. 733-9.*

Art. L. 733-9 *(L. no 2016-1547 du 18 nov. 2016, art. 58, en vigueur le 1er janv. 2018)* **En l'absence de contestation formée par l'une des parties en application de l'article L. 733-10, les mesures mentionnées aux articles L. 733-1, L. 733-4 et L. 733-7 s'imposent aux parties, à l'exception des créanciers dont l'existence n'a pas été signalée par le débiteur et qui n'ont pas été avisés de ces mesures par la commission.** — *[C. consom., art. L. 332-1, al. 1er.] — Reprise de la substance de l'anc. art. L. 733-10.*

Ancien art. L. 733-10 ***S'il n'a pas été saisi de la contestation prévue à l'article L. 733-12, le juge du tribunal d'instance confère force exécutoire aux mesures recommandées par la commission en application des dispositions du 1° de l'article L. 733-7 et de l'article L. 733-8, après en***

avoir vérifié la régularité, ainsi qu'aux mesures recommandées par la commission en application des dispositions du 2° de l'article L. 733-7, après en avoir vérifié la régularité et le bien-fondé. — [C. consom., art. L. 332-1, al. 1er.]

BIBL. ▸ BOUDOU et CLAUDE, *Gaz. Pal. 2001. Doctr. 35* (pouvoirs du juge de l'exécution en cas de non-contestation des recommandations).

1. Pouvoirs du juge. Il résulte des art. L. 332-1 [L. 733-10 anc.] et R. 332-2 [rédaction de 1995] que le juge de l'exécution, chargé de conférer force exécutoire aux mesures recommandées, peut seulement en vérifier la régularité au regard des pouvoirs que la commission tient de l'art. L. 331-7 [L. 733-4] et des règles de procédures prescrites par les art. R. 331-18 à R. 331-20 [rédaction de 1995]; excède ses pouvoirs le JEX qui refuse de conférer force exécutoire aux mesures recommandées par la commission au motif que les pièces produites ne lui permettent pas de vérifier la conformité de certains crédits aux dispositions d'ordre public de la loi, alors qu'en l'absence de contestation de ces mesures, il n'a pas le pouvoir de procéder à la vérification des créances. • Civ. 1re, 4 mai 1999 *(1re esp.) : Bull. civ. I, n° 149; D. 1999. IR 174; D. Affaires 1999. 1035, obs. V.A.-R.; CCC 1999, n° 152, obs. Raymond; JCP E 1999, n° 23, p. 984, obs. Bouteiller; RTD com. 1999. 768, obs. Paisant.* ◆ V. aussi • Civ. 2e, 12 oct. 2006 : *Bull. civ. II, n° 273; D. 2007. 61, note Hénaff; D. 2006. AJ 2599, obs. Rondey; RTD com. 2007. 244, obs. Paisant; JCP 2006. IV. 3152; CCC 2007, n° 35, obs. Raymond; RD banc. fin. 2006, n° 213, obs. Piedelièvre; Dr. et procédures mars-avr. 2007. 101, obs. Le Corre-Broly; Dr. et patr. juin 2007. 90, obs. Macorig-Venier.* ◆ V. dans le même sens, s'agissant d'un JEX qui invoquait l'impossibilité de s'assurer de l'exigibilité d'une créance, • Civ. 1re, 4 mai 1999 *(2e esp.) : ibid.* ◆ Il résulte des dispositions combinées des art. L. 332-1 [L. 733-10 anc.], R. 332-2 et R. 332-3, al. 4 [rédaction de 1995], qu'en l'absence de contestation des mesures recommandées, le JEX n'a pas le pouvoir d'enjoindre à la commission de surendettement de vérifier des créances. • Civ. 1re, 6 juin 2000 : *Bull. civ. I, n° 178; CCC 2000, n° 137, obs. Raymond.* ◆ En dehors de toute contestation des parties, le JEX, appelé à vérifier le bien-fondé des mesures recommandées consistant en un effacement partiel de créances, ne dispose pas du pouvoir de s'assurer que le débiteur ait rempli les conditions du 1er al. de l'art. L. 330-1 [L. 711-1] C. consom. • Cass., avis, 13 nov. 2006 : *Bull. civ. n° 11; BICC 1er févr. 2007, p. 31, rapp. Leroy-Gissinger, obs. Domingo; D. 2006. AJ 3054, obs. Rondey; JCP 2006. IV. 3434; RD banc. fin. 2007, n° 29, obs. Piedelièvre.*

2. Chose jugée. N'a pas l'autorité de la chose jugée la décision rendue par le JEX en application de l'art. L. 332-1 [rédaction de 1995] [L. 733-10 anc.], en l'absence de toute contestation et au seul vu des pièces que lui transmet la commission, dont il lui appartient seulement de vérifier la régularité des recommandations, sans pouvoir les modifier. • Civ. 2e, 17 juin 1999 : *Bull. civ. I, n° 122; D. 1999. IR 195; D. Affaires 1999. 1395, obs. C. R.; RTD com. 1999. 768, obs. Paisant.*

3. Compétence d'attribution. Un juge d'instance qui a rendu une ordonnance conférant force exécutoire aux mesures recommandées par la commission, n'avait pas, aux termes de l'art. 92 NCPC [renommé C. pr. civ.], l'obligation de relever d'office son incompétence, dès lors que l'art. L. 311-12-1 COJ, qui fait obligation à tout juge autre que le JEX de relever d'office son incompétence, ne s'applique qu'aux matières qu'il énumère, au nombre desquelles ne figure pas le surendettement. • Civ. 1re, 4 oct. 2000 : *Bull. civ. I, n° 238; D. 2000. AJ 420.*

4. Communication au ministère public (non). Sur la non-application de l'art. 425-2° NCPC [renommé C. pr. civ.] (communication obligatoire des procédures au ministère public) à la procédure de redressement judiciaire civil des personnes physiques [traitement des situations de surendettement], V. • Civ. 1re, 18 févr. 1997 : *D. 1999. Somm. 205, obs. Chatain et Ferrière.*

SECTION II CONTESTATION DES MESURES IMPOSÉES

(L. n° 2016-1547 du 18 nov. 2016, art. 58, en vigueur le 1er janv. 2018)

Les dispositions issues de l'art. 58 de la L. n° 2016-1547 du 18 nov. 2016 s'appliquent aux procédures de surendettement en cours au 1er janv. 2018, sauf lorsque le juge d'instance a été saisi par la commission de surendettement aux fins d'homologation. Dans ce cas, l'affaire est poursuivie et jugée conformément au livre VII du code de la consommation, dans sa rédaction antérieure à ladite loi (L. préc., art. 58-II). — V. ***C. consom.****, éd. 2017.*

COMMENTAIRE

I. RÉGIME ANTÉRIEUR AU 1ER JANVIER 2018

A. MISSION DE CONTRÔLE DU JUGE

Une partie pouvait contester devant le juge du tribunal d'instance les mesures recommandées ou imposées par la commission (anc. art. L. 733-12, désormais art. L. 733-10) dans le délai de quinze jours à compter de la notification (art. R. 733-6). Le greffe convoque les parties quinze jours au moins avant la date d'audience (art. R. 733-16). Le juge doit alors statuer sur la demande. Il peut notamment faire publier un appel aux créanciers vérifier, même d'office, la validité des créances et des titres ou prescrire toute mesure d'instruction utile. Il peut également obtenir communication de toute information lui permettant d'apprécier la situation du débiteur et son évolution envisageable.

B. DÉCISIONS EN CAS DE CONTESTATION ET RECOURS

Afin d'éviter des procédés purement dilatoires, le législateur a prévu la possibilité pour le juge, avant de statuer sur la contestation, d'ordonner par provision, à la demande d'une partie, l'exécution de plusieurs des mesures recommandées par la commission de surendettement (anc. art. L. 733-14, désormais art. L. 733-12). Le jugement rendu sur cette question n'est pas susceptible d'appel, du moins indépendamment du jugement statuant sur la contestation (art. R. 733-14). En revanche, le jugement sur lequel il est statué sur la contestation est susceptible d'appel (art. R. 733-17).

En effet, la décision par laquelle le juge statue sur une contestation est susceptible d'appel (art. R. 733-17).

C. RÉTABLISSEMENT PERSONNEL SANS LIQUIDATION JUDICIAIRE À L'OCCASION D'UN RECOURS

A l'occasion des recours exercés devant lui, le juge peut, depuis la loi du 26 juillet 2013, prononcer un redressement personnel sans liquidation judiciaire (anc. art. L. 733-15, désormais art. L. 733-13). Les effets sont les mêmes que dans le cadre d'une recommandation classique : effacement de toutes les dettes non professionnelles du débiteur.

Toutefois, le greffe procède à des mesures de publicité pour permettre aux créanciers qui n'ont pas été avisés du recours de former tierce opposition à l'encontre de ce jugement dans les deux mois.

II. RÉGIME POSTÉRIEUR AU 1ER JANVIER 2018

L'article L. 733-10 reprend en substance l'ancien article L. 733-12, permettant à une partie de contester devant le juge du tribunal d'instance les mesures, à la différence près que l'on ne distingue plus recommandations et mesures.

L'article L. 733-12 reprend en substance l'ancien article L. 733-14 : le législateur a prévu la possibilité pour le juge, avant de statuer sur la contestation, d'ordonner par provision, à la demande d'une partie, l'exécution de plusieurs des mesures décidées par la commission de surendettement : il s'agit d'éviter des procédés purement dilatoires.

Le juge saisi de la contestation prévue à l'article L. 733-10 prend tout ou partie des mesures définies aux articles L. 733-1, L. 733-4 et L. 733-7, mais peut en outre prononcer un redressement personnel sans liquidation judiciaire (art. L. 733-13, reprenant en substance l'anc. art. L. 733-15). ❑

Art. L. 733-10 *(L. n° 2016-1547 du 18 nov. 2016, art. 58, en vigueur le 1er janv. 2018)* **Une partie peut contester devant le juge du tribunal d'instance, dans un délai fixé par décret, les mesures imposées par la commission en application des articles L. 733-1, L. 733-4 ou L. 733-7.** — *[C. consom., art. L. 332-2, al. 1er, 1re phrase sauf délai.] — Reprise de la substance de l'anc. art. L. 733-12.*

1. Notion de partie. La commission de surendettement qui a recommandé [imposé] des mesures en application des art. L. 331-7 et L. 331-7-1 [L. 733-1 et L. 733-4] ne peut être partie à la procédure devant le JEX sur la contestation de ces mesures. • Civ. 2e, 21 oct. 2004 : *Bull. civ. II, n° 476; JCP 2004. IV. 3315* (irrecevabilité du *pourvoi en cassation en ce qu'il est dirigé contre la* commission).

2. Délai. Une partie pouvant contester les mesures recommandées [imposées] par la commission dans le délai de quinze jours de la notification qui lui en est faite, le JEX ne peut leur conférer force exécutoire avant de s'être assuré de l'absence de toute contestation dans ce délai. • Civ. 1re, 29 mai 1997 : *Bull. civ. I, n° 176; D. 1997. IR 146; RTD com. 1997. 509, obs. Paisant.* ♦ V. aussi : • Civ. 1re, 9 juin 1998 : *CCC 1998, n° 155, obs. Raymond.*

3. Absence de contestation. Les débiteurs qui n'ont pas usé de la faculté de contestation ne sont pas recevables à contester le bien-fondé des mesures intervenues telle que la mesure de vente amiable de leur immeuble. • Civ. 1re, 5 janv. 2000 : *Bull. civ. I, n° 1; D. 2000. AJ 185, obs. Rondey; JCP 2000. I. 221, n° 25, obs. Cadiet; RTD com. 2000. 194, obs. Paisant.*

4. Compétence d'attribution. Lorsque le juge d'instance exerce les fonctions de JEX, la contestation des mesures recommandées [imposées] par la commission est valablement faite par déclaration remise ou adressée au secrétariat-greffe du TGI. • Civ. 2e, 23 oct. 2003 : *Bull. civ. II, n° 328 ; D. 2003. AJ 2962, obs. Rondey ; CCC 2004, n° 71, obs. Raymond.* ♦ V. aussi note 3 ss. anc. art. L. 733-10.

Art. L. 733-11 *(L. n° 2016-1547 du 18 nov. 2016, art. 58, en vigueur le 1er janv. 2018)* **Lorsque les mesures prévues aux articles L. 733-4 et L. 733-7 sont combinées avec tout ou partie de celles prévues à l'article L. 733-1, le juge saisi d'une contestation statue sur l'ensemble des mesures dans les conditions prévues à l'article L. 733-13.** — *[C. consom., art. L. 332-2, al. 1er, 2e phrase.] — Reprise de la substance de l'anc. art. L. 733-13.*

Art. L. 733-12 *(L. n° 2016-1547 du 18 nov. 2016, art. 58, en vigueur le 1er janv. 2018)* **Avant de statuer, le juge peut, à la demande d'une partie, ordonner par provision l'exécution d'une ou plusieurs des mesures mentionnées à l'article L. 733-11.**

Il peut faire publier un appel aux créanciers.

Il peut vérifier, même d'office, la validité des créances et des titres qui les constatent ainsi que le montant des sommes réclamées et s'assurer que le débiteur se trouve bien dans la situation définie à l'article L. 711-1.

Il peut également prescrire toute mesure d'instruction qu'il estime utile. Les frais relatifs à celle-ci sont mis à la charge de l'État.

Nonobstant toute disposition contraire, le juge peut obtenir communication de tout renseignement lui permettant d'apprécier la situation du débiteur et l'évolution possible de celle-ci. — *[C. consom., art. L. 332-2, al. 2 à 5.] — Reprise de la substance de l'anc. art. L. 733-14.*

1. Office du juge. Aux termes de l'art. L. 332-2 [L. 733-12], le juge du surendettement peut, lorsqu'il statue sur la contestation des mesures recommandées, s'assurer, même d'office, que le débiteur se trouve bien dans la situation définie à l'art. L. 331-2 [L. 711-1]. • Civ. 1re, 2 oct. 2002 : *CCC 2003, n° 33, obs. Raymond* (vérification de la condition de bonne foi, en l'espèce). – Même sens : • Civ. 2e, 13 févr. 2003 : *Bull. civ. II, n° 41.* ♦ Le JEX, saisi d'une contestation des mesures recommandées par une commission de surendettement des particuliers, peut, avant de statuer, s'assurer que le débiteur se trouve dans la situation définie à l'art. 330-1 [L. 711-1]. • Civ. 1re, 7 juin 2006 : *CCC 2006, n° 245, obs. Raymond* (endettement essentiellement professionnel). ♦ Le juge qui statue sur la contestation des mesures recommandées par une commission de surendettement peut, en application de l'art. L. 332-2, al. 4 [L. 733-12, al. 3], vérifier que le débiteur se trouve en situation de surendettement. • Civ. 2e, 17 oct. 2013 : *Bull. civ. II, n° 205 ; Dalloz actualité, 30 oct. 2013, obs. Avena-Robardet ; D. 2014. Chron. C. cass. 579, obs. Vasseur ; JCP E 2013, n° 1623 ; CCC 2014, n° 23, obs. Raymond ; RD banc. fin. 2014, n° 17, obs. Piedelièvre.* ♦ Le juge doit réexaminer la situation du débiteur au jour où il statue. • Civ. 2e, 21 déc. 2006 : *Bull. civ. II, n° 375 ; JCP 2007. IV. 1196 ; CCC 2007, n° 80, obs. Raymond ; BRDA 2007, n° 2, p. 13.*

2. Vérification des créances. La vérification de la validité et du montant des créances prévue à l'art. L. 331-4 [L. 723-2 s.], qui n'est opérée que pour les besoins de la procédure devant la commission afin de permettre à celle-ci de poursuivre sa mission, n'a pas pour effet de priver le juge de l'exécution des pouvoirs qu'il tient de l'art. L. 332-2 [L. 733-12] de vérifier la validité et le montant des titres de créance lorsqu'il est saisi d'une contestation relative aux mesures recommandées. • Civ. 2e, 24 mars 2005 : *Bull. civ. II, n° 84 ; CCC 2005, n° 145, obs. Raymond ; RTD com. 2005. 426, obs. Paisant.*

3. Recours. Est irrecevable, à défaut de disposition légale spéciale, le pourvoi formé indépendamment du jugement sur le fond contre la décision en dernier ressort du juge de l'exécution, qui vérifie la validité des titres de créance et le montant des sommes réclamées, cette décision, qui a seulement statué sur un incident de procédure, n'ayant pas mis fin à l'instance. • Civ. 1re, 23 juin 1998 (2e arrêt) : *Bull. civ. I, n° 226 ; D. 1999. 231, note Marotte ; CCC 1998, n° 156, obs. Raymond.* ♦ Lorsqu'il est saisi en application de l'art. L. 332-2 [L. 733-12], le JEX statue à charge d'appel. • Civ. 1re, 1er déc. 1998 : *Bull. civ. I, n° 340 ; D. Affaires 1999. 550 ; RTD com. 1999. 214, obs. Paisant.*

4. Chose jugée. La décision par laquelle le JEX, saisi d'une contestation, vérifie la validité des créances n'a pas l'autorité de la chose jugée au principal. • Civ. 2e, 21 oct. 2004 : *Bull. civ. II, n° 475 ; JCP 2004. IV. 3305 ; RTD com. 2005. 426, obs. Paisant.*

Art. L. 733-13 *(L. n° 2016-1547 du 18 nov. 2016, art. 58, en vigueur le 1er janv. 2018)* **Le juge saisi de la contestation prévue à l'article L. 733-10 prend tout ou partie des**

mesures définies aux articles L. 733-1, L. 733-4 et L. 733-7. Dans tous les cas, la part des ressources nécessaires aux dépenses courantes du ménage est déterminée dans les conditions prévues à l'article L. 731-2. Elle est mentionnée dans la décision.

Lorsqu'il statue en application de l'article L. 733-10, le juge peut en outre prononcer un redressement personnel sans liquidation judiciaire. — *[C. consom., art. L. 330-1, al. 6, 2e phrase et L. 332-3.] — Reprise de la substance de l'anc. art. L. 733-15.*

1. Application dans le temps. L'art. L. 332-3 [L. 733-13], dans sa rédaction issue de la loi du 29 juill. 1998, est applicable aux procédures en cours à compter de l'entrée en vigueur de ladite loi, le 2 févr. 1999. • Civ. 1re, 18 oct. 2000 : *Bull. civ. I, no 256 ; CCC 2001, no 148, obs. Raymond ; JCP 2000. IV. 2789.*

2. Pouvoir du juge. Saisi de la contestation prévue à l'art. L. 332-2 [L. 733-10], le JEX n'a pas le pouvoir de donner force exécutoire aux recommandations de la commission, mais celui de prendre des mesures définies à l'art. L. 331-7 [L. 733-1 et L. 733-4]. • Angers, 20 mars 2000 : *BICC 1er déc. 2000, no 1353.* ♦ Méconnaît l'étendue de ses pouvoirs la cour d'appel qui, saisie de la contestation prévue à l'art. L. 332-2 [L. 733-10], renvoie le débiteur devant la commission de surendettement afin d'établir un plan prévoyant la vente de son immeuble. • Civ. 2e, 6 mai 2004 : *Bull. civ. II, no 221 ; RTD com. 2004. 621, obs. Paisant.* ♦ Par l'effet de la contestation des mesures recommandées par la commission, la cour d'appel est investie de la mission de traiter l'ensemble de la situation de surendettement du débiteur, sans pouvoir écarter des créances qui n'avaient pas été déclarées devant la commission. • Civ. 2e, 17 nov. 2005 : *Bull. civ. II, no 299 ; D. 2006. AJ 226, obs. Avena-Robardet ; JCP 2005. IV. 3678 ; CCC 2006, no 15, obs. Raymond.* ♦ ... Ou des créances survenues postérieurement à la décision de la commission. • Civ. 2e, 9 oct. 2008 : *Bull. civ. II, no 209 ; D. 2008. AJ 2665, obs. Avena-Robardet ; JCP 2008. IV. 2755 ; BRDA 2008, no 21, p. 12 ; RD banc. fin. 2008, no 179, obs. S. Piedelièvre.* ♦ En ordonnant la remise des majorations et des frais de poursuites afférents aux impôts dont le trésorier poursuivait le paiement, alors qu'elle ne pouvait qu'ordonner le rééchelonnement des dettes fiscales, une cour d'appel, qui a excédé ses pouvoirs, a violé les art. L. 331-7 [L. 733-1] et L. 332-3 [L. 733-13]. • Civ. 2e, 6 avr. 2006 : *Bull. civ. II, no 106 ; RTD com. 2006. 679, obs. Paisant ; JCP 2006. IV. 2040 ; BRDA 2006, no 12, p. 10 ; Dr. et patr. juin 2007. 91, obs. Macorig-Venier.*

En cas de contestation des mesures recommandées par la commission de surendettement, le JEX a l'obligation, en l'absence de désistement de l'appelant ou de renoncement du débiteur au bénéfice de telles mesures, d'ordonner des mesures de traitement du surendettement dont il fixe souverainement l'étendue et les modalités, sous réserve de respecter la durée maximale prévue par la loi, les règles sur la fixation de la capacité mensuelle de remboursement du débiteur et les conditions posées par la loi pour leur mise en œuvre. • Douai, 21 déc. 2006 : *CCC 2007, no 193, obs. Raymond.*

3. Réexamen par la cour d'appel. La cour d'appel doit réexaminer l'ensemble de la situation du débiteur quand elle est saisie d'un recours contre la décision du JEX sur la contestation des mesures recommandées. • Civ. 2e, 24 mars 2005 : *Bull. civ. II no 83.* ♦ ... Et elle a la faculté de procéder à l'appel des créanciers. • Civ. 2e, 9 oct. 2008 : *préc. note 2.*

4. Procédure collective. Aucune disposition n'autorise le JEX, saisi en application de l'art. L. 332-3 [L. 733-13], à suspendre l'exécution d'une décision du juge-commissaire portant sur la réalisation de l'actif d'un débiteur relevant de la loi sur le redressement et la liquidation judiciaires des entreprises. • Limoges, 28 juin 1994 : *D. 1999. Somm. 204, obs. Chatain et Ferrière* (surendettement de l'épouse non commerçante d'un commerçant en liquidation judiciaire dont l'actif était constitué par un immeuble commun aux deux époux).

5. Reste à vivre. Méconnaît l'art. L. 332-3 [L. 733-13] l'arrêt qui confirme les mesures de redressement arrêtées par le JEX avant l'entrée en vigueur de ce texte sans vérifier, fût-ce d'office, que les débiteurs disposaient de la part de ressources nécessaire aux dépenses courantes du ménage. • Civ. 1re, 18 oct. 2000 : *préc. note 1.* ♦ Les juges du fond ne peuvent valider, par un motif inopérant tenant à la non-comparution du concubin de la débitrice à l'audience, le rééchelonnement du paiement des dettes par le JEX, sans s'assurer que le montant des remboursements des créances n'excédait pas la part des ressources, définie à l'art. L. 331-2 [L. 731-2], nécessaire aux dépenses courantes. • Civ. 2e, 28 févr. 2006 : *Bull. civ. II, no 61 ; RLDA avr. 2006. 48, obs. Méar.* ♦ Le juge, saisi de la contestation des mesures recommandées, doit, dans tous les cas, déterminer la part des ressources nécessaires aux dépenses courantes du ménage, comme il est dit au 2e al. de l'art. L. 331-2 [L. 731-2], et la mentionner dans sa décision. • Civ. 2e, 14 mai 2009 : *Bull. civ. II, no 125 ; D. 2009. AJ 1533, obs. Avena-Robardet ; RTD com. 2009. 629, obs. Paisant ; JCP 2009, no 25, p. 28 ; Procédures 2009, no 283, obs. H. C. ; Dr. et proc. 2009. 296, note Norguin ; Rev. proc. coll. 2010, no 39, obs. Gjidara-Decaix* • Civ. 2e, 21 mars 2013 : *cité note 1 ss. art. L. 733-1* • 8 janv. 2015, no 13-27.446 : *Gaz. Pal. 2015. 1710, obs. Lasserre Capdeville ; Rev. proc. coll. 2015, no 138, obs. Gjidara-Decaix.*

6. Effets sur les débiteurs solidaires. V. note 18 ss. art. L. 733-4.

7. Effets sur les cautions. La caution ne peut se prévaloir, pour se soustraire à son engagement, des mesures arrêtées par le juge en faveur du débiteur principal surendetté. • Civ. 1re, 3 mars 1998 : *Bull. civ. I, n° 82 ; D. 1998. 421, concl. Sainte-Rose ; JCP 1998. II. 10117, note S. Piedelièvre ; RTD civ. 1998. 422 et 950, obs. Crocq*. – Dans le même sens : • Civ. 1re, 18 janv. 2000 : *CCC 2000, n° 103, obs. Raymond* • 26 avr. 2000 : *Bull. civ. I, n° 122.*

Art. L. 733-14 *(L. n° 2016-1547 du 18 nov. 2016, art. 58, en vigueur le 1er janv. 2018)* **Si la situation du débiteur l'exige, le juge du tribunal d'instance l'invite à solliciter une mesure d'aide ou d'action sociale qui peut comprendre un programme d'éducation budgétaire, notamment une mesure d'accompagnement social personnalisé, dans les conditions prévues au livre II du code de l'action sociale et des familles.** – *[C. consom., art. L. 332-1, al. 2.] – Reprise de la substance de l'anc. art. L. 733-11.*

SECTION III DISPOSITIONS COMMUNES AUX MESURES IMPOSÉES ET À LEUR CONTESTATION

(L. n° 2016-1547 du 18 nov. 2016, art. 58, en vigueur le 1er janv. 2018)

Les dispositions issues de l'art. 58 de la L. n° 2016-1547 du 18 nov. 2016 s'appliquent aux procédures de surendettement en cours au 1er janv. 2018, sauf lorsque le juge d'instance a été saisi par la commission de surendettement aux fins d'homologation. Dans ce cas, l'affaire est poursuivie et jugée conformément au livre VII du code de la consommation, dans sa rédaction antérieure à ladite loi (L. préc., art. 58-II). – V. ***C. consom.****, éd. 2017.*

Art. L. 733-15 *(L. n° 2016-1547 du 18 nov. 2016, art. 58, en vigueur le 1er janv. 2018)* **Les mesures imposées en application des articles L. 733-1, L. 733-4 et L. 733-7 ou celles prises par le juge en application de l'article L. 733-13 ne sont pas opposables aux créanciers dont l'existence n'a pas été signalée par le débiteur et qui n'ont pas été avisés de ces mesures par la commission.** – *[C. consom., art. L. 331-8.] – Reprise de la substance de l'anc. art. L. 733-16.*

COMMENTAIRE

I. RÉGIME ANTÉRIEUR AU 1er JANVIER 2018

En toute logique, les mesures recommandées et rendues exécutoires n'étaient pas opposables aux créanciers dont l'existence n'aurait pas été signalée par le débiteur et qui n'en auraient pas été avisés par la commission (art. L. 733-16).

Le législateur instaure une distinction entre les créanciers dont l'existence n'aurait pas été signalée par le débiteur et qui n'auraient pas été avisés des mesures imposées ou recommandées par la commission (lesquels n'ont pas été à même de les contester) et les autres créanciers. En effet, les mesures imposées ou recommandées par la commission, même rendues exécutoires par le juge, étaient inopposables aux premiers.

Ni le plan conventionnel, ni la décision de la commission ou le jugement d'homologation ne peuvent avoir d'effets à l'égard des créanciers non signataires ou non appelés à l'instance et dont les créances n'ont pas été prises en considération. En revanche, la commission prend en considération la créance déclarée par le débiteur quand le créancier ne répond pas à la lettre de la commission l'informant du passif déclaré par ce dernier et ne soulève par définition aucune contestation : le créancier est alors soumis aux mesures imposées ou recommandées qui seront revêtues de la force exécutoire, à la suite de l'homologation par le juge du tribunal d'instance.

II. RÉGIME POSTÉRIEUR AU 1er JANVIER 2018

Les articles L. 733-15, L. 733-16 et L. 733-17 reprennent respectivement la substance des anciens articles L. 733-16, L. 733-17 et L. 733-18 : les mesures sont désormais unifiées, sans la distinction antérieure entre recommandations et mesures imposées. ❑

Art. L. 733-16 *(L. n° 2016-1547 du 18 nov. 2016, art. 58, en vigueur le 1er janv. 2018)* **Les créanciers auxquels les mesures imposées par la commission en application des articles L. 733-1, L. 733-4 et L. 733-7 ou celles prises par le juge en application de**

l'article L. 733-13 sont opposables ne peuvent exercer des procédures d'exécution à l'encontre des biens du débiteur pendant la durée d'exécution de ces mesures. – *[C. consom., art. L. 331-9.] – Reprise de la substance de l'anc. art. L. 733-17.*

COMMENTAIRE

Par souci d'effectivité, le créancier auquel s'adresse les mesures et recommandations ne peut exercer aucune procédure d'exécution pendant la durée d'exécution (art. L. 733-16). En application de cette disposition, le juge de l'exécution a le pouvoir de suspendre seulement pendant la durée des mesures de redressement les effets d'une saisie-attribution à exécution successive pratiquée à l'encontre du débiteur avant la saisine de la commission de surendettement, sans pouvoir en prononcer toutefois la mainlevée (Civ. 1re, 14 mars 2000 : *cité note 2 ss. art. L. 733-16*).

1. Période antérieure à l'opposabilité. Tant que les mesures recommandées par la commission de surendettement n'ont pas donné lieu à une décision du JEX, et sauf suspension des procédures d'exécution en application de l'art. L. 331-5 [L. 721-4], la poursuite d'une procédure de saisie immobilière est laissée à l'appréciation du créancier. • Civ. 2e, 14 avr. 2005 : *RTD com. 2005. 613, obs. Paisant*. ♦ Sur l'autorité de la chose jugée de la décision judiciaire rendant exécutoire les recommandations de la commission de surendettement, V. • Civ. 2e, 4 juin 2009 : *CCC 2010, no 31, obs. Raymond; Rev. proc. coll. 2010, no 40, obs. Gjidara-Decaix.*

2. Suspension des poursuites : saisie-attribution. En application de l'art. L. 331-9 [L. 733-16], le juge de l'exécution a le pouvoir, dans le cadre des mesures recommandées prévues par l'art. L. 331-7 [L. 733-1 s.], de suspendre seulement pendant la durée des mesures de redressement les effets d'une saisie-attribution à exécution successive pratiquée à l'encontre du débiteur avant la saisine de la commission de surendettement, mais non d'en prononcer la mainlevée. • Civ. 1re, 14 mars 2000 : *Bull. civ. I, no 94; D. 2000. AJ 247; JCP 2000. IV. 1781.* ♦ Le créancier ne peut, sans violer l'art. L. 331-9 [L. 733-16], faire diligenter par acte d'huissier du 29 févr. 2008 une saisie-attribution des comptes bancaires des débiteurs sans risquer de mettre à néant les mesures recommandées, rendues exécutoires par jugement du 23 nov. 2007, dont l'objet est d'assurer l'effectivité du désendettement progressif des débiteurs. • TI Troyes, 10 juin 2008 : *CCC 2008, no 220, obs. Raymond.* ♦ Une société mandatée en vue du recouvrement des créances d'une banque n'a pas à envoyer à la débitrice les courriers qu'elle a reçus durant le cours du plan, documents qui pour certains étaient rédigés en des termes particulièrement impératifs et de nature à impressionner la débitrice pour obtenir d'elle un paiement. • Douai, 12 mai 2011 : *CCC 2011, no 229, obs. Raymond.*

3. ... Saisie immobilière. Cassation de l'arrêt qui rejette la demande de sursis à statuer sur l'adjudication d'un bien immobilier objet d'une saisie, alors que le débiteur bénéficiait d'une mesure de traitement de son surendettement, homologuée par le juge, lui accordant un délai de douze mois pour vendre son bien dans les meilleures conditions. • Civ. 1re, 14 nov. 2001 : *Bull. civ. I, no 281; CCC 2002, no 68, obs. Raymond; RTD com. 2002. 176, obs. Paisant*. ♦ Les procédures d'exécution étant interdites de plein droit du fait des mesures recommandées rendues exécutoires, le JEX ne peut, dans le même temps, confirmer le moratoire recommandé et ordonner la poursuite de la vente publique. • Paris, 14 sept. 2005 : *Dr. et proc. 2006. 51, obs. Bazin.*

4. ... Expulsion. La mesure de rééchelonnement du paiement de la dette envers le bailleur ne peut entraîner de plein droit, en ce qu'elle diffère l'exigibilité de la dette, que la suspension des procédures d'exécution tendant au recouvrement de cette dette, mais non la suspension de l'expulsion du locataire. • Civ. 1re, 30 mai 1995 : *Bull. civ. I, no 228; D. 1995. IR 156; RTD com. 1995. 656, obs. Paisant*. – Dans le même sens : • Civ. 1re, 28 nov. 1995 : *Bull. civ. I, no 441; D. Affaires 1996. 38.*

5. ... Créance écartée de la procédure. Viole les textes l'arrêt qui déclare qu'un commandement aux fins de saisie immobilière doit emporter tous ses effets au motif que le juge du surendettement a écarté du plan la créance du prêteur sans l'effacer, alors que les mesures recommandées dans le cadre du plan sont opposables aux créanciers dont la créance a été écartée de la procédure et que ceux-ci ne peuvent exercer de mesures d'exécution pendant la durée du plan. • Civ. 2e, 8 juill. 2004 : *Bull. civ. II, no 384; JCP E 2004. 1402; RTD com. 2004. 821, obs. Paisant*.

6. ... Créance commune au débiteur et à un tiers surendetté. Le créancier bénéficiaire d'une sûreté sur un bien appartenant à un tiers (ex-conjoint du débiteur) ne peut poursuivre sur ce bien l'exécution d'une créance commune au débiteur et au tiers dès lors que celui-ci bénéficie d'un plan de surendettement. • Civ. 2e, 10 févr. 2005 : *Bull. civ. II, no 30.*

7. Demande de titre exécutoire. En l'absence de texte l'interdisant, un créancier peut saisir le juge du fond, pendant le cours de la procédure de surendettement, à l'effet d'obtenir un titre exécutoire dont l'exécution sera différée pendant la durée du plan. • Civ. 1re, 7 janv. 1997 : *Bull. civ. I, n° 10; D. 1997. IR 40* • 5 déc. 2000 : *CCC 2001, n° 81, obs. Raymond.* – Dans le même sens : • Civ. 2e, 22 mars 2006 : *Bull. civ. II, n° 89; BRDA 2006, n° 8, p. 11* • Versailles, 31 mars 2000 : *BICC 15 janv. 2001, n° 78.* – V. déjà : • Cass., avis, 16 juin 1995 : *Bull. civ. n° 10.* ♦ Un créancier est en droit d'obtenir un titre exécutoire à hauteur des sommes dues par le débiteur en principal et en intérêts, ceux-ci étant suspendus pendant l'exécution du plan, mais leur point de départ pouvant être fixé par le juge au jour de l'assignation, en application de la faculté discrétionnaire qu'il tient de l'art. 1153-1 [1231-7] C. civ. • Civ. 2e, 18 nov. 2004 : *Bull. civ. II, n° 500; JCP 2004. IV. 3509; Gaz. Pal. 2005. Somm. 2233.* ♦ Dès lors que sa créance n'est pas contestée et qu'elle est certaine, liquide et exigible, le créancier qui justifie d'un intérêt actuel et certain à obtenir un titre exécutoire à l'encontre de son débiteur défaillant peut se faire délivrer une ordonnance d'injonction de payer, sans qu'y fassent obstacle les dispositions de l'art. L. 331-9 [L. 733-16]. • Versailles, 29 mai 1998 : *BICC 1er févr. 1999, n° 145.* ♦ Le créancier qui, après la déchéance du terme de son débiteur, a conclu avec ce dernier un avenant portant rééchelonnement de la dette, entraînant novation des obligations du débiteur, n'est plus recevable à demander la délivrance d'un titre exécutoire, faute de justifier, du fait de la novation intervenue, d'une créance certaine, liquide et exigible. • Versailles, 22 mai 1998 : *BICC 1er févr. 1999, n° 144.*

8. Créances postérieures. Ayant relevé que la saisie-attribution avait été pratiquée sur le fondement d'un arrêt de la cour d'appel de Paris du 26 avr. 2007 portant sur des charges postérieures aux recommandations de la commission de surendettement du 27 sept. 2005 et retenu que la suspension des poursuites pendant la durée d'exécution du plan n'était pas opposable au syndicat des copropriétaires qui poursuivait le recouvrement forcé d'une créance née postérieurement aux mesures recommandées homologuées par décision du JEX du 14 sept. 2006, les juges ont exactement décidé, sans dénaturer l'objet du litige, que la demande de mainlevée de la mesure de saisie devait être rejetée. • Civ. 2e, 20 janv. 2011 : *Bull. civ. II, n° 20; Dalloz actualité, 8 févr. 2011, obs. Avena-Robardet; JCP 2011, n° 171; CCC 2011, n° 130, obs. Raymond; BRDA 2011, n° 5, p. 10; Rev. proc. coll. 2011, n° 128, obs. Gjidara-Decaix.*

9. Résiliation du bail d'habitation. La mesure de suspension de la dette locative ordonnée par la commission de surendettement en février 2006 étant expirée depuis septembre 2007, et la locataire ne justifiant pas d'une nouvelle mesure de suspension ni qu'elle se soit entre temps libérée de sa dette, la cour d'appel en a exactement déduit que le commandement de payer délivré avant l'expiration du plan de redressement n'était pas nul et que la clause résolutoire avait pu reprendre ses effets à son expiration et à l'issue du délai de deux mois visé à l'acte, de sorte que le bail s'était trouvé résilié de plein droit au 31 oct. 2007. • Civ. 2e, 21 oct. 2010 : *Rev. loyers 2011. 72, note Gallet.*

Art. L. 733-17 *(L. n° 2016-1547 du 18 nov. 2016, art. 58, en vigueur le 1er janv. 2018)* **L'effacement d'une créance en application des articles L. 733-9 ou L. 733-13 du présent code vaut régularisation de l'incident de paiement au sens de l'article L. 131-73 du code monétaire et financier.** – *[C. consom., art. L. 332-4.]* – *Reprise de la substance de l'anc. art. L. 733-18.*

COMMENTAIRE

L'effacement des dettes du débiteur dans le cadre des recommandations rendues exécutoires entraîne la régularisation automatique des incidents liés à l'absence de provision sur le compte bancaire sur lequel les chèques en question ont été tirés (art. L. 733-17). ❑

TITRE QUATRIÈME RÉTABLISSEMENT PERSONNEL

DALLOZ RÉFÉRENCE *Surendettement des particuliers*, par FERRIÈRE et AVENA-ROBARDET, *2012/2013, 4e éd., nos 41.00 s.*

COMMENTAIRE

I. RÉGIME ANTÉRIEUR AU 1er JANVIER 2018

A. PROCÉDURE DE RÉTABLISSEMENT PERSONNEL

La réforme introduite en 2003 s'inspirait du système de la faillite civile, en vigueur dans plusieurs États européens ainsi qu'en Alsace-Moselle, territoires dans lesquels on a pu constater le faible taux de récidive (1,16 % en dix ans).

Dans l'esprit de la loi, la procédure de rétablissement personnel n'avait vocation à intervenir que dans l'hypothèse où les mesures de recommandation ou bien les mesures directement prises par la commission étaient inopérantes : c'était l'idée de subsidiarité qui présidait ici. Elle correspondait au profil de personnes vivant dans une grande précarité.

Essentiellement judiciaire à l'origine, la procédure de rétablissement personnel, issue de la réforme en date du 1er juillet 2010, accroît le rôle des commissions de surendettement et crée une nouvelle procédure de rétablissement personnel sans liquidation judiciaire pour régler le sort des situations les plus compromises.

Ainsi, lorsque le débiteur se trouve dans une *situation irrémédiablement compromise* caractérisée par l'impossibilité manifeste de mettre en œuvre des mesures classiques de traitement, la commission de surendettement dispose d'un véritable pouvoir d'orientation. Elle peut alors envisager deux types de mesures, la première résultant de la loi de 2010 sur le crédit, alors que la seconde date de 2003 :

1° Recommander un *rétablissement personnel sans liquidation judiciaire* si le débiteur ne possède que des biens nécessaires à la vie courante et des biens non professionnels indispensables à l'exercice de son activité professionnelle, ou encore si son actif est constitué de biens dépourvus de valeur marchande ou dont les frais de vente seraient manifestement disproportionnés au regard de leur valeur vénale.

Le juge du tribunal d'instance confère ensuite force exécutoire à la recommandation de la commission en l'absence de contestation, après en avoir vérifié la régularité et le bien-fondé (anc. art. L. 741-2).

Cette mesure permettra l'effacement de presque toutes les dettes non professionnelles du débiteur surendetté (anc. art. L. 741-3, désormais art. L. 741-2), à l'exception des dettes visées à l'article L. 711-4 (dettes alimentaires, amendes, réparations pécuniaires allouées aux victimes d'infractions), des dettes issues de prêts sur gages souscrits auprès des caisses de crédit municipal et des dettes dont le prix a été payé par la caution ou le coobligé, personnes physiques. Sera également effacée la dette résultant de l'engagement que le débiteur a pris de cautionner ou d'acquitter solidairement la dette d'un entrepreneur individuel ou d'une société.

Une publicité est organisée pour permettre aux créanciers qui n'auraient pas été avisés de la recommandation de la commission de former tierce opposition dans un délai de deux mois à l'encontre de la décision du juge donnant force exécutoire à la décision (anc. art. L. 741-7, désormais art. L. 741-6).

Par ailleurs, une partie peut contester devant le juge du tribunal d'instance le rétablissement personnel sans liquidation judiciaire, recommandé par la commission, dans les 15 jours de la notification qui lui en est faite (anc. art. L. 741-5, désormais art. L. 741-4). Le juge peut, avant de statuer, publier un appel aux créanciers et vérifier, même d'office, la validité des créances et des titres qui les constatent ainsi que le montant des sommes réclamées. Il peut aussi prescrire toute mesure d'instruction utile (anc. art. L. 741-6, désormais art. L. 741-5).

2° Avec l'accord du débiteur, saisir le juge aux fins d'ouverture d'une procédure de *rétablissement personnel avec liquidation judiciaire* si elle constate que le débiteur ne se trouve pas dans la situation précédente.

Par ailleurs, à l'occasion des recours exercés devant lui, le juge du tribunal d'instance peut, toujours avec l'accord du débiteur, décider d'ouvrir une procédure de rétablissement personnel avec liquidation.

Cette recommandation ou cette saisine emporte automatiquement suspension et interdiction des procédures d'exécution diligentées à l'encontre des biens du débiteur ainsi que des cessions de rémunération consenties par celui-ci et portant sur les dettes autres qu'alimentaires. Mais cette suspension et cette interdiction, acquises jusqu'à l'homologation par le juge de la recommandation ou jusqu'au jugement d'ouverture d'une procédure de rétablissement personnel avec liquidation judiciaire, ne peuvent excéder deux ans depuis la loi n° 2013-672 du 26 juillet 2013 (auparavant, un an).

B. RÉTABLISSEMENT PERSONNEL SANS LIQUIDATION JUDICIAIRE À L'OCCASION D'UN RECOURS

Ainsi que cela a été précédemment exposé, à l'occasion des recours exercés devant lui, le juge peut, depuis la loi du 26 juillet 2013, prononcer un redressement personnel sans liquidation judiciaire (art. L. 724-2). Les effets sont les mêmes que dans le cadre d'une recommandation classique : effacement de toutes les dettes non professionnelles du débiteur.

II. RÉGIME POSTÉRIEUR AU 1er JANVIER 2018

Aux termes de la loi no 2016-1547 du 18 novembre 2016, la commission pourra, si elle constate que le débiteur ne dispose d'aucun actif réalisable, imposer un rétablissement personnel sans liquidation judiciaire (art. L. 724-1, al. 2, 1o). Le nouveau chapitre Ier du titre IV relatif au rétablissement personnel sans liquidation judiciaire a été réécrit, de façon à substituer au pouvoir de « recommandation », celui de « décision » de la commission de surendettement : celle-ci impose le rétablissement personnel sans liquidation judiciaire, le juge n'intervenant qu'en cas de recours contre la décision de la commission : leurs rôles respectifs sont ainsi redéfinis.

En revanche, si le débiteur se trouve dans une situation irrémédiablement compromise, mais dispose d'un actif réalisable, la commission saisira, avec l'accord du débiteur, le juge du tribunal d'instance aux fins d'ouverture d'une procédure de rétablissement personnel avec liquidation judiciaire (art. L. 724-1, al. 2, 2o). L'intervention du juge est maintenue car elle apparaît comme une garantie.

CHAPITRE PREMIER RÉTABLISSEMENT PERSONNEL SANS LIQUIDATION JUDICIAIRE

(L. no 2016-1547 du 18 nov. 2016, art. 58, en vigueur le 1er janv. 2018)

Les dispositions issues de l'art. 58 de la L. no 2016-1547 du 18 nov. 2016 s'appliquent aux procédures de surendettement en cours au 1er janv. 2018, sauf lorsque le juge d'instance a été saisi par la commission de surendettement aux fins d'homologation. Dans ce cas, l'affaire est poursuivie et jugée conformément au livre VII du code de la consommation, dans sa rédaction antérieure à ladite loi (L. préc., art. 58-II). — V. ***C. consom.****, éd. 2017.*

BIBL. GÉN. ▶ PIEDELIÈVRE, *JCP 2016, no 1329* (droit du surendettement dans la loi de modernisation de la justice du XXIe siècle). – GJIDARA-DECAIX, *AJ fam. 2016. 590* (justice du XXIe siècle : quels changements pour le droit du surendettement ?). – RASCHEL, *Procédures 2017. Étude 16* (justice du XXIe siècle : présentation des dispositions relatives au surendettement).

SECTION PREMIÈRE DÉCISION DE LA COMMISSION IMPOSANT UN RÉTABLISSEMENT PERSONNEL SANS LIQUIDATION JUDICIAIRE

Les dispositions issues de l'art. 58 de la L. no 2016-1547 du 18 nov. 2016 s'appliquent aux procédures de surendettement en cours au 1er janv. 2018, sauf lorsque le juge d'instance a été saisi par la commission de surendettement aux fins d'homologation. Dans ce cas, l'affaire est poursuivie et jugée conformément au livre VII du code de la consommation, dans sa rédaction antérieure à ladite loi (L. préc., art. 58-II). — V. ***C. consom.****, éd. 2017.*

COMMENTAIRE

I. RÉGIME ANTÉRIEUR AU 1er JANVIER 2018

A. CONDITIONS D'OUVERTURE

La commission recommandera un rétablissement personnel sans liquidation judiciaire si à l'examen de la demande, le débiteur ne possède que des biens nécessaires à la vie courante et des biens non professionnels indispensables à l'exercice de son activité professionnelle, ou encore si son actif est constitué de biens dépourvus de valeur marchande ou dont les frais de vente seraient manifestement disproportionnés au regard de leur valeur vénale.

B. PROCÉDURE

La commission transmet la recommandation au juge afin qu'il lui soit conféré force exécutoire (art. R. 741-3) ; en l'absence de contestation, le juge du tribunal d'instance confère force exécutoire à la recommandation par ordonnance (art. R. 741-5), après en avoir vérifié la régularité et le bien-fondé (anc. art. L. 741-2 et R. 741-4).

Le rétablissement personnel sans liquidation judiciaire rendu exécutoire par le juge du tribunal d'instance entraîne l'effacement de toutes les dettes non professionnelles du débiteur, à l'exception des dettes visées à l'article L. 711-4 (dettes alimentaires, amendes, réparations pécuniaires allouées aux victimes d'infractions), des dettes issues de prêts sur gages souscrits auprès des caisses de crédit municipal et des dettes dont le prix a été payé par la caution ou le coobligé, personnes physiques. Sera également effacée la dette résultant de l'engagement que le débiteur a pris de cautionner ou d'acquitter solidairement la dette d'un entrepreneur individuel ou d'une société (anc. art. L. 741-3, désormais art. L. 741-2).

C. RÔLE DU GREFFE EN VUE D'UNE TIERCE OPPOSITION POSSIBLE

Le greffe procède à des mesures de publicité pour permettre aux créanciers qui n'auraient pas été avisés de la recommandation de la commission de former tierce opposition à l'encontre de la décision du juge lui conférant force exécutoire, étant entendu que les créances dont les titulaires n'auraient pas formé tierce opposition dans un délai de deux mois à compter de cette publicité sont éteintes (anc. art. L. 741-4, désormais art. L. 741-3).

II. RÉGIME POSTÉRIEUR AU 1er JANVIER 2018

Si l'examen de la demande de traitement de la situation de surendettement fait apparaître que le débiteur se trouve dans la situation irrémédiablement compromise et ne possède que des biens mentionnés au 1° de l'article L. 724-1, c'est désormais la commission qui impose un rétablissement personnel sans liquidation judiciaire (art. L. 741-1). Il en résulte que l'ancien article L. 741-2, selon lequel le juge du tribunal d'instance confère force exécutoire à la recommandation de la commission après en avoir vérifié la régularité et le bien-fondé, ne sera plus applicable au 1er janvier 2018.

En l'absence de contestation dans les conditions prévues à l'article L. 741-4, le rétablissement personnel sans liquidation judiciaire entraîne l'effacement de toutes les dettes non professionnelles du débiteur (art. L. 741-2, reprenant le contenu de l'anc. art. L. 741-3). ❑

Art. L. 741-1 Si l'examen de la demande de traitement de la situation de surendettement fait apparaître que le débiteur se trouve dans la situation irrémédiablement compromise définie au deuxième alinéa de l'article L. 724-1 et ne possède que des biens mentionnés au 1° du même article L. 724-1, la commission impose un rétablissement personnel sans liquidation judiciaire. — *[C. consom., art. L. 332-5, 1re partie de la 1re phrase.]*

1. Constitutionnalité. La procédure de rétablissement personnel sans liquidation judiciaire, qui emporte l'effacement des dettes, n'a ni pour objet ni pour effet d'entraîner la privation du droit de propriété du créancier au-delà de ce qu'il est admis pour répondre à un objectif d'intérêt général de lutte contre la précarité et l'exclusion sociale en permettant le traitement de la situation de surendettement des débiteurs en grande précarité dont la situation est irrémédiablement compromise. • Civ. 2e, QPC, 19 déc. 2013 : *LPA 28 avr. 2014, note Stefania ; Rev. proc. coll. 2014, n° 46, obs. Gjidara-Decaix.*

2. Impossibilité d'apurement. Lorsqu'un débiteur se trouve dans l'impossibilité d'apurer sa situation de surendettement par la mise en œuvre, éventuellement combinée, des mesures prévues aux art. L. 331-7 et L. 331-7-1 [L. 733-1 s.], il est dans une situation irrémédiablement compromise au sens de l'art. L. 330-1 [L. 724-1], conduisant à l'ouverture d'une procédure de rétablissement personnel. • Cass., avis, 10 janv. 2005 : *Bull. civ. n° 1 ; BICC 1er avr. 2005, rapp. Vigneau, obs. Benmakhlouf ; JCP E 2005. 197 ; CCC 2005, n° 76, obs. Raymond ; RTD com. 2005. 424, obs. Paisant.* – V. conf. • TGI Paris, 23 févr. 2005 : *CCC eod. loc.*

3. Moratoire. N'est pas encore dans une situation irrémédiablement compromise le débiteur qui a obtenu un moratoire conformément à l'art. L. 331-7-1 [L. 733-4], sa situation devant être revue à l'issue de celui-ci. • Orléans, 27 juin 2005 : *BICC 1er mars 2006, n° 436.*

4. Subsidiarité du rétablissement personnel. Le rétablissement personnel est une procédure subsidiaire qui ne doit être retenue qu'en cas d'impossibilité manifeste de mise en œuvre des autres traitements prévus par les textes. • TGI Paris, JEX, 20 janv. 2005 : *CCC 2005, n° 77, obs. Raymond (5e esp.).* ♦ La procédure de rétablissement personnel, non désirée par la débitrice, ne peut lui être imposée. • Paris, 14 déc. 2005 : *RTD com. 2006. 490, obs. Paisant.* – Comp., lorsqu'elle est demandée : • Paris, 8 févr. 2006 : *eod. loc.* ♦ Sur cette question, V. aussi les obs. de Paisant à la *RTD com. 2008. 195*, ss. • Civ. 2e, 15 nov. 2007 : *Dr. et patr. juill.-août 2008. 113, obs. Macorig-Venier ; Rev. proc. coll. 2008, n° 146, obs. Gjidara-Decaix.* ♦ V. la nouvelle rédaction de l'art. L. 741-1, issue de la L. n° 2016-1547 du 18 nov. 2016.

5. Appréciation. L'évolution de la situation financière du débiteur ne dépend pas de son âge (49 ans, en l'espèce), mais de sa compatibilité avec les exigences du marché du travail et des possibilités éventuelles, eu égard à sa formation, de se procurer des revenus supplémentaires. • Paris, 11 sept. 2007, n° 07/00024 : *CCC 2008, n° 30, obs. Raymond ; RD banc. fin. 2008, n° 53, obs. S. Piedelièvre ; Rev. proc. coll. 2008, n° 148, obs. Gjidara-Decaix.* ♦ Jugeant également que le seul critère de l'âge (35 ans, en l'espèce) ne suffit pas pour en déduire que le débiteur peut accroître ses ressources. • TI Niort, 16 juin 2004 : *CCC 2004, n° 133, obs. Raymond ; RTD com. 2004. 621, obs. Paisant.* ♦ V. aussi, sur les critères de la situation irrémédiablement compromise : • TI Poitiers, 6 sept. 2004 (3 esp.) : *CCC 2004, n° 185, obs. Raymond* • TI Troyes, 6 déc. 2004 : *CCC 2005, n° 77, obs. Raymond* • TGI Paris, 25 oct. 2004 : *ibid.* • TI Troyes, 13 déc. 2004 : *ibid.* • TGI Paris, 30 sept. 2004 : *CCC 2005, n° 78, obs. Raymond* • TI Lorient, 14 déc. 2004 : *ibid.* • TI Lorient, 18 janv. 2005 : *CCC 2005, n° 75, obs. Raymond (1re esp.).* ♦ L'existence d'une capacité de remboursement n'exclut pas, en soi, que la débitrice puisse se trouver dans une situation irrémédiablement compromise au sens de l'art. L. 330-1 [L. 724-1]. • Civ. 2e, 22 mai 2008 : *CCC 2008, n° 253, obs. Raymond; RD banc. fin. 2008, n° 182, obs. Piedelièvre.* ♦ Ayant relevé l'absence de biens de nature à justifier une procédure de rétablissement personnel avec liquidation judiciaire, c'est dans l'exercice de son pouvoir souverain d'appréciation de la nature des mesures propres à assurer le redressement de la situation du débiteur et du caractère certain des dettes dont celui-ci faisait état que la cour d'appel a statué comme elle l'a fait. • Civ. 2e, 17 mars 2016, n° 14-26.868 P : *Dalloz actualité, 29 mars 2016, obs. Avena-Robardet; D. 2016. Actu. 700; JCP E 2016, n° 1672, note Mastrullo; CCC 2016, n° 133, obs. S. B.-D.; RJDA 2016, n° 893; Gaz. Pal. 10 mai 2016, p. 40, obs. Mouial-Bassilana; RD banc. fin. 2016, n° 132, obs. Piedelièvre; Rev. proc. coll. 2016, n° 102, obs. Gjidara-Decaix; Bull. Joly Entrep. diff. 2016. 284, obs. Mélin.*

Ayant constaté que la débitrice avait bénéficié d'un plan de redressement adopté antérieurement à l'entrée en vigueur de la L. du 1er août 2003, la cour d'appel n'avait pas à prendre en compte la durée de ce plan pour apprécier sa situation à la date à laquelle elle statuait. • Civ. 2e, 17 avr. 2008 : *Bull. civ. II, n° 94; D. 2008. AJ 1476, obs. Rondey; JCP 2008. IV. 1967; Rev. proc. coll. 2008, n° 146, obs. Gjidara-Decaix; Bull. Joly Entrep. diff. 2016. 284, obs. Mélin.* – V. aussi Vigneau et Bourin, *RLDA déc. 2008. 65* (application dans le temps de la procédure de rétablissement personnel).

6. Bonne foi. Jugé que la réticence de la débitrice à communiquer la moindre information sur la situation de son concubin et, partant, sur son train de vie interdit de retenir qu'elle est dans une situation irrémédiablement compromise. • TI Poitiers, 16 déc. 2004 : *CCC 2005, n° 102, obs. Raymond.* ♦ La mauvaise foi du débiteur qui sollicite l'ouverture à son profit d'une procédure de rétablissement personnel est caractérisée dans la mesure où il a trompé son bailleur, lors de la conclusion du contrat de bail d'habitation, sur ses garanties financières, en lui remettant un bulletin de salaire falsifié et en laissant croire à la garantie d'une caution institutionnelle qui avait déjà refusé son concours. • Angers, 22 mai 2007 : *JCP 2008. IV. 1848.* ♦ L'absence totale d'effort envers un bailleur personne privée, qui doit pouvoir compter sur le revenu tiré de la mise en location de son bien, et le choix de sacrifier celui-ci à leurs propres intérêts tout en aggravant un passif qu'ils savaient être probablement dispensés ensuite de rembourser, caractérise suffisamment la mauvaise foi des débiteurs. • Reims, 13 déc. 2011 : *JCP 2012, n° 262, obs. Despaquis.* ♦ Le juge doit caractériser depuis le jugement d'ouverture qui l'avait reconnu de bonne foi, la survenance d'un fait nouveau établissant que le débiteur avait aggravé son endettement de mauvaise foi. • Civ. 1re, 18 juin 2009 : *CCC 2010, n° 29, obs. Raymond.*

Art. L. 741-2 En l'absence de contestation dans les conditions prévues à l'article L. 741-4, le rétablissement personnel sans liquidation judiciaire entraîne l'effacement de toutes les dettes non professionnelles du débiteur, arrêtées à la date de la décision de la commission, à l'exception des dettes mentionnées aux articles L. 711-4 et L. 711-5 et des dettes dont le montant a été payé au lieu et place du débiteur par la caution ou le coobligé, personnes physiques.

Le rétablissement personnel sans liquidation judiciaire entraîne aussi l'effacement de la dette résultant de l'engagement que le débiteur a pris de cautionner ou d'acquitter solidairement la dette d'un entrepreneur individuel ou d'une société. – *[C. consom., art. L. 332-5, al. 2.] — Reprise de la substance de l'anc. art. L. 741-3.*

1. Nature de la dette. La dette de cotisations et contributions destinées à assurer la couverture personnelle sociale d'un gérant majoritaire de SARL et dont le recouvrement est poursuivi par l'URSSAF est de nature professionnelle, de sorte qu'elle échappe en tant que telle à l'effacement consécutif à la procédure de rétablissement personnel dans le cadre du dispositif de traitement du surendettement des particuliers. • Cass., avis, 8 juill. 2016, n° 16-70.005 P : *D. 2017. Pan. 547, obs. Aubry; JCP 2016, n° 883; CCC 2016, n° 224, obs. Bernheim-Desvaux; BRDA 2016, n° 17, p. 7;* Gaz. Pal. 13 déc. 2016, p. 33, obs. *Piedelièvre.*

2. Effacement des dettes. Ayant indiqué au TASS, sans faire état de la procédure de traitement de son surendettement, qu'elle ne contestait pas sa créance envers la caisse d'assurance retraite, la débitrice n'est pas recevable à invoquer devant la Cour de cassation un effacement de cette créance par l'effet de la décision ordonnant le rétablissement personnel. • Civ. 2e, 25 juin 2015, n° 14-17.733 P : *D. 2015. Actu. 1436; JCP E 2015, n° 1359; Gaz. Pal. 2015. 3242, obs. Piedelièvre.*

Ancien art. L. 741-2 ***En l'absence de contestation, le juge du tribunal d'instance confère force exécutoire à la recommandation de la commission, après en avoir vérifié la régularité et le bien-fondé.*** — [C. consom., art. L. 332-5, 2e partie de la 1re phrase.]

Pouvoir du juge. Lorsqu'il est saisi sur le fondement des art. L. 332-5 [L. 741-2 anc.] et R. 334-21 [R. 741-4] d'une demande tendant à conférer force exécutoire à la recommandation d'un rétablissement personnel sans liquidation judiciaire, le juge du tribunal d'instance, qui statue en l'absence de contestation par ordonnance non contradictoire, doit seulement en vérifier la régularité et le bien-fondé et ne dispose pas du pouvoir de s'assurer que le débiteur se trouve dans la situation visée au 1er al. de l'art. L. 330-1 [L. 711-1]. • Civ. 2e, 26 sept. 2013 : *Bull. civ. II, no 185 ; D. 2014. Chron. C. cass. 579, obs. Vasseur ; D. 2013. Actu. 2271, obs. Avena-Robardet ; JCP E 2013, no 1572 ; CCC 2014, no 23, obs. Raymond ; RD banc. fin. 2013, no 201, obs. Piedelièvre ; Dr. et proc. mars 2014, Cah. dr. consom., p. 10, obs. Valette-Ercole ; Rev. proc. coll. 2014, no 45, obs. Gjidara-Decaix.*

Art. L. 741-3 Les créances dont les titulaires n'ont pas été avisés de la décision imposée par la commission et n'ont pas contesté cette décision dans le délai fixé par décret mentionné à l'article L. 741-4 sont éteintes. — *[C. consom., art. L. 332-5, al. 3, 2e phrase, sauf délai.] — Reprise de la substance de l'anc. art. L. 741-4.*

SECTION II CONTESTATION DE LA DÉCISION DE LA COMMISSION IMPOSANT UN RÉTABLISSEMENT PERSONNEL SANS LIQUIDATION JUDICIAIRE

Les dispositions issues de l'art. 58 de la L. no 2016-1547 du 18 nov. 2016 s'appliquent aux procédures de surendettement en cours au 1er janv. 2018, sauf lorsque le juge d'instance a été saisi par la commission de surendettement aux fins d'homologation. Dans ce cas, l'affaire est poursuivie et jugée conformément au livre VII du code de la consommation, dans sa rédaction antérieure à ladite loi (L. préc., art. 58-II). — V. ***C. consom.****, éd. 2017.*

COMMENTAIRE

I. RÉGIME ANTÉRIEUR AU 1ER JANVIER 2018

A. CONTESTATION DE LA RECOMMANDATION

L'ancien article L. 741-5 (désormais art. L. 741-4) prévoyait qu'une partie pouvait contester devant le juge du tribunal d'instance le rétablissement personnel sans liquidation judiciaire recommandé par la commission, et ce dans les quinze jours de la notification qui lui en était faite. Le juge pouvait au préalable faire publier un appel aux créanciers. Il pouvait vérifier, même d'office, la validité des créances, des titres qui les constatent ainsi que le montant des sommes réclamées, voire prescrire toute mesure d'instruction adéquate (anc. art. L. 741-6, désormais art. L. 741-5).

Le jugement statuant sur ladite contestation est susceptible d'appel (art. R. 741-12).

B. OPTIONS DU JUGE

Si le juge constatait que le débiteur ne possédait que des biens meublants nécessaires à la vie courante et des biens non professionnels indispensables à l'exercice de son activité professionnelle, ou que l'actif n'était constitué que de biens dépourvus de valeur marchande ou dont les frais de vente seraient manifestement disproportionnés au regard de leur valeur vénale, il prononçait un rétablissement personnel sans liquidation judiciaire qui emportait les mêmes effets que ceux visés à l'ancien article L. 741-3, devenu l'article L. 741-2 (mesures d'effacement). Le greffe procédait alors à des mesures de publicité pour permettre aux créanciers qui n'auraient pas été avisés de former tierce opposition à l'encontre de ce jugement.

Si le juge constatait en revanche que ce n'était pas le cas, le débiteur se trouvant tout de même dans une situation irrémédiablement compromise, le juge ouvrait, avec l'accord du débiteur, une procédure de rétablissement personnel avec liquidation judiciaire.

S'il constatait enfin que la situation du débiteur n'était pas irrémédiablement compromise, il renvoyait le dossier à la commission (anc. art. L. 741-7, désormais art. L. 741-6).

II. RÉGIME POSTÉRIEUR AU 1ER JANVIER 2018

A. CONTESTATION DE LA MESURE DE RÉTABLISSEMENT

L'article L. 741-4 reprend en substance l'ancien article L. 741-5 : une partie peut contester devant le juge du tribunal d'instance, dans un délai fixé, le rétablissement personnel sans liquidation judiciaire imposé (et non plus recommandé) par la commission.

L'article L. 741-5 reprend en substance l'ancien article L. 741-6.

B. OPTIONS DU JUGE

L'article L. 741-6 reprend en substance l'ancien article L. 741-7 : si le juge constate que le débiteur se trouve dans la situation visée au 1° de l'article L. 724-1, il prononce un rétablissement personnel sans liquidation judiciaire, qui emporte les mêmes effets que ceux mentionnés à l'article L. 741-2.

Art. L. 741-4 Une partie peut contester devant le juge du tribunal d'instance, dans un délai fixé par décret, le rétablissement personnel sans liquidation judiciaire imposé par la commission. — *[C. consom., art. L. 332-5-1, al. 1er, sauf délai.] — Reprise de la substance de l'anc. art. L. 741-5.*

Art. L. 741-5 Avant de statuer, le juge peut faire publier un appel aux créanciers.

Il peut vérifier, même d'office, la validité des créances et des titres qui les constatent ainsi que le montant des sommes réclamées et s'assurer que le débiteur se trouve bien dans la situation mentionnée à l'article L. 711-1.

Il peut également prescrire toute mesure d'instruction qu'il estime utile.

Nonobstant toute disposition contraire, le juge peut obtenir communication de tout renseignement lui permettant d'apprécier la situation du débiteur et l'évolution possible de celle-ci. — *[C. consom., art. L. 332-5-1, al. 2.] — Reprise de la substance de l'anc. art. L. 741-6.*

Art. L. 741-6 S'il constate que le débiteur se trouve dans la situation mentionnée au 1° de l'article L. 724-1, le juge prononce un rétablissement personnel sans liquidation judiciaire, qui emporte les mêmes effets que ceux mentionnés à l'article L. 741-2.

Les créances dont les titulaires n'ont pas formé tierce opposition dans un délai fixé par décret sont éteintes. Cependant, dans ce cas, les dettes sont arrêtées à la date du jugement prononçant le rétablissement personnel sans liquidation judiciaire.

S'il constate que le débiteur se trouve dans la situation mentionnée au 2° de l'article L. 724-1, le juge ouvre, avec l'accord du débiteur, une procédure de rétablissement personnel avec liquidation judiciaire.

S'il constate que la situation du débiteur n'est pas irrémédiablement compromise, il renvoie le dossier à la commission. — *[C. consom., art. L. 332-5-1, al. 3, sauf délai et mesures de publicité, et al. 4 et 5.] — Reprise de la substance de l'anc. art. L. 741-7.*

SECTION III RÉTABLISSEMENT PERSONNEL SANS LIQUIDATION JUDICIAIRE PRONONCÉ PAR LE JUGE SAISI D'UN RECOURS À L'ENCONTRE DES MESURES IMPOSÉES

Les dispositions issues de l'art. 58 de la L. n° 2016-1547 du 18 nov. 2016 s'appliquent aux procédures de surendettement en cours au 1er janv. 2018, sauf lorsque le juge d'instance a été saisi par la commission de surendettement aux fins d'homologation. Dans ce cas, l'affaire est poursuivie et jugée conformément au livre VII du code de la consommation, dans sa rédaction antérieure à ladite loi (L. préc., art. 58-II). — V. ***C. consom.****, éd. 2017.*

COMMENTAIRE

I. RÉGIME ANTÉRIEUR AU 1ER JANVIER 2018

Une partie pouvait contester devant le juge du tribunal d'instance les mesures recommandées (celles des anc. art. L. 733-7 ou L. 733-8) ou imposées (celles de l'art. L. 733-1) par la commission dans le délai de quinze jours de la notification. Le juge devait alors statuer sur la demande. C'est dans ce cadre qu'il pouvait, en vertu de l'ancien article L. 733-15, alinéa 2, prononcer un rétablissement sans liquidation en l'absence même de recommandation. Les effets sont les mêmes, mais les dettes sont arrêtées à la date du jugement prononçant le rétablissement personnel sans liquidation judiciaire (anc. art. L. 741-8, désormais art. L. 741-7). Cette section III régit cette hypothèse : avant de statuer, le juge peut faire publier un appel aux créanciers, peut vérifier, même d'office, la validité des créances, des titres qui les constatent ainsi que le montant des sommes réclamées et s'assurer que le débiteur se trouve bien dans la situation définie au deuxième alinéa de l'article L. 724-1 (anc. art. L. 741-9, désormais art. L. 741-8). Quant aux créances dont les titulaires n'ont pas formé tierce opposition dans le délai, elles seront éteintes (anc. art. L. 741-10, désormais art. L. 741-9). Les titulaires de créances disposent d'un délai de deux mois pour former tierce opposition (art. R. 741-14).

II. RÉGIME POSTÉRIEUR AU 1ER JANVIER 2018

L'article L. 741-7 reprend en substance les dispositions de l'ancien article L. 741-8 : lorsque le juge d'instance, statuant en application de l'article L. 733-13, décide de prononcer un rétablissement sans liquidation, ce dernier emporte les effets d'effacement mentionnés à l'article L. 741-2. Il est précisé que dans ce cas, les dettes sont arrêtées à la date du jugement prononçant le rétablissement personnel sans liquidation judiciaire.

Les articles L. 741-8 et L. 741-9 reprennent en substance les anciens articles L. 741-9 et L. 741-10. ❑

Art. L. 741-7 Lorsque le juge d'instance statue en application de l'article L. 733-13, le rétablissement personnel sans liquidation judiciaire emporte les effets mentionnés à l'article L. 741-2. Cependant, dans ce cas, les dettes sont arrêtées à la date du jugement prononçant le rétablissement personnel sans liquidation judiciaire. — *[C. consom., art. L. 332-5-2, al. 1er.] — Reprise de la substance de l'anc. art. L. 741-8.*

Art. L. 741-8 Avant de statuer, le juge peut faire publier un appel aux créanciers. Il peut vérifier, même d'office, la validité des créances et des titres qui les constatent ainsi que le montant des sommes réclamées et s'assurer que le débiteur se trouve bien dans la situation mentionnée au deuxième alinéa de l'article L. 724-1. Il peut également prévoir toute mesure d'instruction qu'il estime utile. Nonobstant toute disposition contraire, le juge peut obtenir communication de tout renseignement lui permettant d'apprécier la situation du débiteur et l'évolution possible de celle-ci. — *[C. consom., art. L. 332-5-2, al. 3.] — Reprise de la substance de l'anc. art. L. 741-9. — V. art. R. 741-15.*

Art. L. 741-9 Les créances dont les titulaires n'ont pas formé tierce opposition dans un délai fixé par décret sont éteintes. — *[C. consom., art. L. 332-5-2, al. 2, 2e phrase, sauf délai.] — Reprise de la substance de l'anc. art. L. 741-10.*

CHAPITRE II PROCÉDURE DE RÉTABLISSEMENT PERSONNEL AVEC LIQUIDATION JUDICIAIRE

SECTION PREMIÈRE OUVERTURE DE LA PROCÉDURE

COMMENTAIRE

I. OUVERTURE D'UN RÉTABLISSEMENT PERSONNEL AVEC LIQUIDATION JUDICIAIRE

Lorsque le juge du tribunal d'instance est saisi aux fins d'ouverture d'une procédure de rétablissement personnel avec liquidation judiciaire, il convoque, dans le délai d'un mois à compter de la demande d'ouverture de la procédure, le débiteur et les créanciers connus à une audience d'ouverture. Après avoir entendu le débiteur et apprécié les conditions de recevabilité (caractère irrémédiablement compromis de la situation, bonne foi du débiteur), le magistrat prononce l'ouverture de la procédure (art. L. 742-3). On observera d'ailleurs que le juge peut apprécier, même d'office, le caractère irrémédiablement compromis de la situation du débiteur ainsi que sa bonne foi pour prononcer l'ouverture de la procédure de rétablissement personnel (Civ. 2e, 14 déc. 2006 : *cité note ss. art. L. 742-3*).

II. EFFETS

Jusqu'au jugement de clôture, le jugement d'ouverture entraîne la suspension et l'interdiction des procédures d'exécution diligentées à l'encontre des biens du débiteur ainsi que des cessions de rémunération consenties par celui-ci, les dettes alimentaires mises à part. Il entraîne également la suspension des mesures d'expulsion du logement du débiteur (art. L. 742-7).

Une procédure de vérification des créances a été instituée à l'instar des procédures collectives. Le mandataire ou, à défaut, le juge procède aux mesures de publicité destinées à recenser les créanciers qui doivent produire leurs créances (art. L. 742-8) dans un délai de deux mois à compter de la publicité du jugement (art. R. 742-11).

III. POUVOIRS RÉDUITS DU DÉBITEUR À COMPTER DU JUGEMENT D'OUVERTURE

A compter du jugement prononçant l'ouverture de la procédure, le débiteur ne peut aliéner ses biens sans l'accord du mandataire ou du juge (art. L. 742-9).

IV. ENQUÊTE SOCIALE

Au cours d'une sorte de période d'observation, le juge du tribunal d'instance peut faire procéder à une enquête sociale, ordonner un suivi social du débiteur ou encore désigner un mandataire (art. L. 741-4). La loi du 1er juillet 2010 a ajouté qu'il peut inviter le débiteur à solliciter une mesure d'aide ou d'action sociale (art. L. 742-5). ❑

Art. L. 742-1 **Si l'examen de la demande de traitement de la situation de surendettement fait apparaître que le débiteur se trouve dans la situation irrémédiablement compromise définie au deuxième alinéa de l'article L. 724-1 et dispose de biens autres que ceux mentionnés au 1° du même article, la commission, après avoir convoqué le débiteur et obtenu son accord, saisit le juge du tribunal d'instance aux fins d'ouverture d'une procédure de rétablissement personnel avec liquidation judiciaire.** — *V. art. R. 742-1.*

L'absence de réponse du débiteur aux convocations vaut refus de cette saisine.

En cas de refus du débiteur, la commission reprend sa mission dans les termes des dispositions des articles L. 732-1, L. 733-1, *(L. n° 2016-1547 du 18 nov. 2016, art. 58, en vigueur le 1er janv. 2018)* **« L. 733-4 et L. 733-7** *[ancienne rédaction : L. 733-7 et L. 733-8]* **».** — *[C. consom., art. L. 331-3, III.] — V. art. L. 733-1 s., et la note de rédaction.*

1. *Absence de réponse du débiteur.* Il appartient à la commission, en l'absence de réponse, de reprendre sa mission conformément aux dispositions du III de l'art. L. 331-3 [L. 742-1] et de proposer un plan de redressement. • Civ. 2e, 4 sept. 2014 : *Gaz. Pal. 2015. 1711, obs. Lasserre Capdeville ; RD banc. fin. 2014, n° 208, obs. Piedelièvre ; Rev. proc. coll. 2015, n° 139, obs. Gjidara-Decaix.*

2. *Renonciation du débiteur.* S'il est exact que le débiteur a donné son accord écrit à la commission de surendettement en vue de l'ouverture de la procédure de rétablissement personnel, aucune disposition légale ne lui interdit de revenir sur sa décision. En effet, le débiteur demeure libre de revenir sur son consentement donné à la commission pour l'orientation de son dossier en procédure de rétablissement personnel. • TI Troyes, 23 sept. 2005 : *CCC 2005, n° 216, obs. Raymond.*

Art. L. 742-2 **A l'occasion des recours exercés devant lui en application des dispositions des articles L. 723-3, L. 723-4 et** *(L. n° 2016-1547 du 18 nov. 2016, art. 58, en vigueur le 1er janv. 2018)* **« L. 733-10** *[ancienne rédaction : L. 733-12]* **», le juge du tribunal d'instance peut, *avec l'accord* du débiteur, décider l'ouverture d'une procédure de rétablissement personnel avec liquidation judiciaire.** — *[C. consom., art. L. 330-1, al. 6, 1re phrase.] — V. art. L. 733-1 s., et la note de rédaction. — V. art. R. 742-2.*

Art. L. 742-3 **Lorsque le juge est saisi aux fins d'ouverture d'une procédure de rétablissement personnel avec liquidation judiciaire, il convoque le débiteur et les créanciers connus à l'audience. Le juge, après avoir entendu le débiteur s'il se présente et apprécié le caractère irrémédiablement compromis de sa situation ainsi que sa bonne foi, rend un jugement prononçant l'ouverture de la procédure.** — *[C. consom., art. L. 332-6, al. 1er.]*

BIBL. ▸ SANDER, *AJ fam. 2011. 24* (réforme de la procédure de rétablissement personnel) ; *ibid. 32* (fiche pratique : le rétablissement personnel).

Admission à la procédure de rétablissement personnel. Une femme surendettée, âgée de près de 50 ans, sans formation professionnelle et reconnue handicapée, la débitrice a fort peu de chances de voir sa situation financière évoluer favorablement et doit donc être admise à la procédure de rétablissement personnel. • Paris, 22 févr. 2006 : *CCC 2006, n° 171, obs. Raymond.* ♦ Le JEX tient de l'art. L. 332-6 [L. 742-3] le pouvoir d'apprécier, même d'office, le caractère irrémédiablement compromis de la situation du débiteur ainsi que sa bonne foi pour prononcer l'ouverture de la procédure de rétablissement personnel. • Civ. 2e, 14 déc. 2006 : *Bull. civ. II, n° 355; D. 2007. Chron. C. cass. 896, obs. Vigneau ; RTD com. 2007. 245, obs. Paisant ; JCP 2007. IV. 1125; Dr. et patr. juin 2007. 93, obs. Macorig-Venier.*

Art. L. 742-4 **Le juge peut désigner un mandataire figurant sur une liste établie dans des conditions fixées par décret en Conseil d'État et faire procéder à une enquête sociale.** — *[C. consom., art. L. 332-6, al. 3, 1re phrase.] — V. art. R. 742-5.*

Art. L. 742-5 **Si la situation du débiteur l'exige, le juge l'invite à solliciter une mesure d'aide ou d'action sociale, notamment une mesure d'accompagnement social personnalisé, dans les conditions prévues par le livre II du code de l'action sociale et des familles.** — *[C. consom., art. L. 332-6, al. 3, 2e phrase.]*

Art. L. 742-6 **Nonobstant toute disposition contraire, le juge peut obtenir communication de tout renseignement lui permettant d'apprécier la situation du débiteur et l'évolution possible de celle-ci.** — *[C. consom., art. L. 332-6, al. 4.]*

Art. L. 742-7 **Le jugement d'ouverture entraîne, jusqu'au jugement de clôture, la suspension et l'interdiction des procédures d'exécution diligentées à l'encontre des biens du débiteur ainsi que des cessions de rémunération consenties par celui-ci et portant sur les dettes autres qu'alimentaires. Il entraîne également la suspension des mesures d'expulsion du logement du débiteur, à l'exception de celles fondées sur un jugement d'adjudication rendu en matière de saisie immobilière ainsi que de celles ordonnées sur le fondement du troisième alinéa de l'article 2198 du code civil.** — *[C. consom., art. L. 332-6, al. 2.]*

1. Suspension des procédures d'exécution. Le comité de suivi de l'application des dispositions relatives au surendettement de la L. n° 2003-710 du 1er août 2003 a préconisé, dans son rapport remis au mois de novembre 2005, une suspension de plein droit des voies d'exécution dès la décision d'orientation du dossier vers la procédure de rétablissement personnel * Rép. min. n° 85617 : *JOAN Q 9 mai 2006, p. 4977.* ♦ Le jugement d'ouverture d'une procédure de rétablissement personnel n'interdit pas au créancier d'obtenir un titre à hauteur des sommes qui lui sont dues, de sorte que le juge, saisi d'une telle demande, n'a pas à rechercher d'office, même en cas de défaillance du défendeur, si celui-ci fait l'objet d'une procédure de rétablissement personnel. • Civ. 2e, 5 févr. 2009 : *Bull. civ. II, n° 38; JCP 2009. IV. 1389; RD banc. fin. 2009, n° 68, obs. S. Piedelièvre; BRDA 2009, n° 7, p. 11; Dr. et patr. sept. 2009. 120, et les obs.*

2. Pourvoi. Le jugement du JEX qui ouvre une procédure de rétablissement personnel ne met pas fin à l'instance ; il s'ensuit qu'à défaut de disposition spéciale de la loi, le pourvoi formé à son encontre n'est pas recevable. • Civ. 2e, 14 sept. 2006 : *Bull. civ. II, n° 232; D. 2006. AJ 2312, obs. Avena-Robardet ; RTD com. 2006. 923, obs. Paisant ; JCP 2006. IV. 2934; Procédures 2007, n° 18, obs. Croze; Dr. et proc. janv.-févr. 2007. 27, note Bazin.* ♦ La décision du JEX qui rejette la demande de la commission de surendettement aux fins d'ouverture d'une procédure de rétablissement personnel ne met pas fin à l'instance ; il s'ensuit qu'à défaut de disposition spéciale de la loi, le pourvoi formé à son encontre n'est pas recevable • Civ. 2e, 14 sept. 2006 : *Bull. civ. II, n° 231 ; eod. loc. ; JCP E 2006, n° 41, p. 1722; Dr. et patr. juin 2007. 93, obs. Macorig-Venier.*

Art. L. 742-8 **Le mandataire ou, à défaut, le juge procède aux mesures de publicité destinées à recenser les créanciers qui produisent leurs créances.** — *[C. consom., art. L. 332-7, 1re phrase partielle - mesures de publicité.]*

Art. L. 742-9 **A compter du jugement prononçant l'ouverture de la procédure, le débiteur ne peut aliéner ses biens sans l'accord du mandataire ou, à défaut de mandataire désigné, du juge.** — *[C. consom., art. L. 332-7, dern. phrase.] — V. art. R. 742-10.*

SECTION II DÉCLARATION ET ARRÊTÉ DES CRÉANCES

COMMENTAIRE

Une procédure de vérification des créances a été instituée à l'instar des procédures collectives. Le mandataire ou, à défaut, le juge procède aux mesures de publicité destinées à recenser les créanciers qui doivent produire leurs créances dans un délai de deux mois à compter de la publicité du jugement (art. R. 742-11). Selon l'article R. 742-12, la déclaration de créances comporte le montant en principal, intérêts, accessoires et frais de la créance au jour de sa déclaration, l'origine de la créance et la nature du privilège ou de la sûreté dont elle est éventuellement assortie. Elle mentionne également les procédures d'exécution en cours.

Les créances qui n'ont pas été produites dans ce délai sont éteintes (à l'instar du droit des entreprises en difficulté dans sa version antérieure à la loi de sauvegarde du 26 juill. 2005, modifiée), sauf à ce que soit prononcé par le juge un relevé de forclusion (art. L. 742-10 et L. 742-11) dans le délai de six mois à compter de la publicité du jugement d'ouverture (art. R. 742-13). La caution sera par conséquent libérée lorsque le créancier n'aura pas déclaré sa créance.

Lorsque les créances ont été déclarées entre les mains du mandataire, celui-ci dresse, dans un délai de six mois à compter de la publicité du jugement d'ouverture (art. R. 742-14), le bilan économique et social du débiteur comprenant un état des créances et, le cas échéant, une proposition de plan reposant sur les mesures antérieurement visées.

Le débiteur et ses créanciers adressent, sous peine d'irrecevabilité, leurs éventuelles contestations portant sur l'état des créances quinze jours avant l'audience (art. R. 742-16). Le juge arrête les créances en se prononçant sur lesdites contestations dont il est saisi (art. L. 742-13). ❑

Art. L. 742-10 Les créanciers produisent leurs créances dans des conditions prévues par décret en Conseil d'État ; les créances qui n'ont pas été produites dans un délai fixé par ce décret sont éteintes, sauf à ce que soit prononcé par le juge un relevé de forclusion. Le mandataire dresse un bilan de la situation économique et sociale du débiteur, vérifie les créances et évalue les éléments d'actif et de passif. A compter du jugement prononçant l'ouverture de la procédure, le débiteur ne peut aliéner ses biens sans l'accord du mandataire ou, à défaut de mandataire désigné, du juge. – *[C. consom., art. L. 332-7, 1re phrase, créances.]*

Art. L. 742-11 Les créances qui n'ont pas été produites dans un délai fixé par décret en Conseil d'État sont éteintes, sauf à ce que soit prononcé par le juge un relevé de forclusion. – *[C. consom., art. L. 332-7, 1re phrase, extinction.]*

Extinction des créances. En l'absence d'identité de parties, l'extinction de la créance dans la procédure de rétablissement personnel n'a pas autorité de la chose jugée dans la procédure de liquidation judiciaire reprise à l'égard du même débiteur. • Com. 22 mars 2016, n° 14-18.873 P : *D. 2016. Actu. 702*.

Art. L. 742-12 Le mandataire dresse un bilan de la situation économique et sociale du débiteur, vérifie les créances et évalue les éléments d'actif et de passif. – *[C. consom., art. L. 332-7, 2e phrase.]*

Art. L. 742-13 Le juge statue sur les éventuelles contestations de créances. – *[C. consom., art. L. 332-8, début 1re phrase.]*

SECTION III LIQUIDATION DES BIENS DU DÉBITEUR

COMMENTAIRE

I. DESSAISISSEMENT DU DÉBITEUR

Le jugement prononçant la liquidation entraîne de plein droit dessaisissement du débiteur de la disposition de ses biens. Ses droits et actions sur son patrimoine personnel sont exercés par le liquidateur pendant la durée des opérations (art. L. 742-15).

Il faut observer que les biens du débiteur rendus indisponibles par une procédure d'exécution peuvent être vendus de gré à gré par le liquidateur, si le juge du tribunal d'instance l'autorise par voie d'ordonnance (art. R. 742-21). En cas de vente de gré à gré d'un bien immobilier grevé d'une hypothèque ou d'un privilège, le juge détermine le montant minimal du prix de vente (art. R. 742-23). Le paiement du prix comprenant ce montant, les frais de vente et les droits de mutation purge l'immeuble de toute hypothèque et de tout privilège (art. R. 742-23). Le notaire remet ensuite le prix de l'immeuble vendu de gré à gré au liquidateur (art. R. 742-24).

En cas de vente par adjudication, le juge détermine la mise à prix du bien à vendre. Il précise que, à défaut d'enchères, la vente pourra se faire sur une mise à prix inférieure dont il fixe le montant (art. R. 742-28).

II. LIQUIDATION JUDICIAIRE DU PATRIMOINE

De façon à lutter contre l'exclusion, le législateur confère à certains biens une protection particulière en raison de leur affectation : biens insaisissables ou dont les frais de vente seraient disproportionnés à la valeur vénale et biens non professionnels indispensables à l'exercice d'une activité professionnelle du débiteur, tels qu'un ordinateur (art. L. 742-14).

Le juge désigne alors un liquidateur, pouvant être le mandataire lui-même, parmi les personnes figurant sur une liste établie par le procureur de la République, par application de l'article R. 742-5 (art. R. 742-18).

Si le liquidateur refuse sa mission ou a un empêchement ou bien encore manque à ses devoirs, le juge du tribunal d'instance pourvoit à son remplacement. Il ne peut se porter acquéreur des biens du débiteur et est rémunéré (art. R. 742-18).

Le liquidateur dispose d'un délai de douze mois pour vendre les biens du débiteur à l'amiable ou, à défaut, organiser une vente forcée (art. L. 742-16). Il procédera à la répartition du produit des actifs et désintéressera les créanciers selon leur rang (art. L. 742-18), distraction faite d'une provision correspondant à la rémunération du liquidateur et aux frais de procédure (art. R. 742-42).

Le jugement par lequel le juge prononce la liquidation ou bien la clôture pour insuffisance d'actif est susceptible d'appel (art. R. 742-17). ❑

Art. L. 742-14 Le juge prononce la liquidation judiciaire du patrimoine du débiteur, dont sont exclus les biens insaisissables énumérés à l'article L. 112-2 du code des procédures civiles d'exécution ainsi que les biens dont les frais de vente seraient manifestement disproportionnés au regard de leur valeur vénale et les biens non professionnels indispensables à l'exercice de l'activité professionnelle du débiteur.

Il désigne un liquidateur qui peut être le mandataire. – *[C. consom., art. L. 332-8, al. 1er partiel et al. 2, 1re phrase.]*

Art. L. 742-15 Le jugement qui prononce la liquidation emporte de plein droit dessaisissement du débiteur de la disposition de ses biens. Ses droits et actions sur son patrimoine personnel sont exercés pendant toute la durée de la liquidation par le liquidateur. – *[C. consom., art. L. 332-8, al. 2, 2e et 3e phrases.]*

Art. L. 742-16 Le liquidateur dispose d'un délai de douze mois pour vendre les biens du débiteur à l'amiable ou, à défaut, organiser une vente forcée dans les conditions relatives aux procédures civiles d'exécution. – *[C. consom., art. L. 332-8, al. 3.] – V. art. R. 742-25 et R. 742-26.*

Art. L. 742-17 En cas de vente forcée, lorsqu'une procédure de saisie immobilière engagée avant le jugement d'ouverture a été suspendue par l'effet de ce dernier, les actes effectués par le créancier saisissant sont réputés accomplis pour le compte du liquidateur qui procède à la vente des immeubles. La saisie immobilière peut reprendre son cours au stade où le jugement d'ouverture l'avait suspendue. – *[C. consom., art. L. 332-8, al. 4.]*

Art. L. 742-18 Le liquidateur procède à la répartition du produit des actifs et désintéresse les créanciers suivant le rang des sûretés assortissant leurs créances. – *[C. consom., art. L. 332-8, al. 5.]*

Art. L. 742-19 Le liquidateur rend compte de sa mission au juge dans des conditions fixées par décret en Conseil d'État. – *[C. consom., art. L. 332-8, al. 6.]*

SECTION IV CLÔTURE DE LA PROCÉDURE

Art. L. 742-20 **S'il constate lors de l'audience d'ouverture de la procédure de rétablissement personnel avec liquidation judiciaire que le débiteur se trouve manifestement dans la situation définie au second alinéa de l'article L. 742-21, le juge peut ouvrir et clôturer la procédure de rétablissement personnel avec liquidation judiciaire pour insuffisance d'actif par un même jugement. Le jugement emporte les mêmes effets que ceux mentionnés à l'article L. 742-22.** – *V. art. R. 742-53 et R. 742-54.*

Les créances dont les titulaires n'auraient pas formé tierce opposition dans un délai fixé par décret sont éteintes. – *[C. consom., art. L. 332-6-1, al. 1er et al. 2, extinction de créances.]*

BIBL. ▶ RAYMOND, *CCC 2008, n° 56* (concomitance des jugements d'ouverture et de clôture). - PIEDELIÈVRE, *RD banc. fin. 2008, n° 51* (même thème). - PAISANT, *RTD com. 2008. 635* (ouverture et clôture du rétablissement personnel par le même jugement).

COMMENTAIRE

Si au cours de l'audience d'ouverture de la procédure de rétablissement personnel avec liquidation judiciaire, il s'avère que le débiteur se trouve manifestement dans la situation d'insuffisance d'actif définie à l'article L. 742-21, le juge peut par un même jugement ouvrir et clôturer la procédure de rétablissement personnel avec liquidation judiciaire pour insuffisance d'actif. Différents tribunaux avaient estimé qu'il était possible de prononcer simultanément l'ouverture de la procédure de rétablissement personnel et sa clôture en raison de l'absence d'actif ; un avis de la Cour de cassation du 24 juin 2005 adoptait toutefois une autre position (V. cet avis, note 2 ss. art. L. 742-20). C'est la loi n° 2007-1787 du 20 décembre 2007 relative à la simplification du droit (art. 6) qui a autorisé le juge à ouvrir et à clôturer la procédure de rétablissement personnel pour insuffisance d'actif par un même jugement. Le jugement de clôture est susceptible d'appel (art. R. 742-55). ❑

1. Concomitance de l'ouverture et de la clôture. Jugeant l'art. L. 332-6-1 [L 742-20], issu de la L. n° 2007-1787 du 20 déc. 2007, d'application immédiate : • Paris, 13 mai 2008 : *RG n° 07/ 00036.* ♦ Prononcé, le même jour, de l'ouverture de la procédure de rétablissement personnel et de sa clôture, en raison de l'absence d'actif et de la connaissance précise du passif : • TI Rennes, 12 juill. 2004 : *CCC 2004, n° 147, obs. Raymond* • TI Lorient, 18 janv. 2005 : *CCC 2005, n° 75, obs. Raymond (2e esp.)* • TGI Paris, 20 oct. 2004 : *CCC 2005, n° 75, obs. Raymond (3e esp.)* (effacement limité aux dettes déclarées par le débiteur) • 20 janv. 2005 : *ibid. (4e esp.)* • Paris, 5 oct. 2010 : *CCC 2011, n° 48, obs. Raymond.*

2. Jurisprudence antérieure. Estimant, au contraire, qu'en l'état des art. L. 332-6, L. 332-7 et R. 332-14 à R. 332-16 [anciens], le JEX ne peut prononcer la clôture d'une procédure de rétablissement personnel qu'après la publication du jugement d'ouverture en vue de la déclaration des créances et l'établissement d'un état des créances déclarées. • Cass., avis, 24 juin 2005 : *Bull. civ. n° 4; BICC 15 sept. 2005, rapp. Moussa, concl. Domingo; RTD com. 2005. 855, obs. Paisant ; JCP 2005. IV. 2804; CCC 2005, n° 179, note Raymond; LPA 27 déc. 2005, note Prim-Thomas; Rev. proc. coll. 2008, n° 149, obs. Gjidara-Decaix.* ♦ Appliquant cet avis, il a été jugé que le jugement d'ouverture de rétablissement personnel et le jugement de liquidation judiciaire ne peuvent être rendus au cours d'une seule et même audience : • Limoges, 17 janv. 2007 : *CCC 2007, n° 165, obs. Raymond; Rev. proc. coll. 2008, n° 149, obs. Gjidara-Decaix.*

Art. L. 742-21 **Lorsque l'actif réalisé est suffisant pour désintéresser les créanciers, le juge prononce la clôture de la procédure.**

Lorsque l'actif réalisé est insuffisant pour désintéresser les créanciers, lorsque le débiteur ne possède rien d'autre que des biens meublants nécessaires à la vie courante et des biens non professionnels indispensables à l'exercice de son activité professionnelle, ou lorsque l'actif n'est constitué que de biens dépourvus de valeur marchande ou dont les frais de vente seraient manifestement disproportionnés au regard de leur valeur vénale, le juge prononce la clôture pour insuffisance d'actif. – *[C. consom., art. L. 332-9, al. 1er.]*

COMMENTAIRE

Lorsque l'actif réalisé suffit à désintéresser les créanciers (ce qui s'avérera en pratique rare), le juge prononce la clôture de la procédure (art. L. 742-21, al. 1er). Mais, à l'instar du droit des entreprises en difficulté, la procédure de rétablissement personnel se terminera par une clôture pour insuffisance d'actif lorsque l'actif réalisé est insuffisant pour désintéresser les créanciers ou encore lorsque le débiteur ne possède que les biens visés à l'alinéa 2 de l'article L. 742-21, exclus de la procédure.

L'article L. 742-22 prévoit que la clôture entraîne l'effacement de toutes les dettes non professionnelles du débiteur, à l'exception de celles dont le prix a été payé au lieu et place du débiteur par la caution ou le coobligé, ce qui conduit à penser que le débiteur ne peut se prévaloir de cette mesure d'effacement contre la caution, malgré le principe de l'accessoire. Il est par ailleurs précisé par la loi n° 2008-776 du 4 août 2008 que la procédure de rétablissement personnel entraîne aussi l'effacement de la dette résultant de l'engagement de payer pris par le débiteur lui-même en tant que caution ou codébiteur solidaire d'un entrepreneur individuel ou d'une société; texte à rapprocher de l'ouverture des conditions de recevabilité de la procédure de surendettement par la même loi (V. art. L. 711-1). ❑

Art. L. 742-22 La clôture entraîne l'effacement de toutes les dettes non professionnelles du débiteur, arrêtées à la date du jugement d'ouverture, à l'exception de celles dont le montant a été payé en lieu et place du débiteur par la caution ou le coobligé, personnes physiques.

Cette clôture entraîne aussi l'effacement de la dette résultant de l'engagement que le débiteur a donné de cautionner ou d'acquitter solidairement la dette d'un entrepreneur individuel ou d'une société. – *[C. consom., art. L. 332-9, al. 2.]*

BIBL. ▶ MACORIG-VENIER, *Dr. et patr. sept. 2009. 54* (l'effacement des dettes dans le droit du surendettement). – STEFANIA, *D. 2013. 384* (sort des contrats en cours en droit du rétablissement personnel).

1. Effacement des dettes. Les dettes nées après le jugement d'ouverture ne sont pas effacées par la procédure de rétablissement personnel. • Civ. 2e, 6 juin 2013 : *Bull. civ. II, n° 118; Dalloz actualité, 18 juin 2013, obs. Avena-Robardet; D. 2014. Pan. 1302, obs. Aubry ; JCP E 2013, n° 1407; LPA 29-30 août 2013, note Stefania; RD banc. fin. 2013, n° 164, obs. Piedelièvre; Loyers et copr. 2013, n° 263, obs. Vial-Pedroletti.* ♦ Sont exclues de l'effacement les dettes alimentaires les réparations pécuniaires allouées aux victimes et les amendes prononcées dans le cadre d'une condamnation pénale. • Paris, 13 mai 2008 : *cité note 1 ss. art. L. 742-20.* ♦ Si le caractère professionnel d'une dette n'est pas exclusif de l'application des mesures de traitement prévues par l'art. L. 331-7 [L. 733-1 s.], en revanche, une procédure de redressement personnel ne peut aboutir à l'effacement des dettes de nature professionnelle. • Paris, 24 juin 2008, n° 08/00012 : *CCC 2009, n° 34, obs. Raymond.* ♦ Le moyen tiré de l'effacement de la dette locative à l'issue d'une procédure de traitement du surendettement alors que la clause résolutoire était acquise est inopérant. • Civ. 2e, 18 févr. 2016, n° 14-17.782 P : *Dalloz actualité, 3 mars 2016, obs. Avena-Robardet; D. 2016. Chron. C. cass. 1888, obs. Adida-Canac, Vasseur et de Leiris; AJDI 2016. 690, obs. Damas ; Gaz. Pal. 10 mai 2016, p. 42, obs. Mouial-Bassilana; Rev. proc. coll. 2016, n° 109, obs. Gjidara-Decaix; Loyers et copr. 2016, n° 85, obs. Vial-Pedroletti.* ♦ L'effacement de la dette ne saurait entraîner l'effacement de la faute du locataire surendetté qui ne paie pas le loyer; il y a donc lieu de confirmer le jugement s'agissant de la résiliation du bail. • Montpellier, 23 juin 2009 : *Loyers et copr. 2009, n° 287, obs. B. V.-P.* – V. aussi • Versailles, 22 juin 2010 : *AJDI 2011. 133 .* ♦ L'extinction de la créance d'une société, du fait de l'effacement des dettes de la débitrice, consécutif à la clôture pour insuffisance d'actif de la procédure de rétablissement personnel dont elle avait bénéficié, n'équivaut pas à son paiement, de sorte que le transfert de propriété ne pouvait être intervenu au profit de l'acquéreur. • Civ. 2e, 27 févr. 2014 : *Bull. civ. II, n° 59; D. 2014. 1081, note Martin ; ibid. Chron. C. cass. 1731, obs. Vasseur, de Leiris et Adida-Canac; RTD civ. 2014. 370, obs. Barbier ; JCP E 2014, n° 1169; RJDA 2015. 67, note Théry; LPA 19 mai 2014, note Stefania; Banque et Droit juill.-août 2014. 38, obs. Netter; RD banc. fin. 2014, n° 113, obs. Piedelièvre; Rev. proc. coll. 2014, n° 47, obs. Gjidara-Decaix; ibid., n° 112, obs. Gjidara-Decaix.* ♦ Il résulte de l'art. L. 332-9, al. 2 [L. 742-22], dans sa rédaction issue de la L. n° 2008-776 du 4 août 2008, que la dette non professionnelle payée au lieu et place du débiteur par la caution échappe à l'effacement attaché à la clôture de la procédure de rétablissement personnel, même si cette dette résulte de l'engagement contracté par le débiteur solidairement avec l'entrepreneur individuel. • Civ. 2e, 26 juin 2014 : *LPA 8 janv. 2015, note Stefania; Rev. proc. coll. 2015, n° 140, obs. Gjidara-Decaix.*

2. Mandataire. En l'absence de biens réalisables, il n'y a pas lieu de désigner un mandataire à l'effet d'évaluer ceux-ci, et il convient de prononcer immédiatement la clôture de la procédure de liquidation. • Paris, 24 juin 2008, n° 08/00020 : *CCC 2008, n° 286, obs. Raymond.* ♦ En jugeant que les investigations de la commission de surendettement avait mis en évidence que les débiteurs ne disposaient d'aucun patrimoine immobilier et mobilier et qu'une éventuelle évolution de leur situation n'était pas démontrée, la cour d'appel a, sans disposer, en raison de la carence des débiteurs, d'une évaluation de leurs éléments d'actif par le mandataire, violé les art. L. 332-7 [L. 742-12] et L. 332-9 [L. 742-21]. • Civ. 2e, 18 juin 2009 : *RTD com. 2009. 631, obs. Paisant*.

3. Nue-propriété. Le juge de l'exécution ne peut, sans excéder ses pouvoirs, ordonner la vente forcée de la pleine propriété de biens meubles et immeubles grevés d'un usufruit, contre la volonté du nu-propriétaire (cassation pour violation des art. 545, 599 C. civ. et L. 332-8 anc. C. consom.). • Civ. 3e, 18 nov. 2009 : *Bull. civ. III, n° 255; Dalloz actualité, 3 déc. 2009, obs. Forest; D. 2010. Pan. 2192, obs. Mallet-Bricout ; RTD com. 2010. 214, obs. Paisant ; JCP N 2010, n° 1207, spéc. n° 9, obs. Périnet-Marquet; CCC 2010, n° 64, obs. Raymond; RD banc. fin. 2010, n° 25, obs. S. Piedelièvre; RJDA 2010, n° 455.*

4. Réserve de propriété. La procédure de rétablissement personnel ne porte que sur le règlement financier de la dette et son éventuel effacement en cas de clôture de la procédure pour insuffisance d'actif, mais n'a pas pour conséquence d'opérer un transfert de propriété au profit du débiteur d'un bien affecté d'un gage ou d'une clause de réserve de propriété dès lors que le bien n'a pas été intégralement payé. • Nîmes, 20 janv. 2011, n° 10/00190 : *CCC 2012, n° 33, obs. Raymond.* – V. aussi • Grenoble, 17 janv. 2012, n° 11/01003 : *CCC 2012, n° 166, obs. G. R.* • Douai, 12 janv. 2012 : *CCC 2012, n° 188, obs. Raymond.* – Comp. • Paris, 14 févr. 2012 : *eod. loc.* ♦ Une demande de restitution doit être rejetée, en ce qui concerne un véhicule automobile de standing très modeste et dont la valeur vénale n'est même pas précisée, dès lors qu'elle s'effectuerait au détriment de l'intérêt de l'ensemble des créanciers dans la mesure où son utilisation est indispensable à la poursuite de l'activité professionnelle, exercée de nuit, par le débiteur et, partant, au succès du plan partiel d'apurement du passif. • Reims, 18 nov. 2014 : *JCP 2015, n° 272, obs. Despaquis; Gaz. Pal. 2015. 1708, obs. Lasserre Capdeville.* ♦ En matière de surendettement, le juge du tribunal d'instance ne peut connaître d'une demande de restitution formulée au titre d'une clause de réserve de propriété. • Civ. 2e, 24 sept. 2015, n° 13-20.996 P : *D. 2016. Pan. 622, obs. Aubry ; JCP 2015, n° 1066, obs. Piedelièvre; CCC 2015, n° 296, obs. Raymond; Gaz. Pal. 2015. 3853, obs. Lasserre Capdeville; RD banc. fin. 2015, n° 205, obs. Piedelièvre.* ♦ V. pour les crédits municipaux, art. L. 711-5.

Art. L. 742-23 Si la situation du débiteur l'exige, le juge l'invite à solliciter une mesure d'aide ou d'action sociale qui peut comprendre un programme d'éducation budgétaire, notamment une mesure d'accompagnement social personnalisé, dans les conditions prévues par le livre II du code de l'action sociale et des familles. – *[C. consom., art. L. 332-9, al. 3.]*

SECTION V PLAN

Art. L. 742-24 A titre exceptionnel, s'il estime que la liquidation judiciaire peut être évitée, le juge établit, le cas échéant sur proposition du mandataire, un plan comportant les mesures mentionnées aux articles L. 733-1, *(L. n° 2016-1547 du 18 nov. 2016, art. 58, en vigueur le 1er janv. 2018)* **« L. 733-4 et L. 733-7** *[ancienne rédaction : L. 733-7 et L. 733-8]* **».** – *[C. consom., art. L. 332-10, al. 1er.] – V. art. L. 733-1 s., et la note de rédaction.*

COMMENTAIRE

La loi se montre d'une très grande souplesse en envisageant que si la liquidation judiciaire peut être évitée, le juge établit, le cas échéant sur proposition du mandataire, un plan dans les conditions fixées par l'article L. 742-24. Le jugement qui arrête le plan le rend opposable à tous.

Art. L. 742-25 Le jugement qui arrête le plan le rend opposable à tous. La durée du plan est fixée par le juge. Elle ne peut excéder sept ans.

En cas d'inexécution du plan, le juge en prononce la résolution. – *V. art. R. 742-57.*

Le plan peut cependant excéder cette durée lorsque les mesures qu'il comporte concernent le remboursement de prêts contractés pour l'achat d'un bien immobilier constituant la résidence principale du débiteur dont elles permettent d'éviter la cession ou lorsqu'elles permettent au débiteur de rembourser la totalité de ses dettes

tout en évitant la cession du bien immobilier constituant sa résidence principale. – *[C. consom., art. L. 332-10, al. 2.]*

COMMENTAIRE

La durée du plan est fixée par le juge, sans pouvoir excéder sept ans depuis la réforme opérée par la loi du 17 mars 2014 (huit ans précédemment), laquelle prévoit toutefois deux cas de dépassement, en harmonie avec les articles L. 732-3 et L. 733-3, également retouchés. Le jugement arrêtant le plan est susceptible d'appel (art. R. 742-56). En cas d'inexécution du plan, l'article L. 742-25 prévoit que le juge en prononce la résolution ; cette résolution pourra intervenir soit d'office, soit à la demande du débiteur ou des créanciers, le jugement rendu étant susceptible d'appel (art. R. 742-57).

CHAPITRE III DISPOSITIONS COMMUNES AU RÉTABLISSEMENT PERSONNEL SANS LIQUIDATION JUDICIAIRE ET À LA PROCÉDURE DE RÉTABLISSEMENT PERSONNEL AVEC LIQUIDATION JUDICIAIRE

Art. L. 743-1 Les dettes effacées en application des dispositions des articles *(L. nº 2016-1547 du 18 nov. 2016, art. 58, en vigueur le 1er janv. 2018)* **« L. 741-2, L. 741-6, L. 741-7** *[ancienne rédaction : L. 741-3, L. 741-7, L. 741-8]* **» et L. 742-21 valent régularisation des incidents au sens de l'article L. 131-73 du code monétaire et financier. –** *[C. consom., art. L. 332-11.] – V. art. L. 741-1 s., et la note de rédaction. – V. aussi art. L. 733-17.*

COMMENTAIRE

L'effacement des dettes du débiteur dans le cas d'une procédure de redressement personnel avec ou sans liquidation judiciaire entraîne la régularisation automatique des incidents liés à l'absence de provision sur le compte bancaire sur lequel les chèques en question ont été tirés (art. L. 743-1).

Art. L. 743-2 A tout moment de la procédure, le juge peut, s'il estime que la situation du débiteur n'est pas irrémédiablement compromise, renvoyer le dossier à la commission. – *[C. consom., art. L. 332-12.] – V. art. R. 743-2.*

COMMENTAIRE

Toujours pragmatique, le législateur a prévu le cas où la situation du débiteur s'améliorerait pendant la procédure : le juge peut, à tout moment, renvoyer le dossier à la commission s'il estime que la situation du débiteur n'est pas irrémédiablement compromise.

Renvoi à la commission. Le juge, s'il refuse de prononcer l'ouverture d'une procédure de rétablissement personnel, doit renvoyer le dossier à la commission aux fins d'apprécier si le débiteur n'est pas dans la situation définie au premier alinéa de l'art. L. 330-1 [L. 711-1]. • Civ. 2e, 10 nov. 2010 : *Bull. civ. II, nº 186 ; D. 2010. Actu. 2766, obs. Avena-Robardet ; JCP 2010, nº 1210 ; RD banc. fin. 2011, nº 27, obs. Piedelièvre ; RLDC janv. 2011. 14, obs. Paulin.*

TITRE CINQUIÈME FICHIER NATIONAL RECENSANT LES INFORMATIONS SUR LES INCIDENTS DE PAIEMENT CARACTÉRISÉS

DALLOZ RÉFÉRENCE *Surendettement des particuliers*, par Ferrière et Avena-Robardet, *2012/2013, 4e éd., nos 51.00 s.*

BIBL. GÉN. ▶ NDLR, *BRDA 2010, nº 13, p. 31* (fichiers des crédits aux particuliers). – Legeais, *RD banc. fin. 2010. Repère 5* (fichier positif : vers la fin d'un serpent de mer ?). – Mole, *Dr. et patr. nov. 2010. 28* (créer un fichier positif des crédits ?). – Legrand, *D. 2013. 1419* (registre national des crédits aux particuliers : l'occasion (encore) manquée ?). – Claret, *JCP 2013, nº 695* (le fichier positif : serpent de mer ou Léviathan ?).

COMMENTAIRE

Le fichier national recense les informations sur les incidents de paiement caractérisés liés aux crédits accordés aux personnes physiques pour des besoins non professionnels (art. L. 751-1). Il collationne aussi les mesures prises à l'issue d'une procédure de traitement du surendettement (art. L. 752-3).

Ce fichier, géré par la Banque de France (exclusivité précisée par la loi du 1er juill. 2010), a été étendu aux personnes physiques de nationalité française domiciliées hors de France. C'est la loi du 1er décembre 1989, dite loi Neiertz, relative à la prévention des difficultés liées au surendettement des particuliers qui est venue créer ce fichier par l'entremise de la Banque de France. Désormais, les conditions de fonctionnement et le contenu du FICP sont fixés par les articles L. 751-1 et suivants, tels que modifiés par la loi n° 2010-737 du 1er juillet 2010 portant réforme du crédit à la consommation, ainsi que par l'arrêté du 26 octobre 2010 pris en application de cette loi, lequel précise le contenu ainsi que les modalités d'enregistrement et de radiation des incidents (V. ss. art. L. 751-6).

I. FINALITÉ DU FICHIER NATIONAL DES INCIDENTS DE PAIEMENT

Ce fichier consiste à fournir aux établissements de crédit et assimilés (établissements de monnaie électronique, établissements de paiement, organismes mentionnés au 5 de l'art. L. 511-6 C. mon. fin.) des éléments d'appréciation sur la solvabilité des candidats à un crédit ou des risques liés aux crédits souscrits par leurs clients. Les cas dans lesquels la consultation est obligatoire ou simplement facultative sont mentionnés par l'arrêté du 26 octobre 2010, modifié, notamment par l'arrêté du 26 septembre 2016.

Les établissements de crédit et autres visés sont tenus de déclarer à la Banque de France les incidents de paiement caractérisés qui concernent leurs clients (art. L. 752-1). La Banque de France inscrit aussi, aux termes de l'article L. 752-3 :

– les demandes visant à bénéficier de la procédure de surendettement ;

– la situation de surendettement constatée par le juge ainsi que l'effacement des dettes résultant du rétablissement personnel ;

– les mesures résultant du plan conventionnel ;

– les mesures prises sur les fondements des nouveaux articles L. 733-1, L. 733-4 et L. 733-7, issus de la loi n° 2016-1547 du 18 novembre 2016.

Les informations sont fournies, selon les cas, par la commission de surendettement et le greffe du juge du tribunal d'instance (art. L. 752-2).

Ainsi informés, les établissements de crédit et assimilés seront amenés à refuser le crédit aux personnes qui éprouvent des difficultés financières signalées. Ce fichier devrait alors permettre aux professionnels du crédit de limiter l'endettement des particuliers qui viennent les solliciter. Toutefois, l'inscription d'une personne physique au sein du fichier n'emporte pas interdiction de délivrer un crédit (art. L. 751-2, al. 1er). Notre droit fait ici preuve de grande souplesse.

II. CONSERVATION DES DONNÉES

Les informations nominatives sont conservées au fichier pendant cinq ans à compter de la date d'enregistrement de l'incident (art. L. 752-1), mais elles sont supprimées si le débiteur s'acquitte intégralement des sommes dues.

Si l'inscription résulte d'un plan conventionnel, elle est conservée pendant toute la durée du plan sans pouvoir excéder sept ans (huit ans avant la loi du 17 mars 2014). De même, les mesures de la commission et les recommandations sont conservées pendant toute la durée d'exécution sans pouvoir excéder également sept années (huit ans avant la loi du 17 mars 2014). En ce qui concerne les personnes ayant bénéficié de la procédure de rétablissement personnel, les informations sont radiées à l'expiration d'une période de cinq ans à compter de la date d'homologation ou de clôture de la procédure. La même durée de cinq ans est applicable aux personnes physiques ayant fait l'objet d'une liquidation judiciaire en application de l'article L. 670-6 du code de commerce (art. L. 752-3).

III. SECRET PROFESSIONNEL

La Banque de France est déliée du secret professionnel à condition que l'information soit donnée à un établissement de crédit ou assimilé ayant le droit de consulter le fichier (art. L. 751-3). L'information donnée à toute autre personne que celle visée à l'article L. 751-2 constituerait une atteinte au droit au secret sévèrement punie (art. L. 762-1), tout comme la collecte d'informations par des personnes autres que la Banque de France et les personnes visées à l'article L. 751-2 (art. L. 762-2).

IV. REGISTRE NATIONAL DES CRÉDITS

Le fichier était destiné à terme à être remplacé par le registre national des crédits, lequel constituait l'une des mesures phares de la loi relative à la consommation.

Le fichier national existant est en réalité un fichier *négatif*, puisqu'il ne recense que les incidents de paiement et le surendettement. Or certains pays, tels que la Belgique, ont mis en place un fichier *positif* recensant l'ensemble des prêts contractés par chaque individu. Le rapport Chatel proposait déjà en 2003 un fichier semblable ; l'idée a été relancée lors des débats préparatoires de la loi sur le crédit à la consommation. Dans son article 49, la loi du 1er juillet 2010 prévoyait que la création d'un registre national des crédits aux particuliers, placé sous la responsabilité de la Banque de France, ferait l'objet d'un rapport remis au gouvernement et au parlement dans un délai d'un an à compter de la promulgation de cette loi. Mais la Commission nationale de l'informatique et des libertés (CNIL) ayant émis des réserves sur le sujet, les gouvernements successifs ont hésité à introduire une telle réforme. La création du fichier positif avait été retirée du projet de loi sur la consommation présenté le 2 mai 2013 en conseil des ministres, en raison d'une insécurité juridique mise en exergue par le Conseil d'État et la CNIL.

Mais à la suite d'un amendement du gouvernement, le registre a fini par figurer dans le projet de loi, l'objectif du législateur étant d'instaurer une sorte de principe de précaution pour prévenir le surendettement et ne pas attendre la survenue d'incidents pour intervenir. « Face au drame du surendettement qui fait basculer chaque année plus de deux cent mille familles dans la précarité, il était temps que la puissance publique responsabilise le prêteur lorsqu'il distribue de nouveaux crédits afin d'éviter que ceux qui sont déjà au maximum de leur capacité de remboursement n'aillent au-delà », avait souligné le ministre délégué à la consommation.

Il s'agissait, en premier lieu, d'imposer aux établissements de crédit une déclaration pour que chacun d'eux puisse avoir connaissance de l'état d'endettement d'un consommateur ou d'une caution, personne physique. Les informations étaient ensuite centralisées par la Banque de France, laquelle devait gérer la consultation du fichier. Il s'agissait, en second lieu, de contraindre les établissements bancaires de consulter ce registre national avant d'accorder définitivement un crédit à la consommation.

Or le Conseil constitutionnel a censuré la création de ce registre. Selon le Conseil, le registre national des crédits porte « une atteinte disproportionnée au droit au respect de la vie privée » par rapport au but poursuivi. Un grand nombre de personnes sont susceptibles d'avoir accès à des dossiers concernant des millions de personnes et « les garanties relatives à son accès » sont insuffisantes. Les sages ont estimé surdimensionné le dispositif envisagé (Cons. const. 13 mars 2014, n° 2014-690 DC). ❑

CHAPITRE PREMIER OBJET DU FICHIER

Art. L. 751-1 Un fichier national recense les informations sur les incidents de paiement caractérisés liés aux crédits accordés aux personnes physiques pour des besoins non professionnels.

Ce fichier est géré par la Banque de France, laquelle est seule habilitée à centraliser ces informations.

Il est soumis à la loi n° 78-17 du 6 janvier 1978 relative à l'informatique, aux fichiers et aux libertés. — *[C. consom., art. L. 333-4, I, al. 1er.] — V. ce texte au* ***C. pén.*** *ou au* ***CRPA.***

Sur la compétence en matière d'actions relatives à l'inscription ou à la radiation sur le fichier, V. COJ, art. R. 221-39-1 et R. 221-51-1, App., v° Compétence.

Art. L. 751-2 Ce fichier a pour finalité de fournir aux établissements de crédit et *aux sociétés de financement* mentionnés au titre Ier du livre V du code monétaire et financier, aux établissements de monnaie électronique et aux établissements de paiement mentionnés au titre II du même livre V et aux organismes mentionnés aux 5 et 8 de l'article L. 511-6 du même code un élément d'appréciation de la solvabilité des personnes qui sollicitent un crédit. Toutefois, l'inscription d'une personne physique au sein du fichier n'emporte pas interdiction de délivrer un crédit.

Le fichier peut fournir un élément d'appréciation à l'usage des établissements de crédit, des établissements de monnaie électronique et des établissements de paiement dans leurs décisions d'attribution des moyens de paiement.

Les informations qu'il contient peuvent également être prises en compte par les entreprises mentionnées au premier alinéa pour la gestion des risques liés aux crédits souscrits par leurs clients.

L'organisme de caution mentionné à l'article 26-7 de la loi n° 65-557 du 10 juillet 1965 fixant le statut de la copropriété des immeubles bâtis peut consulter le fichier mentionné au présent article, pour les copropriétaires participant à l'emprunt mentionné à l'article 26-4 de cette même loi. – *[C. consom., art. L. 333-4, I, al. 2 à 5.]*

Sur les sanctions, V. art. L. 762-1 et L. 762-2.

Art. L. 751-3 La Banque de France est déliée du secret professionnel pour la diffusion, aux entreprises mentionnées au premier alinéa de l'article L. 751-2, des informations nominatives contenues dans le fichier. – *[C. consom., art. L. 333-4, IV, al. 1er.]*

Art. L. 751-4 Les conditions dans lesquelles la Banque de France et les entreprises mentionnées au premier alinéa de l'article L. 751-2 informent les personnes de leur inscription et de leur radiation du fichier ainsi que de leurs droits sont précisées par arrêté, pris après avis de la Commission nationale de l'informatique et des libertés. – *[C. consom., art. L. 333-4, IV, al. 2.]*

Art. L. 751-5 Il est interdit à la Banque de France et aux entreprises mentionnées au premier alinéa de l'article L. 751-2 de remettre à quiconque copie des informations contenues dans le fichier.

Cette interdiction ne s'applique pas aux intéressés, lesquels exercent leur droit d'accès aux informations les concernant contenues dans le fichier conformément à l'article 39 de la loi n° 78-17 du 6 janvier 1978 relative à l'informatique, aux fichiers et aux libertés. – *[C. consom., art. L. 333-4, IV, al. 3.]*

Art. L. 751-6 Un arrêté du ministre chargé de l'économie, pris après avis de la Commission nationale de l'informatique et des libertés et du comité consultatif du secteur financier, fixe les modalités de collecte, d'enregistrement, de conservation et de consultation des informations.

Cet arrêté détermine également les modalités selon lesquelles les établissements et organismes mentionnés au premier alinéa de l'article L. 751-2 peuvent justifier qu'ils ont consulté le fichier, notamment en application de l'article L. 312-16. – *[C. consom., art. L. 333-5.] – V. Arr. du 26 oct. 2010, ci-dessous.*

Arrêté du 26 octobre 2010,

Relatif au fichier national des incidents de remboursement des crédits aux particuliers.

A l'exception des art. 2 et 13 qui entrent en vigueur le 1er mai 2011, l'Arr. du 26 oct. 2010 est entré en vigueur le 1er nov. 2010 (Arr. préc., art. 18).

DALLOZ RÉFÉRENCE *Surendettement des particuliers*, par FERRIÈRE et AVENA-ROBARDET, 2012/2013, *4e éd., nos 51.00 s.*

BIBL. ► NDLR, *BRDA 2010, n° 22, p. 21* (modernisation du FICP).

CHAPITRE Ier. *CONTENU DU FICHIER NATIONAL DES INCIDENTS DE REMBOURSEMENT DES CRÉDITS AUX PARTICULIERS ET CONSULTATIONS*

Art. 1er *Contenu.* Le fichier national des incidents de remboursement des crédits aux particuliers (FICP) est géré par la Banque de France. Il centralise :

— les incidents de paiement correspondant au champ d'application défini à l'article 3, déclarés par les établissements de crédit mentionnés à l'article L. 511-1 du code monétaire et financier, *(Arr. du 2 mai 2013, art. 61)* « les établissements de monnaie électronique mentionnés à l'article L. 526-1 du même code, » les établissements de paiement mentionnés à l'article L. 522-1 du même code et les organismes mentionnés au 5 de l'article L. 511-6 du même code ;

— les informations relatives aux situations de surendettement mentionnées au titre III du livre III du code de la consommation et aux jugements de liquidation judiciaire prononcés dans les départements du Haut-Rhin, du Bas-Rhin et de la Moselle en application de l'article L. 670-6 du code de commerce communiquées à la Banque de France par les commissions de surendettement ou les greffes des tribunaux.

Art. 2 *Consultations obligatoires et consultations facultatives.* Conformément aux dispositions des articles L. 511-33 et L. 522-19 du code monétaire et financier, les informations figurant dans le FICP sont réservées à l'usage exclusif des établissements et organismes mentionnés à l'article 1er qui ne peuvent consulter ce fichier à d'autres fins que celles mentionnées ci-dessous.

Ces établissements et organismes doivent obligatoirement consulter le FICP :

1° Avant toute décision effective d'octroyer un crédit *(Arr. du 26 sept. 2016, art. 1er)* « tel qu'encadré par le chapitre II du titre Ier du livre III du code de la consommation dans sa rédaction résultant de l'ordonnance n° 2016-351 du 25 mars 2016 sur les contrats de crédit aux consommateurs relatifs aux biens immobiliers à usage d'habitation » et avant tout octroi d'une autorisation de découvert remboursable dans un délai supérieur à un mois. Sans préjudice de consultations antérieures dans le cadre de la procédure d'octroi de crédit, cette consultation obligatoire, qui a pour objet d'éclairer la décision finale du prêteur avec les données les plus à jour, doit être réalisée lorsque le prêteur décide :

— d'agréer la personne de l'emprunteur en application de l'article *(Ord. no 2016-301 du 14 mars 2016, art. 2, en vigueur le 1er juill. 2016)* « L. 312-24 » du code de la consommation pour les crédits mentionnés à l'article *(Ord. no 2016-301 du 14 mars 2016, art. 2, en vigueur le 1er juill. 2016)* « L. 312-1 » du même code ;

— de consentir un crédit en application du II de l'article *(Ord. no 2016-301 du 14 mars 2016, art. 2, en vigueur le 1er juill. 2016)* « L. 312-86 » du même code.

2° Avant de proposer à un client la reconduction annuelle de son contrat de crédit renouvelable en application de l'article *(Ord. no 2016-301 du 14 mars 2016, art. 2, en vigueur le 1er juill. 2016)* « L. 312-75 » du code de la consommation.

(Arr. du 26 sept. 2016, art. 1er) « 3° Avant toute décision effective d'octroyer un crédit tel qu'encadré par le chapitre III du titre Ier du livre III du code de la consommation dans sa rédaction résultant de l'ordonnance n° 2016-351 du 25 mars 2016 sur les contrats de crédit aux consommateurs relatifs aux biens immobiliers à usage d'habitation. Sans préjudice de consultations antérieures dans le cadre de la procédure d'octroi de crédit, cette consultation obligatoire, qui a pour objet d'éclairer la décision finale du prêteur avec les données les plus à jour, est réalisée au plus tard à l'émission de l'offre mentionnée à l'article L. 313-24 du même code dans sa rédaction résultant de l'ordonnance susmentionnée. »

Ils peuvent également consulter le FICP :

1° Avant d'octroyer un crédit autre que ceux mentionnés ci-dessus ;

2° Avant l'attribution de moyens de paiement, en particulier avant la délivrance des premières formules de chèques et au moment de l'attribution ou du renouvellement d'une carte de paiement ;

3° Dans le cadre de la gestion des risques liés aux crédits souscrits par leurs clients. Les informations collectées à cette occasion ne peuvent être utilisées à d'autres fins, y compris celles mentionnées ci-dessus.

L'art. 2 entre en vigueur le 1er mai 2011 (Arr. du 26 oct. 2010, art. 18).

CHAPITRE II. *ENREGISTREMENT DES INCIDENTS DE PAIEMENT*

Art. 3 *Champ d'application.* Est considéré comme pouvant faire l'objet d'un incident de paiement déclarable au FICP tout acte par lequel un établissement ou organisme mentionné à l'article 1er met des fonds à la disposition d'une personne physique pour le financement de ses besoins non professionnels ou prend, dans l'intérêt de celle-ci, un engagement par signature, quelle que soit la qualification ou la technique utilisée, notamment :

— les crédits affectés ou liés définis au *(Ord. no 2016-301 du 14 mars 2016, art. 2, en vigueur le 1er juill. 2016)* « 11° » de l'article L. 311-1 du code de la consommation ;

— les prêts personnels ;

— les crédits renouvelables définis à l'article *(Ord. no 2016-301 du 14 mars 2016, art. 2, en vigueur le 1er juill. 2016)* « L. 312-57 » du même code ;

— les autorisations de découvert définies au *(Ord. no 2016-301 du 14 mars 2016, art. 2, en vigueur le 1er juill. 2016)* « 12° » de l'article L. 311-1 du même code ;

— les découverts tacitement acceptés définis au *(Ord. n° 2016-301 du 14 mars 2016, art. 2, en vigueur le 1er juill. 2016)* « 13° » de l'article L. 311-1 du même code ;

— les crédits accordés pour l'acquisition, la construction, l'aménagement ou l'entretien d'un immeuble mentionnés au 1° de l'article *(Ord. n° 2016-301 du 14 mars 2016, art. 2, en vigueur le 1er juill. 2016)* « L. 312-4 » du même code ;

— les regroupements de crédits définis *(Ord. n° 2016-301 du 14 mars 2016, art. 2, en vigueur le 1er juill. 2016)* « aux articles L. 314-10 et suivants » du même code ;

— les opérations de location-vente et de location avec option d'achat.

Les opérations de location-vente et de location avec option d'achat sont assimilées à des crédits pour l'application du présent arrêté.

Art. 4 *Définition des incidents de paiement.* Constituent des incidents de paiement caractérisés pour l'application du présent arrêté :

1° Pour un même crédit comportant des échéances, les défauts de paiement atteignant un montant cumulé au moins égal :

i) Pour les crédits remboursables mensuellement, à la somme du montant des deux dernières échéances dues ;

ii) Pour les crédits qui ont des échéances autres que mensuelles, à l'équivalent d'une échéance, lorsque ce montant demeure impayé pendant plus de 60 jours ;

2° Pour un même crédit ne comportant pas d'échéance, le défaut de paiement des sommes exigibles plus de 60 jours après la date de mise en demeure du débiteur, notifiée de manière formelle, d'avoir à régulariser sa situation, dès lors que le montant des sommes impayées est au moins égal à 500 euros ;

3° Pour tous les types de crédit, les défauts de paiement pour lesquels l'établissement ou l'organisme mentionné à l'article 1er engage une procédure judiciaire ou prononce la déchéance du terme après mise en demeure du débiteur restée sans effet. Les établissements et organismes mentionnés à l'article 1er peuvent ne pas inscrire les retards de paiement d'un montant inférieur à 150 euros pour lesquels la déchéance du terme n'a pas été prononcée.

Art. 5 *Constat d'un incident de paiement et information des débiteurs défaillants.* I. — Dès qu'un incident de paiement caractérisé est constaté, l'établissement ou organisme mentionné à l'article 1er informe le débiteur défaillant que l'incident sera déclaré à la Banque de France à l'issue d'un délai de 30 jours calendaires révolus courant à compter de la date de l'envoi du courrier d'information, le cachet de la poste faisant foi. Ce délai permet notamment à la personne concernée de régulariser sa situation ou de contester auprès de l'établissement ou de l'organisme le constat d'incident caractérisé.

Ce courrier d'information doit mentionner les caractéristiques de l'incident pouvant donner lieu à inscription au FICP, notamment le montant des sommes dues au titre de l'impayé, la référence et le montant du crédit, ainsi que les modalités de régularisation de l'incident avant le délai susmentionné. Il doit également préciser les modalités d'exercice, auprès de l'établissement ou de l'organisme mentionné à l'article 1er, des droits d'accès et de rectification des données que ce dernier détient conférés au débiteur défaillant par les articles 39 et 40 de la loi n° 78-17 modifiée *[relative à l'informatique, aux fichiers et aux libertés]*.

II. — Au terme du délai d'un mois mentionné ci-dessus, sauf si les sommes dues ont été réglées ou si une solution amiable a été trouvée, l'incident devient déclarable et l'établissement ou l'organisme mentionné à l'article 1er informe par courrier le débiteur défaillant des informations qu'il transmet à la Banque de France.

Le courrier de notification de l'inscription à la personne concernée doit mentionner qu'à défaut du paiement intégral des sommes dues donnant lieu à une levée anticipée de l'inscription celle-ci sera conservée pendant la durée d'inscription prévue par l'article 8.

Il doit également indiquer que ces informations sont consultables auprès de la Banque de France pendant toute la durée de l'inscription par l'ensemble des établissements et organismes mentionnés à l'article 1er.

Enfin, il doit également indiquer les modalités d'exercice auprès de la Banque de France des droits d'accès et de rectification des données contenues dans le FICP conférés au débiteur défaillant par les articles 39 et 40 de la loi n° 78-17 modifiée.

Art. 6 *Modalités et contenu de la déclaration.* I. — Pour chaque incident de paiement caractérisé devenu déclarable, les établissements et organismes mentionnés à l'article 1er communiquent à la Banque de France au plus tard le quatrième jour ouvré suivant la date à laquelle l'incident est devenu déclarable, sous peine des sanctions prévues à l'article 16 :

— le nom de famille et le nom marital, les prénoms dans l'ordre de l'état civil, la date de naissance, le sexe, le code géographique du lieu de naissance pour les personnes nées en

France métropolitaine, dans les départements d'outre-mer (DOM) *(Arr. du 18 juill. 2013, art. 1er)* « , dans le Département de Mayotte, dans les collectivités d'outre-mer et en Nouvelle-Calédonie », ou le lieu de naissance et code ISO du pays de naissance pour les personnes nées à l'étranger ;

— la nature du crédit ayant donné lieu à l'incident de paiement ;

— la date à laquelle l'incident est devenu déclarable (date de référence).

II. — Pour chaque incident de paiement précédemment déclaré, les établissements et organismes mentionnés à l'article 1er signalent à la Banque de France, sous peine des sanctions prévues à l'article 16, le paiement intégral des sommes dues, que celui-ci ait été effectué par le débiteur principal ou par une caution autre qu'un établissement ou un organisme mentionné à l'article 1er, à leur initiative ou après engagement d'une procédure judiciaire, au plus tard le quatrième jour ouvré suivant la date du paiement intégral. Ces informations sont transmises selon les mêmes modalités que la déclaration d'incident.

III. — Les informations sont notifiées à la Banque de France par télétransmission d'un fichier informatique sécurisé ou par échange sécurisé sur internet.

IV. — Les inscriptions et radiations d'incidents sont enregistrées dès la réception des déclarations par la Banque de France.

Art. 7 *Principe d'unicité de la déclaration et exception.* Lorsqu'un incident de paiement caractérisé ayant affecté le remboursement d'un crédit donné est enregistré dans le fichier, il n'est procédé à aucune nouvelle déclaration au titre du même crédit en cas de survenance d'autres incidents ou de prononcé de la déchéance du terme ou d'engagement d'une procédure judiciaire, à l'exception des incidents de paiement survenus sur ce même crédit dans le cadre d'un plan de surendettement, conformément aux dispositions ci-dessous.

Lorsqu'un débiteur saisit la commission de surendettement, il ne peut être déclaré d'incident de paiement caractérisé au nom de ce débiteur à compter de la décision de recevabilité de son dossier et :

— jusqu'à l'expiration d'un délai de 60 jours, courant à compter de la date d'entrée en vigueur du plan conventionnel de redressement prévu par l'article *(Ord. no 2016-301 du 14 mars 2016, art. 2, en vigueur le 1er juill. 2016)* « L. 732-1 » du code de la consommation ou de la date du courrier de la commission informant les parties que les mesures prévues par *(Ord. no 2016-301 du 14 mars 2016, art. 2, en vigueur le 1er juill. 2016)* « les articles L. 733-1 à L. 733-6 » du même code s'imposent ou la date à laquelle les mesures prévues aux articles *(Ord. no 2016-301 du 14 mars 2016, art. 2, en vigueur le 1er juill. 2016)* « L. 733-1 à L. 733-8 » du même code sont devenues exécutoires ; ou

— jusqu'au terme de l'instruction du dossier, lorsque celle-ci ne débouche sur aucune des mesures susvisées.

A l'expiration de cette période, l'établissement ou l'organisme mentionné à l'article 1er est tenu de déclarer au FICP un incident intervenu dans l'exécution des mesures prévues aux articles *(Ord. no 2016-301 du 14 mars 2016, art. 2, en vigueur le 1er juill. 2016)* « L. 732-1 à L. 732-4 et L. 733-1 à L. 733-8 » susmentionnés, même pour un crédit au titre duquel un précédent incident aurait déjà été déclaré. Cette déclaration au titre d'un incident intervenu dans l'exécution des mesures susmentionnées s'effectue dans les conditions prévues par les articles 4 et suivants.

Art. 8 *Durée de conservation et règles de mise à jour.* Les informations visées à l'article 6 sont conservées dans le fichier pendant cinq ans à compter de la date à laquelle l'incident est devenu déclarable.

Elles sont radiées dès la réception de la déclaration du paiement intégral des sommes dues, effectué en application du II de l'article 6.

Les renseignements centralisés sont modifiés ou effacés par la Banque de France dès la réception de l'indication fournie par l'établissement ou l'organisme mentionné à l'article 1er que la déclaration initiale était erronée.

CHAPITRE III. *ENREGISTREMENT DES SITUATIONS DE SURENDETTEMENT*

Art. 9 *Champ d'application.* Pour chaque situation de surendettement et chaque jugement de liquidation judiciaire mentionnés à l'article 1er, sont communiquées selon les cas par les commissions de surendettement, le *(Arr. du 18 juill. 2013, art. 1er)* « greffe du tribunal d'instance » ou le greffe du tribunal de grande instance à la Banque de France :

— les informations relatives à l'état civil du débiteur mentionnées au premier tiret du I de l'article 6 ;

— la nature, la date d'effet et la durée de l'inscription telles que définies à l'article 10.

Art. 10 *Inscription.* I. — Sont enregistrées comme dossier en cours d'instruction :

— les saisines des commissions de surendettement qui sont communiquées par ces dernières à la Banque de France ;

— les décisions de recevabilité prises par le *(Arr. du 18 juill. 2013, art. 1er)* « juge du tribunal d'instance » en cas de recours, qui sont communiquées à la Banque de France par le *(Arr. du 18 juill. 2013, art. 1er)* « greffe du tribunal d'instance » en application *(Ord. no 2016-301 du 14 mars 2016, art. 2, en vigueur le 1er juill. 2016)* « des articles L. 752-2 et L. 752-3 » du code de la consommation ;

— en cas de recours sur la décision de déchéance prise par la commission de surendettement en application *(Ord. no 2016-301 du 14 mars 2016, art. 2, en vigueur le 1er juill. 2016)* « des articles L. 712-3 et L. 761-1 », la décision prise par le *(Arr. du 18 juill. 2013, art. 1er)* « juge du tribunal d'instance » de poursuivre l'étude du dossier après avoir infirmé la décision de la commission. Cette décision est communiquée à la Banque de France par le *(Arr. du 18 juill. 2013, art. 1er)* « greffe du tribunal d'instance ».

L'inscription des dossiers en cours d'instruction est conservée dans le fichier pour une durée de trente-six mois et peut faire l'objet de prorogations par période d'un an décidées par la commission.

II. — L'inscription des dossiers en cours d'instruction est radiée :

— lorsque le dossier est irrecevable à la procédure de traitement du surendettement. La commission informe immédiatement la Banque de France de cette irrecevabilité. En cas de recours, le *(Arr. du 18 juill. 2013, art. 1er)* « greffe du tribunal d'instance » communique à la Banque de France le jugement confirmant l'irrecevabilité ;

— lorsque la déchéance a été prononcée en vertu *(Ord. no 2016-301 du 14 mars 2016, art. 2, en vigueur le 1er juill. 2016)* « des articles L. 712-3 et L. 761-1 » du code de la consommation. La commission informe immédiatement la Banque de France de cette déchéance. En cas de recours, le *(Arr. du 18 juill. 2013, art. 1er)* « greffe du tribunal d'instance » communique à la Banque de France le jugement confirmant la déchéance ;

— en cas d'extinction de l'instance devant le *(Arr. du 18 juill. 2013, art. 1er)* « juge du tribunal d'instance » portée à la connaissance de la Banque de France par le greffe.

III. — L'inscription des dossiers en cours d'instruction est remplacée par l'inscription d'une mesure :

1° Lorsque :

— la commission communique à la Banque de France les informations concernant les mesures du plan conventionnel de redressement mentionnées *(Ord. no 2016-301 du 14 mars 2016, art. 2, en vigueur le 1er juill. 2016)* « aux articles L. 732-1 à L. 732-4 » du code de la consommation ;

— la commission informe la Banque de France que les mesures définies *(Ord. no 2016-301 du 14 mars 2016, art. 2, en vigueur le 1er juill. 2016)* « aux articles L. 733-1 à L. 733-6 » du même code s'imposent aux parties ;

— le *(Arr. du 18 juill. 2013, art. 1er)* « greffe du tribunal d'instance » communique à la Banque de France les informations concernant les mesures prises en vertu des articles *(Ord. no 2016-301 du 14 mars 2016, art. 2, en vigueur le 1er juill. 2016)* « L. 733-1 à L. 733-8 » du même code.

L'inscription de ces mesures est conservée pendant toute la durée d'exécution de celles-ci, sans pouvoir excéder *(Arr. du 26 sept. 2016, art. 1er)* « sept *[ancienne rédaction : huit]* » ans.

2° Lorsque le *(Arr. du 18 juill. 2013, art. 1er)* « greffe du tribunal d'instance » communique à la Banque de France les décisions du juge relatives à la clôture de la procédure de rétablissement personnel avec liquidation judiciaire ou à la décision du juge donnant force exécutoire à la recommandation de rétablissement personnel sans liquidation judiciaire en vertu des articles *(Ord. no 2016-301 du 14 mars 2016, art. 2, en vigueur le 1er juill. 2016)* « L. 741-1 » et suivants du code de la consommation.

L'inscription de ces décisions est maintenue pour une période de cinq ans.

Toutefois, lorsque l'actif du débiteur a été suffisant pour désintéresser l'ensemble de ses créanciers, il n'y a pas lieu à inscription. Lorsque le juge établit un plan en vertu *(Ord. no 2016-301 du 14 mars 2016, art. 2, en vigueur le 1er juill. 2016)* « des articles L. 742-24 et L. 742-25 » du même code, l'inscription est conservée pour une durée identique à celle prévue pour les mesures prévues aux articles *(Ord. no 2016-301 du 14 mars 2016, art. 2, en vigueur le 1er juill. 2016)* « L. 733-1 à L. 733-8 » du même code.

(Abrogé par Arr. du 26 sept. 2016, art. 1er) « *IV. — A l'issue de la période de suspension de l'exigibilité des créances l'inscription est maintenue dans le FICP au titre du réexamen du dossier, sur la notification faite par la commission de surendettement chargée de réexaminer*

la situation du débiteur conformément aux dispositions du 4° (Ord. n° 2016-301 du 14 mars 2016, art. 2, en vigueur le 1er juill. 2016) « de l'article L. 733-2 » du code de la consommation.

« L'inscription peut faire l'objet de prorogations par période d'un an décidées par la commission.

« L'inscription au titre du réexamen est radiée dans les cas prévus au II du présent article ou remplacée par l'inscription au titre d'une mesure visée au III du présent article. »

(Arr. du 26 sept. 2016, art. 1er) « IV. — » Les jugements de liquidation judiciaire prononcés dans les départements du Haut-Rhin, du Bas-Rhin et de la Moselle en application de l'article L. 670-6 du code de commerce sont communiqués par le greffe du tribunal de grande instance à la Banque de France aux fins d'enregistrement dans le fichier pour une durée de cinq ans à compter de la date du jugement. Toutefois, lorsque l'actif du débiteur a été suffisant pour désintéresser l'ensemble de ses créanciers, il n'y a pas lieu à inscription.

(Arr. du 26 sept. 2016, art. 1er) « V. — » Lorsqu'une personne bénéficie de mesures successives prévues aux articles *(Ord. n° 2016-301 du 14 mars 2016, art. 2, en vigueur le 1er juill. 2016)* « L. 732-1 à L. 732-4 et L. 733-1 à L. 733-7 » du code de la consommation, la durée cumulée d'inscription de ces mesures ne peut excéder *(Arr. du 26 sept. 2016, art. 1er)* « sept *[ancienne rédaction : huit]* » ans.

Art. 11 *Radiation par anticipation.* I. — Les informations inscrites en application de l'article 10 sont radiées par anticipation dès que :

— le débiteur a justifié auprès de la Banque de France du règlement intégral de ses dettes auprès de tous les créanciers figurant au plan ou au jugement. A cet effet, le débiteur remet une attestation de paiement émanant de chacun des créanciers concernés. Ceux-ci sont tenus de délivrer une telle attestation, sur demande du débiteur, dès lors que le remboursement de la créance est effectif. Cette attestation doit notamment comporter les éléments suivants : nom, prénoms ou dénomination sociale et adresse du créancier, identification de la créance, nom, prénoms du débiteur. La délivrance d'une telle attestation intervient dans le délai d'un mois maximum à compter de la demande formulée par le débiteur ;

— les mesures mentionnées aux articles *(Ord. n° 2016-301 du 14 mars 2016, art. 2, en vigueur le 1er juill. 2016)* « L. 732-1 à L. 732-4 et L. 733-1 à L. 733-8 » du code de la consommation ont été exécutées sans incident pendant 5 ans dans les conditions prévues *(Ord. n° 2016-301 du 14 mars 2016, art. 2, en vigueur le 1er juill. 2016)* « aux articles L. 752-1 et suivants » du même code.

II. — Constituent des incidents pour l'application du présent article :

1° Dans le cadre de mesures prévoyant des échéances de remboursement mensuelles, les défauts de paiement atteignant un montant cumulé au moins égal à la somme du montant des deux dernières échéances dues ;

2° Dans le cadre de mesures ayant des échéances de remboursement autres que mensuelles, les défauts de paiement atteignant un montant cumulé au moins égal à l'équivalent d'une échéance, lorsque ce montant demeure impayé pendant plus de 60 jours.

CHAPITRE IV. *CONSULTATION ET CONSERVATION DES DONNÉES*

Art. 12 *Modalités de consultation.* I. — Dans le cadre des consultations prévues à l'article 2, les établissements et organismes mentionnés à l'article 1er peuvent obtenir communication, pour chaque personne recensée, des éléments suivants figurant dans le fichier :

— les informations visées au I de l'article 6 ci-dessus ;

— le nombre d'incidents et le nombre d'établissements déclarants ;

— l'existence de mesures conventionnelles ou judiciaires mentionnées à l'article 10 ;

— l'existence d'un jugement de liquidation judiciaire mentionné au V de l'article 10 ;

— la date à laquelle les informations seront radiées du fichier, sauf mesure de radiation anticipée.

Ces établissements et organismes peuvent également recevoir, pour chaque personne concernée, les informations ayant trait à l'existence d'un dossier en cours d'instruction ou en réexamen mentionnés *[mentionné]* au I de l'article 10.

II. — La communication des informations aux établissements et organismes mentionnés à l'article 1er s'effectue :

— soit par procédure de consultation sécurisée sur internet ;

— soit par remise ou télétransmission d'un fichier informatique sécurisé.

III. — Les tarifs de consultation sont fixés par la Banque de France de manière à couvrir l'intégralité des coûts du fichier. Ces coûts sont supportés par les établissements et organismes qui interrogent le fichier. Les tarifs sont liés aux procédures de consultation utilisées et au nombre d'interrogations.

Art. 13 *Modalités de justification des consultations et conservation des données.* I. — En application de l'article *(Ord. n° 2016-301 du 14 mars 2016, art. 2, en vigueur le 1er juill. 2016)* « L. 751-6 » du code de la consommation, afin de pouvoir justifier qu'ils ont consulté le fichier, les établissements et organismes mentionnés à l'article 1er doivent, dans les cas de consultations aux fins mentionnées au I de l'article 2, conserver des preuves de la consultation du fichier, de son motif et de son résultat, sur un support durable. Ils doivent être en mesure de démontrer que les modalités de consultation du fichier et de conservation du résultat des consultations garantissent l'intégrité des informations ainsi collectées. Constitue un support durable tout instrument permettant aux établissements et organismes mentionnés à l'article 1er de stocker les informations constitutives de ces preuves, d'une manière telle que ces informations puissent être consultées ultérieurement pendant une période adaptée à leur finalité et reproduites à l'identique.

Le cas échéant, le résultat des consultations effectuées aux fins mentionnées au II de l'article 2 est conservé dans les conditions décrites ci-dessus.

II. — Les établissements et organismes mentionnés à l'article 1er mettent en place des procédures internes leur permettant de justifier que les consultations du fichier ne sont effectuées qu'aux fins mentionnées à l'article 2 et à elles seules.

III. — Les modalités de conservation du résultat des consultations doivent prévoir que seul le résultat de la dernière consultation peut être accessible à des fins de gestion courante, et uniquement dans le cadre du délai d'instruction d'un dossier de demande de crédit, de reconduction annuelle d'un contrat de crédit renouvelable ou d'attribution de moyens de paiement.

Au-delà du délai d'instruction, le résultat des consultations effectuées à ces fins doit être conservé sous forme d'archives, consultables uniquement à des fins d'audit ou dans le cadre de litiges. Lorsque le résultat d'une consultation comporte des informations relatives à plusieurs personnes en raison d'une clé de consultation identique, toutes ces informations doivent être conservées.

IV. — Les modalités de conservation des résultats des consultations effectuées par les établissements et organismes mentionnés à l'article 1er dans le cadre de la gestion des risques liés aux crédits souscrits par leurs clients doivent prévoir que l'ensemble de ces résultats ne peut être exploité sous forme nominative qu'en une seule fois et au plus tard 30 jours après la date de la consultation la plus ancienne. Après leur exploitation, ces résultats ne peuvent être conservés que sous forme non nominative et à des fins d'actualisation des modèles de notation interne.

L'art. 13 entre en vigueur le 1er mai 2011 (Arr. du 26 oct. 2010, art. 18).

CHAPITRE V. *INFORMATION DES PERSONNES CONCERNÉES ET DROIT D'ACCÈS ET DE RECTIFICATION DES DONNÉES LES CONCERNANT*

Art. 14 *Information des personnes concernées.* Conformément aux dispositions de l'article 32 de la loi du 6 janvier 1978 modifiée *[relative à l'informatique, aux fichiers et aux libertés]*, tout établissement ou organisme mentionné à l'article 1er informe l'emprunteur qu'il doit, dans le cadre de la procédure d'octroi de crédit à la consommation, consulter le FICP et qu'il sera tenu, en cas d'incident de paiement caractérisé tel que défini à l'article 4, de demander l'inscription d'informations le concernant dans ce fichier.

Les personnes faisant l'objet d'une procédure de surendettement ou de liquidation judiciaire sont informées de leur inscription au FICP et de la durée de celle-ci par la commission de surendettement ou le greffe du tribunal qui communique à la Banque de France les informations nécessaires à l'inscription.

Art. 15 *Exercice du droit d'accès et de rectification auprès de la Banque de France.* Lorsqu'une personne entend exercer son droit d'accès conformément à l'article 39 de la loi du 6 janvier 1978 modifiée *[relative à l'informatique, aux fichiers et aux libertés]*, elle s'adresse à la Banque de France.

Conformément aux dispositions *(Ord. n° 2016-301 du 14 mars 2016, art. 2, en vigueur le 1er juill. 2016)* « des articles L. 751-1 et suivants » du code de la consommation, celle-ci peut communiquer par écrit au demandeur les informations recensées à son nom.

Le titulaire du droit d'accès peut, le cas échéant, obtenir la modification ou la suppression des informations le concernant, conformément aux dispositions de l'article 40 de la loi du 6 janvier 1978 modifiée, à la demande ou après accord de l'établissement ou de l'organisme à l'origine de la déclaration de ces informations, ou sur la base d'une décision de justice ordonnant la rectification ou la suppression.

CHAPITRE VI. *SANCTIONS*

Art. 16 *Sanctions disciplinaires.* Les infractions aux dispositions du présent arrêté ainsi que tout retard dans les déclarations sont passibles des sanctions prévues à l'article L. 612-39 du code monétaire et financier.

CHAPITRE VII. *DISPOSITIONS RELATIVES À L'OUTRE-MER*

Art. 17 *V. C. **consom.**, éd. 2015.*

CHAPITRE VIII. *DISPOSITIONS FINALES*

Art. 18 *Entrée en vigueur.* Les dispositions des articles 2 et 13 du présent arrêté entrent en vigueur à la date d'entrée en vigueur de l'article 6 de la loi n° 2010-737 du 1er juillet 2010 susvisée *[portant réforme du crédit à la consommation]*.

Les autres dispositions du présent arrêté entrent en vigueur à la date d'entrée en vigueur de l'article 48 de la même loi.

Art. 19 Le règlement n° 90-05 du 11 avril 1990 modifié relatif au fichier national des incidents de remboursement des crédits aux particuliers (FICP) du Comité de la réglementation bancaire et financière est abrogé à la date d'entrée en vigueur de l'article 48 de la loi n° 2010-737 du 1er juillet 2010 susvisée *[portant réforme du crédit à la consommation]. — V. le Règl. préc. au **C. consom.**, éd. 2010 ou antérieures.*

CHAPITRE II INSCRIPTION ET RADIATION

Art. L. 752-1 Les entreprises mentionnées au premier alinéa de l'article L. 751-2 sont tenues de déclarer à la Banque de France, dans des conditions précisées par arrêté, les incidents de paiement caractérisés dans les conditions précisées par l'arrêté mentionné à l'article L. 751-6.

Dès la réception de cette déclaration, la Banque de France inscrit immédiatement les incidents de paiement caractérisés au fichier et, dans le même temps, met cette information à la disposition de l'ensemble des entreprises ayant accès au fichier. Les frais afférents à cette déclaration ne peuvent être facturés aux personnes physiques concernées.

Les informations relatives à ces incidents sont radiées immédiatement à la réception de la déclaration de paiement intégral des sommes dues effectuée par l'entreprise à l'origine de l'inscription au fichier. Elles ne peuvent en tout état de cause être conservées dans le fichier pendant plus de cinq ans à compter de la date d'enregistrement par la Banque de France de l'incident ayant entraîné la déclaration. — *[C. consom., art. L. 333-4, II.]*

1. Délai de grâce. Dès lors que les conditions prévues à l'art. L. 333-4, al. 2 [L. 751-2], ainsi qu'à l'art. 4 du règlement relatif au fichier national des incidents de remboursement sont réunies, les établissements de crédit sont tenus de déclarer à la Banque de France les incidents de paiement caractérisés, peu important les délais de grâce éventuellement accordés par le juge. • Civ. 1re, 23 nov. 2004 : *Bull. civ. I, n° 290; CCC 2005, n° 34, obs. Raymond.*

2. Fichier positif. Sur la distinction entre fichier négatif et fichier positif, V. : * Rép. min. : *JOAN Q n° 36 du 16 sept. 1991; BID 1991, n° 10, p. 43.*

3. Déchéance du terme. Aux termes du Règl. CRB n° 90-05 du 11 avr. 1990 relatif au fichier national des incidents de remboursement des crédits aux particuliers (remplacé par Arr. du 26 oct. 2010, V. ss. art. L. 751-6), constituent, pour tous les types de crédit, des incidents de paiement caractérisés, les défauts de paiement non seulement ceux qui atteignent le montant cumulé égal au triple de la dernière échéance due mais également ceux pour lesquels l'établissement de crédit prononce la déchéance du terme après mise en demeure du débiteur restée sans réponse. • Com. 27 sept. 2005 : *JCP E 2006, n° 22, p. 958, obs. Salgueiro; RD banc. fin. 2005, n° 201, obs. Crédot et Gérard.*

4. Contrôle de la CNIL. Pour des sanctions pécuniaires infligées par la CNIL à une banque faute d'avoir obtenu des explications précises et rapides sur les raisons du dysfonctionnement dans la gestion du fichier national des incidents de remboursement des crédits aux particuliers et dans le fichier de centralisation des retraits de cartes bancaires, V. Délib. CNIL n° 2006-174 du 28 juin 2006 : *JCP E 2006, n° 42, p. 1783, note Hébert et Masoëro; Gaz. Pal. 2007. 3333, obs. Boucard; RJDA 2006, n° 1292; RD banc. fin. 2006, n° 177, obs. Caprioli; RLDA oct. 2006. 57,* *obs. Cheynel.* – V. aussi Délib. CNIL n° 2006-245 du 23 nov. 2006 : *RD banc. fin. 2007, n° 195, obs. Caprioli.*

5. Inscription. L'incident de paiement sur un crédit à destination professionnelle ne peut donner lieu à une inscription au FICP. • Montpellier, 2 août 2006 : *JCP E 2007, n° 22, p. 23, obs. Salgueiro.* ♦ Interprétant souverainement la convention des parties en raison de l'ambiguïté résultant du rapprochement entre l'art. 3 des conditions particulières du contrat, stipulant que les fonds prêtés étaient destinés à être injectés dans la trésorerie de la société, et l'art. 17 de ses conditions générales, prévoyant qu'en cas d'incident de paiement la banque pouvait être amenée à déclarer cet incident au FICP, une cour d'appel peut considérer que le prêt avait été souscrit pour financer des besoins personnels et a pu en déduire que la banque n'avait commis aucune faute en déclarant l'incident de paiement au FICP. • Com. 5 nov. 2013 : *JCP E 2013, n° 1695; CCC 2014, n° 54, obs. Raymond; RJDA 2014, n° 156; Banque et Droit mars-avr. 2014. 27, obs. Bonneau.* ♦ Jugeant que l'inscription au FICP est subordonnée à une information préalable de l'emprunteur et à la recherche, par le prêteur, d'un accord amiable : • Paris, 23 nov. 2006 : *eod loc.* ♦ En rejetant la demande de l'emprunteur en réparation du préjudice résultant de son inscription prétendument fautive au FICP sans constater l'existence d'un incident de paiement caractérisé lié à un crédit accordé à ce dernier pour des besoins non professionnels, la cour d'appel n'a pas satisfait aux exigences de l'art. L. 333-4 [L. 752-1]. • Civ. 1re, 11 mars 2010 : *CCC 2010, n° 196, obs. G. R.*

6. Durée de l'inscription. L'art. L. 333-4 [L. 752-1] ne donne pas pouvoir au juge de l'exécution de fixer la durée de l'inscription au FICP. • Dijon, 19 nov. 2009 : *CCC 2010, n° 112, obs. Raymond; RD banc. fin. 2010, n° 148, obs. S. Piedelièvre.* ♦ Est justifié le refus de mainlevée judiciaire d'une inscription au fichier de remboursement des crédits sans que le débiteur ait payé l'intégralité des sommes qu'il lui restait devoir, au motif que, dans cette hypothèse, la forclusion biennale due à l'inaction du prêteur n'a pas à jouer. • Colmar, 21 juin 2010 : *Gaz. Pal. 2010. 3502, obs. Roussille.*

Art. L. 752-2 Dès qu'une commission de surendettement des particuliers est saisie par un débiteur, elle en informe la Banque de France aux fins d'inscription au fichier.

La même obligation pèse sur le greffe du juge du tribunal d'instance lorsque, sur recours de l'intéressé contre une décision de recevabilité *(Abrogé par L. n° 2016-1547 du 18 nov. 2016, art. 58, à compter du 1er janv. 2018 ; Abrogé par L. n° 2017-203 du 21 févr. 2017, art. 14)* ***« ou d'orientation »*** **rendue par la commission, la situation mentionnée à l'article L. 711-1 est reconnue par ce juge ou lorsque le débiteur a bénéficié de l'effacement des dettes résultant d'un rétablissement personnel en application des dispositions des articles** *(L. n° 2016-1547 du 18 nov. 2016, art. 58, en vigueur le 1er janv. 2018)* **« L. 741-2, L. 741-6, L. 741-7** *[ancienne rédaction : L. 741-3, L. 741-7, L. 741-8]* **» ou L. 742-22.** – *[C. consom., art. L. 333-4, III, al. 1er.] – V. art. L. 741-1 s., et la note de rédaction.*

Inscription au FICP. Les dispositions qui prévoit que les personnes ayant bénéficié de la procédure de rétablissement personnel font l'objet d'une inscription au fichier national des incidents de remboursement des crédits aux particuliers, n'est pas applicable à une personne dès lors que par le règlement de ses créanciers elle n'est plus bénéficiaire de la procédure de rétablissement personnel. • TI Nîmes, ord., 28 févr. 2008 : *JCP E 2008, n° 20, p. 10, note Ferrière.*

Art. L. 752-3 Le fichier recense les mesures du plan conventionnel de redressement mentionnées à l'article L. 732-2. Ces mesures sont communiquées à la Banque de France par la commission. L'inscription est conservée pendant toute la durée de l'exécution du plan conventionnel, sans pouvoir excéder sept ans.

Le fichier recense également les mesures prises en vertu des articles L. 733-1, *(L. n° 2016-1547 du 18 nov. 2016, art. 58, en vigueur le 1er janv. 2018)* **« L. 733-4 et L. 733-7** *[ancienne rédaction : L. 733-7 et L. 733-8]* **» qui sont communiquées à la Banque de France par la commission ou le greffe du juge du tribunal d'instance** *(Abrogé par L. n° 2016-1547 du 18 nov. 2016, art. 58, à compter du 1er janv. 2018)* ***« lorsqu'elles sont soumises à son homologation »*****. L'inscription est conservée pendant toute la durée d'exécution de ces mesures, sans pouvoir excéder sept ans.** – *V. art. L. 733-1 s., et la note de rédaction.*

Lorsque les mesures du plan conventionnel mentionnées à l'article L. 732-2 et celles prises en application des articles L. 733-1, *(L. n° 2016-1547 du 18 nov. 2016, art. 58, en vigueur le 1er janv. 2018)* **« L. 733-4 et L. 733-7** *[ancienne rédaction : L. 733-7 et L. 733-8]* **» sont exécutées sans incident, les informations relatives aux mentions**

qui ont entraîné leur déclaration sont radiées à l'expiration d'une période de cinq ans à compter de la signature du plan conventionnel *(L. nº 2016-1547 du 18 nov. 2016, art. 58, en vigueur le 1er janv. 2018)* **« , de la date de la décision de la commission qui impose des mesures ou de la date du jugement ordonnant des mesures** *[ancienne rédaction : ou de la date de la décision de la commission qui impose des mesures ou lorsque les mesures recommandées par la commission ont acquis force exécutoire]* **». Lorsque, pour une même personne, sont prescrits successivement, dans le cadre d'une révision ou d'un renouvellement du plan ou des mesures, un plan conventionnel mentionné à l'article L. 732-2 et des mesures prises en application des articles L. 733-1,** *(L. nº 2016-1547 du 18 nov. 2016, art. 58, en vigueur le 1er janv. 2018)* **« L. 733-4 et L. 733-7** *[ancienne rédaction : L. 733-7 et L. 733-8]* **», l'inscription est maintenue pendant la durée globale d'exécution du plan et des mesures sans pouvoir excéder sept ans.**

Pour les personnes ayant bénéficié de la procédure de rétablissement personnel, les informations relatives aux mentions correspondantes sont radiées à l'expiration d'une période de cinq ans à compter de la *(L. nº 2016-1547 du 18 nov. 2016, art. 58, en vigueur le 1er janv. 2018)* **« décision de la commission ou de la** *[ancienne rédaction : date d'homologation ou de]* **» clôture de la procédure. La même durée de cinq ans est applicable aux personnes physiques ayant fait l'objet d'une liquidation judiciaire en application de l'article L. 670-6 du code de commerce. —** *[C. consom., art. L. 333-4, III, al. 2, 3, 4 et 5.]*

TITRE SIXIÈME SANCTIONS

CHAPITRE PREMIER SANCTIONS CIVILES

Art. L. 761-1 Est déchue du bénéfice des dispositions du présent livre :

1° Toute personne qui a sciemment fait de fausses déclarations ou remis des documents inexacts ;

2° Toute personne qui a détourné ou dissimulé ou tenté de détourner ou de dissimuler, tout ou partie de ses biens ;

3° Toute personne qui, sans l'accord de ses créanciers, de la commission ou du juge, a aggravé son endettement en souscrivant de nouveaux emprunts ou aura procédé à des actes de disposition de son patrimoine pendant le déroulement de la procédure de traitement de la situation de surendettement ou de rétablissement personnel ou pendant l'exécution du plan ou des mesures prévues à l'article L. 733-1 ou à l'article *(L. nº 2016-1547 du 18 nov. 2016, art. 58, en vigueur le 1er janv. 2018)* **« L. 733-4** *[ancienne rédaction : L. 733-7]* **». —** *[C. consom., art. L. 333-2, al. 1er à 4.] — V. art. L. 733-1 s., et la note de rédaction.*

V. aussi art. L. 712-3.

BIBL. ▶ CAZAJUS, *LPA 21 avr. 2017* (la vente par le particulier surendetté : une nécessaire autorisation).

COMMENTAIRE

Les cas de déchéance prévus par l'article L. 761-1 sont relatifs à des comportements déloyaux manifestés au cours de la procédure : fausses déclarations, production de documents inexacts en vue de tenir le bénéfice de la procédure (sans qu'il y ait lieu de distinguer selon le moment où elles sont intervenues), dissimulation de patrimoine, aggravation de l'endettement par la souscription de nouveaux emprunts au cours de la procédure… ; ils se distinguent des causes d'irrecevabilité (V. les développements sur la bonne foi du débiteur, ss. art. L. 711-2).

Depuis la réforme de 2010, il est prévu que la décision appartient à la commission, sous réserve des voies de recours. La déchéance peut être également prononcée par le juge du tribunal d'instance à l'occasion d'un recours ou dans le cadre d'un rétablissement personnel avec liquidation. Le juge a le pouvoir de relever d'office la déchéance de la procédure de traitement de la situation de surendettement d'un consommateur en difficulté (Civ. 2e, 12 avr. 2012 : *cité note 1 ss. art. L. 712-3*) ; la solution est conforme à l'office du juge en droit de la consommation, lequel joue ici au bénéfice du créancier, assurant la police du surendettement.

Le jugement rendu en application de l'article L. 761-1 est susceptible d'appel (art. R. 713-6).

1. *Bonne foi versus déchéance.* La bonne foi exigée par l'art. L. 331-2 [L. 711-1] doit être distinguée des déchéances prévues par l'art. L. 333-2 [L. 761-1]. • Paris, 11 avr. 1991 : *D. 1991. IR 208*.

2. *Fausses déclarations.* La déchéance prévue par l'art. L. 333-2-1° [L. 761-1] est encourue dès lors que les fausses déclarations ou les remises de documents inexacts sont faites sciemment en vue d'obtenir le bénéfice de la procédure, sans qu'il y ait lieu de distinguer selon le moment où elles sont intervenues; application à une déclaration postérieure à l'ouverture de la procédure, par laquelle le débiteur prétendait que sa situation n'avait pas changé, alors qu'il avait repris une activité professionnelle. • Civ. 1re, 31 mars 1992 : *Bull. civ. I, n° 110; D. 1992. IR 159; RTD com. 1992. 673, obs. Paisant*. ♦ La non-déclaration d'une dette par le débiteur n'entraîne la déchéance de l'art. L. 333-2-1° [L. 761-1] que s'il est établi que cette omission a été délibérée pour permettre au débiteur d'obtenir le bénéfice de la procédure. • Civ. 1re, 11 oct. 1994 : *D. 1994. IR 244* • Paris, 16 juin 1993 : *D. 1993. IR 220*. ♦ N'est pas coupable d'une fraude, entraînant une déchéance du droit au bénéfice de la procédure de surendettement un débiteur qui fournit un bulletin de salaire avec une adresse erronée. • Civ. 1re, 24 janv. 2008 : *RTD com. 2008. 430, obs. Paisant; CCC 2008, n° 122, obs. Raymond; RD banc. fin. 2008, n° 82, obs. S. Piedelièvre*. ♦ En revanche, le fait d'avoir dissimulé la perception, par l'un des membres de la famille compté à charge, soit d'un salaire non négligeable eu égard aux ressources de la famille, soit de l'allocation aux adultes handicapés, constitue une cause de déchéance du bénéfice de la procédure de surendettement ainsi que de rétablissement personnel. • Dijon, 11 déc. 2007 : *CCC 2008, n° 144, obs. Raymond; Rev. proc. coll. 2008, n° 144, obs. Gjidara-Decaix*. ♦ Se rend coupable de fausses déclarations génératrices de la déchéance le débiteur qui déclare ne plus avoir de véhicule en raison d'un accident alors qu'il l'a revendu et en a conservé le prix. • Douai, 15 mars 2012 : *CCC 2012, n° 196, obs. G. R.* ♦ Sur la dissimulation de son épargne par la débitrice puis son utilisation, alors que la commission envisageait son affectation au paiement d'une partie des dettes dont la débitrice souhaitait l'effacement, V. • Paris, 14 févr. 2012 : *Rev. proc. coll. 2012, n° 121, obs. Gjidara-Decaix*. ♦ En s'abstenant de déclarer spontanément à la commission l'héritage perçu et le placement correspondant effectué sur un contrat d'assurance juste avant le réexamen de sa situation, un débiteur a tenté de dissimuler une partie de ses biens alors que cette somme permettait de diminuer de façon conséquente son endettement. • Paris, 25 mars 2014 : *CCC 2014, n° 204, obs. Raymond; Gaz. Pal. 2014. 3229, obs. Piedelièvre*.

3. *Détournement ou dissimulation.* Le retrait en une seule fois d'une somme de 8000 euros ne peut être justifié par la nécessité de faire face aux besoins de la vie quotidienne; il avait manifestement pour but d'éluder le paiement de la créance du saisissant, de sorte que le détournement et la dissimulation au sens de l'art. L. 333-2-2° [L. 761-1] sont caractérisés. • Colmar, 1er oct. 2007 : *JCP 2008. IV. 1532*.

4. *Nouveaux emprunts.* La déchéance prévue par l'art. L. 333-2-3° [L. 761-1] s'applique au débiteur qui, après la saisine de la commission, contracte des emprunts sans l'autorisation des créanciers ou du juge, et qui n'établit pas que ces emprunts aient permis de réduire l'endettement. • Civ. 1re, 27 oct. 1992 : *Bull. civ. I, n° 269; D. 1992. IR 270; RTD com. 1993. 168, obs. Paisant* • Civ. 2e, 6 mai 2004 : *Bull. civ. II, n° 222*. ♦ Toutefois, un débiteur qui a contracté de nouveaux emprunts pendant l'exécution des mesures recommandées par la commission n'encourt par la déchéance dans la mesure où son endettement ayant considérablement diminué, la signature des crédits litigieux n'a pas aggravé son endettement. • TI Belfort, 4 nov. 1997 : *D. 1999. Somm. 209, obs. Chatain et Ferrière*. ♦ En ce sens que la survenance d'une dette locative ne saurait justifier une déchéance du bénéfice de la procédure de surendettement, V. • Civ. 1re, 12 janv. 1999 : *Bull. civ. I, n° 17; D. 1999. Somm. 207, obs. Chatain et Ferrière; D. Affaires 1999. 451, obs. C. R.* ♦ Doit être cassé pour violation de l'art. L. 333-2, 3° [L. 761-1], dans la mesure où il ajoute au texte une exigence d'information que celui-ci n'impose pas, l'arrêt qui pour décider qu'un débiteur, ayant souscrit un nouvel emprunt après l'ouverture de la procédure de redressement judiciaire civil, n'est pas déchu du bénéfice de cette procédure retient que ce débiteur n'a pas été avisé de l'interdiction d'aggraver son endettement, ni par les précédentes décisions, ni par le nouveau prêteur. • Civ. 1re, 28 avr. 1998 : *Bull. civ. I, n° 157; D. 1998. IR 142; D. Affaires 1998. 945, obs. C. R.*

5. *Actes de disposition du patrimoine.* Est déchue du bénéfice de la loi sur le surendettement toute personne qui, sans l'accord de ses créanciers, de la commission ou du juge, procède pendant le déroulement de la procédure à des actes de disposition sur son patrimoine. Ainsi en est-il pour les époux qui ont vendu leur bien pendant la procédure et ont utilisé une partie des fonds provenant de la vente à d'autres fins qu'au paiement de leurs dettes. • Paris, 19 sept. 1997 : *CCC 1998, n° 33, obs. Raymond*. ♦ La déchéance s'applique également au débiteur qui, ayant bénéficié d'un plan de règlement amiable va, lors de l'exécution de ce plan, vendre son immeuble d'habitation sans l'accord ni des créanciers, ni de la commission, ni du juge. • TGI Le Mans, JEX, 22 déc. 1995 : *D. 1997. Somm. 198, obs. Chatain et Ferrière*. ♦ Il résulte de l'art. L. 333-2 [L. 761-1] qu'est déchue du bénéfice de la procédure de traitement des situations de surendettement toute personne qui, au cours de la procédure et sans l'accord de ses créanciers, de la commission ou du juge, aura procédé à des actes de disposition de son patrimoine, tel le remboursement de prêts familiaux et de dettes, non inclus dans la procédure de surendettement. • Nancy, 7 oct. 2013 : *CCC 2014, n° 53, obs. Raymond.*

C'est à juste titre que le premier juge, rappelant les dispositions de l'art. L. 333-2 [L. 761-1], après avoir relevé que le débiteur avait perçu la somme de 28 142,72 € en exécution d'une décision de justice sans l'affecter au remboursement de ses dettes notamment à son principal créancier, en remboursant d'autres dettes qui ne figuraient pas sur l'état de son passif établi par la commission de surendettement et en conservant pour lui-même le solde d'environ 19 959 €, avait procédé à des actes de disposition de son patrimoine pendant le déroulement de la procédure de surendettement dont il faisait déjà l'objet et omis de déclarer l'étendue de son patrimoine et en conséquence, l'a déclaré déchu du bénéfice de la procédure de surendettement. • Paris, 13 mai 2008 : *RG n° 08/00006.*

6. Nouvelle demande. La déchéance ne fait pas obstacle à une nouvelle demande si, outre la bonne foi du requérant, il existe des éléments nouveaux. • Civ. 1re, 23 nov. 1999 : *Bull. civ. I, n° 322 ; D. 2000. AJ 115 ; JCP 1999. IV. 1038 ; RTD com. 2000. 193, obs. Paisant.* – V. déjà : • Civ. 1re, 15 déc. 1998 : *Bull. civ. I, n° 367 ; D. 1999. Somm. 207, obs. Chatain et Ferrière ; RTD com. 1999. 212, obs. Paisant.* ♦ En ce sens qu'au regard des art. L. 333-2-1° [L. 761-1] C. consom. et 1351 [1355] C. civ., le juge doit rechercher si les faits allégués par le débiteur qui a déjà été déclaré déchu ne constituent pas des éléments nouveaux dans la situation de celui-ci rendant recevable cette nouvelle demande. • Même arrêt. ♦ Ayant relevé qu'au jour où il statuait, le débiteur n'apportait la preuve d'aucun fait nouveau modifiant sa situation depuis les jugements ayant retenu son absence de bonne foi, le juge du tribunal d'instance a, par ces seuls motifs, légalement justifié sa décision de déclarer irrecevable la demande de traitement de sa situation de surendettement. • Civ. 2e, 4 déc. 2014 : *D. 2015. Pan. 593, obs. Aubry ; RD banc. fin. 2015, n° 53, obs. Piedelièvre.*

7. Escroquerie. Pour la condamnation pour escroquerie d'un débiteur ayant fait des déclarations mensongères, accompagnées de manœuvres frauduleuses, pour obtenir le bénéfice des dispositions de la loi relative au surendettement des particuliers, V. • Crim. 13 janv. 2010 : *CCC 2010, n° 143, obs. Raymond ; RD banc. fin. 2010, n° 146, obs. Piedelièvre.*

Art. L. 761-2 Tout acte ou tout paiement effectué en violation des articles L. 721-2, L. 722-2, L. 722-3, L. 722-4, L. 722-5, L. 722-12, L. 722-13, L. 722-14, L. 722-16, L. 724-4, L. 732-2, L. 733-1 et *(L. n° 2016-1547 du 18 nov. 2016, art. 58, en vigueur le 1er janv. 2018)* **« L. 733-4** *[ancienne rédaction : L. 733-7]* **» peut être annulé par le juge du tribunal d'instance, à la demande de la commission, présentée pendant le délai d'un an à compter de l'acte ou du paiement de la créance.** – *V. art. L. 733-1 s., et la note de rédaction.*

L'établissement de crédit qui tient le compte du déposant, conformément à ses devoirs de non-immixtion et de diligence, ne peut, en raison de cette seule qualité de teneur de compte, voir sa responsabilité engagée du fait des paiements effectués par le débiteur non dessaisi, en violation de l'interdiction mentionnée à l'article L. 722-5. – *[C. consom., art. L. 333-2-1.]*

COMMENTAIRE

I. POUVOIR D'ANNULATION DU JUGE

L'article L. 761-2, issu de la réforme de 2010, confère au juge du tribunal d'instance le pouvoir d'annuler tout acte ou tout paiement effectué en violation des dispositions qu'il vise, à la demande de la commission, présentée pendant le délai d'un an à compter de l'acte ou du paiement. Le jugement est susceptible d'appel (art. R. 713-6).

II. IRRESPONSABILITÉ DU TENEUR DE COMPTE

L'établissement teneur de compte ne pourra voir sa responsabilité engagée à raison de cette seule qualité, du fait du paiement non autorisé en faveur de tiers par le débiteur non dessaisi, en violation de l'interdiction mentionnée à l'article L. 722-5. On n'a pas voulu contraindre les banques à une mission de police, ce qui permet ici de respecter le principe de non-ingérence.

CHAPITRE II SANCTIONS PÉNALES

Art. L. 762-1 Le fait, pour la Banque de France et les entreprises mentionnées au premier alinéa de l'article L. 751-2, de remettre à quiconque copie des informations

contenues dans le fichier mentionné à l'article L. 751-1 est puni des peines prévues aux articles 226-21 et 226-22 du code pénal. – *[C. consom., art. L. 333-4, IV, al. 3.]*

Art. L. 762-2 La collecte des informations contenues dans le fichier mentionné à l'article L. 751-1 par des personnes autres que la Banque de France et les entreprises mentionnées au premier alinéa de l'article L. 751-2 est punie des peines prévues à l'article 226-18 du code pénal. – *[C. consom., art. L. 333-4, IV, al. 4.]*

TITRE SEPTIÈME DISPOSITIONS RELATIVES À L'OUTRE-MER

CHAPITRE UNIQUE TRAITEMENT DES SITUATIONS DE SURENDETTEMENT

(Ord. nº 2017-269 du 2 mars 2017, art. 7, en vigueur le 1er juill. 2017)

Le chapitre unique, tel qu'issu de l'Ord. nº 2017-269 du 2 mars 2017, entre en vigueur à la date d'entrée en vigueur du décret portant dispositions relatives à l'outre-mer du code de la consommation et au plus tard le 1er juill. 2017 (Ord. préc., art. 9). — V. Décr. nº 2017-1166 du 12 juill. 2017 (JO 14 juill.), qui ne prévoit pas d'entrée en vigueur particulière, de telle sorte que les dispositions relatives à l'outre-mer ont vocation à entrer en vigueur le 1er juillet 2017.

SECTION PREMIÈRE DISPOSITIONS RELATIVES AUX ÎLES WALLIS-ET-FUTUNA

Art. L. 771-1 Une commission de surendettement des particuliers siège dans les îles Wallis-et-Futuna.

Art. L. 771-2 Sont applicables dans les îles Wallis-et-Futuna, sous réserve des adaptations prévues à l'article L. 771-3, les dispositions des articles mentionnés dans la colonne de gauche du tableau ci-après, dans leur rédaction indiquée dans la colonne de droite du même tableau :

ARTICLES APPLICABLES	DANS LEUR RÉDACTION
L. 711-1 à L. 711-3 et L. 711-6	Résultant de l'ordonnance n° 2016-301 du 14 mars 2016
L. 711-4	Résultant de la loi n° 2017-203 du 21 février 2017
L. 712-1	Résultant de l'ordonnance n° 2016-301 du 14 mars 2016
L. 712-2	Résultant de l'ordonnance n° 2016-301 du 14 mars 2016 et, à compter du 1er janvier 2018, de la loi n° 2016-1547 du 18 novembre 2016
L. 712-3 et L. 712-5 à L. 712-9	Résultant de l'ordonnance n° 2016-301 du 14 mars 2016
L. 713-1	Résultant de l'ordonnance n° 2016-301 du 14 mars 2016
L. 721-1, L. 721-2, L. 721-4 et L. 721-6	Résultant de l'ordonnance n° 2016-301 du 14 mars 2016
L. 721-3 et L. 721-5	Résultant de la loi n° 2017-203 du 21 février 2017
L. 722-1 à L. 722-3	Résultant de l'ordonnance n° 2016-301 du 14 mars 2016
L. 722-5	Résultant de l'ordonnance n° 2016-301 du 14 mars 2016 et, à compter du 1er janvier 2018, de la loi n° 2017-86 du 27 janvier 2017
L. 722-6 et L. 722-7	Résultant de l'ordonnance n° 2016-301 du 14 mars 2016
L. 722-9	Résultant de l'ordonnance n° 2016-301 du 14 mars 2016 et, à compter du 1er janvier 2018, de la loi n° 2016-1547 du 18 novembre 2016
L. 722-11 à L. 722-13	Résultant de l'ordonnance n° 2016-301 du 14 mars 2016
L. 722-14	Résultant de l'ordonnance n° 2016-301 du 14 mars 2016 et, à compter du 1er janvier 2018, de la loi n° 2016-1547 du 18 novembre 2016

ARTICLES APPLICABLES	DANS LEUR RÉDACTION
L. 722-15	Résultant de l'ordonnance n° 2016-301 du 14 mars 2016
L. 723-1 à L. 723-4	Résultant de l'ordonnance n° 2016-301 du 14 mars 2016
L. 724-1 à L. 724-4	Résultant de l'ordonnance n° 2016-301 du 14 mars 2016 et, à compter du 1er janvier 2018, de la loi n° 2016-1547 du 18 novembre 2016
L. 731-1	Résultant de la loi n° 2016-1691 du 9 décembre 2016 et, à compter du 1er janvier 2018, de la loi n° 2016-1547 du 18 novembre 2016
L. 731-2	Résultant de l'ordonnance n° 2016-301 du 14 mars 2016
L. 731-3	Résultant de l'ordonnance n° 2016-301 du 14 mars 2016 et, à compter du 1er janvier 2018, de la loi n° 2016-1547 du 18 novembre 2016
L. 732-1	Résultant de l'ordonnance n° 2016-301 du 14 mars 2016 et, à compter du 1er janvier 2018, de la loi n° 2016-1691 du 9 décembre 2016
L. 732-2	Résultant de l'ordonnance n° 2016-301 du 14 mars 2016
L. 732-3	Résultant de l'ordonnance n° 2016-301 du 14 mars 2016 et, à compter du 1er janvier 2018, de la loi n° 2016-1691 du 9 décembre 2016
L. 732-4	Résultant de l'ordonnance n° 2016-301 du 14 mars 2016. Article abrogé à compter du 1er janvier 2018 par la loi n° 2016-1691 du 9 2016
L. 733-1	Résultant de l'ordonnance n° 2016-301 du 14 mars 2016 et, à compter du 1er janvier 2018, de la loi n° 2016-1691 du 9 décembre 2016
L. 733-2	Résultant de l'ordonnance n° 2016-301 du 14 mars 2016 et, à compter du 1er janvier 2018, de la loi n° 2016-1547 du 18 novembre 2016
L. 733-3	Résultant de l'ordonnance n° 2016-301 du 14 mars 2016
L. 733-4	Résultant de l'ordonnance n° 2016-301 du 14 mars 2016 et, à compter du 1er janvier 2018, de la loi n° 2016-1547 du 18 novembre 2016
L. 733-5	Résultant de l'ordonnance n° 2016-301 du 14 mars 2016
L. 733-6	Résultant de l'ordonnance n° 2016-301 du 14 mars 2016 et, à compter du 1er janvier 2018, de la loi n° 2016-1547 du 18 novembre 2016
L. 733-7	Résultant de l'ordonnance n° 2016-301 du 14 mars 2016 et, à compter du 1er janvier 2018, de la loi n° 2016-1547 du 18 novembre 2016
L. 733-8 à L. 733-17	Résultant de l'ordonnance n° 2016-301 du 14 mars 2016 et, à compter du 1er janvier 2018, de la loi n° 2016-1547 du 18 novembre 2016
L. 733-18	Résultant de l'ordonnance n° 2016-301 du 14 mars 2016
L. 741-1 à L. 741-9	Résultant de l'ordonnance n° 2016-301 du 14 mars 2016 et, à compter du 1er janvier 2018, de la loi n° 2016-1547 du 18 novembre 2016
L. 741-10	Résultant de l'ordonnance n° 2016-301 du 14 mars 2016
L. 742-1 et L. 742-2	Résultant de l'ordonnance n° 2016-301 du 14 mars 2016 et, à compter du 1er janvier 2018, de la loi n° 2016-1547 du 18 novembre 2016
L. 742-3 à L. 742-16 et L. 742-18 à L. 742-23	Résultant de l'ordonnance n° 2016-301 du 14 mars 2016
L. 742-24	Résultant de l'ordonnance n° 2016-301 du 14 mars 2016 et, à compter du 1er janvier 2018, de la loi n° 2016-1547 du 18 novembre 2016
L. 742-25	Résultant de l'ordonnance n° 2016-301 du 14 mars 2016
L. 743-1	Résultant de l'ordonnance n° 2016-301 du 14 mars 2016 et, à compter du 1er janvier 2018, de la loi n° 2016-1547 du 18 novembre 2016

ARTICLES APPLICABLES	DANS LEUR RÉDACTION
L. 743-2	Résultant de l'ordonnance n° 2016-301 du 14 mars 2016
L. 751-1 à L. 751-6	Résultant de l'ordonnance n° 2016-301 du 14 mars 2016
L. 752-1	Résultant de l'ordonnance n° 2016-301 du 14 mars 2016
L. 752-2	Résultant de la loi n° 2017-203 du 21 février 2017
L. 752-3	Résultant de l'ordonnance n° 2016-301 du 14 mars 2016 et, à compter du 1er janvier 2018, de la loi n° 2016-1547 du 18 novembre 2016
L. 761-1 et L. 761-2	Résultant de l'ordonnance n° 2016-301 du 14 mars 2016 et, à compter du 1er janvier 2018, de la loi n° 2016-1547 du 18 novembre 2016
L. 762-1 et L. 762-2	Résultant de l'ordonnance n° 2016-301 du 14 mars 2016

Art. L. 771-3 Pour l'application de l'article L. 771-2 :

1° Ne sont pas applicables :

a) Le dernier alinéa de l'article L. 711-3 ;

b) Le 3° et le dernier alinéa de l'article L. 711-4 ;

c) Le deuxième alinéa de l'article L. 732-3 ;

d) Le dernier alinéa de l'article L. 742-25 ;

2° A l'article L. 742-24, la référence à l'article L. 733-7 n'est applicable qu'à compter du 1er janvier 2018 ;

3° Les mots : "juge du tribunal d'instance" sont remplacés dans toutes les occurrences par les mots : "juge du tribunal de première instance" ;

4° Les références aux organismes de sécurité sociale ne sont pas applicables ;

5° Les références au code de l'action sociale et des familles, au code du travail sont remplacées par les références aux dispositions applicables localement ayant le même objet.

SECTION II DISPOSITIONS APPLICABLES EN POLYNÉSIE FRANÇAISE ET EN NOUVELLE-CALÉDONIE

Art. L. 771-4 En Polynésie française et en Nouvelle-Calédonie, les établissements de crédit mentionnés au titre Ier du livre V du code monétaire et financier, les établissements de crédit et les sociétés de financement, les établissements de paiement, les établissement de monnaie électronique et les organismes mentionnés au 5 de l'article L. 511-6 du même code déclarent à la Banque de France les incidents de paiement liés aux crédits accordés aux personnes physiques pour des besoins non professionnels. Ces déclarations sont portées, dès leur réception, sur le fichier national des incidents de remboursement des crédits aux particuliers prévu à l'article L. 751-1. Elles sont mises à la disposition de l'ensemble des entreprises ayant accès au fichier.

Les frais afférents à ces déclarations ne peuvent être facturés aux personnes physiques concernées. La Banque de France est seule habilitée à centraliser ces incidents de paiement. Les informations relatives à ces incidents sont radiées immédiatement dès réception de la déclaration de paiement intégral des sommes dues effectuée par l'entreprise à l'origine de l'inscription au fichier. Elles ne peuvent en tout état de cause être conservées dans le fichier pendant plus de cinq ans à compter de la date d'enregistrement par la Banque de France de l'incident ayant entraîné la déclaration.

Art. L. 771-5 Sont applicables en Nouvelle-Calédonie et en Polynésie française, sous réserve des adaptations prévues à l'article L. 771-6, les dispositions des articles mentionnés dans la colonne de gauche du tableau ci-après, dans leur rédaction indiquée dans la colonne de droite du même tableau :

ARTICLES APPLICABLES	DANS LEUR RÉDACTION
L. 751-2 à L. 751-5	Résultant de l'ordonnance n° 2016-301 du 14 mars 2016

Art. L. 771-6 Pour l'application de l'article L. 751-2 en Polynésie française et en Nouvelle-Calédonie, ne sont pas applicables :

1° La référence au paragraphe 8 de l'article L. 511-6 du code monétaire et financier ;

2° Le dernier alinéa.

Art. L. 771-7 Dès que la commission de surendettement des particuliers instituée par la Polynésie française ou par la Nouvelle-Calédonie est saisie par un débiteur, elle en informe l'Institut d'émission d'outre-mer mentionné à l'article L. 712-4-1 du code monétaire et financier. Ce dernier en informe la Banque de France aux fins d'inscription au fichier mentionné à l'article L. 751-1 du présent code.

Lorsque, sur recours de l'intéressé contre la décision d'une de ces commissions, une situation de surendettement est reconnue par le tribunal de première instance ou lorsque le débiteur a bénéficié de l'effacement des dettes résultant de la procédure de rétablissement personnel instituée par les dispositions applicables localement, le greffe du tribunal notifie cette décision à l'Institut d'émission d'outre-mer, qui en informe la Banque de France.

Le fichier recense les mesures du plan conventionnel de redressement instituées par la réglementation de Polynésie française ou de Nouvelle-Calédonie pour le traitement des situations de surendettement des particuliers. Ces mesures sont communiquées à la Banque de France par l'Institut d'émission d'outre-mer. L'inscription est conservée pendant toute la durée de l'exécution du plan conventionnel, sans pouvoir excéder cinq ans.

Le fichier recense également, le cas échéant, les mesures imposées ou recommandées par ces commissions en cas d'échec de sa mission de conciliation. Ces mesures sont communiquées à la Banque de France par l'Institut d'émission d'outre-mer ou par le greffe du tribunal de première instance lorsqu'elles sont soumises à l'homologation de ce tribunal. L'inscription est conservée pendant toute la durée d'exécution de ces mesures, sans pouvoir excéder cinq ans.

Lorsque les mesures du plan conventionnel ou celles imposées ou recommandées par une de ces commissions instituées en Polynésie française ou en Nouvelle-Calédonie sont exécutées sans incident, les informations relatives aux mentions qui ont entraîné leur déclaration sont radiées à l'expiration d'une période de cinq ans à compter de la signature du plan conventionnel ou de la date de la décision de la commission qui impose des mesures ou lorsque les mesures recommandées par la commission ont acquis force exécutoire.

Lorsque, pour une même personne, sont prescrits successivement un plan conventionnel et des mesures imposées ou recommandées par ces commissions, l'inscription est maintenue pendant la durée globale d'exécution du plan et des mesures sans pouvoir excéder cinq ans.

Pour les personnes ayant bénéficié de la procédure de rétablissement personnel prévues par la législation en vigueur localement, les informations relatives aux mentions correspondantes sont radiées à l'expiration d'une période de cinq ans à compter de la date d'homologation ou de clôture de la procédure, telle que prévue par la loi de pays en vigueur en Polynésie française ou par les dispositions spécifiques applicables en Nouvelle-Calédonie et réglementant le surendettement des particuliers.

SECTION III DISPOSITIONS RELATIVES À SAINT-BARTHÉLEMY ET À SAINT-MARTIN

Art. L. 771-8 Les débiteurs domiciliés à Saint-Barthélemy et à Saint-Martin relèvent de la commission de surendettement de Guadeloupe.

Art. L. 771-9 *L'article L. 733-4 ainsi* que la dernière phrase du 2° de l'article *L. 733-7* ne sont pas applicables à Saint-Barthélemy et à Saint-Martin.

SECTION IV DISPOSITIONS RELATIVES À SAINT-PIERRE-ET-MIQUELON

Art. L. 771-10 Une commission de surendettement des particuliers siège à Saint-Pierre-et-Miquelon.

Art. L. 771-11 L'article L. 733-4 ainsi que la dernière phrase du 2° de l'article L. 733-7 ne sont pas applicables à Saint-Pierre-et-Miquelon.

SECTION V DISPOSITIONS COMMUNES

Art. L. 771-12 Dans les collectivités relevant de l'article 73 de la Constitution, à Saint-Barthélemy, à Saint-Martin, et à Saint-Pierre-et-Miquelon, l'Institut d'émission des départements d'outre-mer exerce, en liaison avec la Banque de France, les attributions dévolues à celle-ci par le présent livre.

LIVRE HUITIÈME ASSOCIATIONS AGRÉÉES DE DÉFENSE DES CONSOMMATEURS ET INSTITUTIONS DE LA CONSOMMATION

COMMENTAIRE

Les anciens livres IV (Associations de consommateurs) et V (Institutions) sont pertinemment regroupés, quasiment à l'identique, dans un nouveau livre VIII. Toutefois, les textes sur les actions en justice des associations ont été déplacés dans le titre II du livre VI (art. L. 621-1 s.) et les dispositions visant des institutions abrogées ou ineffectives ont été supprimées dans le nouveau texte. ❑

TITRE PREMIER ASSOCIATIONS AGRÉÉES DE DÉFENSE DES CONSOMMATEURS

COMMENTAIRE

I. HISTORIQUE

Les associations de consommateurs existent dans leur forme actuelle depuis les années 1960 (Davo, Les associations de défense des consommateurs, *Juris-Association, Dalloz, dossier nº 2710*).

Elles sont pratiquement toujours déclarées et donc titulaires de la personnalité morale, mais avec une capacité juridique réduite. Il est alors essentiel pour elles d'obtenir l'agrément leur permettant d'agir en justice ou de participer à des institutions publiques.

Jusqu'en 1973, les associations de consommateurs n'étaient pas admises à agir dans l'intérêt collectif des consommateurs. C'est la loi, dite Royer, du 27 décembre 1973 (art. 46) qui leur a accordé ce droit et marqué une étape essentielle dans le développement du droit de la consommation : les associations agréées peuvent exercer « devant toutes les juridictions l'action civile relativement aux faits portant un préjudice direct ou indirect à l'intérêt collectif des consommateurs ». Cependant, la Cour de cassation jugea en 1985 (Civ. 1re, 16 janv. 1985 : *cité note 1 ss. art. L. 621-1*) que l'expression "action civile" désignait uniquement l'action en réparation d'un dommage causé par une infraction pénale, ce qui limitait considérablement leur champ d'action. C'est la raison pour laquelle le texte a été abrogé. Il fut remplacé par la loi du 5 janvier 1988 relative aux actions en justice des associations de consommateurs et complété par la loi du 18 janvier 1992.

Un projet de loi en faveur des consommateurs (présenté le 8 novembre 2006 en Conseil des ministres mais retiré du calendrier parlementaire en février 2007) instaurait au bénéfice des associations nationales agréées une action de groupe pour les petits préjudices matériels pour lesquels les consommateurs renoncent souvent à agir en justice. Ce serpent de mer est devenu la mesure phare de la loi du 17 mars 2014 relative à la consommation (V. art. L. 623-1 s.). L'effectivité du droit de la consommation passe par le succès de cette action, récemment adaptée au droit de la santé et destinée à être encore élargie.

II. STRUCTURES

Les associations de base se regroupent au niveau régional (centres techniques régionaux de consommation), au niveau national (unions, fédérations, confédérations), voire européen ou international (*International Organisation of Consumers Unions*).

III. RÔLE

Les associations de consommateurs exercent des missions multiples, essentielles dans une société de consommation : elles font entendre le point de vue des consommateurs ; elles les représentent auprès de différents organismes ; elles informent et conseillent les consommateurs, notamment à travers des revues spécialisées ; elles agissent en justice dans l'intérêt collectif de ces derniers (V. notamment Civ. 1re, 4 juin 2014 : *cité note 1 ss. art. L. 621-8*). Avec la loi relative à la consommation instaurant l'action de groupe, les associations nationales agréées jouent un rôle central pour la mise en mouvement de l'action collective.

En pratique, les associations ont toutefois un pouvoir limité compte tenu de moyens plutôt médiocres, les cotisations étant faibles et les subventions étatiques restant insuffisantes, ainsi que l'a dénoncé le rapport Chatel en 2003 (sur le rôle des associations de consommateurs, V. Picod, Droit de la consommation, *Sirey U, sept. 2015, nos 52 s.*). ❑

CHAPITRE PREMIER AGRÉMENT DES ASSOCIATIONS

COMMENTAIRE

I. CONDITIONS

Pour être agréée, l'association doit présenter des garanties en termes de représentativité et d'indépendance, lesquelles sont précisées par décret. Ces garanties sont les suivantes : personnalité morale, ce qui suppose une association régulièrement déclarée, indépendance de toute forme d'activité professionnelle (art. L. 811-2), objet statutaire explicite de défense des intérêts des consommateurs, représentativité supposant une durée d'existence d'au moins un an, une activité effective et publique en vue de la défense des consommateurs et une dimension suffisante : au moins 10 000 membres pour les associations nationales (art. R. 811-1).

II. PROCÉDURE

La demande d'agrément doit être adressée par l'association à la Direction départementale de la concurrence, de la consommation et de la répression des fraudes (DDCCRF). L'agrément est accordé par arrêté ministériel pour les associations nationales, par arrêté préfectoral pour les associations régionales, départementales ou locales (art. R. 811-2, al. 2). Il n'est délivré qu'après avis du procureur général près la cour d'appel (art. R. 811-2, al. 3). Il est donné pour cinq ans et peut être renouvelé dans les mêmes conditions que l'agrément initial (art. R. 811-2, al. 4).

La décision d'agrément est publiée au *Journal officiel* pour les associations nationales, au *Recueil des textes administratifs de département* pour les associations régionales, départementales ou locales. La décision d'agrément ou de refus est notifiée dans un délai de six mois à compter de la délivrance de l'accusé de réception, les décisions de refus devant être motivées (art. R. 811-5).

Une fois agréées, les associations rendent compte annuellement de leur activité (art. R. 811-5) par un rapport adressé à la DGCCRF pour les associations nationales et à la DDCCRF pour les associations locales.

L'agrément pourra être retiré si l'association ne dispose plus du nombre d'adhérents requis ou quand elle ne peut plus justifier d'une activité effective et publique destinée à défendre l'intérêt des consommateurs, ou bien encore lorsqu'il est établi qu'elle n'est plus indépendante de toutes formes d'activités professionnelles, à l'exception des associations émanant de sociétés coopératives de consommation (art. R. 811-7).

Les conditions dans lesquelles les associations peuvent être agréées sont applicables dans les territoires d'outre-mer aux associations locales ou territoriales.

III. EFFETS DE L'AGRÉMENT

Les associations de consommateurs agréées peuvent agir en justice et participer à des institutions publiques.

Droit d'agir en justice : même non agréées, les associations dotées de personnalité peuvent agir en justice pour défendre leurs intérêts propres (préjudice personnel) ; mais l'agrément est la condition requise pour qu'une association puisse exercer des actions en justice dans l'intérêt des consommateurs.

Droit de participer à des institutions publiques : les décisions des pouvoirs publics sont généralement adoptées après avis des personnes ou groupements intéressés ; pour organiser cette concertation, des organes consultatifs ont été créés, auxquels participent des représentants de l'État, des représentants des professionnels et des représentants des consommateurs ; ces derniers sont nécessairement membres d'associations agréées.

IV. ASSOCIATIONS NATIONALES AGRÉÉES

A ce jour, il existe quinze associations nationales agréées, énumérées par la circulaire du 26 septembre 2014 de présentation des dispositions de la loi n° 2014-34 du 17 mars 2014 relative à la consommation et du décret n° 2014-1081 du 24 septembre 2014 relatif à l'action de groupe en matière de consommation (V. ce texte ss. art. R. 623-33). Elles sont issues de trois grands mouvements différents : mouvement familial, mouvement syndical, mouvement consumériste et spécialisé. ❑

Art. L. 811-1 Les associations de défense des consommateurs peuvent être agréées après avis du ministère public.

Les conditions dans lesquelles ces associations peuvent être agréées compte tenu de leur représentativité sur le plan national ou local ainsi que les conditions de retrait de cet agrément sont fixées par décret. – *[C. consom., art. L. 411-1.] – V. art. R. 811-1 s.*

Sur la possibilité, pour les associations de consommateurs agréées conformément aux dispositions de l'art. L. 811-1, de saisir : l'Agence nationale chargée de la sécurité sanitaire de l'alimentation, de l'environnement et du travail, V. CSP, art. L. 1313-3 et R. 1313-32, App., v° Denrées alimentaires ; ... le Haut Conseil des biotechnologies en matière d'OGM, V. C. envir., art. L. 531-3. – ***C. envir.***

Art. L. 811-2 L'agrément ne peut être accordé qu'aux associations indépendantes de toutes formes d'activités professionnelles.

Toutefois, les associations émanant de sociétés coopératives de consommation, régies par la loi du 7 mai 1917 modifiée ayant pour objet l'organisation du crédit aux sociétés coopératives de consommation, peuvent être agréées si elles satisfont par ailleurs aux conditions qui sont fixées en application de *[l'article]* **L. 811-1.** – *[C. consom., art. L. 412-1.]*

COMMENTAIRE

Les coopératives de consommation sont des groupements constitués entre consommateurs destinés à assurer une fonction de distribution auprès de ses membres des produits qu'elle achète.

L'article L. 811-2 pose comme principe que l'association de consommateurs ne peut être agréée que si elle est indépendante de toute forme d'activités professionnelles mais comporte une exception en faveur des associations émanant de sociétés coopératives de consommation. Cette dérogation est justifiée par la nature particulière des coopératives de consommation régies par la loi du 7 mai 1917. Une société coopérative européenne a été par ailleurs instaurée par un règlement communautaire du 22 juillet 2003. ❑

Loi du 7 mai 1917,

Ayant pour objet l'organisation du crédit aux sociétés coopératives de consommation.

Art. 1er Les sociétés coopératives de consommation sont des sociétés à capital et personnel variables, constituées conformément au titre III de la loi du 24 juillet 1867 *[C. com., art. L. 231-1 à L. 231-8]* par des consommateurs, dans le but : – *V. ce texte au* ***C. com.*** *ou au* ***C. sociétés.***

1° De vendre à leurs adhérents les objets de consommation qu'elles achètent ou fabriquent, soit elles-mêmes, soit en s'unissant entre elles ;

2° De distribuer leurs bénéfices entre leurs associés au prorata de la consommation de chacun ou d'en affecter tout ou partie à des œuvres de solidarité sociale dans les conditions déterminées par leurs statuts.

(L. 15 mars 1944) « Le capital desdites sociétés, ainsi que celui des unions visées à l'article 6, peut être fixé, lors de la fondation, à une somme supérieure à 1 524,49 € *[10 000 F]*, ou augmenté en une année de plus de 1 524,49 € *[10 000 F]* par dérogation à l'article 49 *[C. com., art. L. 231-3]* de la loi du 24 juillet 1867. »

(Décr. n° 55-679 du 20 mai 1955) « Les coopératives régulièrement constituées entre les membres du personnel des entreprises privées ou nationalisées et des administrations publiques, sous la forme de sociétés coopératives de consommation régies par la présente loi, exerceront leur activité selon les convenances et les possibilités desdites coopératives ainsi que des entreprises et administrations intéressées. »

Art. 2 Elles peuvent ne pas vendre exclusivement à leurs membres, mais elles sont tenues alors de recevoir comme associés tous ceux qu'elles ont déjà admis comme clients habituels, pourvu qu'ils s'engagent à remplir les obligations statutaires.

(Décr. nº 55-679 du 20 mai 1955) « Les sociétés coopératives de consommation d'entreprises privées ou nationalisées et d'administrations publiques sont des œuvres sociales desdites entreprises ou administrations ; elles doivent fonctionner sous la forme de coopératives fermées, au seul bénéfice des sociétaires, obligatoirement salariés ou anciens salariés de ces entreprises ou administrations et des personnes de leurs familles vivant au même foyer. Aucune publicité concernant lesdites coopératives ne peut être faite en dehors des administrations ou entreprises auprès desquelles elles fonctionnent.

« La carte de sociétaire coopérateur devra être exigée.

« Les coopératives visées par les deux alinéas ci-dessus doivent être gérées et dirigées par les sociétaires eux-mêmes qui élisent, au sein de la société, un conseil d'administration responsable, chargé de désigner les directeurs et de surveiller leur gestion. »

Art. 3 *Abrogé par L. nº 92-643 du 13 juill. 1992, art. 20.*

Art. 4 *(L. nº 93-121 du 27 janv. 1993)* « Lorsque les sociétés coopératives de consommation ont recours aux dispositions de l'article 3 *bis* de la loi nº 47-1775 du 10 septembre 1947 portant statut de la coopération, leurs statuts peuvent prévoir que les associés mentionnés à cet article ne peuvent exercer aux assemblées générales plus de 49 p. 100 des droits de vote présents ou représentés. » — *V. ce texte au* ***C. sociétés.***

(L. 3 juill. 1925) Sont applicables aux assemblées générales des sociétés coopératives de consommation les dispositions suivantes qui, pour celles revêtues de la forme anonyme, emportent dérogation aux prescriptions des articles 29, 30 et 31 de la loi du 24 juillet 1867, modifiée par la loi du 22 novembre 1913 *[L. nº 66-537 du 24 juill. 1966, art. 153, 155, devenus C. com., art. L. 225-96, L. 225-98].*

Les assemblées générales qui ont à délibérer dans des cas autres que ceux prévus par les deux alinéas qui suivent, doivent être composées d'un nombre de sociétaires représentant par eux-mêmes ou par procuration le sixième au moins du nombre total des membres inscrits à la société à la date de la convocation.

Les assemblées qui ont à délibérer sur les modifications aux statuts doivent être composées d'un nombre de sociétaires représentant par eux-mêmes ou par procuration la moitié au moins du nombre total des membres inscrits à la société à la date de la convocation.

Les assemblées qui ont à délibérer, aux termes des articles 4, 24 et 25 de la loi du 24 juillet 1867 *[L. nº 66-537 du 24 juill. 1966, art. 79, 80, devenus C. com., art. L. 225-7, L. 225-8]*, sur la vérification des apports ne consistant pas en numéraire, sur la nomination des premiers administrateurs, sur la sincérité de la déclaration faite par les fondateurs, doivent être composées d'un nombre de membres représentant la moitié au moins de celui des souscripteurs ou titulaires de parts sociales ou actions. Le nombre de souscripteurs ou de titulaires de parts ou actions, dont la moitié doit être présente ou représentée pour la vérification de l'apport, est constitué seulement par l'ensemble des adhérents dont l'apport n'est pas soumis à la vérification.

Si l'assemblée générale ne réunit pas un nombre de membres en proportion suffisante pour prendre une délibération valable, suivant les distinctions ci-dessus établies, une nouvelle assemblée est convoquée au moins dix jours à l'avance, dans les formes statutaires et par une insertion dans un journal d'annonces légales du département où la société a son siège. Cette convocation reproduit l'ordre du jour en indiquant la date et le résultat de la précédente assemblée. La seconde assemblée délibère valablement, quel que soit le nombre des membres présents.

Dans les assemblées générales qui ont à délibérer sur les modifications aux statuts, les résolutions, pour être valables, doivent réunir les deux tiers au moins des voix des sociétaires présents ou représentés.

Dans toutes les autres assemblées, les délibérations sont prises à la majorité absolue des suffrages exprimés.

Dans le cas prévu à l'article 4 de la loi du 24 juillet 1867, le quatrième alinéa dudit article *[L. nº 66-537 du 24 juill. 1966, art. 81, al. 2, devenu C. com., art. L. 225-9, al. 2]* ne s'applique pas aux présentes sociétés.

Art. 5 *(L. 3 juill. 1925)* Les membres de sociétés coopératives de consommation peuvent être répartis par sections en vue de l'organisation de l'assemblée générale.

Tout membre d'une section ne peut se faire représenter aux réunions de sa section que par un associé.

Chaque section nomme un ou plusieurs délégués dans les conditions fixées par les statuts. La réunion des délégués de toutes les sections formera l'assemblée générale.

Les sections peuvent nommer des délégués supplémentaires. A défaut de suppléants, dans le cas où un délégué n'assisterait pas à l'assemblée générale, un de ses codélégués peut prendre part aux délibérations en ses lieu et place.

La délégation à l'assemblée générale est constatée par un extrait sur papier libre de la délibération de la section. La feuille de présence à cette assemblée contient les noms des délégués, l'indication de la section à laquelle chacun d'eux appartient, le nombre des sociétaires qu'il représente et les signatures de ces délégués. Les extraits des délibérations qui les ont désignés seront et demeureront annexés à cette feuille, ainsi que les listes de présence dressées dans chacune des réunions de sections.

Les dispositions du présent article sont applicables à toutes les assemblées générales, quel que soit leur objet, même celles qui ont à délibérer sur les modifications aux statuts, ou sur la dissolution de la société pour quelque cause que ce soit.

Quand il s'agira pour l'assemblée générale de prononcer l'exclusion d'un sociétaire ainsi qu'il est prévu à l'article 52, alinéa 2, de la loi du 24 juillet 1867 *[C. com., art. L. 231-6, al. 2]*, les délégués ne pourront être tenus à cet égard par une décision de leur section. La délibération excluant un sociétaire sera nulle si l'intéressé n'a pas été invité, au moins huit jours à l'avance, à venir présenter ses explications devant l'assemblée générale des délégués.

Art. 6 *(Décr.-L. 30 oct. 1935)* Les sociétés coopératives de consommation peuvent constituer, soit entre elles, *(L. n° 2008-649 du 3 juill. 2008, art. 22)* « soit avec toute autre coopérative immatriculée dans un État membre de l'Union européenne », des unions sous la forme de société à personnel et capital variables pour l'achat et la fabrication en commun des objets de consommation qu'elles débitent et du matériel dont elles se servent, pour l'accomplissement de leurs opérations de crédit ainsi que pour l'accomplissement des opérations de révision comptable ou commerciale des sociétés affiliées.

(L. n° 2008-649 du 3 juill. 2008, art. 22) « Ces unions peuvent avoir pour objet social d'acheter ou de négocier les conditions d'achat des objets de consommation destinés à être revendus aux consommateurs finals. »

Elles seront soumises aux règles établies par les articles 1er, 2, 3 et 4 de la présente loi. Toutefois, le nombre des voix attribuées aux sociétés adhérentes pourra être proportionné au nombre des membres de ces sociétés ou au montant des opérations faites par celles-ci avec l'union. De même, le nombre des voix attribuées aux unions adhérentes pourra être proportionné au nombre des membres des sociétés composant ces unions ou au montant des opérations faites avec l'union.

Art. 7 Les sociétés et unions de sociétés prévues aux articles précédents sont administrées par des délégués nommés et révocables par l'assemblée générale des sociétaires, dans les conditions prévues par les statuts.

Art. 8 *(Décr.-L. 30 oct. 1935)* Les sociétés et unions de sociétés prévues par les articles 1er à 6 de la présente loi pourront recevoir des avances de l'État si elles satisfont aux conditions énoncées de la présente loi et si, par ailleurs, elles sont membres d'une union ayant pour objet la révision comptable ou commerciale.

Art. 9 *(Décr. n° 55-679 du 20 mai 1955)* Les sociétés et unions de sociétés prévues ci-dessus sont autorisées à recevoir des dons et legs.

Art. 10 Les avances consenties aux sociétés et unions de sociétés prévues ci-dessus seront réparties après avis d'une commission spéciale composée comme suit :

Le ministre du travail, président ;
Deux sénateurs ;
Trois députés ;
Un membre du Conseil d'État ;
Un membre de la Cour des comptes ;
Le gouverneur de la Banque de France ou son délégué ;
Deux fonctionnaires du ministère des finances ;
Deux fonctionnaires du ministère du travail et de la prévoyance sociale ;
Six membres des sociétés coopératives de consommation ;
Trois membres des unions de sociétés coopératives de consommation.

Les membres de la commission seront, par décret, nommés pour trois ans.

Cette commission donnera son avis, non seulement sur la quotité, mais, d'une manière générale, sur les conditions auxquelles seront soumises lesdites avances.

Art. 11 *(Décr.-L. 30 oct. 1935)* Les avances aux sociétés et unions de sociétés coopératives de consommation ne pourront dépasser la moitié de l'actif net dont justifie la société emprunteuse.

Elles seront constituées sur les ressources budgétaires formées : 1° à l'aide des crédits ouverts par la loi de finances; 2° à l'aide des disponibilités du fonds de dotation qui sera établi par une loi spéciale, lesquelles seront rattachées par décret au budget du ministère du travail au fur et à mesure des besoins, conformément aux dispositions concernant les fonds de concours pour dépenses d'intérêt public.

Le taux d'intérêt des avances est fixé par décret contresigné du ministre des finances et du ministre du travail. Il ne peut être inférieur à 3 p. 100.

Art. 12 *Abrogé par L. nº 92-643 du 13 juill. 1992, art. 20.*

Art. 13 Les avances aux sociétés et unions de sociétés prévues ci-dessus seront consenties aux sociétés bénéficiaires, après avis de la commission prévue par l'article 10 de la présente loi, soit directement par le Trésor, soit par l'intermédiaire d'unions de coopératives de consommation agréées pour ce service par arrêté du ministre du travail et de la prévoyance sociale.

Ces unions ne pourront être que des sociétés à capital variable, constituées dans les conditions prévues par les articles 5 et 6 de la présente loi.

Art. 14 Si l'avance est faite par l'intermédiaire d'une union de sociétés, l'union recevra mandat de reverser à chacune des sociétés bénéficiaires le montant du prêt qui lui sera attribué, de régler avec la société les conditions et les termes du remboursement, de prendre toute sécurité jugée nécessaire, y compris toute hypothèque et tout nantissement sur le fonds de commerce en vue d'assurer le recouvrement des arrérages de remboursement et d'exercer éventuellement toute poursuite judiciaire.

Les sommes recouvrées seront reversées au fonds de dotation au fur et à mesure des rentrées, pour être employées à de nouvelles avances consenties dans les mêmes conditions aux sociétés et aux unions de sociétés prévues ci-dessus.

Art. 15 *(Décr.-L. 30 oct. 1935)* Les unions de sociétés qui seront chargées du service des avances prévues à l'article précédent ne devront, le cas échéant, consentir de prêts ou d'ouverture de crédit qu'aux sociétés coopératives de consommation et unions de sociétés prévues à la présente loi.

Ces unions pourront recevoir des avances au même titre et dans les mêmes conditions que toutes les sociétés et unions de sociétés coopératives de consommation. Elles bénéficieront en outre d'une fraction des intérêts des avances consenties par leur intermédiaire. Cette fraction, correspondant à un intérêt de 2 p. 100, sera encaissée par elles à leur profit.

Art. 16 Un règlement d'administration publique *[décret en Conseil d'État]* déterminera les conditions d'application de la présente loi, notamment la forme des conventions entre l'État et les unions de sociétés chargées du service des prêts aux sociétés coopératives de consommation, la durée de ces prêts, le contrôle des unions chargées du service des prêts, les sanctions éventuelles et les voies de recours en cas d'inexécution des engagements contractés par les sociétés ou unions de sociétés coopératives bénéficiaires des prêts.

Art. 17 *(L. 15 mars 1944)* Les sociétés coopératives de consommation qui se constitueront à l'avenir devront établir leurs statuts en se conformant aux dispositions de la loi du 7 mai 1917 et de celles qui l'ont modifiée ou qui la modifieront. Les sociétés actuellement existantes devront, avant le 31 décembre 1944, mettre leurs statuts en harmonie avec les dispositions de la présente loi.

(L. 3 juill. 1925) La nullité des sociétés coopératives de consommation ou des délibérations postérieures à leur constitution ne peut plus être demandée, ni opposée, lorsqu'un délai d'un an s'est écoulé depuis la publication des statuts ou de la délibération dans un journal d'annonces légales du département du siège social. Cette prescription ne pourra être opposée avant l'expiration de l'année qui suivra la mise en vigueur de la présente disposition.

Art. 18 *(Décr. nº 55-679 du 20 mai 1955)* Les coopératives d'entreprises privées ou nationalisées et d'administrations publiques actuellement constituées devront, avant le 15 août 1955, déclarer leur existence au préfet du département et au directeur départemental du travail et joindre à leurs déclarations un exemplaire de leurs statuts qui devront être en harmonie avec les dispositions des 2ᵉ, 3ᵉ et 4ᵉ alinéas de l'article 2 ci-dessus, dont l'observation sera assurée par les sanctions civiles ordinaires, notamment la nullité.

Les sociétés de même nature qui se créeront dans l'avenir devront un mois au moins avant d'exercer toute activité, remplir les mêmes formalités.

Les unes et les autres remettront ensuite, chaque année, au directeur départemental du travail, avant l'expiration du premier semestre, un compte rendu de leur activité au cours de l'exercice précédent.

Les infractions aux dispositions du présent article seront réprimées dans les conditions prévues à l'article 471 (15°) du code pénal *[ancien, abrogé ; V. désormais C. pén., art. R. 610-5]*.

Art. 19 *(Décr. nº 55-679 du 20 mai 1955)* Des contrôles seront effectués pour vérifier que le fonctionnement des coopératives d'entreprises privées ou nationalisées et d'administrations publiques est conforme aux dispositions en vigueur et a lieu dans l'intérêt des usagers.

Dans le cas où ces contrôles feraient apparaître que le fonctionnement de ces coopératives n'est pas conforme aux dispositions en vigueur, la fermeture pourra être opérée par décision conjointe du ministre du travail et du ministre chargé des affaires économiques.

Art. 20 *(Décr. nº 55-679 du 20 mai 1955)* L'application des dispositions de la présente loi qui visent les coopératives d'entreprises privées ou nationalisées et d'administrations publiques, sera assurée par les fonctionnaires désignés par le ministre chargé des affaires économiques ainsi que : 1° par les fonctionnaires chargés de l'inspection du travail, pour les coopératives d'entreprises privées et d'entreprises publiques ou nationalisées ; 2° par les fonctionnaires des services d'inspection et de contrôle des diverses administrations pour les coopératives d'administrations publiques. — *V. Circ. 12 août 1955 (JO 27 août ; Rect., JO 9 sept.) et Circ. 18 oct. 1955 (JO 20 oct.) concernant l'application du décret du 20 mai 1955.*

CHAPITRE II RECONNAISSANCE SPÉCIFIQUE DES ASSOCIATIONS

COMMENTAIRE

Le décret nº 2010-801 du 13 juillet 2010 relatif à la représentation des associations de défense des consommateurs et aux institutions de la consommation a pour objet de renforcer le mouvement consumériste en reconnaissant les associations les plus actives et les plus représentatives tout en améliorant l'efficacité des institutions de la consommation. Le décret institue un dispositif de « reconnaissance spécifique » des associations de consommateurs les plus représentatives et fixe ses modalités d'attribution. Cette reconnaissance spécifique leur permet de bénéficier d'un siège au bureau du Conseil national de la consommation. La liste des associations de consommateurs bénéficiant de cette reconnaissance spécifique est publiée sur un site internet relevant du ministère chargé de la consommation.

Selon l'article R. 812-1, la reconnaissance spécifique est accordée, pour une durée de trois ans, à l'association qui en fait la demande, par arrêté du ministre chargé de la consommation, lorsqu'elle remplit un certain nombre de conditions. ❑

Le présent chapitre ne comprend pas de dispositions législatives.

TITRE DEUXIÈME INSTITUTIONS DE LA CONSOMMATION

CHAPITRE PREMIER CONSEIL NATIONAL DE LA CONSOMMATION

COMMENTAIRE

Institué par le décret du 12 juillet 1983, le Conseil national de la consommation (CNC) a pour objet, de permettre la confrontation et la concertation entre les représentants des intérêts collectifs des consommateurs et usagers et les représentants des professionnels, des services publics et des pouvoirs publics pour tout ce qui a trait aux problèmes de la consommation. Le CNC émet des propositions ; il est consulté sur les projets de loi et de règlement concernant les consommateurs.

Le CNC est actuellement régi par les article D. 821-1 et suivants. Le décret nº 2015-23 du 12 janvier 2015 modifie sa composition et son fonctionnement avec pour principal objectif de simplifier et d'assouplir le dispositif.

Son objet est de « permettre le débat et la concertation entre les pouvoirs publics, les représentants des associations de défense des consommateurs et les représentants des organisations professionnelles ainsi que des entreprises assurant des missions de service public pour tout ce qui a trait aux problèmes de la consommation » (art. D. 821-1, al. 2). Sa mission consiste à émettre des avis sur les projets ou propositions de lois et de règlements susceptibles d'avoir une incidence sur la consommation ainsi que sur les conditions d'application de ces textes. Les pouvoirs publics sont donc amenés à le consulter sur les grandes orientations de leur politique de la consommation ; il est consulté en particulier à l'occasion des discussions de l'Union européenne ayant une incidence sur le droit français de la consommation (art. D. 821-3).

Toutefois, le Conseil lui-même peut prendre l'initiative de donner des avis sur toute question intéressant la consommation. Les avis sont publiés à la diligence du ministre chargé de la consommation ; ils n'ont aucune valeur contraignante pour les professionnels.

Le CNC est présidé par le ministre chargé de la consommation ou son représentant (art. D. 821-5). Il est composé d'un collège constitué des associations de défense des consommateurs disposant de l'agrément et d'un collège comprenant des organisations professionnelles les plus représentatives des activités industrielles, commerciales, artisanales et agricoles et de services privés ainsi que d'entreprises assurant des missions de service public (art. D. 821-6). ❑

Le présent chapitre ne comprend pas de dispositions législatives.

CHAPITRE II INSTITUT NATIONAL DE LA CONSOMMATION

COMMENTAIRE

Créé par la loi du 22 décembre 1966 et réorganisé par la suite en 2001 et 2010, l'Institut national de la consommation (INC) est un établissement public national à caractère industriel et commercial doté de la personnalité morale ainsi que de l'autonomie financière.

A la suite du rapport Laurent, le gouvernement voulait réorganiser les instituts de consommation (Raymond, *CCC 2010. Étude 11, spéc. n° 126*). La loi du 1er juillet 2010 sur le crédit modifie la partie législative alors que le décret du 13 juillet 2010 relatif à la représentation des associations de défense des consommateurs et aux institutions de la consommation réforme la partie réglementaire correspondante.

Trois missions relèvent de l'INC (art. L. 822-2 et R. 822-1) : il doit tout d'abord procurer aux organisations de consommateurs un appui technique ; il lui incombe également de regrouper, produire, analyser mais aussi diffuser des informations, études, enquêtes et essais ; en outre, il a vocation à mettre en œuvre des actions de formation et d'éducation sur les questions relevant de la consommation ; enfin, l'INC assure un financement et fournit des prestations d'appui technique aux centres techniques régionaux de la consommation ou aux structures régionales ou interrégionales assimilées dans le cadre de conventions de mutualisation permettant la mise en commun avec ces centres ou ces structures de ressources matérielles, intellectuelles et humaines.

Avec un objectif de mutualisation des services, la réforme du crédit à la consommation du 1er juillet 2010 donne un nouveau rôle à l'INC : il devient, en effet, l'organe de rattachement de la Commission des clauses abusives et de la Commission de la sécurité des consommateurs, d'une part, et, d'autre part, jusqu'à l'ordonnance du 20 août 2015, de la Commission de la médiation de la consommation. L'INC et les deux commissions qui lui sont actuellement rattachées disposent de services communs dirigés par un directeur général (art. R. 822-12).

L'INC reçoit par ailleurs de nouvelles missions telles que la mise en œuvre d'actions et de campagnes d'information, de communication et de prévention sur les questions de consommation à destination du grand public ainsi que des publics professionnels ou associatifs (art. R. 822-1).

Les dispositions relatives à l'organisation et au fonctionnement de l'INC (composition, réunions...) sont détaillées aux articles R. 822-4 et suivants. ❑

SECTION PREMIÈRE ORGANISATION ET MISSIONS

Art. L. 822-1 **L'Institut national de la consommation, établissement public national à caractère industriel et commercial, doté de la personnalité morale et de l'autonomie financière, est un centre de recherche, d'information et d'étude sur les problèmes de la consommation.** – *[C. consom., art. L. 531-1 et R. 531-1.]*

Responsabilité éditoriale. L'INC, établissement public national à caractère industriel et commercial, effectue, lors de la publication de la revue « 50 millions de consommateurs » une opération de nature commerciale ne comportant l'exercice d'aucune prérogative de puissance publique. Par conséquent, les litiges dont les erreurs éditoriales pourraient être la cause, relèvent de la compétence de la juridiction judiciaire. • CAA Paris, 3 déc. 1996 : *JCP 1997. II. 22856, note Haïm ; CCC 1997, n° 85, obs. Raymond ; RJDA 1997, n° 968.*

Art. L. 822-2 **L'Institut national de la consommation a pour objet de :**

1° Fournir un appui technique aux associations de défense des consommateurs ;

2° Regrouper, produire, analyser et diffuser des informations, études, enquêtes et essais ;

3° Mettre en œuvre des actions et des campagnes d'information, de communication, de prévention, de formation et d'éducation sur les questions de consommation à destination du grand public, ainsi que des publics professionnels ou associatifs concernés ;

4° Apporter un appui technique aux commissions placées auprès de lui et collaborer à l'instruction de leurs avis et recommandations. – *[C. consom., art. R. 531-2.]*

V. la convention cadre de partenariat signée le 30 sept. 2013 entre l'INC et l'AMF visant à informer les consommateurs en matière d'épargne.

Art. L. 822-3 **Un décret en Conseil d'État précise les modalités d'organisation et de fonctionnement de l'Institut national de la consommation.** – *V. art. R. 822-1 s.*

SECTION II LES COMMISSIONS PLACÉES AUPRÈS DE L'INSTITUT NATIONAL DE LA CONSOMMATION

COMMENTAIRE

La loi du 1er juillet 2010 avait créé une Commission de la médiation de la consommation, chargée d'émettre des avis et de proposer des mesures de toute nature pour évaluer, améliorer et diffuser les pratiques de médiation non judiciaires en matière de consommation (V. la liste de ces avis et recommandations au **C. consom.**, éd. 2015). Cette dernière n'avait cependant pas pour objet de procéder elle-même à des médiations ou à des conciliations. Instance indépendante et mixte, elle était placée auprès de l'Institut national de la consommation. Une charte du 27 septembre 2011 avait reçu pour mission d'établir les principes (liberté, loyauté, impartialité...) et les règles à respecter par les médiateurs ainsi que par ceux qui mettent en place un dispositif de médiation.

Or, depuis l'ordonnance du 20 août 2015 instituant la médiation de la consommation, généralisant la médiation à tous les litiges de consommation, celle-ci est observée, évaluée et contrôlée par un nouvel organisme : la Commission d'évaluation et de contrôle de la médiation de la consommation (art. L. 615-1 s.). La CECMC est placée auprès du ministère de l'Économie. En conséquence, l'ordonnance abroge le texte fondateur de la Commission de la médiation de la consommation. Le décret n° 2015-1382 du 30 octobre 2015 abroge, pour sa part, les dispositions réglementaires. ❑

Art. L. 822-4 **La commission des clauses abusives, placée auprès du ministre chargé de la consommation, connaît des modèles de conventions habituellement proposés par les professionnels à leurs contractants consommateurs ou non professionnels. Elle est chargée de rechercher si ces documents contiennent des clauses qui pourraient présenter un caractère abusif.** – *[C. consom., art. L. 534-1.]* – *V. art. R. 822-18 s.*

BIBL. ▶ SINAY-CYTERMANN, *RTD civ. 1985. 471* (la commission et le droit commun des obligations). – KERNINON, *Rev. conc. consom. 1993, n° 76* (réforme de la commission). – Actes de la journée d'étude du 29 mai 1998, *Rev. conc. consom. sept.-oct. 1998* (protection du consommateur contre les clauses abusives). – BÉHAR-TOUCHAIS, *RLDA sept. 2006. 65* (bilan de l'activité récente de la CCA). – ROTH, *RLDC juin 2009. 7* (la CCA, un ministère d'influence à succès).

COMMENTAIRE

I. GÉNÉRALITÉS

Autorité administrative placée auprès du ministre chargé de la consommation et instituée par la loi n° 78-23 du 10 janvier 1978, elle-même complétée par le décret du 10 mars 1993, la Commission des clauses abusives (CCA) est, par souci de mutualisation des services, intégrée au sein de l'INC.

La Commission comporte *treize membres* titulaires nommés par arrêté du ministre chargé de la consommation, pour un mandat renouvelable de trois ans (art. R. 822-18). Un suppléant est désigné pour chaque membre titulaire à l'exception du président (art. R. 822-19). La fonction de commissaire du gouvernement est exercée par le directeur général de la concurrence, de la consommation et de la répression des fraudes. Pour l'instruction de l'affaire, un rapporteur peut être désigné parmi les membres de la Commission (art. R. 822-20).

La Commission peut être *saisie* soit par le ministre chargé de la consommation, soit par les associations agréées de défense des consommateurs, soit par les professionnels intéressés ; elle peut aussi se saisir d'office. Elle peut enfin être saisie pour avis par le juge lorsque, à l'occasion d'une instance, le caractère abusif d'une clause contractuelle est soulevé.

Le décret nº 2010-801 du 13 juillet 2010 prévoit que le directeur général de l'Institut national de la consommation ou son représentant peut participer aux séances de la Commission des clauses abusives. Il ne prend pas part aux votes sur les recommandations et avis (art. R. 822-18).

II. RÔLE DE LA COMMISSION DES CLAUSES ABUSIVES

Le rôle consultatif confié par la loi à la Commission se présente sous quatre formes différentes :

– elle doit donner son avis sur les *projets de décret* ayant pour objet de déterminer des types de clauses qui doivent être regardées comme abusives. L'avis de la Commission est en ce domaine obligatoire ;

– elle doit ensuite rechercher, dans les *modèles de contrats* habituellement proposés par les professionnels aux non-professionnels, ou consommateurs, les clauses qui peuvent présenter un caractère abusif ;

– l'avis de la Commission peut également être sollicité par le juge à l'occasion d'une *instance* ;

– l'Institut national de la consommation établira désormais chaque année un rapport d'activité dans lequel figurent, le cas échéant, les *propositions de modifications* législatives ou réglementaires proposées par la Commission.

III. LES AVIS SUR DES PROJETS DE DÉCRET

Les avis de la Commission sont requis par l'article L. 212-1 sur les projets de décret d'interdiction des clauses abusives : elle a rendu un avis sur le projet qui allait devenir le décret du 24 mars 1978, comme elle a rendu le 13 novembre 2008 un avis sur le projet qui a donné naissance au fameux décret du 18 mars 2009 établissant désormais la « liste grise » et la « liste noire ».

Toutefois, à l'initiative du gouvernement, les saisines pour avis de la Commission ont été élargies. Ces saisines facultatives sont les plus fréquentes.

IV. LES RECOMMANDATIONS

Depuis sa création, la CCA a émis de multiples *recommandations*, certaines à caractère général, d'autres relatives à un contrat particulier (sur la liste, V. l'entrée « Recommandations de la Commission des clauses abusives », dans la table alphabétique en fin d'ouvrage). C'est le ministre de la Consommation qui les rend publiques. Elles ne doivent contenir aucune indication permettant d'identifier des situations individuelles. Toutes ont été publiées au *BOCCRF*, ce qui leur confère une certaine autorité malgré leur caractère non obligatoire. Elles sont commentées par la Commission dans son rapport annuel.

Ces recommandations sont à l'origine de plusieurs réformes législatives. Elles sont susceptibles d'influencer le comportement des professionnels et de conduire l'appréciation du caractère abusif de la clause par les juges (les recommandations n'ont pas pour autant d'effet obligatoire et leur non-respect n'ouvre pas droit à un pourvoi en cassation).

V. LES AVIS SOLLICITÉS PAR LE JUGE

Cette procédure a été introduite par le décret du 10 mars 1993. Lorsqu'elle est sollicitée, la Commission rend un avis, non susceptible de recours, dans le délai de trois mois ; le juge sursoit à statuer, mais il n'est pas lié par son avis (art. R. 822-21). Il est sursis à toute décision sur le fond de l'affaire jusqu'à réception de l'avis de la commission ou, à défaut, jusqu'à l'expiration du délai de trois mois susmentionné. Toutefois, les mesures urgentes ou conservatoires nécessaires peuvent être prises (art. R. 822-21, al. 4).

VI. RAPPORT

Les avis de la Commission sont annexés au rapport de l'INC, ainsi que les suites données à ces avis. Ce rapport est présenté au président de la République et au Parlement. Il est rendu public (art. R. 822-3). ❑

Art. L. 822-5 La commission des clauses abusives peut être saisie soit par le ministre chargé de la consommation, soit par les associations agréées de défense des consommateurs, soit par les professionnels intéressés.

Elle peut également se saisir d'office. – *[C. consom., art. L. 534-1.]*

Art. L. 822-6 La commission recommande la suppression ou la modification des clauses qui présentent un caractère abusif. – *[C. consom., art. L. 534-3.]*

Sur la liste des Recomm. CCA, V. l'entrée « Recommandations de la Commission des clauses abusives », dans la table alphabétique en fin d'ouvrage.

BIBL. ▶ Calais-Auloy et Bihl, *JCP E 1981. II. 9517.* - Caprioli, *CCC 1996. Chron. 6* (contrats informatiques). - Grynbaum, *CCE 2003, n° 25* (contrats de fourniture d'accès à internet). – Leveneur, *Mélanges Oppetit, Litec, 2009, p. 495* (recommandations de la CCA).

1. Valeur juridique des recommandations. Les recommandations de la CCA ne sont pas génératrices de règles dont la méconnaissance ouvre la voie à la cassation. • Civ. 1re, 13 nov. 1996 : *Bull. civ. I, n° 399 ; D. 1997. Somm. 174, obs. Delebecque ; RTD civ. 1997. 424, obs. Mestre, et 791, obs. Libchaber .* ♦ Les recommandations de la CCA n'ont, en tant que telles, aucune valeur législative ou coercitive. • Paris, 11 févr. 2009 : *RJDA 2009, n° 683.* ♦ Les avis et recommandations de la CCA ne comportent aucun caractère normatif et une société ne peut s'en prévaloir pour légitimer la modification contractuelle dont elle a pris seule l'initiative. • Bordeaux, 21 nov. 2005, n° 03/01955.

2. Recours contre les recommandations. Les recommandations de la CCA ne constituent pas des décisions administratives susceptibles de faire l'objet d'un recours pour excès de pouvoir. • CE 16 janv. 2006 : *D. 2006. AJ 576, obs. Avena-Robardet ; AJDA 2006. 828, concl. Guyomar ; RTD civ. 2006. 307, obs. Mestre et Fages ; CCC 2006, n° 117, obs. Raymond ; LPA 15 sept. 2006, note Calandri ; RJDA 2006, n° 1175 ; RDC 2006. 670, note Pérès.*

Art. L. 822-7 *(Abrogé par L. n° 2017-55 du 20 janv. 2017, art. 54-I)* ***La commission de la sécurité des consommateurs est chargée d'émettre des avis et de proposer toute mesure de nature à améliorer la prévention des risques en matière de sécurité des produits ou des services.***

Elle recherche et recense les informations de toutes origines sur les dangers présentés par les produits et services. – [C. consom., art. L. 534-5.]

BIBL. ▶ NDLR, *BID 2001, n° 2, p. 50* (suivi des avis de la CSC). - Favro, *D. 2004. Chron. 1886* (la CSC : vingt ans après...).

COMMENTAIRE

I. MISSIONS DE LA COMMISSION DE LA SÉCURITÉ DES CONSOMMATEURS

Instituée par la loi du 21 juillet 1983 dont elle est l'innovation principale, la Commission de la sécurité des consommateurs (CSC) constitue le pivot du dispositif : elle a vocation à réduire les accidents domestiques, scolaires ou sportifs. Par souci de mutualisation des services, la CSC est intégrée au sein de l'INC, comme la Commission des clauses abusives.

Ses attributions s'apparentent à celles de la Commission des clauses abusives dans la mesure où elle n'a pas de pouvoirs décisionnels.

Sa principale mission est de recenser les informations sur les dangers des produits et services, d'informer le public de ces dangers – en particulier sous forme de communiqués – et de proposer toute mesure de nature à prévenir les risques.

L'INC établit un rapport annuel recensant les avis ainsi que les suites données par l'administration. En pratique, de tels avis sont largement suivis (V. une sélection de ces avis ci-dessous). Une étude récente a montré qu'entre 2000 et 2008, le taux de mortalité des accidents de la vie courante a, grâce à l'action coordonnée des pouvoirs publics, baissé de 25 % en neuf ans.

Les autorités judiciaires peuvent également demander à la Commission son avis sur les questions de sécurité des consommateurs, en tout état de la procédure.

Malgré tout l'activité de la Commission est aujourd'hui assez marginale : elle se réunit peu et certains s'interrogaient sur son avenir. Elle a été supprimée par la loi du 20 janvier 2017.

II. COMPOSITION

Outre son président, nommé par décret en Conseil des ministres, la Commission de sécurité des consommateurs est composée de quinze membres nommés par arrêté du ministre chargé de la consommation : trois représentants des organisations de consommateurs, trois représentants des professionnels, six représentants qualifiés, un universitaire qualifié dans le droit de la consommation, un magistrat de l'ordre judiciaire et un membre de la Cour des comptes. Un commissaire du gouvernement, désigné par le ministre chargé de la consommation, siège auprès de la Commission (art. R. 822-23).

Le président de la Commission est nommé pour cinq ans alors que les autres membres le sont pour trois ans, leur mandat étant renouvelable une fois.

III. POUVOIRS

La Commission dispose de pouvoirs d'investigation étendus. Elle peut ainsi se faire communiquer ou consulter tout document utile à sa mission, sans que l'on puisse lui opposer les secrets de fabrique ou bien le secret professionnel. Elle peut entendre toute personne susceptible de l'éclairer et obtenir la collaboration des fonctionnaires des administrations concernées pour procéder à des contrôles.

Théoriquement compétente pour tous les produits et services, elle peut être saisie par toute personne physique ou morale et même décider de se saisir d'office (art. L. 822-8). Toutefois, il existe des organismes spécialisés en matière de produits alimentaires, pharmaceutiques et cosmétiques. ❑

1. Nature juridique des propositions de la commission. La proposition de la commission de la sécurité des consommateurs visant à l'interdiction d'un produit ne constitue pas une décision susceptible d'être déférée au juge de l'excès de pouvoir, car elle est formulée par un avis dans le cadre de la compétence exclusivement consultative de cette commission. • CE 27 mai 1987 : *Lebon 181 ; D. 1987. IR 157.*

2. Absence de responsabilité du fait des avis. Eu égard aux objectifs de protection de la santé publique et de la sécurité des consommateurs poursuivis par le législateur, les avis rendus par la commission de la sécurité des consommateurs ne peuvent, sauf dispositions législatives contraires, ouvrir droit à indemnisation au profit des personnes qui fabriquent ou distribuent un produit pouvant présenter un danger pour les consommateurs que s'ils sont constitutifs d'une faute. • CE 31 mars 2003 : *JCP 2003. II. 10198, note Delhoste ; RCA 2004, n° 16, obs. Guettier.* ♦ En l'espèce, la commission de la sécurité des consommateurs n'a pas commis de faute de nature à engager la responsabilité de l'État en recommandant l'interdiction des produits solaires en cause. • Même arrêt.

Avis

Pris en application de l'article L. 822-7 du code de la consommation.

Cette liste reprend quelques-uns des avis émis par la commission de la sécurité des consommateurs. Ces avis sont consultables sur le site internet de la commission.

— Avis relatif aux cheminées à foyer fermé et inserts (7 oct. 1987) ;
— Avis relatif aux portes de garages automatiques (15 janv. 1988) ;
— Avis relatif aux intoxications provoquées par les appareils à gaz raccordés à des ventilations mécaniques contrôlées (VMC) (20 avr. 1988) ;
— Avis relatif aux parcs aquatiques (11 janv. 1989) ;
— Avis relatif à l'utilisation des pétards et autres artifices de divertissement (11 janv. 1989) ;
— Avis relatif aux aires collectives de jeux (1er mars 1989) ;
— Avis relatif aux machines électromécaniques utilisées par les non-professionnels à des fins de bricolage (5 juill. 1989) ;
— Avis relatif aux petites échelles, marchepieds et escabeaux (10 janv. 1990) ;
— Avis relatif aux lits superposés et lits-mezzanine (9 mai 1990) ;
— Avis relatif au système de sécurité gonflable, pour véhicule automobile, dit "airbag" (13 mai 1992) ;
— Avis relatif aux porte-charges pour voiture (1er juill. 1992) ;

— Avis relatif aux couettes pour jeunes enfants (4 nov. 1992) ;
— Avis relatif aux appareils élévateurs de personnes pour escalier (3 mars 1993) ;
— Avis relatif aux nettoyeurs haute pression (8 sept. 1993) ;
— Avis relatif à l'inflammation de sapins de Noël givrés ou floqués (3 nov. 1993) ;
— Avis relatif aux appareils de chauffage électrique (4 déc. 1996) ;
— Avis relatif aux lits-mezzanine à plateau fixe ou mobile (8 avr. 1998) ;
— Avis relatif au risque de renversement présenté par certains appareils ménagers (9 déc. 1998) ;
— Avis relatif à divers problèmes de sécurité posés par certains appareils ménagers (9 déc. 1998) ;
— Avis relatif aux déboucheurs chimiques de canalisation (3 févr. 1999) ;
— Avis relatif à certains lits gigognes (6 oct. 1999) ;
— Avis relatif aux piscines enterrées non couvertes à usage privatif (6 oct. 1999) ;
— Avis relatif aux portiques de plein air à usage familial (2 déc. 1999) ;
— Avis relatif à la sécurité des coffres à jouets (6 janv. 2000) ;
— Avis relatif aux piscines privées hors sol (18 avr. 2000) ;
— Avis relatif aux véhicules équipés GPL (18 avr. 2000) ;
— Avis relatif aux emballages vides de produits d'entretien (10 avr. 2000) ;
— Avis relatif à la lutte contre les infections nosocomiales (6 juill. 2000) ;
— Avis relatif à la pratique du patin à roulettes (roller) et de la planche à roulettes (skate-board) (8 nov. 2000) ;
— Avis relatif aux sièges de vélo pour enfants (13 déc. 2000) ;
— Avis relatif aux conditions d'exposition des produits dans les lieux commerciaux (7 févr. 2001) ;
— Avis relatif aux températures de contact des appareils ménagers (7 févr. 2001) ;
— Avis relatif aux allergies alimentaires (7 mars 2001) ;
— Avis relatif à la sécurité dans les centres équestres (11 avr. 2001) ;
— Avis relatif aux adaptateurs électriques (13 juin 2001) ;
— Avis relatif aux systèmes de retenue pour enfants (sièges auto et rehausseurs) (10 oct. 2001) ;
— Avis relatif à la sécurité de certains systèmes de recyclage de l'eau dans les piscines (30 janv. 2002) ;
— Avis relatif aux fers à vapeur sous pression et aux nettoyeurs domestiques à vapeur (30 janv. 2002) ;
— Avis relatif aux colles utilisées pour l'assemblage des jouets (6 mars 2002) ;
— Avis relatif au traitement de l'eau des piscines privées (juill. 2002) ;
— Avis relatif aux toboggans aquatiques (3 juill. 2002) ;
— Avis relatif à la sécurité des trains touristiques (3 juill. 2002) ;
— Avis relatif à la sécurité des poussettes et landaux (sept. 2002) ;
— Avis relatif aux jouets fonctionnels (4 sept. 2002) ;
— Avis relatif aux explosions de gaz (4 sept. 2002) ;
— Avis relatif à la téléphonie mobile (deuxième avis) (déc. 2002) ;
— Avis relatif aux skimmers de piscine (5 févr. 2003) ;
— Avis relatif aux sucettes de puériculture (2 avr. 2003) ;
— Avis relatif aux crochets d'exposition de marchandises (2 avr. 2003) ;
— *Avis relatif* à la sécurité des barbecues (juill. 2003) ;
— Avis relatif aux services des *remontées mécaniques* (14 janv. 2004) ;
— Avis relatif à certains jouets mettant des pièces en mouvement (5 mai 2004) ;
— Avis relatif aux tondeuses à gazon (21 sept. 2004) ;
— Avis relatif aux articles nautiques destinés aux enfants (21 oct. 2004) ;
— Avis relatif au risque de suffocation par l'ingestion accidentelle de petits objets (12 mai 2005) ;
— Avis relatif à la sécurité des consommateurs dans les lieux commerciaux (15 sept. 2005) ;
— Avis relatif aux portes, portails et autres fermetures équipés d'un système de motorisation (20 oct. 2005) ;
— Avis relatif à la sécurité des luges et des pelles-luges pour enfants (19 janv. 2006) ;
— Avis relatif à la sécurité des alarmes à détection d'immersion (15 juin 2006) ;

— Avis relatif à la sécurité des matériels d'attraction installés dans les parcs de loisirs ou fonctionnant lors des fêtes foraines (9 nov. 2006) ;

— Avis relatif à la sécurité des dispositifs de cuisson sur table (woks, appareils à fondue...) (11 janv. 2007) ;

— Avis relatif à la sécurité des mini-motos (24 mai 2007) ;

— Avis relatif à la sécurité des équipements électroniques d'assistance à la conduite (6 déc. 2007) ;

— Avis relatif à l'information du consommateur dans le domaine de la téléphonie mobile (18 févr. 2008) ;

— Avis relatif à la sécurité des quadricycles légers à moteur ou "voiturettes" (21 févr. 2008) ;

— Avis relatif aux détecteurs avertisseurs autonomes de fumées (20 mars 2008) ;

— Avis relatif à la sécurité des remorques de vélo pour enfant (17 avr. 2008) ;

— Avis relatif à la sécurité du service de location des machines et équipements de bricolage et de jardinage (15 mai 2008) ;

— Avis relatif au suivi de l'avis relatif à la sécurité des alarmes à détection d'immersion (12 juin 2008) ;

— Avis relatif à la sécurité de l'alcool à brûler et des produits allume-feu liquides et gélifiés (4 sept. 2008) ;

— Avis relatif aux chaudières domestiques à gaz (18 sept. 2008) ;

— Avis relatif à la sécurité des vêtements pour enfants (16 oct. 2008) ;

— Avis relatif à la sécurité des piscines en kit « hors sol » (13 nov. 2008) ;

— Avis relatif à la sécurité des foyers à éthanol (11 déc. 2008) ;

— Avis relatif à la sécurité de la pratique du canyonisme (12 févr. 2009) ;

— Avis relatif à la sécurité des déchèteries ouvertes au public (9 avr. 2009) ;

— Avis relatif aux lunettes de soleil pour les enfants (28 mai 2009) ;

— Avis relatif à la sécurité des allume-feu solides (2 juill. 2009) ;

— Avis relatif à la sécurité des meubles à monter (15 oct. 2009) ;

— Avis relatif à la sécurité des télécabines de montagne (19 nov. 2009) ;

— Avis relatif à la construction de maisons individuelles (26 nov. 2009) ;

— Avis relatif à la prévention de l'oubli d'enfant dans les véhicules automobiles (10 déc. 2009) ;

— Avis relatif à la sécurité des parasols chauffants à gaz (18 mars 2010) ;

— Avis relatif à la sécurité des salles de remise en forme (15 avr. 2010) ;

— Avis relatif à la sécurité des vélos à assistance électrique (20 mai 2010) ;

— Avis relatif à l'avis de suivi sur la sécurité des fenêtres et balcons (17 juin 2010) ;

— Avis relatif à des éléments en verre (9 déc. 2010) ;

— Avis relatif aux risques liés à l'utilisation des lampes fluocompactes en milieu domestique (13 janv. 2011) ;

— Avis relatif à la sécurité des parcours acrobatiques en hauteur (12 mai 2011) ;

— Avis relatif à un jeu de plein air dénommé Giga ball (9 juin 2011) ;

— Avis relatif au transport d'enfants sur deux-roues motorisés en milieu urbain (7 juill. 2011) ;

— Avis relatif à la sécurité des composants physiques de certains terminaux de poche à l'égard de leurs utilisateurs : smartphones, baladeurs numériques (22 sept. 2011) ;

— Avis relatif à la sécurité des meubles d'encaissement (8 déc. 2011) ;

— Avis relatif aux risques de brûlures par contact avec des radiateurs électriques et des appareils de chauffage domestiques (22 mars 2012) ;

— Avis relatif à la sécurité des tables à repasser (12 avr. 2012) ;

— Avis relatif aux bulles gonflables et autres structures gonflables mobiles sur terre ou en milieu aquatique (7 juin 2012) ;

— Avis relatif à la sécurité des porte-vélos (11 oct. 2012) ;

— Avis relatif à la sécurité des monte-escaliers (18 avr. 2013) ;

— Avis relatif au niveau de sécurité apporté par les détecteurs autonomes avertisseurs de monoxyde de carbone (DAACO) (21 nov. 2013) ;

— Avis relatif à la sécurité des artifices de divertissement (10 avr. 2014) ;

— Avis relatif à la sécurité des lampes à lumière pulsée utilisées pour l'épilation (3 juill. 2014).

Art. L. 822-8 *(Abrogé par L. nº 2017-55 du 20 janv. 2017, art. 54-I)* ***La commission de la sécurité des consommateurs peut être saisie par toute personne physique ou morale. Si elle estime que les faits invoqués ne sont pas appuyés d'éléments suffisamment probants, elle peut conclure par décision motivée qu'il n'y a pas lieu, en l'état, d'y donner suite. Elle notifie sa décision à l'auteur de la saisine.***

La commission peut se saisir d'office.

Les autorités judiciaires compétentes peuvent, en tout état de la procédure, demander l'avis de la commission de la sécurité des consommateurs. Cet avis ne peut être rendu public qu'après qu'une décision de non-lieu a été prise ou que le jugement sur le fond a été rendu.

La saisine de la commission reste confidentielle jusqu'à ce que la commission ait statué sur le fond ou classé sans suite, sauf si celle-ci fait usage, par décision motivée, de la faculté qui lui a été donnée par l'article L. 822-9. – [C. consom., art. L. 534-6.]

COMMENTAIRE

La saisine par une personne physique ou morale s'effectue par simple lettre exposant les faits, la nature du risque encouru ou les circonstances de l'accident éventuel ; une fois saisie, l'instruction de la requête est confiée par le président à l'un de ses membres, désigné rapporteur. Elle est tenue d'entendre les personnes concernées par le dossier, en particulier les professionnels. Ces personnes peuvent se faire assister d'un conseil de leur choix lors de l'audition. Au vu d'un rapport sommaire effectué, une décision de classement sans suite ou de poursuite de l'instruction est prise par la Commission. Dans cette dernière hypothèse, le président désigne, parmi les membres de la Commission, un rapporteur chargé d'instruire l'affaire. Il peut être fait appel à des fonctionnaires qualifiés pour assister les agents de la Commission.

Un certain nombre de garanties des procédures sont prévues : le principe du contradictoire est assuré, les séances de la Commission ne sont pas publiques, les avis rendus doivent être motivés. En revanche, la saisine de la Commission reste confidentielle jusqu'à ce qu'elle ait statué sur le fond ou classé sans suite, sauf usage, par décision motivée, de la faculté prévue par l'article L. 822-9, issu de la loi du 1er juillet 2010 (art. L. 822-8). ❑

Art. L. 822-9 *(L. nº 2017-55 du 20 janv. 2017, art. 54-I)* **La commission mentionnée à l'article L. 822-4 assure la diffusion des informations, avis et recommandations qu'elle estime nécessaire de porter à la connaissance du public.**

Les informations, avis et recommandations qu'elle diffuse ne peuvent contenir aucune indication de nature à permettre l'identification de situations individuelles.

COMMENTAIRE

La Commission des clauses abusives pourra assurer auprès du public la diffusion des informations, avis et recommandations en respectant toutefois le secret des situations individuelles. Elle se voit également confier des pouvoirs d'enquête relativement importants, à l'instar de ce qui était accordé jusqu'ici à la Commission de sécurité des consommateurs. Enfin, tous les membres et agents de la commission sont désormais tenus au secret professionnel. ❑

Publication des recommandations (jurispr. antérieure à la L. du 1er juill. 2010). La décision par laquelle le ministre de l'économie décide de publier une *recommandation* est susceptible de faire l'objet d'un recours devant le juge administratif ; toutefois, il ne lui appartient pas de se prononcer sur des moyens par lesquels seraient mis en cause le contenu de la recommandation et, notamment, sa légalité. • CE 16 janv. 2006 : *cité note 2 ss. art. L. 822-6.* ♦ L'appréciation à laquelle se livre le ministre pour décider une telle *publication* n'est pas susceptible d'être discutée devant le juge de l'excès de pouvoir. • Même arrêt. ♦ V. désormais art. L. 822-9.

Art. L. 822-10 *(L. nº 2017-55 du 20 janv. 2017, art. 54-I)* **La commission mentionnée à l'article L. 822-4 peut se faire communiquer tous les renseignements ou consulter sur place tous les documents qu'elle estime utiles à l'accomplissement de ses missions, sans que puissent lui être opposés les articles 226-13 et 226-14 du code pénal ni l'article L. 1227-1 du code du travail** *[secret professionnel et secret de fabrique]*.

Le président de la commission peut, par décision motivée, procéder ou faire procéder par les membres de la commission ou les agents de l'Institut national de la

consommation désignés par le directeur général de celui-ci à la convocation ou à l'audition de toute personne susceptible de leur fournir des informations concernant des affaires dont cette commission est saisie. Toute personne convoquée a le droit de se faire assister du conseil de son choix.

Avant de rendre des avis, la commission entend les personnes concernées, sauf cas d'urgence. En tout état de cause, elle entend les professionnels concernés. Elle procède aux consultations nécessaires.

Lorsque, pour l'exercice de ses missions, la commission doit prendre connaissance d'informations relevant du secret de fabrication ou d'affaires, elle désigne en son sein un rapporteur. Celui-ci se fait communiquer tous les documents utiles et porte à la connaissance de la commission les informations obtenues.

Art. L. 822-11 *(L. nº 2017-55 du 20 janv. 2017, art. 54-I)* **Les membres et le personnel de la commission mentionnée à l'article L. 822-4 sont astreints au secret professionnel pour les faits, actes et renseignements dont ils ont pu avoir connaissance en raison de leurs fonctions, dans les conditions et sous les peines prévues à l'article 226-13 du code pénal ou à l'article L. 621-1 du code de la propriété intellectuelle en cas de divulgation d'informations relevant du secret de fabrication ou du secret d'affaires.**

CHAPITRE III LABORATOIRE NATIONAL DE MÉTROLOGIE ET D'ESSAIS

COMMENTAIRE

Le LNE (sigle désignant le laboratoire national de métrologie et d'essais dont le siège est à Paris) a été institué par la loi nº 78-23 du 10 janvier 1978 et organisé par le décret nº 78-280 du 10 mars 1978 (V. ss. art. L. 823-2), modifié par le décret nº 84-528 du 28 juin 1984 (*JO 30 juin*), par le décret nº 94-702 du 11 août 1994 (*JO 19 août*) et enfin par le décret du 25 janvier 2005 (*JO 27 janv.*) lorsqu'ont été intégrées les activités de métrologie du bureau national de métrologie.

Placé sous la tutelle du ministre chargé de l'industrie (art. R. 823-1), le LNE effectue tous travaux d'étude, de recherche, de consultation, d'expertise, d'essai, de contrôle et toutes prestations d'assistance technique utiles à la protection et à l'information des consommateurs (art. L. 823-1). Le laboratoire a notamment pour tâche de réaliser des tests comparatifs. Doté de la personnalité morale, c'est un établissement public à caractère industriel et commercial (art. L. 823-1), administré par un conseil qui comprend des représentants de l'administration, des professionnels, des consommateurs et du personnel de l'établissement ainsi que des personnes qualifiées (art. L. 823-2 et R. 823-2).

Art. L. 823-1 **Le laboratoire de métrologie et d'essais est un établissement public national à caractère industriel et commercial.**

Le laboratoire est chargé de réaliser tous travaux d'étude, de recherche, de consultation, d'expertise, d'essai, de contrôle et toutes prestations d'assistance technique utiles à la protection et à l'information des consommateurs ou à l'amélioration de la qualité des produits.

Ces travaux et études peuvent se rapporter à la métrologie, aux techniques de fabrication et à la qualification des produits industriels, des produits agricoles non alimentaires transformés et des biens d'équipement, ainsi qu'à la mesure des pollutions et des nuisances.

Cet établissement peut également être chargé :

1º D'étudier, pour le compte et à la demande des ministres intéressés, des méthodes d'essais nécessaires à l'élaboration de règlements et de normes, notamment en matière d'hygiène, de sécurité, de protection de la nature et de l'environnement, d'économie d'énergie et de matières premières, et, plus généralement, d'aptitude à l'emploi des produits ;

2º De délivrer des certificats de qualification ;

3° D'assurer, sous l'autorité et à la demande des ministres intéressés, des relations avec les organismes étrangers ou internationaux ayant charge des questions mentionnées au présent article. – *[C. consom., art. L. 561-1.]*

Art. L. 823-2 **L'établissement est administré par un conseil comprenant des représentants de l'administration, des activités industrielles, des associations de défense des consommateurs, du personnel de l'établissement ainsi que des personnalités qualifiées.**

Un décret en Conseil d'État précise les modalités d'organisation et de fonctionnement de l'établissement. – *[C. consom., art. L. 562-1.] – V. art. R. 823-1 s.*

CHAPITRE IV CONSEIL NATIONAL DE L'ALIMENTATION

BIBL. GÉN. ▶ MANDEVILLE et SOYER, *RD rur. 2010. Étude 14* (avènement de la politique publique de l'alimentation). - LEBEL, *RD rur. 2011. Alerte 132* (le Programme national pour l'alimentation (PNA) : bien manger c'est l'affaire de tous !).

COMMENTAIRE

Le Conseil national de l'alimentation (CNA) a été créé par le décret du 27 novembre 1985, aujourd'hui codifié aux articles D. 824-1 et suivants, dont les dispositions ont été réécrites par le décret n° 2009-1429 du 20 novembre 2009 et l'arrêté du 12 mai 2010 (V. ce texte ss. art. D. 824-8). Le CNA est consulté sur l'adaptation de la consommation aux besoins nutritionnels, sur la sécurité alimentaire des consommateurs, sur la qualité des denrées alimentaires, sur l'information des consommateurs relativement à ces denrées, sur la prévention des crises et la communication sur les risques.

Les membres composant le CNA sont énumérés par l'article D. 824-4. On trouve notamment :

- neuf représentants des associations nationales de consommateurs ou d'usagers,
- neuf représentants des producteurs agricoles,
- neuf représentants de la transformation, dont un représentant de l'artisanat,
- trois représentants de la distribution,
- six représentants de la restauration,
- cinq représentants des syndicats de salariés de l'agriculture, de l'agroalimentaire et de la distribution des produits alimentaires,
- huit personnalités désignées en raison de leurs compétences en matière d'alimentation,
- diverses personnalités qualifiées.

En outre, assistent de plein droit aux séances du conseil les représentants de divers ministères. ❑

Le présent chapitre ne comprend pas de dispositions législatives.

CHAPITRE V GROUPE INTERMINISTÉRIEL DE LA CONSOMMATION

COMMENTAIRE

Le groupe interministériel de la consommation, présidé par le ministre de la Consommation ou son représentant, a pour mission de coordonner ou d'animer la politique de la consommation. Il propose en particulier aux ministres concernés toute mesure destinée à améliorer la protection et l'information des consommateurs ou des usagers. A la demande de l'un de ses membres, il est consulté sur les projets de textes législatifs et réglementaires ayant pour objet l'information et la protection des consommateurs (art. D. 825-1 s.). ❑

Le présent chapitre ne comprend pas de dispositions législatives.

DEUXIÈME PARTIE : RÉGLEMENTAIRE

(Décr. nº 2016-884 du 29 juin 2016, en vigueur le 1er juill. 2016)

Nonobstant les dispositions des art. 1er et 8 du Décr. nº 2016-884 du 29 juin 2016, la partie réglementaire du code de la consommation demeure en vigueur, dans sa rédaction antérieure à la date d'entrée en vigueur du décret précité (fixée au 1er juill. 2016), en tant qu'elle s'applique à Mayotte, à Saint-Barthélemy, à Saint-Martin, à Saint-Pierre-et-Miquelon, dans les îles Wallis-et-Futuna, en Polynésie française, en Nouvelle-Calédonie et dans les Terres australes et antarctiques françaises, jusqu'à l'entrée en vigueur du décret pris en application de l'ordonnance mentionnée au II de l'art. 161 de la L. nº 2014-344 du 17 mars 2014 (Décr. nº 2016-884 du 29 juin 2016, art. 10). — V. ***C. consom.****, éd. 2015 ou* ***C. consom. (ancien)*** *— V. Décr. nº 2017-1166 du 12 juill. 2017 (JO 14 juill.).*

BIBL. GÉN. ▶ BERNHEIM-DESVAUX, *CCC 2016, nº 199* (adoption *in extremis* de la partie réglementaire du code de la consommation !).

LIVRE PREMIER INFORMATION DES CONSOMMATEURS ET PRATIQUES COMMERCIALES

TITRE PREMIER INFORMATION DES CONSOMMATEURS

CHAPITRE PREMIER OBLIGATION GÉNÉRALE D'INFORMATION PRÉCONTRACTUELLE

BIBL. ▶ DE LA ASUNCION PLANES, *Dr. et proc. 2015, Cah. dr. consom., nº 1, p. 6* (Décr. nº 2014-1061 du 17 sept. 2014).

Art. R. 111-1 **Pour l'application des 4º, 5º et 6º de l'article L. 111-1, le professionnel communique au consommateur les informations suivantes :**

1º Son nom ou sa dénomination sociale, l'adresse géographique de son établissement et, si elle est différente, celle du siège social, son numéro de téléphone et son adresse électronique ;

2º Les modalités de paiement, de livraison et d'exécution du contrat ainsi que celles prévues par le professionnel pour le traitement des réclamations ;

3º S'il y a lieu, l'existence et les modalités d'exercice de la garantie légale de conformité mentionnée aux articles L. 217-4 à L. 217-13 et de celle des défauts de la chose vendue dans les conditions prévues aux articles 1641 à 1648 et 2232 du code civil ainsi que, le cas échéant, de la garantie commerciale et du service après-vente mentionnés respectivement aux articles L. 217-15 et L. 217-17 ;

4º S'il y a lieu, la durée du contrat ou, s'il s'agit d'un contrat à durée indéterminée ou à tacite reconduction, les conditions de sa résiliation ;

5º S'il y a lieu, toute interopérabilité pertinente du contenu numérique avec certains matériels ou logiciels dont le professionnel a ou devrait raisonnablement avoir connaissance ainsi que les fonctionnalités du contenu numérique, y compris les mesures de protection technique applicables ;

6º Les coordonnées du ou des médiateurs de la consommation compétents dont il relève en *application de l'article* L. 616-1. — [*C. consom.*, art. R. 111-1.]

Art. R. 111-2 **Pour l'application des dispositions de l'article L. 111-2, outre les informations prévues à l'article R. 111-1, le professionnel communique au consommateur ou met à sa disposition les informations suivantes :**

1º Le statut et la forme juridique de l'entreprise ;

2º Les coordonnées permettant d'entrer en contact rapidement et de communiquer directement avec lui ;

3º Le cas échéant, le numéro d'inscription au registre du commerce et des sociétés ou au répertoire des métiers ;

4º Si son activité est soumise à un régime d'autorisation, le nom et l'adresse de l'autorité ayant délivré l'autorisation ;

5° S'il est assujetti à la taxe sur la valeur ajoutée et identifié par un numéro individuel en application de l'article 286 *ter* du code général des impôts, son numéro individuel d'identification ;

6° S'il est membre d'une profession réglementée, son titre professionnel, l'État membre de l'Union européenne dans lequel il a été octroyé ainsi que, le cas échéant, le nom de l'ordre ou de l'organisme professionnel auprès duquel il est inscrit ;

7° Les conditions générales, s'il en utilise ;

8° Le cas échéant, les clauses contractuelles relatives à la législation applicable et la juridiction compétente ;

9° L'éventuelle garantie financière ou assurance de responsabilité professionnelle souscrite par lui, les coordonnées de l'assureur ou du garant ainsi que la couverture géographique du contrat ou de l'engagement. — *[C. consom., art. R. 111-2, I et III.]*

Art. R. 111-3 Tout professionnel prestataire de services communique au consommateur qui en fait la demande les informations complémentaires suivantes :

1° Lorsque le prix n'est pas déterminé au préalable par le prestataire pour un type de service donné, le prix du service ou, lorsqu'un prix exact ne peut pas être indiqué, la méthode de calcul permettant au destinataire de vérifier ce dernier, ou un devis suffisamment détaillé ;

2° En ce qui concerne les professions réglementées, une référence aux règles professionnelles applicables dans l'État membre de l'Union européenne sur le territoire duquel ce professionnel est établi et aux moyens d'y avoir accès ;

3° Des informations sur ses activités pluridisciplinaires et ses partenariats qui sont directement liés au service concerné et sur les mesures prises pour éviter les conflits d'intérêts. Ces informations figurent dans tout document d'information dans lequel le prestataire présente de manière détaillée ses services ;

4° Les éventuels codes de conduite auxquels il est soumis, l'adresse électronique à laquelle ces codes peuvent être consultés ainsi que les versions linguistiques disponibles. — *[C. consom., art. R. 111-2, II.]*

Dispositions applicables aux biens mis pour la première fois sur le marché à compter du 1er mars 2015 (Décr. n° 2014-1482 du 9 déc. 2014, art. 2).

Art. D. 111-4 En application des dispositions du premier alinéa de l'article L. 111-4, l'information délivrée par le fabricant ou l'importateur de biens meubles au vendeur professionnel, portant sur la période pendant laquelle ou la date jusqu'à laquelle les pièces détachées indispensables à l'utilisation d'un bien sont disponibles, figure sur tout document commercial ou sur tout support durable accompagnant la vente de biens meubles.

Cette information est portée à la connaissance du consommateur par le vendeur, de manière lisible, avant la conclusion de la vente, sur tout support adapté. Elle figure, également, sur le bon de commande s'il existe, ou sur tout autre support durable constatant ou accompagnant la vente. — *[C. consom., art. R. 111-3.]*

V. note ss. art. R. 111-3.

Art. D. 111-5 L'obligation de fournir des pièces détachées mentionnée au deuxième alinéa de l'article L. 111-4 est mise en œuvre sans préjudice de l'application des règles de concurrence relatives aux réseaux et accords de distribution sélective et exclusive. — *[C. consom., art. R. 111-4.]*

Art. D. 111-6 Pour l'application des dispositions de l'article L. 111-6, la fourniture d'informations en ligne permettant la comparaison des prix et des caractéristiques de biens et de services s'entend de l'activité de sites comparant des biens et des services et permettant, le cas échéant, l'accès aux sites de vente de ces biens ou de fourniture de ces services.

Relèvent également des dispositions de l'article L. 111-6 les sites de vente à distance qui proposent, à titre principal, la comparaison de biens ou de services, vendus par eux-mêmes ou par des tiers.

Toute personne qui, pour son activité commerciale par voie électronique, utilise les termes de "comparateur" ou de "comparaison" exerce une activité de comparaison au sens de l'article L. 111-6. – *[C. consom., art. D. 111-5.]*

Art. D. 111-7 **Toute personne exerçant l'activité mentionnée à l'article L. 111-6 précise dans une rubrique spécifique le fonctionnement du service de comparaison.**

Cette rubrique est directement et aisément accessible sur toutes les pages du site et est matérialisée par une mention ou un signe distinctif. Elle comporte les mentions suivantes :

1° Les différents critères de classement des offres de biens et de services ainsi que leur définition ;

2° L'existence ou non d'une relation contractuelle ou de liens capitalistiques entre le site de comparaison et les professionnels référencés ;

3° L'existence ou non d'une rémunération du site par les professionnels référencés et, le cas échéant, l'impact de celle-ci sur le classement des offres ;

4° Le détail des éléments constitutifs du prix et la possibilité que des frais supplémentaires y soient ajoutés ;

5° Le cas échéant, la variation des garanties commerciales selon les produits comparés ;

6° Le caractère exhaustif ou non des offres de biens ou de services comparées et du nombre de sites ou d'entreprises référencés ;

7° La périodicité et la méthode d'actualisation des offres comparées. – *[C. consom., art. D. 111-6.]*

Art. D. 111-8 **Toute personne exerçant l'activité mentionnée à l'article L. 111-6 fait apparaître, de manière lisible et compréhensible, en haut de chaque page de résultats de comparaison et avant le classement des offres, les informations suivantes :**

1° Le critère de classement des offres utilisé par défaut ainsi que la définition de ce critère, sauf si le critère de classement utilisé par défaut est le prix. La définition est indiquée, à proximité du critère, par tout moyen approprié ;

2° Le caractère exhaustif ou non des offres de biens ou de services comparées et du nombre de sites ou d'entreprises référencés ;

3° Le caractère payant ou non du référencement. – *[C. consom., art. D. 111-7.]*

Art. D. 111-9 **Sans préjudice des obligations d'information prévues aux articles L. 221-5 et L. 222-5 applicables aux vendeurs à distance de produits et de services, toute personne exerçant l'activité mentionnée à l'article L. 111-6 fait apparaître, de manière lisible et compréhensible, à proximité de chaque offre de produit ou de services dont elle propose la comparaison, les informations suivantes :**

1° Les caractéristiques essentielles du bien ou du service ;

2° Le prix total à payer par le consommateur ;

3° Lorsqu'elles existent, les garanties commerciales, régies par les articles L. 217-15 et L. 217-16, comprises dans le prix.

Le prix inclut, le cas échéant, tous les frais, notamment, de dossier, de gestion, de réservation, d'annulation, les frais de livraison, les frais d'intermédiation, les intérêts ainsi que les commissions et les taxes. Il mentionne les éventuelles conditions particulières d'application du prix annoncé et sa base de calcul lorsqu'un prix exact ne peut être indiqué. – *[C. consom., art. D. 111-8.]*

Art. D. 111-10 **En application de l'article 20 de la loi n° 2004-575 du 21 juin 2004 pour la confiance dans l'économie numérique** *[V. ce texte, App., v° Commerce électronique]* **et dans l'exercice de l'activité définie à l'article L. 111-6, seules les offres de biens ou de services référencées à titre payant, et dont le rang de classement dépend de cette rémunération, font apparaître leur caractère publicitaire par la mention du mot « Annonces » sur la page d'affichage de résultats du site comparateur.** – *[C. consom., art. D. 111-9.]*

CHAPITRE II INFORMATION SUR LES PRIX ET CONDITIONS DE VENTE

Art. R. 112-1 La demande du professionnel mentionnée au premier alinéa de l'article L. 112-5 est adressée ou déposée par tout moyen permettant d'apporter la preuve de sa date de réception à l'autorité administrative chargée de la concurrence, de la consommation et de la répression des fraudes compétente dans la région où le demandeur a établi son siège social ou son établissement.

Lorsque le siège social du demandeur est établi en dehors du territoire national, la demande est adressée ou déposée par les mêmes moyens à l'autorité administrative chargée de la concurrence, de la consommation et de la répression des fraudes compétente pour l'ensemble du territoire national.

Un arrêté du ministre chargé de l'économie précise les modalités de dépôt de la demande ainsi que les autorités compétentes pour l'examiner.

Art. R. 112-2 Cette demande est présentée sur un formulaire défini par l'arrêté mentionné à l'article R. 112-1. Elle expose la situation de fait conformément au 1° du II de l'article 9 de la loi n° 2014-1545 du 20 décembre 2014 relative aux droits des citoyens dans leurs relations avec les administrations et comprend toutes les informations permettant d'apprécier si le professionnel relève des dispositions des articles L. 112-1 à L. 112-3. Elle est accompagnée des pièces justificatives dont la liste est fixée par le même arrêté.

Art. R. 112-3 L'autorité administrative mentionnée à l'article R. 112-1 prend formellement position sur la situation de fait décrite par le demandeur dans un délai de deux mois à compter de la date de réception de la demande.

Lorsque le dossier est incomplet, cette autorité administrative fait connaître au demandeur, par tout moyen permettant d'apporter la preuve de sa date de réception, la liste des éléments complémentaires nécessaires. Dans ce cas, le délai de deux mois prévu à l'alinéa précédent court à compter de la réception du dossier complet.

En cas de désaccord sur la position formelle prise par l'administration, le professionnel peut solliciter le réexamen de sa demande selon les mêmes modalités que la demande initiale.

Art. R. 112-4 L'autorité administrative mentionnée à l'article R. 112-1 notifie sa position formelle au demandeur par tout moyen permettant d'apporter la preuve de sa date de réception.

Les agents mentionnés à l'article L. 511-5 sont chargés d'effectuer les constatations relatives à la situation du professionnel mentionnée au 1° de l'article L. 112-6.

Dans les cas prévus aux 1° et 3° du même article, l'autorité compétente notifie au professionnel sa nouvelle position formelle au moins deux semaines avant sa prise d'effet et par tout moyen permettant d'apporter la preuve de sa date de réception.

L'arrêté mentionné à l'article R. 112-1 précise les modalités de la notification de la position formelle de l'administration.

CHAPITRE III INFORMATION SUR LES CONDITIONS SOCIALES DE FABRICATION DES PRODUITS

Art. D. 113-1 Pour l'application des dispositions de l'article L. 113-1, constituent des conventions internationales relatives aux droits humains fondamentaux :

1° Le pacte international relatif aux droits civils et politiques, ouvert à la signature à New York le 19 décembre 1966 ;

2° Le pacte international relatif aux droits économiques, sociaux et culturels, ouvert à la signature à New York le 19 décembre 1966 ;

3° La convention sur l'élimination de toutes les formes de discrimination à l'égard des femmes, ouverte à la signature à New York le 1er mars 1980 ;

4° La convention relative aux droits de l'enfant, signée à New York le 26 janvier 1990 ;

5° La convention relative aux droits des personnes handicapées (ensemble un protocole facultatif), signée à New York le 30 mars 2007 ;

6° La convention n° 29 de l'Organisation internationale du travail concernant le travail forcé, adoptée par la Conférence internationale du travail dans sa 14e session tenue à Genève le 28 juin 1930 ;

7° La convention n° 87 de l'Organisation internationale du travail concernant la liberté syndicale et la protection du droit syndical, adoptée par la Conférence internationale du travail dans sa 31e session tenue à San Francisco le 17 juin 1948 ;

8° La convention n° 98 de l'Organisation internationale du travail concernant l'application des principes du droit d'organisation et de négociation collective, adoptée par la Conférence internationale du travail dans sa 32e session tenue à Genève le 1er juillet 1949 ;

9° La convention n° 100 de l'Organisation internationale du travail concernant l'égalité de rémunération entre la main-d'œuvre masculine et la main-d'œuvre féminine pour un travail de valeur égale, adoptée par la Conférence internationale du travail dans sa 34e session tenue à Genève le 29 juin 1951 ;

10° La convention n° 105 de l'Organisation internationale du travail concernant l'abolition du travail forcé, adoptée par la Conférence internationale du travail dans sa 40e session tenue à Genève le 25 juin 1957 ;

11° La convention n° 111 de l'Organisation internationale du travail concernant la discrimination (emploi et profession), adoptée par la Conférence internationale du travail dans sa 42e session tenue à Genève le 25 juin 1958 ;

12° La convention n° 138 de l'Organisation internationale du travail concernant l'âge minimum *[minimal]* **d'admission à l'emploi, adoptée par la Conférence internationale du travail dans sa 58e session tenue à Genève le 26 juin 1973 ;**

13° La convention n° 182 de l'Organisation internationale du travail concernant les pires formes de travail des enfants et l'action immédiate en vue de leur élimination, adoptée par la Conférence internationale du travail dans sa 87e session tenue à Genève le 17 juin 1999. — *[C. consom., art. D. 117-1.]*

CHAPITRE IV REMISE DES CONTRATS TYPES

Le présent chapitre ne comprend pas de dispositions réglementaires.

TITRE DEUXIÈME PRATIQUES COMMERCIALES INTERDITES ET PRATIQUES COMMERCIALES RÉGLEMENTÉES

CHAPITRE PREMIER PRATIQUES COMMERCIALES INTERDITES

Art. R. 121-1 **Dans le cas où les primes mentionnées à l'article L. 121-19 sont constituées d'objets distribués dans le but de satisfaire à des exigences environnementales, ces objets sont entièrement recyclables, qu'il s'agisse de carton recyclable ignifugé ou d'encres alimentaires.**

Si ces objets appartiennent à la catégorie de produits et ingrédients, respectivement définis aux articles L. 3512-1 et L. 3512-2 du code de la santé publique *[V. App., v° Tabac, produits du tabac]*, **ils ne comportent aucune référence, graphisme, présentation ou tout autre signe distinctif qui rappelle un produit ou un ingrédient, défini à ce même article. Dans ce cas, les avertissements sanitaires relatifs aux dangers du tabac doivent être mentionnés.**

Les références de la personne intéressée à l'opération de publicité, la dénomination de la marque, du sigle ou logo peuvent être apposées sur les objets pour autant qu'elles respectent les dispositions restreignant ou encadrant la publicité concernant l'alcool, le tabac et les jeux ou paris en ligne, notamment prévues aux articles L. 3512-4, L. 3512-5 et L. 3323-2 à L. 3323-5 du code de la santé publique *[V. ces art., App., vis Boissons alcooliques et Tabac, produits du tabac]*. — *[C. consom., art. L. 121-35, al. 2 et 3.]*

CHAPITRE II PRATIQUES COMMERCIALES RÉGLEMENTÉES

SECTION UNIQUE UTILISATION DE LA MENTION "FAIT MAISON"

Art. D. 122-1 **I. — Un produit brut, au sens de l'article L. 122-20, est un produit alimentaire cru ne contenant, notamment à l'occasion de son conditionnement ou du procédé utilisé pour sa conservation, aucun assemblage avec d'autre produit alimentaire excepté le sel.**

II. — Peuvent entrer dans la composition des plats "faits maison" les produits suivants :

Les produits que le consommateur ne s'attend pas à voir réaliser par le restaurateur lui-même :

— les salaisons, saurisseries et charcuteries, à l'exception des terrines et des pâtés ;

— les fromages, les matières grasses alimentaires, la crème fraîche et le lait ;

— le pain, les farines et les biscuits secs ;

— les légumes et fruits secs et confits ;

— les pâtes et les céréales ;

— la levure, le sucre et la gélatine ;

— les condiments, épices, aromates, concentrés, le chocolat, le café, les tisanes, thés et infusions ;

— les sirops, vins, alcools et liqueurs.

Pour des raisons de sécurité sanitaire, les produits suivants :

— la choucroute crue et les abats blanchis ;

— sous réserve d'en informer par écrit le consommateur, les fonds blancs, bruns et fumets et la demi-glace.

Art. D. 122-2 **Un plat est élaboré sur place lorsqu'il est élaboré dans les locaux de l'établissement dans lequel il est proposé à la vente ou à la consommation.**

Un plat "fait maison" peut être élaboré par le professionnel dans un lieu différent du lieu de vente ou de consommation uniquement :

— dans le cadre d'une activité de traiteur organisateur de réception ;

— dans le cadre d'une activité de commerce non sédentaire, notamment sur les foires, les marchés et lors de manifestations de plein air et de vente ambulante.

Art. D. 122-3 **I. — Lorsque l'ensemble des plats proposés par le professionnel est "fait maison", la mention "fait maison" ou "maison" ou le logo défini par arrêté du ministre chargé du commerce peuvent figurer à un endroit unique visible par tous les consommateurs. Cette disposition s'applique de plein droit aux maîtres-restaurateurs.**

II. — Les mentions ou le logo figurent, le cas échéant, pour chacun des plats sur les supports utilisés pour les présenter ainsi que sur les autres supports de commercialisation du professionnel, notamment en ligne.

III. — Un plat composé exclusivement de produits mentionnés à l'article D. 122-1-II ne peut être présenté comme "fait maison".

TITRE TROISIÈME SANCTIONS

CHAPITRE PREMIER INFORMATION DES CONSOMMATEURS

Art. R. 131-1 Le fait, pour un professionnel vendeur ou prestataire de services, de ne pas remettre à toute personne *intéressée* qui en fait la demande un exemplaire *des conventions* qu'il propose habituellement, en méconnaissance des dispositions de l'article L. 114-1, est puni des peines d'amendes prévues pour les contraventions de la 5e classe.

La récidive est réprimée conformément aux dispositions des articles 132-11 et 132-15 du code pénal. — *[C. consom., art. R. 134-1.]*

CHAPITRE II PRATIQUES COMMERCIALES INTERDITES ET PRATIQUES COMMERCIALES RÉGLEMENTÉES

Art. R. 132-1 **Les refus de vente ou de prestation de services, en méconnaissance des dispositions du premier alinéa de l'article L. 121-11, sont punis de la peine d'amende prévue pour les contraventions de la 5e classe.**

La récidive est réprimée conformément aux dispositions des articles 132-11 et 132-15 du code pénal. – *[C. consom., art. R. 121-13, 2°, refus de vente.]*

Art. R. 132-2 **Les subordinations à conditions, de ventes ou de prestations de services, en méconnaissance des dispositions du deuxième alinéa de l'article L. 121-11 sont punis de la peine d'amende prévue pour les contraventions de la 5e classe.**

La récidive est réprimée conformément aux dispositions des articles 132-11 et 132-15 du code pénal. – *[C. consom., art. R. 121-13, 2°, subordination.]*

Art. R. 132-3 **Les règles relatives à la prohibition de la vente forcée par correspondance sont définies par l'article R. 635-2 du code pénal.** – *[C. consom., art. R. 122-1.] – V. ce texte ci-dessous.*

BIBL. ▸ Artz, *D. 1975. Chron. 129* (prohibition des envois forcés).

1. *Destinataire.* Étant donné la généralité des termes du texte, il importe peu que le destinataire soit un particulier ou une société commerciale. • Crim. 5 nov. 1985 : *D. 1986. IR 400, obs. Roujou de Boubée ; JCP E 1987. I. 15975, obs. Devèze.*

2. *Expédition.* Aucun contrat n'est spécifié par l'art. R. 40-12° (C. pén., art. R. 635-2) ; c'est le fait matériel de l'envoi d'un objet dans les circonstances prévues au texte qui caractérise l'infraction. • Paris, 27 oct. 1965 : *JCP 1966. II. 14662, note Guérin.* ♦ La contravention est commise dès l'expédition, sans qu'il y ait lieu de tenir compte de l'exercice de l'option par le destinataire. • Crim. 25 oct. 1972 : *D. 1973. 27 ; JCP 1973. II. 17308, note Guérin.*

3. *Correspondance.* Pour que la contravention soit commise, il n'est pas nécessaire que la lettre accompagne matériellement l'envoi ; il suffit qu'elle annonce celui-ci, un lien intellectuel et logique unissant alors, au cours d'une opération unique, l'expédition de la lettre et celle de l'objet. • Crim. 25 oct. 1972 : *préc. note 2.* ♦ Les documents remplis par l'expéditeur d'un envoi contre remboursement, remis ensuite par lui aux services postaux en même temps que l'objet, puis présentés au destinataire en vue de lui permettre d'exercer son choix entre la remise contre paiement ou le refus, constituent la correspondance visée par l'art. R. 40-12° (C. pén., art. R. 635-2). • Crim. 5 nov. 1985 : *préc. note 1.*

4. *Objet de l'envoi.* Le terme « objet quelconque » peut s'appliquer à une carte d'abonnement à une revue, préalablement signée du directeur de ladite revue, accompagnée d'une correspondance indiquant au destinataire qu'il peut soit conserver cette carte et renvoyer une fiche d'identité, remplie et signée, s'il accepte l'abonnement, soit renvoyer ces pièces sans les signer ni les remplir s'il n'accepte pas. • Crim. 14 avr. 1972 : *Bull. crim., n° 120 ; D. 1972. 478.* ♦ Il peut aussi s'appliquer à une carte d'adhérent à une association. • Paris, 27 oct. 1965 : *JCP 1966. II. 14662, note Guérin.*

Code pénal Art. R. 635-2 Le fait d'adresser à une personne, sans demande préalable de celle-ci, un objet quelconque accompagné d'une correspondance indiquant que cet objet peut être accepté contre versement d'un prix fixé ou renvoyé à son expéditeur, même si ce renvoi peut être fait sans frais pour le destinataire, est puni de l'amende prévue pour les contraventions de la 5e classe.

Les personnes coupables de la contravention prévue au présent article encourent également les peines complémentaires suivantes :

1° L'interdiction, pour une durée de trois ans au plus, d'émettre des chèques autres que ceux qui permettent le retrait de fonds par le tireur auprès du tiré ou ceux qui sont certifiés ;

2° La confiscation de la chose qui a servi ou était destinée à commettre l'infraction ou de la chose qui en est le produit.

(Décr. n° 2010-671 du 18 juin 2010) « Les personnes morales déclarées responsables pénalement, dans les conditions prévues par l'article 121-2, de l'infraction définie au présent article encourent, outre l'amende suivant les modalités prévues par l'article 131-41, les peines suivantes :

« 1° L'interdiction, pour une durée de trois ans au plus, d'émettre des chèques autres que ceux qui permettent le retrait de fonds par le tireur auprès du tiré ou ceux qui sont certifiés ;

« 2° La confiscation de la chose qui a servi ou était destinée à commettre l'infraction ou de la chose qui en est le produit. »

La récidive de la contravention prévue au présent article est réprimée conformément aux articles 132-11 et 132-15.

TITRE QUATRIÈME DISPOSITIONS RELATIVES À L'OUTRE-MER

Le présent titre ne comprend pas de dispositions réglementaires.

LIVRE DEUXIÈME FORMATION ET EXÉCUTION DES CONTRATS

TITRE PREMIER CONDITIONS GÉNÉRALES DES CONTRATS

CHAPITRE PREMIER PRÉSENTATION DES CONTRATS

Le présent chapitre ne comprend pas de dispositions réglementaires.

CHAPITRE II CLAUSES ABUSIVES

BIBL. GÉN. ▶ DURAFFOUR, *RLDA mars 2009. 43* (est-il possible d'encadrer réglementairement l'appréciation judiciaire du caractère abusif d'une clause contractuelle ?). – NOTTÉ, *JCP E 2009, n° 13, p. 3* (liste de clauses abusives). – SAUPHANOR-BROUILLAUD, *JCP 2009. Actu. 168* (les nouvelles clauses « noires » et « grises »). – RAJOT, *RCA 2009. Alerte 7* (nouvelle classification des clauses réputées non écrites). – PAISANT, *JCP 2009, n° 28, p. 48* (le décret portant listes noire et grise de clauses abusives). – ROCHFELD, *RTD civ. 2009. 383* (listes réglementaires noire et grise). – CARVAL, *RDC 2009. 1055* (la responsabilité contractuelle à l'épreuve des listes « noire » et « grise »). – FENOUILLET, *ibid. 1422* (la liste des clauses « noires » et « grises » enfin décrétée, mais pour combien de temps ?). – AMRANI-MEKKI, *ibid. 1617* (quelques réflexions procédurales). – SAUPHANOR-BROUILLAUD, *ibid. 1629* (les remèdes en droit de la consommation : clauses noires, clauses grises, clauses blanches, clauses proscrites par la jurisprudence et la CCA). – SALVANDY, *RDI 2010. 145* (protection du consommateur-emprunteur immobilier). – GRIMALDI, *RLDA juill.-août 2010. 112* (la rupture du contrat de consommation) – SAUPHANOR-BROUILLAUD, *RLDC sept. 2010. 7* (un an après le décret du 18 mars 2009, l'actualité des clauses abusives).

Art. R. 212-1 Dans les contrats conclus entre des professionnels et des consommateurs, sont de manière irréfragable présumées abusives, au sens des dispositions des premier et quatrième alinéas de l'article L. 212-1 et dès lors interdites, les clauses ayant pour objet ou pour effet de :

1° Constater l'adhésion du consommateur à des clauses qui ne figurent pas dans l'écrit qu'il accepte ou qui sont reprises dans un autre document auquel il n'est pas fait expressément référence lors de la conclusion du contrat et dont il n'a pas eu connaissance avant sa conclusion ;

2° Restreindre l'obligation pour le professionnel de respecter les engagements pris par ses préposés ou ses mandataires ;

3° Réserver au professionnel le droit de modifier unilatéralement les clauses du contrat relatives à sa durée, aux caractéristiques ou au prix du bien à livrer ou du service à rendre ;

4° Accorder au seul professionnel le droit de déterminer si la chose livrée ou les services fournis sont conformes ou non aux stipulations du contrat ou lui conférer le droit exclusif d'interpréter une quelconque clause du contrat ;

5° Contraindre le consommateur à exécuter ses obligations alors que, réciproquement, le professionnel n'exécuterait pas ses obligations de délivrance ou de garantie d'un bien ou son obligation de fourniture d'un service ;

6° Supprimer ou réduire le droit à réparation du préjudice subi par le consommateur en cas de manquement par le professionnel à l'une quelconque de ses obligations ;

7° Interdire au consommateur le droit de demander la résolution ou la résiliation du contrat en cas d'inexécution par le professionnel de ses obligations de délivrance ou de garantie d'un bien ou de son obligation de fourniture d'un service ;

8° Reconnaître au professionnel le droit de résilier discrétionnairement le contrat, sans reconnaître le même droit au consommateur ;

9° Permettre au professionnel de retenir les sommes versées au titre de prestations non réalisées par lui, lorsque celui-ci résilie lui-même discrétionnairement le contrat ;

10° Soumettre, dans les contrats à durée indéterminée, la résiliation à un délai de préavis plus long pour le consommateur que pour le professionnel ;

11° Subordonner, dans les contrats à durée indéterminée, la résiliation par le consommateur au versement d'une indemnité au profit du professionnel ;

12° Imposer au consommateur la charge de la preuve, qui, en application du droit applicable, devrait incomber normalement à l'autre partie au contrat. – *[C. consom., art. R. 132-1.]*

Art. R. 212-2 **Dans les contrats conclus entre des professionnels et des consommateurs, sont présumées abusives au sens des dispositions des premier et cinquième alinéas de l'article L. 212-1, sauf au professionnel à rapporter la preuve contraire, les clauses ayant pour objet ou pour effet de :**

1° Prévoir un engagement ferme du consommateur, alors que l'exécution des prestations du professionnel est assujettie à une condition dont la réalisation dépend de sa seule volonté ;

2° Autoriser le professionnel à conserver des sommes versées par le consommateur lorsque celui-ci renonce à conclure ou à exécuter le contrat, sans prévoir réciproquement le droit pour le consommateur de percevoir une indemnité d'un montant équivalent, ou égale au double en cas de versement d'arrhes au sens de l'article L. 214-1, si c'est le professionnel qui renonce ;

3° Imposer au consommateur qui n'exécute pas ses obligations une indemnité d'un montant manifestement disproportionné ;

4° Reconnaître au professionnel la faculté de résilier le contrat sans préavis d'une durée raisonnable ;

5° Permettre au professionnel de procéder à la cession de son contrat sans l'accord du consommateur et lorsque cette cession est susceptible d'engendrer une diminution des droits du consommateur ;

6° Réserver au professionnel le droit de modifier unilatéralement les clauses du contrat relatives aux droits et obligations des parties, autres que celles prévues au 3° de l'article R. 212-1 ;

7° Stipuler une date indicative d'exécution du contrat, hors les cas où la loi l'autorise ;

8° Soumettre la résolution ou la résiliation du contrat à des conditions ou modalités plus rigoureuses pour le consommateur que pour le professionnel ;

9° Limiter indûment les moyens de preuve à la disposition du consommateur ;

10° Supprimer ou entraver l'exercice d'actions en justice ou des voies de recours par le consommateur, notamment en obligeant le consommateur à saisir exclusivement une juridiction d'arbitrage non couverte par des dispositions légales ou à passer exclusivement par un mode alternatif de règlement des litiges. – *[C. consom., art. R. 132-2.]*

BIBL. ▶ MATRAY, *Rev. arb. 2009. 455* (clauses abusives et modes alternatifs de règlement des litiges). – SAUPHANOR-BROUILLAUD, *LPA 20 juill. 2009* (la clause compromissoire abusive). – BERNHEIM-DESVAUX, *CCC 2011. Formule 3* (clause de recours à la médiation ou à la conciliation) ; *ibid. 4* (clause compromissoire) ; *ibid. 5* (clause attributive de compétence) ; *CCC 2012. Formule 7* (clause résolutoire) ; *JCP E 2012, n° 1554* (clause pénale). – KENFACK, *D. 2015. 384* (reconnaissance des véritables clauses de médiation ou de conciliation obligatoire hors de toute instance). – NOBLOT, *CCC 2015. Formule 3* (clause de médiation préalable et obligatoire). – COMBET, *RLDA mai 2017. 19* (des nouvelles clauses compromissoires dans les contrats du XXIe siècle).

Art. R. 212-3 **Le 3° de l'article R. 212-1 et les 4° et 6° de l'article R. 212-2 ne sont pas applicables :**

1° Aux transactions concernant les valeurs mobilières, instruments financiers et autres produits ou services dont le prix est lié aux fluctuations d'un cours, d'un indice ou d'un taux que le professionnel ne contrôle pas ;

2° Aux contrats d'achat ou de vente de devises, de chèques de voyage ou de mandats internationaux émis en bureau de poste et libellés en devises. – *[C. consom., art. R. 132-2-1, I.]*

Art. R. 212-4 **Le 3° de l'article R. 212-1 et le 6° de l'article R. 212-2 ne font pas obstacle à l'existence de clauses par lesquelles le fournisseur de services financiers se**

réserve le droit de modifier le taux d'intérêt dû par le consommateur ou dû à celui-ci, ou le montant de toutes charges afférentes à des services financiers, sans aucun préavis en cas de motif légitime, pourvu que soit mise à la charge du professionnel l'obligation d'en informer la ou les autre parties contractantes dans les meilleurs délais et que celles-ci soient libres de résilier immédiatement le contrat.

Le 8° de l'article R. 212-1 et le 4° de l'article R. 212-2 ne font pas obstacle à l'existence de clauses par lesquelles le fournisseur de services financiers se réserve le droit de mettre fin au contrat à durée indéterminée unilatéralement, et ce sans préavis en cas de motif légitime, à condition que soit mise à la charge du professionnel l'obligation d'en informer la ou les autres parties contractantes immédiatement.

Le 3° de l'article R. 212-1 et le 6° de l'article R. 212-2 ne font pas obstacle à l'existence de clauses par lesquelles le contrat, lorsqu'il est conclu à durée indéterminée, stipule que le professionnel peut apporter unilatéralement des modifications liées au prix du bien à livrer ou du service à rendre à la condition que le consommateur en ait été averti dans un délai raisonnable pour être en mesure, le cas échéant, de résilier le contrat.

Le 3° de l'article R. 212-1 et le 6° de l'article R. 212-2 ne font pas obstacle à l'existence de clauses par lesquelles le contrat stipule que le professionnel peut apporter unilatéralement des modifications au contrat liées à l'évolution technique, dès lors qu'il n'en résulte ni augmentation de prix, ni altération de la qualité et que les caractéristiques auxquelles le non-professionnel ou le consommateur a subordonné son engagement ont pu figurer au contrat. – *[C. consom., art. R. 132-2-1, II à V.]*

Art. R. 212-5 Les dispositions des articles R. 212-1 à R. 212-4 sont également applicables aux contrats conclus entre des professionnels et des non-professionnels.

Sur la définition du non-professionnel, V. art. liminaire.

CHAPITRE III CONSERVATION DES CONTRATS CONCLUS PAR VOIE ÉLECTRONIQUE

BIBL. GÉN. ▶ FENOUILLET, *RDC 2005. 1067.* - GRYNBAUM, *CCE 2005, n° 69.* - REYNAUD, *ibid. Chron. 23* (conservation des données engendrées par les communications électroniques).

Art. D. 213-1 Le montant mentionné à l'article L. 213-1 est fixé à 120 euros. – *[Décr. n° 2005-137 du 16 févr. 2005, art. 1er.]*

Art. D. 213-2 Le délai mentionné à l'article L. 213-1 est fixé à dix ans à compter de la conclusion du contrat lorsque la livraison du bien ou l'exécution de la prestation est immédiate.

Dans le cas contraire, le délai court à compter de la conclusion du contrat jusqu'à la date de livraison du bien ou de l'exécution de la prestation et pendant une durée de dix ans à compter de celle-ci. – *[Décr. n° 2005-137 du 16 févr. 2005, art. 2.]*

CHAPITRE IV ARRHES ET ACOMPTES

Le présent chapitre ne comprend pas de dispositions réglementaires.

CHAPITRE V RECONDUCTION DES CONTRATS DE PRESTATIONS DE SERVICES

Le présent chapitre ne comprend pas de dispositions réglementaires.

CHAPITRE VI LIVRAISON ET TRANSFERT DE RISQUE

Le présent chapitre ne comprend pas de dispositions réglementaires.

CHAPITRE VII OBLIGATION DE CONFORMITÉ AU CONTRAT

Le présent chapitre ne comprend pas de dispositions réglementaires.

CHAPITRE VIII PRESCRIPTION

Le présent chapitre ne comprend pas de dispositions réglementaires.

TITRE DEUXIÈME RÈGLES DE FORMATION ET D'EXÉCUTION DE CERTAINS CONTRATS

CHAPITRE PREMIER CONTRAT [CONTRATS] CONCLUS À DISTANCE ET HORS ÉTABLISSEMENT

Art. R. 221-1 Le formulaire type de rétractation mentionné au 2° de l'article L. 221-5 figure en annexe au présent code. – *[C. consom., art. R. 121-1.]*

ANNEXE À L'ARTICLE R. 221-1

MODÈLE DE FORMULAIRE DE RÉTRACTATION

(Veuillez compléter et renvoyer le présent formulaire uniquement si vous souhaitez vous rétracter du contrat.)

A l'attention de [le professionnel insère ici son nom, son adresse géographique et, lorsqu'ils sont disponibles, son numéro de télécopieur et son adresse électronique] :

Je/nous (*) vous notifie/notifions (*) par la présente ma/notre (*) rétractation du contrat portant sur la vente du bien (*)/pour la prestation de services (*) ci-dessous :

Commandé le (*)/reçu le (*) :

Nom du (des) consommateur(s) :

Adresse du (des) consommateur(s) :

Signature du (des) consommateur(s) (uniquement en cas de notification du présent formulaire sur papier) :

Date :

(*) Rayez la mention inutile.

Art. R. 221-2 En application du 6° de l'article L. 221-5, le professionnel communique au consommateur les informations suivantes :

1° L'adresse géographique où le professionnel est établi ainsi que son numéro de téléphone, son numéro de télécopieur et son adresse électronique ainsi que, le cas échéant, l'adresse géographique et l'identité du professionnel pour le compte duquel il agit ;

2° Si elle diffère de l'adresse fournie conformément au 1°, l'adresse géographique du siège commercial du professionnel et, le cas échéant, celle du professionnel pour le compte duquel il agit à laquelle le consommateur peut adresser une éventuelle réclamation ;

3° Le coût de l'utilisation de la technique de communication à distance pour la conclusion du contrat, lorsque ce coût est calculé sur une base autre que le tarif de base ;

4° L'existence de codes de conduite applicables et, le cas échéant, les modalités pour en obtenir une copie ;

5° Le cas échéant, la durée minimale des obligations contractuelles du consommateur ;

6° Le cas échéant, l'existence d'une caution ou d'autres garanties financières à *payer ou à fournir par le* consommateur à la demande du professionnel ainsi que les conditions y afférentes. – *[C. consom., art. R. 121-2, I, al. 1er à 7.]*

Tarif de base. La notion de « tarif de base », visée à l'art. 21 de la Dir. 2011/83/UE du 25 oct. 2011, doit être interprétée en ce sens que le coût d'un appel relatif à un contrat conclu et à destination d'une ligne téléphonique d'assistance exploitée par un professionnel ne peut excéder le coût d'un appel à destination d'une ligne de téléphone fixe géographique ou mobile standard.

Pour autant que cette limite est respectée, la circonstance que le professionnel concerné réalise ou non des bénéfices au moyen de cette ligne téléphonique d'assistance est dénuée de pertinence. • CJUE 2 mars 2017, n° C-568/15 : *JCP 2017, n° 319, obs. D. B.; CCC 2017, n° 113, obs. Bernheim-Desvaux; Europe 2017, n° 200, obs. Daniel.*

Art. R. 221-3 **Les informations relatives au droit de rétractation mentionnées aux 2°, 3° et 4° de l'article L. 221-5 peuvent être fournies au moyen de l'avis d'information type dûment complété figurant en annexe au présent code.** – *[C. consom., art. R. 121-2, II.]*

ANNEXE À L'ARTICLE R. 221-3

INFORMATIONS CONCERNANT L'EXERCICE DU DROIT DE RÉTRACTATION

Droit de rétractation

Vous avez le droit de vous rétracter du présent contrat sans donner de motif dans un délai de quatorze jours.

Le délai de rétractation expire quatorze jours après le jour (1).

Pour exercer le droit de rétractation, vous devez nous notifier (2) votre décision de rétractation du présent contrat au moyen d'une déclaration dénuée d'ambiguïté (par exemple, lettre envoyée par la poste, télécopie ou courrier électronique). Vous pouvez utiliser le modèle de formulaire de rétractation mais ce n'est pas obligatoire (3).

Pour que le délai de rétractation soit respecté, il suffit que vous transmettiez votre communication relative à l'exercice du droit de rétractation avant l'expiration du délai de rétractation.

Effets de rétractation

En cas de rétractation de votre part du présent contrat, nous vous rembourserons tous les paiements reçus de vous, y compris les frais de livraison (à l'exception des frais supplémentaires découlant du fait que vous avez choisi, le cas échéant, un mode de livraison autre que le mode moins coûteux de livraison standard proposé par nous) sans retard excessif et, en tout état de cause, au plus tard quatorze jours à compter du jour où nous sommes informés de votre décision de rétractation du présent contrat. Nous procéderons au remboursement en utilisant le même moyen de paiement que celui que vous aurez utilisé pour la transaction initiale, sauf si vous convenez expressément d'un moyen différent; en tout état de cause, ce remboursement n'occasionnera pas de frais pour vous (4).

(5)

(6)

Instructions à suivre pour remplir les informations :

(1) Insérez l'un des passages suivants entre guillemets :

a) S'il s'agit d'un contrat de service ou d'un contrat portant sur la fourniture d'eau, de gaz ou d'électricité lorsqu'ils ne sont pas conditionnés dans un volume délimité ou en quantité déterminée, de chauffage urbain ou d'un contenu numérique non fourni sur un support matériel : "de la conclusion du contrat." ;

b) S'il s'agit d'un contrat de vente : "où vous-même, ou un tiers autre que le transporteur et désigné par vous, prend physiquement possession du bien." ;

c) S'il s'agit d'un contrat portant sur plusieurs biens commandés par le consommateur au moyen d'une seule commande et si ces biens sont livrés séparément : "où vous-même, ou un tiers autre que le transporteur et désigné par vous, prend physiquement possession du dernier bien." ;

d) S'il s'agit d'un contrat portant sur la livraison d'un bien en plusieurs lots ou pièces : "où vous-même, ou un tiers autre que le transporteur et désigné par vous, prend physiquement possession du dernier lot ou de la dernière pièce." ;

e) S'il s'agit d'un contrat portant sur la livraison régulière de biens pendant une période de temps déterminée : "où vous-même, ou un tiers autre que le transporteur et désigné par vous, prend physiquement possession du premier bien."

(2) Insérez votre nom, votre adresse géographique et, lorsqu'ils sont disponibles, votre numéro de téléphone, votre numéro de télécopieur et votre adresse électronique.

(3) Si vous donnez au consommateur la faculté de remplir et de transmettre électroniquement les informations sur sa rétractation du contrat sur votre site internet, insérez le texte suivant : "Vous pouvez également remplir et transmettre le modèle de formulaire de rétractation ou toute autre déclaration dénuée d'ambiguïté sur notre site internet [insérer l'adresse du site internet]. Si

vous utilisez cette option, nous vous enverrons sans délai un accusé de réception de la rétractation sur un support durable (par exemple, par courriel).".

(4) S'il s'agit d'un contrat de vente dans le cadre duquel vous n'avez pas proposé de récupérer le bien en cas de rétractation, insérez le texte suivant : "Nous pouvons différer le remboursement jusqu'à ce que nous ayons reçu le bien ou jusqu'à ce que vous ayez fourni une preuve d'expédition du bien, la date retenue étant celle du premier de ces faits.".

(5) Si le consommateur a reçu des biens dans le cadre du contrat :

a) Insérez :

"Nous récupérerons le bien" ; ou

"Vous devrez renvoyer ou rendre le bien, à nous-mêmes ou à ... [insérer le nom et l'adresse géographique, le cas échéant, de la personne habilitée par vous à réceptionner le bien] sans retard excessif et, en tout état de cause, au plus tard quatorze jours après que vous nous aurez communiqué votre décision de rétractation du présent contrat. Ce délai est réputé respecté si vous renvoyez le bien avant l'expiration du délai de quatorze jours."

b) Insérez :

"Nous prendrons en charge les frais de renvoi du bien." ; *[ou]*

"Vous devrez prendre en charge les frais directs de renvoi du bien." ;

Si, dans le cas d'un contrat à distance, vous ne proposez pas de prendre en charge les frais de renvoi du bien et que le bien, en raison de sa nature, ne peut normalement être renvoyé par la poste : "Vous devrez prendre en charge les frais directs de renvoi du bien, ... EUR [insérer le montant]." ; ou, si le coût de renvoi du bien ne peut raisonnablement être calculé à l'avance : "Vous devrez prendre en charge les frais directs de renvoi du bien. Ces frais sont estimés à un maximum d'environ ... EUR [insérer le montant]." ; ou

Si, dans le cas d'un contrat hors établissement, le bien, en raison de sa nature, ne peut normalement être renvoyé par la poste et a été livré au domicile du consommateur au moment de la conclusion du contrat : "Nous récupérerons le bien à nos propres frais." et

c) Insérez : "Votre responsabilité n'est engagée qu'à l'égard de la dépréciation du bien résultant de manipulations autres que celles nécessaires pour établir la nature, les caractéristiques et le bon fonctionnement de ce bien.".

(6) Dans le cas d'un contrat de prestation de services ou de fourniture d'eau, de gaz ou d'électricité lorsqu'ils ne sont pas conditionnés dans un volume délimité ou en quantité déterminée, ou de chauffage urbain, insérez le texte suivant : "Si vous avez demandé de commencer la prestation de services ou la fourniture d'eau/de gaz/d'électricité/de chauffage urbain [supprimer les mentions inutiles] pendant le délai de rétractation, vous devrez nous payer un montant proportionnel à ce qui vous a été fourni jusqu'au moment où vous nous avez informé de votre rétractation du présent contrat, par rapport à l'ensemble des prestations prévues par le contrat.".

BIBL. ▶ LUCAS-PUGET, *RCA 2016. Formule 10* (la clause informant le consommateur de son droit de rétractation dans les contrats à distance et hors établissement).

Art. R. 221-4 **En cas d'enchères publiques, les informations prévues au dernier alinéa de l'article L. 221-5 concernent le commissaire-priseur de ventes volontaires.** — *[C. consom., art. R. 121-2, III.]*

CHAPITRE II DISPOSITIONS PARTICULIÈRES AUX CONTRATS CONCLUS À DISTANCE PORTANT SUR DES SERVICES FINANCIERS

Art. R. 222-1 **Pour l'application des dispositions de l'article L. 222-5, le fournisseur communique au consommateur des informations concernant :**

1° Son identité : l'identité, l'activité principale, l'adresse géographique à laquelle le fournisseur de services financiers est établi, ainsi que toute autre adresse nécessaire au suivi des relations entre le consommateur et le fournisseur. Lorsque le fournisseur utilise les services d'un représentant ou d'un intermédiaire, il communique également au consommateur l'identité de ce dernier ainsi que celle de ses adresses devant être prise en compte pour les relations avec le consommateur.

Lorsque le fournisseur est inscrit au registre du commerce et des sociétés, il communique au consommateur son numéro d'immatriculation. En outre, les personnes

soumises à agrément communiquent au consommateur les coordonnées des autorités chargées de leur contrôle ;

2° Le service financier : le fournisseur communique au consommateur les documents d'information particuliers relatifs aux produits, instruments financiers et services proposés requis par les dispositions législatives et réglementaires en vigueur ou, en l'absence de tels documents, une note d'information sur chacun des produits, instruments financiers et services proposés et indiquant, s'il y a lieu, les risques particuliers qu'ils peuvent comporter. Il informe le consommateur du prix total dû, y compris l'ensemble des commissions, charges et dépenses y afférentes et toutes les taxes acquittées par l'intermédiaire du fournisseur. Le fournisseur informe également le consommateur de l'existence de toute autre taxe ou frais qui ne sont pas acquittés ou facturés par lui.

Le fournisseur précise les modalités selon lesquelles sera conclu le contrat, et en particulier le lieu et la date de signature de celui-ci.

Le cas échéant, le fournisseur précise au consommateur, d'une part, que le service financier est lié à des instruments qui impliquent des risques particuliers du fait de leurs spécificités ou des opérations à exécuter ou dont le prix dépend de fluctuations des marchés financiers sur lesquelles le fournisseur n'a aucune influence et, d'autre part, que les performances passées ne laissent pas présager des performances futures.

Le fournisseur informe le consommateur de toute limitation de la durée pendant laquelle les informations fournies sont valables, des modes de paiement et d'exécution et enfin, s'il y a lieu, de l'existence de tout coût supplémentaire spécifique pour le consommateur afférent à l'utilisation de la technique de communication à distance ;

3° Le contrat à distance : le fournisseur informe le consommateur de l'existence du droit de rétractation mentionné à l'article L. 222-7, de sa durée, des conséquences pécuniaires éventuelles de sa mise en œuvre, ainsi que de l'adresse à laquelle le consommateur doit notifier sa décision. En cas d'absence d'un tel droit, le fournisseur en informe le consommateur ainsi que des conséquences de cette absence.

Pour les contrats pour lesquels s'applique le délai de rétractation mentionné à l'article L. 222-7, le fournisseur informe le consommateur du fait que, sauf accord exprès de ce dernier, le contrat ne peut commencer à être exécuté qu'à l'expiration du délai de rétractation. Pour les contrats de crédit à la consommation prévus au chapitre II du titre Ier du livre III, le fournisseur informe le consommateur du fait que, même avec son accord, le contrat ne peut commencer à être exécuté durant les sept premiers jours, sauf s'agissant des contrats de crédit affecté, qui ne peuvent commencer à être exécutés durant les trois premiers jours.

Pour les contrats de crédit immobilier mentionnés à l'article L. 313-1, le fournisseur informe le consommateur du fait que, même avec son accord, le contrat ne peut être conclu durant les dix premiers jours suivant la réception par le consommateur de l'offre de crédit.

Le fournisseur informe le consommateur des droits contractuels que peuvent avoir les parties de résilier le contrat, sans omettre les éventuelles pénalités imposées par le contrat dans ce cas.

Lorsque le contrat est à exécution successive, le fournisseur porte à la connaissance du consommateur sa durée minimale.

Le consommateur est informé de la langue ou des langues qui seront utilisées entre les parties durant la relation précontractuelle, ainsi que de la langue ou des langues dans lesquelles le contrat sera rédigé. La langue utilisée durant la relation contractuelle est choisie en accord avec le consommateur ;

4° Les recours : le fournisseur informe le consommateur de la loi applicable aux relations précontractuelles et au contrat ainsi que de l'existence de toute clause concernant le choix d'une juridiction. Il l'informe de l'existence ou de l'absence de procédures extrajudiciaires de réclamation et de recours accessibles et, si de telles procédures existent, de leurs modalités d'exercice. Le consommateur est également informé de l'existence de fonds de garantie ou d'autres mécanismes d'indemnisation, tels que les mécanismes d'indemnisation des déposants, des investisseurs et des cautions, respectivement mentionnés aux articles L. 312-4, L. 313-50 et L. 322-1 du code monétaire et financier. – *[C. consom., art. R. 121-3, I, al. 1er à 14.] – V. **C. mon. fin.***

Art. R. 222-2 En cas de communication par téléphonie vocale, l'identité du fournisseur et le caractère commercial de l'appel dont le fournisseur a pris l'initiative sont indiqués sans équivoque au début de toute conversation avec le consommateur.

Sous réserve de l'accord formel du consommateur, seules les informations ci-après doivent être fournies :

1° L'identité de la personne en contact avec le consommateur et le lien de cette personne avec le fournisseur ;

2° Une description des principales caractéristiques du service financier. Pour les contrats de crédit immobilier mentionnés à l'article L. 313-1, les informations figurant aux sections 3 à 6 de la fiche d'information standardisée européenne mentionnée à l'article L. 313-7 ;

3° Le prix total dû par le consommateur au fournisseur pour le service financier, qui comprend toutes les taxes acquittées par l'intermédiaire du fournisseur ou, lorsqu'un prix exact ne peut être indiqué, la base de calcul du prix permettant au consommateur de vérifier ce dernier ;

4° L'indication de l'existence éventuelle d'autres taxes ou frais qui ne sont pas acquittés par l'intermédiaire du fournisseur ou facturés par lui ;

5° L'existence ou l'absence du droit de rétractation mentionné à l'article L. 222-7 et, si ce droit existe, sa durée et les modalités de son exercice, y compris des informations sur le montant que le consommateur peut être tenu de payer en application de l'article L. 222-13.

Le fournisseur informe le consommateur sur, d'une part, le fait que d'autres informations peuvent être fournies sur demande et, d'autre part, la nature de ces informations. – *[C. consom., art. R. 121-3, I, al. 15 à 22.]*

Les dispositions du 2o de l'art. R. 222-2 entrent en vigueur le 1er oct. 2016 (Décr. no 2016-884 du 29 juin 2016, art. 11-II).

Art. R. 222-3 Lorsqu'un service de paiement défini au II de l'article L. 314-2 du code monétaire et financier est fourni dans les conditions prévues aux articles L. 222-1 et L. 222-2 du présent code, le fournisseur communique au consommateur, sans préjudice des informations précisées par les dispositions législatives et réglementaires particulières à ce service, les informations prévues à la deuxième phrase du premier alinéa du 2° de l'article R. 222-1, aux deuxième et troisième alinéas du 2°, aux premier et deuxième alinéas du 3°, à la deuxième phrase du premier alinéa du 4° et, le cas échéant, à l'article R. 222-2. – *[C. consom., art. R. 121-3, II.]*

Art. R. 222-4 Lorsque l'acte par lequel le consommateur a communiqué au fournisseur sa volonté de se rétracter a été envoyé sur un support papier ou sur un autre support durable avant l'expiration du délai mentionné à l'article L. 222-7, le consommateur est réputé avoir respecté ce délai. – *[C. consom., art. R. 121-4.]*

CHAPITRE III OPPOSITION AU DÉMARCHAGE TÉLÉPHONIQUE

Art. R. 223-1 La liste d'opposition au démarchage téléphonique prévue à l'article L. 223-1 repose sur un traitement automatisé de données à caractère personnel dont la mise en œuvre et la gestion sont confiées à un organisme de droit public ou de droit privé désigné dans les conditions prévues à l'article L. 223-4, pour une durée maximale de cinq ans. – *[C. consom., art. R. 121-7.]*

Art. R. 223-2 Ce *traitement automatisé* a pour finalité d'assurer *la collecte, l'enregistrement, la conservation*, la gestion et la mise à jour de la liste comportant les numéros de téléphone des consommateurs qui ne souhaitent pas faire l'objet d'un démarchage par voie téléphonique.

Il permet aux entreprises qui recourent au démarchage téléphonique de bénéficier de fichiers de prospection actualisés desquels sont retirées, par l'organisme men-

tionné à l'article R. 223-1, les coordonnées des consommateurs inscrits sur la liste d'opposition. – *[C. consom., art. R. 121-7-1.]*

Art. R. 223-3 **Les informations nominatives qui peuvent être portées sur la liste d'opposition sont exclusivement le ou les numéros de téléphone désignés par le consommateur accompagnés de la date et de l'heure d'inscription.**

Le consommateur qui désire s'inscrire sur cette liste peut y procéder par voie électronique ou par tout autre moyen. Une confirmation de son inscription fait l'objet d'un récépissé d'inscription qui lui est communiqué par l'organisme dans les mêmes formes que celles de l'inscription. Ce récépissé précise la durée de l'inscription ainsi que la date à laquelle elle devient effective au plus tard dans les trente jours de la délivrance du récépissé.

Chaque numéro est inscrit pour une durée maximale de trois ans. L'organisme informe le consommateur au moins trois mois avant l'échéance de son inscription sur la liste des modalités lui permettant de la renouveler.

Le consommateur peut se désinscrire à tout moment de la liste par voie électronique ou par tout autre moyen. Une confirmation de sa désinscription indiquant sa date de prise d'effet lui est délivrée dans les mêmes formes que celles de sa désinscription. – *[C. consom., art. R. 121-7-2.]*

Art. R. 223-4 **L'organisme mentionné à l'article R. 223-1 est seul habilité à collecter, enregistrer, conserver, modifier ou traiter les informations portées sur la liste d'opposition au démarchage téléphonique.**

Il est également seul habilité à mettre à jour cette liste en fonction des inscriptions, des désinscriptions et des changements de coordonnées que les consommateurs lui communiquent, à recevoir de la part des professionnels leurs fichiers de prospection commerciale et à procéder aux opérations de mise en conformité des fichiers avec la liste.

Il lui est interdit de communiquer les informations mentionnées à l'article R. 223-3 et d'utiliser la liste d'opposition à des fins commerciales. – *[C. consom., art. R. 121-7-3.]*

Art. R. 223-5 **La redevance versée par les professionnels à l'organisme mentionné à l'article R. 223-1 comprend :**

1° Une part fixe comprenant, outre les frais d'inscription acquittés lors de l'adhésion au service, ceux correspondant au coût annuel de gestion du dossier ouvert par l'organisme pour chaque professionnel adhérent ;

2° Une part variable correspondant aux charges annuelles de l'organisme liées à la collecte, l'enregistrement, la conservation, la gestion des numéros de téléphone des consommateurs tels que prévus à l'article R. 223-2 et à la fréquence d'utilisation de la liste d'opposition par le professionnel. Son montant est calculé en fonction du nombre et de la taille de ses fichiers ainsi que du nombre de consultations de l'organisme afin que celui-ci les vérifie ou les actualise.

Un arrêté du ministre chargé de l'économie fixe le montant de la part fixe et le taux de la part variable de la redevance. – *[C. consom., art. R. 121-7-4.] – V. Arr. du 9 mai 2016, ci-dessous.*

Arrêté du 9 mai 2016,

Fixant les tarifs de la liste d'opposition au démarchage téléphonique.

Art. 1er Les tarifs d'utilisation du service mentionné à l'article *(Ord. no 2016-301 du 14 mars 2016, art. 2, en vigueur le 1er juill. 2016)* « L. 223-1 » du code *[de]* la consommation sont les suivants :

1° Une partie fixe comprenant :

— des frais d'inscription : 250 € hors taxe ;

— une redevance annuelle d'utilisation du service : 300 € hors taxe.

2° Une partie variable en fonction du nombre de sollicitations :

— tarification à l'acte :

Cette redevance est un prix forfaitaire qui exclut les frais d'inscription et la redevance d'utilisation annuelle.

OFFRE DE SERVICE À L'ACTE		
Nombre maximum de lignes soumises à traitement	Nombre maximum de sollicitation*[s]* par an et par fichier	Prix à l'acte hors taxe
3 000	2	150 €

— offre intermédiaire :

OFFRE INTERMÉDIAIRE		
Nombre maximum de lignes soumises à traitement	Nombre maximum de sollicitation*[s]* par an et par fichier	Prix annuel hors taxe
10 000	6	700 €
25 000	70	6 000 €
300 000	130	14 000 €

— offre illimitée :

OFFRE ILLIMITÉE		
Nombre maximum de lignes soumises à traitement	Nombre maximum de sollicitations par an et par fichier	Prix annuel hors taxe
Illimité	Illimité	40 000 €

Art. R. 223-6 Le professionnel qui exerce à titre habituel une activité de démarchage téléphonique saisit de manière régulière, et au moins mensuellement, l'organisme mentionné à l'article R. 223-1 aux fins de s'assurer de la conformité de ses fichiers de prospection commerciale avec la liste des oppositions au démarchage.

Le professionnel qui a accessoirement recours au démarchage téléphonique consulte cet organisme avant toute campagne de démarchage téléphonique. — *[C. consom., art. R. 121-7-5.]*

Art. R. 223-7 Hormis le cas où le consommateur s'est désinscrit, les données contenues dans la liste d'opposition sont conservées par l'organisme pendant une durée de trois ans à compter de l'expiration de la période d'inscription. — *[C. consom., art. R. 121-7-7.]*

Art. R. 223-8 Un représentant du Gouvernement est désigné par arrêté du ministre chargé de l'économie auprès de l'organisme afin de vérifier le respect par celui-ci des obligations légales et contractuelles mises à sa charge. — *[C. consom., art. R. 121-7-8.]*

CHAPITRE IV RÈGLES SPÉCIFIQUES À DES CONTRATS AYANT UN OBJET PARTICULIER

Le Décr. nº 2016-884 du 29 juin 2016 n'a pas repris les art. R. 121-26 à R. 121-29 de l'ancien code de la consommation issus du Décr. nº 2016-703 du 30 mai 2016 qui devaient entrer en vigueur le 1er janv. 2017 (entretien et réparation automobile). — V. le commentaire au-dessus de l'art. L. 224-67.

SECTION PREMIÈRE CONTRATS DE COURTAGE MATRIMONIAL

Art. R. 224-1 L'annexe au contrat et l'annonce personnalisée mentionnées aux articles L. 224-90 et L. 224-93 précisent la catégorie d'âge, la région de résidence, la situation familiale et professionnelle ainsi que les autres qualités, estimées essen-

tielles par le cocontractant du professionnel, de la personne que recherche le cocontractant. – *[Décr. n° 90-422 du 16 mai 1990, art. 1er.]*

Sur les sanctions, V. art. R. 242-16.

Art. R. 224-2 En cas de résiliation du contrat pour motif légitime prévue à l'article L. 224-90, le prix initialement convenu est réduit à proportion, respectivement, de la durée du contrat courue et de celle qui reste à courir.

La résiliation est demandée par lettre recommandée avec demande d'avis de réception accompagnée de la justification du motif légitime invoqué.

Les sommes versées en sus du prix déterminé comme ci-dessus sont remboursées par le professionnel dans le délai de deux mois à compter de la réception de la lettre recommandée prévue au deuxième alinéa. – *[Décr. n° 90-422 du 16 mai 1990, art. 2.]*

Art. R. 224-3 La renonciation au contrat prévue par les dispositions de l'article L. 224-91 est effective dès lors que le cocontractant du professionnel a, dans le délai de sept jours mentionné par ces mêmes dispositions, manifesté de manière non équivoque sa volonté de se rétracter, notamment par l'envoi d'une lettre recommandée avec demande d'avis de réception ou par la remise au professionnel, contre récépissé, d'un écrit contenant renonciation. – *[Décr. n° 90-422 du 16 mai 1990, art. 3.]*

SECTION II CONTRATS D'ACHATS DE MÉTAUX PRÉCIEUX

Art. R. 224-4 La mention de la date prévue au 5° de l'article L. 224-98 comporte le jour, le mois et l'année ainsi que l'heure de la signature du contrat.

Sur le contrat figure la mention suivante :

"Si vous souhaitez exercer votre droit de rétractation dans les *(Décr. n° 2017-1166 du 12 juill. 2017, art. 6, en vigueur le 1er oct. 2017)* **« quarante-huit** *[ancienne rédaction : 24]* **» heures à compter de la signature du contrat, vous pouvez utiliser le formulaire détachable prévu à cet effet ou toute autre déclaration dénuée d'ambiguïté exprimant votre volonté de vous rétracter.".** – *[C. consom., art. R. 121-22.]*

Art. R. 224-5 Le formulaire détachable est conforme au formulaire type qui figure en annexe au présent code. – *[C. consom., art. R. 121-23.]*

ANNEXE À L'ARTICLE R. 224-5

FORMULAIRE TYPE DE RÉTRACTATION

(Décr. n° 2017-1156 du 12 juill. 2017, art. 6, en vigueur le 1er oct. 2017)

ACHAT DE MÉTAUX PRÉCIEUX

(La taille de caractère utilisée ne peut être inférieure à une taille de caractère de corps 12)

(Pour vous rétracter, vous pouvez utiliser ce modèle de formulaire de rétractation ou toute déclaration écrite dénuée d'ambiguïté)

A l'attention de [le professionnel insère ici son nom, l'adresse géographique à laquelle le formulaire doit être envoyé et, lorsqu'ils sont disponibles, son numéro de télécopieur et son adresse électronique] :

Je/Nous (*) vous notifie/notifions (*) par la présente ma/notre (*) rétractation du contrat conclu le : (indiquer *la date) et ayant pour* objet la vente du (des) bien(s) suivant(s) :

[Indiquer le(s) bien(s) objet(s) du contrat]

Nom du (des) consommateur(s)-vendeur(s)

Adresse du (des) consommateur(s)-vendeur(s)

Signature du (des) consommateur(s)-vendeur(s)

Date

(*) Rayez la mention inutile

Conformément à l'article R. 224-7, pour exercer son droit de rétractation prévu à l'article L. 224-99, le consommateur-vendeur :

— remet au professionnel en main propre le formulaire détachable ou toute autre déclaration dénuée d'ambiguïté exprimant sa volonté de se rétracter, au plus tard quarante-huit heures à compter du jour et de l'heure de la signature du contrat ;

— ou adresse au professionnel ce formulaire ou toute autre déclaration dénuée d'ambiguïté exprimant sa volonté de se rétracter, par un moyen permettant d'attester de la date et de l'heure de l'envoi, au plus tard quarante-huit heures à compter du jour et de l'heure de la signature du contrat.

Si le délai de quarante-huit heures expire un samedi, un dimanche ou un jour férié ou chômé, il est prorogé jusqu'au premier jour ouvrable suivant, à la même heure.

L'envoi ou la remise du formulaire au professionnel et dans le délai imparti a pour effet d'annuler l'opération d'achat. A défaut, le contrat est conclu définitivement.

Rappel :

Conformément au deuxième alinéa de l'article L. 224-99, l'exercice du droit de rétractation met fin aux obligations des parties. Le consommateur doit alors rembourser au professionnel le prix perçu et, en contrepartie, ce dernier doit lui restituer le ou les objets achetés. A défaut de restituer le ou les objets achetés, le professionnel verse au consommateur une somme équivalente au double du prix de vente perçu pour le bien ou les objets achetés.

Conformément au troisième alinéa du même article, le consommateur-vendeur ne dispose pas d'un droit de rétractation pour les opérations d'or investissement.

Art. R. 224-6 **Le formulaire détachable comporte, sur une même face, l'adresse complète du professionnel-acheteur à laquelle il doit être remis ou adressé ainsi que toutes les autres mentions rendues obligatoires.** — *[C. consom., art. R. 121-24.]*

Art. R. 224-7 **Pour exercer le droit de rétractation prévu à l'article L. 224-99 le consommateur vendeur :**

— remet au professionnel en main propre le formulaire détachable ou toute autre déclaration dénuée d'ambiguïté exprimant sa volonté de se rétracter, au plus tard *(Décr. nº 2017-1166 du 12 juill. 2017, art. 6, en vigueur le 1er oct. 2017)* **« quarante-huit** *[ancienne rédaction : 24]* **» heures à compter du jour et de l'heure de la signature du contrat ; ou**

— adresse au professionnel ce formulaire ou toute autre déclaration dénuée d'ambiguïté exprimant sa volonté de se rétracter, par un moyen permettant d'attester de la date et de l'heure de l'envoi, au plus tard *(Décr. nº 2017-1166 du 12 juill. 2017, art. 6, en vigueur le 1er oct. 2017)* **« quarante-huit** *[ancienne rédaction : 24]* **» heures à compter du jour et de l'heure de la signature du contrat.**

Si le délai de *(Décr. nº 2017-1166 du 12 juill. 2017, art. 6, en vigueur le 1er oct. 2017)* **« quarante-huit** *[ancienne rédaction : 24]* **» heures expire un samedi, un dimanche ou un jour férié ou chômé, il est prorogé jusqu'au premier jour ouvrable suivant, à la même heure.** — *[C. consom., art. R. 121-25.]*

SECTION III **CONTRATS DANS LES DOMAINES BANCAIRE, FINANCIER ET DES ASSURANCES**

Art. R. 224-8 **Les modalités d'application des règles relatives aux relations entre les établissements de crédit et leurs clients sont fixées par les dispositions du chapitre II du titre Ier du livre III du code monétaire et financier.** — *V. App., vº Banques.*

Art. R. 224-9 **Les modalités d'application des règles relatives au démarchage en matière bancaire ou financière sont fixées par les dispositions du chapitre Ier du titre IV du livre III du code monétaire et financier.**

Art. R. 224-10 **Les modalités d'application des règles relatives au démarchage en matière d'assurances sont fixées par les dispositions du chapitre II du titre Ier du livre Ier du code des assurances.**

SECTION IV **ENSEIGNEMENT**

Art. R. 224-11 **Les modalités d'application des règles relatives à l'enseignement privé à distance sont fixées par les dispositions du chapitre IV du titre IV du livre IV du code de l'éducation.** — *V. App., vº Enseignement et formation.*

SECTION V CONTRATS PORTANT SUR LES VOYAGES À FORFAIT

Art. R. 224-12 **Les modalités d'application des dispositions relatives aux contrats de vente de voyages et de séjours à forfait sont fixées par les dispositions du chapitre unique du titre Ier du livre II du code du tourisme.** – *V. App., v° Agences de voyages.*

SECTION VI CONTRATS DE PRESTATIONS DE SOINS MÉDICAUX

Art. D. 224-13 **Les modalités d'application des obligations relatives aux prestations de chirurgie esthétique sont fixées par les dispositions du chapitre II du titre II du livre III de la sixième partie du code de la santé publique.**

SECTION VII CONTRATS D'HÉBERGEMENT DE PERSONNES ÂGÉES ET SERVICES D'AIDE ET D'ASSISTANCE À DOMICILE

Art. R. 224-14 **Les modalités d'application des règles relatives aux contrats d'hébergement des personnes âgées sont fixées par les dispositions du chapitre II du titre IV du livre III du code de l'action sociale et des familles.**

Art. R. 224-15 **Les modalités d'application des règles relatives aux contrats de services d'aide et d'accompagnement à domicile sont fixées par les dispositions du chapitre VII du titre IV du livre III du code de l'action sociale et des familles.** – *V. App., v° Hébergement des personnes âgées.*

SECTION VIII CONTRATS DE SERVICES FUNÉRAIRES

Art. R. 224-16 **Les modalités d'application des règles relatives aux contrats de services funéraires sont fixées par les dispositions du chapitre III du titre II du livre II de la deuxième partie du code général des collectivités territoriales.** – *V. App., v° Pompes funèbres.*

SECTION IX SERVICES ACCESSIBLES PAR L'INTERMÉDIAIRE DES OPÉRATEURS DE COMMUNICATIONS ÉLECTRONIQUES

(Décr. n° 2016-1238 du 20 sept. 2016, en vigueur le 1er oct. 2016)

Art. D. 224-17 **L'accès unique dédié aux numéros d'appel et l'accès unique dédié aux numéros de messages textuels par lesquels est mis à disposition l'outil mentionné au premier alinéa de l'article L. 224-43 donnent au consommateur la possibilité de signaler et de décrire précisément et avec concision, pour un numéro d'appel ou de message textuel :**

1° Une inexactitude sur les informations présentes dans l'outil ;

2° Une préoccupation sur la déontologie du service associé ;

3° Un problème relatif au contact auquel le consommateur doit pouvoir adresser ses réclamations. – *Les 2° et 3° entrent en vigueur le 1er janv. 2017 (Décr. n° 2016-1238 du 20 sept. 2016, art. 2).*

Art. D. 224-18 ***L'outil* mentionné au premier alinéa de l'article L. 224-43 permet aux opérateurs de communications *électroniques, au* sens du 6° de l'article L. 32 du code des postes et des communications électroniques, exploitant un ou plusieurs numéros à valeur ajoutée, d'être informés quotidiennement, pour chaque numéro les concernant :**

1° Des signalements relatifs à une inexactitude des informations figurant dans l'outil ;

2° Des signalements relatifs à une préoccupation sur la déontologie du service associé ;

3° Des signalements relatifs à un problème avec le contact auquel le consommateur doit pouvoir adresser ses réclamations. – *Les 2° et 3° entrent en vigueur le 1er janv. 2017 (Décr. n° 2016-1238 du 20 sept. 2016, art. 2).*

Art. D. 224-19 Les opérateurs de communications électroniques, au sens du 6° de l'article L. 32 du code des postes et des communications électroniques, exploitant un ou plusieurs numéros à valeur ajoutée, sont informés quotidiennement par les fournisseurs d'un service téléphonique au public, au sens du 7° de l'article L. 32 du code des postes et des communications électroniques, des signalements adressés au dispositif prévu à l'article L. 224-51 pour chaque numéro les concernant.

Art. D. 224-20 Un arrêté du ministre chargé de la consommation fixe, en tant que de besoin, les modalités selon lesquelles les signalements mentionnés aux articles D. 224-2 et D. 224-3 peuvent être volontairement mis à disposition de l'autorité administrative chargée de la concurrence et de la consommation, de l'Autorité de régulation des communications électroniques et des postes, du service national de police judiciaire chargé de la lutte contre la cybercriminalité et des opérateurs de communications électroniques, au sens du 7° de l'article L. 32 du code des postes et des communications électroniques.

Art. D. 224-21 Sans que cela s'oppose à l'application volontaire d'éventuelles règles plus contraignantes et à la mise en œuvre d'actions complémentaires, décidées par lui-même ou par un organisme professionnel, chaque opérateur de communications électroniques, au sens du 6° de l'article L. 32 du code des postes et des communications électroniques, exploitant un ou plusieurs numéros à valeur ajoutée, vérifie les informations présentes dans l'outil mentionné au premier alinéa de l'article L. 224-43 pour tout numéro dont les nombres de signalements mentionnés aux articles D. 224-18 et D. 224-19 dépassent un ou plusieurs seuils fixés chaque année par arrêté du ministre chargé de la consommation, après consultation de l'organisme professionnel le plus représentatif du secteur des services à valeur ajoutée. Ces seuils peuvent varier notamment en fonction du tarif du numéro et prendre en compte les nombres d'appels adressés au numéro d'appel ou de messages adressés au numéro de message textuel.

L'arrêté prévu au premier alinéa précise également :

1° Les modalités du cumul éventuel du nombre de signalements et selon quelle périodicité le calcul permettant d'évaluer le dépassement des seuils est effectué ;

2° En fonction du tarif du numéro, le délai suivant la réalisation de la vérification prévue au premier alinéa, pendant lequel les contrôles sur un même numéro ne sont plus obligatoires ;

3° Dans quel délai, après le dépassement d'un ou plusieurs des seuils, intervient la vérification des informations présentes dans l'outil prévue au premier alinéa.

SECTION X ENTRETIEN ET RÉPARATION AUTOMOBILES

(Décr. n° 2016-703 du 30 mai 2016, art. 1er, en vigueur le 1er janv. 2017 ; Décr. n° 2016-1890 du 27 déc. 2016, art. 7)

Art. R. 224-22 Le professionnel qui commercialise des prestations d'entretien ou de réparation de voitures particulières et de camionnettes définies à l'article R. 311-1 du code de la route permet au consommateur d'opter pour l'utilisation de pièces de rechange issues de l'économie circulaire à la place de pièces neuves dans les conditions prévues aux articles R. 224-23 à R. 224-25. – *[C. consom., art. R. 121-26.]*

Art. R. 224-23 Les dispositions de l'article R. 224-22 ne s'appliquent pas dans les cas suivants :

1° Lorsque le véhicule fait l'objet de prestations d'entretien ou de réparation réalisées à titre gratuit, ou sous garanties contractuelles, ou dans le cadre d'actions de rappel conformément aux dispositions de l'article R. 321-14-1 du code de la route ;

2° Lorsque les pièces issues de l'économie circulaire ne sont pas disponibles dans un délai compatible avec le délai d'immobilisation du véhicule qui est mentionné sur le document contractuel signé entre le professionnel et son client relatif à la nature des prestations d'entretien ou de réparation à réaliser ;

3° Lorsque le professionnel mentionné à l'article R. 224-22 estime que les pièces de rechange automobiles issues de l'économie circulaire sont susceptibles de présenter un risque important pour l'environnement, la santé publique ou la sécurité routière. – *[C. consom., art. R. 121-27.]*

Art. R. 224-24 **I.– Pour l'application des dispositions de l'article R. 224-22, on entend par pièces issues de l'économie circulaire :**

1° Les composants et éléments qui sont commercialisés par les centres de traitement de véhicules hors d'usage (VHU) agréés mentionnés au 3° de l'article R. 543-155 du code de l'environnement ou par des installations autorisées conformément aux dispositions de l'article R. 543-161 du même code, après avoir été préparés en vue de leur réutilisation au sens des dispositions de l'article L. 541-1-1 de ce code ;

2° Les composants et éléments remis en état conformément aux spécifications du fabricant commercialisés sous la mention "échange standard" telle que définie à l'article 4 du décret n° 78-993 du 4 octobre 1978 pris pour l'application de la loi du 1er août 1905 sur les fraudes et falsifications en matière de produits ou de services en ce qui concerne les véhicules automobiles.

II. – Les composants et éléments énumérés au I sont commercialisés sous réserve de respecter la réglementation spécifique les régissant, ainsi que l'obligation générale de sécurité définie par l'article L. 421-3. – *[C. consom., art. R. 121-28.]*

Art. R. 224-25 **Les catégories de pièces de rechange automobiles issues de l'économie circulaire concernées par les dispositions de l'article R. 224-22 sont les suivantes :**

1° Les pièces de carrosserie amovibles ;

2° Les pièces de garnissage intérieur et de la sellerie ;

3° Les vitrages non collés ;

4° Les pièces optiques ;

5° Les pièces mécaniques ou électroniques, à l'exception de celles faisant partie :

***a)* Des trains roulants,**

***b)* Des éléments de la direction,**

***c)* Des organes de freinage,**

***d)* Des éléments de liaison au sol qui sont assemblés, soumis à usure mécanique et non démontables.** – *[C. consom., art. R. 121-29.]*

SECTION XI ACCÈS AUX DONNÉES DE CONSOMMATION D'ÉLECTRICITÉ OU DE GAZ NATUREL

(Décr. n° 2017-976 du 10 mai 2017, art. 1er)

Les dispositions du Décr. n° 2017-976 du 10 mai 2017 entrent en vigueur le 1er juill. 2018. Toutefois, elles entrent en vigueur le 1er juill. 2017 pour les fournisseurs ayant 150 000 clients ou plus, à l'exception de celles mentionnées aux 1°, 5°, 6°, 7° et 8° de l'art. D. 224-26 et des dispositions de l'art. D. 224-27 (Décr. préc., art. 2).

Art. D. 224-26 **Lorsque le consommateur est équipé d'un dispositif de comptage qui peut être relevé à distance et tel que défini aux premiers alinéas des articles L. 341-4 et L. 453-7 du code de l'énergie, le fournisseur d'électricité ou de gaz naturel met à sa disposition dans un espace sécurisé d'un site internet :**

1° Les index mensuels en précisant s'ils sont relevés à distance ou estimés ;

2° La consommation mensuelle et annuelle, le cas échéant par période tarifaire, en kilowattheures pour l'électricité, en m^3 et en kilowattheures avec le coefficient de conversion appliqué pour le gaz naturel ;

3° La puissance électrique maximale soutirée par période mensuelle et annuelle, en kilovoltampères ;

4° Les factures émises ;

5° Le cas échéant, les données mentionnées au 3° de l'article D. 224-27 ;

6° A la demande du consommateur, l'évaluation mentionnée à l'article D. 224-29 ;

7° Une fonctionnalité qui permet la récupération sous forme électronique de tout ou partie des données mentionnées au présent article, dans un standard ouvert, aisément réutilisable et exploitable par un système de traitement automatisé ;

8° Une fonctionnalité permettant de demander la suppression des données mentionnées au 3° de l'article D. 224-27 enregistrées, le cas échéant, par le fournisseur.

Les dispositions du 1° au 4° sont applicables aux données se rapportant aux consommations d'énergie concernant au moins les trois dernières années ou la durée écoulée depuis le début du contrat de fourniture lorsque celle-ci est inférieure.

Le fournisseur adresse annuellement au consommateur, à sa demande, les données mentionnées aux 1°, 2° et 3° pour les douze derniers mois par lettre postale, sans préjudice des dispositions de l'article D. 224-29.

Art. D. 224-27 L'espace sécurisé mentionné à l'article D. 224-26 comporte des fonctionnalités permettant au consommateur de demander au fournisseur qu'il transmette au gestionnaire de réseau de distribution ses demandes, qui peuvent être à son choix :

1° S'agissant de la courbe de charge d'électricité :

a) D'interrompre son enregistrement par le dispositif de comptage ;

b) De supprimer les données enregistrées dans ce dispositif ;

c) De la collecter ou de cesser de la collecter ;

d) De changer l'intervalle de temps de mesure ;

e) De supprimer les données collectées ;

2° De modifier, le cas échéant, le mode de fonctionnement du dispositif du compteur permettant d'accéder localement aux données de consommation qu'il collecte ;

3° De transmettre ou cesser de transmettre au fournisseur, les données suivantes :

a) Les index quotidiens relevés à distance et la consommation quotidienne mesurée, s'agissant de l'électricité, en kilowattheures et, s'agissant du gaz naturel, à la fois en m^3 et en kilowattheures avec mention du coefficient de conversion appliqué ;

b) La puissance électrique maximale soutirée quotidiennement en kilovoltampères ;

c) La courbe de charge d'électricité si sa collecte a été demandée par le consommateur.

Les dispositions du 3° s'appliquent aux données se rapportant aux consommations d'énergie concernant au moins les vingt-quatre derniers mois ou la durée écoulée depuis le début du contrat de fourniture lorsque celle-ci est inférieure.

Le fournisseur accuse réception des demandes prévues au présent article sur un support durable.

Art. D. 224-28 L'espace sécurisé mentionné à l'article D. 224-26 comporte :

1° Une information sur les caractéristiques et l'utilité des données mises à disposition ;

2° Une information sur les fonctionnalités prévues à l'article D. 224-27, assortie d'une mention précisant que leur activation implique la transmission des données correspondantes au fournisseur et que le consommateur a la possibilité d'accéder à ces données sur un espace sécurisé mis à sa disposition par le gestionnaire de réseau de distribution ;

3° Un lien direct vers :

a) Le site internet du gestionnaire de réseau de distribution ;

b) Le site internet mis en place pour informer les consommateurs d'énergie sur leurs droits en application du premier alinéa de l'article L. 122-1 du code de l'énergie ;

c) Le site internet *mentionné au 17°* de l'article *L.* 224-3 du présent code.

Lors de la souscription du contrat de fourniture puis une fois par an au moins, le fournisseur informe le consommateur, sur un support durable, qu'il peut accéder à ses données de consommation dans l'espace sécurisé mentionné à l'article D. 224-26 et sur un espace sécurisé mis à sa disposition par le gestionnaire de réseau de distribution.

Art. D. 224-29 Le fournisseur d'électricité ou de gaz naturel transmet au consommateur sur un support durable une évaluation du coût de l'énergie consommée qui n'a pas encore été facturée, incluant l'abonnement, les taxes et les contributions.

Cette évaluation précise qu'elle :

1° Est fournie au consommateur à titre informatif ;

2° Concerne une consommation d'énergie non encore facturée ;

3° Ne constitue pas une demande de paiement ;

4° Est fondée sur la consommation réelle, estimée ou sur les index auto-relevés transmis par le consommateur.

La transmission a lieu au moins une fois par trimestre à la demande du consommateur ou s'il a opté pour une facture électronique, ou deux fois par an dans les autres cas.

Toutefois, l'évaluation n'est pas transmise en cas d'envoi d'une facture dans les conditions prévues au 1° ou si le consommateur disposant de l'évaluation sur l'espace sécurisé mentionné à l'article D. 224-26 y a renoncé expressément.

La transmission de l'évaluation ne s'applique pas aux consommateurs de gaz naturel dont la consommation annuelle de référence est inférieure à 1 000 kilowattheures par an.

TITRE TROISIÈME LOI APPLICABLE AUX CONTRATS TRANSFRONTALIERS

Le présent titre ne comprend pas de dispositions réglementaires.

TITRE QUATRIÈME SANCTIONS

CHAPITRE PREMIER CONDITIONS GÉNÉRALES DES CONTRATS

Le présent chapitre ne comprend pas de dispositions réglementaires.

CHAPITRE II RÈGLES DE FORMATION ET D'EXÉCUTION DE CERTAINS CONTRATS

SECTION PREMIÈRE DISPOSITIONS PARTICULIÈRES AUX CONTRATS CONCLUS À DISTANCE PORTANT SUR DES SERVICES FINANCIERS

Art. R. 242-1 Le fait de ne pas communiquer au consommateur les informations mentionnées aux 1°, 2°, 3° et 5° de l'article R. 222-1 et celles mentionnées au 5° de l'article L. 222-5 ou de les lui communiquer sans faire apparaître de manière claire le caractère commercial de sa démarche, est puni de la peine d'amende prévue pour les contraventions de la cinquième classe. – *[C. consom., art. R. 121-5.]*

Art. R. 242-2 Le fait de ne pas communiquer au consommateur, dans les conditions prévues à l'article L. 222-6, les informations mentionnées à cet article, est puni de la peine d'amende prévue pour les contraventions de la cinquième classe. – *[C. consom., art. R. 121-6.]*

Art. R. 242-3 Le fait de ne pas rembourser le consommateur dans les conditions fixées à l'article L. 222-15 est puni de la peine d'amende prévue pour les contraventions de la cinquième classe. – *[C. consom., art. R. 121-6-1.]*

Art. R. 242-4 La récidive des infractions punies aux articles R. 242-1 à R. 242-3 est réprimée conformément aux dispositions des articles 132-11 et 132-15 du code pénal.

Art. R. 242-5 Les sanctions au défaut de communication des informations requises en matière de fourniture à distance d'opérations d'assurances sont fixées par les dispositions

– du chapitre II du titre Ier du livre Ier du code des assurances pour les opérations pratiquées par les entreprises régies par le même code ;

– du chapitre Ier du titre II du livre II du code de la mutualité pour les opérations pratiquées par les mutuelles et unions régies par le même code ;

– du chapitre II du titre III du livre IX du code de la sécurité sociale pour les opérations pratiquées par les institutions de prévoyance et d'unions régies par le même code.

SECTION II DISPOSITIONS SPÉCIFIQUES À DES CONTRATS AYANT UN OBJET PARTICULIER

SOUS-SECTION 1 CONTRATS DE FOURNITURES D'ÉLECTRICITÉ OU DE GAZ NATUREL

Art. R. 242-6 **Le fait de ne pas remettre à un consommateur handicapé les contrats et les informations qu'il a demandés dans la forme adaptée à son handicap en violation de l'article L. 224-2 est puni de la peine d'amende prévue pour les contraventions de la 5e classe.** – *[C. consom., art. R. 121-20.]*

Art. R. 242-7 **Le fait de ne pas mentionner dans l'offre de fourniture d'électricité ou de gaz naturel les informations prévues à l'article L. 224-3 est puni de la peine d'amende prévue pour les contraventions de la 5e classe.** – *[C. consom., art. R. 121-14.]*

Art. R. 242-8 **Le fait de ne pas fournir au consommateur un contrat de fourniture d'électricité ou de gaz naturel écrit ou disponible sur un support durable dans les conditions prévues à l'article L. 224-4 est puni de la peine d'amende prévue pour les contraventions de la 5e classe.** – *[C. consom., art. R. 121-15, 1o.]*

Art. R. 242-9 **Le fait de ne pas mentionner dans le contrat de fourniture d'électricité ou de gaz naturel fourni au consommateur les informations prévues à l'article L. 224-7 est puni de la peine d'amende prévue pour les contraventions de la 5e classe.** – *[C. consom., art. R. 121-15, 2o.]*

Art. R. 242-10 **Est puni de la peine d'amende prévue pour les contraventions de la 5e classe :**

1o Le fait de ne pas proposer au consommateur un contrat unique portant sur la fourniture et la distribution d'électricité ou de gaz naturel en violation des dispositions de l'article L. 224-8 ;

2o Le fait de refuser au consommateur le bénéfice d'une ou *[de]* plusieurs des prestations techniques proposées par le gestionnaire de réseau dans le cadre du contrat unique en violation des dispositions de l'article L. 224-8 ;

3o Le fait de facturer au consommateur, dans le cadre du contrat unique, des frais liés à l'accès aux réseaux autres que ceux que le gestionnaire de réseau lui a imputés au titre d'une prestation en violation des dispositions de l'article L. 224-8. – *[C. consom., art. R. 121-19.]*

Art. R. 242-11 **Est puni de la peine d'amende prévue pour les contraventions de la 5e classe :**

1o Le fait de ne pas communiquer au consommateur tout projet de modification des conditions contractuelles de fourniture d'électricité ou de gaz naturel conformément aux dispositions de l'article L. 224-10 ;

2o Le fait de ne pas assortir cette communication d'une information sur la faculté de résiliation prévue à l'article L. 224-10. – *[C. consom., art. R. 121-17.]*

Art. R. 242-12 **Le fait de ne pas fournir, au moins une fois par an, une facturation en fonction de l'énergie effectivement consommée conformément aux dispositions de l'article L. 224-11 est puni de la peine d'amende prévue pour les contraventions de la 5e classe.** – *[C. consom., art. R. 121-18-1o.]*

Art. R. 242-13 Le fait de fournir une facture dont la présentation n'est pas conforme aux dispositions déterminées par arrêté pris en application de l'article L. 224-12 est puni de la peine d'amende prévue pour les contraventions de la 5e classe. – *[C. consom., art. R. 121-18-2°.]*

Art. R. 242-14 Le fait de facturer à un consommateur, au titre de la résiliation de son contrat de fourniture d'électricité ou de gaz naturel, des frais autres que ceux explicitement prévus au deuxième alinéa de l'article L. 224-15 est puni de la peine d'amende prévue pour les contraventions de la 5e classe. – *[C. consom., art. R. 121-16.]*

Art. R. 242-15 La récidive des infractions punies aux articles R. 242-6 à R. 242-14 est réprimée conformément aux dispositions des articles 132-11 et 132-15 du code pénal. – *[C. consom., art. R. 121-21.]*

SOUS-SECTION 2 CONTRATS DE COURTAGE MATRIMONIAL

Art. R. 242-16 Le fait pour un professionnel de ne pas mentionner dans l'annexe au contrat prévue à l'article L. 224-90 les informations prévues à l'article R. 224-1, est puni de la peine d'amende prévue pour les contraventions de la 5e classe. – *[Décr. n° 90-422 du 16 mai 1990, art. 4, 1°.]*

Art. R. 242-17 Le fait pour un professionnel de ne pas remettre à son cocontractant, au moment de la conclusion du contrat, un exemplaire du contrat, avec son annexe, prévu par l'article L. 224-90 est puni de la peine d'amende prévue pour les contraventions de la 5e classe. – *[Décr. n° 90-422 du 16 mai 1990, art. 4, 2°.]*

Art. R. 242-18 Le fait pour un professionnel de percevoir, avant l'expiration du délai de renonciation prévu à l'article L. 224-91, un paiement ou un dépôt sous quelque forme que ce soit est puni de la peine d'amende prévue pour les contraventions de la 5e classe. – *[Décr. n° 90-422 du 16 mai 1990, art. 4, 3°.]*

Art. R. 242-19 Le fait pour un professionnel de diffuser une annonce personnalisée non conforme aux prescriptions de l'article L. 224-93 est puni de la peine d'amende prévue pour les contraventions de la 5e classe. – *[Décr. n° 90-422 du 16 mai 1990, art. 4, 4°.]*

Art. R. 242-20 La récidive des infractions punies aux articles R. 242-16 à R. 242-19 est réprimée conformément aux dispositions des articles 132-11 et 132-15 du code pénal.

TITRE CINQUIÈME DISPOSITIONS RELATIVES À L'OUTRE-MER

(Décr. n° 2017-1166 du 12 juill. 2017, art. 1er)

CHAPITRE PREMIER CONDITIONS GÉNÉRALES DES CONTRATS

Le présent chapitre ne comprend pas de dispositions réglementaires.

CHAPITRE II *RÈGLES* DE FORMATION ET D'EXÉCUTION DES CONTRATS

Art. R. 252-1 Sont applicables dans les îles Wallis-et-Futuna, les dispositions des articles mentionnés dans la colonne de gauche du tableau ci-après, dans leur rédaction indiquée dans la colonne de droite du même tableau :

ARTICLES APPLICABLES	DANS LEUR RÉDACTION
R. 222-1 à R. 222-4	Résultant du décret n° 2016-884 du 29 juin 2016
R. 242-1 à R. 242-4	Résultant du décret n° 2016-884 du 29 juin 2016

LIVRE TROISIÈME CRÉDIT

TITRE PREMIER OPÉRATIONS DE CRÉDIT

CHAPITRE PREMIER DÉFINITIONS

Le présent chapitre ne comprend pas de dispositions réglementaires.

CHAPITRE II CRÉDIT À LA CONSOMMATION

BIBL. GÉN. ▶ RAYMOND, *CCC 2011, n° 78* (réforme du crédit à la consommation : deux décrets d'application). – BIARDEAUD et FLORES, *D. 2011. 688* (décrets du 1er févr. 2011 et information de l'emprunteur : le compte n'y est pas !). – LEGEAIS, *RTD com. 2011. 616* (récapitulation des décrets d'application). – VALETTE-ERCOLE, *Dr. et proc. sept. 2011, Cah. dr. consom., p. 22* (décrets d'application).

SECTION PREMIÈRE PUBLICITÉ

Art. D. 312-1 **Les lots promotionnels liés à l'acceptation de l'offre préalable de crédit mentionnés à l'article L. 312-11 s'entendent des primes en nature de produits ou biens auxquelles la conclusion d'une opération de crédit mentionnée à l'article L. 312-1, immédiatement ou à terme, donne droit ou peut donner droit à titre gratuit.** – *[C. consom., art. D. 311-2.]*

SECTION II INFORMATION PRÉCONTRACTUELLE DE L'EMPRUNTEUR

Art. R. 312-2 **Pour l'application des dispositions de l'article L. 312-12, le prêteur ou l'intermédiaire de crédit communique à l'emprunteur des informations concernant :**

1° L'identité et l'adresse du prêteur ainsi que, le cas échéant, l'identité et l'adresse de l'intermédiaire de crédit concerné ;

2° Le type de crédit ;

3° Le montant total du crédit et les conditions de mise à disposition des fonds ;

4° La durée du contrat de crédit ;

5° Le montant, le nombre et la périodicité des échéances que l'emprunteur doit verser et, le cas échéant, l'ordre dans lequel les échéances seront affectées aux différents soldes dus fixés à des taux débiteurs différents aux fins du remboursement ;

6° Le montant total dû par l'emprunteur ;

7° En cas de crédit servant à financer l'acquisition de bien ou service déterminé, ce bien ou service et son prix au comptant ;

8° En cas de location avec option d'achat, la description du bien loué et le prix à acquitter en cas d'achat ;

9° Le cas échéant, les sûretés exigées ;

10° Sauf en cas de location avec option d'achat, le taux débiteur, les conditions applicables à ce taux et, le cas échéant, tout indice ou taux de référence qui se rapporte au taux initial débiteur, ainsi que les périodes, conditions et procédures d'adaptation du taux. Si différents taux débiteurs s'appliquent en fonction des circonstances, ces informations portent sur tous les taux applicables ;

11° Sauf en cas de location avec option d'achat, le taux annuel effectif global, à l'aide d'un exemple représentatif mentionnant toutes les hypothèses utilisées pour le calcul de ce taux. Le prêteur tient compte du ou des éléments du crédit que l'emprunteur lui a indiqué privilégier le cas échéant, tels que la durée du contrat de crédit et le montant total du crédit ;

12° Le cas échéant, l'obligation, pour l'obtention même du crédit ou en application des clauses et conditions commerciales, de contracter un service accessoire lié au contrat de crédit, notamment une assurance ;

13° Tous les frais liés à l'exécution du contrat de crédit, et les conditions dans lesquelles ces frais peuvent être modifiés ;

14° Le cas échéant, l'existence de frais de notaire dus par l'emprunteur à la conclusion du contrat de crédit ;

15° Les indemnités en cas de retard de paiement et, le cas échéant, les frais d'inexécution que le prêteur peut demander à l'emprunteur en cas de défaillance, ainsi que les modalités d'adaptation et de calcul de ces indemnités et de ces frais ;

16° Un avertissement relatif aux conséquences d'une défaillance de l'emprunteur ;

17° L'existence du droit de rétractation ;

18° Le droit au remboursement anticipé et, le cas échéant, le droit du prêteur à une indemnité ainsi que le mode de calcul de cette indemnité en application de l'article L. 312-34 ;

19° Le droit de l'emprunteur à se voir remettre, sur demande et sans frais, un exemplaire de l'offre de contrat de crédit si, au moment de la demande, le prêteur est disposé à conclure le contrat de crédit ;

20° La mention que le prêteur doit, dans le cadre de la procédure d'octroi du crédit, consulter le fichier national des incidents de remboursement des crédits aux particuliers ;

21° Le délai pendant lequel le prêteur est engagé par les informations précontractuelles. — *[C. consom., art. R. 311-3, I et II, al. 1er.]*

BIBL. ▸ BIARDEAUD et FLORES, *D. 2011. 688* (décrets du 1er févr. 2011 et information de l'emprunteur : le compte n'y est pas !). – MATHEY, *RD banc. fin. 2011, nº 84* (information précontractuelle et contenu du contrat de crédit à la consommation).

Art. R. 312-3 Pour le calcul du taux effectif global, si le contrat prévoit la possibilité pour l'emprunteur de disposer des sommes disponibles en vertu du contrat de crédit selon des modalités différentes assorties de frais ou de taux débiteurs différents, le prêteur précise la modalité qu'il a prise comme référence conformément à l'hypothèse figurant au 3° de la partie II de l'annexe au présent code, mentionnée à l'article R. 314-3. Il indique que les autres modalités peuvent avoir pour conséquence l'application de taux annuels effectifs globaux plus élevés. — *[C. consom., art. R. 311-3, II, al. 2.] — V. annexe ss. art. R. 314-3.*

Art. R. 312-4 Dans le cas d'un contrat de crédit en vertu duquel les échéances n'entraînent pas immédiatement un amortissement correspondant du montant total du crédit, mais servent à reconstituer le capital aux périodes et dans les conditions prévues par le contrat de crédit ou par un contrat accessoire, l'information précontractuelle indique que cette modalité d'exécution ne garantit pas le remboursement du montant total du crédit consenti, sauf si une telle garantie est donnée. — *[C. consom., art. R. 311-3, III.]*

Art. R. 312-5 L'ensemble des informations prévues aux articles R. 312-2 à R. 312-4 est présenté conformément à la fiche d'information mentionnée à l'article L. 312-12 et figurant en annexe au présent code. Avant la remise de cette fiche, et sauf s'il apparaît manifestement que tel n'est pas le cas, le prêteur ou l'intermédiaire de crédit demande à l'emprunteur si l'opération a pour objet le remboursement d'au moins deux créances antérieures dont un crédit en cours. — *[C. consom., art. R. 311-3, IV.]*

ANNEXE À L'ARTICLE R. 312-5

INFORMATIONS PRÉCONTRACTUELLES EUROPÉENNES NORMALISÉES EN MATIÈRE DE CRÉDIT AUX CONSOMMATEURS

« Un crédit vous engage et doit être remboursé. Vérifiez vos capacités de remboursement avant de vous engager. »

1. Identité et coordonnées du prêteur/de l'intermédiaire de crédit

Prêteur Adresse Numéro de téléphone (*) *Adresse électronique* (*) Numéro de télécopieur (*) Adresse internet (*)	[Identité] [Adresse géographique à utiliser par l'emprunteur]
Le cas échéant Intermédiaire de crédit	[Identité]

Adresse	Adresse électronique (*)
Numéro de téléphone (*) Numéro de télécopieur (*) Adresse internet (*)	[Identité] [Adresse géographique à utiliser par l'emprunteur]

2. Description des principales caractéristiques du crédit

LE TYPE DE CRÉDIT	
Le montant total du crédit Il s'agit du plafond ou du total des sommes rendues disponibles en vertu du contrat de crédit [indiquer s'il s'agit du plafond ou du total]	
Les conditions de mise à disposition des fonds Il s'agit de la façon dont vous obtiendrez l'argent et du moment auquel vous l'obtiendrez	
La durée du contrat de crédit	
Les échéances et, le cas échéant, l'ordre dans lequel les échéances seront affectées	Vous devrez payer ce qui suit : [Le montant, le nombre et la fréquence des échéances que l'emprunteur doit verser] Les intérêts et/ou les frais seront dus de la façon suivante :
Le montant total que vous devrez payer Il s'agit du montant du capital emprunté majoré des intérêts et des frais éventuels liés à votre crédit	[La somme du montant total du crédit et du coût total du crédit]
Le cas échéant Le crédit est consenti sous la forme d'un délai de paiement pour un bien ou un service ou il est lié à la fourniture de bien(s) ou de service(s) déterminé(s) : Nom du bien/service Prix au comptant	
En cas de location avec option d'achat Le contrat a pour objet la location de : Description du bien concerné Le prix de vente final au terme de la location est de :	
Le cas échéant Sûretés exigées Il s'agit d'une description de la sûreté que vous devez fournir en relation avec le contrat de crédit	[Type de sûretés]
Le cas échéant Les remboursements n'entraînent pas un amortissement immédiat du capital	

3. Coût du crédit

Le taux débiteur ou, le cas échéant, les différents taux débiteurs qui s'appliquent au contrat de crédit	[Indiquer le taux exprimé en % : Préciser la nature du taux : fixe ou variable (avec l'indice ou le taux de référence applicable au taux débiteur initial) ou révisable Préciser les périodes, conditions et procédures d'adaptation du taux débiteur ou de chaque taux s'il y a plusieurs taux débiteurs Lorsque le taux est révisable, indiquer la période de validité du taux (ou : taux en vigueur au...) et la fréquence de modification du taux (ou l'information selon laquelle le taux sera/peut être modifié en cours de contrat par décision du prêteur]

Taux annuel effectif global (TAEG) Il s'agit du coût total exprimé en pourcentage annuel du montant total du crédit Le TAEG vous permet de comparer différentes offres	[Exprimé en %. Donner ici un exemple représentatif qui mentionne toutes les hypothèses utilisées pour calculer le taux]
Est-il obligatoire pour l'obtention même du crédit ou conformément aux clauses et conditions commerciales de contracter :	
— une assurance liée au crédit ?	Oui/non ; [si oui, préciser le type d'assurance, et ajouter la mention suivante : Vous pouvez souscrire une assurance équivalente auprès de l'assureur de votre choix]
— un autre service accessoire ? Si les coûts de ces services ne sont pas connus du prêteur, ils ne sont pas inclus dans le TAEG Lorsque l'assurance est proposée ou exigée par le prêteur, coût de cette assurance exprimé à l'aide d'un exemple chiffré en taux annuel effectif de l'assurance, en montant total dû en euro et par mois sur la base de la cotisation mensuelle la plus élevée	Oui/non ; [si oui, préciser le type de service accessoire]
Montant des frais liés à l'exécution du contrat de crédit	
Le cas échéant Montant des frais de tenue d'un (ou de plusieurs) compte(s) si ce(s) compte(s) est (sont) nécessaire(s) pour les opérations de mise à disposition des fonds ou les opérations de paiement des échéances du crédit	
Le cas échéant Montant des frais liés à l'utilisation d'un moyen de paiement déterminé (par exemple une carte de crédit)	
Le cas échéant Montant de tout autre frais lié au contrat de crédit	
Le cas échéant Conditions dans lesquelles les frais liés au contrat de crédit susmentionnés peuvent être modifiés	
Le cas échéant Obligation de payer des frais de notaire	
Frais en cas de défaillance de l'emprunteur Les impayés risquent d'avoir de graves conséquences pour vous et de vous empêcher d'obtenir un nouveau crédit	Vous devrez payer [... (taux d'intérêt applicable et, le cas échéant, frais d'inexécution)] en cas de défaillance

4. Autres aspects juridiques importants

Droit de rétractation Vous disposez d'un délai de quatorze jours calendaires pour revenir sur votre engagement vis-à-vis du contrat de crédit.	Oui (Le cas échéant) Lorsque le contrat de crédit est un crédit affecté, la rétractation sur le contrat de crédit entre le premier et le quatorzième jour met fin au contrat de vente ou de prestation de services. Lorsque, dans le cadre d'un crédit affecté, vous demandez la livraison immédiate du bien ou de la prestation de services, votre droit de rétractation sur le contrat de crédit prend fin le jour de la livraison du bien ou de l'exécution de la prestation de services (sans pouvoir être inférieur à trois jours, ni excéder quatorze jours). Son exercice ne met fin à votre contrat de vente principal que dans les trois premiers jours. Au-delà, vous êtes tenu d'acquérir le bien ou la prestation de services

Remboursement anticipé Vous avez le droit de procéder à tout moment au remboursement anticipé, total ou partiel, du crédit.	
Le cas échéant Le prêteur a droit à une indemnité en cas de remboursement anticipé.	[Rappel des cas où l'indemnité de remboursement peut être exigée et du mode de calcul de l'indemnité conformément aux articles L. 312-34 et L. 312-73 du code de la consommation]
Le prêteur doit, dans le cadre de la procédure d'octroi du crédit, consulter le fichier national des incidents de remboursement des crédits aux particuliers.	
Droit à un projet de contrat de crédit Vous avez le droit d'obtenir gratuitement, sur demande, un exemplaire du projet de contrat de crédit. Cette disposition ne s'applique pas si, au moment de la demande, le prêteur n'est pas disposé à conclure le contrat de crédit avec vous.	
Le délai pendant lequel le prêteur est lié par les informations précontractuelles.	Ces informations sont valables du... au...
[Toutes les informations complémentaires que le prêteur souhaite donner au consommateur sont fournies dans un document distinct qui peut être annexé à la présente fiche]	

5. Le cas échéant, informations complémentaires en cas de vente à distance de services financiers au sens de l'article L. 222-1 du code de la consommation

A) Informations relatives au prêteur	
Le cas échéant	
Représentant du prêteur dans l'État membre dans lequel vous résidez	[Identité]
Adresse Numéro de téléphone (*) Adresse électronique (*) Numéro de télécopieur (*) Adresse internet (*)	[Adresse géographique à utiliser par l'emprunteur]
Enregistrement	[Le registre du commerce dans lequel le prêteur est inscrit et son numéro d'enregistrement ou un moyen équivalent d'identification dans ce registre]
L'autorité de surveillance	[Les coordonnées des autorités chargées du contrôle de l'activité soumise à autorisation]
b) Informations relatives au *contrat de crédit*	
Exercice du droit de rétractation	[Instructions pratiques pour l'exercice du droit de rétractation indiquant, entre autres, la période pendant laquelle ce droit peut être exercé, l'adresse à laquelle la notification doit être envoyée par l'emprunteur et les conséquences du non-exercice de ce droit]
La législation sur laquelle le prêteur se fonde pour établir des relations avec vous avant la conclusion du contrat de crédit	

Clause concernant la législation applicable au contrat de crédit et/ou la juridiction compétente	[Mentionner la clause pertinente ici]
Régime linguistique	Les informations et les conditions contractuelles seront fournies en [langue]. Avec votre accord, nous comptons communiquer en [langue/langues] pendant la durée du contrat de crédit
c) Informations relatives au droit de recours	
Existence de procédures extrajudiciaires de réclamation et de recours et modalités d'accès à ces procédures	[Existence ou non de procédures extrajudiciaires de réclamation et de recours accessibles au consommateur qui est partie au contrat à distance et, si de telles procédures existent, les modalités d'accès à ces dernières]
(*) Les informations suivies de ce signe sont facultatives pour le prêteur. *« Le cas échéant » : lorsque cette mention est indiquée, le prêteur doit remplir la case si l'information est pertinente pour le crédit ou supprimer l'information correspondante ou toute la ligne si l'information ne concerne pas le type de crédit envisagé.* *[Indications entre crochets] : ces explications sont destinées au prêteur et doivent être remplacées par les informations correspondantes.*	

Art. R. 312-6 Toute information complémentaire apportée à l'emprunteur par le prêteur ou l'intermédiaire de crédit, notamment en cas d'application des règles relatives au démarchage ou celles relatives au regroupement de crédits, prévues aux articles R. 314-18 et suivants, figure sur un document distinct, qui peut être annexé à la fiche mentionnée à l'article R. 312-5. – *[C. consom., art. R. 311-3, V.]*

SECTION III EXPLICATIONS À FOURNIR À L'EMPRUNTEUR ET ÉVALUATION DE SA SOLVABILITÉ

Art. D. 312-7 Le seuil mentionné au dernier alinéa de l'article L. 312-17 est fixé à 3 000 euros. – *[C. consom., art. D. 311-10-2.]*

Art. D. 312-8 Les pièces justificatives mentionnées à l'article L. 312-17 sont les suivantes :

1° Tout justificatif du domicile de l'emprunteur ; et

2° Tout justificatif du revenu de l'emprunteur ; et

3° Tout justificatif de l'identité de l'emprunteur.

Les pièces justificatives doivent être à jour au moment de l'établissement de la fiche d'information mentionnée à l'article L. 312-17. – *[C. consom., art. D. 311-10-3.]*

SECTION IV FORMATION DU CONTRAT DE CRÉDIT

Art. R. 312-9 Le formulaire détachable de rétractation prévu à l'article L. 312-21 est établi conformément au modèle type joint en annexe au présent code.

Il ne peut comporter au verso aucune mention autre que le nom et l'adresse du prêteur. – *[C. consom., art. R. 311-4.]*

ANNEXE À L'ARTICLE R. 312-9

MODÈLE TYPE DE BORDEREAU DÉTACHABLE

Bordereau de rétractation

A renvoyer au plus tard quatorze jours après la date de votre acceptation du contrat de crédit.

Lorsque le crédit sert exclusivement à financer la fourniture de biens particuliers ou la prestation de services particuliers, que le contrat de crédit mentionne, et que vous avez opté, par demande écrite signée et datée, pour la livraison ou la fourniture immédiate du bien ou de la prestation de services, ce délai de rétractation expire à la date à laquelle le bien est livré ou le service fourni, sans pouvoir excéder quatorze jours, ni être inférieur à trois jours, sauf en cas de vente ou de démarchage à domicile : dans ce cas-là, le délai de rétractation est de quatorze jours, quelle que soit la date de livraison du bien.

Le délai commence à courir à compter du jour de votre acceptation de l'offre de contrat de crédit.

La présente rétractation n'est valable que si elle est adressée, lisiblement et parfaitement remplie, avant l'expiration des délais rappelés ci-dessus, par lettre recommandée avec accusé de réception (1), à .... (identité et adresse du prêteur).

Je soussigné (*), ..., déclare renoncer à l'offre de crédit de (*) .... euros que j'avais acceptée le (*) .... pour l'acquisition de (*) (2) .... (précisez le bien acheté ou le service fourni) chez (*) (2) (vendeur ou prestataire de services, nom et ville).

Date et signature de l'emprunteur (et du co-emprunteur le cas échéant).

(*) Mention de la main de l'emprunteur. (1) Mention facultative. (2) Lorsque le crédit sert exclusivement à financer la fourniture de biens particuliers ou la prestation de services particuliers, mentionnés par le contrat de crédit.

1. *Mentions du formulaire de rétractation.* Le texte qui interdit, au verso du bordereau, toute autre mention que le nom et l'adresse du prêteur n'impose pas pour autant que ces mentions doivent y figurer. • Civ. 1re, 17 juill. 2001 : *Bull. civ. I, no 233 ; D. 2001. AJ 2676, obs. Rondey ; D. 2002. 71, note D. Mazeaud ; RJDA 2001, no 1246 ; LPA 16 janv. 2002, note Lasbordes* • 13 nov. 2002 : *Bull. civ. I, no 267 ; JCP E 2003, no 1, p. 8 ; CCC 2003, no 49, obs. Raymond ; RJDA 2003, no 301* • Angers, 31 mai 2005 : *JCP E 2005, no 40, p. 1633.* ♦ En sens contraire, V. • Civ. 1re, 8 juill. 1997 : *Bull. civ. I, no 240 ; D. 1997. IR 180 ; D. Affaires. 1997. 928 ; Defrénois 1997. 1354, obs. Mazeaud ; RD bancaire et bourse 1997. 21, obs. crit. Crédot et Gérard ; Banque 1997. 92, obs. Guillot* • Rennes, 24 avr. 1998 : *D. Affaires 1998. 1040, obs. V.A.-R* • 5 nov. 1998 : *D. Affaires 1999. 27* • 25 juin 1999 : *Gaz. Pal. 19-20 nov. 1999, p. 33.* ♦ N'est pas régulière l'offre préalable qui n'indique pas, en son verso, les nom et adresse du prêteur mais seulement un slogan de l'établissement de crédit. • Civ. 1re, 8 juil. 1997 : *préc.* ♦ Les exemplaires prêteur et emprunteur d'une offre de crédit doivent être strictement identiques et par conséquent contenir tous les deux le formulaire de rétractation. • Grenoble, 17 janv. 2012 : *CCC 2012, no 137, obs. Raymond.*

2. *Sanction.* N'est pas recevable à prétendre au paiement des intérêts conventionnels, dont il est déchu, le prêteur de deniers qui, ayant poursuivi l'emprunteur du chef d'une offre préalable de crédit, n'est pas en mesure de produire son exemplaire du formulaire de rétractation détachable et ne permet donc pas au juge de vérifier que conformément aux dispositions légales, ce document contient, au recto et au verso, les mentions requises en totalité, et à l'exclusion de toute autre mention. • Bordeaux, 11 mai 1999 : *BICC 1999, no 1147.* ♦ Le défaut de régularité de l'offre préalable, notamment en ce qui concerne le bordereau de rétractation, est sanctionné par la déchéance du droit aux intérêts. • TI Cambrai, 19 juin 2008 : *Gaz. Pal. 2009. 649, obs. Poissonnier.*

3. *Preuve.* La mention selon laquelle l'emprunteur reconnaît rester en possession d'un exemplaire de l'offre doté d'un formulaire détachable de rétractation ne suffit pas à démontrer que l'offre était effectivement assortie de ce formulaire. • Civ. 1re, 22 sept. 2011 : *D. 2011. 2716, note Wittmann ; CCC 2011, no 268, obs. Raymond ; Gaz. Pal. 2011. 3365, note Poissonnier ; ibid. 3550, obs. Piedelièvre ; RJDA 2012, no 330 ; RD banc. fin. 2011, no 194, obs. Mathey.* ♦ La mention de la reconnaissance de l'existence du bordereau de rétractation ne peut pallier l'exigence légale de la présence effective de ce bordereau sur l'exemplaire du prêteur. Cette mention ne rapporte pas non plus la preuve de la régularité de ce formulaire au regard des mentions légales. • Paris, 7 avr. 2011 : *JCP E 2011, no 225 ; CCC 2011, no 133, obs. G. R.* – Sur cette question, V. aussi : • Paris, 4 nov. 2010 : *Gaz. Pal. 2011. 475, obs. Roussille* • 2 déc. 2010 : *eod. loc.* • Douai, 18 nov. 2010 : *eod. loc.* • Versailles, 7 déc. 2010 : *eod. loc.* • Orléans, 24 févr. 2011 : *RD banc. fin. 2011, no 83, obs. Mathey.*

Aucune disposition légale n'imposant que le bordereau de rétractation, dont l'usage est exclusivement réservé à l'emprunteur, figure aussi sur l'exemplaire de l'offre destiné à être conservé par le prêteur, la formalité du double s'appliquant uniquement à l'offre préalable elle-même et non au formulaire détachable de rétractation qui y est joint, il appartenait, en l'espèce, à l'emprunteur de justifier du caractère erroné ou mensonger de sa reconnaissance écrite en produisant l'exemplaire original de l'offre resté en sa possession. • Civ. 1re, 12 juill. 2012 : *Bull. civ. I, no 169 ; D. 2012. Actu. 1950, obs. Avena-Robardet ; ibid. 2567, note Poissonnier ; RTD com. 2012. 832, obs. Legeais ; JCP E 2012, no 1606, note Bazin ; CCC 2012, no 288, obs. Raymond ; LPA 5 nov. 2012, obs. Lasserre Capdeville ; RJDA 2012, no 993 ; Gaz. Pal. 2012. 2797, obs. Piedelièvre ; ibid. 2874, obs. Roussille ; RD banc. fin. 2012, no 145, obs. Mathey ; Dr. et proc. févr. 2013, Cah. dr. consom., p. 8, obs. Valette-Ercole.* ♦ La reconnaissance écrite, par l'emprunteur, dans le corps de l'offre préalable, de la remise d'un bordereau de rétractation détachable joint à cette offre laisse présumer la remise effective de celui-ci. Dès lors qu'il est constaté que l'emprunteur avait souscrit une telle reconnaissance, la cour d'appel en a exactement déduit que, faute pour celui-ci de rapporter la preuve de l'absence de remise du bordereau ou, à défaut, de son caractère irrégulier, l'intéressé ne pouvait se prévaloir de la déchéance du droit aux intérêts du prêteur. • Civ. 1re, 16 janv. 2013 : *Bull. civ. I, nº 7 ; D. 2013. 1329, note Poissonnier ; ibid. Actu. 236, obs. Avena-Robardet ; D. 2014. Pan. 2145, obs. Martin ; RTD civ. 2013. 378, obs. Barbier ; JCP 2013, nº 106, obs. Lasserre Capdeville ; CCC 2013, nº 92, obs. Raymond ; RJDA 2013, nº 448 ; LPA 1er-4 nov. 2013, obs. Éréséo ; Gaz. Pal. 2013. 301, note Prieur ; ibid. 1156, obs. Roussille ; RD banc. fin. 2013, nº 45, obs. Mathey ; Dr. et proc. 2013. 86, obs. Bazin.* – V. aussi • Lyon, 16 oct. 2014 : *CCC 2015, nº 53.*

SECTION V **INFORMATIONS MENTIONNÉES DANS LE CONTRAT**

Art. R. 312-10 **Le contrat de crédit prévu à l'article L. 312-28 est rédigé en caractères dont la hauteur ne peut être inférieure à celle du corps huit.**

Il comporte de manière claire et lisible, dans l'ordre précisé ci-dessous :

1° L'identité et l'adresse géographique des parties contractantes ainsi que, le cas échéant, l'identité et l'adresse de l'intermédiaire de crédit concerné ;

2° L'encadré mentionné à l'article L. 312-28 qui indique en caractère plus apparents que le reste du contrat, dans l'ordre choisi par le prêteur et à l'exclusion de toute autre information :

***a)* Le type de crédit ;**

***b)* Le montant total du crédit et les conditions de mise à disposition des fonds ;**

***c)* La durée du contrat de crédit ;**

***d)* Le montant, le nombre et la périodicité des échéances que l'emprunteur doit verser et, le cas échéant, l'ordre dans lequel les échéances seront affectées aux différents soldes dus fixés à des taux débiteurs différents aux fins du remboursement. Pour les découverts, il est indiqué le montant et la durée de l'autorisation que l'emprunteur doit rembourser ;**

***e)* Le taux débiteur, les conditions applicables à ce taux, le cas échéant tout indice ou taux de référence qui se rapporte au taux débiteur initial, ainsi que les périodes, conditions et procédures d'adaptation du taux. Si différents taux débiteurs s'appliquent en fonction des circonstances, ces informations portent sur tous les taux applicables ;**

***f)* Le taux annuel effectif global, et le montant total dû par l'emprunteur, calculés au moment de la conclusion du contrat de crédit. Toutes les hypothèses utilisées pour calculer ce taux sont mentionnées ;**

***g)* Tous les frais liés à l'exécution du contrat de crédit, dont, le cas échéant, les frais de tenue d'un ou plusieurs comptes destinés à la mise à disposition des fonds ou au paiement des échéances de crédit et les frais liés à l'utilisation d'un instrument de paiement déterminé, ainsi que les conditions dans lesquelles ces frais peuvent être modifiés ;**

***h)* Les sûretés et les assurances exigées, le cas échéant ;**

***i)* Le cas échéant, l'existence de frais de notaire ;**

***j)* En cas de crédit servant à financer l'acquisition de bien ou service déterminés, ce bien ou ce service et son prix au comptant ;**

3° Les modalités de remboursement par l'emprunteur ;

4° L'identité et l'adresse des cautions éventuelles ;

5° Une rubrique sur les conditions d'acceptation ou de rétractation du contrat de crédit qui mentionne notamment, dans l'ordre choisi par le prêteur :

***a)* Les informations relatives aux conditions de conclusion du contrat, dont l'existence et les modalités d'expression de l'agrément de l'emprunteur conformément aux dispositions de l'article L. 312-24 ;**

***b)* L'existence du droit de rétractation, le délai et les conditions d'exercice de ce droit, l'obligation incombant à l'emprunteur conformément aux dispositions de l'article L. 312-26, le montant de l'intérêt journalier servant au calcul des intérêts cumulés mentionnés à ce même article ;**

***c)* Les dispositions de l'article L. 312-25 ;**

***d)* Le cas échéant, les droits de l'emprunteur d'un crédit affecté ainsi que leurs conditions d'exercice ;**

6° Une rubrique sur les informations relatives à l'exécution du contrat qui mentionne notamment, dans l'ordre choisi par le prêteur :

a) **Les conditions et modalités selon lesquelles l'emprunteur peut rembourser le crédit par anticipation, ainsi que les conditions et le mode de calcul de l'indemnité de remboursement anticipé que le prêteur peut réclamer en application de l'article L. 312-34 ;**

b) **Les conditions et modalités selon lesquelles l'emprunteur peut résilier le contrat ;**

c) **Un avertissement relatif aux conséquences d'une défaillance de l'emprunteur ;**

d) **Les indemnités en cas de retard de paiement et, le cas échéant, les frais d'inexécution que le prêteur peut demander à l'emprunteur en cas de défaillance, ainsi que les modalités d'adaptation et de calcul de ces indemnités et de ces frais ;**

e) **Pour les opérations de crédit amortissable à durée déterminée, lesquelles excluent la location-vente et la location avec option d'achat, le droit de l'emprunteur de recevoir un relevé sous la forme d'un tableau d'amortissement, à sa demande et sans frais, à tout moment durant toute la durée du contrat ;** — *V. art. R. 312-13.*

7° Une rubrique sur les informations relatives au traitement des litiges, qui mentionne notamment, dans l'ordre choisi par le prêteur :

a) **La procédure de la médiation mentionnée à l'article** *(Décr. n° 2016-1844 du 23 déc. 2016, art. 2)* **« L. 316-1 » du code monétaire et financier et ses modalités d'accès ;** — *V. App., v° Banques.*

b) **Les dispositions de l'article R. 312-35 ;**

c) **L'adresse de l'autorité mentionnée à l'article L. 612-1 du code monétaire et financier et celle de l'autorité administrative chargée de la concurrence et de la consommation.** — *[C. consom., art. R. 311-5, I, sauf 2e al. du e) du 2°.]*

1. Mentions obligatoires. L'art. 10, § 2, sous h), de la Dir. 2008/48 du 23 avr. 2008 concernant les contrats de crédit aux consommateurs doit être interprété en ce sens qu'il n'est pas nécessaire que le contrat de crédit indique chaque échéance des paiements à effectuer par le consommateur par référence à une date précise, pour autant que les conditions de ce contrat permettent à ce consommateur d'identifier sans difficulté et avec certitude les dates de ces paiements. • CJUE 9 nov. 2016, n° C-42/15 : *D. 2017. 328, note Boucard ; RTD com. 2017. 152, obs. Legeais ; JCP E 2016, n° 1637, note Moracchini-Zeidenberg ; CCC 2017, n° 43, obs. Bernheim-Desvaux ; Gaz. Pal. 21 févr. 2017, p. 55, obs. Roussille ; RD banc. fin. 2017, n° 4, obs. Mathey ; Europe 2017, n° 29, obs. Cazet.* ♦ L'art. 10, § 2, sous h) et i), doit être interprété en ce sens que le contrat de crédit à durée fixe, prévoyant l'amortissement du capital par les paiements consécutifs, ne doit pas préciser, sous la forme d'un tableau d'amortissement, quelle part de chaque paiement sera affectée au remboursement de ce capital. Ces dispositions, lues en combinaison avec l'art. 22, § 1, de la directive, s'opposent à ce qu'un État membre prévoie une telle obligation dans sa réglementation nationale. • Même arrêt. ♦ Sur la nature des informations financières qui doit être délivrée à l'emprunteur quand la souscription d'une assurance est proposée, V. • TI Le Havre, 10 janv. 2017 : *D. 2017. Actu. 349, obs. Poissonnier* • TI Saint-Brieuc, 12 déc. 2016 : *eod. loc.*

2. Sanction. L'art. 23 de la Dir. 2008/48 doit être interprété en ce sens qu'il ne s'oppose pas à ce qu'un État membre prévoie, dans sa réglementation nationale, que, dans le cas où un contrat de crédit ne mentionnerait pas tous les éléments requis à l'art. 10, § 2, de cette directive, ce contrat est réputé exempt d'intérêts et de frais, pour autant qu'il s'agisse d'un élément dont l'absence est susceptible de mettre en cause la possibilité pour le consommateur d'apprécier la portée de son engagement. • CJUE 9 nov. 2016, n° C-42/15 : *préc. note 1.*

3. Taille des mentions. BIBL. Mathey, *RD banc. fin. 2015, n° 73* (pour l'adoption du système métrique en droit de la consommation !). ♦ Le corps est la mesure standard du caractère d'imprimerie, exprimée en points et délimitée par l'extrémité supérieure de la plus haute ascendante et l'extrémité inférieure de la plus basse descendante ; le corps huit correspond à 3 mm en points Didot. Il suffit donc, pour s'assurer du respect de cette prescription réglementaire, de diviser la hauteur en millimètres d'un paragraphe (mesuré du haut des lettres montantes de la première ligne au bas des lettres descendantes de la dernière ligne) par le nombre de lignes qu'il contient ; le quotient ainsi obtenu doit être au moins égal à 3 mm. En l'espèce, cette vérification conduite sur plusieurs paragraphes montre que chaque *ligne occupe* au moins 3 mm, un espace de 3 cm contenant tout juste 10 *lignes* ; qu'il n'existe donc, à ce titre, aucune irrégularité susceptible d'entraîner la déchéance du droit aux intérêts. • Paris, 21 févr. 2013, n° 10/16771 : *CCC 2013, n° 146, obs. Raymond.* ♦ Comp. retenant le point Pica comme unité : • Aix-en-Provence, 9 avr. 2015, n° 14/05437.

Art. R. 312-11 **S'il y a paiement de frais et d'intérêts sans amortissement du capital, le contrat comprend un relevé des périodes et conditions de paiement des intérêts débiteurs et des frais annexes récurrents et non récurrents.** – *[C. consom., art. R. 311-5, II, al. 1er.]*

Art. R. 312-12 **Lorsque les échéances versées par l'emprunteur n'entraînent pas immédiatement un amortissement correspondant du montant total du crédit, mais servent à reconstituer le capital aux périodes et dans les conditions prévues par le contrat de crédit ou par un contrat accessoire, et que cette modalité d'exécution ne garantit pas le remboursement du montant total du crédit consenti, le contrat le précise expressément.** – *[C. consom., art. R. 311-5, II, al. 2.]*

Art. R. 312-13 **Le tableau mentionné au *e* du 6° de l'article R. 312-10 indique les montants, périodes et conditions des échéances ainsi que la ventilation de chaque échéance entre l'amortissement du capital, les intérêts calculés sur la base du taux débiteur et, le cas échéant, les coûts additionnels. Si le taux d'intérêt n'est pas fixe ou si les coûts additionnels peuvent être modifiés en vertu du contrat de crédit, le tableau indique de manière claire et précise que les données mentionnées dans le tableau ne seront valables que jusqu'à la modification suivante du taux débiteur ou des coûts additionnels.** – *[C. consom., art. R. 311-5, III.]*

Art. R. 312-14 **Le contrat de location avec option d'achat est rédigé en caractères dont la hauteur ne peut être inférieure à celle du corps huit.**

Il comporte de manière claire et lisible les informations contractuelles prévues à l'article L. 312-28 figurant en annexe au présent code. – *[C. consom., art. R. 311-5-1.]*

ANNEXE À L'ARTICLE R. 312-14

CONDITIONS CONTRACTUELLES RELATIVES À LA LOCATION AVEC OPTION D'ACHAT

Le contrat de crédit comporte les informations suivantes :

I. — Objet et parties au contrat :

1.1. Le nom ou la dénomination sociale et l'adresse du bailleur ;

1.2. Les nom, prénom et adresse du locataire ;

1.3. Le cas échéant, les nom, prénom et adresse du colocataire ;

1.4. La destination du financement et la description du bien loué ;

1.5. Les nom, dénomination sociale et adresse du vendeur (1) ;

1.6. Le prix au comptant TTC du bien loué ;

1.7. La durée de l'opération ;

1.8. Le prix de vente final au terme de la location, exprimé en euros et/ou en % du prix au comptant TTC du bien loué ;

1.9. Le cas échéant, le prix de vente en cours de location, exprimé en euros et/ou en % du prix au comptant TTC du bien loué ;

1.10. La mention : "Le locataire bénéficie d'un délai de rétractation de quatorze jours, et le bailleur se réserve le droit d'accorder ou de refuser la location dans un délai de sept jours, à compter de l'acceptation du contrat de crédit par le locataire.".

II. — Coût de la location :

2.1. La périodicité des loyers ;

2.2. Le montant des loyers, exprimé en euros et/ou en %, du prix au comptant TTC du bien loué ;

2.3. Le nombre des loyers ;

2.4. Le total des loyers TTC, exprimé en euros et/ou en % du prix au comptant TTC du bien loué ;

2.5. Le coût total de l'opération si le bien est acheté au terme de la location, soit la somme, exprimée en euros et/ou en %, du prix au comptant TTC du bien loué, du total des loyers et du prix de vente final.

III. — Paiement des loyers par le locataire :

3.1. Les modalités de paiement proposées.

IV. — Sûretés et assurances :

4.1. Le cas échéant, les nom, prénom, adresse de la personne qui se porte caution ;

4.2. Le cas échéant, la nature de l'assurance exigée pour l'obtention du financement ;

4.3. Le cas échéant, le montant du dépôt de garantie, qui sera restitué au terme de la location ou déduit du prix de vente lors de l'achat du bien.

V. — Formation du contrat de location :

5.1. Le droit de rétractation et ses modalités;

5.2. Les conditions d'agrément par le bailleur;

5.3 Les droits et obligations du locataire relatifs à la livraison du bien;

5.4. Les droits et obligations du locataire relatifs à la résolution de plein droit du contrat;

5.5. La mention : "Tout engagement préalable de payer au comptant le vendeur en cas de refus du bailleur d'accorder le crédit est nul de plein droit.".

VI. — Défaillance du locataire :

6.1. Un avertissement relatif aux conséquences d'une défaillance du locataire;

6.2. Les indemnités et, le cas échéant, les frais d'inexécution que le bailleur peut demander au locataire en cas de défaillance de ce dernier, ainsi que leurs modalités d'adaptation et de calcul.

VII. — Traitements des litiges :

7.1. La procédure de médiation mentionnée à l'article L. 316-1 du code monétaire et financier et ses modalités d'accès;

7.2. Les dispositions de l'article R. 312-35 du code de la consommation;

7.3. L'adresse de l'Autorité de contrôle prudentiel mentionnée à l'article L. 612-1 du code monétaire et financier et celle de l'autorité administrative chargée de la concurrence et de la consommation.

(1) Si le bien loué est acheté par le bailleur à un autre vendeur.

SECTION VI EXÉCUTION DU CONTRAT DE CRÉDIT

SOUS-SECTION 1 REMBOURSEMENT ANTICIPÉ

Art. D. 312-15 Le seuil mentionné à l'article L. 312-34 est fixé à 10 000 euros au cours d'une période de douze mois. – *[C. consom., art. D. 311-14.]*

SOUS-SECTION 2 DÉFAILLANCE DE L'EMPRUNTEUR

Art. D. 312-16 Lorsque le prêteur exige le remboursement immédiat du capital restant dû en application de l'article L. 312-39, il peut demander une indemnité égale à 8 % du capital restant dû à la date de la défaillance. — *[C. consom., art. D. 311-6.]*

1. Indemnités dues. Les deux al. de l'art. 2 du Décr. nº 78-373 du 17 mars 1978 [C. consom., anc. art. D. 311-6 et D. 311-7, devenus art. D. 312-16 et D. 312-17] sont exclusifs l'un de l'autre et non cumulatifs. • Paris, 19 déc. 1996, nº 95/011966. ♦ Le prêteur ne peut cumuler les indemnités des al. 1er et 2 de l'art. 2 du Décr. nº 78-373 du 17 mars 1978 [C. consom., anc. art. D. 311-6 et D. 311-7, devenus art. D. 312-16 et D. 312-17]. Dès lors que dans le cadre de la demande il exige le remboursement immédiat du capital restant dû, il ne peut prétendre qu'à une indemnité égale à 8 % du capital restant dû à la date de la défaillance; il convient ainsi de défalquer des sommes réclamées les pénalités de retard calculées sur chaque échéance impayée. • Besançon, 4 juill. 1997, nº 1559/96.

2. Cumul avec les intérêts de retard. Jugeant que l'indemnité légale de 8 % en cas de non-paiement des échéances s'ajoute aux intérêts de retard si elle est stipulée au contrat, mais qu'elle vaut dommages-intérêts pour le prêteur non désintéressé : • Rennes, 18 sept. 2003 : *CCC 2004, nº 66, obs. Raymond.* – V. aussi : • Paris, 20 juin 1995 : *D. 1995. IR 187* • Rouen, 9 févr. 1994 : *JCP 1994. IV. 1976.* ♦ V. note 1 ss. art. D. 312-18.

3. Réduction de l'indemnité. Le montant de l'indemnité fixé par l'art. 2 du Décr. nº 78-373 du 17 mars 1978 [C. consom., anc. art. D. 311-6 et D. 311-7, devenus art. D. 312-16 et D. 312-17] est susceptible d'être révisé à la baisse par le juge sur la base de l'art. 1152 [1231-5] C. civ. si son montant apparaît excessif ou est encore susceptible d'être réduit en cas de remboursement partiel du prêt, sur la base de l'art. 1231 [1231-5] C. civ. • Paris, 28 mars 2000, nº 1997/22133. ♦ Le tribunal ne justifie aucunement, au cas présent, du caractère manifestement excessif de l'indemnité réglementaire de 8 %. Bien au contraire, cette indemnité qui vient compenser, dans le cadre d'un incident de paiement, la perte de l'établissement de crédit du fait de la réduction de la période de prêt et donc de la période d'exigibilité prévisible des agios, paraît normale et n'est pas disproportionnée. • Même arrêt. ♦ L'indemnité de 8 % n'apparaît pas en l'espèce excessive puisque la non-exécution du contrat entraîne pour le prêteur des frais supplémentaires de gestion tenant à la nécessité d'un suivi manuel et non plus informatique du dossier et puisque la preuve n'est pas rapportée que l'indemnité soit d'un montant supérieur aux avantages financiers que le prêteur était en droit d'attendre de la poursuite du contrat jusqu'à son terme. • Paris, 19 déc. 1996, n° 95/011966. ♦ Eu égard au taux d'intérêts élevé que produit le solde du prêt, l'indemnité réclamée, résultant de l'application de l'art. D. 311-11 [D. 312-16] C. consom., apparaît manifestement excessive et doit être réduite en application de l'art. 1152 [1231-5] C. civ. • Douai, 26 oct. 2000, n° 1998/05874 • Nîmes, 30 juin 2005, n° 04/00458.

Jugeant au contraire que l'emprunteur ne peut réclamer le bénéfice de l'art. 1152 [1231-5] C. civ. dans la mesure où il ne saurait prétendre que l'indemnité de 8 % est excessive alors qu'elle est légale. • Paris, 29 oct. 1997, n° 96/83062. ♦ Il ne peut être fait application des art. 1152 et 1231 [1231-5] C. civ. dès lors que le taux contractuel n'apparaît pas abusif et qu'il est prévu par les dispositions mêmes du code de la consommation que les sommes restant dues produisent jusqu'à la date du règlement effectif des intérêts de retard à un taux égal à celui du prêt et que ceux-ci peuvent se cumuler avec une indemnité fixée par le Décr. n° 78-373 du 17 mars 1978 [C. consom., anc. art. D. 311-6 et D. 311-7, devenus art. D. 312-16 et D. 312-17] à 8 % du capital restant dû à la date de la défaillance, qui tient compte de l'exécution partielle de l'engagement, telle que prévue par l'art. 1231 [1231-5] C. civ. • Metz, 17 févr. 2005, n° 02/02933.

Art. D. 312-17 **Lorsque le prêteur n'exige pas le remboursement immédiat du capital restant dû, il peut demander à l'emprunteur défaillant une indemnité égale à 8 % des échéances échues impayées. Cependant, dans le cas où le prêteur accepte des reports d'échéances à venir, le montant de l'indemnité est ramené à 4 % des échéances reportées.** — *[C. consom., art. D. 311-7.]*

Art. D. 312-18 **En cas de défaillance dans l'exécution d'un contrat de location assorti d'une promesse de vente ou de location-vente le bailleur est en droit d'exiger, en application de l'article L. 312-40, une indemnité égale à la différence entre, d'une part, la valeur résiduelle hors taxes du bien stipulée au contrat augmentée de la valeur actualisée, à la date de la résiliation du contrat, de la somme hors taxes des loyers non encore échus et, d'autre part, la valeur vénale hors taxes du bien restitué.**

La valeur actualisée des loyers non encore échus est calculée selon la méthode des intérêts composés en prenant comme taux annuel de référence le taux moyen de rendement des obligations émises au cours du semestre civil précédant la date de conclusion du contrat majoré de la moitié. La valeur vénale mentionnée ci-dessus est celle obtenue par le bailleur s'il vend le bien restitué ou repris. Toutefois, le locataire a la faculté, dans le délai de trente jours à compter de la résiliation du contrat, de présenter au bailleur un acquéreur faisant une offre écrite d'achat. Si le bailleur n'accepte pas cette offre et s'il vend ultérieurement à un prix inférieur, la valeur à déduire devra être celle de l'offre refusée par lui.

Si le bien loué est hors d'usage, la valeur vénale est obtenue en ajoutant le prix de vente et le montant du capital versé par la compagnie d'assurance.

A défaut de vente ou à la demande du locataire, il peut y avoir évaluation de la valeur vénale à dire d'expert. Le locataire doit être informé de cette possibilité d'évaluation. — *[C. consom., art. D. 311-8, al. 1er, 2, 3 et 4.]*

1. *Intérêts de retard.* Les dispositions issues du code de la consommation ne dérogent pas aux dispositions du code civil relatives aux intérêts de droit attachés aux créances de sommes d'argent. • Civ. 1re, 12 nov. 1987 : *Bull. civ. I, n° 289; D. 1988. Somm. 406, obs. Aubert; RTD com. 1988. 669, obs. Bouloc et Hémard.*

2. *TVA.* Sur l'inclusion de la TVA dans le montant de l'indemnité, V., déjà avant l'intervention du décret du 21 mai 1987 (dont est issu le texte ci-dessus codifié à l'art. D. 312-18), • Civ. 1re, 15 janv. 1991 : *Bull. civ. I, n° 20; RTD com. 1991. 632, obs. Bouloc.* ♦ *L'indemnité due au bailleur* est calculée en fonction de la valeur vénale hors taxes du bien restitué; par suite, le bailleur qui vend ledit bien peut déduire du prix de vente, pour le calcul de l'indemnité de résiliation, le montant de la TVA qu'il a dû payer à l'occasion de cette vente. • Civ. 1re, 17 févr. 1993 : *Bull. civ. I, n° 78; JCP E 1993. Pan. 496.*

3. *Valeur actualisée des loyers non encore échus.* Il résulte des dispositions légales que, pour le calcul de l'indemnité de résiliation, il convient de prendre en considération la valeur actualisée des loyers non encore échus, laquelle doit être calculée pour chaque loyer, selon la méthode des intérêts composés en prenant comme taux annuel de référence le taux moyen de rendement des obligations émises au cours du semestre civil précédant la date de conclusion du contrat, majoré de moitié. • Civ. 1re, 6 juin 2001 : *Bull. civ. IV, n° 163; CCC 2001, n° 143, obs. Raymond.* ♦ L'intention du législateur étant de permettre la reconstitution du capital restant dû au prêteur par l'emprunteur défaillant, il en résulte que la « valeur actualisée de la somme des loyers hors taxes non encore échus » prévue à cet article doit s'entendre comme la somme de la valeur actualisée de chaque loyer hors taxes non encore échu, selon son rang propre dans l'échéancier de la location, afin que la totalité des loyers dus à des dates différentes soit ramenée à leur valeur actualisée à la date de réalisation du contrat. • Paris, 13 avr. 1999 : *D. 1999. IR 149*. ♦ En ce sens que c'est chaque loyer qui doit être actualisé, l'indemnité étant alors la somme des loyers ainsi actualisés, V. : Rép. min. n° 40441 : *JOAN Q 23 sept. 1996, p. 5059 ; RD bancaire et bourse 1996. 237, obs. Crédot et Gérard.*

4. *Valeur vénale.* Sur la prise en compte de la valeur vénale dans le calcul de l'indemnité, V. • Civ. 1re, 13 nov. 2014 : *CCC 2015, n° 77, obs. Raymond.*

Art. D. 312-19 **Lorsque le bailleur n'exige pas la résiliation du contrat, il peut demander au locataire défaillant une indemnité égale à 8 % des échéances échues impayées.**

Cependant, dans le cas où le bailleur accepte des reports d'échéances à venir, le montant de l'indemnité est ramené à 4 % des échéances reportées.

Le montant de l'indemnité est majoré des taxes fiscales applicables. – *[C. consom., art. D. 311-8, al. 5, 6 et 7.]*

SECTION VII CRÉDIT AFFECTÉ

Art. R. 312-20 **L'acheteur qui sollicite la livraison ou la fourniture immédiate du bien ou de la prestation de services en application de l'article L. 312-47 doit apposer sur le contrat de vente une demande rédigée de sa main dans les termes suivants :**

"Je demande à être livré(e) immédiatement (ou à bénéficier immédiatement de la prestation de services).

"Le délai légal de rétractation de mon contrat de crédit arrive dès lors à échéance à la date de la livraison (ou de l'exécution de la prestation), sans pouvoir être inférieur à trois jours ni supérieur à quatorze jours suivant sa signature.

"Je suis tenu(e) par mon contrat de vente principal dès le quatrième jour suivant sa signature.". – *[C. consom., art. R. 311-9.]*

Sur les sanctions, V. art. R. 341-11.

1. *Réduction du délai légal de rétractation.* Il résulte des textes que le délai légal de rétractation ne peut être réduit, à raison de la livraison ou de la fourniture immédiate du bien ou de la prestation, que si l'acheteur a apposé de sa main sur le contrat une demande rédigée dans les termes légalement imposés. • Civ. 1re, 31 mai 1988 : *Bull. civ. I, n° 166 ; D. 1988. Somm. 405, obs. Aubert.* ♦ V. aussi • Chambéry, 10 févr. 1998 : *JCP 1998. IV. 2825.*

2. *Nullité.* En ce sens que le défaut de mention particulière relative à la livraison immédiate entraîne la nullité de la vente, V. • Civ. 1re, 19 mai 1992 : *CCC 1992, n° 189, obs. Raymond.*

3. *Caducité.* En l'absence de la mention réglementaire, et alors que l'emprunteur s'est rétracté dans le délai légal, le contrat de crédit doit être considéré comme caduc, le paiement de quelques échéances ne valant pas validation du contrat. • Dijon, 20 févr. 2004 : *CCC 2005, n° 17, obs. Raymond.*

SECTION VIII CRÉDIT RENOUVELABLE

Art. D. 312-21 **Pour les crédits mentionnés à l'article L. 312-57, les informations sur le coût du crédit qui doivent être indiquées dans les publicités en application de *l'article* L. 312-6 doivent être fournies à l'aide d'un exemple représentatif répondant aux caractéristiques suivantes :**

1° Un montant de 500 euros ;

2° Un montant de 1 000 euros ;

3° Un montant de 3 000 euros ;

4° La durée de remboursement maximale prévue par l'offre commerciale sur laquelle porte la publicité.

Le prêteur choisit de présenter un ou plusieurs des montants mentionnés aux 1°, 2° et 3° de façon que l'exemple représentatif corresponde au mieux à la nature des crédits dont il fait la publicité. – *[C. consom., art. D. 311-1, I.]*

BIBL. ▶ AVIGNON et LANDES-GRONOWSKI, *Gaz. Pal. 2010. 2798* (vade-mecum des mentions publicitaires obligatoires depuis la loi portant réforme du crédit à la consommation).

Art. D. 312-22 Lorsque la publicité mentionne un taux promotionnel ou des modalités spéciales d'utilisation qui dérogent au fonctionnement normal du crédit concerné, l'exemple représentatif défini à l'article D. 312-21 illustre les conditions normales d'exécution du contrat de crédit. – *[C. consom., art. D. 311-1, II.]*

Art. D. 312-23 L'exemple représentatif doit indiquer, dans la même taille de caractère que celle prévue pour les mentions reprises à l'article L. 312-8 :

1° Sa nature d'exemple ;

2° Le nombre d'échéances pour chacune des échéances d'un même montant. – *[C. consom., art. D. 311-1, III.]*

Art. D. 312-24 Dans les cas prévus à l'article L. 312-7, l'exemple représentatif indique, en plus des indications prévues à l'article D. 312-21 et dans la même taille de caractère :

1° Que le montant des échéances est donné "hors assurance facultative" ;

2° Le coût de l'assurance facultative ayant pour objet la garantie de remboursement d'un crédit. Ce coût est exprimé dans l'offre commerciale sur laquelle porte la publicité en euros par mois, en montant total dû en euros sur la durée prévue au 4° de l'article D. 312-21 et en taux annuel effectif de l'assurance calculé conformément à l'article R. 314-11, sur la base de la cotisation mensuelle la plus élevée prévue par l'offre commerciale. – *[C. consom., art. D. 311-1, IV.]*

BIBL. ▶ BIARDEAUD, *D. 2014. 2188* (taux annuel effectif de l'assurance : une occasion manquée ?).

Art. D. 312-25 Le seuil mentionné au premier alinéa de l'article L. 312-62 est fixé à 1 000 euros. – *[C. consom., art. D. 311-10-1, I.]*

Art. D. 312-26 Les informations mentionnées à l'article L. 312-62 sont présentées conformément au document joint en annexe au présent code.

Le prêteur fournit ces informations au consommateur avant la remise des informations mentionnées à l'article L. 312-12. Il remet le document, mentionné au précédent alinéa, par écrit ou sur un autre support durable au plus tard lors de la remise des informations mentionnées à l'article L. 312-12. – *[C. consom., art. D. 311-10-1, II.]*

ANNEXE À L'ARTICLE D. 312-26

DOCUMENT D'INFORMATION

Présentation des propositions de financement : crédit renouvelable et crédit amortissable (Articles L. 312-62 et D. 312-26 du code de la consommation)

Pour l'achat... [Préciser le ou les biens ou prestations de services] (*), vous sollicitez un financement de ... €.

Conformément à la loi, le crédit renouvelable qui vous est proposé pour ce financement doit s'accompagner d'une proposition alternative de crédit amortissable, dès lors que l'achat s'effectue sur le lieu de vente ou à distance et que le montant du financement de cet achat est supérieur à 1 000 euros. Afin que vous puissiez opérer votre choix, le tableau ci-dessous compare ces deux propositions de financement, suivant deux hypothèses de délais de remboursement.

	PROPOSITION 1	PROPOSITION 2
	Crédit renouvelable pour un montant total du crédit de ... €, avec une utilisation initiale de ... € [équivalent au montant mentionné dans la phrase "vous sollicitez un financement de ... €"] (*)	Crédit amortissable pour un montant total de ... € [équivalent au montant mentionné dans la phrase "vous sollicitez un financement de ... €"] (*)

	PROPOSITION 1	PROPOSITION 2
Fonctionnement	Ce crédit est indépendant du contrat de vente. Il peut porter sur un montant supérieur à celui de votre achat	Ce crédit est dépendant du contrat de vente. Il porte uniquement sur le montant que vous souhaitez financer à crédit
	Votre rétraction du contrat de crédit n'entraînera pas l'annulation du contrat de vente. Vous serez toujours tenu d'acheter le bien ou le service, sauf disposition spécifique de rétractation du contrat de vente	Votre rétractation du contrat de crédit entraînera automatiquement l'annulation du contrat de vente
	Les informations ci-dessous ne valent que dans l'hypothèse d'une utilisation unique. En cas de nouvelles utilisations du crédit, le TAEG, les mensualités et le montant total dû pourront être différents [en cas de taux promotionnel, le TAEG applicable dans des conditions normales d'exécution du crédit doit être mentionné] "Le taux annuel effectif global (TAEG) applicable aux utilisations de ce crédit dans des conditions normales d'exécution est de XX, XX % ou peut varier entre XX, XX % et XX, XX %" [cette alternative doit être choisie par le prêteur en fonction du montant de crédit proposé et de son offre]	
	Hypothèse de remboursement sur ... mois pour une utilisation initiale d'un montant de ... € effectuée le avec un premier remboursement le [équivalent au montant mentionné dans la phrase "vous sollicitez un financement de ... €"]	Hypothèse de remboursement sur ... mois pour un montant de ... € [équivalent au montant mentionné dans la phrase "vous sollicitez un financement de ... €"] (*)
TAEG	Coût total exprimé en pourcentage annuel du montant total du crédit (hors coût d'assurance facultative)	
Mensualités	Montant, nombre et périodicité des échéances	
Montant total dû	Montant du capital emprunté majoré des intérêts et des frais éventuels liés au crédit (hors coût d'assurance facultative)	
	Hypothèse de remboursement sur ... mois pour une utilisation initiale d'un montant de ... € effectuée le avec un premier remboursement le [équivalent au montant mentionné dans la phrase "vous sollicitez un financement de ... €"] (*)	Hypothèse de remboursement sur ... mois pour un montant de ... € [équivalent au montant mentionné dans la phrase "vous sollicitez un financement de ... €"] (*)
TAEG	Coût total exprimé en pourcentage annuel du montant total du crédit (hors coût d'assurance facultative)	
Mensualités	Montant, nombre et périodicité des échéances	
Montant total dû	Montant du capital emprunté majoré des intérêts et des frais éventuels liés au crédit (hors coût d'assurance facultative)	
(*) Mentions entre crochets à renseigner par le professionnel.		

Art. D. 312-27 **Le remboursement minimal du capital emprunté à chaque échéance prévu à l'article L. 312-65 correspond à la formule suivante :**

$$R = \alpha \times K$$

Dans cette formule :

R désigne le montant du remboursement minimal du capital ;

K désigne le montant de capital restant dû après la dernière utilisation de l'ouverture de crédit ;

α désigne le pourcentage de remboursement minimal, qui est calculé de la manière suivante :

1° Pour les crédits renouvelables pour lesquels le contrat de crédit prévoit des échéances constantes, le pourcentage de remboursement minimal est calculé selon la formule suivante :

$$\alpha = \frac{1 - \frac{1}{(1+r)^{\frac{1}{12}}}}{\frac{1}{(1+r)^{\frac{1}{12}}} \times \left(1 - \left(\frac{1}{(1+r)^{\frac{1}{12}}}\right)^{T}\right)} - \left((1+r)^{\frac{1}{12}} - 1\right)$$

Dans cette formule :

r désigne le taux annuel effectif global, auquel s'ajoute, dans le cas où le contrat de crédit est assorti d'une assurance facultative ayant pour objet la garantie du remboursement du crédit, à laquelle a souscrit l'emprunteur, le taux correspondant au coût annuel de cette assurance rapporté au capital restant dû ;

T désigne la durée de remboursement total du crédit, fixée dans les conditions suivantes :

***a)* Pas plus de 36 mois pour les crédits renouvelables dont le montant total est inférieur ou égal à 3 000 euros ;**

***b)* Pas plus de 60 mois pour les crédits renouvelables dont le montant total est supérieur à 3 000 euros ;**

2° Pour les crédits renouvelables pour lesquels le contrat de crédit prévoit des échéances variables selon des rythmes de remboursement différents prévus par le contrat de crédit, le pourcentage de remboursement minimal est de :

***a)* 1 % pour les crédits renouvelables dont le montant total est inférieur ou égal à 3 000 euros ;**

***b)* 0,5 % pour les crédits renouvelables dont le montant total est supérieur à 3 000 euros.**

Pour ces crédits, le rythme de remboursement prévu par le contrat de crédit ne peut en aucun cas aboutir à une durée de remboursement du montant de crédit utilisé supérieure à :

***a)* 36 mois pour les crédits renouvelables dont le montant total est inférieur ou égal à 3 000 euros ;**

***b)* 60 mois pour les crédits renouvelables dont le montant total est supérieur à 3 000 euros.**

Dans le cas où le contrat de crédit est assorti d'une assurance facultative souscrite par l'emprunteur ayant pour objet la garantie du remboursement du crédit, le paiement des cotisations d'assurance ne peut en aucun cas conduire au dépassement des durées de remboursement établies dans les conditions fixées aux deux alinéas précédents. — *[C. consom., art. D. 311-4-1, I.]*

BIBL. ▶ LEGEAIS, *RTD com. 2011. 399* (remboursement minimal à chaque échéance pour les crédits renouvelables).

Art. D. 312-28 **Le montant de l'échéance ne peut être inférieur à 15 euros.**

L'échéance par laquelle l'emprunteur règle le solde permettant de rembourser la totalité du capital restant dû peut déroger au montant prévu au premier alinéa. — *[C. consom., art. D. 311-4-1, II et D. 311-4-2, III.]*

Art. D. 312-29 **Le pourcentage de remboursement minimal établi dans les conditions définies à l'article D. 312-27 et le montant minimal de l'échéance défini à l'article D. 312-28 correspondent à un rythme de remboursement mensuel.**

Dans le cas d'une échéance portant sur une période autre qu'une mensualité, le prêteur détermine le pourcentage de remboursement minimal et le montant minimal de l'échéance au prorata de la période couverte par cette échéance. – *[C. consom., art. D. 311-4-2, I.]*

Art. D. 312-30 **Par dérogation aux dispositions de l'article D. 312-27, le prêteur peut consentir à l'emprunteur :**

1° Un report d'échéance, au maximum deux fois par an ;

2° En cas de difficulté financière temporaire ou de dégradation de sa solvabilité, un report d'une partie ou de la totalité d'une ou *[de]* plusieurs échéances à condition que le droit d'utilisation du crédit par l'emprunteur soit suspendu jusqu'à ce que l'emprunteur ait acquitté la totalité du remboursement en capital contenu dans les échéances reportées.

Les reports d'échéance consentis par le prêteur ne peuvent bénéficier des dispositions ci-dessus que s'ils sont consentis sans autres frais que les intérêts débiteurs et que, le cas échéant, la cotisation relative à l'assurance ayant pour objet la garantie du remboursement du crédit à laquelle a souscrit l'emprunteur.

La période pendant laquelle l'emprunteur n'a pas acquitté d'échéance en application des dispositions ci-dessus n'est pas comptabilisée au titre des durées maximales de remboursement mentionnées au 2° de l'article D. 312-27. – *[C. consom., art. D. 311-4-2, II.]*

Art. D. 312-31 **Le crédit renouvelable est considéré comme inactif si, pendant un an à compter de la date de la souscription ou de la date de dernière reconduction, le contrat de crédit ou tout moyen de paiement associé n'a fait l'objet d'aucune utilisation.**

Le document annexé mentionné à l'article L. 312-80 est envoyé au plus tard trois mois avant la date d'expiration du délai d'un an. – *[C. consom., art. D. 311-8-1.]*

SECTION IX **OPÉRATIONS DE DÉCOUVERT EN COMPTE**

Art. R. 312-32 **Pour l'application des dispositions de l'article L. 312-85, le prêteur ou l'intermédiaire de crédit communique, de manière claire et lisible, à l'emprunteur des informations concernant :**

1° L'identité et l'adresse du prêteur ainsi que, le cas échéant, l'identité et l'adresse de l'intermédiaire de crédit concerné ;

2° Le type de crédit ;

3° Le montant de l'autorisation ;

4° La durée du contrat de crédit ;

5° Le taux débiteur, les conditions applicables à ce taux, tout indice ou taux de référence qui se rapporte au taux débiteur initial ;

6° Les frais applicables dès la conclusion du contrat de crédit et, le cas échéant, les conditions dans lesquelles ces frais pourront être modifiés ;

7° Le taux annuel effectif global à l'aide d'un exemple représentatif mentionnant toutes les hypothèses utilisées pour calculer ce taux ;

8° Les conditions et les modalités selon lesquelles le contrat peut être résilié ;

9° Le cas échéant, une indication selon laquelle il peut être demandé à tout moment à l'emprunteur de rembourser le montant total du crédit ;

10° Les frais et les modalités de calcul des frais que le prêteur peut demander à l'emprunteur en cas de défaillance ;

11° Le délai pendant lequel le prêteur est lié par les informations précontractuelles.

Ces informations peuvent être présentées conformément à la fiche jointe en annexe au présent code. – *[C. consom., art. R. 311-11.]*

ANNEXE À L'ARTICLE R. 312-32

INFORMATIONS PRÉCONTRACTUELLES EUROPÉENNES EN MATIÈRE DE CRÉDIT AUX CONSOMMATEURS RELATIVES AUX DÉCOUVERTS REMBOURSABLES DANS UN DÉLAI SUPÉRIEUR À UN MOIS ET INFÉRIEUR OU ÉGAL À TROIS MOIS

1. Identité et coordonnées du prêteur/de l'intermédiaire de crédit

Prêteur Adresse Numéro de téléphone (*) Adresse électronique (*) Numéro de télécopieur (*) Adresse internet (*)	[Identité] [Adresse géographique à utiliser par l'emprunteur]
Le cas échéant	
Intermédiaire de crédit	[Identité]
Adresse Numéro de téléphone (*) Adresse électronique (*) Numéro de télécopieur (*) Adresse internet (*)	[Adresse géographique à utiliser par l'emprunteur]

2. Description des principales caractéristiques du crédit

Le type de crédit
Le plafond des sommes disponibles
La durée du contrat de crédit
Le cas échéant Il peut vous être demandé à tout moment de rembourser le montant total du crédit

3. Coût du crédit

Le taux débiteur ou, le cas échéant, les différents taux débiteurs qui s'appliquent au contrat de crédit	[Indiquer le taux exprimé en % : Préciser la nature du taux : fixe ou variable (avec l'indice ou le taux de référence applicable au taux débiteur initial) ou révisable — lorsque le taux est révisable, indiquer la période de validité du taux (ou : taux en vigueur au...) et la fréquence de modification du taux (ou l'information selon laquelle le taux sera/peut être modifié en cours de contrat par décision du prêteur)]
Taux annuel effectif global (TAEG) Il s'agit du coût total exprimé en pourcentage annuel du montant total du crédit. Le TAEG vous permet de comparer différentes offres	[Exprimé en %. Donner ici un exemple représentatif qui mentionne toutes les hypothèses utilisées pour calculer le taux]
Le cas échéant	
Frais Le cas échéant Conditions dans lesquelles ces coûts peuvent être modifiés	[Les frais applicables dès la conclusion du contrat de crédit]
Frais en cas de défaillance	Vous devrez payer [... (taux d'intérêt applicable et, le cas échéant, frais d'inexécution)] en cas de défaillance

4. Autres aspects juridiques importants

Fin du contrat de crédit — résiliation	[Les conditions et modalités selon lesquelles il peut être mis fin au contrat de crédit]

Le prêteur doit, dans le cadre de la procédure d'octroi du crédit, consulter le fichier national des incidents de remboursement des crédits aux particuliers.	
Le délai pendant lequel le prêteur est lié par les obligations précontractuelles.	Ces informations sont valables du ... au ...

5. Le cas échéant : informations complémentaires en cas de vente à distance de services financiers au sens de l'article L. 222-1 du code de la consommation

a) Informations relatives au prêteur	
Le cas échéant	
Représentant du prêteur dans l'État membre dans lequel vous résidez Adresse Numéro de téléphone (*) Adresse électronique (*) Numéro de télécopieur (*) Adresse internet (*)	[Identité] [Adresse géographique à utiliser par l'emprunteur]
Enregistrement	[Le registre du commerce dans lequel le prêteur est inscrit et son numéro d'enregistrement ou un moyen équivalent d'identification dans ce registre]
L'autorité de surveillance	[Les coordonnées des autorités chargées du contrôle de l'activité soumise à autorisation]
b) Informations relatives au contrat de crédit	
Droit de rétractation Vous disposez d'un délai de quatorze jours calendaires pour revenir sur votre engagement vis-à-vis du contrat de crédit	Oui
Exercice du droit de rétractation	[Instructions pratiques pour l'exercice du droit de rétractation indiquant, entre autres, l'adresse à laquelle la notification doit être envoyée par l'emprunteur et les conséquences du non-exercice de ce droit]
La législation sur laquelle le prêteur se fonde pour établir des relations avec vous avant la conclusion du contrat de crédit	
Clause concernant la législation applicable au contrat de crédit et/ou la juridiction compétente	[Mentionner la clause pertinente ici]
Régime linguistique	Les informations et les conditions contractuelles seront fournies en [langue]. Avec votre accord, nous comptons communiquer en [langue/langues] pendant la durée du contrat de crédit
c) Informations relatives au droit de recours	
Existence de procédures extrajudiciaires de réclamation et de recours, et modalités d'accès à ces procédures	[Existence ou non de procédures extrajudiciaires de réclamation et de recours accessibles au consommateur qui est partie au contrat à distance et, si de telles procédures existent, modalités d'accès à ces dernières]

(*) Les informations suivies de ce signe sont facultatives pour le prêteur.
"Le cas échéant" : lorsque cette mention est indiquée, le prêteur doit remplir la case si l'information est pertinente pour le crédit ou supprimer l'information correspondante ou toute la ligne si l'information ne concerne pas le type de crédit envisagé.
[Indications entre crochets] : ces explications sont destinées au prêteur et doivent être remplacées par les informations correspondantes.

Art. R. 312-33 Le contrat de crédit mentionné à l'article L. 312-87 est rédigé en caractères dont la hauteur ne peut être inférieure à celle du corps huit. Il mentionne de manière claire et lisible :

1° Le type de crédit ;

2° L'identité et l'adresse des parties contractantes, le cas échéant, l'identité et l'adresse de l'intermédiaire de crédit concerné ;

3° La durée du contrat de crédit ;

4° Le montant de l'autorisation et les conditions de mise à disposition ;

5° Le taux débiteur, les conditions applicables à ce taux et, le cas échéant, tout indice ou taux de référence qui se rapporte au taux débiteur initial, ainsi que les périodes, conditions et procédures d'adaptation du taux. Si différents taux débiteurs s'appliquent en fonction des circonstances, ces informations portent sur tous les taux applicables ;

6° Le taux annuel effectif global et le montant total du crédit dû par l'emprunteur, calculés au moment de la conclusion du contrat de crédit ; toutes les hypothèses utilisées pour calculer le taux annuel effectif global sont mentionnées ;

7° Une indication selon laquelle il peut être demandé à tout moment à l'emprunteur de rembourser le montant total du crédit ;

8° Les conditions et les modalités selon lesquelles l'emprunteur peut résilier le contrat ;

9° Les informations relatives aux frais applicables dès la conclusion du contrat et les conditions dans lesquelles ces frais peuvent être modifiés le cas échéant. – *[C. consom., art. L. 312-36 et R. 311-12.]*

Art. R. 312-34 Le relevé de compte prévu à l'article L. 312-88 mentionne :

1° La période précise sur laquelle porte le relevé de compte ;

2° La date et le solde du relevé précédent ;

3° La date et le montant des utilisations et des remboursements depuis le relevé précédent ;

4° Le nouveau solde ;

5° Le taux débiteur appliqué depuis le relevé précédent ;

6° Tous les frais ayant été perçus depuis le relevé précédent ;

7° Le cas échéant, le montant minimal à payer pour la prochaine échéance. – *[C. consom., art. R. 311-13.]*

SECTION X PROCÉDURE

Art. R. 312-35 Le tribunal d'instance connaît des litiges nés de l'application des dispositions du présent chapitre. Les actions en paiement engagées devant lui à l'occasion de la défaillance de l'emprunteur doivent être formées dans les deux ans de l'événement qui leur a donné naissance à peine de forclusion. Cet événement est caractérisé par :

– le non-paiement des sommes dues à la suite de la résiliation du contrat ou de son terme ;

– ou le premier incident de paiement non régularisé ;

– ou le dépassement non régularisé du montant total du crédit consenti dans le cadre d'un contrat de crédit renouvelable ;

– ou le dépassement, au sens du 13° de l'article L. 311-1, non régularisé à l'issue du délai prévu à l'article L. 312-93.

Lorsque les modalités de règlement des échéances impayées ont fait l'objet d'un réaménagement ou d'un rééchelonnement, le point de départ du délai de forclusion *est le premier incident non régularisé* intervenu après le premier aménagement ou rééchelonnement conclu entre les intéressés ou après adoption du plan conventionnel de redressement prévu à l'article L. 732-1 ou après décision de la commission imposant les mesures prévues à l'article L. 733-1 ou la décision du juge de l'exécution homologuant les mesures prévues à l'article L. 733-7. – *[C. consom., art. L. 311-52.]*

V. COJ, art. R. 221-39, App., v° Compétence.

BIBL. ▸ BAZIN et ROUSSEL, *Gaz. Pal. 1995. 2. Doctr. 956* (délai de forclusion et injonction de payer). – RUHLMANN et PÉGUET, *Gaz. Pal. 1994. 1. Doctr. 391*. – MONACHON-DUCHÊNE, *JCP 1995. I. 3814*. – DRUESNE-GARNIER, *Banque et Droit juill.-août 1996. 8*. – COURTIER, *LPA 28 juill. 1997*. – RODIÈRE, *LPA 25 mai 1998*. – FLORES et BIARDEAUD, *D. 2000. Chron. 191* (protection de l'emprunteur : une notion menacée). – FARGE, *JCP 2001. I. 310* (délai de forclusion et cautionnement). – GOURIO, *RD banc. fin. 2000. 201* (dossier : délai de forclusion en matière de crédit à la consommation). – BAZIN, *Dr. et proc. 2012. 197* (retour sur le délai de forclusion en matière de crédit à la consommation) ; *ibid. 2016. 130* (de la prescription et de la forclusion biennales en droit de la consommation).

▸ Loi n° 2001-1168 du 11 déc. 2001 : FLORES et BIARDEAUD, *D. 2002. Chron. 876*. – X. LAGARDE, *JCP 2002. I. 106 ; LPA 8 janv. 2003* (mouvement sur la forclusion). – RAYMOND, *CCC 2002, n° 34*. – S. PIEDELIÈVRE, *Gaz. Pal. 2003. Doctr. 3628* (point de départ du délai de forclusion). – SOLTNER, *RD banc. fin. 2004. 224* (office du juge et règles protectrices de l'emprunteur). – BAZIN, *Dr. et proc. 2005. 268* (délai de forclusion en matière de crédit à la consommation). – S. GAUTIER, *LPA 17 oct. 2005* (crédit permanent : martyr des juges du fond). – VIGNEAU, *Dr. et proc. 2006. 131* (contentieux du crédit à la consommation).

PLAN DES ANNOTATIONS

I. COMPÉTENCE DU TRIBUNAL D'INSTANCE

1. Domaine. Relèvent de la compétence du tribunal d'instance tous les litiges concernant les opérations de crédit soumises à la loi et à ses décrets d'application en particulier le contentieux né de la défaillance de l'emprunteur. • Civ. 1re, 11 juin 1985 : *Bull. civ. I, n° 184 ; D. 1986. 138, note Warembourg-Auque ; Gaz. Pal. 1985. 2. 746, note Moussa* • 9 déc. 1986 : *Bull. civ. I, n° 293.* ♦ Tout litige né de l'interdépendance du contrat principal et du contrat de crédit fait partie de la compétence attribuée au tribunal d'instance pour les litiges nés de l'application de la loi. • TGI Limoges réf., 12 juill. 1991 : *BICC 1991, n° 1889.* ♦ Le texte confère au tribunal d'instance une compétence exclusive en matière de litiges nés des contrats de crédit à la consommation ; dès lors et par application de l'art. R. 321-4 (3°) COJ, ce tribunal est compétent pour connaître des demandes en validité de saisies-arrêts. • Civ. 1re, 8 juill. 1997 : *Bull. civ. I, n° 235 ; D. Affaires 1997. 1142.*

Doit être infirmée la décision d'un TI qui s'est déclaré incompétent au profit du TGI au motif que le crédit consenti était de nature professionnelle dans la mesure où, en statuant ainsi, le tribunal a fondé sa décision sur le seul caractère professionnel du crédit consenti sans tenir compte du montant de la demande, alors que ce montant excédait le taux de compétence du juge de proximité et n'atteignait pas celui du TGI, de sorte que, sans ressortir de la compétence exclusive du TI car il ne portait pas sur un crédit à la consommation, le litige en relevait au titre de sa compétence générale de droit commun en raison de la nature de l'action (personnelle et mobilière) et de la valeur en cause. • Orléans, 24 mai 2007 : *RJDA 2007, n° 1037.*

S'agissant de deux contrats de location de matériel de télésurveillance conclus par un même commerçant avec la même entreprise mais visant respectivement pour l'un, à assurer la sécurité d'un fonds de commerce et pour l'autre, celle du domicile, les litiges ne présentent pas de lien de connexité suffisant justifiant la seule compétence du tribunal d'instance légalement désigné, ce dont il résulte que le tribunal de commerce est compétent en ce qui concerne le premier contrat de location sus-mentionné. • Lyon, 30 avr. 1999 : *LPA 15 mai 2001, note Pigache.* ♦ L'action introduite par une fédération ayant pour objet de faire juger que les clauses des contrats de crédit proposés par la banque étaient abusives ou illicites en ce qu'elles n'étaient pas conformes aux dispositions du code de la consommation et que les documents publicitaires étaient irréguliers au regard des dispositions du même code, il en résulte que le litige était né de l'application des dispositions légales en matière de crédit à la consommation, ce dont il ressortait la compétence du tribunal d'instance. • Civ. 2e, 12 oct. 2006 : *Bull. civ. II, n° 274 ; RTD com. 2007. 213, obs. Legeais ; JCP 2006. IV. 3147 ; CCC 2007, n° 29, obs. Raymond ; RJDA 2007, n° 283 ; Dr. et proc. 2007. 154, note Bazin ; RDC 2007. 355, obs. Fenouillet.*

2. Action contre la caution. Sur la compétence du tribunal d'instance en cas d'action contre la caution, V. note 7.

3. Compétence territoriale. Jugeant que le tribunal d'instance compétent est celui du lieu de la remise des fonds, V. • Rennes, 19 sept. 1997 : *CCC 1997, n° 170, obs. Raymond.* ♦ Pour une application des règles de compétence territoriale des art. 42 et 46 NCPC [renommé C. pr. civ.] en matière de crédit à la consommation, V. • TI Grenoble, 19 juin 2001 : *CCC 2001, n° 165, obs. Raymond.* ♦ *Contra*, excluant l'application de l'option de compétence ouverte par l'art. 46, al. 2, NCPC [renommé C. pr. civ.], à propos d'un cautionnement commercial : • Com. 22 oct. 1996 : *Bull. civ. IV, n° 245; JCP 1997. II. 22821, note Chazal et Vicente.*

4. Juge de l'exécution. Sur la question de la compétence éventuelle du juge de l'exécution, V. • TGI Nancy, JEX, 20 avr. 1993 : *D. 1994. Somm. 336, obs. Julien*.

5. Ordre public. Selon le texte, d'application impérative au sens de l'art. 7, al. 2, de la Convention de Rome du 19 juin 1980, le tribunal d'instance est seul compétent en matière de crédit à la consommation quelle que soit la loi applicable. • Civ. 1re, 23 mai 2006 : *Bull. civ. I, n° 258; R. 2006, p. 465; D. 2007. Chron. C. cass. 1754, obs. Courbe ; ibid. Pan. 2567, obs. Bollée; D. 2006. 2798, note Audit ; RTD com. 2006. 644, obs. Legeais ; JCP 2007. I. 109, n° 10, obs. Attal; RJDA 2006, n° 1162; Dr. et patr. déc. 2006. 81, obs. M.-E. Ancel; CCE 2006, n° 143, obs. Chabert; RDC 2006. 1253, obs. Deumier; Rev. crit. DIP 2007. 85, note Cocteau-Senn ; JDI 2007. 537, note Sinay-Cytermann.* – Rappr. • Civ. 1re, 19 oct. 1999 : *D. 2000. 765, note Audit ; Rev. crit. DIP 2000. 29, note Lagarde ; JDI 2000. 339, note Racine.* ♦ Il résulte de l'art. 92 NCPC [renommé C. pr. civ.] que le TGI peut se déclarer d'office incompétent, en cas de méconnaissance de la compétence du tribunal d'instance, le texte ne distinguant nullement les notions d'ordre public de direction ou d'ordre public de protection. • Versailles, 5 oct. 1995 : *BICC 1996, n° 421.*

II. DÉLAI DE DEUX ANS

6. Loi applicable. La loi n° 2001-1168 du 11 déc. 2001 ne s'applique qu'aux contrats conclus à compter de sa promulgation. • Angers, 24 mai 2005 : *JCP 2005. IV. 3160.* ♦ Sur l'application dans le temps de la loi du 11 déc. 2001, V. X. Lagarde, *JCP 2002. I. 106.*

A. DOMAINE DU DÉLAI

7. Actions soumises au délai biennal. V. note 1. ♦ Le délai biennal de forclusion fait obstacle à l'action comme à l'*exception; il s'applique à l'emprunteur comme au prêteur* et s'impose au juge. • Versailles, 18 mai 2004 : *BICC 2005, n° 1768.* ♦ Le délai s'applique au litige né de la défaillance de l'emprunteur. V. • Civ. 1re, 24 nov. 1987 : *Bull. civ. I, n° 307; D. 1987. IR 250.* ♦ Il s'applique aussi bien en ce qui concerne le débiteur principal que la caution. • Même arrêt • 30 oct. 1995 : *CCC 1995, n° 209, note Raymond* • 26 févr. 2002 : *Bull. civ. I, n° 72; D. 2002. AJ 1277 ; JCP E 2002, n° 15, p. 603.* ♦ ... Même au recours personnel de la caution qui a payé le prêteur, contre l'emprunteur. • Civ. 1re, 17 nov. 1993 : *Bull. civ. I, nos 333 et 334* • Toulouse, 7 juin 1994 : *BICC 1994, n° 995.* ♦ V. aussi • Civ. 1re, 15 déc. 1998 : *JCP 1999. IV. 1258.* ♦ *Contra* : • Metz, 19 nov. 1992 : *JCP 1993. IV. 1704.* ♦ ... A l'exception de nullité pour dol invoqué par la caution. • Civ. 1re, 15 déc. 1998 : *Bull. civ. I, n° 365; D. Affaires 1999. 330, obs. C. R.; JCP 1999. II. 10098, note Monachon-Duchêne; RTD civ. 1999. 619, obs. Mestre* . ♦ Jugeant que l'irrégularité de l'offre préalable distincte de la clause abusive reste soumise au délai de forclusion : • Civ. 1re, 23 nov. 2004 : *Bull. civ. I, n° 287; D. 2005. 443, note Tricoit ; D. 2004. AJ 3217 ; JCP E 2005, n° 3, p. 60; Gaz. Pal. 2005. Somm. 2139, obs. S. Piedelièvre; CCC 2005, n° 35, obs. Raymond; RTD com. 2005. 157, obs. Legeais ; Banque et Droit mars-avr. 2006. 74, obs. Guillot; RJDA 2005, n° 752.* – X. Lagarde, *D. 2005. Chron. 2222* (distinction entre clause abusive et irrégularité formelle). ♦ Comp. note 13.

8. Actions échappant au délai biennal : vice du consentement. L'action engagée en vue de contester l'existence du consentement donné à la souscription d'un emprunt s'analyse, non en une action relative aux opérations de crédit régies par le code de la consommation, mais en une action en contestation de l'existence même d'une convention soumise, en tant que telle, à la prescription de droit commun. • Civ. 1re, 1er avr. 2003 : *Bull. civ. I, n° 94; D. 2003. AJ 1229, obs. Rondey ; JCP E 2003, n° 24, p. 977; RTD com. 2003. 552, obs. Legeais ; Defrénois 2003. 859, obs. Savaux; ibid. 861, obs. Aubert; RJDA 2003, n° 763* • 14 févr. 2008 : *pourvoi n° 06-17.420.* – V. aussi • Rouen, 11 juin 1997 : *BICC 1998, n° 81.* ♦ Les actions en nullité qui peuvent être intentées par les débiteurs ne sont régies que par les dispositions de droit commun relatives à la prescription des actions. • Paris, 27 nov. 1991 : *D. 1992. IR 60*. ♦ Ainsi, l'emprunteur, qui fonde son action sur une dénégation de signature, fait porter la contestation sur le principe même des relations contractuelles et non sur une irrégularité de l'offre de crédit, et ne peut donc se voir opposer le délai de forclusion. • Montpellier, 3 juin 2003 : *CCC 2004, n° 29, obs. Raymond* • Versailles, 28 janv. 2003 : *BICC 2003, n° 1113.* ♦ L'action engagée par l'emprunteuse en vue de contester l'existence de son consentement à l'emprunt litigieux (auprès d'un crédit municipal) n'est pas soumise aux dispositions relatives au délai biennal de forclusion. • Civ. 1re, 14 févr. 2008 : *CCC 2008, n° 116, obs. Raymond.*

9. ... Nullité du contrat principal. De même, la résolution ou l'annulation du contrat de crédit consécutive à celle du contrat principal n'est pas soumise au délai de forclusion prévu par le texte. • Civ. 1re, 27 févr. 1996 : *Bull. civ. I, n° 112; D. 1996. IR 79 ; D. Affaires 1996. 385; CCC 1996, n° 69, note Raymond* • 18 juin 1996 : *Bull. civ. I, n° 261; D. Affaires 1996. 894; CCC 1996, n° 161, note Raymond* • 18 mars 1997 : *D. Affaires 1997. 600; CCC 1997, n° 104, note Raymond* • Versailles, 6 juin 1997 : *D. Affaires 1997. 1143* • 14 juin 2007 : *CCC 2007, n° 287, obs. Raymond; LPA 2 juin 2008, obs. Claret.* ♦ Comp., considérant que l'action en nullité du contrat principal et du contrat de crédit doit être introduite dans le délai de deux ans, par voie d'action ou d'exception : • Amiens, 18 juin 1996 : *Gaz. Pal. 23-24 déc. 1998. Pan. 7.* ♦ Dans le même sens, V. aussi, s'agissant de l'annulation d'un contrat de crédit consécutive à celle de la vente pour non-respect du formalisme imposé en cas de livraison anticipée. • Versailles, 29 janv. 1999 : *D. Affaires 1999. 549, obs. C. R.* ♦ Les emprunteurs peuvent invoquer, pour leur défense, en cas d'action intentée contre eux par le créancier, la nullité du contrat principal, sans encourir la forclusion prévue par cet art. • Besançon, 14 mars 1995 : *JCP 1996. IV. 633.* ♦ *Contra* : • Rouen, 5 juin 1996 : *JCP 1997. IV. 1801.*

L'exception de non-livraison opposée par l'emprunteur en défense à la demande de paiement formée par le prêteur, n'est pas soumise à la forclusion biennale. • Civ. 1re, 12 janv. 1999 : *Bull. civ. I, n° 16; D. 1999. IR 37 ; D. Affaires 1999. 287, obs. V. A.-R.; CCC 1999, n° 45, obs. Raymond; RD bancaire et bourse 1999. 71, obs. Crédot et Gérard.*

Le prêteur ne pouvant réclamer à l'emprunteur l'exécution de son obligation de remboursement du prêt avant l'exécution de la prestation et le défaut d'exécution de cette prestation constituant un simple moyen de défense au fond à l'action du prêteur, le délai biennal ne peut s'appliquer dans ce cas. • Civ. 1re, 7 janv. 1997 : *Bull. civ. I, n° 8; D. 1997. IR 34 ; D. Affaires 1997. 181; CCC 1997, n° 86, obs. Raymond; Gaz. Pal. 1997. 1. Somm. 198, obs. Piedelièvre* • 4 févr. 1997 : *ibid. 305.* ♦ Comp. : • Cass., avis, 9 oct. 1992 et • Civ. 1re, 30 oct. 1995 : *cités note 17.* ♦ Dans le même sens, faute de délivrance de la carte grise, V. • Civ. 1re, 4 févr. 1997 : *D. Affaires 1997. 305; CCC 1997, n° 123, note Raymond.*

10. Autres actions échappant au délai biennal. Le délai biennal de forclusion n'est pas applicable aux actions en responsabilité engagées par l'emprunteur pour non-respect par le prêteur de son devoir de mise en garde. • Civ. 1re, 30 mai 2012 : *Bull. civ. I, n° 117; D. 2012. Actu. 1477, obs. Avena-Robardet ; RTD com. 2012. 601, obs. Legeais ; JCP E 2012, n° 1460; CCC 2012, n° 245, obs. Raymond; LPA 6 nov. 2012, obs. Lasserre Capdeville; Gaz. Pal. 2012. 2876, obs. Roussille; RJDA 2012, n° 891; Dr. et proc. 2012. 258, note Valette-Ercole.* ♦ ... Ni au recouvrement du solde débiteur d'un compte de dépôt. • Paris, 7 juill. 1992 : *JCP E 1993. Pan. 88.* ♦ ... Ni à l'action en revendication de la chose louée exercée par le crédit-bailleur. • Civ. 1re, 20 déc. 1994 : *Bull. civ. I, n° 384; D. 1995. IR 23 ; JCP 1995. II. 22423, note Monachon-Duchêne; CCC 1995, n° 93, note Raymond.* – V. aussi • Paris, 20 sept. 2007 : *JCP 2007. IV. 3019.* ♦ ... Ni aux crédits immobiliers régis par les art. L. 312-1 s. [L. 313-1 s.] C. consom. • Civ. 1re, 21 oct. 2003 : *CCC 2004, n° 86, obs. Raymond; RJDA 2004, n° 610.*

La vérification de la preuve de l'existence du droit aux intérêts du prêteur qui s'inscrit dans l'objectif légal d'ordre public de protection du consommateur ne pouvant avoir pour seul cadre que le débat de fond sur la preuve de l'existence des obligations au sens de l'art. 1315 [1353] C. civ., la déchéance automatique du droit aux intérêts ne peut être classée au rang des événements donnant naissance à une action au sens du texte et le délai biennal de forclusion ne saurait donc être opposé à l'examen de la régularité formelle de l'offre préalable et y faire obstacle. • Bordeaux, 30 avr. 1998 : *CCC 1998, n° 138, obs. Raymond.* ♦ Les dispositions d'ordre public s'imposent au juge qui ne peut faire application des dispositions de l'art. 1315 [1353] C. civ. • Versailles, 30 mars 2004 : *BICC 2005, n° 550.* ♦ V. aussi, considérant que l'absence d'offre préalable ne constitue pas une contestation de formalisme du contrat de crédit, laquelle contestation aurait été soumise au délai de forclusion : • Versailles, 19 mars 1999 : *D. Affaires 1999. 895, obs. V. A.-R.*

Considérant que les irrégularités qui ne concernent pas la formation du contrat de crédit mais son exécution, à travers l'absence de renouvellement d'offre préalable ou l'obligation de proposer une nouvelle offre suite à une augmentation du montant de l'ouverture de crédit, ne sont pas soumises au délai de forclusion, V. • Amiens, 6 janv. 2000 : *JCP 2000. IV. 2116.*

L'absence d'acte notifiant le renouvellement trois mois avant l'échéance du contrat de crédit initial ne constitue pas un événement susceptible de donner naissance à une action en contestation, et n'est pas de ce fait de nature à ouvrir un nouveau délai biennal de forclusion. • Montpellier, 29 févr. 2000 : *BICC, 1er oct. 2000, n° 1121.* ♦ Dès lors que la forclusion acquise s'oppose à la remise en question de la régularité de l'offre de prêt, la déchéance du droit aux intérêts qui sanctionne les irrégularités commises par le prêteur s'applique non à compter de la date de formation du contrat, mais à compter de celle de son renouvellement. • Même arrêt.

11. Établissement public. L'établissement public communal qui émet un titre exécutoire pour le recouvrement d'une créance soumise aux dispositions de la L. n° 78-22 du 10 janv. 1978 [C. consom., art. L. 312-1 s.] n'est pas tenu d'engager une action devant le tribunal d'instance dans le délai de deux ans. • Cass., avis, 14 juin

1993 : *Bull. civ. n° 6.* ♦ Toutefois, l'établissement public demeure tenu, en raison du caractère d'ordre public du texte, d'émettre son titre dans le délai de deux ans prescrit par ce texte, à peine de forclusion. • Civ. 1re, 13 mars 1996 : *Bull. civ. I, n° 135; D. 1996. IR 124; D. Affaires 1996. 513* • 10 avr. 1996 : *Defrénois 1996. 1032, obs. Aubert* • Nancy, 6 nov. 1995 : *JCP 1996. IV. 2191* • Paris, 17 sept. 1997 : *D. Affaires 1997. 1215.* ♦ Mais les poursuites faites contre l'un des débiteurs solidaires, fut-ce sur le fondement d'un titre distinct, interrompent la prescription à l'égard de tous. • Civ. 2e, 24 juin 2004 : *JCP E 2004, n° 37, p. 1368.* ♦ V. aussi, s'agissant d'une action contre la caution solidaire d'un crédit à la consommation, considérant que si l'établissement public doit émettre son titre exécutoire dans les deux ans, il n'est pas tenu de le notifier dans ce même délai : • Civ. 1re, 23 mars 1999 : *Bull. civ. I, n° 107; D. 1999. IR 113; D. Affaires 1999. 864, obs. C. R.* • 4 déc. 2001 : *Bull. civ. I, n° 308.* ♦ Mais tout titre exécutoire émis par une personne morale de droit public (en l'occurrence un crédit municipal) ne peut donner lieu à mesure d'exécution forcée s'il n'a été notifié au débiteur. • Civ. 1re, 18 mars 2003 : *D. 2003. IR 1010 et les obs.; JCP E 2003, nos 21-22, p. 881; AJDA 2003. 640.* ♦ V. CGCT, art. R. 2342-4. – **CGCT.**

12. Fraude. Des organismes de crédit ayant monté une opération illégale et commis une fraude, ne peuvent se prévaloir du délai de forclusion de deux ans. • Civ. 1re, 3 nov. 1993 : *Bull. civ. I, n° 312.*

13. Droit communautaire. La Dir. du 5 avr. 1993 s'oppose à une réglementation interne qui, dans une action intentée par un professionnel à l'encontre d'un consommateur, interdit au juge national à l'expiration d'un délai de forclusion de relever, d'office ou à la suite d'une exception soulevée par le consommateur, le caractère abusif d'une clause insérée dans ce contrat. • CJCE 21 nov. 2002 : *D. 2003. 486, note Nourissat; ibid. 2002. AJ 3339, obs. Avena-Robardet; CCC 2003, n° 31, obs. Raymond; JCP E 2003, n° 7-8, p. 321, note Baude-Texidor et Fadlallah; Europe 2003, n° 4, obs. Rigaux.* ♦ Sur l'office du juge, V. Fadlallah et Baude-Texidor, *D. 2003. Chron. 750*; Soltner, *RD banc. fin. 2004. 224.* ♦ V. art. R. 632-1.

B. NATURE DU DÉLAI

1° AFFIRMATION DU CARACTÈRE PRÉFIX

14. Affirmation jurisprudentielle. Sur la position de la Cour de cassation avant la réforme de la loi du 23 juin 1989, V. • Civ. 1re, 9 déc. 1986 : *Bull. civ. I, n° 293; D. 1988. 84, note Paire; JCP 1987. II. 20862, note Bey.*

15. Affirmation législative. BIBL. Trescases, *LPA 30 janv. 2008* (les délais préfix). ♦ La loi du 23 juin 1989, d'où résulte le caractère préfix du délai, s'applique immédiatement même aux contrats conclus avant son entrée en vigueur sans poser la condition que l'incident qui a donné naissance à l'action lui soit postérieur • Civ. 1re, 3 févr. 1993 : *Bull. civ. I, n° 63; D. 1993. IR 60.* – Dans le même sens : • Civ. 1re, 17 juill. 1996 : *Bull. civ. I, n° 330; Défrénois 1997. 347, obs. Aubert; CCC 1996, n° 159, note Raymond.* ♦ V., décidant déjà que la loi nouvelle a un caractère interprétatif, • Civ. 1re, 10 déc. 1991 : *Bull. civ. I, n° 348* • 22 avr. 1992 : *ibid. I, nos 130 à 133; D. 1993. 77, note Sultana.* ♦ *Contra*, concluant au caractère modificatif de la loi : • Douai, 12 oct. 1989 : *Gaz. Pal. 1990. 1. 208, note Vindreau.* ♦ Les modifications apportées à l'art. 27 de la loi du 10 janv. 1978 par la loi du 23 juin 1989, soumettant à la forclusion biennale les actions nées de conventions conclues antérieurement au 1er juill. 1989, n'ont pas eu pour effet d'y soumettre les contrats conclus avant le 1er juill. 1978, date d'entrée en vigueur de la loi de 1978. • Civ. 1re, 18 déc. 2001 : *JCP E 2002. 240.*

16. Ordre public. Les dispositions de l'art. 27 [C. consom., art. R. 312-35] étant d'ordre public, l'emprunteur ne peut, même de façon expresse, renoncer à leur application. • Civ. 1re, 17 nov. 1993 : *Bull. civ. I, n° 333.*

En vertu de l'art. 125 C. pr. civ. le délai de forclusion est une fin de non-recevoir qui doit être soulevée d'office par le juge du fond dès lors que celle-ci résulte des faits litigieux. • Civ. 1re, 13 déc. 2012 : *CCC 2013, n° 67, obs. Raymond.* ♦ Viole l'art. 125 NCPC [renommé C. pr. civ.] l'arrêt qui s'abstient de relever d'office la fin de non-recevoir tirée de la forclusion instituée par l'art. 27 [C. consom., art. R. 312-35]. • Civ. 1re, 9 juin 1993 : *Bull. civ. I, n° 211* • Bourges, 15 mai 2008 : *JCP 2008. IV. 2736.* ♦ Mais le juge ne peut relever d'office la fin de non-recevoir tirée de la forclusion de l'action du prêteur sans l'avoir préalablement constatée. • Civ. 1re, 19 sept. 2007 : *Bull. civ. I, n° 289; D. 2007. AJ 2467; JCP 2007. IV. 2872.* ♦ Si les juges du fond sont tenus de relever d'office la fin de non-recevoir tirée de la forclusion édictée par le texte lorsque celle-ci résulte des faits soumis à leur examen, c'est à la partie intéressée qu'il incombe d'invoquer et de prouver ces faits. • Civ. 1re, 18 sept. 2008 : *Bull. civ. I, n° 207; D. 2008. AJ 2499, obs. Avena-Robardet; RTD com. 2009. 189, obs. Legeais; JCP E 2009, n° 24, p. 14, obs. Salgueiro; CCC 2008, n° 280, obs. Raymond; Gaz. Pal. 2009. 1251, note Poissonnier; RJDA 2009, n° 471* • 13 nov. 2008 : *Bull. civ. I, n° 261; JCP 2009. II. 10036, note Monachon Duchêne; RD banc. fin. 2009, n° 46, obs. Lagarde* • 14 mai 2009 : *Bull. civ. I, n° 94; D. 2009. AJ 1476, obs. Avena-Robardet; RTD com. 2009. 608, obs. Bouloc; JCP 2009, n° 25, p. 28; CCC 2009, n° 206, obs. Raymond; RJDA 2009, n° 997; RDC*

2009. 1439, obs. Fenouillet. ♦ Sur l'obligation d'inviter au préalable les parties à présenter leurs observations, afin de respecter le principe du contradictoire, V. • Civ. 1re, 30 oct. 1995 : *CCC 1996, n° 12, obs. Raymond.* ♦ Afin de garantir l'application effective du délai de forclusion, l'art. L. 141-4 [R. 632-1] prévoit que le juge peut soulever d'office toutes les dispositions du code de la consommation, de telle sorte qu'il pourra, dans le respect du principe du contradictoire, faire application de la forclusion même si les parties ne le demandent pas * Rép. min. n° 32343 : *JOAN Q 13 janv. 2009; Dr. et proc. 2009. 120.* ♦ En ce sens que la décision du juge du surendettement rééchelonnant une créance n'a pas d'autorité de chose jugée et ne peut couvrir l'omission de recours au délai de forclusion, V. • TI Niort, 18 mars 1998 : *CCC 1998, n° 80, obs. Raymond.*

2° CONSÉQUENCES DU CARACTÈRE PRÉFIX

17. Interruption et suspension. Le délai biennal n'est susceptible ni d'interruption, ni de suspension. • Civ. 1re, 20 oct. 1992 : *CCC 1993, n° 13, obs. Raymond* • 20 janv. 1993 : *Bull. civ. I, n° 28* • 17 nov. 1993 : *préc. note 7.* ♦ ... Et une assignation en référé est sans incidence à cet égard. • Civ. 1re, 23 juin 1993 : *Bull. civ. I, n° 230; RJDA 1993, n° 934* • Nancy, 6 nov. 1995 : *JCP 1996. IV. 2191.* ♦ ... Comme une assignation devant une juridiction incompétente. • Civ. 1re, 10 déc. 1996 : *Bull. civ. I, n° 446; D. 1997. IR 17; D. Affaires 1997. 244; JCP 1997. IV. 271* • 8 juill. 1997 : *préc. note 1* • 17 mars 1998 : *Bull. civ. I, n° 117; D. Affaires 1998. 711; RTD com. 1998. 906, obs. Bouloc* • 7 oct. 1998 : *Bull. civ. I, n° 288; D. Affaires 1999. 65, obs. S. P.* • 27 juin 2006 : *CCC 2006, n° 219, obs. Raymond* • Versailles, 7 nov. 1997 : *Gaz. Pal. 1998. 1. Somm. 331* • Besançon, 8 janv. 1998 : *CCC 1998, n° 136, obs. Raymond* • TI Grenoble, 19 juin 2001 : *CCC 2001, n° 165, obs. Raymond.* ♦ V. déjà • Civ. 1re, 20 oct. 1992 : *préc.* ♦ V. aussi • Besançon, 8 déc. 1994 : *BICC 1995, n° 262* (assignation dans le délai sans être valablement mise au rôle). ♦ *Contra*, jugeant que la saisine d'un juge, fût-il incompétent, interrompt le délai de forclusion : • Cass., Ch. mixte, 24 nov. 2006 : *Bull. civ. n° 11; BICC 15 févr. 2007, p. 17, rapp. Rouzet, avis Cuinat; D. 2007. 1112, note Wintgen; D. 2006. AJ 3012, obs. Avena-Robardet; JCP 2007. II. 10058, note Pételteyssié; Dr. et patr. févr. 2007. 112, obs. Amrani-Mekki; BRDA 2006, n° 24, p. 11; Dr. et proc. 2007. 156, note Putman.* ♦ Dans le même sens, jugeant que l'art. 2246 C. civ., aux termes duquel la citation en justice donnée même devant un juge incompétent interrompt la prescription, s'applique à tous les délais pour agir et à tous les cas d'incompétence. • Civ. 1re, 9 juill. 2009 : *Bull. civ. I, n° 174; D. 2009. AJ 1962, obs. Delpech; RTD com. 2010. 413, obs. Bouloc; Gaz. Pal. 2009. 3224, obs. Bury; RJDA 2010, n° 70* • 9 juill. 2009 : *CCC 2009, n° 278, obs. Raymond; RD banc. fin. 2010, n° 48, obs. Mathey* • Com. 11 mars 2010 : *CCC 2010, n° 189, obs. Raymond; RD banc. fin. 2010, n° 131, obs. Mathey.* ♦ Mais la forclusion n'est pas acquise lorsque la juridiction compétente est saisie avant l'expiration du délai de deux ans par la décision lui renvoyant la connaissance de l'affaire, prononcée par le tribunal incompétent devant lequel le créancier avait initialement porté son action. • Civ. 1re, 18 janv. 2005 : *Bull. civ. I, n° 30; RTD com. 2005. 585, obs. Bouloc; JCP E 2005, n° 8, p. 303.*

S'agissant d'un délai de forclusion, la règle selon laquelle l'exception survit à l'action ne lui est pas applicable. • Cass., avis, 9 oct. 1992 : *Bull. civ. n° 4; D. 1992. IR 268; JCP E 1993. I. 207, chron. D. Martin* • Civ. 1re, 30 oct. 1995 : *CCC 1995, n° 209, obs. Raymond.* ♦ Comp. : • Civ. 1re, 7 janv. 1997 : *préc. note 9.*

18. Reconnaissance de dette. S'agissant d'un délai de forclusion, la reconnaissance de dette pouvant être déduite de la reprise des paiements par voie de prélèvements automatiques effectués sur le compte de l'emprunteur demeure sans effet sur le cours du délai. • Civ. 1re, 17 juill. 1996 : *Bull. civ. I, n° 329.*

19. Demande reconventionnelle. En matière de procédure orale, des conclusions reconventionnelles déposées à une audience par une partie présente ou représentée interrompent, à leur date, la prescription, dès lors que cette partie ou son représentant a comparu et les a reprises oralement lors de l'audience de plaidoirie ultérieure, peu important que la partie adverse n'ait pas elle-même comparu lors de l'audience à laquelle elles ont été déposées. • Civ. 1re, 13 nov. 2008 : *D. 2008. AJ 3007, obs. Avena-Robardet; JCP 2008. IV. 2980.* ♦ *Contra*, jugeant que si le délai de forclusion peut être interrompu par une demande reconventionnelle, les conclusions, pour avoir cet effet, doivent acquérir date certaine et à cette fin doivent être signifiées ou présentées à l'audience avant l'expiration du délai de deux ans. • Civ. 1re, 22 mai 2001 : *Bull. civ. I, n° 147; Procédures 2001, n° 194, obs. Croze.*

20. Référé-provision. L'assignation en référé-provision délivrée devant le tribunal d'instance satisfait à l'exigence du texte, selon laquelle les actions engagées devant ce tribunal, qui connaît des litiges en matière de crédit à la consommation, doivent être formées dans le délai de deux ans qui leur a donné naissance sous peine de forclusion. • Civ. 1re, 1er juin 1999 : *Bull. civ. I, n° 185; D. 1999. IR 170; D. Affaires 1999. 1105, obs. V. A.-R.; CCC 1999, n° 164, obs. Raymond.*

21. Injonction de payer. BIBL. Bazin et Roussel, *Gaz. Pal. 1995. 2. Doctr. 956.* – Bazin, *Rev. huissiers 1997. 1393.* ♦ Au sens de l'art. 27 [C. consom., art. R. 312-35], l'action ne pouvant être tenue pour engagée devant le tribunal d'instance par la présentation d'une requête en injonction de payer, un créancier doit être déclaré forclos dès lors que plus de deux ans se sont écoulés entre la première échéance impayée et non régularisée et la signification de l'ordonnance d'injonction de payer. • Civ. 1re, 3 oct. 1995 : *Bull. civ. I, n° 343 ; D. 1995. IR 225 ; D. Affaires 1995. 82 ; Rev. dr. bancaire 1995. 215, obs. Crédot et Gérard* • Reims, 21 sept. 1995 : *JCP 1996. IV. 1166* • Paris, 27 mai 1997 : *D. 1997. IR 150 ; D. Affaires 1997. 1182* • Versailles, 21 nov. 1997 : *BICC 1998, n° 856* • Chambéry, 8 sept. 1997 : *JCP 1999. IV. 2822.*

Dès lors que la signification d'une injonction de payer et de son titre exécutoire sont intervenus dans le délai de deux ans à compter de la première échéance impayée, la forclusion de l'action de l'organisme de crédit ne peut être utilement invoquée. • Versailles, 7 mai 1998 : *Gaz. Pal. 4-5 nov. 1998, p. 15.*

Le délai de forclusion ne peut être interrompu par la signification de l'ordonnance d'injonction de payer rendue par une juridiction incompétente (tribunal de commerce). • Civ. 1re, 22 oct. 1996 : *Bull. civ. I, n° 363 ; CCC 1997, n° 14, obs. Raymond ; JCP 1996. IV. 2467.* ♦ Si la présentation d'une requête en injonction de payer n'interrompt pas les délais pour agir, la signification de l'ordonnance d'injonction de payer a un tel effet. • Civ. 1re, 5 nov. 2009 : *CCC 2010, n° 26, obs. Raymond ; Gaz. Pal. 2010. 418, obs. S. Piedelièvre ; ibid. 1594, obs. Amrani Mekki ; RD banc. fin. 2010, n° 48, obs. Mathey.* ♦ L'action en paiement ne peut être tenue pour engagée par la présentation d'une requête en injonction de payer mais seulement par la signification au débiteur de l'ordonnance lui enjoignant de payer. • Civ. 1re, 13 févr. 2007 : *CCC 2007, n° 138, obs. Raymond.* ♦ La procédure d'injonction de payer étant non contradictoire, seule la signification au débiteur de l'ordonnance rendue à son encontre constitue une citation en justice ; il en résulte que le délai de deux ans doit s'apprécier à la date de signification de l'ordonnance portant injonction de payer. • Paris, 5 juin 2008 : *RG n° 06/19384.*

22. *Effet suspensif de l'appel.* L'action d'un prêteur ne peut être déclarée éteinte au motif que le rejet de la demande en paiement a mis fin à la suspension du délai de forclusion opérant durant l'instance, alors que, l'action ayant été engagée en temps utile, le litige se poursuit entre les parties tant que le jugement n'a pas été signifié, en raison de l'effet suspensif du délai d'appel et de l'appel. • Civ. 1re, 3 oct. 1995 : *Bull. civ. I, n° 342 ; D. 1995. IR 234 ; D. Affaires 1995. 106.*

23. *Procédure devant la commission de surendettement.* La demande du débiteur adressée à la commission de surendettement de recommander des mesures de redressement, après échec de la tentative de conciliation, interrompt le délai de forclusion prévu au second de ces textes. • Civ. 1re, 19 mai 1999 : *Bull. civ. I, n° 169 ; D. 1999. IR 156 ; D. Affaires 1999. 1150, obs. C. R. ; CCC 1999, n° 170, obs. Raymond ; RTD com. 1999. 991, obs. Paisant.*

La saisine du tribunal d'instance par le débiteur en vue de bénéficier d'une mesure de redressement judiciaire civil interrompt le délai de forclusion. • Civ. 1re, 5 déc. 2000 : *Bull. civ. I, n° 316 ; CCC 2001, n° 64, obs Raymond (1re esp.) ; RTD com. 2001. 497, obs. Bouloc.* ♦ V. aussi, jugeant que la décision du juge saisi d'une procédure de redressement judiciaire civil de suspension provisoire des poursuites individuelles constitue un obstacle de droit à l'action du crédit-bailleur avant que ne soit acquise la forclusion ; que, bien que le délai de l'art. 27 [C. consom., art. R. 312-35] soit prescrit à peine de forclusion, il a été suspendu par l'effet de l'ordonnance du juge en application de l'adage « *contra non valentem...* » : • Pau, 17 févr. 1992 : *JCP 1992. IV. 1925.* – V. également • Nancy, 29 janv. 1997 : *JCP 1998. IV. 2355.*

Comp., considérant que la saisine de la commission n'a aucune incidence sur le délai de forclusion : • Besançon, 25 oct. 2000 : *CCC 2001, n° 64, obs. Raymond.* ♦ La saisine de la commission pendant la phase amiable ou la saisine pour vérification de créance n'a aucune incidence sur le délai de forclusion. • Paris, 28 juin 2011 : *CCC 2011, n° 229, obs. Raymond.* ♦ Il résulte de la combinaison des art. L. 331-7 et L. 311-52 [L. 733-1 s. et R. 312-35] que le dépôt par le débiteur d'une demande de traitement de sa situation financière auprès d'une commission de surendettement n'a pas pour effet d'interrompre le délai de forclusion prévu au second texte. • Civ. 2e, 1er juin 2017, n° 15-25.519 P : *Dalloz actualité, 14 juin 2017, obs. Payan ; D. 2017. Actu. 1188 ; JCP E 2017, n° 1349.*

24. *Déclaration de créance au redressement judiciaire civil.* L'effet interruptif des délais pour agir résultant, en matière de redressement judiciaire civil, de la déclaration par un créancier du montant des sommes qui lui sont dues, laquelle équivaut à une demande en paiement, subsiste après le jugement tant que celui-ci n'est pas devenu irrévocable. Il s'ensuit que, dès lors que la demande était recevable devant le premier juge, elle ne peut être déclarée irrecevable en appel au motif de l'expiration du délai de deux ans. • Civ. 1re, 28 nov. 1995 : *Bull. civ. I, n° 440 ; D. 1996. IR 8 ; D. Affaires 1996. 73 ; CCC 1996, n° 31, note Raymond.* ♦ L'effet interruptif se prolonge jusqu'à ce qu'une décision irrévocable ait statué sur la vérification des créances. • Civ. 1re, 23 mars 1999 : *Bull. civ. I, n° 109 ; D. 1999. IR 126 ; D. Affaires 1999. 865, obs. C. R.* ♦ Une cour d'appel qui, ayant relevé que la débitrice ne démontrait pas que le dernier incident de paiement non régularisé se serait produit plus de deux ans avant la déclaration de créance de l'établissement de crédit, en a exactement déduit, sans inverser la charge de la preuve, que la créance n'était pas éteinte. • Civ. 2e, 11 mai 2006 : *Bull. civ. II, n° 129 ; D. 2006. AJ 1598, obs. Rondey*.

25. Admission de créance par le juge-commissaire. En ce sens que le créancier ne peut être irrecevable en sa demande, au motif de l'expiration du délai de deux ans, dès lors que la créance avait été admise, par une décision irrévocable du juge-commissaire de la procédure collective du débiteur, ayant autorité de la chose jugée, V. • Com. 20 juin 1995 : *Rev. huiss. 1996. 321, note Vidal.*

26. Jugement non avenu. S'agissant d'une action engagée dans le délai légal, qui a donné lieu à un premier jugement de condamnation considéré comme non avenu en application de l'art. 478 NCPC [renommé C. pr. civ.], à défaut d'avoir été signifié dans les six mois de sa date, dès lors que la procédure a été reprise, par réitération de l'assignation primitive délivrée dans le délai imparti, l'action est recevable. • Dijon, 3 juin 1993 : *Gaz. Pal. 1994. 2. Somm. 738.*

L'établissement d'un procès-verbal de recherches ayant ultérieurement révélé le nouveau domicile du débiteur ne peut être assimilé à celui dressé en application de l'art. 659 NCPC [renommé C. pr. civ.] (personne sans domicile connu) équivalent à une signification permettant la saisine du tribunal. • Dijon, 30 juin 1995 : *JCP 1996. IV. 177.*

27. Incidence à l'égard de la caution. La caution solidaire étant privée du bénéfice de discussion ne peut invoquer la forclusion de l'action à l'encontre du débiteur. • Civ. 1re, 8 oct. 1996 : *Bull. civ. I, n° 340 ; D. 1997. Somm. 165, obs. Aynès ; RTD civ. 1997. 187, obs. Crocq ; Rev. dr. bancaire 1996. 239, obs. Contamine-Raynaud ; CCC 1996, n° 206, obs. Raymond ; Defrénois 1997. 392, note Aynès.* ♦ La déclaration de créance par la caution à la commission de surendettement saisie par le débiteur principal est inopérante, au regard du calcul du délai de forclusion dans la mesure où la procédure devant la commission n'a pas pour finalité de délivrer un titre exécutoire. • Versailles, 15 janv. 1999 : *JCP 1999. IV. 1957.*

28. Extinction du droit d'agir mais pas de la créance. La forclusion édictée par le texte n'emporte pas extinction de la dette. • Civ. 1re, 12 juin 2012 : *RJDA 2012, n° 995.* ♦ La forclusion n'a pas pour effet d'éteindre la créance qui peut toujours être légitimement honorée par le débiteur. • Rouen, 22 janv. 1997 : *JCP 1997. IV. 1802.* ♦ Toutefois, le créancier ne peut opposer à son débiteur un deuxième contrat de prêt qu'il lui a fait souscrire de mauvaise foi comme une simple modalité d'exécution du premier prêt dans le but manifeste de tourner les dispositions de la loi en effaçant artificiellement, par une réitération des conventions d'origine, la date initiale des impayés non régularisés, point de départ du délai de forclusion. • Même arrêt.

C. POINT DE DÉPART DU DÉLAI

29. Premier incident de paiement non régularisé. Le point de départ d'un délai à l'expiration duquel ne peut plus s'exercer une action se situe nécessairement à la date d'exigibilité de l'obligation qui lui a donné naissance. • Civ. 1re, 9 déc. 1986 : *préc. note 14* • Paris, 9 janv. 1991 : *JCP 1991. IV. 208* • Cass., avis, 9 oct. 1992 : *préc. note 17.* ♦ Le délai de forclusion court à compter du premier incident de paiement non régularisé. • Civ. 1re, 22 avr. 1992 : *préc. note 15* • 25 oct. 1994 : *Bull. civ. I, n° 307 ; D. 1994. IR 259* • 15 févr. 2000 : *JCP E 2000, n° 6, p. 14* • 4 juin 2014 : *Bull. civ. I, n° 104 ; RJDA 2014, n° 793 ; Banque et Droit juill.-août 2014. 24, obs. Helleringer.* ♦ V. aussi • Paris, 6 févr. 1992 : *D. 1992. IR 132*. ♦ Dès lors qu'une échéance n'est pas honorée, mais que les prélèvements périodiques continuent d'être opérés, le délai de forclusion ne commence à courir qu'à compter de l'arrêt définitif desdits prélèvements. • Civ. 1re, 5 oct. 1999 : *CCC 1999, n° 183, obs. Raymond.* ♦ S'agissant d'une ouverture de crédit utilisable par fractions et remboursable par prélèvements mensuels, la date du premier incident de paiement non régularisé doit être fixée au jour de la tentative infructueuse de prélèvement sur le compte du débiteur à la date où celui-ci est opéré. • Versailles, 2 mars 2001 : *Gaz. Pal. 30-31 janv. 2002, p. 9.* ♦ Compte tenu de la règle d'imputation des paiements énoncée par l'art. 1256 [1342-10] C. civ., cette date peut être fixée à celle de la plus ancienne mensualité demeurant impayée. • Civ. 1re, 17 mars 1993 : *Bull. civ. I, n° 117 ; D. 1993. IR 98*. ♦ Ayant constaté que les sommes versées postérieurement au 6 févr. 1993 avaient été affectées, par les parties, au règlement des intérêts de retard et des mensualités échues de mars à sept. 1993, sans que la mensualité de février soit régularisée, une cour d'appel peut décider que l'action, introduite par acte du 3 mai 1995, était irrecevable comme forclose. • Civ. 1re, 29 oct. 2002 : *JCP E 2002, n° 51-52, p. 2034.* – V. aussi • Civ. 1re, 10 déc. 1996 : *Bull. civ. I, n° 446 ; D. 1997.* Somm. 178, obs. Aynès. ♦ Pour la validité de la clause prévoyant le prélèvement des échéances sur un compte de dépôt, V. • Besançon, 8 févr. 1996 : *Banque et Droit juill.-août 1996. 45, obs. Guillot.* ♦ Comp., appliquant l'art. 1254 [1343-1] C. civ. selon lequel le débiteur d'une dette qui porte intérêt, ne peut pas, sans le consentement du créancier, imputer le paiement qu'il fait sur le capital par préférence aux intérêts et le paiement fait sur le capital et les intérêts, qui n'est pas intégral, s'impute d'abord sur les intérêts : • Civ. 1re, 10 déc. 1996 : *Bull. civ. I, n° 446 ; D. 1997. Somm. 178, obs. Aynès ; De-*

frénois 1997. 332, note Mazeaud. – V. aussi • Bordeaux, 22 avr. 1997 : *BICC 1997, n° 1195; JCP E 1997. Pan. 1184.* ♦ Toutefois, la régularisation ne joue pas lorsque le prêteur s'est, conformément aux stipulations contractuelles, prévalu de la déchéance du terme avant les paiements effectués par l'emprunteur, parce que la totalité des sommes dues est devenue immédiatement exigible. • Civ. 1re, 7 févr. 1995 : *Bull. civ. I, n° 77; D. 1995. IR 62* • 4 févr. 2003 : *JCP E 2003, n° 13, p. 539; Defrénois 2003. 862, obs. Aubert; RJDA 2003, n° 629.* ♦ Un prêteur qui s'est prévalu de la déchéance du terme rendant ainsi exigible l'intégralité de sa créance n'est plus fondé à invoquer un rééchelonnement du prêt pour échapper à la forclusion biennale. • Civ. 1re, 26 janv. 1999 : *Bull. civ. I, n° 31; D. 1999. IR 53; D. Affaires 1999. 510, obs. C. R.*

30. *Déchéance du terme.* La sanction étant facultative pour le prêteur et ne se produisant que si celui-ci décide de s'en prévaloir, sont dépourvues de toute valeur les stipulations de l'offre de crédit aux termes desquelles le contrat est résilié de plein droit et sans aucune formalité à l'échéance impayée. Il en résulte que les règlements faits par le débiteur après celle-ci permettent une régularisation reportant le premier incident de paiement non régularisé. • Civ. 1re, 7 juill. 1998 : *Bull. civ. I, n° 241; D. Affaires 1998. 1527, obs. V. A.-R.; RJDA 1998, n° 1147.*

31. *Titre exécutoire.* Le jugement d'ouverture du redressement judiciaire civil, d'arrêt des créances et d'établissement du plan de remboursement, rendu par le juge de l'exécution, ne constituant pas un titre exécutoire mais ayant pour effet de reporter le point de départ du délai de forclusion au premier incident de paiement non régularisé survenant après son prononcé, le créancier a intérêt à agir en justice en vue de la délivrance d'un titre exécutoire établissant sa créance telle qu'elle résulte du jugement de redressement. • Versailles, 27 juin 1997 : *BICC 1998, n° 612; Gaz. Pal. 1998. 2. Somm. 524.*

32. *Plan conventionnel de redressement.* Le point de départ du délai de forclusion étant reporté au premier incident non régularisé après l'adoption du plan conventionnel de redressement ou après décision du juge fixant les modalités du plan, dès lors qu'un tel plan a été mis en place par un jugement et qu'un jugement postérieur n'a fait que constater la défaillance des débiteurs survenues antérieurement, le délai de forclusion part du jour du premier incident de paiement non régularisé intervenu après rééchelonnement de la dette, et non au jour du jugement ayant prononcé la caducité du plan. • Versailles, 2 oct. 1998 : *BICC 1999, n° 913.* ♦ V. déjà, jugeant qu'à la suite d'un plan de redressement, le point de départ du délai de forclusion est le dernier incident de paiement non régularisé après le plan. • TI Niort, 3 juin 1998 : *CCC 1998, n° 123, obs. Raymond.* ♦ V. aussi note 31.

33. *Date d'exigilité.* Le prêteur ne peut se prévaloir utilement d'exigibilités successives dès lors qu'il a lui-même et précédemment invoqué la déchéance du terme, et admettre qu'il puisse agir par une réduction de sa demande à des échéances postérieures conduirait à lui laisser la maîtrise arbitraire du délai de forclusion. • Civ. 1re, 23 juin 1993 : *Bull. civ. I, n° 231.* ♦ Un créancier ne peut modifier à sa guise la date d'exigibilité de sa créance pour échapper au délai de forclusion biennal; lorsque le débiteur est assigné moins de deux ans après la sommation de payer, mais plus de deux ans après une mise en demeure valant déchéance du terme, la sommation se référant expressément à cette déchéance, c'est à la date de la mise en demeure que se situe le point de départ du délai de forclusion. • Versailles, 25 sept. 1998 : *BICC 1999, n° 486.* ♦ Une clause de report d'échéance ne peut en aucun cas être utilisée discrétionnairement par le prêteur afin de lui permettre de fixer à sa convenance la date du premier impayé non régularisé. • Metz, 28 juin 2012 : *CCC 2013, n° 43, obs. Raymond.*

34. *Preuve.* Les documents produits ne permettant pas de déterminer la date de la première échéance impayée non régularisée, point de départ du délai de forclusion, il appartenait aux cautions, qui invoquaient la fin de non-recevoir, de démontrer que, comme elles le soutenaient, la première échéance impayée et non régularisée se situait à la date qu'elles avançaient. • Civ. 1re, 9 déc. 1997 : *D. Affaires 1998. 142, obs. S. P.* ♦ Comp., faisant peser la charge de la preuve de la date sur le banquier : • Rennes, 19 sept. 1997 : *JCP 1998. IV. 2169* • Versailles, 12 nov. 1999 : *BICC 2000, n° 1005.* ♦ Il appartient à l'emprunteur qui invoque la fin de non-recevoir tirée de la forclusion biennale de l'action en paiement du prêteur d'en justifier. • Civ. 1re, 3 févr. 2011 : *D. 2011. Pan. 2892, obs. Delebecque; CCC 2011, n° 104, obs. Raymond; Gaz. Pal. 2011. 2863, note Piedelièvre; RD banc. fin. 2011, n° 81, obs. Mathey.*

35. *Découvert en compte.* Ce délai court, dans le cas d'un crédit consenti sous forme de découvert en compte, à compter de la date à laquelle le solde débiteur devient exigible. • Cass., avis, 9 oct. 1992 : *Bull. civ. n° 1; D. 1992. IR 258; JCP 1993. II. 22024, note Morgan de Rivery-Guillaud; JCP E 1993. I. 207, chron. D. Martin* • Civ. 1re, 30 mars 1994 : *Bull. civ. I, n° 126; JCP 1995. II. 22405, note Gramaize; D. 1994. IR 101* • 4 juin 1996 : *Bull. civ. I, n° 238; D. 1996. IR 159; D. Affaires 1996. 1000* • 17 mars 1998 : *Bull. civ. I, n° 118* • Paris, 2 juin 1994 : *Rev. dr. bancaire 1994. 264, obs. Crédot et Gérard* (à propos d'un compte permanent). ♦ Comp., considérant qu'un découvert en compte bancaire n'est pas soumis aux dispositions de la loi du 10 janv. 1978 [C. consom., art. L. 312-1 s.] et donc au délai de forclusion de deux ans prévu par le texte : • Paris, 7 sept. 1999 : *D. 1999. AJ 20*. ♦ Dans le cas d'un découvert en compte consenti tacitement par la banque, sans montant ni terme déterminé, le point de départ du délai de forclusion court à compter de la date d'exigibilité du solde débiteur du compte, constituée par la date à laquelle le paiement a été sollicité par la banque ou par celle de la résiliation du compte, correspondant à la clôture du compte. • Civ. 1re, 12 nov. 2015, n° 14-25.787 P : *Dalloz actualité, 1er déc. 2015, obs. Avena-Robardet; D. 2015. Actu. 2372; CCC 2016, n° 25, obs. Bernheim-Desvaux; RD banc. fin. 2016, n° 7, obs. Mathey.* ♦ Le point de départ du délai à l'expiration duquel une action ne peut plus être exercée se situant à la date d'exigibilité de l'obligation qui lui a donné naissance, dans le cas d'un crédit tacitement consenti sous forme de découvert en compte, le délai de forclusion biennal court à partir de la date à laquelle le solde débiteur est devenu exigible, un tel crédit ne pouvant prendre fin que par l'effet de la résiliation à l'initiative de l'une ou l'autre des parties. • Civ. 1re, 1er juin 1999 : *Bull. civ. I, n° 186; RTD com. 2000. 162, obs. Bouloc*. ♦ Dans le cas d'un découvert consenti tacitement et donc dépourvu de terme, le délai de forclusion ne court qu'à compter de la date à laquelle le solde débiteur devient exigible. • Civ. 1re, 23 mai 2000 : *Bull. civ. I, n° 156; CCC 2000, n° 167, obs. Raymond; RTD com. 2000. 999, obs. Bouloc* • 1er oct. 2002 : *Bull. civ. I, n° 222* • 24 févr. 2004 : *Bull. civ. I, n° 62; D. 2004. AJ 876, obs. Avena-Robardet; JCP E 2004, n° 18, p. 692; RTD com. 2004. 357, obs. Legeais; RJDA 2004, n° 1031.* ♦ L'existence d'une convention tacite de découvert étant incompatible avec la conclusion préalable d'une convention expresse de découvert d'un montant déterminé sur un même compte, le défaut de remboursement au terme convenu manifeste la défaillance de l'emprunteur et constitue le point de départ du délai biennal de forclusion. • Civ. 1re, 21 févr. 2006 : *Bull. civ. I, n° 96; D. 2006. AJ 981, obs. Rondey; RTD com. 2006. 461, obs. Legeais* • 16 oct. 2008 : *JCP E 2009, n° 24, p. 15, obs. Salgueiro; RJDA 2009, n° 133.* ♦ ... Alors même qu'aucune opération n'avait été enregistrée sur le compte bien avant la résiliation de la convention d'ouverture de crédit. • Civ. 1re, 10 déc. 2002 : *Bull. civ. I, n° 305; JCP 2003, n° 6, p. 248; RJDA 2003, n° 427.* ♦ Considérant que la date à laquelle le solde débiteur devient exigible est la date de clôture du compte, V. • Versailles, 30 avr. 1998 : *BICC 1998, n° 1247* • 22 mai 1998 : *ibid. n° 1248* • 6 mars 1998 : *Gaz. Pal. 24-26 oct. 1999, p. 23.* ♦ Le premier incident de paiement en matière de découvert bancaire de plus de trois mois se situe au jour du premier refus de paiement d'un chèque émis par le titulaire du compte. • TI Saintes, 4 déc. 2006 : *CCC 2007, n° 59, obs. Raymond.*

Lorsque les parties sont convenues du remboursement d'un crédit à la consommation par prélèvements sur un compte bancaire ou postal, ceux-ci opèrent paiement lorsque le compte fonctionne à découvert conformément à une convention distincte, expresse ou tacite, entre le prêteur et l'emprunteur. • Civ. 1re, 30 mars 1994 : *préc.* • 27 janv. 1998 : *CCC 1998, n° 63, obs. Raymond* • 9 juin 1998 : *Bull. civ. I, n° 206; D. Affaires 1998. 1438, obs. S. P.; JCP E 1998, n° 31, p. 1233, obs. Bouteiller.* – Comp. : • Civ. 1re, 7 janv. 1997 : *CCC 1997, n° 52, obs. Raymond.* ♦ L'ouverture d'un redressement judiciaire à l'égard du débiteur n'emportait donc pas, par elle-même, résiliation des concours bancaires, en raison de l'art. 37 de la loi du 25 janv. 1985. • Civ. 1re, 6 janv. 1998 : *Bull. civ. I, n° 4; D. Affaires 1998. 286, obs. S. P.* – V. aussi Bazin, *Rev. huiss. 1995. 9.*

En raison de la conclusion d'une convention de découvert dont le montant est limité, le dépassement du découvert maximum convenu doit être tenu pour une échéance impayée manifestant la défaillance de l'emprunteur et constitue le point de départ du délai biennal de forclusion. • Civ. 1re, 23 mai 2000 : *Bull. civ. I, n° 157; D. 2001. 1164, note Flores et Biardeaud; D. 2000. AJ 306, obs. Rondey; D. 2002. Somm. 641, obs. D. R. Martin; JCP 2000. II. 10419, note Clément; RTD com. 2000. 999, obs. Bouloc.* – Sur cet arrêt, V. également Bonhomme, *LPA 21 juin 2001* (proposition d'analyse de l'effet de règlement des comptes bancaires), et l'arrêt statuant sur renvoi : • Amiens, 10 sept. 2001 : *Banque et Droit nov.-déc. 2002. 59, obs. Guillot.* ♦ V. aussi : • Civ. 1re, 4 juin 2002 : *Bull. civ. I, n° 160; D. 2002. AJ 2120, obs. Rondey; JCP E 2003, n° 31-35, p. 1340, note Vigneau* • 7 déc. 2004 : *Bull. civ. I, n° 304; D. 2005. AJ 141, obs. Avena-Robardet; D. 2006. Pan. 165, obs. D. R. Martin; Banque et Droit mai-juin 2006. 84, obs. Guillot* • 7 déc. 2004 : *Bull. civ. I, n° 305; JCP 2005. II. 10036, note Clément; CCC 2005, n° 54, obs. Raymond; RJDA 2005, n° 615; RTD com. 2005. 158, obs. Legeais; Dr. et procédures 2005. 148, note Salati (2 arrêts)* • 18 janv. 2005 : *Bull. civ. I, n° 31; RTD com. 2005. 585, obs. Bouloc; JCP E 2005, n° 8, p. 303; CCC 2005,* n° 55, obs. Raymond. ♦ Il ne peut être fait échec aux règles d'ordre public relatives à la détermination du délai biennal de forclusion propre au crédit à la consommation par l'inscription en compte courant soit de l'échéance d'un prêt, soit, en cas d'octroi d'un découvert, d'une somme dépassant le montant de celui-ci. • Civ. 1re, 22 janv. 2009 : *Bull. civ. I, n° 10; D. 2009. Chron. C. cass. 755, obs. Creton; ibid. AJ 427, obs. Avena-Robardet; RTD com. 2009. 420, obs. Legeais; JCP 2009. II. 10036, note Monachon-Duchêne; ibid. Actu. 64, obs. Clément; CCC 2009, n° 86, obs. Raymond; Gaz. Pal. 2009. 1249, note S. Piedelièvre; Defrénois 2009. 667, obs. Savaux.* ♦ Il ne peut être fait échec aux règles d'ordre public relatives à la détermination du point de départ du délai biennal de forclusion propre au crédit à la consommation par l'inscription de l'échéance d'un prêt au débit d'un compte courant dont le solde est insuffisant pour en couvrir le montant, quand aucune convention de découvert n'a été préalablement conclue. • Civ. 1re, 25 janv. 2017, n° 15-21.453 P : *Dalloz actualité, 9 févr. 2017, obs. de Ravel d'Esclapon; D. 2017. Actu. 293; JCP E 2017, n° 1095; CCC 2017, n° 92, obs. S. B.-D.; RJDA 2017, n° 274.*

36. Ouverture de crédit reconstituable. Conformément à la règle selon laquelle le point de départ d'un délai à l'expiration duquel une action ne peut plus s'exercer se situe à la date de l'exigibilité de l'obligation qui lui a donné naissance, le délai biennal de forclusion court, dans le cas d'une ouverture de crédit reconstituable et assortie d'une obligation de remboursement à échéances convenues, à compter de la première échéance impayée non régularisée. • Cass., ass. plén., 6 juin 2003 : *D. 2003. 1905, note Lagarde; ibid. AJ 1692, obs. Avena-Robardet; RJDA 2003, p. 799, rapp. Gabet; JCP 2003. II. 10137, note François; JCP E 2004, n° 1-2, p. 41, note Fadlallah; Gaz. Pal. 2004. 3178, note Bigot; CCC 2003, n° 132, obs. Raymond; RD banc. fin. 2003, n° 133, obs. Crédot et Gérard* (sur cet arrêt, V. aussi A. Bigot, *RD banc. fin. 2004. 55*) • Civ. 1re, 12 oct. 2004 : *RJDA 2005, n° 1028* • Rennes, 18 sept. 2003 : *CCC 2004, n° 66, obs. Raymond.* ♦ Le délai biennal de forclusion court, dans le cas d'une ouverture de crédit, d'un montant déterminé et reconstituable, assortie d'une obligation de remboursement à échéances convenues, à compter du moment où le montant du dépassement maximum convenu n'est pas régularisé, cette situation constituant un incident qui caractérise la défaillance de l'emprunteur. • Civ. 1re, 30 mars 2005 : *Bull. civ. I, n° 159; RTD com. 2005. 575, obs. Legeais; CCC 2005, n° 141, obs. Raymond; Gaz. Pal. 2005. 2657, concl. Sainte-Rose.* – V. aussi • Civ. 1re, 18 janv. 2005 : *préc. note 17.* ♦ ... Jugeant qu'un accord de rééchelonnement des créances impayées a pour conséquence de repousser le point de départ du délai de forclusion biennal à la date du premier incident de paiement non régularisé postérieur à l'accord de rééchelonnement : • Rennes, 31 janv. 2003 : *CCC 2003, n° 146, obs. Raymond.* ♦ *Contra*, jugeant que le délai biennal de forclusion court à compter de la date à laquelle prend fin l'ouverture de crédit et non, lorsque des remboursements mensuels fixes sont prévus, à compter de la dernière mensualité impayée non régularisée, V. • Civ. 1re, 9 mars 1999 : *Bull. civ. I, n° 85; D. 1999. IR 96; D. Affaires 1999. 663, obs. V. A.-R.; RD bancaire et bourse 1999. 71, obs. Crédot et Gérard; Gaz. Pal. 19-20 nov. 1999, p. 26, note Boudou et Claude* • 4 févr. 2003 : *JCP E 2003, n° 13, p. 539; RJDA 2003, n° 629.* ♦ Dans le cas d'une ouverture de crédit permanent utilisable par fractions, lorsqu'à une certaine date, un prélèvement revient impayé et que la somme correspondant à son montant est réintégrée au débit du compte de crédit, cette dette spéciale constitue celle que l'emprunteur a le plus intérêt à payer, dès lors qu'elle peut, en application des dispositions contractuelles, entraîner la déchéance immédiate du terme annuel et l'exigibilité anticipée du solde débiteur du crédit utilisé; il en résulte qu'elle est nécessairement imputée sur les échéances mensuelles immédiatement postérieures et effectivement prélevées, qu'elle est réputée régularisée dès que ces échéances, qui sont sans imputation précise, couvrent son montant, et qu'elle ne peut plus alors donner lieu à une action en paiement et constituer, par voie de conséquence, le point de départ du délai biennal de forclusion. • Bordeaux, 26 janv. 1998 : *BICC 1998, n° 1032.*

Un découvert en compte constituant, dès lors qu'il excède une durée de trois mois, une ouverture de crédit, l'établissement de crédit, qui de manière tacite et durant plusieurs années consécutives a autorisé à son client ce type de découvert, sans formaliser une offre préalable, ne peut se prévaloir de l'existence d'un contrat d'ouverture de crédit, ce dont il résulte que la date d'exigibilité du solde débiteur se trouve fixée à l'expiration du délai de trois mois, à compter duquel court donc le délai biennal de forclusion. • Versailles, 31 oct. 1997 : *BICC 1998, n° 667* • 5 déc. 1997 : *Gaz. Pal. 1998. 2. Somm. 524.* ♦ Si un compte ouvert par un client reste chronologiquement débiteur jusqu'à sa clôture, l'ouverture d'un crédit bancaire tacite ne saurait retarder le point de départ du délai de forclusion, la banque ne pouvant fixer à sa guise le point de départ d'un délai préfix. • Rennes, 30 sept. 1993 : *BICC 1994, n° 81* • Nancy, 2 avr. 1997 : *JCP 1998. IV. 2356.* ♦ Le simple rappel du plafond légal n'emportant pas substitution de celui-ci au montant du crédit octroyé, le dépassement de ce montant constitue, à défaut de restauration ultérieure, le point de départ du délai biennal de forclusion. • Civ. 1re, 15 déc. 2011 : *Bull. civ. I, n° 217; Dalloz actualité, 6 janv. 2012, obs. Marrocchella; D. 2012. Actu. 86; RTD com. 2012. 172, obs. Legeais; JCP E 2012, n° 1056; CCC 2012, n° 78, obs. Raymond; LPA 24 févr. 2012, note Legrand; Gaz. Pal. 2012. 383, obs. Roussille; ibid. 454, obs. Piedelièvre; RJDA 2012, n° 527; RD banc. fin. 2012, n° 42, obs. Mathey; Dr. et proc. 2012. 68, note Bazin.* ♦ La seule souscription d'un avenant modifiant le montant du maximum du découvert autorisé et la fraction disponible ne peut emporter renonciation à se prévaloir de la forclusion édictée par les dispositions d'ordre public, auxquelles il ne peut être renoncé que de façon non équivoque pourvu que le délai soit accompli. • Civ. 1re, 15 déc. 2011 : *Bull. civ. I, n° 218; eod. loc.* ♦ Le dépassement du montant de la fraction disponible du crédit renouvelable initialement accordé par avenant constitue le point de départ du délai biennal de forclusion, faute de restauration ultérieure du crédit ou d'augmentation de son montant par la souscription d'une offre régulière. • Civ. 1re, 22 mars 2012 : *Bull. civ. I, n° 71; D. 2012. Actu. 869, obs. Poissonnier; RTD com. 2012. 388, obs. Legeais; CCC 2012, n° 161, obs. Raymond; LPA 6 nov. 2012, obs. Lasserre Capdeville; Gaz. Pal. 2012. 2796, obs. Piedelièvre; RD banc. fin. 2012, n° 77, obs. Mathey; RJDA 2012, n° 994; Dr. et proc. juill.-août 2012, Cah. dr. consom., p. 24, obs. Valette-Ercole.* ♦ Le dépassement du crédit initialement consenti constitue, faute de restauration ultérieure du crédit ou d'augmentation de son montant par la souscription d'une offre régulière, le point de départ du délai biennal de forclusion. • Civ. 1re, 19 mars 2015, n° 14-12.131 : *CCC 2015, n° 158, obs. Raymond.*

37. Crédit reconductible. Lorsque l'ouverture de crédit s'analyse en un prêt d'un montant déterminé qui doit être intégralement remboursé avant que son bénéficiaire puisse en disposer de nouveau, et alors seulement sous forme de crédit reconductible, le délai biennal de forclusion court à compter de la première échéance impayée non régularisée. • Civ. 1re, 4 oct. 2000 : *Bull. civ. I, n° 236; D. 2002. Somm. 641, obs. D.R. Martin; JCP 2001. II. 10492, note Monachon-Duchêne; Defrénois 2001. 245, obs. Libchaber; CCC 2001, n° 31, obs. Raymond.*

38. Compte courant. Les mensualités de remboursement d'un prêt, prélevées sur un compte courant perdant leur spécificité par fusion dans les opérations de débit et de crédit passées entre la banque et son client, le point de départ du délai de deux ans court à compter de la clôture du compte courant, en cas de défaillance de l'emprunteur. • Douai, 20 déc. 1990 : *BICC 1991, n° 833.*

39. Action contre la caution. L'événement qui donne naissance à l'action du créancier contre la caution est l'impossibilité pour le débiteur principal de remplir ses propres obligations. • Toulouse, 18 oct. 1994 : *BICC 1995, n° 139; RJDA 1995, n° 1128.* ♦ Ainsi, lorsque le débiteur a cessé d'honorer ses remboursements lors de sa mise en *liquidation judiciaire, l'obligation* de la caution naît de la première échéance impayée, et ce indépendamment de la nécessité pour le créancier de déclarer parallèlement sa créance et de la faire admettre par le juge-commissaire. • Même arrêt.

Il résulte de la combinaison du texte et de l'art. L. 313-10 [L. 314-18] que l'événement qui fait courir le délai avant l'expiration duquel la caution peut opposer au créancier l'impossibilité de se prévaloir de la garantie, à raison de la disproportion manifeste de celle-ci à ses biens et revenus, est la demande d'exécution du cautionnement faite par le créancier. • Civ. 1re, 23 mai 2000 : *Bull. civ. I, n° 155; RTD com. 2000. 998, obs. Bouloc.*

De même que la caution ne peut se prévaloir à l'encontre du créancier des mesures prises en faveur du débiteur principal par un plan judiciaire de redressement, de même le créancier forclos ne peut invoquer ce plan pour prétendre qu'un nouveau délai de forclusion lui serait ouvert à compter du premier incident affectant l'exécution dudit plan. • Civ. 1re, 18 oct. 2000 : *Bull. civ. I, n° 258; D. 2000. AJ 442, obs. Rondey.*

40. Délais de paiement. Lorsqu'une ordonnance de référé a accordé des délais de paiement à un emprunteur, le point de départ du délai de forclusion est reporté à la date de cessation des effets de l'ordonnance. • Civ. 1re, 4 avr. 1995 : *Bull. civ. I, n° 160; D. 1995. IR 136; Defrénois 1995. 754, obs. Aubert; CCC 1995, n° 154, obs. Raymond.*

D. EXPIRATION DU DÉLAI

41. Date de l'assignation. C'est la date de l'assignation elle-même qu'il convient de prendre en considération pour apprécier si l'action a été engagée dans le délai de deux ans. • Paris, 3 févr. 1998 : *Banque et Droit mai-juin 1998. 37, obs. Guillot.* ♦ Dès lors que l'assignation a été délivrée avant l'expiration du délai biennal, l'action ne peut être déclarée forclose au simple motif que la mise au rôle n'a été effectuée qu'après l'expiration de ce délai : V. • Civ. 1re, 20 oct. 1998 : *JCP E 1998, n° 49, p. 1901; RJDA 1998, n° 1404* • 31 mai 2000 : *CCC 2000, n° 132, obs. Raymond.* ♦ Considérant que l'action est formée par l'assignation, sans qu'il y ait lieu de distinguer entre la date de délivrance de cet acte et sa date de remise au tribunal, V. • Versailles, 20 nov. 1998 : *BICC 1999, n° 1306.* ♦ V. aussi note 26.

42. Renvoi devant la juridiction compétente. Lorsque la juridiction compétente est saisie de la demande en paiement d'un organisme de crédit par le jugement d'un tribunal incompétent qui ordonne le renvoi devant elle, à une date antérieure à l'expiration du délai de 2 ans, l'action est valablement formée. • Civ. 1re, 17 mars 1993 : *Bull. civ. I, n° 118.* ♦ V. aussi • Versailles, 11 déc. 1998 : *BICC 1999, n° 1384.*

43. Acte introductif d'instance. Une cour d'appel qui, sur une action relative à un crédit à la consommation, constate que le point de départ du délai de forclusion se situe au 15 mars 1991, date de la résiliation des conventions d'ouvertures de compte, et qui relève que la banque a fait signifier devant elle des conclusions le 19 janv. 1993, tendant à voir confirmer le jugement de grande instance qui avait fait droit à ses prétentions, retient à bon droit qu'une telle demande, contenue dans un acte de procédure déposé devant la cour d'appel compétente pour connaître le fond du litige, manifeste la volonté de son auteur de saisir le juge pour qu'il tranche le litige et s'analyse comme une action en justice, de sorte que l'action, engagée devant la juridiction compétente, moins de deux ans après le point de départ du délai de forclusion, est recevable. • Civ. 1re, 10 déc. 1996 : *Bull. civ. I, n° 446 ; D. 1997. IR 16 ; D. Affaires 1997. 244 (2e esp.).* – V. aussi • Civ. 1re, 31 mars 1998 : *Bull. civ. I, n° 136 ; D. 1998. IR 118 ; D. Affaires 1998. 840 ; RTD com. 1998. 906, obs. Bouloc.* ♦ Considérant qu'il appartient aux juges, avant de déclarer forclose l'action en remboursement formée par un prêteur, de rechercher si la date du premier incident de paiement non régularisé est antérieure de moins de deux ans à la date de l'acte introductif d'instance, V. • Civ. 1re, 15 févr. 2000 : *JCP E 2000, n° 6, p. 14.*

E. RÉAMÉNAGEMENT OU RÉÉCHELONNEMENT DU DÉLAI

44. *Réaménagement.* Le terme de réaménagement, au sens de la loi du 31 déc. 1989 [C. consom., art. L. 711-1 s.], ne peut s'entendre que d'un accord intervenant à la suite de la défaillance d'un débiteur pour régler toutes les conséquences de cette défaillance quant à la poursuite du contrat. Il ne concerne pas des accords intervenus entre un créancier et son débiteur faisant suite à de nouvelles défaillances du débiteur, dès lors que le versement prévu ne peut permettre au débiteur de se libérer, puisque la somme prévue ne représente même pas l'intérêt sur l'arriéré, augmenté chaque mois d'une somme correspondant à la différence entre le montant des échéances initiales et la somme prélevée. • Paris, 27 nov. 1991 : *D. 1992. IR 67.* ♦ Pour un arrêt ayant retenu que le terme de « réaménagements » s'entend d'un accord ayant pour but de régler toutes les conséquences de la défaillance du débiteur, y compris la déchéance du terme, que la résiliation maintient l'obligation principale de restitution des fonds prêtés sans novation et qu'en cas de surendettement, le non-respect des plans d'apurement fait revivre les effets du contrat d'origine un temps suspendus, V. • Paris, 17 févr. 1998 : *Banque et Droit mai-juin 1998. 38, obs. Guillot.*

Le réaménagement et/ou le rééchelonnement s'entend d'un accord, express et univoque des parties, intervenant pour régler toutes les conséquences de la défaillance d'un emprunteur quant à la poursuite du contrat ce qui exclut que la déchéance du terme soit intervenue, les échéances impayées mentionnées au texte étant nécessairement celles échues à l'exclusion de celles *à échoir.* • *Douai, 27 mai 2010 : CCC 2011, n° 19, obs. Raymond.*

45. *Reconnaissance de dette.* Une reconnaissance de dette qui ne précise pas le montant de la somme que l'emprunteur s'engage à verser mensuellement jusqu'à parfait paiement et qui se borne à renvoyer sur ce point, à la procédure de redressement judiciaire civil alors en cours, ne constitue pas un réaménagement ou rééchelonnement du règlement des échéances impayées. • Civ. 1re, 13 nov. 1996 : *RJDA 1997, n° 239.*

46. *Plan conventionnel.* Un réaménagement ou un rééchelonnement de dette implique un accord des parties permettant réellement au débiteur de se libérer de la totalité de sa dette en principal, intérêts et frais, selon un plan d'amortissement défini et annexé à l'accord des parties. Tel n'est pas le cas d'un accord passé entre une banque et son client débiteur dont il ressort que les mensualités ne permettent pas à celui-ci, non seulement de se libérer, lesdites mensualités étant inférieures aux intérêts, mais ont, au surplus, pour effet d'augmenter sa dette. • Versailles, 19 déc. 1997 : *Gaz. Pal. 1998. 2. Somm. 523.* ♦ V. aussi • Versailles, 20 févr. 1998 : *BICC 1998, n° 1397.* ♦ Pour un arrêt considérant que constitue un réaménagement, l'avenant par lequel un organisme de crédit consent un nouvel échéancier de règlement des échéances impayées, V. • Versailles, 7 mai 1998 : *BICC 1999, n° 211.* ♦ Un contrat de prêt de restructuration, n'ayant pas eu pour effet de modifier un échéancier convenu initialement autorisé, ne constitue pas un rééchelonnement ou un réaménagement de la dette au sens du texte. • Civ. 1re, 31 mars 2011 : *Bull. civ. I, n° 64 ; D. 2011. Actu. 1070, obs. Avena-Robardet ; RTD com. 2011. 621, obs. Legeais ; JCP E 2011, n° 1882, spéc. n° 13, obs. Coudert ; Gaz. Pal. 2011. 1763, obs. Roussille ; RJDA 2011, n° 571 ; RD banc. fin. 2011, n° 86, obs. Mathey ; Banque et Droit juill.-août 2011. 9, obs. Malherbe.*

47. *Décision unilatérale.* Il ne saurait y avoir réaménagement ou rééchelonnement convenu entre les parties lorsque le nouvel échéancier a été établi unilatéralement par le prêteur, la circonstance que des prélèvements se soient poursuivis au-delà de la date initialement fixée ne signifiant pas que l'emprunteur a clairement exprimé son accord sur le nouvel échéancier. • Versailles, 22 mars 2002 : *RJDA 2003, n° 179.* ♦ Le report d'une mensualité impayée en fin de crédit n'est pas constitutif d'un « réaménagement » au sens du texte lorsqu'il résulte d'une décision unilatérale du créancier exclusive de l'accord du débiteur. • Versailles, 6 avr. 2004 : *BICC 2005, n° 644.* ♦ Le créancier, qui s'est prévalu de la déchéance du terme et a, de la sorte, rendu exigible l'intégralité de sa créance, n'est plus fondé à invoquer un rééchelonnement du prêt. • Civ. 1re, 4 mai 2012 : *CCC 2012, n° 216, obs. Raymond.* ♦ En cas de réaménagement ou de rééchelonnement des modalités de règlement des échéances impayées d'un crédit à la consommation consenti à plusieurs emprunteurs, le report du point de départ du délai biennal de forclusion, n'est pas opposable à l'emprunteur, fût-il tenu solidairement, qui n'a pas souscrit l'acte de réaménagement ou de rééchelonnement, à moins qu'il n'ait manifesté la volonté d'en bénéficier. • Civ. 1re, 11 févr. 2010 : *Bull. civ. I, n° 36 ; D. 2010. Chron. C. cass. 522, obs. Creton ; ibid. 994, note J. François ; D. 2011. Pan. 1651, obs. D. R. Martin ; RTD com. 2010. 769, obs. Legeais ; JCP 2010, n° 213, obs. Clément ; ibid., n° 475, note Monachon-Duchêne ; CCC 2010, n° 109, obs. Raymond ; Gaz. Pal. 2010. 1665, obs. S. Piedelièvre ; RD banc. fin. 2010, n° 85, obs. Mathey ; RJDA 2010, n° 996 ; Dr. et proc. 2010. 175, obs. Bazin* • 25 févr. 2010 : *Gaz. Pal. 2010. 2310, obs. Roussille ; RDC 2010. 891, note Sauphanor-Brouillaud.* ♦ Le délai biennal de forclusion, qui n'est susceptible ni d'interruption ni de suspension, court à compter du premier incident de paiement non régularisé, compte tenu des règles d'imputation des paiements énoncées aux art. 1253 s. [1342-10 s.] C. civ., le report d'échéances impayées à l'initiative du prêteur étant sans effet sur la computation de ce délai. • Civ. 1re, 28 oct. 2015, n° 14-23.267 P : *D. 2016. 411, note Lasserre Capdeville ; RTD com. 2015. 726, obs. Legeais ; JCP E 2015, n° 1584 ; CCC 2016, n° 26, obs Bernheim-Desvaux ; RD banc. fin. 2016, n° 5, obs. Mathey.* ♦ Sur la pratique des « annulations de retard » (reports de mensualités impayés) utilisée par les organismes prêteurs afin de reculer le point de départ du délai biennal de forclusion, V. • TI Digne-les-Bains, 7 juin 2016 : *D. 2016. Actu. 1493, obs. Poissonnier ; Gaz. Pal. 13 déc. 2016, p. 29, obs. Piedelièvre.*

48. *Effet du règlement intégral du solde débiteur.* Le règlement intégral d'un solde débiteur par l'emprunteur à un moment donné du prêt, qui ne constitue ni un réaménagement, ni un rééchelonnement de ce prêt, ne peut permettre à un débiteur de se prévaloir d'incidents antérieurs de paiement, l'art. 27 [C. consom., art. R. 312-35] ne pouvant dans ce cas être invoqué par celui-ci dès lors que l'événement qui a donné naissance à l'action est différé du fait de la suppression du solde débiteur. • Paris, 5 févr. 1992 : *D. 1992. IR 132.* ♦ Il n'en serait autrement que si le compte était resté en permanence débiteur depuis la date de la première défaillance, auquel cas le créancier ne pourrait que s'en prendre à sa propre négligence s'il n'a pas intenté son action dans le délai de deux ans à compter de la première défaillance. • Même arrêt.

49. *Preuve de l'accord.* Peut constituer un accord valant aménagement du paiement de l'intégralité des sommes dues, la télécopie de l'emprunteur acceptant la proposition de remboursement de la banque. • Civ. 1re, 4 juin 1996 : *Bull. civ. I, n° 237 ; D. Affaires 1996. 835 ; RD bancaire et bourse 1996. 174, obs. Crédot et Gérard.* ♦ Dès lors que le prêteur, qui se prévaut d'un réaménagement, doit justifier de l'envoi de celui-ci au débiteur et rapporter la preuve de l'accord de ce dernier sur les nouvelles modalités de remboursement, le simple envoi d'un courrier électronique est insuffisant. • Versailles, 20 mars 1998 : *D. Affaires 1998. 800, obs. C. R.* ♦ Sur le pouvoir souverain des juges du fond pour apprécier l'existence d'un rééchelonnement, V. • Civ. 1re, 26 janv. 1999 : *préc. note 29.*

50. *Absence de novation.* L'établissement d'un plan conventionnel de redressement est dépourvu d'effet novatoire ; il s'ensuit que lorsque le créancier assigne en paiement le débiteur défaillant après mise en demeure emportant caducité du plan et exigibilité de la créance, il n'a pas à justifier du bien-fondé de sa créance par la production d'un historique du compte depuis l'origine mais seulement de celui résultant du plan conventionnel de redressement qui constitue le point de référence à partir duquel peut être caractérisé le premier incident de paiement non régularisé constitutif du point de départ du délai de forclusion biennal. • Versailles, 19 avr. 2005 : *BICC 2006, n° 1044.* ♦ Sachant que le plan de traitement des situations de surendettement ne produit pas d'effet novatoire et que l'on ne peut renoncer à la forclusion acquise, l'adoption du plan conventionnel de redressement ne peut avoir pour effet de rendre recevable une demande formée plus de deux années après le premier incident de paiement. • Douai, 30 mars 2006 : *JCP 2006. IV. 2876.* ♦ *Contra*, jugeant que l'adoption d'un plan de redressement fait courir un nouveau délai pour agir, quand bien même le délai initial aurait expiré avant l'adoption du plan par suite de l'inaction du créancier : • Paris, 13 nov. 2008 : *JCP E 2009, n° 20-21, p. 12, obs. Raymond ; CCC 2009, n° 152, obs. Raymond.*

CHAPITRE III *CRÉDIT IMMOBILIER*

BIBL. GÉN. ▶ Décr. n° 2016-607 du 13 mai 2016 : NDLR, *BRDA 2016, n° 10, p. 19* (réforme du crédit immobilier : le décret d'application est paru).

SECTION PREMIÈRE PUBLICITÉ ET INFORMATIONS GÉNÉRALES

SOUS-SECTION UNIQUE PUBLICITÉ ET INFORMATIONS GÉNÉRALES

§ 1er PUBLICITÉ

Art. R. 313-1 Les informations complémentaires mentionnées à l'article L. 313-4 sont les suivantes :

1° Le taux débiteur et sa nature fixe, variable ou révisable, ou une combinaison des deux, ainsi que les informations relatives à tous les frais compris dans le coût total du crédit pour l'emprunteur ;

2° Le montant total du crédit ;

3° Le taux annuel effectif global du crédit mentionné à l'article L. 314-3. Toutefois, lorsque la conclusion d'un contrat portant sur un service accessoire, notamment une assurance, est obligatoire pour obtenir le crédit ou pour l'obtenir aux conditions annoncées et que le coût de ce service ne peut être déterminé préalablement, l'obligation de conclure ce contrat est mentionnée avec le taux annuel effectif global ;

4° La durée du contrat de crédit ;

5° Le montant total dû par l'emprunteur ;

6° Le montant et le nombre des échéances ;

7° Le cas échéant, un avertissement relatif aux éventuelles fluctuations du taux de change susceptibles de modifier le montant dû par l'emprunteur ;

8° Le cas échéant, le fait que le contrat sera garanti par une hypothèque ou une autre sûreté comparable ou par un droit lié à un bien immobilier à usage d'habitation. — *[C. consom., art. R. 312-0.]*

Les dispositions de l'art. R. 313-1 entrent en vigueur le 1er oct. 2016 (Décr. n° 2016-884 du 29 juin 2016, art. 11-II).

Art. R. 313-2 Les informations figurant aux 1° à 6° de l'article R. 313-1 sont fournies à l'aide de l'exemple représentatif mentionné à l'article L. 313-4. Cet exemple répond aux caractéristiques suivantes :

1° Un montant total du crédit accordé égal à 50 000 euros ou à un multiple de cette somme qui ne peut excéder 500 000 euros ;

2° Une durée de remboursement égale à cinq ans ou à un multiple de cette durée qui ne peut excéder trente ans.

Le montant total du crédit et la durée de remboursement choisis par le prêteur correspondent au mieux aux caractéristiques du contrat de crédit dont il fait la publicité.

Lorsque la publicité mentionne un taux promotionnel ou des modalités spéciales d'utilisation qui dérogent au fonctionnement normal du crédit concerné, applicables à titre temporaire, l'exemple représentatif illustre les conditions normales d'exécution du contrat de crédit. En cas de taux variable, l'exemple représentatif indique, en plus des indications prévues au 1° de l'article R. 313-1, si le taux débiteur est ou non plafonné.

La publicité indique que l'exemple représentatif a une valeur d'exemple. Cet exemple est présenté dans une taille de caractère au moins aussi importante que celle utilisée pour les informations mentionnées à l'article R. 313-1. — *[C. consom., art. R. 312-0-0.]*

Les dispositions de l'art. R. 313-2 entrent en vigueur le 1er oct. 2016 (Décr. n° 2016-884 du 29 juin 2016, art. 11-II).

§ 2 INFORMATIONS GÉNÉRALES

Art. R. 313-3 Les informations générales mentionnées à l'article L. 313-6 sont les suivantes :

1° L'identité du prêteur, ou le cas échéant de l'intermédiaire de crédit, et l'adresse géographique de la partie qui fournit les informations ;

2° La nature, la destination et la durée possibles des crédits proposés ;

3° Les types de taux débiteur proposés et leur nature fixe, variable ou révisable, ou une combinaison des deux, ainsi qu'un bref exposé des caractéristiques d'un taux fixe et d'un taux variable ou révisable, y compris de leurs implications pour l'emprunteur ;

4° Les formes de sûreté réelle ou personnelle possibles pour garantir le contrat de crédit. Le cas échéant, le prêteur ou l'intermédiaire de crédit fournit à l'emprunteur des informations expliquant la nature juridique, les bénéficiaires, le fonctionnement et les effets de cette sûreté réelle ou personnelle ;

5° Le cas échéant, dans le cas où des prêts en devises autres que l'euro sont proposés, l'indication de la ou des devises ainsi qu'un avertissement relatif aux éventuelles fluctuations du taux de change susceptibles de modifier le montant dû par l'emprunteur ;

6° Un exemple représentatif du montant total du crédit, du coût total du crédit pour l'emprunteur, du montant total dû par l'emprunteur et du taux annuel effectif global ;

7° L'indication d'autres coûts éventuels supportés par l'emprunteur en lien avec le contrat de crédit qui ne sont pas compris dans le coût total du crédit ;

8° L'éventail des différentes modalités de remboursement possibles, y compris le nombre, la périodicité et le montant des versements réguliers ;

9° Les conditions directement liées à un remboursement anticipé ;

10° Le cas échéant, la nécessité de faire expertiser le bien concerné, l'identité du responsable chargé de veiller à la réalisation de cette expertise ainsi que les coûts qui en découlent éventuellement pour l'emprunteur ;

11° L'indication des services accessoires que l'emprunteur est obligé de souscrire pour obtenir le crédit ou pour l'obtenir aux conditions annoncées et, le cas échéant, la précision que les services peuvent être acquis auprès d'un fournisseur autre que le prêteur ;

12° Un avertissement général relatif aux éventuelles conséquences du non-respect par l'emprunteur des obligations liées au contrat de crédit.

L'intermédiaire de crédit agissant en vertu d'un mandat délivré par le client, conformément au second alinéa de l'article L. 519-2 du code monétaire et financier, n'est pas tenu de délivrer l'information mentionnée au 6°. — *[C. consom., art. R. 312-0-0-1.]*

Les dispositions de l'art. R. 313-3 entrent en vigueur le 1er oct. 2016 (Décr. n° 2016-884 du 29 juin 2016, art. 11-II).

SECTION II INFORMATION PRÉCONTRACTUELLE DE L'EMPRUNTEUR

SOUS-SECTION 1 FICHE D'INFORMATION STANDARDISÉE EUROPÉENNE

Art. R. 313-4 Les informations personnalisées que le prêteur ou l'intermédiaire de crédit communique à l'emprunteur sous la forme de la fiche mentionnée à l'article L. 313-7 dont le modèle est annexé au présent code, portent sur :

1° Le prêteur ;

2° L'intermédiaire de crédit, le cas échéant ;

3° Les principales caractéristiques du prêt ;

4° Le taux d'intérêt et les autres frais ;

5° Le nombre et la périodicité de chaque versement ;

6° Le montant de chaque versement ;

7° L'échéancier indicatif, le cas échéant ;

8° Les obligations supplémentaires ;

9° Le remboursement anticipé ;

10° Les caractéristiques variables ;

11° Les autres droits de l'emprunteur ;

12° Les réclamations ;

13° Les conséquences pour l'emprunteur du non-respect de ses engagements ;

14° Le cas échéant, des informations complémentaires ;

15° Les autorités habilitées à assurer le contrôle du respect de la réglementation applicable.

Le cas échéant, la fiche mentionnée au premier alinéa peut comporter l'information relative aux différents contrats de crédit composant une opération de financement.

Les informations prévues aux 3° et 6° comportent, le cas échéant, les avertissements sur les risques de change encourus pour tout prêt souscrit dans une devise autre que l'euro, dans les conditions de l'article L. 313-64 et pour tout prêt souscrit en euro, par un emprunteur percevant ses revenus ou détenant un patrimoine dans une devise autre que l'euro, ou ne résidant pas en France.

Lorsque l'emprunteur est exposé à une fluctuation du taux de change, un exemple illustrant l'incidence d'une fluctuation de 20 % du taux de change figure dans cette fiche. Lorsqu'un plafond limite cette fluctuation à un montant inférieur à 20 %, le montant maximal que l'emprunteur aura à rembourser est indiqué. Ces exemples sont calculés à partir du dernier taux de change publié la veille du jour de l'émission de la fiche d'information mentionnée au premier alinéa ou, à défaut, le dernier jour ouvré précédent, et qui a servi à déterminer les échéances, la durée du prêt et le coût total du crédit.

Le prêteur précise également si l'offre sera assortie ou non de la possibilité de convertir le crédit dans une autre monnaie et, dans l'hypothèse où cette faculté est prévue, indique ses conditions et modalités précises. — *[C. consom., art. R. 312-0-0-2.]*

Les dispositions de l'art. R. 313-4 entrent en vigueur le 1er oct. 2016. A compter de cette date, la fiche d'information standardisée européenne mentionnée à l'art. L. 313-7 est présentée conformément au modèle type annexé à l'art. R. 313-4, hormis la mention des informations relatives au mode de rémunération de l'intermédiaire de crédit figurant au 4o de la section 2 de ce modèle, qui est applicable à compter du 1er janv. 2017 (Décr. no 2016-884 du 29 juin 2016, art. 11-II).

ANNEXE À L'ARTICLE R. 313-4

INFORMATIONS PRÉCONTRACTUELLES EUROPÉENNES NORMALISÉES EN MATIÈRE DE CRÉDIT IMMOBILIER

FICHE D'INFORMATION STANDARDISÉE EUROPÉENNE (FISE)

PARTIE A

Le texte du modèle ci-après est reproduit tel quel dans la FISE. Les indications entre crochets sont remplacées par les informations correspondantes. Le prêteur ou, le cas échéant, l'intermédiaire de crédit trouvent en partie B les instructions sur la manière de compléter la FISE.

La mention « le cas échéant » signifie que le prêteur donne l'information requise si elle est pertinente pour le contrat de crédit. Lorsque l'information n'est pas pertinente, le prêteur supprime la rubrique ou l'ensemble de la section en question (par exemple, si la section est sans objet). En cas de suppression de la section entière, les autres sections de la FISE sont renumérotées en conséquence.

Les informations ci-dessous sont communiquées sous la forme d'un seul et unique document. La police est clairement lisible. Des caractères gras ou plus grands ou un arrière-plan différent sont utilisés pour les informations à mettre en évidence. Toutes les mises en garde applicables sont mises en évidence.

Modèle de FISE

Fiche d'information standardisée européenne relative
aux contrats de crédit immobilier (FISE)

(Introduction)
Ce document a été établi pour [nom du consommateur] le [date du jour]. Ce document a été établi sur la base des informations que vous avez fournies à ce stade et des conditions en vigueur sur le marché financier. Les informations ci-dessus restent valables jusqu'au [date de validité], (le cas échéant) à l'exception du taux d'intérêt et des autres frais. Au-delà de cette date, elles sont susceptibles de changer en fonction de l'évolution du marché. (Le cas échéant) Ce document n'oblige pas [nom du prêteur] à vous accorder un prêt.
1° Prêteur
[Nom] [Numéro de téléphone] [Adresse géographique] (Facultatif) [Adresse électronique] (Facultatif) [Numéro de télécopieur] (Facultatif) [Adresse web] *(Facultatif) (Personne/point de contact]* (Le cas échéant, des informations sur l'éventuelle fourniture de services de conseil) [(Après avoir évalué vos besoins et votre situation, nous vous recommandons de contracter ce crédit immobilier/Nous ne vous recommandons pas de contracter un crédit immobilier en particulier. Toutefois, sur la base des réponses que vous avez apportées à certaines questions, nous vous adressons des informations concernant ce crédit immobilier pour que vous puissiez prendre votre propre décision)]

2° (Le cas échéant) Intermédiaire de crédit
[Nom] [Numéro de téléphone] [Adresse géographique] (Facultatif) [Adresse électronique] (Facultatif) [Numéro de télécopieur] (Facultatif) [Adresse web] (Facultatif) [Personne/point de contact] (Le cas échéant [informations sur l'éventuelle fourniture de conseils]) [(Après avoir évalué vos besoins et votre situation, nous vous recommandons de contracter ce crédit immobilier/Nous ne vous recommandons pas de contracter un crédit immobilier en particulier. Toutefois, sur la base des réponses que vous avez apportées à certaines questions, nous vous adressons des informations concernant ce crédit immobilier pour que vous puissiez prendre votre propre décision)] [Rémunération]
3° Principales caractéristiques du prêt
Montant et monnaie du prêt à accorder: [valeur] [monnaie] (Le cas échéant) Ce prêt n'est pas en [monnaie nationale de l'emprunteur]. (Le cas échéant) La valeur de votre prêt en [monnaie nationale de l'emprunteur] pourrait changer. (Le cas échéant) Par exemple, si la valeur [de la monnaie nationale de l'emprunteur] baisse de 20 % par rapport à [la monnaie du prêt], la valeur de votre prêt atteindra [montant dans la monnaie nationale de l'emprunteur]. Cette augmentation pourrait être plus importante si la valeur [de la monnaie nationale de l'emprunteur] baisse de plus de 20 %. (Le cas échéant) La valeur maximale de votre prêt sera de [indiquer le montant dans la monnaie nationale de l'emprunteur]. (Le cas échéant) Vous recevrez un avertissement si le montant du crédit atteint [indiquer le montant dans la monnaie nationale de l'emprunteur]. (Le cas échéant) Vous aurez la possibilité de [indiquer le droit de renégocier le prêt en monnaie étrangère ou le droit de le convertir en [monnaie concernée] et les conditions]. Durée du prêt: [durée] [Type de prêt] [Type de taux d'intérêt applicable] Montant total à rembourser: Cela signifie que vous rembourserez [montant] pour chaque [unité monétaire] emprunté. (Le cas échéant) [Ce prêt/Cette partie du prêt] est un prêt sans remboursement de capital. Le montant de [indiquer le montant du prêt sans remboursement de capital] est à payer à la fin de la période couverte par le prêt. (Le cas échéant) Valeur du bien estimé pour préparer cette fiche d'information: [indiquer le montant] (Le cas échéant) Montant maximal de prêt disponible par rapport à la valeur du bien [indiquer le ratio] ou Valeur minimale du bien requise pour emprunter le montant illustré [indiquer le montant] (Le cas échéant) [Garantie]
4° Taux d'intérêt et autres frais
Le taux annuel effectif global (TAEG) est le coût total du prêt exprimé en pourcentage annuel. Le TAEG est indiqué pour vous aider à comparer différentes offres. Le TAEG applicable à votre prêt est de [TAEG]. Il comprend: Taux d'intérêt [valeur en pourcentage ou, le cas échéant, indication d'un taux de référence et d'une valeur en pourcentage de la marge du prêteur] [Autres composantes du TAEG] Frais payables une seule fois: (Le cas échéant) Vous devrez acquitter des frais pour inscrire l'hypothèque. [Indiquer le montant des frais s'il est connu ou la base de calcul.] Frais payables régulièrement: *(Le cas échéant) Ce TAEG* est calculé sur la base d'hypothèses concernant le taux d'intérêt. (Le cas échéant) Comme [une partie de] votre prêt est un prêt à taux variable, le TAEG effectif pourrait être différent de ce TAEG si le taux d'intérêt de votre prêt change. Par exemple, si le taux d'intérêt atteint [hypothèse décrite dans la partie B], le TAEG pourrait passer à [indiquer le TAEG illustratif correspondant à l'hypothèse]. (Le cas échéant) Veuillez noter que ce TAEG est calculé sur la base d'un taux d'intérêt restant au niveau fixé pour la période initiale pendant toute la durée du contrat. (Le cas échéant) Les frais suivants ne sont pas connus par le prêteur et ne sont donc pas pris en compte dans le TAEG: [Frais] (Le cas échéant) Vous devrez acquitter des frais pour inscrire l'hypothèque. Veuillez-vous assurer que vous avez pris connaissance de tous les frais et taxes annexes liés à votre prêt.

5° Nombre et périodicité des versements
Périodicité des versements: [périodicité] Nombre de versements: [nombre]
6° Montant de chaque versement
[montant] [monnaie] Vos revenus peuvent fluctuer. Veuillez vous assurer que vous pourrez toujours faire face à vos versements [périodicité] dans le cas où vos revenus diminueraient. (Le cas échéant) Comme [ce prêt/une partie de ce prêt] est un prêt sans remboursement du capital, vous devrez prendre des dispositions séparées aux fins du remboursement de [indiquer le montant du prêt sans remboursement du capital] qui sera dû à la fin du prêt. Veillez à ajouter tout paiement supplémentaire dont vous devrez vous acquitter en plus du montant des versements indiqué ici. (Le cas échéant) Le taux d'intérêt applicable à [une partie de] ce prêt peut fluctuer. Par conséquent, le montant de vos versements peut augmenter ou diminuer. Par exemple, si le taux d'intérêt atteint [hypothèse décrite dans la partie B], vos versements pourraient atteindre [indiquer le montant des versements correspondant à l'hypothèse]. (Le cas échéant) La valeur du montant que vous devez payer en [monnaie nationale de l'emprunteur] chaque [périodicité des versements] peut fluctuer. (Le cas échéant) Vos paiements pourraient atteindre [indiquer le montant maximal dans la monnaie nationale de l'emprunteur] chaque [indiquer la période]. (Le cas échéant) Par exemple, si la valeur de [la monnaie nationale de l'emprunteur] baisse de 20 % par rapport à [la monnaie de l'emprunt] vous devrez payer [indiquer le montant dans la monnaie nationale de l'emprunteur] supplémentaire chaque [indiquer la période]. Vos paiements pourraient augmenter beaucoup plus que dans cet exemple. (Le cas échéant) Le taux de change utilisé pour convertir en [monnaie nationale de l'emprunteur] votre versement libellé en [monnaie dans laquelle le prêt est libellé] sera le taux publié par [nom de l'institution publiant le taux de change] le [date] ou sera calculé le [date], en utilisant [indiquer le nom de la valeur de référence ou de la méthode de calcul]. (Le cas échéant) [Détails sur les produits d'épargne liés, les prêts à intérêts différés]
7° (Le cas échéant) Échéancier indicatif
Cet échéancier montre le montant à verser tous les [périodicité]. Les versements (colonne n° [numéro de la colonne]) correspondent à la somme des intérêts à payer (colonne n° [numéro de la colonne]), le cas échéant, du capital payé (colonne n° [numéro de la colonne]), et, le cas échéant, des autres frais (colonne n° [numéro de la colonne]). (Le cas échéant), les frais de la colonne «autres frais» sont les suivants: [liste des frais]. Le capital restant dû (colonne n° [numéro de la colonne]) est le montant restant à rembourser après chaque versement. [Tableau]
8° Obligations supplémentaires
L'emprunteur doit respecter les obligations suivantes pour bénéficier des conditions de prêt décrites dans ce document.
[Obligations] (Le cas échéant) Veuillez noter que les conditions de prêt décrites dans ce document (y compris le taux d'intérêt) peuvent changer si ces obligations ne sont pas respectées. (Le cas échéant) Veuillez prendre note des conséquences éventuelles d'une suppression ultérieure de l'un des services auxiliaires liés au prêt. [Conséquences]
9° Remboursement anticipé
Vous avez la possibilité de rembourser totalement ou partiellement ce prêt par anticipation. (Le cas échéant) [Conditions] (Le cas échéant) Frais de sortie: [indiquer le montant ou, si ce n'est pas possible, la méthode de calcul] (Le cas échéant) Si vous décidez de rembourser ce prêt par anticipation, veuillez nous contacter pour établir le montant exact des frais de sortie à ce moment-là.
10° Caractéristiques variables
(Le cas échéant) [Informations sur la portabilité/subrogation] Vous avez la possibilité de transférer ce prêt à un autre [prêteur] [ou] *[à l'égard d'un autre bien]*. [Indiquer les conditions] *(Le cas échéant) Vous n'avez pas la* possibilité de transférer ce prêt à un autre [prêteur] [ou] [à l'égard d'un autre bien]. (Le cas échéant) Caractéristiques supplémentaires: [explication des caractéristiques supplémentaires visées à la partie B et, éventuellement, des autres caractéristiques offertes par le prêteur dans le cadre du contrat de crédit qui ne sont pas mentionnées dans les sections précédentes].

11° Autres droits de l'emprunteur
(Le cas échéant) vous disposez de [durée du délai de réflexion] après le [début du délai de réflexion] pour réfléchir avant de vous engager à contracter ce prêt. (Le cas échéant) Une fois que vous aurez reçu du prêteur le contrat de crédit, vous ne pourrez pas l'accepter avant la fin [durée du délai de réflexion].
12° Réclamations
Si vous avez une réclamation, veuillez contacter [indiquer le point de contact et la source d'information sur la procédure]. (Le cas échéant) Délai maximal pour traiter la réclamation [durée] (Le cas échéant) [Si nous n'avons pas résolu la réclamation à votre satisfaction au niveau interne], vous pouvez également contacter: [indiquer le nom de l'organisme extérieur chargé du règlement des réclamations et recours extrajudiciaires] (Le cas échéant) ou vous pouvez contacter le réseau FIN-NET pour obtenir les coordonnées de l'organisme correspondant dans votre pays.
13° Non-respect des engagements liés au prêt: conséquences pour l'emprunteur
[Types de non-respect] [Conséquences financières et/ou juridiques] Si vous rencontrez des difficultés à vous acquitter de vos versements [périodicité], veuillez nous contacter immédiatement pour étudier les solutions envisageables. (Le cas échéant) En dernier ressort, votre logement peut être saisi si vous ne vous acquittez pas de vos remboursements.
(Le cas échéant) 14° Informations complémentaires
(Le cas échéant) [Indication de la législation applicable au contrat de crédit] (Lorsque le prêteur a l'intention d'utiliser une langue différente de la langue de la FISE) Les informations et les conditions contractuelles seront fournies en [langue]. Avec votre accord, nous comptons communiquer en [langue/langues] pendant toute la durée du contrat de crédit. [Insérer la mention concernant le droit à recevoir ou à se voir proposer, le cas échéant, un projet de contrat de crédit]
15° Autorité de surveillance
Ce prêteur est surveillé par [nom(s) et adresse web de l'autorité ou des autorités de surveillance]. (Le cas échéant) Cet intermédiaire de crédit est surveillé par [nom et adresse web de l'autorité de surveillance].

PARTIE B

Instructions pour compléter la FISE

La FISE est complétée en suivant les instructions ci-après.

Section « Introduction »

La date de validité est dûment mise en évidence. Aux fins de la présente section, on entend par « date de validité » la période pendant laquelle l'information, par exemple le taux débiteur, figurant dans la FISE ne sera pas modifiée et s'appliquera si le prêteur décide d'octroyer le crédit durant cette période. Lorsque le calcul du taux débiteur applicable et des autres frais dépend des résultats de la vente d'obligations sous-jacentes, le taux débiteur final et les autres frais pourraient être différents de ce qui est indiqué. Dans ce cas seulement, il est stipulé que la date de validité ne s'applique pas au taux débiteur et aux autres frais, en ajoutant la mention « à l'exception du taux d'intérêt et des autres frais ».

Section 1. Prêteur

1° Le nom, le numéro de téléphone et l'adresse géographique du prêteur sont les coordonnées que le consommateur peut utiliser pour toute future correspondance ;

2° Les informations sur l'adresse électronique, le numéro de télécopieur, l'adresse web et la personne ou le point de contact sont facultatives ;

3° Conformément aux articles R. 222-1 à R. 222-3 du code de la consommation, lorsque la transaction est proposée à distance, le prêteur indique, le cas échéant, le nom et l'adresse géographique de son représentant dans l'État membre de résidence du consommateur]. Le numéro de téléphone, l'adresse électronique et l'adresse web du représentant du prestataire de crédit sont facultatifs ;

4° Si la section 2 n'est pas applicable, le prêteur fait savoir au consommateur si des services de conseil sont fournis et sur quelle base, en suivant la formulation de la partie A.

(Le cas échéant) Section 2. Intermédiaire de crédit

Informations sur le produit fournies au consommateur par un intermédiaire de crédit :

1° Le nom, le numéro de téléphone et l'adresse géographique de l'intermédiaire de crédit sont les coordonnées que le consommateur peut utiliser pour toute future correspondance ;

2° Les informations sur l'adresse électronique, le numéro de télécopieur, l'adresse web et la personne ou le point de contact sont facultatives ;

3° L'intermédiaire de crédit indique au consommateur si des services de conseil sont fournis et sur quelle base, en suivant la formulation de la partie A ;

4° Des explications concernant le mode de rémunération de l'intermédiaire de crédit. S'il perçoit une commission de la part d'un prêteur, le montant et, si celui-ci est différent du nom figurant dans la section 1, le nom du prêteur sont indiqués.

Section 3. Principales caractéristiques du prêt

1° Cette section explique clairement les principales caractéristiques du crédit, y compris la valeur et la monnaie ainsi que les risques potentiels associés au taux débiteur, y compris les risques mentionnés au point 8, et la structure de l'amortissement ;

2° Si la monnaie du crédit n'est pas la monnaie nationale du consommateur, le prêteur indique que le consommateur sera averti régulièrement, au moins si le taux de change varie de plus de 20 %, qu'il aura le droit, le cas échéant, de convertir la monnaie du contrat de crédit ou la possibilité de renégocier les conditions et tout autre arrangement à la disposition du consommateur en vue de limiter son exposition au risque de change. Lorsque le contrat de crédit contient une disposition en vue de limiter le risque de change, le prêteur indique le montant maximal que le consommateur aurait à rembourser. Lorsque le contrat de crédit ne comporte aucune disposition, pour limiter le risque de change auquel le consommateur est exposé à une fluctuation du taux de change inférieure à 20 %, le prêteur fournit un exemple de l'effet qu'aurait sur la valeur du prêt une baisse de de 20 % de la valeur de la monnaie nationale du consommateur par rapport à la monnaie du crédit ;

3° La durée du crédit est exprimée en années ou en mois, selon que l'une ou l'autre unité est la plus appropriée. Si la durée du crédit est susceptible de varier pendant la durée du contrat, le prêteur explique quand et à quelles conditions cette variation peut survenir. Si le crédit est à durée indéterminée, par exemple dans le cas d'une carte de crédit avec garantie, le prêteur l'indique clairement ;

4° Le type de crédit devrait être clairement indiqué (par exemple, crédit hypothécaire, prêt au logement). La description du type de crédit indique clairement comment le capital et les intérêts sont remboursés sur la durée du prêt (c'est-à-dire la structure d'amortissement), en précisant si le contrat de crédit porte sur le remboursement du capital ou si le crédit contracté au titre dudit contrat est un crédit sans remboursement du capital, ou un mélange des deux ;

5° Si le crédit est, en totalité ou en partie, un crédit sans remboursement du capital, une mention indiquant clairement ce fait figure en évidence à la fin de cette section en suivant la formulation de la partie A ;

6° Cette section précise si le taux débiteur est fixe ou variable, le cas échéant, si le taux variable est ou non plafonné ainsi que les périodes pendant lesquelles il restera fixe, la fréquence des révisions du taux et les limites éventuelles de variation du taux débiteur (plafonds et planchers, par exemple).

La formule utilisée pour réviser le taux débiteur et ses différentes composantes (par exemple, le taux de référence ou les écarts de taux d'intérêt) sont expliquées. Le prêteur précise, par exemple sur son site web, où trouver d'autres informations sur les indices ou les taux utilisés dans la formule (par exemple, l'Euribor ou le taux de référence de la banque centrale) ;

7° Si différents taux débiteurs s'appliquent en fonction des circonstances, les informations portent sur tous les taux applicables ;

8° Le « montant total à rembourser » correspond au montant total dû par le consommateur. Il est calculé en additionnant le montant du prêt et le coût total du prêt pour le consommateur. Si le taux débiteur n'est pas fixe pendant la durée du contrat, il convient de préciser que ce montant *est donné à titre indicatif et peut varier, en particulier* en fonction des variations du taux débiteur ;

9° *Lorsque* le prêt est garanti par une hypothèque sur le bien immobilier, par une autre sûreté comparable ou par un droit lié à un bien immobilier, le prêteur attire l'attention du consommateur sur ce fait. Le cas échéant, le prêteur indique la valeur estimée du bien immobilier ou une autre sûreté utilisée aux fins de préparer cette fiche d'information ;

10° Le prêteur indique, le cas échéant :

a) Le "montant maximal de prêt disponible par rapport à la valeur du bien", qui est le ratio montant à financer/valeur du bien (ratio hypothécaire). Ce ratio est accompagné d'un exemple montrant en valeur absolue le montant maximal pouvant être emprunté pour la valeur d'un bien particulier ; ou ;

b) La "valeur minimale du bien requise par le prêteur pour prêter le montant illustré" ;

11° Lorsque les crédits sont des crédits en plusieurs parties (par exemple, des prêts en partie à taux fixe, en partie à taux variable), cette information figure dans l'indication du type de crédit, et les informations requises sont mentionnées pour chaque partie du crédit.

Section 4. Taux d'intérêt et autres frais

1° Le "taux d'intérêt" correspond au taux débiteur ou aux taux débiteurs ;

2° Le taux débiteur est indiqué sous forme de pourcentage. Si le taux débiteur est variable et fondé sur un taux de référence, le prêteur peut indiquer le taux débiteur en annonçant un taux de référence et une valeur en pourcentage de sa marge. Le prêteur indique toutefois la valeur du taux de référence valide le jour de l'émission de la FISE.

Si le taux débiteur est variable, l'information comprend : a) les hypothèses utilisées pour le calcul du TAEG ; b) le cas échéant, les plafonds et les seuils applicables ; et c) un avertissement indiquant que la variabilité pourrait affecter le niveau réel du TAEG. Pour attirer l'attention du consommateur, la taille de caractère utilisée pour l'avertissement est plus grande et figure en évidence dans la partie principale de la FISE. L'avertissement est accompagné d'un exemple indicatif sur le TAEG. Lorsque le taux débiteur est plafonné, l'exemple suppose que le taux débiteur s'élève dans les plus brefs délais au niveau le plus élevé prévu dans le contrat de crédit. En l'absence de plafond, l'exemple présente le TAEG au taux débiteur le plus élevé au cours des vingt dernières années au moins ou, si les données sous-jacentes pour le calcul du taux débiteur sont disponibles pour une période de moins de vingt ans, la période la plus longue pour laquelle ces données sont disponibles, sur la base de la valeur la plus élevée de tout taux de référence extérieur utilisé pour le calcul du taux débiteur le cas échéant, ou de la valeur la plus élevée d'un taux de référence fixé par une autorité compétente ou par l'ABE lorsque le prêteur n'utilise pas un taux de référence extérieur. Cette exigence ne s'applique pas aux contrats de crédit dont le taux débiteur est fixé pour une période initiale de plusieurs années et peut ensuite être fixé pour une nouvelle période après négociation entre le prêteur et le consommateur. Dans le cas des contrats de crédit dont le taux débiteur est fixé pour une période initiale de plusieurs années et peut ensuite être fixé pour une nouvelle période après négociation entre le prêteur et le consommateur, l'information comprend un avertissement indiquant que le TAEG est calculé sur la base du taux débiteur de la période initiale. L'avertissement est accompagné d'un exemple de TAEG supplémentaire calculé conformément à l'article R. 314-1 du code de la consommation. Lorsque les crédits sont des crédits en plusieurs parties (par exemple, en partie à taux fixe, en partie à taux variable), les informations sont mentionnées pour chaque partie du crédit ;

3° Dans la section "Autres composantes du TAEG", il convient d'énumérer tous les autres frais inclus dans le TAEG, y compris les frais non récurrents, tels que les frais administratifs, et les frais réguliers, tels que les frais administratifs annuels. Le prêteur dresse la liste des frais en les classant par catégorie (frais à payer de manière non récurrente, frais à payer régulièrement et inclus dans les versements, frais à payer régulièrement mais non inclus dans les versements), en indiquant leur montant et en précisant à qui et quand ils devront être payés. Il n'est pas nécessaire d'inclure les frais encourus pour non-respect des obligations contractuelles. Lorsque ce montant n'est pas connu, le prêteur donne si possible une indication du montant ou, à défaut, explique le mode de calcul du montant et précise que ce montant n'est donné qu'à titre indicatif. Dans le cas où certains frais ne sont pas inclus dans le TAEG parce que le prêteur ne les connaît pas, il convient d'attirer l'attention sur ce fait.

Si le consommateur a indiqué au prêteur un ou plusieurs éléments du crédit qu'il privilégie, tels que la durée du contrat de crédit et le montant total du crédit, le prêteur tient, si possible, compte de ces éléments ; si un contrat de crédit offre au consommateur différentes possibilités quant au mode d'utilisation du crédit, assorties de frais ou de taux débiteurs différents, et que le prêteur applique l'hypothèse de l'annexe, partie II, relative au TAEG il indique que d'autres modes d'utilisation existant pour ce type de crédit peuvent avoir pour conséquence un TAEG plus élevé. Lorsque les modes d'utilisation du crédit sont prises en compte pour le calcul du TAEG, le prêteur attire l'attention sur les frais liés aux autres modalités d'utilisation qui ne sont pas nécessairement celles utilisées dans le calcul du TAEG ;

4° Si l'inscription de l'hypothèque ou d'une autre sûreté comparable donne lieu au paiement de frais, cette information figure dans cette section avec le montant, s'il est connu, ou, si ce n'est pas possible, la base de détermination de ce montant. Si les frais sont connus et inclus dans le TAEG, l'existence et le montant des frais sont mentionnés dans la rubrique « Frais payables en une seule fois ». Si les frais ne sont pas connus du prêteur et ne sont donc pas pris en compte dans le TAEG, leur existence est clairement mentionnée sur la liste des frais qui ne sont pas connus du prêteur. Dans les deux cas, la formulation type de la partie A est utilisée à la rubrique correspondante.

Section 5. Nombre et périodicité des versements

1° Si les versements sont effectués à intervalles réguliers, leur périodicité (par exemple, mensuelle) est précisée. si la fréquence des versements est irrégulière, ce fait est clairement expliqué au consommateur ;

2° Le nombre de versements indiqué porte sur toute la durée du prêt.

Section 6. Montant de chaque versement

1° La monnaie du crédit et la monnaie des versements sont indiquées clairement ;

2° Lorsque le montant des versements est susceptible de changer pendant la durée du crédit, le prêteur précise pendant quelle période le montant initial des versements reste inchangé, et quand et avec quelle périodicité il changera par la suite ;

3° Lorsque le crédit est, en totalité ou en partie, un crédit sans remboursement du capital, une mention l'indiquant clairement figure en évidence à la fin de cette section, en suivant la formulation de la partie A.

Si le consommateur est tenu de contracter un produit d'épargne lié comme condition pour obtenir un crédit sans remboursement du capital garanti par une hypothèque ou une sûreté comparable, le montant et la périodicité des paiements sont indiqués ;

4° Lorsque le taux débiteur est variable, l'information le mentionne, en suivant la formulation de la partie A, et fournit un exemple de montant maximal de versement. Lorsqu'il existe un plafond, l'exemple précise quel sera le montant des versements si le taux débiteur atteint ce plafond. En l'absence de plafond, c'est l'hypothèse la plus défavorable qui illustre le niveau des versements au taux débiteur le plus élevé au cours des vingt dernières années, ou, si les données sous-jacentes pour le calcul du taux débiteur sont disponibles pour une période de moins de vingt ans, la période la plus longue pour laquelle ces données sont disponibles, sur la base de la valeur la plus élevée de tout taux de référence extérieur utilisé pour le calcul du taux débiteur le cas échéant ou de la valeur la plus élevée d'un taux de référence fixé par une autorité compétente ou par l'ABE lorsque le prêteur n'utilise pas un taux de référence extérieur. L'exigence de fournir un exemple à titre indicatif ne s'applique pas aux contrats de crédit dont le taux débiteur est fixé pour une période initiale de plusieurs années et peut ensuite être fixé pour une nouvelle période après négociation entre le prêteur et le consommateur. Lorsque les crédits sont des crédits en plusieurs parties (par exemple, en partie à taux fixe, en partie à taux variable), les informations sont mentionnées pour chaque partie du crédit, et pour le total ;

5° (Le cas échéant) Lorsque la monnaie du prêt n'est pas la monnaie nationale du consommateur ou lorsque le crédit est indexé sur une monnaie qui n'est pas la monnaie nationale du consommateur, le prêteur donne un exemple chiffré montrant clairement l'impact que des variations du taux de change applicable peuvent avoir sur le montant des versements, en suivant la formulation de la partie A. Cet exemple s'appuie sur une réduction de 20 % de la valeur de la monnaie nationale du consommateur, accompagné d'une mention visible indiquant que les versements pourraient augmenter davantage que le montant supposé dans cet exemple. Lorsqu'un plafond limite l'augmentation à un montant inférieur à 20 %, le montant maximal des versements dans la monnaie du consommateur est indiqué, sans mentionner la possibilité de nouvelles augmentations ;

6° Lorsque le crédit est, en totalité ou en partie, un crédit à taux variable et que le point 3 s'applique, l'exemple visé au point 5 est fourni sur la base du montant de versement visé au point 1 ;

7° *Lorsque la monnaie dans laquelle sont libellés* les versements est différente de la monnaie du *crédit ou* que le montant de chaque versement exprimé dans la monnaie nationale du consommateur dépend du montant correspondant dans une autre monnaie, cette section indique la date à laquelle le taux de change applicable est calculé et le taux de change ou la base sur laquelle il sera calculé ainsi que la fréquence de leur ajustement. Le cas échéant, les indications fournies comprennent notamment le nom de l'institution qui publie le taux de change applicable ;

8° Lorsque le crédit est un crédit à intérêts différés dont les intérêts dus ne sont pas intégralement remboursés par les versements et s'ajoutent au montant total du crédit restant dû, les explications suivantes sont fournies : comment et quand les intérêts différés s'ajoutent au crédit en tant qu'apport de trésorerie ; et quelles sont les conséquences pour le consommateur au niveau du restant de la dette.

Section 7. Échéancier indicatif

1° Cette section est ajoutée lorsque le crédit est un crédit à intérêts différés, dont les intérêts dus ne sont pas intégralement remboursés par les versements et s'ajoutent au montant total du crédit restant dû, ou lorsque le taux débiteur est fixé pour la durée du contrat de crédit.

Lorsque le consommateur a le droit de recevoir un tableau d'amortissement révisé, ce droit est mentionné avec les conditions dans lesquelles le consommateur peut l'exercer ;

2° Le tableau à inclure dans cette section comprend les colonnes suivantes : "échéance" (par exemple, 1er mois, 2e mois, 3e mois), "montant du versement", "intérêt à payer par versement", "autres frais inclus dans le versement" (le cas échéant), "capital remboursé par versement" et "capital restant dû après chaque versement" ;

3° Pour la première année de remboursement, l'information est fournie pour chaque versement échelonné, et un sous-total correspondant à la fin de cette première année est fourni pour chacune des colonnes. Pour les années suivantes, les informations peuvent être fournies sur une base annuelle. Une ligne supplémentaire est ajoutée à la fin du tableau pour indiquer le total de chaque colonne. Le coût total du crédit payé par le consommateur (qui correspond au total de la colonne « montant du versement ») est dûment mis en évidence et indiqué comme tel.

Section 8. Obligations supplémentaires

1° Dans cette section, le prêteur mentionne les obligations telles que celles d'assurer le bien immobilier, de souscrire une assurance vie, de verser un salaire sur un compte du prêteur ou d'acquérir un autre produit ou service. pour chaque obligation, le prêteur précise auprès de qui et dans quel délai elle doit être remplie ;

2° Le prêteur précise la durée de l'obligation, par exemple le terme du contrat de crédit. Le prêteur précise, pour chaque obligation, tous les frais payables par le consommateur qui ne sont pas compris dans le TAEG ;

3° Le prêteur indique si le consommateur est tenu de souscrire à des services auxiliaires pour obtenir le crédit aux conditions mentionnées et, dans l'affirmative, si le consommateur est tenu d'y souscrire auprès du prestataire indiqué par le prêteur ou si ces services peuvent être achetés auprès d'un prestataire choisi par le consommateur. Si cette possibilité est subordonnée au respect de certaines caractéristiques minimales par les services auxiliaires, ces caractéristiques sont décrites dans cette section.

Si le contrat de crédit est lié à d'autres produits, le prêteur mentionne les caractéristiques essentielles de ces autres produits et indique clairement si le consommateur a le droit de résilier le contrat de crédit ou les produits liés séparément, dans quelles conditions et avec quelles conséquences ainsi que, le cas échéant, les conséquences éventuelles d'une suppression des services auxiliaires requis dans le cadre du contrat de crédit.

Section 9. Remboursement anticipé

1° Le prêteur précise les conditions auxquelles le consommateur peut rembourser le crédit par anticipation, entièrement ou partiellement ;

2° Dans la section sur les frais de sortie, le prêteur attire l'attention du consommateur sur tout frais de sortie ou tout autre frais payable au titre de remboursement anticipé en vue d'indemniser *le prêteur et, le cas échéant,* il en indique le montant. Si le montant de l'indemnisation dépend de plusieurs facteurs, tels que le montant remboursé ou le taux d'intérêt en vigueur au moment du remboursement anticipé, le prêteur indique comment est calculée l'indemnisation et indique le montant maximal des frais ou, si ce n'est pas possible, il fournit un exemple indicatif afin d'informer le consommateur du niveau possible de l'indemnisation dans plusieurs scénarios différents.

Section 10. Caractéristiques variables

1° Le cas échéant, le prêteur explique la possibilité de transférer le crédit à un autre prêteur ou à l'égard d'un autre bien immobilier ainsi que les conditions relatives à ce transfert ;

2° (Le cas échéant) Caractéristiques supplémentaires : lorsque le produit contient l'une des caractéristiques répertoriées au point 5, la présente section doit en dresser la liste et fournir une brève explication des aspects suivants : les circonstances dans lesquelles le consommateur peut utiliser cette caractéristique ; les conditions liées à la caractéristique ; si le fait que la caractéristique fait partie du crédit garanti par une hypothèque ou une garantie comparable signifie que le consommateur perd une protection réglementaire ou autre généralement associée à la caractéristique ; l'entreprise fournissant la caractéristique (si celle-ci est différente du prêteur) ;

3° Si la caractéristique prévoit un crédit supplémentaire, alors la présente section doit indiquer au consommateur : le montant total du crédit (y compris le crédit garanti par l'hypothèque ou la garantie comparable) ; si le crédit supplémentaire est sécurisé ou non ; les taux débiteurs concernés et si la caractéristique est réglementée ou non. Ce montant de crédit supplémentaire est inclus dans l'évaluation initiale de solvabilité ou, s'il ne l'est pas, cette section précise que la disponibilité du montant supplémentaire est subordonnée à une nouvelle évaluation de la capacité de remboursement du consommateur ;

4° Si la caractéristique suppose un mécanisme d'épargne, le taux d'intérêt adéquat doit être expliqué ;

5° Les caractéristiques supplémentaires possibles sont les suivantes : "Trop payés/Moins payés" [paiements supérieurs ou inférieurs au versement normalement requis par la structure d'amortissement] ; "Dispense temporaire de remboursement" [périodes pendant lesquelles le consommateur n'est pas tenu d'effectuer des paiements] ; "Réemprunt" [possibilité pour le consommateur d'emprunter à nouveau des fonds déjà prélevés et remboursés] ; "Emprunt supplémentaire disponible sans autre approbation" ; "Emprunt supplémentaire sécurisé ou non sécurisé" [conformément au point 3 ci-dessus] ; "Carte de crédit" ; "Compte courant lié" ; et "Compte épargne lié" ;

6° Le prêteur peut inclure toutes les autres caractéristiques offertes par le prêteur dans le cadre du contrat de crédit qui ne sont pas mentionnées dans les sections précédentes.

Section 11. Autres droits de l'emprunteur

1° Le prêteur donne des précisions sur le(s) droit(s) de rétractation ou de réflexion et, le cas échéant, les autres droits existants tels que la portabilité (y compris la subrogation), sur les conditions auxquelles ce ou ces droits sont soumis, sur la procédure à suivre par le consommateur afin de les exercer, et notamment l'adresse où est envoyée la demande de rétractation, ainsi que sur les frais correspondants, s'il y a lieu ;

2° Lorsque le consommateur dispose d'un délai de réflexion ou d'un droit de rétractation, cette faculté est clairement mentionnée ;

3° Conformément au 3° de l'article R. 222-1 du code de la consommation, lorsque la transaction est proposée à distance, le consommateur est informé de l'existence ou de l'absence d'un droit de rétractation.

Section 12. Réclamations

1° Cette section indique le point de contact interne [nom du service responsable] et le moyen de le contacter en cas de réclamation [adresse géographique] ou [numéro de téléphone] ou [la personne de contact] : [coordonnées du contact] ainsi qu'un lien vers la procédure de réclamation sur la page appropriée d'un site internet ou une source d'information similaire ;

2° Elle indique le nom de l'organisme extérieur chargé du règlement des réclamations et recours extrajudiciaires et lorsque le recours à la procédure de réclamation interne est une condition préalable à l'accès à cet organisme, elle l'indique en suivant la formulation de la partie A ;

3° Dans le cas d'un contrat de crédit avec un consommateur résidant dans un autre État membre, le prêteur mentionne l'existence du réseau FIN-NET (http://ec.europa.eu/internal_market/fin-net/index_fr.htm).

Section 13. Non-respect des engagements liés au prêt : conséquences pour l'emprunteur

1° Si le non-respect, par le consommateur, de l'une quelconque des obligations liées à son prêt peut avoir pour lui des conséquences financières ou juridiques, le prêteur décrit dans cette section les principales situations possibles (retard ou défaut de paiement, ou encore non-respect des obligations énoncées à la section 8, "obligations supplémentaires", par exemple) et indique où des informations supplémentaires pourraient être obtenues ;

2° Pour chacun de ces cas, le prêteur précise, en termes clairs et aisément compréhensibles, les sanctions ou les conséquences auxquelles l'emprunteur s'expose. Les conséquences les plus graves sont mises en évidence ;

3° Lorsque le bien immobilier utilisé pour garantir le crédit peut être restitué ou transféré au prêteur si le consommateur ne respecte pas ses obligations, cette section comprend une mention à ce sujet, en suivant la formulation de la partie A.

Section 14. Informations complémentaires

1° En cas de vente à distance, cette section comprend toute rubrique précisant la loi applicable au contrat de crédit et/ou la juridiction compétente ;

2° Lorsque le prêteur a l'intention de communiquer avec le consommateur pendant la durée de validité du contrat dans une autre langue que celle de la FISE, ce fait est mentionné et la langue de communication est indiquée. Ce point est sans préjudice du dernier alinéa du 3° de l'article R. 222-1 du code de la consommation ;

3° Le prêteur ou l'intermédiaire de crédit indique le droit du consommateur à recevoir un exemplaire du projet de contrat de crédit, au moins après qu'une offre engageant le prêteur a été fournie.

Section 15. Autorité de surveillance

1° La ou les autorités compétentes pour la surveillance du stade précontractuel de l'activité de prêt sont indiquées.

Art. R. 313-5 **L'ensemble des informations mentionnées à l'article R. 313-4 est présenté, sur un support papier ou sur un autre support durable, sous la forme d'un document unique, conformément à la fiche d'information standardisée européenne mentionnée à l'article L. 313-7 dont le modèle est annexé au présent code.** – *[C. consom., art. R. 312-0-0-3.] – V. ss. art. R. 313-4.*

Les dispositions de l'art. R. 313-5 entrent en vigueur le 1er oct. 2016 (Décr. n° 2016-884 du 29 juin 2016, art. 11-II).

Art. R. 313-6 **Lorsque le contrat de crédit permet des adaptations du taux débiteur, cette possibilité et ses effets possibles sur les montants dus et sur le taux annuel effectif global sont mentionnés dans la fiche d'information standardisée européenne mentionnée à l'article L. 313-7. A cette fin, un taux annuel effectif global supplémentaire illustrant les risques éventuels liés à une augmentation substantielle du taux débiteur est communiqué à l'emprunteur. Lorsque le taux débiteur n'est pas plafonné, ces informations sont assorties d'un avertissement rappelant que le coût total du crédit pour l'emprunteur, indiqué par le taux annuel effectif global, peut évoluer.**

Cette disposition ne s'applique pas aux contrats de crédit pour lesquels le taux débiteur est fixé pour une période initiale de cinq ans au moins, au terme de laquelle une négociation est menée sur le taux débiteur afin de convenir d'un nouveau taux fixe pour une nouvelle période. Dans ce cas, un taux annuel effectif global illustratif supplémentaire est prévu dans la fiche d'information standardisée européenne. – *[C. consom., art. R. 312-0-0-4.]*

Les dispositions de l'art. R. 313-6 entrent en vigueur le 1er oct. 2016 (Décr. n° 2016-884 du 29 juin 2016, art. 11-II).

Art. R. 313-7 **Les informations exigées en application des articles R. 222-1 et R. 222-2 du présent code et R. 341-16 du code monétaire et financier qui figurent dans la fiche d'information standardisée européenne sont réputées fournies lors de la remise de cette fiche.**

Toute autre information complémentaire, mentionnée au troisième alinéa de l'article L. 313-7, qui est fournie à l'emprunteur par le prêteur ou l'intermédiaire de crédit, notamment en cas d'application des articles mentionnés au précédent alinéa ou des ***articles R. 314-19*** **à R. 314-21, peut être jointe en annexe à la fiche d'information standardisée européenne.** – *[C. consom., art. R. 312-0-0-5.]*

Les dispositions de l'art. R. 313-7 entrent en vigueur le 1er oct. 2016 (Décr. n° 2016-884 du 29 juin 2016, art. 11-II).

SOUS-SECTION 2 INFORMATION RELATIVE À L'ASSURANCE EMPRUNTEUR

Art. R. 313-8 **La fiche standardisée d'information mentionnée à l'article L. 313-10 énonce de manière claire et lisible les principales caractéristiques de l'assurance ayant pour objet de garantir le remboursement d'un prêt soumis aux dispositions du chapitre III du titre Ier, dont le modèle est annexé au présent code.** – *[C. consom., art. R. 312-0-1, I.]*

ANNEXE À L'ARTICLE R. 313-8
(Arrêté du 29 avril 2015 – assurance emprunteur)

MODÈLE DE FICHE STANDARDISÉE D'INFORMATION

Assurance emprunteur des prêts immobiliers

1. Le distributeur

Nom :
Dénomination sociale :
Adresse : Tél. :
n° SIREN pour les organismes d'assurance :
n° ORIAS pour les intermédiaires :
S'il y a lieu, lien avec une ou plusieurs entreprises d'assurance :

2. Le candidat à l'assurance

Nom : Prénom :
Né(e) le : Lieu de résidence :
Activité exercée actuellement :
Vous êtes : ⌜ emprunteur ⌜ coemprunteur ⌜ caution (cocher la case correspondante)
S'il y a lieu, dénomination sociale : Siège social :

3. Les caractéristiques du (des) prêt(s) demandé(s)

Nom du prêteur, s'il est connu :
Projet à financer : (cocher la case correspondante) ⌜ résidence principale ⌜ résidence secondaire ⌜ travaux ⌜ investissement locatif ⌜ autre :

PRÊT	MONTANT EN EUROS	TYPE DE PRÊT	DURÉE DU PRÊT EN MOIS	TAUX D'INTÉRÊT NOMINAL INDICATIF
Prêt n° 1		[Amortissable/*in fine*/relais]		
Prêt n° 2		[Amortissable/*in fine*/relais]		

Amortissable : une fraction du capital emprunté est remboursée à chaque échéance.
In fine : le capital est remboursé à la fin du prêt.
Relais : crédit *in fine* destiné à financer un nouvel achat immobilier dans l'attente de la vente d'un précédent bien.

4. Les garanties minimales exigées par votre prêteur

Votre prêteur exige que vous souscriviez des garanties d'assurance minimales pour l'octroi de votre prêt. Parmi les critères de garanties exigibles, votre prêteur a retenu la liste de critères suivante, qui correspond à ses exigences générales liées à sa politique de risque, en fonction du type d'opération, du type de prêt et de votre statut professionnel.

	CRITÈRES SPÉCIFIQUES	QUOTITÉ EXIGÉE
Garantie décès, le cas échéant	[à compléter]	[à compléter] %
Garantie PTIA, le cas échéant	[à compléter]	[à compléter] %
Garantie incapacité temporaire totale, le cas échéant	[à compléter]	[à compléter] %
Garantie invalidité permanente totale, le cas échéant	[à compléter]	[à compléter] %
Garantie invalidité permanente partielle, *le cas échéant*	[à compléter]	[à compléter] %
Garantie perte d'emploi, le cas échéant	[à compléter]	[à compléter] %

Les caractéristiques détaillées des garanties exigées doivent vous être communiquées par votre prêteur afin de vous permettre d'apprécier l'équivalence des niveaux de garanties entre les contrats.

Pour en savoir plus sur l'équivalence du niveau de garantie en assurance emprunteur, rendez-vous sur le site du comité consultatif du secteur financier : www.banque-france.fr/ccsf/fr/index.htm ;

OU

Vous pouvez vous rapprocher de votre prêteur pour qu'il vous communique ses exigences en matière d'assurance emprunteur, afin de vous permettre d'apprécier l'équivalence des niveaux de garanties entre les contrats.

Pour en savoir plus sur l'équivalence du niveau de garantie en assurance emprunteur, rendez-vous sur le site du comité consultatif du secteur financier : www.banque-france.fr/ccsf/fr/index.htm ;

OU

Votre prêteur n'exige aucune assurance pour l'octroi de votre prêt.

5. Les garanties que vous pouvez souscrire

5.1. Les types de garanties que nous proposons

Vous pouvez adhérer au contrat d'assurance/souscrire au contrat d'assurance [à adapter nom du produit ; nom de la ou des entreprises d'assurance ; nom de la formule si formule], qui comporte les garanties suivantes [cocher les cases correspondantes] :

☐ La garantie décès, dénommée dans le contrat (1) : elle intervient en cas de décès de la personne assurée. La prestation est le remboursement au prêteur du capital assuré. Dans notre contrat :

☐ la garantie décès vous couvre durant toute la durée du prêt ;

☐ la garantie décès cesse au ....e anniversaire de l'assuré.

☐ La garantie perte totale et irréversible d'autonomie (PTIA), dénommée dans le contrat (1) : elle intervient lorsque l'assuré se trouve dans un état particulièrement grave, nécessitant le recours permanent à une tierce personne pour exercer les actes ordinaires de la vie. La prestation est le remboursement au prêteur du capital assuré. Dans notre contrat :

☐ la garantie PTIA vous couvre durant toute la durée du prêt ;

☐ la garantie PTIA cesse au ....e anniversaire de l'assuré.

☐ La garantie incapacité temporaire totale (ITT), dénommée dans le contrat : elle intervient lorsque la personne assurée est temporairement inapte à exercer : [cocher les cases correspondantes]

☐ strictement son activité professionnelle ;

☐ toute activité pouvant lui procurer des revenus.

Dans notre contrat, la garantie ITT : [cocher la case correspondante]

☐ vous couvre durant toute la durée du prêt ;

☐ cesse au plus tard

[cocher la case correspondante] ;

☐ couvre à hauteur de .... % de l'échéance de remboursement du prêt l'assuré n'exerçant pasou plus d'activité professionnelle au moment du sinistre ;

☐ ne couvre pas l'assuré n'exerçant pas ou plus d'activité professionnelle au moment du sinistre.

Les affections dorsales [cocher la case correspondante]

☐ sont couvertes : ☐ avec conditions d'hospitalisation ou d'intervention chirurgicale ;

☐ sans condition d'hospitalisation ou d'intervention chirurgicale ;

☐ ne sont pas couvertes.

Les affections psychiatriques [cocher la case correspondante]

☐ sont couvertes : ☐ avec conditions d'hospitalisation

☐ sans condition d'hospitalisation ;

☐ ne sont pas couvertes.

La prestation est : [cocher la case correspondante]

☐ forfaitaire (le montant qui vous sera versé correspond à .... % de l'échéance de remboursement du prêt, quelle que soit votre perte de revenu) ;

☐ indemnitaire (le montant qui vous sera versé dépendra de votre perte de revenu).

Les prestations incapacité

☐ sont plafonnées à .... ;

☐ ne sont pas plafonnées.

Les indemnités sont dues par l'assureur après un délai de franchise maximale de ..... jours après l'interruption de l'activité.

☐ La garantie invalidité permanente totale (IPT), dénommée [à compléter] dans le contrat, intervient lorsque la personne assurée est, de façon définitive, incapable d'exercer : [cocher les cases correspondantes]

⌜ strictement son activité professionnelle ;

⌜ toute activité pouvant lui procurer des revenus.

Avec un taux d'invalidité supérieur à .... Les indemnités sont dues après la reconnaissance de l'état d'invalidité par l'assureur selon une méthode d'évaluation mentionnée au contrat.

Dans notre contrat, la garantie invalidité : [cocher la case correspondante]

⌜ vous couvre durant toute la durée du prêt ;

⌜ cesse au ....

Les affections dorsales [cocher la case correspondante]

⌜ sont couvertes : ⌜ avec conditions d'hospitalisation ou d'intervention chirurgicale ;

⌜ sans condition d'hospitalisation ou d'intervention chirurgicale ;

⌜ ne sont pas couvertes.

Les affections psychiatriques [cocher la case correspondante]

⌜ sont couvertes : ⌜ avec conditions d'hospitalisation ;

⌜ sans condition d'hospitalisation ;

⌜ ne sont pas couvertes.

La prestation est : [cocher la case correspondante]

⌜ forfaitaire (le montant qui vous sera versé correspond à .... % de l'échéance de remboursement du prêt, quelle que soit votre perte de revenu) ;

⌜ indemnitaire (le montant qui vous sera versé dépendra de votre perte de revenu).

Les prestations invalidité permanente totale

⌜ sont plafonnées à .... ;

⌜ ne sont pas plafonnées.

⌜ La garantie invalidité permanente partielle (IPP), dénommée .... dans le contrat, est un complément de la garantie invalidité permanente totale. Elle intervient à compter d'un taux d'invalidité .... Les indemnités sont dues après la reconnaissance de l'état d'invalidité par l'assureur selon une méthode d'évaluation mentionnée au contrat.

⌜ La garantie perte d'emploi, dénommée dans le contrat : elle couvre l'assuré en cas de licenciement : .... et lorsqu'il perçoit une allocation de chômage. Elle est accordée, après une période de franchise de .... mois et une période de carence de .... mois, pour une couverture de ...... mois par période de chômage et pour une durée totale maximale cumulée de .... mois.

Dans notre contrat, la garantie perte d'emploi : [cocher la case correspondante]

⌜ vous couvre durant toute la durée du prêt ;

⌜ cesse au ....

Les prestations :

⌜ sont plafonnées à .... ;

⌜ ne sont pas plafonnées.

La prestation est : [cocher la case correspondante] :

⌜ forfaitaire (le montant qui vous sera versé correspond à .... % de l'échéance de remboursement du prêt, quelle que soit votre perte de revenu) ;

⌜ indemnitaire (le montant qui vous sera versé dépendra de votre perte de revenu).

(1) Si la dénomination commerciale de la garantie dans le contrat est identique aux libellés, respectivement, « décès » et « perte totale et irréversible d'autonomie », il n'est pas besoin de spécifier cette dénomination commerciale.

5.2. La solution d'assurance que vous envisagez à ce stade

Compte tenu de votre situation, vous envisagez d'assurer tout ou partie du capital emprunté avec les garanties suivantes :

⌜ Décès et cette garantie est couverte à % ;

⌜ Perte totale et irréversible d'autonomie et cette garantie est couverte à % ;

⌜ Incapacité et cette garantie est couverte à % ;

⌜ Invalidité permanente totale et cette garantie est couverte à % ;

⌜ Invalidité permanente partielle et cette garantie est couverte à % ;

⌜ Perte d'emploi et cette garantie est couverte à %.

6. Formalisation du devoir de conseil

[A compléter. Si les informations ne sont pas suffisantes au moment de la remise de la fiche pour permettre la délivrance du conseil en assurance, l'indiquer]

7. Estimation personnalisée du coût de la solution d'assurance envisagée

Compte tenu des caractéristiques connues du ou des prêts, de votre âge de ans, des types de garanties envisagées et de la part du capital à couvrir, le tableau ci-dessous propose une estimation du coût de l'assurance.

Il s'agit d'un tarif indicatif avant examen du dossier et du questionnaire médical par l'organisme d'assurance. Lorsqu'une personne présente un risque aggravé de santé, elle peut bénéficier des dispositions de la convention AERAS, "s'Assurer et Emprunter avec un Risque Aggrave de Santé". Il s'agit d'un dispositif conventionnel, appliqué par l'ensemble des réseaux bancaires et des assureurs présents sur le marché de l'assurance emprunteur, qui permet de repousser les limites de l'assurabilité des personnes qui présentent ou ont présenté un risque aggravé de santé. La proposition d'assurance peut comporter une surprime d'assurance et/ou une limitation de la garantie (cf. www.aeras-infos.fr).

	PART DU CAPITAL assuré pour chaque type de garantie	**TYPES de garanties**	**COTISATION en euros par [à compléter] de l'emprunteur (*)**	**COÛT TOTAL de l'assurance de l'emprunteur sur la durée du prêt, en euros**	**ESTIMATION du taux annuel effectif de l'assurance relatif à la totalité du prêt (**)**
Prêt 1 < capital emprunté> < durée prêt 1 >	< quotité par type de garantie ; prêt 1 > %	☐ Décès ☐ PTIA ☐ Incapacité ☐ Invalidité permanente totale ☐ Invalidité permanente partielle ☐ Perte d'emploi	< cotisation [s'il y a lieu, moyenne] (*) [compléter la période] prêt 1 > euros	< coût total assur. prêt 1 >	< TAEA prêt 1 >
Prêt 2 < capital emprunté> < durée prêt 2 >	< quotité par type de garantie prêt 2 > %	☐ Décès ☐ PTIA ☐ Incapacité ☐ Invalidité permanente totale ☐ Invalidité permanente partielle ☐ Perte d'emploi	< cotisation [s'il y a lieu, moyenne] (*) [compléter la période] prêt 2 > euros	< coût total assur. prêt 2 >	< TAEA prêt 2 >
(*) Si la cotisation est variable, indiquer la cotisation périodique moyenne. (**) Compléter la mention des garanties incluses dans le périmètre du TAEA.					

La cotisation d'assurance est : [cocher la case correspondante] :

⌜ constante sur la durée du prêt ;

⌜ non constante (cotisation [à compléter] minimale : [à compléter] ; cotisation [compléter la période] maximale : [à compléter])

3. Remarques importantes

L'assurance emprunteur constitue une garantie à la fois pour le prêteur et l'emprunteur. Elle peut être un élément déterminant de l'obtention de votre prêt immobilier. Il appartient au professionnel de veiller à ce que les garanties qu'il vous propose de souscrire correspondent à vos besoins et à vos attentes.

Aussi précises que soient les informations qui vous ont été données, il est très important que vous lisiez attentivement vos documents contractuels notamment la notice d'information et les éventuelles conditions particulières qui déterminent les droits et obligations de l'assuré et de l'assureur. Nous attirons tout particulièrement votre attention sur les risques exclus, les délais de carence (période durant laquelle l'assuré ne peut pas demander la mise en œuvre de la garantie, de franchise (période durant laquelle le sinistre reste à la charge de l'assuré), les dates et motifs d'expiration des garanties.

Nous insistons sur l'importance de la précision et de la sincérité des réponses apportées au questionnaire d'adhésion/de souscription au contrat d'assurance emprunteur, y compris la partie questionnaire médical. Une fausse déclaration intentionnelle entrainerait la nullité du contrat et la déchéance des garanties : les échéances ou le remboursement du capital restant dus seraient alors à votre charge ou à celle de vos héritiers.

Les différentes garanties peuvent faire l'objet de contrats séparés.

===== FICHE REMISE LE [date à compléter] ======

[à compléter avec les mentions légales applicables, telles que prévues à l'article 32 de la loi n° 78-17 du 6 janvier 1978 et aux articles R. 123-237 et suivants du code de commerce]

(Arr. du 14 juin 2017, art. 2 et 3, en vigueur le 1er oct. 2017) « Conformément à la loi, dès aujourd'hui et jusqu'à 12 mois après la signature de l'offre de prêt, vous pouvez souscrire une assurance auprès de l'assureur de votre choix et la proposer en garantie au prêteur. A compter du 1er janvier 2018, vous disposez également d'une faculté de substitution si vous exercez votre droit de résiliation annuel sur votre contrat d'assurance en cours, quelle que soit la date de signature du contrat, conformément à l'article 10 de la loi n° 2017-203 du 21 février 2017.

« Dès lors que ce contrat présente un niveau de garantie équivalent à votre contrat en cours ou celui qui vous est proposé par le prêteur, ce dernier ne peut le refuser.

« Depuis le 1er janvier 2017, les offres de prêts doivent préciser les documents que doit contenir la demande de substitution. »

Art. R. 313-9 Cette fiche mentionnée à l'article L. 313-10 précise notamment :

1° La définition et la description des types de garanties proposées au titre de l'assurance à l'emprunteur ;

2° Le cas échéant, les caractéristiques des garanties minimales exigées par le prêteur pour l'octroi du prêt immobilier ;

3° Les types de garanties que l'emprunteur envisage de choisir parmi les garanties mentionnées au 1° et la part du capital emprunté à couvrir ;

4° Une estimation personnalisée du coût de la solution d'assurance envisagée, sur la base des éléments connus lors de la remise de la fiche, portant sur les éléments suivants :

a) Le coût en euros et par période selon la périodicité de paiement ;

b) Le coût total de l'assurance en euros sur la durée envisagée du prêt ;

c) Le taux annuel effectif de l'assurance relatif à la totalité du prêt, défini à l'article R. 314-12 ;

5° La mention de la possibilité pour l'emprunteur de souscrire une assurance ayant pour objet de garantir le remboursement d'un prêt auprès de l'assureur de son choix mentionnée à l'article L. 313-30 et les conditions et délais dans lesquels elle peut s'exercer. — *[C. consom., art. R. 312-0-1, II.]*

Art. R. 313-10 La fiche mentionnée à l'article L. 313-10 est remise à chaque emprunteur ou co-emprunteur. — *[C. consom., art. R. 312-0-1, III.]*

SECTION III EXPLICATIONS FOURNIES À L'EMPRUNTEUR ET ÉVALUATION DE SA SOLVABILITÉ

SOUS-SECTION 1 SERVICE DE CONSEIL

Art. R. 313-11 Le prêteur ou l'intermédiaire de crédit indique explicitement à l'emprunteur s'il propose le service de conseil mentionné à l'article L. 313-13.

Il précise, avant la conclusion du contrat portant sur ce service, par écrit ou sur tout autre support durable :

1° S'il s'agit d'un conseil indépendant mentionné à l'article L. 313-14 ;

2° Si la recommandation faite dans le cadre de ce service porte sur sa propre gamme de produits ou sur une large gamme de contrats de crédit disponibles sur le marché ;

3° Si l'emprunteur devra acquitter des frais en rémunération de ce service et, le cas échéant, le montant de ces frais ou, si ce montant ne peut être déterminé avec

certitude au moment de la communication des informations, son mode de détermination. – *[C. consom., art. R. 312-0-2.]*

Sur les sanctions, V. art. R. 341-21.

Art. R. 313-12 **Afin de pouvoir, dans le cadre de la fourniture d'un service de conseil, recommander à l'emprunteur les contrats de crédit appropriés, le prêteur ou l'intermédiaire de crédit recueille les informations nécessaires sur l'emprunteur, sur sa situation personnelle et financière ainsi que sur ses préférences et ses objectifs.**

Cette recommandation est fondée sur des informations actualisées et sur des hypothèses raisonnables quant aux risques encourus par l'emprunteur pendant la durée du contrat proposé.

Cette recommandation est établie au regard d'une gamme de produits comportant au moins trois contrats distincts de crédits tels que définis à l'article L. 313-1.

Le prêteur ou l'intermédiaire de crédit communique à l'emprunteur, sur papier ou tout autre support durable, le nombre de contrats examinés et la dénomination des établissements de crédit ou des sociétés de financement dont les contrats ont été examinés, sa recommandation et la motivation de celle-ci au regard des informations recueillies. – *[C. consom., art. R. 312-0-3.]*

SOUS-SECTION 2 ÉVALUATION DE LA SOLVABILITÉ

Art. R. 313-13 **Les procédures et informations sur lesquelles repose l'évaluation de la solvabilité mentionnée à l'article L. 313-16 sont documentées et conservées par le prêteur tout au long de la durée du crédit.** – *[C. consom., art. R. 312-0-4.]*

Art. R. 313-14 **L'évaluation de la solvabilité se fonde sur des informations relatives :**

1° Aux revenus de l'emprunteur, à son épargne et à ses actifs ;

2° Aux dépenses régulières de l'emprunteur, à ses dettes et autres engagements financiers.

Le prêteur tient compte, dans la mesure du possible, des événements pouvant survenir pendant la durée du contrat de crédit proposé tels que, le cas échéant, une augmentation possible du taux débiteur ou un risque d'évolution négative du taux de change en cas de prêt libellé en devise autre que l'euro mentionné à l'article L. 3136-64 *[L. 313-64]*. – *[C. consom., art. R. 312-0-5.]*

Art. R. 313-15 **Le prêteur ou l'intermédiaire de crédit avertit l'emprunteur de la nécessité de fournir des éléments exacts et complets afin qu'il puisse être procédé à une évaluation appropriée. Il l'informe que le crédit ne peut être accordé lorsque le prêteur ne peut procéder à l'évaluation de solvabilité du fait du refus de l'emprunteur de communiquer ces informations. Le prêteur conserve la preuve de cet avertissement sur support durable pendant la durée du contrat de crédit.** – *[C. consom., art. R. 312-0-6.]*

Art. R. 313-16 **Lorsqu'en application de l'article L. 313-16 le prêteur sollicite les informations et pièces justificatives nécessaires à la vérification de solvabilité, il indique les délais dans lesquels ces éléments doivent lui être fournis. Il peut, en tant que de besoin, demander des précisions sur les informations reçues en réponse à sa demande.** – *[C. consom., art. R. 312-0-7.]*

SOUS-SECTION 3 ÉVALUATION DU BIEN IMMOBILIER

Art. R. 313-17 **L'expert en évaluation immobilière mentionné au 1° de l'article L. 313-20 est :**

1° Soit un évaluateur externe, personne physique ou morale, expert en évaluation, sans lien avec le prêteur, qu'il soit de subordination, familial ou capitalistique, et ne présentant aucun intérêt économique personnel vis-à-vis du bien évalué ;

2° Soit un évaluateur interne, personne physique ou morale, ne remplissant pas une ou plusieurs conditions mentionnées au 1°, sous réserve :

***a)* Que la tâche d'évaluation soit indépendante, sur le plan fonctionnel et hiérarchique, du processus de prise de décision en matière de crédit ; et**

b) Que le prêteur adopte des mesures garantissant l'absence de conflits d'intérêts et d'influence sur l'évaluateur. – *[C. consom., art. R. 312-0-8.]*

Art. R. 313-18 L'évaluateur justifie de compétences professionnelles résultant :

1° Soit d'un diplôme de second cycle de l'enseignement supérieur sanctionnant un enseignement immobilier spécifique et d'une expérience professionnelle d'une durée de trois années consécutives au minimum auprès d'un expert en évaluation immobilière ou d'une société d'expertise en évaluation immobilière ;

2° Soit d'un diplôme d'enseignement supérieur, complété d'une formation immobilière spécifique sanctionnée par un diplôme et d'une expérience professionnelle d'une durée de deux années consécutives au minimum auprès d'un expert en évaluation immobilière ou d'une société d'expertise en évaluation immobilière ;

3° Soit d'une expérience professionnelle de sept années consécutives en matière immobilière, dont au moins quatre dans l'activité d'expertise en évaluation immobilière auprès d'un expert en évaluation immobilière ou d'une société d'expertise immobilière. – *[C. consom., art. R. 312-0-9.]*

Art. R. 313-19 L'évaluateur assure la mise à jour de ses connaissances utiles à l'évaluation dans les domaines techniques, juridiques, fiscaux, comptables, par une formation professionnelle adaptée prenant notamment en compte les changements de la législation ou de la réglementation applicable. Il justifie de la mise à jour de cette compétence au titre de la formation continue par la présentation d'attestations. – *[C. consom., art. R. 312-0-10.]*

Art. D. 313-20 Les pièces mentionnées à l'article L. 313-22 du code de la consommation sont :

1° Le document d'expertise et les pièces mentionnées à l'article L. 313-21 ;

2° Les documents justifiant que l'expert satisfait aux exigences prévues à l'article L. 313-20. – *[C. consom., art. D. 312-0-11.]*

SECTION IV FORMATION DU CONTRAT DE CRÉDIT

Art. R. 313-21 Avant l'envoi de l'offre mentionnée à l'article L. 313-24, et sauf s'il apparaît manifestement que tel n'est pas le cas, le prêteur ou l'intermédiaire de crédit demande à l'emprunteur si l'opération de crédit a pour objet le remboursement d'au moins deux créances antérieures dont un crédit en cours. En cas de réponse positive, l'emprunteur bénéficie de l'information prévue aux articles R. 314-19 à R. 314-21. – *[C. consom., art. R. 312-1.]*

Art. R. 313-21-1 *(Décr. n° 2017-1099 du 14 juin 2017, art. 1er)* La durée maximale de domiciliation des salaires ou revenus assimilés mentionnée à l'article L. 313-25-1 est fixée à dix ans suivant la conclusion du contrat de crédit, ou le cas échéant, de l'avenant au contrat de crédit initial.

Cette durée ne peut en tout état de cause excéder celle du contrat de crédit.

Les dispositions de l'art. R. 313-21-1, telles qu'issues du Décr. n° 2017-1099 du 14 juin 2017, s'appliquent aux offres de prêts émises à compter du 1er janv. 2018 ainsi qu'aux avenants modifiant les contrats conclus à la suite de ces offres (Décr. préc., art. 2).

Art. R. 313-22 Le montant des frais d'étude, prévus à l'article L. 313-38, que le prêteur peut demander à l'emprunteur lorsque le contrat en vue duquel le prêt a été demandé n'est pas conclu, est limité à 0,75 % du montant du prêt, sans pouvoir excéder 150 euros. – *[C. consom., art. R. 312-1-1.]*

Art. R. 313-23 Lorsque l'emprunteur souhaite faire usage de la faculté de substitution du contrat d'assurance prévue à l'article L. 313-30 avant l'émission de l'offre de prêt mentionnée à l'article L. 313-24, le prêteur et l'assureur délégué échangent les informations suivantes :

1° Le prêteur transmet à l'assureur délégué, par l'intermédiaire du candidat à l'emprunt, pour chacun des prêts concernés, les informations suivantes :

a) Le capital initial ;

b) **La durée initiale exprimée en mois ;**

c) **Le taux d'intérêt nominal et sa nature fixe, variable ou révisable ;**

d) **Les tableaux d'amortissement, le cas échéant prévisionnels, ou les informations suivantes, le cas échéant prévisionnelles : le nombre, le montant et la périodicité des échéances de remboursement du crédit et, le cas échéant, la durée et la nature des différés d'amortissement et les paliers d'échéances ;**

e) **Le montant des frais, commissions ou rémunérations mentionnés au premier alinéa de l'article L. 314-1 ;**

f) **La date souhaitée de la prise d'effet des garanties ;**

g) **Les types de garanties exigées et la part du capital emprunté à couvrir pour l'octroi du prêt, garantie par garantie ;**

h) **Le rappel des critères servant à apprécier l'équivalence du niveau de garantie mentionnée à l'article L. 313-29, par type de garanties exigées, après analyse de la situation personnelle du candidat à l'emprunt ;**

2° Après que l'assureur délégué s'est engagé à accorder sa garantie, celui-ci transmet au prêteur, par l'intermédiaire de l'emprunteur, pour chacun des prêts concernés, les informations suivantes :

a) **Les informations nécessaires au calcul du taux annuel effectif global du crédit sur la base des garanties exigées par le prêteur mentionnées au *g* et au *h* du 1°, la quotité assurée par tête et par type de garantie et le montant assuré par type de garantie ;**

b) **Le coût total en euros sur la durée du prêt des garanties exigées par le prêteur au titre de l'assurance, nécessaire au calcul du taux annuel effectif global du crédit, ainsi que l'échéancier des primes d'assurance ;**

c) **La date d'effet, le cas échéant prévisionnelle, des garanties et la date de cessation de ces garanties ;**

3° Le prêteur et l'assureur délégué transmettent ces informations en mentionnant leurs coordonnées et, pour les personnes inscrites au répertoire national mentionné à l'article R. 123-220 du code de commerce, leur numéro SIREN ;

4° Lorsque des informations relevant du 1° ou du 2° sont remises à l'emprunteur par un intermédiaire mentionné à l'article L. 519-1 du code monétaire et financier, ce dernier indique les mentions prévues à l'article R. 519-24 du même code. Lorsque ces informations sont remises par un intermédiaire mentionné à l'article L. 511-1 du code des assurances, ce dernier indique les mentions prévues à l'article R. 520-3 du même code. – *[C. consom., art. R. 312-1-2.]*

Les dispositions des a et b du 2° de l'art. R. 313-23 entrent en vigueur le 1er oct. 2016 (Décr. n° 2016-884 du 29 juin 2016, art. 11-II).

Art. R. 313-24 **Lorsque l'emprunteur souhaite faire usage de la faculté de substitution du contrat d'assurance prévue à l'article L. 313-30 après l'émission de l'offre de prêt mentionnée à l'article L. 313-24, l'emprunteur transmet à l'assureur de son choix l'offre de prêt émise ou le contrat de crédit.**

Une fois que l'assureur délégué s'est engagé à accorder sa garantie, le contrat d'assurance mentionne notamment, prêt par prêt, les garanties exigées par le prêteur au titre de l'assurance, la quotité assurée par tête et par type de garantie, le montant du capital assuré par type de garantie, le coût définitif des garanties exigées par le prêteur mentionnées au *b* du 2° de l'article R. 313-23 et les dates d'effet et de cessation des garanties.

En cas d'acceptation par le prêteur, celui-ci notifie à l'emprunteur, dans les conditions prévues à l'article L. 313-31, l'offre modifiée mentionnée à l'article L. 313-27 ou l'avenant au contrat de crédit mentionné à l'article L. 313-31. – *[C. consom., art. R. 312-1-3.]*

SECTION V EXÉCUTION DU CONTRAT DE CRÉDIT

SOUS-SECTION 1 REMBOURSEMENT ANTICIPÉ

Art. R. 313-25 **L'indemnité éventuellement due par l'emprunteur en cas de remboursement par anticipation, prévue à l'article L. 313-47, ne peut excéder la valeur**

d'un semestre d'intérêt sur le capital remboursé au taux moyen du prêt, sans pouvoir dépasser 3 % du capital restant dû avant le remboursement.

Dans le cas où un contrat de crédit est assorti de taux d'intérêts différents selon les périodes de remboursement, l'indemnité mentionnée au premier alinéa peut être majorée de la somme permettant d'assurer au prêteur, sur la durée courue depuis l'origine, le taux moyen prévu lors de l'octroi du prêt. – *[C. consom., art. R. 312-2.]*

1. Est conforme à l'art. 2 du Décr. n° 80-473 du 28 juin 1980 [C. consom., art. R. 313-25] la clause du contrat de prêt stipulant les modalités de calcul de la somme due en cas de remboursement anticipé, dès lors qu'une telle clause permet à l'emprunteur de connaître à tout instant le maximum de ce qui pourrait lui être réclamé. • Civ. 1re, 20 mars 1989 : *Bull. civ. I, n° 138 ; D. 1989. Somm. 339, obs. Aubert* • 30 mars 1994 : *Bull. civ. I, n° 129 ; D. 1994. IR 102* • 8 juill. 1994 : *CCC 1994, n° 241, obs. Raymond.*

2. Est valable la clause stipulant des intérêts compensatoires ayant pour objet d'assurer au prêteur, sur la durée courue du prêt, un taux de rendement équivalent au taux moyen. • Civ. 1re, 8 juill. 1994 : *préc. note 1.*

3. En cas de remboursement anticipé, les « intérêts compensatoires » demandés à l'emprunteur, en application de l'art. 2, al. 2, du Décr. n° 80-473 du 28 juin 1980 [C. consom., art. R. 313-25], ne visent qu'à porter la rémunération du prêteur à un montant conforme au taux d'intérêt convenu et ne peuvent, comme tels, être réduits en application de l'art. 1152 [1231-5] C. civ. • Civ. 1re, 7 oct. 1992 : *Bull. civ. I, n° 245 ; D. 1992. IR 254* • 2 déc. 1992 : *Bull. civ. I, n° 301 ; D. 1993. Somm. 213, obs. Delebecque ; CCC 1993, n° 38, obs. Raymond ; ibid. n° 41, obs. Leveneur* • 30 mars 1994 : *préc. note 1* • 29 juin 2016, n° 15-16.945 : *Banque et Droit nov.-déc. 2016. 25, obs. Bonneau ; RD banc. fin. 2016, n° 197, obs. Mathey.*

4. La disposition de l'art. R. 312-2, al. 2 [R. 313-25], qui vise le prêt assorti de taux d'intérêt différents selon les périodes de remboursement, n'est pas applicable à un crédit assorti d'un règlement des intérêts différé dans le temps dès lors qu'aucune variation du taux d'intérêt n'est prévue. • Civ. 1re, 5 mai 2004 : *Bull. civ. I, n° 126 ; AJDI 2004. 560, obs. Cohet-Cordey ; RTD com. 2004. 797, obs. D. Legeais.*

SOUS-SECTION 2 DÉFAILLANCE DE L'EMPRUNTEUR

Art. R. 313-26 **En cas de défaillance de l'emprunteur et lorsque le remboursement immédiat du capital n'est pas demandé, la majoration de taux prévue à l'article L. 313-50 ne peut excéder trois points d'intérêt.** – *[C. consom., art. R. 312-3, al. 1er.]*

Art. R. 313-27 **Pour les avances prévues aux articles R. 317-1 et suivants du code de la construction et de l'habitation, il est appliqué un intérêt qui ne peut excéder le plus élevé des taux d'intérêts maximaux des prêts conventionnés garantis par l'État en application de l'article R. 312-3-1 du code de la construction et de l'habitation applicable au moment de l'offre d'avance.** – *[C. consom., art. R. 312-3, al. 2.]*

Art. R. 313-28 **L'indemnité prévue en cas de résolution du contrat de crédit ne peut dépasser 7 % des sommes dues au titre du capital restant dû ainsi que des intérêts échus et non versés.** – *[C. consom., art. R. 312-3, al. 3.]*

SECTION VI LOCATION-VENTE ET LOCATION ASSORTIE D'UNE PROMESSE DE VENTE

Art. D. 313-29 **L'indemnité prévue à l'article L. 313-60 en cas de défaillance du preneur dans l'exécution de contrats de location-vente ou de location assortis d'une promesse de vente ne peut excéder 2 % de la part des versements correspondant à la valeur en capital du bien à effectuer jusqu'à la date prévue du transfert de propriété.** – *[C. consom., art. R. 312-4.]*

SECTION VII *PRÊTS LIBELLÉS* DANS UNE DEVISE AUTRE QUE L'EURO

Art. R. 313-30 **Dans les conditions prévues par l'article R. 313-4, les risques inhérents et les conditions d'octroi des prêts mentionnés à l'article L. 313-64 sont communiqués à l'emprunteur dans la fiche d'information standardisée européenne mentionnée à l'article L. 313-7.** – *[C. consom., art. R. 312-5.]*

Les dispositions de l'art. R. 313-30 entrent en vigueur le 1er oct. 2016 (Décr. no 2016-884 du 29 juin 2016, art. 11-II).

Art. R. 313-31 **L'offre de prêt ne peut être adressée qu'à l'emprunteur supportant le risque de change ayant déclaré sur l'honneur qu'il perçoit plus de la moitié de ses revenus annuels dans la devise d'emprunt ou qu'il détient, au moment de la signature de ce contrat, un patrimoine, financier ou immobilier, dans cette même devise, au moins égal à 20 % de l'emprunt considéré. Cette déclaration est jointe au contrat de prêt.**

Le risque de change supporté par l'emprunteur est établi lorsque la variation du taux de change affecte le montant des échéances, la durée du prêt ou le coût total du crédit qu'il acquitte. Lorsque l'emprunteur a souscrit une assurance ou un contrat financier le garantissant contre le risque de change sur toute la durée du contrat, le risque de change n'est pas considéré comme supporté par l'emprunteur. — *[C. consom., art. R. 312-6.]*

Les dispositions de l'art. R. 313-31 entrent en vigueur le 1er oct. 2016 (Décr. no 2016-884 du 29 juin 2016, art. 11-II).

Art. R. 313-32 **Une fois le prêt conclu, le prêteur avertit régulièrement l'emprunteur, sur papier ou sur un autre support durable, au moins lorsque la valeur du montant total restant dû payable par l'emprunteur ou des versements réguliers varie de plus de 20 % de ce qu'elle serait si le taux de change entre la monnaie du contrat de crédit et l'euro au moment de la conclusion du contrat de crédit était appliqué. Ce même avertissement informe l'emprunteur d'une augmentation du montant dû, le cas échéant du droit qui lui est ouvert de convertir ce montant en euro et des conditions pour ce faire ainsi que de tout autre mécanisme applicable pour limiter le risque de change auquel il est exposé.**

Lorsque le contrat de crédit prévoit la possibilité pour l'emprunteur de convertir le contrat de crédit en euro, le taux de change auquel la conversion est effectuée est celui du marché applicable le jour de la demande de conversion, sauf disposition contraire figurant dans le contrat de crédit. — *[C. consom., art. R. 312-7.]*

Les dispositions de l'art. R. 313-32 entrent en vigueur le 1er oct. 2016 (Décr. no 2016-884 du 29 juin 2016, art. 11-II).

SECTION VIII PROCÉDURE

Art. R. 313-33 **Le tribunal d'instance connaît des actions nées de l'application des articles L. 313-63 et L. 314-20.**

Incompétence du TI. Une cour d'appel qui relève que le litige porte sur la contestation de la créance que détient la banque en vertu de deux prêts immobiliers d'un montant supérieur au taux de compétence du tribunal d'instance, et non pas sur la vérification d'une seule créance d'un montant inférieur à ce taux, en déduit justement que le tribunal d'instance est incompétent, l'art. L. 312-36 [R. 313-33] ne comportant aucune dérogation autre que celle relative aux demandes de délais de grâce. • Civ. 1re, 23 nov. 2004 : *Bull. civ. I, no 288 ; JCP E 2005, no 3, p. 61 ; Gaz. Pal. 2006. 3384, obs. du Rusquec.*

CHAPITRE IV DISPOSITIONS COMMUNES AU CRÉDIT À LA CONSOMMATION ET AU CRÉDIT IMMOBILIER

SECTION PREMIÈRE TAUX D'INTÉRÊT

SOUS-SECTION 1 TAUX EFFECTIF GLOBAL

Art. R. 314-1 **Le calcul du taux effectif global repose sur l'hypothèse que le contrat de crédit restera valable pendant la durée convenue et que le prêteur et l'emprunteur rempliront leurs obligations selon les conditions et dans les délais précisés dans le contrat de crédit. Pour les contrats de crédit comportant des clauses qui permettent des adaptations du taux d'intérêt et, le cas échéant, des frais entrant dans le taux effectif global mais ne pouvant pas faire l'objet d'une quantification au moment du**

calcul, le taux effectif global est calculé en partant de l'hypothèse que le taux d'intérêt et les autres frais resteront fixes par rapport au niveau initial et s'appliqueront jusqu'au terme du contrat de crédit. — *[C. consom., art. R. 313-1-0.]*

Les dispositions de l'art. R. 314-1 entrent en vigueur le 1er oct. 2016 (Décr. nº 2016-884 du 29 juin 2016, art. 11-II).

Art. R. 314-2 Pour les opérations de crédit destinées à financer les besoins d'une activité professionnelle ou destinées à des personnes morales de droit public, le taux effectif global est un taux annuel, proportionnel au taux de période, à terme échu et exprimé pour cent unités monétaires. Le taux de période et la durée de la période doivent être expressément communiqués à l'emprunteur.

Le taux de période est calculé actuariellement, à partir d'une période unitaire correspondant à la périodicité des versements effectués par l'emprunteur. Il assure, selon la méthode des intérêts composés, l'égalité entre, d'une part, les sommes prêtées et, d'autre part, tous les versements dus par l'emprunteur au titre de ce prêt, en capital, intérêts et frais divers, ces éléments étant, le cas échéant, estimés.

Lorsque la périodicité des versements est irrégulière, la période unitaire est celle qui correspond au plus petit intervalle séparant deux versements. Le plus petit intervalle de calcul ne peut cependant être inférieur à un mois.

Lorsque les versements sont effectués avec une fréquence autre qu'annuelle, le taux effectif global est obtenu en multipliant le taux de période par le rapport entre la durée de l'année civile et celle de la période unitaire. Le rapport est calculé, le cas échéant, avec une précision d'au moins une décimale.

Si le crédit prend la forme d'une ouverture de droits de tirage destinée à financer les besoins d'une activité professionnelle, le taux effectif global est calculé sur la totalité des droits mis à la disposition du client.

Les charges liées aux garanties dont les crédits sont éventuellement assortis ainsi que les honoraires d'officiers ministériels ne sont pas compris dans le taux effectif global défini ci-dessus, lorsque leur montant ne peut être indiqué avec précision antérieurement à la conclusion définitive du contrat. — *[C. consom., art. R. 313-1-0-1.]*

Les dispositions de l'art. R. 314-2 entrent en vigueur le 1er oct. 2016 (Décr. nº 2016-884 du 29 juin 2016, art. 11-II).

BIBL. ▶ LASSERRE CAPDEVILLE, *JCP E 2017, nº 1044* (régime juridique du taux de période).

Jurispr. antérieure aux Décr. nos 2011-135 du 1er févr. 2011, 2016-607 du 13 mai 2016 et 2016-884 du 29 juin 2016

1. Évaluation du TEG. V. Bibl. et notes ss. art. L. 314-1.

2. Année bancaire. **BIBL.** Lutz, *RD banc. fin. 2015. Pratique 6* (TEG des prêts immobiliers et année civile). – Biardeaud, *D. 2017. 116* (rejet de l'année lombarde : une dérive inquiétante). ♦ Le taux annuel de l'intérêt doit être déterminé par référence à l'année civile, laquelle comporte 365 ou 366 jours (et non 360, selon l'usage bancaire). • Com. 10 janv. 1995 : *Bull. civ. IV, nº 8; D. 1995. 229, note Gavalda ; JCP 1995. II. 22475, note Auckenthaler; Banque 1995. 93, obs. Guillot* • 18 mars 1997 : *CCC 1997, nº 124, obs. Raymond* • Paris, 12 janv. 1996 : *D. 1996. IR 72.* – V. Plateaux, *Gaz. Pal. 1996. 2. Doctr. 859.* ♦ Les juges du fond ne peuvent alors se contenter d'ordonner le paiement de la différence obtenue entre les deux calculs, l'un sur la base de l'année civile, l'autre sur celui de 360 jours, mais doivent considérer que le taux d'intérêt indiqué n'avait pas été effectivement appliqué de sorte que les exigences légales relatives à l'indication préalable et par écrit du TEG n'avaient pas été respectées. • Com. 17 janv. 2006 : *Bull. civ. IV, nº 11; D. 2006. AJ 439, obs. Avena-Robardet ; RTD com. 2006. 460, obs. Legeais ; JCP E 2006, nº 47, p. 1975, note Mathey; ibid., nº 22, p. 960, obs. Stoufflet; RD banc. fin. 2006, nº 55, obs. Crédot et Samin; Banque et Droit mai-juin 2006. 82, obs. Bonneau; RJDA 2006, nº 692* • 14 févr. 2006 : *JCP E 2006, nº 22, p. 960, obs. Stoufflet; Dr. et patr. sept. 2006. 82, obs. Mattout et Prüm.* ♦ En retenant que le TEG mentionné dans l'acte constatant le prêt a été déterminé conformément aux dispositions de l'art. R. 313-1 [R. 314-2], à partir du taux de période trimestriel, sur la base d'une année civile, en fonction de la durée réelle du prêt, la cour d'appel s'est implicitement référée à une année comportant 365 ou 366 jours. • Com. 8 juill. 2008 : *JCP 2008. IV. 2506; Banque et Droit sept.-oct. 2008. 28, obs. Bonneau.*

Mais si le TEG doit être calculé sur la base de l'année civile, rien n'interdit aux parties de convenir d'un taux d'intérêt conventionnel calculé sur une autre base. Ayant relevé qu'il était expressément mentionné dans l'acte de prêt que les intérêts conventionnels seront calculés sur la base de 360 jours, l'arrêt retient, à bon droit, que ces modalités, qui sont librement convenues entre les parties, ne peuvent être remises en cause. • Com. 24 mars 2009 : *Bull. civ. IV, n° 44; D. 2009. AJ 1016, obs. Avena-Robardet ; RTD com. 2009. 422, obs. Legeais ; JCP E 2009, n° 26. p. 18, note Bouteiller; LPA 10 juin 2009, note Rousset; Gaz. Pal. 2009. 1980, note Piedelièvre; RD banc. fin. 2009, n° 116, obs. Crédot et Samin; Banque et Droit mai-juin 2009. 22, obs. Bonneau.* ♦ En application combinée des art. 1907, al. 2, C. civ., L. 313-1, L. 313-2 et R. 313-1 [L. 314-1, L. 314-5 et R. 314-2] C. consom., le taux de l'intérêt conventionnel mentionné par écrit dans l'acte de prêt consenti à un consommateur ou un non-professionnel doit, comme le TEG, sous peine de se voir substituer l'intérêt légal, être calculé sur la base de l'année civile. • Civ. 1re, 19 juin 2013 : *Bull. civ. I, n° 132; D. 2013. 2084, note Lasserre Capdeville ; ibid. Actu. 1615, obs. Avena-Robardet ; AJDI 2013. 770, note Wertenschlag, Poindron et Moreau ; JCP E 2013, n° 1409; CCC 2013, n° 252, obs. Raymond; RJDA 2013, n° 1045; LPA 1er-4 nov. 2013, obs. Éréséo; Gaz. Pal. 2013. 2318, note Piedelièvre; Banque et Droit sept.-oct. 2013. 23, obs. Bonneau; RD banc. fin. 2013, n° 185, obs. Crédot et Samin; ibid., n° 187, obs. Mathey.* ♦ Le taux conventionnel doit, comme le TEG, être calculé sur la base de l'année civile dans tout acte de prêt consenti à un consommateur ou à un non-professionnel. • Civ. 1re, 17 juin 2015, n° 14-14.326 P : *cité note 4 ss. art. L. 313-39.* ♦ Reprochant à la cour d'appel de ne pas avoir recherché, comme l'y invitait la banque, si le TEG de chacun des prêts litigieux n'avait pas été calculé en fonction d'un mois normalisé de 30, 41666 jours rapporté à la durée de l'année civile, V. • Civ. 1re, 15 juin 2016, n° 15-16.498 : *RD banc. fin. 2016, n° 224, obs. Crédot et Samin.*

3. Portée de l'entrée en vigueur du décret du 4 sept. 1985. V. notes 1 s. ss. art. L. 314-5.

4. Périodicité non annuelle. V. déjà, jugeant que, lorsque le TEG est exprimé par une périodicité non annuelle, seule la méthode proportionnelle, qui consiste à multiplier le taux par le nombre de périodes comprises dans l'année, peut être utilisée, • Civ. 1re, 9 janv. 1985 : *Bull. civ. I, n° 15; JCP 1986. II. 20532, note Pitou.* – V. aussi • Civ. 1re, 27 nov. 2013 : *D. 2014. Pan. 2142, obs. Synvet ; RD banc. fin. 2014, n° 36, obs. Crédot et Samin.*

5. Respect des prescriptions légales. Il n'y a pas lieu d'annuler la stipulation conventionnelle d'intérêts d'un prêt consenti à une entreprise par une banque ni de condamner celle-ci à recalculer les mensualités de remboursement dudit prêt en faisant application du taux d'intérêt légal et d'imputer les intérêts trop payés sur le capital restant dû, dès lors qu'il résulte des éléments soumis à la cour que le TEG mentionné dans l'acte constatant le prêt avait été calculé conformément aux prescriptions de l'art. R. 313-1 [R. 314-2]. • Paris, 27 mars 2007 : *BICC 15 juill. 2007, n° 1583.*

6. Communication à l'emprunteur. Le taux de période et la durée de la période doivent être expressément communiqués à l'emprunteur, fût-ce par une modalité autre que le contrat de prêt. • Civ. 1re, 19 févr. 2013 : *LPA 1er-4 nov. 2013, obs. Lasserre Capdeville; Banque et Droit mai-juin 2013. 25, obs. Bonneau.* ♦ Le 1er al. de l'art. R. 313-1, dans sa rédaction issue du Décr. n° 2002-927 du 10 juin 2002 applicable au litige, qui impose la communication à l'emprunteur du taux de période et de sa durée, excluant de son champ d'application les crédits consentis pour des besoins professionnels, la cour d'appel a exactement décidé que cette exigence n'avait pas à être respectée pour le prêt litigieux. • Com. 3 déc. 2013 : *JCP E 2014, n° 1012; CCC 2014, n° 78, obs. Raymond; RJDA 2014, n° 265; LPA 1er août 2014, obs. Éréséo.*

7. Exactitude du calcul. BIBL. Biardeaud, *D. 2015. 215* (le TEG, ses décimales et la Cour de cassation). – J.-L. et F. Coudert, *Gaz. Pal. 2015. 202* (quelle place pour l'erreur en matière de calcul du TEG ?). – Mainguy, *JCP E 2015, n° 1250* (l'arrondi de la décimale). – Poitrat, *Gaz. Pal. 2015. 2901* (réflexion mathématique sur la décimale prescrite par l'art. R. 313-1). – Le Targat, *Gaz. Pal. 10 mai 2016, p. 64* (TEG en matière de crédit immobilier : regard critique d'un praticien sur une jurisprudence très [trop ?] favorable aux banques). ♦ C'est sans inverser la charge de la preuve et en faisant l'exacte application de l'art. R. 313-1, annexe § d), que la cour d'appel a, dans son appréciation souveraine des éléments de preuve soumis au débat, retenu que les emprunteurs ne démontraient pas que la prise en compte des frais de souscription des parts sociales de l'établissement prêteur, condition d'octroi du crédit, aurait conduit à modifier le résultat du calcul du TEG stipulé à l'acte de prêt au-delà du seuil légal. • Civ. 1re, 1er oct. 2014 : *D. 2014. 2395, note Lasserre Capdeville ; RTD com. 2015. 137, obs. Legeais ; Gaz. Pal. 2015. 1072, obs. Roussille; Banque et Droit mars-avr. 2015. 29, obs. Bonneau; RD banc. fin. 2015, n° 32, obs. Crédot et Samin.* – V. aussi • Civ. 1re, 26 nov. 2014 : JCP 2014, n° 1306, *obs. Lasserre Capdeville; CCC 2015, n° 45, obs. Raymond; Gaz. Pal. 2015. 1619, note Lasserre Capdeville; RD banc. fin. 2015, n° 36, obs. Mathey* • 9 avr. 2015, n° 14-14.216 : *D. 2015. Actu. 1150, obs. Lasserre Capdeville ; AJDI 2015. 443 .* ♦ En rejetant la demande de déchéance des intérêts par des motifs disqualifiant l'offre de preuve faite par les emprunteurs pour la seule raison qu'elle n'émanait pas d'un professionnel du chiffre, sans s'assurer que le calcul du TEG ainsi proposé n'établissait pas l'erreur alléguée, la cour d'appel a privé sa décision de base légale. • Civ. 1re, 13 mai

2014 : *RJDA 2015, n° 40.* ♦ Pour accueillir les demandes, l'arrêt retient que les parties ont entendu fixer un TEG à trois décimales et que l'erreur affectant la troisième emporte la nullité de la stipulation du taux des intérêts conventionnels ; en statuant ainsi, alors que l'écart entre le TEG mentionné dans le contrat de crédit et le taux réel était inférieur à la décimale prescrite par l'art. R. 313-1 dans sa rédaction issue du Décr. n° 2002-927 du 10 juin 2002, la cour d'appel a violé le texte susvisé. • Civ. 1re, 25 janv. 2017, n° 15-24.607 P : *Dalloz actualité, 10 févr. 2017, obs. de Ravel d'Esclapon ; D. 2017. Actu. 293 ; RTD com. 2017. 152, obs. Legeais ; JCP E 2017, n° 1158, note Lasserre Capdeville ; CCC 2017, n° 91, obs. S. B.-D. ; RJDA 2017, n° 364 ; RD banc. fin. 2017, n° 60, obs. Mathey.* ♦ Ayant relevé que l'écart entre le TEG mentionné dans le contrat de prêt et le produit du taux de période, non contesté, par le nombre d'échéances de remboursement dans l'année, était inférieur à la décimale prescrite par l'art. R. 313-1, c'est à bon droit que la cour d'appel a rejeté la demande d'annulation de la clause d'intérêts conventionnels du contrat de prêt. • Com. 18 mai 2017, n° 16-11.147 P : *Dalloz actualité, 12 juin 2017, obs. Delpech ; D. 2017. Actu. 1117 ; JCP 2017, n° 640, obs. Lasserre Capdeville.* ♦ Pour une question préjudicielle posée à la CJUE sur ce sujet, V. • TI Limoges, 1er févr. 2017 : *D. 2017. Actu. 502, obs. Poissonnier.*

Art. R. 314-3 Pour toutes les opérations de crédit autres que celles mentionnées à l'article R. 314-2, le taux annuel effectif global mentionné à l'article L. 314-3 est calculé à terme échu, exprimé pour cent unités monétaires, selon la méthode d'équivalence définie par la formule figurant en annexe au présent code. La durée de la période doit être expressément communiquée à l'emprunteur.

Le taux annuel effectif global est calculé actuariellement et assure, selon la méthode des intérêts composés, l'égalité entre, d'une part, les sommes prêtées et, d'autre part, tous les versements dus par l'emprunteur au titre de ce prêt pour le remboursement du capital et le paiement du coût total du crédit au sens du 7° de l'article L. 311-1 ces éléments étant, le cas échéant, estimés.

Pour les contrats de crédit pour lesquels un taux débiteur fixe a été convenu dans le cadre de la période initiale d'au moins cinq ans, à la fin de laquelle une négociation est menée sur le taux débiteur afin de convenir d'un nouveau taux fixe pour une nouvelle période, le calcul du taux annuel effectif global illustratif supplémentaire figurant dans la fiche d'information standardisée européenne mentionnée à l'article L. 313-7 couvre uniquement la période initiale à taux fixe et se fonde sur l'hypothèse selon laquelle, au terme de la période à taux débiteur fixe, le capital restant est remboursé. — *[C. consom., art. R. 313-1-0-2.]*

Les dispositions de l'art. R. 314-3 entrent en vigueur le 1er oct. 2016 (Décr. n° 2016-884 du 29 juin 2016, art. 11-II).

ANNEXE À L'ARTICLE R. 314-3

PARTIE I — Équation de base traduisant l'équivalence des prêts, d'une part, et des remboursements et charges, d'autre part.

L'équation de base, qui définit le taux annuel effectif global (TAEG), exprime sur base annuelle l'égalité entre, d'une part, la somme des valeurs actualisées des utilisations du crédit et, d'autre part, la somme des valeurs actualisées des montants des remboursements et paiements des frais, soit :

$$\sum_{k=1}^{m} C_k(1+X)^{-t_k} = \sum_{l=1}^{m'} D_l(1+X)^{-s_l}$$

Signification des lettres et symboles :

— X est le TAEG ;

— *m* désigne le numéro d'ordre de la dernière utilisation effectuée sur le crédit ;

— k désigne le numéro d'ordre *(Décr. n° 2016-1844 du 23 déc. 2016, art. 2)* « d'une » utilisation effectuée sur le crédit, donc 1 ≤ k ≤ m ;

— Ck est le montant *(Décr. n° 2016-1844 du 23 déc. 2016, art. 2)* « de l'utilisation » effectuée sur le crédit numéro k ;

— t_k désigne l'intervalle de temps, exprimé en années et fractions d'année, entre la date de la première utilisation effectuée sur le crédit et la date de chacune des utilisations suivantes effectuées, donc $t_1 = 0$;

— m' est le numéro d'ordre du dernier remboursement ou paiement de frais ;

— l est le numéro d'ordre d'un remboursement ou paiement de frais ;

— D_l est le montant d'un remboursement ou paiement de frais ;

— s_l est l'intervalle de temps, exprimé en années et fractions d'années, entre la date de la première utilisation effectuée sur le crédit et la date de chaque remboursement ou paiement de frais.

PARTIE II — Calcul du Taux annuel effectif global (TAEG) pour les crédits encadrés par les articles L. 312-1 et suivants.

Remarques

a) Les sommes versées de part et d'autre à différents moments ne sont pas nécessairement égales et ne sont pas nécessairement versées à des intervalles égaux ;

b) La date initiale est celle du premier prêt ;

c) L'écart entre les dates utilisées pour le calcul du TAEG, ainsi que pour celui du taux débiteur, est exprimé en années ou en fractions d'années. Une année compte 365 jours, ou, pour les années bissextiles, 366 jours, 52 semaines ou 12 mois normalisés. Un mois normalisé compte 30,416 66 jours (c'est-à-dire 365/12), que l'année soit bissextile ou non ;

d) Le résultat du calcul est exprimé avec une exactitude d'au moins une décimale. Lorsque le chiffre est arrondi à une décimale particulière, la règle suivante est d'application : si le chiffre de la décimale suivant cette décimale particulière est supérieur ou égal à 5, le chiffre de cette décimale particulière sera augmenté de 1.

Hypothèses

Le calcul du taux annuel effectif global se fait, le cas échéant, conformément aux hypothèses suivantes :

1° Si un contrat de crédit laisse au consommateur le libre choix quant au mode d'utilisation du crédit, le montant total du crédit est réputé entièrement et immédiatement utilisé ;

2° Si un contrat de crédit laisse en général au consommateur le libre choix quant au mode d'utilisation du crédit, mais prévoit parmi les divers modes d'utilisation une limite quant au montant et à la durée, le montant du crédit est réputé utilisé à la date la plus proche prévue dans le contrat et conformément à ces limites de mode d'utilisation ;

3° Si un contrat de crédit offre au consommateur différentes possibilités quant au mode d'utilisation du crédit, assorties de frais ou de taux débiteurs différents, le montant total du crédit est réputé utilisé au taux débiteur le plus élevé et avec les frais les plus élevés dans la catégorie d'opérations la plus fréquemment utilisée dans ce type de contrat de crédit ;

4° En cas de facilité de découvert, le montant total du crédit est réputé utilisé en totalité et pour la durée totale du contrat de crédit. Si la durée de la facilité de découvert n'est pas connue, le taux annuel effectif global est calculé en partant de l'hypothèse que la durée du crédit est de trois mois ;

5° En cas de contrat de crédit sans durée fixe, y compris les crédits qui doivent être remboursés en totalité dans ou après un délai donné mais qui, une fois remboursés, sont disponibles pour une nouvelle utilisation, et autre qu'une facilité de découvert :

a) Le crédit est réputé être octroyé pour une durée d'un an à partir de la date d'utilisation initiale, et le paiement final effectué par le consommateur liquide le solde du capital, les intérêts et les autres frais éventuels ;

b) Le capital est supposé être remboursé par le consommateur en mensualités égales, le remboursement débutant un mois après la date de l'utilisation initiale. Toutefois, dans les cas où le capital doit être remboursé en totalité uniquement, en un seul versement, à l'intérieur de chaque période de paiement, les utilisations et les remboursements successifs de la totalité du capital par le consommateur sont supposés être effectués sur la durée d'un an. Les intérêts et autres frais sont appliqués conformément à ces utilisations et remboursements du capital, d'une part, et aux dispositions du contrat de crédit, d'autre part ;

6° En cas de contrats de crédit autres que les découverts et les contrats de crédits sans durée fixe visés dans les hypothèses des points 4° et 5° :

a) Si la date ou le montant d'un remboursement de capital devant être effectué par le consommateur ne peuvent être établis, le remboursement est réputé être effectué à la date la plus proche prévue dans le contrat de crédit et pour le montant le plus bas prévu dans le contrat ;

b) Si la date de conclusion du contrat de crédit n'est pas connue, la date d'utilisation initiale est réputée être la date qui correspond à l'intervalle le plus court entre cette date et la date du premier paiement que le consommateur doit effectuer ;

7° Si la date ou le montant d'un paiement devant être effectué par le consommateur ne peuvent être établis sur la base du contrat de crédit ou des hypothèses exposées aux points 4°, 5° ou 6°, le paiement est réputé être effectué aux dates et conditions requises par le prêteur et, lorsque celles-ci ne sont pas connues :

a) Les frais d'intérêts sont payés en même temps que les remboursements du capital ;

b) Les frais autres que d'intérêts, exprimés sous la forme d'une somme unique, sont payés à la date de conclusion du contrat de crédit ;

c) Les frais autres que d'intérêts, exprimés sous la forme de paiements multiples, sont payés à intervalles réguliers, à partir de la date du premier remboursement du capital, et si le montant de ces paiements n'est pas connu, les montants sont réputés égaux ;

d) Le paiement final liquide le solde du capital, les intérêts et les autres frais éventuels ;

8° Si le plafond du crédit n'a pas encore été arrêté, le plafond est supposé être de 1 500 € ;

9° Si des taux débiteurs et des frais différents sont proposés pendant une période limitée ou pour un montant limité, le taux débiteur et les frais sont réputés être le taux le plus élevé pendant la durée totale du contrat de crédit ;

10° Pour les contrats de crédit aux consommateurs pour lesquels un taux débiteur fixe a été convenu dans le cadre de la période initiale, à la fin de laquelle un nouveau taux débiteur est établi et est ensuite périodiquement ajusté en fonction d'un indicateur convenu, le calcul du taux annuel effectif global part de l'hypothèse que, à compter de la fin de la période à taux débiteur fixe, le taux débiteur est le même qu'au moment du calcul du taux annuel effectif global, en fonction de la valeur de l'indicateur convenu à ce moment-là.

PARTIE III — Calcul du Taux annuel effectif global (TAEG) pour les crédits encadrés par les articles L. 313-1 et suivants.

Remarques

a) Les sommes versées de part et d'autre à différents moments ne sont pas nécessairement égales et ne sont pas nécessairement versées à des intervalles égaux ;

b) La date initiale est celle de la première utilisation du crédit ;

c) L'écart entre les dates utilisées pour le calcul du TAEG, ainsi que pour celui du taux débiteur, est exprimé en années ou en fractions d'années. Une année compte 365 jours, ou, pour les années bissextiles, 366 jours, 52 semaines ou 12 mois normalisés. Un mois normalisé compte 30,416 66 jours (c'est-à-dire 365/12), que l'année soit bissextile ou non.

Lorsque l'écart entre les dates utilisées pour le calcul ne peut être exprimé en nombre entier de semaines, de mois ou d'années, il est exprimé en nombre entier de l'une de ces périodes en combinaison avec un nombre de jours. En cas d'utilisation de jours :

i) chaque jour est compté, y compris les weekends et les jours fériés ;

ii) l'intervalle de temps est calculé par périodes normalisées et ensuite par jours en remontant jusqu'à la date du prêt initial ;

iii) la durée en jours est obtenue en excluant le premier jour et en incluant le dernier et elle est exprimée en années en divisant le nombre obtenu par le nombre de jours (365 ou 366) de l'année complète en remontant du dernier jour au même jour de l'année précédente ;

d) Le résultat du calcul est exprimé avec une exactitude d'au moins une décimale. Lorsque le chiffre est arrondi à une décimale particulière, la règle suivante est d'application : si le chiffre de la décimale suivant cette décimale particulière est supérieur ou égal à 5, le chiffre de cette décimale particulière sera augmenté de 1 ;

e) On peut réécrire l'équation en n'utilisant qu'une seule sommation et en utilisant la notion de flux (A k), qui seront positifs ou négatifs, c'est-à-dire respectivement payés ou perçus aux périodes 1 à n exprimées en années, soit :

$$S = \sum_{k=1}^{n} A_k (1 + X)^{-t_k}$$

S étant le solde des flux actualisés et dont la valeur sera nulle si on veut conserver l'équivalence des flux.

Hypothèses

Le calcul du taux annuel effectif global se fait, le cas échéant, conformément aux hypothèses suivantes :

1° Si un contrat de crédit laisse au consommateur le libre choix quant au mode d'utilisation du crédit, le montant total du crédit est réputé entièrement et immédiatement utilisé ;

2° Si un contrat de crédit offre au consommateur différentes possibilités quant au mode d'utilisation du crédit, assorties de frais ou de taux débiteurs différents, le montant total du crédit est réputé utilisé au taux débiteur le plus élevé et avec les frais les plus élevés dans la catégorie d'opérations la plus fréquemment utilisée dans ce type de contrat de crédit ;

3° Si un contrat de crédit laisse en général au consommateur le libre choix quant au mode d'utilisation du crédit, mais prévoit parmi les divers modes d'utilisation une limite quant au montant et à la durée, le montant du crédit est réputé utilisé à la date la plus proche prévue dans le contrat et conformément à ces limites de mode d'utilisation ;

4° Si des taux débiteurs et des frais différents sont proposés pendant une période limitée ou pour un montant limité, le taux débiteur et les frais les plus élevés sont réputés être le taux débiteur et les frais pendant la durée totale du contrat de crédit ;

5° Pour les contrats de crédit pour lesquels un taux débiteur fixe a été convenu dans le cadre de la période initiale, à la fin de laquelle un nouveau taux débiteur est établi et est ensuite périodiquement ajusté en fonction d'un indicateur ou d'un taux de référence interne convenu, le calcul du TAEG part de l'hypothèse que, à la fin de la période à taux débiteur fixe, le taux débiteur est le même qu'au moment du calcul du TAEG, en fonction de la valeur, à ce moment-là, de l'indicateur ou du taux de référence interne convenu, sans être inférieur, cependant, au taux débiteur fixe ;

6° Si le plafond du crédit n'a pas encore été arrêté, le plafond est supposé être de 170 000 EUR. En cas de contrats de crédit, autres que les cautionnements ou les garanties, dont le but n'est pas d'acquérir ou de conserver un droit de propriété sur un bien immobilier ou un terrain, de découverts, de cartes de crédit, ce plafond est supposé être de 1 500 EUR ;

7° En cas de contrats de crédit autres que les découverts, les crédits ponts ou relais, les contrats de crédit en fonds partagés, les cautionnements ou les garanties et les crédits à durée indéterminée visés dans les hypothèses des points 9°, 10°, 11°, 12° et 13° :

i) si la date ou le montant d'un remboursement de capital devant être effectué par le consommateur ne peuvent être établis, le remboursement est réputé être effectué à la date la plus proche prévue dans le contrat de crédit et pour le montant le plus bas prévu dans le contrat ;

ii) si l'intervalle entre la date d'utilisation initiale et celle du premier paiement devant être effectué par le consommateur ne peut pas être établi, il est supposé être l'intervalle le plus court ;

8° Si la date ou le montant d'un paiement devant être effectué par le consommateur ne peuvent être établis sur la base du contrat de crédit ou des hypothèses exposées aux points 7°, 9°, 10°, 11°, 12°, et 13°, le paiement est réputé être effectué aux dates et aux conditions requises par le prêteur et, lorsque celles-ci ne sont pas connues ;

i) les frais d'intérêts sont payés en même temps que les remboursements du capital ;

ii) les frais autres que d'intérêts, exprimés sous la forme d'une somme unique, sont payés à la date de conclusion du contrat de crédit ;

iii) les frais autres que d'intérêts, exprimés sous la forme de paiements multiples, sont payés à intervalles réguliers, à partir de la date du premier remboursement du capital, et si le montant de ces paiements n'est pas connu, les montants sont réputés égaux ;

iv) le paiement final liquide le solde du capital, les intérêts et les autres frais éventuels ;

9° En cas de facilité de découvert, le montant total du crédit est réputé utilisé en totalité et pour la durée totale du contrat de crédit. Si la durée de la facilité de découvert n'est pas connue, on calcule le TAEG en partant de l'hypothèse que la durée du crédit est de trois mois ;

10° En cas de crédit pont ou relais, le montant total du crédit est réputé utilisé en totalité et pour la durée totale du contrat de crédit. Si la durée du contrat de crédit n'est pas connue, on calcule le TAEG en partant de l'hypothèse que la durée du crédit est de douze mois ;

11° En cas de contrat de crédit à durée indéterminée, autre qu'une facilité de découvert ou un crédit pont ou relais :

i) en cas de contrats de crédit dont le but est d'acquérir ou de conserver des droits de propriété sur un bien immobilier, le crédit est réputé être octroyé pour une durée de vingt ans à partir de la date d'utilisation initiale, et le paiement final effectué par le consommateur liquide le solde du capital, les intérêts et les autres frais éventuels ; en cas de contrats de crédit dont le but n'est pas d'acquérir ou de conserver des droits de propriété sur un bien immobilier ou dont les utilisations sont effectuées au moyen de cartes de crédit, cette durée est d'un an ;

ii) le capital est supposé être remboursé par le consommateur en mensualités égales, le remboursement débutant un mois après la date de l'utilisation initiale. Toutefois, dans les cas où le capital doit être remboursé en totalité uniquement, en un seul versement, à l'intérieur de chaque période de paiement, les utilisations et les remboursements successifs de la totalité du capital par le consommateur sont supposés être effectués sur la durée d'un an. Les intérêts et autres frais sont appliqués conformément à ces utilisations et remboursements du capital, d'une part, et aux dispositions du contrat de crédit, d'autre part.

Aux fins du présent point, on entend, par contrat de crédit à durée indéterminée, un contrat de crédit sans durée fixe, y compris les crédits qui doivent être remboursés en totalité dans ou après un délai donné mais qui, une fois remboursés, sont disponibles pour une nouvelle utilisation ;

12° En cas d'engagements conditionnels ou de garanties, le montant total du crédit est réputé utilisé en totalité en une fois à celle des dates suivantes qui intervient le plus tôt :

i) la dernière date d'utilisation autorisée en vertu du contrat de crédit susceptible de faire intervenir l'engagement conditionnel ou la garantie ; ou

ii) en cas de contrat de crédit renouvelable, à la fin de la période initiale préalablement à la reconduction du contrat ;

13° En cas de contrats de crédit en fonds partagés :

i) les paiements effectués par les consommateurs sont réputés intervenir à la (ou aux) dernière(s) date(s) autorisée(s) en vertu du contrat de crédit ;

ii) le pourcentage d'accroissement de la valeur du bien immobilier qui garantit le contrat de crédit en fonds partagés, ainsi que le taux de tout indice d'inflation visé dans le contrat, sont supposés égaux à la valeur la plus élevée entre le taux d'inflation cible de la banque centrale en vigueur et le niveau d'inflation dans l'État membre où le bien immobilier est situé au moment de la conclusion du contrat de crédit ou à 0 % si ces pourcentages sont négatifs.

Art. R. 314-4 Sont compris dans le taux annuel effectif global du prêt, lorsqu'ils sont nécessaires pour obtenir le crédit ou pour l'obtenir aux conditions annoncées, notamment :

1° Les frais de dossier ;

2° Les frais payés ou dus à des intermédiaires intervenus de quelque manière que ce soit dans l'octroi du prêt, même si ces frais, commissions ou rémunérations correspondent à des débours réels ;

3° Les coûts d'assurance et de garanties obligatoires ;

4° Les frais d'ouverture et de tenue d'un compte donné, d'utilisation d'un moyen de paiement permettant d'effectuer à la fois des opérations et des prélèvements à partir de ce compte ainsi que les autres frais liés aux opérations de paiement ;

5° Le coût de l'évaluation du bien immobilier, hors frais d'enregistrement liés au transfert de propriété du bien immobilier. — *[C. consom., art. R. 313-1-0-3.]*

Les dispositions de l'art. R. 314-4 entrent en vigueur le 1er oct. 2016 (Décr. n° 2016-884 du 29 juin 2016, art. 11-II).

BIBL. ▸ ATTARD, *Defrénois 2016. 1131* (l'assiette du TAEG des droits immobiliers et des crédits garantie par une hypothèque). – DE RAVEL D'ESCLAPON, *AJ contrat 2017. 118* (de la validité de la clause de domiciliation des revenus en matière de crédit immobilier).

Art. R. 314-5 Ne sont pas compris dans le taux annuel effectif global :

1° Les frais liés à l'acquisition des immeubles mentionnés au *a* du 1° de l'article L. 313-1 tels que les taxes y afférentes, les frais d'acte notarié établis en application de la section III du chapitre Ier du titre IV *bis* du livre IV de la partie Arrêtés du code de commerce ;

2° Les frais à la charge de l'emprunteur en cas de non-respect de l'une de ses obligations prévues dans le contrat de crédit.

Des hypothèses complémentaires figurent en annexe au présent code pour le calcul du taux annuel effectif global. — *[C. consom., art. R. 313-1-0-4.]*

Les dispositions de l'art. R. 314-5 entrent en vigueur le 1er oct. 2016 (Décr. n° 2016-884 du 29 juin 2016, art. 11-II).

Art. R. 314-6 Lorsqu'il s'agit d'une avance réalisée dans le cadre d'un contrat d'affacturage, le taux effectif global est un taux annuel, proportionnel au taux de période et exprimé pour cent unités monétaires.

Le montant de l'avance à prendre en considération pour le calcul du taux effectif global est rapporté, selon la méthode des nombres, à une période d'un jour.

Ce taux est calculé selon la formule figurant en annexe au présent code. – *[C. consom., art. R. 313-1-1.]*

ANNEXE À L'ARTICLE R. 314-6

Pour l'application de l'article R. 314-6 du code de la consommation, sont définis les termes suivants :

Commission post-comptée : commission facturée au client en fin de période au titre des avances consenties.

Commission précomptée : commission facturée au client au titre des avances consenties, lors de la mise en place desdites avances.

Retenue de garantie : somme constituée lors de la prise en charge des factures par la société d'affacturage pour garantir cette dernière des sommes dont le client pourrait devenir débiteur à son égard et qui lui est restituée dans le cas où cette garantie n'a pas été mise en œuvre.

Nombres débiteurs : produit du montant brut de financement par le nombre de jours de financement.

Nombres créditeurs du compte de retenue de garantie : produit du montant des prélèvements sur le compte d'engagement au titre de la constitution de la retenue de garantie par le nombre de jours pendant lequel le compte d'engagement est imputé.

Le taux de période d'un jour applicable aux opérations d'affacturage est calculé de la façon suivante :

1° Numérateur du taux :

Le numérateur est composé :

— du montant de la commission de financement précomptée (prise en totalité ou en cas d'étalement, pour la quote-part imputable à la période considérée) et/ou post-comptée assise sur l'intégralité de l'avance (y compris l'avance sur les rémunérations perçues par la société d'affacturage et sur les retenues de garanties) ;

— du montant des autres frais et commissions liés au financement, mais distincts de la commission de financement, inclus dans l'assiette de calcul du taux effectif global (pris en totalité ou en cas d'étalement, pour la quote-part imputable à la période considérée).

Le numérateur est, le cas échéant, minoré des réfactions de taux ou d'assiette accordées au titre de l'avance sur retenues de garantie ;

2° Dénominateur du taux :

Le dénominateur est composé :

— du montant des nombres débiteurs afférents à la commission de financement précomptée (en cas d'étalement, ne sont pris en compte que les nombres débiteurs afférents à la période concernée) ;

— du montant des nombres débiteurs afférents à la commission de financement post-comptée de la période considérée.

Le dénominateur est minoré :

— du montant des nombres créditeurs constatés pendant ladite période sur le compte de la retenue de garantie, pour la part qui a donné lieu à la perception de commissions liées au financement ;

— du produit du montant de la commission de financement précomptée visée au numérateur par le nombre de jours de financement précompté ;

— du produit du montant des frais et commissions visés au numérateur sur la période considérée inclus dans l'assiette du taux effectif global, par la durée pendant laquelle ils viennent réduire le montant du financement disponible ;

— du produit du montant des frais et commissions sur la période considérée non inclus dans l'assiette du taux effectif global, par la durée pendant laquelle ils viennent réduire, sur la période, le montant du financement disponible.

Art. R. 314-7 Pour une autorisation de découvert ou une facilité de découvert, lorsque le taux annuel effectif global est calculé avant leur utilisation, le calcul est

effectué selon la méthode définie par la formule figurant en annexe au présent code et mentionnée à l'article R. 314-3.

Après utilisation d'une autorisation de découvert, d'une facilité de découvert ou d'un dépassement, le taux annuel effectif global est calculé en rapportant le montant du crédit à prendre en considération, selon la méthode des nombres définie par le B de l'annexe du décret n° 2002-928 du 10 juin 2002 pris en application de l'article 1er du décret n° 2002-927 du 10 juin 2002, à une période d'un jour à l'expiration de laquelle il est réputé remboursé en même temps que les agios y afférents. A cet effet, chacun des soldes débiteurs successivement inscrits en compte au cours de l'intervalle séparant deux arrêtés contractuels est multiplié par sa propre durée en jours.

Pour les découverts destinés à financer les besoins d'une activité professionnelle, le taux effectif global est calculé en rapportant le montant du crédit à prendre en considération, selon la méthode des nombres mentionnée au deuxième alinéa, à une période d'un jour à l'expiration de laquelle il est réputé remboursé en même temps que les agios y afférents. A cet effet, chacun des soldes débiteurs successivement inscrits en compte au cours de l'intervalle séparant deux arrêtés contractuels est multiplié par sa propre durée en jours. — *[C. consom., art. R. 313-2.]*

Jurispr. antérieure au Décr. n° 2011-135 du 1er févr. 2011

Si pour les intérêts échus après la date d'entrée en vigueur du Décr. du 4 sept. 1985, qui a déterminé le mode de calcul du TEG lorsqu'il s'agit d'un découvert en compte, un tel taux ne peut être appliqué qu'après qu'il a été préalablement mentionné par écrit et si, en l'absence de toute indication de ce taux dans la convention de crédit, cette exigence suppose qu'il soit, à tout le moins, fixé dans un document postérieur, tels des relevés d'opérations ou d'agios, cette mention, qui n'est alors efficiente que pour les intérêts échus postérieurement, ne vaut toutefois jamais qu'à titre indicatif et de référence aux bases de calcul utilisées, le TEG étant susceptible de variations puisque incluant des éléments de calcul dépendant eux-mêmes des conditions d'utilisation du découvert, lesquelles ne peuvent être déterminées à l'avance. • Com. 8 nov. 2005 : *Bull. civ. IV, n° 217 ; RTD com. 2006. 166, obs. Legeais ; JCP E 2006, n° 22, p. 960, obs. Lassalas-Langlais ; RD banc. fin. 2006, n° 5, obs. Crédot et Gérard ; Banque et Droit mars-avr. 2006. 67, obs. Bonneau ; RJDA 2006, n° 317.*

Art. R. 314-8 Lorsqu'il s'agit d'une opération d'escompte, le taux de période s'entend du rapport qui s'établit entre les intérêts et frais divers dus par l'emprunteur au titre de l'escompte et le montant de l'effet escompté. La période est égale au nombre de jours de calendrier, de la date de négociation exclue jusqu'à la date réelle d'échéance de l'effet incluse ; cette période ne peut être retenue pour une durée inférieure à dix jours. — *[C. consom., art. R. 313-3.]*

Décret n° 2002-928 du 10 juin 2002,

Pris en application de l'article 1er du décret n° 2002-927 du 10 juin 2002 relatif au calcul du taux effectif global applicable au crédit à la consommation et portant modification du code de la consommation.

Art. 1er Le taux effectif global déterminé à partir du taux de période par la méthode équivalente est calculé selon les modalités annexées suivantes.

Art. 2 Les offres de prêts à la consommation émises avant le 1er juillet 2002 avec un taux effectif global calculé selon la méthode proportionnelle et acceptées après cette date restent valides.

Art. 3 *(Décr. n° 2011-135 du 1er févr. 2011, art. 3-I, en vigueur le 1er mai 2011)* Le résultat du calcul est exprimé avec une exactitude d'au moins une décimale. Si le chiffre de la décimale suivante est supérieur ou égal à 5, le chiffre de la première décimale sera augmenté de 1.

Art. 3 *bis* *(Décr. n° 2011-135 du 1er févr. 2011, art. 3-I, en vigueur le 1er mai 2011)* Les dispositions du présent décret sont applicables en Nouvelle-Calédonie, en Polynésie française et dans les îles Wallis-et-Futuna.

ANNEXE

A. EXEMPLES DE CALCUL DU TAX EFFECTIF GLOBAL (OU TEG) D'OPÉRATIONS DE PRÊT SUR LA BASE D'UNE ANNÉE STANDARD (UN AN = 365 JOURS OU 365,25 JOURS OU 52 SEMAINES OU DOUZE MOIS NORMALISÉS)

Premier exemple :

Somme prêtée : S = 1 000 €, date 1er janvier 2001.

La somme est remboursée en un seul versement de 1 200 € effectué le 1er juillet 2002, soit 1,5 an ou 547,5 jours (365 + 182,5) après la date du prêt.

L'équation est la suivante :

$$1000 = \frac{1200}{(1+i)^{547,5/365}}$$

où :

$(1+i)^{547,5/365} = 1,2$

$1+i = 1,129\ 24$

$i = 0,129\ 24$

Ce montant sera arrondi à 12,9 % (ou à 12,92 % si l'on préfère une précision de deux décimales).

Deuxième exemple :

La somme prêtée est S = 1 000 €, mais le prêteur retient 50 € pour frais de dossier, de sorte que le prêt ne porte en fait que sur 950 €; le remboursement de 1 200 €, comme dans le premier exemple, est effectué le 1er juillet 2002.

L'équation est la suivante :

$$950 = \frac{1200}{(1+i)^{547,5/365}}$$

où :

$(1+i)^{547,5/365} = 1,263\ 157$

$1+i = 1,168\ 526$

$i = 0,168\ 526$

Ce montant sera arrondi à 16,9 % (ou à 16,85 %).

Troisième exemple :

La somme prêtée le 1er janvier 2001 est de 1 000 € remboursables en deux versements de 600 € chacun, effectués respectivement après un et deux ans.

L'équation est la suivante :

$$1000 = \frac{600}{(1+i)} + \frac{600}{(1+i)^{730/365}} = \frac{600}{(1+i)} + \frac{600}{(1+i)^2}$$

Elle se résout par l'algèbre et donne i = 0,130 6623 arrondi à 13,1 % (ou à 13,07 % si l'on préfère une précision de deux décimales).

Quatrième exemple :

La somme prêtée le 1er *janvier 2001 est S = 1 000 €* et les montants à payer par l'emprunteur sont :

Après trois mois (0,25 année/91,25 jours) : 272 €;

Après six mois (0,5 année/182,5 jours) : 272 €;

Après douze mois (1 année/365 jours) : 544 €;

Total : 1 088 €.

L'équation est la suivante :

$$1000 = \frac{272}{(1+i)^{91,25/365}} + \frac{272}{(1+i)^{182,5/365}} + \frac{544}{(1+i)^{365/365}}$$

L'équation permet de calculer i par des approximations successives, qui peuvent être programmées sur une calculatrice de poche.

On obtient i = 0,131 854, arrondi à 13,2 % (ou à 13,19 % si l'on préfère une précision de deux décimales).

Cinquième exemple :

Somme prêtée : 1 000 € en date du 1er janvier. Le prêteur applique un taux d'intérêt conventionnel périodique de 0,5 % par mois.

L'échéancier des remboursements prévoit 36 remboursements constants de 30,42 € à payer le premier de chaque mois à partir du 1er février,

ou

Somme prêtée : 1 000 € en date du 28 février (dernier jour du mois). Le prêteur applique un taux d'intérêt conventionnel périodique de 0,5 % par mois. L'échéancier des remboursements prévoit 36 remboursements constants de 30,42 € à payer en fin de mois à partir du 31 mars.

L'équation est la suivante :

$$1\,000 = \sum_{k=1}^{k=36} \frac{30.42}{(1+i)^{k/12}}$$

(tous les mois sont réputés égaux : on utilise la notion de mois normalisé).

L'équation se résout par itérations successives et donne :

i = 6,2 % (ou 6,16 % si l'on préfère une précision de deux décimales).

Exemple 5 *bis* :

Somme prêtée : 10 000 € en date du 15 septembre. Le prêteur applique un taux d'intérêt conventionnel annuel de 8,70 %, soit un taux périodique de 0,725 % par mois. L'échéancier des remboursements prévoit 36 remboursements constants à payer le dernier jour de chaque mois à partir du 31 octobre.

Deux méthodes peuvent indifféremment être utilisées pour déterminer le TEG selon le principe suivant : les écarts entre deux dates peuvent être mesurés soit en rapportant le nombre exact de jours de cette période à 365, soit en fraction entière d'année pour la partie bornée par des quantièmes mensuels identiques, à laquelle on ajoute ou soustrait le nombre de jours restant rapportés à 365.

Méthode 1 : en prenant en compte Nbj qui représente le nombre de jours exacts entre le financement et la première échéance, soit Nbj = 46 jours (entre financement le 15 septembre et la première échéance le 31 octobre).

A. Formule générale :

$$S = \left[\sum_{k'=1}^{k'=m'} \frac{A'_{k'}}{(1+i)^{k'/12}}\right] / (1+i)^{\left(\frac{Nbj-(365/12)}{365}\right)}$$

B. Application à l'exemple :

Le calcul préalable du montant de l'échéance (A') tient compte du nombre de jours exacts (46 jours), soit 317,73 €.

$$10000 = \left[\sum_{k'=1}^{k'=36} \frac{317,78}{(1+i)^{k'/12}}\right] / (1+i)^{\left(\frac{46-(365/12)}{365}\right)}$$

I = 9,0561 arrondi à 9,1 % (ou 9,06 % si l'on préfère une précision de deux décimales),

ou

Méthode 2 : on définit la "date de mise à disposition théorique des fonds" (1) une période avant la date de première échéance soit dans l'exemple le 30 septembre, puis on prend en compte NbjDec qui représente le nombre de jours entre la date réelle de mise à disposition des fonds et cette "date de mise à disposition théorique des fonds". Ainsi dans l'exemple, NbjDec

= 15 jours (entre financement le 15 septembre et la "date de mise à disposition théorique des fonds" le 30 septembre).

A. Formule générale :

$$S = \left[\sum_{k'=1}^{k'=m'} \frac{A'_{k'}}{(1+i)^{k'/12}} \right] / (1+i)^{\left(\frac{NbjDec}{365}\right)}$$

B. Application à l'exemple :

Le calcul préalable du montant de l'échéance (A') tient compte du différé de 15 jours, soit 317,73 €.

$$10000 = \left[\sum_{k'=1}^{k'=36} \frac{317{,}73}{(1+i)^{k'/12}} \right] / (1+i)^{\left(\frac{15}{365}\right)}$$

I = 9,0548 arrondi à 9,1 % (ou 9,05 % si l'on préfère une précision de deux décimales).

Exemple 5 *bis* ' :

Variante de l'exemple 5 *bis* afin d'apprécier le TEG à partir d'un même montant d'échéance. Dans cet exemple, à l'inverse des autres exemples, les taux d'intérêt conventionnel ne sont pas mentionnés puisque différents (dans l'exemple ci-après le taux d'intérêt conventionnel de la méthode 1 ressort à 8,69 %).

Somme prêtée : 10 000 € en date du 15 septembre.

L'échéancier des remboursements prévoit 36 remboursements constants de 317,73 € à payer le dernier jour de chaque mois à partir du 31 octobre.

Deux méthodes peuvent indifféremment être utilisées pour déterminer le TEG selon le principe suivant : les écarts entre deux dates peuvent être mesurés soit en rapportant le nombre exact de jours de cette période à 365, soit en fraction entière d'année pour la partie bornée par des quantièmes mensuels identiques, à laquelle on ajoute ou soustrait le nombre de jours restant rapportés à 365.

Méthode 1 : en prenant en compte Nbj qui représente le nombre de jours exacts entre le financement et la première échéance, soit Nbj = 46 jours (entre financement le 15 septembre et la première échéance le 31 octobre).

A. Formule générale :

$$S = \left[\sum_{k'=1}^{k'=m'} \frac{A'_{k'}}{(1+i)^{k'/12}} \right] / (1+i)^{\left(\frac{Nbj-(365/12)}{365}\right)}$$

B. Application à l'exemple :

$$10000 = \left[\sum_{k'=1}^{k'=36} \frac{317{,}73}{(1+i)^{k'/12}} \right] / (1+i)^{\left(\frac{46-(365/12)}{365}\right)}$$

I = 9,044 9 arrondi à 9 % (ou 9,04 % si l'on préfère une précision de deux décimales),

ou

Méthode 2 : on définit la "date de mise à disposition théorique des fonds" (1) une période avant la date de première échéance soit dans l'exemple le 30 septembre, puis on prend en compte le NbjDec qui représente le nombre de jours entre la date réelle de mise à disposition des fonds et cette "date de mise à disposition théorique des fonds". Ainsi dans l'exemple, NbjDec = 15 jours (entre financement le 15 septembre et la "date de mise à disposition théorique des fonds" le 30 septembre).

A. Formule générale :

$$S = \left[\sum_{k'=1}^{k'=m'} \frac{A'_{k'}}{(1+i)^{k'/12}}\right] / (1+i)^{\left(\frac{NbjDec}{365}\right)}$$

B. Application à l'exemple :

$$10000 = \left[\sum_{k'=1}^{k'=36} \frac{317,73}{(1+i)^{k'/12}}\right] / (1+i)^{\left(\frac{15}{365}\right)}$$

I = 9,054 8 arrondi à 9,1 % (ou 9,05 % si l'on préfère une précision de deux décimales).

Sixième exemple :

Somme prêtée : 1 000 € en date du 1er janvier. Le prêteur retient 10 € au titre de frais de dossier au demarrage du contrat et applique un taux d'intérêt conventionnel périodique de 0,5 % par mois. L'échéancier des remboursements prévoit 36 remboursements constants de 30,42 € à payer le 1er de chaque mois à partir du 1er février.

L'équation est la suivante :

$$1000-10 = \sum_{k=1}^{k=36} \frac{30,42}{(1+i)^{k/12}}$$

(tous les mois sont réputés égaux : on utilise la notion de mois normalisé).

L'équation se résout par itérations successives et donne :

i = 6,9 % (ou 6,88 % si l'on préfère une précision de deux décimales).

B. EXEMPLES DE CALCUL DU TAUX EFFECTIF GLOBAL (OU TEG) D'OPÉRATIONS DE DÉCOUVERT EN COMPTE OU DE PRÊT RENOUVELABLE *[Ancienne rédaction : permanent]* **SUR LA BASE DE L'ANNÉE CIVILE (UN AN = 365 JOURS, OU 366 JOURS POUR LES ANNEES BISSEXTILES)**

Le TEG d'un découvert en compte ou d'un prêt *(Décr. nº 2011-135 du 1er févr. 2011, art. 3-I, en vigueur le 1er mai 2011)* « renouvelable *[ancienne rédaction : permanent]* » est calculé en appliquant au taux de période l'équation suivante :

$TEG = (1 + t)^D - 1$

où t est le taux de période et D le nombre de périodes de l'année civile.

Premier exemple : découvert en compte

Soit un découvert au taux nominal de 10 % de 50 000 € pendant les 10 premiers jours du mois. Par simplification, l'hypothèse retenue ne comprend que les intérêts et aucune commission, par ailleurs les intérêts sont ici calculés sur l'année civile.

Application de la méthode des nombres :

Ce découvert génère le versement de 136,99 € d'agios.

Agios = (encours x nbj/365 x taux) =

50 000 x 10/365 x 10 % = 136,99 €.

Le découvert est caractérisé par son nombre débiteur :

= (solde débiteur x nb de jours) = (50 000 x 10) — 500 000.

Le calcul du taux journalier consiste à ramener le montant total des agios à ce nombre débiteur. Soit 136,99/500 000 – 0,027 4 %.

Puis calcul du TEG par la méthode équivalente :

$TEG = (1 + 0,027\,4\ \%)^{365} - 1 = 10,52\ \%$.

Deuxième exemple : crédit *(Décr. nº 2011-135 du 1er févr. 2011, art. 3-I, en vigueur le 1er mai 2011)* **« renouvelable** *[ancienne rédaction : permanent]* **»**

Soit un crédit *(Décr. nº 2011-135 du 1er févr. 2011, art. 3-I, en vigueur le 1er mai 2011)* « renouvelable *[ancienne rédaction : permanent]* » au taux nominal périodique de 0,04 % par jour, sans autres frais.

Le taux annuel effectif global est obtenu par la formule :
TEG = (1 + 0,04 %)^{365} — 1.
TEG = 15,7 % (ou 15,72 % si l'on préfère une précision de deux décimales).

(Décr. n° 2011-135 du 1er févr. 2011, art. 3-I, en vigueur le 1er mai 2011) **« Troisième exemple : crédit renouvelable**

« Soit un crédit renouvelable au taux nominal périodique de 1,2 % par mois, sans autres frais.
« Le taux annuel effectif global est obtenu par la formule :
« TAEG = (1 + 1,2 %)^{12} – 1.
« TAEG = 15,4 %. »

(1) Cf. texte du modèle type n° 1 (annexe à l'article R. 311-6 du code de la consommation).
Le montant des intérêts, le montant des échéances et la durée indiqués ci-dessus sont calculés pour le paiement de la première échéance (x) jours après la date de mise à disposition des fonds. Si cette dernière date diffère de plus de (n) jours de la date prévue, en plus ou en moins, le montant des intérêts et le montant des échéances seront ajustés dans la limite de 10 % au maximum du montant total des intérêts. Cette modification sera notifiée au plus tard sept jours avant la date de la première échéance.

Art. R. 314-9 Lorsque le montant des opérations mentionnées aux articles R. 314-7 et R. 314-8 est inférieur à un montant fixé par arrêté du ministre chargé de l'économie et des finances, il peut être perçu pour chaque opération un minimum forfaitaire qui n'est pas pris en compte pour déterminer le taux effectif global ; ce minimum doit être porté à la connaissance de l'emprunteur. – *[C. consom., art. R. 313-4.]*

V. Arr. du 16 sept. 1986 (D. et ALD 1986. 483), mod. par Arr. du 31 oct. 1996 (JO 8 nov.) et Arr. du 3 sept. 2001, art. 3-XIII (JO 11 sept.), qui fixe respectivement les montants à 400 € en moyenne journalière calculée entre deux arrêtés de compte, lorsqu'il s'agit d'un découvert en compte, et à 800 € lorsqu'il s'agit d'une opération d'escompte.

Art. R. 314-10 Lorsque l'octroi d'un prêt est subordonné à une phase d'épargne préalable, le taux effectif global est calculé sans tenir compte de cette phase d'épargne. – *[C. consom., art. R. 313-5.]*

Art. R. 314-11 Le taux annuel effectif de l'assurance mentionné à l'article L. 312-7 est égal à la différence entre :

1° Le taux annuel effectif global défini à l'article L. 314-1, calculé conformément aux articles R. 314-1 à R. 314-10 en prenant comme hypothèse que l'assurance proposée ayant pour objet le remboursement du crédit est intégralement exigée par le prêteur, d'une part, et ;

2° Le taux annuel effectif global défini à l'article L. 314-1, calculé conformément aux articles R. 314-1 à R. 314-10 en prenant comme hypothèse qu'aucune assurance n'est exigée par le prêteur, d'autre part.

Pour les besoins du calcul du taux annuel effectif de l'assurance, la méthode employée est la même que celle employée pour le calcul du taux annuel effectif global, c'est-à-dire soit la méthode d'actualisation des flux, soit la méthode des intérêts composés en capitalisant le taux périodique sur une durée d'un an. – *[C. consom., art. R. 313-5-1.]*

BIBL. ▶ BIARDEAUD, *D. 2014. 2188* (taux annuel effectif de l'assurance : une occasion manquée ?).

Art. R. 314-12 Le taux annuel effectif de l'assurance mentionné à l'article L. 313-8 est égal à la différence entre :

1° Le taux annuel effectif global défini à l'article L. 314-1, calculé conformément aux articles R. 314-1 à R. 314-10 en prenant comme hypothèse que l'assurance proposée ayant pour objet le remboursement du crédit est intégralement exigée par le prêteur, d'une part, et ;

2° Le taux annuel effectif global défini à l'article L. 314-1, calculé conformément aux articles R. 314-1 à R. 314-10 en prenant comme hypothèse qu'aucune assurance n'est exigée par le prêteur, d'autre part.

Pour les besoins du calcul du taux annuel effectif de l'assurance, la méthode employée est la même que celle employée pour le calcul du taux annuel effectif global, c'est-à-dire soit la méthode d'actualisation des flux, soit la méthode des intérêts composés en capitalisant le taux périodique sur une durée d'un an. – *[C. consom., art. R. 313-5-2.]*

Les dispositions de l'art. R. 314-12 entrent en vigueur le 1er oct. 2016 (Décr. nº 2016-884 du 29 juin 2016, art. 11-II).

Art. R. 314-13 Le taux annuel effectif de l'assurance est accompagné de la mention des garanties dont il intègre le coût. – *[C. consom., art. R. 313-5-3.]*

Art. R. 314-14 Le taux annuel effectif de l'assurance n'est pas mentionné pour les opérations de location-vente et de location avec option d'achat. – *[C. consom., art. R. 313-5-4.]*

SOUS-SECTION 2 TAUX D'USURE

Art. D. 314-15 Les taux effectifs moyens qui ont été pratiqués au cours d'un trimestre civil par les établissements de crédit pour les catégories d'opérations de même nature comportant des risques analogues, mentionnées à l'article L. 314-6, sont calculés par la Banque de France. Le ministre chargé de l'économie fait procéder à la publication au *Journal officiel* de la République française de ces taux ainsi que des seuils de l'usure correspondant qui serviront de référence pour le trimestre suivant ; il procède, le cas échéant, aux corrections des taux observés, conformément aux dispositions du deuxième alinéa de l'article D. 314-16. – *[C. consom., art. D. 313-6.]*

Art. D. 314-16 La Banque de France procède chaque trimestre à une enquête, portant sur les prêts en euros, destinée à collecter auprès des établissements de crédit les données nécessaires au calcul des taux effectifs moyens. Ce calcul est effectué selon une moyenne arithmétique simple des taux effectifs globaux observés. Les prêts dont les taux sont réglementés, administrés ou bonifiés par l'État ne sont pas pris en compte. Pour ce qui concerne les entreprises, les prêts ne sont pas pris en compte pour le calcul du taux effectif moyen lorsqu'ils sont supérieurs à des montants définis par arrêté du ministre chargé de l'économie.

En cas de variation d'une ampleur exceptionnelle du coût des ressources des établissements de crédit, les taux effectifs moyens observés par la Banque de France peuvent être corrigés pour tenir compte de cette variation. Ces taux sont publiés au plus tard dans les quarante-cinq jours suivant la constatation de cette variation. – *[C. consom., art. D. 313-7.]*

Art. D. 314-17 Les prêteurs doivent porter à la connaissance des emprunteurs les seuils de l'usure correspondant aux prêts qu'ils leur proposent. Les établissements de crédit tiennent cette information à la disposition de leur clientèle comme pour les conditions générales de banque mentionnées à l'article R. 312-1 du code monétaire et financier. – *[C. consom., art. D. 313-8.] – V. cet art., App., vº Banques.*

SECTION II REGROUPEMENT DE CRÉDITS

Art. R. 314-18 Le seuil mentionné à l'article L. 314-11 est atteint lorsque la part des crédits immobiliers mentionnés à l'article L. 313-1, représente 60 % du montant total de l'opération de regroupement de crédits.

Le montant des crédits immobiliers inclut tous les coûts, les intérêts, les commissions, les taxes, les pénalités et autres frais que l'emprunteur est tenu de payer pour le remboursement de ces crédits. Ces frais ne sont inclus dans le montant des crédits immobiliers que pour autant qu'ils figurent dans le montant total de l'opération de regroupement de crédits. – *[C. consom., art. R. 313-11.]*

Art. R. 314-19 Lorsque l'opération de crédit a pour objet le remboursement d'au moins deux créances antérieures dont un crédit en cours, le prêteur ou l'intermé-

diaire de crédit établit, après dialogue avec l'emprunteur, un document qu'il lui remet afin de garantir sa bonne information, en application des articles L. 314-10 à L. 314-13. Le prêteur ou l'intermédiaire répond à toute demande d'explication de l'emprunteur concernant ce document.

Dans le cas d'une opération donnant lieu à la remise de la fiche mentionnée à l'article L. 312-12, ce document d'information est remis à l'emprunteur au plus tard au même moment que cette fiche, à laquelle il peut être annexé.

Dans le cas d'une opération donnant lieu à la remise d'une fiche d'information standardisée européenne mentionnée à l'article L. 313-7, le document d'information est remis à l'emprunteur au plus tard au même moment que cette fiche, à laquelle il peut être annexé. – *[C. consom., art. R. 313-12.]*

Art. R. 314-20 **Le document d'information est établi sur un support durable. Il comporte, présentées de manière claire et lisible en caractères dont la hauteur ne peut être inférieure à celle du corps huit, les informations et mentions suivantes :**

1° Pour chaque contrat de crédit dont le regroupement est envisagé, des informations relatives à ce contrat ainsi qu'aux conditions et modalités de son remboursement :

***a)* La nature du crédit, le montant des échéances, le montant du capital restant dû et la durée prévue au contrat pour le remboursement de ce montant à la date de l'établissement du document ;**

***b)* La date envisagée pour le remboursement anticipé ;**

***c)* L'estimation du montant nécessaire à ce remboursement, déterminé en fonction de la date mentionnée au *b* ;**

***d)* Une estimation de l'indemnité de remboursement anticipé, déterminée en fonction du montant mentionné au *c*, si le contrat prévoit une telle indemnité ;**

***e)* Les modalités prévues pour le remboursement anticipé, notamment, le cas échéant, son délai de préavis contractuel ;**

***f)* Le cas échéant, la date à laquelle doit être notifié le préavis, en fonction de la date mentionnée au *b* ;**

***g)* Une estimation des frais de mainlevée d'hypothèque dont l'emprunteur devra s'acquitter si une mainlevée est nécessaire du fait de l'opération ;**

2° Dans le cas où l'opération de regroupement a également pour objet le remboursement de dettes autres que des crédits, la liste de ces dettes ainsi que, pour chacune d'entre elles, son montant et la date à laquelle elle est exigible ;

3° Un avertissement adressé à l'emprunteur, adapté à sa situation et portant sur les points suivants :

***a)* L'emprunteur doit continuer à s'acquitter des mensualités dues au titre des crédits dont le regroupement est envisagé, jusqu'à leur remboursement effectif ;**

***b)* Il doit continuer à s'acquitter des cotisations dues au titre des assurances garantissant le remboursement des crédits dont le regroupement est envisagé, jusqu'à leur remboursement effectif, s'il a souscrit de telles assurances ;**

***c)* Après remboursement anticipé, il ne bénéficiera plus des cautionnements garantissant, le cas échéant, un ou plusieurs des crédits sur lesquels porte l'opération de regroupement ;**

***d)* Après remboursement anticipé, il perdra le bénéfice des assurances garantissant, le cas échéant, le remboursement d'un ou *[de]* plusieurs crédits dont le regroupement est envisagé ainsi que des prises en charge éventuellement en cours à ce titre ;**

***e)* S'il souscrit une nouvelle assurance garantissant le remboursement de l'opération de regroupement envisagée, l'emprunteur pourrait bénéficier de moindres garanties contractuelles, notamment en raison de changements éventuels de sa situation personnelle ou de l'existence de nouveaux délais de carence et de nouvelles franchises ;**

***f)* Dans le cas d'un crédit renouvelable, le prêteur qui consent l'opération de regroupement sera tenu de rembourser directement le prêteur initial et, lorsque l'opération de regroupement porte sur la totalité du montant restant dû au titre de**

ce crédit, l'emprunteur peut en demander la résiliation à l'aide d'une lettre signée de sa main, que le nouveau prêteur adressera sans frais au prêteur initial ;

g) **Dans le cas où il existe un co-emprunteur au titre d'un ou** *[de]* **plusieurs crédits dont le regroupement est envisagé, l'emprunteur doit l'informer de son intention de procéder au regroupement de ce crédit ;**

h) **Dans le cas où le regroupement envisagé comprend un ou des crédits affectés, il entraînera la perte du droit pour l'emprunteur d'obtenir du vendeur la garantie de leur remboursement dans le cas où une résolution judiciaire ou une annulation du contrat principal survenait du fait de ce dernier ;**

i) **Dans le cas où il comprend un ou des crédits garantis par un contrat de cautionnement, leur remboursement anticipé pourra entraîner une moins-value sur les sommes qui doivent être restituées à l'emprunteur au titre de ce contrat, lorsque ce dernier le prévoit ;**

j) **Il ne bénéficiera plus des services accessoires ou avantages commerciaux éventuellement liés à un ou plusieurs crédits qui font l'objet du regroupement envisagé ;**

4° Les informations concernant les modalités de mise en œuvre et de prise d'effet de l'opération de regroupement envisagée :

a) **Les démarches que le prêteur qui consent le regroupement accomplira ;**

b) **Les démarches qui seront à la charge de l'emprunteur ;**

c) **La date à laquelle doivent être interrompus les versements ou prélèvements réalisés pour le paiement des échéances des crédits dont le regroupement est envisagé ainsi que les modalités d'interruption de ces versements ou prélèvements ;**

5° Les éléments permettant à l'emprunteur de procéder à l'évaluation du bilan économique du regroupement envisagé. Ces éléments sont présentés conformément au tableau figurant en annexe au présent code. Si le regroupement se traduit par un allongement de la durée de remboursement ou par une augmentation du coût total du crédit, le prêteur ou l'intermédiaire l'indique à l'emprunteur. — *[C. consom., art. R. 313-13.]*

ANNEXE À L'ARTICLE R. 314-20

Pour l'application des dispositions de l'article R. 314-20, le document d'information comporte un tableau comparant les caractéristiques financières des crédits dont le regroupement est envisagé avec les caractéristiques financières du regroupement proposé.

Ce tableau est présenté conformément au modèle ci-dessous :

<table>
<tr><th>CRÉDITS EN COURS ET AUTRES DETTES (1)</th><th>REGROUPEMENT DE CRÉDIT PROPOSÉ</th></tr>
<tr><td>Capital restant dû, taux débiteur (2) et montant des échéances :
Énumérer les différents crédits.</td><td rowspan="2">Montant, taux débiteur (2) et montant des échéances du regroupement (3) :</td></tr>
<tr><td>Montant des autres dettes regroupées :
Énumérer les différentes dettes.</td></tr>
<tr><td>Durée de remboursement :
Énumérer les différents crédits.</td><td rowspan="2">Durée de remboursement :</td></tr>
<tr><td>Date d'exigibilité des autres dettes regroupées (8) :
Énumérer les différentes dettes.</td></tr>
<tr><td rowspan="2">Montant total dû par l'emprunteur au titre des crédits en cours et autres dettes (4) :</td><td>Montant total dû par l'emprunteur au titre du regroupement proposé (5, 6) :</td></tr>
<tr><td>Coûts supplémentaires (7) : par exemple, indemnités de remboursement anticipé, frais de mainlevée d'hypothèque.</td></tr>
<tr><td colspan="2">(1) Pour les crédits mentionnés à l'article L. 312-57 le tableau est établi en fonction du capital effectivement emprunté au moment de l'établissement du document.
(2) Le taux débiteur est celui en cours au moment de l'établissement du document.</td></tr>
</table>

(3) Lorsque le montant du crédit proposé excède la somme des capitaux restant dus au titre des contrats faisant l'objet du regroupement et, le cas échéant, du montant des autres dettes, le prêteur indique dans le tableau qu'il propose une ligne de crédit complémentaire.
(4) Le montant total dû par l'emprunteur au titre des crédits en cours et autres dettes est la somme :
- du montant des dettes autres que les crédits ;
- du capital restant dû au titre des crédits regroupés ;
- des intérêts restant dus au titre des crédits regroupés, en fonction du taux débiteur et de la durée de remboursement ;
- les frais de dossiers et de garanties éventuels associés aux crédits regroupés, s'ils n'ont pas encore été payés par l'emprunteur.
Ce montant est exprimé hors coût de l'assurance éventuelle.
(5) Le montant total dû par l'emprunteur au titre du regroupement proposé est la somme :
- du montant du regroupement ;
- des intérêts dus au titre du regroupement en fonction de la durée de remboursement mentionnés dans le tableau.
Ce montant est exprimé hors coût de l'assurance éventuelle.
(6) Si des coûts annexes, tels que les indemnités de remboursement anticipé ou les frais de mainlevée d'hypothèque, sont inclus dans ce montant, le prêteur l'indique dans le tableau.
(7) Les coûts supplémentaires n'ont à être identifiés sous cette rubrique que si leur financement n'est pas pris en compte dans le montant total de l'opération de regroupement envisagée.
(8) La date d'exigibilité des autres dettes regroupées s'apprécie à la date d'établissement du document.

Art. R. 314-21 **Pour établir le document d'information sur le fondement d'éléments exacts, le prêteur ou l'intermédiaire demande à l'emprunteur communication des pièces, notamment contractuelles, fournies par les prêteurs initiaux ou tout autre créancier pour chaque crédit ou créance dont le regroupement est envisagé. Si l'emprunteur ne dispose pas de ces pièces, le prêteur ou l'intermédiaire invite l'emprunteur à demander à ses créanciers et prêteurs initiaux les informations nécessaires.**

Si ces pièces n'ont pu être réunies, le prêteur ou l'intermédiaire peut établir tout ou partie du document d'information sur le fondement d'éléments déclaratifs fournis par l'emprunteur. Dans ce cas, le prêteur intermédiaire l'indique de manière claire et lisible sur le document remis à l'emprunteur.

Si l'emprunteur n'est pas non plus en mesure de fournir ces éléments déclaratifs, le prêteur ou l'intermédiaire indique sur le document les mentions qui n'ont pu être complétées et avertit l'emprunteur des difficultés financières et pratiques qu'il pourrait rencontrer s'il souhaitait néanmoins poursuivre l'opération sans en connaître tous les paramètres. – *[C. consom., art. R. 313-14.]*

SECTION III FORMATION DU PRÊTEUR ET DE L'INTERMÉDIAIRE

Art. D. 314-22 **Les personnels concernés par l'obligation de compétence professionnelle mentionnée à l'article L. 314-24 sont les personnes physiques qui travaillent pour le prêteur et qui exercent directement des activités d'élaboration, de proposition, d'octroi ou de conseil en matière de contrats de crédit mentionnés à l'article L. 313-1, ainsi que les personnes physiques qui dirigent ou encadrent directement les personnes précitées.**

Les personnels concernés des intermédiaires de crédit s'entendent au sens de l'article R. 519-15 du code monétaire et financier.

Toutefois*[,] l'obligation de compé*tence professionnelle mentionnée à l'article L. 314-24 ne s'applique pas aux personnels employés dans le cadre d'un contrat de formation en alternance prévu aux articles L. 6221-1 et L. 6325-1 du code du travail pendant la durée de ce contrat, sous réserve qu'ils ne participent aux activités mentionnées au premier alinéa qu'en présence et sous la direction d'un salarié ayant la formation ou l'expérience professionnelle requise. – *[C. consom., art. D. 313-10-1.]*

Les dispositions de l'art. D. 314-22 entrent en vigueur le 1er janv. 2017 (Décr. n° 2016-884 du 29 juin 2016, art. 11-III).

Art. D. 314-23 **Les prêteurs et les intermédiaires de crédit veillent à ce que les personnels définis à l'article D. 314-22 remplissent les conditions de compétence professionnelle résultant :**

1° Soit d'un diplôme mentionné dans l'accord du 10 juin 2011 relatif à la formation professionnelle, conclu dans le cadre de la convention collective nationale de la banque et rendu obligatoire par l'arrêté du 5 juillet 2012 portant extension d'un avenant et d'accords conclus dans le cadre de la convention collective nationale de la banque (n° 2120), à l'exception de la formation bancaire de premier niveau (BP banque) ; ou d'un diplôme sanctionnant un cycle d'études supérieures d'un niveau de formation III relatif aux questions de finances, de banque, de gestion, d'économie, de droit, ou d'assurance ; ou d'un diplôme de commerce sanctionnant un cycle d'études supérieures d'un niveau de formation I.

Si ce diplôme est acquis en France, il est enregistré au répertoire national des certifications professionnelles mentionné à l'article R. 335-12 du code de l'éducation et relève d'une nomenclature de formation précisée par arrêté du ministre chargé de l'économie, ou est délivré au nom de l'État conformément à l'article L. 335-6 du code de l'éducation.

Si ce diplôme est acquis à l'étranger, il est reconnu par le Centre ENIC-NARIC France, rattaché au Centre international d'études pédagogiques mentionné à l'article R. 314-51 du code de l'éducation, sur la base d'une attestation de comparabilité ;

2° Soit d'une formation professionnelle adaptée à la réalisation d'opérations de crédit, suivie :

***a)* Auprès d'un établissement de crédit, d'une société de financement mentionnés au titre Ier du livre V du code monétaire et financier ;**

***b)* Auprès d'un organisme de formation choisi par l'intéressé ou son employeur dans les conditions prévues à l'article D. 314-26.**

Le programme de formation professionnelle et la durée minimale de formation sont fixés par arrêté du ministre chargé de l'économie ; — *V. Arr. du 9 juin 2016, ci-dessous.*

3° Soit d'une expérience professionnelle :

***a)* D'une durée d'un an dans des fonctions liées à la réalisation d'activités d'élaboration, de proposition ou d'octroi des contrats de crédit mentionnés au présent titre au cours des trois dernières années, ou ;**

***b)* D'une durée de trois ans dans des fonctions liées à la réalisation d'activités d'élaboration, de proposition ou d'octroi des contrats de crédit mentionnés au présent titre au cours des dix dernières années.**

Cette expérience professionnelle est cumulée au suivi d'une formation professionnelle adaptée à la réalisation d'opérations de crédit suivie dans les conditions du 2° ci-dessus et dont la durée minimale est fixée par arrêté du ministre chargé de l'économie. — *V. Arr. du 9 juin 2016, ci-dessous.*

Toutefois, les personnels des intermédiaires qui justifient d'une compétence professionnelle au titre des articles R. 519-8 et R. 519-9 du code monétaire et financier sont réputés remplir les conditions de compétence professionnelle mentionnées au présent article. — *[C. consom., art. D. 313-10-2.]*

Les dispositions de l'art. D. 314-23, hormis le 4e al. de son 3o, entrent en vigueur le 1er janv. 2017 (Décr. no 2016-884 du 29 juin 2016, art. 11-III).

Les dispositions du 4e al. du 3o de l'art. D. 314-23 entrent en vigueur le 21 mars 2019 (Décr. no 2016-884 du 29 juin 2016, art. 11-V).

Arrêté du 9 juin 2016,

Pris pour l'application de l'article D. 314-23 du code de la consommation (Décr. no 2016-884 du 29 juin 2016, art. 2, en vigueur le 1er juill. 2016).

Art. 1er Le programme de formation mentionné au 2° de l'article *(Décr. no 2016-884 du 29 juin 2016, art. 2, en vigueur le 1er juill. 2016)* « D. 314-23 » du code de la consommation est fixé en annexe au présent arrêté.

Art. 2 La durée minimale de formation initiale mentionnée au 2° de l'article *(Décr. no 2016-884 du 29 juin 2016, art. 2, en vigueur le 1er juill. 2016)* « D. 314-23 » du code de la consommation est fixée à 40 heures.

La durée minimale de formation complémentaire mentionnée au 3° de l'article *(Décr. n° 2016-884 du 29 juin 2016, art. 2, en vigueur le 1er juill. 2016)* « D. 314-23 » du même code est fixée à 14 heures.

La durée minimale de formation continue mentionnée à l'article *(Décr. n° 2016-884 du 29 juin 2016, art. 2, en vigueur le 1er juill. 2016)* « D. 314-25 » du même code est fixée à 7 heures par année civile.

Art. 3 Les épreuves du contrôle des compétences acquises à l'issue de la formation, mentionnée au 2° et au 3° de l'article *(Décr. n° 2016-884 du 29 juin 2016, art. 2, en vigueur le 1er juill. 2016)* « D. 314-23 » du code de la consommation, lorsqu'elles consistent en des questionnaires à choix multiples ou en des questions à réponses courtes, sont réputées réussies lorsque le nombre de bonnes réponses excède un seuil de 70 %.

Art. 4 Les dispositions du présent arrêté entrent en vigueur le 1er janvier 2017, hormis :
— le deuxième alinéa de l'article 2 qui entre en vigueur le 21 mars 2019 ;
— le troisième alinéa de l'article 2 qui entre en vigueur le 21 mars 2017.

ANNEXE

PROGRAMME MINIMAL DE FORMATION PRÉVU À L'ARTICLE D. 314-23 DU CODE DE LA CONSOMMATION

1. Environnement de la banque et de l'assurance :
— Organisation du système bancaire international, européen et français ;
— La protection de la clientèle comme élément de la stabilité financière ;
— Le respect des règles de conformité des opérations à la réglementation et des règles de protection de la clientèle ;
— Le rappel de la législation en matière de lutte contre le blanchiment et le financement du terrorisme.

2. Environnement du marché immobilier français :
— La structure du marché immobilier ;
— Les différents acteurs et leurs rôles (les notaires, les agents immobiliers, les promoteurs, les lotisseurs, les constructeurs, les conseillers en investissements financiers, les conseillers en gestion de patrimoine, les IOBSP) ;
— Les bases du droit immobilier (les notions de propriété immobilière et de droit des sols*[)]*, les différentes opérations immobilières finançables (neuf, y compris les opérations de vente en état futur d'achèvement, ancien, travaux), les procédures d'achat d'un bien immobilier, l'organisation et fonctionnement de la publicité foncière et le cadastre.

3. Encadrement de la distribution du crédit aux consommateurs relatif aux biens immobilier*[s]* à usage résidentiels ("crédit immobilier") :
— Cadre normatif de la distribution du crédit immobilier et, notamment :
— champ d'application du régime du crédit immobilier ;
— information précontractuelle (FISE), explications adéquates à fournir à l'emprunteur, mise en garde de l'emprunteur ;
— évaluation de la solvabilité de l'emprunteur.
— Cadre normatif de la conclusion du contrat de crédit immobilier, notamment :
— émission de l'offre de crédit ;
— conclusion du contrat de crédit et du contrat principal ;
— *remboursement* anticipé ;
— défaut de paiement ;
— renégociation de crédit ;
— contrat de prêt en devises étrangères à l'euro.
— Démarchage bancaire et financier et spécificités de la vente à distance : caractéristiques, encadrement normatif ;
— Connaissance des droits et obligations de l'emprunteur et du conjoint noncoemprunteur *[co-emprunteur]*, dès la formation du contrat et en cours d'exécution.

4. Les crédits immobiliers :
— Analyse des caractéristiques financières d'un crédit immobilier*[,]* notamment :
— le taux annuel effectif global et le coût total du crédit ;
— la durée du crédit ;

— les taux fixes, variables, capés ;
— le montant total dû par l'emprunteur ;
— le nombre et le contenu des échéances ;
— le tableau d'amortissement.
— Les techniques de financement ;
— La nature et les caractéristiques des différentes formes de crédit*[s]* immobiliers que la personne en formation est susceptible de commercialiser, en distinguant les besoins de financement auxquels elles sont susceptibles de répondre et les emprunteurs éligibles, notamment :
— les prêts classiques et les particularités bancaires ;
— le prêt relais ;
— les prêts aidés ;
— les prêts conventionnés PAS et PC;
— le prêt à taux zéro ;
— le PEL-CEL ;
— les prêts au titre de la participation des employeurs à l'effort de construction (PEEC).
— Les dispositifs d'investissements locatifs ;
— Les actes susceptibles d'intervenir au cours de la vie du crédit, notamment en cas de demande de remboursement anticipé.

5. Les garanties :
— Les modalités de garantie des crédits et conditions de fonctionnement de la garantie ;
— Les différents types de garantie : garanties réelle et personnelle, hypothèque, privilèges immobiliers, cautionnement dont "caution bancaire" (forme et finalité), fonds de garantie.

6. Les assurances :
— Notions générales sur les assurances des emprunteurs ;
— Les risques couverts ;
— Le principe de déliaison de l'assurance et du prêt, et la notion de "niveau de garantie équivalente" ;
— La fiche standardisée d'information ;
— Le dispositif AERAS.

7. Les règles de bonne conduite et de rémunération :
— Les obligations professionnelles de protection de l'emprunteur :
— exigence de connaissance de la situation financière et des besoins de l'emprunteur afin de proposer des crédits adaptés ;
— exigence de loyauté : obligation d'agir de manière honnête, équitable, transparente et professionnelle au mieux des droits et des intérêts des consommateurs ;
— Les règles de rémunération : prévention des conflits d'intérêts, gestion des risques.

8. La prévention du surendettement et l'endettement responsable :
— Présentation et caractéristiques de situations de surendettement ;
— Connaissances et démarches nécessaires à la prévention du surendettement ;
— Présentation des principes et des procédures de traitement du surendettement ;
— Le traitement du surendettement : commission de surendettement, organisation, fonctionnement, saisine, rôle de la Banque de France.

9. Contrôles et sanctions :
— Connaissance des infractions et manquements relatifs au non-respect des règles figurant au titre Ier du livre III du code de la consommation et de leurs sanctions civiles et pénales ;
— ACPR et DGCCRF : compétences, contrôle, sanctions.

Art. D. 314-24 **Les prêteurs et les intermédiaires veillent à ce que leurs personnels satisfassent à l'obligation de formation professionnelle mentionnée au 2° de l'article D. 314-23 au moment de leur prise de fonction.**

Toutefois, les personnels disposent d'un délai de six mois pour satisfaire à cette obligation dès lors qu'ils occupent pendant cette durée un poste adapté et exercent leur activité sous la responsabilité d'une personne répondant elle-même aux conditions de l'article D. 314-23. — *[C. consom., art. D. 313-10-3.]*

Les dispositions de l'art. D. 314-24, en ce qu'elles concernent la formation professionnelle mentionnée à l'art. D. 314-23, entrent en vigueur le 1er janv. 2017 (Décr. n° 2016-884 du 29 juin 2016, art. 11-III).

Art. D. 314-25 Les prêteurs s'assurent de la mise à jour des connaissances et compétences professionnelles de leurs personnels, dans le cadre de la formation continue, par une formation professionnelle adaptée, dont la durée minimale est fixée par arrêté du ministre chargé de l'économie, prenant notamment en compte les changements de la législation ou de la réglementation applicable. – *V. Arr. du 9 juin 2016, ss. art. D. 314-23.*

Cette formation est dispensée par :

1° Un établissement de crédit ou une société de financement mentionnée au titre Ier du livre V du code monétaire et financier ;

2° Un organisme de formation choisi par l'intéressé, son employeur, ou le cas échéant, son mandant, dans les conditions prévues à l'article D. 314-26. – *[C. consom., art. D. 313-10-4.]*

Les dispositions de l'art. D. 314-25, en ce qu'elles concernent la formation professionnelle, entrent en vigueur le 20 mars 2017 (Décr. no 2016-884 du 29 juin 2016, art. 11-IV).

Art. D. 314-26 La formation professionnelle mentionnée au 2° de l'article D. 314-23 ainsi que la formation continue mentionnée à l'article D. 314-25 :

1° Ont pour objet de permettre d'acquérir, préalablement à l'entrée dans la profession, et de maintenir en cours d'activité des compétences en matière juridique, économique et financière. Les compétences acquises dans ce cadre et leurs mises à jour font l'objet d'un contrôle à l'issue de la formation ;

2° Donnent lieu à la délivrance d'un livret et d'une attestation signée par la personne responsable de la formation. Les personnels se voient également remettre un livret signé des personnes auprès desquelles la formation a été suivie. Le livret comprend en annexe les résultats du contrôle des compétences prévu au 1°. L'attestation et le livret sont remis à leur titulaire à l'issue de la formation. – *[C. consom., art. D. 313-10-5.]*

Les dispositions de l'art. D. 314-26, en ce qu'elles concernent la formation professionnelle mentionnée à l'art. D. 314-23, entrent en vigueur le 1er janv. 2017 (Décr. no 2016-884 du 29 juin 2016, art. 11-III).

Les dispositions de l'art. D. 314-26, en ce qu'elles concernent la formation professionnelle mentionnée à l'art. D. 314-25, entrent en vigueur le 20 mars 2017 (Décr. no 2016-884 du 29 juin 2016, art. 11-IV).

Art. D. 314-27 La formation mentionnée à l'article L. 314-25 permet, au minimum, d'acquérir au titre du programme préétabli mentionné à l'article L. 6353-1 du code du travail :

1° Les connaissances nécessaires à la distribution de crédits à la consommation :

a) La nature et les caractéristiques des différentes formes de crédit à la consommation que la personne en formation est susceptible de commercialiser, en distinguant les besoins de financement auxquels elles sont susceptibles de répondre ;

b) L'analyse des caractéristiques financières d'un crédit à la consommation, notamment : le taux débiteur ; le taux annuel effectif global ; le coût total du crédit ; la durée du crédit ; le montant total dû par l'emprunteur ; le montant total du crédit ; le montant, le nombre et le contenu des échéances ; pour les locations avec option d'achat, le montant des loyers et le prix d'achat en cas d'exercice de l'option ;

c) Les modalités de garantie des crédits et les conditions de fonctionnement de la garantie ;

2° La connaissance, pour les différentes formes de crédit à la consommation que la personne en formation est susceptible de commercialiser, des droits et obligations de l'emprunteur et du conjoint non co-emprunteur, en particulier :

a) Entre la formation d'un contrat de crédit et le moment où il devient parfait, notamment en vertu des articles L. 312-18 à L. 312-27*[,]* L. 312-50 à L. 312-54 et L. 312-62 ;

b) Au cours de l'exécution du contrat de crédit, notamment en vertu des articles L. 312-31 à L. 312-40 et des articles L. 312-68 à L. 312-83 ;

3° Les connaissances et diligences à accomplir ainsi que les explications à fournir pour assurer une bonne information de l'emprunteur, notamment :

a) Les explications à fournir à l'emprunteur pour lui permettre de comprendre le contenu de la fiche mentionnée à l'article L. 312-12 ;

b) L'établissement de la fiche mentionnée à l'article L. 312-17, notamment les demandes à adresser à l'emprunteur pour réunir les informations nécessaires à cette fin ;

c) Les explications à fournir à l'emprunteur pour lui permettre de comprendre les caractéristiques essentielles du crédit proposé ainsi que les conséquences que le crédit peut avoir sur sa situation financière, y compris en cas de défaut de paiement ;

d) Les explications ou avertissements qui peuvent être adressés à l'emprunteur en amont de l'analyse de sa solvabilité par le prêteur, en fonction des informations réunies sur le lieu de vente sur ses revenus et charges, afin de lui permettre de s'orienter vers un achat et une demande de financement adaptés à ses besoins, à ses préférences et à sa situation ;

e) La remise de l'offre de contrat de crédit ainsi que les explications à fournir à l'emprunteur pour lui permettre de comprendre son contenu, en particulier celui de l'encadré mentionné à l'article L. 312-28 ;

f) Les explications à donner à l'emprunteur pour lui faire connaître les droits et obligations mentionnés au *a* et au *b* du 2° et notamment pour l'avertir des conséquences d'un éventuel défaut de paiement ;

4° Les connaissances et les démarches nécessaires à la prévention du surendettement :

a) Une présentation des caractéristiques des situations de surendettement ;

b) Les explications et les avertissements qui peuvent être données à un emprunteur qui présente un risque de surendettement, dans le cas où celui-ci s'interroge sur l'opportunité de formuler une demande de crédit ou de procéder à un achat au comptant, ainsi que sur le type de financement qu'il serait susceptible de demander ;

c) Une présentation des grands principes des procédures de traitement du surendettement, et notamment du risque auquel s'expose le prêteur en cas de surendettement de l'emprunteur, en particulier la possibilité pour les commissions de surendettement d'annuler en tout ou partie les dettes contractées par ce dernier ;

5° La connaissance des infractions et manquements relatifs au non-respect des règles figurant au chapitre II du titre Ier du livre III du présent code et de leurs sanctions. – *[C. consom., art. D. 313-10-6, I.]*

Art. D. 314-28 Le contenu de la formation peut être adapté lorsque les personnes concernées justifient auprès de leur employeur de l'obtention d'un diplôme national portant sur les connaissances, diligences et démarches prévues à l'article D. 314-27. Ce diplôme national sanctionne un premier cycle d'études supérieures juridiques, économiques, financières ou de gestion, d'un niveau de formation III au sens de la nomenclature des niveaux de formation utilisés par la Commission nationale de la certification professionnelle. – *[C. consom., art. D. 313-10-6, II.]*

Art. D. 314-29 L'employeur veille à ce que les connaissances acquises lors de la formation soient régulièrement mises à jour en cas notamment de changement de la législation ou de la réglementation applicable au crédit à la consommation ou au surendettement. – *[C. consom., art. D. 313-10-6, III.]*

CHAPITRE V PRÊT VIAGER HYPOTHÉCAIRE

Art. R. 315-1 Le montant prévu à l'article L. 315-16, en dessous duquel le prêteur est en droit de refuser un remboursement partiel anticipé du prêt par l'emprunteur, est fixé à 10 % du capital versé. – [C. consom., art. R. 314-1.]

Art. R. 315-2 L'indemnité éventuellement due par l'emprunteur, prévue à l'article L. 315-17, ne peut être supérieure à un montant correspondant aux modalités suivantes :

1° Lorsque le montant en capital du prêt est versé en une seule fois :

a) Quatre mois d'intérêts sur le capital à rembourser, au taux d'intérêt du prêt figurant dans le contrat de prêt, si la demande de remboursement par anticipation intervient entre la première année du prêt et la fin de la quatrième année ;

b) Deux mois d'intérêts sur le capital à rembourser, au taux d'intérêt du prêt figurant dans le contrat de prêt, si la demande de remboursement par anticipation intervient entre la cinquième année du prêt et jusqu'à la fin de la neuvième année ;

c) Un mois d'intérêts sur le capital à rembourser, au taux d'intérêt du prêt figurant dans le contrat de prêt, si la demande de remboursement intervient à partir de la dixième année ;

2° Lorsque le montant en capital du prêt est versé périodiquement :

a) 5/12 des versements dus au titre de la première année, si la demande de remboursement par anticipation intervient entre la date du premier versement du prêt et la fin de la quatrième année ;

b) 3/12 de la totalité des versements effectués la première année, si la demande de remboursement par anticipation intervient entre la cinquième année du prêt et jusqu'à la fin de la neuvième année ;

c) 2/12 de la totalité des versements effectués la première année, si la demande de remboursement intervient à partir de la dixième année.

L'année de référence prévue au présent article correspond à une période de 12 mois à compter du versement ou du premier versement en capital du contrat de prêt. – *[C. consom., art. R. 314-2.]*

TITRE DEUXIÈME ACTIVITÉ D'INTERMÉDIAIRE

CHAPITRE PREMIER CHAMP D'APPLICATION

Le présent chapitre ne comprend pas de dispositions réglementaires.

CHAPITRE II PROTECTION DES DÉBITEURS ET DES EMPRUNTEURS

Le présent chapitre ne comprend pas de dispositions réglementaires.

TITRE TROISIÈME CAUTIONNEMENT

CHAPITRE PREMIER FORMALISME

Le présent chapitre ne comprend pas de dispositions réglementaires.

CHAPITRE II PROPORTIONNALITÉ

Le présent chapitre ne comprend pas de dispositions réglementaires.

CHAPITRE III INFORMATION EN COURS D'EXÉCUTION

Le présent chapitre ne comprend pas de dispositions réglementaires.

TITRE QUATRIÈME SANCTIONS

CHAPITRE PREMIER OPÉRATIONS DE CRÉDIT

SECTION PREMIÈRE CRÉDIT À LA CONSOMMATION

SOUS-SECTION 1 PUBLICITÉ

Art. R. 341-1 Le fait pour l'annonceur de diffuser ou de faire diffuser une publicité non conforme aux obligations prévues aux articles L. 312-5, L. 312-6 et L. 312-8 à L. 312-11 est puni de la peine d'amende prévue pour les contraventions de la 5e classe.

Le tribunal peut également ordonner la publication du jugement et la rectification de la publicité aux frais du condamné. – *[C. consom., art. L. 311-49, al. 2 et 3.]*

SOUS-SECTION 2 INFORMATION PRÉCONTRACTUELLE DE L'EMPRUNTEUR

Art. R. 341-2 Le fait pour le prêteur de ne pas respecter les formalités prescrites à l'article L. 312-12 et au deuxième alinéa de l'article L. 312-13 est puni de la peine d'amende prévue pour les contraventions de la 5e classe. – *[C. consom., art. L. 311-49, al. 1er, information précontractuelle - prêteur.]*

SOUS-SECTION 3 EXPLICATIONS FOURNIES À L'EMPRUNTEUR ET ÉVALUATION DE SA SOLVABILITÉ

Art. R. 341-3 Le fait pour le prêteur ou l'intermédiaire de crédit, de contrevenir aux dispositions de l'article L. 312-15 est puni de la peine d'amende prévue pour les contraventions de la 5e classe. – *[C. consom., art. L. 311-49, al. 4, défaut d'explications.]*

SOUS-SECTION 4 FORMATION DU CONTRAT DE CRÉDIT

Art. R. 341-4 Le fait pour le prêteur de ne pas respecter les formalités prescrites à l'article L. 312-18 ou de ne pas prévoir un formulaire détachable dans l'offre de contrat de crédit, en application des dispositions de l'article L. 312-21, est puni de la peine d'amende prévue pour les contraventions de la 5e classe. – *[C. consom., art. L. 311-49, al. 1er, formalités du contrat.]*

SOUS-SECTION 5 INFORMATIONS MENTIONNÉES DANS LE CONTRAT

Art. R. 341-5 Le fait pour le prêteur de ne pas respecter les formalités prescrites aux articles L. 312-28 et L. 312-29 est puni de la peine d'amende prévue pour les contraventions de la 5e classe. – *[C. consom., art. L. 311-49, al. 1er, mentions du contrat.]*

SOUS-SECTION 6 EXÉCUTION DU CONTRAT

Art. R. 341-6 Le fait pour le prêteur de ne pas respecter les formalités prescrites à l'article L. 312-32 est puni de la peine d'amende prévue pour les contraventions de la 5e classe. – *[C. consom., art. L. 311-49, al. 1er, exécution du contrat.]*

SOUS-SECTION 7 CRÉDIT GRATUIT

Art. R. 341-7 Le fait pour l'annonceur de diffuser ou de faire diffuser une publicité non conforme aux obligations prévues aux dispositions de l'article L. 312-41 est puni de la peine d'amende prévue pour les contraventions de la 5e classe.

Le tribunal peut également ordonner la publication du jugement et la rectification de la publicité aux frais du condamné. – *[C. consom., art. L. 311-49, al. 2, publicité du crédit gratuit.]*

Art. R. 341-8 Le fait pour le vendeur de ne pas respecter les formalités prescrites à l'article L. 312-42 est puni de la peine d'amende prévue pour les contraventions de la 5e classe. – *[C. consom., art. L. 311-49, al. 4, obligations du vendeur.]*

Art. R. 341-9 Le fait pour le prêteur de ne pas respecter les formalités prescrites à l'article L. 312-43 est puni de la peine d'amende prévue pour les contraventions de la 5e classe. – *[C. consom., art. L. 311-49, al. 1er, obligations du prêteur.]*

SOUS-SECTION 8 CRÉDIT AFFECTÉ

Art. R. 341-10 Le fait pour le vendeur ou le prestataire de services de ne pas préciser dans le contrat, en méconnaissance des dispositions de l'article L. 312-45, que le paiement du prix est acquitté à l'aide d'un crédit est puni de la peine d'amende prévue pour les contraventions de la 5e classe. – *[C. consom., art. L. 311-34, sanction.]*

Art. R. 341-11 Le fait pour le vendeur ou le prestataire de services de faire souscrire lui-même ou par un préposé agissant pour son compte une demande de livraison ou

de fourniture immédiate par l'acheteur, en méconnaissance des dispositions de l'article R. 312-20, est puni de la peine d'amende prévue pour les contraventions de la 3e classe. – *[C. consom., art. R. 311-10.]*

SOUS-SECTION 9 CRÉDIT RENOUVELABLE

Art. R. 341-12 **Le fait pour l'annonceur de diffuser ou de faire diffuser une publicité non conforme aux obligations prévues aux dispositions des articles L. 312-58, L. 312-59 et L. 312-61 est puni de la peine d'amende prévue pour les contraventions de la 5e classe.**

Le tribunal peut également ordonner la publication du jugement et la rectification de la publicité aux frais du condamné. – *[C. consom., art. L. 311-49, al. 2, publicité du crédit renouvelable.]*

Art. R. 341-13 **Le fait pour le prêteur ou l'intermédiaire de crédit de contrevenir aux obligations prévues par les dispositions des articles L. 312-62 et L. 312-63 en matière d'information précontractuelle est puni de la peine d'amende prévue pour les contraventions de la 5e classe.** – *[C. consom., art. L. 311-49, al. 4, obligations du prêteur et de l'intermédiaire.]*

Art. R. 341-14 **Le fait pour le prêteur de remettre un contrat non conforme aux dispositions des articles L. 312-64 et L. 312-65 est puni de la peine d'amende prévue pour les contraventions de la 5e classe.** – *[C. consom., art. L. 311-49, al. 1er, formalités du contrat de crédit renouvelable.]*

Art. R. 341-15 **Le fait pour le prêteur de ne respecter pas la formalité prévue à l'article L. 312-67 est puni de la peine d'amende prévue pour les contraventions de la 5e classe.** – *[C. consom., art. L. 311-49, al. 1er, formalités carte.]*

Art. R. 341-16 **Le fait pour le prêteur ou l'intermédiaire de crédit de contrevenir aux obligations prévues par les dispositions de la première phrase de l'article L. 312-68 est puni de la peine d'amende prévue pour les contraventions de la 5e classe.** – *[C. consom., art. L. 311-49, al. 4, paiement comptant.]*

Art. R. 341-17 **Le fait pour le prêteur de ne pas respecter les obligations prévues à l'article L. 312-71 est puni de la peine d'amende prévue pour les contraventions de la 5e classe.** – *[C. consom., art. L. 311-49, al. 1er, état actualisé.]*

Art. R. 341-18 **Le fait pour le prêteur de ne respecter l'une des obligations relatives à la reconduction des contrats renouvelables prévues aux articles L. 312-75 à L. 312-83 est puni de la peine d'amende prévue pour les contraventions de la 5e classe.** – *[C. consom., art. L. 311-49, al. 1er, reconduction du contrat.]*

Art. R. 341-19 **La récidive des infractions punies aux articles R. 341-1 à R. 341-10 et R. 341-12 à R. 341-18 est réprimée conformément aux dispositions des articles 132-11 et 132-15 du code pénal.**

SECTION II CRÉDIT IMMOBILIER

SOUS-SECTION 1 INFORMATION PRÉCONTRACTUELLE DE L'EMPRUNTEUR

Art. R. 341-20 **Le fait pour le prêteur ou l'intermédiaire de crédit de ne pas respecter les formalités en matière d'information précontractuelle prescrites à l'article L. 313-7 ou au second alinéa de l'article L. 313-24 est puni de la peine d'amende prévue pour les contraventions de *[la]* 5e classe.** – *[C. consom., art. R. 312-8.]*

SOUS-SECTION 2 EXPLICATIONS FOURNIES À L'EMPRUNTEUR ET ÉVALUATION DE SA SOLVABILITÉ

Art. R. 341-21 **Le fait pour le prêteur ou l'intermédiaire de crédit de ne pas respecter les formalités en matière d'information précontractuelle prescrites à l'article**

R. 313-11 et relatives au service de conseil est puni de la peine d'amende prévue pour les contraventions de *[la]* 5e classe. — *[C. consom., art. R. 312-9.]*

Art. R. 341-22 Le fait pour le prêteur de contrevenir aux dispositions des articles L. 313-20 et L. 313-22 relatives à l'évaluation du bien immobilier est puni de la peine d'amende prévue pour la contravention *[les contraventions]* **de** *[la]* **5e classe. —** *[C. consom., art. R. 312-10.]*

SOUS-SECTION 3 EXÉCUTION DU CONTRAT DE CRÉDIT

Art. R. 341-23 Le fait pour le prêteur ou l'intermédiaire de crédit de ne pas respecter les obligations relatives à l'information de l'emprunteur en cas de modification du taux débiteur fixées à l'article L. 313-46 est puni de la peine d'amende prévue pour les contraventions de *[la]* **5e classe. —** *[C. consom., art. R. 312-11.]*

SECTION III DISPOSITIONS COMMUNES AU CRÉDIT À LA CONSOMMATION ET AU CRÉDIT IMMOBILIER

Art. R. 341-24 Le fait de rémunérer ou de faire rémunérer un vendeur d'un bien mobilier ou immobilier dans des conditions contraires aux dispositions du troisième alinéa de l'article L. 314-23 est puni de la peine d'amende prévue pour les contraventions de la 5e classe. — *[C. consom., art. R. 313-10, al. 1er et 3.]*

Art. R. 341-25 Le fait pour un vendeur d'être rémunéré dans des conditions contraires aux dispositions du troisième alinéa de l'article L. 314-23 est puni de la peine d'amende prévue pour les contraventions de la 5e classe. — *[C. consom., art. R. 313-10, al. 2 et 3.]*

Art. R. 341-26 Le fait pour le prêteur ou l'intermédiaire de ne pas respecter ses obligations prévues par les dispositions des articles L. 314-24 et L. 314-25 est puni de la peine d'amende prévue pour la contravention *[les contraventions]* **de** *[la]* **5e classe. —** *[C. consom., art. R. 313-10-7.]*

Art. R. 341-27 La récidive des infractions punies aux articles R. 341-20 à R. 341-26 est réprimée conformément aux dispositions des articles 132-11 et 132-15 du code pénal.

CHAPITRE II ACTIVITÉ D'INTERMÉDIAIRE

Le présent chapitre ne comprend pas de dispositions réglementaires.

CHAPITRE III CAUTIONNEMENT

Le présent chapitre ne comprend pas de dispositions réglementaires.

TITRE CINQUIÈME DISPOSITIONS RELATIVES À L'OUTRE-MER

(Décr. no 2017-1166 du 12 juill. 2017, art. 2)

CHAPITRE PREMIER OPÉRATIONS DE CRÉDIT

SECTION PREMIÈRE CRÉDIT À LA CONSOMMATION

Art. D. 351-1 Sont applicables dans les îles Wallis-et-Futuna, sous réserve des adaptations prévues à l'article D. 351-2, les dispositions des articles mentionnés dans la colonne de gauche du tableau ci-après, dans leur rédaction indiquée dans la colonne de droite du même tableau :

ARTICLES APPLICABLES	DANS LEUR RÉDACTION
D. 312-1, D. 312-7, D. 312-8, D. 312-15 à D. 312-19 et D. 312-21 à D. 312-31	Résultant du décret no 2016-884 du 29 juin 2016

Art. D. 351-2 **Pour l'application des dispositions du présent chapitre dans les îles Wallis-et-Futuna :**

1° Les mots : "15 euros" sont remplacés par les mots : "1 800 francs CFP" ;

2° Les mots : "500 euros" sont remplacés par les mots : "59 700 francs CFP" ;

3° Les mots : "1 000 euros" sont remplacés par les mots : "119 300 francs CFP" ;

4° Les mots : "3 000 euros" sont remplacés par les mots : "358 000 francs CFP" ;

5° Les mots : "10 000 euros" sont remplacés par les mots : "1 193 400 francs CFP" ;

6° Les mots : "en euros" sont remplacés par les mots : "en francs CFP".

Art. R. 351-3 **Sont applicables dans les îles Wallis-et-Futuna, les dispositions des articles mentionnés dans la colonne de gauche du tableau ci-après, dans leur rédaction indiquée dans la colonne de droite du même tableau :**

ARTICLES APPLICABLES	DANS LEUR RÉDACTION
R. 312-2 à R. 312-6, R. 312-9 à R. 312-14, R. 312-20 et R. 312-32 à R. 312-35	Résultant du décret n° 2016-884 du 29 juin 2016

SECTION II DISPOSITIONS COMMUNES AU CRÉDIT À LA CONSOMMATION ET AU CRÉDIT IMMOBILIER

SOUS-SECTION 1 DISPOSITIONS APPLICABLES EN POLYNÉSIE FRANÇAISE ET EN NOUVELLE-CALÉDONIE

Art. R. 351-4 **Sont applicables en Polynésie française et en Nouvelle-Calédonie, sous réserve des adaptations prévues à l'article R. 351-5, les dispositions des articles mentionnés dans la colonne de gauche du tableau ci-après, dans leur rédaction indiquée dans la colonne de droite du même tableau :**

ARTICLES APPLICABLES	DANS LEUR RÉDACTION
R. 314-1 à R. 314-10	Résultant du décret n° 2016-884 du 29 juin 2016

Art. R. 351-5 **Pour l'application de l'article R. 351-4, sont remplacées par les dispositions applicables localement ayant le même effet :**

1° Les références à la fiche d'information standardisée européenne mentionnée à l'article L. 313-7 ;

2° Les références au 7° de l'article L. 311-1 ;

3° Les références à l'article L. 313-1.

Art. D. 351-6 **Sont applicables en Polynésie française et en Nouvelle-Calédonie, sous réserve des adaptations prévues à l'article D. 351-7, les dispositions des articles mentionnés dans la colonne de gauche du tableau ci-après, dans leur rédaction indiquée dans la colonne de droite du même tableau :**

ARTICLES APPLICABLES	DANS LEUR RÉDACTION
D. 314-15 à D. 314-17 et D. 314-22 à D. 314-29	Résultant du décret n° 2016-884 du 29 juin 2016

Art. D. 351-7 **Pour l'application de l'article D. 351-6 :**

1° Sont remplacées par les dispositions applicables localement ayant le même effet :

***a)* Les références au code du travail ;**

***b)* Les références à l'accord du 10 juin 2011 relatif à la formation professionnelle, conclu dans le cadre de la convention collective nationale de la banque ;**

***c)* Les références à un diplôme sanctionnant un cycle d'études supérieures d'un niveau de formation III relatif aux questions de finances, de banque, de gestion, d'économie, de droit, ou d'assurance, ou à un diplôme de commerce sanctionnant un cycle d'études supérieures d'un niveau de formation I ;**

***d)* Les références au répertoire national des certifications professionnelles ;**

e) Les références à un diplôme national sanctionnant un premier cycle d'études supérieures juridiques, économiques, financières ou de gestion, d'un niveau de formation III ;

2° Pour l'application de l'article D. 314-26, les références à la délivrance d'un livret signé des personnes auprès desquelles la formation a été suivie et comprenant en annexe les résultats du contrôle des compétences sont supprimées ;

3° Pour l'application de l'article D. 314-27 :

a) Les mots : "notamment en vertu des articles L. 312-18 à L. 312-27 ; L. 312-50 à L. 312-54 et L. 312-62" et les mots : ", notamment en vertu des articles L. 312-31 à L. 312-40 et des articles L. 312-68 à L. 312-83" sont supprimés ;

b) Le 3° est remplacé par les dispositions suivantes :

"3° Les connaissances et diligences à accomplir ainsi que les explications à fournir pour assurer une bonne information de l'emprunteur, notamment les explications à fournir à l'emprunteur pour lui permettre de comprendre les caractéristiques essentielles du crédit proposé ainsi que les conséquences que le crédit peut avoir sur sa situation financière et pour l'avertir des conséquences d'un éventuel défaut de paiement".

SOUS-SECTION 2 DISPOSITIONS APPLICABLES DANS LES ÎLES WALLIS-ET-FUTUNA

Art. R. 351-8 Sont applicables dans les îles Wallis-et-Futuna, sous réserve des adaptations prévues à l'article R. 351-9, les dispositions des articles mentionnés dans la colonne de gauche du tableau ci-après, dans leur rédaction indiquée dans la colonne de droite du même tableau :

ARTICLES APPLICABLES	DANS LEUR RÉDACTION
R. 314-1, R. 314-2, R. 314-3 à l'exception de son dernier alinéa, R. 314-4 à l'exception de son 5°, R. 314-5 à l'exception de son 1°, R. 314-6 à R. 314-13 et R. 314-19 à R. 314-21	Résultant du décret n° 2016-884 du 29 juin 2016

Art. R. 351-9 Pour l'application de l'article R. 351-8, à l'article R. 314-19, les mots : "L. 314-10 à L. 314-13" sont remplacés par les mots : "L. 314-10 et L. 314-13".

Art. D. 351-10 Sont applicables dans les îles Wallis-et-Futuna, les dispositions des articles mentionnés dans la colonne de gauche du tableau ci-après, dans leur rédaction indiquée dans la colonne de droite du même tableau :

ARTICLES APPLICABLES	DANS LEUR RÉDACTION
D. 314-15 à D. 314-17	Résultant du décret n° 2016-884 du 29 juin 2016

CHAPITRE II ACTIVITÉ D'INTERMÉDIAIRE

Le présent chapitre ne comprend pas de dispositions réglementaires.

CHAPITRE III CAUTIONNEMENT

Le présent chapitre ne comprend pas de dispositions réglementaires.

CHAPITRE IV SANCTIONS

SECTION PREMIÈRE SANCTIONS RELATIVES AU CRÉDIT À LA CONSOMMATION

Art. R. 354-1 Sont applicables dans les îles Wallis-et-Futuna les dispositions des articles mentionnés dans la colonne de gauche du tableau ci-après, dans leur rédaction indiquée dans la colonne de droite du même tableau :

ARTICLES APPLICABLES	DANS LEUR RÉDACTION
R. 341-1 à R. 341-19	Résultant du décret n° 2016-884 du 29 juin 2016

SECTION II SANCTIONS COMMUNES AU CRÉDIT IMMOBILIER ET AU CRÉDIT À LA CONSOMMATION

SOUS-SECTION 1 DISPOSITIONS APPLICABLES EN POLYNÉSIE FRANÇAISE ET EN NOUVELLE-CALÉDONIE

Art. R. 354-2 Sont applicables en Polynésie française et en Nouvelle-Calédonie, sous réserve des adaptations prévues à l'article R. 354-3, les dispositions des articles mentionnés dans la colonne de gauche du tableau ci-après, dans leur rédaction indiquée dans la colonne de droite du même tableau :

ARTICLES APPLICABLES	DANS LEUR RÉDACTION
R. 341-24 à R. 341-27	Résultant du décret n° 2016-884 du 29 juin 2016

Art. R. 354-3 Pour l'application de l'article R. 354-2, à l'article R. 341-27, la référence : "R. 341-20" est remplacée par la référence : "R. 341-24".

SOUS-SECTION 2 DISPOSITIONS APPLICABLES DANS LES ÎLES WALLIS-ET-FUTUNA

Art. R. 354-4 Sont applicables dans les îles Wallis-et-Futuna, sous réserve des adaptations prévues à l'article R. 354-5, les dispositions des articles mentionnés dans la colonne de gauche du tableau ci-après, dans leur rédaction indiquée dans la colonne de droite du même tableau :

ARTICLES APPLICABLES	DANS LEUR RÉDACTION
R. 341-24 à R. 341-27	Résultant du décret n° 2016-884 du 29 juin 2016

Art. R. 354-5 Pour l'application de l'article R. 354-4 :

1° L'article R. 341-26 ne s'applique dans les îles Wallis-et-Futuna qu'aux obligations visées par l'article L. 314-25 ;

2° A l'article R. 341-27, la référence : "R. 341-20" est remplacée par la référence : "R. 341-24".

LIVRE QUATRIÈME CONFORMITÉ ET SÉCURITÉ DES PRODUITS ET SERVICES

TITRE PREMIER CONFORMITÉ

CHAPITRE PREMIER OBLIGATION GÉNÉRALE DE CONFORMITÉ

Le présent chapitre ne comprend pas de dispositions réglementaires.

CHAPITRE II MESURES D'APPLICATION

SECTION PREMIÈRE MESURES GÉNÉRALES

Art. R. 412-1 Les décrets prévus à l'article L. 412-1 sont pris après avis de l'Agence nationale chargée de la sécurité sanitaire de l'alimentation, de l'environnement et du travail mentionnée à l'article L. 1313-1 du code de la santé publique lorsqu'ils comportent des dispositions visant à prévenir des risques sanitaires ou nutritionnels. Ces avis sont rendus publics.

Toutefois, les dispositions du premier alinéa ne s'appliquent pas aux décrets qui ont pour objet la mise en conformité de la réglementation avec les décisions et les actes contraignants de l'Union européenne. — *[C. consom., art. L. 214-1, al. 12 et 13.]*

SECTION II MODES DE PRÉSENTATION ET ÉTIQUETAGE

V. aussi Règl. (UE) nº 1169/2011 du 25 oct. 2011 concernant l'information des consommateurs sur les denrées alimentaires, App., vº Denrées alimentaires.

SOUS-SECTION 1 PRODUIT BÉNÉFICIANT D'UNE RECONNAISSANCE D'APPELLATION D'ORIGINE, D'INDICATION GÉOGRAPHIQUE PROTÉGÉE OU DE SPÉCIALITÉ TRADITIONNELLE GARANTIE

Art. R. 412-2 Les règles d'étiquetage d'un produit bénéficiant d'une reconnaissance d'appellation d'origine, d'indication géographique protégée ou de spécialité traditionnelle garantie sont fixées dans les conditions prévues à l'article L. 412-1. — *[C. consom., art. R. 112-1.]*

SOUS-SECTION 2 IDENTIFICATION DU LOT

Art. R. 412-3 Une denrée alimentaire ne peut être commercialisée que si elle est accompagnée d'une mention qui permet d'identifier le lot auquel elle appartient.

On entend par "lot" un ensemble d'unités de vente d'une denrée alimentaire qui a été produite, fabriquée ou conditionnée dans des circonstances pratiquement identiques.

Le lot est déterminé par le producteur, fabricant ou conditionneur de la denrée alimentaire, ou par le premier vendeur établi à l'intérieur de l'Union européenne.

La mention permettant d'identifier le lot est déterminée et apposée sous la responsabilité de l'un ou l'autre de ces opérateurs. Elle est précédée par la lettre "L", sauf dans le cas où elle se distingue clairement des autres mentions d'étiquetage. — *[C. consom., art. R. 112-2.]*

Art. R. 412-4 Lorsque les denrées alimentaires sont préemballées, la mention permettant d'identifier le lot, et, le cas échéant, la lettre "L" figurent sur le préemballage ou sur une étiquette liée à celui-ci.

Toutefois, lorsque la date de durabilité minimale ou la date limite de consommation figure dans l'étiquetage, le lot de fabrication peut ne pas être indiqué dès lors que cette date se compose de l'indication, en clair et dans l'ordre, au moins du jour et du mois. — *[C. consom., art. R. 112-3.]*

Art. R. 412-5 Lorsque les denrées alimentaires ne sont pas préemballées, la mention et, le cas échéant, la lettre "L" figurent sur l'emballage ou le récipient ou, à défaut, sur les documents commerciaux s'y référant.

Elle y figure dans tous les cas de manière à être facilement visible, clairement lisible et indélébile. – *[C. consom., art. R. 112-4.]*

Art. R. 412-6 Sont dispensées de la mention permettant d'identifier le lot les denrées alimentaires suivantes :

1° Les produits agricoles qui, au départ, de l'exploitation sont :

a) Soit vendus ou livrés à des stations d'entreposage, de conditionnement ou d'emballage ;

b) Soit acheminés vers des organisations de producteurs ;

c) Soit collectés en vue de leur utilisation immédiate dans un processus de préparation ou de transformation ;

2° Les denrées alimentaires, présentées sur les lieux de vente au consommateur final, qui :

a) Ne sont pas préemballées, y compris lorsqu'elles sont ultérieurement emballées à la demande de l'acheteur ;

b) Sont préemballées, en vue de leur vente immédiate ;

3° Les denrées alimentaires contenues dans des emballages ou récipients dont la face la plus grande a une surface inférieure à 10 centimètres carrés ;

4° Les doses individuelles de glaces alimentaires. L'indication permettant d'identifier le lot doit figurer sur les emballages de groupage. – *[C. consom., art. R. 112-5.]*

SOUS-SECTION 3 DISPOSITIONS PARTICULIÈRES

Art. R. 412-7 En application de l'article 15 du règlement (UE) n° 1169/2011 du Parlement européen et du Conseil du 25 octobre 2011 modifié concernant l'information des consommateurs sur les denrées alimentaires *[V. ce texte, App., v° Denrées alimentaires]*, les mentions d'étiquetage des denrées commercialisées sur le territoire national sont rédigées en langue française. – *[C. consom., art. R. 112-6.]*

Art. R. 412-8 Lorsque l'indication de la quantité est prévue par la réglementation de l'Union européenne ou nationale, elle est exprimée sous forme de quantité nette.

Pour les escargots préparés en coquille et les huîtres, l'indication de la quantité peut être exprimée en nombre d'unités, accompagnée de l'indication du calibre. Pour les moules en coquille, préparées ou non, l'indication de la quantité peut être exprimée en unité de volume.

Ces dispositions s'appliquent aux produits préemballés ou non préemballés. – *[C. consom., art. R. 112-7.]*

Arrêté du 8 octobre 2008,

Fixant les règles relatives aux quantités nominales de certains produits en préemballages.

Art. 1er A compter du 11 avril 2009, les produits mentionnés à l'annexe présentés en préemballages dans les intervalles énumérés au 1 de l'annexe ne peuvent être importés, détenus en vue de la vente, mis en vente, détenus à titre gratuit ou vendus, que s'ils sont préemballés dans les quantités nominales énumérées à l'annexe.

Lorsque au moins deux préemballages individuels forment un emballage multiple, les quantités nominales énumérées au 1 de l'annexe s'appliquent à chaque préemballage individuel.

Lorsqu'un préemballage est constitué d'au moins deux emballages individuels non destinés à être vendus séparément, les quantités nominales énumérées au 1 de l'annexe s'appliquent au préemballage.

Art. 2 *Jusqu'au 11 octobre* 2012, les pâtes alimentaires sèches conditionnées en préemballages ne peuvent être détenues en vue de la vente, mises en vente ou vendues, que dans les quantités nominales suivantes, exprimées en utilisant comme unité de mesure le gramme ou le kilogramme :

Pâtes sèches, dans l'intervalle 125 grammes — 10 000 grammes :

125 g, 250 g, 500 g, 1 000 g, 1 500 g, 2 000 g, 3 000 g, 4 000 g, 5 000 g et 10 000 g.

Art. 3 Les dispositions de l'article 2 ne s'opposent pas à la mise sur le marché des pâtes sèches légalement fabriquées ou commercialisées dans un autre État membre de l'Union européenne, ou dans un État partie à l'accord sur l'Espace économique européen, ou en Turquie, conditionnées dans d'autres quantités nominales.

Art. 4 Sont abrogés à compter du 11 avril 2009 :

— l'arrêté du 9 avril 1998 concernant les volumes nets des eaux minérales naturelles, des eaux de source, des eaux gazéifiées et des eaux destinées à la consommation humaine, préemballées ;

— l'arrêté du 29 février 1984 dispositions relatives aux volumes nets des jus de fruits, jus de fruits concentrés, nectars de fruits, jus de légumes, sirops et autres boissons sans alcool ne contenant pas de lait ou de matières grasses provenant du lait, ainsi qu'à ceux de certaines préparations pour boissons sans alcool, conditionnés en préemballages ;

— l'arrêté du 29 février 1984 dispositions relatives aux volumes nets des bières et autres boissons fermentées à base de céréales, conditionnées en préemballages ;

— l'arrêté du 29 février 1984 dispositions relatives aux volumes nets des cidres, poirés et hydromels conditionnées en préemballages ;

— l'arrêté du 7 décembre 1984 concernant les masses nettes des cafés torréfiés moulus ou non moulus, de la chicorée et des succédanés de café en préemballages ;

— l'arrêté du 7 décembre 1984 concernant les masses nettes des pâtes alimentaires en préemballages ;

— l'arrêté du 6 janvier 1986 concernant les masses nettes des fromages frais en préemballages ;

— l'arrêté du 21 mars 1985 concernant les masses nettes de la margarine, des graisses émulsionnées ou non, animales et végétales, et des pâtes à tartiner à faible teneur en matière grasse en préemballages ;

— l'arrêté du 21 mars 1985 concernant les masses nettes des beurres en préemballages ;

— l'arrêté du 7 décembre 1984 concernant les volumes nets des laits de consommation en préemballages ;

— l'arrêté du 21 mars 1985 concernant les masses nettes des poissons surgelés en préemballages ;

— l'arrêté du 22 septembre 1975 poids net des filets de harengs saurs au naturel et des filets de morue préemballés en vue de la vente au détail ;

— l'arrêté du 21 mars 1985 concernant les masses nettes de certains fruits secs ou séchés et légumes secs conditionnés en préemballages ;

— l'arrêté du 28 octobre 1974 poids net des fruits et légumes préemballés en vue de la vente au détail ;

— l'arrêté du 21 mars 1985 concernant les capacités des récipients pour conserves et semi-conserves de certains produits végétaux et pour produits végétaux en saumure ou au vinaigre destinés à l'alimentation humaine ;

— l'arrêté du 28 octobre 1974 poids net des fécules et tapioca préemballés en vue de la vente au détail ;

— l'arrêté du 21 mars 1985 concernant les masses nettes des fruits et légumes surgelés et des pommes de terre préfrites surgelées en préemballages ;

— l'arrêté du 21 mars 1985 concernant les volumes nets des huiles comestibles en préemballages ;

— l'arrêté du 21 mars 1985 concernant les volumes nets des vinaigres en préemballages ;

— l'arrêté du 21 mars 1985 concernant les masses nettes de sel en préemballages ;

— l'arrêté du 21 mars 1985 concernant les masses nettes des produits à base de céréales en préemballages ;

— l'arrêté du 21 mars 1985 concernant les masses nettes du sucre impalpable, du sucre roux ou brun et du sucre candi en préemballages ;

— l'arrêté du 12 juillet 1977 poids net de certains sucres préemballés destinés à l'alimentation humaine ;

— l'arrêté du 21 mars 1985 concernant les volumes nets des glaces de consommation en préemballages ;

— l'arrêté du 17 octobre 1984 concernant les capacités des récipients et les masses nettes et volumes nets pour les produits de lavage et de nettoyage en préemballages ;

— l'arrêté du 17 octobre 1984 concernant les masses et les volumes nets des produits cosmétiques et d'hygiène corporelle en préemballages ;

— l'arrêté du 17 octobre 1984 concernant les quantités nominales des produits d'entretien en préemballages ;

— l'arrêté du 17 octobre 1984 concernant les masses nettes des colles et adhésifs solides ou en poudre en préemballages ;

— l'arrêté du 17 octobre 1984 concernant la contenance des récipients et de la quantité nominale du contenu des générateurs d'aérosol ;

— l'arrêté du 17 octobre 1984 concernant les volumes nets des solvants en préemballages ;

— l'arrêté du 17 octobre 1984 concernant les volumes nets des peintures et vernis en préemballages ;

— l'arrêté du 17 octobre 1984 concernant les volumes nets des huiles de graissage en préemballages ;

— l'arrêté du 20 janvier 1989 concernant les masses nettes des fils à tricoter ;

— l'arrêté du 21 mars 1985 concernant les masses nettes des aliments secs pour chiens et chats et les capacités des récipients contenant des aliments humides pour chiens et chats ;

— l'arrêté du 11 juin 1954 portant application du label d'exportation aux framboises destinées à la consommation à l'état frais (abrogation de l'article 5) ;

— l'arrêté du 15 décembre 1970 fixant les conditions d'application du label d'exportation aux dattes destinées à la consommation (abrogation de l'article 7) ;

— l'arrêté du 28 août 1972 commerce des pruneaux (abrogation de l'article 9) ;

— l'arrêté du 21 mai 1965 relatif à l'application des normes communes de qualité aux asperges et aux concombres (abrogation de l'article 2) ;

— l'arrêté du 6 novembre 1958 relatif aux conditions d'application du label d'exportation aux marrons et châtaignes (abrogation de l'article 4) ;

— l'arrêté du 1er octobre 1990 relatif au poids net des extraits de café et des extraits de chicorée solides ou en pâte ;

— l'arrêté du 20 juin 1989 fixant les dispositions relatives aux volumes nets des moûts de raisins partiellement fermentés même mutés autrement qu'à l'alcool, des moûts de raisins frais mutés à l'alcool (y compris des mistelles), des vins, des vins mousseux et des vins pétillants conditionnés en préemballages ;

— l'arrêté du 20 juin 1989 fixant les dispositions relatives aux volumes nets des vins de liqueur, vermouths et apéritifs à base de vin, alcools, eaux-de-vie, liqueurs et autres boissons spiritueuses ainsi qu'à ceux des préparations alcooliques composées destinées à la fabrication des boissons conditionnées en préemballages.

ANNEXE

GAMME DES VALEURS DES QUANTITÉS NOMINALES DU CONTENU DES PRÉEMBALLAGES

1. Produits vendus au volume (quantité en ml).

Vin tranquille :

Dans l'intervalle 100 ml — 1 500 ml, uniquement les 8 quantités nominales suivantes :

Ml : 100 — 187 — 250 — 375 — 500 — 750 — 1 000 — 1 500.

Vin jaune :

Dans l'intervalle 100 ml — 1 500 ml, uniquement la quantité nominale suivante :

Ml : 620.

Vin mousseux :

Dans l'intervalle 125 ml — 1 500 ml, uniquement les 5 quantités nominales suivantes :

Ml : 125 — 200 — 375 — 750 — 1 500.

Vin de liqueur :

Dans l'intervalle 100 ml — 1 500 ml, uniquement les 7 quantités nominales suivantes :

Ml : 100 — 200 — 375 — 500 — 750 — 1 000 — 1 500.

Vin aromatisé :

Dans l'intervalle 100 ml — 1 500 ml, uniquement les 7 quantités nominales suivantes :

Ml : 100 — 200 — 375 — 500 — 750 — 1 000 — 1 500.

Spiritueux :

Dans l'intervalle 100 ml — 2 000 ml, uniquement les 9 quantités nominales suivantes :

Ml : 100 — 200 — 350 — 500 — 700 — 1 000 — 1 500 — 1 750 — 2 000.

2. Définition des produits.

Vin tranquille :

Vin tel que défini à l'annexe 1, partie XII b, du règlement (CE) n° 1234/2007 du Conseil du 22 octobre 2007 portant organisation commune des marchés dans le secteur agricole et dispositions spécifiques en ce qui concerne certains produits de ce secteur (règlement « OCM unique »).

Vin jaune :

Vin tel que désigné à l'annexe 1, partie XII b, du règlement (CE) n° 1234/2007 du Conseil du 22 octobre 2007 portant organisation commune des marchés dans le secteur agricole et dispositions spécifiques en ce qui concerne certains produits de ce secteur à appellation d'origine « Côtes du Jura », « Arbois », « L'Étoile » et « Château Chalon » et dont les bouteilles répondent à la définition figurant au point 3 de l'annexe I du règlement (CE) n° 753/2002 de la Commission du 29 avril 2002 fixant certaines modalités d'application du règlement (CE) n° 1493/1499 du Conseil en ce qui concerne la désignation, la dénomination, la présentation et la protection de certains produits vitivinicoles.

Vin mousseux :

Vin tel que défini aux points 4, 5, 6, 7, 8 et 9 de l'annexe IV du règlement (CE) n° 479/2008 du Conseil du 29 avril 2008 portant organisation commune du marché vitivinicole, modifiant les règlements (CE) n° 1493/1999, (CE) n° 1782/2003, (CE) n° 1290/2005 et (CE) n° 3/2008 et abrogeant les règlements (CEE) n° 2392/86 et (CE) n° 1493/1999.

Vin de liqueur :

Vin tel que défini au point 3 de l'annexe IV du règlement (CE) n° 479/2008 du Conseil du 29 avril 2008 portant organisation commune du marché vitivinicole, modifiant les règlements (CE) n° 1493/1999, (CE) n° 1782/2003, (CE) n° 1290/2005 et (CE) n° 3/2008 et abrogeant les règlements (CEE) n° 2392/86 et (CE) n° 1493/1999.

Vin aromatisé :

Vin aromatisé tel que défini à l'article 2, paragraphe 1, point a, du règlement (CEE) n° 1601/91 du Conseil du 10 juin 1991 établissant les règles générales relatives à la définition, à la désignation et à la présentation des vins aromatisés, des boissons aromatisées à base de vin et des cocktails aromatisés de produits vitivinicoles (Code NC 2205).

Spiritueux :

Spiritueux tels que définis à l'article 2 du règlement (CE) n° 110/2008 du Parlement européen et du Conseil du 15 janvier 2008 concernant la définition, la désignation, la présentation, l'étiquetage et la protection des indications géographiques des boissons spiritueuses et abrogeant le règlement (CEE) n° 1576/89 du Conseil.

Art. R. 412-9 **Sont interdites la détention en vue de la vente ou de la distribution à titre gratuit, la mise en vente, la vente ou la distribution à titre gratuit des denrées alimentaires comportant une date limite de consommation dès lors que cette date est dépassée.** — *[C. consom., art. R. 112-8, al. 1er.]*

Art. R. 412-10 **Sont interdites la détention en vue de la vente ou de la distribution à titre gratuit, la mise en vente, la vente ou la distribution à titre gratuit des denrées alimentaires entreposées dans des conditions non conformes à celles qui sont prescrites dans leur étiquetage.** — *[C. consom., art. R. 112-8, al. 2.]*

SECTION III DISPOSITIONS RELATIVES AUX DENRÉES NON PRÉEMBALLÉES

SOUS-SECTION 1 DÉNOMINATION DE VENTE

Art. R. 412-11 **La dénomination, au sens du règlement (UE) n° 1169/2011 du Parlement européen et du Conseil du 25 octobre 2011 modifié concernant l'information des consommateurs sur les denrées alimentaires** *[V. ce texte, App., v° Denrées alimentaires]*, **de toute denrée alimentaire présentée non préemballée sur les lieux de vente au consommateur final, et, le cas échéant, les autres mentions obligatoires qui doivent l'accompagner, sont indiquées sur la denrée elle-même ou à proximité de celle-ci de façon qu'il n'existe aucune incertitude quant à la denrée à laquelle elles se rapportent.** — *[C. consom., art. R. 112-10.]*

SOUS-SECTION 2 INFORMATION RELATIVE À LA PRÉSENCE DE SUBSTANCES OU PRODUITS PROVOQUANT DES ALLERGIES OU INTOLÉRANCES

Art. R. 412-12 L'utilisation dans la fabrication ou la préparation d'une denrée alimentaire de tout ingrédient ou auxiliaire technologique ou dérivé d'une substance ou d'un produit énuméré à l'annexe II du règlement (UE) nº 1169/2011 modifié du Parlement européen et du Conseil du 25 octobre 2011 concernant l'information des consommateurs sur les denrées alimentaires *[V. ce texte, App., vº Denrées alimentaires]* provoquant des allergies ou des intolérances, et encore présent dans le produit fini même sous une forme modifiée, est portée à la connaissance du consommateur final et des établissements de restauration selon les modalités fixées par la présente sous-section. – *[C. consom., art. R. 112-11.]*

Art. R. 412-13 L'information mentionnée à l'article R. 412-12 est indiquée sur la denrée elle-même ou à proximité de celle-ci de façon qu'il n'existe aucune incertitude quant à la denrée à laquelle elle se rapporte lorsque celle-ci est :

1° Présentée non préemballée sur les lieux de vente au consommateur final et aux collectivités au sens du *d* du paragraphe 2 de l'article 2 du règlement (UE) nº 1169/2011 modifié du Parlement européen et du Conseil du 25 octobre 2011 concernant l'information des consommateurs sur les denrées alimentaires *[V. ce texte, App., vº Denrées alimentaires]* ;

2° Emballée sur les lieux de vente à la demande du consommateur ;

3° Préemballée en vue de sa vente immédiate. – *[C. consom., art. R. 112-12.]*

Art. R. 412-14 Dans les lieux où sont proposés des repas à consommer sur place, sont portés à la connaissance du consommateur, sous forme écrite, de façon lisible et visible des lieux où est admis le public :

1° Soit l'information mentionnée à l'article R. 412-12 elle-même ;

2° Soit les modalités selon lesquelles cette information est tenue à sa disposition. Dans ce cas, le consommateur est mis en mesure d'accéder directement et librement à l'information, disponible sous forme écrite. – *[C. consom., art. R. 112-13.]*

Art. R. 412-15 L'information mentionnée à l'article R. 412-12 n'est pas requise lors de la fourniture du repas lorsque, dans le cadre de la restauration collective, un dispositif permet à un consommateur d'indiquer, avant toute consommation, qu'il refuse de consommer un ou des ingrédients ou auxiliaires technologiques ou dérivés d'une substance ou d'un produit énuméré à l'annexe II du règlement (UE) nº 1169/2011 modifié du Parlement européen et du Conseil du 25 octobre 2011 concernant l'information des consommateurs sur les denrées alimentaires *[V. ce texte, App., vº Denrées alimentaires]* qui peuvent être utilisés dans la fabrication ou la préparation d'une denrée alimentaire et être présents dans le produit fini, même sous forme modifiée.

Pendant un délai de trois ans après la fourniture du dernier repas, le fournisseur des repas conserve le document attestant du refus manifesté par le consommateur.

On entend par "restauration collective" au sens du présent article : l'activité de restauration hors foyer caractérisée par la fourniture de repas à une collectivité de consommateurs réguliers, liée par accord ou par contrat. – *[C. consom., art. R. 112-14.]*

Art. R. 412-16 Chaque livraison de denrées alimentaires à des établissements de restauration est accompagnée d'un document portant l'information mentionnée à l'article R. 412-12. – *[C. consom., art. R. 112-15.]*

SECTION IV RÈGLEMENTS DE L'UNION EUROPÉENNE CONSTITUANT DES MESURES D'EXÉCUTION DE L'ARTICLE L. 412-1

SOUS-SECTION 1 DISPOSITIONS GÉNÉRALES

Art. R. 412-17 Sauf dispositions contraires, les modalités d'application autorisées par les règlements européens mentionnés à la présente section sont définies par arrêtés conjoints du ministre chargé de la consommation et des ministres intéressés.

Pour l'application des dispositions de l'article R. 451-1, les règlements européens, au sens de l'article L. 412-2, sont ceux en vigueur à la date à laquelle les faits sont commis. — *[C. consom., art. R. 214-1, I, al. 2, et II.]*

SOUS-SECTION 2 ÉTIQUETAGE ET PRÉSENTATION DES DENRÉES ALIMENTAIRES ET DES ALIMENTS POUR ANIMAUX

Art. R. 412-18 **Constituent les mesures d'exécution prévues à l'article L. 412-1 :**

1° Les dispositions des articles 1er à 4, 16 et 18 du règlement (CE) n° 178/2002 du Parlement européen et du Conseil du 28 janvier 2002 modifié établissant les principes généraux et les prescriptions générales de la législation alimentaire, instituant l'Autorité européenne de sécurité des aliments et fixant des procédures relatives à la sécurité des denrées alimentaires ;

2° Les dispositions des paragraphes 2 et 3 de l'article 1er, des articles 2 à 7, du paragraphe 1 de l'article 8, de l'article 9, des paragraphes 1 à 3 de l'article 10, de l'article 12 et du paragraphe 1 de l'article 13 du règlement (CE) n° 1924/2006 du Parlement européen et du Conseil du 20 décembre 2006 modifié concernant les allégations nutritionnelles portant sur les denrées alimentaires et son annexe ;

3° Les dispositions des articles 2 et 3 du règlement d'exécution (UE) n° 931/2011 de la Commission du 19 septembre 2011 relatif aux exigences de traçabilité définies par le règlement (CE) n° 178/2002 en ce qui concerne les denrées alimentaires d'origine animale ;

4° Les dispositions des articles 1er, 2, 6 à 10, 12 à 28, 30 à 37, 44 et les annexes I à XV du règlement (UE) n° 1169/2011 du Parlement européen et du Conseil du 25 octobre 2011 modifié concernant l'information des consommateurs sur les denrées alimentaires *[V. ce texte, App., v° Denrées alimentaires]* **ainsi que celles des articles 1er à 5 du règlement d'exécution (UE) n° 1337/2013 du 13 décembre 2013 portant modalités d'application du règlement (UE) n° 1169/2011 du Parlement européen et du Conseil en ce qui concerne l'indication du pays d'origine ou du lieu de provenance des viandes fraîches, réfrigérées et congelées des animaux des espèces porcine, ovine, caprine et des volailles** *[V. App., v° Viandes, charcuteries]*. — *[C. consom., art. R. 214-2.]*

Les dispositions du 4° entrent en vigueur le 13 déc. 2014, à l'exception de celles de l'art. 9, § 1, pt. l, du Règl. (UE) n° 1169/2011 du 25 oct. 2011 et sous réserve de l'application des mesures transitoires prévues à l'art. 54 du même règlement (Décr. n° 2014-1489 du 11 déc. 2014., art. 5). — V. Règl. préc., App., v° Denrées alimentaires.

Les dispositions relatives au Règl. d'exécution (UE) n° 1337/2013 du 13 déc. 2013 s'appliquent à compter du 1er avr. 2015. Les viandes qui ont été légalement mises sur le marché de l'Union européenne avant le 1er avr 2015 peuvent être commercialisées jusqu'à l'épuisement des stocks (Décr. n° 2014-1489 du 11 déc. 2014, art. 5). — V. Règl. préc., App., v° Viandes, charcuteries.

SOUS-SECTION 3 NOUVEAUX ALIMENTS ET NOUVEAUX INGRÉDIENTS ALIMENTAIRES

Art. R. 412-19 **Constituent les mesures d'exécution prévues à l'article L. 412-1 les dispositions des paragraphes 1 et 2 de l'article 1er, des paragraphes 1 et 2 de l'article 2, de l'article 3, des paragraphes 1 et 2 de l'article 4 et du paragraphe 1 de l'article 8 du règlement (CE) n° 258/97 du Parlement européen et du Conseil du 27 janvier 1997 modifié relatif aux nouveaux aliments et aux nouveaux ingrédients alimentaires.** — *[C. consom., art. R. 214-3.]*

SOUS-SECTION 4 ORGANISMES GÉNÉTIQUEMENT MODIFIÉS

BIBL. ▶ Conseil national de l'alimentation, *BOCC 21 janv. 2002, p. 55* (rapport et avis n° 31 du 20 nov. 2001 relatif à l'étiquetage des aliments et ingrédients constitués d'OGM ou issus d'OGM). - GALLOUX, *D. 2007. 1672* (timides avancées françaises sur la réglementation des OGM). - CHARLIER et NGO, *RD rur. 2010. Étude 27* (agriculture des signes de qualité et agriculture OGM : les enjeux de la coexistence). - MOIROUD, *RDSS 2013. 771* (la réglementation des OGM nous entraîne-t-elle vers la voie de l'insensé ?).

Art. R. 412-20 Constituent les mesures d'exécution prévues à l'article L. 412-1 :

1° Les dispositions des articles 2 et 3, des paragraphes 1 et 2 de l'article 4, des paragraphes 1 et 3 de l'article 9, des paragraphes 1 à 3 de l'article 12, des articles 13 et 15, des paragraphes 1 et 2 de l'article 16, des paragraphes 1 et 3 de l'article 21, des paragraphes 1 à 3 de l'article 24 et de l'article 25 du règlement (CE) n° 1829/2003 du Parlement européen et du Conseil du 22 septembre 2003 modifié concernant les denrées alimentaires et les aliments pour animaux génétiquement modifiés ;

2° Les dispositions des paragraphes 1 à 4 et 6 à 8 de l'article 4, des paragraphes 1, 2 et 4 de l'article 5 et de l'article 6 du règlement (CE) n° 1830/2003 du Parlement européen et du Conseil du 22 septembre 2003 modifié concernant la traçabilité et l'étiquetage des organismes génétiquement modifiés et la traçabilité des produits destinés à l'alimentation humaine ou animale produits à partir d'organismes génétiquement modifiés. – *[C. consom., art. R. 214-4.]*

Décret n° 2012-128 du 30 janvier 2012,

Relatif à l'étiquetage des denrées alimentaires issues de filières qualifiées « sans organismes génétiquement modifiés ».

Art. 1er Le présent décret fixe les mentions particulières d'étiquetage qui peuvent être utilisées pour la mise sur le marché des denrées alimentaires destinées au consommateur final en ce qui concerne leurs ingrédients issus de filières de production et commerciales qualifiées "sans organismes génétiquement modifiés" mentionnées à l'article L. 531-2-1 du code de l'environnement.

Art. 2 Il est interdit de détenir en vue de la vente ou de la distribution à titre gratuit, de vendre, de mettre en vente ou distribuer à titre gratuit des denrées alimentaires portant les mentions prévues par le présent décret et ne satisfaisant pas à ses dispositions.

CHAPITRE Ier. *INGRÉDIENTS D'ORIGINE VÉGÉTALE*

Art. 3 La mention : "sans OGM" est réservée aux ingrédients non génétiquement modifiés et aux ingrédients obtenus à partir de matières premières contenant au maximum 0,1 % d'organismes génétiquement modifiés, à condition que cette présence soit fortuite et techniquement inévitable.

Cette mention ne peut pas être utilisée pour désigner des ingrédients issus de végétaux dont aucune espèce génétiquement modifiée n'a fait l'objet d'une autorisation de mise sur le marché de l'Union européenne.

CHAPITRE II. *INGRÉDIENTS PROVENANT D'ANIMAUX D'ÉLEVAGE*

Art. 4 La mention : "nourri sans OGM (< 0,1 %)" est réservée aux ingrédients non transformés au sens du règlement du 29 avril 2004 susvisé, qui proviennent d'animaux d'élevage, à l'exception des œufs et du lait provenant d'animaux nourris exclusivement avec des aliments obtenus à partir de matières premières contenant au maximum 0,1 % d'organismes génétiquement modifiés, à condition que cette présence soit fortuite et techniquement inévitable.

La mention : "issu d'animaux nourris sans OGM (< 0,1 %)" est réservée aux ingrédients transformés au sens du règlement du 29 avril 2004 susvisé *[relatif à l'hygiène des denrées alimentaires]*, aux œufs et au lait provenant d'animaux d'élevage nourris exclusivement avec des aliments obtenus à partir de matières premières contenant au maximum 0,1 % d'organismes génétiquement modifiés, à condition que cette présence soit fortuite ou techniquement inévitable.

Ces mentions peuvent être utilisées pour désigner des ingrédients provenant d'animaux nourris avec des végétaux, dont aucune espèce génétiquement modifiée n'a fait l'objet d'une autorisation de mise sur le marché de l'Union européenne.

Art. 5 La mention : "nourri sans OGM (< 0,9 %)" est réservée aux ingrédients provenant d'animaux d'élevage non transformés au sens du règlement du 29 avril 2004 susvisé *[relatif à l'hygiène des denrées alimentaires]*, à l'exception des œufs et du lait provenant d'animaux nourris exclusivement avec des aliments non soumis aux obligations d'étiquetage du règlement du 22 septembre 2003 susvisé *[concernant les denrées alimentaires et les aliments pour animaux génétiquement modifiés]*.

La mention : "issu d'animaux nourris sans OGM (< 0,9 %)" est réservée aux ingrédients transformés au sens du règlement du 29 avril 2004 susvisé, aux œufs et au lait provenant d'animaux d'élevage nourris exclusivement avec des aliments non soumis aux exigences d'étiquetage du règlement du 22 septembre 2003 susvisé.

Pour les ingrédients d'origine animale issus de l'agriculture biologique, cette mention peut être apposée sous réserve qu'elle soit complétée par les termes : "conformément à la réglementation relative à la production biologique".

Art. 6 L'utilisation des mentions prévues aux articles 4 et 5 est réservée aux ingrédients provenant d'animaux d'élevage qui, pendant toute la durée de leur vie, ont reçu une alimentation conforme aux exigences définies par ces mêmes articles.

Toutefois, ces mentions peuvent être utilisées lorsque les conditions et durées minimales d'alimentation suivantes sont respectées :

a) Pour les animaux destinés à la production laitière, au moins six mois avant la production du lait destiné à être étiqueté ;

b) Pour les volailles de chair, toute la durée d'élevage à compter du stade poussin de trois jours ;

c) Pour les volailles destinées à la production d'œufs, la durée d'élevage à compter du stade poussin de trois jours ou au moins six semaines avant la période de production des œufs destinés à être étiquetés ;

d) Pour les autres animaux d'élevage, pendant l'année précédant l'abattage ou la pêche ou, pour ceux dont la durée de vie est inférieure à un an, les trois quarts de leur vie précédant l'abattage ou la pêche.

CHAPITRE III. *INGRÉDIENTS ISSUS DE L'APICULTURE*

Art. 7 La mention : "sans OGM dans un rayon de 3 km" est réservée aux ingrédients issus de l'apiculture qui, tout à la fois :

1° Proviennent de ruches situées de telle façon que, dans un rayon de 3 km autour de leur emplacement, les sources de nectar et de pollen soient constituées d'espèces végétales non génétiquement modifiées ;

2° Proviennent de ruches dans lesquelles les aliments complémentaires pour les abeilles, utilisés le cas échéant, répondent aux exigences mentionnées à l'article 3 ;

3° Ne sont pas soumis aux exigences d'étiquetage du règlement du 22 septembre 2003 susvisé *[concernant les denrées alimentaires et les aliments pour animaux génétiquement modifiés]*.

L'emploi de cette mention est réservé aux produits issus de l'apiculture pour lesquels les règles de production définies aux alinéas précédents ont été respectées pendant au moins un an.

CHAPITRE IV. *DISPOSITIONS COMMUNES*

Art. 8 La publicité, l'étiquetage et la présentation des denrées alimentaires portant l'une des mentions définies au présent décret ne peuvent pas faire état de propriétés organoleptiques ou nutritionnelles ou de qualités sanitaires ou environnementales particulières du seul fait qu'elles sont issues de filières qualifiées "sans OGM".

Art. 9 Dès lors qu'elles sont produites à partir ou à l'aide d'organismes génétiquement modifiés, les substances suivantes ne peuvent pas être utilisées dans le processus de fabrication des ingrédients portant les mentions prévues aux articles 3, 4 et 7 :

1° Auxiliaires technologiques ;

2° Supports d'additifs ou d'arômes ;

3° Toute autre substance qui n'est pas soumise à une obligation d'étiquetage.

Toutefois, lorsqu'elles ne sont pas disponibles sur le marché autrement que produites à partir ou à l'aide d'organismes génétiquement modifiés, les substances figurant sur la liste établie par la Commission européenne en application du *g* du 2 de l'article 22 du règlement du 28 juin 2007 susvisé *[relatif à la production biologique et à l'étiquetage des produits biologiques ; V. ce texte, App., v° Produits biologiques]* ou fixées par arrêté du ministre chargé de la consommation peuvent être utilisées à titre dérogatoire.

Art. 10 Pour les denrées alimentaires préemballées, les mentions prévues aux articles 3, 4, 5 et 7 figurent soit dans la liste des ingrédients, lorsqu'elle est prévue par la réglementation en vigueur, immédiatement après le nom de l'ingrédient concerné, soit dans une note au bas de cette liste. La mention est apposée dans une taille, une couleur et une police de caractères qui ne sont pas différentes de celles utilisées pour la liste des ingrédients.

Art. 11 Lorsque la réglementation en vigueur ne prévoit pas l'indication de la liste des ingrédients, les mentions prévues aux articles 3, 4, 5 et 7 apparaissent sur la denrée alimentaire préemballée à la suite de l'indication du ou des ingrédients concernés, dans les mêmes taille, couleur et police de caractères.

Art. 12 Pour les denrées alimentaires non préemballées, les mentions prévues aux articles 3, 4, 5 et 7 sont apposées en caractères indélébiles et apparents, à la suite de l'indication du ou des ingrédients concernés, sur une étiquette placée sur chaque denrée ou sur chaque lot de denrées, un lot ne pouvant contenir que des denrées auxquelles s'applique la même mention.

Art. 13 Lorsqu'une denrée alimentaire est composée de plusieurs ingrédients, les mentions prévues aux articles 3, 4, 5 et 7 peuvent être reprises dans le champ visuel principal de l'emballage ou de l'étiquetage de la denrée non préemballée si, tout à la fois :

1° Elles sont apposées à la suite de la mention de l'ingrédient concerné et si celui-ci représente au moins 95 % en poids de la denrée au moment de la mise en œuvre de cet ingrédient. L'eau et le sel ajoutés ne sont pas pris en considération pour le calcul ;

2° Les autres ingrédients ne sont pas soumis aux obligations d'étiquetage prévues par le règlement du 22 septembre 2003 susvisé *[concernant les denrées alimentaires et les aliments pour animaux génétiquement modifiés]* ;

3° Les ingrédients provenant d'animaux d'élevage satisfont aux conditions fixées aux articles 4 ou 5.

La mention est apposée dans une taille de caractères qui n'est pas supérieure à celle de la dénomination de vente, commerciale ou de fantaisie qui apparaît dans le même champ visuel.

Art. 14 Les animaux servant à la production des ingrédients portant les mentions prévues aux articles 4 et 5 peuvent être issus d'exploitations dans lesquelles sont présents des animaux nourris selon d'autres pratiques, pour autant qu'ils soient élevés dans des unités séparées, que les aliments pour animaux soient stockés séparément et qu'il s'agisse d'espèces animales différentes.

En l'absence d'unités de production séparées pour la fabrication des ingrédients et aliments pour animaux sans organismes génétiquement modifiés, les mentions prévues aux articles 3, 4 et 5 ne peuvent être utilisées que si sont mises en place, après la fabrication de produits contenant des organismes génétiquement modifiés, des procédures de nettoyage des installations et du matériel utilisés ou toute autre mesure alternative permettant d'éviter la présence de traces de ces organismes génétiquement modifiés.

Les systèmes et procédures permettant de justifier de la conformité de l'étiquetage des denrées alimentaires ou aliments pour animaux utilisés sont tenus à la disposition des agents chargés du contrôle pendant une période de cinq ans. Dans le cas de produits issus de l'apiculture, les localisations précises des ruches au cours de la production sont conservées pendant la même durée.

Art. 15 Les produits légalement fabriqués ou commercialisés dans un autre État membre de l'Union européenne ou en Turquie, ou légalement fabriqués dans un autre État partie à l'accord sur l'Espace économique européen ne sont pas soumis aux exigences du présent décret.

Sans préjudice de l'application du règlement du 9 juillet 2008 susvisé *[établissant les procédures relatives à l'application de certaines règles techniques nationales à des produits commercialisés légalement dans un autre État membre]* ou du respect d'une procédure analogue pour les autres États parties à l'accord sur l'Espace économique européen ainsi que pour la Turquie, les produits légalement fabriqués ou commercialisés dans un autre État membre de l'Union européenne ou en Turquie, ou légalement fabriqués dans un autre État partie à l'accord sur l'Espace économique européen peuvent être importés et commercialisés en France avec une mention "sans OGM" ou une mention analogue.

Art. 16 Le présent décret entre en vigueur le 1er juillet 2012.

SOUS-SECTION 5 BOISSONS ALCOOLISÉES

Art. R. 412-21 **Constituent les mesures d'exécution prévues à l'article L. 412-1 :**

1° Les dispositions des articles 1er à 5 de l'article 7, de l'article 8, de l'article 9, des paragraphes 1 et 2 de l'article 10, des paragraphes 1, 2, 4 et 5 de l'article 11 et des articles 12 à 16 du règlement (CE) n° 110/2008 du Parlement européen et du

Conseil du 15 janvier 2008 modifié concernant la définition, la présentation, l'étiquetage et la protection des indications géographiques des boissons spiritueuses ;

2° Les dispositions des articles 2, 7, 8, 9, 11, 21, 22, 23, 26, 30, 34, 36, 38, 39, 40, 41, 42, 43, 45, 46 et 48 du règlement (CE) n° 436/2009 du Conseil du 26 mai 2009 modifié portant modalités d'application du règlement (CE) n° 479/2008 en ce qui concerne le casier viticole, les déclarations obligatoires et l'établissement des informations pour le suivi du marché, les documents accompagnant les transports des produits et les registres à tenir dans le secteur vitivinicole ;

3° Les dispositions des articles 1er, 3, 4, 5, 6, 7, 8, 9, 10, 11, 12 et 13 du règlement (CE) n° 606/2009 de la Commission du 10 juillet 2009 fixant certaines modalités d'application du règlement (CE) n° 479/2008 en ce qui concerne les catégories de produits de la vigne, les pratiques œnologiques et les restrictions qui s'y appliquent ;

4° Les dispositions des articles 1er, 19, 43, 49, 50, 51, 52, 53, 54, 55, 56, 57, 58, 60, 61, 62, 63, 64, 65, 66, 67, 68 et 69 de l'annexe XVII du règlement (CE) n° 607/2009 de la Commission du 14 juillet 2009 modifié fixant certaines modalités d'application du règlement (CE) n° 479/2008 du Conseil en ce qui concerne les appellations d'origine protégées et les indications géographiques protégées, les mentions traditionnelles, l'étiquetage et la présentation de certains produits du secteur vitivinicole ;

5° Les dispositions des articles 2 à 5 et de l'article 22 du règlement d'exécution (UE) n° 716/2013 de la Commission du 25 juillet 2013 modifié portant modalités d'application du règlement (CE) n° 110/2008 concernant la définition, la désignation, la présentation, l'étiquetage et la protection des indications géographiques des boissons spiritueuses ;

6° Les dispositions des articles 78, 80, 81, 82, 90, 92, 93, 103, 112, 113, 117 à 121, 147, 223 et de l'annexe VII, partie II « Catégories de produits de la vigne » du règlement (UE) n° 1308/2013 du Parlement européen et du Conseil du 17 décembre 2013 modifié portant organisation commune des marchés des produits agricoles pour les produits définis à la partie XII de l'annexe I de ce règlement ;

7° Les dispositions des articles 1er à 8 et de l'article 20 du règlement (UE) n° 251/2014 du Parlement européen et du Conseil du 26 février 2014 concernant la définition, la description, la présentation, l'étiquetage et la protection des indications géographiques des produits vinicoles aromatisés et ses annexes. — *[C. consom., art. R. 214-5.]*

V. aussi Décr. n° 2012-655 du 4 mai 2012, App., v° Vins.

SOUS-SECTION 6 ADDITIFS, ENZYMES, ARÔMES DESTINÉS À L'ALIMENTATION HUMAINE

Art. R. 412-22 **Constituent les mesures d'exécution prévues à l'article L. 412-1 :**

1° Les dispositions des articles 2, 3, 4, 5 et 13 du règlement (CE) n° 2065/2003 du Parlement européen et du Conseil du 10 novembre 2003 modifié relatif aux arômes de fumée utilisés ou destinés à être utilisés dans ou sur les denrées alimentaires et ses annexes ;

2° Les dispositions du paragraphe 1 de l'article 2, des articles 3 et 5, du paragraphe 1 de l'article 10, du paragraphe 1 de l'article 12 et de l'article 14 du règlement (CE) n° 1332/2008 du Parlement européen et du Conseil du 16 décembre 2008 modifié concernant les enzymes alimentaires ;

3° Les dispositions du paragraphe 1 de l'article 2, le paragraphe 4 de l'article 2, des articles 3, 5, 15 et 16, du paragraphe 1 de l'article 21, de l'article 23 et de l'article 26 du règlement (CE) n° 1333/2008 du Parlement européen et du Conseil du 16 décembre 2008 modifié sur les additifs alimentaires et ses annexes ;

4° Les dispositions du paragraphe 1 de l'article 2, des articles 3 et 5, du paragraphe 1 de l'article 14, du paragraphe 1 de l'article 17 et de l'article 19 du règlement (CE) n° 1334/2008 du Parlement européen et du Conseil du 16 décembre 2008 modifié relatif aux arômes et à certains ingrédients possédant des propriétés aromatisantes *[V. ce texte, App., v° Denrées alimentaires]*. — *[C. consom., art. R. 214-6.]*

V. Arr. du 27 août 2009 relatif aux solvants d'extraction utilisés dans la fabrication des arômes (JO 11 sept.).

SOUS-SECTION 7 ADJONCTION DE VITAMINES, DE MINÉRAUX ET DE CERTAINES AUTRES SUBSTANCES AUX DENRÉES ALIMENTAIRES

Art. R. 412-23 Constituent les mesures d'exécution prévues à l'article L. 412-1 les dispositions des paragraphes 2 et 3 de l'article 1er, du *[paragraphe]* 2 de l'article 2, des paragraphes 1 et 2 de l'article 3, de l'article 4, des paragraphes 2 et 3 de l'article 5, des paragraphes 1 et 6 de l'article 6, des paragraphes 1 à 5 de l'article 7 du règlement (CE) nº 1925/2006 du Parlement européen et du Conseil du 20 décembre 2006 modifié concernant l'adjonction de vitamines, de minéraux et de certaines autres substances aux denrées alimentaires et ses annexes. – *[C. consom., art. R. 214-7.]*

SOUS-SECTION 8 CONTAMINANTS

Art. R. 412-24 Constituent les mesures d'exécution prévues à l'article L. 412-1, les dispositions des articles 1er et 2 du règlement (CEE) nº 315/93 du Conseil des Communautés européennes du 8 février 1993 modifié portant établissement des procédures communautaires relatives aux contaminants dans les denrées alimentaires, ainsi que les dispositions des articles 1er à 6 du règlement (CE) nº 1881/2006 du 19 décembre 2006 modifié portant fixation de teneurs maximales pour certains contaminants dans les denrées alimentaires et son annexe. – *[C. consom., art. R. 214-8.]*

SOUS-SECTION 9 FRUITS ET LÉGUMES

Art. R. 412-25 Constituent les mesures d'exécution prévues à l'article L. 412-1 :

1º Les dispositions des articles 4 à 7 et du paragraphe 4 de l'article 11 et du paragraphe 3 de l'article 17 du règlement d'exécution (UE) nº 543/2011 modifié du Parlement européen et du Conseil du 17 décembre 2011 modifié portant modalités d'application du règlement (CE) nº 1234/2007 du Conseil en ce qui concerne les secteurs des fruits et légumes et des fruits et légumes transformés ;

2º Les dispositions de l'article 1er et de l'annexe I du règlement d'exécution (UE) nº 1333/2011 de la Commission du 19 décembre 2011 modifié fixant des normes de commercialisation pour les bananes, des dispositions relatives au contrôle du respect de ces normes de commercialisation et des exigences relatives aux communications dans le secteur de la banane ;

3º Les dispositions des articles 74, 75 et 76 du règlement (UE) nº 1308/2013 du Parlement européen et du Conseil du 17 décembre 2013 modifié portant organisation commune des marchés des produits agricoles pour les produits définis aux parties IX à XI de l'annexe I de ce règlement. – *[C. consom., art. R. 214-9.]*

SOUS-SECTION 10 HUILE D'OLIVE ET OLIVES DE TABLE

Art. R. 412-26 Constituent les mesures d'exécution prévues à l'article L. 412-1 :

1º Les dispositions des articles 1er et 7 du règlement (CEE) nº 2568/91 de la Commission du 11 juillet 1991 modifié relatif aux caractéristiques des huiles d'olive et des huiles de grignons d'olive ainsi qu'aux méthodes d'analyse y afférentes et de ses annexes ;

2º Les dispositions des articles 1er à 7 du règlement d'exécution (UE) nº 29/2012 de la Commission du 13 janvier 2012 modifié relatif aux normes de commercialisation de l'huile d'olive ;

3º Les dispositions de l'article 78 et de l'annexe VII, partie VIII "Descriptions et définitions des huiles d'olive et huiles de grignons d'olive" du règlement (UE) nº 1308/2013 du Parlement européen et du Conseil du 17 décembre 2013 portant organisation commune des marchés des produits agricoles pour les produits définis à la partie VII de l'annexe I de ce règlement. – *[C. consom., art. R. 214-10.]*

SOUS-SECTION 11 ŒUFS ET VIANDE DE VOLAILLE

Art. R. 412-27 Constituent les mesures d'exécution prévues à l'article L. 412-1 :

1º Les dispositions des articles 1er et 2, du paragraphe 3 du chapitre Ier et celles du V du chapitre II de la section X "Œufs et ovoproduits" de l'annexe III du règlement

(CE) n° 853/2004 du Parlement et du Conseil du 29 avril 2004 modifié fixant des règles spécifiques d'hygiène applicable à des denrées alimentaires d'origine animale;

2° Les dispositions des articles 1er à 7, des paragraphes 3 et 5 de l'article 8, *[des]* paragraphes 1 à 12 de l'article 9, de l'article 10, des paragraphes 1 à 3 de l'article 11, du paragraphe 6 de l'article 16 et de l'article 20 du règlement (CE) n° 543/2008 de la Commission du 16 juin 2008 modifié portant modalités d'application du règlement (CE) n° 1234/2007 du Conseil en ce qui concerne les normes de commercialisation pour la viande de volaille et ses annexes;

3° Les dispositions des articles 1er à 4, des paragraphes 1 et 3 de l'article 5, des articles 6 et 7, des paragraphes 1 et 5 de l'article 8, des articles 9 à 23 et 26 à 30 et de l'article 33 du règlement (CE) n° 589/2008 de la Commission du 23 juin 2008 modifié portant modalités d'application du règlement (CE) n° 1234/2007 du Conseil en ce qui concerne les normes de commercialisation applicables aux œufs et de ses annexes;

4° Les dispositions des articles 1er et 3 à 7 du règlement (CE) n° 617/2008 portant modalités d'application du règlement (CE) n° 1234/2007 du Conseil du 27 juin 2008 en ce qui concerne les normes de commercialisation pour les œufs à couver et les poussins de volailles de basse-cour;

5° Les dispositions de l'article 78 et de l'annexe VII, partie V "Produits du secteur de la viande de volaille" et partie VI "Œufs de poule de l'espèce *Gallus gallus*" du règlement (UE) n° 1308/2013 du Parlement européen et du Conseil du 17 décembre 2013 portant organisation commune des marchés des produits agricoles pour les produits définis aux parties XIX et XX de l'annexe I de ce règlement. – *[C. consom., art. R. 214-11.] – Jusqu'à l'entrée en vigueur des règles de commercialisation définies par des actes délégués pris en application des art. 75 et 78 du Règl. (UE) n° 1308/2013 du 17 déc. 2013, les dispositions des pts 2 et 3 du I et du pt 1 du III de la partie B de l'annexe XIV du Règl. (CE) n° 1234/2007 du 22 oct. 2007 demeurent applicables (Décr. n° 2015-89 du 28 janv. 2015, art. 6-II).*

SOUS-SECTION 12 PRODUITS LAITIERS, COLOSTRUM ET MATIÈRES GRASSES LAITIÈRES OU NON

Art. R. 412-28 Constituent les mesures d'exécution prévues à l'article L. 412-1 :

1° Les dispositions des points 1 et 2 du chapitre IV, les 1 et 2 de la section IX "Lait cru, colostrum, produits laitiers et produits à base de colostrum" de l'annexe III du règlement (CE) n° 853/2004 du Parlement et du Conseil du 29 avril 2004 modifié fixant des règles spécifiques d'hygiène applicable à des denrées alimentaires d'origine animale;

2° Les dispositions des articles 1er à 3 du règlement (CE) n° 445/2007 de la Commission du 23 avril 2007 portant certaines modalités d'application du règlement (CE) n° 2991/94 du Conseil établissant des normes pour les matières grasses tartinables et du règlement (CEE) n° 1898/87 du Conseil concernant la protection de la dénomination du lait et des produits laitiers lors de leur commercialisation de ses annexes;

3° Les dispositions de l'article 78 et de l'annexe VII, parties III "Lait et produits laitiers" et IV "Lait destiné à la consommation humaine relevant du code NC 0401" du règlement (UE) n° 1308/2013 du Parlement européen et du Conseil du 17 décembre 2013 modifié portant organisation commune des marchés des produits agricoles pour les produits définis à la partie XVI de l'annexe I de ce règlement;

4° Les dispositions des articles 75 et 78 et de l'annexe VII, partie VII "Matières grasses tartinables" du règlement (UE) n° 1308/2013 du Parlement européen et du Conseil du 17 décembre 2013 modifié portant organisation commune des marchés des produits agricoles. – *[C. consom., art. R. 214-12.]*

SOUS-SECTION 13 PRODUITS DE LA PÊCHE

Art. R. 412-29 Constituent les mesures d'exécution prévues à l'article L. 412-1 :

1° Les dispositions des articles 1er à *7 bis* du règlement (CEE) n° 2136/89 du Conseil des Communautés européennes du 21 juin 1989 modifié portant fixation de normes communes de commercialisation pour les conserves de sardines;

2° Les dispositions des articles 2 à 6 du règlement (CE) n° 1536/92 du Conseil du 9 juin 1992 portant fixation de normes communes de commercialisation pour les conserves de thon et de bonite ;

3° Les dispositions de l'article 1er, des paragraphes 1 et 2 de l'article 2, des articles 3 à 5, des points 2 à 5 de l'article 6, du point 1 de l'article 7, des paragraphes 1 à 3 de l'article 8 et celles de l'article 11 du règlement (CE) n° 2406/96 du Conseil du 26 novembre 1996 modifié fixant des normes communes de commercialisation pour certains produits de la pêche ;

4° Les dispositions des articles 1er et 2, du point 2 du chapitre VII et du point 1 de la section VII "Mollusques bivalves vivants" de l'annexe III du règlement (CE) n° 853/2004 du Parlement et du Conseil du 29 avril 2004 modifié fixant des règles spécifiques d'hygiène applicable à des denrées alimentaires d'origine animale ;

5° Les dispositions des articles 1er et 2, du 1° du C du chapitre III, des alinéas 2 et 3 du point 1 du E du chapitre V et du point 1 de la section VIII "Produits de la pêche" de l'annexe III du règlement (CE) n° 853/2004 du Parlement et du Conseil du 29 avril 2004 modifié fixant des règles spécifiques d'hygiène applicable à des denrées alimentaires d'origine animale ;

6° Les dispositions de l'article 1er, de l'article 2 et de l'article 5, du paragraphe 1 des articles 34, 35, 37 à 39 et de l'annexe I du règlement (UE) n° 1379/2013 du Parlement européen et du Conseil du 11 décembre 2013 portant organisation commune des marchés dans le secteur des produits de la pêche et de l'aquaculture. – *[C. consom., art. R. 214-13.]*

SOUS-SECTION 14 VIANDES BOVINE, OVINE ET PORCINE

Art. R. 412-30 Constituent les mesures d'exécution prévues à l'article L. 412-1 :

1° Les dispositions des articles 11 et 12, des paragraphes 1, 2 et 5 de l'article 13, de l'article 14, de l'article 15 et des paragraphes 1 et 2 de l'article 15 *bis* du règlement (CE) n° 1760/2000 du Parlement européen et du Conseil du 17 juillet 2000 modifié établissant un système d'identification et d'enregistrement des bovins et concernant l'étiquetage de la viande bovine et des produits à base de viande bovine ;

2° Les dispositions des articles 1er à 5 *quater* et du paragraphe 3 de l'article 6 du règlement (CE) n° 1825/2000 de la Commission du 25 août 2000 modifié portant modalités d'application du règlement (CE) n° 1760/2000 du Parlement européen et du Conseil en ce qui concerne l'étiquetage de la viande bovine et des produits à base de viande bovine ;

3° Les dispositions de l'article 78 et de l'annexe VII, partie I "Définitions, dénominations et dénominations de vente des produits visés à l'article 78 du règlement (UE) n° 1308/2013 du Parlement européen et du Conseil du 17 décembre 2013 portant organisation commune des marchés des produits agricoles", ainsi que celles des articles 1er à 3, des paragraphes 1 et 2 de l'article 4, de l'article 5 et des paragraphes 1 et 3 de l'article 7 du règlement (CE) n° 566/2008 de la Commission du 18 juin 2008 portant modalités d'application du règlement (CE) n° 1234/2007 en ce qui concerne la commercialisation des viandes issues de bovins âgés de douze mois au plus ;

4° Les dispositions de l'article 10 et de l'annexe IV "Grilles utilisées dans l'Union pour le classement des carcasses visées à l'article 10" à l'exception des paragraphes IV du A, III du B et IV du C du règlement (UE) n° 1308/2013 du Parlement européen et du Conseil du 17 décembre 2013 portant organisation commune des marchés des produits agricoles, ainsi que celles des articles 1er, des paragraphes 1, 3 et 4 de l'article 2, des articles 3 et 6, des paragraphes 1 et 2 de l'article 7, de l'article 10, du paragraphe 1 de l'article 20, des paragraphes 1, 3 et 5 de l'article 21, des paragraphes 1 et 2 de l'article 22, des paragraphes 1, 2, 3 et 5 de l'article 23[,] des articles 28 et 29 et des paragraphes 1 à 3 de l'article 30 du règlement (CE) n° 1249/2008 de la Commission du 10 décembre 2008 portant modalités d'application des grilles communautaires de classement des carcasses de bovins, de porcins et d'ovins et de la communication des prix y afférents. – *[C. consom., art. R. 214-14.]*

SOUS-SECTION 15 VIANDE HACHÉE ET PRODUITS À BASE DE VIANDE

Art. R. 412-31 Constituent les mesures d'exécution prévues à l'article L. 412-1 les dispositions des articles 1er et 2, du chapitre II, du point 2 du chapitre IV de la section V "Viandes hachées, préparations de viandes et viandes séparées mécaniquement (VSM)", du point 1 de la section VI "Produits à base de viande" de l'annexe III du règlement (CE) nº 853/2004 du Parlement et du Conseil du 29 avril 2004 modifié fixant des règles spécifiques d'hygiène applicable à des denrées alimentaires d'origine animale. – *[C. consom., art. R. 214-14-1.]*

SOUS-SECTION 16 COLLAGÈNES ET GÉLATINE

Art. R. 412-32 Constituent les mesures d'exécution prévues à l'article L. 412-1 :

1º Les dispositions des articles 1er et 2, des points 1 et 2 du chapitre Ier et du chapitre V de la section XIV "Gélatine" de l'annexe III du règlement (CE) nº 853/2004 du Parlement et du Conseil du 29 avril 2004 modifié fixant des règles spécifiques d'hygiène applicable à des denrées alimentaires d'origine animale ;

2º Les dispositions des articles 1er et 2, des points 1 et 2 du chapitre Ier et du chapitre V de la section XV "Collagène" de l'annexe III du règlement (CE) nº 853/2004 du Parlement et du Conseil du 29 avril 2004. – *[C. consom., art. R. 214-1-2.]*

SOUS-SECTION 17 MODES DE VALORISATION

Art. R. 412-33 Constituent les mesures d'exécution prévues à l'article L. 412-1 :

1º Les dispositions des articles 1er *[et]* 2, des paragraphes 1 à 3, de l'article 9, de l'article 10, de l'article 11*[,]* des paragraphes 1 et 2 de l'article 12, des paragraphes 1 et 2 de l'article 13, du paragraphe 1 de l'article 14, du paragraphe 1 de l'article 15, du paragraphe 1 de l'article 17, des paragraphes 1 à 4 de l'article 18, de l'article 19, des paragraphes 1 et 2 de l'article 20, des paragraphes 1 à 4 de l'article 23, des paragraphes 1 et 2 de l'article 24, des paragraphes 1 et 2 de l'article 25, du paragraphe 5 de l'article 27, du paragraphe 1 de l'article 28, du paragraphe 1 de l'article 29, du paragraphe 1 de l'article 32, du paragraphe 1 de l'article 33 du règlement (CE) nº 834/2007 du 28 juin 2007 modifié relatif à la production biologique et à l'étiquetage des produits biologiques *[V. ce texte, App., vº Produits biologiques]* ;

2º Les dispositions des articles 1er à 44, des paragraphes 1 à 3 de l'article 45, des articles 46 et 46 *bis*, des articles 57 à 66, des articles 68 et 69, des articles 72 et 73, de l'article 73 *ter*, des articles 75 à 79, de l'article 79 *ter*, des articles 81 et 83 et des articles 87 et 89 du règlement (CE) nº 889/2008 du 5 septembre 2008 modifié portant modalités d'application du règlement (CE) nº 834/2007 relatif à la production biologique et à l'étiquetage des produits biologiques en ce qui concerne la production biologique, l'étiquetage et les contrôles, et ses annexes ;

3º Les dispositions de l'article 2, de l'article 3, du paragraphe 2 de l'article 9 et du paragraphe 1 de l'article 10 du règlement (CE) nº 66/2010 du 25 novembre 2009 établissant le label écologique de l'UE *[Union européenne] [V. ce texte, App., vº Valorisation des produits et des services]* ;

4º Les dispositions des articles 2, 3 et 5, du paragraphe 1 de l'article 7, des paragraphes 1 à 6 de l'article 12, des paragraphes 1 et 2 de l'article 13, des paragraphes 1 et 3 de l'article 15, des articles 17 et 18, du paragraphe 1 de l'article 19, des paragraphes 1 à 3 de l'article 23, du paragraphe 1 de l'article 24, de l'article 29, des paragraphes 1 et 2 de l'article 31, du paragraphe 1 de l'article 33, du paragraphe 1 de l'article 44 du règlement (UE) nº 1151/2012 du Parlement européen et du Conseil du 21 novembre 2012 relatif aux systèmes de qualité applicables aux produits agricoles et alimentaires ;

5º Les dispositions des articles 1er à 6 du règlement délégué (UE) nº 665/2014 de la Commission du 11 mars 2014 complétant le règlement (UE) nº 1151/2012 en ce qui concerne les conditions d'utilisation de la mention de qualité facultative "produit de montagne" ;

6° Les dispositions du paragraphe 2 de l'article 4, de l'article 5, de l'article 13 et de l'annexe X du règlement d'exécution (UE) n° 668/2014 de la Commission du 13 juin 2014 portant modalités d'application du règlement (UE) n° 1151/2012 du Parlement européen et du Conseil relatif aux systèmes de qualité applicables aux produits agricoles et alimentaires. – *[C. consom., art. R. 214-15.]*

Les dénominations enregistrées conformément aux exigences établies au § 1 de l'art. 13 du Règl. (CE) n° 509/2006 du 20 mars 2006, y compris celles enregistrées en vertu des demandes visées au 2e al. du § 1 de l'art. 58 du Règl. (UE) n° 1151/2012, peuvent continuer à être utilisées conformément aux conditions prévues par le Règl. (CE) n° 509/2006 jusqu'au 4 janv. 2023 (Décr. n° 2015-89 du 28 janv. 2015, art. 11-II).

Les dispositions du § 3 de l'art. 12 et celles du § 3 de l'art. 23 du Règl. (UE) n° 1151/2012 du 21 nov. 2012 sont applicables à partir du 4 janv. 2016, sans préjudice des produits déjà mis sur le marché avant cette date (Décr. n° 2015-89 du 28 janv. 2015, art. 11-III).

Jusqu'au 3 janv. 2016 : a) pour les produits originaires de l'Union européenne, lorsque la dénomination enregistrée est utilisée sur l'étiquetage, elle est accompagnée soit du symbole correspondant de l'Union, soit de la mention correspondante visée au § 3 de l'art. 12, ou au § 3 de l'art. 23 du Règl. (UE) n° 1151/2012 du 21 nov. 2012 ; b) pour les produits fabriqués en dehors de l'Union, l'apposition de la mention visée au § 3 de l'art. 23 du Règl. (UE) n° 1151/2012 du 21 nov. 2012 est facultative sur l'étiquetage des spécialités traditionnelles garanties (Décr. n° 2015-89 du 28 janv. 2015, art. 11-IV).

SOUS-SECTION 18 LIMITES MAXIMALES APPLICABLES AUX RÉSIDUS DE PESTICIDES PRÉSENTS DANS OU SUR LES DENRÉES ALIMENTAIRES ET LES ALIMENTS POUR ANIMAUX D'ORIGINE VÉGÉTALE ET ANIMALE

Art. R. 412-34 Constituent les mesures d'exécution prévues à l'article L. 412-1 les dispositions des articles 2 à 5 et 18 à 20 du règlement (CE) n° 396/2005 du Parlement européen et du Conseil du 23 février 2005 modifié relatives aux limites maximales applicables aux résidus de pesticides présents dans ou sur les denrées alimentaires et les aliments pour animaux, d'origine végétale et animale et ses annexes. – *[C. consom., art. R. 214-16.]*

SOUS-SECTION 19 CONTRÔLE DES TEMPÉRATURES DANS LES MOYENS DE TRANSPORT ET LES LOCAUX D'ENTREPOSAGE ET DE STOCKAGE DES DENRÉES ALIMENTAIRES SURGELÉES

Art. R. 412-35 Constituent les mesures d'exécution prévues à l'article L. 412-1 les dispositions des articles 1er à 3 du règlement (CE) n° 37/2005 de la Commission du 12 janvier 2005 relatif au contrôle des températures dans les moyens de transport et les locaux d'entreposage et de stockage des aliments surgelés destinés à l'alimentation humaine. – *[C. consom., art. R. 214-17.]*

SOUS-SECTION 20 CONTRÔLES OFFICIELS RENFORCÉS À L'IMPORTATION

Art. R. 412-36 Constituent les mesures d'exécution prévues à l'article L. 412-1 :

1° Les dispositions de l'article 6 du règlement (CE) n° 669/2009 de la Commission du 24 juillet 2009 modifié portant modalités d'exécution du règlement (CE) n° 882/2004 en ce qui concerne les contrôles officiels renforcés à l'importation de certains aliments pour animaux et certaines denrées alimentaires d'origine non animale ;

2° Les dispositions de l'article 4 du règlement (UE) n° 284/2011 de la Commission du 22 mars 2011 fixant des conditions particulières et des procédures détaillées pour l'importation d'ustensiles de cuisine en matière plastique polyamide et mélamine originaires ou en provenance de la République populaire de Chine et de la région administrative spéciale de Hong Kong, Chine. – *[C. consom., art. R. 214-34.]*

SOUS-SECTION 21 HYGIÈNE DES PRODUITS, DENRÉES ALIMENTAIRES ET ALIMENTS POUR ANIMAUX MENTIONNÉS AU 6° DE L'ARTICLE L. 412-1

Art. R. 412-37 Constituent les mesures d'exécution prévues à l'article L. 412-1, en ce qui concerne les produits, denrées alimentaires et aliments pour animaux mentionnés au 6° de l'article L. 412-1 :

1° Les dispositions des articles 1er, 2, 4, 5, 6, 10 et 11 ainsi que des chapitres Ier à VII, du paragraphe 1er et de la première phrase du paragraphe 2 du chapitre VIII et des chapitres IX à XII de l'annexe II du règlement (CE) n° 852/2004 du Parlement européen et du Conseil du 29 avril 2004 modifié relatif à l'hygiène des denrées alimentaires ;

2° Les dispositions des articles 1er, 2, 3, 5 à 7, 9 et 23 ainsi que de l'annexe II du règlement (CE) n° 183/2005 du Parlement européen et du Conseil du 12 janvier 2005 de la Commission du 15 novembre 2005 modifié établissant des exigences en matière d'hygiène des aliments pour animaux ;

3° Les dispositions des articles 1er à 4 ainsi que du chapitre Ier de l'annexe I du règlement (CE) n° 2073/2005 du 15 novembre 2005 modifié concernant les critères microbiologiques applicables aux denrées alimentaires. – *[C. consom., art. R. 214-22.]*

SOUS-SECTION 22 MATÉRIAUX ET OBJETS DESTINÉS À ENTRER EN CONTACT AVEC DES DENRÉES ALIMENTAIRES

Art. R. 412-38 Constituent les mesures d'exécution prévues à l'article L. 412-1 :

1° Les dispositions des articles 1er à 5 et 15 à 17 du règlement (CE) n° 1935/2004 du Parlement européen et du Conseil du 27 octobre 2004 concernant les matériaux et objets destinés à entrer en contact avec des denrées alimentaires ;

2° Les dispositions des articles 1er à 5 du règlement (CE) n° 1895/2005 de la Commission du 18 novembre 2005 concernant la limitation de l'utilisation de certains dérivés époxydiques dans les matériaux et objets destinés à entrer en contact avec des denrées alimentaires ;

3° Les dispositions des articles 1er à 7 du règlement (CE) n° 2023/2006 de la Commission du 22 décembre 2006 modifié relatif aux bonnes pratiques de fabrication des matériaux et objets destinés à entrer en contact avec des denrées alimentaires et de son annexe ;

4° Les dispositions des articles 2 et 3 du règlement (CE) n° 282/2008 de la Commission du 27 mars 2008 relatif aux matériaux et aux objets en matière plastique recyclée destinés à entrer en contact avec des denrées alimentaires et modifiant le règlement (CE) n° 2023/2006 ;

5° Les dispositions des articles 4, 5 et 11 à 13 du règlement (CE) n° 450/2009 de la Commission du 29 mai 2009 concernant les matériaux et aux objets actifs et intelligents destinés à entrer en contact avec des denrées alimentaires ;

6° Les dispositions des articles 2 à 6 et 8 à 19 du règlement (UE) n° 10/2011 de la Commission du 14 janvier 2011 concernant les matériaux et objets en matière plastique destinés à entrer en contact avec des denrées alimentaires. – *[C. consom., art. R. 214-18.]*

Les dispositions de l'art. 5 du Règl. (UE) n° 10/2011 du 14 janv. 2011 s'appliquent à partir du 31 déc. 2015 :
– en ce qui concerne l'utilisation d'additifs autres que des plastifiants, dans les couches en matière plastique ou revêtements en matière plastique des capsules et fermetures mentionnées à l'art. 2, § 1, pt. d ;
– en ce qui concerne l'utilisation des additifs utilisés dans les ensimages de fibre de verre, pour les plastiques renforcés en fibre de verre (Décr. n° 2015-89 du 28 janv. 2015, art. 12-II).

SOUS-SECTION 23 *ALIMENTATION DES ANIMAUX*

Art. R. 412-39 Constituent les mesures d'exécution prévues à l'article L. 412-1 :

1° Les dispositions des articles 1er *[et]* 2, des paragraphes 1, 3 et 4 de l'article 3, du paragraphe 1 de l'article 12 et de l'article 16 du règlement (CE) n° 1831/2003 du Parlement européen et du Conseil du 22 septembre 2003 modifié relatif aux additifs destinés à l'alimentation des animaux ainsi que ses annexes et les règlements pris en application des articles 9, 13, 14 et 15 de ce même règlement ;

2° Les dispositions des articles 2 à 4, des paragraphes 1 et 2 de l'article 5, du paragraphe 1 de l'article 6, des articles 8, 9, 11 à 19, du paragraphe 1 de l'article 20, des paragraphes 1 à 7 de l'article 21, des articles 22 et 23, des paragraphes 5 et 6 de l'article 24, du paragraphe 4 de l'article 25 du règlement (CE) n° 767/2009 du Parle-

ment européen et du Conseil du 13 juillet 2009 modifié concernant la mise sur le marché et l'utilisation des aliments pour animaux, ainsi que les annexes à ce règlement. – *[C. consom., art. R. 214-21.]*

En application du § 2 de l'art. 3 du Règl. (CE) du 22 sept. 2003, l'autorisation d'utiliser, à des fins de recherche scientifique, en tant qu'additifs pour l'alimentation animale des substances non autorisées au niveau de l'Union européenne est délivrée par le ministre chargé de la consommation, après avis de l'Agence nationale chargée de la sécurité sanitaire de l'alimentation, de l'environnement et du travail, lorsque les essais sont conduits en condition d'élevage ou lorsque les animaux sur lesquels sont conduits les essais sont destinés à entrer dans la chaîne alimentaire. En ce qui concerne l'utilisation aux mêmes fins et dans les mêmes conditions de substances histomonostatiques ou coccidiostatiques définies à l'art. 2 du même règlement, lorsque l'Agence nationale chargée de la sécurité sanitaire de l'alimentation, de l'environnement et du travail ne peut pas conclure à l'innocuité du produit, l'autorisation est délivrée conjointement par les ministres chargés de la consommation, de la santé et de l'agriculture (Décr. n° 2011-708 du 21 juin 2011, art. 2). – Pour les demandes d'autorisation d'essais d'additifs non autorisés dans l'Union européenne pour l'alimentation animale à des fins de recherche, le délai à l'expiration duquel, en application de l'art. L. 231-6 CRPA, la décision de rejet est acquise est de 8 mois (Décr. n° 2014-1282 du 23 oct. 2014, art. 2).

Le Décr. n° 73-1101 du 28 nov. 1973 portant application de la loi du 1er août 1905 sur la répression des fraudes dans la vente des marchandises et des falsifications des denrées alimentaires en ce qui concerne les additifs destinés à l'alimentation des animaux et le Décr. n° 86-1037 du 15 sept. 1986 portant application de la loi du 1er août 1905 sur les fraudes et falsifications en matière de produits ou de services en ce qui concerne les produits et substances destinés à l'alimentation animale sont abrogés. Les arrêtés pris en application de ces décrets demeurent en vigueur en tant qu'ils ne sont pas contraires aux règlements communautaires mentionnés à l'art. R. 214-21 C. consom. dans sa rédaction issue du Décr. n° 2011-708 du 21 juin 2011 (Décr. préc., art. 4).

SOUS-SECTION 24 ENGRAIS

Art. R. 412-40 Constituent les mesures d'exécution prévues à l'article L. 412-1 les dispositions des articles 1er, 2, 3, 6 à 13, 16 à 28 du règlement (CE) n° 2003/2003 du Parlement européen et du Conseil du 13 octobre 2003 modifié relatif aux engrais et ses annexes. – *[C. consom., art. R. 214-19.]*

SOUS-SECTION 25 DÉTERGENTS

Art. R. 412-41 Constituent les mesures d'exécution prévues à l'article L. 412-1 les dispositions de l'article 2, du paragraphe 1 de l'article 3, des paragraphes 2 à 5 de l'article 11 et de l'annexe VII du règlement (CE) n° 648/2004 du Parlement européen et du Conseil du 31 mars 2004 modifié relatif aux détergents. – *[C. consom., art. R. 214-20.]*

SOUS-SECTION 26 FIBRES ET PRODUITS TEXTILES

Art. R. 412-42 Constituent les mesures d'exécution prévues à l'article L. 412-1 les dispositions des articles 2 à 5, 7 à 17, 19, 20 et 26 ainsi que les annexes I à IX au règlement (UE) n° 1007/2011 du Parlement européen et du Conseil du 27 septembre 2011 modifié relatif aux dénominations des fibres textiles et à l'étiquetage et au marquage correspondants des produits textiles au regard de leur composition en fibres. – *[C. consom., art. R. 214-23.] – V. ce texte, App., v° Textiles.*

*Le Décr. n° 73-357 du 14 mars 1973 portant application de la loi du 1er août 1905 modifiée sur la répression des fraudes en ce qui concerne le commerce des produits textiles est en conséquence abrogé (Décr. n° 2012-1325 du 6 nov. 2012, art. 2). – V. ce texte au **C. consom.**, éd. 2012 et antérieures.*

SOUS-SECTION 27 PRODUITS DE CONSTRUCTION

Art. R. 412-43 Constituent **les mesures d'exécution prévues à l'article L. 412-1 les dispositions des articles 1er et 2, des paragraphes 1 et 2 de l'article 4, des articles 6 et 7, des paragraphes 1 et 2 de l'article 8, de l'article 9 et des articles 11 à 16 du règlement (UE) n° 305/2011 du Parlement européen et du Conseil du 9 mars 2011 modifié établissant des conditions harmonisées de commercialisation pour les produits de construction.** – *[C. consom., art. R. 214-24.]*

SECTION V DISPOSITIONS SPÉCIFIQUES À CERTAINS PRODUITS

Art. R. 412-44 **L'étiquetage d'un produit bénéficiant d'une appellation d'origine contrôlée fromagère comporte les nom et adresse du fabricant.** – *[C. consom., art. L. 112-1.]*

Art. R. 412-45 **L'étiquetage d'un produit bénéficiant d'une appellation d'origine contrôlée laitière comporte le nom du fabricant ou de l'affineur du produit bénéficiant de l'appellation d'origine contrôlée ainsi que l'adresse, à l'intérieur de l'aire géographique de l'appellation concernée, du site de fabrication et/ou d'affinage.** – *[L. n° 2001-420 du 15 mai 2001, art. 60.]*

Art. R. 412-46 **Le cahier des charges mentionné à l'article L. 641-6 du code rural et de la pêche maritime** *[V., App., v° Valorisation des produits et des services]* **peut rendre obligatoire la mention "appellation d'origine contrôlée" dans l'étiquetage et la présentation des vins concernés et déterminer les modalités d'application de cette obligation.** – *[C. consom., art. L. 112-2-1.]*

BIBL. ▶ LEBEL, *RD rur. 2010. Étude 18* (la qualité des produits alimentaires précisée par la L. n° 2010-874 du 27 juill. 2010).

Art. R. 412-47 **L'étiquetage d'un produit vendu sous marque de distributeur mentionne le nom et l'adresse du fabricant si celui-ci en fait la demande.**

Est considéré comme produit vendu sous marque de distributeur le produit dont les caractéristiques ont été définies par l'entreprise ou le groupe d'entreprises qui en assure la vente au détail et qui est le propriétaire de la marque sous laquelle il est vendu. – *[C. consom., art. L. 112-6.]*

BIBL. ▶ REIS, *CCC 2014. Étude 6* (accès au marché des fournisseurs face au développement des MDD).

Art. R. 412-48 **Les dénominations "chocolat pur beurre de cacao" et "chocolat traditionnel" et toutes les autres dénominations équivalentes sont réservées aux chocolats fabriqués à partir des seules graisses tirées des fèves de cacaoyer, sans adjonction de matière grasse végétale.** – *[C. consom., art. L. 112-7.]*

BIBL. ▶ BRANLARD, *BID n° 7-8/2001, p. 59; Études Calais-Auloy, Dalloz, 2004, p. 155* (les allégations alimentaires : produits de confiserie, pâtisserie et chocolaterie).

SECTION VI DÉCLARATION ENVIRONNEMENTALE DES PRODUITS DE CONSTRUCTION ET DE DÉCORATION ET DES ÉQUIPEMENTS ÉLECTRIQUES, ÉLECTRONIQUES ET DE GÉNIE CLIMATIQUE DESTINÉS À LA VENTE AUX CONSOMMATEURS

Art. R. 412-49 **Au sens de la présente sous-section** *[section]*, **on entend par :**

"Produits de construction" : les produits définis au 1 de l'article 2 du règlement (UE) n° 305/2011 du Parlement européen et du Conseil du 9 mars 2011 modifié établissant des conditions harmonisées de commercialisation pour les produits de construction ;

"Produits de décoration" : les produits utilisés pour les revêtements des murs, sols et plafonds ;

"Équipements électriques, électroniques et de génie climatique" : les systèmes techniques intégrés au bâtiment ou sa parcelle, contribuant au fonctionnement d'un bâtiment pour le chauffage, le refroidissement, la ventilation, la production locale d'énergie, l'éclairage, l'eau chaude sanitaire et autres systèmes relatifs à l'assainissement, la sûreté, la sécurité contre l'incendie, le transport interne, l'automatisation et la régulation du bâtiment, les réseaux d'énergie et de communication ;

"Déclaration environnementale" : déclaration indiquant les aspects environnementaux d'un produit ou d'un service fournissant des données environnementales quantifiées à l'aide de paramètres prédéterminés et, s'il y a lieu, complétés par d'autres informations environnementales ;

"Cycle de vie" : phases consécutives et liées d'un système de produits, de l'acquisition des matières premières ou de la génération des ressources naturelles à l'élimination finale ;

"Règles de définition des catégories de produits" : ensemble de règles, d'exigences et de lignes directrices spécifiques prévues pour le développement de déclarations environnementales pour une ou plusieurs catégories de produits ;

"Programme de déclarations environnementales" : programme volontaire destiné au développement et à l'utilisation des déclarations environnementales fondé sur un ensemble de règles de fonctionnement ;

"Mise à disposition sur le marché" : fourniture d'un produit destiné à être distribué, consommé ou utilisé sur le marché dans le cadre d'une activité commerciale à titre onéreux ou gratuit ;

"Mise sur le marché" : la première mise à disposition d'un produit de construction, ou produit de décoration, ou équipement électrique, électronique ou de génie climatique, sur le marché français ;

"Fabricant" : toute personne physique ou morale qui fabrique un produit, ou fait concevoir et fabriquer un produit et le commercialise sur le marché national sous sa propre marque ;

"Mandataire" : toute personne physique ou morale ayant reçu mandat écrit du fabricant pour agir en son nom aux fins de l'accomplissement de tâches déterminées ;

"Importateur" : toute personne physique ou morale qui met un produit provenant d'un pays tiers sur le marché national ;

"Responsable de la mise sur le marché" : le fabricant, le mandataire, le distributeur ou l'importateur. — *[C. consom., art. R. 214-25.]*

Art. R. 412-50 Les dispositions de la présente section s'appliquent aux produits de construction et de décoration et aux équipements électriques, électroniques et de génie climatique destinés à un usage dans les ouvrages de bâtiment dès lors qu'ils sont destinés à la vente au consommateur. — *[C. consom., art. R. 214-26.]*

Dispositions applicables à compter du 1er janv. 2014 pour tous les produits de construction et de décoration au sens du Décr. nº 2013-1264 du 23 déc. 2013. Toutefois, les dispositions concernant les équipements électriques, électroniques et de génie climatique s'appliquent à compter du 1er juill. 2017 (Décr. préc., art. 2).

Art. R. 412-51 Le responsable de la mise sur le marché de produits comportant des allégations à caractère environnemental ou utilisant les termes de développement durable ou ses synonymes, dans les conditions définies au 10º de l'article L. 412-1, établit une déclaration environnementale de l'ensemble des aspects environnementaux du produit conforme au programme de déclarations environnementales ou à un programme équivalent.

Les modalités de mise en œuvre de cette déclaration environnementale, et notamment la liste des indicateurs et les méthodes de calcul associées, sont précisées par arrêté des ministres chargés de la construction et du logement. — *V. Arr. du 23 déc. 2013, art. 3 et 4, ss. art. R. 412-57.*

Les aspects environnementaux imputables à ce produit au cours de son cycle de vie, mentionnés à l'alinéa précédent, sont :

— réchauffement climatique ;
— appauvrissement de la couche d'ozone ;
— acidification des sols et de l'eau ;
— eutrophisation ;
— formation d'ozone photochimique ;
— épuisement des ressources ;
— pollution de l'eau ou de l'air ;
— utilisation des ressources ;
— déchets *valorisés ou éliminés ;*
— énergie exportée.

Cette déclaration environnementale est représentative de la production mise sur le marché français du produit portant des allégations à caractère environnemental ou utilisant les termes de développement durable ou ses synonymes. — *[C. consom., art. R. 214-27.]*

Art. R. 412-52 Le responsable de la mise sur le marché tient à disposition des autorités chargées des contrôles l'ensemble des éléments permettant de justifier les informations contenues dans la déclaration environnementale. – *[C. consom., art. R. 214-28.]*

Art. R. 412-53 Le responsable de la mise sur le marché n'est pas tenu d'établir une déclaration environnementale dans les cas suivants :

1° Le produit mentionné à l'article R. 412-51 fait l'objet d'une certification relative à des caractéristiques environnementales respectant les exigences définies par arrêté des ministres chargés de la construction et du logement, et les allégations environnementales sur ou accompagnant le produit sont celles prévues par la certification ; – *V. Arr. du 23 déc. 2013, art. 11, ss. art. R. 412-57.*

2° Le produit mentionné à l'article R. 412-51 satisfait aux exigences d'une réglementation concernant un ou plusieurs aspects environnementaux mentionnés au même article, et les allégations environnementales sur ou accompagnant le produit sont celles prévues par la réglementation. – *[C. consom., art. R. 214-29.]*

Art. R. 412-54 Lorsqu'un produit entre dans le champ d'application des mesures d'exécution prises par la Commission européenne en application de l'article 15 de la directive 2009/125/CE du Parlement européen et du Conseil du 21 octobre 2009 établissant un cadre pour la fixation d'exigences en matière d'éco-conception applicables aux produits liés à l'énergie, ou est réglementé par des actes délégués adoptés par la Commission européenne en application de l'article 10 de la directive 2010/30 du Parlement européen et du Conseil du 19 mai 2010 concernant l'indication, par voie d'étiquetage et d'informations uniformes relatives aux produits, de la consommation en énergie et en autres ressources des produits liés à l'énergie *[V. App., v° Appareils domestiques]*, les règles de définition des catégories de produits utilisées pour l'élaboration de la déclaration environnementale de ce produit respectent ces mesures d'exécution ou actes délégués. – *[C. consom., art. R. 214-30.]*

Art. R. 412-55 La déclaration environnementale fait l'objet d'une vérification par une tierce partie indépendante portant sur le respect des modalités de mise en œuvre de la déclaration environnementale et des obligations qui s'y rapportent fixées par arrêté. Les exigences relatives à cette vérification sont précisées par arrêté des ministres chargés de la construction et du logement. – *[C. consom., art. R. 214-31.]*– *V. Arr. du 23 déc. 2013, art. 5, ss. art. R. 412-57.*

Les dispositions de l'art. R. 412-55 s'appliquent à compter du 1er juill. 2017 (Décr. n° 2013-1264 du 23 déc. 2013, art. 2).

Art. R. 412-56 Lorsqu'il communique dans les conditions mentionnées à l'article R. 412-51, le responsable de la mise sur le marché indique sur le support de communication utilisé que la déclaration environnementale a été déposée à l'adresse du site internet défini par arrêté des ministres chargés de la construction et du logement en précisant la référence de celle-ci et la rend consultable gratuitement sur un site de son choix. – *[C. consom., art. R. 214-32.]*

Art. R. 412-57 Des arrêtés des ministres chargés de la construction et du logement précisent les conditions d'application de la présente section. – *[C. consom., art. R. 214-33.]*

Arrêté du 23 décembre 2013,

Relatif à la déclaration environnementale des produits de construction et de décoration destinés à un usage dans les ouvrages de bâtiment.

Art. 1er Au sens du présent arrêté, on entend par :

"Analyse du cycle de vie" : compilation et évaluation des intrants, des extrants et des impacts environnementaux potentiels d'un système de produits au cours de son cycle de vie ;

"Aspect environnemental" : élément des activités, produits ou services d'un organisme susceptible d'interactions avec l'environnement ;

"Impact environnemental" : toute modification de l'environnement, négative ou bénéfique, résultant totalement ou partiellement des aspects environnementaux d'un organisme ;

"Indicateur" : valeur quantifiable liée aux aspects environnementaux ;

"Déclarant" : toute personne physique ou morale qui transmet aux autorités publiques une déclaration environnementale ;

"Unité fonctionnelle" : performance quantifiée d'un système de produits destinée à être utilisée comme unité de référence dans une analyse du cycle de vie ;

"Durée de vie du produit" : durée de vie théorique du produit retenue pour l'unité fonctionnelle ;

"Produit complémentaire" : terme général pour désigner tout produit qui doit être nécessairement associé au produit principal lors de chacune des phases de mise en œuvre et vie en œuvre.

Art. 2 Les dispositions du présent arrêté s'appliquent aux produits mentionnés à l'article *(Décr. n° 2016-884 du 29 juin 2016, art. 2, en vigueur le 1er juill. 2016)* « R. 412-50 » du code de la consommation, à l'exception des équipements électriques, électroniques et de génie climatique destinés à un usage dans les ouvrages de bâtiment.

Art. 3 La déclaration environnementale mentionnée à l'article *(Décr. n° 2016-884 du 29 juin 2016, art. 2, en vigueur le 1er juill. 2016)* « R. 412-51 » du code de la consommation contient les informations suivantes :

1° Les valeurs, pour le total cycle de vie et pour l'étape de production, l'étape du processus de construction, l'étape d'utilisation et l'étape de fin de vie, des indicateurs suivants :

— décrivant les impacts environnementaux :

— réchauffement climatique ;

— appauvrissement de la couche d'ozone ;

— acidification des sols et de l'eau ;

— eutrophisation ;

— formation d'ozone photochimique ;

— épuisement des ressources abiotiques — éléments ;

— épuisement des ressources abiotiques — combustibles fossiles ;

— pollution de l'eau ;

— pollution de l'air ;

— décrivant l'utilisation des ressources :

— utilisation de l'énergie primaire renouvelable, à l'exclusion des ressources d'énergie primaire renouvelables utilisées comme matières premières ;

— utilisation des ressources d'énergie primaire renouvelables utilisées en tant que matières premières ;

— utilisation totale des ressources d'énergie primaire renouvelables (énergie primaire et ressources d'énergie primaire utilisées comme matières premières) ;

— utilisation de l'énergie primaire non renouvelable, à l'exclusion des ressources d'énergie primaire non renouvelables utilisées comme matières premières ;

— utilisation des ressources d'énergie primaire non renouvelables utilisées en tant que matières premières ;

— utilisation totale des ressources d'énergie primaire non renouvelables (énergie primaire et ressources d'énergie primaire utilisées comme matières premières) ;

— utilisation de matière secondaire ;

— utilisation de combustibles secondaires renouvelables ;

— utilisation de combustibles secondaires non renouvelables ;

— utilisation nette d'eau douce ;

— décrivant les catégories de déchets :

— déchets dangereux éliminés ;

— déchets non dangereux éliminés ;

— déchets radioactifs éliminés ;

— décrivant les flux sortants :

— composants destinés à la réutilisation ;

— matériaux destinés au recyclage ;

— matériaux destinés à la récupération d'énergie ;

— énergie fournie à l'extérieur ;

2° En option, les valeurs des mêmes indicateurs portant sur les bénéfices et charges au-delà des frontières du système ;

3° L'unité fonctionnelle du produit ;

4° La durée de vie du produit ;

5° La description des produits constitutifs de l'unité fonctionnelle (quantité de produit principal, quantité d'emballages, quantité de produits complémentaires liés à la mise en œuvre);
6° En option, le domaine d'application du produit;
7° Le produit couvert par la déclaration environnementale : famille, description(s) ou désignation(s) commerciale(s), nom(s) ou désignation du (des) responsable(s) de la mise sur le marché;
8° La date de la déclaration environnementale;
9° Le cas échéant, le certificat de vérification et les coordonnées du vérificateur ayant effectué la vérification par tierce partie indépendante mentionnée à l'article *(Décr. n° 2016-884 du 29 juin 2016, art. 2, en vigueur le 1er juill. 2016)* « R. 412-55 » du code de la consommation;
10° Les coordonnées du déclarant;
11° L'adresse du site internet où ces informations sont consultables gratuitement.

Art. 4 Par dérogation aux dispositions de l'article 3, jusqu'au 1er juillet 2014, la déclaration environnementale mentionnée à l'article *(Décr. n° 2016-884 du 29 juin 2016, art. 2, en vigueur le 1er juill. 2016)* « R. 412-51 » du code de la consommation peut comporter les informations suivantes :
1° Les valeurs, pour le total du cycle de vie, des indicateurs suivants :
— décrivant les impacts environnementaux :
— changement climatique;
— destruction de la couche d'ozone stratosphérique;
— acidification atmosphérique;
— formation d'ozone photochimique;
— épuisement des ressources (ADP);
— pollution de l'eau;
— pollution de l'air;
— décrivant la consommation des ressources :
— indicateur énergétique — énergie primaire totale;
— indicateur énergétique — énergie renouvelable;
— indicateur énergétique — énergie non renouvelable;
— indicateur énergétique — énergie procédé;
— consommation d'eau totale;
— décrivant les déchets :
— déchets solides valorisés totaux;
— déchets solides éliminés — déchets dangereux;
— déchets solides éliminés — déchets non dangereux;
— déchets solides éliminés — déchets inertes;
— déchets solides éliminés — déchets radioactifs;
2° En option, les valeurs des mêmes indicateurs portant sur les bénéfices et charges au-delà des frontières du système;
3° L'unité fonctionnelle du produit;
4° La durée de vie du produit;
5° La description des produits constitutifs de l'unité fonctionnelle (quantité de produit principal, quantité d'emballages, quantité de produits complémentaires liés à la mise en œuvre);
6° En option, le domaine d'application du produit;
7° Le produit couvert par la déclaration environnementale : famille, description(s) ou désignation(s) commerciale(s), nom(s) ou désignation du (des) responsable(s) de la mise sur le marché;
8° La date de la déclaration environnementale;
9° Le cas échéant, le certificat et la date de la vérification ainsi que les coordonnées du vérificateur ayant effectué la vérification par tierce partie indépendante mentionnée à l'article *(Décr. n° 2016-884 du 29 juin 2016, art. 2, en vigueur le 1er juill. 2016)* « R. 412-55 » du code de la consommation;
10° Les coordonnées du déclarant;
11° L'adresse du site internet où ces informations sont consultables gratuitement.

Art. 5 Le déclarant tient à la disposition des autorités chargées des contrôles et du vérificateur ayant effectué la vérification par tierce partie indépendante mentionnée à l'article *(Décr. n° 2016-884 du 29 juin 2016, art. 2, en vigueur le 1er juill. 2016)* « R. 412-55 » du code de la consommation l'ensemble des éléments, ou les coordonnées des personnes physiques ou morales détentrices de ces éléments, permettant de justifier les informations contenues dans la déclaration environnementale, notamment :
— l'origine des matières premières, matériaux et composants du produit;

— l'identification des intrants non inclus dans l'inventaire du cycle de vie en respect de la règle de coupure ;

— les résultats des calculs d'inventaires ;

— les éléments justificatifs de la durée de vie du produit ;

— en cas de recours à des données génériques issues de bases de données publiques ou privées, la documentation relative à la représentativité technologique, géographique et temporelle des données génériques utilisées, les références des bases dont elles sont issues et les références des modules de données utilisés ;

— la masse totale des intrants non inclus dans l'inventaire du cycle de vie en respect de la règle de coupure ;

— les scenarii dont découle l'inventaire du cycle de vie ;

— le(s) site(s) de production couvert(s) par la déclaration environnementale ;

— la production de chaque site exprimée avec l'unité de quantité définie dans l'unité fonctionnelle ;

— en cas de recours à une méthode d'échantillonnage, les éléments justifiant que l'échantillon utilisé est représentatif, notamment d'un point de vue géographique, temporel et technologique, de la production du produit mise sur le marché français ;

— les éléments constitutifs du cadre de validité de la déclaration collective mentionné à l'article 10.

Art. 6 Les formats d'unités fonctionnelles pour chaque catégorie de produits sont définis à l'annexe I.

Pour chaque produit, une durée de vie est déterminée et justifiée à partir des paramètres définis à l'annexe II. La durée de vie du produit utilisée pour la déclaration environnementale ne peut être supérieure à la durée de vie de l'ouvrage,*[;]* par convention, celle-ci est prise égale à cent ans. – *Annexes non reproduites, V. JO 29 déc. 2013.*

Art. 7 *(Arr. du 9 juill. 2014, art. 1er)* « Les méthodes d'évaluation et de calcul des informations mentionnées à l'article 3, et notamment des indicateurs, sont définies dans la norme NF EN 15804+A1 : 2014-04, ou toute norme équivalente. Les facteurs de caractérisation utilisés pour le calcul de l'indicateur pollution de l'eau et de l'indicateur pollution de l'air sont définis à l'annexe III. »

Les méthodes d'évaluation et de calcul des informations mentionnées à l'article 4, et notamment des indicateurs, sont définies dans la norme NF P01-010 : 2004-12, ou toute norme équivalente.

La méthode de calcul de l'évaluation des bénéfices et charges au-delà des frontières du système est définie à l'annexe IV. – *Annexes non reproduites, V. JO 29 déc. 2013.*

Art. 8 Le déclarant dépose la déclaration environnementale sur la base de données mise à disposition par les autorités publiques au moyen du site internet suivant :

www.declaration-environnementale.gouv.fr.

Art. 9 La déclaration environnementale est mise à jour à chaque changement significatif du produit et au moins tous les cinq ans. – *V. Arr. du 11 juill. 2014 portant création d'un traitement de données à caractère personnel relatif à la déclaration environnementale des produits de construction et de décoration destinés à un usage dans les ouvrages de bâtiment dénommé « déclaration environnementale » (JO 23 juill.).*

Art. 10 Par dérogation aux dispositions de l'article 3, la déclaration environnementale peut se fonder sur une déclaration collective portant sur des produits similaires mis sur le marché par différents responsables de la mise sur le marché.

D'une part, cette déclaration collective satisfait aux conditions suivantes :

— la déclaration collective concerne un "produit type" ; elle est établie dans les conditions mentionnées aux articles précédents ;

— l'homogénéité entre les responsables de la mise sur le marché des indicateurs, fondée sur l'homogénéité des paramètres qui influencent de façon significative la valeur de chacun des indicateurs, doit être garantie ; à cette fin, à compter du 1er juillet 2017, la déclaration collective contient un cadre de validité, défini à l'annexe V, qui rassemble les informations suivantes : – *Annexe non reproduite, V. JO 29 déc. 2013.*

— l'identification des paramètres influents en précisant s'ils sont renseignés à l'aide de données génériques ou spécifiques ;

— les intervalles de validité de ces paramètres ;

— le déclarant ayant transmis la déclaration collective est responsable des informations qu'elle contient ;

— les responsables de la mise sur le marché sont responsables des éléments qu'ils transmettent au déclarant susvisé ; lorsqu'il existe, ils doivent respecter le cadre de validité de la déclaration collective.

D'autre part, les déclarations environnementales rattachées à cette déclaration collective satisfont aux conditions suivantes :

— seuls les responsables de la mise sur le marché respectant le cadre de validité de la déclaration collective peuvent établir une déclaration environnementale rattachée à cette déclaration collective ;

— les déclarations environnementales rattachées à cette déclaration collective ne sont pas soumises aux obligations de l'article 5 ;

— les déclarations environnementales rattachées à cette déclaration collective contiennent, outre les informations mentionnées à l'article 3, la référence à la déclaration collective ainsi qu'une déclaration indiquant le respect du cadre de validité contenue dans la déclaration collective ;

— les responsables de la mise sur le marché tiennent à disposition des autorités chargées des contrôles les éléments justificatifs du respect du cadre de validité ;

— la vérification par tierce partie indépendante mentionnée à l'article *(Décr. nº 2016-884 du 29 juin 2016, art. 2, en vigueur le 1er juill. 2016)* « R. 412-55 » du code de la consommation pour les déclarations environnementales rattachées à la déclaration collective consiste en une vérification par tierce partie indépendante de la déclaration collective.

Art. 11 La certification relative à des caractéristiques environnementales mentionnée à l'article *(Décr. nº 2016-884 du 29 juin 2016, art. 2, en vigueur le 1er juill. 2016)* « R. 412-53 » du code de la consommation doit prendre en compte toutes les exigences de la norme NF EN ISO 14024 : 2001-05. Cette certification de produits est délivrée par un organisme accrédité à cet effet par le Comité français d'accréditation (COFRAC) ou par une autre instance d'accréditation signataire des accords multilatéraux de reconnaissance mutuelle.

ANNEXES

Annexes non reproduites, V. JO 29 déc. 2013.

CHAPITRE III FALSIFICATION ET INFRACTIONS RELATIVES AUX PRODUITS

Le présent chapitre ne comprend pas de dispositions réglementaires.

CHAPITRE IV DISPOSITIONS RELATIVES À CERTAINS ÉTABLISSEMENTS

Art. R. 414-1 **L'agrément mentionné à l'article L. 414-1 est délivré par le préfet du département, aux établissements traitant par ionisation des denrées susceptibles d'être destinées à l'alimentation humaine ou animale, qui répondent aux conditions mentionnées au présent chapitre.** – *[Arr. du 8 janv. 2002, art. 1er.]*

Art. R. 414-2 **L'agrément donne lieu à la délivrance d'un numéro d'identification de l'installation correspondant au modèle défini par arrêté des ministres chargés de la consommation, de l'agriculture et de l'industrie.** – *V. Arr. du 8 janv. 2002, ss. art. R. 414-6.*

Cet agrément peut être suspendu ou retiré par le préfet, dès lors que l'installation ou les conditions de surveillance et de contrôle du procédé ne satisfont plus aux dispositions du présent chapitre. – *[Arr. du 8 janv. 2002, art. 2.]*

Art. R. 414-3 **Les établissements disposent de zones de manutention et d'entreposage permettant d'assurer la séparation des denrées traitées et non traitées et d'équipements permettant, le cas échéant, le maintien des denrées à une température appropriée.** – *[Arr. du 8 janv. 2002, art. 3.]*

Art. R. 414-4 **Les établissements mentionnés à l'article L. 414-1 qui traitent des denrées par ionisation sont autorisés par décret en Conseil d'État.** – *[Arr. du 8 janv. 2002, art. 4.]*

Art. R. 414-5 **Les établissements mentionnés à l'article L. 414-1 disposent d'un personnel ayant les compétences requises. Ils désignent une personne responsable du respect de toutes les conditions nécessaires pour l'application du procédé d'ionisation.** – *[Arr. du 8 janv. 2002, art. 5.]*

Art. R. 414-6 **Les conditions nécessaires pour l'application du procédé mentionné à l'article R. 414-5 sont les suivantes :**

1° Avant de procéder à l'irradiation d'une certaine catégorie de denrées, la détermination des courbes de répartition des doses et les positions des doses minimales et maximales ;

2° Au cours de l'irradiation, des mesures dosimétriques de routine sur chaque lot de manière à s'assurer que les doses limites ne sont pas dépassées ;

3° Le contrôle et l'enregistrement continu des paramètres du procédé, tant en ce qui concerne les radionucléides que l'accélérateur de particules.

Un arrêté des ministres chargés de la consommation, de l'agriculture et de l'industrie définit les modalités de réalisation des mesures prévues aux 1° et 2° ainsi que la nature des paramètres du procédé mentionnés au 3°. – *[Arr. du 8 janv. 2002, art. 6.]* *– V. Arr. du 8 janv. 2002, ci-dessous.*

Arrêté du 8 janvier 2002,

Relatif à l'agrément et aux contrôles et vérifications des installations de traitement des denrées par ionisation.

Art. 7 Des mesures dosimétriques de routine doivent être effectuées au cours de l'irradiation, de manière à s'assurer que les doses limites ne sont pas dépassées. La dose globale moyenne absorbée est calculée conformément aux dispositions de l'annexe II. Pour effectuer les mesures, des dosimètres sont placés dans les positions de la dose minimale ou maximale ou dans une position de référence. La dose dans la position de référence doit être, sur le plan quantitatif, en rapport avec les doses maximale et minimale. La position de référence doit être située à un endroit approprié, dans ou sur le produit, où les variations de doses sont faibles.

Des mesures de routine doivent être effectuées sur chaque lot et à des intervalles réguliers pendant la production.

Art. 8 Au cours de l'irradiation, les paramètres du procédé doivent être contrôlés et continuellement enregistrés. En ce qui concerne les radionucléides, les paramètres incluent la vitesse de transport du produit ou le temps passé dans la zone d'irradiation ainsi que des indications confirmant la position correcte de la source. En ce qui concerne l'accélérateur de particules, les paramètres comprennent la vitesse de transport du produit et le niveau d'énergie, le courant d'électrons et la largeur de balayage de l'installation.

ANNEXE I

Nomenclature du numéro d'agrément

Le numéro d'agrément est composé des deux numéros suivants, séparés par un tiret :

— le numéro de codification du département dans lequel se situe l'installation ;

— le numéro de codification de la commune dans laquelle se situe l'installation.

Le numéro d'agrément doit être suivi de la lettre F.

ANNEXE II

Dosimétrie

On peut admettre, pour déterminer la salubrité d'un aliment traité avec une dose globale *moyenne égale ou inférieure à 10 kGy,* que tous les effets chimiques des rayonnements dans cette gamme de doses particulière sont proportionnels à la dose.

La dose globale moyenne D est définie par l'intégrale ci-après pour le volume total de produits :

D = (1/M) o r (x, y, z). d (x, y, z). dV

où

M = est la masse totale de l'échantillon traité ;
r = la densité locale au point (x, y, z) ;
d = la dose locale absorbée au point (x, y, z) ;
dV = dx, dy, dz l'élément de volume infinitésimal représenté dans la pratique par les fractions de volume, les dosimètres étant répartis de manière stratégique et au hasard.

On peut déterminer directement la dose globale moyenne absorbée, pour des produits homogènes ou pour des denrées en vrac de densité apparente homogène, en répartissant un nombre suffisant de dosimètres de manière stratégique et au hasard dans tout le volume de produits. En partant de la répartition des doses ainsi déterminée, on peut calculer une moyenne qui est la dose globale absorbée.

Si la forme de la courbe de répartition des doses dans le produit est bien déterminée, on connaît les positions des doses minimale et maximale. La répartition des doses dans ces deux positions peut être mesurée dans une série d'échantillons du produit pour obtenir une estimation de la dose globale moyenne. Dans certains cas, la moyenne arithmétique des valeurs moyennes de la dose minimale (D_{min}) et maximale (D_{max}) donnera une bonne estimation de la dose globale moyenne.

Dans ces cas :
Dose globale moyenne $[D_{max} + D_{min}] /2$.

TITRE DEUXIÈME SÉCURITÉ

CHAPITRE PREMIER OBLIGATION GÉNÉRALE DE SÉCURITÉ

Le présent chapitre ne comprend pas de dispositions réglementaires.

CHAPITRE II MESURES D'APPLICATION

Art. R. 422-1 Les décrets prévus à l'article L. 422-2 sont pris après avis :

1° De l'Agence nationale de sécurité du médicament et des produits de santé mentionnée à l'article L. 5311-1 du code de la santé publique lorsqu'ils concernent des produits entrant dans son champ de compétence ;

2° De l'Agence nationale chargée de la sécurité sanitaire de l'alimentation, de l'environnement et du travail mentionnée à l'article L. 1313-1 du code de la santé publique lorsqu'ils comportent des dispositions visant à prévenir des risques sanitaires ou nutritionnels.

Ces avis sont rendus publics.

Toutefois, les dispositions du présent article ne s'appliquent pas aux décrets qui ont pour objet la mise en conformité de la réglementation avec les décisions et les actes de l'Union européenne contraignants. – *[C. consom., art. L. 221-3, al. 1er, avis préalables, et L. 221-10, al. 1er, avis préalables.]*

CHAPITRE III OBLIGATIONS DES PRODUCTEURS ET DES DISTRIBUTEURS

Le présent chapitre ne comprend pas de dispositions réglementaires.

CHAPITRE IV DISPOSITIONS COMMUNES

Le présent chapitre ne comprend pas de dispositions réglementaires.

TITRE TROISIÈME VALORISATION DES PRODUITS ET SERVICES

CHAPITRE PREMIER APPELLATIONS D'ORIGINE

Art. R. 431-1 La juridiction saisie d'une action exercée en application de l'article L. 431-6 peut connaître d'une action tendant à interdire de faire figurer, sur les

produits autres que ceux bénéficiant de l'appellation d'origine ou sur les emballages qui les contiennent et les étiquettes, papiers de commerce et factures qui s'y réfèrent, toute indication pouvant provoquer une confusion sur l'origine des produits.

Cette action est ouverte même si l'aire géographique de production a été définitivement délimitée en application des dispositions de l'article L. 431-6. – *[C. consom., art. L. 115-9.]*

Art. R. 431-2 **L'action est portée devant le tribunal de grande instance du lieu d'origine du produit dont l'appellation est contestée.**

La demande est dispensée du préliminaire de conciliation et instruite et jugée selon la procédure à jour fixe.

Dans la huitaine de l'assignation, le demandeur fait insérer dans un journal d'annonces légales de l'arrondissement de son domicile, ainsi que dans un journal d'annonces légales de l'arrondissement du tribunal saisi, une note succincte indiquant ses nom, prénoms, profession et domicile, les nom, prénoms et domicile de son représentant, ceux du défendeur et du représentant de celui-ci s'il a été constitué, et l'objet de la demande.

Les débats ne peuvent commencer que quinze jours après la publication de la note prévue au troisième alinéa. – *[C. consom., art. L. 115-10 et L. 115-11.]*

Art. R. 431-3 **Dans la huitaine de la notification de l'acte d'appel, l'appelant ou les appelants procèdent aux insertions prévues à l'article R. 431-2.**

Les débats ne peuvent commencer devant la cour que quinze jours après ces insertions. – *[C. consom., art. L. 115-13.]*

Art. R. 431-4 **La Cour de cassation, saisie d'un pourvoi, est compétente pour apprécier si les usages invoqués pour l'emploi d'une appellation d'origine possèdent tous les caractères légaux exigés par la présente section** *[le présent chapitre]*. – *[C. consom., art. L. 115-14.]*

Art. R. 431-5 **Toute personne, tout syndicat et association remplissant les conditions de durée et d'intérêt prévues à l'article L. 431-6 peut intervenir dans l'instance.** – *[C. consom., art. L. 115-12.]*

CHAPITRE II AUTRES SIGNES D'IDENTIFICATION DE L'ORIGINE ET DE LA QUALITÉ

Le présent chapitre ne comprend pas de dispositions réglementaires.

CHAPITRE III CERTIFICATION DE CONFORMITÉ

Art. R. 433-1 **Un organisme certificateur non encore accrédité pour la certification considérée peut effectuer des certifications de produits ou de services dès lors qu'il a déposé une demande d'accréditation et que le Comité français d'accréditation a admis la recevabilité de cette demande. Il peut continuer à exercer l'activité de certification en cause pendant une durée d'un an au maximum à compter de la notification de la recevabilité de sa demande. A défaut d'accréditation obtenue dans ce délai, il doit cesser cette activité.** – *[C. consom., art. R. 115-1.]*

Art. R. 433-2 **Lorsqu'il est fait référence à la certification dans la publicité, l'étiquetage ou la présentation de tout produit ou service, ainsi que sur les documents commerciaux de toute nature qui s'y rapportent, les informations qui suivent, sont portées à la connaissance du consommateur ou de l'utilisateur :**

1° Le nom ou la raison sociale de l'organisme certificateur ou la marque collective de certification ;

2° La dénomination du référentiel de certification utilisé ;

3° Les modalités selon lesquelles le référentiel de certification peut être consulté ou obtenu. – *[C. consom., art. R. 115-2.]*

TITRE QUATRIÈME FRAUDES

CHAPITRE UNIQUE TROMPERIES

Le présent chapitre ne comprend pas de dispositions réglementaires.

TITRE CINQUIÈME SANCTIONS

CHAPITRE PREMIER CONFORMITÉ

Art. R. 451-1 Les infractions aux dispositions des décrets pris en application de l'article L. 412-1 sont punies de la peine d'amende prévue pour les contraventions de la 5e classe.

La récidive est réprimée conformément aux dispositions des articles 132-11 et 132-15 du code pénal. — *[C. consom., art. L. 214-2, al. 1er, sanction des décrets.]*

1. Pérennité des textes d'application des lois codifiées. L'abrogation d'une loi à la suite de sa codification à droit constant ne modifie ni la teneur des dispositions transférées ni leur portée. Il ne saurait donc être reproché à une cour d'appel d'écarter l'argumentation d'un prévenu faisant valoir qu'à la suite de l'abrogation de la loi du 1er août 1905 par celle n° 93-949 du 26 juill. 1993, relative au code de la consommation, les décrets pris pour son application ne sont plus pénalement sanctionnés, aux prétendus motifs que l'art. L. 214-2 [R. 451-1] de ce code ne réprime que les infractions à des décrets d'application à venir, en énonçant exactement que les arrêtés ou règlements légalement pris par l'autorité compétente revêtent un caractère de permanence qui les fait survivre aux lois dont ils procèdent, tant qu'ils n'ont pas été rapportés ou qu'ils ne sont pas devenus inconciliables avec les règles tracées par une législation postérieure, et que les art. 11 et 13 de la loi abrogée ont été codifiés, sans aucune modification, sous les art. L. 214-1 et L. 214-2 [L. 412-1 et R. 451-1] C. consom., pour en déduire que les infractions au décret n° 86-854 du 14 mars 1986 pris en application de l'art. 11 de la loi du 1er août 1905 sont désormais sanctionnées par l'art. L. 214-2 [R. 451-1]. • Crim. 4 mai 1995 : *Bull. crim. n° 163; D. 1995. IR 181.*

2. Nature des infractions. S'agissant de contraventions de police, il peut être prononcé autant d'amendes que de produits en infraction. • Crim. 3 janv. 1979 : *D. 1979. Somm. 179, obs. Roujou de Boubée* • 13 févr. 1979 : *eod. loc* • *Limoges, 12 avr. 1991 : BID 1992, n° 2, p. 18* • Lyon, 5 juill. 1991 : *ibid., p. 21.*

3. Cumul des amendes. Dès lors que le montant du cumul des amendes prononcées en vertu de l'art. L. 214-2 [R. 451-1] est supérieur au montant d'une amende de cinquième classe, la décision du tribunal de police est susceptible d'appel en vertu des dispositions de l'art. 546 C. pr. pén. • Crim. 30 avr. 2002 : *Bull. crim. n° 90; JCP 2002. IV. 2002.*

4. Illustrations : étiquetage des vins. Est constitutif de l'infraction réprimée par l'art. L. 214-2 [R. 451-1], le fait de porter sur l'étiquetage de bouteilles de vin des indications qui ne sont pas autorisées par le règlement communautaire 2392/89/CEE du 24 juill. 1989, en l'espèce, des décors sans rapport avec le vin commercialisé. • Crim. 22 mai 2002 : *Bull. crim. n° 118; JCP 2002. IV. 2196.*

5. Sanction civile. La méconnaissance des dispositions d'ordre public résultant des décrets en Conseil d'État visés à l'art. L. 214-2 [R. 451-1] est sanctionnée non seulement pénalement comme le prévoit l'al. 1er de ce texte, mais aussi, en vertu de l'art. 6 C. civ., par la nullité du contrat de vente. • Civ. 1re, 7 déc. 2004 : *Bull. civ. I, n° 303; D. 2005. AJ 75, obs. Rondey; JCP 2005. II. 10160, note Rzepecki; ibid. I. 141, n° 19 s., obs. Constantin; Dr. et patr., mars 2005, p. 85, obs. Chauvel; LPA 7 sept. 2005, note Bazin; RDC 2005. 323, obs. Fenouillet; RTD civ. 2005. 389, obs. Mestre et Fages* (non-respect des dispositions sur l'information des acheteurs d'objets d'ameublement). ♦ Jugeant que si la vente de semences non inscrites sur le catalogue commun des variétés des espèces de légumes, en méconnaissance du Décr. n° 81-605 du 18 mai 1981, est illicite, y compris lorsqu'elle est destinée à des jardiniers amateurs, elle ne constitue pour autant un acte de concurrence déloyale par désorganisation du marché que s'il est établi que ce manquement est à l'origine d'un transfert ou d'une captation de clientèle. • Nancy, 9 sept. 2014 : *RD rur. 2015, n° 9, obs. Bombardier.*

6. Personne morale. Une loi pénale étendant une incrimination à une nouvelle catégorie de prévenus ne peut s'appliquer à des faits commis antérieurement à son entrée en vigueur. Dès lors qu'à la date des faits, les personnes morales n'étaient pénalement responsables que dans les cas prévus par la loi ou le règlement parmi lesquels ne figurait pas l'infraction définie par l'art. L. 214-2 [R. 451-1], la société ne pouvait être poursuivie pour avoir, en juin 2005, commis six cent vingt et une infractions aux décrets pris en application de l'art. L. 214-1 [L. 412-1]. • Crim. 20 oct. 2009 : *Bull. crim. n° 172; D. 2009. AJ 2753; AJ pénal 2010. 31, note Lasserre Capde-*

ville ; RTD com. 2010. 440, obs. Bouloc ; Rev. sociétés 2010. 121, note Matsopoulou ; JCP 2009, n° 48, p. 28; CCC 2010, n° 28, obs. Raymond; RJDA 2010, n° 243; Dr. pénal 2010, n° 9, obs. J.-H. Robert.

Art. R. 451-2 Le fait de détenir en vue de la vente ou de la distribution à titre gratuit, de mettre en vente, de vendre ou de distribuer à titre gratuit une denrée alimentaire impropre à la consommation, au sens du paragraphe 5 de l'article 14 du règlement (CE) n° 178/2002 modifié établissant les principes généraux et les prescriptions générales de la législation alimentaire, instituant l'Autorité européenne de sécurité des aliments et fixant des procédures relatives à la sécurité des denrées alimentaires est puni de la peine d'amende prévue pour les contraventions de la 5e classe.

La récidive est réprimée conformément aux dispositions des articles 132-11 et 132-15 du code pénal.

Art. R. 451-3 Le fait de ne pas mettre en œuvre les procédures de retrait ou de rappel d'une denrée alimentaire autre qu'un produit d'origine animale ou une denrée en contenant impropre à la consommation, au sens du paragraphe 5 de l'article 14 du règlement *[(CE)]* n° 178/2002 modifié du Parlement européen et du Conseil du 28 janvier 2002 modifié établissant les principes généraux et les prescriptions générales de la législation alimentaire, instituant l'Autorité européenne de sécurité des aliments et fixant des procédures relatives à la sécurité des denrées alimentaires prévues à l'article 19 du même règlement est puni de la peine d'amende prévue pour les contraventions de la 5e classe.

La récidive est réprimée conformément aux dispositions des articles 132-11 et 132-15 du code pénal.

CHAPITRE II SÉCURITÉ

Art. R. 452-1 Le fait de détenir en vue de la vente ou de la distribution à titre gratuit, de mettre en vente, de vendre, de distribuer à titre gratuit les produits dont l'importation est prohibée, en méconnaissance des dispositions de l'article L. 422-3, est puni de la peine d'amende prévue pour les contraventions de la 5e classe.

Les personnes physiques ou morales coupables de la contravention prévue au précédent alinéa encourent également la peine complémentaire de confiscation de la chose qui a servi ou était destinée à commettre l'infraction ou de la chose qui en est le produit conformément aux dispositions du 5° de l'article 131-16 et du dernier alinéa de l'article 131-40 du code pénal.

La récidive est réprimée conformément aux articles 132-11 et 132-15 du code pénal. – *[C. consom., art. R. 217-1.]*

Art. R. 452-2 Le fait de ne pas informer les autorités administratives compétentes des actions engagées en application de l'article L. 423-3 est puni de l'amende prévue pour les contraventions de la 5e classe.

La récidive est réprimée conformément aux dispositions des articles 132-11 et 132-15 du code pénal. – *[C. consom., art. R. 223-6.]*

Art. R. 452-3 Les infractions aux mesures de la Commission européenne mentionnées à l'article L. 422-4 sont punies de la peine d'amende prévue pour les contraventions de la 5e classe.

La récidive est réprimée conformément aux articles 132-11 et 132-15 du code pénal. – *[C. consom., art. R. 223-2.]*

Art. R. 452-4 Les personnes physiques coupables de l'infraction réprimée par l'article R. 452-3 encourent également la confiscation de la chose qui a servi ou était destinée à commettre l'infraction ou de la chose qui en est le produit.

Les personnes morales déclarées responsables pénalement, dans les conditions prévues par l'article 121-2 du code pénal, de l'infraction réprimée par l'article R. 452-3 encourent, outre l'amende suivant les modalités prévues par l'article 131-41 du code pénal, la peine de confiscation de la chose qui a servi ou était destinée à commettre l'infraction ou de la chose qui en est le produit. – *[C. consom., art. R. 223-4 et R. 223-5.]*

CHAPITRE III **VALORISATION DES PRODUITS ET SERVICES**

Art. R. 453-1 **La méconnaissance des dispositions de l'article R. 433-2 en matière de certification est punie des peines prévues pour les contraventions de la 5e classe.**

La récidive est réprimée conformément aux articles 132-11 et 132-15 du code pénal. – *[C. consom., art. R. 115-3.]*

CHAPITRE IV **FRAUDES**

Le présent chapitre ne comprend pas de dispositions réglementaires.

CHAPITRE V **DISPOSITIONS COMMUNES**

Le présent chapitre ne comprend pas de dispositions réglementaires.

TITRE SIXIÈME **DISPOSITIONS RELATIVES À L'OUTRE-MER**

Le présent titre ne comprend pas de dispositions réglementaires.

LIVRE CINQUIÈME POUVOIRS D'ENQUÊTE ET SUITES DONNÉES AUX CONTRÔLES

TITRE PREMIER RECHERCHE ET CONSTATATION

CHAPITRE PREMIER HABILITATIONS

Le présent chapitre ne comprend pas de dispositions réglementaires.

CHAPITRE II POUVOIRS D'ENQUÊTE

SECTION PREMIÈRE POUVOIRS D'ENQUÊTE ORDINAIRES

SOUS-SECTION 1 DISPOSITIONS COMMUNES

Art. R. 512-1 Les procès-verbaux constatant une infraction ou un manquement établis par les agents habilités énoncent la nature, la date et le lieu des constatations ou des contrôles effectués.

Ils sont signés par les agents ayant procédé aux constatations ou au contrôle. – *[C. consom., art. R. 141-1 et R. 215-2, al. 2, procès-verbal.]*

Art. R. 512-2 Les agents habilités procèdent à des contrôles élémentaires dans le but d'identifier les marchandises ou de déceler leur éventuelle non-conformité aux caractéristiques qu'elles doivent posséder. – *[C. consom., art. R. 215-2, al. 1er.]*

Art. R. 512-3 Lorsqu'un contrôle élémentaire n'a pas permis d'établir une non-conformité à la réglementation, la quantité du produit rendue inutilisable fait l'objet d'un remboursement dans les conditions fixées à l'article L. 512-24. – *[C. consom., art. R. 215-2, al. 4.]*

Art. R. 512-4 Les entrepreneurs de transports sont tenus de présenter aux agents habilités les titres de mouvement, lettres de voiture, récépissés, connaissements et déclarations dont ils sont détenteurs. – *[C. consom., art. R. 215-3, al. 2.]*

Art. R. 512-5 Les agents de la force publique sont tenus, en cas de nécessité, de prêter main-forte aux agents habilités pour les constatations, les prélèvements ou saisies. – *[C. consom., art. R. 215-3, al. 1er.]*

Art. D. 512-6 Les agents de la concurrence, de la consommation et de la répression des fraudes peuvent être accompagnés dans leurs contrôles par :

1° Les fonctionnaires et agents contractuels de l'État régis par le décret n° 86-83 du 17 janvier 1986 relatif aux dispositions générales applicables aux agents contractuels de l'État qui sont affectés dans l'une des directions suivantes :

***a)* la direction générale de la concurrence, de la consommation et de la répression des fraudes ;**

***b)* une direction régionale des entreprises, de la concurrence, de la consommation, du travail et de l'emploi ;**

***c)* une direction départementale interministérielle chargée de la protection des populations ;**

***d)* une direction des entreprises, de la concurrence, de la consommation, du travail et de l'emploi ;**

***e)* une direction de la cohésion sociale, du travail, de l'emploi et de la population ;**

2° Tout fonctionnaire stagiaire accueilli dans l'une des directions mentionnées au 1°.

Les fonctionnaires et agents contractuels mentionnés au présent article ne peuvent réaliser aucun acte de procédure pénale ou de police administrative et sont tenues *[tenus]* de ne pas divulguer les informations dont elles *[ils]* ont eu connaissance dans le cadre des enquêtes. – *[Décr. n° 2012-610 du 30 avr. 2012, art. 1er.]*

SOUS-SECTION 2 RECUEIL DE RENSEIGNEMENTS ET DE DOCUMENTS

Art. R. 512-7 Les agents habilités peuvent recueillir, sur convocation ou sur place, les observations et déclarations de toute personne susceptible d'apporter des éléments utiles à leurs constatations. Ils en dressent procès-verbal auquel ils peuvent joindre des spécimens d'emballage, d'étiquetage ou de marchandises. – *[C. consom., art. R. 215-2, al. 2.]*

SOUS-SECTION 3 CONTRÔLE DE LA VENTE DE BIENS ET DE LA FOURNITURE DE SERVICES SUR INTERNET

Art. R. 512-8 Lorsque les agents habilités constatent des infractions ou manquements dans les conditions prévues à l'article L. 512-16, ils dressent un procès-verbal dans lequel sont mentionnées les modalités de consultation et d'utilisation du site internet, notamment :

1° Les noms, qualité et résidence administrative de l'agent habilité ;

2° L'identité d'emprunt sous laquelle l'agent habilité a conduit le contrôle ;

3° La date et l'heure du contrôle ;

4° Les modalités de connexion au site et de recueil des informations. – *[C. consom., art. R. 215-3-1 et renvoi à l'art. R. 450-1, II, C. com.]*

SOUS-SECTION 4 PRÉLÈVEMENTS

§ 1er DISPOSITIONS COMMUNES

Art. R. 512-9 Pour la recherche et la constatation des infractions, les prélèvements d'échantillons sont effectués par les agents habilités conformément aux dispositions des articles R. 512-10 à R. 512-23.

Ces dispositions ne font pas obstacle à ce que la preuve des infractions puisse être établie par tous moyens. – *[C. consom., art. R. 215-1, prélèvements et preuve.]*

Il résulte des dispositions de la seconde phrase de l'art. R. 215-1 [R. 512-9, al. 2] qu'il n'y a pas lieu d'annuler l'enquête préliminaire effectuée par des officiers de police judiciaire qui n'ont pas respecté les dispositions des art. R. 215-4 s. [R. 512-10 s.] pour la constatation de fraude et falsification de sa production de vin par un viticulteur dès lors que l'apposition de scellés, telle que constatée par le laboratoire, suffit à apporter la preuve que les échantillons de vin n'ont pas subi de manipulation et qu'aucun élément ne permet de douter qu'il s'agit de ceux prélevés, étiquetés et scellés lors de la perquisition. • Crim. 25 juin 2003 : *Dr. pénal 2003, n° 125, obs. J.-H. Robert.*

Art. R. 512-10 Tout prélèvement donne lieu, séance tenante, à la rédaction d'un procès-verbal comportant les mentions suivantes :

1° Les nom, prénoms, qualité et résidence de l'agent habilité ;

2° La date, l'heure et le lieu où le prélèvement a été effectué ;

3° Les nom, prénoms et profession, domicile ou résidence de la personne chez laquelle le prélèvement a été opéré. Si le prélèvement a lieu au cours d'un transport, les nom et domicile des personnes figurant sur les lettres de voiture ou connaissements comme expéditeurs et destinataires ;

4° Le numéro d'ordre du prélèvement ;

5° La signature de l'agent habilité. – *[C. consom., art. R. 215-5.]*

Art. R. 512-11 Le procès-verbal mentionné à l'article R. 512-10 comporte, outre un exposé succinct des modalités de prélèvement, une description des marques et étiquettes apposées sur les enveloppes ou récipients. Il indique également l'importance du lot de marchandises échantillonnées, ainsi que toutes les indications jugées utiles pour établir l'authenticité des échantillons prélevés, l'identité de la marchandise et la dénomination exacte sous laquelle cette dernière était détenue ou mise en vente.

Le propriétaire ou le détenteur de la marchandise ou, le cas échéant, le représentant de l'entreprise de transport peut en outre faire insérer au procès-verbal toutes les déclarations qu'il juge utiles. Il est invité à signer le procès-verbal ; en cas de refus, mention en est faite par l'agent habilité.

Si le propriétaire déclare renoncer au remboursement prévu à l'article L. 512-24, il en est fait mention dans le procès-verbal de prélèvement.

Ce procès-verbal mentionne également l'identifiant attribué par le service administratif qui enregistre le prélèvement. — *[C. consom., art. R. 215-6 et dern. phrase de l'art. R. 215-9.]*

Art. R. 512-12 Les prélèvements sont effectués de telle sorte que les échantillons soient, autant que possible, identiques.

A cet effet, un arrêté du ministre chargé de l'économie peut déterminer, pour chaque marchandise, la quantité à prélever, les procédés à employer pour obtenir des échantillons homogènes, ainsi que les précautions à prendre pour le transport et la conservation des échantillons.

Le détenteur du produit communique à l'agent habilité toute information sur les risques éventuels liés aux prélèvements et les mesures qu'il convient de mettre en œuvre pour les réaliser en toute sécurité.

Le détenteur met à disposition de l'agent le matériel nécessaire et les équipements de protection individuelle adéquats.

Lorsque la nature de la marchandise le justifie, l'échantillonnage peut être réalisé, à la demande de l'agent habilité, par le détenteur du produit. — *[C. consom., art. R. 215-7.]*

V. Arr. du 9 juill. 2010 relatif aux méthodes officielles d'analyse des produits textiles, App., v°, Textiles.

Champ d'application. Les formalités édictées par les art. 12 s. du décret [C. consom., art. R. 512-12 s.] ne concernent que l'expertise des échantillons prélevés sur la marchandise, l'art. 1er [C. consom., art. R. 512-9] disposant par ailleurs que la preuve des infractions à la loi sur les fraudes peut être établie par toutes voies de droit commun. • Crim. 7 mai 1991 : *BID 1991, n° 9, p. 40.*

Art. R. 512-13 Tout échantillon prélevé est mis sous scellés.

Ces scellés retiennent une étiquette d'identification portant notamment les indications suivantes :

1° La dénomination sous laquelle la marchandise est détenue en vue de la vente, mis en vente ou vendu ;

2° La date, l'heure et le lieu où le prélèvement a été effectué ;

3° Les nom, raison sociale et adresse de la personne chez laquelle le prélèvement a été opéré ; si le prélèvement est effectué en cours de route, les noms et adresses des expéditeurs et destinataires ;

4° Le numéro d'ordre du prélèvement ;

5° La signature de l'agent habilité. — *[C. consom., art. R. 215-8.]*

Art. R. 512-14 Lors du prélèvement, un récépissé est remis au propriétaire ou détenteur de la marchandise.

Il fait mention de la nature et des quantités d'échantillons prélevés.

En cas de prélèvement en cours de transport, le récépissé est remis au représentant de l'entreprise de transport. — *[C. consom., art. R. 215-9, sauf dern. al.]*

Art. R. 512-15 L'un au moins des échantillons est laissé au propriétaire ou au détenteur du produit, lequel ne doit en aucun cas modifier l'état des échantillons qui lui sont confiés. Les mesures de garantie qui peuvent être imposées sont fixées par l'arrêté mentionné à l'article R. 512-12.

Toutefois, si le propriétaire ou le détenteur ne dispose pas des moyens de conserver le ou les échantillons dans des conditions de nature à permettre l'expertise, ces échantillons sont conservés dans un endroit désigné par l'agent habilité. Mention en est faite au procès-verbal. — *[C. consom., art. R. 215-10.]*

Sur les sanctions, V. art. R. 531-1.

Art. R. 512-16 Le procès-verbal et, le cas échéant, les échantillons sont déposés par l'agent habilité au service administratif qui enregistre le prélèvement.

Un arrêté du ministre chargé de l'économie peut autoriser l'envoi des échantillons à tout autre service administratif.

Le service administratif qui reçoit ce dépôt l'enregistre, inscrit l'identifiant sur le procès-verbal et l'étiquette que porte chaque échantillon joint à ce procès-verbal.

Les échantillons nécessaires aux essais ou aux analyses sont adressés au laboratoire d'État compétent.

Les autres échantillons sont conservés, le cas échéant, par le service administratif.

Toutefois, si la nature des marchandises exige des mesures spéciales de conservation, les échantillons peuvent être envoyés au laboratoire d'État, lequel peut prendre des mesures de précaution en application de l'arrêté mentionné à l'article R. 512-12. – *[C. consom., art. R. 215-11.]*

§ 2 PRÉLÈVEMENT EN TROIS ÉCHANTILLONS

Art. R. 512-17 Tout prélèvement comporte au moins trois échantillons, sauf dans les cas prévus aux articles R. 512-18 à R. 512-24.

L'un est destiné au laboratoire d'État pour analyse, les deux autres sont éventuellement adressés aux experts désignés dans les conditions définies aux articles L. 512-42 à L. 512-49. – *[C. consom., art. R. 215-4.]*

§ 3 PRÉLÈVEMENT EN DEUX ÉCHANTILLONS

Art. R. 512-18 Le prélèvement est réalisé en deux échantillons, lorsqu'en raison de leur valeur, de leur nature, de la trop faible quantité disponible, du poids ou du volume de la marchandise ou des échantillons destinés à l'analyse ou à l'essai, la marchandise ne peut pas faire l'objet d'un prélèvement en trois échantillons. – *[C. consom., art. R. 215-16, al. 1er.]*

§ 4 PRÉLÈVEMENT EN UN ÉCHANTILLON

Art. R. 512-19 Le prélèvement comporte un seul échantillon portant sur tout ou partie de la marchandise lorsque celle-ci est rapidement altérable.

Un récépissé remis au propriétaire ou au détenteur de la marchandise dans les conditions prévues à l'article R. 512-14 mentionne la quantité rendue inutilisable.

La marchandise placée sous scellés est déposée par l'agent habilité dans un lieu propre à en assurer autant que possible la conservation. Elle peut être laissée à la garde de son propriétaire ou de son détenteur.

En vue de l'expertise prévue à l'article L. 512-47, l'agent habilité invite le propriétaire ou le détenteur de la marchandise à choisir un expert et un suppléant sur les listes officielles, ou à s'en rapporter à un expert unique requis par le procureur de la République ou désigné par le juge d'instruction.

L'agent habilité mentionne dans le procès-verbal les déclarations du propriétaire ou du détenteur de la marchandise relatives à l'expertise.

Ce procès-verbal est transmis sans délai au procureur de la République. – *[C. consom., art. R. 215-12.]*

Art. R. 512-20 Lorsqu'en raison de sa valeur, de sa nature ou de la trop faible quantité de produit, la marchandise ne peut pas faire l'objet d'un prélèvement en plusieurs échantillons mais seulement en un échantillon, et que la contre-expertise ne peut pas être réalisée sur cet échantillon, il est mis en totalité sous scellés.

Le procès-verbal de prélèvement, la marchandise sous scellés ainsi que toutes les pièces utiles sont adressés au procureur de la République. Toutefois, la marchandise sous scellés peut être laissée en dépôt à son détenteur ou à son propriétaire.

Le procureur de la République notifie à l'auteur présumé de l'infraction que l'échantillon va être soumis à expertise. Il l'informe qu'il dispose d'un délai de trois jours francs pour faire savoir s'il entend user de son droit de désigner un expert.

Si l'auteur présumé exerce ce droit dans ce délai, le procureur de la République ou le juge d'instruction procède à la nomination simultanée de deux experts conformément aux dispositions de l'article L. 512-47.

A défaut ou si l'intéressé déclare, avant l'expiration du délai prévu au troisième alinéa, s'en rapporter aux conclusions de l'expert requis par le procureur de la République ou désigné par le juge d'instruction, ceux-ci peuvent désigner un expert immédiatement. – *[C. consom., art. R. 215-13.]*

Art. R. 512-21 **Lorsqu'en raison de sa valeur, de sa nature ou de la trop faible quantité de produit, la marchandise ne peut pas faire l'objet d'un prélèvement en plusieurs échantillons mais seulement en un échantillon, et que la contre-expertise peut être réalisée sur cet échantillon, il est mis en totalité sous scellés.**

Dès que l'analyse ou l'essai le permet, la marchandise ou ses parties destinées à l'expertise mentionnée à l'article L. 512-42 sont placées sous scellés et munies d'une étiquette par le laboratoire d'État portant les indications suivantes :

1° Numéro d'identification de l'échantillon ;

2° Numéro attribué par le laboratoire ;

3° Nom et signature de l'analyste.

L'échantillon scellé est conservé par le laboratoire d'État. – *[C. consom., art. R. 215-17.]*

Art. R. 512-22 **Pour le contrôle des teneurs en mycotoxines contenues dans les denrées alimentaires, le prélèvement ne comporte qu'un échantillon.**

Le laboratoire d'État prépare à partir de ce prélèvement des échantillons destinés à l'analyse conformément aux dispositions du règlement (CE) n° 401/2006 de la Commission du 23 février 2006 modifié portant fixation des modes de prélèvement d'échantillons et des méthodes d'analyse pour le contrôle officiel des teneurs en mycotoxines des denrées alimentaires.

Les échantillons destinés à l'expertise contradictoire sont placés sous scellés et munis d'une étiquette par le laboratoire d'État portant les indications suivantes :

1° Identifiant de l'échantillon ;

2° Numéro attribué par le laboratoire ;

3° Nom et signature de l'analyste.

Les échantillons scellés sont conservés par le laboratoire. – *[C. consom., art. R. 215-15.]*

Art. R. 512-23 **En matière de contrôle microbiologique, le prélèvement ne comporte qu'un seul échantillon.**

L'échantillon est conservé et transmis au laboratoire d'État compétent aux fins de recherches microbiologiques dans des conditions, en particulier de température, propres à en assurer la conservation. – *[C. consom., art. R. 215-14, al. 1er et 2.]*

§ 5 PRÉLÈVEMENT ADMINISTRATIF

Art. R. 512-24 **Les prélèvements effectués dans le cadre des contrôles prévus à l'article L. 511-14 comportent un échantillon constitué d'une ou** *[de]* **plusieurs unités du produit en fonction des nécessités des analyses ou des essais.**

Ils donnent lieu à l'établissement d'un rapport dans les conditions prévues aux articles R. 512-10 et R. 512-11.

Cet échantillon est muni d'une étiquette portant les indications définies à l'article R. 512-13.

Les échantillons prélevés ne donnent lieu à aucun remboursement. – *[C. consom., art. R. 218-1.]*

SOUS-SECTION 5 CONTRÔLE DES PRODUITS AVANT MISE EN LIBRE PRATIQUE

Art. R. 512-25 **Sauf dans les cas prévus aux articles R. 512-28 et R. 512-29, tout prélèvement effectué en application de l'article L. 511-16 comporte au moins trois échantillons. Il donne lieu à l'établissement d'un rapport dans les conditions prévues aux articles R. 512-10 et R. 512-11.**

Tout échantillon prélevé est mis sous scellés. Ces scellés retiennent une étiquette d'identification portant les indications suivantes :

1° La dénomination sous laquelle le produit est détenu ;
2° La date, l'heure et le lieu où le prélèvement a été effectué ;
3° Les nom, raison sociale et adresse de l'importateur ou de son représentant ;
4° Le numéro d'ordre du prélèvement. – *[C. consom., art. R. 218-2.]*

Art. R. 512-26 L'un des échantillons est acheminé par le propriétaire ou le détenteur, à ses frais, à l'un des laboratoires mentionnés aux articles R. 512-31 et R. 512-32, désigné par l'agent habilité.

Les autres échantillons sont laissés à la garde du détenteur.

Les échantillons prélevés ne donnent lieu à aucun remboursement. – *[C. consom., art. R. 218-3.]*

Art. R. 512-27 Le service dont dépend l'agent habilité informe le détenteur des échantillons des résultats d'analyse de l'échantillon.

Si l'analyse a établi que l'échantillon n'est pas conforme à la réglementation, le détenteur est informé qu'il peut faire réaliser, à ses frais, une contre-analyse par un laboratoire présentant des garanties d'indépendance, de compétence et d'impartialité.

Ce laboratoire vérifie, avant toute analyse, l'intégrité du scellé apposé sur l'échantillon qu'il a reçu. Il procède à l'analyse dans le respect de la réglementation applicable.

Si la contre-analyse infirme le résultat de la première analyse, le détenteur peut faire réaliser à ses frais une analyse du troisième échantillon par le laboratoire national de référence, au sens du règlement (CE) n° 882/2004 du Parlement européen et du Conseil du 29 avril 2004 modifié relatif aux contrôles officiels effectués pour s'assurer de la conformité avec la législation sur les aliments pour animaux et les denrées alimentaires et avec les dispositions relatives à la santé animale et au bien-être des animaux, compétent dans le domaine d'analyse considéré.

Le résultat de cette dernière analyse est le seul pris en compte pour décider des mesures consécutives au contrôle.

Si le propriétaire ou le détenteur décide de ne pas faire procéder à une analyse du troisième échantillon par le laboratoire national de référence, le résultat de la première analyse officielle prévaut sur celui de la contre-analyse. – *[C. consom., art. R. 218-4.]*

Art. R. 512-28 Pour le contrôle des teneurs en mycotoxines contenues dans les denrées alimentaires, le prélèvement ne comporte qu'un échantillon.

Il donne lieu à l'établissement d'un rapport dans les conditions prévues aux articles R. 512-10 et R. 512-11.

Tout échantillon prélevé est mis sous scellés. Ces scellés retiennent une étiquette d'identification portant les indications mentionnées à l'article R. 512-25.

L'échantillon est acheminé par le propriétaire ou le détenteur, à ses frais, à un des laboratoires mentionnés aux articles R. 512-31 et R. 512-32, désigné par l'agent habilité.

Le laboratoire prépare à partir de cet échantillon des échantillons destinés à l'analyse conformément aux dispositions de l'article R. 512-22.

Si l'analyse établit que l'échantillon n'est pas conforme à la réglementation, le détenteur est informé qu'il peut faire réaliser, à ses frais, une contre-analyse par un laboratoire présentant des garanties d'indépendance, de compétence et d'impartialité. Si la contre-analyse infirme le résultat de la première analyse, les dispositions de l'article R. 512-27 *s'appliquent.*

L'un des échantillons détenus par le laboratoire est alors adressé, aux frais du détenteur, au laboratoire qu'il désigne.

Ce laboratoire vérifie, avant toute analyse, l'intégrité du scellé apposé sur l'échantillon qu'il a reçu. Il procède à l'analyse dans le respect des dispositions de la réglementation applicable. – *[C. consom., art. R. 218-5.]*

Art. R. 512-29 Lorsqu'un produit est rapidement altérable, lorsque sa valeur, sa nature, la trop faible quantité de produit ou la faible prévalence et la répartition du danger le justifie, le prélèvement est réalisé en un échantillon. Ce prélèvement donne lieu à l'établissement d'un rapport dans les conditions prévues aux articles R. 512-10 et R. 512-11.

Tout échantillon prélevé est mis sous scellés. Ces scellés retiennent une étiquette d'identification portant les indications mentionnées à l'article R. 512-25.

L'échantillon est acheminé par le détenteur, à ses frais, à un des laboratoires mentionnés aux articles R. 512-31 et R. 512-32 désigné par l'agent habilité.

Si l'analyse établit que l'échantillon n'est pas conforme à la réglementation, le propriétaire ou le détenteur est informé qu'il peut demander, à ses frais, un examen documentaire, par un expert présentant des garanties d'indépendance, de compétence et d'impartialité.

Si l'expert est en désaccord avec les conclusions du laboratoire, le propriétaire ou le détenteur peut, à ses frais, demander un nouvel avis au laboratoire national de référence, au sens du règlement (CE) n° 882/2004 du Parlement européen et du Conseil du 29 avril 2004 modifié relatif aux contrôles officiels effectués pour s'assurer de la conformité avec la législation sur les aliments pour animaux et les denrées alimentaires et avec les dispositions relatives à la santé animale et au bien-être des animaux, compétent dans le domaine d'analyse considéré. – *[C. consom., art. R. 218-6.]*

SOUS-SECTION 6 ESSAIS ET ANALYSES

Art. R. 512-30 Les essais et analyses effectués dans le cadre de la recherche et de la constatation des infractions aux dispositions prévues aux articles L. 121-2 à L. 121-4 et au livre IV de la partie législative du présent code ainsi qu'aux dispositions prises pour son application sont réalisés conformément aux dispositions de la présente section. – *[C. consom., art. R. 215-1.]*

Art. R. 512-31 Les essais et analyses sont réalisés par des laboratoires d'État.

La compétence de chaque laboratoire admis à procéder à ces essais et analyses est fixée par un arrêté du ministre chargé de l'économie.

Lorsque le laboratoire d'État relève de l'autorité d'un autre ministre, l'arrêté est pris conjointement par ce ministre et le ministre chargé de l'économie. – *[C. consom., art. R. 215-18.]*

BIBL. ▶ SUDRAUD, *Rev. Conc. Consom. 1990, n° 57* (les laboratoires de la DGCCRF).

Arrêté du 3 février 2014,

Fixant la compétence des laboratoires du service commun des laboratoires à procéder à l'analyse et aux essais en application de l'article R. 512-31 du code de la consommation
(Arr. du 8 févr. 2017, art. 1er).

Art. 1er Le domaine d'activité dans lequel chacun des laboratoires d'État du service commun des laboratoires est compétent pour procéder à l'analyse et aux essais des échantillons, prélevés en application du *(Arr. du 8 févr. 2017, art. 1er)* « livre V » du code de la consommation et du règlement (CE) du 29 avril 2004 susvisé *[n° 882/2004 relatif aux contrôles officiels effectués pour s'assurer de la conformité avec la législation sur les aliments pour animaux et les denrées alimentaires et avec les dispositions relatives à la santé animale et au bien-être des animaux]*, est défini en annexe.

Art. 2 Les laboratoires sont classés en fonction des missions qui leur sont assignées, selon les catégories suivantes :

1° Activité analytique (AA).

Le laboratoire réalise des analyses et essais de base et des analyses et essais spécifiques au domaine d'activité ;

2° Pôle de compétence national (PCN).

Le laboratoire, en plus de l'activité analytique :

— coordonne les actions des laboratoires du SCL dans son domaine d'activité ;

— apporte conseils et appui technique à l'unité de direction du service commun des laboratoires, aux services de ses deux directions générales de rattachement et des agents *(Arr. du 8 févr. 2017, art. 1er)* « habilités par le livre V » du code de la consommation ;

— adapte, développe des méthodes d'analyses en fonction de l'évolution réglementaire et*[,]* en situation d'urgence, participe à la gestion des alertes ;

3° Laboratoire de référence (LR).

Le laboratoire, en plus des missions du PCN :

— anticipe les évolutions et les demandes d'expertise en assurant une veille scientifique, notamment normative ou réglementaire, et coordonne l'analyse des besoins nouveaux ;

— adapte, développe, diffuse et publie des méthodes d'analyse ;

— contribue à la coopération et à la connaissance scientifique nationale et internationale en relation avec les missions de ses deux directions générales de rattachement.

Les laboratoires de référence peuvent être désignés comme Laboratoire national de référence au titre du règlement du 29 avril 2004 susvisé.

Art. 3 *(Arr. du 8 févr. 2017, art. 1er)* « Les domaines de compétence » de chaque laboratoire sont définis en annexe.

Art. 4 Les laboratoires mentionnés à l'article 1er peuvent effectuer, à titre exceptionnel, des essais hors des domaines d'activité définis en annexe à la demande du chef du SCL si le laboratoire réunit les compétences matérielles et humaines nécessaires.

Art. 5 L'arrêté du 18 octobre 2010 fixant la compétence des laboratoires du service commun des laboratoires à procéder à l'analyse et aux essais en application de l'article R. 215-18 *[ancien]* du code de la consommation est abrogé. — *V. ce texte au* ***C. consom.****, éd. 2013.*

ANNEXE

(Arr. du 8 févr. 2017)

V. cette annexe au ***C. consom.***

Art. R. 512-32 **Des laboratoires autres que ceux mentionnés à l'article R. 512-31 peuvent être admis à procéder aux analyses ou aux essais, sous réserve d'être agréés.**

Le ministre chargé de l'économie fixe par arrêté les conditions d'agrément de ces laboratoires. Ceux-ci apportent la preuve de leur aptitude à effectuer les analyses ou essais conformément aux normes en vigueur. Ils présentent des garanties de confidentialité, d'impartialité et d'indépendance envers toute entreprise ou groupe d'entreprises exerçant une activité de production, d'importation ou de commercialisation de produits dans le domaine analytique pour lequel l'agrément est sollicité. Le ministre accorde l'agrément par arrêté. — *V. Arr. du 24 déc. 2014, ci-dessous.*

Les laboratoires agréés sont soumis, à tout moment, au contrôle du respect des conditions de l'agrément par le service commun des laboratoires des ministères économiques et financiers.

Lorsqu'un laboratoire ne remplit plus une ou plusieurs des conditions exigées pour l'agrément, il en informe sans délai le chef de ce service commun.

En cas de non-respect des conditions exigées pour l'agrément, le ministre chargé de l'économie peut suspendre ou retirer l'agrément. — *[C. consom., art. R. 215-18-1.]*

Arrêté du 31 décembre 1999,

Fixant les conditions d'agrément des laboratoires admis à procéder aux analyses ou aux essais des échantillons pour l'application du livre II du code de la consommation.

Art. 1er Pour être agréés par le ministre chargé de l'économie et des finances au titre de l'article *(Décr. no 2016-884 du 29 juin 2016, art. 2, en vigueur le 1er juill. 2016)* « R. 512-32 » *du code de la consommation*, les laboratoires déposent auprès de la direction générale de la concurrence, de la consommation et de la répression des fraudes une demande d'agrément. Celle-ci porte sur les domaines analytiques pour lesquels des appels à candidatures ont été publiés sous forme d'avis au *Journal officiel* de la République française.

La demande comprend les rubriques qui figurent en annexe du présent arrêté, accompagnées des justificatifs.

Art. 2 Les laboratoires agréés rendent accessibles au laboratoire d'État, donneur d'ordre, les méthodes internes ou non normalisées auxquelles ils auraient, le cas échéant, recours pour assurer la prestation demandée.

Art. 3 Les laboratoires agréés se conforment aux règles de présentation des résultats d'analyse ou d'essai précisées par le laboratoire d'État donneur d'ordre.

Art. 4 Les laboratoires agréés adressent les résultats au laboratoire d'État chargé d'établir le rapport visé à l'article *(Décr. n° 2016-884 du 29 juin 2016, art. 2, en vigueur le 1er juill. 2016)* « R. 512-36 » du code de la consommation. Ces résultats sont consignés dans un rapport rédigé en français dont un double est conservé par le laboratoire agréé durant une période de six ans.

Art. 5 Les laboratoires agréés effectuent les analyses ou essais dans les délais les plus brefs compatibles avec les techniques et méthodes utilisées. Ces délais sont portés à la connaissance du donneur d'ordre par accusé de réception.

Art. 6 Les laboratoires agréés conservent les échantillons qui ont servi à l'analyse, dans la mesure du possible, pendant une durée minimale d'un mois après l'expédition du rapport établi par le laboratoire agréé.

Art. 7 Les laboratoires agréés participent aux analyses d'intercomparaison nationales ou communautaires dans le domaine ou les domaines de compétence concernés par l'agrément lorsque celles-ci sont régulièrement organisées. Les résultats en sont communiqués annuellement au directeur général de la concurrence, de la consommation et de la répression des fraudes.

Art. 8 Les laboratoires agréés ne se prévalent en aucun cas de l'agrément obtenu aussi bien dans leur correspondance que dans leurs documents techniques ou commerciaux.

ANNEXE

1. Nom du laboratoire :
2. Adresse du ou des établissements :
3. Statut :
4. Nom et titre du responsable :
5. Coordonnées téléphone, fax, mél. :
6. Domaine(s) d'agrément sollicité(s), avec date de l'avis (ou des avis) au *Journal officiel* de a République française :
7. Mode de preuve de l'impartialité et de l'indépendance de l'organisme :
7.1. Composition de l'actionnariat ;
7.2. Activité des actionnaires ;
7.3. Activités du laboratoire autres qu'analytiques ;
7.4. Activités de ses filiales éventuelles.
8. Mode de preuve de l'aptitude à effectuer les analyses ou essais demandés (joindre les justificatifs) :

L'accréditation par le Comité français d'accréditation ou par un autre organisme d'accréditation signataire d'un accord de reconnaissance réciproque avec le Comité français d'accréditation est un élément de preuve de l'aptitude du laboratoire à effectuer les analyses ou essais demandés lorsque ces derniers sont définis dans les programmes d'accréditation existants.

9. Effectifs (scientifiques, administratifs) : (préciser les effectifs affectés pour chaque domaine d'agrément sollicité) :
10. Le cas échéant, trois derniers bilans et attestation des services fiscaux de mise à jour des obligations fiscales et sociales :

Arrêté du 24 décembre 2014,

Portant agrément des laboratoires pour procéder aux analyses et aux essais pour la répression des fraudes.

Art. 1er La liste des laboratoires agréés pour procéder aux analyses et aux essais en application du livre II du code de la consommation est établie en annexe, pour les domaines, champs d'application et portées qui y sont indiqués.

Art. 2 L'arrêté du 2 septembre 2013 portant agrément des laboratoires pour procéder aux analyses et aux essais pour la répression des fraudes est abrogé. — *V. Arr. préc. au* ***C. consom.****, éd. 2014.*

ANNEXE

LISTE DES LABORATOIRES AGRÉÉS

V. cette annexe au ***C. consom.***

Art. R. 512-33 **Lorsque les laboratoires mentionnés aux articles R. 512-31 et R. 512-32 ne peuvent effectuer les analyses ou essais en raison de leur caractère de spécialisation exceptionnel ou de l'extrême urgence, le laboratoire d'État dont relève le produit en cause recourt, sous son contrôle, à un laboratoire en mesure d'assurer les prestations requises, ou se fait assister d'un expert de son choix.** — *[C. consom., art. R. 215-18-2.]*

Art. R. 512-34 **Les laboratoires, autres que ceux mentionnés à l'article R. 512-32, exerçant leurs activités dans un autre État membre de l'Union européenne ou partie à l'accord sur l'Espace économique européen sont admis à procéder aux analyses ou aux essais des échantillons prélevés dans le cadre d'une action de coopération européenne associant plusieurs États membres.** — *[C. consom., art. R. 215-18-3.]*

Art. R. 512-35 **Pour l'examen des échantillons, les laboratoires emploient les méthodes d'analyses ou d'essais définies à l'article 11 du règlement (CE) n° 882/2004 du Parlement européen et du Conseil du 29 avril 2004 modifié relatif aux contrôles officiels effectués pour s'assurer de la conformité avec la législation sur les aliments pour animaux et les denrées alimentaires et avec les dispositions relatives à la santé animale et au bien-être des animaux.**

Le ministre chargé de l'économie peut fixer par arrêté les méthodes d'analyses ou d'essais et d'échantillonnage.

Les laboratoires peuvent se faire assister de tout spécialiste de leur choix. — *[C. consom., art. R. 215-19.]*

Sur les modes de prélèvement d'échantillons et les méthodes d'analyse, V., notamment, Arr. du 19 mai 2004 (JO 4 juin) (teneur en étain des aliments en conserve) ; ... Arr. du 19 mai 2004 (JO 5 juin) (teneur en aflatoxines de certaines denrées alimentaires) ; ... Arr. du 2 févr. 2006 (JO 4 févr.) (teneurs en plomb, cadmium, mercure et 3-MCPD) ; ... Arr. du 2 févr. 2006 (JO 4 févr.) (teneurs en ochratoxine A) ; ... Arr. du 2 févr. 2006 (JO 4 févr.) (teneurs en benzo(a)pyrène).

Art. R. 512-36 **Le laboratoire d'État, mentionné à l'article R. 512-31, dresse, dès l'achèvement de ses travaux, ou dès la réception des résultats des analyses ou essais confiés aux laboratoires admis à procéder à l'expertise en application des articles R. 512-32 à R. 512-34, un rapport où sont consignés et interprétés les résultats de l'examen et des analyses ou essais auxquels cet échantillon a donné lieu.**

Lorsqu'il est fait appel à un des laboratoires mentionnés aux articles R. 512-32 à R. 512-34, ses rapports d'analyses ou d'essais sont joints au rapport du laboratoire d'État.

Le rapport du laboratoire d'État est adressé au service administratif qui a enregistré le prélèvement. — *[C. consom., art. R. 215-20.]*

Art. R. 512-37 **S'il ne ressort pas du rapport du laboratoire que l'échantillon n'est pas conforme aux caractéristiques auxquelles le produit doit répondre, le service administratif qui a enregistré le prélèvement, en l'absence de tout autre élément d'information susceptible de constituer une présomption de non-conformité à la réglementation, en avise sans délai le propriétaire ou le détenteur du produit.**

Dans ce cas, il est procédé d'office au paiement de la valeur des échantillons prélevés, dans les conditions prévues à l'article L. 512-24, sauf si le propriétaire a renoncé au remboursement. — *[C. consom., art. R. 215-21.]*

Art. R. 512-38 Dans le cas où il ressort du rapport du laboratoire que l'échantillon n'est pas conforme aux caractéristiques auxquelles le produit doit répondre, le service administratif dont relève l'agent habilité, après toutes enquêtes complémentaires utiles, constitue le dossier compte tenu des renseignements à sa disposition. – *[C. consom., art. R. 215-22, al. 1er.]*

SECTION II OPÉRATIONS DE VISITES ET SAISIES

Art. R. 512-39 L'ordonnance mentionnée à l'article L. 512-52 indique les voies et délais de recours dont dispose l'occupant des lieux ou son représentant. – *[C. consom., art. R. 215-24, al. 1er.]*

Art. R. 512-40 Les procès-verbaux relatent le déroulement de la visite et consignent les constatations effectuées. Ils sont dressés sur-le-champ. Ils comportent l'inventaire des pièces et documents saisis.

Ces procès-verbaux sont signés par les agents habilités, par l'officier de police judiciaire chargé d'assister aux opérations ainsi que, selon le cas, par l'occupant des lieux, son représentant ou les deux témoins requis conformément à l'article L. 512-57. – *[C. consom., art. R. 215-24, al. 2 et 3.]*

Art. R. 512-41 Une copie du procès-verbal est remise à l'occupant des lieux ou à son représentant.

En leur absence, la copie du procès-verbal est adressée, après la visite, au responsable de l'entreprise ou de l'organisme concerné, par lettre recommandée avec demande d'avis de réception. – *[C. consom., art. R. 215-24, al. 4, 1re et 2e phrases.]*

Art. R. 512-42 Les pièces et documents saisis ne peuvent être opposés aux intéressés qu'après qu'ils ont été mis en mesure d'en prendre connaissance. – *[C. consom., art. R. 215-24, al. 4, 3e phrase.]*

TITRE DEUXIÈME MESURES CONSÉCUTIVES AUX CONTRÔLES

CHAPITRE PREMIER MESURES DE POLICE ADMINISTRATIVE

SECTION PREMIÈRE INFORMATION PRÉCONTRACTUELLE, PRATIQUES COMMERCIALES, CONTRATS ET CRÉDIT

Art. R. 521-1 L'autorité administrative mentionnée à l'article L. 521-3 est le chef du service national des enquêtes de la direction générale de la concurrence, de la consommation et de la répression des fraudes, le directeur régional des entreprises, de la concurrence, de la consommation, du travail et de l'emploi ou le directeur de la direction départementale chargée de la protection des populations.

Ces autorités administratives peuvent déléguer leurs signatures aux fonctionnaires de catégorie A placés sous leur autorité. – *[C. consom., art. R. 141-4, autorité administrative de l'art. L. 141-1-1.]*

Art. R. 521-2 La publicité prévue au second alinéa de l'article L. 521-2 peut être effectuée par voie de presse, par *voie électronique ou* par voie d'affichage. La diffusion et l'affichage peuvent être ordonnés cumulativement.

La diffusion ou l'affichage peut porter sur tout ou partie de la mesure d'injonction, ou prendre la forme d'un communiqué informant le public des motifs et du dispositif de cette mesure.

La diffusion de la mesure d'injonction peut être faite au *Journal officiel* de la République française, par une ou plusieurs autres publications de presse, ou par un ou plusieurs services de communication au public par voie électronique. Les publications ou les services de communication au public par voie électronique chargés de cette diffusion sont désignés dans la mesure d'injonction. Ils ne peuvent s'opposer à cette diffusion.

L'affichage s'effectue dans les lieux et pour la durée indiqués par la mesure d'injonction ; il ne peut excéder deux mois. En cas de suppression, dissimulation ou lacération des affiches apposées, il est de nouveau procédé à l'affichage.

Les modalités de la publicité sont précisées dans la mesure d'injonction. – *[C. consom., art. R. 132-2-2.]*

SECTION II CONFORMITÉ ET SÉCURITÉ DES PRODUITS ET SERVICES

Art. R. 521-3 L'autorité administrative mentionnée aux articles L. 521-4, L. 521-5, L. 521-7, L. 521-10, L. 521-12, L. 521-13, L. 521-14, L. 521-16, L. 521-20 et L. 521-23 est le préfet ou, à Paris, le préfet de police.

Art. D. 521-4 Le ministre qui ordonne un contrôle en application des articles L. 521-18 ou L. 521-26 choisit l'organisme habilité en fonction de sa compétence et de la nature du produit ou du service concerné. – *[C. consom., art. D. 225-2.]*

CHAPITRE II PROCÉDURE DE SANCTIONS ADMINISTRATIVES

SECTION PREMIÈRE INFORMATION PRÉCONTRACTUELLE, PRATIQUES COMMERCIALES, CONTRATS ET CRÉDIT

Art. R. 522-1 L'autorité administrative mentionnée aux articles L. 522-1, L. 522-5 et L. 522-6 est le directeur général de la concurrence, de la consommation et de la répression des fraudes, le chef du service national des enquêtes de la direction générale de la concurrence, de la consommation et de la répression des fraudes, le directeur régional des entreprises, de la concurrence, de la consommation, du travail et de l'emploi ou le directeur de la direction départementale chargée de la protection des populations

Ces autorités administratives peuvent déléguer leurs signatures aux fonctionnaires de catégorie A placés sous leur autorité. – *[C. consom., art. R. 141-6, I.]*

Art. R. 522-2 Le délai mentionné à l'article L. 522-5 est d'un mois. – *[C. consom., art. L. 141-1-2, IV, délai contradictoire.]*

Art. R. 522-3 La publication prévue à l'article L. 522-6 s'effectue par voie de presse, par voie électronique ou par voie d'affichage. La diffusion et l'affichage peuvent être ordonnés cumulativement.

Les modalités de la publication sont précisées dans la décision prononçant l'amende. – *[C. consom., art. R. 141-6, II, al. 1er et 5.]*

Art. R. 522-4 La publication peut porter sur l'intégralité ou sur une partie de la décision, ou prendre la forme d'un communiqué informant le public des motifs et du dispositif de cette décision.

La diffusion de la décision est faite au *Journal officiel* de la République française, par une ou plusieurs autres publications de presse, ou par un ou plusieurs services de communication au public par voie électronique.

Les publications ou les services de communication au public par voie électronique chargés de cette diffusion sont désignés dans la décision. Ils ne peuvent pas s'opposer à cette diffusion. – *[C. consom., art. R. 141-6, II, al. 2 et 3.]*

Art. R. 522-5 L'affichage s'effectue dans les lieux et pour la durée indiqués par la décision ; il ne peut excéder deux mois.

En cas de suppression, dissimulation ou lacération des affiches apposées, il est de nouveau procédé à l'affichage. – *[C. consom., art. R. 141-6, II, al. 4 et 5.]*

Art. R. 522-6 Le ministre chargé de la consommation est l'ordonnateur compétent pour émettre les titres de perception afférents aux sanctions prononcées en application de l'article L. 522-1. – *[C. consom., art. R. 141-6, III.]*

SECTION II CONFORMITÉ ET SÉCURITÉ DES PRODUITS ET SERVICES

Art. R. 522-7 L'autorité administrative mentionnée à l'article L. 531-6 est le préfet, ou, à Paris, le préfet de police, du département du lieu d'implantation de l'établissement dans lequel le responsable de la mise sur le marché, ou le responsable de la non-conformité du produit, exerce son activité professionnelle. – *[C. consom., art. R. 219-1.]*

Art. R. 522-8 Préalablement au prononcé de la sanction prévue à l'article L. 531-6, le préfet ou, à Paris, le préfet de police informe*[,]* par écrit, la personne mise en cause de la non-conformité à la réglementation du produit prélevé établie par l'essai ou l'analyse ainsi que de la sanction qu'il encourt. Une copie du rapport d'analyses ou d'essais est jointe au courrier. Cette personne est mise à même de présenter ses observations, écrites ou orales, dans le délai d'un mois. Elle peut, le cas échéant, être assistée d'un conseil ou représentée par un mandataire de son choix.

Au terme de cette procédure, la personne mise en cause est informée de la décision motivée qui indique les voies et délais de recours. – *[C. consom., art. R. 219-2, al. 1 et 2.]*

Art. R. 522-9 Le recouvrement est effectué à l'appui d'un titre de perception unique émis par le préfet et recouvré par le comptable public compétent, en application des dispositions des articles 23 à 28 et 112 à 124 du décret nº 2012-1246 du 7 novembre 2012 relatif à la gestion budgétaire et comptable publique. – *[C. consom., art. R. 219-2, al. 6.]*

CHAPITRE III TRANSACTION

Art. R. 523-1 L'autorité administrative mentionnée à l'article L. 523-1 est le chef du service national des enquêtes de la direction générale de la concurrence, de la consommation et de la répression des fraudes, le directeur régional des entreprises, de la concurrence, de la consommation, du travail et de l'emploi ou le directeur de la direction départementale chargée de la protection des populations.

Ces autorités administratives peuvent déléguer leurs signatures aux fonctionnaires de catégorie A placés sous leur autorité. – *[C. consom., art. R. 141-3, I et R. 216-3, I.]*

Art. R. 523-2 L'autorité administrative mentionnée à l'article R. 523-1 transmet la proposition de transaction au procureur de la République dans un délai de trois mois à compter de la clôture du procès-verbal de constatation de l'infraction.

Cette proposition précise la somme que l'auteur de l'infraction devra payer au Trésor public, le délai imparti pour son paiement et, s'il y a lieu, les autres obligations résultant pour lui de l'acceptation de la transaction. – *[C. consom., art. R. 141-3, II et R. 216-3, II.]*

Art. R. 523-3 Lorsque le procureur de la République a donné son accord sur la proposition de transaction, l'autorité administrative notifie cette dernière en double exemplaire à l'auteur de l'infraction.

Cette notification comporte une mention précisant que si la personne ne paie pas dans le délai imparti la somme indiquée dans la proposition ou qu'elle ne satisfait pas aux autres obligations le cas échéant souscrites par elle, le procureur de la République décidera, sauf élément nouveau, d'engager les poursuites à son égard.

L'auteur de l'infraction dispose d'un mois, à compter de cette notification, pour y répondre. En cas d'acceptation, l'auteur de l'infraction retourne à l'autorité administrative un exemplaire signé de la proposition. – *[C. consom., art. R. 141-3, III, al. 1er et 2 et R. 216-3, III, al. 1er et 2.]*

Art. R. 523-4 Si au terme du délai mentionné à l'article R. 523-3, l'auteur de l'infraction a refusé la proposition ou n'y a pas répondu, l'autorité administrative en informe sans délai le procureur de la République.

Ce dernier est également informé par l'autorité administrative lorsque l'auteur de l'infraction n'a pas acquitté la somme indiquée dans la transaction au terme du délai imparti ou n'a pas satisfait aux autres obligations le cas échéant souscrites par lui. – *[C. consom., art. R. 141-3, III, al. 3, et R. 216-3, III, al. 3.]*

CHAPITRE IV SAISINE DE LA JURIDICTION CIVILE OU ADMINISTRATIVE

Art. R. 524-1 L'autorité administrative mentionnée aux articles L. 524-1 à L. 524-3 est le chef du service national des enquêtes de la direction générale de la concurrence, de la consommation et de la répression des fraudes, le directeur régional des entreprises, de la concurrence, de la consommation, du travail et de l'emploi ou le directeur de la direction départementale chargée de la protection des populations.

Ces autorités administratives peuvent désigner des fonctionnaires de catégorie A afin de les représenter devant les juridictions civiles et administratives de première instance et d'appel. – *[C. consom., art. R. 141-4, autorité administrative de l'art. L. 141-1, VIII.]*

CHAPITRE V PROCÉDURES DEVANT LES JURIDICTIONS

Art. R. 525-1 Pour l'application du présent livre, l'autorité administrative chargée de la concurrence et de la consommation peut, devant les juridictions civiles, et selon les règles qui y sont applicables, intervenir, déposer des conclusions et les présenter à l'audience. Elle peut également produire des procès-verbaux et des rapports. – *[C. consom., art. L. 141-1, IX, civil et L. 215-21.]*

Art. R. 525-2 L'autorité administrative mentionnée aux articles L. 525-1 et R. 525-1 est le directeur général de la concurrence, de la consommation et de la répression des fraudes, le chef du service national des enquêtes de la direction générale de la concurrence, de la consommation et de la répression des fraudes, le directeur régional des entreprises, de la concurrence, de la consommation, du travail et de l'emploi ou le directeur de la direction départementale chargée de la protection des populations.

Ces autorités administratives peuvent désigner des fonctionnaires de catégorie A afin de les représenter devant les juridictions civiles et pénales de première instance et d'appel. – *[C. consom., art. R. 141-4, autorité administrative de l'art. L. 141-1, IX.]*

Art. R. 525-3 Lorsqu'elle agit en application des articles L. 524-1 à L. 524-3 et R. 525-1*[,]* l'autorité administrative est dispensée de ministère d'avocat. – *[C. consom., art. R. 141-5 et R. 215-26.]*

TITRE TROISIÈME SANCTIONS

CHAPITRE PREMIER RECHERCHE ET CONSTATATION

SECTION PREMIÈRE SANCTIONS PÉNALES

Art. R. 531-1 Le fait pour un détenteur de marchandises de ne pas avoir conservé un échantillon laissé à sa garde en application de l'article R. 512-15 ou d'en avoir modifié l'état est puni de la peine prévue pour les contraventions de la 5e classe.

La récidive est réprimée conformément aux articles 132-11 et 132-15 du code pénal. – *[C. consom., art. R. 217-2.]*

Art. R. 531-2 Le *fait de mettre en vente* ou de vendre, sans attendre les résultats d'un contrôle officiel en cours, des marchandises reconnues non conformes à la réglementation ou falsifiées à l'issue de l'enquête consécutive à ce contrôle est puni de la peine prévue pour les contraventions de la 5e classe.

La récidive est réprimée conformément aux articles 132-11 et 132-15 du code pénal. – *[C. consom., art. L. 214-2, al. 2.]*

SECTION II SANCTIONS ADMINISTRATIVES

Art. R. 531-3 Le montant de la sanction mentionnée à l'article L. 531-6 est égal, dans la limite de 10 000 euros, au montant cumulé :

1° Des frais de prélèvement et de transport fixés forfaitairement à 220 euros TTC, par prélèvement ;

2° Des frais d'analyse ou d'essai supportés par le laboratoire d'État. – *[C. consom., art. R. 219-2, sanction.]*

CHAPITRE II MESURES CONSÉCUTIVES AUX CONTRÔLES

Art. R. 532-1 Est puni de la peine d'amende prévue pour les contraventions de la 5e classe le fait, en méconnaissance des dispositions d'un arrêté pris en application des articles L. 521-17 ou L. 521-25 :

1° De fabriquer, importer, exporter, mettre sur le marché à titre gratuit ou onéreux, détenir en vue de la vente ou de la distribution à titre gratuit un produit ou de réaliser une prestation de services ayant fait l'objet d'une mesure de suspension ;

2° D'omettre de diffuser les mises en garde ou précautions d'emploi ordonnées ;

3° De ne pas échanger, de ne pas modifier ou de ne pas rembourser totalement ou partiellement le produit ou le service, dans les conditions de lieu et de délai prescrites ;

4° De ne pas procéder au retrait ou à la destruction d'un produit.

La récidive est réprimée conformément aux articles 132-11 et 132-15 du code pénal. – *[C. consom., art. R. 223-1 et R. 223-4, al. 2.]*

Art. R. 532-2 Les personnes physiques coupables des contraventions prévues à l'article R. 532-1 encourent également la confiscation de la chose qui a servi ou était destinée à commettre l'infraction ou de la chose qui en est le produit. – *[C. consom., art. R. 223-4, al. 1er.]*

TITRE QUATRIÈME DISPOSITIONS RELATIVES À L'OUTRE-MER

(Décr. nº 2017-1166 du 12 juill. 2017, art. 3)

CHAPITRE PREMIER RECHERCHE ET CONSTATATION

Art. R. 541-1 Sont applicables en Nouvelle-Calédonie, sous réserve des adaptations prévues à l'article R. 541-2, les dispositions des articles mentionnés dans la colonne de gauche du tableau ci-après, dans leur rédaction indiquée dans la colonne de droite du même tableau :

ARTICLES APPLICABLES	DANS LEUR RÉDACTION
R. 512-1 à 512-5, R. 512-7 à 512-21, R. 512-23, R. 512-30, R. 512-31, R. 512-35, R. 512-37 et R. 512-38	Résultant du décret nº 2016-884 du 29 juin 2016

Art. R. 541-2 Pour l'application de l'article R. 541-1 en Nouvelle-Calédonie :

1° A l'article R. 512-17, les références : "R. 512-18 à R. 512-24" sont remplacées par les références : "R. 512-18 à R. 512-21 et R. 512-23" ;

2° A l'article R. 512-30, les mots : "aux dispositions prévues à l'article L. 121-2 à L. 121-4 et au livre IV de la partie législative du présent code ainsi qu'aux dispositions prises pour son application" sont remplacés par les mots : "en matière de répression des fraudes" ;

3° A l'article R. 512-35, les mots : "à l'article 11 du règlement (CE) nº 882/2004 du Parlement européen et du Conseil du 29 avril 2004 modifié relatif aux contrôles officiels effectués pour s'assurer de la conformité avec la législation sur les aliments pour animaux et les denrées alimentaires et avec les dispositions relatives à la santé animale et au bien-être des animaux" sont remplacés par les mots : "dans la régle-

mentation de l'Union européenne ou à défaut, par des règles ou des protocoles reconnus sur le plan international, notamment par le Comité européen de normalisation ou ceux qui ont été adoptés dans la législation applicable en métropole ou, à défaut, d'autres méthodes appropriées au vu de l'objectif poursuivi ou élaborées conformément à des protocoles scientifiques, ou des méthodes d'analyse validées au sein d'un seul laboratoire suivant un protocole accepté sur le plan international" ;

4° Dans toutes les occurrences de l'expression : "laboratoire d'État" ou "laboratoires d'État", les mots : "d'État" sont supprimés.

CHAPITRE II MESURES CONSÉCUTIVES AUX CONTRÔLES

Art. R. 542-1 **Pour l'application des articles R. 521-1, R. 522-1, R. 523-1, R. 524-1 et R. 525-2 dans les collectivités relevant de l'article 73 de la Constitution, les références au directeur régional des entreprises, de la concurrence, de la consommation, du travail et de l'emploi et au directeur de la direction départementale chargée de la protection des populations sont remplacées par la référence au directeur des entreprises, de la concurrence, de la consommation, du travail et de l'emploi.**

Art. R. 542-2 **Pour l'application des articles R. 521-1, R. 522-1, R. 523-1, R. 524-1 et R. 525-2 à Saint-Pierre-et-Miquelon, les références au directeur des entreprises, de la concurrence, de la consommation, du travail et de l'emploi et au directeur de la direction départementale chargée de la protection des populations sont remplacées par la référence au directeur de la cohésion sociale, du travail, de l'emploi et de la population.**

LIVRE SIXIÈME RÈGLEMENT DES LITIGES

TITRE PREMIER MÉDIATION

CHAPITRE PREMIER DÉFINITIONS ET CHAMP D'APPLICATION

Le présent chapitre ne comprend pas de dispositions réglementaires.

CHAPITRE II PROCESSUS DE MÉDIATION DES LITIGES DE CONSOMMATION

Art. R. 612-1 **La médiation des litiges de la consommation mentionnée au 5° de l'article L. 611-1 satisfait aux exigences suivantes :**

1° Elle est aisément accessible par voie électronique ou par courrier simple à toutes les parties, consommateur ou professionnel ;

2° Elle est gratuite pour le consommateur à l'exception des frais prévus aux 3° et 4° ;

3° Les parties ont la faculté, à leur charge, de se faire représenter par un avocat ou de se faire assister par toute personne de leur choix à tous les stades de la médiation ;

4° Chaque partie peut également solliciter l'avis d'un expert, dont les frais sont à sa charge. En cas de demande conjointe d'expertise, les frais sont partagés entre les parties. – *[C. consom., art. R. 152-1.]*

Art. R. 612-2 **Dès réception des documents sur lesquels est fondée la demande du consommateur, le médiateur de la consommation notifie aux parties par voie électronique ou par courrier simple sa saisine. Cette notification rappelle aux parties qu'elles peuvent à tout moment se retirer du processus.** – *[C. consom., art. R. 152-2.]*

Art. R. 612-3 **Le médiateur communique, à la demande de l'une des parties, tout ou partie des pièces du dossier.**

Le médiateur peut recevoir les parties ensemble ou séparément. A défaut d'accord amiable entre elles, il leur propose une solution pour régler le litige. – *[C. consom., art. R. 152-3.]*

Art. R. 612-4 **Le médiateur, en faisant connaître aux parties la solution qu'il propose, leur rappelle, par courrier simple ou par voie électronique :**

1° Qu'elles sont libres d'accepter ou de refuser sa proposition de solution ;

2° Que la participation à la médiation n'exclut pas la possibilité d'un recours devant une juridiction ;

3° Que la solution peut être différente de la décision qui serait rendue par un juge.

Le médiateur précise également quels sont les effets juridiques de l'acceptation de la proposition de solution et fixe un délai d'acceptation ou de refus de celle-ci. – *[C. consom., art. R. 152-4.]*

Art. R. 612-5 **L'issue de la médiation intervient, au plus tard, dans un délai de quatre-vingt-dix jours à compter de la date de la notification mentionnée à l'article R. 612-2. Le médiateur peut prolonger ce délai, à tout moment, en cas de litige complexe. Il en avise immédiatement les parties.** – *[C. consom., art. R. 152-5.]*

CHAPITRE III STATUT DU MÉDIATEUR DE LA CONSOMMATION

Art. R. 613-1 **Le médiateur de la consommation informe sans délai les parties de la survenance de toute circonstance susceptible d'affecter son indépendance, son impartialité ou de nature à créer un conflit d'intérêts ainsi que de leur droit de s'opposer à la poursuite de sa mission. Si l'une des parties refuse en conséquence de poursuivre la médiation, il est mis fin à la mission du médiateur. Lorsque le médiateur est une personne morale, il est pourvu au remplacement de la personne physique chargée d'accomplir la mission de médiation.**

Le médiateur ne peut recevoir aucune instruction des parties. – *[C. consom., art. R. 153-1.]*

Art. D. 613-2 L'organe collégial qui procède à la désignation des médiateurs relevant des dispositions de l'article L. 613-2 est composé paritairement d'au moins deux représentants d'associations de consommateurs agréées et d'au moins deux représentants du professionnel.

Les associations de consommateurs agréées qui participent à la désignation de ces médiateurs ne peuvent être membres de la Commission d'évaluation et de contrôle de la médiation de la consommation. – *[C. consom., art. D. 153-2.]*

CHAPITRE IV OBLIGATIONS DE COMMUNICATION DU MÉDIATEUR DE LA CONSOMMATION

Art. R. 614-1 Le site internet du médiateur de la consommation mentionné à l'article L. 614-1 comprend les informations suivantes :

1° Les adresses postale et électronique du médiateur ;

2° La mention de son inscription sur la liste des médiateurs établie conformément à l'article L. 615-1 ;

3° La décision de sa nomination et la durée de son mandat ;

4° Ses diplômes ou son parcours professionnel ;

5° Son appartenance, le cas échéant, à des réseaux de médiateurs de litiges transfrontaliers ;

6° Les types de litiges relevant de sa compétence ;

7° La référence aux dispositions législatives et réglementaires relatives à la médiation des litiges de consommation ;

8° Les cas dans lesquels, en application de l'article L. 612-2, un litige ne peut faire l'objet d'une médiation ;

9° La liste des langues utilisées pour la médiation ;

10° Le lien vers le site internet de la Commission européenne dédié à la médiation de la consommation. – *[C. consom., art. R. 154-1.]*

Art. R. 614-2 Le médiateur met également à la disposition du public sur son site internet ou communique sur demande son rapport annuel d'activité comprenant les informations suivantes :

1° Le nombre de litiges dont il a été saisi et leur objet ;

2° Les questions les plus fréquemment rencontrées dans les litiges qui lui sont soumis et ses recommandations afin de les éviter ;

3° La proportion de litiges qu'il a refusé de traiter et l'évaluation en pourcentage des différents motifs de refus ;

4° Le pourcentage des médiations interrompues et les causes principales de cette interruption ;

5° La durée moyenne nécessaire à la résolution des litiges ;

6° S'il est connu, le pourcentage des médiations qui sont exécutées ;

7° L'existence de la coopération au sein de réseaux de médiateurs de litiges transfrontaliers ;

8° Pour les médiateurs rémunérés ou employés exclusivement par un professionnel, le pourcentage des solutions proposées en faveur du consommateur ou du professionnel ainsi que le pourcentage des litiges résolus à l'amiable. – *[C. consom., art. R. 152-2.]*

Art. R. 614-3 Toute personne physique ou morale qui souhaite être inscrite sur la liste des *médiateurs prévue à l'article* L. 615-1 communique à la commission d'évaluation et de contrôle de la médiation mentionnée au même article, outre les informations mentionnées aux 3° à 9° de l'article R. 614-1 :

1° Ses coordonnées et l'adresse de son site internet ;

2° Une déclaration de motivation justifiant sa désignation comme médiateur de la consommation ;

3° Les informations sur sa structure et les modalités de financement de son activité de médiateur de la consommation, le cas échéant les frais de sa prestation facturés au professionnel, ainsi que, lorsqu'il existe une entité regroupant plusieurs médiateurs, les modalités de financement de cette entité, le niveau de rémunération et la durée du mandat de chacun d'entre eux ;

4° Une description du déroulement interne de la médiation.

Le médiateur notifie sans délai à la commission toute modification de ces informations. — *[C. consom., art. R. 152-3.]*

Art. R. 614-4 Le médiateur de la consommation transmet également à la commission d'évaluation et de contrôle de la médiation de la consommation les informations nécessaires à l'évaluation de son activité, et ce, au moins tous les deux ans. Ces informations comprennent au minimum, outre celles figurant à l'article R. 614-2 :

1° Une description des formations suivies en matière de médiation ;

2° Une évaluation de l'efficacité de la médiation et des moyens envisageables pour améliorer ses résultats. — *[C. consom., art. R. 152-4.]*

CHAPITRE V COMMISSION D'ÉVALUATION ET DE CONTRÔLE DE LA MÉDIATION DE LA CONSOMMATION

Art. R. 615-1 La commission d'évaluation et de contrôle de la médiation de la consommation mentionnée à l'article L. 615-1 est composée :

1° D'un conseiller d'État ;

2° D'un conseiller à la Cour de cassation en activité ou honoraire ;

3° De quatre personnalités qualifiées dans le domaine juridique ou en matière de médiation ;

4° De deux représentants des associations de consommateurs agréées au plan national ;

5° De deux représentants d'organisations professionnelles.

Les dispositions de l'article 74 de la loi n° 2014-873 du 4 août 2014 pour l'égalité réelle entre les femmes et les hommes et du décret n° 2015-354 du 27 mars 2015 relatif à l'égal accès des femmes et des hommes aux commissions et instances consultatives ou délibératives placées auprès du Premier ministre, des ministres ou de la Banque de France sont applicables à la commission d'évaluation et de contrôle de la médiation de la consommation. — *[C. consom., art. L. 155-1, al. 2, et R. 155-1, al. 1er à 7.]*

Art. R. 615-2 Les membres de la commission sont nommés par arrêté du ministre chargé de l'économie pour une durée de trois ans renouvelable, sur proposition du vice-président du Conseil d'État pour le conseiller d'État et sur proposition du premier président de la Cour de cassation pour le conseiller à la Cour de cassation.

Des suppléants sont désignés en nombre égal et dans les mêmes formes.

Le président et le vice-président de la commission sont choisis, parmi les membres mentionnés aux 1° et 2° de l'article R. 615-1, par arrêté du ministre chargé de l'économie. — *[C. consom., art. L. 155-1, al. 3, 4 et 5, et R. 155-1, al. 7, dern. phrase.]*

Art. R. 615-3 *Le président* et le vice-président de la commission bénéficient d'une indemnité forfaitaire annuelle dont le montant est fixé par arrêté conjoint des ministres chargés de l'économie et du budget. Les autres membres de la commission bénéficient d'une indemnité dont le taux par séance est fixé par arrêté conjoint des mêmes ministres.

Les membres de la commission peuvent se faire rembourser leurs frais de déplacement dans les conditions fixées par le décret n° 2006-781 du 3 juillet 2006 fixant les conditions et les modalités de règlement des frais occasionnés par les déplacements temporaires des personnels civils de l'État. — *[C. consom., art. R. 155-1, al. 8 et 9.]*

Art. R. 615-4 La commission peut faire appel à des rapporteurs appartenant aux services de l'État en charge des secteurs d'activité concernés pour l'instruction des dossiers nécessaires à l'établissement de la liste des médiateurs notifiée à la Commission européenne, ainsi que pour leur évaluation, conformément à l'article L. 615-1.

A cette même fin, la commission peut également saisir, pour avis, les autorités publiques indépendantes et les autorités administratives indépendantes, dans les domaines d'activité où elles interviennent.

Dans l'exercice de ses missions, la commission coopère avec ses homologues étrangers. – *[C. consom., art. L. 155-5.]*

Art. R. 615-5 La commission examine les candidatures des personnes souhaitant être inscrites sur la liste des médiateurs de la consommation au vu des informations communiquées en application de l'article R. 614-3 et décide de leur inscription sur cette liste. – *[C. consom., art. R. 155-2.]*

Art. R. 615-6 La commission notifie à la Commission européenne, en application de l'article L. 615-1, la liste des médiateurs de la consommation en précisant que ces derniers satisfont aux exigences de qualité et remplissent les conditions prévues aux articles R. 612-1 à R. 612-5. La liste précise pour chaque médiateur :

1° Son nom, ses coordonnées et l'adresse de son site internet ;

2° La ou les langues dans lesquelles les demandes de médiation peuvent être introduites et les processus de médiation se dérouler ;

3° Les types de litiges relevant du champ de compétence du médiateur ;

4° Les secteurs et les catégories de litiges relevant de sa compétence ;

5° Le cas échéant, les frais de sa prestation facturés au professionnel ;

6° La nécessité ou la possibilité de la présence physique des parties ou de leurs représentants ainsi que le caractère oral ou écrit du processus de médiation ;

7° Le caractère non contraignant de l'issue de la procédure de médiation ;

8° Les hypothèses dans lesquelles un litige ne peut être traité par le médiateur.

Si ces informations font l'objet de modifications dans les conditions prévues au dernier alinéa de l'article R. 614-3, la commission actualise sans délai la liste et notifie les informations pertinentes à la Commission européenne. – *[C. consom., art. R. 155-3.]*

Art. R. 615-7 La commission évalue régulièrement les médiateurs afin de vérifier qu'ils répondent toujours aux conditions et exigences de qualité propres à l'exercice de la mission de médiateur de la consommation.

Si elle estime qu'un médiateur ne satisfait plus à ces exigences, elle avise ce dernier, par décision motivée, des manquements constatés et lui demande de se mettre en conformité dans un délai de trois mois à compter de la date de sa décision. A l'expiration de ce délai, la commission statue sur le retrait du médiateur de la liste mentionnée à l'article L. 615-1. – *[C. consom., art. R. 155-4.]*

Art. R. 615-8 La commission met à la disposition du public la liste actualisée des médiateurs sur son site internet et fournit le lien vers le site internet de la Commission européenne consacré à la médiation de la consommation ainsi que le lien vers le site internet du Centre européen des consommateurs France.

Cette liste est également publiée au *Bulletin officiel de la concurrence, de la consommation et de la répression des fraudes*. – *[C. consom., art. R. 155-5.]*

Art. R. 615-9 La commission publie sur son site internet, tous les quatre ans, un rapport sur l'évolution et le fonctionnement des médiations de la consommation et le communique à la Commission européenne. Ce rapport contient :

1° Le recensement des bonnes pratiques des médiateurs ;

2° Les dysfonctionnements des processus de médiation relevés à l'aide de statistiques ;

3° Des recommandations en vue de l'amélioration du fonctionnement effectif des médiations et de l'efficacité des médiateurs. – *[C. consom., art. R. 155-6, sauf dern. al.]*

Par dérogation aux dispositions du 1er al. de l'art. R. 615-9, la commission d'évaluation et de contrôle de la médiation de la consommation publie un premier rapport dans un délai de deux ans à compter de la première réunion de ses membres (Décr. n° 2016-884 du 29 juin 2016, art. 9).

Art. R. 615-10 La commission peut entendre toute personne et se faire communiquer tout document en vue de l'accomplissement de sa mission.

Son secrétariat est assuré par la direction générale de la concurrence, de la consommation et de la répression des fraudes. Il est chargé d'assister la commission dans ses travaux, de recueillir les demandes des personnes souhaitant être inscrites sur la liste des médiateurs et d'informer ces dernières des décisions rendues par la commission. – *[C. consom., art. R. 155-7.]*

Art. R. 615-11 La commission ne peut régulièrement délibérer qu'en présence de son président ou de son vice-président et d'au moins trois de ses membres. Ses séances ne sont pas publiques.

La commission se prononce à la majorité des voix des membres présents. Le président de séance a voix prépondérante en cas de partage égal des voix. – *[C. consom., art. R. 155-8.]*

CHAPITRE VI INFORMATION ET ASSISTANCE DU CONSOMMATEUR

Art. R. 616-1 En application de l'article L. 616-1, le professionnel communique au consommateur les coordonnées du ou des médiateurs de la consommation dont il relève, en inscrivant ces informations de manière visible et lisible sur son site internet, sur ses conditions générales de vente ou de service, sur ses bons de commande ou, en l'absence de tels supports, par tout autre moyen approprié. Il y mentionne également l'adresse du site internet du ou de ces médiateurs. – *[C. consom., art. R. 156-1.]*

Art. R. 616-2 Le site internet de la commission d'évaluation et de contrôle de la médiation de la consommation comporte toutes informations utiles pour le consommateur en cas de litige de consommation transfrontalier. Il fournit notamment les coordonnées du Centre européen des consommateurs France et des indications relatives aux modalités de l'assistance dont les consommateurs peuvent bénéficier en vue du règlement extrajudiciaire de tels litiges. – *[C. consom., art. R. 156-2.]*

TITRE DEUXIÈME ACTIONS EN JUSTICE DES ASSOCIATIONS DE DÉFENSE DES CONSOMMATEURS

CHAPITRE PREMIER ACTIONS EXERCÉES DANS L'INTÉRÊT COLLECTIF DES CONSOMMATEURS

Le présent chapitre ne comprend pas de dispositions réglementaires.

CHAPITRE II ACTION EN REPRÉSENTATION CONJOINTE

Art. R. 622-1 Les consommateurs qui, sur le fondement des dispositions de l'article L. 622-1, entendent demander réparation des préjudices qui ont été causés par le fait du même professionnel et qui ont une origine commune peuvent donner à une association nationale agréée de consommateurs, en application de l'article L. 811-1, le mandat d'agir en leur nom devant les juridictions civiles, dans les conditions fixées par le présent chapitre.

Sauf convention contraire, le mandat ainsi déterminé ne comporte pas devoir d'assistance. – *[C. consom., art. R. 422-1.]*

Art. R. 622-2 Le mandat est écrit. Il mentionne expressément son objet et confère à l'association nationale agréée de consommateurs le pouvoir d'accomplir au nom du consommateur tous les actes de procédure.

Le mandat peut prévoir en outre :

1° L'avance par l'association nationale agréée de consommateurs de tout ou partie des dépenses et des frais liés à la procédure ;

2° Le versement par le consommateur de provisions ;

3° La renonciation de l'association nationale agréée de consommateurs à l'exercice du mandat, après mise en demeure au consommateur par lettre recommandée avec demande d'avis de réception dans le cas où l'inertie de celui-ci est susceptible de ralentir le déroulement de l'instance ;

4° La représentation du consommateur par l'association nationale agréée lors du déroulement de mesures d'instruction ;

5° La possibilité pour l'association nationale agréée d'exercer au nom du consommateur les voies de recours, à l'exception du pourvoi en cassation, sans nouveau mandat. – *[C. consom., art. R. 422-2.]*

Art. R. 622-3 Pour l'application de l'article L. 622-1, la compétence en raison du montant de la demande et le taux de compétence en dernier ressort sont déterminés, pour l'ensemble des prétentions, par la plus élevée d'entre elles. – *[C. consom., art. R. 422-3.]*

Art. R. 622-4 Les convocations et notifications destinées au consommateur pour le déroulement de l'instance sont adressées à l'association nationale agréée de consommateurs qui agit pour son compte. – *[C. consom., art. R. 422-4.]*

Art. R. 622-5 Si le mandat est révoqué, la partie qui l'avait donné peut poursuivre l'instance engagée comme si elle l'avait introduite directement.

La partie qui révoque son mandat doit en aviser aussitôt le juge et la partie adverse. – *[C. consom., art. R. 422-5.]*

Art. R. 622-6 L'association nationale agréée de consommateurs fait connaître à ses mandants, par tous moyens appropriés, la juridiction devant laquelle l'affaire est portée et, le cas échéant, celle devant laquelle elle a été renvoyée, la date de l'audience et la date à laquelle le jugement doit être rendu.

Sur la demande d'un de ses mandants, l'organisation nationale agréée de consommateurs doit délivrer, aux frais de celui-ci, copie de l'acte introductif d'instance et, le cas échéant, des conclusions écrites. – *[C. consom., art. R. 422-6.]*

Art. R. 622-7 En cas de dissolution de l'association nationale agréée de consommateurs, de changement d'objet social ou de retrait d'agrément, les consommateurs peuvent donner mandat à une autre association nationale agréée de consommateurs de poursuivre l'instance. – *[C. consom., art. R. 422-7.]*

Art. R. 622-8 L'acte introductif d'instance contient, à peine de nullité, outre les mentions prévues par la loi, la dénomination de l'association nationale agréée, son siège social, l'organe qui la représente légalement et les nom, prénoms et adresse de chacun des consommateurs pour le compte desquels elle agit.

Copie de l'arrêté d'agrément pris en application des dispositions de l'article R. 811-2 est jointe à l'acte introductif d'instance. – *[C. consom., art. R. 422-8.]*

Art. R. 622-9 L'acte d'appel et la déclaration de pourvoi contiennent, à peine de nullité, outre les mentions prévues par la loi, la dénomination de l'association nationale agréée, son siège social, l'organe qui la représente légalement et l'identité des consommateurs pour le compte de qui elle agit. – *[C. consom., art. R. 422-9.]*

Art. R. 622-10 La décision est notifiée à l'association nationale agréée de consommateurs qui en informe ses mandants sans délai et en tout état de cause dans les délais des voies de recours. Le délai pour exercer une voie de recours part de la notification à l'association. – *[C. consom., art. R. 422-10.]*

CHAPITRE III ACTION DE GROUPE

BIBL. GÉN. ▶ LEGRAND, *LPA 13 oct. 2014* (action de groupe : le décret qui lève le voile et jette le trouble...). – MAINGUY, *JCP 2014. Actu. 787* (l'entrée en vigueur des procédures d'action de groupe). – LASSERRE et LE MORE, *CCC 2014. Étude 11* (premières observations sur la mise en œuvre de l'action de groupe). – FRICERO, *Banque et Droit, hors-série, nov. 2014. 24* (aspects procéduraux de l'action de groupe après le Décr. du 24 sept. 2014). - CHONÉ-GRIMALDI et RASCHEL, *RCA 2014. Étude 9* (le décret relatif à l'action de groupe : entre espoir et inquiétude). - BOSCO, *CCC 2014, n° 277* (action de groupe : décret d'application). - AMRANI MEKKI, *Procédures 2014. Étude 16* (action de groupe, mode d'emploi). - GRANDJEAN et SICSIC, *Gaz. Pal. 2014. 3545* (l'action de groupe en état de marche). - CLARET, *Dr. et proc. 2015, Cah. dr. consom., n° 1, p. 4* (décret d'application relatif à l'action de groupe).

SECTION PREMIÈRE INTRODUCTION DE L'ACTION ET RÈGLES DE PROCÉDURE

Art. R. 623-1 L'action de groupe prévue par l'article L. 623-1 est exercée conformément aux dispositions du code de procédure civile, sous réserve des dispositions qui suivent. — *[C. consom., art. R. 423-1.]*

Art. R. 623-2 Le tribunal de grande instance territorialement compétent est celui du lieu où demeure le défendeur.

Le tribunal de grande instance de Paris est compétent lorsque le défendeur demeure à l'étranger ou n'a ni domicile ni résidence connus. — *[C. consom., art. R. 423-2.]*

Art. R. 623-3 Outre les mentions prescrites aux articles 56 et 752 du code de procédure civile, l'assignation expose expressément, à peine de nullité, les cas individuels présentés par l'association au soutien de son action.

Copie de l'arrêté d'agrément pris en application des dispositions de l'article R. 811-2 est jointe à l'assignation. — *[C. consom., art. R. 423-3.]*

BIBL. ▶ LAPORTE, *Procédures 2014. Formule 11* (assignation en matière d'action de groupe).

Attributions du juge de la mise en état. L'examen des assignations ne fait apparaître aucune irrégularité de forme, puisque ainsi que l'a constaté le juge de la mise en état, les textes fondant la demande y sont visés, les griefs articulés contre les défenderesses de façon suffisante, et plusieurs cas individuels exposés. Ces assignations mentionnent expressément que l'association de défense des consommateurs demande réparation des préjudices individuels résultant, pour les adhérents et bénéficiaires d'un contrat d'assurance vie, de l'inexécution des obligations contractuelles stipulées en ce qui concerne le rendement annuel minimal net garanti. Cette demande, suffisamment explicite, est illustrée par sept cas individuels comportant, pour chacun, les nom et prénom de l'adhérent, son adresse, le numéro de son contrat et la date d'adhésion, ainsi que l'extrait des conditions générales contenant la stipulation invoquée. • Versailles, 3 nov. 2016, n° 16/00463 : *D. 2017. 630, note Javaux*. ♦ Le seul rappel du déroulement de la procédure de cette action spécifique démontre que la pertinence des cas individuels exposés dans l'assignation ne peut être examinée par le juge de la mise en état, puisqu'elle constitue, précisément, l'objet de la première phase de la procédure de cette action, au cours de laquelle le juge du fond examine tous les moyens de défense opposés par le professionnel relatifs à la mise en cause de sa responsabilité, à la définition du groupe de consommateurs à l'égard desquels sa responsabilité est engagée, aux critères de rattachement à ce groupe, aux préjudices susceptibles d'être réparés ainsi qu'à leur montant. Ainsi, les arguments relatifs à la diversité des conditions générales applicables et à l'absence de représentativité des cas exposés constituent des moyens de fond et ne sauraient être examinés dans le cadre de la mise en état. Dès lors, les contestations élevées par les défendeurs devant le juge de la mise en état concernant bel et bien la recevabilité de l'action ou son bien-fondé, le juge de la mise en état a justement considéré qu'il n'avait pas le pouvoir de les trancher. • Même arrêt.

Art. R. 623-4 ***La** **demande est formée, instruite et jugée selon les règles applicables à la procédure ordinaire en matière contentieuse devant le tribunal de grande instance.***

L'appel est jugé selon la procédure prévue à l'article 905 du code de procédure civile. — *[C. consom., art. R. 423-4.]*

Art. R. 623-5 Les professions judiciaires réglementées auxquelles appartient la personne que les associations peuvent s'adjoindre conformément à l'article L. 623-13 sont les avocats et les huissiers de justice. — *[C. consom., art. R. 423-5.]*

SECTION II JUGEMENT SUR LA RESPONSABILITÉ

Art. R. 623-6 Le juge constate que les conditions de recevabilité mentionnées à l'article L. 623-1 sont réunies. — *[C. consom., art. L. 423-3, al. 1er - recevabilité.]*

Art. R. 623-7 Le jugement qui retient la responsabilité du ou des professionnels concernés fixe le délai dans lequel les mesures de publicité doivent être mises en œuvre par le ou les professionnels concernés et à l'expiration duquel elles le seront par la ou les associations aux frais de ce ou ces professionnels. – *[C. consom., art. R. 423-6.]*

Art. R. 623-8 Ce jugement renvoie l'affaire à la mise en état pour la suite de la procédure. Il indique la date de l'audience à laquelle seront examinées, en application de l'article R. 623-10, les demandes d'indemnisation auxquelles le professionnel n'aura pas fait droit. – *[C. consom., art. R. 423-7.]*

Art. R. 623-9 Pour l'application des dispositions de l'article L. 623-5, le juge peut, à tout moment de la procédure, ordonner toute mesure d'instruction légalement admissible nécessaire à la conservation des preuves et de production de pièces, y compris celles détenues par le professionnel. – *[C. consom., art. L. 423-3, al. 3.]*

Art. R. 623-10 Le juge statue par un même jugement sur toutes les demandes d'indemnisation auxquelles le professionnel n'a pas fait droit. – *[C. consom., art. L. 423-12, al. 2.]*

SECTION III PROCÉDURE D'ACTION DE GROUPE SIMPLIFIÉE

Art. R. 623-11 Le jugement prévu à l'article L. 623-14, après avoir déterminé les critères d'identification des membres du groupe, précise le délai et les modalités d'information, d'acceptation et d'indemnisation des consommateurs concernés. – *[C. consom., art. R. 423-8.]*

Art. R. 623-12 Les mesures d'information individuelle des consommateurs mentionnées à l'article L. 623-15 auxquelles le professionnel doit procéder doivent comporter, outre les mentions éventuellement prescrites par le jugement :

1° La reproduction du dispositif de la décision ;

2° Les coordonnées du professionnel auprès duquel chaque consommateur peut accepter l'indemnisation et de l'association qui doit en être informée ;

3° La forme, le contenu et le délai de l'acceptation de l'indemnisation dans les termes du jugement ainsi que l'indication que celle-ci vaut mandat aux fins d'indemnisation au profit de l'association auprès de laquelle le consommateur a manifesté son acceptation ou qu'il a informée de celle-ci ou, en cas de défaillance, au profit de l'association qui lui aura été substituée ;

4° L'indication que le consommateur qui a accepté l'indemnisation dans les termes du jugement ne pourra plus agir individuellement à l'encontre du professionnel concerné en réparation du préjudice indemnisé dans le cadre de l'action de groupe mais qu'il pourra toujours agir en indemnisation de ses autres préjudices ;

5° L'indication qu'à défaut d'acceptation selon les modalités et délai requis le consommateur ne sera plus recevable à obtenir une indemnisation dans le cadre de l'action de groupe. – *[C. consom., art. R. 423-9.]*

Art. R. 623-13 L'acceptation du consommateur est adressée, par tout moyen permettant d'en accuser la réception, auprès du professionnel et de l'association requérante ou, en cas de pluralité, de l'une d'elles, selon le délai et les modalités déterminées par le juge.

Elle contient les nom, prénoms, domicile du consommateur ainsi que, le cas échéant, une adresse électronique à laquelle les informations relatives à la procédure peuvent lui être envoyées.

Elle mentionne expressément le montant de l'indemnisation acceptée, eu égard aux termes du jugement. – *[C. consom., art. R. 423-10.]*

Art. R. 623-14 Les consommateurs membres du groupe qui n'ont pas exprimé leur acceptation dans le délai et selon les modalités fixés par le juge en application des dispositions de l'article L. 623-15 et dans les conditions prévues par l'article

R. 623-13 ne sont plus recevables à demander leur indemnisation dans le cadre de l'action de groupe et ne sont pas représentés par l'association requérante. – *[C. consom., art. R. 423-11.]*

Art. R. 623-15 Les dispositions des articles R. 623-20 à R. 623-22 sont applicables à la présente section. – *[C. consom., art. R. 423-12.]*

SECTION IV MISE EN ŒUVRE DU JUGEMENT, RÉPARATION DES PRÉJUDICES ET EXÉCUTION FORCÉE

§ 1er MESURES D'INFORMATION DES CONSOMMATEURS

Art. R. 623-16 Les mesures d'information ordonnées en application des dispositions de l'article L. 623-7 comportent, outre les mentions éventuellement prescrites par le jugement :

1° La reproduction du dispositif de la décision ;

2° Les coordonnées de la personne auprès de laquelle chaque consommateur manifeste son adhésion au groupe et éventuellement de l'association qui doit en être informée ;

3° La forme, le contenu et le délai de cette adhésion ainsi que l'indication que celle-ci vaut mandat aux fins d'indemnisation au profit de l'association requérante auprès de laquelle le consommateur a manifesté son adhésion au groupe ou qu'il a informée de son adhésion, ou, en cas de défaillance de celle-ci, au profit de celle qui lui aura été substituée ;

4° L'indication que, à défaut d'adhésion reçue selon les modalités et dans le délai prévus par le jugement, le consommateur défaillant ne sera plus recevable à obtenir une indemnisation dans le cadre de l'action de groupe ;

5° L'indication que le consommateur ne pourra plus agir individuellement à l'encontre du professionnel concerné en réparation du préjudice déjà indemnisé dans le cadre de l'action de groupe mais qu'il pourra toujours agir en indemnisation de ses autres préjudices ;

6° L'indication que les consommateurs doivent produire tout document utile au soutien de leur demande. – *[C. consom., art. R. 423-13.]*

§ 2 ADHÉSION AU GROUPE

Art. R. 623-17 L'adhésion au groupe est faite par tout moyen permettant d'en accuser la réception, selon les modalités déterminées par le juge.

Elle contient notamment les nom, prénoms, domicile du consommateur ainsi que, le cas échéant, une adresse électronique à laquelle celui-ci accepte de recevoir les informations relatives à la procédure.

Elle précise le montant demandé en réparation du préjudice invoqué, eu égard aux dispositions du jugement sur la responsabilité. – *[C. consom., art. R. 423-14.]*

Art. R. 623-18 En cas de pluralité d'associations requérantes, le consommateur *manifeste son* adhésion auprès de l'association de son choix ou l'en informe en cas d'adhésion auprès du professionnel. L'association concernée reçoit ainsi mandat aux fins d'indemnisation.

Lorsque l'adhésion est faite auprès du professionnel, le consommateur en informe l'association requérante ou, en cas de pluralité d'associations, celle qu'il a choisie en application du premier alinéa. – *[C. consom., art. R. 423-15.]*

Art. R. 623-19 Les consommateurs susceptibles d'appartenir au groupe, mais qui n'y ont pas adhéré dans le délai fixé par le juge en application de l'article L. 623-8 et dans les conditions prévues par l'article R. 623-17, ne sont plus recevables à demander leur indemnisation dans le cadre de l'action de groupe et ne sont pas représentés par l'association requérante. – *[C. consom., art. R. 423-16.]*

Art. R. 623-20 Le mandat aux fins d'indemnisation donné à l'association par l'effet de l'adhésion du consommateur au groupe vaut pouvoir d'accomplir au nom de celui-ci tous actes de procédure et diligences en vue d'obtenir la réparation du préjudice individuel subi par lui et entrant dans le champ de l'action de groupe introduite par cette association, notamment pour l'exercice des voies de recours.

Il emporte avance par l'association de toutes les dépenses et frais liés à la procédure et représentation des consommateurs lors du déroulement d'éventuelles mesures d'instruction. – *[C. consom., art. R. 423-17, al. 1er et 2.]*

Art. R. 623-21 Le consommateur peut mettre un terme au mandat à tout moment. Il doit en informer l'association par tout moyen permettant d'en accuser la réception et celle-ci en avise le professionnel sans délais. La révocation du mandat emporte renonciation à l'adhésion au groupe. – *[C. consom., art. R. 423-17, al. 3.]*

Art. R. 623-22 Le consommateur qui n'a pas été indemnisé par le professionnel, et qui n'a pas fourni les documents utiles au soutien de sa demande avant l'expiration du délai fixé par le juge pour le saisir des demandes d'indemnisation auxquelles le professionnel n'a pas fait droit, est réputé renoncer à son adhésion. – *[C. consom., art. R. 423-17, al. 4.]*

§ 3 RÉPARATION DES PRÉJUDICES ET RÈGLEMENT DES DIFFÉRENDS

Art. R. 623-23 Chaque association ouvre auprès de la Caisse des dépôts et consignations un compte spécifique au groupe des consommateurs défini par le juge en application de l'article L. 623-4.

Toute somme reçue au titre de l'article L. 623-10 est immédiatement déposée par l'association qui agit sur le fondement de l'article L. 623-1 sur le compte mentionné au premier alinéa.

L'association titulaire est seule habilitée, sous sa responsabilité, à procéder aux mouvements sur chaque compte et à le clôturer. – *[C. consom., art. R. 423-18, al. 1er, 2 et 3.]*

Art. R. 623-24 La tenue des comptes ouverts en application de l'article R. 623-23 peut donner lieu à des frais de gestion perçus par la Caisse des dépôts et consignations. – *[C. consom., art. R. 423-18, al. 4.]*

Art. R. 623-25 Les difficultés qui s'élèvent au cours de la mise en œuvre du jugement sur la responsabilité sont, en application de l'article L. 623-19, soumises au juge de la mise en état avant l'expiration du délai fixé pour l'indemnisation des consommateurs. Ce délai est suspendu jusqu'à la décision du juge de la mise en état.

L'ordonnance du juge de la mise en état n'est pas susceptible d'appel. – *[C. consom., art. R. 423-19.]*

§ 4 LIQUIDATION JUDICIAIRE ET RÉPARATION FORCÉE DES PRÉJUDICES

Art. R. 623-26 Les demandes d'indemnisation auxquelles le professionnel n'a pas fait droit sont portées devant le tribunal de grande instance, en vue de l'audience fixée en application des dispositions de l'article R. 623-8, dans les formes prévues pour les demandes incidentes et dans le délai fixé par le juge pour le saisir, conformément à l'article L. 623-11. – *[C. consom., art. R. 423-20, al. 1er.]*

Art. R. 623-27 S'il n'a été saisi d'aucune demande d'indemnisation dans le délai fixé en application de l'article L. 623-11, le juge constate l'extinction de l'instance. – *[C. consom., art. R. 423-20, al. 2.]*

Art. R. 623-28 L'association représentant les consommateurs en application des dispositions de l'article L. 623-20 est réputée créancière au sens des articles L. 111-1 et L. 111-2 du code des procédures civiles d'exécution pour l'exécution forcée du jugement rendu sur le fondement des dispositions de l'article R. 623-10. – *[C. consom., art. R. 423-21.]*

Art. R. 623-29 **Dans tous les actes relatifs à la liquidation judiciaire des préjudices et à l'exécution forcée du jugement, l'association précise, outre les mentions prévues par la loi, à peine de nullité, l'identité des consommateurs pour le compte de qui elle agit.** – *[C. consom., art. R. 423-22.]*

SECTION V SUBSTITUTION

Art. R. 623-30 **La demande d'une association de défense des consommateurs agréée tendant à ce que celle-ci soit substituée dans les droits de l'association requérante en application des dispositions de l'article L. 623-31 est faite par voie de demande incidente.** – *[C. consom., art. R. 423-23, al. 1er.]*

Art. R. 623-31 **Le juge statue, à la demande de l'association qui l'en saisit, sur le transfert de tout ou partie de la provision qui aura pu être allouée en application des dispositions de l'article L. 623-12.** – *[C. consom., art. R. 423-23, al. 2.]*

Art. R. 623-32 **La décision qui rejette la demande de substitution n'est pas susceptible de recours.** – *[C. consom., art. R. 423-23, al. 3.]*

Art. R. 623-33 **La substitution emporte transfert du mandat donné par les consommateurs à l'association substituée.**

L'association défaillante remet les pièces ainsi que les fonds détenus, le cas échéant pour le compte de consommateurs, à l'association qui lui est substituée qui en accuse réception. Tant que cette remise n'a pas lieu, l'association défaillante n'est pas déchargée de ses obligations. – *[C. consom., art. R. 423-23, al. 4 et 5.]*

Circulaire du 26 septembre 2014,

De présentation des dispositions de la loi n° 2014-344 du 17 mars 2014 relative à la consommation et du décret n° 2014-1081 du 24 septembre 2014 relatif à l'action de groupe en matière de consommation.

BIBL. ▶ LASSERRE et LE MORE, *JCP E 2014, n° 1638* (à propos de la circulaire sur l'action de groupe). – NDLR, *BRDA 2014, n° 22, p. 21* (une circulaire détaille la procédure de l'action de groupe). – NICOLAS-VULLIERME, *CCC 2015. Étude 1* (circulaire sur l'action de groupe ou l'art de concilier les divergences d'intérêts).

La loi n° 2014-344 du 17 mars 2014 relative à la consommation a été publiée au JORF n° 0065 du 18 mars 2014.

Ses articles 1 et 2, validés par le Conseil constitutionnel dans sa décision n° 2014-690 DC du 13 mars 2014, introduisent en droit français, dans le domaine de la consommation et de la concurrence, aux articles L. 423-1 [L. 623-1] et suivants du code de la consommation, l'action de groupe, voie de droit permettant à une ou plusieurs personnes d'exercer une action en justice pour obtenir réparation au bénéfice d'un groupe de personnes non identifiées, sans avoir reçu un mandat de leur part au préalable.

Le décret n° 2014-1081 du 24 septembre 2014 définit les contours de cette action et précise notamment la procédure applicable.

L'objectif de cette circulaire est de présenter ce nouveau dispostif procédural.

Inspirée de *dispositifs similaires* pouvant exister dans d'autres pays de l'Union européenne ou dans le monde, l'action de groupe telle qu'elle resort de ce texte est spécifiquement française en ce qu'elle ne modifie pas le droit substantiel de la responsabilité et s'insère dans des principes connus de procédure civile.

I TITULAIRES DE L'ACTION – QUALITÉ À AGIR

1 *LA NOTION D'ACTION DE GROUPE*

L'action de groupe, telle qu'elle est introduite en droit français dans le domaine de la consommation et de la concurrence peut être définie comme un droit d'agir d'une nature particulière que la loi confie à certaines personnes déterminées qui ont seules qualité à agir sous certaines conditions pour engager la procédure. La loi a donc donné une qualité à agir *[Il en résulte que si la personne ne remplit pas les conditions exigées par la loi, l'action n'est pas recevable au sens de l'article 32 du code de procédure civile.]* particulière à certaines personnes au bénéfice d'autres, qui ne seront pas parties dans une première phase. En revanche, une fois le premier jugement rendu, sur la responsabilité, la personne habilitée agira par l'effet du mandat qui lui sera donné par les consommateurs adhérant à l'action. Le mandat est lié à cette adhésion, l'action étant et restant menée par la personne habilitée à cette fin.

2 *LES PERSONNES HABILITÉES À EXERCER L'ACTION*

A *LES ASSOCIATIONS REPRÉSENTATIVES AU NIVEAU NATIONAL ET AGRÉÉES*

L'article L. 423-1 [L. 623-1] du code de la consommation, tel qu'issu de la loi du 17 mars 2014, prévoit que seules peuvent agir les associations de défense des consommateurs représentatives au niveau national et agréées en application de l'article L. 411-1 [L. 811-1] du code de la consommation.

En effet, la loi n'ouvre la qualité à agir dans l'intérêt des consommateurs, pour la réparation de leur préjudice propre, qu'à ces associations.

Lesdites associations doivent être représentatives sur le plan national et agréées en application de l'article L. 411-1 [L. 811-1] du code de la consommation, c'est-à-dire dans les conditions prévues aux articles R. 411-1 [R. 811-1] et suivants du code de la consommation.

Pour mémoire, l'agrément des associations nationales est accordé pour cinq années, renouvelables, par arrêté conjoint du ministre chargé de la consommation et du garde des sceaux. Il est publié au *Journal officiel* de la République française. Elles doivent pour ce faire remplir un certain nombre de conditions déterminées à l'article R. 411-1 [R. 811-1] précité dont notamment l'existence depuis plus d'une année avec une activité effective et un nombre d'adhérents minimum.

A ce jour, il existe quinze associations nationales agréées.

Elles sont issues de trois grands mouvements différents :

— mouvement familial : le Cnafal, la CNAFC, la CSF, Familles de France, Familles rurales, regroupés au sein de l'Unaf ;

— mouvement syndical : l'Adeic, l'AFOC, l'Indecosa-CGT, l'ALLDC ;

— mouvement consumériste et spécialisé : l'UFC-Que Choisir et la CLCV pour les problèmes de consommation ; la CGL et la CNL pour le logement ; la Fnaut pour les transports.

B *HYPOTHÈSE DE LA PLURALITÉ DE DEMANDEURS*

Le législateur n'a pas souhaité écarter une association au profit d'une autre en désignant, à l'instar de ce qui peut exister dans d'autres systèmes juridiques, et malgré des discussions en ce sens dans le cadre des débats parlementaires, une association dite "chef de file".

Ainsi, chaque association nationale agréée peut en principe engager une action de groupe au bénéfice de consommateurs. La loi ne ferme pas, par ses termes très généraux, l'éventualité d'actions concurrentes.

En cas de pluralité d'actions de groupe engagées en tout ou partie pour les mêmes manquements, contre le ou les mêmes professionnels et pour la réparation des mêmes préjudices, les règles de procédure civile s'appliqueront.

Ainsi, en cas de pluralité d'actions engagées devant plusieurs tribunaux, les règles relatives à l'exception de connexité pourront s'appliquer : lorsque deux juridictions également compétentes sont saisies de deux litiges différents entre lesquels existe un lien tel qu'il est de l'intérêt d'une bonne justice de les faire instruire et juger ensemble (art. 102 C. pr. civ.), à la demande d'une des parties, un juge peut se dessaisir au profit d'un autre.

Le juge peut également toujours surseoir à statuer (art. 378 s. C. pr. civ.) ou, sur demande des parties, retirer une affaire du rôle (art. 382 C. pr. civ.), en attendant l'issue d'une autre procédure.

Il est donc possible de réunir deux actions présentées devant deux tribunaux différents ou d'attendre la solution de l'une des actions pour préciser la portée de la deuxième action de groupe. Le professionnel ayant toujours intérêt à demander la réunion des instances le fera vraisemblablement dans ces hypothèses.

En revanche, les dispositions relatives à la litispendance n'ont en principe pas vocation à s'appliquer. En effet, l'article 101 du code de procédure civile dispose qu'il y a exception de litispendance lorsque deux juridictions également compétentes sont saisies d'un même litige (même objet, même cause et mêmes parties). Or, dans l'hypothèse de pluralité d'actions engagées par plusieurs associations, les parties à l'instance ne seront pas les mêmes.

Enfin, en cas de pluralité d'actions engagées devant un même tribunal par une pluralité d'associations, il pourra être fait application des mesures d'administration judiciaires prévues par le code de procédure civile qui permettent ainsi au président du tribunal de grande instance de désigner la chambre à laquelle les affaires seront attribuées (art. 758 C. pr. civ.) ou encore au juge d'ordonner la jonction de plusieurs instances pendantes devant lui (art. 367 C. pr. civ.).

C *FACULTÉ DE SUBSTITUTION*

L'article L. 423-24 [L. 623-7] du code de la consommation prévoit, à l'instar de ce qui existe en procédure de saisie immobilière, une faculté de substitution. Une association remplissant les conditions pour engager une action de groupe, et donc représentative au niveau national et agréée, peut demander au juge de l'action de groupe, une fois celle-ci engagée, sa substitution dans les droits de l'association requérante en cas de défaillance de cette dernière.

L'hypothèse ici envisagée par le législateur est celle de l'association n'accomplissant pas les diligences requises dans la procédure qu'elle a engagée, par exemple parce qu'elle rencontre des difficultés financières ou qu'elle a perdu son agrément. L'association demandant la substitution devra bien entendu démontrer la défaillance de l'association requérante. Celle-ci devra être mise à même de s'expliquer.

La demande de substitution peut être formulée à tout moment, une fois l'action engagée et tant que le juge est saisi de l'action de groupe, le texte indiquant que cette demande est possible "à tout moment" à compter du moment où il est saisi de l'action.

Ainsi, elle peut avoir lieu dès la phase de détermination de la responsabilité du professionnel, et en ce cas l'association agit en raison de sa propre qualité à agir ; elle peut également intervenir au stade de la mise en œuvre du jugement sur la responsabilité si les difficultés rencontrées par l'association défaillante se présentent à ce moment-là, notamment lors des adhésions. En ce cas, la demande sera formulée au titre des difficultés rencontrées dans le cadre de la mise en œuvre du jugement, telles que prévues par le premier alinéa de l'article L. 423-12 [L. 623-19] du code de la consommation. Elles seront donc présentées par la voie d'une intervention devant le juge de la mise en état qui statuera par ordonnance. Elles peuvent également être formulées au stade de la liquidation judiciaire jusqu'au jour de l'audience fixée par le jugement sur la responsabilité, auquel cas elles le seront par la voie de conclusions aux fins d'intervention. Enfin, elles peuvent aussi être formées devant la cour d'appel si la défaillance se produit au niveau de l'appel.

L'action de groupe étant conçue comme une instance unique (cf. *infra*), cette demande d'intervention est formée dans les formes prévues pour les demandes incidentes (art. R. 423-23 [R. 623-30] C. consom.).

Si le juge rejette la demande, sa décision ne sera pas susceptible de recours (art. R. 423-23, al. 3 [R. 623-32], C. consom.).

Si le juge fait droit à la demande, la conséquence en est la substitution de l'association demanderesse dans les droits de l'association initialement requérante dans l'exercice de l'action de groupe, et ce à tout stade de la procédure. Cette substitution emporte, selon le stade de la procédure où elle intervient, le transfert des mandats éventuellement déjà reçus, le transfert des fonds éventuellement détenus pour le compte des consommateurs ou de la provision ordonnée par le juge. Elle implique également que l'association défaillante remette à l'association substituée toutes les pièces utiles à l'exercice de l'action et à la représentation des consommateurs, ainsi que les fonds détenus. A défaut pour elle de le faire, elle n'est pas déchargée de ses obligations, notamment dans sa relation avec les consommateurs mandants (art. R. 423-23, dern. al. [R. 623-33], C. consom.).

II CONDITIONS ET CHAMP D'APPLICATION

L'action de groupe n'est ouverte que si certaines conditions sont remplies.

L'association doit, aux termes de l'article L. 423-1 [L. 623-1] du code de la consommation, agir "afin d'obtenir la réparation des préjudices individuels subis par des consommateurs placés dans une situation similaire ou identique et ayant pour cause commune un manquement d'un ou des mêmes professionnels à leurs obligations légales ou contractuelles :

"1° A l'occasion de la vente de biens ou de la fourniture de services ;

"2° Ou lorsque ces préjudices résultent de pratiques anticoncurrentielles au sens du titre II du livre IV du code de commerce ou des articles 101 et 102 du traité sur le fonctionnement de l'Union européenne.

"L'action de groupe ne peut porter que sur la réparation des préjudices patrimoniaux résultant des dommages matériels subis par les consommateurs".

1 *UNE PLURALITÉ DE CONSOMMATEURS*

Cette condition en emporte deux.

L'action de groupe est tout d'abord réservée aux litiges de consommation puisqu'elle implique que les personnes lésées soient des consommateurs. La loi du 17 mars 2014 a d'ailleurs introduit, en son article 3, un article préliminaire dans le code de la consommation définissant le consommateur : "Au sens du présent code, est considérée comme un consommateur toute personne physique qui agit à des fins qui n'entrent pas dans le cadre de son activité commerciale, industrielle, artisanale ou libérale".

En outre, il doit y avoir pluralité de consommateurs. La loi n'a pas défini de seuil ni de plafond et n'a pas laissé de marge d'appréciation quant à l'utilité ou non d'une telle action. Ainsi, à compter de deux consommateurs lésés, l'action de groupe est possible.

2 *DES CONSOMMATEURS DANS UNE SITUATION SIMILAIRE OU IDENTIQUE*

Cette condition implique une similitude dans la situation de droit liant les consommateurs au(x) professionnel(s) assigné(s). Cette condition devra s'apprécier au regard du manquement reproché au professionnel. Ainsi, il pourra s'agir de tous les clients d'un même opérateur de téléphonie, s'ils ont tous été confrontés au même dysfonctionnement du réseau, ou bien d'une certaine catégorie de clients si le manquement ne concerne que ceux qui ont souscrit un certain type d'abonnement.

En revanche, le texte n'exige pas que l'ensemble des consommateurs concernés aient nécessairement tous subi des préjudices identiques ou de même nature (ex : nécessité de remplacer le bien ; préjudice de jouissance, etc.).

La loi ne distingue pas, pour l'exercice de l'action, entre les consommateurs qui n'auraient subi que l'un de ces préjudices, et ceux qui ont subi des préjudices de différentes natures ; tous peuvent donc appartenir à un même groupe.

3 *DES PRÉJUDICES INDIVIDUELS PATRIMONIAUX RÉSULTANT D'UN DOMMAGE MATÉRIEL*

Il doit donc s'agir tout d'abord de *préjudices patrimoniaux résultant d'un dommage matériel*. Cette qualification repose sur la distinction opérée en droit de la responsabilité civile entre le dommage et le préjudice : les dommages relèvent de l'ordre des faits, et désignent l'atteinte à la personne (dommage corporel), aux biens (dommage matériel), à l'intégrité morale de la victime (dommage moral), ou encore l'atteinte à l'environnement (dommage environnemental). Les préjudices relèvent quant à eux de l'ordre du droit, et expriment l'atteinte au droit subjectif. Ils désignent les conséquences de cette atteinte pour le demandeur, c'est-à-dire la lésion des intérêts patrimoniaux ou extrapatrimoniaux qui résulte du dommage.

La rédaction retenue exclut donc la réparation des préjudices (patrimoniaux ou extrapatrimoniaux) résultant de dommages corporels, moraux, ou encore environnementaux, mais aussi la réparation des préjudices moraux résultant d'un dommage matériel (tels que les tracas causés par les démarches entreprises). Ainsi, sont réparables dans le cadre de cette action le prix d'achat d'un produit acheté qui n'a jamais fonctionné, ou encore le remboursement d'une partie du prix d'un forfait payé mensuellement en cas de coupure du service sur une certaine période ou d'inexécution d'un ou de services faisant partie intégrante du forfait. En revanche, si le défaut du produit a causé un dommage corporel, par exemple en cas d'accident survenu de ce fait (accident de voiture, explosion d'un appareil ménager), les préjudices en résultant ne pourront pas être réparés dans le cadre de l'action de groupe.

En outre, la précision que les *préjudices* doivent être *individuels* signifie que l'association agit ici dans l'intérêt personnel d'une pluralité de personnes. Elle n'agit pas pour la réparation d'un préjudice collectif indépendant des préjudices qui peuvent être subis individuellement.

4 *DES PRÉJUDICES AYANT POUR CAUSE COMMUNE UN MANQUEMENT D'UN OU DES MÊMES PROFESSIONNELS À DES OBLIGATIONS LÉGALES OU CONTRACTUELLES, À L'OCCASION DE LA VENTE DE BIENS OU DE LA FOURNITURE DE SERVICES OU RÉSULTANT D'UNE PRATIQUE ANTICONCURRENTIELLE*

Les préjudices doivent résulter, et donc avoir pour cause, au sens du droit de la responsabilité civile, un même manquement, d'une ou plusieurs personnes. C'est un même fait générateur de responsabilité qui doit avoir abouti à la multitude de préjudices constatés. Ce fait générateur doit également remplir certaines conditions. Il est constitué par un manquement, par le professionnel, à ses obligations légales ou contractuelles. S'agissant des obligations légales, il peut s'agir d'obligations d'information prévues par le code de la consommation, de l'interdiction des pratiques commerciales trompeuses prévue par l'article L. 121-1 [L. 121-2] du code de la consommation ou de la tromperie visée par l'article L. 213-1 [L. 441-1] dudit code, ou encore de l'obligation de sécurité des produits posée par l'article L. 221-1 [L. 421-3] de ce même code. S'agissant des obligations contractuelles, sont concernés le délai fixé pour la livraison d'un produit, la fourniture de tel ou tel service, etc. Sont aussi bien visés la vente d'un produit que la fourniture d'un service, par exemple la fourniture de services de communication.

Sont en outre réparables dans le cadre de l'action de groupe les préjudices résultant de pratiques anticoncurrentielles. Il est pour ces dernières renvoyé aux définitions données par le titre II du livre IV du code de commerce ou des articles 101 et 102 du traité sur le fonctionnement de l'Union européenne. Il peut s'agir d'ententes ou d'actions concertées entre entreprises ayant pour objet ou pour effet, par exemple, de fausser le jeu de la concurrence en limitant l'accès au marché, en faisant obstacle à la fixation des prix par le libre jeu du marché ou en organisant une répartition des marchés ou des sources d'approvisionnement. Il peut s'agir également de l'exploitation abusive par une entreprise ou d'un groupe d'entreprises d'une position dominante sur le marché intérieur ou une partie substantielle de celui-ci. Ces abus peuvent notamment consister en un refus de vente, en des ventes liées ou dans des conditions de vente discriminatoires, ainsi que dans la rupture de relations commerciales établies, au seul motif que le partenaire refuse de se soumettre à des conditions commerciales injustifiées.

III PROCÉDURE APPLICABLE ET DÉROULEMENT DE L'ACTION DE GROUPE

1 *COMPÉTENCE ET PROCÉDURE APPLICABLE*

A *COMPÉTENCE*

1°) Compétence matérielle

L'article L. 423-1 [L. 623-1] du code de la consommation ne permet l'exercice d'une action de groupe que devant une juridiction civile. Elle n'est donc pas possible devant une juridiction pénale, y compris statuant sur intérêts civils, ni une juridiction administrative.

En outre, *l'article L. 211-15 nouveau du co*de de l'organisation judiciaire, tel qu'issu de l'article 2 de la loi du 17 mars 2014, prévoit que seuls les tribunaux de grande instance connaissent de l'action de groupe, à l'exclusion donc des tribunaux d'instance par exemple, qui auraient pu connaître de certaines actions notamment en matière de crédits à la consommation, en application des dispositions de l'article L. 311-52 [R. 311-35] du code de la consommation.

2°) Compétence territoriale

L'article R. 423-2 [R. 623-2] du code de la consommation, tel qu'issu du décret n° 2014-1081 du 24 septembre 2014 relatif à l'action de groupe en matière de consommation, fixe une règle de compétence territoriale spécifique.

Pour le professionnel demeurant en France, le principe est la compétence territoriale du tribunal de grande instance dans le ressort duquel le défendeur demeure. Cette règle qui est la reprise des dispositions du premier alinéa de l'article 42 du code de procédure civile emporte deux conséquences.

Puisqu'elle est la seule règle de compétence générale prévue, et que les dispositions du code de la consommation relatives à l'action de groupe sont des dispositions spécifiques dérogatoires au droit commun de la procédure civile (art. R. 423-1 [R. 623-1] C. consom.), est tout d'abord exclue l'application d'autres règles de compétence spécifiques. Tel est le cas de celles prévues, notamment en matière contractuelle ou délictuelle (art. 46 C. pr. civ.). Le demandeur n'a, en ce cas, pas le choix entre la juridiction du lieu où demeure le défendeur et celle, par exemple, du lieu où le dommage a été subi.

En application des dispositions de l'article 43 du code de procédure civile, le lieu où demeure le défendeur s'entend :

— s'il s'agit d'une personne physique, du lieu où celle-ci a son domicile ou, à défaut, sa résidence ;

— s'il s'agit d'une personne morale, du lieu où celle-ci est établie.

Il y a lieu de relever qu'à défaut de règle spécifique à la pluralité de défendeurs les dispositions de l'article 42, alinéa 2, du code de procédure civile s'appliquent et qu'ainsi le tribunal du lieu où demeure l'un des défendeurs est compétent, au choix du demandeur.

Pour le professionnel n'ayant pas de domicile ou résidence connus et pour celui demeurant à l'étranger, la compétence territoriale est attribuée au tribunal de grande instance de Paris. Cette règle doit cependant être combinée avec le droit de l'Union européenne *[Règlement (CE) nº 44/2001 du Conseil du 22 décembre 2000 concernant la compétence judiciaire, la reconnaissance et l'exécution des décisions en matière civile et commerciale. A compter du 10 janvier 2015, c'est le règlement Bruxelles I révisé, dit « Bruxelles I bis », (UE) nº 1215/2012 du Parlement européen et du Conseil du 12 décembre 2012 concernant la compétence judiciaire, la reconnaissance et l'exécution des décisions en matière civile et commerciale, qui s'applique]* et international applicable à la détermination de la compétence juridictionnelle.

B *PROCÉDURE APPLICABLE*

L'action de groupe exercée par l'association en application de l'article L. 423-1 [L. 623-1] du code de la consommation est conçue comme une instance unique engagée devant le tribunal de grande instance depuis l'assignation jusqu'à l'indemnisation finale des consommateurs.

En effet, la finalité de l'action de groupe, au sens de l'article L. 423-1 [L. 623-1] du code de la consommation, est la réparation des préjudices, dont le principe sera fixé dès le premier jugement sur la responsabilité, mais qui nécessitera pour certains membres du groupe, éventuellement, une liquidation judiciaire en cas de désaccord avec le professionnel sur l'appartenance ou non de tel ou tel consommateur au groupe ou éventuellement sur des causes d'exemption de responsabilité à l'égard de tel ou tel consommateur. Le tribunal est donc saisi jusqu'à ce qu'il ait statué sur l'ensemble des préjudices des consommateurs constituant le groupe si nécessaire. C'est pourquoi dès le premier jugement, il est renvoyé à la mise en état, ainsi qu'à une audience finale pour mettre un terme à l'instance (art. R. 423-7 [R. 623-8] C. consom.).

La procédure applicable à cette instance unique est précisée par le décret d'application du 24 septembre 2014 qui a été inséré aux articles R. 423-1 [R. 623-1] et suivants du code de la consommation.

L'article R. 423-1 [R. 623-1] rappelle à cet égard que la procédure est par principe régie par le code de procédure civile, les dispositions des articles suivants ne constituant que des dérogations au droit commun qu'il constitue. Ainsi, tout le livre I de ce code s'applique, notamment les règles relatives à l'administration de la preuve ou encore aux frais et dépens. A ce titre, il faut noter que l'article L. 423-3, alinéa 3 [L. 623-6], du code de la consommation ne fait que rappeler les dispositions du code de procédure civile relatives aux mesures d'instruction que le juge peut en effet prononcer en se concentrant sur la production de pièces détenues par le professionnel, telles que des listes de consommateurs ou les volumes d'achats d'un produit pour connaître l'étendue éventuelle des consommateurs concernés, par exemple pour déterminer les mesures de publicité les plus adaptées.

L'article R. 423-4 [R. 623-4] du code de la consommation prévoit ensuite que "la demande est formée, instruite et jugée selon les règles applicables à la procédure ordinaire en matière contentieuse devant le tribunal de grande instance". Il est ainsi renvoyé aux règles de la section I du chapitre I du sous-titre I du titre I du livre II du code de procédure civile, c'est-à-dire aux articles 755 à 787 dudit code. La demande initiale ne peut donc être formée que par assignation. En outre, la représentation par avocat est obligatoire.

Ainsi, l'action est engagée par une assignation qui comprend, outre les mentions habituelles prévues par les articles 56 et 752 du code de procédure civile, notamment l'identité précise et les coordonnées de l'association demanderesse et du ou des professionnels défendeurs, l'objet de la demande avec un exposé des moyens en fait et en droit, l'indication des pièces sur lesquelles elle se fonde, ou encore la constitution d'avocat pour le demandeur et le délai pour constituer pour le défendeur, une description des cas individuels que l'association a choisis au soutien de son action (art. R. 423-3 [R. 623-3] C. consom.), à peine de nullité. C'est en effet "au vu des cas individuels" que le juge statue (art. L. 423-3 [L. 623-4] C. consom.). L'association devra en effet s'être assurée et permettre au juge et au défendeur de s'assurer qu'il existe bien réellement plusieurs consommateurs ayant subi un préjudice réparable dans le cadre de cette action et que les conditions de l'action de groupe sont donc bien remplies, et ce au stade le plus précoce de l'action. Les consommateurs concernés ne sont, à ce stade, pas parties à la procédure.

L'assignation est également accompagnée de l'agrément de l'association, sans que cela soit prévu à peine de nullité, dans un but simplement informatif à l'attention du juge et du ou des professionnels assignés.

Enfin, l'article R. 423-4 [R. 623-4] du code de la consommation prévoit que l'appel est jugé selon la procédure prévue à l'article 905 du code de procédure civile. Cet article présume donc remplie la condition d'urgence eu égard au risque de déperdition de preuves pour le consommateur. L'article 905 du code de procédure civile permet toutefois, si cela est vraiment nécessaire, de renvoyer à la mise en état telle que prévue par les articles 760 à 762 du code de procédure civile.

La procédure se déroule en trois phases (voir schéma en annexe) :

— La première phase est constituée par un jugement sur la responsabilité. Le juge, après avoir vérifié que les conditions d'une action de groupe sont remplies, se prononce tout d'abord sur la responsabilité du professionnel, après avoir constaté que les conditions de celle-ci sont réunies par l'existence d'un fait générateur de responsabilité, de préjudices, dont il fixe les modalités de réparation, et d'un lien de causalité entre eux. Il détermine ensuite les consommateurs auxquels le jugement va pouvoir s'appliquer puis fixe le cadre du déroulement de la suite de la procédure, avec les modalités et délais de publicité, d'adhésion au groupe et donc de participation à l'action, et d'indemnisation des consommateurs ayant adhéré.

— La deuxième phase correspond à la mise en œuvre de cette première décision. c'est-à-dire à l'indemnisation des consommateurs adhérant au groupe sur la base de ce premier jugement. Le législateur a souhaité que cette phase se passe hors la présence d'un juge, puisque le premier jugement aura fixé un cadre suffisamment précis pour que l'indemnisation puisse intervenir entre les parties. Toutefois, il est prévu que le juge puisse être saisi en cas d'éventuelles difficultés résultant de l'application de ce premier jugement ;

— La troisième phase est une phase de clôture de la procédure, qui se terminera soit par *un jugement* constatant l'extinction de l'instance, si la deuxième phase s'est déroulée sans obstacle, soit par un jugement liquidant les préjudices lorsque le professionnel n'aura pas indemnisé tous les consommateurs sur la base du premier jugement.

2 *PHASE 1 : JUGEMENT STATUANT SUR LA RESPONSABILITÉ ET FIXANT LE CADRE DE L'INDEMNISATION DES CONSOMMATEURS*

A *CONTENU DU JUGEMENT*

Le jugement statuant sur la responsabilité a deux objets :

— d'une part, celui de se prononcer sur le bien-fondé de la demande ;

— d'autre part, si le principe de la responsabilité a été retenu, celui de fixer le cadre de la suite de l'action et de déterminer le schéma d'indemnisation. Il doit comporter un certain nombre d'indications pour permettre aux consommateurs concernés de se manifester en connaissance de cause et permettre au professionnel de les indemniser selon des modalités précises.

1°) La responsabilité du professionnel

Le juge doit tout d'abord vérifier que les conditions de recevabilité de l'action de groupe sont remplies. Il vérifie ainsi que la demande comporte bien tous les éléments prévus à l'article L. 423-1 [L. 623-1] du code de la consommation pour que l'association puisse engager une action de groupe.

Il se prononce ensuite sur le bien-fondé de l'action en vérifiant si le professionnel a effectivement commis les manquements allégués et s'ils ont été la cause de préjudices patrimoniaux résultant de dommages matériels, au détriment de plusieurs consommateurs. Il s'agit, sur ce point, d'un jugement classique sur la responsabilité, si ce n'est que toutes les victimes du manquement ne sont pas déterminées mais seulement certaines, qui constituent les cas types, sur lesquels l'association fonde sa demande. C'est au seul vu de ces cas types, qui devront être étayés par toutes les pièces justificatives utiles, que le jugement devra se prononcer. Le professionnel pourra toujours opposer des causes générales d'exclusion ou d'exonération de responsabilité (ex. : force majeure, ou exonération pour risque de développement pour la responsabilité du fait des produits défectueux). C'est également à partir de ces cas types que le jugement pourra déterminer les contours du groupe.

Comme évoqué ci-après, le juge sera tenu par la décision d'une autorité ou d'une juridiction ayant définitivement constaté le manquement du professionnel au droit de la concurrence (art. L. 423-17, al. 2 [L. 623-24], C. consom.), le manquement étant alors établi de manière irréfragable. La preuve contraire n'est donc pas admissible.

Ayant statué sur la responsabilité du professionnel au vu de cas particuliers de consommateurs mais qui ne sont pas dans la procédure eux-mêmes, le premier jugement n'a pas totalement vidé la saisine du juge de l'action de groupe, puisqu'il est saisi "afin d'obtenir la réparation des préjudices individuels". En effet, si le principe de la réparation est fixé dans ce premier jugement, la réparation de chaque préjudice n'a pas abouti en ce sens que les consommateurs souhaitant bénéficier de cette indemnisation ne sont pas encore identifiés. C'est pourquoi le jugement renvoie à la mise en état pour la suite de la procédure. Ce faisant, il appartiendra au juge de la mise en état de trancher les éventuelles difficultés et de recevoir les éventuelles demandes d'indemnisation auxquelles le professionnel n'aura pas fait droit.

2°) La définition du groupe et l'évaluation des préjudices

Le juge doit ensuite définir le groupe des consommateurs à l'égard desquels la responsabilité du professionnel est engagée, et fixer les critères de rattachement au groupe. Il déterminera ces éléments au vu des cas types présentés par l'association au soutien de sa demande (art. L. 423-1, al. 1er, deuxième phrase [L. 623-1], C. consom.) et des débats qui se dérouleront devant lui. L'objet même de ces débats est en effet de déterminer tant les contours du groupe de personnes concernées que le schéma d'indemnisation.

Par exemple, le jugement précisera que tous les clients d'une société qui lui ont acheté tel produit entre telle et telle date (dates de mise en circulation et de retrait des lots de produits défectueux) ou encore l'ensemble des clients-consommateurs ayant souscrit auprès du même opérateur tel forfait portant sur la fourniture d'un ensemble de services durant une période déterminée sont susceptibles d'appartenir au groupe.

Le juge détermine ensuite les préjudices susceptibles d'être réparés pour chaque consommateur ou catégorie de consommateurs constituant le groupe. Il précise quel type de préjudice doit être réparé : par exemple, si un véhicule est défectueux, les victimes pourront réclamer le préjudice lié au coût de remplacement du véhicule, les frais de location d'un autre véhicule, les frais de gardiennage du véhicule défectueux, etc. Le juge évalue ainsi dans sa décision les préjudices ou précise tous les éléments permettant leur évaluation.

L'évaluation peut donc être simple : X euros pour tous les consommateurs (prix de remplacement d'un produit défectueux ; remboursement de la partie du prix correspondant à un avantage économique – X% de quantité gratuite d'un produit - qui n'a pas été fourni bien qu'ayant fait l'objet d'une offre promotionnelle), ou plus complexe et nécessiter un mode de calcul pour les consommateurs concernés. Tel sera le cas, par exemple, s'il apparaît qu'une partie des cas types ont subi un dommage lié à une coupure du service de fourniture de réseau téléphonique mais que tous n'ont pas subi la même perte car certains ont souscrit l'abonnement à un prix promotionnel tandis que d'autres l'ont payé au prix hors promotion, ou que certains ont souscrit le contrat à une date postérieure à la coupure et d'autres avant. L'évaluation sera alors fixée en fonction du prix de l'abonnement et de la durée effective de coupure subie.

Un même groupe peut au demeurant comprendre plusieurs catégories de consommateurs en fonction du ou des préjudices réparables : ainsi par exemple, en fonction de la période de souscription d'un contrat, ceux ayant subi tel type de préjudice (simple coût de l'achat d'un produit défectueux) et ceux en ayant subi un autre (un dommage matériel lié par exemple à la destruction d'un autre bien du fait d'une explosion causée par le produit defectueux).

En outre, l'article L. 423-3 [L. 623-6] du code de la consommation rappelle que la réparation en nature est toujours possible. Il s'agit d'un rappel du droit commun de la responsabilité civile, dont les règles de fond demeurent inchangées : la réparation en nature doit être spécifiquement propre à supprimer, réduire ou compenser le dommage, et elle ne peut être imposée à la victime. Elle ne peut pas non plus être ordonnée en cas d'impossibilité de droit ou de fait. Le cas échéant, les dispositions de l'article L. 211-9 [L. 217-9] du code de la consommation relatif à la garantie légale de conformité seront applicables (si, en cas de défaut de conformité, l'acheteur a le choix entre la réparation et le remplacement du bien, le vendeur peut écarter le choix effectué par l'acheteur si ce "choix entraîne un coût manifestement disproportionné au regard de l'autre modalité compte tenu de la valeur du bien ou de l'importance du défaut").

Il appartiendra ensuite au juge de fixer le schéma d'indemnisation.

3°) La publicité de la décision et l'information des consommateurs

a) *Modalités de la publicité*

L'article L. 423-4 [L. 623-7] du code de la consommation prévoit que si la responsabilité du professionnel est reconnue, le juge ordonne les "mesures adaptées pour informer de cette décision les consommateurs susceptibles d'appartenir au groupe".

Il appartiendra alors au juge de l'action de groupe de déterminer les mesures adaptées pour remplir l'objectif fixé par la loi, à savoir l'information des consommateurs. La loi ne limite pas le type de mesure qui peut être mise en œuvre mais il conviendra, pour déterminer le mode d'information le plus adapté, de tenir compte de l'ampleur de l'action et du nombre de consommateurs potentiellement concernés, de la capacité financière du professionnel à la charge duquel elles seront imposées, du fait que les consommateurs sont connus ou non du professionnel qui aura une liste de clients ou pas, ou encore de la relation continue du consommateur avec le professionnel ou non.

L'information pourra ainsi par exemple prendre la forme d'une publication dans la presse locale ou nationale, d'un communiqué sur un site internet ou sur un support audiovisuel, ou d'une information individuelle sur support papier ou électronique.

Le jugement devra être très précis sur ces modalités de publicité, notamment si elles nécessitent d'être faites sur une certaine durée, car elles pourront conditionner le départ du délai d'adhésion des consommateurs (cf. *infra*).

b) *Délai de mise en œuvre*

L'article R. 423-6 [R. 623-7] du code de la consommation a précisé le sens de la loi qui prévoit que ces mesures sont "à la charge du professionnel" (art. L. 423-4 [L. 623-7] C. consom.). Il indique ainsi que les mesures d'information sont mises en œuvre par priorité par le professionnel et, à défaut de mise en œuvre de sa part dans un certain délai, par la ou les associations requérantes.

Le jugement doit donc fixer ce délai de mise en œuvre par le professionnel. Ce délai (donc x jours, semaines ou mois) ne peut courir que du jour où la décision n'est plus susceptible de recours ordinaires ou de pourvoi en cassation puisque la loi interdit la mise en œuvre de cette publicité avant l'issue de ce délai (art. L. 423-4, al. 2 [L. 623-7], C. consom.). Il y a lieu d'observer que, de ce fait, le jugement sur la responsabilité ne peut être assorti de l'exécution provisoire puisque la publicité conditionne toute la suite de la procédure. Il existe toutefois une exception, prévue à l'article L. 423-19 [L. 623-26] du code de la consommation, qui prévoit qu'en matière de concurrence l'exécution provisoire peut être prononcée pour les seules mesures de publicité. Cette différence de traitement s'explique par le fait qu'il n'y a pas de risque d'atteinte injustifiée à l'image du professionnel du fait de cette publication puisque l'action ne peut être fructueuse que lorsqu'une précédente décision, notamment d'une autorité de concurrence, aura définitivement constaté le manquement de celui-ci.

Il convient par ailleurs de préciser que l'article L. 423-8 [L. 623-12] du code de la consommation prévoit que le juge peut condamner le professionnel au paiement d'une provision à valoir sur les frais non compris dans les dépens exposés par l'association, ce qui peut comprendre les frais de publicité. Il s'agit d'éviter un blocage de l'action de groupe du fait d'une inertie du professionnel, qui refuserait de mettre en œuvre les mesures d'information mais refuserait aussi l'avance des frais pour cette publicité, laquelle peut avoir un coût important et donc être difficilement supportée par l'association.

4°) L'adhésion des consommateurs

Le juge fixe également dans son jugement le cadre de l'adhésion des consommateurs en indiquant le délai dont ils disposent pour adhérer au groupe et les modalités de cette adhésion (art. L. 423-5, al. 1er et 2 [L. 623-8], C. consom.). Il précise également à qui les consommateurs doivent s'adressent pour adhérer (art. L. 423-5, al. 2 [L. 623-8], C. consom.).

Le premier alinéa de l'article L. 423-5 [L. 623-8] du code de la consommation prévoit tout d'abord que le jugement fixe le délai d'adhésion des consommateurs. Ce délai ne peut courir qu'une fois les mesures d'information mises en œuvre et achevées (ainsi dans l'hypothèse d'une action de groupe très importante, à gros enjeux financiers, si une campagne de publicité télévisée a été ordonnée, il faut attendre l'issue de cette campagne d'information). La loi encadre ce délai, qui ne peut être inférieur à deux mois ni supérieur à six mois. Il peut être fixé en fonction de l'étendue du groupe, de la facilité à identifier les consommateurs et de l'efficacité plus ou moins rapide des mesures de publicité prévues.

Le jugement précise ensuite les modalités de l'adhésion. Certaines des modalités sont d'ores et déjà fixées par les textes. Ainsi, l'article R. 423-14 [R. 623-17] du code de la consommation impose que l'adhésion soit faite par "tout moyen permettant d'en accuser réception". Si le jugement peut éventuellement encadrer ce moyen, puisque cet article précise "selon les modalités déterminées par le juge", il ne peut se passer de l'exigence probatoire posée par le texte : il faut un moyen permettant d'en accuser la réception. Le consommateur doit être en mesure de prouver qu'il a bien adhéré, dans les délais fixés par le jugement. Peuvent être envisagées par exemple la lettre recommandée avec demande d'avis de réception, ou encore la remise en mains propres contre récépissé. Ces modalités seront également à évoquer dans le cadre des débats.

En outre, le juge peut prévoir certaines autres modalités particulières d'adhésion. Il peut par exemple indiquer, dans les hypothèses où cela est aisé à déterminer et indispensable pour le professionnel pour pouvoir procéder à l'indemnisation, que l'adhésion sera accompagnée de certains documents (par exemple, un ticket de caisse pour un achat en magasin). Il peut également prévoir des mentions particulières à l'adhésion en cas de particularité (par exemple, l'explicitation du calcul de l'indemnisation demandée lorsque le premier jugement fixe un mode de calcul du préjudice et non un montant déterminé).

Le jugement indique en outre auprès de qui le consommateur s'adresse pour adhérer (art. L. 423-5, al. 2 [L. 623-8], C. consom.). Ce peut être une adhésion directement auprès du professionnel. Ce peut être également par l'intermédiaire de l'association ou du tiers qu'elle se sera adjoint (cf. *infra*).

5°) L'indemnisation par le professionnel et la liquidation judiciaire

a) *Délai d'indemnisation*

Le jugement sur la responsabilité fixe ensuite le cadre de l'indemnisation par le professionnel en indiquant le délai dans lequel l'indemnisation doit intervenir.

Ce délai n'est pas encadré par la loi. Il peut donc être exprimé en jours, mois ou années. L'utilisation d'une durée en mois est sans doute la plus réaliste pour permettre au professionnel d'avoir le temps d'indemniser, en vérifiant le bien-fondé des adhésions, sans que l'action dure trop longtemps.

En outre, ce délai aura pour point de départ l'expiration du délai laissé aux consommateurs pour adhérer afin que le professionnel puisse évaluer précisément la composition du groupe et lui permettre d'indemniser le plus de consommateurs possible, avant qu'il ne soit statué sur la liquidation éventuelle. Cela ne fait pas obstacle à ce que le professionnel indemnise les consommateurs au fur et à mesure et donc avant même que ce délai n'ait couru, mais ceux-ci ont jusqu'au dernier moment pour se déclarer et il se peut que tous se déclarent à la fin du délai.

L'issue de ce délai conditionne le délai dans lequel le juge devra être saisi des demandes non satisfaites (art. L. 423-7 [L. 623-11] C. consom.) et permettra de fixer la date de l'audience de liquidation (art. R. 423-7 [R. 623-8] C. consom.). En effet, il appartient au juge dans sa décision d'encadrer également et par avance l'éventuelle phase finale de liquidation des préjudices pouvant subsister. Ainsi, la procédure d'action de groupe étant conçue comme une procédure unique donnant lieu à une instance unique (cf. *supra*), le jugement doit déterminer le délai dans lequel, à l'issue du délai d'indemnisation, le juge doit être saisi des demandes d'indemnisations non satisfaites (art. L. 423-7 [R. 623-8] C. consom.). Il convient ici de laisser un temps suffisant pour permettre à l'association de déterminer les consommateurs qu'elle devra éventuellement représenter dans le cadre de l'audience finale. Le juge fixe enfin, en application de l'article R. 423-7 [R. 623-8] du code de la consommation, une date d'audience qui permettra de mettre fin à l'instance. Cette date d'audience doit tenir compte de tous les délais précédents et elle pourra être reportée en cas d'appel sur le principe de la responsabilité ou de saisine du juge de la mise en état de difficultés de mise en œuvre (V. *infra*).

b) *Modalités de l'indemnisation*

La loi ne prévoit pas expressément que le juge doit fixer les modalités de paiement dans le cadre de la phase 2. Néanmoins, l'article L. 423-11 [L. 623-18] du code de la consommation prévoit que le professionnel indemnise les consommateurs dans les conditions fixées par le jugement, ce qui peut comprendre des modalités de paiement. Ainsi, après avoir mis à même les parties de discuter de cet aspect de l'indemnisation, il est possible de prévoir que l'indemnisation se fera directement auprès des consommateurs, à l'association, ou au tiers visé à l'article L. 423-9 [L. 623-13] (cf. *infra*), afin de faciliter la phase d'indemnisation.

La seule modalité de paiement expressément prévue par la loi est celle de la consignation (art. L. 423-8, al. 2 [L. 623-12], C. consom.) qui peut être ordonnée si le tribunal "la juge nécessaire et compatible avec la nature de l'affaire" pour une partie des sommes dues. La volonté du législateur va même au-delà de la modalité de paiement puisqu'il s'agit en quelque sorte de prévoir dans le jugement le versement d'une provision à valoir sur les sommes qui seront dues par le professionnel, entre les mains de la Caisse des dépôts et consignations, afin de sécuriser les fonds en cas d'appel et de fragilité de la santé financière du professionnel.

6°) Autres dispositions encadrant la phase d'indemnisation

Deux autres dispositions peuvent être prévues par le jugement, mais sans que cela soit systématique.

a) *Provision pour frais*

La première, prévue à l'article L. 423-8, alinéa 1 [L. 623-12], du code de la consommation, concerne le versement par le professionnel d'une provision à l'association pour faire face à la phase d'indemnisation qui va suivre. Il est en effet prévu que "le juge peut condamner le professionnel au paiement d'une provision à valoir sur les frais non compris dans les dépens exposés par l'association, y compris ceux afférents à la mise en œuvre de l'article L. 423-9 [L. 623-13]".

Cette faculté offerte au juge, à la demande de l'association, est notamment utile lorsqu'il est prévu que l'adhésion se fait auprès de l'association ou du tiers qu'elle se sera adjoint, et qu'elle devra gérer la phase d'indemnisation par le professionnel.

Le montant de la provision sera fixé en fonction des diligences que l'association devra accomplir dans la suite de la procédure. Ainsi, il pourra être tenu compte notamment des frais induits par le traitement de la réception des adhésions si les adhésions se font directement auprès d'elle, de la gestion des mandats (demandes de pièces complémentaires, etc.), de l'ouverture éventuelle d'un compte auprès de la Caisse des dépôts et consignations et du coût des honoraires que l'association devra régler au tiers visé à l'article L. 423-9 [L. 623-13] (cf. *infra*), etc. Il appartiendra à l'association de chiffrer au plus juste et au mieux sa demande de provision et de l'expliciter.

b) *Le tiers que l'association s'adjoint, sur autorisation du juge*

L'autre disposition qui pourra être comprise dans le jugement sur la responsabilité est prévue par l'article L. 423-9 [L. 623-13] du code de la consommation.

L'association peut souhaiter être assistée dans le cadre de la mission qui lui sera éventuellement confiée par le juge pour la réception des adhésions et la gestion des demandes d'indemnisation. Elle ne pourra l'être que par "une personne appartenant à une profession judiciaire réglementée dont la liste est fixée par décret en conseil d'État", à savoir un avocat ou un huissier de justice (art. R. 423-5 [R. 623-5] C. consom.).

Dans ce cas, dès lors qu'il revient au juge de déterminer le schéma d'indemnisation, elle doit y être autorisée par le juge, qui doit s'assurer de la nécessité de cette assistance, et que la personne est bien l'une des personnes relevant de l'une des professions mentionnées ci-dessus.

Le tiers ainsi choisi par l'association l'assistera notamment afin de procéder à la réception des demandes d'indemnisation des membres du groupe, autrement dit des adhésions, et plus généralement pour représenter les consommateurs lésés auprès du professionnel. Ainsi, si l'association demeure responsable vis-à-vis des consommateurs puisque c'est à elle qu'ils sont liés par un mandat (cf. *infra*), le tiers pourra gérer toute la discussion avec le professionnel, transmettre les demandes d'indemnisation, et vérifier l'état des indemnisations. Dès lors qu'il est choisi par l'association, le tiers devra lui rendre compte de ses démarches et diligences et l'informer des adhésions notamment.

Afin que le schéma d'indemnisation soit précis, la demande d'autorisation et l'autorisation indiqueront l'étendue de la mission de ce tiers.

B *VOIES DE RECOURS CONTRE LE JUGEMENT SUR LA RESPONSABILITÉ*

Le droit commun s'applique et plus précisément les articles 35 et 40 du code de procédure civile ainsi que l'article R. 211-3 du code de l'organisation judiciaire.

Ainsi, en premier lieu, il doit être rappelé que l'article R. 211-3 du code de l'organisation judiciaire fixe le taux de ressort à 4 000 euros.

Pour ce premier jugement, que l'association porte une seule demande ou plusieurs, il n'y a pas une pluralité de demandeurs, puisqu'elle agit de son propre chef en raison de sa qualité à agir propre, les consommateurs n'étant à ce stade pas parties.

L'article 35 du code de procédure civile prévoit qu'en cas de pluralité de prétentions fondées sur les mêmes faits, ou connexes, il convient de prendre en compte la valeur totale des prétentions.

L'article 40 du code de procédure civile prévoit enfin que le jugement qui statue sur une demande indéterminée est, sauf disposition contraire, susceptible d'appel.

Qu'il s'agisse donc d'une même demande ou de plusieurs :

— soit le nombre de consommateurs et le montant du préjudice de chacun est déjà déterminé dans la demande, celle-ci est alors d'un montant déterminé et le taux de ressort sera fonction du montant total de cette demande (inférieur à 4 000 euros (très petites actions de groupe) = pas d'appel/ supérieur à 4 000 euros = appel) ;

— soit le montant total de la demande n'est pas connu, la demande est alors indéterminée. En ce cas, l'article 40 du code de procédure civile prévoit que le jugement est susceptible d'appel.

C *PORTÉE DU JUGEMENT SUR LA RESPONSABILITÉ*

1°) Une autorité de chose jugée étendue

La spécificité de l'action de groupe réside en grande partie dans les règles relatives à l'autorité de chose jugée, contenues aux articles L. 423-21 à L. 423-23 [L. 623-28 à L. 623-30] du code de la consommation.

a) *L'autorité de chose jugée à l'égard des consommateurs membres du groupe dont le préjudice a été réparé dans le cadre de l'action de groupe*

L'article L. 423-21 [L. 623-28] du code de la consommation prévoit tout d'abord que le jugement sur la responsabilité, dans le cadre de l'action de groupe générale ou simplifiée, ainsi que le jugement d'homologation d'un accord de médiation ont autorité de chose jugée à l'égard de chacun des membres du groupe dont le préjudice a été réparé au terme de la procédure.

L'autorité de chose jugée est donc étendue rétroactivement à des personnes qui n'étaient pas parties au moment où le jugement a été prononcé mais qui se sont manifestées pour en bénéficier par la suite en adhérant au groupe.

Elle ne peut être opposée que par et aux consommateurs dont le préjudice a été réparé, c'est-à-dire qui ont été indemnisés par le professionnel dans le cadre de la phase 2, ou qui bénéficient d'un jugement liquidant leur préjudice en application des dispositions de l'article L. 423-12, alinéa 2 [L. 623-19].

Un consommateur ayant adhéré mais n'ayant pas obtenu satisfaction dans le cadre de cette procédure ne pourra donc pas opposer au professionnel l'autorité de chose jugée de la première décision sur le principe de la responsabilité alors que sa demande d'indemnisation aura été, par exemple, rejetée dans le cadre de la phase 3.

Seule l'autorité de chose jugée liée à cette dernière décision s'appliquera à son égard.

b) *L'autorité de chose jugée étendue aux autres associations qui pourraient porter l'action de groupe*

L'autorité de chose jugée est étendue aux autres associations de consommateurs qui ont qualité pour agir.

L'article L. 423-23 [L. 623-30] du code de la consommation prévoit ainsi que celles-ci ne sont pas recevables à engager une action de groupe pour les mêmes faits, les mêmes manquements et la réparation des mêmes préjudices que ceux ayant déjà fait l'objet d'un jugement sur la responsabilité ou d'un accord homologué.

c) *Un droit d'agir individuel des consommateurs maintenu pour la réparation des autres préjudices*

L'article L. 423-22 [L. 623-29] du code de la consommation ne concerne à proprement parler pas l'autorité de chose jugée mais l'étendue du droit d'agir par ailleurs des consommateurs ayant adhéré au groupe. Ceux-ci peuvent en effet toujours agir de manière individuelle, y compris en cours de procédure d'action de groupe, mais aussi à l'issue. Ils conservent en effet leur droit d'agir pour la réparation des préjudices qui ne sont pas compris dans le champ de la décision rendue par le juge ou de l'accord homologué. Ils peuvent ainsi demander dans le cadre de l'action de groupe la réparation d'un préjudice matériel déterminé par le juge dans le premier jugement, et agir en outre individuellement en justice pour demander la réparation, par exemple, d'un préjudice moral.

2°) Effet sur la prescription des actions individuelles

La loi ne prévoit pas de règles particulières relatives à la prescription de l'action de groupe. L'action de groupe est donc soumise aux règles de prescription de droit commun.

En revanche, l'article L. 423-20 [L. 623-27] du code de la consommation prévoit que l'action de groupe a un effet suspensif sur la prescription applicable aux actions individuelles en réparation des préjudices résultant des manquements constatés par le juge. Il est en effet légitime qu'une victime souhaite bénéficier de l'allégement de la charge de la preuve que constitue le jugement déclaratoire de responsabilité, mais préfère agir individuellement, notamment parce qu'elle aurait subi des préjudices particuliers qui n'entrent pas dans le champ de l'action. Ces dispositions éviteront donc la multiplication d'actions engagées à titre conservatoire.

S'inspirant du droit commun de la prescription, la loi dispose que le délai de prescription des actions individuelles recommence à courir, pour une durée qui ne peut être inférieure à six mois, à compter de la date à laquelle, selon le cas, le jugement rendu en application des articles L. 423-3 [L. 623-4] (1er jugement) ou L. 423-10 [L. 623-14] (jugement rendu dans le cadre de l'action de groupe simplifiée) n'est plus susceptible de recours ordinaire ou de pourvoi en cassation ou de l'homologation prévue à l'article L. 423-16 [L. 623-23] (homologation de l'accord négocié au nom du groupe dans le cadre d'une médiation).

3 *PHASE 2 : MISE EN ŒUVRE DU JUGEMENT STATUANT SUR LA RESPONSABILITÉ – INDEMNISATION DES CONSOMMATEURS ET RÈGLEMENT DES DIFFÉRENDS*

A *INFORMATION DES CONSOMMATEURS : PUBLICITÉ*

L'information des consommateurs sera mise en œuvre conformément aux prescriptions du jugement et dans les délais qui y sont prévus.

Toutefois, l'article R. 423-13 [R. 623-16] du code de la consommation prévoit les mentions minimales que doit comporter l'information, et ce afin de permettre aux consommateurs d'adhérer et de connaître les conséquences de cette adhésion.

Il est ainsi prévu qu'outre les mentions éventuellement prescrites par le jugement en sus, l'information comprend, *a minima* :

— *la reproduction du dispositif de la décision*, qui comprendra la majeure partie des mentions utiles pour l'information du consommateur (1°) ;

— *les informations nécessaires à la manifestation de leur adhésion* : les coordonnées de la personne auprès de laquelle ils doivent se manifester : professionnel, association, tiers (2°) ; la forme, déterminée par le jugement, le contenu, déterminé par l'article R. 423-14 [R. 623-17] et éventuellement en partie par le jugement, et le délai, déterminé par le jugement, dans lequel l'adhésion doit intervenir (3°) ; l'indication que les consommateurs doivent produire tous documents utiles pour justifier de leur demande (6°), notamment au stade de la liquidation judiciaire des préjudices ;

— *les informations relatives aux conséquences de leur adhésion au groupe* : la publicité doit comporter l'indication que l'adhésion emporte mandat aux fins d'indemnisation (3°) ; qu'elle interdit au consommateur d'agir individuellement à l'encontre du professionnel pour la réparation des préjudices couverts par l'action de groupe mais non pour les autres préjudices (5°) ; et qu'à défaut d'adhésion dans les formes et délais requis, celui-ci ne pourra plus obtenir son indemnisation dans le cadre de l'action de groupe (4°).

B *ADHÉSION DES CONSOMMATEURS*

1°) Manifestation de son adhésion par le consommateur

L'adhésion au groupe est un moment important de l'action de groupe puisqu'elle va permettre de déterminer l'étendue du groupe de consommateurs concernés. Il a été fait le choix, dans le système d'action de groupe tel qu'issu de la loi du 17 mars 2014, d'un "*opt-in*" particulier. Pour les actions de groupe ou *class actions* existant en droit comparé, il existe deux systèmes possibles de constitution du groupe : celui dans lequel l'action bénéficie à toutes les personnes potentiellement concernées, sans qu'elle aient à manifester une quelconque volonté, mais avec le revers qu'elles perdent automatiquement leur droit d'agir par ailleurs si elles remplissent les critères du groupe ; celui dans lequel l'action ne bénéficie qu'aux personnes qui y ont expressément consenti. C'est ce dernier choix qui a été fait, avec la particularité que le groupe est constitué une fois le principe de la responsabilité tranché.

L'adhésion se fera selon les modalités et dans les délais fixés par le jugement (cf. *supra*).

Le décret a toutefois apporté des précisions.

Tout d'abord, l'article R. 423-14 [R. 623-17] du code de la consommation a précisé le contenu minimum de cette adhésion afin de permettre au mieux l'indemnisation du consommateur et l'exercice de son mandat par l'association. Ainsi, elle contient notamment l'identité du consommateur (nom et prénom), son domicile, ainsi que, le cas échéant, s'il le souhaite, afin de faciliter les échanges avec son mandataire, l'association, une adresse électronique, qui n'est pas nécessairement la sienne, à laquelle il accepte de recevoir les informations relatives à la procédure par l'association. Le consommateur fait également une demande d'indemnisation, le jugement fixant des types de préjudices et parfois des modes de calcul de ces préjudices. Il chiffre donc sa demande en fonction des termes du jugement sur la responsabilité. Ce chiffre constituera les limites du mandat donné à l'association en vue de l'indemnisation s'agissant de son montant.

En outre, l'article R. 423-15 [R. 623-18] du code de la consommation règles deux situations différentes.

Le premier alinéa règle l'hypothèse de la pluralité d'associations demanderesses à l'action de groupe, hypothèse qui n'est pas fermée par la loi. En ce cas, la loi énonçant simplement que l'adhésion au groupe vaut mandat au profit de "l'association requérante" (art. L. 423-5, al. 3 [L. 623-9], C. consom.), le décret précise que le consommateur a le choix de manifester son adhésion auprès de telle ou telle association, soit en lui faisant parvenir son adhésion, soit, si le jugement a prévu que l'adhésion se faisait directement auprès du professionnel, en l'informant de cette adhésion. C'est alors cette association qui recevra le mandat.

Le second alinéa permet de s'assurer que l'association requérante, qui reçoit donc les mandats, est informée de leur existence. En effet, le législateur a prévu que l'adhésion pouvait être faite auprès du professionnel (art. L. 423-5, al. 2 [L. 623-8], C. consom.), mais dans tous les cas, elle emporte mandat au profit de l'association requérante. Il est donc prévu qu'en cas d'adhésion auprès du professionnel, le consommateur informe de celle-ci l'association requérante, ou celle de son choix, selon l'alinéa précédent, s'il y en a plusieurs.

2°) Effets

a) *Effets d'une adhésion dans les formes et délais requis*

Le consommateur ayant adhéré fait partie du groupe, qui sera alors désormais représenté par la ou l'une des associations requérantes, aux fins de son indemnisation dans le cadre de la procédure d'action de groupe.

Il entre dans la procédure, mais uniquement représenté par l'association. Il ne peut agir seul dans ce cadre. Le juge n'aura toujours qu'un interlocuteur, l'association, pour tous les consommateurs membres du groupe.

Ceci résulte des dispositions de l'article L. 423-5, alinéa 3 [L. 623-9], du code de la consommation, qui indique que l'adhésion vaut mandat aux fins d'indemnisation. L'article R. 423-17, alinéa 3 [R. 623-21], du même code précise que l'adhésion au groupe est indissolublement liée à ce mandat, puisqu'il y est mis un terme en cas de révocation dudit mandat (art. R. 423-17, al. 3 [R. 623-21], C. consom.). En adhérant, le consommateur donne mandat automatiquement à l'association, et s'il renonce à ce mandat, il renonce à faire partie de l'action de groupe en cours.

L'article L. 423-5, alinéa 3 [L. 623-9], prévoit que cette adhésion se fait au profit de l'association requérante. Comme indiqué ci-dessus, en cas de pluralité d'associations requérantes, c'est le consommateur qui choisit celle à laquelle il souhaite donner le mandat.

L'expression "mandat aux fins d'indemnisation" employée par la loi est très large et recouvre toutes les démarches, y compris judiciaires en vue de cette indemnisation. L'article R. 423-17 [R. 623-20] du code de la consommation explicite l'étendue de ce mandat qui emporte pouvoir d'accomplir au nom de chaque consommateur tous actes de procédure et diligences notamment pour l'exercice des voies de recours.

Tout doit donc être accompli par l'association, et donc seulement elle, en vue de la réparation du préjudice individuel subi par le consommateur et entrant dans le champ de l'action de groupe. Le mandat ne dépasse pas le cadre de l'action de groupe. Il est en revanche très large puisqu'il comprend "tous les actes de procédure et diligences" de sorte que le consommateur est représenté par l'association aussi bien vis-à-vis du professionnel que du juge.

Il emporte ainsi, par exemple, pouvoir d'effectuer et de recevoir au nom et pour le compte du consommateur tous les actes, en ce compris l'exercice de toute voie de recours, et toutes les notifications, dans le cadre de l'action de groupe. Le deuxième alinéa de l'article R. 423-17 [R. 623-20] précise aussi que la représentation vaut dans le cadre d'éventuelles mesures d'instruction.

L'article R. 423-17, alinéa 2 [R. 623-20], précise enfin que ce mandat emporte avance par l'association de toutes les dépenses et frais liés à la procédure. La procédure d'action de groupe, du début à la fin, est unique et concerne tous les consommateurs. Elle donne lieu à une instance unique et à un jugement final unique. Afin d'éviter que la procédure ne soit bloquée, il est donc prévu cette avance de frais, à charge pour l'association de recouvrer ces frais auprès de ses mandants si nécessaire ou directement auprès du professionnel s'il est *in fine* condamné aux dépens et à une indemnité au titre de l'article 700 du code de procédure civile.

Même si ce mandat est obligatoirement lié à l'adhésion, il est soumis aux règles habituelles du mandat et l'association rend donc compte de l'exercice de celui-ci auprès de ses mandants et ne doit agir, notamment pour l'exercice de voies de recours, que si le consommateur est d'accord pour ce faire. L'association exerce simplement l'action à sa place.

Comme pour tout mandat, il peut y être mis fin par le consommateur mandant (art. R. 423-17, al. 3 [R. 623-21], C. consom.). Il doit alors le faire par tout moyen permettant d'en accuser la réception. L'association avise alors le professionnel, qui doit connaître à tout moment l'étendue du groupe face à lui et du mandat de l'association. Cette information est particulièrement importante en cas d'adhésion initialement auprès du professionnel, afin qu'il soit alerté rapidement sur le fait que tel ou tel consommateur a renoncé à l'action. Tel est, en effet, comme indiqué précédemment, l'effet de cette révocation : le consommateur sort de l'action de groupe. Il renonce à son adhésion au groupe.

L'article R. 423-17, alinéa 4 [R. 623-22], prévoit également un cas de renonciation implicite à l'adhésion et donc au mandat donné à l'association : il s'agit de l'hypothèse où il n'a pas été indemnisé par le professionnel et qu'il n'a pas fourni à l'association les moyens de lui permettre de le représenter en justice pour la liquidation judiciaire de son préjudice. Ainsi, il est réputé renoncer à son adhésion au groupe, et donc à l'action et au mandat donné, s'il n'a pas fourni les documents utiles au soutien de sa demande d'indemnisation à l'association, avant l'expiration du délai fixé par le juge pour le saisir aux fins de liquidation judiciaire. Celui qui ne met pas l'association en mesure de le défendre en justice quitte donc l'action de groupe.

Mais le mandat de l'association va plus loin et l'action de groupe se poursuit en quelque sorte au stade de l'exécution forcée. L'article L. 423-13 [L. 623-20] du code de la consommation prévoit en effet que celle-ci représente les consommateurs membres du groupe aux fins de l'exécution forcée du jugement commun de liquidation judiciaire (V. *infra*).

La dernière conséquence de la participation à l'action de groupe est l'autorité de chose jugée attachée au premier jugement si le consommateur est membre du groupe et a été indemnisé dans le cadre de la procédure d'action de groupe (cf. art. L. 423-21 [L. 623-28] C. consom. et les développements sur cet article *supra*).

L'article L. 423-3, alinéa 4 [L. 623-6], du code de la consommation précise en revanche que l'adhésion au groupe n'emporte pas adhésion à l'association requérante elle-même.

b) *Effets d'une adhésion ne remplissant pas les conditions prévues par la loi et le jugement*

Lorsqu'un consommateur susceptible d'appartenir au groupe n'a pas adhéré dans le délai fixé par le juge et dans les conditions prévues à l'article R. 423-14 [R. 623-17], aucun mandat n'est donné à l'association qui ne le représente donc pas (art. R. 423-16 [R. 623-19] C. consom.).

Dès lors que l'action des consommateurs ne peut qu'être groupée et exercée sur mandat de l'association dans le cadre de l'action de groupe, le consommateur n'est pas recevable à demander son indemnisation dans le cadre de l'action de groupe. Il ne peut agir seul dans ce cadre.

C *PAIEMENT PAR LE PROFESSIONNEL*

L'article L. 423-11 [L. 623-18] du code de la consommation dispose que le professionnel procède à l'indemnisation individuelle des préjudices subis par chaque consommateur dans les conditions, limites et délais fixés par le jugement sur la responsabilité. Il doit donc indemniser chaque consommateur directement ou non, dans les termes du jugement quant au destinataire des fonds, *aux éventuelles modalités de réparation* en nature, au montant et aux délais *d'indemnisation*.

Le délai d'indemnisation fixé par le jugement peut être suspendu par l'effet d'une difficulté soumise au juge, le temps que celle-ci soit tranchée (art. R. 423-19 [R. 623-25] C. consom.). Le professionnel sera alors nécessairement informé de ce délai complémentaire puisqu'il sera partie à cette procédure.

Comme il est précisé ci-dessus, le jugement peut, outre la disposition spécifique à la provision consignée, prévoir des modalités de paiement si cela est de nature à faciliter l'indemnisation des consommateurs dans le cadre de la phase 2.

L'article L. 423-6 [L. 623-10] dudit code prévoit, lorsque l'association reçoit des fonds au titre de l'indemnisation des consommateurs lésés, et donc le paiement des indemnisations destinées aux consommateurs, que ceux-ci sont versés en compte de dépôt à la Caisse des dépôts et consignations. Il est précisé que ce compte ne peut fonctionner que pour les mouvements destinés au règlement de l'affaire, c'est-à-dire qu'il ne peut faire l'objet de débits que pour le versement des sommes dues aux intéressés.

L'article R. 423-18 [R. 623-23] précise les conditions de fonctionnement de ce compte. Chaque association doit ouvrir un compte, pour chaque groupe de consommateurs, notamment si elle gère plusieurs actions parallèlement, sur lequel les fonds sont déposés. C'est l'association qui procède aux mouvements sur ce compte sous sa responsabilité, en tant que titulaire du compte. Ce compte ne peut faire l'objet de mouvements en débit que pour le versement des sommes dues aux intéressés. Il précise enfin que la Caisse des dépôts et consignations peut percevoir des frais de gestion.

D *ÉVENTUELLES DIFFICULTÉS D'APPLICATION*

Le premier alinéa de l'article L. 423-12 [L. 623-19] du code de la consommation a prévu l'hypothèse de difficultés d'application du premier jugement. En effet, cette deuxième phase doit en principe se dérouler entre les parties, sans intervention du juge, au vu du premier jugement, qui devra être le plus précis possible.

Néanmoins, il se peut que des difficultés pratiques se posent, par exemple quant aux modalités de publicité difficiles à mettre en œuvre, à la provision allouée à l'association ou quant à la nécessité de remplacer le tiers qui assiste l'association en raison de son départ de la profession par exemple, etc.

Il ne s'agit toutefois pas de remettre en question la première décision, qui a d'ores et déjà autorité de chose jugée entre le professionnel et l'association. Il ne s'agit pas non plus de liquider les préjudices individuels, ce qui doit avoir lieu en dernière phase.

A ce stade, l'association agit toujours en raison de sa qualité propre à agir mais aussi sur mandat des consommateurs ayant éventuellement déjà adhéré.

La procédure ayant été renvoyée à la mise en état par le premier jugement (art. R. 423-7 [R. 623-8] C. consom.), l'article R. 423-19 [R. 623-25] du code de la consommation prévoit que c'est le juge qui tranche les difficultés qui se posent dans cette phase. Le texte n'évoque d'ailleurs que le juge de la mise en état et non le conseiller. En effet, en cas d'appel sur le premier jugement, c'est bien le tribunal de grande instance qui reste saisi de la suite de la procédure, difficultés d'application et liquidation judiciaire des préjudices compris.

Le juge de la mise en état statue donc par ordonnance, rendue en dernier ressort. Elle n'est en effet pas susceptible d'appel. Le juge de la mise en état est nécessairement saisi dans le cours de la deuxième phase et donc avant l'expiration du délai d'indemnisation. Ce délai est d'ailleurs suspendu le temps qu'il statue puisque sa décision est en principe de nature à avoir un effet sur l'ensemble de la suite de la procédure (art. R. 423-19 [R. 623-25] C. consom.).

En ce cas, l'audience qui aura été prévue pour l'examen de la phase 3 devra être reportée pour tenir compte de la suspension de ce délai.

4 *PHASE 3 : LIQUIDATION JUDICIAIRE – FIN DE L'ACTION DE GROUPE*

Comme indiqué ci-dessus, le jugement sur la responsabilité aura renvoyé à une audience finale (art. R. 423-7 [R. 623-8] C. consom.) pour mettre un terme à la procédure. Soit le juge sera saisi de demandes d'indemnisation non satisfaites par le professionnel en vertu du premier jugement, soit aucune demande ne lui sera soumise dans les délais prévus et il constatera simplement la fin de l'instance et donc de toute la procédure d'action de groupe.

A *LIQUIDATION DES PRÉJUDICES NON INDEMNISÉS*

A ce stade également, la procédure est toujours groupée. L'article L. 423-12, alinéa 2 [L. 623-19], du code de la consommation prévoit en effet que toutes les demandes d'indemnisation non satisfaites sont traitées dans un jugement unique et le jugement qui termine l'instance est également commun à tous.

Le tribunal doit être saisi dans le délai que le premier jugement aura fixé à l'issue de la période d'indemnisation, qui, rappelons-le, pourra avoir été suspendu par l'effet d'une saisine du juge de la mise en état pour le règlement de difficultés de mise en œuvre. Il le sera soit par le professionnel, soit par l'association. Cette dernière agira alors au nom et pour le compte des consommateurs concernés. Elle exercera leur action aux fins d'indemnisation étant donné le mandat qui lui aura été donné par l'effet de l'adhésion (cf. *supra*). Cette seconde décision aura donc autorité de chose jugée à l'égard de chaque consommateur représenté dont le droit d'action a été exercé par l'association.

La procédure étant en principe toujours à la mise en état, étant donné le renvoi opéré par le premier jugement (art. R. 423-7 [R. 623-8] C. consom.), la demande sera formée auprès du juge de la mise en état.

L'article R. 423-20 [R. 623-26] du code de la consommation prévoit que ces demandes sont examinées par le tribunal de grande instance, précision qui implique que, si la cour d'appel est saisie d'un appel du premier jugement, c'est bien au tribunal de grande instance que revient la mise en œuvre de la procédure d'action de groupe, jusqu'à la liquidation des préjudices inclus.

Ce dernier jugement statue, sur le fondement du premier jugement ayant fixé les critères d'indemnisation, sur le sort de la liquidation des préjudices de chaque consommateur pour lesquels l'association aura présenté une demande. Il peut faire droit à la demande dans les limites définies par le premier jugement sur le montant de l'indemnisation, ou bien rejeter la demande d'indemnisation du consommateur, représenté par l'association, soit parce qu'il ne remplit pas les critères définis par le jugement, mais aussi sur la base *[soit sur la base]* d'une cause d'exonération de responsabilité liée à ce consommateur uniquement (par ex., faute de la victime, qui a mal utilisé le produit).

Ce dernier jugement est susceptible des voies de recours ordinaires et notamment d'appel selon son taux de ressort.

A ce stade, pour l'appréciation du taux de ressort de la décision, il faut tenir compte du fait que l'association agit ici au nom de plusieurs consommateurs et donc que les demandes sont faites pour plusieurs parties.

L'article 36 du code de procédure civile trouvera donc en principe à s'appliquer : "lorsque les prétentions sont émises, dans une même instance et en vertu d'un titre commun, par plusieurs demandeurs ou contre plusieurs défendeurs, la compétence et le taux du ressort sont déterminés pour l'ensemble des prétentions par la plus élevée d'entre elles."

Il n'y aura donc pas d'appel possible si la prétention la plus élevée est inférieure à 4 000 euros.

B *CONSTAT DE L'EXTINCTION DE L'INSTANCE*

En l'absence de demande d'indemnisation formée dans le délai que le juge aura fixé dans le premier jugement en application de l'article L. 423-7 [L. 623-11], le tribunal constatera l'extinction de l'instance. L'affaire étant en principe toujours au stade de la mise en état par l'effet du renvoi opéré par le premier jugement, le juge de la mise en état pourra donc, en application de l'article 769 du code de procédure civile, procéder à ce constat.

Il y a lieu également de prêter attention à l'éventuelle suspension du délai d'indemnisation, qui entraînera par répercussion un report de l'issue du délai pour former ces demandes.

L'instance en action de groupe sera terminée et plus aucune demande ne pourra être faite dans le cadre de cette action de groupe.

5 *EXÉCUTION*

A titre liminaire, il faut rappeler que le premier jugement ne fait que fixer un principe de responsabilité mais sans que les personnes concernées soient identifiées par le jugement. Il ne peut donc constituer un titre exécutoire au profit des consommateurs. Seul le dernier jugement, liquidant les préjudices, constituera ce titre.

L'action de groupe, une fois exercée, reste toutefois groupée même après la décision finale. Si, en effet, il existe un jugement commun liquidant les préjudices des consommateurs en application du deuxième alinéa de l'article L. 423-12 [L. 623-19], l'exécution sera toujours groupée entre les mains de l'association.

C'est l'objet de l'article L. 423-13 [L. 623-20], du code de la consommation qui prévoit que "l'association requérante représente les consommateurs membres du groupe qui n'ont pas été indemnisés par le professionnel dans les délais fixés, aux fins de l'exécution forcée du jugement mentionné au second alinéa de l'article L. 423-12 [L. 623-19]". La loi fait en quelque sorte durer le mandat de l'association aux fins d'indemnisation jusqu'à la perception effective des fonds.

L'article R. 423-21 [R. 623-28], pour donner plein effet à cet article et éviter toute difficulté d'interprétation dans le cadre des procédures civiles d'exécution, dispose que l'association est "réputée créancière au sens des articles L. 111-1 et L. 111-2 du code des procédures civiles d'exécution" à cette fin. C'est donc elle qui est tenue d'accomplir tous les actes prévus par le code des procédures civiles d'exécution lorsqu'il est question d'une formalité à la charge du créancier. Elle n'est à proprement parler pas créancière, mais elle agit toujours en représentation des consommateurs. Elle défendra également les consommateurs dans le cadre des instances éventuelles devant le juge de l'exécution et devra être assignée en lieu et place des consommateurs. Dans ce cas, l'article R. 423-22 [R. 623-29] s'applique ici aussi en ce sens qu'elle doit indiquer, à peine de nullité de l'acte, le ou les consommateurs pour lesquels elle agit.

Enfin, l'article L. 423-14 [L. 623-21] prévoit que "l'intégralité des frais et des droits proportionnels de recouvrement ou d'encaissement prévus à l'article L. 111-8 du code des procédures civiles d'exécution, pour l'application des sections I, II et IV du présent chapitre, est à la charge du professionnel". Cet article prévoit une dérogation à la règle prévue à l'article L. 111-8 du code des procédures civiles d'exécution, qui permet au pouvoir réglementaire de mettre partiellement à la charge du créancier ces droits. L'association n'aura pas à supporter ces droits de recouvrement ou d'encaissement in fine, même partiellement, sous réserve de la solvabilité du professionnel. Cet article s'inspire des dispositions de l'article L. 141-6 [R. 631-4] du code de la consommation qui prévoit la possibilité de laisser à la charge du débiteur la totalité de ces frais en matière de litiges de consommation, mais la dérogation est ici automatique.

Le renvoi aux sections I, II et IV du chapitre III du titre II du livre IV du code de la consommation est général et ces dispositions s'appliquent à toute exécution forcée dans le cadre de l'action de groupe. Comme il l'a été rappelé, le seul titre qui sera susceptible d'exécution forcée au profit des consommateurs sera le dernier jugement. En outre, le premier jugement, sur la responsabilité, ou une ordonnance rendue par le juge de la mise en état dans le cadre des difficultés de mise en œuvre, pourra constituer un titre exécutoire au profit de l'association elle- même, si celui-ci a prévu une provision pour frais à son profit.

6 *RÉGIME SPÉCIFIQUE : L'ACTION DE GROUPE SIMPLIFIÉE*

L'action de groupe simplifiée est prévue par la section III du chapitre relatif à l'action de groupe.

Elle constitue une déclinaison de la procédure ordinaire d'action de groupe et pourra être demandée dès l'assignation ou en cours de débats.

Elle a pour objet, dans les hypothèses simples, de mieux cibler l'information des consommateurs concernés et de ne pas transiter par l'association pour l'indemnisation des consommateurs.

A *CONDITIONS*

Elle est subordonnée à deux conditions, posées par l'article L. 423-10 [L. 623-14] du code de la consommation :

1) elle suppose que "l'identité et le nombre de consommateurs lésés (soient) connus", c'est-à-dire que le professionnel soit d'ores et déjà en mesure d'identifier tous les consommateurs lésés via un fichier client par exemple ;

2) il faut en outre que ces consommateurs aient subi un "préjudice de même montant" ou de "montant identique par prestation rendue ou d'un montant identique par référence à une période ou à une durée", autrement dit qu'ils n'aient pu bénéficier, par exemple, pendant

une période déterminée d'un service qui leur a été facturé ou qu'ils se soient vu facturer périodiquement un service inexistant.

Dans la mesure où les relations sont en principe directes entre le professionnel et les consommateurs concernés, il s'agira d'hypothèses dans lesquelles les parties auront manifesté une certaine volonté de conciliation dans le cadre des débats.

B *DIFFÉRENCES AVEC L'ACTION DE GROUPE ORDINAIRE*

La procédure est en grande partie la même que la procédure d'action de groupe ordinaire, aux exceptions près suivantes :

1°) Quant au contenu du jugement sur la responsabilité

Tout d'abord, si le jugement sur la responsabilité comportera les mêmes mentions que le jugement sur la responsabilité prévu à la section II de la partie législative et réglementaire, la définition du groupe sera toutefois différente puisque ne sont exigés, dans le cadre de l'action de groupe simplifiée, que des critères d'identification (art. R. 423-8 [R. 623-11] C. consom. ; par ex., consommateurs apparaissant sur une liste). En outre, l'évaluation des préjudices sera plus simple puisqu'il s'agira de préjudices d'un montant identique.

De même, l'encadrement de la publicité ne sera pas le même puisque la loi impose des mesures d'information individuelles. Le juge en fixera les modalités qui pourront prendre la forme, par exemple, d'un courrier postal adressé aux consommateurs ainsi identifiés, d'un courrier électronique ou de tout autre moyen permettant d'attester de l'information réelle du consommateur. Le juge précisera également le délai pour leur mise en œuvre. Cette action doit être plus consensuelle, de sorte qu'il n'est pas nécessaire de prévoir dès le stade du jugement l'hypothèse où le professionnel ne mettrait pas en œuvre ces mesures d'information qui lui sont plus favorables car individuelles et donc moins onéreuses et moins attentatoires à son image. L'association pourra toujours demander, en cas d'inexécution par le professionnel dans les délais des mesures d'information, dans le cadre des difficultés d'exécution, à être autorisée à procéder à cette information avec provision spécifique à cette fin.

Il conviendra également pour le juge, afin d'encadrer l'acceptation, de fixer un délai pour ce faire (cf. art. L. 423-10, 1er al., R. 423-8 et R. 423-11 [L. 623-14, R. 623-11 et R. 623-14] C. consom.) et les modalités de celle-ci, étant précisé que sur ce point le choix est limité puisque l'acceptation doit nécessairement être faite directement auprès du professionnel (art. R. 423-9, 2° [R. 623-12], C. consom.).

Le juge précise ensuite le cadre de la phase d'indemnisation. Il est simplement ici limité dans son choix également puisque l'indemnisation sera directement faite du professionnel au consommateur, sans le truchement de l'association. Cela ne signifie nullement que les consommateurs concernés disposent d'un titre exécutoire contre le professionnel puisqu'ils ne sont pas, à ce stade, parties. L'article R. 423-8 [R. 623-11] précise d'ailleurs que le jugement doit déterminer des critères d'identification puisque les consommateurs ne sont pas identifiés dans le jugement.

En revanche, il n'y a pas à prévoir par principe dans le jugement de dispositions sur la phase de liquidation judiciaire ou sur les difficultés d'exécution puisqu'il n'est pas prévu le renvoi à la mise en état et la fixation d'une audience finale. Néanmoins, rien ne l'empêche. Le juge pourrait notamment fixer un délai pour le saisir des demandes d'indemnisation non satisfaites.

Le jugement initial ne pourra enfin pas prévoir de provision pour frais puisque cela n'est pas prévu à la section III, et que cela ne sera pas utile puisque tout se déroule directement entre le professionnel et les consommateurs, même si l'association est systématiquement informée, ainsi qu'il est précisé ci-après. De même, l'article L. 423-9 [L. 623-13] du code de la consommation n'a pas vocation à s'appliquer puisque l'association ne gérera pas la phase d'indemnisation.

2°) Quant à la mise en œuvre du jugement sur la responsabilité

Quant à la mise en œuvre de ce premier jugement, les seules différences avec l'action ordinaire sont les mentions de la publicité qui sont adaptées à cette action, notamment en ce qui concerne les coordonnées utiles qui seront nécessairement celles du professionnel et de l'association. L'acceptation, qui constitue l'adhésion pour la mise en œuvre de l'action de groupe simplifiée, doit nécessairement être faite entre les mains du professionnel. Néanmoins, les articles L. 423-10, alinéa 3 [L. 623-16], et R. 423-12 [R. 623-15] prévoient que l'association est tout de même mandatée en cas d'inexécution par le professionnel, aux fins d'indemnisation. Elle doit donc être informée des acceptations données systématiquement et le consommateur l'exprime donc également auprès d'elle (art. R. 423-10 [R. 623-13] C. consom.). L'acceptation est également plus simple puisque le consommateur ne fait que consentir à un montant fixé dans le jugement et il ne fait donc qu'indiquer celui-ci (art. R. 423-10 [R. 623-13] C. consom.). En outre, s'agissant d'une simple acceptation et le professionnel ayant identifié les consommateurs concernés dès le stade du premier jugement, il n'est pas fait référence aux documents que le consommateur doit produire au soutien de sa demande (cf. comp. art. R. 423-9 et R. 423-13 [R. 623-12 et R. 623-16] C. consom.).

III DISPOSITIONS DIVERSES

1 *MÉDIATION*

Le droit commun de la médiation, tel qu'il résulte des articles 21 à 25 de la loi n° 95-125 du 8 février 1995 relative à l'organisation des juridictions et à la procédure civile, pénale et administrative ainsi que des articles 131-1 à 131-15 et 1532 à 1535 du code de procédure civile, s'applique à l'action de groupe, sous réserve des précisions apportées par les articles L. 423-15 et L. 423-16 [L. 623-22 et L. 623-23] du code de la consommation.

L'article L. 423-15 [L. 623-22] a pour objet d'éviter une médiation et une action de groupe concurrentes. Ainsi, seule l'association requérante peut procéder à une médiation. L'article L. 423-16 [L. 623-23] prévoit quant à lui que "tout accord négocié au nom du groupe est soumis à l'homologation du juge, qui vérifie s'il est conforme aux intérêts de ceux auxquels il a vocation à s'appliquer et lui donne force exécutoire". En outre, le juge doit s'assurer que l'accord contient les mesures de publicité nécessaires pour que les consommateurs puissent y adhérer.

A *MÉDIATION AVANT SAISINE DU JUGE DE L'ACTION DE GROUPE*

Rien ne s'oppose à ce qu'une association de consommateurs agréée tente une mesure de médiation avec le ou les professionnels concernés, avant toute saisine du juge, et donc dans un cadre extrajudiciaire si aucune action de groupe n'a par ailleurs été engagée.

En application des articles 1565 et 1566 du code de procédure civile, la demande d'homologation judiciaire de la médiation extrajudiciaire est formée par requête, *[soit]* par l'ensemble des parties à la médiation, soit *[par]* l'association de consommateurs agréée et le ou les professionnels, soit par l'une de ces parties avec l'accord exprès des autres.

Cette requête aux fins d'homologation judiciaire doit être présentée devant le président du tribunal de grande instance ou son délégué. Le tribunal de grande instance compétent est celui qui aurait normalement dû connaître de l'action de groupe concernée par l'accord de médiation.

Dès lors, en vertu de l article 2238 du code civil, le délai de prescription de l'action de groupe est suspendu à compter du jour où les parties ont décidé de recourir à la médiation ou, à défaut de la preuve d'un tel événement, à compter du jour de la première réunion de médiation. Le délai de prescription recommence à courir pour une durée qui ne peut être inférieure à six mois, à compter du jour où l'une ou les parties à la médiation ou bien le médiateur ont convenu que la médiation était terminée.

B *MÉDIATION APRÈS SAISINE DU JUGE DE L'ACTION DE GROUPE*

Une médiation peut intervenir une fois le juge saisi de l'action de groupe. Seule l'association requérante pourra alors y participer. Que cette mesure soit suggérée par l'une ou l'autre des parties ou par le juge, cette médiation judiciaire ne peut être ordonnée qu'avec l'accord de toutes les parties.

Cette mesure de médiation postérieurement à la saisine du tribunal peut en principe intervenir tout au long de l'instance. Mais elle présente plus d'intérêt au cours de la phase 1, avant que le jugement statuant sur la responsabilité et fixant le cadre de l'indemnisation des consommateurs ne soit rendu.

L'article L. 423-16 [L. 623-23] précité s'applique. Le juge est saisi de cette demande d'homologation dans le cadre de l'instance en action de groupe.

2 *APPLICATION DANS LE TEMPS ET DISPOSITIONS TRANSITOIRES*

A *ABSENCE DE DISPOSITIONS TRANSITOIRES GÉNÉRALES*

La loi n'a pas prévu de dispositions transitoires de manière générale. S'agissant d'une loi instituant une procédure, comme l'a rappelé le Conseil constitutionnel dans sa décision n° 2014-690 DC du 13 mars 2014 (considérant 26), les dispositions des articles L. 423-1 [L. 623-1] et suivants du code de la consommation sont d'application immédiate.

L'article L. 423-2 [L. 623-3] renvoyait toutefois pour l'application de l'action de groupe à un décret en Conseil d'État pour déterminer les modalités d'introduction de l'action et c'est donc le décret n° 2014-1081 du 24 septembre 2014 relatif à l'action de groupe en matière de consommation qui a déterminé sa date d'entrée en vigueur.

Celle-ci est fixée au 1er octobre 2014.

B *CAS PARTICULIER DES ACTIONS DE GROUPE DANS LE DOMAINE DE LA CONCURRENCE*

Il faut toutefois noter que la loi a prévu des dispositions spécifiques dans le domaine spécifique de la concurrence. Ainsi, le temps est un facteur d'aménagement important de la procédure en ce domaine.

1°) L'application de la loi ne pourra porter que sur des manquements n'ayant pas encore fait l'objet d'une décision définitive

Tout d'abord, le III de l'article 2 de la loi du 17 mars 2014 relative à la consommation prévoit qu'en cette matière la loi a un effet plus limité que dans le domaine plus général de la consommation, en ce sens qu'elle ne s'appliquera qu'à des manquements n'ayant pas encore fait l'objet d'une décision définitive à la date de sa publication.

En effet, il ne peut y avoir d'action de groupe pour un manquement ayant fait l'objet d'une décision constatant les manquements au droit de la concurrence qui n'est plus susceptible de recours à la date de la publication de la loi. Autrement dit, une décision de l'autorité de la concurrence constatant une pratique anticoncurrentielle, qui n'était plus susceptible de recours au 18 mars 2014, ne pourra pas donner lieu à une action de groupe pour la réparation des préjudices qu'elle aura pu causer. Seules les actions individuelles sont ici ouvertes.

2°) Délai d'action particulier

L'article L. 423-18 [L. 623-25] du code de la consommation prévoit par ailleurs un délai d'action propre à l'action de groupe en la matière : celle-ci ne peut être engagée au-delà d'un délai de cinq ans suivant la décision constatant le manquement au droit de la concurrence.

3°) Report du moment où le juge peut rendre le jugement sur la responsabilité

L'article L. 423-17 [L. 623-24] du code de la consommation prévoit enfin que le juge saisi d'une action de groupe qui aurait pour fondement une pratique anticoncurrentielle ne peut se prononcer sur la responsabilité du professionnel que sur le fondement d'une décision prononcée à l'encontre de celui-ci par les autorités ou juridictions nationales ou de l'Union européenne compétentes, constatant les manquements reprochés et n'étant plus susceptible de recours pour la partie relative à l'établissement de ces manquements.

Ce mécanisme dit d'"action consécutive" impose au juge saisi de la réparation des préjudices nés d'une pratique anticoncurrentielle de surseoir à statuer dans l'attente que les autorités ou juridictions compétentes pour la constatation de ces pratiques et la sanction de celles-ci, aient statué sur l'existence du manquement au droit de la concurrence. Les autorités ou les juridictions peuvent être l'Autorité de la concurrence (ADLC) ou les autorités ou juridictions nationales de concurrence des États membres de l'UE ou la Commission européenne, ou encore les juridictions de recours contre les décisions de ces autorités de concurrence ou bien les juridictions nationales telles que les tribunaux de grande instance ou les tribunaux de commerce spécialisés dans ces matières, s'ils ont été saisis directement d'une pratique anticoncurrentielle. Le juge saisi de l'action de groupe n'a en revanche pas l'obligation de surseoir si le recours contre la décision de l'autorité ou de la juridiction porte sur la seule sanction et non sur le constat du manquement.

Le juge de l'action de groupe peut donc être saisi avant cette décision, mais ne pourra que surseoir à statuer dans l'attente de l'issue de la procédure relative au manquement au droit de la concurrence. Si aucune procédure devant les autorités ou juridictions compétentes n'est engagée, il pourra être demandé aux parties de justifier qu'une telle procédure est engagée dans un certain délai et radier l'affaire à défaut. Le sursis n'a d'intérêt que si une autorité ou une juridiction est bien saisie du manquement puisque le juge de l'action de groupe ne peut statuer que sur le fondement d'une décision rendue à ce titre.

La contrepartie fixée à cette exigence d'une décision préalable sur le manquement est que le celui-ci ne pourra plus être remis en question devant le juge de l'action de groupe puisqu'il aura déjà été par ailleurs définitivement tranché (art. L. 423-17, al. 2 [L. 623-24], C. consom.).

3 *PROHIBITION DES CLAUSES CONTRACTUELLES INTERDISANT LA PARTICIPATION À UNE ACTION DE GROUPE*

L'article L. 423-25 [L. 623-32] du code de la consommation prévoit, afin de ne pas faire perdre toute utilité à cette nouvelle action, qui résulterait de l'inclusion d'une clause ayant cet objet ou cet effet dans les contrats d'adhésion qui sont les plus fréquents en matière de consommation, que "toute clause ayant pour objet ou pour effet d'interdire à un consommateur de participer à une action de groupe" est réputée non écrite. La clause pourrait consister en l'interdiction pure et simple de l'action, mais aussi éventuellement dans l'inclusion de stipulations en compromettant fortement l'exercice. Il en serait ainsi d'une clause fixant des seuils de préjudice.

4 *APPLICATION OUTRE-MER*

Les textes relatifs à l'action de groupe sont applicables de plein droit dans les collectivités de l'article 73 de la Constitution (Guadeloupe, Guyane, Martinique, La Réunion et Mayotte) ainsi qu'à Saint-Barthélémy, Saint-Martin et Saint-Pierre-et-Miquelon, en vertu du principe d'identité législative.

Concernant les collectivités dites à "spécialité législative", s'agissant d'une loi de procédure civile, celle-ci ne s'applique pas dans les collectivités de Polynésie française et de Nouvelle-Calédonie, qui sont compétentes en la matière.

En revanche, l'État demeure compétent dans cette matière à Wallis-et-Futuna et la loi a prévu une mention expresse d'application pour permettre d'étendre les dispositions relatives de l'action de groupe dans cette collectivité (art. L. 423-26 et R. 423-24 C. consom. [ancien]) avec une simple grille de lecture. En effet, la référence au tribunal de grande instance est remplacée par la référence au tribunal de première instance (art. R. 423-25 [ancien]).

5 *CLAUSE D'ÉVALUATION EN VUE D'UNE EXTENSION TRENTE MOIS APRÈS LA PROMULGATION DE LA LOI*

L'article 2, VI, de la loi du 17 mars 2014 prévoit que "trente mois au plus tard après la promulgation de la présente loi, le Gouvernement remet au Parlement un rapport évaluant les conditions de mise en œuvre de la procédure d'action de groupe et propose les adaptations qu'il juge nécessaires. Il envisage également les évolutions possibles du champ d'application de l'action de groupe, en examinant son extension aux domaines de la santé et de l'environnement".

S'agissant d'une nouveauté procédurale d'importance dans notre droit, le législateur a donc prévu une évaluation de l'action de groupe deux ans et demi après sa promulgation avec amendements nécessaires à son meilleur fonctionnement éventuellement.

ANNEXE

Schéma du déroulement de l'action de groupe

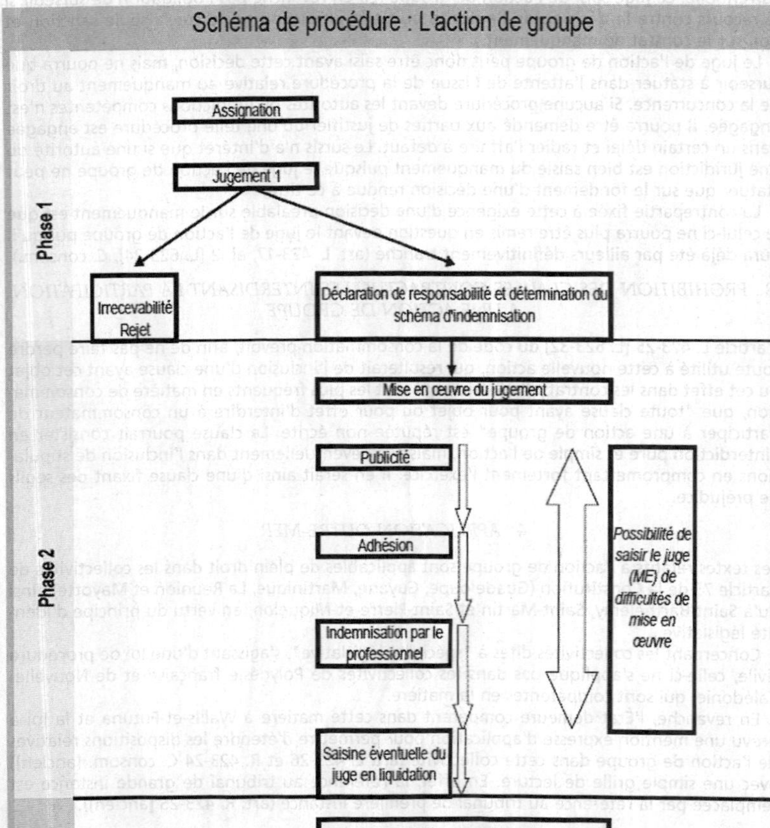

TITRE TROISIÈME COMPÉTENCE DU JUGE

CHAPITRE PREMIER RÈGLES APPLICABLES AUX LITIGES CIVILS

Art. R. 631-1 Les litiges civils nés de l'application du présent code relèvent, lorsque le montant de la demande n'excède pas le taux de compétence en dernier ressort du tribunal d'instance, des règles relatives à la saisine simplifiée du tribunal d'instance fixées par les articles 843 et 844 du code de procédure civile. – *[C. consom., art. R. 142-1, al. 1er.]* – *V.* **C. pr. civ.**

BIBL. ▸ BLANC, *Journ. not. 1988. 1300* (petits litiges). - BLUM, *Gaz. Pal. 1988. 1. Doctr. 255* (du nouveau au TI). - PIZZIO, *ALD 1988. Comm. 181.* - ZÉNATI, *RTD civ. 1988. 426.*

Art. R. 631-2 Les litiges civils nés de l'application du présent code peuvent faire l'objet de la procédure définie par les articles 1425-1 à 1425-9 du code de procédure civile. – *[C. consom., art. R. 142-2, al. 1er.]* – *V.* **C. pr. civ.**

Concernant la procédure d'injonction de payer, V. C. pr. civ., art. 1405 à 1425. – **C. pr. civ.**

Art. R. 631-3 Le consommateur peut saisir, soit l'une des juridictions territorialement compétentes en vertu du code de procédure civile, soit la juridiction du lieu où il demeurait au moment de la conclusion du contrat ou de la survenance du fait dommageable. – *[C. consom., art. L. 141-5.]*

BIBL. ▸ RASCHEL, *Procédures 2009, n° 230* (droit d'option du consommateur). - PIEDELIÈVRE, *Gaz. Pal. 2009. 1732* (brèves remarques sur les nouvelles dispositions du code de la consommation dues à la loi du 12 mai 2009). - FENOUILLET, *RDC 2009. 1438* (nouvelle option de compétence). - PIERRE-MAURICE, *CCC 2011. Étude 2* (utilité de l'option de compétence territoriale au profit du consommateur). - AMRANI-MEKKI, *LEJEP, Université Cergy-Pontoise, 2013, p. 145* (le code de la consommation à l'épreuve des recours individuels et collectifs).

Compétence territoriale. Après avoir souverainement estimé que le prêt était destiné à financer une activité professionnelle consistant à procurer, à titre habituel, des immeubles ou fractions d'immeubles en jouissance, une cour d'appel énonce à bon droit que le fait que les parties aient pu soumettre volontairement l'opération aux dispositions des art. L. 312-1 s. [L. 313-1 s.] C. consom. est sans incidence sur la compétence territoriale, dès lors que seule la qualité de consommateur, dont ne bénéficie pas l'emprunteur, permet l'application de l'art. L. 141-5 [R. 631-3] de ce code. • Civ. 1re, 14 janv. 2016, n° 14-28.034 : *RTD civ. 2016. 354, obs. Barbier ; RJDA 2016, n° 336.*

En vertu de l'art. 15, § 3, du Règl. (CE) n° 44/2001 du 22 déc. 2001, les règles de compétence en matière de contrats conclus par les consommateurs ne s'appliquent pas aux contrats de transport autres que ceux qui, pour un prix forfaitaire, combinent voyage et hébergement. Pour déclarer compétente la juridiction de proximité du domicile du passager, l'arrêt retient que les deux parties étant domiciliées en France, les règles de compétence françaises sont applicables, notamment l'art. L. 141-5, devenu R. 631-3 C. consom. En statuant ainsi, alors qu'il ressortait de ces constatations que le passager avait conclu un contrat de transport sans hébergement, la cour d'appel a violé les art. 2, 15, § 3, et 16, § 1, du Règl. préc. • Civ. 1re, 22 févr. 2017, n° 15-27.809 P : *Dalloz actualité, 1er mars 2017, obs. Delpech ; D. 2017. Actu. 516 ; JCP E 2017, n° 1266, note Poissonnier et Dupont ; CCC 2017, n° 114, obs. Bernheim-Desvaux ; RJDA 2017, n° 384 ; LPA 4 mai 2017, note Legrand.* ♦ V. aussi note 7 ss. Règl. (UE) n° 1215/2012 du 12 déc. 2012, art. 17, App., v° *Compétence.*

Art. R. 631-4 Lors du prononcé d'une condamnation, le juge peut, même d'office, pour des raisons tirées de *l'équité* ou de la situation économique du professionnel condamné, mettre à sa charge l'intégralité des droits proportionnels de recouvrement ou d'encaissement prévus à l'article L. 111-8 du code des procédures civiles d'exécution. – *[C. consom., art. L. 141-6.]*

CHAPITRE II OFFICE DU JUGE

Art. R. 632-1 Le juge peut relever d'office toutes les dispositions du présent code dans les litiges nés de son application.

Il écarte d'office, après avoir recueilli les observations des parties, l'application d'une clause dont le caractère abusif ressort des éléments du débat.– *[C. consom., art. L. 141-4.]*

BIBL. ▸ NDLR, *BRDA 2008, n° 2, p. 27* (pouvoir du juge en droit de la consommation). – RAYMOND, *JCP E 2008, n° 12-13, p. 17, spéc. p. 18* ; *CCC 2008. Étude 3* (les modifications au droit de la consommation apportées par la loi n° 2008-3 du 3 janv. 2008). – BAZIN, *Dr. et proc. 2008. 125* (de l'office du juge en droit de la consommation). – CROZE, *Procédures 2008, n° 80* (pouvoir de relever d'office les moyens tirés du code de la consommation). – POISSONNIER, *D. 2008. 1285* (office du juge en droit de la consommation : une clarification bienvenue) ; *CCC 2009. Étude 5* (mode d'emploi du relevé d'office en droit de la consommation). – RZEPECKI, *RLDA juin 2009. 41* (le relevé d'office par le juge des dispositions du code de la consommation : principe et régime). – ALLIEZ, *LPA 2 juill. 2009* (la réforme de l'office du juge en droit de la consommation). – FLORES et BIARDEAUD, *D. 2009. 2227* (l'office du juge et le crédit à la consommation). – BAZIN, *Dr. et proc. 2010. 110* (retour sur l'office du juge en droit de la consommation). – GORCHS, *D. 2010. 1300* (le relevé d'office des moyens tirés du code de la consommation : une qualification inappropriée). – MORACCHINI-ZEIDENBERG, *CCC 2013. Étude 9* (le relevé d'office en droit de la consommation interne et communautaire).

1. *Entrée en vigueur.* L'art. L. 141-4 [R. 632-1], issu de la loi du 3 janv. 2008, permettant au juge de soulever d'office les dispositions du code de la consommation, est d'application immédiate. • Colmar, 31 mars 2008 : *JCP 2008. IV. 2608; LPA 2 juill. 2009, obs. Zambrano* (caractère abusif d'une clause du prêt permettant au prêteur de modifier à la hausse ou à la baisse le montant du plafond autorisé) • Paris, 6 mars 2008 : *CCC 2008, n° 249, obs. Raymond* (frais et commissions en matière de crédit à la consommation). ♦ Bien que ce texte soit postérieur à l'introduction de la présente instance, il traduit la volonté du législateur de ne pas voir l'office du juge, en droit de la consommation, subordonné à la distinction entre l'ordre public de protection et l'ordre public de direction. • Amiens, 25 sept. 2008 : *JCP 2009. IV. 1091* • Toulouse, 3 févr. 2009 : *JCP 2009. IV. 1528*.

2. *Ordre public.* La méconnaissance des dispositions d'ordre public du code de la consommation peut être relevée d'office par le juge (absence de visa de l'art. L. 141-4 [R. 632-1]). • Civ. 1re, 22 janv. 2009 : *Bull. civ. I, n° 9; Just. et cass. 2010. 451, rapp. Richard, obs. Pagès; D. 2009. 908, note Piedelièvre ; ibid. AJ 365, obs. Avena-Robardet; RTD com. 2009. 421, obs. Legeais ; JCP 2009. II. 10037, note Lagarde; ibid. Actu. 66, obs. Gout; LPA 8 avr. 2009, note Poissonnier; ibid. 12 mai 2009, obs. Gout; RDC 2009. 1078, note Fenouillet; CCC 2009, n° 88, obs. Raymond; Procédures 2009, n° 84, obs. Raschel; Dr. et proc. 2009. 159, obs. Bazin.* ♦ L'obligation pour le juge d'asseoir sa décision sur un raisonnement juridique adéquat doit également se lire à la lumière de l'art. 125 C. pr. civ., qui fait obligation au juge de relever d'office les fins de non-recevoir lorsqu'elles ont un caractère d'ordre public, sans qu'il y ait lieu de distinguer selon que le moyen d'irrecevabilité résulte d'un ordre public de direction ou de protection, et plus généralement à la possibilité désormais reconnue pour celui-ci, en application de l'art. L. 141-1 [R. 632-1] C. consom., de relever d'office toutes les dispositions d'ordre public du code de la consommation. • Douai, 17 juin 2010, n° 09/03029. ♦ Les dispositions du code de la consommation en matière de crédit à la consommation étant d'ordre public, le juge peut relever d'office toute disposition de ce code dans les litiges dont il est saisi. • TI Nevers, 29 janv. 2015 : *CCC 2015, n° 128, obs. Raymond.* ♦ Le juge peut soulever d'office le caractère abusif d'une clause, les dispositions de l'art. L. 132-1 [L. 212-1] relatives aux clauses abusives étant d'ordre public. • Toulouse, 5 juill. 2011, n° 10/01780.

3. *Pouvoir ou devoir.* Jugeant que le juge national est tenu d'examiner d'office le caractère abusif d'une clause contractuelle dès qu'il dispose des éléments de droit et de fait nécessaires à cet effet. • CJCE 4 juin 2009 : *D. 2009. 2312, note Poissonnier ; D. 2010. Pan. 797, obs. Poillot ; RTD com. 2009. 794, obs. Legeais ; RTD civ. 2009. 684, obs. Rémy-Corlay ; JCP 2009, n° 42, p. 43, note Paisant; RJDA 2009, n° 899; Procédures 2009, n° 275, obs. Nourissat; Dr. et proc. 2010, suppl. n° 2, p. 6, obs. Y. Picod; RDC 2010. 59, obs. Deshayes; Europe 2009, n° 334, obs. Michel et Meister.* ♦ Dès lors que le juge national a le pouvoir, selon les règles de procédure internes, d'annuler d'office une clause contraire à l'ordre public ou à une disposition légale contraignante dont la portée justifie cette sanction, il doit, en principe, après avoir donné aux parties la possibilité d'un débat contradictoire, annuler d'office une clause contractuelle dont il a constaté le caractère abusif. • CJUE 30 mai 2013 : *D. 2014. Pan. 1301, obs. Sauphanor-Brouillaud ; RTD eur. 2013. 559, obs. Aubert de Vincelles ; RLDA juill.-août 2013. 49, obs. Lalot; Europe 2013, n° 321, obs. Bouveresse.* ♦ La juridiction nationale qui a constaté d'office le caractère abusif d'une clause contractuelle doit, dans la mesure du possible, faire application de ses règles de procédure internes de manière à ce que soient tirées toutes les conséquences qui, selon le droit national, découlent de la constatation du caractère abusif de la clause en cause afin de s'assurer que le consommateur ne soit pas lié par celle-ci. • CJUE 30 mai 2013 : *D. 2014. Pan. 1306, obs. Poillot ; RTD eur. 2013. 559, obs. Aubert de Vincelles ; RLDA juill.-août 2013. 49, obs. Lalot; Europe 2013, n° 322, obs. Bouveresse.* ♦ La Cour de cassation a pris acte de l'art. L. 141-1 [R. 632-1] dans un arrêt du 22 janv. 2009 (préc. note 2), en accord avec la jurisprudence de la CJCE du 4 juin 2009 (préc.), qui fait de ce pouvoir une obligation pour le juge. • Toulouse, 5 juill. 2011, n° 10/01780.

4. Conditions. S'il résulte des dispositions de l'art. L. 141-1 [R. 632-1] que le juge peut soulever d'office toutes les dispositions du code de la consommation dans les litiges nés de son application, c'est à la condition que l'irrégularité résulte des faits litigieux, dont l'allégation, comme la preuve, incombe aux parties. • Rouen, 27 mai 2010, n° 09/03542.

TITRE QUATRIÈME SANCTIONS

Le présent titre ne comprend pas de dispositions réglementaires.

TITRE CINQUIÈME DISPOSITIONS RELATIVES À L'OUTRE-MER

(Décr. n° 2017-1166 du 12 juill. 2017, art. 4)

CHAPITRE PREMIER MÉDIATION

Le présent chapitre ne comprend pas de dispositions réglementaires.

CHAPITRE II ACTION DE GROUPE

Art. R. 652-1 **Sont applicables dans les îles Wallis-et-Futuna, sous réserve des adaptations prévues à l'article R. 652-2, les dispositions des articles mentionnés dans la colonne de gauche du tableau ci-après, dans leur rédaction indiquée dans la colonne de droite du même tableau :**

ARTICLES APPLICABLES	DANS LEUR RÉDACTION
R. 623-1 à R. 623-33	Résultant du décret n° 2016-884 du 29 juin 2016

Art. R. 652-2 **Pour l'application de l'article R. 652-1 dans les îles Wallis-et-Futuna, les références au tribunal de grande instance sont remplacées par les références au tribunal de première instance.**

LIVRE SEPTIÈME TRAITEMENT DES SITUATIONS DE SURENDETTEMENT

DALLOZ RÉFÉRENCE *Surendettement des particuliers*, par FERRIÈRE et AVENA-ROBARDET, 2012/2013, 4e éd.

BIBL. GÉN. ▸ Décret n° 2010-1304 du 29 oct. 2010 : JULIEN, *Dr. fam. 2011. Étude 2* (présentation générale). – LE BARS et SALHI, *Procédures 2011. Étude 1* (nouvelles procédures de traitement du surendettement des particuliers).

TITRE PREMIER DISPOSITIONS GÉNÉRALES RELATIVES AU TRAITEMENT DES SITUATIONS DE SURENDETTEMENT

CHAPITRE PREMIER DÉFINITION ET CHAMP D'APPLICATION

Art. R. 711-1 **Les règles relatives aux effets de la saisine de la commission de surendettement sur les demandes de remise gracieuse ou de dispense de paiement que peuvent accorder les autorités chargées du recouvrement des impôts sont fixées par les articles R.* 247 A-1 et R.* 247-18 du livre des procédures fiscales.** – *[C. consom., art. R. 335-4.]*

Art. R. 711-2 **Le débiteur de nationalité française domicilié hors de France peut saisir la commission de surendettement du lieu d'établissement de l'un de ses créanciers établis en France.** – *[C. consom., art. L. 333-3-1, al. 2.]*

Circulaire du 22 janvier 1993,

Relative à l'amélioration du traitement des dossiers devant les commissions départementales d'examen des situations de surendettement des particuliers et des familles (BOCC 13 févr. 1993). – V. ***C. consom.****, éd. 2002 ou antérieures.*

Circulaire du 24 mars 1999,

Relative à la procédure de traitement des situations de surendettement des particuliers, prise en application du titre III du livre III du code de la consommation. – Abrogée par Circ. du 29 août 2011, infra. – V. ***C. consom.****, éd. 2011 ou antérieures.*

BIBL. ▸ CROZE, *Procédures 1999. Comm. 158.*

Circulaire du 12 mars 2004,

Relative à la procédure de traitement des situations de surendettement des particuliers. – Abrogée par Circ. du 29 août 2011, infra. – V. ***C. consom.****, éd. 2011 ou antérieures.*

Circulaire du 29 août 2011,

Relative à la procédure de traitement des situations de surendettement des particuliers. – Abrogée par Circ. du 22 juill. 2014, infra. – V. ***C. consom.****, éd. 2014 ou antérieures.*

DALLOZ RÉFÉRENCE *Surendettement des particuliers*, par FERRIÈRE et AVENA-ROBARDET, 2012/2013, 4e éd.

BIBL. ▸ S. PIEDELIÈVRE, *RD banc. fin. 2011, n° 208* (principaux apports).

Circulaire du 19 décembre 2011,

Relative au traitement des situations de surendettement des particuliers. – V. ***C. consom.****, éd. 2015 ou antérieures.*

DALLOZ RÉFÉRENCE *Surendettement des particuliers*, par FERRIÈRE et AVENA-ROBARDET, 2012/2013, 4e éd.

Circulaire du 12 mars 2014,

De présentation des dispositions de la loi n° 2013-672 du 26 juillet 2013 de séparation et de régulation des activités bancaires relatives au traitement des situations de surendettement et du décret n° 2014-190 du 21 février 2014 relatif aux procédures de traitement des situations de surendettement des particuliers. — V. ***C. consom.****, éd. 2015 ou antérieures.*

Circulaire du 5 mai 2014,

De présentation des dispositions des lois n° 2014-344 du 17 mars 2014 relative à la consommation et n° 2014-366 du 24 mars 2014 pour l'accès au logement et un urbanisme rénové, relatives au traitement des situations de surendettement. — V. ***C. consom.****, éd. 2015 ou antérieures.*

Circulaire du 22 juillet 2014,

Relative à la procédure de traitement des situations de surendettement des particuliers. — V. ***C. consom.****, éd. 2015 ou antérieures.*

CHAPITRE II LES COMMISSIONS DE SURENDETTEMENT DES PARTICULIERS

SECTION PREMIÈRE ORGANISATION ET FONCTIONNEMENT

Art. R. 712-1 Les commissions de surendettement des particuliers sont créées par arrêtés préfectoraux. Ces arrêtés fixent la compétence territoriale des commissions et leur siège.

Les secrétariats des commissions sont situés dans les locaux désignés par la Banque de France. — *[C. consom., art. R. 331-1.]*

Art. R. 712-2 Chaque commission comprend le préfet, président, et le directeur départemental des finances publiques, vice-président. Chacune de ces personnes peut se faire représenter par un délégué selon les modalités prévues à l'article R. 712-3. Les modalités de remplacement de ce dernier en cas d'empêchement sont prévues au même article R. 712-3.

La commission comprend également :

1° Le représentant local de la Banque de France, qui en assure le secrétariat ;

2° Deux personnes, désignées par le préfet, la première sur proposition de l'Association française des établissements de crédit et des entreprises d'investissement, la seconde sur proposition des associations familiales ou de consommateurs ;

3° Deux personnes, désignées par le préfet, justifiant pour l'une d'une expérience dans le domaine de l'économie sociale et familiale, pour l'autre d'un diplôme et d'une expérience dans le domaine juridique.

Les membres de la commission mentionnés aux 1°, 2° et 3° peuvent se faire représenter par un suppléant selon les modalités prévues aux articles R. 712-4 à R. 712-6. — *[C. consom., art. L. 331-1, al. 2 à 7.]*

Art. R. 712-3 Le préfet et le directeur départemental des finances publiques ne peuvent se faire représenter respectivement dans chaque commission que par un seul délégué. En cas d'empêchement de ce dernier, il peut être remplacé par l'un des deux représentants nominativement désignés à cet effet dans le règlement intérieur de la commission.

Le préfet choisit son délégué parmi les membres du corps préfectoral, les chefs des services déconcentrés de l'État ou leurs adjoints ou les directeurs de préfecture.

Le directeur départemental des finances publiques choisit son délégué parmi les fonctionnaires de catégorie A de la direction départementale des finances publiques placés sous son autorité. — *[C. consom., art. R. 331-2.]*

Art. R. 712-4 Pour l'application des dispositions du 1° de l'article R. 712-2, le gouverneur de la Banque de France désigne les représentants locaux de cet établissement auprès des commissions ainsi que les personnes habilitées à les représenter. – *[C. consom., art. R. 331-3.]*

Art. R. 712-5 Pour l'application des dispositions du 2° de l'article R. 712-2, le préfet nomme par arrêté, pour une durée de deux ans renouvelable, une personne et son suppléant qu'il choisit sur une liste départementale, comprenant quatre noms, qui lui est transmise par l'Association française des établissements de crédit et des entreprises d'investissement, ainsi qu'une personne et son suppléant proposés, dans les mêmes conditions, par les associations familiales ou de consommateurs. Ces associations justifient d'un agrément au titre des dispositions de l'article L. 811-1 accordé par arrêté du préfet du département de leur siège social ou sont affiliées à une association nationale elle-même agréée.

Si le préfet constate l'absence de l'une de ces personnes et de son suppléant sans motif légitime à trois séances consécutives de la commission, il peut mettre fin à leur mandat avant l'expiration de la période de deux ans. Il nomme alors une autre personne et un suppléant choisis sur la même liste. – *[C. consom., art. R. 331-4.]*

Art. R. 712-6 Pour l'application des dispositions du 3° de l'article R. 712-2, le préfet nomme par arrêté, pour une durée de deux ans renouvelable, une personne justifiant d'une expérience dans le domaine de l'économie sociale et familiale et son suppléant parmi les personnes justifiant d'une expérience d'au moins trois ans. Ils peuvent être choisis notamment parmi les agents du département, de la caisse d'allocations familiales ou de la caisse de mutualité sociale agricole.

Le préfet nomme par arrêté, pour une durée de deux ans renouvelable, une personne justifiant d'un diplôme et d'une expérience dans le domaine juridique et son suppléant sur proposition du premier président de la cour d'appel dans le ressort de laquelle siège la commission. Ils doivent être titulaires d'une licence en droit ou d'un diplôme équivalent et justifier d'une expérience dans le domaine juridique d'au moins trois ans.

Si le préfet constate l'absence de l'une de ces personnes et de son suppléant sans motif légitime à trois séances consécutives de la commission, il peut mettre fin à leur mandat avant l'expiration de la période de deux ans. Il nomme alors une autre personne et un suppléant dans les mêmes conditions que celles prévues aux premier et deuxième alinéas. – *[C. consom., art. R. 331-5.]*

Art. R. 712-7 La liste des membres de la commission est affichée dans les locaux du secrétariat de la commission et est accessible sur le site internet de la Banque de France. – *[C. consom., art. R. 331-6.]*

Art. R. 712-8 La commission ne peut valablement se réunir que si au moins quatre de ses sept membres sont présents ou représentés. En cas de partage égal des voix, celle du président est prépondérante. – *[C. consom., art. R. 331-7.]*

Art. R. 712-9 En l'absence du préfet et du directeur départemental des finances publiques, la commission est présidée par le délégué du préfet. En l'absence de ce dernier, elle est présidée par le délégué du directeur départemental des finances publiques. – *[C. consom., art. R. 331-7-1.]*

Art. R. 712-10 La commission adopte un règlement intérieur.

Ce règlement détermine les documents qui doivent être transmis aux membres de la commission, préalablement à la réunion de celle-ci. Il énonce également les règles de fonctionnement, hormis celles faisant l'objet de dispositions spécifiques dans la présente section. – *[C. consom., art. L. 331-1, al. 8, règlement intérieur et L. 331-3, II, al. 9, adoption d'un règlement intérieur, et R. 331-7-2, al. 1er.]*

Art. R. 712-11 Le règlement intérieur est rendu public.

Il est affiché dans les locaux du secrétariat de la commission et est accessible sur le site internet de la Banque de France. – *[C. consom., art. L. 331-1, al. 8, règlement intérieur public, et R. 331-7-2, al. 2.]*

Art. R. 712-12 **Chaque commission établit un rapport d'activité annuel. Ce rapport fait état de données statistiques sur le nombre des dossiers traités ainsi que les mesures prises** *(Abrogé par Décr. n° 2017-896 du 9 mai 2017, art. 2-II, à compter du 1er janv. 2018)* **«ou recommandées» par la commission. Il précise la typologie de l'endettement présentée dans ces dossiers et les difficultés de toute nature rencontrées dans leur traitement.**

Les rapports d'activité des commissions sont transmis à la Banque de France qui en présente la synthèse dans le rapport mentionné à l'article L. 143-1 du code monétaire et financier. — *[C. consom., art. L. 331-12.]*

V. note au-dessus de l'art. R. 733-1.

SECTION II PROCÉDURES DEVANT LES COMMISSIONS

Art. R. 712-13 **Hormis le cas prévu à l'article R. 711-2, la commission compétente est celle du domicile du débiteur.** — *[C. consom., art. R. 331-8.]*

Compétence territoriale. Il résulte du texte que, en matière de surendettement, le juge français est compétent lorsque le débiteur demeure sur le territoire national. • Civ. 1re, 10 juill. 2001 : *Bull. civ. I, n° 210 ; D. 2001. AJ 2412, obs. Rondey ; Gaz. Pal. 2002. 987 ; ibid. Doctr. 1167, étude Jobard-Bachellier ; CCC 2001, n° 167, obs. Raymond ; RTD com. 2001. 985, obs. Paisant ; LPA 30 avr. 2002, note Cayrol.* ♦ Au regard des dispositions légales, le fait que des demandeurs de nationalité étrangère soient propriétaires d'un bien immobilier dans un département français n'emporte pas la compétence de la commission de surendettement dès lors qu'ils demeurent à l'étranger. • Civ. 1re, 23 févr. 1999 : *Bull. civ. I, n° 68 ; D. 1999. Somm. 208, obs. Chatain et Ferrière ; D. Affaires 1999. 664.* ♦ V. aussi notes ss. art. L. 711-2.

Art. R. 712-14 **La commission se prononce sur la déchéance du bénéfice de la procédure de traitement du surendettement en application de l'article L. 712-3 par une décision motivée qui est notifiée au débiteur et aux créanciers par lettre recommandée avec demande d'avis de réception.**

Cette lettre indique que la décision peut faire l'objet d'un recours, dans un délai de quinze jours à compter de sa notification, par déclaration remise ou adressée par lettre recommandée avec demande d'avis de réception au secrétariat de la commission. Elle précise que cette déclaration indique les noms *[nom]*, **prénoms et adresse de son auteur, la décision attaquée ainsi que les motifs du recours. Elle est signée par son auteur.**

Lorsque la commission est destinataire d'un recours, son secrétariat le transmet, avec le dossier, au greffe du tribunal d'instance. — *[C. consom., art. R. 335-1.]*

Art. R. 712-15 **La commission dispose d'un délai de trois mois à compter du dépôt du dossier pour examiner la recevabilité de la demande, la notifier, procéder à l'instruction du dossier et décider de son orientation.** — *[C. consom., art. L. 331-3, 1re phrase de l'al. 2, délai, et R. 331-8-1, al. 5, délai.]*

Art. R. 712-16 **Les parties peuvent être assistées devant la commission par toute personne de leur choix.** — *[C. consom., art. L. 331-10.]*

Art. R. 712-17 **Le débiteur qui souhaite être entendu par la commission en application des dispositions de l'article L. 712-8 adresse sa demande par lettre simple ou la remet au secrétariat de la commission.**

Les personnes que la commission entend ou décide de faire entendre par l'un de ses membres sont convoquées quinze jours au moins avant la date de la réunion par lettre simple. Elles interviennent à titre gratuit.

La convocation adressée au **débiteur et aux créanciers leur indique qu'ils peuvent être assistés par la personne de leur choix.** — *[C. consom., art. L. 331-3, II, fin de la 2e phrase de l'al. 2, gratuité, et R. 331-8-2.]*

Art. R. 712-18 **Les notifications effectuées par le secrétariat de la commission au débiteur et aux créanciers par lettre recommandée avec demande d'avis de réception**

sont régulièrement faites à l'adresse préalablement indiquée par le destinataire. Dans ce cas, la date de la notification est celle de la signature de l'avis de réception.

Lorsque l'avis de réception n'a pas été signé par son destinataire ou par une personne munie d'un pouvoir à cet effet, la date de la notification est celle de la présentation de la lettre recommandée. – *[C. consom., art. R. 331-8-3.]*

Art. R. 712-19 Lorsqu'il est prévu que la commission de surendettement envoie un courrier par lettre simple, celle-ci peut également le transmettre par télécopie ou par voie électronique. Dans ce cas, le procédé technique utilisé doit assurer l'authentification de l'émetteur ainsi que l'intégrité du message.

Lorsqu'il est prévu que la commission de surendettement envoie un courrier par lettre recommandée avec demande d'avis de réception, celle-ci peut également le transmettre par télécopie ou par voie électronique. Dans ce cas, le procédé technique utilisé doit assurer l'authentification de l'émetteur ainsi que l'intégrité du message et permettre de vérifier la réception du message par son destinataire à une date certaine.

L'usage de la transmission par télécopie ou par voie électronique est ouvert de plein droit à la commission pour ses envois aux établissements de crédit, aux sociétés de financement ou aux comptables publics de l'État. Il est subordonné à l'accord préalable écrit de ses autres correspondants. – *[C. consom., art. R. 331-8-4.]*

Art. R. 712-20 Dans chaque département, la commission de coordination des actions de prévention des expulsions locatives prévue à l'article 7-2 de la loi n° 90-449 du 31 mai 1990 visant à la mise en œuvre du droit au logement, le conseil général et la caisse d'allocations familiales désignent, chacun pour ce qui le concerne, un correspondant en vue de favoriser la coordination de leurs actions avec celles de la commission et notamment de faciliter la mise en place des mesures d'accompagnement social ou budgétaire prévues au présent livre. – *[C. consom., art. L. 331-3, II, 2e phrase de l'al. 7.]*

CHAPITRE III COMPÉTENCE DU JUGE DU TRIBUNAL D'INSTANCE

Le Décr. n° 2011-741 du 28 juin 2011 (JO 29 juin), pris en application de la L. n° 2010-1609 du 22 déc. 2010, a transféré le contentieux du surendettement du juge de l'exécution au juge du tribunal d'instance, à compter du 1er sept. 2011. Le juge de l'exécution demeure compétent pour statuer sur les instances introduites devant lui avant cette date. Toutefois, le 1er mars 2012, toutes les instances encore en cours sont transférées en l'état au juge du tribunal d'instance compétent, sans qu'il y ait lieu de renouveler les actes, formalités et jugements intervenus antérieurement à cette date, à l'exception des convocations et assignations données aux parties et aux témoins qui n'auraient pas été suivies d'une comparution devant le juge de l'exécution.

BIBL. GÉN. ▶ BLÉRY, *JCP 2011, n° 807* (transfert du contentieux du surendettement).

Art. R. 713-1 Le juge du tribunal d'instance compétent, en vertu des dispositions de l'article L. 221-8-1 du code de l'organisation judiciaire, est celui du lieu où demeure le débiteur, y compris pour l'application des articles R. 721-5 et R. 722-9.

Toutefois, dans le cas prévu à l'article L. 711-2, le juge compétent est celui dans le ressort duquel siège la commission saisie. – *[C. consom., art. R. 331-9.]*

Art. R. 713-2 Le juge du tribunal d'instance est saisi par la commission par lettre simple signée de son président.

Lorsque la saisine directe du juge par une partie *(Décr. n° 2017-896 du 9 mai 2017, art. 3, en vigueur le 1er janv. 2018)* **« ou par un tiers » est prévue, elle s'effectue par déclaration remise ou adressée au greffe du tribunal d'instance. La déclaration indique les nom, prénoms et adresse du déclarant ; elle est signée par lui. Le greffe en informe la commission et l'invite, le cas échéant, à lui transmettre le dossier.** – *[C. consom., art. R. 331-9-1.]*

Art. R. 713-3 Le juge du tribunal d'instance statue par jugement ou, en application d'une disposition spéciale, par ordonnance. – *[C. consom., art. R. 331-9-2, I.]*

Art. R. 713-4 Dans les cas où il statue par jugement, le juge convoque les parties intéressées ou les invite à produire leurs observations, par lettre recommandée avec demande d'avis de réception.

Les convocations et demandes d'observations sont régulièrement faites à l'adresse préalablement indiquée par le destinataire. Dans ce cas, en cas de retour au secrétariat de la juridiction de ces notifications dont l'avis de réception n'a pas été signé par son destinataire ou par une personne munie d'un pouvoir à cet effet, la date de notification est celle de présentation et la notification est réputée faite à domicile ou à résidence.

Une copie du recours ou de la contestation formé est jointe aux convocations ou aux demandes d'observations.

Les articles 827 et 828 du code de procédure civile sont applicables.

Lorsque les parties sont convoquées, la procédure est orale. En cours d'instance, toute partie peut aussi exposer ses moyens par lettre adressée au juge à condition de justifier que l'adversaire en a eu connaissance avant l'audience par lettre recommandée avec demande d'avis de réception. La partie qui use de cette faculté peut ne pas se présenter à l'audience, conformément au second alinéa de l'article 446-1 du code de procédure civile. – *[C. consom., art. R. 331-9-2, II, al. 1er, 2, 3 et 4.]*

1. Principe de la contradiction. Sur le respect par le juge du principe du contradictoire, V. • Civ. 2e, 19 mars 2015, n° 14-11.089 : *Rev. proc. coll. 2015, n° 136, obs. Gjidara-Decaix* • 29 janv. 2015, n° 13-27.217 : *eod. loc.*

2. Convocation des créanciers. Selon l'art. 14 C. pr. civ., nulle partie ne peut être jugée sans avoir été entendue ou appelée et, selon l'art. R. 331-9-2 [R. 713-4] C. consom., lorsque le juge du tribunal d'instance statue par jugement, il convoque les parties intéressées ou les invite à produire leurs observations, par lettre recommandée avec accusé de réception. • Civ. 2e, 21 janv. 2016, n° 15-15.761 P : *Dalloz actualité, 10 févr. 2016, obs. Kebir ; Gaz. Pal. 10 mai 2016, p. 41, obs. Lasserre Capdeville.*

Art. R. 713-5 Les jugements sont rendus en dernier ressort, sauf dispositions contraires. – *[C. consom., art. R. 331-9-2, II, al. 5.]*

Art. R. 713-6 Les jugements rendus en application des articles L. 761-1 et L. 761-2 sont susceptibles d'appel. – *[C. consom., art. R. 335-2 et R. 335-3.]*

Art. R. 713-7 Le délai d'appel, lorsque cette voie de recours est ouverte, est de quinze jours. Celui-ci est formé, instruit et jugé selon les règles de la procédure sans représentation obligatoire prévue aux articles 931 à 949 du code de procédure civile. – *[C. consom., art. R. 331-9-3, al. 1er.]*

Point de départ du délai d'appel. Selon l'art. R. 331-9-4 [R. 713-11], la date de notification est celle de la signature de l'avis de réception ; dès lors, conformément à cet article, le délai du recours court à compter du jour de la signature de l'avis de réception de la notification du jugement. • Douai, 10 oct. 2013 : *CCC 2014, n° 51, obs. Raymond.*

Art. R. 713-8 En cas d'appel, un sursis à exécution peut être demandé au premier président de la cour d'appel par assignation en référé. Jusqu'au jour du prononcé de l'ordonnance par le premier président, la demande suspend les effets de la décision du juge, à l'exception de celle prévoyant la suspension d'une mesure d'expulsion. Le sursis à exécution n'est accordé que si l'exécution immédiate de la décision risque d'avoir des conséquences manifestement excessives. – *[C. consom., art. R. 331-9-3, al. 2.]*

Art. R. 713-9 Les ordonnances sont rendues en dernier ressort.

Elles peuvent faire l'objet, dans le délai de quinze jours, d'un recours en rétractation remis ou adressé au greffe du tribunal d'instance par toute partie intéressée qui n'a pas été mise en mesure de s'opposer à la demande.

Copie de l'ordonnance est jointe à la demande de rétractation.

Il est statué sur le recours en rétractation par jugement, sauf disposition contraire. – *[C. consom., art. R. 331-9-2, III.]*

Art. R. 713-10 Les décisions du juge du tribunal d'instance sont immédiatement exécutoires. – *[C. consom., art. R. 331-9-2, IV.]*

Art. R. 713-11 S'il n'en est disposé autrement, les jugements et ordonnances sont notifiés au débiteur et aux créanciers intéressés par lettre recommandée avec demande d'avis de réception par le greffe du tribunal d'instance. Ces notifications sont régulièrement faites à l'adresse préalablement indiquée par le destinataire. Dans ce cas, la date de notification est celle de la signature de l'avis de réception. Lorsque l'avis de réception n'a pas été signé par son destinataire ou par une personne munie d'un pouvoir à cet effet, la date de notification est celle de la présentation de la lettre recommandée. La notification mentionne les voies et délais de recours.

La commission est informée par lettre simple. – *[C. consom., art. R. 331-9-4.]*

TITRE DEUXIÈME EXAMEN DE LA DEMANDE DE TRAITEMENT DE LA SITUATION DE SURENDETTEMENT

CHAPITRE PREMIER SAISINE DE LA COMMISSION DE SURENDETTEMENT DES PARTICULIERS

Art. R. 721-1 Le débiteur adresse ou remet la demande de traitement de sa situation de surendettement au secrétariat de la commission. – *[C. consom., art. R. 331-8-1, 1re phrase de l'al. 1er.]*

Art. R. 721-2 La demande est signée par le débiteur. Elle précise ses noms *[nom]*, prénoms et adresse et mentionne sa situation familiale.

Elle fournit un état détaillé de ses revenus et des éléments actifs et passifs de son patrimoine et indique le nom et l'adresse des créanciers. – *[C. consom., art. R. 331-8-1, 2e phrase de l'al. 1er, sauf sanction.]*

Sur les sanctions, V. art. R. 761-1.

Art. R. 721-3 Le débiteur mentionne dans sa demande les procédures d'exécution en cours à l'encontre de ses biens ainsi que les cessions de rémunération qu'il a consenties à ses créanciers. Il précise également s'il fait l'objet d'une mesure d'expulsion de son logement.

Lorsqu'il bénéficie d'une mesure d'aide ou d'action sociale, il indique le nom et les coordonnées du service chargé de cette mesure. – *[C. consom., art. R. 331-8-1, al. 2 et 3.]*

Art. R. 721-4 Une attestation de dépôt du dossier est remise au débiteur ou lui est adressée par lettre simple.

Cette attestation mentionne la date de dépôt du dossier. En application des dispositions de l'article L. 721-2, elle indique que la commission dispose d'un délai de trois mois pour examiner la recevabilité de la demande, la notifier, procéder à l'instruction du dossier et décider de son orientation à compter de la date de dépôt du dossier.

Elle précise que si la commission n'a pas décidé de l'orientation du dossier dans ce délai, le taux d'intérêt applicable à tous les emprunts en cours contractés par le débiteur est, au cours des trois mois suivants, le taux de l'intérêt légal, sauf décision contraire de la commission ou du juge intervenant au cours de cette période. – *[C. consom., art. R. 331-8-1, al. 4 et 5.]*

Art. R. 721-5 *La lettre* par laquelle la commission saisit le juge en application du premier alinéa de l'article L. 721-4 indique les noms, prénoms et adresse du débiteur ainsi que ceux des créanciers poursuivants ou, pour les personnes morales, leur dénomination et leur siège social. Sont annexés à cette lettre un état des revenus du débiteur, un relevé des éléments actifs et passifs de son patrimoine et la liste des procédures d'exécution diligentées à l'encontre de ses biens, des cessions de rémunération qu'il a consenties et des mesures d'expulsion de son logement, établis au moyen des documents dont dispose la commission. La copie de l'acte de poursuite fondant la demande est également jointe à cette lettre. – *[C. consom., art. R. 331-11-1, al. 1er.]*

Art. R. 721-6 L'ordonnance qui suspend une ou plusieurs procédures d'exécution ou cessions de rémunération est notifiée par le greffe du tribunal d'instance par lettre recommandée avec demande d'avis de réception, ou remise contre récépissé, aux créanciers poursuivants et aux agents chargés de l'exécution ou au greffier en chef du tribunal d'instance en charge de la procédure de saisie des rémunérations ou de la cession des rémunérations, qui en informe le tiers saisi ou le cessionnaire.

Une copie de l'ordonnance par laquelle le juge se prononce sur la demande de suspension et de celle qui statue sur la demande en rétractation est adressée par le greffe par lettre simple à la commission, qui en informe le débiteur.

Le greffe notifie au créancier requérant et aux agents chargés de l'exécution ou au greffier en chef du service chargé des saisies des rémunérations l'ordonnance qui rétracte la décision de suspension par lettre simple et l'ordonnance qui rejette la demande en rétractation par lettre recommandée avec demande d'avis de réception. – *[C. consom., art. R. 331-11-1, al. 2, 3 et 4.]*

Art. R. 721-7 En cas de saisie immobilière, lorsque la vente forcée d'un bien immobilier du débiteur a été ordonnée et que la commission saisit le juge chargé de la saisie immobilière aux fins de report de la date d'adjudication en application des dispositions de l'article L. 721-7 ou de celles de l'article L. 722-4, elle transmet la demande par lettre recommandée avec demande d'avis de réception ou remise contre émargement au greffe, quinze jours au moins avant la date prévue par la vente.

Cette demande indique les noms, prénoms et adresse du débiteur ainsi que ceux des créanciers poursuivants ou, pour les personnes morales, leur dénomination et leur siège social. Elle précise les causes graves et dûment justifiées invoquées à l'appui de la demande. Sont annexés à cette demande un état des revenus du débiteur, un relevé des éléments actifs et passifs de son patrimoine et la liste des procédures d'exécution diligentées à l'encontre de ses biens, des cessions de rémunération qu'il a consenties et des mesures d'expulsion de son logement, établis au moyen des documents dont dispose la commission. – *[C. consom., art. R. 331-11-2, al. 1er et 2.]*

Art. R. 721-8 Le jugement statuant sur le report de la date d'adjudication est notifié par lettre recommandée avec demande d'avis de réception par le greffe du juge chargé de la saisie immobilière au débiteur ainsi qu'au créancier poursuivant et aux créanciers inscrits. La commission en est avisée par lettre simple.

La notification indique que ce jugement n'est susceptible ni d'appel, ni d'opposition. – *[C. consom., art. R. 331-11-2, al. 1er et 2.]*

CHAPITRE II RECEVABILITÉ DE LA DEMANDE

SECTION PREMIÈRE EXAMEN DE LA RECEVABILITÉ DE LA DEMANDE

Art. R. 722-1 La commission examine la recevabilité de la demande et se prononce par une décision motivée. La décision de recevabilité est notifiée au débiteur, aux créanciers, aux établissements de paiement et aux établissements de crédit teneurs de comptes du déposant par lettre recommandée avec demande d'avis de réception.

La décision d'irrecevabilité est notifiée au seul débiteur par lettre recommandée avec demande d'avis de réception.

La lettre de notification indique que la décision peut faire l'objet d'un recours, dans un délai de quinze jours à compter de sa notification, par déclaration remise ou adressée par lettre recommandée avec demande d'avis de réception au secrétariat de la commission. Elle précise que cette déclaration indique les nom, prénoms et adresse de son auteur, la décision attaquée ainsi que les motifs du recours. Elle est signée par ce dernier. Elle indique qu'il incombe aux parties d'informer le secrétariat de la commission de tout changement d'adresse en cours de procédure. La lettre de notification d'une décision de recevabilité indique également que le débiteur peut, à sa demande, être entendu par la commission en application de l'article L. 712-8.

La décision de recevabilité est également notifiée à la caisse d'allocations familiales ou à la caisse de mutualité sociale agricole dont relève le débiteur, en vue du rétablissement de l'aide personnalisée au logement ou des allocations de logement en application de l'article L. 722-10. – *[C. consom., art. R. 331-10, al. 1er et 2.]*

1. *Notification.* La notification des décisions de la commission s'entend de la remise effective de la lettre recommandée à son destinataire.

• Civ. 1re, 4 mai 1999 : *Bull. civ. I, n° 152; D. 1999. IR 160; D. Affaires 1999. 1072, obs. V.A.-R.*

2. Recours : compétence judiciaire. Jugé que le législateur a entendu donner compétence aux juridictions de l'ordre judiciaire pour connaître de toute contestation relative aux décisions de la commission de surendettement des particuliers, y compris les demandes d'indemnité fondées sur l'illégalité dont seraient entachées ces décisions. • TA Versailles, 22 oct. 1999 : *CCC 2001, n° 34, obs. Raymond.*

3. … Délai. Le recours contre une décision de la commission statuant sur la recevabilité de la demande ne peut être déclaré irrecevable au motif qu'il a été formé plus de 15 jours après l'envoi de la lettre recommandée, dès lors que, cette lettre n'ayant pas été réclamée par les débiteurs, le délai de recours n'a pas pu courir. • Civ. 1re, 4 mai 1999 : *préc. note 1.* ♦ Dès lors que la décision de recevabilité de la commission a été notifiée par lettre simple, et non par lettre recommandée, le délai de recours ne peut commencer à courir. • Civ. 1re, 23 nov. 1999 : *Bull. civ. I, n° 323; D. 2000. AJ 46.*

4. … Forme du recours. Pour une décision jugeant que le recours portant sur la recevabilité de la demande d'un débiteur ne peut être accueilli lorsqu'il a été formé par saisine directe du juge de l'exécution, V. • TI Castelsarrasin, 7 déc. 1995 : *D. 1997. Somm. 197, obs. Chatain et Ferrière.* – V. aussi • Civ. 2e, 12 avr. 2012 : *Dalloz actualité, 25 avr. 2012, obs. Avena-Robardet; Rev. proc. coll. 2012, n° 122, obs. Gjidara-Decaix.*

5. … Forme de la décision. Doit être rejetée l'exception de nullité d'une décision de la commission non signée et ne comportant pas la mention des membres qui l'ont rendue, dès lors que la commission de surendettement des particuliers n'est pas un tribunal au sens de l'art. 6 Conv. EDH et que sa composition est présumée conforme aux dispositions légales. • Civ. 2e, 18 déc. 2003 : *Bull. civ. II, n° 397; JCP 2004. IV. 1336.*

Art. R. 722-2 **La décision rendue par la commission sur la recevabilité du dossier est susceptible de recours devant le juge du tribunal d'instance.** – *[C. consom., art. L. 331-3, IV.]*

1. Parties à l'instance. La Banque de France, sauf à être créancière, n'est pas partie dans les procédures de surendettement; elle doit donc être mise hors de cause. • Civ. 1re, 4 avr. 1991 : *Bull. civ. I, n° 126; D. 1991. 307, note Bouloc (3e esp.).* ♦ Même solution pour la commission de surendettement; est donc irrecevable d'office le pourvoi dirigé contre elle. • Civ. 1re, 4 avr. 1991 : *Bull. civ. I, n° 121 (1er arrêt); D. 1991. 307, note Bouloc (2e esp.)* • 4 avr. 1991 (7e esp.) : *Bull. civ. I, n° 124; D. eod. loc.*

2. Associations de consommateurs. Une association de consommateurs n'est pas recevable à intervenir volontairement devant le juge saisi de la recevabilité de la demande, dès lors que celle-ci n'a pas pour objet la réparation d'un préjudice que le débiteur aurait subi, et que l'association ne justifie pas autrement avoir intérêt, pour la conservation de ses droits, à soutenir les prétentions des demandeurs. • Civ. 1re, 4 avr. 1991 : *Bull. civ. I, n° 123; D. 1991. 307, note Bouloc (4e esp.)* • 22 oct. 1991 : *CCC 1992, n° 20, obs. Raymond.*

3. Pouvoir du juge. Le juge, saisi d'un recours contre une décision de la commission de surendettement relative à la recevabilité de la demande de traitement de la situation de surendettement, ne peut soulever d'office la fin de non-recevoir résultant de l'absence de bonne foi du débiteur. • Civ. 2e, 26 juin 2003 : *Bull. civ. II, n° 214; JCP 2003. IV. 2469.* ♦ Il excède ses pouvoirs s'il déclare la demande de traitement de la situation de surendettement recevable en précisant que le plan de redressement devra emporter au préalable la vente du bien immobilier du débiteur. • Civ. 2e, 19 mai 2005 : *Bull. civ. II, n° 128; CCC 2005, n° 161, note Raymond; RTD com. 2005. 612, obs. Paisant.*

4. Contradictoire. Le juge, statuant sur recours d'un débiteur contre la décision de la commission, doit respecter le principe du contradictoire. • Civ. 1re, 28 oct. 1997 : *Bull. civ. I, n° 299; D. 1999. Somm. 203, obs. Chatain et Ferrière; D. Affaires 1997. 1459; JCP 1997. IV. 2445; CCC 1998, n° 34, obs. Raymond* • 2 oct. 2002 : *Bull. civ. I, n° 228; D. 2002. IR 3062.* ♦ … En s'assurant, notamment, que les parties se sont communiqué leurs observations. • Civ. 1re, 7 déc. 1999 : *Bull. civ. I, n° 338; D. 2000. AJ 144; JCP 2000. IV. 1157.* – Dans le même sens : • Civ. 1re, 21 nov. 2000 : *Bull. civ. I, n° 299; D. 2001. IR 46; JCP 2001. IV. 1104* • 19 mai 2005 : *CCC 2005, n° 181, note Raymond.* ♦ … Ou, tout au moins, qu'elles ont été en mesure d'en prendre connaissance. • Civ. 2e, 30 avr. 2003 : *Bull. civ. II, n° 125; BICC 15 sept. 2003, n° 1090, et la note; D. 2003. AJ 1363.* ♦ Prive sa décision de base légale le juge qui, après avoir demandé par lettre recommandée au débiteur auteur du recours de faire parvenir ses observations écrites, le déboute de sa demande au motif qu'il n'a pas présenté d'observations écrites dans le délai imparti, sans préciser si la lettre recommandée avait été effectivement remise à son destinataire et quel était le délai imparti pour la réponse. • Civ. 1re, 4 juill. 2000 : *Bull. civ. I, n° 206; JCP 2000. IV. 2487.* ♦ Viole le principe de la contradiction le juge qui, statuant sur renvoi après cassation, retient, au vu du seul dossier transmis en l'état de la première décision, que les débiteurs n'étaient pas de bonne foi. • Civ. 1re, 2 oct. 2002 : *préc.*

En ce sens que les textes n'exigent pas, lorsque les parties ont présenté leurs observations écrites sur demande du juge, qu'il soit procédé à leur audition, V. • Civ. 1re, 16 juill. 1998 : *Bull. civ. I, no 258 ; D. 1998. IR 198 ; D. Affaires 1998. 1732, obs. V.A.-R. ; CCC 1999, no 16, obs. Raymond* • 7 juill. 1998 : *CCC 1999, no 16, obs. Raymond.* ♦ Si le juge peut tenir compte des observations écrites qu'il a autorisées une partie à produire, même si cette partie ne comparait pas, c'est à la condition qu'il soit établi par une mention du jugement que ces observations ont été portées à la connaissance de l'autre partie. • Civ. 1re, 6 juin 2001 : *Bull. civ. I, no 165 ; CCC 2001, no 151, obs. Raymond.* ♦ La mention par laquelle le juge, statuant sans débat, constate que les parties se sont fait connaître mutuellement leurs observations écrites, par lettres recommandées avec accusé de réception, fait foi jusqu'à inscription de faux. • Civ. 1re, 7 nov. 2001 : *Bull. civ. I, no 272.*

5. Forme. La décision rendue par le juge en matière de surendettement doit contenir l'indication du nom du greffier et être signée par celui-ci. • Civ. 1re, 5 déc. 2000 : *CCC 2001, no 79, obs. Raymond.*

6. Pourvoi. Les jugements en dernier ressort qui, sans mettre fin à l'instance, statuent sur une exception de procédure, une fin de non-recevoir ou tout autre incident, ne pouvant être frappés de pourvoi en cassation indépendamment des jugements sur le fond que dans les cas spécifiés par la loi, est irrecevable le pourvoi formé contre la décision du juge qui, sans mettre fin à la procédure, déclare recevable la demande de traitement de sa situation de surendettement formée par le débiteur. • Civ. 1re, 17 févr. 1998 : *Bull. civ. I, no 65 ; D. Affaires 1998. 881, obs. S.P.* ♦ Dans le même sens : • Civ. 1re, 27 mars 2001 : *Bull. civ. I, no 88* • 2 oct. 2001 : *ibid. I, no 241 (1er arrêt) ; CCC 2002, no 39, obs. Raymond (2e esp.)* • Civ. 2e, 20 mars 2003 : *Bull. civ. II, no 74* • 25 sept. 2014 : *Bull. civ. II, no 193 ; Dalloz actualité, 1er oct. 2014, obs. Avena-Robardet ; JCP E 2014, no 1536 ; Gaz. Pal. 2015. 1706, obs. Lasserre Capdeville ; Rev. proc. coll. 2015, no 135, obs. Gjidara-Decaix.*

En revanche, lorsque le juge écarte une créance, il met fin à l'instance à l'égard de ce créancier, dont le pourvoi est alors recevable. • Civ. 1re, 2 oct. 2001 : *Bull. civ. I, no 241 (2e arrêt) ; D. 2001. AJ 3194, obs. Rondey ; CCC 2002, no 39, obs. Raymond (1re esp.).*

7. Impartialité. Il résulte de l'art. 6, § 1, Conv. EDH qu'un magistrat, quelles que puissent être les modalités procédurales, ne peut connaître d'un recours afférent à une décision qu'il a précédemment rendue, notamment en matière de surendettement. • Civ. 1re, 26 janv. 1999 : *Bull. civ. I, no 29* (le magistrat qui a rendu un premier jugement d'irrecevabilité de la demande pour absence de bonne foi du débiteur ne peut, sans méconnaître l'exigence d'impartialité, statuer sur le recours formé contre la décision d'irrecevabilité de la commission de surendettement). ♦ Cependant, les débats ayant eu lieu devant un juge délégué par ordonnance du président du TGI, la composition du tribunal était nécessairement connue d'avance par les demandeurs, qui étaient représentés par un avocat, et, en s'abstenant de demander la récusation du magistrat, ils ont renoncé sans équivoque à se prévaloir de la violation de l'art. 6, § 1, Conv. EDH devant la Cour de cassation. • Civ. 2e, 8 avr. 2004 : *Bull. civ. II, no 175.* – Même sens : • Civ. 2e, 20 oct. 2005 : *Bull. civ. II, no 272 ; JCP 2005. IV. 3452.*

Ne statue pas sur un recours afférent à une décision qu'il a précédemment rendue le juge qui statue sur un recours formé contre une décision d'une commission de surendettement, même si celle-ci s'est fondée sur un précédent jugement rendu par ce même juge. • Civ. 2e, 10 févr. 2005 : *Bull. civ. II, no 27.*

Art. R. 722-3 **Le recours formé à l'encontre de la décision de recevabilité ne suspend pas ses effets mentionnés aux articles L. 722-2 à L. 722-16.** – *[C. consom., art. R. 331-10-1.]*

Art. R. 722-4 **Lorsque la commission est destinataire d'un recours, son secrétariat le transmet, avec le dossier, au greffe du tribunal d'instance.** – *[C. consom., art. R. 331-10, al. 3.]*

SECTION II EFFETS DE LA DÉCISION DE RECEVABILITÉ

SOUS-SECTION 1 SUSPENSION ET INTERDICTION DES PROCÉDURES D'EXÉCUTION ET CESSIONS DE RÉMUNÉRATION

Art. R. 722-5 **La lettre notifiant la décision de recevabilité rappelle qu'elle a pour effets de suspendre et d'interdire les procédures d'exécution diligentées à l'encontre des biens du débiteur ainsi que des cessions de rémunération qu'il a consenties et portant sur des dettes autres qu'alimentaires. Elle précise que la suspension ou l'interdiction produit effet, selon les cas, jusqu'à l'approbation du plan conventionnel**

de redressement prévu à l'article L. 732-1, jusqu'à la décision imposant les mesures prévues *(Décr. n° 2017-896 du 9 mai 2017, art. 4, en vigueur le 1er janv. 2018)* **« aux articles L. 733-1, L. 733-4, L. 733-7 et L. 741-1,** *[ancienne rédaction : à l'article L. 733-1, jusqu'à l'homologation des mesures recommandées en application des dispositions des articles L. 733-7, L. 733-8 et L. 741-1 ou]* **» jusqu'au jugement prononçant un rétablissement personnel sans liquidation judiciaire ou jusqu'au jugement d'ouverture d'une procédure de rétablissement personnel avec liquidation judiciaire, sans pouvoir excéder deux ans. Elle reproduit les dispositions de l'article L. 722-5.** – *[C. consom., art. R. 331-11, al. 1er.]*

V. note au-dessus de l'art. R. 733-1.

Art. R. 722-6 **La commission ou le greffe du tribunal d'instance, selon le cas, notifie la décision de recevabilité par lettre recommandée avec demande d'avis de réception, ou remise contre récépissé, aux agents chargés de l'exécution et, le cas échéant, au greffier en chef du tribunal d'instance en charge de la procédure de saisie des rémunérations ou de la cession des rémunérations, qui en informe le tiers saisi ou le cessionnaire.** – *[C. consom., art. R. 331-11, al. 2.]*

Art. R. 722-7 **En cas de saisie immobilière, lorsque la vente forcée d'un bien immobilier du débiteur a été ordonnée et que la commission saisit le juge chargé de la saisie immobilière aux fins de report de la date d'adjudication en application des dispositions de l'article L. 722-4, les dispositions des articles R. 721-7 et R. 721-8 sont applicables.** – *[C. consom., art. R. 331-11-2.]*

1. Pourvoi. Est irrecevable, à défaut de disposition légale spéciale, le pourvoi formé indépendamment du jugement sur le fond contre l'ordonnance en dernier ressort du juge statuant en matière de surendettement, qui rejette la demande en rétractation de la décision par laquelle il a ordonné la suspension des procédures d'exécution diligentées contre le débiteur et statue sur un incident de procédure. • Civ. 1re, 23 juin 1998 *(1er arrêt) : Bull. civ. I, n° 226 ; D. 1999. 231, note Marotte*. ♦ La suspension des procédures d'exécution prévue par les textes, dans leur rédaction issue de la loi du 23 janv. 1998, constitue un incident de la procédure de surendettement. Par suite, le pourvoi formé contre une ordonnance du juge statuant en cette matière est irrecevable, indépendamment de la décision sur le fond, par application des art. 607 et 608 NCPC. • Civ. 1re, 13 oct. 1999 : *Bull. civ. I, n° 277.*

2. Jugement statuant sur la remise de l'adjudication. Le jugement qui statue sur une demande de remise de l'adjudication n'est susceptible d'aucun recours ; en conséquence, est irrecevable le pourvoi formé à l'encontre du jugement qui a déclaré irrecevables les demandes des débiteurs et de la commission de surendettement des particuliers en suspension des poursuites, formées après fixation de la date de l'adjudication. • Civ. 2e, 6 déc. 2001 : *Bull. civ. II, n° 181 ; D. 2002. IR 544*.

Art. R. 722-8 **Le juge saisi par le débiteur en application du second alinéa de l'article L. 722-5 statue par ordonnance.** – *[C. consom., art. R. 331-11-3.]*

SOUS-SECTION 2 SUSPENSION DES MESURES D'EXPULSION

Art. R. 722-9 **La lettre par laquelle la commission saisit le juge aux fins de suspension des mesures d'expulsion du logement du débiteur, en application des dispositions de l'article L. 722-6, indique les noms, prénoms et adresse du débiteur ainsi que ceux des créanciers poursuivants ou, pour les personnes morales, leur dénomination et leur siège social.**

Sont annexés à cette lettre un état des revenus du débiteur, un relevé des éléments actifs et passifs de son patrimoine et la liste des procédures d'exécution diligentées à l'encontre de ses biens, des cessions de rémunération qu'il a consenties et des mesures d'expulsion de son logement, établis au moyen des documents dont dispose la commission. Est également jointe à cette lettre la copie du commandement de quitter les lieux ou la copie de la décision ordonnant l'expulsion. – *[C. consom., art. R. 331-12, al. 1er.]*

Art. R. 722-10 **Le jugement statuant sur une demande de suspension d'une mesure d'expulsion est susceptible d'appel.** – *[C. consom., art. R. 331-12, al. 2.]*

SOUS-SECTION 3 ÉMOLUMENTS SUPPORTÉS PAR LE DÉBITEUR

Art. R. 722-11 Dans les procédures d'exécution qui ne font pas l'objet d'une suspension ou d'une interdiction en application des dispositions du présent chapitre, les émoluments supportés par le débiteur sont égaux à la moitié de ceux prévus par les arrêtés mentionnés à l'article R. 444-4 du code de commerce pour les actes de même nature effectués par les huissiers de justice. – *[C. consom., art. R. 331-13.]*

CHAPITRE III ÉTAT DU PASSIF

SECTION PREMIÈRE ÉTAT DU PASSIF DRESSÉ PAR LA COMMISSION

Art. R. 723-1 La commission informe par lettre recommandée avec demande d'avis de réception les créanciers de l'état du passif déclaré par le débiteur.

Cette lettre reproduit les dispositions de la première, de la deuxième et de la dernière phrase de l'article R. 723-3. – *[C. consom., art. R. 332-2, al. 1er.]*

Art. R. 723-2 L'appel aux créanciers prévu à l'article L. 723-1, auquel la commission peut faire procéder afin de dresser l'état du passif, est publié à la diligence du secrétariat de la commission dans un journal d'annonces légales diffusé dans le département où siège la commission. L'appel précise le délai dans lequel les créanciers doivent, par lettre recommandée avec demande d'avis de réception adressée au secrétariat de la commission, déclarer leurs créances.

A défaut d'accord entre les parties, la commission saisit le juge du tribunal d'instance à l'effet de désigner, par ordonnance, la ou les parties qui supporteront les frais de l'appel aux créanciers. – *[C. consom., art. R. 332-1.]*

Art. R. 723-3 Après avoir été informés par la commission de l'état du passif déclaré par le débiteur, les créanciers disposent d'un délai de trente jours pour fournir, en cas de désaccord sur cet état, les justifications de leurs créances en principal, intérêts et accessoires.

A défaut, la créance est prise en compte par la commission au vu des seuls éléments fournis par le débiteur.

L'information des créanciers peut être effectuée par télécopie ou par courrier électronique dans des conditions fixées par décret.

Les créanciers indiquent également si les créances en cause ont donné lieu à une caution et si celle-ci a été actionnée. – *[C. consom., art. L. 331-3, II, al. 3.]*

Art. R. 723-4 Lorsque la commission constate que le remboursement d'une ou *[de]* plusieurs dettes du débiteur principal est garanti par un cautionnement, elle informe la caution de l'ouverture de la procédure, par lettre recommandée avec demande d'avis de réception.

Dans un délai de trente jours, la caution peut faire connaître ses observations par écrit à la commission et justifier du montant des sommes le cas échéant déjà acquittées en exécution de son engagement de caution et fournir dans ce même délai toutes informations complémentaires utiles. – *[C. consom., art. L. 331-3, II, al. 4 et R. 332-2, al. 2.]*

Art. R. 723-5 Au vu de l'ensemble des éléments produits par les parties, la commission dresse l'état du passif et le notifie au débiteur par lettre recommandée avec demande d'avis de réception.

La lettre reproduit les dispositions des articles L. 723-3 et R. 723-8 et indique que la contestation du débiteur est formée par déclaration remise ou adressée par lettre recommandée avec demande d'avis de réception au secrétariat de la commission. Elle précise que cette déclaration indique les nom, prénoms et adresse de son auteur, les créances contestées ainsi que les motifs de la contestation, et est signée par ce dernier. – *[C. consom., art. R. 332-2, al. 3.]*

SECTION II VÉRIFICATION DES CRÉANCES

Art. R. 723-6 **Lorsqu'il y a lieu de procéder, en application des dispositions de l'article L. 723-4, à la vérification d'une ou *[de]* plusieurs créances, la lettre par laquelle la commission saisit le juge précise les nom, prénoms et adresse du débiteur et ceux des créanciers en cause ou, pour les personnes morales, leur dénomination et leur siège social. Elle contient l'exposé de l'objet et les motifs de la saisine et indique, le cas échéant, que celle-ci est présentée à la demande du débiteur. Les documents nécessaires à la vérification des créances sont annexés à cette lettre.**

La commission informe les créanciers concernés et le débiteur de la saisine du juge. – *[C. consom., art. R. 332-3.]*

Art. R. 723-7 **La vérification de la validité des créances, des titres qui les constatent et de leur montant est opérée pour les besoins de la procédure et afin de permettre à la commission de poursuivre sa mission. Elle porte sur le caractère liquide et certain des créances ainsi que sur le montant des sommes réclamées en principal, intérêts et accessoires.**

Les créances dont la validité ou celle des titres qui les constatent n'est pas reconnue sont écartées de la procédure. – *[C. consom., art. R. 332-4.]*

1\. ***Vérification des créances.*** Il découle du texte que lorsque la procédure de surendettement est clôturée sans qu'ait été prise l'une quelconque des mesures de redressement légalement prévues, l'ordonnance portant vérification d'une créance, qui n'a pas autorité de chose jugée au principal, est frappée de caducité. • Civ. 1re, 9 oct. 2001 : *Bull. civ. I, n° 251 ; RTD com. 2002. 172, obs. Paisant*.

2\. ***Créance écartée de la procédure.*** Viole les textes l'arrêt qui déclare qu'un commandement aux fins de saisie immobilière doit emporter tous ses effets au motif que le juge du surendettement a écarté du plan la créance du prêteur sans l'effacer, alors que les mesures recommandées dans le cadre du plan sont opposables aux créanciers dont la créance a été écartée de la procédure et que ceux-ci ne peuvent exercer de mesures d'exécution pendant la durée du plan. • Civ. 2e, 8 juill. 2004 : *Bull. civ. II, n° 384 ; JCP E 2004. 1402 ; RTD com. 2004. 821, obs. Paisant*.

3\. ***Contradictoire.*** Sur le respect du principe du contradictoire par le juge statuant sur un recours formé par un créancier, V. • Civ. 1re, 20 oct. 1998 : *Bull. civ. I, n° 309 ; D. 1998. IR 245*. ♦ Aucune disposition légale n'interdit au juge, statuant sur la vérification des créances du débiteur, de demander aux parties qui ont comparu de s'expliquer après la clôture des débats sur certains points de droit ou de fait, dans les termes de l'art. 445 NCPC. • Civ. 1re, 27 févr. 2001 : *Bull. civ. I, n° 50.*

4\. ***Office du juge.*** Il est de l'office du juge, saisi d'une demande de vérification des créances, de demander à une partie toute pièce justificative qu'il estime nécessaire à la manifestation de la vérité. • Civ. 1re, 2 oct. 2001 : *Bull. civ. I, n° 241 (2e arrêt) ; D. 2001. AJ 3194, obs. Rondey ; RTD com. 2001. 987, obs. Paisant*.

Art. R. 723-8 **Le débiteur peut contester l'état du passif dressé par la commission dans un délai de vingt jours. A l'expiration de ce délai, il ne peut plus formuler une telle demande.**

La commission informe le débiteur de ce délai. – *[C. consom., art. L. 331-4, al. 1er, délai.]*

CHAPITRE IV ORIENTATION DU DOSSIER

Art. R. 724-1 **Lors de l'examen de la demande de traitement de la situation de surendettement, la commission se prononce sur l'orientation du dossier par une décision motivée qui indique si le débiteur peut bénéficier des mesures de traitement prévues au premier alinéa de l'article L. 724-1 ou s'il se trouve dans la situation définie au deuxième alinéa du même article.**

Cette décision est portée à la connaissance du débiteur et aux créanciers par lettre simple. La lettre indique que la décision peut être contestée lorsque le juge est saisi en application des dispositions des articles L. 733-10, *(Décr. n° 2017-896 du 9 mai 2017, art. 16-I, en vigueur le 1er janv. 2018)* **« L. 741-4** *[ancienne rédaction : L. 733-12, L. 741-1 à L. 741-3, L. 741-5, L. 741-7]* **» ou L. 742-2.** – *[C. consom., art. R. 333-1.]*

V. note au-dessus de l'art. R. 733-1.

Art. R. 724-2 Si au terme du délai de trois mois prévu à l'article R. 712-15 la commission n'a pas décidé de l'orientation du dossier, son secrétariat délivre au débiteur, par lettre simple, un document en attestant et précisant la date à compter de laquelle le taux d'intérêt des emprunts en cours contractés par le débiteur est réduit au taux de l'intérêt légal, sauf si la commission ou le juge en décide autrement.

Dans ce dernier cas, cette décision vaut pour toute la période s'étendant du premier jour du quatrième mois au dernier jour du sixième mois, le point de départ du délai de trois mois mentionné à cet article étant déterminé dans les conditions prévues à l'article R. 721-4. Elle est adressée au débiteur par lettre simple. – *[C. consom., art. R. 333-2.]*

Art. R. 724-3 Le débiteur dont la situation devient irrémédiablement compromise en cours d'exécution des mesures de traitement prévues aux articles L. 732-1, L. 733-1, *(Décr. n° 2017-896 du 9 mai 2017, art. 16-II, en vigueur le 1er janv. 2018)* « L. 733-4 et L. 733-7 *[ancienne rédaction : L. 733-7 et L. 733-8]* » peut saisir la commission en application des dispositions de l'article L. 724-2 afin de bénéficier d'un rétablissement personnel sans liquidation judiciaire ou d'une procédure de rétablissement personnel avec liquidation judiciaire par lettre simple signée par lui et remise ou adressée au secrétariat de la commission.

Cette lettre indique ses noms *[nom]*, prénoms et adresse, mentionne sa situation familiale, comporte un état détaillé de ses revenus et des éléments actifs et passifs de son patrimoine. Elle expose les circonstances dans lesquelles la situation du débiteur est devenue irrémédiablement compromise. – *[C. consom., art. R. 333-3, al. 1er.]*

V. note au-dessus de l'art. R. 733-1.

Art. R. 724-4 La commission se prononce sur la demande du débiteur par une décision motivée qui indique si celui-ci est de bonne foi et en situation irrémédiablement compromise.

Sa décision est notifiée au débiteur et aux créanciers par lettre recommandée avec demande d'avis de réception. Cette lettre indique que la décision peut faire l'objet d'un recours, dans un délai de quinze jours à compter de sa notification, par déclaration remise ou adressée par lettre recommandée avec demande d'avis de réception au secrétariat de la commission. Elle précise que cette déclaration indique les nom, prénoms et adresse de son auteur, la décision attaquée ainsi que les motifs du recours, et est signée par ce dernier. – *[C. consom., art. R. 333-3, al. 2.]*

Art. R. 724-5 Si la commission fait droit à la demande du débiteur, la lettre mentionnée à l'article R. 724-4 indique que *(Décr. n° 2017-896 du 9 mai 2017, art. 5, en vigueur le 1er janv. 2018)* « sa décision *[ancienne rédaction : la recommandation aux fins de rétablissement personnel sans liquidation judiciaire ou la saisine du juge du tribunal d'instance aux fins d'ouverture d'une procédure de rétablissement personnel avec liquidation judiciaire]* » emporte suspension et interdiction des procédures d'exécution diligentées à l'encontre des biens du débiteur ainsi que des cessions de rémunération qu'il a consenties et portant sur les dettes autres qu'alimentaires.

Cette lettre précise que cette suspension et cette interdiction sont acquises jusqu'à *(Décr. n° 2017-896 du 9 mai 2017, art. 5, en vigueur le 1er janv. 2018)* « la décision de la commission imposant un rétablissement personnel sans liquidation judiciaire *[ancienne rédaction : l'homologation par le juge de la recommandation]* », jusqu'au jugement prononçant un rétablissement personnel sans liquidation judiciaire ou jusqu'au jugement d'ouverture de la procédure de rétablissement personnel avec liquidation judiciaire, sans pouvoir excéder deux ans. La *(Décr. n° 2017-896 du 9 mai 2017, art. 5, en vigueur le 1er janv. 2018)* « décision de la commission imposant un *[ancienne rédaction : recommandation aux fins de]* » rétablissement personnel sans liquidation judiciaire ou la saisine du juge du tribunal d'instance aux fins d'ouverture d'une procédure de rétablissement personnel avec liquidation judiciaire est notifiée par lettre recommandée avec demande d'avis de réception, ou remise contre récépissé, aux agents chargés de l'exécution et, le cas échéant, au greffier en chef du tribunal d'instance en charge

de la procédure de saisie des rémunérations ou de la cession des rémunérations, qui en informe le tiers saisi ou le cessionnaire. – *[C. consom., art. R. 333-3, al. 3.]*

V. note au-dessus de l'art. R. 733-1.

Art. R. 724-6 **La suspension des mesures d'expulsion du logement du débiteur est demandée par la commission au juge du tribunal d'instance et traitée dans les conditions prévues aux articles R. 722-7 et R. 722-8.** – *[C. consom., art. R. 333-3, al. 6.]*

Art. R. 724-7 **Si la commission** *(Décr. nº 2017-896 du 9 mai 2017, art. 2-III, en vigueur le 1er janv. 2018)* **« impose** *[ancienne rédaction : recommande]* **» un rétablissement personnel sans liquidation judiciaire, les dispositions de l'article R. 741-1 sont applicables.**

Si la commission décide de saisir le juge aux fins d'ouverture d'une procédure de rétablissement personnel avec liquidation judiciaire, les dispositions de l'article R. 742-3 sont applicables. – *[C. consom., art. R. 333-3, al. 4 et 5.]*

V. note au-dessus de l'art. R. 733-1.

Art. R. 724-8 **Si la commission ne fait pas droit à la demande du débiteur, elle informe ce dernier que le plan conventionnel ou les mesures imposées** *(Abrogé par Décr. nº 2017-896 du 9 mai 2017, art. 2-II, à compter du 1er janv. 2018)* **« ou recommandées » en cours se poursuivent.** – *[C. consom., art. R. 333-3, al. 7.]*

V. note au-dessus de l'art. R. 733-1.

TITRE TROISIÈME MESURES DE TRAITEMENT DES SITUATIONS DE SURENDETTEMENT

CHAPITRE PREMIER DÉTERMINATION DE LA CAPACITÉ DE REMBOURSEMENT

Art. R. 731-1 **Pour l'application des dispositions des articles L. 732-1, L. 733-1 et** *(Décr. nº 2017-896 du 9 mai 2017, art. 16-III, en vigueur le 1er janv. 2018)* **« L. 733-4** *[ancienne rédaction : L. 733-7]* **», la part des ressources mensuelles du débiteur à affecter à l'apurement de ses dettes est calculée, dans les conditions prévues aux articles L. 731-1, L. 731-2 et L. 731-3, par référence au barème prévu à l'article R. 3252-2 du code du travail. Toutefois, cette somme ne peut excéder la différence entre le montant des ressources mensuelles réelles de l'intéressé et le montant forfaitaire du revenu de solidarité active mentionné au 2º de l'article L. 262-2 du code de l'action sociale et des familles applicable au foyer du débiteur.** – *[C. consom., art. R. 334-1.]*

V. note au-dessus de l'art. R. 733-1.

Code du travail

Art. L. 3252-2 *(Ord. nº 2007-329 du 12 mars 2007)* Sous réserve des dispositions relatives aux pensions alimentaires prévues à l'article L. 3252-5, les sommes dues à titre de rémunération ne sont saisissables ou cessibles que dans des proportions et selon des seuils de rémunération affectés d'un correctif pour toute personne à charge, déterminés par décret en Conseil d'État.

Ce décret *précise les conditions* dans lesquelles ces seuils et correctifs sont révisés en fonction de l'évolution des circonstances économiques. – *[Anc. art. L. 145-2, al. 1er].*

Art. L. 3252-3 *(Ord. nº 2007-329 du 12 mars 2007)* Pour la détermination de la fraction insaisissable, il est tenu compte du montant de la rémunération, de ses accessoires ainsi que de la valeur des avantages en nature, après déduction des cotisations et contributions sociales obligatoires *(L. nº 2016-1917 du 29 déc. 2016, art. 60-I-E)* « et de la retenue à la source prévue à l'article 204 A du code général des impôts ».

(L. nº 2008-1249 du 1er déc. 2008, art. 18, en vigueur le 1er juin 2009) « Il est en outre tenu compte d'une fraction insaisissable égale au montant forfaitaire mentionné *(L. nº 2015-994 du 17 août 2015, art. 59-V, en vigueur le 1er janv. 2016)* « à » l'article L. 262-2 du code de l'action sociale et des familles applicable *(L. nº 2011-1862 du 13 déc. 2011, art. 3, en vigueur le 1er janv. 2013)* « à un foyer composé d'une seule personne ». »

Il n'est pas tenu compte des indemnités insaisissables, des sommes allouées à titre de remboursement de frais exposés par le travailleur et des allocations ou indemnités pour charges de famille. – *[Anc. art. L. 145-2, al. 2].*

....

Art. R. 3252-2 *(Décr. n° 2015-1842 du 30 déc. 2015, art. 1er, en vigueur le 1er janv. 2016)* La proportion dans laquelle les sommes dues à titre de rémunération sont saisissables ou cessibles, en application de l'article L. 3252-2, est fixée comme suit :

1° Le vingtième, sur la tranche inférieure ou égale à 3 730 € ;

2° Le dixième, sur la tranche supérieure à 3 730 € et inférieure ou égale à 7 280 € ;

3° Le cinquième, sur la tranche supérieure à 7 280 € et inférieure ou égale à 10 850 € ;

4° Le quart, sur la tranche supérieure à 10 850 € et inférieure ou égale à 14 410 € ;

5° Le tiers, sur la tranche supérieure à 14 410 € et inférieure ou égale à 17 970 € ;

6° Les deux tiers, sur la tranche supérieure à 17 970 € et inférieure ou égale à 21 590 € ;

7° La totalité, sur la tranche supérieure à 21 590 €.

Art. R. 3252-3 *(Décr. n° 2008-244 du 7 mars 2008)* Les seuils déterminés à l'article R. 3252-2 sont augmentés d'un montant de *(Décr. n° 2015-1842 du 30 déc. 2015, art. 1er, en vigueur le 1er janv. 2016)* « 1 420 € » par personne à la charge du débiteur saisi ou du cédant, sur justification présentée par l'intéressé.

Pour l'application du premier alinéa, sont considérés comme personnes à charge :

1° Le conjoint, le partenaire lié par un pacte civil de solidarité ou le concubin du débiteur, dont les ressources personnelles sont inférieures au montant *(Décr. n° 2009-716 du 18 juin 2009)* « forfaitaire du revenu de solidarité active mentionné *(Décr. n° 2015-1709 du 21 déc. 2015, art. 3-IX, en vigueur le 1er janv. 2016)* « à » l'article L. 262-2 du code de l'action sociale et des familles, fixé pour un foyer composé d'une seule personne » tel qu'il est fixé chaque année par décret ;

2° L'enfant ouvrant droit aux prestations familiales en application des articles L. 512-3 et L. 512-4 du code de la sécurité sociale et se trouvant à la charge effective et permanente du débiteur au sens de l'article L. 513-1 du même code. Est également considéré comme étant à charge l'enfant à qui ou pour l'entretien duquel le débiteur verse une pension alimentaire ;

3° L'ascendant dont les ressources personnelles sont inférieures au montant *(Décr. n° 2009-716 du 18 juin 2009)* « forfaitaire du revenu de solidarité active mentionné *(Décr. n° 2015-1709 du 21 déc. 2015, art. 3-IX, en vigueur le 1er janv. 2016)* « à » l'article L. 262-2 du code de l'action sociale et des familles, fixé pour un foyer composé d'une seule personne » et qui habite avec le débiteur ou auquel le débiteur verse une pension alimentaire. – *[Anc. art. R. 145-2, al. 9 à 13].*

Art. R. 3252-4 *(Décr. n° 2008-244 du 7 mars 2008)* Les seuils et correctifs prévus *(Décr. n° 2017-892 du 6 mai 2017, art. 47)* « aux articles R. 3252-2 et R. 3252-3 » sont révisés annuellement par décret en fonction de l'évolution de l'indice des prix à la consommation, hors tabac, des ménages urbains dont le chef est ouvrier ou employé tel qu'il est fixé au mois d'août de l'année précédente dans la série France-entière. Ils sont arrondis à la dizaine d'euros supérieure. – *[Anc. art. R. 145-2, al. 14].*

Art. R. 731-2 La part de ressources réservée par priorité au débiteur est déterminée au regard de l'ensemble des dépenses courantes du ménage, qui intègre les dépenses mentionnées à l'article L. 731-2. – *[C. consom., art. R. 334-1, al. 2.]*

Art. R. 731-3 Le montant des dépenses courantes du ménage est apprécié par la commission, soit pour leur montant réel sur la base des éléments déclarés par le débiteur, soit en fonction du barème fixé par son règlement intérieur et prenant en compte la composition de la famille. Le règlement intérieur précise à quelles conditions et selon quelles modalités les dépenses sont prises en compte pour leur montant réel ou selon le barème.

Lorsque la commission prend en compte des dépenses courantes du ménage pour leur montant réel, elle peut demander au débiteur d'en fournir des justificatifs. Si le débiteur ne les fournit pas, les dépenses concernées sont appréciées selon le barème susvisé. – *[C. consom., art. R. 334-1, al. 3 et 4.]*

CHAPITRE II **PLAN CONVENTIONNEL**

Art. R. 732-1 **Le plan conventionnel de redressement est signé et daté par les parties. Une copie leur en est adressée par lettre simple.**

Ce plan entre en application à la date fixée par la commission *(Décr. nº 2017-896 du 9 mai 2017, art. 6, en vigueur le 1er janv. 2018)* **« et à défaut,** *[ancienne rédaction : ou]* **» au plus tard le dernier jour du mois suivant la date du courrier par lequel la commission informe les parties de l'approbation de ce plan.** — *[C. consom., art. R. 334-2.]*

Art. R. 732-2 **Le plan conventionnel de redressement mentionne qu'il est de plein droit caduc quinze jours après une mise en demeure restée infructueuse, adressée au débiteur d'avoir à exécuter ses obligations, sans préjudice de l'exercice des facultés prévues aux articles L. 721-3, L. 722-4 et L. 722-6.** — *[C. consom., art. R. 334-3.]*

1. ***Mise en demeure.*** La mise en demeure prévue à l'art. R. 732-2, préalable à la caducité d'un plan conventionnel de redressement, n'étant pas de nature contentieuse, c'est à bon droit que le tribunal d'instance, relevant que celle-ci n'avait pas été suivie d'effet, peu important que son destinataire n'ait pas réclamé cette lettre, a, sans être tenu de répondre au moyen inopérant tiré de l'impossibilité de retirer le pli, retenu qu'une mesure d'exécution pouvait être effectuée. • Civ. 2e, 1er déc. 2016, nº 15-27.725 P : *Dalloz actualité, 2 janv. 2017, obs. Avena-Robardet ; JCP E 2017, nº 1008 ; RD banc. fin. 2017, nº 25, obs. Piedelièvre.* ♦ Jugeant, sous l'empire du droit antérieur, que les dispositions du code de la consommation ne prévoient pas que le non-respect du plan de redressement, et notamment le défaut de paiement à l'échéance de l'une des mensualités de remboursement, entraîne de plein droit la caducité dudit plan ou la déchéance des débiteurs à pourvoir s'en prévaloir, de telle sorte qu'il appartient au créancier concerné le plus diligent de saisir le juge d'une demande tendant à ce que soit prononcée cette caducité : • Paris, 11 oct. 1996, nº 95/70170.

2. ***Caducité du plan.*** L'inexécution d'un plan d'apurement ou de redressement ne constitue pas une cause de déchéance au sens de l'art. L. 333-2 [L. 761-1] ; cette inexécution ne peut être sanctionnée que par la caducité du plan. • Paris, 13 déc. 1995, nº 94/70342. ♦ Jugeant, sous l'empire du droit antérieur, que si la caducité peut être encourue, elle est soumise à l'appréciation du juge qui peut, compte tenu de la bonne foi des débiteurs et de la survenance d'une dépense imprévue, ne pas la prononcer : • Aix-en-Provence, 27 juin 1996, nº 94/9085.

3. ***Portée de la caducité.*** Le plan étant devenu caduc de plein droit quinze jours après la mise en demeure infructueuse, les créanciers recouvrent leur droit de poursuite individuelle sans avoir à saisir au préalable le juge de l'exécution. • Civ. 2e, 7 juill. 2005 : *Bull. civ. II, nº 187 ; D. 2005. AJ 2380, obs. Rondey ; RTD com. 2005. 854, obs. Paisant ; Dr. et proc. 2006. 56, obs. E. Le Corre.*

Art. D. 732-3 *(Décr. nº 2017-302 du 8 mars 2017, art. 1er, en vigueur le 1er janv. 2018)* **La proposition de plan conventionnel de redressement élaborée par la commission est notifiée aux créanciers par lettre recommandée avec demande d'avis de réception. Les créanciers disposent d'un délai de 30 jours pour refuser cette proposition.**

L'art. D. 732-3 s'applique aux dossiers de surendettement déposés à compter du 1er janv. 2018 (Décr. nº 2017-302 du 8 mars 2017, art. 2).

CHAPITRE III **MESURES IMPOSÉES** *(Décr. nº 2017-896 du 9 mai 2017, art. 2-II, en vigueur le 1er janv. 2018).*

Les dispositions issues du Décr. nº 2017-896 du 9 mai 2017 entrent en vigueur le 1er janv. 2018. Elles s'appliquent aux procédures de traitement des situations de surendettement des particuliers en cours à cette date, sauf lorsque le juge d'instance a été saisi par la commission de surendettement aux fins d'homologation. Dans ce cas, l'affaire est poursuivie et jugée conformément au livre VII du code de la consommation, dans sa rédaction antérieure audit décret (Décr. préc., art. 18).

SECTION PREMIÈRE **CONTENU ET ADOPTION DES MESURES IMPOSÉES** *(Décr. nº 2017-896 du 9 mai 2017, art. 2-II, en vigueur le 1er janv. 2018).*

Art. R. 733-1 **Lorsque la commission constate qu'il est impossible de recueillir l'accord des intéressés sur un plan conventionnel, elle le notifie au débiteur par lettre recommandée avec demande d'avis de réception et aux créanciers par lettre simple.**

Ces lettres mentionnent que le débiteur peut, dans un délai de quinze jours à compter de la notification mentionnée au premier alinéa, saisir la commission aux fins de

voir imposer les mesures prévues *(Décr. n° 2017-896 du 9 mai 2017, art. 7, en vigueur le 1er janv. 2018)* « aux articles L. 733-1, L. 733-4 et L. 733-7 *[ancienne rédaction : à l'article L. 733-1 ou recommander les mesures prévues aux articles L. 733-7 et L. 733-8]* » dont elles reproduisent les dispositions.

Ces lettres rappellent que la suspension et l'interdiction des procédures d'exécution diligentées à l'encontre des biens du débiteur et des cessions de rémunération qu'il a consenties et portant sur des dettes autres qu'alimentaires, ainsi que la suspension des mesures d'expulsion se poursuivent soit jusqu'à l'expiration du délai mentionné au deuxième alinéa, soit, si le débiteur use de la faculté prévue à ce même alinéa, jusqu'à la décision imposant les mesures prévues *(Décr. n° 2017-896 du 9 mai 2017, art. 7, en vigueur le 1er janv. 2018)* « aux articles L. 733-1, L. 733-4 et L. 733-7 *[ancienne rédaction : à l'article L. 733-1 ou jusqu'à l'homologation par le juge des mesures recommandées en application des dispositions des articles L. 733-7 et L. 733-8]* », sans pouvoir excéder deux ans. — *[C. consom., art. R. 334-4.]*

Art. R. 733-2 La demande du débiteur est faite par une déclaration signée par lui et remise ou adressée par lettre simple au secrétariat de la commission, où elle est enregistrée. — *[C. consom., art. R. 334-5, al. 1er.]*

Art. R. 733-3 La commission avertit les créanciers de la demande par lettre recommandée avec demande d'avis de réception en leur indiquant qu'ils bénéficient d'un délai de quinze jours pour présenter leurs observations. — *[C. consom., art. R. 334-5, al. 2.]*

Art. R. 733-4 Lorsque, en application des dispositions de l'article L. 732-4, la commission constate que la situation du débiteur, sans être irrémédiablement compromise, ne permet pas de prévoir le remboursement de la totalité des dettes et que, de ce fait, sa mission de conciliation paraît manifestement vouée à l'échec, elle en informe le débiteur et les créanciers par lettre recommandée avec demande d'avis de réception.

Cette lettre indique que le débiteur et les créanciers disposent d'un délai de trente jours pour présenter leurs observations. — *[C. consom., art. R. 334-5-1.]*

Art. R. 733-5 Le débiteur peut saisir de nouveau la commission en vue d'un réexamen de sa situation dans un délai de trois mois à compter du terme de la suspension d'exigibilité des créances prévue au 4° de l'article L. 733-1. La saisine de la commission est faite selon les modalités prévues aux articles R. 721-1 à R. 721-4.

Cette faculté et les modalités selon lesquelles la saisine doit être faite sont indiquées dans les courriers adressés par la commission au débiteur en application des articles R. 733-6 et *(Décr. n° 2017-896 du 9 mai 2017, art. 16-IV, en vigueur le 1er janv. 2018)* « R. 733-8 *[ancienne rédaction : R. 733-7]* », ou, le cas échéant, dans la notification du jugement pris en application de l'article *(Décr. n° 2017-896 du 9 mai 2017, art. 16-IV, en vigueur le 1er janv. 2018)* « L. 733-13 *[ancienne rédaction : L. 733-15]* ». — *[C. consom., art. R. 334-6.]*

V. note au-dessus de l'art. R. 733-1.

Art. R. 733-6 La commission notifie, par lettre recommandée avec demande d'avis de réception, au débiteur et aux créanciers les mesures qu'elle entend imposer en application des dispositions *(Décr. n° 2017-896 du 9 mai 2017, art. 8, en vigueur le 1er janv. 2018)* « des articles L. 733-1, L. 733-4 et L. 733-7.

« Cette lettre mentionne également les dispositions des articles L. 733-8, L. 733-9 et L. 733-14.

« En cas d'application des dispositions du 3° de l'article L. 733-1 ou de l'article L. 733-4, elle énonce les éléments qui motivent spécialement la décision de la commission.

Elle indique que la contestation à l'encontre des mesures que la commission entend imposer est formée par déclaration remise ou adressée par lettre recommandée avec demande d'avis de réception à son secrétariat dans un délai de trente jours à compter de leur notification ; elle précise que cette déclaration indique les nom, prénoms et adresse de son auteur, les mesures contestées ainsi que les motifs de la contestation, et est signée par ce dernier. »

V. note au-dessus de l'art. R. 733-1.

Ancien art. R. 733-6 ***La commission notifie, par lettre recommandée avec demande d'avis de réception, au débiteur et aux créanciers les mesures qu'elle entend imposer en application des dispositions de l'article L. 733-1 ou qu'elle recommande en application des dispositions des articles L. 733-7 et L. 733-8.***

En cas d'application des dispositions du 3° de l'article L. 733-1 ou de l'article L. 733-7, cette lettre énonce les éléments qui motivent spécialement sa décision.

Elle mentionne également les dispositions de l'article L. 733-6, de l'article L. 733-9 ainsi que celles des articles L. 733-10 et L. 733-11.

Elle indique, selon les cas, que la contestation à l'encontre des mesures que la commission entend imposer est formée par déclaration remise ou adressée par lettre recommandée avec demande d'avis de réception à son secrétariat dans un délai de quinze jours à compter de leur notification et que la contestation à l'encontre des mesures recommandées est formée par déclaration remise ou adressée par lettre recommandée avec demande d'avis de réception au greffe du tribunal d'instance dans ce même délai ; elle précise que ces déclarations indiquent les nom, prénoms et adresse de leur auteur, les mesures contestées ainsi que les motifs de la contestation, et sont signées par ce dernier. – [C. consom., art. L. 332-2, 1re phrase de l'al. 1er, délai, et R. 334-7.]

1. Notification des mesures recommandées. Le texte n'exige pas que soit mentionnée, dans l'acte de notification des mesures recommandées par la commission, la juridiction territorialement compétente pour connaître de la contestation des parties. • Civ. 1re, 15 juill. 1999 : *Bull. civ. I, no 249 ; D. 1999. IR 214 ; JCP 1999. IV. 2710.* ♦ L'office d'HLM, ordonnateur de la créance de loyers HLM, n'a été ni partie, ni représenté à l'ordonnance homologuant la mesure d'effacement de la dette de loyers HLM lorsque cette ordonnance a été notifiée au seul comptable public chargé du recouvrement, qui ne s'identifie pas au créancier et n'est pas son mandataire (recevabilité de la tierce opposition de l'office d'HLM). • Civ. 2e, 19 mai 2005 : *D. 2005. AJ 1552, obs. Rondey.*

2. Contestation des mesures recommandées. La contestation des mesures recommandées par la commission de surendettement doit être formée par déclaration remise ou adressée au greffe du tribunal d'instance, et non plus au secrétariat de la commission de surendettement, et ce alors même que la procédure a été engagée avant la date d'application de la loi nouvelle. • Colmar, 24 oct. 2011 : *CCC 2012, no 111, obs. Raymond.*

Art. R. 733-7 **Le bénéfice des mesures** *(Décr. no 2017-896 du 9 mai 2017, art. 2-IV, en vigueur le 1er janv. 2018)* **« imposées** *[ancienne rédaction : recommandées]* **» par la commission, en application des dispositions de l'article** *(Décr. no 2017-896 du 9 mai 2017, art. 16-III, en vigueur le 1er janv. 2018)* **« L. 733-4** *[ancienne rédaction : L. 733-7]* **», ne peut être invoqué plus de deux mois après sommation faite au débiteur d'avoir à payer le montant de la fraction des prêts immobiliers restant due, à moins que, dans ce délai, la commission n'ait été saisie par ce même débiteur.**

La sommation de payer reproduit les dispositions du présent article. – *[C. consom., art. L. 331-7-1, al. 4.]*

V. note au-dessus de l'art. R. 733-1.

Art. R. 733-8 **A défaut de contestation formée dans le délai prévu à l'article R. 733-6, la commission informe par lettre simple le débiteur et les créanciers que les mesures prévues** *(Décr. no 2017-896 du 9 mai 2017, art. 9, en vigueur le 1er janv. 2018)* **« aux articles L. 733-1, L. 733-4 et L. 733-7** *[ancienne rédaction : à l'article L. 733-1]* **» s'imposent.**

(Décr. no 2017-896 du 9 mai 2017, art. 9, en vigueur le 1er janv. 2018) **« Ces mesures s'appliquent à la date fixée par la commission, et à défaut, au plus tard le dernier jour du mois suivant la date de la lettre prévue au premier alinéa** *[ancienne rédaction : Lorsque les mesures prévues à l'article L. 733-1 sont combinées avec tout ou partie de celles prévues aux articles L. 733-7 et L. 733-8, la commission précise que l'ensemble de ces mesures n'est exécutoire qu'à compter de l'homologation de ces dernières par le juge]*. **»** – *[C. consom., art. R. 334-8.]*

V. note au-dessus de l'art. R. 733-1.

Art. R. 733-9 **Lorsque la commission est destinataire d'une contestation des mesures prévues** *(Décr. no 2017-896 du 9 mai 2017, art. 16-XII, en vigueur le 1er janv. 2018)* **« aux articles L. 733-1, L. 733-4 et L. 733-7** *[ancienne rédaction : à l'article L. 733-1]* **», son secrétariat la transmet, avec le dossier, au greffe du tribunal d'instance.** – *[C. consom., art. R. 334-9.]*

V. note au-dessus de l'art. R. 733-1.

Art. R. 733-10 *(Abrogé par Décr. nº 2017-896 du 9 mai 2017, art. 17, à compter du 1er janv. 2018)* ***Lorsque la situation de surendettement du débiteur est traitée en tout ou partie au moyen des mesures prévues aux articles L. 733-7 et L. 733-8, la commission transmet au juge du tribunal d'instance les mesures qu'elle recommande afin qu'il leur soit conféré force exécutoire. Cette transmission est accompagnée des courriers mentionnés aux articles R. 733-1, R. 733-3 et R. 733-5 et de la déclaration prévue à l'article R. 733-2.*** – [C. consom., art. R. 334-10.]

V. note au-dessus de l'art. R. 733-1.

Art. R. 733-11 *(Abrogé par Décr. nº 2017-896 du 9 mai 2017, art. 17, à compter du 1er janv. 2018)* ***S'il n'a pas été saisi d'une contestation dans le délai prévu à l'article R. 733-6, le juge se prononce par ordonnance.***

Il vérifie, au vu des pièces transmises par la commission, que les mesures recommandées sont conformes aux dispositions des articles L. 733-7 et L. 733-8 et qu'elles ont été formulées dans le respect de la procédure prévue aux articles R. 733-1 à R. 733-6. Il s'assure en outre du bien-fondé des mesures recommandées en application du 2º de l'article L. 733-7.

Il ne peut ni les compléter ni les modifier. – [C. consom., art. R. 334-11.]

V. note au-dessus de l'art. R. 733-1.

Art. R. 733-12 *(Abrogé par Décr. nº 2017-896 du 9 mai 2017, art. 17, à compter du 1er janv. 2018)* ***Lorsque le juge du tribunal d'instance confère force exécutoire aux mesures recommandées, celles-ci sont annexées à la décision.***

Le greffe établit autant de copies exécutoires de l'ordonnance qui homologue les mesures recommandées qu'il y a de parties et les envoie à la commission avec les pièces transmises. La commission adresse à chacune des parties une copie exécutoire de l'ordonnance par lettre recommandée avec demande d'avis de réception.

En cas d'illégalité des mesures recommandées ou d'irrégularité de la procédure ou lorsque les mesures recommandées en application du 2º de l'article L. 733-7 sont infondées, le greffe adresse copie de l'ordonnance du juge à la commission et lui renvoie les pièces. Il en informe les parties par lettre simple. – [C. consom., art. R. 334-12.]

V. note au-dessus de l'art. R. 733-1.

Force exécutoire. La décision du juge n'est pas susceptible d'appel. • Civ. 2e, 28 juin 2006 : *Bull. civ. II, nº 179 ; RTD com. 2006. 922, obs. Paisant ; JCP 2006. IV. 2643.* ♦ L'ordonnance du juge conférant force exécutoire aux recommandations de la commission de surendettement, bien que non susceptible d'appel, peut faire l'objet d'un pourvoi en cassation. • Civ. 1re, 29 mai 1997 : *Bull. civ. I, nº 176 ; D. 1997. IR 146 ; RTD com. 1997. 509, obs. Paisant.* ♦ Mais une telle ordonnance n'est pas susceptible d'être rétractée. • Civ. 2e, 23 sept. 2004 : *Bull. civ. II, nº 429 ; JCP E 2004. 1522.* ♦ L'ordonnance du juge refusant de conférer force exécutoire aux recommandations et renvoyant le dossier à la commission en vue de l'élaboration de nouvelles recommandations ne met pas fin à la procédure et n'est, dès lors, pas susceptible de pourvoi en cassation. • Civ. 2e, 27 mai 2004 : *Bull. civ. II, nº 254.*

Art. R. 733-13 *(Abrogé par Décr. nº 2017-896 du 9 mai 2017, art. 17, à compter du 1er janv. 2018)* ***S'il a été saisi d'une contestation des mesures prévues aux articles L. 733-7 ou L. 733-8, le greffe du tribunal d'instance en informe la commission, qui lui transmet le dossier.*** – [C. consom., art. R. 334-13.]

V. note au-dessus de l'art. R. 733-1.

SECTION II CONTESTATION DES MESURES IMPOSÉES *(Décr. nº 2017-896 du 9 mai 2017, art. 2-II, en vigueur le 1er janv. 2018).*

Art. R. 733-14 **Le jugement qui, en application des dispositions de l'article L. 733-13,** ***ordonne par provision*** **l'exécution d'une ou** [de] **plusieurs des mesures prévues aux articles L. 733-1,** *(Décr. nº 2017-896 du 9 mai 2017, art. 16-II, en vigueur le 1er janv. 2018)* **« L. 733-4 et L. 733-7** *[ancienne rédaction : L. 733-7 et L. 733-8]* **», n'est pas susceptible d'appel, indépendamment du jugement statuant sur la contestation.** – *[C. consom., art. R. 334-14.]*

V. note au-dessus de l'art. R. 733-1.

Art. R. 733-15 **L'appel aux créanciers prévu à l'article** *(Décr. nº 2017-896 du 9 mai 2017, art. 16-V, en vigueur le 1er janv. 2018)* **« L. 733-12** *[ancienne rédaction : L. 733-14]* **» est publié par le greffe du tribunal d'instance selon les formes prévues à l'article R. 723-2.**

A défaut d'accord entre les parties, le juge du tribunal d'instance désigne, par une ordonnance, la ou les parties qui en supporteront les frais. – *[C. consom., art. R. 334-15.]*

V. note au-dessus de l'art. R. 733-1.

Art. R. 733-16 **Le greffe convoque chacune des parties à l'audience de contestation, par lettre recommandée avec demande d'avis de réception quinze jours au moins avant la date de l'audience.** – *[C. consom., art. R. 334-16.]*

Art. R. 733-17 **Le jugement par lequel le juge se prononce sur la contestation est susceptible d'appel.** – *[C. consom., art. R. 334-17.]*

Appel. Il résulte du texte que c'est par un jugement susceptible d'appel que le juge statue sur un recours formé à l'encontre des mesures recommandées par la commission de surendettement. • Civ. 2e, 26 oct. 2006 : *Bull. civ. II, nº 298 ; RTD com. 2007. 245, obs. Paisant ; JCP 2006. IV. 3235 ; CCC 2007, nº 34, obs. Raymond* • Com. 5 juin 2007 : *CCC 2007, nº 291, obs. Raymond.* – V. aussi : • Civ. 2e, 29 janv. 2015, nº 14-10.263 : *Rev. proc. coll. 2015, nº 135, obs. Gjidara-Decaix.*

SECTION III DISPOSITIONS COMMUNES AUX MESURES IMPOSÉES ET À LEUR CONTESTATION *(Décr. nº 2017-896 du 9 mai 2017, art. 2-V, en vigueur le 1er janv. 2018).*

Art. R. 733-18 **En cas d'effacement d'une créance correspondant au montant d'un chèque impayé et valant régularisation de l'incident de paiement en application des dispositions de l'article** *(Décr. nº 2017-896 du 9 mai 2017, art. 10, en vigueur le 1er janv. 2018)* **« L. 733-17** *[ancienne rédaction : L. 733-18]* **», l'établissement teneur de compte avise la Banque de France de cette régularisation au plus tard le deuxième jour ouvré suivant la remise par le débiteur d'une attestation précisant que l'incident de paiement est régularisé par suite de l'effacement total de la créance correspondante.**

(Décr. nº 2017-896 du 9 mai 2017, art. 10, en vigueur le 1er janv. 2018) **« Lorsque la mesure d'effacement a été prise en application des dispositions de l'article L. 733-9, l'attestation est établie par la commission, qui l'adresse au débiteur lors de l'envoi de la lettre mentionnée à l'article R. 733-8** *[ancienne rédaction : Lorsque la mesure d'effacement a été prise en application des dispositions de l'article L. 733-10, l'attestation est établie par la commission, qui l'adresse au débiteur lors de l'envoi de la copie exécutoire de l'ordonnance prévu au deuxième alinéa de l'article R. 733-12].* **»**

Lorsque cette mesure a été prise en application des dispositions *(Décr. nº 2017-896 du 9 mai 2017, art. 10, en vigueur le 1er janv. 2018)* **« de l'article L. 733-13** *[ancienne rédaction : des articles L. 733-12 à L. 733-14]* **», l'attestation est établie et adressée au débiteur par le greffe lors de l'envoi du jugement prévu à l'article R. 733-17.** – *[C. consom., art. R. 334-18.]*

V. note au-dessus de l'art. R. 733-1.

TITRE QUATRIÈME RÉTABLISSEMENT PERSONNEL

CHAPITRE PREMIER RÉTABLISSEMENT PERSONNEL SANS LIQUIDATION JUDICIAIRE

SECTION PREMIÈRE DÉCISION DE LA COMMISSION IMPOSANT UN RÉTABLISSEMENT PERSONNEL SANS LIQUIDATION JUDICIAIRE *(Décr. nº 2017-896 du 9 mai 2017, art. 2-I, en vigueur le 1er janv. 2018).*

Les dispositions issues du Décr. nº 2017-896 du 9 mai 2017 entrent en vigueur le 1er janv. 2018. Elles s'appliquent aux procédures de traitement des situations de surendettement des particuliers en cours à cette date, sauf lorsque le juge d'instance a été saisi par la commission de surendettement aux fins d'homologation. Dans ce cas, l'affaire est poursuivie et jugée conformément au livre VII du code de la consommation, dans sa rédaction antérieure audit décret (Décr. préc., art. 18).

Art. R. 741-1 **Lorsque la commission** *(Décr. nº 2017-896 du 9 mai 2017, art. 11, en vigueur le 1er janv. 2018)* **« impose » un rétablissement personnel sans liquidation judiciaire, cette** *(Décr. nº 2017-896 du 9 mai 2017, art. 11, en vigueur le 1er janv. 2018)* **« décision » est notifiée aux parties par lettre recommandée avec demande d'avis de réception.**

Cette lettre mentionne les dispositions de l'article *(Décr. nº 2017-896 du 9 mai 2017, art. 11, en vigueur le 1er janv. 2018)* **« L. 741-4 ». Elle indique que la** *(Décr. nº 2017-896 du 9 mai 2017, art. 11, en vigueur le 1er janv. 2018)* **« décision » peut être contestée par déclaration remise ou adressée par lettre recommandée avec demande d'avis de réception au** *(Décr. nº 2017-896 du 9 mai 2017, art. 11, en vigueur le 1er janv. 2018)* **« secrétariat de la commission » dans un délai de** *(Décr. nº 2017-896 du 9 mai 2017, art. 11, en vigueur le 1er janv. 2018)* **« trente » jours à compter de sa notification. Cette lettre précise que cette déclaration indique les nom, prénoms et adresse de son auteur, la** *(Décr. nº 2017-896 du 9 mai 2017, art. 11, en vigueur le 1er janv. 2018)* **« décision » contestée ainsi que les motifs de la contestation. La déclaration est signée par son auteur.**

Ancien art. R. 741-1 ***Lorsque la commission recommande un rétablissement personnel sans liquidation judiciaire, cette recommandation est notifiée aux parties par lettre recommandée avec demande d'avis de réception.***

Cette lettre mentionne les dispositions de l'article L. 741-5. Elle indique que la recommandation peut être contestée par déclaration remise ou adressée par lettre recommandée avec demande d'avis de réception au greffe du tribunal d'instance dans un délai de quinze jours à compter de sa notification. Cette lettre précise que cette déclaration indique les nom, prénoms et adresse de son auteur, la recommandation contestée ainsi que les motifs de la contestation. La déclaration est signée par son auteur. – [C. consom., art. L. 332-5-1, al. 1er, délai, et R. 334-19.]

Personnes pouvant contester. Le maire, ordonnateur de la commune, a qualité pour contester la recommandation aux fins de rétablissement personnel sans liquidation judiciaire, même si celle-ci ne lui a pas été notifiée. • Cass., avis, 3 mai 2017, nº 17-77.003 P : *D. 2017. Actu. 973*.

Art. R. 741-2 *(Décr. nº 2017-896 du 9 mai 2017, art. 12, en vigueur le 1er janv. 2018)* **La commission procède à des mesures de publicité pour permettre aux créanciers qui n'ont pas été avisés de sa décision de former un recours devant le juge du tribunal d'instance.**

Les titulaires de créances disposent d'un délai de deux mois à compter de cette publicité pour exercer leur recours.

V. note au-dessus de l'art. R. 741-1.

Ancien art. R. 741-2 ***Le greffe procède à des mesures de publicité pour permettre aux créanciers qui n'ont pas été avisés de la recommandation de la commission de former tierce opposition à l'encontre de la décision du juge lui conférant force exécutoire.***

Les titulaires de créances disposent d'un délai de deux mois pour former tierce opposition. – [C. consom., art. L. 332-5, al. 3, tierce opposition.]

Art. R. 741-3 *(Décr. nº 2017-896 du 9 mai 2017, art. 12, en vigueur le 1er janv. 2018)* **Un avis de la commission est adressé pour publication au *Bulletin officiel des annonces civiles et commerciales* par le secrétariat de la commission. Cette publication comporte les nom et prénoms du débiteur, sa date de naissance, le numéro du département de sa résidence, la date de la décision, l'indication de la commission qui l'a rendue et à laquelle doivent être adressés les recours formés par les créanciers non avisés ainsi que le délai de recours à l'encontre de la décision. Elle est effectuée dans un délai de trente jours à compter de la date de la décision.**

V. note au-dessus de l'art. R. 741-1.

Ancien art. R. 741-3 ***La commission transmet la recommandation, accompagnée du dossier, au juge du tribunal d'instance afin qu'il lui soit conféré force exécutoire.*** – [C. consom., art. R. 334-20.]

Art. R. 741-4 *(Décr. nº 2017-896 du 9 mai 2017, art. 12, en vigueur le 1er janv. 2018)* **A défaut de contestation formée dans le délai prévu à l'article R. 741-1, la commis-**

sion informe par lettre simple le débiteur et les créanciers que la décision prise en application de l'article L. 741-1 s'impose.

V. note au-dessus de l'art. R. 741-1.

Ancien art. R. 741-4 ***Le juge du tribunal d'instance vérifie que la recommandation a été formulée dans le respect de la procédure. Il s'assure en outre de son bien-fondé.*** — [C. consom., art. R. 334-21.]

Art. R. 741-5 *(Décr. n° 2017-896 du 9 mai 2017, art. 12, en vigueur le 1er janv. 2018)* **Lorsque la commission est destinataire d'une contestation de la décision prise en application de l'article L. 741-1, son secrétariat la transmet, avec le dossier, au greffe du tribunal d'instance.**

V. note au-dessus de l'art. R. 741-1.

Ancien art. R. 741-5 ***S'il n'a pas été saisi d'une contestation dans le délai prévu au premier alinéa de l'article R. 741-1, le juge se prononce par ordonnance.*** — [C. consom., art. R. 334-22, al. 1er.]

Art. R. 741-6 *(Abrogé par Décr. n° 2017-896 du 9 mai 2017, art. 17, à compter du 1er janv. 2018)* ***Lorsqu'il confère force exécutoire à la recommandation, celle-ci est annexée à la décision, laquelle rappelle les dispositions du deuxième alinéa de l'article L. 741-3.*** — [C. consom., art. R. 334-22, al. 2.]

V. note au-dessus de l'art. R. 741-1.

Art. R. 741-7 *(Abrogé par Décr. n° 2017-896 du 9 mai 2017, art. 17, à compter du 1er janv. 2018)* ***Le greffe établit autant de copies exécutoires de l'ordonnance qu'il y a de parties et les envoie à la commission avec les pièces transmises. La commission adresse à chacune des parties une copie exécutoire de l'ordonnance par lettre recommandée avec demande d'avis de réception.*** — [C. consom., art. R. 334-22, al. 3.]

V. note au-dessus de l'art. R. 741-1.

Art. R. 741-8 *(Abrogé par Décr. n° 2017-896 du 9 mai 2017, art. 17, à compter du 1er janv. 2018)* ***En cas d'irrégularité de la procédure ou lorsque la recommandation est infondée, le greffe adresse copie de l'ordonnance du juge à la commission et lui renvoie le dossier ; il en informe les parties par lettre simple.*** — [C. consom., art. R. 334-22, al. 4.]

V. note au-dessus de l'art. R. 741-1.

Art. R. 741-9 *(Abrogé par Décr. n° 2017-896 du 9 mai 2017, art. 17, à compter du 1er janv. 2018)* ***Sans préjudice de la notification de l'ordonnance conférant force exécutoire à la recommandation, un avis de celle-ci est adressé pour publication au Bulletin officiel des annonces civiles et commerciales par le greffe du tribunal d'instance. Cette publication comporte les nom et prénoms du débiteur, sa date de naissance, le numéro du département de sa résidence, la date de l'ordonnance et l'indication du tribunal qui l'a rendue. Elle est effectuée dans un délai de quinze jours à compter de la date de l'ordonnance.***

Ces avis adressés au Bulletin officiel des annonces civiles et commerciales sont établis conformément à un modèle fixé par arrêté du garde des sceaux, ministre de la justice. — *V. Arr.* du 24 déc. 2010, ci-dessous.

Les avis d'ordonnance portant homologation d'une recommandation aux fins de rétablissement personnel sans liquidation judiciaire sont accessibles sous forme numérique sur le réseau internet au moyen d'un supplément du Bulletin officiel des annonces civiles et commerciales accessible sur ce réseau.

Cette diffusion numérique est soumise à la loi n° 78-17 du 6 janvier 1978 relative à l'informatique, aux fichiers et aux libertés.

Les frais de publicité sont avancés par l'État au titre des frais de justice, sans préjudice de la possibilité pour le juge de les mettre à la charge du débiteur au moyen d'une contribution dont il fixe le montant et les modalités de versement en tenant compte des ressources de l'intéressé. — [C. consom., art. R. 334-23.]

V. note au-dessus de l'art. R. 741-1.

Arrêté du 24 décembre 2010,

Fixant les modèles des avis à publier au Bulletin officiel des annonces civiles et commerciales en application du décret n° 2010-1304 du 29 octobre 2010 relatif aux procédures de traitement des situations de surendettement des particuliers.

Art. 1er L'avis d'ordonnance conférant force exécutoire à la recommandation de rétablissement personnel sans liquidation judiciaire est adressé par le greffe du juge ayant rendu la décision au *Bulletin officiel des annonces civiles et commerciales*, conformément à l'annexe I.

Art. 2 L'avis de jugement prononçant le rétablissement personnel sans liquidation judiciaire est adressé par le greffe du juge ayant rendu la décision au *Bulletin officiel des annonces civiles et commerciales*, conformément à l'annexe II.

Art. 3 L'avis de jugement d'ouverture et de clôture de la procédure de rétablissement personnel pour insuffisance d'actif est adressé par le greffe du juge ayant rendu la décision au *Bulletin officiel des annonces civiles et commerciales*, conformément à l'annexe III.

Art. 4 L'avis de jugement d'ouverture de la procédure de rétablissement personnel avec liquidation judiciaire est adressé par le greffe du juge ayant rendu la décision ou, le cas échéant, par le mandataire désigné au *Bulletin officiel des annonces civiles et commerciales*, conformément à l'annexe IV.

Art. 5 L'avis d'arrêt prononçant le rétablissement personnel sans liquidation judiciaire est adressé par le greffe de la cour d'appel au *Bulletin officiel des annonces civiles et commerciales*, conformément à l'annexe V.

Art. 6 L'avis d'arrêt d'ouverture de la procédure de rétablissement personnel avec liquidation judiciaire est adressé par le greffe du juge compétent pour poursuivre la procédure ou, le cas échéant, par le mandataire désigné par la cour d'appel au *Bulletin officiel des annonces civiles et commerciales*, conformément à l'annexe VI.

Art. 7 I. — Pour l'application du présent arrêté à Mayotte, les mots : "*Bulletin officiel des annonces civiles et commerciales*" sont remplacés par les mots : "*Bulletin officiel de Mayotte*".

II. — Pour l'application du présent arrêté en Nouvelle-Calédonie, les mots : "*Bulletin officiel des annonces civiles et commerciales*" sont remplacés par les mots : "*Journal officiel de la Nouvelle-Calédonie*".

III. — Pour l'application du présent arrêté dans les îles Wallis-et-Futuna, les mots : "*Bulletin officiel des annonces civiles et commerciales*" sont remplacés par les mots : "*Journal du territoire des îles Wallis-et-Futuna*".

IV. — Pour l'application du présent arrêté à Saint-Barthélemy et à Saint-Martin, les mots : "*Bulletin officiel des annonces civiles et commerciales*" sont remplacés par les mots : "*Journal officiel de Saint-Barthélemy*" ou "*Journal officiel de Saint-Martin*", selon le territoire dans lequel les dispositions s'appliquent.

V. — Pour l'application du présent arrêté à Saint-Pierre-et-Miquelon, les mots : "*Bulletin officiel des annonces civiles et commerciales*" sont remplacés par les mots : "*Journal officiel de Saint-Pierre-et-Miquelon*".

Art. 8 L'arrêté du 26 avril 2004 fixant le modèle des avis de jugement d'ouverture adressés au *Bulletin officiel des annonces civiles et commerciales* ainsi que l'arrêté du 27 mars 2008 fixant le modèle de l'avis de jugement d'ouverture et de clôture de la procédure de rétablissement personnel pour insuffisance d'actif sont abrogés.

ANNEXES
ANNEXE I

Demande d'insertion au **Bodacc** à adresser à:
Office Spécial de Publicité (OSP) – 56, boulevard de la Mission Marchand
92411 Courbevoie cedex

Prix de l'annonce

Réservé à la DILA		
	Nature	5 - 4
	Numéro Greffe	
	Numéro Département	
	Type Tribunal	TGI - TI
	Nom Tribunal	

AVIS D'ORDONNANCE CONFERANT FORCE EXECUTOIRE A LA RECOMMANDATION DE RETABLISSEMENT PERSONNEL SANS LIQUIDATION JUDICIAIRE

Tribunal ayant rendu l'ordonnace conférant force exécutoire à la recommandation de rétablissement personnel sans liquidation judiciaire :

Date de l'ordonnance :

Informations concernant le débiteur :

Nom de famille :

Prénoms :

Nom d'usage :

Date de naissance :

N° de Département de résidence :

Les déclarations de tierce opposition devront être adressées au greffe du
dans un délai de deux mois à compter de la date de la présente publication.

Date d'établissement de l'avis :

Signature de l'expéditeur :

Cachet du greffe :

Renseignements obligatoires mais non publiés :
Greffe du Tribunal de
Téléphone : *adresse mail :*

ANNEXE II

Demande d'insertion au **Bodacc** à adresser à:
Office Spécial de Publicité (OSP) – 56, boulevard de la Mission Marchand
92411 Courbevoie cedex

Prix de l'annonce

Réservé à la DILA	Nature	5 - 5
	Numéro Greffe	
	Numéro Département	
	Type Tribunal	**TGI - TI**
	Nom Tribunal	

AVIS DE JUGEMENT PRONONCANT UN RETABLISSEMENT PERSONNEL SANS LIQUIDATION JUDICIAIRE

Tribunal ayant rendu le jugement prononçant le rétablissement personnel sans liquidation judiciaire :

Date du jugement :

Informations concernant le débiteur :

Nom de famille :

Prénoms :

Nom d'usage :

Date de naissance :

N° de Département de résidence :

Les déclarations de tierce opposition devront être adressées au greffe du
dans un délai de deux mois à compter de la date de la présente publication.

Date d'établissement de l'avis : *Signature de l'expéditeur :*

Cachet du greffe :

Renseignements obligatoires mais non publiés :
Greffe du Tribunal de
Téléphone : *Adresse mail :*

ANNEXE III

Demande d'insertion au **Bodacc** à adresser à:
Office Spécial de Publicité (OSP) – 56, boulevard de la Mission Marchand
92411 Courbevoie cedex

Prix de l'annonce

Réservé à la DILA		
	Nature	5 - 3
	Numéro Greffe	
	Numéro Département	
	Type Tribunal	**TGI - TI**
	Nom Tribunal	

AVIS DE JUGEMENT D'OUVERTURE ET DE CLOTURE D'UNE PROCEDURE DE RETABLISSEMENT PERSONNEL POUR INSUFFISANCE D'ACTIF

Tribunal ayant rendu le jugement d'ouverture et de clôture pour insuffisance d'actif :

Date du jugement :

Informations concernant le débiteur :

Nom de famille :

Prénoms :

Nom d'usage :

Date de naissance :

N° de Département de résidence :

Les déclarations de tierce opposition devront être adressées au greffe du dans un délai de deux mois à compter de la date de la présente publication.

Date d'établissement de l'avis : *Signature de l'expéditeur :*

Cachet du greffe :

Renseignements obligatoires mais non publiés :
Greffe du Tribunal de
Téléphone : *Adresse mail :*

ANNEXE IV

Demande d'insertion au **Bodacc** à adresser à:
Office Spécial de Publicité (OSP) – 56, boulevard de la Mission Marchand
92411 Courbevoie cedex

Prix de l'annonce	Réservé à la DILA		
		Nature	5 - 6
		Numéro Greffe	
		Numéro Département	
		Type Tribunal	TGI - TI
		Nom Tribunal	

AVIS DE JUGEMENT D'OUVERTURE D'UNE PROCEDURE
DE RETABLISSEMENT PERSONNEL
AVEC LIQUIDATION JUDICIAIRE

Tribunal ayant rendu le jugement d'ouverture de la procédure de rétablissement personnel avec liquidation judiciaire :

Date du jugement :

Informations concernant le débiteur :

Nom de famille :

Prénoms :

Nom d'usage :

Date de naissance :

N° de Département de résidence :

1. Renseigner la mention suivante dans le cas où n'a pas été désigné de mandataire :

Les déclarations de créances devront être adressées au greffe
du
dans un délai de deux mois à compter de la date de la présente publication.

2. Renseigner les mentions suivantes dans le cas où un mandataire a été désigné:

Informations concernant le mandataire :

Titre : *Nom de famille :*
Prénom :
Nom d'usage :
Association, société...:
Représentée par :
Adresse :
Code postal : *Bureau distributeur :*

Les déclarations de créances devront être adressées au domicile du mandataire dans un délai de deux mois à compter de la date de la présente publication.

Date d'établissement de l'avis : *Signature de l'expéditeur :*

(le cas échéant) Cachet du greffe :

Renseignements obligatoires mais non publiés :
(le cas échéant) Greffe du Tribunal de
Téléphone : *Adresse mail :*

ANNEXE V

Demande d'insertion au **Bodacc** à adresser à:
Office Spécial de Publicité (OSP) – 56, boulevard de la Mission Marchand
92411 Courbevoie cedex

Prix de l'annonce

Réservé à la DILA		
	Nature	5 - 25
	Numéro Greffe	
	Numéro Département	
	Type Tribunal	CA
	Nom Tribunal	

AVIS D'ARRET PRONONCANT UN RETABLISSEMENT PERSONNEL SANS LIQUIDATION JUDICIAIRE

Cour d'appel ayant rendu l'arrêt prononçant le rétablissement personnel sans liquidation judiciaire :

Date de l'arrêt :

Informations concernant le débiteur :

Nom de famille :

Prénoms :

Nom d'usage :

Date de naissance :

N° de Département de résidence :

Les déclarations de tierce opposition devront être adressées à la Cour d'appel de

dans un délai de deux mois à compter de la date de la présente publication.

Date d'établissement de l'avis : *Signature de l'expéditeur :*

Cachet du greffe :

Renseignements obligatoires mais non publiés :
Greffe de la Cour d'appel de
Téléphone : *Adresse mail :*

ANNEXE VI

Demande d'insertion au Bodacc à adresser à:
Office Spécial de Publicité (OSP) – 56, boulevard de la Mission Marchand
92411 Courbevoie cedex

Prix de l'annonce	Réservé à la DILA		
		Nature	5 - 26
		Numéro Greffe	
		Numéro Département	
		Type Tribunal	CA
		Nom Tribunal	

AVIS D'ARRET D'OUVERTURE D'UNE PROCEDURE DE RETABLISSEMENT PERSONNEL AVEC LIQUIDATION JUDICIAIRE

Cour d'appel ayant rendu l'arrêt d'ouverture de la procédure de rétablissement personnel avec liquidation judiciaire:

Date de l'arrêt :

Informations concernant le débiteur :

Nom de famille :

Prénoms :

Nom d'usage :

Date de naissance :

N° de Département de résidence :

1. Renseigner la mention suivante dans le cas où n'a pas été désigné de mandataire :

Les déclarations de créances devront être adressées au greffe
du
dans un délai de deux mois à compter de la date de la présente publication.

2. Renseigner les mentions suivantes dans le cas où un mandataire a été désigné :

Informations concernant le mandataire :

Titre : *Nom de famille :*
Prénom :
Nom d'usage :
Association, société...:
Représentée par :
Adresse :
Code postal : *Bureau distributeur :*

Les déclarations de créances devront être adressées au domicile du mandataire dans un délai de deux mois à compter de la date de la présente publication.

Date d'établissement de l'avis : *Signature de l'expéditeur :*

(le cas échéant) Cachet du greffe :

Renseignements obligatoires mais non publiés :
(le cas échéant) Greffe du Tribunal de
Téléphone : *Adresse mail :*

SECTION II CONTESTATION DE LA DÉCISION DE LA COMMISSION IMPOSANT UN RÉTABLISSEMENT PERSONNEL SANS LIQUIDATION JUDICIAIRE *(Décr. nº 2017-896 du 9 mai 2017, art. 2-I, en vigueur le 1er janv. 2018).*

Art. R. 741-10 **L'appel aux créanciers prévu à l'article** *(Décr. nº 2017-896 du 9 mai 2017, art. 16-VI, en vigueur le 1er janv. 2018)* **« L. 741-8** *[ancienne rédaction : L. 741-6]* **» est publié par le greffe du tribunal d'instance selon les formes prévues à l'article R. 723-2.**

A défaut d'accord entre les parties, le juge du tribunal d'instance désigne, par ordonnance, la ou les parties qui en supporteront les frais. – *[C. consom., art. R. 334-24.]*

V. note au-dessus de l'art. R. 741-1.

Art. R. 741-11 **Le greffe convoque chacune des parties par lettre recommandée avec demande d'avis de réception quinze jours au moins avant la date de l'audience de contestation.** – *[C. consom., art. R. 334-25.]*

Art. R. 741-12 **Le jugement par lequel le juge se prononce sur la contestation est susceptible d'appel.** – *[C. consom., art. R. 334-26.]*

Art. R. 741-13 *(Décr. nº 2017-896 du 9 mai 2017, art. 13, en vigueur le 1er janv. 2018)* **Lorsque le juge prononce un rétablissement personnel sans liquidation judiciaire, un avis de celui-ci est adressé pour publication au *Bulletin officiel des annonces civiles et commerciales* par le greffe. Cette publication comporte les nom et prénoms du débiteur, sa date de naissance, le numéro du département de sa résidence, la date du jugement, l'indication du tribunal qui l'a rendu et du greffe auquel doivent être adressées les déclarations de tierce-opposition des créanciers non avisés ainsi que le délai dans lequel celles-ci doivent être formées. Elle est effectuée dans un délai de quinze jours à compter de la date de la décision.**

V. note au-dessus de l'art. R. 741-1.

Ancien art. R. 741-13 *Lorsque le juge prononce un rétablissement personnel sans liquidation judiciaire, sans préjudice de la notification du jugement aux parties, un avis de celui-ci est adressé pour publication au Bulletin officiel des annonces civiles et commerciales par le greffe. Cette publication est effectuée selon les mêmes modalités que celles prévues à l'article R. 741-9.* – [C. consom., art. R. 334-27.] – V. Arr. du 24 déc. 2010 ss. art. R. 741-9.

Art. R. 741-14 **Le greffe procède à des mesures de publicité pour permettre aux créanciers qui n'ont pas été avisés de former tierce opposition à l'encontre du jugement** *(Décr. nº 2017-896 du 9 mai 2017, art. 14, en vigueur le 1er janv. 2018)* **« prononçant un rétablissement personnel sans liquidation judiciaire** *[ancienne rédaction : lui conférant force exécutoire]* **».**

Les titulaires de créances disposent d'un délai de deux mois pour former tierce opposition. – *[C. consom., art. L. 332-5-1, al. 3, tierce opposition.]*

V. note au-dessus de l'art. R. 741-1.

SECTION III RÉTABLISSEMENT PERSONNEL SANS LIQUIDATION JUDICIAIRE PRONONCÉ PAR LE JUGE SAISI D'UN RECOURS À L'ENCONTRE DES MESURES IMPOSÉES *(Décr. nº 2017-896 du 9 mai 2017, art. 2-VI, en vigueur le 1er janv. 2018).*

Art. R. 741-15 **L'appel aux créanciers prévu à l'article** *(Décr. nº 2017-896 du 9 mai 2017, art. 16-VIII, en vigueur le 1er janv. 2018)* **« L. 741-8** *[ancienne rédaction : L. 741-9]* **» est publié par le greffe du tribunal d'instance selon les formes prévues à l'article R. 723-2.**

A défaut d'accord entre les parties, le juge du tribunal d'instance désigne, par ordonnance, la ou les parties qui en supporteront les frais. – *[C. consom., art. R. 334-27-1.]*

V. note au-dessus de l'art. R. 741-1.

Art. R. 741-16 **Le jugement par lequel le juge, saisi en application des dispositions de l'article** *(Décr. nº 2017-896 du 9 mai 2017, art. 16-IX, en vigueur le 1er janv. 2018)*

« L. 733-10 *[ancienne rédaction : L. 741-2]* », prononce le rétablissement personnel sans liquidation judiciaire est susceptible d'appel. — *[C. consom., art. R. 334-27-2.]*

V. note au-dessus de l'art. R. 741-1.

Art. R. 741-17 Sans préjudice de la notification aux parties du jugement prononçant un rétablissement personnel sans liquidation judiciaire, un avis de celui-ci est adressé pour publication au *Bulletin officiel des annonces civiles et commerciales* par le greffe. Cette publication est effectuée selon les mêmes modalités que celles prévues à l'article *(Décr. nº 2017-896 du 9 mai 2017, art. 16-X, en vigueur le 1er janv. 2018)* « R. 741-13 *[ancienne rédaction : R. 741-9]* ». — *[C. consom., art. R. 334-27-3.]*

V. note au-dessus de l'art. R. 741-1.

Art. R. 741-18 Le greffe procède à des mesures de publicité pour permettre aux créanciers qui n'ont pas été avisés de former tierce opposition à l'encontre du jugement *(Décr. nº 2017-896 du 9 mai 2017, art. 14, en vigueur le 1er janv. 2018)* « prononçant un rétablissement personnel sans liquidation judiciaire *[ancienne rédaction : lui conférant force exécutoire]* ».

Les titulaires de créances disposent d'un délai de deux mois pour former tierce opposition. — *[C. consom., art. L. 332-5-2, al. 2, tierce opposition.]*

V. note au-dessus de l'art. R. 741-1.

CHAPITRE II PROCÉDURE DE RÉTABLISSEMENT PERSONNEL AVEC LIQUIDATION JUDICIAIRE

SECTION PREMIÈRE OUVERTURE DE LA PROCÉDURE

Art. R. 742-1 L'accord du débiteur mentionné à l'article L. 742-1 est donné par écrit sur un formulaire remis à l'intéressé par le secrétariat de la commission.

Ce formulaire informe le débiteur que la procédure de rétablissement personnel est susceptible d'entraîner une décision de liquidation et porte à sa connaissance les dispositions de l'article L. 742-14 à L. 742-19. — *[C. consom., art. R. 334-28.]*

Art. R. 742-2 Dans les cas prévus à l'article L. 742-2 et à l'article *(Décr. nº 2017-896 du 9 mai 2017, art. 16-XI, en vigueur le 1er janv. 2018)* « L. 741-6 *[ancienne rédaction : L. 741-7]* », l'accord du débiteur peut être donné verbalement. Il en est pris note par le greffe. — *[C. consom., art. R. 334-29.]*

V. note au-dessus de l'art. R. 741-1.

Art. R. 742-3 La commission informe les parties de la saisine du juge aux fins d'ouverture de la procédure de rétablissement personnel avec liquidation judiciaire. — *[C. consom., art. R. 334-30.]*

Art. R. 742-4 Le débiteur et les créanciers sont convoqués à l'audience d'ouverture de la procédure de rétablissement personnel avec liquidation judiciaire par lettre recommandée avec demande d'avis de réception doublée d'une lettre simple au débiteur, un mois au moins avant la date de l'audience.

S'il l'estime nécessaire, le juge peut inviter à se présenter à l'audience le service chargé d'une mesure d'aide ou d'action sociale mentionné par le débiteur dans son dossier de dépôt ou, à défaut, un travailleur social choisi sur une liste établie par le préfet. — *[C. consom., art. R. 334-31.]*

Art. R. 742-5 La liste prévue à l'article L. 742-4 est établie par le procureur de la République.

Elle comprend des mandataires judiciaires, des huissiers de justice, des personnes morales mandataires judiciaires à la protection des majeurs, des associations familiales ou de consommateurs.

Ne peuvent être désignés comme mandataires les huissiers de justice ayant antérieurement procédé à des poursuites à l'encontre du débiteur.

Lorsqu'un mandataire a été désigné, une copie du jugement lui est adressée par le greffe par lettre simple.

Si le mandataire refuse la mission ou s'il existe un empêchement légitime, il est pourvu à son remplacement par ordonnance du juge du tribunal d'instance. Le juge peut également, à la demande des parties ou d'office, remplacer, par ordonnance, le mandataire qui manquerait à ses devoirs, après avoir provoqué ses explications. – *[C. consom., art. R. 334-32, I, II et III.]*

Art. R. 742-6 **Le mandataire est rémunéré selon un tarif fixé par arrêté du garde des sceaux, ministre de la justice.** – *V. Arr. du 29 mars 2004, ci-dessous.*

Lorsqu'il existe un actif réalisable, la rémunération du mandataire, déterminée selon l'arrêté prévu au premier alinéa, est prélevée sur le produit de la vente de cet actif.

En cas d'insuffisance du produit de la vente, le paiement de cette rémunération peut être mis à la charge du débiteur au moyen d'une contribution dont le juge fixe le montant et les modalités de versement en tenant compte des ressources de l'intéressé.

A défaut d'actif réalisable ou de ressources du débiteur, la rémunération du mandataire incombe au Trésor.

Le coût du bilan économique et social de la situation du débiteur, fixé par cet arrêté, est avancé par l'État au titre des frais de justice. – *[C. consom., art. R. 334-32, al. 6 à 9.]*

Arrêté du 29 mars 2004,

Relatif à la rémunération des mandataires judiciaires en matière de rétablissement personnel.

Art. 1er Lorsque le juge désigne un mandataire en application de l'article *(Ord. n° 2016-301 du 14 mars 2016, art. 2, en vigueur le 1er juill. 2016)* « L. 742-4 » du code de la consommation, celui-ci se voit allouer un tarif fixe de 200 € hors taxe pour l'établissement du bilan économique et social.

En cas de réalisation de l'actif du débiteur, le droit fixe du mandataire est prélevé par priorité sur le produit des ventes au titre du privilège des frais de justice.

Si le juge établit un plan de redressement en application de l'article *(Ord. n° 2016-301 du 14 mars 2016, art. 2, en vigueur le 1er juill. 2016)* « L. 742-24 » du code de la consommation, le droit fixe du mandataire y est intégré au titre de l'apurement du passif.

A défaut d'actif réalisable et en l'absence de contribution prévue à l'article *(Ord. n° 2016-301 du 14 mars 2016, art. 2, en vigueur le 1er juill. 2016)* « R. 742-6 » du code de la consommation, le droit fixe peut être pris en charge par les frais de justice.

Frais postaux. Il résulte de l'art. R. 332-13 [R. 742-6] C. consom. et de l'arrêté du 29 mars 2004 que le tarif fixe de 200 € hors taxe alloué au mandataire pour établir un bilan économique et social ne comprend pas les frais de courrier. • Versailles, 27 juin 2006 : *Dr. et procédures 2006. 333, obs. Menut.*

Art. 2 En présence d'un actif réalisable, il est alloué au mandataire pour tout recouvrement, réalisation et répartition d'actif le droit proportionnel suivant :

Tranche de 0 à 1 500 € : 500 € HT ;

Tranche au-delà de 1 500 € jusqu'à 15 000 € : 6 % ;

Tranche au-delà de 15 000 € jusqu'à 35 000 € : 4 % ;

Tranche au-delà de 35 000 € jusqu'à 50 000 € : 2 % ;

Tranche au-delà de 50 000 € : 0,5 %.

Le droit proportionnel est prélevé par priorité sur le produit des ventes au titre du privilège des frais de justice.

A défaut, le mandataire peut être rémunéré par la contribution prévue à l'article *(Ord. n° 2016-301 du 14 mars 2016, art. 2, en vigueur le 1er juill. 2016)* « R. 742-6 » du code de la consommation.

Art. 3 Si le juge établit un plan de redressement en application de l'article *(Ord. n° 2016-301 du 14 mars 2016, art. 2, en vigueur le 1er juill. 2016)* « R. 742-6 » du code de la consommation, le mandataire se voit allouer un tarif fixe de 500 € hors taxe. Cette somme est intégrée dans le plan de redressement au titre de l'apurement du passif.

Art. 4 Les émoluments prévus aux articles 1er, 2 et 3 ci-dessus sont exclusifs de toute autre rémunération ou remboursement de frais pour les mêmes diligences.

Art. R. 742-7 **Le coût du bilan économique et social de la situation du débiteur, fixé par cet arrêté, est avancé par l'État au titre des frais de justice.** – *[C. consom., art. R. 334-32, al. 10.]*

Art. R. 742-8 **Le dispositif du jugement d'ouverture indique l'adresse à laquelle doit être présentée la déclaration de créances et le délai dans lequel cette déclaration doit être réalisée.**

Il constate, le cas échéant d'office, que les demandes antérieurement formulées devant le juge du tribunal d'instance et concernant le même débiteur ont perdu leur objet.

Il rappelle les dispositions de l'article L. 742-7. – *[C. consom., art. R. 334-33.]*

Art. R. 742-9 **Sans préjudice de la notification du jugement d'ouverture aux parties, un avis de ce jugement est adressé, pour publication au *Bulletin officiel des annonces civiles et commerciales*, par le mandataire ou, à défaut de mandataire, par le greffe. Cette publication est effectuée selon les mêmes modalités que celles prévues à l'article** *(Décr. nº 2017-896 du 9 mai 2017, art. 16-X, en vigueur le 1er janv. 2018)* **« R. 741-13** *[ancienne rédaction : R. 741-9]* **». Elle s'effectue dans un délai de quinze jours à compter de la réception du jugement par le mandataire ou, en l'absence de mandataire, à compter du jugement.**

(Abrogé par Décr. nº 2017-896 du 9 mai 2017, art. 17, à compter du 1er janv. 2018) ***« Les frais de publicité sont avancés par l'État au titre des frais de justice. Ils peuvent être récupérés sur le produit de la vente dans les conditions prévues à l'article* R. 742-42 *et, à défaut de vente ou en cas d'insuffisance de son produit, au moyen de la contribution mentionnée à l'article* R. 741-9. »** – *[C. consom., art. R. 334-34.]*

V. note au-dessus de l'art. R. 741-1.

Art. R. 742-10 **Le juge saisi par le débiteur d'une demande tendant à l'autoriser à aliéner ses biens en application des dispositions de l'article L. 742-9 statue par ordonnance.** – *[C. consom., art. R. 334-35.]*

SECTION II DÉCLARATION ET ARRÊTÉ DES CRÉANCES

Art. R. 742-11 **Dans un délai de deux mois à compter de la publicité du jugement d'ouverture faite dans les conditions prévues à l'article** *(Décr. nº 2017-896 du 9 mai 2017, art. 16-VII, en vigueur le 1er janv. 2018)* **« R. 742-9** *[ancienne rédaction : R. 742-7]* **», les créanciers déclarent leurs créances au mandataire ou, à défaut de mandataire, au greffe du tribunal d'instance, par lettre recommandée avec demande d'avis de réception.** – *[C. consom., art. R. 334-36.]*

V. note au-dessus de l'art. R. 741-1.

Déclaration des créances. En l'état des textes, le juge ne peut prononcer la clôture d'une procédure de rétablissement personnel qu'après la publication du jugement d'ouverture en vue de la déclaration des créances et l'établissement d'un état des créances déclarées. • Cass., avis, 24 juin 2005 : *Bull. civ. nº 4 ; BICC 15 sept. 2005, rapp. Moussa, concl. Domingo ; RTD com. 2005. 855, obs. Paisant ; JCP 2005. IV. 2804* • Civ. 2e, 22 mai 2008 : *CCC 2008, nº 179, obs. Raymond ; LPA 27 déc. 2005, note Prim-Thomas ; Rev. proc. coll. 2008, nº 149, obs. Gjidara-Décoix.* ♦ En application des dispositions légales, faute d'avoir été déclarée dans le délai de deux mois de la publication du jugement ouvrant le rétablissement personnel, la créance est éteinte. • Douai, 9 févr. 2012 : *CCC 2012, nº 190, obs. Raymond.* ♦ V. art. L. 742-20.

Art. R. 742-12 **La déclaration de créances comporte le montant en principal, intérêts, accessoires et frais de la créance au jour de sa déclaration, l'origine de la créance, la nature du privilège ou de la sûreté dont elle est éventuellement assortie.**

La déclaration mentionne également les procédures d'exécution en cours. – *[C. consom., art. R. 334-37, sauf sanction.]*

Sur les sanctions, V. art. R. 761-1.

Art. R. 742-13 **A défaut de déclaration dans le délai mentionné à l'article R. 742-11, les créanciers peuvent saisir le juge du tribunal d'instance d'une demande de relevé de forclusion dans le délai de six mois à compter de la publicité du jugement d'ouver-**

ture faite dans les conditions prévues à l'article R. 742-9. La lettre de saisine comporte les mentions prévues à l'article R. 742-12.

La lettre de saisine indique également les circonstances de fait extérieures à la volonté du créancier de nature à justifier son défaut de déclaration. Le juge se prononce sur la demande de relevé de forclusion au vu de ces circonstances. Toutefois, s'il apparaît que la créance avait été omise par le débiteur lors du dépôt de la demande mentionnée à l'article R. 721-1 ou que le créancier, pourtant connu, n'avait pas été convoqué à l'audience d'ouverture, le relevé de forclusion est de droit.

Dans tous les cas, le juge statue par ordonnance, dont copie est adressée au mandataire par lettre simple. — *[C. consom., art. R. 334-38.]*

Art. R. 742-14 **Lorsque les créances ont été déclarées entre les mains du mandataire, celui-ci dresse, dans le délai de six mois à compter de la publicité du jugement d'ouverture, le bilan économique et social du débiteur.**

Ce bilan comprend un état des créances et, le cas échéant, une proposition de plan comportant les mesures mentionnées aux articles L. 733-1, *(Décr. n° 2017-896 du 9 mai 2017, art. 16-II, en vigueur le 1er janv. 2018)* **« L. 733-4 et L. 733-7** *[ancienne rédaction : L. 733-7 et L. 733-8]* **».**

Il est adressé au débiteur et aux créanciers par lettre recommandée avec demande d'avis de réception et adressé par lettre simple ou remis au greffe du tribunal d'instance. A sa réception, le greffe convoque le débiteur et les créanciers pour qu'il soit statué selon les modalités prévues à l'article R. 742-17. — *[C. consom., art. R. 334-39, I.]*

V. note au-dessus de l'art. R. 741-1.

Bilan économique et social du débiteur. Le bilan de la situation économique et sociale du débiteur doit être adressé aux créanciers par lettre recommandée avec demande d'avis de réception. Il est à cet égard indifférent que le deuxième bilan établi par le mandataire ne modifie en rien la mention de la créance par rapport à celle figurant au premier bilan que le créancier avait reçu. • Civ. 2e, 18 juin 2009, n° 08-11.416 : *RTD com. 2009. 631, obs. Paisant ; Rev. proc. coll. 2010, n° 42, obs. Gjidara-Decaix.*

Art. R. 742-15 **Lorsque les créances ont été déclarées au greffe du tribunal d'instance, le greffe dresse un état des créances ainsi déclarées. Il notifie cet état au débiteur et aux créanciers et leur adresse dans le même temps la convocation pour qu'il soit statué selon les modalités prévues à l'article R. 742-17.** — *[C. consom., art. R. 334-39, II.]*

Art. R. 742-16 **Le débiteur et les créanciers adressent au greffe, par lettre recommandée avec demande d'avis de réception, quinze jours avant l'audience, leurs éventuelles contestations portant sur l'état des créances dont ils ont été destinataires.** — *[C. consom., art. R. 334-39, III, sauf sanction.]*

Sur les sanctions, V. art. R. 761-1.

Art. R. 742-17 **Le juge arrête les créances en se prononçant sur les éventuelles contestations dont il a été saisi en application des dispositions de l'article R. 742-16. Il prononce la liquidation ou la clôture pour insuffisance d'actif. Il peut établir le plan prévu à l'article L. 742-24.**

Le jugement est susceptible d'appel. — *[C. consom., art. R. 334-40.]*

SECTION III LIQUIDATION DES BIENS DU DÉBITEUR

SOUS-SECTION 1 DISPOSITIONS GÉNÉRALES

Art. R. 742-18 **Le jugement qui prononce la liquidation désigne un liquidateur parmi les personnes figurant sur la liste établie par le procureur de la République en application de l'article R. 742-5.**

Si le liquidateur refuse la mission ou s'il existe un empêchement légitime, il est pourvu à son remplacement par ordonnance du juge du tribunal d'instance. Le juge

peut également, à la demande des parties ou d'office, remplacer par ordonnance le liquidateur qui manquerait à ses devoirs, après avoir provoqué ses explications.

Le liquidateur ne peut, ni en son nom personnel ni par personne interposée, se porter acquéreur des biens du débiteur. Il accomplit sa mission avec diligence et dans le respect des intérêts des parties.

Lorsqu'un liquidateur a été désigné, une copie du jugement lui est adressée par le greffe par lettre simple. – *[C. consom., art. R. 334-41, I, II et III.]*

Art. R. 742-19 Le liquidateur est rémunéré, sous réserve du respect des prescriptions de l'article R. 742-52, sur l'actif réalisable selon un tarif fixé par l'arrêté prévu à l'article R. 742-6. – *[C. consom., art. R. 334-41, IV.]*

Art. R. 742-20 Le liquidateur consigne à la Caisse des dépôts et consignations les sommes issues des ventes auxquelles il est procédé. – *[C. consom., art. R. 334-41, V.]*

Art. R. 742-21 Les biens du débiteur rendus indisponibles par une procédure d'exécution peuvent être vendus de gré à gré par le liquidateur, sur autorisation du juge du tribunal d'instance, statuant par ordonnance, qui justifie que cette vente peut être conclue dans des conditions satisfaisantes.

L'ordonnance autorisant la vente de gré à gré d'un immeuble est publiée en marge du commandement publié au service chargé de la publicité foncière. – *[C. consom., art. R. 334-42.]*

BIBL. ▶ PIEDELIÈVRE, *RD banc. fin. 2011, n° 26* (rétablissement personnel et réalisation des biens du débiteur).

Art. R. 742-22 Lorsque le liquidateur envisage de vendre un bien de gré à gré, il en informe le débiteur et les créanciers par lettre simple en précisant le prix de vente envisagé et le cas échéant les conditions particulières de cette vente. – *[C. consom., art. R. 334-43.]*

Art. R. 742-23 En cas de vente de gré à gré d'un bien immobilier grevé d'une hypothèque ou d'un privilège, le juge du tribunal d'instance détermine le montant minimum *[maximal]* du prix de vente.

Le paiement du prix conforme à ce montant, des frais de la vente et des droits de mutation purge l'immeuble de toute hypothèque et de tout privilège pris du chef du débiteur.

Sur requête de l'acquéreur, le juge constate la purge des hypothèques et privilèges pris sur l'immeuble et ordonne la radiation des inscriptions correspondantes au service chargé de la publicité foncière. Il statue par ordonnance. – *[C. consom., art. R. 334-44.]*

Art. R. 742-24 Lorsqu'un bien immobilier est vendu de gré à gré, le notaire chargé de la vente remet le prix, dès sa perception, au liquidateur. – *[C. consom., art. R. 334-45.]*

Art. R. 742-25 Pour l'application des dispositions de l'article L. 742-16, le liquidateur effectue les actes qui incombent au créancier poursuivant en application des dispositions relatives aux procédures civiles d'exécution. – *[C. consom., art. R. 334-46.]*

Art. R. 742-26 Si le liquidateur n'a pas réalisé la vente des biens du débiteur dans les conditions prévues aux articles L. 742-16, il peut demander au juge du tribunal d'instance une prolongation du délai de vente. Le juge statue sur cette demande par ordonnance. – *[C. consom., art. R. 334-47.]*

SOUS-SECTION 2 DISPOSITIONS PARTICULIÈRES À LA VENTE PAR ADJUDICATION D'UN BIEN IMMOBILIER

Art. R. 742-27 La vente par adjudication d'un bien immobilier est soumise aux dispositions des titres Ier et II du livre III du code des procédures civiles d'exécution, à l'exception des sous-sections 2 et 4 de la section I et des sections II et III du chapitre II du titre II, dans la mesure où il n'y est pas dérogé par les dispositions du présent sous-paragraphe. — *V. C. pr. exéc.*

Dans les départements du Bas-Rhin, du Haut-Rhin et de la Moselle, la vente par adjudication d'un bien immobilier est soumise, sous la même réserve, aux dispositions du chapitre Ier du titre V de la loi du 1er juin 1924 mettant en vigueur la législation civile française dans les départements du Bas-Rhin, du Haut-Rhin et de la Moselle. — *[C. consom., art. R. 334-48.]*

BIBL. ▸ PIEDELIÈVRE, *RD banc. fin. 2011, n° 26* (rétablissement personnel et réalisation des biens du débiteur).

Art. R. 742-28 Le juge du tribunal d'instance, à la demande du liquidateur, détermine la mise à prix du bien à vendre, les conditions essentielles de la vente et les modalités de visite. A la demande du liquidateur ou de l'une des parties, il peut aménager, restreindre ou compléter les mesures de publicité de la vente dans les conditions des articles R. 322-37 et R. 322-38 du code des procédures civiles d'exécution. — *V. C. pr. exéc.*

Il précise qu'à défaut d'enchères la vente pourra se faire sur une mise à prix inférieure, dont il fixe le montant. Il peut, si la valeur et la consistance des biens le justifient, faire procéder à leur estimation totale ou partielle.

Le jugement comporte, outre les indications mentionnées au premier alinéa, les énonciations exigées aux 1°, 5° et 10° de l'article R. 321-3 du code des procédures civiles d'exécution. Dans les départements du Bas-Rhin, du Haut-Rhin et de la Moselle, ce jugement comporte, outre les indications mentionnées au premier alinéa, les énonciations figurant à l'article 144 de la loi du 1er juin 1924 mettant en vigueur la législation civile française dans les départements du Bas-Rhin, du Haut-Rhin et de la Moselle. — *[C. consom., art. R. 334-49.]*

Art. R. 742-29 Une copie du jugement est adressée au liquidateur par le greffe par lettre simple. — *[C. consom., art. R. 334-50.]*

Art. R. 742-30 Le jugement produit les effets du commandement prévu à l'article R. 321-1 du code des procédures civiles d'exécution. Il est publié à la diligence du liquidateur, au service chargé de la publicité foncière du lieu de situation des biens, dans les conditions prévues pour ledit commandement. — *V. C. pr. exéc.*

Le chef du service chargé de la publicité foncière procède à la formalité de publicité du jugement même si des commandements ont été antérieurement publiés. Ces commandements cessent de produire effet à compter de la publication du jugement.

Dans les départements du Bas-Rhin, du Haut-Rhin et de la Moselle, la publicité du jugement est effectuée au Livre foncier du lieu de situation de l'immeuble. — *[C. consom., art. R. 334-51.]*

Art. R. 742-31 Lorsqu'une procédure de saisie immobilière, suspendue par l'effet du jugement d'ouverture, est reprise par le liquidateur, le juge du tribunal d'instance, à la demande du liquidateur, fixe ou modifie, s'il y a lieu, la mise à prix, les conditions essentielles de la vente, les modalités de visite et statue, à la demande du liquidateur ou d'une des parties, sur les mesures de publicité de la vente dans les conditions des articles R. 322-37 et R. 322-38 du code des procédures civiles d'exécution. — *V. C. pr. exéc.*

Le juge qui fixe ou modifie la mise à prix précise qu'à défaut d'enchères la vente pourra se faire à une mise à prix inférieure, qu'il détermine. Il peut, si la valeur et la consistance des biens le justifient, faire procéder à leur estimation totale ou partielle.

Une copie du jugement est adressée au liquidateur par le greffe par lettre simple.

A la requête du liquidateur, le jugement est mentionné en marge de la copie du commandement publié au service chargé de la publicité foncière ou de l'ordonnance d'exécution forcée inscrite au Livre foncier dans les départements du Bas-Rhin, du Haut-Rhin et de la Moselle.

Le créancier qui avait engagé la procédure de saisie immobilière remet contre récépissé au liquidateur, sur sa demande, les pièces de la poursuite. Ses frais de procédure lui sont restitués dans la distribution. – *[C. consom., art. R. 334-52.]*

Art. R. 742-32 Dans un délai de quinze jours à compter de la publication du jugement prononcé en application de l'article R. 742-28 ou, s'il y a lieu, de la mention du jugement pris en application de l'article R. 742-31 en marge de la copie du commandement publié au service chargé de la publicité foncière, le liquidateur commet un huissier de justice aux fins d'établir un procès-verbal de description des lieux mis en vente dans les conditions des articles R. 322-1, R. 322-2 et R. 322-3 du code des procédures civiles d'exécution. – *[C. consom., art. R. 334-53.]* – *V.* ***C. pr. exéc.***

Art. R. 742-33 Dans un délai de deux mois à compter de la publication du jugement prononcé en application de l'article R. 742-28 ou de la mention du jugement pris en application de l'article R. 742-31 en marge de la copie du commandement publié au service chargé de la publicité foncière, le liquidateur établit un cahier des conditions de vente et le dépose au greffe du juge chargé des saisies immobilières du tribunal de grande instance compétent.

Par exception à l'article R. 322-10 du code des procédures civiles d'exécution, le cahier des conditions de ventes *[vente]* contient :

1° L'énonciation du jugement prononcé en application de l'article R. 742-28 avec la mention de sa publication ou, lorsque la saisie immobilière a été suspendue, l'énonciation du commandement de payer avec la mention de sa publication ainsi que, s'il y a lieu, celle du jugement prononcé en application de l'article R. 742-31 ;

2° La désignation de l'immeuble à vendre, l'origine de propriété, les servitudes grevant l'immeuble, les baux consentis sur celui-ci et le procès-verbal de description ;

3° La mention de la mise à prix, des conditions de la vente et des modalités de paiement du prix selon les règles prévues à l'article R. 742-38. – *[C. consom., art. R. 334-54, I et II.]*

Art. R. 742-34 Au plus tard le cinquième jour ouvrable suivant le dépôt du cahier des conditions de vente, le liquidateur avise, par acte d'huissier de justice, les parties de la date de l'audience d'adjudication. La date est fixée, à sa diligence, dans un délai compris entre deux et quatre mois suivant celle de l'avis.

Outre les mentions prescrites pour les actes d'huissier de justice, l'avis contient, à peine de nullité :

1° L'indication des lieu, jour et heure de l'audience d'adjudication du juge chargé des saisies immobilières ;

2° La sommation de prendre connaissance du cahier des conditions de vente et l'indication du greffe du juge chargé des saisies immobilières ainsi que l'adresse du liquidateur où celui-ci peut être consulté ;

3° L'indication, en caractère *[caractères]* très apparents, qu'à peine d'irrecevabilité, seules les contestations relatives à un acte de procédure postérieur au jugement prononcé en application de l'article R. 742-28 ou de l'article R. 742-31 peuvent être soulevées, dans les quinze jours de l'acte ou, le cas échéant, de sa notification, par conclusions d'avocat déposées au greffe du juge chargé des saisies immobilières.

Aux fins du 3°, l'avis vaut notification du cahier des conditions de vente. – *[C. consom., art. R. 334-54, III et IV.]*

Art. R. 742-35 En cas de contestation formée en application des dispositions de l'article R. 742-34, les parties sont convoquées à une audience par le greffe du juge chargé des saisies immobilières, en application des dispositions du troisième alinéa de l'article R. 124-7 du code des procédures civiles d'exécution. – *[C. consom., art. R. 334-54, V.]* – *V.* ***C. pr. exéc.***

Art. R. 742-36 Sous réserve de la modification des conditions de publicité de la vente prévues par le jugement prononcé en application des dispositions de l'article R. 742-28 ou de l'article R. 742-31, la vente forcée est annoncée dans les conditions

prévues par les dispositions des articles R. 322-31 à R. 322-36 du code des procédures civiles d'exécution. – *[C. consom., art. R. 334-55.]* – *V.* ***C. pr. exéc.***

Art. R. 742-37 **A l'audience d'adjudication, il est procédé en application des dispositions de la sous-section 3 de la section IV du chapitre II du titre II du livre III du code des procédures civiles d'exécution, à l'exception de l'article R. 322-47.** – *V.* ***C. pr. exéc.***

Les dispositions de l'article R. 322-58 du même code sont applicables au paiement des frais taxés et des droits de mutation.

Outre les mentions prescrites pour tout jugement, le jugement d'adjudication vise le jugement prononcé en application de l'article R. 742-28 ou de l'article R. 742-31, les jugements tranchant les contestations et le cahier des conditions de vente. Il indique le nom du liquidateur. Il mentionne les formalités de publicité et leur date, la désignation de l'immeuble adjugé, les dates et lieu de l'adjudication, l'identité de l'adjudicataire, le prix d'adjudication et le montant des frais taxés. Il comporte, le cas échéant, les contestations qu'il tranche.

Le liquidateur avise le débiteur, les créanciers et l'adjudicataire du jugement d'adjudication et, le cas échéant, le fait signifier à toute personne ayant élevé une contestation tranchée par cette décision.

Seul le jugement d'adjudication qui statue sur une contestation est susceptible d'appel, de ce chef, dans un délai de quinze jours à compter de sa notification.

Les dispositions des articles R. 322-61 à R. 322-63 du code des procédures civiles d'exécution sont applicables au titre de vente.

La vente produit les effets prévus par l'article R. 322-64 du même code.

La surenchère est régie par les articles R. 322-50 à R. 322-55 du même code. – *[C. consom., art. R. 334-56.]*

Art. R. 742-38 **Dans un délai de deux mois à compter de la date d'adjudication définitive, l'adjudicataire consigne à la Caisse des dépôts et consignations la totalité du prix de l'adjudication y compris les intérêts au taux légal courant à compter du jour où la vente est devenue définitive jusqu'au jour du paiement.** – *[C. consom., art. R. 334-57.]*

Art. R. 742-39 **La réitération des enchères est régie par les dispositions des articles R. 322-66 à R. 322-72 du code des procédures civiles d'exécution, sous les réserves qui suivent.** – *V.* ***C. pr. exéc.***

En cas de défaut de consignation du prix de vente ou de justification du paiement des frais taxés et des droits de mutation dans le délai prévu à l'article R. 742-38, le liquidateur enjoint l'adjudicataire, par lettre recommandée avec demande d'avis de réception, d'acquitter les sommes restant dues, dans un délai de huit jours, à peine de réitération des enchères.

L'adjudicataire peut contester l'injonction qui lui est faite dans les conditions prévues par l'article R. 322-68 du code des procédures civiles d'exécution, devant le juge chargé des saisies immobilières. – *[C. consom., art. R. 334-58.]*

Art. R. 742-40 **Sur requête de l'adjudicataire, le juge chargé des saisies immobilières constate la purge des hypothèques et privilèges pris sur l'immeuble et ordonne la radiation des inscriptions correspondantes au service chargé de la publicité foncière. Il statue par ordonnance.** – *[C. consom., art. R. 334-59.]*

Art. R. 742-41 **L'avis de mutation prévu par l'article 20 de la loi n° 65-557 du 10 juillet 1965 fixant le statut de la copropriété des immeubles bâtis est donné au syndic par le liquidateur.** – *[C. consom., art. R. 334-60.]* – *V.* ***C. copr.***

SOUS-SECTION 3 RÉPARTITION DU PRODUIT DES ACTIFS

Art. R. 742-42 **Le produit des ventes est réparti entre les créanciers, distraction faite d'une provision correspondant à la rémunération du liquidateur et des frais afférents à la procédure de rétablissement personnel, compris, s'il y a lieu, les frais de la procé-**

dure d'adjudication ainsi que de la procédure de distribution. – *[C. consom., art. R. 334-61.]*

Art. R. 742-43 **En cas de vente d'un immeuble, le liquidateur requiert du chef du service chargé de la publicité foncière l'état des inscriptions conformément à l'article 2449 du code civil.** – *[C. consom., art. R. 334-62.]*

Art. R. 742-44 **Afin de répartir le produit des ventes, le liquidateur élabore un projet de distribution. A cette fin, il peut convoquer les créanciers.**

Le projet de distribution est notifié aux créanciers et au débiteur par lettre recommandée avec demande d'avis de réception.

Cette lettre indique :

1° Qu'une contestation peut être formée, pièces justificatives à l'appui, auprès du liquidateur par lettre recommandée avec demande d'avis de réception dans un délai de quinze jours à compter de sa notification ;

2° Qu'à défaut de contestation dans ce délai le projet est réputé accepté et sera soumis au juge du tribunal d'instance pour homologation. – *[C. consom., art. R. 334-63.]*

Art. R. 742-45 **En l'absence de contestation dans le délai prévu à l'article R. 742-44, le liquidateur transmet le projet de distribution, accompagné des justificatifs de réception de ce projet par les créanciers et le débiteur, au juge du tribunal d'instance aux fins d'homologation.**

En cas de vente d'un immeuble, le liquidateur y joint un état hypothécaire postérieur à la publication de la vente et, le cas échéant, les autorisations de mainlevée des inscriptions et radiation du commandement de payer valant saisie immobilière. En cas de vente forcée d'un immeuble, il y joint, en outre, le jugement d'adjudication.

Le juge du tribunal d'instance confère force exécutoire au projet de distribution, par ordonnance, après avoir vérifié que les créanciers et le débiteur ont pu faire valoir leurs contestations dans le délai prévu à l'article R. 742-44.

Une copie de l'ordonnance est adressée au liquidateur par le greffe par lettre simple. – *[C. consom., art. R. 334-64.]*

Art. R. 742-46 **Lorsque le projet de distribution fait l'objet d'une contestation, le liquidateur convoque les créanciers et le débiteur.**

Si les créanciers et le débiteur parviennent à un accord sur la distribution et, le cas échéant, sur la mainlevée des inscriptions et publications, il en est dressé un procès-verbal signé des créanciers et du débiteur. Une copie leur en est remise ou adressée.

Le liquidateur transmet ce procès-verbal d'accord au juge du tribunal d'instance aux fins d'homologation. En cas de vente d'un immeuble, il y joint les documents mentionnés au deuxième alinéa de l'article R. 742-45.

Le juge du tribunal d'instance confère force exécutoire au procès-verbal, par ordonnance, après en avoir vérifié la régularité.

Une copie de l'ordonnance est adressée au liquidateur par le greffe par lettre simple. – *[C. consom., art. R. 334-65.]*

Art. R. 742-47 **A défaut d'accord sur la distribution constaté dans les conditions prévues par les dispositions de l'article R. 742-46, le liquidateur transmet au juge du tribunal d'instance le projet de distribution, un procès-verbal exposant les difficultés rencontrées ainsi que tous documents utiles.**

Si la difficulté porte, en tout ou partie, sur la répartition du prix d'un immeuble, le liquidateur saisit le juge chargé des saisies immobilières par voie d'assignation des créanciers participant à la distribution. L'assignation expose les difficultés rencontrées ; elle est accompagnée de tous documents utiles. – *[C. consom., art. R. 334-66.]*

Art. R. 742-48 **Le juge du tribunal d'instance ou, le cas échéant, le juge chargé des saisies immobilières établit l'état de répartition et statue sur les frais de distribution.**

Le cas échéant, il ordonne la radiation des inscriptions des hypothèques et privilèges sur l'immeuble.

L'appel contre le jugement établissant l'état de répartition a un effet suspensif.

Une copie du jugement est adressée au liquidateur par le greffe par lettre simple. – *[C. consom., art. R. 334-67.]*

Art. R. 742-49 La Caisse des dépôts et consignations procède, à la demande du liquidateur, au paiement des créanciers et, le cas échéant, du débiteur, dans le mois de la notification qui lui est faite par le liquidateur, selon le cas, du projet de distribution homologué ou du procès-verbal revêtu de la formule exécutoire ou d'une copie revêtue de la formule exécutoire de la décision arrêtant l'état de répartition. – *[C. consom., art. R. 334-68.]*

Art. R. 742-50 En cas de retour au liquidateur d'une lettre de notification qui n'a pu être remise à son destinataire, le liquidateur procède par voie de signification. – *[C. consom., art. R. 334-69.]*

Art. R. 742-51 Dans les départements du Bas-Rhin, du Haut-Rhin et de la Moselle, la répartition du prix d'un immeuble vendu par adjudication est soumise aux dispositions du chapitre IV du titre V de la loi du 1er juin 1924 mettant en vigueur la législation civile française dans les départements du Bas-Rhin, du Haut-Rhin et de la Moselle, à l'exception des dispositions faisant référence à la production des créances. – *[C. consom., art. R. 334-70.]*

Art. R. 742-52 Dans un délai de trois mois suivant la liquidation des biens du débiteur, le liquidateur dépose au greffe un rapport dans lequel il détaille les opérations de réalisation des actifs et de répartition du prix. – *[C. consom., art. R. 334-71.]*

SECTION IV CLÔTURE DE LA PROCÉDURE

Art. R. 742-53 Lorsque le juge fait application de l'article L. 742-20, sans préjudice de la notification du jugement aux parties, un avis de celui-ci est adressé pour publication au *Bulletin officiel des annonces civiles et commerciales* par le greffe.

Cette publication est effectuée selon les mêmes modalités que celles prévues à l'article *(Décr. nº 2017-896 du 9 mai 2017, art. 16-X, en vigueur le 1er janv. 2018)* **« R. 741-13** *[ancienne rédaction : R. 741-9]* **».** – *[C. consom., art. R. 334-72.] – V. Arr. du 24 déc. 2010, ss. art. R. 741-9.*

V. note au-dessus de l'art. R. 741-1.

Art. R. 742-54 Le greffe procède à des mesures de publicité pour permettre aux créanciers qui n'ont pas été convoqués à l'audience d'ouverture de former tierce opposition à l'encontre du jugement.

Les titulaires de créances disposent d'un délai de deux mois à compter de cette publicité pour former tierce opposition. – *[C. consom., art. L. 332-6-1, al. 2 - tierce opposition.]*

Art. R. 742-55 Le jugement de clôture est susceptible d'appel. – *[C. consom., art. R. 334-73.]*

SECTION V PLAN

Art. R. 742-56 Le jugement rendu en application des dispositions de l'article L. 742-24 est susceptible d'appel. – *[C. consom., art. R. 334-74.]*

Art. R. 742-57 Lorsque le juge prononce d'office, à la demande du débiteur ou des créanciers la résolution d'un plan en application du second alinéa de l'article L. 742-25, il statue par jugement susceptible d'appel. – *[C. consom., art. R. 334-75.]*

CHAPITRE III DISPOSITIONS COMMUNES AU RÉTABLISSEMENT PERSONNEL SANS LIQUIDATION JUDICIAIRE ET À LA PROCÉDURE DE RÉTABLISSEMENT PERSONNEL AVEC LIQUIDATION JUDICIAIRE

Art. R. 743-1 En cas d'effacement total d'une créance correspondant au montant d'un chèque impayé et valant régularisation de l'incident de paiement en application des dispositions de l'article L. 743-1, l'établissement teneur de compte avise la Banque de France de cette régularisation au plus tard le deuxième jour ouvré suivant la remise par le débiteur d'une attestation précisant que l'incident de paiement est régularisé par suite de l'effacement total de la créance correspondante.

(Décr. n° 2017-896 du 9 mai 2017, art. 15, en vigueur le 1er janv. 2018) « Lorsque la mesure d'effacement a été prise en application des dispositions de l'article L. 741-1, l'attestation est établie par la commission, qui l'adresse au débiteur lors de l'envoi de la lettre mentionnée à l'article R. 733-8 *[ancienne rédaction : L'attestation est établie et adressée au débiteur par le greffe lors de l'envoi de l'ordonnance mentionnée à l'article R. 741-5 ou du jugement mentionné aux articles R. 741-12, R. 742-53 et R. 742-55]*.

« Lorsque la mesure d'effacement a été prise en application des dispositions de l'article L. 741-6, L. 742-20 ou L. 742-21, l'attestation est établie et adressée au débiteur par le greffe lors de l'envoi du jugement mentionné à l'article R. 741-12, R. 741-16 ou R. 742-17. » — *[C. consom., art. R. 334-76.]*

V. note au-dessus de l'art. R. 741-1.

Art. R. 743-2 Lorsque le juge renvoie le dossier à la commission en application des dispositions de l'article L. 743-2, il statue par ordonnance. Le mandataire et, le cas échéant, le liquidateur sont dessaisis des missions qui leur ont été confiées.

Copie de l'ordonnance leur est adressée par lettre simple. — *[C. consom., art. R. 334-77.]*

TITRE CINQUIÈME FICHIER NATIONAL RECENSANT LES INFORMATIONS SUR LES INCIDENTS DE PAIEMENT CARACTÉRISÉS

Le présent titre ne comprend pas de dispositions réglementaires.

TITRE SIXIÈME SANCTIONS

CHAPITRE PREMIER SANCTIONS CIVILES

Art. R. 761-1 Les formalités des articles R. 721-2, R. 742-12 et R. 742-16 sont prescrites à peine d'irrecevabilité de la demande. — *[C. consom., art. R. 331-8-1, 1re phrase, irrecevabilité, R. 334-37, al. 1er, irrecevabilité et R. 334-39, III, irrecevabilité.]*

CHAPITRE II SANCTIONS PÉNALES

Le présent chapitre ne comprend pas de dispositions réglementaires.

TITRE SEPTIÈME DISPOSITIONS RELATIVES À L'OUTRE-MER

(Décr. n° 2017-1166 du 12 juill. 2017, art. 5)

CHAPITRE UNIQUE TRAITEMENT DES SITUATIONS *DE SURENDETTEMENT*

SECTION PREMIÈRE DISPOSITIONS RELATIVES AUX ÎLES WALLIS-ET-FUTUNA

Art. R. 771-1 Sont applicables dans les îles Wallis-et-Futuna, sous réserve des adaptations prévues à l'article R. 771-2, les dispositions des articles mentionnés dans la

colonne de gauche du tableau ci-après, dans leur rédaction indiquée dans la colonne de droite du même tableau :

ARTICLES APPLICABLES	DANS LEUR RÉDACTION
R. 711-2	Résultant du décret n° 2016-884 du 29 juin 2016
R. 712-2 à R. 712-19	Résultant du décret n° 2016-884 du 29 juin 2016
R. 713-2 à R. 713-11	Résultant du décret n° 2016-884 du 29 juin 2016
R. 721-1 à R. 721-6	Résultant du décret n° 2016-884 du 29 juin 2016
R. 722-1 à l'exception de son dernier alinéa, R. 722-2 à R. 722-6, R. 722-8 et R. 722-11	Résultant du décret n° 2016-884 du 29 juin 2016
R. 723-1 à R. 723-8	Résultant du décret n° 2016-884 du 29 juin 2016
R. 724-1 à R. 724-5 et R. 724-7 à R. 724-8	Résultant du décret n° 2016-884 du 29 juin 2016
R. 731-1 à R. 731-3	Résultant du décret n° 2016-884 du 29 juin 2016
R. 732-1 et R. 732-2	Résultant du décret n° 2016-884 du 29 juin 2016
R. 733-1 à R. 733-6 et R. 733-8 à R. 733-18	Résultant du décret n° 2016-884 du 29 juin 2016
R. 741-1 à R. 741-18	Résultant du décret n° 2016-884 du 29 juin 2016
R. 742-1 à R. 742-22, R. 742-25, R. 742-26, R. 742-42, R. 742-44, R. 742-45 à R. 742-50 et R. 742-52 à R. 742-57	Résultant du décret n° 2016-884 du 29 juin 2016
R. 743-1, R. 743-2	Résultant du décret n° 2016-884 du 29 juin 2016
R. 761-1	Résultant du décret n° 2016-884 du 29 juin 2016

Art. R. 771-2 Pour l'application de l'article R. 771-1 :

1° A l'article R. 712-5, les références aux dispositions de l'article L. 811-1 sont remplacées par les références à des dispositions applicables localement ayant le même objet ;

2° Aux articles R. 712-6, R. 712-20 et R. 722-1, les références à la caisse d'allocations familiales ou à la caisse de mutualité sociale agricole sont remplacées par les références à des dispositions applicables localement ayant le même objet ;

3° Les références aux arrêtés préfectoraux sont remplacées par les références aux arrêtés de l'administrateur supérieur des îles Wallis-et-Futuna ;

4° Le représentant local de la Banque de France à la commission de surendettement de Wallis-et-Futuna est le représentant de l'agence locale de l'Institut d'émission d'outre-mer. Il peut se faire représenter par l'un de ses adjoints ;

5° Les références au préfet sont remplacées par les références à l'administrateur supérieur des îles Wallis-et-Futuna ;

6° Les références au directeur départemental des finances publiques sont remplacées par les références au directeur des finances publiques des îles Wallis-et-Futuna ;

7° Les références au site internet de la Banque de France sont remplacées par les références au site internet de l'institut d'émission d'outre-mer ;

8° Les références au tribunal d'instance et au juge du tribunal d'instance sont remplacées par les références au tribunal de première instance et au juge du tribunal de première instance ;

9° Les références aux dispositions des articles L. 733-7, L. 722-4 et L. 722-6 ne sont pas applicables ;

10° Pour l'application de l'article R. 731-1, les références au code du travail et au code de l'action sociale et des familles sont remplacées par les références aux dispositions applicables localement ayant le même effet ;

11° Les dispositions relatives aux ventes d'immeubles, aux saisies immobilières, au juge chargé des saisies immobilières et au prix d'un immeuble ne sont pas applicables.

SECTION II DISPOSITIONS RELATIVES À SAINT-BARTHÉLEMY ET À SAINT-MARTIN

Art. R. 771-3 Les articles R. 711-1 et R. 712-1 ne sont pas applicables à Saint-Barthélemy et à Saint-Martin.

Art. R. 771-4 Pour l'application du présent titre à Saint-Barthélemy et à Saint-Martin :

1° Le directeur d'agence de l'Institut d'émission des départements d'outre-mer en Guadeloupe est membre de la commission au lieu et place du représentant de la Banque de France. Il peut se faire représenter par l'un de ses adjoints. Ses services assurent le secrétariat de la commission ;

2° Les références au responsable départemental de la direction générale des finances publiques chargé de la gestion publique sont remplacées par les références au payeur de la collectivité ;

3° Les références au département sont remplacées par les références à la collectivité concernée ;

4° En l'absence d'adaptation, les références faites par des dispositions du présent code applicables à Saint-Barthélemy et à Saint-Martin, à des dispositions qui n'y sont pas applicables, sont remplacées par les références aux dispositions ayant le même objet applicables localement.

SECTION III DISPOSITIONS RELATIVES À SAINT-PIERRE-ET-MIQUELON

Art. R. 771-5 Les articles R. 711-1 et R. 712-1 ne sont pas applicables à Saint-Pierre-et-Miquelon.

Art. R. 771-6 Pour l'application du présent titre à Saint-Pierre-et-Miquelon :

1° Le directeur d'agence de l'Institut d'émission des départements d'outre-mer est membre de la commission au lieu et place du représentant de la Banque de France. Il peut se faire représenter par l'un de ses adjoints. Ses services assurent le secrétariat de la commission ;

2° Les références : "au responsable départemental de la direction générale des finances publiques chargé de la gestion publique" sont remplacées par les références : "au trésorier-payeur général de la collectivité" ;

3° Les références : "au tribunal d'instance" sont remplacées par les références : "au tribunal de première instance" ;

4° Les mots : "juge du tribunal d'instance" sont remplacés par les mots : "président du tribunal de première instance ou le juge délégué par lui", le mot : "juge" est remplacé par les mots : "président du tribunal de première instance ou le juge délégué par lui" et les mots : "premier président de la cour d'appel" sont remplacés par les mots : "président du tribunal supérieur d'appel" ;

5° Les références : "au département" sont remplacées par les références : "à la collectivité" ;

6° En l'absence d'adaptation, les références faites par des dispositions du présent code applicables à Saint-Pierre-et-Miquelon, à des dispositions qui n'y sont pas applicables, sont remplacées par les références : "aux dispositions ayant le même objet applicables localement".

LIVRE HUITIÈME ASSOCIATIONS AGRÉÉES DE DÉFENSE DES CONSOMMATEURS ET INSTITUTIONS DE LA CONSOMMATION

TITRE PREMIER ASSOCIATIONS AGRÉÉES DE DÉFENSE DES CONSOMMATEURS

CHAPITRE PREMIER AGRÉMENT DES ASSOCIATIONS

Art. R. 811-1 L'agrément des associations de défense des consommateurs prévu à l'article L. 811-1 peut être accordé à toute association :

1° Qui justifie à la date de la demande d'agrément d'une année d'existence à compter de sa déclaration ;

2° Qui, pendant cette année d'existence, justifie d'une activité effective et publique en vue de la défense des intérêts des consommateurs, appréciée notamment en fonction de la réalisation et de la diffusion de publications de la tenue de réunions d'information et de permanences ;

3° Qui réunit, à la date de la demande d'agrément, un nombre de membres cotisant individuellement :

a) Au moins égal à 10 000 pour les associations nationales, cette condition pouvant ne pas être exigée des associations se livrant à des activités de recherche et d'analyse de caractère scientifique ;

b) Suffisant, eu égard au cadre territorial de leur activité, pour les associations locales, départementales ou régionales.

Lorsque l'association a une structure fédérale ou confédérale, il est tenu compte du nombre total de cotisants des associations la constituant. – *[C. consom., art. R. 411-1.]*

Conditions de l'agrément. Une association de défense des consommateurs ne peut être agréée que si elle justifie à la date de sa demande d'agrément d'une année d'existence à compter de sa déclaration et que le dossier d'agrément qu'elle doit déposer comprend notamment un exemplaire ou une copie certifiée conforme du *Journal officiel* contenant l'insertion mentionnée à l'art. 5 de la loi du 1er juill. 1901. • Civ. 1re, 19 nov. 2009 : *CCC 2010, n° 57, obs. Raymond.*

Art. R. 811-2 L'agrément des associations nationales est accordé par arrêté conjoint du ministre chargé de la consommation et du ministre de la justice. Il est publié au *Journal officiel* de la République française.

L'agrément des associations locales, départementales ou régionales est accordé par arrêté du préfet du département dans lequel l'association a son siège social. Il est publié au *Recueil des actes administratifs*.

L'avis du ministère public prévu à l'article L. 811-1 est donné par le procureur général près la cour d'appel dans le ressort de laquelle l'association a son siège.

L'agrément est accordé pour cinq années. Il est renouvelable dans les mêmes conditions que l'agrément initial. – *[C. consom., art. R. 411-2.]*

Art. R. 811-3 Lorsque plusieurs associations, dont l'une au moins est agréée, se transforment en une seule, l'agrément doit être à nouveau sollicité. Dans ce cas, la condition *d'ancienneté* prévue à l'article R. 811-1 n'est pas exigible. – *[C. consom., art. R. 411-3.]*

Art. R. 811-4 Les demandes d'agrément et de renouvellement sont adressées à la direction chargée de la protection des populations du siège social de l'association.

La composition du dossier et les modalités d'instruction sont fixées par arrêté conjoint du ministre chargé de la consommation et du ministre de la justice. – *V. Arr. du 21 juin 1988, App., v° Associations de consommateurs.*

Lorsque le dossier remis à l'administration est complet, celle-ci en accuse réception. – *[C. consom., art. R. 411-4.]*

Art. R. 811-5 La décision d'agrément ou de refus est notifiée dans un délai de six mois à compter de la délivrance de l'accusé de réception.

Les décisions de refus sont motivées. – *[C. consom., art. R. 411-5.]*

Art. R. 811-6 **Les associations rendent compte annuellement de leur activité selon des modalités fixées par arrêté pris dans les formes prévues à l'article R. 811-4.** – *[C. consom., art. R. 411-6.] – V. Arr. du 21 juin 1988, art. 2, App., v° Associations de consommateurs.*

Art. R. 811-7 **L'agrément peut être retiré après avis du procureur général, lorsque l'association n'a plus le nombre d'adhérents requis pour son agrément, lorsqu'elle ne peut plus justifier de l'activité définie à l'article R. 811-1 ou lorsqu'il est établi qu'elle n'est plus indépendante de toutes formes d'activités professionnelles, à l'exception des associations émanant de sociétés coopératives mentionnées à l'article L. 811-2.**

L'association doit être au préalable mise à même de présenter ses observations. – *[C. consom., art. R. 411-7.]*

CHAPITRE II RECONNAISSANCE SPÉCIFIQUE DES ASSOCIATIONS

Art. R. 812-1 **La reconnaissance spécifique est accordée, pour une durée de trois ans, à l'association qui en fait la demande, par arrêté du ministre chargé de la consommation, lorsqu'elle remplit les conditions suivantes :**

1° Être titulaire de l'agrément prévu au premier alinéa de l'article R. 811-2 ;

2° Démontrer avoir une expérience, une organisation et des ressources humaines lui donnant une capacité effective à renseigner les consommateurs ou à les défendre dans tous les secteurs d'activité suivants : produits alimentaires, habillement, logement, énergie, ameublement et équipement ménager, santé, transports, communications, autres biens et services ;

3° Justifier avoir exercé au cours de la dernière année civile dans quarante départements, directement ou à travers les associations locales, départementales ou régionales qui lui sont affiliées, une activité d'accueil des consommateurs, d'expertise et de règlement amiable des litiges en matière de consommation dans une ou plusieurs permanences départementales ou locales ouvertes à cet effet à tous publics au moins huit heures par semaine ;

4° Avoir inscrit à son compte de résultat au cours de la dernière année civile un produit de cotisations provenant d'adhérents, personnes physiques ou morales, excédant 1,5 fois le montant prévu à l'article D. 612-5 du code de commerce. – *[C. consom., art. R. 431-1.]*

Art. R. 812-2 **La composition du dossier et les modalités d'instruction des demandes de reconnaissance spécifique sont fixées par arrêté du ministre chargé de la consommation.** – *V. Arr. du 2 août 2010, ci-dessous.*

La décision est notifiée à l'association dans un délai maximum *[maximal]* **de quatre mois.**

La décision de rejet de la demande est motivée.

La reconnaissance spécifique peut être retirée par arrêté du ministre chargé de la consommation avant l'expiration de la période de trois ans mentionnée à l'article R. 812-1 si l'association cesse de remplir l'une des conditions énumérées à cet article.

L'association est mise à même de présenter ses observations dans un délai raisonnable.

L'arrêté de retrait de la reconnaissance spécifique est motivé et notifié à l'association concernée. – *[C. consom., art. R. 431-2.]*

Arrêté du 2 août 2010,

Relatif à la reconnaissance spécifique des associations de défense des consommateurs.

Cet arrêté, publié au BOCC 5 août 2010 comme le prévoit son art. 6, n'a pas fait l'objet d'une publication au Journal officiel.

Art. 1er Le dossier prévu à l'article *(Décr. n° 2016-884 du 29 juin 2016, art. 2, en vigueur le 1er juill. 2016)* « R. 812-2 » du code de la consommation est composé comme suit :

1° Un courrier demandant la reconnaissance spécifique de l'association au sens du titre III du livre IV du code de la consommation. Ce courrier est signé par une ou plusieurs personnes physiques habilitées à engager l'association titulaire de l'agrément national prévu par l'article *(Décr. n° 2016-884 du 29 juin 2016, art. 2, en vigueur le 1er juill. 2016)* « R. 811-2 » du code de la consommation.

2° Une note présentant l'activité au cours des dernières années de l'association titulaire de l'agrément national et des associations territoriales qui lui sont affiliées dans les secteurs d'activité énumérés au 2° de l'article *(Décr. n° 2016-884 du 29 juin 2016, art. 2, en vigueur le 1er juill. 2016)* « R. 812-1 » du code de la consommation. Cette note évoque, pour chaque secteur, l'expérience de l'association et décrit son organisation ainsi que ses ressources humaines.

A l'appui de ses déclarations, l'association joint des exemplaires de publications et tout document portant témoignage de sa capacité effective à renseigner les consommateurs ou à les défendre dans les différents secteur d'activité.

3° Une liste des permanences d'accueil des consommateurs tenues par l'association et les associations territoriales qui lui sont affiliées au cours de la dernière année civile précédant le dépôt de la demande.

Ne peuvent être inscrites sur cette liste que les permanences ouvertes à tous publics et se consacrant à l'accueil des consommateurs, à l'expertise et au règlement amiable des litiges en matière de consommation.

Cette liste précise, pour chaque département concerné, les adresses des permanences, ainsi, pour chacune d'elles, que leurs heures d'ouverture sur les différentes périodes de la dernière année civile.

En outre, l'association indique les moyens qu'elle a utilisés pour informer les consommateurs de l'organisation et des horaires d'ouverture de ces permanences.

4° Le rapport moral et le rapport financier approuvés lors de la dernière assemblée générale.

Le rapport financier doit indiquer expressément le produit des cotisations versées pour le financement de l'activité de l'association titulaire de l'agrément national.

Art. 2 Le dossier défini à l'article 1er est constitué en deux exemplaire et remis au directeur général de la concurrence, de la consommation et de la répression des fraudes qui en accuse réception dans les conditions prévues par *(Décr. n° 2015-1342 du 23 oct. 2015, art. 3 et 5, en vigueur le 1er janv. 2016)* « les articles R. 112-4 et R. 112-5 du code des relations entre le public et l'administration *[ancienne rédaction : le décret n° 2001-492 du 6 juin 2001 (pris pour l'application du chapitre II du titre II de la loi n° 2000-321 du 12 avril 2000 et relatif à l'accusé de réception des demandes présentées aux autorités administratives)]* ».

Art. 3 Les associations titulaires de la reconnaissance spécifique adressent chaque année au directeur général de la concurrence, de la consommation et de la répression des fraudes leur rapport moral et leur rapport financier. Ce dernier doit être conforme aux dispositions de l'article 1er, 4° ci-dessus.

Art. 4 Lorsque la reconnaissance spécifique n'a pas été accordée par arrêté du ministre chargé de la consommation, mais a été acquise à l'expiration du délai prévu au deuxième alinéa de l'article *(Décr. n° 2016-884 du 29 juin 2016, art. 2, en vigueur le 1er juill. 2016)* « R. 812-2 » du code de la consommation, l'association peut en demander attestation au directeur général de la concurrence, de la consommation et de la répression des fraudes. L'attestation précise la date d'expiration de la reconnaissance spécifique.

Art. 5 Les services d'administration centrale de la direction générale de la concurrence, de la consommation et de la répression des fraudes et les services déconcentrés chargés de la concurrence, de la consommation et de la répression des fraudes accèdent aux permanences d'accueil figurant sur la liste prévue à l'article 1er, 3° pour vérifier leur ouverture à tous publics durant les horaires déclarés et s'assurer de l'effectivité de l'activité d'accueil des consommateurs, d'expertise et de règlement amiable des litiges en matière de consommation.

Art. R. 812-3 La liste des associations de défense des consommateurs bénéficiant de la reconnaissance spécifique prévue à l'article R. 812-1 est mise à jour et tenue à la disposition du public sur un site internet relevant du ministre chargé de la consommation. – *[C. consom., art. R. 431-3.]*

TITRE DEUXIÈME INSTITUTIONS DE LA CONSOMMATION

CHAPITRE PREMIER CONSEIL NATIONAL DE LA CONSOMMATION

SECTION PREMIÈRE MISSIONS ET ATTRIBUTIONS

Art. D. 821-1 **Le Conseil national de la consommation est un organisme consultatif placé auprès du ministre chargé de la consommation.**

Il a pour objet de permettre le débat et la concertation entre les pouvoirs publics, les représentants des associations de défense des consommateurs et les représentants des organisations professionnelles ainsi que des entreprises assurant des missions de service public, pour tout ce qui a trait aux problèmes de la consommation.

Il a également pour mission de permettre la désignation des médiateurs relevant des dispositions de l'article L. 613-2. – *[C. consom., art. D. 511-1.]*

Art. D. 821-2 **Des accords entre organisations professionnelles ou prestataires de services publics et privés et associations de défense des consommateurs peuvent être négociés dans le cadre du Conseil national de la consommation.** – *[C. consom., art. D. 511-2.]*

Art. D. 821-3 **Les pouvoirs publics consultent, en tant que de besoin, le Conseil national de la consommation sur les grandes orientations de leur politique qui concernent les consommateurs et les usagers et en particulier à l'occasion des discussions des textes européens ayant une incidence sur le droit français de la consommation. Les conditions d'étude de ces dossiers sont définies dans l'arrêté portant règlement intérieur du Conseil.**

Les avis du Conseil portent sur les questions intéressant la consommation de biens et de services publics ou privés, sur les projets ou propositions de lois et règlements susceptibles d'avoir une incidence sur la consommation ainsi que sur les conditions d'application de ces textes, y compris sur les textes pris en application de l'article L. 410-2 du code de commerce et de l'article L. 112-1 du présent code. – *[C. consom., art. D. 511-3.]*

Valeur des avis. Il ressort de l'art. D. 511-1 [D. 821-1] que le Conseil national de la consommation ne dispose d'aucun pouvoir réglementaire propre lui permettant d'édicter des normes contraignantes à l'égard des professionnels. Ainsi, l'avis du CNC du 8 févr. 1990 sur l'emploi du terme « frais » n'a pas une valeur contraignante. Par ailleurs, les produits faisant l'objet d'une définition réglementaire – ce qui est le cas des fromages frais (Décr. n° 2007-628 du 27 avr. 2007, App., v° *Fromages*) et de la crème fraîche (Décr. n° 80-313 du 23 avr. 1980, App., v° *Lait, produits laitiers*) – n'entrent pas dans le champ de l'avis du CNC. • Aut. conc. n° 14-D-08 du 24 juill. 2014. ♦ Pour l'utilisation de cet avis lors de l'appréciation des éléments constitutifs du délit de publicité trompeuse, V. toutefois : • Com. 12 janv. 1999 : *D. 1999. IR 114 ; CCC 1999, n° 65, obs. Raymond.*

Avis,

Pris en application de l'article D. 821-3 du code de la consommation.

Cette liste reprend quelques-uns des avis émis par le Conseil national de la consommation. Ces avis sont consultables sur le site internet du Conseil.

— Avis sur l'amélioration de l'information du consommateur dans le domaine des prix de la réparation automobile (1988) ;

— Avis relatif à la franchise (1989) ;

— Avis sur les automates d'appel (1990) ;

— Avis sur l'amélioration de la qualité des services dans le commerce (1993) ;

— Avis sur les règles de commercialisation des véhicules d'occasion (1993) ;

— Avis sur un modèle de contrat destiné aux gestionnaires d'établissements hébergeant des personnes âgées (1994) ;

— Avis sur la publicité des objets, appareils et méthodes (OAM) présentés comme bénéfiques à la santé (1994) ;

— Avis sur l'extension des réparations obligatoires des véhicules ayant subi un contrôle technique (1995) ;
— Avis sur les loteries dans la vente par correspondance (1995) ;
— Avis sur les essais comparatifs (1995) ;
— Avis sur les autoroutes à péage (1995) ;
— Avis sur l'information du consommateur dans le secteur de l'esthétique médico-chirurgicale (1996) ;
— Avis sur l'information du consommateur sur les honoraires médicaux (1996) ;
— Avis relatif à une meilleure protection du consommateur qui recourt aux services d'un mandataire automobile (1996) ;
— Avis relatif à l'amélioration de la communication sur les signes officiels de qualité (1996) ;
— Avis sur l'amélioration de la qualité des prestations et de la tarification des courses de taxi (1996) ;
— Avis sur la traçabilité des viandes bovines et l'information du consommateur (1996) ;
— Avis sur la traçabilité de la viande ovine et l'information des consommateurs (1997) ;
— Avis sur le commerce électronique : offre commerciale et protection du consommateur (1997) ;
— Avis sur les syndics de copropriété (1997) ;
— Avis sur l'offre d'accès à internet (1997) ;
— Avis relatif aux modalités de la mise en application de la certification des services (1998) ;
— Avis sur l'information du consommateur dans le secteur des assurances complémentaires maladie (1998) ;
— Avis relatif à l'information du consommateur sur l'origine des produits manufacturés (1998) ;
— Avis relatif à l'information des consommateurs sur les méthodes de conservation des denrées alimentaires périssables : les viandes (1999) ;
— Avis sur l'information du consommateur dans le secteur des honoraires des avocats (2000) ;
— Avis sur la publicité et l'enfant (2000) ;
— Avis sur la qualité des fruits et légumes frais dans le commerce (2000) ;
— Avis sur les maisons de retraite (2000) ;
— Avis sur les cosmétiques de protection solaire (2000) ;
— Avis relatif à la sécurité des cartes de paiement (2001) ;
— Avis relatif à la filière marée (2001) ;
— Avis sur la fiche d'information concernant les caractéristiques essentielles de l'offre de service téléphonique fixe et mobile dans le cadre de l'information précontractuelle (2002) ;
— Avis relatif aux transports sanitaires terrestres (2002) ;
— Avis relatif aux sceaux et labels de confiance sur internet (2003) ;
— Avis relatif à la profession d'huissier de justice (2003) ;
— Avis sur la terminologie à utiliser dans les factures et autres documents relatifs aux services téléphoniques (2003) ;
— Avis relatif à l'information précontractuelle en matière de téléphonie fixe et mobile (2003) ;
— Avis relatif à la médiation dans les litiges de la consommation (2004) ;
— Avis relatif au développement durable (2004) ;
— Avis sur le transport aérien (2005) ;
— Avis relatif à la sécurité des installations électriques intérieures des particuliers (2005) ;
— Avis sur la parapharmacie (2005) ;
— Avis relatif à un guide pratique des communications électroniques (2006) ;
— Avis relatif à la publicité écrite dans le secteur des communications électroniques (2006) ;
— Avis relatif à la remise de contrats dans le secteur des communications électroniques (2006) ;
— Avis relatif à la résiliation des contrats dans le secteur des communications électroniques (2006) ;
— Avis relatif au traitement des litiges dans les communications électroniques (2006) ;
— Avis relatif à la mise à disposition de fiches d'information standardisées dans les communications électroniques (2006) ;

— Avis relatif à la certification de services et de produits autres qu'alimentaires (2007) ;
— Avis relatif à l'amélioration de la transparence tarifaire des prestations de syndics immobiliers (2007) ;
— Avis sur la publicité audiovisuelle dans le domaine des communications électroniques (2007) ;
— Avis relatif à la vérification des compétences en matière de diagnostic immobilier (2007) ;
— Avis sur les modes alternatifs de règlement des litiges (2007) ;
— Avis relatif à la régulation publicitaire (2008) ;
— Avis relatif à la construction de maisons individuelles (2009) ;
— Avis relatif à la valorisation des filières n'utilisant pas d'OGM (2009) ;
— Avis relatif à la protection des données personnelles des consommateurs (2010) ;
— Avis relatifs à la clarification d'allégations environnementales (2010) ;
— Avis portant sur l'amélioration de la compréhension des services d'internet mobile par le consommateur (2011) ;
— Avis portant sur les conditions d'utilisation des expressions "illimité" et "24h/24" pour qualifier les offres de services mobiles (2011) ;
— Avis portant sur la consolidation des avis du CNC dans le secteur des communications électroniques (2011) ;
— Avis relatif à la fourniture d'électricité et de gaz naturel (2012) ;
— Avis relatif aux services à la personne (2012) ;
— Avis relatif à l'action de groupe (2012) ;
— Avis sur la dématérialisation au service de l'information du consommateur (2013) ;
— Avis sur le bilan de l'expérimentation nationale de l'affichage environnemental des produits (2013) ;
— Avis relatif aux mesures nationales sur les allergènes et la dénomination de vente qui pourraient être proposées en ce qui concerne les denrées alimentaires non préemballées (2014) ;
— Avis relatif au double affichage des prix de vente et d'usage des biens de consommation (2015) ;
— Avis sur les informations des consommateurs-sites « comparateurs » (2015) ;
— Avis sur la durabilité des produits (2015) ;
— Avis sur les plateformes numériques collaboratives (2016) ;
— Avis sur le marketing différencié (2016).

Art. D. 821-4 Le ministre chargé de la consommation assure la publicité des avis du Conseil national de la consommation et, le cas échéant, des opinions divergentes.

Si la demande en est faite par le tiers au moins des membres d'un collège, le détail des votes de ce collège est également rendu public.

Le Conseil national de la consommation établit chaque année un rapport sur son activité, qui est rendu public. – *[C. consom., art. D. 511-4.]*

SECTION II COMPOSITION ET ORGANISATION

Art. D. 821-5 Le Conseil national de la consommation est présidé par le ministre chargé de la consommation ou son représentant. – *[C. consom., art. D. 511-5.]*

Art. D. 821-6 Le Conseil national de la consommation est composé :

1° D'un collège constitué des associations de défense des consommateurs disposant de l'agrément prévu à l'article L. 811-1 ;

2° D'un collège comprenant des organisations professionnelles les plus représentatives des *activités industrielles, commerciales,* artisanales et agricoles et de services privés ainsi que d'entreprises assurant des missions de service public.

Les associations de défense des consommateurs, les organisations professionnelles et les entreprises répondant aux critères définis au présent article sont nommées au Conseil national de la consommation, par arrêté du ministre chargé de la consommation, pour une durée de trois ans.

Les organisations professionnelles et les entreprises mentionnées au 2° sont nommées après avis des ministres intéressés.

L'arrêté précise le nombre de sièges de membres titulaires ou de membres suppléants dont dispose chaque organisation ou entreprise nommée au Conseil national de la consommation. Il accorde un siège de membre titulaire et deux sièges de membres suppléants à chaque association de défense des consommateurs. – *[C. consom., art. D. 511-6.]*

Art. D. 821-7 Les représentants des ministères composant le groupe interministériel de la consommation défini à l'article D. 825-1 participent aux travaux du Conseil national de la consommation, en fonction des sujets traités.

Les représentants des autres ministres peuvent participer, soit à leur demande, soit à celle du président du Conseil national de la consommation, aux séances du Conseil national de la consommation telles qu'elles sont définies à l'article D. 821-12. – *[C. consom., art. D. 511-7.]*

Art. D. 821-8 Les représentants des organismes dont la liste est fixée par arrêté du ministre chargé de la consommation participent aux travaux du Conseil national de la consommation, en fonction des sujets traités. – *[C. consom., art. D. 511-8.] – V. Arr. du 14 mars 2005 (JO 18 mars).*

Art. D. 821-9 Le président du Conseil peut, de sa propre initiative ou sur initiative du bureau, tel qu'il est défini à l'article D. 821-11, inviter à ses réunions toute personnalité et désigner tout expert dont la présence sera jugée utile à la bonne marche des travaux.

Ces experts n'ont pas de voix délibérative. – *[C. consom., art. D. 511-9.]*

Art. D. 821-10 Les membres titulaires du collège des associations de défense des consommateurs et du collège des organisations professionnelles et des entreprises assurant des missions de service public ont voix délibérative.

Le titulaire absent ou empêché est remplacé de plein droit par son premier suppléant ou à défaut, par son second suppléant. – *[C. consom., art. D. 511-10.]*

Art. D. 821-11 Le bureau du Conseil national de la consommation comprend, pour chaque collège, sept membres titulaires et un nombre égal de membres suppléants.

Les associations nationales de défense des consommateurs, bénéficiant de la reconnaissance spécifique prévue à l'article R. 812-1, sont membres de droit du bureau. Elles y sont représentées par leur titulaire et leur premier suppléant au Conseil.

Le collège des associations de défense des consommateurs siégeant au bureau est complété sur proposition des autres associations de défense de consommateurs siégeant au collège mentionné au 1° de l'article D. 821-6.

Sur proposition du collège mentionné au 2° de l'article D. 821-6, siègent au bureau du Conseil national de la consommation les représentants des professionnels, membres de ce collège.

Les membres du bureau sont nommés par arrêté du ministre chargé de la consommation fixant le nombre de sièges de membres titulaires ou de membres suppléants dont dispose chaque association, organisation ou entreprise nommée au sein de ce bureau.

Le membre suppléant remplace de plein droit au bureau le titulaire absent ou empêché qui lui a remis un pouvoir. A défaut, un pouvoir peut être remis à un autre membre du bureau.

Le ministre chargé de la consommation peut mettre fin au mandat au sein du bureau d'une association nationale de défense des consommateurs, d'une organisation professionnelle ou d'une entreprise assurant des missions de service public qui, sans raison légitime, n'a pas assuré sa représentation pendant trois séances consécutives.

Les réunions du bureau sont présidées par le ministre chargé de la consommation ou son représentant.

Un arrêté du ministre chargé de la consommation précise les règles de composition, de fonctionnement et les attributions du bureau. – [*C. consom., art. D. 511-11.*] – *V. Arr. du 14 mars 2005 (JO 18 mars).*

SECTION III FONCTIONNEMENT

V. Avis CNC du 2 oct. 2013 sur l'amélioration des conditions de fonctionnement du Conseil national de la consommation.

Art. D. 821-12 Le Conseil national de la consommation est convoqué en séance plénière par le ministre chargé de la consommation, de sa propre initiative ou à la demande de la majorité des membres titulaires d'un des deux collèges ou de la majorité des membres titulaires du bureau. Il tient au moins une séance plénière par an.

Par dérogation aux règles de remplacement définies à l'article D. 821-10, tout membre titulaire ou suppléant du Conseil peut participer à la séance plénière lorsque celui-ci siège en formation extraordinaire pour débattre sur une communication du ministre chargé de la consommation.

La convocation de la séance plénière précise les points de l'ordre du jour traités, éventuellement, en formation plénière extraordinaire.

Aucun vote ne peut intervenir en formation plénière extraordinaire du conseil.

Le Conseil national de la consommation tient au moins deux séances plénières par an.

La réunion d'un seul collège se fait sur convocation du ministre chargé de la consommation, de sa propre initiative ou à la demande des deux tiers des membres titulaires de l'un ou l'autre des collèges.

La consultation du Conseil ou d'un seul collège peut être effectuée :

– soit sur convocation du ministre adressée deux semaines au moins avant la date de la séance ;

– soit selon une procédure d'urgence, sans condition de délai ou de quorum ;

– soit par voie écrite. – [*C. consom., art. D. 511-12.*]

Art. D. 821-13 Le ministre chargé de la consommation arrête l'ordre du jour de chaque séance plénière.

Les propositions faites par au moins un tiers des membres du conseil ayant voix délibérative sont inscrites de droit. – [*C. consom., art. D. 511-13.*]

Art. D. 821-14 Le président du Conseil national de la consommation soumet à la formation plénière du conseil les projets d'avis définis à l'article D. 821-3, notamment en organisant une procédure de consultation écrite.

Toutefois, il ne soumet qu'au bureau les projets d'avis qui émanent d'un groupe de travail constitué au sein de ce conseil.

Les avis sont adoptés à la majorité des membres présents de chacun des deux collèges, les votes étant décomptés séparément par collèges.

De sa propre initiative ou à la demande du ministre, l'un des deux collèges peut, à la majorité de ses membres présents, adopter une opinion portant sur une question relevant de sa compétence. – [*C. consom., art. D. 511-14.*]

Art. D. 821-15 Le secrétariat du Conseil national de la consommation est assuré par les services du ministre chargé dela consommation. – [*C. consom., art. D. 511-15.*]

Art. D. 821-16 Les modalités praiques de fonctionnement du Conseil national de la consommation sont précisées dns un règlement intérieur arrêté par le ministre *chargé de la consommation* sur avi du Conseil. – [*C. consom., art. D. 511-16.*]

Art. D. 821-17 Les *désignations* de représentants des associations de défense des *consommateurs effectuées* sur proposition ou avis du Conseil national de la consommation sont faites sur proposition ou avis du collège des associations de défense des consommateurs.

Les modalités pratiques de ces consultations sont précisées dans l'arrêté portant règlement intérieur du Conseil. – *[C. consom., art. D. 511-17.]* – *V. Arr. du 14 mars 2005 (JO 18 mars).*

CHAPITRE II INSTITUT NATIONAL DE LA CONSOMMATION

BIBL. GÉN. ▶ Réforme du 4 avr. 2001 : RAYMOND, *CCC 2001. Repère 7.*

SECTION PREMIÈRE MISSIONS ET FONCTIONNEMENT

Art. R. 822-1 Pour l'accomplissement des missions mentionnées à l'article L. 822-2, l'Institut national de la consommation :

1° A l'égard des associations de défense des consommateurs agréées au plan national :

***a)* Effectue et fournit des prestations d'appui technique, telles que la réalisation d'études juridiques, économiques et techniques, de dossiers pédagogiques et documentaires, de dossiers de synthèse et d'analyse préparatoires aux travaux du Conseil national de la consommation, d'actions de formation, d'essais comparatifs, d'émissions télévisées, de publications spécialisées. Il assure un accès aux bases de données de l'établissement.**

Le cahier des charges annuel des prestations de l'appui technique aux associations de défense des consommateurs est élaboré par une commission créée à cet effet et qui veille à son exécution.

Cette commission est composée d'un représentant de chacune des associations de défense des consommateurs agréées au plan national, ainsi que du directeur général de l'établissement.

Le commissaire du Gouvernement ou son représentant et le contrôleur budgétaire assistent de droit à ses travaux ;

***b)* Assure un financement et fournit des prestations d'appui technique aux centres techniques régionaux de la consommation ou aux structures régionales ou interrégionales assimilées dans le cadre de conventions de mutualisation permettant la mise en commun avec ces centres ou ces structures de ressources matérielles, intellectuelles et humaines. Un arrêté du ministre chargé de la consommation définit les modalités d'application du présent alinéa ;** – *V. Arr. du 12 nov. 2010, ci-dessous.*

***c)* Recueille des informations sur les questions impliquant la défense des intérêts des consommateurs, en vue notamment de constituer des banques de données ;**

2° A l'égard du public :

***a)* Diffuse par tout moyen approprié des informations sur les questions touchant à la consommation, les produits et les services susceptibles d'être utilisés par les consommateurs ;**

***b)* Réalise tout produit, étude, essai comparatif ou service lié à ses missions.** – *[C. consom., art. R. 531-3, al. 1er à 7 et 10 à 13.]*

1. Diffamation. L'INC, en publiant un article, présentant sous forme d'enquête, la liste des services hospitaliers « à éviter et à fermer », en faisant ressortir que certains services d'urgence sont « en état *de sous-développement* matériel et humain » et dangereux pour les patients admis, se rend coupable de diffamation envers une administration publique. • Civ. 2e, 30 sept. 1998 : *D. Affaires 1998. 1192, obs. C. R.*

2. Essai comparatif. Sur l'exigence d'objectivité et de prudence s'imposant à l'INC lors de la publication de ses essais comparatifs, V. • Versailles, *28 juin 1993 : CCC 1994, n° 41, obs. Raymond* • Paris, 1er févr. 2008 : *CCC 2008, n° 33, obs. Raymond.*

Arrêté du 12 novembre 2010,

Relatif au financement et à la fourniture de prestations d'appui technique aux centres techniques régionaux de la consommation ou aux structures régionales ou interrégionales assimilées.

Art. 1er Les centres techniques régionaux de la consommation et les structures régionales ou interrégionales assimilées apportent aux associations de défense des consommateurs agréées qu'ils regroupent une aide technique visant à faciliter le fonctionnement et le développement de ces associations. Ils peuvent mettre en œuvre des actions de sensibilisation et d'information générale des consommateurs sur les questions de consommation, notamment par l'utilisation des moyens modernes de communication.

Art. 2 L'objet des prestations d'appui technique fournies par l'Institut national de la consommation aux centres techniques régionaux de la consommation et aux structures régionales ou interrégionales assimilées en application du *b)* du 1° de l'article *(Décr. n° 2016-884 du 29 juin 2016, art. 2, en vigueur le 1er juill. 2016)* « R. 822-1 » du code de la consommation est de :

a) mettre à disposition et développer tous supports de documentation, d'information et de communication ; programmer et coordonner des actions se rapportant au développement de ces supports ;

b) mettre à disposition et développer tous outils de formation dans le domaine de la consommation ; programmer et coordonner des actions se rapportant au développement de ces outils ;

c) proposer, coordonner et soutenir toutes actions audiovisuelles et de communication.

Art. 3 Les conventions de mutualisation conclues entre l'Institut national de la consommation et chacune des structures mentionnées au *b)* du 1° de l'article *(Décr. n° 2016-884 du 29 juin 2016, art. 2, en vigueur le 1er juill. 2016)* « R. 822-1 » du code de la consommation définissent les ressources matérielles, intellectuelles et humaines que les parties mettent en commun.

Ces conventions permettent de déterminer les montants des aides financières allouées par l'institut national de la consommation à ces structures pour faciliter l'accomplissement par celles-ci des missions définies à l'article 1er du présent arrêté.

A cet effet, les conventions de mutualisation indiquent notamment :

— le montant prévisionnel de ces aides financières ;

— la finalité, la nature et les principales modalités des actions subventionnées ;

— les critères en fonction desquels les résultats des actions concernées seront évalués et le montant définitif des aides financières fixé.

Le montant prévisionnel des aides financières, les critères d'évaluation et le montant définitif des aides prennent en compte la contribution des actions à l'efficacité globale du réseau technique constitué par l'Institut national de la consommation, les centres techniques régionaux de la consommation et les structures régionales ou interrégionales assimilées.

Les conventions de mutualisation sont passées pour une durée semestrielle, annuelle ou pluriannuelle.

Art. 4 Le comité d'évaluation prévu par le second alinéa du *b)* du 1° de l'article *(Décr. n° 2016-884 du 29 juin 2016, art. 2, en vigueur le 1er juill. 2016)* « R. 822-1 » du code de la consommation est composé de trois représentants de centres techniques régionaux de la consommation ou structures régionales ou interrégionales assimilées et d'un représentant de l'État au conseil d'administration de l'Institut national de la consommation.

Les membres du comité d'évaluation sont nommés par arrêté du ministre chargé de la consommation pour un mandat d'un an. — *V. Arr. du 12 nov. 2010 (BOCC 30 nov.).*

Le membre du comité qui au cours de son mandat, décède, démissionne ou perd la qualité au titre de laquelle il a été désigné est remplacé pour la durée du mandant restant à courir par une personne désignée dans les mêmes conditions.

Le commissaire du Gouvernement auprès de l'Institut national de la consommation assiste aux travaux du comité ou s'y fait représenter par un ou plusieurs agents qualifiés.

Art. 5 Les séances du comité d'évaluation sont convoquées par le directeur général de l'Institut national de la consommation et présidée par celui-ci ou par son représentant.

Sauf urgence, les membres du comité reçoivent, huit jours au moins avant la date de la réunion, une convocation comportant l'ordre du jour et les documents nécessaires à l'examen des affaires qui y sont inscrites.

Le comité peut délibérer que si trois au moins de ses membres définis au 1er alinéa de l'article 4 sont présents ou représentés par un autre membre du comité. Le pouvoir donné par le membre absent doit indiquer le nom du membre du comité qui le représente et être remis *au directeur général de l'INC ou à son* représentant avant le début de la séance.

Lorsque le quorum défini à l'alinéa précédent n'est pas atteint, la commission *[le comité]* délibère valablement sans condition de quorum après une nouvelle convocation portant sur le même ordre du jour et spécifiant qu'aucun quorum ne sera exigé.

Art. 6 Le comité d'évaluation donne un avis sur tout projet de convention de mutualisation prévu par l'article *(Décr. n° 2016-884 du 29 juin 2016, art. 2, en vigueur le 1er juill. 2016)*

« R. 822-1 » du code de la consommation, sur tout projet de renouvellement d'une telle convention et sur tout projet d'avenant ayant une incidence sur le montant de l'aide financière prévue dans la convention de mutualisation initiale.

Le comité d'évaluation est également consulté préalablement à la décision du directeur général de l'Institut national de la consommation fixant le montant définitif d'une aide financière en application des dispositions inscrites dans une convention de mutualisation passée avec une structure mentionnée au *b)* du 1° de l'article *(Décr. nº 2016-884 du 29 juin 2016, art. 2, en vigueur le 1er juill. 2016)* « R. 822-1 » du code de la consommation.

Les avis du comité d'évaluation sont adoptés à la majorité des membres présents ou représentés à la séance. En cas de partage égal des voix, les opinions divergentes sont présentées dans cet avis.

Le directeur général de l'Institut national de la consommation et le commissaire du Gouvernement ou leurs représentants ne prennent pas part aux votes du comité d'évaluation.

Le centre technique régional de la consommation ou la structure régionale ou interrégionale assimilée reçoit copie de l'avis du comité d'évaluation le concernant avant la signature du projet de convention, de renouvellement de convention ou d'avenant. Lorsque l'aide financière résulte des dispositions inscrites dans une convention de mutualisation, la structure mentionnée au *b)* du 1° de l'article *(Décr. nº 2016-884 du 29 juin 2016, art. 2, en vigueur le 1er juill. 2016)* « R. 822-1 » du code de la consommation reçoit copie de l'avis du comité d'évaluation la concernant préalablement à l'ordonnancement de l'aide.

Art. 7 La directrice générale de la concurrence, de la consommation et de la répression des fraudes est chargée de l'application du présent arrêté, qui sera publié au *Bulletin officiel de la concurrence, de la consommation et de la répression des fraudes* [BOCC 30 nov. 2010].

Art. R. 822-2 Dans les limites prévues par l'état prévisionnel des recettes et de ses dépenses, le directeur général de l'Institut national de la consommation détermine les montants des aides financières allouées aux centres techniques régionaux de la consommation ou aux structures régionales ou interrégionales assimilées devant être inscrits dans ces conventions ou résultant de la mise en œuvre des dispositions de celles-ci. A cet effet, il recueille préalablement l'avis d'un comité d'évaluation créé dans des conditions et selon les modalités fixées par l'arrêté prévu à l'article R. 822-1.

Le directeur général de l'Institut national de la consommation est l'ordonnateur des subventions allouées aux centres techniques régionaux de la consommation ou aux structures régionales ou interrégionales assimilées. – *[C. consom., art. R. 531-3, al. 8 et 9.]*

Art. R. 822-3 L'Institut national de la consommation établit chaque année un rapport d'activité dans lequel figurent, le cas échéant, les propositions de modifications législatives ou réglementaires proposées par *(Décr. nº 2017-1166 du 12 juill. 2017, art. 7)* **« la commission mentionnée à l'article L. 822-4 ». Les avis** *(Décr. nº 2017-1166 du 12 juill. 2017, art. 7)* **« de cette commission » sont annexés au rapport ainsi que les suites données à ces avis.**

Ce rapport est présenté au président de la République et au Parlement. Il est rendu public. – *[C. consom., art. L. 531-2.]*

Art. R. 822-4 ***L'Institut*** **national de la consommation est administré par un conseil d'administration composé de** *(Décr. nº 2017-1166 du 12 juill. 2017, art. 7)* **« quinze** *[ancienne rédaction : seize]* **» membres ayant voix délibérative :**

1° Cinq représentants des consommateurs et usagers désignés par le ministre chargé de la consommation ;

2° Cinq représentants de l'État, désignés conjointement par le ministre chargé de l'économie et le ministre chargé de la consommation ;

3° Deux représentants élus par le personnel de l'Institut national de la consommation, dans les conditions prévues par la loi nº 83-675 du 26 juillet 1983 relative à la démocratisation du secteur public ;

4° Le *(Abrogé par Décr. nº 2017-1166 du 12 juill. 2017, art. 7)* ***« président de la commission de la sécurité des consommateurs, le »*** **président de la commission des clauses abu-**

sives, ainsi qu'un représentant du collège des professionnels du Conseil national de la consommation et un ingénieur des corps de l'État désigné par le ministre chargé de la consommation.

Les membres sont nommés par arrêté du ministre chargé de la consommation pour un mandat de trois ans, renouvelable une fois.

Il peut être mis fin, par arrêté du ministre chargé de la consommation, au mandat de tout membre qui, sans raison légitime, n'a pas participé à trois séances consécutives du conseil d'administration. Cette disposition n'est toutefois pas applicable *(Décr. n° 2017-1166 du 12 juill. 2017, art. 7)* « au membre du conseil d'administration désigné en raison de sa fonction de président de la commission mentionnée à l'article L. 822-4 ».

En cas de vacance survenant, pour quelque cause que ce soit, plus de six mois avant l'expiration du mandat, un autre membre est désigné par le ministre chargé de la consommation pour la durée du mandat restant à courir. Cette durée s'impute sur le décompte des deux mandats mentionnés au sixième alinéa, si elle est égale ou supérieure à dix-huit mois. – *[C. consom., art. R. 531-4.]*

Art. R. 822-5 Le conseil d'administration élit en son sein, pour la durée du mandat de ses membres, un président et un vice-président, ce dernier remplaçant de droit le président absent ou empêché.

En cas de cessation des fonctions du président ou du vice-président en cours de mandat, un successeur est élu dans les mêmes conditions pour la durée du mandat restant à courir. – *[C. consom., art. R. 531-5.]*

Art. R. 822-6 Les fonctions de membre du conseil d'administration sont gratuites. Elles ouvrent droit aux indemnités de déplacement et de séjour prévues par le décret n° 2006-781 du 3 juillet 2006 fixant les conditions et les modalités de règlement des frais occasionnés par les déplacements temporaires des personnels civils de l'État. – *[C. consom., art. R. 531-6.]*

Art. R. 822-7 Le conseil d'administration se réunit au moins trois fois par an, sur convocation de son président, ou à la demande de la majorité de ses membres ou du commissaire du Gouvernement.

Le président arrête l'ordre du jour, lequel comporte notamment les questions dont l'inscription est demandée par la majorité des membres du conseil d'administration, par le directeur général ou le commissaire du Gouvernement.

En cas d'indisponibilité occasionnelle, un membre du conseil d'administration peut se faire représenter par un autre membre. Toutefois, chaque membre ne peut représenter qu'un autre membre au plus. Le conseil d'administration ne peut valablement délibérer que si la majorité de ses membres est présente ou représentée. Si le quorum n'est pas atteint à l'occasion d'une première réunion, le conseil pourra valablement délibérer sans exigence du quorum à la suite d'une seconde convocation qui doit intervenir dans un délai maximum *[maximal]* de quinze jours.

Les délibérations sont adoptées à la majorité des membres présents ou représentés. En cas de partage des voix, la voix du président est prépondérante.

Le conseil d'administration peut entendre des experts pour l'examen d'une question figurant à l'ordre du jour.

Le directeur général de l'Institut national de la consommation, le commissaire du Gouvernement, le contrôleur budgétaire et l'agent comptable assistent avec voix consultative aux séances du conseil d'administration. Le directeur général peut se faire assister par tout collaborateur de son choix. Il peut se faire représenter en cas d'empêchement. – *[C. consom., art. R. 531-7.]*

Art. R. 822-8 Le conseil d'administration délibère sur :

1° Les orientations générales de l'établissement ;
2° Le contrat d'objectifs pluriannuel que l'établissement conclut avec l'État ;
3° Les programmes annuels ou pluriannuels d'action ;

4° Le règlement intérieur de la commission mentionnée au *a* du 1° de l'article R. 822-1, ainsi que sur le cahier des charges annuel des prestations de l'appui technique aux organisations de consommateurs élaboré par cette commission et présenté par le directeur ;

5° Le budget ;

6° Les conditions générales de fixation des prix de vente des produits et des prestations de l'établissement ;

7° Le rapport annuel d'activité présenté par le directeur ;

8° Le compte financier et l'affectation des résultats de l'exercice ;

9° Les emprunts ;

10° Les prises, extensions ou cessions de participations financières de l'établissement ;

11° La création ou la cession de sociétés filiales ;

12° L'acceptation ou le refus de dons et legs ;

13° Les conditions générales de recrutement, d'emploi et de rémunération des personnels ;

14° L'exercice des actions en justice et les transactions.

Le conseil d'administration élabore son règlement intérieur. — *[C. consom., art. R. 531-8.]*

Art. R. 822-9 **Un commissaire du Gouvernement est désigné par le ministre chargé de la consommation pour siéger auprès de l'Institut.**

Il siège également auprès *(Décr. n° 2017-1166 du 12 juill. 2017, art. 7)* **« de la commission mentionnée à l'article L. 822-4 ».** — *[C. consom., art. R. 531-9, al. 1er.]*

Art. R. 822-10 **Pour les séances du conseil d'administration, le commissaire du Gouvernement peut se faire accompagner par tout collaborateur ou personne qualifiée de son choix. Il peut s'y faire représenter.**

Les délibérations du conseil d'administration sont exécutoires, sauf si le commissaire du Gouvernement demande la suspension de cette exécution dans les dix jours qui suivent la délibération. Dans ce cas, le commissaire du Gouvernement soumet cette délibération au ministre chargé de la consommation, qui se prononce dans un délai d'un mois après la demande de suspension. A défaut d'une décision de rejet expresse et motivée de la part du ministre dans ce délai, la délibération est exécutoire.

Toutefois, les délibérations relatives aux emprunts, aux prises, extensions et cessions de participations et aux créations ou cessions de filiales ne sont exécutoires qu'après approbation par arrêté conjoint du ministre chargé du budget, du ministre chargé de la consommation et, le cas échéant, du ministre chargé de l'économie.

Les délibérations relatives à l'acceptation ou au refus des dons et legs, aux conditions générales de recrutement, d'emploi et de rémunération des personnels et à la politique commerciale sont exécutoires, sauf opposition du ministre chargé de la consommation ou du ministre chargé du budget, quinze jours après la réception du relevé de décision par le commissaire du Gouvernement et le ministre chargé du budget.

Les délibérations portant sur le budget et le compte financier sont exécutoires dans *les conditions prévues* par le titre III du décret n° 2012-1246 du 7 novembre 2012 relatif à la gestion budgétaire et comptable publique. — *[C. consom., art. R. 531-9, al. 2 à 5.] — V. Arr. du 22 avr. 2015 relatif aux modalités d'exercice du contrôle budgétaire sur l'INC (JO 30 avr.).*

Art. R. 822-11 **Le directeur général de l'Institut est nommé par décret. Il assure la direction et la gestion de l'établissement.**

Le directeur général :

1° Prépare et exécute les décisions du conseil d'administration ;

2° Est responsable de l'organisation de l'établissement ainsi que de son fonctionnement ;

3° Prépare les programmes d'activités de l'établissement et en assure l'exécution ;

4° Recrute et gère le personnel. Avant toute décision qu'il prend ou instruit relative à la situation d'un agent placé sous son autorité qui exerce auprès *(Décr. n° 2017-1166 du 12 juill. 2017, art. 7)* **« de la commission mentionnée à l'article L. 822-4 » des fonctions dans les conditions prévues par le I de l'article R. 822-32 ou qui instruit auprès de cette commission un avis ou une recommandation dans les conditions prévues par le II du même article, le directeur général consulte le président de cette commission ;**

5° Représente l'Institut en justice et dans tous les actes de la vie civile. Pour agir en justice, il doit disposer de l'autorisation du conseil d'administration ou, à défaut, en cas d'urgence, de celle du président du conseil d'administration. Il en rend compte au conseil d'administration ;

6° Est ordonnateur des recettes et des dépenses. – *[C. consom., art. R. 531-10.]*

Art. R. 822-12 **L'Institut national de la consommation et** *(Décr. n° 2017-1166 du 12 juill. 2017, art. 7)* **« la commission mentionnée à l'article L. 822-4 » disposent de services communs dirigés par un directeur général.** – *[C. consom., art. L. 531-3.]*

SECTION II ORGANES CONSULTATIFS

Art. R. 822-13 **Le conseil d'administration de l'Institut national de la consommation peut créer auprès de lui des comités consultatifs. Le directeur général est membre de droit de ces comités.**

Le commissaire du Gouvernement et le contrôleur budgétaire assistent de droit à leurs travaux. – *[C. consom., art. R. 532-1.]*

SECTION III DISPOSITIONS FINANCIÈRES ET COMPTABLES

Art. R. 822-14 **Le directeur de l'Institut national de la consommation peut créer des régies de recettes et de dépenses dans les conditions prévues par le décret n° 92-681 du 20 juillet 1992 relatif aux régies de recettes et aux régies d'avances.** – *[C. consom., art. R. 533-3.]*

Art. R. 822-15 **L'Institut national de la consommation est soumis aux dispositions des titres Ier et III du décret n° 2012-1246 du 7 novembre 2012 relatif à la gestion budgétaire et comptable publique. Il tient une comptabilité analytique.** – *[C. consom., art. R. 533-4.]*

Art. R. 822-16 **Les ressources de l'établissement comprennent :**

1° Le produit de ses opérations commerciales, notamment la vente de ses publications ;

2° Les ressources provenant de ses activités de formation ;

3° Les subventions ou participations qui lui sont allouées par l'État, les collectivités locales ou toute autre personne publique ou privée ;

4° Les dons et legs, libéralités et fonds de concours de toute nature ;

5° De façon générale, toute ressource que l'établissement tire de son activité ou dont il pourrait légalement disposer. – *[C. consom., art. R. 533-5.]*

Art. R. 822-17 **Les crédits nécessaires à la couverture des dépenses de fonctionnement hors personnel de** *(Décr. n° 2017-1166 du 12 juill. 2017, art. 7)* **« la commission mentionnée à l'article L. 822-4 » auprès de l'Institut national de la consommation pour l'accomplissement de** *(Décr. n° 2017-1166 du 12 juill. 2017, art. 7)* **« ses missions » font l'objet d'une section distincte du budget de l'établissement.** – *[C. consom., art. R. 533-6.]*

SECTION IV COMMISSION DES CLAUSES ABUSIVES *(Décr. n° 2017-1166 du 12 juill. 2017, art. 7).*

Du fait de la disparition de la Commission de la sécurité des consommateurs l'intitulé des sous-sections 1 et 3 et la sous-section 2 contenant les art. R. 822-22 à R. 822-27 sont abrogés (Décr. n° 2017-1166 du 12 juill. 2017, art. 7).

Art. R. 822-18 **La commission des clauses abusives comprend treize membres répartis de la manière suivante :**

1° Un magistrat de l'ordre judiciaire, président ;

2° Deux magistrats de l'ordre judiciaire ou administratif ou membres du Conseil d'État parmi lesquels est désigné le vice-président ;

3° Deux personnalités qualifiées en matière de droit ou de technique des contrats, choisies après avis du Conseil national de la consommation ;

4° Quatre représentants des professionnels ;

5° Quatre représentants des consommateurs.

Le directeur général de l'Institut ou son représentant peut participer aux séances de la commission des clauses abusives. Il ne prend pas part aux votes sur les recommandations et avis. — *[C. consom., art. R. 534-1.]*

Art. R. 822-19 **Le président et les membres de la commission sont nommés par arrêté du ministre chargé de la consommation pour un mandat de trois ans renouvelable une fois. Cet arrêté désigne un suppléant pour chaque membre titulaire à l'exception du président. La nomination des magistrats est faite sur proposition du ministre de la justice.**

Tout membre de la commission ne peut prendre part aux délibérations lorsqu'il a un intérêt personnel à l'affaire qui en est l'objet ou s'il représente ou a représenté moins de cinq ans avant la délibération une des parties intéressées. — *[C. consom., art. R. 534-2.]*

Art. R. 822-20 **La commission siège en formation plénière.**

Le président peut désigner un rapporteur parmi les membres de la commission pour l'instruction d'une affaire. Le rapporteur peut également être désigné dans les conditions prévues au II de l'article R. 822-32.

La commission ne peut régulièrement délibérer qu'en présence de son président ou de son remplaçant et d'au moins six autres de ses membres.

Les parties intéressées peuvent demander à être entendues avant le délibéré sauf lorsqu'est examinée une saisine judiciaire. — *[C. consom., art. R. 534-3.]*

Art. R. 822-21 **La commission peut être saisie pour avis lorsque, à l'occasion d'une instance, le caractère abusif d'une clause contractuelle est soulevé.**

Le juge compétent demande à la commission, par décision non susceptible de recours, son avis sur le caractère abusif de cette clause tel que défini à l'article L. 212-1. L'avis ne lie pas le juge.

La commission fait connaître son avis dans un délai maximum *[maximal]* **de trois mois à compter de sa saisine.**

Il est sursis à toute décision sur le fond de l'affaire jusqu'à réception de l'avis de la commission ou, à défaut, jusqu'à l'expiration du délai de trois mois susmentionné. Toutefois, les mesures urgentes ou conservatoires nécessaires peuvent être prises. — *[C. consom., art. R. 534-4.]*

Art. R. 822-22 à R. 822-27 *Abrogés par Décr. n° 2017-1166 du 12 juill. 2017, art. 7. — Du fait de la disparition de la Commission de la sécurité des consommateurs la sous-section 2 est abrogée.*

Art. R. 822-28 **Sur la proposition du président de la commission, il peut être mis fin, par arrêté du ministre chargé de la consommation, au mandat de tout membre de la commission qui, sans raison légitime, n'a pas participé à trois séances de la commission sur une période de douze mois.**

Le membre de la commission qui décède, qui démissionne ou dont le mandat a pris fin par application du précédent alinéa est remplacé pour la durée du mandat restant à courir par une personne désignée dans les mêmes conditions.

Si cette durée est inférieure à dix-huit mois, le mandat ainsi accompli par le successeur n'est pas pris en compte pour l'application de la règle selon laquelle les mandats ne sont renouvelables qu'une fois.

(*Décr. n° 2017-1166 du 12 juill. 2017, art. 7*) **« En cas d'absence ou d'empêchement, le président de la commission est remplacé par le vice-président. »** – *[C. consom., art. R. 534-13.]*

Art. R. 822-29 **Les séances de la commission ne sont pas publiques.**

A défaut de consensus, la commission se prononce à la majorité des voix des membres présents. Le président de séance a voix prépondérante en cas de partage égal des voix.

La commission établit son règlement intérieur, lequel est publié au *Bulletin officiel de la concurrence, de la consommation et de la répression des fraudes*. Le règlement intérieur de la commission définit notamment les modalités matérielles de recevabilité des saisines. Il peut préciser les obligations déontologiques des membres de la commission. – *V. BOCCRF du 10 juill. 2017.*

(*Décr. n° 2017-1166 du 12 juill. 2017, art. 7*) **« La saisine de la commission par un juge ne peut être déclarée irrecevable. »** – *[C. consom., art. R. 534-14.]*

Art. R. 822-30 **Les avis et recommandations de la commission sont motivés.**

Le président de la commission communique l'avis ou la recommandation au ministre chargé de la consommation, aux ministres intéressés, à l'auteur de la saisine et aux professionnels entendus durant l'instruction.

Le commissaire du Gouvernement désigné dans les conditions prévues par l'article R. 822-8 établit chaque année et adresse à la commission instituée par ce même article un rapport sur les suites données aux avis et recommandations de cette dernière. – *[C. consom., art. R. 534-15.]*

Art. R. 822-31 **Le commissaire du Gouvernement assiste à toutes les séances de la commission ou s'y fait représenter par un délégué qu'il désigne dans un courrier adressé au président de la commission. Il peut également, ainsi que son représentant, se faire assister par un ou plusieurs fonctionnaires ou agents qualifiés.**

Huit jours au moins avant la séance, il reçoit communication du ou des rapports établis pour préparer les délibérations, sauf en cas d'urgence.

Le délai de quatre jours prévu à l'article R. 822-25 court à compter du jour de la séance durant laquelle l'avis ou la recommandation a été adopté. – *[C. consom., art. R. 534-16.]*

Art. R. 822-32 **I. – Des agents publics et des magistrats détachés dans les services communs définis à l'article R. 822-12 ou mis à disposition de ces services et des salariés de l'Institut national de la consommation peuvent exercer des fonctions de secrétaire ou de collaborateur de la commission.**

Les titulaires de ces fonctions sont choisis par le directeur général de l'Institut national de la consommation en accord avec le président de la commission.

II. – Pour l'instruction d'avis ou de recommandations sous l'autorité du président ou de membres de la commission désignés à cet effet par celui-ci, le président de la commission demande au directeur général de l'Institut national de la consommation de désigner des agents des services communs définis à l'article R. 822-12 ou de faire appel, avec l'accord du ministre intéressé, à des fonctionnaires de catégorie A ou des agents contractuels de l'État de niveau équivalent. Cette instruction peut être confiée à des personnes qualifiées choisies d'un commun accord entre le directeur général de l'Institut national de la consommation et le président de la commission.

III. – Pour l'accomplissement de travaux particuliers sous l'autorité du président ou de membres de la commission désignés à cet effet par celui-ci, le président de la commission demande au directeur général de l'Institut national de la consommation de désigner des agents des services communs définis à l'article R. 822-12.

IV. – Le directeur général de l'Institut national de la consommation ne peut refuser de donner suite aux demandes prévues aux II et III que pour des motifs tirés de l'insuffisance des moyens de l'établissement.

Dans l'exercice des fonctions ou l'accomplissement des travaux définis aux I à III, les agents ou personnes qualifiées ne reçoivent d'instructions que du président ou de

membres de la commission désignés à cet effet par celui-ci. Ils ont qualité d'agents de la commission pendant toute la durée de leur collaboration. Ils ne rendent compte de leurs activités qu'au président et aux membres de la commission Le président de la commission peut les inviter à assister aux séances de la commission lorsque sont examinées les affaires à l'instruction desquelles ils ont apporté leur concours. — *[C. consom., art. R. 534-17.]*

CHAPITRE III LABORATOIRE NATIONAL DE MÉTROLOGIE ET D'ESSAIS

SECTION PREMIÈRE ORGANISATION ET FONCTIONNEMENT

Art. R. 823-1 Le laboratoire national de métrologie et d'essais est placé sous la tutelle du ministre chargé de l'industrie. — *[Décr. nº 78-280 du 10 mars 1978, art. 1er, al. 2.]*

Art. R. 823-2 Le conseil d'administration du laboratoire national de métrologie et d'essais comprend :

1° Sept représentants de l'État ;

— un représentant du ministre chargé de l'industrie ;

— un représentant du ministre chargé du budget ;

— un représentant du ministre chargé de la consommation ;

— un représentant du ministre chargé du travail ;

— un représentant du ministre chargé de la santé ;

— un représentant du ministre chargé de l'environnement ;

— un représentant du ministre chargé de la recherche ;

2° Sept personnalités qualifiées dans les domaines d'activité du laboratoire, à savoir :

— quatre représentants des activités scientifiques, industrielles, économiques et commerciales ;

— deux représentants des consommateurs proposés par le ministre chargé de la consommation, après consultation du Conseil national de la consommation ;

— un représentant de l'Association française de normalisation proposé par cet organisme ;

3° Sept représentants du personnel, élus dans les conditions fixées par le chapitre II du titre II de la loi nº 83-675 du 26 juillet 1983 relative à la démocratisation du secteur public.

Les membres du conseil d'administration autres que les représentants des salariés sont nommés par décret pris sur rapport du ministre chargé de l'industrie.

Le président du conseil d'administration, ainsi qu'un vice-président qui le supplée en cas d'absence ou d'empêchement, sont choisis parmi les membres du conseil sur proposition de celui-ci. Ils sont nommés par décret pris sur le rapport du ministre chargé de l'industrie.

Les représentants des salariés disposent chacun d'un crédit de quinze heures par mois pour l'exercice de leur mandat. — *[Décr. nº 78-280 du 10 mars 1978, art. 2.]*

Art. R. 823-3 Les membres du conseil d'administration bénéficient du remboursement des *frais de déplacement* ou de séjour effectivement supportés par eux à l'occasion des réunions du conseil dans les conditions prévues par le décret nº 2006-781 du 3 juillet 2006 fixant les conditions et les modalités de règlement des frais occasionnés par les déplacements temporaires des personnels civils lorsqu'ils sont à la charge des budgets de l'État, des établissements publics nationaux à caractère administratif et de certains organismes subventionnés. — *[Décr. nº 78-280 du 10 mars 1978, art. 3.]*

Art. R. 823-4 Les membres du conseil d'administration mentionnés aux 1° et 2° de l'article R. 823-2 qui cessent d'exercer leurs fonctions ou qui perdent la qualité en raison de laquelle ils ont été nommés sont remplacés dans les conditions fixées par la loi nº 83-675 du 26 juillet 1983 relative à la démocratisation du secteur public.

Les membres du conseil d'administration ainsi que les personnes appelées à assister à ses réunions sont tenus à la discrétion sur les délibérations du conseil. Ils ne doivent divulguer notamment ni l'identité des produits testés ni les secrets de fabrication dont ils pourraient avoir connaissance dans l'exercice de leur mandat. – *[Décr. nº 78-280 du 10 mars 1978, art. 4.]*

Art. R. 823-5 Le conseil d'administration se réunit au moins trois fois par an en séance ordinaire.

Sauf en cas d'urgence, le lieu, la date et l'ordre du jour sont portés au moins deux semaines à l'avance à la connaissance des membres du conseil d'administration, du commissaire du Gouvernement, du membre du corps du contrôle général économique et financier et du directeur général.

Le commissaire du Gouvernement, le membre du corps du contrôle général économique et financier, le directeur général et l'agent comptable assistent aux séances avec voix consultative. – *[Décr. nº 78-280 du 10 mars 1978, art. 5.]*

Art. R. 823-6 Le conseil d'administration ne peut délibérer valablement que si au moins onze membres sont présents ou représentés. En cas d'empêchement, un membre du conseil d'administration peut se faire représenter par un autre membre nommé ou élu au même titre que lui, sans que ce dernier puisse disposer, au cours d'une même séance, de plus d'un pouvoir.

Si le quorum prévu au premier alinéa n'est pas atteint, les décisions prises à la suite d'une nouvelle convocation, dans un délai de vingt jours, sont valables sans condition de quorum.

Les délibérations sont prises à la majorité des votes exprimés par les membres présents ou représentés ; en cas de partage, la voix du président est prépondérante.

Le président peut également appeler à participer aux séances avec voix consultative toute personne dont il juge la présence utile pour l'étude d'un point particulier de l'ordre du jour.

Les délibérations font l'objet de procès-verbaux signés par le président et notifiés aux membres, au commissaire du Gouvernement et au membre du corps du contrôle général économique et financier dans les deux semaines qui suivent la séance. – *[Décr. nº 78-280 du 10 mars 1978, art. 6.]*

Art. R. 823-7 Le conseil d'administration règle par ses délibérations les affaires du laboratoire. Il délibère notamment sur :

1° Les conditions générales d'organisation et de fonctionnement du laboratoire ;

2° Le programme des activités de l'établissement ;

3° Les conditions de délivrance par le laboratoire de certificats de qualification ;

(Décr. nº 2017-125 du 1er févr. 2017, art. 1er) « 4° Le budget et, le cas échéant, les budgets rectificatifs en cours d'année ; »

5° Les comptes de chaque exercice et l'affectation des résultats ;

6° Les emprunts ;

7° Les acquisitions, échanges et aliénations de biens immobiliers ainsi que les prises et cessions à bail d'une durée supérieure à trois ans ;

8° Les prises, extensions et cessions de participations financières ;

9° Les marchés de travaux, de fournitures et de services à l'exception de ceux dont le conseil d'administration délègue l'approbation au directeur général ;

10° Les conditions générales de tarification des prestations du laboratoire ;

11° Les conditions générales de recrutement, d'emploi et de rémunération du personnel ;

12° Le programme de relations internationales de l'établissement et des négociations pouvant conduire à la conclusion d'arrangements administratifs internationaux ;

13° Le rapport annuel d'activité de l'établissement ;

14° Les suites à donner aux résultats des travaux du laboratoire dans les domaines intéressant notamment la santé et la sécurité des consommateurs, la qualité et la durabilité des biens, la protection de l'environnement ;

15° La création et la composition des comités d'orientation scientifique et technique prévu par l'article R. 823-12 ;

16° L'acceptation ou le refus des dons et legs. – *[Décr. n° 78-280 du 10 mars 1978, art. 7.]*

Art. R. 823-8 **Le conseil d'administration arrête son règlement intérieur. Il est institué au sein du conseil d'administration un comité financier chargé de préparer les travaux du conseil sur les points 4° à 10° de l'article R. 823-7. Un arrêté du ministre chargé de l'industrie fixe la composition et les modalités de fonctionnement de ce comité.** – *[Décr. n° 78-280 du 10 mars 1978, art. 8.]*

Art. R. 823-9 **Un commissaire du Gouvernement, nommé par arrêté du ministre chargé de l'industrie, est placé auprès de l'établissement. Il peut à tout moment se faire communiquer tous documents, pièces ou archives et procéder ou faire procéder à toutes vérifications. Il fait connaître l'avis du Gouvernement sur les problèmes évoqués.**

En cas d'empêchement, il peut se faire représenter aux séances du conseil d'administration par un fonctionnaire placé sous son autorité. – *[Décr. n° 78-280 du 10 mars 1978, art. 10.]*

Art. R. 823-10 **Les délibérations du conseil d'administration portant sur les objets mentionnés aux** *(Abrogé par Décr. n° 2017-125 du 1er févr. 2017, art. 1er)* **« 4°, 5°, » 6°, 7°, 8°, 10°, 11° et 16° de l'article R. 823-7 ne sont exécutoires qu'après avoir été approuvées par le ministre chargé de l'industrie et** *(Décr. n° 2017-125 du 1er févr. 2017, art. 1er)* **« le ministre chargé du budget. Les délibérations mentionnées aux 4° et 5° sont exécutoires dans les conditions prévues par le titre III du décret n° 2012-1246 du 7 novembre 2012 relatif à la gestion budgétaire et comptable publique. » Les autres délibérations sont exécutoires de plein droit si le commissaire du Gouvernement mentionné à l'article R. 823-9 n'y a pas fait opposition dans les dix jours qui suivent, soit la réunion du conseil s'il a assisté à celle-ci, soit la réception du procès-verbal de la séance.**

Dans le cas où il forme opposition, le commissaire du Gouvernement en réfère immédiatement au ministre chargé de l'industrie qui se prononce dans un délai d'un mois. A défaut de décision expresse dans ce délai, la délibération est exécutoire.

Le conseil est informé de l'opposition du commissaire du Gouvernement. – *[Décr. n° 78-280 du 10 mars 1978, art. 9.]*

Art. R. 823-11 **Le directeur général du laboratoire est nommé par décret pris sur le rapport du ministre chargé de l'industrie. Il représente l'établissement dans tous les actes de la vie civile.**

Il prépare les réunions du conseil d'administration, met en œuvre ses décisions et lui rend compte de l'exécution de ces décisions.

Il exerce la direction des services du laboratoire et a, à ce titre, autorité sur le personnel.

Dans le cadre des règles définies par le conseil d'administration, il a notamment qualité pour :

1° Liquider et ordonnancer les recettes et les dépenses ;

2° Déterminer l'emploi des fonds disponibles et le placement des réserves et procéder aux acquisitions, aliénations et transferts de valeurs ;

3° Décider les prises et cessions à bail de biens immobiliers lorsque la durée du bail n'est pas supérieure à trois ans ;

4° Approuver les marchés de travaux et de fournitures dans les limites fixées par le conseil d'administration et passer au nom de l'établissement, tous actes, contrats et marchés ;

5° Prendre toutes mesures conservatoires et exercer toutes actions en justice ;

6° Engager, gérer et licencier les agents de l'établissement.

Le directeur général peut déléguer sa signature. – *[Décr. n° 78-280 du 10 mars 1978, art. 11.]*

Art. R. 823-12 Des comités d'orientation scientifique et technique peuvent être chargés par le conseil d'administration de donner un avis sur les études et les recherches conduites par le laboratoire dans des domaines particuliers d'activité. – *[Décr. nº 78-280 du 10 mars 1978, art. 12.]*

Art. R. 823-13 Un comité de la métrologie est placé auprès du laboratoire. Il est composé de représentants des principaux organismes publics exerçant des activités de métrologie, de représentants du ministre chargé de l'industrie et du ministre chargé de la recherche et de personnalités qualifiées en matière de métrologie, notamment de personnalités scientifiques, nommés pour trois ans renouvelables par arrêté conjoint du ministre chargé de la recherche et du ministre chargé de l'industrie. Le président du comité est désigné par arrêté des mêmes ministres parmi les personnalités scientifiques membres du comité.

Le comité assiste le laboratoire dans l'exercice de ses missions de métrologie. A cet effet, il est notamment chargé de :

1º Proposer des orientations pluriannuelles pour les activités de métrologie scientifique et technique ;

2º Recommander des partenariats pour les missions de métrologie scientifique et technique que le laboratoire national de métrologie et d'essais confie à d'autres laboratoires ;

3º Suivre l'exécution des programmes et établir un bilan annuel de l'effort national en faveur de la métrologie, en émettant, le cas échéant, des avis ou recommandations. – *[Décr. nº 78-280 du 10 mars 1978, art. 12-1.]*

Art. R. 823-14 Le rapport annuel d'activité du laboratoire est adressé par le président du conseil d'administration au ministre chargé de l'industrie qui le transmet au Premier ministre et à tous les ministres intéressés.

Ce rapport*[,]* qui fait l'objet d'une publication, comprend une partie relative aux conclusions générales qui peuvent être tirées des travaux du laboratoire dans les domaines intéressant notamment la santé et la sécurité des consommateurs, la qualité et la durabilité des biens, la protection de l'environnement et exposant, le cas échéant, les mesures qui semblent souhaitables au vu de ces conclusions. – *[Décr. nº 78-280 du 10 mars 1978, art. 13.]*

SECTION II DISPOSITIONS FINANCIÈRES ET COMPTABLES

Art. R. 823-15 Les ressources de l'établissement comprennent notamment :

1º La rémunération des services rendus ;

2º Le produit des redevances et contributions de toute nature, notamment les redevances qui applicables aux inventions et procédés nouveaux à la réalisation desquels l'établissement a contribué ;

3º Les subventions de l'État, des collectivités territoriales, des établissements publics et de tous organismes publics ou privés;

4º Les emprunts qu'il contracte et les avances qui lui sont consenties ;

5º L'intérêt et le remboursement des prêts et avances consentis par l'établissement ;

6º Le produit des participations ;

7º Les revenus des biens meubles et immeubles de l'établissement et le produit de leur aliénation ;

8º Le produit des publications ;

9º Le produit des dons et legs ;

10º Les produits financiers. – *[Décr. nº 78-280 du 10 mars 1978, art. 14.]*

Art. R. 823-16 Le laboratoire est soumis *(Décr. nº 2017-125 du 1er févr. 2017, art. 1er)* « aux dispositions des titres Ier et III du décret nº 2012-1246 du 7 novembre 2012 relatif à la gestion budgétaire et comptable publique, à l'exception des 1º et 2º de l'article 175 et des articles 178 à 185, 204 à 208 et 220 à 228 ». – *[Décr. nº 78-280 du 10 mars 1978, art. 15.]*

Art. R. 823-17 *(Abrogé par Décr. nº 2017-125 du 1er févr. 2017, art. 1er)* ***L'agent comptable est nommé par arrêté conjoint du ministre chargé de l'économie et du ministre chargé de l'industrie. Il est mis fin à ses fonctions dans les mêmes conditions.*** – [Décr. nº 78-280 du 10 mars 1978, art. 16.]

Art. R. 823-18 *(Décr. nº 2017-125 du 1er févr. 2017, art. 1er)* **Des régies de recettes et des régies d'avances peuvent être instituées dans l'établissement dans les conditions prévues par le décret nº 92-681 du 20 juillet 1992 relatif aux régies de recettes et aux régies d'avances des organismes publics.** – *[Décr. nº 78-280 du 10 mars 1978, art. 17.]*

Art. R. 823-19 Le laboratoire est soumis au contrôle économique et financier de l'État prévu par le décret nº 53-707 du 9 août 1953 relatif au contrôle de l'État dans les entreprises publiques nationales et certains organismes ayant un objet d'ordre économique et social et par le décret nº 55-733 du 26 mai 1955 relatif au contrôle économique et financier de l'État. Le contrôle de la gestion financière du laboratoire est assuré par un membre du corps du contrôle général économique et financier. – *[Décr. nº 78-280 du 10 mars 1978, art. 18.]*

SECTION III **DISPOSITIONS DIVERSES**

Art. R. 823-20 Les résultats de certains des travaux du laboratoire peuvent donner lieu à la délivrance de procès-verbaux.

Les modalités d'application du présent article sont précisées par un arrêté du ministre chargé de l'industrie. – *[Décr. nº 78-280 du 10 mars 1978, art. 19.]*

CHAPITRE IV **CONSEIL NATIONAL DE L'ALIMENTATION**

Art. D. 824-1 Le Conseil national de l'alimentation est placé auprès du ministre chargé de l'agriculture, du ministre chargé de la santé et du ministre chargé de la consommation. – *[C. consom., art. D. 541-1.]*

Art. D. 824-2 Le Conseil est consulté sur la définition de la politique *(Décr. nº 2016-1107 du 11 août 2016, art. 1er)* **« publique de l'alimentation » et donne des avis sur les questions qui s'y rapportent.**

Il peut, en particulier, être consulté sur les grandes orientations de la politique relative :

1º A l'adaptation de la consommation aux besoins nutritionnels ;

2º A la sécurité alimentaire *(Décr. nº 2016-1107 du 11 août 2016, art. 1er)* **« et à la sécurité sanitaire des aliments » ;**

3º A la qualité des denrées alimentaires ;

4º A l'information des consommateurs de ces denrées ;

5º A la prévention des crises et à la communication sur les risques.

Le Conseil ne se substitue pas aux instances qualifiées en matière scientifique ni aux instances d'orientation économique. Il peut les consulter sur les questions relevant de leur compétence.

Le Conseil peut être saisi de toute question relevant de son domaine de compétence par le ministre chargé de l'agriculture, le ministre chargé de la santé ou le ministre chargé *de la consommation*, par toute autre instance consultative placée auprès de l'État ou de l'un de ses établissements publics, par au moins un de ses collèges, à la majorité des deux tiers des membres qui le constituent ou par son président. – *[C. consom., art. D. 541-2.]*

Art. D. 824-3 La politique publique de l'alimentation est définie à l'article L. 1 du code rural et de la pêche maritime.

Le programme national relatif à la nutrition et à la santé est défini à l'article L. 3231-1 du code de la santé publique. – *[C. consom., art. L. 541-1.]*

BIBL. ▶ MANDEVILLE et SOYER, *RD rur. 2010. Étude 14* (avènement de la politique publique de l'alimentation). – LEBEL, *RD rur. 2011. Alerte 132* (le Programme national pour l'alimentation (PNA) : bien manger c'est l'affaire de tous !).

Code de la santé publique Art. L. 3231-1 *(L. nº 2010-874 du 27 juill. 2010, art. 1er-III)* Un programme national relatif à la nutrition et à la santé est élaboré tous les cinq ans par le Gouvernement. *— V. Arr. du 9 nov. 2011 (JO 19 nov.) fixant les conditions d'utilisation de la marque « Programme national nutrition santé ».*

Ce programme définit les objectifs de la politique nutritionnelle du Gouvernement et prévoit les actions à mettre en œuvre afin de favoriser :

— l'éducation, l'information et l'orientation de la population, notamment par le biais de recommandations en matière nutritionnelle, y compris portant sur l'activité physique ;

— la création d'un environnement favorable au respect des recommandations nutritionnelles ;

— la prévention, le dépistage et la prise en charge des troubles nutritionnels dans le système de santé ;

— la mise en place d'un système de surveillance de l'état nutritionnel de la population et de ses déterminants ;

— le développement de la formation et de la recherche en nutrition humaine.

Les actions arrêtées dans le domaine de l'alimentation sont également inscrites dans le programme national pour l'alimentation défini *(L. nº 2014-1170 du 13 oct. 2014, art. 39-V)* « au III de l'article L. 1 » du code rural et de la pêche maritime.

Art. D. 824-4 Le Conseil national de l'alimentation comprend :

1° *(Décr. nº 2016-1107 du 11 août 2016, art. 2)* **« Cinquante-cinq » membres répartis en** *(Décr. nº 2016-1107 du 11 août 2016, art. 2)* **« huit » collèges :**

a) **Le collège constitué de neuf représentants des associations nationales de défense des consommateurs ou d'usagers ;**

b) **Le collège constitué de neuf représentants des producteurs agricoles ;**

c) **Le collège constitué de neuf représentants de la transformation, dont** *(Décr. nº 2016-1107 du 11 août 2016, art. 2)* **« au moins » un représentant de l'artisanat ;**

d) **Le collège constitué de** *(Décr. nº 2016-1107 du 11 août 2016, art. 2)* **« quatre » représentants de la distribution** *(Décr. nº 2016-1107 du 11 août 2016, art. 2)* **« , dont au moins un représentant du commerce de gros » ;**

e) **Le collège constitué de six représentants de la restauration ;**

f) **Le collège constitué de cinq représentants des syndicats de salariés de l'agriculture, de l'agroalimentaire et de la distribution des produits alimentaires ;**

(Décr. nº 2016-1107 du 11 août 2016, art. 2) **«** *g)* **Le collège constitué de trois représentants d'associations : une association mettant en œuvre l'aide alimentaire habilitée au niveau national en application de l'article L. 230-6 du code rural et de la pêche maritime, une association représentant les usagers du système de santé agréée au niveau national en application de l'article L. 1114-1 du code de la santé publique et une association de protection de l'environnement agréée au niveau national en application de l'article L. 141-1 du code de l'environnement ;**

« *h)* **Le collège constitué de dix personnalités désignées en raison de leur compétence en matière d'alimentation ; »**

2° *(Décr. nº 2016-1107 du 11 août 2016, art. 2)* **« Neuf » membres de droit :**

a) **Le directeur de l'Agence nationale de sécurité sanitaire de l'alimentation, de l'environnement et du travail, ou son représentant ;**

b) **Le directeur de l'Institut national de la recherche agronomique, ou son représentant ;**

c) **Le directeur de l'Institut national de la santé et de la recherche médicale, ou son représentant ;**

d) **Le directeur de l'Institut français de recherche pour l'exploitation de la mer, ou son représentant ;**

(Décr. nº 2016-1107 du 11 août 2016, art. 2) **«** *e)* **Le directeur général de l'Agence de l'environnement et de la maîtrise de l'énergie, ou son représentant ; »** *— En insérant un nouveau e) le Décr. nº 2016-1107 du 11 août 2016 a renuméroté les e) à h) en f) à i).*

f) **Le directeur de l'Institut national de la consommation, ou son représentant ;**

g) **Le président de l'Association des maires de France, ou son représentant ;**

h) **Le président de l'Association des départements de France, ou son représentant ;**

i) Le président de l'Association des régions de France, ou son représentant.

(Décr. nº 2016-1107 du 11 août 2016, art. 2) **« En outre, assistent de plein droit aux séances du conseil et participent aux débats avec voix consultative les représentants des ministres chargés :**

« – de l'agriculture ;
« – de la cohésion sociale ;
« – du commerce et de l'artisanat ;
« – de la consommation ;
« – de l'économie ;
« – de l'éducation nationale ;
« – de l'emploi ;
« – de l'environnement ;
« – de l'industrie ;
« – de l'outre-mer ;
« – de la pêche ;
« – de la recherche ;
« – de la santé. » – *[C. consom., art. D. 541-3.]*

Art. D. 824-5 **Les membres des collèges *a* à** *(Décr. nº 2016-1107 du 11 août 2016, art. 3)* **« *h* » mentionnés au 1º de l'article D. 824-4 sont nommés,** *(Abrogé par Décr. nº 2016-1107 du 11 août 2016, art. 3)* ***« sur proposition des organisations les plus représentatives, »*** **par arrêté conjoint des ministres chargés de l'agriculture, de la santé et de la consommation.**

(Abrogé par Décr. nº 2016-1107 du 11 août 2016, art. 3) ***« Ceux du collège g mentionné au 1º du même article sont nommés par arrêté conjoint des ministres chargés de l'agriculture, de la santé et de la consommation. »***

Leur mandat de trois ans est renouvelable. – *[C. consom., art. D. 541-4.]*

Art. D. 824-6 **Le président du Conseil est désigné, pour une durée de trois ans, renouvelable, par arrêté conjoint des ministres chargés de l'agriculture, de la santé et de la consommation. Il est choisi parmi les membres mentionnés à l'article D. 824-5. Le Conseil se réunit en formation plénière à la demande de son président, de l'un des ministres auprès duquel il est placé, des deux tiers de ses membres ou de l'un de ses collèges, à la majorité des deux tiers des membres qui le constituent. L'ordre du jour des séances est arrêté par le président. Les propositions faites par les deux tiers au moins des membres du conseil, ou par au moins un de ses collèges, à la majorité des deux tiers des membres qui le constituent, sont inscrites de droit à l'ordre du jour.**

Les fonctions de président et de membres du Conseil ne sont pas rémunérées. – *[C. consom., art. D. 541-5.]*

Art. D. 824-7 **Le Conseil dispose d'un secrétariat assuré par le ministère chargé de l'agriculture.** – *[C. consom., art. D. 541-6.]*

Art. D. 824-8 **Le Conseil constitue les groupes de travail permanents ou temporaires qu'il juge nécessaires à la bonne marche de ses travaux.**

Les modalités de fonctionnement du Conseil, notamment les règles de quorum, et de *publication des conclusions* de ses travaux sont précisées par arrêté conjoint des ministres chargés de l'agriculture, de la santé et de la consommation. – *[C. consom., art. D. 541-7.]* – *V. Arr. du 12 mai 2010, ci-dessous.*

Arrêté du 12 mai 2010,

Fixant les modalités de fonctionnement du Conseil national de l'alimentation.

Art. 1er Le Conseil national de l'alimentation est consulté sur les sujets définis à l'article *(Décr. nº 2016-884 du 29 juin 2016, art. 2, en vigueur le 1er juill. 2016)* « D. 824-2 » du code de la consommation susvisé.

Le Conseil national de l'alimentation, saisi d'une question relevant également pour partie du domaine de compétence d'une autre instance consultative publique nationale, en informe cette dernière et sollicite sa participation aux travaux selon des modalités proposées par le président du Conseil national de l'alimentation.

Art. 2 Le secrétariat transmet l'ordre du jour et l'ensemble des documents de séance aux membres du Conseil national de l'alimentation au moins une semaine avant la date retenue pour chaque assemblée plénière. A titre exceptionnel, en cas d'urgence motivée et sur l'initiative du président, il peut ne pas tenir compte de ce délai.

Le secrétariat participe à l'ensemble des groupes de travail. Il est chargé d'établir l'ordre du jour et les convocations permettant d'en réunir les membres, il assiste le rapporteur pour la rédaction des projets d'avis et de rapports. Il assure la rédaction et la diffusion des procès-verbaux des séances.

Art. 3 Les membres du Conseil national de l'alimentation participent aux séances plénières et aux délibérations. A chaque membre titulaire d'un collège est associé un membre suppléant qui peut participer aux travaux du Conseil national de l'alimentation en cas d'absence ou d'empêchement du membre titulaire. Le membre suppléant peut être appelé à remplacer ce dernier en cas d'empêchement définitif ou de perte de la qualité permettant de siéger. Le membre suppléant ne peut se faire remplacer.

Si un des membres titulaires des collèges *a* à *f* mentionnés au 1° de l'article *(Décr. n° 2016-884 du 29 juin 2016, art. 2, en vigueur le 1er juill. 2016)* « D. 824-4 » n'assiste pas, ou ne s'est pas fait représenter par son suppléant, à trois réunions plénières consécutives, il est considéré comme démissionnaire. Dans ce cas, le président peut demander aux ministres auprès desquels il est rattaché qu'il soit pourvu à son remplacement.

Art. 4 Le calendrier prévisionnel des séances plénières est fixé annuellement dès la première réunion de chaque année civile.

L'ordre du jour des séances plénières est arrêté par le président du Conseil national de l'alimentation, en liaison avec le secrétariat et après consultation des présidents des groupes de travail mandatés par l'assemblée plénière pour les sujets qui les concernent.

Chaque collège peut proposer au président l'inscription d'un point à l'ordre du jour. Cette proposition doit tenir compte des obligations prévues à l'article 2 du présent arrêté. Le président peut, sur sa propre initiative ou à la demande de l'un au moins des ministres auprès desquels le Conseil national de l'alimentation est placé, inscrire un point supplémentaire à l'ordre du jour dès le début de la séance plénière.

Art. 5 Les positions exprimées par les différents membres du Conseil national de l'alimentation sont discutées en séance plénière avec l'objectif d'aboutir à une synthèse consensuelle. A l'issue de cette phase de concertation, le président fait procéder au vote en vue de l'adoption de l'avis du conseil.

Sous réserve que la majorité des membres du Conseil national de l'alimentation soit présente lors du vote, ou représentée conformément aux modalités prévues à l'article 3 du présent arrêté, la formulation qui recueille la majorité des suffrages exprimés est retenue par le Conseil national de l'alimentation.

En cas d'égalité des votes, la voix du président est prépondérante. En l'absence de quorum, un nouveau vote est organisé, si nécessaire sous forme électronique, dans un délai maximum de dix jours. L'adoption de l'avis se fait alors à la majorité des suffrages exprimés.

Tout membre du Conseil national de l'alimentation peut demander à faire figurer une opinion divergente, en annexe de l'avis adopté. Les représentants des ministres peuvent également y exprimer leurs positions. Si la cohérence du texte ne s'en trouve pas affectée, les positions divergentes peuvent, après accord du président du Conseil national de l'alimentation, être introduites dans le corps du texte.

Art. 6 Conformément à l'article *(Décr. n° 2016-884 du 29 juin 2016, art. 2, en vigueur le 1er juill. 2016)* « D. 824-8 » du code de la consommation susvisé, les questions examinées par le Conseil national de l'alimentation peuvent être confiées pour instruction à un groupe de travail mandaté à cet effet en assemblée plénière.

Le mandat du groupe de travail est proposé par le président du Conseil national de l'alimentation. Il est discuté et adopté en séance plénière selon les modalités de vote précisées dans l'article 5. Il précise en particulier les noms du président et du rapporteur, les objectifs du travail à entreprendre et les délais impartis pour sa réalisation. Il peut recommander une méthode de travail.

Le président du groupe de travail et le rapporteur sont choisis en priorité parmi les membres du conseil. Il peut néanmoins, si nécessaire, être fait appel à des personnalités extérieures pour occuper ces deux fonctions.

Au terme de son instruction, le groupe de travail remet au président du Conseil national de l'alimentation un projet d'avis. Ce dernier comprend notamment une étude des différents aspects du sujet, un état précis des analyses exprimées par les membres du groupe de travail et les recommandations qui en découlent. Ces documents sont examinés en séance plénière, conformément à l'article 5 du présent arrêté.

Art. 7 Les membres du Conseil national de l'alimentation qui souhaitent participer à un groupe de travail en informent par écrit le secrétariat.

Tout membre titulaire inscrit à un groupe de travail peut se faire représenter à une réunion de ce groupe par son suppléant ou par toute personne de son choix sous réserve d'un accord préalable du secrétariat. Peuvent également participer aux travaux des groupes de travail les personnes ayant des compétences reconnues au regard des thèmes traités, après en avoir obtenu l'accord du président du groupe de travail.

Ce dernier peut inviter à participer aux réunions du groupe de travail toute personne dont l'audition lui paraît utile.

Le président du groupe de travail rend compte de l'état d'avancement des travaux en assemblée plénière.

Art. 8 Les convocations aux réunions du groupe de travail sont envoyées par le secrétariat au moins une semaine avant la date retenue pour la réunion. Le calendrier des réunions est fixé par le président du groupe de travail.

Art. 9 Le Conseil national de l'alimentation assure régulièrement un suivi de ses avis antérieurs. Ce suivi donne lieu à un document examiné en séance plénière.

Art. 10 Le secrétariat du Conseil national de l'alimentation élabore annuellement un bilan des activités du conseil. Ce document est examiné et adopté en séance plénière. Il est transmis aux ministres auprès desquels il est rattaché.

Art. 11 Les membres du Conseil national de l'alimentation ne peuvent pas rendre publics tout ou partie des débats de séance du Conseil national de l'alimentation plénier et des groupes de travail sans y avoir été autorisés préalablement par le président.

Art. 12 Les avis adoptés par le Conseil national de l'alimentation sont rendus publics et peuvent être consultés sur son site internet.

CHAPITRE V GROUPE INTERMINISTÉRIEL DE LA CONSOMMATION

Art. D. 825-1 Le groupe interministériel de la consommation a pour mission de coordonner et d'animer la politique de la consommation.

Il propose notamment aux ministres intéressés les mesures propres à améliorer la protection et l'information des consommateurs et des usagers. Il veille à assurer une plus grande coordination dans l'élaboration des textes et dans l'exécution des contrôles.

A la demande de l'un de ses membres, il est consulté sur les projets de textes législatifs et réglementaires ayant pour objet l'information et la protection des consommateurs et des usagers. – *[C. consom., art. D. 522-1.]*

Art. D. 825-2 Le groupe interministériel de la consommation est présidé par le ministre chargé de la consommation ou son représentant et composé de représentants des ministres chargés des départements ministériels suivants :

– intérieur ;
– commerce extérieur ;
– transports ;
– industrie ;
– recherche ;
– affaires sociales ;
– justice ;
– défense ;
– économie ;
– budget ;
– éducation nationale ;

– agriculture ;
– commerce et artisanat ;
– travail ;
– santé ;
– tourisme ;
– urbanisme et logement ;
– environnement ;
– mer ;
– postes et télécommunications.

Des représentants des autres ministres sont appelés à participer aux travaux du groupe pour les affaires relevant de leur compétence.

Le groupe peut, en tant que de besoin, faire appel au concours de personnes qualifiées. – *[C. consom., art. D. 522-2.]*

Art. D. 825-3 Le secrétariat du groupe interministériel de la consommation est assuré par les services du ministre chargé de la consommation. – *[C. consom., art. D. 522-3.]*

Art. D. 825-4 Le ministre chargé de la consommation peut créer par arrêté pris après avis du groupe interministériel de la consommation, des groupes de travail spécifiques, temporaires ou permanents. L'arrêté définit la mission attribuée à ces groupes de travail ainsi que leur composition. – *[C. consom., art. D. 522-4.]*

APPENDICE

AGENCES IMMOBILIÈRES

Loi nº 70-9 du 2 janvier 1970,

Réglementant les conditions d'exercice des activités relatives à certaines opérations portant sur les immeubles et les fonds de commerce.

V. aussi ***C. baux.***

TITRE PREMIER De l'exercice des activités d'entremise et de gestion des immeubles et fonds de commerce *(Ord. nº 2004-634 du 1er juill. 2004).*

RÉP. COM. vº *Agent immobilier*, par CRUVELIER.

Art. 1er **Les dispositions de la présente loi s'appliquent aux personnes physiques ou morales qui, d'une manière habituelle, se livrent ou prêtent leur concours, même à titre accessoire, aux opérations portant sur les biens d'autrui et relatives à :**

1º *(Ord. nº 2004-634 du 1er juill. 2004)* **« L'achat, la vente,** *(L. nº 2014-366 du 24 mars 2014, art. 24-I)* **« la recherche, » l'échange, la location ou sous-location, saisonnière ou non, en nu ou en meublé d'immeubles bâtis ou non bâtis » ;**

2º L'achat, la vente ou la location-gérance de fonds de commerce ;

3º La cession d'un cheptel mort ou vif ;

4º La souscription, l'achat, la vente d'actions ou de parts de sociétés immobilières *(L. nº 2014-366 du 24 mars 2014, art. 24-I)* **« ou de sociétés d'habitat participatif » donnant vocation à une attribution de locaux en jouissance ou en propriété ;**

5º L'achat, la vente de parts sociales non négociables lorsque l'actif social comprend un immeuble ou un fonds de commerce ;

6º La gestion immobilière ;

(L. nº 94-624 du 21 juill. 1994, art. 46) **« 7º A l'exclusion des publications par voie de presse, la vente de listes ou de fichiers relatifs à l'achat, la vente, la location ou sous-location en nu ou en meublé d'immeubles bâtis ou non bâtis »** *(L. nº 2014-366 du 24 mars 2014, art. 24-I)* **« , ou à la vente de fonds de commerce » ;** *— Entrée en vigueur le 1er juill. 1995.*

(L. nº 98-566 du 8 juill. 1998) **« 8º La conclusion de tout contrat de jouissance d'immeuble à temps partagé régi par les articles** *(Ord. nº 2016-301 du 14 mars 2016, art. 2, en vigueur le 1er juill. 2016)* **« L. 224-69 et suivants » du code de la consommation » ;**

(L. nº 2014-366 du 24 mars 2014, art. 24-I) **« 9º L'exercice des fonctions de syndic de copropriété dans le cadre de la loi nº 65-557 du 10 juillet 1965 fixant le statut de la copropriété des immeubles bâtis. »**

Les dispositions issues de la L. nº 2014-366 du 24 mars 2014 ne s'appliquent qu'aux contrats conclus à compter de l'entrée en vigueur de ladite loi (L. préc., art. 24-VI).

Sur l'exercice, par les agents immobiliers et administrateurs de biens dont l'activité est régie par la loi nº 70-9 du 2 janv. 1970, d'activités relatives à l'organisation et à la vente de voyages ou de séjours, V. C. tourisme, art. L. 211-3 et L. 211-4, vº *Agences de voyages.*

1. *Opérations concernées.* Est soumis aux dispositions de la loi de 1970 le « conseil foncier » dont l'activité consiste à indiquer les immeubles susceptibles de donner lieu à des opérations de promotion immobilière, mettre en relation les parties, donner son avis sur l'intérêt de l'opération, régler les problèmes particuliers et suivre éventuellement les négociations. • Civ. 1re, 25 avr. 1990 : *D. 1990. IR 115*.

2. Est soumis aux dispositions de la loi de 1970 le marchand de biens qui, bénéficiaire d'une promesse de vente d'un immeuble, rétrocède celle-ci peu de temps après, dès lors qu'il ne s'agit pas d'une opération isolée, et qu'avant même la signature de la promesse, il savait que l'immeuble ne convenait pas à son activité de marchand et a cherché à tirer profit d'une cession de cette promesse. • Paris, 30 oct. 1989 : *D. 1989. IR 317.* ♦ V. aussi : • Paris, 4 juin 1992 : *D. 1993. 481, note Fortin*.

3. Le mandat de recherche donné à un agent immobilier par un candidat acquéreur portant sur un bien ou un droit dont l'existence et la nature juridique ne sont pas déterminées n'est pas soumis aux dispositions de la loi du 2 janv. 1970. • T. com. Paris, 12 sept. 1995 : *Administrer janv. 1996. 72, note Bouyeure.* ♦ Est irrégulier le mandat de recherche qui ne comporte aucune limitation de temps. • Paris, 6 juin 2000 : *AJDI 2000. 744.*

4. Marchand de listes. Pour une définition de l'activité de vente de listes, V. : * Rép. min. n° 36451 : *JOAN Q 13 mai 1996, p. 2612.* ♦ L'activité du prévenu, qui se borne à diffuser sur internet des annonces entre particuliers, moyennant une rémunération, mais sans intervenir dans les relations entre les auteurs des annonces et les personnes intéressées, ne peut être qualifiée d'entremise en matière de ventes immobilières ; tout au plus elle pourrait s'analyser en une vente de listes ou de fichiers, mais le 7° de l'art. 1er de la L. du 2 janv. 1970 exclut dans ce domaine les publications par voie de presse auxquelles il convient d'assimiler celles effectuées sur internet. • Dijon, 19 févr. 2009 : *AJDI 2009. 467, note Thioye ; JCP 2009. Actu. 120 ; CCC 2009. Alerte 21 ; RJDA 2009, n° 716 ; CCE 2009, n° 36, obs. Debet ; Lettre distrib. mars 2009, p. 3.*

5. Relations entre professionnels. L'art. 1er ne distingue pas selon que les parties sont ou non des professionnels ; la loi doit recevoir application entre professionnels de l'immobilier, dès lors que l'une des parties reçoit, en sa qualité d'agent immobilier, mandat de l'autre partie pour une opération de la nature de celles mentionnées à l'art. 1er. • Civ. 1re, 17 déc. 1991 : *Bull. civ. I, n° 351 ; D. 1992. IR 13 ; RDI 1992. 83, obs. Tomasin* • 26 mai 1993 : *RDI 1993. 392, obs. Tomasin* • Paris, 13 déc. 1991 : *D. 1992. IR 41* • 10 juill. 1992 : *D. 1992. IR 223.*

6. En revanche, ni la loi ni le décret ne s'appliquent : au litige entre le mandataire initial, à qui a été confiée la vente d'appartements, et l'agent immobilier auquel il a lui-même donné mandat. • Civ. 1re, 7 févr. 1995 : *Bull. civ. I, n° 68.* ♦ V. déjà : • Civ. 1re, 28 oct. 1986 : *Bull. civ. I, n° 240.* ♦ ... Aux conventions de rémunération conclues entre agents immobiliers. • Civ. 1re, 3 janv. 1996 : *Bull. civ. I, n° 1 ; D. 1996. IR 37 ; D. Affaires 1996. 261 ; RDI 1996. 244, obs. Tomasin.* ♦ ... Ni à la réalisation d'une étude de marché pour le compte d'une société. • Civ. 1re, 16 juill. 1998 : *JCP E 1999, n° 5, p. 215, obs. Grignon.* ♦ ... Aux conventions de rémunérations conclues entre le mandataire initial et un négociant. • Civ. 1re, 13 mai 1997 : *Bull. civ. I, n° 152* • 28 janv. 2003 : *ibid. I, n° 20.* ♦ De même, le mandat donné par les propriétaires à un notaire pouvant ne pas être un mandat écrit, il importe peu, les garanties légales étant acquises aux vendeurs, que les subdélégations consenties par cet officier public n'aient pas été établies dans les conditions légales. • Civ. 1re, 14 janv. 1992 : *Ann. loyers 1995. 863, chron. Atias.*

7. V. notes ss. art. 1er de la loi du 2 janv. 1970 au **C. baux**.

Art. 1er-1 *(Ord. n° 2004-634 du 1er juill. 2004) (L. n° 2014-366 du 24 mars 2014, art. 24-I)* **« Pour l'application de la présente loi :**

« 1° Est considérée comme relevant de l'activité de gestion immobilière la location ou la sous-location, saisonnière ou non, en nu ou en meublé, d'immeubles bâtis ou non bâtis lorsqu'elle constitue l'accessoire d'un mandat de gestion ;

« 2° » Est considérée comme une location saisonnière pour l'application de la présente loi la location d'un immeuble conclue pour une durée maximale et non renouvelable de quatre-vingt-dix jours consécutifs.

Lorsque ces locations font intervenir un intermédiaire, leurs conditions de conclusion sont précisées par un décret en Conseil d'État.

Les dispositions issues de la L. n° 2014-366 du 24 mars 2014 ne s'appliquent qu'aux contrats conclus à compter de l'entrée en vigueur de ladite loi (L. préc., art. 24-VI).

Art. 2 **Les dispositions de la présente loi ne sont pas applicables :**

Aux membres des professions dont la liste sera fixée par décret, en considération du contrôle dont leur activité professionnelle fait l'objet ainsi que des garanties financières qu'ils offrent pour l'exercice de cette activité.

Aux personnes ou à leur conjoint qui, à titre non professionnel, se livrent ou prêtent leur concours à des opérations relatives à des biens sur lesquels elles ont des droits réels divis ou indivis ;

Aux personnes *agissant pour le* **compte de leur conjoint, de parents en ordre successible,** *ou pour le* **compte de majeurs protégés ou de mineurs dans les conditions prévues aux titres X et XI du code civil ;**

Aux représentants légaux ou statutaires de sociétés de construction régies par *(Ord. n° 2004-634 du 1er juill. 2004)* **« les articles L. 212-1 et suivants du code de la construction et de l'habitation » pour la réalisation des premières cessions des parts ou actions.**

(L. nº 98-566 du 8 juill. 1998) **« Aux titulaires d'une licence d'agent de voyages, en vertu de la loi nº 92-645 du 13 juillet 1992 fixant les conditions d'exercice des activités relatives à l'organisation et à la vente de voyages ou de séjours, pour la conclusion de tout contrat de jouissance d'immeuble à temps partagé régi par les articles** *(Ord. nº 2016-301 du 14 mars 2016, art. 2, en vigueur le 1er juill. 2016)* **« L. 224-69 et suivants » du code de la consommation. »** — *La loi du 13 juill. 1992 a été codifiée au C. tourisme, art. L. 211-1 s. — V. spécialement l'art. L. 211-24 de ce code, vº Agences de voyages.*

(Ord. nº 2013-676 du 25 juill. 2013, art. 45) **« Aux organismes de placement collectif immobilier, organismes professionnels de placement collectif immobilier, sociétés civiles de placement immobilier »** *(Ord. nº 2005-1278 du 13 oct. 2005, art. 6)* **« et à leurs sociétés de gestion »** *(L. nº 2006-1770 du 30 déc. 2006, art. 66-III)* **« , sauf lorsqu'elles gèrent des actifs immobiliers faisant l'objet de mandats de gestions spécifiques ».**

Art. 3 **Les activités visées à l'article 1er ne peuvent être exercées que par les personnes physiques ou morales titulaires d'une carte professionnelle, délivrée** *(L. nº 2014-366 du 24 mars 2014, art. 24-I)* **« , pour une durée et selon des modalités fixées par décret en Conseil d'État, par le président de la chambre de commerce et d'industrie territoriale ou par le président de la chambre de commerce et d'industrie départementale d'Île-de-France », précisant celles des opérations qu'elles peuvent accomplir.** *(L. nº 2014-366 du 24 mars 2014, art. 24-I)* **« Lorsque le président de la chambre de commerce et d'industrie territoriale ou de la chambre départementale d'Île-de-France exerce une activité mentionnée à l'article 1er, la carte est délivrée par le vice-président, dans des conditions fixées par décret en Conseil d'État.**

« *(Décr. nº 2015-536 du 15 mai 2015, art. 10)* **« CCI France » établit et tient à jour un fichier des personnes titulaires de la carte professionnelle, selon des modalités définies par décret. »** — *Les dispositions issues de la L. nº 2014-366 du 24 mars 2014 entrent en vigueur à une date fixée par Décr. en Conseil d'État, et au plus tard le 1er juill. 2015 (L. préc., art. 24-VII).*

Cette carte ne peut être délivrée qu'aux personnes physiques qui satisfont aux conditions suivantes :

1º Justifier de leur aptitude professionnelle ;

2º *(Ord. nº 2004-634 du 1er juill. 2004)* **« Justifier d'une garantie financière permettant le remboursement des fonds, effets ou valeurs déposés et spécialement affectée à ce dernier »** *(L. nº 2014-366 du 24 mars 2014, art. 24-I)* **« , y compris les sommes versées au fonds de travaux mentionné à l'article 14-2 de la loi nº 65-557 du 10 juillet 1965 fixant le statut de la copropriété des immeubles bâtis »** *(L. nº 2010-853 du 23 juill. 2010, art. 38-I)* **« , à l'exception toutefois des personnes déclarant leur intention de ne détenir aucun fonds, effet ou valeur** *(L. nº 2014-366 du 24 mars 2014, art. 24-I)* **« pour les activités mentionnées à l'article 1er, à l'exception de celles mentionnées aux 6º et 9º du même article », dans des conditions fixées par décret en Conseil d'État ».** *(L. nº 2014-366 du 24 mars 2014, art. 24-I)* **« Seuls les garants financiers ayant mis en place des procédures de contrôle internes, au moyen d'un référentiel et de modèles de suivi des risques, sont habilités à délivrer la garantie financière. Un décret en Conseil d'État définit les procédures et les conditions dans lesquelles les garants exercent leurs missions de contrôle sur les fonds qu'ils garantissent en application du présent article ; »**

3º Contracter une assurance contre les conséquences pécuniaires de leur responsabilité civile professionnelle ;

4º Ne pas être frappées d'une des incapacités ou interdictions d'exercer définies *(L. nº 2015-990 du 6 août 2015, art. 102)* **« aux titres II et II *bis* » ci-après.**

(Ord. nº 2004-634 du 1er juill. 2004) **« La garantie mentionnée au 2º ci-dessus résulte d'un engagement écrit fourni par une entreprise d'assurance spécialement agréée, par un établissement de crédit** *(Ord. nº 2013-544 du 27 juin 2013, art. 22, en vigueur le 1er janv. 2014)* **« , une société de financement » ou une institution mentionnée à l'article L. 518-1 du code monétaire et financier.**

« Les modalités de détermination du montant de la garantie sont fixées par décret en Conseil d'État. »

La carte n'est délivrée aux personnes morales que si lesdites personnes satisfont aux conditions prévues aux 2º et 3º ci-dessus et que si leurs représentants légaux et statutaires satisfont aux conditions prévues aux 1º et 4º ci-dessus.

(Ord. nº 2004-634 du 1er juill. 2004) **« Il doit être procédé à une déclaration préalable d'activité pour chaque établissement, succursale, agence ou bureau par la personne qui en**

assure la direction. Cette personne doit, en outre, satisfaire » *(L. n° 2015-990 du 6 août 2015, art. 102)* **« à la condition prévue au 1° et ne pas être frappée d'une des incapacités ou interdictions d'exercer définies au titre II de la présente loi ».** *— Pour les sanctions pénales, V. art. 14 et 16.*

Les dispositions issues de la L. n° 2014-366 du 24 mars 2014 ne s'appliquent qu'aux contrats conclus à compter de l'entrée en vigueur de ladite loi (L. préc., art. 24-VI).

BIBL. ▶ GUILLOT, *Administrer mars 1992. 9* (cartes professionnelles). – CAPOULADE, *Administrer mai 1996. 14* (garantie des fonds du syndicat).

1. Action des syndicats professionnels. Les dispositions obligeant les agents immobiliers à être titulaires d'une carte professionnelle ont notamment pour objet d'assainir la profession ; leur méconnaissance est de nature à porter atteinte à l'intérêt collectif de la profession et les syndicats professionnels sont donc recevables à se constituer parties civiles. • Crim. 5 avr. 1990 : *D. 1990. IR 147*.

2. Syndic de copropriété. La copropriété dont le syndic exerce son activité de façon habituelle sans être titulaire de la carte professionnelle instituée par la loi du 2 janv. 1970 est dépourvue de tout syndic régulier. • Civ. 3e, 18 avr. 1985 : *Gaz. Pal. 1985. 2. Pan. 279, obs. Souleau.* ♦ La décision d'assemblée générale, désignant comme syndic une agence qui n'est pas titulaire de la carte exigée pour l'exercice de sa profession, est nulle. • Civ. 3e, 4 janv. 1996 : *D. 1996. Somm. 15, obs. Atias*.

3. Le manque de garantie financière constitue un empêchement du syndic à pouvoir assurer ses fonctions. • TGI Créteil, 19 févr. 1981 : *D. 1981. Somm. 397, obs. Giverdon.* ♦ Mais la nullité des actes accomplis par un syndic qui cesse d'être assuré contre les conséquences pécuniaires de sa responsabilité civile professionnelle ne découle pas de plein droit de cette cessation. • Civ. 3e, 30 mars 1989 : *Bull. civ. III, n° 78 ; D. 1989. IR 122.*

4. Personne physique. Le prévenu qui intervient pour le compte de ses clients en vertu d'un contrat de négociation et prête de manière habituelle son concours, même à titre accessoire, aux opérations relatives à l'achat de fonds de commerce, est coupable d'exercice illégal de la profession d'agent immobilier, dès lors qu'il a exercé cette activité sans être titulaire de la carte professionnelle exigée par la loi du 2 janv. 1970. Il est, à cet égard, indifférent que les cessions interviennent en matière de procédure collective. • Crim. 28 mai 1997 : *Bull. crim. n° 207 ; JCP 1997. IV. 1909.* ♦ Il résulte des art. 3 et 4 de la loi du 2 janv. 1970 et de l'art. 9 du Décr. du 20 juill. 1972 que seules peuvent être habilitées, en vue de la négociation ou du démarchage par le titulaire d'une carte professionnelle, des personnes physiques. • CE 9 juin 2006 : *JCP 2006. II. 10161, concl. Aguila.*

5. Redressement ou liquidation judiciaire du professionnel de l'immobilier. **BIBL.** R. Martin, *Ann. loyers 1995. 1093.* ♦ En raison de son autonomie, la garantie financière exigée des personnes exerçant des activités relatives à certaines opérations portant sur les immeubles et fonds de commerce, effets ou valeurs qu'elles ont reçus n'est pas éteinte, lorsque en cas de redressement ou de liquidation de l'agent immobilier, le client ne déclare pas au passif sa créance de restitution de la somme versée. En conséquence, ce client peut assigner directement le garant. • Cass., ass. plén., 4 juin 1999 : *Bull. civ., n° 4 ; D. 1999. IR 167 ; D. Affaires 1999. 1082, obs. A.L. ; Gaz. Pal. 13-15 juin 1999, Somm. 35 ; JCP 1999. II. 10152, note Béhar-Touchais ; CCC 1999, n° 171, obs. Leveneur.* – V. aussi concl. Joinet, rapp. et note Toitot, *BICC 15 juill. 1999, p. 2 s.* ♦ Rappr. jugeant que la garantie imposée par l'art. 3 ne cessant que pour les causes énumérées de manière limitative par les art. 44 s. du Décr. de 1972 [V. ce texte au **C. baux**], elle ne cesse pas en cas de liquidation judiciaire du syndic, si le syndicat omet de déclarer au passif sa créance de restitution des sommes. • Paris, 6 nov. 1996 : *Loyers et copr. 1997, n° 30 ; Rev. Loyers 1998. 40 obs. crit.* ♦ *Contra,* jugeant que l'action dont dispose le client d'un agent immobilier contre l'organisme assurant la garantie financière de ce dernier n'étant pas une action directe, les règles spécifiques qui gouvernent l'extinction de cette garantie ne privent pas le garant, tenu dans les termes du droit commun du cautionnement, de la possibilité d'opposer au créancier, conformément à l'art. 2036 [2313] C. civ., l'exception, inhérente à la dette, que constitue l'extinction de créance par application de l'art. 53 [C. com., art. L. 621-46 ancien] de la loi n° 85-98 du 25 janv. 1985 (défaut de déclaration au passif) : • Civ. 1re, 10 janv. 1995 : *Bull. civ. I, n° 17 ; D. 1995. 178, note Aynès ; JCP 1995. II. 22489, note Béhar-Touchais. – Contra* aussi : • Civ. 1re, 27 juin 1995 : *Bull. civ. I, n° 278 ; D. 1996. Somm. 267, obs. Aynès* • Paris, 30 janv. 1998 : *Loyers et copr. 1998, n° 281.*

Art. 4-1 *(L. n° 2014-366 du 24 mars 2014, art. 24-I)* **Lorsque les personnes mentionnées à l'article 1er proposent à leurs clients les services d'une entreprise, elles sont tenues de les informer, dans des conditions définies par décret en Conseil d'État et avant la conclusion de tout contrat avec ladite entreprise, des éventuels liens directs de nature capitalistique ou des liens de nature juridique qu'elles** *(L. n° 2015-990 du 6 août 2015, art. 102)* **« ou leurs**

représentants légaux et statutaires » ont ou que les personnes mentionnées au dernier alinéa de l'article 3 et à l'article 4, intervenant pour ces clients, ont avec cette entreprise.

Cette obligation s'applique également lorsque les personnes mentionnées au même article 1er proposent à leurs clients les services d'un établissement bancaire ou d'une société financière.

Les personnes mentionnées au dernier alinéa du même article 3 et les personnes habilitées par un titulaire de la carte professionnelle conformément au même article 4 sont tenues de l'informer des liens mentionnés aux premier et deuxième alinéas du présent article qu'elles ont avec une entreprise, un établissement bancaire ou une société financière dont le titulaire de la carte professionnelle propose les services à ses clients.

Les dispositions issues de la L. nº 2014-366 du 24 mars 2014 ne s'appliquent qu'aux contrats conclus à compter de l'entrée en vigueur de ladite loi (L. préc., art. 24-VI).

....

Art. 6 *(Ord. nº 2004-634 du 1er juill. 2004)* « I. — » Les conventions conclues avec les personnes visées à l'article 1er ci-dessus et relatives aux opérations qu'il mentionne *(L. nº 94-624 du 21 juill. 1994, art. 46)* « en ses 1º à 6º », doivent être rédigées par écrit et préciser conformément aux dispositions d'un décret en Conseil d'État :

Les conditions dans lesquelles ces personnes sont autorisées à recevoir, verser ou remettre des sommes d'argent, biens, effets ou valeurs à l'occasion de l'opération dont il s'agit ;

Les modalités de la reddition de compte ;

Les conditions de détermination de la rémunération, ainsi que l'indication de la partie qui en aura la charge.

(L. nº 2014-366 du 24 mars 2014, art. 24-I) « Les moyens employés par ces personnes et, le cas échéant, par le réseau auquel elles appartiennent pour diffuser auprès du public les annonces commerciales afférentes aux opérations mentionnées au 1º du même article 1er.

« En outre, lorsqu'une convention comporte une clause d'exclusivité, elle précise les actions que le mandataire s'engage à réaliser pour exécuter la prestation qui lui a été confiée ainsi que les modalités selon lesquelles il rend compte au mandant des actions effectuées pour son compte, selon une périodicité déterminée par les parties. »

Les dispositions *(Ord. nº 2016-131 du 10 févr. 2016, art. 6-XXX, en vigueur le 1er oct. 2016)* « de l'article 1375 *[ancienne rédaction : de l'article 1325]* » du code civil leur sont applicables.

Aucun bien, effet, valeur, somme d'argent, représentatif *(L. nº 2014-366 du 24 mars 2014, art. 24-I)* « d'honoraires », de frais de recherche, de démarche, de publicité ou d'entremise quelconque, n'est dû aux personnes indiquées à l'article 1er ou ne peut être exigé ou accepté par elles, avant qu'une des opérations visées audit article ait été effectivement conclue et constatée dans un seul acte écrit contenant l'engagement des parties.

Toutefois, lorsqu'un mandat est assorti d'une clause d'exclusivité ou d'une clause pénale ou lorsqu'il comporte une clause aux termes de laquelle *(L. nº 2014-366 du 24 mars 2014, art. 24-I)* « des honoraires sont dus » par le mandant, même si l'opération est conclue sans les soins de l'intermédiaire, cette clause recevra application dans les conditions qui seront fixées par décret. *(L. nº 2014-366 du 24 mars 2014, art. 24-I)* « La somme versée par le mandant en application de cette clause ne peut excéder un montant fixé par décret en Conseil d'État. »

(L. nº 2006-872 du 13 juill. 2006, art. 99) « Lorsque le mandant agit dans le cadre de ses activités professionnelles, tout ou partie des sommes d'argent visées ci-dessus qui sont à sa charge peuvent être exigées par les personnes visées à l'article 1er avant qu'une opération visée au même article n'ait été effectivement conclue et constatée. La clause prévue à cet effet est appliquée dans des conditions fixées par décret en Conseil d'État. » — *V. Décr. nº 72-678 du 20 juill. 1972, art. 78-1, infra.*

(L. nº 2014-366 du 24 mars 2014, art. 24-I) « La convention conclue entre la personne qui se livre à l'activité mentionnée au 7º de l'article 1er et le propriétaire du bien inscrit sur la liste ou le fichier, ou le titulaire de droits sur ce bien, comporte une clause d'exclusivité d'une durée limitée aux termes de laquelle ce dernier s'engage, d'une part, à ne pas confier la location ou la vente de son bien à une autre personne exerçant une activité mentionnée à l'article 1er et, d'autre part, à ne pas publier d'annonce par voie de presse. »

(Ord. nº 2004-634 du 1er juill. 2004) « II. — Entre la personne qui se livre à l'activité mentionnée au 7º de l'article 1er et son client, une convention est établie par écrit. Cette convention dont, conformément à l'article 1325 du code civil, un original est remis au

client précise les caractéristiques du bien recherché, *(L. nº 2014-366 du 24 mars 2014, art. 24-I)* **« l'ensemble des obligations professionnelles qui incombent au professionnel mentionné au présent alinéa, » la nature de la prestation promise au client et le montant de la rémunération incombant à ce dernier.** *(L. nº 2014-366 du 24 mars 2014, art. 24-I)* **« Elle précise également les conditions de remboursement de tout ou partie de la rémunération lorsque la prestation fournie au client n'est pas conforme à la nature promise dans ladite convention.**

« Les conditions et les modalités d'application de la mesure de remboursement partiel ou total prévue au premier alinéa du présent II sont définies par décret. »

« Aucune somme d'argent ou rémunération de quelque nature que ce soit n'est due à une personne qui se livre à l'activité mentionnée au 7º de l'article 1er ou ne peut être exigée par elle, préalablement à la parfaite exécution de son obligation de fournir effectivement des listes ou des fichiers, que cette exécution soit instantanée ou successive. »

Les dispositions issues de la L. nº 2014-366 du 24 mars 2014 ne s'appliquent qu'aux contrats conclus à compter de l'entrée en vigueur de ladite loi (L. préc., art. 24-VI). — Celles qui ne concernent que le I de l'art. 6 entrent en vigueur le 1er jour du 4e mois suivant la promulgation de ladite loi (L. préc., art. 24-VIII).

Pour les sanctions pénales, V. art. 16.

V., infra, Décr. nº 72-678 du 20 juill. 1972, art. 72 s.

BIBL. ▶ ATIAS, *Ann. loyers 1995. 863* (mandat écrit). – BELLACHE, *JCP N 1996. Prat. 3743* (droit à commission). – BOURRIER, *AJDI 2003. 574* (conditions du droit à rémunération). – GIL, *AJDI 2005. 370* (bon de visite). – SIFFREIN-BLANC, *Defrénois 2007. 1344* (le contrat d'agent immobilier : mandat ou contrat spécial d'intermédiaire ?). – BÉRENGER, *Administrer oct. 2008. 41* (le comportement fautif de l'acquéreur immobilier). – FOURGOUX, *Gaz. Pal. 2009. 2899* (l'agent immobilier, la publicité et le consommateur). – DISSAUX, *Administrer oct. 2010. 17* (la rétribution de l'agent immobilier en cas de non-réalisation de la transaction). – BEDDELEEM, *ibid. nov. 2010. 12* (caractère écrit du mandat). – MOYSE, *ibid. mai 2011. 7* (mandat et parcours du combattant). – COULON, *JCP N 2011, nº 1200* (mandats immobiliers et rémunération du négociateur). – MEILLER, *D. 2012. 160* (réflexion sur les prescriptions imposées au mandat de l'agent immobilier). – UPSI, *Administrer avr. 2013. 13* (rapport sur la sécurisation du consommateur de services immobiliers). – BERLY, *AJDI 2015. 167* (nature juridique du mandat de vente portant sur un bien immobilier).

Jurisprudence antérieure à l'Ord. du 1er juill. 2004

1. Mandat écrit. La preuve de l'existence et de l'étendue du mandat de gestion immobilière délivré à un professionnel n peut être rapportée que par écrit. • Civ. 1re, 0 janv. 1993 : *Bull. civ. I, nº 25 ; Defrénois 19. 1435, note Vermelle.* ♦ L'acte écrit contenant l'engagement des parties, auquel l'art. 6 de l loi du 2 janv. 1970 subordonne le droit à ré unération ou à commission de l'agent imm ilier par l'intermédiaire duquel l'opération a é conclue, n'est pas nécessairement un acte au entique. • Civ. 1re, 9 déc. 2010 : *Bull. civ. nº 253 ; D. 2011. Chron. C. cass. 627, obs. ton ; AJDI 2011. 553, note Thioye ; JCP 201 nº 1268 ; CCC 2011, nº 54, obs. Leveneur ; RL févr. 2011. 13, obs. Paulin.*

2. Mandat app ent. Le mandat apparent ne peut tenir en éc les règles impératives des art. 1er et 6 de la l nº 70-9 du 2 janv. 1970 et de l'art. 72 du D r. nº 72-678 du 20 juill. 1972. • Civ. 1re, 31 anv 2008 : *Bull. civ. I, nº 30 ; D. 2008. Chro C. ass. 646, obs. Creton ; ibid. AJ 485, obs. Rouqet ; AJDI 2008. 879, note Thioye ; JCP 200 IV. 1407 ; JCP N 2008, nº 19-20, p. 15, obs. Piedièvre ; CCC 2008, nº 124, obs. Leveneur ; Defrénis 2008. 701, obs. Savaux ; ibid. 1105, obs. Dorne-Labbe ; Loyers et copr. 2008, nº 72, ob Vial-Pedroletti ; Administrer déc. 2008. 75, note Moyse* • 5 juin 2008 : *Bull. civ. I, nº 163 ; D. 2008. AJ 1693, obs. Rouquet ; AJDI 2008. 882, obs. Thioye ; JCP N 2009, nº 1-2, p. 28, obs. S. Piedelièvre ; RJDA 2009, nº 212 ; RLDC sept. 2008. 11, obs. Maugeri ; Administrer avr. 2009. 31, note Valdès* • 11 déc. 2008 : *AJDI 2009. 380, obs. Thioye ; JCP N 2008, nº 52, p. 10.* ♦ *Contra,* jugeant que même en l'absence de mandat écrit conforme aux dispositions de la loi, un agent immobilier peut être considéré comme le mandataire apparent du vendeur par un acquéreur que les circonstances autorisaient à ne pas exiger la présentation d'un mandat écrit. • Civ. 1re, 6 janv. 1994 : *Bull. civ. I, nº 1 ; D. 1994. Somm. 208, obs. Delebecque ; CCC 1994, nº 49, obs. Leveneur.* – V. aussi • Civ. 3e, 25 mai 2005 : *JCP 2005. IV. 2541.*

3. Mandat de substitution. Un mandat de vendre supposant nécessairement l'établissement d'un écrit, il ne saurait résulter ni d'une convention entre deux agents immobiliers, ni d'un mandat de substitution. • Civ. 1re, 4 mai 1998 : *Administrer mars 2000. 49, obs. Yadini-Naudot.*

4. Action en nullité. En cas d'inobservation de l'art. 6, l'action en nullité doit être réservée au mandant, dès lors que c'est en vue d'assurer sa protection que la loi du 2 janv. 1970 a été édictée. • Paris, 6 déc. 1989 : *D. 1990. IR 5.*

5. Obligation de conseil. V. notes ss. art. 16.

6. Rémunération. Les règles de l'enrichissement sans cause ne peuvent tenir en échec les dispositions d'ordre public des art. 6-I de la L. du 2 janv. 1970 et 72 du Décr. du 20 juill. 1972, lesquels subordonnent la licéité de l'intervention d'un agent immobilier dans toute opération immobilière et, partant, son droit à rémunération comme à indemnisation, à la détention d'un mandat écrit préalablement délivré à cet effet par l'une des parties à l'opération. • Civ. 1re, 18 juin 2014 : *Bull. civ. I, n° 110; Dalloz actualité, 7 juill. 2014, obs. Cayol; D. 2014. Actu. 1377 ; RTD civ. 2014. 671, obs. Gautier ; RTD com. 2014. 685, obs. Bouloc ; AJDI 2015. 136, obs. Thioye ; CCC 2014, n° 213, obs. Leveneur.* ♦ Le mandataire qui ne respecte pas les prescriptions d'ordre public de la loi ne peut prétendre à une rémunération. • Civ. 1re, 3 mars 1998 : *Bull. civ. I, n° 91.* ♦ L'agent immobilier ne peut percevoir, directement ou indirectement, d'autres rémunérations que celles dont les conditions de détermination sont précisées par le mandat; la simple référence à un prétendu tarif légal ne satisfait pas à cette exigence. • Civ. 1re, 24 mai 1989 : *D. 1989. IR 179* • Paris, 4 nov. 1988 : *D. 1988. IR 289* • 14 sept. 1989 : *D. 1989. IR 259.*

7. Un agent immobilier ne peut réclamer aucune rémunération à l'occasion d'une opération visée à l'art. 1er que si, préalablement à toute négociation ou engagement, il détient un mandat écrit fixant la rémunération de l'agent et déterminant la partie qui en aura la charge. • Civ. 3e, 17 juill. 1980 : *JCP CI 1982. II. 13714, note Guillot* • 28 oct. 1980 : *eod. loc.* • Civ. 1re, 17 déc. 1991 : *D. 1992. IR 13* • 3 févr. 1993 : *D. 1993. IR 57* . ♦ V. aussi • Civ. 1re, 9 nov. 1999 : *D. 1999. IR 261 ; CCC 2000, n° 38, obs. Leveneur.* ♦ Il résulte des art. 6 de la loi du 2 janv. 1970 et 73 du décret du 20 juill. 1972 que, lorsque l'offre d'achat présentée par l'agent immobilier est l'acte unique constatant l'engagement des parties, cette offre doit comporter le montant de la rémunération ou de la commission de l'agent ainsi que l'indication de la ou des parties qui en ont la charge. • Civ. 1re, 27 mai 1997 : *Bull. civ. I, n° 168; D. 1997. IR 141* .

8. Il résulte des art. 6 de la loi et 73 du décret du 20 juill. 1972 que l'agent immobilier qui détient un mandat de vente ne peut exiger de commission d'une personne autre que celles mentionnées comme en ayant la charge dans le mandat et dans l'engagement des parties; dès lors, l'acquéreur ne peut être obligé au paiement de la commission sur le fondement du mandat et du bon de visite lorsque le contrat de vente ne contient aucune mention relative à la commission. • Civ. 1re, 3 avr. 2002 : *Bull. civ. I, n° 103; D. 2002. IR 1528 ; JCP 2003. II. 10119, note Chilstein.* ♦ Dans le même sens : • Civ. 1re, 28 nov. 2000 : *Bull. civ. I, n° 303; CCC 2001, n° 37, note Leveneur (1re esp.)* (inefficacité d'un engagement de l'acquéreur porté sur le bon de visite) • 27 avr. 2004 : *AJDI 2004. 658, note Thioye* (même solution) • 21 févr. 2006 : *Administrer août-sept. 2006. 36, note Beddeleem* • 27 juin 2006 : *AJDI 2006. 937, note Thioye* (inefficacité d'une reconnaissance d'honoraires signée antérieurement à la réalisation définitive de l'affaire). ♦ Mais même s'il n'est pas débiteur de la commission, l'acquéreur dont le comportement fautif a fait perdre celle-ci à l'agent immobilier, par l'entremise duquel il a été mis en rapport avec le vendeur qui l'avait mandaté, doit, sur le fondement de la responsabilité délictuelle, réparation à cet agent immobilier de son préjudice. • Cass., ass. plén., 9 mai 2008 : *Bull. civ. n° 3; BICC 1er juill. 2008, p. 9, rapp. Foulquié, avis de Gouttes; D. 2008. 2328, note Thomat-Raynaud ; ibid. AJ 1412, obs. Rouquet ; RTD com. 2009. 202, obs. Bouloc ; RTD civ. 2008. 485, obs. Jourdain ; ibid. 498, obs. Gautier ; AJDI 2008. 878, note Thioye ; JCP 2008. II. 10183, note Kenfack; JCP N 2009, n° 1-2, p. 34, obs. S. Piedelièvre; Gaz. Pal. 2008. 1867, avis de Gouttes; RJDA 2008, n° 1241; Defrénois 2008. 1986, obs. Savaux.*

9. Il résulte des art. 6 de la loi et 73 du décr. du 20 juill. 1972 que la substitution du préempteur à l'acquéreur ne porte pas atteinte au droit à commission de l'agent immobilier, tel qu'il est conventionnellement prévu. • Civ. 1re, 9 mars 1999 : *Bull. civ. I, n° 79.* ♦ ... Peu important à cet égard que le prix d'acquisition du bien préempté soit inférieur à celui qui avait été initialement convenu entre vendeur et acquéreur. • Civ. 1re, 24 janv. 2006 : *RDI 2006. 321, obs. Soler-Couteaux* .

10. Si, par une convention ultérieure, l'une des parties à la vente peut s'engager à rémunérer les services de l'agent immobilier, cette convention n'est valable que si elle est postérieure à la réitération de la vente par acte authentique. • Civ. 1re, 14 juin 1988 : *D. 1988. IR 185* • 29 janv. 1991 : *D. 1991. IR 49* • 3 févr. 1993 : *D. 1993. IR 57* • 13 mars 2007 : *Bull. civ. I, n° 101; D. 2007. AJ 943 ; RTD com. 2007. 826, obs. Bouloc ; JCP 2007. IV. 1822; RJDA 2008, n° 124; Administrer nov. 2007. 60, obs. Garcia.* ♦ Si, par une convention ultérieure, les parties à la vente peuvent s'engager à rémunérer les services de l'agent immobilier, cette convention n'est valable que si elle est postérieure à la vente régulièrement conclue. • Civ. 1re, 6 janv. 2011 : *Bull. civ. I, n° 1; D. 2011. Actu. 240, obs. Rouquet ; AJDI 2011. 643, obs. Thioye ; JCP 2011, n° 44; RJDA 2011, n° 398; RLDC mars 2011. 15, obs. Paulin* • 24 avr. 2013 : *Bull. civ. I, n° 81; D. 2013. Actu. 1133, obs. Rouquet* .

11. Aucune rémunération n'est due à l'agent tant que l'opération n'est pas conclue et constatée dans un seul acte écrit; dès lors, doit être cassé l'arrêt qui, pour faire droit à la demande de rémunération d'un agent immobilier, retient que l'accord des parties résulte du rapprochement des promesses d'achat et de vente. • Civ. 1re, 18 juin 1980 : *JCP CI 1980. I. 9101.*

12. Aucune rémunération n'est due à l'agent ayant concouru à une opération qui ne s'est pas effectivement réalisée, notamment s'il y a dédit en vertu d'une clause du contrat. • Civ. 1re, 17 nov. 1993 : *Bull. civ. I, n° 337; D. 1994. Somm. 233, obs. Paisant ; CCC 1994, n° 114, obs. Leveneur.* ♦ L'opération ne peut être regardée comme effectivement conclue s'il y a dédit ou tant que la faculté de dédit subsiste ou tant que la condition suspensive n'est pas réalisée. • Civ. 3e, 19 mai 1999 : *Bull. civ. III, n° 120; D. 1999. IR 155* • Civ. 1re, 15 mai 2001 : *Bull. civ. I, n° 131.* ♦ Aucune rémunération n'est due dès lors que la vente ne s'est pas effectivement réalisée, l'acquéreur mandant ayant renoncé à réitérer la vente par acte authentique et le vendeur n'en ayant pas poursuivi la réalisation forcée. • Civ. 3e, 3 juin 2003 : *AJDI 2003. 789, note Thioye .* ♦ Aucune somme d'argent n'est due, à quelque titre que ce soit, à l'agent immobilier avant que l'opération pour laquelle il a reçu un mandat écrit ait été effectivement conclue et constatée dans un seul acte contenant l'engagement des parties. • Civ. 3e, 11 mars 2009 : *Bull. civ. III, n° 60; D. 2009. AJ 873, obs. Rouquet ; Administrer juill. 2010. 25, note Valdès.* ♦ L'agent chargé de la vente d'un immeuble ne peut percevoir de commission en l'absence de réalisation effective et définitive de l'opération du fait de la non-réalisation de la condition suspensive d'obtention d'un prêt. • Civ. 3e, 11 mars 2009 : *AJDI 2009. 648, obs. Thioye .* ♦ Mais l'agent peut prétendre à commission dès l'instant que l'opération a été effectivement conclue, peu important qu'elle ait été résolue par l'effet d'une clause résolutoire liée à l'exécution du contrat. • Civ. 1re, 17 févr. 1998 : *Bull. civ. I, n° 60; D. Affaires 1998. 530, obs. S.P.* ♦ Il résulte de l'art. 6 de la loi que l'agent immobilier qui s'est entremis dans la conclusion d'une vente ultérieurement annulée pour dol des vendeurs ne peut recevoir aucune somme au titre de ses activités, fût-il personnellement irréprochable. • Civ. 1re, 20 mars 2007 : *AJDI 2007. 766, obs. Thioye ; Administrer janv. 2008. 11, note Beddeleem.*

Pour l'allocation de dommages-intérêts à l'agent immobilier en cas de fraude des parties qui se sont entendues pour éluder ses droits, V. • Aix-en-Provence, 15 févr. 1996 : *JCP 1996. IV. 2363* • Paris, 2 nov. 1995 : *D. 1995. IR 255.* ♦ *En effet, la constatation* de manœuvres frauduleuses destinées à éluder la commission d'un agent immobilier n'ouvre pas droit au paiement de la commission contractuellement prévue mais seulement à la réparation de son préjudice par l'allocation de dommages-intérêts. • Civ. 3e, 8 juin 2010 : *Bull. civ. III, n° 112; D. 2011. 62, note Dagorne-Labbe ; RTD civ. 2010. 581, obs. Gautier ; JCP N 2010, n° 1252, note Barbiéri; RJDA 2010, n° 932; RLDC oct. 2010. 16, obs. Paulin.*

13. L'agent immobilier ayant un mandat exclusif n'a droit à aucune rémunération lorsqu'il s'est borné : à faire une offre de vente au locataire titulaire d'un droit de préemption, que ce dernier avait accepté, dès lors que cette offre ne peut être assimilée à la présentation d'un acquéreur. • Civ. 1re, 14 juin 1988 : *D. 1988. IR 185.* ♦ ... A établir une liste informatique d'acquéreurs potentiels et que l'un d'eux, de sa propre initiative, a pris contact directement avec le vendeur, sans intervention de l'agent immobilier (à propos d'une vente intervenue postérieurement à l'expiration du mandat exclusif). • Bordeaux, 23 oct. 1995 : *BICC 1996, n° 188.*

14. L'ouverture du droit à rémunération de l'agent immobilier, dans les conditions impératives que fixe l'art. 6-I de la L. n° 70-9 du 2 janv. 1970, ne fait pas obstacle au pouvoir que le juge tient de l'art. 1999 C. civ. de réduire, voire supprimer cette rémunération, en considération des fautes que l'intermédiaire a commises dans l'exécution de sa mission. • Civ. 1re, 14 janv. 2016, n° 14-26.474 P : *D. 2016. Actu. 201 .* ♦ Les juges du fond peuvent réduire la rémunération promise à un agent immobilier lorsque celui-ci n'a accompli que partiellement les obligations contractuelles qui lui incombaient. • Civ. 3e, 5 avr. 1978 : *D. 1978. IR 488.*

15. Les juges du fond ont un pouvoir de contrôle et de révision leur permettant de réduire, le cas échéant, la rémunération de l'agent immobilier. • Civ. 1re, 2 juin 1993 : *Bull. civ. I, n° 198.*

16. Viole l'art. 6 l'arrêt qui rejette la demande de commission formée par l'agent immobilier après avoir constaté que le mandat, comme la promesse synallagmatique de vente, mettaient à la charge du vendeur la rémunération de l'intermédiaire et que la vente était intervenue avec le bénéficiaire du droit de préférence convenu, qui s'était trouvé substitué aux droits et obligations de l'acquéreur signataire de la promesse. • Civ. 1re, 7 juill. 1998 : *Bull. civ. I, n° 235; CCC 1998, n° 157, obs. Leveneur.*

17. Il résulte de l'art. 6 de la loi du 2 janv. 1970 que lorsqu'un agent immobilier, bénéficiaire d'un mandat, fait visiter à une personne l'immeuble mis en vente et qu'ensuite le vendeur traite directement avec cette personne, l'opération est réputée effectivement conclue par l'entremise de cet agent, lequel a alors droit au paiement de la commission convenue, sauf à tenir compte du prix de vente réel de l'immeuble et des circonstances ou fautes de l'agent immobilier. • Civ. 1re, 14 nov. 2000 : *Bull. civ. I, n° 288; CCC 2001, n° 37, note Leveneur (2e esp.).* ♦ Mais, dès lors que la commission n'est pas due, aux termes du mandat, par l'acquéreur, l'agent immobilier ne peut se prévaloir à son encontre d'un quelconque préjudice. • Civ. 1re, 27 avr. 2004 : *Bull. civ. I, n° 111; AJDI 2004. 577, obs. Thioye* (acquéreur ayant visité le bien sous un faux nom par l'intermédiaire de l'agent, puis ayant traité directement avec le vendeur).

18. La clause d'un contrat de mandat exclusif de vente d'immeubles stipulant que le mandant ne peut, même après l'expiration du mandat, traiter directement avec un acquéreur ayant été présenté par le mandataire ou ayant visité les locaux avec lui, n'est valable que dans la mesure où ces diligences ont été effectuées par l'agent immobilier pendant la durée du mandat. Dès lors, la présentation de l'acquéreur par le mandataire, qui se situe 2 mois après la fin du mandat ne peut ouvrir droit au paiement de l'indemnité forfaitaire prévu en cas de non-respect de ses obligations par le mandant. • Lyon, 9 avr. 1999 : *BICC 1999, n° 1294.*

19. Lorsque le mandant a donné à plusieurs agents immobiliers le mandat non exclusif de vendre un même bien, il n'est tenu de payer une rémunération ou commission qu'à celui par l'entremise duquel l'opération a été effectivement conclue au sens de l'art. 6, et cela, même si l'acquéreur lui a été précédemment présenté par un autre agent immobilier, sauf à ce dernier à prétendre à l'attribution de dommages-intérêts en prouvant une faute du vendeur qui, par un abus de sa part et compte tenu des diligences accomplies, l'aurait privé de la réalisation de la vente. • Civ. 1re, 15 févr. 2000 : *Bull. civ. I, n° 46; D. 2000. IR 71; Administrer juill. 2000. 48, obs. Yadini-Naudot; LPA 2000, n° 257, obs. Kenfack* • 9 juill. 2002 : *Bull. civ. I, n° 184 (arrêt n° 2); JCP 2003. II. 10184, note Chagny; CCC 2002, n° 170, note Leveneur* • 25 nov. 2010 : *Bull. civ. I, n° 241; Dalloz actualité, 8 déc. 2010, obs. Chenu; D. 2010. Actu. 2911; JCP 2010, n° 1269.* ♦ La clause interdisant au mandant de traiter directement avec l'acheteur pendant le cours du mandat de vente non exclusif et dans les dix-huit mois suivant son expiration ou sa résiliation ne saurait recevoir application, le vendeur ayant eu recours à l'entremise d'une autre agence ne pouvant être considéré comme ayant traité directement avec l'acquéreur. • TGI Carpentras, 18 mai 1999 : *BICC 2000, n° 50.*

20. Responsabilité. V. notes ss. art. 16, *infra.*

21. V. notes ss. art. 6 de la loi du 2 janv. 1970. – **C. baux.**

Art. 6-1 *(L. n° 2014-366 du 24 mars 2014, art. 24-I)* **Toute publicité effectuée par une personne mentionnée à l'article 1er et relative aux opérations prévues au 1° de ce même article mentionne, quel que soit le support utilisé, le montant toutes taxes comprises de ses honoraires exprimé, pour ce qui concerne les opérations de vente, en pourcentage du prix, lorsqu'ils sont à la charge du locataire ou de l'acquéreur.**

Les dispositions issues de la L. n° 2014-366 du 24 mars 2014 ne s'appliquent qu'aux contrats conclus à compter de l'entrée en vigueur de ladite loi (L. préc., art. 24-VI).

Art. 6-2 *(L. n° 2014-366 du 24 mars 2014, art. 24-I)* **Toute publicité relative à des opérations mentionnées au 1° de l'article 1er et proposées par une personne habilitée par un titulaire de la carte professionnelle à négocier, s'entremettre ou s'engager pour le compte de ce dernier, et non salariée, mentionne que cette personne exerce sous le statut d'agent commercial.**

Cette obligation de mentionner le statut d'agent commercial est étendue au mandat de vente ou de recherche et à tous les documents d'une transaction immobilière à laquelle la personne habilitée mentionnée au premier alinéa participe.

V. note ss. art. 6-1.

Art. 7 Sont nulles les promesses et les conventions de toute nature relatives aux opérations visées à l'article 1er qui ne comportent pas une limitation de leurs effets dans le temps.

(L. n° 2014-366 du 24 mars 2014, art. 24-I) **« Lorsque le mandant n'agit pas dans le cadre de ses activités professionnelles :**

« 1° Les modalités de non-reconduction des contrats définies aux deux premiers alinéas de l'article *(Ord. n° 2016-301 du 14 mars 2016, art. 2, en vigueur le 1er juill. 2016)* **« L. 215-1 » du code de la consommation sont mentionnées de manière lisible et visible dans les conventions prévues au premier alinéa du I de l'article 6 de la présente loi ;**

« 2° Lorsque ces conventions portent sur des opérations mentionnées aux 1° et 4° de l'article 1er et qu'elles comportent une clause d'exclusivité, elles mentionnent en caractères très apparents les dispositions du deuxième alinéa de l'article 78 du décret n° 72-678 du 20 juillet 1972 fixant les conditions d'application de la loi n° 70-9 du 2 janvier 1970 réglementant les conditions d'exercice des activités relatives à certaines opérations portant sur les immeubles et fonds de commerce, exception faite des mandats portant sur les opérations exclues par les troisième à sixième alinéas de ce même article. »

BIBL. ▶ MEUNIER, *JCP CI 1983. II. 14013* (durée du mandat de l'agent immobilier).

1. Champ d'application. L'art. 7 s'applique à tous les mandats confiés à des agents immobiliers, qu'ils comportent ou non une clause d'exclusivité. • Civ. 1re, 6 déc. 1994 : *Bull. civ. I, no 356 ; D. 1995. IR 15.*

2. Clause de tacite reconduction. Le mandat d'un agent immobilier conclu pour une durée déterminée, mais avec une clause de tacite reconduction indéfinie, doit être considéré comme illimité dans le temps et, dès lors, annulé pour le tout. • Civ. 1re, 5 mai 1982 : *Bull. civ. I, no 159 ; JCP 1983. II. 20064, note Guillot ; RTD civ. 1983. 355, obs. Rémy ; RDI 1982. 536, obs. Saint Alary-Houin* • Paris, 5 mai 1993 : *Administrer janv. 1994. 53.* – V. aussi • Civ. 1re, 18 oct. 2005 : *cité note 5.*

3. En revanche, est valable la clause qui n'autorise qu'un seul renouvellement par tacite reconduction et en limite les effets à une année. • Civ. 1re, 9 mai 1990 : *Bull. civ. I, no 95 ; D. 1990. IR 131* ♦ V. aussi : • Paris, 26 nov. 1987 : *D. 1988. IR 1.*

4. La nullité ne concerne que la clause de renouvellement, la première période étant limitée dans le temps. • Civ. 1re, 28 mars 1984 : *Bull. civ. I, no 117 ; RDI 1984. 331, obs. Saint Alary-Houin* • 22 mai 1985 : *Bull. civ. I, no 159 ; RTD civ. 1986. 148, obs. Rémy.*

5. Nature de la nullité. Retenant que la méconnaissance des règles de validité du mandat (défaut de limitation de durée et absence d'inscription au registre des mandats) doit être sanctionnée par la nullité : • Cass., ch. mixte, 24 févr. 2017, no 15-20.411 P : *cité note 10 ss. art. 72 du Décr. no 72-678 du 20 juill. 1972.* ♦ Comp., auparavant, retenant la nullité absolue, d'ordre public, pouvant être invoquée par toute personne y ayant intérêt et insusceptible de confirmation : • Civ. 1re, 18 oct. 2005 : *Bull. civ. I, no 363.*

6. Effets de la nullité. Un agent immobilier ne peut recevoir aucune rémunération lorsque son mandat est nul comme ne comportant pas de limitation de ses effets dans le temps. • Civ. 1re, 22 avr. 1986 : *JCP E 1986. Act. 15563.* ♦ Mais la perte du droit à rémunération ne peut empêcher l'agent de prétendre à des dommages et intérêts s'il prouve l'existence d'une collusion entre vendeur et acquéreur, qui ont utilisé abusivement ses services. • Paris, 5 janv. 1988 : *D. 1988. IR 33.*

7. Cassation de l'arrêt qui, tout en déclarant exactement que le mandat d'un agent immobilier est nul à défaut de limiter ses effets dans le temps, condamne néanmoins l'acquéreur à rémunérer l'agent en se fondant sur une « reconnaissance d'honoraires » souscrite le jour où le compromis de vente a été conclu. • Civ. 1re, 29 janv. 1991 : *D. 1991. IR 49*.

8. Est nul le commandement visant la clause résolutoire insérée dans un bail, délivré au nom du bailleur par son mandataire, administrateur de biens, dont le mandat est nul comme contraire à l'art. 7. • Civ. 1re, 18 oct. 2005 : *préc. note 5.*

9. Mandat apparent. Si le mandat simple conclu sans limitation de durée est nul, l'existence d'un mandat apparent peut être retenue si l'acquéreur a pu légitimement croire aux pouvoirs de l'agence. • Civ. 3e, 25 mai 2005 : *JCP 2005. IV. 2541.*

10. V. notes ss. art. 7 de la loi du 2 janv. 1970. – **C. baux.**

TITRE III **Des sanctions pénales et administratives** *(L. no 2014-366 du 24 mars 2014, art. 24-III).*

Art. 14 *(Ord. no 2004-634 du 1er juill. 2004)* **Est puni de six mois d'emprisonnement et de 7 500 € d'amende le fait :**

a) De se livrer ou prêter son concours, d'une manière habituelle, même à titre accessoire, à des opérations visées à l'article 1er sans être titulaire de la carte instituée par l'article 3 ou après l'avoir restituée ou en ayant omis de la restituer après injonction de l'autorité administrative compétente ;

(L. no 2014-366 du 24 mars 2014, art. 24-III) **« a bis) De se livrer ou de prêter son concours, d'une manière habituelle, même à titre accessoire, à des opérations mentionnées à l'article 1er en méconnaissance d'une interdiction définitive ou temporaire d'exercer, prononcée en application de l'article 13-8, et devenue définitive ; »**

b) Pour toute personne qui assume la direction d'un établissement, d'une succursale, d'une agence ou d'un bureau, de n'avoir pas effectué la déclaration préalable d'activité prévue au *(L. no 2014-366 du 24 mars 2014, art. 24-III)* **« onzième » alinéa de l'article 3 ;**

c) Pour toute personne qui exerce les fonctions de représentant légal ou statutaire d'une personne morale, de se livrer ou de prêter son concours, même à titre accessoire, d'une manière habituelle à des opérations visées à l'article 1er sans remplir ou en ayant cessé de remplir les conditions prévues aux 1° et 4° de l'article 3 ;

(*L. n° 2014-366 du 24 mars 2014, art. 24*) « *d)* **Pour toute personne mentionnée à l'article 1er, de ne pas délivrer à ses clients les informations prévues à l'article 4-1.** »

Est puni des mêmes peines le fait de négocier, s'entremettre ou prendre des engagements pour le compte du titulaire d'une carte professionnelle, sans y avoir été habilité dans les conditions de l'article 4 ci-dessus.

Art. 16 (*Ord. n° 2004-634 du 1er juill. 2004*) **Est puni de deux ans d'emprisonnement et de 30 000 € d'amende le fait :**

1° De recevoir ou de détenir, à quelque titre et de quelque manière que ce soit, à l'occasion d'opérations visées à l'article 1er, des sommes d'argent, biens, effets ou valeurs quelconques :

***a)* Soit en violation de l'article 3 ;**

***b)* Soit en violation des conditions prévues par l'article 5 pour la tenue des documents et la délivrance des reçus lorsque ces documents et reçus sont légalement requis ;**

2° D'exiger ou d'accepter des sommes d'argent, biens, effets, ou valeurs quelconques, en infraction aux dispositions de l'article 6.

BIBL. ▶ BEDDELEEM, *Administrer juin 2006. 9* (le devoir de conseil de l'agent immobilier). – MAUPAS, *LPA 18 oct. 2007* (le devoir d'information de l'agent immobilier). – PILLET, *AJDI 2008. 263* (obligation d'information et de conseil de l'agent immobilier à l'égard de l'acquéreur : nature de l'obligation) ; *ibid. 366* (... contenu de l'obligation). – COULON, *RLDC avr. 2012. 7* (réflexions sur l'obligation de conseil des professionnels de la vente immobilière).

Jurisprudence antérieure à l'Ord. du 1er juill. 2004

I. RESPONSABILITÉ PÉNALE

1. Abus de confiance. A défaut de convention prévoyant la destination des intérêts versés par la banque sur les fonds déposés par le syndic de copropriété, celui-ci peut en disposer. Le délit d'abus de confiance n'est pas constitué. • Paris, 9 mars 1992 : *Banque 1992. 735, obs. Rives-Lange.*

2. Absence de mandat. L'agent immobilier qui participe à la négociation de la vente d'une maison et à la rédaction du compromis de vente sans s'être fait délivrer au préalable un mandat écrit du propriétaire lui permettant de négocier en ce sens ni posséder un mandat de recherche de l'acquéreur se rend coupable du délit prévu par l'art. 18 [16] de la L. du 2 janv. 1970. • Crim. 28 nov. 2000 : *Bull. crim. n° 355 ; RTD com. 2001. 529, obs. Bouloc ; JCP 2001. IV. 1288 ; BID 2001, n° 7-8, p. 30.*

II. RESPONSABILITÉ CIVILE PROFESSIONNELLE

3. V. **C. civ.**, art. 1991 s.

4. Fondement. La responsabilité de l'agent immobilier pour les dommages subis par les parties à une opération dont l'échec est imputable à ses fautes professionnelles a un fondement contractuel à l'égard de ses clients, et délictuel à l'égard des autres parties. • Civ. 1re, 16 déc. 1992 : *Bull. civ. I, n° 316 ; RDI 1993. 236, obs. Tomasin.* ♦ Les fautes du notaire (qui a concouru à la réalisation du dommage) n'exonèrent pas l'agent immobilier de sa responsabilité. • Civ. 1re, 16 déc. 1992 : *eod. loc.* ♦ Pour un exemple de condamnation du notaire et de l'agent immobilier *in solidum*, V. • Paris, 20 sept. 1996 : *D. 1996. IR 221.* ♦ Pour un exemple de responsabilité notariale, V. • Civ. 1re, 10 janv. 1995 : *Bull. civ. I, n° 24 ; RDI 1996. 245, obs. Tomasin* • 25 nov. 1997 : *D. 1998. IR 2 ; D. Affaires 1998. 64, obs. J.F.*

5. Devoir de conseil : principe. Dans le cadre de son mandat d'entremise, l'agent immobilier est tenu d'une obligation de conseil. • Civ. 1re, 3 janv. 1985 : *Bull. civ. I, n° 1.* ♦ L'agent immobilier est tenu d'une obligation de renseignement et de conseil vis-à-vis de son mandant. • Civ. 1re, 30 oct. 1985 : *Bull. civ. I, n° 277.* ♦ L'agent immobilier est tenu d'une obligation de conseil à l'occasion des opérations réalisées par son entremise et cette obligation, qui est de moyens, doit s'apprécier en fonction des circonstances de la cause, et, en particulier, de la volonté, de la situation et des connaissances des parties. • Civ. 1re, 10 févr. 1987 : *Bull. civ. I, n° 43.* ♦ Il est tenu, en sa qualité de professionnel, de vérifier, au besoin avec l'assistance d'un tiers, que l'immeuble vendu par ses soins est conforme à la description qui en a été faite aux acquéreurs. • Civ. 1re, 29 nov. 2005 : *RCA 2006, n° 56, note Groutel.*

6. ... Applications. S'agissant de la vente d'un terrain à bâtir, l'obligation de conseil implique la vérification du caractère constructible du terrain. • Civ. 1re, 3 janv. 1985 : *préc. note 5.* ♦ L'agent immobilier doit, notamment, donner à son mandant des informations loyales sur la valeur du bien mis en vente, lorsqu'il apparaît que le prix demandé est manifestement sous-évalué sans raison. • Civ. 1re, 30 oct. 1985 : *préc. note 5.* ♦ ... Des informations sur la disponibilité des fonds nécessaires à la réalisation effective de l'opération. • Civ. 1re, 10 févr. 1987 : *préc. note 5.*

7. Manque à son devoir de conseil : l'agent immobilier qui, mandataire du vendeur et de l'acquéreur, lequel, concomitamment à la signature de l'acte de vente, lui avait donné mandat de vendre son propre appartement, s'abstient de conseiller à ce dernier, pour qui les deux opérations étaient liées, d'insérer, dans son engagement d'achat à terme, une condition suspensive relative à la vente de son propre bien, et au moins de s'assurer qu'il disposerait en temps utile des fonds nécessaires à l'acquisition. • Civ. 1re, 15 juill. 1999 : *Bull. civ. I, n° 231 ; CCC 2000, n° 4, obs. Leveneur ; RCA 1999, n° 329.* ♦ ... L'agent immobilier qui omet d'informer l'acheteur de l'immeuble vendu par son entremise de l'existence des désordres apparents qui affectent celui-ci et qu'en sa qualité de professionnel de l'immobilier il ne peut ignorer. • Civ. 1re, 18 avr. 1989 : *Bull. civ. I, n° 150 ; RCA 1989, n° 224 et Chron. 18, par Groutel.*

8. L'intermédiaire professionnel qui prête son concours à la rédaction d'un acte est tenu de s'assurer, aussi bien à l'égard de son mandant qu'à l'égard du cocontractant de ce dernier, que toutes les conditions nécessaires à l'efficacité juridique de la convention sont réunies (responsabilité de l'agent immobilier n'ayant pas vérifié la solvabilité de son mandant). • Civ. 1re, 25 nov. 1997 : *D. Affaires 1998. 64, obs. J.F.*

9. Preuve. Si, de manière générale, le mandataire est, sauf cas fortuit, présumé en faute du seul fait de l'inexécution de son mandat, cette présomption ne saurait être étendue à l'hypothèse d'une mauvaise exécution du mandat. Il appartient donc en ce cas au mandant d'établir la faute de gestion. • Civ. 1re, 18 janv. 1989 : *Bull. civ. I, n° 26 ; D. 1989. 302, note Larroumet ; RTD civ. 1989. 558, obs. Jourdain ; ibid. 572, obs. Rémy.*

10. V. L. du 2 janv. 1970, art. 18 [16], notes 4 s. – **C. baux**.

Art. 17-1 *(L. n° 2014-366 du 24 mars 2014, art. 24-III)* **Est sanctionné par une amende administrative, prononcée par l'autorité administrative chargée de la concurrence et de la consommation, dont le montant ne peut excéder 15 000 € pour une personne physique et 75 000 € pour une personne morale,** *(Ord. n° 2016-301 du 14 mars 2016, art. 26, en vigueur le 1er juill. 2016)* **« dans les conditions prévues au chapitre II du titre II du livre V » du code de la consommation, le fait, pour une personne mentionnée à l'article 1er de la présente loi et exerçant l'activité mentionnée au 1° de ce même article, de mettre en location aux fins d'habitation des locaux frappés d'un arrêté d'insalubrité pris en application des articles L. 1331-22, L. 1331-25, L. 1331-26-1 ou L. 1331-28 du code de la santé publique ou d'un arrêté de péril pris en application des articles L. 511-1 et suivants du code de la construction et de l'habitation. Le représentant de l'État dans le département ou le maire transmet à l'autorité administrative chargée de la concurrence et de la consommation, à sa demande, les mesures de police arrêtées permettant de caractériser** *(Ord. n° 2016-301 du 14 mars 2016, art. 26, en vigueur le 1er juill. 2016)* **« le manquement ».**

Art. 17-2 *(L. n° 2014-366 du 24 mars 2014, art. 24-III) (Abrogé par L. n° 2015-990 du 6 août 2015, art. 210-IV, à compter du 1er juill. 2016)* ***« Est puni de la peine d'amende prévue au 5° de l'article 131-13 du code pénal le fait, pour une personne mentionnée à l'article 1er de la présente loi, d'effectuer une publicité en violation de l'article 6-1. »***

(L. n° 2015-990 du 6 août 2015, art. 210-IV, en vigueur le 1er juill. 2016) **« Est puni de la peine d'amende prévue au 5° de l'article 131-13 du code pénal le fait** *[ancienne rédaction : Sont punis de la même peine d'amende le fait]* **», pour un agent commercial, d'effectuer une publicité en violation de l'article 6-2 ainsi que le fait de ne pas respecter l'obligation de mentionner le statut d'agent commercial prévue au même article.**

Décret n° 72-678 du 20 juillet 1972,

Fixant les conditions d'application de la loi n° 70-9 du 2 janvier 1970 réglementant les conditions d'exercice des activités relatives à certaines opérations portant sur les immeubles et les fonds de commerce.

V. aussi ***C. baux.***

CHAPITRE PREMIER *La carte professionnelle*

Art. 1er *(Décr. n° 2005-1315 du 21 oct. 2005, en vigueur le 1er janv. 2006)* **« La carte professionnelle délivrée aux personnes établies sur le territoire national qui exercent une ou plusieurs des activités mentionnées à l'article 1er de la loi du 2 janvier 1970 susvisée porte la ou les mentions suivantes :**

« 1° "Transactions sur immeubles et fonds de commerce", en cas d'exercice des activités mentionnées aux 1° à 5° et 8° de l'article 1er de la loi du 2 janvier 1970 ;

« 2° "Gestion immobilière", en cas d'exercice de l'activité mentionnée au 6° du même article ; »

(Décr. nº 2015-702 du 19 juin 2015, art. 2, en vigueur le 1er juill. 2015) « 3° "Syndic de copropriété", en cas d'exercice de l'activité mentionnée au 9° du même article ;

« 4° » *(Décr. nº 2005-1315 du 21 oct. 2005, en vigueur le 1er janv. 2006)* « "Marchand de listes", en cas d'exercice de l'activité mentionnée au 7° du même article.

« La mention "Marchand de listes" est exclusive des précédentes. Si le titulaire de la carte portant cette mention exerce les autres activités mentionnées à l'article 1er de la loi du 2 janvier 1970, il doit être détenteur d'une autre carte portant la ou les mentions correspondantes.

« Lorsque le titulaire d'une carte entend se livrer ou prêter son concours, à titre accessoire, aux opérations mentionnées à l'article L. 211-1 du code du tourisme, cette carte porte en outre la mention "Prestations touristiques". — *V. ce texte, vº Agences de voyages.*

« La carte délivrée aux personnes non établies sur le territoire national *(Décr. nº 2010-1707 du 30 déc. 2010, art. 2)* « , qui ne relèvent pas de la section III du chapitre II, » porte la mention supplémentaire "Prestations de services". »

(Décr. nº 2010-1707 du 30 déc. 2010, art. 2) « La carte délivrée aux personnes ayant déposé la déclaration sur l'honneur mentionnée au 6° de l'article 3 porte en outre, pour l'activité concernée par la déclaration sur l'honneur, la mention : "Non-détention de fonds" ainsi que, le cas échéant, la mention : "Absence de garantie financière". »

Ces cartes sont conformes à un modèle établi par *(Décr. nº 2015-702 du 19 juin 2015, art. 16-5°, en vigueur le 1er juill. 2015)* « arrêté du ministre chargé de l'économie ». — *V. Arr. du 19 juin 2015 (JO 21 juin).*

....

CHAPITRE VII *Les conventions prévues par l'article 6 de la loi du 2 janvier 1970 susvisée* *(Décr. nº 95-818 du 29 juin 1995 ; Décr. nº 2005-1315 du 21 oct. 2005).*

SECTION I *Les conventions relatives aux opérations de l'article 1er (1° à 5°) de la loi du 2 janvier 1970 susvisée* *(Décr. nº 95-818 du 29 juin 1995).*

Art. 72 Le titulaire *(Décr. nº 2005-1315 du 21 oct. 2005, en vigueur le 1er janv. 2006)* « de la carte professionnelle portant la mention : "Transactions sur immeubles et fonds de commerce" » ne peut négocier ou s'engager à l'occasion d'opérations spécifiées à l'article 1er (1° à 5°) de la loi susvisée du 2 janvier 1970, sans détenir un mandat écrit préalablement délivré à cet effet par l'une des parties.

Le mandat précise son objet et contient les indications prévues à l'article 73.

Lorsqu'il comporte l'autorisation de s'engager pour une opération déterminée, le mandat en fait expressément mention.

Tous les mandats sont mentionnés par ordre chronologique sur un registre des mandats conforme à un modèle fixé par *(Décr. nº 2015-702 du 19 juin 2015, art. 16-5°, en vigueur le 1er juill. 2015)* « arrêté du ministre chargé de l'économie ».

Le numéro d'inscription sur le registre des mandats est reporté sur celui des exemplaires du mandat qui reste en la possession du mandant.

Ce registre est à l'avance coté sans discontinuité et relié. *(Décr. nº 2005-1315 du 21 oct. 2005, en vigueur le 1er janv. 2006)* « Il peut être tenu sous forme électronique dans les conditions prescrites par les articles *(Décr. nº 2016-1278 du 29 sept. 2016, art. 1er, en vigueur le 1er oct. 2016)* « 1365 » et suivants du code civil. »

Les mandats et le registre des mandats sont conservés pendant dix ans.

A. OBJET DU MANDAT

1. *Recherche de bien.* La mission conférée par un mandat de recherche d'un bien comporte un travail de visite, d'accompagnement et de négociation destiné notamment à amener le propriétaire à traiter ; le droit à la rémunération de l'agent immobilier ne saurait résulter d'un simple travail d'indication. • Paris, 12 juin 1990 : *D. 1990. IR 189*. ♦ Le mandat d'entremise donné à un agent immobilier ne lui permet pas d'engager son mandant pour l'opération envisagée à moins qu'une clause de ce mandat ne l'y autorise expressément. • Civ. 1re, 27 juin 2006 : *AJDI 2006. 938, obs. Thioye*.

2. *Promesse de vente.* Le mandataire ne pouvant rien faire au-delà de ce qui est porté dans son mandat (C. civ., art. 1989), excède ses pouvoirs le mandataire qui établit une promesse de vente qui diffère des conditions de vente énoncées dans le mandat. • Civ. 1re, 2 déc. 1992 : *Bull. civ. I, n° 298; Defrénois 1993. 1070, obs. Vermelle.*

3. *Aliénation du bien.* Sauf clause expresse conforme aux exigences de l'art. 72, al. 3, le mandat, même exclusif, donné à un agent immobilier lui confère seulement une mission d'entremise et n'a pas pour effet de le substituer au vendeur pour la réalisation de l'opération envisagée. • Civ. 1re, 3 janv. 1985 : *Bull. civ. I, n° 1; JCP N 1985. II. 209, note Atias* • 7 juill. 1992 : *RDI 1993. 95, obs. Tomasin.* – V. aussi • Civ. 1re, 6 mars 1996 : *D. 1997. 223, note Amar-Layani; D. 1996. IR 93; RDI 1996. 245, obs. Tomasin; CCC 1996, n° 97, note Leveneur* • Civ. 3e, 12 févr. 2008 : *RJDA 2008, n° 777.* ♦ Le juge ne peut valider une transaction sans constater que le mandant était expressément habilité par le mandataire à le représenter pour conclure la vente. • Civ. 3e, 12 avr. 2012 : *Bull. civ. III, n° 61; D. 2012. Actu. 1126, obs. Rouquet; AJDI 2012. 687, note Thioye; JCP E 2012, n° 1420, note Dissaux; JCP N 2012, n° 1300, note Barbièri; RJDA 2012, n° 766.* ♦ Le « mandat » donné à un agent immobilier doit préciser son objet; à défaut d'indication d'une représentation juridique pour la réalisation d'une opération déterminée, un tel mandat ne confère qu'une mission d'entremise et n'a pas pour effet de substituer l'agent immobilier au mandant pour la réalisation de la vente. • Versailles, 29 sept. 1989 : *D. 1989. IR 297* • 13 juin 1990 : *D. 1990. IR 211.* ♦ Aucune disposition législative ou réglementaire n'y faisant obstacle, l'agent immobilier peut détenir mandat du vendeur et mandat d'un acquéreur pour une même opération. • Civ. 1re, 13 mai 1998 : *Bull. civ. I, n° 169; RTD civ. 1998. 927, obs. Gautier.* ♦ Le mandat donné à un agent immobilier de "mettre en vente et de vendre" un logement donné en location n'inclut pas le mandat de délivrer un congé au locataire en l'absence de mention l'y autorisant. • Civ. 1re, 12 juill. 2006 : *Bull. civ. I, n° 392; RTD com. 2007. 440, obs. Bouloc; RJDA 2007, n° 35; Loyers et copr. 2006, n° 192, obs. Vial-Pedroletti.*

4. *Indication du prix.* Le contrat de mandat exclusif de vente qui se borne à mentionner un prix de vente maximum, sans indication du prix de vente minimum dans la rubrique de l'imprimé prévue à cet effet, s'analyse en un mandat consenti à un prix de vente indéterminé, le mandataire s'arrogeant la faculté de proposer la vente à un prix dépendant de lui seul, et donc sous une condition potestative entraînant la nullité du contrat. • Versailles, 28 juin 2002 : *BICC 1er mai 2003, n° 509.*

5. *Absence de mandat.* L'agent immobilier qui participe à la négociation de la vente d'une maison et à la rédaction du compromis de vente sans s'être fait délivrer au préalable un mandat écrit du propriétaire lui permettant de négocier en ce sens ni posséder un mandat de recherche de l'acquéreur se rend coupable du délit prévu par l'art. 18 de la L. du 2 janv. 1970. • Crim. 28 nov. 2000 : *Bull. crim. n° 355; RTD com. 2001. 509, obs. Bouloc; JCP 2001. IV. 1288; BID 2001, n° 7-8, p. 30.*

6. *Administration de biens.* L'administrateur de biens qui a un mandat limité à la perception de loyers n'est pas investi d'un mandat d'administration générale avec pouvoir d'assurer l'entretien et la sauvegarde des locaux loués. • Paris, 6 déc. 1989 : *D. 1990. IR 5.* ♦ Le mandat par lequel l'administrateur de biens a reçu mission de gérer l'immeuble et de représenter son mandant dans le cadre des relations contractuelles avec les tiers lui confère le pouvoir de délivrer les congés. • Civ. 3e, 2 oct. 1996 : *Loyers et copr. 1996, n° 415.* ♦ Sur la validité d'un congé avec offre de renouvellement délivré par le mandataire après le décès du bailleur, V. • Civ. 3e, 19 juill. 1995 : *Bull. civ. III, n° 190; RDI 1995. 769, obs. crit. Tomasin.*

7. *Régie de recettes publiques.* Il résulte des règles de la comptabilité publique, résultant des décr. 29 déc. 1962 et 23 févr. 1963, qu'un agent immobilier n'est pas habilité à encaisser des loyers pour une commune, sous peine d'être déclaré gestionnaire de fait par le juge des comptes. En revanche, la collectivité peut, conformément au décr. 28 mai 1964, instituer l'agent immobilier, personne physique, régisseur de recettes, chargé pour le compte du comptable public d'opérations d'encaissement. (Rép. min. 22012 : *JOAN Q 13 févr. 1995, p. 832*).

8. Sur l'objet du mandat en général, V. notes ss. art. 1988 et 1989, **C. civ.**

B. CONSERVATION DES MANDATS

9. Il résulte des art. 6 de la loi du 2 janv. 1970, 72 et 86 du décret du 20 juill. 1972 que l'agent immobilier doit conserver un original du mandat pendant dix ans; en conséquence, par dérogation à l'art. 2004 C. civ., il ne peut être contraint, pendant ce délai, de remettre au client, après révocation du mandat, l'exemplaire qu'il détient. • Civ. 1re, 19 févr. 2002 : *D. 2002. IR 1010; AJDI 2002. 327, obs. Barberot.*

C. REGISTRE DES MANDATS

10. En l'absence de date certaine du mandat, la formalité de l'enregistrement chronologique de cet acte, exigée par l'art. 72, al. 4, du Décr. n° 72-678 du 20 juill. 1972, n'est pas régulièrement accomplie, de sorte qu'il est nul. • Civ. 1re, 28 sept. 2016, n° 15-19.313 P : *D. 2016. Actu. 2002.* ♦ Mais l'existence de dispositions protectrices du locataire, qui assurent un juste équilibre entre les intérêts de ce dernier et ceux du bailleur, et la finalité de protection du seul propriétaire des règles fixées par les art. 7, al. 1er, de la L. du 2 janv. 1970 et 72, al. 5, du Décr. du 20 juill. 1972 conduisent à modifier la jurisprudence et à décider que la méconnaissance des règles édictées doit être sanctionnée par une nullité relative. • Cass., ch. mixte, 24 févr. 2017, n° 15-20.411 P : *D. 2017. 793, note Fauvarque-Cosson ; AJ contrat 2017. 175, note Houtcieff ; JCP 2017, n° 306, note Pignarre ; RJDA 2017, n° 324.* ♦ Le fait que les mandats doivent être enregistrés dans l'ordre chronologique et que le numéro d'enregistrement doit être porté sur l'exemplaire remis au mandant implique que l'enregistrement doit intervenir au fur et à mesure de l'établissement des mandats, étant en outre observé, d'une part, que le fait de ne pas inscrire immédiatement le mandat sur le registre a pour conséquence d'enlever toute efficacité à l'enregistrement, et, d'autre part, que l'utilisation d'un simple téléphone permet d'enregistrer tous les mandats établis dans les diverses agences et de mentionner immédiatement le numéro d'ordre sur l'exemplaire remis au mandant. • Paris, 24 sept. 1993 : *Administrer mars 1994. 55 ; RDI 1994. 71, obs. Tomasin .* ♦ Par suite, l'agent immobilier ne peut valablement négocier aucune vente et ne peut prétendre à aucune indemnité compensatrice lorsque le mandat n'a pas été enregistré lors de sa signature et que l'exemplaire resté en possession du mandant n'a jamais porté le numéro d'ordre de l'enregistrement, l'agent ne détenant en ce cas aucun mandat valable. • Même arrêt. – V. aussi • Civ. 1re, 26 nov. 1996 : *Bull. civ. I, n° 412 ; JCP 1997. IV. 120 ; CCC 1997, n° 22, obs. Leveneur.* ♦ Il résulte des art. 6 de la L. du 2 janv. 1970 et 72 du Décr. du 20 juill. 1972 que l'exemplaire du mandat d'agent immobilier, qu'il soit de vente ou d'entremise, qui reste en possession du mandant, doit, à peine de nullité, mentionner le numéro d'inscription qui figure au registre des mandats, tenu par l'agent immobilier. Il importe peu que cette mention ait figuré sur l'exemplaire de l'agent immobilier et ait été effectivement inscrite au registre, dès lors que les dispositions législatives sont d'ordre public. • Riom, 11 déc. 1997 : *LPA 1998, n° 86, note Matsopoulou* • Civ. 3e, 16 mai 2006 : *Loyers et copr. 2006, n° 176.* ♦ A défaut de cette mention, le mandat est nul et l'agent immobilier n'est pas fondé à recevoir une contrepartie pécuniaire sur le fondement des principes de droit commun. • Paris, 19 janv. 2001 : *D. 2001. IR 672 .* ♦ S'il est relevé que l'agent immobilier ne mentionnait pas tous les mandats par ordre chronologique sur le registre qui n'était pas coté sans discontinuité et que l'exemplaire du mandat resté en la possession des mandants ne comportait pas de mention d'un numéro d'enregistrement, le mandat est nul et la commission prévue n'est pas due. • Civ. 1re, 16 oct. 2001 : *Bull. civ. I, n° 253 ; CCC 2002, n° 1, note Leveneur.* ♦ ... Et l'agent immobilier ne saurait non plus obtenir du mandant des dommages-intérêts, dès lors que le préjudice qu'il invoque trouve sa cause dans l'irrégularité du mandat qui lui est imputable. • Civ. 1re, 3 févr. 2004 : *Bull. civ. I, n° 26 ; AJDI 2004. 484, obs. Thioye .* ♦ Il résulte de l'art. 72 du Décr. du 20 juill. 1972 que tous les mandats visés par ce texte sont mentionnés sur un registre unique ; ayant constaté que l'agent tenait un registre pour les mandats de vente et un registre différent pour les mandats de recherche, une cour d'appel a décidé à bon droit que cette pratique n'était pas conforme aux prescriptions de l'art. 72, et que le mandat de recherche, ne satisfaisant pas à cette obligation, était donc nul, de sorte que l'agent ne pouvait s'en prévaloir au soutien de sa demande en paiement de la commission prévue par le mandat. • Civ. 1re, 10 déc. 2014 : *BICC 15 mars 2015, n° 303 ; Dalloz actualité, 20 janv. 2015, obs. Kebir ; D. 2015. Actu. 10 ; RLDA févr. 2015. 48, obs. Mathonnière.*

Art. 73 **Le titulaire** *(Décr. n° 2005-1315 du 21 oct. 2005, en vigueur le 1er janv. 2006)* **« de la carte professionnelle portant la mention "Transactions sur immeubles et fonds de commerce" », son ou ses représentants légaux ou statutaires, s'il s'agit d'une personne morale, qui doit recevoir le mandat prévu à l'article 72, ne peut demander, ni recevoir, directement ou indirectement, d'autre rémunération ou** *(Décr. n° 2016-1392 du 17 oct. 2016, art. 14)* **« d'autres honoraires » à l'occasion d'une opération spécifiée à l'article 1er (1° à 5°) de la loi susvisée du 2 janvier 1970 que celle dont les conditions de détermination sont précisées dans le mandat.**

Le mandat doit préciser si cette rémunération est à la charge exclusive de l'une des parties à l'opération ou si elle est partagée. Dans ce dernier cas, les conditions et modalités de ce partage sont indiquées dans le mandat et reprises dans l'engagement des parties. Le montant de la rémunération ou *(Décr. n° 2016-1392 du 17 oct. 2016, art. 14)* **« des honoraires », ainsi que l'indication de la ou des parties qui en ont la charge, sont portés dans l'engagement des parties. Il en est de même, le cas échéant, des honoraires de rédaction d'actes et de séquestre.**

Le titulaire de la carte ne peut demander, ni recevoir, directement ou indirectement, des *(Décr. n° 2016-1392 du 17 oct. 2016, art. 14)* **« honoraires » ou des rémunérations à l'occasion de cette opération d'une personne autre que celles mentionnées comme en ayant la charge dans le mandat et dans l'engagement des parties.**

(Décr. nº 2005-1315 du 21 oct. 2005, en vigueur le 1er janv. 2006) **« Le titulaire de la carte professionnelle perçoit sans délai sa rémunération ou** *(Décr. nº 2016-1392 du 17 oct. 2016, art. 14)* **« ses honoraires » une fois constatée par acte authentique l'opération conclue par son intermédiaire. »**

1. L'agent immobilier ne peut réclamer aucune somme à l'acquéreur alors qu'il avait été chargé de l'opération par le vendeur. • Civ. 1re, 7 juin 1988 : *D. 1988. IR 177.* ♦ ... Et vice versa. • Paris, 20 mai 1988 : *D. 1988. IR 193.* ♦ V. aussi • Pau, 9 sept. 1998 : *Cah. jurispr. d'Aquitaine 1999. 107.* ♦ Mais aucune disposition des art. 6 de la L. nº 70-9 du 2 janv. 1970 et 73 du Décr. nº 72-678 du 20 juill. 1972 ne fait obstacle à ce qu'un agent immobilier détienne un mandat d'un vendeur et un mandat d'un acquéreur pour une même opération ; il en résulte que le droit à commission existe pour chacun des mandats dès lors que sont satisfaites les exigences prescrites par ces textes. • Civ. 1re, 9 avr. 2015 : *Dalloz actualité, 21 avr. 2015, obs. Rouquet ; D. 2015. Actu. 865 ; AJDI 2016. 58, obs. Thioye*

2. V. notes ss. art. 7 de la loi du 2 janv. 1970, *supra.* ♦ V. aussi notes ss. art. 73 du décret du 20 juill. 1972. – **C. baux.**

Art. 74 **Lorsque l'engagement des parties contient une clause de dédit ou une condition suspensive, l'opération ne peut être regardée comme effectivement conclue pour l'application** *(Décr. nº 2016-1392 du 17 oct. 2016, art. 15)* **« de l'avant-dernier »** *(Décr. nº 2005-1315 du 21 oct. 2005, en vigueur le 1er janv. 2006)* **« alinéa du I » de l'article 6 de la loi susvisée du 2 janvier 1970, s'il y a dédit ou tant que la faculté de dédit subsiste, ou tant que la condition suspensive n'est pas réalisée.**

1. L'agent immobilier qui s'est fait rémunérer avant la réalisation de la condition suspensive doit restituer la somme perçue, peu important que cette condition ait été par la suite réalisée. • Civ. 1re, 14 juin 1988 : *Bull. civ. I, nº 184 ; D. 1988. IR 185.*

2. V. notes ss. art. 74 du décret du 20 juill. 1972. – **C. baux.** ♦ V. aussi, sur le jeu d'une clause de dédit : • Civ. 1re, 17 nov. 1993 : *CCC 1994, nº 114, obs. Leveneur* • 18 mars 1997 : *D. 1997. IR 120 ; JCP 1997. IV. 1044.*

Art. 75 **Si le mandat prévoit une rémunération forfaitaire, celle-ci peut être modifiée lorsque le prix de vente ou de cession retenu par l'engagement des parties est différent du prix figurant dans le mandat.**

Les dispositions d'ordre public de l'art. 75 doivent nécessairement être interprétées en ce sens qu'aucune modification de la rémunération de l'agent immobilier ne peut intervenir soit à la hausse, soit à la baisse, que de manière corrélative avec une variation de même nature entre le prix figurant dans le mandat et le prix de cession effectif. • TGI Carpentras, 16 févr. 1999 : *BICC 1999, nº 969.*

Art. 76 **Le titulaire de la carte n'est autorisé à verser pour un montant maximal, à recevoir ou à détenir des fonds, biens, effets ou valeurs, ou à en disposer, à l'occasion d'une opération spécifiée à l'article 1er (1º à 5º) de la loi susvisée du 2 janvier 1970 que dans la mesure et dans les conditions précisées par une clause expresse du mandat, compte tenu des dispositions de cette loi et du présent décret.**

Le mandat d'acheter ou de prendre à bail un bien non identifié ne doit contenir aucune clause fixant à l'avance le montant des dommages-intérêts ou du dédit éventuellement dû par la partie qui ne remplirait pas ses engagements.

Art. 77 **Le titulaire de la carte devra, dans le délai stipulé et, en tout cas, dans les huit jours de l'opération, informer son mandant de l'accomplissement du mandat de vendre ou d'acheter.**

L'information est faite par lettre recommandée avec demande d'avis de réception ou par tout autre écrit remis contre récépissé ou émargement.

L'intermédiaire remet à son mandant, dans les mêmes conditions que celles prévues aux deux alinéas précédents, une copie de la quittance ou du reçu délivré.

Art. 78 *(Décr. nº 2015-724 du 24 juin 2015, art. 1er, en vigueur le 1er juill. 2015)* **« Lorsqu'un mandat est assorti d'une clause d'exclusivité ou d'une clause pénale, ou lorsqu'il comporte une clause aux termes de laquelle des honoraires seront dus par le mandant même si l'opération est conclue sans les soins de l'intermédiaire, cette clause ne peut recevoir application que si elle résulte d'une stipulation expresse d'un mandat dont un exemplaire a été remis au mandant. Cette clause, mentionnée en caractères très apparents, ne peut prévoir le paiement d'une somme supérieure au montant des honoraires stipulés dans le mandat pour l'opération à réaliser. »**

Passé un délai de trois mois à compter de sa signature, le mandat contenant une telle clause peut être dénoncé à tout moment par chacune des parties, à charge pour celle qui entend y mettre fin d'en aviser l'autre partie quinze jours au moins à l'avance par lettre recommandée avec demande d'avis de réception.

Toutefois, les dispositions du précédent alinéa ne s'appliquent pas lorsque le mandat est donné en vue de :

1° La vente d'immeuble par lots ;

2° La souscription ou la première cession d'actions ou de parts de société immobilière donnant vocation à une attribution de locaux en jouissance ou en propriété ;

3° La location, par fractions, de tout ou partie des locaux à usage commercial dépendant d'un même ensemble commercial.

Dans les trois cas prévus au précédent alinéa, le mandat doit néanmoins préciser les cas et conditions dans lesquels il peut être dénoncé avant sa complète exécution lorsque l'opération porte en totalité sur un immeuble déjà achevé.

BIBL. ▶ LUCAS-PUGET, *CCC 2013. Formule 13* (la clause d'irrévocabilité du mandat d'entremise de l'agent immobilier).

1. Dénonciation du mandat. La clause de résiliation figurant dans le mandat qui stipule que, passé le délai de trois mois, « il se poursuivra par tacite reconduction pour une durée de trois mois en trois mois aux mêmes titre et conditions, sauf dénonciation par l'une des parties par lettre recommandée avec accusé de réception au moins quinze jours avant l'expiration de l'une des périodes sus-indiquées », restreint l'exercice de la faculté de résiliation à l'échéance du terme de chaque période trimestrielle de reconduction tacite, et contrevient aux exigences impératives de l'art. 78, al. 2, du décret. • Civ. 1re, 3 nov. 2016, n° 15-23.534 P : *D. 2016. Actu. 2281* ; *JCP E 2016, n° 1639 ; CCC 2017, n° 30, obs. Leveneur.*

2. Réduction de la clause pénale. Est manifestement excessive et doit être réduite, en application de l'art. 1152 [1231-5] C. civ., la clause pénale qui permet à l'agent immobilier d'obtenir une somme égale au montant de la rémunération contractuellement prévue si l'affaire s'était réellement conclue par ses soins. • Lyon, 20 avr. 1989 : *D. 1989. IR 155* • Paris, 29 mai 1992 : *Administrer mai 1993. 51.*

3. Remise immédiate. La remise immédiate d'un des exemplaires du mandat comportant une clause d'exclusivité est exigée pour sa validité même. • Civ. 1re, 25 févr. 2010 : *Bull. civ. I, n° 45 ; D. 2010. AJ 652, obs. Rouquet ; RTD com. 2010. 777, obs. Bouloc ; AJDI 2010. 820, obs. Thioye ; JCP 2010, n° 625, note Dissaux ; JCP N 2010, n° 1181, note Leveneur ; CCC 2010, n° 116, obs. Leveneur ; RJDA 2010, n° 487 ; Gaz. Pal. 2010. 1591, obs. Peisse ; RLDC juill.-août 2010. 66, note Séjean ; Constr.-Urb. 2010, n° 77, obs. Sizaire.* ♦ Mais un mandat d'entremise comportant une clause d'exclusivité de vente est parfaitement valable dès lors que le mandant n'apporte pas, par des moyens légalement admissibles, la preuve qui lui incombe qu'un exemplaire dudit mandat ne lui a pas été remis immédiatement. • Lyon, 26 oct. 2010 : *AJDI 2011. 230, obs. Thioye.*

Art. 78-1 *(Décr. n° 2008-355 du 15 avr. 2008, art. 6)* **La clause du mandat mentionnée** *(Décr. n° 2016-1392 du 17 oct. 2016, art. 16)* **« à l'avant-dernier » alinéa du I de l'article 6 de la loi du 2 janvier 1970 a pour objet les frais exposés par le mandataire et** *(Décr. n° 2016-1392 du 17 oct. 2016, art. 16)* **« les honoraires auxquels » il peut prétendre pour ses diligences préalables à la conclusion de l'opération.**

Elle décrit les modalités de calcul et de paiement des sommes dues au mandataire.

Elle est mentionnée sur le mandat en caractères très apparents.

Art. 79 **Lorsque le titulaire de la carte professionnelle** *(Décr. n° 2005-1315 du 21 oct. 2005, en vigueur le 1er janv. 2006)* **« portant la mention : "Transactions sur immeubles et fonds de commerce" » reçoit un versement ou une remise à l'occasion d'une opération visée à l'article 1er de la loi susvisée du 2 janvier 1970, l'acte écrit contenant l'engagement des parties comporte l'indication du mode et du montant de la garantie et celle du garant ou du consignataire.**

SECTION II *Les conventions relatives aux opérations de l'article 1er (7°) de la loi du 2 janvier 1970 susvisée* *(Décr. n° 95-818 du 29 juin 1995)*.

Art. 79-1 *(Décr. n° 95-818 du 29 juin 1995)* **Pour l'exercice de l'activité mentionnée au 7° de l'article 1er de la loi du 2 janvier 1970 susvisée, le titulaire de la carte** *(Décr. n° 2005-1315 du 21 oct. 2005, en vigueur le 1er janv. 2006)* **« portant la mention : "Marchand de listes" » ne peut procéder à l'inscription d'un bien immobilier dans un fichier ou sur une liste sans détenir préalablement une convention à cet effet rédigée par écrit et signée par le propriétaire du bien ou le titulaire de droits sur ce bien.**

Cette convention précise son objet, sa durée, la description du bien ou des biens sur lesquels elle porte. S'il est prévu une rémunération à la charge du propriétaire ou du titulaire de droits sur le bien, elle indique le montant de cette rémunération. Elle prévoit les moyens à mettre en œuvre par l'une et l'autre des parties afin que ne figurent dans le fichier ou sur la liste que des biens disponibles au regard de son objet.

Toutes les conventions prévues au présent article sont mentionnées par ordre chronologique sur un registre spécial conforme à un modèle fixé par *(Décr. n° 2015-702 du 19 juin 2015, art. 16-5°, en vigueur le 1er juill. 2015)* « arrêté du ministre chargé de l'économie ». — *V. Arr. du 16 avr. 1996 (JO 24 avr.).*

Le numéro d'inscription sur ce registre spécial est reporté sur celui des exemplaires de la convention qui reste en la possession du propriétaire du bien ou du titulaire de droits sur ce bien.

(Décr. n° 2005-1315 du 21 oct. 2005, en vigueur le 1er janv. 2006) « Ce registre peut être tenu sous forme électronique dans les conditions prescrites par les articles *(Décr. n° 2016-1278 du 29 sept. 2016, art. 1er, en vigueur le 1er oct. 2016)* « 1365 » et suivants du code civil. »

Les conventions et le registre spécial sont conservés pendant dix ans.

Art. 79-2 *(Décr. n° 2015-724 du 24 juin 2015, art. 2, en vigueur le 1er juill. 2015)* « La convention conclue entre le client et le titulaire de la carte portant la mention : "Marchand de listes" précise son objet, sa durée, les caractéristiques du bien recherché, le montant de la rémunération convenue ainsi que les conditions de remboursement partiel ou total de celle-ci.

« La clause relative aux conditions de remboursement est mentionnée en caractères très apparents. Elle précise que le client qui prétend au remboursement de la rémunération en informe le marchand de listes par écrit remis contre signature ou par lettre recommandée avec demande d'avis de réception.

« Le marchand de listes dispose d'un délai de quinze jours à compter de la remise de la demande ou de la première présentation de la lettre recommandée pour procéder au remboursement ou motiver son refus par écrit.

« Le remboursement intervient en une fois et ne peut donner lieu à la facturation d'aucuns frais. Le titulaire de la carte professionnelle effectue ce remboursement en utilisant le même moyen de paiement que celui auquel le client a eu recours pour verser la rémunération, sauf accord exprès de celui-ci pour l'utilisation d'un autre moyen de paiement.

« La convention rappelle également l'interdiction pour le titulaire de la carte de recevoir paiement préalablement à la parfaite exécution de son obligation de fournir effectivement les listes ou fichiers. »

(Décr. n° 95-818 du 29 juin 1995) Toutes les conventions prévues au présent article sont mentionnées par ordre chronologique sur un registre spécial conforme à un modèle fixé par *(Décr. n° 2015-702 du 19 juin 2015, art. 16-5°, en vigueur le 1er juill. 2015)* « arrêté du ministre chargé de l'économie ». — *V. Arr. du 16 avr. 1996 (JO 24 avr.).*

Le numéro d'inscription sur ce registre spécial est reporté sur celui des exemplaires de la convention qui reste en la possession de l'acquéreur de listes.

(Décr. n° 2005-1315 du 21 oct. 2005, en vigueur le 1er janv. 2006) « Ce registre peut être tenu sous forme électronique dans les conditions prescrites par les articles *(Décr. n° 2016-1278 du 29 sept. 2016, art. 1er, en vigueur le 1er oct. 2016)* « 1365 » et suivants du code civil. »

Les conventions et le registre spécial sont conservés pendant dix ans.

BIBL. ▶ PRIEUR, *CCC 2013. Étude 2* (pratiques commerciales déloyales dans les contrats de vente de listes en matière de location immobilière).

Marchand de listes. Pour des exemples de clauses abusives dans une convention de vente de liste d'immeubles, V. • Civ. 1re, 30 oct. 2007 : *AJDI 2008. 612, obs. Thioye ; JCP 2008. I. 136, n° 1, obs. Sauphanor-Brouillaud ; RJDA 2008, n° 334.*

Art. 79-3 *(Décr. n° 95-818 du 29 juin 1995)* Le titulaire *(Décr. n° 2005-1315 du 21 oct. 2005, en vigueur le 1er janv. 2006)* « de la carte portant la mention : "Marchand de listes" et de *la carte portant la mention* : "Transactions sur immeubles et fonds de commerce" » ne peut, à l'occasion d'une opération portant sur un même bien ou sur une même demande, se livrer simultanément à l'activité mentionnée à l'article 1er (7°) de la loi du 2 janvier 1970 susvisée et à une des activités mentionnées à l'article 1er (1° à 5°) de la même loi.

Si, à l'occasion d'une opération portant sur un même bien ou sur une même demande, la convention prévue à l'article 79-1 ou celle prévue à l'article 79-2 est suivie du mandat prévu à l'article 72, le titulaire de la carte doit, préalablement à l'acceptation du mandat, rembourser au mandant la rémunération que celui-ci a versée en application de l'une des conventions prévues aux articles 79-1 ou 79-2 précités.

L'obligation de remboursement, dans le cas visé à l'alinéa ci-dessus, doit figurer expressément dans les conventions prévues aux articles 79-1 et 79-2.

Recommandation CCA n° 2002-01 du 13 décembre 2001,

Relative aux contrats de vente de listes en matière immobilière (BOCC 26 févr. 2002).

La Commission des clauses abusives,

Considérant que les consommateurs, qui recherchent un bien immobilier à louer ou à acheter, peuvent être amenés à contracter avec les professionnels dits marchands de listes qui, moyennant un paiement forfaitaire initial, leur proposent des listes de biens disponibles ; que ces contrats sont passés selon des modèles types proposés par les professionnels aux consommteurs, et qu'ainsi la commission est compétente pour examiner ces contrats et en relever les clauses abusives ;

A. – Considérant que certains contrats ne mentionnent pas leur durée, contrairement à l'obligation légale contenue à l'article 79-2 du décret susvisé ; que cette carence, qui ne permet pas au consommateur de savoir pendant combien de temps il pourra être renseigné, est abusive ;

B. – 1. Considérant qu'une clause prévoit que le professionnel ne remettra pas une liste personnalisée en fonction des recherches du consommateur, mais une « revue » à caractère général, ce qui est contraire à l'obligation légale de préciser les caractéristiques souhaitées ; qu'une telle clause qui impose au consommateur d'accepter une « revue » pouvant ne contenir aucun bien conforme à ses recherches, et par là un paiement sans contrepartie, est abusive ;

B. – 2 *a)* Considérant qu'une clause autorise un professionnel à proposer des offres de logements ayant un ou plusieurs points en rapport avec le bien recherché ; que ces clauses qui autorisent le professionnel à inscrire, dans les listes fournies, des biens qui ne correspondent pas à la recherche du consommateur et en conséquence ne lui sont d'aucune utilité, sont de ce fait abusives ;

B. – 2 *b)* Considérant que plusieurs contrats permettent aux professionnels de proposer des listes de biens ne correspondant pas au choix du consommateur notamment quant à leur localisation, par exemple des biens situés à 20 km... ou pour d'autres à 10 km du lieu choisi ; que de telles clauses, qui autorisent ces professionnels à fournir une prestation différente de celle sollicitée quant aux « caractéristiques des biens immobiliers recherchés par le client » telles que prévues à l'article 6 de la loi de 1970 modifiée, et par là accordent aux professionnels une possibilité de modification unilatérale des conditions du contrat de manière significative, déséquilibrent les obligations respectives au détriment du consommateur ;

B. – 2 *c)* Considérant que, parallèlement, diverses clauses prévoient que pourront être proposés des locaux selon un prix différent de celui maximum recherché par le consommateur, et par exemple à 20 % au-dessus des loyers souhaités ; que de telles clauses, qui permettent aussi aux professionnels de ne pas respecter « les caractéristiques du bien recherché » au sens de l'article 6 de la loi et autorisent aussi une modification unilatérale, *emportent un désé*quilibre, et ce plus encore lorsque le prix recherché est indiqué moyennant une fourchette ;

B. – 3. Considérant que certaines clauses relatives au prix souhaité par le consommateur visent un prix mensuel hors charges ; que de telles clauses, qui permettent de ne pas fournir d'information sur les charges communes relatives au bien proposé, caractéristique pourtant importante du bien recherché, et alors que le poids des charges sur le coût d'un logement est conséquent, emportent un déséquilibre significatif ;

B. – 4. Considérant que plusieurs clauses permettent au professionnel de refuser ou de limiter excessivement les possibilités de remboursement prévues par l'article 79-2, deuxième alinéa, du décret du 20 juillet 1972 modifié ; qu'ainsi certaines clauses prévoient que « le contrat ne sera remboursé sous aucun prétexte » alors que la loi impose de préciser les conditions du remboursement ;

B. — 5 *a)* Considérant que certaines clauses prévoient que si le contrat ne va pas à son terme « du fait de l'adhérent » le remboursement pourra être refusé ; que de telles clauses qui ne permettent pas au consommateur de résilier le contrat en cas de motif légitime (hospitalisation longue rendant inutile la location d'un bien, étudiant ne pouvant suivre les études prévues dans la localité prévue...) emportent un déséquilibre significatif ;

B. — 5 *b)* Considérant que, de même, certaines clauses prévoient que tout remboursement est refusé lorsque le consommateur trouve un logement par ses propres moyens avant l'expiration de la convention ; que de telles clauses, qui permettent au professionnel de conserver une rémunération devenue de ce fait sans contrepartie et dérogent à l'obligation légale de remboursement, emportent un déséquilibre significatif ;

B. — 5 *c)* Considérant que certaines clauses prévoient que le remboursement interviendra seulement en cas d'absence de remise de tout fichier, ou encore dans le seul cas où « aucun contact de propriétaire ne serait fourni » ; que de telles clauses, qui laissent croire au consommateur qu'il est sans recours, alors que la loi impose une possibilité de remboursement, et qui permettent au professionnel de s'exonérer de son obligation de remboursement même s'il n'exécute pas sa prestation emportent un déséquilibre significatif ;

B. — 5 *d)* Considérant que certains contrats prévoient que la clause de remboursement ne sera plus applicable dès que les prestations « ont reçu un commencement d'exécution » ; que de telles clauses, qui autorisent le professionnel à n'exécuter que partiellement ses obligations, emportent un déséquilibre significatif ;

B. — 5 *e)* Considérant que certaines clauses ne prévoient de droit au remboursement que si, sur la durée du contrat, le professionnel n'a pu proposer qu'un nombre très limité d'offres conformes, que de telles clauses, qui limitent excessivement l'obligation de remboursement, déséquilibrent les obligations respectives ;

B. — 5 *f)* Considérant qu'enfin, certaines clauses prévoient que le remboursement ne sera effectué que sous déduction de frais dont le montant, établi forfaitairement en pourcentage du prix, est excessif ; que de telles clauses, qui permettent au professionnel de conserver la plus grande partie de sa rémunération, lorsqu'il n'a pas exécuté en totalité ses obligations, emportent un déséquilibre significatif ;

B. — 6. Considérant que de nombreux contrats prévoient que l'éventuelle demande de remboursement ne pourra intervenir que dans un délai très court (par exemple 3 à 8 jours) après la fin du contrat ; que de telles clauses qui aboutissent à ce que le professionnel s'exonère très rapidement de son obligation de remboursement, emportent un déséquilibre significatif ;

B. — 7. Considérant qu'une clause permet à un professionnel, face à une réclamation pour l'inexécution de ses obligations, d'établir la preuve contraire « par tous documents qui lui sont propres » ; que de telles clauses qui laissent croire au consommateur que tous les documents établis par le seul professionnel ont force probante, emportent un déséquilibre significatif ;

B. — 8. Considérant qu'une clause permet au professionnel de refuser toute adhésion d'un consommateur « qui lui paraîtrait contraire à ses intérêts » ; qu'une telle clause, qui accorde au professionnel un pouvoir discrétionnaire de refuser ses services, en confirmant ainsi au refus de prestations, et qui dissuade le consommateur de se plaindre, emporte un déséquilibre significatif ;

B. — 9. Considérant que de nombreux contrats exonèrent le professionnel de toute responsabilité de quelque manière que ce soit ou lorsque les listes fournies par lui, soit contiennent des renseignements erronés, soit proposent des biens indisponibles que de telles clauses, qui permettent au professionnel de se dispenser de son obligation d'information préalable prévue à l'article L. 111-1 du code de la consommation, ou de vérifier si les informations qu'il fournit sont exactes, alors qu'il bénéficie d'un recours contre l'éventuel responsable d'une fausse information, emportent un déséquilibre significatif au détriment du consommateur ;

B. — 10. Considérant que certaines clauses prévoient que seul le client doit « s'assurer que le bailleur bénéficier du droit de louer » ; que de telles clauses qui dispensent le professionnel de faire ces vérifications, alors qu'au regard de l'article 79-1, il ne peut inscrire un bien sur ses listes qu'après détention d'une convention signée par le propriétaire du bien, et alors qu'il lui revient de vérifier si les informations qu'il fournit au consommateur sont exactes pour respecter son obligation de renseignement, emportent un déséquilibre significatif ;

B. – 11. Considérant que certains contrats prévoient que le professionnel peut se contenter de fournir une liste initiale d'offres, tout en spécifiant que par la suite, et à titre gracieux, il pourra remettre d'autres listes actualisées ; que de telles clauses qui permettent au professionnel de détourner l'obligation légale de fixer une durée au contrat, ou qui l'autorisent à ne pas fournir de prestation sur la durée du temps prévue par la convention, voire qui laisse croire au consommateur à une libéralité, emportent un déséquilibre significatif ;

B. – 12. Considérant qu'en cas de suspension de la parution des listes pour force majeure, plusieurs clauses disposent que le contrat sera « automatiquement prorogé de la durée de la suspension » ; que de telles clauses qui interdisent au consommateur de résilier le contrat, et l'obligent ainsi à rester dans les liens de la convention sans contrepartie, emportent un déséquilibre significatif,

Recommande :

A. – Que, conformément à l'article 79-2 du décret, les contrats précisent la durée pendant laquelle les consommateurs peuvent bénéficier des prestations du professionnel ;

B. – Que soient éliminées des contrats de vente de listes immobilières les clauses ayant pour objet ou pour effet de :

1. Autoriser la remise au consommateur d'une « revue » à caractère général, au lieu d'une liste personnalisée de biens ;

2. Permettre au professionnel de proposer des biens ne correspondant pas au choix du consommateur, et notamment :

– *a)* Qui n'ont qu'un ou plusieurs points en rapport avec le bien recherché, ou

– *b)* Quant à leur localisation, ou

– *c)* Quant au prix recherché ;

3. Ne pas comptabiliser dans le « prix souhaité » le montant des charges communes relatives à un bien ;

4. Refuser, en tout état de cause, le remboursement ;

5. Refuser ou limiter excessivement la possibilité de remboursement, et notamment lorsque :

– *a)* L'adhérent rompt le contrat avant le terme, pour motif légitime ;

– *b)* Le consommateur trouve un logement par ses propres moyens ;

– *c)* Le remboursement peut avoir lieu seulement si le professionnel ne formule aucune proposition ;

– *d)* Le contrat a reçu un commencement d'exécution ;

– *e)* Le professionnel n'a proposé qu'un nombre très limité d'offres conformes ;

– *f)* Il est prévu la déduction de frais excessifs ;

6. Imposer un délai très court pour formuler la demande de remboursement ;

7. Laisser croire au consommateur que seuls les documents établis par le professionnel ont force probante ;

8. Permettre au professionnel de refuser toute adhésion qui lui paraîtrait contraire à ses intérêts ;

9. Exonérer le professionnel de toute responsabilité lorsqu'il a fourni des renseignements erronés ou proposés des biens indisponibles ;

10. Laisser croire au consommateur qu'il doit vérifier lui-même si le bailleur présenté dispose du droit de louer ;

11. Présenter comme gracieuse, après remise d'une liste initiale, la remise de listes postérieures pendant la durée prévue au contrat ;

12. Proroger automatiquement le contrat de la durée de suspension intervenue pour force majeure.

(Texte adopté le 13 décembre 2001, sur le rapport de M. Christian Brasseur.)

Recommandation CCA n° 2003-02 du 18 septembre 2003,

Relative aux mandats de vente, de location ou de recherche d'un bien immobilier (BOCC 12 mars 2004).

La Commission des clauses abusives,

Considérant que certains mandats proposés pour la vente, la location ou la recherche d'un bien immobilier contiennent des clauses de nature à déséquilibrer significativement les relations entre les professionnels et les consommateurs, au détriment de ces derniers ;

1° Sur la durée du mandat

Considérant que certains contrats ne prévoient pas de délai au-delà duquel le mandat cesse de produire des effets ou prévoient un délai renouvelable indéfiniment par tacite reconduction ; que ces dispositions sont contraires à la loi et que, maintenues dans le contrat, elles créent un déséquilibre significatif au détriment du consommateur ;

2° Sur les modalités de métrage de la surface du bien

Considérant que certains mandats de vente de biens immobiliers, constitués sous forme d'un ou plusieurs lots ou fractions de lots de copropriété, imposent au mandant, pour le calcul de la superficie de ces biens, des obligations non prévues par la loi sans offrir d'alternative et en laissant croire qu'elles en résultent ; qu'en particulier certaines clauses imposent au mandant :

— soit l'obligation de faire procéder à ce calcul dans un délai précédant la promesse de vente ou d'achat ;

— soit l'obligation de faire procéder au calcul par un homme de l'art, sans autre alternative, étant souvent précisé que cet homme de l'art devra être couvert par une assurance de responsabilité civile professionnelle et, parfois, que la personne ayant procédé à ce calcul devra, sous sa responsabilité, attester au mandataire dans un délai déterminé et bref que la superficie du bien est toujours exacte ;

3° Sur la « clause pénale »

Considérant que certains mandats comportent une clause interdisant au mandant, à peine d'avoir à verser une indemnité, de traiter, sans le concours du mandataire, directement ou indirectement, avec un acquéreur ayant été présenté par lui ou ayant visité les locaux avec lui, pour une durée indéterminée ou excessive ; qu'une telle clause est de nature à déséquilibrer le contrat ;

Recommande que soient éliminées des contrats les clauses ayant pour objet ou pour effet :

1° De ne pas limiter dans le temps les effets du contrat, notamment en prévoyant une durée indéfiniment renouvelable par tacite reconduction ;

2° D'imposer au consommateur, en matière de calcul de la superficie de biens immobiliers constitués sous forme d'un ou plusieurs lots ou fractions de lots de copropriété, des obligations non prévues par la loi, sans offrir d'alternative et en laissant croire qu'elles en résultent, et notamment :

— de faire procéder à ce calcul avant la promesse de vente ou d'achat ;

— ou d'y faire procéder par un homme de l'art et, le cas échéant, de demander à cet homme de l'art une confirmation de ce calcul ;

3° D'interdire au mandant, à peine d'avoir à verser une indemnité, de traiter sans le concours du mandataire, directement ou indirectement, avec un acquéreur ayant été présenté par lui ou ayant visité les locaux avec lui, sans que le mandat limite raisonnablement la durée de cette interdiction.

(Texte adopté le 18 septembre 2003, sur le rapport de Mme Gabrielle Rochmann.)

Arrêté du 10 janvier 2017,

Relatif à l'information des consommateurs par les professionnels intervenant dans une transaction immobilière.

BIBL. ▶ BATTISTINI, *LPA 20 mars 2017* (nouvelles obligations des professionnels de l'immobilier en matière d'affichage et de publicité).

Art. 1er **Les dispositions du présent arrêté s'appliquent à tout professionnel qui, à quelque titre que ce soit, intervient pour mettre en relation acquéreurs ou locataires et vendeurs ou bailleurs de biens immobiliers.**

Elles ne s'appliquent pas aux personnes physiques ou morales qui interviennent en tant que simples supports des annonces immobilières.

Champ d'application. Méconnaît les dispositions de l'Arr. du 29 juin 1990 [remplacé par l'Arr. du 10 janv. 2017] la société qui n'affiche pas le prix de ses prestations à l'entrée de son établissement et ne les mentionne pas dans ses annonces dès lors qu'elle ne relève pas de l'exclusion prévue par l'art. 1er, al. 2, dudit arrêté, applicable aux organes de presse intervenant seulement comme supports d'annonces immobilières. • Crim. 19 févr. 1997 : *Bull. crim. n° 71 ; D. Affaires 1997. 727 ; D. 1997. IR 123 ; JCP 1997. IV. 1545.*

Art. 2 I. – Les professionnels visés à l'article 1er sont tenus d'afficher les prix effectivement pratiqués des prestations qu'ils assurent, notamment celles liées à la vente, à la location de biens et à la gestion immobilière, en indiquant pour chacune de ces prestations à qui incombe le paiement de cette rémunération.

II. – Les prix des prestations doivent être indiqués toutes taxes comprises.

III. – Lorsque ces prix sont fixés en fonction de la valeur du bien vendu ou du montant du loyer, l'affichage prescrit au I du présent article doit indiquer le ou les montants prélevés, en précisant, le cas échéant, les tranches de prix correspondantes, et faire apparaître tous les éléments permettant de calculer les prix. Le cas échéant, une mention intelligible et figurant en caractères très apparents précise le caractère cumulatif des tranches entre elles.

IV. – Les informations prévues aux I à III du présent article sont affichées de façon visible et lisible :

1° A l'entrée des établissements recevant de la clientèle ;

2° Depuis l'extérieur sur la vitrine desdits établissements dans le même format et au même emplacement que celui normalement alloué aux annonces de vente ou de location ;

3° Sur chaque vitrine publicitaire située hors établissement destinée aux publicités de vente, de location ou de sous-location du professionnel. Lorsque cette vitrine est partagée par plusieurs professionnels, une mention précisant la possibilité de consulter le barème sur simple demande peut être substituée.

Elles doivent également être aisément accessibles sur tout service de communication au public en ligne dédié au professionnel et à partir de toute publicité relative à la vente, à la location ou à la sous-location non saisonnière d'un bien déterminé effectuée sur un support dématérialisé.

V. – Dans les foires, les salons ou à l'occasion de toute manifestation commerciale relevant du chapitre II du titre VI du livre VII du code de commerce, les professionnels peuvent toutefois indiquer, de manière visible pour les consommateurs, sur un panneau ne pouvant pas être inférieur au format A3, la possibilité de consulter immédiatement sur place l'ensemble des informations prévues au présent article.

Art. 3 Toute publicité effectuée par l'un des professionnels visés à l'article 1er et relative à la vente d'un bien déterminé, doit, quel que soit le support utilisé, indiquer :

1° Le prix de vente du bien objet de la publicité. Le cas échéant, ce prix comprend obligatoirement la part des honoraires du professionnel à la charge de l'acquéreur et est exprimé à la fois honoraires inclus et exclus. La taille des caractères du prix du bien mentionné honoraires inclus est plus importante que celle du prix du bien hors honoraires. Le prix de vente ne peut en aucun cas inclure la part des honoraires à la charge du vendeur ;

2° A qui incombe le paiement des honoraires du professionnel à l'issue de la réalisation de la transaction ;

3° Le montant toutes taxes comprises (TTC) des honoraires du professionnel qui sont à la charge de l'acquéreur, exprimé en pourcentage de la valeur dudit bien entendue hors honoraires ; ce montant est précédé de la mention "Honoraires :".

Art. 4 I. – Toute publicité effectuée par l'un des professionnels visés à l'article 1er, et relative à la location ou à la sous-location non saisonnière d'un bien déterminé doit, quel que soit le support utilisé, indiquer :

1° Le montant du loyer mensuel, augmenté le cas échéant du complément de loyer et des charges récupérables, suivi de la mention "par mois" et, s'il y a lieu, de la mention "charges comprises". Celles-ci peuvent respectivement être abréviées *[abrégées]* en "/mois" et "CC" sur les supports physiques ;

2° Le cas échéant, le montant des charges récupérables inscrit dans le contrat de location et dans tous les cas les modalités de règlement desdites charges ;

3° Le cas échéant, pour les biens visés par l'article 17 de la loi n° 89-462 du 6 juillet 1989 susvisée, le montant du complément de loyer exigé ;

4° Le montant du dépôt de garantie éventuellement exigé ;

5° Le cas échéant, le caractère meublé de la location ;

6° Le montant total toutes taxes comprises des honoraires du professionnel mis à la charge du locataire, suivi ou précédé de la mention "honoraires charge locataire", pouvant être abréviée *[abrégée]* en "HCL" sur les supports physiques ;

7° Le cas échéant, le montant toutes taxes comprises des honoraires à la charge du locataire dus au titre de la réalisation de l'état des lieux.

II. — La publicité visée au I doit également indiquer :

1° La commune et, le cas échéant, l'arrondissement au sens de l'article L. 2511-3 du code général des collectivités territoriales, dans lesquels se situe le bien objet de la publicité ;

2° La surface du bien loué exprimée en mètres carrés de surface habitable au sens de l'article R.* 111-2 du code de la construction et de l'habitation.

Art. 5 L'arrêté du 29 juin 1990 relatif à la publicité des prix pratiqués par des professionnels intervenant dans les transactions immobilières est abrogé. — *V. ce texte au* **C. consom.**, *éd. 2017 et antérieures.*

Art. 6 Le présent arrêté entre en vigueur le 1er avril 2017.

AGENCES MATRIMONIALES

V. aussi C. consom., art. L. 224-90 s.

Recommandation CCA n° 87-02 du 15 mai 1987,

Concernant les contrats proposés par les agences matrimoniales (BOCC 13 août 1987).

La Commission des clauses abusives,

Considérant que les agences matrimoniales proposent différents services aux consommateurs, moyennant rétribution ; que ce contrat, dit de « courtage » matrimonial a été considéré comme licite à la condition qu'aucune pression, de quelque nature que ce soit, ne soit exercée sur les consommateurs concernés afin qu'ils contractent un mariage, leur consentement devant être totalement libre ; que, dès lors, les agences matrimoniales ne sauraient bien évidemment contracter une quelconque obligation de résultat ; que, de même, le paiement des sommes dues en vertu du contrat ne doit pas être subordonné à la réalisation du mariage ;

Considérant qu'aux termes du contrat de « courtage » matrimonial proposé par elle aux consommateurs, l'agence matrimoniale s'engage, moyennant le paiement d'un prix convenu à l'avance, à fournir diverses prestations favorisant la rencontre de deux candidats au mariage ou à une union stable ;

Que cette activité qui a pris une importance certaine depuis quelques années ne fait l'objet d'aucune réglementation spécifique ; que les droits et obligations des parties sont déterminés uniquement par les dispositions du contrat rédigé par les agences et habituellement proposé par elles aux consommateurs ; que ce type de contrat entre bien dans le champ d'application du chapitre IV de la loi du 10 janvier 1978 *[C. consom., art. L. 212-1 s.]* ;

Considérant que certains contrats sont imprimés en caractères microscopiques rendant leur lecture sinon impossible, du moins très difficile en raison de la typographie utilisée ; que l'on ne saurait, pour justifier une telle pratique, condamnée par la jurisprudence, invoquer des problèmes particuliers de taille des documents, alors surtout que les parties autres que contractuelles, notamment les indications publicitaires ou documentaires de ces mêmes documents, sont, elles, imprimées en caractères très lisibles, et que seules les clauses de portée contractuelle sont en caractères minuscules ; que dans d'autres domaines, comme par exemple, en matière de crédit, le législateur n'a pas hésité à imposer les dimensions typographiques minimales exigées du professionnel pour permettre au consommateur de pouvoir lire réellement le contrat qui lui est proposé ; qu'une disposition identique, exigeant l'emploi de caractères « corps 3 », paraît de nature à rendre plus lisibles les contrats proposés par les agences matrimoniales ;

Considérant que certains contrats ne prévoient la signature du consommateur adhérent audit contrat qu'au recto alors que les clauses de ce contrat ne figurent qu'au verso ; que de telles pratiques ont également été condamnées par la jurisprudence ; qu'il paraît nécessaire d'exiger des agences qu'elles prévoient que la signature du consommateur soit apposée à la fin de l'ensemble des dispositions contractuelles ;

Considérant que de nombreux contrats demeurent très imprécis sur les obligations contractées par l'agence matrimoniale, se bornant à énumérer les seules obligations contractées par le consommateur et leurs sanctions ; qu'il paraît nécessaire d'exiger de l'agence qu'elle indique à tout le moins les prestations qu'elle se propose de fournir en contrepartie du prix ; que, de même, le contrat doit indiquer la durée pour laquelle il est conclu ;

Considérant que tous les contrats prévoient le paiement intégral du prix convenu au moment même de la signature et avant que l'agence ait fourni la moindre prestation ; que les agences invoquent, pour justifier cette pratique, les risques d'impayés qu'elles rencontreraient à défaut de cette clause ; que l'on peut néanmoins tenir compte de ce risque en prévoyant un versement initial, le solde du prix n'étant réglé qu'à mesure de l'exécution de ses obligations par l'agence ; que cet échelonnement du paiement du prix à mesure de l'exécution des prestations peut seul garantir au consommateur l'exécution réelle des prestations qui lui sont dues par l'agence ;

Considérant que de nombreux contrats prévoient la possibilité d'un paiement à crédit, lequel crédit est consenti par l'agence ; que, cependant, aucun des contrats ne respecte les dispositions d'ordre public de la loi du 10 janvier 1978 sur le crédit mobilier *[C. consom., art. L. 312-1 s.]* ; que la jurisprudence décide que ce texte s'applique bien à ce type de contrat, dès lors que le crédit est consenti pour une durée supérieure à trois mois ; que dans tous les cas où l'agence propose un paiement à crédit au consommateur, le contrat qu'elle lui offre de signer devra obligatoirement respecter les dispositions de la loi du 10 janvier 1978 et les textes d'application ;

Considérant que la quasi-totalité des contrats prévoient la faculté pour l'agence de résilier le contrat à sa seule volonté quand bon lui semble, sans avoir besoin d'adresser une mise en demeure préalable au consommateur, et sans avoir à justifier ni même à motiver une telle résolution ; qu'une faculté identique n'est bien évidemment pas offerte au consommateur qui reste, lui, tenu par le contrat jusqu'à l'arrivée du terme de celui-ci ; que si les clauses résolutoires sont parfaitement valides, les clauses figurant dans les contrats des agences matrimoniales doivent être considérées comme abusives dans la mesure où elles sont totalement arbitraires, unilatérales et pratiquement sans contrôle possible ;

Considérant que les clauses résolutoires sont d'ailleurs assorties de clauses pénales prévoyant qu'en cas de résiliation par l'agence, quel qu'en soit le motif, l'intégralité du prix reste acquis à l'agence, et ce quel que soit le préjudice réellement subi par celle-ci, et l'état des prestations fournies par elle au jour de la rupture ; qu'une telle clause permet à la limite à l'agence de résilier le contrat, quelques jours après sa conclusion et l'encaissement du prix, sans avoir à motiver sa décision, et avant d'avoir fourni la moindre prestation en contrepartie du prix payé ;

Considérant que si les clauses pénales sont parfaitement valables, celles figurant dans les contrats des agences matrimoniales « en cas de litige » paraissent exagérées et que leur existence même est peu compatible avec l'économie de ce type de contrat ; qu'en effet, l'agence percevant la totalité du prix dès la signature du contrat et avant toute prestation, il est difficile de justifier un préjudice motivant ces clauses pénales, souvent lourdes, figurant dans les contrats ; que même si les agences pratiquaient un paiement échelonné à mesure des prestations fournies, et compte tenu du versement initial, il en irait de même, la partie du prix versée par le consommateur étant toujours en avance sur les prestations exécutées ; que dès lors, les clauses pénales « en cas de litige » ne paraissent pas justifiées dans ce type de contrat ;

Considérant que de nombreux contrats font attribution de compétence aux tribunaux du siège social de l'agence et même pour certains, aux tribunaux de commerce du siège de l'agence ; que ces clauses attributives de compétence dans des contrats conclus entre un professionnel et un consommateur sont contraires à l'article 48 du NCPC *[C. pr. civ. ; V. vº Compétence]* et doivent être éliminées des contrats,

Recommande :

1º Que les contrats proposés par les professionnels aux consommateurs fassent l'objet d'un écrit lisible et que les caractères typographiques utilisés soient au minimum de corps 8 ;

2º Que toutes les clauses constituant le contrat précèdent la signature des parties ;

3º Que les contrats proposés par les professionnels précisent de manière claire les prestations que l'agence s'engage à exécuter ;

4° Que les contrats proposés par les agences matrimoniales précisent la durée pour laquelle ils sont conclus ;

5° Que dans tous les contrats proposant au consommateur un paiement échelonné sur une durée supérieure à trois mois, soient respectées les dispositions de la loi du 10 janvier 1978 sur le crédit mobilier ;

6° Que soient éliminées de ces contrats les clauses qui ont pour objet ou pour effet de soumettre la conclusion du contrat au règlement à l'avance d'une fraction excessive du prix ;

7° Que soient exclues de ces contrats comme abusives les clauses permettant à l'agence matrimoniale de résilier le contrat à sa seule volonté ;

8° Que soient exclues de ces contrats comme abusives les clauses permettant à l'agence, en cas de rupture du contrat, de conserver l'intégralité du prix ou d'en exiger le paiement, quels que soient les préjudices réellement subis, l'état des prestations fournies au jour de la rupture du contrat, et les motifs de celle-ci ;

9° Que soient exclues de ces contrats les clauses pénales permettant à l'agence d'exiger une indemnité, quels que soient son préjudice et l'état des prestations fournies par elle, de même que celles fixant une indemnité forfaitaire en cas de litige ou de procédure, quelles que soient la raison et l'issue de ce litige ou de cette procédure ;

10° Que soient exclues de ces contrats comme illégales et abusives, les clauses ayant pour objet ou pour effet de déroger aux règles légales de compétence territoriale ou d'attribution.

(Texte adopté le 15 mai 1987 sur le rapport de M. Luc Bihl.)

AGENCES DE VOYAGES

Code du tourisme

Régime de la vente de voyages et de séjours

RÉP. COM. v° *Agence de voyages,* par DAGORNE-LABBE.

DALLOZ RÉFÉRENCE *Droit du tourisme,* par PY, 2002, 5e édition.

BIBL. GÉN. ▶ Responsabilité des agences de voyages : COUVRAT, *JCP 1994. II. 22192.* – TANDONNET-GENCY, *Gaz. Pal. 2003. Doctr. 707* (tendances récentes). – LAMOUILLE, *Tourisme & Droit janv. 2006. 28* (vente de voyages : un secteur bien réglementé). – TEISSONNIÈRE, *Gaz. Pal. 2006. Doctr. 815* (responsabilité des agences de voyages en ligne après l'adoption de l'art. 15 de la LCEN). – LLOP, *ibid. 820* (risques politiques, accidents et catastrophes naturelles). – VERBIEST, *Tourisme & Droit nov. 2007. 13* (contrat de vente de voyages en ligne : la LEN sur le dos). – LACHIÈZE, *ibid. mars 2008. 12* (les contrats conclus entre les agents de voyages et leurs clients). – LLOP, *ibid. oct. 2008. 29* (contentieux des agences de voyages : de la sécurité au futile). – BATTEUR, *LPA 28 nov. 2012* (les agences de voyages et la vente de services fournis par autrui). ▶ Protection du consommateur : RAYMOND, *CCC oct. 1992.* – BATTEUR, *D. 1996. Chron. 82*. – CHEMEL, *CCC févr. 1996.* – GORY, *Gaz. Pal. 2006. Doctr. 812* (renforcement des droits du voyageur). – BATTEUR, BAZIN-BEUST et RASCHEL, *JCP 2010, n° 707* (l'éruption du volcan Eyjafjöll). ▶ Directive communautaire de 1990 relative aux voyages à forfait : MANIET, *RED consom. 1990. 73.* – TONNER, *RED consom. 1990. 98.* ▶ Protection du touriste dans la jurisprudence de la CJCE : TICHADOU, *Mélanges Sortais, Bruylant, 2002. p. 555.* – BAZIN-BEUST, *RD transp. 2013. Form. 2* (vente en ligne de séjours).

▶ L. n° 2009-888 du 22 juill. 2009 : JÉGOUZO, *Gaz. Pal. 2009. 1911* (la réforme des agences de voyages ou le voyage d'Ulysse). – BALLET et POTTIER, *ibid. 2364* (l'e-tourisme, un secteur particulièrement réglementé en voie de réforme...). – LACHIÈZE, *JCP 2009, n° 41, p. 9* (allègement de la responsabilité des agents de voyages). – MARKUS, JCP E *2009, n° 40, p. 23* (rénovation des cadres juridiques d'un secteur affaibli). – BLOCH, *RCA 2010. Étude 2* (la responsabilité des agents de voyages après la loi du 22 juill. 2009 : voyage aux confluent du droit commun, du droit spécial et du droit très spécial). – BATTEUR, *RD transp. 2010. Étude 6* (réglementation applicable à la vente de voyages et de séjours depuis l'entrée en vigueur de la loi du 22 juill. 2009 et de ses décrets d'application).

Dispositions générales

Art. L. 211-1 *(L. n° 2009-888 du 22 juill. 2009, art. 1er)* **I. — Le présent chapitre s'applique aux personnes physiques ou morales qui se livrent ou apportent leur concours, quelles que soient les modalités de leur rémunération, aux opérations consistant en l'organisation ou la vente :**

***a)* De voyages ou de séjours individuels ou collectifs ;**

***b)* De services pouvant être fournis à l'occasion de voyages ou de séjours, notamment la délivrance de titres de transport, la réservation de chambres dans des établissements hôteliers ou dans des locaux d'hébergement touristique et la délivrance de bons d'hébergement ou de restauration ;**

***c)* De services liés à l'accueil touristique, notamment l'organisation de visites de musées ou de monuments historiques.**

Le présent chapitre s'applique également aux opérations de production ou de vente de forfaits touristiques, tels que ceux-ci sont définis à l'article L. 211-2, ainsi qu'aux opérations liées à l'organisation et à l'accueil de foires, salons et congrès ou de manifestations apparentées dès lors que ces opérations incluent tout ou partie des prestations prévues aux *a*, *b* et *c* du présent I.

II. — Les personnes physiques ou morales immatriculées au registre mentionné au I de l'article L. 211-18 peuvent réaliser sous forme électronique les opérations mentionnées au I du présent article dans les conditions prévues par le présent chapitre et par les *(Ord. n° 2016-131 du 10 févr. 2016, art. 6-XXI, en vigueur le 1er oct. 2016)* **« articles 1127-1 à 1127-3** *[ancienne rédaction : articles 1369-4 à 1369-6]* **» du code civil,** *(Ord. n° 2016-301 du 14 mars 2016, art. 2, en vigueur le 1er juill. 2016)* **« L. 122-8 à L. 122-10 » du code de la consommation et la** *(Ord. n° 2016-301 du 14 mars 2016, art. 2, en vigueur le 1er juill. 2016)* **« section Ire du chapitre Ier du titre II du livre II » du même code, à l'exception des dispositions prévues** *(L. n° 2014-344 du 17 mars 2014, art. 9-VII)* **« au premier alinéa de l'article »** *(Ord. n° 2016-301 du 14 mars 2016, art. 2, en vigueur le 1er juill. 2016)* **« L. 221-15 ».**

III. — Les organismes locaux de tourisme bénéficiant du soutien de l'État, des collectivités territoriales ou de leurs groupements peuvent se livrer ou apporter leur concours, dans l'intérêt général, à des opérations mentionnées au I, dès lors que celles-ci permettent de faciliter l'accueil ou d'améliorer les conditions de séjour des touristes dans leur zone géographique d'intervention.

IV. — Les associations et les organismes sans but lucratif ne peuvent réaliser tout ou partie des opérations mentionnées au I qu'en faveur de leurs membres.

V. — Le présent chapitre s'applique aux personnes physiques ou morales qui émettent des bons permettant d'acquitter le prix de l'une des prestations mentionnées au présent article et à l'article L. 211-2.

BIBL. ▶ DELPECH, *Tourisme & Droit sept. 2008. 6* (foires et salons : la fin du monopole des agences de voyages ?).

1. Champ d'application. La responsabilité de plein droit, prévue par l'art. L. 211-16 C. tourisme, incombant aux personnes, physiques ou morales, qui se livrent ou apportent leur concours à l'organisation de voyages ou de séjours, ne concerne, en vertu de l'art. L. 211-1 du même code, que celles qui perçoivent à cette occasion une rémunération, quelles qu'en soient *les modalités.* • Civ. 1re, 9 avr. 2015 : *Dalloz actualité, 24 avr. 2015, obs. Cayol ; D. 2015. Actu. 860 ; CCC 2015, n° 166, obs. Leveneur.*

2. Lien contractuel. Il résulte des art. L. 211-16 et L. 211-1-I C. tourisme que toute personne physique ou morale qui se livre à une opération consistant en l'organisation ou la vente de voyages ou de séjours individuels ou collectifs est responsable de plein droit à l'égard de l'acheteur de la bonne exécution des obligations résultant du contrat. Par suite, la mise en œuvre de cette responsabilité à l'encontre de l'organisateur du voyage ou du séjour n'est pas subordonnée à l'existence d'un lien contractuel entre ce dernier et l'acheteur. • Civ. 1re, 9 déc. 2015, n° 14-20.533 P : *D. 2016. 633, note Delebecque et Lévy ; RTD civ. 2016. 375, obs. Jourdain ; JCP E 2016, n° 1050 ; CCC 2016, n° 63 ; RJDA 2016, n° 235 ; RCA 2016. Étude 3, par Bloch.*

Art. L. 211-2 *(L. n° 2009-888 du 22 juill. 2009, art. 1er)* **Constitue un forfait touristique la prestation :**

1° Résultant de la combinaison préalable d'au moins deux opérations portant respectivement sur le transport, le logement ou d'autres services touristiques non accessoires au transport ou au logement et représentant une part significative dans le forfait ;

2° Dépassant vingt-quatre heures ou incluant une nuitée ;

3° Vendue ou offerte à la vente à un prix tout compris.

1. Notion de forfait. Au sens de la directive CE n° 90/134 du 13 mars 1990, la notion de forfait doit être interprétée en ce sens qu'elle inclut les voyages organisés par une agence à la demande et conformément aux spécifications d'un consommateur ou d'un groupe restreint de consommateurs. • CJCE 30 avr. 2002 : *D. 2002. Somm. 2938, obs. Pizzio (1re esp.)* ; *LPA 27 mai 2003, note Bastien-Rabner ; RTD com. 2003. 197, obs. Luby (2e esp.)*. ♦ Une prestation comprenant le transport, une croisière fluviale et maritime, diverses excursions et l'hébergement constitue un forfait touristique au sens de la loi du 13 juill. 1992 (C. tourisme, art. L. 211-2), qui est dès lors seule applicable, à l'exclusion de la loi du 18 juin 1966 sur l'organisation de croisières maritimes (codifiée au code des transports). • Civ. 1re, 18 oct. 2005 : *Bull. civ. I, n° 376 ; JCP 2005. IV. 3422.* ♦ Mais la prestation litigieuse (excursion en catamaran), souscrite en cours de croisière à l'occasion d'une escale et dont le prix a été réglé sur place, est distincte de celles comprises dans le forfait conclu antérieurement, de sorte que ce contrat de transport autonome n'entre pas dans le champ de la loi du 13 juill. 1992. • Civ. 1re, 13 déc. 2005 : *Bull. civ. I, n° 505 ; JCP 2006. IV. 1078 ; Gaz. Pal. 2006. 1218, note Dagorne-Labbe.* – Comp. : • Paris, 19 nov. 2004 : *Gaz. Pal. 2007. 3227, obs. Gory.*

2. Avions long courriers. La seule vente de billets d'avion par une agence ne constitue pas un forfait touristique, la nuit passée à bord de l'avion et les repas servis devant être considérés comme des accessoires au transport et non comme des prestations distinctes. • Colmar, 4 juin 2003 : *BICC 15 oct. 2004, n° 1544.*

3. Notion de combinaison préalable. Au sens de la directive CE n° 90/134 du 13 mars 1990, la notion de combinaison préalable doit être interprétée en ce sens qu'elle inclut les combinaisons de services touristiques effectuées au moment où le contrat est conclu entre l'agence et le consommateur. • CJCE 30 avr. 2002 : *préc. note 1.*

Art. L. 211-3 *(L. n° 2009-888 du 22 juill. 2009, art. 1er)* **Le présent chapitre n'est pas applicable :**

a) **A l'État, aux collectivités territoriales, à leurs établissements publics à caractère administratif et aux établissements publics à caractère scientifique et technique pour les seules manifestations liées à leur statut ;**

b) **Aux personnes physiques ou morales qui effectuent les opérations mentionnées à l'article L. 211-1, à l'exception du *a* du I, pour des services dont elles sont elles-mêmes producteurs ;**

c) **Aux personnes physiques ou morales qui n'effectuent, parmi les opérations mentionnées à l'article L. 211-1, que la délivrance de titres de transport terrestre pour le compte d'un ou de plusieurs transporteurs de voyageurs ;**

d) **Aux transporteurs aériens qui n'effectuent, parmi les opérations mentionnées à l'article L. 211-1, que la délivrance de titres de transport aérien ou de titres de transports consécutifs incluant un parcours de transport aérien et, à titre accessoire, un ou plusieurs parcours de transport terrestre assurés par un ou plusieurs transporteurs de voyageurs ;**

e) **Aux transporteurs ferroviaires qui n'effectuent, parmi les opérations mentionnées à l'article L. 211-1, que la délivrance de titres de transport ferroviaire ou de titres de transports consécutifs incluant un parcours de transport ferroviaire et, à titre accessoire, d'autres parcours de transport terrestre ou aérien assurés par un ou plusieurs transporteurs de voyageurs ;**

f) **Aux personnes physiques ou morales titulaires d'une carte professionnelle délivrée en application de la loi n° 70-9 du 2 janvier 1970 réglementant les conditions d'exercice des activités relatives à certaines opérations portant sur les immeubles et les fonds de commerce, lorsqu'elles ne réalisent les opérations mentionnées à l'article L. 211-1 qu'à titre accessoire. Ces personnes doivent souscrire, pour la réalisation de ces opérations, une assurance garantissant les conséquences pécuniaires de la responsabilité professionnelle et une garantie financière permettant le remboursement des fonds, effets ou valeurs déposés, dont le montant est modulé par décret en fonction de la nature des activités exercées ;**

g) **Aux personnes physiques ou morales qui n'effectuent que la vente de bons permettant d'acquitter le prix de l'une des prestations mentionnées aux articles L. 211-1 et L. 211-2.**

Toutefois, les sections 2 et 3 du présent chapitre sont applicables aux personnes énumérées aux *b, c, d, e, f* et *g* du présent article, pour leurs activités d'organisation et de vente de forfaits touristiques tels que définis à l'article L. 211-2.

Art. L. 211-4 *(L. n° 2009-888 du 22 juill. 2009, art. 1er)* **Les personnes physiques ou morales immatriculées au registre mentionné au I de l'article L. 211-18 peuvent réaliser pour le compte d'autrui des locations meublées d'immeubles bâtis, dites locations saison-**

nières, telles que définies à l'article 1er-1 de la loi n° 70-9 du 2 janvier 1970 précitée. Elles sont soumises, pour l'exercice de cette activité, à l'article 8 de la même loi.

Art. L. 211-5 *(L. n° 2009-888 du 22 juill. 2009, art. 1er)* Les personnes physiques ou morales immatriculées au registre mentionné au I de l'article L. 211-18 doivent tenir leurs livres et documents à la disposition des agents habilités à les consulter ; elles doivent également mentionner leur immatriculation au registre dans leur enseigne, dans les documents remis aux tiers et dans leur publicité.

....

Art. R. 211-2 *(Décr. n° 2009-1650 du 23 déc. 2009, art. 1er-II, 4°)* Les personnes physiques ou morales immatriculées au registre prévu au *a* de l'article L. 141-3 doivent mentionner le nom ou la raison sociale et la forme juridique de l'entreprise ou de l'organisme, leur numéro d'immatriculation, le nom et l'adresse de leur garant et de leur assureur dans leur correspondance et les documents contractuels. Ces informations doivent aussi figurer, le cas échéant, sur leurs sites internet. Sur les documents non contractuels ou publicitaires doivent figurer le nom et l'adresse de l'entreprise ou de l'organisme et son numéro d'immatriculation.

Les associations ou les organismes sans but lucratif mentionnés au *b* du III de l'article L. 211-18 font figurer sur leurs documents leur nom et adresse, ainsi que le nom, l'adresse et le numéro d'immatriculation de la fédération ou de l'union à laquelle ils sont rattachés. Ces informations doivent aussi figurer, le cas échéant, sur leurs sites internet. Les documents de nature contractuelle doivent préciser les noms et adresses du garant et de l'assureur de cette fédération ou de cette union.

Toute personne physique ou morale immatriculée au registre mentionné au *a* de l'article L. 141-3 tient ses livres et documents à la disposition du garant et des personnes habilitées à les consulter par le ministre chargé du tourisme.

Contrat de vente de voyages et de séjours

Art. L. 211-7 *(L. n° 2009-888 du 22 juill. 2009, art. 1er)* La présente section s'applique aux opérations et activités énumérées à l'article L. 211-1, au dernier alinéa de l'article L. 211-3 et à l'article L. 211-4.

Toutefois, elle ne s'applique aux opérations suivantes que lorsque celles-ci entrent dans le cadre d'un forfait touristique tel que défini à l'article L. 211-2 :

a) La réservation et la vente de titres de transport aérien ou d'autres titres de transport sur ligne régulière ;

b) La location de meublés saisonniers, qui demeurent régis par la loi n° 70-9 du 2 janvier 1970 précitée et par les textes pris pour son application.

Champ d'application. Un prestataire de services qui exerce une activité relative à l'organisation et à la vente de voyages et de séjours doit, s'agissant de l'organisation d'un voyage, établir un contrat écrit répondant aux exigences de la loi du 12 juill. 1992 et du décret du 15 juin 1994, lesquels régissent ce contrat à l'exclusion des art. 1602 à 1685 C. civ. relatifs à la vente. • Versailles, 21 juin 2002 : *JCP E 2003. Pan. 43.*

Art. L. 211-8 *(L. n° 2009-888 du 22 juill. 2009, art. 1er)* Le vendeur informe les intéressés, par écrit préalablement à la conclusion du contrat, du contenu des prestations proposées relatives au transport et au séjour, du prix et des modalités de paiement, des conditions d'annulation du contrat ainsi que des conditions de franchissement des frontières.

Art. L. 211-9 *(L. n° 2009-888 du 22 juill. 2009, art. 1er)* L'information préalable prévue à l'article L. 211-8 engage le vendeur, à moins que des modifications dans ces informations n'aient été portées par écrit à la connaissance des intéressés avant la conclusion du contrat.

Il ne peut être apporté de modification à l'information préalable que si le vendeur s'en réserve expressément la faculté dans celle-ci.

Art. L. 211-10 *(L. n° 2009-888 du 22 juill. 2009, art. 1er)* Le contrat conclu entre le vendeur et l'acheteur doit comporter, selon les modalités fixées par voie réglementaire, toutes indications relatives aux noms et adresses de l'organisateur, du vendeur, du garant et de l'assureur, à la description des prestations fournies, aux droits et obligations réciproques des parties en matière notamment de prix, de calendrier, de modalités de paiement et de révision éventuelle des prix, d'annulation ou de cession du contrat et à l'information de l'acheteur avant le début du voyage ou du séjour.

BIBL. ▶ BICHERON, *Tourisme & Droit mars 2008. 24* (informer, conseiller : régime juridique de l'obligation des agences de voyages).

1. Information sur l'assurance. Une agence de voyages engage sa responsabilité en fournissant une information inexacte et incomplète sur l'assurance souscrite à l'occasion d'un transport. • Paris, 30 mars 1989 : *D. 1989. IR 141.*

2. Sanction. Faute d'avoir satisfait à ses obligations légales de communication par écrit de diverses informations et d'établissement d'un contrat écrit détaillant les prestations convenues, une agence de voyages n'est pas fondée à réclamer à son client le prix desdites prestations, même sur le fondement de l'action *de in rem verso* et nonobstant les relations d'affaires ayant pu exister entre les parties. • Paris, 29 juin 2001 : *LPA 1er juill. 2003, note Bastien-Rabner.* ♦ Mais le non-respect de l'obligation d'information n'a pas pour effet d'entraîner la nullité du contrat en dehors des conditions de droit commun. • Civ. 1re, 31 oct. 2007 : *Bull. civ. I, no 342 ; D. 2008. 522, note Dagorne-Labbe ; JCP 2007. IV. 3150 ; CCC 2008, no 34, obs. Leveneur.*

3. Renvoi. V. aussi notes 10 s. ss. art. L. 211-16 C. tourisme.

Art. L. 211-11 *(L. no 2009-888 du 22 juill. 2009, art. 1er)* **L'acheteur peut céder son contrat, après en avoir informé le vendeur dans un délai fixé par voie réglementaire avant le début du voyage ou du séjour, à une personne qui remplit toutes les conditions requises pour le voyage ou le séjour. Le cédant et le cessionnaire sont responsables solidairement, vis-à-vis du vendeur, du paiement du solde du prix ainsi que des frais supplémentaires éventuels occasionnés par cette cession.**

Art. L. 211-12 *(L. no 2009-888 du 22 juill. 2009, art. 1er)* **Les prix prévus au contrat ne sont pas révisables, sauf si celui-ci prévoit expressément la possibilité d'une révision tant à la hausse qu'à la baisse et en détermine les modalités précises de calcul, uniquement pour tenir compte des variations :**

a) **Du coût des transports, lié notamment au coût du carburant ;**

b) **Des redevances et taxes afférentes aux prestations offertes, telles que les taxes d'atterrissage, d'embarquement ou de débarquement dans les ports et les aéroports ;**

c) **Des taux de change appliqués au voyage ou au séjour considéré.**

Au cours des trente jours qui précèdent la date de départ prévue, le prix fixé au contrat ne peut faire l'objet d'une majoration.

BIBL. ▶ LLOP, *Gaz. Pal. 2008. 2963* (le prix des forfaits touristiques a-t-il encore un sens ?).

Art. L. 211-13 *(L. no 2009-888 du 22 juill. 2009, art. 1er)* **Lorsque, avant le départ, le respect d'un des éléments essentiels du contrat est rendu impossible par suite d'un événement extérieur qui s'impose au vendeur, celui-ci doit le plus rapidement possible en avertir l'acheteur et informer ce dernier de la faculté dont il dispose soit de résilier le contrat, soit d'accepter la modification proposée par le vendeur.**

Cet avertissement et cette information doivent être confirmés par écrit à l'acheteur, qui doit faire connaître son choix dans les meilleurs délais. Lorsqu'il résilie le contrat, l'acheteur a droit, sans supporter de pénalités ou de frais, au remboursement de la totalité des sommes qu'il a versées.

Le présent article s'applique également en cas de modification significative du prix du contrat intervenant conformément aux conditions prévues à l'article L. 211-12.

1. Événement extérieur. C'est en vain que les clients d'une agence de voyage, ayant annulé leur séjour en Thaïlande en raison de l'épidémie de SRAS, demandent le remboursement des sommes versées au motif que c'est l'agence de voyage elle-même qui aurait dû, en application de l'art. 20 de la loi du 13 juill. 1992 [C. tourisme, art. L. 211-14], annuler le séjour sans conséquence financière pour les clients, dès lors qu'il n'existait pas, à la date prévue pour le séjour, un risque sanitaire en Thaïlande constituant un *événement extérieur imposant au vendeur d'annuler le voyage.* • Paris, 29 juin 2006 : *JCP 2006. IV. 2911 ; Gaz. Pal. 2007. 3233, obs. Gory (2e esp.).* ♦ Ayant constaté que le départ avait été rendu impossible à la suite du passage d'un ouragan dans le pays de destination, événement extérieur qui avait contraint le tour-opérateur à prendre l'initiative d'annuler le séjour, la cour d'appel a légalement justifié sa décision en retenant que les acheteurs étaient en droit d'opter pour la résiliation du contrat et d'obtenir le remboursement du prix du voyage. • Civ. 1re, 20 mars 2014 : *Bull. civ. I, no 58 ; D. 2014. Actu. 772 ; JCP E 2014, no 1213 ; CCC 2014, no 125, obs. Leveneur ; RLDA mai 2014. 53, obs. Mathonnière ; RCA 2014, no 196, obs. Bloch ; RD transp. 2014, no 34, obs. Bon-Garcin.*

2. Force majeure. L'art. 20 de la loi du 13 juill. 1992 [C. tourisme, art. L. 211-14] n'exige pas que l'événement extérieur en question présente les caractéristiques de la force majeure. • Paris, 2 mars 2006 : *Gaz. Pal. 2007. 3233, obs. Gory (1re esp.).*

3. Qualité de vendeur. Sur l'absence de reconnaissance de cette qualité à un comité central d'entreprise, V. • Civ. 1re, 19 févr. 2013 : *Bull. civ. I, no 21; Dalloz actualité, 8 mars 2013, obs. Kilgus; D. 2013. Actu. 639; CCC 2013, no 126, obs. Raymond; RJDA 2013, no 506; LPA 24 avr. 2013, note Raffi; Gaz. Pal. 2013. 960, note Prieur; RD transp. 2013, no 35, obs. Bon-Garcin.*

4. Éléments essentiels. Pour l'annulation d'un voyage au motif de la suppression d'une prestation subjectivement essentielle, V. • Civ. 1re, 2 oct. 2013 : *Gaz. Pal. 2013. 3725, note Raffi; ibid. 3867, obs. Tosi-Dupriet.*

Art. L. 211-14 *(L. no 2009-888 du 22 juill. 2009, art. 1er)* **Lorsque, avant le départ, le vendeur résilie le contrat en l'absence de faute de l'acheteur, la totalité des sommes versées par ce dernier lui est restituée, sans préjudice des dommages et intérêts auxquels celui-ci pourrait prétendre.**

1. Nature de l'indemnité. L'indemnité mise par l'arrêté du 14 juin 1982 (aujourd'hui par la loi du 13 juillet 1992) à la charge de l'agence de voyage en cas de résiliation est destinée à assurer, non la réparation forfaitaire des dommages éventuellement subis par le client, mais le respect de l'obligation par elle souscrite; le versement de cette pénalité n'est, dès lors, pas exclusif de la réparation du dommage subi. • Civ. 1re, 4 nov. 1992 : *D. 1993. 138, note Dagorne-Labbe.*

2. Résiliation pour « surréservation ». V. note 4 ss. art. L. 211-16 C. tourisme.

Art. L. 211-15 *(L. no 2009-888 du 22 juill. 2009, art. 1er)* **Lorsque, après le départ, un des éléments essentiels du contrat ne peut être exécuté, le vendeur doit, sauf impossibilité dûment justifiée, proposer à l'acheteur des prestations en remplacement de celles qui ne sont pas fournies.**

Le vendeur prend à sa charge les suppléments de prix qui en résultent ou rembourse la différence de prix entre les prestations prévues et fournies.

Si l'acheteur n'accepte pas la modification proposée, le vendeur doit lui procurer les titres de transport nécessaires à son retour, sans préjudice des dommages et intérêts auxquels l'acheteur pourrait prétendre.

Force majeure. La force majeure, exclusive de la responsabilité de plein droit de l'agent de voyages édictée par l'art. L. 211-16 C. tourisme, ne le dispense pas, en cas d'inexécution de l'un des éléments essentiels du contrat, de garantir la prise en charge du supplément de prix afférent aux prestations de remplacement que l'art. L. 211-15 du même code lui impose de proposer à son client après le départ. • Civ. 1re, 8 mars 2012 : *Bull. civ. I, no 51; D. 2012. Actu. 733, obs. Delpech; RTD civ. 2012. 533, obs. Jourdain; JCP 2012, no 608, note Ravenne; CCC 2012, no 145, obs. Leveneur; ibid. Étude 8, par Batteur, Bazin-Beust et Raschel; LPA 5 juin 2012, note Raffi; Gaz. Pal. 2012. 839, note Poissonnier; ibid. 1481, obs. Mekki; RDC 2012. 808, obs. Carval; RD transp. 2012, no 33, obs. Bon-Garcin.*

....

Art. R. 211-3 *(Décr. no 2006-1229 du 6 oct. 2006)* **Sous réserve des exclusions prévues** *(Décr. no 2009-1650 du 23 déc. 2009, art. 1er-II)* **« aux troisième et quatrième alinéas de l'article L. 211-7 », toute offre et toute vente de prestations de voyages ou de séjours donnent lieu à la remise de documents appropriés qui répondent aux règles définies par la présente section.**

En cas de vente de titres de transport aérien ou de titres de transport sur ligne régulière non accompagnée de prestations liées à ces transports, le vendeur délivre à l'acheteur un ou plusieurs billets de passage pour la totalité du voyage, émis par le transporteur ou sous sa responsabilité. Dans le cas de transport à la demande, le nom et l'adresse du transporteur, pour le compte duquel les billets sont émis, doivent être mentionnés.

La facturation séparée des divers éléments d'un même forfait touristique ne soustrait pas le vendeur aux obligations qui lui sont faites par les dispositions réglementaires de la présente section. — *[Décr. no 94-490 du 15 juin 1994, art. 95].*

Art. R. 211-3-1 *(Décr. no 2009-1650 du 23 déc. 2009, art. 1er-II)* **L'échange d'informations précontractuelles ou la mise à disposition des conditions contractuelles est effectué par écrit. Ils peuvent se faire par voie électronique dans les conditions de validité et d'exercice prévues aux articles 1369-1 à 1369-11 du code civil. Sont mentionnés le nom ou la raison sociale et l'adresse du vendeur ainsi que l'indication de son immatriculation au registre prévu au *a* de l'article L. 141-3 ou, le cas échéant, le nom, l'adresse et l'indication de l'immatriculation de la fédération ou de l'union mentionnées au deuxième alinéa de l'article R. 211-2.**

Art. R. 211-4 *(Décr. n° 2006-1229 du 6 oct. 2006)* **Préalablement à la conclusion du contrat** *(Abrogé par Décr. n° 2009-1650 du 23 déc. 2009, art. 1er-II)* ***« et sur la base d'un support écrit, portant sa raison sociale, son adresse et l'indication de son autorisation administrative d'exercice »*****, le vendeur doit communiquer au consommateur les informations sur les prix, les dates et les autres éléments constitutifs des prestations fournies à l'occasion du voyage ou du séjour tels que :**

1° La destination, les moyens, les caractéristiques et les catégories de transports utilisés ;

2° Le mode d'hébergement, sa situation, son niveau de confort et ses principales caractéristiques, son homologation et son classement touristique correspondant à la réglementation ou aux usages du pays d'accueil ;

3° *(Décr. n° 2009-1650 du 23 déc. 2009, art. 1er-II)* **« Les prestations de restauration proposées » ;**

4° La description de l'itinéraire lorsqu'il s'agit d'un circuit ;

5° Les formalités administratives et sanitaires à accomplir *(Décr. n° 2009-1650 du 23 déc. 2009, art. 1er-II)* **« par les nationaux ou par les ressortissants d'un autre État membre de l'Union européenne ou d'un État partie à l'accord sur l'Espace économique européen » en cas, notamment, de franchissement des frontières ainsi que leurs délais d'accomplissement ;**

6° Les visites, excursions et les autres services inclus dans le forfait ou éventuellement disponibles moyennant un supplément de prix ;

7° La taille minimale ou maximale du groupe permettant la réalisation du voyage ou du séjour ainsi que, si la réalisation du voyage ou du séjour est subordonnée à un nombre minimal de participants, la date limite d'information du consommateur en cas d'annulation du voyage ou du séjour ; cette date ne peut être fixée à moins de vingt et un jours avant le départ ;

8° Le montant ou le pourcentage du prix à verser à titre d'acompte à la conclusion du contrat ainsi que le calendrier de paiement du solde ;

9° Les modalités de révision des prix telles que prévues par le contrat en application *(Décr. n° 2009-1650 du 23 déc. 2009, art. 1er-II)* **« de l'article R. 211-8 » ;**

10° Les conditions d'annulation de nature contractuelle ;

11° Les conditions d'annulation définies *(Décr. n° 2009-1650 du 23 déc. 2009, art. 1er-II)* **« aux articles R. 211-9, R. 211-10 et R. 211-11 » ;**

(Décr. n° 2009-1650 du 23 déc. 2009, art. 1er-II) **« 12° » L'information concernant la souscription facultative d'un contrat d'assurance couvrant les conséquences de certains cas d'annulation ou d'un contrat d'assistance couvrant certains risques particuliers, notamment les frais de rapatriement en cas d'accident ou de maladie ;**

(Décr. n° 2009-1650 du 23 déc. 2009, art. 1er-II) **« 13° »** *(Décr. n° 2007-669 du 2 mai 2007, art. 2-I)* **« Lorsque le contrat comporte des prestations de transport aérien, l'information, pour chaque tronçon de vol, prévue aux articles R. 211-15 à R. 211-18. »** — *[Décr. n° 94-490 du 15 juin 1994, art. 96]*.

1. Clause de style. Sur la portée de l'acceptation d'une clause de style dans la reconnaissance de la communication des informations légales, V. • Grenoble, 3 févr. 2015, n° 02/02058 : *CCC 2015, n° 130, obs. Raymond; Gaz. Pal. 2015. 1767, obs. Piedelièvre.*

2. Assurance perte ou vol de bagage. Si l'art. 96 du décret du 15 juin 1994 [C. tourisme, art. R. 211-4] met à la charge de l'agence de voyages un devoir d'information sur la souscription facultative d'une assurance annulation ou rapatriement en cas d'accident ou de maladie, il n'étend pas cette obligation au risque de perte ou de vol de bagage. • Pau, 19 juin 2006 : *Gaz. Pal. 2007. 3230, obs. Gory.*

Art. R. 211-5 *(Décr. n° 2006-1229 du 6 oct. 2006)* **L'information préalable faite au consommateur engage le vendeur, à moins que dans celle-ci le vendeur ne se soit réservé expressément le droit d'en modifier certains éléments. Le vendeur doit, dans ce cas, indiquer clairement dans quelle mesure cette modification peut intervenir et sur quels éléments.**

En tout état de cause, les modifications apportées à l'information préalable doivent être communiquées *(Abrogé par Décr. n° 2009-1650 du 23 déc. 2009, art. 1er-II)* ***« par écrit »*** **au consommateur avant la conclusion du contrat.** — *[Décr. n° 94-490 du 15 juin 1994, art. 97]*.

Art. R. 211-6 *(Décr. n° 2009-1650 du 23 déc. 2009, art. 1er-II)* **« Le contrat conclu entre le vendeur et l'acheteur doit être écrit, établi en double exemplaire dont l'un est remis à l'acheteur, et signé par les deux parties. Lorsque le contrat est conclu par voie électronique,**

il est fait application des articles 1369-1 à 1369-11 du code civil. Le contrat doit comporter les clauses suivantes : »

(Décr. nº 2006-1229 du 6 oct. 2006) 1º Le nom et l'adresse du vendeur, de son garant et de son assureur ainsi que le nom et l'adresse de l'organisateur ;

2º La destination ou les destinations du voyage et, en cas de séjour fractionné, les différentes périodes et leurs dates ;

3º Les moyens, les caractéristiques et les catégories des transports utilisés, les dates *(Abrogé par Décr. nº 2009-1650 du 23 déc. 2009, art. 1er-II)* « *, heures* » et lieux de départ et de retour ;

4º Le mode d'hébergement, sa situation, son niveau de confort et ses principales caractéristiques et son classement touristique en vertu des réglementations ou des usages du pays d'accueil ;

5º *(Décr. nº 2009-1650 du 23 déc. 2009, art. 1er-II)* « Les prestations de restauration proposées » ;

6º L'itinéraire lorsqu'il s'agit d'un circuit ;

7º Les visites, les excursions ou autres services inclus dans le prix total du voyage ou du séjour ;

8º Le prix total des prestations facturées ainsi que l'indication de toute révision éventuelle de cette facturation en vertu des dispositions *(Décr. nº 2009-1650 du 23 déc. 2009, art. 1er-II)* « de l'article R. 211-8 » ;

9º L'indication, s'il y a lieu, des redevances ou taxes afférentes à certains services telles que taxes d'atterrissage, de débarquement ou d'embarquement dans les ports et aéroports, taxes de séjour lorsqu'elles ne sont pas incluses dans le prix de la ou des prestations fournies ;

10º Le calendrier et les modalités de paiement du prix ; le dernier versement effectué par l'acheteur ne peut être inférieur à 30 % du prix du voyage ou du séjour et doit être effectué lors de la remise des documents permettant de réaliser le voyage ou le séjour ;

11º Les conditions particulières demandées par l'acheteur et acceptées par le vendeur ;

12º Les modalités selon lesquelles l'acheteur peut saisir le vendeur d'une réclamation pour inexécution ou mauvaise exécution du contrat, réclamation qui doit être adressée dans les meilleurs délais, *(Décr. nº 2009-1650 du 23 déc. 2009, art. 1er-II)* « par tout moyen permettant d'en obtenir un accusé de réception » au vendeur, et, le cas échéant, signalée par écrit, à l'organisateur du voyage et au prestataire de services concernés ;

13º La date limite d'information de l'acheteur en cas d'annulation du voyage ou du séjour par le vendeur dans le cas où la réalisation du voyage ou du séjour est liée à un nombre minimal de participants, conformément aux dispositions *(Décr. nº 2009-1650 du 23 déc. 2009, art. 1er-II)* « du 7º de l'article R. 211-4 » ;

14º Les conditions d'annulation de nature contractuelle ;

15º Les conditions d'annulation prévues *(Décr. nº 2009-1650 du 23 déc. 2009, art. 1er-II)* « aux articles R. 211-9, R. 211-10 et R. 211-11 » ;

16º Les précisions concernant les risques couverts et le montant des garanties au titre du contrat d'assurance couvrant les conséquences de la responsabilité civile professionnelle du vendeur ;

17º Les indications concernant le contrat d'assurance couvrant les conséquences de certains cas d'annulation souscrit par l'acheteur (numéro de police et nom de l'assureur) *ainsi que celles* concernant le contrat d'assistance couvrant certains risques particuliers, notamment les frais de rapatriement en cas d'accident ou de maladie ; dans ce cas, le vendeur doit remettre à l'acheteur un document précisant au minimum les risques couverts et les risques exclus ;

18º La date limite d'information du vendeur en cas de cession du contrat par l'acheteur ;

19º L'engagement de fournir *(Abrogé par Décr. nº 2009-1650 du 23 déc. 2009, art. 1er-II)* « *, par écrit,* » à l'acheteur, au moins dix jours avant la date prévue pour son départ, les informations suivantes :

a) Le nom, l'adresse et le numéro de téléphone de la représentation locale du vendeur ou, à défaut, les noms, adresses et numéros de téléphone des organismes locaux susceptibles d'aider le consommateur en cas de difficulté ou, à défaut, le numéro d'appel permettant d'établir de toute urgence un contact avec le vendeur ;

b) Pour les voyages et séjours de mineurs à l'étranger, un numéro de téléphone et une adresse permettant d'établir un contact direct avec l'enfant ou le responsable sur place de son séjour.

(Décr. nº 2007-669 du 2 mai 2007, art. 2-II) « 20° La clause de résiliation et de remboursement sans pénalités des sommes versées par l'acheteur en cas de non-respect de l'obligation d'information prévue » *(Décr. nº 2009-1650 du 23 déc. 2009, art. 1er-II)* « au 13° de l'article R. 211-4 ;

« 21° L'engagement de fournir à l'acheteur, en temps voulu avant le début du voyage ou du séjour, les heures de départ et d'arrivée. » — *[Décr. nº 94-490 du 15 juin 1994, art. 98].*

Écrit. La rédaction d'un écrit n'est pas exigée pour la validité du contrat de vente de voyages à forfait. • Com. 17 déc. 2013 : *Bull. civ. IV, nº 186; Dalloz actualité, 10 janv. 2014, obs. Delpech; D. 2014. Actu. 4; JCP E 2014, nº 1402, note Lachièze; CCC 2014, nº 59, obs. Leveneur; CCE 2014, nº 16, obs. Loiseau; RD transp. 2014, nº 14, obs. Bon-Garcin.*

Art. R. 211-7 *(Décr. nº 2006-1229 du 6 oct. 2006)* L'acheteur peut céder son contrat à un cessionnaire qui remplit les mêmes conditions que lui pour effectuer le voyage ou le séjour, tant que ce contrat n'a produit aucun effet.

Sauf stipulation plus favorable au cédant, celui-ci est tenu d'informer le vendeur de sa décision *(Décr. nº 2009-1650 du 23 déc. 2009, art. 1er-II)* « par tout moyen permettant d'en obtenir un accusé de réception » au plus tard sept jours avant le début du voyage. Lorsqu'il s'agit d'une croisière, ce délai est porté à quinze jours. Cette cession n'est soumise, en aucun cas, à une autorisation préalable du vendeur. — *[Décr. nº 94-490 du 15 juin 1994, art. 99].*

Art. R. 211-8 *(Décr. nº 2006-1229 du 6 oct. 2006)* Lorsque le contrat comporte une possibilité expresse de révision du prix, dans les limites prévues *(Décr. nº 2009-1650 du 23 déc. 2009, art. 1er-II)* « à l'article L. 211-12 », il doit mentionner les modalités précises de calcul, tant à la hausse qu'à la baisse, des variations des prix, et notamment le montant des frais de transport et taxes y afférentes, la ou les devises qui peuvent avoir une incidence sur le prix du voyage ou du séjour, la part du prix à laquelle s'applique la variation, le cours de la ou des devises retenu comme référence lors de l'établissement du prix figurant au contrat. — *[Décr. nº 94-490 du 15 juin 1994, art. 100].*

Art. R. 211-9 *(Décr. nº 2006-1229 du 6 oct. 2006)* Lorsque, avant le départ de l'acheteur, le vendeur se trouve contraint d'apporter une modification à l'un des éléments essentiels du contrat *(Décr. nº 2007-669 du 2 mai 2007, art. 2-III)* « telle qu'une hausse significative du prix et lorsqu'il méconnaît l'obligation d'information mentionnée » *(Décr. nº 2009-1650 du 23 déc. 2009, art. 1er-II)* « au 13° de l'article R. 211-4 », l'acheteur peut, sans préjuger des recours en réparation pour dommages éventuellement subis, et après en avoir été informé par le vendeur *(Décr. nº 2009-1650 du 23 déc. 2009, art. 1er-II)* « par tout moyen permettant d'en obtenir un accusé de réception » :

— soit résilier son contrat et obtenir sans pénalité le remboursement immédiat des sommes versées ;

— soit accepter la modification ou le voyage de substitution proposé par le vendeur ; un avenant au contrat précisant les modifications apportées est alors signé par les parties ; toute diminution de prix vient en déduction des sommes restant éventuellement dues par l'acheteur et, si le paiement déjà effectué par ce dernier excède le prix de la prestation modifiée, le trop-perçu doit lui être restitué avant la date de son départ. — *[Décr. nº 94-490 du 15 juin 1994, art. 101].*

1. Forme. Les règles de forme prévues par l'art. 101 du décret du 15 juin 1994 [C. tourisme, art. R. 211-11 ancien, qui prévoyait l'envoi d'une lettre recommandée AR] s'analysent en des règles probatoires protectrices de l'acheteur. • Paris, 12 mai 2006 : *Gaz. Pal. 2007. 3231, obs. Gory.*

2. Hausse du prix. Les conditions d'application du texte ne sont pas réunies dès lors que celui-ci se réfère à une hausse significative du prix et que ne s'analyse pas comme telle une augmentation de 92 € par passager pour un prix du voyage de 1319 € par personne. • Paris, 12 mai 2006 : *préc. note 1.*

Art. R. 211-10 *(Décr. nº 2006-1229 du 6 oct. 2006)* Dans le cas prévu *(Décr. nº 2009-1650 du 23 déc. 2009, art. 1er-II)* « à l'article L. 211-14 », lorsque, avant le départ de l'acheteur, le vendeur annule le voyage ou le séjour, il doit informer l'acheteur *(Décr. nº 2009-1650 du 23 déc. 2009, art. 1er-II)* « par tout moyen permettant d'en obtenir un accusé de réception » ; l'acheteur, sans préjuger des recours en réparation des dommages éventuellement subis, obtient auprès du vendeur le remboursement immédiat et sans pénalité des sommes versées ; l'acheteur reçoit, dans ce cas, une indemnité au moins égale à la pénalité qu'il aurait supportée si l'annulation était intervenue de son fait à cette date.

Les dispositions du présent article ne font en aucun cas obstacle à la conclusion d'un accord amiable ayant pour objet l'acceptation, par l'acheteur, d'un voyage ou séjour de substitution proposé par le vendeur. – *[Décr. nº 94-490 du 15 juin 1994, art. 102].*

Art. R. 211-11 *(Décr. nº 2006-1229 du 6 oct. 2006)* Lorsque, après le départ de l'acheteur, le vendeur se trouve dans l'impossibilité de fournir une part prépondérante des services prévus au contrat représentant un pourcentage non négligeable du prix honoré par l'acheteur, le vendeur doit immédiatement prendre les dispositions suivantes sans préjuger des recours en réparation pour dommages éventuellement subis :

– soit proposer des prestations en remplacement des prestations prévues en supportant éventuellement tout supplément de prix et, si les prestations acceptées par l'acheteur sont de qualité inférieure, le vendeur doit lui rembourser, dès son retour, la différence de prix ;

– soit, s'il ne peut proposer aucune prestation de remplacement ou si celles-ci sont refusées par l'acheteur pour des motifs valables, fournir à l'acheteur, sans supplément de prix, des titres de transport pour assurer son retour dans des conditions pouvant être jugées équivalentes vers le lieu de départ ou vers un autre lieu accepté par les deux parties.

(Décr. nº 2007-669 du 2 mai 2007, art. 2-IV) « Les dispositions du présent article sont applicables en cas de non-respect de l'obligation prévue » *(Décr. nº 2009-1650 du 23 déc. 2009, art. 1er-II)* « au 13° de l'article R. 211-4 ». – *[Décr. nº 94-490 du 15 juin 1994, art. 103].*

Art. R. 211-12 *(Décr. nº 2006-1229 du 6 oct. 2006)* Les dispositions *(Décr. nº 2009-1650 du 23 déc. 2009, art. 1er-II)* « des articles R. 211-3 à R. 211-11 » doivent obligatoirement être reproduites sur les brochures et les contrats de voyages proposés par les personnes mentionnées à l'article L. 211-1. – *[Décr. nº 94-490 du 15 juin 1994, art. 104].*

Art. R. 211-13 *(Décr. nº 2007-669 du 2 mai 2007, art. 2-V)* L'acheteur ne peut plus invoquer le bénéfice de la clause prévue *(Décr. nº 2009-1650 du 23 déc. 2009, art. 1er-II)* « au 20° de l'article R. 211-6 » après que la prestation a été fournie.

Responsabilité civile professionnelle

Art. L. 211-16 *(L. nº 2009-888 du 22 juill. 2009, art. 1er)* Toute personne physique ou morale qui se livre aux opérations mentionnées à l'article L. 211-1 est responsable de plein droit à l'égard de l'acheteur de la bonne exécution des obligations résultant du contrat, que ce contrat ait été conclu à distance ou non et que ces obligations soient à exécuter par elle-même ou par d'autres prestataires de services, sans préjudice de son droit de recours contre ceux-ci et dans la limite des dédommagements prévus par les conventions internationales.

Toutefois, elle peut s'exonérer de tout ou partie de sa responsabilité en apportant la preuve que l'inexécution ou la mauvaise exécution du contrat est imputable soit à l'acheteur, soit au fait, imprévisible et insurmontable, d'un tiers étranger à la fourniture des prestations prévues au contrat, soit à un cas de force majeure.

BIBL. ▶ BATTEUR, *JCP E 1992. I. 131.* – JOURDAIN, *RTD civ. 1989. 753.* – MEYER-ROYÈRE, *RJ com. 1999. 341* (responsabilité contractuelle du fait d'autrui des agences de voyages). – LLOP, *Gaz. Pal. 2006. Doctr. 820* (risques politiques, accidents et catastrophes naturelles) ; *Tourisme & Droit nov. 2006. 28* (tourisme et force majeure... un lien « irrésistible »). – Dossier, *Tourisme & Droit mai 2007. 13* (agences de voyages : quelle responsabilité ?). – DUPUY, *Gaz. Pal. 2007. 3554* (agences de voyages : de la responsabilité à la garantie). – GORY, *Gaz. Pal. 2008. 2975* (la force majeure à l'honneur : retour sur l'ouragan Emily). – PORCHERON, *Gaz. Pal. 2009. 1917* (du nouveau dans la responsabilité de l'agence de voyages ?). – LACHIÈZE, *Tourisme & Droit juill.-août 2010. 44* (responsabilité des agences de voyages : panorama de jurisprudence).

▶ Transport aérien : BOURASSIN, *RLDC 2005/15, nº 637* (surbooking des compagnies aériennes et ponctualité des candidats à l'embarquement). – CLERGERIE, *D. 2006. Point de vue 362* (légalité du règlement (CE) nº 261/2004 sur l'amélioration des droits des passagers des transports aériens). – DELEBECQUE, *Mélanges le Tourneau, Dalloz, 2008, p. 325* (la dispersion des sources de la responsabilité du transporteur aérien de passagers).

a. Responsabilité à l'égard de l'acheteur

1. Étendue de la responsabilité contractuelle. Principe de la responsabilité de plein droit de l'agent de voyages pour la bonne exécution des obligations résultant du contrat. • Civ. 1re, 15 mars 2005 : *cité note 18.* ◆ Une agence de voyages doit réparation du préjudice subi par des voyageurs si elle n'a pas fourni toutes les prestations contractuellement promises. • Paris, 23 nov. 1988 : *D. 1989. IR 9* • 24 oct. 1990 : *D. 1990. IR 278* • 6 nov. 1991 : *D. 1991. IR 296*. ♦ Mais la responsabilité de plein droit des agences de voyages ne peut être étendue aux activités dans lesquelles les clients ont un rôle actif et dont l'agence n'a pas la maîtrise (chute dans un escalier menant aux toilettes, due à un manque d'attention du client sans que l'éclairage ne soit en cause). • Paris, 15 mars 2007 : *LPA 11 oct. 2007, note Dagorne-Labbe.* ♦ En se chargeant de fournir un titre de transport, une association organisatrice de voyages contracte l'obligation d'assurer l'efficacité de ce titre. Toutefois, sa responsabilité ne peut être engagée si elle démontre que l'inefficacité des titres résulte de circonstances extérieures au contrat ou de cas fortuits. • Versailles, 31 mai 1996 : *D. 1997. 229, note Dagorne-Labbe*. ♦ Tenue à une obligation de résultat, l'agence de voyages engage sa responsabilité du fait de l'inexécution de la prestation hôtelière promise du fait de la non-acceptation des chiens par l'hôtelier, celle-ci n'ayant pas soutenu que cette inexécution serait imputable à la faute de la victime qui, destinataire de la brochure qui précisait qu'au Portugal certains hôtels n'acceptaient pas les chiens, n'aurait pas signalé qu'elle avait un chien qu'elle entendait emmener avec elle. • Civ. 1re, 12 avr. 2005 : *Gaz. Pal. 2006. 1164, note Gory.* ♦ Pour l'annulation d'un contrat de vente d'un séjour dans un village de vacances pour vice du consentement de l'acheteur, qui a commis une erreur sur une caractéristique substantielle du séjour, le village n'acceptant pas les mineurs, V. • Paris, 3 juill. 2008 : *JCP 2008. IV. 2554.*

L'absence de l'indication de l'horaire des vols au moment de la conclusion du contrat de séjour n'engage pas la responsabilité de l'agence de voyages dès lors que celle-ci, qui ne pouvait avoir connaissance des horaires à ce moment-là, l'a signalé à son client. • Paris, 22 mai 1998 : *D. 1999. 265, note Dagorne-Labbe*. ♦ Ayant constaté que la prestation litigieuse n'avait qu'un caractère facultatif, qu'elle n'était pas comprise dans la facture émise par l'agence de voyage, et que, souscrite au Maroc, elle avait donné lieu à un paiement supplémentaire réglé en monnaie locale, la cour d'appel en a exactement déduit que cette prestation était autonome et n'entrait pas dans le champ de l'art. L. 211-17 C. tourisme alors applicable. • Civ. 1re, 15 janv. 2015, nº 13-26.446 P : *D. 2016. Pan. 45, obs. Gout ; RTD civ. 2015. 625, obs. Jourdain ; JCP 2015, nº 290, note Lachièze ; LPA 17 févr. 2015, obs. Dagorne-Labbe ; Gaz. Pal. 2015. 478, obs. Tosi-Dupriet ; RLDA févr. 2015. 48, obs. Mathonnière ; RCA 2015, nº 119, obs. Groutel.*

L'art. L. 211-16 instaure une responsabilité légale de plein droit au seul profit de l'acheteur du voyage, de sorte que les ayants droit de celui-ci ne peuvent agir contre l'agence de voyages, pour leur préjudice personnel, que sur le fondement de la responsabilité délictuelle consécutive à un manquement contractuel, exigeant la preuve d'une faute du voyagiste. • Civ. 1re, 28 sept. 2016, nº 15-17.033 P : *D. 2017. 341, note Lachièze ; AJ contrat 2017. 41, obs. Dagorne-Labbe ; CCC 2016, nº 247, obs. Leveneur ; Gaz. Pal. 10 janv. 2017, p. 26, obs. Gerry-Vernières.*

2. *Loi applicable.* La responsabilité contractuelle de l'agence de voyages est soumise à la loi française du contrat, de sorte qu'une cour d'appel ne peut décider que le droit à réparation d'une victime doit s'apprécier selon le droit tunisien du lieu de l'accident. • Civ. 1re, 11 mars 2009 : *Rev. crit. DIP 2009. 518, note Boskovic ; Gaz. Pal. 2009. 2045, note Gory ; RCA 2009, nº 138, et Repère 5, par Groutel.* ♦ Après avoir relevé que le contrat litigieux se référait aux dispositions de la L. nº 92–645 du 13 juill. 1992 (aujourd'hui codifiée au code du tourisme), laquelle avait vocation à régir les rapports entre le client et l'agent de voyages, la cour d'appel, par une exacte application de cette loi, a, sans inverser la charge de la preuve, retenu qu'à défaut pour l'agence de prouver que la maladie aurait été contractée soit avant le départ soit à l'occasion d'une excursion non prévue par le contrat, sa responsabilité était engagée. • Civ. 1re, 15 déc. 2011 : *Bull. civ. I, nº 221 ; D. 2012. Actu. 93, obs. Delpech ; JCP 2011, nº 1444 ; LPA 21 févr. 2012, note Dagorne-Labbe ; RCA 2012, nº 68, obs. Bloch ; RD transp. 2012, nº 5, obs. Ndendé.*

3. *Clause limitative (non).* Toute clause limitative de responsabilité incluse dans les conditions générales de vente de l'agent de voyages, qui porte sur une obligation résultant du contrat, est contraire aux dispositions d'ordre public de la loi et doit être réputée non écrite. • Versailles, 10 nov. 2000 : *BICC 15 juin 2001, nº 672 ; D. 2000. IR 307*.

4. *Surréservation.* L'agence de voyages engage sa responsabilité contractuelle lorsqu'elle est amenée à résilier le contrat d'un client en raison de sa politique commerciale de « surréservation ». • TI Niort, 17 janv. 2001 : *CCC 2001, nº 77, obs. Raymond* (application de la pénalité prévue par l'art. R. 211-12).

5. Une agence de voyages, qui a confirmé par écrit des réservations en précisant les prestations contractuelles, s'est engagée contractuellement au départ de ses clients à l'heure prévue, sans qu'importe la circonstance que le transporteur aérien, en raison de la pratique du « surbooking », n'ait pas assuré l'embarquement des passagers sur le vol prévu ; il s'ensuit que c'est à bon droit que les clients, mis dans l'impossibilité d'embarquer et non tenus d'accepter une modification du contrat, ont choisi de le résilier en demandant le remboursement des sommes versées ainsi que des dommages-intérêts, sans que l'agent de voyages ne puisse invoquer utilement aucune des causes exonératoires énoncées à l'art. 23, al. 2, de la loi. • Versailles, 10 nov. 2000 : *préc. note 3* • TGI Paris, 8 juill. 2005 : *Gaz. Pal. 2006. 1156, obs. Gory.* ♦ Sur la responsabilité de la compagnie aérienne à l'égard de l'agence de voyages, V. • Versailles, 10 nov. 2000 : *préc.*

6. Préjudice moral. En ce sens que le touriste victime d'une mauvaise exécution d'un contrat de voyage à forfait peut demander une indemnisation de son préjudice moral consistant dans la perte de l'agrément de ses vacances, alors même que la législation nationale ne prévoit pas la réparation d'un tel dommage : • CJCE 12 mars 2002, aff. C-168/00 : *D. 2002. AJ 2051 ; ibid. Somm. 2938, obs. Pizzio (2e esp.) ; JCP 2003. I. 152, no 25, obs. Viney; RTD com. 2003. 197, obs. Luby (1re esp.) .* ♦ En relevant que, malgré un attentat commis à Louxor, des touristes avaient pu poursuivre leur croisière jusqu'à son terme et bénéficier de toutes les prestations fournies, une cour d'appel a exactement retenu que cet événement ne constituait pas un cas de force majeure et a pu décider que l'attitude adoptée par la société organisatrice, qui avait d'abord promis de rapatrier les participants qui le souhaitaient pour finalement, suite à leur refus de signer une décharge de responsabilité, leur imposer à tous la poursuite du voyage, était constitutive d'une faute ayant directement causé aux demandeurs un préjudice moral distinct de celui causé par l'attentat. • Civ. 1re, 16 nov. 2004 : *Bull. civ. I, no 277; D. 2004. IR 3197 ; JCP 2004. IV. 3501.* ♦ Le préjudice moral est constitué par la déception de ne pas loger dans l'hôtel choisi très longtemps à l'avance et par l'incertitude d'un transfert éventuel dans l'hôtel initial. • Paris, 28 sept. 2006 : *JCP 2006. IV. 3329.*

7. Perte des bagages. Une agence de voyages est directement tenue de la même responsabilité que les divers prestataires de services auxquels elle a recours; elle doit notamment indemniser son client de la perte de bagages survenue au cours des opérations de transport. • Civ. 1re, 10 mai 1989 : *D. 1989. IR 171* • Colmar, 24 mai 2006 : *JCP 2006. IV. 2960; Gaz. Pal. 2007. 3241, obs. Gory.* ♦ Quel que soit le fondement sur lequel sa responsabilité est recherchée, garantie de la faute du transporteur aérien ou faute personnelle, l'agence est toujours en droit de se prévaloir de la limitation forfaitaire d'indemnisation prévue par la Convention de Varsovie. • Colmar, 4 juin 2003 : *BICC 15 oct. 2004, no 1544; JCP 2004. IV. 2587.* ♦ V. aussi note 12.

8. La nature du contrat liant des touristes à une agence de voyages est sans incidence sur la responsabilité du transporteur, contractuellement tenu envers les clients de l'agence pour le compte desquels un contrat de transport avait été conclu. • Civ. 1re, 3 juin 1998 : *D. 1998. IR 160 ; D. Affaires 1998. 1393, obs. S. P.; JCP 1999. II. 10010, note Rzepzcki; RJDA 1998, no 1225; JCP E 1999, no 5, p. 225, note Youego.* ♦ Justifie légalement sa décision la cour d'appel estimant que, s'agissant d'un voyage organisé en car, tous les bagages accompagnant les touristes pendant la durée de leur séjour ont fait l'objet d'un contrat accessoire au contrat de transport, en déduit que la société de transport est tenue d'une obligation de résultat, et retient que la négligence du chauffeur, qui avait laissé le car en stationnement sans surveillance sur un parking isolé, était la seule cause du dommage subi par les voyageurs dont les bagages ont été volés. • Même arrêt. ♦ Le transporteur de voyageurs est accessoirement tenu d'une obligation de résultat relativement au transport des bagages placés en soute, de sorte qu'il est tenu de répondre de leur disparition. • Civ. 1re, 26 sept. 2006 : *Bull. civ. I, no 418; D. 2006. IR 2417 ; RTD com. 2007. 440, obs. Bouloc ; JCP 2006. II. 10206, note Mignot; RJDA 2007, no 353; RDC 2007. 391, obs. Delebecque.*

9. Avarie. L'agence de voyages, vendeur d'un forfait touristique, est tenue d'indemniser ses clients en raison des désagréments engendrés par une panne d'électricité survenue sur le paquebot sur lequel ils séjournaient, dès lors que cette avarie ne constituait ni un fait imprévisible et insurmontable d'un tiers étranger à la fourniture des prestations convenues, ni un cas de force majeure. • Civ. 1re, 18 oct. 2005 : *Bull. civ. I, no 376; JCP 2005. IV. 3422.*

10. Obligation de renseignement : formalités légales. Il appartient à tout parent qui envisage de faire sortir son enfant du territoire français de s'informer des formalités légales requises, de sorte qu'aucune obligation particulière ne pèse à cet égard sur l'agence de voyages. • Civ. 1re, 24 nov. 1998 : *Bull. civ. I, no 330; D. 1999. 156, note F. Boulanger ; JCP 1999. II. 10106, note Dagorne-Labbe (1re esp.).* ♦ Comp. : il entre dans les obligations de l'agence de voyages, en tant que professionnel mandataire de son client, à qui elle vend un billet d'avion, de l'informer des conditions précises d'utilisation du billet, parmi lesquelles figurent les formalités d'entrée sur le territoire de l'État de destination. • Civ. 1re, 7 févr. 2006 : *Bull. civ. I, no 63; D. 2006. 1807, note Dagorne-Labbe ; CCC 2006, no 104, obs. Leveneur; Gaz. Pal. 2007. 3224, obs. Gory; RDC 2006. 1161, obs. Delebecque; RD transp. 2007, no 18, obs. Pradon.* ♦ L'agence de voyages est seulement tenue d'informer ses clients des documents administratifs nécessaires au franchissement des frontières; elle n'est aucunement astreinte à vérifier par elle-même la validité des documents de ses clients. • Aix-en-Provence, 23 sept. 2002 : *JCP 2003. IV. 1910.* ♦ L'agence de voyages ne justifiant d'aucune démarche auprès du client pour l'inviter à récupérer les documents administratifs de voyage (visas) avant le départ, cette négligence constitue un manquement à l'obligation qu'elle avait acceptée, dont elle n'attribue pas l'inexécution à une cause étrangère qui ne pourrait lui être imputée. • Paris, 10 févr. 2005 : *Gaz. Pal. 2006. 1167, note Gory.* ♦ Pour une agence ayant averti les passagers par messagerie de l'obligation de posséder un passeport et renvoyant à des sites informant sur les formalités de douane et de police, V. • Paris, 30 janv. 2008 : *RD transp. 2008, n° 111, obs. Bon-Garcin.* ♦ L'obligation pour le vendeur de fournir les renseignements sur les formalités administratives ne lui impose pas de faire figurer ceux-ci *in extenso* sur toutes les pages de son catalogue ou de son site et aucune obligation n'est faite au vendeur de faire figurer à nouveau, sur les documents remis en confirmation de la réservation, l'information relative aux formalités administratives nécessaires au passage de frontière. • Versailles, 15 févr. 2008 : *Gaz. Pal. 2008. 3348, obs. Gory.*

11. ... Assurance-annulation. C'est à l'agence de voyages, et non au « tour operator », lequel n'a aucun lien contractuel avec le client, qu'incombe l'obligation d'information du client concernant les conditions de l'assurance-annulation par lui souscrite. • Paris, 10 sept. 1996 : *D. 1996. IR 252* ✎. ♦ Une interruption du voyage constitue une notion totalement étrangère à l'objet d'un contrat d'assurance-annulation et ne peut donc pas être considérée comme un risque exclu du contrat dont l'agence de voyages se serait gardée d'informer ses clients ; aucun manquement à son devoir d'information ne peut donc, de ce chef, être invoqué à son encontre. • Rouen, 29 juin 2004 : *Gaz. Pal. 2006. 1166, note Gory.*

12. ... Assurances complémentaires. Le fait pour l'agent de voyages de n'avoir pas conseillé à son client de souscrire une déclaration spéciale d'intérêt à la livraison, alors qu'il ignorait la valeur des effets personnels que le client avait l'intention de mettre dans sa valise, ne constitue pas une faute délibérée avec conscience du préjudice subséquent, de nature à écarter la disposition de la Convention de Varsovie limitant l'indemnisation. • Colmar, 4 juin 2003 : *BICC 15 oct. 2004, n° 1544 ; JCP 2004. IV. 2587.* ♦ Une agence de voyages est responsable de l'entier dommage résultant, pour son client victime de l'incendie de son hôtel, de la privation de recours contre l'assureur, dès lors qu'elle n'avait pas averti ledit client que l'hôtelier n'était pas assuré. • Civ. 1re, 3 nov. 1983 : *JCP E 1984. II. 14194, concl. Gulphe ; RTD civ. 1984. 322, obs. Durry.* ♦ Il ne saurait être exigé du voyagiste une information autre que celle prévue par la loi et notamment la proposition d'une assurance complémentaire couvrant le risque d'interruption du voyage. • Rouen, 29 juin 2004 : *préc. note 11.* ♦ L'agence de voyages, qui n'est pas un professionnel de l'assurance, s'exécute de son devoir d'information par la remise des documents légalement obligatoires, et de son devoir de conseil par la diffusion de renseignements personnalisés selon sa connaissance des circonstances concrètes du voyage indiquées par le client. • Pau, 19 juin 2006 : *cité note 2 ss. art. R. 211-4 C. tourisme.*

13. Obligation de sécurité : principe. L'agence de voyages, organisatrice d'un séjour dans un hôtel, est tenue de veiller à la bonne exécution de celui-ci. • Civ. 1re, 16 févr. 1999 : *JCP 2000. II. 10323, note Lachassagne* (la responsabilité de l'agence est engagée du seul fait du dommage subi par son client lors de son séjour dans l'hôtel). ♦ Dans le même sens : • Civ. 1re, 3 mai 2000 : *Bull. civ. I, n° 129 ; D. 2001. 670, note Dagorne-Labbe* ✎ *; RCA 2000, n° 235, note Groutel ; Gaz. Pal. 3-5 févr. 2002, et la note ; Dr. et patr., juill.-août 2001, p. 46, obs. Furt et Bastien-Rabner ; LPA 16 oct. 2001, note Rolland* (l'agence de voyages répond de l'hôtelier qu'elle s'est substituée quant à la sécurité des voyageurs). ♦ A défaut de rapporter la preuve que l'accident est imputable à la victime, l'agence de voyages qui n'invoque aucune autre cause d'exonération de responsabilité est responsable des conséquences de l'accident sans qu'il soit nécessaire de rechercher si elle a manqué à certaines autres de ses obligations. • Paris, 19 mai 2008 : *D. 2008. 2774, note Dagorne-Labbe* ✎.

14. ... Illustrations. L'agence de voyages est tenue d'indemniser le préjudice subi par son client victime d'une chute dans l'escalier de l'hôtel où il séjournait, dès lors que, responsable de plein droit de l'exécution des obligations résultant du contrat, elle n'établit ni la faute de la victime, ni le fait imprévisible et irrésistible d'un tiers étranger à la fourniture des prestations contractuelles, ni un cas de force majeure. • Civ. 1re, 2 nov. 2005 : *Bull. civ. I, n° 401 ; D. 2006. 1016, note Maréchal* ✎ *; RTD civ. 2006. 329, obs. Jourdain* ✎ *; JCP 2006. II. 10018, note Poumarède ; CCC 2006, n° 41, note Leveneur ; Gaz. Pal. 2006. 1162, note Gory.* ♦ L'agence est tenue d'indemniser les ayants droit du skieur participant à un stage collectif de ski de randonnée qui a fait une chute mortelle dans une crevasse, nonobstant le fait que la victime aurait tardé à appliquer la consigne de contournement de la zone dangereuse et le fait que le guide de haute montagne n'aurait commis aucune faute. • Civ. 1re, 13 déc. 2005 : *Bull. civ. I, n° 504 ; RTD civ. 2006. 329, obs. Jourdain* ✎ *; JCP 2006. IV. 1079 ; Gaz. Pal. 2007. 3236, obs. Gory.* ♦ L'agence de voyages est exonérée de sa responsabilité dès lors qu'elle démontre que le dommage survenu aux acheteurs d'un séjour à l'étranger est dû au fait imprévisible et insurmontable d'un tiers au contrat de voyage. • Nancy, 6 févr. 2006 : *LPA 4 janv. 2007,* note Dagorne-Labbe (1re esp.). ♦ Le client d'une agence de voyages qui, en vacances à l'étranger, a été pris en otage par un groupe terroriste pendant plusieurs mois, ne peut se voir opposer par le voyagiste la signature d'une décharge de responsabilité portant seulement sur les conditions sommaires de confort du séjour. • TGI Paris, 7 juin 2006 : *ibid. (2e esp.); Gaz. Pal. 2007. 2839, note Lizop.* – V. aussi, Denécé, *Gaz. Pal. 2007. 2836* (le terrorisme : un danger sous-estimé par les tours-opérators). ♦ L'organisateur de voyages est tenu de veiller à la bonne exécution d'une randonnée ; il est responsable de la mauvaise exécution du contrat de prestation, tant au niveau du nombre de personnes devant procéder à l'encadrement, que de la qualité de cet encadrement. • Grenoble, 31 mars 2008 : *JCP 2008. IV. 2921 ; Gaz. Pal. 2009. 2052, note Gory.*

15. ... Force majeure. Constitue la force majeure, exonérant l'organisateur d'une croisière boréale de sa responsabilité, la présence d'un brouillard très dense entre des icebergs, ayant conduit le commandant du navire à annuler l'escale ultime du Spitzberg. • Paris, 31 janv. 1997 : *D. 1997. IR 68.* ♦ ... Exonérant l'organisateur d'un voyage culturel en Égypte, la maladie de l'éminente égyptologue devant animer le voyage, qui a dû être annulé de ce fait. • Civ. 1re, 6 nov. 2002 : *Bull. civ. I, n° 258 ; JCP 2003. I. 152, nos 32 s., obs. Viney ; Gaz. Pal. 2003. Somm. 1188, obs. Chabas ; CCC 2003, n° 53, note Leveneur (1re esp.) ; Dr. et patr., févr. 2003, p. 110, obs. Chauvel ; LPA 1er sept. 2003, note Bastien-Rabner ; RTD civ. 2003. 301, obs. Jourdain ; RDC 2003. 59, obs. Stoffel-Munck.* ♦ L'enlèvement, dont ont été victimes les demandeurs, s'inscrivant directement dans cette tradition de piraterie qui infeste cette partie du monde, il ne peut ainsi être considéré que cet événement aurait constitué un phénomène nouveau et donc imprévisible. • TGI Paris, 7 juin 2006 : *Gaz. Pal. 2007. 3238, obs. Gory* • Paris, 21 déc. 2007 : *D. 2008. 1598, note Dagorne-Labbe ; JCP 2008. IV. 1215* (pour une agence de voyages spécialiste de la Turquie, qui ne pouvait ignorer les risques d'attentat et de prise d'otage dans ce pays). – V. aussi sur la prise d'otages de Jolo : • Paris, 23 janv. 2009 : *JCP 2009. II. 10083, note Lachièze.* ♦ La preuve n'étant pas rapportée par l'agence de voyages d'un cas de force majeure justifiant le changement de compagnie aérienne, elle doit restituer l'acompte perçu. • Paris, 19 déc. 2008 : *JCP 2009. II. 10058, note Boulanger.* ♦ V. aussi note 6.

16. Sur le régime antérieur à la loi du 13 juill. 1992, V. notes 15 s. précédant l'art. L. 421-1 C. consom.

17. Responsabilité en tant que mandataire : voyage de noces. Le voyagiste qui a accepté, même tacitement, de collecter des fonds à titre de dons de la part de tiers pour financer un voyage de noces a nécessairement pris la qualité de mandataire, et sa responsabilité doit être recherchée sur le fondement des art. 1992 et 1993 C. civ. ; en vertu de ce dernier art., il ne peut s'arroger la propriété des fonds recueillis pour le compte de son mandant et il lui en doit restitution, sauf à s'en faire attribuer judiciairement la propriété au titre de l'indemnisation d'un éventuel préjudice que lui aurait causé son mandant. • Versailles, 21 juin 2002 : *BICC 1er mai 2003, n° 508 ; CCC 2003, n° 63, note Raymond ; JCP E 2003. Pan. 43.*

b. Recours contre les prestataires de services

18. Le recours de l'agent de voyages contre les prestataires de services n'est susceptible d'être mis en œuvre qu'à la charge pour son auteur d'apporter la preuve de la faute commise par le prestataire. • Civ. 1re, 15 mars 2005 : *Bull. civ. I, n° 138 ; RTD civ. 2006. 132, obs. Jourdain ; RDC 2005. 1068, obs. Fenouillet ; ibid. 2006. 413, obs. Delebecque ; Gaz. Pal. 2006. 1173, note Gory* • Paris, 19 mai 2008 : *JCP 2008. IV. 2213* • 31 mars 2008 : *Gaz. Pal. 2009. 2053, note Gory ; RD transp. 2008, n° 246, obs. Bon-Garcin.*

19. Assigné en responsabilité par son client, l'agent de voyages est irrecevable en son appel en garantie du transporteur, dès lors que l'art. 23 ne confère pas qualité à agir à l'agent de voyages, mais rappelle seulement l'existence de son droit de recours contre le prestataire de services, et que, s'agissant d'une action fondée sur la violation des dispositions relevant du contrat de transport, l'agent de voyages, intervenant en qualité de mandataire du client, est un tiers au contrat de transport conclu entre le client et le transporteur et n'a pas, de ce fait, qualité pour agir sur le fondement de la responsabilité contractuelle qu'il invoque. • Civ. 1re, 22 juin 2004 : *Bull. civ. I, n° 81 ; D. 2004. IR 2478 ; D. 2005. Pan. 2753, obs. Kenfack ; JCP 2004. II. 10197, note Dagorne-Labbe ; CCC 2004, n° 149, note Leveneur ; RDC 2005. 373, obs. Delebecque ; RTD civ. 2005. 149, obs. Jourdain.*

Art. L. 211-17 *(L. n° 2009-888 du 22 juill. 2009, art. 1er)* **L'article L. 211-16 ne s'applique pas aux personnes physiques ou morales pour les opérations de réservation ou de vente, conclues à distance ou non, n'entrant pas dans un forfait touristique tel que défini à l'article L. 211-2, relatives soit à des titres de transport aérien, soit à d'autres titres de transport sur ligne régulière.**

BIBL. ▶ LLOP, *Tourisme & Droit nov. 2007. 17* (cybervente de vols secs) ; *ibid. mars 2008. 17* (vente de vols secs : les agences mouillées). – BALLET et MALPHETTES DE LA [illegible]ONCHÈRE, *ibid. oct. 2008. 43* (Internet : d'un code à l'autre). – LACHIÈZE, *JCP 2009. I. 14[illegible]* (code de la consommation et code du tourisme : conflit ou concorde ?). – BAZIN-BEUST, *RD transp. 2011. Étude 3* (combinaison du code de la consommation et du code du tourisme : le touriste est-il encore un consommateur ?). – AGBENOTO, *LPA 16 mai 2011* (le passager, un nouveau consommateur ?).

1. Vol sec. La responsabilité de l'agence de voyages qui s'est bornée à délivrer des titres de transport ne peut être engagée qu'en cas de faute prouvée. • Civ. 1re, 22 oct. 2002 : *CCC 2003, n° 35, note Leveneur; LPA 18 juin 2003, note Dagorne-Labbe.* – Déjà en ce sens : • Paris, 10 juin 1997 : *D. Affaires 1997. 1148; D. 1998. 252, note Dagorne-Labbe*. ♦ Tel n'est pas le cas lorsque l'inefficacité du billet d'avion est due à des circonstances extérieures au contrat (liquidation judiciaire de la compagnie aérienne) et que le client a refusé la solution de remplacement. • Civ. 1re, 30 janv. 2007 : *D. 2007. 2374, note Dagorne-Labbe ; JCP 2007. II. 10060, note Poumarède; Gaz. Pal. 2007. 3223, obs. Gory.* ♦ Tel est en revanche le cas lorsque l'agence se présente clairement comme partie contractante, le nom du transporteur n'apparaissant qu'en petites lettres, et qu'elle n'indique nullement au client d'avoir à déclarer sa créance à l'administrateur judiciaire de la compagnie aérienne mise en liquidation judiciaire. • Civ. 1re, 30 oct. 2007 : *Bull. civ. I, n° 331; R., p. 432; D. 2007. AJ 2868, obs. Delpech ; JCP 2008. IV. 10039, note Bazin; JCP E 2008, n° 12-13, p. 28, note Lachièze; Gaz. Pal. 2008. 969, note Dagorne-Labbe; RCA 2007, n° 356, et Repère 12, par Groutel; RD transp. 2008, n° 51, obs. Bon-Garcin; Tourisme & Droit déc. 2007. 39, obs. Delpech*. ♦ Le voyagiste, en tant que professionnel mandataire de son client à qui il a vendu des billets d'avion, a failli à ses obligations en ne l'informant pas de façon claire et précise sur les conditions d'utilisation du billet, parmi lesquelles figurent les formalités d'entrée sur le territoire des États de destination, notamment au regard des justifications requises de vaccinations en cours de validité. • Civ. 1re, 19 mars 2009 : *Gaz. Pal. 2009. 2037, note Gory; RCA 2009, n° 140, et Repère 5, par Groutel.*

2. Règlement (CE) n° 261/2004. Le Règl. (CE) n° 261/2004 du 21 févr. 2004, établissant des règles communes en matière d'indemnisation et d'assistance des passagers en cas de refus d'embarquement et d'annulation ou de retard important d'un vol, désigne le "transporteur aérien effectif" comme débiteur exclusif des obligations d'assistance et d'indemnisation qu'il édicte, de sorte qu'il ne peut être invoqué à l'encontre de l'agence de voyages, quand seules les dispositions du code du tourisme ont vocation à régir la responsabilité de celle-ci. • Civ. 1re, 8 mars 2012 : *Bull. civ. I, n° 52; D. 2012. 1304, note Lachièze ; RTD com. 2012. 394, obs. Bouloc ; JCP E 2012, n° 1553, spéc. n° 15, obs. Bon-Garcin; Gaz. Pal. 2012. 839, note Poissonnier; RD transp. 2012, n° 33, obs. Bon-Garcin; RCA 2012, n° 142, obs. Bloch.*

3. Clause abusive. Après avoir rappelé la règle énoncée par l'art. L. 211-17 C. tourisme, les termes de la clause litigieuse, selon lesquels pour l'ensemble des autres biens et services décrits sur le site internet de la compagnie aérienne, seule la responsabilité des sociétés proposant ces autres biens et services pourra être engagée, ainsi que les différents postes de la rubrique « hôtels, voitures et tourisme » du menu déroulant intitulé « Préparer votre voyage » dudit site, l'arrêt relève que si, pour obtenir la location d'un véhicule sur le site du loueur automobile ou une réservation hôtelière sur le site de l'hôtelier, le consommateur doit mentionner les références du vol qu'il a réservé, la clause litigieuse indique clairement que les biens et les services auxquels elle se réfère sont ceux proposés par d'autres sociétés que la compagnie aérienne, lesquelles sont désignées, sur le site internet de cette compagnie, comme étant ses partenaires. Qu'il constate encore que la nécessité, pour le consommateur, de mentionner les références de son vol n'a d'autre but que d'informer le partenaire de sa qualité de client de la compagnie aérienne lui permettant de bénéficier de tarifs préférentiels et de se voir proposer un bien ou un service en adéquation avec son vol, lequel est payé directement sur le site internet du partenaire de la compagnie aérienne, connaissance prise des propres conditions générales de vente de ce partenaire. En l'état de ces constatations et appréciations, la cour d'appel a décidé à bon droit que, dès lors que les biens et services proposés par les sociétés auxquelles se réfère la clause litigieuse faisaient l'objet d'opérations n'entrant pas dans un forfait touristique tel que défini à l'art. L. 211-2 C. tourisme, cette clause n'avait pas pour objet ou pour effet de supprimer ou de réduire le droit à réparation du préjudice subi par le non-professionnel ou le consommateur en cas de manquement par le professionnel à l'une quelconque de ses obligations et ne pouvait, par suite, être de manière irréfragable présumée abusive, au sens de l'art. R. 132-1 [R. 212-1], 6° C. consom. • Civ. 1re, 26 avr. 2017, n° 15-18.970 P : *cité note 74 ss. art. L. 212-1 C. consom.*

Obligation et conditions d'immatriculation

Art. L. 211-18 *(L. n° 2009-888 du 22 juill. 2009, art. 1er)* **I. — Les personnes physiques ou morales mentionnées à l'article L. 211-1 sont immatriculées au registre** *(L. n° 2014-1104 du 1er oct. 2014, art. 8)* **« mentionné au premier alinéa de l'article L. 141-3. »**

II. — Afin d'être immatriculées, **ces personnes doivent :**

a) **Justifier, à l'égard des clients, d'une garantie financière suffisante, spécialement affectée au remboursement des fonds reçus au titre des forfaits touristiques et de ceux des services énumérés à l'article L. 211-1 qui ne portent pas uniquement sur un transport. Cette garantie doit résulter de l'engagement d'un organisme de garantie collective, d'un établissement de crédit ou d'une entreprise d'assurance établis sur le territoire d'un État**

membre de la Communauté européenne ou d'un autre État partie à l'accord sur l'Espace économique européen *(Ord. n° 2013-544 du 27 juin 2013, art. 17, en vigueur le 1er janv. 2014)* « ou d'une société de financement ». Elle doit couvrir les frais de rapatriement éventuel. Le remboursement peut être remplacé, avec l'accord du client, par la fourniture d'une prestation différente en remplacement de la prestation prévue. Cette prestation différente proposée par l'organisme de garantie financière ne requiert pas, en situation d'urgence, l'accord exprès du client, dès lors que sa mise en œuvre n'entraîne pas une modification substantielle du contrat ;

b) Justifier d'une assurance garantissant les conséquences pécuniaires de la responsabilité civile professionnelle ;

(Abrogé par Ord. n° 2015-1682 du 17 déc. 2015, art. 16, à compter du 1er janv. 2016) « c) Justifier, pour la personne physique ou pour le représentant de la personne morale, de conditions d'aptitude professionnelle par :

« — la réalisation d'un stage de formation professionnelle d'une durée minimale définie par décret ;

« — ou l'exercice d'une activité professionnelle, d'une durée minimale fixée par décret, en rapport avec les opérations mentionnées au I de l'article L. 211-1 ou avec des prestations d'hébergement touristique ou de transport touristique ;

« — ou la possession d'un diplôme, titre ou certificat mentionné sur une liste fixée par arrêté pris par les ministres chargés du tourisme, de l'éducation et de l'enseignement supérieur. »

III. — Ne sont pas tenus de satisfaire aux conditions prévues aux I et II :

a) Les associations et organismes sans but lucratif qui n'ont pas pour objet l'organisation de voyages ou de séjours et qui ne se livrent à ces opérations qu'à l'occasion de leurs assemblées générales ou de voyages exceptionnels, liés à leur fonctionnement et qu'ils organisent pour leurs adhérents ou ressortissants ;

b) Les associations et organismes sans but lucratif appartenant à une fédération ou une union déclarée s'en portant garantes à la condition que ces dernières satisfassent aux obligations mentionnées aux I et II ;

c) Les associations et organismes sans but lucratif organisant sur le territoire national des accueils collectifs de mineurs à caractère éducatif conformément à l'article L. 227-4 du code de l'action sociale et des familles ou ceux gérant des villages de vacances ou des maisons familiales agréées, dans le cadre exclusif de leurs activités propres, y compris le transport lié au séjour.

Les licences, agréments, habilitations et autorisations délivrés antérieurement à la date de publication de la L. n° 2009-888 du 22 juill. 2009 (JO 24 juill.) en application du titre Ier du livre II du code du tourisme cessent de produire leurs effets au plus tard trois ans après la date de promulgation de la présente loi. Les titulaires des licences, agréments, habilitations et autorisations susmentionnés sont réputés satisfaire aux conditions d'aptitude prévues au c du II de l'art. L. 211-18 pour leur immatriculation au registre mentionné au même article (L. préc., art. 3-I).

Les dispositions issues de la L. n° 2014-1104 du 1er oct. 2014 entrent en vigueur à une date fixée par voie réglementaire, qui ne peut être postérieure au 1er janv. 2015 (L. préc., art. 16-I et II).

BIBL. ▶ GORY, *Gaz. Pal. 2008. 2972* (la conception restrictive de l'APS concernant l'étendue de la garantie financière). – BAZIN-BEUST, *RD transp. 2010. Étude 13* (voyages organisés et garantie financière : une réglementation chaotique).

1. Garantie financière. La garantie financière imposée aux agences de voyages est mise en œuvre lorsque la défaillance de l'agent résulte d'un dépôt de bilan. • Paris, 29 oct. 1999 : *BICC 15 avr. 2000, n° 502.*

2. Assurance de responsabilité. L'assurance de responsabilité civile professionnelle prévue à l'art. 4-d) obéit, tant en son principe et son étendue qu'en ses modalités de mise en œuvre, à un régime distinct de celui de la garantie financière prévue à l'art. 4-c). • Paris, 29 oct. 1999 : *préc. note 1.*

Sanctions et mesures conservatoires

Art. L. 211-23 *(L. n° 2009-888 du 22 juill. 2009, art. 1er)* I. — Est puni *(L. n° 2014-1545 du 20 déc. 2014, art. 55)* « d'un an » d'emprisonnement et de *(L. n° 2014-1545 du 20 déc. 2014, art. 55)* « 15 000 € » d'amende le fait :

— de se livrer ou d'apporter son concours à l'une des opérations mentionnées aux articles L. 211-1 et L. 211-4 sans respecter ou en ayant cessé de remplir les conditions prévues au présent chapitre ;

— d'exercer les fonctions de représentant légal ou statutaire d'une personne morale qui se livre ou apporte son concours à l'une des opérations mentionnées aux articles L. 211-1

et L. 211-4 lorsque cette personne morale ne respecte pas ou a cessé de remplir les conditions prévues au présent chapitre ;

– pour toute personne physique ou morale immatriculée au registre mentionné au I de l'article L. 211-18, de prêter son concours à la conclusion d'un contrat de jouissance d'immeuble à temps partagé régi par les articles *(Ord. n° 2016-301 du 14 mars 2016, art. 2, en vigueur le 1er juill. 2016)* **« L. 224-69 et suivants » du code de la consommation sans justifier du mandat, de l'assurance et de la garantie financière prévus à l'article L. 211-24 du présent code.**

Le tribunal peut, en outre, ordonner la fermeture temporaire ou définitive de l'établissement exploité par les personnes condamnées.

II. – Lorsqu'une personne physique ou morale réalise l'une des opérations mentionnées aux articles L. 211-1 et L. 211-4 sans respecter les conditions prévues au présent chapitre, le représentant de l'État dans le département où l'infraction a été dûment constatée peut ordonner par décision motivée la fermeture à titre provisoire de l'établissement dans lequel ont été réalisées lesdites opérations, après que la personne physique ou le représentant de la personne morale a été mis en mesure de présenter ses observations. Il en avise sans délai le procureur de la République. En cas d'inexécution de la mesure de fermeture, il peut y pourvoir d'office. Toutefois, cette fermeture provisoire cesse de produire effet à l'expiration d'un délai de six mois.

La mesure de fermeture provisoire est levée de plein droit en cas de classement sans suite de l'affaire par le procureur de la République, d'ordonnance de non-lieu rendue par une juridiction d'instruction ou lors du prononcé du jugement rendu en premier ressort par la juridiction saisie.

(L. n° 2014-1545 du 20 déc. 2014, art. 55) **« III. – Tout manquement à la section II du présent chapitre est passible d'une amende administrative dont le montant ne peut excéder 3 000 € pour une personne physique et 15 000 € pour une personne morale. L'amende est prononcée dans les conditions prévues** *(Ord. n° 2016-301 du 14 mars 2016, art. 19, en vigueur le 1er juill. 2016)* **« au chapitre II du titre II du livre V » du code de la consommation. »**

(Ord. n° 2016-301 du 14 mars 2016, art. 19, en vigueur le 1er juill. 2016) **« Ces manquements sont recherchés et constatés par les agents mentionnés aux articles L. 511-3 et L. 511-21 du code de la consommation, dans les conditions prévues à l'article L. 511-7 du même code. »**

1. Défaut d'agrément (jurispr. antérieure à la L. 22 juill. 2009). Le président d'une association organise irrégulièrement des voyages et séjours touristiques en s'adressant à un large public lorsque l'association qu'il dirige n'a pas obtenu l'agrément exigé. • Crim. 14 févr. 1996 : *Gaz. Pal. 1996. 1. Chron. 99, par Doucet.*

2. Défaut de licence (jurispr. antérieure à la L. 22 juill. 2009). Doit être déclaré coupable d'exercice d'une activité d'agence de voyages sans licence le prévenu qui assurait, dans un but lucratif, au moyen de véhicules lui appartenant ou appartenant à des entreprises tierces, le transport de voyageurs entre la France et le Maroc, et délivrait en outre des billets incluant le prix du transport par car et le coût de la réservation par le « ferry-boat » assurant la liaison avec le Maroc, dès lors que les voyages effectués par sa société et comprenant des prestations d'agent de voyages, au sens de l'art. 1er de la loi du 11 juill. 1975, représentaient la partie principale de son activité. • Crim. 13 avr. 1999 : *Dr. pénal 1999. Comm. 150, obs. J.-H. Robert.* ♦ De même, est coupable d'exercice d'une activité d'agent de voyages sans licence le prévenu qui édite une brochure présentant différentes destinations, enregistre les inscriptions, se charge des relations avec les clients et des réservations et perçoit une rémunération constituée des frais de dossier, peu important qu'il s'agisse de voyages offerts dans le cadre d'une publicité pour un magasin de meubles. • T. corr. Toulouse, 15 mars 1999 : *BID 2001, n° 9, p. 24.* – Conf. par : • Toulouse, 14 oct. 1999 : *BID 2001, n° 9, p. 27.*

3. Action civile. Si le délit d'exercice sans licence d'une activité relative à l'organisation de voyages ou de séjours, prévu et réprimé par l'art. 13 de la loi du 11 juill. 1975, repris par l'art. 29 de la loi du 13 juill. 1992, porte atteinte à l'intérêt général, il peut également causer à des particuliers un préjudice direct et personnel de nature à servir de fondement à l'action civile devant la juridiction répressive. Cassation de l'arrêt déclarant irrecevable l'action civile engagée par des membres deS professions concernées, qui invoquaient le manque à gagner résultant pour eux d'actes de concurrence déloyale découlant directement de l'infraction. • Crim. 27 févr. 1996 (1re esp.) : *Bull. crim. n° 91 ; Gaz. Pal. 1996. 1. Chron. 101, par Doucet.*

4. Champ d'application de la loi. L'activité d'organisation ou de vente de voyages, séjours ou services visés par l'art. 1er de la L. n° 92-645 du 13 juill. 1992 (C. tourisme, art. L. 211-1) doit être caractérisée par les juges du fond avant toute condamnation sur le fondement de cette loi ; tel n'est pas le cas lorsque les juges relèvent simplement que le prévenu proposait « à des particuliers de participer, contre rémunération, à des parties de chasse que sa société organise à l'étranger, notamment en Afrique ». • Crim. 23 oct. 2001 : *Bull. crim. n° 215 ; JCP 2001. IV. 2989 ; LPA 29 juill. 2003, note Furt.*

5. Croisières. Une prestation comprenant le transport, une croisière fluviale et maritime, diverses excursions et l'hébergement constitue un forfait touristique au sens de la loi du 13 juill. 1992 (C. tourisme, art. L. 211-2), qui est dès lors seule applicable, à l'exclusion de la loi du 18 juin 1966 sur l'organisation de croisières maritimes (désormais codifiée au code des transports). • Civ. 1re, 18 oct. 2005 : *JCP 2005. IV. 3422.* ♦ Sur la combinaison de la loi n° 92-645 du 13 juill. 1992 et de la loi n° 66-420 du 18 juin 1966 régissant les croisières maritimes (désormais codifiée au code des transports), V. aussi • Paris, 1er juin 2001 : *JCP E 2002. 1507, n° 10, obs. V. B.* • Paris, 31 janv. 1997 : *préc. note 15 ss. art. L. 211-16.*

Art. R. 211-14 *(Décr. n° 2009-1650 du 23 déc. 2009, art. 1er-II, 18° et 19°)* **En cas de non-respect des obligations fixées par le règlement (CE) n° 1107/2006 du 5 juillet 2006 concernant les droits des personnes handicapées et des personnes à mobilité réduite lorsqu'elles font des voyages aériens, les sanctions applicables aux personnes immatriculées au registre mentionné au *a* de l'article L. 141-3 sont celles prévues par l'article R. 330-20 du code de l'aviation civile.** — *Anc. art. R. 211-14-2 réécrit.*

Contrat de jouissance d'immeuble à temps partagé

Art. L. 211-24 *(L. n° 2009-888 du 22 juill. 2009, art. 1er)* **Les personnes physiques ou morales immatriculées sur le registre mentionné au I de l'article L. 211-18 du présent code peuvent conclure tout contrat de jouissance d'immeuble à temps partagé régi par les articles** *(Ord. n° 2016-301 du 14 mars 2016, art. 2, en vigueur le 1er juill. 2016)* **« L. 224-69 et suivants » du code de la consommation.**

Elles peuvent également prêter concours à la conclusion de tels contrats en vertu d'un mandat écrit.

Pour se livrer à cette dernière activité, elles justifient spécialement, dans les conditions prévues par le présent titre, d'une assurance garantissant les conséquences pécuniaires de leur responsabilité civile professionnelle et d'une garantie financière affectée au remboursement des fonds, effets ou valeurs détenus pour autrui.

Le montant de cette garantie ne peut être inférieur au montant maximal des fonds, effets ou valeurs détenus pour autrui à un moment quelconque, ni à un montant minimal fixé par décret en Conseil d'État.

Les modalités particulières de mise en œuvre et de fonctionnement de cette garantie, le contenu du contrat de mandat et les conditions de la rémunération du mandataire sont définis par décret en Conseil d'État.

Art. R. 211-49 *(Décr. n° 2006-1229 du 6 oct. 2006)* **L'agent de voyages qui, dans les conditions prévues à** *(Décr. n° 2009-1650 du 23 déc. 2009, art. 1er-II, 49°)* **« l'article L. 211-24 », prête son concours à la conclusion d'un contrat de jouissance d'immeuble à temps partagé le fait en application d'un mandat écrit qui indique le nom du mandataire, l'objet du mandat, sa durée et les frais qui pourront être engagés par le mandataire pour l'accomplissement de sa mission.**

Le mandat indique également le montant de la rémunération de l'agent de voyages et précise les conditions dans lesquelles les parties ou l'une d'entre elles en supportent la charge. Le mandat indique expressément que le mandataire ne peut, en application de l'article *(Ord. n° 2016-301 du 14 mars 2016, art. 2, en vigueur le 1er juill. 2016)* **« L. 224-85 » du code de la consommation, exiger ou recevoir, directement ou indirectement, aucun bien, effet, valeur, somme d'argent, représentatif de commissions ou de frais de recherche, de démarche, de publicité ou d'entremise avant l'expiration du délai de rétractation. Le mandataire ne peut exiger ou percevoir d'autres sommes que celles prévues par le contrat de jouissance d'immeuble à temps partagé.**

L'agent de voyages mentionne par ordre chronologique chaque mandat sur un registre, qui peut être tenu sous forme électronique dans les conditions définies aux articles 1316-1 à 1316-4 du code civil et qui est conservé pendant dix ans. Le numéro d'inscription sur ce

registre est reporté sur chaque exemplaire du mandat. – *[Décr. n° 94-490 du 15 juin 1994, art. 32-1].*

Obligation d'information des passagers aériens sur l'identité du transporteur aérien

Art. R. 211-15 *(Décr. n° 2007-669 du 2 mai 2007, art. 2-VII)* **« Pour les prestations de transport aérien incluses dans un forfait touristique, les personnes visées à l'article L. 211-1 transmettent au consommateur, pour chaque tronçon de vol, une liste comprenant au maximum trois transporteurs, au nombre desquels figurent le transporteur contractuel et le transporteur de fait auquel l'organisateur du voyage aura éventuellement recours. »**

(Décr. n° 2006-1229 du 6 oct. 2006) **« Pour l'application de l'alinéa précédent, les notions de transporteur contractuel et de transporteur de fait s'entendent au sens de la convention pour l'unification de certaines règles relatives au transport aérien international, signée à Montréal le 28 mai 1999. »** – *[Décr. n° 2006-315 du 17 mars 2006, art. 1er].*

Code de l'aviation civile

Art. R. 322-4 *(Décr. n° 2007-669 du 2 mai 2007, art. 1er-I)* Toute personne qui commercialise des titres de transport aérien informe le consommateur, pour chaque tronçon de vol, de l'identité du transporteur contractuel et, le cas échéant, du transporteur de fait.

Cette infomation *[information]* est communiquée par écrit ou par voie électronique dès que l'identité du transporteur effectif est connue et au plus tard lors de la conclusion du contrat de transport aérien.

Pour les contrats conclus par téléphone, le consommateur reçoit un document écrit ou électronique confirmant cette information.

Art. R. 322-5 *(Décr. n° 2007-669 du 2 mai 2007, art. 1er-I)* Pour les vols non réguliers affrétés, l'information prévue à l'article R. 322-4 est fournie sous la forme d'une liste comprenant au maximum, par tronçon, trois transporteurs, au nombre desquels figurent le transporteur contractuel et le transporteur de fait auquel l'affréteur commercial aura éventuellement recours.

Dès qu'elle est connue, l'identité du transporteur aérien effectif est communiquée par écrit ou par voie électronique au consommateur. Cette information est communiquée au plus tard huit jours avant la date prévue au contrat de transport ou au moment de la conclusion du contrat si celle-ci intervient moins de huit jours avant le début du voyage.

Art. R. 211-16 *(Décr. n° 2006-1229 du 6 oct. 2006)* **L'information prévue à l'article R. 211-15** *(Décr. n° 2007-669 du 2 mai 2007, art. 2-VIII)* **« est » communiquée** *(Abrogé par Décr. n° 2007-669 du 2 mai 2007, art. 2-VIII)* ***« par écrit ou sous toute autre forme appropriée au consommateur »*, avant la conclusion du contrat portant sur le ou les tronçons de vols concernés.** – *[Décr. n° 2006-315 du 17 mars 2006, art. 2].*

Art. R. 211-17 *(Décr. n° 2007-669 du 2 mai 2007, art. 2-IX)* **« Dès qu'elle est connue, l'identité du transporteur aérien effectif est communiquée par écrit ou par voie électronique. Cette information est confirmée au plus tard huit jours avant la date prévue au contrat ou au moment de la conclusion du contrat si celle-ci intervient moins de huit jours avant le début du voyage. »**

(Décr. n° 2006-1229 du 6 oct. 2006) **« Toutefois, pour les contrats conclus par téléphone, le consommateur reçoit** *(Abrogé par Décr. n° 2007-669 du 2 mai 2007, art. 2-IX)* ***«, sur sa demande, »* un document écrit confirmant cette information. »** – *[Décr. n° 2006-315 du 17 mars 2006, art. 3].*

Art. R. 211-18 *(Décr. n° 2006-1229 du 6 oct. 2006)* **Après la conclusion du contrat, le transporteur contractuel ou l'organisateur du voyage informe le consommateur de toute modification de l'identité du transporteur assurant effectivement le ou les tronçons de vols figurant au contrat.**

Cette modification est portée à la connaissance du consommateur *(Abrogé par Décr. n° 2007-669 du 2 mai 2007, art. 2-X)* ***« par tout moyen approprié »*, y compris par l'intermédiaire de la personne physique ou morale ayant vendu le titre de transport aérien, dès qu'elle est connue. Le consommateur** *(Décr. n° 2007-669 du 2 mai 2007, art. 2-X)* **« en est » informé au plus tard, obligatoirement, au moment de l'enregistrement ou avant les**

opérations d'embarquement lorsque la correspondance s'effectue sans enregistrement préalable. – *[Décr. nº 2006-315 du 17 mars 2006, art. 4].*

Code de l'aviation civile Art. R. 322-6 *(Décr. nº 2007-669 du 2 mai 2007, art. 1er-I)* Après la conclusion du contrat de transport aérien, le transporteur contractuel informe le consommateur, pour chaque tronçon de vol figurant à ce contrat, de toute modification de l'identité du transporteur assurant effectivement ce tronçon.

Cette modification, dès qu'elle est connue, est portée sans délai à la connaissance du consommateur, le cas échéant par l'intermédiaire de la personne ayant vendu le titre de transport aérien. Le consommateur en est informé au plus tard au moment de l'enregistrement ou, en cas de correspondance s'effectuant sans enregistrement préalable, avant les opérations d'embarquement.

Art. R. 211-19 *(Décr. nº 2007-669 du 2 mai 2007, art. 2-XI)* **Les règles relatives à l'obligation d'information des passagers aériens sur l'identité du transporteur aérien en dehors des ventes de forfaits touristiques sont fixées par les articles R. 322-3 à R. 322-6 du code de l'aviation civile et les sanctions applicables en cas de méconnaissance de cette obligation sont fixées par le paragraphe 5 de l'article R. 330-20 du code de l'aviation civile.**

Code de l'aviation civile Art. R. 330-20 Le ministre chargé de l'aviation civile peut, après consultation de la commission administrative de l'aviation civile prévue à l'article R. 160-3, prononcer une amende administrative à l'encontre de la personne physique ou morale qui :

....

(Décr. nº 2007-669 du 2 mai 2007, art. 1er-II) « 5. Soit ne respecte pas les obligations découlant du règlement (CE) nº 2111/2005 du 14 décembre 2005 reprises aux articles R. 322-3 à R. 322-6, applicables au contrat de transport aérien en matière d'information sur l'identité du transporteur aérien. »

....

Recommandation CCA nº 94-03 du 18 mars 1994,

Relative aux contrats de séjours linguistiques (BOCC 27 sept. 1994).

La Commission des clauses abusives,

Considérant que de nombreux organismes proposent à titre habituel et rémunéré, et donc en tant que professionnels, aux consommateurs un séjour linguistique à l'étranger ; que certains de ces organismes revêtent la forme juridique d'une association ; que le contrat proposé aux consommateurs dispose alors que la conclusion dudit contrat entraîne obligatoirement l'adhésion du consommateur à l'association et le paiement de la cotisation annuelle ; que les conditions générales ne fournissent le plus souvent aucune information sur l'association, son objet social, ses buts ; que du fait de cette absence d'information, le consommateur se voit contraint de donner son adhésion à une association dont il ignore à peu près tout et de payer une cotisation qui ne lui sera jamais remboursée même si le voyage est annulé ;

***Considérant que* de très nombreuses conditions générales comportent une clause par laquelle le professionnel se réserve le droit d'annuler le voyage, le consommateur n'ayant alors droit qu'au seul remboursement des sommes par lui versées, à l'exclusion de toute réparation du préjudice qu'il subit du fait de cette annulation par le professionnel ; que cette clause de non-réparation du préjudice subi par le consommateur confère au professionnel un avantage manifestement excessif, alors surtout que le préjudice subi par le consommateur peut être important ; que cette clause est devenue illégale au regard de l'article 21 de la loi du 13 juillet 1992 *[C. tourisme, art. L. 211-14, supra]* précitée ;**

Considérant que de nombreuses conditions générales prévoient que le professionnel se réserve le droit de modifier unilatéralement les prestations prévues lors de la conclusion du contrat ; qu'il va de soi que de légères modifications du programme ou des modifications d'horaires sont inhérentes à ce type de séjour ; que, toutefois, la généralité de ces clauses

permet aux professionnels de bouleverser le programme prévu, voire de supprimer certaines prestations essentielles et que le consommateur n'aurait pas contracté s'il avait connu ces suppressions ou modifications lors de la conclusion du contrat; qu'une telle clause est abusive et illégale au regard de l'article 20 de la loi du 13 juillet 1992 *[C. tourisme, art. L. 211-13, supra]* précitée;

Considérant que la plupart des conditions générales disposent que le professionnel ne saurait être tenu pour responsable des fautes ou manquements des prestataires ou sous-traitants qu'il a choisis (transporteurs, hôteliers, sous-traitants, etc.); que cette clause d'irresponsabilité a été à de nombreuses reprises condamnée par les tribunaux; qu'en effet, le professionnel est responsable du choix des entreprises auxquelles il confie l'exécution des prestations qu'il a lui-même contractées envers le consommateur; qu'il ne saurait donc s'exonérer de toute responsabilité et imposer au consommateur une telle exonération; que ladite clause est devenue illégale en vertu de l'article 23 de la loi du 13 juillet 1992 *[C. tourisme, art. L. 211-16, supra]* précitée;

Considérant que certaines clauses exigent du consommateur que les réclamations qu'il aurait à faire soient portées à la connaissance du professionnel dans un délai parfois très bref, allant même, pour certaines, jusqu'à rejeter toute réclamation formée après la fin du séjour; que de telles clauses interdisent en fait, notamment en raison de la période de l'année où s'exécute le contrat, au consommateur de former des réclamations et de faire valoir ses droits; que s'il est bon de prévoir des délais relativement courts, dans l'intérêt même des consommateurs, ceux-ci doivent être clairement précisés et doivent demeurer raisonnables; qu'un délai de trois mois paraît être un minimum compte tenu de la nature de la prestation et de la période à laquelle celle-ci se situe;

Considérant que certaines clauses prévoient que, quel que soit le manquement du professionnel à ses obligations contractuelles, le consommateur ne pourra jamais prétendre qu'au remboursement du prix qu'il a payé à l'exclusion de tous dommages et intérêts; qu'une telle clause est abusive;

Considérant que quelques conditions générales prévoient que si le consommateur retourne dans la famille qu'il a connue par l'intermédiaire du professionnel, il devrait acquitter une fraction du prix qu'il aurait payé s'il avait de nouveau contracté avec ce professionnel; que cette clause, qui constitue une entrave à la liberté du consommateur d'aller et venir, est manifestement illicite;

Considérant que de trop nombreuses conditions générales imposent encore aux consommateurs des clauses attributives de compétence aux juridictions du siège du professionnel, voire aux tribunaux de commerce, voire même à des tribunaux étrangers; que ces clauses illégales sont au surplus abusives,

Recommande :

Que soient éliminées des contrats des séjours linguistiques les clauses ayant pour objet ou pour effet :

1. D'imposer l'adhésion, moyennant cotisation, du consommateur à une association, sans l'informer préalablement de l'objet et des caractéristiques essentielles de cette association;
2. De supprimer, en cas d'annulation du voyage par le professionnel, tout droit du consommateur à la réparation du préjudice qu'il a subi ou de réduire la réparation au seul remboursement du prix qu'il a payé à l'exclusion de tous dommages et intérêts;
3. De permettre au professionnel de modifier sur des points importants le programme et les prestations convenus et d'exclure en ce cas tout droit à réparation des consommateurs;
4. D'exclure toute responsabilité des professionnels dans le choix des prestataires de services auxquels ils ont confié l'exécution du séjour;
5. De limiter la réparation du préjudice subi par le consommateur en cas de responsabilité du professionnel au seul remboursement du prix payé par le consommateur à l'exclusion de tous dommages et intérêts;
6. De fixer des délais inférieurs à trois mois à compter de la fin du séjour pour la réclamation du consommateur;
7. D'interdire au consommateur de retourner dans la famille d'accueil ou de lui imposer en ce cas le paiement d'une somme d'argent;

8. D'attribuer compétence à des tribunaux étrangers ou au tribunal du siège social du professionnel, ou encore à des tribunaux de commerce.

(Texte adopté le 18 mars 1994 sur le rapport de M. Luc Bihl.)

La commission précise que depuis l'adoption de cette recommandation a été publié le décret n° 94-490 du 15 juin 1994 *[C. tourisme, art. R. 211-5 s.]* **fixant les conditions d'exercice des activités relatives à l'organisation et à la vente de voyages ou de séjours.**

Recommandation CCA n° 2008-01 du 22 novembre 2007,

Relative aux contrats de fourniture de voyages proposés sur internet (BOCC 23 avr. 2008).

BIBL. ▶ DUBOIS, *Tourisme & Droit juin 2008. 37* (les clauses abusives des contrats de vente de voyages conclus en ligne).

La Commission des clauses abusives,

Considérant que le consommateur bénéficie de différentes offres de voyage par le biais d'Internet ; que les sites concernés proposent soit la fourniture de forfaits touristiques, soit la fourniture des prestations isolées ;

Considérant que les conditions générales de vente proposées aux consommateurs par *[internet]*, **comportent des clauses communes à ces deux types d'offres et des clauses qui leurs sont spécifiques ;**

Considérant que ces documents contractuels contiennent des clauses dont le caractère abusif au sens de l'article L. 132-1 *[L. 212-1]* **du code de la consommation peut être relevé ;**

I. Sur les clauses communes à l'ensemble des prestations de voyages

A. Sur la formation du contrat

1. Considérant que plusieurs conditions générales de vente prévoient que les consommateurs sont engagés par leur commande alors que les professionnels ont la possibilité de l'accepter ou de la refuser dans un délai excessif au regard des besoins du consommateur, que dans cette mesure ces clauses créent un déséquilibre au détriment du consommateur ;

B. Sur la responsabilité du fournisseur de voyage par Internet

2. Considérant que de nombreuses conditions générales de vente indiquent que les photographies, les illustrations et le descriptif des voyages ne peuvent engager la responsabilité du professionnel, que s'agissant d'éléments de nature à déterminer le consentement du consommateur ce type de clause crée un déséquilibre significatif à son détriment, en exonérant le professionnel de sa responsabilité à cet égard ;

3. Considérant que certains contrats présentent l'exploitant du site Internet comme un simple mandataire du prestataire final, sans d'ailleurs préciser l'identité de son mandant, alors que les articles L. 211-17 du code du tourisme *[désormais art. L. 211-16]* **et L. 121-20-3** *[ancien]* **du code de la consommation ont prévu une responsabilité de plein droit de celui-ci, que de telles stipulations qui tendent à l'exonérer de sa propre responsabilité de fournisseur sur Internet et/ou de fournisseurs de voyages à forfait sont abusives ;**

C. Sur les cas d'exonération de responsabilité

4. Considérant que certaines clauses énumèrent des cas d'exonération de responsabilité autres que ceux prévus aux articles L. 211-17 du code du tourisme *[désormais art. L. 211-16]* **et L. 121-20-3** *[ancien]* **du code de la consommation ; qu'elles tendent ainsi à limiter les possibilités d'indemnisation des consommateurs ce qui leur confère un caractère abusif ;**

5. Considérant que certaines clauses donnent à la force majeure une définition plus large que celle retenue par la jurisprudence ; qu'en ce qu'elles tendent à limiter la responsabilité de plein droit des professionnels elles créent un déséquilibre significatif au détriment du consommateur ;

6. Considérant que certains contrats de voyage proposés par Internet comportent une clause laissant croire au consommateur qu'en cas d'annulation du voyage due à la force majeure il devra, d'une part payer des frais indéterminés, d'autre part qu'il ne pourra bénéficier d'aucun remboursement, alors même que la force majeure est stipulée exonérer le professionnel de sa responsabilité ;

7. Considérant que certaines conditions générales mentionnent la faculté d'annulation sans frais pour le professionnel dans le cas de force majeure ou d'un risque pour la sécurité des voyageurs, sans prévoir la même faculté pour le consommateur dans des circonstances

identiques ; qu'en l'absence de réciprocité cette clause crée un déséquilibre significatif au détriment du consommateur ;

D. Sur l'exécution du contrat

8. Considérant que des sites de fournisseurs de voyage par Internet précisent que le non-embarquement sur le vol aller entraîne automatiquement l'annulation du vol retour sans possibilité d'indemnisation pour le consommateur, quand bien même l'ensemble des prestations a été payé par celui-ci ; que cette clause crée un déséquilibre significatif dans le contrat lorsque le consommateur néanmoins parvenu par ses propres moyens à la destination convenue souhaite bénéficier du reste des prestations ;

9. Considérant que la majorité des conditions générales des sites de voyage en ligne prévoit que le nom de l'aéroport d'arrivée ou de départ quand une ville en contient plusieurs est donné à titre indicatif et que dans le cas d'un changement d'aéroport, les frais engendrés par celui-ci sont à la charge du consommateur ; que ces clauses en ce qu'elles sont de nature à engendrer des frais supplémentaires et des difficultés matérielles pour le consommateur, créent un déséquilibre significatif dans le contrat au détriment du consommateur ;

10. Considérant que certaines clauses prévoient que « les compagnies aériennes se réservent le droit en cas de faits indépendants de leur volonté ou de contraintes techniques d'acheminer la clientèle par tout mode de transport de leur choix avec une diligence raisonnable sans qu'aucun dédommagement ne puisse être revendiqué » ; alors que les articles L. 211-17 du code du tourisme *[désormais art. L. 211-16]* et L. 121-20-3 *[ancien]* du code de la consommation prévoient une responsabilité de plein droit du voyagiste, hors les cas de force majeure, fait insurmontable et imprévisible d'un tiers au contrat ou fait du consommateur ; que la modification du mode de transport peut avoir des conséquences importantes en terme de retard et de confort pour le consommateur, que ces clauses en ce qu'elles empêchent l'indemnisation du préjudice subi par celui-ci créent un déséquilibre significatif dans le contrat ;

11. Considérant que la quasi-totalité des professionnels prévoit concernant les retards dans le cadre d'un transport aérien, que leur responsabilité ne peut pas être engagée ou que le consommateur sera indemnisé sur une base forfaitaire ne prenant pas en compte ses frais réels et uniquement si le retard est supérieur à 48h ; que les conventions internationales de Varsovie et de Montréal indiquent que le transporteur est responsable du dommage résultat d'un retard à moins de prouver que lui et ses préposés ont pris toutes les mesures nécessaires pour éviter le dommage ou qu'il leur était impossible de les prendre ; que le règlement européen n° 261/2004 du 11 février 2004 impose, aux compagnies aériennes, une prise en charge du consommateur dont le vol sera retardé ; que les articles L. 211-17 du code du tourisme *[désormais art. L. 211-16]* et L. 121-20-3 *[ancien]* du code de la consommation prévoient une responsabilité de plein droit du professionnel ; que dans la mesure où les retards aériens peuvent avoir des conséquences importantes pour les consommateurs, les clauses limitant la responsabilité des professionnels au-delà des limites imposées aux compagnies aériennes par les conventions internationales créent un déséquilibre significatif dans le contrat ;

E. Sur la compétence territoriale des tribunaux

12. Considérant que plusieurs clauses font attribution de compétence à des tribunaux territorialement déterminés ; que de telles clauses sont illicites, que maintenues dans les contrats, ces clauses sont abusives ;

II. Sur *[les]* clauses spécifiques aux forfaits touristiques

A. Sur les majorations de prix et les frais supplémentaires

13. Considérant que certaines clauses prévoient que le prix d'un forfait touristique pourra être majoré moins de 30 jours avant le départ contrairement aux dispositions de l'article L. 211-13 du code du tourisme *[désormais art. L. 211-12]* qui impose des conditions strictes aux possibilités de modification du prix après la conclusion d'un contrat de forfait touristique et interdit une modification à la hausse dans les trente jours qui précèdent la date de départ prévue ; ces clauses sont illicites et maintenues dans un contrat elles sont abusives ;

14. Considérant que certaines clauses laissent des frais à la charge du consommateur qui entend résilier le contrat de forfait touristique après notification par le professionnel

d'une augmentation significative du prix, lorsque la demande de résiliation intervient « moins de trente jours avant le départ » ; que ces clauses créent un déséquilibre significatif au détriment du consommateur lorsque ce dernier avisé du changement de prix par le professionnel, à l'extrême limite du délai légal en deçà duquel le prix ne peut plus faire l'objet d'une majoration, se trouve dans l'impossibilité de résilier le contrat dans le délai qui lui est contractuellement imparti pour le faire sans frais ;

B. Sur les obligations du professionnel

15. Considérant que des conditions générales indiquent qu'il appartient au consommateur de se renseigner sur les formalités administratives et/ou sanitaires à accomplir pour le franchissement des frontières et que le professionnel ne sera tenu d'aucune obligation de remboursement en cas d'impossibilité d'un tel franchissement ; dans la mesure où ces clauses pourraient laisser croire que le professionnel n'est tenu d'aucune obligation d'information à cet égard, de telles clauses sont de nature à créer un déséquilibre entre les droits et obligations des parties ;

16. Considérant que certains contrats indiquent que le voyage à forfait ne sera pas cessible alors que les articles L. 211-12 *[désormais art. L. 211-11]* et R. 211-9 du code du tourisme prévoient la faculté pour le consommateur de céder son contrat sous certaines conditions ; que cette clause est abusive en ce qu'elle prive le consommateur du droit qui lui est reconnu ;

C. Sur l'exécution du contrat

17. Considérant qu'une clause d'un site Internet de fourniture de voyage prévoit qu'en cas d'insuffisance de passagers au départ ou au retour d'une même ville l'organisateur se réserve le droit de regrouper sur une même ville de départ et/ou de retour les passagers d'autres villes ; que les frais d'acheminement vers cette ville de regroupement sont laissés à la charge des participants ; cette clause en ce qu'elle met à la charge du consommateur des frais supplémentaires consécutifs à une décision unilatérale de l'organisateur, crée un déséquilibre significatif au détriment du consommateur ;

18. Considérant que certaines conditions générales de vente indiquent que les horaires des trajets peuvent conduire l'organisateur à écourter la première et la dernière journée ainsi qu'à annuler des repas prévus au programme et qu'aucun remboursement ne pourra avoir lieu ; que l'article R. 132-2 *[R. 212-2]* du code de la consommation interdit, dans les contrats conclus entre professionnels et non-professionnels ou consommateurs, la clause ayant pour objet ou pour effet de réserver au professionnel le droit de modifier unilatéralement les caractéristiques du bien à livrer ou du service à rendre ; cette clause est illicite, et maintenue dans un contrat elle est abusive ;

19. Considérant que certaines clauses prévoient que des activités ou des excursions pourront être annulées quand les circonstances l'imposent, dans le cas de séjours hors saisons ou lorsque le nombre de participants requis pour la réalisation de l'activité n'est pas atteint, sans que ces modifications puissent donner lieu à indemnité, alors que le voyagiste est tenu à une responsabilité de plein droit et que les articles L. 211-16 *[désormais art. L. 211-15]* et R. 211-13 du code du tourisme prévoient qu'en cas d'impossibilité d'exécution d'un élément essentiel du contrat des prestations de remplacement doivent être proposées au consommateur et que les frais supplémentaires seront à la charge du professionnel ; ces clauses sont abusives en ce qu'elles empêchent le consommateur de faire valoir ses droits en cas de préjudice lié à l'annulation d'éléments essentiels du contrat ou à l'impossibilité pour l'organisateur de fournir une part prépondérante des services prévus au contrat ;

D. Sur les annulations

20. Considérant que certains contrats donnent au professionnel la possibilité d'informer le consommateur de l'annulation du forfait touristique d'un week-end pour insuffisance de participants moins de 21 jours avant le départ ; alors que l'article R. 211-6 du code du tourisme énonce que quand le professionnel subordonne la réalisation du voyage à un nombre minimal de participants, le consommateur doit en être informé et l'annulation ne peut pas avoir lieu pendant les 21 jours précédant le départ ; cette clause est illicite et maintenue dans un contrat elle est abusive ;

E. Sur les réclamations

21. Considérant que certaines clauses subordonnent la recevabilité de la réclamation du consommateur à la production d'une « attestation de prestation non fournie » ou à un

formalisme excessif et incompatible avec la situation concrète du voyageur ; que de telles clauses créent un déséquilibre significatif au détriment du consommateur en ce qu'elles sont de nature à faire obstacle à l'exercice de son droit ;

Recommande que soient supprimées des contrats les clauses ayant pour objet de :

1. permettre au professionnel d'accepter ou de refuser la commande dans un délai excessif ;

2. rendre inopposables au professionnel les informations et documents publicitaires portés à la connaissance du consommateur, dès lors que leur contenu est de nature à déterminer son consentement ;

3. présenter l'exploitant du site Internet de manière telle qu'elle laisse croire aux consommateurs que sa responsabilité de fournisseur sur Internet et/ou de fournisseurs de voyages à forfait ne peut être engagée ;

4. prévoir des conditions exonératoires à la responsabilité de plein droit du professionnel autre que la force majeure, le fait du consommateur ou le fait imprévisible et insurmontable d'un tiers ;

5. écarter la responsabilité du professionnel par le moyen d'une définition de la force majeure plus large qu'en droit commun ;

6. laisser à la charge du consommateur les frais afférents à l'annulation du contrat due à la force majeure ;

7. laisser au professionnel la faculté d'annuler le contrat sans frais pour des raisons de force majeure ou de sécurité sans offrir la même possibilité au consommateur dans les mêmes circonstances ;

8. prévoir que le non-embarquement à l'aller entraîne automatiquement l'annulation du reste des prestations sans possibilité pour le consommateur d'en bénéficier alors même qu'il serait sur le lieu de leur exécution ;

9. faire assumer par le consommateur la prise en charge des conséquences d'un changement imprévu d'aéroport ;

10. prévoir que le changement de mode de transport ne pourra pas donner lieu à indemnisation du préjudice subi par le consommateur ;

11. limiter les indemnisations en deçà de ce que prévoient les conventions internationales applicables ;

12. déroger aux règles légales relatives à la compétence des juridictions ;

13. prévoir une possibilité de majoration du prix d'un forfait touristique pendant les trente jours qui précédent la date du départ ;

14. ne pas laisser au consommateur dans le cas d'une augmentation significative du prix un délai utile pour renoncer au contrat de voyage sans frais ;

15. laisser croire au consommateur que le professionnel n'est tenu d'aucune obligation d'information quant aux formalités administratives et sanitaires nécessaires aux franchissements des frontières ;

16. empêcher les cessions de contrat de forfait touristique quand bien même les conditions légales seraient remplies ;

17. ne pas prendre en charge les frais inhérents à un changement de ville de regroupement en cas d'insuffisance de participants sur une ville de départ et/ou d'arrivée contractuellement proposée ;

18. permettre au professionnel de limiter de manière unilatérale la portée de son engagement initial ;

19. prévoir que des éléments essentiels du contrat pourront être annulés ou qu'une part prépondérante des services prévus pourra ne pas être fournie, pour des raisons non exonératoires de responsabilité au sens du code du tourisme, sans que le consommateur puisse exiger une indemnisation de son préjudice ;

20. permettre au professionnel d'informer le consommateur de l'annulation sans frais d'un voyage pour insuffisance de participants dans un délai inférieur à 21 jours avant le départ ;

21. faire obstacle au droit de réclamation du consommateur par un formalisme excessif ou inadapté.

(Adoptée le 22 nov. 2007 sur le rapport de Mme Raphaëlle Petit-Macur.)

AMEUBLEMENT

Code de l'environnement

Art. L. 541-10-6 *(L. n° 2010-788 du 12 juill. 2010, art. 200)* **A compter du 1er janvier** *(L. n° 2010-1657 du 29 déc. 2010, art. 28)* **« 2012 », toute personne physique ou morale qui fabrique, importe ou introduit sur le marché des éléments d'ameublement assure la prise en charge de la collecte** *(Ord. n° 2010-1579 du 17 déc. 2010, art. 9-III)* **« et du traitement des déchets issus » desdits produits en fin de vie soit sous la forme d'initiative individuelle, soit sous la forme d'un financement des éco-organismes agréés qui en assurent la gestion.** *(Abrogé par L. n° 2012-1509 du 29 déc. 2012, art. 20-I) « **A partir du 1er juillet** (L. n° 2010-1657 du 29 déc. 2010, art. 28) **« 2012 », tout émetteur sur le marché ne respectant pas cette obligation est soumis à la taxe générale sur les activités polluantes.** »*

(L. n° 2015-992 du 17 août 2015, art. 77-VI) **« Doit également satisfaire à l'obligation mentionnée au premier alinéa du présent article tout vendeur professionnel établi hors du territoire national dirigeant ses activités vers le territoire national, au sens du règlement (CE) n° 44/2001 du Conseil, du 22 décembre 2000, concernant la compétence judiciaire, la reconnaissance et l'exécution des décisions en matière civile et commerciale, et vendant des éléments d'ameublement directement à un utilisateur final établi sur le territoire national. »**

(L. n° 2015-992 du 17 août 2015, art. 92-I) **« A compter du 1er janvier 2018, toute personne physique ou morale qui fabrique, importe ou introduit sur le marché des produits rembourrés d'assise ou de couchage est également soumise à l'obligation prévue au premier alinéa. »**

(L. n° 2012-1509 du 29 déc. 2012, art. 20-I) **« A compter de l'entrée en vigueur de l'agrément, par arrêté des ministres chargés de l'environnement et de l'industrie, des initiatives individuelles et des éco-organismes mentionnés au premier alinéa et jusqu'au 1er janvier 2021, les personnes mentionnées au premier alinéa du présent article ainsi que leurs acheteurs successifs font apparaître, jusqu'au consommateur final, sur les factures de vente de tout élément d'ameublement, en sus du prix unitaire du produit, le coût unitaire supporté pour la gestion des déchets d'éléments d'ameublement mis sur le marché avant le 1er janvier 2013. Ce coût unitaire est strictement égal au coût de la gestion desdits déchets. Il ne peut faire l'objet de réfaction. Les acheteurs répercutent à l'identique ce coût jusqu'au client final. Ce dernier en est informé sur le lieu de vente ou, en cas de vente à distance, par tout procédé approprié. »**

Un décret en Conseil *[d']* **État précise les conditions d'application du présent article.** — *V. C. envir., art. R. 543-240 s.* — ***C. envir.***

Recommandation CCA n° 80-05 du 23 septembre 1980,

Concernant les contrats d'achat d'objets d'ameublement (BOCC 26 nov. 1980).

La Commission des clauses abusives,

Considérant que les consommateurs acheteurs d'objets d'ameublement (en termes juridiques : « meubles meublants ») doivent être informés des conditions de vente applicables ; qu'ils ne peuvent être réputés valablement informés que si ces conditions de vente sont *inscrites de façon* lisible et peuvent être lues dans des conditions normales : qu'en particulier, les dispositions écrites en caractères *trop petits* ou avec une encre ne tranchant pas avec la couleur du papier, ou celles mentionnées perpendiculairement aux autres dispositions du bon de commande, ne sont pas suffisamment lisibles ;

Considérant que pour appeler spécialement l'attention de l'acheteur sur les conditions de vente ou sur toute autre stipulation, il est nécessaire de les faire suivre de sa signature et, en particulier, lorsqu'elles sont inscrites au verso du document ;

Considérant que l'acheteur doit avoir connaissance, au minimum, des conditions de vente applicables en ce qui concerne les modalités de livraison, délais, transport, montage, réclamations, le montant du prix à payer et les garanties éventuellement accordées ; que, par conséquent, celles-ci doivent figurer dans le contrat d'achat ou le bon de commande et qu'en aucun cas, conformément à l'article 1er *[annulé par décision du Conseil d'État en* *date du 3 déc. 1980, D. 1981. 228, note Larroumet ; JCP 1981. II. 19502, concl. Hagelsteen ; RTD com. 1981. 340, obs. Hémard]* **du décret du 24 mars 1978 susvisé** *[n° 78-464, portant application du chapitre IV de la loi n° 78-23 du 10 janv. 1978 sur la protection et l'information des consommateurs de produits et de services]*, **il ne peut être fait référence à des conditions, à des usages et à toute autre stipulation sans en porter le texte sur l'écrit signé ;**

Considérant que le délai de livraison annoncé constitue un élément important du choix du consommateur ; qu'il est, en conséquence, indispensable qu'un délai soit prévu dans le contrat ;

Considérant que, conformément à l'article 2 du décret susvisé, un vendeur ne peut s'exonérer de sa responsabilité en cas de manquement à ses engagements et qu'en particulier, il ne peut supprimer ou réduire le droit à réparation de l'acheteur lorsque le délai de livraison prévu n'est pas respecté ;

Considérant que lorsqu'un retard dans la livraison se produit, l'acheteur dispose du droit de résoudre la vente, de se faire rembourser les sommes versées et de demander des dommages et intérêts ; qu'en effet, on ne saurait admettre qu'un acheteur soit tenu par le contrat sans limitation de temps alors qu'il peut avoir un besoin urgent des meubles commandés et qu'un autre fournisseur est en mesure de satisfaire sa commande dans des délais plus rapides ;

Considérant que suivant les dispositions de l'article 3 du décret du 24 mars 1978 susvisé, le professionnel ne peut s'attribuer la possibilité de modifier unilatéralement les caractéristiques du meuble tel qu'il a été commandé ; que notamment, il ne peut modifier les dimensions annoncées, l'essence ou la teinte du bois, la qualité du matériau, et les aménagements intérieurs du meuble, sans accorder à l'acheteur le droit de résolution du contrat avec les conséquences de droit qui s'y rattachent ;

Considérant qu'une offre de vente faite à un consommateur, se référant à un bien en exposition ou à un catalogue, et selon les caractéristiques et le prix prévus par l'étiquetage et le tarif en vigueur, engage le vendeur quand bien même l'offre aurait été faite par l'un de ses préposés ; que, toutefois, il n'est pas abusif, notamment dans le cas d'une commande d'un bien non conforme aux normes de référence, de subordonner la conclusion du contrat à la confirmation préalable du commettant de la personne qui a enregistré ladite commande, à la double condition : que le consommateur soit clairement informé de ce délai de confirmation et que ce même délai lui soit accordé pendant lequel il pourra se rétracter ;

Considérant que selon l'article 100 *[art. L. 132-7]* **du code de commerce, la marchandise sortie du magasin du vendeur voyage aux risques de celui à qui elle appartient sauf recours contre le transporteur, mais que cette disposition est supplétive de volonté et permet une convention contraire ;**

Considérant qu'il apparaît à la commission que dans cette catégorie de contrat, c'est à celui qui choisit le transporteur que doit incomber la charge des risques du transport ; que sauf lorsque l'acheteur emporte la marchandise ou traite lui-même avec le transporteur, le risque doit appartenir au vendeur ; qu'en conséquence, eu égard à l'article 100 *[art. L. 132-7]* **du code de commerce ci-dessus mentionné, il importe de stipuler dans le contrat cette obligation pour le vendeur ;**

Considérant que s'il est difficile pour un vendeur d'indiquer, à l'avance, avec précision, l'heure de la livraison, il est tout aussi difficile pour un consommateur de demeurer au lieu prévu de la livraison pendant une journée entière ; qu'il ne peut être imposé à l'acheteur des frais supplémentaires de livraison ou de gardiennage de la marchandise, lorsqu'une première livraison n'a pu avoir lieu, du fait du vendeur ou du transporteur choisi par le vendeur ou parce que le moment de la livraison n'a pas été fixé de façon suffisamment précise ;

Considérant que l'acheteur doit bénéficier d'un délai raisonnable pour constater la conformité de la marchandise livrée avec la marchandise commandée et qu'il est généralement impossible de procéder à ces constatations au moment même de la livraison ;

Considérant que, selon les dispositions légales en vigueur, le prix doit être déterminé et désigné par les parties ; que le vendeur ne peut se réserver la possibilité de majorer unilatéralement le prix annoncé lors de la commande ; qu'en outre, le vendeur ne peut

s'autoriser à modifier le prix à payer en fonction des variations du tarif du fabricant ou de l'importateur ;

Considérant que, lorsque la marchandise est importée, le vendeur doit assumer les risques de change et qu'il ne peut dès lors prévoir que le prix fluctuera en fonction du cours des devises ;

Considérant que de nombreux contrats d'achat de meubles contiennent des clauses contraires aux principes ci-dessus, que ces clauses sont abusives au sens de l'article 35 de la loi du 10 janvier 1978 susvisée *[C. consom., art. L. 212-1]*,

Recommande :

A. – Que les contrats d'achat (ou bons, bordereaux de commande...) d'objets d'ameublement conclus entre professionnels et non*[-]*professionnels ou consommateurs soient écrits de façon lisible dans des conditions normales et soient signés en bas de chaque page comportant des obligations pour l'acheteur ;

B. – Que ces contrats comportent notamment :

1° La mention des conditions de vente applicables concernant, au minimum, les modalités de livraison (délai, transport, montage, réclamations), le montant du prix à payer, les garanties éventuellement accordées ;

2° Une clause indiquant que le vendeur supporte les risques du transport sauf lorsque l'acheteur emporte la marchandise ou traite lui-même avec le transporteur ;

C. – Que soient éliminées des contrats d'achat d'objets d'ameublement conclus entre professionnels et non professionnels ou consommateurs les clauses déjà interdites, notamment par le décret du 24 mars 1978 susvisé, et celles dénoncées par ses précédentes recommandations susvisées, les clauses suivantes ayant pour objet ou pour effet :

1° De constater l'adhésion de l'acheteur à des stipulations contractuelles qui ne figurent pas sur son contrat d'achat ;

2° De supprimer ou réduire le droit à réparation de l'acheteur lorsque le délai de livraison prévu n'est pas respecté et, particulièrement, de lui interdire de résoudre la vente et de demander le remboursement des sommes versées d'avance ;

3° De permettre au vendeur de délivrer un meuble dont les caractéristiques sont différentes de celles prévues lors de la commande sans accorder à l'acheteur un droit de résolution de la vente ;

4° De prévoir, lors de la signature du bon de commande, un engagement immédiat et définitif de l'acheteur et un engagement éventuel du vendeur ;

D. – Que soient en outre éliminées les clauses suivantes ayant pour objet ou pour effet :

1° D'imposer des frais supplémentaires pour effectuer une nouvelle livraison, et des frais de gardiennage de la marchandise lorsque la livraison n'a pas pu se faire du fait du transporteur ou parce que le moment de la livraison n'a pas été indiqué avec suffisamment de précision ;

2° De limiter au seul moment de la livraison le droit pour l'acheteur d'émettre ses réclamations sur la conformité du meuble livré avec les caractéristiques prévues à la commande ou sur les défauts que pourrait présenter ce meuble ;

3° De permettre au vendeur d'augmenter unilatéralement le prix annoncé.

Délibéré dans les séances des 28 mai, 24 juin et 23 septembre 1980 où siégeaient M. P. Lutz, président, conseiller à la Cour de cassation, Mlle M. Aubertin, MM. R. Bernard, L. Bihl, J. Calais-Auloy, Y. Cotte, M. Delcourt, R. Grise, B. Gross, P. Leclercq, P. Marleix, N. Renaudin, J. Semler-Collery, P. Simonet, membres.

Recommandation CCA n° 82-03 du 14 mai 1982,

Concernant les contrats d'installation de cuisine (BOCC 22 déc. 1982).

La Commission des clauses abusives,

Considérant que les contrats d'installation de cuisine recouvrent des prestations diverses qui les distinguent des contrats d'achat d'objets d'ameublement ; qu'en effet, outre la fourniture d'appareils ménagers et de meubles, parfois exécutés sur mesure, l'installation d'une cuisine implique sa conception, l'exécution éventuelle de travaux préparatoires, la pose, l'installation et la mise en service des meubles et appareils ménagers ;

Considérant en outre que certaines parties de l'installation sont susceptibles de constituer des biens immeubles ;

Considérant que les contrats d'installation de cuisine habituellement proposés aux consommateurs contiennent des clauses dont certaines sont imposées par un abus de puissance économique conférant aux professionnels un avantage excessif ;

Considérant que la présentation de la plupart de ces contrats n'est pas conforme aux recommandations susvisées dès lors que les stipulations en sont écrites avec des caractères trop petits ou avec une encre ne tranchant pas avec la couleur du papier, ou sont mentionnées perpendiculairement aux autres dispositions du bon de commande, ou ne sont pas suivies de la signature du client lorsqu'elles sont inscrites au verso du document ;

Considérant que l'installation d'une cuisine étant une opération complexe, le consommateur doit être informé avec précision de la nature, de l'étendue et des conditions techniques d'exécution des prestations afférentes, ainsi que de la répartition entre celles qui sont comprises dans le prix indiqué et celles qui, bien qu'indispensables à la réalisation et à l'utilisation de l'installation proposée, ne sont pas comprises dans ce prix ;

Considérant, s'agissant des travaux indispensables mais non compris dans le prix, qu'il convient de distinguer entre ceux que l'installateur propose d'effectuer si le client en fait la demande, et ceux dont ce dernier devra en tout état de cause faire son affaire ; qu'en ce qui concerne les premiers, l'installateur doit également en estimer le coût ;

Considérant qu'en ce qui concerne plus particulièrement les meubles, le décret du 29 juin 1950 susvisé *[n° 50-813, abrogé et remplacé par Décr. n° 86-583 du 14 mars 1986, V. texte, supra]* rend obligatoires sur les bons de commande, devis ou factures, les indications suivantes outre le prix : matières ou essences composant les meubles, mode de fabrication, dimensions ;

Considérant que les délais de livraison et d'exécution auxquels doivent s'obliger les professionnels constituent un élément important du choix du consommateur ; qu'il est en conséquence indispensable que ces délais soient prévus et clairement indiqués dans le contrat ;

Considérant que l'exercice de ses droits par le consommateur implique qu'il en ait connaissance ; qu'en particulier, le recours au crédit étant le plus souvent nécessaire pour financer l'installation d'une cuisine, il convient de rappeler au consommateur l'existence des protections prévues par la loi n° 78-22 susvisée ; que pour les mêmes raisons l'existence des garanties légales des vices cachés ou malfaçons doit lui être rappelée ;

Considérant que les contrats d'installation de cuisine comportent de nombreuses clauses (une sur deux en moyenne) interdites par le décret n° 78-464 ou dont la suppression a été demandée par les recommandations susvisées en particulier les clauses ayant pour objet ou pour effet :

De prévoir lors de la signature du contrat un engagement immédiat et définitif du consommateur et un engagement éventuel du professionnel ;

De réserver au professionnel le droit de modifier unilatéralement les caractéristiques du bien à livrer ;

De supprimer ou de réduire le droit à réparation du consommateur en cas de manquement par le professionnel à l'une quelconque de ses obligations notamment, lorsque le délai de livraison prévu n'est pas respecté, en lui interdisant de résoudre le contrat et de demander le remboursement des sommes versées d'avance ;

De permettre au professionnel, s'agissant de produits personnalisés, de modifier le délai de livraison ou de mentionner un délai indicatif, sans respecter les conditions prévues par la recommandation susvisée ;

D'imposer des frais supplémentaires pour effectuer une nouvelle livraison, et des frais de gardiennage de la marchandise, lorsque la livraison n'a pu se faire du fait du transporteur ou parce que le *moment de la livraison* n'a pas été indiqué avec *suffisamment de précision* ;

De limiter au seul moment de la livraison le droit pour le client d'émettre des réclamations sur la conformité des meubles livrés avec les caractéristiques prévues à la commande ou sur les défauts que pourraient présenter ces meubles ;

De mettre systématiquement les risques du transport à la charge du client ;

De limiter les garanties légales ou d'accorder une garantie contractuelle sans rappeler l'existence des garanties légales ;

De déroger aux règles légales de compétence territoriale ou d'attribution et plus généralement de supprimer ou de réduire le droit d'agir en justice dont bénéficie le consommateur ;

Considérant que plusieurs contrats comportent une clause ayant pour objet ou effet de permettre au professionnel de modifier le prix de l'installation en raison de circonstances imprévues tenant aux caractéristiques de l'immeuble où elle est effectuée ; que, non technicien, le consommateur n'est pas en mesure de connaître ces caractéristiques ou à tout le moins d'en évaluer les conséquences ; qu'à l'inverse, il appartient au professionnel, qui dispose, lui, des compétences voulues, d'effectuer, avant la conclusion définitive du contrat, une étude technique permettant d'apprécier l'influence de ces caractéristiques sur le coût de l'installation ;

Considérant que le prix déterminé par le contrat ne doit pas pouvoir être modifié, sauf avenants signés des parties ;

Considérant que les contrats posent fréquemment en principe l'inopposabilité au professionnel des documents publicitaires établis par lui ou des cuisines témoins exposées par lui ; que, cependant, la consultation de ces documents et la visite de ces cuisines constituent l'un des éléments déterminants du consentement du consommateur au contrat qui lui est proposé ;

Considérant que les contrats d'installation de cuisine comportent une clause d'échelonnement des versements impliquant en général que la quasi-totalité du prix soit versée avant la pose effective des divers éléments, voire leur livraison, que cette disposition peut se révéler abusive dès lors qu'elle implique des versements dont l'importance ne correspond pas à l'exécution successive des prestations prévues au contrat ;

Considérant que l'installation d'une cuisine comprenant, outre la fourniture des meubles et appareils, leur agencement et leur pose, il convient que la faculté soit laissée au consommateur d'émettre des réserves sur chacun de ces aspects de l'exécution du contrat ; mais que de nombreux documents contractuels suppriment ou réduisent cette faculté de diverses façons ;

Considérant que certains contrats prévoient un solde insuffisant pour garantir au client l'achèvement des travaux ;

Considérant que les garanties dues par le professionnel sont définies par les articles 1641 à 1648 ou 1792 à 1792-6 du code civil ; qu'en vertu de ces textes sont illicites toutes clauses limitant ces garanties dans le temps et dans leur étendue ;

Considérant, en ce qui concerne la résiliation du contrat par le consommateur, que le professionnel est en droit de demander le règlement des travaux qu'il a effectués, des frais qu'il a exposés et du bénéfice qu'il était en droit d'espérer si le contrat avait été mené à son terme ;

Considérant que le consommateur est libre de jouir comme il l'entend de l'installation réalisée pour son compte, sous réserve des droits de ses créanciers éventuels ; que, toutefois, certaines stipulations prévoient des restrictions à cette liberté contraires à l'objet même du contrat, telle l'obligation de conserver à l'installation un caractère mobilier,

Recommande :

A. – Que les contrats d'installation de cuisine comportent notamment :

*1° Les caract*éristiques et les conditions d'exécution techniques des fournitures et des travaux inclus dans le prix convenu, comprenant notamment un plan détaillé avec cotes et s'il y a lieu des plans techniques par corps de métier ;

La description détaillée des travaux qui sont indispensables à la réalisation et à l'utilisation de l'installation proposée et qui ne sont pas compris dans le prix ;

La répartition de ces travaux entre ceux que l'installateur propose d'effectuer si le client en fait la demande – ainsi, dans ce cas, que l'estimation de leur coût – et ceux dont le client devra en tout état de cause faire son affaire ;

2° La date à laquelle les travaux commenceront et leur durée ;

3° Les indications suivantes :

Si le présent contrat s'accompagne d'un contrat de crédit, de location-vente ou de location avec promesse de vente (leasing), il est rappelé (loi n° 78-22 du 10 janvier 1978) qu'une offre préalable doit être remise au consommateur, qui précise notamment que ces engagements ne deviennent définitifs qu'à l'expiration du délai de sept jours, ainsi que l'ensemble des dispositions protégeant le consommateur ;

En tout état de cause le client bénéficie de la garantie légale des vices cachés (art. 1641 à 1648 du code civil) ou des garanties en matière de malfaçons immobilières (art. 1792 à 1792-6 du code civil) ;

B. – Que toutes mesures soient prises pour assurer l'élimination effective des clauses abusives interdites par décret ou dont la suppression est recommandée par la commission.

C. – Que soient éliminées des contrats d'installation de cuisine les clauses suivantes ayant pour effet ou pour objet :

1° De permettre au professionnel de modifier le prix convenu en fonction des caractéristiques de l'immeuble où la cuisine doit être installée ;

2° De majorer le prix déterminé par le contrat notamment pour cause de travaux supplémentaires, autrement que par voie d'avenants signés des parties ;

3° De rendre inopposables au professionnel ses propres documents publicitaires ou la référence à ses installations d'exposition ;

4° De prévoir un échelonnement des paiements excédant la valeur des prestations successivement exécutées ;

5° De supprimer ou de réduire la faculté pour le consommateur d'émettre des réserves à la livraison comme à l'achèvement des travaux ;

6° De prévoir un solde insuffisant pour garantir au client l'achèvement des travaux ou la levée des réserves ;

7° De réduire les garanties légales ;

8° D'attribuer au professionnel, en cas de résiliation du contrat du fait du consommateur, une indemnité forfaitaire supérieure au montant des travaux qu'il a effectués, des frais qu'il a exposés et du bénéfice qu'il était en droit d'espérer si le contrat avait été mené à son terme ;

9° De restreindre de façon contraire à l'objet du contrat la faculté pour le consommateur de jouir de l'installation.

(Délibéré sur le rapport de M. Genes dans les séances des 25 septembre 1981, 19 mars, 16 avril et 14 mai 1982).

Décret n° 86-583 du 14 mars 1986,

Portant application de l'article L. 412-1 du code de la consommation en ce qui concerne les produits d'ameublement (Ord. n° 2016-301 du 14 mars 2016, art. 2, en vigueur le 1er juill. 2016).

Art. 1er Les meubles, les ensembles mobiliers, les éléments ou panneaux ouvrés permettant de constituer ces meubles ou ensembles, les panneaux décoratifs et tous autres objets neufs d'ameublement doivent être exposés, détenus en vue de la vente, mis en vente ou vendus conformément aux dispositions du présent décret.

Champ d'application. Les règles énoncées dans le Décr. n° 86-583 du 14 mars 1986 sur le commerce d'ameublement s'appliquent aux cuisines. • Com. 14 févr. 2012 : *cité note 1 ss. Décr. n° 86-583 du 14 mars 1986, art. 2.*

Art. 2 Sur les objets d'ameublement énumérés à l'article 1er, exposés, détenus en vue de la vente ou mis en vente dans des locaux accessibles au pubic une étiquette apparente doit être apposée portant d'une manière lisible et indélébile les mentions suivantes :

1° Leur prix et l'énumération des objets livrés ou emportés pour ce prix ;

2° La ou les principales matières, essences ou matériaux les composant ainsi que leurs procédés de mise en œuvre et la nature de la finition conformément aux dispositions de l'article 7. Toutefois, ces informations peuvent ne concerner que les parties apparentes si une mention en informe le public ;

3° Leurs dimensions d'encombrement ;

4° Les mots : "à monter soi-même", s'ils sont fournis démontés ;

5° Les mots : "style" ou "copie" avant toute référence à une période, un siècle, une époque, une école, un État ou une région autres que ceux de la fabrication ;

6° Le mot : « neuf » au cas où ils sont mis en vente dans les mêmes locaux que des meubles anciens ou d'occasion.

1. ***Conformité à la Dir. du 11 mai 2005.*** Ayant constaté la conformité à la directive relative aux pratiques commerciales déloyales des dispositions du Décr. du 14 mai 1986, une cour d'appel peut retenir la violation des dispositions de ce décret par une société dont les documents publicitaires n'énumèrent pas les objets livrés pour le prix, et notamment les appareils ménagers, n'indiquent pas la valeur précise des objets compris dans le prix global et susceptibles d'être retirés en option et ne donnent pas un exemple de prix pour les options proposées en plus, ne mentionnent pas les matières, essences ou matériaux composant les meubles de cuisine, et mentionnent des ristournes sans spécifier les produits ou catégories de produits concernés. • Com. 14 févr. 2012 : *LPA 19 avr. 2012, note E. Petit; Gaz. Pal. 2012. 1592, obs. Hanse; CCE 2012. Chron. 7, spéc. n° 15, par Boulet et Frossard.*

2. ***Mention de la composition.*** Nullité de la vente d'une bibliothèque dont l'acheteur n'a eu comme document informatif que le bon de commande portant la mention « merisier massif », dès lors que l'expertise a établi que cette essence n'était utilisée que pour les parties du meuble visibles de l'extérieur. • Paris, 4 oct. 1996 : *CCC 1997, n° 34, obs. Raymond.* ♦ V. aussi notes ss. art. 5.

Art. 3 **A l'initiative du fabricant ou de l'importateur, les objets d'ameublement énumérés à l'article 1er peuvent être accompagnés dans le circuit commercial par une fiche technique d'identification comportant les mentions prévues aux 2° à 6° inclus de l'article 2 et toutes autres informations utiles au public concernant leur aptitude à l'emploi, leur mode d'emploi et les précautions à prendre.**

Cette fiche peut être constituée par le certificat de qualification prévu à l'article 22 de la loi du 10 janvier 1978 susvisée *[n° 78-23 ; V. C. consom., art. L. 433-3 s.]*, **s'il comporte ces mêmes mentions.**

La fiche technique d'identification et le certificat de qualification peuvent tenir lieu d'étiquette s'ils comportent toutes les mentions prévues aux 1° à 6° inclus de l'article 2.

Art. 4 **Si le prix de vente mentionné sur l'étiquette ou sur les documents commerciaux ou publicitaires couvre un ensemble d'objets d'ameublement pouvant être vendus séparément, il doit être complété par la désignation et le prix de chacun des objets composant cet ensemble.**

La mention du prix des lits, des lits escamotables, des canapés et des sièges transformables en lits doit être suivie, selon le cas, par les mots : "sans matelas", "sans sommier", "sans sommier ni matelas".

Objets composant un ensemble. L'art. 4, en conformité avec la Dir. 2005/29/CE du 11 mai 2005, impose de donner un exemple du prix d'un lave-vaisselle que les publicités litigieuses réservaient la possibilité d'ajouter aux ensembles de cuisine présentés, moyennant un faible supplément au prix indiqué. • Com. 14 févr. 2012 : *cité note 1 ss. Décr. n° 86-583 du 14 mars 1986, art. 2.* ♦ Jugeant les tracts publicitaires en cause imprécis en ce qu'ils n'énumèrent pas, notamment, les objets livrés et emportés pour le prix annoncé, spécialement les appareils ménagers. • Même arrêt.

Art. 5 **A l'exception des devis, des bons de commande et des bons de livraison destinés à des professionnels de l'ameublement, les documents commerciaux et publicitaires comportant la mention du prix d'un ou de plusieurs objets ou ensemble d'objets qui y sont désignés ou représentés doivent porter toutes les autres mentions prévues à l'article 2.**

Toutefois les professionnels de l'ameublement commercialisant les objets énumérés à l'article 1er peuvent ne pas porter ces autres mentions sur leurs documents commerciaux s'ils délivrent à l'acheteur la fiche technique d'identification de l'objet qu'ils lui vendent et mentionnent expressément sur ces documents la délivrance de cette fiche.

1. Annulation d'une vente d'objets d'ameublement dont le bon de commande ne comportait pas l'ensemble des mentions requises par l'art. 2 et dont l'acheteur n'avait pas non plus reçu la fiche technique prévue par l'art. 5. • Civ. 1re, 7 déc. 2004 : *Bull. civ. I, n° 303 ; D. 2005. AJ 75, obs. Rondey ; JCP 2005. II. 10160, note Rzepecki ; ibid. I. 141, n° 19 s., obs. Constantin ; Dr. et patr., mars 2005, p. 85, obs. Chauvel ; LPA 7 sept. 2005, note Bazin ; RDC 2005. 323, obs. Fenouillet ; RTD civ. 2005. 389, obs. Mestre et Fages .*

2. Encourt la cassation l'arrêt qui, pour décider qu'un acquéreur avait renoncé tacitement et sans équivoque à se prévaloir des dispositions d'ordre public pris pour l'information du consommateur en matière de commerce de meubles, se fonde sur les énonciations de la facture, dès lors que l'indication portée sur celle-ci (décor acajou) était équivoque quant au matériau employé pour la fabrication du meuble. • Civ. 1re, 12 juill. 1994 : *Bull. civ. I, n° 249.*

Art. 6 **A tous les stades du cycle commercial, tout acheteur de l'un des objets énumérés à l'article 1er peut exiger soit la délivrance de la fiche technique d'identification, soit un double du devis ou du bon de commande.**

Lorsque la facture relative à la vente mentionne expressément la délivrance d'un double du devis ou du bon de commande, elle peut ne pas porter les mentions prévues aux 2° à 6° inclus de l'article 2.

Art. 7 Les procédés de mise en œuvre dont la mention est obligatoire en vertu du 2° de l'article 2 sont le placage, les revêtements et l'utilisation comme supports ou garnissages des principales matières, essences ou matériaux composant les objets.

La nature de la finition employée sur la surface visible des éléments ou panneaux mentionnés à l'article 1er doit également être précisée et suivie de la mention de la couleur obtenue si cette couleur est référencée par le fabricant.

Art. 8 Dans le commerce des objets d'ameublement, il est interdit d'utiliser l'appellation "massif", ses dérivés ou ses imitations pour qualifier les éléments et panneaux plaqués ou revêtus et toute matière ouvrée par un procédé technique qui modifie sa nature, sa composition ou ses qualités substantielles. Il est également interdit d'utiliser cette appellation pour les éléments et panneaux en bois d'épaisseur inférieure ou égale à cinq millimètres.

Art. 9 Dans le commerce des objets d'ameublement, il est interdit de désigner une essence de bois par le nom d'une essence d'une autre famille botanique que celle à laquelle elle appartient.

Il est également interdit de représenter ou d'évoquer sous quelque forme que ce soit une essence, une matière, un matériau, une finition ou un procédé décoratif qui n'ont pas été utilisés dans la fabrication de ces objets, sauf si la nature exacte de l'essence, de la matière, du matériau, de la finition ou du procédé décoratif employé est précisée ou si le mot « imitation » précède immédiatement le nom de l'essence, de la matière, du matériau, de la finition ou du procédé imité ou accompagne leur représentation.

Art. 10 Est interdite l'utilisation de tout procédé d'exposition, d'étalage ou de vente pouvant créer une confusion dans l'esprit de l'acheteur sur la nature, l'origine, la composition, les qualités substantielles, le mode de fabrication, l'aptitude à l'emploi, le style ou la couleur des objets d'ameublement.

Art. 11 Le présent décret ne s'applique pas aux objets d'ameublement anciens ou d'occasion.

Art. 12 Le décret n° 50-813 du 29 juin 1950 portant application au commerce du meuble de la loi du 1er août 1905 susvisée, modifié par le décret n° 66-178 du 24 mars 1966, est abrogé.

Toutefois les objets d'ameublement répondant à ses dispositions pourront être commercialisés jusqu'au premier jour du treizième mois suivant la publication du présent décret.

Circulaire du 2 octobre 1989,

Relative à l'application du décret n° 86-583 du 14 mars 1986 concernant les objets d'ameublement.

Le décret n° 86-583 du 14 mars 1986 avait pour but d'améliorer l'information du consommateur sur les meubles. Son application a nécessité notamment la révision de la norme française NF B50 relative à la nomenclature des essences de bois et la mise au point par les professionnels, en concertation avec l'administration, d'un modèle de fiche technique d'identification.

Par ailleurs, le décret du 18 février 1986 concernant le commerce des produits en cuir et similaires du cuir ainsi que le décret du 14 mars 1973 concernant le commerce des produits textiles *[V. désormais, art. R. 412-42 C. consom.]* sont, chacun en ce qui le concerne, applicables dans le secteur de l'ameublement. Ces deux décrets ont été modifiés respectivement en 1989 et en 1988.

La présente circulaire a pour objet de préciser, sous réserve de l'interprétation souveraine des tribunaux, le champ d'application du dispositif réglementaire précité, les mentions obligatoires prévues et toutes autres informations utiles au public concernant l'aptitude à l'emploi, le mode d'emploi et les précautions à prendre.

Elle concerne également les modalités de présentation des informations destinées au consommateur.

I. *Le champ d'application du décret du 14 mars 1986*

Ce champ est défini par l'article 1er qui distingue notamment les meubles, les "éléments ou panneaux ouvrés permettant de constituer des meubles ou ensembles mobiliers" et les "panneaux décoratifs", et s'applique non seulement aux meubles meublants, mais également aux meubles de bureau, aux meubles de jardin et aux objets d'ameublement tels que la literie (matelas, sommiers, articles de literie).

Un ensemble mobilier désigne à la fois les meubles "à monter soi-même" et les éléments modulaires permettant de constituer des ensembles, qu'il s'agisse des éléments de cuisine ou des éléments de meubles dits "à éléments".

L'article II exclut explicitement les objets d'ameublement anciens ou d'occasion du champ d'application.

D'une manière générale ce décret s'applique aux objets d'ameublement neufs, y compris les copies de meubles anciens.

II. *Les moyens d'informer les consommateurs*

1. *L'étiquetage*

L'obligation d'étiquetage concerne les objets d'ameublement, lorsque ceux-ci sont exposés, détenus en vue de la vente ou mis en vente à l'intention du consommateur final dans les locaux accessibles au public, tels que boutiques, magasins ou tout autre lieu ou emplacement de vente, qu'il s'agisse de marchés, de foires ou de salons. L'étiquette ainsi apposée sur les objets concernés doit faire apparaître les mentions obligatoires définies à l'article 2 du décret.

2. *La fiche technique d'identification*

Le décret prévoit la création d'une fiche technique d'identification de produit s'ajoutant ainsi aux documents traditionnels (bons de commande, devis). Celle-ci doit faire apparaître, à l'exception de la mention du prix, les mentions obligatoires prévues et toutes autres informations utiles au public concernant l'aptitude à l'emploi, le mode d'emploi et les précautions à prendre.

L'article 6 en disposant que « tout acheteur, qu'il soit professionnel ou consommateur final, peut exiger la délivrance de la fiche technique » signifie que le fabricant – ou l'importateur – a l'obligation de la délivrer au négociant lorsque cette fiche est demandée.

Cette fiche peut être constituée par le certificat de qualification prévu à l'article 22 de la loi du 10 janvier 1978 sur la protection et l'information des consommateurs de produits et de services, s'il comporte ces mêmes mentions.

La fiche technique d'identification et le certificat de qualification peuvent tenir lieu d'étiquette s'ils comportent toutes les mentions prévues aux 1° à 6° inclus de l'article 2.

En outre, en créant cette fiche technique, ce décret a donné la possibilité aux professionnels d'être dispensés de porter les mentions réglementaires sur tous les documents commerciaux comportant une indication de prix, à condition de faire référence sur ces documents, d'une manière explicite, à la délivrance préalable à l'acheteur d'une fiche technique facilement transmissible. Ce faisant, le décret contribue à l'allégement des contraintes des professionnels. En revanche, pour les documents publicitaires, tels que prospectus, publi-postages, catalogues, affiches, panneaux publicitaires, l'article 5 dispose qu'ils *doivent* continuer de porter les informations réglementaires autres que la mention du prix, lorsqu'ils comportent *l'indication du prix*.

III. *Les mentions obligatoires (pour tous les produits)*

1. *Prix*

Le prix de vente au public de chaque objet ou de chaque ensemble d'objets d'ameublement exposé, détenu en vue de la vente ou mis en vente dans les conditions précitées, doit obligatoirement figurer sur une étiquette lisible et visible en application de l'article 2 du décret du 14 mars 1986. Ceci ne dispense pas de respecter, par ailleurs, les dispositions générales en matière d'affichage de prix et de conditions de vente prévues par l'arrêté du 3 décembre 1987 et sa circulaire d'application du 19 juillet 1988.

Si le prix indiqué se rapporte à un objet ou ensemble d'objets « à emporter », ceci doit être précisé en vertu, notamment, de l'article 2 de cet arrêté du 3 décembre 1987.

L'article 4 du décret dispose pour sa part que lorsque le prix de vente mentionné couvre un ensemble d'objets « pouvant être vendus séparément », il doit être complété par l'indication du prix de vente de chacun d'eux. L'expression « pouvant être vendus séparément » désigne chacun des éléments constitutifs de cet ensemble qui est couramment utilisé indépendamment des autres.

2. *Principales matières, essences ou matériaux et procédés de mise en œuvre*

Conformément aux dispositions des articles 2 et 3 du décret, l'étiquette et la fiche technique doivent énoncer les principales matières, essences ou matériaux et leurs procédés de mise en œuvre. Leur indication peut ne concerner que les parties apparentes, mais dans leur intégralité, et il faut alors le préciser (revêtement ou placage, garnissage ou support).

a) Les parties apparentes à qualifier :

Elles résultent de la norme NF-D 60-002 élaborée par les professionnels. Celle-ci prévoit de les nommer dans l'ordre suivant : pour les meubles : façade, côtés, dessus (jusqu'à 160 cm de hauteur) ; pour les sièges : structure, suspension, garnissage, revêtement (voir annexe).

b) La désignation des matières ou essences :

L'article 9 du décret interdit de désigner une essence de bois par le nom d'une autre essence n'appartenant pas à la même famille botanique. Ce principe a notamment été appliqué pour la constitution de la liste des désignations proscrites qui figure en annexe et pour la révision de la norme française NF B 50 concernant la nomenclature des essences de bois.

En outre, la norme NF-D 60-001 relative à la terminologie du mobilier et la norme NF-D 60-002 concernant les règles de présentation des caractéristiques des meubles et sièges :

— peuvent servir de guide pour la désignation des matières et matériaux et pour le choix des appellations les plus appropriées ;

— exigent de préciser la nature du métal et la famille de la résine, lorsque les matériaux constitutifs des meubles et des articles de literie sont en métal ou en résine de synthèse.

Enfin, les appellations à utiliser pour les cuirs, croûtes de cuir et fibres textiles sont reprises dans l'annexe du décret du 18 février 1986 modifié et dans l'arrêté du 2 mai 1988 relatif aux dénominations des fibres textiles.

c) L'utilisation du terme « massif » :

L'article 8 du décret interdit :

— d'utiliser l'appellation « massif », ses dérivés ou ses imitations pour qualifier les éléments et panneaux plaqués ou revêtus et toute matière ouvrée par un procédé technique qui modifie sa nature, sa composition ou ses qualités substantielles ;

— d'utiliser cette appellation pour les éléments et panneaux en bois d'épaisseur inférieure ou égale à 5 millimètres.

Comme corollaire, cette disposition permet de définir l'appellation « massif » en matière d'ameublement et de considérer que les éléments et panneaux en bois bénéficiant de cette appellation doivent n'être ni constitués de lamelles, de lattes aboutées ou non, ni collés sur un support ou entre eux autrement que sur chant.

3. *Procédé de mise en œuvre*

L'ancienne réglementation imposait de mentionner le « type de construction » ; cette notion a été remplacée par celle de « procédé de mise en œuvre » dans la nouvelle réglementation. Cette substitution vise à souligner l'importance et la spécificité des techniques utilisées lors de la mise en œuvre de chaque matière, essence ou matériau pour obtenir le produit fini. Les procédés de *mise en œuvre dont* l'indication est obligatoire concernent *essentiellement le* placage et le revêtement.

4. *Nature de la finition*

Son indication est obligatoire pour la surface visible des parties apparentes en application des articles 2 et 7 du décret. En particulier, pour les revêtements en cuir et produits similaires du cuir, le texte applicable sera le décret du 18 février 1986 modifié. D'une manière générale, l'indication de la nature de la finition doit permettre au moins d'apprécier sa durabilité et sa résistance au choc et à la rayure. Aussi la norme NF-D 60-002 prévoit-elle de préciser le type de finition employé (ex. : vernis polyester, vernis polyuréthane, vernis cellulosique, laque polyester...).

Par ailleurs, le décret prévoit que cette indication doit être suivie de la mention de la couleur obtenue si cette couleur est référencée par le fabricant.

5. *Dimensions*

Selon le décret, l'indication des dimensions d'encombrement des produits est obligatoire. La norme prévoit de les indiquer dans l'ordre suivant : « longueur ou largeur × hauteur × profondeur ». Ces dimensions sont exprimées en centimètres avec une précision pouvant aller jusqu'au millimètre pour les éléments de meubles juxtaposables. Concernant les meubles ou sièges transformables, elle prévoit également d'indiquer les dimensions d'encombrement après transformation ainsi que les dimensions de couchage.

6. *Autres mentions obligatoires*

Le décret prévoit que toute référence à une période, un siècle, une époque, une école, un État ou une région autres que ceux de la fabrication des objets d'ameublement doit être précédée des mots « style » ou « copie ». Le mot « neuf » est à préciser au cas où ils sont mis en vente dans les mêmes locaux que des meubles anciens ou d'occasion. Le mot « imitation » doit précéder immédiatement le nom de l'essence, de la matière, du matériau, de la finition ou d'un procédé décoratif ou accompagner leur représentation, lorsque ceux-ci n'ont pas été utilisés dans la fabrication de ces objets.

En matière d'ameublement, le décret du 18 février 1986 modifié dispose que, sur l'étiquette des produits revêtus de cuir ou de matériaux similaires du cuir, doit figurer en plus soit le nom, la raison sociale ou la marque du fabricant, soit le nom du vendeur suivi d'une indication conventionnelle délivrée à la demande des intéressés par la direction générale de la concurrence, de la consommation et de la répression des fraudes, 41, quai Branly, 75007 Paris, et destinée à identifier le fabricant ou l'importateur.

IV. *Les mentions utiles (selon le produit)*

L'article 3 du décret prévoit que la fiche technique d'identification d'un produit doit comporter, en plus des mentions obligatoires précitées, à l'exception de la mention du prix, toutes autres informations utiles au public concernant l'aptitude à l'emploi, le mode d'emploi et les précautions à prendre relatifs à ce produit.

1. *L'indication des conditions d'entretien*

Elle est obligatoire au vu de l'article 3 du décret, notamment lorsque certains produits d'entretien, de par leur composition chimique, sont incompatibles avec les finitions du meuble.

2. *L'indication des critères d'aptitude à l'emploi*

D'une manière générale, la qualification des parties apparentes des meubles ou des sièges doit être complétée par l'indication de critères d'aptitude à l'emploi ou de précisions sur les principales caractéristiques permettant d'apprécier les qualités substantielles des produits concernés. Elle peut se traduire par la description du type de suspension (mousse, ressorts, nappe synthétique, sangles, etc.) ; l'usage de la profession étant, à titre indicatif, de préciser la désignation et le pourcentage en masse des plumettes et duvets ainsi que la densité et la portance des mousses utilisées pour le garnissage des sièges, des matelas et des articles de literie (voir annexe).

3. *L'indication du mode d'emploi*

Elle est obligatoire sur les fiches techniques, notamment pour les articles vendus en kit ou pour les éléments à monter chez soi. Dans tous les cas, le mode d'emploi doit être rédigé en langue française et les schémas de montage doivent être suffisamment explicites.

Le fabricant ou l'importateur, en tant que responsable de la première mise sur le marché d'un produit, est tenu de vérifier que celui-ci est conforme aux prescriptions en vigueur relatives à la sécurité et à la santé des personnes, à la loyauté des transactions commerciales et à la protection des consommateurs. Il en résulte pour le fabricant l'obligation de mettre en place un système d'autocontrôle lui permettant d'assurer la maîtrise de la qualité de ses produits et pour l'importateur l'obligation de mettre en place un service Achat techniquement compétent et de procéder à des contrôles de réception des marchandises importées avant leur mise en vente.

Le fabricant ou l'importateur est tenu de justifier des vérifications et contrôles effectués, voire des mentions portées sur la fiche technique d'identification. A cet effet, les documents justificatifs exigibles au niveau de l'importateur (d'autres États membres de la CEE) sont : les certificats officiels, les certificats délivrés par un organisme agréé par les autorités de l'État membre de production, les attestations présentant un degré de garantie analogue. Quant au distributeur, il a l'obligation d'informer le consommateur, notamment sur les droits et obligations de chacune des parties.

Décret n° 95-949 du 25 août 1995,

Relatif à la prévention des risques résultant de l'usage des lits superposés destinés à être utilisés dans les lieux domestiques ou en collectivités.

Art. 1er Il est interdit de fabriquer, importer, mettre à disposition à titre gratuit ou onéreux, détenir en vue de la vente, mettre en vente, vendre ou distribuer à titre gratuit les lits superposés utilisés dans les lieux domestiques ou en collectivités qui ne respectent pas les dispositions du présent décret.

Art. 2 Pour l'application du présent décret, on entend par :

Lit superposé : un ensemble d'éléments qui peuvent être assemblés en un lit, celui-ci étant placé au-dessus d'un autre lit, ou en toute structure destinée à permettre un couchage à une hauteur au-dessus du sol supérieure ou égale à celle définie par les normes applicables.

Barrières de sécurité : éléments équipant les quatre côtés du lit supérieur et destinés à empêcher un occupant d'en tomber.

Art. 3 Les lits superposés doivent être conçus et réalisés de manière à éviter à l'utilisateur, dans les conditions normales d'utilisation ou dans des conditions raisonnablement prévisibles par le responsable de la première mise sur le marché, des dommages physiques.

Ces exigences sont satisfaites si les lits superposés respectent des spécifications de sécurité dimensionnelles et mécaniques prévues par les normes françaises ou par les normes étrangères reconnues équivalentes aux normes françaises, y compris en ce qui concerne les moyens d'essais et paramètres d'exécution.

Les références des normes susvisées seront publiées au *Journal officiel* de la République française. — *V. l'avis publié au JO 19 sept. 2015.*

Les lits superposés doivent présenter et conserver les propriétés de sécurité définies ci-dessus s'ils sont montés, installés, utilisés et entretenus conformément aux instructions et informations fournies par le responsable de la première mise sur le marché.

Art. 4 Le respect des prescriptions de l'article 3 du présent décret est attesté par la mention "conforme aux exigences de sécurité" qui doit être apposée sur le lit superposé et sur son emballage de façon visible, lisible et indélébile par le fabricant ou le responsable de la première mise sur le marché.

Art. 5 L'emploi de la mention prévue à l'article précédent n'est autorisé que si le lit superposé satisfait à l'une des obligations suivantes :

1. Avoir été fabriqué conformément aux normes de sécurité françaises ou étrangères le concernant *dont les références sont publiées au Journal officiel* de la République française.

Dans ce cas, le fabricant ou son mandataire établi sur le territoire d'un État membre de l'Union européenne ou d'un État partie à l'accord instituant l'Espace économique européen ou, à défaut, tout responsable de la première mise sur le marché tient à la disposition des agents chargés du contrôle un dossier comprenant, outre l'adresse des lieux de fabrication et d'entreposage, une description des moyens par lesquels le fabricant s'assure de la conformité de sa production aux normes publiées au *Journal officiel* de la République française.

Dans le cas des lits superposés bénéficiant d'une certification incluant dans son règlement technique les prescriptions prévues à l'article 3 et délivrée par un organisme agréé, le dossier mentionné au paragraphe précédent peut être remplacé par le certificat de conformité aux exigences de sécurité. Cet organisme français ou établi dans un État membre de la Communauté européenne ou de l'Association européenne de libre-échange pour lequel l'accord sur l'Espace économique européen est entré en vigueur est agréé par le ministre chargé de l'industrie, sur la base notamment des critères généraux de compétence définis par les normes de la série NF EN 45-000. Cette décision d'agrément fera l'objet d'une publicité au *Journal officiel* de la République française.

2. Être conforme à un modèle type bénéficiant d'une attestation de conformité aux exigences de sécurité définies à l'article 3 ci-dessus, délivrée à la suite d'un examen de type par un organisme français ou établi dans un État membre de la Communauté européenne ou de l'Association européenne de libre-échange pour lequel l'accord sur l'Espace économique européen est entré en vigueur. Cet organisme est agréé par le ministre chargé de l'industrie, sur la base notamment des critères généraux de compétence définis par les normes de la série NF EN 45-000. Cette décision d'agrément fera l'objet d'une publicité au *Journal officiel* de la République française.

Dans ce cas, le fabricant ou son mandataire établi sur territoire d'un État membre de l'Union européenne ou d'un État partie à l'accord instituant l'Espace économique européen ou, à défaut, tout responsable de la première mise sur le marché tient à la disposition des agents chargés du contrôle un dossier comprenant l'attestation de conformité aux exigences de sécurité ou une copie certifiée conforme, une description des moyens par lesquels le fabricant s'assure de la conformité de sa production au modèle examiné et l'adresse des lieux de fabrication et d'entreposage.

Le dossier visé aux 1 et 2 ci-dessus ou le certificat de conformité visé au 1 devra être conservé dix ans à compter de la date de la dernière mise sur le marché du lit superposé correspondant.

Art. 6 *(Décr. nº 99-465 du 2 juin 1999)* Une mention avertissant le consommateur que : "Le couchage en hauteur ne convient pas à des enfants de moins de six ans" doit être apposée sur le lit superposé de manière lisible, visible et indélébile.

Les produits mis sur le marché français, portant un message ou un pictogramme aisément compréhensible par le consommateur français et fournissant la même information, de manière lisible, visible et indélébile, sont réputés satisfaire aux dispositions de l'alinéa précédent.

Art. 7 Les lits superposés doivent être accompagnés à tous les stades du cycle commercial par une fiche technique d'identification portant, outre des indications utiles relatives à l'aptitude à l'emploi, le procédé de montage, le mode d'emploi et les précautions à prendre ainsi que la mention prévue à l'article 4.

Parmi les précautions à prendre il doit être expressément indiqué que "le couchage en hauteur ne convient pas à des enfants de moins de six ans".

Art. 8 Aux fins de contrôle et d'identification, la présentation de tout lit superposé doit comporter une mention permettant d'identifier le modèle et le lot de fabrication ou tout autre système d'identification de sa nature et de son origine et indiquer de façon visible, lisible et indélébile :

— *soit 1. Le nom,* la dénomination sociale et l'adresse en France du fabricant ou du responsable de la première mise sur le marché ;

— soit 2. Le nom du distributeur suivi d'une indication conventionnelle délivrée par la direction chargée de la répression des fraudes, destinée à identifier le fabricant ou le responsable de la première mise sur le marché.

L'adresse du fabricant, du responsable de la première mise sur le marché ou du distributeur peut ne figurer que sur l'emballage qui contient le produit.

Les autres indications doivent obligatoirement figurer sur le produit et sur la facture correspondante.

Art. 9 Seront punis des peines d'amende prévues pour les contraventions de la 5e classe :

1. Ceux qui auront fabriqué, importé, mis à disposition à titre gratuit ou onéreux, détenu en vue de la vente, mis en vente, vendu ou distribué à titre gratuit un lit superposé, *(Décr.*

nº 99-465 du 2 juin 1999) « qui ne satisfait pas aux prescriptions des articles 4, 6, 7 ou 8 ci-dessus ».

2. Le responsable de la première mise sur le marché qui ne sera pas en mesure de présenter les documents justifiant l'apposition de la mention "conforme aux exigences de sécurité" dans les conditions prévues à l'article 5.

En cas de récidive, la peine d'amende prévue pour la récidive des contraventions de la 5e classe sera applicable.

Art. 10 Les dispositions du présent décret entreront en vigueur douze mois après la date de publication au *Journal officiel* de la République française *[JO 29 août]*.

AMIANTE

Décret nº 96-1133 du 24 décembre 1996,

Relatif à l'interdiction de l'amiante, pris en application du code du travail et du code de la consommation.

BIBL. ▶ DELAVAL, *Gaz. Pal. 1997. 1. Doctr. 105.*

Art. 1er I. — Au titre de la protection des travailleurs, sont interdites, en application *(Ord. nº 2007-329 du 12 mars 2007, art. 3 ; Décr. nº 2008-244 du 7 mars 2008, art. 3)* « des articles L. 4411-1 à L. 4411-5, L. 4451-1, R. 4451-2, R. 4411-1 à R. 4411-4, R. 4451-1, R. 4722-2 du code du travail », la fabrication, la transformation, la vente, l'importation, la mise sur le marché national et la cession à quelque titre que ce soit de toutes variétés de fibres d'amiante, que ces substances soient ou non incorporées dans des matériaux, produits ou dispositifs.

II. — Au titre de la protection des consommateurs, sont interdites, en application de l'article *(Ord. nº 2016-301 du 14 mars 2016, art. 2, en vigueur le 1er juill. 2016)* « L. 422-2 » du code de la consommation, la fabrication, l'importation, la mise sur le marché national, l'exportation, la détention en vue de la vente, l'offre, la vente et la cession à quelque titre que ce soit de toutes variétés de fibres d'amiante et de tout produit en contenant.

III. — Les interdictions prévues aux I et II ne font pas obstacle à l'accomplissement des obligations résultant de la législation relative à l'élimination des déchets.

Art. 2 I. — A titre exceptionnel et temporaire, les interdictions édictées à l'article 1er ne s'appliquent pas à certains matériaux, produits ou dispositifs existants qui contiennent de la fibre de chrysotile lorsque, pour assurer une fonction équivalente, il n'existe aucun substitut à cette fibre qui :

— d'une part, présente, en l'état des connaissances scientifiques, un risque moindre que celui de la fibre de chrysotile pour la santé du travailleur intervenant sur ces matériaux, produits ou dispositifs ;

— d'autre part, donne toutes les garanties techniques de sécurité correspondant à la finalité de l'utilisation.

II. — Ne peuvent entrer dans le champ d'application du I du présent article que les matériaux, produits et dispositifs qui relèvent d'une des catégories figurant sur une liste limitative établie par arrêté des ministres chargés du travail, de la consommation, de l'environnement, de l'industrie, de l'agriculture et des transports. Afin de vérifier le bien-fondé du maintien de ces exceptions, la liste fait l'objet d'un réexamen annuel qui donne lieu à la consultation du Conseil supérieur de la prévention des risques professionnels et de la Commission nationale d'hygiène et de sécurité du travail en agriculture. — *V. Arr. du 12 juill. 2000 (JO 20 juill.) relatif aux exceptions à l'interdiction de l'amiante.*

Art. 3 I. — La fabrication, la transformation, l'importation et la mise sur le marché national de l'*un des matériaux, produits ou dispositifs* relevant d'une des catégories mentionnées sur la liste prévue à l'article 2 donnent lieu à une déclaration, souscrite selon les cas par le chef d'établissement, l'importateur ou le responsable de la mise sur le marché national, qui est adressée au ministre chargé du travail. Cette déclaration est faite chaque année au mois de janvier ou, le cas échéant, trois mois avant le commencement d'une activité nouvelle, ou la modification d'une production existante, selon un formulaire défini par

arrêté des ministres chargés du travail, de la consommation, de l'industrie et de l'agriculture.

Elle est obligatoirement assortie de toutes les justifications en la possession du déclarant permettant d'établir, compte tenu des progrès scientifiques et technologiques, que l'activité faisant l'objet de la déclaration répond, à la date à laquelle celle-ci est souscrite, aux conditions énoncées au I de l'article 2. – *V. 1er Arr. du 24 déc. 1996 (JO 26 déc.).*

II. – Une activité qui n'a pas fait l'objet d'une déclaration complète dans le délai prescrit ne peut bénéficier de l'exception prévue à l'article 2.

III. – A tout moment, le ministre chargé du travail peut transmettre à l'auteur de la déclaration les informations lui paraissant établir que le matériau, produit ou dispositif en cause, bien que relevant de l'une des catégories énumérées par la liste de l'article 2, ne satisfait pas aux conditions énoncées au I du même article. Après avoir sollicité les observations du déclarant, il peut le mettre en demeure de cesser cette fabrication, transformation, importation ou mise sur le marché national et de se conformer à l'interdiction énoncée à l'article 1er. Il peut rendre publique cette mise en demeure.

Art. 4 La fabrication et la transformation des matériaux, produits et dispositifs qui relèvent des catégories figurant sur la liste mentionnée à l'article 2 du présent décret doivent s'opérer conformément aux règles posées par les chapitres Ier et II et la section I du chapitre III du décret du 7 février 1996 susvisé *[no 96-98, relatif à la protection des travailleurs contre les risques liés à l'inhalation de poussières d'amiante].*

L'étiquetage et le marquage doivent être conformes aux exigences *(Ord. no 2007-329 du 12 mars 2007, art. 3 ; Décr. no 2008-244 du 7 mars 2008, art. 3)* **« des articles L. 4411-6, R. 4411-5, R. 4411-6, R. 4412-2 du code du travail » et aux règles posées par le décret du 28 avril 1988 susvisé** *[no 88-466, relatif aux produits contenant de l'amiante].*

Art. 5 Sans préjudice de l'application des sanctions pénales prévues prévues *(Ord. no 2007-329 du 12 mars 2007, art. 3)* **« aux articles L. 4741-1, L. 4741-9 du code du travail » en cas de violation des dispositions du I de l'article 1er du présent décret, le fait de fabriquer, importer, mettre sur le marché national, exporter, offrir, vendre, céder à quelque titre que ce soit ou détenir en vue de la vente toutes variétés de fibres d'amiante ou tout produit en contenant, en violation des dispositions du II de l'article 1er, est puni de la peine d'amende prévue pour les contraventions de la 5e classe.**

Le président du conseil d'administration de deux sociétés déclaré coupable de la contravention de détention en vue de la vente de produits contenant des fibres d'amiante ne peut invoquer la culpabilité du directeur général dès lors que les produits litigieux étaient commercialisés par ses sociétés et qu'il ne peut justifier d'une délégation de pouvoirs qui résulte nécessairement d'un contrat de travail. • Crim. 17 oct. 2000 : *Bull. crim. no 300; JCP 2001. IV. 1617; BID 2001, no 4, p. 27.*

Art. 6 *Modifie Décr. no 88-466 du 28 avr. 1988, JO 30 avr.*

Art. 7 *(Décr. no 2002-1528 du 24 déc. 2002, art. 1er)* **L'interdiction de détention en vue de la vente, de mise en vente et de cession à quelque titre que ce soit ne s'applique pas aux véhicules automobiles d'occasion, ni aux véhicules, matériels et appareils agricoles et forestiers d'occasion visés à l'article R. 311-1 du code de la route, mis en circulation avant la date d'entrée en vigueur du présent décret, à l'exception de ceux dont les plaquettes de freins à disque contiennent de l'amiante.**

Cette interdiction ne s'applique ni aux véhicules automobiles ni aux véhicules, matériels ***et appareils agricoles*** **et forestiers cédés en vue de leur destruction.**

Art. 8 Le présent décret entrera en vigueur le 1er janvier 1997.

APPAREILS DOMESTIQUES

Code de l'environnement

Conception, production et distribution de produits générateurs de déchets

Art. L. 541-10-2 *(L. no 2014-856 du 31 juill. 2014, art. 91)* **« En application du premier alinéa du II de l'article L. 541-10, tout producteur, importateur ou distributeur d'équipe-**

ments électriques et électroniques est tenu de pourvoir ou de contribuer à la prévention et à la gestion des déchets issus desdits produits. »

Les coûts de collecte *(L. n° 2014-856 du 31 juill. 2014, art. 91)* **« séparée » des déchets d'équipements électriques et électroniques ménagers supportés par les collectivités territoriales sont compensés par un organisme coordonnateur agréé qui leur reverse la fraction équivalente de la contribution financière qu'il reçoit des personnes mentionnées au premier alinéa.**

Al. abrogé par L. n° 2013-344 du 24 avr. 2013.

(Ord. n° 2010-1579 du 17 déc. 2010, art. 9-I) **« Le traitement »** *(L. n° 2008-757 du 1er août 2008, art. 10, 1°)* **« des déchets d'équipements électriques et électroniques ménagers » issus des collectes** *(L. n° 2014-856 du 31 juill. 2014, art. 91)* **« séparées »** *(L. n° 2010-788 du 12 juill. 2010, art. 191)* **« et de la reprise gratuite par les distributeurs** *(Abrogé par L. n° 2014-856 du 31 juill. 2014, art. 91)* **«*, lors de la vente d'un équipement électrique et électronique ménager,* » des équipements électriques et électroniques usagés que lui cède** *(L. n° 2014-856 du 31 juill. 2014, art. 91)* **« l'utilisateur »** *(Abrogé par L. n° 2014-856 du 31 juill. 2014, art. 91)* **«*, dans la limite de la quantité et du type d'équipement vendu,* »** *(Ord. n° 2012-34 du 11 janv. 2012, art. 16, en vigueur le 1er juill. 2013)* **« est assuré par des systèmes auxquels les personnes mentionnées au premier alinéa contribuent financièrement » de manière proportionnée et qui sont agréés ou approuvés par arrêtés conjoints des ministres chargés de l'économie, de l'industrie, de l'écologie et des collectivités territoriales.** *(Abrogé par L. n° 2014-856 du 31 juill. 2014, art. 91)* **« *Un décret en Conseil d'État détermine la sanction applicable en cas d'infraction aux dispositions du présent*** *(L. n° 2013-344 du 24 avr. 2013)* **« *alinéa* ». »** *(L. n° 2015-992 du 17 août 2015, art. 77-III)* **« Les opérateurs de gestion de déchets ne peuvent gérer des déchets d'équipements électriques et électroniques que s'ils disposent de contrats passés en vue de la gestion de ces déchets avec les éco-organismes agréés ou avec les systèmes individuels mis en place par les personnes mentionnées au même premier alinéa. »**

(L. n° 2013-344 du 24 avr. 2013) **« Jusqu'au 1er janvier 2020,** *(L. n° 2014-856 du 31 juill. 2014, art. 91)* **« toute personne qui fabrique, importe ou introduit sur le marché national à titre professionnel des équipements électriques et électroniques ménagers » ainsi que leurs acheteurs successifs font apparaître,** *(L. n° 2014-856 du 31 juill. 2014, art. 91)* **« jusqu'à l'utilisateur » final, sur les factures de vente de tout nouvel équipement électrique et électronique ménager, en sus du prix unitaire du produit, le coût unitaire supporté pour la gestion des déchets collectés** *(L. n° 2014-856 du 31 juill. 2014, art. 91)* **« séparément » issus des équipements électriques et électroniques ménagers mis sur le marché avant le 13 août 2005.**

« Ce coût unitaire est strictement égal au coût de la gestion desdits déchets. Il ne peut faire l'objet de réfaction. Les acheteurs répercutent à l'identique ce coût jusqu'au client final. Ce dernier en est informé sur le lieu de vente ou en cas de vente à distance, par tout procédé approprié. »

(L. n° 2014-856 du 31 juill. 2014, art. 91) **« Les équipements électriques et électroniques qui, jusqu'au 31 décembre 2013, étaient considérés comme professionnels et qui, par modification de la réglementation, sont considérés comme des équipements électriques et électroniques ménagers sont soumis aux quatrième et cinquième alinéas du présent article à partir du 1er janvier 2015.**

« Un décret en Conseil d'État précise les conditions d'application du présent article et les sanctions applicables en cas d'infraction. »

La 2e phrase du 3e al. de l'art. L. 541-10-2, dans sa rédaction résultant du III de l'art. 77 de la L. n° 2015-992 du 17 août 2015, s'applique à compter du 1er janv. 2017 pour les déchets d'équipements électriques et électroniques professionnels (L. préc., art. 77-V).

Produits ayant un impact sur la consommation d'énergie

Art. R. 224-61 *(Décr. n° 2011-764 du 28 juin 2011, art. 1er)* **Les dispositions de la présente section s'appliquent à tout bien ayant un impact sur la consommation d'énergie durant son utilisation, y compris les pièces détachées destinées aux utilisateurs finals dont la performance environnementale peut être évaluée de manière indépendante, à l'exclusion des moyens de transport de personnes ou de marchandises.**

Ces produits sont soumis dès leur conception à des exigences dénommées "exigences d'écoconception" visant à améliorer leur performance environnementale tout au long de

leur cycle de vie ou à rendre obligatoire la fourniture d'informations sur leurs caractéristiques environnementales.

Les exigences d'écoconception propres à chacune des catégories de produits auxquels s'appliquent les dispositions de la présente section sont définies par les mesures d'exécution prises par la Commission européenne en application de l'article 15 de la directive 2009/125/CE du Parlement européen et du Conseil du 21 octobre 2009 établissant un cadre pour la fixation d'exigences en matière d'écoconception applicables aux produits liés à l'énergie.

Art. R. 224-62 *(Décr. n° 2011-764 du 28 juin 2011, art. 1er)* Avant de mettre sur le marché ou de mettre en service un produit, le fabricant ou son mandataire procède ou fait procéder à une évaluation de la conformité du produit aux exigences de la mesure d'exécution applicable dans des conditions définies par arrêté du ministre chargé de l'énergie. — *V. Arr. du 3 août 2011 relatif aux modalités d'évaluation de la conformité des produits ayant un impact sur la consommation d'énergie (JO 23 août).*

Art. R. 224-63 *(Décr. n° 2011-764 du 28 juin 2011, art. 1er)* Un produit conforme aux normes harmonisées dont les numéros de référence ont été publiés au *Journal officiel de l'Union européenne* est réputé conforme à toutes les exigences pertinentes de la mesure d'exécution applicable.

Un produit auquel a été attribué le label écologique de l'Union européenne en application du règlement (CE) n° 66/2010 du Parlement européen et du Conseil du 25 novembre 2009 établissant le label écologique de l'Union européenne, ou un autre label écologique satisfaisant à des conditions équivalentes, est réputé conforme à toutes les exigences de la mesure d'exécution qui lui est applicable dès lors que ces exigences sont couvertes par le label écologique.

Art. R. 224-64 *(Décr. n° 2011-764 du 28 juin 2011, art. 1er)* Le fabricant ou son mandataire déclare le produit conforme à toutes les dispositions pertinentes de la mesure d'exécution applicable mentionnée à l'article R. 224-68 par une déclaration de conformité contenant les éléments suivants :

1° Le nom et l'adresse du fabricant ou son mandataire ;

2° Une description du modèle permettant une identification sans équivoque ;

3° Le cas échéant :

— les références des normes harmonisées appliquées ;

— les autres normes et spécifications techniques utilisées ;

— la référence à d'autres textes européens relatifs à l'apposition du marquage CE ;

4° L'identification et la signature de la personne habilitée à agir au nom du fabricant ou de son mandataire.

Art. R. 224-65 *(Décr. n° 2011-764 du 28 juin 2011, art. 1er)* Avant la mise sur le marché ou la mise en service, un marquage CE est apposé par le fabricant ou son mandataire sur tout produit conforme, dans les conditions prévues à l'annexe III de la directive 2009/125/CE du Parlement européen et du Conseil du 21 octobre 2009 établissant un cadre pour la fixation d'exigences en matière d'écoconception applicables aux produits liés à l'énergie.

Art. R. 224-66 *(Décr. n° 2011-764 du 28 juin 2011, art. 1er)* Le fabricant ou son mandataire conserve tous les documents relatifs à l'évaluation de la conformité effectuée et aux déclarations de conformité délivrées pendant les dix années suivant la fabrication du dernier produit mis sur le marché ou mis en service.

Art. R. 224-67 *(Décr. n° 2011-764 du 28 juin 2011, art. 1er)* Les obligations résultant de la présente section incombent à l'importateur du produit lorsque ni le fabricant ni son mandataire ne sont établis dans l'Union européenne.

Art. R. 224-68 *(Décr. n° 2011-764 du 28 juin 2011, art. 1er)* Les mesures d'exécution prises pour l'application de l'article 15 de la directive 2009/125/CE du Parlement européen et du Conseil du 21 octobre 2009 établissant un cadre pour la fixation d'exigences en matière d'écoconception applicables aux produits liés à l'énergie sont les suivantes :

1° Règlement (CE) n° 1275/2008 de la Commission du 17 décembre 2008 portant application de la directive 2005/35/CE du Parlement européen et du Conseil en ce qui concerne les exigences d'écoconception relatives à la consommation d'électricité en mode veille et en mode arrêt des équipements ménagers et de bureau électriques et électroniques ;

2° Règlement (CE) n° 107/2009 de la Commission du 4 février 2009 portant application de la directive 2005/35/CE du Parlement européen et du Conseil concernant les exigences relatives à l'écoconception des décodeurs simples ;

3° Règlement (CE) n° 244/2009 de la Commission du 18 mars 2009 portant application de la directive 2005/35/CE du Parlement européen et du Conseil en ce qui concerne les exigences relatives à l'écoconception des lampes à usage domestique non dirigées, modifié par le règlement (CE) n° 859/2009 du 18 septembre 2009 ;

4° Règlement (CE) n° 245/2009 de la Commission du 18 mars 2009 portant application de la directive 2005/35/CE du Parlement européen et du Conseil en ce qui concerne les exigences en matière d'écoconception applicables aux lampes fluorescentes sans ballast intégré, aux lampes à décharge à haute intensité ainsi qu'aux ballasts et luminaires qui peuvent faire fonctionner ces lampes ;

5° Règlement (CE) n° 278/2009 de la Commission du 6 avril 2009 portant application de la directive 2005/35/CE du Parlement européen et du Conseil en ce qui concerne les exigences d'écoconception relatives à la consommation d'électricité hors charge et au rendement moyen en mode actif des sources *[d']* alimentations externes ;

6° Règlement (CE) n° 640/2009 de la Commission du 22 juillet 2009 portant application de la directive 2005/35/CE du Parlement européen et du Conseil concernant les exigences relatives à l'écoconception des moteurs électriques ;

7° Règlement (CE) n° 641/2009 de la Commission du 22 juillet 2009 portant application de la directive 2005/35/CE du Parlement européen et du Conseil concernant les exigences d'écoconception applicables aux circulateurs sous presse-étoupe indépendants et aux circulateurs sous presse-étoupe intégrés dans des produits ;

8° Règlement (CE) n° 642/2009 de la Commission du 22 juillet 2009 portant application de la directive 2005/35/CE du Parlement européen et du Conseil en ce qui concerne les exigences relatives à l'écoconception des téléviseurs ;

9° Règlement (CE) n° 643/2009 de la Commission du 22 juillet 2009 portant application de la directive 2005/35/CE du Parlement européen et du Conseil en ce qui concerne les exigences d'écoconception applicables aux appareils de réfrigération ménagers ;

10° Règlement (UE) n° 1015/2010 de la Commission du 10 novembre 2010 portant application de la directive 2005/35/CE du Parlement européen et du Conseil en ce qui concerne les exigences d'écoconception applicables aux lave-linge ménagers ;

11° Règlement (UE) n° 1016/2010 de la Commission du 10 novembre 2010 portant application de la directive 2005/35/CE du Parlement européen et du Conseil en ce qui concerne les exigences d'écoconception applicables aux lave-vaisselle ménagers.

....

Art. R. 226-11 Est puni de l'amende prévue pour les contraventions de la 5e classe le fait :

1° *(Décr. n° 2011-764 du 28 juin 2011, art. 2)* « D'importer, de mettre sur le marché ou de mettre en service un produit sans respecter les dispositions des articles R. 224-64 et R. 224-65 ;

« 2° Pour tout importateur ou responsable de la mise sur le marché ou en service d'un produit, de ne pas être en mesure de présenter aux agents chargés du contrôle la documentation technique prévue à l'article R. 224-66 dans un délai de quinze jours après qu'ils en ont formulé la demande. » — *[Décr. n° 98-257 du 31 mars 1998, art. 7]*.

Art. R. 226-12 Est puni de l'amende prévue pour les contraventions de 3e classe le fait d'importer ou de mettre sur le marché un appareil de réfrigération comportant des marques ou inscriptions de nature à créer une confusion avec le marquage "CE". — *[Décr. n° 98-257 du 31 mars 1998, art. 8]*.

Recommandation CCA n° 82-03 du 14 mai 1982,

Concernant les contrats d'installation de cuisine (BOCC 22 déc. 1982).

V. ce texte (installation de mobilier et d'appareils ménagers — « cuisines équipées »), v° Ameublement.

Arrêté du 3 juin 1998,

Portant application du décret n° 94-566 du 7 juillet 1994 modifié en ce qui concerne l'indication de la consommation d'énergie des lavantes-séchantes domestiques combinées.

Art. 1er Les dispositions du présent arrêté s'appliquent aux lavantes-séchantes domestiques combinées, alimentées exclusivement par le réseau de distribution d'énergie électrique basse tension.

Art. 2 Lorsqu'ils sont proposés à la vente, à la location ou à la location-vente, les appareils visés à l'article 1er doivent être :

– munis d'une étiquette conforme aux dispositions de l'article 3 du présent arrêté indiquant notamment leur consommation en énergie et leurs performances ;

– accompagnés d'une fiche d'information précisant les indications portées sur l'étiquette susmentionnée et conforme aux dispositions de l'article 4 du présent arrêté.

Art. 3 L'étiquette prévue à l'article 2 ci-dessus est conforme au modèle figurant à l'annexe I. Elle est renseignée selon les indications précisées aux annexe I et IV du présent arrêté.

Les rubriques I, II, III, V, VI, VII, VIII, IX, X, XI et XIII de l'étiquette doivent être renseignées. Les rubriques IV et XII sont renseignées de manière facultative.

L'étiquette est fournie par le fabricant ou son mandataire établi sur le territoire de l'un des États membres de l'Union européenne ou, à défaut, par toute personne qui propose au consommateur un des appareils énumérés à l'article 1er du présent arrêté.

Elle est placée sur l'appareil par la personne qui l'expose à la vente, à la location ou à la location-vente de manière à être clairement visible.

Art. 4 La fiche d'information prévue à l'article 2 ci-dessus est établie et présentée conformément aux dispositions de l'annexe II du présent arrêté.

Elle est fournie par le fabricant ou son mandataire établi sur le territoire de l'un des États membres de l'Union européenne ou, à défaut, par toute personne qui propose au consommateur un des appareils énumérés à l'article 1er du présent arrêté.

Elle est tenue à la disposition de l'acquéreur potentiel par la personne qui l'expose à la vente, à la location ou à la location-vente.

Elle peut être partie d'une brochure ou d'un catalogue ou tout autre support équivalent.

Les rubriques 1, 2, 3, 5, 6, 7, 8, 9, 10, 11, 12, 13, 14, 16, et 17 doivent être renseignées. Les rubriques 4, 15 et 18 sont renseignées de manière facultative.

Art. 5 Par dérogation aux dispositions de l'article 2 du présent arrêté, si l'un des appareils visés à l'article 1er du présent arrêté est offert à la vente, à la location ou à la location-vente au moyen d'une communication à distance sous forme imprimée, et notamment un catalogue de vente par correspondance, cette communication comprend les informations figurant à l'annexe III du présent arrêté.

Les rubriques 1, 2, 3, 4, 5, 6, 7, 8, 9, 10, 11 et 12 doivent être renseignées ; la rubrique 13 est renseignée de manière facultative.

Art. 6 La documentation visée à l'article 3 du décret du 4 *[7]* juillet 1994 modifié susvisé *[nº 94-566 ; abrogé]*, que le fabricant ou son mandataire établi sur le territoire de l'un des États membres de l'Union européenne ou, à défaut, toute personne qui propose au consommateur un des appareils énumérés à l'article 1er du présent arrêté tient à la disposition des agents chargés du contrôle, comprend les informations suivantes :

– le nom et l'adresse du fournisseur ;

– une description générale du produit permettant de l'identifier ;

– des informations, éventuellement sous forme de dessins, relatives aux caractéristiques essentielles de la conception du produit, notamment aux éléments exerçant une influence notable sur sa consommation d'énergie ;

– les rapports d'essais et de mesures réalisés sur un modèle conformément aux procédures fixées par les normes visées à l'article 7 du présent arrêté.

Art. 7 Les informations prévues par l'étiquette et la fiche d'information visées à l'article 2 du présent arrêté, ainsi que celles figurant dans la documentation visée à l'article 6 ci-dessus sont déterminées conformément aux normes dont les références sont publiées au *Journal officiel* de la République française.

Art. 8 Les dispositions du présent arrêté s'appliquent aux appareils visés à l'article 1er et fabriqués six mois après la publication au *Journal officiel* de la République française des références des normes nécessaires à la détermination des informations qui doivent figurer sur l'étiquette et sur la fiche d'information visées à l'article 2 du présent arrêté.

ANNEXES

V. les annexes au ***C. consom.*** .

Décret n° 2002-478 du 3 avril 2002,

Relatif aux réfrigérateurs à usage domestique, aux thermomètres et autres dispositifs destinés à indiquer la température dans ces appareils.

Art. 1er Il est interdit de mettre à disposition à titre gratuit ou onéreux, détenir en vue de la vente, mettre en vente, vendre ou distribuer à titre gratuit un réfrigérateur à usage domestique, quelle que soit sa classe climatique, qui ne satisfait pas aux exigences suivantes :

1° Posséder une zone d'entreposage dans laquelle une température moyenne inférieure ou égale à + 4°C peut être maintenue. Cette zone est identifiée par une signalétique lisible, visible et indélébile, sous forme littérale, graphique ou de couleur ;

2° Être accompagné d'un dispositif destiné à indiquer la température dans la zone inférieure ou égale à + 4°C conforme aux exigences définies par le présent décret ;

3° Comporter un dispositif destiné à réguler les températures ;

4° Être accompagné d'une notice d'utilisation :

— expliquant la signalétique prévue au 1° ;

— décrivant les règles d'hygiène à respecter pour l'entretien de l'appareil, notamment les procédures de nettoyage et de désinfection ;

— indiquant les zones à utiliser en fonction de la nature des aliments et donnant des recommandations relatives à la protection des denrées et à la séparation des denrées afin d'éviter les contaminations croisées entre aliments de nature différente ;

— comportant des consignes de réglage des températures, lorsque celui-ci est manuel.

Les dispositions relatives à l'identification des zones d'entreposage ne sont pas applicables aux réfrigérateurs à air pulsé.

Art. 2 Il est interdit de mettre à disposition à titre gratuit ou onéreux, détenir en vue de la vente, mettre en vente, vendre ou distribuer à titre gratuit un thermomètre ou un autre dispositif destiné à indiquer si la température mesurée est inférieure ou supérieure à + 4°C dans les réfrigérateurs à usage domestique, qui ne satisfait pas aux prescriptions suivantes :

1° Ne pas contenir du mercure ;

2° L'étendue de mesure doit contenir un intervalle de température de – 2°C et + 15 °C ;

3° L'échelon ne doit pas être supérieur à 0,5°C ;

4° L'erreur maximale tolérée, en plus ou en moins, est égale à 1°C pour l'intervalle de température figurant au 2° ;

5° Avoir une inertie de mesure d'au moins 30 secondes ;

6° Être accompagné d'informations indiquant les conditions d'utilisation et les modalités de relevé des températures, notamment la durée de mesure de la température.

Les dispositifs destinés à indiquer si la température mesurée est inférieure ou supérieure à + 4°C, présentés sous forme d'un indicateur binaire, doivent répondre aux exigences définies au 1° et du 4° au 6°.

Art. 3 Est puni des peines d'amendes prévues pour les contraventions de la 5e classe le fait de mettre à disposition à titre gratuit ou onéreux, détenir en vue de la vente, mettre en vente, vendre ou distribuer à titre gratuit un réfrigérateur qui ne satisfait pas aux prescriptions de l'article 1er du présent décret et un thermomètre ou autre dispositif qui ne satisfait pas aux prescriptions de l'article 2 du présent décret.

Les personnes morales peuvent être déclarées pénalement responsables des infractions définies à l'alinéa 1, dans les conditions prévues aux articles 121-2 et 131-40 du code pénal. Elles encourent les peines d'amende selon les modalités prévues à l'article 131-41 du même code.

En cas de récidive, la peine prévue pour la récidive des contraventions de la 5e classe est applicable.

Art. 4 Les dispositions du présent décret ne s'opposent pas à la mise sur le marché et à la mise à disposition des réfrigérateurs et des dispositifs destinés à indiquer la température dans ces appareils légalement commercialisés dans un État membre de la Communauté européenne ou un autre État partie à l'accord instituant l'Espace économique européen et assurant un niveau de performance équivalent.

Art. 5 Les dispositions du présent décret entrent en vigueur six mois après la date de sa publication.

Directive 2010/30/UE du Parlement européen et du Conseil du 19 mai 2010,

Concernant l'indication, par voie d'étiquetage et d'informations uniformes relatives aux produits, de la consommation en énergie et en autres ressources des produits liés à l'énergie.

Art. 1er *Champ d'application.* 1. La présente directive établit un cadre pour l'harmonisation des mesures nationales concernant l'information des utilisateurs finals, notamment par voie d'étiquetage et d'informations uniformes relatives aux produits, sur la consommation d'énergie et, le cas échéant, d'autres ressources essentielles pendant l'utilisation ainsi que des renseignements complémentaires relatifs aux produits liés à l'énergie, permettant ainsi aux utilisateurs finals de choisir des produits ayant un meilleur rendement.

2. La présente directive s'applique aux produits liés à l'énergie qui ont une incidence significative directe ou indirecte sur la consommation d'énergie et, le cas échéant, sur d'autres ressources essentielles pendant leur utilisation.

3. La présente directive ne s'applique pas :

a) aux produits d'occasion ;

b) à tout moyen de transport de personnes ou de marchandises ;

c) à la plaquette de puissance ou son équivalent, apposée pour des motifs de sécurité sur les produits.

Art. 2 *Définitions.* Aux fins de la présente directive, on entend par :

a) "produit lié à l'énergie" ou "produit", tout bien ayant une incidence sur la consommation d'énergie pendant son utilisation et mis sur le marché et/ou mis en service dans l'Union, y compris les pièces prévues pour être intégrées dans un produit lié à l'énergie régi par la présente directive et qui sont mises sur le marché et/ou mises en service sous forme de pièces détachées destinées aux utilisateurs finals et dont la performance environnementale peut être évaluée de manière indépendante ;

b) "fiche", un tableau d'information uniformisé relatif à un produit ;

c) "autres ressources essentielles", l'eau, les produits chimiques ou toute autre substance consommée par un produit au cours d'une utilisation normale ;

d) "renseignements complémentaires", les autres renseignements relatifs au rendement et aux caractéristiques d'un produit, fondés sur des données mesurables, qui concernent ou aident à évaluer sa consommation en énergie ou en autres ressources essentielles ;

e) "incidence directe", l'incidence des produits qui consomment réellement de l'énergie pendant l'utilisation ;

f) "incidence indirecte", l'incidence des produits qui ne consomment pas d'énergie mais qui contribuent à la conservation d'énergie pendant l'utilisation ;

g) "distributeur", un détaillant ou toute autre personne qui vend, loue, offre en location-vente ou expose des produits à destination de l'utilisateur final ;

h) "fournisseur", le fabricant ou son représentant agréé dans l'Union ou l'importateur qui met le produit sur le marché ou le met en service dans l'Union. En leur absence, toute personne physique ou morale qui met sur le marché ou met en service des produits relevant de la présente directive est considérée comme un fournisseur ;

i) "mise sur le marché", la première mise à disposition sur le marché de l'Union d'un produit en vue de sa distribution ou de son utilisation dans l'Union, à titre onéreux ou gratuit, indépendamment de la technique de vente mise en œuvre ;

j) "mise en service", la première utilisation d'un produit, aux fins pour lesquelles il a été conçu, dans l'Union ;

k) "utilisation non autorisée de l'étiquette", l'utilisation de l'étiquette par un utilisateur autre que les autorités d'un État membre ou les institutions de l'Union, d'une manière non prévue dans la présente directive ou dans un acte délégué.

Art. 3 *Responsabilités des États membres.* 1. Les États membres veillent à ce que :

a) tous les fournisseurs et distributeurs établis sur leur territoire remplissent les obligations établies aux articles 5 et 6 ;

b) si elle risque d'induire en erreur l'utilisateur final ou de créer chez lui une confusion en ce qui concerne la consommation d'énergie ou, le cas échéant, d'autres ressources essentielles pendant l'utilisation, l'apposition d'autres étiquettes, marques, symboles ou inscriptions qui ne satisfont pas aux exigences de la présente directive et des actes délégués correspondants soit interdite sur les produits régis par la présente directive ;

c) l'introduction du système d'étiquettes et de fiches relatif à la consommation ou aux économies d'énergie soit assortie de campagnes d'information à caractère éducatif et promotionnel destinées à promouvoir l'efficacité énergétique et une utilisation plus responsable de l'énergie de la part des utilisateurs finals ;

d) des mesures appropriées soient prises pour encourager les autorités nationales ou régionales responsables de la mise en œuvre de la présente directive à coopérer et à s'échanger des informations, ainsi qu'à échanger des informations avec la Commission, en vue de faciliter l'application de la présente directive. La coopération administrative et l'échange d'informations reposent autant que possible sur les moyens de communication électroniques, sont efficaces au regard du coût et peuvent bénéficier de l'assistance des programmes pertinents de l'Union. Cette coopération garantit la sécurité et la confidentialité du traitement et la protection des informations sensibles communiquées dans le cadre de cette procédure, le cas échéant. La Commission prend les mesures appropriées pour encourager la coopération entre États membres visée au présent point, et pour y contribuer.

2. Lorsqu'un État membre constate qu'un produit ne respecte pas toutes les exigences prévues par la présente directive et ses actes délégués en ce qui concerne l'étiquette et la fiche, le fournisseur est tenu de mettre ce produit en conformité avec ces exigences dans des conditions effectives et proportionnées fixées par ledit État membre.

Lorsque la non-conformité d'un produit a clairement été établie, l'État membre concerné prend les mesures préventives nécessaires, ainsi que des mesures visant à assurer la conformité du produit dans un délai précis, compte tenu du préjudice occasionné.

Si la non-conformité persiste, l'État membre concerné prend une décision restreignant ou interdisant la mise sur le marché et/ou la mise en service du produit en question ou veille à ce qu'il soit retiré du marché. Si le produit est retiré du marché ou si sa mise sur le marché est interdite, la Commission et les autres États membres en sont immédiatement informés.

3. Tous les quatre ans, les États membres soumettent à la Commission un rapport contenant des informations détaillées sur leurs activités de mise en œuvre et le niveau de conformité sur leur territoire.

La Commission peut fournir des précisions sur le contenu commun de ces rapports dans des lignes directrices.

4. La Commission fournit régulièrement au Parlement européen et au Conseil pour information une synthèse desdits rapports.

Art. 4 *Obligations d'information.* Les États membres veillent à ce que :

a) l'information sur la consommation en énergie électrique et en autres formes d'énergie ainsi que, le cas échéant, en autres ressources essentielles pendant l'utilisation et les informations complémentaires soient, conformément aux actes délégués adoptés en vertu de la présente directive, portées à la connaissance des utilisateurs finals au moyen d'une fiche et d'une étiquette relatives aux produits offerts à la vente, à la location ou à la location-vente ou exposés à destination de l'utilisateur final, directement ou indirectement par tout mode de vente à distance, y compris l'internet ;

b) l'information visée au point a) ne soit fournie pour les produits intégrés ou installés que lorsque l'acte délégué qui leur est applicable l'exige ;

c) toute publicité, dans laquelle des informations ayant trait à l'énergie ou au prix sont divulguées, pour un modèle spécifique de produits liés à l'énergie régis par un acte délégué adopté en vertu de la présente directive, comporte une référence à la classe d'efficacité énergétique du produit ;

d) tout matériel promotionnel technique sur les produits liés à l'énergie qui décrit les paramètres techniques spécifiques d'un produit, à savoir les manuels techniques et les brochures de fabricant, qu'il soit imprimé ou disponible en ligne, fournisse aux utilisateurs finals les informations nécessaires concernant la consommation d'énergie ou comporte une référence à la classe d'efficacité énergétique du produit.

Art. 5 *Responsabilités des fournisseurs.* Les États membres veillent à ce que :

a) les fournisseurs qui mettent sur le marché ou qui mettent en service les produits régis par un acte délégué fournissent une étiquette et une fiche conformément à la présente directive et à l'acte délégué ;

b) les fournisseurs produisent une documentation technique suffisante pour permettre d'évaluer l'exactitude des informations figurant sur l'étiquette et sur la fiche. Cette documentation technique comprend :

i) une description générale du produit,

ii) s'il y a lieu, les résultats des calculs de conception effectués,

iii) les rapports d'essais, s'ils sont disponibles, y compris ceux effectués par des organismes notifiés compétents, tels que définis aux termes d'autres réglementations de l'Union,

iv) lorsque les chiffres sont utilisés pour des modèles similaires, les références permettant l'identification de ces derniers.

A cette fin, les fournisseurs peuvent utiliser la documentation déjà établie conformément aux exigences établies dans la législation pertinente de l'Union ;

c) les fournisseurs mettent cette documentation technique à disposition, aux fins de contrôle, pendant une période prenant fin cinq ans après la fabrication du dernier produit concerné.

Les fournisseurs mettent à la disposition des autorités de surveillance du marché des États membres et de la Commission une version électronique de la documentation technique, si elles en font la demande, dans un délai de dix jours ouvrables suivant la réception de la demande de l'autorité compétente d'un État membre ou de la Commission ;

d) les fournisseurs fournissent gratuitement aux distributeurs les étiquettes nécessaires, en ce qui concerne l'étiquetage et les informations relatives aux produits.

Sans préjudice de la possibilité de choisir leur système de livraison des étiquettes, les fournisseurs livrent rapidement les étiquettes aux distributeurs qui en font la demande ;

e) les fournisseurs fournissent, outre les étiquettes, une fiche d'information ;

f) les fournisseurs incluent une fiche d'information dans toutes les brochures relatives au produit. Lorsque le fournisseur ne fournit pas de brochures relatives au produit, il fournit des fiches dans les autres documents fournis avec le produit ;

g) les fournisseurs soient responsables de l'exactitude des informations figurant sur les étiquettes et les fiches qu'ils fournissent ;

h) les fournisseurs soient réputés avoir marqué leur accord pour la publication des informations figurant sur l'étiquette ou dans la fiche.

Art. 6 *Responsabilités des distributeurs.* Les États membres veillent à ce que :

a) les distributeurs apposent correctement, de façon visible et lisible, les étiquettes et qu'ils incluent la fiche dans la brochure relative au produit ou dans les autres documents fournis avec le produit au moment de sa vente à l'utilisateur final ;

b) les distributeurs apposent, chaque fois qu'un produit régi par un acte délégué est exposé, une étiquette appropriée à l'emplacement bien visible prévu dans l'acte délégué applicable et dans la langue appropriée.

Art. 7 *Vente à distance et autres formes de vente.* Lorsque les produits sont offerts à la vente, à la location ou à la location-vente par correspondance, sur catalogue, via l'internet, par démarchage téléphonique ou par tout autre moyen qui implique qu'on ne peut pas s'attendre à ce que l'utilisateur final potentiel voie le produit exposé, les actes délégués contiennent des dispositions visant à garantir que les utilisateurs finals potentiels reçoivent les informations relatives au produit figurant sur l'étiquette et dans la fiche avant d'acheter le produit. Les actes délégués précisent, le cas échéant, la façon dont l'étiquette ou la fiche, ou les informations qu'elles contiennent, sont montrées ou fournies à l'utilisateur final potentiel.

Art. 8 *Libre circulation.* 1. Les États membres ne peuvent pas interdire, restreindre ou empêcher la mise sur le marché ou la mise en service, sur leur territoire, des produits qui sont régis par la présente directive ou l'acte délégué applicable et qui y satisfont.

2. Jusqu'à preuve du contraire, les États membres considèrent que les étiquettes et les fiches satisfont aux dispositions de la présente directive et des actes délégués. Ils exigent que les fournisseurs apportent des preuves au sens de l'article 5 quant à l'exactitude des

informations figurant sur leurs étiquettes ou fiches, lorsqu'ils ont des raisons de soupçonner que ces informations sont incorrectes.

Art. 9 *Passation de marchés publics et mesures d'incitation. — V. JOUE L 153 du 18 juin 2010.*

Art. 10 *Actes délégués.* 1. La Commission définit les spécifications relatives à l'étiquette et à la fiche au moyen d'actes délégués conformément aux articles 11, 12 et 13, pour chaque type de produit conformément au présent article.

Le produit qui satisfait aux critères énoncés au paragraphe 2 est régi par un acte délégué conformément au paragraphe 4.

Les dispositions des actes délégués concernant les informations figurant sur l'étiquette et dans la fiche, relatives à la consommation du produit en énergie ou en autres ressources essentielles pendant son utilisation, permettent aux utilisateurs finals d'effectuer leur achat en meilleure connaissance de cause et aux autorités de surveillance du marché de vérifier si les produits satisfont aux informations fournies.

Lorsqu'un acte délégué prévoit des dispositions concernant à la fois l'efficacité énergétique et la consommation du produit en ressources essentielles, le dessin et le contenu de l'étiquette mettent en évidence l'efficacité énergétique du produit.

2. Les critères visés au paragraphe 1 sont les suivants :

a) les produits doivent avoir un potentiel élevé d'économies d'énergie et, le cas échéant, d'autres ressources essentielles, compte tenu des chiffres disponibles les plus récents et des quantités mises sur le marché de l'Union ;

b) les produits disponibles sur le marché présentant des fonctionnalités équivalentes doivent avoir des niveaux de performances pertinents très variés ;

c) la Commission tient compte de la législation de l'Union et des mesures d'autorégulation pertinentes, telles que les accords volontaires, qui visent à atteindre les objectifs stratégiques plus rapidement ou à un moindre coût que des exigences contraignantes.

3. Lorsqu'elle élabore un projet d'acte délégué, la Commission :

a) tient compte des caractéristiques environnementales énoncées à l'annexe I, partie 1, de la directive 2009/125/CE qui sont considérées comme significatives dans la mesure d'exécution applicable adoptée au titre de la directive 2009/125/CE et qui présentent un intérêt pour l'utilisateur final pendant l'utilisation du produit ;

b) évalue les incidences de l'acte sur l'environnement, les utilisateurs finals et les fabricants, notamment les incidences sur les petites et moyennes entreprises (PME) en termes de compétitivité, y compris sur les marchés des pays tiers, de l'innovation, de l'accès au marché et des coûts et avantages ;

c) consulte les parties intéressées de manière appropriée ;

d) fixe la ou les dates d'application, les mesures ou périodes transitoires ou mises en œuvre par étapes, compte tenu notamment des conséquences éventuelles pour les PME, ou pour des groupes de produits spécifiques essentiellement fabriqués par des PME.

4. Les actes délégués indiquent en particulier :

a) la définition exacte du type de produits à mentionner ;

b) les normes et les méthodes de mesure à appliquer pour obtenir les informations visées à l'article 1er, paragraphe 1 ;

c) les précisions relatives à la documentation technique exigée en vertu de l'article 5 ;

d) le dessin et le contenu de l'étiquette visée à l'article 4, qui, dans toute la mesure du possible, présente des caractéristiques uniformes quant au dessin dans l'ensemble des groupes de produits et est, dans tous les cas, clairement visible et lisible. Le modèle de l'étiquette utilise comme base la classification « A à G » ; les degrés de la classification correspondent à des économies significatives d'énergie et de coût pour les utilisateurs finals.

Trois classes supplémentaires peuvent être ajoutées à la classification en fonction des progrès technologiques. Ces classes supplémentaires seront désignées par les signes A+, A++ et A+++ pour la classe la plus efficace. En principe, le nombre total de classes sera limité à sept, sauf si un plus grand nombre de classes sont encore peuplées.

L'échelle de couleurs comprend au maximum sept couleurs différentes allant du vert foncé au rouge. Seul le code couleur de la classe la plus élevée est toujours le vert foncé. S'il y a plus de sept classes, seule la couleur rouge peut être subdivisée.

La classification est revue en particulier lorsque, dans le marché intérieur, une proportion importante de produits atteint les deux classes d'efficacité énergétique les plus élevées et lorsque des économies supplémentaires peuvent être réalisées par une plus grande différenciation des produits.

Les critères détaillés pour une éventuelle reclassification des produits sont, le cas échéant, définis au cas par cas dans l'acte délégué applicable ;

e) l'endroit où l'étiquette doit être apposée sur le produit exposé et la manière dont l'étiquette et/ou l'information doit être fournie dans le cas des offres de vente prévues par l'article 7. Si nécessaire, les actes délégués peuvent prévoir que l'étiquette est apposée sur le produit ou imprimée sur l'emballage, ou définir des exigences relatives à l'impression des étiquettes dans les catalogues ou à leur utilisation dans le cas des ventes à distance et des ventes via l'internet ;

f) le contenu de la fiche ou des informations complémentaires prévues à l'article 4 et à l'article 5, point c), et, si nécessaire, son format ainsi que d'autres précisions à cet égard. Les informations figurant sur l'étiquette sont également incluses dans la fiche ;

g) le contenu spécifique de l'étiquette indiquant, notamment, selon le cas, la classe énergétique et d'autres niveaux pertinents de performance du produit, de façon lisible et visible ;

h) la durée du classement énergétique, le cas échéant, conformément au point d) ;

i) le degré d'exactitude des informations figurant sur l'étiquette et dans les fiches ;

j) la date à laquelle l'acte délégué sera évalué et, éventuellement, modifié, en tenant compte du rythme des progrès technologiques.

V., infra, Règl. délégué (UE) n° 1059/2010 de la Commission du 28 sept. 2010 complétant la Dir. 2010/30/UE du Parlement européen et du Conseil en ce qui concerne l'indication, par voie d'étiquetage, de la consommation d'énergie des lave-vaisselle ménagers ; ... n° 1060/2010 en ce qui concerne les appareils de réfrigération ménagers ; ... n° 1061/2010 en ce qui concerne les lave-linge ménagers ; ... n° 1062/2010 en ce qui concerne les téléviseurs ; ... n° 626/2011 du 4 mai 2011 en ce qui concerne les climatiseurs ; ... n° 392/2012 du 1er mars 2012 en ce qui concerne les sèche-linge domestiques à tambour ; ... n° 874/2012 du 12 juill. 2012 en ce qui concerne les lampes électriques et les luminaires ; ... n° 811/2013 du 18 févr. 2013 en ce qui concerne les dispositifs de chauffage ; ... n° 812/2013 du 18 févr. 2013 en ce qui concerne les chauffe-eau, les ballons d'eau chaude et les produits combinés constitués d'un chauffe-eau et d'un dispositif solaire ; ... n° 665/2013 du 3 mai 2013 en ce qui concerne les aspirateurs ; ... n° 65/2014 du 1er oct. 2013 en ce qui concerne les fours et les hottes domestiques ; ... n° 1254/2014 du 11 juill. 2014 en ce qui concerne les unités de ventilation résidentielles ; ... n° 2015/1186 du 24 avr. 2015 en ce qui concerne les dispositifs de chauffage décentralisés ; ... n° 2015/1187 du 27 avr. 2015 en ce qui concerne les chaudières à combustible solide et les produits combinés constitués d'une chaudière à combustible solide, de dispositifs de chauffage d'appoint, de régulateurs de température et de dispositifs solaires.

Art. 11 *Exercice de la délégation. — V. JOUE L 153 du 18 juin 2010* .

Art. 12 *Révocation de la délégation. — V. JOUE L 153 du 18 juin 2010* .

Art. 13 *Objections aux actes délégués. — V. JOUE L 153 du 18 juin 2010* .

Art. 14 *Évaluation.* **Le 31 décembre 2014 au plus tard, la Commission examine l'efficacité de la présente directive et de ses actes délégués et soumet un rapport au Parlement européen et au Conseil.**

A cette occasion, la Commission examine également :

a) la contribution de l'article 4, point c), à la réalisation de l'objectif de la présente directive ;

b) l'efficacité de l'article 9, paragraphe 1 ;

c) à la lumière de l'évolution technologique et de la compréhension par les consommateurs de la présentation de l'étiquette, la nécessité de modifier l'article 10, paragraphe 4, point d).

Art. 15 *Sanctions.* **Les États membres déterminent le régime des sanctions applicables en cas d'infraction aux dispositions nationales adoptées en vertu de la présente directive et de ses actes délégués, y compris en cas d'utilisation non autorisée de l'étiquette, et prennent les mesures nécessaires pour en garantir l'application. Les sanctions ainsi prévues doivent être effectives, proportionnées et dissuasives. Les États membres communiquent ces dispositions à la Commission au plus tard le 20 juin 2011 et l'informent sans délai de toute modification ultérieure apportée auxdites dispositions.**

Art. 16 *Transposition.* 1. Les États membres mettent en vigueur les dispositions législatives, réglementaires et administratives nécessaires pour se conformer à la présente directive au plus tard le 20 juin 2011. Ils en informent immédiatement la Commission.

Ils appliquent ces dispositions à partir du 20 juillet 2011.

Lorsque les États membres adoptent ces dispositions, celles-ci contiennent une référence à la présente directive ou sont accompagnées d'une telle référence lors de leur publication officielle. Elles contiennent également une mention précisant que les références faites, dans les dispositions législatives, réglementaires et administratives en vigueur, à la directive 92/75/CEE s'entendent comme faites à la présente directive. Les modalités de cette référence et la formulation de cette mention sont arrêtées par les États membres.

2. Les États membres communiquent à la Commission le texte des dispositions essentielles de droit interne qu'ils adoptent dans le domaine régi par la présente directive.

Art. 17 *Abrogation.* La directive 92/75/CEE *[concernant l'indication de la consommation des appareils domestiques en énergie et en autres ressources par voie d'étiquetage et d'informations uniformes relatives aux produits]*, telle que modifiée par le règlement indiqué à l'annexe I, partie A, est abrogée avec effet au 21 juillet 2011, sans préjudice des obligations des États membres en ce qui concerne les délais de transposition en droit national et d'application de ladite directive indiqués à l'annexe I, partie B. — *V. JOUE L 153 du 18 juin 2010.*

Les références faites à la directive 92/75/CEE s'entendent comme faites à la présente directive et sont à lire selon le tableau de correspondance figurant à l'annexe II. — *V. JOUE L 153 du 18 juin 2010.*

Art. 18 *Entrée en vigueur.* La présente directive entre en vigueur le jour suivant celui de sa publication au *Journal officiel de l'Union européenne.*

L'article 5, points d), g) et h), est applicable à compter du 31 juillet 2011.

Règlement délégué (UE) n° 1059/2010 de la Commission du 28 septembre 2010,

Complétant la directive 2010/30/UE du Parlement européen et du Conseil en ce qui concerne l'indication, par voie d'étiquetage, de la consommation d'énergie des lave-vaisselle ménagers.

Art. 1er *Objet et champ d'application.* Le présent règlement établit des exigences en matière d'étiquetage et de fourniture d'informations supplémentaires concernant les lave-vaisselle ménagers alimentés sur secteur électrique et les lave-vaisselle ménagers alimentés sur secteur électrique pouvant également être alimentés sur batterie, y compris les lave-vaisselle destinés à un usage non ménager et les lave-vaisselle ménagers intégrables.

Art. 2 *Définitions.* Outre les définitions figurant à l'article 2 de la directive 2010/30/UE, aux fins du présent règlement, on entend par :

1) "lave-vaisselle ménager" : une machine qui lave, rince et sèche la vaisselle, les verres, les couverts et les ustensiles de cuisine grâce à des procédés chimiques, mécaniques, thermiques et électriques, et qui est destinée principalement à un usage non professionnel ;

2) "lave-vaisselle ménager intégrable" : un lave-vaisselle ménager conçu pour être installé à l'intérieur d'un meuble, dans un renfoncement aménagé dans un mur ou dans un emplacement similaire, et nécessitant un habillage assorti aux meubles ;

3) "couvert" : un ensemble déterminé de vaisselle, de verres et de couverts à l'usage d'une seule personne ;

4) "capacité nominale" : le nombre maximal de couverts, accompagnés de leurs ustensiles de service, comme indiqué par le fournisseur, qui peuvent être traités dans un lave-vaisselle ménager pour le programme sélectionné, lorsque le chargement est effectué conformément aux instructions du fournisseur ;

5) "programme" : une série d'opérations prédéfinies que le fournisseur déclare appropriées pour un niveau particulier de salissure ou un type de chargement, ou les deux, et qui, ensemble, forment un cycle complet ;

6) "durée du programme" : le temps compris entre le début du programme et la fin du programme, à l'exclusion de tout retard programmé par l'utilisateur final ;

7) "cycle" : un processus complet de lavage, rinçage et séchage, tel que défini pour le programme sélectionné ;

8) "mode arrêt" : une situation dans laquelle le lave-vaisselle ménager est éteint à l'aide des commandes ou des interrupteurs de l'appareil accessibles à l'utilisateur final et conçus

pour être manipulés par lui en utilisation normale afin d'atteindre la plus faible consommation d'électricité qui peut se maintenir pendant une durée indéterminée lorsque le lave-vaisselle ménager est raccordé à une alimentation électrique et utilisé conformément aux instructions du fournisseur ; s'il n'existe pas de bouton de commande ou d'interrupteur accessible à l'utilisateur final, on entend par "mode arrêt", l'état dans lequel se trouve le lave-vaisselle ménager après être revenu spontanément à une consommation d'électricité stable ;

9) "mode laissé sur marche" : le mode de plus faible consommation d'électricité qui peut se maintenir pendant une durée indéterminée après la fin du programme et du déchargement du lave-vaisselle ménager, sans aucune autre intervention de l'utilisateur final ;

10) "lave-vaisselle ménager équivalent" : un modèle de lave-vaisselle ménager mis sur le marché qui présente une capacité nominale, des caractéristiques techniques et de performance, une consommation d'énergie et d'eau et des émissions acoustiques dans l'air identiques à celles d'un autre modèle de lave-vaisselle ménager mis sur le marché sous une référence commerciale différente par le même fournisseur ;

11) "utilisateur final" : un consommateur qui achète ou qui est susceptible d'acheter un lave-vaisselle ménager ;

12) "point de vente" : un lieu dans lequel des lave-vaisselle ménagers sont exposés ou proposés à la vente, à la location ou à la location-vente.

Art. 3 *Responsabilités des fournisseurs.* Les fournisseurs s'assurent que :

a) chaque lave-vaisselle ménager est fourni avec une étiquette imprimée conforme au dessin et aux critères de contenu prévus à l'annexe I ;

b) une fiche produit, telle que décrite à l'annexe II, est mise à disposition ;

c) la documentation technique, telle que décrite à l'annexe III, est mise à la disposition des autorités des États membres et de la Commission, si elles en font la demande ;

d) toute publicité pour un modèle spécifique de lave-vaisselle ménager fournissant des informations relatives à l'énergie ou au prix contient également sa classe d'efficacité énergétique ;

e) tout matériel promotionnel technique décrivant les paramètres techniques d'un modèle spécifique de lave-vaisselle ménager en indique la classe d'efficacité énergétique ;

(Règl. UE n° 518/2014 du 5 mars 2014, art. 1er, en vigueur le 6 juin 2014) « f) une étiquette électronique au format et avec le contenu informatif définis à l'annexe I est mise à la disposition des distributeurs pour chaque modèle de lave-vaisselle ménager mis sur le marché avec une nouvelle référence à compter du 1er janvier 2015. Elle peut également être mise à la disposition des distributeurs pour d'autres modèles de lave-vaisselle ménagers ;

« g) une fiche produit électronique, telle que décrite à l'annexe II, est mise à la disposition des distributeurs pour chaque modèle de lave-vaisselle ménager mis sur le marché avec une nouvelle référence à compter du 1er janvier 2015. Elle peut également être mise à la disposition des distributeurs pour d'autres modèles de lave-vaisselle ménagers. »

Art. 4 *Responsabilités des distributeurs.* Les distributeurs s'assurent que :

a) sur le point de vente, l'étiquette fournie par les fournisseurs conformément à l'article 3, point a), est placée de manière tout à fait visible sur la face extérieure de l'avant ou de la partie supérieure de chaque lave-vaisselle ménager ;

(Règl. UE n° 518/2014 du 5 mars 2014, art. 1er, en vigueur le 6 juin 2014) « b) les lave-vaisselle ménagers proposés à la vente, à la location ou à la location-vente dans les cas où l'on ne peut pas s'attendre à ce que l'utilisateur final potentiel voie le lave-vaisselle ménager exposé, sont commercialisés avec les informations devant être apportées par les fournisseurs conformément à l'annexe IV. En revanche, lorsque l'offre est faite via l'internet et qu'une étiquette et une fiche produit électroniques ont été mises à disposition conformément à l'article 3, points f) et g), les dispositions de l'annexe VIII s'appliquent ; »

c) toute publicité pour un modèle spécifique de lave-vaisselle ménager fournissant des informations relatives à l'énergie ou au prix contient également une référence à sa classe d'efficacité énergétique ;

d) tout matériel promotionnel technique décrivant les paramètres techniques d'un modèle spécifique de lave-vaisselle ménager comporte une référence à la classe d'efficacité énergétique de ce modèle.

Art. 5 *Méthodes de mesure.* Les informations à fournir en application des articles 3 et 4 doivent être obtenues en appliquant des méthodes de mesure fiables, exactes et reproductibles, qui tiennent compte des méthodes de mesure généralement reconnues les plus récentes.

Art. 6 *Procédure de vérification aux fins de la surveillance du marché.* Les États membres appliquent la procédure indiquée à l'annexe V lorsqu'ils évaluent la conformité des valeurs déclarées pour la classe d'efficacité énergétique, la consommation d'énergie annuelle, la consommation d'eau annuelle, l'indice d'efficacité de séchage, la durée du programme, la consommation d'électricité en mode arrêt et en mode laissé sur marche, la durée du mode laissé sur marche et les émissions acoustiques dans l'air.

Art. 7 *Réexamen.* La Commission réexamine le présent règlement à la lumière du progrès technologique, au plus tard quatre ans après son entrée en vigueur. Le réexamen porte notamment sur les tolérances de contrôle fixées à l'annexe V.

Art. 8 *Abrogation.* La directive 97/17/CE est abrogée avec effet au 20 décembre 2011.

Art. 9 *Dispositions transitoires.* 1. L'article 3, points d) et e), et l'article 4, points b), c) et d), ne s'appliquent pas aux publicités imprimées ni au matériel promotionnel technique imprimé parus avant le 30 mars 2012.

2. Les lave-vaisselle ménagers mis sur le marché avant le 30 novembre 2011 sont conformes aux dispositions de la directive 97/17/CE.

3. Si une mesure d'exécution de la directive 2009/125/CE du Parlement européen et du Conseil en ce qui concerne les exigences d'écoconception applicables aux lave-vaisselle ménagers est adoptée, les lave-vaisselle ménagers conformes, d'une part, aux dispositions de ladite mesure d'exécution relatives aux exigences d'efficacité de lavage et, d'autre part, aux dispositions du présent règlement, et qui sont mis sur le marché ou proposés à la vente, à la location ou à la location-vente avant le 20 décembre 2011 sont présumés satisfaire aux exigences de la directive 97/17/CE.

Art. 10 *Entrée en vigueur et application.* Le présent règlement entre en vigueur le vingtième jour suivant celui de sa publication au *Journal officiel de l'Union européenne [JOUE L 314 du 30 nov. 2010].*

Il s'applique à compter du 20 décembre 2011. Cependant, l'article 3, points d) et e), et l'article 4, points b), c) et d), s'appliquent à compter du 20 avril 2012.

ANNEXES

V. les annexes au ***C. consom.***

Règlement délégué (UE) nº 1060/2010 de la Commission du 28 septembre 2010,

Complétant la directive 2010/30/UE du Parlement européen et du Conseil en ce qui concerne l'indication, par voie d'étiquetage, de la consommation d'énergie des appareils de réfrigération ménagers.

Art. 1er *Objet et champ d'application.* 1. Le présent règlement fixe des exigences pour l'étiquetage et la fourniture d'informations supplémentaires concernant les appareils de réfrigération ménagers alimentés sur secteur ayant un volume de stockage compris entre 10 et 1 500 litres.

2. Le présent règlement s'applique aux appareils de réfrigération ménagers alimentés sur secteur électrique, y compris à ceux vendus pour un usage non ménager ou pour la réfrigération de denrées autres qu'alimentaires, et aux appareils intégrables.

Il s'applique également aux appareils de réfrigération ménagers alimentés sur secteur électrique qui peuvent être alimentés par batterie.

3. Le présent règlement ne s'applique pas :

a) aux appareils de réfrigération essentiellement alimentés par des sources d'énergie autres que l'électricité, telles que le gaz de pétrole liquéfié (GPL), le kérosène et les biodiesels ;

b) aux appareils de réfrigération alimentés par accumulateurs qui peuvent être branchés sur le secteur avec un adaptateur CA/CC, acheté séparément ;

c) aux appareils de réfrigération sur mesure, qui constituent des pièces uniques non équivalentes à d'autres modèles d'appareils de réfrigération ;

d) aux appareils de réfrigération destinés au secteur tertiaire, disposant de capteurs électroniques capables d'enregistrer les retraits de denrées alimentaires réfrigérées et de transmettre automatiquement ces informations via un réseau à un système distant de comptabilité ;

e) aux appareils qui n'ont pas pour fonction première le stockage des denrées alimentaires par réfrigération, tels que les machines à glaçons ou les distributeurs de boissons fraîches autonomes.

Art. 2 *Définitions.* Outre les définitions figurant à l'article 2 de la directive 2010/30/UE, on entend par :

1) "denrées alimentaires", les aliments, les ingrédients, les boissons, y compris le vin, et les autres produits destinés en premier lieu à la consommation, qui doivent être réfrigérés à des températures spécifiques ;

2) "appareil de réfrigération ménager", un meuble calorifugé comportant un ou plusieurs compartiments, utilisé pour réfrigérer ou pour congeler des denrées alimentaires, ou pour stocker des denrées alimentaires réfrigérées ou congelées à des fins non professionnelles, refroidi par un ou plusieurs procédés consommateurs d'énergie, y compris les appareils vendus en pièces détachées pour être montés par l'utilisateur final ;

3) "appareil intégrable", un appareil de réfrigération fixe conçu pour être installé à l'intérieur d'un meuble, dans un renfoncement aménagé dans un mur ou dans un emplacement similaire, et nécessitant un habillage assorti aux meubles ;

4) "réfrigérateur", un appareil de réfrigération destiné à la conservation de denrées alimentaires, comportant au moins un compartiment adapté au stockage de denrées fraîches et/ou de boissons, y compris le vin ;

5) "appareil de réfrigération à compression", un appareil de réfrigération dans lequel la réfrigération est effectuée par un compresseur à moteur ;

6) "appareil de réfrigération à absorption", un appareil de réfrigération dans lequel la réfrigération est effectuée par un procédé d'absorption utilisant la chaleur comme source d'énergie ;

7) "réfrigérateur-congélateur", un appareil de réfrigération comportant au moins un compartiment pour le stockage de denrées alimentaires fraîches et au moins un compartiment adapté à la congélation de denrées alimentaires fraîches et au stockage de denrées alimentaires congelées dans des conditions de stockage "trois étoiles" (le compartiment de congélation de denrées alimentaires) ;

8) "meuble de stockage de denrées alimentaires congelées", un appareil de réfrigération comportant un ou plusieurs compartiments adaptés au stockage de denrées alimentaires congelées ;

9) "congélateur de denrées alimentaires", un appareil de réfrigération comportant un ou plusieurs compartiments adaptés à la congélation de denrées alimentaires, à des températures allant de la température ambiante à – 18°C, et qui peut servir également à stocker des denrées alimentaires congelées dans des conditions de stockage "trois étoiles" ; un congélateur peut également comporter des zones et/ou compartiments "deux étoiles" à l'intérieur du compartiment ou du meuble ;

10) "appareil de stockage du vin", un appareil de réfrigération qui compte exclusivement un ou plusieurs compartiments de stockage du vin ;

11) "appareil polyvalent", un appareil de réfrigération qui compte exclusivement un ou plusieurs compartiments polyvalents ;

12) "appareil de réfrigération ménager équivalent", un modèle d'appareil de réfrigération ménager mis sur le marché disposant du même volume brut et du même volume utile, des mêmes caractéristiques techniques, d'efficacité et de performance et des mêmes types de compartiments qu'un autre modèle d'appareil de réfrigération ménager mis sur le marché sous une référence commerciale différente par le même fabricant ;

13) "utilisateur final", un consommateur qui achète ou qui est susceptible d'acheter un appareil de réfrigération ménager ;

14) "point de vente", un lieu dans lequel des appareils de réfrigération ménagers sont exposés ou proposés à la vente, à la location ou à la location-vente.

Les définitions figurant à l'annexe I s'appliquent également.

Art. 3 *Responsabilités des fournisseurs.* Les fournisseurs s'assurent que :

a) chaque appareil de réfrigération ménager est fourni avec une étiquette imprimée conforme au dessin et aux critères de contenu prévus à l'annexe II ;

b) une fiche produit, telle que décrite à l'annexe III, est mise à disposition ;

c) la documentation technique, telle que décrite à l'annexe IV, est mise à la disposition des autorités des États membres et de la Commission, si elles en font la demande ;

d) toute publicité pour un modèle spécifique d'appareil de réfrigération ménager fournissant des informations relatives à l'énergie ou au prix contient également sa classe d'efficacité énergétique ;

e) tout matériel promotionnel technique décrivant les paramètres techniques d'un modèle spécifique d'appareil de réfrigération ménager indique sa classe d'efficacité énergétique ;

(Règl. UE n° 518/2014 du 5 mars 2014, art. 2, en vigueur le 6 juin 2014) « f) une étiquette électronique au format et avec le contenu informatif définis à l'annexe II est mise à la disposition des distributeurs pour chaque modèle d'appareil de réfrigération ménager mis sur le marché avec une nouvelle référence à compter du 1er janvier 2015. Elle peut également être mise à la disposition des distributeurs pour d'autres modèles d'appareils de réfrigération ménagers ;

« g) une fiche produit électronique, telle que décrite à l'annexe III, est mise à la disposition des distributeurs pour chaque modèle d'appareil de réfrigération ménager mis sur le marché avec une nouvelle référence à compter du 1er janvier 2015. Elle peut également être mise à la disposition des distributeurs pour d'autres modèles d'appareils de réfrigération ménagers. »

Art. 4 *Responsabilités des distributeurs.* Les distributeurs s'assurent que :

a) sur le point de vente, l'étiquette fournie par les fournisseurs conformément à l'article 3, point a), est placée de manière tout à fait visible sur la face extérieure de l'avant ou de la partie supérieure de chaque appareil de réfrigération ménager ;

(Règl. UE n° 518/2014 du 5 mars 2014, art. 2, en vigueur le 6 juin 2014) « b) les appareils de réfrigération ménagers proposés à la vente, à la location ou à la location-vente dans les cas où l'on ne peut pas s'attendre à ce que l'utilisateur final potentiel voie le produit exposé, sont commercialisés avec les informations devant être apportées par les fournisseurs conformément à l'annexe V. En revanche, lorsque l'offre est faite via l'internet et qu'une étiquette et une fiche produit électroniques ont été mises à disposition conformément à l'article 3, points f) et g), les dispositions de l'annexe X s'appliquent ; »

c) toute publicité pour un modèle spécifique d'appareil de réfrigération ménager fournissant des informations relatives à l'énergie ou au prix contient également sa classe d'efficacité énergétique ;

d) tout matériel promotionnel technique décrivant les paramètres techniques d'un modèle spécifique d'appareil de réfrigération ménager indique sa classe d'efficacité énergétique.

Art. 5 *Méthodes de mesure.* Les informations fournies au titre de l'article 3 sont obtenues par des procédures de mesure fiables, précises et reproductibles qui tiennent compte des méthodes de mesure généralement reconnues les plus récentes, telles que définies à l'annexe VI.

Art. 6 *Procédure de vérification aux fins de la surveillance du marché.* Les États membres appliquent la procédure indiquée à l'annexe VII pour évaluer la conformité des valeurs déclarées pour la classe d'efficacité énergétique, la consommation d'énergie annuelle, le volume des compartiments pour denrées fraîches et congelées, le pouvoir de congélation et les émissions acoustiques dans l'air.

Art. 7 *Réexamen.* La Commission réexamine le présent règlement à la lumière du progrès technologique au plus tard quatre ans après son entrée en vigueur. Le réexamen porte en particulier sur les tolérances de contrôle, prévues à l'annexe VII, et sur les possibilités de supprimer les facteurs de correction fixés à l'annexe VIII, ou d'en abaisser la valeur.

Art. 8 *Abrogation.* La directive 94/2/CE est abrogée avec effet au 30 novembre 2011.

Art. 9 *Dispositions transitoires.* 1. L'article 3, points d) et e), et l'article 4, points b), c) et d), ne s'appliquent pas aux publicités imprimées ni au matériel promotionnel technique imprimé parus avant le 30 mars 2012.

2. Les appareils de réfrigération ménagers mis sur le marché avant le 30 novembre 2011 sont conformes aux dispositions de la directive 94/2/CE.

3. Les appareils de réfrigération ménagers conformes aux dispositions du présent règlement et mis sur le marché ou proposés à la vente, à la location ou à la location-vente avant le 30 novembre 2011 sont présumés satisfaire aux exigences de la directive 94/2/CE.

Art. 10 *Entrée en vigueur et application.* 1. Le présent règlement entre en vigueur le vingtième jour suivant celui de sa publication au *Journal officiel de l'Union européenne* [*JOUE L 314 du 30 nov. 2010*].

2. Il s'applique à compter du 30 novembre 2011. Cependant, l'article 3, points d) et e), et l'article 4, points b), c) et d), s'appliquent à compter du 30 mars 2012.

ANNEXES

V. les annexes au **C. consom.**

Règlement délégué (UE) n° 1061/2010 de la Commission du 28 septembre 2010,

Complétant la directive 2010/30/UE du Parlement européen et du Conseil en ce qui concerne l'indication, par voie d'étiquetage, de la consommation d'énergie des lave-linge ménagers.

Art. 1er *Objet et champ d'application.* 1. Le présent règlement établit des exigences en matière d'étiquetage et de fourniture d'informations supplémentaires concernant les lave-linge ménagers alimentés sur secteur électrique et les lave-linge ménagers alimentés sur secteur électrique pouvant également fonctionner sur batterie, y compris les lave-linge vendus pour un usage non ménager et les lave-linge ménagers intégrables.

2. Le présent règlement ne s'applique pas aux lavantes-séchantes domestiques combinées.

Art. 2 *Définitions.* Outre les définitions figurant à l'article 2 de la directive 2010/30/UE, les définitions suivantes sont applicables aux fins du présent règlement :

1) "lave-linge ménager" : une machine à laver automatique qui nettoie et qui rince des textiles au moyen de l'eau, qui comporte une fonction d'essorage et qui est conçue pour être utilisée principalement à des fins non professionnelles ;

2) "lave-linge ménager intégrable" : un lave-linge ménager conçu pour être installé à l'intérieur d'un meuble, dans un renfoncement aménagé dans un mur ou dans un emplacement similaire, et nécessitant un habillage assorti aux meubles ;

3) "lave-linge automatique" : un lave-linge dont la charge est traitée entièrement par la machine, et qui ne nécessite à aucun moment l'intervention de l'utilisateur pendant le déroulement du programme ;

4) "lavante-séchante domestique combinée" : un lave-linge ménager qui comporte à la fois une fonction d'essorage et un dispositif de séchage des textiles, habituellement par chauffage et centrifugation ;

5) "programme" : une série d'opérations prédéfinies que le fabricant déclare appropriées pour le lavage de certains types de textiles ;

6) "cycle" : un processus complet de lavage, rinçage et essorage, tel que défini pour le programme sélectionné ;

7) "durée du programme" : le temps compris entre le début du programme et la fin du programme, à *l'exclusion de tout* retard programmé par l'utilisateur final ;

8) "capacité nominale" : la masse maximale en kilogrammes de textiles secs d'un type particulier indiquée par le fournisseur, par intervalles de 0,5 kg, qui peut être traitée par un lave-linge ménager selon le programme sélectionné, lorsqu'il est chargé en conformité avec les instructions du fournisseur ;

9) "demi-charge" : la moitié de la capacité nominale d'une lave-linge ménager pour un programme donné ;

10) "taux d'humidité résiduelle" : la quantité d'humidité contenue dans la charge à la fin de la phase d'essorage ;

11) "mode arrêt" : une situation dans laquelle le lave-linge ménager est éteint à l'aide des commandes ou des interrupteurs de l'appareil accessibles à l'utilisateur et conçus pour être manipulés par lui en utilisation normale afin d'atteindre la plus faible consommation

d'électricité qui peut se maintenir pendant une durée indéterminée lorsque le lave-linge ménager est raccordé à une alimentation électrique et utilisé conformément aux instructions du fournisseur ; s'il n'existe pas de bouton de commande ou d'interrupteur accessible à l'utilisateur final, on entend par "mode arrêt", l'état dans lequel se trouve le lave-linge ménager après être revenu spontanément à une consommation d'électricité stable ;

12) "mode laissé sur marche" : le mode de plus faible consommation d'électricité qui peut se maintenir pendant une durée indéterminée après la fin du programme et du déchargement de la machine, sans aucune autre intervention de l'utilisateur final ;

13) "lave-linge ménager équivalent" : un modèle de lave-linge ménager mis sur le marché qui présente une capacité nominale, des caractéristiques techniques et de performance, une consommation d'eau et d'énergie et des émissions acoustiques dans l'air en phase de lavage et d'essorage identiques à celles d'un autre modèle de lave-linge ménager mis sur le marché sous une référence commerciale différente par le même fournisseur ;

14) "utilisateur final" : un consommateur qui achète ou qui est susceptible d'acheter un lave-linge ménager ;

15) "point de vente" : un lieu dans lequel des lave-linge ménagers sont exposés ou proposés à la vente, à la location ou à la location-vente.

Art. 3 *Responsabilités des fournisseurs.* Les fournisseurs s'assurent que :

a) chaque lave-linge ménager est fourni avec une étiquette imprimée conforme au dessin et aux critères de contenu prévus à l'annexe I ;

b) une fiche produit, telle que décrite à l'annexe II, est mise à disposition ;

c) la documentation technique, telle que décrite à l'annexe III, est mise à la disposition des autorités des États membres et de la Commission, si elles en font la demande ;

d) toute publicité pour un modèle spécifique de lave-linge ménager fournissant des informations relatives à l'énergie ou au prix contient également sa classe d'efficacité énergétique ;

e) tout matériel promotionnel technique décrivant les paramètres techniques d'un modèle spécifique de lave-linge ménager en indique la classe d'efficacité énergétique ;

(Règl. UE no 518/2014 du 5 mars 2014, art. 3, en vigueur le 6 juin 2014) « f) une étiquette électronique au format et avec le contenu informatif définis à l'annexe I est mise à la disposition des distributeurs pour chaque modèle de lave-linge ménager mis sur le marché avec une nouvelle référence à compter du 1er janvier 2015. Elle peut également être mise à la disposition des distributeurs pour d'autres modèles de lave-linge ménagers ;

« g) une fiche produit électronique, telle que décrite à l'annexe II, est mise à la disposition des distributeurs pour chaque modèle de lave-linge ménager mis sur le marché avec une nouvelle référence à compter du 1er janvier 2015. Elle peut également être mise à la disposition des distributeurs pour d'autres modèles de lave-linge ménagers. »

Art. 4 *Responsabilités des distributeurs.* Les distributeurs s'assurent que :

a) chaque lave-linge ménager porte, sur le point de vente, l'étiquette fournie par les fournisseurs conformément à l'article 3, point a), placée de manière tout à fait visible sur la face extérieure de l'avant ou de la partie supérieure de l'appareil ;

(Règl. UE no 518/2014 du 5 mars 2014, art. 3, en vigueur le 6 juin 2014) « b) les lave-linge ménagers proposés à la vente, à la location ou à la location-vente dans les cas où l'on ne peut pas s'attendre à ce que l'utilisateur final potentiel voie le produit exposé, sont commercialisés avec les informations devant être apportées par les fournisseurs conformément à l'annexe IV. En revanche, lorsque l'offre est faite via l'internet et qu'une étiquette et une fiche produit électroniques ont été mises à disposition conformément à l'article 3, points f) et g), les dispositions de l'annexe VIII s'appliquent ; »

c) toute publicité pour un modèle spécifique de lave-linge ménager fournissant des informations sur l'énergie ou le prix contient également une référence à sa classe d'efficacité énergétique ;

d) tout matériel promotionnel technique décrivant les paramètres techniques d'un modèle spécifique de *lave-linge ménager* comporte également une référence à la classe *d'efficacité énergétique* de ce modèle.

Art. 5 *Méthodes de mesure.* Les informations à fournir en application des articles 3 et 4 doivent être obtenues en appliquant des procédures de mesure fiables, exactes et reproductibles, qui tiennent compte des méthodes correspondant à l'état de l'art généralement admis.

Art. 6 *Procédure de vérification aux fins de la surveillance du marché.* Les États membres appliquent la procédure indiquée à l'annexe V aux fins de l'évaluation de la conformité des valeurs déclarées pour la classe d'efficacité énergétique, la consommation d'énergie annuelle, la consommation d'eau annuelle, la classe d'efficacité d'essorage, la consommation d'électricité en mode arrêt et en mode laissé sur marche, la durée du mode laissé sur marche, le taux d'humidité résiduelle, la vitesse d'essorage et les émissions acoustiques dans l'air.

Art. 7 *Réexamen.* La Commission réexamine le présent règlement à la lumière du progrès technologique au plus tard quatre ans après son entrée en vigueur. Le réexamen porte en particulier sur les tolérances de contrôle fixées à l'annexe V.

Art. 8 *Abrogation.* La directive 95/12/CE est abrogée avec effet au 20 décembre 2011.

Art. 9 *Dispositions transitoires.* 1. L'article 3, points d) et e), et l'article 4, points b), c) et d), ne s'appliquent pas aux publicités imprimées ni au matériel promotionnel technique imprimé parus avant le 20 avril 2012.

2. Les lave-linge ménagers mis sur le marché avant le 20 décembre 2011 sont conformes aux dispositions de la directive 95/12/CE.

3. Si une mesure d'exécution de la directive 2009/125/CE du Parlement européen et du Conseil en ce qui concerne les exigences d'écoconception applicables aux lave-linge ménagers est adoptée, les lave-linge ménagers conformes, d'une part, aux dispositions de ladite mesure d'exécution relatives aux exigences d'efficacité de lavage et, d'autre part, aux dispositions du présent règlement, et qui sont mis sur le marché ou proposés à la vente, à la location ou à la location-vente avant le 20 décembre 2011 sont présumés satisfaire aux exigences de la directive 95/12/CE.

Art. 10 *Entrée en vigueur et application.* 1. Le présent règlement entre en vigueur le vingtième jour suivant celui de sa publication au *Journal officiel de l'Union européenne [JOUE L 314 du 30 nov. 2010]*.

2. Il s'applique à compter du 20 décembre 2011. Cependant, l'article 3, points d) et e), et l'article 4, points b), c) et d), s'appliquent à compter du 20 avril 2012.

ANNEXES

V. les annexes au **C. consom.**

Règlement délégué (UE) n° 1062/2010 de la Commission du 28 septembre 2010,

Complétant la directive 2010/30/UE du Parlement européen et du Conseil en ce qui concerne l'indication, par voie d'étiquetage, de la consommation d'énergie des téléviseurs.

Art. 1er *Objet.* Le présent règlement instaure des exigences applicables à l'étiquetage des téléviseurs et concernant la fourniture d'informations supplémentaires sur les téléviseurs.

Art. 2 *Définitions.* Outre les définitions énoncées à l'article 2 de la directive 2010/30/CE, on entend par :

1) "téléviseur", un récepteur de télévision ou un écran de télévision ;

2) "récepteur de télévision", un produit principalement conçu pour afficher et recevoir des signaux audiovisuels qui est mis sur le marché et vendu sous une désignation de modèle ou de système unique, et qui se compose :

a) d'un écran d'affichage,

b) d'un ou *[de]* plusieurs syntoniseurs/récepteurs et de fonctions supplémentaires optionnelles de stockage et/ou d'affichage de données telles qu'un disque numérique polyvalent (DVD), un lecteur de disque dur (HDD : *hard disk drive*) ou un magnétoscope (VCR : *videocassette recorder*), soit sous la forme d'un seul appareil combiné avec l'écran d'affichage, soit sous la forme d'un ou plusieurs appareils distincts ;

3) "écran de télévision", un produit conçu pour afficher sur un écran intégré un signal vidéo provenant de sources diverses, notamment des signaux de télédiffusion, qui éventuellement contrôle et reproduit des signaux audio provenant d'une source externe, qui est relié par des trajets à signaux vidéo normalisés y compris *cinch* (composant, composite), SCART, HDMI (interface multimédia haute définition) et futures normes sans fil (à

l'exclusion toutefois des trajets à signaux vidéo non normalisés tels que DVI et SDI), mais qui ne peut ni recevoir ni traiter les signaux radiodiffusés ;

4) "mode marche", la situation dans laquelle le téléviseur est branché sur le secteur et produit du son et des images ;

5) "mode usage domestique", les réglages du téléviseur recommandés par le fabricant pour un usage domestique normal ;

6) "mode(s) veille", une situation dans laquelle l'équipement est branché sur le secteur, est tributaire de l'alimentation en énergie du secteur pour fonctionner correctement et assure uniquement les fonctions suivantes, qui peuvent persister pendant un laps de temps indéterminé :

a) une fonction de réactivation, ou une fonction de réactivation et uniquement une indication montrant que la fonction de réactivation est activée, et/ou

b) l'affichage d'une information ou d'un état ;

7) "mode arrêt", une situation dans laquelle l'équipement est branché sur le secteur et n'assure aucune fonction ; elle comprend, en outre :

a) les situations dans lesquelles seule une indication de la situation en mode arrêt est disponible,

b) les situations dans lesquelles seules les fonctionnalités destinées à garantir la compatibilité électromagnétique en application de la directive 2004/108/CE du Parlement européen et du Conseil sont assurées ;

8) "fonction de réactivation", une fonction qui permet d'activer d'autres modes, comme le mode "marche", au moyen d'un interrupteur commandé à distance, telle qu'une télécommande, un capteur interne, un cycle de programmation aboutissant à une situation dans laquelle sont assurées des fonctions supplémentaires, notamment le mode "marche" ;

9) "affichage d'une information ou d'un état", une fonction continue qui fournit une information ou indique l'état de l'équipement sur un afficheur, telle qu'une horloge ;

10) "menu imposé", un ensemble de réglages du téléviseur, prédéfinis par le fabricant, dont l'utilisateur du téléviseur doit sélectionner un réglage particulier lors de la mise en marche initiale du téléviseur ;

11) "rapport luminance de crête", le rapport de la luminance de crête du mode usage domestique ou du mode marche du téléviseur tel que fixé par le fournisseur, selon le cas, et de la luminance de crête correspondant à la situation en mode marche la plus brillante offerte par le téléviseur ;

12) "point de vente", un lieu où des téléviseurs sont exposés ou proposés à la vente, à la location ou à la location-vente ;

13) "utilisateur final", un consommateur qui achète ou qui est susceptible d'acheter un téléviseur.

Art. 3 *Responsabilités des fournisseurs.* 1. Les fournisseurs veillent à ce que :

a) chaque téléviseur soit fourni avec une étiquette imprimée conforme au dessin et aux critères de contenu indiqués à l'annexe V ;

b) une fiche produit, telle qu'indiquée à l'annexe III, soit mise à disposition ;

c) la documentation technique, telle qu'indiquée à l'annexe IV, soit mise sur demande à la disposition des autorités des États membres et de la Commission ;

d) toute publicité concernant un modèle spécifique de téléviseur précise sa classe d'efficacité énergétique, si cette publicité donne des informations relatives à l'énergie et au prix ;

e) tout matériel technique promotionnel concernant un modèle particulier de téléviseur, qui décrit ses paramètres techniques spécifiques, indique la classe d'efficacité énergétique de ce modèle ;

(Règl. UE no 518/2014 du 5 mars 2014, art. 4, en vigueur le 6 juin 2014) « f) une étiquette électronique au format et avec le contenu informatif définis à l'annexe V soit mise à la disposition des distributeurs pour chaque modèle de téléviseur mis sur le marché avec une nouvelle référence à compter du 1er janvier 2015. Elle peut également être mise à la disposition des distributeurs pour d'autres modèles de téléviseurs ;

« g) une fiche produit électronique, telle que décrite à l'annexe III, soit mise à la disposition des distributeurs pour chaque modèle de téléviseur mis sur le marché avec une nouvelle référence à compter du 1er janvier 2015. Elle peut également être mise à la disposition des distributeurs pour d'autres modèles de téléviseurs. »

2. Les classes d'efficacité énergétique sont fondées sur l'indice d'efficacité énergétique calculé conformément à l'annexe II.

3. Le dessin de l'étiquette fixé à l'annexe V est appliqué conformément au calendrier suivant :

a) pour les téléviseurs mis sur le marché à compter du 30 novembre 2011, les étiquettes pour téléviseurs avec les classes d'efficacité énergétique :

i) A, B, C, D, E, F et G sont conformes au point 1 de l'annexe V ou, lorsque les fournisseurs le jugent approprié, au point 2 de ladite annexe ;

ii) A + sont conformes au point 2 de l'annexe V ;

iii) A++ sont conformes au point 3 de l'annexe V ;

iv) A+++ sont conformes au point 4 de l'annexe V ;

b) pour les téléviseurs mis sur le marché à compter du 1er janvier 2014 sous les classes d'efficacité énergétique A+, A, B, C, D, E, F, les étiquettes sont conformes au point 2 de l'annexe V ou, lorsque les fournisseurs le jugent approprié, au point 3 de cette annexe ;

c) pour les téléviseurs mis sur le marché à compter du 1er janvier 2017 sous les classes d'efficacité énergétique A++, A+, A, B, C, D, E, les étiquettes sont conformes au point 3 de l'annexe V ou, lorsque les fournisseurs le jugent approprié, au point 4 de cette annexe ;

d) pour les téléviseurs mis sur le marché à compter du 1er janvier 2020 sous les classes d'efficacité énergétique A+++, A++, A+, A, B, C, D, les étiquettes sont conformes au point 4 de l'annexe V.

Art. 4 *Responsabilités des distributeurs.* Les distributeurs veillent à ce que :

a) chaque téléviseur, dans le point de vente, porte l'étiquette remise par les fournisseurs conformément à l'article 3, paragraphe 1, sur la face avant du téléviseur, de manière claire-ment visible ;

(Règl. UE no 518/2014 du 5 mars 2014, art. 4, en vigueur le 6 juin 2014) « b) les téléviseurs proposés à la vente, à la location ou à la location-vente dans les cas où l'on ne peut pas s'attendre à ce que l'utilisateur final potentiel voie le téléviseur exposé, soient commerciali-sés avec les informations devant être apportées par les fournisseurs conformément à l'annexe VI. En revanche, lorsque l'offre est faite via l'internet et qu'une étiquette et une fiche produit électroniques ont été mises à disposition conformément à l'article 3, para-graphe 1, points f) et g), les dispositions de l'annexe IX s'appliquent ; »

c) toute publicité concernant un modèle spécifique de téléviseur précise sa classe d'effi-cacité énergétique, si cette publicité donne des informations relatives à l'énergie et au prix ;

d) tout matériel technique promotionnel concernant un modèle particulier de téléviseur, qui décrit ses paramètres techniques spécifiques, indique la classe d'efficacité énergétique de ce modèle.

Art. 5 *Méthodes de mesure.* Les informations à fournir en application des articles 3 et 4 doivent être obtenues en appliquant des procédures de mesure fiables, exactes et reproduc-tibles, qui tiennent compte des méthodes correspondant à l'état de l'art généralement admis, comme indiqué à l'annexe VII.

Art. 6 *Procédure de vérification aux fins de la surveillance du marché.* Les États membres appliquent la procédure fixée à l'annexe VIII aux fins de l'évaluation de la conformité de la classe d'efficacité énergétique déclarée.

Art. 7 *Révision.* La Commission réexamine le présent règlement sur la base du progrès technologique au plus tard cinq ans après son entrée en vigueur.

Art. 8 *Disposition transitoire.* L'article 3, paragraphe 1, points d) et e), et l'article 4, points b), c) et d), ne s'appliquent pas aux publicités imprimées ni au matériel promotionnel technique imprimé avant le 30 mars 2012.

Art. 9 *Entrée en vigueur.* Le présent règlement entre en vigueur le vingtième jour suivant celui de sa publication au *Journal officiel de l'Union européenne [JOUE L 314 du 30 nov. 2010].*

Il s'applique à compter du 30 novembre 2011. Toutefois, l'article 3, paragraphe 1, points d) et e), et l'article 4, points b), c) et d), s'appliquent à compter du 30 mars 2012.

ANNEXES

V. les annexes au ***C. consom.***

Règlement délégué (UE) nº 626/2011 de la Commission du 4 mai 2011,

Complétant la directive 2010/30/UE du Parlement européen et du Conseil en ce qui concerne l'indication, par voie d'étiquetage, de la consommation d'énergie des climatiseurs.

Art. 1er *Objet et champ d'application.* 1. Le présent règlement établit des exigences relatives à l'étiquetage et à la fourniture d'informations produit additionnelles pour les climatiseurs fonctionnant sur secteur ayant une puissance nominale inférieure ou égale à 12 kW pour le refroidissement, ou pour le chauffage, si l'appareil n'a pas de fonction de refroidissement.

2. Le présent règlement ne s'applique pas :

a) aux appareils alimentés par des sources d'énergie non électriques ;

b) aux climatiseurs dont la partie condenseur et/ou la partie évaporateur n'utilisent pas l'air comme fluide caloporteur.

Art. 2 *Définitions.* Outre les définitions pertinentes figurant à l'article 2 de la directive 2010/30/UE du Parlement européen et du Conseil *[V. ce texte supra]*, les définitions suivantes s'appliquent :

(1) "climatiseur", un appareil capable de refroidir et/ou de chauffer l'air intérieur par un cycle à compression de vapeur généré par un compresseur électrique, notamment, d'une part, les climatiseurs dotés de fonctions additionnelles, telles que la déshumidification, la purification, la ventilation ou le chauffage par résistance électrique d'appoint et, d'autre part, les appareils qui peuvent utiliser de l'eau (soit *[de]* l'eau issue de la condensation au niveau de l'évaporateur, soit de l'eau provenant d'une source externe) pour évaporation au niveau du condenseur, à condition que l'appareil soit aussi capable de fonctionner sans source externe d'eau, c'est-à-dire en utilisant uniquement de l'air ;

(2) "climatiseur à double conduit", un climatiseur dont l'air entrant dans le condenseur (ou dans l'évaporateur) en phase de refroidissement ou de chauffage est prélevé à l'extérieur et introduit dans l'unité par un premier conduit, puis rejeté à l'extérieur par un second conduit, et dont toutes les parties sont placées dans la pièce à climatiser, près d'un mur ;

(3) "climatiseur à simple conduit", un climatiseur dont l'air entrant dans le condenseur (ou dans l'évaporateur) en phase de refroidissement ou de chauffage est prélevé dans le local contenant l'unité et rejeté hors de ce local ;

(4) "puissance nominale (P_{rated})", la puissance frigorifique ou calorifique du cycle à compression de vapeur de l'unité dans les conditions nominales ;

(5) "utilisateur final", un consommateur qui achète ou pourrait acheter un climatiseur ;

(6) "point de vente", un emplacement dans lequel les climatiseurs sont exposés ou proposés à la vente, à la location ou à la location-vente.

D'autres définitions aux fins des annexes II à VIII figurent à l'annexe I.

Art. 3 *Responsabilités des fournisseurs.* 1. Les fournisseurs prennent les mesures décrites aux points a) à g) :

a) une étiquette imprimée est fournie pour chaque climatiseur et elle comporte les classes d'efficacité énergétique fixées à l'annexe II. L'étiquette respecte le format et le contenu prévus à l'annexe III. Pour les climatiseurs, à l'exception des climatiseurs à simple et à double conduit, une étiquette imprimée est fournie, au moins sur l'emballage de l'unité extérieure, pour au moins une combinaison des unités intérieure(s) et extérieure(s), et pour un ratio de puissance égal à 1. Pour les autres combinaisons, à défaut, les informations peuvent être fournies sur un site internet en libre accès ;

b) une fiche produit, telle que décrite à l'annexe IV, est mise à disposition. Pour les climatiseurs, à l'exception des climatiseurs à simple et à double conduit, une étiquette imprimée est fournie, au moins sur l'emballage de l'unité extérieure, pour au moins une combinaison des unités intérieure(s) et extérieure(s), et pour un ratio de puissance égal à 1. Pour les autres combinaisons, à défaut, les informations peuvent être fournies sur un site internet en libre accès ;

c) la documentation technique, telle que décrite à l'annexe V, est mise, sous forme électronique, à la disposition des autorités des États membres et de la Commission, si elles en font la demande ;

d) toute publicité pour un modèle spécifique de climatiseur fournissant des informations relatives à l'énergie ou au prix contient également sa classe d'efficacité énergétique ; lorsque l'appareil peut correspondre à plus d'une classe d'efficacité énergétique, le fournisseur ou le fabricant, selon le cas, déclare la classe d'efficacité énergétique correspondant au moins à la saison de chauffage « moyenne ». Lorsqu'on ne peut s'attendre à ce que l'utilisateur final examine le produit exposé, les informations sont fournies conformément à l'annexe VI ;

e) tout matériel promotionnel technique décrivant les paramètres techniques d'un modèle spécifique de climatiseur indique sa classe d'efficacité énergétique conformément à l'annexe II ;

f) le mode d'emploi est fourni ;

g) les climatiseurs à simple conduit sont dénommés « *climatiseurs locaux* » sur l'emballage, dans la documentation produit et dans tout le matériel publicitaire, sous forme électronique comme sur support papier ;

(Règl. UE nº 518/2014 du 5 mars 2014, art. 5, en vigueur le 6 juin 2014) « h) une étiquette électronique conforme aux classes d'efficacité énergétique fixées à l'annexe II, au format et avec le contenu informatif définis à l'annexe III, est mise à la disposition des distributeurs pour chaque modèle de climatiseur mis sur le marché avec une nouvelle référence à compter du 1er janvier 2015. Elle peut également être mise à la disposition des distributeurs pour d'autres modèles de climatiseurs ;

« i) une fiche produit électronique, telle que décrite à l'annexe IV, est mise à la disposition des distributeurs pour chaque modèle de climatiseur mis sur le marché avec une nouvelle référence à compter du 1er janvier 2015. Elle peut également être mise à la disposition des distributeurs pour d'autres modèles de climatiseurs. »

2. La classe d'efficacité énergétique est déterminée conformément à l'annexe VII.

3. L'étiquette des climatiseurs à l'exception des appareils à simple et à double conduit respecte le format indiqué à l'annexe III.

4. Pour les climatiseurs à l'exception des appareils à simple et à double conduit, le format de l'étiquette prévu à l'annexe III est appliqué conformément au calendrier suivant :

a) en ce qui concerne les climatiseurs mis sur le marché à partir du 1er janvier 2013, à l'exception des appareils à simple et à double conduit, les étiquettes comportant les classes d'efficacité énergétique A, B, C, D, E, F, G sont conformes à l'annexe III, point 1.1, pour les climatiseurs réversibles, à l'annexe III, point 2.1, pour les climatiseurs ayant uniquement une fonction de refroidissement et à l'annexe III, point 3.1, pour les climatiseurs ayant uniquement une fonction de chauffage ;

b) en ce qui concerne les climatiseurs mis sur le marché à partir du 1er janvier 2015, à l'exception des appareils à simple et à double conduit, les étiquettes comportant les classes d'efficacité énergétique A+, A, B, C, D, E, F sont conformes à l'annexe III, point 1.2, pour les climatiseurs réversibles, à l'annexe III, point 2.2, pour les climatiseurs ayant uniquement une fonction de refroidissement et à l'annexe III, point 3.2, pour les climatiseurs ayant uniquement une fonction de chauffage ;

c) en ce qui concerne les climatiseurs, mis sur le marché à partir du 1er janvier 2017, à l'exception des appareils à simple et à double conduit, les étiquettes comportant les classes d'efficacité énergétique A++, A+, A, B, C, D, E sont conformes à l'annexe III, point 1.3, pour les climatiseurs réversibles, à l'annexe III, point 2.3, pour les climatiseurs ayant uniquement une fonction de refroidissement et à l'annexe III, point 3.3, pour les climatiseurs ayant uniquement une fonction de chauffage ;

d) en ce qui concerne les climatiseurs, mis sur le marché à partir du 1er janvier 2017, à l'exception des appareils à simple et à double conduit, les étiquettes comportant les classes d'efficacité énergétique A+++, A++, A+, A, B, C, D, E sont conformes à l'annexe III, point 1.4, pour les climatiseurs réversibles, à l'annexe III, point 2.4, pour les climatiseurs ayant uniquement une fonction de refroidissement et à l'annexe III, point 3.4, pour les climatiseurs ayant uniquement une fonction de chauffage.

5. Pour les climatiseurs à double conduit mis sur le marché à partir du 1er janvier 2013, le format de l'étiquette comportant les classes d'efficacité énergétique A+++, A++, A+, A, B, C, D est conforme à l'annexe III, point 4.1, pour les climatiseurs à double conduit réversibles, à l'annexe III, point 4.3, pour les climatiseurs à double conduit ayant uniquement une fonction de refroidissement et à l'annexe III, point 4.5, pour les climatiseurs à double conduit ayant uniquement une fonction de chauffage.

6. Pour les climatiseurs à simple conduit mis sur le marché à partir du 1er janvier 2013, le format de l'étiquette comportant les classes d'efficacité énergétique A+++, A++, A+, A B, C, D est conforme à l'annexe III, point 5.1, pour les climatiseurs à simple conduit

réversibles, à l'annexe III, point 5.3, pour les climatiseurs à simple conduit ayant uniquement une fonction de refroidissement et à l'annexe III, point 5.5, pour les climatiseurs à simple conduit ayant uniquement une fonction de chauffage.

Art. 4 *Responsabilités des distributeurs.* Les distributeurs s'assurent que :

a) sur le point de vente, l'étiquette fournie par les fournisseurs conformément à l'article 3, paragraphe 1, est placée de manière clairement visible sur la face extérieure de l'avant ou de la partie supérieure du climatiseur ;

(Règl. UE n° 518/2014 du 5 mars 2014, art. 5, en vigueur le 6 juin 2014) « b) les climatiseurs proposés à la vente, à la location ou à la location-vente dans les cas où l'on ne peut pas s'attendre à ce que l'utilisateur final potentiel voie le produit exposé, sont commercialisés avec les informations devant être apportées par les fournisseurs conformément aux annexes IV et VI. En revanche, lorsque l'offre est faite via l'internet et qu'une étiquette et une fiche produit électroniques ont été mises à disposition conformément à l'article 3, paragraphe 1, points h) et i), les dispositions de l'annexe IX s'appliquent ; »

c) toute publicité pour un modèle spécifique de climatiseur fournissant des informations relatives à l'énergie ou au prix fait également référence à sa classe d'efficacité énergétique ; lorsque plusieurs classes d'efficacité énergétique sont possibles, le fournisseur/le fabricant déclare la classe d'efficacité énergétique correspondant au moins à la saison « moyenne » ;

d) tout matériel promotionnel technique décrivant les paramètres techniques d'un modèle spécifique de climatiseur fait référence à sa ou à ses classes d'efficacité énergétique et inclut le manuel d'utilisation délivré par le fournisseur ; lorsque plusieurs classes d'efficacité énergétique sont possibles, le fournisseur/le fabricant déclare la classe d'efficacité énergétique correspondant au moins à la saison « moyenne » ;

e) les climatiseurs à simple conduit sont dénommés « climatiseurs locaux » sur l'emballage, dans la documentation produit et dans tout le matériel promotionnel et publicitaire, sous forme électronique comme sur support papier.

Art. 5 *Méthodes de mesure.* Les informations à fournir en application de l'article 3 sont obtenues en appliquant des procédures de mesure fiables, exactes et reproductibles, qui tiennent compte des méthodes de calcul et de mesure généralement reconnues les plus récentes, conformément à l'annexe VII.

Art. 6 *Procédure de vérification aux fins de la surveillance du marché.* Les États membres évaluent la conformité de la classe d'efficacité énergétique, de la consommation d'énergie annuelle ou horaire, selon le cas, et du niveau de puissance acoustique déclarés, conformément à la procédure indiquée à l'annexe VIII.

Art. 7 *Révision.* La Commission réexamine le présent règlement sur la base du progrès technique au plus tard cinq ans après son entrée en vigueur. Toute évolution significative des parts de marché des différents types d'appareil fait notamment l'objet d'une attention particulière.

Art. 8 *Abrogation.* La directive 2002/31/CE est abrogée avec effet au 1er janvier 2013.

Art. 9 *Dispositions transitoires.* Les climatiseurs mis sur le marché avant le 1er janvier 2013 sont conformes aux dispositions de la directive 2002/31/CE.

Art. 10 *Entrée en vigueur et application.* 1. Le présent règlement entre en vigueur le vingtième jour suivant celui de sa publication au *Journal officiel de l'Union européenne.*

2. Il s'applique à compter du 1er janvier 2013.

ANNEXES

V. les annexes au **C. consom.**

Décret n° 2011-1479 du 9 novembre 2011,

Relatif à l'étiquetage des produits ayant une incidence sur la consommation d'énergie.

Art. 1er I. — Les dispositions du présent décret s'appliquent aux produits destinés à un utilisateur final, y compris les pièces détachées dont la performance environnementale peut être évaluée de manière indépendante, qui ont une incidence significative directe ou indirecte durant leur utilisation sur la consommation d'énergie ainsi que, le cas échéant, sur la consommation de toute autre ressource essentielle et qui sont réglementés par des actes délégués adoptés par la Commission européenne en application de l'article 10 de la directive du 19 mai 2010 susvisée *[2010/30/UE, concernant l'indication, par voie d'étiquetage et d'informations uniformes relatives aux produits, de la consommation en énergie et en autres ressources des produits liés à l'énergie ; V. ce texte, supra]*.

II. – Elles ne s'appliquent pas :

a) aux produits d'occasion ;

b) aux moyens de transport de personnes ou de marchandises ;

c) à la plaquette de puissance, ou son équivalent, apposée pour des motifs de sécurité sur les produits.

Art. 2 Au sens du présent décret, on entend par :

1° "Fournisseur" : le fabricant ou son représentant agréé dans l'Union européenne ou l'importateur qui met le produit sur le marché ou le met en service dans l'Union européenne ; en leur absence, toute personne physique ou morale qui met sur le marché ou met en service des produits relevant de la directive du 19 mai 2010 susvisée est considérée comme un fournisseur ;

2° "Distributeur" : le détaillant ou toute autre personne qui vend, loue, offre en location-vente ou expose des produits à destination de l'utilisateur final.

Art. 3 Les produits exposés en vue de la vente, mis en vente, détenus en vue de la vente, de la location ou de la location-vente à un utilisateur final, directement ou indirectement par tout mode de vente à distance, y compris l'internet, portent une étiquette et sont accompagnés d'une fiche qui sont établies et portées à la connaissance de l'utilisateur final conformément aux actes délégués mentionnés à l'article 1er.

Cette étiquette et cette fiche comportent des informations sur toutes les formes d'énergie et, le cas échéant, sur les autres ressources essentielles consommées pendant l'utilisation des produits, ainsi que les informations complémentaires prévues par les actes délégués.

Art. 4 Les fournisseurs qui mettent sur le marché ou qui mettent en service les produits mentionnés à l'article 1er fournissent aux distributeurs l'étiquette et la fiche satisfaisant aux prescriptions du présent décret et aux actes délégués applicables. L'étiquette est fournie gratuitement aux distributeurs.

Ils incluent cette fiche également dans toutes les brochures relatives au produit ou, à défaut, dans les autres documents fournis avec le produit.

Art. 5 Les fournisseurs des produits tiennent à la disposition des agents chargés des contrôles une documentation technique, pendant une période de cinq ans suivant la date de fabrication du dernier produit concerné.

Cette documentation technique, suffisante pour permettre d'évaluer l'exactitude des informations figurant sur l'étiquette et sur la fiche, comprend :

1° Une description générale du produit ;

2° S'il y a lieu, les résultats des calculs de conception effectués ;

3° Les rapports d'essais, s'ils sont disponibles, y compris ceux effectués par des organismes notifiés compétents, tels que définis aux termes d'autres réglementations de l'Union européenne ;

4° Lorsque les chiffres sont utilisés pour des modèles similaires, les références permettant l'identification de ces derniers.

A cette fin, les fournisseurs peuvent utiliser la documentation déjà établie conformément aux exigences de la législation pertinente de l'Union européenne.

Les fournisseurs mettent à la disposition des autorités de surveillance du marché des États membres et de la Commission européenne une version électronique de cette documentation technique, si celles-ci en font la demande, dans un délai de dix jours ouvrables suivant la réception de la demande.

Art. 6 Lors de l'exposition d'un produit mentionné à l'article 1er, le distributeur appose, de manière lisible et visible, l'étiquette à l'emplacement prévu dans l'acte délégué applicable.

Les distributeurs incluent la fiche dans toute brochure relative au produit ou dans les autres documents fournis avec le produit au moment de sa vente à l'utilisateur final.

Art. 7 Toute publicité dans laquelle des informations ayant trait à l'énergie ou au prix sont mentionnées pour un modèle spécifique de produits comporte une référence à la classe d'efficacité énergétique du produit telle que déterminée dans l'acte délégué qui le concerne.

Tout matériel promotionnel technique sur les produits qui décrit les paramètres techniques spécifiques d'un produit, c'est-à-dire les manuels techniques et les brochures de fabricants, qu'il soit imprimé ou disponible en ligne, donne à l'utilisateur final les informations nécessaires concernant la consommation d'énergie ou comporte une référence à la classe d'efficacité énergétique de ce produit.

Art. 8 Lorsque les produits sont offerts à la vente, à la location ou à la location-vente par correspondance, sur catalogue, via l'internet, par démarchage téléphonique ou par tout autre moyen qui implique que l'utilisateur final ne voie pas le produit exposé, l'étiquette ou la fiche, ou les informations qu'elles contiennent, sont fournies à l'utilisateur final conformément aux dispositions de l'acte délégué applicable au produit concerné.

Art. 9 Le décret n° 94-566 du 7 juillet 1994 relatif à l'indication de la consommation en énergie et des nuisances sonores des appareils à usage domestique est abrogé.

Les arrêtés pris en application de ce décret, qui ne s'appliquent pas aux produits d'occasion, demeurent en vigueur jusqu'à la date d'entrée en application des dispositions des actes délégués mentionnés à l'article 1er qui les remplacent et portent sur les mêmes produits.

Les fournisseurs tiennent la documentation prévue par ces arrêtés à la disposition des agents chargés du contrôle pendant une période de cinq ans suivant la date de fabrication du dernier produit concerné.

Règlement délégué (UE) n° 392/2012 de la Commission du 1er mars 2012,

Complétant la directive 2010/30/UE du Parlement européen et du Conseil en ce qui concerne l'indication, par voie d'étiquetage, de la consommation d'énergie des sèche-linge domestiques à tambour.

V. aussi Règl. (UE) n° 932/2012 de la Commission du 3 oct. 2012 portant exécution de la Dir. 2009/125/CE du 21 oct. 2009 en ce qui concerne les exigences d'écoconception applicables aux sèche-linge domestiques à tambour (JOUE L 278 du 12 oct. 2012).

Art. 1er *Objet et champ d'application.* 1. Le présent règlement établit des exigences en matière d'étiquetage et de fourniture d'autres informations "produit" concernant les sèche-linge domestiques à tambour, intégrables ou non, alimentés sur secteur électrique ou fonctionnant au gaz, y compris les appareils destinés à un usage non domestique.

2. Le présent règlement ne s'applique pas aux lavantes- séchantes domestiques combinées ni aux essoreuses centrifuges domestiques.

Art. 2 *Définitions.* Outre les définitions figurant à l'article 2 de la directive 2010/30/UE, les définitions suivantes s'appliquent aux fins du présent règlement :

1) "sèche-linge domestique à tambour" : un appareil dans lequel des textiles sont séchés par rotation dans un tambour rotatif au travers duquel de l'air chauffé est insufflé, et qui est conçu pour être utilisé principalement à des fins non professionnelles ;

2) "sèche-linge domestique à tambour intégrable" : un sèche- linge domestique à tambour conçu pour être installé à l'intérieur d'un meuble, dans un renfoncement aménagé dans un mur ou dans un emplacement similaire, et nécessitant un habillage assorti aux meubles ;

3) "lavante-séchante domestique combinée" : un lave-linge domestique qui comporte à la fois une fonction d'essorage et un dispositif de séchage des textiles, habituellement par chauffage et rotation ;

4) "essoreuse centrifuge domestique" : un appareil également appelé dans le commerce "essoreuse à linge", dans lequel l'eau est exprimée des textiles placés dans le tambour rotatif par centrifugation et aspirée par une pompe automatique, et qui est conçu pour être utilisé principalement à des fins non professionnelles ;

5) "sèche-linge à tambour à évacuation d'air" : un sèche-linge à tambour qui prélève l'air extérieur, le souffle sur les textiles et évacue dans la pièce ou à l'extérieur l'air humide résultant ;

6) "sèche-linge à tambour à condensation" : un sèche-linge à tambour qui comporte un dispositif (utilisant la condensation ou tout autre moyen) pour éliminer l'humidité de l'air utilisé pour le séchage ;

7) "sèche-linge à tambour automatique" : un sèche-linge à tambour qui interrompt le processus de séchage lorsque ses détecteurs de conductivité ou ses sondes thermiques par exemple détectent dans la charge un certain degré d'humidité ;

8) "sèche-linge à tambour non automatique" : un sèche-linge à tambour qui interrompt le processus de séchage au terme d'une période prédéfinie, habituellement contrôlée par minuterie, mais qui peut également être stoppé manuellement ;

9) "programme" : une série d'opérations prédéfinies que le fournisseur déclare appropriées pour le séchage de certains types de textiles ;

10) "cycle" : un processus complet de séchage, tel que défini pour le programme sélectionné ;

11) "durée du programme" : le temps compris entre le début et la fin du programme, à l'exclusion d'un éventuel décalage programmé par l'utilisateur final ;

12) "capacité nominale" : la masse maximale en kilogrammes de textiles secs d'un type particulier indiquée par le fournisseur, par paliers de 0,5 kg, qui peut être traitée par un sèche-linge domestique à tambour avec le programme sélectionné, lorsqu'il est chargé en conformité avec les instructions du fournisseur ;

13) "demi-charge" : la moitié de la capacité nominale d'un sèche-linge domestique à tambour pour un programme donné ;

14) "taux de condensation" : le rapport entre la masse d'eau condensée par un sèche-linge à tambour à condensation et la masse d'eau éliminée de la charge à la fin d'un cycle ;

15) "mode arrêt" : une situation dans laquelle le sèche-linge domestique à tambour est éteint à l'aide des commandes ou des interrupteurs de l'appareil accessibles à l'utilisateur et conçus pour être manipulés par lui en utilisation normale afin d'atteindre la plus faible consommation d'électricité qui peut se maintenir pendant une durée indéterminée lorsque le sèche-linge domestique à tambour est raccordé à une alimentation électrique et utilisé conformément aux instructions du fournisseur ; s'il n'existe pas de bouton de commande ou d'interrupteur accessible à l'utilisateur final, on entend par "mode arrêt" l'état dans lequel se trouve le sèche-linge domestique à tambour après être revenu de lui- même à une consommation d'électricité stable ;

16) "mode laissé sur marche" : le mode de plus faible consommation d'électricité qui peut se maintenir pendant une durée indéterminée après la fin du programme et le déchargement du sèche-linge domestique à tambour, sans aucune autre intervention de l'utilisateur final ;

17) "sèche-linge domestique à tambour équivalent" : un modèle de sèche-linge domestique à tambour mis sur le marché disposant, pour le séchage, de la même capacité nominale, des mêmes caractéristiques techniques et de performance, de la même consommation d'énergie, du même taux de condensation le cas échéant, de la même durée pour le programme coton standard et du même niveau de bruit aérien qu'un autre modèle de sèche-linge domestique à tambour mis sur le marché sous une référence commerciale différente par le même fournisseur ;

18) "utilisateur final" : un consommateur qui achète ou qui est susceptible d'acheter un sèche-linge domestique à tambour ;

19) "point de vente" : un lieu dans lequel des sèche-linge domestiques à tambour sont exposés ou proposés à la vente, à la location ou à la location-vente ;

20) "programme coton standard" : le cycle de séchage d'une charge de textiles en coton dont la teneur initiale en humidité est de 60 %, à l'issue duquel la teneur en humidité résiduelle de la charge est de 0 %.

Art. 3 *Responsabilités des fournisseurs.* Les fournisseurs s'assurent que :

a) chaque sèche-linge domestique à tambour est fourni avec une étiquette imprimée conforme aux informations données à l'annexe I ;

b) une fiche "produit" conforme à l'annexe II est mise à disposition ;

c) une documentation technique conforme à l'annexe III est mise à la disposition des autorités des États membres et de la Commission, s'ils en font la demande ;

d) toute publicité pour un modèle spécifique de sèche-linge domestique à tambour fournissant des informations relatives à l'énergie ou au prix indique la classe d'efficacité énergétique de l'appareil ;

e) tout matériel promotionnel technique décrivant les paramètres techniques spécifiques d'un modèle spécifique de sèche-linge domestique à tambour indique la classe d'efficacité énergétique de l'appareil ;

(Règl. UE nº 518/2014 du 5 mars 2014, art. 6, en vigueur le 6 juin 2014) « f) une étiquette électronique au format et avec le contenu informatif définis à l'annexe I est mise à la disposition des distributeurs pour chaque modèle de sèche-linge domestique à tambour mis sur le marché avec une nouvelle référence à compter du 1er janvier 2015. Elle peut également être mise à la disposition des distributeurs pour d'autres modèles de sèche-linge domestiques à tambour ;

« g) une fiche produit électronique, telle que décrite à l'annexe II, est mise à la disposition des distributeurs pour chaque modèle de sèche-linge domestique à tambour mis sur le marché avec une nouvelle référence à compter du 1er janvier 2015. Elle peut également être mise à la disposition des distributeurs pour d'autres modèles de sèche-linge domestiques à tambour. »

Art. 4 *Responsabilités des distributeurs.* Les distributeurs s'assurent que :

a) chaque sèche-linge domestique à tambour porte, sur le point de vente, l'étiquette fournie par les fournisseurs conformément à l'article 3, point *a)*, placée de manière tout à fait visible sur la face extérieure de l'avant ou de la partie supérieure de l'appareil ;

(Règl. UE nº 518/2014 du 5 mars 2014, art. 6, en vigueur le 6 juin 2014) « b) les sèche-linge domestiques à tambour proposés à la vente, à la location ou à la location-vente dans les cas où l'on ne peut pas s'attendre à ce que l'utilisateur final potentiel voie le produit exposé, conformément à l'article 7 de la directive 2010/30/UE, sont commercialisés avec les informations devant être apportées par les fournisseurs conformément à l'annexe IV du présent règlement. En revanche, lorsque l'offre est faite via l'internet et qu'une étiquette et une fiche produit électroniques ont été mises à disposition conformément à l'article 3, points f) et g), les dispositions de l'annexe VIII s'appliquent ; »

c) toute publicité pour un modèle spécifique de sèche-linge domestique à tambour fournissant des informations relatives à l'énergie ou au prix contient une référence à la classe d'efficacité énergétique de l'appareil ;

d) tout matériel promotionnel technique décrivant les paramètres techniques d'un modèle spécifique de sèche-linge domestique à tambour comporte une référence à la classe d'efficacité énergétique de ce modèle.

Art. 5 *Méthodes de mesure.* Les informations à fournir en application des articles 3 et 4 sont obtenues en appliquant des procédures de mesure fiables, exactes et reproductibles tenant compte des méthodes de mesure généralement reconnues les plus récentes.

Art. 6 *Procédure de vérification aux fins de la surveillance du marché.* Les États membres appliquent la procédure indiquée à l'annexe V pour évaluer la conformité des valeurs déclarées pour la classe d'efficacité énergétique, la consommation d'énergie par cycle, le taux de condensation le cas échéant, la capacité nominale, la consommation d'électricité en mode arrêt et en mode laissé sur marche, la durée du mode laissé sur marche, la durée des programmes et le niveau de bruit aérien.

Art. 7 *Révision.* La Commission réexamine le présent règlement sur la base du progrès technique au plus tard cinq ans après son entrée en vigueur. Le réexamen porte en particulier sur les tolérances de contrôle fixées à l'annexe V.

Art. 8 *Abrogation.* La directive 95/13/CE est abrogée avec effet au 29 mai 2013.

Art. 9 *Dispositions transitoires.* 1. L'article 3, points *d)* et *e)*, et l'article 4, points *b), c)* et *d)*, ne s'appliquent pas aux publicités imprimées ni au matériel promotionnel technique imprimé publiés avant le 29 septembre 2013.

2. Les sèche-linge domestiques à tambour mis sur le marché avant le 29 mai 2013 doivent être conformes aux dispositions de la directive 95/13/CE.

3. Les sèche-linge domestiques à tambour conformes aux dispositions du présent règlement et mis sur le marché ou proposés à la vente, à la location ou à la location-vente avant le 29 mai 2013 sont réputés conformes aux dispositions de la directive 95/13/CE.

Art. 10 *Entrée en vigueur et application.* 1. Le présent règlement entre en vigueur le vingtième jour suivant celui de sa publication au *Journal officiel de l'Union européenne [JOUE L 123 du 9 mai 2012].*

2. Il s'applique à compter du 29 mai 2013. Cependant, l'article 3, points *d)* et *e)*, et l'article 4, points *b), c)* et *d)*, s'appliquent à compter du 29 septembre 2013.

ANNEXES

V. les annexes au **C. consom.** 🏛.

Règlement délégué (UE) n° 874/2012 de la Commission du 12 juillet 2012,

Complétant la directive 2010/30/UE du Parlement européen et du Conseil en ce qui concerne l'étiquetage énergétique des lampes électriques et des luminaires.

Art. 1er *Objet et champ d'application.* **1. Le présent règlement établit des exigences relatives à l'étiquetage et à la fourniture d'autres informations relatives au produit pour les lampes électriques telles que :**

a) les lampes à filament ;

b) les lampes fluocompactes ;

c) les lampes à décharge à haute intensité ;

d) les lampes à LED et les modules à LED.

Le présent règlement établit également des exigences pour l'étiquetage des luminaires conçus pour faire fonctionner ces lampes et commercialisés à l'intention des utilisateurs finaux, y compris lorsque lesdits luminaires sont intégrés dans d'autres produits qui ne dépendent pas d'un apport d'énergie pour remplir leur fonction première lorsqu'ils sont utilisés (par exemple, les meubles).

2. Les produits suivants sont exclus du champ d'application du présent règlement :

a) les lampes, ainsi que les modules à LED, dont le flux lumineux est inférieur à 30 lumens ;

b) les lampes, ainsi que les modules à LED, commercialisés pour fonctionner sur batterie ;

c) les lampes, ainsi que les modules à LED, commercialisés pour des applications dont l'éclairage n'est pas la fonction première, telles que :

i) l'émission de lumière comme agent dans des processus chimiques ou biologiques (tels que la polymérisation, la thérapie photodynamique, l'horticulture, les soins aux animaux de compagnie, les produits anti-insectes) ;

ii) la capture d'images et la projection d'images (par exemple, les flashs d'appareil photo, les photocopieurs, les vidéoprojecteurs) ;

iii) le chauffage (par exemple, les lampes à infrarouges) ;

iv) la signalisation (par exemple, les lampes pour aérodromes).

Les lampes, ainsi que les modules à LED, visés au présent point c) ne sont pas exemptés lorsqu'ils sont commercialisés à des fins d'éclairage ;

d) les lampes, et les modules à LED, qui sont commercialisés en tant qu'éléments d'un luminaire et qui ne sont pas destinés à être retirés par l'utilisateur final, sauf s'ils sont proposés à la vente, à la location ou à la location-vente, ou exposés séparément, à l'intention de l'utilisateur final, par exemple en tant que pièces détachées ;

e) les lampes, ainsi que les modules à LED, commercialisés en tant qu'élément *[éléments]* **d'un produit dont la fonction première n'est pas l'éclairage. Cependant, ces produits entrent dans le champ d'application du présent règlement s'ils sont proposés à la vente, à la location ou à la location-vente, ou exposés séparément, par exemple en tant que pièces détachées ;**

f) les lampes, ainsi que les modules à LED, qui ne sont pas conformes aux exigences applicables à partir de 2013 et de 2014 conformément aux règlements d'exécution de la ***directive 2009/125/*****CE du Parlement européen et du Conseil ;**

g) les luminaires conçus pour fonctionner exclusivement avec les lampes et avec les modules à LED visés *(Rect. JOUE L 198 du 28 juill. 2015)* **« aux points a), b), c) et e) ».**

Art. 2 *Définitions.* **Outre les définitions figurant à l'article 2 de la directive 2010/30/UE, les définitions suivantes s'appliquent aux fins du présent règlement :**

1. "source lumineuse", une surface ou un objet conçus pour émettre des rayonnements optiques principalement visibles produits par transformation d'énergie. Le terme "visible" correspond à une longueur d'onde de 380 nm à 780 nm ;

2. "éclairage", l'application de lumière à un site, à des objets ou à leur environnement, de sorte qu'ils peuvent être vus par les personnes ;

3. "éclairage d'accentuation", une forme d'éclairage qui permet de diriger la lumière de façon à mettre en valeur un objet ou une partie d'un espace ;

4. "lampe", une unité dont la performance peut être évaluée séparément et qui est composée d'une ou plusieurs sources lumineuses. La lampe peut comporter des composants additionnels nécessaires pour l'allumage, l'alimentation électrique ou le fonctionnement stable de l'unité, ou pour la répartition, le filtrage ou la transformation du rayonnement optique, dans le cas où ces composants ne peuvent pas être retirés sans que l'unité soit endommagée de manière irréversible ;

5. "culot de lampe", la partie de la lampe qui permet la connexion à l'alimentation électrique par l'intermédiaire d'une douille ou d'un connecteur de lampe et qui, dans la plupart des cas, peut également servir à maintenir la lampe dans la douille ;

6. "douille de lampe", un organe destiné à maintenir la lampe en place, généralement du fait que le culot de la lampe y est inséré, auquel cas il permet aussi de connecter la lampe à l'alimentation électrique ;

7. "lampe dirigée", une lampe dont au moins 80 % de la lumière émise se trouve dans un angle solide de π sr (défini par un cône d'angle 120°) ;

8. "lampe non dirigée", une lampe qui n'est pas une lampe dirigée ;

9. "lampe à filament", une lampe dans laquelle la lumière est produite par un conducteur filiforme chauffé jusqu'à incandescence par le passage d'un courant électrique. La lampe peut contenir des gaz ayant un effet sur le processus d'incandescence ;

10. "lampe à incandescence", une lampe à filament dans laquelle le filament fonctionne dans une ampoule sous vide ou est environné d'un gaz inerte ;

11. "lampe à halogènes (à tungstène)", une lampe à filament dans laquelle le filament est en tungstène et est environné d'un gaz contenant des halogènes ou des composés halogénés ; elle peut être fournie avec une alimentation électrique intégrée ;

12. "lampe à décharge", une lampe dans laquelle la lumière est produite, directement ou indirectement, par décharge électrique dans un gaz, une vapeur métallique ou un mélange de plusieurs gaz et vapeurs ;

13. "lampe fluorescente", une lampe à vapeur de mercure à basse pression dans laquelle la plus grande partie de la lumière est émise par une ou plusieurs couches de substances luminescentes excitées par le rayonnement ultraviolet de la décharge ; les lampes fluorescentes peuvent être fournies avec un ballast intégré ;

14. "lampe fluorescente sans ballast intégré", une lampe fluorescente à simple ou à double culot sans ballast intégré ;

15. "lampe à décharge à haute intensité", une lampe à décharge électrique dans laquelle l'arc qui produit la lumière est stabilisé par effet thermique de son enceinte dont la puissance surfacique est supérieure à 3 watts par centimètre carré ;

16. "diode électroluminescente (LED)", une source lumineuse constituée d'un dispositif à l'état solide comportant une jonction p-n qui émet un rayonnement optique lorsqu'elle est excitée par un courant électrique ;

17. "boîtier de LED", un assemblage comportant une ou plusieurs LED et, éventuellement, un élément optique et des interfaces thermiques, mécaniques et électriques ;

18. "module à LED", un assemblage sans culot comportant un ou plusieurs boîtiers de LED montés sur une carte de circuit imprimé et, le cas échéant, des composants électriques, optiques, mécaniques et thermiques, des interfaces et un appareillage de commande de lampe ;

19. "lampe à LED", une lampe comportant un ou plusieurs modules à LED et pouvant être équipée d'un culot ;

20. "appareillage de commande de lampe", un dispositif situé entre l'alimentation électrique et une ou plusieurs lampes, qui offre une fonctionnalité liée au fonctionnement de la ou des lampes, par exemple la transformation de la tension d'alimentation, la limitation à la valeur requise du courant qui traverse la ou les lampes, la fourniture d'une tension d'allumage et d'un courant de préchauffage, l'interdiction des allumages à froid, la correction du facteur de puissance ou la réduction des interférences radioélectriques. Le dispositif *peut être conçu de façon à ce qu'il [de façon qu'il]* faille le connecter à un autre appareillage de commande de lampe pour bénéficier de ces fonctions. Ce terme ne couvre pas :

— les dispositifs de commande,

— les alimentations électriques qui convertissent la tension de secteur en une autre tension d'alimentation et qui sont conçues pour alimenter, dans la même installation, des produits d'éclairage et des produits dont la fonction première n'est pas l'éclairage ;

21. "dispositif de commande", un dispositif électronique ou mécanique qui contrôle ou régule le flux lumineux de la lampe par des moyens autres que la conversion de la tension électrique de la lampe, tels que les minuteries, les détecteurs de présence, les capteurs de lumière et les dispositifs de régulation de l'éclairage en fonction de la lumière du jour. En outre, les gradateurs à découpage de phase sont eux aussi considérés comme des dispositifs de commande ;

22. "appareillage externe de commande de lampe", un appareillage de commande de lampe non intégré conçu pour être installé à l'extérieur de l'enveloppe d'une lampe ou d'un luminaire, ou pour être retiré de l'enveloppe de sorte qu'il n'endommage pas la lampe ou le luminaire de manière irréversible ;

23. "ballast", un appareillage de commande de lampe placé entre l'alimentation et une ou plusieurs lampes à décharge qui, par effet inductif ou capacitif ou une combinaison des deux, sert principalement à limiter à la valeur requise le courant qui traverse la ou les lampes ;

24. "appareillage de commande de lampe à halogènes", un appareillage de commande de lampe qui convertit la tension de secteur en très basse tension pour les lampes à halogènes ;

25. "lampe fluorescente compacte" ou "lampe fluocompacte", une lampe fluorescente qui comporte tous les composants nécessaires à son allumage et à son fonctionnement stable ;

26. "luminaire", un appareil qui sert à répartir, à filtrer ou à transformer la lumière émise par une ou plusieurs lampes et qui comprend toutes les pièces nécessaires pour maintenir, fixer et protéger les lampes et, le cas échéant, les circuits auxiliaires avec leurs dispositifs de connexion à l'alimentation électrique ;

27. "point de vente", un emplacement physique dans lequel le produit est exposé ou proposé à la vente, à la location ou à la location-vente à l'intention de l'utilisateur final ;

28. "utilisateur final", une personne physique qui achète ou qui pourrait acheter un produit à des fins qui n'entrent pas dans le cadre de son activité commerciale, industrielle, artisanale ou libérale ;

29. "propriétaire final", une personne ou une entité qui détient un produit durant la phase d'utilisation de son cycle de vie, ou toute personne ou entité agissant pour le compte de ladite personne ou entité.

Art. 3 *Responsabilités des fournisseurs.* 1. Les fournisseurs de lampes électriques mises sur le marché en tant que produits individuels veillent à ce que :

a) une fiche relative au produit, telle que décrite à l'annexe II, soit mise à disposition ;

b) la documentation technique, telle que décrite à l'annexe III, soit mise à la disposition des autorités des États membres et de la Commission, à leur demande ;

c) toute publicité, offre de prix formelle ou appel d'offres donnant, pour une lampe spécifique, des informations liées à l'énergie ou au prix, indique la classe d'efficacité énergétique de cette lampe ;

d) tout matériel promotionnel technique décrivant les paramètres techniques spécifiques d'une lampe spécifique en indique la classe d'efficacité énergétique ;

e) si la lampe est destinée à être commercialisée dans un point de vente, une étiquette produite dans le format et contenant les informations visés à l'annexe I, partie 1, soit placée ou imprimée sur l'extérieur de chaque emballage, ou attachée à ce même emplacement, la puissance nominale de la lampe étant indiquée sur l'emballage en dehors de l'étiquette ;

(Règl. UE nº 518/2014 du 5 mars 2014, art. 7, en vigueur le 6 juin 2014) « f) une étiquette électronique au format et avec le contenu informatif définis à l'annexe I, point 1, soit mise à la disposition des distributeurs pour chaque modèle de lampe mis sur le marché avec une nouvelle référence à compter du 1er janvier 2015. Elle peut également être mise à la disposition des distributeurs pour d'autres modèles de lampes. »

2. Les fournisseurs de luminaires destinés à être commercialisés à l'intention des utilisateurs finaux veillent à ce que :

a) la documentation technique, telle que décrite à l'annexe III, soit mise à la disposition des autorités des États membres et de la Commission, à leur demande ;

b) les informations présentes sur l'étiquette conformément à l'annexe I, partie 2, soient fournies dans les cas suivants :

i) dans toute publicité, offre de prix formelle ou appel d'offres donnant, pour un luminaire spécifique, des informations liées à l'énergie ou au prix ;

ii) dans tout matériel promotionnel technique décrivant les paramètres techniques spécifiques d'un luminaire spécifique.

Dans ces cas, les informations peuvent être fournies dans des formats autres que celui présenté à l'annexe I, partie 2, par exemple sous forme de texte seul ;

c) si le luminaire est destiné à être commercialisé dans un point de vente, une étiquette produite dans le format et contenant les informations visés à l'annexe I est mise gratuitement à la disposition des distributeurs sous forme électronique ou papier. Si le fournisseur choisit un système de livraison dans le cadre duquel les étiquettes ne sont fournies que sur demande aux distributeurs, il met celles-ci rapidement à la disposition de ces derniers, le cas échéant ;

d) si le luminaire est mis sur le marché à l'intention des utilisateurs finaux dans un emballage qui inclut des lampes électriques remplaçables par l'utilisateur final dans le luminaire, l'emballage original de ces lampes est placé à l'intérieur de celui du luminaire. Dans le cas contraire, doivent figurer à l'extérieur ou à l'intérieur de l'emballage du luminaire, sous l'une ou l'autre forme, les informations inscrites sur l'emballage original des lampes conformément au présent règlement et aux règlements de la Commission fixant les exigences d'écoconception pour les lampes en vertu de la directive 2009/125/CE ;

(Règl. UE n° 518/2014 du 5 mars 2014, art. 7, en vigueur le 6 juin 2014) « e) une étiquette électronique au format et avec le contenu informatif définis à l'annexe I, point 2, soit mise à la disposition des distributeurs pour chaque modèle de luminaire mis sur le marché avec une nouvelle référence à compter du 1er janvier 2015. Elle peut également être mise à la disposition des distributeurs pour d'autres modèles de luminaires. »

Les fournisseurs de luminaires destinés à être commercialisés dans un point de vente qui communiquent les informations visées dans le présent règlement sont réputés s'être acquittés de leurs responsabilités en tant que distributeurs eu égard aux exigences d'information sur le produit dans le cas des lampes établies dans les règlements de la Commission fixant des exigences d'écoconception pour les lampes en vertu de la directive 2009/125/CE.

Art. 4 *Responsabilités des distributeurs.* 1. Les distributeurs de lampes électriques s'assurent que :

(Règl. UE n° 518/2014 du 5 mars 2014, art. 7, en vigueur le 6 juin 2014) « a) chaque modèle proposé à la vente, à la location ou à la location-vente dans les cas où l'on ne peut pas s'attendre à ce que l'utilisateur final potentiel voie le produit exposé, est commercialisé avec les informations devant être apportées par les fournisseurs conformément à l'annexe IV. En revanche, lorsque l'offre est faite via l'internet et qu'une étiquette électronique a été mise à disposition conformément à l'article 3, paragraphe 1, point f), les dispositions de l'annexe VIII s'appliquent ; »

b) toute publicité, offre de prix formelle ou appel d'offres donnant, pour un modèle spécifique, des informations liées à l'énergie ou au prix, indique la classe d'efficacité énergétique de ce modèle ;

c) tout matériel promotionnel technique décrivant les paramètres techniques spécifiques d'un modèle spécifique en indique la classe d'efficacité énergétique.

2. Les distributeurs de luminaires destinés à être commercialisés à l'intention des utilisateurs finaux s'assurent que :

a) les informations figurant sur l'étiquette conformément à l'annexe I, partie 2, sont fournies dans les cas suivants :

i) dans toute publicité, offre de prix formelle ou appel d'offres donnant, pour un luminaire spécifique, des informations liées à l'énergie ou au prix ;

ii) dans tout matériel promotionnel technique décrivant les paramètres techniques spécifiques d'un luminaire spécifique.

Dans ces cas, les informations peuvent être fournies dans des formats autres que celui présenté à l'annexe I, partie 2, par exemple sous forme de texte seul ;

b) chaque modèle exposé dans un point de vente est accompagné de l'étiquette telle que présentée à l'annexe I, partie 2. L'étiquette est affichée de l'une ou des deux façons suivantes :

i) elle est placée à proximité du luminaire exposé, de sorte qu'il apparaît visiblement et clairement, même sans lire la marque commerciale et le numéro du modèle sur l'étiquette, qu'il s'agit de l'étiquette correspondant audit modèle ;

ii) elle accompagne clairement les informations les plus directement visibles (relatives au prix ou aux aspects techniques, par exemple) concernant le luminaire exposé dans le point de vente ;

c) si le luminaire est vendu à l'intention des utilisateurs finaux dans un emballage qui inclut des lampes électriques remplaçables par l'utilisateur final dans le luminaire, l'emballage original de ces lampes est placé à l'intérieur de celui du luminaire. Dans le cas contraire, doivent figurer à l'extérieur ou à l'intérieur de l'emballage du luminaire, sous l'une ou l'autre forme, les informations inscrites sur l'emballage original des lampes conformément au présent règlement et aux règlements de la Commission fixant des exigences d'écoconception pour les lampes en vertu de la directive 2009/125/CE ;

(Règl. UE n° 518/2014 du 5 mars 2014, art. 7, en vigueur le 6 juin 2014) « d) chaque modèle proposé à la vente, à la location ou à la location-vente via l'internet et pour lequel une étiquette électronique a été mise à disposition conformément à l'article 3, paragraphe 2, point e), est accompagné de l'étiquette conformément à l'annexe VIII. »

Art. 5 *Méthodes de mesure.* Les informations à fournir en vertu des articles 3 et 4 sont obtenues en appliquant des procédures de mesure fiables, exactes et reproductibles, qui tiennent compte des méthodes de mesure généralement reconnues les plus récentes, telles qu'établies à l'annexe V.

Art. 6 *Procédure de vérification aux fins de la surveillance du marché.* Les États membres évaluent la conformité de la classe d'efficacité énergétique et de la consommation d'énergie déclarées en appliquant la procédure indiquée à l'annexe V.

Art. 7 *Révision.* La Commission réexamine le présent règlement sur la base du progrès technologique, au plus tard trois ans après son entrée en vigueur. Le réexamen porte notamment sur l'évaluation des valeurs de tolérance liées à la procédure de vérification fixées à l'annexe V.

Art. 8 *Abrogation.* La directive 98/11/CE est abrogée avec effet au 1er septembre 2013.

Les références à la directive 98/11/CE s'entendent comme faites au présent règlement. Les références à l'annexe IV de la directive 98/11/CE s'entendent comme faites à l'annexe VI du présent règlement.

Art. 9 *Dispositions transitoires.* 1. L'article 3, paragraphe 2, et l'article 4, paragraphe 2, ne s'appliquent pas aux luminaires avant le 1er mars 2014.

2. L'article 3, paragraphe 1, points c) et d), et l'article 4, paragraphe 1, points a) à c), ne s'appliquent pas aux publicités imprimées ni au matériel promotionnel technique imprimé diffusés avant le 1er mars 2014.

3. Les lampes visées à l'article 1er, paragraphes 1 et 2, de la directive 98/11/CE et mises sur le marché avant le 1er septembre 2013 sont conformes aux dispositions de la directive 98/11/CE.

4. Les lampes visées à l'article 1er, paragraphes 1 et 2, de la directive 98/11/CE qui sont conformes aux dispositions du présent règlement et mises sur le marché ou proposées à la vente, à la location ou à la location-vente avant le 1er septembre 2013 sont réputées conformes aux exigences de la directive 98/11/CE.

Art. 10 *Entrée en vigueur et application.* 1. Le présent règlement entre en vigueur le vingtième jour suivant celui de sa publication au *Journal officiel de l'Union européenne [JOUE L 258 du 26 sept. 2012]*.

2. Il s'applique à compter du 1er septembre 2013, hormis pour les cas visés à l'article 9.

ANNEXES

V. les annexes au ***C. consom.***

Règlement délégué (UE) n° 811/2013 de la Commission du 18 février 2013,

Complétant la directive 2010/30/UE du Parlement européen et du Conseil en ce qui concerne l'étiquetage énergétique des dispositifs de chauffage des locaux, des dispositifs de chauffage mixtes, des produits combinés constitués d'un dispositif de chauffage des locaux, d'un régulateur de température et d'un dispositif solaire et des produits combinés constitués d'un dispositif de chauffage mixte, d'un régulateur de température et d'un dispositif solaire.

Art. 1er *Objet et champ d'application.* 1. Le présent règlement établit des exigences relatives à l'étiquetage énergétique et à la fourniture d'autres informations sur les produits concernant : les dispositifs de chauffage des locaux et les dispositifs de chauffage mixtes d'une puissance thermique nominale maximale de 70 kW ; les produits combinés constitués d'un dispositif de chauffage des locaux d'une puissance thermique nominale maximale de 70 kW, d'un régulateur de température et d'un dispositif solaire ; les produits combinés constitués d'un dispositif de chauffage mixte, d'une puissance thermique nominale maximale de 70 kW, d'un régulateur de température et d'un dispositif solaire.

2. Le présent règlement ne s'applique pas :

(a) aux dispositifs de chauffage conçus spécifiquement pour utiliser des combustibles gazeux ou liquides produits à titre principal à partir de la biomasse ;

(b) aux dispositifs de chauffage alimentés en combustibles solides ;

(c) aux dispositifs de chauffage entrant dans le champ d'application de la directive 2010/75/UE du Parlement européen et du Conseil ;

(d) aux dispositifs de chauffage produisant de la chaleur uniquement pour fournir de l'eau chaude potable ou sanitaire ;

(e) aux dispositifs de chauffage destinés à chauffer et à faire circuler des fluides caloporteurs gazeux tels que la vapeur ou l'air ;

(f) aux dispositifs de chauffage des locaux par cogénération dont la puissance électrique maximale est de 50 kW ou plus.

Art. 2 *Définitions.* Outre les définitions énoncées à l'article 2 de la directive 2010/30/CE, aux fins du présent règlement, on entend par :

(1) "dispositif de chauffage", un dispositif de chauffage des locaux ou un dispositif de chauffage mixte ;

(2) "dispositif de chauffage des locaux", un dispositif qui :

(a) fournit de la chaleur à un système de chauffage central à eau en vue d'atteindre et de maintenir à un niveau souhaité la température intérieure d'un espace fermé tel qu'un bâtiment, un logement ou une pièce ; et

(b) est équipé d'un ou plusieurs générateurs de chaleur ;

(3) "dispositif de chauffage mixte" *[,]* un dispositif de chauffage des locaux conçu également pour fournir de la chaleur afin de délivrer de l'eau chaude potable ou sanitaire à des niveaux de température, en quantités et à des débits donnés, pendant des laps de temps donnés, et qui est raccordé à une alimentation externe d'eau potable ou sanitaire ;

(4) "système de chauffage central à eau", un système qui utilise de l'eau comme fluide caloporteur afin de distribuer la chaleur produite au niveau central à des émetteurs de chaleur pour le chauffage des locaux dans des bâtiments ou dans des parties de ceux-ci ;

(5) "générateur de chaleur", la partie d'un dispositif de chauffage qui produit *[de]* la chaleur par un ou *[par]* plusieurs des processus suivants :

(a) combustion de combustibles fossiles et/ou issus de la biomasse ;

(b) utilisation de l'effet Joule dans des éléments de chauffage à résistance électrique ;

(c) capture de la chaleur ambiante de l'air, de l'eau ou du sol et/ou de la chaleur résiduelle ;

(6) "puissance thermique nominale" (*Prated*), la puissance thermique déclarée d'un dispositif de chauffage lorsqu'il chauffe les locaux et, le cas échéant, l'eau, dans les conditions nominales standard, exprimée en kW ; pour les dispositifs de chauffage des locaux par pompe à chaleur et les dispositifs de chauffage mixtes par pompe à chaleur, les conditions nominales standard dans lesquelles est établie la puissance thermique nominale sont les conditions de conception de référence, telles qu'indiquées à l'annexe VII, tableau 10 ;

(7) "conditions nominales standard", les conditions de fonctionnement des dispositifs de chauffage, dans les conditions climatiques moyennes, utilisées pour établir la puissance *thermique nominale, l'efficacité* énergétique saisonnière pour le chauffage des locaux, l'efficacité énergétique pour le chauffage de l'eau et le niveau de puissance acoustique ;

(8) "biomasse", la fraction biodégradable des produits, des déchets et des résidus d'origine biologique provenant de l'agriculture (y compris les substances végétales et animales), de la sylviculture et des industries connexes, y compris la pêche et l'aquaculture, ainsi que la fraction biodégradable des déchets industriels et municipaux ;

(9) "combustible issu de la biomasse", un combustible gazeux ou liquide produit à partir de la biomasse ;
(10) "combustible fossile", un combustible gazeux ou liquide d'origine fossile ;
(11) "dispositif de chauffage des locaux par cogénération", un dispositif de chauffage des locaux produisant simultanément de la chaleur et de l'électricité par le même processus ;
(12) "régulateur de température", l'équipement qui sert d'interface avec l'utilisateur final pour les valeurs et la programmation horaire de la température intérieure de consigne, et qui communique des données utiles à une interface du dispositif de chauffage, telle qu'une unité centrale de traitement, de façon à contribuer à la régulation de la ou des températures intérieures ;
(13) "dispositif solaire", un système tout solaire, un capteur solaire, un ballon d'eau chaude solaire ou une pompe de boucle de captage, qui sont mis sur le marché séparément ;
(14) "système tout solaire", un dispositif comprenant un ou plusieurs capteurs solaires et ballons d'eau chaude solaires ainsi que, éventuellement, des pompes de boucle de captage et d'autres éléments, qui est mis sur le marché sous forme unitaire et n'est pas équipé de générateur de chaleur, à l'exception éventuelle d'un ou *[de]* plusieurs thermoplongeurs de secours ;
(15) "capteur solaire", un dispositif conçu pour absorber l'irradiation solaire globale et transférer l'énergie thermique ainsi produite à un fluide qui le traverse ;
(16) "ballon d'eau chaude", un récipient destiné au stockage de l'eau chaude à des fins de chauffage de l'eau et/ou des locaux, y compris d'éventuels additifs, qui n'est pas équipé d'un générateur de chaleur, à l'exception éventuelle d'un ou *[de]* plusieurs thermoplongeurs de secours ;
(17) "ballon d'eau chaude solaire", un ballon d'eau chaude stockant l'énergie thermique produite par un ou plusieurs capteurs solaires ;
(18) "thermoplongeur de secours", un dispositif de chauffage à résistance électrique par effet Joule qui fait partie d'un ballon d'eau chaude et qui produit de la chaleur uniquement lorsque la source de chaleur externe est interrompue (notamment lors des périodes d'entretien) ou en panne, ou qui fait partie d'un ballon d'eau chaude solaire et fournit de la chaleur lorsque la source de chaleur solaire n'est pas suffisante pour assurer les niveaux de confort requis ;
(19) "produit combiné constitué d'un dispositif de chauffage des locaux, d'un régulateur de température et d'un dispositif solaire", un produit combiné proposé à l'utilisateur final comprenant un ou plusieurs dispositifs de chauffage des locaux associés à un ou *[à]* plusieurs régulateurs de température et/ou à un ou *[à]* plusieurs dispositifs solaires ;
(20) "produit combiné constitué d'un dispositif de chauffage mixte, d'un régulateur de température et d'un dispositif solaire", un produit combiné proposé à l'utilisateur final comprenant un ou plusieurs dispositifs de chauffage mixtes associés à un ou *[à]* plusieurs régulateurs de température et/ou à un ou *[à]* plusieurs dispositifs solaires ;
(21) "efficacité énergétique saisonnière pour le chauffage des locaux" (η_s), le rapport, exprimé en %, entre, d'une part, la demande de chauffage des locaux pour une saison de chauffe désignée, couverte par un dispositif de chauffage des locaux, par un dispositif de chauffage mixte, par un produit combiné constitué d'un dispositif de chauffage des locaux, d'un régulateur de température et d'un dispositif solaire, ou par un produit combiné constitué d'un dispositif de chauffage mixte, d'un régulateur de température et d'un dispositif solaire et, d'autre part, la consommation annuelle d'énergie requise pour satisfaire cette demande ;
(22) "efficacité énergétique pour le chauffage de l'eau" (η_{wh}), le rapport, exprimé en %, entre, d'une part, l'énergie utile de l'eau potable ou sanitaire délivrée par un dispositif de chauffage mixte ou par un produit combiné constitué d'un dispositif de chauffage mixte, d'un régulateur de température et d'un dispositif solaire et, d'autre part, l'énergie nécessaire pour la produire ;
(23) "niveau de puissance acoustique" (L_{WA}), le niveau de puissance acoustique pondéré A, à l'intérieur et/ou à l'extérieur, exprimé en dB.
Aux fins des annexes II à VIII, des définitions supplémentaires figurent à l'annexe I.

Art. 3 *Responsabilités des fournisseurs et calendrier.* 1. A compter du 26 septembre 2015, les fournisseurs qui mettent sur le marché et/ou en service des dispositifs de chauffage des locaux, y compris s'ils sont intégrés dans des produits combinés constitués d'un dispositif de chauffage des locaux, d'un régulateur de température et d'un dispositif solaire, veillent à ce que :

(a) une étiquette imprimée au format et avec le contenu informatif définis à l'annexe III, point 1.1, soit fournie pour chaque dispositif de chauffage des locaux conforme aux classes d'efficacité énergétique saisonnière pour le chauffage des locaux fixées à l'annexe II, point 1, selon les modalités suivantes : pour les dispositifs de chauffage des locaux par pompe à chaleur, l'étiquette imprimée est fournie au moins dans l'emballage du générateur de chaleur ; pour les dispositifs de chauffage des locaux destinés à être utilisés dans des produits combinés constitués d'un dispositif de chauffage des locaux, d'un régulateur de température et d'un dispositif solaire, une seconde étiquette conforme au format et au contenu informatif définis à l'annexe III, point 3, est fournie pour chaque dispositif de chauffage des locaux ;

(b) une fiche de produit, telle que décrite à l'annexe IV, point 1, soit fournie pour chaque dispositif de chauffage des locaux, selon les modalités suivantes : pour les dispositifs de chauffage des locaux par pompe à chaleur, la fiche de produit est fournie au moins pour le générateur de chaleur ; pour les dispositifs de chauffage des locaux destinés à être utilisés dans des produits combinés constitués d'un dispositif de chauffage des locaux, d'un régulateur de température et d'un dispositif solaire, une seconde fiche, telle que décrite à l'annexe IV, point 5, est fournie ;

(c) la documentation technique, telle que décrite à l'annexe V, point 1, soit fournie aux autorités des États membres et à la Commission, si elles en font la demande ;

(d) toute publicité relative à un modèle particulier de dispositif de chauffage des locaux et contenant des informations liées à l'énergie ou au prix comporte une référence à la classe d'efficacité énergétique saisonnière de ce modèle pour le chauffage des locaux dans les conditions climatiques moyennes ;

(e) tout matériel promotionnel technique concernant un modèle particulier de dispositif de chauffage des locaux et décrivant ses paramètres techniques spécifiques inclut une référence à la classe d'efficacité énergétique saisonnière de ce modèle pour le chauffage des locaux dans les conditions climatiques moyennes ;

(Règl. UE nº 518/2014 du 5 mars 2014, art. 9, en vigueur le 6 juin 2014) « (f) une étiquette électronique conforme aux classes d'efficacité énergétique saisonnière pour le chauffage des locaux fixées à l'annexe II, point 1, au format et avec le contenu informatif définis à l'annexe III, point 1.1, soit mise à la disposition des distributeurs pour chaque modèle de dispositif de chauffage des locaux ;

« (g) une fiche produit électronique, telle que décrite à l'annexe IV, point 1, soit mise à la disposition des distributeurs pour chaque modèle de dispositif de chauffage des locaux ; pour les modèles de dispositifs de chauffage des locaux par pompe à chaleur, la fiche produit électronique est mise à la disposition des distributeurs au moins en ce qui concerne le générateur de chaleur. »

A compter du 26 septembre 2019, une étiquette imprimée au format et avec le contenu informatif définis à l'annexe III, point 1.2, est fournie pour chaque dispositif de chauffage des locaux conforme aux classes d'efficacité énergétique saisonnière pour le chauffage des locaux fixées à l'annexe II, point 1, selon les modalités suivantes : pour les dispositifs de chauffage des locaux par pompe à chaleur, l'étiquette imprimée est fournie au moins dans l'emballage du générateur de chaleur.

(Règl. UE nº 518/2014 du 5 mars 2014, art. 9, en vigueur le 6 juin 2014) « A compter du 26 septembre 2019, une étiquette électronique conforme aux classes d'efficacité énergétique saisonnière pour le chauffage des locaux prévues à l'annexe II, point 1, au format et avec le contenu informatif définis à l'annexe III, point 1.2, est mise à la disposition des distributeurs pour chaque modèle de dispositif de chauffage des locaux. »

2. A compter du 26 septembre 2015, les fournisseurs qui mettent sur le marché et/ou en service des dispositifs de chauffage mixtes, y compris s'ils sont intégrés dans des produits combinés constitués d'un dispositif de chauffage mixte, d'un régulateur de température et *d'un dispositif solaire, veillent à ce que :*

(a) une étiquette imprimée au format et avec le contenu informatif définis à l'annexe III, point 2.1, soit fournie pour chaque dispositif de chauffage mixte conforme aux classes d'efficacité énergétique saisonnière pour le chauffage des locaux et aux classes d'efficacité énergétique pour le chauffage de l'eau fixées à l'annexe II, points 1 et 2, selon les modalités suivantes : pour les dispositifs de chauffage mixtes par pompe à chaleur, l'étiquette imprimée est fournie au moins dans l'emballage du générateur de chaleur ; pour les dispositifs de chauffage mixtes destinés à être utilisés dans des produits combinés constitués d'un dispositif de chauffage mixte, d'un régulateur de température et d'un dispositif solaire, une seconde étiquette conforme au format et au contenu informatif définis à l'annexe III, point 4, est fournie pour chaque dispositif de chauffage mixte ;

(b) une fiche de produit conforme à l'annexe IV, point 2, soit fournie pour chaque dispositif de chauffage mixte, selon les modalités suivantes : pour les dispositifs de chauffage mixtes par pompe à chaleur, la fiche de produit est fournie au moins pour le générateur de chaleur ; pour les dispositifs de chauffage mixtes destinés à être utilisés dans des produits combinés constitués d'un dispositif de chauffage mixte, d'un régulateur de température et d'un dispositif solaire, une seconde fiche, telle que décrite à l'annexe IV, point 6, est fournie ;

(c) la documentation technique, telle que décrite à l'annexe V, point 2, soit fournie aux autorités des États membres et à la Commission, si elles en font la demande ;

(d) toute publicité relative à un modèle particulier de dispositif de chauffage mixte et contenant des informations liées à l'énergie ou au prix comporte une référence à la classe d'efficacité énergétique saisonnière de ce modèle pour le chauffage des locaux et à la classe d'efficacité énergétique de ce modèle pour le chauffage de l'eau dans les conditions climatiques moyennes ;

(e) tout matériel promotionnel technique concernant un modèle particulier de dispositif de chauffage mixte et décrivant ses paramètres techniques spécifiques inclut une référence à la classe d'efficacité énergétique saisonnière de ce modèle pour le chauffage des locaux et à la classe d'efficacité énergétique de ce modèle pour le chauffage de l'eau dans les conditions climatiques moyennes ;

(Règl. UE nº 518/2014 du 5 mars 2014, art. 9, en vigueur le 6 juin 2014) « (f) une étiquette électronique conforme aux classes d'efficacité énergétique saisonnière pour le chauffage des locaux et les classes d'efficacité énergétique pour le chauffage de l'eau fixées à l'annexe II, points 1 et 2, au format et avec le contenu informatif définis à l'annexe III, point 2.1, soit mise à la disposition des distributeurs pour chaque modèle de dispositif de chauffage mixte ;

« (g) une fiche produit électronique, telle que décrite à l'annexe IV, point 2, soit mise à la disposition des distributeurs pour chaque modèle de dispositif de chauffage mixte ; pour les modèles de dispositifs de chauffage mixte par pompe à chaleur, la fiche produit électronique est mise à la disposition des distributeurs, au moins en ce qui concerne le générateur de chaleur. »

A compter du 26 septembre 2019, une étiquette imprimée au format et avec le contenu informatif définis à l'annexe III, point 2.2, est fournie pour chaque dispositif de chauffage mixte conforme aux classes d'efficacité énergétique saisonnière pour le chauffage des locaux et aux classes d'efficacité énergétique pour le chauffage de l'eau fixées à l'annexe II, points 1 et 2, selon les modalités suivantes : pour les dispositifs de chauffage mixtes par pompe à chaleur, l'étiquette imprimée est fournie au moins dans l'emballage du générateur de chaleur.

(Règl. UE nº 518/2014 du 5 mars 2014, art. 9, en vigueur le 6 juin 2014) « A compter du 26 septembre 2019, une étiquette électronique conforme aux classes d'efficacité énergétique saisonnière pour le chauffage des locaux et les classes d'efficacité énergétique pour le chauffage de l'eau fixées à l'annexe II, points 1 et 2, au format et avec le contenu informatif définis à l'annexe III, point 2.2, est mise à la disposition des distributeurs pour chaque modèle de dispositif de chauffage mixte. »

3. A compter du 26 septembre 2015, les fournisseurs qui mettent sur le marché et/ou en service des régulateurs de température veillent à ce que :

(a) une fiche de produit conforme à l'annexe IV, point 3, soit fournie ;

(b) la documentation technique, telle que décrite à l'annexe V, point 3, soit fournie aux autorités des États membres et à la Commission, si elles en font la demande ;

(Règl. UE nº 518/2014 du 5 mars 2014, art. 9, en vigueur le 6 juin 2014) « (c) une fiche produit électronique, telle que décrite à l'annexe IV, point 3, soit mise à la disposition des distributeurs pour chaque modèle de régulateur de température. »

4. A compter du 26 septembre 2015, les fournisseurs qui mettent sur le marché et/ou en service des dispositifs solaires veillent à ce que :

(a) une fiche de produit conforme à l'annexe IV, point 4, soit fournie ;

(b) la documentation technique, telle que décrite à l'annexe V, point 4, soit fournie aux autorités des États membres et à la Commission, si elles en font la demande ;

(Règl. UE nº 518/2014 du 5 mars 2014, art. 9, en vigueur le 6 juin 2014) **« (c) une fiche produit électronique, telle que décrite à l'annexe IV, point 4, soit mise à la disposition des distributeurs pour chaque modèle de dispositif solaire. »**

5. A compter du 26 septembre 2015, les fournisseurs qui mettent sur le marché et/ou en service des produits combinés constitués d'un dispositif de chauffage des locaux, d'un régulateur de température et d'un dispositif solaire veillent à ce que :

(a) une étiquette imprimée au format et avec le contenu informatif définis à l'annexe III, point 3, soit fournie pour chaque produit combiné constitué d'un dispositif de chauffage des locaux, d'un régulateur de température et d'un dispositif solaire conforme *[conformes]* **aux classes d'efficacité énergétique saisonnière pour le chauffage des locaux fixées à l'annexe II, point 1 ;**

(b) une fiche de produit, comme indiqué à l'annexe IV, point 5, soit fournie pour chaque produit combiné constitué d'un dispositif de chauffage des locaux, d'un régulateur de température et d'un dispositif solaire ;

(c) la documentation technique, telle que décrite à l'annexe V, point 5, soit fournie aux autorités des États membres et à la Commission, si elles en font la demande ;

(d) toute publicité relative à un modèle particulier de produit combiné constitué d'un dispositif de chauffage des locaux, d'un régulateur de température et d'un dispositif solaire, et contenant des informations liées à l'énergie ou au prix, comporte une référence à la classe d'efficacité énergétique saisonnière de ce modèle pour le chauffage des locaux dans les conditions climatiques moyennes ;

(e) tout matériel promotionnel technique concernant un modèle particulier de produit combiné constitué d'un dispositif de chauffage des locaux, d'un régulateur de température et d'un dispositif solaire, et décrivant ses paramètres techniques spécifiques, inclut une référence à la classe d'efficacité énergétique saisonnière de ce modèle pour le chauffage des locaux dans les conditions climatiques moyennes ;

(Règl. UE nº 518/2014 du 5 mars 2014, art. 9, en vigueur le 6 juin 2014) **« (f) une étiquette électronique conforme aux classes d'efficacité énergétique saisonnière pour le chauffage des locaux fixées à l'annexe II, point 1, au format et avec le contenu informatif définis à l'annexe III, point 3, soit mise à la disposition des distributeurs pour chaque modèle incluant un produit combiné constitué d'un dispositif de chauffage des locaux, d'un régulateur de température et d'un dispositif solaire ;**

« (g) une fiche produit électronique, telle que décrite à l'annexe IV, point 5, soit mise à la disposition des distributeurs pour chaque modèle incluant un produit combiné constitué d'un dispositif de chauffage des locaux, d'un régulateur de température et d'un dispositif solaire. »

6. A compter du 26 septembre 2015, les fournisseurs qui mettent sur le marché et/ou en service des produits combinés constitués d'un dispositif de chauffage mixte, d'un régulateur de température et d'un dispositif solaire veillent à ce que :

(a) une étiquette imprimée au format et avec le contenu informatif définis à l'annexe III, point 4, soit fournie pour chaque produit combiné constitué d'un dispositif de chauffage mixte, d'un régulateur de température et d'un dispositif solaire conforme *[conformes]* **aux classes d'efficacité énergétique saisonnière pour le chauffage des locaux et aux classes d'efficacité énergétique pour le chauffage de l'eau fixées à l'annexe II, points 1 et 2 ;**

(b) une fiche de produit, comme indiqué à l'annexe IV, point 6, soit fournie pour chaque produit combiné constitué d'un dispositif de chauffage mixte, d'un régulateur de température et d'un dispositif solaire ;

(c) la documentation technique, telle que décrite à l'annexe V, point 6, soit fournie aux autorités des États membres et à la Commission, si elles en font la demande ;

(d) toute publicité relative à un modèle particulier de produit combiné constitué d'un dispositif de chauffage mixte, d'un régulateur de température et d'un dispositif solaire, et contenant des informations liées à l'énergie ou au prix, comporte une référence à la classe d'efficacité énergétique saisonnière de ce modèle pour le chauffage des locaux et à sa classe d'efficacité énergétique pour le chauffage de l'eau dans les conditions climatiques moyennes ;

(e) tout matériel promotionnel technique concernant un modèle particulier de produit combiné constitué d'un dispositif de chauffage mixte, d'un régulateur de température et

d'un dispositif solaire, et décrivant ses paramètres techniques spécifiques, inclut une référence à la classe d'efficacité énergétique saisonnière de ce modèle pour le chauffage des locaux et à sa classe d'efficacité énergétique pour le chauffage de l'eau dans les conditions climatiques moyennes ;

(Règl. UE n° 518/2014 du 5 mars 2014, art. 9, en vigueur le 6 juin 2014) « (f) une étiquette électronique conforme aux classes d'efficacité énergétique saisonnière pour le chauffage des locaux et les classes d'efficacité énergétique pour le chauffage de l'eau fixées à l'annexe II, points 1 et 2, au format et avec le contenu informatif définis à l'annexe III, point 4, soit mise à la disposition des distributeurs pour chaque modèle incluant un produit combiné constitué d'un dispositif de chauffage mixte, d'un régulateur de température et d'un dispositif solaire ;

« (g) une fiche produit électronique, telle que décrite à l'annexe IV, point 6, soit mise à la disposition des distributeurs pour chaque modèle incluant un produit combiné constitué d'un dispositif de chauffage mixte, d'un régulateur de température et d'un dispositif solaire. »

Art. 4 *Responsabilités des distributeurs.* 1. Les distributeurs de dispositifs de chauffage des locaux veillent à ce que :

(a) sur le point de vente, l'étiquette remise par les fournisseurs conformément à l'article 3, paragraphe 1, et telle que décrite à l'annexe III, point 1, soit placée de manière clairement visible sur la face extérieure de l'avant de chaque dispositif de chauffage des locaux ;

(Règl. UE n° 518/2014 du 5 mars 2014, art. 9, en vigueur le 6 juin 2014) « (b) les dispositifs de chauffage des locaux proposés à la vente, à la location ou à la location-vente dans les cas où l'on ne peut pas s'attendre à ce que l'utilisateur final potentiel voie le dispositif de chauffage des locaux exposé, soient commercialisés avec les informations devant être apportées par les fournisseurs conformément à l'annexe VI, point 1, sauf lorsque l'offre est faite via l'internet, auquel cas les dispositions de l'annexe IX s'appliquent ; »

(c) toute publicité relative à un modèle particulier de dispositif de chauffage des locaux et contenant des informations liées à l'énergie ou au prix comporte une référence à la classe d'efficacité énergétique saisonnière de ce modèle pour le chauffage des locaux dans les conditions climatiques moyennes ;

(d) tout matériel promotionnel technique concernant un modèle particulier de dispositif de chauffage des locaux et décrivant ses paramètres techniques spécifiques inclut une référence à la classe d'efficacité énergétique saisonnière de ce modèle pour le chauffage des locaux dans les conditions climatiques moyennes.

2. Les distributeurs de dispositifs de chauffage mixtes veillent à ce que :

(a) sur le point de vente, l'étiquette remise par les fournisseurs conformément à l'article 3, paragraphe 2, et telle que décrite à l'annexe III, point 2, soit placée de manière clairement visible sur la face extérieure de l'avant de chaque dispositif de chauffage mixte ;

(Règl. UE n° 518/2014 du 5 mars 2014, art. 9, en vigueur le 6 juin 2014) « (b) les dispositifs de chauffage mixtes proposés à la vente, à la location ou à la location-vente dans les cas où l'on ne peut pas s'attendre à ce que l'utilisateur final potentiel voie le dispositif de chauffage mixte exposé, soient commercialisés avec les informations devant être apportées par les fournisseurs conformément à l'annexe VI, point 2, sauf lorsque l'offre est faite via l'internet, auquel cas les dispositions de l'annexe IX s'appliquent ; »

(c) toute publicité relative à un modèle particulier de dispositif de chauffage mixte et contenant des informations liées à l'énergie ou au prix comporte une référence à la classe d'efficacité énergétique saisonnière de ce modèle pour le chauffage des locaux et à la classe d'efficacité énergétique de ce modèle pour le chauffage de l'eau dans les conditions climatiques moyennes ;

(d) tout matériel promotionnel technique concernant un modèle particulier de dispositif de chauffage mixte et décrivant ses paramètres techniques spécifiques inclut une référence à la classe d'efficacité énergétique saisonnière de ce modèle pour le chauffage des locaux et à la classe d'efficacité énergétique de ce modèle pour le chauffage de l'eau dans les conditions climatiques moyennes.

3. Les distributeurs de produits combinés constitués d'un dispositif de chauffage des locaux, d'un régulateur de température et d'un dispositif solaire veillent à ce que, sur la base de l'étiquette et des fiches communiquées par les fournisseurs conformément à l'article 3, paragraphes 1, 3, 4 et 5 :

(a) toute offre de produit combiné particulier indique l'efficacité énergétique saisonnière pour le chauffage des locaux, et la classe d'efficacité énergétique saisonnière pour le chauffage des locaux, dudit produit combiné dans les conditions climatiques moyennes, plus froides ou plus chaudes, selon le cas, en affichant avec le produit combiné l'étiquette prévue à l'annexe III, point 3, et en fournissant la fiche prévue à l'annexe IV, point 5, dûment remplie conformément aux caractéristiques dudit produit combiné ;

(Règl. UE nº 518/2014 du 5 mars 2014, art. 9, en vigueur le 6 juin 2014) « (b) les produits combinés constitués d'un dispositif de chauffage des locaux, d'un régulateur de température et d'un dispositif solaire proposés à la vente, à la location ou à la location-vente dans les cas où l'on ne peut pas s'attendre à ce que l'utilisateur final potentiel voie exposé le produit combiné constitué d'un dispositif de chauffage des locaux, d'un régulateur de température et d'un dispositif solaire, soient commercialisés avec les informations devant être apportées par les fournisseurs conformément à l'annexe VI, point 3, sauf lorsque l'offre est faite via l'internet, auquel cas les dispositions de l'annexe IX s'appliquent ; »

(c) toute publicité relative à un modèle particulier de produit combiné constitué d'un dispositif de chauffage des locaux, d'un régulateur de température et d'un dispositif solaire, et contenant des informations liées à l'énergie ou au prix, comporte une référence à la classe d'efficacité énergétique saisonnière de ce modèle pour le chauffage des locaux dans les conditions climatiques moyennes ;

(d) tout matériel promotionnel technique concernant un modèle particulier de produit combiné constitué d'un dispositif de chauffage des locaux, d'un régulateur de température et d'un dispositif solaire, et décrivant ses paramètres techniques spécifiques, inclut une référence à la classe d'efficacité énergétique saisonnière de ce modèle pour le chauffage des locaux dans les conditions climatiques moyennes.

4. Les distributeurs de produits combinés constitués d'un dispositif de chauffage mixte, d'un régulateur de température et d'un dispositif solaire veillent à ce que, sur la base de l'étiquette et des fiches transmises par les fournisseurs conformément à l'article 3, paragraphes 2, 3, 4 et 6 :

(a) toute offre de modèle particulier de produit combiné constitué d'un dispositif de chauffage mixte, d'un régulateur de température et d'un dispositif solaire indique l'efficacité énergétique saisonnière pour le chauffage des locaux, l'efficacité énergétique pour le chauffage de l'eau, la classe d'efficacité énergétique saisonnière pour le chauffage des locaux et la classe d'efficacité énergétique pour le chauffage de l'eau dudit produit combiné dans les conditions climatiques moyennes, plus froides ou plus chaudes, selon le cas, en affichant avec le produit combiné l'étiquette prévue à l'annexe III, point 4, et en fournissant la fiche prévue à l'annexe IV, point 6, dûment remplie conformément aux caractéristiques dudit produit combiné ;

(Règl. UE nº 518/2014 du 5 mars 2014, art. 9, en vigueur le 6 juin 2014) « (b) les produits combinés constitués d'un dispositif de chauffage mixte, d'un régulateur de température et d'un dispositif solaire proposés à la vente, à la location ou à la location-vente dans les cas où l'on ne peut pas s'attendre à ce que l'utilisateur final potentiel voie exposé le produit combiné constitué d'un dispositif de chauffage mixte, d'un régulateur de température et d'un dispositif solaire, soient commercialisés avec les informations devant être apportées par les fournisseurs conformément à l'annexe VI, point 4, sauf lorsque l'offre est faite via l'internet, auquel cas les dispositions de l'annexe IX s'appliquent ; »

(c) toute publicité relative à un modèle particulier de produit combiné constitué d'un dispositif de chauffage mixte, d'un régulateur de température et d'un dispositif solaire, et contenant des informations liées à l'énergie ou au prix, comporte une référence à la classe d'efficacité énergétique saisonnière de ce modèle pour le chauffage des locaux et à sa classe d'efficacité énergétique pour le chauffage de l'eau dans les conditions climatiques moyennes ;

(d) tout matériel promotionnel technique concernant un modèle particulier de produit combiné constitué d'un dispositif de chauffage mixte, d'un régulateur de température et d'un dispositif solaire, et décrivant ses paramètres techniques spécifiques, inclut une référence à la classe d'efficacité énergétique saisonnière de ce modèle pour le chauffage des locaux et à sa classe d'efficacité énergétique pour le chauffage de l'eau dans les conditions climatiques moyennes.

Art. 5 *Méthodes de mesure et de calcul.* Les informations à fournir en application des articles 3 et 4 sont obtenues en appliquant des méthodes de mesure et de calcul fiables, précises et reproductibles, qui tiennent compte des méthodes de mesure et de calcul reconnues les plus récentes, comme indiqué à l'annexe VII.

Art. 6 *Procédure de vérification aux fins de la surveillance du marché.* Les États membres appliquent la procédure fixée à l'annexe VIII aux fins de l'évaluation de la conformité des dispositifs de chauffage en ce qui concerne les valeurs déclarées relatives à la classe d'efficacité énergétique saisonnière pour le chauffage des locaux, à la classe d'efficacité énergétique pour le chauffage de l'eau, à l'efficacité énergétique saisonnière pour le chauffage des locaux, à l'efficacité énergétique pour le chauffage de l'eau et au niveau de puissance acoustique.

Art. 7 *Réexamen.* La Commission réexamine le présent règlement sur la base du progrès technologique au plus tard cinq ans après son entrée en vigueur. Le réexamen porte en particulier sur les éventuelles modifications notables des parts de marché des divers types de dispositifs *[dispositif]* de chauffage couverts par les étiquettes établies aux points 1.2 et 2.2 de l'annexe III, sur la faisabilité et l'utilité d'indiquer l'efficacité, sur la base de saisons de chauffe normalisées, de dispositifs de chauffage autres que les pompes à chaleur, sur l'adéquation des fiches et des étiquettes de produit combiné établies à l'annexe III, points 3 et 4*[,]* et à l'annexe IV, points 5 et 6, et sur l'opportunité d'inclure les dispositifs de récupération passive de la chaleur des fumées de combustion dans le champ d'application du présent règlement.

Art. 8 *Entrée en vigueur et application.* Le présent règlement entre en vigueur le vingtième jour suivant celui de sa publication au *Journal officiel de l'Union européenne [JOUE L 239 du 6 sept. 2013]*.

ANNEXES

*V. les annexes au **C. consom.***.

Règlement délégué (UE) n° 812/2013 de la Commission du 18 février 2013,

Complétant la directive 2010/30/UE du Parlement européen et du Conseil en ce qui concerne l'étiquetage énergétique des chauffe-eau, des ballons d'eau chaude et des produits combinés constitués d'un chauffe-eau et d'un dispositif solaire.

Art. 1er *Objet et champ d'application.* 1. Le présent règlement établit des exigences relatives à l'étiquetage énergétique et à la fourniture d'autres informations sur les produits concernant : les chauffe-eau d'une puissance thermique nominale ≤ 70 kW ; les ballons d'eau chaude d'une capacité de stockage ≤ 500 litres ; et les produits combinés constitués d'un chauffe-eau ≤ 70 kW et d'un dispositif solaire.

2. Le présent règlement ne s'applique pas :

a) aux chauffe-eau conçus spécifiquement pour utiliser des combustibles gazeux ou liquides produits à titre principal à partir de la biomasse ;

b) aux chauffe-eau utilisant des combustibles solides ;

c) aux chauffe-eau entrant dans le champ d'application de la directive 2010/75/UE du Parlement européen et du Conseil ;

d) aux dispositifs de chauffage mixtes tels que définis à l'article 2 du règlement délégué (UE) n° 811/2013 de la Commission ;

e) aux chauffe-eau qui ne présentent pas au moins le profil de soutirage doté de la plus faible énergie de référence, comme indiqué à l'annexe VII, tableau 3 ;

f) aux chauffe-eau conçus uniquement pour la préparation de boissons et/ou d'aliments chauds.

Art. 2 *Définitions.* Outre les définitions énoncées à l'article 2 de la directive 2010/30/UE, aux fins du présent règlement, on entend par :

1) "chauffe-eau", un dispositif qui :

a) est raccordé à une alimentation externe d'eau potable ou sanitaire ;

b) produit et transfère de la chaleur afin de fournir de l'eau chaude potable ou sanitaire à des niveaux de température, en quantités et à des débits donnés, à des intervalles de temps donnés ; et

c) est équipé d'un ou de plusieurs générateurs de chaleur ;

2) "générateur de chaleur", la partie d'un chauffe-eau qui produit la chaleur par un ou plusieurs des processus suivants :

a) combustion de combustibles fossiles et/ou issus de la biomasse ;

b) utilisation de l'effet Joule dans des éléments de chauffage à résistance électrique ;

c) capture de la chaleur ambiante de l'air, de l'eau ou du sol et/ou de la chaleur résiduelle ;

3) "puissance thermique nominale", la puissance thermique déclarée du chauffe-eau lorsqu'il chauffe l'eau dans les conditions nominales standard, exprimée en kW ;

4) "capacité de stockage" (*V*), le volume nominal d'un ballon d'eau chaude, exprimé en litres ;

5) "conditions nominales standard", les conditions de fonctionnement des chauffe-eau qui permettent d'établir la puissance thermique nominale, l'efficacité énergétique pour le chauffage de l'eau et le niveau de puissance acoustique, et les conditions de fonctionnement des ballons d'eau chaude dans lesquelles les pertes statiques sont déterminées ;

6) "biomasse", la fraction biodégradable des produits, des déchets et des résidus d'origine biologique provenant de l'agriculture (y compris les substances végétales et animales), de la sylviculture et des industries connexes, y compris la pêche et l'aquaculture, ainsi que la fraction biodégradable des déchets industriels et municipaux ;

7) "combustible issu de la biomasse", un combustible gazeux ou liquide produit à partir de la biomasse ;

8) "combustible fossile", un combustible gazeux ou liquide d'origine fossile ;

9) "ballon d'eau chaude", un récipient destiné au stockage de l'eau chaude à des fins de chauffage de l'eau et/ou des locaux, y compris d'éventuels additifs, qui n'est pas équipé d'un générateur de chaleur, à l'exception éventuelle d'un ou de plusieurs thermoplongeurs de secours ;

10) "thermoplongeur de secours", un dispositif de chauffage à résistance électrique par effet Joule qui fait partie d'un ballon d'eau chaude et qui produit de la chaleur uniquement lorsque la source de chaleur externe est interrompue (notamment lors des périodes d'entretien) ou en panne, ou qui fait partie d'un ballon d'eau chaude solaire, et fournit de la chaleur lorsque la source de chaleur solaire n'est pas suffisante pour assurer les niveaux de confort requis ;

11) "dispositif solaire", un système tout solaire, un capteur solaire, un ballon d'eau chaude solaire ou une pompe de boucle de captage, qui sont mis sur le marché séparément ;

12) "système tout solaire", un dispositif comprenant un ou plusieurs capteurs solaires et ballons d'eau chaude solaires ainsi que, éventuellement, des pompes de boucle de captage et d'autres éléments, qui est mis sur le marché sous forme unitaire et n'est pas équipé de générateur de chaleur, à l'exception éventuelle d'un ou de plusieurs thermoplongeurs de secours ;

13) "produit combiné constitué d'un chauffe-eau et d'un dispositif solaire", une combinaison proposée à l'utilisateur final contenant un ou plusieurs chauffe-eau et un ou plusieurs dispositifs solaires ;

14) "efficacité énergétique pour le chauffage de l'eau" (η_{wh}), le rapport entre l'énergie utile fournie par un générateur de chaleur ou un produit combiné constitué d'un chauffe-eau et d'un dispositif solaire et l'énergie nécessaire pour la produire, exprimé en % ;

15) "niveau de puissance acoustique" (L_{WA}), le niveau de puissance acoustique pondéré A, à l'intérieur et/ou à l'extérieur, exprimé en dB ;

16) "pertes statiques" (*S*), la puissance thermique dissipée depuis un ballon d'eau chaude à des températures de l'eau et ambiantes données, exprimée en W ;

17) "chauffe-eau thermodynamique", un chauffe-eau qui utilise, pour produire de la chaleur, la chaleur ambiante de l'air, de l'eau ou du sol, et/ou la chaleur résiduelle.

Aux fins des annexes II à IX, des définitions supplémentaires figurent à l'annexe I.

Art. 3 *Responsabilités des fournisseurs et calendrier.* 1. A compter du 26 septembre 2015, les *fournisseurs qui mettent sur le marché* et/ou en service des chauffe-eau, y compris s'ils sont intégrés dans des produits combinés constitués d'un chauffe-eau et d'un dispositif solaire, veillent :

a) à ce qu'une étiquette imprimée au format et avec le contenu informatif définis à l'annexe III, point 1.1, soit fournie pour chaque chauffe-eau conforme aux classes d'efficacité énergétique pour le chauffage de l'eau fixées à l'annexe II, point 1, selon les modalités suivantes : pour les chauffe-eau thermodynamiques, l'étiquette imprimée est fournie au moins dans l'emballage du générateur de chaleur ; pour les chauffe-eau destinés à être utilisés dans des produits combinés constitués d'un chauffe-eau et d'un dispositif solaire, une seconde étiquette conforme au format et au contenu informatif définis à l'annexe III, point 3, est fournie pour chaque chauffe-eau ;

b) à ce qu'une fiche de produit, comme indiqué à l'annexe IV, point 1, soit fournie pour chaque chauffe-eau, selon les modalités suivantes : pour les chauffe-eau thermodynamiques, la fiche de produit est fournie au moins pour le générateur de chaleur ; pour les chauffe-eau destinés à être utilisés dans des produits combinés constitués d'un chauffe-eau et d'un dispositif solaire, une seconde fiche, comme indiqué à l'annexe IV, point 4, est fournie ;

c) à ce que la documentation technique, telle que décrite à l'annexe V, point 1, soit fournie aux autorités des États membres et à la Commission, si elles en font la demande ;

d) à ce que toute publicité relative à un modèle particulier de chauffe-eau et contenant des informations liées à l'énergie ou au prix comporte une référence à la classe d'efficacité énergétique de ce modèle pour le chauffage de l'eau dans les conditions climatiques moyennes ;

e) à ce que tout matériel promotionnel technique concernant un modèle particulier de chauffe-eau et décrivant ses paramètres techniques spécifiques inclue une référence à la classe d'efficacité énergétique de ce modèle pour le chauffage de l'eau dans les conditions climatiques moyennes ;

(Règl. UE n° 518/2014 du 5 mars 2014, art. 10, en vigueur le 6 juin 2014) « f) à ce qu'une étiquette électronique conforme aux classes d'efficacité énergétique pour le chauffage de l'eau fixées à l'annexe II, point 1, au format et avec le contenu informatif définis à l'annexe III, point 1.1, soit mise à la disposition des distributeurs pour chaque modèle de chauffe-eau ;

« g) à ce qu'une fiche produit électronique, telle que décrite à l'annexe IV, point 1, soit mise à la disposition des distributeurs pour chaque modèle de chauffe-eau ; pour les modèles de chauffe-eau thermodynamiques, la fiche produit électronique est mise à la disposition des distributeurs au moins en ce qui concerne le générateur de chaleur. »

A compter du 26 septembre 2017, une étiquette imprimée au format et avec le contenu informatif définis à l'annexe III, point 1.2, est fournie pour chaque chauffe-eau conforme aux classes d'efficacité énergétique pour le chauffage de l'eau fixées à l'annexe II, point 1, selon les modalités suivantes : pour les chauffe-eau thermodynamiques, l'étiquette imprimée est fournie au moins dans l'emballage du générateur de chaleur.

(Règl. UE n° 518/2014 du 5 mars 2014, art. 10, en vigueur le 6 juin 2014) « A compter du 26 septembre 2017, une étiquette électronique conforme aux classes d'efficacité énergétique pour le chauffage de l'eau prévues à l'annexe II, point 1, au format et avec le contenu informatif définis à l'annexe III, point 1.2, est mise à la disposition des distributeurs pour chaque modèle de chauffe-eau. »

2. A compter du 26 septembre 2015, les fournisseurs qui mettent sur le marché et/ou en service des ballons d'eau chaude veillent :

a) à ce qu'une étiquette imprimée au format et avec le contenu informatif définis à l'annexe III, point 2.1, soit fournie pour chaque ballon d'eau chaude conforme aux classes d'efficacité énergétique fixées à l'annexe II, point 2 ;

b) à ce qu'une fiche de produit conforme à l'annexe IV, point 2, soit fournie ;

c) à ce que la documentation technique, telle que décrite à l'annexe V, point 2, soit fournie aux autorités des États membres et à la Commission, si elles en font la demande ;

d) à ce que toute publicité relative à un modèle particulier de ballon d'eau chaude et contenant des informations liées à l'énergie ou au prix comporte une référence à la classe d'efficacité énergétique de ce modèle ;

e) à ce que tout matériel promotionnel technique concernant un modèle particulier de ballon d'eau chaude et décrivant ses paramètres techniques spécifiques comporte une référence à la classe d'efficacité énergétique de ce modèle ;

(Règl. UE n° 518/2014 du 5 mars 2014, art. 10, en vigueur le 6 juin 2014) « f) à ce qu'une étiquette électronique conforme aux classes d'efficacité énergétique fixées à l'annexe II, point 2, au format et avec le contenu informatif définis à l'annexe III, point 2.1, soit mise à la disposition des distributeurs pour chaque modèle de ballon d'eau chaude ;

« g) à ce qu'une fiche produit électronique, telle que décrite à l'annexe IV, point 2, soit mise à la disposition des distributeurs pour chaque modèle de ballon d'eau chaude. »

A compter du 26 septembre 2017, une étiquette imprimée au format et avec le contenu informatif définis à l'annexe III, point 2.2, est fournie pour chaque ballon d'eau chaude conforme aux classes d'efficacité énergétique fixées à l'annexe II, point 2.

(Règl. UE n° 518/2014 du 5 mars 2014, art. 10, en vigueur le 6 juin 2014) « A compter du 26 septembre 2017, une étiquette électronique conforme aux classes d'efficacité énergétique pour le chauffage de l'eau prévues à l'annexe II, point 2, au format et avec le contenu informatif définis à l'annexe III, point 2.2, est mise à la disposition des distributeurs pour chaque modèle de ballon d'eau chaude. »

3. A compter du 26 septembre 2015, les fournisseurs qui mettent sur le marché et/ou en service des dispositifs solaires veillent :

a) à ce qu'une fiche de produit conforme à l'annexe IV, point 3, soit fournie ;

b) à ce que la documentation technique, telle que décrite à l'annexe V, point 3, soit fournie aux autorités des États membres et à la Commission, si elles en font la demande ;

(Règl. UE n° 518/2014 du 5 mars 2014, art. 10, en vigueur le 6 juin 2014) « c) à ce qu'une fiche produit électronique, telle que décrite à l'annexe IV, point 3, soit mise à la disposition des distributeurs pour chaque modèle de dispositif solaire. »

4. A compter du 26 septembre 2015, les fournisseurs qui mettent sur le marché et/ou en service des produits combinés constitués d'un chauffe-eau et d'un dispositif solaire veillent :

a) à ce qu'une étiquette imprimée au format et avec le contenu informatif définis à l'annexe III, point 3, soit fournie pour chaque produit combiné constitué d'un chauffe-eau et d'un dispositif solaire conforme aux classes d'efficacité énergétique pour le chauffage de l'eau fixées à l'annexe II, point 1 ;

b) à ce qu'une fiche de produit, comme indiqué à l'annexe IV, point 4, soit fournie pour chaque produit combiné constitué d'un chauffe-eau et d'un dispositif solaire ;

c) à ce que la documentation technique, telle que décrite à l'annexe V, point 4, soit fournie aux autorités des États membres et à la Commission, si elles en font la demande ;

d) à ce que toute publicité relative à un modèle particulier de produit combiné constitué d'un chauffe-eau et d'un dispositif solaire, et contenant des informations liées à l'énergie ou au prix, comporte une référence à la classe d'efficacité énergétique de ce modèle pour le chauffage de l'eau dans les conditions climatiques moyennes ;

e) à ce que tout matériel promotionnel technique concernant un modèle particulier de produit combiné constitué d'un chauffe-eau et d'un dispositif solaire, et décrivant ses paramètres techniques spécifiques, inclue une référence à la classe d'efficacité énergétique de ce modèle pour le chauffage de l'eau dans les conditions climatiques moyennes ;

(Règl. UE n° 518/2014 du 5 mars 2014, art. 10, en vigueur le 6 juin 2014) « f) à ce qu'une étiquette électronique conforme aux classes d'efficacité énergétique pour le chauffage de l'eau fixées à l'annexe II, point 1, au format et avec le contenu informatif définis à l'annexe III, point 3, soit mise à la disposition des distributeurs pour chaque modèle incluant un produit combiné constitué d'un chauffe-eau et d'un dispositif solaire ;

« g) à ce qu'une fiche produit électronique, telle que décrite à l'annexe IV, point 4, soit mise à la disposition des distributeurs pour chaque modèle incluant un produit combiné constitué d'un chauffe-eau et d'un dispositif solaire. »

Art. 4 *Responsabilités des distributeurs.* 1. Les distributeurs de chauffe-eau veillent :

a) à ce que sur le point de vente, l'étiquette remise par les fournisseurs conformément à l'article 3, paragraphe 1, et telle que décrite à l'annexe III, point 1, soit placée de manière clairement visible sur la face extérieure de l'avant de chaque chauffe-eau ;

(Règl. UE n° 518/2014 du 5 mars 2014, art. 10, en vigueur le 6 juin 2014) « b) à ce que les chauffe-eau proposés à la vente, à la location ou à la location-vente dans les cas où l'on ne peut pas s'attendre à ce que l'utilisateur final potentiel voie le chauffe-eau exposé, soient commercialisés avec les informations devant être apportées par les fournisseurs *conformément à l'annexe VI*, point 1, sauf lorsque l'offre est faite via l'internet, auquel cas les dispositions de l'annexe X s'appliquent ; »

c) à ce que toute publicité relative à un modèle particulier de chauffe-eau et contenant des informations liées à l'énergie ou au prix comporte une référence à la classe d'efficacité énergétique de ce modèle pour le chauffage de l'eau dans les conditions climatiques moyennes ;

d) à ce que tout matériel promotionnel technique concernant un modèle particulier de chauffe-eau et décrivant ses paramètres techniques spécifiques inclue une référence à la classe d'efficacité énergétique de ce modèle pour le chauffage de l'eau dans les conditions climatiques moyennes.

2. Les distributeurs de ballons d'eau chaude veillent :

a) à ce que sur le point de vente, l'étiquette remise par les fournisseurs conformément à l'article 3, paragraphe 2, et telle que décrite à l'annexe III, point 2, soit placée de manière clairement visible sur la face extérieure de l'avant de chaque ballon d'eau chaude ;

(Règl. UE n° 518/2014 du 5 mars 2014, art. 10, en vigueur le 6 juin 2014) « b) à ce que les ballons d'eau chaude proposés à la vente, à la location ou à la location-vente où l'on ne peut pas s'attendre à ce que l'utilisateur final potentiel voie le ballon d'eau chaude exposé, soient commercialisés avec les informations devant être apportées par les fournisseurs conformément à l'annexe VI, point 2, sauf lorsque l'offre est faite via l'internet, auquel cas les dispositions de l'annexe X s'appliquent ; »

c) à ce que toute publicité relative à un modèle particulier de ballon d'eau chaude et contenant des informations liées à l'énergie ou au prix comporte une référence à la classe d'efficacité énergétique de ce modèle ;

d) à ce que tout matériel promotionnel technique concernant un modèle particulier de ballon d'eau chaude et décrivant ses paramètres techniques spécifiques comporte une référence à la classe d'efficacité énergétique de ce modèle.

3. Les distributeurs de produits combinés constitués d'un chauffe-eau et d'un dispositif solaire veillent à ce que, sur la base de l'étiquette et des fiches communiquées par les fournisseurs conformément à l'article 3, paragraphes 1, 3 et 4 :

a) toute offre de produit combiné particulier indique l'efficacité énergétique pour le chauffage de l'eau, et la classe d'efficacité énergétique pour le chauffage de l'eau, dudit produit combiné dans les conditions climatiques moyennes, plus froides ou plus chaudes, selon le cas, en affichant avec le produit combiné l'étiquette prévue à l'annexe III, point 3, et en fournissant la fiche prévue à l'annexe IV, point 4, dûment remplie conformément aux caractéristiques dudit produit combiné ;

(Règl. UE n° 518/2014 du 5 mars 2014, art. 10, en vigueur le 6 juin 2014) « b) les produits combinés constitués d'un chauffe-eau et d'un dispositif solaire proposés à la vente, à la location ou à la location-vente dans les cas où l'on ne peut pas s'attendre à ce que l'utilisateur final potentiel voie le produit combiné constitué d'un chauffe-eau et d'un dispositif solaire exposé, soient commercialisés avec les informations devant être apportées par les fournisseurs conformément à l'annexe VI, point 3, sauf lorsque l'offre est faite via l'internet, auquel cas les dispositions de l'annexe X s'appliquent ; »

c) toute publicité relative à un modèle particulier de produit combiné constitué d'un chauffe-eau et d'un dispositif solaire, et contenant des informations liées à l'énergie ou au prix, comporte une référence à la classe d'efficacité énergétique de ce modèle pour le chauffage de l'eau dans les conditions climatiques moyennes ;

d) tout matériel promotionnel technique concernant un modèle particulier de produit combiné constitué d'un chauffe-eau et d'un dispositif solaire, et décrivant ses paramètres techniques spécifiques, inclue une référence à la classe d'efficacité énergétique de ce modèle pour le chauffage de l'eau dans les conditions climatiques moyennes.

Art. 5 *Méthodes de mesure et de calcul.* Les informations à fournir en application des articles 3 et 4 sont obtenues en appliquant des méthodes de mesure et de calcul fiables, précises et reproductibles tenant compte des méthodes de mesure et de calcul reconnues les plus récentes, comme indiqué aux annexes VII et VIII.

Art. 6 *Procédure de vérification aux fins de la surveillance du marché.* Les États membres appliquent la procédure fixée à l'annexe IX aux fins de l'évaluation de la conformité des valeurs déclarées pour la classe d'efficacité énergétique, pour le chauffage de l'eau, l'efficacité énergétique, pour le chauffage de l'eau, la consommation annuelle d'énergie et le niveau de puissance acoustique des chauffe-eau, ainsi que pour la classe d'efficacité énergétique et les pertes statiques déclarées des ballons d'eau chaude.

Art. 7 *Réexamen.* La Commission réexamine le présent règlement sur la base du progrès technologique, au plus tard cinq ans après son entrée en vigueur. Le réexamen porte en particulier sur les éventuelles modifications notables des parts de marché de divers types

d'appareils et sur l'adéquation de la fiche et de l'étiquette de produit combiné établies à l'annexe III, point 3, et à l'annexe IV, point 4.

Art. 8 *Entrée en vigueur et application.* **Le présent règlement entre en vigueur le vingtième jour suivant celui de sa publication au** ***Journal officiel de l'Union européenne*** *[JOUE L 239 du 6 sept. 2013]*.

ANNEXES

V. les annexes au ***C. consom.*** .

Règlement délégué (UE) n° 665/2013 de la Commission du 3 mai 2013,

Complétant la directive 2010/30/UE du Parlement européen et du Conseil en ce qui concerne l'étiquetage énergétique des aspirateurs.

BIBL. ▶ CAZET, *Europe 2016, n° 25* (l'étiquetage énergétique des aspirateurs résiste à la technologie cyclonique : validité des tests et des obligations d'informations posés dans le règlement).

Art. 1er *Objet et champ d'application.* **1. Le présent règlement établit des exigences relatives à l'étiquetage et à la fourniture d'informations complémentaires sur le produit applicables aux aspirateurs électriques fonctionnant sur le secteur, y compris les aspirateurs hybrides.**

2. Le présent règlement ne s'applique pas :

a) aux aspirateurs à eau, eau et poussière, sur batteries, robots, industriels ni aux centrales d'aspiration ;

b) aux lustreuses de sols ;

c) aux aspirateurs d'extérieur.

Art. 2 *Définitions.* **Outre les définitions figurant à l'article 2 de la directive 2010/30/UE, aux fins du présent règlement, on entend par :**

1. "aspirateur", un appareil qui retire les salissures d'une surface à nettoyer au moyen d'un flux d'air créé par une dépression développée dans l'unité ;

2. "aspirateur hybride", un aspirateur pouvant fonctionner à la fois sur secteur et sur batteries ;

3. "aspirateur à eau", un aspirateur qui retire des matières (salissures) sèches et/ou humides d'une surface en appliquant un détergent à base d'eau ou de la vapeur sur la surface à nettoyer, puis en l'aspirant avec les salissures dans un flux d'air créé par une dépression développée dans l'unité, y compris les types communément dénommés aspirateurs-laveurs ;

4. "aspirateur eau et poussière", un aspirateur conçu pour aspirer un volume supérieur à 2,5 litres de liquide en combinaison avec la fonctionnalité d'un aspirateur de poussière ;

5. "aspirateur de poussière", un aspirateur conçu pour aspirer des salissures essentiellement sèches (poussière, fibres, fils), y compris les types équipés d'un suceur actif fonctionnant sur batteries ;

6. "suceur actif sur batteries", une tête de nettoyage fournie avec un dispositif d'agitation fonctionnant sur batteries pour faciliter l'élimination des salissures ;

7. "aspirateur fonctionnant sur batteries", un aspirateur fonctionnant uniquement sur batteries ;

8. "aspirateur robot", un aspirateur fonctionnant sur batteries et capable de fonctionner sans intervention humaine dans un périmètre défini, comprenant une partie mobile et une base et/ou d'autres accessoires contribuant à son fonctionnement ;

9. "aspirateur industriel", un aspirateur conçu pour s'intégrer dans un processus de production, conçu pour aspirer des matières dangereuses, conçu aspirer des poussières lourdes issues des secteurs de la construction, de la fonderie, des industries extractives ou alimentaires, faisant partie d'une machine ou d'un outil industriel et/ou un aspirateur commercial muni d'une tête d'une largeur supérieure à 0,50 m ;

10. "aspirateur commercial", un aspirateur destiné au nettoyage en milieu professionnel et à une utilisation par des non spécialistes *[non-spécialistes]*, **du personnel de nettoyage ou des prestataires de nettoyage dans des bureaux, commerces, hôpitaux et hôtels, et déclarés comme tel par le fabricant dans la déclaration de conformité prévue par la directive 2006/42/CE du Parlement européen et du Conseil ;**

11. "centrale d'aspiration", un aspirateur comportant une source de dépression fixe (non mobile) et des prises d'aspiration en plusieurs points fixes du bâtiment ;

12. "lustreuse de sols", un appareil électrique conçu pour protéger, lisser et/ou rendre brillants certains types de sols, utilisé habituellement en combinaison avec un agent de lustrage destiné à être appliqué sur le sol par l'appareil et ordinairement équipé de la fonctionnalité auxiliaire d'un aspirateur ;

13. "aspirateur d'extérieur", un appareil conçu pour être utilisé à l'extérieur des bâtiments pour recueillir des débris tels que le gazon coupé et les feuilles dans un collecteur au moyen d'un flux d'air créé par une dépression développée dans l'unité et qui peut contenir un dispositif de broyage et peut également fonctionner en souffleuse ;

14. "aspirateur fonctionnant sur batteries de grande capacité", un aspirateur fonctionnant sur batteries et qui, à pleine charge, peut traiter 15 m^2 de sol par deux doubles passages sur chaque partie du sol sans recharge ;

15. "aspirateur à filtre à eau", un aspirateur de poussière qui utilise comme principal média filtrant un volume d'eau supérieur à 0,5 litre, que traverse l'air de succion chargé de poussières et dans lequel ces poussières sont piégées ;

16. "aspirateur ménager", un aspirateur destiné à être utilisé dans les ménages ou dans des situations domestiques, et déclaré comme tel par le fabricant dans la déclaration de conformité prévue dans la directive 2006/95/CE du Parlement européen et du Conseil ;

17. "aspirateur à usage général", un aspirateur fourni avec un suceur fixe ou au moins un suceur amovible conçu pour le nettoyage des tapis et des sols durs, ou fourni avec au moins un suceur amovible spécifiquement conçu pour le nettoyage de tapis et au moins un suceur amovible spécifiquement conçu pour le nettoyage de sols durs ;

18. "aspirateur pour sols durs", un aspirateur fourni avec un suceur fixe spécifiquement conçu pour le nettoyage des sols durs, ou fourni uniquement avec un ou plusieurs suceurs amovibles spécifiquement conçus pour le nettoyage des sols durs ;

19. "aspirateur pour tapis", un aspirateur fourni avec un suceur fixe spécifiquement conçu pour le nettoyage des tapis, ou fourni uniquement avec un ou plusieurs suceurs amovibles spécifiquement conçus pour le nettoyage des tapis ;

20. "aspirateur équivalent", un modèle d'aspirateur mis sur le marché et dont la puissance à l'entrée, la consommation annuelle d'énergie, le taux de dépoussiérage sur tapis et sols durs, l'émission de poussière et la puissance acoustique sont les mêmes que pour un autre modèle d'aspirateur mis sur le marché sous un autre numéro de code commercial par le même fabricant.

Art. 3 *Responsabilités des fournisseurs et calendrier.* 1. Les fournisseurs veillent à ce que, à partir du 1er septembre 2014 :

a) chaque aspirateur soit fourni avec une étiquette imprimée au format indiqué à l'annexe II et contenant les informations visées à ladite annexe ;

b) une fiche "produit" conforme à l'annexe III soit mise à disposition ;

c) la documentation technique, telle que décrite à l'annexe IV, soit mise à la disposition des autorités des États membres et de la Commission, à leur demande ;

d) toute publicité pour un modèle spécifique d'aspirateur, si elle donne des informations relatives à l'énergie ou au prix, indique également sa classe d'efficacité énergétique ;

e) tout matériel promotionnel technique décrivant les paramètres techniques d'un modèle spécifique d'aspirateur en indique la classe d'efficacité énergétique ;

(Règl. UE no 518/2014 du 5 mars 2014, art. 8, en vigueur le 6 juin 2014) « f) une étiquette électronique au format et avec le contenu informatif définis à l'annexe II soit mise à la disposition des distributeurs pour chaque modèle d'aspirateur mis sur le marché avec une nouvelle référence à compter du 1er janvier 2015. Elle peut également être mise à la disposition des distributeurs pour d'autres modèles d'aspirateurs ;

« g) une fiche produit électronique, telle que décrite à l'annexe III, soit mise à la disposition des distributeurs pour chaque modèle d'aspirateur mis sur le marché avec une nouvelle référence à compter du 1er janvier 2015. Elle peut également être mise à la disposition des distributeurs pour d'autres modèles d'aspirateurs. »

2. Les formats d'étiquette indiqués à l'annexe II sont appliqués conformément au calendrier suivant :

a) pour les aspirateurs mis sur le marché à partir du 1er septembre 2014, les étiquettes sont conformes à l'étiquette 1 de l'annexe II ;

b) pour les aspirateurs mis sur le marché à partir du 1er septembre 2017, les étiquettes sont conformes à l'étiquette 2 de l'annexe II.

Art. 4 *Responsabilités des distributeurs.* Les distributeurs veillent à ce que, à partir du 1er septembre 2014 :

a) chaque modèle porte, sur le point de vente, l'étiquette fournie par les fournisseurs conformément à l'article 3, placée sur l'extérieur de l'appareil ou suspendu à celui-ci, de manière tout à fait visible ;

(Règl. UE nº 518/2014 du 5 mars 2014, art. 8, en vigueur le 6 juin 2014) « b) les aspirateurs proposés à la vente, à la location ou à la location-vente dans les cas où l'on ne peut pas s'attendre à ce que l'utilisateur final potentiel voie le produit exposé, conformément à l'article 7 de la directive 2010/30/UE, sont commercialisés avec les informations devant être apportées par les fournisseurs conformément à l'annexe V du présent règlement. En revanche, lorsque l'offre est faite via l'internet et qu'une étiquette et une fiche produit électroniques ont été mises à disposition conformément à l'article 3, paragraphe 1, points f) et g), les dispositions de l'annexe VIII s'appliquent ; »

c) toute publicité pour un modèle spécifique d'aspirateur, si elle donne des informations relatives à l'énergie ou au prix, fasse également référence à sa classe d'efficacité énergétique ;

d) tout matériel promotionnel technique décrivant les paramètres techniques d'un modèle spécifique d'aspirateur comporte une référence à la classe d'efficacité énergétique de ce modèle.

Art. 5 *Méthodes de mesure.* Les informations à fournir en application des articles 3 et 4 sont obtenues en appliquant des méthodes de mesure et de calcul fiables, précises et reproductibles, qui tiennent compte des méthodes de mesure et de calcul reconnues les plus récentes, comme indiqué à l'annexe VI.

Art. 6 *Procédure de vérification aux fins de la surveillance du marché.* Les États membres appliquent les procédures énoncées à l'annexe VII aux fins de l'évaluation de la conformité des classes d'efficacité énergétique, de performance de nettoyage, de taux de dépoussiérage et d'émission de poussière déclarées ainsi que de la consommation annuelle d'énergie et de la puissance acoustique déclarées.

Art. 7 *Révision.* La Commission réexamine le présent règlement sur la base du progrès technologique au plus tard cinq ans après son entrée en vigueur. Ce réexamen porte en particulier sur les tolérances de vérification fixées à l'annexe VII, sur l'opportunité d'inclure dans le champ d'application du règlement les aspirateurs fonctionnant sur batteries de grande capacité et sur la faisabilité de l'utilisation, pour la consommation annuelle d'énergie, le taux de dépoussiérage et l'émission de poussière, de méthodes de mesure fondées sur un réservoir partiellement rempli plutôt que vide.

Art. 8 *Disposition transitoire.* Le présent règlement s'applique aux aspirateurs à filtre à eau à partir du 1er septembre 2017.

Art. 9 *Entrée en vigueur.* Le présent règlement entre en vigueur le vingtième jour suivant celui de sa publication au *Journal officiel de l'Union européenne.*

ANNEXES

V. les annexes au **C. consom.**

Règlement délégué (UE) nº 65/2014 de la Commission du 1er octobre 2013,

Complétant la directive 2010/30/UE du Parlement européen et du Conseil en ce qui concerne l'étiquetage énergétique des fours et des hottes domestiques.

Art. 1er *Objet et champ d'application.* 1. Le présent règlement fixe des exigences concernant l'étiquetage et la fourniture d'informations complémentaires applicables aux fours domestiques électriques et à gaz (y compris lorsqu'ils sont intégrés dans des cuisinières) et aux hottes domestiques électriques, y compris lorsqu'ils sont vendus pour des utilisations non domestiques.

2. Le présent règlement ne s'applique pas :

a) aux fours qui utilisent des sources d'énergie autres que l'électricité ou le gaz ;
b) aux fours qui offrent une fonction de "chauffage par micro-ondes" ;
c) aux fours de petite taille ;
d) aux fours portables ;
e) aux fours à accumulation de chaleur ;
f) aux fours chauffés principalement à la vapeur ;
g) aux fours conçus pour être utilisés uniquement avec des gaz de la "troisième famille" (propane et butane).

Art. 2 *Définitions.* Outre les définitions énoncées à l'article 2 de la directive 2010/30/CE, aux fins du présent règlement, on entend par :

1) "four", un appareil ou une partie d'appareil qui comporte une ou plusieurs cavités fonctionnant à l'électricité et/ou au gaz et dans lesquelles de la nourriture est préparée en mode conventionnel ou en mode chaleur tournante ;

2) "cavité", un compartiment clos dans lequel la température peut être contrôlée en vue de la préparation d'aliments ;

3) "four multicavités", un four comportant deux cavités ou plus, chacune étant chauffée séparément ;

4) "four de petite taille", un four dont toutes les cavités ont une largeur et une profondeur inférieures à 250 mm ou une hauteur inférieure à 120 mm ;

5) "four portable", un four dont la masse totale est inférieure à 18 kilogrammes, pour autant qu'il ne soit pas conçu pour des installations intégrées ;

6) "chauffage par micro-ondes", le chauffage d'aliments par l'énergie électromagnétique ;

7) "mode conventionnel", le mode de fonctionnement d'un four qui n'utilise que la convexion naturelle pour la circulation de l'air chauffé à l'intérieur de la cavité du four ;

8) "mode chaleur tournante", un mode de fonctionnement d'un four dans lequel un ventilateur intégré fait circuler l'air chaud à l'intérieur de la cavité du four ;

9) "cycle", la période de chauffage d'une charge normalisée dans la cavité d'un four dans des conditions définies ;

10) "cuisinière", un appareil composé d'un four et d'une plaque de cuisson fonctionnant au gaz ou à l'électricité ;

11) "mode de fonctionnement", l'état du four en cours d'utilisation ;

12) "source de chaleur", la principale forme d'énergie utilisée pour le chauffage d'un four ;

13) "hotte", un appareil actionné par un moteur qu'il commande, destiné à capter l'air contaminé au-dessus d'une plaque de cuisson ou qui comporte un système à tirage descendant en vue d'une installation directement à proximité de cuisinières, plaques et appareils de cuisson similaires, qui aspire la vapeur vers le bas dans un conduit d'évacuation interne ;

14) "mode de fonctionnement automatique au cours de la période de cuisson", un état dans lequel le débit d'air de la hotte au cours de la période de cuisson est commandé automatiquement par un ou des capteurs, notamment d'humidité, de température, etc. ;

15) "hotte entièrement automatique", une hotte dans laquelle le débit d'air et/ou d'autres fonctions sont commandées automatiquement par un ou des capteurs pendant 24 heures, période de cuisson comprise ;

16) "point de rendement maximal" (BEP), le point de fonctionnement de la hotte où l'efficacité fluidodynamique est maximale (FDE_{hotte}) ;

17) "efficacité lumineuse" (LE_{hotte}), le rapport entre l'éclairement moyen du système *d'éclairage de la hotte domestique* et la puissance du système d'éclairage, en lux/W ;

18) "efficacité de filtration des graisses" (GFE_{hotte}), la part relative des graisses retenues dans les filtres à graisses de la hotte ;

19) "mode arrêt", un état dans lequel l'appareil est branché sur le secteur mais n'assure aucune fonction, ou n'assure que l'indication du mode arrêt, ou n'assure que les fonctionnalités visant à garantir la compatibilité électromagnétique en application de la directive 2004/108/CE du Parlement européen et du Conseil ;

20) "mode veille", un état dans lequel l'appareil est branché sur le secteur, est tributaire de l'alimentation en énergie du secteur pour fonctionner normalement et assure uniquement une fonction de réactivation, ou une fonction de réactivation et uniquement une indication montrant que la fonction de réactivation est activée, et/ou l'affichage d'une information ou d'un état, qui peuvent persister pendant un laps de temps indéterminé ;

21) "fonction de réactivation", une fonction qui permet d'activer d'autres modes, comme le mode actif, au moyen d'un interrupteur commandé à distance, tel qu'une télécommande, un capteur interne ou une minuterie et d'aboutir à un état dans lequel sont assurées des fonctions supplémentaires, y compris la fonction principale ;

22) "affichage d'une information ou d'un état", une fonction continue qui fournit une information ou indique l'état de l'équipement sur un afficheur, tel qu'une horloge ;

23) "utilisateur final", un consommateur qui achète ou qui est susceptible d'acheter un produit ;

24) "point de vente", un emplacement dans lequel les appareils sont exposés ou proposés à la vente, à la location ou à la location-vente ;

25) "modèle équivalent", un modèle mis sur le marché présentant les mêmes caractéristiques techniques qu'un autre modèle mis sur le marché sous une référence commerciale différente par le même fabricant ou importateur.

Art. 3 *Responsabilités des fournisseurs et calendrier.* Les fournisseurs veillent à ce que :

1) en ce qui concerne les étiquettes, les fiches et la documentation technique

a) fours domestiques

i) chaque four domestique est fourni avec une ou plusieurs étiquettes contenant les informations au format indiqué à l'annexe III, point 1, pour chaque cavité du four ;

ii) une fiche de produit, telle que décrite à l'annexe IV, point A, est mise à disposition pour les fours domestique *[domestiques]* mis sur le marché ;

iii) la documentation technique, telle que décrite à l'annexe V, point A, est mise à la disposition des autorités des États membres ;

iv) toute publicité pour un modèle spécifique de four domestique contenant des informations relatives à l'énergie ou au prix indique la classe d'efficacité énergétique de l'appareil ;

v) tout matériel promotionnel technique décrivant les paramètres techniques spécifiques d'un modèle précis de four domestique indique la classe d'efficacité énergétique de l'appareil.

vi) une étiquette électronique contenant les informations et dans le format indiqués à l'annexe III, point 1, est mise à la disposition des distributeurs pour chaque cavité de chaque modèle de four domestique ;

vii) une fiche électronique de produit comme indiqué à l'annexe IV, point A, est mise à la disposition des distributeurs pour chaque modèle de four domestique.

b) hottes domestiques

i) chaque hotte domestique est fournie avec une étiquette imprimée contenant les informations dans le format indiqué à l'annexe III, point 2 ;

ii) une fiche de produit, telle que décrite à l'annexe IV, point B, est mise à disposition pour les hottes domestiques mises sur le marché ;

iii) la documentation technique, telle que décrite à l'annexe V, point B, est mise à la disposition des autorités des États membres ;

iv) toute publicité pour un modèle spécifique de hotte domestique contenant des informations relatives à l'énergie ou au prix indique la classe d'efficacité énergétique de l'appareil ;

v) tout matériel promotionnel technique décrivant les paramètres techniques spécifiques d'un modèle précis de hotte domestique indique la classe d'efficacité énergétique de ce modèle ;

vi) une étiquette électronique contenant les informations et dans le format indiqués à l'annexe III, point 2, est mise à la disposition des distributeurs pour chaque modèle de hotte domestique ;

vii) une fiche électronique de produit comme indiqué à l'annexe IV, point B, est mise à la disposition des distributeurs pour chaque modèle de hotte domestique.

2) en ce qui concerne les classes d'efficacité

a) pour les fours domestiques, la classe d'efficacité énergétique de la cavité du four doit *être déterminée conformément à l'annexe I*, point 1, et à l'annexe II, point 1.

b) hottes domestiques

i) les classes d'efficacité énergétique sont déterminées conformément à l'annexe I, point 2.a) et à l'annexe II, point 2.1 ;

ii) les classes d'efficacité fluidodynamique sont déterminées conformément à l'annexe I, point 2.b) et à l'annexe II, point 2.2 ;

iii) les classes d'efficacité lumineuse sont déterminées conformément à l'annexe I, point 2.c), et à l'annexe II, point 2.3 ;

iv) les classes d'efficacité de filtration des graisses sont déterminées conformément à l'annexe I, point 2.d), et à l'annexe II, point 2.4.

3) En ce qui concerne le format des étiquettes :

a) dans le cas des fours domestiques, le format de l'étiquette pour la cavité du four est décrit à l'annexe III, point 1, pour les appareils mis sur le marché à partir du 1er janvier 2015.

b) pour les hottes domestiques, le format de l'étiquette est décrit à l'annexe III, point 2, conformément au calendrier suivant :

i) pour les hottes domestiques mises sur le marché à partir du 1er janvier 2015 dans les classes d'efficacité énergétique A, B, C, D, E, F et G, les étiquettes sont conformes à l'annexe III, point 2.1.1 (étiquette 1) ou, lorsque les fournisseurs le jugent approprié, à l'annexe III, point 2.1.2 (étiquette 2) ;

ii) pour les hottes domestiques mises sur le marché à partir du 1er janvier 2016 dans les classes d'efficacité énergétique A+, A, B, C, D, E et F, les étiquettes sont conformes à l'annexe III, point 2.1.2 (étiquette 2) ou, lorsque les fournisseurs le jugent approprié, à l'annexe III, point 2.1.3 (étiquette 3) ;

iii) pour les hottes domestiques mises sur le marché à partir du 1er janvier 2018 dans les classes d'efficacité énergétique A^{++}, A^{+}, A, B, C, D et E, les étiquettes sont conformes à l'annexe III, point 2.1.3 (étiquette 3) ou, lorsque les fournisseurs le jugent approprié, à l'annexe III, point 2.1.4 (étiquette 4) ;

iv) pour les hottes domestiques mises sur le marché à partir du 1er janvier 2020 dans les classes d'efficacité énergétique A^{+++}, A^{++}, A^{+}, A, B, C et D, les étiquettes sont conformes à l'annexe III, point 2.1.4 (étiquette 4).

Art. 4 *Responsabilités des distributeurs.* Les distributeurs s'assurent que :

1) dans le cas des fours domestiques

a) chaque four exposé dans un point de vente est accompagné de l'étiquette pour chaque cavité fournie par les fournisseurs conformément à l'article 3, paragraphe 1, point a) i), présenté devant ou au-dessus de l'appareil, ou à son voisinage immédiat, de façon à être clairement visible et identifiable comme étant l'étiquette de ce modèle sans qu'il soit besoin de lire la marque commerciale ni le numéro du modèle sur l'étiquette ;

b) les fours proposés à la vente ou à la location dans les cas où on ne peut pas s'attendre à ce que l'utilisateur final voie le produit exposé, comme indiqué à l'article 7 de la directive 2010/30/UE, sont commercialisés avec les informations fournies par les fournisseurs conformément à l'annexe VI, partie A, du présent règlement, sauf si la proposition est faite sur l'internet, auquel cas les dispositions de l'annexe VII s'appliquent ;

c) toute publicité pour toute forme ou moyen de vente et de commercialisation à distance concernant un modèle spécifique de four donnant des informations relatives à l'énergie ou au prix fait également référence à sa classe d'efficacité énergétique ;

d) tout matériel promotionnel technique décrivant les paramètres techniques d'un modèle spécifique de four indique la classe d'efficacité énergétique du modèle.

2. dans le cas des hottes domestiques

a) chaque hotte domestique exposée dans un point de vente est accompagnée de l'étiquette fournie par les fournisseurs conformément à l'article 3, paragraphe 1, point a) i), présentée devant ou au-dessus de l'appareil, ou à son voisinage immédiat, de façon à être clairement visible et identifiable comme étant l'étiquette de ce modèle sans qu'il soit besoin de lire la marque commerciale ni le numéro du modèle sur l'étiquette ;

b) les hottes domestiques proposées à la vente ou à la location dans les cas où on ne peut pas s'attendre à ce que l'utilisateur final voie le produit exposé, comme indiqué à l'article 7 de la directive 2010/30/UE, sont commercialisées avec les informations fournies par les fournisseurs conformément à l'annexe VI, partie B, du présent règlement, sauf si la proposition est faite sur l'internet, auquel cas les dispositions de l'annexe VII s'appliquent ;

c) toute publicité pour toute forme ou moyen de vente et de commercialisation à distance concernant un modèle spécifique de hotte domestique donnant des informations relatives à l'énergie ou au prix fait également référence à sa classe d'efficacité énergétique ;

d) tout matériel promotionnel technique décrivant les paramètres techniques d'un modèle spécifique de hotte domestique indique la classe d'efficacité énergétique du modèle.

Art. 5 *Méthodes de mesure et de calcul.* Les informations à fournir en application des articles 3 et 4 sont obtenues en appliquant des procédures de mesure fiables, exactes et reproductibles tenant compte des méthodes de calcul et de mesure généralement reconnues les plus récentes.

Art. 6 *Procédure de vérification aux fins de la surveillance du marché.* Lorsqu'elles procèdent aux contrôles visant à s'assurer du respect des exigences fixées par le présent règlement dans le cadre de la surveillance du marché, les autorités des États membres appliquent la procédure de vérification décrite à l'annexe VIII.

Art. 7 *Réexamen.* La Commission réexamine le présent règlement à la lumière du progrès technique au plus tard le 1er janvier 2021.

Art. 8 *Abrogation.* La directive 2002/40/CE est abrogée à partir du 1er janvier 2015.

Art. 9 *Dispositions transitoires.* 1. Les fours domestiques qui sont conformes aux dispositions du présent règlement et qui sont mis sur le marché ou proposés à la vente, à la location ou à la location-vente avant le 1er janvier 2015 sont réputés conformes aux exigences de la directive 2002/40/CE.

2. Du 1er janvier au 1er avril 2015, les distributeurs peuvent appliquer l'article 4, paragraphe 1, point b) à des fours spécifiques qui relèvent de cette disposition.

3. Du 1er janvier au 1er avril 2015, les distributeurs peuvent appliquer l'article 4, paragraphe 2, point b) à des hottes domestiques spécifiques qui relèvent de cette disposition.

Art. 10 *Entrée en vigueur et application.* 1. Le présent règlement entre en vigueur le vingtième jour suivant celui de sa publication au *Journal officiel de l'Union européenne [JOUE L 29 du 31 janv. 2014]*.

2. Il s'applique à compter du 1er janvier 2015. Toutefois, l'article 3, paragraphe 1, point a) iv) et v), l'article 3, paragraphe 1, point b) iv) et v), l'article 4, paragraphe 1, points b), c) et d) et l'article 4, paragraphe 2, points b), c) et d) s'appliquent à partir du 1er avril 2015.

ANNEXES

*V. les annexes au **C. consom.***

Règlement délégué (UE) n° 1254/2014 de la Commission du 11 juillet 2014,

Complétant la directive 2010/30/UE du Parlement européen et du Conseil en ce qui concerne l'étiquetage énergétique des unités de ventilation résidentielles.

Art. 1er *Objet et champ d'application.* 1. Le présent règlement établit des exigences d'étiquetage énergétique pour les unités de ventilation résidentielles.

2. Le présent règlement ne s'applique pas aux unités de ventilation résidentielles qui sont :

a) de type simple flux (extraction ou insufflation) et ont une puissance électrique absorbée inférieure à 30 W ;

b) conçues exclusivement pour fonctionner dans une atmosphère potentiellement explosible au sens de la directive 94/9/CE du Parlement européen et du Conseil ;

c) conçues exclusivement pour fonctionner en cas d'urgence, pour de courtes durées, et qui satisfont aux exigences fondamentales applicables aux ouvrages de construction en matière de sécurité en cas d'incendie, telles qu'établies par le règlement (UE) n° 305/2011 du Parlement européen et du Conseil ;

d) conçues exclusivement pour fonctionner :

i) lorsque, en fonctionnement, les températures de l'air déplacé dépassent 100°C ;

ii) lorsque la température ambiante de fonctionnement du moteur entraînant le ventilateur, s'il se trouve en dehors du flux d'air, dépasse 65°C ;

iii) lorsque la température de l'air déplacé ou la température ambiante de fonctionnement du moteur, s'il se trouve en dehors du flux d'air, est inférieure à - 40°C ;

iv) lorsque la tension d'alimentation est supérieure *[à]* 1 000 V CA ou 1 500 V CC ;

v) dans des environnements toxiques, fortement corrosifs ou inflammables ou dans des environnements contenant des substances abrasives ;

e) des unités équipées d'un échangeur de chaleur et d'une pompe à chaleur destinée à la récupération de chaleur, ou autorisant le transfert ou l'extraction de chaleur en plus de celle provenant du système de récupération, à l'exception du transfert de chaleur destiné à la protection contre le gel ou au dégivrage ;

f) classées comme hottes relevant du règlement délégué (UE) n° 65/2014 de la Commission.

Art. 2 *Définitions.* Aux fins du présent règlement, on entend par :

1) "unité de ventilation (UV)", un appareil électrique équipé d'au moins une turbine, d'un moteur et d'un caisson*[,]* et destiné à remplacer l'air vicié par de l'air extérieur dans un bâtiment ou une partie de bâtiment ;

2) "unité de ventilation résidentielle (UVR)", une unité de ventilation dont :

a) le débit maximal ne dépasse pas 250 m^3/h ;

b) le débit maximal est compris entre 250 et 1 000 m^3/h dans les cas où l'utilisation prévue, telle que déclarée par le fabricant, est exclusivement la ventilation résidentielle ;

3) "débit maximal", le débit volumique d'air maximal déclaré pour une unité de ventilation qui peut être obtenu avec des régulateurs intégrés ou fournis séparément dans des conditions atmosphériques normalisées (20°C et 101 325 Pa), lorsque l'unité est installée dans sa configuration complète (par exemple avec des filtres propres) et conformément aux instructions du fabricant ; pour les UVR centralisées, le débit maximal est déterminé à la différence de pression statique externe de 100 Pa, et pour les UVR décentralisées, à la différence de pression totale la plus basse atteignable, à choisir parmi l'ensemble de valeurs suivant : 10 (minimum), 20, 50, 100, 150, 200 ou 250 Pa, celle-ci étant égale ou juste inférieure à la différence de pression mesurée ;

4) "unité de ventilation simple flux (UVSF)", une unité de ventilation créant un flux d'air dans une seule direction, soit de l'intérieur vers l'extérieur (extraction) ou de l'extérieur vers l'intérieur (insufflation), où le flux d'air créé mécaniquement est équilibré par l'entrée ou l'extraction naturelle de l'air ;

5) "unité de ventilation double flux (UVDF)", une unité de ventilation créant un flux d'air entre l'intérieur et l'extérieur d'un bâtiment et équipée à la fois de ventilateurs d'extraction et d'insufflation ;

6) "modèle équivalent d'unité de ventilation", une unité de ventilation présentant les mêmes caractéristiques techniques selon les exigences applicables en matière d'informations sur les produits, mais mise sur le marché en tant que modèle différent par le même fabricant, mandataire ou importateur.

Aux fins des annexes II à IX, des définitions supplémentaires figurent à l'annexe I.

Art. 3 *Responsabilités des fournisseurs.* 1. Les fournisseurs qui mettent des unités de ventilation résidentielles sur le marché veillent à ce que, à compter du 1er janvier 2016, les conditions suivantes soient remplies :

a) chaque unité de ventilation résidentielle est accompagnée d'une étiquette imprimée, reprenant le format et les informations définis à l'annexe III, l'étiquette étant fournie au moins dans l'emballage de l'unité. Pour chaque modèle d'unité de ventilation résidentielle, une étiquette électronique reprenant le format et les informations définis à l'annexe III est mise à la disposition des distributeurs ;

b) une fiche produit, telle que décrite à l'annexe IV, est mise à disposition. La fiche est fournie au moins dans l'emballage de l'unité. Pour chaque modèle d'unité de ventilation résidentielle, une fiche produit électronique, telle que décrite à l'annexe IV, est mise à la disposition des distributeurs et sur des sites internet en libre accès ;

c) la documentation technique, telle que décrite à l'annexe V, est mise à la disposition des autorités des États membres et de la Commission, si elles en font la demande ;

d) le mode d'emploi est fourni ;

e) toute publicité relative à un modèle spécifique d'unité de ventilation résidentielle qui contient des informations concernant l'énergie ou le prix indique sa classe de consommation d'énergie spécifique ;

f) tout matériel promotionnel technique décrivant les paramètres techniques spécifiques d'un modèle spécifique d'unité de ventilation résidentielle indique sa classe de consommation d'énergie spécifique.

2. A partir du 1er janvier 2016, les unités de ventilation résidentielles mises sur le marché doivent être accompagnées d'une étiquette au format indiqué à l'annexe III, point 1, si

elles sont de type simple flux et d'une étiquette au format indiqué à l'annexe III, point 2, si elles sont de type double flux.

Art. 4 *Responsabilités des distributeurs.* **Les distributeurs s'assurent que :**

a) sur le point de vente, l'étiquette fournie par les fournisseurs conformément à l'article 3, paragraphe 1, point a), est placée de manière tout à fait visible sur la face extérieure de l'avant ou de la partie supérieure de chaque unité de ventilation résidentielle ;

b) les unités de ventilation résidentielles proposées à la vente, à la location ou à la location-vente, dans les cas où l'on ne peut pas s'attendre à ce que l'utilisateur final voie le produit exposé, sont commercialisées avec les informations devant être apportées par les fournisseurs conformément à l'annexe VI, sauf lorsque l'offre est faite via l'internet, auquel cas les dispositions de l'annexe VII s'appliquent ;

c) toute publicité relative à un modèle spécifique d'unité de ventilation résidentielle qui contient des informations concernant l'énergie ou le prix comporte une référence à la classe de consommation d'énergie spécifique de l'unité ;

d) tout matériel promotionnel technique décrivant les paramètres techniques d'un modèle spécifique d'unité de ventilation résidentielle indique sa classe de consommation d'énergie spécifique et inclut le manuel d'utilisation délivré par le fournisseur.

Art. 5 *Méthodes de mesure.* **Aux fins de l'information à fournir en application des articles 3 et 4, la classe de consommation d'énergie spécifique est déterminée conformément au tableau figurant à l'annexe II. La consommation d'énergie spécifique, la consommation électrique annuelle, l'économie annuelle de chauffage, le débit maximal et le niveau de puissance acoustique sont déterminés conformément aux méthodes de mesure et de calcul figurant à l'annexe VIII, et tiennent compte des méthodes de mesure et de calcul reconnues les plus récentes.**

Art. 6 *Procédure de vérification aux fins de la surveillance du marché.* **Lorsque les États membres évaluent la conformité de l'unité de ventilation, ils appliquent la procédure indiquée à l'annexe IX.**

Art. 7 *Réexamen.* **La Commission réexamine le présent règlement sur la base du progrès technique et présente les résultats de ce réexamen au forum de consultation au plus tard le 1er janvier 2020. Le réexamen porte en particulier sur l'éventuelle inclusion d'autres unités de ventilation, notamment d'unités non résidentielles d'une puissance électrique absorbée totale inférieure à 30 W, et sur le calcul de la consommation d'énergie spécifique et les classes des unités de ventilation simple flux et double flux à régulation modulée.**

Art. 8 *Entrée en vigueur.* **Le présent règlement entre en vigueur le vingtième jour suivant celui de sa publication au** ***Journal officiel de l'Union européenne*** *[JOUE L 337 du 25 nov. 2014].*

ANNEXES

*V. les annexes au **C. consom.*** 🏛.

Règlement délégué (UE) 2015/1186 de la Commission du 24 avril 2015,

Complétant la directive 2010/30/UE du Parlement européen et du Conseil en ce qui concerne l'étiquetage énergétique des dispositifs de chauffage décentralisés.

Art. 1er *Objet et champ d'application.* **Le présent règlement établit des exigences relatives à l'étiquetage et à la fourniture d'informations "produit" supplémentaires applicables aux dispositifs de chauffage décentralisés dont la puissance thermique nominale est inférieure ou égale à 50 kW.**

Le présent règlement ne s'applique pas :

a) aux dispositifs de chauffage décentralisés électriques ;

b) aux dispositifs de chauffage décentralisés qui génèrent de la chaleur par un cycle à compression de vapeur ou par un cycle de sorption commandé par des compresseurs électriques ou par un combustible ;

c) aux dispositifs de chauffage décentralisés à combustible solide conçus spécifiquement et exclusivement pour la combustion de la biomasse non ligneuse ;

d) aux dispositifs de chauffage décentralisés conçus spécifiquement pour des fins autres que le chauffage de locaux destiné à apporter et à maintenir un certain niveau de confort thermique pour les êtres humains par convection ou rayonnement de chaleur ;

e) aux dispositifs de chauffage décentralisés conçus spécifiquement et exclusivement pour l'extérieur ;

f) aux dispositifs de chauffage décentralisés dont la puissance thermique directe est inférieure à 6 % de la puissance thermique directe et indirecte combinée, à la puissance thermique nominale ;

g) aux dispositifs de chauffage décentralisés qui ne sont pas assemblés en usine ou qui ne sont pas fournis par un seul fabricant sous la forme d'éléments ou de pièces préfabriqués à assembler sur place ;

h) aux dispositifs de chauffage décentralisés à radiant lumineux et à tubes radiants ;

i) aux produits de chauffage de l'air ;

j) aux poêles pour sauna.

Art. 2 *Définitions.* Outre les définitions figurant à l'article 2 de la directive 2010/30/UE, les définitions suivantes s'appliquent aux fins du présent règlement. On entend par :

1) "dispositif de chauffage décentralisé", un appareil de chauffage des locaux qui émet de la chaleur par transfert de chaleur direct ou par transfert de chaleur direct associé à un transfert de chaleur par l'intermédiaire d'un fluide, de façon à produire et à maintenir un certain niveau de confort thermique pour les êtres humains dans le local fermé où se trouve le produit, qui est éventuellement combiné à une production de chaleur destinée à d'autres locaux, et qui est équipé d'un ou plusieurs générateurs de chaleur qui convertissent l'électricité ou les combustibles gazeux, liquides ou solides directement en chaleur, par utilisation de l'effet Joule ou par combustion des combustibles, respectivement ;

2) "dispositif de chauffage décentralisé à combustible solide", un dispositif de chauffage décentralisé à foyer ouvert, un dispositif de chauffage décentralisé à foyer fermé ou une cuisinière, utilisant les combustibles solides ;

3) "dispositif de chauffage décentralisé à combustible gazeux", un dispositif de chauffage décentralisé à foyer ouvert ou un dispositif de chauffage décentralisé à foyer fermé, utilisant un combustible gazeux ;

4) "dispositif de chauffage décentralisé à combustible liquide", un dispositif de chauffage décentralisé à foyer ouvert ou un dispositif de chauffage décentralisé à foyer fermé, utilisant un combustible liquide ;

5) "dispositif de chauffage décentralisé électrique", un dispositif de chauffage décentralisé utilisant l'effet Joule pour produire de la chaleur ;

6) "dispositif de chauffage décentralisé à foyer ouvert", un dispositif de chauffage décentralisé utilisant les combustibles gazeux, liquides ou solides, dont le lit de combustion et les gaz de combustion ne sont pas isolés de façon étanche du local dans lequel le produit est installé, et qui est raccordé de façon étanche à un conduit de cheminée ou à une sortie de foyer, ou qui nécessite un conduit de fumée pour l'évacuation des produits de la combustion ;

7) "dispositif de chauffage décentralisé à foyer fermé", un dispositif de chauffage décentralisé utilisant les combustibles gazeux, liquides ou solides, dont le lit de combustion et les gaz de combustion peuvent être isolés de façon étanche du local dans lequel le produit est installé, et qui est raccordé de façon étanche à un conduit de cheminée ou à une sortie de foyer, ou qui nécessite un conduit de fumée pour l'évacuation des produits de la combustion ;

8) "*cuisinière*", un dispositif de chauffage décentralisé utilisant les combustibles solides, qui intègre, d'une part, dans un compartiment, la fonction d'un dispositif de chauffage décentralisé et, d'autre part, un plan de cuisson ou un four ou les deux, destinés à être utilisés pour cuire des aliments, et qui est raccordé de façon étanche à un conduit de cheminée ou à une sortie de foyer, ou qui nécessite un conduit de fumée pour l'évacuation des produits de la combustion ;

9) "dispositif de chauffage décentralisé à combustible", un dispositif de chauffage décentralisé à foyer ouvert, un dispositif de chauffage décentralisé à foyer fermé ou une cuisinière ;

10) "dispositif de chauffage décentralisé à radiant lumineux", un dispositif de chauffage décentralisé qui utilise un combustible gazeux ou liquide, qui est équipé d'un brûleur, qui est destiné à être installé au-dessus du niveau de la tête et dirigé vers l'endroit souhaité de

sorte que la chaleur émise par le brûleur, le plus souvent par ondes infrarouges, réchauffe directement les sujets visés, et qui émet les produits de la combustion dans le local où il est situé ;

11) "dispositif de chauffage décentralisé à tubes radiants", un dispositif de chauffage décentralisé qui utilise un combustible gazeux ou liquide, qui est équipé d'un brûleur, qui est destiné à être installé au-dessus du niveau de la tête et à proximité des sujets visés, et qui chauffe le local le plus souvent par des ondes infrarouges émises par le ou les tubes chauffés par le passage interne des produits de la combustion, lesquels sont évacués par un conduit de fumée ;

12) "dispositif de chauffage sans conduit", un dispositif de chauffage décentralisé qui utilise un combustible gazeux, liquide ou solide, qui émet les produits de la combustion directement dans le local où il est situé et qui n'est pas à radiant lumineux ;

13) "dispositif de chauffage ouvert sur une cheminée", un dispositif de chauffage décentralisé qui utilise les combustibles gazeux, liquides ou solides, qui est destiné à être placé sous une cheminée ou dans un foyer sans fermeture étanche entre l'appareil et l'ouverture de la cheminée ou du foyer, et qui laisse les produits de la combustion passer librement du lit de combustion au conduit de cheminée ou de fumée ;

14) "produit de chauffage de l'air", un produit qui transmet de la chaleur à un système de chauffage à air uniquement, qui peut être raccordé à une ou plusieurs conduites et est destiné à être fixé ou accroché à un endroit spécifique ou monté sur un mur, qui distribue de l'air au moyen d'un dispositif de circulation d'air, de façon à produire et à maintenir un certain niveau de confort thermique pour les êtres humains dans le local fermé où se trouve le produit ;

15) "poêle pour sauna", un dispositif de chauffage décentralisé installé, ou déclaré comme devant l'être, à l'intérieur d'un sauna sec ou humide ou d'un environnement similaire ;

16) "combustible solide", un combustible se trouvant à l'état solide dans des conditions de température intérieure normales, notamment la biomasse solide et les combustibles fossiles solides ;

17) "biomasse", la fraction biodégradable des produits, des déchets et des résidus d'origine biologique provenant de l'agriculture (y compris les substances végétales et animales), de la sylviculture et des industries connexes, y compris la pêche et l'aquaculture, ainsi que la fraction biodégradable des déchets industriels et municipaux ;

18) "biomasse ligneuse", la biomasse provenant d'arbres, de buissons et d'arbustes, notamment les bûches de bois, les copeaux de bois, le bois comprimé sous forme de granulés, le bois comprimé sous forme de briquettes et la sciure de bois ;

19) "biomasse non ligneuse", la biomasse autre que la biomasse ligneuse, notamment la paille, le miscanthus (herbe à éléphant), les roseaux, les graines, les grains, les noyaux d'olives, les grignons d'olives et les coques de noix ;

20) "combustible de référence", le seul combustible devant être utilisé de préférence dans le dispositif de chauffage décentralisé conformément aux instructions du fournisseur ;

21) "combustible solide fossile", tout combustible solide autre que la biomasse, y compris l'anthracite et le charbon maigre, le coke de houille, le semi-coke, le charbon bitumeux, le lignite, un mélange de combustibles fossiles ou un mélange de biomasse et de combustible fossile ; aux fins du présent règlement, y compris également la tourbe ;

22) "autre combustible admissible", tout combustible, autre que le combustible de référence, qui peut être utilisé pour alimenter le dispositif de chauffage décentralisé conformément aux instructions du fournisseur, et qui est mentionné dans le manuel d'instructions destiné aux installateurs et aux utilisateurs finaux, sur les sites internet en accès libre des fabricants et des fournisseurs, dans le matériel promotionnel ou technique et dans les publicités ;

23) "puissance thermique directe", la puissance thermique du produit, exprimée en kW, transmise à l'air par rayonnement ou par convection de chaleur par ou à partir de l'appareil lui-même, à l'exclusion de la puissance thermique du produit transmise à un fluide caloporteur ;

24) "puissance thermique indirecte", la puissance thermique de l'appareil, exprimée en kW, transmise à un fluide caloporteur par le même processus de génération de chaleur que celui qui fournit la puissance thermique directe ;

25) "fonction de chauffage indirect", la capacité de l'appareil à transférer une partie ou la totalité de la puissance thermique totale à un fluide caloporteur, à des fins de chauffage des locaux ou de production d'eau chaude domestique ;

26) "puissance thermique nominale" (*Pnom*), la puissance thermique d'un dispositif de chauffage décentralisé, telle que déclarée par le fournisseur et exprimée en kW, qui comprend à la fois la puissance thermique directe et la puissance thermique indirecte (le cas échéant), lorsque ledit dispositif fonctionne à la puissance thermique maximale pouvant être maintenue pendant une période prolongée ;

27) "puissance thermique minimale" (*Pmin*), la puissance thermique d'un dispositif de chauffage décentralisé, telle que déclarée par le fournisseur et exprimée en kW, qui comprend à la fois la puissance thermique directe et la puissance thermique indirecte (le cas échéant), lorsque ledit dispositif fonctionne à la puissance thermique minimale ;

28) "destiné à un usage extérieur", la mention indiquant que le produit peut être utilisé en toute sécurité à l'extérieur de locaux fermés, notamment dans des conditions spécifiques d'extérieur ;

29) "modèle équivalent", un modèle mis sur le marché présentant les mêmes valeurs pour les paramètres techniques, indiqués à l'annexe V, tableau*[x]* 2 ou 3, qu'un autre modèle mis sur le marché par le même fournisseur.

Aux fins des annexes II à IX, des définitions supplémentaires figurent à l'annexe I.

Art. 3 *Responsabilités des fournisseurs et calendrier.* 1. A compter du 1er janvier 2018, les fournisseurs qui mettent sur le marché ou en service des dispositifs de chauffage décentralisés autres que des dispositifs de chauffage sans conduit utilisant les combustibles solides ou des dispositifs de chauffage ouverts sur une cheminée utilisant les combustibles solides veillent à ce que :

a) une étiquette imprimée présentant le format et contenant les informations définis à l'annexe III, point 1, et conforme aux classes d'efficacité énergétique figurant à l'annexe II, soit fournie pour de tels dispositifs de chauffage décentralisés ;

b) une étiquette électronique présentant le format et contenant les informations définis à l'annexe III, point 1, et conforme aux classes d'efficacité énergétique figurant à l'annexe II, soit mise à la disposition des distributeurs pour de tels modèles de dispositifs de chauffage décentralisés ;

c) une fiche de produit, comme indiqué à l'annexe IV, soit fournie pour de tels dispositifs de chauffage décentralisés ;

d) une fiche de produit électronique, comme indiqué à l'annexe IV, soit mise à la disposition des distributeurs pour de tels modèles de dispositifs de chauffage décentralisés ;

e) la documentation technique, telle que décrite à l'annexe V, soit fournie aux autorités des États membres et à la Commission, si elles en font la demande ;

f) toute publicité relative à de tels modèles spécifiques de dispositifs de chauffage décentralisés qui contient des informations concernant l'énergie ou le prix comporte une référence à la classe d'efficacité énergétique desdits modèles ;

g) tout matériel promotionnel technique concernant de tels modèles spécifiques de dispositifs de chauffage décentralisés et décrivant leurs paramètres techniques spécifiques fasse référence à la classe d'efficacité énergétique desdits modèles.

2. A compter du 1er janvier 2022, les fournisseurs qui mettent sur le marché ou en service des dispositifs de chauffage sans conduit utilisant les combustibles solides ou des dispositifs de chauffage ouverts sur une cheminée utilisant les combustibles solides veillent à ce que :

a) une étiquette imprimée présentant le format et contenant les informations définis à l'annexe III, point 1, et conforme aux classes d'efficacité énergétique figurant à l'annexe II, soit fournie pour de tels dispositifs de chauffage décentralisés ;

b) une étiquette électronique présentant le format et contenant les informations définis à l'annexe III, point 1, et conforme aux classes d'efficacité énergétique figurant à l'annexe II, soit mise à la disposition des distributeurs pour de tels modèles de dispositifs de chauffage décentralisés ;

c) une fiche de produit, comme indiqué à l'annexe IV, soit fournie pour de tels dispositifs de chauffage décentralisés ;

d) une fiche de produit électronique, comme indiqué à l'annexe IV, soit mise à la disposition des distributeurs pour de tels modèles de dispositifs de chauffage décentralisés ;

e) la documentation technique, telle que décrite à l'annexe V, soit fournie aux autorités des États membres et à la Commission, si elles en font la demande ;

f) toute publicité relative à de tels modèles spécifiques de dispositifs de chauffage décentralisés qui contient des informations concernant l'énergie ou le prix comporte une référence à la classe d'efficacité énergétique desdits modèles ;

g) tout matériel promotionnel technique concernant de tels modèles spécifiques de dispositifs de chauffage décentralisés et décrivant leurs paramètres techniques spécifiques fasse référence à la classe d'efficacité énergétique desdits modèles.

Art. 4 *Responsabilités des distributeurs.* Les distributeurs de dispositifs de chauffage décentralisés veillent à ce que :

a) chaque dispositif de chauffage décentralisé porte, dans le point de vente, l'étiquette transmise par les fournisseurs conformément à l'article 3, placée de manière tout à fait visible sur la face extérieure de l'avant de l'appareil ;

b) les dispositifs de chauffage décentralisés proposés à la vente, à la location ou à la location-vente, dans les cas où l'on ne peut pas s'attendre à ce que l'utilisateur final potentiel voie le produit exposé, soient commercialisés avec les informations devant être apportées par les fournisseurs conformément à l'annexe VI, sauf lorsque l'offre est faite via l'internet, auquel cas les dispositions de l'annexe VII s'appliquent ;

c) toute publicité relative à un modèle spécifique de dispositif de chauffage décentralisé qui contient des informations concernant l'énergie ou le prix fasse référence à la classe d'efficacité énergétique dudit modèle ;

d) tout matériel promotionnel technique concernant un modèle spécifique de dispositif de chauffage décentralisé et décrivant ses paramètres techniques spécifiques fasse référence à la classe d'efficacité énergétique dudit modèle.

Art. 5 *Méthodes de mesure et de calcul.* Les informations à fournir en vertu des articles 3 et 4 sont obtenues en appliquant des méthodes de mesure et de calcul fiables, exactes et reproductibles, qui tiennent compte des méthodes de mesure et de calcul reconnues les plus récentes, telles qu'établies à l'annexe VIII.

Art. 6 *Procédure de vérification aux fins de la surveillance du marché.* Les États membres appliquent la procédure fixée à l'annexe IX aux fins de l'évaluation de la conformité de la classe d'efficacité énergétique déclarée des dispositifs de chauffage décentralisés.

Art. 7 *Réexamen.* La Commission réexamine le présent règlement à la lumière du progrès technique au plus tard le 1er janvier 2024. Le réexamen doit permettre en particulier d'évaluer la possibilité de limiter les dérogations à l'application du présent règlement.

Art. 8 *Entrée en vigueur.* 1. Le présent règlement entre en vigueur le vingtième jour suivant celui de sa publication au *Journal officiel de l'Union européenne [JOUE L 193 du 21 juill. 2015].*

2. Il s'applique à compter du 1er janvier 2018 aux dispositifs de chauffage décentralisés autres que des dispositifs de chauffage sans conduit utilisant les combustibles solides ou des dispositifs de chauffage ouverts sur une cheminée utilisant les combustibles solides. Cependant, l'article 3, paragraphe 1, points f) et g), et l'article 4, points b), c) et d), s'appliquent à compter du 1er avril 2018.

3. Il s'applique à compter du 1er janvier 2022 aux dispositifs de chauffage sans conduit utilisant les combustibles solides et aux dispositifs de chauffage ouverts sur une cheminée utilisant les combustibles solides. Cependant, l'article 3, paragraphe 2, points f) et g), et l'article 4, points b), c) et d), s'appliquent à compter du 1er avril 2022.

ANNEXES

*V. les annexes au **C. consom.** 🏛.*

Règlement délégué (UE) 2015/1187 de la Commission du 27 avril 2015,

Complétant la directive 2010/30/UE du Parlement européen et du Conseil en ce qui concerne l'étiquetage énergétique des chaudières à combustible solide et des produits combinés constitués d'une chaudière à combustible solide, de dispositifs de chauffage d'appoint, de régulateurs de température et de dispositifs solaires.

Art. 1er *Objet et champ d'application.* 1. Le présent règlement établit des exigences relatives à l'étiquetage énergétique et à la fourniture d'autres informations "produit" en ce qui concerne les chaudières à combustible solide d'une puissance thermique nominale inférieure ou égale à 70 kW et pour les produits combinés constitués d'une chaudière à combustible solide d'une puissance thermique nominale inférieure ou égale à 70 kW, de dispositifs de chauffage d'appoint, de régulateurs de température et de dispositifs solaires.

2. Le présent règlement ne s'applique pas :

a) aux chaudières produisant de la chaleur uniquement pour fournir de l'eau chaude potable ou sanitaire ;

b) aux chaudières destinées à chauffer ou à faire circuler des fluides caloporteurs gazeux tels que la vapeur ou l'air ;

c) aux chaudières à cogénération à combustible solide dont la puissance électrique maximale est supérieure ou égale à 50 kW ;

d) aux chaudières à biomasse non ligneuse.

Art. 2 *Définitions.* Outre les définitions figurant à l'article 2 de la directive 2010/30/UE, aux fins du présent règlement, on entend par :

1. "chaudière à combustible solide", un dispositif équipé d'un ou de plusieurs générateurs de chaleur à combustible solide qui fournit de la chaleur à un système de chauffage central à eau afin d'amener la température intérieure d'un ou de plusieurs espaces clos à un certain niveau et de la maintenir, les pertes thermiques vers l'environnement immédiat ne dépassant pas 6 % de la puissance thermique nominale ;

2. "système de chauffage central à eau", un système utilisant l'eau comme fluide caloporteur afin de distribuer la chaleur produite au niveau central à des émetteurs de chaleur destinés à chauffer des espaces clos situés dans des bâtiments ou des parties de ceux-ci, notamment les réseaux de chauffage collectif ou urbain ;

3. "générateur de chaleur à combustible solide", la partie d'une chaudière à combustible solide qui génère la chaleur au moyen de la combustion de combustibles solides ;

4. "puissance thermique nominale" ou "Pr", la puissance thermique déclarée, exprimée en kW, d'une chaudière à combustible solide produisant de la chaleur pour des espaces clos au moyen de son combustible de référence ;

5. "combustible solide", un combustible se trouvant à l'état solide dans des conditions de température intérieure normales, notamment la biomasse solide et les combustibles fossiles solides ;

6. "biomasse", la fraction biodégradable des produits, des déchets et des résidus d'origine biologique provenant de l'agriculture (y compris les substances végétales et animales), de la sylviculture et des industries connexes, y compris la pêche et l'aquaculture, ainsi que la fraction biodégradable des déchets industriels et municipaux ;

7. "biomasse ligneuse", la biomasse provenant d'arbres, de buissons et d'arbustes, notamment les bûches de bois, les copeaux de bois, le bois comprimé sous forme de granulés, le bois comprimé sous forme de briquettes et la sciure de bois ;

8. "biomasse non ligneuse", la biomasse autre que la biomasse ligneuse, notamment la paille, le miscanthus (herbe à éléphant), les roseaux, les graines, les grains, les noyaux d'olives, les grignons d'olives et les coques de noix ;

9. "combustible fossile", tout combustible autre que la biomasse, y compris l'anthracite, le lignite, le coke, le charbon bitumeux ; aux fins du présent règlement, ce terme désigne également la tourbe ;

10. "chaudière à biomasse", une chaudière à combustible solide dont le combustible de référence est la biomasse ;

11. "chaudière à biomasse non ligneuse", une chaudière à biomasse dont le combustible de référence est la biomasse non ligneuse et qui n'admet ni la biomasse ligneuse, ni les combustibles fossiles, ni les mélanges de biomasse et de combustibles fossiles ;

12. "combustible de référence", le seul combustible solide devant être utilisé de préférence pour la chaudière conformément aux instructions du fournisseur ;

13. "autre combustible admissible", tout combustible solide, autre que le combustible de référence, qui peut être utilisé dans la chaudière à combustible solide conformément aux instructions du fournisseur et qui est mentionné dans le manuel d'instructions destiné aux installateurs et aux utilisateurs finaux, sur les sites internet en accès libre des fournisseurs, dans le matériel promotionnel technique et dans les publicités ;

14. "chaudière à cogénération à combustible solide", chaudière à combustible solide capable de produire simultanément de la chaleur et de l'électricité ;

15. "dispositif de chauffage d'appoint", une chaudière secondaire ou une pompe à chaleur secondaire relevant du règlement délégué (UE) n° 811/2013, ou une chaudière à combustible solide secondaire, qui produit de la chaleur supplémentaire lorsque la demande de chaleur dépasse la puissance thermique nominale de la chaudière à combustible solide principale ;

16. "régulateur de température", l'équipement qui sert d'interface avec l'utilisateur final pour les valeurs et la programmation horaire de la température intérieure de consigne, et qui communique des données utiles à une interface de la chaudière à combustible solide, telle qu'une unité centrale de traitement, de façon à aider à réguler la ou les températures intérieures ;

17. "dispositif solaire", un système tout solaire, un capteur solaire, un ballon d'eau chaude solaire ou une pompe de boucle de captage, qui sont mis sur le marché séparément ;

18. "système tout solaire", un dispositif comprenant un ou plusieurs capteurs solaires et ballons d'eau chaude solaires ainsi que, éventuellement, des pompes de boucle de captage et d'autres éléments, qui est mis sur le marché sous la forme d'une seule unité et n'est équipé d'aucun générateur de chaleur, à l'exception éventuelle d'un ou plusieurs thermoplongeurs de secours ;

19. "capteur solaire", un dispositif conçu pour absorber l'irradiation solaire globale et transférer l'énergie thermique ainsi produite à un fluide qui le traverse ;

20. "ballon d'eau chaude solaire", un ballon d'eau chaude stockant l'énergie thermique produite par un ou plusieurs capteurs solaires ;

21. "ballon d'eau chaude", un récipient destiné au stockage de l'eau chaude à des fins de chauffage de l'eau ou des locaux, y compris d'éventuels additifs, qui n'est équipé d'aucun générateur de chaleur, à l'exception éventuelle d'un ou plusieurs thermoplongeurs de secours ;

22. "thermoplongeur de secours", un dispositif de chauffage à résistance électrique par effet Joule qui fait partie d'un ballon d'eau chaude et qui produit de la chaleur uniquement lorsque la source de chaleur externe est interrompue (notamment lors des périodes d'entretien) ou en panne, ou qui fait partie d'un ballon d'eau chaude solaire et fournit de la chaleur lorsque la source de chaleur solaire n'est pas suffisante pour assurer les niveaux de confort requis ;

23. "produit combiné constitué d'une chaudière à combustible solide, de dispositifs de chauffage d'appoint, de régulateurs de température et de dispositifs solaires", un produit combiné proposé à l'utilisateur final et incluant une chaudière à combustible solide et un ou plusieurs dispositifs de chauffage d'appoint, un ou plusieurs régulateurs de température ou un ou plusieurs dispositifs solaires ;

24. "chaudière mixte", une chaudière à combustible solide conçue pour fournir également de la chaleur afin de délivrer de l'eau chaude potable ou sanitaire à des niveaux de température, en quantités et à des débits donnés, pendant des laps de temps donnés, et qui est reliée à une source externe d'alimentation en eau potable ou sanitaire.

D'autres définitions figurent à l'annexe I aux fins des annexes II à X.

Art. 3 *Responsabilités des fournisseurs et calendrier.* 1. A compter du 1er avril 2017, les fournisseurs mettant sur le marché ou en service des chaudières à combustible solide, y compris celles incluses dans des produits combinés constitués d'une chaudière à combustible solide, de dispositifs de chauffage d'appoint, de régulateurs thermiques et de dispositifs solaires, s'assurent que :

a) chaque chaudière à combustible solide est accompagnée d'une étiquette imprimée qui inclut les informations et respecte le format visés à l'annexe III, point 1.1, et qui est conforme aux classes d'efficacité énergétique figurant à l'annexe II, et chaque chaudière à combustible solide destinée à être incluse dans un produit combiné constitué d'une chaudière à combustible solide, de dispositifs de chauffage d'appoint, de régulateurs de température et de dispositifs solaires est fournie avec une seconde étiquette qui inclut les informations et respecte le format visés à l'annexe III, point 2 ;

b) une étiquette électronique qui inclut les informations et respecte le format visés à l'annexe III, point 1.1, et qui est conforme aux classes d'efficacité énergétique figurant à l'annexe II est mise à la disposition des distributeurs pour chaque modèle de chaudière à combustible solide ;

c) conformément à l'annexe IV, point 1, une fiche produit accompagne chaque chaudière à combustible solide et, conformément à l'annexe IV, point 2, de l'annexe IV, une seconde fiche accompagne chaque chaudière à combustible solide destinée à faire partie d'un produit combiné constitué d'une chaudière à combustible solide, de dispositifs de chauffage d'appoint, de régulateurs de température et de dispositifs solaires ;

d) conformément à l'annexe IV, point 1, une fiche produit électronique est mise à la disposition des distributeurs pour chaque modèle de chaudière à combustible solide ;

e) la documentation technique, telle que décrite à l'annexe V, point 1, est fournie, à leur demande, aux autorités des États membres et à la Commission ;

f) toute publicité relative à un modèle donné de chaudière à combustible solide et contenant des informations concernant l'énergie ou le prix fait référence à la classe d'efficacité énergétique dudit modèle ;

g) tout matériel promotionnel technique concernant un modèle spécifique de chaudière à combustible solide et décrivant ses paramètres techniques spécifiques comporte une référence à la classe d'efficacité énergétique dudit modèle.

2. A compter du 26 septembre 2019, les fournisseurs mettant sur le marché ou en service des chaudières à combustible solide, y compris celles incluses dans des produits combinés constitués d'une chaudière à combustible solide, de dispositifs de chauffage d'appoint, de régulateurs thermiques et de dispositifs solaires, s'assurent :

a) qu'une étiquette imprimée qui inclut les informations et respecte le format visés à l'annexe III, point 1.2, et qui est conforme aux classes d'efficacité énergétique figurant à l'annexe II accompagne chaque chaudière à combustible solide ;

b) qu'une étiquette électronique qui inclut les informations et respecte le format visés à l'annexe III, point 1.2, et qui est conforme aux classes d'efficacité énergétique figurant à l'annexe II est mise à la disposition des distributeurs pour chaque modèle de chaudière à combustible solide.

3. A compter du 1er avril 2017, les fournisseurs mettant sur le marché ou en service des produits combinés constitués d'une chaudière à combustible solide, de dispositifs de chauffage d'appoint, de régulateurs thermiques et de dispositifs solaires, s'assurent :

a) qu'une étiquette imprimée qui inclut les informations et respecte le format visés à l'annexe III, point 2, et qui est conforme aux classes d'efficacité énergétique figurant à l'annexe II est fournie pour chaque produit combiné constitué d'une chaudière à combustible solide, de dispositifs de chauffage d'appoint, de régulateurs de température et de dispositifs solaires ;

b) qu'une étiquette électronique qui inclut les informations et respecte le format visés à l'annexe III, point 2, et qui est conforme aux classes d'efficacité énergétique figurant à l'annexe II, est mise à la disposition des distributeurs pour chaque modèle de produit combiné constitué d'une chaudière à combustible solide, de dispositifs de chauffage d'appoint, de régulateurs de température et de dispositifs solaires ;

c) que, conformément à l'annexe IV, point 2, une fiche produit accompagne chaque produit combiné constitué d'une chaudière à combustible solide, de dispositifs de chauffage d'appoint, de régulateurs de température et de dispositifs solaires ;

d) que, conformément à l'annexe IV, point 2, une fiche produit électronique est mise à la disposition des distributeurs pour chaque modèle de produit combiné constitué d'une chaudière à combustible solide, de dispositifs de chauffage d'appoint, de régulateurs de température et de dispositifs solaires ;

e) que, conformément à l'annexe V, point 2, la documentation technique est fournie, à leur demande, aux autorités des États membres et à la Commission ;

f) que toute publicité relative à un modèle donné consistant en un produit combiné constitué d'une chaudière à combustible solide, de dispositifs de chauffage d'appoint, de régulateurs de température et de dispositifs solaires et sur lequel figurent des informations concernant l'énergie ou le prix fait référence à la classe énergétique dudit modèle ;

g) que tout matériel promotionnel technique décrivant les paramètres techniques d'un modèle spécifique consistant en un produit combiné constitué d'une chaudière à combustible solide, de dispositifs de chauffage d'appoint, de régulateurs de température et de dispositifs solaires fait référence à la classe énergétique dudit modèle.

Art. 4 *Responsabilités des distributeurs.* 1. Les distributeurs de chaudières à combustible solide s'assurent que :

a) chaque chaudière à combustible solide porte, dans le point de vente, l'étiquette fournie par les fournisseurs conformément à l'article 3, paragraphe 1 ou 2, placée de manière tout à fait visible sur la face extérieure de l'avant de la chaudière à combustible solide ;

b) les chaudières à combustible solide proposées à la vente, à la location ou à la location-vente sans que l'on puisse s'attendre à ce que l'utilisateur final examine le produit exposé sont commercialisées avec les informations apportées par les fournisseurs conformément à l'annexe VI, point 1, sauf lorsque l'offre est faite via l'internet, auquel cas les dispositions de l'annexe VII s'appliquent ;

c) toute publicité relative à un modèle spécifique de chaudière à combustible solide qui contient des informations concernant l'énergie ou le prix comporte une référence à la classe d'efficacité énergétique dudit modèle ;

d) tout matériel promotionnel technique concernant un modèle spécifique de chaudière à combustible solide décrivant ses paramètres techniques spécifiques comporte une référence à la classe d'efficacité énergétique dudit modèle.

2. Les distributeurs de produits combinés constitués d'une chaudière à combustible solide, de dispositifs de chauffage d'appoint, de régulateurs de température et de dispositifs solaires s'assurent que :

a) toute offre concernant un produit combiné spécifique inclut la classe d'efficacité énergétique dudit produit combiné, au moyen de l'affichage sur celui-ci de l'étiquette transmise par le fournisseur conformément à l'article 3, paragraphe 3, point a), ainsi que de la fiche produit transmise par le fournisseur conformément à l'article 3, paragraphe 3, point c), dûment complétée avec les caractéristiques dudit produit combiné ;

b) les produits combinés constitués d'une chaudière à combustible solide, de dispositifs de chauffage d'appoint, de régulateurs de température et de dispositifs solaires proposés à la vente, à la location ou à la location-vente sans que l'on puisse s'attendre à ce que l'utilisateur final examine le produit combiné exposé sont commercialisés avec les informations apportées conformément à l'annexe VI, point 2, sauf lorsque l'offre est faite via l'internet, auquel cas les dispositions de l'annexe VII s'appliquent ;

c) toute publicité relative à un modèle spécifique consistant en un produit combiné constitué d'une chaudière à combustible solide, de dispositifs de chauffage d'appoint, de régulateurs de température et de modèles de dispositifs solaires et sur laquelle figurent des informations concernant l'énergie ou le prix fait référence à la classe d'efficacité énergétique dudit modèle ;

d) tout matériel promotionnel technique décrivant les paramètres techniques d'un modèle spécifique consistant en un produit combiné constitué d'une chaudière à combustible solide, de dispositifs de chauffage d'appoint, de régulateurs de température et de dispositifs solaires fait référence à la classe d'efficacité énergétique dudit modèle.

Art. 5 *Méthodes de mesure et de calcul.* Les informations à fournir en vertu des articles 3 et 4 sont obtenues en appliquant des méthodes de mesure et de calcul fiables, exactes et reproductibles tenant compte des méthodes de mesure et de calcul reconnues les plus récentes, telles qu'établies à l'annexe VIII. L'indice d'efficacité énergétique est calculé conformément à l'annexe IX.

Art. 6 *Procédure de vérification aux fins de la surveillance du marché.* Les États membres évaluent la conformité avec le présent règlement de la classe d'efficacité énergétique déclarée des chaudières à combustible solide et des produits combinés constitués d'une chaudière à combustible solide, de dispositifs de chauffage d'appoint, de régulateurs de température et de dispositifs solaires conformément à la procédure indiquée à l'annexe X.

Art. 7 *Réexamen.* La Commission réexamine le présent règlement sur la base du progrès technologique, au plus tard le 1er janvier 2022. Le réexamen vise notamment à établir s'il est opportun d'ajouter une classe d'efficacité pour le chauffage de l'eau sur l'étiquette des chaudières mixtes.

Art. 8 *Entrée en vigueur.* 1. Le présent règlement entre en vigueur le vingtième jour suivant celui de sa publication au *Journal officiel de l'Union européenne [JOUE L 193 du 21 juill. 2015].*

2. Il s'applique à compter du 1er avril 2017. Cependant, l'article 3, paragraphe 1, points f) et g), l'article 3, paragraphe 3, points f) et g), l'article 4, paragraphe 1, points b), c) et d), et l'article 4, paragraphe 2, points b), c) et d), s'appliquent à compter du 1er juillet 2017.

Le présent règlement est obligatoire dans tous ses éléments et directement applicable dans tout État membre.

ANNEXES

V. les annexes au ***C. consom.***

ASSOCIATIONS DE CONSOMMATEURS

Code de commerce

Art. L. 442-7 *V. v° Ventes.*

Art. L. 462-1 *(Ord. n° 2008-1161 du 13 nov. 2008, art. 4)* « L'Autorité de la concurrence » peut être consultée par les commissions parlementaires sur les propositions de loi ainsi que sur toute question concernant la concurrence.

Elle donne son avis sur toute question de concurrence à la demande du Gouvernement. Elle peut également donner son avis sur les mêmes questions à la demande des collectivités territoriales, des organisations professionnelles et syndicales, des organisations de consommateurs agréées, des chambres d'agriculture, des chambres de métiers ou des *(L. n° 2010-853 du 23 juill. 2010, art. 8)* « chambres de commerce et d'industrie territoriales », *(L. n° 2009-669 du 12 juin 2009, art. 18)* « de la Haute Autorité pour la diffusion des œuvres et la protection des droits sur internet, » *(L. n° 2010-853 du 23 juill. 2010, art. 42)* « et des présidents des observatoires des prix *(L. n° 2012-1270 du 20 nov. 2012, art. 23-III)* « , des marges » et des revenus *(L. n° 2015-1268 du 14 oct. 2015, art. 1er)* « des collectivités relevant de l'article 73 de la Constitution et des collectivités d'outre-mer de Saint-Barthélemy, de Saint-Martin, de Wallis-et-Futuna et de Saint-Pierre-et-Miquelon », en ce qui concerne les intérêts dont ils ont la charge ». — *[Ord. n° 86-1243 du 1er déc. 1986, art. 5].*

Sur les observatoires des prix, des marges et des revenus dans les outre-mer, V. C. com., art. L. 910-1 A s. — ***C. com.***

Code de procédure pénale

Art. 2 L'action civile en réparation du dommage causé par un crime, un délit ou une contravention appartient à tous ceux qui ont personnellement souffert du dommage directement causé par l'infraction.

La renonciation à l'action civile ne peut arrêter ni suspendre l'exercice de l'action publique, sous réserve des cas visés à *(Ord. n° 58-1296 du 23 déc. 1958)* « l'alinéa 3 de l'article 6 ». — *V. Bibl. et notes au* ***C. pr. pén.***

Art. 2-1 *(L. n° 85-10 du 3 janv. 1985, art. 99)* Toute association régulièrement déclarée depuis au moins cinq ans à la date des faits, se proposant par ses statuts de combattre le racisme *(L. n° 87-588 du 30 juill. 1987)* « ou d'assister les victimes de discrimination fondée sur leur origine nationale, ethnique, raciale ou religieuse », peut exercer les droits reconnus à la partie civile en ce qui concerne, d'une part, *(L. n° 92-1336 du 16 déc. 1992)* « les discriminations réprimées par les articles 225-2 et 432-7 du code pénal », *(L. n° 2004-204 du 9 mars 2004, art. 43)* « et l'établissement ou la conservation de fichiers réprimés par l'article 226-19 du même code », d'autre part, *(L. n° 92-1336 du 16 déc. 1992)* « les atteintes volontaires à la vie et à l'intégrité de la personne » *(L. n° 2004-204 du 9 mars 2004, art. 42)* « , les menaces, les vols, les extorsions et les destructions, dégradations et détériorations qui ont été commis » au préjudice d'une personne à raison de son origine nationale, de son appartenance ou de sa non-appartenance, vraie ou supposée, à une ethnie, une race ou une religion déterminée. — *V. C. pén., art. 225-2, v° Ventes.*

(L. n° 2004-204 du 9 mars 2004, art. 42) « Toutefois, lorsque l'infraction aura été commise envers une personne considérée individuellement, l'association ne sera recevable dans son action que si elle justifie avoir reçu l'accord de la personne intéressée ou, si celle-ci est mineure, l'accord du titulaire de l'autorité parentale ou du représentant légal, lorsque cet accord peut être recueilli. »

(L. n° 2016-1547 du 18 nov. 2016, art. 43) « Toute fondation reconnue d'utilité publique peut exercer les droits reconnus à la partie civile dans les mêmes conditions et sous les mêmes réserves que l'association mentionnée au présent article. »

(L. n° 2017-86 du 27 janv. 2017, art. 206) « En cas d'atteinte volontaire à la vie, si la victime est décédée, l'association doit justifier avoir reçu l'accord de ses ayant-droits. »

....

Art. 2-6 *(L. n° 85-772 du 25 juill. 1985, art. 1er-V)* Toute association régulièrement déclarée depuis au moins cinq ans à la date des faits, se proposant par ses statuts de combattre les discriminations fondées sur le sexe *(L. n° 2012-954 du 6 août 2012, art. 6-I)* « , sur les mœurs » *(L. n° 2017-86 du 27 janv. 2017, art. 207)* « , sur l'orientation sexuelle ou sur l'identité de genre », peut exercer les droits reconnus à la partie civile en ce qui concerne *(L. n° 92-1336 du 16 déc. 1992)* « les discriminations réprimées par les articles 225-2 et 432-7 du code pénal » *(L. n° 2012-954 du 6 août 2012, art. 6-I)* « et les articles L. 1146-1 et L. 1155-2 du code du travail, lorsqu'elles sont commises en raison du sexe, de la situation de famille, des mœurs *(L. n° 2017-86 du 27 janv. 2017, art. 207)* « , de l'orientation sexuelle ou de l'identité de genre » de la victime ou à la suite d'un harcèlement sexuel. »

....

Art. 2-8 *(L. n° 90-602 du 12 juill. 1990)* Toute association régulièrement déclarée depuis au moins cinq ans à la date des faits ayant, en vertu de ses statuts, vocation à défendre ou à assister les personnes malades *(L. n° 2015-1776 du 28 déc. 2015, art. 31)* « , handicapées ou âgées » peut exercer les droits reconnus à la partie civile en ce qui concerne *(L. n° 92-1336 du 16 déc. 1992)* « les discriminations réprimées par les articles 225-2 et 432-7 du code pénal, lorsqu'elles sont commises en raison de l'état de santé *(L. n° 2015-1776 du 28 déc. 2015, art. 31)* « , du handicap ou de l'âge » de la victime ». *(L. n° 2005-102 du 11 févr. 2005, art. 83)* « En outre, lorsque l'action publique a été mise en mouvement par le ministère public ou la partie lésée, l'association pourra exercer les droits reconnus à la partie civile en ce qui concerne les atteintes volontaires à la vie, les atteintes à l'intégrité physique ou psychique, les agressions et autres atteintes sexuelles, le délaissement, l'abus de vulnérabilité, le bizutage, l'extorsion, l'escroquerie, les destructions et dégradations et la non-dénonciation de mauvais traitements, prévus par les articles 221-1 à 221-5, 222-1 à 222-18, 222-22 à 222-33-1, 223-3 et 223-4, 223-15-2, 225-16-2, 312-1 à 312-9, 313-1 à 313-3, 322-1 à 322-4 et 434-3 du code pénal lorsqu'ils sont commis en raison de l'état de santé *(L. n° 2015-1776 du 28 déc. 2015, art. 31)* « , du handicap ou de l'âge » de la victime. » Toutefois, l'association ne sera recevable dans son action que si elle justifie avoir reçu l'accord de la victime ou, si celle-ci est un mineur ou un majeur protégé, celui de son représentant légal.

....

Art. 2-10 *(L. n° 90-602 du 12 juill. 1990)* Toute association régulièrement déclarée depuis au moins cinq ans à la date des faits ayant, en vertu de ses statuts, vocation à lutter contre l'exclusion sociale ou culturelle des personnes en état de grande pauvreté ou en raison de leur situation de famille *(L. n° 2017-86 du 27 janv. 2017, art. 108)* « ou contre l'habitat insalubre et l'hébergement incompatible avec la dignité humaine, » peut exercer les droits reconnus à la partie civile en ce qui concerne *(L. n° 92-1336 du 16 déc. 1992 ; L. n° 2017-86 du 27 janv. 2017, art. 108)* « les discriminations réprimées par les articles 225-2, 225-14 et 432-7 du code pénal ». Toutefois l'association ne sera recevable dans son action que si elle justifie avoir reçu l'accord de la victime ou, si celle-ci est un mineur ou un majeur protégé, celui de son représentant légal.

(L. n° 2016-1547 du 18 nov. 2016, art. 43) « Toute fondation reconnue d'utilité publique peut exercer les droits reconnus à la partie civile dans les mêmes conditions et sous les mêmes réserves que l'association mentionnée au présent article. »

....

Art. 2-14 *(L. n° 94-665 du 4 août 1994)* Toute association régulièrement déclarée se proposant par ses statuts la défense de la langue française et agréée dans les conditions fixées par décret en Conseil d'État peut exercer les droits reconnus à la partie civile en ce qui concerne les infractions aux dispositions des textes pris pour l'application des articles 2, 3, 4, 6, 7 et 10 de la loi n° 94-665 du 4 août 1994 relative à l'emploi de la langue française. *— V. L. n° 94-665 du 4 août 1994, v° Langue française.*

(L. n° 2016-1547 du 18 nov. 2016, art. 43) « Toute fondation reconnue d'utilité publique peut exercer les droits reconnus à la partie civile dans les mêmes conditions et sous les mêmes réserves que l'association mentionnée au présent article. »

Art. 2-15 *(L. n° 95-125 du 8 févr. 1995)* Toute association régulièrement déclarée ayant pour objet statutaire la défense des victimes d'un accident survenu dans les transports collectifs ou dans un lieu ou local ouvert au public *(L. n° 2002-1138 du 9 sept. 2002, art. 33)* « ou dans une propriété privée à usage d'habitation ou à usage professionnel » et regroupant plusieurs de ces victimes peut, si elle a été agréée à cette fin, exercer les droits reconnus à la partie civile en ce qui concerne cet accident lorsque l'action publique a été mise en mouvement par le ministère public ou la partie lésée.

Les conditions dans lesquelles les associations visées au premier alinéa peuvent être agréées, après avis du ministère public, compte tenu de leur représentativité, sont fixées par décret. — *V. art. D. 1.*

(L. nº 2004-204 du 9 mars 2004, art. 76) « Toute fédération d'associations, régulièrement déclarée depuis au moins cinq ans à la date des faits et inscrite auprès du ministère de la justice, dans des conditions fixées par décret en Conseil d'État, dont l'objet statutaire est la défense des victimes d'accidents collectifs, peut exercer les droits reconnus à la partie civile, en ce qui concerne un accident collectif survenu dans les circonstances visées au premier alinéa, lorsque l'action publique a été mise en mouvement par le ministère public ou la partie lésée. » — *V. art. R. 1er-1.*

(L. nº 2011-1862 du 13 déc. 2011, art. 56) « Les associations et fédérations d'associations prévues par le présent article peuvent demander réparation des frais exposés en lien avec l'accident et qui sont la conséquence directe ou indirecte de l'infraction pour laquelle elles ont exercé les droits reconnus à la partie civile. »

(L. nº 2016-1547 du 18 nov. 2016, art. 43) « Toute fondation reconnue d'utilité publique peut exercer les droits reconnus à la partie civile dans les mêmes conditions et sous les mêmes réserves que l'association mentionnée au présent article. »

....

Art. R. 1er-1 *(Décr. nº 2005-84 du 3 févr. 2005 ; Décr. nº 2007-1388 du 26 sept. 2007)* I. — Toute fédération d'associations visée au troisième alinéa de l'article 2-15 peut être inscrite auprès du ministre de la justice, selon les modalités précisées au II du présent article, si elle remplit, à la date de sa demande d'inscription, les trois conditions suivantes :

a) Justifier de l'existence d'au moins cinq années d'activité effective en vue de la défense des intérêts des victimes d'accidents collectifs ;

b) Rassembler au moins dix associations de victimes agréées sur le fondement du premier alinéa de l'article 2-15 ;

c) Justifier d'un nombre total d'adhérents à ces associations, ayant la qualité de victimes d'infraction, supérieur ou égal à 1 000.

II. — La demande d'inscription, adressée au ministre de la justice, comprend les documents suivants :

a) Les statuts de la fédération ;

b) Un extrait du *Journal officiel* de la République française attestant de la date de sa déclaration ;

c) Un rapport d'activité portant sur les cinq dernières années ;

d) Un document justifiant du nombre d'associations agréées affiliées à la fédération et du nombre de leurs adhérents.

Lorsque le dossier remis est complet, il en est délivré récépissé.

La décision d'inscription ou de refus d'inscription est notifiée à la fédération intéressée dans un délai de deux mois à compter de la date de délivrance du récépissé. Si aucune décision n'est notifiée dans ce délai, l'inscription est réputée acquise. La décision de refus d'inscription est motivée.

Le ministre de la justice établit et tient à jour dans un registre la liste des fédérations habilitées à se constituer partie civile en application du troisième alinéa de l'article 2-15.

L'inscription peut être retirée, par décision motivée du ministre de la justice, lorsque la fédération ne remplit plus les conditions énoncées au I du présent article. La fédération est au préalable mise en demeure de présenter ses observations.

La fédération qui entend contester une décision de refus ou de retrait d'inscription doit, préalablement à tout recours contentieux, présenter un recours gracieux auprès du ministre de la justice.

III. — Toute fédération inscrite adresse chaque année au ministre de la justice son rapport d'activité, qui précise notamment le nombre des associations qui la composent et celui de leurs adhérents. — *Anc. art. R. 1er (Décr. nº 2007-1388 du 26 sept. 2007, art. 6).*

Art. D. 1er *(Décr. nº 95-932 du 17 août 1995)* I. — *(Décr. nº 2016-1455 du 28 oct. 2016, art. 2)* « Toute association mentionnée au deuxième alinéa de l'article 2-9 ou au premier alinéa de l'article 2-15 peut demander l'agrément prévu par ces dispositions dès lors qu'elle remplit les conditions suivantes : »

1° Un nombre représentatif de membres adhérents qui ont été victimes de l'infraction ;

2° Des garanties suffisantes d'une activité effective en vue de la défense des victimes de l'infraction, notamment par l'intervention d'un avocat ;

3° Le caractère désintéressé des activités.

L'agrément est accordé par arrêté du ministre de la justice.

La condition visée au 2° est notamment satisfaite par l'adhésion de l'association au sein d'une fédération lui permettant d'assurer une activité effective en vue de la défense des victimes et agréée par arrêté du ministre de la justice.

II. – *(Décr. nº 2002-223 du 20 févr. 2002)* « La demande d'agrément est adressée au ministère de la justice. » Le dossier accompagnant la demande d'agrément doit comprendre un exemplaire des statuts et du récépissé de déclaration, ainsi que la justification des conditions prévues aux 1° à 3° ci-dessus.

(Décr. nº 2004-1364 du 13 déc. 2004, art. 23) « Lorsque le dossier remis est complet, il en est délivré récépissé. La décision d'agrément est notifiée dans un délai de deux mois à compter de la date de délivrance du récépissé. »

L'avis prévu *(Décr. nº 2016-1455 du 28 oct. 2016, art. 2)* « par l'article 2-9 ou » par l'article 2-15 est donné par le procureur de la République de la juridiction saisie, ou par le procureur de la République de la juridiction dans le ressort de laquelle l'association a son siège.

(Décr. nº 2004-1364 du 13 déc. 2004, art. 23) « Toute association agréée devra fournir annuellement au procureur de la République compétent mentionné à l'alinéa précédent, les pièces suivantes : la liste actualisée de ses adhérents, un exemplaire du dernier procès-verbal de l'assemblée générale ainsi que du dernier exercice comptable. »

L'agrément peut être suspendu ou retiré par arrêté du ministre de la justice lorsque l'association ne remplit plus l'une des conditions ayant justifié l'agrément. L'association doit être au préalable mise en demeure de présenter ses observations.

(Décr. nº 2004-1364 du 13 déc. 2004, art. 23) « L'association qui entend contester une décision de refus implicite, de suspension ou de retrait d'agrément doit, préalablement à tout recours contentieux, présenter un recours gracieux au ministre de la justice. »

III. – Au moment de sa constitution de partie civile, le président de l'association doit faire connaître à la juridiction saisie la liste des personnes victimes de l'infraction qui ont adhéré à l'association. Il doit lui communiquer en cours de procédure l'identité des victimes dont l'adhésion est intervenue postérieurement à cette constitution de partie civile.

Loi du 5 août 1908,

Modifiant l'article 11 de la loi du 1er août 1905 sur la répression des fraudes dans la vente des marchandises et des falsifications des denrées alimentaires et des produits agricoles et complétant cette loi par un article additionnel (DP 1908. 4. 91).

Art. 1er ....

Art. 2 Tous syndicats, formés conformément à la loi du 21 mars 1884 pour la défense des intérêts généraux de l'agriculture ou de la viticulture ou du commerce et trafic des boissons, eaux-de-vie naturelles, alcools de fruit, denrées alimentaires, produits agricoles, engrais, produits médicamenteux, marchandises quelconques, pourront exercer, sur tout le territoire de la France et des colonies, les droits reconnus à la partie civile par les articles 182, 63, 64, 66, 67 et 68 du code d'instruction criminelle *[C. pr. pén., art. 85 s., 418 s.]* relativement aux faits de fraudes et falsifications prévus par les lois en vigueur, ou recourir, s'ils le préfèrent, à l'action ordinaire devant le tribunal de grande instance, en vertu des *(Ord. nº 2016-131 du 10 févr. 2016, art. 6-XXIII, en vigueur le 1er oct. 2016)* « articles 1240 et suivants *[ancienne rédaction : articles 1382 et suivants]* » du code civil.

Arrêté du 21 juin 1988,

Relatif à l'agrément des organisations de défense de consommateurs.

V. art. R. 811-1 s. C. consom.

Art. 1er Le dossier prévu à l'article 4 du décret nº 88-586 du 6 mai 1988 *[C. consom., art. R. 811-4]* est composé comme suit :

1° Une demande d'agrément signée par le président de l'association.

Une note de présentation de l'association indiquant en particulier le nombre des adhérents. Cette note sera éventuellement accompagnée d'un exemplaire de toutes les publications et des textes destinés à une diffusion publique rédigés et publiés au cours du dernier exercice et de l'exercice en cours.

2° Un exemplaire ou une copie certifiée conforme du *Journal officiel* contenant l'insertion mentionnée à l'article 5 de la loi du 1er juillet 1901 relative au contrat d'association. – *V.* ***C. civ.***

Un exemplaire, à jour, des statuts.

Une liste des membres dirigeants de l'association conforme aux dispositions de l'article 5 de la loi du 1er juillet 1901 relative au contrat d'association.

3° Le rapport moral et le rapport financier approuvés lors de la dernière assemblée générale. Le rapport financier doit comprendre un tableau retraçant les ressources et les charges financières de l'association. Il indique expressément le ou les montants des cotisations demandées aux membres de l'association et le produit de ces cotisations pour les exercices considérés.

Ce dossier est constitué en trois exemplaires.

L'un de ces exemplaires est transmis par la direction départementale de la consommation, de la concurrence et de la répression des fraudes au procureur de la République, lequel reçoit également communication des décisions d'agrément ou de refus.

Art. 2 En application de l'article 6 du décret du 6 mai 1988 *[C. consom., art. R. 811-6]* susvisé, les associations agréées adressent chaque année, en trois exemplaires, à la direction départementale de la consommation, de la concurrence et de la répression des fraudes auprès de laquelle la demande d'adhésion a été déposée, leur rapport moral et leur rapport financier. Ce dernier doit être conforme aux dispositions de l'article 1er (2°) ci-dessus.

Art. 3 La demande de renouvellement d'agrément doit être déposée pendant le huitième mois précédant la date d'expiration de l'agrément en cours. Elle est accompagnée d'un dossier contenant la mise à jour des documents déposés de la demande initiale.

Art. 4 L'arrêté du 17 mai 1974 est abrogé.

Art. 4-1 *(Arr. du 10 déc. 1996)* Le présent arrêté est applicable dans les territoires d'outre-mer aux associations locales ou territoriales.

Art. 4-2 *(Arr. du 10 déc. 1996)* Dans les territoires d'outre-mer, le service compétent pour adresser au procureur de la République un exemplaire du dossier de demande d'agrément et pour recevoir le rapport moral et financier des associations agréées est, si l'association a son siège social en Nouvelle-Calédonie, la direction des affaires économiques, si elle a son siège social en Polynésie française, la direction de la réglementation et du contrôle de légalité, et si elle a son siège social dans les îles Wallis-et-Futuna, le bureau des affaires économiques et du développement. Le procureur de la République reçoit également communication des décisions d'agrément ou de refus.

ASSURANCES

BIBL. GÉN. ▶ COURTIEU, *Gaz. Pal. 24-25 janv. 1997* (clauses abusives en assurance). – COURTIEU, *RCA 2006. Étude 2* (assurances sur la vie : incidences de la loi du 15 déc. 2005). – DAMY, *LPA 17 nov. 2006* (nécessaire protection renforcée du consommateur face au rapprochement des secteurs de la banque et de l'assurance). – MARIA, *Gaz. Pal. 2011. 2800* (situation des majeurs protégés en matière d'assurance-emprunteur). – Dossier, *RGDA 2014. 293 ; ibid. 363* (protection du consommateur d'assurance : entre permanence et nouveautés).

Code des assurances

Accès à l'assurance contre les risques d'invalidité ou de décès

BIBL. ▶ COELHO, *LPA 10 nov. 2006* (nouvelle convention relative à l'accès à l'assurance et à l'emprunt par les personnes présentant un risque aggravé de santé). – LEFÈVRE, *Gaz. Pal. 2007. 821* (accès au crédit des personnes présentant un risque aggravé de santé).

Art. L. 133-1 *(L. nº 2016-41 du 26 janv. 2016, art. 190-IV)* L'accès à l'assurance contre les risques d'invalidité ou de décès est garanti dans les conditions fixées aux articles L. 1141-1 à L. 1141-3, L. 1141-5 et L. 1141-6 du code de la santé publique.

Code de la santé publique

Risques aggravés

Art. L. 1141-2 *(L. nº 2007-131 du 31 janv. 2007, art. 1er)* Une convention nationale relative à l'accès au crédit des personnes présentant, du fait de leur état de santé ou de leur handicap, un risque aggravé est conclue entre l'État, les organisations professionnelles représentant les établissements de crédit *(Ord. nº 2013-544 du 27 juin 2013, art. 14-1º-a, en vigueur le 1er janv. 2014)* « , les sociétés de financement », les entreprises d'assurance, les mutuelles et les institutions de prévoyance ainsi que des organisations nationales représentant les malades et les usagers du système de santé agréées en vertu de l'article L. 1114-1 ou représentant les personnes handicapées. Cette convention a pour objet :

— de faciliter l'assurance des prêts demandés par les personnes présentant un risque aggravé en raison de leur état de santé ou d'un handicap ;

— d'assurer la prise en compte complète par les établissements de crédit *(Ord. nº 2013-544 du 27 juin 2013, art. 14-1º-b, en vigueur le 1er janv. 2014)* « ou les sociétés de financement » des garanties alternatives à l'assurance ;

— de définir des modalités particulières d'information des demandeurs, d'instruction de leur dossier et de médiation.

Toute personne présentant, du fait de son état de santé ou de son handicap, un risque aggravé bénéficie de plein droit de cette convention.

Art. L. 1141-2-1 *(L. nº 2007-131 du 31 janv. 2007, art. 2)* La convention prévue à l'article L. 1141-2 définit notamment :

1º Les conditions d'âge des emprunteurs, l'objet, le montant et la durée des prêts ;

2º Les modalités d'information des demandeurs d'emprunt sur les dispositions relatives à l'accès au crédit et à l'assurance emprunteur ;

3º Les conditions dans lesquelles un demandeur d'emprunt peut se prévaloir, pendant un délai déterminé, d'une offre d'assurance, y compris pour un bien différent de celui visé par cette offre ;

4º La couverture des risques décès et invalidité, dans les cas où elle est requise ;

5º Les garanties de confidentialité des données à caractère personnel et de nature médicale ;

6º Un mécanisme de mutualisation, mis en œuvre par les entreprises d'assurance, les mutuelles *(Ord. nº 2013-544 du 27 juin 2013, art. 14-2º-a, en vigueur le 1er janv. 2014)* « , les institutions de prévoyance, les établissements de crédit et les sociétés de financement », permettant, sous condition de ressources des demandeurs d'emprunt, de limiter le coût additionnel résultant du risque aggravé pour l'assurance décès et invalidité des crédits professionnels et des crédits destinés à l'acquisition de la résidence principale ;

7º Les dispositifs d'études et de recherche permettant de recueillir, d'analyser et de publier les données disponibles sur la mortalité et la morbidité résultant des principales pathologies, en vue de fournir les éléments statistiques nécessaires à la tarification du risque ;

8º La procédure d'instruction des demandes d'emprunt et les modalités selon lesquelles la personne est informée des motifs des refus d'assurance ;

9º Un dispositif de médiation entre, d'une part, les personnes présentant un risque aggravé de santé et, d'autre part, les organismes d'assurance *(Ord. nº 2013-544 du 27 juin 2013, art. 14-2º-b, en vigueur le 1er janv. 2014)* « , les établissements de crédit et les sociétés de financement » ;

10º La composition et les modalités de fonctionnement d'une instance de suivi et de propositions associant les parties et chargée d'évaluer régulièrement la réalisation des objectifs et engagements de la convention.

Art. L. 1141-3 *(L. nº 2007-131 du 31 janv. 2007, art. 3)* La convention prévue à l'article L. 1141-2 est conclue pour une durée de trois ans.

La convention et ses avenants sont publiés au *Journal officiel*.

Pour celles de ses dispositions qui prévoient les conditions de collecte et d'utilisation ainsi que les garanties de confidentialité des données à caractère personnel de nature médicale, la convention fait l'objet, préalablement à sa conclusion, d'une consultation de la Commission nationale de l'informatique et des libertés, qui donne un avis sur sa conformité à la loi n° 78-17 du 6 janvier 1978 relative à l'informatique, aux fichiers et aux libertés.

A défaut d'accord, ou en cas de dénonciation, compromettant la mise en œuvre ou la pérennité du dispositif conventionnel, les conditions de collecte et d'utilisation et les garanties de confidentialité des données à caractère personnel de nature médicale sont fixées dans les six mois par décret en Conseil d'État, après avis de la Commission nationale de l'informatique et des libertés.

Au cas où la convention ne serait pas signée par l'une des organisations professionnelles mentionnées à l'article L. 1141-2, un décret peut, après consultation des signataires de la convention et de l'organisation professionnelle non signataire, étendre son application aux entreprises et organismes représentés par l'organisation non signataire.

A défaut de prorogation ou de renouvellement de la convention ou en cas de dénonciation de la convention, les dispositions énumérées à l'article L. 1141-2-1 sont fixées dans les six mois par décret en Conseil d'État. Ce décret prend effet à la date d'expiration de la convention.

Les 5e et 6e al. de l'art. L. 1141-3 s'appliquent à la convention en vigueur à la date de publication de la L. n° 2007-131 du 31 janv. 2007 (L. préc., art. 5, JO 1er févr.).

Recommandation CCA n° 80-02 du 22 mai 1979,

Concernant la clause abusive insérée dans certains contrats de vente immobilière et imposant à l'acquéreur la continuation de l'assurance souscrite par le vendeur (BOCC 15 mai 1980).

La Commission des clauses abusives,

Considérant la clause selon laquelle, dans un contrat de vente d'un bien immobilier, l'acquéreur est tenu de continuer l'assurance souscrite par le vendeur, de la faire transférer à son nom dès la réception de l'acte constatant le transfert de propriété et de la maintenir tant qu'il sera débiteur d'une fraction du prix de la vente ;

Considérant qu'une telle clause n'est pas abusive au sens de l'article 35 de la loi susvisée *[C. consom., art. L. 212-1]* ; qu'en effet :

— en vertu des dispositions de l'article L. 121-10 du code des assurances, en cas d'aliénation de la chose assurée, l'assurance continue de plein droit au profit de l'acquéreur et il est loisible soit à l'assureur, soit à l'acquéreur de résilier le contrat ;

— suivant la jurisprudence actuelle, si la faculté de résiliation ne peut être écartée par une stipulation au contrat d'assurance, aucune disposition de la loi n'interdit à l'acquéreur de renoncer volontairement à cette faculté, en particulier, en prenant vis-à-vis de son vendeur l'engagement de continuer la police ;

Mais considérant que le vendeur est tenu d'informer l'acquéreur sur ses droits et ses obligations,

Émet la recommandation :

Que, lorsque le contrat de vente d'un bien immobilier prévoit la reprise par l'acquéreur d'une assurance souscrite par le vendeur :

1° Soit communiqué à l'acquéreur le contrat d'assurance ;

2° *Soit rappelée* dans le contrat de vente la faculté de résiliation du contrat d'assurance dont bénéficie l'acquéreur.

(Délibérée sur le rapport de M. Gross dans les séances du 27 mars, du 24 avril et du 22 mai 1979, où siégeaient : M. Lutz, conseiller de la Cour de cassation, président ; Mme Achach, Mlle Aubertin, MM. Bihl, Calais-Auloy, Cotte, Delcourt, Gross, Lemontey, Marleix, Semler-Collery, Simonet, Stirn, membres).

Recommandation CCA n° 85-04 du 20 septembre 1985,

Concernant les contrats d'assurance destinés à couvrir divers risques de la vie privée (notamment le vol, l'incendie, les dégâts des eaux et la responsabilité civile) et couramment dénommés « multirisques-habitation » (BOCC 6 déc. 1985).

La Commission des clauses abusives,

Considérant que ni l'existence d'une législation détaillée, en partie d'ordre public, faisant l'objet du code des assurances, ni celle du contrôle de la direction des assurances du ministère des finances sur tous les documents faisant état d'une opération d'assurance ne font *a priori* obstacle à la compétence de la commission des clauses abusives pour examiner les contrats d'assurance ; qu'en effet l'ordre public dont relève le droit de l'assurance est essentiellement un ordre public de protection qui impose un minimum de garanties au profit de l'assuré, mais laisse à l'assureur la possibilité d'octroyer des avantages supplémentaires ; que, par conséquent, en s'en tenant au minimum légal, lorsque celui-ci ne paraît pas suffisant pour assurer la protection des intérêts légitimes du consommateur, l'assureur peut effectivement commettre un « abus de puissance économique » au sens que donne à cette expression l'article 35 de la loi du 10 janvier 1978 *[C. consom., art. L. 212-1]* ; que, par ailleurs, la mission confiée à la direction des assurances, si elle englobe effectivement le contrôle, dans l'intérêt des assurés, des clauses des contrats d'assurance, est beaucoup plus large puisqu'elle consiste à favoriser, de façon générale, le développement de l'assurance ; qu'en toute hypothèse, la commission des clauses abusives a déjà admis que l'existence d'un contrôle parallèle d'une autorité de tutelle ne fait nullement obstacle à sa compétence ;

Considérant que les contrats d'assurance « multirisques-habitation » ont pour objet de garantir des individus contre les principaux risques de la « vie privée », à l'exclusion des risques professionnels ; que les bénéficiaires de ces contrats appartiennent donc incontestablement à la catégorie des « non-professionnels ou consommateurs » au sens où l'entend la loi du 10 janvier 1978 ;

Considérant que l'assurance « multirisques-habitation » est aujourd'hui extrêmement répandue en France, au point que la plupart des citoyens majeurs sont désormais titulaires d'un tel contrat ; que cette forme d'assurance intéresse donc de très nombreux consommateurs ; que la loi n° 82-526 du 22 juin 1982 relative aux droits et obligations des locataires et des bailleurs impose au consommateur locataire de s'assurer contre les risques dont il doit répondre en qualité de locataire ; *— V. désormais L. n° 89-462 du 6 juill. 1989, art. 7. — **C. baux**.*

Considérant que, depuis quelques années, les dirigeants des organisations professionnelles ainsi que ceux de certaines grandes compagnies d'assurance ont exprimé leur volonté de réformer des pratiques antérieures trop routinières, de clarifier les contrats et de prendre en compte davantage l'intérêt des consommateurs ; que ces déclarations d'intention ont été suivies d'efforts réels, encouragés d'ailleurs par une jurisprudence qui, ces dernières années, s'est attachée avec une vigueur toute particulière à accroître la protection des assurés ; que la commission des clauses abusives se doit donc d'appuyer cette tendance ;

Considérant que dans la plupart des contrats d'assurance « multirisques-habitation » figure une clause imposant à l'assuré de déclarer, à la souscription, « toutes les circonstances qui permettent d'apprécier le risque pris en charge », cette formule étant, le plus souvent, suivie d'une énumération de faits à déclarer qui n'est pas limitative puisqu'elle est précédée de l'adverbe « notamment » ; qu'il est ajouté que l'assuré doit, en cours de contrat, déclarer lui-même toute modification des circonstances spécifiées soit dans cette énumération, soit aux conditions particulières ; que les sanctions prévues pour l'inobservation de cette obligation sont, en cas de réticence ou de fausse déclaration intentionnelle, la nullité rétroactive du contrat souvent accompagnée du droit, pour l'assureur, de conserver, à titre de dommages-intérêts, les primes payées et de recouvrer les primes échues et, si la mauvaise foi n'est pas établie, la réduction de l'indemnité en proportion des primes payées par rapport à celles qui auraient été dues si le risque avait été exactement et correctement déclaré ;

Considérant que ces clauses, bien que licites au regard des articles L. 113-2 (1° et 2°), L. 113-8 et L. 113-9 du code des assurances, n'en sont pas moins très dangereuses pour l'assuré ; que celui-ci n'étant pas un technicien de l'assurance, ne peut normalement savoir quelles sont « toutes les circonstances de nature à faire apprécier par l'assureur le risque qu'il prend en charge » et pense généralement que c'est l'assureur qui lui posera les questions utiles pour l'appréciation du risque ; qu'il n'imagine pas, en tout cas, qu'il lui incombe de prendre les devants et de rechercher lui-même quels sont les faits qui peuvent avoir une incidence sur le coût des garanties qu'il demande et, encore moins, qu'en cours de contrat il est tenu de surveiller constamment le risque afin de rendre compte immédiatement à l'assureur de toute aggravation, même indépendante de son propre fait ; que d'ailleurs beaucoup d'assureurs sentent si bien eux-mêmes le caractère excessif de cette obligation qu'ils n'en exigent pas le strict respect, se contentant des réponses aux questions posées au preneur d'assurance lors de la souscription ou du renouvellement ; qu'il convient donc de généraliser cette pratique et de n'exiger de l'assuré que des réponses claires, complètes et exactes au questionnaire qu'il appartient à l'assureur d'établir lui-même et de soumettre à son cocontractant lors de la souscription et, s'il le souhaite, au moment du renouvellement ; que, sauf en cas de fraude ou de mauvaise foi dont la preuve incombe à l'assureur, la déclaration inexacte ou incomplète du risque ne devrait jamais faire l'objet d'une sanction contractuelle plus sévère que la réduction de l'indemnité en proportion du montant des primes payées par rapport aux primes qui auraient été dues si le risque avait été complètement et exactement déclaré, cette mesure ne pouvant, en outre, être appliquée si le risque omis ou dénaturé a été sans influence sur le sinistre ;

Considérant que les contrats d'assurance « multirisques-habitation » attachent à l'aggravation du risque régulièrement déclarée des conséquences franchement déséquilibrées par rapport à celles qui sont prévues pour la diminution du risque ; que, dans la première hypothèse, l'assureur se réserve la faculté d'opter entre une augmentation de prime et la résiliation du contrat, celle-ci pouvant être imposée si l'assuré refuse l'augmentation proposée, auquel cas l'assureur est en droit d'exiger en outre une indemnité ; qu'en cas de diminution du risque seuls certains contrats reconnaissent à l'assuré le droit d'obtenir une réduction de prime et la résiliation n'est alors de droit que dans l'hypothèse de disparition d'une circonstance aggravante spécifiée au contrat, aucune indemnité n'étant, en toute hypothèse, prévue au profit de l'assuré ; qu'il convient donc de rétablir l'équilibre en éliminant les clauses qui attachent à l'aggravation du risque des conséquences plus sévères pour l'assuré que n'en comporte, pour l'assureur, la diminution du risque ; qu'il est souhaitable également de stipuler explicitement que l'assuré pourra, en cas de diminution du risque, choisir entre la réduction de la prime et la résiliation ;

Considérant que l'aménagement contractuel de la durée des contrats d'assurance « multirisques-habitation » fait actuellement l'objet de clauses extrêmement variées, allant de la durée annuelle avec tacite reconduction jusqu'à la formule « durée société », « durée compagnie » ou « durée statutaire », assortie d'une faculté de résiliation tous les trois ans et, après deux périodes de trois ans, tous les ans, en passant par des systèmes intermédiaires ; qu'en Alsace-Lorraine la durée du contrat va parfois jusqu'à dix ans, la faculté de résiliation annuelle n'étant ouverte qu'au bout de la onzième année ;

Considérant que, pour l'assuré-consommateur, les clauses lui laissant une seule possibilité de résiliation en six ans et, *a fortiori*, celles qui retardent l'exercice de cette faculté jusqu'à la onzième année sont abusives en raison de la durée excessive de l'engagement qu'elles imposent ; que d'ailleurs, malgré les apparences, l'assureur est beaucoup moins strictement lié que l'assuré puisqu'il se réserve le droit de résilier pour aggravation du risque et pour sinistre ; que la possibilité de se dégager d'un contrat qui ne paraît plus conforme à ses intérêts est un élément essentiel de la protection du consommateur ; qu'en conséquence il est souhaitable de généraliser la pratique, déjà adoptée par certains assureurs, des contrats de durée annuelle avec clause de tacite reconduction et, en tout cas, de ménager à l'assuré une faculté de résiliation annuelle dès le début de son engagement ; que cependant, si l'assuré exprime lui-même par écrit, au moment de la souscription, le souhait que la durée initiale du contrat soit portée à trois ans, il est possible d'admettre que l'exercice de la faculté de résiliation annuelle soit différée jusqu'à l'expiration de ce délai triennal à condition que celui-ci ait été accepté par l'assureur ; qu'en toute hypothèse, les formules « durée société », « durée compagnie », « durée statutaire » sont répréhensibles en raison de leur manque de clarté et qu'elles doivent donc disparaître ;

Considérant que l'organisation contractuelle de la tacite reconduction est actuellement très défavorable pour le consommateur qui désire ne pas renouveler son engagement ; que la plupart des contrats exigent en effet que la lettre exprimant la volonté de non-renouvellement soit parvenue à l'assureur au moins un jour avant le commencement du préavis qui court lui-même avant la date prévue pour la reconduction tacite ; que, par exemple, si le contrat prend normalement fin le 1er janvier et que le préavis est de trois mois, la lettre de résiliation doit, pour éviter la reconduction, être parvenue à destination au plus tard le 30 septembre ; qu'il ne suffit pas qu'elle soit partie ce jour-là, le cachet de la poste ne faisant pas foi et le retard des services postaux n'étant pas pris en considération ; que, dès lors, si cette lettre arrive même avec un seul jour de retard, le contrat est automatiquement reconduit pour une nouvelle période qui, dans le système actuel, peut être de trois ans ; que l'assureur n'a même pas alors à répondre à la lettre tardive de l'assuré, son silence n'étant pas interprété comme une renonciation à se prévaloir de ce retard ;

Considérant que ce système est ressenti par les assurés comme un piège car, se croyant engagés jusqu'à la date prévue pour l'expiration du contrat ou son renouvellement par tacite reconduction, ils s'aperçoivent souvent trop tard qu'ils ont laissé passer le moment auquel ils pouvaient exprimer leur volonté de ne pas renouveler et ils comprennent fort mal que, même lorsqu'ils ont agi à temps, ils puissent souffrir d'un retard de la poste ; que le nombre des procès relatifs à cette question révèle un véritable malaise ;

Considérant que, pour protéger efficacement l'assuré-consommateur, il apparaît nécessaire, d'une part, d'indiquer, en caractères très apparents et en tête du contrat, après sa date de prise d'effet et sa durée, la date à laquelle l'assuré sera forclos pour expédier la lettre exprimant sa volonté de ne pas renouveler le contrat, d'autre part, d'éliminer toutes les clauses ayant pour objet ou pour effet d'imposer le renouvellement à un assuré qui a expédié sa lettre de résiliation avant la date indiquée pour l'expiration du contrat ou son renouvellement par tacite reconduction ; qu'enfin le préavis imposé à l'assuré ne saurait, en toute hypothèse, dépasser une durée de deux mois ; que chaque avis d'échéance doit également indiquer la date à laquelle l'assuré sera forclos pour expédier la lettre exprimant sa volonté de ne pas renouveler le contrat ;

Considérant que, parmi les clauses qui définissent les hypothèses dans lesquelles l'une ou l'autre des parties peut demander la résiliation du contrat avant la date prévue pour son expiration ou son renouvellement par tacite reconduction, certaines sont franchement défavorables à l'assuré et instituent un déséquilibre à son détriment ; que notamment celle qui donne à l'assureur le droit de résilier le contrat « après sinistre » sans autre condition et sans indemnité est abusive ; qu'en effet le sinistre est l'événement envisagé par les deux parties et contre lequel l'assurance a pour objet, moyennant paiement d'une prime, de garantir l'assuré ; que prendre prétexte de sa survenance pour mettre fin au contrat est donc totalement injustifié ;

Considérant que l'assuré doit se voir reconnaître un droit contractuel de résiliation anticipée en cas de diminution du risque ou d'inexécution par l'assureur de ses obligations ;

Considérant que, dans tous les contrats d'assurance « multirisques-habitation » figure une clause prévoyant un droit de résiliation réciproque en cas de changement de domicile, de situation matrimoniale, de régime matrimonial ou de profession ainsi que de cessation de l'activité professionnelle de l'assuré ; que cette clause précise généralement que « si la résiliation est invoquée par l'assuré, elle devra comporter toutes précisions de nature à établir qu'elle est en relation avec ledit événement » et que « le risque ne se retrouve pas dans la situation nouvelle » ; que l'application de cette disposition suscite, dans les rapports entre assureurs et assurés, un sérieux malaise qui provient de l'extrême difficulté à définir les justifications nécessaires pour prouver que le risque ne se retrouve pas dans la situation nouvelle ; que la résiliation devrait être de droit pour l'assuré qui prouve l'un des événements visés par la clause ;

Considérant que, de façon générale, il est abusif de sanctionner l'exercice d'une prérogative reconnue par la loi ou par le contrat ; que cependant de nombreuses clauses des contrats d'assurance « multirisques-habitation » permettent à l'assureur de réclamer une indemnité à l'assuré lorsque celui-ci exerce son droit de résiliation ; que toutes ces clauses doivent donc disparaître ;

Considérant qu'est abusive toute clause ayant pour objet ou pour effet de donner à l'assureur le droit de réduire unilatéralement les garanties promises ou d'accroître les franchises, sauf au moment du renouvellement du contrat et à condition de prévoir que l'assuré sera averti de cette réduction au plus tard un mois avant le jour où ce dernier sera forclos pour notifier sa volonté de ne pas renouveler le contrat ; que, jusqu'en 1983, les contrats d'assurance « multirisques-habitation » prévoyaient que, pour le risque « grèves, émeutes, mouvements populaires et actes de terrorisme », chacune des parties pouvait mettre fin à la garantie avec un préavis de sept jours, sans que le contrat lui-même soit résilié ; que cette clause, qui n'était invoquée en fait que par l'assureur, était extrêmement dangereuse pour l'assuré en raison tant de sa généralité que de l'absence de toute condition pour son exercice et de la brièveté du délai de préavis qui permettait à l'assureur de se retirer précisément lorsque le risque était sur le point de se réaliser sans laisser à l'assuré la possibilité de trouver ailleurs la même garantie ; que les assureurs ont accepté de renoncer à cette clause en raison de la possibilité qui leur a été offerte par la loi de finances rectificative du 30 décembre 1982 de réassurer les risques auprès de la Caisse centrale de réassurance ; mais que cette clause continue à figurer dans les conditions générales imprimées et qu'elle pourrait être remise en application si cette possibilité de réassurance était supprimée ; qu'il convient donc de signaler son caractère abusif ;

Considérant que de nombreux contrats d'assurance « multirisques-habitation » comportent une clause donnant à l'assureur le droit d'augmenter la prime en cours de contrat « pour des motifs de caractère technique » ou même sans aucune justification, en ne laissant à l'assuré qui refuse cette augmentation que la voie de la résiliation ; que cette disposition est d'autant plus critiquable que « les motifs de caractère technique », à supposer qu'ils soient exigés, sont laissés à l'appréciation de l'assureur, ce qui donne en pratique à celui-ci la possibilité d'imposer ses conditions ; que le droit de résiliation prévu au profit de l'assuré ne suffit évidemment pas à contrebalancer cette position d'infériorité, alors surtout qu'il est lui-même généralement enfermé dans un délai très court (d'une quinzaine de jours) ; que cette clause est donc à la fois illicite, parce qu'elle rend le prix indéterminé, et abusive ;

Considérant qu'en toute hypothèse l'assureur ne peut, sans abus, se réserver le droit d'augmenter unilatéralement le taux de la prime pour une cause autre que l'aggravation du risque, sauf au moment du renouvellement du contrat et à condition que l'assuré ait été averti de cette augmentation au plus tard un mois avant le jour où ce dernier sera forclos pour notifier sa volonté de ne pas renouveler le contrat ;

Considérant que certains contrats d'assurance « multirisques-habitation » contiennent une clause subordonnant le recours en justice de l'assuré contre l'assureur à l'« expertise » préalable ; que cette clause est illicite et abusive ;

Considérant que l'organisation actuelle de l'« expertise » en cas de sinistre ne garantit pas toujours son caractère pleinement contradictoire et que la personne désignée à titre d'« expert » est fréquemment liée à l'assureur par un rapport de dépendance juridique ou économique ;

Considérant que si la plupart des contrats d'assurance « multirisques-habitation » prévoient qu'en cas de sinistre le paiement par l'assureur devra intervenir dans un délai maximal de trente jours après l'accord amiable ou la décision judiciaire devenue exécutoire, ils n'imposent généralement aucune sanction pour la méconnaissance de cette obligation ; que le point de départ choisi pour ce délai laisse d'ailleurs place à tous les atermoiements, notamment au moment des expertises ; qu'il serait donc nécessaire d'affirmer, par une clause expresse, le droit de l'assuré à la résiliation du contrat, assorti éventuellement de dommages-intérêts en cas de faute de l'assureur, notamment de retard ou de résistance abusive dans le règlement du sinistre ; qu'en outre le contrat devrait imposer à l'assureur un délai d'une durée maximale de quatre mois à partir de la déclaration du sinistre pour présenter une offre d'indemnité à l'assuré ou à la victime ;

Considérant que, parmi les nombreuses obligations que les contrats d'assurance « multirisques-habitation » imposent à l'assuré en cas de sinistre, certaines sont extrêmement strictes ; que c'est le cas notamment de la clause imposant la déclaration du sinistre dans les cinq jours et, en cas de vol, dans les vingt-quatre heures ; qu'il conviendrait d'assouplir cette obligation en faisant appel à la notion de « délai raisonnable » préconisée par l'article 9 de la proposition de directive du Conseil des communautés européennes du 10 juillet 1979 ; que surtout la déchéance du bénéfice de l'assurance, qui est souvent imposée comme sanction de la méconnaissance de cette obligation, apparaît beaucoup trop sévère ; que, sauf en cas de mauvaise foi dûment établie, il est abusif d'appliquer dans ce cas une sanction plus grave que l'indemnité mesurée au dommage effectivement subi par l'assureur ;

Considérant que, de façon générale, sont abusives les clauses qui assortissent la méconnaissance de l'une quelconque des obligations imposées à l'assuré en cas de sinistre d'une déchéance totale du bénéfice de l'assurance, sauf en cas de mauvaise foi dûment établie, la seule sanction admissible étant l'indemnité mesurée au dommage effectivement subi par l'assureur du fait de la négligence constatée ;

Considérant que l'une des causes principales de l'insuffisance de l'information de l'assuré sur les garanties qui lui sont consenties réside dans la multiplicité des documents contractuels constatant les engagements de l'assureur ; qu'en plus des « conditions générales » qui sont distribuées sous forme d'imprimés et ne sont que très rarement remises à jour et des « conditions particulières » sur lesquelles figurent les signatures des contractants, l'assuré reçoit de temps en temps des avenants et des intercalaires dactylographiés constatant certaines modifications de garantie, qu'il y a là une source de confusions possibles, les clauses figurant sur les différents documents détenus par l'assuré pouvant être contradictoires ; que, pour éviter ce désordre, il serait nécessaire que le contrat d'assurance « multirisques-habitation » soit constaté, au moment de sa conclusion, par un écrit unique et personnalisé, signé par les deux parties et que cet écrit soit renouvelé et mis à jour au moins tous les trois ans si les garanties ont été modifiées depuis la délivrance du précédent document ;

Considérant que, dans la pratique actuelle, la compréhension de la portée des garanties est rendue très difficile par l'extrême dispersion des clauses définissant les risques couverts et le montant des garanties ; que, pour se faire une idée exacte des événements contre lesquels il est assuré, le consommateur doit confronter plusieurs séries de dispositions qui se trouvent très éloignées les unes des autres dans les conditions générales de sa police d'assurance ; qu'il doit lire d'abord la définition positive du risque garanti dans chacune des branches pour lesquelles il a opté (incendie et dégâts des eaux, vol, responsabilité civile et éventuellement autres risques) ; que cette définition est parfois très longue, notamment pour le risque de responsabilité civile, et qu'elle comporte des restrictions qui sont déjà des exclusions indirectes ; que cette lecture doit être complétée par celle des exclusions directes qui sont elles-mêmes très dispersées ; qu'une première liste « d'exclusions générales » comporte celles qui sont communes à toutes les branches ; qu'il faut y ajouter les exclusions propres à chaque branche ; qu'en outre il existe souvent, dans la branche « incendie, dégâts des eaux et risques annexes » une liste d'exclusions applicables à tous les risques de la branche, suivie de listes d'exclusions propres à chacune des sous-branches ; que, de même, pour le risque « responsabilité civile » lorsqu'il est subdivisé en « responsabilité civile du particulier » et « responsabilité civile du propriétaire » ou du « locataire d'immeuble », il y a souvent deux listes d'exclusions correspondant à chacune de ces catégories qu'il faut parfois combiner avec celle qui récapitule les exclusions communes à tous les cas de responsabilité ; que, lorsque les conditions générales prévoient des extensions de garantie, elles comportent encore, pour chacune de ces extensions, une liste d'exclusions concernant ces risques étendus ; qu'enfin, même la lecture la plus attentive et la plus minutieuse de la définition positive du risque et des différentes listes d'exclusions ne suffit pas à mettre l'assuré à l'abri de toutes les surprises ; qu'en effet les conditions générales des contrats « multirisques-habitation » comportent presque toutes aujourd'hui une liste de « définitions des termes principaux du contrat » contenant elles aussi des indications qui complètent la description du risque et imposent parfois des exclusions indirectes ; qu'il y a là un dédale dans lequel même l'assuré le plus attentif et le plus patient risque de se perdre ;

Considérant que, pour connaître le montant de la somme à laquelle il peut prétendre, l'assuré doit encore se livrer à des recherches presque aussi complexes que celles qui lui sont imposées pour déterminer s'il est ou non garanti ; qu'en effet il doit tenir compte non seulement des limitations de garantie proprement dites, dont les unes affectent un seul risque, les autres un groupe de risques, mais aussi des limitations indirectes résultant de la référence aux notions de « valeur d'usage », « valeur vénale », « valeur de remplacement », « valeur à neuf » dont la description renvoie généralement à la notion de « vétusté » qui fait elle-même rarement l'objet d'une définition précise ; qu'il faut encore prendre en considération les « franchises », dont certaines sont générales, d'autres propres à tel ou tel risque ou groupe de risques, les « limitations globales pour dommages exceptionnels » qui existent dans la branche responsabilité civile et enfin « les définitions de termes principaux du contrat » qui contiennent souvent des limitations indirectes de garantie ; que cette extrême dispersion des clauses définissant la portée des garanties est un obstacle considérable à la compréhension de dispositions contractuelles par l'assuré-consommateur ;

Considérant que, pour remédier à ce défaut, il importe d'abord de généraliser la pratique déjà assez répandue des tableaux récapitulatifs des garanties, présentés autant que possible sur une seule page, et indiquant en trois colonnes la nature des garanties, leurs montants et les franchises ; qu'en outre et surtout il faudrait mettre au point des définitions normalisées de chacun des risques proposés à l'assurance, principalement de « l'incendie », du « dégât des eaux », du « vol » et de la « responsabilité civile », et faire suivre cette définition d'une liste unique et exhaustive d'exclusions, de telle sorte que l'assuré puisse être certain que le risque est effectivement garanti hors des hypothèses expressément visées par cette énumération ; que, de même, les limitations et franchises devraient être regroupées, pour chaque branche, en une liste unique ;

Considérant que, malgré les efforts accomplis récemment par les assureurs pour améliorer la définition des expressions employées dans les « conditions générales » des polices d'assurance, il arrive que certaines soient encore insuffisamment précises ou intelligibles ; que cet inconvénient est surtout sensible s'agissant de termes assez spécifiques à la langue de l'assurance, tels que ceux de « dommage immatériel », « immatériel consécutif », « valeur d'usage », « valeur de remplacement », « valeur à neuf », « vétusté » ; qu'il est donc nécessaire d'entreprendre, par concertation entre représentants des assureurs et des assurés, un effort de clarification et de normalisation de la terminologie utilisée ;

Considérant que, lorsque l'assurance de chose est consentie pour une valeur déclarée à l'avance, l'assureur bénéficie en principe, sauf renonciation expresse prévue par l'article L. 121-5 du code des assurances de la « règle proportionnelle » qui lui permet, en cas de destruction du bien, de limiter son engagement en fonction du rapport existant entre la somme assurée et la valeur assurable ou somme pour laquelle l'assuré aurait dû se faire garantir pour recevoir une indemnisation intégrale si le bien avait été totalement détruit ; que cette règle est très mal ressentie par les assurés qui ne comprennent pas pourquoi, s'étant assurés pour une certaine somme, qui n'est pas atteinte, ils ne sont pas pleinement dédommagés ; que d'ailleurs la plupart des contrats d'assurance « multirisques-habitation », notamment ceux qui sont indexés, contiennent une renonciation à cette règle ; qu'il est donc souhaitable de généraliser cette pratique et d'écarter complètement la « règle proportionnelle » dans ce type d'assurance ;

Considérant que les contrats « multirisques-habitation » contiennent un certain nombre de clauses prévoyant des limitations de garantie manifestement excessives ; qu'il en est ainsi de la clause qui, en cas de destruction d'un immeuble construit sur un terrain dont l'assuré n'est pas propriétaire, limite l'indemnité, à défaut de reconstruction, à « la valeur des matériaux évalués comme matériaux de démolition » ; qu'il en va de même de la clause qui, pour le vol ou la destruction d'un mobilier ancien et signé, limite l'indemnité à la valeur d'un mobilier semblable de fabrication récente ou de celle qui, en cas de disparition de bijoux ou d'objets de métal précieux, prévoit le remboursement de la valeur du métal brut et de celle qui applique aux objets d'art un coefficient de vétusté calculé d'après leur ancienneté qui est précisément un élément de leur valeur ; que l'on peut encore adresser le même reproche à la clause qui aggrave l'abattement pour vétusté par rapport à la vétusté réelle en disposant, par exemple, que « pour chaque partie sinistrée des biens assurés, dont la vétusté reconnue par expertise excédera 40 p. 100 au jour du sinistre, l'indemnité sera calculée en appliquant au taux réel de vétusté une majoration de 20 p. 100 » ; que toutes ces clauses sont abusives et doivent disparaître des contrats d'assurance « multirisques-habitation » ;

Considérant qu'est également abusive parce que susceptible d'induire l'assuré en erreur sur l'étendue de la garantie la clause qui, après avoir admis que l'indemnisation doit se faire en « valeur à neuf », apporte des restrictions à cet engagement grâce à une définition de la « valeur à neuf » qui laisse place à la prise en compte d'un coefficient de vétusté ;

Considérant que l'application de la clause imposant à l'assuré la preuve que le vol dont il a été victime a été commis par effraction, escalade, usage de fausses clés ou introduction clandestine est actuellement la source de vives déceptions pour les assurés et donne lieu à un contentieux considérable ; qu'en effet, alors qu'à la lecture du contrat le preneur d'assurance peut croire qu'il est couvert pour tous les cas de vol, l'assureur lui refuse en réalité très souvent sa garantie, en cas d'escalade, d'usage de fausses clés ou d'introduction clandestine au motif que ce fait n'a laissé aucune trace matérielle ; que, par conséquent, la demande de l'assuré est parfois rejetée alors que l'existence du vol n'est pas contestée, qu'aucun défaut de précaution n'est reproché à l'assuré et qu'il est certain qu'à défaut d'effraction le vol n'a pu se produire que par escalade ou usage de fausses clés ou introduction clandestine ; que de telles situations sont choquantes et qu'il serait donc souhaitable de remplacer la clause examinée par une formule englobant tous les cas de vol dont la réalité est dûment établie, notamment par effraction, escalade, usage de fausses clés, introduction clandestine ou tout autre moyen ;

Considérant que tous les contrats d'assurance « multirisques-habitation » imposent certaines précautions destinées à éviter le vol ou à le rendre plus difficile (verrous aux portes, barreaux aux fenêtres facilement accessibles...) ; que ces exigences sont légitimes dans leur principe, mais que leur application peut parfois donner lieu à des abus ; qu'il en est ainsi lorsque la clause est rédigée de façon si vague qu'elle met l'assuré à la merci de l'assureur ; que c'est le cas, par exemple, lorsqu'elle impose à l'assuré de « prendre toutes les mesures préventives pour la sécurité de ses biens », sous peine de s'exposer à la déchéance du bénéfice de l'assurance ;

Considérant que l'abus peut également apparaître si les précautions imposées sont pratiquement irréalisables, par exemple lorsque l'assureur exige l'utilisation effective de tous les moyens de protection (y compris volets, verrous, grilles...) pour toute absence, même très courte et pendant la journée ;

Considérant que la sévérité de la sanction paraît souvent disproportionnée à la gravité de la faute ; qu'en particulier le refus total de la garantie pour une négligence vénielle est abusif ; qu'en outre, il est particulièrement choquant que la sanction soit déclarée applicable alors même qu'il serait établi que le vol n'a été ni causé ni même favorisé par la négligence des précautions prescrites ;

Considérant qu'il est également abusif de stipuler que l'assureur sera déchargé de la garantie contre le vol, alors que cette garantie est mentionnée au contrat et prise en compte pour le calcul de la prime, sur la seule constatation que la maison voisine la plus proche se trouve à plus de 100 mètres de celle de l'assuré ;

Considérant que les contrats d'assurance « multirisques-habitation » contiennent tous une clause suspendant de plein droit la garantie vol en cas d'inoccupation des locaux pendant un certain temps (qui va, selon les contrats, de 45 à 90 jours) ; que cette disposition paraît critiquable car c'est précisément en cas d'absence que les assurés sont le plus exposés au vol et c'est en fonction de ce risque qu'ils s'assurent ; que la brutalité de la mesure les prend le plus souvent totalement au dépourvu car ils ignorent généralement cette disposition sur laquelle leur attention n'a pas été attirée lors de la souscription ; que cette clause doit donc disparaître ;

Considérant que sont abusives les clauses limitant les procédés de preuve que l'assuré est autorisé à utiliser pour établir l'existence ou la valeur des objets volés, par exemple celles qui l'obligent à présenter sa facture d'achat ou à produire un état détaillé des valeurs et objets précieux établi antérieurement au vol et conservé dans un coffre ou dans un meuble séparé ; qu'en effet, la charge de la preuve, en matière de vol, est, par nature, déjà très lourde pour l'assuré ; qu'il est donc excessif de l'aggraver encore par des exigences qui risquent de la rendre écrasante, ce qui est une manière indirecte de refuser la garantie ;

Considérant que la clause limitant la garantie des objets précieux à un certain pourcentage des capitaux assurés peut être dangereuse pour l'assuré dans la mesure où la définition de cette catégorie d'objets est peu rigoureuse ;

Considérant que, dans les contrats d'assurance « multirisques-habitation », on relève toute une série de dispositions concourant à restreindre la garantie contre le vol des objets de valeur ou objets précieux : règles de preuve particulièrement strictes, suspension après un délai d'inoccupation spécialement bref (15 jours), précautions très contraignantes contre le vol (dépôt dans un meuble fermé à clé ou dans un coffre dès qu'ils ne sont pas utilisés), règles d'indemnisation souvent très imprécises et parfois franchement lésionnaires comme celles qui concerne le mobilier ancien ou les objets en métal précieux et qui ont été signalées plus haut, etc. ; que le cumul de ces clauses donne parfois l'impression d'une volonté délibérée de vider la garantie de sa substance tout en la laissant figurer officiellement au contrat, ce qui entretient l'assuré dans l'illusion ;

Considérant que, dans la branche « incendie et dégâts des eaux », les clauses les plus dangereuses pour les assurés sont celles qui, sous une apparence anodine, donnent à l'assureur la faculté de discuter presque systématiquement l'application de la garantie ; qu'il en est ainsi de celle qui exclut « tous les dommages dus à un défaut d'entretien » ou « à un défaut des réparations indispensables incombant à l'assuré » sauf à l'assureur de préciser la portée exacte de cette obligation d'entretien ; que, plus insidieuse, mais également efficace apparaît la clause qui exige la preuve du caractère « accidentel » du sinistre, car, si l'on se réfère à l'interprétation qu'en donnent certaines juridictions la notion d'accident exclut à la fois les dommages qui se sont produits de façon progressive et ceux qui ont été causés ou favorisés par une imprudence ou une négligence de l'assuré ; que l'assureur peut donc être tenté de s'appuyer sur l'exigence d'un dommage accidentel pour contester sa garantie chaque fois que l'incendie ou le dégât des eaux n'est pas, de toute évidence, imputable exclusivement à un événement extérieur présentant les caractères de la force majeure ; que ces dispositions équivalent par conséquent à des exclusions de garantie dont la portée est beaucoup trop large et vague pour répondre à l'exigence, formulée par l'article L. 113-1 du code des assurances qui n'admet que les exclusions « limitées » ; qu'elles sont donc illégales et abusives ;

Considérant qu'il est également excessif de stipuler que la sanction prévue pour inobservation d'une précaution exigée afin d'éviter l'incendie ou le dégât des eaux doit s'appliquer au détriment de l'assuré même s'il est prouvé que cette négligence n'a eu aucune influence sur le sinistre ;

Considérant que la clause réservant l'application de la garantie « dégâts des eaux » aux dommages causés par la descente des eaux impose une distinction tout à fait arbitraire et extrêmement difficile à mettre en œuvre entre ces dommages et ceux qui sont provoqués par un refoulement ou toute autre cause, que cette clause est donc abusive ;

Considérant que, lors de la mise en jeu de la garantie « responsabilité civile », l'assuré se heurte souvent à certaines dispositions contractuelles (en particulier à la clause dite « de direction du procès ») qui restreignent ou paralysent sa liberté d'organiser comme il l'entend sa défense en justice contre la victime du dommage ; que ces stipulations peuvent avoir des conséquences graves, notamment lorsque les intérêts de l'assuré sont différents de ceux de l'assureur ; qu'elles sont contestables au regard des principes de la procédure civile et qu'elles ne sont pas nécessaires à la défense des intérêts de l'assureur qui seraient suffisamment garantis par une clause obligeant l'assuré à le tenir constamment informé de la procédure et à lui transmettre toutes les pièces du procès ; que, depuis l'entrée en vigueur de la loi du 8 juillet 1983 sur la protection des victimes d'infractions, l'assureur peut en effet intervenir non seulement devant les tribunaux civils, mais aussi devant les juridictions répressives saisies de l'action civile en cas de blessures ou d'homicide involontaires ; que, dans les cas où cette intervention demeure impossible, il reste à l'assureur la possibilité d'utiliser la voie de recours de la tierce opposition pour contester le jugement rendu contre l'assuré ; que toutes les clauses qui restreignent, de façon directe ou indirecte, la liberté de l'assuré dans l'organisation de sa défense en justice doivent donc disparaître ;

Considérant que la clause limitant la garantie responsabilité civile à la couverture des dommages accidentels est extrêmement dangereuse pour l'assuré ; qu'en effet si l'on considère, avec une partie de la jurisprudence, que la notion d'« accident » exclut tous les dommages qui ne résultent pas d'un « fait fortuit, soudain, imprévisible et irrésistible » pour l'assuré, c'est-à-dire tous ceux qui ne sont pas dus à un cas de force majeure, il faut constater que cette disposition vide entièrement la garantie de sa substance, la force majeure étant précisément exclusive de toute responsabilité ;

Considérant que l'exclusion de la garantie responsabilité civile pour « les dommages résultant de la violation délibérée des lois, règlements et usages » est également abusive en raison de la généralité de la formule employée, que cette exclusion n'est pas suffisamment

« limitée » au sens qu'exige l'article L. 113-1 du code des assurances et qu'elle risque d'être utilisée pour faire systématiquement obstacle à la mise en œuvre de la garantie en présence d'une faute quelconque de l'assuré ;

Considérant que ne répondent pas non plus à l'exigence formulée par l'article L. 113-1 et sont donc à la fois illégales et abusives les clauses qui excluent l'application de la garantie en présence de certaines fautes définies seulement par leur gravité comme les fautes « lourdes », « inexcusables »..., ainsi que celles qui emploient des formules ambiguës ou imprécises en écartant, par exemple, « les dommages dont la survenance était inéluctable » ou « les dommages, inconvénients et troubles du voisinage qui résultent de façon prévisible ou inévitable de la nature de l'immeuble, objet du contrat » ;

Considérant qu'est également ambiguë la disposition qui restreint la garantie à la responsabilité civile encourue à l'égard « d'autrui » ou « des tiers », car cette formule, en renvoyant à une définition qui exclut de la catégorie des bénéficiaires les personnes dont la responsabilité est elle-même garantie, a pour effet d'écarter, sans le dire explicitement, tous les dommages subis par les membres de la famille proche et par les préposés du souscripteur ; que, si cette exclusion peut s'expliquer par le souci d'éviter la fraude, du moins devrait-elle être plus clairement exprimée ;

Considérant que la clause restreignant la garantie à la responsabilité délictuelle ou excluant les conséquences de la responsabilité contractuelle est abusive à la fois à cause de son caractère trop général et en raison de la difficulté pour un assuré moyen d'en saisir la portée ; qu'elle a d'ailleurs été jugée illicite au regard de l'article L. 113-1 du code des assurances ;

Considérant que le même grief d'obscurité peut être adressé à la clause, très répandue dans les contrats d'assurance « multirisques-habitation », qui a pour objet d'exclure « les conséquences d'engagements contractuels dans la mesure où elles excèdent celles auxquelles l'assuré serait tenu en vertu des textes légaux ou réglementaires sur la responsabilité civile » ; qu'il y a là en effet une formule dont la signification, à supposer qu'elle puisse être dégagée par un juriste averti, échappe en tout cas au consommateur moyen.

Recommande,

I. – Que soient éliminées des contrats d'assurance « multirisques-habitation » les clauses suivantes ayant pour objet ou pour effet :

1° De soumettre l'assuré aux sanctions prévues pour non-déclaration ou déclaration inexacte du risque assuré lorsqu'il a omis de signaler des circonstances ou des faits autres que ceux sur lesquels l'assureur l'a explicitement interrogé, au moyen d'un questionnaire écrit, avant la conclusion du contrat, en cours de contrat ou lors de son renouvellement ;

2° D'assortir la déclaration inexacte ou incomplète du risque, hors les cas de mauvaise foi dûment établie, d'une sanction plus sévère que la réduction de l'indemnité en proportion du montant des primes payées par rapport à celui des primes qui auraient été dues si le risque avait été complètement et exactement déclaré et d'appliquer cette sanction lorsque le risque omis ou dénaturé a été sans influence sur le sinistre ;

3° D'assortir de conséquences plus lourdes pour l'assuré l'aggravation du risque régulièrement déclaré que n'en comporte, pour l'assureur, la diminution du risque ;

4° De priver l'assuré de la faculté de mettre fin chaque année au contrat, sauf s'il a expressément demandé et qu'il ait été accepté que la durée initiale de celui-ci soit portée à trois ans, ce qui aurait alors pour effet de reporter l'exercice de la faculté de résiliation annuelle à l'expiration de cette période triennale ;

5° De dissimuler à l'assuré cette faculté de mettre fin chaque année aux relations contractuelles par une définition de la durée du contrat résultant d'une formule trompeuse, telle que « durée compagnie », « durée société », « durée statutaire » ;

6° D'imposer le renouvellement du contrat à un assuré qui a manifesté sa volonté contraire par l'expédition d'une lettre recommandée avec avis de réception, ou par tout autre moyen, avant la date indiquée pour le jeu de la tacite reconduction ;

7° D'imposer à l'assuré, lorsqu'il prend l'initiative du non-renouvellement, un délai de préavis supérieur à deux mois ;

8° De donner à l'assureur la faculté de mettre fin au contrat avant la date prévue pour son expiration ou son renouvellement par tacite reconduction en se fondant simplement sur la survenance d'un sinistre ;

9° De subordonner le droit de l'assuré à la résiliation du contrat en cas de changement de domicile, de situation matrimoniale, de régime matrimonial ou de profession, à une condition quelconque, notamment à la preuve que le risque ne se retrouve pas dans la situation nouvelle ;

10° D'octroyer à l'assureur un droit à indemnité qui ne serait pas fondé sur une faute de l'assuré, mais, par exemple, sur l'exercice d'une prérogative légale ou contractuelle, comme le droit de résiliation ;

11° De donner à l'assureur le droit de réduire unilatéralement les garanties promises ou d'accroître les franchises, sauf au moment du renouvellement du contrat et à condition de prévoir que l'assuré sera averti de ce changement, au plus tard un mois avant le jour où ce dernier sera forclos pour notifier sa volonté de ne pas renouveler le contrat ;

12° De donner à l'assureur le droit d'augmenter unilatéralement la prime pour des « motifs de caractère technique » ou tout autre motif que l'aggravation du risque, sauf au moment du renouvellement du contrat et à condition de prévoir que l'assuré sera averti de cette augmentation au plus tard un mois avant le jour où ce dernier sera forclos pour notifier sa volonté de ne pas renouveler le contrat ;

13° De limiter le droit de l'assuré à agir en justice contre l'assureur en le subordonnant à une procédure préalable souvent présentée comme une « expertise » ;

14° D'imposer des délais trop courts pour la déclaration d'un sinistre ;

15° D'assortir, sauf en cas de mauvaise foi dûment établie, la méconnaissance des obligations imposées à l'assuré en cas de sinistre, en particulier le retard dans la déclaration du sinistre, de la déchéance du bénéfice de l'assurance et, de façon plus générale, d'une sanction plus grave qu'une condamnation à indemniser l'assureur du dommage que cette faute lui a causé ;

16° D'inclure dans les « définitions des termes principaux du contrat » des restrictions équivalant à des exclusions indirectes de risque ou à des limitations indirectes de garantie ;

17° De prévoir des limitations de garanties excessives telles que celles qui consistent, en cas de destruction d'un immeuble construit sur un terrain dont l'assuré n'est pas propriétaire, à plafonner l'indemnité, à défaut de reconstruction, à la valeur des matériaux envisagés comme matériaux de démolition ou, en cas de vol ou de destruction d'un mobilier ancien et signé, à limiter l'indemnité à la valeur d'un mobilier semblable de fabrication récente, ou encore, en cas de disparition de bijoux ou d'objets en métal précieux, à prévoir seulement le remboursement de la valeur de métal brut, ou à appliquer aux objets d'art un coefficient de vétusté calculé d'après leur ancienneté qui est précisément très souvent un élément de leur valeur ou enfin à aggraver l'abattement pour vétusté par rapport à sa valeur réelle ;

18° D'induire l'assuré en erreur sur l'étendue de la garantie en stipulant, d'une part, l'indemnisation en « valeur à neuf » et en donnant, d'autre part, une définition restrictive de la « valeur à neuf » qui laisse place à la prise en compte d'un coefficient de vétusté ;

19° D'exiger de l'assuré qui se prévaut de la garantie contre le vol, non seulement la preuve de celui-ci, mais aussi, à défaut d'effraction, celle de l'escalade, de l'usage de fausses clés, de l'introduction clandestine ou de toute autre circonstance ;

20° De subordonner le bénéfice de la garantie contre le vol à l'observation par l'assuré d'une obligation générale et imprécise, comme celle qui consiste à « prendre toutes les mesures préventives nécessaires pour assurer la sécurité de ses biens » ;

21° D'imposer à l'assuré, sous peine de perdre le bénéfice de l'assurance, des précautions pratiquement irréalisables contre le vol, en particulier l'utilisation effective de tous les moyens de protection existants – y compris les volets, grilles et verrous – pour une absence quelconque, même très courte et durant la journée ;

22° De sanctionner la méconnaissance des précautions exigées pour éviter le vol par la déchéance totale du bénéfice de l'assurance, hors le cas de fraude dûment établie ;

23° De réduire ou de supprimer l'indemnité en tirant argument de l'inobservation des précautions destinées à éviter le vol même lorsqu'il est prouvé que celui-ci n'a pas été causé ni favorisé par la négligence constatée ;

24° De décharger l'assureur de la garantie contre le vol, pourtant mentionnée au contrat et prise en compte pour le calcul de la prime, sur la seule constatation que la maison voisine la plus proche se trouve au-delà d'une certaine distance ;

25° De suspendre la garantie contre le vol à partir d'une certaine durée d'inoccupation des locaux ;

26° De limiter les procédés de preuve admis pour établir le vol ;

27° De subordonner la garantie contre le vol des « objets précieux » ou « objets de valeur » à des conditions si nombreuses et si strictes qu'elles privent en fait la garantie de toute portée ;

28° De limiter l'étendue de la garantie des objets précieux à un certain pourcentage des capitaux assurés sans donner, de cette catégorie de biens, une définition précise et fondée sur des critères objectifs ;

29° D'exclure, de façon générale, de la garantie incendie et dégâts des eaux « tous les dommages dus à un défaut d'entretien » ou à « un défaut des réparations indispensables incombant à l'assuré » ;

30° De subordonner l'application de la garantie incendie et dégâts des eaux à la preuve d'un accident, ou, plus généralement, de toute autre condition permettant à l'assureur de refuser cette garantie pour les dommages qui se produisent de façon progressive ou qui ne sont pas imputables exclusivement à un événement extérieur présentant les caractères de la force majeure ;

31° D'appliquer la sanction prévue pour inobservation d'une précaution exigée afin d'éviter l'incendie ou le dégât des eaux alors même qu'il serait prouvé que cette négligence n'a eu aucune influence sur la réalisation du sinistre ;

32° De distinguer, pour l'application de la garantie « dégâts des eaux », entre les dommages résultant de la descente des eaux et ceux qui sont la conséquence d'un refoulement ou d'une autre cause ;

33° De paralyser ou de restreindre, de façon directe ou indirecte, la liberté de l'assuré dans l'organisation de sa défense en justice contre la victime du dommage, notamment en subordonnant le bénéfice de la garantie responsabilité civile à l'abandon de la « direction du procès » à l'assureur ;

34° De subordonner l'application de la garantie responsabilité civile à la preuve du caractère « accidentel » du dommage subi par la victime ;

35° D'exclure de la garantie responsabilité civile « tous les dommages qui résultent de la violation délibérée des lois, règlements et usages » ;

36° D'exclure l'application de la garantie responsabilité civile en présence de certaines fautes définies en termes généraux et vagues, comme, par exemple, les fautes « lourdes », « inexcusables », « les dommages dont la survenance était inéluctable » ou « les dommages, les inconvénients et les troubles de voisinage ou d'usage qui résultent de façon prévisible ou inévitable de la nature de l'immeuble, objet du contrat » ;

37° De restreindre la garantie responsabilité civile à la responsabilité encourue à l'égard « d'autrui » ou des « tiers » sans préciser immédiatement quelles sont les victimes auxquelles cette formule interdit de se prévaloir du bénéfice de l'assurance ;

38° De restreindre la garantie responsabilité civile à la seule responsabilité délictuelle ou d'exclure les conséquences de la responsabilité contractuelle ;

39° D'exclure de la garantie responsabilité civile « les conséquences des engagements contractuels dans la mesure où elles excèdent celles auxquelles l'assuré serait tenu en vertu des textes légaux ou réglementaires sur la responsabilité » ;

II. – Que les contrats d'assurance « multirisques-habitation » comportent des clauses ayant pour objet ou pour effet :

1° D'affirmer le droit pour l'assuré de choisir, en cas de diminution du risque, entre la résiliation du contrat et la réductionde la prime ;

2° D'indiquer, en caractères très aparents et en tête du contrat, après sa date de prise d'effet et sa durée, la date à laquelle'assuré sera forclos pour exprimer sa volonté de ne pas renouveler le contrat ;

3° D'indiquer, dans chaque avis d'éeance, la date à laquelle l'assuré sera forclos pour exprimer sa volonté de ne pas renouver le contrat ;

4° D'informer l'assureur qu'il n'est is lié par les conclusions de l'« expert » désigné par la compagnie ;

5° D'affirmer le droit de l'assuré à la résiliation du contrat, assorti éventuellement de dommages-intérêts en cas d'inexécution par l'assureur de ses obligations, notamment de retard ou de résistance abusive dans le règlement d'un sinistre ;

6° D'imposer à l'assureur un délai d'une durée maximale de quatre mois à partir de la déclaration du sinistre pour présenter une offre d'indemnité à l'assuré ou à la victime ;

7° De constater la renonciation à la « règle proportionnelle » prévue par l'article L. 121-5 du code des assurances ;

III. – Que la présentation matérielle des contrats d'assurance multirisques-habitation obéisse aux règles suivantes :

1° Remise à l'assureur, au moment de la souscription, d'un document écrit unique et personnalisé, signé par les deux parties, constatant le contrat et décrivant les garanties ;

2° Renouvellement et mise à jour de cet écrit au moins tous les trois ans si les garanties ont été modifiées depuis la délivrance du précédent document ;

3° Insertion dans ce document d'un tableau récapitulatif des garanties, de lecture facile, divisé en trois colonnes consacrées respectivement à la nature des garanties, à leur montant et aux franchises ;

4° Rédaction, pour chaque branche de l'assurance :

a) D'une liste unique d'exclusions formulées en caractères très apparents et regroupant tous les cas dans lesquels la garantie est écartée, de telle sorte que le risque soit effectivement couvert hors des hypothèses expressément visées par cette énumération ;

b) D'une liste unique des limitations de garantie et des franchises ;

5° Clarification et normalisation de la terminologie, notamment grâce à un effort de concertation entre représentants des assureurs et des assurés.

(Texte adopté le 20 septembre 1985, sur le rapport de Mlle Geneviève Viney.)

Recommandation CCA n° 89-01 du 19 mai 1989,

Concernant les clauses relatives aux contrats d'assurance de véhicules automobiles de tourisme (BOCC 14 juill. 1989).

V. v° Automobiles.

Recommandation CCA n° 90-01 du 10 novembre 1989,

Concernant les contrats d'assurance complémentaires à un contrat de crédit à la consommation ou immobilier ou à un contrat de location avec option d'achat (BOCC 28 août 1990).

La Commission des clauses abusives,

Considérant qu'un grand nombre de consommateurs ont recours au crédit pour financer l'achat de logements ou de biens de consommation ;

Considérant que, le plus souvent, les intéressés adhèrent à une assurance dont l'objet est de pallier divers aléas tenant à leur personne et susceptibles d'affecter leur solvabilité, tels que décès, incapacité de travail temporaire ou définitive, et plus récemment perte d'emploi, le rôle de l'assurance étant de se substituer à l'emprunteur pour payer les échéances du prêt pendant une certaine période ou pour rembourser par anticipation le capital restant dû ; selon les représentants des professionnels entendus, plus de 25 millions de contrats de crédit en cours seraient assortis d'une telle assurance ;

Considérant que le financement auquel les consommateurs ont recours est parfois obtenu par le biais non pas d'un contrat de crédit mais d'un contrat de location avec option d'achat ; que de tels contrats peuvent aussi s'accompagner d'une assurance dont l'objet et les modalités peuvent être similaires à celles des assurances complémentaires à un crédit ; que dans cette mesure les assurances complémentaires à un contrat de location avec option d'achat sont également visées par la présente recommandation ;

Considérant que l'existence des dispositions du code des assurances ne fait pas obstacle à la compétence de la commission des clauses abusives ;

Considérant que les assurances dont il s'agit revêtent le plus souvent la forme d'une assurance dite « de groupe », mettant en présence non pas deux mais trois interlocuteurs :

— l'assureur, qui couvre les risques garantis ;

— le souscripteur, appelé aussi contractant ou preneur d'assurance, est la personne qui s'engage en signant le contrat et qui paie les primes ; en l'occurrence il s'agit du prêteur ;

— l'adhérent est la personne, faisant partie d'un groupe défini par le souscripteur, à propos de laquelle la réalisation du risque garanti déclenche la garantie de l'assureur ; on dit que l'assurance repose sur sa tête ; en l'occurrence il s'agit du consommateur-emprunteur ;

Considérant que le contrat conclu entre l'assureur et le prêteur est à l'évidence conclu entre deux professionnels et n'entre donc pas dans le champ d'application de la loi nº 78-23 susvisée *[C. consom., art. L. 212-1 s.]* ;

Mais considérant que la Cour de cassation, par une jurisprudence constante depuis plusieurs années, a affirmé que seules sont opposables à l'adhérent les clauses du contrat souscripteur-assureur qui ont été portées à sa connaissance préalablement à son adhésion à l'assurance ;

Considérant également que le code des assurances impose au souscripteur des obligations d'information à l'égard des adhérents à une assurance de groupe : que, lorsque le souscripteur est un établissement financier et l'adhérent un emprunteur-consommateur, la jurisprudence de la Cour de cassation met à la charge de l'établissement prêteur une obligation spécifique de conseil et d'information dont elle tire des conséquences très rigoureuses ; qu'en effet le non-respect de cette obligation expose le souscripteur à devenir par sa faute son propre assureur ;

Considérant que, dans les opérations dont il s'agit, l'adhérent est un consommateur ou un non-professionnel, alors que l'assureur et le souscripteur sont des professionnels ; que la commission est ainsi fondée à examiner les modèles de conventions habituellement proposés à l'adhérent par le souscripteur ou par l'assureur ;

Considérant que, dans la présente recommandation, le terme « consommateur » désignera dès lors l'emprunteur ; que le terme « professionnel » désignera, indifféremment et sauf précision contraire, l'assureur ou le prêteur-souscripteur ; que le terme « contrat » désignera, sauf précision contraire, les modèles de convention proposés au « consommateur » par les « professionnels » ayant trait à l'assurance, qu'ils fassent l'objet d'un document spécifique ou soient intégrés dans le contrat de prêt.

Présentation des contrats

Considérant qu'il importe que le consommateur soit informé de façon aussi claire et complète que possible sur les conditions et les limites de l'assurance ; qu'il ne détient pas le contrat passé entre le souscripteur et l'assureur ; qu'il n'est généralement pas en contact direct avec l'assureur, mais seulement avec les préposés du prêteur ou du vendeur du bien financé à crédit, ces derniers n'étant pas forcément les plus qualifiés pour l'informer complètement et exactement sur l'assurance ;

Considérant que le code des assurances oblige le souscripteur d'une assurance de groupe à informer les adhérents par le biais d'une notice ; que pour le crédit immobilier, l'article 6 de la loi nº 79-596 susvisée *[C. consom., art. L. 313-25 s.]* dispose que l'offre préalable doit « énoncer, en donnant une évaluation de leur coût... Les assurances... exigées qui conditionnent la conclusion du prêt » et que, lorsqu'une assurance est imposée ou proposée, « au contrat de prêt est obligatoirement annexée une notice énumérant les risques garantis et précisant toutes les modalités de la mise en jeu de l'assurance » ; que pour les assurances liées à un crédit à la consommation, l'article 5 de la loi nº 78-22 susvisée prévoit, dans sa nouvelle rédaction applicable à compter du 1er décembre 1989, que « lorsque l'offre préalable est assortie d'une proposition d'assurance, une notice doit être remise à l'emprunteur, qui comporte des extraits des conditions générales de l'assurance le concernant, notamment les nom et adresse de l'assureur, la durée, les risques couverts et ceux qui sont exclus » ;

Considérant qu'il a été proposé, dans une précédente recommandation sur les contrats de location avec option d'achat, « une présentation comportant plusieurs emplacements réservés à la signature des différents contrats, et principalement des contrats d'assurance que le consommateur accepte de conclure » ; que cette recommandation est sans objet lorsque le consommateur doit manifester son adhésion à l'assurance sur un document distinct du contrat de prêt ou de location ; mais qu'il convient de la réitérer, même si par ailleurs une notice descriptive de l'assurance est remise, lorsque l'adhésion doit être exprimée sur le même document ; qu'en effet, certaines offres préalables de prêt ou de location ne comportent par exemple à cette fin qu'une case à cocher ou d'autres modalités similaires et insuffisantes ;

Considérant qu'une partie non négligeable des documents examinés par la commission est insuffisamment lisible du fait de l'emploi de caractères trop pâles ou trop petits.

Modifications des contrats

Considérant que des discordances peuvent exister entre les différents documents contractuels constatant l'assurance du consommateur, en particulier entre le contrat assureur-prêteur d'une part et, d'autre part, les documents remis au consommateur ; que ces derniers documents comportent fréquemment une clause telle que : « ce résumé du contrat d'assurance est établi en application de l'article R. 140-5 du code des assurances ; en aucun cas ce résumé ne peut engager le prêteur et les assureurs, seul le contrat signé entre les parties faisant foi », ou : « la présente notice reproduit aussi fidèlement que possible les dispositions essentielles du contrat, qui seul fait loi entre les parties » ;

Mais considérant que, dans le cas particulier du crédit immobilier, la loi n° 79-596 susvisée (art. 6) *[C. consom., art. L. 313-28 s.]* dispose que « toute modification apportée ultérieurement à la définition des risques garantis ou aux modalités de la mise en jeu de l'assurance est inopposable à l'emprunteur qui n'y a pas donné son acceptation » ; que d'une façon générale la jurisprudence considère que seules sont opposables au consommateur les clauses du contrat assureur-prêteur qui ont été portées à sa connaissance préalablement à son adhésion à l'assurance ; que ne sont pas non plus opposables au consommateur pour les mêmes raisons les modifications du contrat postérieures à son adhésion à l'assurance, ni même la résiliation du contrat conclu entre l'assureur et le souscripteur ;

Considérant qu'ainsi les clauses dont il s'agit sont sans effet, mais qu'il convient toutefois d'en recommander la suppression car elles sont de nature à abuser le consommateur sur ses droits ; que les professionnels entendus ont exprimé un accord de principe sur ce point ;

Considérant que des clauses du même type, mais portant plus précisément sur la modification du taux de prime, ont été relevées dans divers contrats, selon lesquelles « l'assuré s'engage à régler les primes qui lui seront réclamées... au taux en vigueur chaque année », ou indiquant que le tarif peut varier entre l'assureur et le souscripteur et que chaque variation éventuelle du taux de prime s'imposera aux anciens comme aux nouveaux adhérents ; que ces clauses sont abusives lorsqu'elles font dépendre le prix à payer par le consommateur de la volonté des professionnels s'exerçant directement sur celui-ci ou sur les éléments susceptibles de faire varier le taux de prime et que ceux-ci échappent à la volonté des professionnels, tels que l'âge du consommateur ;

Considérant que certains contrats de location avec option d'achat comportent une clause selon laquelle « les refus ou les limites de prise en charge que l'assureur pourrait opposer à l'assuré ne sont en aucun cas opposables au bailleur » ; qu'en raison de son caractère incompréhensible sa suppression doit être recommandée ;

Déclaration du futur adhérent

Considérant que l'adhérent est obligé de déclarer exactement lors de la conclusion du contrat toutes les circonstances connues de lui qui sont de nature à faire apprécier par l'assureur les risques qu'il prend à sa charge ; que, toutefois, pour les seules assurances sur la vie, il n'est pas en outre tenu de déclarer les aggravations de risque en cours de contrat ; que par ailleurs la fausse déclaration intentionnelle de l'adhérent est sanctionnée par la nullité du contrat ; que la fausse déclaration non intentionnelle permet à l'assureur de modifier ou de résilier le contrat si elle est constatée avant tout sinistre, ou, si elle est constatée après, de réduire l'indemnité en proportion du taux des primes payées par rapport au taux des primes qui auraient été dues si les risques avaient été complètement et exactement déclarés ;

Considérant que les contrats examinés par la commission appellent l'attention du futur adhérent sur la nécessité pour lui de répondre correctement aux questions qui lui sont posées pour évaluer le risque qu'il représente, mais que cette mise en garde est souvent peu explicite et incomplète ou inexacte, revêtant la forme d'une stipulation telle que :

« conformément à l'article L. 113-8 du code des assurances, toute fausse déclaration entraîne la nullité de l'assurance », ou encore : « en cas de fraude ou de fausse déclaration d'un emprunteur (...) l'assurance est immédiatement annulée » ;

Considérant que ces clauses peuvent être considérées comme abusives dans la mesure où elles assimilent plus ou moins totalement toute fausse déclaration à une fraude de l'adhérent et où elles ne prévoient comme unique sanction d'une fausse déclaration que la nullité totale du contrat, en méconnaissance du code des assurances ; que de plus la jurisprudence met à la charge de l'assureur la preuve du caractère intentionnel d'une fausse déclaration, ce que les clauses dont il s'agit ne rappellent jamais ;

Considérant en outre que les exigences qu'implique pour le consommateur le code des assurances sont excessivement lourdes puisqu'il est censé prendre les devants et rechercher lui-même quels sont les faits pouvant influer sur le risque dont il demande la couverture ; que d'ailleurs les professionnels n'en exigent pas le strict respect, se contentant des réponses à un questionnaire que l'intéressé doit remplir préalablement à son admission à l'assurance voire de la souscription à une simple déclaration sur son état de santé ou sa situation professionnelle (pour les garanties « perte d'emploi ») figurant dans le formulaire d'adhésion présenté à la signature du consommateur ;

Considérant par ailleurs que, selon la jurisprudence, la responsabilité de l'adhérent pour une éventuelle déclaration fausse ou incomplète dépend largement de la nature et du libellé des questions qui lui ont été posées :

— qu'en ce qui concerne les garanties « perte d'emploi », les questionnaires examinés par la commission sont généralement satisfaisants dans la mesure où ils portent sur des éléments objectifs et *a priori* connus du consommateur tels que son âge, le fait d'être ou non en préavis de licenciement, la durée déterminée ou indéterminée de son contrat de travail ;

— qu'il en va autrement pour les garanties décès, invalidité ou maladie, les points concernés par les déclarations ou questions étant beaucoup plus subjectifs ou imprécis ; et qu'ainsi il est demandé au consommateur de souscrire à une déclaration selon laquelle il n'est atteint d'aucune infirmité, invalidité, maladie aiguë ou chronique et ne suit pas de traitement médical, ou de répondre à des questions de portée extrêmement vaste, telles que : « avez-vous une infirmité ? », « avez-vous subi des interventions chirurgicales ? » (sans que la question précise depuis combien d'années) ;

Considérant que ces notions ou ces termes très généraux peuvent être compris différemment, toutes choses égales par ailleurs, par des personnes de culture, de sensibilité, d'âge... différents ; qu'il convient par conséquent de recommander :

— que les questions posées ou les déclarations d'état de santé fassent référence à des faits précis tels que des périodes d'arrêt maladie, le versement d'une pension d'invalidité, des hospitalisations ;

— que si le questionnaire emploie des termes généraux tels que « maladie », « traitement médical »... leur sens soit explicité de façon précise dans le questionnaire ou les documents remis au consommateur préalablement à son adhésion ;

— qu'il soit fixé un « butoir » dans le passé pour les incidents de santé à déclarer, par exemple les cinq ou les dix dernières années ;

Considérant que l'obligation pour le consommateur de répondre de façon exacte aux questions qui lui sont posées préalablement à la conclusion du contrat, notamment sur son état de santé, ne doit pas porter atteinte au respect de sa vie privée et au secret médical ; qu'il en va de même lorsqu'il lui est demandé de fournir des précisions complémentaires, par exemple des résultats d'examens médicaux ; que ces informations, destinées à apprécier le risque que représente le consommateur, sont destinées à l'assureur et à lui seul, mais que souvent elles sont transmises par l'intermédiaire du prêteur ; qu'il convient par conséquent de rappeler au consommateur qu'il peut transmettre sous pli cacheté à l'assureur, éventuellement par l'intermédiaire du prêteur, la proposition d'assurance contenant des renseignements d'ordre confidentiel.

Adhésion au contrat, prise d'effet et durée des garanties

Considérant que certains contrats subordonnent l'admission aux garanties « perte d'emploi », lorsqu'elles sont proposées, à l'adhésion ou à l'admission aux garanties décès, invalidité et maladie ; qu'il s'agit de garanties dont l'objet est tout à fait différent ; qu'il est donc abusif de lier de la sorte ces deux ordres de prestations ;

Considérant que la date de prise d'effet des garanties de l'assurance n'est pas toujours stipulée ou définie avec précision dans les contrats examinés ; qu'il importe que, compte tenu de l'objet spécifique des contrats dont il s'agit, il n'y ait aucune incertitude sur la coïncidence entre, d'une part, la date à partir de laquelle le consommateur sera tenu d'obligations pécuniaires à l'égard du prêteur, et, d'autre part, celle à laquelle l'assurance prendra effet, dès lors que le second contrat n'est souscrit qu'en considération du premier ; qu'il est ainsi souhaitable que soient généralisées les dispositions concernant le crédit immobilier, selon lesquelles (article 6, loi du 13 juillet 1979 susvisée) « lorsque l'assureur a subordonné sa garantie à l'agrément de la personne de l'assuré et que cet agrément n'est pas donné, le contrat de prêt est résolu de plein droit à la demande de l'emprunteur sans frais ni pénalité d'aucune sorte » ;

Considérant que la plupart des contrats prévoient un « délai de carence » de quelques semaines ou de quelques mois pendant lequel certains sinistres faisant l'objet des garanties du contrat ne seront pas pris en charge ; que la stipulation d'un tel délai est courante en matière d'assurances de personnes et/ou de groupe ; que les professionnels justifient cette clause par la nécessité de se prémunir contre les conséquences de déclarations d'adhérents fausses ou incomplètes, ou contre le comportement de certains d'entre eux qui n'adhéreraient à l'assurance que lorsque la réalisation de tel ou tel risque les concernant serait imminente ou fortement probable ;

Mais considérant que les assurances de l'espèce ne sont souscrites qu'en considération d'un contrat de prêt et pour garantir le remboursement de celui-ci ; qu'elles n'ont donc d'objet que dans la mesure où le consommateur est tenu d'obligations pécuniaires à l'égard du prêteur ; que cet objet implique par conséquent que le consommateur soit couvert par l'assurance dès qu'il est tenu d'obligations à l'égard du prêteur et aussi longtemps que ces obligations subsistent ; que si l'économie particulière des contrats dont il s'agit peut conduire à stipuler des délais de carence pour certaines garanties, il convient néanmoins de recommander qu'ils soient clairement signalés à l'attention du consommateur ; qu'en toute hypothèse, sont nulles les clauses prévoyant un délai de carence d'une durée telle qu'il dénature les garanties concernées, en considération notamment de la durée du prêt auquel elles se rapportent ; qu'il convient donc d'en recommander la suppression ;

Considérant de même que la plupart des contrats prévoient une limite d'âge du consommateur au-delà de laquelle les garanties de l'assurance prennent fin même si le consommateur a adhéré à l'assurance à un âge inférieur à cette limite, celle-ci pouvant être différente selon les garanties ; que ces clauses sont particulièrement dangereuses dans le cas des assurances liées à un crédit immobilier, dont la durée est fréquemment de quinze ou vingt ans voire plus ; que de surcroît la plupart des contrats n'appellent d'aucune façon particulière l'attention du consommateur sur ce point ; que les professionnels sont informés de l'âge du consommateur lors de son adhésion et donc de celui qu'il aura atteint au terme du contrat de prêt ; que, si l'économie particulière des contrats dont il s'agit peut conduire à prévoir la cessation de leurs garanties avant celle des obligations de l'emprunteur à l'égard du prêteur, il convient néanmoins de recommander que le consommateur en soit parfaitement informé, ainsi que de l'opportunité de trouver une formule complémentaire s'il souhaite continuer à être assuré passé cet âge butoir.

Définitions et exclusions de garanties

Considérant que certaines garanties, notamment invalidité et « perte d'emploi » sont définies par référence à des dispositions légales ou réglementaires telles que « l'invalidité 3e catégorie de la sécurité sociale » ; que ces définitions ne sont compréhensibles que par les seuls initiés, et peuvent être de nature à induire en erreur les consommateurs sur la portée réelle des garanties afférentes ; qu'il convient donc que la référence dont il est fait usage soit explicitée à l'intention des consommateurs.

Considérant que de nombreux contrats assortissent les garanties proposées d'exclusions diverses ; que, comme la commission l'a déjà fait à propos de contrats d'assurances multirisques-habitation, il convient de recommander une présentation aussi claire que possible des garanties et de leurs exclusions, dès lors qu'une partie non négligeable des contrats examinés ne satisfont pas à cette exigence ;

Considérant que plusieurs contrats ne respectent pas l'obligation légale de mentionner en caractères très apparents les clauses édictant des nullités, des déchéances ou des exclusions ; que la sanction encourue en cas de non-respect de cette obligation, la nullité desdites clauses, ne saurait dispenser les professionnels d'informer clairement le consommateur à cet égard ;

Considérant que les exclusions que comporte un contrat d'assurance ne sont opposables à l'adhérent que si elles sont « formelles et limitées » (code des assurances, article L. 113-1) ; que plusieurs contrats comportent des exclusions qui ne satisfont pas à cette exigence, par exemple celles de dommages ou de conséquences de sinistres dus aux « matches, courses, paris », ou à « toute compétition », ou intervenus « si l'assuré a contrevenu aux lois en vigueur », cette dernière catégorie d'exclusion étant spécifiquement frappée de nullité par l'article L. 113-11-1° ; que, bien qu'elles soient sans valeur, doivent être supprimées les exclusions qui ne sont ni formelles ni limitées, au profit de formulations plus précises telles que l'exclusion par un contrat des « blessures contractées au cours de toute compétition autre que celles de pur amateurisme ainsi que les conséquences de la pratique de sports dangereux tels que... » (suit une énumération) ;

Considérant que, selon l'article L. 113-1, « l'assureur ne répond pas des pertes et dommages provenant d'une faute intentionnelle ou dolosive de l'assuré », définie par la jurisprudence comme le fait pour l'adhérent « d'avoir voulu non seulement l'action ou l'omission génératrice du dommage, mais encore le dommage lui-même » ou encore « la volonté chez l'assuré de provoquer le dommage avec la conscience des conséquences de son acte » ; que certains contrats présentent comme « exclues par la loi », en faisant ou non expressément référence à cet article, les conséquences des maladies ou des accidents qui sont le « fait volontaire » de l'adhérent ou qui résultent d'une tentative de suicide ou de mutilation volontaire ; qu'il convient de recommander l'abandon de telles rédactions substituant la notion de « fait volontaire » à celle, éventuellement plus restrictive, de « faute intentionnelle ou dolosive », ou présentant comme résultant d'une exigence légale des exclusions relevant de la liberté contractuelle ;

Considérant que, selon une jurisprudence constante, la charge de la preuve des exclusions incombe à l'assureur, de même que celle de la faute intentionnelle ou dolosive ; qu'il convient de recommander l'insertion d'une mention informative à cet égard.

Déclarations de sinistre

Considérant que certains contrats prévoient une sanction en cas de déclaration tardive d'un sinistre, c'est-à-dire se situant au-delà d'un délai donné après sa survenance ou le moment où le consommateur ou ses ayants droit en ont eu connaissance, ce délai étant le plus souvent compris entre quatre et six mois ; que selon ces contrats :

– soit la garantie n'est accordée qu'à compter de la déclaration si elle est faite après ce délai, le consommateur étant ainsi pénalisé par le fait que certaines échéances du prêt qui auraient pu être prises en charge par l'assurance ne le seront pas ;

– soit le consommateur est totalement déchu de ses droits.

Considérant que de façon générale sont abusives les clauses qui assortissent la méconnaissance de l'une quelconque des obligations imposées à l'adhérent en cas de sinistre d'une déchéance totale du bénéfice de l'assurance, sauf en cas de mauvaise foi dûment établie, la seule sanction admissible étant l'indemnité mesurée au dommage effectivement subi par l'assureur du fait de la négligence constatée.

Justificatifs médicaux et expertise

Considérant que certains contrats exigent du consommateur ou de ses ayants droit, en cas de sinistre dont la prise en charge est demandée, qu'ils fournissent tous documents et renseignements désirés par l'assureur sur le sinistre, notamment un certificat médical précisant la nature et la gravité de la maladie ou de l'accident ainsi que ses conséquences prévisibles ; que selon la jurisprudence de telles clauses sont nulles dans la mesure où « sauf dans les cas où sa révélation est permise ou imposée par la loi, le secret médical doit être observé à l'égard des tiers, en particulier quand ils en demandent la révélation par l'intermédiaire du malade lui-même » ; que par conséquent ces clauses ne sont admissibles que si elles préservent le secret médical en prévoyant la transmission de ces documents et renseignements par le médecin de l'adhérent au médecin-conseil de l'assureur ; que, dans les autres cas, ces clauses doivent être supprimées ;

Considérant que la mise en œuvre des garanties est parfois subordonnée à un examen du consommateur par le médecin-conseil de l'assureur, présenté comme tel ou comme un « expert », par des clauses telles que : « les assureurs se réservent le droit de se livrer à toute enquête et de soumettre l'intéressé à toute expertise médicale qu'ils jugent utile pour apprécier l'état d'invalidité » ; « pour ne pas perdre le droit au service des prestations l'assuré doit... se prêter à tout examen ou à toute expertise que les assureurs jugent bon de lui demander » ; qu'il est abusif d'employer des termes tels qu'« expert » ou « expertise » sans indiquer les liens qui existent entre la personne ainsi désignée et l'assureur, ni la portée et les modalités des opérations auxquelles elle est susceptible de se livrer, et notamment sans rappeler au consommateur la faculté de se faire assister du médecin de son choix ou d'opposer les conclusions de son propre médecin traitant ;

Considérant que certains contrats prévoient, en cas de désaccord entre le médecin du consommateur et celui de l'assureur, la désignation d'un troisième praticien, présentée comme un préalable obligatoire à tout recours en justice ; qu'il est abusif de donner ainsi à penser au consommateur qu'un recours en justice de sa part puisse, contrairement à la loi, être subordonné à une telle condition.

Garantie invalidité totale

Considérant que la plupart des contrats examinés assimilent certaines formes d'invalidité au décès, ce qui implique du point de vue des garanties le remboursement par l'assureur au prêteur du capital restant dû par le consommateur à la date du sinistre et donc la fin des obligations de celui-ci à l'égard de celui-là ; que, selon les contrats, cette garantie vise dans sa dénomination « l'invalidité permanente », « l'invalidité totale », « l'invalidité permanente absolue », « l'invalidité absolue définitive »... ; que ces appellations peuvent être de nature à induire en erreur des non-spécialistes de l'assurance sur la portée réelle de la garantie dont il s'agit, dès lors que la plupart des contrats ne couvrent en réalité que les formes les plus graves d'une telle invalidité, telles que celles entraînant « l'impossibilité de se livrer à la moindre occupation » ; que ces ambiguïtés et les malentendus qui peuvent en résulter sont particulièrement lourds de conséquences lorsque les garanties du contrat comportent une discontinuité entre la garantie « incapacité temporaire » et la garantie « invalidité définitive », ce qui peut conduire certains consommateurs à ne pas être pris en charge au titre de l'une ou de l'autre garantie alors même que leur état de santé les prive de l'activité et des ressources nécessaires pour faire face à leurs obligations à l'égard du prêteur ;

Considérant que dans plusieurs contrats cette garantie est désignée ou définie par une simple référence à « l'invalidité 3e catégorie de la sécurité sociale » ; que cette appellation se réfère en fait à l'article L. 341-3-3° du code de la sécurité sociale prévoyant que les décisions d'octroi d'une pension d'invalidité peuvent s'assortir d'une « majoration pour tierce personne », accordée « aux invalides qui, étant absolument incapables d'exercer une profession quelconque, sont en outre dans l'obligation d'avoir recours à l'assistance d'une tierce personne pour effectuer les actes ordinaires de la vie » ; que selon les statistiques de la Caisse nationale d'assurance maladie moins de 2 p. 100 des décisions de l'espèce sont assorties de cette majoration, soit en ordre de grandeur absolue un millier par an ;

Considérant que généralement la jurisprudence sanctionne fort justement l'imprécision et le caractère trompeur de ces présentations, en obligeant les professionnels à en supporter les conséquences, soit que l'assureur doive néanmoins accorder sa garantie, soit que le prêteur soit condamné à être son propre assureur ; qu'il convient toutefois, dans l'intérêt bien compris des parties en présence, de prévenir autant que faire se peut de tels litiges en recommandant l'adoption pour cette garantie d'une présentation qui corresponde à sa portée effective.

Garantie incapacité temporaire

Considérant que les contrats d'assurance dont il s'agit prévoient la prise en charge par l'assureur des échéances du prêt lorsque le consommateur est empêché temporairement par une maladie ou un accident de se livrer à une activité rémunérée ;

Considérant que cette garantie s'assortit généralement d'exclusions spécifiques ; qu'en particulier certains contrats excluent non seulement les périodes d'incapacité correspondant aux congés légaux pré- et postmaternité, mais encore toutes les périodes d'incapacité dues à une grossesse ou à une maternité alors qu'à l'évidence elles peuvent découler d'états pathologiques qui ne sont en rien la conséquence d'une « faute intentionnelle ou dolosive » du consommateur ;

Considérant que certains contrats stipulent que seront versées par l'assureur au titre de la garantie « incapacité temporaire » les seules échéances du prêt dont la date d'exigibilité se situe pendant la période d'incapacité prise en charge, alors que d'autres prévoient un versement calculé au prorata du nombre de jours d'incapacité pris en charge, quelles que soient les dates d'exigibilité ; que la première formule peut conduire, pour deux incapacités de même durée mais survenues à des dates différentes, à la prise en charge d'un nombre différent d'échéances ; que cette modalité peut ainsi faire varier les prestations de l'assureur en fonction d'éléments sans rapport avec le préjudice effectivement subi par le consommateur, dans des proportions d'autant plus importantes que l'intervalle entre deux dates consécutives d'exigibilité est plus long ; qu'il convient de recommander d'adapter le mode de calcul des indemnités de l'assurance à la durée de l'intervalle séparant deux échéances ;

Considérant que la garantie « incapacité temporaire » comporte toujours une période de franchise, les prestations de l'assureur n'étant dues que si l'incapacité se prolonge au-delà ; que sa durée varie selon les contrats entre trente et quatre-vingt-dix jours ; qu'à titre de comparaison, selon les statistiques de la Caisse nationale d'assurance maladie, la durée moyenne des arrêts de travail est de quinze jours (compte tenu d'une franchise de trois jours) et que la quasi-totalité d'entre eux ne dépasse pas quarante-cinq jours ; que seuls certains contrats réduisent la portée de cette clause en prévoyant que la prise en charge éventuelle aura un effet rétroactif ou qu'il ne sera pas appliqué de nouvelle franchise en cas de rechute dans un délai donné ;

Considérant par ailleurs que, selon les représentants des professionnels entendus, ces clauses se justifient par des considérations de coût et de gestion de l'assurance ; que les conséquences d'une incapacité et de sa durée sur les ressources de l'intéressé sont très variables selon sa situation professionnelle et le(s) régime(s) de prévoyance au(x)quel(s) il est affilié ; qu'il convient ainsi de recommander :

— que la durée de sa franchise soit clairement indiquée, le cas échéant dans le titre de la garantie ;

— qu'en tout état de cause l'appellation de la garantie s'efforce de traduire le caractère de longue durée des incapacités prises en charge, un contrat la dénommant par exemple « maladie longue durée ».

Considérant que les prestations de l'assureur au titre de la garantie « incapacité temporaire » prennent fin avec la reprise d'activité du consommateur ; que, toutefois, certains contrats stipulent que ces prestations prendront fin en cas de reprise d'activité « même partielle » ; qu'il est abusif d'introduire une telle restriction de garantie, sauf à indiquer dans sa dénomination et sa définition qu'elle ne couvre que l'incapacité temporaire totale ;

Considérant que les contrats prévoient une ou plusieurs limites dans le temps à la garantie « incapacité temporaire », parfois de façon implicite en subordonnant le bénéfice de cette garantie au versement des « prestations en espèces » de la sécurité sociale, qui est lui-même limité dans le temps ; que la nature et l'objet des contrats d'assurance dont il s'agit impliquent qu'ils puissent jouer aussi longtemps que le consommateur est engagé vis-à-vis du prêteur ; que les professionnels entendus font valoir que tel est le cas dans la mesure où, si le consommateur est toujours en état d'incapacité d'exercer une activité rémunérée à l'expiration de la garantie « incapacité temporaire », la garantie « invalidité totale » ou « invalidité définitive » peut alors jouer ; qu'il apparaît toutefois que tel n'est pas le cas de tous les contrats examinés ; qu'il convient par conséquent de recommander que la structure des contrats ne comporte pas de discontinuité entre la garantie « incapacité temporaire » et la garantie « invalidité définitive », pour éviter que certains consommateurs ne soient pas pris en charge au titre de l'une ou de l'autre garantie alors même que leur état de santé les prive de l'activité et des ressources nécessaires pour faire face à leurs obligations à l'égard du prêteur.

Garantie perte d'emploi

Considérant qu'une partie des contrats examinés a pour objet de couvrir le risque de perte d'emploi auquel est exposé le consommateur, qu'il s'agisse de contrats spécifiquement consacrés à cette garantie ou d'une garantie optionnelle de contrats à portée plus générale ; que cette garantie consiste pour l'assurance à prendre en charge, dans certaines limites et sous certaines conditions, les échéances du prêt exigibles pendant que le consommateur est privé d'emploi ;

Considérant que la moitié environ des contrats intitulent cette garantie « assurance-chômage » et l'autre moitié « assurance perte d'emploi » ; qu'il résulte de la définition contractuelle de ces garanties et des exclusions dont elles font l'objet qu'elles ont une portée beaucoup plus réduite que ce que ces appellations, surtout la première, peuvent donner à penser à un non-spécialiste de l'assurance ;

Considérant en effet que ne sont généralement couverts, selon des formules rencontrées dans plusieurs contrats, que « le chômage donnant droit aux allocations prévues par le code du travail et aux allocations formation », « tout assuré salarié qui, privé d'emploi, a droit aux allocations Assedic ou aux allocations solidarité, ou prouve être toujours demandeur d'emploi », « tout salarié licencié et bénéficiaire du revenu de remplacement prévu aux articles L. 351-1 et suivants *[devenus art. L. 5421-1 s.]* du code du travail... » ; que sont le plus souvent exclues les personnes ayant dépassé cinquante-cinq ou soixante ans (y compris si elles atteignent cet âge en cours de contrat, la garantie cessant alors de plein droit), ou de moins de vingt-cinq ans, les personnes titulaires d'un contrat de travail à durée déterminée, les personnes employées depuis moins de six mois ou de douze mois chez le même employeur ; que sont également exclues les pertes d'emploi impliquant la mise à la retraite ou à la préretraite, les licenciements consécutifs à une faute grave, le chômage non indemnisé, le chômage consécutif à la fin d'un contrat de travail à durée déterminée, le chômage après démission, même légitime et indemnisé par les Assedic, les ruptures de contrat de travail par suite de maladie ou d'invalidité... ;

Considérant que, de plus, les garanties dont il s'agit comportent toujours des délais de carence et de franchise ; qu'en général, tout chômage débutant moins d'un an ou moins de six mois après la prise d'effet du contrat ne donnera lieu à aucune indemnisation et que la garantie ne jouera que lorsque l'intéressé aura ultérieurement occupé un emploi à durée indéterminée pendant au moins six mois ; que la durée des prestations est toujours limitée, parfois de façon implicite en subordonnant le bénéfice de cette garantie au versement des prestations des Assedic, qui elles-mêmes sont limitées dans le temps ;

Considérant qu'ainsi, seule une partie des personnes privées d'emploi ou au chômage sont susceptibles de bénéficier des garanties prévues ; qu'il convient de recommander que l'appellation qui leur est donnée dans les contrats corresponde à leur portée effective et qu'en toute hypothèse le terme « assurance chômage » ne soit pas utilisé ;

Recommande :

A. – 1° Que, lorsqu'une proposition d'assurance est incluse dans un document contractuel relatif à un crédit ou à une location avec option d'achat, l'adhésion du consommateur à l'assurance soit matérialisée par l'apposition d'une signature distincte de celle manifestant son acceptation du crédit ou de la location ;

2° Que les notices relatives à l'assurance soient présentées de façon claire et lisible, en particulier par l'emploi de caractère de corps 8 ou supérieur ;

3° Que la présentation matérielle des questionnaires ou des déclarations auxquels il est demandé au consommateur de répondre ou de souscrire préalablement à son admission à l'assurance obéisse aux règles suivantes :

Référence à des faits précis tels que des « périodes d'arrêt maladie», le « versement d'une pension d'invalidité », des « hospitalisations » ;

Si le questionnaire emploie des termes généraux tels que « maladie », « traitement médical » ..., leur sens soit explicité de façon précise dans le questionnaire ou les documents remis au consommateur préalablement à son adhésion ;

Indication dans ces mêmes documents que le consommateur n'est pas tenu de signaler les incidents de santé qui ne se sont plus manifestés depuis une époque précisée dans le questionnaire

4° Que les propositions et contrats comportent une mention rappelant au consommateur qu'il peut transmettre sous pli cacheté à l'assureur, éventuellement par l'intermédiaire du prêteur, la proposition d'assurance contenant des renseignements d'ordre confidentiel ;

5° Que lorsque l'assureur a subordonné sa garantie à l'agrément de la personne du consommateur et que cet agrément n'est pas donné, la faculté soit réservée au consommateur d'annuler le contrat de prêt ou de location sans frais ni pénalité ;

6° Que lorsque certaines garanties sont assorties d'un délai de carence ou cessent quand, en cours de contrat, le consommateur atteint un âge donné, l'attention de ce dernier soit clairement appelée sur ce point, ainsi que sur l'opportunité de trouver une formule complémentaire s'il souhaite continuer à être assuré passé cet âge ;

7° Que lorsque les garanties du contrat ou leurs exclusions sont définies par référence à des dispositions légales ou réglementaires, celles-ci soient explicitées ;

8° Que pour chaque garantie proposée soient indiqués de façon distincte :
– sa définition ;
– son objet ;
– ses limites, s'agissant notamment des sommes ou du nombre maximal d'échéances prises en charge ;
– les exclusions qui s'y rattachent, exposées dans des termes compréhensibles par des non-spécialistes de l'assurance.

9° Qu'en conséquence :

a) Soient mentionnées en caractères très apparents, dans les notices relatives à l'assurance les clauses édictant des nullités, des déchéances ou des exclusions, sans préjudice des dispositions de l'article L. 112-4 du code des assurances ;

b) Les contrats comportent une mention indiquant que la charge de la preuve des exclusions proprement dites incombe à l'assureur, de même que celle de la faute intentionnelle ou dolosive de l'assuré ;

c) Il ne soit fait référence à « l'invalidité 3e catégorie de la sécurité sociale » que si cette référence est accompagnée d'une mention informative précisant sa signification concrète ;

d) La désignation générique ou la définition des cas d'invalidité entraînant le remboursement anticipé par l'assureur du capital restant dû ne soit pas de nature à induire en erreur un non-spécialiste de l'assurance sur la portée effective de cette garantie ;

10° Que lorsque certaines formes d'invalidité sont assimilées, du point de vue des garanties, au décès, elles ne fassent pas l'objet d'une rubrique à part du contrat et soient évoquées au titre de la garantie « décès » ;

11° Que les indemnités versées en cas d'incapacité temporaire soient calculées en tenant compte du nombre de jours d'incapacité lorsque l'intervalle séparant deux échéances de remboursement du prêt est égal ou supérieur à trois mois ;

12° Que la durée de la franchise assortissant les garanties « incapacité temporaire » soit clairement indiquée, le cas échéant, dans le titre de la garantie ;

13° Que, le cas échéant la dénomination des garanties « incapacité temporaire » précise qu'il ne s'agit que de la prise en charge d'incapacités particulièrement longues ;

14° Que la structure des contrats d'assurance ne comporte pas de discontinuité entre la garantie « incapacité temporaire » et la garantie « invalidité définitive » ;

15° Que ne soient pas dénommées « assurance chômage » les garanties ne couvrant que certains consommateurs privés d'emploi dans certaines circonstances et sous certaines conditions restrictives ;

16° Que la dénomination des garanties ne couvrant que certains consommateurs privés d'emploi dans certaines circonstances et sous certaines conditions restrictives soit adaptée à leur portée effective.

B. – Que soient supprimées les clauses ayant pour effet ou pour objet :

1° *De rendre* opposables au consommateur des stipulations contractuelles ne figurant pas sur l'offre préalable, la notice ou le contrat qui lui ont été remis ;

2° De rendre opposables au consommateur des modifications des conditions de l'assurance auxquelles il n'aurait pas expressément donné son acceptation ;

3° De faire dépendre le prix à payer par le consommateur de la volonté des professionnels s'exerçant directement sur ce prix ou sur les éléments destinés à le déterminer ;

4° De sanctionner la déclaration inexacte ou incomplète du risque par la nullité du contrat, hors le cas de fausse déclaration intentionnelle dûment établie ;

5° De subordonner l'admission aux garanties « perte d'emploi », lorsqu'elles sont proposées, à l'adhésion ou à l'admission aux garanties décès, invalidité et maladie ;

6° De prévoir un délai de carence d'une durée telle qu'il dénature les garanties du contrat, en considération notamment de la durée du prêt auquel elles se rapportent ;

7° De prévoir, contrairement au code des assurances, des exclusions de garantie qui ne sont ni formelles ni limitées ;

8° De présenter comme « exclus par la loi » des dommages ou des conséquences de sinistres résultant de « faits volontaires » de l'adhérent, dont la preuve n'est pas rapportée par l'assureur qu'ils constituent de la part de l'adhérent une faute intentionnelle ou dolosive, sans préjudice de la possibilité pour l'assureur d'écarter de sa garantie de tels risques par le biais d'exclusions formelles et limitées ;

9° D'assortir, sauf en cas de mauvaise foi dûment établie, la méconnaissance des obligations imposées au consommateur en cas de sinistre, en particulier le retard dans la déclaration du sinistre, de la déchéance du bénéfice de l'assurance et de façon plus générale, d'une sanction plus grave qu'une condamnation à indemniser l'assureur du dommage que cette faute lui a causé ;

10° De porter atteinte au respect du secret médical, notamment en subordonnant la mise en œuvre des garanties à la production d'un certificat médical précisant la nature et la gravité de la maladie ou de l'accident ainsi que ses conséquences prévisibles, sans prévoir que ce certificat ne pourra être transmis que par le médecin de l'adhérent au médecin-conseil de l'assureur ;

11° De prévoir une procédure « d'expertise médicale » par le médecin-conseil de l'assureur ou tout praticien désigné par ce dernier sans informer le consommateur de sa faculté de se faire assister du médecin de son choix ou d'opposer les conclusions de son propre médecin traitant ;

12° De prévoir l'intervention d'un « expert » sans indiquer les liens existant éventuellement entre la personne ainsi désignée et l'assureur ;

13° De présenter comme un préalable nécessaire à tout recours en justice du consommateur une quelconque procédure amiable ;

14° D'exclure de la garantie « incapacité temporaire » les incapacités dues à une grossesse ou à une maternité, en dehors de celles correspondant aux congés légaux pré- et post-maternité ;

15° De mettre fin aux prestations de la garantie « incapacité temporaire » en cas de reprise partielle de son activité par le consommateur lorsque la dénomination et la définition de cette garantie ne la limitent pas expressément à l'incapacité temporaire totale.

C. – Que soit supprimée, du fait de son caractère incompréhensible, la clause de contrats de location avec option d'achat ainsi rédigée : « Les refus ou les limites de prise en charge que l'assureur pourrait opposer à l'assuré ne sont en aucun cas opposables au bailleur. »

(Texte adopté le 10 novembre 1989 sur le rapport de M. Bernard Genes).

Addendum

Texte du *nota bene* dont la commission des clauses abusives demande la publication à la suite de la recommandation concernant les contrats d'assurance complémentaires à un contrat de crédit...

Nota. – Lors de sa séance du 23 mars 1990, la Commission des clauses abusives a confronté cette recommandation à la loi n° 89-1014 du 31 décembre 1989 portant adaptation du code des assurances à l'ouverture du marché européen.

Il importe d'abord de rappeler que l'article 16 de la loi du 31 décembre 1989 insère dans la partie Législative du code des assurances quatre nouveaux articles (L. 140-1 à L. 140-4) relatifs aux assurances de groupe, matière qui n'était jusqu'à présent régie que par des articles réglementaires de ce code à une exception près.

Les trois premiers de ces articles s'appliquent à toutes les assurances de groupe contrairement au quatrième déclaré non applicable aux « assurances de groupe ayant pour objet la garantie de remboursement d'un emprunt et qui sont régies par les lois spéciales », ce qui est le cas des assurances concernées par la recommandation.

Le nouvel article L. 140-1 définit l'assurance de groupe en visant, comme risques garantis, ceux dépendant de la durée de la vie humaine, ceux portant atteinte à l'intégrité physique de la personne ou liés à la maternité ainsi que les risques d'incapacité de travail ou l'invalidité et le risque de chômage.

Ce rappel d'ordre général étant fait, il est apparu que, sur divers points, la loi nouvelle conforte la position adoptée par la commission.

1. Il en est tout d'abord ainsi des A-3° et B-4° du dispositif de la recommandation concernant la présentation matérielle des questionnaires ou des déclarations.

En effet, selon le nouvel alinéa 2 de l'article L. 112-3 du code des assurances : « lorsque, avant la conclusion du contrat, l'assureur a posé des questions par écrit à l'assuré, notamment par un formulaire de déclaration du risque ou par tout autre moyen, il ne peut se prévaloir du fait qu'une question exprimée en termes généraux n'a reçu qu'une réponse imprécise ».

C'est là l'instauration du questionnaire « fermé » applicable aux assurances de groupe.

2. Ensuite, en ce qui concerne les dispositions du B-9° relatives au retard dans la déclaration du sinistre, la loi du 31 décembre 1989 répond, en partie, à la préoccupation de la commission.

En effet, selon le nouvel article L. 113-2-4° du code des assurances, lorsque la police prévoit une déchéance pour déclaration tardive, cette déchéance « ne peut être opposée à l'assuré que si l'assureur établit que le retard dans la déclaration lui a causé un préjudice ».

Recommandation CCA n° 90-02 du 10 novembre 1989,

Concernant les contrats d'assurance dénommés « Dommages-ouvrage » (BOCC 28 août 1990).

La Commission des clauses abusives,

Considérant qu'en cas de sinistre l'assurance « Dommages-ouvrage » doit garantir le paiement de l'intégralité des travaux de réparation ;

Considérant que certains contrats prévoient cependant que l'indemnité sera inférieure au coût du sinistre lorsque l'évolution des coûts de construction est supérieure à 10 p. 100 par an ;

Considérant que de telles clauses sont abusives comme contraires au principe de la réparation intégrale posée par le législateur ;

Considérant que l'article L. 243-8 stipule que tout contrat d'assurance « Dommages-ouvrage » est réputé comporter, nonobstant toute clause contraire, des garanties au moins équivalentes à celles figurant dans les clauses types prévues par l'article L. 310-7 du code des assurances ;

Considérant que les exclusions prévues dans l'annexe de l'article A. 243-1 auquel renvoie l'article L. 310-7 sont limitatives ; que doit donc être prohibée toute clause d'exclusion ne figurant pas dans cette annexe ;

Considérant que tel est le cas pour les clauses suivantes qui figurent dans des contrats soumis aux consommateurs et qui excluent :

— la garantie des sinistres dus « à l'absence de travaux qui, prévus ou non, auraient été nécessaires pour compléter la réalisation de la construction et dont la non-exécution a entraîné des dommages » ;

— la garantie des sinistres en cas « d'économie abusive imposée au constructeur dans le choix des matériaux » ;

— la garantie des sinistres en cas de « non-prise en compte des réserves techniques » ;

Considérant que les contrats prévoient en général des franchises d'autant plus dangereuses qu'il s'agit de franchises par sinistre ; or les petits sinistres sont les plus fréquents et aucun de ces sinistres n'est couvert même lorsque la somme globale des travaux est supérieure à la franchise ;

Considérant que l'assurance « Dommages » étant obligatoire, de telles franchises ne sont pas autorisées par la loi ; qu'en tout état de cause, elles apparaissent comme abusives parce qu'imposées par les professionnels et contraires à l'intérêt des consommateurs ;

Considérant que la plupart des contrats prévoient que l'assureur se réserve seul la direction du procès pouvant être intenté au responsable du dommage ; que cette exclusion contractuelle de l'assuré qui est seulement informé de la décision de faire ou non appel est dangereuse ; que, certes, l'assureur est légalement subrogé à hauteur de l'indemnité qu'il a versée et est donc qualifié pour exercer comme il l'entend son recours contre le responsable du dommage ;

Considérant toutefois qu'il convient de remarquer que, lors de cette procédure, il peut prendre des positions, notamment au cours de l'expertise, susceptibles de gêner le maître de l'ouvrage lorsque ce dernier voudra obtenir le paiement des dommages non couverts par son assurance « dommages » ; que l'assuré a donc un intérêt légitime à être présent s'il le souhaite au procès engagé par son assure)ur « Dommages-ouvrage » pour pouvoir défendre ses intérêts propres ; que son exclusion du procès apparaît abusive.

Recommande :

Que soient éliminées des contrats d'assurance « Dommages-ouvrage » les clauses ayant pour objet ou pour effet :

1° De limiter contractuellement en cas de sinistre le montant de l'indemnité de telle sorte qu'elle ne couvre pas intégralement le coût des réparations ;

2° De créer des exclusions de garantie en dehors de celles figurant dans les clauses types prévues par l'article L. 310-7 du code des assurances, notamment les clauses qui excluent :

– la garantie des sinistres dus « à l'absence de travaux qui, prévus ou non, auraient été nécessaires pour compléter la réalisation de la construction et dont la non-exécution a entraîné des dommages » ;

– la garantie des sinistres en cas « d'économie abusive imposée au constructeur dans le choix des matériaux » ;

– la garantie des sinistres en cas de « non-prise en compte des réserves techniques » ;

3° De créer une « franchise » laissant à la charge de l'assuré, en cas de sinistre, une partie du montant du coût des réparations ;

4° D'exclure l'assuré du procès que l'assureur peut engager à l'encontre des responsables du dommage.

(Texte adopté le 10 novembre 1989 sur le rapport de M. Jean Malbec).

Addendum

Texte du *nota bene* dont la Commission des clauses abusives demande la publication à la suite de la recommandation concernant les contrats d'assurance « Dommages-ouvrage ».

Nota. – Lors de sa séance du 16 février 1990, la Commission des clauses abusives a confronté cette recommandation à la loi n° 89-1014 du 31 décembre 1989 portant adaptation du code des assurances à l'ouverture du marché européen.

Il lui est apparu que, sur un point essentiel, la loi nouvelle donne satisfaction à sa recommandation.

Il en est ainsi des 1° et 3° du dispositif de cette recommandation selon lesquels doivent être éliminées des contrats d'assurance « Dommages-ouvrage » tant les clauses limitant le montant de l'indemnité que celles créant une franchise.

En effet, selon l'article L. 242-1 du code des assurances, modifié par l'article 47 de la loi du 31 décembre 1989, l'assurance « Dommages-ouvrage » doit garantir « la totalité des travaux de réparation des dommages de la nature de ceux dont sont responsables les constructeurs au sens de l'article 1792-1, les fabricants et importateurs ou le contrôleur technique sur le fondement de l'article 1792 du code civil ».

Recommandation CCA n° 2002-03 du 21 février 2002,

Relative aux contrats d'assurance de protection juridique (BOCC 30 mai 2002).

La Commission des clauses abusives,

Considérant que l'assurance de protection juridique est de plus en plus souscrite, d'autant qu'elle a vocation à répondre aux problèmes juridiques engendrés par la société moderne ; que le contenu de ces contrats a été étudié par le Conseil national de la consommation qui a souhaité, dans son avis du 21 décembre 2000 relatif à l'information du consommateur dans le secteur des honoraires des avocats BOCCRF du 01/01/01), la saisine de la Commission des clauses abusives afin de vérifir si certains de ces contrats ne comportaient pas de clauses abusives au sens du code de la consommation ;

A. ***Sur les obligations de l'assuré concernant la déclaration du sinistre :***

1. Considérant que certains contrats laissent à l'appréciation de l'assureur le délai pendant lequel l'assuré est tenu de faire sa déclaration de sinistre sous peine de déchéance de la garantie, alors que l'article L. 113-2 du code des assurances prévoit un délai minimum d'ordre public qui ne peut être inférieur à cinq jours ouvrés ; qu'une telle clause, qui laisse à l'appréciation de l'assureur le délai pendant lequel l'assuré est tenu de faire sa déclaration, est de nature à créer un déséquilibre significatif entre les droits et obligations des parties ;

B. ***Sur le point de départ du délai imposé à l'assuré pour déclarer le sinistre sous peine de déchéance :***

2. Considérant que, dans un contrat, le point de départ du délai imposé à l'assuré pour déclarer ce sinistre sous peine de déchéance de la garantie est « l'origine du sinistre » ; qu'une telle clause a pour effet de priver l'assuré du bénéfice de la garantie dans le cas où il n'aurait pas eu connaissance de la survenance du sinistre dès son origine ; qu'en outre, conformément à l'article L. 113-2 du code des assurances, la déchéance ne peut être prononcée que si l'assureur prouve que le retard lui a causé un préjudice et si l'assuré ne se prévaut pas de la force majeure ; qu'en conséquence, cette clause crée un déséquilibre significatif au détriment du consommateur ;

C. ***Sur la déchéance de la garantie en cas de retard dans la déclaration de sinistre :***

3. Considérant que certains contrats qui stipulent, par exemple, que « vous devez respecter les obligations énumérées ci-après ; à défaut vous perdrez le bénéfice des garanties de votre contrat ; vous devez déclarer à (votre assureur) les litiges dont vous avez connaissance dans les meilleurs délais et par écrit. Les déclarations tardives ou postérieures à la date de résiliation du contrat ne sont pas garanties », laissent croire à l'assuré que la déchéance de la garantie est automatiquement encourue, même en l'absence de préjudice pour l'assureur et si l'assuré ne se prévaut pas de la force majeure, en contradiction avec les dispositions de l'article L. 113-2 du code des assurances ; que ces clauses sont abusives ;

4. Considérant qu'une majorité de contrats prévoient que l'assuré ne peut pas saisir d'avocat sans avoir préalablement soit déclaré le sinistre, soit consulté le spécialiste de l'assureur, à peine de déchéance de la garantie ; qu'une telle clause, qui stipule une déchéance de garantie automatique, sans que l'assureur ait à justifier d'un préjudice, crée un déséquilibre significatif au détriment du consommateur ;

D. ***Sur le choix de l'avocat :***

5. Considérant que :

— deux contrats prévoient que le choix de l'avocat appartient à l'assureur dès lors que plusieurs assurés ont des intérêts identiques dans le même différend ;

— un contrat prévoit que, si plusieurs assurés ont des intérêts identiques dans un même litige, l'assureur leur impose un avocat unique ;

que, par ailleurs, la liberté de choix de l'avocat par l'assuré est expressément prévue par l'article L. 127-3 du code des assurances ; que de telles clauses sont illicites, et que, maintenues dans les contrats, elles sont abusives ;

6. Considérant que :

— certains contrats prévoient que l'assuré ne peut pas choisir son avocat si les honoraires de celui-ci ne sont pas préalablement acceptés par l'assureur ;

— que le montant susceptible d'être accepté par l'assureur n'est pas toujours connu par l'assuré lors de la souscription du contrat ;

— *que quelques contrats prévoient* que la prise en charge par l'assureur des frais d'avocat est fondée sur une évaluation non connue par l'assuré lors de la formation du contrat ; qu'ainsi il est stipulé :

— que « les honoraires seront pris en charge dans la limite d'un montant évalué par référence aux honoraires moyens pratiqués par les confrères de barreau de cet avocat pour des litiges similaires et requérant les mêmes diligences » ;

– que « les frais d'avocat sont couverts dans la limite de ceux habituellement pratiqués dans les relations entre les sociétés d'assurance et les avocats en se référant, notamment, au barème établi annuellement par l'association des avocats des compagnies d'assurances » ;

– ou que « l'assureur remboursera ou prendra en charge les honoraires d'avocat dans la limite du barème librement négocié, à la vue du dossier, entre l'avocat et celui de l'assureur » ;

7. Considérant que certains contrats prévoient que si l'assuré choisit son avocat, il doit faire l'avance des frais et honoraires alors que les modalités et délai du remboursement de l'assuré ne sont pas précisés dans ces contrats ; que ces clauses, qui sont susceptibles de porter atteinte au libre choix de l'avocat, créent un déséquilibre significatif au détriment du consommateur ;

E. *Sur la portée des engagements de l'assureur :*

8. Considérant qu'une clause stipule :

– « Un ticket modérateur de 10 % des débours (porté à 20 % la première année du contrat et à 15 % la deuxième année du contrat) sans pouvoir être inférieur à la somme indiquée sur les conditions particulières à la rubrique « compléments éventuels : sinistre » (291 F au 01/01/1988), ni supérieur à 10 fois la dernière cotisation annuelle du contrat. » ;

qu'une telle clause, qui n'est ni claire ni compréhensible, crée une ambiguïté sur la portée des engagements de l'assureur, notamment sur les conditions de prise en charge du sinistre et les frais qui resteront à la charge de l'assuré, si la garantie devait être mise en œuvre ; qu'une telle clause crée un déséquilibre significatif entre les droits et obligations des parties ;

F. *Sur le conflit d'intérêts :*

9. Considérant que certains contrats prévoient que les litiges et différends opposant l'assuré à l'assureur ne sont pas garantis ; que ces contrats obligent toutefois l'assuré à communiquer à l'assureur les documents du dossier émanant de son conseil ; qu'une telle clause crée un déséquilibre significatif au détriment du consommateur ;

G. *Sur la subrogation :*

10. Considérant que certains contrats prévoient que les sommes allouées au titre des frais et dépens (ex : article 700 du nouveau code de procédure civile *[C. pr. civ.]*, 475-1 du code de procédure pénale) sont acquises à la société dans la mesure où elle a supporté les frais de procédure ; qu'ainsi la société d'assurance peut recevoir à ce titre plus que les frais qu'elle a exposés, alors même que l'assuré peut avoir engagé des frais non pris en charge par l'assureur, qu'il ait ou non librement choisi son avocat ; que ces clauses créent un déséquilibre significatif au détriment du consommateur ;

H. *Sur la direction du procès :*

11. Considérant qu'un contrat confère au seul assureur la direction du procès ; qu'une telle clause, qui ne réserve pas à l'assuré la possibilité d'intervenir pour faire valoir ses droits, s'il y a intérêt, est de nature à créer un déséquilibre significatif ;

I. *Sur le paiement de la prime :*

12. Considérant que quelques contrats prévoient que le paiement de la prime doit obligatoirement s'effectuer par prélèvement automatique ; que le retrait ou l'absence de cette autorisation rendrait la prime annuelle exigible immédiatement et en totalité, indépendamment du droit pour l'assureur de résilier le contrat ; que ces clauses, en ce qu'elles privent l'assuré de la faculté de se libérer par un autre moyen de paiement licite, créent un déséquilibre significatif entre les droits et obligations des parties ;

J. ***Sur la faculté de résiliation, par l'assuré, des autres contrats d'assurance :***

13. Considérant que, conformément à l'article R. 113-10 du code des assurances, d'une part, l'assuré peut, dans le délai d'un mois de la notification par l'assureur de la résiliation du contrat après sinistre, résilier les autres contrats d'assurance qu'il peut avoir souscrits auprès de lui ; que, d'autre part, le contrat doit reconnaître ce droit ; que certains contrats ne prévoient aucune clause informant l'assuré de ce droit ; que d'autres contrats peuvent contenir des clauses rédigées de telle façon qu'elles n'informent pas l'assuré sur son droit de résiliation ; que de telles clauses sont illicites, et que, maintenues dans les contrats, elles sont abusives ;

K. ***Sur la durée des contrats :***

14. Considérant que dans un contrat, la résiliation ne peut intervenir avant l'expiration d'un délai de trois ans ; qu'une telle clause, qui ne permet pas à l'assuré de résilier le contrat à l'expiration du délai d'un an prévu par l'article L. 113-12 du code des assurances est illicite, et que, maintenue dans les contrats, elle est abusive ;

L. ***Sur la compétence territoriale des tribunaux :***

15. Considérant que quelques contrats font attribution de compétence au tribunal du siège de l'assureur ; que de telles clauses sont illicites ; que, maintenues dans les contrats, ces clauses sont abusives ;

Recommande que soient éliminées des contrats d'assurance de protection juridique les clauses ayant pour objet ou pour effet :

1 – De laisser croire au consommateur qu'il doit, à peine de déchéance, déclarer son sinistre dans un délai inférieur à celui de cinq jours prévu par la loi ;

2 – D'imposer, sous peine de déchéance automatique de la garantie, « l'origine du sinistre » comme point de départ du délai pour la déclaration de sinistre par l'assuré ;

3 – De laisser croire au consommateur que la déchéance de la garantie peut être automatique, sans que l'assureur ait à justifier d'un préjudice ;

4 – De déchoir de la garantie l'assuré qui a saisi un avocat, sans avoir préalablement déclaré le sinistre, soit consulté le spécialiste de l'assureur, sans que l'assureur ait à justifier d'un préjudice ;

5 – De limiter, de quelque manière que ce soit, la liberté de choix de l'avocat par l'assuré ;

6 – De refuser au consommateur le choix de son avocat :
– si ses honoraires ne sont pas préalablement acceptés par l'assureur ;
– en considération d'un plafond d'honoraires dont le montant n'est pas déterminé ;

7 – De porter atteinte au libre choix de l'avocat en ne précisant pas les délais et modalités de remboursement de l'assuré qui fait l'avance des frais et honoraires ;

8 – De créer une ambiguïté sur la portée des engagements de l'assureur, les conditions de prise en charge du sinistre et les frais qui resteront à la charge de l'assuré, si la garantie devait être mise en œuvre ;

9 – D'obliger le consommateur à communiquer à l'assureur, auquel l'oppose un différend, les documents émanant de son propre conseil ;

10 – De prévoir que les sommes allouées au titre des frais et dépens seront affectées au remboursement des seuls frais exposés par l'assureur, sans couvrir prioritairement le remboursement des frais exposés par l'assuré ;

11 – D'empêcher l'assuré de participer à la direction du procès ;

12 – D'imposer le prélèvement automatique sur compte bancaire comme unique moyen de paiement ;

13 – De prévoir pour l'assureur une faculté de résiliation après sinistre, sans indiquer *la faculté consécutive pour l'assuré de* résilier, dans le délai d'un mois, les autres contrats *qu'il peut avoir souscrits auprès de cet* assureur ;

14 – D'interdire au consommateur de résilier le contrat chaque année, conformément à l'article L. 113-12 du code des assurances ;

15 – De déroger aux règles légales de compétence territoriale.

(Texte adopté le 21 février 2002 sur le rapport de Mme Corinne Solal.)

AUTOMOBILES

RÉP. COM. v° *Automobile*, par VOINOT.

Code de la route

Art. L. 311-1 Les véhicules doivent être construits, commercialisés, exploités, utilisés, entretenus et, le cas échéant, réparés de façon à assurer la sécurité de tous les usagers de la route.

Des décrets en Conseil d'État déterminent les conditions d'application du présent article. – *[Anc. art. L. 8-A (partie).]*

Art. L. 318-1 Les véhicules doivent être construits, commercialisés, exploités, utilisés, entretenus et, le cas échéant, réparés de façon à minimiser la consommation d'énergie, la création de déchets non valorisables, les émissions de substances polluantes, notamment de dioxyde de carbone, visées à l'article 2 *[C. envir., art. L. 220-2]* de la loi n° 96-1236 du 30 décembre 1996 sur l'air et l'utilisation rationnelle de l'énergie ainsi que les autres nuisances susceptibles de compromettre la santé publique.

La consommation énergétique des véhicules et ses méthodes de mesure doivent être affichées sur le lieu de leur vente ou de leur location.

Les véhicules à moteur font l'objet d'une identification fondée sur leur contribution à la limitation de la pollution atmosphérique *(L. n° 2015-992 du 17 août 2015, art. 37-VIII)* « et sur leur sobriété énergétique. Dans des conditions fixées par l'autorité chargée de la police de la circulation et du stationnement, les véhicules à très faibles émissions, en référence à des critères déterminés par décret, peuvent notamment bénéficier de conditions de circulation et de stationnement privilégiées.

« Cette identification est renouvelée lors du contrôle technique mentionné à l'article L. 323-1 du présent code. »

Des décrets en Conseil d'État déterminent les conditions d'application du présent article. – *[Anc. art. L. 8-A (partie).] – Pour l'information sur la consommation de carburant et les émissions de dioxyde de carbone, V. Décr. n° 2002-1508 du 23 déc. 2002, infra.*

Art. L. 318-4 Les mesures prévues aux articles L. 121-4, L. 325-1 à L. 325-3 et L. 325-6 à L. 325-9 *[immobilisation, mise en fourrière, retrait de la circulation, destruction]* sont applicables aux véhicules en infraction aux dispositions des articles L. 311-1 *(L. n° 2015-992 du 17 août 2015, art. 58-II)* « , L. 318-1 et L. 318-3 » ou aux textes pris pour leur application. – *[L. n° 96-1236 du 30 déc. 1996, art. 37 (partie)].*

Pour l'application de la procédure de l'amende forfaitaire aux contraventions aux dispositions prises en application de ces articles, V. C. envir., art. L. 226-6. – **C. envir.**

Art. L. 413-2 *(L. n° 2003-495 du 12 juin 2003, art. 18-II)* I. – Le fait de fabriquer, d'importer, d'exporter, d'exposer, d'offrir, de mettre en vente, de vendre, de proposer à la location ou d'inciter à acheter ou à utiliser un appareil, dispositif ou produit de nature ou présenté comme étant de nature à déceler la présence ou perturber le fonctionnement d'appareils, instruments ou systèmes servant à la constatation des infractions à la législation ou la réglementation de la circulation routière ou de permettre de se soustraire à la constatation desdites infractions est puni de deux ans d'emprisonnement et de 30 000 € d'amende.

II. – Cet appareil, ce dispositif ou ce produit est saisi. Lorsque l'appareil, le dispositif ou le produit est placé, adapté ou appliqué sur un véhicule, ce véhicule peut également être saisi.

Les agents de la concurrence, de la consommation et de la répression des fraudes sont habilités à rechercher et à constater les infractions prévues aux art. L. 317-5, L. 318-3 et L. 413-2 C. route. A cet effet, ils disposent des pouvoirs prévus au I de l'art. L. 511-22 C. consom. (C. route, art. L. 130-8).

Code de l'environnement

Art. L. 541-10-8 *(L. n° 2010-788 du 12 juill. 2010, art. 205)* Les producteurs qui mettent sur le marché des pneumatiques, associés ou non à d'autres produits, sont tenus de prendre en charge la collecte et le traitement des déchets issus de ces pneumatiques, que les distributeurs ou détenteurs tiennent à leur disposition, dans la limite des tonnages mis sur le marché l'année précédente. Pour répondre à cette obligation, les producteurs mettent en place des systèmes individuels de collecte et de traitement de ces déchets ou contribuent financièrement à des *(L. n° 2014-856 du 31 juill. 2014, art. 89)* « éco-organismes » créés afin de permettre aux producteurs de remplir collectivement leurs obligations de collecte et de traitement. *(Abrogé par L. n° 2012-1509 du 29 déc. 2012, art. 20-I) « Les producteurs ne respectant pas cette obligation sont soumis à la taxe générale sur les activités polluantes à compter du 1er janvier 2011. »*

(L. n° 2014-856 du 31 juill. 2014, art. 89) « A compter du 1er janvier 2020, les systèmes individuels mis en place par les producteurs en application du premier alinéa sont approuvés et les éco-organismes créés afin de permettre aux producteurs de remplir collectivement leurs obligations sont agréés dans les conditions prévues à l'article L. 541-10. »

Les personnes qui distribuent à titre commercial aux utilisateurs finaux des pneumatiques sont tenues de reprendre gratuitement les déchets qui en sont issus dans la limite des tonnages et des types de pneumatiques distribués l'année précédente.

Décret n° 78-993 du 4 octobre 1978,

Pris pour l'application de la loi du 1er août 1905 sur les fraudes et falsifications en matière de produits ou de services en ce qui concerne les véhicules automobiles.

Art. 1er Le présent décret est applicable aux véhicules automobiles relevant du titre II du livre Ier du code de la route *[ancien, partie Réglementaire]* et dont le poids total autorisé en charge n'excède pas 3 500 kg.

Art. 2 *(Décr. n° 2000-576 du 28 juin 2000, en vigueur le 1er juill. 2000)* Dans les transactions portant sur des véhicules automobiles neufs ou d'occasion, la dénomination de vente doit comporter l'indication de la marque, du type, du modèle, de la version et, le cas échéant, de la variante de ce modèle.

La version ou variante est désignée par une appellation unique qui doit permettre d'identifier les véhicules d'un même modèle de la marque présentant des caractéristiques techniques homogènes de motorisation, de transmission, de carrosserie, ainsi que d'équipements substantiels de sécurité, de confort et d'aménagement intérieur.

Art. 2 *bis* *(Décr. n° 2000-576 du 28 juin 2000, en vigueur le 1er juill. 2000)* Lorsque le véhicule mis en vente neuf ne correspond pas à la version et, le cas échéant, à la variante du modèle figurant sur le dernier catalogue du constructeur à la date de la commande, le vendeur doit remettre à l'acheteur les références du catalogue du constructeur dans lequel est décrit le véhicule vendu. A défaut dudit catalogue, le vendeur doit mentionner par écrit les caractéristiques et équipements substantiels du véhicule indiqués à l'article précédent.

Art. 2 *ter* *(Décr. n° 2000-576 du 28 juin 2000, en vigueur le 1er juill. 2000)* Dans les transactions portant sur des véhicules automobiles d'occasion, la dénomination de vente définie à l'article 2 est complétée par la mention du mois et de l'année de la première mise en circulation et par l'indication du kilométrage total parcouru depuis cette mise en circulation s'il s'agit d'un véhicule acquis neuf par le vendeur ou d'un véhicule dont le kilométrage réel peut être justifié par le vendeur.

En ce qui concerne les autres véhicules d'occasion, l'indication du kilométrage total parcouru est remplacée par celle du kilométrage inscrit au compteur suivi de la mention « non garanti ».

1. Mise en circulation. L'immatriculation d'un véhicule réalisée préalablement à sa vente implique nécessairement une première mise en circulation tant en vertu de l'art. R. 110 C. route qu'au sens de l'art. 2 [art. 2 *ter*] du décret du 4 oct. 1978. • Crim. 24 janv. 1996 : *Bull. crim. n° 44; BID 1996, n° 5, p. 33.* ♦ Commet le délit de tromperie sur les qualités substantielles le garagiste qui vend comme neuf un véhicule automobile sans avoir informé l'acquéreur que ce véhicule a fait l'objet d'une première immatriculation au nom de son garage. • Crim. 10 janv. 1995 : *JCP 1995. II. 22558, note Fourgoux* • 24 janv. 1996 : *préc.*

La seule immatriculation d'un véhicule ne suffit pas à lui conférer la qualité de véhicule d'occasion dès lors qu'il n'est pas vérifié que le véhicule a déjà été conduit sur route. • Com. 15 mars 2011 : Bull. civ. IV, n° 46; D. 2011. Actu. 940, *obs. Chevrier; RTD com. 2011. 630, obs. Bouloc; JCP E 2011, n° 1659, note Claude; CCC 2011, n° 164, obs. N. M.; RJDA 2011, n° 736.*

2. Kilométrage. Le vendeur d'un véhicule d'occasion ne peut assortir l'indication du kilométrage de la mention « non garanti » que s'il n'a pas été en mesure de connaître le kilométrage réel, sous peine de se rendre coupable du délit de tromperie. • Crim. 13 oct. 1987 : *Bull. crim. nº 934* • 3 nov. 1993 : *JCP E 1994. Pan. 468.* ♦ La clause de non-garantie du kilométrage, imposée par l'art. 2 *ter* du Décr. nº 78-993 du 4 oct. 1978, ne fait pas obstacle à une action en nullité fondée sur une erreur sur les qualités substantielles de la chose vendue. • Com. 29 nov. 2016, nº 15-17.497 : *RJDA 2017, nº 211.* ♦ Pour rejeter la demande fondée sur le défaut de conformité, l'arrêt retient que les parties s'étaient accordées sur un kilométrage non garanti, ce qui signifiait qu'un kilométrage précis et exact ne constituait pas une qualité substantielle ; en se déterminant ainsi, sans rechercher si l'erreur affectant le kilométrage indiqué, celui-ci ne fût-il pas garanti en application de l'art. 2 *ter*, ne caractérisait pas un manquement à l'obligation de délivrance, la cour d'appel n'a pas donné de base légale à sa décision. • Même arrêt. ♦ V. aussi note 33 ss. art. L. 441-1 C. consom.

Art. 2 *quater* *(Décr. nº 2000-576 du 28 juin 2000, en vigueur le 1er juill. 2000)* **Le constructeur ou son représentant doit disposer d'un fichier établissant la concordance entre les numéros dans la série du type et les caractéristiques techniques des véhicules correspondants. Ce fichier est rendu accessible aux services de contrôle.**

Tout acheteur de véhicule neuf ou d'occasion peut demander au constructeur ou à son représentant de lui délivrer un document contenant les caractéristiques mentionnées à l'alinéa précédent.

Art. 3 **Il est interdit de modifier le kilométrage inscrit au compteur d'un véhicule automobile ou de le ramener au chiffre zéro. En cas de changement du compteur, le kilométrage inscrit sur l'ancien appareil doit être reporté sur le nouveau, à la diligence de la personne effectuant le changement, dans les conditions fixées par un arrêté pris conformément à l'article 8 ci-dessous.**

(Décr. nº 80-709 du 5 sept. 1980) **« Lors de toute intervention d'ordre mécanique ou de tôlerie sur un véhicule, le kilométrage figurant au compteur devra être inscrit sur les devis, ordres de réparation, factures ou tous autres documents techniques, comptables ou commerciaux en tenant lieu. »**

Art. 4 *(Décr. nº 80-709 du 5 sept. 1980)* **La mention "échange standard" ne peut être utilisée pour désigner, en vue de la vente, un moteur, un organe ou un sous-ensemble monté ou destiné à être monté sur un véhicule automobile, en remplacement d'un élément usagé qui fait l'objet d'une reprise que si le moteur, l'organe ou le sous-ensemble livré, identique ou équivalent, est neuf ou a été remis en état conformément aux spécifications du fabricant, soit par celui-ci, soit dans un atelier dont les moyens de production et de contrôle permettent de garantir les caractéristiques d'origine.**

Lorsqu'il est procédé à une telle opération, la mention "échange standard" suivie du nom ou de la raison sociale du constructeur ou de l'auteur de la restauration doit être inscrite en caractères apparents sur tous les documents commerciaux, notamment sur les devis de réparation, les bons de commande et de livraison et les factures.

Art. 5 *(Décr. nº 2000-576 du 28 juin 2000, en vigueur le 1er juill. 2000)* **Sur les bons de livraison et de commande, factures, attestations de vente et sur tous autres documents commerciaux utilisés dans les transactions de véhicules neufs, la dénomination de vente prévue à l'article 2 et les informations prévues à l'article 2 *bis* doivent être inscrites en caractères apparents et de mêmes dimensions.**

Pour les transactions de véhicules d'occasion, tout vendeur doit remettre à l'acheteur un document écrit comportant les indications mentionnées aux articles 2 et 2 *ter*.

Art. 5 *bis* *(Décr. nº 86-303 du 5 mars 1986 ; Décr. nº 94-613 du 19 juill. 1994)* **Tout vendeur professionnel ou non professionnel d'un véhicule automobile soumis à la visite technique prévue par les dispositions des articles R. 119-1 et R. 120** *[art. R. 323-6 et R. 323-26]* **du code de la route remet à l'acheteur non professionnel, avant la conclusion du contrat de vente, le procès-verbal de la visite technique établi depuis moins de six mois, ainsi que les procès-verbaux des éventuelles contre-visites.**

Ce ou ces procès-verbaux sont visés par le contrôleur agréé par l'État, conformément aux articles 1er et 2 du décret nº 91-370 du 15 avril 1991 *[sur le contrôle technique des véhicules, codifié au C. route, art. R. 323-7 s.]*.

Art. 6 **Les véhicules mis en vente ou exposés en vue de la vente doivent être munis d'un étiquetage apposé sur le véhicule et portant, en caractères apparents et de mêmes dimensions, les mentions obligatoires prescrites à l'article 5.**

Art. 7 Est interdit l'emploi, sous quelque forme que ce soit, de toute indication, de tout signe, de toute dénomination de fantaisie, de tout mode de présentation ou d'étiquetage, de tout procédé d'exposition, de vente ou de publicité susceptible de créer une confusion dans l'esprit de l'acheteur, notamment sur la nature, les qualités substantielles, l'origine, la marque, le type ou l'appellation commerciale, *(Abrogé par Décr. n° 2000-576 du 28 juin 2000, à compter du 1er juill. 2000)* *« le millésime de l'année modèle, »* le mois et l'année de la première mise en circulation ou le kilométrage des véhicules automobiles régis par le présent décret.

Art. 8 *(Décr. n° 94-613 du 19 juill. 1994)* Des arrêtés conjoints du ministre chargé de la consommation et de la répression des fraudes, du ministre chargé de l'industrie et du ministre chargé des transports fixent en tant que de besoin les modalités d'application du présent décret.

Art. 9 Les dispositions du présent décret sont applicables à compter du 1er janvier 1979.

Recommandation CCA n° 85-02 du 14 décembre 1984

Concernant les contrats d'achat de véhicules automobiles de tourisme (BOCC 4 sept. 1985).

La Commission des clauses abusives,

Considérant que les vendeurs professionnels de véhicules automobiles doivent informer les consommateurs des conditions de vente applicables ; que ces derniers ne peuvent être réputés valablement informés que si ces informations sont inscrites de façon lisible afin de pouvoir être lues dans des conditions normales, et si elles sont rédigées en termes compréhensibles pour le consommateur ; qu'en particulier les dispositions écrites en caractères trop petits ou avec une encre ne tranchant pas avec la couleur du papier, ou celles mentionnées perpendiculairement aux autres dispositions du bon de commande ne sont pas suffisamment lisibles ;

Considérant que sur de nombreux bons de commande la signature de l'acheteur n'est apposée que sur le recto du document contractuel alors que les conditions générales de vente sont imprimées au verso et qu'ainsi l'acheteur peut signer le bon de commande, et verser éventuellement un acompte sur le prix, avant d'avoir matériellement pris connaissance des conditions générales ; que ce risque est aggravé lorsque dans certains bons de commande la signature est apposée sur un document ne comportant rien au verso, mais qu'elle apparaît par décalque sur un autre document qui comporte lui au verso les conditions générales de la vente, mais ne sera adressé qu'après l'apposition de signature du directeur de l'établissement vendeur ou livreur rendant le contrat définitif ; que cette pratique permet évidemment au vendeur de faire signer un bon de commande sans faire connaître les conditions générales de la vente ; que même si, en droit, de telles conditions générales sont en principe inopposables à l'acheteur, cette présentation doit être en tout cas déclarée abusive afin d'éviter que le consommateur ne se croie lié par une signature obtenue dans de telles circonstances ; qu'est également abusive la clause selon laquelle dans de telles circonstances le consommateur reconnaît avoir pris connaissance des conditions générales figurant au verso du document qu'il signe ;

Considérant que les vendeurs professionnels doivent exactement informer les consommateurs acheteurs de véhicules de tourisme des caractéristiques essentielles de l'objet du contrat ; qu'il n'en est pas ainsi lorsque le document contractuel se réfère à des notions ambiguës et en tout cas incompréhensibles pour le consommateur ; qu'en particulier la notion d'année modèle réglementée aujourd'hui par un arrêté du 2 mai 1979 est insuffisante et qu'elle devrait être complétée par l'indication de l'année de fabrication ; — *Depuis sa modification par le Décr. n° 2000-576 du 28 juin 2000, le Décr. n° 78-993 du 4 oct. 1978, supra, ne fait plus référence à la notion d'année modèle.*

Considérant que sont abusives les clauses stipulant que la publicité sous quelque forme que ce soit, prospectus, catalogues, exposition des véhicules, ne peut être considérée comme une offre ferme du constructeur et ne constitue pas de ce fait un élément du contrat ; qu'en effet les documents publicitaires et les véhicules exposés expriment les informations les plus précises et en tout cas les plus intelligibles ; qu'ils sont évidemment destinés à déterminer l'achat du consommateur ; qu'il y a donc une contradiction certaine entre, d'une part, le contenu et le but de ces informations publicitaires et d'autre part, le refus de leur reconnaître une valeur contractuelle, alors que c'est pratiquement à travers ces informations que le consommateur se représente l'objet du contrat et que celui-ci lui est présenté par le vendeur, définissant ainsi cet objet selon la commune intention des parties ; que même si, en droit, ces documents publicitaires sont opposables au vendeur dès l'instant qu'ils sont suffisamment précis et détaillés, la clause leur refusant tout caractère contractuel est abusive ; que le caractère abusif de cette clause résulte également de ce que la modification unilatérale des caractéristiques des véhicules automobiles étant réglementée, les documents publicitaires constituent normalement la définition la plus claire de l'objet initial du contrat ; qu'il est de ce chef encore indispensable de leur reconnaître la valeur de documents contractuels ;

Considérant qu'en application de l'article 3, alinéa 1er, du décret n° 78-464 du 24 mars 1978 *[art. R. 212-2 C. consom.]* est interdite la clause ayant pour objet ou pour effet de réserver au vendeur professionnel le droit de modifier unilatéralement les caractéristiques du véhicule à livrer ; que cependant le second alinéa du même texte autorise le professionnel à stipuler qu'il pourra apporter des modifications nées de l'évolution technique, mais subordonne cette faculté à la triple condition qu'il n'en résulte ni augmentation de prix ni altération de qualité et que la clause réserve au consommateur la possibilité de mentionner les caractéristiques auxquelles il subordonne son engagement ; que de nombreux modèles de contrats ne reproduisent que partiellement les dispositions du second alinéa de l'article 3 du décret susvisé et, en particulier, ne mentionnent pas la faculté corrélative et indivisible du consommateur de préciser les caractéristiques auxquelles il subordonne son engagement, alors que la lettre du décret susvisé impose cette mention et que son esprit implique même que l'attention du consommateur ait été attirée lors de la conclusion du contrat sur cette faculté, corollaire et limite de la possibilité donnée exceptionnellement au vendeur professionnel de modifier l'objet d'un contrat définitivement conclu ; que la seule mention du droit exceptionnel accordé aux professionnels sans indication de toutes ses limites, et spécialement de celles qui supposent l'exercice lors de la conclusion du contrat de la faculté donnée au consommateur, est abusive ;

Considérant que le vendeur se réserve, après la signature de l'acheteur, la possibilité de notifier sa non-acceptation ou de subordonner son engagement à la signature du directeur de l'établissement pour que la vente soit définitive ;

Considérant qu'en droit les parties peuvent retarder la conclusion définitive du contrat ou subordonner sa conclusion à la signature d'une personne accréditée, distincte du préposé ayant négocié celui-ci ; que, dans cette hypothèse, aucune des parties n'est évidemment liée par la convention avant sa conclusion définitive ; que cette constatation est cependant insuffisante dès lors que par l'apposition de la signature du consommateur et de celle d'un préposé non accrédité du vendeur, une apparence est délibérément créée afin de faire croire au consommateur qu'il est, quant à lui, définitivement engagé, ce qui renforce, en fait, le début d'exécution du contrat constitué par le versement d'un acompte, c'est-à-dire d'un paiement partiel du prix ; que le versement d'un acompte avant la conclusion définitive du contrat, ou la signature de l'acheteur sans que son attention ait été expressément attirée sur le fait que cette signature ne suffit pas à l'engager et qu'il peut mettre obstacle à la conclusion définitive du contrat en notifiant au vendeur son désaccord, à condition de le faire avant d'avoir reçu le contrat signé de ce dernier est abusif ;

Considérant cependant que certains vendeurs professionnels analysent la signature du bon de commande comme une simple offre d'achat répondant à leur invitation à entrer en pourparlers, qu'ils seraient ainsi libres d'accepter ou de refuser ; qu'une telle analyse ne serait toutefois admissible qu'à la condition expresse que l'ensemble des documents présentés aux consommateurs et le comportement du vendeur distinguent très clairement l'invitation à entrer en pourparlers et l'offre d'achat d'une offre au public, dont on sait qu'elle lie son auteur « à l'égard du premier acceptant dans les mêmes conditions que l'offre faite à personne déterminée » (Cass. civ. 3e, 28 novembre 1968, Bull. civ. III, n° 507, p. 389), suivie d'une acceptation matérialisée par le bon de commande ; que les modèles de contrat actuellement utilisés par ces vendeurs professionnels ne répondent pas à ces conditions puisqu'ils qualifient le bon de commande de « contrat », prévoient même le versement d'un acompte dès la commande, et stipulent que le contrat sera définitif dès la signature du directeur de l'établissement, alors que, même si la rétractation d'une offre avant l'écoulement d'un délai raisonnable, généralement très bref, peut obliger son auteur à réparer le dommage qui en est résulté, cette rétractation reste cependant toujours possible tant que l'auteur de l'offre n'a pas reçu l'acceptation du vendeur, ce que les modèles de contrats se gardent bien de préciser ; qu'ainsi ces documents ont pour objet ou pour effet de faire croire au signataire du bon de commande qu'il est irrémédiablement lié par le contrat de vente tandis que l'engagement du vendeur n'est qu'éventuel, ce qui est abusif au regard de la recommandation citée ci-après et pour les motifs précédemment énoncés ;

Considérant que selon la recommandation de la Commission des clauses abusives publiée au *Bulletin officiel des services des prix* du 8 août 1980 *[n° 80-03, v° Clauses abusives]* le contrat est valablement conclu et engage les deux parties lorsqu'elles ont donné leur accord ; que le professionnel ne peut s'arroger un délai de réflexion que si, en contrepartie, est laissé au consommateur le même délai pendant lequel il pourra se rétracter ; que cette recommandation déclare de ce fait abusive toute clause qui a pour objet ou pour effet de prévoir lors de la signature du contrat un engagement immédiat et définitif du consommateur et un engagement éventuel du professionnel ;

Considérant que plusieurs modèles de contrat stipulent que le vendeur n'est pas tenu et décline toute responsabilité pour tous engagements intervenus entre son personnel et l'acheteur qui ne seraient pas conformes aux conditions générales de vente ; qu'une telle clause est abusive dès l'instant que le préposé concerné était habilité à conclure le contrat par représentation du vendeur ; qu'elle vise à faire prévaloir sur les dispositions particulières du contrat qui expriment de la façon la plus certaine la commune intention des parties et qui ont été souvent déterminantes pour l'acheteur et reconnues comme telles par le représentant du vendeur, des conditions générales qui n'ont pas été négociées, mais rédigées unilatéralement par le professionnel ; que de ce fait cette clause est encore abusive alors même que le préposé n'aurait eu que le pouvoir de négocier et non de conclure le contrat définitif, dès l'instant qu'elle a pour objet ou pour effet de lier le consommateur sur les termes d'un contrat qui n'ont pas reçu effectivement son accord ;

Considérant, quant au prix du véhicule vendu, qu'il résulte des articles 1591 et 1129 du code civil et d'une jurisprudence constante qu'il doit être déterminé ou déterminable sans nouvelle intervention de la volonté arbitraire du vendeur s'exerçant directement sur le prix ou sur les éléments destinés à le déterminer ; que si le prix ne répond pas à cette exigence le contrat est nul ; que cependant l'annulation de la vente n'est pas le moyen le plus efficace pour protéger le consommateur ; qu'à défaut de règle autorisant le seul consommateur à demander l'annulation de la seule clause permettant au vendeur professionnel de faire varier de façon arbitraire le prix convenu, et même si une telle règle devait intervenir, cette clause doit être considérée comme abusivement imposée au consommateur ;

Considérant cependant que certains importateurs stipulent que le prix du véhicule sera celui du tarif en vigueur au jour de la livraison et non celui qui figure sur le bon de commande matérialisant les termes du contrat, tout en précisant que toute hausse éventuelle du prix indiqué ne pourra en aucune façon résulter d'une décision unilatérale de leur part, mais ne sera que la conséquence de la variation du prix de base qui leur serait imposé par le constructeur étranger ; que la Cour de cassation (Cass. civ. 1re, 20 mai 1981, JCP 1982. II. 19840) a jugé que la mention d'un prix indicatif et la référence au prix de facturation en vigueur au jour de la livraison figurant sur un imprimé du fabricant ne permettait pas de considérer le prix de vente comme déterminé ni déterminable indépendamment de la volonté des parties et qu'ainsi la vente ne pouvait être conclue qu'au jour de la livraison et à la condition que l'acheteur accepte de payer le prix demandé ; que cependant un autre arrêt de la première chambre civile, du 8 novembre 1983 (JCP 1984. IV. 24) a jugé qu'était déterminable indépendamment de la volonté de l'établissement vendeur le prix qui lui était imposé par le fabricant étranger à travers sa filiale française, dont l'établissement vendeur était le concessionnaire ; qu'il convient d'observer toutefois que le fabricant, vendeur initial, à l'encontre duquel une jurisprudence constante reconnaît à l'acheteur final une action directe, nécessairement de nature contractuelle, tant en garantie des vices cachés qu'en responsabilité contractuelle, n'est pas un véritable tiers, et ne peut en tous cas remplir la fonction d'arbitre au sens de l'article 1592, puisque son intérêt est commun à celui de l'importateur ; qu'une telle clause, à supposer même qu'elle soit licite, doit donc être considérée comme abusive dans la mesure où elle permet à un constructeur de fixer arbitrairement le prix des véhicules vendus par l'intermédiaire de son réseau de distribution national ou international ;

Considérant qu'une telle clause reste abusive alors même que le vendeur s'engage à notifier à l'acheteur le nouveau prix en lui permettant d'annuler purement et simplement sa commande dès l'instant qu'elle stipule qu'à défaut de réponse dans un délai de quinze jours l'acheteur sera réputé avoir accepté le nouveau prix ; que le silence d'une partie ne peut en effet valoir acceptation d'une modification essentielle du contrat et que la stipulation contraire ne peut résulter que d'un abus de puissance économique ;

Considérant qu'un arrêté n° 78-75/P du 30 juin 1978 relatif à la publicité des prix à l'égard du consommateur pour les véhicules automobiles de tourisme *[abrogé et remplacé par Arr. du 28 juin 2000, infra]* impose par un article 5 de mentionner sur les bons de commande ou autres documents de vente la date limite de garantie prévue à l'article 3 du même texte ; que selon cet article la publicité est considérée comme satisfaisant aux dispositions de l'article 4 de l'arrêté n° 77-105/P *[remplacé par Arr. du 31 déc. 2008, V. v° Prix (publicité)]* si le prix visé à l'article 2 de cet arrêté, et notamment celui qui figure sur le bon de commande, est garanti hors taxe au minimum pour toute livraison effectuée ou stipulée dans les trois mois à compter de la commande ; que la combinaison des articles 3, 4 et 5 de cet arrêté précise les limites, les exceptions et la sanction de cette garantie du prix ayant fait l'objet de la publicité du vendeur, notamment sur le bon de commande ; que l'article 5 de cet arrêté impose, outre la date limite de la garantie de prix, diverses mentions informatives précisant les conditions dans lesquelles le client peut annuler sa commande et obtenir la restitution des acomptes versés, majorés des intérêts calculés au taux légal à partir du premier jour suivant l'expiration du délai de livraison ;

Considérant qu'à partir de ce texte les divers modèles de contrat de vente de véhicules automobiles de tourisme font apparaître deux types de clauses abusives qui, le plus souvent, se cumulent ;

Considérant tout d'abord que plusieurs modèles de contrat, tout en reproduisant les mentions imposées par l'article 5 de l'arrêté susvisé, les complètent, d'une part, au moyen de dispositions empruntées à l'article 3 de ce même arrêté, qui leur sont favorables, ce qui en soi serait légitime, d'autre part, au moyen d'additions qui ne résultent pas de l'arrêté susvisé et qui élargissent abusivement les exceptions admises par ce texte à la garantie de ce prix ; qu'en particulier, alors que les articles 3 et 5 de cet arrêté visent les modifications de prix rendues nécessaires « par des modifications techniques résultant de l'application de réglementation imposée par les pouvoirs publics », certains modèles de contrat ajoutent aux modifications techniques visées par l'arrêté les modifications « fiscales imposées par les pouvoirs publics » ; que certains modèles de contrat ajoutent également à la force majeure qui, selon l'article 3 de l'arrêté, fait obstacle à la prolongation du prix garanti au cas de retard dans la livraison non imputable à l'acheteur, les cas d'incendie, inondation, conflit collectif du travail, complétés par la mention « etc. », chez le vendeur, le constructeur, ses fournisseurs ou ses sous-traitants ; qu'une telle énumération ne se borne pas à concrétiser la notion juridique de force majeure, mais ajoute à celle-ci des événements qui peuvent souvent, en fait, ne pas présenter pour le vendeur professionnel les caractères de la force majeure seule visée par l'article 3 de l'arrêté susvisé ; que ces additions qui, par leur combinaison, dénaturent les dispositions de l'arrêté du 30 juin 1978, outre leur caractère illicite, sont en tous cas abusives ;

Considérant, en second lieu, que la reproduction littérale des mentions informatives imposées par l'article 5 de l'arrêté du 30 juin 1978, qui figure sur de nombreux bons de commande, doit être considérée comme abusive ; que s'il peut à première vue sembler paradoxal de tenir pour abusive l'application pure et simple d'un texte réglementaire impératif, dont la validité a été constatée par un arrêt du Conseil d'État du 3 octobre 1980 qui l'a déclaré compatible avec les dispositions de l'article 1591 du code civil, l'abus vient ici de l'utilisation qui est faite de ce texte dont la portée juridique est nécessairement limitée, tant par sa place dans la hiérarchie des sources du droit que par son objet, la publicité des prix, afin de faire naître l'apparence trompeuse que les règles du droit commun seraient inapplicables en ce domaine de la vente des véhicules automobiles de tourisme ;

Considérant que l'arrêté n° 78-75/P du 30 juin 1978 relatif à la publicité des prix à l'égard du consommateur pour les véhicules automobiles de tourisme n'a pour objet que de préciser, dans ce domaine particulier, les conditions de la « publicité » des prix définies de façon plus générale par l'arrêté n° 77-105/P du 2 septembre 1977 relatif à la publicité des prix à l'égard du consommateur *[remplacé par Arr. du 31 déc. 2008, relatif aux annonces de réduction de prix à l'égard des consommateurs, V. v° Prix (publicité)]* et sanctionnées sur le fondement des ordonnances n° 45-1483 du 30 juin 1945 relative aux prix, et notamment son article 33, et n° 45-1484 du 30 juin 1945 relative à la constatation, la poursuite et la répression des infractions à la législation économique *[abrogées et remplacées par Ord. n° 86-1243 du 1er déc. 1986, devenue C. com., livre IV]* ; que de même qu'en ce qui concerne les qualités des produits eux-mêmes le respect des réglementations particulières, qui ne constituent qu'un minimum, n'est pas une cause exonératoire de la responsabilité de droit commun des fabricants et vendeurs professionnels, le respect des dispositions réglementaires en matière de publicité des prix, même lorsque celles-ci visent expressément les bons de commande ou autres documents de vente, ne peut avoir pour objet ou pour effet d'écarter l'application des règles de droit commun concernant la formation du contrat de vente et la sanction de son inexécution ; qu'un arrêté ayant pour seul objet d'interdire, par des sanctions pénales, certaines pratiques en matière de publicité des prix dans les ventes de véhicules automobiles aux consommateurs, même s'il mentionne et oblige à mentionner sur les bons de commande des droits particuliers expressément reconnus aux consommateurs en cas de non-respect de la garantie des prix publiés par le vendeur, ne peut avoir pour effet d'enlever aux acheteurs les droits qu'ils tiennent des dispositions du code civil énonçant des règles fondamentales en matière de contrat, et notamment des articles 1108, 1129, 1134, 1591 et 1184 de ce code ; que c'est la raison pour laquelle le Conseil d'État a rejeté le recours en annulation formé par l'Afoc contre l'arrêté du 30 juin 1978 ;

Considérant qu'il résulte de ces observations que, sans préjudice de la garantie de prix, sanctionnée pénalement en vertu de l'arrêté du 30 juin 1978, est abusive toute clause qui, contrairement aux dispositions de l'article 1134 *[ancien]* du code civil, autorise à modifier le prix convenu lors de la formation du contrat à partir d'éléments qui dépendent de la volonté arbitraire du vendeur, et cela même si le délai de livraison est supérieur à trois mois ; qu'est également abusive la clause qui limite la sanction de la modification arbitraire du prix par le vendeur à l'annulation de la commande et à la restitution des versements déjà effectués, majorés des intérêts calculés au taux légal à partir du premier jour suivant l'expiration du délai prévu, alors que cette modification du prix constitue en effet une inexécution du contrat qui, selon l'article 1184 *[ancien]* du code civil, autorise l'acheteur à exiger l'exécution forcée de la vente ou sa « résolution avec dommages et intérêts », ce qui implique non seulement la restitution des acomptes versés, mais la réparation intégrale des dommages subis par l'acheteur conformément au décret du 24 mars 1978 précité, cette réparation ne pouvant être inférieure aux intérêts des sommes versées calculés au taux légal à compter de leur versement ; qu'on ne voit pas, en effet, pourquoi le vendeur professionnel serait autorisé à profiter sans contrepartie de ces sommes entre leur versement et le moment où il a manqué à son obligation de livrer le véhicule vendu ;

Considérant qu'il convient en conséquence d'imposer l'insertion dans les modèles de contrat, et spécialement les conditions générales des bons de commande, des précisions nécessaires afin que les mentions imposées par l'arrêté du 30 juin 1978 ne puissent apparaître aux yeux des consommateurs comme définissant de façon limitative les obligations qui pèsent sur le vendeur en matière de prix ;

Considérant que la reprise d'un véhicule d'occasion lors de la vente d'un véhicule neuf ou d'occasion est tenue pour indivisible de cette vente ; que le prix de cette reprise venant en déduction du prix convenu pour la vente est ainsi un élément essentiel de ce prix et doit donc satisfaire aux mêmes conditions que ce dernier et spécialement être déterminé ou déterminable sans nouvel accord des parties et sans pouvoir dépendre d'éléments soumis à la volonté de l'une des parties ; que cependant certains modèles de contrat stipulent que le vendeur peut indiquer à la signature du bon de commande l'estimation du prix du véhicule à reprendre mais que le prix définitif sera fixé d'un commun accord entre le vendeur et l'acheteur le jour de la livraison du véhicule par le professionnel tenant compte des dépréciations pour vieillissement, usure ou accident subis entre-temps ; que pour les motifs déjà énoncés, et indépendamment de la nullité des contrats de vente et de reprise indivisibles qui peut en résulter, une telle clause est abusive ;

Considérant que d'autres modèles de contrats stipulent que la valeur de reprise sera augmentée ou diminuée de la différence de valeur de la cote « Argus » entre le jour de l'établissement de la fiche signalétique et celui de la rentrée du véhicule, ce qui semble équitable ; mais qu'ils précisent que cette valeur constituera le prix définitif de ce véhicule sous réserve que le client le livre dans un état conforme à la description de la fiche signalétique signée par lui et qu'à défaut l'établissement vendeur pourra minorer la valeur de reprise stipulée au contrat compte tenu de la dépréciation supplémentaire du véhicule repris ; que cette dernière stipulation autorise le vendeur professionnel à modifier arbitrairement le prix de reprise et qu'elle est donc abusive ; qu'en effet, s'il est légitime de réduire la valeur de reprise en fonction d'une dépréciation supplémentaire du véhicule repris, cette réduction ne peut être arbitrée, à défaut d'accord des parties, que par un tiers choisi par ces dernières, conformément aux dispositions de l'article 1592 du code civil ;

Considérant que les modèles de contrat précisent généralement qu'en cas d'annulation ou de résiliation de la vente, la reprise du véhicule d'occasion sera purement et simplement annulée, ce qui est la conséquence logique de l'indivisibilité des deux contrats ; qu'ils définissent alors les conséquences de cette annulation lorsque le véhicule faisant l'objet de la reprise avait été livré au vendeur professionnel ;

Considérant que certains modèles de contrat stipulent que si le vendeur professionnel est en possession du véhicule d'occasion, il le restituera à l'acheteur sans être tenu à son égard à aucune indemnité pour usage du véhicule ou privation de jouissance ou autre cause ; qu'une telle clause est abusive, la restitution impliquant que les parties soient rétablies dans la situation antérieure à l'acte annulé ou résolu, en nature ou sous forme de compensation pécuniaire ;

Considérant que plusieurs modèles de contrat stipulent que, lorsque le vendeur professionnel a revendu le véhicule d'occasion, il sera seulement tenu de régler le prix de reprise énoncé sur le bon de commande sous déduction d'une commission et des frais afférents à la revente ; qu'une telle déduction ne serait à la rigueur admissible que si elle était pratiquée sur le prix de revente et non sur le prix de reprise ; que, surtout, le vendeur professionnel s'étant mis dans l'impossibilité de restituer le véhicule d'occasion, il est tenu d'en restituer intégralement la valeur ; qu'en tout cas, telle qu'elle est rédigée, la clause est certainement abusive ;

Considérant que plusieurs modèles de contrat stipulent que le délai dans lequel le vendeur livrera le véhicule n'est donné qu'à titre indicatif, c'est-à-dire sans valeur obligatoire ; que selon l'arrêté du 30 juin 1978, article 2, une telle clause est illicite ; qu'en outre, selon la recommandation n° 80-06 CCA du 26 novembre 1980 *[V. v° Clauses abusives]*, elle est également abusive ;

Considérant que la même recommandation du 26 novembre 1980 recommande que soient éliminées les clauses qui ont pour objet d'exclure ou de limiter le droit de résoudre le contrat ou de réclamer une indemnité en cas de retard dans la livraison ; que diverses clauses figurant habituellement dans les bons de commande doivent de ce fait être tenues pour abusives ; qu'il en est ainsi tout d'abord des clauses qui prolongent excessivement le délai convenu en y ajoutant, par exemple, un délai supplémentaire de trente jours après lequel le consommateur est autorisé à mettre en demeure le vendeur de livrer le véhicule, ce que ce dernier sera seulement tenu de faire à l'expiration d'un nouveau délai de sept jours après notification de la mise en demeure ; qu'il en est également ainsi des clauses qui ajoutent à la force majeure susceptible d'exonérer le vendeur de sa responsabilité en cas *de retard de la livraison*, une série d'événements tels que les conflits collectifs du travail y compris chez les fournisseurs et sous-traitants, le lock-out, la pénurie de matières premières, la raréfaction de la main-d'œuvre ou les difficultés de transport, souvent complétées de la mention « etc. », alors que ces faits ne constituent pas, par eux-mêmes, des cas de force majeure dès l'instant qu'ils ne présentent pas les caractères qui définissent celle-ci selon le droit positif ; que sont également abusives les clauses qui stipulent qu'un retard supérieur à un certain délai, par exemple trois mois, ne pourra donner lieu qu'au remboursement des acomptes versés sans intérêts, ni dommages et intérêts ;

Considérant que de nombreux modèles de contrat stipulent que le consommateur devra prendre livraison du véhicule une fois informé de sa mise à disposition dans les magasins du vendeur dans un délai excessivement court, tel que quarante-huit heures par exemple ;

que d'autres clauses sanctionnent le retard dans la prise de livraison de façon d'autant plus excessive qu'elles contrastent singulièrement avec celles qui visent le retard apporté par le vendeur professionnel à livrer le véhicule dans le délai convenu ; que fréquemment le vendeur se reconnaît le droit de disposer du véhicule dès l'expiration du délai fixé et de conserver les acomptes versés à titre de pénalité, le contrat étant en outre résolu de plein droit ; qu'en vertu de la recommandation n° 81-01 CCA du 16 janvier 1981 relative à l'équilibre des obligations en cas d'inexécution des contrats *[V. v° Clauses abusives]*, de telles clauses sont abusives dès l'instant qu'elles ne stipulent pas des sanctions équivalentes à la charge du professionnel responsable du retard dans l'exécution du contrat ;

Considérant qu'en application de la même recommandation sont abusives les clauses figurant pratiquement sur la plupart des modèles de contrat qui stipulent que le vendeur gardera les acomptes versés en cas de retard ou d'inexécution des obligations de l'acheteur alors que d'autres stipulent parallèlement que l'inexécution des obligations du vendeur n'aura d'autre conséquence que la restitution des acomptes versés et précisent parfois que l'acheteur ne pourra exiger ni intérêts sur ces acomptes ni dommages et intérêts sanctionnant cette inexécution ;

Considérant que de nombreux modèles de contrat stipulent que si la construction du modèle commandé venait à être abandonnée l'acheteur pourrait choisir entre demander la résiliation de sa commande et la restitution de ses acomptes, augmentés le cas échéant des intérêts légaux, sans autre indemnité, ou demander le report de la commande sur un modèle de la marque, le nouveau décompte étant établi, le cas échéant, au moment de la livraison ; que certes l'arrêté précité du 30 juin 1978 impose de mentionner notamment sur les bons de commande, que le client peut annuler sa commande et exiger le remboursement des versements déjà effectués, majorés des intérêts légaux « si le vendeur ne peut mettre à la disposition de l'acheteur dans les délais convenus un véhicule du modèle ou de l'année-modèle faisant l'objet de la commande » ; mais qu'il a déjà été montré que cet arrêté, imposant certaines mentions informatives à peine de sanctions pénales, ne pouvait avoir pour objet ni pour effet de limiter les droits de l'acheteur en cas d'inexécution des obligations du vendeur ; qu'ainsi les clauses qui excluent le paiement de dommages et intérêts destinés à réparer le préjudice subi par l'acheteur en cas de non-livraison du véhicule vendu sont abusives, l'arrêt de la fabrication du modèle vendu ne pouvant constituer en lui-même un cas de force majeure ; que pour les mêmes motifs est abusive la clause qui stipule que la livraison du modèle et de l'année-modèle convenus est garantie seulement dans la limite des disponibilités connues du vendeur au moment de la commande et ceci malgré les dispositions de l'article 4 de l'arrêté précité du 30 juin 1978 ;

Considérant qu'est également abusive la clause qui stipule que si le vendeur n'est pas en mesure d'exécuter ses obligations dans les délais et conditions convenues, l'acheteur, faute d'avoir manifesté sa décision de résilier sa commande dans un délai fixé, pratiquement de quinze jours, sera réputé avoir accepté les nouvelles conditions d'exécution de sa commande ; qu'une telle novation du contrat initial ne peut résulter, en effet, que d'un accord dépourvu d'équivoque exprimé par l'acheteur ;

Considérant que la plupart des modèles de contrats, tout en mentionnant de façon formelle la garantie légale des vices cachés en application de l'article 4 du décret du 24 mars 1978 ne font pas suffisamment apparaître que les conditions qu'ils stipulent à l'égard de la garantie purement contractuelle, complémentaire par rapport à la garantie légale, ne peuvent en aucun cas restreindre les droits que l'acheteur tient de cette dernière ; qu'en particulier certains modèles de contrats présentent leur garantie contractuelle comme s'exerçant « dans le cadre de la garantie légale » faisant ainsi apparaître de façon abusive la garantie contractuelle, avec ses limitations et restrictions propres, comme une simple application au contrat particulier des règles des garanties légales et contractuelles confondues ; que telles qu'elles sont présentées, ces clauses sont abusives ;

Considérant qu'afin d'éclairer loyalement le consommateur sur le jeu combiné et distinct des garanties légales et conventionnelles il conviendrait que leur distinction soit clairement matérialisée, alors que trop souvent la mention en termes succincts de la garantie légale n'apparaît qu'au milieu d'une longue énumération des conditions de la garantie conventionnelle ; qu'il conviendrait également que les conditions et les effets essentiels de la garantie légale soient brièvement énoncés en se référant par exemple à la formule figurant dans la norme Afnor X 50 002 ;

Considérant que, malgré les dispositions impératives de l'article 48 du nouveau code de procédure civile *[V. v° Compétence]*, plusieurs modèles de contrat attribuent compétence exclusive en cas de litige, aux tribunaux du siège social du vendeur ; qu'une telle clause, outre qu'elle est inopposable au consommateur, doit être considérée comme abusive en application de la recommandation de la commission du 24 février 1979 *[n° 79-02, v° Clauses abusives]* ;

Considérant que certains modèles de contrat attribuent compétence au seul tribunal de commerce ; que, selon la jurisprudence le commerçant demandeur doit assigner le non-commerçant devant le tribunal civil et que le non-commerçant peut exercer son action devant le tribunal civil ou devant le tribunal de commerce ; que certaines décisions judiciaires reconnaissent cependant la validité de la clause attribuant compétence, dans un acte mixte, au seul tribunal de commerce ; qu'une telle clause constitue au regard des règles normales de compétence, une dérogation substantielle dont le consommateur peut sous-estimer l'importance ; qu'en conséquence, et quelle que soit sa validité, une telle clause en application de la recommandation précitée du 24 février 1979 doit être tenue pour abusive ;

Recommande :

A. – Que les modèles de contrats de vente de véhicules automobiles de tourisme comportent notamment :

1° Une présentation facilement lisible et compréhensible, pour le consommateur, des conditions de la vente et des caractéristiques essentielles de l'objet du contrat ;

2° La mention, complémentaire à la référence à l'année modèle, de l'année de fabrication, s'agissant d'un véhicule neuf ;

3° L'apposition de la signature du consommateur à la fin de l'ensemble des dispositions contractuelles ;

4° Les précisions nécessaires afin que les mentions imposées par l'arrêté du 30 juin 1978 susvisé ne puissent pas apparaître aux yeux des consommateurs comme définissant de façon limitative les obligations qui pèsent sur le vendeur en matière de prix, en excluant celles qui résultent de la simple application des dispositions de droit commun du code civil et du décret du 24 mars 1978 susvisé ;

5° Une information claire du consommateur sur le jeu combiné et distinct de la garantie légale et de la garantie contractuelle complémentaire, se traduisant notamment par une séparation matérielle très apparente des deux types de garanties et l'énonciation des conditions et des effets essentiels de la garantie légale reproduisant la formule énoncée dans la norme Afnor X 50 002 ;

B. – Que soient éliminées des modèles de contrat visés par la présente recommandation les clauses suivantes ayant pour objet ou pour effet :

1° De constater que l'acheteur a pris connaissance des conditions générales de vente figurant au verso du document qu'il signe ou figurant sur un document distinct ;

2° De rendre inopposables au professionnel ses propres documents publicitaires ou références à ses véhicules d'exposition ;

3° D'élargir les conditions dans lesquelles l'article 3 du décret n° 78-464 du 24 mars 1978 *[art. R. 212-2 C. consom.]* autorise le vendeur professionnel à stipuler qu'il pourra *apporter des modifications nées* de l'évolution technique en ne mentionnant pas la faculté corrélative du consommateur de préciser les caractéristiques auxquelles il subordonne son engagement ;

4° De retarder la conclusion du contrat jusqu'à la signature du dirigeant de l'établissement, tout en stipulant le versement immédiat d'un acompte ou la signature de l'acheteur, sans que son attention ait été expressément attirée sur le fait que ce versement ou cette signature ne suffisent pas à l'engager et qu'il peut mettre obstacle à la conclusion définitive du contrat en notifiant son désaccord à condition de le faire avant d'avoir reçu le contrat signé de ce dernier ;

5° De prévoir, lors de la signature du bon de commande un engagement immédiat et définitif du consommateur ou de lui faire croire qu'en signant le bon de commande il

s'est immédiatement lié par le contrat de vente, alors que l'engagement du vendeur n'est qu'éventuel ;

6° De rendre inopposables au vendeur professionnel les engagements intervenus entre ses préposés et l'acheteur, et non conformes aux conditions générales de vente ;

7° De faire dépendre le prix à payer par l'acheteur de la volonté du vendeur s'exerçant directement sur celui-ci ou sur les éléments destinés à le déterminer ;

8° De faire dépendre le prix à payer par l'acheteur de la volonté du fabricant français ou étranger du véhicule vendu ;

9° De déduire du silence du consommateur, pendant un certain délai après avoir reçu la notification d'une modification du prix, d'une caractéristique essentielle du véhicule ou des conditions d'exécution du contrat, son acceptation de cette modification ;

10° D'ajouter des exceptions plus larges que celles qui résultent de l'arrêté du 30 juin 1978 susvisé à la garantie de prix imposée à peine des sanctions pénales par ce texte ;

11° De stipuler, dès la conclusion du contrat, que la partie du prix représentée par la valeur de reprise du véhicule du consommateur dépendra d'un nouvel accord des parties au moment de la livraison effective de ce véhicule, et *a fortiori* de la seule volonté du vendeur professionnel ;

12° De prévoir au cas de restitution du véhicule ayant fait l'objet de la reprise, à la suite de l'annulation ou de la résolution des deux opérations indivisibles de vente et de reprise, que le vendeur professionnel ne sera pas tenu des compensations pécuniaires destinées à remettre les parties dans l'état où elles se trouvaient avant la conclusion du contrat ;

13° De prévoir dans l'hypothèse précédente que, si le vendeur professionnel a revendu le véhicule ayant fait l'objet de la reprise, il pourra déduire du prix de reprise convenu une commission ou des frais ;

14° De donner au délai de livraison par le vendeur professionnel un caractère indicatif, c'est-à-dire sans valeur obligatoire ;

15° De prolonger excessivement le délai convenu par la mention dans les conditions générales d'une série de délais supplémentaires ;

16° D'ajouter à la force majeure susceptible d'exonérer le vendeur professionnel de sa responsabilité en cas de retard de la livraison, une série d'événements tels que les conflits collectifs de travail, y compris chez les fournisseurs et sous-traitants, le lock-out, la pénurie de matières premières, la raréfaction de la main-d'œuvre ou les difficultés de transport, sans préciser que ces événements ne pourront exonérer le vendeur professionnel que s'ils présentent effectivement les caractères de la force majeure ;

17° De limiter la réparation due par le vendeur professionnel au cas de retard dans l'exécution de son obligation de livraison à la date convenue ;

18° De prévoir, au cas de retard dans la prise de livraison par l'acheteur du véhicule après sa mise à disposition par le vendeur professionnel, des sanctions supérieures à celles qui sont mises à la charge du professionnel responsable du retard dans l'exécution du contrat ;

19° D'exclure la responsabilité du vendeur professionnel ou le paiement par celui-ci de dommages et intérêts au cas de défaut de livraison par suite d'un arrêt de fabrication du modèle ayant fait l'objet de la vente ou en raison de l'ignorance, au moment de la commande, par le vendeur, de l'indisponibilité du modèle et de l'année modèle convenus ;

20° De faire apparaître la garantie contractuelle, avec ses limitations et restrictions propres, comme une simple application au contrat particulier des règles des garanties légales et contractuelles confondues, de façon à soumettre en fait la garantie légale aux conditions et restrictions de la garantie contractuelle ;

21° De déroger aux règles légales de compétence judiciaire territoriale ou d'attribution.

(Délibéré sur le rapport de M. Ghestin dans les séances du 18 mai, 6 juillet, 21 septembre, 16 octobre et 14 décembre 1984.)

Arrêté du 25 septembre 1986,

Relatif à la mention des consommations conventionnelles des véhicules automobiles.

Art. 1er **Il est défini pour chaque type de voiture particulière une consommation conventionnelle de carburant pour les modes d'utilisation les plus courants.**

La consommation conventionnelle est déterminée dans des conditions normalisées définies par l'arrêté du 19 mars 1982 du ministre des transports. — *Arrêté abrogé à la date du 1er janv. 1997 et remplacé par Arr. du 20 avr. 1994 (JO 6 mai). — Sur la détermination de la consommation conventionnelle de carburant et des émissions de dioxyde de carbone des véhicules automobiles, V. aussi Arr. du 21 avr. 2000 (JO 20 juin).*

Art. 2 **Toute mention à des fins publicitaires de la consommation de carburant, de la puissance ou des performances (vitesse, accélération) des voitures particulières ainsi que toute référence à leur caractère économique doivent comporter l'indication de la consommation conventionnelle du véhicule suivant les formes prévues aux articles 3 et 4 ci-après.**

Art. 3 ***a)*** **La consommation conventionnelle s'exprime par les valeurs suivantes :**

X litres pour 100 km à la vitesse stabilisée de 90 km à l'heure (ou à la vitesse maximale du véhicule, si celle-ci est inférieure à 90 km à l'heure) ;

Y litres pour 100 km à la vitesse stabilisée de 120 km à l'heure (seulement si la vitesse maximale du véhicule est au moins égale à 130 km à l'heure) ;

Z litres pour 100 km sur l'essai de type urbain (cycle normalisé ECE 15).

Elle peut être indiquée sous la forme la plus appropriée en fonction du support publicitaire.

b) **Toute indication de consommation de carburant autre que la consommation conventionnelle doit être accompagnée d'une référence à la méthode et aux conditions de mesure ou d'une description claire et précise de celle-ci.**

c) **Lorsque dans un titre ou une accroche apparaît une seule des deux ou trois valeurs X, Y ou Z, mention doit être faite de la vitesse stabilisée correspondante ou du cycle urbain ; elle doit être complétée, par ailleurs, dans les conditions prévues par l'article 4 ci-après, par la mention de l'autre ou des deux autres valeurs de la consommation conventionnelle.**

d) **L'indication de la valeur de la consommation conventionnelle doit faire référence au modèle du véhicule correspondant.**

Art. 4 **Sous la forme écrite, l'indication de la consommation conventionnelle et du modèle de véhicule correspondant apparaît dans les conditions suivantes :**

a) **Elle doit figurer de manière au moins aussi apparente que la mention publicitaire qui la rend obligatoire, selon l'article 2 ci-dessus, et doit notamment être rédigée en caractères d'une hauteur au moins égale au quart de celle utilisée pour cette mention, s'il s'agit d'un titre ou d'une accroche, ou d'une grandeur au moins identique aux caractères employés pour cette mention, dans le corps d'un texte.**

b) **Lorsqu'il est fait référence à une seule des deux ou trois valeurs X, Y et Z dans un titre ou une accroche, la mention numérique de la vitesse stabilisée correspondante ou l'indication du cycle urbain doit apparaître en caractères d'une hauteur au moins égale à celle utilisée pour la mention de cette valeur.**

Art. 5 **Les obligations visées à l'article 2 ci-dessus s'appliquent :**

a) **A l'affichage public sous toutes ses formes, y compris sur les lieux de vente ou d'exposition ;**

b) **A l'insertion publicitaire dans les organes de la presse écrite, audiovisuelle et radiophonique ;**

c) **A la correspondance publicitaire destinée aux particuliers ;**

d) **Aux imprimés publicitaires distribués dans le public, y compris sur les lieux de vente ou d'exposition.**

Arrêté du 27 mars 1987,

Relatif aux règles de publicité des prix pour les prestations d'entretien ou de réparation, de contrôle technique, de dépannage ou de remorquage ainsi que de garage des véhicules.

Art. 1er **Les entreprises qui effectuent une ou plusieurs des prestations suivantes : entretien ou réparation, contrôle technique, dépannage ou remorquage de véhicules, location d'emplacements de garage, sont tenues de procéder à un affichage à l'entrée de l'établissement, visible et lisible de l'extérieur, des taux horaires TTC et des prix TTC des différentes prestations forfaitaires proposées.**

Cet affichage doit par ailleurs être effectué, dans les mêmes conditions, au lieu de réception de la clientèle.

Art. 2 Les entreprises qui déterminent le prix de leurs prestations sur la base d'un ou plusieurs taux horaires doivent préciser dans leur affichage le mode de calcul utilisé (référence au temps passé ou au barème de temps). Dans le cas d'utilisation d'un barème, elles doivent tenir celui-ci à la disposition de la clientèle pour consultation et indiquer sur l'affichage prévu à l'article 1er cette possibilité de consultation.

En outre, les établissements qui pratiquent des taux horaires différents suivant les opérations effectuées doivent afficher les principales catégories d'opérations correspondant à ces différents taux.

Art. 3 Les entreprises qui proposent des prestations forfaitaires doivent tenir à la disposition de leur clientèle la liste détaillée des opérations comprises dans les forfaits ainsi que des pièces et fournitures qui y sont éventuellement incluses. La possibilité de consulter cette liste doit être mentionnée sur l'affichage prévu à l'article 1er.

Art. 4 Les entreprises qui effectuent des opérations de dépannage ou de remorquage doivent en outre afficher les tarifs TTC de ces opérations, ainsi que leurs conditions d'application, dans la cabine des véhicules d'intervention.

Art. 5 Les prestations visées à l'article 1er du présent arrêté doivent faire l'objet d'une délivrance de note au client, dans les conditions définies par l'arrêté n° 83-50/A du 3 octobre 1983 *[V. v° Prix (publicité)]*.

Les entreprises qui déterminent le prix de leurs prestations sur la base d'un ou plusieurs taux horaires sont tenues, dans le décompte détaillé de la note, de préciser le mode de calcul utilisé (référence au temps passé ou au barème de temps).

Pour les prestations forfaitaires, les entreprises sont tenues, dans la note délivrée au client, d'indiquer la liste détaillée des opérations comprises dans le forfait ainsi que les pièces et fournitures éventuellement incluses, sans nécessité de mentionner le prix correspondant à chaque opération, pièce et fourniture.

Arrêté du 19 juin 1987,

Relatif à la publicité des prix des prestations d'enseignement de la conduite des véhicules.

Art. 1er Les exploitants des établissements d'enseignement de la conduite des véhicules sont tenus de procéder, pour les prestations offertes, par catégorie de permis, à un affichage sur un tableau, visible et lisible de l'extérieur, indiquant :

— la dénomination précise, la durée et le prix TTC par unité des leçons théoriques et pratiques, des tests de contrôle ainsi que le prix TTC des présentations aux examens théoriques et pratiques ;

— la dénomination précise et la durée des prestations composant le forfait le plus couramment pratiqué par l'établissement ainsi que le prix global TTC de ce forfait.

La mise à disposition par l'établissement de la documentation prévue à l'article 4 devra également être mentionnée sur cet affichage.

Art. 2 Les exploitants des établissements sont également tenus, pour l'ensemble des prestations offertes, de procéder à un affichage intérieur, visible et lisible au lieu de réception de la clientèle, comprenant :

— lorsque l'enseignement est dispensé sous forme de prestations à l'unité, la dénomination précise de chaque prestation, sa durée et son prix TTC ;

— lorsque l'enseignement est dispensé sous forme de forfaits, la dénomination précise et la durée des prestations composant chaque forfait ainsi que son prix global TTC.

Art. 3 Toute publicité *(Abrogé par Arr. du 21 déc. 1995, à compter du 1er mars 1996) « écrite »*, quel qu'en soit le support, à l'exception des annuaires, doit comporter les mentions suivantes : le nom, l'adresse et le numéro d'agrément préfectoral de l'établissement. En outre, la publicité doit comporter :

— dans le cas où elle fait référence à des prestations à l'unité : la dénomination précise, la durée et le prix TTC de ces prestations ;

(Arr. du 21 déc. 1995, en vigueur le 1er mars 1996) « — dans le cas où elle fait référence à des prestations forfaitaires :

« *a)* La répartition des heures de formation entre l'enseignement du code de la route et la pratique de la conduite automobile ;

« *b)* La mention précise des frais administratifs (frais d'inscription, de dossier, de présentation à l'examen...) et fournitures inclus dans le forfait ;

« *c)* L'indication du nombre d'heures de formation incluses dans le forfait et prévues en sus des obligations réglementaires ;

« *d)* La mention des frais nécessaires à la formation qui demeurent à la charge du consommateur parce qu'ils ne sont pas inclus dans le forfait.

« Les prix indiqués sont des prix TTC.

« Les mentions relatives aux heures d'enseignement de la pratique automobile précisent le nombre d'heures effectives de conduite au volant par l'élève. »

Numéro d'agrément. En mettant sur son site internet un onglet « tarifs » qui permet au public de prendre connaissance des prix proposés pour les prestations futures, prix à l'heure de conduite et forfait, alors que l'agrément nécessaire à l'exercice de l'activité n'a pas encore été obtenu, la société cause un trouble manifestement illicite à la profession dont il doit être mis bon ordre en interdisant cette publicité. • T. com. Paris, Ord., 8 juill. 2014 : *CCE 2014, n° 79, obs. Loiseau.*

Art. 4 Les établissements doivent remettre à toute personne qui le demande une documentation portant sur la catégorie de permis concernée et comportant :

— le nom, l'adresse de l'établissement et son numéro d'agrément préfectoral ;

(Arr. du 21 déc. 1995, en vigueur le 1er mars 1996) « — la dénomination précise, le contenu et la durée de toutes les prestations ; »

— les conditions de la formation, de présentation aux examens théoriques et pratiques, de la constitution du dossier et de sa restitution ;

— la durée de validité de l'offre.

(Arr. du 21 déc. 1995, en vigueur le 1er mars 1996) « — le prix TTC de toutes les prestations, y compris forfaitaires, présenté conformément aux dispositions de l'article 3 du présent arrêté. Dans le cas où la documentation fait référence à des prestations à l'unité, le prix de chaque prestation est détaillé. Dans le cas où la documentation fait référence à des prestations forfaitaires, elle comporte :

« *a)* La répartition des heures de formation entre l'enseignement du code de la route et la pratique de la conduite automobile ;

« *b)* La mention précise des frais administratifs (frais d'inscription, de dossier, de présentation à l'examen...) et fournitures inclus dans le forfait ;

« *c)* L'indication du nombre d'heures de formation incluses dans le forfait et prévues en sus des obligations réglementaires ;

« *d)* La mention des frais nécessaires à la formation qui demeurent à la charge du consommateur parce qu'ils ne sont pas inclus dans le forfait.

« Les mentions relatives aux heures d'enseignement de la pratique automobile précisent le nombre d'heures effectives de conduite au volant par l'élève. »

Art. 5 Les prestations visées par le présent arrêté doivent faire l'objet d'une délivrance de note au client dans les conditions définies par l'arrêté n° 83-50/A du 3 octobre 1983. — *V. ce texte, v° Prix (publicité).*

Pour les prestations forfaitaires, les entreprises sont tenues dans la note d'indiquer la liste détaillée des prestations comprises dans le forfait, sans nécessité de mentionner le prix correspondant à chacune de ces prestations.

Arrêté du 8 juillet 1988,

Relatif à la publicité des prix de vente des carburants.

Art. 1er Les dispositions des arrêtés n° 85-10/A du 29 janvier 1985 et n° 85-50/A du 28 juin 1985 relatives à la publicité des prix de vente des carburants sont remplacées par les dispositions du présent arrêté.

Art. 2 A titre de mesure de publicité des prix et indépendamment de l'indicateur de prix incorporé à la pompe, le prix de vente au détail des carburants fait l'objet d'une publicité apposée dans l'emprise du point de vente. Chaque affiche comporte la désignation et le prix net de chacun des produits ainsi que le type de service correspondant. Cet affichage est lisible depuis la voie publique qui permet l'accès au point de vente.

(Arr. du 10 avr. 1990) « L'affichage, lisible depuis la voie publique, doit permettre une identification précise de chaque produit et de son prix. Lorsqu'il existe un panneau regrou-

pant les prix de tout ou partie des carburants, ces prix ainsi affichés doivent être disposés, à partir du sommet du panneau, dans l'ordre suivant : »

(Arr. du 7 avr. 2009, art. 1er) « 1. Supercarburants à teneur en éthanol maximale de 10 % (indice d'octane recherche 95) ; — *Sur la liste des engins à moteur essence compatibles avec le supercarburant sans plomb 95-E10 (SP95-E10), V. Décis. du 4 oct. 2012 (JO 6 nov.).*

« 2. Supercarburants à teneur en éthanol maximale de 5 % (le cas échéant, dans l'ordre décroissant de l'indice d'octane recherche) ;

« 3. Supercarburants à teneur en éthanol maximale de 5 % contenant un additif anti-récession de soupapes (indice d'octane recherche 95) ;

« 4. Superéthanol E85 ;

« 5. Gazole ;

« 6. GPL. »

(Arr. du 7 avr. 2009, art. 2) « Le supercarburant à teneur en éthanol maximale de 10 % est désigné par l'expression "SP95-E10". Les supercarburants à teneur en éthanol maximale de 5 % sont désignés par l'expression "SP" suivie de l'indication de l'indice d'octane recherche minimum garanti. Le supercarburant contenant un additif anti-récession de soupapes est désigné par le terme de "supercarburant". Le superéthanol E85 est désigné par le terme "E85". Le gazole est désigné par le terme "gazole". Le GPL est désigné par le terme "GPLc". »

Art. 3 Les prix des carburants pratiqués par les stations-service d'autoroutes doivent faire l'objet d'une présignalisation sous forme d'un panneau implanté entre 500 et 1 000 mètres avant l'entrée de l'aire.

(Arr. du 7 avr. 2009, art. 3) « En outre, les distributeurs sur autoroutes de liaison sont tenus d'informer les consommateurs sur les prix des supercarburants à teneur en éthanol maximale de 10 % (indice d'octane recherche 95), des supercarburants à teneur en éthanol maximale de 5 % (le cas échéant, dans l'ordre décroissant de l'indice d'octane recherche), des supercarburants contenant un additif anti-récession de soupapes (indice d'octane recherche 95), du superéthanol E85, du gazole, et du GPLc par affichage aux entrées principales d'autoroutes. »

Pour la mise en œuvre de cette obligation, les distributeurs communiquent, par tous moyens laissant une trace écrite, aux sociétés d'autoroutes les prix pratiqués dans leurs stations-service ainsi que toutes les modifications de prix, de sorte que les sociétés d'autoroutes en disposent au plus tard dans les deux heures qui suivent leur mise en vigueur.

Les sociétés d'autoroutes peuvent limiter l'affichage à l'entrée des autoroutes aux prix des cinq premières stations. L'affichage des prix des stations suivantes est alors effectué au moyen de panneaux implantés sur la voie à intervalles réguliers.

Art. 4 *(Arr. du 12 déc. 2006 ; Arr. du 12 juill. 2001)* Une information concernant les prix des carburants distribués par les stations-service situées hors autoroutes est fournie sur les autoroutes de liaison, à la demande de ces stations-service selon les modalités ci-après. Cette information ne concerne que les stations implantées à moins de 10 kilomètres par voie routière des sorties d'autoroute.

Un panneau, dont les caractéristiques sont fixées par les gestionnaires d'autoroutes, indique le nom commercial de la station, la distance de la station après la sortie et le prix des deux carburants les plus utilisés. Il signale les stations délivrant du carburant 24 heures sur 24, le cas échéant, par automate à carte bancaire. Le panneau est installé entre 5 et 10 kilomètres avant chaque sortie.

Lorsque plusieurs stations-service sont concernées par cette présignalisation, les panneaux les regroupent dans la limite de cinq par panneau. Pour des raisons de sécurité routière, seules les dix stations-service les plus proches peuvent bénéficier de la présignalisation.

L'installation des panneaux et la mise à jour de l'indication des prix sont effectuées par les gestionnaires d'autoroutes. Les coûts correspondants sont à la charge des stations-service intéressées. Les modalités de mise à jour des informations sont déterminées par accord entre les gestionnaires d'autoroutes et les exploitants des stations-service dans le cadre déterminé par le troisième alinéa de l'article 3 du présent arrêté.

A chaque sortie d'autoroute, les gestionnaires d'autoroutes installent un panneau indiquant l'accès aux stations-service qui ont été signalées sur l'autoroute. Le coût de cette signalisation est à la charge des stations intéressées.

Le dispositif prescrit par le présent article n'est pas applicable aux demi-échangeurs.

Art. 5 *(Arr. du 7 avr. 2009, art. 4)* **« Tout distributeur exerçant une activité de vente au détail des carburants affiche** *(Arr. du 17 juin 2013)* **« , lorsqu'il les propose à la vente, » ses prix de vente au détail aux consommateurs des supercarburants à teneur en éthanol maximale de 10 % (indice d'octane recherche 95), des supercarburants à** *(Arr. du 17 juin 2013)* **« teneur en éthanol maximale de 5 % », du superéthanol E85, du gazole, et du GPLc sur le site internet : www.prix-carburants.gouv.fr. Toute modification du prix de vente est en outre immédiatement affichée. »** — *V. Arr. du 12 déc. 2006, portant création d'un traitement automatisé dénommé « site des prix des carburants » au sein du service de la communication (JO 16 déc.).*

(Arr. du 12 déc. 2006) **« La communication par le distributeur des prix de vente en vue de leur affichage sur le site internet précité s'effectue par internet ou par un service vocal.**

« Le changement de prix peut être communiqué avant la modification effective du prix dans le point de vente si le distributeur précise la date et l'heure à laquelle le changement de prix deviendra effectif.

« Dans le cadre de l'obligation d'affichage des prix de vente sur le site internet précité, tout distributeur exploitant un point de vente au détail de carburants s'inscrit auprès du ministre de l'économie, des finances et de l'industrie. Il peut à tout moment modifier les données descriptives, notamment administratives, le concernant, soit directement sur le site internet, soit par courrier adressé au ministre de l'économie, des finances et de l'industrie. »

www.prix-carburants.gouv.fr. En prévoyant le recueil d'informations sur le site internet www.prix-carburants.gouv.fr, en vue de leur diffusion sur l'ensemble du territoire national, l'Arr. du 12 déc. 2006 s'est borné à faciliter, dans le secteur de la distribution des carburants, l'information due aux consommateurs en vertu de la loi. Dès lors qu'il ne fait pas obstacle à ce que des personnes privées offrent, à titre onéreux, des prestations de services relatives aux prix des carburants et qu'il n'emporte aucune intervention de l'État sur un marché, il n'est contraire ni au principe de la liberté du commerce et de l'industrie ni, en tout état de cause, au droit de la concurrence. • CE 16 juill. 2014 : *RLC janv.-mars 2015. 53, note Brameret.*

Art. 6 *(Arr. du 12 déc. 2006)* **Les dispositions de l'article 5 ne s'appliquent pas aux distributeurs dont les ventes de carburant sont inférieures à cinq cents mètres cubes par an tous produits confondus ; ces distributeurs peuvent toutefois se conformer volontairement à ces mêmes dispositions.**

Art. 7 *(Arr. du 12 déc. 2006)* **Les dispositions des articles 5 et 6 du présent arrêté s'appliquent au superéthanol E85 à compter du 1er janvier 2007.**

Recommandation CCA n° 89-01 du 19 mai 1989,

Concernant les clauses relatives aux contrats d'assurance des véhicules automobiles de tourisme (BOCC 14 juill. 1989).

La Commission des clauses abusives,

Considérant que dans tous les contrats d'assurance des véhicules automobiles de tourisme figure une clause imposant à l'assuré de déclarer, à la souscription, « exactement toutes les circonstances connues de lui et qui sont de nature à faire apprécier à l'assureur les risques qu'il prend en charge », cette formule étant généralement suivie d'une énumération de faits à déclarer qui n'est pas limitative, puisqu'elle est précédée de l'adverbe « notamment » ; qu'il est ajouté que l'assuré doit, en cours de contrat, déclarer lui-même toute modification des circonstances spécifiées soit dans cette énumération, soit aux conditions particulières ; que les sanctions prévues pour l'inobservation de cette obligation sont, en cas de réticence ou de fausse déclaration intentionnelle, la nullité rétroactive du contrat, accompagnée du droit pour l'assureur de conserver, à titre de dommages-intérêts, les primes payées et de recouvrer les primes échues ;

Considérant que ces clauses, bien que licites au regard des articles L. 113-2 (2°), L. 113-8 et L. 113-9 du code des assurances, n'en sont pas moins très dangereuses pour l'assuré ; que celui-ci n'étant pas technicien de l'assurance est rarement en mesure d'apprécier par lui-même, à l'origine et « exactement », « toutes » ces circonstances, s'en remettant au questionnaire soumis par le représentant de l'assureur ; qu'il n'a souvent pas conscience

du caractère aggravant de certaines circonstances survenant par la suite, ou, en ayant conscience, peut négliger d'en informer l'assureur en cours de contrat ; qu'il ne doit pas lui incomber de rechercher lui-même quels sont les faits susceptibles d'avoir une incidence sur le coût des garanties qu'il demande, et qu'il ne saurait être tenu de surveiller constamment le risque afin de rendre compte immédiatement à l'assureur de toute aggravation ; qu'il conviendrait de limiter l'obligation du preneur d'assurance à donner une réponse sincère et complète aux questions précises et dépourvues d'ambiguïté posées par l'assureur lors de la souscription du contrat et, le cas échéant, au moment du renouvellement, le choix des questions – librement exercé par l'assureur – impliquant le renoncement de ce dernier à tout renseignement complémentaire ; que la remise au preneur d'assurance d'un double du questionnaire le mettrait ensuite en mesure de vérifier si les inexactitudes qui lui seraient reprochées ou les objections qui lui seraient opposées correspondent aux réponses qu'il a apportées à la souscription du contrat ou lors de son renouvellement ; que, sauf en cas de fraude ou de mauvaise foi dont la preuve incombe à l'assureur, la déclaration inexacte ou incomplète du risque ne devrait jamais faire l'objet d'une sanction contractuelle plus sévère que la réduction de l'indemnité en proportion du montant des primes payées par rapport aux primes qui auraient été dues si le risque avait été complètement et exactement déclaré, cette mesure ne pouvant, en outre, être appliquée si le risque omis ou dénaturé a été sans influence sur le sinistre ;

Considérant que, si les contrats d'assurance des véhicules automobiles de tourisme sont conclus pour une durée prévue aux conditions particulières, n'excédant pas un an, la formulation de cette durée est ambiguë lorsqu'elle est liée à celle « de la compagnie », ou « de la société », ou fait référence aux statuts de celle-ci, la police précisant alors, de façon trop discrète, la possibilité d'une résiliation annuelle ; qu'il conviendrait d'écarter ces dispositions trompeuses et de généraliser la pratique, déjà adoptée par de nombreux assureurs, des contrats de durée annuelle avec clause de tacite reconduction ;

Considérant que l'organisation de la tacite reconduction est très défavorable pour le consommateur assuré qui désire ne pas renouveler son engagement ; que la plupart des contrats exigent en effet que la lettre exprimant la volonté de non-renouvellement soit parvenue à l'assureur au moins un jour avant le commencement du préavis qui court lui-même avant la date prévue pour la reconduction tacite ; qu'il ne suffit pas que la lettre soit partie avant le commencement de ce délai de préavis, le cachet de la poste ne faisant pas foi et le retard des services postaux n'étant pas pris en considération ; que, dès lors, si cette lettre arrive même avec un seul jour de retard, le contrat est automatiquement reconduit pour une année ; que l'assureur n'a même pas alors à répondre à la lettre tardive de l'assuré, son silence n'étant pas interprété comme une renonciation à se prévaloir de ce retard ;

Considérant que, pour donner au preneur d'assurance une meilleure information sur les conditions dans lesquelles le contrat se renouvelle et lui éviter de se retrouver contraint de demeurer dans les liens contractuels au cours d'une nouvelle année, il apparaît nécessaire, d'une part, d'indiquer, en caractères très apparents et en tête du contrat, après sa date de prise d'effet et sa durée, la date à laquelle l'assuré sera forclos pour expédier la lettre exprimant sa volonté de ne pas renouveler le contrat, d'autre part, d'éliminer toutes les clauses ayant pour objet ou pour effet d'imposer le renouvellement à un assuré qui a expédié sa lettre de résiliation avant la date indiquée pour le renouvellement du contrat par tacite reconduction ; qu'enfin le préavis imposé ne saurait dépasser une durée de deux mois ; que chaque avis d'échéance doit également indiquer la date à laquelle l'assuré sera forclos pour expédier la lettre exprimant sa volonté de ne pas renouveler le contrat ;

Considérant que, pour éviter que l'assuré ne se trouve en situation de non-assurance dans l'hypothèse où, n'ayant pas eu connaissance de la lettre de l'assureur l'informant de son intention de s'opposer au renouvellement du contrat, il n'aurait pas souscrit auprès *d'une autre compagnie,* ainsi que la loi lui en fait obligation, une nouvelle garantie, il convient de maintenir, à l'égard de l'assureur, la pratique actuelle exigeant que la lettre recommandée soit reçue par l'assuré avant le commencement du délai de préavis ;

Considérant que certaines polices prévoyant l'application de franchises à la charge du souscripteur pour « conduite du véhicule par une personne titulaire d'un permis de moins de cinq ans » – franchise pouvant se cumuler avec les autres franchises éventuellement prévues aux conditions particulières – précisent qu'« à défaut par l'assuré d'effectuer le remboursement d'une franchise sur la garantie « Responsabilité civile », le contrat se trouve résilié de plein droit... à l'expiration d'un délai de trente jours après l'envoi, à son dernier domicile connu, d'une lettre recommandée demandant le remboursement de la franchise et restée sans effet » ; que cette résiliation, inexactement qualifiée « de plein droit » puisqu'elle résulte d'une initiative de l'assureur, procède d'une confusion avec l'hypothèse prévue par l'article L. 113-3 du code des assurances pour le non-paiement de la prime qui permet à l'assureur de résilier le contrat après une mise en demeure ayant donné trente jours à l'assuré pour s'acquitter de sa dette, et une suspension de garantie ayant duré au moins dix jours ; que cette clause, manifestement abusive, doit être supprimée ;

Considérant que les polices d'assurance des véhicules de tourisme, même limitées à la seule responsabilité civile obligatoire du conducteur, prévoient fréquemment des franchises dont le montant a tendance à s'élever, atteignant parfois actuellement jusqu'à 7 000 F *[1 067,14 €]* par sinistre ; que, si les franchises ne sont pas opposables aux victimes, lesquelles demeurent totalement garanties, elles constituent – encore qu'une disposition réglementaire les ait autorisées (art. R. 211-9 C. assur.) – une entrave à l'obligation légale d'assurance imposée au souscripteur ; qu'il convient, pour mettre un terme à ces pratiques abusives, de supprimer toute possibilité de franchise concernant l'assurance de responsabilité civile obligatoire ;

Considérant que les clauses prévoyant qu'en cas de résiliation au cours d'une période d'assurance la portion de prime ou de cotisation afférente à la fraction correspondante à la période postérieure à la résiliation ne sera pas restituée à l'assuré attribuent à l'assureur un avantage excessif ; qu'il en est ainsi en cas d'aggravation du risque, l'assureur étant suffisamment protégé par la disposition de l'article L. 113-4 du code des assurances qui lui permet soit de résilier le contrat, soit de proposer un nouveau taux de prime, après que l'assuré lui a déclaré cette hypothèse d'aggravation préalable à sa mise en œuvre ; qu'il en est de même en cas d'aliénation du véhicule, l'assuré ne devant pas être pénalisé pour avoir vendu ou donné celui-ci, même s'il l'a fait moins d'un an après avoir souscrit la garantie ; que, cependant, dans cette dernière hypothèse, pour éviter que l'assuré, désirant garantir son véhicule pendant quelques mois, ne décide de souscrire une assurance annuelle avant d'exercer sa faculté de résiliation en cours de contrat afin d'échapper à la tarification plus élevée d'une assurance dite temporaire, il convient de permettre à l'assureur de ne rembourser à l'assuré que la portion de prime lui restant due selon l'application du tarif en vigueur pour cette assurance temporaire ;

Considérant que si la prime ou cotisation fait l'objet d'une augmentation en raison de la variation d'un indice, cette augmentation ne doit intervenir qu'au terme de l'année d'assurance afin de permettre à l'assuré, s'il le désire, de s'opposer au jeu de la tacite reconduction du contrat ; que méconnaît cette règle la clause prévoyant la variation de la prime ou cotisation – ainsi que les garanties et les franchises – en fonction de l'évolution d'un indice accepté par l'assuré de manière à lui interdire de résilier le contrat pour majoration de la prime selon ce mécanisme ;

Considérant que les clauses établissant les obligations des parties en cas de sinistre font apparaître un évident déséquilibre au détriment de l'assuré, les délais impartis à ce dernier pour formuler sa déclaration étant manifestement trop brefs et la sanction de leur inobservation trop rigoureuse ; qu'en particulier est abusive l'obligation qui lui est faite de déclarer, sous peine de déchéance, le vol dans les vingt-quatre heures à partir du moment où il en a connaissance, ce délai ne pouvant être raisonnablement inférieur à deux jours ; que la déchéance du bénéfice de l'assurance, généralement imposée comme sanction du moindre retard apporté par l'assuré pour sa déclaration, quel que soit le délai qui lui a été imparti, apparaît excessive et de nature à donner à l'assureur un moyen de pression pour imposer à l'assuré l'acceptation d'une indemnisation réduite ; que la déchéance, qui est encore prévue dans certains contrats en cas de déclaration tardive du vol aux services de police ou de dépôt de plainte tardif auprès du procureur de la République, est illicite, car contraire aux dispositions de l'article L. 113-2 du code des assurances ; qu'il est abusif d'appliquer, sauf en cas de mauvaise foi dûment établie, une sanction plus grave que l'indemnité mesurée au dommage que l'assuré, par sa déclaration tardive, a pu causer à l'assureur ; qu'il est rare, en revanche, que l'assureur se trouve contraint, par les dispositions contractuelles, à apporter au sinistre un règlement rapide ; que les polices stipulent souvent, en cas de vol, que ce règlement doit être effectué « dans les quinze jours » ou « dans les trente jours » de l'accord amiable ou de la déclaration judiciaire exécutoire, l'imprécision quant au point de départ du délai permettant ainsi de retarder le règlement du sinistre de façon excessive ;

Considérant que la présentation matérielle des contrats d'assurance des véhicules de tourisme ne permet pas aux souscripteurs d'avoir une information claire des différentes garanties qu'ils souscrivent ni des obligations auxquelles l'assureur s'est engagé en cas de sinistre ; qu'ils comprennent des « conditions générales », auxquelles s'ajoutent des « annexes » ou « intercalaires », des « conventions particulières », sur lesquelles figurent seulement la signature des parties, comme sur les « avenants » pouvant s'y ajouter ; qu'à l'évidence la multiplicité de ces documents décourage leur lecture et rend très difficile la détermination des garanties souscrites ; qu'il apparaît nécessaire que le contrat d'assurance des véhicules de tourisme soit constaté, au moment de sa conclusion, par un document écrit et personnalisé, signé par les parties, constatant leur accord et attestant la remise conjointe des conditions générales et particulières, et qu'il soit renouvelé et mis à jour chaque fois que les garanties sont modifiées ;

Considérant que les exclusions directes et indirectes – ces dernières résultant de la définition, variable d'une compagnie à l'autre, du risque garanti – apparaissent très dispersées ; que certaines, générales, sont applicables à tous les risques, alors que d'autres concernent tel risque particulier ; que si nombreuses sont les polices ayant pris soin de rappeler, pour chaque risque particulier, l'application des causes générales d'exclusion, certaines négligent de le faire, rendant ainsi plus confuse la détermination des garanties ; qu'il en est de même des franchises concernant les risques autres que la responsabilité civile obligatoire dont certaines sont générales, d'autres propres à tel risque ou groupe de risques ; qu'il apparaît donc souhaitable, pour remédier à cette dispersion si fâcheuse pour l'assuré, de généraliser la pratique des tableaux récapitulatifs des garanties, présentés autant que possible sur une seule page, et indiquant en trois colonnes la nature des garanties, leurs montants et les franchises précitées ;

Considérant que certaines polices d'assurance de véhicules automobiles de tourisme comportent encore, dans le cadre de la garantie obligatoire, des clauses limitant le paiement des indemnités dues aux « passagers transportés à titre gratuit dans le véhicule désigné aux conditions particulières suivant le nombre de places indiqué » ou précisant que la garantie « ne serait pas acquise si, lors d'un accident, il est établi que le nombre de personnes transportées est supérieur au nombre de places prévu sur la carte grise du véhicule » ; que ces clauses violent l'article R. 211-10 du code des assurances autorisant l'assureur à prévoir des exclusions de garantie lorsque le transport des passagers s'effectue dans des conditions insuffisantes de sécurité et l'article A. 211-3 du même code, pris pour son application, qui n'évoque pas le cas de transport de passagers en surnombre ; qu'elles sont donc illégales et abusives ;

Considérant que les clauses de conduite exclusive figurant dans certaines polices ont un caractère abusif quelle que soit leur portée ; qu'en effet, lorsqu'elles visent, en premier lieu, à interdire au conducteur désigné le prêt de son véhicule, voire celui du volant, elles méconnaissent l'obligation légale d'assurance de responsabilité civile devant garantir toute personne ayant la garde ou la conduite, même non autorisée, du véhicule (art. L. 211-1 C. assur.) ; que lorsqu'elles ont pour objet, en second lieu, d'astreindre le souscripteur au versement d'une surprime pour le cas où un sinistre surviendrait alors que le véhicule serait utilisé par un conducteur non désigné, elles ajoutent une sanction nouvelle à celles limitativement prévues par les articles L. 113-8 et L. 113-9 du code des assurances en cas d'omission ou de déclaration inexacte du risque ; que lorsqu'elles ont pour but, en troisième lieu, d'imposer, dans cette dernière hypothèse, une franchise au souscripteur, elles limitent encore abusivement l'obligation légale d'assurance imposée par l'article L. 211-1 du code des assurances ; qu'elles sont donc, en tout état de cause, illégales et abusives ;

Considérant que la quasi-totalité des contrats d'assurance des véhicules de tourisme impose au souscripteur une garantie « défense-recours », appelée aussi parfois « protection juridique » ; que cette pratique consistant à contraindre le preneur d'assurance, désirant seulement se garantir contre le risque de responsabilité civile pour se conformer à l'obligation légale, est abusive, les sociétés d'assurance n'ayant pas qualité pour imposer aux consommateurs-assurés une garantie qui demeure facultative ; qu'elle est de plus illicite, l'article 30 de l'ordonnance n° 86-1243 du 1er décembre 1986 interdisant de subordonner, à l'égard d'un consommateur, la prestation d'un service à celle d'un autre service *[C. consom., art. L. 121-11]*, l'infraction à cette disposition étant punie des peines d'amende prévues pour les contraventions de cinquième classe (art. 33, alinéa 1er, décret n° 86-1243 du 29 décembre 1986) ; que si cette garantie n'est pas onéreuse, son prix variant généralement de 2 à 5 p. 100 du montant de la prime, sa souscription n'en augmente pas moins le prix de cette dernière, et porte atteinte au libre choix économique du consommateur ; que cette garantie apparaît souvent inutile, les particuliers étant de plus en plus nombreux à bénéficier par ailleurs d'une assurance de « protection juridique » qui aurait alors vocation à intervenir, d'autant que le jeu de cette assurance permettrait d'éviter les difficultés soulevées par les conflits d'intérêt entre l'assureur de responsabilité de l'automobiliste et ce dernier, même dans l'hypothèse où ces garanties sont souscrites auprès de la même compagnie ; que cette clause apparaît donc encore abusive en ce qu'elle contraint l'automobiliste bénéficiant déjà d'une assurance « protection juridique » à un cumul d'assurances ; que la garantie « défense-recours » est, de plus, généralement illusoire en raison de la convention inter-sociétés pour le règlement des sinistres automobiles (IRSA) imposant, dans un certain nombre d'hypothèses courantes, des « renonciations à recours » aux sociétés adhérentes (art. 401), l'« assureur direct » devant faire alors son affaire personnelle des réclamations de son assuré (art. 402) ; que non seulement l'assureur garantissant la « défense-recours » n'aura, dans cette hypothèse, aucun recours à exercer, mais qu'il sera même tenté de faire admettre à son propre assuré sa responsabilité à l'égard d'un tiers afin de limiter son règlement à la compagnie de ce dernier au coût moyen du sinistre établi dans le cadre de cette convention ;

Considérant que la garantie « défense-recours » se trouve parfois jumelée à deux autres garanties, l'« avance sur recours » et « l'insolvabilité du tiers responsable », la compagnie garantissant au souscripteur, par cette dernière, « le remboursement des dommages matériels subis par le véhicule et à la charge du tiers, si ce dernier est insolvable » ; que l'utilité de cette garantie d'insolvabilité apparaît douteuse, puisque, lorsque le tiers responsable est un automobiliste, le risque d'insolvabilité est quasi inexistant, les dommages étant pris en charge par son assureur, et, à défaut, par le fonds de garantie ; que les situations dans lesquelles la garantie d'insolvabilité du tiers responsable serait appelée à jouer – s'agissant par exemple de dommages causés par des piétons ou des cyclistes non assurés – demeurent marginales et exceptionnelles ; qu'en tout état de cause, la clause liant les garanties « avance sur recours » et « insolvabilité du tiers » à la garantie « défense-recours », dont la souscription est généralement imposée à l'assuré, est abusive et également illicite, violant la disposition précitée de l'article 30 de l'ordonnance du 1er décembre 1986 *[C. consom., art. L. 121-11]* ; qu'il convient de donner à la souscription de ces garanties un caractère distinct ;

Considérant que les conditions générales des polices d'assurance des véhicules automobiles de tourisme garantissant les dommages commis par vol au véhicule assuré précisent souvent « qu'il appartient à l'assuré d'établir la preuve de la réalité du vol ou de la tentative de vol, le vol ou la tentative de vol du véhicule ou de ses accessoires d'origine (...) n'étant en outre garantis que si l'assuré peut apporter la preuve matérielle qu'il y a eu effraction » ; que, face à cette clause, l'assuré se trouve fréquemment, en cas de sinistre, aux prises avec des difficultés de preuve dont il n'avait pas, à la souscription, mesuré l'importance et qui réduisent gravement la portée de la garantie souscrite ; que l'effraction ne faisant généralement l'objet d'aucune définition contractuelle, et cette notion étant strictement interprétée par la jurisprudence, l'assuré se trouve privé de garantie, en raison de l'absence d'effraction, lorsque son véhicule lui est volé sous la menace d'une arme, grâce à la soustraction des clefs ou par suite de l'effraction du portail du garage dans lequel il est remisé, une clause excluant souvent « les vols survenus alors que le conducteur avait laissé les clés à l'intérieur du véhicule assuré, y compris lorsque le véhicule se trouve à l'intérieur d'un garage fermé à clé » ; qu'il convient d'éliminer non seulement les clauses subordonnant la garantie de vol à la preuve, par l'assuré, d'une effraction – cette preuve pouvant demeurer en revanche la condition de son indemnisation pour une tentative de vol –, mais encore celles qui excluent la garantie lorsque les clés du véhicule ont été laissées à l'intérieur de celui-ci, alors qu'il se trouvait remisé dans un garage fermé à clé, à l'usage exclusif de l'assuré, ou alors que des violences ont été exercées à l'encontre du conducteur ;

Considérant que l'assuré dont le véhicule a été volé se trouve fréquemment contraint de reprendre ce véhicule dans l'hypothèse où il serait retrouvé avant le paiement de l'indemnité – la compagnie étant seulement tenue à concurrence des dommages et des frais garantis – sans qu'aucune date limite ne soit parfois fixée pour ce paiement ; que l'assureur sera alors tenté de retarder le règlement du sinistre dans l'espoir que le véhicule soit retrouvé, ce qui lui permettrait d'échapper au paiement de l'indemnité ; qu'il en résulte pour l'assuré une situation d'incertitude inacceptable, de nature à lui interdire de remplacer son véhicule pendant une période excessivement longue ; qu'il conviendrait, pour éviter ces pratiques abusives, de limiter l'obligation faite à l'assuré de reprendre son véhicule volé lorsque celui-ci est retrouvé au-delà du délai d'un mois après la déclaration du vol, ainsi que certaines polices l'admettent déjà ;

Considérant que certaines polices d'assurance des véhicules automobiles de tourisme prévoient, indépendamment de la couverture des risques de catastrophes naturelles, des extensions de garantie « en cas de survenance d'un événement climatique exceptionnel », les véhicules se trouvant alors garantis en cas de grêle, chute d'arbres sur le véhicule du fait de la tempête, chute de neige, glissement de terrain... ; qu'elles précisent cependant que « la décision de considérer un événement climatique comme exceptionnel sera prise par la société en fonction des renseignements qu'elle aura pu recueillir, tant sur le plan local qu'auprès des organismes nationaux de météorologie » ; que cette garantie apparaît ainsi trompeuse puisque l'assureur se trouve en situation de déterminer lui-même, en fonction de sa propre interprétation des renseignements divers et difficilement contrôlables qu'il a recueillis, s'il accorde ou non sa garantie ; que cette clause, manifestement abusive, doit être éliminée ;

Considérant que les clauses des garanties « dommages accidentels subis par le véhicule assuré », ainsi que parfois « vol » et « incendie », excluant les dommages ayant leur origine directe dans un défaut d'entretien, dans l'usure ou la défectuosité du véhicule, sans définir ces diverses notions, sont abusives ; que la difficile appréciation de la causalité, permettant à l'assureur de refuser arbitrairement le versement de l'indemnité ou de réduire son montant, est une source de nombreux conflits ; qu'aussi bien ces clauses, méconnaissant l'exigence légale du caractère limité formulée par l'article L. 113-1 du code des assurances, sont illicites ;

Considérant que les conditions générales des contrats d'assurance des véhicules automobiles de tourisme ne permettent pas à l'assuré de connaître avec suffisamment de précision les éléments de référence utilisés par l'assureur pour apprécier la valeur du véhicule ; que ces clauses se réfèrent parfois à la « valeur vénale » de celui-ci ou à sa « valeur de remplacement », sans préciser le sens donné à ces divers critères ; que si elles indiquent généralement que ces valeurs sont déterminées « à dire d'expert », elles n'informent pas l'assuré qu'il a la possibilité de contester l'appréciation de l'expert, qui n'est pas un expert « judiciaire », mais un expert « de la compagnie » ou du moins choisi par elle ; qu'il apparaît souhaitable que les polices donnent une définition contractuelle de la valeur de référence permettant à l'assuré de comprendre et de contrôler l'appréciation par l'assureur de la valeur du véhicule et qu'elles informent l'assuré qu'il n'est pas lié par l'appréciation de l'expert désigné par l'assureur,

Recommande :

I. – Que soient éliminées des contrats d'assurance des véhicules automobiles de tourisme les clauses suivantes ayant pour objet ou pour effet :

1. De soumettre le preneur d'assurance aux sanctions prévues pour non-déclaration ou déclaration inexacte du risque assuré lorsqu'il a omis de signaler des circonstances ou des *faits autres que ceux sur lesquels l'assureur* l'a explicitement interrogé au moyen d'un questionnaire écrit, avant la conclusion du contrat, en cours de contrat ou lors de son renouvellement ;

2. D'assortir la déclaration inexacte ou incomplète du risque, hors les cas de mauvaise foi dûment établie, d'une sanction plus sévère que la réduction de l'indemnité en proportion du montant des primes payées par rapport à celui des primes qui auraient été dues si

le risque avait été complètement et exactement déclaré et d'appliquer cette sanction lorsque le risque omis ou dénaturé a été sans influence sur le sinistre ;

3. De dissimuler au preneur d'assurance la faculté de mettre fin chaque année aux relations contractuelles par une définition de la durée du contrat résultant d'une formule trompeuse telle que « durée compagnie », « durée société » ou « durée statutaire » ;

4. D'imposer le renouvellement du contrat au preneur d'assurance qui a manifesté sa volonté contraire par l'expédition d'une lettre recommandée avec avis de réception, ou par tout autre moyen, avant la date indiquée pour le jeu de la tacite reconduction ;

5. D'imposer au preneur d'assurance, lorsqu'il prend l'initiative du non-renouvellement, un délai de préavis supérieur à deux mois ;

6. De prévoir la résiliation du contrat en cas de non-remboursement d'une franchise par l'assuré ;

7. De limiter, par le jeu d'une franchise, l'assurance de responsabilité civile imposée par la loi ;

8. De faire obstacle, en cas de résiliation du contrat, au remboursement à l'assuré de la portion de prime afférente à la période pendant laquelle le risque ne court plus, hormis le cas où la résiliation a pour cause l'aliénation par l'assuré d'un véhicule garanti depuis moins d'un an, l'assureur pouvant alors réduire ce remboursement par application du barème applicable à l'assurance temporaire ;

9. D'imposer l'indexation de la prime ou cotisation sans préciser qu'en tout état de cause aucune majoration ne peut intervenir avant le terme du contrat ni rappeler au preneur d'assurance qu'il peut s'opposer à son renouvellement ;

10. D'obliger l'assuré, en cas de vol, à déclarer le sinistre dans un délai inférieur à deux jours ;

11. D'assortir la méconnaissance des obligations imposées à l'assuré en cas de sinistre – en particulier le retard dans la déclaration – de la déchéance du bénéfice de l'assurance et, de façon plus générale, d'une sanction plus grave qu'une condamnation à indemniser l'assureur du dommage que cette faute a causé, sauf en cas de mauvaise foi dûment établie ;

12. De contraindre l'assureur, en cas de vol déclaré par l'assuré, à verser l'indemnité due à ce dernier dans un certain délai sans donner à celui-ci un point de départ précis et ne pouvant dépendre de la volonté de l'assureur ;

13. D'exclure ou de limiter la garantie de responsabilité civile en cas de transport de passagers en surnombre ;

14. D'interdire, pour l'application de l'assurance de responsabilité civile, le prêt du véhicule – ou de son volant – ou de prévoir, en cas de sinistre survenant à l'occasion de ce prêt, le paiement d'une surprime ou l'intervention d'une franchise ;

15. D'imposer au preneur d'assurance de responsabilité civile la souscription d'une garantie défense-recours ;

16. D'imposer au preneur d'assurance de responsabilité civile, désireux de souscrire une garantie « défense-recours », la souscription des garanties « avance sur recours » ou « insolvabilité du tiers » ;

17. De subordonner, en cas de vol, l'indemnisation de l'assuré, à la preuve, par ce dernier, d'une effraction ;

18. D'exclure la garantie, en cas de vol du véhicule, lorsque les clés ont été laissées à l'intérieur de celui-ci alors qu'il se trouvait remisé dans un garage fermé à clé à l'usage exclusif de l'assuré ;

19. D'exclure la garantie, en cas de vol du véhicule, lorsque les clés ont été laissées à l'intérieur de celui-ci, alors que des violences ont été exercées à l'encontre du conducteur ;

20. De garantir les dommages causés par des « événements climatiques exceptionnels » tout en réservant à l'assureur le soin de déterminer, en fonction de critères non contrôlables par l'assuré, la survenance de tels événements ;

21. D'exclure ou de réduire l'indemnisation des dommages subis par le véhicule assuré lorsqu'ils auraient leur origine dans son usure, sa défectuosité ou dans un défaut d'entretien.

II. – Que les contrats d'assurance des véhicules automobiles de tourisme comportent des clauses ayant pour objet ou pour effet :

1. De limiter la durée du contrat à une année, en prévoyant le renouvellement du contrat, d'année en année, par tacite reconduction ;

2. D'indiquer, en caractères très apparents, et en tête du contrat, après sa date de prise d'effet et sa durée, la date à laquelle le preneur d'assurance sera forclos pour exprimer sa volonté de ne pas renouveler le contrat ;

3. D'indiquer que la lettre recommandée par laquelle l'assureur exprime sa volonté de ne pas renouveler le contrat doit être reçue par le preneur d'assurance avant que le délai de préavis de deux mois ait commencé à courir ;

4. De fixer, en cas de vol, au jour de la déclaration, le point de départ du délai dans lequel l'assureur s'est obligé à verser l'indemnité ;

5. De limiter à un mois, à compter de la déclaration du vol, la période au cours de laquelle l'assuré sera contraint de reprendre son véhicule s'il est retrouvé.

III. – Que la présentation matérielle des contrats d'assurance des véhicules automobiles de tourisme obéisse aux règles suivantes :

1. Remise au preneur d'assurance, au moment de la souscription, d'un document écrit et personnalisé, signé par les deux parties, constatant le contrat, attestant la remise conjointe des conditions générales et particulières et décrivant les garanties, accompagné d'une copie du questionnaire rempli par le preneur, permettant à l'assureur d'apprécier les risques garantis ;

2. Renouvellement et mise à jour de ce document à chaque modification des garanties ;

3. Insertion, dans ce document, d'un tableau récapitulatif des garanties, de lecture facile, divisé en trois colonnes consacrées respectivement à la nature des garanties, à leur montant et aux franchises concernant les risques autres que la « responsabilité civile » obligatoire ;

4. Information claire et objective du preneur d'assurance :

– sur l'intérêt que peut présenter pour lui, dans l'hypothèse où il ne bénéficie pas d'une assurance de protection juridique, la souscription d'une garantie « défense-recours » ;

– sur les conditions de mise en œuvre de cette garantie « défense-recours » en présence d'une convention inter-sociétés de règlement des sinistres à laquelle adhère la société contractante et qui n'est pas opposable au preneur d'assurance ;

– sur son droit de contester, en tout état de cause, le principe de sa responsabilité, ou la part qui lui est imputée, en dépit de la convention inter-sociétés ci-dessus visée ;

5. Définition précise des éléments de référence utilisés par l'assureur pour apprécier la valeur du véhicule, tels que « valeur vénale », « valeur de remplacement » ou « valeur à dire d'expert » ;

6. Information de l'assuré qu'il a la possibilité, chaque fois que l'assureur requiert l'intervention d'un « expert », de contester son appréciation ou ses conclusions et de solliciter la désignation d'un autre « expert » agissant contradictoirement.

(Texte adopté le 19 mai 1989 sur le rapport de M. Roger Bout.)

Recommandation CCA n° 94-05 du 18 novembre 1994,

Concernant les bons de commande et les contrats de garantie des véhicules d'occasion (BOCC 28 déc. 1994).

La Commission des clauses abusives,

Considérant que lors de l'achat d'un véhicule d'occasion (VO) la garantie contractuelle est un argument de vente déterminant et qu'en conséquence son contenu doit être examiné attentivement ;

Considérant que la garantie des véhicules d'occasion est proposée par une première catégorie d'intervenants, les vendeurs eux-mêmes, dont une partie relève d'un réseau de marque (constructeurs et importateurs) ;

Considérant qu'elle est également assurée par des prestataires de garantie, tiers aux contrats de vente, qui sont des fabricants de lubrifiants ou des cabinets spécialisés dans la garantie automobile. Ces derniers remplissent les obligations résultant de la garantie, le risque lui-même étant couvert par des compagnies d'assurances ;

Considérant que cette dualité d'intervenants justifie que la présente recommandation soit scindée en deux parties ;

I. *Les contrats proposés par les vendeurs de véhicules d'occasion*

A. *Les bons de commande*

Considérant que les vendeurs de véhicules d'occasion définissent les conditions de vente dans des contrats prérédigés appelés bons de commande ;

Considérant que le décret n° 78-993 du 4 octobre 1978 *[supra]* **et son arrêté d'application du 2 mai 1979 prévoient, outre l'obligation d'un écrit, des mentions obligatoires qui constituent une information indispensable pour les consommateurs, que le défaut d'une mention constitue une violation de la loi ;**

Considérant que de nombreux contrats comportent des clauses illégales parce que dérogeant aux règles impératives de compétence territoriale prévues aux articles 46 et 48 du NCPC *[C. pr. civ. ; V. v° Compétence]* **;**

Considérant que des contrats prévoient en matière de livraison un délai important, éventuellement prorogeable, en faveur du vendeur alors qu'un délai très court est imposé à l'acheteur pour la prise de livraison, que ces clauses sont devenues illégales en application de l'article L. 114-1 *[L. 121-17]* **du code de la consommation, qu'elles sont au surplus abusives quand un délai très court est imposé à l'acheteur pour la prise de livraison ;**

Considérant que l'ensemble de ces clauses illégales, bien que n'étant pas opposables au consommateur, peuvent l'induire en erreur et doivent donc être éliminées ;

Considérant qu'une clause prévoit que des frais de garage sont exigés du consommateur qui ne prend pas livraison de son véhicule à temps alors qu'il est stipulé par ailleurs dans le contrat que celui-ci ne peut être résilié au détriment du vendeur que trois mois après la non-livraison, que cette clause doit être considérée comme abusive à moins que n'aient été prévus un délai raisonnable, une mise en demeure préalable et le montant des frais ;

Considérant que la plupart des contrats comportent une clause selon laquelle en cas de résiliation à l'initiative de l'acheteur, l'acompte demeure acquis au vendeur sans qu'une indemnité équivalente soit versée à l'acheteur en cas de non-livraison ; que cette clause doit être déclarée abusive car elle ne respecte pas l'équilibre des obligations en cas d'inexécution des contrats, que la commission s'est déjà prononcée dans ce sens dans ses recommandations n°s 81-01 et 91-02 *[V. ces textes, v° Clauses abusives]* **;**

Considérant que des clauses concernant les conditions générales de vente disposent que celles-ci prévalent toujours sur les accords particuliers alors que le consommateur est fondé à voir respecter des conditions qu'il a négociées individuellement, qu'une autre clause stipule que la signature du bon de commande vaut acceptation des conditions générales de vente sans qu'il soit établi qu'il en ait eu connaissance, que ces différentes clauses induisent le consommateur en erreur et doivent être déclarées abusives ;

Considérant qu'une clause prévoit que le négociant ne peut être tenu pour responsable des engagements pris par ses préposés, alors qu'un consommateur est légitimement en droit de penser que le salarié représente et engage le vendeur et qu'il est ainsi induit en erreur, que le consommateur est lié par le contrat alors que l'engagement du vendeur n'est qu'éventuel, que cette clause « qui a pour objet ou pour effet de prévoir lors de la signature du contrat un engagement immédiat et définitif du consommateur et un engagement éventuel du professionnel » doit être déclarée abusive, que la commission s'est prononcée dans ce sens dans ses recommandations n°s 81-01 et 91-02 ;

B. *Les contrats de garantie*

Considérant que des clauses excluent tout droit du consommateur à réparation, que celles-ci sont expressément interdites par l'article 2 du décret n° 78-464 du 24 mars 1978 *[V. C. consom., art. R. 212-1]* **et doivent être déclarées illégales ;**

Considérant que des clauses prévoient que le délai de réparation est inclus dans le délai de garantie contractuelle, que ces clauses sont contraires aux dispositions de l'article L. 211-2 *[L. 217-2]* **du code de la consommation et doivent être déclarées illégales, dès lors que le délai d'immobilisation est d'au moins sept jours ;**

Considérant que de très nombreux contrats prévoient une exclusion de garantie en cas de revente, qu'une telle clause déprécie notablement la valeur commerciale du bien acheté et doit être déclarée abusive ;

Considérant que certaines garanties excluent les frais de dépannage et de remorquage alors que l'intervention du réseau est imposée, qu'une telle exclusion peut être très coûteuse dès lors que le réseau est dispersé et doit donc être déclarée abusive dans ce cas ;

Considérant qu'une exclusion générale portant sur les frais de démontage est abusive, dans le cas où ceux-ci sont dus à une erreur de diagnostic du réparateur ;

Considérant que des limitations territoriales très restrictives vident la garantie de sa substance et doivent être déclarées abusives ;

Considérant qu'indépendamment des clauses illégales au regard des dispositions impératives des articles 46 et 48 du NCPC *[C. pr. civ. ; V. v° Compétence]*, d'autres clauses restreignent abusivement le recours des consommateurs en justice ;

Considérant qu'une clause impose de soumettre les contestations au service du constructeur ; que celle-ci doit être déclarée abusive dans la mesure où elle a pour effet d'imposer une décision au consommateur, en excluant tout recours à la justice ;

Considérant qu'en cas de mise en œuvre de la garantie, une clause met les frais d'expertise à la charge de l'acheteur, qu'elle doit être déclarée abusive dans la mesure où la responsabilité de celui-ci n'est pas engagée ;

Considérant qu'un problème de lisibilité se pose pour certains contrats.

II. *Les contrats proposés par les prestataires de garantie*

Considérant que certains de ces contrats créent une confusion entre les garanties contractuelles qu'ils confèrent et la garantie légale du vendeur, qu'une clause exonérant le garagiste de la garantie des vices cachés induit en erreur le consommateur qui ignore que subsiste un recours direct contre le vendeur et le fabricant sur la base de la garantie légale ; que l'absence de référence à la garantie légale peut avoir pour effet d'engendrer une confusion sur l'étendue des deux catégories de garantie et de laisser croire au remplacement de la garantie légale par la garantie contractuelle, ce qui est abusif ;

Considérant que lorsque le contrat de garantie prévoit une prescription de l'action envers le garant celle-ci ne s'applique pas pour autant au constructeur ou au vendeur ;

Considérant qu'en cas de revente du véhicule d'occasion, le sous-acquéreur doit également être informé que, conformément à la jurisprudence, il bénéficie de la garantie légale ;

Qu'il résulte de ces différents considérants qu'il est nécessaire de compléter l'information du consommateur sur l'existence de la garantie légale.

Considérant que des clauses prévoient la déchéance de la garantie en cas d'inobservation de certaines obligations telles que :

— l'obligation d'entretien assortie de l'obligation accessoire de l'envoi d'un coupon d'entretien au garant dans les trois jours par lettre recommandée avec avis de réception ;

— en cas de réparation soumise à la garantie, l'obligation d'un accord écrit préalable à tous travaux et l'envoi d'un coupon dans un délai excessivement court de quarante-huit heures à trois jours après l'événement ouvrant droit à la garantie ;

— l'obligation d'avoir un limitateur de régime pour certains véhicules ;

— l'obligation imposée par un vendeur de lubrifiants de mettre un emblème de la marque sur la lunette arrière du véhicule ;

Que de telles clauses doivent être déclarées abusives ;

Considérant que certains contrats comportent une clause d'agrément subordonnant la garantie à un enregistrement sous la forme de l'envoi, par le garagiste vendeur, d'un coupon trois à huit jours après l'achat ; que le garant se réserve le droit de refuser l'adhésion pendant un certain délai ; que l'octroi de la garantie n'étant pas une condition suspensive de la vente, le consommateur qui a acheté un véhicule d'occasion en pensant être « garanti contre les pannes » est ainsi trompé, puisqu'un sinistre intervenant pendant ce délai, *période d'essai souvent critique*, ne sera pas pris en charge ; que la clause réservant au prestataire de garantie le droit de refuser l'adhésion pendant un certain délai doit être déclarée abusive ;

Considérant que des clauses prévoient une exclusion de garantie en cas de revente, que pour les mêmes raisons que celles évoquées en matière de contrats de vente, elles doivent être déclarées abusives ;

Considérant que des clauses excluent du champ contractuel les frais de démontage et de recherche sur les pièces non garanties ; que cette exclusion générale doit être déclarée abusive dans le cas où les frais sont dus à une erreur de diagnostic du réparateur ;

Considérant que certains contrats envisagent de nombreuses limitations de garantie :

– limitation territoriale plus ou moins restrictive ;
– limitation dans le temps ;
– limitation au-delà d'un certain kilométrage ;
– montant dérisoire de l'indemnisation ;
– limitation aux avaries rendant le véhicule inutilisable ;
– franchise imposée ;
– pourcentage important du prix des travaux restant à la charge du consommateur dans le cas d'un échange standard ;
– garantie ne jouant que jusqu'à un certain montant de travaux ;

Que l'accumulation de limitations de ce type peut être génératrice d'abus ;

Considérant que les clauses d'attribution de compétence territoriale sont illicites ;

Considérant que doit être déclarée abusive une clause qui laisse croire au consommateur que tout recours judiciaire est exclu ;

Considérant que doit aussi être déclarée abusive la clause prévoyant que s'impose au consommateur le rapport de l'expert désigné par le garant ou mandaté par lui, les parties ne pouvant être privées du droit d'en discuter les conclusions ; qu'il doit en être de même pour une clause disposant que les frais d'expertise sont à déduire du maximum de remboursement ;

Considérant que la taille des caractères, sensiblement inférieurs au corps 8, rend plusieurs contrats illisibles ;

Recommande :

1° *En ce qui concerne les contrats des vendeurs de véhicules d'occasion*

a. Que les bons de commande comportent toutes les mentions obligatoires prévues par le décret n° 78-993 du 4 octobre 1978 et son arrêté d'application

Que soient indiquées une date limite de livraison et la possibilité pour le consommateur de résilier son contrat sept jours après cette date, conformément à l'article L. 114-1 *[L. 121-17]* du code de la consommation ;
Que soit prévu que tout délai de réparation d'au moins sept jours prolonge d'autant le délai de garantie conformément aux dispositions de l'article L. 211-2 *[L. 217-2]* du code de la consommation ;

b. Que soient éliminées des bons de commande et de garantie des véhicules d'occasion les clauses ayant pour objet ou pour effet :

1. De déroger aux règles impératives de compétence territoriale.
2. De mettre à la charge du consommateur des frais de garage pour un retard de prise de livraison sans prévoir un délai raisonnable, une mise en demeure préalable et le montant des frais.
3. De permettre au vendeur en cas de résiliation imputable à l'acheteur de conserver l'acompte sans rappeler qu'en cas de défaillance du professionnel, le consommateur a le choix entre l'exécution forcée de la livraison ou (et) l'allocation de dommages-intérêts.
4. De disposer que les conditions générales de vente prévalent toujours sur les accords particuliers.
5. De prévoir que la signature du bon de commande vaut acceptation des conditions générales de vente stipulées dans un document séparé.
6. De prévoir que le vendeur n'est pas tenu des engagements pris par ses préposés.
7. D'exclure dans les contrats de garantie tout droit du consommateur à réparation.
8. De prévoir une exclusion de garantie en cas de revente.
9. D'exclure de la garantie les frais de dépannage et de remorquage, alors que l'intervention du réseau est obligatoire et que celui-ci est très dispersé.
10. D'exclure de la garantie de façon générale les frais de démontage, même dans le cas où ceux-ci sont dus à une erreur de diagnostic du réparateur.

11. De prévoir des limitations territoriales très restrictives.
12. D'obliger le consommateur à soumettre toute contestation au service du constructeur sans préciser qu'un recours à la justice demeure possible.
13. De mettre les frais d'expertise à la charge du consommateur, même si sa responsabilité n'est pas engagée.

c. Que les documents contractuels soient lisibles, et notamment imprimés avec des caractères dont la hauteur ne soit pas inférieure au corps 8

2° *En ce qui concerne les contrats des prestataires de garantie*

a. Que les contrats des prestataires de garantie de véhicules d'occasion comportent une information sur l'existence de la garantie légale incombant au vendeur ou constructeur tant pour l'acquéreur que pour le sous-acquéreur

b. Que soient éliminées des contrats des prestataires de garantie de véhicules d'occasion les clauses ayant pour objet ou pour effet :
1. De prévoir un délai inférieur à trois jours pour l'envoi de documents relatifs à l'entretien ou à la réparation du véhicule.
2. D'obliger le consommateur à faire installer un limitateur de régime.
3. D'imposer au consommateur l'apposition d'un emblème de la marque de lubrifiant sur le véhicule, sous peine de déchéance de la garantie.
4. De permettre au prestataire de garantie de refuser l'adhésion par le jeu d'une clause d'agrément.
5. De prévoir une exclusion de la garantie en cas de revente.
6. De prévoir une exclusion générale des frais de démontage et de recherche sur les pièces non garanties, dans le cas où les frais sont dus à une erreur de diagnostic du réparateur.
7. D'accumuler les limitations de garantie sans que le consommateur en soit clairement informé.
8. D'enfreindre les règles de compétence territoriale ou de restreindre abusivement le délai de recours dont bénéficie le consommateur.
9. De laisser croire au consommateur que tout recours judiciaire est exclu.
10. De disposer que le rapport de l'expert désigné par le garant s'imposera aux parties et que les frais d'expertise seront à la charge du consommateur, en toute hypothèse.

c. Que les documents contractuels soient lisibles et imprimés avec des caractères d'une hauteur au moins égale au corps 8

(Texte adopté le 18 novembre 1994 sur le rapport de Mme Véronique Crespel).

Recommandation CCA n° 96-02 du 14 juin 1996,

Relative aux locations de véhicules automobiles (BOCC 3 sept. 1996).

La Commission des clauses abusives,

Considérant que les consommateurs ou non-professionnels sont de plus en plus fréquemment amenés à louer un véhicule automobile soit pour une courte durée afin de répondre à un besoin imprévu ou à une situation passagère, soit pour une longue durée pour se dispenser de se porter acquéreur d'un véhicule ; et ce en signant un contrat d'adhésion proposé par le loueur ;

Considérant que la seule durée de la location n'emporte pas une différence de nature des contrats proposés par les professionnels, contrats qui, pour la plupart, contiennent des clauses similaires relatives aux obligations respectives du locataire et du loueur ; qu'en conséquence il convient d'analyser les conditions générales des contrats, quelle que soit la durée de la location tout en retenant que le locataire a pu souscrire expressément des options particulières valablement dérogatoires aux conditions générales (seules examinées par la commission) ;

Considérant que la plupart des contrats sont rédigés de manière quasi illisible, compte tenu soit de la taille des caractères, soit d'une impression claire sur fond pâle, ce qui, d'une

part, ne permet pas au consommateur d'avoir une lecture simple des clauses qu'il signe et, d'autre part, est contraire aux dispositions de l'article L. 133-2 *[L. 211-1]* du code de la consommation (qui impose que les clauses soient présentées et rédigées de « façon claire et compréhensible ») ;

Considérant que les contrats qui conditionnent, après signature du consommateur ou non-professionnel, l'accord définitif des parties à l'engagement du responsable de la société bailleresse, ne respectent pas l'équilibre contractuel, le consommateur étant immédiatement engagé alors que le professionnel ne l'est pas ; que la commission a déjà recommandé la suppression des clauses de ce type ;

Considérant que certaines clauses imposent aux représentants de personnes morales non professionnelles louant un véhicule, de « s'engager en leur nom professionnel », voire les définissent comme « responsables solidairement et conjointement des conséquences du contrat » ; alors qu'une telle rédaction impose à un tiers, non partie au contrat, des obligations qui vont au-delà de son mandat ; et alors que les professionnels ne visent qu'à se protéger contre des personnes morales soit inexistantes, soit insolvables ;

Considérant que les consommateurs ou non-professionnels signataires du contrat de location ne peuvent se voir opposer des documents qu'ils n'ont pas été amenés à signer, et dont certaines clauses générales précisent qu'ils reconnaissent en avoir pris connaissance ; que de telles clauses d'opposabilité sont incluses dans certains contrats, en référence soit à une notice d'entretien, soit à des conditions d'assurance ; que le fait d'inclure de telles clauses dans les conditions générales, sans que le consommateur ait son attention attirée sur celles-ci, ne permet pas de garantir que le signataire en a eu connaissance, et moins encore que les documents annexes lui ont été remis ;

Considérant que certains contrats disposent que le locataire ne pourra prendre possession du véhicule si « dans les années précédentes, il a déjà été condamné pour infraction » sans autre indication ; qu'une telle disposition est trop générale, faute de préciser quel type d'infraction au code de la route se trouve visé ; que le fait d'avoir été antérieurement condamné n'interdit pas à un locataire de conduire correctement ; qu'enfin un tel refus de prestations serait illicite faute de « motif légitime » (art. L. 122-1 *[L. 121-11]* du code de la consommation).

Exécution du contrat :

Considérant, quant à la remise du véhicule, que le bailleur est tenu de remettre un bien conforme à l'usage auquel il est destiné ; que diverses clauses stipulent que le locataire reconnaît prendre le véhicule « en bon état de marche et de carrosserie » ou encore « en parfait état d'entretien » ; que le consommateur n'a aucun moyen de vérifier, avant la prise de possession, et donc au moment de la signature du contrat, l'état technique réel du véhicule ; que de telles clauses risquent de priver le locataire de tout recours postérieur en cas d'avarie alors qu'aucun état descriptif n'est réalisé par les parties ; qu'elles semblent en conséquence dispenser le loueur de son obligation de délivrance et que, de ce fait, elles sont abusives comme déséquilibrant le contrat, du moins relativement à tous les défauts qui ne sont pas apparents, et notamment mécaniques ;

Considérant que le bailleur est responsable de la mise à disposition du véhicule, qui est son obligation première, que de ce fait il ne peut s'exonérer de sa responsabilité pour retard dans la livraison et ce en aucune circonstance, sauf force majeure ; que, dès lors, des clauses qui contredisent l'accord sur la remise immédiate du véhicule et qui diffèrent la prise d'effet du contrat sans que le consommateur ne l'ait préalablement accepté déséquilibrent les relations contractuelles sans contrepartie ; que si dans les contrats longue durée le loueur ne fournit pas lui-même le véhicule au consommateur, il lui revient de s'assurer que les délais auxquels il s'engage seront respectés ;

Considérant que le dépôt de garantie ne peut être que la contrepartie d'obligations déterminées du locataire ; qu'en conséquence les clauses qui en attribuent la pleine propriété « à concurrence des sommes dues à un titre quelconque » sont insuffisamment précises pour que le consommateur connaisse la limite de ses engagements et de ses risques ; qu'au surplus la pratique des « empreintes de carte bancaire » signées en blanc ne détermine pas le montant du dépôt de garantie si bien que le bailleur peut s'arroger le droit de fixer et les conditions et le montant de la garantie, et ce postérieurement à la signature du contrat, ce qui déséquilibre les relations contractuelles ;

Considérant que le locataire doit user du bien loué en « bon père de famille » ; qu'un tel usage n'interdit pas d'utiliser le véhicule pour transporter des marchandises ; que dès lors les clauses qui limitent l'utilisation du véhicule, et notamment imposent « de ne pas transporter de marchandises » sans apporter de précision sur la définition de ce terme, sont trop vagues pour permettre au consommateur d'en apprécier la portée ; que notamment la seule référence au transport de marchandises inflammables ou « pouvant laisser dégager de mauvaises odeurs » ne qualifie pas un usage anormal ; et qu'ainsi une telle généralité déséquilibre les obligations contractuelles en permettant par ailleurs des sanctions importantes (résiliation de la location ou déchéance d'assurance) à la seule appréciation du loueur ;

Considérant qu'un locataire peut avoir des raisons légitimes de laisser conduire un tiers (long trajet, fatigue passagère...) ; que certains contrats lui interdisent de « laisser conduire le véhicule par d'autres personnes que lui-même » ; que de telles clauses interdisent l'usage normal du véhicule alors qu'en droit commun le locataire demeure responsable envers le loueur de tous les dommages occasionnés au véhicule ;

Considérant qu'il résulte des articles 1722 et 1741 du code civil que le bail prend fin de plein droit par la perte totale de la chose, même par cas fortuit, si bien que la cause de la perte est sans incidence sur la résiliation ; que seule une éventuelle faute de l'une des parties est susceptible d'engager sa responsabilité ; et qu'en conséquence les clauses qui interdisent au locataire de solliciter la résiliation du contrat en cas de perte ou immobilisation du véhicule confèrent un avantage excessif au professionnel ;

Considérant que le bailleur doit la garantie des vices (art. 1721 du code civil) ainsi que le gros entretien de la chose louée (sauf clause particulière), tandis que l'article 1732 du code civil exonère le locataire de la responsabilité qu'il pourrait encourir du fait des dégradations subies s'il prouve qu'elles ont eu lieu sans sa faute ; que plusieurs contrats prévoient au contraire que les travaux résultant d'une « cause accidentelle ou indéterminée demeurent à la charge du locataire » ; qu'une telle clause est abusive dans la mesure où elle ne permet pas au locataire de prouver son absence de faute ;

Considérant de même que les clauses qui laissent à la charge du locataire le coût des réparations et frais de dépannage consécutifs à un accident, sans autre précision, sont abusives par leur généralité ;

Considérant qu'en cas de vol ou d'incendie du véhicule certains contrats imposent au locataire de saisir les autorités de police « immédiatement » ou « sous 24 heures » ; que les délais ainsi impartis ne permettent pas au consommateur d'exécuter une telle clause compte tenu de leur brièveté ; et ce d'autant plus que le point de départ du délai n'est pas précisé ou est constitué par le sinistre lui-même ; que de telles clauses, dont le non-respect permet au bailleur de continuer à percevoir le loyer alors que le véhicule n'est plus disponible, sont abusives ;

Considérant, quant à la responsabilité du locataire, que plusieurs contrats laissent à sa charge les réparations résultant de l'usure anormale ou indéterminée ; qu'en droit commun le locataire n'est responsable des dégradations et pertes que s'il ne prouve pas qu'elles ont eu lieu sans sa faute (art. 1732 du code civil) ; que de telles clauses qui peuvent imposer des frais importants, sans que le locataire ait quelque moyen que ce soit de vérifier, déséquilibrent le contrat en laissant ce dernier supporter les désordres de toute origine ;

Considérant que de nombreux contrats rendent le locataire « responsable à titre personnel des contraventions au code de la route ou poursuites douanières relatives au véhicule ou son conducteur » ; que de telles clauses, par leur généralité, imputent au locataire même les vices non décelables à la prise de possession (infraction douanière) et même ceux qui ne résultent pas de son fait (défaillance du système d'éclairage...) ; que le locataire ne peut être tenu, conformément aux dispositions des articles L. 21 et L. 21-1 *[art. L. 121-1 et L. 121-2]* du code de la route, que des infractions qu'il a commises lui-même ou qui sont *dues à son propre fait ;*

Considérant que certains contrats prévoient qu'un éventuel conducteur agréé sera considéré comme « responsable solidaire » ou encore « mandataire du locataire à l'égard du loueur » relativement à toute infraction aux règles de la circulation, voire à toutes clauses du contrat ; que de telles clauses s'opposent au principe de l'effet relatif des contrats dès lors que le tiers, même conducteur occasionnel, n'a pas signé le contrat de location ; que de telles clauses, dont certaines vont jusqu'à prévoir une responsabilité pénale pour autrui, créent entre les parties une confusion qu'il convient d'éliminer ;

Considérant que les clauses qui laissent à la charge du locataire les « réparations, échanges de pièces ou fourniture résultant du gel » alors que, pour toute location de courte durée, le locataire est en droit de s'attendre à ce qu'en période d'hiver notamment soit fourni un liquide de refroidissement antigel, tandis que le locataire n'a pas la possibilité de vérifier les capacités techniques du produit fourni, sont abusives comme ne distinguant pas selon les circonstances dans lesquelles le gel est intervenu ;

Considérant que s'il fait partie de l'entretien courant à la charge du locataire de vérifier périodiquement les niveaux d'eau et d'huile du véhicule, il lui est techniquement impossible de vérifier le niveau de la boîte de vitesses, ainsi que du pont arrière et que, de ce fait, les clauses qui imposent l'obligation de telles vérifications sont abusives ;

Considérant que le locataire d'un véhicule n'a pas à faire une étude technique de celui-ci et par voie de conséquence à étudier avant l'usage du véhicule la notice technique ; qu'il ne peut en être autrement que si, par une option expresse contenue dans une clause particulière, le locataire s'est chargé de l'entretien du véhicule, notamment pour une location de longue durée ;

Considérant que certains contrats prévoient que les réparations nécessaires aux véhicules devront être effectuées « au garage du loueur » ; que, compte tenu de l'éloignement qui peut exister entre le véhicule et ce garage, le respect de la clause peut être quasiment impossible ;

Considérant que les clauses qui interdisent au locataire de réclamer des dommages et intérêts pour immobilisation en cours de location, quelle que soit la cause de cette immobilisation, peuvent vider le contrat de sa substance dès le lendemain de sa signature ; que de telles clauses d'exonération totale suppriment le fondement même du contrat, constitué par l'usage d'un bien contre paiement ; que, de surcroît, elles sont contraires aux dispositions des articles 1709 et 1721 du code civil sans aucune contrepartie pour le locataire, et qu'en conséquence elles déséquilibrent les relations contractuelles en imposant au preneur un paiement sans contrepartie d'un service rendu ;

Considérant qu'il en est de même (de manière plus grave encore) lorsque le loueur s'exonère en toute circonstance de toute responsabilité ;

Considérant que certains contrats exonèrent le bailleur de toute responsabilité du fait du véhicule si le locataire ne restitue pas celui-ci à la date prévue par le contrat ; que la sanction de l'exonération totale crée un déséquilibre significatif au regard du retard apporté à la restitution.

Le prix et son paiement :

Considérant qu'indépendamment de la libre fixation du prix, certains contrats prévoient une facturation forfaitaire lorsque le compteur n'a pas fonctionné pour quelque raison que ce soit ; qu'une telle clause institue une présomption de faute du locataire alors que le non-fonctionnement du compteur peut être dû à une cause qui lui est extérieure ; qu'en conséquence, elle accorde un avantage excessif au professionnel, notamment lorsqu'il n'a pas effectué les vérifications utiles avant la location et qu'il s'exonère ainsi en cas de défaillance mécanique ;

Considérant que de nombreux contrats imposent au locataire de continuer à payer les loyers ou une indemnité équivalente, même si le véhicule est immobilisé et ce, quelle que soit la cause de l'immobilisation (alors que cette cause peut résulter d'une faute ou négligence du loueur) ; que de telles clauses permettent au bailleur d'exiger un paiement sans contrepartie et l'exonèrent de l'exception d'inexécution ; qu'en conséquence, elles sont abusives ;

Considérant que la fixation du prix est une condition essentielle du contrat ; que néanmoins certains contrats prévoient pour le loueur la possibilité de modifier le prix de la location, en cours de contrat, et sans préavis notamment « en fonction des modifications pouvant survenir aux impôts ou aux charges diverses atteignant les loueurs » ou encore « si venait à varier le coût de l'une des composantes ou prestations qui y sont incluses » ; que de telles clauses, dans la mesure où elles permettent la modification unilatérale d'un contrat synallagmatique, sont contraires à l'obligation pour les professionnels d'annoncer leurs tarifs et de respecter leurs engagements consécutifs ;

Considérant que si le locataire doit restituer le véhicule à la date convenue, des causes extérieures peuvent lui interdire de respecter cette obligation, que les clauses qui prévoient, sans distinction, que le locataire devra continuer à verser le loyer jusqu'au retour du véhicule laissent supporter au locataire toutes les causes de non-restitution y compris celles dans lesquelles il perd la disposition de son véhicule indépendamment de son fait ;

Considérant que certaines clauses prévoient qu'« à défaut de restitution des documents et des clés, le locataire doit au loueur la valeur du véhicule » ; que ces clauses sont abusives lorsque la non-restitution n'est pas imputable au locataire ;

Considérant que s'il est légitime de prévoir des clauses pénales en cas de retard de paiement du loyer, l'accumulation de celles-ci peut être excessive et par là abusive ; que par ailleurs aucun contrat ne contient une clause pénale en faveur du locataire, en cas de non-respect de ses obligations par le loueur, ce qui constitue un déséquilibre contractuel ;

Considérant que le jeu de la clause pénale pour non-paiement du loyer nécessite au préalable l'intervention d'une mise en demeure au visa de l'article 1230 du code civil, sauf renonciation expresse des parties ; que le consommateur, qui a pu ne commettre qu'une négligence, doit être invité à régulariser sa situation ; que la clause dispensant le professionnel d'effectuer une telle formalité crée un déséquilibre significatif entre les droits et les obligations des parties ;

Considérant que certaines clauses prévoient l'obligation pour le locataire de supporter « tous les frais encourus par le loueur y compris les honoraires d'avocat, en vue d'obtenir du preneur les paiements dus en vertu du présent contrat » ; que ces clauses se heurtent aux dispositions d'ordre public de l'article 32 de la loi n° 91-650 du 9 juillet 1991 *[C. pr. exéc., art. L. 111-8]* ; qu'elles doivent être éliminées des contrats.

Les clauses relatives à l'assurance :

Considérant que le locataire d'un véhicule doit connaître les conditions dans lesquelles il bénéficie d'une assurance souscrite par le bailleur ; que les clauses laissant croire que seraient opposables au locataire les conditions d'une police d'assurance non remise, notamment si cette police est « à la disposition du locataire au principal établissement du loueur », sont abusives en ce qu'elles permettent à ce dernier de ne pas remplir son obligation de renseignement, déséquilibrant ainsi les obligations respectives ;

Considérant que de nombreux contrats de location prévoient des clauses d'exclusion relatives à l'assurance, alors que ces exclusions sont illicites dans le contrat d'assurance lui-même ; qu'en affirmant une déchéance de garantie, ces clauses tendent à faire croire au locataire qu'il est privé de tout recours, créant ainsi un déséquilibre significatif entre les droits et les obligations des parties ; qu'il en est ainsi :

1. Pour les clauses qui excluent la garantie responsabilité civile en cas de conduite du véhicule par une personne non autorisée par le bailleur, contrairement à l'article L. 211-1 du code des assurances ;

2. Pour les clauses qui excluent de l'assurance le locataire qui transporte un nombre de personnes supérieur à celui autorisé, ou au nombre de places assises du véhicule ;

3. Pour les clauses qui excluent la garantie de la responsabilité civile en cas de « transport de matières inflammables, explosives, corrosives ou comburantes » ; lorsqu'elles ne concernent pas « le transport d'huiles, d'essences minérales ou produits similaires ne dépassant pas 500 kg ou 600 litres, y compris l'approvisionnement de carburant liquide ou gazeux nécessaire au moteur » ; et par ailleurs seulement dans la mesure où « lesdites matières auraient provoqué ou aggravé le sinistre » (art. R. 211-11 du code des assurances) ;

Considérant que des contrats permettent au locataire de souscrire une assurance complémentaire pour « suppression de franchise » ; que néanmoins certaines clauses disposent que, même dans ce cas, « tout dommage relevé sur le véhicule aux parties supérieures de celui-ci, par suite d'accident, reste à la charge du locataire en totalité » ; que ces clauses ne *définissent pas précisément* ce qu'il faut entendre par « partie supérieure » ou « partie haute » du véhicule ; que par ailleurs, si de telles clauses semblent imposées aux bailleurs par leur assureur, le fait d'introduire une telle limitation de garantie dans les conditions générales, alors que le locataire a souscrit un rachat de franchise par une disposition claire d'une clause particulière, déséquilibre les engagements respectifs sans que le consommateur en soit clairement informé lors de la souscription de l'assurance complémentaire ;

qu'enfin s'il s'agit de viser seulement les dommages relatifs à la mauvaise appréciation du gabarit du véhicule, il convient que cela soit précisé expressément ;

Considérant que dans certains des contrats qui permettent au locataire, moyennant une indemnité, d'obtenir la suppression de franchise, certaines clauses prévoient néanmoins que « la responsabilité du locataire ne sera pas dégagée en cas de violation intentionnelle du présent contrat, ou de négligence grave... » ou encore « d'une négligence dans la conduite » ; que de telles clauses, outre qu'elles figurent dans les conditions générales, sans être rappelées au moment de la souscription du rachat de franchise par une mention particulière vident de son contenu la clause de rachat de franchise ; qu'en conséquence, de telles clauses sont abusives, d'une part, si elles ne sont pas rappelées dans la clause particulière de rachat de franchise ; et, d'autre part, si elles ne sont pas limitées au caractère intentionnel du dommage par le locataire ;

Considérant qu'un locataire qui a supporté une franchise doit être remboursé du montant de celle-ci par le tiers responsable d'un sinistre ; que néanmoins certains contrats disposent que « les indemnités éventuellement obtenues serviront en priorité au remboursement du loueur pour les frais restant à sa charge » ; que de tels frais ne sont pas définis et qu'il est difficile d'en imaginer l'existence si l'assurance a pris en charge les dégâts matériels ; qu'en conséquence de telles clauses permettent au bailleur de ne pas rembourser le locataire du montant de la franchise et lui laissent le pouvoir discrétionnaire d'apprécier des frais supplémentaires sans qu'aucun contrôle ne soit organisé ; que de telles clauses déséquilibrent manifestement le rapport contractuel ;

Considérant que certains contrats, à peine de déchéance de l'assurance, imposent au locataire en cas de sinistre de « ne pas reconnaître sa faute ou de ne faire aucune déclaration qui soit de nature à donner à penser qu'il admet sa responsabilité » ; que de telles clauses sont abusives en ce qu'elles peuvent laisser croire au locataire qu'il sera déchu de la garantie s'il reconnaît la matérialité des faits ;

Considérant que le code des assurances accorde aux assurés en cas de sinistre un délai minimal de cinq jours ouvrés pour en formuler la déclaration ou de deux jours ouvrés en cas de vol ; que cependant diverses clauses imposent au locataire une déclaration dans les 24 heures sous peine de déchéance de la garantie, voire « immédiatement » ou « sans délai », et que ce qui serait illicite dans un contrat d'assurance se trouve abusif dans le contrat de location.

La fin du contrat :

Considérant que certaines clauses autorisent la résiliation anticipée du contrat de longue durée par le locataire moyennant le paiement de sommes souvent équivalentes à la totalité des loyers restant à courir ; que de telles clauses, qui imposent de payer les mêmes sommes, que le contrat aille ou non à terme, quelle que soit la durée restant à courir, sont abusives ;

Considérant que la plupart des contrats sont souscrits pour une durée déterminée et qu'en conséquence ils doivent emporter effet pendant la durée prévue ; que néanmoins, plusieurs clauses prévoient que le loueur se réserve formellement le droit « sans justification ou indemnité, de mettre fin à tout moment à la location » ; que de telles clauses qui autorisent le bailleur à ne pas respecter ses obligations malgré son engagement, et privent le locataire de l'usage d'un bien prévu pour une certaine durée, sont abusives ;

Considérant que certains contrats prévoient une résiliation de plein droit huit jours après l'envoi d'une mise en demeure si « une seule clause du contrat n'est pas exécutée » ; que de telles clauses sont abusives dans la mesure où elles ne limitent pas les cas de résiliation de plein droit au manquement du locataire à ses obligations essentielles telles que définies au contrat ;

Considérant que le locataire a l'obligation de restituer le bien loué à l'expiration de la période prévue ; que, néanmoins, il peut être empêché matériellement de ramener le véhicule pour des raisons indépendantes de son fait ; que, dès lors, les clauses qui, en l'absence de faute du locataire, laissent à sa charge les frais de restitution du véhicule ou même la poursuite du paiement des loyers, sont abusives ;

Considérant qu'en droit commun le locataire doit « rendre la chose telle qu'il l'a reçue... excepté ce qui a péri ou a été dégradé par vétusté ou force majeure » (art. 1730 et 1732 du code civil) ; que certaines clauses contractuelles confient cependant au seul bailleur le fait d'apprécier l'état du véhicule lors de son retour, prévoyant soit qu'un contrôle effectué en l'absence du locataire lui sera néanmoins opposable, soit que la remise en état « en réparation et peinture » pourra se faire selon estimation du bailleur ou d'un professionnel choisi par lui ; que de telles clauses qui, d'une part, prévoient l'opposabilité d'un document non contradictoirement établi et, d'autre part, imposent la remise en état sur la base de l'estimation unilatérale du bailleur, sont abusives ;

Considérant que le dépôt de garantie (ou prépaiement) doit être restitué par le bailleur en fin de contrat ; que des clauses prévoient que le remboursement interviendra « dans le délai d'un mois après l'encaissement du chèque » ; qu'un tel délai ne peut se justifier par les seules formalités d'encaissement et de décaissement ; que le locataire ne saurait voir immobiliser des fonds pendant une période aussi longue sans justification ; que dès lors de telles clauses accordent au bailleur un avantage sans contrepartie.

Recommande :

Que les contrats soient rédigés de manière lisible ce qui suppose une impression contrastée et selon une typographie d'au moins corps 8 ;

Que soient éliminées des contrats de location de véhicule automobile les clauses ayant pour objet ou pour effet de :

1° Conditionner l'accord définitif des parties, après signature du consommateur, à la signature du responsable de la société bailleresse ;

2° Considérer les représentants des personnes morales locataires non professionnelles, comme étant de plein droit engagés personnellement ou responsables solidairement ou conjointement des conséquences du contrat de location ;

3° Prévoir que le locataire reconnaît avoir pris connaissance soit d'une notice d'entretien, soit d'une notice d'assurance qu'il n'a pas été amené à signer ou qui ne lui ont pas été remises ;

4° Disposer que le locataire ne pourra prendre possession du véhicule s'il a déjà été condamné pour infraction sans autre précision ;

5° Présumer que le locataire prend le véhicule en bon état de marche et de carrosserie ou en parfait état d'entretien sans réserver les défauts non apparents notamment mécaniques ;

6° Exonérer le loueur de sa responsabilité, en cas de retard dans la mise à disposition du véhicule ;

7° Permettre au bailleur de s'approprier le dépôt de garantie sans en mentionner le montant et sans préciser de manière limitative les motifs permettant cette appropriation ;

8° Interdire au locataire de transporter des marchandises sans déterminer ce qui correspond à un usage anormal du véhicule ;

9° Interdire au locataire de laisser conduire sous sa responsabilité le véhicule par d'autres personnes ;

10° Interdire au locataire d'invoquer la résiliation du contrat en cas de perte ou d'immobilisation définitive du véhicule ;

11° Prévoir que les réparations résultant de « causes accidentelles ou indéterminées » demeurent toujours à la charge du locataire (ou que le bailleur en est exonéré), sans lui laisser la possibilité de rapporter la preuve de son absence de faute ;

12° Laisser en toute circonstance à la charge du locataire le coût des réparations et frais de dépannage consécutifs à un accident ;

13° Imposer, en cas de vol ou d'incendie du véhicule, un délai inférieur à 24 heures, non compris les jours fériés, pour saisir les autorités de police, et sans prévoir que le délai ne court qu'à partir de la découverte du sinistre ;

14° Rendre le locataire responsable des réparations résultant de l'usure anormale ou indéterminée, sans les limiter à celles qui ont pour origine la faute du locataire ;

15° Rendre le locataire responsable des contraventions au code de la route ou des poursuites douanières qui ne sont pas légalement à sa charge ;

16° Rendre un conducteur, agréé ou non, autre que le locataire, et qui n'a pas signé le contrat, responsable solidaire de toute infraction aux règles de la circulation ou de toute indemnité dans le cadre du contrat ;

17° Laisser en toute circonstance à la charge du locataire les dommages résultant du gel ;

18° Imposer dans tous les cas au locataire de vérifier les niveaux de la boîte de vitesses et du pont arrière ;

19° Imposer au locataire, qui n'a pas expressément accepté par une clause particulière un transfert de l'entretien du véhicule, d'assurer un entretien « suivant les prescriptions du constructeur qu'il reconnaît connaître » ;

20° Obliger le consommateur à faire réparer le véhicule uniquement auprès du garage du loueur ;

21° Écarter toute demande en dommages et intérêts pour immobilisation du véhicule de la part du locataire, sans limiter cette interdiction aux cas dans lesquels le locataire est lui-même responsable de l'immobilisation ;

22° Exonérer le loueur de toute responsabilité en toute circonstance ;

23° Exonérer le bailleur de toute responsabilité du fait du véhicule après la date prévue pour la restitution de celui-ci ;

24° Permettre au bailleur une facturation forfaitaire lorsque le compteur n'a pas fonctionné pour quelque raison que ce soit, sans limiter ce type de facturation au cas de fraude du locataire ;

25° Contraindre en toute circonstance le locataire à payer les loyers ou une indemnité équivalente, même si le véhicule est immobilisé et quelle que soit la cause de l'immobilisation ;

26° Permettre au loueur de modifier de manière unilatérale le prix de la location en cours de contrat ;

27° Exiger du locataire la continuation du paiement des loyers, voire le paiement de la valeur du véhicule, faute de retour du véhicule à la date convenue, sans exclure les situations dans lesquelles le locataire n'a plus la disposition du véhicule indépendamment de son fait ;

28° Obliger le locataire à payer la valeur du véhicule au loueur à défaut de restitution des documents et des clés, alors même que la non-restitution ne lui est pas imputable ;

29° Accumuler les clauses pénales en cas de retard de paiement de loyer ou imposer une clause pénale sans réciprocité ;

30° Prévoir le jeu de la clause pénale sans mise en demeure préalable et sans renonciation expresse à cette formalité de la part du locataire ;

31° Permettre au bailleur de facturer au locataire des frais de recouvrement sans titre exécutoire ;

32° Laisser croire que seraient opposables au locataire les conditions d'une police d'assurance qui ne lui est pas remise ou qui ne correspond pas à la notice remise ;

33° Prévoir une exclusion de garantie de responsabilité civile lorsque :

a) Le véhicule est conduit par une personne non autorisée par le bailleur ;

b) Le locataire transporte un nombre de personnes supérieur à celui autorisé par le contrat ou à celui des places assises du véhicule ;

c) Le locataire transporte des matières inflammables, explosives, corrosives ou comburantes dans les conditions de l'article R. 211-11 du code des assurances ;

34° Laisser à la charge du locataire, même s'il a souscrit un rachat de franchise, le coût des dommages relevés sur « la partie supérieure » du véhicule, sans préciser cette limitation dans la clause particulière du rachat de franchise ni préciser que la limitation n'interviendra qu'en cas de mauvaise appréciation du gabarit par le locataire ;

35° Prévoir que la responsabilité du locataire sera engagée, même s'il a payé une indemnité de suppression de franchise, sans que cela soit rappelé dans la clause particulière de rachat de franchise et soit limité au caractère intentionnel de la faute du locataire ;

36° Permettre au bailleur, lorsque le tiers responsable d'un sinistre verse l'indemnisation correspondante, de ne pas rembourser le montant de la franchise au locataire en retenant des frais non limitativement énumérés au contrat ;

37° Laisser croire au locataire, en cas de sinistre, qu'il sera déchu de la garantie s'il reconnaît la matérialité des faits ;

38° Imposer au locataire une déclaration de sinistre dans des conditions de délai contraires aux dispositions de l'article L. 133-2 du code des assurances ;

39° Stipuler, en cas de résiliation anticipée du contrat à longue durée par le locataire, le paiement de sommes équivalentes à la totalité des loyers restant à courir quelle que soit la date d'effet de cette résiliation ;

40° Permettre au bailleur de rompre le contrat à durée déterminée, à tout moment, sans motif et sans indemnité ;

41° Prévoir la résiliation de plein droit du contrat en cas d'inexécution par le locataire d'une clause quelconque, sans limiter les cas de résiliation au manquement du locataire à ses obligations essentielles telles que définies au contrat ;

42° Laisser à la charge du locataire, qui ne peut procéder à la restitution du véhicule en fin de contrat, les frais inhérents à celle-ci et la poursuite des loyers chaque fois que la non-restitution ne résulte pas d'une faute de sa part ;

43° Rendre opposable au locataire un contrôle de l'état du véhicule non contradictoire, ou prévoir qu'il devra supporter le coût d'une remise en état selon la seule estimation du bailleur ou de son mandataire ;

44° Permettre au bailleur de rembourser le dépôt de garantie dans un délai supérieur à huit jours, après la fin de la location.

(Texte adopté le 14 juin 1996 sur le rapport de Me Christian Brasseur.)

Arrêté du 28 octobre 1996,

Relatif à l'information des consommateurs sur les prix et services offerts par les mandataires automobiles.

Art. 1er Les dispositions du présent arrêté s'appliquent à tout professionnel qui, au moyen d'un contrat de mandat, propose au consommateur d'effectuer pour son compte et en son nom les opérations afférentes à l'acquisition d'un véhicule automobile neuf.

Art. 2 Les professionnels visés à l'article 1er sont tenus d'afficher dans les lieux où la prestation est proposée au public, de façon lisible et visible :

— le montant, toutes taxes comprises, de la rémunération perçue par le mandataire, soit en pourcentage du coût total d'acquisition et de mise à disposition du véhicule, soit en valeur absolue ;

— la liste des frais annexes payés à des tiers, en précisant s'ils sont inclus dans le coût d'acquisition et de mise à disposition du véhicule ;

— les conditions de paiement et la nature des garanties financières offertes ;

— les conditions de révocation du mandat.

Art. 3 Toute information sur les prix des véhicules proposés par un mandataire doit porter sur un prix toutes taxes comprises et couvrir à la fois le coût d'acquisition et de mise à disposition.

Art. 4 Le mandataire est tenu de faire connaître au consommateur, avant que celui-ci n'accepte son offre, les indications prévues par les articles 2 et 3 ci-dessus.

Ces indications doivent être précisées dans un document écrit à remettre au destinataire de l'offre du mandataire. Le modèle de contrat de mandat élaboré à titre indicatif par le Conseil national de la consommation, joint en annexe au présent arrêté, peut constituer ce document.

ANNEXE

PRÉAMBULE AU CONTRAT DE MANDAT DE RECHERCHE ET DE LIVRAISON D'UN VÉHICULE AUTOMOBILE NEUF

Note d'information destinée au consommateur

qui a décidé d'acheter un véhicule neuf au sein de l'Union européenne par l'intermédiaire d'un mandataire

Cette note a été faite dans la perspective d'un achat de véhicule neuf en Europe par l'intermédiaire d'un mandataire automobile dûment mandaté à cet effet, conformément au cadre juridique défini par le règlement communautaire n° 1475/95 *[du 28 juin 1995 concernant l'application de l'art. 85 § 3 (devenu art. 101 § 3) du traité à des catégories d'accords de distribution et de service de vente et d'après-vente des véhicules automobiles]*.

Par le contrat de mandat le consommateur demande au mandataire de rechercher, négocier et acheter à sa place en son nom et pour son compte un véhicule et d'en prendre livraison.

Le mandataire fournit une prestation de service. Comme tel, il n'est pas un vendeur et ne détient pas le véhicule en stock. Il est seulement le représentant dûment mandaté du consommateur auprès du distributeur. A aucun moment, il n'est propriétaire du véhicule qui est cédé directement au consommateur par l'établissement vendeur qui établit la facture au nom du consommateur.

La rédaction du mandat revêt une importance particulière car ses termes engagent le consommateur. Le mandat doit donc définir précisément le véhicule recherché, la somme totale que l'acheteur souhaite consacrer à cette acquisition, les prestations exactes incluses dans cette somme et notamment le montant de la rémunération du mandataire. Il doit aussi préciser les délais de livraison du véhicule.

Le véhicule proposé à la vente dans un autre pays de l'Union européenne n'a pas nécessairement les mêmes caractéristiques qu'un modèle similaire vendu sur le marché français. Le consommateur doit donc spécifier dans le contrat de mandat les caractéristiques du véhicule auxquelles il est attaché, tout en gardant à l'esprit que des exigences trop spécifiques risquent d'allonger les délais, voire rendre très aléatoire la réalisation du mandat.

Le mandataire doit remettre au client, à la livraison du véhicule, la facture d'achat à l'étranger. Il délivre une reddition des comptes détaillant l'ensemble des frais engagés pour le compte du client. Le prix payé ne peut être supérieur au prix maximum défini par le mandat.

Le mandant est informé qu'il bénéficie de la garantie du constructeur auprès de l'ensemble des distributeurs du réseau et reçoit à cet effet les documents qui permettent d'y recourir. Cette garantie commence à courir dès la date de sortie du véhicule du réseau agréé.

Pour l'administration fiscale, le consommateur qui achète dans le cadre du présent mandat est le redevable de la taxe sur la valeur ajoutée (TVA) et donc seul susceptible de poursuites en cas de non-paiement de celle-ci.

CONTRAT DE MANDAT DE RECHERCHE ET DE LIVRAISON D'UN VÉHICULE AUTOMOBILE NEUF

Je soussigné,

Nom : .... Prénom : ....

Adresse : ....

Code postal : .... Ville : ....

Téléphone : .... Télécopie : ....

ci-après dénommé « le mandant »,

donne mandat à : ....

Raison sociale : ....

Adresse : ....

Code postal : .... Ville : ....

Téléphone : .... Télécopie : ....

N° SIRET : ....

ci-après dénommé « le mandataire », pour rechercher, négocier, acheter pour mon compte et en mon nom le véhicule neuf suivant et en prendre livraison :

Marque : ....

Modèle (selon spécifications françaises) : ....

Type : ....

Année modèle en France : ....

Appellation commerciale en France : ....

Appellation commerciale dans le pays d'acquisition : ....

Puissance fiscale lors de l'immatriculation en France :..

Couleur :..

Nombre de portes :..

Autres caractéristiques à préciser éventuellement (puissance réelle en kW, cylindrée...) :

Option 1 : ....
Option 2 : ....
Option 3 : ....
Autres options :
différences entre les principaux équipements du modèle de série en France et ceux du modèle correspondant dans le pays d'acquisition (si déterminé).

Date de livraison

La date de livraison souhaitée par le mandant est le ....

Délai de recherche

Le mandataire dispose de deux semaines maximum à compter de la date de signature du présent mandat pour rechercher le véhicule précédemment défini. Avant le terme de ce délai il informe le mandant du résultat de ses recherches et de la date de livraison qu'il a pu obtenir de l'établissement vendeur ou de l'éventuelle impossibilité à se procurer un véhicule tel que défini au présent mandat.

Au regard de ces informations, le mandant peut mettre fin au mandat, par lettre recommandée avec accusé de réception.

Le mandant peut le confirmer par la signature d'une acceptation précisant la date contractuelle de livraison.

Le mandant peut le modifier par la signature d'un avenant précisant les nouvelles spécifications du véhicule disponible et mentionnant la date de livraison.

Le lieu de livraison est le siège du mandataire, sauf accord sur un autre lieu de livraison.

Coût total d'acquisition

Le coût total d'acquisition du véhicule est de .... € (TTC) maximum, options comprises.
Ce prix comprend :
— le prix d'achat hors taxes du véhicule, qui figurera sur la facture établie au nom de l'acheteur ;
— la TVA sur le prix d'achat, qui sera acquittée (rayer la mention inutile) :
  • directement par le mandant ;
  • par l'intermédiaire du mandataire ;
— la rémunération du mandataire représentant :
  • .... € ;
  • ou .... p. 100 du coût total d'acquisition.
Sauf stipulation contraire, il comprend également :
— l'immatriculation provisoire dans le pays d'achat ;
— le transport au siège du mandataire ;
— les frais de transfert bancaire ;
— les frais éventuels de passage aux mines ou la délivrance de l'attestation de conformité.
Ce coût total d'acquisition ne comprend pas certaines prestations proposées en option :
— les frais d'expédition du véhicule dans un lieu différent de celui du siège du mandataire ;
— les frais de carte grise.

Les modalités de paiement sont précisées, selon le cas, dans la confirmation du contrat de mandat ou dans l'avenant au contrat.

Le paiement peut se faire soit directement à l'établissement vendeur par chèque de banque libellé à son ordre, soit au mandataire. Dans ce dernier cas, la provision maximum est de 10 p. 100 du coût total d'acquisition et doit être versée sur un compte séquestre ou doit bénéficier d'une caution bancaire ; le solde est payé à la livraison effective du véhicule.

Modalités de financement (rayer la mention inutile) :

comptant / crédit

Dans le cas d'un achat à crédit, le présent contrat est soumis aux dispositions de la loi du 10 janvier 1978 relative à la protection des consommateurs dans le domaine de certaines opérations de crédit. — *V. C. consom., art. L. 311-1 s.*

En cas de recours à un crédit pour le financement de l'achat, le mandat ne prendra effet qu'au terme du délai de rétractation ou de l'agrément du prêteur. Le mandant s'engage auprès du mandataire, si le crédit n'est pas proposé par l'intermédiaire de celui-ci, à l'avertir de l'expiration de ce délai ou de la non-obtention du crédit. Dans ce cas, le mandataire s'engage à restituer toute somme versée d'avance.

Le mandant s'engage à l'issue du délai de rétractation à informer le mandataire des suites réservées à sa demande de crédit. Le mandat de recherche ne prend effet qu'à l'expiration du délai de rétractation.

Conditions de révocation

En cas de non-respect du délai de livraison défini contractuellement par la confirmation ou par l'avenant signé entre les parties, le mandant pourra révoquer le présent mandat par lettre recommandée avec accusé de réception et exiger le remboursement des sommes versées à titre d'acompte ou de provision. Ces sommes seront productives d'intérêt au taux légal à compter du jour de leur versement.

De même, le défaut de conformité du véhicule aux caractéristiques techniques définies dans le mandat et son avenant donne droit au mandant de révoquer le contrat par lettre recommandée avec accusé de réception. Le montant des sommes versées à titre d'acompte ou de provision sera alors restitué dans les mêmes conditions que précédemment.

En cas de dépassement du coût maximum d'acquisition tel que défini au présent mandat, le mandant se réserve le droit de révoquer ledit mandat. Les sommes versées à titre d'acompte ou de provision sont restituées majorées des intérêts calculés au taux légal à compter du jour du versement.

Si le mandant révoque le présent mandat avant le terme convenu, hormis les cas visés aux trois précédents alinéas, celui-ci perd les sommes versées à titre d'acompte ou de provision.

Informations sur les garanties

L'immatriculation du véhicule est garantie par le mandataire.

Le mandant recevra un véhicule muni du carnet de garantie fourni par l'établissement vendeur du véhicule. La notice d'utilisation et d'entretien rédigée en langue française peut être obtenue auprès du constructeur, à la demande du mandataire ou du consommateur.

Le mandant est informé qu'il bénéficie :

— de la garantie constructeur dans le réseau ;

— de la gratuité de la première visite de révision lorsque cette gratuité est prévue par le constructeur ;

— des actions de rappel lors des opérations de sécurité chez le concessionnaire le plus proche du consommateur.

La durée de la garantie commence à courir à partir de la date de livraison par le concessionnaire vendeur.

Le mandataire n'a pas en charge l'application des garanties, de quelque nature qu'elles soient.

Le mandant,	*Le mandataire,*
Bon pour mandat de recherche	Bon pour acceptation du mandat de recherche
Date et signature :	Date et signature :
....	....

Confirmation du contrat de mandat

signé le .... entre :

Nom : .... Prénom : ....

Adresse : ....

Code postal : .... Ville : ....

Téléphone : .... Télécopie : ....

ci-après dénommé « le mandant », et

Raison sociale : ....

Adresse : ....

Code postal : .... Ville : ....

Téléphone : .... Télécopie : ....

N° SIRET : ....

ci-après dénommé « le mandataire »,

Après recherche, le mandataire confirme qu'il est en mesure d'acheter pour le compte de son client le véhicule tel qu'il est défini dans le mandat.

La date limite de livraison est le ....

Les modalités de paiement sont les suivantes (cocher l'option choisie) :

• Une provision de 10 p. 100 maximum du coût total d'acquisition est versée le jour de la signature de l'avenant confirmant le mandat. Le solde sera payable à la livraison effective.

La provision est garantie par l'un des deux moyens suivants (rayer la mention inutile) :

— cette provision est versée sur un compte séquestre. Elle sera restituée au mandant en cas de non-réalisation du mandat ou sera débloquée au profit du mandataire après avis de livraison du véhicule.

Une convention de séquestre est établie entre le mandant, le mandataire et la banque.

— cette provision est versée sur un compte ouvert à la banque .... qui a pris un engagement de caution. L'attestation de cautionnement est communiquée au mandant.

Le solde est payable à la livraison effective du véhicule.

• Un chèque d'acompte de 10 p. 100 maximum du prix d'achat du véhicule libellé au nom de l'établissement vendeur est remis le jour de la signature de l'avenant confirmant le mandat.

Le solde du prix d'achat est réglé par un chèque de banque libellé au nom de l'établissement vendeur, lorsque l'acheteur est informé par lettre recommandée avec accusé de réception que le véhicule est disponible.

Le solde restant dû sur le coût total d'acquisition est payable à la livraison du véhicule.

Le lieu de livraison est le siège du mandataire, sauf accord sur un autre lieu de livraison précisé ci-après : ....

Le mandant s'engage à prendre livraison dans les cinq jours, après notification par le mandataire.

Le mandant, *Le mandataire,*

Date et signature : Date et signature :

....

Avenant au contrat de mandat

signé le .... entre :

Nom : .... Prénom : ....

Adresse : ....

Code postal : .... Ville : ....

Téléphone : .... Télécopie : ....

ci-après dénommé « le mandant », et

Raison sociale : ....

Adresse : ....

Code postal : .... Ville : ....

Tél. : .... Télécopie : ....

N° SIRET : ....

ci-après dénommé « le mandataire »,

Après recherche, le mandataire informe le mandant (rayer les mentions inutiles) :

1. Qu'il ne peut mettre à sa disposition le véhicule défini dans le contrat de mandat dans le délai stipulé par le mandant.

Le mandant accepte la date de livraison suivante :

2. Qu'il n'est pas en mesure de lui procurer un véhicule répondant aux spécifications définies dans le mandat.

Une nouvelle recherche sera effectuée pour un véhicule répondant aux nouvelles spécifications ci-après définies :

Marque : ....

Modèle (selon spécifications françaises) : ....

Type : ....

Année modèle en France : ....

Appellation commerciale : ....

Puissance fiscale lors de l'immatriculation en France : ....

Couleur : .... Nombre de portes : ....

Autres caractéristiques à préciser éventuellement (puissance réelle en kW, cylindrée...) :

Option 1 : ....

Option 2 : ....

Option 3 : ....

Autres options :

différences entre les principaux équipements du modèle de série en France et ceux du modèle correspondant dans le pays d'acquisition (si déterminé).

Il est précisé que cet avenant au contrat initial n'implique aucun supplément dans la rémunération du mandataire, ni modification du coût total d'acquisition du véhicule.

Les modalités de paiement sont les suivantes : (cocher l'option choisie).

• Une provision de 10 p. 100 maximum du coût total d'acquisition est versée le jour de la signature de l'avenant confirmant le mandat. Le solde sera payable à la livraison effective.

La provision est garantie par l'un des deux moyens suivants : (rayer la mention inutile).

— cette provision est versée sur un compte séquestre. Elle sera restituée au mandant en cas de non-réalisation du mandat ou sera débloquée au profit du mandataire après avis de livraison du véhicule.

Une convention de séquestre est établie entre le mandant, le mandataire et la banque.

— cette provision est versée sur un compte ouvert à la banque .... qui a pris unengagement de caution. L'attestation de cautionnement est communiquée au mandant.

Le solde est payable à la livraison effective du véhicule.

• Un chèque d'acompte de 10 p. 100 maximum du prix d'achat du véhicule est versé le jour de la signature de l'avenant confirmant le mandat.

• Le solde du prix d'achat est réglé par un chèque de banque libellé au nom de l'établissement vendeur, lorsque l'acheteur est informé par lettre recommandée avec accusé de réception que le véhicule est disponible.

Le solde restant dû sur le coût total d'acquisition est payable à la livraison du véhicule.

Le mandant,	*Le mandataire,*
Date et signature :	Date et signature :
....	....

Compte rendu du mandat

Reddition de compte

établie le : ....

par

Raison sociale : ....

Adresse : ....

Code postal : .... Ville : ....

Téléphone : .... Télécopie : ....

N° SIRET : ....

pour le compte de : ....

Nom : .... Prénom : ....

Adresse : ....

Code postal : .... Ville : ....

pour le véhicule ci-après désigné : ....

Marque : ....
Modèle (selon spécifications françaises) : ....
Type : ....
Année modèle en France : ....
Appellation commerciale : ....
Puissance fiscale lors de l'immatriculation en France : ....
Couleur : .... Nombre de portes : ....
Option 1 : ....
Option 2 : ....
Option 3 : ....
Autres options : ....
Le coût total d'acquisition se décompose comme suit : ....
Prix d'achat (HT) du véhicule : .... €
TVA sur prix d'achat : ....
(dans l'hypothèse où le mandataire règle la TVA pour le compte du mandant)
Frais d'immatriculation dans le pays d'origine : .... €
Frais de transport (TTC) : .... €
Frais de transfert bancaire : .... €
Rémunération contractuelle (TTC) : .... €
Frais optionnels : .... €
Frais d'homologation : .... €
Frais de carte grise française : .... €
A. – Total : .... €
B. – Total des règlements effectués par le mandant : .... €
(provision, acompte, solde).
C. – Trop-perçu éventuel restitué au mandant (B-A) : .... €

Quitus est donné au mandataire.

Le mandant,
Date et signature :

Le mandataire,
Date et signature :

....

Arrêté du 28 juin 2000,

Relatif à l'information des consommateurs et à la publicité des prix des véhicules automobiles.

BIBL. GÉN. ▶ Note DGCCRF, *BID n° 1/2001, p. 45.*

Art. 1er Les dispositions du présent arrêté s'appliquent aux véhicules automobiles neufs d'un poids total autorisé en charge ne dépassant pas 3,5 tonnes.

Art. 2 Toute publicité comportant l'indication du prix de vente d'un véhicule, qu'elle soit effectuée sur les lieux de vente ou à l'extérieur des lieux de vente, doit mentionner la dénomination de vente du véhicule dans les conditions prévues à l'article 2 du décret du 4 octobre 1978 modifié susvisé *[n° 78-993, supra]*.

Le prix annoncé des véhicules neufs hors options doit correspondre, quel que soit le support utilisé, à la somme totale toutes taxes comprises qui devra être effectivement payée par le consommateur, y compris les frais de préparation du véhicule.

Toute publicité effectuée par voie d'exposition ou de représentation d'un véhicule et accompagnée d'un prix doit indiquer le prix toutes taxes et frais de préparation compris correspondant au véhicule exposé ou représenté.

La publicité sur les prix des véhicules automobiles neufs est considérée comme satisfaisant aux dispositions de l'article *(Ord. nº 2016-301 du 14 mars 2016, art. 2, en vigueur le 1er juill. 2016)* **« L. 121-2 » du code de la consommation si le prix visé au présent article est garanti hors taxe au minimum pour les trois mois à compter de la commande.**

Prix « clés en main ». La mention « clés en main » signifie que le prix comprend, outre le prix du véhicule et des équipements standards, les frais de transport et de mise en route, y compris la fourniture et la pose des plaques d'immatriculation ; il n'inclut pas le coût de la carte grise et de la vignette (Rép. min. : *JOAN Q 10 sept. 1984, p. 4058*).

Art. 3 **Avant tout accord sur une offre, le vendeur doit remettre à l'acheteur un document d'information comportant les indications visées à l'article précédent, complétées par la date limite de livraison.**

Au prix visé à l'article 2, peuvent être ajoutés les frais facultatifs correspondant à des prestations particulières expressément demandées par le consommateur et dont le montant a fait l'objet d'un accord préalable.

Le bon de commande peut tenir lieu de ce document s'il contient les indications visées ci-dessus. Il peut porter également la date à partir de laquelle l'acheteur accepte de prendre livraison.

Remise de documentation. Dès lors que le vendeur professionnel automobile n'a pas établi de bon de commande et ne justifie pas de la remise d'une documentation conforme à l'arrêté du 30 juin 1978 [remplacé par l'arrêté du 28 juin 2000], il n'a pas expliqué clairement à l'acheteur ce à quoi il s'obligeait, à savoir les caractéristiques, le modèle et le prix du véhicule qu'il s'engageait à lui livrer, et, par conséquent, en application de l'art. 1602 C. civ., la convention doit être interprétée en faveur de l'acheteur et il y a lieu de considérer que le véhicule livré n'est pas conforme à celui commandé. • Civ. 1re, 13 avr. 1999 : *Bull. civ. I, nº 139 ; D. 1999. IR 146*.

Art. 4 **Le prix déterminé au moment de la commande est garanti jusqu'à l'expiration du délai contractuel de livraison.**

Si la livraison n'a pas été effectuée dans le délai prévu et si le retard n'est pas imputable à l'acheteur, la garantie de prix sera prolongée jusqu'à la mise à disposition du véhicule.

Cette garantie de prix ne s'applique qu'au modèle et à la version ou déclinaison décrits par la publicité ou mentionnés sur les bons de commande ou autres documents de vente.

Le vendeur ne peut s'exonérer de cette garantie sauf :

— si l'acheteur a expressément stipulé refuser la livraison avant trois mois ;

— si une nouvelle réglementation impose des modifications techniques.

La date limite de livraison est réputée non stipulée si elle ne mentionne pas le mois de mise à disposition du véhicule. En l'absence de date précise, le véhicule est réputé devoir être livré au plus tard le quinzième jour ouvré du mois mentionné dans le document de vente.

« Prix indicatif ». Si le bon de commande mentionne un prix à titre simplement indicatif, la vente n'a pu se former ; l'acheteur peut donc refuser de prendre livraison et demander le remboursement de l'acompte versé. • Civ. 1re, 20 mai 1981 : *JCP CI 1982. II. 13886, note Raymond.* ♦ La vente peut cependant se former si, au moment de la livraison, l'acheteur accepte de payer le prix qui lui est demandé. • Civ. 1re, 11 juin 1981 : *eod. loc.*

Art. 5 **Les bons de commande ou autres documents de vente doivent indiquer :**

— la dénomination de vente et le prix visés à l'article 2 ;

— les équipements commandés en option et leur prix ainsi que, le cas échéant, les éventuelles prestations facultatives visées à l'article 3 et leur prix ;

— la date limite de livraison visée à l'article 4 ;

— la faculté pour le client d'annuler sa commande et d'exiger le remboursement des versements déjà effectués, majorés des intérêts calculés au taux légal, dans les conditions de l'article *(Ord. nº 2016-301 du 14 mars 2016, art. 2, en vigueur le 1er juill. 2016)* **« L. 121-17 » du code de la consommation, si le vendeur ne peut mettre à la disposition de l'acheteur, dans les délais convenus, un véhicule tel que décrit sur le bon de commande.**

Art. 5-1 *(Arr. du 26 mai 2014, art. 1er)* **Lorsque le vendeur propose une garantie commerciale au sens de l'article** *(Ord. nº 2016-301 du 14 mars 2016, art. 2, en vigueur le 1er juill. 2016)* **« L. 217-15 » du code de la consommation, il informe le consommateur que son bénéfice n'est pas subordonné à la réalisation des prestations de réparation et d'entretien non couvertes par cette garantie, par un réparateur du réseau agréé par le constructeur.**

Cette information figure, de façon claire et lisible, dans le carnet d'entretien du véhicule, quel que soit son support.

Art. 6 **L'arrêté du 30 juin 1978 relatif à la publicité des prix à l'égard du consommateur pour les véhicules automobiles de tourisme est abrogé.**

Arrêté du 12 avril 2001,

Fixant la valeur marchande en dessous de laquelle les véhicules mis en fourrière réputés abandonnés et déclarés par expert hors d'état de circuler dans des conditions normales de sécurité seront livrés à la destruction.

Art. 1er **A compter du 1er janvier 2002, est fixé à 765 € le montant de la valeur marchande en dessous de laquelle un véhicule mis en fourrière, dont l'abandon a été constaté par l'autorité dont relève la fourrière à l'issue des délais prévus à l'article L. 25-3 du code de la route** *[art. L. 325-7]* **et qui a été déclaré par expert hors d'état de circuler dans des conditions normales de sécurité, doit être livré à la destruction.**

Art. 2 **L'arrêté du 3 septembre 1996 fixant en francs la valeur marchande en dessous de laquelle les véhicules mis en fourrière et déclarés par expert hors d'état de circuler dans des conditions normales de sécurité seront envoyés à la destruction sera abrogé à compter du 1er janvier 2002.**

Arrêté du 14 novembre 2001,

Fixant les tarifs maxima des frais de fourrière pour automobiles.

Art. 2 **A compter du 1er janvier 2002, les tarifs maxima, en euros, des frais concernant l'immobilisation matérielle des véhicules, les opérations préalables à leur mise en fourrière, leur enlèvement, leur garde en fourrière ainsi que l'expertise des véhicules mis en fourrière sont fixés conformément au barème figurant en annexe II du présent arrêté.**

Pour les tarifs applicables dans les communes les plus importantes, V. Arr. du 28 nov. 2003, infra.

Art. 3 **La perception des frais d'enlèvement exclut celle des frais d'opérations préalables.**

Art. 4 **Les frais de garde sont exigibles à compter du jour d'enlèvement jusqu'à la date de restitution, d'aliénation ou de remise pour destruction du véhicule mis en fourrière, inclusivement.**

Art. 5 **Les frais de fourrière ne sont pas dus par le propriétaire du véhicule mis en fourrière dans le cas prévu à l'article R. 288** *[art. R. 325-27]* **du code de la route.**

Art. 6 **L'arrêté du 19 août 1996 fixant les tarifs maxima des frais de fourrière automobile et l'arrêté du 28 décembre 1998 relatif aux tarifs maxima d'enlèvement en fourrière des véhicules poids lourds sont abrogés à compter du 1er janvier 2002.**

ANNEXE II

TARIFS MAXIMA DES FRAIS DE FOURRIÈRE AUTOMOBILE

(Arr. du 10 juill. 2015)

FRAIS DE FOURRIÈRE	CATÉGORIES DE VÉHICULES	MONTANT (en euros)
Immobilisation matérielle	Véhicules PL 44 t ≥ PTAC > 19 t	7,6
	Véhicules PL 19 t ≥ PTAC > 7,5 t	7,6
	Véhicules PL 7,5 t ≥ PTAC > 3,5 t	7,6
	Voitures particulières	7,6
	Autres véhicules immatriculés	7,6
	Cyclomoteurs, motocyclettes, tricycles à moteur et quadricycles à moteur non soumis à réception	7,6

FRAIS DE FOURRIÈRE	CATÉGORIES DE VÉHICULES	MONTANT (en euros)
Opérations préalables	Véhicules PL 44 t ≥ PTAC > 19 t	22,9
	Véhicules PL 19 t ≥ PTAC > 7,5 t	22,9
	Véhicules PL 7,5 t ≥ PTAC > 3,5 t	22,9
	Voitures particulières	15,2
	Autres véhicules immatriculés	7,6
	Cyclomoteurs, motocyclettes, tricycles à moteur et quadricycles à moteur non soumis à réception	7,6
Enlèvement	Véhicules PL 44 t ≥ PTAC > 19 t	274,4
	Véhicules PL 19 t ≥ PTAC > 7,5 t	213,4
	Véhicules PL 7,5 t ≥ PTAC > 3,5 t	122
	Voitures particulières	116,81
	Autres véhicules immatriculés	45,7
	Cyclomoteurs, motocyclettes, tricycles à moteur et quadricycles à moteur non soumis à réception	45,7
Garde journalière	Véhicules PL 44 t ≥ PTAC > 19 t	9,2
	Véhicules PL 19 t ≥ PTAC > 7,5 t	9,2
	Véhicules PL 7,5 t ≥ PTAC > 3,5 t	9,2
	Voitures particulières	6,19
	Autres véhicules immatriculés	3
	Cyclomoteurs, motocyclettes, tricycles à moteur et quadricycles à moteur non soumis à réception	3
Expertise	Véhicules PL 44 t ≥ PTAC > 19 t	91,5
	Véhicules PL 19 t ≥ PTAC > 7,5 t	91,5
	Véhicules PL 7,5 t ≥ PTAC > 3,5 t	91,5
	Voitures particulières	61
	Autres véhicules immatriculés	30,5
	Cyclomoteurs, motocyclettes, tricycles à moteur et quadricycles à moteur non soumis à réception	30,5

Décret n° 2002-1508 du 23 décembre 2002,

Relatif à l'information sur la consommation de carburant et les émissions de dioxyde de carbone des voitures particulières neuves.

Art. 1er Le présent décret s'applique aux voitures particulières définies au dernier alinéa de l'article R. 311-1 du code de la route, qui, proposées neuves à la vente ou en crédit-bail, sont soumises à l'obligation de mesure de la consommation de carburant et des émissions de dioxyde de carbone, lors de la réception communautaire dite "réception CE" mentionnée aux articles R. 321-6 à R. 321-14 du code de la route.

Art. 2 Dans chaque point de vente, une étiquette indiquant la consommation de carburant et les émissions de dioxyde de carbone est apposée sur chaque voiture particulière neuve ou affichée près de celle-ci, d'une manière visible.

Art. 3 Une liste des données relatives à la consommation de carburant et aux émissions de dioxyde de carbone des voitures particulières neuves proposées à la vente ou en crédit-

bail dans un point de vente, dressée par marque et par type de véhicule, est affichée de manière visible dans le point de vente.

Art. 4 **L'Agence de l'environnement et de la maîtrise de l'énergie élabore, à partir des informations transmises par les constructeurs, un guide de la consommation de carburant et des émissions de dioxyde de carbone des voitures particulières neuves mises en vente sur le territoire national.**

Cette agence adresse directement et gratuitement ce guide à chaque point de vente où il est tenu à la disposition de tout consommateur qui demande à le consulter.

Art. 5 **L'ensemble des imprimés utilisés pour la commercialisation, la publicité et la promotion des véhicules, y compris les manuels techniques, contient les données relatives à la consommation de carburant et aux émissions de dioxyde de carbone, concernant le type de voiture particulière neuve auquel ces imprimés se rapportent.**

Art. 6 **Il est interdit d'utiliser dans les documents mentionnés aux articles 2, 3 et 5 toute indication relative à la consommation de carburant ou aux émissions de dioxyde de carbone autre que celle mentionnée à l'article 1er, dès lors que cette indication serait susceptible de créer une confusion pour l'acquéreur d'une voiture particulière neuve.**

Art. 7 **Est puni des peines prévues pour les contraventions de la** *(Décr. n° 2016-884 du 29 juin 2016, art. 5-II, en vigueur le 1er juill. 2016)* **« 5e classe » le fait :**

1° De ne pas apposer l'étiquette selon les modalités prévues à l'article 2 ;

2° De ne pas afficher la liste prévue à l'article 3 ;

3° De ne pas inclure dans la documentation des voitures particulières neuves mentionnée à l'article 5 les données exigées par le même article.

(Décr. n° 2016-884 du 29 juin 2016, art. 5-II, en vigueur le 1er juill. 2016) **« La récidive est réprimée conformément aux dispositions des articles 132-11 et 132-15 du code pénal. »**

Art. 8 **Un arrêté conjoint du ministre de l'économie, des finances et de l'industrie, du ministre de l'équipement, des transports, du logement, du tourisme et de la mer et du ministre de l'écologie et du développement durable fixe les modalités d'application du présent décret.** *— V. Arr. du 10 avr. 2003 (JO 8 mai), modifié.*

Arrêté du 28 novembre 2003,

Fixant les tarifs maxima des frais de fourrière pour véhicules dans les communes les plus importantes.

Art. 1er **Dans les communes définies** *(Arr. du 26 nov. 2014, art. 2, en vigueur le 1er janv. 2015)* **« aux articles 2 et 2 *bis* », les tarifs maxima des frais de fourrière liés à l'enlèvement et à la garde des véhicules sont fixés, par dérogation aux dispositions de l'arrêté du 14 novembre 2001 susvisé** *[V. supra]*, **conformément** *(Arr. du 26 nov. 2014, art. 2, en vigueur le 1er janv. 2015)* **« aux barèmes figurant respectivement aux annexes I et II ».**

Art. 2 *(Arr. du 26 nov. 2014, art. 3, en vigueur le 1er janv. 2015)* **« Le barème figurant en annexe I s'applique » aux communes dont la population est supérieure à 400 000 habitants, dans lesquelles sont enlevés annuellement plus de 15 000 véhicules, dont la longueur de voirie publique excède 500 kilomètres et dont le nombre de places de stationnement, gratuites ou payantes, est supérieur à 15 000.**

Art. 2 *bis* *(Arr. du 26 nov. 2014, art. 4, en vigueur le 1er janv. 2015)* **Le barème figurant en annexe II s'applique aux communes dont la population est supérieure à 2 000 000 habitants, dans lesquelles sont enlevés annuellement plus de 150 000 véhicules, dont la longueur de voirie publique est supérieure à 1 000 kilomètres et dont le nombre de places de stationnement, gratuites ou payantes, est supérieur à 100 000.**

ANNEXE I

TARIFS APPLICABLES AUX COMMUNES VISÉES À L'ARTICLE 2

(Arr. du 26 nov. 2014, art. 5, en vigueur le 1er janv. 2015)

FRAIS de fourrière	CATÉGORIES de véhicules	MONTANT (en euros)
Enlèvement	Voitures particulières	126
Garde journalière	Voitures particulières	10

ANNEXE II

TARIFS APPLICABLES AUX COMMUNES VISÉES À L'ARTICLE 2 *BIS*

(Arr. du 26 nov. 2014, art. 5, en vigueur le 1er janv. 2015)

FRAIS DE FOURRIÈRE	CATÉGORIES DE VÉHICULES	MONTANT (en euros)
Enlèvement	Voitures particulières	150
Garde journalière	Voitures particulières	29
Enlèvement	Cyclomoteurs, motocyclettes, tricycles à moteur et quadricycles à moteur soumis à réception	49
Garde journalière	Cyclomoteurs, motocyclettes, tricycles à moteur et quadricycles à moteur soumis à réception	10

Recommandation CCA n° 2004-02 du 22 janvier 2004,

Relative aux contrats de vente de véhicules automobiles neufs (BOCC 6 sept.).

La Commission des clauses abusives,

Considérant que l'examen des documents contractuels remis par les vendeurs de véhicules automobiles à leurs cocontractants consommateurs a fait apparaître la nécessité d'ajouter de nouvelles clauses à la liste de celles dont le caractère abusif avait déjà été relevé lors de la recommandation n° 85-02 *[V. supra]* ;

Information

1. Considérant que dans certains documents la signature du consommateur est précédée d'une mention par laquelle le consommateur reconnaît avoir pris connaissance de l'ensemble des stipulations du contrat alors que les bons de commande offrent à la lecture des dispositions écrites dans une police trop petite (inférieure au corps huit ou une typographie équivalente) ou dont la lecture ne serait pas directement accessible ;

Qu'il résulte de la présentation des documents contractuels que le consommateur peut être amené à signer le bon de commande et à verser une somme pouvant représenter dix pour cent du prix avant même d'avoir été mis en mesure de prendre connaissance du contenu exact du contrat ;

2. Que le consentement du consommateur est avant tout déterminé par les documents publicitaires du constructeur ; que c'est en considération de ces documents, qui restent les descriptions les plus précises des véhicules, que le consommateur décide de l'acquisition ; Que la clause qui ôterait toute valeur contractuelle aux documents publicitaires, sous quelques formes que ce soit (prospectus par exemple), est abusive ;

Que la clause qui crée une présomption irréfragable en faveur des spécifications contenues dans la fiche technique doit donc être tenue pour abusive ;

Prix

3. Considérant que le prix du véhicule doit donc être déterminé ou déterminable au jour de la conclusion de la vente ;

Que l'arrêté n° 78-75 P du 30 juin 1978, relatif à la publicité des prix à l'égard du consommateur pour les véhicules automobiles de tourisme a été abrogé et remplacé par l'arrêté n° 2000-576 du 28 juin 2000, susvisé *[V. supra]* ;

Que l'article 2 de cet arrêté dispose que la publicité sur les prix des véhicules automobiles neufs est considérée comme satisfaisant aux dispositions de l'article L. 121-1 *[L. 121-2]* du code de la consommation si le prix est garanti hors taxe au minimum pour les trois mois à compter de la commande ;

Que dans certains contrats proposés par les professionnels, ces mentions sont portées sous le titre « Prix » à proximité des règles qui régissent la détermination du prix ;

Que dans ce contexte, ces dispositions contractuelles bien que reproduisant les termes de l'arrêté en modifient la portée et la compréhension par le consommateur ; qu'elles laissent penser que l'application du texte permet au vendeur de modifier le prix après l'avoir fixé dans le bon de commande alors que l'arrêté de 2000 ne concerne pas la détermination du prix mais uniquement la publicité des prix ;

Que le respect des dispositions réglementaires en matière de publicité des prix ne peut avoir pour objet ou pour effet d'écarter l'application des règles de droit commun concernant la formation de la vente et la sanction de son inexécution ;

Que les clauses sont donc abusives dans la mesure où elles permettraient au professionnel de déterminer unilatéralement le prix de vente ;

4. Considérant que les bons de commande présentent le plus souvent les délais comme des délais fermes ; que parfois le report de la date de livraison est encadré ou ajoute un délai supplémentaire ; qu'une date limite de livraison doit être mentionnée dans le bon de commande afin de respecter l'article L. 114-1 *[L. 121-17]* du code de la consommation ;

Que dans le même sens, une recommandation n° 80-06 du 28 octobre 1980 recommande que le délai de livraison soit ferme lorsque le contrat concerne un bien de fabrication courante ;

Que l'arrêté n° 2000-576 du 28 juin 2000 précise, en outre, que la date de livraison est réputée non stipulée si elle ne mentionne pas le mois de mise à disposition du véhicule ; qu'en l'absence de date précise, le véhicule est réputé devoir être livré au plus tard le quinzième jour ouvrable du mois mentionné dans le document de vente ;

Que le texte impose de mentionner dans le bon de commande, outre la date limite de livraison, la faculté pour l'acheteur d'annuler sa commande et d'exiger le remboursement des versements déjà effectués, majorés des intérêts au taux légal, dans les conditions de l'article L. 114-1 *[L. 121-17]* du code de la consommation, si le vendeur ne peut mettre à la disposition de l'acheteur, dans les délais convenus, le véhicule commandé (article 5).

Que la plupart des bons de commande comportent cette mention ; que, toutefois, certains ne le font pas ; qu'en outre, certains contrats ajoutent des conditions à la mise en œuvre du droit de résiliation dont bénéficie le consommateur en vertu de l'article L. 114-1 *[L. 121-17]* du code de la consommation ;

Que ces clauses qui peuvent avoir pour effet d'éluder le régime impératif de l'article L. 114-1 doivent être considérées comme abusives ;

5. Considérant qu'un contrat présente la date de livraison comme une date prévue fixée par le concessionnaire ; que tout qualificatif qui pourrait ne pas être compris comme faisant référence à une date limite crée une ambiguïté de nature à rendre abusive une telle clause.

Nature des sommes versées lors de la commande

6. Considérant que des contrats contiennent une clause qui prévoit la conservation des acomptes versés en cas d'inexécution des obligations de l'acheteur ; qu'il est parfois précisé que la somme est conservée à titre de clause pénale ; que d'autres fois, il est indiqué qu'elle sera conservée à titre d'indemnité ;

Que ces clauses créent un déséquilibre significatif entre les droits et obligations de parties lorsque l'inexécution par le professionnel de son obligation de délivrance n'est contractuellement sanctionnée que par la restitution de la somme versée par le consommateur lors de la signature du contrat ;

Que la combinaison de telles dispositions est abusive lorsqu'elle a pour effet de sanctionner plus sévèrement l'inexécution du consommateur que celle du professionnel ;

Recommande que soient éliminées des contrats de vente de véhicules automobiles neufs les clauses ayant pour objet ou pour effet :

1. De rendre opposables au consommateur des clauses dont il n'a pas été en mesure de prendre effectivement connaissance ;

2. De créer une présomption irréfragable en faveur des spécifications contenues dans la fiche technique ;

3. De laisser penser que l'application de l'arrêté n° 2000-576 du 28 juin 2000 permet au vendeur de modifier le prix après l'avoir fixé dans le bon de commande et de déterminer unilatéralement le prix de vente, excluant l'application du droit commun ;

4. D'ajouter des conditions à la mise en œuvre du droit de résiliation dont bénéficie le consommateur en vertu de l'article L. 114-1 *[L. 121-17]* du code de la consommation, afin d'en éluder le régime ;

5. De prévoir ou de laisser croire que le délai de livraison est indicatif ;

6. De sanctionner plus lourdement l'inexécution du consommateur que celle du professionnel

(Texte adopté le 22 janvier 2004 sur le rapport de M. Nicolas Mathey.)

Recommandation CCA n° 2005-03 du 23 juin 2005,

Relative aux contrats de formation à titre onéreux à la conduite automobile (permis B) proposés par les établissements d'enseignement agréés (BOCCRF 16 déc. 2005).

La Commission des clauses abusives,

Considérant que certains contrats de formation à la conduite automobile des établissements d'enseignement à titre onéreux contiennent des clauses de nature à déséquilibrer significativement les relations entre les professionnels et les consommateurs, au détriment de ces derniers,

1° Considérant que certains contrats de formation comportent des stipulations relatives à l'évaluation préalable obligatoire, sans mentionner que le contrat n'entre en vigueur ou ne devient définitif qu'après cette évaluation ; que de telles stipulations sont sources d'abus, dès lors que le contrat devient définitif avant l'issue de la phase d'évaluation ;

2° Considérant que certains contrats de formation prévoient que toute leçon non décommandée par l'élève dans le délai contractuel est considérée comme prise ou perdue ; que dans la mesure où ces contrats ne réservent pas la possibilité pour l'élève d'un motif légitime pour obtenir un report de leçon, en cas de forfait, ou un remboursement de celle-ci, un déséquilibre significatif est caractérisé ;

3° Considérant que certains contrats de formation donnent à l'établissement d'enseignement un pouvoir d'appréciation unilatéral pour présenter l'élève aux examens du permis de conduire ; qu'ils sont de nature à créer un déséquilibre significatif au détriment de l'élève ;

4° Considérant que certains contrats qui excluent, en cas d'abandon de la formation par l'élève, toute possibilité de remboursement des sommes versées par celui-ci au prorata des leçons prises, ont pour effet d'attribuer à l'établissement d'enseignement une rémunération sans contrepartie ;

5° Considérant que certains contrats contiennent des clauses de résiliation de plein droit au profit de l'établissement d'enseignement, qui ne définissent pas précisément les motifs de résiliation, ce qui est de nature à déséquilibrer le contrat ;

6° Considérant qu'une clause qui prévoit la facturation à l'élève de frais administratifs de restitution de son dossier sans préciser la prestation effectuée par l'établissement d'enseignement à ce titre est de nature à créer une rémunération sans contrepartie ;

7° Considérant que certains contrats fixent un nombre d'heures de formation pour un prix global forfaitaire et obligent l'élève à accepter par avance un supplément éventuel de formation et son prix ; que ces stipulations, qui confèrent à l'établissement d'enseignement la faculté d'imposer une prestation supplémentaire et de fixer unilatéralement le prix, créent un déséquilibre significatif au détriment de l'élève ;

8° Considérant qu'un contrat prévoit qu'après une tentative de règlement amiable, le différend sera obligatoirement soumis à une « commission des litiges » et subordonne la recevabilité de la réclamation à un délai qualifié de délai de forclusion ; qu'une telle clause est de nature à faire croire à l'élève qu'aucun autre moyen juridique n'est à sa disposition ;

9° Considérant que certains contrats prévoient que le tribunal compétent en cas de litige est celui du siège de l'établissement ; que de telles clauses sont illicites, que maintenues dans les contrats, ces clauses sont abusives ;

Recommande que soient éliminées des contrats de formation à la conduite automobile des établissements d'enseignement à la conduite à titre onéreux les clauses ayant pour objet ou pour effet :

1° De donner un caractère définitif aux contrats de formation avant l'issue de la phase d'évaluation préalable ;

2° D'exclure toute possibilité de report ou de remboursement d'une leçon qui n'aurait pas été décommandée par l'élève dans le délai contractuel, alors même que celui-ci justifierait d'un motif légitime ;

3° De conférer à l'établissement d'enseignement un pouvoir d'appréciation de l'aptitude de l'élève à être présenté aux examens du permis de conduire sans motivation écrite ni possibilité de contestation ;

4° D'exclure, en cas d'abandon de la formation par l'élève, toute cause permettant le remboursement des sommes versées au prorata des leçons prises, alors même que cet abandon serait justifié par un motif légitime ;

5° De ne pas définir avec précision les causes de résiliation de plein droit que le contrat stipule au profit de l'établissement d'enseignement ;

6° De prévoir une facturation de frais administratifs de restitution du dossier à l'élève sans en justifier la nécessité et le montant ;

7° De laisser à l'établissement d'enseignement la capacité de déterminer l'opportunité et le prix d'une prestation supplémentaire acceptée d'avance par l'élève ;

8° De soumettre, dans un délai sanctionné par la forclusion, tous les différends survenus à l'occasion de l'exécution du contrat à une « commission des litiges » ;

9° De déroger aux règles légales de compétence territoriale des juridictions.

(Recommandation adoptée le 23 juin 2005 sur le rapport de Mme Gabrielle Rochmann.)

ANNEXE

La commission a relevé que certains contrats ne précisent pas la situation de l'établissement d'enseignement au regard de la souscription d'un dispositif de garantie financière. Cette absence d'information constitue une infraction à l'obligation instituée à l'article R. 213-3, 11°, du code de la route disposant que les contrats de formation précisent si l'établissement d'enseignement a ou non souscrit un dispositif de garantie financière.

Arrêté du 17 mars 2015,

Relatif à l'information précontractuelle des consommateurs et à la publicité des prix des prestations de location de véhicules.

Art. 1er Le présent arrêté est applicable aux professionnels qui commercialisent des offres de location, sans chauffeur et sans option d'achat, de véhicules terrestres à moteur, particuliers ou utilitaires, de moins de 3,5 tonnes de poids total autorisé en charge (PTAC).

Art. 2 Le professionnel met à la disposition du consommateur, par tout moyen, les informations listées à l'annexe A. Ces informations sont présentées conjointement et de manière distincte des autres informations commerciales ou contractuelles.

Elles sont disponibles au lieu d'accueil de la clientèle dans l'établissement du professionnel. Les consommateurs sont informés de la disponibilité de ces informations par un affichage visible et lisible à l'intérieur de l'établissement.

Lorsque l'offre de location est proposée en ligne, ces informations sont facilement accessibles par voie électronique, notamment depuis la page principale du site internet du loueur, et, le cas échéant, en un clic depuis la page de présentation de chacune des catégories de véhicules proposés.

Art. 3 I. — Le professionnel délivre gratuitement au consommateur, sur support durable, un devis relatif à toute offre de location qu'il commercialise. La délivrance de ce document est systématique préalablement à la souscription du contrat.

II. — Lorsque l'offre de location peut être souscrite en ligne, le consommateur accède au devis à partir de la page de présentation de chacune des catégories de véhicules proposés à la location.

Au lieu d'accueil de la clientèle dans l'établissement du professionnel, le consommateur peut également demander à ce que le devis lui soit délivré sur support papier. Les consommateurs sont informés de cette possibilité par un affichage visible et lisible, à l'intérieur de l'établissement.

III. — Le devis comprend les informations listées à l'annexe B.

Art. 4 L'arrêté du 18 avril 1991 relatif à la publicité des prix dans le secteur de la location de véhicules est abroge. — *V. C. **consom.**, éd. 2014 et antérieures.*

Art. 5 Les dispositions du présent arrêté sont applicables à compter du 1er avril 2015.

ANNEXES

ANNEXE A

INFORMATIONS GÉNÉRALES SUR LES CONDITIONS DE LOCATION

1. Prix et conditions de la prestation principale

a) Les conditions de délivrance de la prestation notamment les conditions d'ancienneté du permis de conduire.

b) Les modalités de calcul du prix de la prestation principale, notamment les prix unitaires TTC de tous les éléments de la prestation (au kilomètre, au temps) et les éventuelles surcharges applicables dans les gares et aéroports.

c) Les modalités de facturation du carburant, notamment les prix forfaitaires ou unitaires appliqués.

d) Le montant TTC du dépôt de garantie, les conditions de sa restitution et les conditions de dispense du versement du dépôt.

e) Les avances sur location exigées, leur montant et les conditions de dispense.

f) Toutes autres conditions et informations tarifaires dont notamment les frais et conditions d'annulation et les frais et conditions applicables en cas de restitution du véhicule au-delà du délai de retour ou du forfait kilométrique, prévus au contrat.

g) Le cas échéant, les frais dont le consommateur doit assurer directement l'avance pour le compte du professionnel.

2. Assurances

a) L'information selon laquelle l'assurance responsabilité civile est incluse dans la location.

b) Les garanties, exclusions et franchises des autres assurances incluses dans la location.

c) Les options d'assurances proposées, leur prix TTC et, pour l'ensemble des garanties, leurs exclusions et le montant des franchises.

3. Autres prestations annexes

a) La liste des autres prestations annexes commercialisées ainsi que leur prix TTC ou le mode de calcul de ce prix lorsqu'il ne peut être déterminé à l'avance.

b) Les obligations, outre celles résultant des garanties légales, auxquelles s'engage le loueur en matière d'entretien, réparation, assistance et remplacement du véhicule en cas d'incident ou d'accident, ainsi que les éventuelles limitations de sa responsabilité contractuelle.

ANNEXE B

INFORMATIONS DEVANT FIGURER DANS LE DEVIS

1. Informations devant figurer dans tous les devis

a) Date de rédaction du devis.

b) Dénomination, coordonnées physiques, téléphoniques et électroniques de l'entreprise de location.

c) Les caractéristiques principales de l'offre de location, notamment sa durée de validité, la période de location et la catégorie du véhicule.

d) Les lieux de remise et de restitution des clefs.

e) Le prix total TTC à payer préalablement à la prise du véhicule, et son décompte détaillé, en quantité et prix TTC, pour chaque prestation, en rappelant le cas échéant les prix unitaires utilisés.

f) Les informations visées au 1 *(c)* de l'annexe A.

g) Le cas échéant, les sommes TTC à payer après le retour du véhicule, et leur décompte détaillé en quantité et prix TTC, pour chaque prestation, en rappelant le cas échéant les prix unitaires utilisés ; si un élément du prix n'est pas connu, notamment car il dépend de l'utilisation du véhicule pendant la période de location, le mode de calcul de cet élément figure.

h) Le cas échéant, les dénominations des forfaits inclus dans la prestation et leur contenu.

i) Le cas échéant, les réductions ou promotions et leurs conditions d'octroi.

2. Informations complémentaires devant figurer dans les devis pour les offres de location d'une durée supérieure à six mois

a) Un rappel des conditions exigées du consommateur en matière d'usage du véhicule, d'assurance et d'entretien.

b) Les conditions de mise en jeu de la responsabilité du consommateur en matière de couverture des dommages éventuels, ainsi que la nature et le montant des franchises laissées à sa charge.

c) La durée du contrat et les conditions de résiliation anticipée.

d) Les modalités de révision éventuelle du prix, notamment le caractère automatique ou conditionnel de la révision, ses conditions de déclenchement, les paramètres objectifs permettant le calcul du prix révisé et les conditions de sortie du contrat en cas de révision du prix.

e) Une mention permettant au consommateur d'identifier les informations ci-dessus comme étant les conditions particulières applicables aux contrats de location d'une durée supérieure à six mois.

AUTOROUTES

Arrêté nº 76-68/P du 8 juillet 1976,

Relatif à la publicité des prix sur les autoroutes.

Art. 1er Les dispositions de l'article 11 *[relatif à l'affichage des prix des prestations de services]* de l'arrêté nº 25-921 du 16 septembre 1971 *[abrogé et remplacé par Arr. du 3 déc. 1987 ; V. art. 13 de ce texte, vº Prix (publicité)]* ne sont pas applicables à la publicité des tarifs de péage autoroutier.

Art. 2 Cette publicité est assurée selon les modalités particulières suivantes :

A chaque poste de péage commandant l'accès à l'autoroute ou situé en pleine voie sur celle-ci, sont affichés de manière lisible les tarifs pour les différentes catégories de véhicules, de tous les trajets concevables entre ce poste de péage et toutes les sorties possibles.

Lorsque le système de tarification en vigueur comporte le passage d'un poste de péage à l'entrée et à la sortie, la délivrance d'une carte de transit au point d'entrée est obligatoire.

Sur cette carte figure de manière lisible, pour la catégorie du véhicule en cause, la grille tarifaire complète correspondant aux tarifs de tous les trajets concevables entre ce point d'entrée et toutes les sorties possibles.

Si la dimension de la carte ne permet pas l'indication complète des prix de tous les trajets concevables à partir du point d'entrée, la carte porte des indications aussi étendues que possible, comprenant au minimum le tarif supporté jusqu'à la prochaine sortie et les tarifs demandés pour se rendre aux principales sorties. Dans ce cas, il doit être également mis à la disposition de l'usager, sur sa demande, sans que celui-ci doive quitter son véhicule, un dépliant comportant la grille tarifaire complète.

Décret nº 89-477 du 11 juillet 1989,

Relatif au tarif de dépannage des véhicules sur les autoroutes et routes express.

Art. 1er Le prix forfaitaire des opérations de dépannage, par un garagiste agréé, des véhicules d'un poids inférieur à 3,5 tonnes sur les autoroutes et routes express équipées d'un dispositif d'appel d'urgence est fixé à 285 F *[43,45 €]*, toutes taxes comprises.

Sur les autoroutes et routes express où le service de dépannage est tenu d'assurer une permanence sur la voie elle-même, le prix forfaitaire ci-dessus est porté à 305 F *[46,50 €]*.

(Décr. n° 91-8 du 4 janv. 1991) « Le prix forfaitaire visé aux premier et deuxième alinéas du présent article est porté respectivement à 405 F *[61,74 €]* et à 435 F *[66,32 €]*, toutes taxes comprises, en cas de remorquage des véhicules dont le poids total en charge est supérieur à 1 800 kg et inférieur à 3 500 kg. »

Art. 2 Le prix forfaitaire couvre le déplacement du véhicule d'intervention et, selon le cas, soit la réparation sur place, soit le remorquage ou le transport du véhicule immobilisé au garage du véhicule d'intervention ou, à la demande de l'usager, en un lieu situé à moins de cinq kilomètres de la sortie de l'autoroute ou de la voie express.

Dans le cas de réparation sur place, le prix des fournitures éventuelles est en sus.

Art. 3 Le prix est majoré de *(Décr. n° 2001-1169 du 11 déc. 2001)* « 50 % » pour les appels faits entre 18 h et 8 h ainsi que les samedis, dimanches et jours fériés.

Art. 4 Chaque année, le ministre chargé de l'économie fixe, par arrêté, le prix forfaitaire du dépannage en fonction de l'évolution du coût des carburants, de la main-d'œuvre, des assurances et des véhicules. — *V. Arr. du 12 juill. 2016, infra.*

Art. 5 Les arrêtés 84-57/A du 29 juin 1984 et 86-22/A du 23 mai 1986 relatifs aux tarifs des opérations de dépannage et de remorquage des véhicules d'un poids total autorisé en charge inférieur à 3,5 tonnes effectuées sur les autoroutes et voies rapides équipées d'un dispositif d'alerte sont abrogés.

Décret n° 95-81 du 24 janvier 1995,

Relatif aux péages autoroutiers.

Art. 1er Les tarifs de péages autoroutiers sont fixés chaque année par les sociétés concessionnaires d'autoroutes dans les conditions définies ci-après.

Le cahier des charges de la société concessionnaire prévu par l'article L. 122-4 du code de la voirie routière définit les règles de fixation des tarifs de péages, notamment les modalités de calcul d'un tarif kilométrique moyen servant de base aux tarifs de péages et qui tient compte de la structure du réseau, des charges d'exploitation et des charges financières de la société, ainsi que les possibilités de modulation de ce tarif kilométrique moyen.

Le contrat de plan, conclu pour une durée maximale de cinq années renouvelable entre l'État et la société concessionnaire, fixe les modalités d'évolution des tarifs de péages pendant la période considérée.

Art. 2 Les tarifs de péages fixés comme il est dit à l'article précédent sont applicables à l'expiration d'un délai d'un mois après leur dépôt auprès du ministre chargé de l'économie et auprès du ministre chargé de l'équipement.

Art. 3 Jusqu'à la conclusion d'un contrat de plan conforme aux dispositions de l'article 1er ci-dessus, les tarifs de péages sont fixés par arrêté conjoint du ministre chargé de l'économie et du ministre chargé de l'équipement, après consultation de la société concessionnaire concernée.

La majoration des tarifs de péages ainsi fixés ne peut être inférieure à 70 p. 100 de l'évolution des prix à la consommation (hors tabac) constatée depuis la fixation, l'année précédente, des tarifs applicables sur le réseau concédé à la société.

Art. 4 En cas de manquement, constaté dans les conditions prévues par le cahier des charges, de la société concessionnaire à ses obligations en matière de fixation de tarifs de péages, les tarifs de péages sont fixés par arrêté conjoint du ministre chargé de l'économie et du ministre chargé de l'équipement.

Art. 5 Le décret n° 88-1208 du 30 décembre 1988 relatif aux péages autoroutiers est abrogé.

Recommandation CCA n° 95-01 du 17 mars 1995,

Concernant les contrats d'abonnement autoroutier (BOCC 18 mai 1995).

La Commission des clauses abusives,

Considérant que l'utilisation du réseau autoroutier concédé peut être soumise au paiement d'un péage dont les modalités sont, pour l'essentiel, définies par le décret n° 95-81 du 24 janvier 1995 susvisé *[supra]* et par les conventions particulières de concession qui font l'objet d'un décret d'approbation pris en Conseil d'État ;

Considérant que les règles ainsi définies réglementairement ou contractuellement prévoient la possibilité pour les concessionnaires de proposer aux usagers des cartes d'abonnement permettant l'octroi de conditions préférentielles ; que cette possibilité n'est soumise qu'à la condition de l'égalité de traitement des catégories d'usagers auxquelles sont proposés ces abonnements ;

Considérant que, dans le but notamment de fidéliser les usagers, de faciliter l'accès aux postes à péage et de simplifier l'acquittement des droits, les concessionnaires ont progressivement mis en place des formules d'abonnement offrant différents services adaptés aux besoins des usagers ; que sont ainsi proposés des abonnements permettant notamment :

— le paiement différé du péage avec, généralement, l'octroi d'une remise ;

— l'utilisation illimitée d'une section du réseau durant la période de validité contre le paiement d'une somme forfaitaire ;

— le règlement du péage au moyen d'une carte préchargée et délivrée moyennant un tarif spécifique, que ces formules, éventuellement combinées avec des abonnements limités à une utilisation quotidienne sur un trajet domicile-travail, peuvent être perfectionnées grâce à certaines options technologiques évitant à l'usager de devoir s'arrêter et présenter sa carte lors du passage au poste à péage ;

Considérant que ces différentes catégories d'abonnements donnent lieu à l'établissement de contrats types habituellement proposés aux consommateurs ; que ces contrats organisent les relations entre les parties s'agissant, notamment, de la souscription, du fonctionnement, du renouvellement ou de la résiliation de l'abonnement ; que ces contrats prévoient en particulier un certain nombre de règles destinées à faire face à différents aléas tels qu'un dysfonctionnement des matériels, une détérioration de la carte d'abonnement ainsi que son utilisation abusive ou frauduleuse par l'abonné ou un tiers ;

Considérant que l'examen des contrats habituellement proposés aux consommateurs a révélé l'existence de clauses apparaissant abusives au sens de l'article L. 132-1 *[L. 212-1]* du code de la consommation ;

Considérant qu'il en va ainsi de la clause réservant à la société concessionnaire la faculté de ne pas donner suite à la souscription par le consommateur du contrat proposé lorsqu'une telle faculté n'est soumise à aucun motif légitime et adapté à la nature de ce contrat ;

Considérant que les clauses prévoyant l'entrée en vigueur du contrat, non pas lors de la remise de la carte à l'abonné mais lors de l'acceptation du contrat par la société, ont pour effet de faire dépendre le bénéfice effectif du contrat de la seule diligence de la société ;

Considérant que la faculté discrétionnaire que se réserve la société de retirer à tout moment la carte remise à l'abonné et dont elle demeure propriétaire a pour effet de lui permettre de suspendre à tout moment l'exécution du contrat ; qu'une telle clause ne peut être considérée comme légitime que dans la mesure où elle correspond à des objectifs clairement énoncés dans le contrat, tels que la nécessité de mettre fin à une situation de fraude, de retirer des cartes altérées ou contrefaites, ou de remplacer des cartes usagées ou incompatibles avec tel perfectionnement apporté au système ;

Considérant que les clauses subordonnant la mise en opposition de la carte perdue ou volée à un formalisme particulier (lettre recommandée) ou prévoyant un délai d'invalidation excessivement long peuvent avoir pour effet de faire durablement supporter par l'abonné les conséquences d'une utilisation frauduleuse de la carte, alors que la société dispose des moyens techniques d'y mettre fin rapidement ; que l'abonné doit pouvoir recourir, sans autre formalisme, à une lettre simple, un télex et, sous réserve de confirmation écrite, à une télécopie, pour obtenir la mise en opposition de sa carte dans un délai raisonnable qui ne devrait pas excéder trois jours ;

Considérant que si les nécessités d'une bonne gestion justifient que les réclamations *faites par les abonnés auprès de la société* sur les éléments de facture ne puissent l'être que pendant un délai déterminé, sont abusives les clauses qui laisseraient croire au consommateur que tout recours contentieux sur ces éléments est soumis au même délai ;

Considérant qu'en présence d'un contrat renouvelable par tacite reconduction, l'abonné ne doit pas être soumis, pour dénoncer le contrat à la date prévue, à un formalisme particulier tel que l'utilisation d'un formulaire spécial établi par la société ;

Considérant que la résiliation du contrat par la société ne peut être soumise à des conditions, notamment de délai, plus strictes pour l'abonné que pour la société ;

Considérant que les clauses permettant à la société de résilier le contrat sans que soit mise à sa charge l'obligation de restituer l'avance sur consommation ou, *prorata temporis*, le montant forfaitaire de la carte, ont pour effet de lui attribuer une rémunération sans contrepartie ; qu'elles sont abusives, sauf mise en jeu d'une clause pénale justifiée par un manquement de l'abonné à ses obligations contractuelles ;

Considérant que les contrats d'abonnement étant proposés indistinctement à des personnes ayant ou n'ayant pas la qualité de commerçant, ils ne peuvent contenir de clause attributive de compétence s'appliquant aux consommateurs ou non-professionnels,

Recommande :

Que soient éliminées des contrats d'abonnement autoroutier conclus entre les sociétés concessionnaires et les consommateurs ou non-professionnels les clauses ayant pour objet ou pour effet :

1° De réserver à la société concessionnaire la faculté de ne pas donner suite à la souscription d'un abonnement, lorsque cette faculté n'est soumise à aucun motif légitime et adapté à la nature du contrat ;

2° De prévoir une date de prise d'effet du contrat antérieure à la remise effective de la carte à l'abonné ;

3° De réserver à la société concessionnaire la faculté de retirer à tout moment la carte à l'abonné, lorsque cette faculté n'est soumise à aucun motif légitime et adapté ;

4° De subordonner la mise en opposition d'une carte perdue ou volée à un formalisme particulier et de prévoir un délai d'invalidation excédant trois jours à compter de la mise en opposition effectuée par lettre simple, télex ou, sous réserve de confirmation écrite, télécopie ;

5° De prévoir un délai de réclamation sur les éléments de la facture, en laissant croire que tout recours contentieux serait enfermé dans le même délai ;

6° De soumettre la dénonciation du contrat par l'abonné, à l'échéance, à un formalisme particulier tel que l'utilisation d'un formulaire spécial établi par la société ;

7° De soumettre la faculté de résiliation du contrat à des conditions plus strictes pour l'abonné que pour la société ;

8° De permettre à la société de résilier l'abonnement avant l'échéance sans mettre à sa charge l'obligation de restituer à l'abonné le solde non utilisé d'une avance sur consommation ou, à due concurrence de la durée du contrat restant à courir, le montant de l'abonnement forfaitaire, sauf mise en jeu éventuelle d'une clause pénale ;

9° De déroger aux règles légales concernant la compétence des juridictions.

(Texte adopté le 17 mars 1995, sur le rapport de M. Dominique Ponsot.)

Arrêté du 12 juillet 2016,

Relatif au tarif de dépannage des véhicules légers sur autoroutes et routes express.

Art. 1er Le prix forfaitaire du dépannage mentionné à l'article 4 du décret du 11 juillet 1989 susvisé *[nº 89-477 ; V. supra]* est majoré en cas de remorquage lorsque le poids total autorisé en charge du véhicule est supérieur à 1,8 tonne.

Art. 2 Les montants toutes taxes comprises du prix forfaitaire et du prix forfaitaire majoré mentionnés à l'article 1er figurent en annexe du présent arrêté.

ANNEXE

TARIFS 2016-2017

PRESTATIONS	MONTANTS
Forfait	123,90 €
Forfait majoré	153,21 €

BALADEURS

Code de la santé publique

Art. L. 5232-1 *(L. nº 2016-41 du 26 janv. 2016, art. 61-I)* **Tout appareil portable permettant l'écoute de sons par l'intermédiaire d'un dispositif d'écoute ainsi que tout dispositif d'écoute mis sur le marché, détenus en vue de la vente, vendus ou distribués à titre gratuit sont conçus de façon à être sans danger pour l'audition de l'utilisateur dans des conditions normales d'utilisation ou d'utilisation raisonnablement prévisibles.**

Ces appareils portables sont accompagnés de messages à caractère sanitaire sur les risques liés à leur utilisation et sur la manière de prévenir ces risques.

Les appareils portables et dispositifs d'écoute qui ne sont pas conformes à ces obligations ne peuvent être commercialisés.

Les modalités d'application du présent article sont définies par arrêté. — *V. Arr. du 25 juill. 2013, infra.*

Art. L. 5463-1 Outre les officiers et agents de police judiciaire agissant conformément aux dispositions du code de procédure pénale, les agents *(Ord. nº 2016-301 du 14 mars 2016, art. 17, en vigueur le 1er juill. 2016)* **« mentionnés à l'article L. 511-3 et aux 1º et 2º du I de l'article L. 511-22 du code de la consommation » et les médecins** *(L. nº 2011-940 du 10 août 2011, art. 47-I)* **« désignés par le directeur général de l'agence régionale de santé » sont habilités à rechercher et à constater les infractions aux dispositions de l'article L. 5232-1 et des textes réglementaires pris pour leur application dans les conditions prévues** *(Ord. nº 2016-301 du 14 mars 2016, art. 17, en vigueur le 1er juill. 2016)* **« au I de l'article L. 511-22 » du code de la consommation ».**

Les sanctions en cas d'infractions aux dispositions du même article sont fixées par décret en Conseil d'État.

Art. R. 5463-2 Est puni de l'amende prévue pour les contraventions de la cinquième classe le fait de mettre sur le marché, de détenir en vue de la vente, de vendre ou de distribuer à titre gratuit un baladeur musical non conforme aux conditions fixées par l'article L. 5232-1 et par les textes réglementaires pris pour son application.

Les personnes physiques coupables de la contravention prévue au présent article encourent la peine complémentaire de confiscation de la chose qui a servi ou était destinée à commettre l'infraction.

Art. R. 5463-3 *(Décr. nº 2010-671 du 18 juin 2010, art. 5-XIII)* Les personnes morales déclarées responsables pénalement, dans les conditions prévues par l'article 121-2 du code pénal, de l'infraction définie à l'article R. 5463-2 encourent, outre l'amende suivant les modalités prévues par l'article 131-41 du code pénal, la peine de confiscation de la chose qui a servi ou était destinée à commettre l'infraction.

Art. R. 5463-4 La récidive de la contravention prévue à l'article R. 5463-2 est réprimée conformément aux articles 132-11 et 132-15 du code pénal.

Arrêté du 25 juillet 2013,

Portant application de l'article L. 5232-1 du code de la santé publique relatif aux baladeurs musicaux.

Art. 1er Pour l'application du présent arrêté, on entend par "baladeur musical" un appareil portable réservé à un usage personnel qui :

— est conçu pour permettre à l'utilisateur d'écouter du son, associé ou non à des vidéos, enregistré ou radiodiffusé ;

— comporte principalement un dispositif d'écoute que l'on peut porter dans ou sur les oreilles ou autour de celles-ci ;

— permet à l'utilisateur de se déplacer pendant son utilisation.

Art. 2 Sont présumés satisfaire aux dispositions de l'article L. 5232-1 du code de la santé publique les baladeurs musicaux et les dispositifs d'écoute d'un baladeur musical conformes aux normes NF EN 60065 :2002/A12 septembre 2011 "Appareils audio, vidéo et appareils électroniques analogues. – Exigences de sécurité" et NF EN 60950-1 :2006/A12 août 2012 "Matériel de traitement de l'information, sécurité, partie 1 : exigences générales" ou justifiant de caractéristiques équivalentes à celles mentionnées par ces normes.

Art. 3 L'arrêté du 8 novembre 2005 portant application de l'article L. 5232-1 du code de la santé publique relatif aux baladeurs musicaux est abrogé. – *V. Arr. du 8 nov. 2005* 🏛 *au* ***C. consom.****, éd. 2013 ou antérieures.*

Toutefois, les appareils mis sur le marché antérieurement à la date d'entrée en vigueur du présent arrêté et conformes à la réglementation en vigueur au moment de leur mise sur le marché peuvent être commercialisés jusqu'à épuisement des stocks.

BANQUES

Code monétaire et financier

Droit au compte et relations avec le client

RÉP. COM. vº *Dépôt et compte en banque,* par CABRILLAC et BONHOMME.

Art. L. 312-1 *(Ord. nº 2016-1808 du 22 déc. 2016, art. 2, en vigueur le 23 juin 2017)* « I. – A *[Ont]* droit à l'ouverture d'un compte de dépôt dans l'établissement de crédit de son *[leur]* choix, sous réserve d'être dépourvu *[dépourvues]* d'un tel compte en France :

« 1º Toute personne physique ou morale domiciliée en France ;

« 2º Toute personne physique résidant légalement sur le territoire d'un autre État membre de l'Union européenne n'agissant pas pour des besoins professionnels ainsi que toute personne physique de nationalité française résidant hors de France.

« II. – Pour les personnes physiques n'agissant pas pour des besoins professionnels, les établissements de crédit disposent, au sein de leur gamme de services, de prestations de base définies par décret.

« Lorsque ces personnes sont en situation de fragilité financière au sens de l'article L. 312-1-3, elles se voient proposer l'offre spécifique mentionnée au même article dans les conditions fixées par décret en Conseil d'État.

« Sous réserve du respect des dispositions du chapitre Ier du titre VI du livre V, l'établissement procède à l'ouverture du compte de dépôt demandée par les personnes mentionnées au premier alinéa du présent II au plus tard dans les six jours ouvrés à compter de la réception de l'ensemble des pièces qui lui sont nécessaires à cet effet.

« L'établissement peut rejeter la demande d'ouverture de compte au motif que ces personnes peuvent bénéficier d'un compte de dépôt dans les conditions mentionnées au III.

« Si l'établissement refuse l'ouverture du compte de dépôt, il communique au demandeur, gratuitement et par écrit, les motifs de ce refus en mentionnant, le cas échéant, la procédure prévue au III.

« III. – En cas de refus de la part de l'établissement choisi d'ouvrir un tel compte à l'une des personnes mentionnées au I, celle-ci peut saisir la Banque de France afin qu'elle lui désigne un établissement de crédit situé à proximité de son domicile ou d'un autre lieu de son choix, en prenant en considération les parts de marché de chaque établissement concerné, dans un délai d'un jour ouvré à compter de la réception des pièces requises définies par arrêté.

« L'établissement de crédit qui a refusé l'ouverture d'un compte remet systématiquement, gratuitement et sans délai, au demandeur une attestation de refus d'ouverture de compte et l'informe qu'il peut demander à la Banque de France de lui désigner un établissement de crédit pour lui ouvrir un compte. »

Il lui propose, s'il s'agit d'une personne physique, d'agir en son nom et pour son compte en transmettant la demande de désignation d'un établissement de crédit à la Banque de France ainsi que les informations requises pour l'ouverture du compte. *(L. nº 2013-672 du 26 juill. 2013, art. 64)* « A la demande d'une personne physique, le département, la caisse d'allocations familiales, le centre communal ou intercommunal d'action sociale dont cette personne dépend, une association ou une fondation à but non lucratif dont l'objet est

d'accompagner les personnes en difficulté ou de défendre les intérêts des familles ou une association de consommateurs agréée peut également transmettre en son nom et pour son compte la demande de désignation et les pièces requises à la Banque de France. Un décret détermine les conditions dans lesquelles les associations et fondations peuvent agir sur le fondement du présent alinéa. »

(L. n° 2013-672 du 26 juill. 2013, art. 64) **« Les établissements de crédit ainsi désignés par la Banque de France sont tenus d'offrir au titulaire du compte des services bancaires de base dont le contenu et les conditions tarifaires sont précisés par décret. »** *(Ord. n° 2016-1808 du 22 déc. 2016, art. 2, en vigueur le 23 juin 2017)* **« Ils procèdent à l'ouverture du compte de dépôt dans les trois jours ouvrés à compter de la réception de l'ensemble des pièces qui lui** *[leur]* **sont nécessaires à cet effet. »**

(L. n° 2008-776 du 4 août 2008, art. 145-XI, en vigueur le 1er janv. 2009) **« L'Association française des établissements de crédit et des entreprises d'investissement, mentionnée à l'article L. 511-29, adopte une charte d'accessibilité bancaire afin de renforcer l'effectivité du droit au compte. Cette charte précise les délais et les modalités de transmission par les établissements de crédit à la Banque de France des informations requises pour l'ouverture d'un compte. Elle définit les documents d'information que les établissements de crédit doivent mettre à disposition de la clientèle et les actions de formation qu'ils doivent réaliser.** *(L. n° 2013-672 du 26 juill. 2013, art. 64)* **« Elle fixe un modèle d'attestation de refus d'ouverture de compte. »** — *V. Arr. du 18 déc. 2008 portant homologation de la charte d'accessibilité pour renforcer l'effectivité du droit au compte, infra.*

« La charte d'accessibilité bancaire, homologuée par arrêté du ministre chargé de l'économie, après avis du comité consultatif du secteur financier et du comité consultatif de la législation et de la réglementation financières, est applicable à tout établissement de crédit. Le contrôle du respect de la charte est assuré par *(L. n° 2013-672 du 26 juill. 2013, art. 24-I)* **« l'Autorité de contrôle prudentiel et de résolution » et relève de la procédure prévue à l'article »** *(L. n° 2010-1249 du 22 oct. 2010, art. 17)* **« L. 612-31 ».**

(Ord. n° 2016-1808 du 22 déc. 2016, art. 2, en vigueur le 23 juin 2017) **« IV. — L'établissement de crédit ne peut résilier unilatéralement la convention de compte de dépôt assorti des services bancaires de base, ouvert en application du III, que si l'une au moins des conditions suivantes est remplie :**

« 1° Le client a délibérément utilisé son compte de dépôt pour des opérations que l'organisme a des raisons de soupçonner comme poursuivant des fins illégales ;

« 2° Le client a fourni des informations inexactes ;

« 3° Le client ne répond plus aux conditions de domicile ou de résidence définies au I ;

« 4° Le client a ultérieurement ouvert un deuxième compte de dépôt en France qui lui permet d'utiliser les services bancaires de base ;

« 5° Le client a fait preuve d'incivilités répétées envers le personnel de l'établissement de crédit ;

« 6° L'établissement est dans l'une des situations prévues à l'article L. 561-8.

« Toute décision de résiliation à l'initiative de l'établissement de crédit fait l'objet d'une notification écrite motivée et adressée gratuitement au client. La décision de résiliation ne fait pas l'objet d'une motivation lorsque la notification est de nature à contrevenir aux objectifs de sécurité nationale ou de maintien de l'ordre public. La décision de résiliation à l'initiative de l'établissement est adressée, pour information, à la Banque de France.

« Un délai minimum de deux mois de préavis est octroyé au titulaire du compte, sauf dans les cas mentionnés au 1° et au 2°.

« L'établissement informe le client, au moment de la notification, de l'existence d'un service de relations avec la clientèle et de la médiation pour traiter les litiges éventuels liés à la résiliation de la convention de compte de dépôt.

« V. — » *(L. n° 2013-672 du 26 juill. 2013, art. 64)* **« Le présent article s'applique aux personnes inscrites aux fichiers gérés par la Banque de France en application de l'article** *L. 131-85 du présent code et (Ord. n° 2016-1808 du 22 déc. 2016, art. 2, en vigueur le 23 juin 2017)* **« de l'article L. 751-1 » du code de la consommation. »**

V. C. mon. fin., art. R. 312-1 s., infra.

V. aussi Dir. 2014/92/UE du 23 juill. 2014 sur la comparabilité des frais liés aux comptes de paiement, le changement de compte de paiement et l'accès à un compte de paiement assorti de prestations de base (JOUE L 257 du 28 août 2014). — ***C. mon. fin.***

BIBL. ▶ SAMIN, *Banque et Droit sept.-oct. 1999. 26* (aspects juridiques de la tarification des services bancaires). – MINSIEUX, *JCP E 1999, n° 12, p. 521* (euro et services bancaires). – BOUILHOL, *Banque et Droit nov.-déc. 2000. 3* (aspects juridiques de l'e-banking). – S. PIEDELIÈVRE, *JCP E 2005. 1134* (nouvelles relations contractuelles entre banquiers et consommateurs). – BOUTEILLER, *RLDA sept. 2008. 59* (la convention de compte et la médiation bancaire). – LECOURT, *RD banc. fin. 2016. Dossier 18* (compte de dépôt et clauses abusives). – Dossier, *RDSS 2017. 3* (le droit au compte).

▶ Loi « MURCEF » du 11 déc. 2001 : PANSIER et CHARBONNEAU, *LPA 17 déc. 2001*. – AVENA-ROBARDET, *D. 2002. 186*. – BONNEAU, *JCP E 2002. 120*. – DONDERO, *LPA 17 et 18 janv. 2002*. – DAIGRE, *JCP 2002. I. 117*. – BOUTEILLER, *CCC 2002. Chron. 5*. – STOUFFLET, *RD banc. fin., janv.-févr. 2002, p. 36*. – BONHOMME, *Banque et Droit mars-avr. 2002. 3*. – LUCAS DE LEYSSAC, *RD banc. fin., nov.-déc. 2002. 349*. – LÈGUEVAQUES et SALA, *LPA 3 mars 2003* (un an après). – BOUTEILLER, *JCP E 2003, n° 9, p. 352*.

Art. L. 312-1-1 A *(L. n° 2013-672 du 26 juill. 2013, art. 55)* **L'Association française des établissements de crédit et des entreprises d'investissement, mentionnée à l'article L. 511-29, adopte une charte d'inclusion bancaire et de prévention du surendettement homologuée par arrêté du ministre chargé de l'économie, après avis du Comité consultatif du secteur financier et du Comité consultatif de la législation et de la réglementation financières. Cette charte est applicable à tout établissement de crédit. Le contrôle du respect de la charte est assuré par l'Autorité de contrôle prudentiel et de résolution et relève de la procédure prévue à l'article L. 612-31.** — *V. Arr. du 5 nov. 2014, infra.*

Cette charte a pour objet de renforcer l'accès aux services bancaires et de faciliter l'usage de ces services, en particulier en ce qui concerne les moyens de paiement, pour les personnes physiques n'agissant pas pour des besoins professionnels. Elle a également pour objet de mieux prévenir le surendettement de ces personnes.

Cette charte précise notamment les modalités d'information des clientèles concernées par les offres mentionnées au deuxième alinéa de l'article L. 312-1-3. Elle précise également les actions de formation et de sensibilisation réalisées par les établissements de crédit afin de favoriser la diffusion de ces offres auprès des personnes concernées.

Cette charte définit également les conditions dans lesquelles chaque établissement de crédit se dote d'un dispositif de détection précoce des situations de fragilité financière de ses clients et apporte à ces situations des réponses adaptées, en concertation avec le client concerné.

BIBL. ▶ NDLR, *BRDA 2013, n° 15-16, p. 11* (nouvelles mesures de protection des consommateurs en matière bancaire). – ROUSSILLE, *JCP E 2013, n° 1661* (loi SRAB : incidences sur les relations des banques avec leur clientèle) ; *CCC 2014. Étude 3* (loi SRAB : incidences sur les relations des banques avec les consommateurs).

Art. L. 312-1-1 B *(L. n° 2013-672 du 26 juill. 2013, art. 56)* **Il est créé, auprès de la Banque de France, un observatoire de l'inclusion bancaire chargé de collecter des informations sur l'accès aux services bancaires des personnes physiques n'agissant pas pour des besoins professionnels, sur l'usage que ces personnes font de ces services bancaires et sur les initiatives des établissements de crédit en la matière. Cet observatoire est également chargé de définir, de produire et d'analyser des indicateurs relatifs à l'inclusion bancaire visant notamment à évaluer l'évolution des pratiques des établissements de crédit dans ce domaine.**

Les établissements de crédit fournissent à l'observatoire les informations nécessaires à l'exercice de ses missions.

Un décret en Conseil d'État précise l'organisation et le fonctionnement de l'observatoire. — *V. C. mon. fin., art. R. 312-9 s.* — ***C. mon. fin.***

L'observatoire de l'inclusion bancaire publie un rapport annuel sur la mise en œuvre de ses missions. Ce rapport comporte notamment une analyse des indicateurs d'inclusion bancaire et de leur évolution, une évaluation des pratiques des établissements de crédit ainsi que les préconisations éventuelles de l'observatoire afin d'améliorer l'inclusion bancaire. Il peut également décrire et analyser les exemples de bonnes ou de mauvaises pratiques individuelles de certains établissements de crédit.

Art. L. 312-1-1 I. — *(L. n° 2004-1484 du 30 déc. 2004, art. 106)* « **Les établissements de crédit sont tenus d'informer leur clientèle et le public sur les conditions générales et tarifaires applicables aux opérations relatives à la gestion d'un compte de dépôt, selon des modalités fixées par un arrêté du ministre chargé de l'économie** *(Abrogé par Ord. n° 2009-866 du 15 juill. 2009, art. 4)* ***« et des finances »***. — *V. 1er Arr. du 29 juill. 2009, infra.*

« La gestion d'un compte de dépôt des personnes physiques n'agissant pas pour des besoins professionnels est réglée par une convention écrite passée entre le client et son établissement de crédit ou les services financiers de La Poste *(Abrogé par Ord. nº 2009-866 du 15 juill. 2009, art. 4)* ***« pour tout compte ouvert à compter du 28 février 2003. L'acceptation de ce contrat est formalisée par la signature du ou des titulaires du compte.***

« Pour les comptes ouverts avant cette date et n'ayant pas fait l'objet d'une convention signée ou tacitement approuvée, un projet de convention de compte de dépôt est fourni au client à sa demande. L'acceptation de ce contrat est formalisée par la signature du ou des titulaires du compte dans un délai maximal de trois mois après l'envoi. »

(L. nº 2010-737 du 1er juill. 2010, art. 16-II) **« Lorsqu'un relevé de compte est diffusé en application des stipulations de la convention visée à l'alinéa précédent et que celui-ci indique, à titre d'information, qu'un montant de découvert est autorisé, il mentionne immédiatement après, dans les mêmes caractères, le taux annuel effectif global au sens** *(Ord. nº 2016-301 du 14 mars 2016, art. 2, en vigueur le 1er juill. 2016)* **« des articles L. 314-1 à L. 314-4 » du code de la consommation, quelle que soit la durée du découvert autorisé considéré. »**

(L. nº 2004-1484 du 30 déc. 2004, art. 106) **« Jusqu'au 31 décembre 2009, les établissements de crédit et les services financiers de La Poste sont tenus d'informer au moins une fois par an les clients n'ayant pas de convention de compte de dépôt de la possibilité d'en signer une.**

« Les principales stipulations que la convention de compte de dépôt doit comporter, notamment les conditions générales et tarifaires d'ouverture, de fonctionnement et de clôture, sont précisées par un arrêté du ministre chargé de l'économie *(Abrogé par Ord. nº 2009-866 du 15 juill. 2009, art. 4)* ***« et des finances ».*** **»** — *V. 2e Arr. du 29 juill. 2009, infra.*

(Ord. nº 2009-866 du 15 juill. 2009, art. 4) **« Avant que le client ne soit lié par cette convention, l'établissement de crédit l'informe desdites conditions sur support papier ou sur un autre support durable. L'établissement de crédit peut s'acquitter de cette obligation en fournissant au client une copie du projet de convention de compte de dépôt.**

« Si, à la demande du client, cette convention est conclue par un moyen de communication à distance ne permettant pas à l'établissement de crédit de se conformer au précédent alinéa, ce dernier satisfait à ses obligations aussitôt après la conclusion de la convention de compte de dépôt.

« L'acceptation de la convention de compte de dépôt est formalisée par la signature du ou des titulaires du compte.

« Lorsque l'établissement de crédit est amené à proposer à son client de nouvelles prestations de services de paiement dont il n'était pas fait mention dans la convention de compte de dépôt, les informations relatives à ces nouvelles prestations font l'objet d'un contrat-cadre de services de paiement régi par les dispositions des sections II à IV du chapitre IV du présent titre relatives au contrat-cadre de services de paiement ou d'une modification de la convention de compte de dépôt dans les conditions mentionnées au II du présent article. »

II. — *(Ord. nº 2009-866 du 15 juill. 2009, art. 4)* **« Tout projet de modification de la convention de compte de dépôt est communiqué sur support papier ou sur un autre support durable au client au plus tard deux mois avant la date d'application envisagée. Selon les modalités prévues dans la convention de compte de dépôt, l'établissement de crédit informe le client qu'il est réputé avoir accepté la modification s'il ne lui a pas notifié, avant la date d'entrée en vigueur proposée de cette modification, qu'il ne l'acceptait pas ; dans ce cas, l'établissement de crédit précise également que, si le client refuse la modification proposée, il peut résilier la convention de compte de dépôt sans frais, avant la date d'entrée en vigueur proposée de la modification. »**

(Abrogé par Ord. nº 2009-866 du 15 juill. 2009, art. 4) (L. nº 2008-3 du 3 janv. 2008, art. 24-I) ***« Dans les mêmes conditions, au cours du mois de janvier de chaque année, est porté à la connaissance des personnes physiques et des associations un document distinct récapitulant le total des sommes perçues par l'établissement de crédit au cours de l'année civile précédente au titre de produits ou services dont ces personnes bénéficient dans le cadre de la gestion de leur compte de dépôt, y compris les intérêts perçus au titre d'une position débitrice de celui-ci. Ce récapitulatif distingue, pour chaque catégorie de produits ou services liés à la gestion du compte de dépôt, le sous-total des frais perçus et le nombre de produits ou services correspondant. »*** —

Un premier récapitulatif est porté à la connaissance de ses bénéficiaires au plus tard le 31 janv. 2009 (L. n° 2008-3 du 3 janv. 2008, art. 24-II).

(Ord. n° 2009-866 du 15 juill. 2009, art. 4) **« III. — Le client peut résilier la convention de compte de dépôt à tout moment, sauf stipulation contractuelle d'un préavis qui ne peut dépasser trente jours.**

« Au-delà de douze mois, la convention de compte de dépôt peut être résiliée sans frais. Dans les autres cas, les frais de résiliation doivent être proportionnés aux coûts induits par cette résiliation.

« L'établissement de crédit résilie une convention de compte de dépôt conclue pour une durée indéterminée moyennant un préavis d'au moins deux mois. Les frais régulièrement imputés pour la prestation de services de paiement ne sont dus par le client qu'au prorata de la période échue à la date de résiliation de la convention de compte de dépôt. S'ils ont été payés à l'avance, ces frais sont remboursés au prorata. »

(L. n° 2010-737 du 1er juill. 2010, art. 37) **« Avec l'accord du client, la convention de compte peut être adaptée avant l'expiration du délai de deux mois mentionné au II lorsqu'il bénéficie de la procédure de surendettement afin de faciliter l'exécution des mesures de traitement prévue au** *(Ord. n° 2016-301 du 14 mars 2016, art. 2, en vigueur le 1er juill. 2016)* **« titre III du livre VII » du code de la consommation. L'Association française des établissements de crédit** *(L. n° 2014-1662 du 30 déc. 2014, art. 21-I)* **« et des entreprises d'investissement », mentionnée à l'article L. 511-29 du présent code, adopte des normes professionnelles qui précisent les modalités et la durée du maintien du compte de dépôt et les adaptations, en particulier des moyens de paiement, de nature à en faciliter le fonctionnement et à éviter les incidents.**

« Ces normes, homologuées par le ministre de l'économie, après avis du comité consultatif du secteur financier et du comité consultatif de la législation et de la réglementation financières, sont applicables par tout établissement de crédit. Le contrôle du respect de ces normes est assuré par *(L. n° 2013-672 du 26 juill. 2013, art. 24-I)* **« l'Autorité de contrôle prudentiel et de résolution » et relève de la procédure prévue à l'article »** *(L. n° 2010-1249 du 22 oct. 2010, art. 17)* **« L. 612-31 ».** — *V. Arr. du 24 mars 2011, infra.*

(Ord. n° 2009-866 du 15 juill. 2009, art. 4) **« IV. — A tout moment de la relation contractuelle, l'établissement de crédit fournit à la demande de l'utilisateur les termes de la convention de compte de dépôt sur support papier ou sur un autre support durable.**

« L'établissement de crédit ne peut refuser la fourniture au client d'une convention établie sur support papier.

« V. — Pour chaque opération de paiement mentionnée à l'article L. 314-2 relevant d'une convention de compte de dépôt et ordonnée par le payeur, le prestataire de services de paiement fournit à celui-ci, à sa demande, des informations sur le délai d'exécution maximal de cette opération spécifique, sur les frais qu'il doit payer et, le cas échéant, sur le détail de ces frais. »

Les dispositions issues de l'Ord. n° 2009-866 du 15 juill. 2009 entrent en vigueur le 1er nov. 2009 (Ord. préc., art. 21). — Sur les modalités d'entrée en vigueur, V. Ord. préc., art. 19 et 20, ss. cet art. au ***C. consom.****, éd. 2012 et antérieures, ou au* ***C. mon. fin.***

Les modifications du I, issues de la L. n° 2010-737 du 1er juill. 2010, entrent en vigueur le premier jour du dixième mois suivant celui de sa publication (JO 2 juill.). Elles s'appliquent aux contrats dont l'offre a été émise après la date d'entrée en vigueur (L. préc., art. 61-I).

Sur les différentes clientèles visées par l'art. L. 312-1-1 C. mon. fin., V. Rép. min. n° 1617, JO Sénat Q 8 janv. 2009 ; RD banc. fin. 2009, n° 81, obs. Crédot et Samin.

V. aussi art. L. 121-13 C. consom.

BIBL. ▶ STOUFFLET, *RD banc. fin. 2003. 122* (la Charte relative aux conventions de compte de dépôt). – TCHOTOURIAN, *Banque et Droit mai-juin 2003. 6* (même thème). – PIEDELIÈVRE, *RTD com. 2003. 467* (même thême). – CRÉDOT et GÉRARD, *RD banc. fin. 2003, n° 212* (loi n° 2003-706 de sécurité financière). – BRUNENGO-BASSO, *Dr. et patr., janv. 2004. 73* (même thème). – REVET, *RDC 2004. 607* (droit législatif, droit réglementaire et droit néo-corporatif). – MATHEY, *CCC 2005. Chron. 5* (conventions de compte). – ROUTIER, *D. 2006. 985* (multiplication des frais et commissions de banque). – RAYMOND, *RD banc. fin. mai-juin 2006. 41* (clauses abusives dans les conventions de compte de dépôt). – MALABAT, *RLDA mars 2008. 83* (devoirs du banquier et complicité d'abus de faiblesse). – BOUCARD, *Banque et Droit juin 2013. Hors-série. 55* (obligations d'information et de mise en garde relatives aux opérations de banque en ligne). – RODRIGUEZ et ABADIE, *ibid. 81* (banque en ligne : une protection à renforcer ? étude des conditions générales de banque).

▸ Loi n° 2008-3 du 3 janv. 2008 : BOUTEILLER, *RLDA févr. 2008. 30* (les nouvelles mesures régissant les relations entre les établissements de crédit et leurs clients). – Rédaction D.O, *JCP E 2008, n° 12-13, p. 25* (loi Chatel : dispositions concernant, notamment, le secteur bancaire). – SAINT-ALARY, *RLDA sept. 2008. 66* (aspects juridiques et pratiques de la tarification bancaire).

Art. L. 312-1-2 *(L. n° 2001-1168 du 11 déc. 2001, art. 13)* **I. — 1. Est interdite la vente ou offre de vente de produits ou de prestations de services groupés sauf lorsque les produits ou prestations de services inclus dans l'offre groupée peuvent être achetés individuellement ou lorsqu'ils sont indissociables.**

2. Est interdite toute vente ou offre de vente de produits ou de prestations de services faite au client et donnant droit à titre gratuit, immédiatement ou à terme, à une prime financière ou en nature de produits, biens ou services dont la valeur serait supérieure à un seuil fixé, en fonction du type de produit ou de service offert à la clientèle, par un règlement pris par arrêté du ministre chargé de l'économie, pris après avis du comité consultatif institué à l'article L. 614-1. — *V. Arr. du 11 août 2003, infra.*

(Ord. n° 2009-866 du 15 juill. 2009, art. 4, en vigueur le 1er nov. 2009) **« Ces dispositions s'appliquent également aux services de paiement mentionnés au II de l'article L. 314-1. »**

II. — Abrogé par Ord. n° 2009-866 du 15 juill. 2009, art. 4, à compter du 1er nov. 2009.

BIBL. ▸ SAINT-ALARY, *Banque et Droit mars-avr. 2002. 12* (le nouveau dispositif sur les ventes groupées et les ventes à prime doit-il inquiéter les banques ?). – LUCAS DE LEYSSAC, *RD banc. fin., nov.-déc. 2002. 349* (de quelques aspects de l'art. 13 de la loi MURCEF). – BICHOT, *RGDA 2002, p. 625* (vers la fin des assurances en inclusion des cartes bancaires ?). – BOUTEILLER, *JCP E 2003, n° 9, p. 352* (mise en œuvre des nouvelles relations entre les banques et leurs clients). – GIRARDIN et GRISON, *CCC 2004. Étude 18* (techniques de vente et de promotion des produits et services bancaires). – DE RAVEL D'ESCLAPON, *AJ contrat 2017. 118* (de la validité de la clause de domiciliation des revenus en matière de crédit immobilier).

Art. L. 312-1-3 *(L. n° 2013-672 du 26 juill. 2013, art. 52)* **Les commissions perçues par un établissement de crédit à raison du traitement des irrégularités de fonctionnement d'un compte bancaire sont plafonnées, par mois et par opération, pour les personnes physiques n'agissant pas pour des besoins professionnels. Parmi ces personnes, celles qui souscrivent l'offre mentionnée au deuxième alinéa du présent article ainsi que celles qui bénéficient** *(Ord. n° 2016-1808 du 22 déc. 2016, art. 3, en vigueur le 23 juin 2017)* **« du compte assorti » des services bancaires de base** *(Ord. n° 2016-1808 du 22 déc. 2016, art. 3, en vigueur le 23 juin 2017)* **« ouvert en application de la procédure mentionnée au III » de l'article L. 312-1 se voient appliquer des plafonds spécifiques.**

Les établissements de crédit proposent aux personnes physiques n'agissant pas pour des besoins professionnels qui se trouvent en situation de fragilité, eu égard, notamment, au montant de leurs ressources, une offre spécifique qui comprend des moyens de paiement, dont au moins deux chèques de banque par mois, et des services appropriés à leur situation et de nature à limiter les frais supportés en cas d'incident.

Les conditions d'application du présent article sont fixées par décret en Conseil d'État. — *V. C. mon. fin., art. R. 312-4-1 s.*

BIBL. ▸ ROUSSILLE, *JCP E 2013, n° 1661* (loi SRAB : incidences sur les relations des banques avec leur clientèle). – LASSERRE CAPDEVILLE, *RD banc. fin. 2014. Alerte 1* (précisions et interrogation autour de la protection de la clientèle en situation de fragilité financière) ; *Banque et Droit nov.-déc. 2014. 13* (une nouvelle catégorie de clients : les personnes en situation de fragilité financière).

Art. L. 312-1-4 *V. v° Pompes funèbres.*

Art. L. 312-1-5 *(L. n° 2013-672 du 26 juill. 2013, art. 66)* **Le client, personne physique n'agissant pas pour des besoins professionnels, est informé gratuitement, par le biais de son relevé de compte mensuel, du montant et de la dénomination des frais bancaires liés à des irrégularités et incidents que l'établissement entend débiter sur son compte de dépôt. Ce débit a lieu au minimum quatorze jours après la date d'arrêté du relevé de compte.**

Les conditions d'application du présent article sont fixées par décret en Conseil d'État. Le dispositif mis en place par le présent article entre en vigueur dix-huit mois après la publication du décret mentionné à la première phrase. — *V. C. mon. fin., art. R. 312-1-2.*

Art. L. 312-1-7 *(L. nº 2014-344 du 17 mars 2014, art. 53-I) (L. nº 2015-990 du 6 août 2015, art. 43-I)* « I. — » La clôture de tout compte de dépôt ou compte sur livret est gratuite.

(L. nº 2015-990 du 6 août 2015, art. 43-I) « II. — Les établissements de crédit mettent à la disposition de leurs clients une documentation relative à la mobilité bancaire, gratuitement et sans condition, sur papier ou sur un autre support durable, dans leurs locaux et sous forme électronique sur leur site internet.

« III. — L'établissement d'arrivée, qui ouvre le nouveau compte de dépôt dans le cadre du changement de domiciliation bancaire, propose au client, gratuitement et sans condition, un service d'aide à la mobilité bancaire permettant un changement automatisé des domiciliations bancaires, vers le nouveau compte, des prélèvements valides et virements récurrents du compte d'origine.

« Si le client souhaite bénéficier de ce service, l'établissement d'arrivée recueille son accord formel pour effectuer en son nom les formalités liées au changement de compte afin que les virements et prélèvements réguliers se présentent sur le nouveau compte, ainsi que les coordonnées bancaires de son établissement de départ.

« Dans un délai de deux jours ouvrés à compter de la réception de l'accord formel du client, l'établissement d'arrivée sollicite de l'établissement de départ le transfert des informations relatives aux mandats de prélèvements valides et aux virements récurrents ayant transité sur ce compte au cours des treize derniers mois, ainsi qu'aux chèques non débités sur les chéquiers utilisés au cours des treize derniers mois.

« L'établissement de départ transfère ces informations à l'établissement d'arrivée dans un délai de cinq jours ouvrés à compter de la réception de la demande qui lui a été faite par l'établissement d'arrivée.

« L'établissement d'arrivée communique, dans un délai de cinq jours ouvrés à compter de la réception des informations demandées à l'établissement de départ, les coordonnées du nouveau compte aux émetteurs de prélèvements valides et de virements récurrents.

« Les émetteurs de prélèvements et de virements disposent d'un délai pour prendre en compte ces modifications et informer le client. Ce délai est défini par décret en Conseil d'État.

« L'établissement d'arrivée informe son client de la liste des opérations pour lesquelles le changement de domiciliation a été envoyé à ses créanciers et à ses débiteurs et lui adresse la liste des formules de chèques non débitées *[débités]* transmise par l'établissement de départ. Il informe également le client des conséquences associées à un incident de paiement en cas d'approvisionnement insuffisant de son compte dans l'établissement de départ, s'il fait le choix de ne pas le clôturer. »

L'établissement *(L. nº 2015-990 du 6 août 2015, art. 43-I)* « d'arrivée » informe également le client de l'existence d'un service de relations avec la clientèle et de la médiation pour traiter les litiges éventuels liés au changement de domiciliation bancaire.

(L. nº 2015-990 du 6 août 2015, art. 43-I) « IV. — En cas de clôture du compte dans l'établissement de départ, celui-ci informe gratuitement, durant une période de treize mois à compter de la date de clôture du compte, par tout moyen approprié et dans un délai de trois jours ouvrés, le titulaire du compte clôturé ayant bénéficié du service d'aide à la mobilité défini au III :

« 1º De la présentation de toute opération de virement ou prélèvement sur compte clos. Cette information est faite au moins une fois par émetteur impliqué ;

« 2º De la présentation d'un chèque sur compte clos. L'ancien titulaire du compte clôturé est également informé par l'établissement de départ qu'il a l'obligation de refuser le paiement du chèque et des conséquences de ce refus, ainsi que des conditions dans lesquelles il peut régulariser sa situation.

« L'établissement de départ transfère sur le compte ouvert auprès de l'établissement d'arrivée tout solde positif éventuel du compte, à la date indiquée dans l'accord formel du client.

« V. — En cas d'ouverture d'un compte auprès d'un établissement situé dans un autre État membre de l'Union européenne, l'établissement de départ, teneur du compte de dépôt que le client souhaite clôturer, propose gratuitement, dans les six jours ouvrés qui suivent la demande de clôture du compte, un récapitulatif des opérations automatiques et récurrentes ayant transité sur ce compte au cours des treize derniers mois.

« L'établissement de départ transfère tout solde positif éventuel du compte, sous réserve de disposer des informations permettant d'identifier l'établissement d'arrivée et le nouveau compte du client. Ce transfert est opéré à la date sollicitée par le client, au plus tôt six jours ouvrés après la réception de la demande de clôture du compte. »

(Ord. n° 2016-1808 du 22 déc. 2016, art. 4, en vigueur le 6 févr. 2017) « VI. — L'établissement d'arrivée ou de départ indemnise sans délai le titulaire de compte de tout préjudice subi, résultant directement du non-respect des obligations lui incombant dans le cadre de la procédure de mobilité bancaire prévue au présent article.

« L'établissement d'arrivée ou de départ est exonéré de cette obligation d'indemnisation en cas de circonstances anormales et imprévisibles échappant à son contrôle, dont les suites auraient été inévitables malgré tous les efforts déployés, ou lorsqu'il est lié par d'autres obligations légales spécifiques.

« VII. — » *(L. n° 2015-990 du 6 août 2015, art. 43-I-5° à 7°)* « Le service d'aide à la mobilité bancaire s'applique aux comptes de dépôt ou aux comptes de paiement ouverts auprès de tous les prestataires de services de paiement et détenus par les personnes physiques n'agissant pas pour des besoins professionnels. »

(Ord. n° 2016-1808 du 22 déc. 2016, art. 4, en vigueur le 6 févr. 2017) « VIII. — » Les modalités d'application du présent article sont définies par décret en Conseil d'État.

Les dispositions issues de la L. n° 2015-990 du 6 août 2015 entrent en vigueur dix-huit mois après la promulgation de la loi (L. préc., art. 43-II), soit le 6 févr. 2017.

BIBL. ▶ LASSERRE CAPDEVILLE, *RD banc. fin. 2015. Étude 9* (encadrement juridique de la mobilité bancaire). – GONDOUIN, *Banque et Droit sept.-oct. 2016. 7 ; ibid. nov.-déc. 2016. 4* (le nouveau service d'aide à la mobilité bancaire). – DE RAVEL D'ESCLAPON, *AJ contrat 2017. 118* (de la validité de la clause de domiciliation des revenus en matière de crédit immobilier). – LASSERRE CAPDEVILLE, *LPA 16 mai 2017* (la mobilité bancaire : contenu et premiers effets).

Art. R. 312-1 Les établissements de crédit sont tenus de porter à la connaissance de leur clientèle et du public les conditions générales de banque qu'ils pratiquent pour les opérations qu'ils effectuent.

Lorsqu'ils ouvrent un compte, les établissements de crédit doivent informer leurs clients sur les conditions d'utilisation du compte, le prix des différents services auxquels il donne accès et les engagements réciproques de l'établissement et du client. — *[Décr. n° 84-708 du 24 juill. 1984, art. 7].*

Art. D. 312-1-1 *(Décr. n° 2014-373 du 27 mars 2014, art. 1er)* Les établissements de crédit sont tenus d'utiliser dans leurs plaquettes tarifaires les dénominations définies comme suit :

I. — Services bancaires :

A. — Opérations au crédit du compte :

1° Versement d'espèces : le compte est crédité du montant d'un versement d'espèces ;

2° Réception d'un virement : le compte est crédité du montant d'un virement ;

3° Remise de chèque(s) : le compte est crédité du dépôt pour encaissement d'un ou de plusieurs chèques ;

B. — Opérations au débit du compte :

1° Émission d'un virement non SEPA : le compte est débité du montant d'un virement, permanent ou occasionnel, libellé en devises ou en euros hors zone SEPA (espace unique de paiements en euros) ;

2° Émission d'un virement SEPA : le compte est débité du montant d'un virement SEPA, permanent ou occasionnel, libellé en euros au profit d'un bénéficiaire dont le compte est situé en France ou dans n'importe quel pays de la zone SEPA ;

3° Émission d'un chèque de banque : le compte est débité du montant d'un chèque émis à la demande du client par la banque ;

4° Paiement d'un chèque : le compte est débité du montant d'un chèque émis et que le bénéficiaire a présenté au paiement ;

5° *Paiement d'un prélèvement* SEPA : le prélèvement SEPA est en euros et permet de régler les factures régulières ou ponctuelles auprès d'un créancier français, mais également auprès d'un créancier de l'espace SEPA dont le compte est situé en France ou dans n'importe quel pays de la zone SEPA ;

6° Paiement de titre interbancaire de paiement (TIP) : le compte est débité du montant d'un titre interbancaire de paiement (TIP) présenté au paiement par le créancier ;

7° Paiement par carte (la carte est émise par la banque) : le compte est débité, de façon immédiate ou différée, du montant d'un paiement par carte ;
8° Remboursement périodique de prêt : le compte est débité, à l'échéance convenue dans le contrat de prêt, du montant du capital, des intérêts et des frais d'assurance éventuels ;
9° Retrait d'espèces en agence sans émission de chèque : le compte est débité du montant d'un retrait d'espèces, effectué sans émission de chèque, dont le décaissement est réalisé au guichet de l'agence ;
10° Retrait d'espèces au distributeur automatique de billets : le compte est débité du montant d'un retrait d'espèces effectué au moyen d'une carte de retrait ou de paiement à un distributeur automatique de billets.
II. — Frais bancaires et cotisations :
1° Cotisation à une offre groupée de services : le compte est débité des frais perçus par la banque au titre de la cotisation d'une offre groupée de services ;
2° Cotisation à une offre d'assurance perte ou vol des moyens de paiement : le compte est débité des frais perçus par la banque au titre de la cotisation à une offre d'assurance couvrant notamment la perte ou le vol des moyens de paiement ;
3° Abonnement à des services de banque à distance (internet, téléphone fixe, téléphone mobile, SMS, etc.) : le compte est débité des frais perçus par la banque au titre de l'abonnement à son offre de services de banque à distance ;
4° Abonnement à un produit offrant des alertes de la situation du compte par SMS : le compte est débité des frais perçus par la banque au titre de l'abonnement à un service d'alertes sur la situation du compte ainsi que, le cas échéant, des frais perçus lors de chaque envoi de SMS ;
5° Cotisation carte : le compte est débité du montant de la cotisation de la carte ;
6° Droits de garde : le compte est débité des frais perçus par la banque pour la conservation d'un portefeuille de valeurs mobilières ;
7° Frais d'utilisation des services de banque à distance (internet, téléphone fixe, téléphone mobile, SMS, etc.) : le compte est débité des frais perçus par la banque à chaque utilisation des services de banque à distance ;
8° Frais de location de coffre-fort : le compte est débité des frais de location d'un coffre-fort ;
9° Frais de mise en place d'un virement permanent : le compte est débité des frais perçus par la banque pour la mise en place d'un virement permanent ;
10° Frais de mise en place d'un mandat de prélèvement : le compte est débité des frais perçus par la banque pour la mise en place d'un mandat de prélèvement SEPA ;
11° Frais d'émission d'un chèque de banque : le compte est débité des frais perçus par la banque pour l'émission d'un chèque de banque ;
12° Frais d'envoi de chéquier : le compte est débité des frais d'envoi d'un ou plusieurs chéquiers ;
13° Frais d'opposition (blocage) de la carte par la banque : le compte est débité des frais perçus par la banque lorsque celle-ci bloque une carte et s'oppose à toute transaction en cas d'utilisation abusive de cette carte par le titulaire ;
14° Frais d'opposition chèque(s) par l'émetteur : le compte est débité des frais perçus par la banque pour opposition sur un ou *[sur]* plusieurs chèques ;
15° Frais d'opposition chéquier(s) par l'émetteur : le compte est débité des frais perçus par la banque pour opposition sur un ou *[sur]* plusieurs chéquiers ;
16° Frais de lettre d'information préalable pour chèque sans provision : le compte est débité des frais perçus par la banque quand elle informe le client, par lettre, qu'il a émis un chèque sans provision ;
17° Frais de lettre d'information pour compte débiteur non autorisé : le compte est débité des frais perçus par la banque lorsqu'elle informe le client, par lettre, que le solde du compte est débiteur (négatif) sans autorisation ou a dépassé le montant ou la durée du découvert autorisé ;
18° Forfait de frais par chèque rejeté pour défaut de provision : le compte est débité des frais forfaitaires perçus par la banque pour un rejet de chèque pour défaut ou insuffisance de provision ;
19° Frais par paiement d'un prélèvement : le compte est débité des frais perçus par la banque pour le paiement d'un prélèvement présenté par le créancier ;

20° Frais de rejet de prélèvement pour défaut de provision : le compte est débité des frais perçus par la banque quand le solde disponible du compte est insuffisant pour régler le montant du prélèvement présenté au paiement par le créancier et que l'opération est rejetée ;

21° Frais par retrait d'espèces à un DAB d'une autre banque : le compte est débité des frais perçus par la banque pour un retrait d'espèces à un distributeur automatique de billets (DAB) d'une autre banque ;

22° Frais par avis à tiers détenteur : le compte est débité des frais bancaires liés à une procédure de l'administration fiscale pour l'obtention d'une somme qui lui est due ;

23° Frais par opposition à tiers détenteur : le compte est débité des frais bancaires liés à une procédure des collectivités territoriales, établissements publics locaux et d'autres catégories d'organismes pour l'obtention de sommes qui leur sont dues ;

24° Frais par saisie-attribution : le compte est débité des frais bancaires liés à une procédure judiciaire engagée par un créancier pour obtenir une somme qui lui est due ;

25° Frais par opposition administrative : le compte est débité des frais bancaires liés à une procédure du Trésor public pour le recouvrement de sommes dues à l'État notamment au titre d'amendes ou de condamnations pécuniaires de caractère pénal ;

26° Frais par virement occasionnel : le compte est débité des frais perçus par la banque pour l'émission d'un virement occasionnel comportant les coordonnées bancaires correctes du bénéficiaire ;

27° Frais par virement occasionnel incomplet : le compte est débité des frais perçus par la banque lors de l'émission d'un virement pour lequel les coordonnées bancaires du bénéficiaire sont absentes ou incorrectes ;

28° Frais par virement permanent : le compte est débité des frais perçus par la banque pour l'émission d'un virement permanent ;

29° Frais de non-exécution de virement permanent pour défaut de provision : le compte est débité des frais perçus par la banque quand l'ordre de virement permanent n'a pas pu être exécuté en raison d'un solde disponible insuffisant ;

30° Frais de recherche de documents : le compte est débité des frais perçus par la banque pour la recherche et l'édition, à la demande du client, de documents concernant le compte ;

31° Intérêts débiteurs : le compte est débité des intérêts à raison d'un solde débiteur du compte pendant un ou plusieurs jours ;

32° Commission d'intervention : somme perçue par la banque en raison d'une opération entraînant une irrégularité de fonctionnement du compte nécessitant un traitement particulier ;

33° Frais de tenue de compte : frais perçus par la banque pour la gestion du compte ;

34° Frais suite à notification signalée par la Banque de France d'une interdiction d'émettre des chèques : le compte est débité des frais perçus par la banque pour mettre en œuvre l'interdiction pour le client d'émettre des chèques signalée par la Banque de France ;

35° Frais pour déclaration à la Banque de France d'une décision de retrait de carte bancaire : le compte est débité des frais perçus par la banque qui déclare à la Banque de France une décision de retrait de carte bancaire dont son client fait l'objet.

L'art. D. 312-1-1 s'applique aux plaquettes dont les tarifs sont modifiés à partir du 1er juill. 2014 pour les publications papier et du 1er avr. 2014 pour les publications électroniques (Décr. n° 2014-373 du 27 mars 2014, art. 2).

Art. R. 312-1-2 *(Décr. n° 2014-739 du 30 juin 2014, art. 1er, en vigueur le 1er janv. 2016)* I. — Les frais bancaires liés aux irrégularités de fonctionnement d'un compte bancaire mentionnées à l'article L. 312-1-3, aux incidents de paiement mentionnés à l'article L. 131-73 et au II de l'article L. 133-26 ainsi que ceux liés aux autres irrégularités et incidents font l'objet de l'information préalable gratuite du client prévue à l'article *(Décr. n° 2016-1811 du 22 déc. 2016, art. 1er, en vigueur le 23 juin 2017)* « L. 312-1-5 ». Ils comportent notamment les frais suivants :

1° Les frais d'opposition (blocage) de la carte par la banque ;

2° *Les frais de lettre d'information* préalable pour chèque sans provision ;

3° Les frais de lettre d'information pour compte débiteur non autorisé ;

4° Le forfait de frais par chèque rejeté pour défaut de provision ;

5° Les frais de rejet de prélèvement pour défaut de provision ;

6° Les frais par avis à tiers détenteur ;

7° Les frais par opposition à tiers détenteur ;

8° Les frais par saisie-attribution ;
9° Les frais par opposition administrative ;
10° Les frais par virement occasionnel incomplet ;
11° Les frais de non-exécution de virement permanent pour défaut de provision ;
12° Les commissions d'intervention ;
13° Les frais suite à la notification signalée par la Banque de France d'une interdiction pour le client d'émettre des chèques ;
14° Les frais pour déclaration à la Banque de France d'une décision de retrait de carte bancaire.

II. – Le montant de chacun de ces frais est précisé par l'intermédiaire du relevé de compte du client établi mensuellement ou, le cas échéant, selon la périodicité indiquée dans la convention de compte mentionnée à l'article L. 312-1-1. A défaut de relevé de compte l'information préalable gratuite est réalisée par l'établissement de crédit par tout autre moyen.

Sur l'entrée en vigueur, V. art. L. 312-1-5, al. 2.

Art. R. 312-2 *(Décr. n° 2009-1087 du 2 sept. 2009, art. 3)* « Le banquier doit, préalablement à l'ouverture d'un compte, vérifier le domicile et l'identité du postulant, qui est tenu de présenter un document officiel comportant sa photographie. Le banquier doit recueillir et conserver les informations suivantes : nom, prénoms, date et lieu de naissance du postulant, nature, date et lieu de délivrance du document présenté et nom de l'autorité ou de la personne qui l'a délivré ou authentifié.

« Pour l'ouverture d'un compte au nom d'une personne morale, le banquier demande la présentation de l'original ou l'expédition ou la copie de tout acte ou extrait de registre officiel datant de moins de trois mois constatant la dénomination, la forme juridique, l'adresse du siège social et l'identité des dirigeants. »

Pour l'application *(Décr. n° 2009-1087 du 2 sept. 2009, art. 3)* « des dispositions du premier alinéa », *(Décr. n° 2007-893 du 15 mai 2007, art. 6, en vigueur le 1er juill. 2007)* « l'adresse du centre communal ou intercommunal d'action sociale ou de l'organisme agréé au titre de l'article L. 264-2 du code de l'action sociale et des familles » figurant sur la carte nationale d'identité en application des dispositions du cinquième alinéa de l'article 2 du décret n° 55-1397 du 22 octobre 1955 instituant la carte nationale d'identité vaut justification du domicile. *(Décr. n° 2007-893 du 15 mai 2007, art. 6, en vigueur le 1er juill. 2007)* « Il en est de même de l'attestation d'élection de domicile présentée par la personne ne disposant pas d'un domicile stable instituée par le même article. » – *[Décr. n° 92-456 du 22 mai 1992, art. 33].*

V. CASF, art. D. 264-1 s. – ***CASF.***

Art. R. 312-3 Lorsqu'un établissement de crédit, l'une des institutions ou l'un des services mentionnés à l'article L. 518-1 oppose un refus à une demande écrite d'ouverture de compte de dépôt, ce refus doit être formulé par écrit. L'avis de refus doit être remis à l'intéressé ou lui être adressé par lettre recommandée avec demande d'avis de réception. – *[Décr. n° 84-708 du 24 juill. 1984, art. 5].*

Sur le modèle de lettre de refus d'ouverture de compte, V. l'annexe I à l'Arr. du 18 déc. 2008 portant homologation de la charte d'accessibilité pour renforcer l'effectivité du droit au compte, infra.

Art. R. 312-4 *V. C.* ***com.*** *ou* ***C. mon. fin.***

Art. R. 312-4-1 *(Décr. n° 2013-931 du 17 oct. 2013, en vigueur le 1er janv. 2014)* Les commissions perçues par les établissements de crédit, mentionnées à la première phrase de l'article L. 312-1-3 du code monétaire et financier ne peuvent dépasser par compte bancaire un montant de 8 euros par opération et de 80 euros par mois.

Art. R. 312-4-2 *(Décr. n° 2013-931 du 17 oct. 2013, en vigueur le 1er janv. 2014)* Les plafonds spécifiques, mentionnés au premier alinéa de l'article L. 312-1-3, applicables aux montants des commissions perçues sur les personnes ayant souscrit l'offre mentionnée au deuxième alinéa du même article ou sur celles qui bénéficient *(Décr. n° 2016-1811 du 22 déc. 2016, art. 2, en vigueur le 23 juin 2017)* « du compte assorti » des services bancaires de base *(Décr. n° 2016-1811 du 22 déc. 2016, art. 2, en vigueur le 23 juin 2017)* « ouvert en application de la procédure mentionnée au III de » l'article L. 312-1, sont fixés à 4 euros par opération et à 20 euros par mois.

Art. R. 312-4-3 *(Décr. nº 2014-738 du 30 juin 2014, en vigueur le 1er oct. 2014)* **I. — A. — Pour l'application de l'article L. 312-1-3, la situation de fragilité financière du client titulaire du compte est appréciée par l'établissement teneur de compte à partir :**

1° De l'existence d'irrégularités de fonctionnement du compte ou d'incidents de paiement ainsi que de leur caractère répété constaté pendant trois mois consécutifs ;

2° Et du montant des ressources portées au crédit du compte.

Dans son appréciation, l'établissement peut également prendre en compte les éléments dont il aurait connaissance et qu'il estime de nature à occasionner des incidents de paiement, notamment les dépenses portées au débit du compte.

B. — Pour l'application *(Décr. nº 2016-1811 du 22 déc. 2016, art. 3, en vigueur le 23 juin 2017)* **« du II de l'article L. 312-1 et de l'article L. 312-1-3 », sont également considérés en situation de fragilité financière :**

1° Les personnes au nom desquelles un chèque impayé ou une déclaration de retrait de carte bancaire est inscrit pendant trois mois consécutifs au fichier de la Banque de France centralisant les incidents de paiement de chèques ;

2° Les débiteurs dont la demande tendant au traitement de leur situation de surendettement a été déclarée recevable en application *(Ord. nº 2016-301 du 14 mars 2016, art. 2, en vigueur le 1er juill. 2016)* **« des articles L. 722-1 et suivants » du code de la consommation.**

II. — La proposition de souscrire à l'offre spécifique est formulée par écrit, quel qu'en soit le support. Les établissements de crédit en conservent une copie.

III. — L'offre spécifique comprend au moins les services bancaires suivants :

1° La tenue, la fermeture et, le cas échéant, l'ouverture du compte de dépôt ;

2° Une carte de paiement à autorisation systématique ;

3° Le dépôt et le retrait d'espèces dans l'agence de l'établissement teneur du compte ;

4° Quatre virements mensuels SEPA, dont au moins un virement permanent, ainsi que des prélèvements SEPA en nombre illimité ;

5° Deux chèques de banque par mois ;

6° Un moyen de consultation du compte à distance ainsi que la possibilité d'effectuer à distance des opérations de gestion vers un autre compte du titulaire au sein du même établissement ;

7° Un système d'alertes sur le niveau du solde du compte ;

8° La fourniture de relevés d'identités *[identité]* **bancaires** *[bancaire]* **;**

9° Le plafonnement spécifique des commissions d'intervention prévu à l'article R. 312-4-2 ;

10° Un changement d'adresse une fois par an.

IV. — L'offre spécifique est proposée pour un tarif ne pouvant dépasser trois euros par mois. Ce montant est revalorisé annuellement en fonction de l'indice INSEE des prix à la consommation hors tabac.

V. — Lorsque le titulaire d'un compte ayant souscrit l'offre spécifique souhaite ne plus en bénéficier et opter pour une autre offre, sa renonciation écrite est recueillie par l'établissement de crédit.

Art. D. 312-4-1 et D. 312-4-2 *Abrogés par Décr. nº 2009-934 du 29 juill. 2009, art. 2-II, à compter du 1er nov. 2009. — V. C. mon. fin., art. D. 133-5. —* ***C. com.*** *ou* ***C. mon. fin.***

Art. D. 312-5 *(Décr. nº 2016-1811 du 22 déc. 2016, art. 4, en vigueur le 23 juin 2017)* **« Les prestations de base mentionnées au II » de l'article L. 312-1 comprennent :**

1° L'ouverture, la tenue et la clôture du compte ;

2° Un changement d'adresse par an ;

3° La délivrance à la demande de relevés d'identité bancaire *(Abrogé par Décr. nº 2006-384 du 27 mars 2006)* ***« ou postale »*** **;**

4° La domiciliation de virements bancaires *(Abrogé par Décr. nº 2006-384 du 27 mars 2006)* ***« ou postaux »*** **;**

5° L'envoi mensuel d'un relevé des opérations effectuées sur le compte ;

(Décr. nº 2016-1811 du 22 déc. 2016, art. 4, en vigueur le 23 juin 2017) **« 6° L'encaissement de chèques et de virements bancaires ;**

« 7° Les paiements par prélèvements *[prélèvement]* **SEPA, titre interbancaire de paiement SEPA ou par virement bancaire SEPA, ce dernier pouvant être réalisé aux guichets ou à distance ;**

« 8° Des moyens de consultation à distance du solde du compte ;

« 9° Les dépôts et les retraits d'espèces au guichet ou aux distributeurs automatiques de l'organisme teneur de compte ;

« 10° Une carte de paiement permettant notamment le paiement d'opérations sur internet et le retrait d'espèces dans l'Union européenne. » — *[Décr. n° 2001-45 du 17 janv. 2001, art. 1er].*

Art. D. 312-5-1 *(Décr. n° 2016-1811 du 22 déc. 2016, art. 4, en vigueur le 23 juin 2017)* Les services bancaires de base mentionnés au III de l'article L. 312-1 comprennent :

1° Les prestations de base mentionnées aux 1° à 8° de l'article D. 312-5 ;

2° Les dépôts et les retraits d'espèces au guichet de l'organisme teneur de compte ;

3° Une carte de paiement dont chaque utilisation est autorisée par l'établissement de crédit qui l'a émise permettant notamment le paiement d'opération *[opérations]* sur internet et le retrait d'espèces dans l'Union européenne ;

4° Deux formules de chèques de banque par mois ou moyens de paiement équivalents offrant les mêmes services ;

5° La réalisation des opérations de caisse.

Art. D. 312-6 Toute personne physique ou morale *(Décr. n° 2016-1811 du 22 déc. 2016, art. 5, en vigueur le 23 juin 2017)* « mentionnée au I de l'article L. 312-1 » ayant ouvert un compte de dépôt auprès d'un établissement désigné selon la procédure définie au *(Décr. n° 2016-1811 du 22 déc. 2016, art. 5, en vigueur le 23 juin 2017)* « III de ce même article » peut bénéficier des services bancaires mentionnés à l'article *(Décr. n° 2016-1811 du 22 déc. 2016, art. 5, en vigueur le 23 juin 2017)* « D. 312-5-1 » sans contrepartie contributive de sa part. — *[Décr. n° 2001-45 du 17 janv. 2001, art. 2].*

Art. D. 312-7 *(Décr. n° 2014-251 du 27 févr. 2014, art. 1er)* Lorsqu'elles souhaitent pouvoir, en application *(Décr. n° 2016-1811 du 22 déc. 2016, art. 5, en vigueur le 23 juin 2017)* « du III de l'article L. 312-1 » du présent code, transmettre à la Banque de France, au nom et pour le compte des personnes physiques, des demandes d'exercice du droit au compte, les associations ou fondations à but non lucratif dont l'objet est d'accompagner les personnes en difficulté ou de défendre les intérêts des familles et les associations de consommateurs agréées doivent faire part à la Banque de France, soit auprès de son siège, soit auprès de ses succursales, de leur intention d'intervenir dans ce cadre. Elles doivent préciser le ou les départements dans lesquels elles souhaitent pouvoir exercer cette faculté. La Banque de France met à la disposition des associations et fondations intéressées un formulaire de déclaration d'intention.

Ces associations ou fondations communiquent à la Banque de France la liste nominative des personnes habilitées à agir en leur nom dans chaque département. Les personnes physiques ainsi désignées doivent avoir reçu toute l'information nécessaire sur la portée du droit au compte et la procédure à suivre pour l'exercer. Tout changement dans cette liste est notifié par écrit par l'association ou la fondation concernée à la Banque de France.

La liste des associations ou fondations ayant déclaré leur intention d'intervenir en application du présent article est publiée sur le site internet de la Banque de France. Cette liste comporte les coordonnées auxquelles les associations et fondations peuvent être contactées dans chacun des départements concernés. Elle est régulièrement mise à jour.

Art. D. 312-8 *(Décr. n° 2014-251 du 27 févr. 2014, art. 1er)* L'association ou la fondation qui agit au nom et pour le compte d'une personne physique précise à cette dernière les pièces requises pour l'exercice du droit au compte auprès de la Banque de France, mentionnées *(Décr. n° 2016-1811 du 22 déc. 2016, art. 5, en vigueur le 23 juin 2017)* « au III » de l'article L. 312-1. Elle informe également le demandeur que l'établissement de crédit désigné par la Banque de France procédera à l'examen des justificatifs requis et pourra lui demander de lui fournir des informations et documents complémentaires en application des obligations lui incombant en termes de connaissance du client, en particulier au titre de la lutte contre le blanchiment de capitaux et le financement du terrorisme.

Les personnes habilitées à agir pour le compte de l'association ou *[la]* fondation dans les conditions mentionnées au deuxième alinéa de l'article *(Décr. n° 2014-737 du 30 juin 2014, art. 4)* « D. 312-7 » remplissent un formulaire de demande d'exercice du droit au compte signé par le demandeur et s'assurent que les documents fournis par ce dernier correspondent aux pièces requises. Elles transmettent le jour même à la Banque de France le dossier complet. — *Sur les pièces requises, V. Arr. du 31 juill. 2015, infra.*

Les associations et fondations agissent au nom et pour le compte du demandeur sans contrepartie contributive de sa part.

Médiation

Art. L. 316-1 *(Ord. nº 2015-1033 du 20 août 2015, art. 2)* **« Tout consommateur a droit de recourir gratuitement à un médiateur dans les conditions prévues au** *(Ord. nº 2016-301 du 14 mars 2016, art. 2, en vigueur le 1er juill. 2016)* **« titre Ier du livre VI » du code de la consommation en vue de la résolution d'un litige qui l'oppose à un établissement de crédit, une société de financement, un établissement de monnaie électronique ou de paiement et relatif aux services fournis et à l'exécution de contrats conclus dans le cadre du présent titre et du titre II du présent livre et relatifs aux produits mentionnés aux titres Ier et II du livre II. »**

(Abrogé par Ord. nº 2015-1033 du 20 août 2015, art. 2) ***« Le médiateur est tenu de statuer dans un délai de deux mois à compter de sa saisine. Celle-ci suspend la prescription conformément aux conditions de l'article 2238 du code civil. Les constatations et les déclarations que le médiateur recueille ne peuvent être ni produites ni invoquées dans la suite de la procédure sans l'accord des parties. Cette procédure de médiation est gratuite. L'existence de la médiation et ses modalités d'accès doivent faire l'objet d'une mention portée sur la convention de compte de dépôt mentionnée au I de l'article L. 312-1-1, sur le contrat-cadre de services de paiement prévu à l'article L. 314-12*** *(L. nº 2013-100 du 28 janv. 2013, art. 5-VI)* ***« y compris sur le contrat mentionné au premier alinéa de l'article L. 315-7, sur les relevés de compte, ainsi que sur le support mis à disposition du détenteur sur lequel la monnaie électronique est stockée. »***

(Ord. nº 2015-1033 du 20 août 2015, art. 2) **« Un compte rendu annuel d'activité établi par chaque médiateur est transmis au président de la commission d'évaluation et de contrôle de la médiation de la consommation mentionnée à l'article** *(Ord. nº 2016-301 du 14 mars 2016, art. 2, en vigueur le 1er juill. 2016)* **« L. 615-1 » du code de la consommation, au gouverneur de la Banque de France, ainsi qu'au président du comité consultatif institué à l'article L. 614-1. »**

BIBL. ▶ BOUTEILLER, *RLDA févr. 2008. 30* (les nouvelles mesures régissant les relations entre les établissements de crédit et leurs clients : loi du 3 janv. 2008). – Rédaction D.O., *JCP E 2008, nº 12-13, p. 25* (loi Chatel : dispositions concernant, notamment, le secteur bancaire). – BOUTEILLER, *RLDA sept. 2008. 59* (la convention de compte et la médiation bancaire). ▶ Ord. nº 2015-1033 du 20 août 2015 : LASSERRE CAPDEVILLE, *RD banc. fin. 2015. Alerte 30* (médiateur bancaire : évolutions et craintes). – BOCCARA, *Banque et Droit sept.-oct. 2015. 42* (essor des modes alternatifs de règlement des litiges en matière bancaire). – Dossier, *Banque et Droit, suppl. déc. 2015* (la médiation bancaire).

Comité consultatif du secteur financier

Art. L. 614-1 *(L. nº 2003-706 du 1er août 2003, art. 22-II)* **Le Comité consultatif du secteur financier est chargé d'étudier les questions liées aux relations entre, d'une part, les établissements de crédit,** *(Ord. nº 2013-544 du 27 juin 2013, art. 5, en vigueur le 1er janv. 2014)* **« les sociétés de financement, »** *(L. nº 2013-100 du 28 janv. 2013, art. 18)* **« les établissements de monnaie électronique, »** *(Ord. nº 2009-866 du 15 juill. 2009, art. 15-XIX, en vigueur le 1er nov. 2009)* **« les établissements de paiement, » les entreprises d'investissement** *(Ord. nº 2017-1107 du 22 juin 2017, art. 11, en vigueur le 3 janv. 2018)* **« [,] les sociétés de gestion de portefeuille » et les entreprises d'assurance et, d'autre part, leurs clientèles respectives, et de proposer toutes mesures appropriées dans ce domaine, notamment sous forme d'avis ou de recommandations d'ordre général.**

Le comité peut être saisi par le ministre chargé de l'économie, par *(L. nº 2013-672 du 26 juill. 2013, art. 24-I)* **« l'Autorité de contrôle prudentiel et de résolution », par les organisations représentant les clientèles et par les organisations professionnelles dont ses membres sont issus. Il peut également se saisir de sa propre initiative à la demande de la majorité de ses membres.**

Le comité est composé en majorité, et en nombre égal, de représentants des établissements de crédit, *(Ord. nº 2013-544 du 27 juin 2013, art. 5, en vigueur le 1er janv. 2014)* **« des sociétés de financement, »** *(L. nº 2013-100 du 28 janv. 2013, art. 18)* **« des établissements de monnaie électronique, »** *(Ord. nº 2009-866 du 15 juill. 2009, art. 15-XIX, en vigueur le 1er nov. 2009)* **« des établissements de paiement », des entreprises d'investissement** *(Ord. nº 2017-1107 du 22 juin 2017, art. 11, en vigueur le 3 janv. 2018)* **« [,] des sociétés de gestion**

de portefeuille », des entreprises d'assurance, des agents généraux et courtiers d'assurance, d'une part, et de représentants des clientèles, d'autre part.

La composition du comité, les conditions de désignation de ses membres et de son président ainsi que ses règles d'organisation et de fonctionnement sont fixées par décret.

(L. nº 2010-1249 du 22 oct. 2010, art. 45) **« Le comité est chargé de suivre l'évolution des pratiques des établissements de crédit** *(Ord. nº 2013-544 du 27 juin 2013, art. 5, en vigueur le 1er janv. 2014)* **« , des sociétés de financement »,** *(L. nº 2013-100 du 28 janv. 2013, art. 18)* **« des établissements de monnaie électronique » et des établissements de paiement en matière de tarifs pour les services offerts à leurs clients personnes physiques n'agissant pas pour des besoins professionnels. »**

(Ord. nº 2015-1033 du 20 août 2015, art. 2) **« Pour l'application du** *(Ord. nº 2016-301 du 14 mars 2016, art. 2, en vigueur le 1er juill. 2016)* **« 1º de l'article L. 613-2 » du code de la consommation, le président du comité constitue un organe collégial chargé de désigner les médiateurs des établissements de crédit, des sociétés de financement, des établissements de monnaie électronique, des établissements de paiement, des entreprises d'investissement** *(Ord. nº 2017-1107 du 22 juin 2017, art. 11, en vigueur le 3 janv. 2018)* **« [,] des sociétés de gestion de portefeuille », des organismes d'assurance et des intermédiaires en assurance, banque et finance qui en font la demande. »**

Code des procédures civiles d'exécution

(Décr. nº 2012-783 du 30 mai 2012, en vigueur le 1er juin 2012)

Saisie sur compte bancaire

BIBL. ▶ Décr. nº 92-755 du 31 juill. 1992 : CORPART, *LPA 13 mai 2003*. – COURTILLAT et PANSIER, *Gaz. Pal. 2002. Doctr. 1676*. – DE MERSSEMAN et MOUSSA, *JCP 2002. Actualité. 462*. – TAORMINA, *D. 2003. Chron. 1848*. – HOONAKKER, *D. 2010. 1890* (le RSA bancaire ou la mise à disposition automatique d'une somme à caractère alimentaire sur un compte saisi). – LAUVERGNAT, *JCP 2010, nº 1161* (le solde bancaire insaisissable : mythe ou réalité ?).

Art. R. 112-5 Lorsqu'un compte est crédité du montant d'une créance insaisissable en tout ou partie, l'insaisissabilité se reporte à due concurrence sur le solde du compte.

Les créances insaisissables sont mises à disposition du titulaire du compte par le tiers saisi dans les conditions prévues aux articles R. 213-10 et R. 162-7 ainsi qu'au chapitre II du titre VI du présent livre. – *[Décr. nº 92-755 du 31 juill. 1992, art. 44].*

....

Art. R. 162-1 Pour l'application de l'article L. 162-1, en cas de diminution des sommes rendues indisponibles, l'établissement doit fournir un relevé de toutes les opérations qui ont affecté les comptes depuis le jour de la saisie inclusivement.

Ce relevé d'opérations est communiqué par lettre recommandée avec demande d'avis de réception au créancier saisissant au plus tard huit jours après l'expiration du délai de contre-passation.

(Décr. nº 2012-783 du 30 mai 2012, art. 13-1º) **« Sous réserve des dispositions de l'article 748-7 du code de procédure civile, si l'acte de saisie est signifié par voie électronique, le tiers saisi communique le relevé par voie électronique dans ce même délai. »**

Art. R. 162-2 Aucune demande du débiteur n'est nécessaire lorsqu'il est fait application des dispositions de l'article L. 162-2. Le tiers saisi avertit aussitôt le débiteur de la mise à disposition de la somme mentionnée à cet article.

En cas de pluralité de comptes, il est opéré une mise à disposition au regard de l'ensemble des soldes créditeurs ; la somme est imputée en priorité sur les fonds disponibles à vue.

Le tiers saisi informe sans délai l'huissier de justice ou le comptable public chargé du recouvrement du montant laissé à disposition du titulaire du compte ainsi que du ou des comptes sur lesquels est opérée cette mise à disposition.

En cas de saisies de comptes ouverts auprès d'établissements différents, l'huissier de justice ou le comptable public chargé du recouvrement détermine le ou les tiers saisis chargés de laisser à disposition la somme mentionnée au premier alinéa ainsi que les modalités de cette mise à disposition. Il en informe les tiers saisis. – *[Décr. nº 92-755 du 31 juill. 1992, art. 46].*

Art. R. 162-3 Un débiteur ne peut bénéficier d'une nouvelle mise à disposition qu'en cas de nouvelle saisie intervenant à l'expiration d'un délai d'un mois après la saisie ayant donné lieu à la précédente mise à disposition.

Pendant ce délai, la somme mentionnée à l'article R. 162-2 demeure à la disposition du débiteur. – *[Décr. n° 92-755 du 31 juill. 1992, art. 46-1].*

Art. R. 162-4 Lorsque les sommes insaisissables proviennent de créances à échéance périodique, telles que rémunérations du travail, pensions de retraite, sommes payées à titre d'allocations familiales ou d'indemnités de chômage, le titulaire du compte peut, sur justification de l'origine des sommes, en demander la mise à disposition immédiate, déduction faite des opérations venues en débit du compte depuis le dernier versement de la créance insaisissable.

Si, à l'expiration du délai de quinze jours prévu à l'article L. 162-1 pour la régularisation des opérations en cours, le montant des sommes demandées par le débiteur en raison de leur insaisissabilité excède le solde qui demeure disponible au compte, le complément est prélevé sur les sommes indisponibles à ce jour. Le tiers saisi informe le créancier de ce prélèvement au moment de sa demande en paiement; à peine d'irrecevabilité, ce dernier dispose d'un délai de quinze jours pour contester cette imputation. – *[Décr. n° 92-755 du 31 juill. 1992, art. 47].*

Art. R. 162-5 Lorsque les sommes insaisissables proviennent d'une créance à échéance non périodique, le titulaire du compte peut, sur justification de l'origine des sommes, demander que soit laissé à sa disposition le montant de celles-ci, déduction faite des sommes venues en débit du compte depuis le jour où la créance y a été inscrite.

La mise à disposition ne peut avoir lieu avant l'expiration du délai de quinze jours pour la régularisation des opérations en cours. Si, à cette date, le solde disponible au compte n'est pas suffisant pour mettre à la disposition de son titulaire l'intégralité des sommes demandées par lui à raison de leur insaisissabilité, le complément est retenu par le tiers saisi sur les sommes indisponibles à la même date. Le tiers saisi informe le créancier de cette retenue au moment de sa demande en paiement.

Les sommes ainsi retenues sont mises à la disposition du titulaire du compte si le créancier saisissant déclare ne pas s'y opposer ou s'il n'élève aucune contestation dans les quinze jours qui suivent sa demande en paiement. A tout moment, le titulaire du compte peut saisir le juge de l'exécution pour lui demander, le créancier entendu ou appelé, la mise à disposition des sommes retenues sur justification de leur caractère insaisissable. – *[Décr. n° 92-755 du 31 juill. 1992, art. 47-1].*

Art. R. 162-6 La demande de mise à disposition de sommes insaisissables est présentée avant que le créancier saisissant n'ait demandé le paiement des sommes saisies. – *[Décr. n° 92-755 du 31 juill. 1992, art. 47-2].*

Art. R. 162-7 Les sommes à caractère alimentaire mises à disposition du titulaire du compte en application des articles R. 162-2 et R. 213-10 viennent en déduction du montant des créances insaisissables dont le versement pourrait ultérieurement soit être demandé par le titulaire du compte en application des articles R. 162-4 et R. 162-5, soit obtenu par celui-ci en application de l'article R. 112-4.

Les sommes insaisissables mises à disposition du titulaire du compte en application des articles R. 162-4, R. 162-5 ou R. 213-10 viennent en déduction du montant qui est laissé à disposition en application de l'article R. 162-2. – *[Décr. n° 92-755 du 31 juill. 1992, art. 47-3].*

Art. R. 162-8 Sans préjudice des sanctions pénales encourues, le titulaire du compte qui se voit mettre à disposition une somme d'un montant supérieur à celui auquel il peut prétendre en application des articles du présent chapitre restitue au créancier les sommes indûment perçues ou mises à sa disposition. En cas de faute de sa part, il peut en outre être condamné, à la demande du créancier, à des dommages et intérêts. – *[Décr. n° 92-755 du 31 juill. 1992, art. 47-4].*

Art. R. 162-9 Lorsqu'un compte, même joint, alimenté par les gains et salaires d'un époux commun en biens fait l'objet d'une mesure d'exécution forcée ou d'une saisie conservatoire pour le paiement ou la garantie d'une créance née du chef du conjoint, il est laissé immédiatement à la disposition de l'époux commun en biens une somme équivalant, à son choix, au montant des gains et salaires versés au cours du mois précédant la saisie ou au montant moyen mensuel des gains et salaires versés dans les douze mois précédant la saisie.

Les dispositions du deuxième alinéa de l'article R. 162-4 sont applicables.

Le juge de l'exécution peut être saisi, à tout moment, par le conjoint de celui qui a formé la demande. – *[Décr. n° 92-755 du 31 juill. 1992, art. 48 et 49].*

....

Art. R. 213-10 Lorsqu'un compte alimenté par des rémunérations du travail fait l'objet d'une procédure de paiement direct sur le fondement du présent chapitre *[procédure de paiement direct des pensions alimentaires]*, le tiers saisi laisse en toute hypothèse à la disposition du débiteur, sans qu'aucune demande soit nécessaire, la somme fixée à l'article R. 3252-5 du code du travail en application de l'article L. 3252-5 du même code.

En cas de pluralité de comptes, cette somme est imputée sur un seul d'entre eux. – *[Décr. n° 92-755 du 31 juill. 1992, art. 45].*

Recommandation CCA n° 87-01 du 21 novembre 1986,

Relative aux contrats de location de coffres-forts (BOCC 20 mars 1987).

La Commission des clauses abusives,

Considérant qu'aux termes de nombreux contrats proposés à un client souhaitant louer un coffre-fort, le locataire souscrit « aux conditions générales » du service des coffres dont il déclare avoir pris connaissance ;

Considérant que le consommateur doit avoir une connaissance précise des obligations qu'il souscrit, que la simple référence à des conditions générales, dont le contenu peut d'ailleurs varier dans le temps, apparaît insuffisante pour que soit assurée une bonne information du consommateur ;

Considérant que l'objet du contrat et les obligations respectives des parties doivent être clairement définis ;

Considérant que de nombreux contrats proposés aux consommateurs permettent au professionnel de modifier unilatéralement, en cours de contrat les éléments essentiels de l'accord, notamment le prix, la durée du contrat, les caractéristiques de l'emplacement loué, sans faire dépendre ces modifications d'une clause contractuelle prenant en considération des événements ne dépendant pas de la seule volonté du bailleur ;

Considérant que certains contrats proposés au consommateur exonèrent le professionnel de toute responsabilité en cas d'effraction ;

Considérant que le professionnel a une obligation de gardiennage, sauf évidemment à s'exonérer en démontrant la force majeure. Considérant que les professionnels tentent abusivement d'écarter totalement l'application des règles de droit commun. Considérant au surplus que la clause est sans effet lorsqu'il est démontré que le professionnel, dans sa mission de gardiennage, a commis une faute lourde ;

Considérant que les contrats les plus nombreux limitent, en cas d'effraction, le montant de la réparation du préjudice subi. Considérant que certains contrats contiennent une clause aux termes de laquelle le client s'interdit d'effectuer des dépôts d'objets ayant soit une certaine valeur, soit une certaine nature (billets de banque, par exemple) ; que cette clause peut avoir pour effet de limiter le montant de la réparation du préjudice subi ;

Considérant que de telles limitations sont abusives sauf si le professionnel propose au client d'assurer pleinement le risque moyennant le versement d'un prix plus élevé. Considérant, en effet, qu'une garantie totale obtenue, en fait, par une assurance adéquate offre au client une meilleure prestation dont le coût peut, sans abus, être plus élevé ;

Considérant qu'en cas de non-paiement du loyer, de nombreux contrats prévoient – souvent en invoquant un « privilège » du loueur – des procédures expéditives permettant au professionnel de faire ouvrir le coffre et de disposer du contenu, voire de le vendre, avec ou sans la désignation judiciaire de la personne chargée de la vente ;

Considérant qu'il apparaît abusif qu'un professionnel puisse se faire ainsi justice sans respecter des procédures d'exécution prévues par la loi. Considérant que le privilège invoqué n'existe pas. Considérant qu'en cas de disparition de fait du locataire, la désignation d'un administrateur judiciaire permet à la banque de reprendre, dans toutes les hypothèses, la disposition du coffre et, le cas échéant, d'obtenir, après saisie, le paiement du loyer sur le produit de la vente,

Recommande :

Que soient éliminées des contrats de location de coffre-fort les clauses qui ont pour objet ou pour effet :

1. De rendre opposable au consommateur un document non revêtu de sa signature ;

2. De mettre à la charge du consommateur des obligations sans définir de manière précise et objective, notamment les caractéristiques de l'emplacement loué, le prix de la location et la durée du contrat ;

3. De permettre au professionnel de modifier unilatéralement, en cours de contrat, le prix, la durée de la location, les caractéristiques de l'emplacement loué sans faire dépendre ces modifications d'une clause contractuelle prenant en considération des événements ne dépendant pas exclusivement de la volonté du professionnel ;

4. D'exonérer le professionnel de toute responsabilité en cas d'effraction du coffre loué ;

5. De limiter le montant de la réparation du préjudice subi en cas d'effraction sans offrir au consommateur la possibilité de couvrir pleinement ce risque par une majoration de la redevance contractuelle ;

6. De limiter la réparation due au consommateur si le sinistre est dû à une faute lourde du loueur ;

7. De conférer au professionnel un « privilège » lui permettant, en cas de non-paiement du loyer, de faire ouvrir le coffre et de procéder à la vente de son contenu sans utiliser les voies d'exécution prévues par la législation et admises par la jurisprudence.

(Texte adopté le 21 novembre 1986 sur le rapport de M. Jean Malbec.)

Recommandation CCA n° 94-02 du 17 décembre 1991,

Relative aux contrats porteurs des cartes de paiement assorties ou non d'un crédit (BOCC *27 sept. 1994*).

La Commission des clauses abusives,

Considérant que durant les dix dernières années les transferts électroniques de fonds et les paiements par carte ont connu un développement considérable ; que ces nouveaux moyens de paiement tendent à se substituer au paiement par chèque ;

Considérant que les paiements par carte ont pour cadre et support juridique deux contrats : l'un conclu entre l'émetteur de la carte et le consommateur, l'autre entre ledit émetteur et les commerçants et prestataires de services acceptant ce moyen de paiement ;

Considérant que les seules dispositions législatives nationales applicables aux cartes bancaires ont pour objet :

– d'octroyer aux personnes relevant de la loi bancaire le monopole de l'émission des cartes de paiement ;

– de rendre irrévocable l'ordre de paiement donné au moyen d'une carte de paiement (loi du 11 juillet 1985, art. 22 : « L'ordre de paiement donné au moyen d'une carte est irrévocable. Il ne peut être fait opposition au paiement que dans le cas de perte ou vol de la carte, de redressement ou de liquidation judiciaire du bénéficiaire ») ; – *V. C. mon. fin., art. L. 312-1, supra.*

Considérant que la Commission des communautés européennes a adopté à la date du 17 novembre 1988 (n° 88/590/CEE) une recommandation concernant les systèmes de paiement, et en particulier les relations entre titulaires et émetteurs de cartes ; que cette recommandation n'a aucune valeur contraignante mais seulement un caractère incitatif ;

Considérant que les pays membres de la CEE n'ont pas adopté de législation nationale, à l'exception du Danemark ; que les émetteurs de cartes font partie de grands réseaux internationaux qui jouent un rôle prépondérant dans l'élaboration des contrats ;

Considérant que le contrat est le cadre juridique le plus répandu pour régir les rapports entre émetteurs de cartes et consommateurs ; que, cependant, deux pays ont adopté des législations contraignantes dans le domaine du transfert électronique de fonds : le Danemark précité et les États-Unis ; que l'*Electronic Fund Transfert Act* a été complété par le règlement E en vigueur depuis le 10 mai 1980, lequel :

– impose la divulgation complète des droits et obligations des parties ;

— réglemente l'émission et l'usage de la carte, la documentation à fournir par l'établissement émetteur, les responsabilités des parties au contrat pour les opérations non autorisées, les modalités de preuve et de « régulation » des conflits ; que les deux tiers des États ont adopté leur propre loi sur le transfert électronique de fonds qui viennent en concurrence avec la loi fédérale ;

Considérant qu'en France les règles de droit régissant les relations entre émetteurs de carte, porteurs des cartes et commerçants ont pour source les contrats et l'interprétation des clauses qu'ils contiennent par la jurisprudence ;

Considérant que la présente recommandation s'applique aux contrats qui ont pour objet de mettre à la disposition du consommateur une carte permettant à son utilisateur d'effectuer des paiements électroniques, des retraits de billets et opérations connexes auprès d'appareils électroniques, de donner des ordres de paiements non électroniques au moyen de la carte ;

Considérant que certains contrats de crédit donnent lieu à l'émission de cartes de paiement ; que la mise à disposition d'une carte de paiement n'est alors que l'accessoire d'un contrat de crédit à la consommation ; que la présente recommandation ne s'applique à ces conventions de crédit que dans la mesure où sont incluses ou devraient être incluses des clauses relatives à l'émission et à l'utilisation d'une carte, à l'exclusion des clauses relatives à l'opération principale de crédit ;

Considérant qu'un nombre important des clauses insérées dans les contrats porteurs des cartes émises par les établissements bancaires ou financiers, ayant organisé entre eux un réseau assurant l'interbancarité des opérations de retrait de billets, est établi par une personne morale de droit privé ;

Considérant que les contrats proposés par les émetteurs de carte sont élaborés par les seuls professionnels et imposés par eux à l'adhésion des consommateurs qui ne peuvent en négocier les termes lors de la formation du contrat ;

Considérant que les clauses insérées dans ces contrats entrent dans le champ d'application de la loi du 10 janvier 1978 *[C. consom., art. L. 212-1 s.]* ;

Considérant que de nombreux contrats prévoient l'apposition de la signature du consommateur au recto du document contractuel alors que des clauses figurent à son verso ; que de tels documents ne garantissent pas que le consommateur ait pu prendre effectivement connaissance des clauses insérées au verso du document et qu'il y ait valablement souscrit ;

Considérant que certains des contrats prévoient leur établissement en un seul exemplaire conservé après signature par l'émetteur de la carte, et ce au mépris des dispositions de l'article 1325 du code civil qui prescrit que chaque partie ayant un intérêt distinct doit recevoir l'un des originaux de la convention ; que la jurisprudence admet le dépôt de l'unique original entre les mains d'un tiers mandataire commun des parties ; que le dépôt de l'unique original entre les mains d'une des parties est contraire à la loi ;

Considérant que certains contrats sont imprimés avec des caractères dont la hauteur est inférieure au corps 8 ; que, de ce fait, ces contrats manquent de lisibilité ;

Considérant que les contrats de crédit assortis d'une carte de paiement sont particulièrement laconiques sur les conditions de la délivrance et de l'utilisation de la carte ainsi que sur les responsabilités encourues par les parties contractantes ;

Considérant que les émetteurs de carte omettent parfois de porter à la connaissance des porteurs les limites financières au-delà desquelles ils refusent d'exécuter les ordres de paiement donnés au moyen de la carte, qu'il s'agisse du montant maximum des sommes susceptibles d'être retirées des distributeurs de billets ou des dépenses que le porteur peut faire au moyen de sa carte durant une période déterminée ;

Considérant qu'un certain nombre de clauses habituellement insérées dans les contrats par les professionnels sont manifestement abusives au sens de l'article 35 de la loi du 10 janvier 1978 *[C. consom., art. L. 212-1]* ;

Considérant que certains émetteurs de carte se réservent la faculté de retirer la carte délivrée au consommateur à tout moment, à leur seule discrétion et sans avoir à fournir de motif ; qu'une telle clause confère à l'émetteur le pouvoir discrétionnaire de ne pas garantir l'exécution de sa principale obligation qui consiste en la mise à disposition d'un moyen de paiement ; qu'une telle condition potestative est abusive ;

Considérant que de nombreux contrats interdisent au consommateur de contester tout ordre de paiement donné au moyen de la carte avec usage du numéro d'identification personnelle (code confidentiel) ; que les établissements émetteurs justifient ces clauses en arguant de l'infaillibilité du système qui ne permettrait pas à un détenteur illégitime de la carte d'en découvrir le numéro d'identification personnelle ; qu'ils en déduisent soit que le porteur est un porteur indélicat, soit un porteur imprudent qui a manqué à son obligation de préserver la confidentialité de son numéro d'identification personnelle ;

Considérant que l'évolution des techniques tendant à conférer au système une très grande sécurité n'exclut pas que des délinquants habiles parviennent à les tenir en échec ; qu'il est donc abusif de priver le porteur légitime de la carte de la possibilité d'apporter la preuve qu'il n'est pas le donneur d'ordre du paiement contesté et qu'il n'a commis aucune négligence ;

Considérant que de nombreux contrats confèrent aux enregistrements magnétiques détenus par les établissements financiers et bancaires une valeur probante qui les dispense d'avoir à prouver que l'opération contestée a été correctement enregistrée et que le système informatique fonctionnait normalement ; que ces clauses sont abusives dans la mesure où le dysfonctionnement d'un système informatique ne relève pas d'une impossibilité absolue, au point d'ailleurs que de très nombreux contrats prévoient que les établissements émetteurs ne sauraient être tenus pour responsables du mauvais fonctionnement des appareils automatiques mis à la disposition du public ;

Considérant que le porteur de la carte est de plus en plus souvent invité à utiliser sa carte selon des modalités qui n'impliquent ni signature ni utilisation de son code confidentiel ; qu'il en est ainsi pour certains appareils automatiques, pour des achats par correspondance, téléphone, Minitel, etc. ; que les contrats stipulent que l'émetteur de la carte est autorisé à débiter le compte du porteur des ordres de paiement ainsi donnés ; que certains contrats ajoutent que de tels ordres sont irrévocables interdisant au porteur de contester l'ordre donné par un tiers illégitime ; que de telles dispositions contractuelles sont d'autant plus abusives que les contrats « commerçants » prévoient généralement à la charge de ces derniers l'obligation de rembourser le consommateur en cas de contestation ;

Considérant que la plupart des contrats prévoient que les sommes qui n'auraient pu être débitées du compte du porteur sont productives d'un intérêt à un certain pourcentage mensuel auquel s'ajoutent fréquemment des indemnités forfaitaires exprimées en pourcentage des sommes dues ; que le cumul des sommes ainsi mises à la charge du consommateur défaillant correspond à un taux d'intérêt supérieur au taux de l'usure ; qu'un tel dispositif contractuel est abusif ;

Considérant que la plupart des contrats prévoient à la charge du consommateur une indemnité forfaitaire en cas de défaillance du porteur lorsque celui-ci ne paie pas les sommes portées au débit de son compte ; que lorsque la délivrance de la carte de paiement est assortie d'un crédit, les dispositions législatives et réglementaires en matière de crédit à la consommation reçoivent application et l'indemnité est plafonnée à ce jour à 8 p. 100 soit du capital restant dû, soit des échéances échues impayées ; que, dans les contrats qui ne sont pas soumis à ces dispositions, les établissements émetteurs de cartes de paiement prévoient très souvent une indemnité supérieure à 8 p. 100 ; qu'une telle indemnité, quand bien même serait-elle, en tant que clause pénale, réductible par le juge en application des dispositions de l'article 1152 *[1231-5]* du code civil, est abusive ;

Considérant que la plupart des contrats prévoient que l'établissement émetteur se réserve la faculté à tout moment de modifier unilatéralement les dispositions du contrat ; que les moins défavorables au consommateur prévoient un mécanisme consistant à adresser au porteur de la carte une information sur les modifications que la banque ou l'établissement financier entend imposer au consommateur ; qu'il est contractuellement prévu que si le consommateur continue à utiliser sa carte après qu'il a été informé des modifications contractuelles voulues par l'émetteur, il est réputé y avoir tacitement consenti ; qu'une telle clause est abusive *[V. Recomm. CCA n° 94-01, v° Clauses abusives]* ;

Considérant que la plupart des contrats prévoient leur renouvellement par tacite reconduction sauf dénonciation par le consommateur dans un délai de deux à trois mois avant la date de renouvellement ; que, cependant, les nouvelles conditions financières du contrat sont portées à la connaissance du consommateur dans un délai inférieur, le plus souvent par le débit de son compte du montant de la cotisation ; qu'il est abusif de dénier, alors, au consommateur, le droit de ne pas renouveler son contrat,

Recommande :

I. – Que la présentation matérielle des contrats proposés par les émetteurs de cartes de paiement obéisse aux règles suivantes :

1° Que l'ensemble des clauses contractuelles précède les signatures des parties ;

2° Que soit remis au consommateur, au moment de son adhésion au contrat proposé, un document personnalisé, signé par les deux parties constatant le contrat et décrivant leurs obligations respectives ;

3° Que les documents contractuels soient imprimés avec des caractères dont la hauteur ne saurait être inférieure au corps 8 ;

4° Que le consommateur soit informé sur ses droits et obligations contractuels et sur ceux de son cocontractant, information à laquelle il ne saurait être suppléé par un recours implicite à des usages bancaires ou autres dont le consommateur n'a généralement pas connaissance ;

5° Que le contrat informe le porteur de la carte des limites financières effectives fixées par l'émetteur à l'utilisation de la carte ;

II. – Que soient éliminées des contrats « porteur » proposés par les émetteurs de cartes de paiement assorties ou non d'un crédit, les clauses suivantes ayant pour objet ou pour effet :

1° De reconnaître au professionnel un droit de résilier le contrat sans motif prévu par celui-ci ;

2° De conférer à l'usage de la carte avec le numéro d'identification personnelle (code confidentiel) une valeur probante que le titulaire de la carte ne peut combattre ;

3° De conférer aux enregistrements magnétiques détenus par les établissements financiers ou bancaires une valeur probante en dispensant ces derniers de l'obligation de prouver que l'opération contestée a été correctement enregistrée et que le système fonctionnait normalement ;

4° De conférer un caractère irrévocable à un ordre de paiement donné sans signature manuscrite du titulaire de la carte et sans usage du numéro d'identification personnelle ;

5° De fixer, en cas de non-paiement des sommes dues par le consommateur aux échéances convenues, un taux d'intérêt et des indemnités à titre de clause pénale qui, cumulés et exprimés en pourcentage, dépasseraient le taux de l'usure, que la carte soit ou non assortie d'un crédit ;

6° De mettre à la charge du consommateur défaillant une indemnité supérieure à celle prévue par les dispositions législatives et réglementaires en matière de crédit à la consommation alors même que ces dispositions ne s'appliquent pas ;

7° De permettre à l'émetteur de la carte de modifier unilatéralement la portée et le contenu de ses obligations, sans recueillir le consentement explicite du consommateur à ces modifications soit par la signature d'un nouveau contrat, soit par celle d'un avenant ;

8° D'imposer au porteur de la carte un délai de préavis pour s'opposer au renouvellement de son contrat, au cas où l'établissement émetteur soumet le contrat renouvelé à des conditions nouvelles, notamment financières.

(Adoptée le 17 décembre 1991 sur le rapport de M. Didier Berges.)

Avis aux lecteurs

« Il convient de noter que la préparation de la recommandation sur les cartes de paiement s'étant déroulée dans les années 1990 et 1991 et son adoption datant de 1991, elle n'a pu prendre en compte les évolutions résultant soit de la jurisprudence, soit de la pratique contractuelle, notamment l'évolution des contrats « porteur » utilisés par les membres du groupement des cartes bancaires (CB).

« La recommandation relative au consentement implicite du consommateur qui concerne les modalités de recueil du consentement du consommateur s'applique au domaine financier, mais elle ne vise pas le cas où une modification des conditions initiales du contrat résulte de la mise en œuvre d'une clause de révision dont les modalités ont recueilli l'accord des parties au moment de la signature du contrat et qui dépendent d'éléments objectifs. Conformément à l'article L. 122-4 *[L. 121-13]* du code de la consommation, cette recommandation ne fait pas non plus obstacle aux pratiques de découverts bancaires dont la publicité des prix est correctement assurée.

« On notera que les adhérents du groupement des cartes bancaires appliquent la recommandation européenne n° 88/590/CEE du 17 novembre 1988, qui est moins stricte sur le point du consentement implicite que celle de la Commission des clauses abusives. »

Arrêté du 30 décembre 1998,

Relatif à l'information du consommateur sur les prix des opérations de change manuel et d'échange manuel.

Art. 1er Les personnes pratiquant des opérations de change manuel et d'échange manuel sont tenues d'informer le consommateur selon les modalités du présent arrêté.

Les opérations de change manuel consistent à acheter et à vendre des devises étrangères.

Les opérations d'échange manuel consistent à échanger des monnaies des États de l'Union économique et monétaire, liées entre elles par une parité fixe.

Art. 2 I. — Les personnes procédant à titre habituel aux opérations visées à l'article 1er ci-dessus affichent les conditions afférentes à ces opérations dans les lieux où cette activité est exercée. Ces informations doivent être également visibles de l'extérieur, lorsque le chiffre d'affaires afférent à ces opérations représente plus de 5 % du chiffre d'affaires total de l'établissement.

Sont dispensées de l'obligation d'affichage définie à l'alinéa précédent les personnes procédant à titre occasionnel aux opérations visées à l'article 1er ci-dessus dès lors que l'existence de cette activité ne donne pas lieu à affichage.

II. — Les opérations de change font l'objet d'un affichage distinct de celui des opérations d'échange ou, à défaut, d'une présentation séparée si le support d'affichage est unique.

Les cours de change, les taux de conversion, les cours bilatéraux indicatifs et les commissions ou les frais de change ou d'échange sont affichés dans des caractères de taille égale. Il en va de même pour les inscriptions sur les propositions et bordereaux de change ou d'échange.

L'affichage précise de la même façon les modalités de change ou d'échange différentes en fonction des moyens de paiement utilisés (billets, chèques de voyage...).

Art. 3 I. — L'affichage des conditions des opérations de change comporte au minimum les informations suivantes :

— les cours de change de l'euro vis-à-vis des principales devises (à l'achat et à la vente), auxquels peuvent être substitués, pendant la période transitoire de la troisième phase de l'Union économique et monétaire, les cours correspondants des devises en francs français ;

— les modalités de calcul des frais et commissions éventuellement perçus.

Les cours d'achat de devises par le changeur sont présentés à la gauche des cours de vente lorsque les deux cours sont affichés simultanément.

Est prohibée toute inscription laissant croire que les opérations ne donneraient pas lieu à perception de frais ou de commission, alors que ceux-ci seraient inclus dans les cours retenus.

II. — Le consommateur est informé avant la transaction, au moins verbalement, du cours de change net pour l'opération projetée. Le cours de change net d'un euro est égal à sa contre-valeur en devises après prise en compte des frais et commission afférents à l'opération considérée. — *Entrée en vigueur le 1er juill. 1999.*

III. — Avant de procéder au change, les personnes visées à l'article 1er ci-dessus remettent au consommateur qui le demande une proposition de change qui détaille les conditions de l'opération projetée. Après l'opération, ils lui remettent obligatoirement un bordereau de change.

Les propositions de change ainsi que les bordereaux de change sont datés et mentionnent la raison sociale et l'adresse du changeur. Les bordereaux de change sont en outre numérotés de façon continue.

Le consommateur peut demander que son nom et son prénom figurent sur ces documents.

Les propositions de change ainsi que les bordereaux de change remis lors de l'opération détaillent notamment pour chaque devise changée :

– le cours de change de l'euro retenu pour l'opération, auquel peut être substitué, pendant la période transitoire de la troisième phase de l'Union économique et monétaire, le cours correspondant des devises en francs français ;

– le montant des devises apportées par le consommateur ainsi que la valeur correspondante en euros, cette dernière indication étant facultative pendant la période transitoire de la troisième phase de l'Union économique et monétaire ;

– le montant en euros des frais et commissions éventuellement perçus en sus pour l'opération considérée, auquel peut être substituée, pendant la période transitoire de la troisième phase de l'Union économique et monétaire, la contre-valeur de ces frais et commission en francs français ;

– le cours de change net, auquel peut être substitué, pendant la période transitoire de la troisième phase de l'Union économique et monétaire, le cours net correspondant des devises en francs français ; *– Entrée en vigueur le 1er juill. 1999.*

– le montant des devises remises au consommateur après l'opération.

Au contraire des autres caractéristiques de l'opération de change, le cours de change net peut seul être inscrit en caractères gras ou souligné.

Art. 4 I. – L'affichage des conditions des opérations d'échange comporte au minimum les informations suivantes :

– les taux de conversion et les cours bilatéraux correspondants des opérations le plus souvent traitées ;

– les modalités de calcul des frais et commissions.

Est prohibée toute utilisation de taux de conversion ne correspondant pas aux parités fixées pour la troisième phase de l'Union économique et monétaire.

II. – Le consommateur est informé avant la transaction, au moins verbalement, du taux de frais et commission pour l'opération projetée. Le taux de frais et commission est égal au rapport entre le montant en euros des frais et commissions, d'une part, et la contre-valeur en euros des monnaies apportées par le consommateur, d'autre part. *– Entrée en vigueur le 1er juill. 1999.*

III. – Avant de procéder à l'échange, les personnes visées à l'article 1er ci-dessus remettent au consommateur qui le demande une proposition d'échange qui détaille les conditions de l'opération projetée. Après l'opération, ils lui remettent obligatoirement un bordereau d'échange.

Les propositions d'échange ainsi que les bordereaux d'échange sont datés et mentionnent la raison sociale et l'adresse du changeur. Les bordereaux d'échange sont en outre numérotés de façon continue.

Le consommateur peut demander que son nom et son prénom figurent sur ces documents.

Les propositions d'échange ainsi que les bordereaux d'échange remis lors de l'opération détaillent notamment pour chaque monnaie échangée :

– le montant des monnaies apportées par le consommateur ainsi que la contre-valeur en euros ;

– le montant en euros des frais et commissions perçus pour l'opération considérée, auquel peut être substituée, pendant la période transitoire de la troisième phase de l'Union économique et monétaire, la contre-valeur correspondante en francs français :

– le taux de frais et commission ; *– Entrée en vigueur le 1er juill. 1999.*

– les taux de conversion utilisés ;

– le montant des monnaies remises au consommateur après l'opération.

Au contraire des autres caractéristiques de l'opération d'échange, le taux de frais et commission peut seul être inscrit en caractères gras ou souligné. Il est exprimé en pour cent avec deux chiffres après la virgule.

Arrêté du 11 août 2003,

Portant application du I de l'article L. 312-1-2 du code monétaire et financier fixant le seuil de la valeur des primes visées au I de l'article L. 312-1-2 du code monétaire et financier.

Art. 1er La valeur maximale de la prime financière ou en nature visée au deuxième alinéa de l'article L. 312-1-2 du code monétaire et financier est déterminée en fonction du prix net, toutes taxes comprises, du produit ou de la prestation de service vendu ou offert à la vente et dont le client bénéficie ou peut bénéficier dans le cadre de la gestion d'un compte de dépôt, dans les conditions suivantes : 15 % du prix net, toutes taxes comprises, si celui-ci est inférieur ou égal à 100 € ; 15 € plus 1 % du prix net, toutes taxes comprises, si celui-ci est supérieur à 100 €. Lorsque le produit ou la prestation de service vendu ou offert à la vente ne donne pas lieu au paiement d'un prix mais expose son bénéficiaire à des frais ultérieurs, la prime ne peut excéder 80 €.

La valeur de la prime ne doit en aucun cas dépasser 80 € et s'entend du prix habituellement facturé ou, à défaut, de la valeur vénale, toutes taxes comprises pour le produit, le bien ou la prestation de service constituant la prime.

Lorsque le contrat est une prestation de service à exécution successive, la prime dont le montant est déterminé dans les conditions ci-dessus peut être offerte au client chaque année.

Recommandation CCA n° 2005-02 du 14 avril 2005,

Relative aux conventions de compte de dépôt (BOCC 20 sept. 2005).

La commission des clauses abusives,

Considérant que, pour des raisons d'intérêt général, le législateur fait obligation au consommateur de réaliser ses paiements ou de recevoir ses salaires, à partir d'un certain montant, au moyen d'instruments de paiement scripturaux ;

Considérant que la détention d'un compte et l'utilisation de moyens bancaires de paiement et de retrait d'espèces (chèques, cartes et virements) sont devenues indispensables au consommateur compte tenu des nécessités de la vie courante ;

Considérant que l'utilisation des moyens de paiement bancaires, d'une part, et le développement du crédit, d'autre part, rendent nécessaires, pour l'enregistrement et le dénouement de ces opérations, l'ouverture d'un compte de dépôt auprès d'un établissement de crédit ou organisme visé à l'article L. 518-1 du code monétaire et financier ;

Considérant que le législateur est intervenu dans la loi n° 2001-1168 du 11 décembre 2001 (dite « loi Murcef ») pour imposer aux banques la rédaction par écrit des conventions de « compte de dépôt ouvert aux personnes physiques n'agissant pas pour des besoins professionnels », dont le contenu a été, dans ses grandes lignes, décrit d'abord par une charte signée par les grands groupes bancaires, puis par les arrêtés ministériels susvisés ;

Considérant que, conformément aux dispositions de l'article L. 312-1-1 du code monétaire et financier, les établissements de crédit proposent à leurs clients, par écrit, une convention de compte de dépôt qui doit décrire les conditions d'ouverture, de fonctionnement et de clôture du compte ainsi que les services dont le client peut bénéficier ;

Considérant que les documents contractuels d'ouverture de compte de dépôt proposés par certains établissements de crédit contiennent des clauses dont le caractère abusif au sens de l'article L. 132-1 *[L. 212-1]* du code de la consommation peut être relevé ;

1. Considérant que plusieurs clauses exonèrent l'établissement de crédit de toute responsabilité soit pour défaut d'information, soit en raison de l'utilisation des moyens de paiement, soit en cas d'utilisation de moyens de communication à distance dont l'établissement de crédit peut maîtriser les dysfonctionnements, soit en cas de fraude commise par un tiers dans l'hypothèse où la loi a prévu la responsabilité de l'établissement (art. L. 132-4 C. mon. fin. *[abrogé]*) ; que de telles clauses, qui laissent croire au consommateur qu'il ne peut rechercher la responsabilité du professionnel, créent un déséquilibre significatif à son détriment ;

2. Considérant que certaines clauses prévoient que la procuration donnée à un tiers par le titulaire du compte s'étend automatiquement à tous les comptes de ce dernier, sauf indication contraire de sa part ; que cet élargissement automatique du domaine du mandat peut ne pas être bien compris par le client et permettre au mandataire de dépasser les pouvoirs que le mandant a souhaité lui donner ; une telle clause est de nature à créer un déséquilibre significatif au détriment du consommateur ;

3. Considérant que l'établissement de crédit a, légalement, la possibilité de refuser la remise de chéquier à un client, mais que l'article L. 131-71 du code monétaire et financier l'oblige à motiver sa décision ; que les clauses lui accordant une liberté discrétionnaire sont illicites ; que leur maintien dans les contrats leur confère un caractère abusif ;

4. Considérant que diverses clauses prévoient de mettre à la charge du client les conséquences financières (commission et intérêts) ou contractuelles (retrait d'instruments de paiement) des incidents de fonctionnement du compte, sans réserver les cas d'erreurs ou de fautes de l'établissement de crédit ; que ces clauses créent un déséquilibre significatif au détriment du consommateur ;

5. Considérant que certaines clauses prévoient des délais de préavis pour la résiliation des avis de prélèvement ou des virements permanents dont la durée ne paraît pas justifiée par des impératifs techniques d'exécution ; que, parce que l'écoulement de ces délais peut conduire à laisser s'opérer un paiement non voulu, voire créer un découvert dont le coût et le risque (émission de chèque sans provision) sont à la charge du client, de telles clauses créent un déséquilibre significatif au détriment du consommateur ;

6. Considérant que les conventions fixent un délai de vérification des relevés d'opérations passées en compte ; que les clauses prévoient que le silence gardé par le client pendant ce délai vaut acceptation des opérations ; que cette présomption est susceptible d'être contredite par la preuve contraire ; que les clauses dont la formulation laisse croire au client qu'à l'issue de ce délai, il ne peut plus contester une opération irrégulière créent un déséquilibre significatif au détriment du consommateur ;

7. Considérant qu'une clause prévoit qu'en cas de dépôt d'espèces à un guichet automatique, le ticket délivré au client ne fera pas preuve du dépôt et de son montant ; que la même clause prévoit que la preuve est rapportée par l'inventaire réalisé par l'établissement de crédit postérieurement ; que la clause qui n'autorise pas le client à prouver que le montant qu'il a déposé est différent de celui inventorié crée un déséquilibre significatif au détriment du consommateur ;

8. Considérant qu'une clause prévoit le calcul des intérêts conventionnels sur la base d'une année de 360 jours ; qu'une telle clause, qui ne tient pas compte de la durée réelle de l'année civile et qui ne permet pas au consommateur d'évaluer le surcoût qui est susceptible d'en résulter à son détriment, est de nature à créer un déséquilibre significatif au détriment du consommateur ;

9. Considérant que plusieurs conventions prévoient l'application de dates de valeur pour les opérations de crédit et de débit enregistrées sur le compte ; que dans la mesure où le calcul des intérêts débiteurs se fait sur la base de ces dates de valeur, et lorsque ces dates ne sont pas justifiées par les délais techniques de dénouement de l'opération (notamment dans le cas de dépôt ou de retrait d'espèces, de virements...), ces clauses créent un déséquilibre significatif au détriment du consommateur ;

10. Considérant que certaines clauses permettent de compenser les soldes des différents comptes tenus par l'établissement de crédit au nom du même titulaire et autorisent cet établissement à opérer des virements d'un compte créditeur à un compte débiteur ; que ces clauses peuvent faire perdre certains avantages au client, alors que leur utilisation est laissée à l'appréciation discrétionnaire du seul établissement de crédit ; que ces clauses créent un déséquilibre significatif au détriment du consommateur ;

11. Considérant que certaines clauses prévoient la perception de frais pour des opérations rares ou des anomalies de fonctionnement du compte, sans autre précision ; que ces clauses n'indiquent pas le moyen dont dispose le client pour s'informer sur la nature de ces opérations ou anomalies et le laissent dans l'ignorance du montant qui sera perçu ; que si ce montant n'est révélé que lors de la perception par débit du compte, sans accord préalable du client et sans que le client puisse la contester, ces clauses créent un déséquilibre significatif au détriment du consommateur ;

12. Considérant que certains contrats prévoient que, lorsque le compte est clôturé, ce qui entraîne de plein droit la résiliation des conventions de services associés, l'établissement de crédit n'est pas tenu de restituer le prix (ou la « cotisation ») *prorata temporis*, alors que le service ne peut plus être exécuté en raison de sa caducité liée à la clôture du compte ; qu'une telle stipulation crée un déséquilibre significatif au détriment du consommateur,

Recommande que soient éliminées des conventions de compte de dépôt souscrites par des consommateurs ou non*[-]*professionnels les clauses ayant pour objet ou pour effet :

1. D'exonérer l'établissement de crédit de toute responsabilité, d'une part, lorsque les dommages et incidents sont dus soit à un défaut d'information imputable au professionnel,

soit à l'utilisation de moyens techniques dont il a la maîtrise, d'autre part, lorsque la responsabilité du professionnel est prévue par la loi ;

2. D'étendre automatiquement, sauf précision contraire du client, la procuration donnée sur un compte à tous les comptes détenus par le titulaire auprès de l'établissement de crédit ;

3. D'accorder à l'établissement de crédit le droit de refuser la remise de chéquier, sans motiver sa décision ;

4. De faire supporter par le client les conséquences financières et les sanctions contractuelles de tous incidents de fonctionnement du compte, sans réserver les cas d'erreur ou de faute de l'établissement de crédit ;

5. De prévoir des délais de préavis pour la résiliation d'un ordre permanent de paiement du client d'une durée non justifiée par des impératifs techniques ;

6. De qualifier le délai de vérification des relevés de compte, dont l'écoulement sans protestation engendre une présomption de régularité des inscriptions, de délai de « prescription » ou de « forclusion », laissant croire au consommateur qu'il ne peut plus apporter la preuve contraire ;

7. De prévoir que le montant du dépôt à un guichet automatique sera fixé exclusivement par l'inventaire de l'établissement de crédit, sans laisser au client la possibilité de rapporter la preuve de la véracité des mentions du ticket de dépôt ;

8. De permettre à l'établissement de crédit de calculer les intérêts sur une année de 360 jours sans que le consommateur soit mis à même d'en apprécier l'incidence financière ;

9. De prévoir, pour le calcul des intérêts débiteurs, des dates de valeur non justifiées par les délais techniques de réalisation de l'opération ;

10. D'autoriser l'établissement de crédit à compenser les différents comptes du client, si la compensation fait perdre des avantages au client sans proportion avec les frais ou les sanctions qu'elle lui évite ;

11. De mettre à la charge définitive du client des frais dont le montant est indéterminé et indéterminable avant leur facturation ;

12. De prévoir que l'établissement de crédit ne sera pas tenu de restituer, *prorata temporis*, la cotisation versée par le client au titre des conventions de services résiliées par l'effet de la clôture du compte.

(Texte adopté le 14 avril 2005 sur le rapport de Mme Régine Bonhomme.)

Arrêté du 18 décembre 2008,

Portant homologation de la charte d'accessibilité pour renforcer l'effectivité du droit au compte.

Art. 1er La charte d'accessibilité pour renforcer l'effectivité du droit au compte, adoptée par l'Association française des établissements de crédit et des entreprises d'investissement dans les conditions prévues à l'article L. 312-1 du code monétaire et financier, et figurant en annexe au présent arrêté, est homologuée. Elle est applicable à tous les établissements de crédit à compter du 1er janvier 2009.

ANNEXE

CHARTE D'ACCESSIBILITÉ POUR RENFORCER L'EFFECTIVITÉ DU DROIT AU COMPTE

Préambule

Le droit au compte figure dans la législation française comme un principe fondamental. Le code monétaire et financier (art. L. 312-1) prévoit ainsi que toute personne physique ou morale, domiciliée en France, dépourvue d'un compte de dépôt, a droit à l'ouverture d'un tel compte dans un établissement de crédit de son choix. La bancarisation de la population est très élevée en France (plus de 98 %) et parmi les *[plus]* hautes des pays de l'Europe. L'AFECEI (Association française des établissements de crédit et des entreprises d'investissement), par cette charte, souhaite consolider la procédure et l'effectivité du droit au compte. Conformément à l'article L. 312-1 du code monétaire et financier, l'AFECEI a adopté une charte d'accessibilité, objet du présent document, qui précise notamment les modalités et délais des échanges des établissements de crédit avec la Banque de France et l'information des clients. Cette charte est applicable à tout établissement de crédit à compter du 1er janvier 2009.

Procédure d'ouverture d'un compte dans le cadre du droit au compte

1. L'agence bancaire qui ne souhaite pas ouvrir un compte de dépôt remet systématiquement et sans délai au demandeur une attestation de refus d'ouverture de compte en application de l'article R. 312-3 du code monétaire et financier : le modèle de lettre de refus à utiliser dans tous les cas (personnes physiques ou morales) se trouve en annexe 1 de la charte.

2. Simultanément, l'agence bancaire informe le demandeur que celui-ci peut demander à la Banque de France de désigner un établissement de crédit pour lui ouvrir un compte. Elle précise au demandeur les pièces nécessaires pour demander le droit au compte : attestation de refus d'ouverture de compte (cf. point 1 de la procédure), déclaration sur l'honneur de non-détention d'un autre compte de dépôt, production d'une pièce d'identité (au sens de l'article R. 312-2 du code monétaire et financier) comportant une photographie et un justificatif de domicile. Elle précise également que l'établissement désigné par la Banque de France procédera à l'examen des justificatifs requis par la réglementation et pourra, le cas échéant, demander au client de lui fournir des documents complémentaires en application des obligations lui incombant en termes de connaissance du client, en particulier en matière de lutte contre le blanchiment de capitaux (livre V, titre VI, du code monétaire et financier).

3. Pour les personnes physiques, l'agence bancaire propose également au demandeur d'agir en son nom et pour son compte en transmettant sa demande dûment complétée de désignation d'un établissement de crédit à la Banque de France. L'agence pourra informer le demandeur, s'il le souhaite, de la réponse de la Banque de France.

En cas de réponse positive du demandeur pour que l'agence bancaire agisse en son nom et pour son compte, l'agence bancaire remplit sans délai et sous traitement de texte, le formulaire de demande de droit au compte, conformément au modèle unique et normalisé par la profession qui est joint en annexe 2 de la charte. Ce document est imprimé par l'agence bancaire et signé par le demandeur. Le dossier (contenu de l'envoi : lettre de transmission complétée et signée par l'établissement de crédit selon le modèle joint en annexe 3, formulaire de demande de droit au compte dûment complété par l'agence et signé par le demandeur, et copie de l'attestation de refus d'ouverture par la banque sollicitée [le recto peut suffire]) est alors transmis par l'agence le jour même par télécopie ou par courriel à la succursale compétente de la Banque de France, à partir d'une liste de numéros de télécopie et courriel dédiés à cette procédure.

En cas de réponse négative du demandeur, ce dernier, muni de la lettre de refus fournie par l'agence bancaire, peut se rendre à un guichet de la Banque de France qui désignera, selon la procédure du droit au compte, un établissement où un compte de dépôt lui sera ouvert.

4. Quel que soit le canal utilisé, la Banque de France désigne l'établissement de crédit dans un délai d'un jour ouvré à réception du dossier complet. La Banque de France informe dans ce délai l'agence désignée (par télécopie ou courriel avec confirmation courrier) et, le cas échéant, l'agence qui a lancé la procédure (utilisation du même support que l'envoi d'origine, télécopie ou courriel). Ainsi :

— le demandeur recevra un courrier de la Banque de France l'informant notamment du nom et de l'adresse de l'établissement désigné pour ouvrir le compte ;

— le demandeur aura également la possibilité d'obtenir cette information directement auprès de l'agence qui a lancé la procédure, s'il a autorisé cette communication sur le formulaire de demande de droit au compte.

Les services bancaires gratuits mis à disposition en lien avec l'exercice du droit au compte (art. D. 312-5 et D. 312-6 du code monétaire et financier)

Ils sont listés comme suit :

— l'ouverture, la tenue et la fermeture du compte ;

— un changement d'adresse par an ;

— des relevés d'identité bancaire, en cas de besoin ;

— la domiciliation de virements bancaires ;

— l'envoi mensuel d'un relevé des opérations effectuées sur le compte ;

— la réalisation des opérations de caisse ;

— l'encaissement de chèques et de virements bancaires ;

— les dépôts et les retraits d'espèces au guichet de l'organisme qui tient le compte ;

— les paiements par prélèvement, titre interbancaire de paiement ou virement bancaire ;

— des moyens de consultation à distance du solde du compte ;

— une carte de paiement dont chaque utilisation est autorisée par l'établissement de crédit qui l'a émise ;

— deux chèques de banque par mois ou moyens de paiement équivalents offrant les mêmes services.

Lors de l'ouverture du compte par l'établissement désigné par la Banque de France, le titulaire signera une convention de compte avec cet établissement.

Procédure de clôture d'un compte ouvert dans le cadre du droit au compte

L'établissement de crédit désigné notifiera par une lettre motivée à son client et à la Banque de France, toute décision de fermeture de ce compte prise à la seule initiative de cet établissement.

Un délai de quarante-cinq jours sera alors respecté avant la fermeture effective du compte de dépôt.

Information de la clientèle et formation des exploitants bancaires

La Fédération bancaire française renouvellera, dès l'entrée en vigueur de cette charte, sous forme d'une communication à tous ses adhérents, l'information sur le droit au compte et les procédures y afférentes. Cette charte sera également mise en ligne sur les sites internet grand public de la Fédération bancaire française (FBF).

Les formations des conseillers de clientèle, dont notamment celles destinées aux nouveaux entrants ainsi que les systèmes d'information à l'usage des réseaux d'agences des établissements de crédit comprendront les informations nécessaires sur le dispositif du droit au compte.

Le modèle de lettre de refus à utiliser dans tous les cas (personnes physiques ou morales) en application de l'article R. 312-3 du code monétaire et financier comprendra systématiquement une information complète sur les conditions pour bénéficier du droit au compte et sur la procédure à suivre.

La profession bancaire a élaboré un mini-guide pratique sur le droit au compte à destination de la clientèle. Ce mini-guide est téléchargeable gratuitement par tous sur le site d'informations pratiques de la Fédération bancaire française à l'adresse www.lesclesdelabanque.com. Il sera également fourni gratuitement en nombre aux associations de consommateurs qui le souhaitent en prenant contact avec la FBF.

ANNEXE 1

MODÈLE DE LETTRE DE REFUS D'OUVERTURE DE COMPTE

Au recto

Madame, Monsieur,

Vous avez souhaité ouvrir un compte de dépôt dans notre établissement.

Cependant, nous sommes au regret de vous informer que nous ne donnons pas une réponse favorable à votre demande.

Nous vous informons, toutefois, que dans le cas où vous ne disposeriez d'aucun compte de dépôt, il vous est possible, conformément à la législation sur le droit au compte, de prendre contact avec la Banque de France la plus proche de votre domicile, à l'adresse suivante : ....

Nous vous informons également que nous pouvons effectuer cette démarche, en votre nom et pour votre compte, auprès de la Banque de France si vous êtes une personne physique et si vous le souhaitez, après fourniture d'une pièce d'identité comprenant une photographie et d'un justificatif de domicile.

La Banque de France vous désignera d'office un établissement, qui gérera votre compte.

Dans ce cas, vous bénéficierez automatiquement de la part de l'établissement ainsi désigné d'un ensemble de services bancaires gratuits dont vous trouverez ci-joint la liste.

Nous vous prions de croire, Madame, Monsieur, à l'assurance de nos sentiments distingués.

Banque X

Au verso

Procédure à suivre pour l'exercice du droit au compte :

Le code monétaire et financier (art. L. 312-1) prévoit que tout particulier ou toute entreprise, domicilié en France, dépourvu d'un compte de dépôt, a droit à l'ouverture d'un tel compte dans une banque.

Si vous n'avez pas de compte de dépôt et que vous n'avez pas réussi à en obtenir un, l'établissement qui a refusé de vous en ouvrir un vous remettra gratuitement cette lettre de refus.

Muni de ce document, ainsi que d'une déclaration sur l'honneur indiquant que vous n'avez pas d'autre compte de dépôt, d'une pièce d'identité comportant une photographie et d'un justificatif de domicile, vous pouvez vous rendre au guichet de la Banque de France le plus proche de votre domicile qui désignera d'office un établissement où un compte de dépôt vous sera ouvert selon la procédure du droit au compte.

Si vous êtes une personne physique, vous pouvez également demander à l'établissement qui a refusé de vous ouvrir un compte d'effectuer en votre nom et pour votre compte cette démarche auprès de la Banque de France. Si vous le souhaitez, il pourra vous informer de cette décision.

Vous bénéficierez alors des services bancaires gratuits suivants, liés à l'exercice du droit au compte (art. D. 312-5 et D. 312-6 du code monétaire et financier) :

— l'ouverture, la tenue et la fermeture du compte ;
— un changement d'adresse par an ;
— des relevés d'identité bancaire, en cas de besoin ;
— la domiciliation de virements bancaires ;
— l'envoi mensuel d'un relevé des opérations effectuées sur le compte ;
— la réalisation des opérations de caisse ;
— l'encaissement de chèques et de virements bancaires ;
— les dépôts et les retraits d'espèces au guichet de l'organisme qui tient le compte ;
— les paiements par prélèvement, titre interbancaire de paiement ou virement bancaire ;
— des moyens de consultation à distance du solde du compte ;
— une carte de paiement dont chaque utilisation est autorisée par l'établissement de crédit qui l'a émise ;
— deux chèques de banque par mois ou moyens de paiement équivalents offrant les mêmes services.

Vous devez être prévenu, ainsi que la Banque de France, par une lettre motivée, de toute décision de fermeture de ce compte prise à l'initiative de l'établissement désigné par la Banque de France. Un délai de quarante-cinq jours doit vous être accordé avant la fermeture effective de votre compte de dépôt

ANNEXE 2

Établissement : ....

Agence : ....

Code interbancaire : ....

DEMANDE D'INTERVENTION DE LA BANQUE DE FRANCE
EXERCICE DU DROIT AU COMPTE DE DÉPÔT
POUR UNE PERSONNE PHYSIQUE

(article L. 312-1 du code monétaire et financier)

• IDENTITÉ ET DOMICILE DU DEMANDEUR :

• Civilité : ❑ Monsieur ❑ Madame ❑ Mademoiselle

NOM de naissance : ....

NOM marital ou d'usage : ....

Prénoms : ....

Date et lieu de naissance : ....

Nature et numéro de la pièce d'identité comportant une photographie :

....

• *Adresse :*

....

....

• SOUHAITS EXPRIMÉS PAR LE DEMANDEUR QUANT AU GUICHET APPELÉ À OUVRIR LE COMPTE (notamment localisation) :

....

....

....

....

SIGNATURE ET DÉCLARATION DU DEMANDEUR :

❑ J'atteste sur l'honneur ne disposer, à ce jour, d'aucun compte de dépôt.
Je déclare donner mandat à l'agence qui m'a refusé l'ouverture d'un compte, d'effectuer en mon nom les formalités de demande de l'exercice du droit au compte.

❑ J'autorise la Banque de France à communiquer le nom de l'agence bancaire qu'elle aura désignée, à l'établissement qui lui a présenté la demande pour qu'il puisse m'en informer si j'en exprime le souhait.

(cochez la case, le cas échéant)

Date: .... Signature : *(précédée de la mention « Lu et approuvé »)*

Pièces justificatives à joindre à l'envoi :
– copie de la lettre de refus d'ouverture de compte fournie au demandeur,
– lettre de transmission complétée et signée par l'établissement de crédit.

ANNEXE 3

Fax d'envoi sur papier à l'en-tête de l'agence bancaire émettrice

Date ....

Identification de la banque ....

n° de téléphone ....

n° de télécopie ....

code interbancaire ....

A ....

Succursale de la Banque de France de ....

Je vous prie de bien vouloir trouver, ci-joint, une demande d'ouverture de compte de dépôt, présentée au titre de l'exercice du droit au compte par [civilité] [Prénom NOM] et accompagnée de la lettre de refus d'ouverture de compte.

Signature et nom du responsable de l'agence
(cachet de la banque)

Arrêté du 29 juillet 2009,

Portant application des articles L. 312-1-1 et L. 314-13 du code monétaire et financier fixant les modalités d'information de la clientèle et du public sur les conditions générales et tarifaires applicables aux opérations relatives à la gestion d'un compte de dépôt ou d'un compte de paiement tenu par un établissement de paiement.

Art. 1er **L'information de la clientèle et du public sur les prix des produits et services liés à la gestion d'un compte de paiement tenu par un établissement de paiement ou d'un compte de dépôt doit se faire par voie d'affichage, de manière visible et lisible, et de dépliants tarifaires en libre-service dans les locaux de réception du public.**

Les conditions générales applicables aux produits et services liés à la gestion d'un compte de paiement tenu par un établissement de paiement ou d'un compte de dépôt doivent être mises gratuitement à la disposition de la clientèle et du public par tout moyen approprié.

Art. 2 **L'arrêté du 4 avril 2005 portant application de l'article L. 312-1-1 du code monétaire et financier fixant les modalités d'information de la clientèle et du public sur les conditions générales et tarifaires applicables aux opérations relatives à la gestion d'un compte de dépôt est abrogé.** — *V. cet Arr. au* ***C. consom.****, éd. 2009 et antérieures.*

Art. 3 **Le présent arrêté entre en vigueur le 1er novembre 2009.**

Arrêté du 29 juillet 2009,

Relatif aux relations entre les prestataires de services de paiement et leurs clients en matière d'obligations d'information des utilisateurs de services de paiement et précisant les principales stipulations devant figurer dans les conventions de compte de dépôt et les contrats-cadres de services de paiement.

TITRE PREMIER Principales stipulations devant figurer dans les conventions de compte de dépôt et les contrats-cadres de services de paiement

Art. 1er Toute ouverture d'un compte de paiement est soumise à la conclusion d'un contrat entre le prestataire de services de paiement et son client conformément aux dispositions du I de l'article L. 312-1-1 et aux articles L. 314-12 et L. 314-13 du code monétaire et financier.

Au sens du présent arrêté, le terme : "compte de paiement" désigne les comptes de dépôt à vue, les comptes ouverts par les établissements de paiement conformément à l'article L. 522-4 du même code et tout autre compte tel que défini à l'article L. 314-1 du même code, ouverts par des personnes physiques n'agissant pas pour des besoins professionnels.

Ne sont pas concernés par le présent arrêté les comptes soumis à une réglementation particulière, notamment les comptes sur livret, les comptes à terme et les comptes d'instruments financiers et les comptes espèces qui leur sont spécifiquement associés.

Art. 2 Le contrat mentionné aux articles L. 312-1-1 ou L. 314-12 du code monétaire et financier comporte les informations suivantes qui, lorsqu'elles s'appliquent à des opérations de paiement, ne s'imposent qu'aux opérations de paiement mentionnées à l'article L. 314-2 du même code :

1. Sur le prestataire de services de paiement :

a) Le nom du prestataire de services de paiement, l'adresse de son siège social ou de son administration centrale et, le cas échéant, l'adresse de son agent ou de sa succursale, et toutes les autres adresses, y compris l'adresse de courrier électronique, à prendre en compte pour la communication avec le prestataire de services de paiement;

b) Les coordonnées des autorités de contrôle compétentes et les informations permettant à l'utilisateur de s'assurer de l'habilitation du prestataire de services de paiement, y compris les informations permettant de consulter la liste des prestataires de services de paiement;

2. Sur l'utilisation d'un service de paiement :

a) Une description des principales caractéristiques du service de paiement à fournir;

b) Les informations précises ou l'identifiant unique que l'utilisateur de services de paiement doit fournir aux fins de l'exécution correcte de son ordre de paiement;

c) La forme et la procédure pour donner le consentement à l'exécution d'une opération de paiement et pour retirer ce consentement, conformément aux articles L. 133-6 et L. 133-7 du code monétaire et financier;

d) Une information sur le moment de réception de l'ordre de paiement tel que défini à l'article L. 133-9 du même code et l'éventuel délai limite établi par le prestataire de services de paiement;

e) Le délai d'exécution maximal au cours duquel le service de paiement doit être fourni;

f) La possibilité, si elle existe, de convenir de limites de dépenses pour l'utilisation de l'instrument de paiement;

g) Les modalités de procuration, la portée d'une procuration et les conditions et conséquences de sa révocation;

h) Le sort du compte de paiement au décès du ou de l'un des titulaires du compte de paiement;

i) Les obligations de confidentialité à la charge du prestataire de services de paiement, sous réserve des exceptions prévues par la réglementation ou définies contractuellement;

3. Sur les frais, les taux d'intérêt et les taux de change :

a) Tous les frais payables par l'utilisateur de services de paiement au prestataire de services de paiement et, le cas échéant, le détail de ces frais;

b) Le cas échéant, les taux d'intérêt et de change à appliquer ou, si des taux d'intérêt et de change de référence doivent être utilisés, la méthode de calcul du taux d'intérêt à appliquer ainsi que la date retenue et l'indice ou la base pour déterminer le taux d'intérêt ou de change de référence;

c) Les modalités d'application des modifications apportées aux taux d'intérêt et de change conformément aux dispositions de l'article 8 du présent arrêté;

4. Sur la communication entre l'utilisateur et le prestataire de services de paiement :

a) Les moyens de communication, y compris les exigences techniques applicables à l'équipement de l'utilisateur de services de paiement, convenus entre les parties aux fins de la transmission d'informations ou de notifications;

b) Les modalités et la fréquence selon lesquelles les informations prévues à la section I du chapitre II et au chapitre IV du titre Ier du livre III du code monétaire et financier sont fournies ou mises à disposition ;

c) Le cas échéant, la ou les langues dans lesquelles le contrat est conclu et la communication effectuée au cours de cette relation contractuelle ;

d) La mention du droit de l'utilisateur de services de paiement de recevoir les termes contractuels du contrat, ainsi que les informations et conditions prévues au présent article ;

e) Les finalités des traitements de données mis en œuvre par le prestataire de services de paiement, les destinataires des informations, le droit de s'opposer à un traitement des données à des fins de prospection commerciale ainsi que les modalités d'exercice du droit d'accès aux informations concernant le client, conformément aux lois en vigueur ;

5. Sur les mesures de protection et les mesures correctives :

a) Le cas échéant, une description des mesures que l'utilisateur de services de paiement doit prendre pour préserver la sécurité d'un instrument de paiement et les modalités d'information du prestataire de services de paiement aux fins prévues par l'article L. 133-17 du code monétaire et financier ;

b) Le cas échéant, les conditions éventuelles dans lesquelles le prestataire de services de paiement se réserve le droit de bloquer un instrument de paiement ;

c) La responsabilité du payeur conformément aux articles L. 133-19 et L. 133-20 du même code ;

d) Le délai et les modalités selon lesquels l'utilisateur de services de paiement doit informer le prestataire de services de paiement des opérations de paiement non autorisées ou mal exécutées, conformément à l'article L. 133-24 du même code ;

e) La responsabilité du prestataire de services de paiement en matière d'opérations de paiement non autorisées, conformément à l'article L. 133-18 du même code ;

f) La responsabilité du prestataire de services de paiement liée à l'exécution d'opérations de paiement, conformément à l'article L. 133-22 du même code ;

g) Les conditions de remboursement conformément aux articles L. 133-25 à L. 133-25-2 du même code ;

6. Sur la modification et la résiliation du contrat :

a) Le fait que l'utilisateur de services de paiement est réputé avoir accepté la modification des conditions conformément au II de l'article L. 312-1-1 ou au III de l'article L. 314-13 du code monétaire et financier, à moins d'avoir notifié au prestataire de services de paiement son refus de celle-ci avant la date proposée pour l'entrée en vigueur de cette modification ;

b) La durée du contrat ;

c) Le droit de l'utilisateur de services de paiement de résilier le contrat et les modalités de cette résiliation, conformément aux II et III de l'article L. 312-1-1 ou aux III et IV de l'article L. 314-13 du même code ;

7. Sur les comptes joints :

a) Les modalités de fonctionnement et de clôture d'un compte de paiement joint ;

b) Les modalités et les conséquences sur les clauses du contrat mentionné au I de l'article L. 312-1-1 ou à l'article L. 314-12 du code monétaire et financier de la dénonciation d'un compte de paiement joint par l'un des titulaires ;

8. Sur les recours :

a) Le droit applicable au contrat et la juridiction compétente ;

b) Les voies de réclamation et de recours extrajudiciaires ouvertes à l'utilisateur de services de paiement, notamment l'existence d'un médiateur pouvant être saisi gratuitement en cas de litige né de l'application de la convention de compte de dépôt ou du contrat-cadre de services de paiement ainsi que les modalités d'accès à ce médiateur, conformément à l'article L. 315-1 du code monétaire et financier.

Art. 3 La convention de compte de dépôt doit également préciser :

a) Si, à la date de la conclusion de la convention, le titulaire du compte de dépôt dispose d'un chéquier. En cas de non-délivrance immédiate, la situation du titulaire du compte de dépôt est réexaminée périodiquement. La convention informe le titulaire du compte sur les modalités de réexamen. La convention rappelle la réglementation sur le chèque sans provision. La convention invite le titulaire du compte à préciser les moyens par lesquels l'établissement de crédit ou l'organisme mentionné à l'article L. 518-1 du code monétaire et financier peut, le cas échéant, le joindre afin de l'informer, en application de l'article L. 131-73 du code monétaire et financier avant d'en refuser le paiement, des conséquences du défaut de provision d'un chèque qu'il aurait émis.

b) Les conséquences d'une position débitrice non autorisée, les conditions dans lesquelles le titulaire du compte de dépôt en est informé ainsi que le tarif applicable.

Si l'établissement décide d'accorder à sa clientèle une position débitrice autorisée de moins de trois mois, la convention le mentionne et renvoie, le cas échéant, à une convention spécifique, dont elle précise l'objet et qui lui est annexée. Cette convention fixe les conditions d'utilisation de ce découvert autorisé, notamment les conditions tarifaires.

c) Les dispositions de l'article L. 312-1 du code monétaire et financier aux termes duquel toute personne dépourvue d'un compte de dépôt et qui s'est vu refuser l'ouverture d'un tel compte par l'établissement choisi peut demander à la Banque de France de lui désigner un établissement, qui sera alors tenu de fournir gratuitement l'ensemble des produits et des services énumérés par l'article D. 312-5 du code monétaire et financier.

Art. 4 Lorsqu'un compte de dépôt est ouvert par un établissement de crédit désigné par la Banque de France en application de l'article L. 312-1 du code monétaire et financier, la convention de compte de dépôt correspondante prévoit, en outre, la fourniture gratuite de l'ensemble des produits et services énumérés à l'article D. 312-5 du code monétaire et financier relatif aux services bancaires de base.

Art. 5 Toute nouvelle prestation proposée par un prestataire de services de paiement fait l'objet d'une modification du contrat conformément au II de l'article L. 312-1-1 ou au III de l'article L. 314-13 du code monétaire et financier ou de l'établissement d'un nouveau contrat conformément au I de l'article L. 312-1-1 ou au*[x]* articles L. 314-12 et L. 314-13 du même code.

TITRE II Obligations d'information des utilisateurs de services de paiement

CHAPITRE PREMIER *Informations fournies préalablement à l'exécution d'une opération de paiement isolée*

Art. 6 Pour l'exécution des opérations mentionnées à l'article L. 314-2 du code monétaire et financier, avant que l'utilisateur de services de paiement ne soit lié par un contrat relatif à une opération de paiement isolée, le prestataire de services de paiement lui fournit ou met à sa disposition les informations suivantes :

a) Les informations précises ou l'identifiant unique que l'utilisateur de services de paiement doit fournir aux fins de l'exécution correcte de son ordre de paiement ;

b) Le délai d'exécution maximal dans lequel le service de paiement est fourni ;

c) Tous les frais payables par l'utilisateur de services de paiement au prestataire de services de paiement et, le cas échéant, le détail de ces frais ;

d) Le cas échéant, le taux de change réel ou de référence qui doit être appliqué à l'opération de paiement.

Le cas échéant, les autres informations et conditions utiles mentionnées à l'article 2 sont mises à la disposition de l'utilisateur de services de paiement, sous une forme aisément accessible.

CHAPITRE II *Informations fournies au client après réception d'un ordre de paiement ou réalisation d'une opération de paiement*

Art. 7 Pour les opérations de paiement mentionnées à l'article L. 314-2 du code monétaire et financier, après la réception d'un ordre de paiement pour une opération de paiement isolée ou après l'exécution d'une opération de paiement, le prestataire de services de paiement fournit à son client les informations suivantes :

a) Une référence permettant à son client d'identifier l'opération de paiement et si son client est le payeur, le cas échéant, les informations relatives à l'autre partie à la transaction ou, si son client est le bénéficiaire, toute information communiquée avec l'opération de paiement qui lui est destinée ainsi que, le cas échéant, une référence permettant d'identifier le payeur ;

b) Le montant de l'opération de paiement ;

c) Le montant des frais qui lui sont imputables pour l'opération de paiement et, le cas échéant, le détail de ces frais ;

d) Lorsque l'opération de paiement est exécutée dans une devise différente de celle dans laquelle est tenu le compte de paiement, le taux de change appliqué à l'opération de paiement ou une référence à ce taux et le montant de l'opération de paiement exprimé dans chacune des devises concernées ;

e) Le cas échéant, la date de réception de l'ordre de paiement ou la date de valeur du crédit ou du débit.

CHAPITRE III *Modalités de modification et d'information de la clientèle sur les taux d'intérêt et les taux de change applicables à la gestion d'un compte de paiement et à la réalisation d'opérations de paiement*

Art. 8 Les modifications des taux d'intérêt ou de change appliqués aux opérations de paiement sont mises en œuvre et calculées d'une manière neutre qui n'établit pas de discrimination à l'encontre des utilisateurs de services de paiement.

Les modifications des taux d'intérêt ou de change peuvent s'appliquer immédiatement et sans préavis, à condition que le contrat le prévoie et que les modifications se fondent sur les taux d'intérêt ou de change de référence convenus.

L'utilisateur de services de paiement est informé de toute modification du taux d'intérêt le plus rapidement possible, à moins que les parties soient convenues d'une fréquence ou de modalités particulières en matière de fourniture ou de mise à disposition des informations.

Les modifications des taux d'intérêt ou de change qui sont plus favorables aux utilisateurs de services de paiement peuvent être appliquées sans préavis.

TITRE III **Obligations d'informations à fournir lorsqu'un** *[lorsque l'un]* **des prestataires de services de paiement impliqué dans l'opération est situé en dehors de l'Espace économique européen, ou hors de France si le prestataire de services de paiement de l'utilisateur est situé à Saint-Pierre-et-Miquelon ou** *[à]* **Mayotte**

Art. 9 Pour l'application de l'article L. 314-15 du code monétaire et financier, le contrat mentionné à l'article 2 doit mentionner les principales caractéristiques des services de paiement et leurs modalités de fonctionnement, ainsi que les tarifs applicables aux opérations de paiement correspondantes et les règles applicables aux opérations de paiement par carte non autorisées prévues à l'article L. 133-1-1 du code monétaire et financier.

Le contrat précise également les modalités d'information sur les opérations en crédit ou en débit résultant de l'utilisation de services de paiement ainsi que les informations prévues aux points 2 (*f* à *i*), 4 (*a*, *c* et *e*), 5 (*a* et *b*), 6 et 8 de l'article 2 du présent arrêté.

Pour les opérations mentionnées à l'article L. 314-15 du code monétaire et financier, après la réception d'un ordre de paiement pour une opération de paiement isolée ou après l'exécution d'une opération de paiement, le prestataire de services de paiement doit fournir à l'utilisateur de services de paiement les informations prévues à l'article 7 du présent arrêté, à l'exception du détail des frais et du taux de change appliqué à l'opération de paiement ou la référence à ce taux. Les parties peuvent décider contractuellement que ces informations seront fournies ou mises à disposition selon les modalités ou la fréquence prévues au point 4 (*b*) de l'article 2 du présent arrêté.

TITRE IV **Dispositions d'application**

Art. 10 L'arrêté du 8 mars 2005 portant application de l'article L. 312-1-1 du code monétaire et financier est abrogé. — *V. cet Arr. au* **C. *consom.***, *éd. 2009 et antérieures.*

Art. 11 Le présent arrêté entre en vigueur le 1er novembre 2009.

Arrêté du 24 mars 2011,

Portant homologation de la norme professionnelle sur les relations entre les établissements teneurs de compte et leurs clients concernés par le traitement d'un dossier en commission de surendettement.

BIBL. ▶ PIEDELIÈVRE, *RD banc. fin. 2011, nº 106* (compte de dépôts et exécution des mesures de traitement des difficultés).

Art. 1er **La norme professionnelle sur les relations entre les établissements teneurs de compte et leurs clients concernés par le traitement d'un dossier en commission de surendettement, adoptée par l'Association française des établissements de crédit et des entreprises d'investissement dans les conditions prévues à l'article L. 312-1-1 du code monétaire et financier, et figurant en annexe au présent arrêté, est homologuée. Elle est applicable à tous les établissements de crédit à compter du 1er mai 2011.**

ANNEXE

NORME PROFESSIONNELLE SUR LES RELATIONS ENTRE LES ÉTABLISSEMENTS TENEURS DE COMPTE ET LEURS CLIENTS CONCERNÉS PAR LE TRAITEMENT D'UN DOSSIER EN COMMISSION DE SURENDETTEMENT

Conformément à l'article L. 312-1-1 du code monétaire et financier, afin de mieux accompagner leurs clients en situation de surendettement, les banques adoptent la norme professionnelle suivante à l'égard de leurs clients bénéficiant d'une procédure de surendettement qui disposent chez elles d'un compte de dépôt (personnel ou joint) sur lequel sont domiciliés leurs revenus :

1. *Informer le client concerné des modalités pratiques de fonctionnement de son compte domiciliataire de revenus et de l'offre de services adaptée à sa situation de personne surendettée*

Mesure n° 1 : les banques informeront les clients concernés des conséquences de la procédure de surendettement sur la gestion du compte bancaire ainsi que sur les moyens et opérations de paiement afférents. Elles porteront à la connaissance des clients les mesures envisagées pour assurer la continuité de la relation ainsi que les propositions de services adaptés. Une documentation leur sera remise ou adressée à cet effet indiquant que la banque est à leur disposition. Pour compléter cette information et discuter des modalités de fonctionnement de leur compte et de leurs moyens de paiement, chaque banque proposera, dans un délai de six semaines à compter de la date à laquelle lui est notifiée la décision de recevabilité, un rendez-vous (en agence ou par téléphone) à ses clients concernés, qui resteront libres d'accepter ou de refuser.

2. *Assurer la continuité de la relation avec le client et la pérennité de son compte*

Mesure n° 2 : la banque teneur de compte maintiendra le compte domiciliataire des revenus pendant l'instruction du dossier par les commissions de surendettement et pendant la durée du plan de surendettement ou des mesures de traitement de la situation de surendettement ou jusqu'à la clôture de la procédure de rétablissement personnel, sauf événement lié au comportement gravement répréhensible du client, au non-respect par lui des clauses contractuelles ou à l'application de la législation sur le blanchiment des capitaux et le financement du terrorisme.

3. *Proposer une gamme de services adaptée pour permettre le fonctionnement du compte domiciliataire des revenus*

Mesure n° 3 : les banques proposeront à leurs clients concernés par la présente norme d'adapter aux contraintes de la gestion budgétaire d'une personne surendettée les modalités de paiement de leurs dettes à partir du compte sur lequel sont domiciliés leurs revenus. Les clients seront informés, par exemple, de la possibilité de recourir à la mensualisation plus systématique des prélèvements plutôt que des débits à moindre fréquence, pour une gestion budgétaire facilitée.

Mesure n° 4 : les banques proposeront à leurs clients concernés par la présente norme d'adapter, pour le compte sur lequel sont domiciliés leurs revenus, après examen de leur situation, leurs moyens de paiement afin notamment d'éviter les incidents tout en préservant la capacité, pour le client, de réaliser pour un coût réduit les dépenses nécessaires à sa vie courante. Dans ce cadre, les banques proposeront la gamme de moyens de paiement alternatifs au chèque (GPA) à leurs clients dès lors qu'elle est adaptée à leur situation.

Mesure n° 5 : les banques valoriseront auprès des clients concernés, notamment lors du rendez-vous prévu par la mesure n° 1, leur offre d'alerte par SMS sur l'état du compte pour les informer de la possibilité d'accéder à un tel service permettant de faciliter la gestion du compte.

4. *Décider du sort des autorisations de découvert, quelles qu'en soient les modalités, suite à la déclaration de la recevabilité du dossier de surendettement*

Du fait de l'interdiction de paiement des dettes antérieures, tous les remboursements de crédit doivent être « gelés » à compter de la recevabilité du dossier, qu'il s'agisse de crédits amortissables entièrement débloqués (crédits à la consommation et crédits immobiliers), de la partie utilisée du découvert autorisé ou de la partie utilisée du crédit renouvelable. En conséquence, le client bénéficie la plupart du temps d'une trésorerie améliorée du seul fait de l'application de cette disposition légale.

La partie utilisée du découvert sera déclarée dans l'état des créances et prise en compte dans le plan.

Par ailleurs, le débiteur a l'interdiction légale de faire tout acte de nature à aggraver son insolvabilité. La méconnaissance de cette interdiction est sanctionnée par la nullité des actes accomplis en violation de cette disposition.

En conséquence, les banques prennent la mesure suivante :

Mesure n° 6 : à la suite de la décision déclarant la recevabilité du dossier de surendettement et après examen de la situation du client, les banques pourront, avec l'accord de ce dernier, adapter le montant de l'autorisation de découvert.

Le solde débiteur résultant de l'usage de la partie du découvert non utilisée et non déclarée dans le cadre du plan sera remboursé par le client aux conditions contractuelles.

L'autorisation de découvert pourra être résiliée à tout moment, selon les modalités prévues par la loi, en cas de non-respect par le client des clauses contractuelles.

Délibération CNIL n° 2013-358 du 14 novembre 2013,

Portant adoption d'une recommandation concernant le traitement des données relatives à la carte de paiement en matière de vente de biens ou de fourniture de services à distance et abrogeant la délibération n° 2003-034 du 19 juin 2003.

La commission a adopté une délibération, le 19 juin 2003, portant adoption d'une recommandation relative au « stockage et à l'utilisation du numéro de carte bancaire dans le secteur de la vente à distance » *[V. ce texte au **C. consom.**, éd. 2013 et antérieures]*.

Dix ans après l'adoption de cette recommandation, l'utilisation de la carte pour les paiements à distance suscite toujours autant d'inquiétudes de la part des consommateurs. En effet, la carte de paiement reste le moyen privilégié pour les transactions en ligne malgré le développement de solutions alternatives de paiement. La sécurité et la confidentialité des données relatives à la carte sont dès lors des éléments clés pour garantir la confiance dans le commerce électronique.

Les plaintes reçues par la commission ainsi que les différents contrôles menés ces dernières années ont mis en lumière la nécessité d'actualiser ses recommandations afin d'apporter des réponses concrètes aux différentes parties prenantes et de prendre en compte l'évolution du cadre légal et technologique.

Dans la perspective de la modification de la recommandation de 2003, la commission a consulté les principaux organismes concernés parmi lesquels la Banque de France, le Groupement des cartes bancaires ainsi que les représentants des principales associations de consommateurs et des acteurs du e-commerce et de la vente à distance.

Les dispositions de la présente recommandation, qui abroge celle de 2003, s'appliquent au traitement de données relatives à la carte de paiement (carte interbancaire ou dispositif similaire), ci-après « la carte », lors de toute vente d'un bien ou fourniture d'une prestation de services conclue, sans la présence physique simultanée des parties, entre un consommateur (personne physique) et un professionnel qui, pour la conclusion de ce contrat, utilisent exclusivement une ou plusieurs techniques de communication à distance (internet, téléphone, etc.).

Les cartes de paiement visées sont celles qui permettent notamment d'effectuer des achats chez un commerçant ou un prestataire de services affiliés à un réseau de paiement national ou international (système « CB », Visa, Mastercard, etc.) mais aussi les cartes de paiement dites « privatives » (cartes émises par les commerçants ou par les établissements financiers spécialisés dans le crédit à la consommation) et accréditives (carte présentée par un adhérent à un fournisseur affilié au réseau de *l'émetteur de la carte)*.

La présente délibération a pour objet, en l'état du droit et des procédés actuels de paiement, de préciser les recommandations de la commission et les garanties minimales à respecter lors de la mise en œuvre, par les professionnels, de traitements afférents à des données relatives à la carte de paiement.

Art. 1er *Finalités du traitement.* La protection des données personnelles et, par là même, de la vie privée doit être envisagée comme la capacité de l'individu à maîtriser la collecte, l'enregistrement et l'utilisation des données à caractère personnel qu'il est tenu de communiquer dans le cadre d'un paiement.

La finalité première de l'utilisation d'un numéro de carte de paiement est la réalisation d'une transaction, c'est-à-dire la délivrance d'un bien ou la prestation d'un service en contrepartie du complet paiement d'un prix.

La collecte des données relatives à une carte de paiement remplit toutefois d'autres finalités liées à la particularité des opérations à distance :

— la réservation d'un bien ou d'un service ;

— la conservation du numéro de la carte du client afin de faciliter ses éventuels achats ultérieurs sur le site du commerçant ;

— l'offre de solutions de paiement dédiées à la vente à distance par des prestataires de services de paiement (cartes virtuelles, « *wallets* », comptes rechargeables, etc.). Ces solutions visent à éviter aux consommateurs de saisir les données relatives à leur carte lors d'achats effectués à distance ;

— la lutte contre la fraude à la carte de paiement.

La commission considère que ces finalités sont déterminées, explicites et légitimes.

Toutefois, la conservation des données relatives à la carte au-delà de la réalisation d'une transaction ne peut se faire qu'avec le consentement préalable de la personne concernée ou poursuivre l'intérêt légitime du responsable de traitement en ce qui concerne la lutte contre la fraude au paiement en ligne afin de ne pas méconnaître l'intérêt ou les droits et libertés des personnes, conformément à l'article 7 de la loi du 6 janvier 1978 modifiée.

En outre, compte tenu de la sensibilité de cette donnée, le numéro de la carte de paiement ne peut être utilisé comme identifiant commercial.

La commission considère que la responsabilité du traitement visant à conserver le numéro de la carte du client afin de faciliter ses éventuels achats ultérieurs sur un site marchand incombe en principe au commerçant bénéficiant du stockage des données relatives à la carte, c'est-à-dire à celui au bénéfice duquel les transactions réalisées avec les données stockées seront opérées. Les prestataires qui réalisent le stockage des données relatives à la carte pour le compte du commerçant ont la qualité de sous-traitant et sont tenus à la mise en place de mesures de sécurité adaptées.

Lorsqu'un responsable de traitement souhaite utiliser des données relatives à la carte à des fins de lutte contre la fraude au paiement et, le cas échéant, conserver une trace de comportements frauduleux ayant généré des impayés lui ayant porté préjudice, la commission rappelle que ce traitement doit faire l'objet d'une demande d'autorisation sur le fondement des dispositions de l'article 25-I (4°) de la loi du 6 janvier 1978 modifiée. L'utilisation du numéro de carte pour cette finalité ne saurait aboutir à un refus de vente, même si elle peut conduire légitimement le commerçant à refuser ce mode de paiement.

Art. 2 *Les données collectées.* Les données nécessaires à la réalisation d'une transaction à distance par carte de paiement sont le numéro de la carte, la date d'expiration et le cryptogramme visuel.

La commission rappelle que seules les données adéquates, pertinentes et non excessives au regard de la finalité du traitement doivent être collectées.

S'agissant de l'identité du titulaire de la carte, dès lors que cette donnée n'est pas requise pour la réalisation d'une transaction en ligne, elle ne doit pas être collectée par le système de paiement sauf lorsqu'elle est justifiée pour la poursuite d'une finalité déterminée et légitime, telle que la lutte contre la fraude.

La commission considère également que le responsable de traitement, ou son prestataire, ne peut demander la transmission de la photocopie ou de la copie numérique du recto et/ou du verso de la carte de paiement même si le cryptogramme visuel et une partie des numéros sont masqués. En effet, la transmission de ce document n'est pas compatible avec les obligations de sécurité et les conditions d'utilisation que doit respecter le titulaire de la carte de paiement conformément à l'article L. 133-16 du code monétaire et financier.

Art. 3 *Sur la durée de conservation des données.* La commission considère que la durée de conservation des données relatives à la carte doit correspondre au délai nécessaire à la réalisation de la transaction, c'est-à-dire au paiement effectif qui peut être différé à la réception du bien, augmenté, le cas échéant, du délai de rétractation prévu pour les ventes de biens et fournitures de prestations de services à distance (art. L. 121-20 *[ancien]* du code de la consommation).

S'agissant des commerçants en ligne, le risque financier d'une utilisation non autorisée pesant *in fine* sur ces derniers, dès lors qu'ils n'ont pas mis en œuvre un système d'authentification de leurs clients, la commission estime qu'ils peuvent conserver le numéro de carte et la date de validité de celle-ci, à l'exclusion du cryptogramme visuel, dès lors que cette conservation est nécessaire pour la gestion des éventuelles réclamations des titulaires de cartes de paiement. Les données peuvent être conservées pour la durée prévue par l'article L. 133-24 du code monétaire et financier, en l'occurrence treize mois suivant la date de débit. Ce délai peut être étendu à quinze mois afin de prendre en compte la possibilité d'utilisation de cartes de paiement à débit différé.

Les données ainsi conservées à des fins de preuve doivent être versées en archives intermédiaires et utilisées uniquement en cas de contestation de la transaction. Les numéros de carte de paiement conservés à cette fin doivent faire l'objet de mesures de sécurité techniques, telles que décrites à l'article 5 de la présente recommandation, visant à prévenir toute réutilisation illégitime.

Dans les cas où les données relatives à la carte seraient collectées par un organisme assujetti aux obligations de lutte contre le blanchiment de capitaux pour offrir une solution de paiement à distance, elles peuvent être conservées jusqu'à la clôture du compte puis, le cas échéant, archivées conformément aux obligations légales en la matière.

La commission observe que la finalité du cryptogramme visuel est de s'assurer que le porteur est bien en possession du support physique de la carte. Dès lors, toute conservation du cryptogramme est susceptible de porter atteinte à cette finalité. En conséquence, la conservation du cryptogramme est interdite au-delà du temps strictement nécessaire à la réalisation de la transaction, y compris en cas de paiements successifs ou de conservation du numéro de la carte pour les achats ultérieurs.

Dans les cas où le numéro de la carte serait utilisé à d'autres fins, telles que la constitution d'un compte client visant à faciliter les achats ultérieurs ou la lutte contre la fraude, sa durée de conservation ne saurait excéder la durée nécessaire à l'accomplissement de cette finalité.

Art. 4 *Les droits des personnes.* Toute utilisation du numéro de carte de paiement, quelle qu'en soit la finalité, doit faire l'objet d'une information complète et claire auprès des personnes.

De manière générale, la personne concernée est informée de l'identité du responsable du traitement, des finalités du traitement, du caractère obligatoire ou facultatif des informations à renseigner, des conséquences éventuelles, à leur égard, d'un défaut de réponse, des destinataires des données, de l'existence et des modalités d'exercice de ses droits d'accès, de rectification et d'opposition au traitement de ses données et, le cas échéant, des transferts de données hors Union européenne.

Dans l'hypothèse où les données relatives à la personne ont été communiquées à un tiers par le commerçant, celui-ci doit informer ces tiers sans délai de l'exercice du droit d'opposition ou de rectification par la personne concernée.

Lorsque les données sont recueillies par voie de questionnaires, ceux-ci doivent porter mention de ces informations conformément au dernier alinéa de l'article 32 de la loi du 6 janvier 1978 modifiée.

Lorsque les données relatives à la carte sont conservées au-delà du temps strictement nécessaire à la réalisation de la transaction, pour simplifier un paiement ultérieur, la commission considère que ce traitement doit également avoir reçu le consentement libre, spécifique et informé de la personne concernée conformément aux dispositions de l'article 7 de la loi du 6 janvier 1978 modifiée.

La commission estime, en effet, que ces données ne sont pas collectées pour permettre la réalisation d'un paiement mais pour offrir un service supplémentaire au client, en l'occurrence ne pas avoir à ressaisir son numéro de carte lors d'un prochain achat. Dès lors, ce traitement de données doit être effectué avec le consentement préalable de la personne concernée. Celui-ci ne se présume pas et doit prendre la forme d'un acte de volonté explicite, par exemple au moyen d'une case à cocher (non précochée par défaut). L'acceptation des conditions générales d'utilisation ou de vente n'est pas considérée comme une modalité suffisante du recueil du consentement des personnes.

La commission recommande également que le responsable de traitement intègre directement sur son site marchand un moyen simple de retirer, sans frais, le consentement donné pour la conservation des données de la carte afin de faciliter les achats ultérieurs.

Art. 5 *Les mesures de sécurité.* La commission observe que les pratiques liées à la collecte du numéro de carte de paiement entraînent la multiplication de bases de données pouvant potentiellement faire l'objet d'une réutilisation frauduleuse, en cas notamment de faille de sécurité aboutissant à la compromission de ces données.

La commission considère en conséquence que les responsables de traitement doivent s'efforcer d'élaborer et d'adopter des pratiques exemplaires et de promouvoir des comportements qui tiennent compte des impératifs de sécurité et qui respectent les intérêts légitimes des individus. A cet égard, la commission rappelle que :

– l'article 34 de la loi « Informatique et Libertés » impose au responsable de traitement de prendre des mesures de sécurité afin d'éviter notamment tout accès illégitime aux données traitées. Ces mesures doivent être proportionnées aux risques engendrés par le traitement pour les personnes concernées. Les accès non autorisés aux données relatives à la carte pouvant déboucher sur la réalisation de transactions frauduleuses, la confidentialité de ces données se doit d'être spécifiquement protégée. Le non-respect de cette obligation de sécurité est sanctionné par l'article 226-17 du code pénal ;

– l'article 35 de la loi « Informatique et Libertés » impose au responsable de traitement désirant externaliser la gestion du système de paiement de choisir un sous-traitant présentant des garanties suffisantes permettant de s'assurer de la mise en œuvre des mesures de sécurité rendues nécessaires au titre de l'article 34, et de fixer contractuellement les objectifs de sécurité qu'ils imposent à leur sous-traitant. Dans tous les cas, le recours à la sous-traitance ne dispense en aucun cas le responsable de traitement de ses obligations au titre de l'article 34.

Cela étant rappelé, elle recommande que :

– les responsables de traitements utilisent uniquement des services de paiement en ligne sécurisés et conformes à l'état de l'art et à la réglementation applicable. A cet égard, seuls les dispositifs conformes à des référentiels reconnus en matière de sécurisation de données relatives à la carte au niveau européen ou international (par exemple le standard PCI DSS) doivent être utilisés. Le responsable doit également s'assurer de la conformité du traitement aux exigences des articles 34 et 35 de la loi du 6 janvier 1978 modifiée, au travers notamment de la mise en œuvre d'une démarche de gestion des risques de manière à déterminer les mesures de sécurité organisationnelles et techniques nécessaires. Pour accompagner les responsables dans cette démarche, des guides « Gestion des risques vie privée » sont accessibles sur le site internet de la commission ;

– les responsables de traitement et leurs sous-traitants éventuels adoptent une politique de gestion stricte des habilitations de leurs personnels ne donnant accès au numéro de la carte de paiement des clients que lorsque cela est rigoureusement nécessaire. Des mesures « d'obfuscation » (masquage de tout ou partie du numéro de la carte lors de leur affichage ou de leur stockage) ou de « tokenisation » (remplacement du numéro de carte par un numéro non signifiant) doivent être mises en œuvre afin de limiter l'accès aux numéros de carte. Le personnel doit être sensibilisé aux risques de fraudes en matière de données relatives à la carte et aux mesures de sécurité permettant de les éviter ;

– les responsables de traitements et leurs sous-traitants éventuels ne procèdent en aucun cas à l'enregistrement de données relatives à la carte de paiement sur le terminal de leurs clients et ne doivent pas non plus inciter ces derniers à procéder à un tel enregistrement, ces terminaux n'étant pas conçus pour assurer la sécurité de ce type de données ;

– les responsables de traitement et leurs sous-traitants éventuels prennent les mesures nécessaires pour se prémunir contre toute atteinte à la confidentialité des données relatives à la carte lorsque celles-ci sont collectées via un service de communication au public en ligne. Les données transitant sur des canaux de communication publics ou interceptables doivent notamment faire l'objet de mesures techniques visant à rendre ces données incompréhensibles à toute personne non autorisée.

Lorsque les données relatives à la carte de paiement sont conservées afin de faciliter la réalisation ultérieure de transactions, les accès ou utilisations de ces données doivent faire l'objet de mesures de traçabilité spécifiques permettant de détecter *a posteriori* tout accès ou utilisation illégitime des données et de l'imputer à la personne responsable.

La commission estime nécessaire une notification aux personnes dont les données ont fait l'objet d'une violation de sécurité afin qu'elles puissent prendre les mesures appropriées pour limiter les risques de réutilisation frauduleuse de leurs données (contestation de paiements frauduleux, mise en opposition de la carte, etc.).

Lorsque les données relatives à la carte de paiement sont conservées pour une finalité de lutte contre la fraude, elles doivent faire l'objet de mesures techniques visant à prévenir toute réutilisation illégitime. Ces mesures peuvent notamment consister à stocker les numéros de la carte de paiement sous forme hachée avec utilisation d'une clé secrète.

La commission recommande la mise en place de moyens d'authentification renforcée du titulaire de la carte de paiement visant à s'assurer que celui-ci est bien à l'origine de l'acte de paiement à distance.

Lorsque la collecte du numéro de la carte de paiement est effectuée par téléphone, la commission rappelle qu'il est également nécessaire de mettre en place des mesures de sécurité telle que la traçabilité des accès aux numéros de la carte. Elle recommande qu'une solution alternative sécurisée, sans coût supplémentaire, soit proposée aux clients qui ne souhaitent pas transmettre les données relatives à leurs cartes par ce moyen.

Art. 6 La délibération n° 2003-034 du 19 juin 2003 *[V. au* ***C. consom.****, éd. 2013 et antérieures]* est abrogée.

La présente délibération est publiée au *Journal officiel* de la République française *[JO 6 déc.]*.

Arrêté du 5 novembre 2014,

Portant homologation de la charte d'inclusion bancaire et de prévention du surendettement.

Art. 1er La charte d'inclusion bancaire et de prévention du surendettement, adoptée par l'Association française des établissements de crédit et des entreprises d'investissement dans les conditions prévues à l'article L. 312-1-1 A du code monétaire et financier, et figurant en annexe au présent arrêté, est homologuée. Elle est applicable à tous les établissements de crédit, les établissements de paiement, les établissements de monnaie électronique et les sociétés de financement. Elle entre en vigueur douze mois après la publication du présent arrêté.

ANNEXE

Charte d'inclusion bancaire et de prévention du surendettement

PRÉAMBULE

Favoriser l'inclusion bancaire et prévenir le surendettement sont des objectifs partagés par les pouvoirs publics, les établissements de crédit, les établissements de paiement, les établissements de monnaie électronique et les sociétés de financement.

Les établissements de crédit et sociétés de financement ont mis en place ces dernières années de nombreux dispositifs en la matière : offre de produits et services spécialement conçus pour des catégories de clients faisant face à des difficultés dans la gestion de leur budget ou en situation de fragilité financière ; création de services dédiés d'accompagnement des clients en situation de fragilité financière ; partenariats avec des acteurs sociaux en vue de faciliter l'usage approprié des produits et services bancaires, notamment le microcrédit.

La loi n° 2013-672 du 26 juillet 2013 de séparation et de régulation des activités bancaires prévoit plusieurs mesures de protection des personnes physiques n'agissant pas pour des besoins professionnels et de soutien à l'inclusion bancaire. Ces mesures concernent notamment les frais bancaires, avec en particulier le plafonnement des commissions d'intervention et l'information par la banque des frais liés à des irrégularités ou des incidents préalablement à leur débit. En outre, les établissements de crédit sont dans l'obligation de proposer à leurs clients en situation de fragilité financière, *telle que définie à l'article R. 312-4-3* du code monétaire et financier, une offre spécifique de services et moyens de paiement. La loi prévoit également la création d'un Observatoire de l'inclusion bancaire (OIB) ainsi que des aménagements aux procédures de droit au compte et de traitement des situations de surendettement. Son article 55 prévoit enfin l'adoption par l'Association française des établissements de crédit et des entreprises d'investissement (AFECEI) d'une charte d'inclusion bancaire et de prévention du surendettement, mettant ainsi en œuvre une des mesures du plan pluriannuel contre la pauvreté et pour l'inclusion sociale adopté par le Gouvernement le 21 janvier 2013.

Les établissements de crédit, les établissements de paiement et établissements de monnaie électronique lorsqu'ils offrent un service de gestion du compte de paiement assorti de moyens de paiement (virement, prélèvement, carte de paiement…) (ci-après "les établissements de paiement") et les sociétés de financement s'engagent dans cette charte :

— à mettre en place des mesures permettant de renforcer l'accès des personnes physiques n'agissant pas pour des besoins professionnels aux services bancaires et d'en faciliter l'usage ;

— à développer des mécanismes de détection et de traitement précoces des difficultés de leurs clients afin de mieux prévenir le surendettement.

En application de l'article L. 312-1-1 A du code monétaire et financier, l'AFECEI a adopté la présente Charte d'inclusion bancaire et de prévention du surendettement.

I. – RENFORCER L'ACCÈS AUX SERVICES BANCAIRES ET SERVICES DE PAIEMENT ET EN FACILITER L'USAGE

1. Les établissements de crédit proposent à leurs clients bénéficiaires des "services bancaires de base" définis aux articles D. 312-5 et D. 312-6 du code monétaire et financier un contact annuel afin d'évaluer si, compte tenu de l'évolution de leur situation personnelle et de leurs besoins, une autre offre de produits et services bancaires serait plus adaptée. Si le client souhaite bénéficier d'autres services que ceux inclus dans les "services bancaires de base", sa renonciation expresse au bénéfice de ces services gratuits est recueillie.

2. Les établissements de crédit, les établissements de paiement et les établissements de monnaie électronique s'engagent à mettre à disposition de leurs clients dans leur offre commerciale des services facilitant la bonne gestion du compte et limitant les risques d'incidents. Ces services sont présentés aux consommateurs en fonction de leur situation (ex. : carte de paiement à autorisation systématique, service d'alerte sur le solde du compte).

3. Les établissements de crédit présentent l'offre spécifique prévue par l'article L. 312-1-3 du code monétaire et financier et ses avantages aux publics auxquels elle est destinée ; les procédures internes mises à disposition des conseillers clientèles comportent les éléments nécessaires à la mise en œuvre de ce dispositif d'information.

4. Plus largement, afin de mieux faire connaître cette offre spécifique, les établissements de crédit la présentent dans leur plaquette tarifaire dans la rubrique "Offres groupées de services" et l'identifient dans le sommaire.

5. Si une autorisation de découvert est accordée à l'ouverture du compte, les établissements de crédit s'engagent à ce que son montant soit fixé à un niveau raisonnable, eu égard notamment au montant des ressources portées au crédit du compte.

Les établissements de crédit s'engagent à proposer à leurs clients en situation de fragilité financière, soit parce qu'ils ont été identifiés comme tels par les mécanismes de détection mis en place, soit lorsque le conseiller en charge d'un client estime que son usage de l'autorisation de découvert n'est plus appropriée *[approprié]*, un entretien, téléphonique ou en agence, en vue d'adapter, le cas échéant, les moyens de paiement et le montant de l'autorisation de découvert associés au compte.

6. Les établissements de crédit, les établissements de paiement et les établissements de monnaie électronique, via leur fédération professionnelle, mettent à disposition du grand public, des associations et autres parties prenantes des outils pédagogiques et d'information sur les services proposés, tels que la gestion du compte et les moyens de paiement pour en favoriser le bon usage.

II. – PRÉVENIR LE SURENDETTEMENT

La prévention du surendettement au sein des établissements de crédit, des établissements de paiement, des établissements de monnaie électronique et des sociétés de financement, tout en respectant les particularités de chaque réseau, s'articule autour de deux piliers : la détection puis l'accompagnement des clients en situation de fragilité financière.

La détection

7. Les établissements de crédit, les établissements de paiement, les établissements de monnaie électronique et les sociétés de financement mettent en place un ou des mécanisme(s) de détection

précoce de leurs clients en situation de fragilité financière combinant des dispositifs d'alertes internes et la connaissance du client.

A ce titre, et dans le respect des dispositions de la loi « Informatique et libertés », ils se dotent d'un dispositif spécifique permettant d'identifier les difficultés financières de leurs clients au regard de l'utilisation des produits et services souscrits auprès d'eux par leurs clients sur la base de critères qui leur sont propres, tenant compte notamment des profils de leurs clientèles et de leur comportement financier.

L'accompagnement

8. Les établissements de crédit, les établissements de paiement, les établissements de monnaie électronique et les sociétés de financement s'engagent à proposer à leurs clients qu'ils ont détectés comme étant en situation de fragilité financière des réponses internes adaptées, et notamment à :

— proposer par tout moyen approprié au client concerné un entretien afin de faire avec lui un point sur ses difficultés financières;

— proposer, dans la mesure du possible, des solutions de paiement, de gestion du compte ou du crédit adaptées à sa situation en vue de traiter ses difficultés ou de prévenir leur aggravation ;

— le cas échéant, donner une information au client sur un acteur tiers pouvant l'aider, voire, avec son accord, effectuer une mise en relation avec cet acteur tiers.

Dans cette perspective, les établissements de crédit, les établissements de paiement, les établissements de monnaie électronique et les sociétés de financement s'organisent en interne ou nouent, le cas échéant, des partenariats avec des acteurs tiers, notamment associatifs, afin de faciliter l'orientation du client, en accord avec ce dernier, lorsque les difficultés financières ne peuvent pas être traitées dans le seul cadre de l'établissement de crédit, l'établissement de paiement, l'établissement de monnaie électronique ou la société de financement concerné.

III. – FORMATION DES PERSONNELS ET SUIVI DES MESURES MISES EN PLACE

La formation des personnels

9. Les conseillers clientèle des établissements de crédit teneurs de compte reçoivent une formation adaptée sur l'offre spécifique pour les clients en situation de fragilité financière prévue à l'article L. 312-1-3 du code monétaire et financier, sur la clientèle à laquelle elle est destinée ainsi que sur le suivi des clients bénéficiant des services bancaires de base.

10. Les établissements de crédit, les établissements de paiement, les établissements de monnaie électronique et les sociétés de financement s'engagent à ce que les personnes agissant pour leur compte (qu'il s'agisse de leurs personnels, de leurs agents ou de leurs mandataires concernés) en contact avec la clientèle reçoivent une formation sur les dispositifs spécifiques dédiés aux clients en situation de fragilité mis en place au sein de leur entreprise.

Suivre les mesures mises en place

11. Les établissements de crédit, les établissements de paiement, les établissements de monnaie électronique et les sociétés de financement s'engagent à inclure dans le rapport sur le contrôle interne transmis chaque année à l'Autorité de contrôle prudentiel et de résolution une partie "Mesures mises en œuvre en faveur des clients en situation de fragilité" informant sur leurs procédures de détection et d'accompagnement de ces clients.

12. Afin de s'assurer de l'effectivité de ces mesures, les établissements de crédit, les établissements de paiement, les établissements de monnaie électronique et les sociétés de financement adressent chaque année à l'Observatoire de l'inclusion bancaire prévu à l'article L. 312-1-1 B du code monétaire et financier un document synthétique des principales mesures mises en œuvre en faveur des personnes en situation de fragilité.

IV. – CHAMP D'APPLICATION DES MESURES

Les mesures contenues dans la présente charte s'appliquent à l'ensemble des établissements de crédit, établissements de paiement, établissements de monnaie électronique et sociétés de financement, à l'exception des mesures n°s 1, 3, 4, 5 et 9, qui ne s'appliquent qu'aux établissements de crédit teneurs de comptes de dépôts, et des mesures *[n^{os}]* 2 et 6, qui ne s'appliquent qu'à ces établissements et aux établissements de paiement et aux établissements de monnaie électronique.

V. – ENTRÉE EN VIGUEUR

Les mesures prévues par la présente charte entrent en vigueur au plus tard douze mois après la publication de l'arrêté d'homologation pris par le ministre chargé de l'économie.

Arrêté du 31 juillet 2015,

Fixant la liste des pièces justificatives pour l'exercice du droit au compte auprès de la Banque de France.

Art. 1er **Pour l'application de l'article L. 312-1 du code monétaire et financier, sont jointes à la demande d'exercice de droit au compte adressée à la Banque de France les pièces ci-dessous :**

A. — Pour une personne physique :

1° La copie recto verso d'un justificatif d'identité, en cours de validité, délivrée par une administration publique, comportant la photographie du titulaire, notamment l'un des documents suivants :

a) Carte nationale d'identité française ou étrangère ;

b) Passeport français ou étranger ;

c) Permis de conduire français ou étranger ;

d) Carte de combattant délivrée par les autorités françaises ;

e) Carte d'identité ou carte de circulation délivrée par les autorités militaires françaises ;

f) Récépissé de demande d'un titre de séjour ;

g) Carte de séjour temporaire, carte de résident, carte de ressortissant d'un État membre de l'Union européenne ou partie à l'accord sur l'Espace économique européen ;

2° La copie de l'un des justificatifs de domicile au nom du demandeur suivants :

a) Quittance de loyer de moins de trois mois ;

b) Facture d'eau, de gaz, d'électricité, d'internet ou de téléphone de moins de trois mois, sur support papier ou dématérialisée imprimée ;

c) Attestation d'assurance logement de moins de trois mois ;

d) Attestation d'élection de domicile établissant le lien avec un organisme agréé au titre du L. 264-2 du code de l'action sociale et des familles, en cours de validité ;

e) Attestation sur l'honneur de l'hébergeant indiquant que le déclarant réside à son domicile, pièce d'identité et justificatif de domicile de l'hébergeant de moins de trois mois ;

f) Livret de circulation en cours de validité ;

g) Dernier avis d'imposition ou de non-imposition ;

h) Titre de propriété de la résidence principale ;

3° La lettre de refus d'ouverture de compte établie par l'établissement de crédit qui a refusé d'ouvrir un compte de dépôt au demandeur ;

(Arr. du 10 janv. 2017, art. 1er, en vigueur le 23 juin 2017) **« 4° Déclaration sur l'honneur attestant le fait que le demandeur ne dispose d'aucun compte de dépôt ouvert à titre personnel ou à titre professionnel ;**

« 5° » Pour les personnes physiques agissant à titre professionnel, un document officiel attestant de leur activité professionnelle :

a) Extrait K original du registre du commerce et des sociétés de moins de trois mois pour un commerçant ;

b) Extrait D1 original du registre des métiers de moins de trois mois pour un artisan ;

c) Copie du certificat d'identification de l'INSEE de l'année en cours, comportant les *numéros d'identification,* pour un travailleur indépendant ;

d) Copie de la carte professionnelle pour une profession libérale ;

e) Documents spécifiques récents pour les autres professionnels.

Dans certains cas particuliers, notamment pour les demandes d'exercice du droit au compte au nom d'une personne mineure ou d'une personne majeure protégée, des pièces justificatives complémentaires peuvent être demandées par la Banque de France.

B. — Pour une personne morale de droit privé :

1° Pour une société :

a) Justificatif d'identité en cours de validité du représentant légal de la société ;

b) Extrait K *bis* original de moins de trois mois de la société ;

c) Lettre de refus d'ouverture de compte établie par l'établissement de crédit qui a refusé d'ouvrir un compte de dépôt à la société ;

(Arr. du 10 janv. 2017, art. 1er, en vigueur le 23 juin 2017) « *d)* Déclaration sur l'honneur du représentant légal de la société attestant le fait que la société ne dispose d'aucun compte de dépôt ouvert à son nom ; »

2° Pour une association :

a) Justificatif d'identité en cours de validité du représentant légal de l'association ;

b) Copie du récépissé de déclaration de l'association à la préfecture ;

c) Copie des statuts de l'association et liste des personnes chargées de son administration ;

d) Copie de la décision de l'assemblée désignant le demandeur en qualité de représentant de l'association à l'égard des tiers ;

e) Lettre de refus d'ouverture de compte établie par l'établissement de crédit qui a refusé d'ouvrir un compte de dépôt à l'association ;

(Arr. du 10 janv. 2017, art. 1er, en vigueur le 23 juin 2017) « *f)* Déclaration sur l'honneur du représentant légal de l'association attestant le fait que l'association ne dispose d'aucun compte de dépôt ouvert à son nom. »

Art. 2 Les dispositions du présent arrêté sont applicables en Nouvelle-Calédonie, en Polynésie française et dans les îles Wallis-et-Futuna, sous réserve des dispositions suivantes :

A. — Pour leur application en Nouvelle-Calédonie, en Polynésie française et dans les îles Wallis-et-Futuna :

1° Chaque occurrence des mots : "la Banque de France" est remplacée par les mots : "l'Institut d'émission d'outre-mer" ;

2° Au A de l'article 1er, le *f* du 2° n'est pas applicable ;

3° Au *b* du 2° du B de l'article 1er, les mots : "à la préfecture" sont remplacés par les mots : "auprès des services du haut-commissaire".

B. — Pour leur application en Nouvelle-Calédonie et en Polynésie française :

1° Le 4° du A de l'article 1er est remplacé par les dispositions suivantes :

"Une attestation établissant l'inscription des personnes qui exercent la profession de commerçant, d'artisan ou de travailleur indépendant, sur les registres spécifiques à ces professions institués par le droit applicable localement, ou, à défaut, tout document spécifique récent attestant de leur profession." ;

2° Le *b* du 1° du B de l'article 1er est remplacé par les dispositions suivantes :

"*b)* Une attestation de moins de trois mois établissant l'inscription de la société, sur le registre spécifique institué par le droit applicable localement."

Art. 3 L'arrêté du 30 mai 2014 fixant la liste des pièces justificatives pour l'exercice du droit au compte auprès de la Banque de France est abrogé. — *V. ce texte au* **C. consom.**, *éd. 2015.*

Art. 4 Le présent arrêté entre en vigueur trois mois après sa publication *[JO 7 août]*.

BEURRE, MARGARINE

Décret n° 88-1204 du 30 décembre 1988,

Réglementant la fabrication et la vente des beurres et de certaines spécialités laitières.

Art. 1er *Abrogé par Décr. n° 97-963 du 14 oct. 1997, art. 3.*

Art. 2 *a)* La dénomination "beurre cru" ou "beurre de crème crue" est réservée au beurre obtenu exclusivement à partir de crème n'ayant pas subi de traitement thermique d'assainissement.

b) La dénomination "beurre extra-fin" est réservée au beurre fabriqué exclusivement à partir de crème :

1. N'ayant pas subi de traitement d'assainissement autre que la pasteurisation ;

2. N'ayant été ni congelée ni surgelée ;

3. Mise en fabrication dans un délai de soixante-douze heures au maximum après la collecte du lait ou de la crème, et quarante-huit heures au maximum après l'écrémage du lait, et n'ayant subi aucune désacidification.

Cette dénomination ne peut être utilisée pour désigner des beurres ayant subi une opération de congélation, de surgélation, de mélange, de foisonnement.

c) La dénomination "beurre fin" est réservée au beurre dans lequel la proportion de matière première laitière congelée ou surgelée mise en œuvre n'excède pas 30 p. 100.

(Décr. n° 97-963 du 14 oct. 1997) « *d)* La dénomination "beurre pasteurisé A" au sens du décret n° 84-1147 du 7 décembre 1984 susvisé *[relatif à l'étiquetage et à la présentation des denrées alimentaires]* est réservée aux beurres qui sont définis aux *b* et *c* du présent article et qui satisfont en outre aux critères organoleptiques ou physico-chimiques définis par un arrêté conjoint des ministres chargés de l'agriculture et de la consommation. » — *V. Arr. du 29 avr. 2002 (JO 4 mai).*

Les beurres définis au présent article ne doivent pas être préparés à partir de crème de sérum.

Des arrêtés conjoints des ministres chargés de l'agriculture et de la consommation fixent, le cas échéant, les critères physico-chimiques et organoleptiques auxquels doivent répondre ces beurres.

Art. 3 La dénomination « beurre de cuisine » ou « beurre cuisinier » est réservée au produit provenant exclusivement de matière grasse laitière obtenu après élimination pratiquement totale de l'eau et de la matière sèche non grasse provenant du lait, de la crème et du beurre par des procédés physiques et contenant au minimum 96 grammes de matière grasse pour 100 grammes de produit fini.

La dénomination « beurre concentré » est réservée au produit défini à l'alinéa précédent et contenant au minimum 99,8 grammes de matière grasse pour 100 grammes de produit fini.

Art. 4 à 10 *Abrogés par Décr. n° 97-963 du 14 oct. 1997, art. 3.*

Art. 11 Un arrêté conjoint des ministres chargés de l'agriculture et de la consommation fixe, le cas échéant, les modalités d'application du présent décret en ce qui concerne la préparation, le conditionnement et l'étiquetage des denrées qui y sont définies.

Art. 12 Les dispositions du présent décret ne font pas obstacle aux règles particulières de fabrication, de composition et de dénomination auxquelles sont soumis les beurres ayant droit à une appellation d'origine.

Art. 13 Les articles 17, 18 et 19 du décret du 25 mars 1924 susvisé sont abrogés. *[Décr. d'application de la loi du 1er août 1905.]*

Décret n° 88-1205 du 30 décembre 1988,

Réglementant la fabrication et la vente de la margarine et des autres mélanges de matières grasses qui ne sont pas exclusivement d'origine laitière.

Art. 1er à 8 *Abrogés par Décr. n° 97-963 du 14 oct. 1997, art. 2.*

Art. 9 *Al. 1er abrogé par Décr. n° 97-963 du 14 oct. 1997, art. 2.*

Toute publicité relative à ces denrées doit faire apparaître distinctement leur dénomination de vente.

Art. 10 Dans les établissements où le beurre et la margarine sont commercialisés au détail, le beurre et la margarine doivent être exposés à la vente ou mis en vente dans des endroits bien distincts, séparés d'au moins un mètre.

Art. 11 Un arrêté conjoint des ministres chargés de l'agriculture et de la consommation fixe, le cas échéant, les modalités d'application du présent décret en ce qui concerne la préparation, le conditionnement et l'étiquetage des denrées qui y sont définies.

Art. 12 Le décret du 30 décembre 1931, pris pour l'application de la loi du 16 avril 1897, concernant la répression de la fraude dans le commerce du beurre et la fabrication de la margarine, et le décret n° 86-1002 du 27 août 1986 portant application de la loi du 13 juillet 1984 relative à la présentation et à la publicité de la vente de la margarine sont abrogés.

Règlement (CE) n° 2991/94 du Conseil du 5 décembre 1994,

Établissant des normes pour les matières grasses tartinables (JOCE L 316 du 9 déc. 1994, p. 2 ; Rect., JOCE L 97 du 18 avr. 1996, p. 38).

Art. 1er 1. Le présent règlement fixe des normes pour :

a) les matières grasses laitières relevant des codes NC 0405 et ex 2106 ;

b) les matières grasses relevant du code NC ex 1517

et

c) les matières grasses composées de produits végétaux et/ou animaux relevant des codes NC ex 1517 et ex 2106,

dont la teneur en matières grasses est au minimum de 10 % et inférieure à 90 % du poids, destinées à la consommation humaine.

La teneur en matière grasse, à l'exclusion du sel ajouté, doit être d'au moins deux tiers de la matière sèche.

2. Le présent règlement s'applique aux produits qui gardent une consistance solide à la température de 20°C, et qui sont aptes à être tartinés.

3. Le présent règlement s'applique sans préjudice du règlement (CEE) n° 1898/87 ainsi que des dispositions arrêtées dans le secteur vétérinaire et dans celui des denrées alimentaires, visant à garantir le respect des normes d'hygiène et de salubrité des produits et à protéger la santé des personnes et des animaux.

Art. 2 1. Les produits visés à l'article 1er ne peuvent être livrés ou cédés sans transformation au consommateur final, soit directement, soit par l'intermédiaire de restaurants, d'hôpitaux, de cantines ou d'autres collectivités similaires, que s'ils répondent aux exigences établies à l'annexe.

2. Les dénominations de vente pour ces produits sont celles indiquées à l'annexe, sans préjudice de l'article 3 paragraphe 2 ou de l'article 5.

Les dénominations de vente figurant à l'annexe sont réservées aux produits qui y sont définis.

Le présent paragraphe n'est, toutefois, pas applicable :

— aux dénominations de produits dont la nature exacte ressort clairement de son utilisation traditionnelle et/ou dont la dénomination est manifestement utilisée pour décrire une qualité caractéristique du produit,

— aux produits concentrés (beurre, margarine, mélanges) dont la teneur en matières grasses est supérieure ou égale à 90 %.

Art. 3 1. En complément aux dispositions de la directive 79/112/CEE *[abrogée et remplacée par Dir. 2000/13/CE du 20 mars 2000, elle-même abrogée et remplacée par Règl. (UE) n° 1169/2011 du 25 oct. 2011, à compter du 13 déc. 2014]*, l'étiquetage et la présentation des produits visés à l'article 2, paragraphe 1 doivent comporter les indications suivantes :

a) la dénomination de vente, telle que définie à l'annexe ;

b) la teneur en matières grasses exprimée en pourcentage du poids au moment de la production pour les produits visés à l'annexe ;

c) la teneur en matières grasses végétales, laitières ou autres graisses animales, par importance pondérale décroissante, exprimée en pourcentage du poids total au moment de la production pour les matières grasses composées visées à l'annexe, partie C ;

d) pour les produits visés à l'annexe, le pourcentage en sel doit figurer de façon particulièrement lisible dans la liste des ingrédients.

2. Nonobstant le paragraphe 1 point *a)*, les dénominations de vente "minarine" ou "halvarine" peuvent être utilisées pour les produits visés à l'annexe, partie B point 3.

3. La dénomination de vente visée au paragraphe 1 point *a)* peut être utilisée conjointement avec un ou plusieurs termes pour désigner l'espèce végétale et/ou animale dont proviennent les produits ou l'utilisation envisagée de ceux-ci, ainsi qu'avec d'autres termes faisant référence à la méthode de production, pour autant que ces termes ne soient pas incompatibles avec d'autres dispositions communautaires, et notamment avec le règlement (CEE) n° 2082/92 du Conseil, du 14 juillet 1992, relatif aux attestations de spécificité des produits agricoles et des denrées alimentaires *[V. désormais Règl. (UE) n° 1151/2012 du 21 nov. 2012]*. Peuvent également être utilisées les indications relatives à l'origine géographique, sous réserve des dispositions du règlement (CEE) n° 2081/92 du Conseil, du 14 juillet 1992, relatif à la protection des indications géographiques et des appellations d'origine des produits agricoles et des denrées alimentaires *[V. désormais Règl. (UE) n° 1151/2012 du 21 nov. 2012]*.

4. Le terme "végétal" peut être utilisé conjointement avec les dénominations de vente figurant à l'annexe, partie B, pour autant que le produit ne contienne que des matières grasses d'origine végétale avec une tolérance de 2 % de la teneur en matières grasses pour

les matières grasses d'origine animale. Cette tolérance est également applicable en cas de référence à une espèce végétale.

5. Les indications visées aux paragraphes 1, 2 et 3 doivent être facilement compréhensibles et inscrites à un endroit apparent, de manière à être facilement visibles, clairement lisibles et indélébiles.

6. Des mesures particulières concernant les indications visées au paragraphe 1 points *a)* et *b)* peuvent être introduites pour certaines formes de publicité conformément à la procédure prévue à l'article 9.

Art. 4 La mention "traditionnel" peut être utilisée conjointement avec la dénomination "beurre" prévue à l'annexe, partie A point 1, lorsque le produit est obtenu directement à partir du lait ou de la crème.

Aux fins du présent article, on entend par "crème" le produit obtenu à partir du lait se présentant sous forme d'une émulsion du type matières grasses dans l'eau avec une teneur minimale en matières grasses laitières de 10 %.

Art. 5 1. Pour les produits visés à l'annexe, toute mention qui énonce, implique ou suggère une teneur en matières grasses autre que celles qui y sont indiquées est interdite.

2. Par dérogation au paragraphe 1, il est permis d'ajouter :

a) les mentions "à teneur réduite en matière grasse" ou "allégé" pour les produits visés à l'annexe ayant une teneur en matières grasses de plus de 41 % à 62 % inclus ;

b) les mentions "à faible teneur en matière grasse", "light" ou "léger" pour les produits visés à l'annexe dont la teneur en matières grasses est inférieure ou égale à 41 %.

Toutefois, les termes "à teneur réduite en matière grasse" ou "allégé" et les termes "à faible teneur en matière grasse", "light" ou "léger" peuvent remplacer respectivement les termes "trois quarts" et "demi" visés à l'annexe.

Avant la fin de la période de cinq ans suivant la date d'entrée en vigueur du présent règlement, le Conseil examine, sur la base d'un rapport de la Commission, l'application du présent paragraphe.

3. Par dérogation au paragraphe 1 et pendant une période transitoire de cinq ans suivant la date de publication du présent règlement, les mentions visées au paragraphe 1 pourront continuer à être apposées sur les produits qui bénéficient déjà desdites mentions à la date du 31 décembre 1993 et qui sont légalement commercialisés sur le marché d'un État membre.

Art. 6 1. Sous réserve des dispositions du présent règlement, les États membres peuvent adopter ou maintenir des dispositions nationales établissant des niveaux de qualité différenciés. Elles doivent permettre l'évaluation desdits niveaux de qualité en fonction de critères concernant notamment, les matières premières utilisées, les caractéristiques organoleptiques des produits, ainsi que leur stabilité physique et microbiologique.

Les États membres qui font usage de cette faculté assurent que les produits des autres États membres qui respectent les critères établis par ces dispositions ont accès dans des conditions non discriminatoires à l'utilisation de mentions qui, du fait de ces dispositions, font état du respect desdits critères.

2. Les dénominations de vente visées à l'article 3 paragraphe 1 point *a)* peuvent être complétées par une référence au niveau de qualité propre au produit concerné.

3. Les États membres prennent les mesures nécessaires pour garantir le contrôle de l'application de l'ensemble des critères visés au paragraphe 1 premier alinéa, qui permettent de déterminer les niveaux de qualité. Le contrôle s'étend au produit final et doit être effectué de manière régulière et fréquente, soit par un ou plusieurs organismes de droit public désignés par l'État membre, soit par un organisme agréé et supervisé par l'État membre. Les États membres communiquent à la Commission la liste des organismes qu'ils ont désignés.

Art. 7 Les produits importés dans la Communauté doivent être conformes au présent règlement dans les cas visés à l'article 2 paragraphe 1.

....

ANNEXE

Groupe de matières grasses Définitions	Dénomination de vente	Catégories de produits Description complémentaire de la catégorie avec indication de la teneur en matières grasses en pourcentage du poids
A. Matières grasses laitières Les produits se présentant sous forme d'une émulsion solide et malléable principalement du type eau dans la matière grasse, dérivés exclusivement du lait et/ou de certains produits laitiers, pour lesquels la matière grasse est la partie valorisante essentielle. Toutefois, d'autres substances nécessaires pour leur fabrication peuvent être ajoutées, pour autant que ces substances ne soient pas utilisées en vue de remplacer, en tout ou en partie, un des constituants du lait.	1. Beurre	Le produit ayant une teneur en matières grasses laitières égale ou supérieure à 80 % et inférieure à 90 % et des teneurs maximales en eau de 16 % et en matières sèches non grasses laitières de 2 %.
	2. Trois quarts beurre (*)	Le produit ayant une teneur en matières grasses laitières de 60 % au moins et de 62 % au maximum.
	3. Demi-beurre (**)	Le produit ayant une teneur en matières grasses laitières de 39 % au moins et de 41 % au maximum.
	4. Matière grasse laitière à tartiner X %	Le produit ayant les teneurs en matières grasses laitières suivantes : – inférieure à 39 %, – supérieure à 41 % et inférieure à 60 %, – supérieure à 62 % et inférieure à 80 %.
(*) Correspondant en langue danoise à « smør 60 ». (**) Correspondant en langue danoise à « smør 40 ».		

Groupe de matières grasses Définitions	Dénomination de vente	Catégories de produits Description complémentaire de la catégorie avec indication de la teneur en matières grasses en pourcentage du poids
B. Matières grasses Les produits se présentant sous forme d'une émulsion solide et malléable principalement du type eau dans la matière grasse, dérivés de matières grasses végétales et/ou animales solides et/ou liquides propres à la consommation humaine dont la teneur en matières grasses d'origine laitière n'excède pas 3 % de la teneur en matières grasses.	1. Margarine	Le produit obtenu à partir de matières grasses d'origine végétale et/ou animale avec une teneur en matières grasses égale ou supérieure à 80 % et inférieure à 90 %.
	2. Trois quarts margarine (*)	Le produit obtenu à partir de matières grasses d'origine végétale et/ou animale avec une teneur en matières grasses de 60 % au moins et de 62 % au maximum.
	3. Demi-margarine (**)	Le produit obtenu à partir de matières grasses d'origine végétale et/ou animale avec une teneur en matières grasses de 39 % au moins et de 41 % au maximum.
	4. Matière grasse à tartiner X %	Le produit obtenu à partir de matières grasses d'origine végétale et/ou animale avec les teneurs en matières grasses suivantes : – inférieure à 39 %, – supérieure à 41 % et inférieure à 60 %, – supérieure à 62 % et inférieure à 80 %.
(*) Correspondant en langue danoise à « margarine 60 ». (**) Correspondant en langue danoise à « margarine 40 ».		

Groupe de matières grasses	Dénomination de vente	Catégories de produits
Définitions		Description complémentaire de la catégorie avec indication de la teneur en matières grasses en pourcentage du poids
C. Matières grasses composées de produits végétaux et/ou animaux Les produits se présentant sous forme d'une émulsion solide et malléable principalement du type eau dans la matière grasse, dérivés de matières grasses végétales et/ou animales solides et/ou liquides propres à la consommation humaine avec une teneur en matières grasses laitières située entre 10 et 80 % de la teneur en matières grasses.	1. Matière grasse composée	Le produit obtenu à partir d'un mélange de matières grasses d'origine végétale et/ou animale avec une teneur en matières grasses égale ou supérieure à 80 % et inférieure à 90 %.
	2. Trois quarts matière grasse composée (*)	Le produit obtenu à partir d'un mélange de matières grasses d'origine végétale et/ou animale avec une teneur en matières grasses égale ou supérieure à 60 % et de 62 % au maximum.
	3. Demi-matière grasse composée (**)	Le produit obtenu à partir d'un mélange de matières grasses d'origine végétale et/ou animale avec une teneur en matières grasses de 39 % au moins et de 41 % au maximum.
	4. Mélange de matières grasses à tartiner X %.	Le produit obtenu à partir d'un mélange de matières grasses d'origine végétale et/ou animale avec les teneurs en matières grasses suivantes : – inférieure à 39 %, – supérieure à 41 % et inférieure à 60 %, – supérieure à 62 % et inférieure à 80 %.
(*) Correspondant en langue danoise à « blandingsprodukt 60 ». (**) Correspondant en langue danoise à « blandingsprodukt 40 ».		

Note : La composante en matières grasses laitières des produits mentionnés à l'annexe ne peut être modifiée que par un procédé physique.

Arrêté du 16 novembre 1999,

Relatif à la publicité, à l'égard du consommateur, des prix de vente à l'unité de mesure de certains produits préemballés.

V. ce texte, v° Prix (publicité).

BICYCLETTES, CYCLOMOTEURS

Code de la route

Art. L. 317-5 *(L. n° 2006-10 du 5 janv. 2006, art. 11-I)* **« I. — Le fait pour un professionnel de fabriquer, d'importer, d'exporter, d'exposer, d'offrir, de mettre en vente, de vendre, de proposer à la location ou d'inciter à acheter ou à utiliser un dispositif ayant pour objet de dépasser les limites réglementaires fixées en matière de vitesse, de cylindrée ou de puissance maximale du moteur d'un cyclomoteur, d'une motocyclette ou d'un quadricycle à moteur est puni de deux ans d'emprisonnement et de 30 000 € d'amende.**

« II. — Le fait pour un professionnel de réaliser, sur un cyclomoteur, une motocyclette ou un quadricycle à moteur, des transformations ayant pour effet de dépasser les limites réglementaires fixées en matière de vitesse, de cylindrée ou de puissance maximale du moteur est puni des mêmes peines. »

(L. n° 2003-495 du 12 juin 2003, art. 18-I) **III. — Le dispositif prévu au I est saisi. Lorsque le dispositif est placé, adapté ou appliqué sur un véhicule, ce véhicule peut également être saisi.**

Les agents de la concurrence, de la consommation et de la répression des fraudes sont habilités à rechercher et à constater les infractions prévues aux art. L. 317-5, L. 318-3 et L. 413-2 C. route. A cet effet, ils disposent des pouvoirs prévus au I de l'art. L. 511-22 C. consom. (C. route, art. L. 130-8).

....

Art. L. 321-1-1 *(L. nº 2008-491 du 26 mai 2008)* **Le fait de circuler sur les voies ouvertes à la circulation publique ou les lieux ouverts à la circulation publique ou au public avec un cyclomoteur, une motocyclette, un tricycle à moteur ou un quadricycle à moteur non soumis à réception est puni d'une contravention de la cinquième classe.** — *Sur l'information concernant l'interdiction de circulation sur les voies ouvertes au public, V. Décr. nº 2010-44 du 12 janv. 2010, infra.*

Les véhicules mentionnés au premier alinéa dont la vitesse peut excéder, par construction, vingt-cinq kilomètres par heure sont vendus, cédés ou loués par des professionnels dans des conditions définies par décret. — *V. Décr. nº 2008-1455 du 30 déc. 2008 (JO 31 déc.). — V. aussi Décr. nº 2009-911 du 27 juill. 2009, infra.*

Les véhicules mentionnés au deuxième alinéa ne peuvent pas être vendus, cédés ou faire l'objet d'une location-vente à un mineur. Ils ne peuvent pas être loués à un mineur de quatorze ans ou mis à sa disposition. Toutefois, la mise à disposition de ces véhicules aux mineurs de quatorze ans dans le cadre d'une association sportive agréée est autorisée. — *V. Décr. nº 2009-719 du 17 juin 2009. — **C. route**.*

Le fait de vendre, céder, louer ou mettre à disposition un de ces véhicules en violation de ces dispositions est puni d'une contravention de la cinquième classe.

Les véhicules mentionnés au deuxième alinéa ne peuvent être utilisés que sur des terrains adaptés à leur pratique dans des conditions définies par décret. Toutefois, un décret détermine les conditions dans lesquelles ces véhicules peuvent être utilisés sur des terrains privés à des fins professionnelles. Les mineurs de quatorze ans ne peuvent les utiliser sur des terrains adaptés que dans le cadre d'une association sportive agréée.

Est puni d'une contravention de la cinquième classe le fait d'utiliser ou de favoriser l'utilisation de ces véhicules en violation de ces dispositions.

La confiscation, l'immobilisation ou la mise en fourrière peuvent être prescrites dans les conditions prévues aux articles L. 325-1 à L. 325-9.

La récidive des contraventions prévues aux alinéas précédents est punie conformément aux articles 132-11 et 132-15 du code pénal. La confiscation du véhicule utilisé pour commettre l'infraction est de plein droit, sauf décision spécialement motivée de la juridiction.

BIBL. ▶ RIBEYRE, *RSC 2008. 950* (loi nº 2008-491 du 26 mai 2008 relative aux conditions de commercialisation et d'utilisation de certains engins motorisés).

Décret nº 2009-911 du 27 juillet 2009,

Relatif aux conditions de vente, de cession et de location de certains engins motorisés.

Art. 1er **Les véhicules mentionnés au deuxième alinéa de l'article L. 321-1-1 du code de la route susvisé sont vendus, cédés ou loués par les professionnels dans le respect des dispositions fixées par le présent décret.**

Art. 2 **La charte annexée au présent décret fait l'objet d'un affichage visible et lisible sur les lieux de vente, de cession et de location des véhicules mentionnés à l'article 1er. Une copie de cette charte est remise à toute personne faisant l'acquisition ou souscrivant la location d'un tel véhicule.**

ANNEXE

CHARTE RELATIVE AUX CONDITIONS DE VENTE, DE CESSION, DE LOCATION ET D'UTILISATION DES ENGINS MOTORISÉS NON RÉCEPTIONNÉS SOUMIS À L'ARTICLE L. 321-1-1 DU CODE DE LA ROUTE

(Engins à moteur non réceptionnés dont la vitesse par construction peut dépasser 25 km/h, tels que mini-motos, moto-cross, *pit bike*, *dirt bike* ou quads)

Acquisition

1. Le professionnel ne peut vendre ou céder aucun des véhicules concernés par la présente charte à un mineur. Il ne peut les louer à un mineur de moins de 14 ans.

2. Le professionnel doit expliquer à l'usager le maniement de l'engin et le fonctionnement des commandes.

3. Le propriétaire d'un engin motorisé devra obligatoirement :

a) Déclarer celui-ci, dans les quinze jours suivant son acquisition, auprès des services du ministère de l'intérieur, soit par voie postale, soit par voie électronique à partir du site internet www.interieur.gouv.fr, qui lui délivreront un récépissé et, s'il s'agit de la première acquisition de l'engin, un numéro d'identification ;

b) Faire graver le numéro sur une partie inamovible de l'engin ;

c) Faire apparaître le même numéro sur une plaque fixée en évidence ; cette plaque pourra être retirée temporairement dans le cadre d'une pratique sportive.

Conditions d'utilisation

4. Les engins motorisés visés par la présente charte ne peuvent en aucun cas circuler sur les voies ou dans des lieux ouverts à la circulation publique ou au public. Un tel usage est formellement interdit par le code de la route.

Ils ne pourront être utilisés dans le cadre de randonnées ou promenades empruntant des voies privées (routes, chemins, sentiers, layons...), ni circuler en « hors piste » sur des espaces naturels.

Ces engins doivent impérativement circuler sur des circuits, des parcours, des terrains à usage sportif définis par le code du sport (art. R. 331-21) ou des terrains adaptés. Ces derniers doivent :

a) Être exclusivement réservés à l'utilisation des engins visés par la présente charte ;

b) Être réalisés avec des matériaux naturels tels que, notamment, le sable et la terre ;

c) Être aménagés de telle façon que les bosses et les sauts ne puissent pas permettre au véhicule de s'élever de plus de 50 cm du sol et d'atteindre une vitesse supérieure à 50 km/h ;

d) Être pourvus d'un sens de circulation ;

e) Être dépourvus de tout obstacle ou élément susceptible de présenter un risque particulier pour les utilisateurs ; les obstacles situés autour du terrain doivent être munis de protections permettant d'absorber les chocs ;

f) Offrir une protection par clôture ou obstacles naturels aux éventuels emplacements réservés au public et maintenir ceux-ci à l'extérieur de l'aire d'évolution des engins.

Par exception au *b*, des terrains adaptés plats et bitumés peuvent accueillir des activités basées exclusivement sur la maniabilité des véhicules et en aucun cas sur la vitesse.

5. Par exception au point 4, un usage est admis sur des terrains privés à des fins professionnelles liées à des activités agricoles, pastorales ou forestières par les propriétaires des terrains ou leurs ayants droit, à l'exception des secteurs protégés par arrêté municipal ou préfectoral.

6. Les mineurs de moins de 14 ans ne peuvent utiliser ces engins que dans le cadre des activités organisées par une association sportive agréée (notamment la Fédération française de motocyclisme ou l'Union française des œuvres laïques d'éducation physique) : apprentissage de la moto, entraînement, compétition, loisirs.

7. Le port d'équipements de protection est indispensable :

— casque intégral composé d'une seule pièce ;

— vêtements de protection en matière résistante couvrant jambes, torse et bras ;

— gants en matière résistante ;

— chaussures montantes couvrant au minimum la malléole.

8. Le bon état mécanique de l'engin doit être vérifié avant chaque utilisation.

9. Le propriétaire d'un engin doit veiller à être couvert par une assurance garantissant les dommages corporels et matériels qu'il pourrait causer à autrui lorsqu'il pilote l'engin. Il doit vérifier par ailleurs que les personnes à qui il loue ou prête son engin sont couvertes de la même manière, soit par l'assurance qu'il a souscrite, soit par une assurance souscrite par l'utilisateur.

S'agissant de la couverture du conducteur, celle-ci n'est pas formellement obligatoire mais est vivement recommandée.

Décret n° 2010-44 du 12 janvier 2010,

Relatif à l'information concernant l'interdiction de circulation sur les voies ouvertes au public de certains engins motorisés.

Art. 1er La mention lisible, visible et indélébile : "interdiction de circulation sur les voies ouvertes au public" figure sur les engins mentionnés au deuxième alinéa de l'article L. 321-1-1 du code de la route, sur leur emballage, sur la notice d'emploi jointe et sur toute publicité relative à ces engins, quel qu'en soit le support. Elle est affichée sur leur lieu de vente ou de mise à disposition.

Art. 2 Il est interdit d'exposer, de distribuer à titre gratuit, de mettre en vente, de vendre ou de mettre à disposition les engins mentionnés à l'article 1er qui ne répondraient pas aux dispositions du présent décret.

Art. 3 Est puni de la peine d'amende prévue pour les contraventions de *[la] (Décr. nº 2016-884 du 29 juin 2016, art. 5-IV, en vigueur le 1er juill. 2016)* « 5e classe » le fait d'exposer, de distribuer à titre gratuit, de mettre en vente, de vendre ou de mettre à disposition les engins mentionnés à l'article 1er qui ne répondraient pas aux dispositions du présent décret.

(Décr. nº 2016-884 du 29 juin 2016, art. 5-IV, en vigueur le 1er juill. 2016) « La récidive est réprimée conformément aux dispositions des articles 132-11 et 132-15 du code pénal. »

Art. 4 Le présent décret entre en vigueur le premier jour du quatrième mois suivant celui de sa publication *[JO 14 janv. 2010]*.

Décret nº 2016-364 du 29 mars 2016,

Fixant les exigences de sécurité concernant les bicyclettes.

Art. 1er Pour l'application du présent décret, on entend par bicyclette tout produit comportant deux roues et une selle, et propulsé soit principalement par l'énergie musculaire de la personne montée sur ce véhicule, en particulier au moyen de pédales, soit de façon additionnelle avec un dispositif d'assistance électrique.

Ne sont pas soumis aux dispositions du présent décret les objets assujettis aux dispositions du décret nº 2010-166 du 22 février 2010 relatif à la sécurité des jouets. *— V. ce texte, vº Jouets, divertissements.*

Art. 2 Il est interdit de fabriquer, d'importer ou de détenir en vue de la vente sur le territoire français, de mettre en vente, de louer, de mettre à disposition dans le cadre d'une prestation de services ou de distribuer à titre gratuit sur le territoire français des bicyclettes qui ne satisfont pas aux prescriptions du présent décret.

Art. 3 Les bicyclettes satisfont aux exigences essentielles de sécurité figurant en annexe au présent décret.

Art. 4 La bicyclette vendue au consommateur final, louée, mise à disposition dans le cadre d'une prestation de services ou distribuée à titre gratuit par des professionnels satisfait à l'une des deux conditions suivantes :

1º Soit avoir été fabriquée conformément aux normes dont les références sont publiées au *Journal officiel* de la République française.

Le responsable de la première mise sur le marché de ce produit tient à la disposition des agents chargés du contrôle les documents comprenant une description détaillée du produit et du référentiel technique utilisé pour vérifier la conformité du produit aux exigences de sécurité, les résultats des essais réalisés ainsi que l'adresse des lieux de production ou d'entreposage en vue de la mise sur le marché ;

2º Soit avoir été fabriquée conformément à un modèle bénéficiant d'une attestation de conformité aux exigences de sécurité, délivrée à la suite d'un examen de type par un organisme français ou d'un autre État membre de l'Union européenne ou d'un État partie à l'accord sur l'Espace économique européen ou de la Turquie, accrédité selon la norme EN/ISO 17025 par le Comité français d'accréditation (COFRAC) ou par un organisme d'accréditation signataire de l'accord multilatéral pris dans le cadre de la coordination européenne des organismes d'accréditation pour le contrôle des produits mentionnés *[à]* l'article 1er du présent décret.

Le responsable de la première mise sur le marché de ce produit tient à la disposition des agents chargés du contrôle les documents comprenant l'attestation de conformité aux exigences de sécurité ou une copie certifiée conforme, une description détaillée du modèle et des moyens par lesquels le fabricant s'assure de la conformité de sa production au modèle ayant fait l'objet de l'examen de type, ainsi que l'adresse des lieux de production ou d'entreposage en vue de la mise sur le marché.

Les documents mentionnés au présent article sont conservés dix ans à compter de la date de la dernière vente par le responsable de la première mise sur le marché du produit *correspondant.*

Avis

Aux fabricants, importateurs et distributeurs relatif à l'application du décret n° 95-937 du 24 août 1995 relatif à la prévention des risques résultant de l'usage des bicyclettes.

Le Décr. n° 95-937 du 24 août 1995 a été abrogé et remplacé, à compter du 1er avr. 2016, par le Décr. n° 2016-364 du 29 mars 2016.

Le présent avis comporte :

— en annexe I, la liste des références des normes pouvant être utilisées en application de l'article 5-1 du décret n° 95-937 du 24 août 1995 relatif à la prévention des risques résultant de l'usage des bicyclettes ; — *V. désormais Décr. n° 2016-364 du 29 mars 2016, art. 4-1°.*

— en annexe II, la liste des organismes agréés pour procéder aux examens de type prévus à l'article 5-2 du même décret. — *V. désormais Décr. n° 2016-364 du 29 mars 2016, art. 4-2°.*

Cet avis annule et remplace l'avis ayant le même objet publié au *Journal officiel* de la République française du 31 mai 2014 (NOR : ERNI1411941V).

ANNEXES

ANNEXE I

NORMES POUVANT ÊTRE UTILISÉES EN APPLICATION DE L'ARTICLE 5-1 DU DÉCRET N° 95-937 DU 24 AOÛT 1995 RELATIF À LA PRÉVENTION DES RISQUES RÉSULTANT DE L'USAGE DES BICYCLETTES	
NF EN 14764 (juillet 2006)	Bicyclettes de ville et tout chemin: exigences de sécurité et méthodes d'essai
NF EN 14766 (juin 2006)	Bicyclettes tout terrain: exigences de sécurité et méthodes d'essai
NF EN 14781 (juin 2006)	Bicyclettes de course: exigences de sécurité et méthodes d'essai
EN ISO 4210-1:2014 (juillet 2014)	Cycles. – Exigences de sécurité des bicyclettes. – Partie 1 : termes et définitions
EN ISO 4210-2:2014 (juillet 2014)	Cycles. – Exigences de sécurité des bicyclettes. – Partie 2 : exigences pour bicyclettes de ville et de randonnée, de jeunes adultes, de montagne et de course
EN ISO 4210-3:2014 (juillet 2014)	Cycles. – Exigences de sécurité des bicyclettes. – Partie 3 : méthodes d'essai communes
EN ISO 4210-4:2014 (juillet 2014)	Cycles. – Exigences de sécurité des bicyclettes. – Partie 4 : méthodes d'essai de freinage
EN ISO 4210-5:2014 (juillet 2014)	Cycles. – Exigences de sécurité des bicyclettes. – Partie 5 : méthodes d'essai de guidage
EN ISO 4210-6:2014 (juillet 2014)	Cycles. – Exigences de sécurité des bicyclettes. – Partie 6 : méthodes d'essai du cadre et de la fourche
EN ISO 4210-7:2014 (juillet 2014)	Cycles. – Exigences de sécurité des bicyclettes. – Partie 7 : méthodes d'essai des roues et des jantes
EN ISO 4210-8:2014 (juillet 2014)	Cycles. – Exigences de sécurité des bicyclettes. – Partie 8 : méthodes d'essai des pédales et du pédalier
EN ISO 4210-9:2014 (juillet 2014)	Cycles. – Exigences de sécurité des bicyclettes. – Partie 9 : méthodes d'essai de la selle et du poste d'assise
NF EN 14765 + A1 (mai 2008)	Bicyclettes pour jeunes enfants. – Exigences de sécurité et méthodes d'essai
EN ISO 8098:2014 (juin 2014)	Bicyclettes pour jeunes enfants. – Exigences de sécurité et méthodes d'essai

NORMES POUVANT ÊTRE UTILISÉES EN APPLICATION DE L'ARTICLE 5-1 DU DÉCRET N° 95-937 DU 24 AOÛT 1995 RELATIF À LA PRÉVENTION DES RISQUES RÉSULTANT DE L'USAGE DES BICYCLETTES	
NF EN 15194 + A1 (janvier 2012)	Cycles. – Cycles à assistance électrique. – Bicyclettes EPAC
NF EN 16054 (mars 2013)	Bicyclettes BMX. – Exigences de sécurité et méthodes d'essai
NF EN 14872 (juin 2006)	Accessoires pour bicyclettes : porte-bagages
Il est rappelé que les bicyclettes doivent être également équipées de systèmes d'éclairage, de réflecteurs et de dispositifs d'avertissement, conformément aux dispositions du code de la route.	

Ces normes permettent de fonder une présomption de conformité au décret n° 95-937 du 24 août 1995 relatif à la prévention des risques résultant de l'usage des bicyclettes, dès lors qu'il y a coïncidence entre leurs spécifications, les risques que ce décret demande de couvrir et ceux que les bicyclettes sont susceptibles de présenter dans un usage normal ou raisonnablement prévisible.

Les mêmes dispositions sont applicables aux normes nationales, adoptées par les instituts nationaux de normalisation des autres États membres de la Communauté européenne, des États parties à l'accord instituant l'Espace économique européen, ou de Turquie, dès lors que ces normes transposent les mêmes normes européennes que les normes listées dans le présent avis.

ANNEXE II

ORGANISMES AGRÉÉS

Laboratoire national de métrologie et d'essais (LNE), 1, rue Gaston-Boissier, F 75724 Paris Cedex 15.

Union technique de l'automobile, du motocycle et du cycle (UTAC), autodrome de Linas-Montlhéry, BP 212, F 91311, Montlhéry Cedex.

Laboratoires Pourquery, 93, boulevard du Parc-d'Artillerie, BP 7251, F 69354 Lyon Cedex 07.

Centro Sviluppo Settori Impiego (CSI), Viale Lombardia 20, I 20021 Bollate (MI).

Centre de recherche, d'innovation et de transfert de technologie, CRITT-Sport-Loisirs, rue Albert-Einstein, zone du Sanital, F 86100 Châtellerault.

Art. 5 Toute bicyclette destinée à être mise en vente ou distribuée à titre gratuit sur le territoire français porte de façon visible, lisible et indélébile, le nom, la dénomination sociale ou la marque de commerce du responsable de la mise sur le marché ainsi que la référence du lot de fabrication. L'adresse du responsable de la mise sur le marché peut ne figurer que sur l'emballage.

Art. 6 Les bicyclettes vendues au consommateur final, louées, mises à disposition dans le cadre d'une prestation de services ou distribuées à titre gratuit par des professionnels sont montées et réglées.

Toutefois, peuvent être laissées à la charge des consommateurs les opérations suivantes :

— la pose des roues ;

— le gonflage des pneumatiques et des organes de suspension à la condition que les pompes de gonflage adaptées soient livrées avec la bicyclette ;

— le montage des pédales (avec indication de la pédale de gauche et de celle de droite) ;

— le montage sur le cadre des sous-ensembles selle-tige, potence-guidon ou des dispositifs *en faisant fonction et leur réglage* à la morphologie de l'utilisateur ;

— pour les bicyclettes pour jeunes enfants, la pose des stabilisateurs ;

— la mise en place des batteries nécessaires au fonctionnement de la bicyclette et de ses accessoires dans leur logement ;

— la pose des dispositifs d'éclairage et de signalisation visuelle ainsi que de l'appareil avertisseur, ceux-ci devant alors être livrés avec la bicyclette ;

– la pose des accessoires tels que porte-bagages, garde-boue, sacoches, paniers, béquille, porte-bidon, rétroviseur, porte-cartes ou compteurs ;

– la pose des dispositifs d'aide à la conduite ou à la navigation.

Sous réserve que ces opérations :

a) Fassent l'objet d'une information précontractuelle du consommateur précisant les opérations laissées à sa charge. Il appartient aux professionnels de pouvoir apporter la preuve que cette information a été transmise au consommateur ;

b) Ne nécessitent pas l'usage d'une pompe à vélo autre qu'usuelle ou d'outils sauf à ce que ceux-ci soient livrés avec la bicyclette ;

c) Ne conduisent pas à démonter ou dérégler un élément essentiel pour la sécurité, notamment le système de freinage, la direction et la transmission de la bicyclette.

Art. 7 Les bicyclettes vendues au consommateur final ou distribuées à titre gratuit par des professionnels sont accompagnées d'une notice imprimée qui contient notamment :

a) L'adresse du responsable de la mise sur le marché ;

b) La liste des outils fournis pour le montage et le réglage de la bicyclette ;

c) L'ensemble des indications nécessaires à la réalisation des opérations de montage et de réglage laissées à la charge du consommateur, ou susceptibles d'être réalisées par celui-ci dans le cadre d'une utilisation raisonnablement prévisible de la bicyclette ;

d) Les avertissements sur les risques liés à un montage ou à des réglages incorrects des différents composants de la bicyclette ;

e) Les opérations d'entretien courant à effectuer pour maintenir la bicyclette en bon état de fonctionnement ;

f) Les informations relatives au service après-vente et à la fourniture de pièces de rechange ;

g) Le rappel du caractère obligatoire de l'installation sur la bicyclette des dispositifs d'éclairage et de signalisation et d'un appareil avertisseur, fixée par le code de la route.

Art. 8 Les dispositions du présent décret ne font pas obstacle à la commercialisation des bicyclettes légalement fabriquées ou commercialisées dans un autre État membre de l'Union européenne ou en Turquie, ou légalement fabriquées dans un État partie à l'accord instituant l'Espace économique européen, assurant un niveau de sécurité équivalent à celui exigé par le présent décret.

Art. 9 Sans préjudice de l'application des sanctions pénales et des mesures administratives prévues au *(Ord. n° 2016-301 du 14 mars 2016, art. 2, en vigueur le 1er juill. 2016)* « livre IV » du code de la consommation, est punie de la peine d'amende prévue pour les contraventions de la 5e classe :

1° Toute personne qui met sur le marché, détient en vue de la vente, de la location de la mise à disposition dans le cadre d'une prestation de services, ou en vue de la distribution à titre gratuit, une bicyclette qui n'est pas présentée dans les conditions prévues à l'article 6, ou qui n'est pas accompagnée de la notice prévue à l'article 7 ;

2° Le responsable de la mise sur le marché qui ne présente pas les documents mentionnés à l'article 4 aux agents chargés du contrôle.

En cas de récidive, la peine d'amende prévue pour la récidive des contraventions de la 5e classe est applicable.

Art. 10 Le présent décret entre en vigueur le 1er avril 2016.

Le décret n° 95 937 du 24 août 1995 relatif à la prévention des risques résultant de l'usage des bicyclettes est abrogé à compter de la même date. — *V. ce texte au* ***C. consom.****, éd. 2015 et antérieures.*

ANNEXE

Fixant les exigences de sécurité concernant les bicyclettes

I. — Principes généraux

Les bicyclettes doivent être conçues pour tenir compte de l'usage auquel elles sont destinées. A cette fin, les éléments de structure et leurs liaisons doivent pouvoir répondre aux contraintes particulières inhérentes aux différents types d'usage auxquels elles sont destinées.

II. — Risques particuliers

1. Les bicyclettes ne doivent comporter aucune arête coupante susceptible de présenter des risques de lésion ou de coupure, excepté les pédaliers et la roue libre.

2. Les arêtes, saillies, câbles, selles et fixations accessibles des bicyclettes doivent être conçus et réalisés de manière à réduire dans la mesure du possible les risques de blessure lors d'un contact ou d'une chute.

3. Le niveau extrême de fixation de la selle et de la potence du guidon doit être matérialisé par un repère permanent.

4. Les bicyclettes doivent être munies d'au moins deux systèmes de freinage indépendants agissant chacun sur une roue différente.

5. Les dispositifs de freinage doivent permettre un arrêt dans des conditions raisonnablement prévisibles pour éviter tout obstacle imprévu, y compris en conditions humides.

Ces dispositifs doivent être conçus de façon telle que, en cas de rupture, le mouvement de la roue avant ne soit pas bloqué.

6. Les dispositifs de fixation rapide de la roue avant doivent être munis d'un système de sécurité qui empêche que la roue ne se désolidarise de la fourche.

7. Le serrage et le blocage des éléments appelés à être démontés ou réglés par l'utilisateur doivent être aisément réalisables compte tenu des capacités physiques qu'on peut raisonnablement attendre des utilisateurs.

8. Les notices de montage, de réglage et d'entretien des bicyclettes doivent être claires et complètes, et définir autant que possible les termes techniques employés par tout moyen adéquat, par exemple à l'aide d'un schéma précis de chaque organe ou pièce dont le montage et l'utilisation corrects sont indispensables à l'usage normal d'une bicyclette.

9. Les bicyclettes doivent être livrées accompagnées des dispositifs d'éclairage et de signalisation visuelle ainsi que d'un appareil avertisseur conformes aux dispositions du code de la route. L'obligation d'installation de ces dispositifs sur la bicyclette doit être portée à la connaissance des consommateurs.

BIÈRE

Décret nº 92-307 du 31 mars 1992,

Portant application de l'article L. 412-1 du code de la consommation en ce qui concerne les bières (Décr. nº 2016-1531 du 15 nov. 2016, art. 1er, en vigueur le 1er janv. 2017).

Les bières mises sur le marché ou étiquetées avant le 1er janv. 2017 et conformes à la réglementation en vigueur jusqu'à cette date peuvent être commercialisées jusqu'à épuisement des stocks (Décr. nº 2016-1531 du 15 nov. 2016, art. 5).

Art. 1er 1. La dénomination "bière" est réservée à la boisson obtenue par fermentation alcoolique d'un moût préparé à partir du malt de céréales, de matières premières issues de céréales, de sucres alimentaires et de houblon, de substances conférant de l'amertume provenant du houblon, d'eau potable. Le malt de céréales représente au moins 50 p. 100 du poids des matières amylacées ou sucrées mises en œuvre. L'extrait sec représente au moins 2 p. 100 du poids du moût primitif.

(Décr. nº 2016-1531 du 15 nov. 2016, art. 2, en vigueur le 1er janv. 2017) **« Des herbes aromatiques ou des épices naturelles peuvent être ajoutées à la bière si l'adjonction de ces ingrédients ne confère pas au produit final de manière perceptible les caractéristiques aromatiques typiques de ces ingrédients. Les ingrédients ajoutés sont mentionnés dans l'étiquetage du produit. »**

2. La dénomination "bière de fermentation lactique" ou "Gueuze" est réservée à la bière qui fait l'objet d'une fermentation lactique au cours de son processus d'élaboration.

3. La dénomination "bière sans alcool" est réservée à la bière qui présente un titre alcoométrique acquis inférieur ou égal à 1,2 p. 100 en volume, à la suite d'une désalcoolisation ou d'un début de fermentation.

4. La dénomination "bière à ..." complétée par la nature de *(Décr. nº 2016-1531 du 15 nov. 2016, art. 2, en vigueur le 1er janv. 2017)* **« l'ingrédient mis en œuvre », est réservée à la bière** *(Décr. nº 2016-1531 du 15 nov. 2016, art. 2, en vigueur le 1er janv. 2017)* **« élaborée par addition ou macération de matières végétales ou d'origine végétale ou de boissons alcoolisées ou de miel ». Ces** *(Décr. nº 2016-1531 du 15 nov. 2016, art. 2, en vigueur le 1er janv. 2017)* **« ingrédients » ne doivent pas excéder 10 p. 100 du volume du produit fini.** *(Décr. nº 2016-1531 du 15 nov. 2016, art. 2, en vigueur le 1er janv. 2017)* **« L'ajout de boissons**

alcoolisées ne peut entraîner une augmentation du titre alcoométrique acquis final supérieure à 0,5 p. 100 en volume. »

5. La dénomination "bière aromatisée à ..." est réservée à la bière aromatisée par des arômes *(Décr. nº 2016-1531 du 15 nov. 2016, art. 2, en vigueur le 1er janv. 2017)* **« définis à l'article 3 du règlement (CE) nº 1334/2008 du 16 décembre 2008 ».**

6. La dénomination "panaché" est réservée à la boisson présentant un litre alcoométrique inférieur ou égal à 1,2 p. 100 en volume et exclusivement constituée d'un mélange de bière et de boisson gazeuse aromatisée sans alcool.

(Décr. nº 2016-1531 du 15 nov. 2016, art. 2, en vigueur le 1er janv. 2017) **« Des ingrédients d'origine végétale à propriété colorante tels que des extraits végétaux, des concentrés de fruits et de légumes, des extraits de fleur, obtenus par extraction non sélective de la couleur, peuvent être ajoutés aux bières mentionnées aux 4 et 5 du présent article. La liste de ces ingrédients est fixée par arrêté du ministre chargé de la consommation. »**

Art. 2 *(Décr. nº 2016-1531 du 15 nov. 2016, art. 4, en vigueur le 1er janv. 2017)* **La mention "bière de garde" est réservée à la bière qui, après sa fermentation primaire, a subi une période de garde d'une durée de 21 jours minimum.**

La mention "pur malt" est réservée à la bière obtenue par fermentation alcoolique d'un moût préparé uniquement à partir de malt de céréales.

Art. 3 *(Décr. nº 2016-1531 du 15 nov. 2016, art. 4, en vigueur le 1er janv. 2017)* **Les bières définies au présent décret peuvent être commercialisées dans des bouteilles de type "vins mousseux" présentant les caractéristiques décrites au 1 de l'article 69 du règlement (CE) nº 607/2009 de la Commission du 14 juillet 2009 fixant certaines modalités d'application du règlement (CE) nº 479/2008 du Conseil en ce qui concerne les appellations d'origine protégées et les indications géographiques protégées, les mentions traditionnelles, l'étiquetage et la présentation de certains produits du secteur vitivinicole.**

Art. 4 *(Décr. nº 2016-1531 du 15 nov. 2016, art. 4, en vigueur le 1er janv. 2017)* **Les produits légalement fabriqués ou commercialisés dans un autre État membre de l'Union européenne ou en Turquie, ou légalement fabriqués dans un autre État partie à l'accord sur l'Espace économique européen, ne sont pas soumis aux exigences du présent décret. Ces produits peuvent être importés et commercialisés en France avec l'une des mentions prévues au présent décret ou des mentions analogues.**

Arrêté du 16 novembre 1999,

Relatif à la publicité, à l'égard du consommateur, des prix de vente à l'unité de mesure de certains produits préemballés.

V. ce texte, vº Prix (publicité).

BIJOUX, PIERRES ET MÉTAUX PRÉCIEUX

Sur la perte ou la détérioration d'une chose par le locateur d'ouvrage, V. C. civ., art. 1789, vº Blanchisserie, teinturerie, nettoyage.

Code général des impôts

Garantie des matières d'or, d'argent et de platine

Titre des ouvrages

Art. 521 Les fabricants d'ouvrages d'or *(Abrogé par L. nº 2004-1485 du 30 déc. 2004, art. 89)* *« ou contenant de l'or »*, **d'argent ou de platine sont soumis à la législation de la garantie prévue au présent chapitre, non seulement à raison de leur propre production mais également pour les ouvrages qu'ils ont fait réaliser pour leur compte par des tiers avec des matières leur appartenant** *(L. nº 2003-1312 du 30 déc. 2003, art. 35 A-I, en vigueur le 1er juill. 2004)* **« ou pas ». Les personnes qui mettent sur le marché ces ouvrages en provenance des autres États membres de l'Union européenne et des pays tiers, ou leurs représentants, sont également soumises à cette législation.**

Les ouvrages d'or *(Abrogé par L. nº 2004-1485 du 30 déc. 2004, art. 89)* **«*ou contenant de l'or*»**, d'argent ou de platine, commercialisés en France, doivent être conformes aux titres prescrits par la loi.

La législation relative à la garantie du titre des matières d'or, d'argent et de platine est également applicable aux ouvrages composés d'éléments d'or, d'argent ou de platine.

Ces titres, ou la quantité de fin contenue dans chaque pièce, s'expriment en millièmes.

Art. 522 Les titres légaux des ouvrages d'or *(Abrogé par L. nº 2004-1485 du 30 déc. 2004, art. 89)* **«*ou contenant de l'or*»** ainsi que les titres légaux des ouvrages en argent ou en platine sont les suivants :

a) (L. nº 2004-1485 du 30 déc. 2004, art. 89) **« 999 millièmes, 916 millièmes, 750 millièmes, 585 millièmes et 375 millièmes pour les ouvrages en or »** ;

b) (Ord. nº 2001-766 du 29 août 2001, art. 16-I) **« 999 millièmes, »** 925 millièmes et 800 millièmes pour les ouvrages en argent ;

c) (Ord. nº 2001-766 du 29 août 2001, art. 16-I) **« 999 millièmes, »** 950 millièmes, 900 millièmes et 850 millièmes pour les ouvrages en platine.

L'iridium associé au platine est compté comme platine.

(Ord. nº 2001-766 du 29 août 2001, art. 16-I) **« Aucune tolérance négative de titre n'est admise. »**

(L. nº 2003-1312 du 30 déc. 2003, art. 35 A-II) **« Le titre des ouvrages est garanti par l'État, par les organismes de contrôle agréés par l'État ou par les professionnels habilités par une convention conclue avec l'administration des douanes et droits indirects. »**

Art. 522 *bis* Seuls les ouvrages d'or dont le titre est supérieur ou égal à *(L. nº 2004-1485 du 30 déc. 2004, art. 89)* **« 375 millièmes »** peuvent bénéficier de l'appellation « or » lors de leur commercialisation au stade du détail auprès des particuliers.

Al. 2 abrogé par L. nº 2004-1485 du 30 déc. 2004, art. 89.

Les ouvrages d'or aux titres de 920 millièmes et 840 millièmes, légalement revêtus du poinçon de titre avant la date de publication de la loi nº 94-6 du 4 janv. 1994, pourront valablement être commercialisés après l'entrée en vigueur de celle-ci (L. nº 94-6 du 4 janv. 1994, art. 30).

Appellation « or ». En réservant la dénomination « or » aux ouvrages titrant 750 millièmes, alors que ceux titrant 375 ou 585 millièmes portent la dénomination « alliage d'or », la France a manqué aux obligations qui lui incombent en vertu de l'art. 28 du Traité CE (actuel art. 34 TFUE) qui interdit les mesures d'effet équivalent aux restrictions quantitatives aux échanges intracommunautaires. • CJCE 8 juill. 2004 : *JCP 2004. II. 10183, note Zarka*. – V. désormais la rédaction de l'art. 522 *bis* résultant de la L. nº 2004-1485 du 30 déc. 2004.

Poinçons

Art. 523 *(L. nº 2010-1658 du 29 déc. 2010, art. 52-II)* **La garantie du titre est attestée par le poinçon appliqué sur chaque pièce selon les modalités suivantes :**

***a)* Soit par l'apposition d'un poinçon de garantie métallique fabriqué et commercialisé par la Monnaie de Paris dans les conditions fixées à l'article L. 121-3 du code monétaire et financier ;**

***b)* Soit par le marquage au laser d'un poinçon autorisé par l'autorité administrative compétente selon des conditions fixées par décret en Conseil d'État.**

Art. 524 *(L. nº 2003-1312 du 30 déc. 2003, art. 35 A-III, en vigueur le 1er juill. 2004)* **Les ouvrages sont marqués de deux poinçons : celui du fabricant et celui du titre de l'ouvrage, dit poinçon de garantie.**

Le poinçon du fabricant a la forme d'un losange renfermant une lettre initiale de son nom et le symbole choisi par lui. Il peut être gravé par tel artiste qu'il lui plaît de choisir.

Le poinçon de garantie est apposé :

***a.* Soit par l'administration des douanes et droits indirects ;**

***b.* Soit par un organisme de contrôle agréé dans les conditions prévues au II de l'article 535 ;**

***c.* Soit par les professionnels habilités par une convention conclue avec l'administration des douanes et droits indirects dans les conditions prévues au deuxième alinéa du I de l'article 535.**

La forme des poinçons ainsi que les conditions dans lesquelles ils sont apposés sont fixées par décret.

La garantie assure à l'acheteur, par l'apposition du poinçon de garantie, le titre du produit mis sur le marché. Elle est mise en œuvre par l'administration ou par l'organisme de contrôle agréé au moyen d'un contrôle préalable. Lorsque les professionnels bénéficient de l'habilitation prévue au deuxième alinéa du I de l'article 535, ils répondent de la concordance entre le titre correspondant au poinçon insculpé et le titre réel de l'ouvrage mis sur le marché.

Art. 524 *bis* Sont dispensés du poinçon de garantie :

a) les ouvrages antérieurs à l'année *(Ord. n° 2001-766 du 29 août 2001, art. 16-II)* « 1838 » *(Ord. n° 2004-281 du 25 mars 2004, art. 13)* « et ceux postérieurs à cette date déjà revêtus d'anciens poinçons français de garantie » ;

b) (Ord. n° 2001-766 du 29 août 2001, art. 16-II) « Les ouvrages contenant de l'or, de l'argent ou du platine et d'un poids inférieur à des seuils fixés par décret » ;

c) les ouvrages qui ne peuvent supporter l'empreinte des poinçons sans détérioration ;

d) (L. n° 2004-1485 du 30 déc. 2004, art. 89) « Les ouvrages introduits sur le territoire national en provenance d'un autre État membre de la Communauté européenne ou importés d'un autre État partie à l'accord instituant l'Espace économique européen ou de Turquie, comportant déjà l'empreinte, d'une part, d'un poinçon de fabricant ou d'un poinçon de responsabilité et, d'autre part, d'un poinçon de titre enregistrés dans cet État. Le poinçon de titre doit être apposé par un organisme indépendant ou par l'administration compétente de l'État concerné selon des normes identiques ou équivalentes à celles exigées en France pour le contrôle et la certification du titre ».

Art. 525 *Abrogé par Ord. n° 2004-281 du 25 mars 2004, art. 13.*

Art. 526 Il est interdit de détenir ou de mettre en vente des ouvrages marqués de faux poinçons *(L. n° 2003-1312 du 30 déc. 2003, art. 35-A-IV, en vigueur le 1er juill. 2004)* « ou de poinçons volés » ou sur lesquels les marques des poinçons se trouvent entées, soudées et contretirées. Ces ouvrages sont saisis dans tous les cas.

Fabrication du plaqué et du doublé

Art. 551 Ne peuvent prétendre à l'appellation "plaqué", "doublé" ou "métal argenté" que les ouvrages recouverts de métal précieux à un titre au moins égal à 500 millièmes et revêtus d'un poinçon spécial du fabricant.

Les ouvrages en argent à un titre légal recouverts d'une couche d'or également à un titre légal supérieur ou égal à 750 millièmes ont seuls droit à l'appellation Vermeil.

L'épaisseur minimale de la couche de métal précieux recouvrant les ouvrages désignés aux premier et deuxième alinéas du présent article est fixée par décret.

Les infractions aux dispositions du présent article donnent lieu à l'application des sanctions prévues aux articles 1791 et 1794.

Pour les dispositions réglementaires afférentes aux articles ci-dessus, V. **CGI**.

V. aussi Décr. n° 2000-745 du 1er août 2000 portant création et suppression de poinçons de garantie d'État du titre des ouvrages en métaux précieux. — **CGI**.

Arrêté du 3 décembre 1987,

Relatif à l'information du consommateur sur les prix.

Art. 8-1 et 8-2 *V. v° Prix (publicité).*

V. aussi Arr. du 18 août 2015, infra.

Décret n° 2002-65 du 14 janvier 2002,

Relatif au commerce des pierres gemmes et des perles.

Art. 1er Les dispositions du présent décret s'appliquent aux matières et produits suivants :

— pierres gemmes formées dans des gîtes naturels ;

— pierres synthétiques, pierres artificielles et imitations de pierres gemmes ;

— matières organiques d'origine végétale ou animale, traditionnellement utilisées en joaillerie ;

— perles fines ;

— perles de culture ;

— imitations de perles fines et de perles de culture,
quels que soient leur origine, leur provenance et l'emploi auxquels ils sont destinés.

Art. 2 Est complétée par la mention "traité" ou par l'indication du traitement, sous réserve des exceptions prévues à l'article 3 ci-après, la dénomination des pierres gemmes, matières organiques, perles de culture et perles fines qui ont subi, selon le cas, un traitement par irradiation, par laser, par colorant, par diffusion en surface, par emplissage, éventuellement à titre de résidu d'un traitement thermique, de matières étrangères incolores solidifiées dans les cavités extérieures qui présentent des ruptures de réflexion visibles à la loupe de grossissement 10 fois, ou par toute autre méthode de laboratoire modifiant leur apparence, leur couleur ou leur pureté.

Art. 3 L'apposition de la mention "traité" ou l'indication du traitement n'est pas obligatoire pour les pierres gemmes, matières organiques, perles fines et perles de culture ayant subi les pratiques lapidaires traditionnelles suivantes :

— une imprégnation par une substance incolore fluide ;

— un traitement thermique, sous réserve que les éventuels résidus de chauffage en surface ne provoquent pas de rupture de réflexion visible à la loupe de grossissement 10 fois ;

— un blanchiment sans adjonction de produits colorants ou de vernis.

Art. 4 Les qualificatifs suivants complètent respectivement la dénomination des matières et produits mentionnés ci-dessous :

— "reconstituée" pour les pierres obtenues par fusion partielle, par agglomération ou frittage de matières naturelles pour former un tout cohérent ;

— "composite" pour les pierres qui sont des corps cristallisés ou amorphes composés de deux ou plusieurs parties assemblées non par la nature mais par collage ou par tout autre procédé. Leurs composants sont soit des pierres naturelles, soit des pierres synthétiques, soit des produits chimiques ;

— "synthétique" pour les pierres qui sont des produits cristallisés ou recristallisés dont la fabrication provoquée totalement ou partiellement par l'homme a été obtenue par divers procédés, quels qu'ils soient, et dont les propriétés physiques, chimiques et la structure cristalline correspondent pour l'essentiel à celles des pierres naturelles qu'elles copient ;

— "artificiel" pour les produits cristallisés sans équivalent naturel connu ;

— "d'imitation" pour les produits artificiels qui imitent l'effet, la couleur et l'apparence des pierres naturelles ou des matières organiques, ou d'autres produits artificiels, sans en posséder les propriétés chimiques ou les propriétés physiques ou la structure cristalline.

L'emploi des termes : "élevé", "cultivé", "de culture", "vrai", "précieux", "fin", "véritable", "naturel" est interdit pour désigner les produits énumérés au présent article.

Art. 5 L'emploi des termes : "semi-précieux" et "semi-fins" est interdit pour désigner toutes les matières et produits mentionnés à l'article 1er.

Art. 6 Les termes : "perle" ou "perle fine" sont réservés à des concrétions naturelles secrétées accidentellement, sans aucune intervention humaine, à l'intérieur de mollusques sauvages.

Sur une condamnation pour une commercialisation de bijoux comportant la fausse dénomination « perle », V. : • T. pol. Paris, 6 mai 1999 : *BID 1999, n° 12, p. 56.*

Art. 7 Sont dénommées "perles de culture" les perles dont la formation dans un mollusque vivant est provoquée artificiellement par l'intervention de l'homme, par quelque moyen que ce soit.

Ces perles de culture sont dites "perles de culture sciées 3/4 ou sciées 1/2", selon leurs formes, lorsqu'elles ont été sciées ou meulées.

Elles sont dénommées "perles de culture composées" lorsqu'elles résultent de l'assemblage par l'homme de la partie supérieure d'une perle de culture avec une ou plusieurs parties inférieures de même nature ou de toute autre matière.

Art. 8 Sont dénommées "perles d'imitation" :

— les perles entièrement ou partiellement fabriquées par l'homme, copiant l'apparence, la couleur et l'effet des perles naturelles ou de culture mais ne possédant pas leurs propriétés physiques ou chimiques ou leur structure cristalline, même si des matières naturelles ont été utilisées ;

— les perles de culture traitées par dépôt d'un enduit quelconque à la surface, notamment d'un vernis plastique ;

– les produits ressemblant à une perle dont les couches extérieures ne sont pas entièrement le résultat d'une sécrétion naturelle intervenue à l'intérieur du mollusque producteur.

Art. 9 Il est interdit d'importer, de détenir en vue de la vente, de mettre en vente, de vendre ou de distribuer à titre gratuit les matières et produits mentionnés à l'article 1er sous une dénomination autre que celle prévue aux articles 2 à 8 du présent décret.

Cette dénomination est indiquée sur les étiquettes accompagnant le produit et sur tout document commercial ou publicitaire s'y référant.

Art. 10 Pour les produits mentionnés à l'article 2, une fiche d'information décrivant les traitements appliqués, autres que les pratiques mentionnées à l'article 3, leurs effets et les précautions à prendre dans l'entretien de la pierre, de la matière organique ou de la perle est mise à disposition du consommateur préalablement à la vente, puis lui est remise avec la facture.

Pour les produits mentionnés à l'article 3, les consommateurs sont informés, par affichage sur les lieux de vente, que certaines pierres gemmes ont pu faire l'objet de pratiques lapidaires traditionnelles, par utilisation de fluides incolores et chauffage, et que les perles ont pu faire l'objet d'un blanchiment. Cet affichage doit être parfaitement lisible de l'endroit où la clientèle est habituellement reçue. Lorsque ces produits sont proposés au consommateur selon une technique de communication à distance, la même information figure sur l'offre de contrat de vente à distance.

Art. 11 Les dispositions du présent décret ne s'opposent pas à la mise sur le marché en France des produits légalement fabriqués et commercialisés dans un autre État membre de l'Union européenne ou de l'Espace économique européen qui assure un degré de protection et d'information du consommateur équivalent à celui du présent décret.

Art. 12 Le décret n° 68-1089 du 29 novembre 1968 portant règlement d'administration publique pour l'application de la loi du 1er août 1905 modifiée sur la répression des fraudes et des falsifications en ce qui concerne le commerce des pierres précieuses et des perles est abrogé.

Art. 13 Le présent décret entrera en vigueur le 1er février 2002.

Arrêté du 18 août 2015,

Relatif à l'information du consommateur sur les prix d'achat des métaux précieux.

Art. 1er Les dispositions du présent arrêté s'appliquent aux opérations d'achat de métaux précieux, sous quelque forme que ce soit, notamment sous forme de bijoux, de pièce de collection, d'objet d'art ou d'or d'investissement.

Art. 2 Le prix proposé par un professionnel à un consommateur pour l'achat de métaux précieux, sous quelque forme que ce soit, fait l'objet d'un affichage clair, précis, visible et lisible sur le lieu de réception du public.

L'affichage des prix détaille les tarifs applicables aux différentes formes de métaux précieux.

Pour les sites internet, l'information sur les prix est accessible, de manière lisible et compréhensible, sur les pages portant sur les offres d'achat de métaux précieux.

Art. 3 L'information sur les prix est réalisée de la manière suivante :

Pour les biens destinés à la fonte, le prix d'achat est indiqué au gramme, en titre exprimé en millième, et la dénomination du métal précieux concerné est précisée.

Pour l'or d'investissement, le prix d'achat ainsi que les autres éléments d'appréciation à la fixation du prix sont indiqués pour chaque pièce, barre, lingot ou plaquette.

Art. 4 Pour les autres biens, notamment les bijoux d'occasion, l'information communiquée au consommateur mentionne qu'une estimation personnalisée est effectuée par le professionnel et qu'elle prend en compte plusieurs paramètres, notamment l'ancienneté, l'état du bien, la marque, le modèle, la nature des métaux, la présence de pierres précieuses, fines ou de gravures. Elle précise que l'estimation sera effectuée avant la détermination d'un prix d'achat global qui sera proposé au consommateur-vendeur dans le contrat.

Art. 5 Pour chaque prix d'achat, le professionnel est tenu d'informer le consommateur du montant de la taxe applicable aux cessions ou exportations de métaux précieux, de bijoux, d'objets d'art, de collection ou d'antiquité prévue par les articles 150 VI à 150 VM du code général des impôts par écriteau sur le lieu d'achat. Cette information est exprimée en pourcentage.

Art. 6 Toute opération d'achat de métaux précieux, au sens de l'article *(Ord. n° 2016-301 du 14 mars 2016, art. 2, en vigueur le 1er juill. 2016)* « L. 224-96 » du code de la consommation, réalisée hors des lieux où le professionnel exerce son activité en permanence ou de manière habituelle, est soumise aux dispositions du présent arrêté.

Art. 7 Le présent arrêté entre en vigueur trois mois à compter de sa publication *[JO 4 sept.]*.

BLANCHISSERIE, TEINTURERIE, NETTOYAGE

Code civil

Art. 1789 Dans le cas où l'ouvrier fournit seulement son travail ou son industrie, si la chose vient à périr, l'ouvrier n'est tenu que de sa faute.

1. Application. Le locateur d'ouvrage, débiteur des objets qui lui ont été confiés, n'est libéré qu'en établissant que ceux-ci ont péri sans sa faute. • Civ. 1re, 16 févr. 1966 : *Bull. civ. I, n° 103* • 24 mars 1987 : *Bull. civ. I, n° 106.* ♦ Déjà en ce sens : • Civ. 1re, 7 oct. 1963 : *D. 1963. 748.* ♦ Un teinturier, locateur d'ouvrage, peut se libérer de sa responsabilité dans la détérioration d'un vêtement à lui confié pour nettoyage en prouvant qu'il n'a commis aucune faute. • Civ. 1re, 20 déc. 1993 : *Bull. civ. I, n° 376.*

2. Caractère supplétif. L'attribution des risques, telle que prévue par l'art. 1789, n'est pas d'ordre public et il est loisible à un contractant de stipuler qu'il ne sera pas responsable de ses fautes légères, susceptibles de causer un dommage aux biens de son cocontractant (usages de la bijouterie). • Civ. 1re, 25 févr. 1964 : *Gaz. Pal. 1964. 1. 391.*

Arrêté du 27 mars 1987,

Relatif à la publicité des prix des prestations de services dans le secteur de la blanchisserie et du nettoyage à sec.

Art. 1er Les exploitants qui assurent des services de blanchisserie et de nettoyage à sec ou un seul de ces services sont tenus d'afficher pour chacune de ces activités, en vitrine ou à défaut à l'entrée de l'établissement, un tarif visible et lisible de l'extérieur indiquant les prix TTC et la qualité des prestations suivantes, lorsqu'elles sont offertes :
— en blanchisserie :
— drap blanc ;
— drap couleur ;
— drap housse ;
— chemise homme ;
— linge au poids lavé, non séché, par 4 kg minimum, le kilogramme ;
— pour le nettoyage à sec :
— pantalon homme et dame ;
— veste ;
— jupe ;
— robe ;
— manteau ou imperméable.

Art. 2 A l'intérieur de l'établissement, les exploitants sont tenus d'afficher de façon visible et directement lisible par la clientèle les tarifs et la qualité de l'ensemble des prestations offertes par l'entreprise. Toutefois, si leur nombre excède 50, l'affichage pourra ne comporter que les cinquante prestations les plus courantes.

Dans ce cas, un tarif général reprenant l'ensemble des prestations est mis à la disposition de la clientèle et la possibilité de le consulter doit être mentionnée sur l'affichage.

Art. 3 *(Arr. du 24 janv. 1991)* L'information relative à la qualité des prestations prévue aux articles 1er et 2 ci-dessus doit comporter la description précise de la nature des opérations comprises dans la prestation annoncée.

Art. 4 *(Arr. du 24 janv. 1991)* A l'intérieur de l'établissement, les exploitants sont tenus d'afficher, de façon visible et directement lisible par la clientèle, les conditions particulières du service qu'ils rendent, et notamment celles relatives à leur responsabilité et aux conditions d'indemnisation du consommateur en cas de perte ou de détérioration des articles remis par ce dernier.

Décret n° 2012-412 du 23 mars 2012,

Relatif à la sécurité des machines à laver et essoreuses mises à disposition du public.

Art. 1er Tout exploitant mettant à libre disposition des utilisateurs des machines à laver le linge, des essoreuses ou des laveuses-essoreuses, qu'elles soient à axe horizontal ou vertical, doit respecter les obligations suivantes :

1° Vérifier au moins une fois par semaine le bon fonctionnement des dispositifs de sécurité que doit comporter chaque machine, conformément à la réglementation technique qui leur est applicable, et qui ont pour fonctions d'empêcher la mise en fonctionnement de la machine lorsque son couvercle ou sa porte n'est pas fermé et verrouillé ainsi que d'éviter que l'utilisateur puisse ouvrir son couvercle ou sa porte alors que des parties mobiles de la machine sont encore en rotation rapide ;

2° Consigner, à cette occasion, ses observations sur un registre spécial, dans lequel chaque machine mise à disposition des utilisateurs est référencée.

Art. 2 Sous réserve des dispositions de l'article 5, tout exploitant doit détenir, pour chacune des machines qu'il met à disposition des utilisateurs, l'un des documents suivants :

1° La déclaration de conformité mentionnée *(Décr. n° 2015-1083 du 27 août 2015, art. 17, en vigueur le 20 avr. 2016)* « au décret n° 2015-1083 du 27 août 2015 *[ancienne rédaction : à l'article 6 du décret [n° 95-1081] du 3 octobre 1995 susvisé]* » ; *— V. ce texte, v° Énergie domestique.*

2° La déclaration CE de conformité mentionnée à l'article R. 4313-1 du code du travail ;

3° Une déclaration établie par le fabricant ou son mandataire attestant que la machine, en cas de défaillance ou d'un dysfonctionnement résultant de l'interruption de son alimentation électrique, est conçue avec les dispositifs de sécurité tels que définis au 1° de l'article 1er.

Art. 3 Tout exploitant doit apposer auprès des machines :

1° Une affiche inaltérable et visible comportant en caractères lisibles et indélébiles les mentions figurant en annexe 1.

Cette affiche doit également comporter l'indication d'un numéro de téléphone permettant de joindre un interlocuteur pendant les heures d'ouverture de la laverie afin de lui signaler les anomalies de fonctionnement, notamment celles qui intéressent les dispositifs de sécurité des machines, ainsi que l'indication de tout moyen de signalement utilisable en dehors de ces heures d'ouverture ;

2° Le pictogramme relatif à la surveillance parentale figurant en annexe 2. *— Le 2° entre en vigueur le 1er juill. 2012 (Décr. n° 2012-412 du 23 mars 2012, art. 8).*

Art. 4 Le registre mentionné au 2° de l'article 1er et les documents mentionnés à l'article 2 doivent être tenus à disposition des agents chargés du contrôle.

Art. 5 Par dérogation aux dispositions de l'article 2, une machine pour laquelle l'exploitant ne dispose pas de l'un des documents mentionnés à cet article peut être mise à disposition du public jusqu'au 1er juillet 2013 au plus tard.

Durant la période où cette machine reste mise à disposition des utilisateurs, l'exploitant vérifie au moins une fois chaque jour le bon fonctionnement des dispositifs de sécurité de la machine, qui ont pour fonctions d'empêcher la mise en fonctionnement de la machine lorsque son couvercle ou sa porte n'est pas fermé et verrouillé ainsi que d'éviter que l'utilisateur puisse ouvrir son couvercle ou sa porte alors que des parties mobiles de la machine sont encore en rotation rapide.

L'exploitant consigne, à l'occasion de cette vérification, ses observations sur le registre prévu au 2° de l'article 1er.

Art. 6 Est puni de la peine d'amende prévue pour les contraventions de cinquième classe le fait pour tout exploitant de contrevenir aux dispositions du présent décret.

La récidive des contraventions prévues au présent article est réprimée conformément aux articles 132-11 et 132-15 du code pénal.

Art. 7 **Le décret n° 92-491 du 4 juin 1992 relatif à la sécurité des matériels mis à la disposition du public dans les laveries automatiques est abrogé.**

ANNEXES

ANNEXE 1

Mentions devant figurer sur l'affiche mentionnée au 1° de l'article 3 :
Attention : ce matériel tourne à grande vitesse et l'eau de lavage peut atteindre 90°C.
Surveiller les enfants lorsqu'ils se tiennent à proximité des machines.
Ne pas laisser les enfants manipuler les machines.
Ne pas forcer les portes ou les couvercles des machines.
Attendre l'arrêt complet de la machine avant d'ouvrir la porte ou le couvercle.

ANNEXE 2

BOISSONS ALCOOLIQUES

Code de la santé publique

Art. L. 3311-3 **Les campagnes d'information menées dans le cadre de la lutte anti-alcoolique doivent comporter des messages de prévention et d'éducation. Ces messages ne doivent pas présenter de caractères discriminatoires entre les différents produits.** – *[C. déb. boiss., art. L. 97-1].*

(L. n° 2004-806 du 9 août 2004, art. 45) **« Ces campagnes doivent également porter sur la prévention du syndrome d'alcoolisation fœtale et inciter en particulier les femmes enceintes à ne pas consommer d'alcool. »**

(L. n° 2016-41 du 26 janv. 2016, art. 12-II) **« Ces campagnes doivent aussi porter sur la prévention de l'alcoolisme des jeunes afin de lutter contre leur consommation excessive d'alcool. »**

1. Discrimination. La circonstance que le message diffusé dans le cadre d'une campagne de lutte anti-alcoolique (« dès 0,5 g/l, l'alcool réduit *votre champ de vision* ») est illustré par la présence de symboles pouvant évoquer le vin ne suffit pas à établir que cette campagne opérerait une discrimination entre les différents produits alcoolisés ou entre les producteurs de ceux-ci. • CE 11 juin 2003 : *Gaz. Pal. 2004. Somm. 1412.*

2. Syndrome d'alcoolisation fœtale. L'État n'a pas méconnu l'obligation légale qui lui incombe en matière de prévention et d'éducation à l'égard notamment des femmes enceintes, en s'étant abstenu de lancer, dès 1990, des campagnes spécifiques recommandant une abstinence totale de boissons alcoolisées par la femme enceinte. • CAA Douai, 10 janv. 2008 : *AJDA 2008. 766, concl. Lepers.*

Classification des boissons

Art. L. 3321-1 Les boissons sont, en vue de la réglementation de leur fabrication, de leur mise en vente et de leur consommation, réparties en *(Ord. n° 2015-1682 du 17 déc. 2015, art. 12, en vigueur le 1er janv. 2016)* « quatre *[ancienne rédaction : cinq]* » groupes :

1° Boissons sans alcool : eaux minérales ou gazéifiées, jus de fruits ou de légumes non fermentés ou ne comportant pas, à la suite d'un début de fermentation, de traces d'alcool supérieures à 1,2 degré, limonades, sirops, infusions, lait, café, thé, chocolat ;

(Abrogé par Ord. n° 2015-1682 du 17 déc. 2015, art. 12, à compter du 1er janv. 2016) « *2° Boissons fermentées non distillées : vin, bière, cidre, poiré, hydromel, auxquelles sont joints les vins doux naturels bénéficiant du régime fiscal des vins, ainsi que les crèmes de cassis et les jus de fruits ou de légumes fermentés comportant de 1,2 à 3 degrés d'alcool ;* »

(Ord. n° 2015-1682 du 17 déc. 2015, art. 12, en vigueur le 1er janv. 2016) « 3° Boissons fermentées non distillées et vins doux naturels : vin, bière, cidre, poiré, hydromel, auxquelles sont joints les vins doux naturels, ainsi que les crèmes de cassis et les jus de fruits ou de légumes fermentés comportant de 1,2 à 3 degrés d'alcool, vins de liqueur, apéritifs à base de vin et liqueurs de fraises, framboises, cassis ou cerises, ne titrant pas plus de 18 degrés d'alcool pur ; »

4° Rhums, tafias, alcools provenant de la distillation des vins, cidres, poirés ou fruits, et ne supportant aucune addition d'essence ainsi que liqueurs édulcorées au moyen de sucre, de glucose ou de miel à raison de 400 grammes minimum par litre pour les liqueurs anisées et de 200 grammes minimum par litre pour les autres liqueurs et ne contenant pas plus d'un demi-gramme d'essence par litre ;

5° Toutes les autres boissons alcooliques. – *[C. déb. boiss., art. L. 1er].*

Fabrication et commerce des boissons

Art. L. 3322-1 Une personne ou une entreprise, se livrant à la fabrication ou à l'importation d'une boisson alcoolique du troisième, du quatrième ou du cinquième groupe doit, préalablement à la mise en vente ou à l'offre à titre gratuit de cette boisson, effectuer en double exemplaire, à l'administration des contributions indirectes, une déclaration indiquant, avec son nom et son adresse, le nom de la boisson, sa composition et l'usage, apéritif ou digestif, auquel elle est destinée. L'un des exemplaires de cette déclaration est transmis par l'administration des contributions indirectes au ministre chargé de la santé.

Aucune modification ne peut être apportée à la composition d'une boisson déclarée ou à son mode de fabrication si elle n'a fait préalablement l'objet d'une déclaration dans les mêmes formes.

La même boisson ne peut être déclarée à la fois comme apéritif et comme digestif. – *[C. déb. boiss., art. L. 2]. – V. CSP, art. L. 3351-1 et R. 3351-1.*

Art. L. 3322-2 Aucune des boissons mentionnées à l'article L. 3322-1 ne peut, en France, et sur tous les territoires relevant de l'autorité française, être livrée par le fabricant ou l'importateur, détenue, transportée, mise en vente, vendue ou offerte à titre gratuit, si elle ne porte sur l'étiquette avec sa dénomination, le nom et l'adresse du fabricant ou de l'importateur, ainsi que le qualificatif de digestif ou celui d'apéritif.

Ce qualificatif doit être reproduit sur les factures et circulaires, sur les tableaux apposés dans les débits pour annoncer le prix des consommations et sur les affiches intérieures.

Il est interdit d'y joindre aucune qualification ni aucun commentaire tendant à présenter la boisson comme possédant une valeur hygiénique ou médicale. – [C. déb. boiss., art. L. 3]. – *V. CSP, art. L. 3351-1.*

(L. n° 2005-102 du 11 févr. 2005, art. 5) « Toutes les unités de conditionnement des boissons alcoolisées portent, dans les conditions fixées par arrêté du ministre chargé de la santé, un message à caractère sanitaire préconisant l'absence de consommation d'alcool par les femmes enceintes. » – *Sur le syndrome d'alcoolisation fœtale, V. CSP, art. L. 3311-3.*

Art. L. 3322-3 Sont interdites en France, sauf en vue de l'exportation à l'étranger, la fabrication, la détention et la circulation en vue de la vente, la mise en vente, la vente et l'offre à titre gratuit :

1° Des boissons apéritives à base de vin titrant plus de 18 degrés d'alcool acquis ;

2° Des spiritueux anisés titrant plus de 45 degrés d'alcool ;

3° Des bitters, amers, goudrons, gentianes et tous produits similaires d'une teneur en sucre inférieure à 200 grammes par litre et titrant plus de 30 degrés d'alcool. — *[C. déb. boiss., art. L. 5]. — V. CSP, art. L. 3351-2.*

Art. L. 3322-4 Comme il est dit à l'article 347 du code général des impôts, ci-après reproduit :

Art. 347 *(Abrogé par Ord. n° 2015-1247 du 7 oct. 2015, art. 4-1°) Sont prohibées la fabrication, la circulation, la détention en vue de la vente et la vente de l'absinthe et des liqueurs similaires dont les caractères sont déterminés par décret. — [C. déb. boiss., art. L. 9].*

Art. L. 3322-5 Il est interdit à un producteur ou fabricant d'essences pouvant servir à la fabrication des boissons alcooliques, telles que les essences d'anis, de badiane, de fenouil, d'hysope, ainsi qu'aux producteurs ou fabricants d'anéthol, de procéder à la vente ou à l'offre, à titre gratuit desdits produits à toutes personnes autres que les fabricants de boissons ayant qualité d'entrepositaires vis-à-vis de l'administration des contributions indirectes, les pharmaciens, les parfumeurs, les fabricants de produits alimentaires ou industriels et les négociants exportateurs directs.

La revente de ces produits en nature sur le marché intérieur est interdite à toutes ces catégories à l'exception des pharmaciens qui ne peuvent les délivrer que sur ordonnance médicale et doivent inscrire les prescriptions qui les concernent sur leur registre d'ordonnances.

Sans préjudice des interdictions mentionnées au 2° de l'article 1812 du code général des impôts, sont fixées par décret pris en conseil des ministres les conditions dans lesquelles les essences mentionnées à l'alinéa premier du présent article ainsi que les essences d'absinthe et produits assimilés ou susceptibles de les suppléer, peuvent, sous quelque forme que ce soit, être importées, fabriquées, mises en circulation, détenues ou vendues. — *[CSP, art. L. 641-1, al. 1er à 3 (partie) ; C. déb. boiss., art. L. 9]. — V. CSP, art. L. 3351-4.*

Art. L. 3322-6 Il est interdit aux marchands ambulants de vendre au détail, soit pour consommer sur place, soit pour emporter, des boissons des quatrième et cinquième groupes. — *[C. déb. boiss., art. L. 10]. — V. CSP, art. L. 3351-5.*

....

Art. L. 3322-8 La délivrance de boissons alcooliques au moyen de distributeurs automatiques est interdite. — *[C. déb. boiss., art. L. 13]. — V. CSP, art. L. 3351-6.*

Art. L. 3322-9 Il est interdit de vendre au détail à crédit, soit au verre, soit en bouteilles, des boissons des troisième, quatrième et cinquième groupes à consommer sur place ou à emporter. — *V. CSP, art. R. 3353-5.*

(Abrogé par Ord. n° 2015-1682 du 17 déc. 2015, art. 12, à compter du 1er janv. 2016) ***« Il est interdit de vendre au détail à crédit, soit au verre, soit en bouteilles, des boissons du deuxième groupe à consommer sur place. »*** *— V. CSP, art. R. 3353-5.*

(L. n° 2009-879 du 21 juill. 2009, art. 94-I) « Sauf dans le cadre de fêtes et foires traditionnelles déclarées, ou de celles, nouvelles, autorisées par le représentant de l'État dans le département dans des conditions définies par décret en Conseil d'État, ou lorsqu'il s'agit de dégustations en vue de la vente au sens de l'article 1587 du code civil, il est interdit d'offrir gratuitement à volonté des boissons alcooliques dans un but commercial ou de les vendre à titre principal contre une somme forfaitaire. — *V. CSP, art. L. 3351-6-1 et R. 3322-1 s.*

« Il est interdit de vendre des boissons alcooliques à emporter, entre 18 heures et 8 heures, dans les points de vente de carburant.

« Il est interdit de vendre des boissons alcooliques réfrigérées dans les points de vente de carburant. » — *V. CSP, art. L. 3351-6-1.*

L'action en paiement de boissons vendues en infraction des dispositions du présent article n'est pas recevable. — *[C. déb. boiss., art. L. 68].*

Station-service. Jugeant que l'interdiction de vendre dans les stations-service des boissons alcooliques réfrigérées ne méconnaît pas le principe d'égalité : • CE 28 nov. 2014 : AJDA 2015. 82.

....

Art. R. 3322-1 *(Décr. n° 2011-613 du 30 mai 2011)* Sont considérées comme traditionnelles, au sens de l'article L. 3322-9, d'une part, les fêtes et, d'autre part, les foires consacrées aux produits traditionnels, dont l'organisation est intervenue au moins une fois tous les deux ans, durant au moins dix ans et pour la dernière fois il y a moins de cinq ans.

Art. R. 3322-2 *(Décr. nº 2011-613 du 30 mai 2011)* La déclaration des fêtes et foires définies à l'article R. 3322-1 s'effectue auprès du représentant de l'État dans le département du lieu de la manifestation et à Paris auprès du préfet de police, au plus tard 90 jours francs avant la tenue de la fête ou de la foire. Elle donne lieu à la délivrance d'un récépissé dès lors que le dossier de déclaration est complet.

Elle comporte les éléments suivants :

1° L'identité et les coordonnées de la personne physique ou morale organisatrice ;

2° La date, les horaires et le lieu de la manifestation ;

3° L'objet de la manifestation ;

4° Le nombre de personnes attendues ;

5° Les modalités de l'offre d'alcool : offre à titre gratuit ou vente, avec indication des prix et des horaires d'ouverture des débits ;

6° La quantité d'alcool prévue (en quantité d'alcool pur) ;

7° La catégorie de boissons alcooliques vendues ou offertes ;

8° Les moyens mis en œuvre en vue du respect des dispositions du code de la santé publique relatives à la protection des mineurs et à la prévention de l'ivresse publique ;

9° Toutes informations de nature à attester du caractère traditionnel de la manifestation.

Une copie de ces éléments est adressée par le représentant de l'État au maire de la ou des communes où la manifestation a lieu.

Art. R. 3322-3 *(Décr. nº 2011-613 du 30 mai 2011)* Sont considérées comme nouvelles, au sens de l'article L. 3322-9, les fêtes et foires qui ne répondent pas aux critères prévus à l'article R. 3322-1.

Art. R. 3322-4 *(Décr. nº 2011-613 du 30 mai 2011)* La demande d'autorisation des fêtes et foires définies à l'article R. 3322-3 doit être déposée auprès du représentant de l'État dans le département du lieu de la manifestation et à Paris auprès du préfet de police, au plus tard 90 jours francs avant la tenue de la manifestation. Elle donne lieu à un accusé de réception si le dossier comporte toutes les pièces requises.

Elle comporte les éléments suivants :

1° L'identité et les coordonnées de la personne physique ou morale organisatrice ;

2° La date, les horaires et le lieu de la manifestation ;

3° L'objet de la manifestation ;

4° Le nombre de personnes attendues ;

5° Les modalités de l'offre d'alcool : offre à titre gratuit ou vente, avec indication des prix et des horaires d'ouverture des débits ;

6° La quantité d'alcool prévue (en quantité d'alcool pur) ;

7° La catégorie de boissons alcooliques vendues ou offertes ;

8° Les moyens mis en œuvre en vue du respect des dispositions du code de la santé publique relatives à la protection des mineurs et à la prévention de l'ivresse publique.

Art. R. 3322-5 *(Décr. nº 2011-613 du 30 mai 2011)* L'autorisation est délivrée, pour chaque fête ou foire, au responsable de son organisation, par le représentant de l'État dans le département et à Paris par le préfet de police, qui précise le bénéficiaire de l'autorisation délivrée, la date, le lieu et les horaires de la manifestation.

L'absence de réponse de l'administration dans un délai de deux mois suivant la date de l'accusé de réception vaut acceptation de la demande.

L'autorisation est refusée si les conditions d'organisation de la manifestation ne garantissent pas le respect de l'ordre public, de la protection des mineurs et des dispositions du *code de la santé publique* relatives à la lutte contre l'alcoolisme.

Publicité des boissons

Art. L. 3323-1 Dans tous les débits de boissons, un étalage des boissons non alcooliques mises en vente dans l'établissement est obligatoire.

L'étalage doit comprendre au moins dix bouteilles ou récipients et présenter, dans la mesure où le débit est approvisionné, un échantillon au moins de chaque catégorie des boissons suivantes :

a) Jus de fruits, jus de légumes ;

b) Boissons au jus de fruits gazéifiées ;

c) Sodas ;

d) Limonades ;

e) Sirops ;
f) Eaux ordinaires gazéifiées artificiellement ou non ;
g) Eaux minérales gazeuses ou non.

Cet étalage, séparé de celui des autres boissons, doit être installé en évidence dans les lieux où sont servis les consommateurs. — *[C. déb. boiss., art. L. 14, L. 15 et L. 16]. — V. CSP, art. R. 3351-2.*

(L. nº 2009-879 du 21 juill. 2009, art. 96) « Si le débitant propose des boissons alcooliques à prix réduits pendant une période restreinte, il doit également proposer à prix réduit les boissons non alcooliques susmentionnées. »

Art. L. 3323-2 La propagande ou la publicité, directe ou indirecte, en faveur des boissons alcooliques dont la fabrication et la vente ne sont pas interdites sont autorisées exclusivement :

1º Dans la presse écrite à l'exclusion des publications destinées à la jeunesse, définies au premier alinéa de l'article 1er de la loi nº 49-956 du 16 juillet 1949 sur les publications destinées à la jeunesse ;

2º Par voie de radiodiffusion sonore pour les catégories de radios et dans les tranches horaires déterminées par décret en Conseil d'État ;

3º Sous forme d'affiches et d'enseignes *(L. nº 2017-256 du 28 févr. 2017, art. 53)* « , sous réserve de l'article L. 3323-5-1 » ; sous forme d'affichettes et d'objets à l'intérieur des lieux de vente à caractère spécialisé, dans des conditions définies par décret en Conseil d'État ; — *V. CSP, art. R. 3323-2 s.*

4º Sous forme d'envoi par les producteurs, les fabricants, les importateurs, les négociants, les concessionnaires ou les entrepositaires, de messages, de circulaires commerciales, de catalogues et de brochures, dès lors que ces documents ne comportent que les mentions prévues à l'article L. 3323-4 et les conditions de vente des produits qu'ils proposent ;

5º Par inscription sur les véhicules utilisés pour les opérations normales de livraison des boissons, dès lors que cette inscription ne comporte que la désignation des produits ainsi que le nom et l'adresse du fabricant, des agents ou dépositaires, à l'exclusion de toute autre indication ;

6º En faveur des fêtes et foires traditionnelles consacrées à des boissons alcooliques locales et à l'intérieur de celles-ci, dans des conditions définies par décret ;

7º En faveur des musées, universités, confréries ou stages d'initiation œnologique à caractère traditionnel ainsi qu'en faveur de présentations et de dégustations, dans des conditions définies par décret ;

8º Sous forme d'offre, à titre gratuit ou onéreux, d'objets strictement réservés à la consommation de boissons contenant de l'alcool, marqués à leurs noms, par les producteurs et les fabricants de ces boissons, à l'occasion de la vente directe de leurs produits aux consommateurs et aux distributeurs ou à l'occasion de la visite touristique des lieux de fabrication ;

(L. nº 2009-879 du 21 juill. 2009, art. 97) « 9º Sur les services de communications en ligne à l'exclusion de ceux qui, par leur caractère, leur présentation ou leur objet, apparaissent comme principalement destinés à la jeunesse, ainsi que ceux édités par des associations, sociétés et fédérations sportives ou des ligues professionnelles au sens du code du sport, sous réserve que la propagande ou la publicité ne soit ni intrusive ni interstitielle. »

Toute opération de parrainage est interdite lorsqu'elle a pour objet ou pour effet la propagande ou la publicité, directe ou indirecte, en faveur des boissons alcooliques. — *[C. déb. boiss., art. L. 17]. — V. CSP, art. L. 3351-7 et L. 3351-8.*

1. Droit communautaire. Même si elle constitue une mesure d'effet équivalent au sens de l'art. 30 du Traité CE (actuel art. 36 TFUE, depuis l'entrée en vigueur du traité de Lisbonne ; V. Décr. nº 2009-1466 du 1er déc. 2009, JO 2 déc.), une limitation de publicité pour les boissons alcooliques peut être justifiée, au titre de l'art. 36 du Traité, par des raisons de protection de la santé publique. • CJCE 25 juill. 1991 : *D. 1991. IR 211* . ♦ En l'absence de mesures communautaires d'harmonisation, il appartient au législateur national de décider du niveau auquel il entend assurer la protection de la santé publique et de la manière dont ce niveau doit être atteint. • CJCE 13 juill. 2004 : *D. 2004. 3060, note Zarka ; D. 2006. Pan. 196, obs. Alaphilippe ; RSC 2005. 571, obs. Fourgoux ; LPA 9 août 2006, note Derieux (1re esp.)* • Crim. 3 nov. 2004 : *Bull. crim. nº 268 ; RTD com. 2005. 432, obs. Bouloc ; Dr. pénal 2005. Comm. 26, note J.-H. Robert.* ♦ La réglementation française interdisant la publicité télévisée pour les boissons alcooliques comportant un taux d'alcool supérieur à 1,2 degré commercialisées en France est propre à garantir la réalisation de l'objectif de protection de la santé publique qu'elle poursuit, sans revêtir de caractère disproportionné. • Mêmes arrêts. ♦ V. aussi notes 2 et 3.

2. *Émissions télévisées.* La diffusion d'un programme télévisuel visant à présenter les mérites et les attraits du vin et de la viticulture est contraire à l'art. L. 3323-2 CSP. • CE 11 juill. 2012 : *AJDA 2012. 2095*. ♦ En subordonnant la diffusion télévisée en France par des chaînes de télévision françaises de manifestations sportives ayant lieu sur le territoire d'autres États membres à la suppression préalable des publicités pour des boissons alcooliques, la France ne manque pas aux obligations qui lui incombent en vertu de l'art. 59 du Traité CE (actuel art. 56 TFUE, depuis l'entrée en vigueur du traité de Lisbonne; V. Décr. n° 2009-1466 du 1er déc. 2009, JO 2 déc.) exigeant la suppression de toute restriction à la libre prestation des services. • CJCE 13 juill. 2004 : *préc. note 1.*

3. La Dir. 89/552/CEE du 3 oct. 1989, dite directive « télévision sans frontière » (abrogée et remplacée par Dir. 2010/13/UE du 10 mars 2010), ne s'oppose pas à ce qu'un État membre interdise la publicité télévisée pour des boissons alcooliques dans la mesure où est concernée la publicité indirecte résultant de l'apparition à l'écran de panneaux publicitaires visibles lors de la retransmission de manifestations sportives bilatérales ayant lieu sur le territoire d'un autre État membre, une publicité télévisée indirecte ne devant pas être qualifiée de « publicité télévisée » au sens de la directive. • CJCE 13 juill. 2004 : *D. 2004. IR 2475 ; D. 2006. Pan. 196, obs. Alaphilippe ; RSC 2005. 571, obs. Fourgoux ; LPA 9 août 2006, note Derieux (2e esp.).* ♦ Dans le même sens : • Com. 5 avr. 2005 : *D. 2005. AJ 1082, obs. Daleau ; CCC 2005, n° 159, note Raymond.* ♦ Déjà jugé que l'apparition à la télévision, au cours de retransmissions de matches de football, de bandeaux publicitaires apposés sur le pourtour du terrain ne constitue pas un message publicitaire condamnable en vertu des art. L. 17 s. C. déb. boiss. • TGI Paris, 27 févr. 1991 : *JCP 1992. II. 21809 ; CCC 1992, n° 88, obs. Raymond.*

4. L'art. L. 17 C. déb. boiss. régit la diffusion des messages publicitaires reçus sur un écran de télévision en France à l'occasion de manifestations sportives, peu important que l'apposition des panneaux filmés soit effectuée sur un stade étranger. Un code de bonne conduite, établi à l'initiative du ministre de la jeunesse et des sports, distingue deux régimes selon qu'il s'agit de manifestations multinationales, auquel cas aucune obligation particulière n'est instituée à la charge des diffuseurs français, ou d'autres manifestations se déroulant à l'étranger, auquel cas, le public français étant spécialement visé, le diffuseur doit prévenir l'apparition à l'écran de marques commerciales de boissons alcooliques. Ainsi, la réglementation française, qui n'opère aucune distinction selon l'origine nationale des publicités, s'applique aux rencontres du deuxième tour de coupe d'Europe, qui n'entrent pas dans la catégorie des manifestations multinationales. • Paris, 23 sept. 1997 : *D. 1998. Somm. 125, note Hassler et Lapp ; Gaz. Pal. 1998. 1. 361.* – Pourvoi rejeté par • Com. 5 avr. 2005 : *préc. note 3.*

5. N'a pas le caractère d'une décision faisant grief susceptible de faire l'objet d'un recours pour excès de pouvoir par les organisations professionnelles de producteurs de boissons alcoolisées requérantes la lettre du président du Conseil supérieur de l'audiovisuel au président d'une société audiovisuelle lui demandant de ne plus diffuser des émissions sportives se déroulant à l'étranger, lorsqu'elles sont accompagnées de pratiques publicitaires concernant des boissons alcoolisées, en méconnaissance de l'art. L. 17 C. déb. boiss. • CE 4 oct. 1996 : *Lebon 381 ; D. 1997. Somm. 195, obs. Lachaume .*

6. *Presse écrite.* La publication dans un magazine mensuel consacré à l'automobile de la photographie d'un pilote sur le podium d'arrivée d'un grand prix de Formule 1, devant un fond où apparaît à de multiples reprises le nom d'une marque de bière, et où figurent deux bouteilles de champagne avec le nom de la marque écrit au-dessous en gros caractères, est l'occasion d'une publicité indirecte en faveur des boissons alcooliques et constitue une opération de parrainage interdite. • TGI Paris, 10 juill. 2003 : *Gaz. Pal. 2004. Somm. 1395.* – Jugement confirmé en appel par • Paris, 5 févr. 2004 ; pourvoi rejeté par • Crim. 3 nov. 2004 : *préc. note 1.* ♦ V. aussi note 1 ss. art. L. 3351-7, *infra.*

7. *Affichettes.* Il résulte des art. L. 3323-2, L. 3334-2, al. 3, et R. 3323-2 CSP que la publicité en faveur des boissons alcooliques dont la fabrication et la vente ne sont pas interdites, est autorisée exclusivement suivant les modes énumérés par l'art. L. 3323-2 dudit code, et, notamment, sous forme d'affichettes et d'objets à l'intérieur des lieux de vente à caractère spécialisé et qu'au nombre de ces établissements figurent les débits temporaires, lesquels ne peuvent offrir que des boissons des deux premiers groupes définis à l'art. L. 3321-1 du même code. • Crim. 19 déc. 2006 : *Bull. crim. n° 322 ; D. 2007. AJ 303 ; AJ pénal 2007. 87, obs. M.-E. C. ; RSC 2007. 557, obs. Francillon ; JCP 2007. IV. 1342 ; Gaz. Pal. 2007. 596, obs. M. B. ; Dr. pénal 2007, n° 24, obs. J.-H. Robert ; RJDA 2007, n° 906.* ♦ Pour des affiches excédant les dimensions autorisées, exposées lors de la Coupe du monde de rugby 2007, V. • TGI Paris, ord., 14 sept. 2007 : *Gaz. Pal. 2008. 4187, obs. Forti* • 2 oct. 2007 : *eod. loc.*

8. Messages électroniques (jurispr. antérieure à la L. n° 2009-879 du 21 juill. 2009). L'art. L. 3323-2 CSP définit les supports autorisés exclusivement à diffuser la propagande ou la publicité en faveur des boissons alcooliques licites ; l'énumération ne comprend pas la communication audiovisuelle, par messages électroniques. • TGI Paris, réf., 8 janv. 2008 : *D. 2008. AJ 220, obs. Manara ; JCP E 2008, n° 20, p. 13, note Gleize ; Dr. pénal 2008, n° 31, obs. J.-H. Robert* (conf. par • Paris, 13 févr. 2008 : *D. 2008. 1736, note Agostini ; JCP 2008. I. 181, n° 11, obs. J.-H. Robert ; CCC 2008. Étude 6, par Bruguière et Deprez ; LPA 2 juill. 2009, obs. Craponne ; CCE 2008. Chron. 7, n° 26, par Dreyer ; Dr. pénal 2008, n° 49, obs. J.-H. Robert ; RJDA 2008, n° 960 ; RLDA avr. 2008. 3, éditorial par Crévoulin*). ♦ L'expression « sous forme d'envoi » du 4° de l'art. L. 3323-2 CSP définit, comme dans les alinéas précédents, un support, les termes « catalogues » et « brochures », « documents » expriment un support papier, et le terme « message », dans le contexte de l'énumération, ne comprend pas les messages électroniques. En outre, ceux-ci, en l'espèce, ne sont pas envoyés mais mis à disposition sur le site internet. • Même ordonnance. – V. aussi • TGI Paris, réf., 2 avr. 2007 : *Dr. pénal 2008. Chron. 4, n° 40, par Lepage*. ♦ V. désormais le 9° de l'art. L. 3323-2. ♦ Pour la publicité en faveur des boisons alcooliques sur une application mobile et sur un réseau social, V. • Civ. 1re, 3 juill. 2013 : *CCC 2013, n° 255, obs. Raymond ; CCE 2013, n° 104, obs. Debet ; RLDA sept. 2013. 61, obs. Lalot*. – V. aussi • TGI Paris, ord., 20 févr. 2014 : *CCE 2014, n° 47, obs. Loiseau*.

9. Parrainage. Le parrainage consiste en un soutien matériel ou financier du parrain apporté à un événement ou à une personne connue, qui en contrepartie s'engage à faire apparaître publiquement le nom ou la marque du parrain à un moment donné. • Paris, 16 janv. 2008 : *CCC 2008, n° 140, obs. Raymond ; Gaz. Pal. 2008. 4185, obs. Pelaud-Pautrot*. ♦ La mise à disposition gratuite d'un matériel publicitaire constitue un soutien matériel non négligeable dont la contrepartie pour le parrain est évidemment la publicité indirecte faite à son produit. • Même arrêt.

10. Jeux et concours. Les jeux et concours ne sont pas répertoriés dans la liste autorisant exclusivement certaines formes de propagande ou publicité, directe ou indirecte, en faveur des boissons alcooliques, telle que prévue à l'art. L. 3323-2. • Paris, 8 juin 2010 : *CCC 2011, n° 22, obs. Raymond ; Gaz. Pal. 2011. 1083, obs. Basset* (conf. sur ce point par • Civ. 1re, 20 oct. 2011 : *cité note 4 ss. art. L. 3323-4*). ♦ Le concours en ligne, dont le caractère publicitaire n'est pas contesté, doit nécessairement répondre aux exigences du code de la santé publique. Or, en offrant à titre gratuit en tant que lot éminemment enviable une bouteille d'alcool considérée comme prestigieuse tant par ses caractéristiques, sa rareté et son prix, le jeu et les mentions y insérées à chacune des étapes, renforcent la suggestion d'élitisme attachée à la consommation de whisky de cette marque dont il sublime la consommation, enfreignant donc les dispositions du code de la santé publique. • Même arrêt.

Art. L. 3323-3 **Est considérée comme propagande ou publicité indirecte la propagande ou publicité en faveur d'un organisme, d'un service, d'une activité, d'un produit ou d'un article autre qu'une boisson alcoolique qui, par son graphisme, sa présentation, l'utilisation d'une dénomination, d'une marque, d'un emblème publicitaire ou d'un autre signe distinctif, rappelle une boisson alcoolique.**

Toutefois, ces dispositions ne sont pas applicables à la propagande ou à la publicité en faveur d'un produit autre qu'une boisson alcoolique qui a été mis sur le marché avant le 1er janvier 1990 par une entreprise juridiquement ou financièrement distincte de toute entreprise qui fabrique, importe ou commercialise une boisson alcoolique. — *[C. déb. boiss., art. L. 17-1.]*

Entrave à l'utilisation d'une marque. Il résulte de l'art. L. 3323-3 qu'est considérée comme publicité indirecte en faveur d'une boisson alcoolique la publicité en faveur d'un produit autre qu'une boisson alcoolique qui par l'utilisation d'une marque rappelle une telle boisson. • Com. 20 nov. 2012 : *Bull. civ. IV, n° 209 ; Dalloz actualité, 5 déc. 2012, obs. de Chassey ; JCP E 2012. Actu. 753 ; RJDA 2013, n° 271*. ♦ Une société ayant mis sur le marché sous sa marque divers produits autres que des boissons alcooliques, une autre société ne peut faire usage d'une marque identique pour commercialiser des boissons alcooliques sans créer une entrave à la libre utilisation de la marque première. • Même décision.

Art. L. 3323-3-1 *(L. n° 2016-41 du 26 janv. 2016, art. 13)* **Ne sont pas considérés comme une publicité ou une propagande, au sens du présent chapitre, les contenus, images, représentations, descriptions, commentaires ou références relatifs à une région de production, à une toponymie, à une référence ou à une indication géographique, à un terroir, à un itinéraire, à une zone de production, au savoir-faire, à l'histoire ou au patrimoine culturel, gastronomique ou paysager liés à une boisson alcoolique disposant d'une identification de la qualité ou de l'origine, ou protégée au titre de l'article L. 665-6 du code rural et de la pêche maritime.**

Art. L. 3323-4 **La publicité autorisée pour les boissons alcooliques est limitée à l'indication du degré volumique d'alcool, de l'origine, de la dénomination, de la composition du pro-**

duit, du nom et de l'adresse du fabricant, des agents et des dépositaires ainsi que du mode d'élaboration, des modalités de vente et du mode de consommation du produit.

(L. n° 2005-157 du 23 févr. 2005, art. 21) **« Cette publicité peut comporter des références relatives aux terroirs de production, aux distinctions obtenues, aux appellations d'origine telles que définies à l'article** *(Ord. n° 2016-301 du 14 mars 2016, art. 2, en vigueur le 1er juill. 2016)* **« L. 431-1 » du code de la consommation ou aux indications géographiques telles que définies dans les conventions et traités internationaux régulièrement ratifiés. Elle peut également comporter des références objectives relatives à la couleur et aux caractéristiques olfactives et gustatives du produit. »**

Le conditionnement ne peut être reproduit que s'il est conforme aux dispositions précédentes.

Toute publicité en faveur de boissons alcooliques, à l'exception des circulaires commerciales destinées aux personnes agissant à titre professionnel ou faisant l'objet d'envois nominatifs ainsi que les affichettes, tarifs, menus ou objets à l'intérieur des lieux de vente à caractère spécialisé, doit être assortie d'un message de caractère sanitaire précisant que l'abus d'alcool est dangereux pour la santé. — *[C. déb. boiss., art. L. 18]. — V. CSP, art. L. 3351-7. — V. aussi CSP, art. R. 2133-2, v° Publicité télévisée.*

1. Droit communautaire. Les restrictions apportées par l'art. L. 18 à la publicité en faveur des boissons alcooliques, frappant aussi bien les produits nationaux que les produits importés, sans aucune distinction d'origine, ne sont pas contraires aux dispositions du traité CE, car elles répondent à des préoccupations de santé publique, telles que visées à l'art. 36 dudit Traité (actuel art. 42 TFUE, depuis l'entrée en vigueur du traité de Lisbonne; V. Décr. n° 2009-1466 du 1er déc. 2009, JO 2 déc.). • Crim. 18 mai 1994 : *Bull. crim. n° 190; JCP E 1994. Pan. 987.* ♦ V. note 1 ss. art. L. 3323-2. ♦ La preuve n'étant pas rapportée de la contrariété des dispositions de l'art. L. 3323-4 CSP au droit communautaire, et en l'absence de difficulté d'interprétation, il n'y a pas lieu de saisir la juridiction européenne d'une question préjudicielle. • Paris, 9 juin 2004 : *Gaz. Pal. 2005. 343, note Goni.*

2. Faits justificatifs. L'enregistrement d'une marque à l'Institut national de la propriété industrielle n'autorise pas par lui-même son utilisation publicitaire. • Crim. 31 mai 1995 : *Bull. crim. n° 201.*

3. Illustrations. Whisky : • Civ. 2e, 28 juin 1995 : *D. 1995. IR 182 ; CCC 1995, n° 196, note Raymond* • Civ. 2e, 25 juin 1998 : *Bull. civ. II, n° 228; Gaz. Pal. 25-26 nov. 1998, p. 21, note Veyssière* (rejetant le pourvoi contre : • Paris, 10 nov. 1995 : *D. Affaires 1996. 71*) • Paris, 17 déc. 2004 : *Gaz. Pal. 9-10 nov. 2005, Somm.* • Crim. 19 déc. 2006 : *Bull. crim. n° 321; D. 2007. AJ 303 ; AJ pénal 2007. 135, obs. M.-E. C. ; RSC 2007. 557, obs. Francillon ; JCP 2007. IV. 1343; Gaz. Pal. 2007. 596, obs. M. B.; ibid. 4225, obs. Haquet; Dr. pénal 2007, n° 40, obs. J.-H. Robert; RJDA 2007, n° 906* • 26 janv. 2010 : *Dr. pénal 2010. n° 49, obs. J.-H. Robert.* ♦ Bière : • Paris, 7 avr. 1995 : *D. 1995. IR 161* • Crim. 31 mai 1995 : *D. 1995. IR 229* • Civ. 2e, 18 déc. 1996 : *Bull. civ. I, n° 304; D. Affaires 1997. 218; CCC 1997, n° 7, note Raymond; RJDA 1997, n° 726* • Paris, 27 févr. 1998 : *Gaz. Pal. 1998. 1. 361.* ♦ Champagne : • Paris, 16 janv. 2008 : *cité note 9 ss. art. L. 3323-2 CSP.*

4. Les affiches litigieuses – montrant des personnes souriantes, jeunes, en tenue de ville, levant le bras en tenant un verre avec une impression manifeste de plaisir –, comportant des références visuelles étrangères aux seules indications énumérées par l'art. L. 3323-4, visent à promouvoir une image de convivialité associée aux vins, de nature à inciter le consommateur à absorber les produits vantés, contraire aux dispositions légales. • Civ. 1re, 23 févr. 2012 : *Bull. civ. I, n° 37; Dalloz actualité, 19 mars 2012, obs. Fleuriot; D. 2012. Actu. 615 ; JCP 2012, n° 542, note Lebel; RJDA 2012, n° 537; Dr. pénal 2012, n° 54, obs. J.-H. Robert.* ♦ Comp., assouplissant cette jurisprudence : • Crim. 15 mai 2012 : *RJDA 2012, n° 808; Dr. pénal 2012, n° 103, obs. J.-H. Robert.* ♦ Les personnages figurant sur les affiches, expressément désignés comme des membres de la filière de production ou de commercialisation des vins, ne sont pas assimilables au consommateur et se rattachent, comme ayant participé à cette production ou à cette commercialisation, au facteur humain visé par l'art. L. 115-1 [L. 431-1] C. consom., auquel fait référence l'art. L. 3323-4 CSP. La seule représentation de personnages ayant un verre à demi plein à la main ne dépasse pas les limites fixées par le texte qui exige une représentation objective du produit, l'impression de plaisir qui se dégage de l'ensemble des visuels ne dépassant pas ce qui est nécessaire à la promotion des produits. Enfin, l'image donnée de professions investies par des jeunes, ouvertes aux femmes et en recherche de modernité, est pleinement en accord avec les dispositions légales autorisant une référence aux facteurs humains liés à une appellation d'origine. • Civ. 1re, 1er juill. 2015, n° 14-17.368 P : *D. 2015. Actu. 1492 ; JCP 2015, n° 1236, note Lebel; JCP E 2015, n° 1476, note Gateau et Faron; CCC 2015, n° 246, obs. Raymond; RJDA 2015, n° 790; RLDA oct. 2015. 18, note Kouchnir et Bellone.*

Une publicité contenant des éléments promotionnels autres que ceux limitativement énumérés par l'art. L. 3323-4 (étiquette stylisée de vins de Bourgogne décrivant les qualités de ces vins en termes œnologiques, sur fond de silhouette féminine) tombe sous le coup de l'interdiction résultant de ce texte. • Paris, 9 juin 2004 : *préc. note 1.* ♦ V. conf., pour du whisky : • Crim. 29 nov. 2005 : *Bull. crim. n° 312; RTD com. 2006. 501, obs. Bouloc ; JCP 2006. I. 159, n° 19, obs. J.-H. Robert; Dr. pénal 2006, n° 40, obs. J.-H. Robert; RJDA 2006, n° 471 (2ᵉ esp.)* (image d'un Écossais et slogan qui font expressément référence à la virilité de l'Écossais, en relation avec l'alcool). ♦ ... Pour de la vodka : • Crim. 29 nov. 2005 : *Bull. crim. n° 312; RTD com. 2006. 501, obs. Bouloc ; AJ pénal 2006. 123, obs. Saas ; JCP 2006. I. 159, n° 19, obs. J.-H. Robert; Dr. pénal 2006, n° 40, obs. J.-H. Robert; RJDA 2006, n° 471 (1ʳᵉ esp.)* (décor d'affiches montrant des éléments destinés à donner de la boisson concernée une image liée à la séduction exercée par les établissements de nuit où elle peut être consommée). ♦ Les éléments décoratifs des affiches, et notamment ceux qui associent la boisson concernée et le nom ou les références visuelles des établissements de nuit où elle peut être consommée, ont été combinés dans une création esthétique destinée à donner de cet alcool une image liée à la séduction exercée par ces établissements; de tels éléments sont étrangers aux strictes mentions autorisées par l'art. L. 3323-4. • Crim. 14 mai 2008 : *Bull. crim. n° 117; D. 2008. AJ 1688, obs. Rondey ; RTD com. 2009. 222, obs. Bouloc ; AJ pénal 2008. 374, obs. Rondey ; Gaz. Pal. 2008. 4224, obs. Viriot-Barrial; RJDA 2008, n° 1318; Dr. pénal 2008, n° 128, obs. J.-H. Robert.* ♦ Dans le contexte du jeu-concours présenté sur le site qui visait à promouvoir une image d'excellence des produits de la marque et à valoriser les consommateurs, les références à la couleur et aux caractéristiques olfactives et gustatives du produit dépassaient les limites de l'objectivité. • Civ. 1ʳᵉ, 20 oct. 2011 : *Bull. civ. I, n° 172; Dalloz actualité, 7 nov. 2011, obs. Fleuriot; D. 2011. Actu. 2603 ; JCP E 2011, n° 1816; CCC 2012, n° 55, obs. Raymond; Gaz. Pal. 2012. 1590; RJDA 2012, n° 343.*

En revanche, n'est pas illicite la publicité qui ne contient aucune mise en scène extérieure au produit en cause, la représentation du vin ne pouvant se faire autrement qu'au travers d'une bouteille ou de verres remplis et les couleurs choisies en rapport avec celle du vin n'impliquant pas, de prime abord, une référence à la convivialité incitant à la boisson. • Paris, 23 févr. 2007 : *Gaz. Pal. 2007. 2589, note Boyer* (décision censurée par • Civ. 1ʳᵉ, 22 mai 2008 : *Bull. civ. I, n° 150; D. 2008. AJ 1620, obs. Rondey ; JCP E 2009, n° 5, p. 31, note Galan; CCC 2009, n° 36, obs. G. R.; Dr. pénal 2008, n° 128, obs. J.-H. Robert; RD rur. 2009, n° 20, obs. Lebel* : le message de la publicité litigieuse ne se bornait pas en la reprise des caractéristiques objectives et techniques du produit, mais renvoyait sans ambiguïté au comportement humain, constituant d'évidence une incitation à la consommation de cette boisson alcoolique).

5. Référé. Il n'appartient pas au juge des référés d'apprécier la portée du message sanitaire contenu dans une publicité pour une boisson alcoolique « Sachez apprécier et consommer avec modération » au regard de l'art. L. 18 C. déb. boiss.; il s'agit là d'une contestation sérieuse échappant à la compétence du juge des référés. • TGI Paris, réf., 15 févr. 1991 : *JCP E 1991. Pan. 670.* ♦ Le point de savoir si le positionnement de deux verres à pied qui s'entrechoquent évoque le geste de trinquer et appelle à la consommation, suppose de porter une interprétation subjective de l'image à laquelle le juge des référés n'a pas le pouvoir de se livrer, le caractère illicite du trouble allégué devant apparaître à la seule perception de la publicité et non par suite d'appréciations personnelles prêtant à discussion. • Paris, 23 févr. 2007 : *préc. note 4.*

Art. L. 3323-5 **Il est interdit de remettre, distribuer ou envoyer à des mineurs des prospectus, buvards, protège-cahiers ou objets quelconques nommant une boisson alcoolique, ou en vantant les mérites ou portant la marque ou le nom du fabricant d'une telle boisson.** — *[C. déb. boiss., art. L. 20]. — V. CSP, art. L. 3351-7.*

1. Définition de la remise. La seule remise à un mineur d'un support publicitaire nommant une boisson alcoolique caractérise le délit de l'art. L. 20, la dépossession définitive de ce support au profit du mineur n'étant pas nécessaire. • Crim. 28 nov. 1973 : *D. 1974. 170; Gaz. Pal. 1974. 1. 236, note Rabinovitch; Bull. crim. n° 441.*

2. Mauvaise foi. La mauvaise foi n'est pas un élément constitutif du délit prévu par l'art. L. 20 C. déb. boiss. • Crim. 16 mars 1972 : *Bull. crim. n° 110.*

3. Fait justificatif. L'ignorance alléguée du caractère punissable de la remise ne saurait être une cause de justification. • Crim. 16 mars 1972 : *Bull. crim. n° 110.*

Art. R. 3323-1 **La propagande et la publicité directe ou indirecte par voie de radiodiffusion sonore en faveur de boissons dont le degré volumique d'alcool est supérieur à 1,2 % ne sont autorisées que :**

— le mercredi, entre 0 heure et 7 heures;

— les autres jours, entre 0 heure et 17 heures.

Art. R. 3323-2 Les lieux de vente à caractère spécialisé mentionnés au 3° de l'article L. 3323-2 sont :

1° Les lieux de vente dont l'exploitant détient une licence l'autorisant à vendre des boissons alcooliques dans les conditions prévues aux articles L. 3331-1 à L. 3331-3, à l'exception des stations services *[stations-services]* ;

2° Les débits temporaires prévus aux articles L. 3334-1 et L. 3334-2 ;

3° Les installations permanentes de vente directe de boissons alcooliques par les exploitants agricoles.

Art. R. 3323-3 A l'intérieur des lieux de vente définis à l'article R. 3323-2, la dimension d'une affichette publicitaire en faveur d'une boisson alcoolique ne peut excéder 0,35 mètre carré.

Dans les salles des débits de boissons, des restaurants et des hôtels, des chevalets évoquant une boisson alcoolique peuvent être disposés sur un comptoir ou sur une table.

Ces affichettes et chevalets doivent être conformes aux prescriptions de l'article L. 3323-4.

Art. R. 3323-4 Dans les débits de boissons, restaurants et hôtels, les matériels, la vaisselle et les objets de toute nature strictement réservés au fonctionnement de l'établissement, à l'usage du personnel pendant ses activités professionnelles et à celui de la clientèle lors de son passage ou de son séjour dans l'établissement, peuvent évoquer le nom d'une boisson alcoolique. Dans ce cas, ils ne peuvent être ni vendus, ni remis à titre gratuit au public.

Les terrasses des débits de boissons implantées sur le domaine public sont considérées comme une extension de l'établissement.

La publicité figurant sur les parasols ne peut comporter que le nom d'un producteur ou d'un distributeur de boisson alcoolique, ou la marque d'une telle boisson, à l'exclusion de tout slogan, au moyen d'une inscription n'excédant pas le tiers de la surface du parasol.

Limitation du nombre des débits de boissons

Art. L. 3331-4 La distribution de boissons par le moyen d'appareils automatiques permettant la consommation immédiate est considérée comme une vente à consommer sur place. – *[C. déb. boiss., art. L. 25].*

(L. n° 2009-879 du 21 juill. 2009, art. 94-II) « Dans tous les commerces autres que les débits de boissons à consommer sur place, toute personne qui veut vendre des boissons alcooliques entre 22 heures et 8 heures doit au préalable suivre la formation prévue à l'article L. 3332-1-1.

« La vente à distance est considérée comme une vente à emporter. »

....

Art. L. 3335-4 La vente et la distribution de boissons des groupes *(Ord. n° 2015-1682 du 17 déc. 2015, art. 12, en vigueur le 1er janv. 2016)* « 3 *[ancienne rédaction : 2]* » à 5 définis à l'article L. 3321-1 est interdite dans les stades, dans les salles d'éducation physique, les gymnases et d'une manière générale, dans tous les établissements d'activités physiques et sportives.

Des dérogations peuvent être accordées par arrêté des ministres chargés de la santé et du tourisme pour des installations qui sont situées dans des établissements classés hôtels *(L. n° 2009-888 du 22 juill. 2009, art. 21-III)* « de tourisme ou dans des restaurants ». – *[C. déb. boiss., art. L. 49-1-2].*

(L. n° 2000-1352 du 30 déc. 2000, art. 18-III) « Sous réserve des décisions de justice passées en force de chose jugée, le maire peut, par arrêté, et dans les conditions fixées par décret, accorder des autorisations dérogatoires temporaires, d'une durée de quarante-huit heures au plus, à l'interdiction de vente à consommer sur place ou à emporter et de distribution des boissons *(Ord. n° 2015-1682 du 17 déc. 2015, art. 12, en vigueur le 1er janv. 2016)* « du troisième groupe *[ancienne rédaction : des deuxième et troisième groupes]* » sur les stades, dans les salles d'éducation physique, les gymnases et les établissements d'activités physiques et sportives définies par la loi n° 84-610 du 16 juillet 1984 relative à l'organisation et à la promotion des activités physiques et sportives, en faveur :

« *a)* Des *(Ord. n° 2006-596 du 23 mai 2006, art. 5)* « associations sportives agréées conformément à l'article L. 121-4 du code du sport » et dans la limite des dix autorisations annuelles *(Ord. n° 2006-596 du 23 mai 2006, art. 5)* « pour chacune desdites associations » qui en fait la demande ;

« *b)* Des organisateurs de manifestations à caractère agricole dans la limite de deux autorisations annuelles par commune ;

« *c)* Des organisateurs de manifestations à caractère touristique dans la limite de quatre autorisations annuelles, au bénéfice des stations classées et des communes touristiques » *(L. n° 2009-888 du 22 juill. 2009, art. 26-III)* « relevant de la section II du chapitre III du titre III du livre Ier du code du tourisme ».

Répression de l'ivresse publique et protection des mineurs

Art. L. 3341-4 *(L. n° 2011-267 du 14 mars 2011, art. 85)* Dans les débits de boissons à consommer sur place dont la fermeture intervient entre 2 heures et 7 heures, un ou plusieurs dispositifs permettant le dépistage de l'imprégnation alcoolique doivent être mis à la disposition du public.

Les modalités d'application du présent article en ce qui concerne notamment le délai de mise à disposition, le nombre des dispositifs et leurs caractéristiques techniques sont fixées par arrêté conjoint des ministres chargés des transports, de l'intérieur et de la santé. – *V. Arr. du 24 août 2011 (JO 1er oct.).*

Art. L. 3342-1 *(L. n° 2009-879 du 21 juill. 2009, art. 93-I)* La vente des boissons alcooliques à des mineurs est interdite. L'offre de ces boissons à titre gratuit à des mineurs est également interdite dans les débits de boissons et tous commerces ou lieux publics. La personne qui délivre la boisson *(L. n° 2016-41 du 26 janv. 2016, art. 12-II)* « exige » du client qu'il établisse la preuve de sa majorité. – *V. CSP, art. L. 3353-3.*

(L. n° 2016-41 du 26 janv. 2016, art. 12-II) « L'offre, à titre gratuit ou onéreux, à un mineur de tout objet incitant directement à la consommation excessive d'alcool est également interdite. Un décret en Conseil d'État fixe les types et les caractéristiques de ces objets. » – *V. CSP, art. R. 3342-1.*

Art. L. 3342-2 *Abrogé par L. n° 2009-879 du 21 juill. 2009, art. 93-I.*

Art. L. 3342-3 Il est interdit de recevoir dans les débits de boissons des mineurs de moins de seize ans qui ne sont pas accompagnés de leur père, mère, tuteur ou toute autre personne de plus de dix-huit ans en ayant la charge ou la surveillance.

Toutefois, les mineurs de plus de treize ans, même non accompagnés, peuvent être reçus dans les débits de boissons assortis d'une licence de 1re catégorie. – *[C. déb. boiss., art. L. 85].*

Art. L. 3342-4 *(L. n° 2009-879 du 21 juill. 2009, art. 93-I)* Une affiche rappelant les dispositions du présent titre est apposée dans les débits de boissons à consommer sur place. Un modèle spécifique doit être apposé dans les débits de boissons à emporter. Les modèles et les lieux d'apposition de ces affiches sont déterminés par arrêté du ministre chargé de la santé. – *V. Arr. du 17 oct. 2016, infra. – Sur les sanctions, V. CSP, art. R. 3353-7.*

Art. R. 3342-1 *(Décr. n° 2016-1329 du 6 oct. 2016, art. 1er)* Les objets visés par l'article L. 3342-1 sont les jeux, vêtements, accessoires de mode, éléments décoratifs, ustensiles et accessoires pour appareils électroniques dont la présentation, le logo, la dénomination ou le slogan incite directement à la consommation excessive d'alcool par un mineur.

Dispositions pénales

Art. L. 3351-1 La mise en circulation ou la vente, pour un fabricant ou importateur de boissons alcooliques, en France ou sur un territoire soumis à l'autorité française, des boissons de troisième, quatrième ou cinquième groupe sans avoir fait la déclaration prévue à l'article L. 3322-1, est punie de 6 000 € d'amende.

La même peine est applicable aux importateurs et fabricants qui livrent lesdites boissons à la circulation ou à la vente sous des conditionnements non revêtus des indications imposées par l'article L. 3322-2 ou qui font figurer sur ces conditionnements les qualifications interdites par ledit article. – *[C. déb. boiss., art. L. 4, al. 1er et 2]. – V. CSP, art. L. 3355-3.*

Art. L. 3351-2 L'importation ou la fabrication, l'achat, la détention ou la mise en circulation en vue de la vente, la mise en vente, la vente ou l'offre à titre gratuit des boissons interdites par l'article L. 3322-3 (1° et 3°) est punie de 9 000 € d'amende.

Toutefois, la vente ou l'offre au détail n'est punie que de 3 750 € d'amende.

Dans tous les cas, la confiscation des produits interdits ou illicites est prononcée.

Les dispositions des alinéas précédents ne s'appliquent pas aux opérations mentionnées, lorsqu'elles sont effectuées en vue de l'exportation. – *[C. déb. boiss., art. L. 5-1].*

Art. L. 3351-3 L'offre à titre gratuit ou la vente par un producteur ou un fabricant, à toute autre personne que celles autorisées par l'article L. 3322-5, d'anéthol ou d'essences pouvant servir à la fabrication de boissons alcooliques, est punie de 3 750 € d'amende.

Le fait pour toute personne autorisée par l'article L. 3322-5 à acheter ces produits, de les revendre sur le marché intérieur, contrairement aux dispositions de cet article, est puni de 3 750 € d'amende.

Le fait pour un pharmacien de délivrer ces produits sans ordonnance médicale, est puni de 3 750 € d'amende. – *[CSP, art. L. 642, al. 1er à 3]. – V. CSP, art. L. 3355-3.*

Art. L. 3351-4 *(Abrogé par Ord. nº 2005-1512 du 7 déc. 2005, art. 24-VI) « Sans préjudice des interdictions mentionnées à l'article 1768 du code général des impôts, »* Le fait de passer outre les interdictions énoncées à l'article L. 3322-5 est puni de six mois d'emprisonnement et de 3 750 € d'amende.

En outre, le tribunal prononce la confiscation des marchandises et des moyens de transport et la fermeture définitive de l'établissement.

Les infractions sont poursuivies et constatées comme en matière de contributions indirectes. – *[CSP, art. L. 642-1].*

Art. L. 3351-5 La vente au détail par un marchand ambulant de boissons des quatrième et cinquième groupes est punie de 3 750 € d'amende. – *[C. déb. boiss., art. L. 11].*

Art. L. 3351-6 La mise à disposition du public d'un appareil automatique distribuant des boissons alcooliques est punie de 3 750 € d'amende.

L'appareil ayant servi à commettre l'infraction est saisi et le tribunal en prononce la confiscation.

(L. nº 2009-526 du 12 mai 2009, art. 123-V) « En cas de récidive, un emprisonnement de six mois peut en outre être prononcé. » – *[C. déb. boiss., art. L. 13-1].*

(L. nº 2009-879 du 21 juill. 2009, art. 94-III) « Le fait de vendre des boissons alcooliques entre 22 heures et 8 heures sans avoir suivi la formation prévue à l'article L. 3332-1-1 est puni de 3 750 € d'amende. »

Art. L. 3351-6-1 *(L. nº 2009-879 du 21 juill. 2009, art. 94-III)* Le fait de vendre des boissons alcooliques dans un point de vente de carburant en dehors des horaires prévus au quatrième alinéa de l'article L. 3322-9 ou d'y vendre des boissons alcooliques réfrigérées est puni de 7 500 € d'amende. La récidive est punie d'un an d'emprisonnement et de 15 000 € d'amende.

Les personnes morales coupables de l'infraction mentionnée au premier alinéa du présent article encourent les peines complémentaires prévues aux 2º, 4º, 8º et 9º de l'article 131-39 du code pénal.

Art. L. 3351-6-2 *(L. nº 2009-879 du 21 juill. 2009, art. 94-III)* Sauf lorsqu'elles sont déclarées ou autorisées dans les conditions prévues à l'article L. 3322-9, ou lorsqu'il s'agit de dégustations en vue de la vente au sens de l'article 1587 du code civil, l'offre à titre gratuit à volonté, dans un but commercial, de boissons alcooliques ainsi que leur vente à titre principal contre une somme forfaitaire sont punies de 7 500 € d'amende. La récidive est punie d'un an d'emprisonnement et de 15 000 € d'amende.

Les personnes physiques coupables de l'infraction mentionnée au premier alinéa du présent article encourent également la peine complémentaire d'interdiction à titre temporaire d'exercer les droits attachés à une licence de débit de boissons à consommer sur place ou à emporter pour une durée d'un an au plus.

Les personnes morales coupables de l'infraction mentionnée au premier alinéa du présent article encourent les peines complémentaires prévues aux 2º, 4º, 8º et 9º de l'article 131-39 du code pénal.

Art. L. 3351-7 Les infractions aux dispositions des articles L. 3323-2, L. 3323-4 à L. 3323-6, relatifs à la publicité des boissons alcooliques, sont punies de 75 000 € d'amende. Le maximum de l'amende peut être porté à 50 % du montant des dépenses consacrées à l'opération illégale.

En cas de récidive, les personnes physiques reconnues coupables de l'infraction mentionnée à l'alinéa précédent peuvent encourir la peine complémentaire d'interdiction, pendant une durée de cinq ans, de vente de la boisson alcoolique qui a fait l'objet de l'opération illégale.

Le tribunal peut, compte tenu des circonstances de fait, décider que les personnes morales sont en totalité ou en partie solidairement responsables du paiement des amendes mises à la charge de leurs dirigeants ou de leurs préposés.

Le tribunal ordonne, s'il y a lieu, la suppression, l'enlèvement ou la confiscation de la publicité interdite aux frais des délinquants.

La cessation de la publicité peut être ordonnée soit sur réquisition du ministère public, soit d'office par le juge d'instruction ou le tribunal saisi des poursuites. La mesure ainsi prise est exécutoire nonobstant toutes voies de recours. Mainlevée peut en être donnée par la juridiction qui l'a ordonnée ou qui est saisie du dossier. La mesure cesse d'avoir effet en cas de décision de non-lieu ou de relaxe.

Les décisions statuant sur les demandes de mainlevée peuvent faire l'objet d'un recours devant la chambre de l'instruction ou devant la cour d'appel selon qu'elles ont été prononcées par un juge d'instruction ou par le tribunal saisi des poursuites.

La chambre de l'instruction ou la cour d'appel statue dans un délai de dix jours à compter de la réception des pièces. — *[C. déb. boiss., art. L. 21].*

1. Notion de publicité illicite. On entend par publicité illicite au sens des art. L. 3323-2, L. 3323-3 et L. 3351-7 CSP tout acte en faveur d'un organisme, d'un service, d'une activité, d'un produit ou d'un article ayant pour effet, quelle qu'en soit la finalité, de rappeler une boisson alcoolique sans satisfaire aux exigences de l'art. L. 3323-4 du même code. • Crim. 3 nov. 2004 : *préc. note 6 ss. art. L. 3323-2.*

2. Auteur de la publicité. Les dispositions des art. L. 3323-4 et L. 3351-7 CSP ne distinguent pas entre les publicités réalisées pour un ensemble de producteurs de boissons alcooliques et celles de l'un d'entre eux. • Paris, 9 juin 2004 : *Gaz. Pal. 2005. 343, note Goni* (Bureau interprofessionnel des vins de Bourgogne). ♦ De même, le fait qu'une publicité collective ne puisse contenir l'ensemble des mentions autorisées n'entraîne pas, à défaut de distinction explicite, l'exclusion de ce type de publicités du champ d'application de ces textes. • Même arrêt.

3. Participation à la réalisation de la publicité. Le délit de l'art. 21 n'exige pas nécessairement une participation à l'élaboration de la publicité illicite, mais seulement une participation intentionnelle à sa réalisation. • Crim. 15 janv. 1980 : *Bull. crim. n° 23; D. 1980. IR 337, obs. Puech.*

4. Participation à une campagne publicitaire. A personnellement commis le délit de publicité illicite l'entrepreneur d'affichages qui a participé à une campagne publicitaire en louant les emplacements sur lesquels ont été apposées des affiches non conformes aux exigences de la législation sur la publicité des boissons alcooliques. • Crim. 23 juin 1983 : *Bull. crim. n° 196.*

Art. L. 3351-8 *(L. n° 2007-1774 du 17 déc. 2007, art. 13-II)* Les agents habilités de la *(L. n° 2011-525 du 17 mai 2011, art. 94-XIII)* « concurrence », de la consommation et de la répression des fraudes veillent au respect *(L. n° 2009-879 du 21 juill. 2009, art. 94-III)* « des articles L. 3322-2, L. 3323-2, L. 3323-4 et L. 3323-6 ainsi que des règlements pris pour leur application ». Ils procèdent à la recherche et à la constatation des infractions ou manquements prévus par ces textes dans les conditions *(Ord. n° 2016-301 du 14 mars 2016, art. 17, en vigueur le 1er juill. 2016)* « prévues à l'article L. 511-5 » du code de la consommation.

....

Art. L. 3353-3 *(L. n° 2009-879 du 21 juill. 2009, art. 93-II)* La vente à des mineurs de boissons alcooliques est punie de 7 500 € d'amende. L'offre de ces boissons à titre gratuit à des mineurs, dans les débits de boissons et tous commerces ou lieux publics, *(L. n° 2016-41 du 26 janv. 2016, art. 12-II)* « ou l'offre, à titre gratuit ou onéreux, à un mineur de tout objet incitant directement à la consommation excessive d'alcool dans les conditions fixées à l'article L. 3342-1 sont punies de la même peine. » — *V. CSP, art. L. 3355-3.*

Le fait de se rendre coupable de l'une des infractions prévues au présent article en ayant ~~été condamné depuis moins de cinq ans pour un délit prévu au présent chapitre~~ *(L. n° 2016-41 du 26 janv. 2016, art. 12-II)* « porte au double le maximum des peines encourues. »

Les personnes physiques coupables de l'une des infractions mentionnées au premier alinéa encourent également la peine complémentaire d'interdiction à titre temporaire d'exercer les droits attachés à une licence de débit de boissons à consommer sur place ou à emporter pour une durée d'un an au plus, et celle de l'obligation d'accomplir un stage de responsabilité parentale, selon les modalités fixées à l'article 131-35-1 du code pénal.

Les personnes morales coupables de l'une des infractions mentionnées au premier alinéa encourent les peines complémentaires prévues aux 2°, 4°, 8° et 9° de l'article 131-39 du code pénal.

Art. L. 3353-4 *(L. nº 2016-41 du 26 janv. 2016, art. 12-II)* Le fait de provoquer directement un mineur à la consommation excessive d'alcool et le fait de provoquer directement un mineur à la consommation habituelle d'alcool sont réprimés par l'article 227-19 du code pénal.

Art. L. 3353-5 Dans les cas prévus au présent chapitre, le prévenu peut prouver qu'il a été induit en erreur sur l'âge du mineur, sur la qualité ou l'âge de la personne l'accompagnant ou encore sur l'état du malade. S'il fait cette preuve, aucune peine ne lui sera applicable de ce chef. – *[C. déb. boiss., art. L. 87].*

....

Art. R. 3351-1 Le fait pour les entrepositaires non fabricants ou importateurs et les détaillants de mettre en vente ou d'offrir, à titre gratuit, des boissons alcooliques dont l'étiquette ne porte pas les indications requises ou porte des indications interdites par le livre III de la présente partie est puni de l'amende prévue pour les contraventions de la 2e classe.

Art. R. 3351-2 Le fait pour un débitant de boissons à consommer sur place de ne pas avoir installé un étalage de boissons non alcooliques mises en vente dans son établissement dans les conditions prévues à l'article L. 3323-1 est puni de l'amende prévue pour les contraventions de la 4e classe.

(Décr. nº 2010-465 du 6 mai 2010, art. 1er) « Le fait pour un débitant de boissons de ne pas proposer à prix réduit, dans des conditions équivalentes, les boissons non alcooliques énumérées au deuxième alinéa de l'article L. 3323-1, pendant la période restreinte prévue au dernier alinéa du même article durant laquelle il propose des boissons alcooliques à prix réduit, est puni de la même peine.

« Le fait pour ce débitant de ne pas annoncer la réduction de prix portant sur l'offre de boissons non alcooliques dans des conditions équivalentes à celles proposées pour les boissons alcooliques est puni de la même peine. »

....

Art. R. 3353-5 Le fait pour un débitant de boissons à consommer sur place ou à emporter de vendre au détail, à crédit, soit au verre, soit en bouteilles, des boissons des troisième, quatrième et cinquième groupes est puni de l'amende prévue pour les contraventions de la 4e classe.

(Abrogé par Décr. nº 2017-933 du 10 mai 2017, art. 2) ***« Est puni des mêmes peines le fait pour un débitant de boissons à consommer sur place, de vendre au détail à crédit, soit au verre, soit en bouteilles, des boissons du deuxième groupe. »***

Art. R. 3353-5-1 *(Décr. nº 2007-794 du 10 mai 2007, art. 1er)* Est puni de l'amende prévue pour les contraventions de la quatrième classe le fait de vendre des boissons alcoolisées à consommer sur place ou à emporter en violation des interdictions ou obligations édictées par arrêté.

Art. R. 3353-6 *Abrogé par Décr. nº 2010-465 du 6 mai 2010, art. 2.*

Art. R. 3353-7 *(Décr. nº 2010-465 du 6 mai 2010, art. 2)* I. – Est puni de l'amende prévue pour les contraventions de la deuxième classe le fait, pour un débitant de boissons :

1° De ne pas placer à l'endroit indiqué l'affiche prévue à l'article L. 3342-4 ;

2° D'apposer des affiches d'un autre modèle que celui défini au même article.

II. – Est puni de la même peine le fait de détruire, de lacérer ou d'altérer l'affiche mentionnée au 1° du I.

Dispositions communes

Art. L. 3355-1 Les associations dont l'objet statutaire comporte la lutte contre l'alcoolisme, régulièrement déclarées depuis au moins cinq ans à la date des faits, peuvent exercer les droits reconnus à la partie civile pour les infractions prévues au présent titre. – *[C. déb. boiss., art. L. 96].*

(L. nº 2004-806 du 9 août 2004, art. 43) **« Peuvent exercer les mêmes droits les associations de consommateurs mentionnées à l'article** *(Ord. nº 2016-301 du 14 mars 2016, art. 2, en vigueur le 1er juill. 2016)* **« L. 621-1 » du code de la consommation pour les infractions prévues au chapitre Ier du présent titre ainsi que les associations familiales mentionnées aux articles L. 211-1 et L. 211-2 du code de l'action sociale et des familles pour les infractions prévues aux chapitres Ier et III du présent titre. »**

Préjudice. Le fait que l'organisation d'une campagne publicitaire illicite pour une boisson alcoolique aux vertus prétendument apéritives a contrarié l'action du comité de défense contre l'alcoolisme qui tend à mettre en garde le public contre les abus de l'alcool et lui a ainsi causé un préjudice distinct du préjudice social dont le ministère public poursuit la réparation, justifie l'allocation de dommages-intérêts à ce comité constitué partie civile. • Crim. 23 juin 1983 : *Bull. crim. nº 195.* ♦ V. déjà : • Crim. 2 mars 1960 : *Bull. crim. nº 128.* ♦ Il en va de même pour une ligue antialcoolique en cas d'ouverture illicite d'un débit de boissons. • Crim. 19 mars 1975 : *Bull. crim. nº 83.* ♦ Toutefois, les demandes tendant à la réparation du préjudice causé par ces infractions à ces associations ne sauraient être accueillies que lorsqu'il est justifié d'un préjudice direct. • Crim. 8 janv. 1976 : *Bull. crim. nº 6.* ♦ En raison de la spécificité de son but et l'objet de sa mission, une association de lutte contre l'alcoolisme, qui tient de l'art. L. 96 C. déb. boiss. le pouvoir d'exercer les droits reconnus à la partie civile, peut exercer son action devant la juridiction civile, dès lors qu'elle subit, du seul fait d'une publicité illicite en faveur de l'alcool, un préjudice direct et personnel. Ainsi en est-il d'une association, ayant pour but la prévention de l'alcoolisation, l'amélioration et l'application de la législation en la matière, pour un préjudice occasionné par un affichage publicitaire contrevenant, selon elle, aux dispositions du code des débits de boissons et contraire à son objet statutaire. • Civ. 2e, 25 juin 1998 : *Bull. civ. II, nº 228 ; D. 1998. IR 181 ; D. Affaires 1998. 1479, obs. V. A.-R. ; JCP 1998. II. 10204, note Boré ; Gaz. Pal. 25-26 nov. 1998, p. 21, note Veyssière.* ♦ ... Et si les juges précisent la nature du dommage qui lui est causé. • Crim. 23 juin 1983 : *Bull. crim. nº 196.*

Art. L. 3355-3 Les personnes reconnues coupables de l'une des infractions prévues aux articles L. 3351-1, L. 3351-3, L. 3352-1, L. 3352-5 et au premier alinéa de l'article L. 3353-3 encourent la peine complémentaire d'interdiction des droits civiques, civils et de famille mentionnés à l'article 131-26 du code pénal pour une durée d'un an au moins et de cinq ans au plus. — *[C. déb. boiss., art. L. 4, al. 3, L. 48, al. 3, L. 81, al. 2 ; CSP, art. L. 642, al. 5].*

Décret nº 60-296 du 28 mars 1960,

Portant règlement d'administration publique, en ce qui concerne la vente au détail des boissons, pour l'application de la loi du 1er août 1905 sur la répression des fraudes.

V. ce texte, vº Jus de fruits, sirops.

Règlement (CE) nº 1014/90 de la Commission du 24 avril 1990,

Portant modalités d'application pour la définition, la désignation et la présentation des boissons spiritueuses (JOCE L 105 du 25 avr. 1990).

Arrêté du 16 novembre 1999,

Relatif à la publicité, à l'égard du consommateur, des prix de vente à l'unité de mesure de certains produits préemballés.

V. ce texte, vº Prix (publicité).

Règlement (CE) nº 110/2008 du Parlement européen et du Conseil du 15 janvier 2008,

Concernant la définition, la désignation, la présentation, l'étiquetage et la protection des indications géographiques des boissons spiritueuses et abrogeant le règlement (CEE) nº 1576/89 du Conseil (JOUE L 39 du 13 févr. 2008).

Règlement d'exécution (UE) n° 716/2013 de la Commission du 25 juillet 2013,

Portant modalités d'application du règlement (CE) n° 110/2008 du Parlement européen et du Conseil concernant la définition, la désignation, la présentation, l'étiquetage et la protection des indications géographiques des boissons spiritueuses (JOUE L 201 du 26 juill. 2013) 🏛.

BIBL. ▶ VISSE-CAUSSE, *RD rur. 2014, n° 4* (l'usage et l'enregistrement d'une indication géographique d'une boisson spiritueuse précisés par la Commission).

Arrêté du 17 octobre 2016,

Fixant les modèles et lieux d'apposition des affiches prévues par l'article L. 3342-4 du code de la santé publique.

Art. 1er **L'affiche prévue par l'article L. 3342-4 du code de la santé publique pour les débits de boissons à consommer sur place reproduit le modèle figurant en annexe 1 du présent arrêté.**

Elle est apposée à l'intérieur de l'établissement, de manière à être immédiatement visible par la clientèle soit à proximité de l'entrée, soit à proximité du comptoir.

Art. 2 **L'affiche prévue par l'article L. 3342-4 du code de la santé publique pour les débits de boissons à emporter, autres que les sites de vente en ligne et les points de vente de carburant, reproduit le modèle figurant en annexe 2.**

Pour les points de vente de carburant, cette affiche reproduit le modèle figurant en annexe 3.

Dans les deux cas, elle est apposée à l'intérieur de l'établissement de manière à être immédiatement visible par la clientèle, aux rayons présentant des boissons alcooliques ainsi qu'aux caisses enregistreuses de l'établissement.

Art. 3 **Les affiches mentionnées aux articles 1er et 2 doivent respecter les dispositions graphiques prévues en annexe 5 du présent arrêté.**

Art. 4 **L'affiche prévue par l'article L. 3342-4 du code de la santé publique pour les sites de vente de boissons alcooliques en ligne, dont l'activité est assimilé** *[assimilée]* **à de la vente à emporter au sens de l'article L. 3331-4 du même code, reproduit le modèle figurant en annexe 4. Le message d'information avertissant que la vente d'alcool est interdite aux mineurs de moins de 18 ans est affiché sur les sites de vente en ligne de boissons alcooliques, sur les pages d'accueil et de paiement. Ce message ne peut être modifié, il est fixe et visible. Son contenu ne peut pas être altéré.**

Art. 5 **L'affiche mentionnée à l'article 4 doit respecter les dispositions graphiques prévues en annexe 6 du présent arrêté.**

Art. 6 **Le présent arrêté entre en vigueur au premier jour du deuxième mois suivant sa publication** *[JO 22 oct. 2016]*.

Art. 7 **L'arrêté du 27 janvier 2010 fixant les modèles et lieux d'apposition des affiches prévues par l'article L. 3342-4 du code de la santé publique est abrogé.** — *V. cet Arr. au* **C. consom.**, *éd. 2016 ou antérieures.*

ANNEXES

ANNEXE 1

MODÈLE D'AFFICHE À APPOSER DANS LES DÉBITS DE BOISSONS À CONSOMMER SUR PLACE

PROTECTION DES MINEURS ET RÉPRESSION DE L'IVRESSE PUBLIQUE

IL EST INTERDIT DE VENDRE DE L'ALCOOL À DES MINEURS DE MOINS DE 18 ANS.

La personne qui délivre la boisson exige du client une preuve de sa majorité, notamment par la production d'une pièce d'identité.

Il est interdit d'offrir de l'alcool à titre gratuit à des mineurs dans les débits de boissons et tous commerces ou lieux publics.

Il est interdit de recevoir dans les débits de boissons des mineurs de moins de seize ans qui ne sont pas accompagnés de l'un de leur parent ou d'un majeur reponsable.

CODE DE LA SANTÉ PUBLIQUE : ART. L. 3342-1, L. 3342-3, L. 3353-3

IL EST INTERDIT DE PROPOSER DES BOISSONS ALCOOLIQUES À PRIX RÉDUITS PENDANT UNE PÉRIODE RESTREINTE ("HAPPY HOURS") SANS PROPOSER ÉGALEMENT SUR LA MÊME PÉRIODE DES BOISSONS SANS ALCOOL À PRIX RÉDUITS.

CODE DE LA SANTÉ PUBLIQUE : ART. L. 3323-1, R. 3351-2

IL EST INTERDIT AUX DEBITANTS DE BOISSONS DE DONNER À BOIRE À DES PERSONNES MANIFESTEMENT IVRES OU DE LES RECEVOIR DANS LEURS ÉTABLISSEMENTS.

CODE DE LA SANTÉ PUBLIQUE : ART. R. 3353-2

IL EST INTERDIT DE SE TROUVER EN ÉTAT D'IVRESSE MANIFESTE DANS LES LIEUX PUBLICS.

CODE DE LA SANTÉ PUBLIQUE : ART. L. 3341-1, R. 3353-1

LE NON RESPECT DE CES INTERDICTIONS EST PASSIBLE DE POURSUITES JUDICIAIRES.

AOÛT 2016

ANNEXE 2

Modèle d'affiche à apposer dans les débits de boissons à emporter autres que les sites de vente en ligne et les points de vente de carburant

Liberté • Égalité • Fraternité
RÉPUBLIQUE FRANÇAISE

PROTECTION DES MINEURS ET RÉPRESSION DE L'IVRESSE PUBLIQUE

IL EST INTERDIT DE VENDRE DE L'ALCOOL À DES MINEURS DE MOINS DE 18 ANS.

La personne qui délivre la boisson exige du client une preuve de sa majorité, notamment par la production d'une pièce d'identité.

Il est interdit d'offrir de l'alcool à titre gratuit à des mineurs dans les débits de boissons et tous commerces ou lieux publics.

CODE DE LA SANTÉ PUBLIQUE : ART.L. 3342-1, L.3353-3

IL EST INTERDIT DE VENDRE À CRÉDIT DES BOISSONS ALCOOLIQUES.

CODE DE LA SANTÉ PUBLIQUE : ART.L. 3322-9, R.3353-5

IL EST INTERDIT DE SE TROUVER EN ÉTAT D'IVRESSE MANIFESTE DANS LES LIEUX PUBLICS.

CODE DE LA SANTÉ PUBLIQUE : ART.L.3341-1, R. 3353-1

LE NON RESPECT DE CES INTERDICTIONS EST PASSIBLE DE POURSUITES JUDICIAIRES.

AOÛT 2016

ANNEXE 3

MODÈLE D'AFFICHE À APPOSER DANS LES POINTS DE VENTE DE CARBURANT

Liberté • Égalité • Fraternité
RÉPUBLIQUE FRANÇAISE

PROTECTION DES MINEURS ET RÉPRESSION DE L'IVRESSE PUBLIQUE

IL EST INTERDIT DE VENDRE DE L'ALCOOL À DES MINEURS DE MOINS DE 18 ANS.

La personne qui délivre la boisson exige du client une preuve de sa majorité, notamment par la production d'une pièce d'identité.

Il est interdit d'offrir de l'alcool à titre gratuit à des mineurs dans les débits de boissons et tous commerces ou lieux publics.

CODE DE LA SANTÉ PUBLIQUE : ART. L. 3342-1, L. 3353-3

IL EST INTERDIT DE VENDRE DES BOISSONS ALCOOLIQUES RÉFRIGÉRÉES DANS LES POINTS DE VENTE DE CARBURANT.

CODE DE LA SANTÉ PUBLIQUE : ART. L. 3322-9, L. 3351-6-1

IL EST INTERDIT DE VENDRE DES BOISSONS ALCOOLIQUES À EMPORTER, ENTRE 18H ET 8H, DANS LES POINTS DE VENTE DE CARBURANT.

CODE DE LA SANTÉ PUBLIQUE : ART. L. 3322-9, L. 3351-6-1

IL EST INTERDIT DE VENDRE À CRÉDIT DES BOISSONS ALCOOLIQUES.

CODE DE LA SANTÉ PUBLIQUE : ART. L. 3322-9, R. 3353-5

IL EST INTERDIT DE SE TROUVER EN ÉTAT D'IVRESSE MANIFESTE DANS LES LIEUX PUBLICS.

CODE DE LA SANTÉ PUBLIQUE : ART. L. 3341-1, R. 3353-1

LE NON RESPECT DE CES INTERDICTIONS EST PASSIBLE DE POURSUITES JUDICIAIRES.

AOÛT 2016

ANNEXE 4

Modèle de bandeau informatif devant figurer sur les sites de vente en ligne

Interdiction de vente de boissons alcooliques aux mineurs de moins de 18 ans

La preuve de majorité de l'acheteur est exigée au moment de la vente en ligne.

CODE DE LA SANTÉ PUBLIQUE, ART. L. 3342-1 et L. 3353-3

ANNEXE 5

Dispositions graphiques des modèles d'affiches à apposer dans les débits de boissons à consommer sur place, les points de vente du carburant et les débits de boissons à emporter autres que les sites de vente en ligne

Ces modèles doivent être imprimés en l'état, ils ne doivent ni ne peuvent en aucun cas être modifiés.

Ces modèles sont libres d'impression sur n'importe quel support papier, plastique, autocollant, etc.

Ces modèles doivent être imprimés au format minimum de :

29,7 × 21 cm (A4) pour les affiches prévues à l'annexe 1 et pour les affiches prévues aux annexes 2 et 3 qui doivent être apposées à proximité des rayons présentant des boissons alcooliques ;

14,8 × 21 cm (A5) pour les affiches prévues aux annexes 2 et 3 qui doivent être apposées aux caisses enregistreuses, sans limites d'agrandissement homothétique.

En aucun cas, les couleurs et typographies ne peuvent différer des références suivantes :

Couleurs :

Bleu :

Références quadrichromie :

C : 100.

M : 80.

J : 00.

N : 00.

Rouge :

Références quadrichromie :

C : 00.

M : 100.

J : 100.

N : 00.

Noir : Process Black C.

Gris : noir 50 %.

Typographie : Gillsans bold et Gillsans regular.

ANNEXE 6

Dispositions graphiques du message informatif devant figurer sur les sites de vente en ligne

La typographie utilisée : Helvetica Neue.

Helvetica Neue Gras : texte de 1er niveau.

Helvetica Neue Regular : texte de 2e niveau.

Helvetica Neue Medium : texte de 3e niveau (références juridiques).

Le texte est composé sur un fond blanc en caractères noirs à 100 %.

Le texte est encadré d'un filet d'une épaisseur minimum de 3 pt, ajusté de bord à bord.

Le texte de 1er et de 2e niveau est centré, le texte de 3e niveau est ferré à droite dans l'alignement du texte du 1er niveau.

Un blanc tournant doit être respecté à l'intérieur du cadre.

Le principe de composition doit respecter la logique graphique et l'homothétie.

Le bandeau d'information est d'une hauteur minimale de 60 pixels.

Le bandeau d'information doit occuper toute la largeur des pages d'accueil et de paiement des sites de vente en ligne.

Décret n° 2016-1757 du 16 décembre 2016,

Relatif à l'étiquetage des boissons spiritueuses, à leur composition et à leurs conditions d'élaboration.

Art. 1er **I. — L'étiquetage des boissons spiritueuses portant une indication géographique enregistrée à l'annexe III du règlement du 15 janvier 2008 susvisé** *[concernant la définition, la désignation, la présentation, l'étiquetage et la protection des indications géographiques des boissons spiritueuses]* **peut comporter des mentions relatives au vieillissement, lequel, exprimé en nombre de mois ou d'années, correspond à une durée minimale d'élevage en récipients de bois. Ces mentions sont apposées suivant les conditions fixées à l'annexe au présent décret.**

II. — Les boissons spiritueuses sont regroupées, en vue du contrôle du vieillissement, dans un compte d'âges ou compte de vieillissement en fonction du nombre de mois ou d'années minimal requis.

III. — La mention du millésime peut figurer sur l'étiquetage d'une boisson spiritueuse lorsque la récolte des matières premières et la distillation ont eu lieu au cours d'une même campagne. L'année mentionnée correspond soit à l'année de récolte des matières premières, soit à l'année de la distillation.

Art. 2 *V. Décr. du 19 août 1921, art. 3, 7, 8, 8-1, 9, 12, 14, 16, 17, v° Vins.*

Art. 3 *V. Décr. n° 86-208 du 11 févr. 1986, v° Cidres, poirés.*

Art. 4 **Il est interdit d'exporter, de détenir en vue de la vente ou de la distribution à titre gratuit, de vendre, de mettre en vente ou de distribuer à titre gratuit des boissons spiritueuses, définies à l'article 2 du règlement du 15 janvier 2008 susvisé, qui ne satisfont pas aux mentions et règles fixées par l'article 1er du présent décret.**

Art. 5 **Les boissons spiritueuses légalement fabriquées et commercialisées dans un autre État membre de l'Union européenne ou en Turquie ou légalement fabriquées dans un autre État partie à l'accord sur l'Espace économique européen ne sont pas soumises aux exigences du présent décret. Ces boissons peuvent être importées et commercialisées en France avec l'une des mentions prévues à l'article 1er du présent décret ou des mentions analogues.**

Art. 6 **Les dispositions des articles 1er à 5 entrent en vigueur le 1er janvier 2017.**

Les boissons spiritueuses mises sur le marché ou étiquetées avant le 1er janvier 2017 et qui sont conformes à la réglementation en vigueur jusqu'à cette date peuvent être commercialisées jusqu'à épuisement des stocks.

ANNEXE

Les mentions relatives au vieillissement peuvent être apposées conformément aux indications suivantes :

Rhum :

DURÉE DE VIEILLISSEMENT	MENTIONS
Vieillissement égal ou supérieur à 6 mois	Brun
Vieillissement égal ou supérieur à 1 an	Élevé sous bois
Vieillissement égal ou supérieur à 3 ans	Vieux Très vieux, Very old, VO
Vieillissement égal ou supérieur à 4 ans	Vieille réserve Réserve spéciale Cuvée spéciale VSOP
Vieillissement égal ou supérieur à 6 ans	Millésime aaaa Hors d'âge Extra vieux, Extra old, XO Grande réserve

Eau-de-vie de vin :

DURÉE DE VIEILLISSEMENT	MENTIONS
Vieillissement égal ou supérieur à 1 an	Millésime aaaa Trois étoiles Signature Tradition De luxe Sélection Spécial Very special, VS
Vieillissement égal ou supérieur à 3 ans	Vieux, Vieille, Old Supérieur Qualité supérieure Cuvée supérieure Réserve
Vieillissement égal ou supérieur à 4 ans	Très vieux, Très vieille, Very old, VO Vieille réserve Rare Royal Roi VSOP
Vieillissement égal ou supérieur à 6 ans	Hors d'âge Très vieille réserve Ancestral Ancêtre Napoléon Très rare Extra Impérial Héritage Excellence Suprême Or XO Gold

Eau-de-vie de marc de raisin :

DURÉE DE VIEILLISSEMENT	MENTIONS
Vieillissement égal ou supérieur à 3 ans	Vieux VS
Vieillissement égal ou supérieur à 6 ans	Très vieux VSOP
Vieillissement égal ou supérieur à 10 ans	Millésime aaaa Hors d'âge XO

Eau-de-vie de cidre et de poiré :

DURÉE DE VIEILLISSEMENT	MENTIONS
Vieillissement égal ou supérieur à 2 ans	Millésime aaaa Trois étoiles Trois pommes VS
Vieillissement égal ou supérieur à 3 ans	Vieux Réserve
Vieillissement égal ou supérieur à 4 ans	Très vieux, Very old, VO Vieille réserve VSOP

DURÉE DE VIEILLISSEMENT	MENTIONS
Vieillissement égal ou supérieur à 6 ans	Hors d'âge Très vieille réserve Napoléon Extra Extra old, XO

BRONZAGE (APPAREILS DE)

Décret n° 2013-1261 du 27 décembre 2013,

Relatif à la vente et à la mise à disposition du public de certains appareils utilisant des rayonnements ultraviolets.

CHAPITRE PREMIER *Définitions et dispositions générales*

Art. 1er Les appareils émettant des rayonnements ultraviolets destinés à exercer une action sur la peau relèvent des quatre catégories suivantes :

1° Appareil de type UV1 : appareil comportant un émetteur UV tel que l'effet biologique est causé par des rayonnements de longueurs d'ondes supérieures à 320 nm et caractérisé par un éclairement élevé dans la gamme de 320 nm à 400 nm, et dont l'éclairement effectif est inférieur à 0,000 5 W/m² pour les longueurs d'ondes de 250 à 320 nm, et supérieur ou égal à 0,15 W/m² pour les longueurs d'ondes de 320 à 400 nm ;

2° Appareil de type UV2 : appareil comportant un émetteur UV tel que l'effet biologique est causé par des rayonnements de longueurs d'ondes inférieures et supérieures à 320 nm et caractérisé par un éclairement élevé dans la gamme de 320 nm à 400 nm, et dont l'éclairement effectif est situé entre 0,000 5 et 0,15 W/m² pour les longueurs d'ondes de 250 à 320 nm, et supérieur ou égal à 0,15 W/m² pour les longueurs d'ondes de 320 à 400 nm ;

3° Appareil de type UV3 : appareil comportant un émetteur UV tel que l'effet biologique est causé par des rayonnements de longueurs d'ondes inférieures et supérieures à 320 nm et caractérisé par un éclairement limité sur toute la bande de rayonnement UV, et dont l'éclairement effectif est inférieur à 0,15 W/m² pour les longueurs d'ondes de 250 à 320 nm, et inférieur à 0,15 W/m² pour les longueurs d'ondes de 320 à 400 nm ;

4° Appareil de type UV4 : appareil comportant un émetteur UV tel que l'effet biologique est principalement causé par des rayonnements de longueurs d'ondes inférieures à 320 nm et dont l'éclairement effectif est supérieur ou égal à 0,15 W/m² pour les longueurs d'ondes de 250 à 320 nm, et inférieur à 0,15 W/m² pour les longueurs d'ondes de 320 à 400 nm.

Art. 2 Les appareils de type UV2 et UV4 sont réservés à un usage thérapeutique. Ils ne peuvent être vendus au public ni mis à sa disposition.

Les appareils de type UV1 sont réservés à un usage professionnel dans le domaine de l'esthétique. Leur vente au public est interdite.

Les appareils émettant des rayonnements ultraviolets des catégories UV1 et UV3 définies respectivement au 1° et au 3° de l'article 1er sont dénommés "appareils de bronzage". Leur mise sur le marché, leur détention, leur cession, leur mise à disposition du public, leur utilisation et leur contrôle sont régis par les dispositions du présent décret.

Art. 3 *(Décr. n° 2016-1848 du 23 déc. 2016, art. 1er)* On entend par :

1° Professionnel qui met un appareil de bronzage à disposition du public ou qui participe à cette mise à disposition : toute personne qui participe à la délivrance de la prestation de bronzage artificiel au consommateur ou de toute autre prestation associée ;

2° Exploitant : toute personne qui gère un établissement dans lequel un appareil de bronzage est mis à disposition du public.

CHAPITRE II *Dispositions relatives à la formation préalable de toute personne qui met un appareil de bronzage à disposition du public ou qui participe à sa mise à disposition* (Décr. n° 2016-1848 du 23 déc. 2016, art. 2-I).

Art. 4 *(Décr. n° 2016-1848 du 23 déc. 2016, art. 2-II)* Toute personne mentionnée au 1° de l'article 3 du présent décret est titulaire de l'attestation de compétence en cours de validité délivrée à l'issue, soit d'une première formation, soit d'une formation de renouvellement.

Ces formations ont pour objet de lui apporter les connaissances relatives, d'une part, aux effets biologiques des rayonnements ultraviolets artificiels et aux risques sanitaires liés à l'exposition à ces rayonnements ainsi que, d'autre part, à la réglementation en la matière.

A l'issue de la première formation, l'attestation de compétence est délivrée dans les conditions prévues à l'article 6 du présent décret. La durée de validité de cette attestation est de cinq ans à compter de la date de sa délivrance.

Le titulaire de cette attestation qui souhaite poursuivre son activité relative à la mise à disposition du public d'un appareil de bronzage ou à la participation à cette mise à disposition renouvelle sa formation pour obtenir le renouvellement de son attestation de compétence avant l'expiration du délai de validité de celle-ci.

Lorsqu'une personne mentionnée au 1° de l'article 3 du présent décret, à l'issue de la date de validité de son attestation de compétence, cesse cette activité pendant une durée égale ou supérieure à deux ans, elle suit une première formation en vue d'obtenir une attestation de compétence.

Art. 5 *(Décr. nº 2016-1848 du 23 déc. 2016, art. 3)* I. — 1° La première formation prévue à l'article 4 du présent décret est intégrée aux formations préparant aux diplômes de l'éducation nationale et de l'enseignement supérieur exigés pour l'exercice du métier d'esthéticien, lorsqu'elles sont dispensées par :

a) Les établissements publics locaux d'enseignement mentionnés à l'article L. 421-1 du code de l'éducation ;

b) Les établissements d'enseignement privés ayant conclu avec l'État le contrat mentionné à l'article L. 442-5 du même code ;

c) Les centres de formation d'apprentis mentionnés à l'article L. 6231-1 du code du travail ;

d) Le Centre national d'enseignement à distance mentionné à l'article R. 426-1 du code de l'éducation ;

2° La première formation et la formation de renouvellement prévues à l'article 4 du présent décret peuvent être dispensées par les organismes de formation professionnelle continue mentionnés à l'article L. 6351-1 du code du travail.

(Décr. nº 2017-704 du 2 mai 2017, art. 1er) « La première formation peut également être dispensée dans le cadre de la formation initiale préparant aux diplômes de l'éducation nationale et de l'enseignement supérieur exigés pour l'exercice du métier d'esthéticien par tout organisme non mentionné au 1°.

« Les organismes mentionnés au premier et au deuxième alinéas *[alinéa]* sont certifiés pour dispenser les prestations de formation respectives par un organisme certificateur, accrédité à cet effet par le Comité français d'accréditation ou tout autre organisme d'accréditation équivalent européen signataire de l'accord multilatéral pris dans le cadre de la coordination européenne des organismes d'accréditation. »

II. — Les exigences de compétences et de respect des contenus, des durées et des référentiels de formation auxquelles sont soumis les organismes de formation mentionnés au 2° du I pour obtenir la certification sont précisées par un arrêté conjoint des ministres chargés de la santé, de la consommation, de l'éducation nationale, de l'enseignement supérieur et de l'économie. Cet arrêté fixe le contenu du dossier de demande de certification présenté par l'organisme de formation.

III. — Les obligations d'indépendance et de compétences exigées des organismes certificateurs des organismes de formation mentionnés au 2° du I sont précisées par arrêté conjoint des ministres chargés de la santé, de la consommation, de l'éducation nationale, de l'enseignement supérieur et de l'économie.

Art. 6 *(Décr. nº 2016-1848 du 23 déc. 2016, art. 4)* I. — L'organisme de formation certifié dispense une première formation dont la durée ne peut être inférieure à vingt-cinq heures et dont le programme comporte les connaissances mentionnées au premier alinéa de l'article 4.

Les contenus de cette formation sont inclus dans les référentiels des diplômes délivrés par les ministres chargés de l'éducation nationale et de l'enseignement supérieur exigés pour l'exercice du métier d'esthéticien mentionnés au 1° du I de l'article 5.

II. — L'organisme de formation certifié organise, à l'issue de la première formation, un contrôle des connaissances théoriques et une épreuve pratique s'appuyant sur une mise en situation professionnelle. Ce contrôle porte sur l'ensemble du programme de la première formation.

A l'issue de la première formation, l'organisme de formation certifié délivre une attestation de compétence aux candidats ayant satisfait à ce contrôle des connaissances.

III. — L'organisme de formation certifié mentionné au 2° du I de l'article 5 dispense une formation de renouvellement. La durée de cette formation ne peut être inférieure à dix heures et son programme comporte les connaissances mentionnées au premier alinéa de l'article 4.

A l'issue de la formation de renouvellement, l'organisme de formation certifié délivre l'attestation de compétence aux candidats ayant participé à l'intégralité de la formation.

IV. — Lorsqu'une personne obtient l'un des diplômes de l'éducation nationale et de l'enseignement supérieur exigé pour l'exercice du métier d'esthéticien après avoir suivi une formation dans l'un des établissements mentionnés au 1° du I de l'article 5, l'attestation de compétence sanctionnant la première formation lui est délivrée de plein droit par la même autorité que celle délivrant le diplôme.

V. — Un arrêté conjoint des ministres chargés de la santé, de la consommation, de l'éducation nationale, de l'enseignement supérieur et de l'économie, fixe :

1° Le contenu et la durée de la première formation et de la formation de renouvellement respectivement prévues aux I et III ;

2° Les modalités de contrôle des connaissances théoriques et de l'épreuve pratique en vue de l'obtention de l'attestation de compétence sanctionnant la première formation prévue au II ;

3° Les modèles de l'attestation de compétence sanctionnant la première formation et la formation de renouvellement respectivement prévues aux I et III.

CHAPITRE III *Dispositions relatives aux conditions d'utilisation et de commercialisation des appareils de bronzage*

Art. 7 Les appareils de bronzage sont mis à la disposition du public, à titre gratuit ou onéreux, et leurs conditions d'utilisation doivent être conformes aux règles de l'art prévalant en matière de sécurité définies *(Décr. n° 2015-1083 du 27 août 2015, art. 17, en vigueur le 20 avr. 2016)* « au décret n° 2015-1083 du 27 août 2015 *[ancienne rédaction : aux articles 2 à 4 du décret [n° 95-1081] du 3 octobre 1995 susvisé]* ». — *V. ce texte, v° Énergie domestique.*

Art. 8 L'exploitant d'un appareil de bronzage est tenu de mettre à la disposition de chaque personne exposée aux rayonnements ultraviolets de l'appareil des lunettes assurant une protection appropriée des yeux conformes aux normes.

Art. 9 Lorsqu'il est utilisé un mode de preuve de conformité aux règles de l'art prévalant en matière de sécurité autres que celles mentionnées à l'article 7, le corps de l'appareil de bronzage doit comporter, en caractères apparents et indélébiles, les mentions d'avertissement obligatoires dont le contenu, la mise en garde de caractère sanitaire et la taille sont précisés par arrêté conjoint des ministres chargés de la santé et de la consommation.

Art. 10 Les émetteurs UV installés sur les appareils de bronzage sont marqués sur leur surface d'un code, destiné à la traçabilité et au contrôle de ces émetteurs. Les éléments composant ce code et qui permettent d'identifier l'appareil sur lequel l'émetteur est installé sont précisés par arrêté conjoint des ministres chargés de la santé et de la consommation. — *V. art. 21-II.*

Art. 11 L'éclairement énergétique des appareils de bronzage mis à la disposition du public et qui émettent des rayonnements de longueur d'onde inférieure ou égale à 320 nanomètres doit tout au long de son utilisation rester inférieur à 1,5 % de l'éclairement énergétique UV total qu'ils émettent. Les caractéristiques techniques des appareils ne doivent pas être modifiées par l'utilisateur ou par l'exploitant.

CHAPITRE IV *Dispositions relatives à l'information et aux avertissements aux utilisateurs et acheteurs d'appareils de bronzage*

Art. 12 Une notice d'emploi est remise à tout acheteur ainsi qu'à tout utilisateur professionnel d'un appareil de bronzage. Cette notice comporte :

1° Les risques pour la santé entraînés par l'exposition aux rayonnements ultraviolets artificiels, notamment pour certaines personnes ;

2° Les recommandations d'utilisation maximum par utilisateur et d'espacement des séances ;

3° Les interdictions d'utilisation, s'agissant des personnes âgées de moins de dix-huit ans ;

4° Les effets photosensibilisants de certains médicaments ou produits cosmétiques et le conseil aux consommateurs de prendre à ce sujet, en cas de doute, l'avis de leur médecin ou de leur pharmacien.

Le contenu de la notice est précisé par arrêté conjoint des ministres chargés de la santé et de la consommation.

Art. 13 I. — Toute mise à disposition d'un appareil de bronzage est accompagnée d'un avertissement relatif à son utilisation figurant à proximité et de façon visible pour le public. Cet avertissement comporte :

1° Les risques pour la santé entraînés par l'exposition aux rayonnements ultraviolets artificiels, notamment pour certaines personnes ;

2° Les recommandations d'utilisation maximum par utilisateur et d'espacement des séances ;

3° Les interdictions d'utilisation, s'agissant des personnes âgées de moins de dix-huit ans ;

4° Les effets photosensibilisants de certains médicaments ou produits cosmétiques et le conseil aux consommateurs de prendre à ce sujet, en cas de doute, l'avis de leur médecin ou de leur pharmacien.

II. — Lors de la vente au public des appareils de bronzage de type UV3, l'avertissement mentionné au I est inclus dans la notice d'emploi de l'appareil de bronzage prévue à l'article 12.

III. — Le contenu, l'emplacement et la taille de l'avertissement prévu au I sont précisés par arrêté conjoint des ministres chargés de la santé et de la consommation.

Art. 14 Toute publicité relative aux appareils de bronzage ou à une prestation de service incluant l'utilisation d'un appareil de bronzage, ainsi que toute présentation à la vente d'un tel appareil, est accompagnée d'un avertissement sur les risques pour la santé liés à l'exposition aux rayonnements ultraviolets artificiels, dont le contenu et les modalités de présentation sont précisés par arrêté conjoint des ministres chargés de la santé et de la consommation.

La publicité mentionnée au premier alinéa ne peut en aucun cas être de nature à faire croire que l'exposition aux ultraviolets artificiels a un effet bénéfique pour la santé.

CHAPITRE V *Dispositions applicables aux appareils de bronzage relatives à l'obligation de déclaration et au contrôle technique*

Art. 15 L'exploitant d'un appareil de bronzage est tenu d'en faire la déclaration auprès du préfet du département du lieu d'utilisation de l'appareil. Cette déclaration comprend la description technique des matériels *(Décr. n° 2016-1848 du 23 déc. 2016, art. 5)* « et les attestations de compétence des professionnels amenés à mettre un appareil de bronzage à disposition du public ou à participer à cette mise à disposition ». Son contenu et sa présentation font l'objet d'un arrêté conjoint des ministres chargés de la santé et de la consommation.

Art. 16 Tout exploitant d'un appareil de bronzage qui procède à sa destruction ou à sa cession est tenu d'en faire la déclaration auprès du préfet du département où s'effectue la prestation. Un justificatif de cession ou de destruction est joint à cette déclaration.

Art. 17 I. — Tout appareil de bronzage mis à disposition du public fait l'objet d'un contrôle technique initial avant son utilisation.

II. — Tout établissement où un appareil de bronzage est mis à disposition du public fait l'objet d'un contrôle périodique tous les deux ans par un organisme accrédité.

III. — Les contenus du contrôle technique initial mentionné au premier alinéa et du contrôle périodique prévu au deuxième alinéa sont précisés par un arrêté conjoint des ministres chargés de la santé et de la consommation.

Ces contrôles sont assurés par des organismes accrédités à cet effet par le Comité français d'accréditation (COFRAC) ou par un autre organisme membre de la Coopération européenne pour l'accréditation et ayant signé les accords de reconnaissance mutuelle multilatéraux.

Les contrôles prévus aux premier et deuxième alinéas sont à la charge de l'exploitant de l'appareil de bronzage.

CHAPITRE VI *Sanctions*

Art. 18 Est puni des peines d'amendes prévues pour les contraventions de *[la]* cinquième classe le fait :

1° De mettre à la disposition du public des appareils de type UV2 et UV4 et de vendre au public des appareils de type UV1, UV2 et UV4, en méconnaissance des dispositions de l'article 2 ;

(Décr. n° 2016-1848 du 23 déc. 2016, art. 6) « 2° De mettre à disposition du public un appareil de bronzage ou de participer à cette mise à disposition sans être titulaire d'une attestation de compétence en cours de validité prévue à l'article 4 du présent décret ou de l'attestation de reconnaissance de qualification mentionnée au I de l'article 21 du présent décret dans la limite de sa validité ;

« 3° Pour l'exploitant, d'avoir recours à une personne non titulaire d'une attestation de compétence en cours de validité prévue à l'article 4 du présent décret ou de l'attestation de reconnaissance de qualification mentionnée au I de l'article 21 du présent décret dans la limite de sa validité ; »

4° Pour l'exploitant, de modifier les caractéristiques techniques des appareils, de commercialiser ou d'utiliser des tubes UV, en méconnaissance des dispositions des articles 10 et 11 ;

5° De ne pas informer les acheteurs et utilisateurs d'appareils de bronzage dans les conditions prévues aux articles 12 et 13 ;

6° De faire de la publicité pour les appareils de bronzage ou pour des prestations de service incluant des séances de bronzage, en méconnaissance des dispositions de l'article 14 ;

7° Pour l'exploitant, de ne pas avoir effectué les déclarations obligatoires auprès du préfet du département, en méconnaissance des dispositions des articles 15 et 16 ;

8° Pour l'exploitant, de ne pas avoir fait effectuer le contrôle technique des appareils de bronzage et de leurs conditions d'exploitation dans les conditions prévues à l'article 17.

En cas de récidive, la peine d'amende prévue pour la récidive de la contravention de cinquième classe est applicable.

Art. 19 En cas d'ajournement du prononcé des peines prévues à l'article 18 du présent décret, la juridiction peut, en application des articles 132-66 à 132-70 du code pénal, enjoindre à la personne physique ou morale déclarée coupable de se conformer aux dispositions du présent décret, au besoin sous astreinte. Celle-ci ne peut être supérieure à 250 € par jour et par appareil et sa durée ne peut excéder trois mois.

Art. 20 Les personnes morales peuvent être déclarées pénalement responsables, dans les conditions prévues à l'article 121-2 du code pénal, des infractions définies à l'article 18 du présent décret. Elles encourent la peine d'amende selon les modalités prévues à l'article 131-41 du même code.

CHAPITRE VII *Dispositions transitoires et finales*

Art. 21 I. — Les personnes titulaires avant le 1er janvier 2014 de l'attestation de reconnaissance de qualification, délivrée pour avoir suivi avec succès la formation en vue de l'exercice de la surveillance directe des personnes faisant usage des appareils de bronzage, en application des dispositions de l'article 5 du décret du 30 mai 1997, conservent le bénéfice de cette attestation jusqu'à l'expiration de sa date de validité ou au plus tard jusqu'au *(Décr. n° 2016-1848 du 23 déc. 2016, art. 7)* « 1er janvier 2019. — *V. Décr. n° 97-617 du 30 mai 1997 au* ***C. consom.****, éd. 2013 et antérieures.*

« II. — 1° Les personnes ayant obtenu l'attestation de reconnaissance de qualification mentionnée au I du présent article entre le 1er janvier 2014 et le 30 juin 2016 conservent le bénéfice de cette attestation jusqu'au 1er janvier 2019 ou, si sa date d'expiration est postérieure au 1er janvier 2019, jusqu'à l'expiration de sa date de validité ;

« 2° Les personnes ayant suivi avec succès la formation mentionnée au I entre le 1er juillet 2016 et la date d'entrée en vigueur du présent décret sont réputées satisfaire aux exigences de la formation suivie et peuvent se voir délivrer une attestation de reconnaissance de qualification, à compter de la date d'entrée en vigueur du présent décret, par l'établissement qui leur a dispensé la formation.

« III. – Les personnes titulaires de l'un des diplômes exigés pour l'exercice du métier d'esthéticien sont réputées satisfaire aux exigences de première formation pour une durée de cinq ans lorsqu'elles ont obtenu leur diplôme entre le 1er janvier 2014 et la date d'entrée en vigueur du présent décret.

« IV. – La première formation et la formation de renouvellement sont dispensées et les attestations de compétences sont délivrées :

« 1° Jusqu'au 30 juin 2017, par tout établissement *(Décr. n° 2017-704 du 2 mai 2017, art. 2)* « et tout organisme » ayant déjà dispensé des formations et ayant délivré des attestations de reconnaissance de qualification mentionnée au I ;

« 2° Du 1er juillet 2017 au 30 juin 2018, par les organismes de formation mentionnés au 2° du I de l'article 5 du présent décret ayant déposé leur demande de certification auprès d'un organisme certificateur, ou certifiés par un organisme certificateur.

« V. – » Les émetteurs UV équipant ou destinés à équiper des appareils de bronzage avant le 1er juillet 2014 ne sont pas soumis à l'obligation de marquage prévue à l'article 10 du présent décret.

Art. 22 *(Abrogé par Décr. n° 2016-1848 du 23 déc. 2016, art. 8) **I. – Les dispositions du présent décret entrent en vigueur à compter du 1er janvier 2014, sous réserve du II.***

II. – Les dispositions des articles 6, 9, 10, 12, 13, 14, 15 et 17 du présent décret entrent en vigueur à la date fixée par les arrêtés auxquel [auxquels] ***elles renvoient et au plus tard le 1er juillet 2014.***

Jusqu'à cette date, les dispositions des articles 5, 7 et 9 à 14 du décret du 30 mai 1997 susvisé [n° 97-617, relatif à la vente et à la mise à disposition du public de certains appareils de bronzage utilisant des rayonnements ultraviolets] ***et les dispositions des arrêtés pris pour leur application demeurent applicables.*** *– V. Décr. préc. et Arr. du 10 sept. 1997 au* **C. consom.**, *éd. 2013 et antérieures.*

Art. 23 *(Abrogé par Décr. n° 2016-1848 du 23 déc. 2016, art. 8) **Sous réserve du II de l'article 22, les dispositions du décret du 30 mai 1997 susvisé sont abrogées à compter du 1er janvier 2014.*** *– V. Décr. préc. au* **C. consom.**, *éd. 2013 et antérieures.*

Art. 24 A l'expiration d'une période de quatre ans débutant le 1er janvier 2014, un rapport des ministres chargés de la santé et de la consommation procédera à une évaluation des conditions d'application de la présente réglementation et des conséquences pour la santé de l'exposition aux rayonnements ultraviolets artificiels.

Loi n° 2016-41 du 26 janvier 2016,

De modernisation de notre système de santé.

Art. 21 I. – Le présent article est applicable aux appareils émettant des rayonnements ultraviolets destinés à exercer une action sur la peau à des fins esthétiques, dénommés "appareils de bronzage".

II. – Sont interdites :

1° La mise d'un appareil de bronzage à la disposition d'une personne âgée de moins de dix-huit ans. La personne mettant un appareil de bronzage à la disposition du public exige que l'intéressé établisse la preuve de sa majorité par la production d'une pièce d'identité ;

2° Toute pratique commerciale visant à promouvoir ou à proposer une offre de prestation de services incluant l'utilisation, à volonté ou gratuite, d'un appareil de bronzage ;

3° Toute pratique commerciale visant à promouvoir ou à proposer des tarifs préférentiels ou des offres promotionnelles de prestation de services incluant l'utilisation d'un appareil de bronzage ;

4° Toute pratique commerciale visant à faire croire que l'exposition aux rayonnements ultraviolets émis par un appareil de bronzage a un effet bénéfique pour la santé ;

5° La vente ou la cession, y compris à titre gratuit, d'un appareil de bronzage pour un usage autre que professionnel. Le décret en Conseil d'État mentionné au IV du présent article détermine les modalités d'application de cette interdiction.

III. – Toute pratique commerciale visant à promouvoir ou à proposer la vente d'un appareil de bronzage ou une offre de prestation de services incluant l'utilisation d'un appareil de bronzage est accompagnée d'une information claire sur les risques pour la santé liés au bronzage artificiel. Cette information est délivrée oralement et au moyen d'un support écrit, selon des modalités définies par décret en Conseil d'État.

IV. — Un décret en Conseil d'État, pris en application des articles *(Ord. n° 2016-301 du 14 mars 2016, art. 2, en vigueur le 1er juill. 2016)* **« L. 421-3 et L. 422-2 » du code de la consommation, fixe notamment :**

1° Les catégories d'appareils de bronzage qui peuvent être utilisés à des fins esthétiques et leurs spécifications techniques ;

2° Les conditions de mise à la disposition du public d'un appareil de bronzage, notamment le régime d'autorisation ou de déclaration des appareils ou des établissements qui les mettent à disposition ;

3° Le contenu et les modalités d'information et d'attestation de délivrance de cette information, ainsi que l'avertissement de l'utilisateur, sur les risques pour la santé liés à l'utilisation d'un appareil de bronzage ;

4° Les modalités de contrôle de l'appareil et de l'établissement dans lequel il est mis à la disposition du public.

V. — Tout professionnel qui met un appareil de bronzage à la disposition du public ou participe à cette mise à disposition atteste au préalable d'une formation, selon des modalités fixées par un décret en Conseil d'État.

VI. — A. — Le non-respect de l'interdiction prévue au 1° du II est puni d'une amende de 7 500 €.

Le fait de se rendre coupable de l'infraction prévue au même 1° en ayant été condamné depuis moins de cinq ans pour une telle infraction est puni d'un an d'emprisonnement et de 15 000 € d'amende.

Les personnes morales coupables de l'infraction prévue audit 1° encourent les peines complémentaires prévues aux 2°, 4°, 8° et 9° de l'article 131-39 du code pénal.

B. — Le non-respect des interdictions prévues aux 2°, 3°, 4° et 5° du II du présent article est puni de 100 000 € d'amende.

Le maximum de l'amende peut être porté à 50 % du montant des dépenses consacrées à l'opération illégale.

En cas de récidive, le tribunal peut interdire pendant une durée de un à cinq ans la vente des produits qui ont fait l'objet de l'opération illégale.

Le tribunal peut, compte tenu des circonstances, décider que les personnes morales sont en totalité ou en partie solidairement responsables du paiement des amendes et des frais de justice mis à la charge de leurs dirigeants ou de leurs préposés.

(Ord. n° 2016-301 du 14 mars 2016, art. 32, en vigueur le 1er juill. 2016) **« VII. — Les agents mentionnés à l'article L. 511-3 et aux 1° et 2° du I de l'article L. 511-22 du code de la consommation sont habilités à rechercher et constater les infractions aux II à V du présent article, dans les conditions prévues au I de l'article L. 511-22 du même code. »**

BRUIT

Code de l'environnement

Lutte contre le bruit

Émissions sonores des objets

Art. L. 571-2 Sans préjudice des autres dispositions législatives et réglementaires applicables, des décrets en Conseil d'État, pris après avis du Conseil national du bruit, définissent, pour les objets susceptibles de provoquer des nuisances sonores élevées ainsi que pour les dispositifs destinés à réduire les émissions sonores :

1° Les prescriptions relatives aux niveaux sonores admissibles, aux conditions d'utilisation, aux méthodes de mesure du bruit, au marquage des objets et dispositifs et aux modali*tés d'information du public* ;

2° Les règles applicables à la fabrication, l'importation et la mise sur le marché ;

3° Les procédures d'homologation et de certification attestant leur conformité aux prescriptions relatives aux niveaux sonores admissibles ;

4° Les conditions de délivrance et de retrait par l'autorité administrative de l'agrément des organismes chargés de délivrer les homologations et certifications

5° Les conditions dans lesquelles l'autorité administrative peut vérifier ou faire vérifier par ces organismes, aux frais du détenteur, la conformité des objets et dispositifs aux prescriptions mentionnées au 1° du présent article. – *[L. n° 92-1444 du 31 déc. 1992, art. 2]*. – *V. C. envir., art. R. 571-1 s.* – **C. envir.**

Art. L. 571-3 Tout vendeur ou loueur professionnel d'objets ou de dispositifs de protection contre le bruit réglementés en application de l'article L. 571-2 est tenu d'en faire connaître les caractéristiques acoustiques à l'acheteur ou au preneur. – *[L. n° 92-1444 du 31 déc. 1992, art. 3]*.

Art. L. 571-4 Tout contrat tendant à transférer la propriété ou la jouissance d'un objet ou d'un dispositif non pourvu de l'homologation ou de la certification prévues par l'article L. 571-2 ou ne satisfaisant pas aux prescriptions établies en application de cet article est nul de plein droit. – *[L. n° 92-1444 du 31 déc. 1992, art. 4]*.

Code de la sécurité intérieure

Art. L. 333-1 *(Ord. n° 2012-351 du 12 mars 2012, en vigueur le 1er mai 2012)* Les établissements diffusant de la musique, dont l'activité cause un trouble à l'ordre, la sécurité ou la tranquillité publics, peuvent faire l'objet d'un arrêté de fermeture administrative d'une durée n'excédant pas trois mois par le représentant de l'État dans le département ou, à Paris, par le préfet de police. – *V. CSI, art. R. 333-1.*

....

Art. L. 334-2 *(Ord. n° 2012-351 du 12 mars 2012, en vigueur le 1er mai 2012)* Le fait, pour le propriétaire ou l'exploitant, malgré une mise en demeure du représentant de l'État dans le département, ou, à Paris, du préfet de police, d'avoir à se conformer à l'arrêté pris en application de l'article L. 333-1, de ne pas procéder à la fermeture de l'établissement est puni de 3 750 euros d'amende.

Décret n° 98-1143 du 15 décembre 1998,

Relatif aux prescriptions applicables aux établissements ou locaux recevant du public et diffusant à titre habituel de la musique amplifiée, à l'exclusion des salles dont l'activité est réservée à l'enseignement de la musique et de la danse.

Art. 1er Les dispositions du présent décret s'appliquent aux établissements ou locaux recevant du public et diffusant à titre habituel de la musique amplifiée, à l'exclusion des salles dont l'activité est réservée à l'enseignement de la musique et de la danse.

Les exploitants de ces établissements et les organisateurs des manifestations se déroulant dans ces locaux sont tenus de respecter les prescriptions générales de fonctionnement ci-après.

Art. 2 En aucun endroit, accessible au public, de ces établissements ou locaux, le niveau de pression acoustique ne doit dépasser 105 dB (A) en niveau moyen et 120 dB en niveau de crête, dans les conditions de mesurage prévues par arrêté.

Art. 3 Lorsque ces établissements ou locaux sont soit contigus, soit situés à l'intérieur de bâtiments comportant des locaux à usage d'habitation, ou destinés à un usage impliquant la présence prolongée de personnes, l'isolement entre le local d'émission et le local ou le bâtiment de réception doit être conforme à une valeur minimale, fixée par arrêté, qui permette de respecter les valeurs maximales d'émergence définies à l'article R. 48-4 du code de la santé publique.

Dans les octaves normalisées de 125 Hz à 4 000 Hz, ces valeurs maximales d'émergence ne pourront être supérieures à 3 dB.

Dans le cas où l'isolement du local où s'exerce l'activité est insuffisant pour respecter ces valeurs maximales d'émergence, l'activité ne peut s'exercer qu'après la mise en place d'un limiteur de pression acoustique réglé et scellé par son installateur.

Art. 4 Les arrêtés prévus aux articles 2 et 3 sont pris conjointement par le ministre chargé de la santé et le ministre chargé de l'environnement. Ils précisent les conditions et les méthodes de mesurage des niveaux sonores, les indicateurs complémentaires à prendre en compte conformément aux normes en vigueur ainsi que les mesures techniques destinées à préserver le public et l'environnement.

Art. 5 L'exploitant d'un établissement visé à l'article 1er est tenu d'établir une étude de l'impact des nuisances sonores comportant les documents suivants :

1° L'étude acoustique ayant permis d'estimer les niveaux de pression acoustique, tant à l'intérieur qu'à l'extérieur des locaux, et sur le fondement de laquelle ont été effectués, par l'exploitant, les travaux d'isolation acoustique nécessaires ;

2° La description des dispositions prises pour limiter le niveau sonore et les émergences aux valeurs fixées par le présent décret, notamment par des travaux d'isolation phonique et l'installation d'un limiteur de pression acoustique.

Ces documents doivent être mis à jour en cas de modification de l'installation.

En cas de contrôle, l'exploitant doit être en mesure de présenter le dossier d'étude d'impact aux agents mentionnés à l'article 21 de la loi du 31 décembre 1992 susvisée *[C. envir., art. L. 571-18]*.

Les valeurs d'isolement acoustique des établissements visés à l'article 1er doivent être certifiées par un organisme agréé conformément à la procédure définie en application des articles R. 232-8-1 et R. 232-8-7 du code du travail.

Art. 6 Est puni de la peine d'amende prévue pour les contraventions de la 5e classe le fait pour toute personne visée à l'article 1er :

1° D'exercer une activité relevant du présent décret sans que soit respecté le niveau de pression acoustique moyen prévu à l'article 2 ;

2° D'exercer cette activité sans que soient respectées les valeurs réglementaires d'émergence prévues à l'article 3.

Est puni de la peine d'amende prévue pour les contraventions de la 5e classe le fait pour tout exploitant d'un établissement visé à l'article 1er de ne pas être en mesure de présenter aux agents mentionnés à l'article 21 *[C. envir., art. L. 571-18]* de la loi du 31 décembre 1992 susvisée les documents mentionnés à l'article 5.

Les personnes physiques encourent également la peine complémentaire de confiscation des dispositifs ou matériels de sonorisation qui ont servi à commettre l'infraction.

Les personnes morales peuvent être déclarées pénalement responsables des infractions définies au présent article et encourent :

1° La peine d'amende, suivant les modalités prévues par l'article 131-41 du code pénal ;

2° La peine complémentaire de confiscation des dispositifs ou matériels de sonorisation qui ont servi à commettre l'infraction.

La récidive des contraventions prévues au présent article est réprimée conformément aux articles 132-11 et 132-15 du code pénal.

Art. 7 Les dispositions du présent décret s'appliquent aux établissements ou locaux nouveaux dès la parution des arrêtés prévus à l'article 4 et, pour ceux existants, dans un délai d'un an à compter de cette même date.

Art. 8 Le préfet, à Paris le préfet de police, est l'autorité compétente visée à l'article 27 *[C. envir., art. L. 571-17]* de la loi du 31 décembre 1992 susvisée pour prendre les mesures administratives qui y sont prévues.

CIDRES, POIRÉS

Décret n° 53-978 du 30 septembre 1953,

Relatif à l'orientation de la production cidricole et à la commercialisation des cidres, poirés et de certaines boissons similaires (Décr. n° 87-600 du 29 juill. 1987).

V. note ss. art. 13.

TITRE PREMIER **Vergers de fruits à cidre**

Art. 1er Il est créé au ministère de l'agriculture une commission consultative des cidres et poirés de consommation. Cette commission a pour mission :

— d'étudier et de suggérer toute mesure d'ordre économique et technique sur l'orientation de la production cidricole ;

– d'étudier et de suggérer l'organisation du contrôle technique des plantations de pommiers et de poiriers à cidre en particulier par le contrôle de la production et de la distribution des bois et plants de pommiers et de poiriers ;

– d'établir une liste des variétés dont les bois et plants peuvent être utilisés.

La composition, l'organisation et le fonctionnement de cette commission seront fixés par décret pris sur le rapport du ministre de l'agriculture.

Art. 2 Dans le but d'établir le cadastre cidricole, il sera procédé, avant le 1er janvier 1957, au recensement des plantations de pommiers et poiriers à cidre et à poiré existantes.

Ce cadastre est établi dans le cadre de zones agronomiques de production comparable ou, le cas échéant, dans celui des régions naturelles définies par l'Institut national de la statistique.

Art. 3 Une liste des variétés de fruits à cidre et à poiré cultivées sera établie par zones ou régions productrices telles qu'elles sont prévues à l'article 2 ci-dessus.

Cette liste distinguera les variétés recommandées, tolérées, prohibées.

Ce classement des variétés sera effectué en retenant comme critère essentiel l'aptitude des fruits à produire des cidres et des produits alimentaires de haute qualité.

Les variétés dont les fruits ne peuvent pratiquement produire que de l'alcool seront classées parmi les variétés prohibées.

Art. 4 Le cadastre cidricole et les listes de variétés de fruits prévus aux articles précédents font l'objet d'arrêtés du ministre de l'agriculture pris sur rapport de la commission consultative prévue à l'article 1er ci-dessus.

Art. 5 Le cadastre cidricole visé à l'article 1er répartira les vergers existants en trois classes :

Classe I : vergers recommandés comportant des variétés recommandées.

Classe II : vergers tolérés comportant des variétés tolérées et, éventuellement, des variétés recommandées.

Classe III : vergers prohibés comportant des variétés prohibées et, éventuellement, des variétés tolérées et recommandées.

La présence dans un verger de variétés de la plus basse classification entraînera le classement du verger dans cette plus basse classification.

Réciproquement, la suppression des variétés de la plus basse classification entraînera le classement du verger dans la classe supérieure.

Art. 6 Ultérieurement, à compter d'une date qui sera fixée par arrêté du ministre de l'agriculture, la commercialisation en vue de la plantation des pommiers et poiriers sera réglementée, compte tenu du classement des variétés des bois et plants autorisés.

Les vendeurs de pommiers et poiriers devront garantir l'identité des variétés vendues.

Art. 7 Dans le cadre de la réglementation prévue à l'article 6 ci-dessus, la commercialisation des fruits à cidre de variétés non autorisées de cidres, et d'eaux-de-vie provenant d'exploitations agricoles comportant un ou des vergers de la classe III, pourra être interdite.

Toutefois, les fruits à cidre des variétés non autorisées pourront continuer à être utilisés dans les exploitations qui persisteront à les produire, mais leur commercialisation sera interdite.

Art. 8 *Les exploitants agricoles qui* réaliseront la rénovation de leurs plantations dans le sens des dispositions du présent texte, en diminuant le nombre de pommiers ou de poiriers cultivés, pourront bénéficier des avantages prévus à l'article 21 du décret n° 53-703 du 9 août 1953.

TITRE II Cidres, poirés et boissons alcooliques similaires *(Décr. n° 87-600 du 29 juill. 1987).*

SECTION I *Cidres et poirés*

Art. 9 1° La dénomination "Cidre" est réservée à la boisson provenant de la fermentation de moûts de pomme fraîche ou d'un mélange de moûts de pomme et de poire fraîches, extraits avec ou sans addition d'eau.

Les moûts de pomme ou de poire mis en œuvre peuvent être partiellement issus de moûts concentrés sous réserve que la proportion de ces derniers n'excède pas 50 p. 100 du volume total des moûts mis en œuvre.

2° La dénomination "Poiré" est réservée à la boisson provenant de la fermentation de moûts de poire fraîche extraits avec ou sans addition d'eau.

Les moûts de poire mis en œuvre peuvent être partiellement issus de moûts concentrés sous réserve que la proportion de ces derniers n'excède pas 50 p. 100 du volume total des moûts mis en œuvre.

3° Les dénominations "Cidre bouché" ou "Poiré bouché" sont réservées respectivement aux cidres et aux poirés présentant une teneur en anhydride carbonique au moins égale à 3 grammes par litre pour les cidres ou poirés obtenus par fermentation naturelle en bouteille et à 4 grammes par litre pour les autres cidres ou poirés.

Les dénominations "Cidre doux", "Poiré doux" et "Cidre bouché doux", "Poiré bouché doux" sont réservées respectivement :

— aux cidres et poirés présentant un titre alcoométrique volumique acquis au plus égal à 3 p. 100 et une teneur en sucres résiduels égale ou supérieure à 35 grammes par litre ;

— aux cidres bouchés et aux poirés bouchés présentant un titre alcoométrique volumique acquis au plus égal à 3 p. 100 et une teneur en sucres résiduels égale ou supérieure à 42 grammes par litre.

4° Les boissons ci-dessus dénommées, à l'exclusion des cidres destinés à la distillation, doivent présenter les caractéristiques indiquées à l'annexe I du présent décret. — *V. infra.*

Toutefois, ces produits lorsqu'ils présentent les caractéristiques indiquées à l'annexe III du présent décret peuvent être utilisés pour le coupage des cidres et des poirés. — *V. infra.*

Art. 10 La liste des variétés de pommes et de poires dont l'emploi n'est pas autorisé pour l'élaboration des produits définis à l'article 9 du présent décret est fixée par arrêtés conjoints du ministre de l'agriculture et du ministre chargé de la consommation.

Art. 11 Les entreprises qui élaborent les produits définis à l'article 9 du présent décret et qui détiennent des jus de pomme ou de poire concentrés ou des moûts de pomme ou de poire concentrés doivent tenir un registre où seront pris en compte :

— en entrée, le volume et la masse volumique des jus concentrés ou des moûts concentrés préparés sur place ou reçus de l'extérieur, leur conformité au regard des dispositions de l'article 10 ainsi que leur date d'élaboration ou d'entrée dans l'entreprise ;

— en sortie, le volume et la masse volumique des jus concentrés ou des moûts concentrés utilisés, leur conformité au regard des dispositions de l'article 10, leur date d'utilisation ainsi que le volume du produit auquel ils sont ajoutés.

Les comptes seront arrêtés au début de chaque campagne cidricole et l'inventaire annuel des stocks sera porté sur ce registre.

SECTION II *Fermentés de pomme et de poire*

Art. 12 1° La dénomination "Fermenté de pomme" est réservée au produit provenant exclusivement de la fermentation de moûts de pomme fraîche ou d'un mélange de moûts de pomme et de poire fraîches, extraits avec ou sans addition d'eau.

Les moûts mis en œuvre peuvent être totalement issus de moûts concentrés.

2° La dénomination "Fermenté de poire" est réservée au produit provenant exclusivement de la fermentation de moûts de poire fraîche extraits avec ou sans addition d'eau.

Les moûts mis en œuvre peuvent être totalement issus de moûts concentrés.

3° La dénomination "Pétillant de pomme" est réservée au fermenté de pomme présentant une effervescence due exclusivement à la fermentation alcoolique des matières premières mises en œuvre.

4° La dénomination "Pétillant de poire" est réservée au fermenté de poire présentant une effervescence due exclusivement à la fermentation alcoolique des matières premières mises en œuvre.

5° Les boissons ci-dessus dénommées doivent présenter les caractéristiques indiquées à *l'annexe II du présent décret.* — *V. infra.*

SECTION III *Pratiques et traitements*

Art. 13 La liste et les conditions d'emploi des produits d'addition autorisés pour l'élaboration des produits définis au présent décret sont fixées par arrêtés pris conformément à l'article 1er du décret du 15 avril 1912 susvisé *[V. v° Denrées alimentaires]*.

Des arrêtés pris dans les mêmes formes que celles prévues au premier alinéa du présent article fixent la liste des traitements physiques et chimiques pour l'élaboration des produits définis au présent décret.

En outre, les pratiques suivantes sont autorisées :

– le coupage des cidres et des poirés entre eux ;

– le coupage des fermentés de pomme et des fermentés de poire entre eux ;

– le coupage des cidres et des fermentés de pomme ou de poire entre eux pour l'obtention des fermentés de pomme ;

– le coupage des poirés et des fermentés de poire pour l'obtention des fermentés de poire ;

– l'édulcoration des cidres et des fermentés de pomme avec des moûts ou des moûts concentrés de pomme ou de poire fraîches ;

– l'édulcoration des poirés et des fermentés de poire avec des moûts ou des moûts concentrés de poire fraîche ;

– l'emploi de sucre en vue de la préparation des cidres bouchés et des poirés bouchés d'effervescence naturelle, sous réserve que les cidres et poirés servant à cette préparation possèdent un titre alcoométrique volumique acquis au moins égal à 5 p. 100 avant sucrage.

Le volume des moûts concentrés employés pour l'élaboration, y compris l'édulcoration, des cidres et poirés exprimé en moûts reconstitués ne doit pas excéder 50 p. 100 du volume total des moûts mis en œuvre.

Sur l'abrogation des dispositions du présent décret en tant qu'elles concernent les additifs alimentaires et les auxiliaires technologiques, V. Décr. n° 89-674 du 18 sept. 1989, art. 14 (JO 19 sept.), et Décr. n° 2001-725 du 31 juill. 2001, art. 8 (JO 5 août), au ***C. consom.****, éd. 2011 ou antérieures.*

SECTION IV *Présentation et étiquetage*

Art. 14 Les boissons mentionnées au présent décret sont soumises aux dispositions du décret du 7 décembre 1984 susvisé *[C. consom., anc. art. R. 112-1 s.]*.

Elles peuvent comporter dans leur étiquetage les mentions et qualificatifs énumérés ci-après :

a) En ce qui concerne les produits visés à l'article 9 :

– la mention "Primeur jusqu'au 1er mars" ou "Nouveau jusqu'au 1er mars" est réservée au produit élaboré à partir de fruits provenant de la dernière récolte, à l'exception des moûts concentrés, le cas échéant, mis en œuvre.

Cette mention doit être complétée par l'indication de l'année suivant la récolte ;

b) En ce qui concerne les produits visés aux articles 9 et 13 :

– la mention "pur jus" est réservée aux produits obtenus sans addition d'eau ;

– la mention "Effervescence naturelle" est réservée aux produits dont l'effervescence provient exclusivement de la fermentation alcoolique ;

– le qualificatif "demi-sec" est réservé aux produits dont la teneur en sucres résiduels exprimée en saccharose est supérieure à 28 grammes par litre et inférieure à 42 grammes par litre ;

– le qualificatif "brut" est réservé aux produits dont la teneur en sucres résiduels exprimée en saccharose est inférieure à 28 grammes par litre ;

c) En ce qui concerne les produits visés à l'article 13 ;

le qualificatif "doux" est réservé aux produits dont la teneur en sucres résiduels exprimée en saccharose est supérieure ou égale à 35 grammes par litre.

Art. 15 Les bouteilles utilisées pour le conditionnement des cidres bouchés et des poirés bouchés sous des volumes nominaux égaux ou supérieurs à 37,5 centilitres doivent être de type champenoise et fermées au moyen de bouchons de type champignon.

Art. 16 Les appareils distribuant sous forme non préemballée les produits définis au présent décret doivent comporter, de façon à être parfaitement visibles et lisibles pour le consommateur, les mentions d'étiquetage suivantes :

– la dénomination de vente ;

– le volume nominal délivré ;

– le titre alcoométrique.

Art. 17 à 19 *Abrogés par Décr. n° 87-600 du 29 juill. 1987.*

TITRE III Alcool de cidre ou de poiré réservé à l'État

Art. 20 Ne peuvent être distillés pour la production d'alcool de cidre ou de poiré réservé à l'État que des cidres ou des poirés présentant les caractéristiques indiquées à l'art. 10 ci-dessus et par les règlements pris en application des dispositions de l'article 11 de la loi du 1er août 1905 *[C. consom., art. L. 412-1]*.

Toutefois, jusqu'à une date fixée par arrêté du ministre de l'agriculture et qui ne pourra excéder la fin de la campagne 1957-1958, pour permettre l'assainissement qualitatif de la production cidricole, pourront être également distillés pour la production d'alcool de cidre ou de poiré réservé à l'État les cidres ou poirés ayant subi une fermentation alcoolique naturelle pendant douze jours au moins, répondant à la définition légale de ces boissons et titrant au moins 4 degrés d'alcool en moyenne avec un minimum absolu de 3 degrés.

Art. 21 Les distillateurs agricoles désirant bénéficier des dispositions de l'article 24 du décret n° 53-703 du 9 août 1953 devront produire ces alcools de cidre ou de poiré dans les conditions fixées par les articles 315 à 331 du code général des impôts.

Seuls les distillateurs agricoles justifiant d'un contingent d'alcool de cidre ou de poiré agricoles et produisant de l'alcool de cidre ou de poiré destiné à l'État à l'aide d'appareils leur appartenant personnellement ou faisant partie des immeubles de leur exploitation pourront livrer directement leurs alcools au service des alcools après agrément de la commission prévue à l'article 391 du code général des impôts.

Tous les autres distillateurs agricoles justifiant d'un contingent d'alcool de cidre ou de poiré agricoles et produisant des flegmes ou des alcools destinés à l'État suivant les conditions fixées par les articles 315 à 331 du code général des impôts devront obligatoirement livrer leurs flegmes ou leurs alcools par l'intermédiaire d'un établissement agréé dans les conditions fixées par l'article 391 du code général des impôts.

Art. 22 Sont abrogées toutes dispositions contraires à celles du présent décret.

ANNEXE I

CIDRES ET POIRÉS

(Décr. n° 87-600 du 29 juill. 1987)

CARACTÉRISTIQUES	CIDRES et poirés	CIDRES et poirés bouchés
Titre alcoométrique volumique total minimum *[minimal]*	5 %	5,5 %
Titre alcoométrique volumique acquis minimum *[minimal]*	1,5 %	1,5 %
Acidité volatile maximale en grammes par litre (exprimée en acide sulfurique)	1	1
Extrait sec total réduit minimum en grammes par litre	16	18
Matières minérales (cendres) : minimum en grammes par litre	1,4	1,4
Teneur maximale en fer en milligrammes par litre	10*	10*
Teneur maximale en éthanal total en milligrammes par litre	120	100
Teneur maximale en anhydride sulfureux total en milligrammes par litre	175	150

* 17 pour les poirés et les poirés bouchés.

ANNEXE II

FERMENTÉ DE POMME ET FERMENTÉ DE POIRES

(Décr. n° 87-600 du 29 juill. 1987)

CARACTÉRISTIQUES	FERMENTÉ de pomme ou de poire	PÉTILLANT de pomme ou de poire
Titre alcoométrique volumique total minimal	4 %	4 %
Titre alcoométrique volumique acquis : – Minimal – Maximal	 1,5 % –	 1,5 % 3 %
Acidité volatile maximale en grammes par litre (exprimée en acide sulfurique)	1	1
Extrait sec total réduit minimal en grammes par litre	14	14
Matières minérales (cendres), minimales en grammes par litre	1,4	1,4
Teneur maximale en fer en milligrammes par litre	10 (*)	10 (*)
Teneur maximale en éthanal total en milligrammes par litre	120	100
Teneur maximale en anhydride sulfureux total en milligrammes par litre	175	150
Teneur minimale en anhydride carbonique en grammes par litre	–	2,5
(*) 17 pour les fermentés de poire et les pétillants de poire.		

ANNEXE III

CIDRES ET POIRÉS UTILISÉS POUR COUPAGE

(Décr. n° 87-600 du 29 juill. 1987)

Caractéristiques :	
Titre alcoométrique volumique total minimum	2,5%
Acidité volatile maximale en grammes par litre (exprimée en acide sulfurique)	1,5
Extrait sec total réduit minimum en grammes par litre	8
Matières minérales (cendres) minimum en grammes par litre	0,8

Décret n° 60-296 du 28 mars 1960,

Portant règlement d'administration publique, en ce qui concerne la vente au détail des boissons, pour l'application de la loi du 1er août 1905 sur la répression des fraudes.

V. ce texte, v° Jus de fruits, sirops.

Décret n° 86-208 du 11 février 1986,

Portant application de l'article L. 412-1 du code de la consommation en ce qui concerne les apéritifs à base de cidre et les apéritifs à base de poiré (Décr. n° 2016-1757 du 16 déc. 2016, art. 3, en vigueur le 1er janv. 2017).

Art. 1er Seules peuvent être *(Décr. n° 2016-1757 du 16 déc. 2016, art. 3, en vigueur le 1er janv. 2017)* **« exportées, » détenues, transportées en vue de la vente, mises en vente, vendues ou distribuées à titre gratuit sous les dénominations d'"apéritif à base de cidre", d'"apéritif à base de poiré", ou sous toute autre dénomination réservée à de tels produits les boissons présentant un titre alcoométrique volumique acquis de 15 p. 100 au moins et de 18 p. 100 au plus et répondant aux conditions fixées ci-après :**

En ce qui concerne les apéritifs à base de cidre : être obtenues par addition, dans la proportion de 30 p. 100 au maximum du volume du produit fini, d'eau-de-vie de cidre à du moût de pommes, à un mélange de moût de pommes et de moût de poires, à du cidre ou à un assemblage de ces produits, chacun de ceux-ci présentant un titre alcoométrique volumique naturel d'au moins 5 p. 100.

En ce qui concerne les apéritifs à base de poiré : être obtenues par addition, dans la proportion de 30 p. 100 au maximum du volume du produit fini, d'eau-de-vie de poiré à du moût de poires, à du poiré ou à un assemblage de ces produits, chacun de ceux-ci présentant un titre alcoométrique volumique naturel d'au moins 5 p. 100.

Art. 2 *(Décr. n° 2016-1757 du 16 déc. 2016, art. 3, en vigueur le 1er janv. 2017)* « La dénomination : "Pommeau" est réservée aux boissons bénéficiant d'une appellation d'origine contrôlée ou d'une indication géographique, qui sont obtenues à partir d'eaux-de-vie de cidre et de poiré bénéficiant d'une appellation d'origine contrôlée ou d'une indication géographique, et de moûts de pommes à cidre ou de pommes à cidre et de poires à poiré. »

Les pommes à cidre et les poires à poiré doivent être récoltées sur le territoire délimité de l'appellation de l'eau-de-vie mise en œuvre ;

L'élaboration des moûts et du pommeau doit être réalisée dans ce même territoire.

Art. 3 Sont autorisées, pour l'élaboration des boissons définies à l'article 1er :

La mise en œuvre de *(Décr. n° 2017-325 du 13 mars 2017, art. 5)* « substances aromatisantes naturelles et de préparations aromatisantes » ;

L'édulcoration par addition de saccharose, de miel, ainsi que de moûts concentrés de pommes et de poires pour ce qui est des apéritifs à base de cidre, et de moûts concentrés de poires pour ce qui est des apéritifs à base de poiré.

Est autorisée pour l'élaboration des boissons définies à l'article 2 :

L'édulcoration par addition de moûts concentrés de pommes ou de poires.

Est autorisé pour l'élaboration des boissons définies aux articles 1er et 2 :

L'emploi d'additifs et d'auxiliaires technologiques autorisés par arrêté interministériel pris après avis du conseil supérieur d'hygiène publique de France et de l'académie nationale de médecine.

V. art. R. 412-22.

Art. 4 L'étiquetage et la présentation des produits définis aux articles 1er et 2 du présent texte sont soumis aux dispositions *(Décr. n° 2016-1757 du 16 déc. 2016, art. 3, en vigueur le 1er janv. 2017)* « du règlement (UE) n° 1169/2011 du Parlement européen et du Conseil du 25 octobre 2011 modifié concernant l'information des consommateurs sur les denrées alimentaires ».

Art. 5 En ce qui concerne les produits dénommés "pommeau" définis à l'article 2, le nom de l'appellation d'origine de l'eau-de-vie doit être inscrit immédiatement après le mot "pommeau" et en caractères identiques à ceux composant ce dernier.

Art. 6 *(Décr. n° 2016-1757 du 16 déc. 2016, art. 3, en vigueur le 1er janv. 2017)* Les boissons définies à l'article 1er légalement fabriquées et commercialisées dans un autre État membre de l'Union européenne ou en Turquie ou légalement fabriquées dans un autre État partie à l'accord sur l'Espace économique européen ne sont pas soumises aux exigences du présent décret. Ces boissons peuvent être importées et commercialisées en France avec l'une des mentions prévues au présent décret ou des mentions analogues.

Décret n° 96-238 du 19 mars 1996,

Relatif à l'agrément des produits cidricoles bénéficiant d'une appellation d'origine contrôlée.

Art. 1er L'agrément des *(Décr. n° 2002-1497 du 20 déc. 2002)* « produits cidricoles : cidres et poirés, eaux-de-vie decidres ou poirés, apéritifs à base de cidres ou de poirés, » d'appellation d'origine contrôle comporte :

— une "déclaration d'aptitude en appellation d'origine contrôlée" des producteurs vendeurs de fruits, des acheteurs de fruits élaborateurs de produits en appellation d'origine contrôlée et, d'une manière générale, de tout opérateur de la filière intervenant dans les conditions de production ;

– un "certificat d'agrément" délivré par les services de l'Institut national des appellations d'origine, sous réserve que la déclaration d'aptitude n'ait pas été invalidée, et attestant de la conformité du produit après les examens analytique et organoleptique.

Art. 2 La déclaration d'aptitude visée à l'article précédent comporte l'engagement de respecter les conditions de production fixées par décret pour chacune des appellations d'origine contrôlées. Elle est effectuée auprès des services de l'Institut national des appellations d'origine. Ces services en accusent alors réception.

Art. 3 La déclaration d'aptitude des différents opérateurs de la filière est accompagnée des déclarations et obligations suivantes.

Les producteurs-vendeurs de fruits à appellation d'origine contrôlée doivent souscrire :

– une demande d'identification des vergers pour l'appellation d'origine contrôlée concernée ;

– une déclaration annuelle de production revendiquée pour l'appellation d'origine contrôlée concernée.

Les acheteurs de fruits-élaborateurs de produits cidricoles à appellation d'origine contrôlée doivent souscrire :

– une déclaration annuelle d'intention d'élaboration du produit de l'appellation d'origine contrôlée concernée ;

– une déclaration annuelle d'élaboration du produit de l'appellation d'origine contrôlée concernée.

Les producteurs de fruits-élaborateurs de produits cidricoles à appellation d'origine contrôlée doivent souscrire :

– une demande d'identification des vergers pour l'appellation d'origine contrôlée concernée ;

– une déclaration annuelle d'intention d'élaboration du produit pour l'appellation d'origine contrôlée concernée ;

– une déclaration annuelle d'élaboration du produit pour l'appellation d'origine contrôlée concernée.

Tout acteur de la filière jusqu'au produit fini doit s'engager à respecter les règles de l'appellation d'origine contrôlée concernée et doit tenir un document justificatif.

Art. 4 La demande d'identification des vergers visée à l'article 3 précédent doit être souscrite avant le 1er mai de l'année de la récolte sur un imprimé fourni par les services de l'Institut national des appellations d'origine. Elle comporte :

– les références cadastrales de la parcelle ;

– la superficie effectivement plantée,

ainsi que tout autre élément exigé par la réglementation des produits en appellation d'origine contrôlée concernés.

Elle est annulée si aucune déclaration de production n'a été souscrite pendant trois années consécutives. Le producteur concerné en est avisé par les services de l'Institut national des appellations d'origine, avant le 1er mai qui suit la troisième récolte sans déclaration de production en appellation d'origine contrôlée.

Toute modification intervenant après la date de la demande de cette déclaration initiale, notamment à l'occasion d'arrachage, de plantations, de vente ou d'achat, doit être notifiée aux services de l'Institut national des appellations d'origine, avant le 1er mai qui suit la date de ladite modification.

Art. 5 La déclaration annuelle de production visée à l'article 3 du présent décret doit être souscrite avant le 31 décembre de l'année de récolte sur un imprimé fourni par les services de l'Institut national des appellations d'origine. Elle comporte :

– les surfaces totales des vergers du déclarant et leur production ;

– les surfaces des vergers du déclarant susceptibles de revendiquer l'appellation d'origine contrôlée et leur production, et pour les producteurs de fruits vendant leur production à un collecteur ou un transformateur, les quantités livrées, le nom et l'adresse de ce dernier.

Art. 6 La déclaration annuelle d'intention d'élaboration visée à l'article 3 du présent décret doit être souscrite avant toute fabrication à partir d'une nouvelle récolte, et au plus tard le 1er octobre de l'année de récolte sur un imprimé fourni par les services de l'Institut national des appellations d'origine.

Art. 7 La déclaration annuelle d'élaboration visée à l'article 3 du présent décret doit préciser tous les renseignements exigés par la réglementation de chaque appellation d'origine contrôlée concernée.

Elle est souscrite dans les conditions précisées dans les décrets des appellations d'origine contrôlées concernées.

Art. 8 La vérification des conditions de production est placée sous la responsabilité de l'Institut national des appellations d'origine. Ses modalités peuvent être déterminées dans le cadre d'une convention passée avec un organisme agréé par le comité national des vins et eaux-de-vie de l'Institut national des appellations d'origine sur proposition du syndicat de défense des appellations d'origine contrôlées concernées et approuvée par ledit comité national.

En cas de non-respect des conditions de production, la déclaration d'aptitude est invalidée par les services de l'Institut national des appellations d'origine et dans ce cas les produits concernés ne peuvent être présentés aux examens organoleptique et analytique.

L'invalidation de la déclaration d'aptitude pour tout opérateur de la filière se traduit par une incapacité à utiliser ou à livrer les fruits produits pour la fabrication de produits cidricoles d'appellation d'origine contrôlée, à fabriquer le produit cidricole sous le nom de l'appellation d'origine contrôlée concernée et ce à compter du lendemain de la date de signification de cette invalidation.

Il est constitué une commission "des conditions de production" pour chaque appellation d'origine contrôlée. Elle a pour mission de donner au comité national des vins et eaux-de-vie et aux services de l'Institut national des appellations d'origine les différents avis dans les cas prévus dans les décrets de chaque appellation d'origine contrôlée.

Cette commission "des conditions de production" est nommée par ledit comité national après avis du syndicat de défense de l'appellation d'origine contrôlée concernée et du comité régional des produits cidricoles de l'Institut national des appellations d'origine. Elle se compose de professionnels de la production et de la transformation.

La décision motivée d'invalidation de la déclaration d'aptitude, prise par les services de l'Institut national des appellations d'origine, est notifiée, après avis de la commission des "conditions de production" définie ci-dessus.

Dans un délai de quinze jours qui suit la date de la notification de l'invalidation, il peut être fait appel de cette décision auprès d'une commission régionale d'appel désignée par le comité national des vins et eaux-de-vie de l'Institut national des appellations d'origine, sur proposition du comité régional des produits cidricoles.

En cas d'invalidation et afin de retrouver la capacité d'utiliser ou de commercialiser une production sous le nom de l'appellation d'origine contrôlée considérée, l'opérateur concerné doit effectuer une nouvelle déclaration d'aptitude, et doit apporter la preuve auprès des services de l'Institut national des appellations d'origine que toutes les conditions de production de l'appellation d'origine contrôlée considérée sont à nouveau remplies.

Art. 9 Les produits cidricoles ne peuvent être mis en circulation et commercialisés, sous une appellation d'origine contrôlée, sans un certificat d'agrément délivré par les services de l'Institut national des appellations d'origine, après que ces produits ont obtenu un avis favorable à l'issue des examens analytique et organoleptique définis dans le décret relatif à chacune des appellations d'origine contrôlées concernées, et sous réserve que la déclaration d'aptitude n'ait pas été invalidée.

Par ailleurs, *(Décr. n° 2002-1497 du 20 déc. 2002)* « les fruits, les moûts, les cidres ou les poirés » destinés à l'élaboration d'un produit en appellation d'origine contrôlée ne peuvent circuler, dans les conditions prévues par le décret de ladite appellation d'origine contrôlée, qu'avec un document portant la mention « Produit destiné à l'élaboration de » suivi du nom de l'appellation d'origine contrôlée à laquelle ils sont destinés.

Art. 10 Les examens organoleptique et analytique sont organisés, sous la responsabilité de l'Institut national des appellations d'origine, par un organisme agréé à cet effet par le comité national des vins et eaux-de-vie de l'Institut national des appellations d'origine, sur *avis du syndicat de défense concerné* et du comité régional des produits cidricoles.

Art. 11 L'analyse est effectuée par des laboratoires agréés par le ministre chargé de l'économie, sur proposition du comité national des vins et eaux-de-vie de l'Institut national des appellations d'origine. Des critères analytiques complémentaires à ceux prévus dans le décret de l'appellation d'origine contrôlée concernée peuvent être fixés par la commission des conditions de production définie à l'article 8 du présent décret, dans des conditions précisées dans l'arrêté défini à l'article 12 ci-après.

Les examens organoleptiques sont effectués par une commission d'experts dégustateurs, nommée par *(Décr. nº 2002-1497 du 20 déc. 2002)* « le directeur » de l'Institut national des appellations d'origine sur proposition du syndicat de défense de l'appellation d'origine contrôlée concernée. Elle se compose de professionnels de la production, de la transformation et du négoce ainsi que de techniciens.

Art. 12 Un arrêté interministériel fixe les modalités d'application du présent décret prises, sur proposition du comité national des vins et eaux-de-vie, pour chaque produit en appellation d'origine contrôlée.

Arrêté du 16 novembre 1999,

Relatif à la publicité, à l'égard du consommateur, des prix de vente à l'unité de mesure de certains produits préemballés.

V. ce texte, vº Prix (publicité).

CLAUSES ABUSIVES

RÉP. COM. vº *Clauses abusives*, par SAUPHANOR-BROUILLAUD.

Recommandation CCA nº 79-01 du 27 juin 1978,

Relative aux clauses abusives insérées dans les contrats de garanties (BOCC 13 juin 1979).

La Commission des clauses abusives,

Considérant que le contrat de vente oblige le professionnel non seulement à délivrer l'objet, mais encore, pour le même prix, à garantir les défauts ou vices cachés; que, dès lors, une rémunération supplémentaire ne peut être prévue pour une prestation due au titre de la garantie légale;

Considérant les obligations qui s'imposent au professionnel à l'égard du non-professionnel ou du consommateur dans le cadre de la garantie légale, telle que la jurisprudence la définit, et notamment :

Que, lorsque des défauts ou vices cachés sont constatés, aucune action prévue dans le cadre de la garantie légale ne peut être supprimée ou limitée et qu'en particulier ni la reprise de l'objet défectueux ni une diminution du prix prévues à l'article 1644 du code civil ne peuvent être exclues;

Qu'il n'appartient pas au professionnel de juger du contenu de la garantie que la loi lui impose d'accorder et de la subordonner à l'envoi ou à l'estampillage d'un bon, lequel ne peut être qu'un mode de preuve parmi d'autres;

Que la garantie est due au consommateur non seulement par le vendeur, mais aussi par le fabricant;

Que la garantie profite à tous les acquéreurs successifs de l'objet présentant un défaut ou vice caché;

Que le professionnel est tenu, en vertu de l'article 1645 du code civil et de son application, à réparer tous les dommages corporels et matériels dont la cause reconnue est un défaut ou vice caché;

Que la garantie des défauts et vices cachés n'est pas limitée dans le temps, sous la réserve d'une action intentée dans un bref délai suivant les termes de l'article 1648 du code civil;

Qu'aucune pièce de l'objet défectueux ne peut être exclue de la garantie et qu'il en est ainsi, en particulier, des pièces électriques; que le professionnel est également tenu à garantir les pièces déjà réparées ou remplacées au titre de la garantie;

Que, pour la réparation d'un objet sous garantie, le souci de la protection et de la sécurité du consommateur peut justifier l'insertion dans le contrat d'une clause imposant le recours à un réparateur agréé par le professionnel, lequel est le garant du bon fonctionnement de ses produits; que la responsabilité du professionnel pourrait être dégagée, en partie ou totalement, si la réparation et la fourniture de pièces détachées étaient confiées à d'autres professionnels que lui-même ou ses agents agréés; que, toutefois, une telle clause est valablement stipulée lorsque, d'une part, l'objet vendu n'est pas un produit de fabrication et d'utilisation courante mais un produit de conception avancée mettant en œuvre des techniques spécifiques et lorsque, d'autre part, le réseau des réparateurs agréés est suffisamment accessible pour satisfaire le consommateur ;

Que les frais occasionnés par la réparation du défaut ou vice caché doivent être supportés par le professionnel et qu'il en est ainsi, par exemple, des frais de main-d'œuvre, de déplacements, de transport ou de l'envoi de l'objet à réparer ;

Considérant que les clauses contraires aux principes énoncés ci-dessus sont abusives au sens de l'article 35 de la loi susvisée *[n° 78-23 du 10 janv. 1978 : V. C. consom., art. L. 212-1]* et qu'elles sont interdites en vertu des dispositions de l'article 2 du décret susvisé *[n° 78-464 du 24 mars 1978 : V. C. consom., art. R. 212-1]*,

Émet la recommandation :

Que soient éliminées des contrats conclus entre professionnels et non professionnels ou consommateurs les clauses suivantes, nulles de plein droit du fait du contenu de la garantie légale, ayant pour objet ou pour effet :

1° De prévoir le paiement par le consommateur d'une rémunération supplémentaire pour une prestation due au titre de la garantie légale ;

2° De supprimer ou de limiter l'une des actions prévues dans le cadre de la garantie légale ;

3° De rendre le professionnel maître de la garantie à accorder, notamment en la subordonnant à l'envoi d'un document ;

4° D'attribuer l'obligation de garantie au seul fabricant ou au seul vendeur, à l'exclusion de l'autre ;

5° D'écarter, en cas de revente, du bénéfice de la garantie légale les sous-acquéreurs ;

6° De supprimer ou de réduire l'obligation pour le professionnel de réparer certains dommages corporels ou matériels dont la cause reconnue est le défaut ou vice caché de l'objet vendu ;

7° De limiter dans le temps la garantie légale ;

8° D'exclure de la garantie légale une ou plusieurs pièces de l'objet vendu, y compris les pièces déjà réparées à son titre ;

9° D'obliger le consommateur, sous peine de perdre le bénéfice de la garantie, à faire réparer l'objet défectueux chez le fabricant ou chez un réparateur agréé, lorsqu'une telle clause n'est justifiée ni par la sécurité des consommateurs, ni par la technicité de l'objet, ou lorsque le réseau du réparateur n'est pas accessible dans des conditions normales ;

10° De dispenser le fabricant ou le distributeur de rembourser certains frais prévisibles lors de la conclusion du contrat de vente, occasionnés par la réparation du défaut ou vice caché.

(Délibérée sur le rapport de M. Calais-Auloy dans ses séances des 6 et 27 juin 1978, où siégeaient M. Paul Lutz, conseiller à la Cour de cassation, président, MM. Bilh, Calais-Auloy, Delcourt, Denis, Grise, Gross, Guénot, Marleix, Semler-Collery, Simonet, Stirn, membres.)

Recommandation CCA n° 79-02 du 30 janvier 1979,

Relative aux clauses concernant les recours en justice (BOCC 13 juin 1979).

La Commission des clauses abusives,

Considérant que des contrats habituellement proposés par des professionnels dans divers secteurs d'activités comportent, d'une part, des clauses qui suppriment ou réduisent le droit d'agir en justice dont bénéficie le contractant non professionnel ou consommateur, d'autre part, des clauses qui accordent des avantages injustifiés au contractant professionnel qui agit en justice ;

Considérant qu'il ne peut être renoncé, par avance, à aucune action en justice ; qu'ainsi, le non-professionnel ou consommateur ne peut s'obliger à recourir à la seule voie amiable pour régler un litige éventuel ;

Considérant qu'en vertu de l'article 2061 du code civil *[V. v° Compétence]*, le non-professionnel ou consommateur ne peut être tenu de soumettre le litige éventuel à un arbitrage ;

Considérant que le non-professionnel ou consommateur ne doit pas être privé de son droit d'agir en justice par le jeu de clauses qui, en lui imposant certaines démarches préalables, peuvent aboutir à la prescription de son action ;

Considérant qu'il ne peut être, par contrat, dérogé aux règles légales fixant des délais pour agir en justice ;

Considérant que, selon les dispositions des articles 42 et suivants du Nouveau code de procédure civile *[V. v° Compétence]*, sont compétents pour reconnaître les litiges nés d'un contrat, le tribunal du domicile du défendeur et celui du lieu de la livraison ou de la prestation ; qu'en particulier, le tribunal dont dépend le siège social du professionnel ne peut être déclaré seul compétent ;

Considérant que le professionnel ne peut être dispensé des formalités prévues par la loi ; qu'en particulier, le professionnel doit respecter l'obligation de mettre en demeure pour faire courir les intérêts ;

Considérant que les clauses dérogeant aux principes précédents sont, pour la plupart, frappées de nullité ; que cette nullité, souvent ignorée des non-professionnels ou consommateurs, ne constitue pas en elle-même une protection suffisante, et qu'il convient d'interdire, comme abusives, l'insertion de telles clauses dans les contrats ;

Considérant que, selon la jurisprudence, le commerçant demandeur doit assigner le non-commerçant devant le tribunal civil et que le non-commerçant peut engager son action soit devant le tribunal civil, soit devant le tribunal de commerce ; que certaines décisions judiciaires reconnaissent cependant la validité de la clause attribuant compétence, dans un acte mixte, au seul tribunal de commerce ; qu'une telle clause constitue, au regard des règles normales de compétence, une dérogation substantielle, dont le non-professionnel ou consommateur peut sous-estimer l'importance ;

Considérant que les frais de recouvrement sont parfois mis par le contrat à la charge seule du non-professionnel ou consommateur ; que si cette clause paraît, à la rigueur, justifiée lorsqu'elle concerne les frais réels de recouvrement non judiciaire, elle risque, en revanche, de pénaliser excessivement le contractant non-professionnel ou consommateur quand elle fixe forfaitairement les frais de recouvrement non judiciaire ou quand elle concerne les frais de recouvrement judiciaire, tels que frais de procédure, d'expertise, d'huissier, d'avocat ;

Considérant que les clauses précédentes, même si elles ne sont pas nulles dans l'état actuel du droit, sont abusives au sens de l'article 35 de la loi susvisée *[n° 78-23 du 10 janv. 1978 ; V. C. consom., art. L. 212-1]*,

Émet la recommandation :

Que soient éliminées des contrats conclus entre professionnels et non-professionnels ou consommateurs les clauses suivantes ayant pour objet ou pour effet :

1° D'interdire l'exercice des actions en justice ou des voies de recours ;

2° D'imposer le recours à l'arbitrage pour un litige qui n'est pas encore né (clause compromissoire) ;

3° De présenter le recours amiable comme le préalable obligatoire de l'action en justice ;

4° D'imposer un délai de prescription pour agir en justice, ou de réduire celui fixé par la loi ;

5° De déroger aux règles légales de compétence territoriale ou d'attribution ;

6° De dispenser le professionnel de formalités prévues par la loi ;

7° D'obliger le non-professionnel ou consommateur à rembourser les frais et honoraires exposés pour le recouvrement judiciaire ;

8° De prévoir un remboursement forfaitaire des frais exposés pour recouvrement non judiciaire.

(Délibérée sur les rapports de MM. Calais-Auloy et Bihl dans ses séances du 21 novembre et 19 décembre 1978 et 30 janvier 1979 où siégeaient M. Paul Lutz, conseiller à la Cour de cassation, président, Mme Achach, Mlle Aubertin, MM. Bihl, Calais-Auloy, Cotte, Delcourt, Gross, Lemontey, Marleix, Semler-Collery, Simonet, Stirn, membres.)

Recommandation CCA n° 80-01 du 4 février 1980,

Concernant les contrats de location d'emplacements destinés à l'affichage publicitaire (BOCC 15 mai 1980).

La Commission des clauses abusives,

Considérant que les conditions de durée et les modalités de résiliation des contrats conclus entre bailleurs non professionnels, d'une part, et professionnels locataires d'emplacements publicitaires, d'autre part, sont fixées par la loi n° 79-1150 du 29 décembre 1979 susvisée *[relative à la publicité, aux enseignes et préenseignes, codifiée au C. envir., art. L. 581-1 s.]* ;

Considérant que le bailleur ne donne en location qu'un emplacement délimité et qu'il peut jouir à sa guise des autres parties de sa propriété pendant la durée du bail ; qu'en particulier, il peut louer d'autres emplacements à qui bon lui semble ;

Considérant que le propriétaire, après l'expiration du bail, peut louer au locataire de son choix tout emplacement, y compris celui ayant fait l'objet du bail ;

Considérant que doivent être prises en compte, contradictoirement par le bailleur et le preneur, toutes les incidences, pour l'exploitation de l'emplacement publicitaire, des modifications et des réglementations administratives, des tracés des voies routières et de tout autre élément extérieur à la volonté des parties ; que, dès lors, le preneur ne peut se réserver le droit de suspendre unilatéralement le contrat ;

Considérant que s'il est conforme au droit, notamment à l'article 1719 du code civil, que le bailleur soit tenu d'entretenir l'emplacement publicitaire en état de servir à l'usage pour lequel il a été loué, la charge qui en résulte doit être strictement limitée à la chose louée ; que l'obligation de couper ou d'arracher la végétation masquant les panneaux n'incombe pas systématiquement au bailleur ;

Considérant que la garantie de visibilité des panneaux publicitaires normalement due par le bailleur à son locataire ne peut être exigée lorsque les obstacles qui la rendent difficile ou impossible ne sont pas de son fait ou sont nécessités par des besoins de réparations urgentes ; qu'il en est ainsi, notamment, des travaux effectués sur la voie publique ou de la réfection d'un mur sur lequel reposent les panneaux ; que, dans ces cas, le bailleur ne peut être obligé de mettre en place des solutions de remplacement, par exemple des panneaux rehaussés ;

Considérant que le locataire ne peut être laissé seul juge de la diminution du loyer, de la suspension du bail ou de sa résiliation ; que, notamment, il ne peut apprécier unilatéralement une réduction de la valeur de l'emplacement publicitaire ;

Considérant que le bailleur peut, en cas de litige, exercer tout recours devant les tribunaux légalement compétents selon les articles 42 et suivants du Nouveau code de procédure civile *[renommé code de procédure civile ; V. v° Compétence]* ;

Considérant que les clauses contraires aux principes énoncés ci-dessus sont abusives au sens de l'article 35 de la loi susvisée,

Émet la recommandation :

Que soient éliminées des contrats conclus entre bailleurs non professionnels, d'une part, et professionnels locataires d'emplacements publicitaires, d'autre part, les clauses suivantes ayant pour objet ou pour effet :

1° D'interdire au bailleur de louer un emplacement voisin à un autre locataire ;

2° D'interdire au propriétaire de relouer après l'expiration du contrat le même emplacement au locataire de son choix ;

3° De permettre au preneur de suspendre temporairement le contrat pour une raison qu'il apprécie unilatéralement ;

4° D'imposer au bailleur des charges qui ne soient pas directement liées à l'entretien de la chose louée ;

5° D'obliger le bailleur à garantir en tout état de cause la visibilité des panneaux publicitaires, de mettre à sa charge des solutions de remplacement en cas d'empêchement indépendant de sa volonté ou d'autoriser unilatéralement le preneur à diminuer le prix, à suspendre ou à résilier le contrat ;

6° De supprimer ou de réduire le droit de recours du bailleur en cas de litige ;

7° D'attribuer la compétence aux seuls tribunaux du ressort dont dépend le siège social de la société locataire.

(Adoptée sur le rapport de M. Marleix dans la séance du 4 février 1980 où siégeaient : M. Paul Lutz, conseiller à la Cour de cassation, président, et Mme Achach, Mlle Aubertin, MM. Bihl, Cotte, Grise, Gross, Lemontey, Marleix, Semler-Collery, Simonet, membres.)

Recommandation CCA n° 80-03 du 24 juin 1980,

Concernant une clause relative à la formation du contrat (BOCC 8 août 1980).

La Commission des clauses abusives,

Considérant que le contrat est valablement conclu et engage les deux parties lorsqu'elles ont donné leur accord ; que le professionnel ne peut s'octroyer un délai de réflexion pendant lequel il pourra vérifier notamment la solvabilité de son client que si, en contrepartie, est laissé au non-professionnel ou consommateur le même délai pendant lequel il pourra se rétracter ;

Considérant que de nombreux contrats habituellement proposés aux non-professionnels ou consommateurs dans les secteurs d'activité les plus divers contiennent des clauses contraires aux principes ci-dessus ; que ces clauses sont abusives au sens de l'article 35 de la loi du 10 janvier 1978 susvisée *[C. consom., art. L. 212-1]*,

Émet la recommandation :

Que soient éliminées des contrats conclus entre professionnels et non-professionnels ou consommateurs toute clause qui a pour objet ou pour effet de prévoir lors de la signature du contrat un engagement immédiat et définitif du non-professionnel ou consommateur et un engagement éventuel du professionnel.

(Adoptée dans la séance du 24 juin 1980 où siégeaient MM. P. Lutz, président, conseiller à la Cour de cassation, R. Bernard, L. Bihl, J. Calais-Auloy, Y. Cotte, M. Delcourt, R. Grise, B. Gross, P. Leclercq, P. Marleix, N. Renaudin et P. Simonet, membres.)

Recommandation CCA n° 80-06 du 28 octobre 1980,

Concernant les délais de livraison (BOCC 26 nov. 1980).

La Commission des clauses abusives,

Considérant que l'inexécution de l'obligation de délivrance de la chose vendue dans le temps convenu entre les parties est sanctionnée en vertu du code civil par la résolution de la vente à la demande de l'acheteur et par la condamnation à des dommages et intérêts s'il y a préjudice ;

Considérant que les nécessités ou les particularités des différents secteurs d'activités ont donné naissance à des usages variés en matière de fixation du délai de délivrance (de livraison) de la chose ;

Considérant que sur la base des articles 1610 et 1611 du code civil le juge a donné un effet distinct à la stipulation d'un délai dit de rigueur et à la stipulation d'un délai dit à titre indicatif ;

Considérant que de nombreux contrats habituellement proposés aux non-professionnels ou consommateurs dans plusieurs secteurs d'activités contiennent des clauses qui visent à diminuer ou à supprimer la protection ci-dessus décrite lorsque les délais fixés ne sont pas respectés ; que ces clauses sont abusives au sens de l'article 35 de la loi du 10 janvier 1978 susvisée *[C. consom., art. L. 212-1]* **;**

Considérant que, dans la majorité des ventes proposées aux consommateurs, il n'existe aucun obstacle à ce qu'au moment de la commande un délai de livraison ferme soit définitivement fixé et clairement énoncé ;

Considérant que les contraintes qui peuvent apparaître dans les ventes de produits personnalisés ne sauraient enlever au délai son caractère d'élément essentiel du contrat en déliant à cet égard le vendeur de ses obligations ;

Considérant que dans les secteurs d'activité qui présentent de telles contraintes, l'acheteur doit pouvoir obtenir l'indication d'un délai ferme, aussitôt que possible, lorsque par exemple le vendeur aura pu vérifier auprès de ses fournisseurs la date de disponibilité de la marchandise ; que de son côté, le vendeur doit restituer les acomptes perçus s'il ne prend pas l'engagement ferme qui lui est demandé ou si celui qu'il donne, par l'importance du dépassement qu'il comporte par rapport au délai initialement annoncé, est inacceptable par l'acheteur,

Recommande :

1° Que soient éliminées des contrats de vente conclus entre professionnels et non-professionnels ou consommateurs les clauses qui ont pour objet d'exclure ou de limiter le droit de résoudre le contrat ou celui de réclamer une indemnité en cas de retard dans la livraison ;

2° Que le délai de livraison soit clairement exprimé dans tous les contrats de vente ;

3° Que dans les ventes de produits de fabrication courante le délai de livraison soit exprimé sous forme d'un engagement ferme;

4° Que dans les ventes de produits personnalisés, le délai de livraison ne puisse être donné à titre indicatif qu'aux conditions suivantes figurant dans le contrat :

Le vendeur s'engage à donner un délai ferme dès l'expiration d'un temps annoncé comme nécessaire pour procéder aux vérifications et informations techniques concernant la commande;

Le délai ferme est fixé par rapport au délai donné à titre indicatif et dans une proportion raisonnable;

L'acheteur peut demander la restitution des acomptes si l'une des deux conditions ci-dessus n'est pas remplie.

(Délibérée dans les séances des 28 mai, 24 juin, 23 septembre et 28 octobre 1980 où siégeaient M. P. Lutz, président, conseiller à la Cour de cassation, Mlle M. Aubertin, MM. R. Bernard, L. Bihl, J. Calais-Auloy, Y. Cotte, M. Delcourt, R. Grise, B. Gross, P. Leclercq, P. Marleix, N. Renaudin, J. Semler-Collery, P. Simonet, membres.)

Recommandation CCA n° 81-01 du 25 novembre 1980,

Relative à l'équilibre des obligations en cas d'inexécution des contrats (BOCC 16 janv. 1981).

La Commission des clauses abusives,

Considérant que dans de nombreux contrats dont l'exécution est stipulée pour une date postérieure à leur conclusion le consommateur paie néanmoins à l'avance une partie du prix convenu, à titre d'arrhes ou d'acompte; qu'il en est ainsi notamment des contrats de vente, d'entreprise, de location saisonnière, des contrats proposés par les agents de voyages, les hôteliers, les teinturiers, etc.;

Considérant qu'en cas d'inexécution du contrat par le fait du consommateur cette partie du prix reste très généralement acquise au professionnel soit, lorsqu'il s'agit d'arrhes, en application de l'article 1590 du code civil, soit, lorsqu'il s'agit d'un acompte, en vertu d'une clause du contrat qui a le caractère d'une clause pénale;

Considérant qu'en revanche, en cas d'inexécution du contrat par le fait du professionnel, de nombreux contrats stipulent seulement la restitution au consommateur de l'acompte qu'il a versé alors que, s'il s'agit d'arrhes, ces arrhes doivent être restituées au double, en application de l'article 1590 du code civil;

Considérant que le fait, pour le professionnel, d'être indemnisé sans formalité lorsque le consommateur renonce au contrat, alors que celui-ci doit intenter une action en justice pour être indemnisé en cas d'inexécution du contrat du fait du professionnel, confère à ce dernier un avantage excessif et rend, sur ce point, le contrat abusif au sens de l'article 35 de la loi du 10 janvier 1978 susvisée *[C. consom., art. L. 212-1]*;

Considérant enfin que, sauf circonstances particulières, qui peuvent toujours être constatées par le juge, en application de l'article 1152 *[1231-5]* du code civil, le préjudice résultant de l'inexécution du contrat, tel qu'il peut être forfaitairement évalué au moment de la conclusion de ce contrat, est du même ordre pour le professionnel et pour le consommateur,

Recommande :

Que soient éliminées des contrats conclus entre professionnels et non-professionnels ou consommateurs les clauses ayant pour effet de mettre à la charge du consommateur une indemnité lorsqu'il renonce au contrat, sans prévoir, en contrepartie, une indemnité égale, à la charge du professionnel responsable de l'inexécution du contrat.

(Délibérée dans la séance du 25 novembre 1980, où siégeaient M. P. Lutz, président, conseiller à la Cour de cassation, MM. R. Bernard, L. Bihl, J. Calais-Auloy, M. Delcour, R. Grise, B. Gross, P. Leclercq, P. Marleix, N. Renaudin, membres.)

Recommandation CCA n° 82-04 du 24 septembre 1982,

Relative au droit à réparation des consommateurs en cas de perte ou de détirioration des films confiés à des laboratoires photographiques ou cinématographiques et à des négociants (BOCC 22 déc. 1982).

La Commission des clauses abusives,

Considérant qu'il est d'usage courant pour les laboratoires photographiques ou cinématographiques et pour les négociants de reconnaître à leurs clients, expressément ou tacitement, le seul droit d'obtenir un nombre de films vierges équivalent à celui des films confiés au professionnel et perdus ou détériorés par le fait de ce dernier ;

Considérant que ce mode d'indemnisation est défavorable au consommateur ;

Considérant tout d'abord que cette réparation en nature ne permet pas toujours au consommateur d'être indemnisé de ses débours ; qu'en particulier, si la remise d'un film vierge peut paraître compenser la perte du film confié au professionnel, elle ne répare pas, en revanche, le dommage matériel subi par le consommateur qui a supporté certains frais comme, par exemple, les frais d'expédition de la pellicule au laboratoire de développement ;

Considérant ensuite que le mode de réparation prévu est à plus forte raison peu satisfaisant pour le consommateur lorsque ce dernier peut faire état d'un préjudice particulier ; qu'il en est ainsi lorsque les films perdus ou détériorés ont été pris ou tournés à l'occasion d'événements irréversibles de la vie comme notamment au cours de cérémonies familiales ou de voyages lointains ;

Considérant enfin qu'il est abusif d'imposer dans tous les cas au consommateur une indemnisation sous forme de remplacement ;

Considérant que la réparation forfaitaire actuellement pratiquée par les professionnels n'aboutit donc fréquemment qu'à réparer d'une manière insuffisante, voire même dérisoire, le dommage éprouvé par le non-professionnel ou consommateur ; que la clause analysée tombe incontestablement sous le coup des dispositions des articles 35 et suivants de la loi du 10 janvier 1978 *[C. consom., art. L. 212-1 s.]*, qu'elle est tout d'abord prévue dans les contrats conclus entre professionnels et non-professionnels ou consommateurs ; qu'elle concerne ensuite l'étendue des responsabilités ; qu'elle est imposée enfin au non-professionnel ou consommateur par un abus de la puissance économique de l'autre partie et confère à cette dernière un avantage excessif ; qu'en définitive la clause étudiée doit être dénoncée comme abusive ;

Considérant toutefois que le caractère abusif de la clause examinée n'entraîne pas pour autant la condamnation de toute clause qui assurerait une réparation forfaitaire du préjudice invoqué par le non-professionnel ou consommateur ; que pour des raisons de simplicité et de rapidité il peut être de l'intérêt du non-professionnel ou consommateur de faire jouer à son profit une clause pénale ;

Considérant à cet égard que le professionnel peut proposer une réparation forfaitaire dont l'obtention ne suppose la preuve d'aucune faute de sa part et à la condition de présenter au non-professionnel ou consommateur un choix entre deux ou plusieurs valeurs déclarées, la valeur minimale de celle-ci ne pouvant être inférieure au prix du film vierge majoré des frais du consommateur et sa valeur maximale ne pouvant être inférieure au préjudice normalement prévisible causé par la perte ou la détérioration de films jugés importants par un consommateur ;

Considérant cependant qu'un tel système forfaitaire ne peut être jugé satisfaisant que si certaines conditions sont remplies ;

Considérant, en premier lieu, que le contrat doit laisser au consommateur la liberté d'accepter ou non le système de réparation forfaitaire qui lui est proposé, qu'au moment du dépôt du film, en vue de son traitement, il doit avoir la possibilité de refuser ce mode de réparation, ce qui lui laisse le droit de mettre éventuellement en jeu à une date ultérieure la responsabilité du professionnel sur le fondement du droit commun de la responsabilité contractuelle ;

Considérant, en second lieu, que le contrat doit laisser au consommateur, même s'il avait opté pour le système forfaitaire, la possibilité de choisir, après la réalisation du dommage, de mettre en jeu la responsabilité contractuelle du professionnel, à charge en ce cas de prouver la faute de ce dernier, ainsi que la réalité et l'importance du préjudice subi ;

Considérant enfin que le consommateur doit recevoir une information claire sur les choix qui lui sont offerts,

Recommande :

A. — Que soient éliminées des documents contractuels proposés à leurs clients non-professionnels ou consommateurs par les laboratoires photographiques ou cinématographiques et par les négociants les clauses ayant pour objet ou pour effet d'exonérer ces derniers de leur responsabilité en cas de pertes ou d'avaries des films ou de limiter leur responsabilité au simple remplacement des films perdus ou avariés par des films vierges ;

B. – Que figurent dans ces documents contractuels des clauses permettant une juste réparation du préjudice subi par le consommateur en cas de pertes ou d'avaries des films, aux termes desquelles :

Le consommateur a le choix entre un système de réparation forfaitaire et la mise en jeu de la responsabilité du professionnel sur le fondement du droit commun de la responsabilité ;

La réparation forfaitaire résulte elle-même d'une option offerte au consommateur entre deux ou plusieurs valeurs déclarées au moment de la conclusion du contrat en fonction de l'importance qu'il donne à ses travaux, sa valeur minimum ne pouvant être inférieure au prix des films vierges majoré des frais occasionnés et la valeur maximum ne pouvant être inférieure au préjudice normalement prévisible causé par la perte ou la détérioration de films jugés importants pour un consommateur ;

Après la réalisation du dommage, si la preuve de la faute est apportée, le consommateur, quand bien même aurait-il choisi le système de réparation forfaitaire, peut encore mettre en jeu la responsabilité du professionnel sur le fondement du droit commun de la responsabilité.

(Délibérée sur le rapport de M. Bernard Gross, dans les séances des 19 mars, 18 juin, 9 juillet et 24 septembre 1982.)

Recommandation CCA n° 86-01 du 17 janvier 1986,

Concernant les contrats de location avec option d'achat ou contrats de location avec promesse de vente de biens de consommation (BOCC 11 mars 1986).

La Commission des clauses abusives,

Considérant que la location avec promesse de vente, appelée encore location avec option d'achat, est souvent proposée aux consommateurs désireux d'acquérir certains biens de valeur, tels des véhicules automobiles, des caravanes, des bateaux de plaisance, des postes de télévision, des chaînes hi-fi, des magnétoscopes, des appareils photos de haut de gamme, des pianos, etc. ;

Considérant que ce contrat qui permet à un particulier de jouir immédiatement d'un bien en qualité de locataire, puis de l'acquérir en fin de contrat grâce précisément à l'option d'achat incluse dans la convention, connaît un succès certain ; que l'attrait des consommateurs pour la location avec option d'achat s'explique par la forte motivation psychologique qui pousse les particuliers à posséder les biens pouvant être financés sous cette forme ; qu'il est renforcé par la possibilité offerte aux consommateurs d'obtenir un financement total ; qu'il est lié, enfin, à la durée du contrat qui, variant de quatre à sept ans, conduit à un étalement des paiements et met ainsi le montant des mensualités à payer à la portée de personnes titulaires de revenus moyens ;

Considérant que la location avec promesse de vente de biens de consommation présente toutefois des inconvénients ; que le montage juridique complexe du contrat échappe à la compréhension de beaucoup de consommateurs, certains d'entre eux croyant bénéficier d'un crédit classique pensent à tort être devenus propriétaires du bien en cause dès l'origine ; que d'une manière plus générale encore, les consommateurs, au moment de la conclusion du contrat, n'ont guère leur attention attirée sur l'importance des obligations mises à leur charge lorsqu'ils cessent de pouvoir payer les mensualités ou bien encore lorsque le bien loué est détruit accidentellement ; qu'il est à observer que dans l'immense majorité des cas, la location avec option d'achat est proposée aux consommateurs non pas par des professionnels des opérations financières mais par les vendeurs de biens de consommation qui proposent les formules de contrat des établissements de crédit ; qu'ainsi les consommateurs ont pour interlocuteurs des personnes qui ne sont pas toujours aptes à les renseigner et qui, au surplus, soucieuses d'obtenir une commande, n'ont pas le moindre intérêt à faire ressortir les risques de l'opération ;

Considérant que la loi s'est certes préoccupée d'assurer la protection des consommateurs ; qu'à ce titre la location avec promesse d'achat est notamment soumise aux dispositions des articles 1152 *[1231-5]* et 1231 *[1231-5]* du code civil ainsi qu'à celles de la loi n° 78-22 du 10 janvier 1978 relative à la protection des emprunteurs dans le domaine du crédit à la consommation *[C. consom., anc. art. L. 311-1 s.]* ; mais considérant que si ce dernier texte en particulier limite la liberté contractuelle des établissements de crédit, il ne la supprime pas ; que dans une assez large mesure, ces établissements conservent le droit de rédiger leurs contrats en choisissant les clauses qui leur conviennent ; qu'en outre, des établissements de crédit donnent de certaines dispositions de la loi n° 78-22 du 10 janvier 1978 une interprétation défavorable aux consommateurs ;

Considérant que les documents contractuels des établissements de crédit encourent des critiques ; que leur présentation est parfois défectueuse ; qu'ils renferment aussi des clauses qui sont susceptibles d'être déclarées abusives par la commission ;

Considérant que, conformément aux dispositions de la loi n° 78-22 du 10 janvier 1978, la location avec promesse de vente doit donner lieu à la rédaction d'une offre préalable qui devient le contrat définitif après l'acceptation donnée par le destinataire, tout au moins s'il ne fait pas usage de la faculté de rétractation et s'il obtient l'agrément de l'établissement de crédit dans les cas où celui-ci s'est réservé ce droit ;

Considérant que cette offre contient fréquemment les clauses de plusieurs contrats distincts : contrat de location avec option d'achat proprement dit, contrat de cautionnement, contrat(s) d'assurances et quelquefois même contrat d'entretien du matériel loué ; que la signature apposée par le consommateur vaut acceptation non seulement du contrat principal mais également des contrats d'assurances ou d'entretien figurant dans l'offre ; que cette pratique est abusive ; qu'il importe que la présentation matérielle de l'offre permette aux consommateurs de se rendre compte de la pluralité de contrats insérés dans le document ; que l'attention du consommateur doit être attirée sur le fait qu'il n'est pas obligé de souscrire à tous ces contrats ; qu'il est nécessaire que l'acceptation par le consommateur du contrat de location avec option d'achat et éventuellement des contrats d'assurances et d'entretien prévus dans l'offre préalable fassent l'objet non pas d'une signature unique mais d'autant de signatures que de contrats conclus ;

Considérant que dans certains contrats, la signature du consommateur et celle de la caution figurent au recto du document alors que les conditions générales sont mentionnées au verso ; que le document contractuel se présente même parfois sous la forme d'une liasse dont le dernier exemplaire ne reproduit pas au verso les conditions générales ; que lors de la signature du contrat, le consommateur peut donc ignorer l'existence de celles-ci ; que la généralisation des signatures au pied des conditions générales est de nature à favoriser la prise de connaissance de celles-ci ;

Considérant que toutes les offres préalables ne permettent pas au consommateur d'apprécier le coût des assurances facultatives que l'établissement de crédit lui propose ; qu'en effet, les primes de ces assurances sont incorporées dans les loyers ; qu'une bonne information du consommateur exige que le coût du contrat avec assurance et sans assurance lui soit communiqué ; que si le contrat prévoit plusieurs contrats d'assurances, il paraît normal d'indiquer le coût de chacune de ces assurances ;

Considérant que le consommateur qui souscrit à une ou plusieurs polices d'assurances figurant dans l'offre préalable doit être informé de l'acceptation de l'assureur ;

Considérant que les contrats de location avec promesse de vente de voitures automobiles, de caravanes ou de bateaux de plaisance imposent habituellement au consommateur d'assurer la chose par une police qualifiée « tous risques » ; que la conclusion d'une telle assurance induit souvent en erreur le consommateur sur l'étendue des garanties qui lui sont accordées ; que de nombreux consommateurs estiment à tort être couverts de toutes les sommes qui sont dues à l'établissement de crédit en cas de perte, de vol ou de destruction de la chose alors que l'assurance « tous risques » couvre seulement la valeur vénale du bien ; que le consommateur doit être informé clairement de la portée limitée de l'assurance « tous risques » et de la nécessité dans laquelle il se trouve de souscrire en plus une assurance dite « financière complémentaire » s'il veut être garanti totalement des sommes dues à l'établissement de crédit ;

Considérant que des offres préalables se contentent de mentionner de brefs extraits des conditions générales des polices d'assurances ; que la bonne information des consommateurs exige que ces extraits soient suffisamment significatifs ;

Considérant que la loi n° 78-22 du 10 janvier 1978 n'oblige pas l'établissement de crédit à indiquer le taux effectif global d'intérêt (TEG) de la loi du 28 décembre 1966 *[C. consom., art. L. 314-1 s.]* lorsque le contrat est fondé sur un contrat de location ; que de ce fait, cette information ne figure sur aucun contrat ; qu'il est regrettable que le consommateur ne soit en possession d'aucun renseignement à cet égard ; qu'il est ainsi souhaitable que l'offre préalable fasse apparaître un taux d'intérêt calculé de façon analogue au TEG ;

Considérant que certaines clauses sont rédigées d'une manière incompréhensible pour un profane ; que c'est le cas fréquemment des clauses qui définissent les obligations financières du consommateur en cas de sinistre total ou partiel de la chose louée ; qu'un effort doit être entrepris pour faciliter la compréhension du contrat par le consommateur ;

Considérant que des contrats avertissent la caution de son obligation de satisfaire à l'engagement du locataire si ce dernier est défaillant ; que cette mention qui informe la caution de la portée de sa signature, et en particulier du montant maximum de son engagement, mérite d'être généralisée ;

Considérant que l'article 8 de la loi n° 78-22 du 10 janvier 1978 *[C. consom., art. L. 314-20]* autorise le juge d'instance statuant en référé dans les conditions prévues à l'article 1244 du code civil à suspendre les obligations du débiteur, notamment en cas de licenciement ; que l'offre doit informer le locataire de la possibilité de s'adresser au juge dans l'hypothèse où il éprouverait des difficultés financières ;

Considérant que de nombreuses clauses qui se rencontrent plus ou moins fréquemment en pratique, sont abusives par leur contenu ;

Considérant que d'une manière courante, le contrat contient un mandat général d'exercer les droits et actions du bailleur contre le vendeur donné par l'établissement de crédit au locataire ; qu'à ce titre, le locataire peut, par exemple, agir en garantie des vices cachés directement contre le vendeur ; que ce mandat qui est dans la logique du contrat de location avec option d'achat comporte parfois des réserves ou des limitations qui peuvent mettre en péril les intérêts du locataire ; que s'il est normal de prévoir dans le contrat l'obligation pour le locataire qui veut agir en résolution de la vente, de se concerter avec le bailleur, il est abusif de réserver au seul établissement de crédit le droit d'intenter cette action ou de décider que le mandat donné au locataire est révocable à tout moment ; qu'en pareil cas, le locataire peut être privé des dispositions d'ordre public de l'article 9 alinéa 2 de la loi n° 78-22 du 10 janvier 1978 suivant lesquelles le contrat de crédit « est résolu ou annulé de plein droit lorsque le contrat en vue duquel il a été conclu est lui-même judiciairement résolu ou annulé » ; qu'il peut ainsi être contraint de supporter le contrat alors que la chose louée, par ses défauts, est pratiquement inutilisable ;

Considérant que les améliorations apportées à la chose par le locataire sont considérées comme devenant la propriété du bailleur soit immédiatement, soit à l'expiration de la location qu'il est abusif de ne pas permettre au consommateur de reprendre les adjonctions ou les améliorations du matériel loué à condition de remettre ce dernier en état ;

Considérant que des clauses de révision des loyers figurent dans les contrats ; qu'elles sont abusives si elles autorisent le bailleur à faire varier les loyers d'une manière unilatérale et arbitraire ; que c'est le cas si l'établissement de crédit se reconnaît le droit de modifier les loyers lorsque des variations indépendantes de sa volonté appréciées par lui seul se produisent ;

Considérant que la plupart des conditions générales réservent au bailleur le droit d'exiger de son client le versement d'un dépôt de garantie lors de la livraison du bien ; que ce dépôt garantit les sommes dues par le locataire en cas de résolution du contrat ou, à défaut, il est imputé sur le prix de vente si le consommateur opte pour l'achat du bien ; que ce dépôt est abusif uniquement si la publicité faite par l'établissement de crédit s'appuie sur la possibilité offerte au consommateur d'obtenir un financement total ou bien encore s'il apparaît que, malgré le versement d'un dépôt de garantie, les intérêts de la somme prêtée sont calculés en fonction d'un crédit total ;

Considérant que tous les contrats envisagent les conséquences du sinistre total de la chose louée ; qu'ils assimilent à cette situation le sinistre partiel si la chose est irréparable ou si les frais de réparation sont supérieurs à la valeur de la chose ainsi que le vol de la chose louée ; que la survenance de l'un de ces événements entraîne la résiliation du contrat et ouvre un droit à indemnité au profit du bailleur ; que le montant de cette indemnité est toujours élevé ; que dans certains contrats l'indemnité est égale au montant des loyers hors taxes actualisés restant à courir majoré de la TVA ; que dans d'autres contrats le locataire est redevable de l'indemnité prévue par l'article 21 de la loi n° 78-22 du 10 janvier 1978 ; qu'elle est alors égale à la différence entre, d'une part, la somme des loyers non encore échus et de la valeur résiduelle du bien stipulé au contrat, et, d'autre part, la valeur vénale, à la date de la défaillance, du bien restitué (art. 3 du décret du 17 mars 1978) ; que dans de nombreux contrats ces indemnités sont dues immédiatement au bailleur, c'est-à-dire sans attendre l'intervention éventuelle des assureurs ;

Considérant que ces solutions sont d'une extrême sévérité pour le consommateur ; qu'il paraît abusif d'assimiler systématiquement le sinistre total ou le vol de la chose à la défaillance du locataire et de mettre à sa charge l'indemnité très élevée de l'article 21 de la loi de 1978 ; que cette interprétation de la loi en déforme le sens ;

Considérant qu'il est abusif de ne pas distinguer suivant les causes de perte ou de destruction de la chose ; que si la perte ou la destruction de la chose est due à un cas de force majeure le contrat est résilié et le bailleur doit en supporter les risques, conformément à l'article 1722 du code civil, que si la perte ou la destruction de la chose se produit sans qu'une faute puisse être imputée au locataire, aucune somme de ce fait ne peut lui être réclamée ; que c'est seulement si la disparition de la chose est due à la faute du locataire qu'une clause pénale peut être admise ;

Considérant que de nombreuses autres clauses résolutoires sont insérées dans les locations avec option d'achat ; que la résolution du contrat est prévue non seulement en cas de non-paiement des loyers par le consommateur mais encore s'il ne respecte pas l'une quelconque de ses obligations contractuelles, s'il est en état de cessation de paiement, de faillite, s'il y a diminution des garanties, des sûretés ; qu'à ces causes s'ajoutent couramment la cessation d'activité et le décès du locataire ; que dans un contrat, il est même stipulé qu'en cas de modification des barèmes de l'établissement de crédit celui-ci pourra invoquer la résolution du contrat ; qu'une telle énumération est abusive ; que la résolution du contrat du seul fait de l'ouverture d'une procédure de redressement judiciaire est contraire à l'article 37 *[C. com., art. L. 622-13]* (alinéa 5) de la loi n° 85-98 du 25 janvier 1985 ; que la possibilité de résoudre le contrat, s'il survient une modification des tarifs de l'établissement de crédit, est scandaleuse, même si le bailleur s'interdit de demander une indemnité à son locataire ; que la résolution pour manquement du consommateur à l'une quelconque de ces obligations peut engendrer des abus, le bailleur pouvant profiter de la moindre défaillance du locataire pour mettre fin au contrat ; que le jeu de la clause résolutoire, si le consommateur cesse son activité, est anormal, si cet événement ne se traduit pas par l'arrêt du paiement des loyers ; qu'enfin la résiliation automatique du contrat au jour du décès du locataire est abusive car elle prive les héritiers d'un élément du patrimoine du défunt ;

Considérant qu'il est encore plus grave pour l'établissement de crédit de prétendre dans tous les cas de résolution à l'indemnité prévue à l'article 21 de la loi de 1978 ; que si la défaillance du locataire, au sens de la loi, ne fait pas de doute en cas de non-paiement des loyers ou en cas de non-respect d'une obligation essentielle du contrat, en revanche, elle ne peut être invoquée si le contrat est résilié, à la demande du bailleur, à la suite du décès du locataire ou de la cessation de son activité professionnelle ; que si le juge peut intervenir pour modérer l'indemnité mise à la charge du locataire conformément aux dispositions de la loi du 9 juillet 1975 il n'en reste pas moins que la stipulation contractuelle qui amalgame *toutes les clauses de résolution est abusive* ;

Considérant que la restitution de la chose en fin de contrat si le locataire n'exerce pas l'option d'achat ou si le contrat est résilié donne lieu à des clauses dont certaines sont abusives ; que, tout d'abord, des stipulations laissent au bailleur le choix du lieu de restitution ; que si l'on songe au coût du transport de certains biens, comme par exemple un bateau, l'exercice de l'option du bailleur peut encore contribuer à alourdir les charges du consommateur ; qu'ensuite il est des contrats de location avec promesse de vente de véhicules automobiles qui obligent le locataire à restituer la voiture conformément aux normes de l'Argus ; qu'ainsi une indemnité est due au bailleur si notamment le kilométrage parcouru par la voiture est supérieur à cette norme ; que cette clause est abusive, son jeu intervenant alors que l'amortissement financier du bien est réalisé ou bien encore s'il y a résiliation du contrat, elle conduit à majorer l'indemnité légale due par le locataire ; qu'enfin, sans exiger une restitution conforme à des normes précises, de nombreux contrats imposent de rendre la chose louée en bon état ; qu'il est abusif de laisser au seul bailleur le droit d'apprécier l'état de la chose et de contraindre le locataire à supporter le coût des réparations qu'il décide unilatéralement ;

Considérant que les conditions dans lesquelles la chose reprise est vendue en cas de défaillance du locataire sont très souvent anormales ; que le prix obtenu est généralement sensiblement inférieur à celui qui pouvait être escompté ; qu'il s'ensuit une aggravation de la situation du locataire ; que pour permettre au locataire défaillant de contribuer à la recherche d'une solution optimale, il semble raisonnable de lui permettre de présenter un acheteur dans un délai d'un mois à compter de la restitution du bien ; que si, pour éviter une fraude éventuelle, l'établissement de crédit peut refuser une offre insuffisante, il doit dans cette hypothèse retenir un prix qui ne peut pas être inférieur à l'offre refusée ;

Considérant qu'une clause répandue en pratique autorise le bailleur à mettre fin à tous les contrats de location avec option d'achat conclus avec le locataire s'il est amené à résilier l'un d'eux pour une raison quelconque ; qu'on imagine facilement les conséquences pour le locataire de l'application de cette clause et en particulier du poids des indemnités de résiliation qu'elle peut faire peser sur lui ; que cette clause est abusive si la défaillance du consommateur n'est pas générale ;

Considérant que la cession du contrat à un tiers est le plus souvent autorisée avec l'accord du bailleur mais que certaines clauses maintiennent à la charge du cédant les obligations nées du contrat ; que cet engagement solidaire du cédant est abusif, l'agrément donné par l'établissement de crédit à la personne du cessionnaire devant libérer le cédant de toutes ses obligations ;

Considérant que la caution est amenée dans de nombreux contrats à renoncer au bénéfice de subrogation prévu par l'article 2037 du code civil ; que cette clause doit désormais être réputée non écrite en raison des dispositions de l'article 49 de la loi du 1er mars 1984 relative à la prévention et au règlement amiable des difficultés des entreprises,

Recommande :

A. – Que les contrats de location avec promesse de vente de biens de consommation comportent :

1. Une présentation suffisamment claire permettant au consommateur de distinguer les différents contrats inclus dans le document contractuel ;

2. Plusieurs emplacements réservés à la signature séparée des différents contrats et principalement des contrats d'assurances que le consommateur accepte de conclure ;

3. La signature du consommateur ainsi que celle de la caution au pied des conditions générales ;

4. L'indication claire du coût de chacune des assurances facultatives proposées par l'établissement de crédit ;

5. Une clause prévoyant que le consommateur doit être informé de l'acceptation donnée par l'assureur aux contrats d'assurances souscrits par le particulier ; à défaut de cette information, le risque qui aurait dû être couvert par l'assurance est supporté par le bailleur ;

6. Une mention informant clairement le consommateur que l'assurance « tous risques » de la chose louée couvre uniquement la valeur vénale du bien et qu'elle ne garantit pas le locataire de toutes les sommes dues à l'établissement de crédit en cas de résiliation du contrat ;

7. La reproduction d'extraits significatifs des conditions générales des assurances proposées ;

8. L'indication d'un taux d'intérêt calculé de façon analogue au TEG de la loi du 28 décembre 1966 *[C. consom., art. L. 314-1]* ;

9. Une rédaction compréhensible pour le consommateur du mode de calcul des indemnités dues à l'établissement de crédit ;

10. La mention que la caution s'engage à payer à l'établissement de crédit les sommes dues par le locataire en cas de défaillance de sa part ainsi que leur montant maximum ;

11. Le rappel des dispositions de l'article 8 de la loi n° 78-22 du 10 janvier 1978 *[C. consom., art. L. 314-20]* ;

B. – Que soient éliminées des contrats de location, avec promesse de vente de biens de consommation, les clauses abusives ayant pour objet ou pour effet :

1. De réserver au seul établissement de crédit le droit d'intenter l'action en résolution de la vente ou de permettre au bailleur de révoquer à tout moment le mandat donné au locataire d'agir à sa place contre le vendeur ;
2. De refuser au locataire le droit de reprendre les adjonctions ou les améliorations de la chose à condition qu'il remette celle-ci en état ;
3. D'autoriser le bailleur, en cas de révision de loyer, à faire varier les mensualités dues par le locataire d'une manière unilatérale et arbitraire ;
4. De prévoir le versement d'un dépôt de garantie si la publicité faite par l'établissement financier ou par le vendeur annonce l'octroi d'un financement total aux consommateurs ou si les loyers réclamés au locataire sont calculés compte non tenu de ce dépôt de garantie ;
5. D'assimiler le sinistre total ou le vol de la chose à la défaillance du locataire et de mettre à sa charge l'indemnité de l'article 21 de la loi de 1978 *[C. consom., anc. art. L. 311-31]* ;
6. En cas de perte ou de destruction de la chose due à un cas de force majeure ou sans qu'il y ait eu faute du locataire, de mettre à la charge de ce dernier une quelconque somme de ce fait ;
7. De prévoir la résolution du contrat en se fondant :
— sur l'ouverture d'une procédure de redressement judiciaire ;
— sur la variation des tarifs du bailleur ;
— sur l'inexécution de l'une des obligations du consommateur sans préciser de laquelle il doit s'agir ;
— sur la cessation d'activité du locataire sans exiger qu'il cesse de payer ses loyers ;
— sur une diminution des garanties sans dire de quelles garanties il s'agit ;
— sur le décès du locataire ;
8. D'exiger le versement de l'indemnité prévue à l'article 21 de la loi de 1978 dans toutes les hypothèses de résolution du contrat alors que le texte suppose la défaillance du consommateur, c'est-à-dire le non-paiement des loyers ou le non-respect d'une obligation essentielle du contrat ;
9. D'abandonner à l'établissement de crédit, au moment de la restitution, le choix du lieu où doit être rendue la chose louée ;
10. D'imposer la restitution d'un véhicule suivant les normes Argus ou la restitution de la chose en fonction de l'état apprécié par le seul bailleur ;
11. D'autoriser l'établissement de crédit à réaliser le bien repris en cas de défaillance du locataire sans même permettre à ce dernier de présenter un acheteur faisant une offre satisfaisante ;
12. D'autoriser l'établissement de crédit à mettre fin à tous les contrats de location avec option d'achat conclus avec le même locataire dès qu'il constate la défaillance de celui-ci dans l'exécution de l'un de ces contrats ;
13. D'engager solidairement le cédant et le cessionnaire en cas de cession du contrat approuvée par le bailleur ;
14. De faire renoncer la caution au bénéfice de subrogation de l'article 2037 du code civil, contrairement aux dispositions de l'article 49 de la loi du 1er mars 1984.
(Texte adopté le 17 janvier 1986, sur le rapport de M. Bernard Gross.)

Recommandation CCA n° 94-01 du 19 juin 1987,

Concernant les clauses dites de consentement implicite (BOCC 27 sept. 1994).

La Commission des clauses abusives,

Considérant que le consommateur signataire d'un contrat ne peut par avance adhérer à des clauses dont il ignore le contenu et qui sont susceptibles de modifier de façon importante le contrat d'origine ;

Considérant que certains professionnels adressent aux consommateurs avec lesquels ils entretiennent des relations contractuelles un simple écrit, note ou document par lequel ils s'autorisent à modifier une ou plusieurs clauses du contrat d'origine, sauf avis contraire exprimé par le consommateur dans un délai donné ; que, dans un tel cas, le silence ne saurait valoir consentement et le consommateur ne se trouve aucunement lié par ces nouvelles clauses ;

Considérant que certains professionnels, vendeurs de biens mobiliers ou prestataires de services, stipulent dans leurs contrats des clauses qui les autorisent à modifier unilatéralement une ou plusieurs caractéristiques, souvent essentielles, du bien à livrer ou du service à rendre à la seule condition que le consommateur en ait été dûment averti et qu'il n'ait pas exprimé par lettre son désaccord, dans un délai donné, fort bref au demeurant ;

Considérant que, même si le professionnel laisse au consommateur la possibilité d'exprimer son désaccord lorsqu'il a pris connaissance des nouvelles clauses, avant un délai donné, le consommateur ne bénéficie que d'une protection illusoire contre les agissements unilatéraux du professionnel ;

Considérant que, d'autre part, le professionnel aura, en cas de contestation, des difficultés pour prouver que le consommateur a bien pris connaissance des nouvelles clauses qu'il est censé avoir acceptées par avance ; que la généralisation des clauses dites de consentement implicite constitue un risque réel menaçant la sécurité des relations contractuelles, en contrepartie des facilités de gestion économique qui justifient leur existence aux yeux des professionnels,

Recommande :

Que soient éliminées des contrats liant un professionnel à un non-professionnel ou consommateur les clauses ayant pour objet ou pour effet de permettre au professionnel de modifier à son gré des clauses d'un contrat, sans que le consommateur ait à exprimer de façon explicite son acceptation.

(Adoptée le 19 juin 1987 sur le rapport de M. Gérard Bourger.)

Recommandation CCA n° 87-03 du 26 juin 1987,

Relative aux contrats proposés par les clubs de sport à caractère lucratif (BOCC 16 déc. 1987).

La Commission des clauses abusives,

Considérant que la pratique du sport n'a cessé de se développer en France depuis une décennie ; que le développement de la pratique sportive a ouvert un marché lucratif ; que la loi n° 84-610 du 16 juillet 1984 *[sur les activités physiques]*, notamment en ses articles 37, 43 et suivants institue une obligation d'assurance couvrant la responsabilité civile de l'exploitant, des enseignants et de ses préposés ainsi que celle de toute personne admise dans l'établissement, et réglemente les conditions d'ouverture des établissements sportifs ; que l'entrée en vigueur de ces dispositions dépend pour l'essentiel de dispositions réglementaires (décrets et arrêtés) en cours d'élaboration ;

Considérant que les contrats proposés par les clubs de sport à but lucratif sont élaborés par les seuls professionnels, et imposés par eux, à l'adhésion des consommateurs ; que les clauses insérées par les exploitants des clubs de sports à but lucratif entrent donc bien dans le champ d'application de la loi du 10 janvier 1978 *[C. consom., art. L. 212-1 s.]* ;

I. – Considérant qu'il résulte de l'enquête des services extérieurs de la direction générale de la concurrence, de la consommation et de la répression des fraudes que de nombreux établissements ne soumettent à la signature des consommateurs aucun contrat écrit ; que les engagements pris à l'égard des consommateurs ne résultent que d'une carte nominative remise au consommateur lors du paiement du prix ; que les obligations du consommateur font l'objet de l'affichage d'un règlement intérieur élaboré par le seul professionnel ;

Considérant qu'aux termes des contrats habituellement proposés aux consommateurs, les clubs de sport à but lucratif s'engagent à mettre à la disposition de leur clientèle leurs installations ; que les prestations offertes, abondamment décrites dans les documents publicitaires, ne figurent pas dans les contrats proposés à la signature des consommateurs ; qu'il ne saurait être valablement objecté par les professionnels que la diversité des activités proposées s'oppose à ce qu'elles soient mentionnées dans le contrat soumis à la signature du consommateur ;

Considérant que de nombreux contrats prévoient l'apposition de la signature du consommateur au recto du document contractuel alors que les clauses figurent à son verso ; que de tels documents ne garantissent pas que le consommateur a pu prendre effectivement connaissance des clauses insérées au verso du document et qu'il y ait valablement souscrit ;

Considérant que certains contrats sont imprimés avec des caractères dont la hauteur est inférieure au corps 8 ; que de ce fait ces contrats manquent de clarté et de lisibilité ;

Considérant que de nombreux établissements proposent aux consommateurs des contrats d'une durée supérieure à trois mois ; qu'en pareil cas le paiement du prix convenu est fréquemment échelonné ou différé ; qu'il apparaît que les obligations qui incombent au professionnel en vertu de la loi n° 78-22 relative à l'information et à la protection des consommateurs dans le domaine de certaines opérations de crédit *[C. consom., anc. art. L. 311-1 s.]* sont totalement méconnues ; que les quelques entreprises qui proposent à leur clientèle une offre préalable de crédit ne respectent pas les dispositions réglementaires les obligeant à reproduire certaines clauses figurant dans des modèles types approuvés par décret ; que sont notamment omises les mentions relatives à l'acceptation de l'offre préalable et à la rétractation de l'acceptation ;

II. – Considérant que la plupart des clubs de sport à but lucratif proposent à leur clientèle des contrats d'une durée de plusieurs mois voire de plusieurs années ; que le consommateur peut, pour des causes indépendantes de sa volonté, notamment pour des raisons de santé ou professionnelles, être provisoirement ou définitivement empêché de bénéficier des prestations de service du club ;

Que les contrats lui refusent un droit de résiliation unilatérale et au contraire stipulent que l'intégralité du prix convenu reste due ; que les professionnels font valoir que les contrats de longue durée sont consentis à des tarifs préférentiels et que, dans les cas où ils sont convaincus de la bonne foi du consommateur, ils n'hésitent pas à délier leur client de ses engagements ; que certains clubs font souscrire à leur clientèle une assurance contre un tel risque ; que néanmoins, lorsque la bonne foi du consommateur est établie, il apparaît abusif de lui dénier tout droit à une prorogation de son contrat en cas d'empêchement temporaire ou à résilier son contrat en cas d'empêchement définitif ;

III. – Considérant qu'un certain nombre de clauses habituellement insérées dans les contrats par les professionnels sont manifestement abusives au sens de l'article 35 de la loi du 10 janvier 1978 *[C. consom., art. L. 212-1]* ;

Considérant qu'aux termes de nombreux contrats proposés au consommateur ce dernier est invité à souscrire à un règlement intérieur dont il est censé avoir pris connaissance ; que le consommateur doit avoir connaissance des obligations qu'il souscrit ; que la référence à un règlement intérieur que les clubs de sport à but lucratif se réservent le droit de modifier unilatéralement ne saurait engager valablement le consommateur ; que, toutefois, les prescriptions techniques tendant à garantir la sécurité et l'hygiène dans l'établissement, qu'elles procèdent de la loi ou des règlements administratifs ou qu'elles soient prises à l'initiative du professionnel, peuvent être imposées au consommateur par voie de règlement intérieur ou d'affichage ;

Considérant que dans de nombreux contrats, les clubs de sport à but lucratif se réservent le droit de modifier unilatéralement la portée et le contenu de leurs obligations envers le consommateur ; que les exploitants se reconnaissent ainsi le droit discrétionnaire de changer les heures et jours d'ouverture de leur établissement ou même de supprimer certaines activités sans la moindre contrepartie pour le consommateur ; que les professionnels objectent que leur activité est soumise à des phénomènes de mode qui les obligent, pour satisfaire le plus grand nombre de clients, à cesser certaines activités au profit de nouvelles pratiques sportives ; que, bien que de telles dispositions soient purement potestatives, ces considérations peuvent être prises en compte pour autant que le consommateur puisse, en pareil cas, mettre un terme à son contrat et obtenir, éventuellement, le remboursement *prorata temporis* du prix payé ;

Considérant que certains contrats prévoient au profit du club de sport un droit de résiliation discrétionnaire pour quelque cause que ce soit « la cotisation restant acquise » ; que les professionnels se reconnaissent en fait un véritable droit disciplinaire envers leurs clients ; que si, la nécessité de faire respecter des règles de comportement afin de préserver les droits des autres consommateurs ne peut être contestée, il apparaît cependant abusif que les exploitants s'accordent un droit de résiliation discrétionnaire ;

Considérant que dans de nombreux contrats sont insérées des clauses limitant ou excluant la responsabilité des clubs de sport à but lucratif pour les accidents pouvant survenir lors de l'utilisation des installations mises à la disposition de la clientèle ; que ces contrats contiennent également des clauses excluant toute responsabilité de l'exploitant en cas d'inaptitude physique du consommateur ; que de telles clauses sont d'autant plus abusives que le consommateur est très généralement encadré et conseillé par des professionnels du sport ;

Considérant que certains contrats contiennent des clauses excluant toute responsabilité de l'exploitant en cas de vol commis dans l'établissement ; que de telles clauses sont particulièrement abusives lorsque le dépôt des effets personnels dans un endroit déterminé est imposé par le club,

Recommande :

I. – Que la présentation matérielle des contrats proposés par les clubs de sport à but lucratif obéisse aux règles suivantes :

1° Que soit remis au consommateur, au moment de l'adhésion au club, un document écrit unique et personnalisé, signé par les deux parties, constatant le contrat et décrivant les obligations de chacune des parties, sauf si le contrat ne porte que sur une prestation dont l'exécution est immédiate ;

2° Que soit énoncé l'ensemble des activités sportives auxquelles donne droit le contrat ;

3° Que les documents contractuels soient imprimés avec des caractères dont la hauteur ne saurait être inférieure au corps 8 ;

4° Que l'ensemble des clauses contractuelles précède les signatures des parties ;

5° Que soit remise une offre préalable de crédit conforme aux dispositions législatives et réglementaires en vigueur dès lors que le paiement du prix a lieu au moyen d'un crédit ou lorsqu'il est échelonné ou différé, pour une durée totale supérieure à trois mois.

II. – Que les contrats proposés par les clubs de sport à but lucratif comportent des clauses ayant pour objet ou pour effet :

1° De permettre au consommateur, dans les contrats de longue durée (égale ou supérieure à six mois), de résilier unilatéralement le contrat lorsque pour des causes de santé ou professionnelles il est définitivement empêché de bénéficier des prestations de service du club de sport ;

2° De permettre une prolongation de la durée du contrat sans complément de prix pour le consommateur momentanément empêché de bénéficier des prestations du club de sport pour des causes tenant à son état de santé ou à ses activités professionnelles.

III. – Que soient éliminées des contrats proposés par les clubs de sport à but lucratif les clauses suivantes ayant pour objet ou pour effet :

1° D'imposer au consommateur des obligations qui ne seraient pas mentionnées dans le contrat signé des deux parties, à l'exception de celles tendant à garantir la sécurité et l'hygiène dans l'établissement ;

2° D'autoriser le professionnel à modifier unilatéralement la portée et le contenu de ses obligations, notamment en changeant les heures et jours d'ouverture, ou en supprimant une des activités offertes, sans permettre au consommateur de résilier le contrat et d'obtenir le remboursement du prix payé *prorata temporis* ;

3° De reconnaître au professionnel un droit de résiliation discrétionnaire du contrat ;

4° De limiter ou d'exclure la responsabilité du professionnel en cas d'accident survenu ou de maladie contractée à l'occasion de la fréquentation de l'établissement ;

5° D'exclure la responsabilité du professionnel pour les vols commis à l'intérieur de l'établissement.

(Texte adopté le 26 juin 1987 sur le rapport de M. Didier Berges.)

Recommandation CCA n° 88-01 du 22 janvier 1988,

Concernant les clauses relatives aux prêts dans les contrats d'accession à la propriété immobilière conclus entre professionnels et consommateurs ou non-professionnels (BOCC 30 juin 1988).

La commission des clauses abusives,

Considérant que la plupart des contrats ayant pour objet la réparation d'un immeuble, *l'acquisition d'un logement* ou du terrain destiné à recevoir la construction sont financés à l'aide de prêts ;

Considérant que ces contrats sont généralement signés sans que le consommateur dispose d'éléments lui permettant d'apprécier ses possibilités d'emprunt ni les conditions d'endettement qui en résulteront ;

Considérant que la plupart des prêteurs se refusent à formuler des offres de prêt avant la production d'un acte constatant l'accord des parties sur l'acquisition du bien ou du terrain nécessaire à la construction ;

Considérant que pour pallier ces difficultés et éviter au consommateur d'être lié par un acte d'acquisition ou de construction sans pouvoir obtenir un prêt répondant à ses possibilités, la loi du 13 juillet 1979 *[C. consom., art. L. 313-1 s.]* a instauré un mécanisme de protection qui permet à ce consommateur de s'informer sur les modalités du financement et de renoncer éventuellement à son projet même après signature de l'acte d'acquisition dans la mesure où il n'obtient pas les prêts ou lorsqu'il estime que ces offres de prêts ne correspondent pas à ses possibilités ;

Considérant que la protection instituée par cette loi consiste essentiellement :

– d'une part à imposer que tout acte ayant pour objet l'une des opérations susmentionnées soit soumis à la condition suspensive de l'obtention du ou des prêts nécessaires au financement ; cette condition impliquant que si le prêt n'est pas obtenu le professionnel doit rembourser la totalité des sommes qu'il a pu percevoir ;

– d'autre part à permettre au consommateur de s'informer sur les modalités des prêts qui lui sont offerts et de lui donner le temps de réflexion utile pour les accepter ou les refuser ;

Considérant, en conséquence, que la loi du 13 juillet 1979 confère au consommateur le droit et la possibilité de renoncer à accepter les prêts qui lui sont offerts sans qu'aucune dérogation contractuelle à ce texte d'ordre public soit possible ;

Considérant que certains contrats contiennent :

– des clauses ayant pour effet ou pour objet de dispenser le professionnel du remboursement ou de retarder celui-ci lorsque le consommateur aura, sans abus de droit, refusé l'offre de prêt ;

– des clauses qui prévoient la nécessité de plusieurs refus de prêts émanant de prêteurs et prouvés par le consommateur ;

– des clauses qui donnent mandat au professionnel, en cas de refus de prêt par le prêteur, de rechercher des financements dont les conditions sont indéterminées ou inacceptables pour le consommateur ;

– des clauses qui prévoient la possibilité d'une modification de l'objet du contrat à l'initiative unilatérale du professionnel pour l'adapter au financement obtenu ;

– des clauses qui imposent, à peine de déchéance des droits du consommateur, de déposer la demande de prêt dans un délai qui ne lui permet pas d'être en possession des éléments nécessaires pour la présenter,

Recommande :

Que soient éliminées des contrats les clauses ayant pour effet ou pour objet :

1. De priver le consommateur du délai de réflexion de dix jours qui lui est conféré par l'article 7 de la loi du 13 juillet 1979 *[C. consom., art. L. 313-34]* et du droit de refuser, sans abus de droit, le prêt qui lui est offert ;

2. De dispenser le professionnel du remboursement ou de retarder celui-ci lorsque le consommateur aura, sans abus de droit, refusé l'offre de prêt ;

3. De subordonner le droit au remboursement du consommateur à la preuve de plusieurs refus de prêts ;

4. De donner mandat au professionnel de rechercher des prêts sans que ce mandat soit exprès et comporte toutes les précisions utiles sur les conditions du prêt ;

5. De conférer au professionnel la faculté de modifier unilatéralement l'objet du contrat pour l'adapter aux conditions de financement résultant d'un refus partiel de prêt ;

6. D'imposer au consommateur, à peine de déchéance de ses droits, la preuve du dépôt d'une demande de prêt dans un délai insuffisant pour réunir les éléments nécessaires à sa présentation.

(Texte adopté le 22 janvier 1988 sur le rapport de M. Philippe Isabey.)

Recommandation de synthèse n° 91-02 du 23 mars 1990

Émise par la Commission des clauses abusives relative à certaines clauses insérées dans les contrats conclus entre professionnels et non-professionnels ou consommateurs (BOCC 6 sept. 1991).

La Commission des clauses abusives,

Recommande :

Que, dans les contrats proposés par les professionnels aux non-professionnels ou consommateurs, soient présumées abusives, sous réserve de ce que, dans un modèle de contrat particulier, il ne soit pas établi qu'elles ne résultent pas d'un abus de puissance économique et n'entraînent pas un avantage excessif pour leur rédacteur, les clauses ou combinaisons de clauses qui ont pour objet ou pour effet de :

1. Constater l'adhésion du non-professionnel ou consommateur à des stipulations contractuelles dont il n'a pas eu une connaissance effective au moment de la formation du contrat, soit en raison de la présentation matérielle des documents contractuels, notamment de leur caractère illisible ou incompréhensible, soit en l'absence de justification de leur communication réelle au consommateur ;

2. Faire varier le prix en fonction d'éléments dépendant directement ou indirectement de la volonté arbitraire du professionnel contractant ;

3. Prévoir, lors de la signature du contrat, un engagement immédiat et définitif du non-professionnel ou consommateur et un engagement éventuel du professionnel ;

4. Restreindre l'obligation pour le professionnel de respecter les promesses faites, les garanties accordées ou les engagements pris par son préposé ou son agent ;

5. Restreindre les obligations du professionnel au moyen de limitations qui ne seraient pas clairement reliées à l'énoncé de ces obligations ;

6. Rendre inopposables au professionnel les informations et documents publicitaires remis au non-professionnel ou consommateur, dès lors que leur précision est de nature à déterminer son consentement ;

7. Subordonner l'exécution du contrat à la seule volonté du professionnel ou à un événement dépendant de sa volonté arbitraire ;

8. Réserver au professionnel la faculté de résilier le contrat de façon discrétionnaire sans accorder la même faculté au non-professionnel ou consommateur ;

9. Stipuler que la date de livraison de la chose ou de l'exécution du service est donnée à titre indicatif ;

10. Laisser au professionnel, postérieurement à la conclusion du contrat, le choix du lieu de livraison de la chose ou d'exécution du service ;

11. Imposer au non-professionnel ou consommateur des frais supplémentaires pour une nouvelle livraison lorsque la première n'a pu avoir lieu du fait d'un manque de précision, imputable au professionnel, quant à la date de présentation ;

12. Obliger le non-professionnel ou consommateur à exécuter ses obligations lors même que le professionnel n'aurait pas exécuté les siennes, par dérogation aux règles régissant l'exception d'inexécution et, spécialement, à la nécessité d'un équilibre raisonnable des inexécutions réciproques ;

13. Obliger le non-professionnel ou consommateur, sans motif valable, à payer une part excessive du prix avant tout commencement d'exécution du contrat ;

14. Interdire au non-professionnel ou consommateur de demander la résolution judiciaire du contrat dans le cas où le professionnel n'exécute pas ses obligations ;

15. Exonérer le professionnel de sa responsabilité en cas d'inexécution ou d'exécution défectueuse, partielle ou tardive de ses obligations ;

16. Limiter l'indemnité due par le professionnel en cas d'inexécution ou d'exécution défectueuse, partielle ou tardive de ses obligations ;

17. Autoriser le professionnel à conserver des sommes versées par le non-professionnel ou consommateur, lorsque celui-ci renonce à conclure ou exécuter le contrat, sans prévoir que lesdites sommes seront restituées au double si le professionnel fait de même ;

18. Déterminer le montant de l'indemnité due par le non-professionnel ou consommateur qui n'exécute pas ses obligations sans prévoir une indemnité de même ordre à la charge du professionnel qui n'exécute pas les siennes ;

19. Supprimer, réduire ou entraver l'exercice par le non-professionnel ou consommateur des actions en justice ou des voies de recours, sous réserve des procédures facultatives susceptibles d'éviter le recours aux tribunaux ;

20. Déroger aux règles légales de compétence territoriale ou d'attribution ;

21. Réserver au professionnel le droit d'obliger son cocontractant à rembourser les frais et honoraires exposés pour obtenir l'exécution du contrat, sans donner au non-professionnel ou consommateur la même faculté ;

22. Déroger aux règles légales régissant la preuve.

(Texte adopté le 23 mars 1990 sur le rapport de M. Jacques Ghestin.)

Recommandation CCA n° 91-04 du 6 juillet 1990,

Relative aux contrats de location de certains biens mobiliers autres que les véhicules automobiles (BOCC 6 sept. 1991).

La Commission des clauses abusives,

Considérant que la location de biens meubles s'est développée au rythme de la diversification des objets de consommation offerts au public ;

Considérant que les contrats proposés par les loueurs de biens meubles sont élaborés par les seuls professionnels et offerts par eux à l'adhésion des consommateurs ; que lesdits contrats entrent donc dans le champ d'application de la loi n° 78-23 du 10 janvier 1978 susvisée *[C. consom., art. L. 212-1 s.]* ;

Considérant que ces contrats comportent des clauses nombreuses souvent imprimées en caractères pâles et de taille sensiblement inférieure au corps 8 ; qu'ainsi ces contrats manquent de lisibilité ;

Considérant que de nombreux contrats prévoient l'apposition de la signature du consommateur au recto du document contractuel alors que certaines clauses, le plus souvent les conditions générales, figurent au verso ; que même s'il est mentionné au recto que les clauses générales sont au verso du document, cette présentation ne peut être regardée comme garantissant que le consommateur ait pris connaissance de l'ensemble des clauses, notamment de celles qui prévoient un comportement actif de sa part et au nombre desquelles il convient tout particulièrement de ranger les stipulations qui imposent une obligation d'assurance de la responsabilité du locataire ;

Considérant que le prix annoncé doit indiquer la dépense totale occasionnée par l'opération ; que tel n'est pas le cas lorsque des frais de transport élevés et des primes d'assurance obligatoires s'ajoutent à ce prix ;

Considérant que de nombreux contrats de longue durée – 24 mois et plus – comportent une clause définissant le mode de calcul de la variation du prix ; que ces formules, souvent fort complexes et faisant appel à des paramètres qui sont en pratique peu connus des consommateurs, ne permettent pas d'évaluer dans quelles marges le prix peut évoluer et ce d'autant plus que, le plus souvent, le moment de la mise en œuvre de la clause de variation du prix relève de la seule volonté du professionnel ; que, par ailleurs, certains contrats se bornent à faire savoir que les prix sont « révisables sans préavis » ;

Considérant que certains contrats mettent à la charge du locataire une obligation de parfait entretien sans pour autant préciser quelle en est l'étendue ; que, excepté le cas où le loueur s'engage à entretenir le matériel, ces contrats indiquent généralement que les objets loués ont été remis au locataire en parfait état de marche sans que mention soit faite de la possibilité d'essayer le matériel avant de le retirer du magasin du loueur ;

Considérant que la quasi-totalité des contrats posent en principe que le locataire est responsable du bien qui lui a été remis à l'égard des tiers, du loueur et de lui-même sans faire réserve du fait du loueur ou du vice caché de la chose ;

Considérant que les contrats envisagent les conséquences du sinistre total de la chose louée ; qu'ils assimilent à cette situation le vol ou la perte de la chose louée ; que les clauses contractuelles prévoient que la survenance de tels événements engage la responsabilité du locataire sans préciser cependant que le préjudice indemnisable ne saurait excéder le préjudice subi ;

Considérant qu'en cas de rupture du contrat à l'initiative du locataire les contrats prévoient une indemnisation du loueur qui peut atteindre le montant des loyers afférents à la période du contrat restant à courir ; que, si l'indemnisation du loueur doit prendre en compte le fait que la définition du prix est souvent fonction de la durée du contrat, elle ne saurait cependant être hors de proportion avec le préjudice réel subi par le loueur ;

Considérant que le locataire doit pouvoir renoncer au contrat de location pour un motif légitime ;

Considérant que les contrats proposés par les professionnels comportent de nombreuses clauses de résiliation par le loueur, et notamment en cas de :

– déclaration inexacte dans la demande de location ;

– non-paiement d'une mensualité exigible ;

– saisie des biens ou mise en règlement judiciaire du locataire ;

– décès du locataire ;

– non-exécution de l'une quelconque des clauses du contrat ;

Considérant que ces clauses sont fréquemment assorties de sanctions pécuniaires qui sont le plus souvent les mêmes que celles auxquelles le locataire s'exposerait en résiliant le contrat de sa propre initiative ;

Considérant que les déclarations faites lors de la signature du contrat ne sont pas toutes nécessaires à la bonne exécution de celui-ci ; qu'une déclaration erronée, sans conséquence sur la parfaite exécution du contrat ou qui, du moins, ne démontre pas la mauvaise foi du locataire, ne saurait justifier la résiliation du contrat ;

Considérant que la résiliation du contrat du seul fait de la mise en règlement judiciaire est contraire à l'article 37 *[C. com., art. L. 622-13]* de la loi n° 85-98 du 25 janvier 1985 ;

Considérant que la saisie des biens du locataire est sans conséquence sur l'exécution du contrat ;

Considérant que le défaut du paiement ne saurait justifier la résiliation du contrat sans mise en demeure préalable ;

Considérant que le décès du locataire ne peut être assimilé à une rupture du contrat de son fait ;

Considérant qu'eu égard au nombre et à l'imprécision des obligations contractuelles, la résiliation pour non-respect de l'une quelconque des clauses du contrat est abusive ;

Considérant que, malgré les dispositions impératives de l'article 48 du Nouveau code de procédure civile *[C. pr. civ. ; V., v° Compétence]*, plusieurs modèles de contrat attribuent compétence exclusive en cas de litige aux tribunaux du siège social du loueur ; qu'une telle clause, outre qu'elle est nulle, doit être considérée comme abusive, ainsi que l'a déjà qualifiée la Commission des clauses abusives dans les recommandations n°s 79-01 et 85-02 ;

Considérant que certains modèles de contrat attribuent compétence au seul tribunal de commerce ; que, selon la jurisprudence, le commerçant demandeur doit assigner le non-commerçant devant le tribunal civil et que le non-commerçant peut exercer son action devant le tribunal civil ou devant le tribunal de commerce ; que certaines décisions judiciaires reconnaissent cependant la validité de la clause attribuant compétence, dans un acte mixte, au seul tribunal de commerce ; qu'une telle clause constitue, au regard des règles normales de compétence, une dérogation substantielle dont le consommateur peut sous-estimer l'importance ; qu'en conséquence, et quelle que soit sa validité, une telle clause doit être tenue pour abusive ainsi que l'a déjà qualifiée la commission dans sa recommandation n° 79-01 *[V. ce texte, supra]*,

Recommande :

I. – Que la présentation matérielle des contrats, objet de la présente recommandation, proposés aux consommateurs par les loueurs de biens meubles obéisse aux règles suivantes :

1° Les documents contractuels sont imprimés avec des caractères dont la hauteur ne saurait être inférieure au corps 8 ;

2° L'ensemble des clauses contractuelles précède les signatures des parties ;

3° Outre le prix de la location doivent être mentionnées les dépenses accessoires incombant au consommateur telles que, s'il y a lieu, celles liées à l'entretien de l'objet loué, à *son transport ou à son assurance ;*

4° Les professionnels qui incluent dans leur contrat une clause de variation de prix mettant en œuvre plusieurs paramètres l'assortissent d'un exemple chiffré tiré de l'évolution économique.

II. – Que soient éliminées des contrats de location de biens meubles les clauses qui ont pour objet ou pour effet :

1° De permettre, implicitement ou explicitement, au professionnel de décider unilatéralement du moment de la mise en œuvre d'une clause de variation des prix ou de modifier discrétionnairement le montant du loyer ;

2° De mettre à la charge du consommateur des obligations sans pour autant définir de manière précise et objective leur étendue, notamment en matière d'assurances – risques et personnes à couvrir – et d'entretien des objets loués ;

3° De mettre à la charge du locataire la responsabilité des accidents survenus aux tiers ou à lui-même du fait du loueur ou d'un vice caché du bien loué ;

4° De faire supporter au locataire en cas de sinistre total ou partiel de l'objet loué une indemnisation supérieure au préjudice subi par le loueur et, en cas de résiliation du contrat à l'initiative du consommateur, une indemnisation hors de proportion avec ce préjudice ;

5° D'interdire au locataire ou à ses ayants droit de renoncer au contrat pour motif légitime – départ pour une localité non desservie par le professionnel, décès du locataire... – sans s'exposer à l'application de clauses prévoyant une indemnisation du professionnel hors de proportion avec le préjudice subi par celui-ci ;

6° De reconnaître, directement ou indirectement, au professionnel un droit de résiliation discrétionnaire du contrat ; que doivent notamment être assimilées à de telles clauses celles qui permettent au loueur de résilier le contrat sur le fondement :

– « d'un quelconque renseignement inexact dans la déclaration initiale du consommateur » ;

– d'un simple défaut de paiement sans aucune mise en demeure préalable ;

– de la saisie, la mise en règlement judiciaire ou du décès du locataire ;

– de la non-exécution de « l'une quelconque des clauses du contrat » ;

7° De déroger aux règles de compétence territoriale ou d'attribution des juridictions.

(Texte adopté le 6 juillet 1990, sur le rapport de M. Jean-Pierre Looten.)

Directive n° 93/13/CEE du Conseil du 5 avril 1993,

Concernant les clauses abusives dans les contrats conclus avec les consommateurs.

BIBL. ▶ TROCHU, *D. 1993. 315*. – ESPÉRIQUETTE, *Rev. conc. consom. 1993, n° 76*. – TENREIRO, *CCC 1993. Chron. 7*. – J. HUET, *JCP E 1994. I. 309*. – SAGE, *Gaz. Pal. 1994. 2. Doctr. 1189*. – PAISANT, *JCP 1994. I. 3772* (proposition pour une réforme à la suite de la directive). – GHESTIN et MARCHESSAUX-VAN MELLE, *JCP 1995. I. 3854* (transposition de la directive). – PAISANT et CARBALLO FIDALGO, *Dr. et patr. oct. 2002, p. 86* (aspects comparés franco-espagnols de la transposition de la directive). – JAKOULOFF, *LPA 10 juin 2015* (des clauses abusives aux pratiques commerciales déloyales : deux directives complémentaires).

Art. 1er 1. La présente directive a pour objet de rapprocher les dispositions législatives, réglementaires et administratives des États membres relatives aux clauses abusives dans les contrats conclus entre un professionnel et un consommateur.

2. Les clauses contractuelles qui reflètent des dispositions législatives ou réglementaires impératives ainsi que des dispositions ou principes des conventions internationales, dont les États membres ou la Communauté sont partis, notamment dans le domaine des transports, ne sont pas soumises aux dispositions de la présente directive.

Champ d'application. L'art. 1er, § 2, de la Dir. 93/13/CEE du 5 avr. 1993 doit être interprété en ce sens que cette directive s'applique aux clauses des conditions générales intégrées dans des contrats, conclus entre un professionnel et un consommateur, qui reprennent une règle du droit national applicable à une autre catégorie de contrat et qui ne sont pas soumis à la réglementation nationale en cause. • CJUE 21 mars 2013, n° C-92/11 : *D. 2014. Pan. 1301, obs. Sauphanor-Brouillaud ; RTD eur. 2013. 559, obs. Aubert de Vincelles ; RJDA 2013, n° 553 ; RDC 2013. 843, obs. Rochfeld ; Europe 2013, n° 227, obs. Meister.* ♦ La Dir. 93/13/CEE du 5 avr. 1993 et les principes du droit de l'Union relatifs à la protection des consommateurs et à l'équilibre contractuel doivent être interprétés en ce sens que sont exclues de leur champ d'application des dispositions législatives et réglementaires d'un État membre en l'absence d'une clause contractuelle modifiant la portée ou le champ d'application de ces dernières dispositions. • CJUE 30 avr. 2014, n° C-280/131 : *D. 2015. Pan. 596, obs. Poillot ; RTD eur. 2014. 715, obs. Aubert de Vincelles ; Europe 2014, n° 273, obs. Meister.* ♦ L'art. 1er, § 2, de la Dir. 93/13/CEE doit être interprété en ce sens qu'une clause contractuelle, figurant dans un contrat conclu par un professionnel avec un consommateur, est exclue du champ d'application de cette directive uniquement si ladite clause contractuelle reflète le contenu d'une disposition législative ou réglementaire impérative, ce qu'il incombe à la juridiction de renvoi de vérifier. • CJUE 10 sept. 2014, nº C-34/13 : *D. 2014. Actu. 1822 ; RTD eur. 2016. 366, obs. Benoît-Rohmer ; RLDA janv. 2015. 48, note Combet ; Europe 2014, nº 484, obs. Simon.* ♦ La Dir. 93/13/CEE du 5 avr. 1993 doit être interprétée en ce sens qu'elle s'applique à des contrats standardisés de services juridiques, conclus par un avocat avec une personne physique qui n'agit pas à des fins qui entrent dans le cadre de son activité professionnelle. • CJUE 15 janv. 2015, nº C-537/13 : *D. 2015. Pan. 592, obs. Sauphanor-Brouillaud ; Dalloz avocats 2015. 155, note Landry ; JCP E 2015, nº 1127, note Moracchini-Zeidenberg ; RJDA 2015, nº 311 ; Gaz. Pal. 2015. 506, obs. Piedelièvre ; Dr. et proc. 2015, Cah. dr. consom., nº 7, p. 22, obs. Picod ; Europe 2015, nº 125, obs. Cazet ; RCA 2015. Alerte 9, par Bloch.* – Refusant d'appliquer cette jurisprudence, la clause n'étant pas standardisée dans la mesure où les parties avaient, au contraire, convenues d'un forfait protecteur pour la cliente : • Rennes, 28 avr. 2015, nº 14/00155 : *RJDA 2016, nº 62.* ♦ Les art. 1er, § 1, et 2, sous b), de la Dir. 93/13/CEE du 5 avr. 1993 doivent être interprétés en ce sens que cette directive peut s'appliquer à un contrat de garantie immobilière ou de cautionnement conclu entre une personne physique et un établissement de crédit en vue de garantir les obligations qu'une société commerciale a contractées envers cet établissement dans le cadre d'un contrat de crédit, lorsque cette personne physique a agi à des fins qui n'entrent pas dans le cadre de son activité professionnelle et n'a pas de lien de nature fonctionnelle avec ladite société. • CJUE 19 nov. 2015, nº C-74/15 : *RJDA 2016, nº 233 ; Europe 2016, nº 24, obs. Rigaux* • CJUE 14 sept. 2016, nº C-534/15 : *Europe 2016, nº 442, obs. Bruck.*

Art. 2 **Aux fins de la présente directive, on entend par :**

a) "clauses abusives" : les clauses d'un contrat telles qu'elles sont définies à l'article 3 ;

b) "consommateur" : toute personne physique qui, dans les contrats relevant de la présente directive, agit à des fins qui n'entrent pas dans le cadre de son activité professionnelle ;

c) "professionnel" : toute personne physique ou morale qui, dans les contrats relevant de la présente directive, agit dans le cadre de son activité professionnelle, qu'elle soit publique ou privée.

Notion de consommateur. L'art. 1er, § 2, sous a), de la Dir. 87/102/CEE du 22 déc. 1986, relative au crédit à la consommation, telle que modifiée par la Dir. 98/7/CE du 16 févr. 1998, et l'art. 2, sous b), de la Dir. 93/13/CEE du 5 avr. 1993, concernant les clauses abusives dans les contrats conclus avec les consommateurs, doivent être interprétés en ce sens que relève de la notion de « consommateur » au sens de ces dispositions la personne physique qui se trouve dans la situation d'un codébiteur dans le cadre d'un contrat conclu avec un professionnel, dès lors qu'elle agit dans un but pouvant être considéré comme étant étranger à son activité commerciale ou professionnelle. • CJUE 9 juill. 2015, nº C-348/14 : *D. 2015. Actu. 1535 ; RTD com. 2015. 568, obs. Legeais ; RJDA 2015, nº 787 ; Europe 2015, nº 391, obs. Daniel.* ♦ L'art. 2, sous b), de la Dir. 93/13/CEE doit être interprété en ce sens qu'une personne physique exerçant la profession d'avocat, qui conclut un contrat de crédit avec une banque, sans que le but du crédit soit précisé dans ce contrat, peut être considérée comme un « consommateur », au sens de cette disposition, lorsque ledit contrat n'est pas lié à l'activité professionnelle de cet avocat. La circonstance que la créance née du même contrat est garantie par un cautionnement hypothécaire contracté par cette personne en qualité de représentant de son cabinet d'avocat et portant sur des biens destinés à l'exercice de l'activité professionnelle de ladite personne, tels qu'un immeuble appartenant à ce cabinet, n'est pas pertinente à cet égard. • CJUE 3 sept. 2015, nº C-110/14 : *D. 2016. Pan. 621, obs. Sauphanor-Brouillaud ; JCP 2015, nº 1110, note Paisant ; JCP E 2015, nº 1599, note Moracchini-Zeidenberg ; CCC 2016, nº 21, obs. Bernheim-Desvaux ; RJDA 2015, nº 872 ; Gaz. Pal. 2015. 3240, obs. Piedelièvre.* ♦ Les art. 1er, § 1, et 2, sous b), de la Dir. 93/13/CEE doivent être interprétés en ce sens que cette directive peut s'appliquer à un contrat de garantie immobilière ou de cautionnement conclu entre une personne physique et un établissement de crédit en vue de garantir les obligations qu'une société commerciale a contractées envers cet établissement dans le cadre d'un contrat de crédit, lorsque cette personne physique a agi à des fins qui n'entrent pas dans le cadre de son activité professionnelle et n'a pas de lien de nature fonctionnelle avec ladite société. • CJUE, ord., 19 nov. 2015, nº C-74/15 : *RJDA 2016, nº 233.*

Art. 3 **1. Une clause d'un contrat n'ayant pas fait l'objet d'une négociation individuelle est considérée comme abusive lorsque, en dépit de l'exigence de bonne foi, elle crée au détriment du consommateur un déséquilibre significatif entre les droits et obligations des parties découlant du contrat.**

2. Une clause est toujours considérée comme n'ayant pas fait l'objet d'une négociation individuelle lorsqu'elle a été rédigée préalablement et que le consommateur n'a, de ce fait, pas pu avoir d'influence sur son contenu, notamment dans le cadre d'un contrat d'adhésion.

Le fait que certains éléments d'une clause ou qu'une clause isolée aient fait l'objet d'une négociation individuelle n'exclut pas l'application du présent article au reste d'un contrat si l'appréciation globale permet de conclure qu'il s'agit malgré tout d'un contrat d'adhésion.
Si le professionnel prétend qu'une clause standardisée a fait l'objet d'une négociation individuelle, la charge de la preuve lui incombe.
3. L'annexe contient une liste indicative et non exhaustive de clauses qui peuvent être déclarées abusives.

1. Déséquilibre significatif. La notion de « déséquilibre significatif » doit être appréciée à travers une analyse des règles nationales applicables en l'absence d'accord entre les parties, afin d'évaluer si, et, le cas échéant, dans quelle mesure, le contrat place le consommateur dans une situation juridique moins favorable par rapport à celle prévue par le droit national en vigueur. De même, il apparaît pertinent, à ces fins, de procéder à un examen de la situation juridique dans laquelle se trouve ledit consommateur au vu des moyens dont il dispose, selon la réglementation nationale, pour faire cesser l'utilisation de clauses abusives. • CJUE 14 mars 2013 : *D. 2014. Pan. 1302, obs. Sauphanor-Brouillaud ; RTD eur. 2013. 559, obs. Aubert de Vincelles ; JCP E 2013, n° 1331, note Maracchini-Zeidenberg; LPA 10-11 sept. 2013, note Combet; Europe 2013, n° 228, obs. Michel.* – V. aussi : • CJUE 14 nov. 2013 : *RTD eur. 2014. 715, obs. Aubert de Vincelles ; RLDA janv. 2014. 65, obs. Combet; Europe 2014, n° 47, obs. Gazin.* ♦ L'existence d'un déséquilibre significatif ne requiert pas nécessairement que les coûts mis à la charge du consommateur par une clause contractuelle aient à l'égard de celui-ci une incidence économique significative au regard du montant de l'opération en cause, mais peut résulter du seul fait d'une atteinte suffisamment grave à la situation juridique dans laquelle ce consommateur, en tant que partie au contrat, est placé en vertu des dispositions nationales applicables, que ce soit sous la forme d'une restriction au contenu des droits que, selon ces dispositions, il tire de ce contrat ou d'une entrave à l'exercice de ceux-ci ou encore de la mise à sa charge d'une obligation supplémentaire, non prévue par les règles nationales. • CJUE 16 janv. 2014 : *D. 2014. Pan. 1302, obs. Sauphanor-Brouillaud ; RTD eur. 2014. 715, obs. Aubert de Vincelles ; JCP 2014, n° 1177, note Moracchini-Zeidenberg; Gaz. Pal. 2014. 1820, obs. Piedelièvre; Europe 2014, n° 132, obs. Dupont-Lassalle.*

L'art. 3, § 1, de la Dir. 93/13/CEE du 5 avr. 1993 doit être interprété en ce sens qu'une clause des conditions générales de vente d'un professionnel, qui n'a pas fait l'objet d'une négociation individuelle, selon laquelle la loi de l'État membre du siège de ce professionnel régit le contrat conclu par voie de commerce électronique avec un consommateur, est abusive pour autant qu'elle induise ce consommateur en erreur en lui donnant l'impression que seule la loi de cet État membre s'applique au contrat, sans l'informer du fait qu'il bénéficie également, en vertu de l'art. 6, § 2, du Règl. n° 593/2008 sur la loi applicable aux obligations contractuelles (Rome I), de la protection que lui assurent les dispositions impératives du droit qui serait applicable en l'absence de cette clause, ce qu'il appartient à la juridiction nationale de vérifier à la lumière de toutes les circonstances pertinentes. • CJUE 28 juill. 2016, n° C-191/15 : *D. 2016. 2315, note Jault-Seseke ; Rev. crit. DIP 2017. 112, obs. Corneloup ; RJDA 2016, n° 909; CCE 2016, n° 90, obs. Loiseau; RJ com. 2017. 206, obs. Reclus; Europe 2016, n° 379, obs. Idot.* ♦ Pour une clause attribuant compétence à un tribunal arbitral pour connaître des litiges dans le carde d'un contrat de prêt hypothécaire, V. • CJUE, ord., 3 avr. 2014 : *Europe 2014, n° 272, obs. Gazin.*

2. Bonne foi. Afin de savoir si le déséquilibre est créé « en dépit de l'exigence de bonne foi », il importe de vérifier si le professionnel, en traitant de façon loyale et équitable avec le consommateur, pouvait raisonnablement s'attendre à ce que ce dernier accepte la clause concernée à la suite d'une négociation individuelle. • CJUE 14 mars 2013 : *préc. note 1.*

Art. 4 **1. Sans préjudice de l'article 7, le caractère abusif d'une clause contractuelle est apprécié en tenant compte de la nature des biens ou services qui font l'objet du contrat et en se référant, au moment de la conclusion du contrat, à toutes les circonstances qui entourent sa conclusion, de même qu'à toutes les autres clauses du contrat, ou d'un autre contrat dont il dépend.**
2. L'appréciation du caractère abusif des clauses ne porte ni sur la définition de l'objet principal du contrat ni sur l'adéquation entre le prix et la rémunération, d'une part, et les services ou les biens à fournir en contrepartie, d'autre part, pour autant que ces clauses soient rédigées de façon claire et compréhensible.

1. Appréciation du caractère abusif. La constatation du caractère déloyal d'une pratique commerciale, consistant à indiquer dans un contrat de crédit un TAEG inférieur à la réalité, constitue un élément parmi d'autres sur lequel le juge compétent peut fonder, en vertu de l'art. 4, § 1, son appréciation du caractère abusif des clauses du contrat relatives au coût du prêt accordé au consommateur. Une telle constatation n'a cependant pas d'incidences directes sur l'appréciation, au regard de l'art. 6, § 1, de la Dir. 93/13, de la validité du contrat de crédit conclu. • CJUE 15 mars 2012, n° C-453/10 : *cité ss. ledit art. 6.*

2. *Objet principal du contrat.* Les termes « objet principal du contrat » ne recouvrent une clause, intégrée dans un contrat de prêt libellé dans une devise étrangère conclu entre un professionnel et un consommateur et qui n'a pas fait l'objet d'une négociation individuelle, telle que celle en cause au principal, en vertu de laquelle le cours de vente de cette devise s'applique aux fins du calcul des remboursements du prêt, que pour autant qu'il est constaté, ce qu'il incombe à la juridiction de renvoi de vérifier, que ladite clause fixe une prestation essentielle de ce contrat qui, comme telle, caractérise celui-ci. • CJUE 30 avr. 2014, n° C-26/13 : *D. 2015. Pan. 592, obs. Sauphanor-Brouillaud ; RTD eur. 2014. 715, obs. Aubert de Vincelles ; JCP 2014, n° 564, obs. Berlin ; JCP E 2014, n° 1482, note Moracchini-Zeidenberg ; CCC 2014, n° 202, obs. Raymond ; RJDA 2014, n° 676 ; Gaz. Pal. 2014. 1815, obs. Piedelièvre ; RLDA juill.-août 2014. 53, note Barba ; Europe 2014, n° 274, obs. Meister.* – V. aussi • CJUE 23 avr. 2015, n° C-96/14 : *D. 2016. Pan. 621, obs. Sauphanor-Brouillaud ; JCP E 2015, n° 1375, note Le Gac-Pech ; BRDA 2015, n° 9, p. 15 ; Gaz. Pal. 2015. 1774, obs. Piedelièvre ; RLDA juill.-août 2015. 55, obs. Combet ; Banque et Droit janv.-févr. 2016. 59, obs. Jouffin.*

3. *Adéquation avec la contrepartie.* Une clause, en ce qu'elle comporte une obligation pécuniaire pour le consommateur de payer, dans le cadre des remboursements du prêt, des montants découlant de l'écart entre le cours de vente et le cours d'achat de la devise étrangère, ne saurait être considérée comme comportant une « rémunération » dont l'adéquation en tant que contrepartie d'une prestation effectuée par le prêteur ne saurait faire l'objet d'une appréciation de son caractère abusif en vertu de l'art. 4, § 2, de la Dir. 93/13. • CJUE 30 avr. 2014, n° C-26/13 : *préc. note 2.*

4. *Rédaction claire et compréhensible.* L'art. 4, § 2, de la Dir. 93/13 doit être interprété en ce sens que l'exigence selon laquelle une clause contractuelle doit être rédigée de manière claire et compréhensible doit s'entendre comme imposant non seulement que la clause concernée soit intelligible pour le consommateur sur un plan grammatical, mais également que le contrat expose de manière transparente le fonctionnement concret du mécanisme de conversion de la devise étrangère auquel se réfère la clause concernée *ainsi que la relation entre ce mécanisme et celui* prescrit par d'autres clauses relatives au déblocage du prêt, de sorte que ce consommateur soit mis en mesure d'évaluer, sur le fondement de critères précis et intelligibles, les conséquences économiques qui en découlent pour lui. • CJUE 30 avr. 2014, n° C-26/13 : *préc. note 2.* ♦ Les art. 3 à 5 de la Dir. 93/13 doivent être interprétés en ce sens que, dans le cadre de son appréciation du caractère abusif, au sens de l'art. 3, § 1 et 3, de cette directive, des clauses d'un contrat de crédit à la consommation, le juge national doit tenir compte de l'ensemble des circonstances entourant la conclusion de ce contrat. A cet égard, il lui incombe de vérifier que, dans l'affaire en cause, ont été communiqués au consommateur l'ensemble des éléments susceptibles d'avoir une incidence sur la portée de son engagement lui permettant d'évaluer, notamment, le coût total de son emprunt. Jouent un rôle décisif dans cette appréciation, d'une part, la question de savoir si les clauses sont rédigées de manière claire et compréhensible de sorte qu'elles permettent à un consommateur moyen, à savoir un consommateur normalement informé et raisonnablement attentif et avisé, d'évaluer un tel coût et, d'autre part, la circonstance liée à l'absence de mention dans le contrat de crédit à la consommation des informations considérées, au regard de la nature des biens ou des services qui font l'objet de ce contrat, comme étant essentielles, et en particulier celles visées à l'art. 4 de la Dir. 87/102 du 22 déc. 1986, telle que modifiée. • CJUE 9 juill. 2015, n° C-348/14 : *cité ss. art. 2.*

5. *Contrat de prêt.* Dès lors que la juridiction de renvoi considère qu'une clause contractuelle relative au mode de calcul des intérêts ordinaires n'est pas rédigée de manière claire et compréhensible au sens de l'art. 4, § 2, de la Dir. 93/13, il lui incombe d'examiner si cette clause est abusive au sens de l'art. 3, § 1. Dans le cadre de cet examen, il appartient notamment à ladite juridiction de comparer le mode de calcul du taux des intérêts ordinaires prévu par cette clause et le montant effectif de ce taux en résultant avec les modes de calcul habituellement retenus et le taux d'intérêt légal ainsi que les taux d'intérêt pratiqués sur le marché à la date de la conclusion du contrat en cause au principal pour un prêt d'un montant et d'une durée équivalents à ceux du contrat de prêt considéré. • CJUE 26 janv. 2017, n° C-421/14 : *RD banc. fin. 2017, n° 95, obs. Gourio et Gillouard ; Europe 2017, n° 118, obs. Daniel.* ♦ S'agissant de l'appréciation par une juridiction nationale de l'éventuel caractère abusif de la clause relative à la déchéance du terme en raison de manquements du débiteur à ses obligations pendant une période limitée, il incombe à cette juridiction d'examiner si la faculté laissée au professionnel de déclarer exigible la totalité du prêt dépend de l'inexécution par le consommateur d'une obligation qui présente un caractère essentiel dans le cadre du rapport contractuel en cause, si cette faculté est prévue pour les cas dans lesquels une telle inexécution revêt un caractère suffisamment grave au regard de la durée et du montant du prêt, si ladite faculté déroge aux règles de droit commun applicables en la matière en l'absence de dispositions contractuelles spécifiques et si le droit national prévoit des moyens adéquats et efficaces permettant au consommateur soumis à l'application d'une telle clause de remédier aux effets de ladite exigibilité du prêt. • Même arrêt. ♦ La Dir. 93/13 doit être interprétée en ce sens qu'elle s'oppose à une interprétation jurisprudentielle d'une disposition de droit national régissant les clauses de déchéance du terme des contrats de prêt interdisant au juge national qui a constaté le caractère abusif d'une telle clause contractuelle de déclarer celle-ci nulle et de l'écarter lorsque, dans les faits, le professionnel ne l'a pas appliquée, mais a respecté les conditions prévues par cette disposition de droit national. • Même arrêt.

Art. 5 **Dans le cas des contrats dont toutes ou certaines clauses proposées au consommateur sont rédigées par écrit, ces clauses doivent toujours être rédigées de façon claire et compréhensible. En cas de doute sur le sens d'une clause, l'interprétation la plus favorable au consommateur prévaut. Cette règle d'interprétation n'est pas applicable dans le cadre des procédures prévues à l'article 7 paragraphe 2.**

BIBL. ▶ VINCENDEAU, *Rev. UE 2015. 473* (transposition de l'art. 5 : les apports du droit belge et du droit français).

Art. 6 **1. Les États membres prévoient que les clauses abusives figurant dans un contrat conclu avec un consommateur par un professionnel ne lient pas les consommateurs, dans les conditions fixées par leurs droits nationaux, et que le contrat restera contraignant pour les parties selon les mêmes termes, s'il peut subsister sans les clauses abusives.**

2. Les États membres prennent les mesures nécessaires pour que le consommateur ne soit pas privé de la protection accordée par la présente directive du fait du choix du droit d'un pays tiers comme droit applicable au contrat, lorsque le contrat présente un lien étroit avec le territoire des États membres.

1. Maintien du contrat. L'art. 6, § 1, doit être interprété en ce sens que, lors de l'appréciation du point de savoir si un contrat conclu avec un consommateur par un professionnel et contenant une ou plusieurs clauses abusives peut subsister sans lesdites clauses, le juge saisi ne saurait se fonder uniquement sur le caractère éventuellement avantageux pour l'une des parties, en l'occurrence le consommateur, de l'annulation du contrat concerné dans son ensemble. Ladite directive ne s'oppose pas, cependant, à ce qu'un État membre prévoie qu'un tel contrat est nul dans son ensemble lorsqu'il s'avère que cela assure une meilleure protection du consommateur. • CJUE 15 mars 2012 : *D. 2013. Pan. 948, obs. Sauphanor-Brouillaud ; RTD com. 2012. 386, obs. Legeais ; RTD eur. 2012. 666, obs. Aubert de Vincelles ; JCP 2012, n° 720, note Paisant ; RJDA 2012, n° 535 ; Gaz. Pal. 2012. 3493, obs. Piedelièvre ; RLDA juill.-août 2012. 44, note Forti ; RDC 2012. 966, obs. Tenenbaum ; Europe 2012, n° 221, obs. Meister.* ♦ L'art. 6, § 1, doit être interprété en ce sens que le juge national qui constate le caractère abusif d'une clause contractuelle est tenu d'apprécier, en principe sur la base de critères objectifs, si le contrat concerné peut subsister sans ladite clause. • CJUE 30 mai 2013 : *cité note 3 ss. art. R. 632-1.* ♦ Les dispositions de la Dir. 93/13/CEE du 5 avr. 1993 doivent être interprétées en ce sens qu'elles ne s'opposent pas à une réglementation nationale qui permet le recouvrement d'une créance, fondée sur des clauses contractuelles éventuellement abusives, par la réalisation extrajudiciaire d'une sûreté grevant le bien immobilier donné en garantie par le consommateur, dans la mesure où cette réglementation ne rend pas en pratique impossible ou excessivement difficile la sauvegarde des droits que cette directive confère au consommateur, ce qu'il incombe à la juridiction de renvoi de vérifier. • CJUE 10 sept. 2014 : *cité ss. art. 1er de ladite directive.*

2. Révision du contrat. L'art. 6, § 1, doit être interprété en ce sens qu'il s'oppose à une réglementation d'un État membre qui permet au juge national, lorsqu'il constate la nullité d'une clause abusive dans un contrat conclu entre un professionnel et un consommateur, de compléter ledit contrat en révisant le contenu de cette clause. • CJUE 14 juin 2012 : *D. 2013. Pan. 954, obs. Poillot ; RTD eur. 2012. 666, obs. Aubert de Vincelles ; JCP 2012, n° 975, note Paisant ; CCC 2012. Alerte 45 ; RJDA 2012, n° 807 ; Gaz. Pal. 2012. 3493, obs. Piedelièvre ; Dr. et proc. févr. 2013, Cah. dr. consom., p. 4, obs. de la Asuncion Planes ; RLDA déc. 2012. 52, note Combet ; Europe 2012, n° 347, obs. Meister.* ♦ L'art. 6, § 1, doit être interprété en ce sens qu'il ne permet pas au juge national, lorsqu'il a établi le caractère abusif d'une clause pénale dans un contrat conclu entre un professionnel et un consommateur, de se limiter, comme l'y autorise le droit national, à modérer le montant de la pénalité mise par cette clause à la charge de ce consommateur, mais lui impose d'écarter purement et simplement l'application de ladite clause à l'égard du consommateur. • CJUE 30 mai 2013 : *cité note 3 ss. art. R. 632-1.* ♦ Mais l'art. 6, § 1, doit être interprété en ce sens que, dans une situation dans laquelle un contrat conclu entre un professionnel et un consommateur ne peut subsister après la suppression d'une clause abusive, cette disposition ne s'oppose pas à une règle de droit national permettant au juge national de remédier à la nullité de cette clause en substituant à celle-ci une disposition de droit national à caractère supplétif. • CJUE 30 avr. 2014 : *préc. note 2 ss. art. 4 de la Dir. 93/13.* ♦ L'art. 6, § 1, doit être interprété en ce sens qu'il ne s'oppose pas à une disposition nationale en vertu de laquelle le juge national saisi d'une procédure d'exécution hypothécaire est tenu de faire recalculer les sommes dues au titre d'une clause d'un contrat de prêt hypothécaire prévoyant des intérêts moratoires dont le taux est supérieur à trois fois le taux légal, afin que le montant desdits intérêts n'exède pas ce seuil, pour autant que l'application de cette disposition nationale ne préjuge pas de l'appréciation par ledit juge national du caractère abusif d'une telle clause et ne fait pas obstacle à ce que ce juge écarte ladite clause q'il devait conclure au caractère « abusif » de celle-ci, au sens de l'art. 3, § 1, de la Dir. • CJUE 21 janv. 2015 : *JCP 2015, n° 132, obs. Berlin ; JCP E 2015, n° 1225, note Moracchini-Zeidenberg ; RLDA avr. 2015. 53, obs. Barba ; Europe 2015, n° 126, obs. Daniel.*

3. Effet cumulatif. Les dispositions de la Dir. 93/13/CEE doivent être interprétées en ce sens que, pour apprécier le caractère disproportionnellement élevé, au sens du point 1, sous e), de l'annexe de cette directive, du montant de l'indemnité imposée au consommateur qui n'exécute pas ses obligations, il convient d'évaluer l'effet cumulatif de toutes les clauses y relatives figurant dans le contrat concerné, indépendamment de la question de savoir si le créancier poursuit effectivement la pleine exécution de chacune d'entre elles, et que, le cas échéant, il incombe aux juridictions nationales, en vertu de l'art. 6, § 1, de ladite directive, de tirer toutes les conséquences qui découlent de la constatation du caractère abusif de certaines clauses, en écartant chacune de celles ayant été reconnues comme abusives, afin de s'assurer que le consommateur n'est pas lié par celles-ci. • CJUE 21 avr. 2016, n° C-377/14 : *cité note 5 ss. art. 7 de ladite directive.*

4. Restitution des sommes versées. L'art. 6, § 1, de la Dir. 93/13/CEE du 5 avr. 1993 doit être interprété en ce sens qu'il s'oppose à une jurisprudence nationale qui limite dans le temps les effets restitutoires, liés à la déclaration judiciaire du caractère abusif, au sens de l'art. 3, § 1, de cette directive, d'une clause contenue dans un contrat conclu avec un consommateur par un professionnel, aux seules sommes indûment versées en application d'une telle clause postérieurement au prononcé de la décision ayant judiciairement constaté ce caractère abusif. • CJUE 21 déc. 2016, n° C-154/15 : *D. 2017. 1096, note Poillot ; ibid. Pan. 544, obs. Sauphanor-Brouillaud ; Dr. et proc. mars 2017, Cah. dr. consom., p. 2, note de la Asuncion Planes ; RD banc. fin. 2017, n° 95, obs. Gourio et Gillouard ; Europe 2017, n° 85, obs. Gazin.*

Art. 7 1. **Les États membres veillent à ce que, dans l'intérêt des consommateurs ainsi que des concurrents professionnels, des moyens adéquats et efficaces existent afin de faire cesser l'utilisation des clauses abusives dans les contrats conclus avec les consommateurs par un professionnel.**

2. Les moyens visés au paragraphe 1 comprennent des dispositions permettant à des personnes ou à des organisations ayant, selon la législation nationale, un intérêt légitime à protéger les consommateurs de saisir, selon le droit national, les tribunaux ou les organes administratifs compétents afin qu'ils déterminent si des clauses contractuelles, rédigées en vue d'une utilisation généralisée, ont un caractère abusif et appliquent des moyens adéquats et efficaces afin de faire cesser l'utilisation de telles clauses.

3. Dans le respect de la législation nationale, les recours visés au paragraphe 2 peuvent être dirigés, séparément ou conjointement, contre plusieurs professionnels du même secteur économique ou leurs associations qui utilisent ou recommandent l'utilisation des mêmes clauses contractuelles générales, ou de clauses similaires.

1. Portée de l'action. L'art. 6, § 1, de la Dir. 93/13, lu en combinaison avec l'art. 7, § 1 et 2, doit être interprété en ce sens qu'il ne s'oppose pas à ce que la constatation de nullité d'une clause abusive faisant partie des conditions générales des contrats de consommation dans le cadre d'une action en cessation intentée à l'encontre d'un professionnel dans l'intérêt public et au nom des consommateurs, par un organisme désigné par la législation nationale, produise, conformément à ladite législation, des effets à l'égard de tous les consommateurs ayant conclu avec le professionnel concerné un contrat auquel s'appliquent les mêmes conditions générales, y compris à l'égard des consommateurs qui n'étaient pas parties à la procédure en cessation. • CJUE 26 avr. 2012 : *D. 2013. Pan. 955, obs. Poillot ; RTD eur. 2012. 666, obs. Aubert de Vincelles ; JCP 2012, n° 840, note Paisant ; CCC 2012. Alerte 36 ; Gaz. Pal. 2012. 3493, obs. Piedelièvre ; Dr. et proc. févr. 2013, Cah. dr. consom., p. 2, obs. Picod ; Europe 2012, n° 257, obs. Meister ; RLDA sept. 2012. 68, note de Clavière.* ♦ Lorsque le caractère abusif d'une clause a été reconnu dans le cadre d'une telle procédure, les juridictions nationales sont tenues, également dans le futur, d'en tirer d'office toutes les conséquences qui sont prévues par le droit national, afin que ladite clause ne lie pas les consommateurs ayant conclu avec le professionnel concerné un contrat auquel s'appliquent les mêmes conditions générales. • Même décision.

2. *Association de consommateurs.* La Dir. 93/13/CEE du 5 avr. 1993 ainsi que les principes d'effectivité et d'équivalence doivent être interprétés en ce sens qu'ils ne s'opposent pas à une réglementation d'un État membre selon laquelle, en matière d'actions en cessation exercées par les associations de protection des consommateurs, d'une part, une telle action doit être portée devant les juridictions du lieu de l'établissement ou du domicile du défendeur et, d'autre part, la décision d'incompétence territoriale rendue par une juridiction de première instance n'est pas susceptible d'appel. • CJUE 5 déc. 2013 : *JCP E 2014, nº 1089, note Moracchini-Zeidenberg ; LPA 19 mars 2014, note Combet ; Europe 2014, nº 99, obs. Gazin.* ♦ La Dir. 93/13/CEE du 5 avr. 1993, notamment les art. 6, § 1, 7, § 1, et 8, lus en combinaison avec les art. 38 et 47 de la Charte des droits fondamentaux de l'UE, doit être interprétée en ce sens qu'elle ne s'oppose pas à une réglementation nationale en application de laquelle n'est pas admise l'intervention d'une association de protection de consommateurs au soutien d'un consommateur considéré dans une procédure d'exécution, diligentée contre ce dernier, d'une sentence arbitrale définitive. • CJUE 27 févr. 2014 : *RTD eur. 2015. 181, obs. Benoît-Rohmer ; JCP E 2014, nº 1229, note Moracchini-Zeidenberg ; JCP 2014, nº 314, obs. F. Picod ; RLDA avr. 2014. 63, note Combet ; Europe 2014, nº 182, obs. Dupont-Lassalle.*

3. *Règles de compétence.* L'art. 7, § 1, de la Dir. 93/13/CEE doit être interprété en ce sens qu'il ne s'oppose pas à une règle de procédure nationale en vertu de laquelle une juridiction locale compétente pour se prononcer sur le recours d'un consommateur visant l'invalidité d'un contrat d'adhésion ne l'est pas pour connaître de la demande dudit consommateur tendant à constater le caractère abusif de clauses contractuelles contenues dans ce même contrat, sauf s'il s'avérait que le dessaisissement de la juridiction locale entraîne des inconvénients procéduraux de nature à rendre excessivement difficile l'exercice des droits qui sont conférés au consommateur par l'ordre juridique de l'Union européenne. • CJUE 12 févr. 2015 : *RTD eur. 2015. 376, obs. Guinchard ; Europe 2015, nº 166, obs. Gazin.* ♦ Sur les règles de compétence territoriale, V. • CJUE 5 déc. 2013 : *préc. note 2.*

4. *Acte authentique.* Les art. 6, § 1, et 7, § 1, de la Dir. 93/13/CEE du 5 avr. 1993 doivent être interprétés en ce sens qu'ils ne s'opposent pas à une législation nationale qui permet à un notaire ayant établi, dans le respect des exigences formelles, un acte authentique concernant un contrat conclu entre un professionnel et un consommateur, de procéder à l'apposition de la formule exécutoire sur ledit acte ou de refuser de procéder à sa suppression alors que, ni à un stade ni à un autre, un contrôle du caractère abusif des clauses dudit contrat n'a été effectué. • CJUE 1er oct. 2015, nº C-32/14 : *JCP N 2016, nº 1000, note Combet ; Europe 2015, nº 519, obs. Cazet.*

5. *Procédure d'insolvabilité.* L'art. 7, § 1, de la Dir. 93/13/CEE du 5 avr. 1993 doit être interprété en ce sens qu'il s'oppose à une réglementation procédurale nationale qui, dans une procédure d'insolvabilité, d'une part, ne permet pas à la juridiction saisie de cette procédure d'examiner d'office le caractère éventuellement abusif de clauses contractuelles dont des créances déclarées dans le cadre de ladite procédure tirent leur origine, alors même que cette juridiction dispose des éléments de droit et de fait nécessaires à cet effet, et qui, d'autre part, n'autorise ladite juridiction qu'à procéder à l'examen de créances non assorties d'une sûreté, et ce uniquement pour un nombre de griefs limités tenant à leur prescription ou à leur extinction. • CJUE 21 avr. 2016, nº C-377/14 : *D. 2016. Actu. 1079 ; JCP E 2016, nº 1364, note Moracchini-Zeidenberg ; Dr. et proc. sept. 2016, Cah. dr. consom., p. 30, obs. De la Asuncion Planes ; Europe 2016, nº 211, obs. Daniel.*

6. *Pouvoir d'appréciation du juge.* La Dir. 93/13/CEE du 5 avr. 1993 doit être interprétée en ce sens que ses art. 3, § 1, et 4, § 1, ne permettent pas que le droit d'un État membre restreigne le pouvoir d'appréciation du juge national quant à la constatation du caractère abusif des clauses d'un contrat de crédit hypothécaire conclu entre un consommateur et un professionnel, et que ses art. 6, § 1, et 7, § 1, exigent que le droit national ne fasse pas obstacle à ce que le juge écarte une telle clause s'il devait conclure au caractère abusif de celle-ci, au sens de l'art. 3, § 1, de ladite directive. • CJUE 17 mars 2016, nº C-613/15 : *Europe 2016, nº 173, obs. Cazet.*

7. *Concours d'actions.* L'art. 7 de la Dir. 93/13/CEE du 5 avr. 1993 doit être interprété en ce sens qu'il s'oppose à une réglementation nationale qui impose au juge national saisi d'une action individuelle d'un consommateur tendant à faire constater le caractère abusif d'une clause d'un contrat le liant à un professionnel de suspendre automatiquement une telle action dans l'attente d'un jugement définitif dans une action collective en cours, introduite par une association de consommateurs sur le fondement du § 2 de cet article, afin de faire cesser l'usage, dans des contrats de même type, de clauses analogues à celle visée par ladite action individuelle, sans que la pertinence d'une telle suspension du point de vue de la protection du consommateur qui a saisi le juge à titre individuel puisse être prise en considération et sans que ce consommateur puisse décider de se désolidariser de l'action collective. • CJUE 14 avr. 2016, nº C-381/14 : *D. 2016. 1744, note Aubry ; CCC 2016, nº 182, obs. S. B.-D. ; Europe 2016, nº 210, obs. Cazet.*

8. Registre des clauses abusives. L'art. 6, § 1, et l'art. 7 de la Dir. 93/13/CEE du 5 avr. 1993, concernant les clauses abusives dans les contrats conclus avec les consommateurs, lus en combinaison avec les art. 1er et 2 de la Dir. 2009/22/CE du 23 avr. 2009, relative aux actions en cessation en matière de protection des intérêts des consommateurs (V. ss. art. L. 621-8), ainsi qu'à la lumière de l'art. 47 de la Charte des droits fondamentaux de l'Union européenne, doivent être interprétés en ce sens qu'ils ne s'opposent pas à ce que l'utilisation de clauses de conditions générales, dont le contenu est équivalent à celui de clauses jugées illicites par une décision juridictionnelle définitive et inscrites dans un registre national des clauses de conditions générales jugées illicites, soit considérée, à l'égard d'un professionnel qui n'a pas été partie à la procédure ayant conduit à l'inscription de ces clauses dans ledit registre, comme un comportement illicite, à condition que ce professionnel bénéficie d'un droit de recours effectif tant contre la décision admettant l'équivalence des clauses comparées portant sur la question de savoir si, compte tenu de l'ensemble des circonstances pertinentes propres à chaque cas, ces clauses sont matériellement identiques, eu égard notamment aux effets produits au détriment des consommateurs, que contre la décision fixant, le cas échéant, le montant de l'amende infligée. • CJUE 21 déc. 2016, n° C-119/15 : *Europe 2017, n° 84, obs. Gazin.*

9. Délai de forclusion. Les art. 6 et 7 de la Dir. 93/13/CEE du 5 avr. 1993 doivent être interprétés en ce sens qu'ils s'opposent à une disposition de droit national qui soumet l'exercice par les consommateurs, à l'égard desquels une procédure de saisie hypothécaire a été ouverte mais n'a pas été clôturée avant la date d'entrée en vigueur de la loi dont cette disposition relève, de leur droit d'opposition à cette procédure sur le fondement du caractère prétendument abusif des clauses contractuelles, à un délai de forclusion d'un mois, calculé à partir du jour suivant la publication de cette loi. • CJUE 26 janv. 2017, n° C-421/14 : *cité note 5 ss. art. 4 de la Dir. 93/13/CEE.*

10. Portée d'un précédent. La Dir. 93/13/CEE du 5 avr. 1993 doit être interprétée en ce sens qu'elle ne s'oppose pas à une règle nationale qui interdit au juge national de réexaminer d'office le caractère abusif des clauses d'un contrat, lorsqu'il a déjà été statué sur la légalité de l'ensemble des clauses de ce contrat au regard de cette directive par une décision revêtue de l'autorité de la chose jugée. En revanche, en présence d'une ou de plusieurs clauses contractuelles dont le caractère éventuellement abusif n'a pas été examiné lors d'un précédent contrôle juridictionnel du contrat litigieux clôturé par une décision revêtue de l'autorité de la chose jugée, la Dir. 93/13/CEE doit être interprétée en ce sens que le juge national, régulièrement saisi par le consommateur par voie d'opposition incidente, est tenu d'apprécier, sur demande des parties ou d'office dès lors qu'il dispose des éléments de droit et de fait nécessaires à cet effet, le caractère éventuellement abusif de celles-ci. • CJUE 26 janv. 2017, n° C-421/14 : *cité note 5 ss. art. 4 de la Dir. 93/13/CEE.*

Art. 8 Les États membres peuvent adopter ou maintenir, dans le domaine régi par la présente directive, des dispositions plus strictes, compatibles avec le traité, pour assurer un niveau de protection plus élevé au consommateur.

Art. 8 *bis* *(Dir. 2011/83/UE du 25 oct. 2011, art. 32)* 1. Lorsqu'un État membre adopte des dispositions conformément à l'article 8, il informe la Commission de l'adoption desdites dispositions ainsi que de toutes modifications ultérieures, en particulier lorsque ces dispositions :

— étendent l'appréciation de leur caractère abusif aux clauses contractuelles négociées individuellement ou aux clauses relatives à l'adéquation du prix ou de la rémunération, ou

— contiennent des listes de clauses contractuelles réputées abusives.

2. La Commission s'assure que les informations visées au paragraphe 1 sont aisément accessibles aux consommateurs et aux professionnels, entre autres sur un site internet spécifique.

3. La Commission transmet les informations visées au paragraphe 1 aux autres États membres et au Parlement européen. La Commission consulte les parties prenantes sur ces informations.

Art. 9 La Commission soumet au Parlement européen et au Conseil, cinq ans au plus tard après la date visée à l'article 10 paragraphe 1, un rapport concernant l'application de la présente directive.

Art. 10 1. Les États membres mettent en vigueur les dispositions législatives, réglementaires et administratives nécessaires pour se conformer à la présente directive au plus tard *le 31 décembre 1994*. Ils en informent immédiatement la Commission.

Ces dispositions sont applicables à tous les contrats conclus après le 31 décembre 1994.

2. Lorsque les États membres adoptent ces dispositions, celles-ci contiennent une référence à la présente directive ou sont accompagnées d'une telle référence lors de leur publication officielle. Les modalités de cette référence sont arrêtées par les États membres.

3. Les États membres communiquent à la Commission le texte des dispositions essentielles de droit interne qu'ils adoptent dans le domaine régi par la présente directive.

ANNEXE

CLAUSES VISÉES À L'ARTICLE 3 PARAGRAPHE 3

1. Clauses ayant pour objet ou pour effet

a) d'exclure ou de limiter la responsabilité légale du professionnel en cas de mort d'un consommateur ou de dommages corporels causés à celui-ci, résultant d'un acte ou d'une omission de ce professionnel ;

b) d'exclure ou de limiter de façon inappropriée les droits légaux du consommateur vis-à-vis du professionnel ou d'une autre partie en cas de non-exécution totale ou partielle ou d'exécution défectueuse par le professionnel d'une quelconque des obligations contractuelles, y compris la possibilité de compenser une dette envers le professionnel avec une créance qu'il aurait contre lui ;

c) de prévoir un engagement ferme du consommateur, alors que l'exécution des prestations du professionnel est assujettie à une condition dont la réalisation dépend de sa seule volonté ;

d) de permettre au professionnel de retenir des sommes versées par le consommateur lorsque celui-ci renonce à conclure ou à exécuter le contrat, sans prévoir le droit, pour le consommateur, de percevoir une indemnité d'un montant équivalent de la part du professionnel lorsque c'est celui-ci qui renonce ;

e) d'imposer au consommateur qui n'exécute pas ses obligations une indemnité d'un montant disproportionnellement élevé ;

f) d'autoriser le professionnel à résilier le contrat de façon discrétionnaire si la même faculté n'est pas reconnue au consommateur, ainsi que de permettre au professionnel de retenir les sommes versées au titre de prestations non encore réalisées par lui, lorsque c'est le professionnel lui-même qui résilie le contrat ;

g) d'autoriser le professionnel à mettre fin sans un préavis raisonnable à un contrat à durée indéterminée, sauf en cas de motif grave ;

h) de proroger automatiquement un contrat à durée déterminée en l'absence d'expression contraire du consommateur, alors qu'une date excessivement éloignée de la fin du contrat a été fixée comme date limite pour exprimer cette volonté de non-prorogation de la part du consommateur ;

i) constater de manière irréfragable l'adhésion du consommateur à des clauses dont il n'a pas eu, effectivement, l'occasion de prendre connaissance avant la conclusion du contrat ;

j) d'autoriser le professionnel à modifier unilatéralement les termes du contrat sans raison valable et spécifiée dans le contrat ;

k) d'autoriser les professionnels à modifier unilatéralement sans raison valable des caractéristiques du produit à livrer ou du service à fournir ;

l) de prévoir que le prix des biens est déterminé au moment de la livraison, ou d'accorder au vendeur de biens ou au fournisseur de services le droit d'augmenter leurs prix, sans que, dans les deux cas, le consommateur n'ait de droit correspondant lui permettant de rompre le contrat au cas où le prix final est trop élevé par rapport au prix convenu lors de la conclusion du contrat ;

m) d'accorder au professionnel le droit de déterminer si la chose livrée ou le service fourni est conforme aux stipulations du contrat ou de lui conférer le droit exclusif d'interpréter une quelconque clause du contrat ;

n) de restreindre l'obligation du professionnel de respecter les engagements pris par ses mandataires ou de soumettre ses engagements au respect d'une formalité particulière ;

o) d'obliger le consommateur à exécuter ses obligations lors même que le professionnel n'exécuterait pas les siennes ;

p) de prévoir la possibilité de cession du contrat de la part du professionnel, lorsqu'elle est susceptible d'engendrer une diminution des garanties pour le consommateur sans l'accord de celui-ci ;

q) de supprimer ou d'entraver l'exercice d'actions en justice ou des voies de recours par le consommateur, notamment en obligeant le consommateur à saisir exclusivement une juridiction d'arbitrage non couverte par des dispositions légales, en limitant indûment les moyens de preuves à la disposition du consommateur ou en imposant à celui-ci une charge de preuve qui, en vertu du droit applicable, devrait revenir normalement à une autre partie au contrat.

2. Portée des points g), j) et l)

a) Le point *g)* ne fait pas obstacle à des clauses par lesquelles le fournisseur de services financiers se réserve le droit de mettre fin au contrat à durée indéterminée unilatéralement, et ce, sans préavis en cas de raison valable, pourvu que soit mise à la charge du professionnel l'obligation d'en informer la ou les autres parties contractantes immédiatement.

b) Le point *j)* ne fait pas obstacle à des clauses selon lesquelles le fournisseur de services financiers se réserve le droit de modifier le taux d'intérêt dû par le consommateur ou dû à celui-ci, ou le montant de toutes autres charges afférentes à des services financiers, sans aucun préavis en cas de raison valable, pourvu que soit mise à la charge du professionnel l'obligation d'en informer la ou les autres parties contractantes dans les meilleurs délais et que celles-ci soient libres de résilier immédiatement le contrat.

Le point *j)* ne fait pas non plus obstacle à des clauses selon lesquelles le professionnel se réserve le droit de modifier unilatéralement les conditions d'un contrat de durée indéterminée pourvu que soit mis à sa charge le devoir d'en informer le consommateur avec un préavis raisonnable et que celui-ci soit libre de résilier le contrat.

c) Les points *g)*, *j)* et *l)* ne sont pas applicables aux :

— transactions concernant les valeurs mobilières, instruments financiers et autres produits ou services dont le prix est lié aux fluctuations d'un cours ou d'un indice boursier ou d'un taux de marché financier que le professionnel ne contrôle pas,

— contrats d'achat ou de vente de devises, de chèques de voyage ou de mandats-poste internationaux libellés en devises.

d) Le point *l)* ne fait pas obstacle aux clauses d'indexation de prix pour autant qu'elles soient licites et que le mode de variation du prix y soit explicitement décrit.

Recommandation CCA n° 96-01 du 17 novembre 1995,

Relative aux contrats proposés par les syndics de copropriété (*BOCC 24 janv. 1996*).

V. aussi Recomm. CCA n° 2011-01 du 15 sept. 2011, infra.

La Commission des clauses abusives,

Considérant que certaines clauses prévoient l'impossibilité pour le syndicat des copropriétaires de résilier le contrat de syndic en cours d'exécution, tout en autorisant le syndic à démissionner ; que l'absence de réciprocité qui en résulte est constitutive d'abus ;

Considérant que l'article 28 du décret du 17 mars 1967 [*n° 67-223, portant règlement d'administration publique pour l'application de la loi n° 65-557 du 10 juill. 1965*] pose pour principe que « la durée du mandat du syndic ne peut excéder trois années » et que son renouvellement suppose une décision de l'assemblée générale ; que certaines clauses prévoient ou laissent supposer une reconduction automatique du contrat et donc le maintien en fonction du syndic au-delà de la durée légale, sans vote de l'assemblée générale ;

Considérant que l'article 18, alinéa 5, de la loi du 10 juillet 1965 [*n° 65-557, fixant le statut de la copropriété des immeubles bâtis*] impose au syndic de soumettre au vote de l'assemblée générale la décision d'ouvrir ou non un compte bancaire ou postal séparé au nom du syndicat lors de sa première désignation et au moins tous les trois ans ; que certaines clauses laissent croire qu'est obligatoire soit l'ouverture d'un compte séparé, soit l'utilisation d'un compte unique au nom du syndic ; que sont abusives ces clauses qui entravent la liberté de choix voulue par le législateur ;

Considérant que certains contrats prévoient la renonciation du syndicat des copropriétaires à percevoir les fruits et produits financiers des sommes placées sur un compte séparé ; que cet avantage d'un montant indéterminé et sans contrepartie spécifique constitue un déséquilibre significatif au détriment du syndicat des copropriétaires ;

Considérant que, si tous les contrats de syndic font la distinction entre la gestion courante et les prestations particulières, certains ne précisent pas le contenu de ces postes, que d'autres contrats prévoient un nombre de prestations particulières, parfois augmentées abusivement à l'aide de rubriques « divers », tel que la notion de gestion courante se trouve dépourvue de signification ; que ces clauses ou combinaisons de clauses sont de nature à créer un déséquilibre significatif ;

Considérant que certains contrats mettent à la charge du syndicat, en cas de non-renouvellement ou de résiliation du contrat de syndic, une indemnité forfaitaire ne correspondant pas à une prestation effective liée à la remise du dossier au successeur ;

Considérant que de nombreux contrats mettent à la charge du copropriétaire défaillant la rémunération du syndic à l'occasion des frais de relance et de recouvrement ; que cette stipulation se heurte aux dispositions d'ordre public de l'article 32 de la loi n° 91-560 *[91-650]* du 9 juillet 1991 *[C. pr. exéc., art. L. 111-8]* ; qu'elle doit être éliminée des contrats ;

Considérant que certains contrats comportent une clause de révision de la rémunération du syndic dont la complexité ne permet pas au syndicat des copropriétaires de mesurer la portée de son engagement ; que la mise en œuvre d'une clause dont les éléments ne sont pas suffisamment explicites et qui n'est pas illustrée par une application chiffrée est susceptible de créer un déséquilibre significatif ;

Considérant que de nombreux contrats contiennent des clauses attributives de compétence,

Recommande :

Que soient éliminées des contrats proposés par les syndics de copropriété les clauses qui ont pour objet ou pour effet :

1. De permettre au syndic de démissionner sans prévoir pour le syndicat des copropriétaires la possibilité de résilier le contrat de syndic en cours d'exécution ;

2. De prévoir ou de laisser supposer une reconduction automatique du contrat à la fin du mandat et le maintien en fonction du syndic au-delà de la durée légale sans vote de l'assemblée générale ;

3. De présenter comme légalement obligatoire l'ouverture d'un compte séparé au nom du syndicat, ou, au contraire, l'utilisation d'un compte unique au nom du syndic ;

4. D'imposer sans contrepartie au syndicat des copropriétaires la renonciation à percevoir les fruits et produits financiers des sommes placées sur un compte séparé ;

5. De restreindre la notion de gestion courante par l'accumulation de prestations particulières et/ou par le recours à la rubrique « divers » ;

6. De mettre à la charge du syndicat, en cas de non-renouvellement ou de résiliation du contrat du syndic, une indemnité forfaitaire ne correspondant pas à une prestation effective liée à la remise du dossier au successeur ;

7. De faire supporter au copropriétaire défaillant une rémunération au profit du syndic à l'occasion des frais de relance et de recouvrement ;

8. De prévoir une clause de révision des honoraires dont les éléments ne sont pas suffisamment explicites et qui n'est pas illustrée par une application chiffrée ;

9. De déroger aux règles légales de compétence territoriale ou d'attribution.

(Texte adopté le 17 novembre 1995 sur le rapport de Mme Jacqueline Lucas et de M. Yves Rouquet.)

Recommandation CCA n° 96-03 du 20 septembre 1996,

Concernant les contrats de révélation de succession proposés par les généalogistes (BOCC 6 nov. 1996).

La Commission des clauses abusives,

Considérant que certains modèles de contrat de révélation de succession proposés par des généalogistes aux *héritiers qu'ils ont découverts contiennent* des stipulations pouvant laisser penser au consommateur que les bases de calcul de la rémunération du professionnel sont impérativement fixées par la loi ou par une autorité et ne sauraient faire l'objet d'une négociation, alors que l'activité des généalogistes n'étant réglementée par aucun texte spécifique, la détermination du montant de cette rémunération ne relève que de l'accord de volontés des deux contractants ; que de telles stipulations, qui entravent la libre discussion, déséquilibrent significativement les relations contractuelles et sont abusives ;

Considérant que si certains contrats laissent expressément au généalogiste la charge de ses frais de recherches des héritiers, d'autres, assez nombreux, prévoient que la rémunération du professionnel sera calculée en fonction de la part d'actif net recueillie par l'héritier cocontractant après déduction, notamment, des frais de recherches, ce qui revient, implicitement, à reconnaître le droit pour le professionnel d'obtenir, avant le calcul de sa rémunération, le remboursement de ces frais, dont le montant n'est au demeurant jamais indiqué ; que cette stipulation doit être rapprochée d'autres clauses, contenues dans les mêmes contrats, qui pourraient laisser entendre que le généalogiste aurait pour seul droit le paiement de la rémunération prévue ; que l'absence de mention expresse du droit au remboursement des frais de recherches en sus du droit à rémunération, de justification du montant des frais déjà engagés, ainsi que d'indication de la nature des dépenses pouvant encore être exposées, ne permet pas au consommateur de mesurer la portée de son engagement et est donc susceptible de créer un déséquilibre significatif entre les droits et obligations des parties ;

Considérant que quelques modèles de contrat prévoient, afin de représenter l'héritier dans toutes les opérations de règlement de la succession, la constitution du généalogiste pour mandataire à titre irrévocable ; qu'en tendant à entraver, sans aucun avantage pour le consommateur et à son détriment, la révocabilité qui caractérise en principe le mandat et qui vise à permettre à tout moment au représenté de reprendre directement en mains ses affaires, par exemple s'il désapprouve la manière dont son mandataire les gère, cette clause déséquilibre significativement les droits et obligations des parties,

Recommande que soient éliminées des modèles de contrat de révélation de succession proposés par les généalogistes aux héritiers qu'ils ont découverts les clauses qui ont pour objet ou pour effet :

1° De laisser penser au consommateur que les bases de calcul de la rémunération du généalogiste sont impérativement fixées par la loi ou par une autorité et ne sauraient faire l'objet d'une libre négociation ;

2° De permettre au professionnel de percevoir le remboursement de ses frais de recherches sans mentionner explicitement que ce remboursement s'ajoutera à sa rémunération, sans justifier le montant des frais déjà engagés et sans préciser la nature de ceux restant éventuellement à exposer ;

3° De présenter comme irrévocable le pouvoir donné au professionnel de représenter l'héritier dans les opérations de règlement de la succession.

(Texte adopté le 20 septembre 1996 sur le rapport de M. Laurent Leveneur.)

Recommandation CCA n° 97-01 du 24 avril 1997,

Relative aux contrats concernant la télésurveillance (BOCC 11 juin 1997).

La Commission des clauses abusives,

Entendu les représentants des professionnels intéressés ;

Considérant que la fréquence des atteintes à la sécurité des biens conduit un nombre de plus en plus grand de non-professionnels ou consommateurs à conclure des contrats de télésurveillance pour la protection de leurs résidences tant principales que secondaires ;

Considérant que la télésurveillance consiste pour un professionnel, le télésurveilleur, grâce à un système de détection et de transmission installé dans les locaux à protéger, d'une part, à recevoir et à enregistrer toute information en provenance desdits locaux et, d'autre part, à traiter et retransmettre ces informations suivant des consignes contractuellement définies ; que, ne constituant qu'une technique de surveillance à distance de locaux déterminés, elle ne représente pas la garantie que ceux-ci, postérieurement à la conclusion du contrat, seront à l'abri de tout cambriolage ; qu'elle n'implique aucun engagement du télésurveilleur en ce sens ;

Considérant qu'en pratique les contrats de télésurveillance proposés par les professionnels sont généralement des contrats prérédigés par leurs soins et sans distinction selon que *le cocontractant* est un professionnel ou un non-professionnel ou consommateur et que la présente recommandation ne vise que cette dernière situation ;

Considérant que les conditions générales de plusieurs des contrats examinés ne sont pas rédigées de manière suffisamment lisible du fait de l'emploi de caractères trop petits ou insuffisamment contrastés ;

Mise en œuvre de la télésurveillance

Considérant qu'il résulte de certains modèles de contrats que l'abonné reconnaît avoir librement déterminé le matériel destiné à la télésurveillance de ses locaux et que la responsabilité du télésurveilleur ne saurait être recherchée pour toute défaillance de ce matériel ; que faute, en l'état de ces stipulations, d'être assuré par le professionnel de la pertinence et de la bonne compatibilité de ses équipements de détection et de transmission, le consommateur risque de souscrire un contrat totalement déséquilibré à son détriment parce qu'il ne lui procurera aucune surveillance effective de ses locaux ;

Considérant que d'autres clauses, tout en prévoyant le paiement d'avance par le consommateur au jour de la signature du contrat, laissent à la discrétion du télésurveilleur, par exemple au terme d'une période indéterminée d'observation, le moment de la mise en œuvre de la télésurveillance ; que de telles clauses sont abusives parce qu'elles laissent le consommateur dans l'incertitude sur le moment auquel il pourra compter sur la prestation dont il a déjà acquitté le prix ;

Considérant que la plupart des contrats de télésurveillance sont conclus pour une durée d'un an renouvelable par tacite reconduction, certains d'entre eux prévoyant même une durée de trois ou quatre ans « irrévocable » ; qu'en n'envisageant aucune possibilité de rupture anticipée par le consommateur, ces stipulations lui sont particulièrement défavorables, non seulement parce qu'elles lui laissent croire que, même de manière justifiée, il ne peut mettre fin au contrat avant terme, mais encore, spécialement quand elles prévoient des durées de plusieurs années, parce qu'elles l'empêchent de recourir aux services d'un autre professionnel plus compétitif ;

Considérant que plusieurs contrats stipulent que les prestations du télésurveilleur pourront être suspendues pour des causes qui ne sont pas clairement définies et parfois même à sa seule initiative et sans information préalable du consommateur ; que de telles stipulations sont abusives en ce qu'elles déséquilibrent la relation contractuelle à l'avantage exclusif du professionnel ;

Considérant que nombre de contrats prévoient que le télésurveilleur pourra à tout moment transmettre le bénéfice et les charges du contrat, ou sous-traiter à d'autres entrepreneurs ; que ces clauses sont abusives lorsqu'elles ne subordonnent pas ce changement à l'agrément du consommateur ou ne lui permettent pas à cette occasion de mettre fin sans indemnité au contrat ;

Considérant que selon d'autres clauses, en cas d'aliénation des locaux télésurveillés, le contrat continuera de plein droit et aux mêmes conditions avec la personne de l'acquéreur, certaines d'entre elles ajoutant que le cédant se portera garant de cette reprise d'engagement ; que ces stipulations, qui tendent à faire croire à l'acquéreur qu'il est tenu en vertu d'un contrat qu'il n'a pas conclu ou à faire peser des obligations sans contrepartie à la charge du consommateur, déséquilibrent gravement la relation contractuelle au détriment de ce dernier ;

Considérant que, dans un certain nombre de contrats, le télésurveilleur se réserve, indépendamment de tout manquement par le consommateur à ses obligations, la faculté de rompre le contrat, soit discrétionnairement, soit en cas d'anomalies de transmission ou de dysfonctionnements du matériel installé dans les locaux à surveiller ; que ces clauses, qui laissent la rupture à la seule appréciation du professionnel, sont abusives ;

Obligations contractuelles du consommateur

Considérant que tous les contrats de télésurveillance prévoient que le paiement dû par l'abonné doit être effectué à l'avance ; que si cette solution est acceptable lorsque la périodicité des paiements requis est mensuelle ou trimestrielle, il en va différemment lorsque les versements sont annuels ou lorsque le contrat stipule que le consommateur a le choix entre ce type de paiement à l'année et des versements fractionnés mais alors moyennant la facturation d'une contribution indéterminée aux frais administratifs, ce qui ne représente pas une véritable option puisque, dans tous les cas, la solution est à l'avantage exclusif du télésurveilleur ;

Considérant que, parfois, ces stipulations de paiement d'avance sont assorties de la précision selon laquelle toute année de prestation commencée est due dans son intégralité ;

que ces clauses déséquilibrent fortement la relation contractuelle au détriment du consommateur exposé à payer, sans pouvoir prétendre au moindre remboursement, pour une prestation qui, le cas échéant, ne lui serait pas intégralement fournie ;

Considérant que, selon plusieurs contrats, le consommateur est tenu d'acquitter le prix de l'abonnement à la télésurveillance exclusivement par voie de prélèvement sur son compte bancaire ; que ce mode de paiement est susceptible de nuire à ses intérêts en ce qu'il réduit fortement ses possibilités de recours contre le télésurveilleur en cas de contestation sur le prix ;

Considérant que la plupart des contrats contiennent des clauses de révision du prix de la prestation de télésurveillance ; que, selon certains contrats, ces réajustements doivent s'effectuer au tarif en vigueur pour l'année en cours ou suivant une formule mathématique absconse non illustrée par une application chiffrée ; que ce type de stipulation, qui ne permet pas au consommateur de se faire une idée précise de la somme supplémentaire qui pourra lui être réclamée en cours de contrat, déséquilibre ce dernier à son détriment ;

Considérant que, selon d'autres clauses, l'abonné s'engage à procéder à toutes les réparations des installations qui ne correspondent pas à son système d'alarme si ces installations sont de nature à empêcher le bon fonctionnement dudit système, voire à perturber la centrale de télésurveillance ; que ces stipulations, qui imposent au consommateur une charge financière indéterminée sans lui permettre de l'éviter en se retirant du contrat, sont source d'un déséquilibre significatif à son détriment ;

Obligations contractuelles du télésurveilleur

Considérant que certains contrats, tout en exposant que le télésurveilleur assure gratuitement la maintenance du matériel installé chez l'abonné, énoncent des causes d'exclusion tellement nombreuses (par exemple, détérioration des matériels provenant d'accidents de toutes sortes, variations du courant électrique...) que cette obligation contractuelle se trouve pratiquement vidée de son contenu ; que ces stipulations sont abusives en ce qu'elles laissent le consommateur croire en la réalité d'une prestation que le professionnel aura la faculté de ne pas honorer ;

Considérant que, dans tous les contrats, il est précisé que le télésurveilleur n'assume qu'une obligation de moyens et non de résultat ; que de telles stipulations sont particulièrement abusives en ce qu'elles contribuent à vider de son contenu la prestation de télésurveillance pour laquelle le contrat a été conclu ; qu'en effet, si le télésurveilleur n'a pas l'obligation d'empêcher le cambriolage des locaux soumis à sa télésurveillance, il est de l'essence même de sa mission de veiller à la bonne transmission et réception des messages en provenance desdits locaux et d'assurer la retransmission de ces informations selon les consignes particulières qui ont été librement convenues et acceptées ; que de telles obligations sont des obligations de résultat auxquelles le professionnel ne peut se soustraire que par la preuve d'une cause étrangère ;

Considérant que de nombreuses stipulations tendent à exonérer le professionnel de sa responsabilité à l'occasion de la survenance de diverses circonstances telles que des accidents de toutes sortes, le caractère répété des alarmes, des manifestations quelconques ou des événements indépendants de sa volonté sans autre précision ; que ces clauses, qui permettent au télésurveilleur de se décharger de sa responsabilité en dehors de circonstances constitutives d'une cause étrangère, sont abusives par l'allégement des obligations qui en résulte en sa faveur ;

Considérant que d'autres stipulations organisent une limitation de la responsabilité du télésurveilleur ; que parfois les contrats proposés par ce dernier se réfèrent à un plafond de garantie fixé dans son propre contrat d'assurance professionnelle et ignoré du consommateur ; qu'en d'autres cas, ce plafond est bien mentionné dans le contrat de télésurveillance, mais alors sans préciser s'il est applicable à chaque sinistre susceptible de se produire ou s'il concerne l'ensemble des sinistres subis au cours d'une même année par le professionnel assuré ; qu'il est encore parfois stipulé que la responsabilité du télésurveilleur est limitée aux moyens mis en œuvre tels que définis dans le contrat ; que toutes ces clauses présentent un caractère abusif en ce qu'elles ne mettent pas le consommateur en mesure d'en apprécier la portée et qu'elles le laissent dans l'incertitude sur l'étendue des engagements du professionnel ;

Résiliation du contrat et contentieux

Considérant que, dans l'ensemble des contrats, la résiliation pour manquement du consommateur à ses obligations est assortie de pénalités contractuelles à son encontre alors que les éventuels manquements du professionnel ne sont pas assortis de semblables clauses pénales ; que cette absence de réciprocité est source de déséquilibre contractuel au détriment du consommateur ;

Considérant que beaucoup de contrats stipulent que toute rupture anticipée par l'abonné donnera lieu au versement immédiat par ce dernier d'une indemnité forfaitaire équivalente au solde de la période contractuelle en cours ; que ce type de clause est abusif non seulement parce que toute résiliation anticipée du contrat de télésurveillance n'est pas nécessairement fautive, mais aussi parce qu'il oblige le consommateur à continuer à acquitter une somme d'argent correspondant à une prestation qui ne lui est plus fournie ;

Considérant que, toujours en cas de résiliation, un modèle de contrat prévoit que le débranchement du transmetteur sera effectué par les soins du professionnel et facturé à l'abonné ; que cette clause est abusive lorsque la résiliation trouve son origine dans des causes imputables au professionnel ;

Considérant qu'il arrive que des contrats cherchent à faire obstacle à d'éventuels recours qui pourraient être intentés par l'abonné contre le télésurveilleur, par exemple en imposant au premier l'obligation de déclarer tout sinistre à même d'engager la responsabilité du second dans un délai de deux à cinq jours sous peine de forclusion, ou encore en déclarant prescrites toutes les actions qui seraient intentées plus de deux ans après les événements qui leur auraient donné naissance ; que ces clauses, qui tendent à entraver l'exercice par le consommateur de son droit d'agir en justice, déséquilibrent gravement le contrat à son détriment ;

Considérant que, en prévision d'un éventuel contentieux et à l'avantage du télésurveilleur, les contrats de télésurveillance contiennent habituellement des clauses d'attribution de compétence contraires aux prescriptions du Nouveau code de procédure civile ; que ces clauses doivent être dénoncées ;

Considérant que, selon certains contrats, la liste des événements consignés par l'imprimante de la centrale de réception du télésurveilleur fera seule foi des informations enregistrées ; que cette clause, qui peut conduire à faire supporter au consommateur les conséquences des dysfonctionnements de l'installation du télésurveilleur et fait obstacle à d'autres modes de preuve, est susceptible de déséquilibrer la relation contractuelle au profit de ce dernier ;

Considérant que, toujours dans la perspective d'éventuels recours, d'autres contrats stipulent que les frais de contentieux seront facturés à l'abonné au titre de l'article 700 du Nouveau code de procédure civile ; que ces stipulations, qui sont destinées à faire pression sur le consommateur pour le dissuader de faire valoir ses droits en justice contre le professionnel et, au surplus, empiètent sur des fonctions dévolues au seul juge, sont abusives ;

Cas particulier où la télésurveillance est liée à la location du matériel ad hoc par un autre professionnel

Considérant qu'en certaines circonstances, et généralement après démarchage, le consommateur est amené à conclure en même temps deux contrats, l'un avec le télésurveilleur, l'autre avec un professionnel qui lui consent la location du matériel spécialement acheté, par lui, pour les besoins de la télésurveillance ; que si, à l'occasion d'un tel montage contractuel, figurent des clauses qui, relatives aux relations entre le télésurveilleur et le consommateur, sont abusives dans les conditions précédemment décrites, d'autres stipulations doivent en outre être spécifiquement dénoncées ;

Considérant que les contrats de location ainsi conclus affirment tous l'indépendance de cette location par rapport au contrat de prestation de services qui pourrait être conclu pour l'utilisation du matériel loué de sorte que le consommateur devra continuer de payer ses loyers jusqu'au terme convenu alors même que le contrat de télésurveillance serait suspendu, résolu ou résilié ; que de telles stipulations, qui obligent le consommateur à poursuivre le paiement des loyers sans pouvoir prétendre à la prestation de télésurveillance en vue de laquelle la location a été contractée, sont manifestement abusives ;

Considérant que, dans le même contexte contractuel, des contrats de télésurveillance incluent à la fois le prix du loyer et celui de la prestation de télésurveillance dans les mensualités dues par le consommateur ; que ce système, qui ne permet pas à ce dernier d'apprécier le surcoût que lui occasionne la location, peut le conduire à contracter d'une manière plus onéreuse qu'il n'aurait pu le faire s'il avait préalablement été informé du coût de chacune des deux prestations ;

Considérant que les contrats de location donnent mandat au locataire d'agir contre le vendeur du matériel loué en cas de défectuosité de ce dernier ; que lorsque le consommateur est ainsi conduit à agir en résolution du contrat de fourniture, il est stipulé dans le bail que non seulement ledit consommateur devra informer le bailleur de son action, mais encore que, sur simple demande de ce dernier, il devra se dessaisir sans discussion ni réserve de ladite action ; que ces clauses sont abusives lorsqu'elles se combinent avec une autre stipulation dégageant le bailleur de toute responsabilité en cas de détérioration ou de fonctionnement défectueux du matériel loué, car cette combinaison de clauses est susceptible d'interdire au consommateur de se dégager d'une opération qui l'appauvrit sans contrepartie ;

Considérant que dans les contrats de location, également, il est stipulé que la livraison du matériel et son installation sont faites aux frais et risques du locataire et sous sa responsabilité ; que ces clauses peuvent avoir pour effet de faire supporter par le consommateur les conséquences des négligences du professionnel ou celles de la cause étrangère ; qu'elles sont ainsi source de déséquilibre contractuel au détriment du consommateur ;

Considérant que les mêmes contrats font supporter au consommateur tous les risques de détérioration et de perte du matériel loué, y compris pour des raisons tenant à la force majeure ; que ces stipulations sont abusives en ce qu'elles ne limitent pas la responsabilité du locataire aux conséquences de ses seules fautes ou négligences ;

Considérant en outre que dans tous les cas de sinistre total affectant le matériel loué, les contrats de location offrent au consommateur l'option entre le remplacement à ses frais, la location continuant à courir le temps du remplacement, et la résiliation du contrat moyennant le paiement de l'intégralité des loyers restant à courir ; que les deux termes de cette option sont également abusifs puisque, dans les deux cas, le consommateur, même s'il n'est pas responsable du sinistre, est tenu d'acquitter le prix de prestations qui ne lui sont pas fournies ;

Considérant que les contrats de location prévoient aussi que les pièces d'équipement et accessoires incorporés au matériel durant la location deviennent de plein droit la propriété du bailleur, et ce sans indemnité pour le locataire ; que ces stipulations ont pour effet d'enrichir indûment le professionnel au détriment du consommateur ;

Considérant que certaines clauses stipulent également que le bail sera automatiquement et de plein droit résilié en cas de décès du locataire ; que ces clauses sont abusives en ce qu'elles sont susceptibles de s'appliquer à l'insu des héritiers qui, en leur qualité de successeurs aux droits et obligations de leur auteur, sont légitimement fondés à croire à la poursuite de ce contrat et donc à celle de la prestation de télésurveillance ;

Considérant que d'autres clauses prévoient encore la résiliation automatique du bail en cas de cessation ou de suspension de l'activité du locataire quelles qu'en soient les causes ; que ces stipulations appliquées à un consommateur peuvent avoir pour effet de le priver de la télésurveillance même en l'absence de faute contractuelle de sa part et déséquilibrent gravement le contrat à son détriment ;

Considérant que selon certaines clauses, en cas de retard de paiement des loyers, le bailleur conserve le droit de résilier le contrat « même si le locataire a proposé le paiement ou même s'il y a procédé après le délai fixé », étant précisé qu'il peut aussi renoncer à ce droit ; que de telles stipulations sont abusives en ce qu'elles font dépendre le sort du contrat de l'arbitraire du bailleur alors même que le paiement serait survenu dans un délai raisonnable ;

Considérant que, dans l'hypothèse où le contrat de fourniture est résolu pour vice caché du matériel ou pour toute autre raison non imputable au locataire, le contrat de bail prévoit le versement d'une indemnité par ce dernier au profit du bailleur, cette indemnité étant égale à la facture d'origine acquittée au fournisseur ; qu'il est abusif de mettre à la charge du locataire une indemnité pour des faits qui ne lui sont en aucune manière imputables,

Recommande :

A. – Que les contrats proposés aux consommateurs soient imprimés de manière contrastée en caractères typographiques d'une taille supérieure au corps 8 ;

B. – Que soient éliminées des contrats de télésurveillance proposés aux consommateurs les clauses ayant pour objet ou pour effet :

1. De dégager toute responsabilité du télésurveilleur en cas d'inadaptation technique, au regard de la prestation de télésurveillance promise, du matériel de détection ou de transmission installé chez le consommateur ;

2. De laisser indéterminé et à la discrétion du télésurveilleur le moment de l'exécution de sa prestation alors que le paiement d'avance est réclamé au consommateur ;

3. D'imposer une durée initiale du contrat supérieure à un an ou, dans la limite de cette durée, d'exclure toute rupture anticipée même pour motifs légitimes ;

4. De permettre au télésurveilleur de suspendre l'exécution de sa prestation de manière discrétionnaire ou sans en informer préalablement le consommateur ;

5. D'autoriser le télésurveilleur à confier la mission de télésurveillance à un tiers sans l'agrément préalable du consommateur ou sans permettre à ce dernier de se dégager sans indemnité du contrat ;

6. De laisser croire que l'acquéreur des locaux télésurveillés est tenu de plein droit de poursuivre l'exécution du contrat aux lieu et place de son vendeur ou de rendre ce dernier garant de cette reprise d'engagement ;

7. De permettre au télésurveilleur de rompre le contrat, indépendamment de tout manquement par le consommateur à ses obligations ;

8. D'imposer sans véritable alternative le paiement d'une année d'avance au consommateur ;

9. D'exclure, en cas de paiement d'avance, tout remboursement au consommateur pour des prestations qui ne lui seraient pas fournies ;

10. D'imposer le prélèvement automatique comme unique mode de paiement ;

11. De permettre une révision du prix en fonction d'éléments insuffisamment précis et explicites ou ne dépendant que de la volonté du télésurveilleur ;

12. D'obliger le consommateur à procéder, le cas échéant, aux réparations des installations qui ne composent pas son système d'alarme sans lui offrir la possibilité de résilier le contrat ;

13. De laisser croire au consommateur que la maintenance du matériel installé chez lui sera assurée gratuitement par le télésurveilleur tout en vidant cette obligation de son contenu par de multiples causes d'exclusion ;

14. De ne mettre qu'une obligation de moyens à la charge du télésurveilleur ;

15. De permettre au professionnel de se décharger de toute responsabilité pour la survenance d'événements non constitutifs de la cause étrangère ;

16. De limiter la responsabilité du télésurveilleur dans des conditions qui ne permettent pas au consommateur d'apprécier l'exacte étendue de cette limitation ;

17. De mettre une pénalité contractuelle à la charge du consommateur qui manquerait à ses obligations sans prévoir une pénalité comparable à l'encontre du télésurveilleur qui n'exécuterait pas les siennes ;

18. D'imposer au consommateur, pour toute rupture anticipée de sa part, le paiement d'une indemnité équivalente au solde de la période contractuelle en cours ;

19. De faire supporter en toutes circonstances par le consommateur le coût du débranchement du transmetteur lors de la résiliation du contrat sans distinguer selon que cette résiliation est ou non imputable au consommateur ;

20. D'imposer des délais trop brefs au consommateur pour déclarer tout sinistre susceptible d'engager la responsabilité du professionnel ou de réduire excessivement les délais de prescription fixés par la loi pour agir en justice contre ce dernier ;

21. De déroger aux règles légales relatives à la compétence des juridictions ;

22. De faire des informations enregistrées par le télésurveilleur le seul mode de preuve des alertes transmises depuis les locaux télésurveillés ;

23. D'obliger le consommateur à rembourser au professionnel les frais d'un recours contentieux ;

24. Lorsque la télésurveillance est liée à la conclusion avec un autre professionnel d'un contrat de location portant sur le matériel de détection et de transmission, et sans préjudice des clauses ci-dessus dénoncées :

a) D'obliger le consommateur à poursuivre le paiement des loyers alors que le contrat de télésurveillance serait suspendu, résolu ou résilié ;

b) De ne pas distinguer, dans les mensualités dues par le consommateur, entre le prix de la location et le prix de la télésurveillance ;

c) En cas de défaut du matériel loué, d'obliger le consommateur, sur simple demande du bailleur, à se désister d'une action en résolution intentée au nom de ce dernier contre le vendeur, alors que toute action en responsabilité contre ledit bailleur serait contractuellement exclue ;

d) De mettre à la charge du consommateur les frais et risques de la livraison ou de l'installation du matériel loué ;

e) D'obliger le consommateur à répondre des détériorations, perte ou destruction du matériel loué même quand celles-ci ne sont pas dues à sa faute ou à sa négligence ;

f) D'obliger en toutes circonstances le consommateur à poursuivre ses paiements même pendant la durée de remplacement du matériel détruit ou perdu ou postérieurement à la résiliation du contrat de location ;

g) De rendre le bailleur propriétaire de plein droit et sans indemnité des pièces d'équipement et accessoires incorporés par le consommateur au matériel pris en location ;

h) De mettre automatiquement fin au contrat de bail en cas de décès du locataire ;

i) De résilier de plein droit le contrat de bail en cas de cessation ou de suspension de l'activité du locataire quelles qu'en soient les causes ;

j) En cas de retard de paiement des loyers, de permettre au bailleur de résilier le contrat même si le paiement est intervenu dans un délai raisonnable ;

k) D'imposer au consommateur le paiement d'une indemnité au bailleur pour des faits qui ne lui seraient pas imputables.

(Texte adopté le 24 avril 1997 sur le rapport de M. Gilles Paisant.)

Recommandation CCA n° 97-02 du 18 septembre 1997,

Relative aux contrats de maintenance de certains équipements d'immeuble (BOCC 12 déc. 1997).

La Commission des clauses abusives,

Concernant les contrats de maintenance des installations de chauffage, des dispositifs de transport vertical et des portes automatiques de garage

Considérant que les contrats de maintenance de certains équipements d'immeubles d'habitation peuvent être conclus soit directement, soit par l'intermédiaire de syndics ;

Considérant que de nombreux contrats contiennent des clauses attributives de compétence ou des clauses compromissoires ; que de telles clauses sont abusives ;

Considérant que des contrats de maintenance contiennent des clauses d'exonération totale de responsabilité du professionnel ; que de telles clauses sont abusives ;

Considérant que des contrats de maintenance contiennent des clauses qui permettent au professionnel de résilier l'abonnement aux torts du consommateur en cas d'intervention d'un tiers ; que de telles clauses, en ce qu'elles sont générales et ne réservent pas le cas où l'intervention du tiers est motivée par une carence du professionnel, sont abusives ;

Considérant que les contrats de maintenance prévoient en cas d'impayé le paiement par le consommateur d'indemnités dont le montant est déterminé selon des critères qui ne sont pas portés à la connaissance du consommateur ; que certains contrats ne définissent ni le point de départ des intérêts moratoires, ni la procédure de mise en demeure ; que de telles clauses sont abusives ;

Considérant que les contrats de maintenance ne prévoient aucune indemnité à la charge du professionnel alors même que la résiliation lui serait imputable ; que de telles clauses sont abusives ;

Considérant que les contrats de maintenance prévoient le montant des indemnités mises à la charge du client en cas de résiliation anticipée du contrat ; que ces indemnités sont dues par le consommateur alors même que la résiliation ne lui serait pas imputable ; que de telles clauses sont abusives ;

Considérant que certains contrats de maintenance contiennent des clauses de révision de prix dont la complexité ne permet pas au consommateur de mesurer la portée de son engagement ; que de telles clauses dont les éléments ne sont pas suffisamment explicites et qui ne sont pas illustrées par une application chiffrée sont abusives ;

Considérant que certains contrats de maintenance ne contiennent pas de clauses de révision de prix mais stipulent que le prix est réactualisable par le professionnel tous les ans « en fonction de la conjoncture économique » ; que de telles clauses, insérées dans des contrats pluriannuels, sont abusives ;

Concernant les contrats de maintenance des installations de chauffage

Considérant que certains contrats de maintenance prévoient que le délai de dépannage stipulé n'est pas opposable au professionnel en cas de panne totale de chauffage survenant au début de la période de chauffe ; qu'en ne fixant pas de façon précise les délais auxquels sont soumises ses prestations, le professionnel ne permet pas au consommateur d'apprécier l'étendue des engagements de ce professionnel ; que de telles clauses sont abusives ;

Considérant que certains contrats de maintenance des installations de chauffage stipulent qu'en cas de vente de l'immeuble le cessionnaire poursuivra le contrat ; que les clauses qui laissent croire au consommateur et au cessionnaire que celui-ci sera tenu de poursuivre le contrat d'entretien sont abusives ;

Considérant que certains contrats de maintenance des installations de chauffage stipulent que les promesses faites par les représentants du professionnel ne sont valables qu'après confirmation écrite de ce dernier ; que le consommateur peut se considérer engagé dès l'accord du représentant alors que le professionnel ne le sera qu'éventuellement ; que de telles clauses sont abusives ;

Considérant que certains contrats de maintenance et de gestion des installations de chauffage stipulent que le professionnel est propriétaire des stocks de combustible et qu'à la fin du contrat, ces stocks seront rachetés par le client au prix pratiqué par le professionnel à ce moment-là ; que de telles clauses, qui laissent au seul professionnel, en application de critères qu'il est seul à connaître et à apprécier, la maîtrise de la fixation du prix, sont abusives ;

Concernant les contrats de maintenance des portes automatiques de garage

Considérant que des contrats de maintenance des portes automatiques de garage contiennent des clauses qui dégagent la responsabilité du professionnel en cas de vols et d'actes de vandalisme commis alors que le fonctionnement de la porte est défectueux du fait de la carence du professionnel ; que de telles clauses sont abusives si elles englobent les cas où les dégradations ont été facilitées par la carence du professionnel ;

Considérant que des contrats de maintenance des portes automatiques de garage contiennent des clauses dégageant la responsabilité du professionnel qui n'est plus en mesure de fournir les pièces détachées ; que le client est en droit d'attendre, sauf clause spéciale expressément approuvée, que l'approvisionnement en pièces détachées lui soit garanti pour la durée du contrat de maintenance ; qu'une telle clause d'exonération de responsabilité est abusive ;

Concernant les contrats de maintenance des dispositifs de transport vertical

Considérant que certains contrats de maintenance des dispositifs de transport vertical stipulent que les transformations dans l'usage de l'immeuble entraînent de plein droit le changement des conditions contractuelles sans que la durée initiale du contrat soit modifiée ; que la clause qui prévoit le maintien de la durée du contrat sans que soient prévues les modalités de renégociation de celui-ci ou sa résiliation est abusive ;

Concernant les contrats de maintenance des installations de chauffage et des portes automatiques de garage

Considérant que certains contrats de maintenance prévoient la prise en charge des installations par le professionnel ; que ces mêmes contrats stipulent que l'absence de réserves à la prise en charge ne saurait engager ultérieurement la responsabilité du professionnel en cas d'inaptitude des installations à leur usage ; que la clause prévoyant la décharge totale de responsabilité après acceptation de l'équipement par le professionnel, soit sans réserve au besoin après un délai dit « d'épreuve technique », soit après exécution des travaux qu'il a préconisés, est abusive ;

Concernant les contrats de maintenance des installations de chauffage et des dispositifs de transport vertical

Considérant que certains contrats de maintenance limitent, à partir de la prise en charge, les accès aux locaux techniques et les interventions sur les équipements au prestataire, à ses préposés et sous-traitants ; que ces restrictions générales sont excessives notamment en ce qu'elles empêchent le propriétaire d'opérer des interventions conservatoires ou sans caractère technique dans ses propres locaux ;

Considérant que des contrats de maintenance contiennent des clauses qui limitent la responsabilité du professionnel au montant des plafonds de la police d'assurance responsabilité civile, sans donner au consommateur les informations lui permettant d'apprécier l'exacte étendue de cette limitation,

Recommande :

1° Que soient éliminées des contrats de maintenance des installations de chauffage, des dispositifs de transport vertical et des portes automatiques de garage les clauses qui ont pour objet ou pour effet :

a) De déroger aux règles légales de compétence territoriale ou d'attribution des juridictions ;

b) D'exonérer totalement le professionnel de sa responsabilité ;

c) D'autoriser le professionnel à résilier l'abonnement aux torts du consommateur, lorsque l'intervention d'un tiers est justifiée par la carence du professionnel ;

d) De stipuler des indemnités en cas de retard de paiement sans indiquer la valeur du taux d'intérêt applicable ou sans prévoir de mise en demeure ;

e) De stipuler une indemnité à la charge du consommateur défaillant, sans prévoir une indemnité équivalente à la charge du professionnel responsable de l'inexécution du contrat ;

f) De stipuler en cas de résiliation anticipée du contrat une indemnité à la charge du consommateur, alors même que la résiliation ne lui serait pas imputable ;

g) De prévoir une clause de révision de prix dont les éléments ne sont pas suffisamment explicites et qui n'est pas illustrée par une application chiffrée ;

h) De stipuler lorsque le contrat est pluriannuel, que le prix variera tous les ans « en fonction de la conjoncture économique » sans donner au consommateur la possibilité de résilier le contrat ;

2° Que soient éliminées des contrats de maintenance des installations de chauffage, les clauses qui ont pour objet ou pour effet :

a) De ne pas informer précisément le consommateur sur l'étendue des engagements du professionnel relatifs au délai de dépannage ;

b) De laisser croire qu'en cas de vente de l'immeuble le cessionnaire sera tenu de poursuivre le contrat d'entretien ;

c) De prévoir, en cas de promesses faites par les représentants du professionnel à l'occasion d'une opération de dépannage ou d'entretien, un engagement immédiat et définitif du consommateur ou de lui faire croire qu'il est définitivement lié par les promesses du représentant alors que l'engagement du professionnel n'est qu'éventuel ;

d) D'obliger le client à acheter au professionnel, à la fin du contrat, les stocks de combustibles à un prix dont le mode de détermination n'est pas précisé dans le contrat ;

3° Que soient éliminées des contrats de maintenance des portes automatiques de garage les clauses qui ont pour objet ou pour effet :

a) D'exonérer de sa responsabilité le professionnel de la maintenance des portes automatiques de garage, en cas de vols et actes de vandalisme commis alors que le fonctionnement de la porte est défectueux du fait de la carence du professionnel ;

b) D'exonérer de sa responsabilité le professionnel de la maintenance des portes automatiques de garage qui, pendant la durée du contrat de maintenance, n'est pas en mesure de fournir les pièces détachées sauf celles ayant fait l'objet d'une réserve expressément approuvée ;

4° Que soient éliminées des contrats de maintenance des dispositifs de transport vertical les clauses qui ont pour objet ou pour effet de prévoir, lorsque l'usage de l'immeuble fait l'objet de transformations, la modification de plein droit par le professionnel des conditions contractuelles sans permettre à cette occasion au consommateur de renégocier le contrat ou de le résilier ;

5° Que soient éliminées des contrats de maintenance des installations de chauffage et des portes automatiques de garage les clauses qui ont pour objet ou pour effet de dégager le professionnel de sa responsabilité en cas d'inaptitude des installations à leur usage alors même qu'il les a prises en charge sans réserve ou que les réserves émises ont été suivies des travaux préconisés ;

6° Que soient éliminées des contrats de maintenance des installations de chauffage et des dispositifs de transport vertical les clauses qui ont pour objet ou pour effet :

a) De limiter de façon générale les accès aux locaux techniques et les interventions sur les équipements au prestataire, à ses préposés et sous-traitants, sans mettre en place des procédures permettant au propriétaire d'accéder à ces locaux ;

b) De limiter la responsabilité du professionnel au montant du plafond de la police d'assurance responsabilité civile qu'il a souscrite sans donner au consommateur, avant de contracter, les informations lui permettant d'apprécier l'exacte étendue de cette limitation.

(Texte adopté le 18 septembre 1997 sur le rapport de M. Jean-Marc Granier.)

Recommandation CCA n° 98-01 du 15 octobre 1998,

Concernant les contrats d'abonnement au câble et à la télévision à péage (BOCC 31 déc. 1998).

La Commission des clauses abusives,

Considérant que la réception télévisuelle par câble a connu un développement significatif particulièrement marqué ces dernières années et que 10 % des foyers français l'utilisent effectivement ;

Considérant que de nouvelles formes de télévision à péage se développent rapidement ;

Considérant que les contrats proposés par les opérateurs du câble et de la télévision à péage sont élaborés par les seuls professionnels et offerts par eux à l'adhésion des consommateurs ; que lesdits contrats entrent donc dans le champ d'application des articles du code de la consommation susvisés ;

Considérant que, dans l'énoncé des contrats, la partie réservée aux services offerts par les opérateurs est limitée, qu'en particulier la liste des chaînes et programmes disponibles ne figure que dans les documents publicitaires et que l'opérateur n'entend pas s'engager sur ce point ;

Considérant que l'on retrouve dans la plupart des contrats d'abonnement à la télévision par câble une clause selon laquelle l'opérateur « se réserve la faculté de modifier, sans notification préalable, tout ou partie des programmes annoncés ou diffusés, n'assurant (lui)-même que la réception et la distribution aux abonnés de certains programmes sur le réseau » ;

Considérant que le consommateur décide de contracter en fonction de la sélection de chaînes qui lui sont proposées au moment de la conclusion du contrat et que les modifications de cette sélection ne sont pas exceptionnelles : que les clauses qui rendent opposable au consommateur toute modification de la liste des chaînes sans information préalable et sans lui offrir la faculté de résilier le contrat pour ce motif déséquilibrent gravement le contrat à son détriment ;

Considérant que l'abonnement est conclu pour une durée minimale d'un an ou de six mois, et que la résiliation ne peut intervenir avant le terme de l'abonnement sauf cas de force majeure ; que de telles clauses, en ce qu'elles n'autorisent pas le consommateur à résilier le contrat pour motifs légitimes déséquilibrent le contrat ;

Considérant que des contrats comportent des clauses permettant au professionnel de modifier à tout moment les tarifs applicables, sans informer clairement à cette occasion le consommateur des conditions de résiliation, ni lui donner la possibilité d'exercer effectivement cette faculté ;

Considérant que certains prévoient une clause d'acceptation tacite des modifications de prix ; que de telles clauses, distinctes des clauses d'indexation, ont été qualifiées d'abusives ;

Considérant que certains contrats prévoient comme mode unique de paiement le prélèvement automatique mensuel ; que ce mode de paiement est susceptible de nuire aux intérêts du consommateur en ce qu'il réduit fortement ses possibilités de recours contre le professionnel en cas de contestation sur les sommes prélevées ; que l'alternative proposée dans la plupart des contrats est le paiement annuel d'avance ; qu'une telle modalité paraît abusive si ne sont pas prévues les conditions de restitution des sommes perçues en cas de résiliation justifiée du contrat ;

Considérant que les contrats prévoient que le raccordement s'effectue en présence de l'abonné ou de son mandataire afin de déterminer la « ligne de passage » du câble ; que les professionnels facturent des frais de déplacement à l'abonné en cas d'absence de celui-ci lorsque le rendez-vous n'a pas été annulé au moins quarante-huit heures à l'avance ; qu'aucun dédommagement de l'abonné n'est prévu en cas d'absence du préposé du professionnel lors du rendez-vous convenu ; que cette absence de réciprocité est source de déséquilibre contractuel au détriment du consommateur ; qu'en outre ces frais devraient être fixés dans le contrat ;

Considérant que les délais de raccordement ne sont pas toujours indiqués dans le contrat, que l'absence de cette indication, qui fait dépendre l'exécution du contrat de la volonté du professionnel, est abusive ;

Considérant que le matériel nécessaire à la réception des signaux télévisuels est mis à la disposition de l'abonné mais reste la propriété du professionnel ; qu'une indemnité est généralement prévue à la charge de l'abonné à défaut de restitution du matériel à l'expiration de l'abonnement dans un délai donné ; que le montant de cette indemnité n'est généralement pas fixé au contrat ;

Considérant que plusieurs contrats limitent la responsabilité du professionnel à l'acheminement des signaux des chaînes « dans les meilleures conditions possibles » et excluent sa responsabilité en cas d'interruption du service due « à des travaux, au fait d'un tiers ainsi qu'à des aléas inévitables de l'état de la technique » ; que de telles clauses, qui ont pour objet ou pour effet d'exonérer le professionnel de sa responsabilité pour des cas qui ne constituent pas une cause étrangère, sont abusives ;

Considérant que certains contrats prévoient en cas d'interruption de la diffusion une indemnisation sous forme de crédit d'abonnement correspondant à la durée de cette interruption avec une franchise de huit jours ; qu'une telle stipulation, qui limite substantiellement le droit à réparation du consommateur, déséquilibre le contrat à son détriment ;

Considérant qu'en cas de défaut de paiement, certaines clauses imposent au consommateur des frais de recouvrement non judiciaires ; que ces frais doivent rester à la charge du créancier ; que de telles clauses sont illicites,

Recommande :

Que soient éliminées des contrats d'abonnement au câble ou à la télévision à péage les clauses ayant pour objet ou pour effet :

1° De permettre au professionnel de modifier la liste des chaînes annoncées sans information préalable et sans offrir au consommateur la faculté de résilier son contrat pour ce motif ;

*2° D'i*mposer une durée minimale au contrat, en excluant, dans la limite de cette durée toute rupture anticipée, même pour motifs légitimes ;

3° De permettre au professionnel de modifier à tout moment les tarifs, sans que le consommateur en ait été averti dans un délai utile pour résilier le contrat ;

4° De stipuler l'acceptation tacite des modifications de prix ;

5° D'imposer au consommateur le prélèvement automatique mensuel comme unique mode de paiement, ou de prévoir un paiement annuel d'avance sans spécifier les conditions de restitution des sommes perçues en cas de résiliation justifiée du contrat ;

6° De prévoir sans réciprocité des frais à la charge du consommateur lorsqu'il annule un rendez-vous pris en vue du raccordement ou de prévoir à cette occasion des frais dont le montant n'est pas contractuellement déterminé ;

7° De laisser au seul professionnel la détermination des délais de raccordement ;

8° De prévoir à la charge des abonnés des frais non fixés à l'avance, à défaut de restitution du matériel dans le délai prévu à la fin du contrat ;

9° D'exclure, par la généralité ou l'imprécision des cas d'exonération qu'elles prévoient, la responsabilité des professionnels, lorsque l'interruption du service n'est pas la conséquence d'une cause étrangère ;

10° De limiter l'indemnité due par le professionnel au montant de l'abonnement pendant la durée de l'interruption avec une franchise excessive ;

11° D'imposer au consommateur des frais de recouvrement non judiciaires en cas de défaut de paiement.

(Texte adopté le 15 octobre 1998 sur le rapport de Mme Virginie Beaumeunier et M. Bernard Siouffi.)

Recommandation CCA n° 99-01 du 18 février 1999,

Concernant les contrats de dépôt-vente (BOCC 31 mars 1999).

La Commission des clauses abusives,

I. – Considérant que de nombreux consommateurs sont amenés à se défaire d'objets qui contribuent à développer un commerce de biens d'occasion ;

Considérant que, lorsqu'elle s'exerce par l'intermédiaire d'un professionnel, cette activité consiste notamment dans le fait, pour ce dernier, d'offrir au non-professionnel ou consommateur ses moyens de vente en échange d'une rémunération ;

Considérant que les relations contractuelles qui se nouent à cette occasion et que les parties qualifient de contrat de dépôt-vente s'analysent en un mandat de vente assorti d'une obligation de conservation du bien destiné à être vendu ;

Considérant que les contrats, variables quant à leur forme et à leur contenu, ont pour caractéristique commune d'être rédigés à l'avance par les professionnels en vue de l'adhésion du non-professionnel ou consommateur ;

II. – 1. Considérant que, lorsqu'un défaut est constaté postérieurement à la remise, certaines clauses autorisent le dépositaire à disposer du bien déposé sans en avertir préalablement le déposant ; que de telles clauses, qui ont pour effet de conférer au professionnel une prérogative appartenant au non-professionnel, propriétaire de ce bien, créent un déséquilibre significatif au détriment du consommateur entre les droits et obligations des parties ;

2. Considérant que certaines clauses exonèrent le professionnel dépositaire de toute responsabilité en cas de dégradation, disparition ou destruction du bien remis ; que ces clauses créent un déséquilibre significatif, au détriment du consommateur, entre les droits et obligations des parties ;

3. Considérant que certaines clauses prévoient une participation du déposant au paiement des primes de l'assurance contractée par le dépositaire ; que dans le cas où une telle assurance n'est pas contractée, au moins pour partie, pour le compte du déposant, de telles clauses qui ont pour effet de mettre directement à la charge du déposant non professionnel une dépense profitant au seul dépositaire professionnel, créent un déséquilibre significatif entre les droits et obligations des parties ;

4. Considérant que certaines clauses dispensent le dépositaire de prévenir le déposant de la réalisation de la vente ; que de telles clauses, en ce qu'elles peuvent avoir pour effet d'empêcher le déposant de s'assurer de la réalité de la vente et du prix payé créent un déséquilibre significatif, au détriment du consommateur, dans les droits et obligations des parties ;

5. Considérant que certains contrats autorisent le dépositaire, passé un certain délai et sans information préalable du déposant, soit à conserver le produit de la vente, soit à lui

substituer la remise de bons d'achat ; que de telles clauses déséquilibrent significativement, au préjudice du consommateur, les droits et obligations des parties ;

6. Considérant que certains contrats autorisent le dépositaire, au terme du contrat et sans information préalable du déposant, à disposer du bien déposé sans distinguer selon la durée du dépôt et/ou la valeur de ce bien ; que ces clauses qui confèrent au professionnel dépositaire une prérogative appartenant au déposant, propriétaire du bien, créent un déséquilibre significatif entre les droits et obligations des parties ;

7. Considérant que certains contrats comportent des clauses attributives de compétence ; que, lorsqu'elles ne sont pas stipulées entre commerçants, de telles clauses sont illicites ;

III. – Recommande que soient éliminées des contrats proposés aux non-professionnels ou consommateurs par les professionnels exerçant une activité de dépôt-vente les clauses ayant pour objet ou pour effet :

1. D'autoriser le professionnel à disposer du bien déposé, sans en avertir préalablement le déposant, lorsqu'un défaut est constaté sur ce bien postérieurement au dépôt ;

2. D'exonérer le professionnel de toute responsabilité en cas de dégradation, disparition ou destruction du bien déposé ;

3. De faire supporter par le consommateur déposant tout ou partie de la prime de l'assurance lorsqu'elle est souscrite dans le seul intérêt du professionnel ;

4. De dispenser le professionnel de toute information du déposant relative à la réalisation de la vente ;

5. De permettre au professionnel, passé un certain délai et sans information préalable du déposant, soit de conserver le produit de la vente, soit de lui substituer la remise de bons d'achat ;

6. De permettre au professionnel, au terme du contrat et sans information préalable du déposant, de disposer du bien remis, sans distinction selon la durée du contrat et/ou la valeur de ce bien ;

7. De déroger aux règles de compétence territoriale.

(Texte adopté le 18 février 1999 sur le rapport de M. Dominique Ponsot.)

Recommandation CCA n° 99-02 du 28 mai 1999,

Relative aux contrats de radiotéléphones portables (BOCC *27 juill. 1999*).

La Commission des clauses abusives,

Considérant que les consommateurs, qui doivent disposer de téléphones portables, sont amenés à signer des contrats d'adhésion proposés par les professionnels que sont les opérateurs, d'une part, et les sociétés de commercialisation de services (SCS), d'autre part : que parfois ils sont amenés à signer un contrat qu'ils ne découvrent que postérieurement à leur achat ; qu'il arrive même qu'ils signent avec un professionnel dont ils n'ont pas connaissance lors de cette acquisition compte tenu de la vente « en pack », qu'ainsi la commission est compétente pour examiner de tels contrats et en signaler les clauses abusives ;

a) Formation et durée du contrat :

Considérant que certains contrats prévoient que le consommateur accepte les conditions générales de son fournisseur, mais aussi « celles de l'opérateur choisi », alors que ces dernières ne font pas partie du contrat remis et signé ; que les contrats doivent au contraire clarifier les obligations respectives entre opérateur et SCS ; que de telles clauses déséquilibrent le rapport contractuel dans la mesure où les conditions générales qui ne sont pas remises, et qui ne font pas matériellement partie du contrat, n'ont pas de valeur contractuelle ;

Considérant que certains contrats imposent pour la validité de l'accord l'envoi de pièces originales, et notamment d'une pièce d'identité ; que l'obligation pour le consommateur de se dessaisir d'un original, pas plus probant qu'une copie certifiée, accorde au professionnel un pouvoir de pression sur le consommateur qui déséquilibre les relations contractuelles ;

Considérant que certains contrats autorisent le professionnel à « demander toute autre pièce qu'il jugerait utile » postérieurement à l'accord des parties ; que, par ce moyen, le professionnel se donne le droit de ne pas donner suite au contrat formé, pour des raisons discrétionnaires, ce qui constitue un déséquilibre contractuel ; que, si une telle clause vise les « options à haut risque » ouvertes après l'abonnement, les hypothèses concernées doivent être inventoriées dans le contrat ;

Considérant que certaines clauses autorisent les professionnels à solliciter une avance sur consommation dans les cinq jours de la souscription du contrat, et prévoient qu'à défaut de paiement la suspension immédiate du contrat interviendra ; que de telles clauses qui subordonnent l'avenir du contrat à une avance qui n'est déterminée ni dans son principe ni dans son montant lors de la signature, créent un déséquilibre significatif ;

Considérant que diverses clauses prévoient que le contrat ne prendra effet qu'après l'accord du professionnel, ou que « la validation définitive de l'abonnement est signalée par l'envoi d'une confirmation du contrat » ; que de telles clauses, qui ont vocation à s'appliquer après acceptation par le consommateur de l'offre de services faite par le professionnel, c'est-à-dire une fois le contrat formé, déséquilibrent les obligations respectives des parties ;

Considérant qu'il est parfois prévu : « le fait de cocher les options choisies sur le formulaire de souscription ne constitue pas un droit à celles-ci » ; que cette disposition même pour les options dites : « à risque » par les professionnels, en ce qu'elle leur permet de refuser de servir une prestation, alors qu'une offre a été faite et acceptée par le consommateur, déséquilibre les obligations contractuelles.

Considérant que la quasi-totalité des contrats prévoit que ceux-ci sont passés pour une période déterminée de douze mois, voire une durée indéterminée avec une durée minimale de douze mois ; qu'une telle stipulation, qui ne figure pas toujours dans les dispositions particulières, même si elle a parfois pour objet de prendre en compte le coût du matériel fourni initialement, emporte un déséquilibre significatif en ce qu'elle n'offre pas au consommateur le choix d'une durée différente, éventuellement pour un prix supérieur, et en ce qu'elle n'autorise par ailleurs aucune résiliation anticipée même pour motif légitime (maladie, surdité subite, déménagement, mutation...) ;

Considérant qu'en cas de « changement de formule d'abonnement » certaines clauses imposent à l'abonné de prolonger son contrat d'une durée minimum fixée, qu'une telle disposition, qui emporte prolongation automatique du contrat sans que le consommateur l'ait expressément souhaité ou accepté, constitue un déséquilibre significatif ;

Considérant qu'en cas de « cession » du contrat par le professionnel, et alors que le consommateur est « invité à souscrire un nouveau contrat d'abonnement aux conditions... du cessionnaire », des clauses prévoient que ce consommateur est « réputé avoir accepté un nouveau contrat s'il ne l'a pas refusé par écrit dans un délai » déterminé ; que de telles clauses qui présentent faussement une modification des conditions contractuelles comme une cession ; qui organisent une acceptation implicite, tirée du simple silence du consommateur ; et qui ainsi emportent obligation du consommateur à paiement sans « engagement exprès et préalable » (art. L. 122-3 *[L. 121-12]* C. consom.) déséquilibrent les obligations respectives ;

Considérant que de nombreuses clauses stipulent que « les informations et documents communiqués à l'abonné... n'ont qu'une valeur indicative », ou que « la carte de couverture n'a qu'une valeur indicative » ; que de telles clauses, qui vont à l'encontre des obligations pesant sur les professionnels en vertu de l'article L. 111-1 du code de la consommation, et qui portent sur des éléments pouvant déterminer le choix du consommateur, déséquilibrent de manière significative les obligations respectives des parties, en ce qu'elles laissent croire au consommateur que ces informations n'engagent pas contractuellement le professionnel ;

b) Exécution du contrat :

Considérant que diverses clauses autorisent le professionnel à « demander à tout moment » en cours de contrat, le versement d'un dépôt de garantie ou la production d'une caution ; que de telles clauses qui permettent au professionnel de modifier unilatéralement les conditions contractuelles, et qui ne déterminent pas les hypothèses précises dans lesquelles elles pourraient recevoir application sont abusives ;

Considérant que la majorité des contrats réservent au professionnel « le droit de suspendre sans préavis les services souscrits par l'abonné si celui-ci ne respecte pas l'une quelconque de ses obligations » ; qu'une telle suspension inopinée, parfois très préjudiciable en ce qu'elle intervient sans préavis, alors qu'un consommateur peut avoir un motif légitime à l'inexécution, et en ce qu'elle est disproportionnée pour des manquements parfois bénins, emporte un déséquilibre significatif ;

Considérant que plusieurs contrats assimilent à des événements de force majeure notamment un dysfonctionnement total ou partiel dans la fourniture du réseau, des émeutes, attentats ou incendies, des conflits du travail ; que de telles clauses qui définissent comme force majeure des éléments qui n'en ont pas nécessairement les caractéristiques, créent un déséquilibre significatif ;

Considérant qu'il est parfois convenu l'obligation pour le consommateur de restituer la carte SIM « sur simple demande... dans le cadre d'évolution technique ou commerciale » ou encore « à tout moment pour quelque cause que ce soit » ; que de telles clauses qui ne limitent pas cette restitution aux exigences de sécurité, ou à l'amélioration du service, qui visent des conditions imprécises (l'évolution commerciale), ou qui permettent au professionnel de modifier les conditions contractuelles, créent un déséquilibre significatif ;

Considérant que certains contrats prévoient, en cas de modification de l'installation pour des raisons de sécurité ou des impératifs d'exploitation, que l'abonné s'engage à faire procéder à ces modifications « à ses frais » ; que de telles clauses, qui font supporter au consommateur les frais nécessaires à la poursuite de l'exécution de ses obligations par le professionnel, emportent un déséquilibre significatif ;

Considérant que quelques contrats imposent aux consommateurs de « mettre journellement leur radiotéléphone sous tension » ; qu'une telle disposition, qui contraint à l'usage du matériel même en dehors des périodes pendant lesquelles le consommateur en a l'utilité, déséquilibre le contrat ;

Considérant qu'en cas de changement de formule d'abonnement, même à la demande du consommateur, diverses clauses prévoient que l'absence de contestation par l'abonné, dans les quinze jours de l'envoi d'une première facture, vaut acceptation de sa part des nouvelles conditions ; que de telles clauses de consentement implicite, qui suppriment la nécessité d'un engagement exprès et préalable du consommateur, alors que des moyens de confirmation rapide sont possibles, créent un déséquilibre significatif ;

c) Fourniture des services et responsabilités :

Considérant que plusieurs contrats exonèrent le professionnel de toute responsabilité en cas de dysfonctionnement, interruption du service, perturbation causée par des travaux, voire « en cas de survenance de tous problèmes quelle qu'en soit la nature ou l'importance » ; que de telles clauses qui dispensent le professionnel de remplir ses obligations ou de supporter les conséquences de son inexécution, alors qu'il peut disposer d'un recours contre les responsables, créent un déséquilibre significatif ;

Considérant que d'autres dispositions exonèrent le professionnel de sa responsabilité pour « tous préjudices, direct ou indirect, matériel ou immatériel, subis dans le cadre de l'utilisation des services proposés » ; que par sa généralité une telle clause, qui dispense sans contrepartie le professionnel de ses obligations, emporte un déséquilibre significatif ;

Considérant que certains professionnels s'exonèrent encore de toute responsabilité quant à l'installation des appareils et accessoires, prévoyant même que l'abonné est contraint de poursuivre le paiement de l'abonnement en cas de « problème après-vente » ; que de telles clauses, qui sont contraires au droit applicable au contrat de vente, et à l'article R. 132-1 *[R. 212-1]* du code de la consommation, sont abusives ;

Considérant que parfois le professionnel s'exonère de toutes responsabilités en cas « d'utilisation du service par une personne non autorisée » ; qu'une telle clause, par sa généralité, et en ce qu'elle ne permet pas au consommateur de prouver que l'utilisation frauduleuse éventuelle a été rendue possible par une défaillance du professionnel, déséquilibre les obligations contractuelles ;

Considérant que plusieurs clauses permettent au professionnel de modifier « certaines données pratiques de l'abonnement » sans que l'abonné puisse s'y opposer ou prétendre à une indemnité ; que de telles dispositions, contraires à l'article R. 132-2 *[R. 212-2]* du code de la consommation, sont abusives ;

Considérant que certains contrats autorisent le professionnel à changer le numéro d'appel sans condition ni indemnité pour le consommateur ; que cette modification unilatérale peut emporter un préjudice pour le consommateur, notamment en lui imposant des frais supplémentaires même si l'abonné n'est pas « propriétaire » de son numéro ; qu'aucune raison n'est spécifiée dans les contrats pour justifier la modification ; qu'en conséquence les clauses visées qui ne prévoient pas d'avertissement préalable du consommateur emportent un déséquilibre significatif ;

d) Facturation. – Paiement :

Considérant que plusieurs contrats prévoient que le paiement s'effectuera obligatoirement par prélèvement automatique ; que de telles clauses, qui imposent cet unique moyen de paiement, déséquilibrent les obligations contractuelles ;

Considérant que de nombreux contrats permettent au professionnel de « faire varier la périodicité » des facturations ou d'émettre des factures intermédiaires ; que de telles clauses, qui autorisent une modification unilatérale des conditions du contrat alors que l'irrégularité de la facturation peut être préjudiciable au consommateur, qui ne précisent pas les raisons permettant une telle modification et qui enfin dispensent le professionnel d'obtenir l'accord préalable de son cocontractant déséquilibrent les obligations contractuelles de manière significative ;

Considérant, en cas de litige sur la facturation, que diverses clauses stipulent que « les enregistrements de taxation (du professionnel) priment sur tout élément de preuve » ; que de telles dispositions qui conduisent à interdire au consommateur tout moyen de preuve contraire et qui accordent au professionnel un droit exorbitant alors que les enregistrements ne constituent en droit positif qu'une présomption créent un déséquilibre significatif ;

Considérant qu'en cas de contestation de la facturation certains contrats interdisent au consommateur d'obtenir la copie de l'intégralité des numéros appelés ; qu'une telle clause qui interdit à l'abonné la fourniture de toute preuve est abusive ;

Considérant que divers contrats prévoient que l'absence de contestation d'une facture par l'abonné dans un délai déterminé équivaut à l'acceptation définitive de cette facture « dans son principe et son montant » ; que ces clauses, qui confèrent au silence de l'abonné valeur d'acceptation et qui laissent croire au consommateur qu'il lui est impossible de contester sa facture après l'expiration du délai imparti, créent un déséquilibre significatif ;

Considérant que certaines clauses prévoient, en cas de contestation de la facturation, que les frais de vérification seront facturés à l'abonné si sa contestation se révèle infondée ; que de telles clauses qui ne précisent pas quels sont les frais imputés et qui ne prévoient pas, en cas de contestation fondée, que les frais du consommateur soient de même remboursés par le professionnel créent un déséquilibre significatif ;

Considérant qu'en cas de retard de paiement la plupart des contrats prévoient la facturation de frais à la charge de l'abonné ; que la stipulation de tels frais, qui ont pour objet le recouvrement de la créance, sont illicites au regard de l'article 32 de la loi du 9 juillet 1991 *[C. pr. exéc., art. L. 111-8]*, que maintenues dans les contrats ces clauses sont abusives ;

Considérant que lorsque le professionnel informe les abonnés de l'évolution de ses tarifs, plusieurs contrats prévoient que ces nouveaux tarifs « seront de plein droit applicables au contrat en cours » ; que de telles clauses, qui autorisent une modification unilatérale des prix en cours d'exécution d'un contrat à durée déterminée et qui contrairement à une clause de révision permettent une variation de prix à la seule discrétion du professionnel, sans accord exprès et préalable de l'abonné, emportent un déséquilibre significatif ;

Considérant que certaines clauses donnent au professionnel « le droit de facturer tous services complémentaires » ; que ces stipulations, en ce qu'elles permettent au professionnel, en cours de contrat, de facturer désormais des services initialement inclus dans le prix et ainsi de modifier les conditions contractuelles à sa seule initiative sans obtenir « d'engagement exprès et préalable » du consommateur sont abusives ;

e) Fin du contrat. – Résiliation :

Considérant que dans l'hypothèse d'une « cession », lorsque l'abonné refuse les conditions tarifaires modifiées, certaines clauses disposent que celui-ci « devra cependant régler les sommes dues… aux conditions tarifaires de l'offre nouvelle » ; que de telles clauses qui tendent à imposer une modification des conditions contractuelles précisément à un abonné qui les a refusées sont abusives ;

Considérant qu'en cas d'interruption du service pour force majeure plusieurs contrats stipulent que le consommateur ne peut résilier qu'après une durée d'interruption de deux mois ; qu'une telle disposition qui contraint le consommateur à rester lié par le contrat malgré l'absence de fourniture du service pour cause de force majeure au-delà d'un délai raisonnable emporte un déséquilibre significatif ;

Considérant que quelques contrats prévoient, pour toute résiliation, que « des frais de résiliation – ou de déconnexion – seront facturés » ; qu'imposer un paiement en contrepartie du droit de résilier tend à dissuader l'abonné d'utiliser ce droit ; et ne pas limiter l'application de ces frais aux hypothèses de résiliation pour faute du consommateur, est abusif ;

Considérant que quelques clauses permettent au professionnel, lors de la résiliation du contrat, de ne restituer le dépôt de garantie qu'après deux mois ; qu'il est abusif, dans un domaine où la facturation est quasi immédiate, nonobstant les facturations de communications internationales, de permettre au professionnel de conserver ce dépôt après la résiliation, au-delà d'un délai raisonnable ;

Considérant que certaines clauses autorisent le professionnel à résilier le contrat s'il s'aperçoit que le consommateur est débiteur relativement à un autre contrat ; que de telles clauses, qui peuvent permettre au professionnel d'imposer le paiement d'une dette faisant l'objet d'une contestation sérieuse, emportent un déséquilibre significatif,

Recommande que soient éliminées des contrats les clauses ayant pour objet ou pour effet de :

1. Présumer la connaissance par le consommateur des conditions générales de l'opérateur, alors que celles-ci ne sont pas jointes au contrat signé, ou remises au consommateur ;
2. Imposer l'envoi de pièces originales afin de valider le contrat ;
3. Permettre au professionnel de solliciter en cours de contrat « toutes pièces utiles » sans préciser dans le contrat les raisons d'une telle demande, et les hypothèses dans lesquelles elle peut être formulée ;
4. Autoriser le professionnel à demander une avance dans les cinq jours de la souscription, sans en prévoir le montant et les modalités de paiement ;
5. Différer la prise d'effet du contrat jusqu'à une validation « définitive » du professionnel ;
6. Autoriser le professionnel à ne pas fournir une prestation optionnelle choisie lors de la souscription par un consommateur ;
7. Imposer une durée minimale de douze mois au contrat, sans laisser au consommateur le choix d'une durée différente, et sans prévoir la possibilité d'une résiliation anticipée pour motif légitime ;
8. Prévoir, en cas de « changement de la formule d'abonnement », une prolongation automatique du contrat d'une durée minimum ;
9. En cas de cession du contrat par le professionnel, déduire du silence du consommateur, après un délai déterminé, son consentement implicite à de nouvelles conditions contractuelles ;
10. Laisser croire que n'ont pas un caractère contractuel les informations et documents communiqués à l'abonné, ou la carte de couverture du réseau ;
11. Autoriser le professionnel à exiger en cours de contrat un dépôt de garantie ou la production d'une caution ;
12. Permettre la suspension sans préavis des services, en cas de manquement même mineur de l'abonné à l'une de ses obligations ;
13. Assimiler à des cas de force majeure des événements qui n'en présentent pas nécessairement les caractéristiques tels que dysfonctionnements du réseau, défaillances, incendies, émeutes ou conflits du travail ;
14. Imposer la restitution de la carte SIM sur simple demande du professionnel pour quelque cause que ce soit, et notamment en cas d'« évolution commerciale » ;
15. Imputer au consommateur les frais d'une modification technique de l'installation ;
16. Imposer la mise sous tension du radiotéléphone ;
17. Considérer que l'absence de contestation d'une facture, après l'écoulement d'un délai déterminé suivant son envoi, vaut acceptation de nouvelles conditions du contrat ;
18. Exonérer le professionnel de toute responsabilité en cas de dysfonctionnement, perturbation, voire de tout problème quel qu'il soit ;
19. Exonérer le professionnel de sa responsabilité quel que soit le préjudice subi par le consommateur ;

20. Exonérer le professionnel de toute responsabilité pour les défauts d'installation ou de fonctionnement du terminal ou des accessoires fournis par lui ;

21. Exonérer le professionnel de toute responsabilité en cas d'usage du service par une personne non autorisée même si cet usage a été rendu possible par une défaillance du professionnel ;

22. Permettre au professionnel de modifier unilatéralement les données pratiques de l'abonnement ;

23. Permettre au professionnel de changer le numéro d'appel, sans préavis, motif, ni indemnité spécifiés au contrat ;

24. Imposer le prélèvement automatique sur compte bancaire comme unique moyen de paiement ;

25. Permettre au professionnel de faire varier unilatéralement la périodicité de ses factures, ou d'établir des factures intermédiaires ;

26. Prévoir que les enregistrements du professionnel priment sur tout autre moyen de preuve, en cas de litige sur la facturation ;

27. Interdire au consommateur d'obtenir, en cas de contestation d'une facture, la copie des numéros appelés ;

28. Laisser croire qu'est définitivement acceptée une facture non contestée dans un délai déterminé ;

29. Permettre de facturer au consommateur des frais de vérification en cas de contestation infondée, sans préciser quels sont ces frais, et sans prévoir une réciprocité au profit de l'abonné ;

30. Facturer des frais de recouvrement en cas de retard de paiement ;

31. Autoriser le professionnel à imposer de nouveaux tarifs en cours de contrat à durée déterminée après simple information du consommateur ;

32. Autoriser en cours de contrat le professionnel à facturer des services initialement inclus dans le prix ;

33. Imposer à l'abonné, en cas de refus de sa part d'une cession selon de nouveaux tarifs, le paiement sur ce nouveau tarif ;

34. Interdire la résiliation du contrat par l'abonné, en cas d'interruption du service pour force majeure au-delà d'une durée raisonnable ;

35. Prévoir des frais de résiliation à la charge du consommateur même sans faute de sa part ;

36. Conserver le dépôt de garantie au-delà d'un délai raisonnable après la résiliation ;

37. Permettre au professionnel de résilier le contrat si l'abonné est débiteur envers lui au titre d'un autre contrat, alors même que cet abonné conteste de façon sérieuse la créance invoquée contre lui.

(Texte adopté le 28 mai 1999 sur le rapport initié par M. L. Bihl et rédigé par M. C. Brasseur.)

Recommandation CCA n° 2001-02 du 22 février 2001,

Sur les clauses relatives à la durée des contrats conclus entre professionnels et consommateurs (BOCC 23 mai 2001).

La Commission des clauses abusives,

Considérant que, selon les caractéristiques des contrats, leur durée peut constituer un facteur de déséquilibre significatif au détriment des consommateurs et qu'à l'occasion de l'examen de plusieurs types de contrats, la Commission des clauses abusives a déjà recommandé l'élimination de diverses stipulations de nature à créer de ce chef un tel déséquilibre ;

Considérant que la fréquence de ces clauses dans les contrats conclus avec les consommateurs justifie, au vu des recommandations existantes et à la lumière des législations européennes en vigueur postérieurement à la directive CEE n° 93/13 du 5 avril 1993, l'adoption d'une recommandation à caractère général sur l'élimination des clauses qui, relatives à la durée initiale des contrats, à leur résiliation ainsi qu'à leur prorogation, présentent un caractère abusif ;

Clauses relatives à la durée initiale du contrat

Considérant que divers contrats à exécution successive contiennent une clause de durée initiale minimale – par exemple, d'un an, deux ans, voire plus – pendant laquelle le consommateur ne peut rompre le lien contractuel pour quelque cause que ce soit ; que de telles clauses, qui excluent tout motif légitime qu'aurait le consommateur à se dégager du contrat avant l'échéance stipulée sont, eu égard à l'économie de celui-ci, susceptibles de déséquilibrer gravement la relation contractuelle à son détriment ;

Considérant que d'autres contrats autorisent le professionnel à en modifier unilatéralement la durée en cours d'exécution ; que de telles stipulations qui abandonnent la durée de la relation contractuelle à la discrétion du professionnel sont abusives ;

Clauses relatives à la résiliation du contrat

Considérant que de nombreux contrats à durée déterminée contiennent des stipulations permettant directement ou indirectement au professionnel de mettre fin unilatéralement et discrétionnairement à la relation contractuelle en cours ; que de telles clauses, qui autorisent la rupture du contrat par le professionnel même en l'absence de tout motif légitime, déséquilibrent gravement la relation contractuelle au détriment du consommateur ;

Considérant que des clauses de divers contrats à durée indéterminée autorisent le professionnel à résilier le contrat sans avoir à respecter un délai raisonnable de préavis, et ce, alors même qu'il n'existerait aucun motif légitime pour ce faire ; que de telles stipulations qui, du fait du professionnel, maintiennent le consommateur dans une situation d'insécurité juridique, déséquilibrent de manière significative le contrat à son détriment ;

Considérant que dans certains contrats à durée indéterminée des clauses subordonnent la résiliation du contrat à un délai de préavis plus long pour le consommateur que pour le professionnel ; que ces stipulations qui font varier ce délai non pas selon la cause de la résiliation mais selon que celle-ci est demandée par le professionnel ou le consommateur sont source d'un déséquilibre significatif dans la relation contractuelle au détriment de ce dernier ;

Considérant que diverses clauses, notamment dans des contrats à durée indéterminée, refusent au consommateur le droit de résilier le contrat en cas de manquement grave ou répété par le professionnel à ses obligations ; que de telles stipulations, qui forcent le consommateur à rester dans les liens d'un contrat qui, du fait de son inexécution, le prive en tout ou en partie des prestations convenues, présentent un caractère abusif ;

Considérant que d'autres clauses subordonnent la résiliation du contrat par le consommateur au versement d'une indemnité contractuelle au profit du professionnel ; que ces clauses ne se justifient pas lorsque la résiliation est fondée sur la force majeure ou l'inexécution par le professionnel de ses obligations ;

Clauses relatives à la prorogation ou à la reconduction tacite du contrat

Considérant qu'un grand nombre de contrats à durée déterminée contiennent une clause de prorogation ou de reconduction tacite ; que lorsque, de ce fait, la relation contractuelle doit se poursuivre pour une durée excessive, spécialement lorsque celle-ci est supérieure à la durée initiale du contrat, le consommateur est empêché de contracter à des conditions plus avantageuses avec un autre professionnel ;

Considérant que d'autres clauses obligent le consommateur, pour faire obstacle à la prorogation ou la reconduction tacite du contrat à durée déterminée, à informer le professionnel de son intention parfois plusieurs mois avant l'arrivée du terme convenu ; que de telles stipulations sont de nature à faire concrètement obstacle au droit du consommateur de ne pas prolonger la relation contractuelle lorsque la date limite fixée pour exprimer son choix est trop éloignée du terme du contrat ; qu'elles sont alors de nature à déséquilibrer gravement la relation contractuelle au profit du professionnel,

Recommande :

Que soient éliminées des contrats conclus entre professionnels et consommateurs les clauses ayant pour objet ou pour effet :

1. D'imposer une durée initiale minimum du contrat sans en autoriser, eu égard à son économie, la résiliation anticipée par le consommateur pour motifs légitimes ;

2. De permettre au professionnel, pendant le cours de l'exécution du contrat, d'en modifier unilatéralement la durée convenue ;

3. De reconnaître, directement ou indirectement, au professionnel le droit de résilier unilatéralement le contrat à durée déterminée en l'absence de motif légitime ;

4. D'autoriser le professionnel à rompre le contrat à durée indéterminée sans un délai raisonnable de préavis, à moins qu'il n'existe des motifs légitimes pour ce faire ;

5. De soumettre la résiliation, dans les contrats à durée indéterminée, à un délai de préavis plus long pour le consommateur que pour le professionnel ;

6. D'interdire au consommateur de demander la résiliation du contrat en cas de manquement grave ou répété par le professionnel à ses obligations ;

7. De subordonner, en cas de force majeure ou d'inexécution par le professionnel de ses obligations, la résiliation du contrat par le consommateur au paiement d'une indemnité contractuelle au profit du professionnel ;

8. De prévoir la prorogation ou la reconduction tacite d'un contrat à durée déterminée pour une période excessivement longue ;

9. De contraindre le consommateur, pour éviter la prorogation ou la reconduction tacite d'un contrat à durée déterminée, à notifier son intention au professionnel à une date trop éloignée de l'arrivée du terme convenu.

(Texte adopté le 22 février 2001 sur le rapport de M. Gilles Paisant.)

Recommandation CCA n° 2002-02 du 18 octobre 2001,

Relative aux formules d'accès au cinéma donnant droit à des entrées multiples (BOCC 30 mai 2002).

La Commission des clauses abusives,

Considérant que depuis la fin du mois de mars 2000, certains exploitants d'établissements de spectacles cinématographiques proposent aux consommateurs des formules d'abonnement au cinéma donnant droit à des entrées multiples pour une durée initiale annuelle ou semestrielle payable mensuellement et permettant un accès illimité aux salles de leur réseau, ainsi qu'à celles des exploitants indépendants s'étant associés à cette formule ;

a) Présentation matérielle des contrats :

1. Considérant que la plupart des contrats sont imprimés en petits caractères ; qu'ainsi ces contrats manquent de lisibilité ;

2. Considérant que le contrat est signé en un exemplaire unique, composé de parties détachables, qui est remis ou adressé au professionnel ; que cette situation est préjudiciable au consommateur puisque celui-ci ne conserve pas de double du contrat et se trouve dans l'incertitude de ses droits et obligations de telle sorte que peuvent lui être opposées des conditions générales différentes ;

3. Considérant qu'aucun des contrats examinés ne mentionne la dénomination sociale et l'adresse du cocontractant professionnel ni dans les conditions particulières, ni dans les conditions générales que seuls figurent dans les conditions particulières, le nom et l'adresse de l'organisme créancier dans un cadre détachable réservé à l'autorisation de prélèvement ; qu'une telle information est obligatoire, que son absence est préjudiciable au consommateur en ce que, d'une part, le cocontractant responsable de la mauvaise exécution ou de l'inexécution du contrat peut être différent du « créancier » du prix de l'abonnement, tout comme l'abonné peut ne pas être le payeur ; que d'autre part la carte peut être proposée par des sociétés distinctes ;

4. Considérant que tous les contrats, en raison de leur présentation matérielle, laissent croire que seul le paiement par prélèvement automatique est possible ;

5. Considérant que les droits et obligations de l'abonné et du payeur – s'il est différent – ne sont pas distingués dans les contrats ; que cette absence de précision crée une ambiguïté dans la connaissance des droits et obligations de chacun d'eux ; qu'il est nécessaire que les droits et obligations de l'utilisateur de la carte et du payeur soient clairement définis et distingués ;

6. Considérant que le professionnel, débiteur des obligations contractuelles, n'est pas identifié alors que les contrats font référence à un « service abonnés » ou à un « service abonnement » qui est investi d'un certain nombre de prérogatives mais dont l'adresse est différente de celle de « l'organisme créancier » ; qu'il est nécessaire que les contrats définissent et distinguent les droits et obligations de chacun ;

7. Considérant, qu'en cas de règlement de l'abonnement en totalité lors de sa souscription, certains contrats prévoient qu'avant leur terme, le professionnel proposera au consommateur la poursuite du contrat au tarif en vigueur avec option soit pour un paiement mensuel par prélèvement automatique, soit pour une nouvelle durée fixe avec paiement forfaitaire,

— qu'un contrat ne prévoit pas le délai d'acceptation de la proposition et n'envisage pas les conséquences du refus ; que cette absence de précision est préjudiciable aux consommateurs ;

— que la plupart des contrats ne définissent pas clairement les obligations du consommateur en ce qui concerne une éventuelle obligation de restituer la carte ; que cette absence de précision est préjudiciable aux consommateurs contre lesquels des pénalités sont stipulées en cas de non-restitution ;

b) Formation du contrat :

8. Considérant qu'un contrat prévoit que, par sa souscription, l'abonné s'engage à respecter les obligations d'une « charte » qui n'est affichée que dans les salles de cinéma ; qu'une telle clause déséquilibre le rapport contractuel dans la mesure où cette « charte » n'est pas remise et n'a pas de valeur contractuelle ;

9. Considérant que tous les contrats prévoient un engagement ferme du consommateur avant celui du professionnel ;

10. Considérant que, d'une part, lorsque le contrat est conclu par voie postale, certaines clauses induisent que le consommateur commence à régler son abonnement avant d'avoir reçu sa carte alors que l'expédition de celle-ci ne dépend que du professionnel ; que ces clauses emportent un déséquilibre au détriment du consommateur en ce qu'elles le conduisent à verser des sommes sans bénéficier d'une prestation en contrepartie ;

11. Considérant que, d'autre part, tous les contrats contiennent une clause aux termes de laquelle : « Tout dossier incomplet ou illisible sera retourné en l'état à l'expéditeur » ou « tout dossier incomplet ou illisible ne sera pas accepté », et que la pluspart des contrats, comportent un cadre d'une couleur qui le distingue du reste du texte, demandant au consommateur de fournir des renseignements, qui ne semblent pas indispensables à la délivrance de la carte (e-mail, profession ou catégorie professionnelle, « en recherche d'emploi » et « autres », salle ou le cinéma fréquenté...) ; qu'aucune mention ne précise si ces renseignements sont obligatoires ou facultatifs en violation de l'article 27 de la loi du 6 janvier 1978, que ces clauses sont illicites, et, maintenues dans les contrats, sont abusives ;

12. Considérant que tous les contrats contiennent des clauses permettant au professionnel de refuser de contracter avec toute personne dont un précédent abonnement a été résilié pour « fraude » (lors de la souscription du contrat ou dans « l'utilisation de la carte ») ou pour « défaut de paiement » ; que ces clauses sont abusives en raison de leur imprécision due à l'absence de définition des obligations du payeur et de l'abonné et permettent au professionnel de sanctionner, en ne souscrivant pas le contrat, quelqu'un qui n'est pas nécessairement responsable des manquements à un précédent contrat ;

c) Durée du contrat :

13. Considérant que si tous les contrats prévoient que pendant la période initiale, fixée généralement à 6 ou 12 mois, le consommateur peut résilier le contrat pour un motif légitime, qu'ils réservent aux professionnels le droit d'accepter ou de refuser de façon discrétionnaire le motif invoqué ; que le caractère abusif de cette faculté est renforcé lorsque le contrat propose des exemples de motifs légitimes s'apparentant par trop à la force majeure ;

14. Considérant qu'en cas d'acceptation du motif légitime, celle-ci ne prend effet qu'à l'issue du 2e mois suivant celui au cours duquel la demande de résiliation a été reçue par le « service abonnés » ; qu'un tel délai n'est pas justifié, s'agissant d'une résiliation pour

motif légitime, alors que, d'une part, le professionnel n'est pas soumis à un tel délai lorsqu'il résilie le contrat pour un motif non lié à la violation d'une obligation contractuelle de l'abonné et que, d'autre part, il peut « désactiver » immédiatement la carte en cas de non-paiement ou fraude ; que ce déséquilibre entre les droits et obligations des parties est générateur d'un abus ;

d) Exécution du contrat :

15. Considérant que tous les contrats prévoient qu'en cas de résiliation pour motif légitime accepté, le consommateur ne pourra souscrire un nouvel abonnement avant l'expiration d'un délai de 6 mois suivant la prise d'effet de la résiliation ; qu'une telle clause en ce qu'elle peut avoir pour effet de dissuader le consommateur de se prévaloir d'un motif légitime est abusive ;

16. Considérant, par ailleurs, que les mêmes contrats prévoient, que l'abonné ne peut, en cas de vol, de perte ou dysfonctionnement de la carte, obtenir le remboursement des billets achetés jusqu'à la réception de sa nouvelle carte, que ni la suspension des prélèvements automatiques ni la prorogation du terme du contrat ne sont prévues ; que de telles clauses sont abusives en ce qu'elles créent un déséquilibre entre les droits et obligations des parties, le consommateur devant régler une prestation dont il ne bénéficie pas, et en ce que l'envoi d'une nouvelle carte dépend de la seule volonté du professionnel ;

17. Considérant que tous les contrats prévoient, en cas de règlement mensuel, comme seul moyen de paiement, le prélèvement automatique ; que de telles clauses, qui imposent cet unique moyen de paiement, déséquilibrent les obligations contractuelles ;

18. Considérant, de même, qu'en cas de règlement de l'abonnement en totalité lors de sa souscription, seul le paiement par chèque et parfois par carte de crédit est prévu à l'exclusion d'un règlement en espèces ; qu'une telle clause est illicite, que maintenue dans les contrats, elle est abusive ;

19. Considérant que tous les contrats prévoient que le « service » informera l'abonné de toute modification tarifaire deux mois avant l'entrée en vigueur de celle-ci et procédera à un ajustement des prélèvements automatiques proportionnel aux augmentations du prix de l'abonnement ; que de telles clauses en ce qu'elles s'appliquent pendant la période à durée déterminée, du contrat, sont abusives ;

20. Considérant que certains contrats prévoient que les hausses décidées par le professionnel prendront effet dans un certain délai après avoir été notifiées ; que ces mêmes contrats imposent au consommateur un délai de préavis de résiliation d'une durée supérieure ; que de la combinaison de ces clauses, il résulte que le consommateur ne pourra échapper à une hausse qu'il n'a pas acceptée ; que de telles clauses, qui déséquilibrent le rapport contractuel, sont abusives ;

e) Clauses exonératoires de responsabilité :

21. Considérant que tous les contrats prévoient que le « service » ainsi que les sociétés associées ne peuvent être tenus pour responsables en cas de fermeture d'une salle même appartenant à un partenaire indépendant, et ce quel qu'en soit le motif ; que certains contrats prévoient la même exonération si une salle cesse d'accepter la carte ; que, lorsque ces circonstances limitent significativement les conditions d'usage de la carte, de telles *clauses sont de nature* à créer un déséquilibre significatif au détriment du consommateur ;

22. Considérant qu'un contrat prévoit expressément qu'en cas d'interruption ou de suspension du service, le consommateur n'aura droit qu'au remboursement des paiements mensuels effectués d'avance sans pouvoir réclamer quelque indemnité que ce soit ; qu'une telle clause est abusive ;

f) Clauses relatives à la résiliation du contrat :

23. Considérant que tous les contrats à durée indéterminée imposent un délai de préavis à la charge du consommateur pour résilier le contrat sans prévoir le même préavis, en cas de résiliation par le professionnel ; que cette absence de réciprocité est source de déséquilibre contractuel au détriment du consommateur ;

24. Considérant que tous les contrats subordonnent la résiliation du contrat à l'envoi d'une lettre recommandée avec accusé de réception ; que si une telle clause peut se justifier, pour ménager au consommateur une preuve, elle est abusive en ce que le consommateur doit pouvoir procéder à la résiliation par tout moyen à sa convenance lui ménageant la preuve de sa réception par le professionnel notamment par remise de la carte dans une salle de cinéma contre récépissé ;

25. Considérant que certains contrats opèrent une distinction entre la date d'effet de la résiliation effectuée par le consommateur (réception de la lettre recommandée avec accusé de réception par le professionnel) et celle effectuée par le professionnel, (date d'expédition de la lettre notifiant cette résiliation) ; que ces clauses sont susceptibles de constituer un déséquilibre significatif entre les droits et obligations des parties ;

26. Considérant que tous les contrats prévoient des cas de « résiliation immédiate » du contrat en cas de fausse déclaration ; que cette notion, appliquée à une demande de renseignements non essentiels pour la formation du contrat, confère à la clause un caractère abusif ;

27. Considérant que tous les contrats prévoient des cas de « résiliation immédiate » du contrat en cas d'utilisation « anormale » de la carte ; qu'en raison de son imprécision, cette clause est susceptible de créer un déséquilibre significatif au détriment du consommateur ;

28. Considérant qu'un contrat prévoit, comme motif de résiliation, tout manquement à la « charte » que l'abonné s'est contractuellement engagé à respecter et qu'à défaut le spectateur peut être expulsé et sa carte confisquée ; que cette clause est abusive en ce qu'elle prévoit la résiliation du contrat pour la violation d'obligations non contractuelles, la charte n'étant pas annexée au contrat mais uniquement affichée dans les salles ;

29. Considérant que la plupart des contrats prévoient que le professionnel peut mettre fin à la formule de carte d'abonnement « à tout moment et pour toute cause légitime » sans avoir à respecter de préavis ; alors que le consommateur désireux de résilier le contrat doit, dans tous les cas, observer un délai de préavis ; que ces clauses sont abusives en raison de l'absence de réciprocité des obligations des parties contractantes ;

30. Considérant qu'en cas de cessation du service à l'initiative du professionnel, un contrat prévoit que, lorsque le service a été réglé en totalité lors de la souscription, le consommateur n'aura droit au remboursement des sommes payées d'avance que s'il en fait la demande ; qu'un autre contrat exclut le remboursement au prorata pour le mois en cours ; que ces clauses, qui subordonnent le remboursement des sommes dues au consommateur à une demande expresse ou qui excluent tout remboursement au prorata pour le mois en cours, sont abusives en ce qu'elles rémunèrent le professionnel, sans contrepartie ;

31. Considérant que dans tous les cas de résiliation, et alors que la carte a été désactivée, l'abonné doit la restituer dans un délai déterminé ; que certains contrats imposent la restitution en cas de suspension ou d'interruption du service ; que tous les contrats prévoient, qu'à défaut de restitution, l'abonné devra verser une indemnité ; que de telles clauses, en ce qu'elles laissent à l'abonné la charge de la restitution de la carte, stipulée au seul profit du professionnel, sont abusives ;

g) Clauses relatives aux indemnités forfaitaires :

32. Considérant que tous les contrats prévoient des pénalités à la charge du consommateur dans certaines hypothèses de manquements par lui à ses obligations ; qu'aucune clause de ces mêmes contrats ne sanctionne le manquement du professionnel à ses propres obligations ; que cette absence de réciprocité est source de déséquilibre contractuel au détriment du consommateur ;

33. Considérant que des contrats prévoient que le professionnel conservera l'ensemble des sommes versées d'avance lorsqu'il refuse de contracter avec toute personne dont un précédent abonnement a été résilié pour « fraude » ou pour « défaut de paiement » ; que de telles clauses sont abusives en ce que le professionnel perçoit une rémunération sans *contrepartie* ;

h) Clauses d'aggravation des charges :

34. Considérant que la plupart des contrats prévoient qu'en cas de résiliation de l'abonnement les frais et honoraires nécessaires au recouvrement des sommes dues seront à la

charge de l'abonné ; que certains contrats précisent qu'en cas de défaut de paiement l'abonné remboursera les frais de gestion occasionnés par l'incident, y compris les frais facturés par la banque ; que de telles clauses sont illicites au regard de l'article 32 de la loi du 9 juillet 1991 *[C. pr. exéc., art. L. 111-8]* ; que, maintenues dans les contrats, ces clauses sont abusives ;

i) Clauses attributives de compétence :

35. Considérant que la plupart des contrats donnent en cas de litige, compétence exclusive au tribunal de grande instance de Paris ; que de telles clauses sont illicites ; que, maintenues dans les contrats, ces clauses sont abusives ;

Recommande :

A. – Que la présentation matérielle du contrat obéisse aux règles suivantes :

1. Qu'il soit imprimé lisiblement avec des caractères dont la hauteur ne saurait être inférieure au corps 8 ;

2. Qu'il soit rédigé en autant d'exemplaires que de parties, c'est-à-dire d'une part, le professionnel, d'autre part l'abonné, et, enfin, le payeur s'il est différent de l'abonné ;

3. Qu'il mentionne la dénomination sociale et le siège social du cocontractant responsable en cas de mauvaise exécution ou d'inexécution du contrat ;

B. – Que le contrat contienne les clauses suivantes ayant pour objet ou pour effet :

4. D'indiquer au même emplacement de façon claire les différents modes de paiement proposés aux consommateurs ;

5. De définir et distinguer les droits et obligations de l'utilisateur de la carte de ceux du payeur ;

6. De définir et distinguer les droits et obligations de chaque professionnel intervenant ;

7. De préciser, en cas de règlement de l'abonnement en totalité lors de sa souscription et lorsque le professionnel propose le renouvellement de celui-ci :

– les modalités et délais d'acceptation de la proposition de renouvellement ;

– les obligations du consommateur au terme du contrat ;

C. – Que soient éliminées les clauses ayant pour objet ou pour effet :

8. D'obliger le consommateur à respecter des stipulations qu'il n'a pas expressément acceptées ;

9. De prévoir, lorsque le contrat est souscrit par voie postale, un engagement du consommateur avant celui du professionnel ;

10. De prévoir le paiement par le consommateur avant réception de la carte ;

11. De permettre aux professionnels de refuser de contracter en raison du défaut de réponse à des demandes de renseignements non indispensables à la délivrance de la carte et dont il n'est pas indiqué s'ils sont obligatoires ou facultatifs ;

12. De permettre aux professionnels, en l'état de l'absence de définition et de distinction des obligations du payeur et de l'abonné, de sanctionner celui d'entre eux qui n'est pas responsable des manquements à un précédent contrat ;

13. De réserver aux professionnels le droit d'accepter ou de refuser, discrétionnairement, le motif légitime invoqué par le consommateur pour résilier le contrat durant la période initiale ;

14. D'imposer au consommateur le respect d'un préavis, excédant le mois en cours, en cas de résiliation pour motif légitime pendant la durée déterminée du contrat ;

15. De prévoir en cas d'acceptation de la résiliation pour motif légitime que le consommateur ne pourra souscrire un nouvel abonnement avant l'expiration d'un certain délai suivant la prise d'effet de la résiliation ;

16. D'exclure, en cas de vol, de perte ou de dysfonctionnement de la carte, le remboursement des billets achetés, dès lors que le contrat ne prévoit pas de prorogation de son terme pour une durée égale à la période comprise entre la déclaration de l'incident et la délivrance de la nouvelle carte ;

17. De prévoir, en cas de règlement mensuel, comme unique moyen de paiement le prélèvement automatique ;

18. D'exclure le paiement en espèces en cas de règlement de l'abonnement en totalité lors de sa souscription ;

19. De permettre, durant la période initiale du contrat, la hausse du prix de l'abonnement ;

20. D'imposer au consommateur une hausse de tarif, dès lors que le contrat prévoit un délai de préavis de résiliation d'une durée supérieure au délai d'application de la hausse ;

21. D'exclure, dans tous les cas, la responsabilité du professionnel pour la fermeture d'une de ses salles concernées par l'abonnement ou si un exploitant cesse d'accepter la carte ;

22. De prévoir en cas d'interruption ou de suspension du service le seul remboursement des paiements mensuels effectués d'avance à l'exclusion de toute autre indemnisation ;

23. D'imposer, après la période initiale, au consommateur un préavis en cas de résiliation de l'abonnement, sans prévoir un préavis identique en cas de résiliation par le professionnel ;

24. De prévoir comme seule modalité de résiliation du contrat, l'envoi d'une lettre recommandée avec accusé de réception ;

25. De prévoir des dates d'effet différentes lorsque la résiliation est effectuée par le professionnel ou par le consommateur ;

26. De prévoir la résiliation immédiate du contrat, en cas de fausse déclaration relative à une demande de renseignements non essentiels à la formation du contrat ;

27. De prévoir la résiliation immédiate du contrat en cas d'utilisation anormale de la carte ;

28. De prévoir la résiliation immédiate du contrat, en cas de violation de stipulations qui ne figurent pas dans l'écrit qu'il signe ;

29. De permettre aux professionnels de mettre fin à la formule d'abonnement, sans avoir à respecter un délai de préavis, alors que l'observation d'un tel délai est requise du consommateur ;

30. De subordonner, en cas de cessation du service du fait du professionnel, le remboursement des sommes dues au consommateur à une demande expresse de sa part ou d'exclure tout remboursement au prorata pour le mois en cours ;

31. D'exiger du consommateur dans tous cas de résiliation, de suspension ou d'interruption de service, la restitution de la carte et de prévoir, qu'à défaut, une indemnité de retard sera due ;

32. De mettre une pénalité contractuelle à la charge du consommateur qui manquerait à ses obligations sans prévoir une pénalité du même ordre à l'encontre du professionnel qui n'exécuterait pas les siennes ;

33. De prévoir que toute somme versée d'avance sera conservée par le professionnel en cas de refus de contracter de sa part ;

34. De laisser croire au consommateur qu'il devra payer tous les frais et honoraires nécessaires au recouvrement des sommes dues ;

35. De déroger aux règles de compétence territoriale ou d'attribution des juridictions.

(Texte adopté le 18 octobre 2001 sur le rapport de M. Pierre Bouaziz.)

Recommandation CCA n° 2004-01 du 27 novembre 2003,

Relative aux contrats de traitement contre les termites et autres insectes xylophages (BOCC 6 sept. 2004).

La Commission des clauses abusives,

Considérant que la prolifération de termites dans certaines régions de France puis sur l'ensemble du territoire national a conduit le législateur à définir les conditions de prévention et de lutte contre les termites et les autres insectes xylophages afin de protéger les bâtiments (loi n° 99-471 du 8 juin 1999) ;

Considérant que l'article R 133-1 du code de la construction et de l'habitation prévoit qu'en cas d'injonction prise par arrêté du maire de procéder à la recherche de termites le propriétaire doit notamment justifier « du respect de l'obligation de réalisation des travaux préventifs ou d'éradication en adressant au maire une attestation, établie par une personne, exerçant l'activité de traitement et de lutte contre les termites, distincte de la personne ayant établi l'état parasitaire prévu à l'alinéa précédent, certifiant qu'il a été procédé aux travaux correspondants ;

Considérant que les facteurs conjugués de la prolifération des termites et de la nécessité de lutter contre leurs nuisances a favorisé la création et le développement d'entreprises spécialisées dans le traitement du bois et particulièrement des charpentes ;

Considérant que ces entreprises proposent, notamment par démarchage à domicile, des traitements curatifs ou préventifs des bois ;

Considérant que les documents contractuels des entreprises spécialisées dans le traitement des bois et des charpentes contiennent des clauses dont le caractère abusif, au sens de l'article L. 132-1 *[L. 212-1]* du code de la consommation, peut être relevé ;

1. Considérant que certaines clauses prévoient, lors de la conclusion du contrat ou avant l'exécution des travaux, la possibilité pour le professionnel de ne pas donner suite au contrat alors que le consommateur a passé commande de la prestation proposée et s'est donc, pour sa part, engagé ; une telle clause, qui a pour objet ou pour effet de prévoir un engagement définitif du consommateur et un engagement éventuel du professionnel, crée un déséquilibre significatif au détriment du consommateur ;

2. Considérant que certaines clauses précisent que les erreurs commises lors de l'établissement du devis ou de la facturation, que ce soit sur le prix de la prestation ou sur d'autres aspects de celle-ci, n'engagent pas l'entreprise et peuvent éventuellement donner lieu à une augmentation du prix ; que de telles clauses, qui autorisent une modification unilatérale des prix en cours d'exécution d'un contrat à durée déterminée, même motivée par une éventuelle erreur du professionnel, créent un déséquilibre significatif ;

3. Considérant que certaines clauses mentionnent expressément que la date de début d'exécution des travaux n'est donnée qu'à titre indicatif et que d'autres donnent la faculté à l'entreprise de modifier, à sa convenance, la date des travaux que de telles clauses apparaissent contraires à l'article L. 114-1 *[L. 121-17]*, alinéa 1er, du code de la consommation pour les contrats dont le montant est supérieur à 500 € ; qu'en ce qui concerne d'autres contrats des clauses permettent à l'entreprise de modifier unilatéralement la date contractuelle de début des travaux ; que ces clauses créent un déséquilibre significatif au détriment du consommateur ;

4. Considérant que certaines clauses prévoient que le non-respect des délais d'exécution des travaux ne peut donner lieu à l'annulation de la commande ou au report du paiement ;

5. Considérant que certaines clauses obligent le consommateur à vérifier, auprès d'une personne de son choix, l'exactitude des conseils, avis et études donnés par le professionnel ; qu'une telle clause qui laisse croire que le professionnel pourrait être exonéré de sa responsabilité dès lors que le consommateur ne procède pas à la vérification de l'exactitude des conseils, avis et études de ce même professionnel, crée un déséquilibre significatif au détriment du consommateur ;

6. Considérant que certaines clauses donnent la possibilité au professionnel d'exiger le paiement de la prestation par lettre de change acceptée à l'issue du délai de renonciation ; que l'acceptation de la lettre de change oblige le consommateur au paiement alors même qu'il n'a pas l'assurance que la prestation du professionnel sera menée à bonne fin ; que ce mode de règlement crée un déséquilibre significatif des relations contractuelles au détriment du consommateur ;

7. Considérant que la plupart des contrats prévoient, au profit du professionnel, la possibilité de résilier le contrat, sans avertissement préalable ni justification et sans que le consommateur puisse exiger une quelconque indemnité ; que certains contrats organisent la faculté de résiliation par le professionnel, sans prévoir une procédure équivalente pour le consommateur ; que de telles clauses créent un déséquilibre significatif au détriment des consommateurs ;

8. Considérant qu'une clause mentionne la possibilité pour le professionnel de se délier de tout engagement vis-à-vis du consommateur en cas de circonstances exceptionnelles indépendantes de sa volonté, y compris si elles ne sont pas assimilables à la force majeure ;

9. Considérant que certaines clauses prévoient en cas de rupture unilatérale du contrat par le consommateur, après un éventuel délai légal ou conventionnel de rétractation, le paiement par ce dernier non seulement de dommages et intérêts mais également d'autres frais tels que ceux afférents aux matériaux commandés, au déplacement d'un technicien, à l'établissement d'un dossier de crédit ; que de telles clauses qui laissent le professionnel maître du calcul des sommes qui lui seront dues par le consommateur en cas de renoncia-

tion après le délai légal de rétractation, créent un déséquilibre significatif au détriment de ce dernier ;

10. Considérant que certaines clauses encadrent strictement les délais des réclamations relatives à l'exécution des travaux, ne laissant parfois que quelques jours pour exprimer des réserves ; que ces clauses, qui laissent supposer que toute contestation qui ne se ferait pas dans le délai imparti ne serait pas recevable, créent un déséquilibre significatif au détriment du consommateur ;

11. Considérant que certaines clauses obligent le consommateur, même s'il conteste les travaux réalisés, à procéder au paiement de ceux-ci ; que de telles clauses déséquilibrent significativement le contrat au détriment du consommateur, en ne lui permettant pas de se prévaloir de l'exception d'inexécution ;

12. Considérant que certaines clauses ont pour objet ou pour effet de dégager la responsabilité du professionnel, soit pour les éventuels dommages occasionnés par les travaux et affectant des biens distincts de l'objet du devis, soit en cas de « dégradations légères » sans autres précisions, dues à la mauvaise exécution de la prestation ; que de telles clauses déséquilibrent significativement le contrat au détriment du consommateur ;

13. Considérant que des clauses organisent le recouvrement des impayés ; que ces clauses mettent à la charge du consommateur un certain nombre de frais autres que ceux résultants de l'application des textes légaux et réglementaires ; que ces frais doivent rester à la charge du créancier ; que de telles clauses sont illicites et, maintenues dans les contrats, sont abusives ;

14. Considérant qu'une clause mentionne que le non-paiement d'une facture à son échéance rend immédiatement exigibles toutes les autres factures même non encore échues ; qu'une telle clause, en ce qu'elle limite les possibilités offertes au consommateur d'opposer les exceptions liées à l'inexécution ou à la mauvaise exécution du contrat, crée un déséquilibre significatif au détriment du consommateur ;

15. Considérant qu'une clause fait attribution de compétence au tribunal du siège de l'entreprise, à l'exclusion de tout autre ; qu'une telle clause est réputée non écrite ; qu'étant illicite, cette clause, maintenue dans les contrats, est abusive ; considérant qu'une autre clause attribue compétence à un tribunal de commerce territorialement déterminé ; qu'une telle clause constitue, au regard des règles normales de compétence, une dérogation substantielle, dont le non-professionnel ou consommateur peut sous-estimer l'importance et contribue à déséquilibrer significativement le contrat ;

Recommande :

Que soient éliminées des contrats conclus entre professionnels et consommateurs les clauses ayant pour effet ou pour objet :

1. De prévoir lors de la signature du contrat un engagement immédiat et définitif du non-professionnel ou consommateur et un engagement éventuel du professionnel ;

2. De laisser croire au consommateur que le professionnel a la possibilité de modifier les conditions du contrat en raison d'une erreur fût-elle matérielle ;

3. De stipuler que la date d'exécution du service est donnée à titre indicatif ;

4. D'exclure ou de limiter le droit de résoudre le contrat ou de retarder le paiement en cas d'inexécution de la prestation ;

5. D'imposer au consommateur de vérifier l'exactitude des conseils, avis et études donnés par le professionnel ;

6. De prévoir le paiement par lettre de change avant l'exécution conforme de la prestation ;

7. De permettre au professionnel de mettre fin au contrat sans avertir le consommateur de son intention ou sur sa seule appréciation et sans dédommagement, ni prévoir la même faculté pour le consommateur ;

8. D'éteindre l'obligation du professionnel en cas de circonstances exceptionnelles indépendantes de sa volonté, alors même que celles-ci ne seraient pas constitutives de force majeure ;

9. D'obtenir du consommateur, à titre de pénalité contractuelle, le paiement de certaines fournitures et de différents frais d'un montant indéterminable aux termes du contrat ;

10. De laisser croire au consommateur qu'il n'a pas de possibilité de contestation après expiration du délai stipulé au contrat ;

11. D'interdire au consommateur de se prévaloir de l'exception d'inexécution pour refuser le paiement d'une prestation ;

12. D'exonérer le professionnel de toute responsabilité pour les dommages, mêmes qualifiés de « légers », résultant d'une mauvaise exécution des travaux ;

13. D'imposer au consommateur, en cas de défaut de paiement, des frais de recouvrement non judiciaires ;

14. De permettre au professionnel de réclamer, en cas de non-paiement d'une facture, le paiement d'autres factures non échues ;

15. De déroger aux règles légales relatives à la compétence des juridictions.

(Texte adopté le 27 novembre 2003 sur le rapport de Mme Nicole Nespoulous.)

Recommandation CCA n° 2004-03 du 27 mai 2004,

Relative aux contrats de prêt immobilier (BOCC 30 sept.).

La Commission des clauses abusives,

Considérant que les contrats proposés par les établissements de crédit ont conduit une association de consommateurs à saisir la commission des clauses abusives sur les clauses de variation de taux insérées dans les contrats de prêts immobiliers ; que la commission a décidé d'étendre sa saisine aux contrats de prêt immobilier dans leur entier ;

A. *Sur les obligations de l'emprunteur concernant le paiement de frais divers et sur le droit de visite du prêteur*

1. Considérant qu'un contrat stipule : « (...) A tout moment, le prêteur aura le droit d'accès à la propriété, afin de contrôler l'observation de cette clause, et l'emprunteur devra supporter les frais occasionnés par la visite des lieux. Tous les frais des présentes et leurs suites sont à la charge de l'emprunteur, de même que tous les frais occasionnés par la constitution et éventuellement le renouvellement des garanties (...) » ; qu'une telle clause, qui permet au prêteur de réclamer de façon discrétionnaire, sans avoir à en justifier la nécessité ou le montant, le remboursement de certains frais, est de nature à créer un déséquilibre significatif entre les droits et obligations des parties au sens de l'article L. 132-1 *[L. 212-1]* **du code de la consommation ;**

2. Considérant qu'en outre ce même contrat prévoit : « (...) A tout moment, le prêteur aura le droit d'accès à la propriété, afin de contrôler l'observation de cette clause (...) » ; qu'une telle clause, en ce qu'elle permet au prêteur de visiter à tout moment les biens financés sans préciser les modalités de ce droit de visite, apparaît contraire à l'article 9 du code civil, que, maintenue dans les contrats, cette clause est abusive ;

3. Considérant que :

– un contrat stipule : « (...) L'emprunteur s'oblige à rembourser au prêteur, avec intérêts au taux du prêt alors en vigueur à partir du jour de l'avance, tous les frais et débours qu'il plaira au prêteur de faire pour assurer la garantie et le remboursement des sommes dues, pour l'assurance contre l'incendie et autres risques et pour la conservation des biens financés en bon état, ainsi que pour la délivrance des pièces justificatives à cet égard (...). » ;

– un autre contrat prévoit qu'en cas de modification législative ou réglementaire de l'indice choisi pour le prêt, il est possible pour l'emprunteur de refuser le nouvel indice proposé par le prêteur et de saisir le juge qui ordonnera une période de négociations sous l'égide d'un observateur qu'il nommera ; il appartiendra alors à l'emprunteur de prendre à sa charge exclusive les frais de procédure et d'observateur ;

Que ces clauses, en ce qu'elles mettent à la charge exclusive de l'emprunteur différents frais de remboursement ou de procédure, contreviennent à l'article 32 de la loi du 9 juillet 1991 portant réforme des procédures civiles d'exécution *[C. pr. exéc., art. L. 111-8]*, **qu'elles sont illicites et que, maintenues dans les contrats, elles sont abusives ; qu'en outre, elles sont de nature à dissuader l'emprunteur d'engager une action en justice, en contredisant, notamment, pour la seconde d'entre elles, la possibilité offerte au juge par l'article 696 NCPC de mettre tout ou partie des dépens à la charge d'une autre partie que la perdante ;**

B. *Sur la variation du taux d'intérêt*

4. Considérant que, dans un contrat, une clause de variation optionnelle donne à l'emprunteur la possibilité de choisir les modalités de ses remboursements en cas de variation du taux d'intérêt, sans toutefois préciser la date à laquelle cette information doit être communiquée par le prêteur à l'emprunteur ; que ce dernier doit en revanche choisir l'une des options proposée par le prêteur dans le contrat dans un délai de dix jours ouvrés avant la date d'amortissement ou d'échéance du prêt ; qu'à défaut de réponse dans ce délai, le prêteur appliquera automatiquement l'option prévue par le contrat ; qu'une telle clause, qui n'impose pas au prêteur d'informer l'emprunteur avant une certaine date afin que ce dernier puisse exercer son choix en temps utile, apparaît de nature à créer un déséquilibre significatif entre les droits et obligations des parties au sens de l'article L. 132-1 *[L. 212-1]* du code de la consommation ;

5. Considérant qu'un autre contrat confère au prêteur la possibilité de réviser à la hausse ou à la baisse le taux des prêts accordés afin de lui permettre de remplir son objet social conformément à son statut de coopérative et au but non lucratif de son activité ; qu'en cas cependant de désaccord de l'emprunteur, la fixation du taux est alors laissée au président de la fédération, ce taux ainsi fixé s'appliquant jusqu'à sa révision suivante ; qu'une telle clause, qui laisse au seul prêteur le choix de la variation du taux ainsi que de son amplitude ou qui confère à son organe de direction un pouvoir de décision en cas de différend, crée un déséquilibre significatif au détriment du consommateur ;

C. *Sur la compensation*

6. Considérant que :

— certains contrats autorisent le prêteur à compenser, de plein droit, toutes sommes échues et toutes indemnités avec les sommes qu'il pourrait éventuellement devoir au consommateur à un titre quelconque, l'imputation s'effectuant suivant l'ordre choisi par le prêteur ; que ces contrats comportent également des clauses de domiciliation de revenus ;

— d'autres contrats prévoient qu'en cas de survenance de l'un quelconque des événements prévus dans le contrat, le prêteur pourra, notamment, compenser le solde du prêt avec tous les comptes que l'emprunteur ou l'un quelconque des emprunteurs possède auprès du prêteur, quelle que soit la qualification ou la classification attribuée à ces comptes ; que ces contrats comportent également une obligation de domiciliation des revenus ;

Que de telles clauses, qui ouvrent à la banque la faculté de faire jouer la compensation entre toutes les créances dues au titre du prêt qu'elle invoque et tous les comptes, y compris ceux à terme, de son client, même en présence d'une possibilité de contestation ultérieure, est susceptible de créer un déséquilibre significatif dans la relation contractuelle au détriment du consommateur ;

Que le déséquilibre significatif au sens de l'article L. 132-1 *[L. 212-1]* du code de la consommation, engendré par la clause de compensation, est renforcé par la clause de domiciliation des revenus ce qui ne peut que fragiliser davantage la situation de l'emprunteur, notamment à l'égard de ses autres créanciers ;

D. *Sur la domiciliation des revenus*

7. Considérant que :

— certaines clauses prévoient que l'emprunteur ouvrira obligatoirement un compte de dépôt à vue chez le prêteur et que ce dernier est autorisé de façon permanente à débiter le compte de l'emprunteur du montant des sommes exigibles ;

— d'autres clauses stipulent que l'emprunteur s'oblige à domicilier auprès du prêteur ses revenus, quelle que soit leur nature ou leur origine (salaire, pension, etc.), pendant toute la durée du prêt ;

Que le non-respect de ces clauses est sanctionné par la déchéance du terme et qu'en outre cette déchéance est encourue alors même que l'emprunteur aura toujours satisfait à ses remboursements, que de telles clauses peuvent apparaître déséquilibrées au sens de l'article L. 132-1 *[L. 212-1]* du code de la consommation ; qu'enfin, les clauses selon les-

quelles l'emprunteur est tenu, pendant toute la durée du prêt, de verser l'ensemble de ses revenus sur un même compte dans l'établissement du prêteur peuvent apparaître déséquilibrées si cette obligation n'est accompagnée d'aucune contrepartie individualisée au profit de l'emprunteur ;

E. *Sur les sommes dues par l'emprunteur en cas de défaillance*

8. Considérant qu'une clause prévoit qu'en cas de survenance d'un des cas de déchéance du terme prévu dans le contrat, le prêteur pourra, notamment, exiger le remboursement des frais taxables occasionnés par la défaillance des emprunteurs ; que cependant au terme de l'article L. 312-23 *[L. 313-49]* du code de la consommation, le prêteur peut demander le remboursement des frais taxables sur justification, lesquels lui auront été occasionnés par la défaillance de l'emprunteur à l'exclusion de tout remboursement forfaitaire de frais de recouvrement ; qu'en ne mentionnant pas cette information, cette clause laisse supposer que le prêteur peut réclamer le remboursement des frais taxables sans produire de justificatifs ;

F. *Sur l'exigibilité par anticipation*

9. Considérant que les clauses suivantes prévoient une exigibilité par anticipation de plein droit :

— si d'une manière générale, l'une des obligations prévues au contrat de prêt n'était pas observée ;

— si par exemple, les renseignements et documents de toute nature fournis par l'emprunteur ne sont pas conformes à la réalité et, en particulier, si les déclarations faites par l'emprunteur viennent à se révéler fausses ou inexactes ;

— en cas, notamment, de défaut de paiement à bonne date par l'emprunteur ou les cautions d'une somme due à quiconque, comme par exemple les charges de travaux de copropriété du bien donné, taxes, cotisations sociales et autres, de même en cas d'absence de réception des rémunérations ou revenus lorsque leur domiciliation a été exigée ;

Qu'en outre, certaines clauses prévoient que le prêteur n'aurait pas à faire prononcer en justice la déchéance du terme qui lui demeurerait acquise nonobstant tous paiements ou régularisations postérieurs à l'exigibilité prononcée ;

Que ces clauses qui autorisent la banque à exiger immédiatement la totalité des sommes dues, dès lors, notamment, que l'emprunteur n'a pas observé une quelconque obligation, même mineure, résultant du contrat de prêt ou que l'une quelconque des déclarations faites par l'emprunteur ont été reconnues fausses ou inexactes sont de nature à créer un déséquilibre significatif entre les droits et obligations des parties, dans la mesure où elles tendent à laisser penser que l'établissement de crédit dispose d'un pouvoir discrétionnaire pour apprécier, d'une part l'existence d'une inobservation commise par l'emprunteur et, d'autre part, une inexactitude dans les déclarations de l'emprunteur, et qu'au surplus, elles laissent croire que le consommateur ne peut recourir au juge pour contester le bien-fondé de cette déchéance, que ces clauses apparaissent significativement déséquilibrées ;

G. *Sur la compétence territoriale des tribunaux*

10. Considérant que quelques contrats font attribution de compétence au tribunal du siège du prêteur et que d'autres contrats prévoient que le prêteur pourra choisir entre les tribunaux du siège social de la banque, du lieu de situation de l'immeuble affecté en garantie, ou du domicile de l'emprunteur ; que de telles clauses sont illicites, que maintenues dans les contrats, ces clauses sont abusives,

Recommande que soient éliminées des contrats de prêt immobilier les clauses ayant pour objet ou pour effet :

1. D'obliger l'emprunteur à rembourser certains frais exposés de façon discrétionnaire par le prêteur sans en justifier la nécessité ou le montant ;

2. De permettre au prêteur de visiter à tout moment les biens financés sans préciser les modalités de ce droit de visite ;

3. De mettre à la charge exclusive de l'emprunteur les frais de recouvrement ou de procédure ;

4. De prévoir, en cas de variation du taux d'intérêt du prêt, soit à la hausse soit à la baisse, la possibilité pour l'emprunteur de modifier les modalités de ses remboursements en choisissant l'une des options proposées par le prêteur, à condition de respecter un certain délai pour exprimer ce choix, sans indiquer, la date à laquelle le prêteur devra communiquer à l'emprunteur toutes les informations utiles pour exercer son choix ;

5. De laisser au seul prêteur professionnel, fut-il une société coopérative, le choix de la variation du taux d'intérêt ainsi que de son amplitude ou de conférer à son organe de direction un pouvoir de décision en cas de différend ;

6. D'autoriser le prêteur à compenser une créance qu'il invoque relativement au prêt avec toutes sommes qu'il pourrait devoir à l'emprunteur, quand bien même les conditions de la compensation légale ne seraient pas réunies ;

7. D'obliger l'emprunteur, pendant toute la durée du prêt, à verser l'ensemble de ses revenus sur un même compte dans l'établissement prêteur, sous peine de déchéance du terme, alors même que l'emprunteur aura ponctuellement satisfait à ses remboursements et de ne prévoir aucune contrepartie individualisée à cette obligation au profit de l'emprunteur ;

8. De laisser croire que le prêteur peut réclamer le remboursement de frais taxables sans produire de justificatifs ;

9. De laisser croire que le prêteur peut prononcer la déchéance du terme en cas d'inobservation d'une quelconque obligation ou en cas de déclaration fausse ou inexacte relative à une demande de renseignements non essentiels à la conclusion du contrat, et sans que le consommateur puisse recourir au juge pour contester le bien-fondé de cette déchéance ;

10. De déroger aux règles légales de compétence territoriale.

(Texte adopté le 27 mai 2004 sur le rapport de Mme Corinne Solal.)

Recommandation CCA n° 2007-02 du 24 mai 2007,

Relative aux contrats de vente mobilière conclus par internet (BOCC 24 déc.).

La Commission des clauses abusives,

Considérant que, selon l'article 14 de la loi 21 juin 2004 pour la confiance dans l'économie numérique, le commerce électronique est défini comme étant l'activité économique par laquelle une personne propose ou assure à distance et par voie électronique la fourniture de biens ou de services ; que s'il présente pour le consommateur l'avantage de lui permettre l'accès depuis son domicile, au temps qu'il a choisi, à une gamme de produits et à un nombre de distributeurs jusque-là inégalés, et améliore ainsi sa liberté de choix, le commerce électronique n'est cependant pas sans risque pour l'acheteur qui, en particulier, choisit l'objet de la vente à travers un écran sans en avoir la maîtrise physique avant la livraison ; qu'il est en outre conduit à payer le vendeur avant la livraison et peut se trouver engagé par un contrat dont l'ensemble des termes n'a pas été porté à sa connaissance ; que le développement considérable de ce mode de commercialisation justifie une attention particulière pour la protection des consommateurs ;

Considérant que l'examen des modèles de convention habituellement proposés par des vendeurs professionnels de biens mobiliers à leurs cocontractants consommateurs a conduit à déceler des clauses dont le caractère abusif, au sens de l'article L. 132-1 *[L. 212-1]* du code de la consommation, peut être relevé ;

1° Considérant qu'il a été constaté que certaines clauses des conditions générales stipulent que leur sauvegarde et leur édition relèvent de la seule responsabilité du consommateur ; que de telles clauses, en ce qu'elles font peser la responsabilité de la conservation et de la reproduction des conditions contractuelles sur le seul consommateur et exonèrent le professionnel de toute obligation de ce chef, contreviennent aux dispositions des articles 1369-4 du code civil et L. 134-2 *[L. 213-1]* du code de la consommation et sont illicites ; que maintenues dans les contrats elles sont abusives en ce qu'elle peuvent avoir pour effet de priver le consommateur de la faculté d'invoquer le contenu du contrat ; qu'enfin des conditions générales prévoient qu'elles sont modifiables à tout moment sans préavis et sans préciser que seules celles en vigueur au moment de la conclusion du contrat seront opposables à l'acheteur ; qu'en laissant ainsi croire au consommateur qu'elles confèrent au professionnel le droit de modifier unilatéralement les conditions du contrat elles engendrent un déséquilibre significatif entre les droits et obligations des parties ;

2° Considérant que de nombreuses conditions générales de vente contiennent des clauses prévoyant qu'en cas de non-disponibilité du produit commandé le vendeur ne pourra en aucun cas voir sa responsabilité engagée ou que celui-ci se réserve le droit de ne pas traiter la commande se rapportant au produit indisponible ; que si une clause qui subordonne la validité de la vente à la disponibilité du produit commandé n'est pas, en soi, abusive, elle est, en revanche, de nature à créer un déséquilibre significatif au détriment du consommateur dès lors qu'elle est combinée avec une clause exonérant, dans tous les cas, le professionnel de sa responsabilité ;

3° Considérant que certaines conditions générales habituellement proposées aux consommateurs sont en contradiction avec les dispositions des articles L. 113-3 *[L. 112-1]* et L. 121-18 *[L. 221-8]* du code de la consommation, 2 et 14 de l'arrêté du 3 décembre 1987 modifié et 19, alinéa 8, de la loi du 21 juin 2004, soit qu'elles affranchissent le vendeur du respect du prix affiché en l'autorisant à le modifier unilatéralement, soit qu'elles dénient au consommateur toute information sur les frais de livraison ;

4° Considérant qu'un certain nombre de conditions générales de vente prévoient la possibilité pour le vendeur de refuser au consommateur, pour quelque raison que ce soit, la possibilité de confirmer l'acceptation de l'offre ; que ces clauses qui contreviennent à l'article L. 122-1 *[L. 121-11]* du code de la consommation sont illicites ; qu'introduites dans la relation contractuelle des parties elles sont abusives ; que d'autres clauses permettent au professionnel de se dégager d'un contrat définitivement conclu sans que la même faculté soit ouverte au consommateur ; que de telles clauses, qui contribuent à déséquilibrer significativement les obligations des parties au détriment du consommateur, sont abusives ;

5° Considérant que certaines clauses contractuelles dénient toute valeur à des conditions particulières qui seraient contraires aux conditions générales stipulées par le professionnel ; que de telles clauses, qui empêchent de donner effet à toute clause dérogatoire qui aurait pu être convenue entre les parties, ont pour conséquence de conférer au détriment du consommateur un déséquilibre significatif ;

6° Considérant que plusieurs contrats contiennent des clauses qui accordent une valeur probante irréfragable aux enregistrements électroniques réalisés sur des supports numériques dont seul le vendeur à la maîtrise ; que de telles clauses, qui laissent au seul professionnel la maîtrise de la preuve des engagements souscrits, sont abusives ; que, par ailleurs, diverses conditions générales confèrent à l'acceptation par « double clic » la même valeur qu'une signature électronique, sans autre précision, alors qu'un tel processus contractuel ne répond pas nécessairement aux exigences du décret du 30 mars 2001 relatif à la signature électronique, de telle sorte qu'en laissant croire au consommateur qu'il est présumé engagé par une signature ne répondant pas aux exigences légales, une telle stipulation est de nature à créer un déséquilibre significatif à son détriment ;

7° Considérant qu'il a été constaté que des conditions générales contenaient une clause de résiliation croisée qui entraîne la résiliation d'un contrat en raison de l'inexécution d'un autre contrat souscrit par le consommateur sans qu'il existe un lien de dépendance entre ces contrats ; qu'une telle clause, qui confère un avantage excessif au professionnel, est abusive ; qu'il en est de même de la clause qui reconnaît au professionnel une faculté de résiliation en cas d'inexécution d'obligations imprécises du consommateur ; qu'il est parfois aussi prévu de faire supporter par le seul consommateur les conséquences de l'utilisation frauduleuse de ses moyens de paiement, et ce, en violation des dispositions de l'article L. 132-4 du code monétaire et financier résultant de la loi n° 2001-1062 du 15 novembre 2001 relative à la sécurité quotidienne ;

8° Considérant que si toutes les conditions générales étudiées prévoient bien la faculté de rétractation du consommateur prévue à l'article L. 121-20 *[ancien]* du code de la consommation, nombreuses sont celles qui en subordonnent l'exercice à des formalités excessives, non justifiées au regard de la nature du bien et qui n'ont, manifestement, d'autre but que d'y faire obstacle ; que, certaines en subordonnent aussi l'exercice à l'obtention de l'accord du vendeur ou imposent une contrepartie financière ou des frais forfaitaires de retour ; que, dans certains cas, l'exercice du droit de rétraction est présenté non pas comme une règle légale mais comme une faculté offerte par l'acheteur au titre d'une garantie *« satisfait ou remboursé »*, en méconnaissance des dispositions de l'article L. 121-18 *[L. 221-8]* du code de la consommation ; que d'autres, encore, procèdent à une confusion entre le droit légal de retour et une faculté conventionnelle, laquelle est limitée à certains produits, soumise à des conditions de formes rigoureuses, subordonnée au recours à un numéro de téléphone payant ou sanctionnée par une retenue sur le prix de vente ; que de telles clauses, qui ont pour effet d'exclure ou de limiter les droits du consommateur reconnus par la loi, sont abusives, sauf en ce qu'elles permettent aux professionnels d'obtenir la restitution du bien dans des conditions qui assurent sa conservation ;

9° Considérant qu'un certain nombre de clauses figurant dans les conditions générales de vente habituellement proposées aux consommateurs ont pour effet de dispenser le vendeur de son obligation préalable d'information et de l'exonérer de toute responsabilité en cas de défaut de conformité par rapport à la présentation visuelle des biens sur son site de vente, ou subordonnent la garantie légale de conformité du consommateur à des conditions de forme et de délai excessives, manifestement destinées à en paralyser l'exercice ;

10° Considérant que certaines clauses des conditions générales reconnaissent au professionnel le droit de modifier l'objet de la commande en violation des dispositions de l'article R. 132-2 *[R. 212-2]* du code de la consommation ; que de telles clauses sont abusives ;

11° Considérant que des conditions générales stipulent que la date de livraison n'est donnée qu'à titre indicatif ; que de telles clauses, en ce qu'elles ne fixent pas de date limite à l'exécution de l'obligation du professionnel, induisent un déséquilibre significatif au détriment du consommateur et sont abusives ;

Considérant que des conditions générales contiennent aussi des clauses qui, en toute hypothèse, exonèrent le vendeur de toute responsabilité en cas de défaut ou de retard de livraison ou qui l'autorisent à se prévaloir de ce défaut ou de ce retard pour résilier le contrat sans indemnités ; que de telles clauses, qui engendrent un déséquilibré significatif au détriment du consommateur, doivent être considérées comme abusives ;

12° Considérant qu'il est fréquent qu'en violation de l'article L. 121-20-3 *[ancien]* du code de la consommation des conditions générales exonèrent le professionnel de sa responsabilité de plein droit, notamment en faisant peser sur le consommateur ou sur un tiers les risques de la livraison, en donnant de la force majeure une acception plus large que celle admise par la jurisprudence, en excluant certains préjudices du champ de sa responsabilité ou en subordonnant la mise en œuvre de sa responsabilité à des conditions de forme ou de délai destinées à paralyser l'action ; que, maintenues dans les contrats, elles sont abusives ;

13° Considérant qu'un certain nombre de conditions générales entretiennent une confusion entre les garanties contractuelle et légale en ne mentionnant pas l'existence de cette dernière ;

14° Considérant que, malgré leur prohibition à l'article 48 du nouveau code de procédure civile, les conditions générales de vente comprennent souvent des clauses d'attribution de compétence, en général en faveur du tribunal de commerce du siège du vendeur ; que des conditions générales contiennent une clause imposant au consommateur d'introduire toute action contre le vendeur dans un délai de six mois ; qu'enfin plusieurs conditions générales imposent au consommateur, en cas de litige, de recourir en priorité à une solution amiable ; que si ces dernières ne sont pas abusives en elles-mêmes dès lors qu'elles n'interdisent pas, en définitive, l'accès au juge, elles le deviennent lorsqu'elles ne rappellent pas que la recherche de la solution amiable n'interrompt pas la durée de la garantie contractuelle et ne stipulent pas qu'elles interrompent les délais pour agir ;

15° Considérant que certaines conditions générales imposent au consommateur l'adhésion à une assurance couvrant les dommages causés lors du transport alors que, selon l'article L. 121-20-3 *[ancien]* du code de la consommation, le vendeur est responsable de plein droit à l'égard du consommateur de la bonne exécution de ses obligations ;

16° Considérant que plusieurs conditions générales confèrent au vendeur le droit de communiquer à des tiers, dont l'identité n'est pas précisée, les données nominatives concernant ses clients afin qu'il puisse leur adresser une prospection directe ; qu'en laissant ainsi croire que le consommateur a consenti de façon générale à la diffusion de ses données personnelles en vue d'une prospection directe par voie électronique, une telle stipulation emporte un déséquilibre significatif à son détriment,

Par ces motifs, la Commission des clauses abusives recommande :

1. Que soient éliminées les clauses :

– imposant au consommateur la charge de la conservation et de la reproduction des conditions contractuelles et exonérant le professionnel de toute obligation de ce chef ;

– laissant croire au consommateur que lui seraient opposables des modifications unilatérales des conditions générales intervenues postérieurement à la conclusion du contrat ;

2. Que soient éliminées dans les contrats de commerce électronique les clauses ayant pour objet ou pour effet de dispenser le professionnel de son obligation de livraison d'un bien proposé publiquement à la vente en raison de son indisponibilité lorsqu'il est par ailleurs prévu que le vendeur ne pourra en aucun cas voir sa responsabilité engagée de ce chef ;

3. Que soient éliminées dans les contrats de commerce électronique les clauses ayant pour objet ou pour effet :

– de conférer au professionnel le droit de modifier unilatéralement le prix ;

– de conférer au professionnel le droit d'ajouter unilatéralement le coût d'une livraison qui n'a pas été contractuellement fixé ;

4. Que soient éliminées dans les contrats de commerce électronique les clauses ayant pour objet ou pour effet :

– de permettre au professionnel de refuser, pour quelque raison que ce soit, au consommateur la possibilité de confirmer l'acceptation de l'offre ;

– de permettre au professionnel de se dégager d'un contrat définitivement conclu sans que la même faculté ne soit offerte au consommateur ;

5. Que soient éliminées dans les contrats de commerce électronique les clauses ayant pour objet ou pour effet de rendre inopposables toutes conditions particulières convenues qui seraient contraires aux conditions générales stipulées par le professionnel ;

6. Que soient éliminées dans les contrats de commerce électronique les clauses ayant pour objet ou pour effet :

– d'accorder une valeur probante irréfragable aux enregistrements électroniques réalisés sur des supports numériques dont seul le vendeur professionnel a la maîtrise ;

– de faire croire au consommateur qu'un dispositif d'acceptation par double clic pourrait avoir la valeur d'une signature électronique alors qu'il ne remplit pas les conditions prévues à l'article 1316-4 *[1367]*, second alinéa, du code civil et au décret n° 2001-272 du 30 mars 2001 ;

7. Que soient éliminées dans les contrats de commerce électronique les clauses ayant pour objet ou pour effet :

– d'accorder au professionnel la faculté de résilier le contrat pour cause d'inexécution d'un autre contrat souscrit par le consommateur sans qu'il existe un lien de dépendance entre ces deux contrats, ou pour inexécution d'obligations imprécises du consommateur ;

– de faire supporter exclusivement par le consommateur les conséquences de l'utilisation frauduleuse de ses moyens de paiement ;

8. Que soient éliminées dans les contrats de commerce électronique les clauses ayant pour objet ou pour effet :

– de faire croire que l'exercice par le consommateur de son droit de rétractation prévu à l'article L. 121-20 *[ancien]* du code de la consommation est subordonné à d'autres conditions que celles prévues par la loi ;

– de soumettre l'exercice du droit de rétractation à des modalités pratiques non justifiées par la nécessité d'assurer la protection du bien restitué ;

9. Que soient éliminées dans les contrats de commerce électronique les clauses ayant pour objet ou pour effet :

– de faire croire que l'exercice par le consommateur de son action en délivrance conforme est subordonné à d'autres conditions que celles prévues par la loi ;

– d'exonérer le vendeur de son obligation de délivrance conforme ;

10. Que soient éliminées dans les contrats de commerce électronique les clauses ayant pour objet ou pour effet de faire croire que le professionnel est en droit de modifier unilatéralement les caractéristiques du bien à livrer ou du service à rendre ;

11. Que soient éliminées les clauses ayant pour effet ou pour objet :
— de stipuler que la date de livraison de la chose n'est donnée qu'à titre indicatif ;
— d'exonérer en toute hypothèse le professionnel de sa responsabilité en cas d'inexécution ou d'exécution tardive de son obligation de livraison ;
— de conférer au professionnel le droit de se prévaloir en toute hypothèse de l'inexécution ou de l'exécution tardive de sa propre obligation pour résoudre le contrat ;

12. Que soient éliminées les clauses ayant pour effet ou pour objet de faire croire au consommateur :
— qu'il ne peut rechercher la responsabilité du professionnel en cas d'inexécution ou d'exécution défectueuse, partielle ou tardive de ses obligations ou de celles des prestataires auxquels il a recouru ;
— qu'il ne peut engager la responsabilité du professionnel s'il n'a pas respecté certaines obligations de forme ou de délai imposées par le contrat et de nature à faire échec à la responsabilité de plein droit prévue par la loi ;

13. Que soient éliminées les clauses opérant une confusion apparente entre les garanties légale et conventionnelle, laissant croire que le jeu de la garantie légale serait subordonné aux conditions du contrat ;

14. Que soient éliminées les clauses ayant pour effet ou pour objet :
— de déroger aux règles de compétence territoriale ou d'attribution des juridictions ;
— d'interdire au consommateur d'agir contre le professionnel à l'expiration d'un délai qui ne résulte pas de la loi ;
— de prévoir que le professionnel ou le consommateur est tenu, en cas de litige, de rechercher préalablement une solution amiable sans rappeler que la recherche de la solution amiable n'interrompt pas les délais pour agir en garantie ;

15. Que soient éliminées les clauses ayant pour objet ou pour effet d'imposer au consommateur la souscription d'une assurance couvrant les dommages causés lors du transport ;

16. Que soient éliminées les clauses ayant pour objet ou pour effet de réputer donné le consentement du consommateur à la diffusion à tout partenaire non identifié de son vendeur de ses données personnelles en vue de lui adresser une prospection directe par voie électronique.

(Texte adopté le 24 mai 2007 sur le rapport de M. Vincent Vigneau.)

Recommandation CCA n° 2011-01 du 15 septembre 2011,

Relative aux contrats de syndic de copropriété (BOCC 26 avr. 2012).

V. aussi Recomm. CCA n° 96-01 du 17 nov. 1995, supra.

BIBL. ▶ Commission des clauses abusives, *D. 2011. 2664* (clauses abusives dans les contrats de syndic). – LAPORTE, *AJDI 2012. 255* (honoraires de l'état daté et clauses abusives). – SAUPHANOR-BROUILLAUD, *RDC 2012. 491* (présentation générale). – CAPOULADE, *Administrer nov. 2012. 11* (clauses abusives dans le mandat du syndic).

La Commission des clauses abusives,

Considérant que le quart des logements français est organisé en copropriété ; que les copropriétés sont gérées par des syndics, majoritairement professionnels ;

Considérant que ces syndics proposent des contrats de mandat aux copropriétaires consommateurs réunis en syndicats ;

Considérant que les syndicats de copropriétaires, dotés de la personnalité morale, bénéficient de la protection accordée par la loi aux consommateurs et aux non-professionnels ;

Considérant que la commission constate qu'en dépit des dispostions de l'arrêté du 2 décembre 1986 modifié, la présentation des contrats étudiés rend difficile la délimitation entre prestations particulières et prestations de gestion courante, ce qui fait obstacle à la comparaison par le consommateur des tarifs proposés par les syndics ;

Considérant que ces documents contractuels contiennent des clauses dont le caractère abusif au sens de l'article L. 132-1 *[L. 212-1]* du code de la consommation peut être relevé ;

I. Clauses relatives à la formation et [à] la révocation du contrat

1. Considérant que certains contrats de syndics de copropriété sont conclus pour une durée ne correspondant pas à celle résultant des dates calendaires qui y figurent; que ces clauses conduisent à un déséquilibre significatif pour le consommateur ou le non-professionnel qui ne connaît pas la durée réelle de son engagement;

2. Considérant que l'article 18 de la loi du 10 juillet 1965 modifiée *[nº 65-557, fixant le statut de la copropriété des immeubles bâtis]* prévoit le principe de l'ouverture d'un compte bancaire ou postal au nom du syndicat, sur lequel sont versées sans délai toutes les sommes ou valeurs reçues au nom ou pour le compte du syndicat et que l'assemblée générale peut en décider autrement à la majorité requise par les articles 25 et 25-1 ; qu'un nombre important de contrats indique un prix de forfait annuel de gestion courante sur la base de la gestion d'un compte bancaire unique pour l'ensemble du cabinet de syndic ; que certains de ces mêmes contrats prévoient au titre des prestations particulières rémunérées distinctement l'ouverture d'un compte bancaire séparé pour le syndicat; que les autres stipulent un coût de forfait annuel plus élevé en cas d'ouverture d'un compte séparé ; que ces deux types de clauses sont abusifs en ce que, d'une part, ils laissent croire aux syndicats des copropriétaires que le principe est celui de l'ouverture d'un compte unique alors que la loi prévoit le contraire, d'autre part, en ce qu'ils font apparaître au titre des prestations particulières, rémunérées distinctement, l'ouverture d'un compte séparé alors que celle-ci doit figurer au titre des prestations courantes;

3. Considérant que des contrats prévoient que lorsque le syndic est mandaté pour la location d'une partie commune, les honoraires seront ceux affichés en agence; que ces clauses, qui laissent au professionnel le droit de modifier unilatéralement les prix du service à rendre, par un simple changement d'affichage, sont présumées de manière irréfragable abusives en vertu de l'article R. 132-1 *[R. 212-1]*, 3°, du code de la consommation;

4. Considérant qu'un nombre important de contrats de syndic impose des modalités de résolution ou de résiliation plus rigoureuses pour le consommateur ou le non-professionnel que pour le professionnel; que, selon l'article R. 132-2 *[R. 212-2]* du code de la consommation, sont présumées abusives les clauses soumettant la résiliation du contrat à des conditions ou modalités plus rigoureuses pour le consommateur ou non-professionnel que pour le professionnel;

5. Considérant que certains contrats de syndics de copropriété proposent des prestations sans en mentionner le prix ou leur mode de calcul; que cette présentation ne permet pas au consommateur ou *[au]* non-professionnel, d'avoir connaissance du prix à payer pour ces prestations et empêche une comparaison efficace avec les autres contrats de syndic, ce qui est de nature à déséquilibrer significativement le contrat au détriment du syndicat des copropriétaires;

6. Considérant que certains contrats n'opèrent pas une distinction stricte dans leur présentation entre les prestations de gestion courante, dont le prix est inclus dans le forfait annuel, et les prestations variables facturées séparément; que cette présentation ne permet pas au consommateur ou non-professionnel de connaître aisément les prestations incluses dans le forfait annuel et, par suite, rend difficile une comparaison efficace avec les autres contrats de syndic, ce qui crée un déséquilibre significatif entre les droits et les obligations des parties au contrat au détriment du syndicat des copropriétaires;

II. Clauses relatives au contenu et à l'exécution du contrat

A. *Clauses illicites*

1. *Clauses contrevenantes à des dispositions légales et/ou réglementaires*

7. Considérant qu'il résulte de l'article 35-1 du décret du 17 mars 1967 *[nº 67-223, pris pour l'application de la loi du 10 juill. 1965]* que l'assemblée générale des copropriétaires décide, s'il y a lieu, du placement des fonds recueillis et de l'affectation des intérêts produits par ce placement; que certains contrats prévoient qu'en cas de gestion financière par le biais d'un compte unique ouvert au nom du syndic, les profits éventuels de ce compte seront versés automatiquement à ce dernier, sans qu'il y ait lieu à un vote spécial de

l'assemblée générale sur l'affectation des intérêts ; que ces clauses sont illicites au regard du texte précité en ce qu'elles se substituent à une décision de l'assemblée générale ; que, maintenues dans un contrat, elles sont abusives ;

8. Considérant que certains contrats mentionnent la possibilité pour le syndic de mener une activité de courtage pour la conclusion de toute convention, en qualité de mandataire du syndicat des copropriétaires ; que ces clauses sont illicites au regard de l'article 39 du décret du 17 mars 1967 qui impose, pour toute convention conclue entre le syndic et le syndicat, une autorisation spéciale de l'assemblée générale des copropriétaires ; qu'en outre, tendant à laisser croire que cette autorisation spéciale a été accordée lors de la désignation du syndic, elles créent un déséquilibre significatif entre les droits et obligations des parties au détriment du consommateur ou non-professionnel et sont abusives ;

9. Considérant que des contrats imposent, pour des prestations ne relevant pas du contrat de syndic (location d'une partie commune, gestion des travaux en tant que maître d'œuvre), que le syndic soit mandaté de plein droit pour ces prestations, alors que l'article 39 du décret du 17 mars 1967 dispose que toute convention conclut *[conclue]* entre le syndic et le syndicat des copropriétaires doit être expressément autorisée par une décision de l'assemblée générale ; que ces clauses sont illicites et, maintenues dans un contrat, abusives ;

10. Considérant que certains contrats prévoient la rémunération du syndic dans le cas d'une déclaration de sinistre concernant les parties communes, alors qu'il s'agit, selon l'arrêté du 19 mars 2010 modifiant l'arrêté du 2 décembre 1986 *[nº 86-63 A, relatif aux mesures de publicité des prix applicables dans certains secteurs professionnels ; V. ce texte, vº Prix (publicité)]*, d'une prestation de gestion courante ; que ces clauses sont illicites et, maintenues dans un contrat, abusives ;

11. Considérant que certains contrats prévoient la possibilité pour le syndic de se faire rémunérer, à titre de prestation particulière, pour le suivi de travaux, sans préciser la nature des travaux concernés, alors que l'article 18-1 de la loi du 10 juillet 1965 prévoit cette faculté uniquement dans le cas de travaux figurant dans la liste limitative prévue par l'article 14-2 de la même loi et que l'article 44 du décret du 17 mars 1967 pris en application de ce texte exclut, par principe, toute rémunération du syndic concernant les travaux de maintenance de parties communes ou d'équipements ; que ces clauses stipulant une rémunération particulière du syndic en dehors des travaux limitativement énumérés par la loi sont illicites et, maintenues dans un contrat, abusives ;

12. Considérant que certains contrats imposent la rémunération de "prestations exceptionnelles non répertoriées", alors que l'arrêté du 19 mars 2010 modifiant l'arrêté du 2 décembre 1986 *[V. ce texte, vº Prix (publicité)]* énonce que toute prestation particulière doit figurer explicitement dans le contrat en tant que telle et que le contenu des prestations particulières doit être défini avec précision dans les rubriques correspondantes ; qu'ainsi, les clauses prévoyant des prestations exceptionnelles sans en définir le contenu, contreviennent aux dispositions réglementaires et sont illicites ; que, maintenues dans un contrat, elles sont abusives ;

13. Considérant que plusieurs contrats scindent des prestations de gestion courante prévues dans l'arrêté du 19 mars 2010 modifiant l'arrêté du 2 décembre 1986 *[V. ce texte, vº Prix (publicité)]*, telles que l'établissement et la mise à jour du carnet d'entretien, en plusieurs prestations particulières du type "création du carnet d'entretien", "tenue du carnet d'entretien de l'immeuble" ; qu'ainsi, le syndic peut être rémunéré de manière particulière pour des prestations de gestion courante ; que de telles clauses sont illicites ; que, maintenues dans un contrat, elles sont abusives ;

14. Considérant qu'un nombre très important de contrats indique, dans le cas de travaux autres que ceux d'entretien et de maintenance, dont la liste est fixée à l'article 44 du décret du 17 mars 1967, que la rémunération du syndic sera constituée par un montant minimum ou un pourcentage du montant de ces travaux, alors que l'article 18-1 A de la loi du 10 juillet 1965 prévoit, en pareil cas, que les honoraires du syndic sont votés lors de l'assemblée générale autorisant les travaux ; que ces clauses laissent croire qu'en ce cas, la rémunération du syndic peut être fixée par avance dans le contrat au lieu d'être votée en assemblée générale ; que ces clauses sont illicites au regard du texte susvisé et, maintenues dans un contrat, abusives ;

2. *Clauses relatives aux prestations particulières redondantes par rapport à des prestations de gestion courante*

15. Considérant que certains contrats prévoient la rémunération particulière du syndic au titre de prestations de gestion courante énumérées par l'arrêté du 2 décembre 1986 modifié *[V. ce texte, v° Prix (publicité)]* **;**

Qu'il en est ainsi :

— des appels d'offres, d'étude de devis et de mise en concurrence y compris lorsque celle-ci est obligatoire au regard du décret du 17 mars 1967,

— des prestations de gestion courante confiées par le syndic à des tiers,

— de la présence du syndic aux assemblées générales ou aux conseils syndicaux, ne précisant pas que ne sont pas concernés l'assemblée générale annuelle et le conseil syndical la précédant,

— de la "remise au syndic successeur, de la totalité des fonds, de l'état des comptes des copropriétaires et des comptes du syndicat", de "gestion de comptes" et de "transmission des archives au syndic successeur",

— de l'établissement des diagnostics ne précisant pas que seuls les diagnostics non obligatoires ou relatifs à un copropriétaire sont concernés,

— de l'ouverture du dossier et du compte du nouveau propriétaire lors de la cession d'un lot,

— de l'acquisition de fournitures indispensables à la réalisation de prestations relevant de la gestion courante (registre d'assemblée, imprimés obligatoires, carnet d'entretien et livres) ;

Que ces clauses sont illicites au regard de l'arrêté du 2 décembre 1986 modifié *[V. ce texte, v° Prix (publicité)]* **et, maintenues dans un contrat, abusives ;**

B. *Clauses relatives à des prestations particulières redondantes par rapport à d'autres prestations particulières*

16. Considérant que certains contrats prévoient une prestation particulière consistant à notifier les travaux nécessitant l'accès aux parties privatives ; qu'il s'agit d'une obligation pour le syndic prévue à l'article 9 de la loi du 10 juillet 1965 ; qu'il résulte de l'arrêté du 2 décembre 1986 modifié *[V. ce texte, v° Prix (publicité)]* **que la gestion des travaux de maintenance et d'entretien est incluse dans le forfait annuel et que la gestion administrative des autres travaux est une prestation particulière ; qu'ainsi, cette clause est abusive en ce qu'elle permet au syndic de se faire rémunérer pour une prestation comprise dans une prestation déjé rémunérée ;**

17. Considérant que certains contrats énumèrent, au titre des prestations particulières, des rubriques susceptibles de permettre deux fois la rémunération d'une même prestation, telles que "suivi de la procédure contentieuse" et "clôture du compte contentieux", ainsi que "renseignements aux administrations" et "contrôle URSSAF" ou "inspection du travail" ; que ces clauses créent un déséquilibre significatif entre les droits et les obligations des parties au contrat au détriment du syndicat des copropriétaires ;

18. Considérant que certains contrats mentionnent une prestation "indication des charges récupérables" imputable au syndicat ; que cette clause qui met à la charge du syndicat des copropriétaires une prestation qui ne lui incombe pas, dès lors qu'elle ne profite qu'au seul copropriétaire concerné, crée un déséquilibre significatif entre les droits et obligations des parties au détriment du syndicat des copropriétaires ;

19. Considérant que certains contrats mentionnent des honoraires, des frais de correspondance, des frais administratifs en plus des frais de tirage, d'affranchissement et d'acheminements pour les activités de productions de documents, sans indiquer en quoi elles se distinguent de prestations déjà rémunérées au titre de la gestion courante ou de prestations particulières ; que ces clauses sont abusives en ce qu'elles permettent au professionnel de facturer deux fois la même prestation ;

C. *Clauses manquant de clarté*

20. Considérant que certains contrats permettent de faire peser sur le syndicat, des frais engagés au profit des copropriétaires bailleurs ; que de telles clauses sont abusives ;

21. Considérant que certains contrats prévoient la même prestation particulière de tenue d'assemblée générale extraordinaire, en indiquant soit un mode de rémunération à la vacation, soit un droit proportionnel par lot principal; que de telles clauses, qui réservent au seul professionnel le choix de son mode de rémunération, sont abusives;

22. Considérant que des contrats précisent que le compte unique permettra d'assurer une garantie financière aux sommes versées ou qu'il permettra de disposer de la situation de la trésorerie et du détail des recettes et des dépenses, sans préciser que le compte séparé offre les mêmes garanties et services, alors que la garantie et la délivrance de ces informations sont obligatoires, respectivement en application de la loi du 2 janvier 1970 *[n° 70-9, réglementant les conditions d'exercice des activités relatives à certaines opérations portant sur des immeubles et les fonds de commerce]* et du décret du 17 mars 1967; que cette présentation laisse croire qu'un compte séparé ne permettrait pas de bénéficier des mêmes prestations, ce qui est de nature à créer un déséquilibre significatif entre les droits et les obligations des parties au contrat au détriment du syndicat des copropriétaires;

23. Considérant que les clauses de certains contrats mentionnent, en prestation particulière, "la gestion des comptes à terme", "le suivi des placements de fonds"; que l'imprécision de ces termes ne permet pas de savoir si ces prestations sont incluses ou non dans "l'état financier du syndicat des copropriétaires" qui est une prestation intégrée dans la liste *a minima* des prestations de gestion courante fixée par l'arrêté du 2 décembre 1986 modifié *[V. ce texte, v° Prix (publicité)]*; qu'en conséquence, le manque de clarté de ces clauses crée un déséquilibre significatif entre les droits et les obligations des parties au contrat au détriment du syndicat des copropriétaires;

24. Considérant que les contrats conclus entre le syndic et le syndicat des copropriétaires comportent des clauses prétendant créer des obligations à la charge des copropriétaires individuellement considérés; que de telles clauses, qui portent atteinte à l'effet relatif du contrat et laissent croire à chaque copropriétaire qu'il est engagé par le contrat de syndic, sont abusives; qu'il en va ainsi, notamment, des clauses relatives:

— à l'établissement de l'état daté,
— aux frais en cas de vente non réalisée,
— à la facturation au vendeur de l'envoi du livret d'accueil du nouveau copropriétaire,
— à la gestion de travaux dans des parties privatives,
— à l'accès par internet à la page personnelle du compte du copropriétaire,
— à la facturation au copropriétaire d'une commission pour la recherche d'un prêt ou l'obtention d'une subvention qu'il souscrit,
— à l'aide aux déclarations fiscales,
— à la mise en place d'un échéancier de paiement,
— à l'établissement d'un protocole d'accord pour règlement de la dette,
— à l'établissement d'un décompte détaillé des charges locatives,
— à l'établissement des attestations de travaux;

Recommande que soient éliminées des contrats les clauses ayant pour objet ou pour effet:

1. d'indiquer une durée de contrat ne correspondant pas aux dates d'effet et d'échéance mentionnées dans celui-ci;

2. de présenter l'ouverture d'un compte bancaire ou postal unique comme le principe et l'ouverture d'un compte séparé comme une prestation non comprise dans le forfait annuel;

3. de permettre au syndic la fixation unilatérale des honoraires de gestion locative d'une partie commune;

4. de rendre plus difficile la révocation du contrat de syndic de copropriété à l'initiative du consommateur ou *[du]* non-professionnel, qu'à celle du syndic;

5. de laisser le consommateur ou le non-professionnel dans l'ignorance du prix ou du mode de calcul du prix de certaines prestations;

6. d'inclure, sous la rubrique du contrat relative aux prestations de gestion courante, l'énumération de prestations facturées en sus du forfait annuel;

7. de décider du placement des fonds recueillis et de l'affectation des intérêts produits sans vote exprès de l'assemblée générale;

8. de prévoir dans le contrat que le syndic pourra agir en qualité de courtier, sans délibération spéciale de l'assemblée générale à ce sujet ;

9. de mandater le syndic pour des prestations ne relevant pas de ses fonctions de syndic, sans autorisation préalable de l'assemblée générale ;

10. de prévoir une rémunération particulière du syndic dans le cas d'une déclaration de sinistre concernant les parties communes ;

11. de prévoir la rémunération du syndic à titre de prestation particulière pour le suivi de travaux sans préciser la nature de ceux-ci ;

12. de prévoir la rémunération particulière de prestations exceptionnelles non définies dans le contrat ;

13. de scinder des prestations de gestion courante en plusieurs prestations afin de permettre une rémunération au titre des prestations particulières ;

14. de fixer dans le contrat le montant des honoraires du syndic, au titre de travaux autres que d'entretien et de maintenance dont la liste est énoncée à l'article 44 du décret du 17 mars 1967 ;

15. de prévoir une rémunération particulière pour une prestation de gestion courante énumérée par l'arrêté du 2 décembre 1986 modifié ;

16. de facturer la notification des travaux nécessitant l'accès aux parties privatives, prestation déjà rémunérée au titre de la gestion de ces travaux ;

17. d'offrir la possibilité de rémunérer deux fois une même prestation ;

18. de mettre à la charge du syndicat des copropriétaires une prestation qui ne lui est pas imputable ;

19. de permettre au professionnel de facturer deux fois la même prestation ;

20. de faire supporter au syndicat des copropriétaires le prix d'une prestation réalisée au profit de copropriétaires bailleurs ;

21. de permettre au seul professionnel d'opter pour l'un des modes de rémunération prévus au contrat ;

22. de présenter le compte unique comme le seul compte permettant de bénéficier de la garantie financière et de la délivrance d'informations imposées légalement ;

23. de mentionner des prestations particulières dont la définition n'est pas précise et ne permet pas de déterminer si elles sont ou non incluses dans une prestation de gestion courante, offrant ainsi la possibilité de rémunérer deux fois la même prestation ;

24. de faire figurer dans le contrat de syndic des frais, des prestations ou une rémunération qui ne concernent que les relations entre le syndic et un copropriétaire et qui ne sont donc pas opposables à ce dernier, qui n'est pas partie au contrat.

(Recommandation adoptée le 15 septembre 2011 sur le rapport de Mme Raphaëlle Petit-Macur.)

Recommandation CCA n° 2012-01 du 15 mars 2012,

Relative aux contrats de services à la personne (BOCC 18 mai 2012).

BIBL. ▶ SAUPHANOR-BROUILLAUD, *RDC 2013. 153* (présentation générale).

La Commission des clauses abusives,

Considérant que les activités de services à la personne sont très diverses et ont en commun leur lieu d'exercice, le domicile du client ; que la liste des activités concernées est fixée à l'article L. 7232-1 du code du travail (services de la famille : garde d'enfants à domicile, cours de soutien scolaire, assistance informatique et Internet ; services de la vie quotidienne : travaux ménagers, travaux de jardinage, services aux personnes âgées, handicapées ou dépendantes) ; que les contrats de soutien scolaire font également l'objet de la recommandation n° 10-01 *[V. v° Enseignement et formation]* **;**

Considérant que deux types de contrats sont habituellement proposés par les professionnels à leurs cocontractants non professionnels ou consommateurs dans le secteur des services à la personne : les contrats de prestations de services dits "en mode prestataire" (I) et les contrats de mandat dits en « mode mandataire » (II) ; que les clauses de nature à créer un déséquilibre significatif dans les relations entre professionnels et non-professionnels ou consommateurs au détriment de ceux-ci sont soit des clauses propres à chaque type de contrat (I et II), soit des clauses communes aux deux types de contrats (III) ;

Considérant que plusieurs contrats ayant pour objet la mise à disposition de personnel ne précisent pas clairement les droits et obligations du consommateur ou non-professionnel à l'égard de l'intervenant, sur lequel il exerce pourtant un rôle d'encadrement ;

Considérant que les contrats de services à la personne en « mode mandataire » portent sur le placement de personnel auprès de personnes physiques employeurs ainsi que pour le compte de ces derniers l'accomplissement des formalités administratives et des déclarations sociales et fiscales liées à l'emploi de ce personnel ; que certains de ces contrats informent insuffisamment le consommateur de sa qualité d'employeur ;

I. Considérant que les contrats en « mode prestataire » sont des contrats par lesquels le professionnel s'engage à fournir une prestation de services exécutée par un intervenant dont il reste l'employeur (A) ou une mise à disposition à titre onéreux d'une personne physique au moyen d'une convention (B)

A. *Prestation de services exécutée par un intervenant dont le professionnel reste l'employeur*

1°) Considérant qu'une clause stipule « (...) Les mineurs non émancipés disposent d'une capacité résiduelle pour les actes que l'usage les autorise à accomplir en raison de leur caractère modeste. Au vu du montant des prestations proposées par X, celles-ci conservent ledit caractère modeste. Par conséquent, toute demande d'intervention faite sans autorisation des parents ou d'un tuteur légal sera présumée jugée par ses parents ou son tuteur légal comme ne dépassant pas ce caractère modeste. Dans le cas d'une intervention plus lourde les parents ou un tuteur légal devront délivrer une autorisation, faute de quoi leur responsabilité serait engagée. » ; que cette clause est abusive en ce qu'elle a pour objet d'engager financièrement, dans tous les cas, le consommateur, parent ou tuteur légal, pour les prestations sollicitées par le mineur non émancipé ;

2°) Considérant que certaines clauses autorisent le professionnel à modifier, en cours d'exécution du contrat, le prix de la prestation, sans préavis et sans réserver au consommateur ou non-professionnel la faculté de résilier le contrat ; qu'il s'agit notamment de clauses stipulant que « les prix peuvent être modifiés par l'entreprise sans préavis, sous réserve d'en informer le client », ou encore « Lors des révisions de tarifs, le nouveau tarif s'appliquera et le client en sera avisé, au préalable, par lettre simple » ; que de telles clauses, qui sont de nature à permettre une modification unilatérale du contrat en dehors des cas prévus par l'article R. 132-2-1, IV *[R. 212-2]* du code de la consommation, sont présumées abusives de manière irréfragable, au sens de l'article R. 132-1, 3° *[R. 212-1]* de ce code ;

3°) Considérant que certains contrats prévoient que le professionnel est, pour toutes les obligations prévues à sa charge, tenu d'une obligation de moyens et non de résultat, que d'autres prévoient que dans l'hypothèse où le professionnel serait dans l'impossibilité d'effectuer la prestation pour une raison non imputable au client, celle-ci ne donnera lieu à aucun dédommagement, que d'autres clauses prévoient que :

— « l'indemnisation du préjudice total sera limitée au préjudice direct subi par le client sans pouvoir dépasser le montant des sommes qui lui auront été facturées au titre du contrat » ;

— « le client s'engage tant en son nom que par celui de ses assureurs à renoncer à tout recours à l'encontre du prestataire au-delà des garanties fixées par l'attestation d'assurance délivrée par la compagnie » ;

que de telles clauses sont abusives au sens du 6° de l'article R. 132-1 *[R. 212-1]* du code de la consommation, en ce qu'elles tendent à limiter le droit à réparation du consommateur ou du non-professionnel en cas de manquement du professionnel à ses obligations ;

4°) Considérant que certains contrats prévoient que « la prestation sera due et facturée en cas de non-exécution de la prestation du fait du client pour quelque raison que ce soit », que cette clause est, par sa généralité, abusive en ce qu'elle ne réserve pas l'hypothèse des motifs légitimes que pourrait invoquer le consommateur ou le non-professionnel ;

5°) Considérant que certains contrats imposent un mode unique de règlement par prélèvement bancaire automatique ; que cette clause est abusive en ce qu'elle limite indûment la liberté de choix du moyen de paiement du non-professionnel ou du consommateur ;

6°) Considérant qu'un contrat prévoit qu'en cas de décès du client, « le contrat est résilié sur présentation du certificat de décès et que le mois en cours sera dû par le représentant du client même en l'absence d'intervention » ; que cette clause est abusive en ce qu'elle permet au professionnel de facturer des sommes au titre d'un contrat résilié par l'effet du décès du consommateur, au titre de prestations n'ayant pas été réalisées ;

7°) Considérant que plusieurs contrats stipulent que « tout événement indépendant de la volonté de la société et faisant obstacle à son fonctionnement normal est considéré comme un cas de force majeure » ; que de telles clauses sont abusives en ce qu'elles donnent une définition de la force majeure plus large qu'en droit commun ;

8°) Considérant que de nombreux contrats interdisent au client, sauf autorisation expresse du prestataire, d'employer de manière directe ou indirecte tout salarié que lui a proposé la société pour effectuer des prestations à son domicile ; que de telles clauses sont abusives en ce qu'elles laissent croire au consommateur ou au non-professionnel qu'il est indéfiniment tenu par l'interdiction d'embaucher le salarié qui lui a été présenté par le prestataire ;

9°) Considérant que plusieurs contrats prévoient qu'en « cas d'action judiciaire ou toute autre action en recouvrement de créances engagée par le professionnel, les frais de sommation, de justice ainsi que d'honoraires d'avocat et d'huissier et tous les frais annexes seront à la charge du client » ; que ces clauses, en ce qu'elles mettent à la charge exclusive du consommateur ou non-professionnel certains frais de recouvrement, contreviennent à l'article 32 de la loi du 9 juillet 1991 portant réforme des procédures civiles d'exécution *[C. pr. exéc., art. L. 111-8]*, qu'elles sont illicites et que maintenues dans les contrats, elles sont abusives ;

10°) Considérant que certains contrats comportent des clauses qui stipulent : « le client dispose d'un délai d'un mois pour faire valoir ses droits et contester le montant de la facture. Une fois ce délai révolu, aucune réclamation ne pourra être enregistrée ultérieurement » ; que ces clauses sont abusives en ce qu'elles laissent croire au consommateur ou non-professionnel qu'il ne dispose, pour agir en justice, que d'un délai inférieur au délai légal ;

11°) Considérant que certaines clauses prévoient que les dommages subis par le client « au cours de l'exécution de la prestation » ou « du fait de l'intervention du personnel » du prestataire devront être signalés dans un délai de vingt-quatre heures et que, passé ce délai, la responsabilité du professionnel ne pourra plus être recherchée ; qu'au regard de l'article L. 137-1 *[L. 218-1]* du code de la consommation, qui dispose que « par dérogation à l'article 2254 du code civil, les parties au contrat entre un professionnel et un consommateur ne peuvent, même d'un commun accord, ni modifier la durée de prescription, ni ajouter aux causes de suspension ou d'interruption de celle-ci », de telles clauses sont illicites ; que, maintenues dans un contrat entre un professionnel et un consommateur ou un non-professionnel, ces clauses sont abusives ;

12°) Considérant que certains contrats stipulent que « les parties rechercheront avant toute action contentieuse un accord amiable » ; qu'une telle clause est de nature à entraver l'action en justice du consommateur ; qu'ainsi, elle est abusive au sens du 10° de l'article R. 132-2 *[R. 212-2]* du code de la consommation ;

B. *Mise à disposition à titre onéreux d'un intervenant*

13°) Considérant qu'un contrat stipule que « le bénéficiaire a la faculté de se rétracter par courrier recommandé avec accusé de réception, dans un délai de 7 jours francs à compter de la date du jour de sa signature sur le bulletin de souscription, sans aucune pénalité financière (sauf les frais d'adhésion) » ; qu'en cas de souscription à domicile, cette clause est illicite au regard de l'article L. 121-26 *[ancien]* du code de la consommation, en ce qu'elle permet au professionnel de conserver des frais ne correspondant pas à des prestations fournies avant l'exercice, par le consommateur, de son droit de rétractation dans le délai visé à l'article L. 121-25 *[ancien]* du même code ; que, maintenue dans les contrats, elle est abusive ;

14°) Considérant qu'un contrat contient la clause suivante : « En cas d'absence pour maladie, la société n'est pas tenue d'assurer le remplacement du salarié. Néanmoins, des solutions seront systématiquement envisagées au cas par cas » ; que cette clause est abusive en ce qu'elle permet au professionnel de se dispenser de ses obligations contractuelles hors cas de force majeure ;

15°) Considérant que plusieurs contrats prévoient que « Le Bénéficiaire s'engage à ne pas embaucher ni à régler directement l'intervenant » ; que de telles clauses sont abusives, en ce qu'elles laissent croire au consommateur ou au non-professionnel qu'il est indéfiniment tenu par l'interdiction d'embaucher l'intervenant qui a été mis à sa disposition par le prestataire ;

II. Contrats de mandat dits en « mode mandataire »

16°) Considérant que plusieurs contrats comportent les clauses suivantes :

— « Il a été expressément convenu par les parties contractantes que le mandataire n'ayant qu'une obligation de moyens, sa responsabilité ne pourra être engagée qu'à raison d'une faute lourde » ;

— « Après embauche par le particulier de la personne présentée par X, la responsabilité de cette dernière ne saurait être recherchée en cas d'insatisfaction du particulier (...) ou quant à son adéquation (de la personne) avec les tâches à accomplir. Le particulier renonce à tout recours à l'encontre de X sur ces motifs » ;

que ces clauses sont irréfragablement présumées abusives au regard de l'article R. 132-1, 6° *[R. 212-1]* **du code de la consommation, en ce que, en exigeant la preuve d'une faute lourde ou en prévoyant une renonciation du consommateur ou du non-professionnel à tout recours, elles sont de nature à supprimer ou réduire le droit à réparation du préjudice par lui subi en cas de manquement par le professionnel à l'une quelconque de ses obligations ;**

17°) Considérant qu'un contrat stipule qu'« afin de se décharger des tâches administratives liées à l'embauche d'un salarié à domicile, le souscripteur-employeur mandate irrévocablement la société X pour (...) » ; que cette clause est abusive en ce qu'elle tend à laisser croire au non-professionnel ou au consommateur qu'il n'a, en aucun cas, la possibilité de mettre fin au mandat ;

18°) Considérant qu'un contrat prévoit que « toute action en responsabilité se prescrira dans un délai de trois mois après la fin du solde des comptes du mandataire (paiement des intervenants et des charges sociales) » ; que l'article L. 137-1 *[L. 218-1]* **du code de la consommation dispose « par dérogation à l'article 2254 du code civil, les parties au contrat entre un professionnel et un consommateur ne peuvent, même d'un commun accord, ni modifier la durée de prescription, ni ajouter aux causes de suspension ou d'interruption de celle-ci » ; qu'en application de l'article 2224 du code précité***[,]* **« les actions personnelles ou mobilières se prescrivent par cinq ans à compter du jour où le titulaire d'un droit a connu ou aurait dû connaître les faits lui permettant de l'exercer » ; qu'en conséquence, une telle clause en limitant à trois mois toute action en responsabilité du consommateur ou du non-professionnel à l'encontre du professionnel est illicite ; que, maintenue dans les contrats, elle est abusive ;**

III. Dispositions communes aux deux types de contrats

19°) Considérant que certains contrats stipulent que le professionnel peut rompre le contrat sans préavis ; que, selon l'article R. 132-2, 4° *[R. 212-2]* **du code de la consommation, la clause qui a pour effet ou pour objet de « reconnaître au professionnel la faculté de résilier le contrat sans préavis d'une durée raisonnable » est présumée abusive ;**

20°) Considérant que certains contrats d'aide et d'accompagnement à domicile destinés à des personnes âgées, des personnes adultes handicapées ou atteintes de pathologies chroniques ou des personnes relevant de l'aide sociale à l'enfance donnent le libre choix de la durée du contrat ; que de telles clauses contreviennent à l'article L. 313-1-2 du code de l'action sociale et des familles *[V. v° Hébergement des personnes âgées]* **qui dispose que sont obligatoirement à durée indéterminée les contrats de services d'aide et d'accompagnement à domicile agréés à destination de ces personnes ; que, maintenues dans les contrats, ces clauses sont abusives ;**

21°) Considérant que plusieurs contrats indiquent qu'après déduction fiscale, le coût résiduel de la facture ou le coût véritable ne sera que de 50 % en raison des dispositions fiscales accordant une déduction de l'impôt sur le revenu concernant l'année écoulée, à hauteur de 50 % des sommes engagées ; que, par ces clauses, le professionnel laisse croire au consommateur ou non-professionnel que la déduction fiscale est automatiquement acquise, ce qui n'est pas le cas ; que ces clauses sont, dès lors, de nature à créer un déséquilibre significatif entre les droits et obligations des parties au sens de l'article L. 132-1 *[L. 212-1]* du code de la consommation ;

22°) Considérant que certains contrats prévoient que le tribunal compétent en cas de litige est celui du siège de l'entreprise ou du professionnel ; que d'autres stipulent que le tribunal compétent est le tribunal de commerce ; que ces clauses contreviennent aux dispositions des articles 42 et suivants du code de procédure civile *[V. v° Compétence]* et à l'article L. 141-5 *[R. 631-3]* du code de la consommation ; qu'elles sont illicites et, maintenues dans les contrats, abusives ;

Recommande que soient éliminées des contrats de services à la personne :

I. en « mode prestataire », les clauses ayant pour objet ou pour effet,

A. lorsque le professionnel s'engage à fournir une prestation de services exécutée par un intervenant dont il est l'employeur :

1°) D'engager financièrement, dans tous les cas, le consommateur, parent ou tuteur légal, pour les prestations sollicitées par le mineur non émancipé ;

2°) D'autoriser le professionnel à modifier unilatéralement le prix de la prestation de services, en cours d'exécution du contrat, en dehors des cas prévus par l'article R. 132-2-1, IV *[R. 212-2]* du code de la consommation ;

3°) De limiter le droit à réparation du consommateur ou du non-professionnel en cas de manquement par le professionnel à l'une quelconque de ses obligations ;

4°) De permettre au professionnel de facturer une prestation non exécutée du fait du client, non professionnel ou consommateur, sans réserver le cas des motifs légitimes ;

5°) D'imposer le prélèvement automatique comme unique mode de paiement ;

6°) De facturer des prestations non réalisées relatives à une période postérieure au décès du consommateur ;

7°) D'écarter la responsabilité du professionnel par le moyen d'une définition de la force majeure plus large qu'en droit commun ;

8°) De laisser croire au consommateur ou au non-professionnel qu'il est tenu indéfiniment par l'interdiction d'embaucher le salarié qui lui a été présenté par le prestataire ;

9°) De mettre à la charge du consommateur ou du non-professionnel les frais de recouvrement des sommes dues avant l'obtention d'un titre exécutoire ;

10°) De laisser croire au consommateur ou *[au]* non-professionnel qu'il dispose, pour agir en justice, d'un délai inférieur au délai légal ;

11°) De déroger aux règles légales fixant les délais pour agir en justice ;

12°) D'entraver l'exercice d'actions en justice du non-professionnel ou du consommateur en stipulant une clause imposant un recours amiable préalablement à toute action en justice ;

B. lorsqu'elles visent à mettre un intervenant à disposition du consommateur ou du non-professionnel :

13°) De permettre au professionnel, lorsque le contrat est souscrit à domicile, de conserver des frais ne correspondant pas à des prestations fournies avant l'exercice, par le consommateur, de son droit de rétractation ;

14°) De permettre au professionnel de ne pas fournir la prestation convenue en cas de maladie de l'intervenant, hors le cas de force majeure ;

15°) De laisser croire au consommateur ou au non-professionnel qu'il est tenu indéfiniment par l'interdiction d'embaucher l'intervenant qui a été mis à sa disposition par le prestataire ;

II. en « mode mandataire », les clauses ayant pour objet ou pour effet :

16°) De restreindre ou d'exclure la responsabilité du professionnel en cas de mauvaise exécution de ses obligations ;

17°) De laisser croire au non-professionnel ou au consommateur que le mandat est irrévocable et qu'il ne peut dès lors, en aucun cas, mettre fin au mandat ;

18°) De réduire la durée de la prescription de droit commun pour toute action en responsabilité dirigée contre le professionnel ;

III. en « mode prestataire » ou « mandataire », les clauses ayant pour objet ou pour effet :

19°) De reconnaître au professionnel la faculté de résilier le contrat sans préavis d'une durée raisonnable ;

20°) De prévoir que des contrats d'aide et d'accompagnement à domicile à destination de personnes âgées, de personnes adultes handicapées ou atteintes de pathologies chroniques ou de personnes relevant de l'aide sociale à l'enfance puissent être à durée déterminée ;

21°) De laisser croire au consommateur ou au non-professionnel que l'avantage fiscal prévu pour l'emploi de personnes à domicile lui est automatiquement acquis ;

22°) De déroger aux règles légales de compétence des juridictions.

(Recommandation adoptée le 15 mars 2012 sur le rapport de Mme Corinne Solal.)

COIFFURE

Arrêté du 27 mars 1987,

Relatif à la publicité des tarifs de coiffure.

Art. 1er **Les exploitants de salons de coiffure sont tenus d'afficher en vitrine, de manière visible et lisible de l'extérieur de l'établissement, un tarif comportant au moins dix prix TTC des prestations les plus courantes s'il s'agit de salons pour hommes ou de salons pour dames et au moins vingt prix TTC, dont dix pour hommes et dix pour dames, s'il s'agit de salons mixtes.**

Les forfaits, regroupant au moins deux prestations, figurant sur ce tarif doivent faire apparaître le détail des prestations qui les composent.

Ce tarif devra être également affiché à l'intérieur du salon, visible et lisible par la clientèle au lieu de paiement.

La possibilité de consulter la carte des prestations prévue à l'article 2 devra être mentionnée sur le tableau d'affichage des prix, tant à l'extérieur qu'à l'intérieur de l'établissement.

Art. 2 **Les exploitants de salons de coiffure devront tenir, à la caisse, à la vue de la clientèle, une carte complète des prix TTC de l'ensemble des services offerts dans l'établissement. Des exemplaires de cette carte seront mis à la disposition de la clientèle, dans les salons.**

Art. 3 **Les dispositions de l'arrêté n° 81-42/A du 4 août 1981 cessent d'être applicables.**

Arrêté du 16 novembre 1999,

Relatif à la publicité, à l'égard du consommateur, des prix de vente à l'unité de mesure de certains produits préemballés.

V. (concernant notamment les produits de soins de la chevelure) v° Prix (publicité).

COMMERCE ÉLECTRONIQUE

Loi n° 2004-575 du 21 juin 2004,

Pour la confiance dans l'économie numérique.

TITRE II ***Du* commerce électronique**

BIBL. GÉN. ▶ FALLON et MEEUSEN, *Rev. crit. DIP 2002. 435* (le commerce électronique, la directive 2000/31/CE et le droit international privé). – AYMA, *LPA 3 juill. 2003* (la revente sur le web). – Colloque, *LPA 6 févr. 2004* (internet, commerce et droit). – J. HUET, *JCP 2004. I. 178.* – MATHEY, *CCC 2004. Étude 13.* – STOFFEL-MUNCK, *JCP E 2004. 1341.* –

Numéro spécial, *CCE sept. 2004*. – ROCHFELD, *RTD civ. 2004. 574*. – GRYNBAUM, *D. 2004. Chron. 2213*. – FENOUILLET, *RDC 2004. 955*. – CACHARD, *CCE 2004. Étude 31* (définition et loi applicable). – CAPRIOLI, *CCE 2005. Étude 7* (commerce à distance sur internet et protection des données à caractère personnel – loi du 6 août 2004). – Débat, *RDC 2005. 533* (le contrat selon la loi du 21 juin 2004). – CAPRIOLI et AGOSTI, *LPA 3 juin 2005*. – CASTETS-RENARD, *Defrénois 2006. 1529* (le formalisme du contrat électronique). – DJOUDI (ss. la dir.), *RD banc. fin. 2004. 282* (commerce électronique et opérations bancaires). – DJOUDI et LOISEAU, *ibid. 292* (l'état du paiement en ligne). – GRIMAUX, *CCE 2004. Chron. 10* (détermination de la date de conclusion du contrat par voie électronique). – PENNEAU, *LPA 13 mai 2004* (contrat électronique et protection du cybercontractant). – VERBIEST et WÉRY, *D. 2004. Chron. 2981* (commerce électronique par téléphonie mobile). – VERBIEST, *Tourisme & Droit nov. 2007. 13* (contrat de vente de voyage en ligne : la LEN sur le dos). – LLOP, *ibid. 17* (cybervente de vols secs). – DEBET, *Mélanges Payet, Dalloz, 2011, p. 129* (encadrement juridique du commerce électronique : réflexions sur les sources du droit). – GRYNBAUM, *LEJEP, Université Cergy-Pontoise, 2013, p. 39* (le code de la consommation à l'épreuve du contenu numérique).

CHAPITRE PREMIER *Principes généraux*

Art. 14 Le commerce électronique est l'activité économique par laquelle une personne propose ou assure à distance et par voie électronique la fourniture de biens ou de services.

Entrent également dans le champ du commerce électronique les services tels que ceux consistant à fournir des informations en ligne, des communications commerciales et des outils de recherche, d'accès et de récupération de données, d'accès à un réseau de communication ou d'hébergement d'informations, y compris lorsqu'ils ne sont pas rémunérés par ceux qui les reçoivent.

Une personne est regardée comme étant établie en France au sens du présent chapitre lorsqu'elle s'y est installée d'une manière stable et durable pour exercer effectivement son activité, quel que soit, s'agissant d'une personne morale, le lieu d'implantation de son siège social.

V. la norme AFNOR NF Z74-501 sur les principes et exigences portant sur les processus de collecte, modération et restitution des avis en ligne de consommateurs (juill. 2013).

Art. 15 I. — Toute personne physique ou morale exerçant l'activité définie au premier alinéa de l'article 14 est responsable de plein droit à l'égard de l'acheteur de la bonne exécution des obligations résultant du contrat, que ces obligations soient à exécuter par elle-même ou par d'autres prestataires de services, sans préjudice de son droit de recours contre ceux-ci.

Toutefois, elle peut s'exonérer de tout ou partie de sa responsabilité en apportant la preuve que l'inexécution ou la mauvaise exécution du contrat est imputable, soit à l'acheteur, soit au fait, imprévisible et insurmontable, d'un tiers étranger à la fourniture des prestations prévues au contrat, soit à un cas de force majeure.

II. ....

Responsabilité de plein droit. Pour une application à un fournisseur d'accès à internet, au visa de l'art. 1147 [ancien] C. civ., mais où l'art. 15 de la L. n° 2004-575 est cité *in extenso*, V. • TGI Paris, 26 juin 2007 : *D. 2007. AJ 2157, obs. Manara*. – V. aussi • Civ. 1re, 19 nov. 2009 : *cité note 22 ss. art. L. 217-13 C. consom.*

Art. 16 I. — L'activité définie à l'article 14 s'exerce librement sur le territoire national à l'exclusion des domaines suivants :

1° Les jeux d'argent, y compris sous forme de paris et de loteries, légalement autorisés ;

2° Les activités de représentation et d'assistance en justice ;

3° Les activités exercées par les notaires en application des dispositions de l'article 1er de l'ordonnance n° 45-2590 du 2 novembre 1945 relative au statut du notariat.

II. — En outre, lorsqu'elle est exercée par des personnes établies dans un État membre de la Communauté européenne autre que la France, l'activité définie à l'article 14 est soumise au respect :

1° Des dispositions relatives au libre établissement et à la libre prestation des services à l'intérieur de la Communauté européenne dans le domaine de l'assurance, prévues aux articles L. 361-1 à L. 364-1 du code des assurances ;

2° Des dispositions relatives à la publicité et au démarchage des organismes de placement collectif en valeurs mobilières, prévues à l'article L. 214-12 du code monétaire et financier ;

3° Des dispositions relatives aux pratiques anticoncurrentielles et à la concentration économique, prévues aux titres II et III du livre IV du code de commerce ;

4° Des dispositions relatives à l'interdiction ou à l'autorisation de la publicité non sollicitée envoyée par courrier électronique ;

5° Des dispositions du code général des impôts ;

6° Des droits protégés par le code de la propriété intellectuelle.

BIBL. ▶ CASTETS-RENARD, *CCC 2007. Étude 12* (jeux et paris en ligne).

Art. 17 L'activité définie à l'article 14 est soumise à la loi de l'État membre sur le territoire duquel la personne qui l'exerce est établie, sous réserve de la commune intention de cette personne et de celle à qui sont destinés les biens ou services.

L'application de l'alinéa précédent ne peut avoir pour effet :

1° De priver un consommateur ayant sa résidence habituelle sur le territoire national de la protection que lui assurent les dispositions impératives de la loi française relatives aux obligations contractuelles, conformément aux engagements internationaux souscrits par la France. Au sens du présent article, les dispositions relatives aux obligations contractuelles comprennent les dispositions applicables aux éléments du contrat, y compris celles qui définissent les droits du consommateur, qui ont une influence déterminante sur la décision de contracter ;

2° De déroger aux règles de forme impératives prévues par la loi française pour les contrats créant ou transférant des droits sur un bien immobilier situé sur le territoire national ;

3° De déroger aux règles déterminant la loi applicable aux contrats d'assurance pour les risques situés sur le territoire d'un ou plusieurs États parties à l'accord sur l'Espace économique européen et pour les engagements qui y sont pris, prévues aux articles L. 181-1 à L. 183-2 du code des assurances.

Art. 18 *(Abrogé par L. n° 2014-344 du 17 mars 2014, art. 78) Dans les conditions prévues par décret en Conseil d'État, des mesures restreignant, au cas par cas, le libre exercice de leur activité par les personnes mentionnées (L. n° 2007-297 du 5 mars 2007, art. 40-II) « aux articles 14 et 16 » peuvent être prises par l'autorité administrative lorsqu'il est porté atteinte ou qu'il existe un risque sérieux et grave d'atteinte au maintien de l'ordre et de la sécurité publics, à la protection des mineurs, à la protection de la santé publique, à la préservation des intérêts de la défense nationale ou à la protection des personnes physiques qui sont des consommateurs ou des investisseurs autres que les investisseurs appartenant à un cercle restreint définis à l'article L. 411-2 du code monétaire et financier.*

Art. 19 Sans préjudice des autres obligations d'information prévues par les textes législatifs et réglementaires en vigueur, toute personne qui exerce l'activité définie à l'article 14 est tenue d'assurer à ceux à qui est destinée la fourniture de biens ou la prestation de services un accès facile, direct et permanent utilisant un standard ouvert aux informations suivantes :

1° S'il s'agit d'une personne physique, ses nom et prénoms et, s'il s'agit d'une personne morale, sa raison sociale ;

2° L'adresse où elle est établie, son adresse de courrier électronique, ainsi que *(L. n° 2008-3 du 3 janv. 2008, art. 29-III, en vigueur le 1er juin 2008)* « des coordonnées téléphoniques permettant d'entrer effectivement en contact avec elle » ;

3° Si elle est assujettie aux formalités d'inscription au registre du commerce et des sociétés ou au répertoire des métiers, le numéro de son inscription, son capital social et l'adresse de son siège social ;

4° Si elle est assujettie à la taxe sur la valeur ajoutée et identifiée par un numéro individuel en application de l'article 286 *ter* du code général des impôts, son numéro individuel d'identification ;

5° Si son activité est soumise à un régime d'autorisation, le nom et l'adresse de l'autorité ayant délivré celle-ci ;

6° Si elle est membre d'une profession réglementée, la référence aux règles professionnelles applicables, son titre professionnel, l'État membre dans lequel il a été octroyé ainsi que le nom de l'ordre ou de l'organisme professionnel auprès duquel elle est inscrite.

Toute personne qui exerce l'activité définie à l'article 14 doit, même en l'absence d'offre de contrat, dès lors qu'elle mentionne un prix, indiquer celui-ci de manière claire et non ambiguë, et notamment si les taxes et les frais de livraison sont inclus. Le présent alinéa s'applique sans préjudice des dispositions régissant *(L. n° 2008-3 du 3 janv. 2008, art. 39-V, en vigueur le 1er juin 2008)* **« les pratiques commerciales trompeuses » prévues à l'article** *(Ord. n° 2016-301 du 14 mars 2016, art. 2, en vigueur le 1er juill. 2016)* **« L. 121-2 » du code de la consommation, ni des obligations d'information sur les prix prévues par les textes législatifs et réglementaires en vigueur.**

(Ord. n° 2016-301 du 14 mars 2016, art. 31, en vigueur le 1er juill. 2016) **« Les infractions aux dispositions du présent article sont recherchées et constatées par les agents mentionnés aux articles L. 511-3 et L. 511-21 du code de la consommation dans les conditions prévues à l'article L. 511-7 du même code. »**

1. Pseudonyme. Les actes de commercialisation litigieux s'étant effectués sous un pseudonyme, contrevenant à l'art. 19 de la L. n° 2004-575 du 21 juin 2004 qui impose de mentionner l'identité du fournisseur de biens sur internet et les flacons en cause ne portant pas les mentions permettant d'identifier le fabricant et cela en contravention des dispositions de l'art. L. 121-1 [L. 121-2] C. consom., le tribunal considère qu'il s'agit d'actes de concurrence déloyale vis-à-vis des demanderesses qui ont pour activité la fabrication et la commercialisation de parfums. • TGI Paris, 10 oct. 2007 : *D. 2007. AJ 2804, obs. Manara*.

2. Coordonnées. L'art. 5, § 1, sous c), de la Dir. 2000/31/CE du 8 juin 2000 (« directive sur le commerce électronique »), doit être interprété en ce sens que le prestataire de services est tenu de fournir aux destinataires du service, dès avant toute conclusion de contrat avec ces derniers, en sus de son adresse de courrier électronique, d'autres informations permettant une prise de contact rapide ainsi qu'une communication directe et efficace. Ces informations ne doivent pas obligatoirement correspondre à un numéro de téléphone. Elles peuvent résider dans un formulaire de contact électronique, au moyen duquel les destinataires du service peuvent s'adresser sur l'internet au prestataire de services et auquel celui-ci répond par courrier électronique, sauf dans des situations où un destinataire du service, se trouvant, après la prise de contact par voie électronique avec le prestataire de services, privé d'accès au réseau électronique, demande à ce dernier l'accès à une voie de communication non électronique. • CJCE 16 oct. 2008 : *D. 2008. AJ 2716, obs. Manara ; CCE 2009, n° 26, obs. Stoffel-Munck ; Europe 2008, n° 417, obs. Kauff-Gazin.*

3. Conditions générales de vente. BIBL. Cordier, *JCP E 2012, n° 1141* (conditions générales de vente en ligne). – Inforeg, *Cah. dr. entr. 2012, n° 3, p. 59* (contenu des CGV des sites internet BtoC). – Cohen, *LPA 14-15-18 août 2014* (ampleur et qualités du consentement donné par clic de souris). ♦ Lors de l'achat, le « clic » de fin de commande valide les conditions générales de vente dès lors que le client a été invité à les consulter et qu'un lien hypertexte est proposé à cette fin. • Paris, 25 nov. 2010 : *CCE 2011, n° 56, obs. Debet.*

4. Conditions d'utilisation du site. Le simple fait de se rendre sur un site internet afin de consulter celui-ci sans encore présenter une quelconque demande, telle qu'une commande ou une réservation, ne saurait engager l'internaute dans des liens contractuels avec la société propriétaire de ce site. En effet, en l'absence, à ce stade de la consultation, de toute demande de la part de l'internaute et de toute offre de la part du propriétaire du site, il n'existe aucune relation de nature contractuelle ; dès lors, la simple visite d'un site web n'en rend pas les conditions d'utilisation opposables à l'internaute. • Paris, 23 mars 2012 : *D. 2012. Actu. 1060, obs. Manara ; CCE 2012, n° 76, obs. Debet.*

CHAPITRE II *La publicité par voie électronique*

Art. 20 Toute publicité, sous quelque forme que ce soit, accessible par un service de communication au public en ligne, doit pouvoir être clairement identifiée comme telle. Elle doit rendre clairement identifiable la personne physique ou morale pour le compte de laquelle elle est réalisée.

L'alinéa précédent s'applique sans préjudice des dispositions réprimant *(L. n° 2008-3 du 3 janv. 2008, art. 39-V)* **« les pratiques commerciales trompeuses » prévues à l'article** *(Ord. n° 2016-301 du 14 mars 2016, art. 2, en vigueur le 1er juill. 2016)* **« L. 121-2 » du code de la consommation.**

1. Identification d'une publicité. Le cheminement comportant la nécessité d'ouvrir plusieurs fenêtres, notamment en cliquant sur des rubriques comme « Qui sommes-nous ? » ou « Plus d'explications sur les résultats », est incompatible avec les dispositions de l'art. 20 et revêt un caractère manifestement illicite. • Com. 29 nov. 2011 : *RJDA 2012, n° 344.*

2. Activité publicitaire. Dès lors qu'une société permet, moyennant rémunération, aux e-marchands bénéficiant d'un référencement prioritaire de voir leurs produits ou offres classés de façon prioritaire avant ceux des autres, il en résulte qu'elle assure, de façon indirecte, la promotion des produits ou services proposés par les e-marchands bénéficiant du référencement prioritaire et que, de ce fait, elle exerce une activité de prestataire de service commercial et publicitaire. • Com. 4 déc. 2012 : *Bull. civ. IV, n° 221 ; D. 2012. Actu. 2956, obs. Manara ; JCP E 2013, n° 1040 ; CCC 2013, n° 68, obs. Raymond ; CCE 2013, n° 14, obs. Loiseau ; RJDA 2013, n° 270 ; Propr. ind. 2013, n° 18, obs. Larrieu.* ♦ V. aussi pour un référencement à titre gratuit : • Paris, 22 janv. 2013 : *D. 2013. Pan. 2496, obs. Tréfigny ; CCE 2013, n° 53, obs. Loiseau.*

COMPÉTENCE

BIBL. GÉN. ▶ DUTOIT, *Mélanges Sortais, Bruylant, 2002, p. 115* (DIP conventionnel et européen et contrats conclus sur internet) ; *Mélanges Serra, Dalloz, 2006, p. 145* (le consommateur face aux promesses de gain non tenues : quel tribunal est compétent ?). – SINAY-CITERMANN, *Rev. crit. DIP 2009. 427, spéc. 440* (une disparité étonnante entre le régime des clauses attributives de juridiction et des clauses compromissoires dans le contrat de travail international et dans le contrat de consommation international). – PIEDELIÈVRE, *Dr. et proc. 2012. 33* (projet européen de règlement extrajudiciaire des litiges en droit de la consommation). – DE VAREILLES-SOMMIÈRES, *LEJEP, Université Cergy-Pontoise, 2013, p. 129* (le code de la consommation à l'épreuve d'un droit uniforme transfrontière). – ABID, *RTD com. 2014. 27* (le renouveau de l'arbitrage international dans les litiges de consommation : l'introduction de l'arbitrage collectif en France).

Code civil

Art. 2061 *(L. n° 2016-1547 du 18 nov. 2016, art. 11)* **La clause compromissoire doit avoir été acceptée par la partie à laquelle on l'oppose, à moins que celle-ci n'ait succédé aux droits et obligations de la partie qui l'a initialement acceptée.**

Lorsque l'une des parties n'a pas contracté dans le cadre de son activité professionnelle, la clause ne peut lui être opposée.

Lorsqu'elle est nulle, la clause compromissoire est réputée non écrite (C. pr. civ., art. 1447).

Pour des annotations de jurisprudence détaillées, V. **C. civ.**

BIBL. ▶ CLAY, *D. 2016. Pan. 2589*. – BETTO, *JCP 2017, n° 426* (l'arbitrage, nouvelle arme du consommateur ?).

Code de l'organisation judiciaire

Tribunal de grande instance

Art. L. 211-9-2 *(L. n° 2016-1547 du 18 nov. 2016, art. 84-I)* **Le tribunal de grande instance connaît des actions de groupe définies au chapitre III du titre II du livre VI du code de la consommation et par la loi n° 2016-1547 du 18 novembre 2016 de modernisation de la justice du XXIe siècle.** — *V. C. consom., art. L. 623-1 s.*

Pour l'application de l'art. L. 211-9-2 COJ en Nouvelle-Calédonie et en Polynésie française, les mots : « par la loi n° 2016-1547 du 18 novembre 2016 de modernisation de la justice du XXIe siècle » sont remplacés par les mots : « par le code de procédure civile applicable localement » (L. n° 2016-1547 du 18 nov. 2016, art. 112-V).

Tribunal d'instance

Art. L. 221-4 *(Ord. n° 2006-673 du 8 juin 2006, art. 1er ; L. n° 2005-47 du 26 janv. 2005, art. 1er)* **Sous réserve des dispositions législatives ou réglementaires fixant la compétence particulière des autres juridictions, le tribunal d'instance connaît, en matière civile, de toutes actions personnelles ou mobilières jusqu'à la valeur de 10 000 euros. Il connaît aussi des demandes indéterminées qui ont pour origine l'exécution d'une obligation dont** *le montant n'excède pas 10 000 euros.* — [COJ, art. L. 321-2].

Art. L. 221-4-1 *(L. n° 2011-1862 du 13 déc. 2011, art. 4-I, en vigueur le 1er janv. 2013)* **Le tribunal d'instance connaît des demandes formées en application du règlement (CE) n° 861/2007 du Parlement européen et du Conseil du 11 juillet 2007 instituant une procédure européenne de règlement des petits litiges.** — *V. ce texte, infra.*

L'art. L. 221-4-1, tel qu'issu de la L. n° 2011-1862 du 13 déc. 2011, n'est pas applicable aux procédures en cours (L. préc., art. 70-IV).

Art. L. 221-5 *(Ord. n° 2006-673 du 8 juin 2006, art. 1er ; L. n° 2005-47 du 26 janv. 2005, art. 2)* **Les compétences particulières du tribunal d'instance sont fixées par décret en Conseil d'État.** – *[COJ, art. L. 321-2-4].*

....

Art. L. 221-8-1 *(L. n° 2010-1609 du 22 déc. 2010, art. 11-I, en vigueur le 1er sept. 2011)* **Le juge du tribunal d'instance connaît des mesures de traitement des situations de surendettement des particuliers et de la procédure de rétablissement personnel. Un décret peut désigner, dans le ressort de chaque tribunal de grande instance, un ou plusieurs tribunaux d'instance dont les juges seront seuls compétents pour connaître de ces mesures et de cette procédure.** – *V. COJ, art. D. 221-1.*

L'art. L. 221-8-1 COJ entre en vigueur dans les conditions fixées par un décret nécessaire à son application et au plus tard le 1er sept. 2011 (L. n° 2010-1609 du 22 déc. 2010, art. 43). – V. Décr. n° 2011-741 du 28 juin 2011 (JO 29 juin) et Décr. n° 2011-981 du 23 août 2011 (JO 24 août).

BIBL. ▶ BLÉRY, *JCP 2011, n° 807* (transfert du contentieux du surendettement).

....

Art. D. 221-1 ....

(Décr. n° 2011-981 du 23 août 2011, art. 1er, en vigueur le 1er sept. 2011) **« Pour l'application de l'article L. 221-8-1, le siège et le ressort des tribunaux d'instance compétents, dans le ressort de certains tribunaux de grande instance, pour connaître des mesures de traitement des situations de surendettement des particuliers et des procédures de rétablissement personnel sont fixés conformément au tableau IX-I annexé au présent code. »**

....

TABLEAU IX-I

SIÈGE ET RESSORT DES TRIBUNAUX D'INSTANCE COMPÉTENTS, DANS LE RESSORT DE CERTAINS TRIBUNAUX DE GRANDE INSTANCE, POUR CONNAÎTRE DES MESURES DE TRAITEMENT DES SITUATIONS DE SURENDETTEMENT DES PARTICULIERS ET DES PROCÉDURES DE RÉTABLISSEMENT PERSONNEL (ANNEXE DE L'ARTICLE D. 221-1)

SIÈGE DU TRIBUNAL de grande instance	SIÈGE DU TRIBUNAL d'instance	RESSORT
Cour d'appel d'Aix-en-Provence		
Alpes-Maritimes		
Nice	Nice	Ressort des tribunaux d'instance de Nice et Menton
Bouches-du-Rhône		
Aix-en-Provence	Aix-en-Provence	Ressort des tribunaux d'instance d'Aix-en-Provence et Salon-de-Provence
Marseille	Marseille	Ressort des tribunaux d'instance d'Aubagne et Marseille
Cour d'appel d'Angers		
Maine-et-Loire		
Angers	Angers	Ressort des tribunaux d'instance d'Angers, Cholet et Saumur
Sarthe		
Le Mans	Le Mans	Ressort des tribunaux d'instance de La Flèche et Le Mans

SIÈGE DU TRIBUNAL de grande instance	SIÈGE DU TRIBUNAL d'instance	RESSORT
Cour d'appel de Paris		
Paris		
Paris	Paris 19e arrondissement	Ressort des tribunaux d'instance de Paris 1er arrondissement, Paris 2e arrondissement, Paris 3e arrondissement, Paris 4e arrondissement, Paris 5e arrondissement, Paris 6e arrondissement, Paris 7e arrondissement, Paris 8e arrondissement, Paris 9e arrondissement, Paris 10e arrondissement, Paris 11e arrondissement, Paris 12e arrondissement, Paris 13e arrondissement, Paris 14e arrondissement, Paris 15e arrondissement, Paris 16e arrondissement, Paris 17e arrondissement, Paris 18e arrondissement, Paris 19e arrondissement et Paris 20e arrondissement
Seine-Saint-Denis		
Bobigny	Bobigny	Ressort des tribunaux d'instance d'Aubervilliers, Aulnay-sous-Bois, Bobigny, Le Raincy, Montreuil, Pantin, Saint-Denis et Saint-Ouen
Val-de-Marne		
Créteil	Villejuif	Ressort des tribunaux d'instance de Boissy-Saint-Léger, Charenton-le-Pont, Ivry-sur-Seine, Nogent-sur-Marne, Saint-Maur-des-Fossés et Villejuif
Cour d'appel de Reims		
Ardennes		
Charleville-Mézières	Charleville-Mézières	Ressort des tribunaux d'instance de Charleville-Mézières et Sedan
Cour d'appel de Toulouse		
Ariège		
Foix	Foix	Ressort des tribunaux d'instance de Foix et Saint-Girons
Tarn-et-Garonne		
Montauban	Montauban	Ressort des tribunaux d'instance de Castelsarrasin et Montauban
Cour d'appel de Versailles		
Hauts-de-Seine		
Nanterre	Asnières-sur-Seine	Ressort des tribunaux d'instance d'Antony, Asnières-sur-Seine, Boulogne-Billancourt, Colombes, Courbevoie, Puteaux et Vanves
Val-d'Oise		
Pontoise	Pontoise	Ressort des tribunaux d'instance de Gonesse, Montmorency, Pontoise et Sannois
Yvelines		
Versailles	*Versailles*	Ressort des tribunaux d'instance de Mantes-la-Jolie, Poissy, Rambouillet et Versailles

Art. R. 221-3 *(Décr. nº 2008-522 du 2 juin 2008)* **Le tribunal d'instance connaît, à charge d'appel, des matières énumérées au présent paragraphe** *[art. R. 221-3 à R. 221-22 COJ]*.

Art. R. 221-4 *(Décr. nº 2008-522 du 2 juin 2008)* **Le tribunal d'instance connaît des actions mentionnées à l'article L. 221-4.**

Toutefois, lorsqu'il est appelé à connaître, en matière civile, d'une action personnelle ou mobilière portant sur une demande dont le montant est inférieur ou égal à la somme de 4 000 euros ou sur une demande indéterminée qui a pour origine l'exécution d'une obligation dont le montant est inférieur ou égal à cette somme, le tribunal d'instance statue en dernier ressort.

Art. R. 221-5 *(Décr. nº 2009-1693 du 29 déc. 2009, art. 3)* **Le tribunal d'instance connaît des actions tendant à l'expulsion des personnes qui occupent aux fins d'habitation des immeubles bâtis, sans droit ni titre.**

....

Art. R. 221-7 *(Décr. nº 2008-522 du 2 juin 2008)* **Le tribunal d'instance connaît des contestations sur les conditions des funérailles.**

....

Art. R. 221-11 *(Décr. nº 2008-522 du 2 juin 2008) (Abrogé par Décr. nº 2017-683 du 28 avr. 2017, art. 1er, à compter du 1er juill. 2017)* ***« Sous réserve de la compétence de la juridiction de proximité, »*** **Le tribunal d'instance connaît des demandes relatives aux frais, émoluments et débours des auxiliaires de justice et des officiers publics ou ministériels suivant les modalités définies au premier alinéa de l'article 52 du code de procédure civile.**

....

Art. R. 221-15 *(Décr. nº 2008-522 du 2 juin 2008) (Abrogé par Décr. nº 2017-683 du 28 avr. 2017, art. 1er, à compter du 1er juill. 2017)* ***« Sous réserve de la compétence de la juridiction de proximité, »*** **Le tribunal d'instance connaît :**

1º Des litiges relatifs à la vente des objets abandonnés *(Abrogé par Décr. nº 2012-1515 du 28 déc. 2012, art. 14-I, à compter du 1er janv. 2013)* ***« chez les hôteliers ou logeurs, »*** **dans les garde-meubles ou chez tout dépositaire, des objets confiés à des ouvriers, industriels ou artisans pour être travaillés, réparés ou mis en garde et des objets confiés à des entrepreneurs de transport et non réclamés, ainsi qu'au paiement des sommes dues à ces différents détenteurs ;**

(Abrogé par Décr. nº 2009-1693 du 29 déc. 2009, art. 3) ***« 2º Des actions civiles pour diffamation ou pour injures publiques ou non publiques, verbales ou écrites, autrement que par voie de la presse et des actions civiles pour violences légères ; »***

(Décr. nº 2009-1693 du 29 déc. 2009, art. 3) **« 2º » Des actions entre les transporteurs et les expéditeurs ou les destinataires relatives aux indemnités pour perte, avarie, détournement des colis et bagages, y compris les colis postaux, ou pour retard dans la livraison ; ces indemnités ne pourront excéder les tarifs prévus aux conventions intervenues entre les transporteurs concessionnaires et l'État.** — *V. COJ, art. R. 221-51, infra.*

(Abrogé par Décr. nº 2009-1693 du 29 déc. 2009, art. 3) ***« 4º Des actions relatives aux correspondances et objets recommandés et aux envois de valeur déclarée, grevés ou non de remboursement. »***

....

Art. R. 221-37 *(Décr. nº 2008-522 du 2 juin 2008)* **Le tribunal d'instance connaît, en dernier ressort jusqu'à la valeur de 4 000 euros et à charge d'appel lorsque la demande excède cette somme ou est indéterminée, des matières énumérées au présent paragraphe** *[art. R. 221-37 à R. 221-39 COJ]*.

Art. R. 221-38 *(Décr. nº 2008-522 du 2 juin 2008) (Abrogé par Décr. nº 2017-683 du 28 avr. 2017, art. 1er, à compter du 1er juill. 2017)* ***« Sous réserve de la compétence de la juridiction de proximité en matière de dépôt de garantie prévue à l'article R. 231-4, »*** **Le tribunal d'instance connaît des actions dont un contrat de louage d'immeubles** *(Décr. nº 2009-1693 du 29 déc. 2009, art. 3)* **« à usage d'habitation » ou un contrat portant sur l'occupation d'un logement est l'objet, la cause ou l'occasion, ainsi que des actions relatives à l'application de la loi nº 48-1360 du 1er septembre 1948 portant modification et codification de la législation relative aux rapports des bailleurs et locataires ou occupants de locaux d'habitation ou à usage professionnel et instituant des allocations de logement.**

Art. R. 221-39 *(Décr. nº 2008-522 du 2 juin 2008)* **Le tribunal d'instance connaît des actions relatives à l'application du** *(Ord. nº 2016-301 du 14 mars 2016, art. 2, en vigueur le*

1er juill. 2016) **« chapitre II du titre I du livre III » du code de la consommation.** — *V. C. consom., art. R. 312-35.*

Art. R. 221-39-1 *(Décr. nº 2009-1693 du 29 déc. 2009, art. 3)* **Le tribunal d'instance connaît des actions relatives à l'inscription et à la radiation sur le fichier national recensant les informations sur les incidents de paiement caractérisés liés aux crédits accordés aux personnes physiques pour des besoins non professionnels prévu** *(Ord. nº 2016-301 du 14 mars 2016, art. 2, en vigueur le 1er juill. 2016)* **« aux articles L. 751-1 et suivants » du code de la consommation.** — *V. aussi COJ, art. R. 221-51-1.*

....

Art. R. 221-51 *(Décr. nº 2009-1693 du 29 déc. 2009, art. 4)* **Les actions prévues au 2º de l'article R. 221-15 et celles relatives aux correspondances et objets recommandés et aux envois de valeur déclarée, grevés ou non de remboursement, sont portées devant le tribunal dans le ressort duquel est situé le domicile de l'expéditeur ou devant celui dans le ressort duquel est situé le domicile du destinataire.**

Art. R. 221-51-1 *(Décr. nº 2009-1693 du 29 déc. 2009, art. 4)* **Dans le cas prévu à l'article R. 221-39-1, la demande est portée devant le tribunal dans le ressort duquel est situé le domicile du débiteur.**

Juridiction de proximité

Art. L. 231-3 *(Abrogé par L. nº 2011-1862 du 13 déc. 2011, art. 1er-III, à compter du 1er janv. 2017) (Ord. nº 2006-673 du 8 juin 2006, art. 1er)* ***La juridiction de proximité connaît, en matière civile, sous réserve des dispositions législatives ou réglementaires fixant la compétence particulière des autres juridictions, des actions personnelles ou mobilières jusqu'à la valeur de 4 000 euros.***

Elle connaît des demandes indéterminées qui ont pour origine l'exécution d'une obligation dont le montant n'excède pas 4 000 euros.

Elle connaît, dans les mêmes limites, en vue de lui donner force exécutoire, de la demande d'homologation du constat d'accord formée par les parties, à l'issue d'une tentative préalable de conciliation. — *[COJ, art. L. 331-2.]*

Art. L. 231-4 *(Abrogé par L. nº 2011-1862 du 13 déc. 2011, art. 1er-III, à compter du 1er janv. 2017) (Ord. nº 2006-673 du 8 juin 2006, art. 1er ; L. nº 2005-47 du 26 janv. 2005, art. 4)* ***Les compétences particulières de la juridiction de proximité sont fixées par décret en Conseil d'État.*** — *[COJ, art. L. 331-2-2.]*

....

Art. R. 231-3 *(Abrogé par Décr. nº 2017-683 du 28 avr. 2017, art. 1er, à compter du 1er juill. 2017) (Décr. nº 2008-522 du 2 juin 2008)* ***La juridiction de proximité connaît des actions mentionnées au premier alinéa de l'article L. 231-3 en dernier ressort.***

Elle connaît des demandes mentionnées au deuxième alinéa du même article à charge d'appel.

Art. R. 231-4 *(Abrogé par Décr. nº 2017-683 du 28 avr. 2017, art. 1er, à compter du 1er juill. 2017) (Décr. nº 2008-522 du 2 juin 2008)* ***La juridiction de proximité connaît, en dernier ressort, jusqu'à la valeur de 4 000 euros, des actions relatives à la restitution du dépôt de garantie prévue à l'article 22 de la loi nº 89-462 du 6 juillet 1989 tendant à améliorer les rapports locatifs et portant modification de la loi nº 86-1290 du 23 décembre 1986.***

Art. R. 231-5 *(Abrogé par Décr. nº 2017-683 du 28 avr. 2017, art. 1er, à compter du 1er juill. 2017) (Décr. nº 2008-522 du 2 juin 2008)* ***La juridiction de proximité connaît des demandes incidentes ou moyens de défense qui ne soulèvent pas une question relevant de la compétence exclusive d'une autre juridiction.***

Toutefois, si le moyen de défense implique l'examen d'une question de nature immobilière pétitoire *(Abrogé par Décr. nº 2017-892 du 6 mai 2017, art. 30)* ***« ou possessoire », la juridiction de proximité doit relever son incompétence au profit du tribunal de grande instance.***

Code de procédure civile

Pour des annotations de jurisprudence détaillées, V. **C. pr. civ.**

Compétence territoriale

Art. 42 **La juridiction territorialement compétente est, sauf disposition contraire, celle du lieu où demeure le défendeur.**

S'il y a plusieurs défendeurs, le demandeur saisit, à son choix, la juridiction du lieu où demeure l'un d'eux.

(Décr. n° 81-500 du 12 mai 1981) **« Si le défendeur n'a ni domicile ni résidence connus, le demandeur peut saisir la juridiction du lieu où il demeure ou celle de son choix s'il demeure à l'étranger. »**

Art. 43 **Le lieu où demeure le défendeur s'entend :**

— s'il s'agit d'une personne physique, du lieu où celle-ci a son domicile ou, à défaut, sa résidence ;

— s'il s'agit d'une personne morale, du lieu où celle-ci est établie.

....

Art. 46 **Le demandeur peut saisir à son choix, outre la juridiction du lieu où demeure le défendeur :**

— en matière contractuelle, la juridiction du lieu de la livraison effective de la chose ou du lieu de l'exécution de la prestation de service ;

— en matière délictuelle, la juridiction du lieu du fait dommageable ou celle *(Décr. n° 81-500 du 12 mai 1981)* **« dans le ressort de laquelle le dommage a été subi » ;**

— en matière mixte, la juridiction du lieu où est situé l'immeuble ;

— en matière d'aliments ou de contribution aux charges du mariage, la juridiction du lieu où demeure le créancier.

....

Art. 48 **Toute clause qui, directement ou indirectement, déroge aux règles de compétence territoriale est réputée non écrite à moins qu'elle n'ait été convenue entre des personnes ayant toutes contracté en qualité de commerçant et qu'elle n'ait été spécifiée de façon très apparente dans l'engagement de la partie à qui elle est opposée.**

....

Procédure européenne de règlement des petits litiges

Art. 1382 *(Décr. n° 2008-1346 du 17 déc. 2008, art. 3)* **Le présent chapitre est relatif à la procédure européenne de règlement des petits litiges prévue par le règlement (CE) n° 861/2007 du Parlement européen et du Conseil du 11 juillet 2007 instituant une procédure européenne de règlement des petits litiges.** — *V. ce texte, infra.*

Lorsque le *(Décr. n° 2014-1633 du 26 déc. 2014, art. 2, en vigueur le 10 janv. 2015)* **« règlement (UE) n° 1215/2012 du Parlement européen et du Conseil du 12 décembre 2012 concernant la compétence judiciaire, la reconnaissance et l'exécution des décisions en matière civile et commerciale** *[V. ce texte, infra]* **» désigne les juridictions d'un État membre sans autre précision, la juridiction territorialement compétente est celle du lieu où demeure le ou l'un des défendeurs.**

Art. 1383 *(Décr. n° 2008-1346 du 17 déc. 2008, art. 3)* **Le formulaire de demande est remis ou adressé par voie postale au greffe de la juridiction.**

Art. 1384 *(Décr. n° 2008-1346 du 17 déc. 2008, art. 3)* **Si, au vu du formulaire de demande qui lui est présenté, il apparaît au tribunal que l'affaire ne relève pas du champ d'application de la procédure européenne de règlement des petits litiges, il en avise le demandeur par lettre recommandée avec demande d'avis de réception. Il lui impartit un délai pour se désister de sa demande et l'informe, qu'à défaut, l'affaire sera instruite et jugée selon la procédure au fond applicable devant lui.**

A l'expiration de ce délai, si le demandeur ne s'est pas désisté de sa demande, le tribunal constate que le litige ne relève pas de la procédure européenne de règlement des petits litiges et invite le demandeur à faire citer le défendeur par voie de signification. Cette décision est une mesure d'administration judiciaire. A la diligence du greffe, elle est notifiée au demandeur par lettre recommandée avec demande d'avis de réception.

Le tribunal qui a renvoyé l'affaire pour qu'il soit statué selon la procédure au fond applicable devant lui peut se déclarer incompétent dans les conditions prévues par le présent code.

Art. 1385 *(Décr. n° 2008-1346 du 17 déc. 2008, art. 3)* **Lorsque le tribunal rejette la demande au motif que celle-ci apparaît manifestement non fondée ou irrecevable ou que le demandeur n'a pas complété ou rectifié le formulaire de demande dans le délai qui lui**

a été fixé, la décision rendue est insusceptible de recours. Le demandeur peut toutefois procéder selon les voies de droit commun.

Art. 1386 *(Décr. n° 2008-1346 du 17 déc. 2008, art. 3)* **Lorsqu'une demande reconventionnelle ne relève pas du champ d'application de la procédure européenne de règlement des petits litiges, le tribunal en avise les parties par lettre recommandée avec demande d'avis de réception. Il les informe qu'à moins que le demandeur reconventionnel ne se désiste de sa demande dans un délai qui lui est imparti, l'affaire sera instruite et jugée selon la procédure au fond applicable devant lui. A l'expiration de ce délai, si le demandeur ne s'est pas désisté de sa demande, le tribunal constate que le litige ne relève pas de la procédure européenne de règlement des petits litiges.**

Lorsque le tribunal décide, d'office ou à la demande d'une partie, que le litige ne relève pas de la procédure européenne de règlement des petits litiges au motif qu'une demande reconventionnelle ne relève pas du champ d'application de cette procédure, il ordonne le renvoi de l'affaire à une audience pour qu'il soit statué selon la procédure au fond applicable devant lui. A la diligence du greffe, les parties sont avisées de cette décision et sont convoquées à l'audience par lettre recommandée avec demande d'avis de réception.

Le tribunal qui a renvoyé l'affaire pour qu'il soit statué selon la procédure au fond applicable devant lui peut se déclarer incompétent dans les conditions prévues par le présent code.

Art. 1387 *(Décr. n° 2008-1346 du 17 déc. 2008, art. 3)* **En cas de retour au greffe d'une lettre de notification dont l'avis de réception n'a pas été signé dans les conditions prévues à l'article 670, la notification est faite par acte d'huissier de justice, à la diligence du greffe. L'avance des frais de signification est à la charge du Trésor public.**

Art. 1388 *(Décr. n° 2008-1346 du 17 déc. 2008, art. 3)* **Lorsque le tribunal décide de tenir une audience en application de la procédure européenne de règlement des petits litiges, il connaît du litige conformément à la procédure au fond applicable devant lui.**

Art. 1389 *(Décr. n° 2008-1346 du 17 déc. 2008, art. 3)* **Les dispositions de l'article 1387 ne sont pas applicables à la notification aux parties de la décision rendue. Cette notification est faite, à la diligence du greffe, par lettre recommandée avec demande d'avis de réception.**

Art. 1390 *(Décr. n° 2008-1346 du 17 déc. 2008, art. 3)* **A la demande qui lui en est faite, le greffe délivre le certificat relatif à une décision rendue dans le cadre de la procédure européenne de règlement des petits litiges.**

Art. 1391 *(Décr. n° 2010-433 du 29 avr. 2010, art. 4)* **Le droit à réexamen prévu par l'article 18 du règlement (CE) n° 861/2007 du Parlement européen et du Conseil du 11 juillet 2007 instituant une procédure européenne de règlement des petits litiges** *[V. ce texte, infra]* **s'exerce selon la procédure de l'opposition, lorsque celle-ci est ouverte, ou, dans le cas contraire, selon des modalités procédurales similaires.**

La résolution amiable des différends

Art. 1528 *(Décr. n° 2012-66 du 20 janv. 2012, art. 2)* **Les parties à un différend peuvent, à leur initiative et dans les conditions prévues par le présent livre, tenter de le résoudre de façon amiable avec l'assistance d'un médiateur, d'un conciliateur de justice ou, dans le cadre d'une procédure participative, de leurs avocats.** — *V. aussi Dir. 2008/52/CE du 21 mai 2008, infra.*

BIBL. ▶ ASCENSI et BERNHEIM-DESVAUX, CCC *2012. Études 9 et 10* (la médiation collective, solution amiable pour résoudre les litiges de masses). - PIZZIO, *RLDA nov. 2012. 50* (médiation dans le domaine de la consommation). - DUFOUR, *LPA 6 mars 2013* (vous avez dit médiation collective ?). - AMRANI-MEKKI, *LEJEP, Université Cergy-Pontoise, 2013, p. 145* (le code de la consommation à l'épreuve des recours individuels et collectifs).

Art. 1529 *(Décr. n° 2012-66 du 20 janv. 2012, art. 2)* **Les dispositions du présent livre s'appliquent aux différends relevant des juridictions de l'ordre judiciaire statuant en matière civile, commerciale, sociale ou rurale, sous réserve des règles spéciales à chaque matière et des dispositions particulières à chaque juridiction.** — *V. C. pr. civ., art. 1530 s.* — ***C. pr. civ.***

(Décr. n° 2017-892 du 6 mai 2017, art. 24) **« Elles »** *(Décr. n° 2016-660 du 20 mai 2016, art. 32)* **« s'appliquent en matière prud'homale sous la réserve prévue par le troisième alinéa de l'article 2066 du code civil. »**

(Décr. n° 2017-892 du 6 mai 2017, art. 24) **« Ces dispositions s'appliquent également aux conventions de procédure participative aux fins de mise en état du litige conclues dans le cadre d'instances pendantes devant les juridictions précitées. »**

Règlement (CE) n° 861/2007 du 11 juillet 2007,

Instituant une procédure européenne de règlement des petits litiges 🏛.

V. aussi ***C. pr. civ.*** *ou* ***C. pr. exéc.***

Pour les dispositions en droit interne, V. C. pr. civ., art. 1382 s., supra.

BIBL. ▶ NDLR, *BRDA 2007, n° 19, p. 14.* – NIBOYET, *Dr. et patr. févr. 2008. 104.*

Directive n° 2008/52/CE du Parlement européen et du Conseil du 21 mai 2008,

Sur certains aspects de la médiation en matière civile et commerciale 🏛.

BIBL. ▶ RACINE, *Europe 2008. Étude 10* (présentation générale).

Règlement (CE) n° 593/2008 du Parlement européen et du Conseil du 17 juin 2008,

Sur la loi applicable aux obligations contractuelles (Rome I).

BIBL. GÉN. ▶ HOUX, *LPA 1er et 2 mars 2001* (protection des consommateurs dans la Convention de Rome). – DE VAREILLES-SOMMIÈRES, *D. 2006. 2464* (le sort de la théorie des clauses spéciales d'application des lois de police en droit des contrats internationaux de consommation).

CHAPITRE PREMIER *Champ d'application*

Art. 1er *Champ d'application matériel.* **1. Le présent règlement s'applique, dans des situations comportant un conflit de lois, aux obligations contractuelles relevant de la matière civile et commerciale.**

Il ne s'applique pas, notamment, aux matières fiscales, douanières et administratives.

2. Sont exclus du champ d'application du présent règlement :

a) l'état et la capacité juridique des personnes physiques, sous réserve de l'article 13 ;

b) les obligations découlant des relations de famille ou des relations réputées avoir, en vertu de la loi applicable, des effets comparables, y compris les obligations alimentaires ;

c) les obligations découlant des régimes matrimoniaux, des régimes patrimoniaux relatifs aux relations qui, selon la loi qui leur est applicable, ont des effets comparables au mariage et aux successions ;

d) les obligations nées des lettres de change, chèques, billets à ordre ainsi que d'autres instruments négociables, dans la mesure où les obligations nées de ces autres instruments négociables dérivent de leur caractère négociable ;

e) les conventions d'arbitrage et d'élection de for ;

f) les questions relevant du droit des sociétés, associations et personnes morales, telles que la constitution, par enregistrement ou autrement, la capacité juridique, le fonctionnement interne et la dissolution des sociétés, associations et personnes morales, ainsi que la responsabilité personnelle légale des associés et des agents pour les dettes de la société, association ou personne morale ;

g) la question de savoir si un représentant peut engager, envers les tiers, la personne pour le compte de laquelle il prétend agir ou si un organe d'une société, d'une association ou d'une personne morale peut engager, envers les tiers, cette société, association ou personne morale ;

h) la constitution des trusts et les relations qu'ils créent entre les constituants, les trustees et les bénéficiaires ;

i) les obligations découlant de tractations menées avant la conclusion d'un contrat ;

j) les contrats d'assurance découlant des activités menées par des organismes autres que les entreprises visées à l'article 2 de la directive 2002/83/CE du Parlement européen et du Conseil du 5 novembre 2002 concernant l'assurance directe sur la vie, ayant pour objet de verser des prestations à des personnes salariées ou à des personnes indépendantes faisant partie d'une entreprise ou d'un groupe d'entreprises, en cas de décès, en cas de vie, en cas de cessation ou de réduction d'activités, en cas de maladie professionnelle ou d'accident du travail.

3. Le présent règlement ne s'applique pas à la preuve et à la procédure, sans préjudice de l'article 18.

4. Dans le présent règlement, on entend par « État membre » tous les États membres auxquels le présent règlement s'applique. Toutefois, à l'article 3, paragraphe 4, ainsi qu'à l'article 7, ce terme désigne tous les États membres.

Art. 2 *Caractère universel.* La loi désignée par le présent règlement s'applique même si cette loi n'est pas celle d'un État membre.

CHAPITRE II *Règles uniformes*

Art. 3 *Liberté de choix.* 1. Le contrat est régi par la loi choisie par les parties. Le choix est exprès ou résulte de façon certaine des dispositions du contrat ou des circonstances de la cause. Par ce choix, les parties peuvent désigner la loi applicable à la totalité ou à une partie seulement de leur contrat.

2. Les parties peuvent convenir, à tout moment, de faire régir le contrat par une loi autre que celle qui le régissait auparavant soit en vertu d'un choix antérieur selon le présent article, soit en vertu d'autres dispositions du présent règlement. Toute modification quant à la détermination de la loi applicable, intervenue postérieurement à la conclusion du contrat, n'affecte pas la validité formelle du contrat au sens de l'article 11 et ne porte pas atteinte aux droits des tiers.

3. Lorsque tous les autres éléments de la situation sont localisés, au moment de ce choix, dans un pays autre que celui dont la loi est choisie, le choix des parties ne porte pas atteinte à l'application des dispositions auxquelles la loi de cet autre pays ne permet pas de déroger par accord.

4. Lorsque tous les autres éléments de la situation sont localisés, au moment de ce choix, dans un ou plusieurs États membres, le choix par les parties d'une autre loi applicable que celle d'un État membre ne porte pas atteinte, le cas échéant, à l'application des dispositions du droit communautaire auxquelles il n'est pas permis de déroger par accord, et telles que mises en œuvre par l'État membre du for.

5. L'existence et la validité du consentement des parties quant au choix de la loi applicable sont régies par les dispositions établies aux articles 10, 11 et 13.

BIBL. ▶ D'Avout, *D. 2008. 2165* (le sort des règles impératives dans le règlement Rome I).

Art. 4 *Loi applicable à défaut de choix.* 1. A défaut de choix exercé conformément à l'article 3 et sans préjudice des articles 5 à 8, la loi applicable au contrat suivant est déterminée comme suit :

a) le contrat de vente de biens est régi par la loi du pays dans lequel le vendeur a sa résidence habituelle ;

b) le contrat de prestation de services est régi par la loi du pays dans lequel le prestataire de services a sa résidence habituelle ;

c) le contrat ayant pour objet un droit réel immobilier ou un bail d'immeuble est régi par la loi du pays dans lequel est situé l'immeuble ;

d) nonobstant le point c), le bail d'immeuble conclu en vue de l'usage personnel temporaire pour une période maximale de six mois consécutifs est régi par la loi du pays dans lequel le propriétaire a sa résidence habituelle, à condition que le locataire soit une personne physique et qu'il ait sa résidence habituelle dans ce même pays ;

e) le contrat de franchise est régi par la loi du pays dans lequel le franchisé a sa résidence habituelle ;

f) le contrat de distribution est régi par la loi du pays dans lequel le distributeur a sa résidence habituelle ;

g) le contrat de vente de biens aux enchères est régi par la loi du pays où la vente aux enchères a lieu, si ce lieu peut être déterminé ;

h) le contrat conclu au sein d'un système multilatéral qui assure ou facilite la rencontre de multiples intérêts acheteurs et vendeurs exprimés par des tiers pour des instruments financiers, au sens de l'article 4, paragraphe 1, point 17), de la directive 2004/39/CE, selon des règles non discrétionnaires et qui est régi par la loi d'un seul pays, est régi par cette loi.

2. Lorsque le contrat n'est pas couvert par le paragraphe 1 ou que les éléments du contrat sont couverts par plusieurs des points a) à h) du paragraphe 1, le contrat est régi par la loi du pays dans lequel la partie qui doit fournir la prestation caractéristique a sa résidence habituelle.

3. Lorsqu'il résulte de l'ensemble des circonstances de la cause que le contrat présente des liens manifestement plus étroits avec un pays autre que celui visé au paragraphe 1 ou 2, la loi de cet autre pays s'applique.

4. Lorsque la loi applicable ne peut être déterminée sur la base du paragraphe 1 ou 2, le contrat est régi par la loi du pays avec lequel il présente les liens les plus étroits.

BIBL. ▶ AZZI, *D. 2008. 2169* (loi applicable à défaut de choix). – FERRARI, *Rev. crit. DIP 2009. 459* (quelques remarques sur le droit applicable aux obligations contractuelles en l'absence de choix des parties).

Art. 6 *Contrats de consommation.* **1. Sans préjudice des articles 5 et 7, un contrat conclu par une personne physique (ci-après « le consommateur »), pour un usage pouvant être considéré comme étranger à son activité professionnelle, avec une autre personne (ci-après « le professionnel »), agissant dans l'exercice de son activité professionnelle, est régi par la loi du pays où le consommateur a sa résidence habituelle, à condition que le professionnel :**

a) exerce son activité professionnelle dans le pays dans lequel le consommateur a sa résidence habituelle, ou

b) par tout moyen, dirige cette activité vers ce pays ou vers plusieurs pays, dont celui-ci, et que le contrat rentre dans le cadre de cette activité.

2. Nonobstant les dispositions du paragraphe 1, les parties peuvent choisir la loi applicable à un contrat satisfaisant aux conditions du paragraphe 1, conformément à l'article 3. Ce choix ne peut cependant avoir pour résultat de priver le consommateur de la protection que lui assurent les dispositions auxquelles il ne peut être dérogé par accord en vertu de la loi qui aurait été applicable, en l'absence de choix, sur la base du paragraphe 1.

3. Si les conditions établies au paragraphe 1, point*[s]* a) ou b), ne sont pas remplies, la loi applicable à un contrat entre un consommateur et un professionnel est déterminée conformément aux articles 3 et 4.

4. Les paragraphes 1 et 2 ne s'appliquent pas :

a) au contrat de fourniture de services lorsque les services dus au consommateur doivent être fournis exclusivement dans un pays autre que celui dans lequel il a sa résidence habituelle ;

b) au contrat de transport autre qu'un contrat portant sur un voyage à forfait au sens de la directive 90/314/CEE du Conseil du 13 juin 1990 concernant les voyages, vacances et circuits à forfait ; – *Remplacée par Dir. 2015/2302 du 25 nov. 2015 (JOUE L 326 du 11 déc. 2015), à compter du 1er juill. 2018.*

c) au contrat ayant pour objet un droit réel immobilier ou un bail d'immeuble autre qu'un contrat ayant pour objet un droit d'utilisation à temps partiel de biens immobiliers au sens de la directive 2008/122/CE ;

d) aux droits et obligations qui constituent des instruments financiers, et aux droits et obligations qui constituent les modalités et conditions qui régissent l'émission ou l'offre au public et les offres publiques d'achat de valeurs mobilières, et la souscription et le remboursement de parts d'organismes de placement collectif, dans la mesure où ces activités ne constituent pas la fourniture d'un service financier ;

e) au contrat conclu dans le cadre du type de système relevant du champ d'application de l'article 4, paragraphe 1, point h).

BIBL. ▶ PELLEGRINI, *RLDA juill.-août 2008. 71.* – BOSKOVIC, *D. 2008. 2175* (la protection de la partie faible dans le règlement Rome I). – ARCHER, *LPA 16 sept. 2008* (droit international privé communautaire des contrats de consommation). – DEUMIER et RACINE, *RDC 2008. 1339.*

Art. 9 *Lois de police.* 1. Une loi de police est une disposition impérative dont le respect est jugé crucial par un pays pour la sauvegarde de ses intérêts publics, tels que son organisation politique, sociale ou économique, au point d'en exiger l'application à toute situation entrant dans son champ d'application, quelle que soit par ailleurs la loi applicable au contrat d'après le présent règlement.

2. Les dispositions du présent règlement ne pourront porter atteinte à l'application des lois de police du juge saisi.

3. Il pourra également être donné effet aux lois de police du pays dans lequel les obligations découlant du contrat doivent être ou ont été exécutées, dans la mesure où lesdites lois de police rendent l'exécution du contrat illégale. Pour décider si effet doit être donné à ces lois de police, il est tenu compte de leur nature et de leur objet, ainsi que des conséquences de leur application ou de leur non-application.

BIBL. ▶ D'Avout, *D. 2008. 2165* (le sort des règles impératives dans le règlement Rome I).

Art. 12 *Domaine de la loi du contrat.* 1. La loi applicable au contrat en vertu du présent règlement régit notamment :

a) son interprétation ;

b) l'exécution des obligations qu'il engendre ;

c) dans les limites des pouvoirs attribués à la juridiction saisie par son droit procédural, les conséquences de l'inexécution totale ou partielle de ces obligations, y compris l'évaluation du dommage dans la mesure où des règles de droit la gouvernent ;

d) les divers modes d'extinction des obligations, ainsi que les prescriptions et déchéances fondées sur l'expiration d'un délai ;

e) les conséquences de la nullité du contrat.

2. En ce qui concerne les modalités d'exécution et les mesures à prendre par le créancier en cas de défaut dans l'exécution, on aura égard à la loi du pays où l'exécution a lieu.

Art. 18 *Charge de la preuve.* 1. La loi régissant l'obligation contractuelle en vertu du présent règlement s'applique dans la mesure où, en matière d'obligations contractuelles, elle établit des présomptions légales ou répartit la charge de la preuve.

2. Les actes juridiques peuvent être prouvés par tout mode de preuve admis soit par la loi du for, soit par l'une des lois visées à l'article 11, selon laquelle l'acte est valable quant à la forme, pour autant que la preuve puisse être administrée selon ce mode devant la juridiction saisie.

CHAPITRE III *Autres dispositions*

Art. 19 *Résidence habituelle.* 1. Aux fins du présent règlement, la résidence habituelle d'une société, association ou personne morale est le lieu où elle a établi son administration centrale.

La résidence habituelle d'une personne physique agissant dans l'exercice de son activité professionnelle est le lieu où cette personne a son établissement principal.

2. Lorsque le contrat est conclu dans le cadre de l'exploitation d'une succursale, d'une agence ou de tout autre établissement, ou si, selon le contrat, la prestation doit être fournie par lesdits succursale, agence ou autre établissement, le lieu où est situé cette succursale, cette agence ou tout autre établissement est traité comme résidence habituelle.

3. La résidence habituelle est déterminée au moment de la conclusion du contrat.

Art. 21 *Ordre public du for.* L'application d'une disposition de la loi désignée par le présent règlement ne peut être écartée que si cette application est manifestement incompatible avec l'ordre public du for.

BIBL. ▶ D'Avout, *D. 2008. 2165* (le sort des règles impératives dans le règlement Rome I).

Art. 23 *Relation avec d'autres dispositions du droit communautaire.* A l'exception de l'article 7, le présent règlement n'affecte pas l'application des dispositions de droit communautaire qui, dans des domaines particuliers, règlent les conflits de lois en matière d'obligations contractuelles.

Art. 24 *Relation avec la convention de Rome.* **1. Le présent règlement remplace, entre les États membres, la convention de Rome, sauf en ce qui concerne les territoires des États membres qui entrent dans le champ d'application territorial de cette convention et qui sont exclus du présent règlement en vertu de l'article 299 du traité.**

2. Dans la mesure où le présent règlement remplace entre les États membres les dispositions de la convention de Rome, toute référence faite à celle-ci s'entend comme faite au présent règlement.

....

Art. 28 *Application dans le temps.* **Le présent règlement s'applique aux contrats conclus** *(Rect. JOUE L 309 du 24 nov. 2009)* **« à compter du** *[ancienne rédaction : après le]* **» 17 décembre 2009.**

Règlement (UE) n° 1215/2012 du Parlement européen et du Conseil du 12 décembre 2012,

Concernant la compétence judiciaire, la reconnaissance et l'exécution des décisions en matière civile et commerciale.

Pour le texte complet de ce Règl., V. ***C. pr. civ.***

Depuis le 1er mars 2002, le Règl. (CE) n° 44/2001 du Conseil du 22 déc. 2000 avait remplacé, entre les États membres de l'Union européenne, la Convention de Bruxelles du 27 sept. 1968. — V. cette Conv. au ***C. consom.****, éd. 2012 et antérieures, ou au* ***C. pr. civ.***

Depuis le 10 janv. 2015, le Règl. (UE) n° 1215/2012 du 12 déc. 2012 a remplacé, entre les États membres de l'Union européenne, le Règl. (CE) n° 44/2001. — V. ce Règl. au ***C. consom.****, éd. 2014 et antérieures.*

BIBL. ▶ BRUNEAU, *JCP 2001. I. 304.* – CROZE, *Procédures 2001. Chron. 7.* – DELGRANGE, *Gaz. Pal. 14-16 juill. 2002, p. 3.* – DROZ et GAUDEMET-TALLON, *Rev. crit. DIP 2001. 601* . – MARMISSE, *LPA 12 déc. 2002.* – TENREIRO, *Études Calais-Auloy, Dalloz, 2004, p. 1093.* ▶ Règl. n° 1215/2012 du 12 déc. 2012 : NUYTS, *Rev. crit. DIP 2013. 1* (la refonte du règlement Bruxelles I). – D'AVOUT, *D. 2013. 1014* (même thème). – GAUDEMET-TALLON et KESSEDJIAN, *RTD eur. 2013. 435* (même thème). – DEUMIER, LAAZOUZI et TREPPOZ, *RDC 2013. 1037* (le règlement Bruxelles I *bis* et la géométrie dans l'espace). – BERLIOZ, *RJ com. 2014. 416* (révision du règlement Bruxelles I). – LEGRAND, *LPA 6 janv. 2015* (compétence internationale, reconnaissance et exécution des jugements en matière civile et commerciale dans l'espace communautaire : quels changements en 2015 ?). – PIERRE-MAURICE, *D. 2015. 692* (nouvelle action en refus d'exécution d'un jugement européen). – CHALAS, *Rev. crit. DIP 2016. 485* (compétence en matière de contrats conclus par les consommateurs).

CHAPITRE PREMIER *Portée et définitions*

Art. 1er 1. Le présent règlement s'applique en matière civile et commerciale et quelle que soit la nature de la juridiction. Il ne s'applique notamment ni aux matières fiscales, douanières ou administratives, ni à la responsabilité de l'État pour des actes ou des omissions commis dans l'exercice de la puissance publique (*acta jure imperii*).

2. Sont exclus de son application :

a) l'état et la capacité des personnes physiques, les régimes matrimoniaux ou les régimes patrimoniaux relatifs aux relations qui, selon la loi qui leur est applicable, sont réputés avoir des effets comparables au mariage ;

b) les faillites, concordats et autres procédures analogues ;

c) la sécurité sociale ;

d) l'arbitrage ;

e) les obligations alimentaires découlant de relations de famille, de parenté, de mariage ou d'alliance ;

f) les testaments et les successions, y compris les obligations alimentaires résultant du décès.

Art. 2 Aux fins du présent règlement, on entend par :

a) "décision", toute décision rendue par une juridiction d'un État membre, quelle que soit la dénomination qui lui est donnée telle qu'arrêt, jugement, ordonnance ou mandat d'exécution, ainsi qu'une décision concernant la fixation par le greffier du montant des frais du procès.

Aux fins du chapitre III, le terme "décision" englobe les mesures provisoires ou les mesures conservatoires ordonnées par une juridiction qui, en vertu du présent règlement, est compétente au fond. Il ne vise pas une mesure provisoire ou conservatoire ordonnée par une telle juridiction sans que le défendeur soit cité à comparaître, à moins que la décision contenant la mesure n'ait été signifiée ou notifiée au défendeur avant l'exécution ;

b) "transaction judiciaire", une transaction approuvée par une juridiction d'un État membre ou conclue devant une juridiction d'un État membre en cours de procédure ;

c) "acte authentique", un acte dressé ou enregistré formellement en tant qu'acte authentique dans l'État membre d'origine et dont l'authenticité :

i) porte sur la signature et le contenu de l'acte, et

ii) a été établie par une autorité publique ou toute autre autorité habilitée à le faire ;

d) "État membre d'origine", l'État membre dans lequel, selon le cas, la décision a été rendue, la transaction judiciaire a été approuvée ou conclue, ou l'acte authentique a été dressé ou enregistré formellement ;

e) "État membre requis", l'État membre dans lequel la reconnaissance de la décision est invoquée ou dans lequel l'exécution de la décision, de la transaction judiciaire ou de l'acte authentique est demandée ;

f) "juridiction d'origine", la juridiction qui a rendu la décision dont la reconnaissance est invoquée ou l'exécution est demandée.

CHAPITRE II *Compétence*

SECTION I *Dispositions générales*

Art. 4 1. Sous réserve du présent règlement, les personnes domiciliées sur le territoire d'un État membre sont attraites, quelle que soit leur nationalité, devant les juridictions de cet État membre.

2. Les personnes qui ne possèdent pas la nationalité de l'État membre dans lequel elles sont domiciliées sont soumises aux règles de compétence applicables aux ressortissants de cet État membre.

Art. 5 1. Les personnes domiciliées sur le territoire d'un État membre ne peuvent être attraites devant les juridictions d'un autre État membre qu'en vertu des règles énoncées aux sections II à VII du présent chapitre.

2. Ne peuvent être invoquées contre les personnes visées au paragraphe 1 notamment les règles de compétence nationales que les États membres doivent notifier à la Commission en vertu de l'article 76, paragraphe 1, point a).

Art. 6 1. Si le défendeur n'est pas domicilié sur le territoire d'un État membre, la compétence est, dans chaque État membre, réglée par la loi de cet État membre, sous réserve de l'application de l'article 18, paragraphe 1, de l'article 21, paragraphe 2, et des articles 24 et 25.

2. Toute personne, quelle que soit sa nationalité, qui est domicilié *[domiciliée]* sur le territoire d'un État membre, peut, comme les ressortissants de cet État membre, invoquer dans cet État membre contre ce défendeur les règles de compétence qui y sont en vigueur et notamment celles que les États membres doivent notifier à la Commission en vertu de l'article 76, paragraphe 1, point a).

SECTION II *Compétences spéciales*

Art. 7 Une personne domiciliée sur le territoire d'un État membre peut être attraite dans un autre État membre :

1) a) en matière contractuelle, devant la juridiction du lieu d'exécution de l'obligation qui sert de base à la demande ;

b) aux fins de l'application de la présente disposition, et sauf convention contraire, le *lieu d'exécution de l'obligation qui sert de* base à la demande est :

– pour la vente de marchandises, le lieu d'un État membre où, en vertu du contrat, les marchandises ont été ou auraient dû être livrées,

– pour la fourniture de services, le lieu d'un État membre où, en vertu du contrat, les services ont été ou auraient dû être fournis ;

c) le point a) s'applique si le point b) ne s'applique pas ;

2) en matière délictuelle ou quasi délictuelle, devant la juridiction du lieu où le fait dommageable s'est produit ou risque de se produire ;

....

5) s'il s'agit d'une contestation relative à l'exploitation d'une succursale, d'une agence ou de tout autre établissement, devant la juridiction du lieu de leur situation ;

....

BIBL. ▶ AZZI, *D. 2010. 1837* (de quelques difficultés d'application de l'art. 5.1, *b* en matière de contrats de fourniture de marchandises à fabriquer ou à produire). – DESHAYES, *JCP 2010, n° 1190* (le lieu de livraison au sens de l'art. 5.1, *b* du règlement Bruxelles I). – CAYOL, *JCP E 2010, n° 2009* (la fourniture de services au sens de l'art. 5.1, *b* du règlement Bruxelles I). – MITTMANN, *D. 2011. 834* (compétence internationale en matière contractuelle). – PERREAU SAUSSINE, *JCP 2011, n° 602* (quelle place pour les *class actions* dans le règlement Bruxelles I ?).

1. Matière contractuelle. Est de nature contractuelle, au sens de l'art. 5, 1°, du Règl. n° 44/2001 du 22 déc. 2000 [repris à l'art. 7, 1, du Règl. n° 1215/2012 du 12 déc. 2012] l'action juridictionnelle par laquelle un consommateur vise à faire condamner, dans l'État contractant sur le territoire duquel il est domicilié et en application de la législation de cet État, une société de vente par correspondance, établie dans un autre État contractant, à la remise d'un gain, lorsque celle-ci lui avait adressé personnellement un envoi de nature à donner l'impression qu'un prix lui sera attribué dès lors que le « bon de paiement » joint à l'envoi aura été retourné, à la condition que le consommateur accepte les conditions stipulées par le vendeur et réclame effectivement le versement du gain promis (jurisprudence rendue à propos de l'art. 5 de la Conv. de Bruxelles du 27 sept. 1968). • CJCE 20 janv. 2005 : *RTD com. 2005. 636, obs. Marmisse-d'Abbadie d'Arrast* ; *JCP E 2005. Pan. 156.* ♦ Rappr. note 5 ss. art. 17, *infra*. – Comp., sur le fondement quasi contractuel retenu par la Cour de cassation, note 7 ss. art. L. 121-20 C. consom.

2. Matière délictuelle. Est de nature délictuelle l'action d'une association de consommateurs tendant à faire retirer préventivement des clauses abusives d'un contrat (jurisprudence rendue à propos de l'art. 5 de la Conv. de Bruxelles du 27 sept. 1968). • CJCE 1er oct. 2002 : *D. 2002. 3200, note Gaba* ; *RTD com. 2003. 204, obs. Marmisse* ; *Rev. crit. DIP 2003. 682, note Rémy-Corlay* ; *JCP 2003. I. 128, n° 14, obs. Cadiet* ; *LPA 4 déc. 2002, obs. C. L.* ; *Dr. et patr., avr. 2003, p. 103, obs. Mainguy.* ♦ L'art. 5, pt 3, du Règl. n° 44/2001 du 22 déc. 2000 [repris à l'art. 7, 2, du Règl. n° 1215/2012 du 12 déc. 2012] doit être interprété en ce sens que, en cas de mise en cause de la responsabilité d'un fabricant du fait d'un produit défectueux, le lieu de l'événement causal à l'origine du dommage est le lieu de fabrication du produit en cause. • CJUE 16 janv. 2014 : *Dalloz actualité, 22 janv. 2014, obs. Kilgus* ; *D. 2014. Actu. 287* ; *RJDA 2014, n° 401* ; *RLDA avr. 2014. 60, note de Clavière* ; *Procédures 2014, n° 69, obs. Nourissat* ; *Europe 2014, n° 142, obs. Idot.*

3. Loterie publicitaire. Ayant retenu, d'une part, que l'action du consommateur français tendait à obtenir l'exécution d'une obligation de payer un prix à la charge d'une société belge de vente par correspondance, la cour d'appel a fait application, à bon droit, de l'art. 5-1 du Règl. n° 44/2001 [repris à l'art. 7, 1, du Règl. n° 1215/2012 du 12 déc. 2012] aux termes duquel, en matière contractuelle, l'action peut être intentée devant le tribunal du lieu où l'obligation qui sert de base à la demande a été ou doit être exécutée, et, d'autre part, ayant relevé que cette société s'était engagée à exécuter son obligation de paiement au domicile du « grand gagnant », la cour d'appel en a justement déduit que le consommateur, revendiquant cette qualité, pouvait assigner la société devant le tribunal de son domicile. • Civ. 1re, 7 mai 2010 : *Bull. civ. I, n° 107* ; *D. 2010. 2196, note Bolze et Perreau-Saussine* ; *ibid. Actu. 1292, obs. Gallmeister* ; *RTD civ. 2010. 808, obs. Théry* ; *Rev. crit. DIP 2010. 558, note Gaudemet-Tallon* ; *JCP 2010, n° 753, note Devers* ; *Gaz. Pal. 2010. 1667, obs. S. Piedelièvre* ; *RJDA 2010, n° 898* ; *RLDA juin 2010. 39, obs. D'Amore* • 23 févr. 2011 : *RJDA 2011, n° 670.*

Art. 8 **Une personne domiciliée sur le territoire d'un État membre peut aussi être attraite :**

1) s'il y a plusieurs défendeurs, devant la juridiction du domicile de l'un d'eux, à condition que les demandes soient liées entre elles par un rapport si étroit qu'il y a intérêt à les instruire et à les juger en même temps afin d'éviter des solutions qui pourraient être inconciliables si les causes étaient jugées séparément ;

2) s'il s'agit d'une demande en garantie ou d'une demande en intervention, devant la juridiction saisie de la demande originaire, à moins qu'elle n'ait été formée que pour traduire celui qui a été appelé hors du ressort de la juridiction compétente ;

3) s'il s'agit d'une demande reconventionnelle qui dérive du contrat ou du fait sur lequel est fondée la demande originaire, devant la juridiction saisie de celle-ci ;

4) en matière contractuelle, si l'action peut être jointe à une action en matière de droits réels immobiliers dirigée contre le même défendeur, devant la juridiction de l'État membre sur le territoire duquel l'immeuble est situé.

Art. 9 Lorsque, en vertu du présent règlement, une juridiction d'un État membre est compétente pour connaître des actions en responsabilité du fait de l'utilisation ou de l'exploitation d'un navire, cette juridiction ou toute autre que lui substitue la loi interne de cet État membre connaît aussi des demandes relatives à la limitation de cette responsabilité.

SECTION IV *Compétence en matière de contrats conclus par les consommateurs*

Art. 17 1. En matière de contrat conclu par une personne, le consommateur, pour un usage pouvant être considéré comme étranger à son activité professionnelle, la compétence est déterminée par la présente section, sans préjudice de l'article 6 et de l'article 7, point 5) :

a) lorsqu'il s'agit d'une vente à tempérament d'objets mobiliers corporels ;

b) lorsqu'il s'agit d'un prêt à tempérament ou d'une autre opération de crédit liés au financement d'une vente de tels objets ; ou

c) lorsque, dans tous les autres cas, le contrat a été conclu avec une personne qui exerce des activités commerciales ou professionnelles dans l'État membre sur le territoire duquel le consommateur a son domicile ou qui, par tout moyen, dirige ces activités vers cet État membre ou vers plusieurs États, dont cet État membre, et que le contrat entre dans le cadre de ces activités.

2. Lorsque le cocontractant du consommateur n'est pas domicilié sur le territoire d'un État membre mais possède une succursale, une agence ou tout autre établissement dans un État membre, il est considéré pour les contestations relatives à leur exploitation comme ayant son domicile sur le territoire de cet État membre.

3. La présente section ne s'applique pas aux contrats de transport autres que ceux qui, pour un prix forfaitaire, combinent voyage et hébergement.

1. Consommateur. Le bénéfice des dispositions des art. 13 s. de la Conv. Bruxelles du 27 sept. 1968 [équivalents aux art. 17 s. ci-dessus et *infra*] est réservé aux acheteurs ayant besoin de protection, c'est-à-dire à « des consommateurs finals à caractère privé, non engagés par l'achat du produit acquis à tempérament, dans des activités commerciales ou professionnelles ». • CJCE 21 juin 1978 : *Rec. CJCE, p. 1431, concl. Capotorti ; RTD com. 1979. 170, obs. Loussouarn et Bourel ; Rev. crit. DIP 1979. 119, note Mezger ; RTD eur. 1979. 12 ; JCP 1979. II. 19051, note Jeantet.* – Dans la même affaire : • Civ. 1re, 23 janv. 1979 : *RTD eur. 1979. 180, obs. Gulphe ; JDI 1979. 373, note Fadlallah.* ♦ Une personne physique ayant des liens professionnels étroits avec une société, tels que la gérance ou une participation majoritaire dans celle-ci, ne saurait être considérée comme un consommateur lorsqu'elle avalise un billet à ordre émis pour garantir les obligations qui incombent à cette société au titre d'un contrat relatif à l'octroi d'un crédit. • CJUE 14 mars 2013 : *Dalloz actualité, 27 mars 2013, obs. Menetrey ; RTD civ. 2013. 341, obs. Remy-Corlay ; RTD com. 2013. 379, obs. Marmisse-d'Abbadie d'Arrast ; Rev. sociétés 2014. 243,* note Mastrullo ; *RJDA 2013, n° 577 ; Gaz. Pal. 2013. 2377, obs. Morel-Maroger ; Procédures 2013, n° 147, obs. Nourissat ; RJ com. 2013. 224, obs. Berlioz ; Europe 2013, n° 246, obs. Idot ; RLDA mai 2013. 40, obs. Lalot.*

L'art. 13 de la Conv. Bruxelles du 27 sept. 1968 [équivalent à l'art. 17 ci-dessus] doit être interprété en ce sens que le demandeur, qui agit dans l'exercice de son activité professionnelle et qui n'est, dès lors, pas lui-même le consommateur, partie à l'un des contrats énumérés par l'al. 1er de cette disposition, ne peut pas bénéficier des règles de compétence spéciales prévues par la Convention en matière de contrats conclus par les consommateurs. • CJCE 19 janv. 1993 : *Rec., p. I-139 ; D. 1993. Somm. 214, obs. Kullmann ; Rev. crit. DIP 1993. 320, note Gaudemet-Tallon ; JDI 1993. 466, obs. A. Huet.* ♦ Ayant constaté qu'il résultait des échanges de courrier et de documents entre une banque allemande et le couple d'avocats emprunteur, lors de l'instruction du dossier, que le prêt litigieux était destiné au refinancement des engagements financiers pris notamment dans le cadre de l'activité professionnelle d'avocats exercée par le couple emprunteur, une cour d'appel en a justement déduit que le prêt était exclu du champ d'application des art. 13 s. de la Conv. Bruxelles du 27 sept. 1968 [équivalent aux art. 17 s. ci-dessus et infra], et que la clause attributive de juridiction au profit des tribunaux allemands qu'il contenait, devait s'appliquer. • Civ. 1re, 28 janv. 2009 : *Bull. civ. I, n° 13 ; D. 2009. AJ 504 ; JCP 2009. IV. 1362 ; CCC 2009, n° 149, obs. Raymond ; RJDA 2009, n° 501.*

2. Contrat mixte. Une personne qui a conclu un contrat portant sur un bien destiné à un usage en partie professionnel et en partie étranger à son activité professionnelle n'est pas en droit de se prévaloir des règles de compétence prévues aux art. 13 à 15 de la Conv. Bruxelles du 27 sept. 1968 [équivalents aux art. 17 à 19 ci-dessus et *infra*], sauf si l'usage professionnel est marginal au point d'avoir un rôle négligeable dans l'opération en cause. • CJCE 20 janv. 2005 : *D. 2006. Pan. 1502, obs. Jault-Seseke ; RTD com. 2005. 636, obs. Marmisse-d'Abbadie d'Arrast ; Rev. crit. DIP 2005. 493, note Jude ; JCP E 2005. Pan. 155 ; CCC 2005, n° 100, note Raymond.* ♦ Déjà en ce sens, pour une opération de crédit destinée à concurrence de 46 % au remboursement d'un emprunt contracté pour l'acquisition de biens immobiliers à usage d'habitation, le solde concernant l'activité professionnelle de l'intéressé. • Civ. 1re, 18 juill. 2000 : *Bull. civ. I, n° 216 ; D. 2000. AJ 374, obs. Rondey ; Rev. crit. DIP 2001. 135, note Gaudemet-Tallon ; CCC 2000, n° 182, obs. Raymond ; Gaz. Pal. 2001. 398, concl. Sainte-Rose ; JDI 2001. 140, obs. A. Huet.* ♦ Il appartient à la juridiction saisie d'apprécier si l'usage professionnel a eu ou non un rôle négligeable et si la partie qui invoque la qualité de consommateur n'a pas eu un comportement pouvant faire naître chez l'autre l'impression qu'elle agissait à des fins professionnelles. • CJCE 20 janv. 2005 : *préc.*

3. Biens et services. L'art. 13, al. 1er, point 1 de la Conv. Bruxelles du 27 sept. 1968 [équivalent à l'art. 17, point 1, sous *a*) ci-dessus], doit être interprété en ce sens qu'il ne s'applique pas à un contrat, même qualifié contrat de vente par les parties, portant sur la fabrication d'un objet mobilier corporel conforme à un modèle type, auquel certaines modifications ont été apportées, dans la mesure où un tel contrat doit être qualifié de contrat ayant pour objet la fourniture de services ou la fourniture d'un objet mobilier corporel au sens de l'art. 13, al. 1er, point 3 de la Conv. Bruxelles du 27 sept. 1968 [équivalent à l'art. 17, point 1, sous *c*) ci-dessus] ; il appartient, le cas échéant, au juge national de déterminer s'il s'agit concrètement d'une fourniture de services ou d'une fourniture d'un objet mobilier corporel. • CJCE 16 mars 1999 : *Rev. crit. DIP 1999. 761, et les obs.* ♦ Sur l'application de l'art. 13 (3) de la Conv. Bruxelles du 27 sept. 1968 [équivalent à l'art. 17, point 1, sous *c*) ci-dessus] *à un prêt immobilier conclu pour* la construction d'une maison, les emprunteurs devant être considérés comme des consommateurs attendant de leur cocontractant une fourniture de services bancaires, V. • Colmar, 24 févr. 1999 : *Rev. crit. DIP 2001. 135, note Gaudemet-Tallon .* ♦ Dans le même sens, pour l'application à un prêt immobilier : • Civ. 1re, 18 juil. 2000 : *préc. note 2.*

4. Contrat : lieu de conclusion. Après avoir relevé que l'art. 13 (3) de la Conv. Bruxelles du 27 sept. 1968 [équivalent à l'art. 17, point 1, sous *c*) ci-dessus] dont se prévalaient les époux emprunteurs, s'appliquait au prêt en tant que fourniture de service s'adressant à des consommateurs, une cour d'appel, examinant chacune des deux conditions cumulatives prévues par ce texte, retient, à bon droit, d'une part, qu'il ne ressortait pas des éléments versés au débat qu'un intermédiaire ait démarché les époux à leur domicile en France et leur ait présenté une proposition préalable personnalisée, le contrat de prêt étant signé des seuls époux sans faire référence à une proposition antérieure, d'autre part, que l'acte sous seing privé de prêt, que l'acte authentique n'a fait que confirmer en l'assortissant d'une affectation hypothécaire, a été signé à Karlsruhe (Allemagne), de sorte que, dès lors que la première des deux conditions n'était pas remplie et sans qu'il soit nécessaire d'examiner la seconde, l'art. 2 de la Convention qui attribue compétence aux juridictions de l'État dans lequel se trouve le domicile du défendeur était applicable. • Civ. 1re, 28 nov. 2006 : *Bull. civ. I, n° 518 ; D. 2007. AJ 80, obs. Avena-Robardet ; RTD com. 2007. 210, obs. Legeais ; JCP 2007. IV. 1020 ; RJDA 2007, n° 331.* ♦ En ce sens que la livraison d'un produit à un consommateur est constitutive d'une présomption de proposition du fournisseur dans l'État du domicile de l'acquéreur et de l'accomplissement par celui-ci dans cet État des actes nécessaires à la conclusion, V. • Civ. 1re, 3 juill. 2001 : *Bull. civ. I, n° 202 ; JCP 2002. II. 10055, note du Rusquec.* ♦ S'agissant d'une vente d'immeuble en jouissance à temps partagé portant sur un bien situé en Espagne, la compétence des tribunaux de l'État du domicile du consommateur (France) est exclue dès lors que la double condition de l'art. 13 (3) de la Conv. Bruxelles du 27 sept. 1968 [équivalent à l'art. 17, point 1, sous *c*) ci-dessus] n'est pas remplie, le démarchage et la conclusion du contrat ayant eu lieu en Espagne. • Pau, 24 sept. 2002 : *JCP 2003. IV. 2180.* ♦ La prise de mesures au domicile du client en vue de l'établissement de plans et de devis pour l'installation d'une cuisine s'analyse comme une démarche du consommateur exprimant sa volonté de donner suite à la publicité reçue par lui en France, de sorte qu'elle constitue un acte nécessaire à la conclusion du contrat, au sens de l'art. 13 (3, *b*)) de la Conv. Bruxelles du 27 sept. 1968 [équivalent à l'art. 17, point 1, sous *c*) ci-dessus]. • Civ. 1re, 12 juill. 2005 : Bull. civ. I, n° 321 ; CCC 2005, n° 196, *note Raymond ; Procédures 2006, n° 77, obs. Nourissat ; JDI 2006. 179, note Huet.*

5. ... Nature contractuelle de l'action. L'action juridictionnelle, par laquelle un consommateur vise à faire condamner, dans l'État contractant sur le territoire duquel il est domicilié et en application de la législation de cet État, une société de vente par correspondance, établie dans un autre État contractant, à la remise d'un gain, lorsque celle-ci lui avait adressé personnellement un envoi de nature à donner l'impression qu'un prix lui sera attribué à la condition qu'il commande des marchandises pour un montant déterminé et que le consommateur passe effectivement une telle commande sans cependant obtenir le versement dudit gain, est de nature contractuelle au sens de l'art. 13 (3) de la Conv. Bruxelles du 27 sept. 1968 [équivalent à l'art. 17, point 1, sous c) ci-dessus]. • CJCE 11 juill. 2002 : *BICC 2002, n° 856 ; D. 2002. IR 2579 ; JCP 2003. II. 10055, note Claret ; Gaz. Pal. 19-20 févr. 2003, note Niboyet ; LPA 30 oct. 2003, obs. C. L. ; RTD com. 2003. 206, obs. Marmisse ; Rev. crit. DIP 2003. 484, note Rémy-Corlay*. ♦ Rappr. note 1 ss. art. 7, *supra*. – Comp., sur le fondement quasi contractuel retenu par la Cour de cassation, note 7 ss. art. L. 121-20 C. consom.

6. Principe de coopération. Le principe de la coopération découlant de l'art. 10 CE n'impose pas à une juridiction nationale d'écarter des règles de procédure internes afin de réexaminer une décision judiciaire passée en force de chose jugée et de l'annuler, lorsqu'il apparaît qu'elle est contraire au droit communautaire. • CJCE 16 mars 2006 : *D. 2006. IR 1247 ; RTD civ. 2006. 728, obs. Rémy-Corlay (2e esp.) ; RSC 2006. 616, obs. J.-C. Fourgoux ; Rev. crit. DIP 2007. 140, note Francq ; Procédures 2006, n° 274, obs. Nourissat ; Europe 2006, n° 181, obs. Idot.*

7. Contrat de voyage. Aux termes de l'art. 16 § 1 du Règl. (CE) du 22 déc. 2000 [équivalent à l'art. 18, 1, *infra*], le consommateur peut porter son action devant le tribunal du lieu où il a son domicile, ce principe s'appliquant, selon l'art. 15 § 3 [équivalent à l'art. 17, point 3, ci-dessus], aux contrats qui, comme en l'espèce, combinent voyage et hébergement. • Civ. 1re, 5 nov. 2008 : *CCC 2009, n° 31, obs. Raymond.* ♦ Un contrat ayant pour objet un voyage en cargo constitue un contrat de transport qui, pour un prix forfaitaire, combine voyage et hébergement au sens de l'art. 15, § 3, du Règl. n° 44/2001 du 22 déc. 2000 [équivalent à l'art. 17, point 3, ci-dessus]. • CJUE 7 déc. 2010 : *D. 2011. 990, note Pancrazi ; ibid. Pan. 984, obs. Poillot ; ibid. Actu. 5, obs. Manara ; Rev. crit. DIP 2011. 414, note Cachard ; JCP 2011, n° 129, note d'Avout ; CCC 2011, n° 103, obs. Raymond ; RJDA 2011, n° 205 ; RLDA févr. 2011. 51, note Combet ; Procédures 2011, n° 58, obs. Nourissat ; RJ com. 2011. 274, obs. Ancel ; RCA 2011. Alerte 7, par Rajot ; Europe 2011, n° 96, obs. Idot.* ♦ Sur cette question, V. aussi • Civ. 1re, 22 févr. 2017, n° 15-27.809 P : *cité ss. art. R. 631-3.*

Afin de déterminer si un commerçant, dont l'activité est présentée sur son site Internet ou *sur celui d'un intermédiaire, peut être considéré* comme « dirigeant » son activité vers l'État membre sur le territoire duquel le consommateur a son domicile, au sens de l'art. 15, § 1, sous c) [équivalent à l'art. 17, point 1, sous c), ci-dessus], il convient de vérifier si, avant la conclusion éventuelle d'un contrat avec le consommateur, il ressort de ces sites Internet et de l'activité globale du commerçant que ce dernier envisageait de commercer avec des consommateurs domiciliés dans un ou plusieurs États membres, dont celui dans lequel ce consommateur a son domicile, en ce sens qu'il était disposé à conclure un contrat avec eux. • CJUE 7 déc. 2010 : *préc.* ♦ Les éléments suivants sont susceptibles de constituer des indices permettant de considérer que l'activité du commerçant est dirigée vers l'État membre du domicile du consommateur : la nature internationale de l'activité, la mention d'itinéraires à partir d'autres États membres pour se rendre au lieu où le commerçant est établi, l'utilisation d'une langue ou d'une monnaie autres que la langue ou la monnaie habituellement utilisées dans l'État membre dans lequel est établi le commerçant, la mention de coordonnées téléphoniques avec l'indication d'un préfixe international, l'engagement de dépenses dans un service de référencement sur Internet afin de faciliter aux consommateurs domiciliés dans d'autres États membres l'accès au site du commerçant ou à celui de son intermédiaire, l'utilisation d'un nom de domaine de premier niveau autre que celui de l'État membre où le commerçant est établi et la mention d'une clientèle internationale composée de clients domiciliés dans différents États membres. En revanche, la simple accessibilité du site Internet du commerçant ou de celui de l'intermédiaire dans l'État membre sur le territoire duquel le consommateur est domicilié est insuffisante ; il en va de même de la mention d'une adresse électronique ainsi que d'autres coordonnées ou de l'emploi d'une langue ou d'une monnaie qui sont la langue et/ ou la monnaie habituellement utilisées dans l'État membre dans lequel le commerçant est établi. • Même arrêt.

8. Loterie publicitaire. L'action en justice introduite par le consommateur aux fins de remise du prix apparemment gagné par lui relève de l'art. 15, § 1, ss. c) [équivalent à l'art. 17, 1, sous c), ci-dessus], à la condition que le vendeur professionnel se soit juridiquement engagé à payer ce prix au consommateur ; lorsque cette condition n'est pas remplie, une telle action ne relève de la même disposition du Règl. n° 44/2001 que dans l'hypothèse où le consommateur a effectivement passé une commande à ce vendeur professionnel. • CJCE 14 mai 2009 : *D. 2009. AJ 1546 ; D. 2010. Pan. 1592, obs. Jault-Seseke ; RJDA 2010, n° 196 ; RLDA oct. 2009. 63, note Quéguiner ; Europe 2009, n° 290, obs. Idot.* ♦ Ayant relevé que la société belge de vente par correspondance avait adressé à un consommateur français plusieurs documents publicitaires lui annonçant un gain de 23 100 euros et qu'à la suite de ces envois, il avait effectué une commande qui a été exécutée, la cour d'appel en a justement déduit que celui-ci, en sa qualité de consommateur, pouvait saisir le tribunal de son domicile en application des art. 15 et 16 du Règl. n° 44/2001 [équivalent aux art. 17 et 18, ci-dessus et *infra*] pour l'obtention de sommes d'argent apparemment gagnées par lui. • Civ. 1re, 7 mai 2010 : *Bull. civ. I, n° 106 ; D. 2010. 2196, note Bolze et Perreau-Saussine ; ibid. Actu. 1292, obs. Gallmeister ; Rev. crit. DIP 2010. 558, note Gaudemet-Tallon ; ibid. 785, note Sinay-Citermann ; JCP 2010, n° 753, note Devers ; Gaz. Pal. 2010. 1667, obs. S. Piedelièvre ; ibid. 2838, avis Domingo ; RJDA 2010, n° 898 ; RLDA juin 2010. 39, obs. D'Amore.*

9. Vente à distance. L'art. 15, § 1, sous c) [équivalent à l'art. 17, 1, sous c), ci-dessus], doit être interprété en ce sens qu'il n'exige pas que le contrat entre le consommateur et le professionnel ait été conclu à distance. • CJUE 6 sept. 2012 : *Dalloz actualité, 5 oct. 2012, obs. Kilgus ; D. 2012. Actu. 2181 ; RTD com. 2012. 869, obs. Marmisse-d'Abbadie d'Arrast ; Rev. crit. DIP 2013. 487, note Sinay-Citermann ; JCP 2012, n° 1019, obs. Berlin ; BRDA 2012, n° 19, p. 13 ; Gaz. Pal. 2012. 3502, obs. Nioche ; Procédures 2012, n° 351, obs. Nourissat ; RLDA déc. 2012. 48, note de Clavière ; RJ com. nov.-déc. 2012. 29, obs. Berlioz ; Europe 2012, n° 468, obs. Idot.* ♦ Ces mêmes dispositions doivent être interprétées en ce sens qu'elles n'exigent pas l'existence d'un lien de causalité entre le moyen employé pour diriger l'activité commerciale ou professionnelle vers l'État membre du domicile du consommateur, à savoir un site internet, et la conclusion du contrat avec ce consommateur. Toutefois, l'existence d'un tel lien de causalité constitue un indice de rattachement du contrat à une telle activité. • CJUE 17 oct. 2013 : *Dalloz actualité, 29 oct. 2013, obs. Poillot ; D. 2013. Actu. 2472 ; RTD com. 2013. 832, obs. Marmisse-d'Abbadie d'Arrast ; Rev. crit. DIP 2014. 630, note Boskovic ; JCP E 2013. Actu. 787 ; CCC 2014, n° 77, obs. Raymond ; RJDA 2014, n° 72 ; LPA 29 nov. 2013, note Legrand ; Gaz. Pal. 2014. 510, obs. Piedelièvre ; CCE 2013, n° 126, obs. Loiseau ; Procédures 2013, n° 341, obs. Nourissat ; RLDA janv. 2014. 53, note de Clavière ; RJ com. 2013. 511, obs. Berlioz.*

10. Contrat de déménagement. Si le contrat de déménagement inclut, certes, le transport des marchandises, son objet n'est cependant pas limité au transport, puisqu'englobant la manutention, voire le rangement du mobilier, de sorte qu'il peut être qualifié, à ce titre, de contrat d'entreprise. La cour d'appel a justement décidé que Mme X devait être considérée comme un consommateur à l'égard de la société de déménagement, professionnelle en la matière, et que l'action en paiement dérivant du contrat de déménagement devait être portée devant la juridiction de son domicile. • Civ. 1re, 4 nov. 2015, n° 14-19.981 P : *Dalloz actualité, 20 nov. 2015, obs. Delpech ; D. 2015. Actu. 2325 ; JCP E 2015, n° 1583 ; CCC 2016, n° 23, obs. Bernheim-Desvaux ; RJDA 2016, n° 588.*

11. Contrat de gestion d'affaires. L'art. 15, § 1, sous c), du Règl. n° 44/2001 du 22 déc. 2000 [équivalent à l'art. 17, 1, sous c), ci-dessus], en tant qu'il vise le contrat conclu dans le cadre d'une activité commerciale ou professionnelle « dirigée » par le professionnel « vers » l'État membre du domicile du consommateur, lu en combinaison avec l'art. 16, § 1, de ce règlement, doit être interprété en ce sens qu'il peut trouver à s'appliquer à un contrat, conclu entre un consommateur et un professionnel, qui n'entre pas en tant que tel dans le domaine de l'activité commerciale ou professionnelle « dirigée » par ce professionnel « vers » l'État membre du domicile du consommateur, mais qui présente un lien étroit avec un contrat conclu auparavant entre les mêmes parties dans le cadre d'une telle activité. Il appartient à la juridiction nationale de vérifier si les éléments constitutifs de ce lien, notamment l'identité, de droit ou de fait, des parties à ces deux contrats, l'identité de l'objectif économique poursuivi au moyen de ceux-ci portant sur le même objet concret et la complémentarité du second contrat au premier contrat, en ce qu'il vise à permettre que soit atteint l'objectif économique poursuivi au moyen de ce dernier contrat, sont réunis. • CJUE 23 déc. 2015, n° C-297/14 : *RTD com. 2016. 361, obs. Marmisse-d'Abbadie d'Arrast ; Procédures 2016, n° 53, obs. Nourissat ; RDC 2016. 279, obs. Haftel ; Europe 2016, n° 81, obs. Idot.*

Art. 18 **1. L'action intentée par un consommateur contre l'autre partie au contrat peut être portée soit devant les juridictions de l'État membre sur le territoire duquel est domiciliée cette partie, soit, quel que soit le domicile de l'autre partie, devant la juridiction du lieu où le consommateur est domicilié.**

2. L'action intentée contre le consommateur par l'autre partie au contrat ne peut être portée que devant les juridictions de l'État membre sur le territoire duquel est domicilié le consommateur.

3. Le présent article ne porte pas atteinte au droit d'introduire une demande reconventionnelle devant la juridiction saisie de la demande originaire conformément à la présente section.

1. Juridiction compétente. Les juridictions de l'État du domicile du consommateur sont compétentes pour connaître d'un litige, en application de l'art. 14, al. 1er, deuxième branche de l'alternative, de la Conv. Bruxelles du 27 sept. 1968 [équivalent à l'art. 18 ci-dessus], si l'autre partie au contrat a son domicile dans un État contractant ou si, en application de l'art. 13, al. 2, de ladite convention [équivalent à l'art. 17, point 2, *supra*], il y a lieu de la traiter comme si tel était le cas. • CJCE 15 sept. 1994 : *D. 1994. IR 228* ; *Rev. crit. DIP 1995. 754, note Libchaber* .

2. Domicile inconnu. Dans une situation telle que celle en cause, dans laquelle un consommateur partie à un contrat de prêt immobilier de longue durée, assorti d'une obligation d'informer le cocontractant de tout changement d'adresse, renonce à son domicile avant l'introduction d'une action à son encontre pour violation de ses obligations contractuelles, les tribunaux de l'État membre sur le territoire duquel se trouve le dernier domicile connu du consommateur sont compétents, au titre de l'art. 16, § 2, du Règl. n° 44/2001 du 22 déc. 2001 [équivalent à l'art. 18, 2, ci-dessus], pour connaître de cette action lorsqu'ils ne parviennent pas à déterminer, en application de l'art. 59 du même règlement, le domicile actuel du défendeur et qu'ils ne disposent pas non plus d'indices probants leur permettant de conclure que celui-ci est effectivement domicilié en dehors du territoire de l'Union européenne. • CJUE 17 nov. 2011 : *Dalloz actualité, 24 nov. 2011, obs. Delpech* ; *D. 2011. Actu. 2876* ; *Rev. crit. DIP 2012. 411, note Requejo et Cuniberti* ; *RLDA déc. 2011. 42, obs. Mathonnière* ; *Europe 2012, n° 53, obs. Idot.* ♦ Ce règlement ne s'oppose pas à l'application d'une disposition du droit procédural interne d'un État membre qui, dans un souci d'éviter une situation de déni de justice, permet de mener une procédure à l'encontre et en l'absence d'une personne dont le domicile n'est pas connu, si la juridiction saisie du litige s'est assurée, avant de statuer sur celui-ci, que toutes les recherches requises par les principes de diligence et de bonne foi ont été entreprises pour retrouver le défendeur. • Même arrêt.

3. Notion d'« autre partie ». La notion d'« autre partie au contrat » prévue à l'art. 16, § 1, du Règl. (CE) n° 44/2001 du 22 déc. 2000 [équivalent à l'art. 18, 1, ci-dessus], doit être interprétée en ce sens qu'elle désigne, dans des circonstances telles que celles en cause au principal, également le cocontractant de l'opérateur auprès duquel le consommateur a conclu ce contrat et qui a son siège sur le territoire de l'État membre du domicile de ce consommateur (contrat de voyage souscrit par internet). • CJUE 14 nov. 2013 : *Dalloz actualité, 25 nov. 2013, obs. Mélin* ; *D. 2013. Actu. 2784* ; *Rev. crit. DIP 2014. 639, note Chalas* ; *Gaz. Pal. 2014. 225, note Prieur* ; *ibid. 511, obs. Piedelièvre* ; *Procédures 2014, n° 8, obs. Nourissat* ; *Europe 2014, n° 49, obs. Idot.*

Art. 19 **Il ne peut être dérogé aux dispositions de la présente section que par des conventions :**

1) postérieures à la naissance du différend ;

2) qui permettent au consommateur de saisir d'autres juridictions que celles indiquées à la présente section ; ou

3) qui, passées entre le consommateur et son cocontractant ayant, au moment de la conclusion du contrat, leur domicile ou leur résidence habituelle dans un même État membre, attribuent compétence aux juridictions de cet État membre, sauf si la loi de celui-ci interdit de telles conventions.

SECTION VI *Compétences exclusives*

Art. 24 **Sont seules compétentes les juridictions ci-après d'un État membre, sans considération de domicile des parties :**

1) en matière de droits réels immobiliers et de baux d'immeubles, les juridictions de l'État membre où l'immeuble est situé.

Toutefois, en matière de baux d'immeubles conclus en vue d'un usage personnel temporaire pour une période maximale de six mois consécutifs, sont également compétentes les juridictions de l'État membre dans lequel le défendeur est domicilié, à condition que le locataire soit une personne physique et que le propriétaire et le locataire soient domiciliés dans le même État membre ;

Jouissance d'immeuble à temps partagé. L'art. 16, 1°, *a)*, de la Conv. Bruxelles du 27 sept. 1968 [équivalent à l'art. 24, point 1 ci-dessus] ne *s'applique pas à un contrat d'adhésion à un club* qui, en contrepartie d'un droit d'adhésion représentant l'élément dominant du prix global, permet aux adhérents d'acquérir un droit d'utilisation à temps partiel sur un bien immobilier uniquement désigné par son type et sa situation et prévoit l'affiliation des adhérents à une organisation permettant un échange de leur droit d'utilisation. • CJCE 13 oct. 2005 : *D. 2005. IR 2704* ; *RTD com. 2006. 941, obs. Marmisse-d'Abbadie d'Arrast* ; *Rev. crit. DIP 2006. 183, obs. Muir Watt* ; *Procédures 2006, n° 81, obs. Nourissat.*

CHAPITRE VI *Dispositions transitoires*

Art. 66 1. Le présent règlement n'est applicable qu'aux actions judiciaires intentées, aux actes authentiques dressés ou enregistrés formellement et aux transactions judiciaires approuvées ou conclues à compter du 10 janvier 2015.

2. Nonobstant l'article 80, le règlement (CE) n° 44/2001 continue à s'appliquer aux décisions rendues dans les actions judiciaires intentées, aux actes authentiques dressés ou enregistrés formellement et aux transactions judiciaires approuvées ou conclues avant le 10 janvier 2015 qui entrent dans le champ d'application dudit règlement.

CHAPITRE VII *Relations avec les autres instruments*

....

Art. 68 1. Le présent règlement remplace, entre les États membres, la convention de Bruxelles de 1968, sauf en ce qui concerne les territoires des États membres qui entrent dans le champ d'application territorial de cette convention et qui sont exclus du présent règlement en vertu de l'article 355 du traité sur le fonctionnement de l'Union européenne.

2. Dans la mesure où le présent règlement remplace entre les États membres les dispositions de la convention de Bruxelles de 1968, toute référence faite à celle-ci s'entend comme faite au présent règlement. – *V. Conv. préc. au* ***C. consom.****, éd. 2012 et antérieures.*

....

CHAPITRE VIII *Dispositions finales*

....

Art. 80 Le présent règlement abroge le règlement (CE) n° 44/2001. Les références faites au règlement abrogé s'entendent comme faites au présent règlement et sont à lire selon le tableau de correspondance figurant à l'annexe III. – *V. Règl. préc. au* ***C. consom.****, éd. 2014 et antérieures.*

Art. 81 Le présent règlement entre en vigueur le vingtième jour suivant celui de sa publication au *Journal officiel de l'Union européenne* [*JOUE L 351 du 20 déc. 2012*].

Il est applicable à partir du 10 janvier 2015, à l'exception des articles 75 et 76, qui sont applicables à partir du 10 janvier 2014.

Directive 2013/11/UE du Parlement européen et du Conseil du 21 mai 2013,

Relative au règlement extrajudiciaire des litiges de consommation (directive relative au RELC) .

Pour la transposition, V. C. consom., art. L. 611-1 s.

BIBL. ▶ BERNHEIM-DESVAUX, *JCP E 2013, n° 1402 ; CCC 2013. Étude 12* (litiges de consommation : règlement extrajudiciaire et règlement en ligne). - PIZZIO, *RLDA sept. 2013. 40* (règlement extrajudiciaire des litiges de consommation : apport des nouveaux textes européens). - PIEDELIÈVRE, *Gaz. Pal. 2013. 2891* (aperçu sur le règlement extrajudiciaire et sur le règlement en ligne des litiges de consommation). - AUBERT DE VINCELLES, *RTD eur. 2013. 575* (protection des consommateurs dans les litiges de consommation).

Règlement (UE) n° 524/2013 du Parlement européen et du Conseil du 21 mai 2013,

Relatif au règlement en ligne des litiges de consommation (règlement relatif au RLLC).

BIBL. ▶ BERNHEIM-DESVAUX, *JCP E 2013, n° 1402 ; CCC 2013. Étude 12* (litiges de consommation : règlement extrajudiciaire et règlement en ligne). - PIZZIO, *RLDA sept. 2013. 40* (règlement extrajudiciaire des litiges de consommation : apport des nouveaux textes européens). - PIEDELIÈVRE, *Gaz. Pal. 2013. 2891* (aperçu sur le règlement extrajudiciaire et sur le règlement en ligne des litiges de consommation). - AUBERT DE VINCELLES, *RTD eur. 2013. 575* (protection des consommateurs dans les litiges de consommation). - GOLA, *RLDI mai 2014. 73* (nouveau cadre de la résolution en ligne des litiges de consommation au sein de l'UE : vers un mode approprié de résolution des conflits ?).

CHAPITRE PREMIER *Dispositions générales*

Art. 1er *Objet.* Le présent règlement a pour objectif, en assurant un niveau élevé de protection des consommateurs, de contribuer au bon fonctionnement du marché intérieur, et notamment de sa dimension numérique, par la mise en place d'une plateforme européenne de RLL (ci-après dénommée "plateforme de RLL") facilitant le règlement indépendant, impartial, transparent, efficace, rapide et équitable, par voie extrajudiciaire, des litiges en ligne entre consommateurs et professionnels.

Art. 2 *Champ d'application.* 1. Le présent règlement s'applique au règlement extrajudiciaire de litiges concernant des obligations contractuelles découlant de contrats de vente ou de service en ligne entre un consommateur résidant dans l'Union et un professionnel établi dans l'Union, par l'intermédiaire d'une entité de REL figurant sur la liste établie conformément à l'article 20, paragraphe 2, de la directive 2013/11/UE *[V. ce texte, supra]* et au moyen de la plateforme de RLL.

2. Le présent règlement s'applique au règlement extrajudiciaire de litiges visés au paragraphe 1, introduits par un professionnel contre un consommateur, dans la mesure où la législation de l'État membre dans lequel le consommateur réside habituellement permet que de tels litiges soient résolus par l'intermédiaire d'une entité de REL.

3. Les États membres indiquent à la Commission si leur législation permet ou non de résoudre les litiges visés au paragraphe 1, introduits par un professionnel contre un consommateur, par l'intermédiaire d'une entité de REL. Lorsqu'elles communiquent la liste visée à l'article 20, paragraphe 2, de la directive 2013/11/UE, les autorités compétentes indiquent à la Commission quelles sont les entités de REL chargées de traiter des litiges de ce type. — *Le § 3 est applicable à partir du 9 juill. 2015.*

4. L'application du présent règlement aux litiges visés au paragraphe 1, introduits par un professionnel contre un consommateur, n'impose aux États membres aucune obligation d'assurer que des entités de REL proposent des procédures pour le règlement extrajudiciaire de tels litiges.

Art. 3 *Relation avec d'autres actes juridiques de l'Union.* Le présent règlement est sans préjudice de la directive 2008/52/CE *[du 21 mai 2008 sur certains aspects de la médiation en matière civile et commerciale]*.

Art. 4 *Définitions.* 1. Aux fins du présent règlement, on entend par :

a) "consommateur", un consommateur au sens de l'article 4, paragraphe 1, point a), de la directive 2013/11/UE ;

b) "professionnel", un professionnel au sens de l'article 4, paragraphe 1, point b), de la directive 2013/11/UE ;

c) "contrat de vente", un contrat de vente au sens de l'article 4, paragraphe 1, point c), de la directive 2013/11/UE ;

d) "contrat de service", un contrat de service au sens de l'article 4, paragraphe 1, point d), de la directive 2013/11/UE ;

e) "contrat de vente ou de service en ligne", un contrat de vente ou de service par lequel le professionnel ou son intermédiaire propose, sur un site internet ou par d'autres moyens électroniques, des biens ou des services que le consommateur commande sur le même site internet ou par d'autres moyens électroniques ;

f) "place de marché en ligne", un prestataire de services, au sens de l'article 2, point b), de la directive 2000/31/CE du Parlement européen et du Conseil du 8 juin 2000 relative à certains aspects juridiques des services de la société de l'information, et notamment du commerce électronique, dans le marché intérieur ("directive sur le commerce électronique"), qui permet aux consommateurs et aux professionnels de conclure des contrats de vente ou de service en ligne sur le site internet de la place de marché en ligne ;

g) "moyens électroniques", des équipements électroniques de traitement (y compris la compression numérique) et de stockage des données, qui sont entièrement transmises, acheminées et reçues par câble, par radio, par des moyens optiques ou par d'autres moyens électromagnétiques ;

h) "procédure de règlement extrajudiciaire des litiges" ou "procédure de REL", la procédure visant à régler en dehors du cadre juridictionnel les litiges visés à l'article 2 du présent règlement ;

i) "entité de règlement extrajudiciaire des litiges" ou "entité de REL", une entité de REL au sens de l'article 4, paragraphe 1, point h), de la directive 2013/11/UE ;

j) "plaignant", le consommateur ou le professionnel ayant introduit une plainte via la plateforme de RLL ;

k) "défendeur", le consommateur ou le professionnel à l'encontre duquel une plainte a été introduite via la plateforme de RLL ;

l) "autorité compétente", une autorité publique au sens de l'article 4, paragraphe 1, point i), de la directive 2013/11/UE ;

m) "données à caractère personnel", toute information concernant une personne physique identifiée ou identifiable (ci-après dénommée "personne concernée") ; est réputée identifiable une personne qui peut être identifiée, directement ou indirectement, notamment par référence à un numéro d'identification ou à un ou plusieurs éléments spécifiques, propres à l'identité physique, physiologique, psychique, économique, culturelle ou sociale de cette personne.

2. Le lieu d'établissement du professionnel et de l'entité de REL est déterminé, respectivement, conformément à l'article 4, paragraphes 2 et 3, de la directive 2013/11/UE.

CHAPITRE II *Plateforme de RLL*

Art. 5 *Mise en place de la plateforme de RLL.* 1. La Commission développe la plateforme de RLL et est responsable de son fonctionnement, y compris de toutes les fonctions de traduction nécessaires aux fins du présent règlement, ainsi que de sa maintenance, de son financement et de la sécurité des données. La plateforme de RLL est conviviale. Il convient de veiller à ce que le développement, le fonctionnement et la maintenance de la plateforme de RLL se fassent dans le respect de la vie privée des utilisateurs dès la phase de la conception (protection intégrée de la vie privée) et à ce que la plateforme de RLL soit accessible à tous et utilisable par tous, y compris les utilisateurs vulnérables (conception universelle), dans la mesure du possible. — *Le § 1 est applicable à partir du 8 juill. 2013.*

2. La plateforme de RLL est un guichet unique pour les consommateurs et les professionnels souhaitant régler, par voie extrajudiciaire, des litiges relevant du présent règlement. Elle consiste en un site internet interactif accessible en ligne et gratuitement dans toutes les langues officielles des institutions de l'Union.

3. La Commission donne accès, s'il y a lieu, à la plateforme de RLL via ses sites internet qui fournissent des informations aux citoyens et aux entreprises de l'Union, notamment via le portail "L'Europe est à vous" créé conformément à la décision 2004/387/CE.

4. La plateforme de RLL a pour fonctions :

a) de fournir un formulaire de plainte électronique pouvant être rempli par le plaignant conformément à l'article 8 ;

b) d'informer le défendeur qu'une plainte a été introduite ;

c) d'identifier la ou les entités de REL compétentes et de transmettre la plainte à l'entité de REL à laquelle les parties sont convenues de recourir, conformément à l'article 9 ;

d) de proposer un outil gratuit de gestion électronique des dossiers qui permette aux parties et à l'entité de REL de mener en ligne la procédure de règlement des litiges par l'intermédiaire de la plateforme de RLL ;

e) de fournir aux parties et à l'entité de REL la traduction des informations nécessaires au règlement du litige et échangées via la plateforme de RLL ;

f) de fournir un formulaire électronique à l'aide duquel les entités de REL transmettent les informations visées à l'article 10, point c) ;

g) de fournir un système de retour d'informations permettant aux parties de donner leur avis sur le fonctionnement de la plateforme de RLL et sur l'entité de REL qui a traité le litige ;

h) de mettre à la disposition du public les éléments suivants :

i) des informations à caractère général sur le REL en tant que moyen de résolution extrajudiciaire des litiges ;

ii) des informations relatives aux entités de REL figurant sur la liste établie conformément à l'article 20, paragraphe 2, de la directive 2013/11/UE qui sont compétentes pour traiter les litiges relevant du présent règlement ;

iii) un guide en ligne sur la manière d'introduire une plainte via la plateforme de RLL ;

iv) des informations, y compris les coordonnées, concernant les points de contact pour le RLL désignés par les États membres conformément à l'article 7, paragraphe 1, du présent règlement ;

v) des données statistiques sur l'issue des litiges transmis aux entités de REL via la plateforme de RLL.

5. La Commission veille à ce que les informations visées au paragraphe 4, point h), soient exactes, tenues à jour et fournies de manière claire, compréhensible et aisément accessible.

6. Les entités de REL figurant sur la liste établie conformément à l'article 20, paragraphe 2, de la directive 2013/11/UE qui sont compétentes pour traiter les litiges relevant du présent règlement sont enregistrées par voie électronique sur la plateforme de RLL.

7. La Commission adopte, par voie d'actes d'exécution, des mesures portant sur les modalités d'exercice des fonctions prévues au paragraphe 4 du présent article. Ces actes d'exécution sont adoptés en conformité avec la procédure d'examen visée à l'article 16, paragraphe 3, du présent règlement. — *Le § 7 est applicable à partir du 8 juill. 2013. — V. Règl. d'exécution (UE) 2015/1051 du 1er juill. 2015, infra.*

Art. 6 *Tests de la plateforme de RLL.* 1. Au plus tard le 9 janvier 2015, la Commission teste les fonctionnalités techniques et la convivialité de la plateforme de RLL et du formulaire de plainte, y compris en ce qui concerne la traduction. Les tests sont effectués et évalués en coopération avec des experts en RLL des États membres et des représentants des consommateurs et des professionnels. La Commission présente au Parlement européen et au Conseil un rapport sur le résultat des tests et prend les mesures appropriées pour régler les éventuels problèmes afin d'assurer le fonctionnement effectif de la plateforme de RLL.

2. Dans le rapport visé au paragraphe 1 du présent article, la Commission décrit aussi les mesures techniques et organisationnelles qu'elle entend prendre pour que la plateforme de RLL satisfasse aux exigences en matière de respect de la vie privée énoncées dans le règlement (CE) n° 45/2001. — *L'art. 6 est applicable à partir du 8 juill. 2013.*

Art. 7 *Réseau de points de contact pour le RLL.* 1. Chaque État membre désigne un point de contact pour le RLL et communique son nom et ses coordonnées à la Commission. Les États membres peuvent conférer la responsabilité des points de contact pour le RLL à leurs centres membres du réseau des Centres européens des consommateurs, à des associations de consommateurs ou à tout autre organisme. Chaque point de contact pour le RLL comprend au moins deux conseillers pour le RLL. — *Le § 1 est applicable à partir du 9 juill. 2015.*

2. Les points de contact pour le RLL apportent leur aide pour le règlement de litiges portant sur des plaintes introduites via la plateforme de RLL en s'acquittant des fonctions suivantes :

a) faciliter, sur demande, la communication entre les parties et l'entité de REL compétente, ce qui consiste, notamment, à :

i) aider à introduire la plainte et, le cas échéant, à transmettre les documents pertinents ;

ii) fournir aux parties et aux entités de REL des informations générales sur les droits des consommateurs relatifs aux contrats de vente et de service qui s'appliquent dans l'État membre du point de contact pour le RLL disposant du conseiller concerné pour le RLL ;

iii) fournir des informations sur le fonctionnement de la plateforme de RLL ;

iv) fournir aux parties des explications sur les règles de procédure appliquées par les entités de REL identifiées ;

v) informer le plaignant des autres moyens de recours lorsqu'un litige ne peut être résolu via la plateforme de RLL ;

b) présenter tous les deux ans à la Commission et aux États membres un rapport d'activité reposant sur l'expérience pratique tirée de l'exercice de leurs fonctions.

3. Le point de contact pour le RLL n'est pas tenu d'assumer les fonctions énumérées au paragraphe 2 dans le cas de litiges dans lesquels les parties résident habituellement dans le même État membre.

4. Nonobstant le paragraphe 3, les États membres peuvent décider, compte tenu des circonstances nationales, que le point de contact pour le RLL assume une ou plusieurs des fonctions énumérées au paragraphe 2 dans le cas de litiges dans lesquels les parties résident habituellement dans le même État membre.

5. La Commission met en place un réseau de points de contact (ci-après dénommé "réseau des points de contact pour le RLL") qui permet une coopération entre les points

de contact et contribue à l'accomplissement des fonctions énumérées au paragraphe 2. — *Le § 5 est applicable à partir du 9 juill. 2015.*

6. Au moins deux fois par an, la Commission réunit les membres du réseau de points de contact pour le RLL afin de permettre l'échange des meilleures pratiques et l'examen de tout problème récurrent survenu dans le fonctionnement de la plateforme de RLL.

7. La Commission adopte, par voie d'actes d'exécution, les règles relatives aux modalités de la coopération entre les points de contact pour le RLL. Ces actes d'exécution sont adoptés en conformité avec la procédure d'examen visée à l'article 16, paragraphe 3. — *Le § 7 est applicable à partir du 8 juill. 2013. — V. Règl. d'exécution (UE) 2015/1051 du 1er juill. 2015, infra.*

Art. 8 *Introduction d'une plainte.* 1. Afin d'introduire une plainte sur la plateforme de RLL, le plaignant remplit un formulaire de plainte électronique. Le formulaire de plainte est facile d'utilisation et aisément accessible sur la plateforme de RLL.

2. Les informations transmises par le plaignant suffisent à déterminer l'entité de REL compétente. Ces informations sont énumérées à l'annexe du présent règlement. A l'appui de sa plainte, le plaignant peut joindre tout document.

3. Afin de prendre en compte les critères selon lesquels les entités de REL, qui sont énumérées conformément à l'article 20, paragraphe 2, de la directive 2013/11/UE et qui traitent les litiges relevant du présent règlement, définissent leurs domaines de compétences respectifs, la Commission est habilitée à adopter des actes délégués en conformité avec l'article 17 du présent règlement pour adapter les informations figurant à l'annexe du présent règlement. — *Le § 3 est applicable à partir du 8 juill. 2013.*

4. La Commission définit les règles relatives aux modalités du formulaire de plainte électronique par voie d'actes d'exécution. Ces actes d'exécution sont adoptés en conformité avec la procédure consultative visée à l'article 16, paragraphe 2. — *Le § 4 est applicable à partir du 8 juill. 2013. — V. Règl. d'exécution (UE) 2015/1051 du 1er juill. 2015, infra.*

5. Seules les données précises, pertinentes et non disproportionnées par rapport aux objectifs pour lesquels elles sont collectées sont traitées via le formulaire de plainte électronique et ses pièces jointes.

Art. 9 *Traitement et transmission d'une plainte.* 1. Une plainte introduite sur la plateforme de RLL est traitée si toutes les rubriques nécessaires du formulaire de plainte électronique ont été remplies.

2. Si le formulaire de plainte n'est pas intégralement rempli, le plaignant est informé que la plainte ne peut pas être traitée à moins que les informations manquantes ne soient fournies.

3. A la réception du formulaire de plainte intégralement rempli, la plateforme de RLL transmet au défendeur, sous une forme facilement compréhensible, sans délai et dans une des langues officielles des institutions de l'Union choisie par cette partie, la plainte accompagnée des données suivantes :

a) la nécessité pour les parties de convenir d'une entité de REL à laquelle la plainte doit être transmise et, si elles ne parviennent pas à un accord ou si aucune entité de REL compétente n'est identifiée, l'abandon de la procédure ;

b) des informations sur l'entité ou les entités de REL compétentes pour traiter la plainte si elles sont mentionnées dans le formulaire de plainte électronique ou identifiées par la plateforme de RLL sur la base des informations fournies dans ce formulaire ;

c) dans le cas où le défendeur est un professionnel, une demande l'invitant à indiquer dans un délai de dix jours calendaires :

— s'il prend l'engagement ou est tenu de recourir à une entité spécifique de REL pour résoudre des litiges avec des consommateurs, et

— à moins qu'il ne soit tenu de recourir à une entité spécifique de REL, s'il est disposé à recourir à une ou des entités de REL visées au point b) ;

d) dans le cas où le défendeur est un consommateur et où le professionnel est tenu de recourir à une entité spécifique de REL, une demande l'invitant à accepter dans un délai de dix jours calendaires de recourir à cette entité de REL, ou dans le cas où le professionnel n'est pas tenu de recourir à une entité spécifique de REL, une demande l'invitant à choisir une ou plusieurs des entités de REL visées au point b) ;

e) le nom et les coordonnées du point de contact de RLL de l'État membre où le défendeur est établi ou réside habituellement, ainsi qu'une brève description des fonctions visées à l'article 7, paragraphe 2, point a) ;

4. A la réception des informations visées au paragraphe 3, point c) ou d), que le défendeur lui a transmises, la plateforme de RLL communique au plaignant, sous une forme facilement compréhensible, sans délai et dans une des langues officielles des institutions de l'Union choisie par cette partie, les informations suivantes :

a) les informations visées au paragraphe 3, point a) ;

b) dans le cas où le plaignant est un consommateur, des informations sur l'entité ou les entités de REL indiquées par le professionnel conformément au paragraphe 3, point c), et une demande l'invitant à accepter dans un délai de dix jours calendaires de recourir à une entité de REL ;

c) dans le cas où le plaignant est un professionnel et qu'il n'est pas tenu de recourir à une entité spécifique de REL, les informations sur l'entité ou les entités de REL indiquées par le consommateur conformément au paragraphe 3, point d), et une demande l'invitant à accepter dans un délai de dix jours calendaires de recourir à une entité de REL ;

d) le nom et les coordonnées du point de contact de RLL de l'État membre où le plaignant est établi ou réside habituellement, ainsi qu'une brève description des fonctions visées à l'article 7, paragraphe 2, point a).

5. Les informations visées au paragraphe 3, point b), et au paragraphe 4, points b) et c), comportent une description des caractéristiques ci-après de chaque entité de REL :

a) le nom, les coordonnées et l'adresse du site internet de l'entité de REL ;

b) les frais de la procédure de REL, le cas échéant ;

c) la ou les langues dans lesquelles la procédure de REL peut se dérouler ;

d) la durée moyenne de la procédure de REL ;

e) la nature contraignante ou non de l'issue de la procédure de REL ;

f) les motifs pour lesquels l'entité de REL peut refuser de traiter un litige donné conformément à l'article 5, paragraphe 4, de la directive 2013/11/UE.

6. La plateforme de RLL transmet automatiquement et sans délai la plainte à l'entité de REL à laquelle les parties sont convenues de recourir conformément aux paragraphes 3 et 4.

7. L'entité de REL à laquelle la plainte a été transmise fait savoir sans délai aux parties si elle accepte ou refuse de traiter le litige conformément à l'article 5, paragraphe 4, de la directive 2013/11/UE. L'entité de REL qui a accepté de traiter le litige communique aussi aux parties ses règles de procédure et, le cas échéant, les coûts de la procédure de règlement des litiges concernée.

8. Lorsque les parties ne parviennent pas, dans les trente jours calendaires suivant l'introduction du formulaire de plainte, à convenir d'une entité de REL ou si l'entité de REL refuse de traiter le litige, la plainte est abandonnée. Le plaignant est informé qu'il peut se mettre en rapport avec un conseiller pour le RLL afin d'obtenir des informations générales sur d'autres voies de recours.

Art. 10 *Règlement du litige.* Une entité de REL qui a accepté de traiter un litige conformément à l'article 9 du présent règlement :

a) clôture la procédure de REL dans le délai visé à l'article 8, point e), de la directive 2013/11/UE ;

b) n'exige pas la présence physique des parties ou de leurs représentants, à moins que ses règles de procédure prévoient cette possibilité et que les parties en conviennent ;

c) communique sans délai les informations suivantes à la plateforme de RLL :

i) la date de réception du dossier de plainte ;

ii) l'objet du litige ;

iii) la date de clôture de la procédure de REL ;

iv) l'issue de la procédure de REL ;

d) n'est pas tenu de mener une procédure de REL via la plateforme de RLL.

Art. 11 *Base de données.* La Commission prend les mesures nécessaires pour constituer et tenir à jour une base de données électronique contenant les informations traitées conformément à l'article 5, paragraphe 4, et à l'article 10, point c), en tenant dûment compte de l'article 13, paragraphe 2. — *L'art. 11 est applicable à partir du 8 juill. 2013.*

Art. 12 *Traitement des données à caractère personnel.* 1. L'accès aux informations, y compris aux données à caractère personnel, liées à un litige et stockées dans la base de données visée à l'article 11 est uniquement accordé, aux fins prévues à l'article 10, à l'entité de REL à laquelle le litige a été transmis conformément à l'article 9. L'accès à ces informations est également accordé aux points de contact pour le RLL, dans la mesure où cela est nécessaire, aux fins visées à l'article 7, paragraphes 2 et 4.

2. La Commission a accès aux informations traitées conformément à l'article 10 pour assurer le suivi de l'utilisation et du fonctionnement de la plateforme de RLL et pour rédiger les rapports visés à l'article 21. Elle traite les données à caractère personnel des utilisateurs de la plateforme de RLL dans la mesure où cela est nécessaire au fonctionnement et à la maintenance de la plateforme de RLL, y compris pour assurer le suivi de l'utilisation de la plateforme de RLL par les entités de REL et les points de contact pour le RLL.

3. Les données à caractère personnel se rapportant à un litige ne sont conservées dans la base de données visée au paragraphe 1 du présent article que pour la durée nécessaire à la réalisation des objectifs pour lesquels elles ont été collectées et pour permettre aux personnes concernées d'accéder à leurs données à caractère personnel afin d'exercer leurs droits et elles sont automatiquement supprimées au plus tard six mois après la date de clôture du litige transmise à la plateforme de RLL conformément à l'article 10, point c) iii). Cette période de conservation s'applique également aux données à caractère personnel incluses dans les dossiers nationaux par l'entité de REL ou le point de contact pour le RLL qui a traité le litige concerné, sauf si les règles de procédure appliquées par l'entité de REL ou toute disposition spécifique du droit national prévoient une période de conservation plus longue.

4. Chaque conseiller pour le RLL est considéré comme responsable du traitement, conformément à l'article 2, point d), de la directive 95/46/CE, en ce qui concerne ses propres activités de traitement des données réalisées au titre du présent règlement et est chargé de veiller à ce que ces activités soient conformes à la législation nationale adoptée en vertu de la directive 95/46/CE dans l'État membre du point de contact pour le RLL disposant du conseiller pour le RLL.

5. Chaque entité de REL est considérée comme responsable du traitement, conformément à l'article 2, point d), de la directive 95/46/CE, en ce qui concerne ses propres activités de traitement des données réalisées au titre du présent règlement et est chargée de veiller à ce que ces activités soient conformes à la législation nationale adoptée en vertu de la directive 95/46/CE dans l'État membre dans lequel l'entité de REL est établie.

6. En ce qui concerne les responsabilités qui lui incombent en vertu du présent règlement et le traitement des données à caractère personnel que cela suppose, la Commission est considérée comme responsable du traitement conformément à l'article 2, point d), du règlement (CE) n° 45/2001.

Art. 13 *Confidentialité et sécurité des données.* 1. Les points de contact pour le RLL sont soumis aux règles du secret professionnel ou autres obligations équivalentes de confidentialité définies par la législation de l'État membre concerné.

2. Pour garantir la sécurité des informations traitées en vertu du présent règlement, la Commission prend les mesures techniques et organisationnelles appropriées, dont un contrôle approprié de l'accès aux données, un plan de sécurité et la gestion des incidents de sécurité, conformément à l'article 22 du règlement (CE) n° 45/2001.

Art. 14 *Information des consommateurs.* 1. Les professionnels établis dans l'Union participant à des contrats de vente ou de service en ligne et les places de marché en ligne établies dans l'Union incluent, sur leur site internet, un lien électronique vers la plateforme de RLL. Ce lien est aisément accessible aux consommateurs. Les professionnels établis dans l'Union participant à des contrats de vente ou de service en ligne indiquent aussi leur adresse électronique.

2. Les professionnels établis dans l'Union, participant à des contrats de vente ou de service en ligne, qui prennent l'engagement ou sont tenus de recourir à une ou plusieurs entités de REL pour résoudre des litiges avec des consommateurs informent les consommateurs de l'existence de la plateforme de RLL et de la possibilité d'y recourir pour régler leurs litiges. Ils fournissent un lien électronique vers la plateforme de RLL sur leur site internet et, si l'offre est faite par courrier électronique, dans ce courrier électronique. Ces

informations sont aussi fournies, le cas échéant, dans les conditions générales applicables aux contrats de vente et de service en ligne.

3. Les paragraphes 1 et 2 du présent article sont sans préjudice de l'article 13 de la directive 2013/11/UE et des dispositions relatives à l'information des consommateurs sur les procédures de recours extrajudiciaires figurant dans d'autres actes juridiques de l'Union, qui s'appliquent en plus du présent article.

4. La liste des entités de REL visées à l'article 20, paragraphe 4, de la directive 2013/11/UE et ses mises à jour sont publiées sur la plateforme de RLL.

5. Les États membres veillent à ce que les entités de REL, les centres membres du réseau des Centres européens des consommateurs, les autorités compétentes définies à l'article 18, paragraphe 1, de la directive 2013/11/UE et, le cas échéant, les organismes désignés conformément à l'article 14, paragraphe 2, de la directive 2013/11/UE fournissent un lien électronique vers la plateforme de RLL.

6. Les États membres encouragent les associations de consommateurs et les associations professionnelles à fournir un lien électronique vers la plateforme de RLL.

7. Lorsque les professionnels sont tenus de fournir des informations conformément aux paragraphes 1 et 2 et aux dispositions visées au paragraphe 3, ils les fournissent si possible en une fois.

Art. 15 *Rôle des autorités compétentes.* L'autorité compétente de chaque État membre évalue si les entités de REL établies dans cet État membre se conforment aux obligations énoncées dans le présent règlement.

CHAPITRE III *Dispositions finales*

Art. 16 *Comité.* 1. La Commission est assistée par un comité. Ledit comité est un comité au sens du règlement (UE) n° 182/2011.

2. Lorsqu'il est fait référence au présent paragraphe, l'article 4 du règlement (UE) n° 182/2011 s'applique.

3. Lorsqu'il est fait référence au présent paragraphe, l'article 5 du règlement (UE) n° 182/2011 s'applique.

4. Lorsque l'avis du comité visé aux paragraphes 2 et 3 doit être obtenu par procédure écrite, ladite procédure est close sans résultat lorsque, dans le délai fixé pour émettre un avis, le président du comité le décide ou la majorité simple des membres du comité le demandent. — *L'art. 16 est applicable à partir du 8 juill. 2013.*

Art. 17 *Exercice de la délégation.* 1. Le pouvoir d'adopter des actes délégués conféré à la Commission est soumis aux conditions fixées au présent article.

2. Le pouvoir d'adopter des actes délégués visé à l'article 8, paragraphe 3, est conféré pour une durée indéterminée à compter du 8 juillet 2013.

3. La délégation de pouvoir visée à l'article 8, paragraphe 3, peut être révoquée à tout moment par le Parlement européen ou le Conseil. La décision de révocation met fin à la délégation de pouvoir qui y est précisée. La révocation prend effet le jour suivant celui de la publication de ladite décision au *Journal officiel de l'Union européenne* ou à une date ultérieure qui est précisée dans ladite décision. Elle ne porte pas atteinte à la validité des actes délégués déjà en vigueur.

4. Aussitôt qu'elle adopte un acte délégué, la Commission le notifie au Parlement européen et au Conseil simultanément.

5. Un acte délégué adopté en vertu de l'article 8, paragraphe 3, n'entre en vigueur que si le Parlement européen ou le Conseil n'a pas exprimé d'objections dans un délai de deux mois à compter de la notification de cet acte au Parlement européen ou si, avant l'expiration de ce délai, le Parlement européen et le Conseil ont tous deux informé la Commission de leur intention de ne pas exprimer d'objections. Ce délai est prolongé de deux mois à l'initiative du Parlement européen ou du Conseil. — *L'art. 17 est applicable à partir du 8 juill. 2013.*

Art. 18 *Sanctions.* Les États membres déterminent le régime des sanctions applicables aux violations du présent règlement et prennent toutes les mesures nécessaires pour assurer la mise en œuvre de ce régime. Les sanctions ainsi prévues doivent être effectives, proportionnées et dissuasives.

Art. 19 *Modification du règlement (CE) n° 2006/2004.*

Art. 20 *Modification de la directive 2009/22/CE. — V. art. 1er, 6 et annexe I de la Dir. 2009/22/CE du 23 avr. 2009, ss. C. consom., art. L. 621-8.*

Art. 21 *Rapports.* **1. La Commission fait rapport au Parlement européen et au Conseil sur le fonctionnement de la plateforme de RLL chaque année et pour la première fois un an après qu'elle est devenue opérationnelle.**

2. Au plus tard le 9 juillet 2018 et ensuite tous les trois ans, la Commission présente au Parlement européen et au Conseil un rapport sur l'application du présent règlement, en particulier sur la convivialité du formulaire de plainte et sur la nécessité éventuelle d'adapter la liste des informations figurant dans l'annexe du présent règlement. Ce rapport est assorti, le cas échéant, de propositions de modification du présent règlement.

3. Lorsque les rapports visés aux paragraphes 1 et 2 doivent être présentés la même année, seul un rapport conjoint est présenté.

Art. 22 *Entrée en vigueur.* **1. Le présent règlement entre en vigueur le vingtième jour suivant celui de sa publication au *Journal officiel de l'Union européenne*** *[JOUE L 165 du 18 juin 2013].*

2. Le présent règlement est applicable à partir du 9 janvier 2016, à l'exception des dispositions suivantes :

— l'article 2, paragraphe 3, et l'article 7, paragraphes 1 et 5, qui sont applicables à partir du 9 juillet 2015,

— l'article 5, paragraphes 1 et 7, l'article 6, l'article 7, paragraphe 7, l'article 8, paragraphes 3 et 4, et les articles 11, 16 et 17 qui sont applicables à partir du 8 juillet 2013.

ANNEXE

INFORMATIONS À FOURNIR LORS DE L'INTRODUCTION D'UNE PLAINTE

1) Qualité du plaignant (consommateur ou professionnel).

2) Nom, adresse électronique et adresse du consommateur.

3) Nom, adresse électronique, adresse du site internet et adresse du professionnel.

4) Nom, adresse électronique et adresse du représentant du plaignant, le cas échéant.

5) La ou les langues du plaignant ou de son représentant, le cas échéant.

6) Langue du défendeur, si elle est connue.

7) Type de biens ou de services concernés par la plainte.

8) Le bien ou le service a-t-il été proposé par le professionnel et a-t-il fait l'objet d'une commande par le consommateur sur un site internet ou par un autre moyen électronique ?

9) Prix du bien ou du service acheté.

10) Date d'achat du bien ou du service par le consommateur.

11) Le consommateur a-t-il pris directement contact avec le professionnel ?

12) Le litige est-il ou a-t-il été précédemment examiné par une entité de REL ou une juridiction ?

13) Type de plainte.

14) Description de la plainte.

15) Si le plaignant est un consommateur, les entités de REL auxquelles le professionnel est tenu de recourir ou s'est engagé à recourir conformément à l'article 13, paragraphe 1, de la directive 2013/11/UE, si elles sont connues.

16) Si le plaignant est un professionnel, l'entité ou les entités de REL auxquelles il s'engage à recourir ou est tenu de recourir.

Règlement d'exécution (UE) 2015/1051 de la Commission du 1er juillet 2015,

Définissant les modalités d'exercice des fonctions de la plate-forme de règlement en ligne des litiges, les modalités du formulaire de plainte électronique et les modalités de la coopération entre les points de contact prévues au titre du règlement (UE) nº 524/2013 du Parlement européen et du Conseil relatif au règlement en ligne des litiges de consommation.

Art. 1er *Objet.* **Le présent règlement définit les modalités :**

a) du formulaire de plainte électronique ;

b) d'exercice des fonctions de la plate-forme de RLL ;

c) de la coopération entre les points de contact pour le RLL.

Art. 2 *Formulaire de plainte électronique.* Le formulaire de plainte électronique à soumettre via la plate-forme de RLL est accessible aux consommateurs et aux professionnels dans toutes les langues officielles des institutions de l'Union. Le plaignant a la possibilité de sauvegarder un projet de formulaire de plainte électronique sur la plate-forme de RLL. Le plaignant a la possibilité d'accéder au projet et de l'éditer avant d'introduire la version finale du formulaire de plainte électronique intégralement rempli. Le projet de formulaire de plainte électronique qui n'est pas intégralement rempli et introduit est automatiquement supprimé de la plate-forme de RLL six mois après sa création.

Art. 3 *Information du défendeur.* Dès réception du formulaire de plainte électronique intégralement rempli, la plate-forme de RLL envoie un message électronique standard à l'adresse électronique du défendeur indiquée par le plaignant dans le formulaire de plainte électronique, l'informant qu'une plainte a été introduite à son encontre et rendant accessibles les données visées à l'article 9, paragraphe 3, du règlement (UE) n° 524/2013.

Art. 4 *Identification de l'entité de règlement extrajudiciaire des litiges (REL).* 1. Lorsqu'aucune entité de REL compétente n'est mentionnée dans le formulaire de plainte électronique, la plate-forme de RLL propose au défendeur une liste indicative des entités de REL afin de faciliter l'identification de l'entité de REL compétente. La liste est fondée sur les critères suivants :

a) l'adresse géographique des parties au litige, telle qu'elle est indiquée dans le formulaire de plainte électronique conformément à l'annexe du règlement (UE) n° 524/2013 ; et

b) le domaine sur lequel porte le litige.

2. Les parties ont accès à tout moment à la liste de toutes les entités de REL enregistrées sur la plate-forme conformément à l'article 5, paragraphe 6, du règlement (UE) n° 524/2013. Un outil de recherche, disponible sur la plate-forme de RLL, aide les parties à identifier l'entité de REL compétente pour traiter leur litige parmi les entités de REL enregistrées sur la plate-forme de RLL.

Art. 5 *Informations à fournir par les entités de REL.* 1. Les entités de REL auxquelles une plainte a été transmise via la plate-forme de RLL et qui ont accepté de traiter un litige communiquent à la plate-forme de RLL, sans délai après la réception du dossier complet de plainte relatif au litige, la date de réception du dossier complet de plainte et l'objet du litige.

2. La date de réception du dossier complet de plainte marque le début du délai de 90 jours calendaires visé à l'article 8, point e), de la directive 2013/11/UE du Parlement européen et du Conseil.

3. Les entités de REL auxquelles une plainte a été transmise via la plate-forme de RLL et qui refusent de traiter un litige communiquent leur refus à la plate-forme de RLL sans délai après leur prise de décision conformément à l'article 5, paragraphe 4, de la directive 2013/11/UE.

4. Les entités de REL auxquelles une plainte a été transmise via la plate-forme de RLL communiquent à la plate-forme de RLL, sans délai après la clôture du litige, la date de clôture de la procédure de REL ainsi que son issue. Cela inclut la situation dans laquelle l'une des deux parties, ou les deux, se retirent de la procédure conformément à l'article 9, paragraphe 2, point a), de la directive 2013/11/UE.

Art. 6 *Clôture de certains litiges et suppression des données à caractère personnel.* 1. Un litige soumis via la plate-forme de RLL n'est pas traité, notamment, lorsque :

a) le défendeur indique qu'il ne souhaite pas avoir recours à une entité de REL ;

b) les parties ne parviennent pas, dans les trente jours calendaires suivant l'introduction du formulaire de plainte électronique, à convenir d'une entité de REL pour traiter leur litige ;

c) l'entité de REL convenue par les parties refuse de traiter le litige,

et est réputé terminé. La date de survenue de l'un des événements visés aux points a) à c) est la date de clôture du litige concerné.

2. Les données à caractère personnel liées aux litiges visés aux points a) à c) du paragraphe 1 sont supprimées de la plate-forme au plus tard six mois après leur clôture.

Art. 7 *Notification électronique de la liste des entités de REL.* 1. Afin de notifier la liste des entités de REL visée à l'article 20, paragraphe 2, de la directive 2013/11/UE, les autorités compétentes telles que définies à l'article 4, paragraphe 1, point i), de la directive 2013/11/UE utilisent un formulaire électronique standard fourni par la Commission.

2. Le formulaire électronique standard rempli contient les informations visées à l'article 20, paragraphe 2, de la directive 2013/11/UE ainsi que les informations sur la durée moyenne de la procédure de REL visée à l'article 9, paragraphe 5, point d), du règlement (UE) n° 524/2013 et à l'article 19, paragraphe 1, point e), de la directive 2013/11/UE.

Art. 8 *Système de retour d'informations.* La plate-forme de RLL permet aux parties concernées par un litige de donner leur avis conformément à l'article 5, paragraphe 4, point g), du règlement (UE) n° 524/2013 dès la clôture de la procédure de REL et pendant les six mois qui suivent.

Art. 9 *Coopération entre les points de contact pour le RLL.* 1. Les points de contact pour le RLL apportent, au mieux de leurs possibilités, leur aide pour le règlement de litiges portant sur des plaintes introduites via la plate-forme de RLL conformément à l'article 7, paragraphe 2, du règlement (UE) n° 524/2013.

2. Les conseillers pour le RLL fournissent une assistance et échangent des informations sans tarder avec les conseillers dans d'autres points de contact pour le RLL en vue de faciliter l'accomplissement de leurs fonctions énumérées à l'article 7, paragraphe 2, du règlement (UE) n° 524/2013.

3. Les conseillers pour le RLL qui ont accès à des informations, y compris des données à caractère personnel, concernant un litige accordent l'accès à ces informations aux conseillers dans d'autres points de contact pour le RLL dans la mesure où cela s'avère nécessaire pour l'accomplissement des fonctions visées à l'article 7, paragraphe 2, du règlement (UE) n° 524/2013.

Art. 10 *Entrée en vigueur.* Le présent règlement entre en vigueur le vingtième jour suivant celui de sa publication au *Journal officiel de l'Union européenne [JOUE L 171 du 2 juill. 2015]*.

CONSERVES

Décret n° 55-241 du 10 février 1955,

Portant règlement d'administration publique pour l'application, en ce qui concerne le commerce des conserves et semi-conserves alimentaires, de la loi du 1er août 1905, modifiée et complétée, sur la répression des fraudes.

TITRE PREMIER Dispositions générales – Définitions

Art. 1er Les dispositions du présent décret sont applicables aux conserves et semi-conserves destinées à l'alimentation humaine détenues en vue de la vente, mises en vente ou vendues, quelle que soit leur provenance et sans préjudice de l'application du décret du 9 mai 1949 aux conserves exportées.

Toutefois, ces dispositions ne concernent pas les laits en boîte, les laits concentrés et laits en poudre.

Art. 2 Sont considérées comme « conserves », au sens du présent décret, les denrées alimentaires d'origine végétale ou animale, périssables, dont la conservation est assurée par l'emploi combiné des deux techniques suivantes :

1° *Conditionnement* dans un récipient étanche aux liquides, aux gaz et aux micro-organismes à toute température inférieure à 55 degrés ;

2° Traitement par la chaleur, ou par tout autre mode autorisé par arrêté pris de concert entre les ministres de l'agriculture, de la santé publique et de la population, de l'industrie et du commerce ou, le cas échéant, du ministre chargé de la marine marchande. Ce traitement doit avoir pour but de détruire ou d'inhiber totalement, d'une part, les enzymes, d'autre part, les micro-organismes et leurs toxines, dont la présence ou la prolifération pourrait altérer la denrée considérée ou la rendre impropre à l'alimentation humaine.

Sont considérées comme semi-conserves au sens du présent décret, les denrées alimentaires d'origine végétale ou animale, périssables, conditionnées en récipients étanches aux liquides, et ayant subi, en vue d'assurer une conservation plus limitée, un traitement autorisé par arrêté pris dans les conditions susvisées.

Il est interdit de détenir en vue de la vente, de mettre en vente ou de vendre, sous le nom de conserves ou de semi-conserves ou sous des appellations similaires, des produits ne remplissant pas les conditions fixées ci-dessus.

Art. 3 Des arrêtés concertés pris par le ministre de l'agriculture et par le ministre de la santé publique et de la population, après avis du conseil supérieur d'hygiène publique de France, pourront fixer les règles d'hygiène auxquelles devront satisfaire la fabrication, la détention en vue de la vente, la mise en vente ou la vente des conserves et semi-conserves visées par le présent décret, ainsi que les conditions bactériologiques exigées pour des produits finis.

Les arrêtés concernant les conserves ou semi-conserves de poissons devront être signés, en outre, par le ministre chargé de la marine marchande.

En tout état de cause, les conserves et semi-conserves doivent être exemptes de germes pathogènes pour le consommateur.

Art. 4 Les récipients renfermant des conserves ou semi-conserves, exposés en vue de la vente, mis en vente ou vendus, ne doivent pas présenter de signes extérieurs tels que bombements ou traces de fuites, susceptibles de correspondre à une altération de la denrée en question.

A tous les stades du commerce, les détenteurs de lots de conserves ou semi-conserves doivent vérifier l'absence desdits caractères. En ce qui concerne le stade de gros et de demi-gros, les vérifications précitées doivent être effectuées en tous cas au moment de la livraison aux acheteurs.

Les semi-conserves doivent être entreposées au froid.

Dans tous les cas où l'aspect extérieur des boîtes paraît révéler une altération de la denrée, les boîtes en question doivent être immédiatement retirées de la vente et placées dans un local ne renfermant pas de produits alimentaires.

Si les vérifications prévues aux alinéas précédents font apparaître pour une partie d'un lot de conserves un pourcentage supérieur à 25 p. 100 de boîtes présentant des signes extérieurs d'altération, le détenteur du lot, dont les boîtes en cause font partie, doit vérifier intégralement celui-ci. Si cette nouvelle vérification fait apparaître pour l'ensemble un pourcentage supérieur à 25 p. 100 de boîtes présentant des signes extérieurs d'altération, le détenteur doit en aviser le fabricant, ainsi que le service de la répression des fraudes, par l'intermédiaire du préfet du lieu où la marchandise est détenue ; à Paris, la déclaration doit être adressée au préfet de police.

Il doit en même temps, soit retourner la marchandise au fabricant, soit procéder à sa destruction ou à sa dénaturation. Toutefois, il peut, en accord avec le service de la répression des fraudes, attendre le résultat de l'examen auquel ce service peut, après prélèvement d'échantillon, faire procéder par ses laboratoires. Le préfet, sur le vu des résultats de cet examen, décide alors, soit la destruction du lot, soit son emploi selon certaines modalités, telles que l'utilisation industrielle ou l'alimentation du bétail.

En cas de saisie, copie du procès-verbal devra être remise, sur leur demande, au détenteur du lot ainsi qu'à son fournisseur et au fabricant et des échantillons pourront être tenus à leur disposition.

En cas de retour du lot incriminé au fabricant, ce dernier doit en aviser les services compétents dans les conditions susvisées.

Si ledit lot est destiné, après vérification, à l'alimentation humaine, l'inspecteur du service de la répression des fraudes du département doit en être informé au préalable.

TITRE II Marquage et étiquetage

Art. 5 *Abrogé par Décr. n° 91-187 du 19 févr. 1991.*

Art. 6 *(Décr. n° 84-1147 du 7 déc. 1984)* Les dispositions du décret n° 84-1147 du 7 décembre 1984 *[C. consom., anc. art. R. 112-1 s.]* portant application de la loi du 1er août 1905 sur les fraudes et falsifications en matière de produits ou de services, en ce qui concerne l'étiquetage et la présentation des denrées alimentaires, sont applicables aux produits qui font l'objet du présent décret.

En outre, l'étiquetage des semi-conserves doit comporter la mention « conservation à... », suivie de la température à respecter.

Art. 7 *Abrogé par Décr. n° 84-1147 du 7 déc. 1984.*

Sur la commercialisation des conserves de sardines, V. art. R. 412-29, 1°, C. consom.

CONSIGNATION DES EMBALLAGES

Code de l'environnement

Art. L. 541-10-5 *(L. nº 2010-788 du 12 juill. 2010, art. 199) (L. nº 2015-992 du 17 août 2015, art. 75-I)* « I. – » **Au plus tard le 1er janvier 2011, un dispositif harmonisé de consignes de tri sur les emballages ménagers est défini pour être mis en œuvre au plus tard au 1er janvier 2015 par décret en Conseil d'État après avis de la commission d'harmonisation et de médiation des filières de collecte sélective et de traitement des déchets du Conseil national des déchets.**

(L. nº 2014-1 du 2 janv. 2014, art. 19) « **A l'exclusion des emballages ménagers en verre, tout produit recyclable soumis à un dispositif de responsabilité élargie des producteurs mis sur le marché à compter du 1er janvier 2015 fait l'objet d'une signalétique commune informant le consommateur que ce produit relève d'une consigne de tri. Un décret en Conseil d'État précise les conditions d'application du présent alinéa.** »

Au plus tard le 1er juillet 2011, tout établissement de vente au détail de plus de 2 500 mètres carrés proposant en libre-service des produits alimentaires et de grande consommation se dote, à la sortie des caisses, d'un point de reprise des déchets d'emballage issus des produits achetés dans cet établissement.

(L. nº 2015-992 du 17 août 2015, art. 75-I) « **II. – Il est mis fin à la mise à disposition, à titre onéreux ou gratuit :**

« **1° A compter du 1er janvier 2016, de sacs de caisse en matières plastiques à usage unique destinés à l'emballage de marchandises au point de vente ;**

« **2° A compter du 1er janvier 2017, de sacs en matières plastiques à usage unique destinés à l'emballage de marchandises au point de vente autres que les sacs de caisse, sauf pour les sacs compostables en compostage domestique et constitués, pour tout ou partie, de matières biosourcées.**

« **Un décret en Conseil d'État détermine les conditions d'application du présent II. Il fixe notamment la teneur biosourcée minimale des sacs en matières plastiques à usage unique mentionnés au 2° et les conditions dans lesquelles celle-ci est progressivement augmentée. Il fixe également les modalités d'information du consommateur sur la composition et l'utilisation des sacs vendus ou mis à sa disposition.** » – *V. C. envir., art. R. 543-72-1 s.* – ***C. envir.***

(L. nº 2015-992 du 17 août 2015, art. 73) « **III. – Au plus tard le 1er janvier 2020, il est mis fin à la mise à disposition des gobelets, verres et assiettes jetables de cuisine pour la table en matière plastique, sauf ceux compostables en compostage domestique et constitués, pour tout ou partie, de matières biosourcées.**

(L. nº 2016-1087 du 8 août 2016, art. 124) « **A compter du 1er janvier 2020, la mise sur le marché des bâtonnets ouatés à usage domestique dont la tige est en plastique est interdite. Cette interdiction ne s'applique pas aux dispositifs définis aux articles L. 5211-1 et L. 5221-1 du code de la santé publique.**

« **Au plus tard le 1er janvier 2018, il est mis fin à la mise sur le marché de produits cosmétiques rincés à usage d'exfoliation ou de nettoyage comportant des particules plastiques solides, à l'exception des particules d'origine naturelle non susceptibles de subsister dans les milieux, d'y propager des principes actifs chimiques ou biologiques ou d'affecter les chaînes trophiques animales.** »

« **Les modalités d'application** *(Abrogé par L. nº 2016-1087 du 8 août 2016, art. 124)* ***« du premier alinéa »*** **du présent III sont fixées par décret, notamment la teneur biosourcée minimale des gobelets, verres et assiettes et les conditions dans lesquelles cette teneur est progressivement augmentée.** » – *V. C. envir., art. D. 543-295 s.* – ***C. envir.***

La production, la distribution, la vente, la mise à disposition et l'utilisation d'emballages ou de sacs fabriqués, en tout ou partie, à partir de plastique oxo-fragmentable sont interdites. Un plastique oxo-fragmentable est dégradable mais non assimilable par les micro-organismes et non compostable conformément aux normes en vigueur applicables pour la valorisation organique des plastiques. A compter du 1er janv. 2017, l'utilisation des emballages plastique non biodégradables et non compostables en compostage domestique pour l'envoi de la presse et de la publicité adressée ou non adressée est interdite (L. nº 2015-992 du 17 août 2015, art. 75-II et III).

Loi n° 89-421 du 23 juin 1989,

Relative à l'information et à la protection des consommateurs ainsi qu'à diverses pratiques commerciales.

Art. 7 I. — La consignation et la déconsignation des emballages qui servent à la livraison et à la commercialisation de liquides alimentaires s'effectuent selon les principes suivants :

— un même tarif de consignation est appliqué à tous les stades de la commercialisation pour un même type d'emballage ;

— un emballage consigné est obligatoirement admis à la déconsignation à son tarif de consignation.

II. — La liste des emballages non personnalisés admissibles à la consignation et les tarifs de consigne qui leur correspondent sont déterminés, à périodicité régulière, par une commission dite de la consignation composée de délégués des organismes représentatifs des propriétaires et des utilisateurs des emballages visés au paragraphe I, ainsi que de représentants des administrations concernées.

Ces listes et tarifs sont rendus obligatoires, en totalité ou en partie, par voie réglementaire. — *V. Arr. du 1er août 2001 (JO 25 août) fixant les taux de consignation des emballages dans le secteur des boissons.*

Les prix des emballages personnalisés déterminés par leurs propriétaires doivent respecter l'une des catégories tarifaires fixées par la commission dite de la consignation.

III. — Les emballages destinés à la consignation portent la mention de leur consignation, apposée de manière lisible et durable, selon des modalités fixées par décret après avis de la commission de la consignation.

IV. — Un décret précise les conditions d'application du présent article, notamment les compétences et règles d'organisation et de fonctionnement de la commission de la consignation. — *V. infra, Décr. n° 90-264 du 23 mars 1990.*

V. — La loi du 13 janvier 1938 tendant à rendre obligatoire la consignation des emballages en brasserie et en eaux gazeuses est abrogée.

Décret n° 90-264 du 23 mars 1990,

Relatif à la consignation des emballages dans le secteur des liquides alimentaires.

Art. 1er La commission de la consignation, prévue au II de l'article 7 de la loi n° 89-421 du 23 juin 1989, comprend en nombre égal des représentants d'organisations de propriétaires et d'utilisateurs des emballages.

Un arrêté du ministre chargé de l'économie fixe la liste des organisations membres de la commission de la consignation.

Les membres titulaires et les membres suppléants sont désignés par les organisations.

Art. 2 Outre les membres visés à l'article 1er ci-dessus, la commission de la consignation comprend :

— un représentant du ministre chargé de l'économie ;

— un représentant du ministre chargé du commerce.

Le secrétariat de la commission de la consignation est assuré par la direction générale de la concurrence, de la consommation et de la répression des fraudes.

Art. 3 La commission de la consignation élit son président pour une durée de deux ans. Celui-ci est choisi alternativement parmi les propriétaires et parmi les utilisateurs d'emballages consignés.

La commission de la consignation se réunit sur convocation de son président. Les convocations sont envoyées au moins quinze jours avant la date de la réunion, elles comportent l'indication de l'ordre du jour détaillé.

La convocation de la commission est de droit si elle est demandée par la moitié de ses membres ou par le ministre chargé de l'économie.

Art. 4 La commission peut siéger soit en formation plénière, soit en formation restreinte, notamment lorsque l'ordre du jour concerne une catégorie particulière d'emballages consignés.

Le règlement intérieur prévu à l'article 6 ci-après définit les conditions dans lesquelles la commission se réunit en formation restreinte.

Art. 5 La commission de la consignation ne peut valablement délibérer, en formation plénière ou restreinte, que si le nombre de membres présents est supérieur à la moitié des membres en exercice, titulaires ou suppléants.

Si le quorum n'est pas atteint, la commission est à nouveau convoquée dans un délai de quinze jours ; elle peut alors délibérer sur le même ordre du jour, quel que soit le nombre de membres présents.

La commission prend ses décisions à la majorité simple. En cas de partage des voix, la voix du président est prépondérante.

Art. 6 La commission élabore son règlement intérieur. Il est adopté à la majorité des deux tiers par la commission de la consignation réunie en formation plénière. Il est transmis au ministre chargé de l'économie pour approbation.

Art. 7 La commission de la consignation, réunie en formation plénière, dresse la liste des objets consignés non personnalisés et en définit en tant que de besoin les caractéristiques et conditions d'utilisation.

Ces objets consignés sont regroupés par catégorie afin de limiter le nombre de tarifs de consignation.

Cette liste est homologuée par arrêté du ministre chargé de l'économie dans les conditions prévues par la loi.

Art. 8 Pour chaque emballage consigné, la commission de la consignation détermine un tarif de consignation s'appliquant quel que soit le stade de commercialisation.

Ces tarifs sont rendus obligatoires, pour tous les opérateurs, par arrêté du ministre chargé de l'économie dans les conditions prévues par la loi.

Art. 9 Pour tous les emballages consignés, banalisés ou personnalisés, la consigne est perçue au moment du paiement du prix du produit, au taux en vigueur à la date de facturation.

Lorsqu'un objet consigné est retourné en l'état, le tarif de déconsignation est identique à ce tarif de consignation.

Toutefois, lorsque l'identification du tarif de consignation n'est pas possible, la déconsignation se fait au tarif en vigueur à la date du retour.

Les montants des consignes et des déconsignes sont portés sur les factures accompagnant la livraison des produits.

CORDONNERIE, CHAUSSURES

Sur la perte ou la détérioration d'une chose par le locateur d'ouvrage, V. C. civ., art. 1789, v° Blanchisserie, teinturerie, nettoyage.

Arrêté n° 83-29/A du 4 mai 1983,

Relatif à la publicité des prix des prestations de services dans le secteur de la réparation de la chaussure (BOCC 5 mai).

Art. 1er A titre de mesure de publicité des prix, les prestataires de services qui assurent ou font assurer la réparation de chaussures sont tenus d'afficher un tarif, lisible de l'extérieur de l'établissement, des prix TTC des prestations suivantes réalisées en cuir ainsi que dans une autre matière à spécifier, pour homme et femme : demi-semelle, bonbout (feuille d'usure du talon), ressemelage (demi-semelle et talon).

Art. 2 Le présent arrêté entrera en vigueur le 1er juillet 1983.

Décret n° 96-477 du 30 mai 1996,

Relatif à l'étiquetage des matériaux utilisés dans les principaux éléments des articles chaussants proposés à la vente au consommateur.

Art. 1er Le présent décret s'applique à l'étiquetage des matériaux utilisés dans les principaux éléments des articles chaussants proposés à la vente au consommateur. Au sens du présent décret, on entend par "article chaussant" tout produit doté de semelles destiné à protéger ou à couvrir le pied, y compris les parties commercialisées séparément visées à l'annexe I ci-après.

Une liste d'exemples des articles chaussants auxquels s'applique le présent décret figure à l'annexe II ci-après.

Art. 2 Sont exclues du champ d'application du présent décret :
— les chaussures d'occasion, usagées ;
— les chaussures de sécurité à usage professionnel soumises aux dispositions *(Décr. n° 2008-244 du 7 mars 2008, art. 3)* « des articles R. 4311-12 à R. 4311-14 du code du travail » ;
— les chaussures ayant le caractère de jouet.

Art. 3 Il est interdit de fabriquer, d'importer, de mettre en vente, de vendre, d'offrir à titre gratuit des articles chaussants qui ne répondent pas aux exigences prescrites par le présent décret.

Art. 4 Les articles chaussants définis à l'article 1er détenus en vue de la vente ou mis en vente dans des locaux accessibles au public doivent être munis d'un étiquetage comportant les informations concernant la composition de l'article chaussant selon les modalités prévues à l'article 5 ci-après.

1. L'étiquetage doit faire apparaître des informations sur les trois parties de l'article chaussant telles que définies à l'annexe I ci-après, à savoir :

a) La tige ;

b) L'ensemble constitué de la doublure et de la semelle de propreté ;

c) La semelle extérieure.

2. La composition de l'article chaussant doit être indiquée selon les modalités prévues à l'article 5 au moyen soit de pictogrammes, soit d'indications textuelles désignant des matériaux spécifiques conformément à l'annexe I.

3. Pour la tige, la détermination des matériaux sur la base des dispositions reprises à l'article 5, paragraphe 1, et à l'annexe I se fera sans tenir compte des accessoires ou renforts tels que bordures, protège-chevilles, ornements, boucles, pattes, œillets, ou dispositifs analogues.

4. Pour la semelle extérieure, la classification est fondée sur le volume des matériaux qui la composent, conformément à l'article 5 ci-après.

Art. 5 1. L'étiquetage doit faire apparaître des indications sur les matériaux définis à l'annexe I, entrant majoritairement dans la composition de l'article chaussant.

Est considéré comme constituant majoritaire un matériau qui représente en surface au moins 80 p. 100 de la tige ainsi que 80 p. 100 de l'ensemble constitué de la doublure et de la semelle de propreté de l'article chaussant, et en volume au moins 80 p. 100 de la semelle extérieure.

Si aucun matériau constitutif n'est majoritaire au sens du paragraphe précédent, il convient de fournir des indications sur les deux matériaux principaux entrant dans la composition de l'article chaussant.

2. Ces indications sont portées sur l'article chaussant. Le fabricant ou son mandataire établi dans la Communauté ou, à défaut, l'importateur peut choisir soit des indications textuelles en langue française, soit des pictogrammes. Dans ce dernier cas, les consommateurs doivent être correctement informés de la signification de ces pictogrammes. Le détaillant doit afficher les pictogrammes et leur signification, d'une manière visible, à proximité des produits mis en vente.

Art. 6 Au sens du présent décret, l'étiquetage consiste à munir des indications prescrites l'un au moins des articles chaussants de chaque paire. Il peut se faire par impression, collage, gaufrage ou par recours à un support attaché.

Art. 7 L'étiquetage doit être visible, bien assuré et accessible et la dimension des pictogrammes doit être suffisante pour rendre aisée la compréhension des informations figurant sur l'étiquette.

Art. 8 Aux fins de contrôle et d'identification, l'étiquetage de tout article chaussant doit indiquer de façon visible, lisible et indélébile, soit :

1. Le nom, la dénomination sociale ou la marque du fabricant ;

2. Le nom ou la dénomination sociale du vendeur, suivi d'une indication conventionnelle délivrée par la direction chargée de la répression des fraudes et destinée à identifier le fabricant ou l'importateur.

Art. 9 Les documents d'offre en vente destinés au consommateur, notamment les catalogues et prospectus, doivent comporter les indications imposées par le présent décret.

Art. 10 Sont interdits toute indication, tout signe, tout mode de présentation, tout étiquetage ou marquage et tout procédé de vente pouvant créer une confusion dans l'esprit de l'acheteur sur la nature, l'origine, la composition, les qualités substantielles, les caractéristiques, les quantités, le poids, les procédés d'apprêts, le mode de fabrication, le type de finition, l'aptitude à l'emploi ou le mode de vente des produits mentionnés de l'article 1er.

Art. 11 Le fabricant ou son mandataire établi sur le territoire national ou, à défaut, l'importateur est tenu de fournir l'étiquette et est responsable de l'exactitude des informations qui y figurent. Le détaillant reste tenu de veiller à la présence sur les articles chaussants qu'il vend de l'étiquetage approprié prescrit par le présent décret.

Art. 12 ....

Art. 13 Les dispositions du présent décret entrent en vigueur dès sa publication. Les produits facturés ou livrés au détaillant avant cette date ne sont pas soumis auxdites dispositions jusqu'au 23 septembre 1997.

ANNEXE I

1. Définition des parties de l'article chaussant à identifier et pictogrammes ou indications textuelles correspondants

	PICTOGRAMMES	INDICATIONS TEXTUELLES	
a) T ge La tige de la chaussure est la face externe de l'élément structurel fixé à la semelle extérieure.	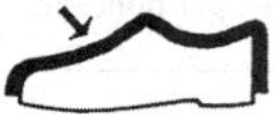	F	Tige.
		D	Obermaterial.
		IT	Tomaia.
		NL	Bovendeel.
		EN	Upper.
		DK	Overdel.
		GR	ΕΠΑΝΩ ΜΕΡΟΣ
		ES	Empeine.
		P	Parte superior.
b) Ensemble constitué de la doublure et de la semelle de propreté Il s'agit de la doublure et de la semelle de propreté, qui constituent l'intérieur de l'article chaussant.		F	Doublure et semelle de propreté.
		D	Futter und Decksohle.
		IT	Fodera e Sottopiede.
		NL	Voering en inlegzool.
		EN	Linning and sock.
		DK	Foring og bindsál.
		GR	ΦΟΔΡΕΣ
		ESP	Forro y plantilla.
		P	Forro e palmilha.
c) Semelle extérieure Il s'agit de la face inférieure de l'article chaussant, soumise à l'usure par effet de la marche et fixée à la tige.		F	Semelle extérieure.
		D	Laufsohle.
		IT	Suola esterna.
		NL	Buitenzool.
		EN	Sole.
		DK	Ydersál.
		GR	ΣΟΛΑ
		ES	Sucla.
		P	Sola.

2. Définition des matériaux et symboles correspondants

Les pictogrammes concernant les matériaux doivent apparaître sur l'étiquette à proximité de ceux concernant les trois parties de l'article chaussant visées à l'article 3 et à la partie 1 de l'annexe.

	PICTOGRAMMES	**INDICATIONS TEXTUELLES**
a) Cuir Terme général pour désigner le cuir ou la peau d'un animal qui a conservé sa structure fibreuse originelle plus ou moins intacte et qui a été tanné de manière à devenir imputrescible. Les poils ou la laine peuvent ou non avoir été éliminés. Le cuir fini peut provenir d'un cuir ou d'une peau qui a été refendu en tranches ou découpé en morceaux soit avant, soit après tannage. Mais si un cuir ou une peau tannée a été désintégré par un procédé mécanique et/ou chimique en particules fibreuses, fragments ou poudre et s'il est reconstitué ensuite, avec ou sans combinaison d'un liant, sous forme de feuilles ou sous toutes autres formes, il ne peut ainsi être dénommé « cuir ». Si le cuir est recouvert d'une couche d'enduction, de quelque manière qu'elle soit appliquée, ou d'une couche contrecollée, celles-ci ne doivent pas excéder 0,15 mm. La présente définition couvre ainsi tous les cuirs sans préjudice des autres obligations légales découlant par exemple de la convention de Washington. Au cas où est fait usage de la mention « cuir pleine fleur » dans le cadre des indications textuelles supplémentaires facultatives visées à l'article 5, elle s'appliquera à une peau comportant sa fleur d'origine telle qu'elle est présente lorsque l'épiderme a été retiré et sans qu'aucune pellicule n'ait été retirée par ponçage, effleurage ou refente.		F Cuir. D Leder. IT Cuoio. NL Leder. EN Leather. DK Læder. GR ΔΕΡΜΑ ES Cuero. P Couros e perles curtidas.
b) Cuir enduit Produit dont l'épaisseur de la couche d'enduction ou de contrecollage n'excède pas un tiers de l'épaisseur totale du produit, mais est supérieure à 0,15 mm.		F Cuir enduit. D Beschichtetes Leder. IT Cuoio rivestito. NL Gecoat leder. EN Coated leather. DK Overtrukket læder. GR ΕΠΕΝΔΕΔΥΜΕΝΟ ΔΕΡΜΑ ES Cuero untado. P Couro revestido.
c) Textiles naturels et textiles synthétiques ou non tissés On entend par « textiles » tous les produits relevant de la directive 71/30/CEE, compte tenu de toutes ses modifications.		F Textile. D Textil. IT Tessili. NL Textiel. EN Textile. DK Tekstilmaterialer. GR ΥΦΑΣΜΑ ES Textil. P Téxteis.

	PICTOGRAMMES	INDICATIONS TEXTUELLES
d) Autres matériaux	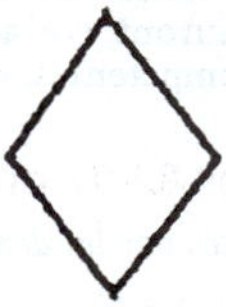	F Autres matériaux. D Sonstiges Material. IT Altre materie. NL Overige materialem. EN Other materials. DK Andre materialer. GR ΑΛΛΑ ΥΛΙΚΑ ES Otros materiales. P Outros materiais.

ANNEXE II

EXEMPLES D'ARTICLES CHAUSSANTS VISÉS PAR LE PRÉSENT DÉCRET

Les "articles chaussants" peuvent aller des nu-pieds dont le dessus est constitué simplement par les lacets ou des rubans amovibles, jusqu'aux bottes cuissardes dont la tige recouvre la jambe et la cuisse. Cette définition couvre donc notamment :

1. Les chaussures basses d'intérieur ou d'extérieur, des types courants sans talon ou à talon plat ou haut ;

2. Les bottillons bas, les demi-bottes, les hautes bottes et les bottes cuissardes ;

3. Les sandales de différents types, les "espadrilles" (chaussures à tige de toile dont la semelle est composée de matériaux végétaux tressés) ; les chaussures pour le tennis, la course à pied et les autres sports ; les sandales de bain et autres chaussures de loisirs ;

4. Les chaussures spéciales pour la pratique des sports munies ou prévues pour la fixation de pointes, de crampons, d'attaches, de barres ou de dispositifs similaires, ainsi que les chaussures de patinage, les chaussures de ski, les chaussures pour la lutte, les chaussures pour la boxe et les chaussures pour le cyclisme. Sont également inclus les articles composites formés de chaussures et de patins (à glace ou à roulettes) fixés ensemble ;

5. Les chaussons de danse ;

6. Les chaussures obtenues d'une seule pièce, notamment par moulage du caoutchouc ou des matières plastiques, à l'exclusion des articles à jeter faits de matériaux légers (papiers, films en matière plastique, etc., dépourvus de semelles rapportées) ;

7. Les couvre-chaussures, qui se portent sur les chaussures et qui, dans certains cas, sont dépourvus de talon ;

8. Les chaussures à jeter, à semelles rapportées, conçues généralement pour être utilisées une seule fois ;

9. Les chaussures orthopédiques ;

10. Les pantoufles ;

11. Les chaussons pour bébés.

DÉMÉNAGEMENT

Code des transports

Art. L. 1431-3 *(Ord. nº 2011-204 du 24 févr. 2011, art. 2)* **Toute personne qui commercialise ou organise une prestation de transport de personnes, de marchandises ou de déménagement doit fournir au bénéficiaire de la prestation une information relative à la quantité de** *(L. nº 2015-992 du 17 août 2015, art. 67)* **« gaz à effet de serre » émise par le ou les modes de transport utilisés pour réaliser cette prestation.**

Le champ et les modalités d'application de cette disposition, notamment le calendrier de leur mise en œuvre selon la taille des entreprises de transport, les méthodes de calcul des émissions de *(L. nº 2015-992 du 17 août 2015, art. 67)* **« gaz à effet de serre » et la manière dont le bénéficiaire de la prestation est informé sont fixés par voie réglementaire.** — *V. C. transp., art. D. 1431-1 s.* — ***C. transp.***

(L. n° 2015-992 du 17 août 2015, art. 67) « Les conditions dans lesquelles l'obligation définie au premier alinéa est rendue applicable aux prestations de transport dont l'origine ou la destination se situe en dehors du territoire national sont précisées une fois que les dispositions le permettant auront été adoptées dans le cadre des organisations européennes et internationales compétentes. » – *[L. n° 2010-788 du 12 juill. 2010, art. 228-II].*

Recommandation CCA n° 82-02 du 19 février 1982,

Concernant les contrats proposés par les déménageurs (BOCC 27 mars 1982).

La Commission des clauses abusives,

Considérant que les contrats de déménagement sont, selon la nature des prestations fournies par les déménageurs, soit des contrats de transport, soit des contrats de commission de transport, soit de simples contrats de louage d'ouvrage ;

Considérant que ces contrats sont, dans leur majorité, conclus entre déménageurs professionnels et clients non professionnels ou consommateurs ;

Considérant que les déménageurs établissent librement les conditions générales qu'ils proposent à leurs clients ;

Considérant que les non-professionnels ou consommateurs adhèrent, sans bien les connaître, à des clauses dont certaines résultent d'un abus de puissance économique de la part des déménageurs, et procurent à ces derniers des avantages excessifs ;

Considérant que les déménageurs sont tenus de fournir à leurs clients, avant chaque opération de déménagement, un devis détaillé ; que le contrat est ensuite conclu par la signature qu'appose le client sur la lettre de voiture de déménagement ;

Considérant que la lettre de voiture est généralement accompagnée des conditions générales du contrat de déménagement ; mais que ces conditions générales sont ignorées de la plupart des clients, parce qu'elles figurent au verso du texte signé, parce qu'elles sont imprimées en petits caractères et parce qu'elles sont rédigées de façon confuse ;

Considérant que, pour permettre l'information et la réflexion du client, les conditions générales doivent être rédigées lisiblement et clairement, elles doivent être préalablement remises au client avec le devis, elles doivent, lors de la conclusion du contrat, être signées par le client, et elles ne doivent pas comporter de clause se référant à des documents non signés par le client ;

Considérant que, pour conserver au client sa pleine liberté de contracter ou de ne pas contracter, il faut que la lettre de voiture soit signée quelques jours avant l'exécution du déménagement, et que le déménageur n'exige ni n'accepte aucun versement avant cette signature ;

Considérant que la lettre de voiture porte des emplacements pour mentionner la date du chargement et celle de la livraison : mais qu'il arrive que ces emplacements restent vides ; que le client se fie en pareil cas à des promesses orales dont il n'a aucun moyen d'exiger le respect ; que la date du chargement et celle de la livraison présentent pour lui une grande importance et qu'elles doivent, dès lors, être effectivement indiquées sur la lettre de voiture ;

Considérant néanmoins que, dans le cas de groupage, les dates peuvent être remplacées par des périodes de chargement et de livraison, à condition que ces périodes aient une durée raisonnable ;

Considérant qu'on rencontre dans les conditions générales une clause en vertu de laquelle le prix fixé au contrat peut être modifié si des variations de tarifs surviennent avant l'exécution du déménagement ; que cette clause est abusive, car elle permet au déménageur de déterminer arbitrairement le prix, dès lors que les tarifs visés n'ont aucun caractère officiel et que les clients n'ont pas les moyens d'en contrôler l'exactitude ;

Considérant qu'est également abusive, pour la même raison, la clause permettant au déménageur de facturer, en sus du prix, des frais supplémentaires dont il est seul juge, par exemple des frais d'assurance ;

Considérant que certaines clauses des conditions générales stipulent que le prix doit être entièrement payé avant la mise en place au lieu de destination, et cela même si des avaries sont constatées ;

Considérant que ces clauses sont abusives et doivent être supprimées ; que, certes, le client n'a le droit de retenir une partie du prix que dans la mesure où il constate effectivement une perte, une avarie ou un retard, et qu'il s'exposerait à des sanctions s'il refusait sans raison valable, de payer le prix qu'il doit ; mais considérant que, dans un contrat synallagmatique, l'équilibre entre les contractants suppose que chacun d'eux puisse invoquer contre l'autre l'*exceptio non adimpleti contractus* ; que le déménageur peut refuser d'exécuter le déménagement si le premier acompte n'est pas versé à la commande ; qu'il convient dès lors que le client puisse refuser de verser le solde s'il constate que le déménagement a été mal exécuté ;

Considérant que le code de commerce rend les déménageurs, qu'ils soient transporteurs ou commissionnaires, responsables envers leurs clients des pertes, avaries et retards, sauf si ces dommages ont été causés par une force majeure (art. 99, 103 et 104 *[devenus art. L. 132-6, L. 133-1 et L. 133-2]*) ; que, contrairement à ces principes, certaines clauses des conditions générales exonèrent le déménageur de sa responsabilité dans des hypothèses qui ne présentent pas nécessairement les caractères de la force majeure, ainsi dans le cas où un accident survient au matériel utilisé, ou encore dans celui où les routes sont en mauvais état ; considérant que les clauses de ce genre sont abusives et doivent être supprimées ;

Considérant que sont de la même façon abusives les clauses dispensant le déménageur de réparer certaines catégories de dommages, comme la privation de jouissance ou la moins-value ;

Considérant que les conditions générales portent usuellement une clause limitant l'indemnité due par le déménageur, en cas de retard, à la moitié du prix du déménagement ; que cette limitation est abusive, car le retard dans l'exécution du déménagement peut entraîner, pour le client, un préjudice très important ; que le déménageur doit, sauf cas de force majeure, indemniser son client de l'entier préjudice causé par le retard ;

Considérant qu'une autre clause usuelle des conditions générales limite la responsabilité du déménageur, en cas de perte ou d'avarie, à 1 500 F *[228,67 €]* par mètre cube ; que, certes les conditions générales laissent au client la possibilité d'obtenir une indemnité supérieure en déclarant, lors de la conclusion du contrat, la valeur des objets confiés au déménageur ; mais considérant que le système, mal expliqué aux clients, est mal compris par eux, de sorte que la limite de 1 500 F *[228,67 €]* par mètre cube s'applique souvent à des objets dont la valeur est largement supérieure, par exemple à des appareils de télévision ;

Considérant qu'il convient donc d'éliminer, comme abusives, les limitations de responsabilité prévues par avance dans les conditions générales et applicables indistinctement à toutes sortes d'objets ; que le déménageur a la possibilité de reconnaître, avant la conclusion du contrat, les objets à déménager, et de calculer le prix du déménagement d'après la valeur et la fragilité de ces objets ; qu'il doit, sauf cas de force majeure, indemniser son client de l'entier préjudice causé par la perte ou l'avarie ;

Considérant qu'il est cependant admissible que le déménageur n'accepte de prendre en charge certains objets particulièrement fragiles ou précieux que si, pour ces objets, sa responsabilité est limitée ; mais que les limitations doivent alors résulter de clauses particulières effectivement négociées pour des objets déterminés ;

Considérant que, dans le cas où la valeur réelle de l'objet est supérieure à la limite contractuelle de responsabilité, une clause fréquente des conditions générales applique la règle proportionnelle du droit de l'assurance, que cette règle, dont presque tous les consommateurs ignorent les conséquences, peut diminuer considérablement l'indemnité due par le déménageur en cas d'avarie ; que, prévue par des textes concernant les contrats d'assurance, elle n'a rien à faire dans le contrat de déménagement ;

Considérant que les conditions générales autorisent souvent le déménageur à souscrire une assurance de dommages pour le compte de son client, que cette clause doit être supprimée car elle est dangereuse pour les non-professionnels ou consommateurs, qui ignorent le contenu de la police et qui, de surcroît, peuvent penser que la souscription d'une assurance libère le déménageur de sa responsabilité ; que les dommages causés par les pertes, avaries ou retards doivent, sauf cas de force majeure, être réparés par le déménageur, auquel il appartient de souscrire éventuellement une assurance de responsabilité pour son propre compte ;

Considérant que les non-professionnels ou consommateurs ignorent généralement les dispositions de l'article 105 *[art. L. 133-3]* du code de commerce, applicables dans le cas où le déménageur agit comme transporteur ; que, faute d'envoyer dans les trois jours la lettre recommandée prévue par ce texte, ils sont privés du droit d'agir contre le déménageur-transporteur, si évidente que soit la responsabilité de ce dernier ; que la commission a proposé, dans son rapport pour l'année 1980, la modification de l'article 105 *[art. L. 133-3]* ; mais que, dans l'état actuel du droit, ce texte est encore en vigueur ;

Considérant que les non-professionnels ou consommateurs ignorent également les dispositions de l'article 108 *[art. L. 133-6]* du code de commerce, applicables dans le cas où le déménageur agit comme transporteur ou commissionnaire de transport ;

Considérant qu'il convient donc de porter les dispositions des articles 105 et 108 *[art. L. 133-3 et L. 133-6]* à la connaissance des clients, au moyen d'une mention très apparente figurant sur la lettre de voiture ;

Considérant que les conditions générales de déménagement portent parfois des clauses plus strictes encore que les dispositions des articles 105 et 108 *[art. L. 133-3 et L. 133-6]*, obligeant par exemple le client à inscrire des réserves dès la livraison ; que, certes, le client peut avoir intérêt à émettre rapidement des réserves écrites, de façon à se ménager une preuve ; mais qu'il est abusif de lui en faire une obligation et d'assortir cette obligation d'une fin de non-recevoir que la loi n'a pas prévue ;

Considérant que les conditions générales étendent parfois l'application des articles 105 et 108 *[art. L. 133-3 et L. 133-6]* en dehors de leur domaine légal d'application ; que ces clauses sont abusives, en raison des dangers que présentent les articles 105 et 108 *[art. L. 133-3 et L. 133-6]* pour des clients non professionnels ou consommateurs ;

Considérant qu'une clause fréquente des conditions générales permet au déménageur de confier l'exécution du contrat à un autre déménageur ; qu'ainsi conçue la clause est abusive car la personne du déménageur n'est pas sans importance pour le client ; que la clause n'est admissible que si le client est préalablement informé du nom du déménageur substitué et s'il a la possibilité de renoncer au contrat ;

Considérant que certains contrats de déménagement attribuent compétence, en cas de litige, au tribunal dans le ressort duquel se trouve le siège social du déménageur ; que cette clause est nulle, en vertu de l'article 48 du code de procédure civile *[V. v° Compétence]*, dès lors que l'un des contractants est un non-professionnel ou consommateur ; mais que ce dernier ignore généralement la nullité de la clause, dont la présence peut le dissuader d'agir en justice ; qu'il convient donc de recommander, une fois de plus, l'élimination des clauses dérogeant aux règles légales de compétence,

Recommande :

A. – 1° Que les conditions générales susceptibles d'être opposées au client soient intégralement, lisiblement et clairement reproduites sur un document qui lui est remis avec le devis avant la conclusion du contrat ;

2° Que, lors de la conclusion du contrat, la signature du client soit apposée, non seulement au bas de la lettre de voiture, mais encore au bas des conditions générales ;

3° Que la lettre de voiture soit présentée au client et signée par lui dans un délai raisonnable avant l'exécution du déménagement ;

4° Qu'aucun versement ne soit exigé ou accepté avant la signature de la lettre de voiture ;

5° Que la date – ou en cas de groupage, la période – du chargement et celle de la livraison soient effectivement indiquées sur la lettre de voiture ;

6° Que ce document reproduise de façon très apparente les indications suivantes :

Lorsque le déménageur agit comme transporteur :

« En cas de perte ou d'avarie, le client a intérêt à émettre dès la livraison et la mise en place, en présence du déménageur ou de ses employés, des réserves écrites, précises et détaillées ;

« Que ces réserves aient été prises ou non, le client doit adresser au déménageur, en cas de perte partielle ou d'avaries, une lettre recommandée dans laquelle il décrit le dommage constaté. La lettre doit être envoyée dans les trois jours, non compris les jours fériés, qui suivent la livraison. Si cette dernière formalité, ou toute autre prévue par l'article 105 *[art.*

L. 133-3] du code de commerce, n'est pas accomplie, le client est privé du droit d'agir contre le déménageur :

« L'action en justice doit être intentée dans l'année qui suit la livraison. »

Lorsque le déménageur agit comme commissionnaire :

« En cas de perte ou d'avarie, le client a intérêt à émettre dès la livraison et la mise en place, en présence du déménageur ou de ses employés, des réserves écrites, précises et détaillées ; l'action en justice doit être intentée dans l'année qui suit la livraison. »

B. – Que soient éliminées des contrats proposés par les déménageurs, les clauses ayant pour objet ou pour effet :

1° De se référer à des conditions générales non signées par le client ;

2° De faire varier le prix d'après des éléments qui ne sont pas indépendants de la volonté du déménageur ;

3° De permettre au déménageur de facturer des frais supplémentaires dont il est seul juge, notamment des frais d'assurance ;

4° D'exiger que le prix soit entièrement payé avant que le client ait pu vérifier l'état des objets déménagés et mis en place ;

5° D'empêcher le client de retenir une partie du prix alors qu'il constate une perte, une avarie ou un retard ;

6° De déroger au principe en vertu duquel le déménageur est responsable des pertes, avaries ou retards, sauf dans le cas de force majeure ;

7° De dispenser le déménageur d'indemniser le client pour certaines catégories de dommages, notamment pour privation de jouissance ou moins-value ;

8° De limiter la responsabilité du déménageur en cas de retard dans l'exécution du contrat ;

9° De limiter la responsabilité du déménageur en cas de perte ou d'avarie, à moins que la limitation ne résulte d'une clause particulière effectivement négociée pour un objet déterminé ;

10° D'appliquer au montant de la réparation la règle proportionnelle du droit de l'assurance ;

11° D'autoriser le déménageur à souscrire une assurance de dommages pour le compte de son client ;

12° D'obliger le client, en cas de perte ou d'avarie, à émettre des réserves dès la livraison ;

13° De rendre applicables les dispositions de l'article 105 *[art. L. 133-3]* du code de commerce lorsque le déménageur n'agit pas comme transporteur ;

14° De rendre applicables les dispositions de l'article 108 *[art. L. 133-6]* du code de commerce lorsque le déménageur n'agit ni en tant que transporteur ni en tant que commissionnaire de transport ;

15° De permettre au déménageur de confier l'exécution du contrat à un autre déménageur, sans prévoir l'information préalable du client et la possibilité, pour ce dernier, de renoncer au contrat ;

16° De déroger aux règles légales de compétence.

(Délibérée sur le rapport de M. Calais-Auloy dans les séances des 18 décembre 1981, 29 janvier 1982 et 19 février 1982.)

Arrêté du 27 avril 2010,

Relatif à la publicité des prix des prestations de déménagement.

Art. 1er Avant la conclusion de tout contrat de déménagement, les entreprises sont tenues de remettre gratuitement au client un devis. Ce devis est accompagné des conditions générales du contrat de déménagement. Les mentions suivantes doivent figurer sur l'un ou l'autre de ces deux documents :

– les références de l'entreprise ;
– le nom et l'adresse du client ;
– la période ou date d'exécution prévue pour le déménagement ;
– le lieu de chargement, le lieu de livraison et la distance aller ;
– la date d'établissement du devis ;
– l'indication du volume du mobilier ;

— le type de voyage (organisé ou spécial) ;

— la définition exacte de la prestation choisie (emballage par l'entreprise ou le client...) ;

— la procédure suivant laquelle le client peut émettre des réserves en application de l'article 3 du présent arrêté ;

— l'indication précise des modalités de paiement ;

— la responsabilité de l'entreprise et les modalités de sa mise en jeu, y compris, le cas échéant, les procédures arbitrales ;

— le montant *[les montants]* **HT et TTC du déménagement et la mention que ce prix est définitif et que le déménageur ne peut facturer des frais supplémentaires, sauf modification expresse des termes du devis.**

Devis. Sur l'obligation d'établir un devis, V. • Crim. 1er juin 1992, n° 91-85.089 : CCC *1993, n° 13, obs. Raymond.*

Art. 2 **Sauf pour les voyages organisés, les dates limites des opérations de chargement et de déchargement doivent figurer sur la lettre de voiture communiquée au client avant le déménagement.**

Art. 3 **1. En application des dispositions du dernier alinéa de l'article** *(Ord. n° 2016-301 du 14 mars 2016, art. 2, en vigueur le 1er juill. 2016)* **« L. 224-63 » du code de la consommation destinées à permettre au consommateur d'émettre des réserves sur l'état du mobilier réceptionné ou son caractère incomplet à la suite d'un déménagement, le professionnel lui remet l'exemplaire de la lettre de voiture qui constitue le bulletin de livraison prévu au** *c* **du III de l'article 6 de l'arrêté du 9 novembre 1999 susvisé. Ce document est remis au consommateur par le professionnel à la réception du mobilier.**

2. L'exemplaire de la lettre de voiture qui constitue le bulletin de livraison permet au consommateur de préciser soit qu'il a reçu son mobilier au complet et sans réserve, soit qu'il émet des réserves. A cette fin, il comporte une rubrique permettant au consommateur d'indiquer par écrit quelles sont ses réserves.

3. Le bulletin de livraison doit mentionner clairement que le consommateur dispose d'un délai de dix jours calendaires à compter de la réception des biens pour émettre par lettre recommandée une protestation motivée sur l'état du mobilier réceptionné ou son caractère incomplet, en application de l'article *(Ord. n° 2016-301 du 14 mars 2016, art. 2, en vigueur le 1er juill. 2016)* **« L. 224-63 » du code de la consommation, si les réserves émises à la réception du mobilier ne sont pas acceptées par le professionnel. Le bulletin de livraison doit aussi mentionner clairement que le consommateur peut émettre une protestation motivée pendant le délai de dix jours calendaires à compter de la réception des biens, même s'il n'a pas émis de réserves à la livraison.**

Inventaire du mobilier. Dès lors qu'un contrat de déménagement subordonne l'indemnisation du client, en cas de perte ou d'avarie, à la fourniture obligatoire d'un inventaire des objets confiés à l'entreprise accompagné d'une déclaration de valeur détaillée ou globale, il s'ensuit que le déménageur ne sera tenu à réparation du préjudice que pour les objets listés et dans la limite de la valeur déclarée qui constitue le plafond de l'indemnité dont il est redevable même s'il s'avère *a posteriori* que la valeur du mobilier est supérieure. • Versailles, 10 mai 2005 : *BICC 2006, n° 1344.*

Art. 4 **Une note doit être délivrée au client. Si son montant est différent de celui du devis accepté par le client, elle doit porter mention précise et explicite des justifications de cette différence.**

Art. 5 **Les tarifs des prestations de déménagement doivent être affichées** *[affichés]* **dans les entreprises et préciser notamment :**

— le prix de la main-d'œuvre ;

— le prix de la traction par tranche de volume avec un terme fixe et un terme kilométrique ;

— le prix des fournitures perdues ;

— le prix de la location de petit matériel.

Art. 6 **Les tarifs des prestations de garde-meubles doivent faire l'objet d'un affichage dans les entreprises exerçant cette activité.**

Art. 7 **L'arrêté du 3 novembre 1986 entérinant l'accord de régulation n° 86-23 relatif aux opérations de déménagement et de garde-meubles est abrogé.** — *V. ce texte au* **C. consom.**, *éd. 2010 et antérieures.*

Recommandation CCA n° 16-01 du 24 mars 2016,

Relative aux contrats de déménagement, garde-meubles et stockage en libre-service (BOCC 31 mai 2016).

La Commission des clauses abusives,

Considérant que, lors d'un déménagement, d'un événement familial, de travaux, ou d'une expulsion, le consommateur peut être amené à faire transporter et entreposer de manière plus ou moins durable certains biens meubles ; qu'il a, à cet égard, le choix entre deux types de contrats : garde-meubles ou stockage en libre-service ;

Considérant que le contrat de garde-meubles est un contrat de dépôt, en vertu duquel le professionnel est responsable des produits qui lui sont confiés ; que le contrat de libre stockage est un contrat de prestation de location d'espaces ;

Considérant, d'une part, qu'une grande partie des sociétés de déménagement se sont inspirées des conditions générales de vente proposées par la Chambre syndicale du déménagement qui a pris en compte la recommandation n° 82-02 concernant les contrats proposés par les déménageurs ; que celle- ci mérite une actualisation juridique ;

Que, d'autre part, les documents contractuels contiennent des clauses dont le caractère abusif au sens de l'article L. 132-1 *[L. 212-1]* du code de la consommation doit être relevé ;

OBSERVATIONS COMMUNES

1. Considérant que, dans un nombre important de contrats, les conditions générales de vente sont présentées d'une manière difficilement lisible ; qu'elles ne sont pas conformes aux exigences de l'article L. 133-2 *[L. 211-1]*, alinéa 1er, du code de la consommation qui énonce : "Les clauses des contrats proposés par les professionnels aux consommateurs ou aux non-professionnels doivent être présentées et rédigées de façon claire et compréhensible" ;

I. LES CONTRATS DE DÉMÉNAGEMENT

2. Considérant que plusieurs contrats prévoient des causes d'exclusion de la responsabilité du professionnel hors d'un cas de force majeure, tel un accident ou une panne ; que l'article R. 132-1, 6°, *[R. 212-1]* du code de la consommation dispose que la clause qui a pour objet ou pour effet de : "Supprimer ou réduire le droit à réparation du préjudice subi par le non-professionnel ou le consommateur en cas de manquement par le professionnel à l'une quelconque de ses obligations [...]" est présumée irréfragablement abusive ; qu'ainsi, en ce qu'elles limitent le droit à réparation du consommateur ou du non-professionnel, de telles clauses sont abusives ;

3. Considérant que le non-professionnel ou le consommateur déclare, en principe, la valeur des biens confiés au prestataire ; que des contrats de déménagement prévoient des montants de réparations plafonnés d'un montant inférieur à ladite valeur déclarée ou, à défaut d'expression de celle-ci, à la valeur réelle du préjudice subi par le non-professionnel ou le consommateur ; que l'article R. 132-1, 6°, *[R. 212-1]* du code de la consommation prévoit qu'est présumée irréfragablement abusive la clause qui a pour objet ou pour effet de : "Supprimer ou réduire le droit à réparation du préjudice subi par le non-professionnel ou le consommateur en cas de manquement par le professionnel à l'une quelconque de ses obligations" ; qu'en ce qu'elles limitent le droit à réparation du consommateur ou du non-professionnel, ces clauses sont abusives ;

4. Considérant qu'une clause permet au professionnel d'opposer au non-professionnel ou au consommateur, en cas de dommage ayant eu lieu lors de la prise en charge du déménagement par un sous-traitant, les clauses de limitation de responsabilité prévues dans le contrat de transport de ce sous-traitant, alors, d'une part, que le non-professionnel ou le consommateur n'est pas partie au contrat qui lie le professionnel et le sous-traitant, de sorte que celui-ci ne lui est pas opposable, d'autre part, que le non-professionnel ou le consommateur n'a pas eu communication du contrat de transport du sous-traitant ; que l'article R. 132-1, 1°, *[R. 212-1]* du code de la consommation énonce qu'une clause qui a pour objet ou pour effet de "Constater l'adhésion du non-professionnel ou du consommateur à des clauses qui ne figurent pas dans l'écrit qu'il accepte ou qui sont reprises dans un autre document auquel il n'est pas fait expressément référence lors de la conclusion du

contrat et dont il n'a pas eu connaissance avant sa conclusion" est présumée irréfragablement abusive ; que, par ailleurs, l'article R. 132-1, 6°, *[R. 212-1]* du code de la consommation énonce qu'est présumée irréfragablement abusive la clause qui a pour objet ou pour effet de : "Supprimer ou réduire le droit à réparation du préjudice subi par le non-professionnel ou le consommateur en cas de manquement par le professionnel à l'une quelconque de ses obligations" ; qu'en ce qu'elle impose au non-professionnel ou au consommateur les obligations d'un contrat auquel il n'est pas partie, afin de limiter la responsabilité du professionnel, cette clause est abusive ;

II. LES CONTRATS DE GARDE-MEUBLES

5. Considérant que certains contrats prévoient que le professionnel ne répond pas des dommages et conséquences résultant, notamment, des "insectes (mites) et rongeurs" ; que l'activité de garde-meubles correspond à un contrat de dépôt entre le déposant non professionnel ou consommateur et le dépositaire professionnel ; que le code civil prévoit à l'article 1927 : "Le dépositaire doit apporter, dans la garde de la chose déposée, les mêmes soins qu'il apporte dans la garde des choses qui lui appartiennent." ; que l'article suivant précise :

"La disposition de l'article précédent doit être appliquée avec plus de rigueur :

"1° si le dépositaire s'est offert lui-même pour recevoir le dépôt ;

"2° s'il a stipulé un salaire pour la garde du dépôt ;[...]" ;

Qu'ainsi, en ce qu'elles exonèrent le professionnel de sa responsabilité relativement à des dommages pouvant être liés aux conditions de dépôt des biens dont il a la garde, ces clauses sont présumées abusives de manière irréfragable en vertu de l'article R. 132-1, 6°, *[R. 212-1]* du code de la consommation ;

III LES CONTRATS DE STOCKAGE EN LIBRE-SERVICE

A *Clauses relatives à la conclusion du contrat*

6. Considérant qu'une clause prévoit que le contrat, qui n'est pas conclu à distance, se compose des conditions particulières remises au consommateur ainsi que des conditions générales accessibles uniquement sur un site internet ; que, toutefois, l'article L. 111-1 du code de la consommation impose au professionnel de communiquer au consommateur de manière lisible et compréhensible les informations contenues dans les conditions générales ; qu'ainsi, cette clause est illicite et, maintenue dans les contrats, abusive ;

7. Considérant que des clauses prévoient que les indications fournies par le professionnel concernant la taille de l'emplacement sont approximatives et qu'en cas de différence entre la taille prévue au contrat et celle effectivement mise à sa disposition, le non-professionnel ou le consommateur ne pourra pas obtenir de dédommagement tarifaire ; que le volume du box et/ou sa superficie sont des caractéristiques essentielles du contrat, sous réserve d'une marge d'erreur raisonnable et expressément définie ; que l'article R. 132-1, 4°, *[R. 212-1]* du code de la consommation énonce qu'est présumée irréfragablement abusive la clause qui a pour objet ou pour effet d'"accorder au seul professionnel le droit de déterminer si la chose livrée ou les services fournis sont conformes ou non aux stipulations du contrat ou lui conférer le droit exclusif d'interpréter une quelconque clause du contrat" ; qu'ainsi, ces clauses sont abusives ;

B *Clauses relatives au contenu du contrat*

1 *Clauses relatives au respect de la vie privée*

8. Considérant qu'un contrat impose au non-professionnel ou au consommateur, pour pouvoir le signer, de fournir, notamment, son numéro de sécurité sociale et l'oblige à déclarer, en cours d'exécution de la convention, tout changement relatif à son état civil ; que ces clauses sont contraires à l'article 8.1 de la Convention de sauvegarde des droits de l'homme et des libertés fondamentales et à l'article 9 du code civil, qui protègent le droit au respect de la vie privée ; qu'en ce qu'elles contraignent le non-professionnel ou le consommateur à fournir certains éléments de sa vie privée qui ne sont pas utiles à la formation et à l'exécution du contrat, ces clauses créent un déséquilibre significatif entre

les droits et obligations des parties au détriment du non-professionnel ou du consommateur ; qu'elles sont donc abusives ;

2 *Clauses relatives au mode de paiement de la prestation de stockage en libre-service*

9. Considérant que des clauses de plusieurs contrats prévoient des frais supplémentaires en cas de paiement par un autre mode que le virement mensuel ; que l'article L. 112-12 du code monétaire et financier prévoit que : "[...] Le bénéficiaire ne peut appliquer de frais pour l'utilisation d'un instrument de paiement donné. [...]" ; qu'ainsi, cette clause est illégale et, maintenue dans un contrat, abusive ;

3 *Clauses relatives à l'affectation au profit du professionnel des biens stockés*

10. Considérant que certains contrats prévoient une clause de transfert de propriété dès lors que le compte du non-professionnel ou du consommateur présente un retard de paiement supérieur à 30 jours ; qu'en prévoyant un transfert de propriété de plein droit à titre de sûreté ou de garantie en dehors des règles applicables en matière de gage et de fiducie, ces stipulations ont pour effet de priver le consommateur du bénéfice des réglementations encadrant ces garanties ; qu'au surplus, ces clauses prétendent priver le non-professionnel ou le consommateur de la propriété de ses biens, alors même que la valeur de ceux-ci est inconnue au moment de la formation du contrat, de sorte qu'il en résulte un défaut d'information quant à l'étendue de l'obligation souscrite par le consommateur en garantie de sa dette éventuelle ; qu'ainsi, ces clauses créent un déséquilibre significatif au détriment du non-professionnel ou du consommateur qui ne peut pas bénéficier des règles protectrices du gage et de la fiducie et qui ne connaît pas, au préalable, l'étendue de son engagement ; qu'elles sont donc abusives ;

11. Considérant que certains contrats, qualifiés de simple entreposage, prévoient que le non-professionnel ou le consommateur affecte les biens entreposés en gage des loyers, sans que soient précisées la quantité des biens donnés en gage ainsi que leur espèce ou leur nature, comme l'exige l'article 2336 du code civil ; qu'une telle stipulation permet au professionnel de faire valoir, selon son choix, sa qualité de gardien pour se prévaloir du gage prétendu, ou celle de non-gardien, notamment afin de s'affranchir de sa responsabilité éventuelle ; que cette clause crée un déséquilibre significatif entre les droits et obligations des parties au détriment du non-professionnel ou du consommateur ; qu'elle est donc abusive ;

12. Considérant que des clauses prévoient qu'en cas d'absence de paiement, le professionnel pourra disposer à sa guise des biens entreposés par le non-professionnel ou le consommateur, en les vendant ou en s'en débarrassant, sans avoir à agir en justice ; que cette clause qui laisse croire au non-professionnel ou au consommateur que le professionnel peut disposer des biens entreposés sans action judiciaire ni titre exécutoire, ne permet pas au consommateur de faire valoir ses droits ; que, dès lors, elle crée un déséquilibre significatif entre les droits et obligations des parties au détriment du non-professionnel ou du consommateur ; qu'elle est donc abusive ;

13. Considérant qu'un contrat prévoit qu'à l'issue d'un délai d'un an sans paiement, le professionnel pourra, conformément à la loi du 31 décembre 1903, relative à la vente de certains biens abandonnés, procéder à la vente aux enchères publiques des biens entreposés ; que cette loi ne s'applique qu'aux biens qui ont été confiés au professionnel, ce qui n'est pas le cas dans l'hypothèse d'un contrat d'entreposage ; qu'une telle clause laisse croire au non-professionnel ou au consommateur que la vente de ses biens pourra être effectuée par le professionnel sans titre exécutoire ; qu'elle entraîne un déséquilibre significatif entre les droits et obligations des parties au détriment du non-professionnel ou du consommateur ; qu'elle est donc abusive ;

C *Clauses relatives à l'exécution du contrat*

1 *Les clauses relatives à la responsabilité du professionnel*

A *Les clauses relatives à la responsabilité exclusive du consommateur ou du non-professionnel*

14. Considérant qu'une clause prévoit de mettre à la charge du consommateur ou du non-professionnel tous les coûts, réclamations, responsabilités, dommages et autres frais liés à l'utilisation ou à l'occupation de la pièce ; qu'en ne limitant pas la responsabilité du non-professionnel ou du consommateur aux hypothèses liées à une faute de celui-ci ou aux obligations résultant de la garde des biens entreposés, cette clause crée un déséquilibre significatif entre les droits et obligations des parties au détriment du non-professionnel ou du consommateur ; qu'elle est donc abusive ;

B *Les clauses relatives à l'exonération totale de responsabilité du professionnel*

15. Considérant que de nombreux contrats prévoient que le client est le seul responsable du matériel de manutention mis à sa disposition et que la prise de possession vaut reconnaissance expresse de l'absence de vice et de défaut, alors même que le non-professionnel ou le consommateur peut ne pas se rendre compte de l'état véritable du matériel et provoquer, en cas de vice ou de défaut, des dommages importants tant à ses biens qu'au local loué ; que l'article R. 132-1, 6°, *[R. 212-1]* du code de la consommation édicte qu'est abusive la clause qui a pour effet ou objet de "Supprimer ou réduire le droit à réparation du préjudice subi par le non-professionnel ou le consommateur en cas de manquement par le professionnel à l'une quelconque de ses obligations" ; qu'en ce qu'elles limitent la responsabilité du professionnel en la transférant sur le non-professionnel ou le consommateur, ces clauses créent un déséquilibre significatif entre les droits et obligations des parties au détriment du non-professionnel ou du consommateur ; qu'elles sont donc abusives ;

16. Considérant que de nombreuses clauses prévoient que le professionnel ne peut être tenu pour responsable d'aucun des dommages causés aux biens entreposés, quelle qu'en soit la cause, ou du vol de ceux-ci ; qu'en excluant toute responsabilité du professionnel, ces clauses sont de manière irréfragable présumées abusives en vertu de l'article R. 132-1, 6°, *[R. 212-1]* du code de la consommation ;

C *Les clauses relatives à la renonciation générale à tout recours contre le professionnel*

17. Considérant que les clauses de plusieurs contrats prévoient que le non-professionnel ou le consommateur renonce expressément à tout recours contre la société, peu important l'origine du dommage ; que l'article R. 132-2, 10°, *[R. 212-2]* du code de la consommation énonce qu'est présumée abusive la clause qui a pour objet ou pour effet de : "Supprimer ou entraver l'exercice d'actions en justice ou des voies de recours par le consommateur" ;

D *Les clauses relatives à la limitation de la responsabilité du professionnel*

18. Considérant que des contrats de libre stockage fixent un montant de réparation plafonné, sans exclure l'hypothèse où la responsabilité du professionnel serait engagée au titre d'un manquement par lui commis ; que l'article R. 132-1, 6°, *[R. 212-1]* du code de la consommation dispose qu'est présumée irréfragablement abusive la clause qui a pour objet ou pour effet de : "Supprimer ou réduire le droit à réparation du préjudice subi par le non-professionnel ou le consommateur en cas de manquement par le professionnel à l'une quelconque de ses obligations" ;

2 ***Clauses relatives à la déclaration de sinistre***

19. Considérant qu'un nombre important de contrats prévoit que le non-professionnel ou le consommateur doit déclarer à la société, par lettre recommandée avec accusé de réception, tout sinistre dans un délai de 24 heures à compter de sa survenance, et qu'à défaut le contrat pourra être résilié de plein droit ; que, compte tenu de l'objet même du contrat, le consommateur ne se rend pas quotidiennement sur les lieux et peut ne pas connaître l'existence du sinistre le jour même de sa survenance ; qu'en outre, le délai prévu est trop bref ; que cette clause crée un déséquilibre significatif entre les droits et obligations des parties au détriment du non-professionnel ou du consommateur ; qu'elle est donc abusive ;

3 ***Les clauses relatives à l'accès du professionnel à l'emplacement loué par le consommateur***

20. Considérant que de nombreux contrats prévoient de multiples cas d'intervention par le professionnel ou un tiers dans les lieux donnés en location au non-professionnel ou au consommateur, sans autorisation de celui-ci ; qu'en outre, il n'est pas stipulé que ces interventions seraient limitées aux cas de péril ou de nécessité impérieuse ; que ces intrusions dans les locaux loués sont contraires au respect de la vie privée prévu par l'article 8-1 de la Convention européenne des droits de l'homme et l'article 9 du code civil ; que ces clauses sont illicites et, maintenues dans un contrat, abusives ;

4 *Les clauses relatives aux modifications des termes du contrat de libre stockage*

A *Clauses relatives à la substitution d'emplacement*

21. Considérant que, dans les contrats qui définissent la localisation de l'emplacement de stockage en accord avec le consommateur, les clauses prévoyant la possibilité pour le professionnel de changer unilatéralement l'emplacement, voire même le site du local dévolu au non-professionnel ou au consommateur, avec ou sans modification du prix, en dehors des hypothèses de péril ou de nécessité impérieuse, permettent au professionnel de modifier unilatéralement les caractéristiques essentielles du contrat ; que l'article R. 132-1, 3°, *[R. 212-1]* du code de la consommation énonce qu'est présumée irréfragablement abusive la clause ayant pour objet ou pour effet de : "Réserver au professionnel le droit de modifier unilatéralement les clauses du contrat relatives à sa durée, aux caractéristiques ou au prix du bien à livrer ou du service à rendre" ;

22. Considérant que de nombreux contrats prévoient la possibilité pour le professionnel d'imposer de manière unilatérale au non-professionnel ou au consommateur de changer d'emplacement en effectuant le déménagement par lui-même ou à défaut à ses frais, le cas échéant sous peine d'astreinte ; que ces clauses qui permettent au professionnel d'imposer des frais au non-professionnel ou au consommateur *[,]* sans son accord, créent un déséquilibre significatif dans les droits et obligations des parties au détriment du non-professionnel ou du consommateur ; qu'elles sont donc abusives ;

B *Clauses relatives aux modifications des conditions générales ou du règlement intérieur*

23. Considérant que plusieurs contrats prévoient que le professionnel peut modifier à tout moment le règlement intérieur ou les conditions générales par un simple affichage ou une modification sur le site internet de la société ; que ces documents peuvent comporter des dispositions susceptibles d'être qualifiées de contractuelles et porter sur les caractéristiques essentielles de la prestation convenue ; qu'ainsi, ces clauses qui autorisent le professionnel à modifier unilatéralement le contrat sont contraires à l'article R. 132-1, 3°, *[R. 212-1]* du code de la consommation, sans préjudice des dispositions de l'article R. 132-2-1, IV et V, *[R. 212-4]* du code de la consommation ; qu'elles sont donc abusives ;

5 *Clauses relatives aux frais pouvant être exigés par le professionnel*

24. Considérant que de nombreux contrats mettent à la charge du consommateur ou du non-professionnel des frais en cas d'incident de paiement ; que ces clauses ne précisent pas la nature et le montant des frais et honoraires liés au recouvrement ; qu'ainsi, le non-professionnel ou le consommateur est dans l'impossibilité de mesurer la portée de son engagement lors de la conclusion du contrat ; que certaines de ces clauses prévoient qu'en cas de non-paiement du loyer, l'ensemble des frais de recouvrement, y compris des frais d'huissier de justice, sera à la charge du consommateur ou du non-professionnel ; que l'article L. 111-8 du code des procédures civiles d'exécution énonce :

"A l'exception des droits proportionnels de recouvrement ou d'encaissement qui peuvent être mis partiellement à la charge des créanciers dans des conditions fixées par décret en Conseil d'État, les frais de l'exécution forcée sont à la charge du débiteur, sauf s'il est manifeste qu'ils n'étaient pas nécessaires au moment où ils ont été exposés. Les contestations sont tranchées par le juge.

"Les frais de recouvrement entrepris sans titre exécutoire restent à la charge du créancier, sauf s'ils concernent un acte dont l'accomplissement est prescrit par la loi au créancier. Toute stipulation contraire est réputée non écrite, sauf disposition législative contraire.

"Cependant, le créancier qui justifie du caractère nécessaire des démarches entreprises pour recouvrer sa créance peut demander au juge de l'exécution de laisser tout ou partie des frais ainsi exposés à la charge du débiteur de mauvaise foi." ;

Qu'ainsi, ces clauses qui mettent à la charge du non-professionnel ou du consommateur l'ensemble des frais de recouvrement amiable, sans mentionner qu'il appartient au juge de déterminer si des frais nécessaires peuvent être laissés en tout ou partie à la charge du débiteur de mauvaise foi, créent un déséquilibre significatif entre les droits et obligations des parties au détriment du non-professionnel ou du consommateur ;

25. Considérant que quelques contrats prévoient, en cas d'impayé, des indemnités forfaitaires de quatre mois de redevance, quelle que soit l'importance de l'impayé ; que de telles indemnités sont manifestement disproportionnées au regard du préjudice subi par le professionnel ; qu'ainsi, ces clauses contreviennent à l'article R. 132-2, 3°, *[R. 212-2]* du code de la consommation et sont abusives ;

6 *Clauses relatives aux conséquences du non-paiement par le non-professionnel ou le consommateur*

26. Considérant que des clauses prévoient que le non-professionnel ou le consommateur qui n'a pas payé son loyer ne peut pas accéder au local où se trouvent entreposés ses meubles ; qu'en ce qu'elles conduisent à priver le non-professionnel ou le consommateur du libre accès aux biens entreposés, entravant ainsi son droit de propriété, ces clauses entraînent un déséquilibre significatif entre les droits et obligations des parties au détriment du non-professionnel ou du consommateur ; qu'elles sont donc abusives ;

D *Clauses relatives à la résiliation du contrat de stockage en libre-service*

27. Considérant qu'un contrat prévoit que, pour le résilier, le non-professionnel ou le consommateur doit déposer sa lettre de résiliation à un employé qui la date et la signe, ce qui restreint l'exercice du droit de résilier en obligeant nécessairement à un déplacement ; que, dès lors, cette clause crée un déséquilibre significatif entre les droits et obligations des parties au détriment du non-professionnel ou du consommateur ; qu'elle est donc abusive ;

28. Considérant que les clauses de plusieurs contrats prévoient un délai d'une semaine entre la dénonciation du contrat ou son non-renouvellement par le professionnel, et la fin de celui-ci ; que ce délai apparaît très court pour que le non-professionnel ou le consommateur organise le transfert de ses biens entreposés dans l'emplacement ; qu'ainsi, imposer au non-professionnel ou au consommateur un délai excessivement bref pour déménager ses biens en cas de résiliation ou de non-renouvellement du contrat par le professionnel crée un déséquilibre significatif dans les droits et obligations des parties au contrat au détriment du non-professionnel ou du consommateur ; que ces clauses sont donc abusives ;

29. Considérant qu'un contrat prévoit que, si la restitution du box et des clés a lieu en dehors des heures d'ouverture de l'agence, le non-professionnel ou le consommateur devra payer les frais de remise en état selon le constat établi unilatéralement par le professionnel ; que cette stipulation empêche le non-professionnel ou le consommateur de faire valoir ses droits et, notamment, de produire des témoignages, des photographies ou un constat d'huissier dressé à sa requête ; qu'ainsi, en ce qu'elle limite indûment les moyens de preuve à la disposition du non-professionnel ou du consommateur, cette clause est contraire à l'article R. 132-2, 9°, *[R. 212-2]* du code de la consommation ;

Recommande :

Pour la présentation matérielle du contrat :

1. Que le contrat soit présenté de façon lisible et, notamment, avec des caractères qui ne soient pas inférieurs au corps 8 ;

Que *soient supprimées des contrats* les clauses ayant pour objet ou pour effet :

Pour les contrats de déménagement :

2. de limiter la responsabilité du professionnel en dehors d'un cas de force majeure ;

3. de plafonner le montant des réparations dû en cas de responsabilité du professionnel dans le préjudice subi par le non-professionnel ou le consommateur sans couvrir la valeur déclarée ou à défaut la valeur réelle des biens ;

4. de limiter la responsabilité du professionnel en imposant au non-professionnel ou au consommateur l'application à son détriment d'une clause limitative de responsabilité prévue dans un contrat conclu entre le professionnel et son sous-traitant, auquel il n'est pas partie ;

Pour les contrats de garde-meubles :

5. d'exonérer le professionnel, dépositaire, de sa responsabilité, vis-à-vis des biens qui lui ont été confiés, en dehors des cas de force majeure, de faute ou de négligence du non-professionnel ou du consommateur ;

Pour les contrats de stockage en libre-service :

6. d'opposer au consommateur, hors de l'hypothèse d'un contrat conclu à distance, les conditions générales du contrat figurant exclusivement sur un site internet, sans les lui avoir communiquées ;

7. de permettre au professionnel de s'affranchir de l'obligation de fournir un service conforme aux stipulations du contrat ;

8. d'imposer au non-professionnel ou au consommateur de fournir au professionnel des éléments relevant de sa vie privée, sans utilité pour la formation et l'exécution du contrat ;

9. d'imposer des frais supplémentaires au non-professionnel ou au consommateur qui paie par un autre mode de règlement que le virement mensuel ;

10. de prévoir une clause de transfert de propriété de plein droit au profit du professionnel, en dehors des prescriptions de l'article 2348 du code civil ;

11. de stipuler un gage, sans respecter les conditions de l'article 2336 du code civil ;

12. de laisser croire au non-professionnel ou au consommateur que le professionnel peut disposer des biens entreposés sans avoir à agir en justice aux fins d'obtenir un titre exécutoire ;

13. de laisser croire au consommateur ou au non-professionnel que le professionnel pourra procéder à la vente aux enchères publiques des biens sans titre exécutoire ;

14. de stipuler la responsabilité du non-professionnel ou du consommateur en dehors des hypothèses liées à une faute de celui-ci ou correspondant aux obligations résultant de la garde des biens entreposés ;

15. de limiter la responsabilité du professionnel relativement aux conséquences résultant de l'état du matériel de manutention mis à la disposition du non-professionnel ou du consommateur ;

16. d'exclure la responsabilité du professionnel en cas de dommages aux biens entreposés ou de vol de ceux-ci, même en cas de manquement de celui-ci à l'une quelconque de ses obligations ;

17. d'interdire au consommateur d'agir en responsabilité contre le professionnel ;

18. de plafonner le montant des réparations dû au non-professionnel ou au consommateur, en cas de manquement du professionnel à l'une quelconque de ses obligations ;

19. d'imposer au non-professionnel ou au consommateur de déclarer un sinistre dans un délai particulièrement bref et sans faire courir celui-ci à compter de la date à laquelle le non-professionnel ou le consommateur a eu connaissance de sa survenance ;

20. de prévoir, hors les cas de péril ou de nécessité impérieuse, une possibilité d'intrusion dans les lieux loués sans autorisation du non-professionnel ou du consommateur ;

21. de permettre au professionnel de modifier unilatéralement le lieu de l'emplacement de stockage convenu, en dehors des hypothèses de péril ou de nécessité impérieuse ;

22. de mettre à la charge du non-professionnel ou du consommateur, le déménagement de ses biens à ses frais ou sous peine de pénalités, en exécution d'une décision unilatérale du professionnel ;

23. de laisser au professionnel la possibilité de modifier unilatéralement des stipulations contractuelles, hors des cas autorisés par l'article R. 132-2-1, IV et V, *[R. 212-4]* du code de la consommation ;

24. de mettre à la charge du non-professionnel ou du consommateur des frais en cas d'incident de paiement, sans préciser leur nature et leur montant, et sans indiquer qu'en ce qui concerne le recouvrement amiable, il appartient au juge de déterminer si des frais nécessaires peuvent être laissés en tout ou partie à la charge du débiteur de mauvaise foi ;

25. de prévoir, en cas d'impayé, des indemnités forfaitaires d'un montant manifestement disproportionné ;

26. de permettre au professionnel, en cas d'incident de paiement, d'interdire au non-professionnel ou au consommateur d'accéder librement à ses biens ;

27. d'imposer de résilier le contrat de location en se rendant sur les lieux de l'entreposage ;

28. de permettre au professionnel de dénoncer le contrat avec un préavis de huit jours seulement ;

29. de limiter indûment les moyens de preuve à la disposition du non-professionnel ou du consommateur.

(Adoptée le 24 mars 2016 sur le rapport de Mme Raphaëlle Petit-Macur).

DENRÉES ALIMENTAIRES (TEXTES GÉNÉRAUX)

Pour des denrées alimentaires spécifiques, V. aussi vº Beurre, margarine ; vº Fromages ; vº Fruits et légumes ; vº Jus de fruits, sirops ; vº Lait, produits laitiers ; vº Œufs, volailles ; vº Pain ; vº Poissons, produits de la mer ; vº Produits biologiques ; vº Produits diététiques ; vº Produits « Montagne » ; vº Produits surgelés ; vº Sucre, substances édulcorantes ; vº Viandes, charcuteries.

BIBL. GÉN. ▸ Conseil national de l'alimentation, Avis 25 juin 2002 sur l'information des consommateurs relative aux denrées alimentaires, *BOCC 22 août 2002*. – F. Agostini, *LPA 11-12 nov. 2004* (applications pénales du code de la consommation en matière de sécurité alimentaire). – Collart-Dutilleul, *Études Calais-Auloy, Dalloz, 2004, p. 311* (risque alimentaire et principe de précaution). – Jeannin, *D. 2004. Chron. 3057* (1er janv. 2005 : naissance du droit alimentaire européen). – Banet, *Gaz. Pal. 2006. Doctr. 2006. 2333* (même thème). – Raffi, *LPA 29 sept. 2006* (la communication sur les risques alimentaires dans le droit européen et le droit français) ; *LPA 23 févr. 2007* (évaluation des risques alimentaires dans le droit européen et le droit français : la traçabilité des denrées alimentaires) ; *LPA 23 août 2007* (la gestion des risques alimentaires dans le droit européen et le droit français). – Bugnicourt, Borghetti et Collart-Dutilleul, *D. 2010. 1099* (le droit civil de la responsabilité à l'épreuve du droit spécial de l'alimentation). – Saas, *LPA 6 oct. 2011* (la protection des consommateurs d'aliments : le regard d'un pénaliste). – Collectif, *LPA 31 juill. 2013 ; ibid. 1er août 2013* (la sécurité alimentaire : un concept relatif). – Allain, *RDSS 2013. 796* (des spécificités de l'évaluation et de la gestion des risques en alimentation). – Gonnord, *ibid. 819* (la gestion des risques sanitaires et du « risque pénal » par une entreprise agroalimentaire). – Planes de la Asuncion, *RDSS 2014. 1023* (qualité et sécurité alimentaire).

Code de la santé publique

Agence nationale chargée de la sécurité sanitaire de l'alimentation, de l'environnement et du travail

BIBL. GÉN. ▸ AFFSA : M. Olivier, *Gaz. Pal. 9-10 janv. 2004, Doctr.* (les experts institutionnels de l'AFSSA). – Billet, *RD rur. 2006. Étude 13* (consolidation des contrôles sur les produits phytosanitaires à usage agricole).

Art. L. 1313-1 *(Ord. nº 2010-18 du 7 janv. 2010, art. 2-I)* **L'Agence nationale chargée de la sécurité sanitaire de l'alimentation, de l'environnement et du travail est un établissement public de l'État à caractère administratif.**

Elle met en œuvre une expertise scientifique indépendante et pluraliste.

Elle contribue principalement à assurer la sécurité sanitaire humaine dans les domaines de l'environnement, du travail et de l'alimentation.

Elle contribue également à assurer :

— la protection de la santé et du bien-être des animaux ;

— la protection de la santé des végétaux ;

— l'évaluation des propriétés nutritionnelles et fonctionnelles des aliments ;

(L. nº 2015-1567 du 2 déc. 2015, art. 16) **« — la protection de l'environnement, en évaluant l'impact des produits réglementés sur les milieux, la faune et la flore. »**

Elle exerce des missions relatives aux médicaments vétérinaires dans les conditions prévues au titre IV du livre Ier de la cinquième partie.

(L. nº 2015-1567 du 2 déc. 2015, art. 16) **« Elle exerce, pour les produits phytopharmaceutiques et les adjuvants mentionnés à l'article L. 253-1 du code rural et de la pêche maritime, ainsi que pour les matières fertilisantes, adjuvants pour matières fertilisantes et sup-**

ports de culture mentionnés à l'article L. 255-1 du même code, des missions relatives à la délivrance, à la modification et au retrait des différentes autorisations préalables à la mise sur le marché et à l'expérimentation.

« Elle exerce également des missions relatives à la délivrance, à la modification et au retrait des autorisations préalables à la mise sur le marché et à l'expérimentation pour les produits biocides mentionnés à l'article L. 522-1 du code de l'environnement. »

Dans son champ de compétence, l'agence a pour mission de réaliser l'évaluation des risques, de fournir aux autorités compétentes toutes les informations sur ces risques ainsi que l'expertise et l'appui scientifique et technique nécessaires à l'élaboration des dispositions législatives et réglementaires et à la mise en œuvre des mesures de gestion des risques. Elle assure des missions de veille, de vigilance et de référence. Elle définit, met en œuvre et finance en tant que de besoin des programmes de recherche scientifique et technique. *(Ord. n° 2017-51 du 19 janv. 2017, art. 2-I)* « Elle assure la mise en œuvre du système de toxicovigilance et des autres systèmes de vigilance sur les médicaments vétérinaires, les denrées alimentaires mentionnées à l'article L. 1323-1 et les produits phytopharmaceutiques. »

Elle propose aux autorités compétentes toute mesure de nature à préserver la santé publique. Lorsque celle-ci est menacée par un danger grave, elle recommande à ces autorités les mesures de police sanitaire nécessaires.

Elle participe aux travaux des instances européennes et internationales, et y représente la France à la demande du Gouvernement.

Les dispositions issues de l'Ord. n° 2017-51 du 19 janv. 2017 entrent en application à la date d'entrée en vigueur du décret en Conseil d'État pris pour son application, et au plus tard le 1er juill. 2017 (Ord. préc., art. 7).

Art. L. 1313-2 *(Ord. n° 2010-18 du 7 janv. 2010, art. 2-I)* L'agence accède, à sa demande et dans des conditions préservant la confidentialité des données à l'égard des tiers, aux informations nécessaires à l'exercice de ses missions qui sont détenues par toute personne physique ou morale sans que puisse lui être opposé le secret médical, le secret professionnel ou le secret en matière industrielle et commerciale. *(L. n° 2014-1170 du 13 oct. 2014, art. 51)* « Lui sont communiquées, à sa demande, les données, les synthèses et les statistiques qui en sont tirées mais aussi toute information utile à leur interprétation. »

Art. L. 1313-3 *(Ord. n° 2010-18 du 7 janv. 2010, art. 2-I)* En vue de l'accomplissement de ses missions, l'agence peut se saisir de toute question. Elle peut être saisie par l'autorité compétente de l'État, les autres établissements publics de l'État et les organismes représentés à son conseil d'administration.

Elle peut également être saisie par les associations de défense des consommateurs agréées en application de l'article *(Ord. n° 2016-301 du 14 mars 2016, art. 2, en vigueur le 1er juill. 2016)* « L. 811-1 » du code de la consommation, par les associations de protection de l'environnement agréées en application de l'article L. 141-1 du code de l'environnement, par les associations ayant une activité dans le domaine de la qualité de la santé et de la prise en charge des malades agréées en application de l'article L. 1114-1, par les associations d'aide aux victimes d'accidents du travail ou de maladies professionnelles représentées au conseil d'administration du Fonds d'indemnisation des victimes de l'amiante *(Ord. n° 2015-1242 du 7 oct. 2015, art. 6)* « ainsi que, après avis favorable du ministre chargé de l'agriculture, par les réseaux sanitaires reconnus en application de l'article L. 201-10 du code rural et de la pêche maritime ». — *V. CSP, art. R. 1313-32, ci-dessous.*

Sous réserve du respect des secrets protégés par la loi, et notamment des informations couvertes par le secret industriel et commercial, les avis et recommandations de l'agence sont rendus publics.

Code de la santé publique **Art. R. 1313-32** *(Décr. n° 2010-719 du 28 juin 2010, art. 1er)* La saisine effectuée par les associations habilitées en application du deuxième alinéa de l'article L. 1313-3 doit être adressée par le dirigeant de l'association, ou par son représentant expressément désigné par voie de procuration, au directeur général de l'agence. Elle doit être dûment motivée et, le cas échéant, accompagnée de toutes pièces justificatives. En cas de saisine conjointe par plusieurs organismes, il est possible d'adresser une saisine unique contresignée par les différents pétitionnaires.

Une copie de la saisine est envoyée par le directeur général de l'agence aux ministères de tutelle concernés.

Le directeur général accuse réception de cette saisine et en envoie copie aux ministères de tutelle concernés. Il décide, conformément à la procédure adoptée par le conseil d'administration, de la suite à donner, en tenant compte notamment des moyens et des priorités de l'agence. Il en rend compte au conseil d'administration et en informe le demandeur, en précisant, le cas échéant, les délais nécessaires pour son examen.

L'avis émis par l'agence est adressé à l'auteur de la saisine par courrier recommandé avec avis de réception. Il est communiqué aux ministres chargés de la tutelle de l'agence ainsi qu'aux autres ministres concernés.

Alimentation, publicité et promotion

Art. L. 2133-1 *(L. n° 2005-1579 du 19 déc. 2005, art. 57)* **« Les messages publicitaires en faveur de boissons avec ajouts de sucres, de sel ou d'édulcorants de synthèse ou de produits alimentaires manufacturés doivent contenir une information à caractère sanitaire. Dans le cas des messages publicitaires** *(L. n° 2016-41 du 26 janv. 2016, art. 17)* **« sur internet, » télévisés ou radiodiffusés, cette obligation ne s'applique qu'aux messages émis et diffusés à partir du territoire français et reçus sur ce territoire. La même obligation d'information s'impose à toute promotion, destinée au public, par voie d'imprimés et de publications périodiques édités par les producteurs ou distributeurs de ces produits. »** — *V. CSP, art. R. 2133-1, v° Publicité télévisée.*

Les annonceurs *(L. n° 2005-1579 du 19 déc. 2005, art. 57)* **« et les promoteurs » peuvent déroger à cette obligation sous réserve du versement d'une contribution** *(L. n° 2004-1485 du 30 déc. 2004, art. 133)* **« dont le produit est affecté à » l'***(Ord. n° 2016-462 du 14 avr. 2016, art. 3-I, en vigueur le 1er mai 2016)* **« Agence nationale de santé publique ». Cette contribution est destinée à financer la réalisation et la diffusion d'actions d'information et d'éducation nutritionnelles, notamment dans les médias concernés ainsi qu'au travers d'actions locales.**

(L. n° 2005-1579 du 19 déc. 2005, art. 57) **« La contribution prévue à l'alinéa précédent est assise, s'agissant des messages publicitaires, sur le montant annuel des sommes destinées à l'émission et à la diffusion de ces messages, hors remise, rabais, ristourne et taxe sur la valeur ajoutée, payées par les annonceurs. Le montant de cette contribution est égal à** *(L. n° 2016-41 du 26 janv. 2016, art. 17)* **« 5 % » du montant de ces sommes.**

« La contribution prévue au deuxième alinéa est assise, s'agissant des autres types de promotion de ces produits, sur la valeur hors taxe sur la valeur ajoutée des dépenses de réalisation et de distribution qui ont été engagées au titre de l'année civile précédente, diminuée des réductions de prix obtenues des fournisseurs qui se rapportent expressément à ces dépenses. La base d'imposition des promoteurs qui effectuent tout ou partie des opérations de réalisation et de distribution avec leurs propres moyens d'exploitation est constituée par le prix de revient hors taxe sur la valeur ajoutée de toutes les dépenses ayant concouru à la réalisation desdites opérations. Le taux de la contribution est fixé à *(L. n° 2016-41 du 26 janv. 2016, art. 17)* **« 5 % » du montant hors taxe sur la valeur ajoutée de ces dépenses.**

« Le fait générateur est constitué par la diffusion des messages publicitaires ou la mise à disposition des documents visés au premier alinéa. La contribution est exigible au moment du paiement par l'annonceur aux régies ou au moment de la première mise à disposition des documents visés. La contribution est déclarée, liquidée, recouvrée et contrôlée selon les procédures et sous les mêmes sanctions, garanties et privilèges que la taxe sur la valeur ajoutée. Les réclamations sont présentées, instruites et jugées selon les règles applicables à cette même taxe. Il est opéré un prélèvement de 1,5 % effectué par l'État sur le montant de cette contribution pour frais d'assiette et de recouvrement. »

Les modalités d'application du présent article, et notamment les conditions *(L. n° 2016-41 du 26 janv. 2016, art. 14-I)* **« de révision régulière de l'information à caractère sanitaire et » de consultation des annonceurs sur les actions de l'***(Ord. n° 2016-462 du 14 avr. 2016, art. 3-I, en vigueur le 1er mai 2016)* **« Agence nationale de santé publique », sont déterminées par décret en Conseil d'État pris après avis de l'***(Ord. n° 2010-18 du 7 janv. 2010, art. 3-II)* **« Agence nationale chargée de la sécurité sanitaire de l'alimentation, de l'environnement et du travail » et de l'***(Ord. n° 2016-462 du 14 avr. 2016, art. 3-I, en* *vigueur le 1er mai 2016)* **« Agence nationale de santé publique » et après consultation du Bureau de vérification de la publicité.**

(L. nº 2004-1485 du 30 déc. 2004, art. 133) **« Les dispositions du présent article entrent en vigueur à la date de publication du décret mentionné au précédent alinéa, et au plus tard le 1er janvier 2006. »**

BIBL. ▶ DELHOSTE, *CCE 2005. Étude 3*. – GRELIER-LENAIN, *Gaz. Pal. 2004. Doctr. 3555* (publicité des produits alimentaires). – BOYER, *CCC 2006. Chron. 7* (incidences de l'obésité sur les publicités agroalimentaires). – LUCAS-PUGET, *LPA 24 mai 2006* (allégations sur les produits alimentaires de consommation courante). – GRELIER-LENAIN, *Gaz. Pal. 2007. 1412* (publicité alimentaire : la longue marche). – FRIANT-PERROT et GARDE, *LPA 6 oct. 2011* (la publicité alimentaire et la lutte contre l'obésité infantile en droit français et en droit anglais).

Code de l'environnement

Lutte contre le gaspillage alimentaire

BIBL. GÉN. ▶ DENIZOT, *RTD civ. 2016. 473* (premiers pas hésitants de la lutte contre le gaspillage alimentaire).

Art. L. 541-15-4 *(L. nº 2016-138 du 11 févr. 2016, art. 1er)* **La lutte contre le gaspillage alimentaire implique de responsabiliser et de mobiliser les producteurs, les transformateurs et les distributeurs de denrées alimentaires, les consommateurs et les associations. Les actions de lutte contre le gaspillage alimentaire sont mises en œuvre dans l'ordre de priorité suivant :**

1º La prévention du gaspillage alimentaire ;

2º L'utilisation des invendus propres à la consommation humaine, par le don ou la transformation ;

3º La valorisation destinée à l'alimentation animale ;

4º L'utilisation à des fins de compost pour l'agriculture ou la valorisation énergétique, notamment par méthanisation.

La lutte contre le gaspillage alimentaire comprend la sensibilisation et la formation de tous les acteurs, la mobilisation des acteurs au niveau local et une communication régulière auprès des consommateurs, en particulier dans le cadre des programmes locaux de prévention des déchets.

Art. L. 541-15-5 *(L. nº 2016-138 du 11 févr. 2016, art. 1er)* **I. — Les distributeurs du secteur alimentaire assurent la commercialisation de leurs denrées alimentaires ou leur valorisation conformément à la hiérarchie établie à l'article L. 541-15-4. Sans préjudice des règles relatives à la sécurité sanitaire des aliments, ils ne peuvent délibérément rendre leurs invendus alimentaires encore consommables impropres à la consommation ou à toute autre forme de valorisation prévue au même article L. 541-15-4.**

II. — Aucune stipulation contractuelle ne peut faire obstacle au don de denrées alimentaires vendues sous marque de distributeur, au sens de l'article *(Ord. nº 2016-301 du 14 mars 2016, art. 2, en vigueur le 1er juill. 2016)* **« R. 412-47 » du code de la consommation, par un opérateur du secteur alimentaire à une association caritative habilitée en application de l'article L. 230-6 du code rural et de la pêche maritime, prévu par une convention conclue par eux.**

III. — Le don de denrées alimentaires par un commerce de détail alimentaire dont la surface de vente est supérieure au seuil mentionné au premier alinéa de l'article 3 de la loi nº 72-657 du 13 juillet 1972 instituant des mesures en faveur de certaines catégories de commerçants et artisans âgés à une association caritative habilitée en application de l'article L. 230-6 du code rural et de la pêche maritime fait l'objet d'une convention qui en précise les modalités.

IV. — Le présent article n'est pas applicable aux denrées impropres à la consommation.

V. — Un décret fixe les modalités d'application du présent article.

Le II des art. L. 541-15-5 et L. 541-15-6 C. envir., dans leur rédaction résultant du I de l'art. 1er de la L. nº 2016-138 du 11 févr. 2016, entre en vigueur un an après la promulgation de ladite loi (L. préc., art. 1er-II).

Art. L. 541-15-6 *(L. nº 2016-138 du 11 févr. 2016, art. 1er)* **I. — Au plus tard un an après la promulgation de la loi nº 2016-138 du 11 février 2016 relative à la lutte contre le gaspillage**

alimentaire ou, au plus tard, un an à compter de la date de leur ouverture ou de la date à laquelle leur surface de vente dépasse le seuil mentionné au premier alinéa de l'article 3 de la loi n° 72-657 du 13 juillet 1972 instituant des mesures en faveur de certaines catégories de commerçants et artisans âgés, les commerces de détail alimentaires dont la surface de vente est supérieure à ce seuil proposent à une ou plusieurs associations mentionnées au III de l'article L. 541-15-5 de conclure une convention précisant les modalités selon lesquelles les denrées alimentaires leur sont cédées à titre gratuit.

Les commerces de détail ayant conclu une telle convention avant la promulgation de la loi n° 2016-138 du 11 février 2016 précitée sont réputés satisfaire au présent I.

II. — Le non-respect de l'obligation prévue au I est puni de l'amende prévue pour les contraventions de la troisième classe.

III. — Un distributeur du secteur alimentaire qui rend délibérément impropres à la consommation les invendus alimentaires encore consommables, sans préjudice des dispositions réglementaires relatives à la sécurité sanitaire, est puni d'une amende de 3 750 €. Il encourt également la peine complémentaire d'affichage ou de diffusion de la décision prononcée, dans les conditions prévues à l'article 131-35 du code pénal.

V. note ss. art. L. 541-15-5.

Décret du 15 avril 1912,

Pris pour l'application de la loi du 1er août 1905 sur les fraudes et falsifications en matière de produits ou de services en ce qui concerne les denrées alimentaires, et spécialement les viandes, produits de la charcuterie, fruits, légumes, poissons et conserves.

TITRE PREMIER Dispositions générales

Art. 1er *(Décr. n° 73-138 du 12 févr. 1973)* Il est interdit de détenir en vue de la vente, de mettre en vente ou de vendre toutes marchandises et denrées destinées à l'alimentation humaine lorsqu'elles ont été additionnées de produits chimiques autres que ceux dont l'emploi est déclaré licite par des arrêtés pris de concert par le ministre de l'agriculture et du développement rural, le ministre de l'économie et des finances, le ministre du développement industriel et scientifique et le ministre de la santé publique, sur l'avis de l'*(Décr. n° 2011-385 du 11 avr. 2011, art. 15)* « Agence nationale de sécurité sanitaire de l'alimentation, de l'environnement et du travail ».

(Décr. n° 2006-1264 du 16 oct. 2006, art. 8) « Les dispositions du présent article ne s'appliquent pas :

« 1° Aux compléments alimentaires définis par le décret n° 2006-352 du 20 mars 2006 relatif aux compléments alimentaires ; — *V. ce texte, v° Produits diététiques, compléments alimentaires.*

« 2° A l'adjonction de vitamines, de minéraux et d'autres substances aux denrées alimentaires, telle que définie par le décret n° 2006-1264 du 16 octobre 2006 relatif aux vitamines, substances minérales et autres substances employées dans la fabrication des denrées alimentaires. » — *V. ce texte, infra.*

Droit communautaire. Le Décr. du 15 avr. 1912 n'est pas incompatible avec le principe de libre circulation des marchandises dans la mesure où les dispositions nationales limitatives relatives aux additifs à but nutritionnel autorisés dans l'alimentation humaine sont justifiées, au regard des art. 30 et 36, devenus 28 et 30 du traité CE (actuels art. 34 et 36 TFUE), par la protection de la santé publique et la protection des consommateurs. • Crim. 5 sept. 2000 : *Bull. crim. n° 261 ; JCP 2001. IV. 1606 ; CCC 2001, n° 115, obs. Raymond.* ♦ Le refus d'inscription sur la liste des substances nutritives additionnelles autorisées des vitamines et minéraux ajoutés dans des barres de céréales destinées aux personnes qui contrôlent leurs apports en calories, opposé sur le fondement des dispositions de l'art. 1er du Décr. du 15 avr. 1912, est illégal. • CE 24 mai 2006 : *RFDA 2006. 881 ; JCP 2006. IV. 2334 ; Europe 2006, n° 238, obs. Cassia.* ♦ En prévoyant, pour les auxiliaires technologiques et les denrées alimentaires pour la préparation desquelles ont été utilisés des auxiliaires technologiques provenant d'autres États membres où ils sont légalement fabriqués et/ou commercialisés, un régime d'autorisation préalable ne respectant pas le principe de proportionnalité, la République française a manqué aux obligations qui lui incombent en vertu de l'art. 28 CE (actuel art. 34 TFUE). • CJUE 28 janv. 2010 : *JCP 2010. 197, obs. F. Picod ; Europe 2010, n° 108, obs. Rigaux.*

Art. 2 *(Décr. n° 73-138 du 12 févr. 1973)* Il est également interdit de faire intervenir, même à titre temporaire, au cours de la préparation des marchandises et denrées destinées à

l'alimentation humaine, des produits chimiques autres que ceux dont l'emploi est déclaré licite par arrêtés pris dans les formes prévues à l'article 1er ci-dessus.

Art. 3 *(Décr. nº 78-840 du 9 août 1978)* **La teneur en acide érucique des denrées alimentaires composées, dans lesquelles des huiles, des graisses ou leurs mélanges ont été ajoutés et qui contiennent plus de 5 p. 100 de matières grasses, doit être calculée sur la teneur totale de ces denrées en acides gras dans la phase grasse. Elle ne doit pas dépasser 5 p. 100.**

Art. 4 *Abrogé par Décr. nº 73-138 du 12 févr. 1973.*

Art. 5 et 6 *Abrogés par Décr. nº 72-937 du 12 oct. 1972.*

TITRE II Dispositions spéciales aux viandes, produits de la charcuterie, fruits, légumes, poissons et conserves alimentaires

Art. 7 *Abrogé par Décr. nº 71-636 du 21 juill. 1971.*

Art. 8 à 11 *Abrogés par Décr. nº 2006-1264 du 16 oct. 2006, art. 10. — V. ce texte, infra.*

Sur l'abrogation des dispositions du présent décret en tant qu'elles concernent les additifs alimentaires et les auxiliaires technologiques, V. Décr. nº 89-674 du 18 sept. 1989, art. 14 (JO 19 sept.), et Décr. nº 2001-725 du 31 juill. 2001, art. 8 (JO 5 août), au ***C. consom.****, éd. 2011 ou antérieures.*

Art. 12 *Abrogé par Décr. nº 84-1147 du 7 déc. 1984.*

Art. 13 *(Décr. du 15 août 1937)* **Il est interdit de détenir en vue de la vente, de mettre en vente ou de vendre sous le nom de "conserves de tomates" ou sous des appellations similaires, d'autres produits que ceux préparés avec les fruits de tomates *Lycopersicum esculentum*, de qualité saine, loyale et marchande, cueillis mûrs, de bonne teinte rouge, sans trace de pourriture ou altération quelconque. Ces fruits peuvent être additionnés d'épices, d'aromates et de sel, mais la proportion de ce dernier produit ne doit, en aucun cas, dépasser 5 p. 100.**

Constitue une falsification, au sens de la loi du 1er août 1905, l'emploi pour la fabrication des conserves de tomates, des fruits ne répondant pas aux conditions énoncées au précédent paragraphe.

En vue de permettre le contrôle prévu à l'art. 11, 5e §, de la loi du 1er août 1905 *[C. consom., art. L. 511-22]*, **tout fabricant de conserves de tomates devra aviser, par écrit, la direction de la répression des fraudes, de la période pendant laquelle il recevra les tomates destinées à cette fabrication.**

Art. 14 *(Décr. du 15 sept. 1932)* **La dénomination de conserves de tomates implique que la concentration du produit est conforme aux indications du tableau suivant :**

1° Purée ou pulpe ou sauce de tomates, 7 p. 100 matière sèche ;

2° Conserve :

Demi-réduite ou mi-réduite, 10 p. 100 matière sèche ;

3° Conserve :

Réduite ou concentrée, 15 p. 100 matière sèche ;

4° Conserve :

Double concentrée ou extrait, 30 p. 100 matière sèche ;

5° Conserve :

Triple concentrée, 45 p. 100 matière sèche.

La proportion pour cent de matière sèche s'entend toujours : sel déduit.

Il est interdit de mettre en vente une conserve de tomates sous une dénomination à laquelle ne répond pas sa teneur en extrait sec (sel déduit), telle qu'elle est mentionnée au tableau ci-dessus.

La dénomination des conserves de fruits et de légumes autres que les conserves de tomates visées aux paragraphes précédents ne peut être accompagnée des qualificatifs "concentrée", "réduite", que si la préparation renferme au moins 15 grammes de matière sèche pour 100 grammes du produit.

Le qualificatif "extrait" est réservé aux conserves de fruits et de légumes renfermant au moins 30 grammes de matière sèche pour 100 grammes de produit.

L'emploi de toute autre dénomination pouvant faire croire à une concentration spéciale est interdit, à moins qu'elle ne soit immédiatement suivie de l'indication de la teneur de la conserve en matière sèche (sel déduit).

Les dénominations de "tomates entières", "tomates coupées", "tomates pelées", "jus de tomates" et autres similaires qui ne comportent aucune idée de concentration restent applicables aux produits correspondants.

Les dénominations fixées ci-dessus pour les diverses conserves de tomates, ainsi que leur teneur en extrait sec, doivent être portées sur les récipients qui les contiennent, en caractères de dimensions au moins égales à la dimension des caractères les plus grands figurant sur les récipients et de même apparence typographique.

S'il s'agit de produits étrangers, les dénominations doivent être inscrites ou traduites en langue française sur une étiquette bien apparente.

Art. 15 Il est interdit, en vertu de l'article 3, paragraphe 2 de la loi du 1er août 1905 *[C. consom., art. L. 413-1, 2°]*, de détenir en vue de la vente, de mettre en vente ou de vendre :

1° Les haricots ou pois dits de Birmanie, lorsqu'ils fournissent à l'analyse plus de 20 milligrammes d'acide cyanhydrique pour 100 grammes de produit ;

2° Les haricots ou pois dits de Java ;

3° *(Décr. n° 91-1039 du 7 oct. 1991)* « Les gyromitres fausses morilles, frais ou transformés. »

Art. 15-1 *(Décr. n° 95-594 du 6 mai 1995)* Il est interdit de mettre sur le marché, de distribuer à titre gratuit ou onéreux pour la consommation humaine du L-tryptophane et des produits contenant du L-tryptophane ajouté.

Ces mesures ne concernent pas :

1° Les médicaments soumis à l'autorisation de mise sur le marché prévue à l'article L. 601 *[art. L. 5121-8]* du code de la santé publique ;

2° Les catégories suivantes d'aliments destinés à une alimentation particulière et régis par le décret du 29 août 1991 susvisé *[n° 91-827, V. v° Produits diététiques, compléments alimentaires]* :

— aliments de régime pour enfants en bas âge atteints de troubles métaboliques ou nutritionnels ;

— aliments pour nourrissons présentés comme hypoallergéniques ;

— préparations pour l'allaitement des nourrissons ;

— mélanges nutritifs pour l'alimentation liquide spéciale.

3° Le L-tryptophane destiné à être incorporé dans les produits énumérés au deuxième alinéa du présent article.

Art. 15-2 *(Décr. n° 97-964 du 14 oct. 1997)* Les aliments pour bébés régis par le décret n° 91-827 du 29 août 1991 relatif aux aliments destinés à une alimentation particulière *[V. ce texte, v° Produits diététiques]* et les compléments alimentaires destinés à l'alimentation humaine ne peuvent être fabriqués, importés, mis sur le marché, détenus en vue de la vente ou de la distribution à titre gratuit, exposés, mis en vente, vendus ou distribués à titre gratuit s'ils contiennent :

1. L'un des tissus ou liquides corporels d'origine bovine, ovine et caprine suivants :

a) Cerveau ;

b) Moelle épinière ;

c) Yeux ;

d) Intestin du pylore au rectum ;

e) Ganglions lymphatiques ;

f) Rate ;

g) Amygdales ;

h) Dure-mère ;

i) Épiphyse ;

j) Plancenta *[Placenta]* ;

k) Liquide céphalo-rachidien ;

l) Hypophyse ;

m) Glandes surrénales ;

n) Thymus.

2. Des tissus ou liquides corporels d'origine embryonnaire provenant de bovins, d'ovins et de caprins.

Al. dernier abrogé par Décr. n° 2006-352 du 20 mars 2006, art. 22.

Art. 16 *(Décr. n° 55-1126 du 19 août 1955)* Il est interdit de détenir en vue de la vente, de mettre en vente ou de vendre en récipients ou emballages, des produits agricoles ou horticoles, et en particulier des fruits et légumes, dont les lots présenteraient les caractéristiques du fardage, c'est-à-dire dont la partie apparente ne correspondrait pas, notamment comme calibre, forme, aspect, espèce ou variété, à la composition moyenne de la marchandise.

Art. 17 Il demeure interdit de détenir en vue de la vente, de mettre en vente ou de vendre sous le nom de "sardines" des poissons frais ou conservés autres que l'"alosa pilchardus". Cette interdiction s'applique notamment au "sprat".

Art. 18 Dans le cas où l'huile comestible ayant servi à la cuisson des poissons est d'une autre nature que celle dans laquelle lesdits poissons sont conservés, il est interdit de faire suivre, dans la dénomination servant à désigner ces conserves, le nom de l'huile employée du mot "pure", ni d'aucun des qualificatifs réservés aux huiles pures par le décret du 20 juillet 1910.

Décret n° 73-138 du 12 février 1973,

Portant application de la loi du 1er août 1905 sur les fraudes et falsifications en ce qui concerne les procédés et les produits utilisés pour le nettoyage des matériaux et objets destinés à entrer en contact avec des denrées, produits et boissons pour l'alimentation de l'homme et des animaux (Décr. n° 92-631 du 8 juill. 1992).

TITRE PREMIER *[ABROGÉ]*

(Abrogé par Décr. n° 92-631 du 8 juill. 1992)

Les arrêtés pris en vertu des dispositions de ce titre demeurent en vigueur (Décr. n° 92-631 du 8 juill. 1992, art. 11).

TITRE II Produits et procédés de nettoyage des matériaux et objets au contact des denrées alimentaires

Art. 10 Il est interdit d'utiliser, dans les industries et commerces de l'alimentation, des matériaux ou objets destinés à être mis au contact de denrées alimentaires dont la propreté n'aura pas été assurée.

Art. 11 *(Décr. n° 98-507 du 17 juin 1998)* I. — Il est interdit de détenir en vue de la vente, de mettre en vente ou d'utiliser pour le nettoyage des matériaux et des objets destinés à être mis au contact de denrées alimentaires des produits de nettoyage élaborés avec des constituants dont la présence dans ces produits créerait un risque pour la santé.

Sans préjudice des dispositions mentionnées au II ci-dessous, les produits utilisés pour le nettoyage ne doivent notamment pas être élaborés à l'aide de constituants comportant :

— des préparations enzymatiques obtenues à partir de souches de micro-organismes pathogènes ou toxicogènes ;

— des produits dérivés de tissus animaux ou végétaux infestés par des parasites, par des agents pathogènes ou leurs toxines, et impropres à l'alimentation humaine ;

— des substances dangereuses qui, en application du chapitre Ier du titre III du livre V *[du chapitre II du titre III du livre Ier de la partie V]* du code de la santé publique, sont classés dans l'une des catégories suivantes :

— cancérogènes, des 1re et 2e catégories ;

— mutagènes, des 1re et 2e catégories ;

— toxiques pour la reproduction, des 1re et 2e catégories.

II. — Un arrêté conjoint des ministres respectivement chargés de la consommation, de la santé, de l'agriculture et de l'industrie, pris après avis de l'*(Décr. n° 2011-385 du 11 avr. 2011, art. 15)* « Agence nationale de sécurité sanitaire de l'alimentation, de l'environnement et du travail », fixe la liste :

1. Des constituants qui sont seuls autorisés dans les produits de nettoyage appartenant aux catégories désignées ci-après :

a) Produits de nettoyage qui sont présentés comme étant destinés à des utilisations industrielles et soit doivent être rincés à l'eau potable, ou à la vapeur d'eau, après usage, soit sont présentés comme servant au rinçage de la vaisselle ;

b) Produits de nettoyage, autres que ceux destinés au rinçage de la vaisselle, qui sont présentés comme pouvant ne pas être rincés à l'eau potable, ou à la vapeur d'eau, après usage ;

2. Des constituants présentant des effets désinfectants, ou conservateurs, qui sont autorisés dans les produits de nettoyage autres que ceux mentionnés au *a* et au *b* du 1 précité ;

3. Des constituants qui sont des organismes génétiquement modifiés *(Décr. n° 2007-359 du 19 mars 2007, art. 25)* « au sens de l'article L. 531-1 du code de l'environnement » ;

4. Des constituants qui appartiennent à la 1re ou à la 2e catégorie des substances classées cancérogène, ou mutagène, ou toxique pour la reproduction et qui, par dérogation au deuxième alinéa du I du présent article, sont autorisés, en très faibles concentrations ne dépassant pas celles qui sont nécessaires pour leur faire jouer un rôle de catalyseur.

Cet arrêté précise, le cas échéant, pour tous les constituants susmentionnés leurs critères de pureté, leurs concentrations maximales et minimales dans les produits de nettoyage, et leurs conditions d'utilisation.

Lorsque les constituants sont des organismes génétiquement modifiés au sens de la loi n° 92-654 du 13 juillet 1992 *[codifiée au C. envir., art. L. 531-1 s.]* relative au contrôle de l'utilisation et de la dissémination des organismes génétiquement modifiés et modifiant la loi n° 76-663 du 19 juillet 1976 relative aux installations classées pour la protection de l'environnement *[V. ces textes au* ***C. envir.****]*, le même arrêté fixe également :

a) L'identification de l'organisme génétiquement modifié autorisé ;

(Abrogé par Décr. n° 2007-359 du 19 mars 2007, art. 25) « ***b)*** *Les conditions d'emploi de l'organisme, complétées, le cas échéant, par des dispositions relatives à l'emballage, à l'étiquetage et au mode d'emploi du produit de nettoyage dans lequel il a été introduit, y compris des conditions concernant des écosystèmes ou environnements particuliers.* »

Ce même arrêté détermine les conditions de concentration auxquelles doivent satisfaire tous les produits destinés au rinçage de la vaisselle. – *V. Arr. du 8 sept. 1999, mod. (JO 27 nov.).*

(Décr. n° 2004-187 du 26 févr. 2004, art. 29-I) « III. – Les dispositions du I et du II du présent article et celles qui sont prises pour leur application sont abrogées en tant qu'elles portent sur l'autorisation de mise sur le marché et d'emploi de constituants qui entrent dans le champ d'application du chapitre II du titre II du livre V du code de l'environnement et du décret pris pour son application.

« Toutefois, les dispositions mentionnées à l'alinéa précédent restent en vigueur dans les conditions définies au II de l'article L. 522-18 du code de l'environnement pour les substances actives et les produits biocides qui y sont mentionnés, jusqu'à l'intervention d'une décision relative à leur inscription sur les listes prévues à l'article L. 522-3 du même code. »

Art. 11-1 *(Décr. n° 2007-359 du 19 mars 2007, art. 25)* Pour les produits composés en tout ou partie d'organismes génétiquement modifiés destinés à entrer dans la composition des produits utilisés pour le nettoyage des matériaux et objets destinés à entrer en contact avec des denrées, produits et boissons pour l'alimentation de l'homme et des animaux, l'autorisation de mise sur le marché prévue par l'article L. 533-5 du code de l'environnement est délivrée par arrêté conjoint des ministres chargés de la consommation, de l'agriculture et de l'industrie, après accord du ministre chargé de l'environnement.

L'autorisation est délivrée dans les conditions prévues par les articles *(Décr. n° 2007-1467 du 12 oct. 2007, art. 2 et 4)* « R. 533-28 à R. 533-38 du code de l'environnement ».

Les dispositions du présent article et celles qui sont prises pour son application s'appliquent sans préjudice des dispositions du chapitre II du titre II du livre V du code de l'environnement relatif aux substances actives et produits biocides.

Art. 11-2 *Abrogé par Décr. n° 2007-358 du 19 mars 2007, art. 24. – V. Décr. préc., art. 23.*

Art. 11-3 *(Décr. n° 98-507 du 17 juin 1998)* Les constituants dont l'évaluation toxicologique a été réalisée par un organisme scientifique sont également considérés comme autorisés et entrent dans les catégories mentionnées au 1, au 2 et au 4 du II de l'article 11 du présent décret, lorsque leur nature et leurs conditions d'utilisation dans des produits destinés au nettoyage des matériaux et des objets entrant au contact d'aliments, y compris à la désinfection, sont considérées comme licites par l'un des États membres de l'Union européenne ou parties contractantes de l'accord instituant l'Espace économique européen, et font l'objet d'une publication officielle accessible à tout opérateur économique.

Art. 12 Les procédés d'assainissement des matériaux ou objets destinés à être mis au contact des denrées alimentaires, qui mettent en œuvre des rayonnements autres que les rayonnements ionisants, sont soumis à des mesures d'interdiction ou à des prescriptions

particulières pour des raisons d'hygiène et de santé fixées dans des arrêtés pris dans les formes prévues à l'article 2 ci-dessus. Ceux qui utilisent les rayonnements ionisants sont soumis aux prescriptions de la réglementation en vigueur.

Art. 13 **Les produits de nettoyage des matériaux et objets destinés à être mis au contact des denrées alimentaires ne peuvent être détenus en vue de la vente, mis en vente ou vendus que s'ils comportent sur l'emballage ou sur une étiquette :**

a) **Leur dénomination générique ;**

b) **L'indication de leur destination ;**

c) **Le mode d'emploi comportant notamment les indications de dosage** *(Décr. n° 98-507 du 17 juin 1998)* **« et, pour les produits dont l'emploi sans rinçage n'est pas autorisé, les indications relatives à l'obligation générale de faire suivre leur utilisation par un rinçage à l'eau potable ou à la vapeur d'eau » ;**

d) *(Décr. n° 90-362 du 24 avr. 1990)* **« Le nom, ou la raison sociale, et l'adresse d'un responsable professionnel établi sur le territoire de l'un des États membres des communautés européennes. »**

TITRE III Dispositions générales

Art. 14 **Sans préjudice des dispositions des articles 5 et 6 de la loi susvisée du 2 juillet 1963** *[abrogés ; V. désormais C. consom., art. L. 121-2 s.]*, **l'emploi de toute mention inexacte, de toute indication, de tout signe, de tout mode de présentation ou de publicité susceptible de créer, dans l'esprit de l'acheteur, une confusion quelconque, notamment sur le poids, le volume, la nature, la composition, la teneur en principes utiles, les qualités substantielles, l'origine ou la destination d'emploi, est interdit en toutes circonstances et sous quelque forme que ce soit.**

Décret n° 92-631 du 8 juillet 1992,

Relatif aux matériaux et objets destinés à entrer en contact avec les denrées, produits et boissons pour l'alimentation de l'homme ou des animaux.

Le Décr. n° 92-631 du 8 juill. 1992 est abrogé en tant qu'il concerne les matériaux et objets destinés à entrer en contact avec les denrées alimentaires compris dans le champ d'application du Règl. (CE) n° 1935/2004 du 27 oct. 2004 (Décr. n° 2007-766 du 10 mai 2007, art. 9 ; V. ce texte, infra).

Art. 1er **I. – Le présent décret s'applique aux matériaux et objets qui, à l'état de produits finis, sont destinés à être mis en contact ou sont mis en contact, conformément à leur destination, avec des denrées alimentaires. Ils sont dénommés ci-après matériaux et objets.**

Il s'applique aux matériaux et objets en contact avec l'eau destinée à la consommation humaine ou animale ainsi qu'aux eaux minérales naturelles.

Il s'applique également aux sucettes destinées aux enfants en bas âge.

II. – Ne sont pas soumis aux dispositions du présent décret :

1° Les matériaux d'enrobage ou d'enduit qui font corps avec les denrées alimentaires et sont susceptibles d'être consommés avec ces denrées tels que les matériaux de revêtement des croûtes de fromages, des produits de charcuterie ou des fruits ;

2° Les installations fixes, publiques ou privées servant à la distribution d'eau ;

3° Les objets d'art ou de collection de fabrication ancienne.

III. – Au sens du présent décret, on entend par denrées alimentaires les denrées, produits ***et boissons destinés*** **à l'alimentation de l'homme et des animaux.**

Art. 2 **Il est interdit de fabriquer, de détenir en vue de la vente, de mettre en vente, de vendre ou de distribuer à titre gratuit, des matériaux et objets destinés à être mis en contact avec des denrées alimentaires s'ils ne répondent pas aux prescriptions du présent décret.**

Sont également interdites la détention en vue de la vente, la mise en vente, la vente ou la distribution à titre gratuit des denrées alimentaires qui ont été mises en contact des matériaux et objets mentionnés aux alinéas précédents.

Art. 3 **Les matériaux et objets doivent être inertes à l'égard des denrées alimentaires. En particulier, ils ne doivent pas céder à ces denrées, dans les conditions normales ou prévisibles de leur emploi, des constituants dans une quantité susceptible de présenter un danger pour la santé humaine ou animale ou d'entraîner une modification inacceptable de la**

composition des denrées alimentaires ou une altération de leurs caractères organoleptiques.

Art. 4 Pour l'application des dispositions de l'article 3 ci-dessus, des arrêtés des ministres respectivement chargés de la consommation, de l'industrie, de l'agriculture et de la santé soumettent à des dispositions spécifiques les différents groupes de matériaux et objets et, éventuellement, leur combinaison.

Ces arrêtés peuvent comporter notamment :

a) La liste des substances et matières dont l'emploi est autorisé, à l'exclusion de toutes autres ;

b) Les critères de pureté de certaines substances et matières ;

c) Les conditions particulières d'emploi de ces substances et matières ainsi que celles des matériaux et objets dans lesquels ces substances et matières ont été utilisées ;

d) Des limites spécifiques de migration de certains constituants ou groupe de constituants dans les denrées, produits et boissons destinés à l'alimentation humaine ou animale ou sur lesdites denrées, produits et boissons ;

e) Une limite globale de migration des constituants dans ou sur les denrées, produits et boissons ;

f) Les mesures visant à protéger la santé des risques éventuels qui peuvent résulter d'un contact buccal avec les matériaux et objets ;

(Décr. nº 2001-1097 du 16 nov. 2001, art. 11) « *g)* Les conditions de traitements physiques des matériaux et objets au cours de leur fabrication ou après celle-ci, susceptibles d'altérer leur inertie à l'égard des denrées alimentaires, tels que le traitement par rayonnements ionisants. »

Les arrêtés pris en application des dispositions des art. 4 et 5 du Décr. nº 92-631 du 8 juill. 1992 demeurent en vigueur en tant qu'ils ne sont pas contraires aux dispositions du Règl. (CE) nº 1935/2004 du 27 oct. 2004.

Art. 5 Les demandes tendant à modifier les arrêtés mentionnés à l'article 4 sont transmises *(Décr. nº 99-242 du 26 mars 1999)* « à l'Agence française de sécurité sanitaire des aliments » en vue de l'évaluation des risques que les substances et matières utilisées pour l'élaboration des matériaux et objets ou les matériaux et objets eux-mêmes peuvent entraîner pour la santé.

Ces demandes peuvent être établies par toute personne physique ou morale. Elles sont adressées à la direction générale de la concurrence, de la consommation et de la répression des fraudes accompagnées du dossier nécessaire à leur instruction en vue de leur transmission à l'instance scientifique concernée.

Un arrêté conjoint des ministres respectivement chargés de la consommation, de l'industrie, de l'agriculture et de la santé fixe, après avis *(Décr. nº 99-242 du 26 mars 1999)* « de l'Agence française de sécurité sanitaire des aliments », la composition de ce dossier.

V. note ss. art. 4.

Art. 6 Les avis donnés par *(Décr. nº 99-242 du 26 mars 1999)* « l'Agence française de sécurité sanitaire des aliments » doivent être motivés. Ils doivent préserver l'anonymat du demandeur. Il sont notifiés au demandeur par le ministère chargé de la consommation dans un délai maximal d'un mois après leur adoption et publiés au *Bulletin officiel* de la concurrence, de la consommation et de la répression des fraudes ainsi qu'au *Bulletin officiel* des affaires sociales.

Art. 7 I. — Les matériaux et objets qui ne sont pas encore mis en contact avec les denrées alimentaires doivent, lors de leur commercialisation ou distribution à titre gratuit, être accompagnés des indications suivantes :

a) Soit une des mentions ci-après : "pour contact alimentaire" ou "convient pour aliments", soit une mention spécifique relative à leur emploi, soit un symbole déterminé par arrêté des ministres respectivement chargés de la consommation, de l'industrie et de l'agriculture ;

b) Le cas échéant, les conditions particulières qui doivent être respectées lors de leur emploi ;

c) Soit le nom ou la raison sociale et l'adresse ou le siège social, soit la marque déposée du fabricant ou du transformateur ou d'un vendeur établi sur le territoire de l'un des États membres de la Communauté économique européenne ;

d) Le cas échéant, une mention particulière prescrite par les arrêtés mentionnés à l'article 4.

II. — Les indications prévues au I ci-dessus doivent figurer de manière visible, clairement lisible et indélébile :

a) Lors de la vente ou de la distribution à titre gratuit au consommateur final :

— soit sur les matériaux et objets ou sur leurs emballages ;

— soit sur les étiquettes apposées sur ces matériaux et objets ou sur leurs emballages ;

— soit sur un écriteau se trouvant à proximité immédiate des matériaux et objets et bien en vue des acheteurs ; toutefois, dans le cas de la mention visée au paragraphe I *c* ci-dessus, cette possibilité n'est offerte que si, sur lesdits matériaux et objets, l'apposition de cette mention ou d'une étiquette la comportant ne peut être réalisée pour des raisons techniques ;

b) Aux stades de commercialisation autres que la vente ou la distribution à titre gratuit au consommateur final :

— soit sur les documents d'accompagnement ;

— soit sur les étiquettes ou emballages ;

— soit sur les matériaux et objets eux-mêmes.

III. — L'indication prévue au *a* du I ci-dessus n'est pas applicable aux objets, tels les pièces de vaisselle, les récipients à usage culinaire qui, par leur forme, sont manifestement destinés à entrer en contact avec les denrées alimentaires.

IV. — Des arrêtés des ministres respectivement chargés de la consommation, de l'industrie et de l'agriculture peuvent, lorsqu'il apparaît que la mesure n'est pas justifiée par la protection de la santé publique, dispenser certains matériaux et objets d'une ou plusieurs des obligations prévues aux I et II ci-dessus.

Art. 8 Aux stades de la commercialisation autres que la vente ou la distribution à titre gratuit au consommateur final, les matériaux et objets qui sont destinés à être mis en contact avec les denrées alimentaires doivent être accompagnés d'une déclaration écrite attestant qu'ils sont conformes aux dispositions du présent décret, notamment aux règles fixées en vertu des articles 3 et 4. Cette obligation ne s'applique pas aux matériaux et objets cités au III de l'article 7.

Art. 9 Les objets qui présentent l'apparence d'objets destinés à être mis au contact des denrées alimentaires mais qui ne répondent pas aux conditions fixées au présent décret doivent porter d'une manière visible et indélébile la mention qu'ils ne peuvent pas être mis au contact d'aliments ou une indication conventionnelle fixée par arrêté des ministres chargés de la consommation et de l'industrie apte à faire connaître aux acheteurs que ces objets ne doivent pas être mis en contact avec des denrées alimentaires.

Art. 10 Est interdit l'emploi, sous quelque forme que ce soit, de toute indication, de tout signe, de toute dénomination, de tout mode de présentation et d'étiquetage, d'exposition, d'étalage ou de vente susceptible de créer une confusion dans l'esprit de l'acheteur, notamment sur la nature, la composition, l'origine ou la destination des produits visés au présent décret.

Décret n° 93-1130 du 27 septembre 1993,

Concernant l'étiquetage relatif aux qualités nutritionnelles des denrées alimentaires. — Abrogé à compter du 13 déc. 2014 (Décr. n° 2014-1489 du 11 déc. 2014, art. 6). — V. **C. consom.**, *éd. 2014 et antérieures.*

BIBL. GÉN. ▶ Conseil national de l'alimentation, Avis n° 44 du 18 févr. 2003 sur les allégations nutritionnelles, fonctionnelles et relatives à la santé concernant les denrées alimentaires, *BOCC 20 mai 2003.*

Arrêté du 3 décembre 1993,

Portant application du décret n° 93-1130 du 27 septembre 1993 concernant l'étiquetage relatif aux qualités nutritionnelles des denrées alimentaires.

Art. 1er Les mentions d'étiquetage relatif aux qualités nutritionnelles, prévues par le décret du 27 septembre 1993 susvisé *[n° 93-1130 ; désormais abrogé]*, doivent être regroupées en un seul endroit. Si la place le permet, les mentions figurent dans un tableau avec

inscription des chiffres sur la même colonne. Ce n'est qu'à défaut de place que les mentions sont inscrites sur une ou plusieurs lignes.

Art. 2 **L'étiquetage relatif aux qualités nutritionnelles et les allégations nutritionnelles, tels que définis à l'article 4 du décret du 27 septembre 1993 susvisé** *[nº 93-1130 ; désormais abrogé]*, **peuvent concerner les vitamines et les sels minéraux, sous réserve du respect des deux conditions suivantes :**

1° Les vitamines et les sels minéraux auxquels il est fait référence sont ceux qui figurent dans la liste de l'annexe I du présent arrêté. — *V. cette annexe au* ***C. consom.***.

2° Les vitamines et les sels minéraux auxquels il est fait référence doivent couvrir au moins 15 p. 100 des apports journaliers recommandés spécifiés à l'annexe I du présent arrêté, pour 100 grammes ou 100 millilitres de la denrée alimentaire considérée ou par emballage, si celui-ci ne contient qu'une seule portion. — *V. cette annexe au* ***C. consom.***.

Art. 3 **Les unités à utiliser pour déclarer les teneurs en vitamines et sels minéraux sont celles prévues à l'annexe I du présent arrêté.** — *V. cette annexe au* ***C. consom.***.

Les pourcentages des apports journaliers recommandés prévus au dernier alinéa du 1 de l'article 8 du décret du 27 septembre 1993 susvisé *[nº 93-1130 ; désormais abrogé]* **sont calculés pour 100 grammes ou 100 millilitres de la denrée alimentaire considérée. A titre complémentaire, ils peuvent être déclarés par ration quantifiée sur l'étiquette ou par portion, à condition que le nombre de portions contenues dans l'emballage soit indiqué.**

Art. 4 **Les coefficients de conversion nécessaires au calcul de la valeur énergétique des denrées alimentaires sont ceux fixés à l'annexe II du présent arrêté.** — *V. cette annexe au* ***C. consom.***.

Arrêté du 3 juillet 1996,

Relatif à l'information du consommateur sur les prix des denrées alimentaires bénéficiant d'un label agricole.

V. ce texte, vº Prix (publicité).

Arrêté du 16 novembre 1999,

Relatif à la publicité, à l'égard du consommateur, des prix de vente à l'unité de mesure de certains produits préemballés.

V. ce texte, vº Prix (publicité).

Règlement nº 178/2002/CE du Parlement européen et du Conseil du 28 janvier 2002,

Établissant les principes généraux et les prescriptions générales de la législation alimentaire, instituant l'Autorité européenne de sécurité des aliments et fixant des procédures relatives à la sécurité des denrées alimentaires.

Règlement (CE) nº 1829/2003 du Parlement européen et du Conseil du 22 septembre 2003,

Concernant les denrées alimentaires et les aliments pour animaux génétiquement modifiés.

Règlement (CE) nº 1830/2003 du Parlement européen et du Conseil du 22 septembre 2003,

Concernant la traçabilité et l'étiquetage des organismes génétiquement modifiés et la traçabilité des produits destinés à l'alimentation humaine ou animale produits à partir d'organismes génétiquement modifiés, et modifiant la directive 2001/18/CE.

Règlement (CE) nº 852/2004 du Parlement européen et du Conseil du 29 avril 2004,

Relatif à l'hygiène des denrées alimentaires.

V. aussi Règlement (CE) nº 853/2004 du Parlement européen et du Conseil du 29 avr. 2004, fixant des règles spécifiques d'hygiène applicables aux denrées alimentaires d'origine animale (JOUE

L 139 du 30 avr. 2004 ; Rect., JOUE L 226 du 25 juin 2004) ; ... Règlement (CE) n° 854/2004 du Parlement européen et du Conseil du 29 avr. 2004, fixant les règles spécifiques d'organisation des contrôles officiels concernant les produits d'origine animale destinés à la consommation humaine (JOUE L 139 du 30 avr. 2004 ; Rect. JOUE L 226 du 25 juin 2004).

V. Arr. du 20 mai 2009 relatif aux dérogations à certaines règles sanitaires applicables aux produits d'origine animale et aux denrées alimentaires en contenant présentant des caractéristiques traditionnelles (JO 10 juin).

Loi n° 2004-806 du 9 août 2004,

Relative à la politique de santé publique.

Art. 30 **Les distributeurs automatiques de boissons et de produits alimentaires payants et accessibles aux élèves sont interdits dans les établissements scolaires à compter du 1er septembre 2005.**

BIBL. ▶ DELHOSTE, *CCE 2005. Étude 3.*

Décret n° 2004-1058 du 5 octobre 2004,

Portant application du code de la consommation en ce qui concerne les organismes génétiquement modifiés et les denrées alimentaires ainsi que les aliments pour animaux produits à partir de tels organismes.

Art. 1er **Les dispositions des paragraphes 1 et 2 de l'article 4, des paragraphes 1 et 3 de l'article 9, des paragraphes 1 à 3 de l'article 12, de l'article 13, des paragraphes 1 et 2 de l'article 16, des paragraphes 1 et 3 de l'article 21, des paragraphes 1 à 3 de l'article 24 et de l'article 25 du règlement (CE) n° 1829/2003 du Parlement européen et du Conseil du 22 septembre 2003 concernant les denrées alimentaires et les aliments pour animaux génétiquement modifiés constituent les mesures d'exécution prévues à l'article** *(Ord. n° 2016-301 du 14 mars 2016, art. 2, en vigueur le 1er juill. 2016)* **« L. 412-1 » du code de la consommation pour les produits définis au paragraphe 1 de l'article 3 et au paragraphe 1 de l'article 15 de ce règlement. Il en est de même des dispositions des règlements communautaires, ayant le même objet, qui les modifieraient ou seraient pris pour leur application.**

Art. 2 **Les dispositions des paragraphes 1 à 4, 6, 7 et 8 de l'article 4, des paragraphes 1, 2 et 4 de l'article 5 et de l'article 6 du règlement (CE) n° 1830/2003 du Parlement européen et du Conseil du 22 septembre 2003 concernant la traçabilité et l'étiquetage des organismes génétiquement modifiés et la traçabilité des produits destinés à l'alimentation humaine ou animale produits à partir d'organismes génétiquement modifiés, et modifiant la directive 2001/18/CE, constituent des mesures relatives à la traçabilité au sens de l'article L. 214-1-1** *[abrogé]* **du code de la consommation pour les produits définis à l'article 2 de ce règlement. Il en est de même des dispositions des règlements communautaires, ayant le même objet, qui les modifieraient ou seraient pris pour leur application.**

Art. 3 **Le décret n° 2001-1072 du 15 novembre 2001 portant application du code de la consommation en ce qui concerne l'étiquetage des denrées et ingrédients alimentaires contenant des additifs et des arômes génétiquement modifiés ou produits à partir d'organismes génétiquement modifiés est abrogé.**

Décret n° 2006-1264 du 16 octobre 2006,

Relatif aux vitamines, substances minérales et autres substances employées dans la fabrication des denrées alimentaires.

Art. 1er **Le présent décret fixe les conditions et la procédure d'autorisation d'emploi de vitamines, de substances minérales et d'autres substances dans la fabrication des denrées alimentaires.**

Sans préjudice des dispositions du règlement du 27 janvier 1997 *[n° 258/97 du Parlement européen et du Conseil du 27 janv. 1997 relatif aux nouveaux aliments et aux nouveaux ingrédients alimentaires]* **susvisé et du décret du 29 août 1991 susvisé, il est applicable :** *— V. ce dernier texte, v° Produits diététiques, compléments alimentaires.*

1° A l'adjonction, dans les denrées alimentaires, de vitamines, de substances minérales dont la liste figure en annexe 1 ; *— V. infra.*

2° A l'adjonction d'autres substances, lesquelles sont définies comme étant les substances autres que les vitamines et les substances minérales, ayant des propriétés nutritionnelles ou physiologiques à l'exclusion des substances possédant des propriétés pharmacologiques et destinées à un usage exclusivement thérapeutique.

Il n'est pas applicable aux compléments alimentaires tels que prévus par le décret du 20 mars 2006 susvisé. — *V. ce texte, v° Produits diététiques, compléments alimentaires.*

Art. 2 Les demandes d'autorisation d'emploi de vitamines, de substances minérales et d'autres substances dans la fabrication des denrées alimentaires, à l'exception de celles entrant dans le champ d'application de l'article 3, donnent lieu à la procédure suivante :

1° Ces demandes, introduites par toute personne physique ou morale, sont adressées à la direction générale de la concurrence, de la consommation et de la répression des fraudes, accompagnées du dossier nécessaire à leur instruction, en vue de leur transmission à l'*(Décr. n° 2011-385 du 11 avr. 2011, art. 15)* « Agence nationale de sécurité sanitaire de l'alimentation, de l'environnement et du travail ».

2° La composition du dossier nécessaire à l'instruction des demandes est prévue par arrêté des ministres chargés de la consommation, de l'agriculture et de la santé.

3° Dès lors que le dossier est complet, la direction générale de la concurrence, de la consommation et de la répression des fraudes accuse réception de celui-ci et assure sa transmission à l'*(Décr. n° 2011-385 du 11 avr. 2011, art. 15)* « Agence nationale de sécurité sanitaire de l'alimentation, de l'environnement et du travail ».

4° L'*(Décr. n° 2011-385 du 11 avr. 2011, art. 15)* « Agence nationale de sécurité sanitaire de l'alimentation, de l'environnement et du travail » émet un avis dans un délai de quatre mois, à compter de la réception du dossier complet.

5° La direction générale de la concurrence, de la consommation et de la répression des fraudes notifie au demandeur l'avis de l'*(Décr. n° 2011-385 du 11 avr. 2011, art. 15)* « Agence nationale de sécurité sanitaire de l'alimentation, de l'environnement et du travail » ainsi que la décision motivée du ministre chargé de la consommation prise suite à cet avis. Cette notification est faite dans un délai de quinze jours après la notification de l'avis à la direction générale de la concurrence, de la consommation et de la répression des fraudes.

En application de l'art. L. 231-6 CRPA, et par exception à l'application du délai de deux mois prévu à l'art. L. 231-1 du même code, le délai à l'expiration duquel le silence gardé par l'administration vaut décision d'acceptation est fixé à six mois pour une demande d'autorisation d'emploi de vitamines, substances minérales et autres substances dans la fabrication des denrées alimentaires (Décr. n° 2014-1281 du 23 oct. 2014, art. 1er).

Art. 3 Lorsque les denrées alimentaires sont légalement fabriquées ou commercialisées dans un État membre de la Communauté européenne ou légalement fabriquées dans un État partie à l'accord sur l'Espace économique européen ou en Turquie, les demandes relatives à l'emploi de vitamines, de substances minérales et autres substances, dans ces denrées, donnent lieu à la procédure suivante :

1° L'opérateur établi sur le territoire d'un État membre de la Communauté européenne ou dans un État partie à l'accord sur l'Espace économique européen ou en Turquie adresse une demande d'autorisation d'emploi à la direction générale de la concurrence, de la consommation et de la répression des fraudes.

2° Cette demande est accompagnée :

a) De l'identification de l'opérateur à l'origine de la demande et du fabricant ou, à défaut, de la personne responsable de la mise sur le marché établi dans un État membre de la Communauté européenne ou dans un autre État partie à l'accord instituant l'Espace économique européen ou en Turquie ;

b) Le cas échéant, d'un modèle de l'étiquetage utilisé pour la denrée alimentaire à laquelle sont ajoutées des vitamines, substances minérales ou autres substances, faisant l'objet de la demande ;

c) De documents et informations permettant d'identifier la nature exacte des vitamines, substances minérales ou autres substances employées ainsi que leurs conditions d'emploi et d'attester que l'emploi de ces vitamines, substances minérales ou autres substances dans les denrées alimentaires est légalement admis dans un État membre de la Communauté européenne ou dans un État partie à l'accord sur l'Espace économique européen ou en Turquie ;

d) Et, le cas échéant, de toutes les données complémentaires que le demandeur estime utiles à l'appréciation de la sécurité d'emploi des vitamines, substances minérales ou autres substances.

3° Dans un délai maximum *[maximal]* de trois mois après la réception du dossier complet de la demande mentionnée au 1°, le directeur général de la concurrence, de la consommation et de la répression des fraudes fait savoir au demandeur si son produit peut être commercialisé et dans quelles conditions. L'absence de réponse dans le délai de trois mois après réception du dossier complet de la demande vaut autorisation de mise sur le marché.

4° Le refus de commercialisation après réception du dossier complet est motivé :

a) Soit par l'absence de documents et informations mentionnés au *c* du 2° du présent article ;

b) Soit par des éléments scientifiques démontrant que l'emploi de vitamines, de substances minérales et d'autres substances dans la denrée alimentaire présente un risque pour la santé.

5° La direction générale de la concurrence, de la consommation et de la répression des fraudes invite le demandeur à présenter, s'il le souhaite, ses observations sur ce refus d'autorisation de commercialisation, dans les conditions prévues par *(Ord. n° 2015-1341 du 23 oct. 2015, art. 3 et 6, en vigueur le 1er janv. 2016)* « les articles L. 121-1 et L. 121-2 du code des relations entre le public et l'administration *[ancienne rédaction : l'article 24 de la loi du 12 avril 2000 susvisée (n° 2000-321 relative aux droits des citoyens dans leurs relations avec les administrations)]* ».

6° Les vitamines, substances minérales et autres substances dont l'emploi a été admis sur le marché français dans les formes prévues au 3° du présent article sont inscrites sur l'arrêté mentionné à l'article 4 dans un délai de douze mois suivant la réception du dossier complet.

Art. 4 Un arrêté des ministres chargés de la consommation, de l'agriculture et de la santé, pris après avis de l'*(Décr. n° 2011-385 du 11 avr. 2011, art. 15)* « Agence nationale de sécurité sanitaire de l'alimentation, de l'environnement et du travail », fixe la liste des vitamines, substances minérales et autres substances dont l'emploi dans les denrées alimentaires est autorisé conformément aux articles 2 et 3 ; il précise également :

1° Les formes chimiques sous lesquelles les vitamines, substances minérales et autres substances peuvent être ajoutées ;

2° Les denrées alimentaires ou les catégories de denrées alimentaires auxquelles ces vitamines, substances minérales et autres substances peuvent être ajoutées ;

3° Les conditions d'incorporation de ces vitamines, substances minérales et autres substances dans les denrées alimentaires, notamment, les teneurs maximales admissibles, et, le cas échéant, les teneurs minimales requises des vitamines, substances minérales et autres substances dont l'emploi est autorisé ;

4° Les critères d'identité et de pureté auxquels ces vitamines, substances minérales et autres substances doivent répondre ;

5° Le cas échéant, les recommandations et mises en garde inhérentes à une bonne utilisation du produit.

L'étiquetage des denrées auxquelles ont été ajoutées des vitamines, des substances minérales ou d'autres substances comporte, le cas échéant, les recommandations et mises en garde prévues au 5° du présent article.

V. art. 9, infra.

Art. 5 La survenance d'un risque pour la santé, lié à l'adjonction d'une vitamine, d'une substance minérale ou d'une autre substance dans la fabrication des denrées alimentaires, dont l'existence est fondée sur des éléments scientifiques, entraîne le retrait de l'autorisation par décision motivée, qui est notifiée à l'intéressé.

En outre, lorsque des vitamines, substances minérales et autres substances ont été inscrites sur la liste prévue à l'article 4, un arrêté des ministres chargés de la consommation, de l'agriculture et de la santé procède à leur retrait de cette liste ou en modifie les conditions d'emploi.

Les produits sont retirés du marché par le responsable de la mise sur le marché et les détenteurs.

Art. 6 Les décisions prises en application des articles 2 et 3 peuvent faire l'objet d'un recours devant le tribunal administratif conformément aux dispositions de l'article R. 421-1 du code de justice administrative.

Art. 7 Il est interdit d'importer, de détenir en vue de la vente ou de la distribution à titre gratuit, de mettre en vente, de vendre ou de distribuer à titre gratuit des denrées alimen-

taires contenant des vitamines, des substances minérales ou d'autres substances qui ne répondent pas aux dispositions du présent décret.

Art. 8 *V. Décr. 15 avr. 1912, art. 1er, supra.*

Art. 9 Jusqu'à l'intervention de l'arrêté mentionné à l'article 4, les arrêtés pris avant la publication du présent décret qui ont fixé la liste des vitamines, substances minérales ou autres substances dont l'emploi était autorisé sont maintenus en vigueur.

Art. 10 Les articles 8, 9, 10 et 11 du décret du 15 avril 1912 susvisé sont abrogés. — *V. ce texte, supra.*

ANNEXE I

VITAMINES ET SUBSTANCES MINÉRALES POUVANT FAIRE L'OBJET D'UNE AUTORISATION D'EMPLOI DANS LES DENRÉES ALIMENTAIRES

1. VITAMINES

Vitamine A.
Vitamine D.
Vitamine E.
Vitamine K.
Vitamine B1.
Vitamine B2.
Niacine.
Acide pantothénique.
Vitamine B6.
Acide folique.
Vitamine B12.
Biotine.
Vitamine C.

2. MINÉRAUX

Calcium.
Magnésium.
Fer.
Cuivre.
Iode.
Zinc.
Manganèse.
Sodium.
Potassium.
Sélénium.
Chrome.
Molybdène.
Fluorure.
Chlorure.
Phosphore.

Règlement (CE) n° 1924/2006 du Parlement européen et du Conseil du 20 décembre 2006,

Concernant les allégations nutritionnelles et de santé portant sur les denrées alimentaires.

BIBL. ▶ CHEMTOB-CONCÉ, *Gaz. Pal. 2007. 836* (le nouveau cadre réglementaire des allégations nutritionnelles et de santé). – MARCHAND, *RLDA juin 2007. 63* (allégations au régime sec). – GRELIER-LENAIN, *Gaz. Pal. 2007. 3783* (le règlement européen concernant les allégations nutritionnelles et de santé). – JOLY, *CCE 2009. Étude 23* (droit de la santé publique et droit des marques : rencontre d'un troisième type).

CHAPITRE PREMIER *Objet, champ d'application et définitions*

Art. 1er *Objet et champ d'application.* **1. Le présent règlement harmonise les dispositions législatives, réglementaires ou administratives des États membres qui concernent les allégations nutritionnelles et de santé, afin de garantir le fonctionnement efficace du marché intérieur tout en assurant un niveau élevé de protection des consommateurs.**

2. Le présent règlement s'applique aux allégations nutritionnelles et de santé formulées dans les communications à caractère commercial, qu'elles apparaissent dans l'étiquetage ou la présentation des denrées alimentaires ou la publicité faite à leur égard, dès lors que les denrées alimentaires en question sont destinées à être fournies en tant que telles au consommateur final.

(Règl. nº 107/2008 du 15 janv. 2008, art. 1er-1) **« L'article 7 et l'article 10, paragraphe 2, points a) et b), ne sont applicables ni aux denrées alimentaires non emballées d'avance (y compris les produits frais, tels que les fruits, les légumes ou le pain) présentées à la vente au consommateur final ou en restauration collective, ni aux denrées alimentaires qui sont emballées sur le point de vente à la demande de l'acheteur ou qui sont emballées d'avance en vue de leur vente immédiate. Des dispositions nationales peuvent s'appliquer jusqu'à l'adoption éventuelle de dispositions communautaires ayant pour objet de modifier des éléments non essentiels du présent règlement, y compris en le complétant, en conformité avec la procédure de réglementation avec contrôle visée à l'article 25, paragraphe 3. »**

Le présent règlement s'applique également aux denrées alimentaires destinées à l'approvisionnement des restaurants, hôpitaux, écoles, cantines et autres collectivités similaires.

3. La marque de fabrique, le nom commercial ou la dénomination de fantaisie qui apparaissent dans l'étiquetage ou la présentation d'une denrée alimentaire ou la publicité faite à son égard et qui peuvent être considérés comme une allégation nutritionnelle ou de santé peuvent être utilisés sans être soumis aux procédures d'autorisation prévues par le présent règlement, à condition que cet étiquetage, cette présentation ou cette publicité comporte également une allégation nutritionnelle ou de santé correspondante qui est conforme aux dispositions du présent règlement.

4. *(Règl. nº 107/2008 du 15 janv. 2008, art. 1er-1)* **« Pour les descripteurs génériques (dénominations) qui sont utilisés habituellement pour indiquer une propriété d'une catégorie de denrées alimentaires ou de boissons susceptible d'avoir un effet sur la santé humaine, il est possible d'accorder une dérogation à l'application du paragraphe 3 ayant pour objet de modifier des éléments non essentiels du présent règlement en le complétant, en conformité avec la procédure de réglementation avec contrôle visée à l'article 25, paragraphe 3, à la demande des exploitants du secteur alimentaire concernés. La demande est soumise à l'autorité nationale compétente d'un État membre qui la transmet sans délai à la Commission. La Commission adopte et rend publiques les règles selon lesquelles les demandes sont faites par les exploitants du secteur alimentaire, de façon à garantir que les demandes soient traitées de manière transparente dans un délai raisonnable. »** – *V. Règl. (UE) nº 907/2013 du 20 sept. 2013 (JOUE L 251 du 21 sept. 2013).*

5. Le présent règlement s'applique sans préjudice des dispositions communautaires suivantes :

a) la directive 89/398/CEE *[remplacée par Dir. 2009/39/CE du 6 mai 2009, JOUE L 124 du 20 mai 2009]* **et les directives adoptées en ce qui concerne les denrées alimentaires destinées à une alimentation particulière ;**

b) la directive 80/777/CEE du Conseil du 15 juillet 1980 *[remplacée par Dir. 2009/54/CE du 18 juin 2009, JOUE L 164 du 26 juin 2009]* **relative au rapprochement des législations des** ***États membres concernant*** **l'exploitation et la mise dans le commerce des eaux minérales naturelles ;**

c) la directive 98/83/CE du Conseil du 3 novembre 1998 relative à la qualité des eaux destinées à la consommation humaine ;

d) la directive 2002/46/CE.

Les modifications issues du Règl. nº 107/2008 du 15 janv. 2008 entrent en vigueur le vingtième jour suivant celui de sa publication au Journal officiel de l'Union européenne (JOUE L 39 du 13 févr. 2008).

Champ d'application. L'art. 1er, § 2, du Règl. (CE) nº 1924/2006 du 20 déc. 2006, tel que modifié par le Règl. (UE) nº 1047/2012 du 8 nov. 2012, doit être interprété en ce sens que relèvent du champ d'application de ce règlement les allégations nutritionnelles ou de santé formulées dans une communication à caractère commercial portant sur une denrée alimentaire destinée à être fournie en tant que telle au consommateur final, lorsque cette communication est adressée non pas au consommateur final, mais exclusivement à des professionnels de santé. • CJUE 14 juill. 2016, n° C-19/15 : *RD rur. 2017, n° 100, obs. Gadbin.*

Art. 2 *Définitions.* **1. Aux fins du présent règlement :**

a) les définitions des termes "denrée alimentaire", "exploitant du secteur alimentaire", "mise sur le marché" et "consommateur final" figurant à l'article 2 et à l'article 3, points 3), 8) et 18), du règlement (CE) n° 178/2002 du Parlement européen et du Conseil du 28 janvier 2002 établissant les principes généraux et les prescriptions générales de la législation alimentaire, instituant l'Autorité européenne de sécurité des aliments et fixant des procédures relatives à la sécurité des denrées alimentaires sont applicables ;

b) la définition des termes "compléments alimentaires" figurant dans la directive 2002/46/CE est applicable ;

c) les définitions des termes "étiquetage nutritionnel", "protéines", "glucides", "sucres", "lipides", "acides gras saturés", "acides gras monoinsaturés", "acides gras polyinsaturés" et "fibres alimentaires" établies par la directive 90/496/CEE *[abrogée et remplacée par Règl. (UE) n° 1169/2011 du 25 oct. 2011, à compter du 13 déc. 2014]* **sont applicables ;**

d) la définition du terme "étiquetage" figurant à l'article 1er, paragraphe 3, point a), de la directive 2000/13/CE *[abrogée et remplacée par Règl. (UE) n° 1169/2011 du 25 oct. 2011, à compter du 13 déc. 2014]* **est applicable.**

2. Les définitions suivantes sont également applicables :

1) "allégation" : tout message ou toute représentation, non obligatoire en vertu de la législation communautaire ou nationale, y compris une représentation sous la forme d'images, d'éléments graphiques ou de symboles, quelle qu'en soit la forme, qui affirme, suggère ou implique qu'une denrée alimentaire possède des caractéristiques particulières ;

2) "nutriments" : les protéines, les glucides, les lipides, les fibres alimentaires, le sodium, les vitamines et les sels minéraux visés à l'annexe de la directive 90/496/CEE *[abrogée et remplacée par Règl. (UE) n° 1169/2011 du 25 oct. 2011, à compter du 13 déc. 2014]*, **ainsi que les substances qui relèvent ou sont des composants de l'une de ces catégories ;**

3) "autre substance" : une substance, autre qu'un nutriment, ayant un effet nutritionnel ou physiologique ;

4) "allégation nutritionnelle" : toute allégation qui affirme, suggère ou implique qu'une denrée alimentaire possède des propriétés nutritionnelles bénéfiques particulières de par :

a) l'énergie (valeur calorique) qu'elle :

i) fournit,

ii) fournit à un degré moindre ou plus élevé, ou

iii) ne fournit pas, et/ou

b) les nutriments ou autres substances qu'elle :

i) contient,

ii) contient en proportion moindre ou plus élevée, ou

iii) ne contient pas ;

5) "allégation de santé" : toute allégation qui affirme, suggère ou implique l'existence d'une relation entre, d'une part, une catégorie de denrées alimentaires, une denrée alimentaire ou l'un de ses composants et, d'autre part, la santé ;

6) "allégation relative à la réduction d'un risque de maladie" : toute allégation de santé qui affirme, suggère ou implique que la consommation d'une catégorie de denrées alimentaires, d'une denrée alimentaire ou de l'un de ses composants réduit sensiblement un facteur de risque de développement d'une maladie humaine ;

7) "Autorité" : l'Autorité européenne de sécurité des aliments instituée par le règlement (CE) n° 178/2002.

Allégation relative à la réduction d'un risque de maladie. L'art. 2, § 2, pt 6, du Règl. n° 1924/2006 du 20 déc. 2006 doit être interprété en ce sens que, pour être qualifiée d'« allégation relative à la réduction d'un risque de maladie », une allégation de santé ne doit pas nécessairement indiquer explicitement que la consommation d'une catégorie de denrées alimentaires, d'une denrée alimentaire ou de l'un de ses composants réduit « sensiblement » un facteur de risque de développement d'une maladie humaine. • CJUE 18 juill. 2013 : *cité ss. art. 28.*

CHAPITRE II *Principes généraux*

Art. 3 *Principes généraux applicables à toutes les allégations.* Des allégations nutritionnelles et de santé ne peuvent être employées dans l'étiquetage et la présentation des denrées alimentaires mises sur le marché communautaire ainsi que dans la publicité faite à l'égard de celles-ci que si elles sont conformes aux dispositions du présent règlement.

Sans préjudice des directives 2000/13/CE *[abrogée et remplacée par Règl. (UE) nº 1169/2011 du 25 oct. 2011, à compter du 13 déc. 2014]* et 84/450/CEE, les allégations nutritionnelles et de santé ne doivent pas :

a) être inexactes, ambiguës ou trompeuses ;

b) susciter des doutes quant à la sécurité et/ou l'adéquation nutritionnelle d'autres denrées alimentaires ;

c) encourager ou tolérer la consommation excessive d'une denrée alimentaire ;

d) *(Règl. nº 107/2008 du 15 janv. 2008, art. 1er-2)* « affirmer, suggérer ou impliquer qu'une alimentation équilibrée et variée ne peut, en général, fournir des nutriments en quantité appropriée. S'il s'agit de nutriments pour lesquels une alimentation équilibrée et variée ne peut apporter des quantités suffisantes, des dérogations, y compris les conditions de leur application, ayant pour objet de modifier des éléments non essentiels du présent règlement en le complétant, peuvent être arrêtées en conformité avec la procédure de réglementation avec contrôle visée à l'article 25, paragraphe 3, compte tenu des conditions particulières en vigueur dans les États membres ; »

e) mentionner des modifications des fonctions corporelles qui soient susceptibles d'inspirer des craintes au consommateur ou d'exploiter de telles craintes, sous la forme soit de textes, soit d'images, d'éléments graphiques ou de représentations symboliques.

Les modifications issues du Règl. nº 107/2008 du 15 janv. 2008 entrent en vigueur le vingtième jour suivant celui de sa publication au Journal officiel de l'Union européenne (JOUE L 39 du 13 févr. 2008).

Art. 4 *Conditions d'utilisation des allégations nutritionnelles et de santé.* 1. *(Règl. nº 107/2008 du 15 janv. 2008, art. 1er-3)* « Au plus tard le 19 janvier 2009, la Commission définit des profils nutritionnels spécifiques, y compris les exemptions, que les denrées alimentaires ou certaines catégories de denrées alimentaires doivent respecter avant de donner lieu à des allégations nutritionnelles ou de santé, ainsi que les conditions d'utilisation des allégations nutritionnelles et de santé pour des denrées alimentaires ou des catégories de denrées alimentaires en ce qui concerne les profils nutritionnels. Ces mesures ayant pour objet de modifier des éléments non essentiels du présent règlement en le complétant, elles sont arrêtées en conformité avec la procédure de réglementation avec contrôle visée à l'article 25, paragraphe 3. »

Les profils nutritionnels pour les denrées alimentaires et/ou certaines catégories de denrées alimentaires sont établis en prenant en considération notamment :

a) les quantités de certains nutriments et autres substances contenues dans la denrée alimentaire concernée, par exemple les matières grasses, les acides gras saturés, les acides gras trans, les sucres et le sel/sodium ;

b) le rôle et l'importance de la denrée alimentaire (ou des catégories de denrées alimentaires) et l'apport au régime alimentaire de la population en général ou, s'il y a lieu, de certains groupes à risque, notamment les enfants ;

c) la composition nutritionnelle globale de la denrée alimentaire et la présence de nutriments reconnus scientifiquement comme ayant un effet sur la santé.

(Règl. nº 107/2008 du 15 janv. 2008, art. 1er-3) « Les profils nutritionnels et leurs conditions d'utilisation, qui ont pour objet de modifier des éléments non essentiels du présent règlement en le complétant, sont mis à jour pour tenir compte des évolutions scientifiques en la matière en conformité avec la procédure de réglementation avec contrôle visée à l'article 25, paragraphe 3, et après consultation des parties intéressées, notamment des exploitants du secteur alimentaire et des groupes de consommateurs. »

Lors de l'établissement des profils nutritionnels, la Commission demande à l'Autorité de donner, dans un délai de douze mois, un avis scientifique sur la question, en s'attachant plus particulièrement :

i) au point de savoir si les profils doivent être établis pour les denrées alimentaires en général et/ou pour des catégories de denrées alimentaires ;

ii) au choix et à l'équilibre des nutriments à prendre en compte ;

iii) au choix des quantités/bases de référence pour les profils ;
iv) à l'approche du calcul des profils ; et
v) à la faisabilité et à l'essai du système proposé.

Lors de l'établissement des profils nutritionnels, la Commission procède à des consultations auprès des parties intéressées, en particulier des exploitants du secteur alimentaire et des groupes de consommateurs.

Les profils nutritionnels et leurs conditions d'utilisation sont mis à jour pour tenir compte des évolutions scientifiques en la matière conformément à la procédure visée à l'article 25, paragraphe 2, et après consultation des parties intéressées, notamment des exploitants du secteur alimentaire et des groupes de consommateurs.

2. Par dérogation au paragraphe 1, les allégations nutritionnelles :

a) relatives à la réduction de la teneur en matières grasses, en acides gras saturés, en acides gras trans, en sucres et en sel/sodium, et ne faisant pas référence à un profil défini pour le ou les nutriments particuliers pour lesquels l'allégation est formulée sont autorisées, à condition qu'elles remplissent les conditions définies dans le présent règlement ;

b) sont autorisées dans le cas où un nutriment particulier excède le profil nutritionnel pourvu qu'une mention portant spécialement sur ledit nutriment apparaisse à proximité de l'allégation, sur la même face et avec la même visibilité. La mention se lit ainsi : « Forte teneur en [... (nom du nutriment en excès par rapport au profil nutritionnel)] ».

3. Les boissons titrant plus de 1,2 % d'alcool en volume ne comportent pas d'allégations de santé.

En ce qui concerne les allégations nutritionnelles, seules celles portant sur la faible teneur en alcool ou sur la réduction de la teneur en alcool ou du contenu énergétique sont autorisées pour les boissons titrant plus de 1,2 % d'alcool en volume.

4. En l'absence de règles communautaires spécifiques concernant les allégations nutritionnelles relatives à la faible teneur en alcool, à la réduction de la teneur en alcool ou du contenu énergétique, ou à leur absence, dans des boissons qui contiennent normalement de l'alcool, les règles nationales pertinentes peuvent s'appliquer dans le respect des dispositions du traité.

5. *(Règl. n° 107/2008 du 15 janv. 2008, art. 1er-3)* « Les mesures déterminant les denrées alimentaires ou catégories de denrées alimentaires autres que celles visées au paragraphe 3, à l'égard desquelles il y a lieu de restreindre ou d'interdire les allégations nutritionnelles ou de santé, et qui sont destinées à modifier des éléments non essentiels du présent règlement, peuvent être adoptées en conformité avec la procédure de réglementation avec contrôle visée à l'article 25, paragraphe 3, et à la lumière de preuves scientifiques. »

Les modifications issues du Règl. n° 107/2008 du 15 janv. 2008 entrent en vigueur le vingtième jour suivant celui de sa publication au Journal officiel de l'Union européenne (JOUE L 39 du 13 févr. 2008).

Allégation de santé et alcool. L'art. 4, § 3, al. 1er, doit être interprété en ce sens que les termes « allégation de santé » recouvrent une indication telle que « digeste », accompagnée de la mention de la teneur réduite en des substances considérées par un grand nombre de consommateurs comme négatives. • CJUE 6 sept. 2012 : *RLDA déc. 2012. 66, note Prouteau ; RD rur. 2013, n° 61, obs. Barthe ; ibid., n° 88, obs. Olszak.* ♦ Le fait d'interdire sans exception, dans le Règl. n° 1924/2006, à un producteur ou à un distributeur de vins d'utiliser une allégation du type de celle en cause, alors même que cette allégation serait en soi exacte, est compatible avec l'art. 6, § 1, al. 1er, TUE. • Même décision.

Art. 5 *Conditions générales.* 1. L'emploi d'allégations nutritionnelles et de santé n'est autorisé que si les conditions suivantes sont remplies :

a) la présence, l'absence ou la teneur réduite dans une denrée alimentaire ou une catégorie de denrées alimentaires d'un nutriment ou d'une autre substance faisant l'objet de l'allégation s'est avérée avoir un effet nutritionnel ou physiologique bénéfique, tel qu'établi par des preuves scientifiques généralement admises ;

b) le nutriment ou toute autre substance faisant l'objet de l'allégation :

i) se trouve dans le produit final en quantité significative, telle que définie dans la législation communautaire, ou, en l'absence de règles en ce sens, en une quantité permettant de produire l'effet nutritionnel ou physiologique affirmé, tel qu'établi par des preuves scientifiques généralement admises ; ou

ii) est absent, ou présent en moindre quantité, de manière à produire l'effet nutritionnel ou physiologique affirmé, tel qu'établi par des preuves scientifiques généralement admises ;

c) le cas échéant, le nutriment ou toute autre substance faisant l'objet de l'allégation se trouve sous une forme permettant à l'organisme de l'utiliser ;

d) la quantité du produit raisonnablement susceptible d'être consommée apporte une quantité significative du nutriment ou de toute autre substance que vise l'allégation, telle que définie dans la législation communautaire ou, en l'absence de dispositions en ce sens, une quantité significative permettant de produire l'effet nutritionnel ou physiologique affirmé, tel qu'établi par des preuves scientifiques généralement admises ;

e) les conditions spécifiques énoncées, selon le cas, au chapitre III ou IV sont remplies.

2. L'emploi d'allégations nutritionnelles et de santé n'est autorisé que si l'on peut s'attendre à ce que le consommateur moyen comprenne les effets bénéfiques exposés dans l'allégation.

3. Les allégations nutritionnelles et de santé se réfèrent à la denrée alimentaire prête à être consommée selon les instructions du fabricant.

Art. 6 *Justification scientifique des allégations.* 1. Les allégations nutritionnelles et de santé reposent sur des preuves scientifiques généralement admises et sont justifiées par de telles preuves.

2. L'exploitant du secteur alimentaire qui fait une allégation nutritionnelle ou de santé justifie l'emploi de cette allégation.

3. Les autorités compétentes des États membres peuvent demander à l'exploitant du secteur alimentaire ou au responsable de la mise sur le marché de produire tous les éléments et données pertinents attestant le respect des prescriptions du présent règlement.

Art. 7 *Informations nutritionnelles. (Règl. (UE) n° 1169/2011 du 25 oct. 2011, art. 49, en vigueur le 13 déc. 2014)* « L'étiquetage nutritionnel des produits pour lesquels une allégation nutritionnelle et/ou une allégation de santé est faite *[sont faites]* est obligatoire, sauf en cas de campagne publicitaire collective. Les informations à fournir sont celles indiquées à l'article 30, paragraphe 1, du règlement (UE) n° 1169/2011 du Parlement européen et du Conseil du 25 octobre 2011 concernant l'information des consommateurs sur les denrées alimentaires. Lorsqu'une allégation nutritionnelle et/ou une allégation de santé est faite pour un nutriment visé à l'article 30, paragraphe 2, du règlement (UE) n° 1169/2011, la quantité de ce nutriment est déclarée conformément aux articles 31 à 34 dudit règlement.

« La ou les quantités de la ou des substances faisant l'objet d'une allégation nutritionnelle ou de santé qui n'apparaissent pas dans l'étiquetage nutritionnel sont mentionnées dans le même champ visuel que l'étiquetage nutritionnel et sont exprimées conformément aux articles 31, 32 et 33 du règlement (UE) n° 1169/2011. Les unités de mesure utilisées pour exprimer la quantité de substance sont adaptées à la substance concernée. »

Dans le cas des compléments alimentaires, les informations nutritionnelles sont fournies conformément à l'article 8 de la directive 2002/46/CE.

CHAPITRE III *Allégations nutritionnelles*

Art. 8 *Conditions spécifiques.* 1. Les allégations nutritionnelles ne sont autorisées que si elles sont énumérées dans l'annexe et conformes aux conditions fixées dans le présent règlement.

2. *(Règl. n° 107/2008 du 15 janv. 2008, art. 1er-4)* « Les modifications de l'annexe sont adoptées en conformité avec la procédure de réglementation avec contrôle visée à l'article 25, paragraphe 3, et, s'il y a lieu, après consultation de l'Autorité. Le cas échéant, la Commission associe les parties intéressées, notamment les exploitants du secteur alimentaire et les groupes de consommateurs, pour juger de la perception et de la compréhension des allégations en question. »

Les modifications issues du Règl. n° 107/2008 du 15 janv. 2008 entrent en vigueur le vingtième jour suivant celui de sa publication au Journal officiel de l'Union européenne (JOUE L 39 du 13 févr. 2008).

Allégation nutritionnelle. L'art. 8, § 1, du Règl. n° 1924/2006 du 20 déc. 2006, concernant les allégations nutritionnelles et de santé portant sur les denrées alimentaires, tel que modifié par le Règl. n° 107/2008 du 15 janv. 2008, lu en combinaison avec l'annexe de ce règlement, doit être interprété en ce sens qu'il interdit d'utiliser l'allégation « très pauvre en sodium ou en sel » et toute autre allégation susceptible d'avoir le même sens pour le consommateur en ce qui concerne les eaux minérales naturelles et les autres eaux. • CJUE 17 déc. 2015, n° C-157/14 : *RD rur. 2016, n° 93, obs. Gadbin.*

Art. 9 *Allégations comparatives.* 1. Sans préjudice de la directive 84/450/CEE, une comparaison ne peut être faite qu'entre des denrées alimentaires de la même catégorie, en prenant en considération un éventail de denrées de cette catégorie. La différence de teneur en nutriments et/ou de valeur énergétique est indiquée et la comparaison se rapporte à la même quantité de denrée alimentaire.

2. Les allégations nutritionnelles comparatives comparent la composition de la denrée alimentaire en question à celle d'un éventail de denrées alimentaires de la même catégorie, dont la composition ne permet pas l'emploi d'une allégation, y compris des denrées alimentaires d'autres marques.

CHAPITRE IV *Allégations de santé*

Art. 10 *Conditions spécifiques.* 1. Les allégations de santé sont interdites sauf si elles sont conformes aux prescriptions générales du chapitre II et aux exigences spécifiques du présent chapitre et si elles sont autorisées conformément au présent règlement et figurent sur les listes d'allégations autorisées visées aux articles 13 et 14.

2. Les allégations de santé ne sont autorisées que si les informations suivantes figurent sur l'étiquetage ou, à défaut d'étiquetage, sont communiquées dans le cadre de la présentation du produit ou de la publicité faite pour celui-ci :

a) une mention indiquant l'importance d'une alimentation variée et équilibrée et d'un mode de vie sain ;

b) la quantité de la denrée alimentaire concernée et le mode de consommation requis pour obtenir l'effet bénéfique allégué ;

c) s'il y a lieu, une indication à l'attention des personnes qui devraient éviter de consommer la denrée alimentaire en question ; et

d) un avertissement approprié pour ce qui concerne les produits susceptibles de présenter un risque pour la santé en cas de consommation excessive.

3. Il ne peut être fait référence aux effets bénéfiques généraux, non spécifiques d'un nutriment ou d'une denrée alimentaire sur l'état de santé général et le bien-être lié à la santé que si une telle référence est accompagnée d'une allégation de santé spécifique figurant sur les listes visées à l'article 13 ou 14.

4. S'il y a lieu, des orientations concernant la mise en œuvre du présent article sont adoptées selon la procédure visée à l'article 25, paragraphe 2 et, si nécessaire, en consultation avec les parties intéressées, notamment les exploitants du secteur alimentaire et les groupes de consommateurs.

BIBL. ▶ FRIANT-PERROT, *RD rur. 2013. Étude 10* (du bon usage des allégations de santé : commentaire de la décision 2013/63/UE du 24 janv. 2013).

Application dans le temps. Le Règl. n° 1924/2006 du 20 déc. 2006, tel que modifié par le Règl. n° 116/2010 du 9 févr. 2010, doit être interprété en ce sens que les obligations d'information prévues à l'art. 10, § 2, de ce règlement étaient déjà en vigueur au cours de l'année 2010 pour ce qui concerne les allégations de santé qui n'étaient pas interdites sur le fondement de l'art. 10, § 1er, dudit règlement, lu en combinaison avec l'art. 28, § 5 et 6, du même règlement. • CJUE 10 avr. 2014 : *Europe 2014, n° 270, obs. Dupont-Lassalle.*

Art. 11 *Associations nationales de professionnels des secteurs médical, nutritionnel ou diététique et organismes philanthropiques actifs dans le domaine de la santé.* En l'absence de règles communautaires spécifiques concernant les recommandations ou les approbations données par les associations nationales de professionnels des secteurs médical, nutritionnel ou diététique et les organismes philanthropiques actifs dans le domaine de la santé, les règles nationales pertinentes peuvent s'appliquer dans le respect des dispositions du traité.

Art. 12 *Restrictions applicables à l'utilisation de certaines allégations de santé.* Les allégations de santé suivantes ne sont pas autorisées :

a) les allégations donnant à penser que s'abstenir de consommer la denrée alimentaire pourrait être préjudiciable à la santé ;

b) les allégations faisant référence au rythme ou à l'importance de la perte de poids ;

c) les allégations faisant référence à des recommandations d'un médecin ou d'un professionnel de la santé déterminé et d'associations non visées à l'article 11.

Art. 13 *Allégations de santé autres que celles faisant référence à la réduction du risque de maladie ainsi qu'au développement et à la santé infantiles.* 1. Les allégations de santé qui décrivent ou mentionnent :

a) le rôle d'un nutriment ou d'une autre substance dans la croissance, dans le développement et dans les fonctions de l'organisme ; ou

b) les fonctions psychologiques et comportementales ; ou

c) sans préjudice de la directive 96/8/CE *[V. ce texte, v° Produits diététiques, compléments alimentaires]*, l'amaigrissement, le contrôle du poids, la réduction de la sensation de faim, l'accentuation de la sensation de satiété ou la réduction de la valeur énergétique du régime alimentaire,

et qui sont indiquées dans la liste prévue au paragraphe 3 peuvent être faites sans être soumises aux procédures établies aux articles 15 à 19, si elles :

i) reposent sur des preuves scientifiques généralement admises ; et

ii) sont bien comprises par le consommateur moyen.

2. Au plus tard le 31 janvier 2008, les États membres fournissent à la Commission des listes des allégations visées au paragraphe 1 ainsi que les conditions qui leur sont applicables et les références aux justifications scientifiques pertinentes.

3. *(Règl. n° 107/2008 du 15 janv. 2008, art. 1er-5)* « Après consultation de l'Autorité, la Commission adopte, en conformité avec la procédure de réglementation avec contrôle visée à l'article 25, paragraphe 3, une liste communautaire destinée à modifier des éléments non essentiels du présent règlement en le complétant, des allégations autorisées visées au paragraphe 1 ainsi que toutes les conditions nécessaires pour l'utilisation de ces allégations, au plus tard le 31 janvier 2010.

« 4. Toute modification de la liste visée au paragraphe 3, fondée sur des preuves scientifiques généralement admises et ayant pour objet de modifier des éléments non essentiels du présent règlement en le complétant, est adoptée en conformité avec la procédure de réglementation avec contrôle visée à l'article 25, paragraphe 3, après consultation de l'Autorité, à l'initiative de la Commission ou à la suite d'une demande présentée par un État membre. »

5. Tout ajout d'allégations à la liste visée au paragraphe 3 qui est basé sur des preuves scientifiques nouvellement établies et/ou contient une demande de protection des données relevant de la propriété exclusive du demandeur est adopté suivant la procédure établie à l'article 18, à l'exception des allégations se rapportant au développement et à la santé infantiles, qui sont soumises à autorisation conformément à la procédure prévue aux articles 15, 16, 17 et 19.

Les modifications issues du Règl. n° 107/2008 du 15 janv. 2008 entrent en vigueur le vingtième jour suivant celui de sa publication au Journal officiel de l'Union européenne (JOUE L 39 du 13 févr. 2008).

Art. 14 *Allégations relatives à la réduction d'un risque de maladie et allégations se rapportant au développement et à la santé infantiles.* 1. *(Règl. n° 109/2008 du 15 janv. 2008, art. 1er)* « Nonobstant les dispositions de l'article 2, paragraphe 1, point b), de la directive 2000/13/CE *[abrogée et remplacée par Règl. (UE) n° 1169/2011 du 25 oct. 2011, à compter du 13 déc. 2014]*, les allégations suivantes peuvent être faites si elles ont été autorisées conformément à la procédure prévue aux articles 15, 16, 17 et 19 du présent règlement aux fins d'inscription sur une liste communautaire des allégations autorisées, accompagnées de toutes les conditions nécessaires pour l'utilisation de ces allégations :

« a) allégations relatives à la réduction d'un risque de maladie ;

« b) allégations relatives au développement et à la santé des enfants. »

2. Outre les exigences générales du présent règlement et les exigences spécifiques du paragraphe 1, l'étiquetage ou, à défaut d'étiquetage, la présentation ou la publicité comporte également, en cas d'allégation relative à la réduction d'un risque de maladie, une mention indiquant que la maladie à laquelle l'allégation fait référence tient à de multiples *facteurs de risque* et que la modification de l'un de ces facteurs peut ou non avoir un effet bénéfique.

Les dispositions issues du Règl. n° 109/2008 du 15 janv. 2008 entrent en vigueur le vingtième jour suivant celui de sa publication au Journal officiel de l'Union européenne (JOUE L 39 du 13 févr. 2008).

Art. 15 *Demande d'autorisation.* 1. Dans le cas où il est fait référence au présent article, une demande d'autorisation est introduite conformément aux paragraphes suivants.

2. La demande est envoyée à l'autorité nationale compétente d'un État membre.

a) L'autorité nationale compétente :

i) accuse réception de la demande par écrit dans les quatorze jours suivant sa réception. L'accusé de réception mentionne la date de réception de la demande ;

ii) informe l'Autorité sans délai ; et

iii) met la demande ainsi que tout renseignement complémentaire fourni par le demandeur à la disposition de l'Autorité.

b) L'Autorité :

i) informe sans délai les autres États membres et la Commission de l'introduction de la demande et met celle-ci ainsi que tout renseignement complémentaire fourni par le demandeur à leur disposition ;

ii) met à la disposition du public le résumé de la demande visé au paragraphe 3, point g).

3. La demande inclut les éléments suivants :

a) le nom et l'adresse du demandeur ;

b) le nutriment ou la substance autre, ou la denrée alimentaire ou la catégorie de denrées alimentaires, qui fera l'objet de l'allégation de santé et ses caractéristiques particulières ;

c) une copie des études, y compris des études indépendantes ayant fait l'objet d'une évaluation par les pairs, s'il en existe, qui ont été réalisées au sujet de l'allégation de santé et toute autre documentation disponible prouvant que l'allégation de santé répond aux critères définis dans le présent règlement ;

d) s'il y a lieu, une indication des informations qui devraient être considérées comme relevant de la propriété exclusive du demandeur, accompagnée d'une justification vérifiable ;

e) une copie d'autres études scientifiques pertinentes pour l'allégation de santé concernée ;

f) une proposition de libellé de l'allégation de santé faisant l'objet de la demande d'autorisation, y compris, le cas échéant, les conditions spécifiques d'utilisation ;

g) un résumé de la demande.

4. Après avoir consulté l'Autorité, la Commission établit, selon la procédure visée à l'article 25, paragraphe 2, les règles de mise en œuvre du présent article, y compris des règles concernant la préparation et la présentation de la demande. — *V. Règl. (CE) n° 353/2008 de la Commission du 18 avr. 2008 (JOUE L 109 du 19 avr.).*

5. La Commission, en coopération étroite avec l'Autorité, fournit les conseils et outils techniques appropriés pour aider les exploitants du secteur alimentaire, en particulier les PME, à préparer et à présenter la demande d'évaluation scientifique.

Conditions de l'autorisation. Jugeant que l'autorisation d'une allégation relative à la réduction d'un risque de maladie exige, premièrement, outre la désignation d'une maladie, celle d'un facteur de risque de développement de cette maladie et, deuxièmement, la constatation selon laquelle la consommation d'une catégorie de denrées alimentaires, d'une denrée alimentaire ou de l'un de ses composants réduit sensiblement ce facteur. • Trib. UE 30 avr. 2014 : *RD rur. 2015, n° 8, obs. Baudouin.*

Art. 16 *Avis de l'Autorité.* 1. L'Autorité rend son avis dans un délai de cinq mois suivant la date de réception d'une demande valable. Chaque fois que l'Autorité invite le demandeur à fournir des renseignements complémentaires, comme le prévoit le paragraphe 2, ce délai est prorogé d'un maximum de deux mois à compter de la date de réception des renseignements requis du demandeur.

2. L'Autorité ou une autorité nationale compétente agissant par l'intermédiaire de l'Autorité peut, s'il y a lieu, inviter le demandeur à compléter les renseignements accompagnant sa demande dans un délai donné.

3. Pour élaborer son avis, l'Autorité vérifie :

a) si l'allégation de santé se fonde sur des preuves scientifiques ;

b) si le libellé de l'allégation de santé répond aux critères énoncés dans le présent règlement.

4. S'il est favorable à l'autorisation de l'allégation de santé, l'avis inclut les renseignements suivants :

a) le nom et l'adresse du demandeur ;

b) le nutriment ou la substance autre, la denrée alimentaire ou la catégorie de denrées alimentaires qui fera l'objet de l'allégation de santé et ses caractéristiques particulières ;

c) une proposition de libellé pour l'allégation de santé, y compris, le cas échéant, les conditions spécifiques d'utilisation ;

d) le cas échéant, les conditions d'utilisation de la denrée alimentaire ou les restrictions à cette utilisation et/ou une mention ou un avertissement supplémentaire qui devrait accompagner l'allégation de santé dans l'étiquetage et la publicité.

5. L'Autorité transmet à la Commission, aux États membres et au demandeur son avis accompagné d'un rapport contenant une évaluation de l'allégation de santé et exposant les motifs de son avis ainsi que les informations sur lesquelles l'avis est fondé.

6. Conformément à l'article 38, paragraphe 1, du règlement (CE) nº 178/2002, l'Autorité rend son avis public.

Le demandeur ou toute autre personne peut formuler des observations auprès de la Commission dans les trente jours qui suivent cette publication.

Art. 17 *Autorisation communautaire.* 1. Dans les deux mois qui suivent la réception de l'avis de l'Autorité, la Commission soumet au comité visé à l'article 23, paragraphe 2, un projet de décision sur les listes des allégations de santé autorisées, en tenant compte de l'avis de l'Autorité, de toutes les dispositions applicables de la législation communautaire ainsi que d'autres facteurs légitimes et pertinents pour la question à l'examen. Lorsque le projet de décision n'est pas conforme à l'avis de l'Autorité, la Commission en fournit les raisons.

2. Tout projet de décision visant à modifier les listes des allégations de santé autorisées comprend les éléments visés à l'article 16, paragraphe 4.

3. *(Règl. nº 107/2008 du 15 janv. 2008, art. 1er-6)* « La décision définitive sur la demande, ayant pour objet de modifier des éléments non essentiels du présent règlement en le complétant, est adoptée en conformité avec la procédure de réglementation avec contrôle visée à l'article 25, paragraphe 3.

« Toutefois, lorsque, sur une demande de protection des données relevant de la propriété exclusive du demandeur, la Commission a l'intention de restreindre l'emploi de l'allégation en faveur de celui-ci :

« a) la décision d'autoriser ou non l'allégation est arrêtée en conformité avec la procédure de réglementation visée à l'article 25, paragraphe 2. En pareil cas, l'autorisation, si elle est accordée, a une durée de validité de cinq ans ;

« b) avant l'expiration de la période de cinq années, si l'allégation continue de remplir les conditions définies dans le présent règlement, la Commission soumet un projet de mesures ayant pour objet de modifier des éléments non essentiels du présent règlement en le complétant, d'autorisation de l'allégation sans restriction d'utilisation sur lequel il est statué en conformité avec la procédure de réglementation avec contrôle visée à l'article 25, paragraphe 3. »

4. La Commission informe sans délai le demandeur de la décision prise et publie les renseignements relatifs à la décision au *Journal officiel de l'Union européenne.*

5. Les allégations de santé figurant sur les listes prévues aux articles 13 et 14 peuvent être utilisées, conformément aux conditions qui leur sont applicables, par tout exploitant du secteur alimentaire si leur emploi n'est pas restreint conformément aux dispositions de l'article 21.

6. L'octroi d'une autorisation ne dégage nullement un exploitant du secteur alimentaire de sa responsabilité civile et pénale générale en ce qui concerne la denrée alimentaire en question.

Les modifications issues du Règl. nº 107/2008 du 15 janv. 2008 entrent en vigueur le vingtième jour suivant celui de sa publication au Journal officiel de l'Union européenne (JOUE L 39 du 13 févr. 2008).

Art. 18 *Allégations visées à l'article 13, paragraphe 5.* 1. Un exploitant du secteur alimentaire souhaitant utiliser une allégation de santé non incluse dans la liste prévue à l'article 13, paragraphe 3, peut solliciter l'inclusion de cette allégation dans la liste.

2. La demande d'inclusion est présentée à l'autorité nationale compétente d'un État membre, laquelle en accuse réception par écrit dans les quatorze jours suivant sa réception. L'accusé de réception mentionne la date de réception de la demande. La demande inclut les données mentionnées à l'article 15, paragraphe 3, ainsi que les motifs de la demande.

3. La demande en bonne et due forme, conforme aux conseils visés à l'article 15, paragraphe 5, et tout renseignement fourni par le demandeur sont transmis sans délai à l'Autorité, pour évaluation scientifique, ainsi qu'à la Commission et aux États membres, pour information. L'Autorité rend son avis dans un délai de cinq mois suivant la date de réception de la demande. Ce délai peut être prorogé d'un maximum d'un mois si l'Autorité estime nécessaire d'obtenir du demandeur des renseignements complémentaires. Dans ce cas, le demandeur soumet les renseignements demandés dans un délai de quinze jours à compter de la date de réception de la demande de l'Autorité.

La procédure prévue à l'article 16, paragraphe 3, points a) et b), et paragraphes 5 et 6, s'applique *mutatis mutandis*.

4. Si, après évaluation scientifique, l'Autorité rend un avis favorable à l'inclusion de l'allégation dans la liste visée à l'article 13, paragraphe 3, la Commission statue sur la demande en tenant compte de l'avis de l'Autorité, de toutes les dispositions applicables de la législation communautaire ainsi que d'autres facteurs légitimes et pertinents pour la question à l'examen, après avoir consulté les États membres et dans un délai de deux mois à compter de la réception de l'avis de l'Autorité.

(Règl. nº 107/2008 du 15 janv. 2008, art. 1er-7) « 5. Si l'Autorité rend un avis défavorable à l'inscription de l'allégation sur la liste visée au paragraphe 4, une décision sur la demande, ayant pour objet de modifier des éléments non essentiels du présent règlement en le complétant, est prise en conformité avec la procédure de réglementation avec contrôle visée à l'article 25, paragraphe 3.

« Toutefois, lorsque, sur une demande de protection des données relevant de la propriété exclusive du demandeur, la Commission a l'intention de restreindre l'emploi de l'allégation en faveur de celui-ci :

« a) la décision d'autoriser ou non l'allégation est arrêtée en conformité avec la procédure de réglementation visée à l'article 25, paragraphe 2. En pareil cas, l'autorisation, si elle est accordée, a une durée de validité de cinq ans ;

« b) avant l'expiration de la période de cinq années, si l'allégation continue de remplir les conditions définies dans le présent règlement, la Commission soumet un projet de mesures ayant pour objet de modifier des éléments non essentiels du présent règlement en le complétant, d'autorisation de l'allégation sans restriction d'utilisation sur laquelle il est statué en conformité avec la procédure de réglementation avec contrôle visée à l'article 25, paragraphe 3. »

Les modifications issues du Règl. nº 107/2008 du 15 janv. 2008 entrent en vigueur le vingtième jour suivant celui de sa publication au Journal officiel de l'Union européenne (JOUE L 39 du 13 févr. 2008).

Art. 19 *Modification, suspension et révocation des autorisations.* 1. Le demandeur/l'utilisateur d'une allégation figurant dans l'une des listes prévues aux articles 13 et 14 peut demander une modification de la liste concernée. Les procédures fixées aux articles 15 à 18 s'appliquent *mutatis mutandis*.

2. De sa propre initiative ou à la suite d'une demande d'un État membre ou de la Commission, l'Autorité rend un avis sur la question de savoir si une allégation de santé figurant dans les listes prévues aux articles 13 et 14 continue de remplir les conditions fixées dans le présent règlement.

Elle transmet aussitôt son avis à la Commission, aux États membres et, le cas échéant, au demandeur initial de l'allégation en question. Conformément à l'article 38, paragraphe 1, du règlement (CE) nº 178/2002, l'Autorité rend son avis public.

Le demandeur/l'utilisateur ou toute autre personne peut formuler des observations auprès de la Commission dans les trente jours qui suivent cette publication.

La Commission examine, dans les plus brefs délais, l'avis de l'Autorité ainsi que toutes les observations reçues. S'il y a lieu, l'autorisation est modifiée, suspendue ou révoquée conformément aux procédures prévues aux articles 17 et 18.

CHAPITRE V *Dispositions générales et finales*

Art. 20 *Registre communautaire.* 1. La Commission établit et tient un registre communautaire des allégations nutritionnelles et de santé concernant les denrées alimentaires, ci-après dénommé "registre".

2. Le registre comprend les éléments suivants :

a) les allégations nutritionnelles et les conditions qui leur sont applicables, comme indiqué à l'annexe ;

b) les restrictions adoptées conformément à l'article 4, paragraphe 5 ;

c) les allégations de santé autorisées et les conditions qui leur sont applicables, prévues à l'article 13, paragraphes 3 et 5, à l'article 14, paragraphe 1, à l'article 19, paragraphe 2, à l'article 21, à l'article 24, paragraphe 2, et à l'article 28, paragraphe 6, ainsi que les mesures nationales visées à l'article 23, paragraphe 3 ;

d) une liste des allégations de santé qui ont été rejetées et les raisons de leur rejet.

Les allégations de santé autorisées sur la base de données relevant de la propriété exclusive du demandeur sont inscrites dans une annexe distincte du registre et accompagnées des informations suivantes :

1) la date à laquelle la Commission a autorisé l'allégation de santé et le nom du demandeur initial à qui l'autorisation a été accordée ;

2) *(Règl. nº 107/2008 du 15 janv. 2008, art. 1er-8)* « la mention du fait que la Commission a autorisé l'allégation de santé sur la base de données relevant de la propriété exclusive du demandeur et de son emploi restreint ;

« 3) dans les cas visés à l'article 17, paragraphe 3, deuxième alinéa, et à l'article 18, paragraphe 5, deuxième alinéa, la mention du fait que l'allégation de santé est autorisée pour une durée limitée. »

3. Le registre est mis à la disposition du public.

Les modifications issues du Règl. nº 107/2008 du 15 janv. 2008 entrent en vigueur le vingtième jour suivant celui de sa publication au Journal officiel de l'Union européenne (JOUE L 39 du 13 févr. 2008).

Art. 21 *Protection des données.* 1. Les données scientifiques et les autres informations afférentes à la demande qui sont exigées en vertu de l'article 15, paragraphe 3, ne peuvent pas être utilisées au profit d'un demandeur ultérieur pendant une période de cinq ans à compter de la date de l'autorisation, sauf si le demandeur ultérieur est convenu avec le demandeur précédent que ces données et informations peuvent être utilisées, lorsque :

a) le demandeur précédent a déclaré, au moment où il a introduit sa demande, que les données scientifiques et les autres informations étaient couvertes par la propriété exclusive ; et

b) le demandeur précédent bénéficiait, au moment où il a introduit sa demande, du droit exclusif de faire référence à des données de propriété exclusive ; et

c) l'allégation de santé n'aurait pas pu être autorisée sans la présentation des données relevant d'une propriété exclusive par le demandeur précédent.

2. Jusqu'au terme de la période de cinq ans prévue au paragraphe 1, aucun demandeur ultérieur n'a le droit de se référer à des données qu'un demandeur précédent a déclaré couvertes par une propriété exclusive, à moins et avant que la Commission ne se soit prononcée sur la question de savoir si une allégation pouvait ou aurait pu figurer sur la liste prévue à l'article 14 ou, s'il y a lieu, à l'article 13 sans la présentation desdites données par le demandeur précédent.

Art. 22 *Dispositions nationales.* Sans préjudice du traité, et notamment de ses articles 28 et 30, les États membres ne peuvent restreindre ou interdire le commerce des denrées alimentaires qui sont conformes au présent règlement, ni la publicité à l'égard de telles denrées, par l'application de dispositions nationales non harmonisées régissant les allégations portant sur certaines denrées alimentaires ou les denrées alimentaires en général.

Art. 23 *Procédure de notification.* 1. Si un État membre estime nécessaire d'adopter une nouvelle législation, il notifie à la Commission et aux autres États membres les mesures envisagées, en précisant les motifs qui les justifient.

2. La Commission consulte le comité permanent de la chaîne alimentaire et de la santé animale institué par l'article 58, paragraphe 1, du règlement (CE) nº 178/2002 (ci-après dénommé « comité »), si elle estime qu'une telle consultation est utile ou si un État membre en fait la demande, et elle émet un avis sur les mesures envisagées.

3. L'État membre concerné peut prendre les mesures envisagées six mois après la notification visée au paragraphe 1, à condition que l'avis de la Commission ne soit pas négatif.

Si l'avis de la Commission est négatif, elle détermine, conformément à la procédure visée à l'article 25, paragraphe 2, et avant l'expiration du délai mentionné au premier alinéa du présent paragraphe, si les mesures envisagées peuvent être mises en œuvre. La Commission peut demander que certaines modifications soient apportées aux mesures envisagées.

Art. 24 *Mesures de sauvegarde.* 1. Lorsqu'un État membre a de sérieuses raisons d'estimer qu'une allégation n'est pas conforme au présent règlement ou que la justification scientifique prévue à l'article 6 n'est pas suffisante, ledit État membre peut temporairement suspendre l'emploi de cette allégation sur son territoire.

Il en informe les autres États membres et la Commission en précisant les motifs de la suspension.

2. Conformément à la procédure visée à l'article 25, paragraphe 2, une décision est prise, s'il y a lieu après que l'Autorité a émis un avis.

La Commission peut engager cette procédure de sa propre initiative.

3. L'État membre visé au paragraphe 1 peut maintenir la suspension jusqu'à ce que la décision visée au paragraphe 2 lui soit notifiée.

Art. 25 *(Règl. nº 107/2008 du 15 janv. 2008, art. 1er-9) Procédure de comité.* 1. La Commission est assistée par le comité.

2. Dans le cas où il est fait référence au présent paragraphe, les articles 5 et 7 de la décision 1999/468/CE s'appliquent, dans le respect des dispositions de l'article 8 de celle-ci.

La période prévue à l'article 5, paragraphe 6, de la décision 1999/468/CE est fixée à trois mois.

3. Dans le cas où il est fait référence au présent paragraphe, l'article 5 *bis*, paragraphes 1 à 4, et l'article 7 de la décision 1999/468/CE s'appliquent, dans le respect des dispositions de l'article 8 de celle-ci.

L'art. 25 issu du Règl. nº 107/2008 du 15 janv. 2008 entre en vigueur le vingtième jour suivant celui de sa publication au Journal officiel de l'Union européenne (JOUE L 39 du 13 févr. 2008).

Art. 26 *Suivi.* Pour faciliter un suivi efficace des denrées alimentaires faisant l'objet d'allégations nutritionnelles ou de santé, les États membres peuvent exiger que le fabricant ou le responsable de la mise sur le marché de telles denrées alimentaires sur leur territoire informe l'autorité compétente de cette mise sur le marché en lui fournissant un modèle de l'étiquetage utilisé pour ce produit.

Art. 27 *Évaluation.*

Art. 28 *Mesures transitoires.* 1. Les denrées alimentaires mises sur le marché ou étiquetées avant la date de mise en application du présent règlement qui ne sont pas conformes au présent règlement peuvent être commercialisées jusqu'à la date de leur péremption, mais pas au-delà du 31 juillet 2009. En ce qui concerne l'article 4, paragraphe 1, les denrées alimentaires peuvent être commercialisées jusqu'à vingt-quatre mois après l'adoption des profils nutritionnels correspondants et de leurs conditions d'utilisation.

2. Les produits portant une marque de fabrique ou un nom commercial existant avant le 1er janvier 2005 et qui ne sont pas conformes au présent règlement peuvent continuer à être commercialisés jusqu'au 19 janvier 2022. Après cette date, les dispositions du présent règlement leur sont applicables.

3. Les allégations nutritionnelles qui ont été employées dans un État membre avant le 1er janvier 2006 conformément aux dispositions nationales qui leur sont applicables et qui ne figurent pas à l'annexe peuvent continuer à être utilisées jusqu'au 19 janvier 2010, sous la responsabilité des exploitants du secteur alimentaire et sans préjudice de l'adoption des mesures de sauvegarde visées à l'article 24.

4. Les allégations nutritionnelles sous la forme d'images, d'éléments graphiques ou de représentations symboliques qui sont conformes aux principes généraux du présent règlement mais qui ne figurent pas à l'annexe et qui sont utilisées conformément à des conditions et à des critères spécifiques fixés par des dispositions ou des règles nationales sont soumises aux exigences suivantes :

a) les États membres communiquent à la Commission, au plus tard le 31 janvier 2008, ces allégations nutritionnelles ainsi que les dispositions ou les règles nationales applicables, accompagnées des données scientifiques sur lesquelles ces dispositions ou ces règles sont fondées ;

b) *(Règl. nº 107/2008 du 15 janv. 2008, art. 1er-10)* « la Commission adopte, en conformité avec la procédure de réglementation avec contrôle visée à l'article 25, paragraphe 3, une décision relative à l'utilisation de ces allégations, ayant pour objet de modifier des éléments non essentiels du présent règlement. »

Les allégations nutritionnelles non autorisées en vertu de cette procédure peuvent continuer à être utilisées pendant une période de douze mois après l'adoption de la décision.

5. Les allégations de santé visées à l'article 13, paragraphe 1, point a), peuvent être faites à compter de la date d'entrée en vigueur du présent règlement et jusqu'à l'adoption de la liste visée à l'article 13, paragraphe 3, sous la responsabilité des exploitants du secteur alimentaire, à condition qu'elles soient conformes au présent règlement et aux dispositions

nationales existantes qui leur sont applicables, sans préjudice de l'adoption des mesures de sauvegarde visées à l'article 24.

6. *(Règl. nº 109/2008 du 15 janv. 2008, art. 1er)* **« Les allégations de santé autres que celles visées à l'article 13, paragraphe 1, point a), et à l'article 14, paragraphe 1, point a), qui ont été utilisées conformément aux dispositions nationales avant la date d'entrée en vigueur du présent règlement, sont soumises aux exigences suivantes : »**

a) les allégations de santé qui ont fait l'objet d'une évaluation et d'une autorisation dans un État membre sont autorisées selon les modalités suivantes :

i) les États membres communiquent ces allégations à la Commission, au plus tard le 31 janvier 2008, accompagnées d'un rapport d'évaluation des données scientifiques étayant chaque allégation ;

ii) *(Règl. nº 107/2008 du 15 janv. 2008, art. 1er-10)* **« après consultation de l'Autorité, la Commission adopte, en conformité avec la procédure de réglementation avec contrôle visée à l'article 25, paragraphe 3, une décision concernant les allégations de santé qui ont été autorisées de la sorte, ayant pour objet de modifier des éléments non essentiels du présent règlement en le complétant. »**

Les allégations de santé non autorisées en vertu de cette procédure peuvent continuer à être utilisées pendant une période de six mois après l'adoption de la décision ;

b) les allégations de santé qui n'ont pas fait l'objet d'une évaluation et d'une autorisation dans un État membre sont soumises aux dispositions suivantes : ces allégations peuvent continuer à être utilisées à condition qu'une demande ait été faite conformément au présent règlement avant le 19 janvier 2008 ; les allégations de santé non autorisées en vertu de cette procédure peuvent continuer à être utilisées pendant six mois après qu'une décision a été prise en application de l'article 17, paragraphe 3.

Les dispositions issues des Règl. nos 107/2008 et 109/2008 du 15 janv. 2008 entrent en vigueur le vingtième jour suivant celui de leur publication au Journal officiel de l'Union européenne (JOUE L 39 du 13 févr. 2008).

Marque de fabrique. L'art. 28, § 2, doit être interprété en ce sens qu'une communication à caractère commercial figurant sur l'emballage d'une denrée alimentaire peut constituer une marque de fabrique ou un nom commercial, au sens de cette disposition, à la condition qu'elle soit protégée, en tant qu'une telle marque ou qu'un tel nom, par la réglementation applicable. Il appartient à la juridiction nationale de vérifier, au regard de l'ensemble des éléments de fait et de droit qui caractérisent l'affaire dont elle se trouve saisie, si une telle communication est bien une marque de fabrique ou un nom commercial ainsi protégés. • CJUE 18 juill. 2013 : *Europe 2013, nº 396, obs. Roset.* ♦ L'art. 28, § 2, doit être interprété en ce sens qu'il ne se réfère qu'aux denrées alimentaires revêtues d'une marque de fabrique ou d'un nom commercial devant être considérés comme une allégation nutritionnelle ou de santé au sens de ce règlement et qui, sous cette forme, existaient avant le 1er janv. 2005. • Même décision.

Art. 29 *Entrée en vigueur.* **Le présent règlement entre en vigueur le vingtième jour suivant celui de sa publication au *Journal officiel de l'Union européenne.***

Il est applicable à partir du 1er juillet 2007.

ANNEXE

ALLÉGATIONS NUTRITIONNELLES ET CONDITIONS APPLICABLES À CELLES-CI

FAIBLE VALEUR ÉNERGÉTIQUE

Une allégation selon laquelle une denrée alimentaire a une faible valeur énergétique, ou toute autre allégation susceptible d'avoir le même sens pour le consommateur, ne peut être faite que pour un produit contenant au maximum 40 kcal (170 kJ)/100 g dans le cas des solides ou au maximum 20 kcal (80 kJ)/100 ml dans le cas des liquides. Dans le cas des édulcorants de table, la limite de 4 kcal (17 kJ)/portion, avec des propriétés édulcorantes équivalentes à 6 g de saccharose (approximativement 1 petite cuillérée de saccharose), s'applique.

VALEUR ÉNERGÉTIQUE RÉDUITE

Une allégation selon laquelle une denrée alimentaire a une valeur énergétique réduite, ou toute autre allégation susceptible d'avoir le même sens pour le consommateur, ne peut être faite que si la valeur énergétique est réduite d'au moins 30 %, en indiquant la ou les caractéristiques entraînant la réduction de la valeur énergétique totale de la denrée alimentaire.

SANS APPORT ÉNERGÉTIQUE

Une allégation selon laquelle une denrée alimentaire n'a pas d'apport énergétique, ou toute autre allégation susceptible d'avoir le même sens pour le consommateur, ne peut être faite que si le produit contient au maximum 4 kcal (17 kJ)/ 100 ml. Dans le cas des édulcorants de table, la limite de 0,4 kcal (1,7 kJ)/portion, ayant des propriétés édulcorantes équivalentes à 6 g de saccharose (approximativement 1 petite cuillérée de saccharose), s'applique.

FAIBLE TENEUR EN MATIÈRES GRASSES

Une allégation selon laquelle une denrée alimentaire a une faible teneur en matières grasses, ou toute autre allégation susceptible d'avoir le même sens pour le consommateur, ne peut être faite que si le produit ne contient pas plus de 3 g de matières grasses par 100 g dans le cas des solides ou 1,5 g de matières grasses par 100 ml dans le cas des liquides (1,8 g de matières grasses par 100 ml pour le lait demi-écrémé).

SANS MATIÈRES GRASSES

Une allégation selon laquelle une denrée alimentaire ne contient pas de matières grasses, ou toute autre allégation susceptible d'avoir le même sens pour le consommateur, ne peut être faite que si le produit ne contient pas plus de 0,5 g de matières grasses par 100 g ou par 100 ml. Cependant, les allégations du type "à X % sans matières grasses" sont interdites.

FAIBLE TENEUR EN GRAISSES SATURÉES

Une allégation selon laquelle une denrée alimentaire a une faible teneur en graisses saturées, ou toute autre allégation susceptible d'avoir le même sens pour le consommateur, ne peut être faite que si la somme des acides gras saturés et des acides gras trans contenus dans le produit n'est pas supérieure à 1,5 g par 100 g de solide ou à 0,75 g par 100 ml de liquide, la somme des acides gras saturés et des acides gras trans ne pouvant pas produire, dans les deux cas, plus de 10 % de l'énergie.

SANS GRAISSES SATURÉES

Une allégation selon laquelle une denrée alimentaire ne contient pas de graisses saturées, ou toute autre allégation susceptible d'avoir le même sens pour le consommateur, ne peut être faite que si la somme des acides gras saturés et des acides gras trans n'excède pas 0,1 g de graisses saturées par 100 g ou par 100 ml.

FAIBLE TENEUR EN SUCRES

Une allégation selon laquelle une denrée alimentaire a une faible teneur en sucres, ou toute autre allégation susceptible d'avoir le même sens pour le consommateur, ne peut être faite que si le produit ne contient pas plus de 5 g de sucres par 100 g dans le cas des solides ou 2,5 g de sucres par 100 ml dans le cas des liquides.

SANS SUCRES

Une allégation selon laquelle une denrée alimentaire ne contient pas de sucres, ou toute autre allégation susceptible d'avoir le même sens pour le consommateur, ne peut être faite que si le produit ne contient pas plus de 0,5 g de sucres par 100 g ou par 100 ml.

SANS SUCRES AJOUTÉS

Une allégation selon laquelle il n'a pas été ajouté de sucres à une denrée alimentaire, ou toute autre allégation susceptible d'avoir le même sens pour le consommateur, ne peut être faite que si le produit ne contient pas de monosaccharides ou disaccharides ajoutés ou toute autre denrée alimentaire utilisée pour ses propriétés édulcorantes. Si les sucres sont naturellement présents dans la denrée alimentaire, l'indication suivante devrait également figurer sur l'étiquette : "CONTIENT DES SUCRES NATURELLEMENT PRÉSENTS".

PAUVRE EN SODIUM OU EN SEL

Une allégation selon laquelle une denrée alimentaire est pauvre en sodium ou en sel, ou toute autre allégation susceptible d'avoir le même sens pour le consommateur, ne peut être faite que si le produit ne contient pas plus de 0,12 g de sodium ou de l'équivalent en sel par 100 g ou par 100 ml. En ce qui concerne les eaux, autres que les eaux minérales naturelles relevant du champ d'application de la directive 80/777/CEE *[remplacée par Dir. 2009/54/CE du 18 juin 2009, JOUE L 164 du 26 juin 2009]*, cette valeur ne devrait pas être supérieure à 2 mg de sodium par 100 ml.

TRÈS PAUVRE EN SODIUM OU EN SEL

Une allégation selon laquelle une denrée alimentaire est très pauvre en sodium ou en sel, ou toute autre allégation susceptible d'avoir le même sens pour le consommateur, ne peut être faite que si le produit ne contient pas plus de 0,04 g de sodium ou de l'équivalent en sel par 100 g ou 100 ml. Il est interdit d'utiliser cette allégation pour les eaux minérales naturelles et les autres eaux.

SANS SODIUM OU SANS SEL

Une allégation selon laquelle une denrée alimentaire ne contient pas de sodium ou de sel, ou toute autre allégation susceptible d'avoir le même sens pour le consommateur, ne peut être faite que si le produit ne contient pas plus de 0,005 g de sodium ou de l'équivalent en sel par 100 g.

SANS SODIUM OU SEL AJOUTÉ *(Règl. (UE) nº 1047/2012 du 8 nov. 2012, art. 1er)*

(Règl. (UE) nº 1047/2012 du 8 nov. 2012, art. 1er) « Une allégation selon laquelle il n'a pas été ajouté de sodium ou de sel à une denrée alimentaire, ou toute autre allégation susceptible d'avoir le même sens pour le consommateur, ne peut être faite que si le produit ne contient pas de sodium ou de sel ajouté ou tout autre ingrédient contenant du sodium ou du sel ajouté et si le produit ne contient pas plus de 0,12 g de sodium ou de l'équivalent en sel par 100 g ou par 100 ml. » — *Les produits mis sur le marché avant le 1er juin 2014 qui ne satisfont pas aux dispositions du Règl. (CE) nº 1924/2006 tel que modifié par le Règl. (UE) nº 1047/2012 du 8 nov. 2012 peuvent être commercialisés jusqu'à épuisement des stocks (Règl. préc., art. 2).*

SOURCE DE FIBRES

Une allégation selon laquelle une denrée alimentaire est une source de fibres, ou toute autre allégation susceptible d'avoir le même sens pour le consommateur, ne peut être faite que si le produit contient au moins 3 g de fibres par 100 g ou au moins 1,5 g de fibres par 100 kcal.

RICHE EN FIBRES

Une allégation selon laquelle une denrée alimentaire est riche en fibres, ou toute autre allégation susceptible d'avoir le même sens pour le consommateur, ne peut être faite que si le produit contient au moins 6 g de fibres par 100 g ou au moins 3 g de fibres par 100 kcal.

SOURCE DE PROTÉINES

Une allégation selon laquelle une denrée alimentaire est une source de protéines, ou toute autre allégation susceptible d'avoir le même sens pour le consommateur, ne peut être faite que si 12 % au moins de la valeur énergétique de la denrée alimentaire sont produits par des protéines.

RICHE EN PROTÉINES

Une allégation selon laquelle une denrée alimentaire est riche en protéines, ou toute autre allégation susceptible d'avoir le même sens pour le consommateur, ne peut être faite que si 20 % au moins de la valeur énergétique de la denrée alimentaire sont produits par des protéines.

SOURCE DE [NOM DES VITAMINES] ET/OU [NOM DES MINÉRAUX]

Une allégation selon laquelle une denrée alimentaire est une source de vitamines et/ou de minéraux, ou toute autre allégation susceptible d'avoir le même sens pour le consommateur, ne peut être faite que si le produit contient au moins la quantité significative définie à l'annexe de la directive 90/496/CEE ou une quantité prévue au titre de dérogations accordées conformément à l'article 6 *[mod. par Règl. (CE) nº 108/2008 du 15 janv. 2008]* du règlement (CE) nº 1925/2006 du Parlement européen et du Conseil du 20 décembre 2006 concernant l'adjonction de vitamines, de *minéraux et de certaines autres* substances aux denrées alimentaires.

RICHE EN [NOM DES VITAMINES] ET/OU EN [NOM DES MINÉRAUX]

Une allégation selon laquelle une denrée alimentaire est riche en vitamines et/ou en minéraux, ou toute autre allégation susceptible d'avoir le même sens pour le consommateur, ne peut être faite que si le produit contient au moins deux fois la teneur requise pour l'allégation "source de [NOM DES VITAMINES] et/ou [NOM DES MINÉRAUX]".

CONTIENT [NOM DU NUTRIMENT OU D'UNE AUTRE SUBSTANCE]

Une allégation selon laquelle une denrée alimentaire contient un nutriment ou une autre substance pour lequel ou laquelle le présent règlement ne fixe pas de conditions particulières, ou toute autre allégation susceptible d'avoir le même sens pour le consommateur, ne peut être faite que si le produit respecte toutes les dispositions applicables du présent règlement, et notamment l'article 5. Pour les vitamines et les minéraux, les conditions prévues pour l'allégation "source de" s'appliquent.

ENRICHI EN (NOM DU NUTRIMENT)

Une allégation affirmant que la teneur en un ou plusieurs nutriments, autres que des vitamines ou des minéraux, a été augmentée, ou toute autre allégation susceptible d'avoir le même sens pour le consommateur, ne peut être faite que si le produit remplit les conditions applicables à l'allégation "source de" et si l'augmentation de cette teneur est d'au moins 30 % par rapport à un produit similaire.

RÉDUIT EN (NOM DU NUTRIMENT)

Une allégation affirmant que la teneur en un ou plusieurs nutriments a été réduite, ou toute autre allégation susceptible d'avoir le même sens pour le consommateur, ne peut être faite que si la réduction de cette teneur est d'au moins 30 % par rapport à un produit similaire, sauf s'il s'agit de micronutriments, pour lesquels une différence de 10 % par rapport aux valeurs de référence fixées par la directive 90/496/CEE est admissible, ou s'il s'agit de sodium ou d'équivalent en sel, pour lesquels une différence de 25 % est admissible.

(Règl. (UE) nº 1047/2012 du 8 nov. 2012, art. 1er) « L'allégation "réduit en graisses saturées", ou toute autre allégation susceptible d'avoir le même sens pour le consommateur, ne peut être faite que :

« *a*) si la somme des acides gras saturés et des acides gras trans contenus dans le produit auquel s'applique l'allégation est au moins de 30 % inférieure à la somme des acides gras saturés et des acides gras trans contenus dans un produit similaire ; et

« *b*) si la teneur en acides gras trans dans le produit auquel s'applique l'allégation est inférieure ou égale à celle d'un produit similaire.

« L'allégation "réduit en sucres", ou toute autre allégation susceptible d'avoir le même sens pour le consommateur, ne peut être faite que si la valeur énergétique du produit auquel s'applique l'allégation est inférieure ou égale à celle d'un produit similaire. » — *Les produits mis sur le marché avant le 1er juin 2014 qui ne satisfont pas aux dispositions du Règl. (CE) nº 1924/2006 tel que modifié par le Règl. (UE) nº 1047/2012 du 8 nov. 2012 peuvent être commercialisés jusqu'à épuisement des stocks (Règl. préc., art. 2).*

ALLÉGÉ/LIGHT

Une allégation selon laquelle un produit est "allégé" ou "light", ou toute autre allégation susceptible d'avoir le même sens pour le consommateur, doit remplir les mêmes conditions que celles applicables aux termes "réduit en" ; elle doit aussi être accompagnée d'une indication de la ou les caractéristiques entraînant l'allégement de la denrée alimentaire.

NATURELLEMENT/NATUREL

Lorsqu'une denrée alimentaire remplit naturellement la ou les conditions fixées dans la présente annexe pour l'utilisation d'une allégation nutritionnelle, le terme "naturellement/naturel" peut accompagner cette allégation.

Règlement (CE) nº 1925/2006 du Parlement européen et du Conseil du 20 décembre 2006,

Concernant l'adjonction de vitamines, de minéraux et de certaines autres substances aux denrées alimentaires.

CHAPITRE PREMIER *Objectif, champ d'application et définitions*

Art. 1er *Objectif et champ d'application.* **1. Le présent règlement rapproche les dispositions législatives, réglementaires ou administratives des États membres relatives à l'adjonction de vitamines, de minéraux et de certaines autres substances aux denrées alimentaires, afin de garantir le fonctionnement efficace du marché intérieur tout en assurant un niveau élevé de protection des consommateurs.**

2. Les dispositions du présent règlement relatives aux vitamines et aux minéraux ne s'appliquent pas aux compléments alimentaires couverts par la directive 2002/46/CE.

3. Le présent règlement s'applique sans préjudice des dispositions spécifiques du droit communautaire relatives aux :

a) aliments destinés à une alimentation particulière et, en l'absence de dispositions spécifiques, des exigences en matière de composition de tels produits rendues nécessaires par les besoins nutritionnels particuliers des personnes auxquelles ils sont destinés ;

b) nouveaux aliments et aux nouveaux ingrédients alimentaires ;

c) denrées alimentaires génétiquement modifiées ;

d) additifs et arômes alimentaires ;

e) pratiques et traitements œnologiques autorisés.

Art. 2 *Définitions.* Aux fins du présent règlement, on entend par :

1) "Autorité", l'Autorité européenne de sécurité des aliments instituée par le règlement (CE) nº 178/2002 du Parlement européen et du Conseil du 28 janvier 2002 établissant les principes généraux et les prescriptions générales de la législation alimentaire, instituant l'Autorité européenne de sécurité des aliments et fixant des procédures relatives à la sécurité des denrées alimentaires ;

2) "autre substance", toute substance, autre qu'une vitamine ou un minéral, qui possède un effet nutritionnel ou physiologique.

CHAPITRE II *Adjonction de vitamines et de minéraux*

Art. 3 *Exigences concernant l'adjonction de vitamines et de minéraux.* 1. Seuls les vitamines et/ou les minéraux énumérés à l'annexe I, sous les formes énumérées à l'annexe II, peuvent être ajoutés aux denrées alimentaires, sous réserve des règles établies par le présent règlement. – *V. les annexes citées au JOUE L 404 du 30 déc. 2006.*

2. Des vitamines et des minéraux, sous une forme biodisponible pour le corps humain, peuvent être ajoutés à des aliments dans lesquels ils sont ou ne sont pas normalement contenus, afin de prendre en compte, notamment :

a) une carence concernant une ou plusieurs vitamines et/ou minéraux dans la population ou dans des groupes spécifiques de population qui peut être démontrée par des preuves cliniques ou subcliniques de carences ou révélée par des estimations indiquant un apport réduit de certains nutriments, ou

b) la possibilité d'améliorer l'état nutritionnel de la population ou de groupes spécifiques de population et/ou de corriger d'éventuelles carences du régime alimentaire dans l'apport de certaines vitamines ou minéraux dues à des changements survenus dans les habitudes alimentaires, ou

c) l'évolution des connaissances scientifiques généralement admises concernant le rôle des vitamines et des minéraux dans la nutrition et leurs conséquences pour la santé.

(Règl. nº 108/2008 du 15 janv. 2008, art. 1er-1) « 3. Les modifications des listes visées au paragraphe 1 du présent article sont arrêtées conformément à la procédure de réglementation avec contrôle visée à l'article 14, paragraphe 3, en tenant compte de l'avis émis par l'Autorité.

« Pour des raisons d'urgence impérieuse, la Commission peut appliquer la procédure d'urgence visée à l'article 14, paragraphe 4, pour retirer une vitamine ou une substance minérale des listes visées au paragraphe 1 du présent article.

« Avant de procéder à ces modifications, la Commission consulte les parties intéressées, notamment les exploitants du secteur alimentaire et les groupements de consommateurs. »

Art. 4 *Restrictions à l'adjonction de vitamines et de minéraux.* Des vitamines et des minéraux *ne peuvent* être ajoutés à :

a) des denrées alimentaires non transformées, notamment des fruits, des légumes, de la viande, de la volaille et du poisson ;

b) des boissons titrant plus d'1,2 % en volume d'alcool, excepté, par dérogation à l'article 3, paragraphe 2, les produits :

i) visés à l'article 44, paragraphes 6 et 13, du règlement (CE) nº 1493/1999 du Conseil du 17 mai 1999 portant organisation commune du marché vitivinicole,

ii) commercialisés avant l'adoption du présent règlement, et

iii) ayant été notifiés à la Commission par un État membre conformément à l'article 11, et à condition qu'il n'y ait aucune allégation dans les domaines de la nutrition ou de la santé.

(Règl. nº 108/2008 du 15 janv. 2008, art. 1er-2) « Les mesures établissant les autres aliments ou catégories d'aliments ne pouvant faire l'objet d'une adjonction de certaines vita-

mines ou substances minérales, et destinées à modifier des éléments non essentiels du présent règlement, peuvent être adoptées en conformité avec la procédure de réglementation avec contrôle visée à l'article 14, paragraphe 3, à la lumière des données scientifiques, en tenant compte de leur valeur nutritionnelle. »

Art. 5 *Critères de pureté. (Règl. no 108/2008 du 15 janv. 2008, art. 1er-3)* **« 1. Les mesures établissant les critères de pureté pour les formules vitaminiques et substances minérales énumérées à l'annexe II et destinées à modifier des éléments non essentiels du présent règlement en le complétant sont arrêtées en conformité avec la procédure de réglementation avec contrôle visée à l'article 14, paragraphe 3, sauf lorsqu'elles sont d'application en vertu du paragraphe 2 du présent article. »**

2. S'appliquent aux formules vitaminiques et aux substances minérales énumérées à l'annexe II les critères de pureté prévus par la législation communautaire pour leur utilisation dans la fabrication de denrées alimentaires destinées à des fins autres que celles couvertes par le présent règlement.

3. En ce qui concerne les formules vitaminiques et les substances minérales énumérées à l'annexe II pour lesquelles des critères de pureté ne sont pas prévus par la législation communautaire, et jusqu'à l'adoption de telles dispositions, les critères de pureté généralement acceptables, recommandés par des organismes internationaux, sont applicables, et les règles nationales fixant des critères de pureté plus stricts peuvent être maintenues. — *V. les annexes citées au JOUE L 404 du 30 déc. 2006.*

Art. 6 *Conditions imposées en ce qui concerne l'adjonction de vitamines et de minéraux. (Règl. no 108/2008 du 15 janv. 2008, art. 1er-4)* **« 1. Lorsqu'une vitamine ou une substance minérale est ajoutée à des aliments, la quantité totale de la vitamine ou de la substance minérale présente, à quelque fin que ce soit, dans les aliments mis en vente ne dépasse pas les quantités maximales. Les mesures établissant ces quantités et destinées à modifier des éléments non essentiels du présent règlement en le complétant sont adoptées en conformité avec la procédure de réglementation avec contrôle visée à l'article 14, paragraphe 3. A cet effet, la Commission peut présenter un projet de mesures relatives aux quantités maximales, au plus tard le 19 janvier 2009. Pour les produits concentrés et déshydratés, les quantités maximales fixées sont celles présentes dans les aliments préparés aux fins de consommation selon les instructions du fabricant.**

« 2. Toutes les conditions restreignant ou interdisant l'adjonction d'une vitamine ou d'une substance minérale spécifique à un aliment ou à une catégorie d'aliments et destinées à modifier des éléments non essentiels du présent règlement, y compris en le complétant, sont adoptées en conformité avec la procédure de réglementation avec contrôle visée à l'article 14, paragraphe 3. »

3. Les quantités maximales visées au paragraphe 1 et les conditions visées au paragraphe 2 sont fixées en tenant compte :

a) des limites supérieures de sécurité établies pour les vitamines et les minéraux après une évaluation scientifique des risques fondée sur des données scientifiques généralement admises, compte tenu, le cas échéant, de la différence des niveaux de sensibilité de différents groupes de consommateurs ; et

b) des apports en vitamines et en minéraux provenant d'autres sources alimentaires.

4. Lors de la fixation des quantités maximales visées au paragraphe 1 et des conditions visées au paragraphe 2, il est également tenu dûment compte des apports de référence en vitamines et en minéraux pour la population.

5. Lors de la fixation des quantités maximales visées au paragraphe 1 et des conditions visées au paragraphe 2 pour les vitamines et les minéraux dont les apports de référence pour la population sont proches des limites supérieures de sécurité, les éléments suivants sont, si nécessaire, également pris en compte :

a) la contribution des différents produits au régime alimentaire global de la population en général ou de sous-groupes de la population ;

b) le profil nutritionnel du produit établi conformément au règlement (CE) no 1924/2006.

(Règl. no 108/2008 du 15 janv. 2008, art. 1er-4) **« 6. L'adjonction d'une vitamine ou d'une substance minérale à un aliment doit aboutir à la présence, dans l'aliment, d'au moins une quantité significative de cette vitamine ou de cette substance minérale, lorsque cette quantité a été définie, conformément à l'annexe de la directive 90/496/CEE. Les mesures établissant les quantités minimales, y compris toute quantité inférieure pour des aliments ou**

des catégories d'aliments spécifiques par dérogation aux quantités significatives susmentionnées, et ayant pour objet de modifier des éléments non essentiels du présent règlement en le complétant, sont adoptées en conformité avec la procédure de réglementation avec contrôle visée à l'article 14, paragraphe 3, du présent règlement. »

Art. 7 *Étiquetage, présentation et publicité. (Règl. nº 108/2008 du 15 janv. 2008, art. 1er-5)* « 1. L'étiquetage, la présentation des aliments auxquels des vitamines et des substances minérales ont été ajoutées, et la publicité faite à leur égard ne contiennent aucune mention affirmant ou laissant entendre qu'un régime alimentaire équilibré et varié ne constitue pas une source suffisante de substances nutritives. Le cas échéant, une dérogation concernant un nutriment spécifique et destinée à modifier des éléments non essentiels du présent règlement en le complétant peut être adoptée en conformité avec la procédure de réglementation avec contrôle visée à l'article 14, paragraphe 3. »

2. L'étiquetage, la présentation des denrées alimentaires auxquelles des vitamines ou des minéraux ont été ajoutés et la publicité faite à leur égard ne sauraient tromper ou induire en erreur le consommateur quant à l'avantage nutritionnel que l'aliment est susceptible d'offrir à la suite de l'adjonction de ces nutriments.

3. *(Règl. (UE) nº 1169/2011 du 25 oct. 2011, art. 50, en vigueur le 13 déc. 2014)* « L'étiquetage nutritionnel des produits auxquels des vitamines et des minéraux ont été ajoutés et qui sont couverts par le présent règlement est obligatoire. Les informations à fournir sont celles visées à l'article 30, paragraphe 1, du règlement (UE) nº 1169/2011 du Parlement européen et du Conseil du 25 octobre 2011 concernant l'information des consommateurs sur les denrées alimentaires ainsi que les quantités totales de vitamines et de minéraux lorsqu'ils sont ajoutés à l'aliment. »

4. L'étiquetage des produits auxquels des vitamines et des minéraux ont été ajoutés peut comporter une mention relative à cet ajout dans les conditions fixées dans le règlement (CE) nº 1924/2006.

5. Le présent article s'applique sans préjudice d'autres dispositions de la législation alimentaire applicables à des catégories spécifiques d'aliments.

6. Les modalités d'exécution du présent article peuvent être précisées conformément à la procédure visée à l'article 14, paragraphe 2.

CHAPITRE III *Adjonction de certaines autres substances*

Art. 8 *Substances faisant l'objet d'interdictions, de restrictions ou sous contrôle communautaire.* 1. La procédure prévue au présent article est appliquée, si une substance autre que des vitamines ou des minéraux, ou un ingrédient contenant une substance autre que des vitamines ou des minéraux, est ajouté à des aliments ou utilisé dans la fabrication d'aliments, de sorte qu'il en résulterait une ingestion de quantités de cette substance dépassant considérablement celles qui sont raisonnablement susceptibles d'être ingérées dans des conditions normales de consommation liées à un régime alimentaire équilibré et varié et/ou pouvant représenter pour d'autres raisons un risque potentiel pour le consommateur.

(Règl. nº 108/2008 du 15 janv. 2008, art. 1er-6) « 2. De sa propre initiative ou sur la base des informations communiquées par les États membres, la Commission peut prendre la décision, destinée à modifier des éléments non essentiels de ce règlement, après une évaluation dans chaque cas par l'Autorité des informations disponibles, en conformité avec la procédure de réglementation avec contrôle visée à l'article 14, paragraphe 3, d'inscrire, si nécessaire, la substance ou l'ingrédient à l'annexe III. En particulier :

« a) si un effet nocif pour la santé a été identifié, la substance et/ou l'ingrédient la contenant est inscrit :

« i) soit à l'annexe III, partie A, et son adjonction à des aliments ou son utilisation dans la fabrication d'aliments est interdite ;

« ii) soit à l'annexe III, partie B, et son adjonction à des aliments ou son utilisation dans la fabrication d'aliments n'est autorisée que dans les conditions qui y sont spécifiées ;

« b) si la possibilité d'effets nocifs pour la santé est identifiée, mais qu'il subsiste une incertitude scientifique, la substance est inscrite à l'annexe III, partie C.

« Pour des raisons d'urgence impérieuse, la Commission peut appliquer la procédure d'urgence visée à l'article 14, paragraphe 4, pour inscrire la substance ou l'ingrédient à l'annexe III, partie A ou B. »

3. Les dispositions communautaires applicables à des aliments spécifiques peuvent prévoir des restrictions ou des interdictions concernant l'utilisation de certaines substances en plus de celles fixées dans le présent règlement.

4. Les exploitants du secteur alimentaire, ou toute autre partie intéressée, peuvent à tout moment soumettre à l'Autorité, pour évaluation, un dossier contenant les données scientifiques démontrant la sécurité d'une substance inscrite à l'annexe III, partie C, dans les conditions de son utilisation dans un aliment ou une catégorie d'aliments et expliquant l'objectif de cette utilisation. L'Autorité informe immédiatement les États membres et la Commission de la soumission du dossier et le tient à leur disposition.

(Règl. nº 108/2008 du 15 janv. 2008, art. 1er-6) « 5. Dans les quatre ans suivant la date à laquelle une substance à été inscrite à l'annexe III, partie C, une décision destinée à modifier des éléments non essentiels du présent règlement est prise en conformité avec la procédure de réglementation avec contrôle visée à l'article 14, paragraphe 3, et en tenant compte de l'avis émis par l'Autorité sur tout dossier soumis pour évaluation comme indiqué au paragraphe 4 du présent article, afin d'autoriser de manière générale l'utilisation d'une substance inscrite à l'annexe III, partie C, ou de l'inscrire à l'annexe III, partie A ou B, selon le cas.

« Pour des raisons d'urgence impérieuse, la Commission peut appliquer la procédure d'urgence visée à l'article 14, paragraphe 4, pour inscrire la substance ou l'ingrédient à l'annexe III, partie A ou B. »

6. La Commission définit, conformément à la procédure visée à l'article 14, paragraphe 2, les modalités d'exécution nécessaires à la mise en œuvre du présent article, y compris celles concernant la soumission du dossier visée au paragraphe 4 du présent article. — *V. les annexes citées au JOUE L 404 du 30 déc. 2006.*

Art. 17 *Mesures transitoires.* 1. Par dérogation à l'article 3, paragraphe 1, et jusqu'au 19 janvier 2014, les États membres peuvent autoriser l'utilisation, sur leur territoire, de vitamines et de minéraux non énumérés à l'annexe I ou sous des formes non énumérées à l'annexe II, à condition que :

a) la substance en question soit utilisée aux fins d'adjonction à des denrées alimentaires commercialisées dans la Communauté au 19 janvier 2007, et que

b) l'Autorité n'ait pas émis un avis défavorable sur l'utilisation de cette substance, ou sur son utilisation sous cette forme, dans la fabrication de denrées alimentaires, ceci sur la base d'un dossier justifiant l'utilisation de la substance en question, que l'État membre devra remettre à la Commission au plus tard le 19 janvier 2010.

2. Jusqu'au 19 janvier 2014, les États membres peuvent, dans le respect des dispositions du traité, continuer à appliquer les restrictions ou interdictions nationales existantes au commerce de denrées alimentaires auxquelles sont ajoutés des vitamines et minéraux ne figurant pas sur la liste de l'annexe I ou sous des formes non énumérées à l'annexe II.

3. Les États membres peuvent, dans le respect des dispositions du traité, continuer à appliquer les dispositions nationales existantes relatives aux quantités maximales et minimales de vitamines et de minéraux énumérés à l'annexe I qui sont ajoutés *[ajoutées]* aux denrées alimentaires et aux conditions applicables à cette adjonction, jusqu'à l'adoption de mesures communautaires correspondantes conformément à l'article 6 ou en vertu d'autres dispositions communautaires spécifiques. — *V. les annexes citées au JOUE L 404 du 30 déc. 2006.*

Art. 18 *Entrée en vigueur.* Le présent règlement entre en vigueur le vingtième jour suivant celui de sa publication au *Journal officiel de l'Union européenne.*

Il est applicable à partir du 1er juillet 2007.

Les aliments mis sur le marché ou étiquetés avant le 1er juillet 2007 qui ne sont pas conformes au présent règlement peuvent être commercialisés jusqu'à leur date de péremption, mais pas plus tard que le 31 décembre 2009.

Décret nº 2007-766 du 10 mai 2007,

Portant application du code de la consommation en ce qui concerne les matériaux et les objets destinés à entrer en contact avec les denrées alimentaires.

Art. 1er *Abrogé par Décr. nº 2009-1083 du 1er sept. 2009, art. 2. — V. art. R. 412-38 C. consom.*

Art. 2 Les objets qui, par leur apparence, semblent destinés à être mis au contact des denrées alimentaires, sans pour autant entrer dans le champ d'application du règlement du 27 octobre 2004 susvisé, sont astreints à porter d'une manière visible et indélébile la mention ou le pictogramme fixé par arrêté des ministres chargés de la consommation et de l'industrie indiquant qu'ils ne peuvent pas être mis au contact de denrées alimentaires.

La méconnaissance des prescriptions du précédent alinéa est passible des peines prévues à l'article *(Décr. nº 2016-884 du 29 juin 2016, art. 2, en vigueur le 1er juill. 2016)* « R. 451-1 » du code de la consommation.

Art. 3 *(Décr. nº 2008-1469 du 30 déc. 2008, art. 3)* Des arrêtés conjoints des ministres chargés de la consommation, de l'industrie, de l'agriculture et de la santé, pris après avis de l'*(Décr. nº 2011-385 du 11 avr. 2011, art. 15)* « Agence nationale de sécurité sanitaire de l'alimentation, de l'environnement et du travail », édictent les mesures spécifiques prises en application de l'article 6 du règlement du 27 octobre 2004 susvisé.

Ces mesures concernent les matériaux et objets destinés à entrer en contact avec des denrées alimentaires qui, à l'état de produit fini, sont destinés à entrer en contact avec des denrées alimentaires, ou sont déjà en contact avec des denrées alimentaires et sont destinés à cet effet, ou dont on peut raisonnablement prévoir qu'ils seront mis en contact avec des denrées alimentaires ou transféreront leurs constituants aux denrées alimentaires dans les conditions normales ou prévisibles de leur emploi.

Ces arrêtés définissent :

1° La liste des substances autorisées pour la fabrication de matériaux et d'objets ;

2° La ou les listes des substances autorisées incorporées dans les matériaux ou objets actifs ou intelligents destinés à entrer en contact avec des denrées alimentaires ou la ou les listes desdits matériaux et objets ainsi que, au besoin, les conditions particulières d'emploi de ces substances ou des matériaux ou objets dans lesquels elles sont incorporées ;

3° Les critères de pureté des substances mentionnées au 1° ;

4° Les conditions particulières d'emploi des substances mentionnées au premier alinéa ou des matériaux et objets dans lesquels elles ont été utilisées ;

5° Des limites spécifiques de migration de certains constituants ou groupes de constituants dans ou sur les denrées alimentaires, en tenant dûment compte des autres sources d'exposition possibles à ces constituants ;

6° Une limite globale de migration des constituants dans ou sur les denrées alimentaires ;

7° Des prescriptions visant à protéger la santé humaine contre les risques résultant d'un contact buccal avec les matériaux et objets ;

8° Des prescriptions permettant d'assurer le respect des dispositions des articles 3 et 4 du règlement du 27 octobre 2004 susvisé ;

9° Les règles relatives au prélèvement des échantillons et aux méthodes d'analyse ;

10° Des dispositions spécifiques destinées à assurer la traçabilité des matériaux et objets, y compris des dispositions relatives à la durée de conservation des archives, ou des dispositions permettant, s'il y a lieu, de déroger aux exigences prévues à l'article 17 du règlement du 27 octobre 2004 susvisé ;

11° Des dispositions d'étiquetage pour les matériaux et objets actifs ou intelligents ;

12° Des prescriptions relatives à la déclaration écrite attestant la conformité des matériaux et objets avec les règles qui leur sont applicables et à la détention d'une documentation appropriée pour démontrer cette conformité.

Art. 4 *(Décr. nº 2008-1469 du 30 déc. 2008, art. 3)* Il est interdit de détenir en vue de la vente, de mettre en vente, de vendre ou de distribuer à titre gratuit des matériaux et objets destinés à être mis en contact avec des denrées alimentaires qui ne répondent pas aux dispositions des arrêtés pris en application de l'article 3.

Art. 5 *(Décr. nº 2008-1469 du 30 déc. 2008, art. 3)* Les dispositions des arrêtés mentionnés à l'article 3 peuvent faire l'objet d'adaptations sur la base d'un dossier adressé à la direction générale de la concurrence, de la consommation et de la répression des fraudes et transmis à l'*(Décr. nº 2011-385 du 11 avr. 2011, art. 15)* « Agence nationale de sécurité sanitaire de l'alimentation, de l'environnement et du travail » qui procède à l'évaluation des risques pour la santé que peuvent entraîner les substances, matières, constituants, groupes de constituants, traitements ou procédés utilisés pour l'élaboration des matériaux et objets, ou les matériaux et objets eux-mêmes.

Le dossier est constitué conformément aux lignes directrices définies par l'*(Décr. n° 2011-385 du 11 avr. 2011, art. 15)* « Agence nationale de sécurité sanitaire de l'alimentation, de l'environnement et du travail » ou, à défaut, conformément aux dispositions définies par arrêté pris dans les conditions mentionnées à l'article 3.

Dans les six mois suivant la réception d'un dossier complet, l'*(Décr. n° 2011-385 du 11 avr. 2011, art. 15)* « Agence nationale de sécurité sanitaire de l'alimentation, de l'environnement et du travail » rend un avis motivé préservant l'anonymat du demandeur.

L'*(Décr. n° 2011-385 du 11 avr. 2011, art. 15)* « Agence nationale de sécurité sanitaire de l'alimentation, de l'environnement et du travail » peut prolonger, par décision motivée, la période fixée à l'alinéa précédent pour une nouvelle période de six mois au maximum.

Art. 6 *(Décr. n° 2008-1469 du 30 déc. 2008, art. 4)* Aux stades de la commercialisation autres que la vente ou la distribution à titre gratuit au consommateur final, les matériaux et objets destinés à entrer en contact avec des denrées alimentaires sont accompagnés d'une déclaration écrite attestant de leur conformité aux dispositions des articles 3 et 4 du règlement du 27 octobre 2004 susvisé. Cette obligation déclarative ne s'applique pas aux matériaux qui, de par leurs caractéristiques, sont manifestement destinés à entrer en contact avec des denrées alimentaires.

Art. 7 Les dispositions *(Décr. n° 2008-1469 du 30 déc. 2008, art. 1er)* « du présent décret » ne s'opposent pas à la mise sur la marché des matériaux et objets mentionnés audit article légalement commercialisés dans un État membre de l'Union européenne ou un autre État partie à l'accord instituant l'Espace économique européen ou en Turquie et assurant un niveau de sécurité équivalent. – *Anc. art. 3 (Décr. n° 2008-1469 du 30 déc. 2008, art. 2).*

Art. 8 Le décret du 8 juillet 1992 susvisé *[n° 92-631, V. supra]* est abrogé en tant qu'il concerne les matériaux et objets destinés à entrer en contact avec les denrées alimentaires compris dans le champ d'application du règlement du 27 octobre 2004 susvisé. – *Anc. art. 4 (Décr. n° 2008-1469 du 30 déc. 2008, art. 2).*

Art. 9 Les arrêtés pris en application des dispositions des articles 1er à 9 du décret du 12 février 1973 susvisé *[n° 73-138]* et des articles 4 et 5 du décret du 8 juillet 1992 susvisé demeurent en vigueur en tant qu'ils ne sont pas contraires aux dispositions du règlement du 27 octobre 2004 susvisé. – *Anc. art. 5 (Décr. n° 2008-1469 du 30 déc. 2008, art. 2).*

Règlement (CE) n° 1334/2008 du Parlement européen et du Conseil du 16 décembre 2008,

Relatif aux arômes et à certains ingrédients alimentaires possédant des propriétés aromatisantes qui sont destinés à être utilisés dans et sur les denrées alimentaires .

Décret n° 2009-1121 du 16 septembre 2009,

Portant application de l'article L. 412-1 du code de la consommation en ce qui concerne l'hygiène des produits et des denrées alimentaires autres que les produits d'origine animale et des denrées alimentaires en contenant (Ord. n° 2016-301 du 14 mars 2016, art. 2, en vigueur le 1er juill. 2016).

Art. 1er Les dispositions du présent décret s'appliquent :

1° Aux exploitants du secteur alimentaire à toutes les étapes de la production, de la transformation et de la distribution, y compris lors des importations et des exportations, de produits et denrées alimentaires autres que les produits d'origine animale et les denrées en contenant ;

2° Aux produits et aux denrées alimentaires autres que les produits d'origine animale et les denrées alimentaires en contenant, ainsi qu'à leurs conditions de conservation et de transport ;

3° Aux équipements nécessaires à la préparation, la conservation, à la détention en vue de leur vente ou en vue de leur distribution à titre gratuit, la mise en vente, la vente, la distribution à titre gratuit et au transport des produits et denrées alimentaires autres que les produits d'origine animale et les denrées alimentaires en contenant.

Art. 2 Des arrêtés conjoints du ministre chargé de la consommation, du ministre chargé de la santé, du ministre chargé de l'agriculture et, en tant que de besoin, du ministre

chargé des douanes, du ministre chargé des transports déterminent, après avis de l'*(Décr. nº 2011-385 du 11 avr. 2011, art. 15)* **« Agence nationale de sécurité sanitaire de l'alimentation, de l'environnement et du travail » :**

1° Les caractéristiques hygiéniques auxquelles doivent satisfaire les produits et denrées alimentaires pour être reconnus propres à la consommation humaine ;

2° Les mesures spécifiques relatives à la production, à la transformation, à la distribution, à la conservation et au transport des denrées alimentaires prévues par le règlement du 29 avril 2004 susvisé.

V. Arr. du 18 déc. 2009, Arr. du 21 déc. 2009 et Arr. du 8 oct. 2013, infra.

Art. 3 **Il est interdit d'importer, de fabriquer, de détenir en vue de la vente ou de la distribution à titre gratuit, de mettre en vente, de vendre, de distribuer à titre gratuit des produits et denrées alimentaires qui ne répondent pas aux prescriptions des arrêtés mentionnés à l'article 2 du présent décret.**

Colportage de produits alimentaires. Les dispositions de l'art. 3 ne sont pas respectées lorsque les produits sont transportés à l'air libre, sur un plateau, sans aucune protection (vente de beignets sur une plage). • Aix-en-Provence, 23 janv. 2012 : *CCC 2012, nº 248, obs. Raymond* (jugeant qu'il y a autant d'infractions que de produits proposés à la vente).

Art. 4 **Le décret nº 91-409 du 26 avril 1991 fixant les prescriptions en matière d'hygiène concernant les denrées, produits ou boissons destinés à l'alimentation humaine, à l'exclusion de ceux mentionnés aux articles 258** *[art. L. 231-1]*, **259** *[L. 231-2]* **et 262** *[art. L. 231-5]* **du code rural et de la pêche maritime, des eaux destinées à la consommation humaine et des eaux minérales naturelles est abrogé.** — *V. ce Décr. au* ***C. consom.****, éd. 2009.*

Toutefois, les arrêtés pris en application du décret nº 91-409 du 26 avril 1991 demeurent en vigueur, jusqu'à l'intervention des arrêtés mentionnés à l'article 2.

Art. 5 **Est puni de la peine d'amende prévue pour les contraventions de la** *(Décr. nº 2016-884 du 29 juin 2016, art. 5-III, en vigueur le 1er juill. 2016)* **« 5e classe » :**

1° Le fait d'importer, de fabriquer, de détenir en vue de la vente ou de la distribution à titre gratuit, de mettre en vente, de vendre ou de distribuer à titre gratuit des produits ou denrées alimentaires qui ne répondent pas aux caractéristiques hygiéniques définies par les arrêtés prévus au 1° de l'article 2 et par les arrêtés pris en application du décret nº 91-409 du 26 avril 1991 demeurés en vigueur ; — *V. ce Décr. au* ***C. consom.****, éd. 2009.*

2° Le fait de ne pas satisfaire aux prescriptions des arrêtés déterminant les mesures nationales spécifiques relatives à la production, à la transformation, à la distribution, à la conservation et au transport des denrées alimentaires autorisées par le règlement du 29 avril 2004 susvisé *[nº 852/2004, relatif à l'hygiène des denrées alimentaires]*.

(Décr. nº 2016-884 du 29 juin 2016, art. 5-III, en vigueur le 1er juill. 2016) **« La récidive est réprimée conformément aux dispositions des articles 132-11 et 132-15 du code pénal. »**

Arrêté du 18 décembre 2009,

Relatif aux règles sanitaires applicables aux produits d'origine animale et aux denrées alimentaires en contenant.

TITRE PREMIER Champ d'application et définitions

Art. 1er **Sans préjudice de l'application des dispositions des règlements (CE) nº 178/2002 du 28 janvier 2002, (CE) nº 852/2004 du 29 avril 2004, (CE) nº 853/2004 du 29 avril 2004, (CE) nº 854/2004 du 29 avril 2004, (CE) nº 999/2001 du 22 mai 2001 et (CE) nº 37/2005 du 12 janvier 2005 susvisés, le présent arrêté établit des exigences complémentaires en matière d'hygiène alimentaire et de commercialisation applicables aux produits d'origine animale et aux denrées contenant des produits d'origine animale.**

Art. 2 **Pour l'application du présent arrêté, on entend par :**

1. "Région de production" : un ensemble de zones naturelles restreintes de production caractérisées par une homogénéité ou de grandes similitudes des facteurs naturels, géographiques, humains ou agricoles locaux, situé à une distance inférieure ou égale à 80 km du site de production.

2. "Marché proche" ou "marché public local" : marché situé dans la région de production, dont l'accès est réservé au consommateur final en qualité d'acheteur.

3. "Commerce de détail local" : commerce de détail situé à une distance inférieure ou égale à 80 km de l'établissement de production.

(Abrogé par Arr. du 19 août 2016, art. 1er) « 4. "Vente par correspondance" : vente effectuée à l'issue de démarches actives de prospection de clients, à l'exclusion du suivi de clientèle. »

5. "Vente par colportage" : vente de denrées alimentaires faite par le producteur au domicile du consommateur final.

TITRE II Dispositions applicables à l'approvisionnement direct en petites quantités de produits primaires par le producteur ou le chasseur

Art. 3 Sans préjudice des dispositions des règlements (CE) n° 852/2004 et (CE) n° 853/2004, ainsi que de leurs mesures d'application communautaires et nationales, les conditions applicables à l'approvisionnement direct par le producteur du consommateur final ou du commerce de détail local fournissant directement le consommateur final en petites quantités de produits primaires sont définies par :

1. L'annexe I s'agissant des conditions applicables pour les produits de la pêche. — *V. cette annexe, v° Poissons, produits de la mer.*
2. L'annexe II s'agissant des conditions applicables pour les œufs de poules. — *V. cette annexe, v° Œufs, volailles.*
3. L'annexe III s'agissant des conditions applicables pour le miel. — *V. cette annexe, infra.*
4. L'annexe IV s'agissant des conditions applicables au gibier sauvage ou à la viande de gibier sauvage. — *V. cette annexe, infra.*

TITRE III Dispositions particulières applicables aux abattoirs et aux ateliers de découpe d'ongulés domestiques et de gibier d'élevage ongulé

Art. 4 L'annexe V décrit les dispositions particulières applicables aux abattoirs et aux ateliers de découpe d'ongulés domestiques et de gibier d'élevage ongulé. — *V. cette annexe au JO 29 déc. 2009.*

Art. 5 *(Abrogé par Arr. du 19 août 2016, art. 1er) Les marques de salubrité définies aux points E et F de l'appendice 2 de l'annexe V ne doivent plus être fabriquées ni utilisées à compter du 1er janvier 2010. — V. cette annexe au JO 29 déc. 2009.*

TITRE IV Dispositions particulières applicables aux abattoirs et aux ateliers de découpe de volailles, de lagomorphes et de ratites

Art. 6 L'annexe VI décrit les dispositions particulières applicables aux abattoirs et aux ateliers de découpe de volailles, de lagomorphes et de ratites. — *V. cette annexe au JO 29 déc. 2009.*

TITRE V Dispositions particulières applicables à la collecte, au traitement et à la mise sur le marché des viandes fraîches de gibier sauvage, à l'exclusion des dispositions du titre II

Art. 7 L'annexe VII décrit les dispositions particulières applicables à la collecte, au traitement et à la mise sur le marché des viandes fraîches de gibier sauvage. — *V. cette annexe, infra.*

TITRE VI Dispositions particulières applicables au lait et aux produits laitiers

Art. 8 L'annexe VIII décrit les dispositions particulières applicables au lait et aux produits laitiers. — *V. cette annexe, v° Lait, produits laitiers.*

TITRE VII Dispositions particulières relatives aux normes de commercialisation des œufs de poules applicables lors de la remise directe au consommateur final

Art. 9 *(Abrogé par Arr. du 28 août 2014, art. 7, à compter du 1er janv. 2015) L'approvisionnement d'œufs prévu à l'article 3 du présent arrêté respecte les dispositions du point I 2) de la partie A de l'annexe XIV du règlement n° 1234/2007.*

Par dérogation au point 2 de l'article 2 du présent arrêté, dans des cas particuliers liés à l'implantation de producteurs d'œufs dans des zones d'accès difficile, le préfet du département du site d'élevage des oiseaux d'élevage peut autoriser les établissements situés dans des zones soumises à des contraintes géographiques particulières à commercialiser leurs produits sur des marchés publics locaux situés à une distance supérieure à 80 km.

TITRE VIII Dispositions finales

Art. 10 Sont abrogés :

– l'arrêté du 30 septembre 1957 concernant l'emballage des œufs ;

– l'arrêté du 15 mai 1974 relatif à l'estampillage sanitaire des viandes de boucherie et des produits à base de viande ;

– l'arrêté du 30 juillet 1976 relatif à l'estampillage des carcasses et abats de volailles ;

– l'arrêté du 11 mars 1977 relatif au réemploi des récipients et emballages utilisés pour l'expédition des ovoproduits liquides réfrigérés ;

– l'arrêté du 1er février 1980 relatif aux dispositions relatives aux laits contenant des résidus bactériologiques, antibiotiques ou antifongiques ;

– l'arrêté du 2 août 1983 relatif à l'estampillage des carcasses de lapins entières ou découpées ;

– l'arrêté du 10 février 1984 concernant les dispositions relatives au sang des animaux de boucherie destiné à la consommation humaine ;

– l'arrêté du 2 novembre 1989 relatif aux centres d'emballage d'œufs en coquille destinés à la consommation humaine ;

– l'arrêté du 17 mars 1992 relatif aux conditions auxquelles doivent satisfaire les établissements se livrant à la préparation et à la mise sur le marché de viandes d'animaux de boucherie découpées, désossées ou non ;

– l'arrêté du 22 décembre 1992 relatif aux conditions hygiéniques et sanitaires de production et d'échanges d'estomacs, vessies et boyaux nettoyés, salés ou séchés et/ou chauffés ;

– l'arrêté du 22 décembre 1992 relatif aux conditions hygiéniques et sanitaires de production et d'échanges de graisses animales fondues, d'extraits de viandes ou de produits à base d'issues autres que ceux présentés à l'état frais, réfrigérés ou congelés ;

– l'arrêté du 27 décembre 1992 portant réglementation des conditions d'hygiène applicables à bord des navires de pêche et des navires-usines ;

– l'arrêté du 28 décembre 1992 portant réglementation des conditions d'hygiène applicables dans les établissements de manipulation des produits de la pêche ;

– l'arrêté du 29 décembre 1992 portant réglementation des conditions d'hygiène applicables dans les lieux de vente en gros des produits de la pêche ;

– l'arrêté du 22 janvier 1993 relatif aux conditions hygiéniques et sanitaires de production, de mise sur le marché et d'échanges de produits à base de viande ;

– l'arrêté du 4 mars 1993 relatif aux conditions sanitaires de production et de mise sur le marché des viandes fraîches de gibier d'élevage ongulé ;

– l'arrêté du 19 novembre 1993 fixant les conditions sanitaires de production et de mise sur le marché des viandes fraîches de lapin et de rongeurs gibiers d'élevage ;

– l'arrêté du 30 décembre 1993 relatif aux conditions d'installation, d'équipement et de fonctionnement des centres de collecte ou de standardisation du lait et des établissements de traitement et de transformation du lait et des produits à base de lait ;

– l'arrêté du 23 février 1994 fixant les conditions sanitaires de préparation, de commercialisation et d'utilisation des viandes séparées mécaniquement ;

– l'arrêté du 18 mars 1994 relatif à l'hygiène de la production et de la collecte de lait ;

– l'arrêté du 2 juin 1994 définissant le marché local pour les établissements préparant des viandes fraîches ;

– l'arrêté du 6 juin 1994 relatif aux conditions sanitaires d'importation d'animaux vivants, de produits d'origine animale et de denrées animales ou d'origine animale en provenance des pays tiers ;

– les articles 10 à 17 de l'arrêté du 28 juin 1994 susvisé ;

– l'arrêté du 25 juillet 1994 fixant les règles sanitaires de la purification et de l'expédition des coquillages vivants ;

– l'arrêté du 2 mars 1995 relatif à l'agrément des centres de collecte, de standardisation ou de traitement du lait et des établissements de transformation du lait et des produits à base de lait ;

– l'arrêté du 29 mai 1995 fixant les conditions sanitaires auxquelles doivent satisfaire les ateliers de découpe de viandes de volailles ;

– l'arrêté du 2 août 1995 fixant les conditions sanitaires de collecte, de traitement et de mise sur le marché des viandes fraîches de gibier sauvage ;

— l'arrêté du 29 février 1996 fixant les conditions sanitaires de production et de mise sur le marché des viandes hachées et des préparations de viandes ;
— l'arrêté du 8 juin 1996 déterminant les conditions de l'inspection sanitaire *post mortem* des volailles ;
— l'arrêté du 9 juin 2000 relatif à l'abattage des animaux de boucherie accidentés ;
— l'arrêté du 8 septembre 2000 déterminant les conditions de l'inspection *ante mortem* des volailles ;
— l'arrêté du 18 décembre 2003 fixant les conditions particulières d'agrément des établissements situés dans des marchés de gros.

ANNEXE III

DISPOSITIONS APPLICABLES À L'APPROVISIONNEMENT DIRECT PAR LE PRODUCTEUR DU CONSOMMATEUR FINAL OU DU COMMERCE DE DÉTAIL LOCAL FOURNISSANT DIRECTEMENT LE CONSOMMATEUR FINAL EN PETITES QUANTITÉS DE MIEL

1. Conformément au c du 2 de l'article 1er du règlement (CE) n° 852/2004 et au c du 3 de l'article 1er du règlement (CE) n° 853/2004 et sans préjudice des dispositions prévues aux articles R. 231-13 à R. 231-15 du code rural et de la pêche maritime, la quantité annuelle maximale pouvant être fournie directement par le producteur au consommateur final ou au commerce de détail local fournissant directement le consommateur final en petites quantités de miel n'excède pas la quantité produite par 30 ruches.

ANNEXE IV

CONDITIONS APPLICABLES AUX CHASSEURS QUI APPROVISIONNENT DIRECTEMENT LE CONSOMMATEUR FINAL OU LE COMMERCE DE DÉTAIL LOCAL FOURNISSANT DIRECTEMENT LE CONSOMMATEUR FINAL EN PETITES QUANTITÉS DE GIBIER SAUVAGE OU DE VIANDES FRAÎCHES DE GIBIER SAUVAGE

SECTION I Dispositions générales

1. La présente annexe fixe les conditions sanitaires applicables à la mise à mort du gibier sauvage, à la préparation et à la mise sur le marché de viandes fraîches de gibier sauvage conformément au e du 3 de l'article 1er du règlement (CE) n° 853/2004 :

a) Remises par le chasseur ou le premier détenteur directement et localement, en petite quantité, au commerce de détail fournissant directement le consommateur final ;

b) Remises par le chasseur ou le premier détenteur directement au consommateur final.

Est exclu du champ de cette annexe l'usage domestique privé de viandes de gibier sauvage.

2. Pour l'application de la présente annexe, on entend par :

a) "Usage domestique privé" : consommation ou toute autre utilisation faite par le chasseur lui-même et ses proches ;

b) "Centre de collecte" : un site où le gibier tué par action de chasse est stocké et si nécessaire éviscéré conformément aux règles de l'hygiène ;

c) "Premier détenteur" : il s'agit :

i) Soit du chasseur ayant tué le gibier ;

ii) Soit, par exception, de toute personne physique ou morale titulaire du droit de chasse sur un territoire de chasse donné, nommée par le règlement intérieur ou par toute autre disposition reconnue par l'usage comme propriétaire du gibier tué ;

d) "Repas de chasse" : repas organisé, en dehors de l'usage domestique privé, par un ou plusieurs chasseurs, auquel toute personne, sans lien particulier avec les chasseurs, peut participer ;

e) "Repas associatif" : repas organisé, en dehors de l'usage domestique privé, dans un cadre associatif, auquel toute personne sans lien particulier avec les chasseurs peut participer et consommer des venaisons fournies par un ou plusieurs chasseurs ou premiers détenteurs.

3. Après la mise à mort par action de chasse, le gibier sauvage peut être stocké — à l'exclusion de tout autre lieu — et si nécessaire éviscéré, dans le cas où l'éviscération n'est pas effectuée sur le lieu de chasse, dans un centre de collecte avant remise au consommateur final ou au commerce de détail local fournissant directement le consommateur final. Le centre de collecte est un site où le gibier sauvage est regroupé et amené aux températures positives inférieures ou égales à + 7°C

pour le grand gibier et à – 4°C pour le petit gibier. La congélation y est interdite. Ce type d'établissement doit répondre aux exigences prévues par l'annexe I du règlement (CE) n° 852/2004 et doit être déclaré auprès de l'autorité compétente, où il sera enregistré.

4. Dans le cadre de la lutte contre une maladie réputée contagieuse ou une maladie présentant des risques pour la santé publique, des conditions particulières de commercialisation du gibier peuvent être définies par instruction du ministère chargé de l'agriculture.

SECTION II Exigences applicables au gibier sauvage consommé lors de repas de chasse ou de repas associatif

Le gibier sauvage consommé lors de repas de chasse ou de repas associatif doit, s'il s'agit d'une espèce sensible à la trichinellose, avoir fait l'objet d'une recherche de larves de trichines telle que décrite à la section VI. Le gibier ne pourra être consommé lors de repas de chasse ou de repas associatif qu'après obtention d'un résultat négatif du laboratoire agréé.

SECTION III Exigences applicables au gibier sauvage remis directement par le chasseur ou le premier détenteur au consommateur final

Le chasseur ou le premier détenteur doit informer le consommateur final du risque de trichine lié à la consommation de viande de sanglier. Cette disposition peut être étendue par instruction du ministre chargé de l'agriculture à d'autres parasites présents dans la viande de sanglier.

SECTION IV Exigences applicables à la petite quantité de gibier sauvage remise directement et localement par le chasseur ou le premier détenteur au commerce de détail local fournissant directement le consommateur final

1. La petite quantité de gibier que le chasseur ou le premier détenteur peut remettre directement au commerce de détail local correspond au gibier tué au cours d'une journée de chasse réalisée par ce chasseur ou ce premier détenteur.

2. Le chasseur ou le premier détenteur peut remettre cette petite quantité de gibier sauvage directement au commerce de détail fournissant directement le consommateur final situé dans un rayon de 80 kilomètres établi depuis le lieu de chasse. Toutefois, dans le cas de lieux de chasse situés dans des zones soumises à des contraintes géographiques particulières, le préfet peut autoriser une livraison à une distance supérieure.

3. L'ensemble du petit et grand gibier sauvage remis directement au commerce de détail fournissant directement le consommateur final doit satisfaire aux exigences suivantes :

a) Être identifié individuellement pour le grand gibier ou par lot pour le petit gibier et de manière unique afin que la traçabilité puisse être assurée depuis la mise à mort sur le lieu de chasse jusqu'à la remise au consommateur final.

b) Le numéro d'identification attribué à chaque pièce ou lot de gibier doit commencer par le numéro du département dans lequel le gibier a été chassé, puis être complété par le numéro d'ordre de la pièce ou du lot de gibier. Dans le cas des espèces soumises à un plan de chasse, le numéro d'identification sera le numéro du dispositif de marquage du plan de chasse à condition qu'il soit unique dans le département.

c) Cette obligation de traçabilité s'appliquera à compter de la publication du présent arrêté en ce qui concerne le grand et le petit gibier.

d) Les informations relatives à la traçabilité de chaque pièce ou lot de gibier doivent pouvoir être contrôlées par les services vétérinaires. Les informations devant accompagner la pièce ou le lot de gibier sont les suivantes :

i) Nom du chasseur ou du premier détenteur ;
ii) Espèce de gibier ;
iii) N° identification de l'animal ou du lot d'animaux ;
iv) Lieu de mise à mort par action de chasse ;
v) Date de mise à mort par action de chasse ;
vi) Destination de la pièce ou du lot de gibier.

4. La dépouille ou plumaison par le chasseur ou le premier détenteur avant la cession au commerce de détail est interdite.

La cession au commerce de détail fournissant directement le consommateur final ne concerne que des pièces entières de gibier sauvage. La découpe de gibier sauvage non dépouillé ou plumé est interdite exception faite lors de la chasse en montagne lorsque le transport du grand gibier s'avère impossible sans une découpe préalable de l'animal.

5. La dépouille ou la plumaison de gibier sauvage est possible chez les détaillants remettant directement la viande au consommateur si elle est effectuée selon les bonnes pratiques d'hygiène.

6. La congélation de gibier sauvage non dépouillé ou non plumé est interdite.

7. La remise directe au commerce de détail local fournissant directement le consommateur final, par le chasseur ou le premier détenteur, d'abats de gibier sauvage est interdite dans la mesure où ceux-ci n'ont pas subi l'inspection *post mortem* en établissement de traitement.

8. Le gibier sauvage remis au commerce de détail local fournissant directement le consommateur final doit, s'il s'agit d'une espèce sensible à la trichinellose, avoir fait l'objet d'une recherche de larves de trichines telle que décrite à la section VI.

ANNEXE VII

Dispositions particulières applicables à la collecte, au traitement et à la mise sur le marché des viandes fraîches de gibier sauvage

SECTION I Dispositions générales

1. La présente annexe fixe les conditions sanitaires applicables à la mise à mort du gibier sauvage, à la préparation et à la mise sur le marché de viandes fraîches de gibier sauvage transitant par un établissement de traitement agréé.

2. Pour l'application de la présente annexe, on entend par :

a) "Centre de collecte" : un site où le gibier tué par action de chasse est stocké et si nécessaire éviscéré conformément aux règles de l'hygiène.

b) "Premier détenteur" : il s'agit :

i) Soit du chasseur ayant tué le gibier,

ii) Soit, par exception, de toute personne physique ou morale titulaire du droit de chasse sur un territoire de chasse donné, nommée par le règlement intérieur ou par toute autre disposition reconnue par l'usage comme propriétaire du gibier tué.

3. L'ensemble du petit et grand gibier sauvage acheminé jusqu'à un établissement de traitement doit satisfaire aux exigences suivantes :

a) Être identifié individuellement pour le grand gibier ou par lot pour le petit gibier et de manière unique afin que la traçabilité puisse être assurée depuis la mise à mort sur le lieu de chasse jusqu'à la remise au consommateur final.

b) Le numéro d'identification attribué à chaque pièce ou lot de gibier doit commencer par le numéro du département dans lequel le gibier a été chassé, puis être complété par le numéro d'ordre de la pièce ou du lot de gibier. Dans le cas des espèces soumises à un plan de chasse, le numéro d'identification sera le numéro du dispositif de marquage du plan de chasse à condition qu'il soit unique dans le département.

c) Cette obligation de traçabilité s'appliquera à compter de la publication du présent arrêté en ce qui concerne le grand et le petit gibier.

d) Les informations relatives à la traçabilité de chaque pièce ou lot de gibier doivent pouvoir être contrôlées par les services vétérinaires. Les informations devant accompagner la pièce ou le lot de gibier sont les suivantes :

i) Nom du chasseur ou du premier détenteur ;

ii) Espèce de gibier ;

iii) Numéro d'identification de l'animal ou du lot d'animaux ;

iv) Lieu de mise à mort par action de chasse ;

v) Date de mise à mort par action de chasse ;

vi) Destination de la pièce ou du lot de gibier.

4. Après la mise à mort par action de chasse, le gibier sauvage peut être stocké et si nécessaire éviscéré, dans le cas où l'éviscération n'est pas effectuée sur le lieu de chasse, dans un centre de collecte avant d'être acheminé vers un établissement de traitement. Le centre de collecte est un site où le gibier sauvage est regroupé et amené aux températures positives inférieures ou égales à + 7°C pour le grand gibier et à + 4°C pour le petit gibier conformément au 3 de l'article 17 du règlement (CE) n° 852/2004. La congélation y est interdite. Ce type d'établissement doit être déclaré auprès de l'autorité compétente, où il sera enregistré.

5. Dans le cadre de la lutte contre une maladie réputée contagieuse ou une maladie présentant des risques pour la santé publique, des conditions particulières de commercialisation du gibier peuvent être définies par instruction du ministère chargé de l'agriculture.

SECTION II Exigences applicables au gibier sauvage transitant par un établissement de traitement

1. La fabrication des marques de salubrité doit respecter le cahier des charges défini dans l'appendice 2 de l'annexe IV du présent arrêté. Le fabricant doit faire parvenir une déclaration conforme au modèle figurant à l'appendice 3 de l'annexe IV à la direction générale de l'alimentation. La liste des fabricants déclarés est publiée sur le *Bulletin officiel* du ministère chargé de l'agriculture.

La commande des dispositifs de marquage est effectuée par les services vétérinaires. Les frais afférents à l'acquisition des dispositifs de marquage sont à la charge des exploitants des établissements de traitement de gibier.

2. Conformément au 3 de l'article 2 du règlement (CE) n° 2075/2005, toute carcasse de gibier sauvage transitant par un atelier de traitement doit, s'il s'agit d'une espèce sensible à la trichinellose, avoir fait l'objet d'une recherche de larves de trichines telle que décrite à la section IV.

3. L'échantillonnage prévu au 5 du A du chapitre VIII de la section IV de l'annexe I du règlement (CE) n° 854/2004 pour la réalisation de l'inspection *post mortem* du petit gibier sauvage non éviscéré est de 5 % du lot de chasse de petit gibier sauvage concerné.

....

Arrêté du 21 décembre 2009,

Relatif aux règles sanitaires applicables aux activités de commerce de détail, d'entreposage et de transport de produits d'origine animale et denrées alimentaires en contenant.

TITRE PREMIER Champ d'application

Art. 1er **Sans préjudice de l'application des dispositions des règlements (CE) n° 178/2002 du 28 janvier 2002, n° 852/2004 et n° 853/2004 du 29 avril 2004, n° 999/2001 du 22 mai 2001 et n° 37/2005 du 12 janvier 2005 susvisés, les dispositions du présent arrêté s'appliquent aux activités de commerce de détail, d'entreposage et de transport des produits d'origine animale et denrées alimentaires en contenant.**

V. note de service DGAL/SDSSA/N2010-8103 du 7 avr. 2010 sur les points de vente collectifs (www.circulaires.gouv.fr).

Art. 2 **Pour l'application du présent arrêté, il faut entendre par :**

a) **"Denrée alimentaire périssable" : toute denrée alimentaire qui peut devenir dangereuse, notamment du fait de son instabilité microbiologique, lorsque la température de conservation n'est pas maîtrisée.**

b) **"Denrée alimentaire très périssable" : toute denrée alimentaire périssable qui peut devenir rapidement dangereuse, notamment du fait de son instabilité microbiologique, lorsque la température de conservation n'est pas maîtrisée.**

c) **"Remise directe" : toute cession, à titre gratuit ou onéreux, réalisée entre un détenteur d'une denrée alimentaire et un consommateur final destinant ce produit à sa consommation, en dehors de toute activité de restauration collective.**

d) **"Restauration collective" : activité de restauration hors foyer caractérisée par la fourniture de repas à une collectivité de consommateurs réguliers, liée par accord ou par contrat.**

e) **"Cuisine centrale" : établissement dont une partie au moins de l'activité consiste en la fabrication de préparations culinaires destinées à être livrées à au moins un restaurant satellite ou à une collectivité de personnes à caractère social.**

f) **"Préparation culinaire élaborée à l'avance" : préparation culinaire devant être consommée de manière différée dans le temps ou l'espace et dont la stabilité microbiologique est assurée par l'une des modalités suivantes :**

— entreposage réfrigéré ou liaison froide : lorsque la conservation de ces préparations entre leur élaboration et leur utilisation est assurée par le froid ;

— entreposage chaud ou liaison chaude : lorsque la conservation de ces préparations entre leur élaboration et leur utilisation est assurée par la chaleur.

g) **"Restaurant satellite" : établissement ou local aménagé desservi par une cuisine centrale.**

h) "Atelier de boucherie" : commerce de détail dans lequel peuvent être effectués le désossage, la découpe et le hachage de viandes d'ongulés domestiques et de volailles, destinés à être cédés directement au consommateur final, ou à un établissement en application du ii du *b* du 5 de l'article 1er du règlement (CE) n° 853/2004. Toute personne qui exerce l'activité de boucherie ou qui en contrôle l'exercice par une ou plusieurs personnes non qualifiées doit bénéficier du statut de boucher au sens du décret du 2 avril 1998 susvisé. Sont notamment compris dans cette définition les ateliers de boucherie indépendants, les ateliers de boucherie intégrés à une grande ou moyenne surface, les ateliers de boucherie situés dans des exploitations agricoles.

TITRE II Exigences en matière de maîtrise des températures pour la conservation des produits d'origine animale et denrées alimentaires en contenant

Art. 3 Les températures des produits d'origine animale et denrées alimentaires en contenant, réfrigérées ou congelées, sont conformes aux dispositions définies à l'annexe I sans préjudice, le cas échéant, des températures définies par le règlement (CE) n° 853/2004 du 29 avril 2004 susvisé.

Toutefois, les produits d'origine animale et denrées alimentaires en contenant peuvent être conservées à une température différente de celles mentionnées à l'annexe I dans des conditions satisfaisant aux modalités prévues :

— soit dans des guides de bonnes pratiques d'hygiène et d'application des principes d'analyse des dangers et des points critiques pour les maîtriser (HACCP) validés propres au secteur concerné ;

— soit dans des conditions résultant d'une analyse des dangers validée, argumentée à la lumière des éléments de connaissance, d'expérience et d'historique retenus.

TITRE III Dispositions particulières applicables aux établissements d'entreposage des produits d'origine animale et denrées alimentaires en contenant

Art. 4 Des dispositions particulières applicables aux établissements d'entreposage des produits d'origine animale et denrées alimentaires en contenant sont définies aux annexes II et VI. — *V. l'annexe II, infra, et l'annexe VI, v° Hôtels, restaurants, débits de boissons.*

TITRE IV Dispositions particulières applicables au transport des produits d'origine animale et denrées alimentaires en contenant

Art. 5 Des dispositions particulières applicables aux moyens de transport des produits d'origine animale et denrées alimentaires en contenant sont définies à l'annexe III. — *V. cette annexe, infra.*

TITRE V Dispositions particulières applicables aux établissements de restauration collective

Art. 6 et 7 *V. ces art., v° Hôtels, restaurants, débits de boissons.*

TITRE VI Dispositions particulières applicables aux établissements de remise directe

Art. 8 Des dispositions particulières applicables aux établissements de remise directe sont définies aux annexes V, VI, VII et VIII. — *V. ces annexes, infra.*

TITRE VII Dispositions finales

Art. 9 Sont abrogés :

— l'arrêté du 4 novembre 1965 relatif aux conditions de collecte et de commercialisation des œufs ;

— l'arrêté du 13 janvier 1970 relatif aux exceptions à l'obligation de pasteuriser les laits et les crèmes servant à la fabrication des fromages frais ;

— les articles 2, 3, 16, 17 et les titres II et IV de l'arrêté du 26 juin 1974 réglementant les conditions hygiéniques de congélation, de conservation et de décongélation des denrées animales et d'origine animale ;

— le quatrième alinéa de l'article 3 de l'arrêté du 6 août 1985 relatif aux normes d'hygiène et de salubrité auxquelles doit répondre le lait cru livré en l'état et destiné à la consommation humaine ;

– l'arrêté du 12 novembre 1985 réglementant l'hygiène de la préparation des viandes attendries destinées à la consommation ;

– l'arrêté du 10 juillet 1986 relatif à l'entrée en France de viandes fraîches d'animaux de boucherie destinées à la consommation ;

– l'arrêté du 15 avril 1992 relatif aux conditions hygiéniques et sanitaires de production et de mise sur le marché des ovoproduits ;

– l'arrêté du 14 janvier 1994 fixant les conditions sanitaires auxquelles doivent satisfaire les établissements d'abattage de volailles ;

– l'arrêté du 20 janvier 1995 relatif aux denrées animales ou d'origine animale altérables dont la date limite de consommation est dépassée ;

– l'arrêté du 3 avril 1996 fixant les conditions d'agrément des établissements d'entreposage des denrées animales et d'origine animale ;

– les articles 3 à 24, 26 à 28 et 30 à 60 de l'arrêté du 20 juillet 1998 fixant les conditions techniques et hygiéniques applicables au transport des aliments ;

– l'arrêté du 15 avril 2001 fixant les conditions sanitaires pour la préparation de gélatine destinée à la consommation humaine.

Art. 10 Sont abrogés en ce qui concerne les produits d'origine animale et les denrées alimentaires en contenant :

– l'arrêté du 9 mai 1995 réglementant l'hygiène des aliments remis directement au consommateur ; — *V. ce texte au* ***C. consom.****, éd. 2013 ou antérieures.*

– l'arrêté du 28 mai 1997 relatif aux règles d'hygiène applicables à certains aliments et préparations alimentaires destinés à la consommation humaine ; — *V. ce texte au* ***C. consom.****, éd. 2013 ou antérieures.*

– l'arrêté du 29 septembre 1997 fixant les conditions d'hygiène applicables dans les établissements de restauration collective à caractère social. — *V. ce texte au* ***C. consom.****, éd. 2013 ou antérieures.*

Sur l'abrogation complète de ces textes, V. Arr. du 8 oct. 2013, art. 6, infra.

ANNEXE I

Conformément au 3 de l'article 17 et au 3 de l'article 4 du règlement (CE) n° 852/2004 du 29 avril 2004 susvisé, les températures des produits d'origine animale et denrées alimentaires en contenant doivent être conformes en tous points du produit aux températures définies dans le tableau ci-après.

Toutefois, pour les produits préemballés d'origine animale et denrées alimentaires en contenant, et conformément à l'article R. 112-22 *[ancien]* du code de la consommation, une température différente peut être fixée par leur conditionneur, sous réserve de ne pas dépasser celle fixée par le règlement (CE) n° 853/2004.

TEMPÉRATURE MAXIMALE DES DENRÉES CONGELÉES

NATURE DES DENRÉES	**TEMPÉRATURE** de conservation au stade de l'entreposage ou du transport	**TEMPÉRATURE** de conservation dans les établissements de remise directe ou de restauration collective
Glaces, crèmes glacées	– 18 °C	– 18 °C
Viandes hachées et préparations de viandes congelées	*	– 18 °C
Produits de la pêche congelés	*	– 18 °C
Poissons entiers congelés en saumure destinés à la fabrication de conserves	*	– 9 °C
Autres denrées alimentaires congelées	– 12 °C	– 12 °C

Nota. — La température indiquée est la température maximale de la denrée alimentaire sans limite inférieure.
(*) Voir les températures du règlement (CE) n° 853/2004.

TEMPÉRATURE MAXIMALE DES DENRÉES RÉFRIGÉRÉES

NATURE DES DENRÉES	TEMPÉRATURE de conservation au stade de l'entreposage ou du transport	TEMPÉRATURE de conservation dans les établissements de remise directe ou de restauration collective
Viandes hachées	*	+ 2 °C
Abats d'ongulés domestiques et de gibier ongulé (d'élevage ou sauvage)	*	+ 3 °C
Préparations de viandes	*	+ 4 °C
Viandes séparées mécaniquement	*	+ 2 °C
Viandes de volailles (y compris petit gibier d'élevage à plumes), de lagomorphes (y compris petit gibier d'élevage à poils), de ratites et de petit gibier sauvage	*	+ 4 °C
Viandes d'ongulés domestiques, viandes de gibier ongulé (d'élevage ou sauvage)	*	+ 7 °C pour les carcasses entières et pièces de gros + 4 °C pour les morceaux de découpe
Produits de la pêche frais, produits de la pêche non transformés décongelés, produits de crustacés et de mollusques cuits et réfrigérés	* (1)	+ 2 °C
Produits de la pêche frais conditionnés	* (1)	* (1)
Ovoproduits à l'exception des produits UHT	+ 4 °C	+ 4 °C
Lait cru destiné à la consommation en l'état	+ 4 °C	+ 4 °C
Lait pasteurisé	Température définie sous la responsabilité du fabricant ou du conditionneur	Température définie sous la responsabilité du fabricant ou du conditionneur
Fromages affinés	Température définie sous la responsabilité du fabricant ou du conditionneur	Température définie sous la responsabilité du fabricant ou du conditionneur
Autres denrées alimentaires très périssables	Température définie sous la responsabilité du fabricant ou du conditionneur	+ 4 °C
Autres denrées alimentaires périssables	Température définie sous la responsabilité du fabricant ou du conditionneur	+ 8 °C
Préparations culinaires élaborées à l'avance	+ 3 °C	+3 °C

Nota. — La limite inférieure de conservation des denrées alimentaires réfrigérées doit se situer à la température débutante de congélation propre à chaque catégorie de produits
(*) Voir les températures du règlement (CE) n° 853/2004
(1) *Température de la glace fondante : 0 à + 2 °C.*

TEMPÉRATURE MINIMALE EN LIAISON CHAUDE

Plats cuisinés ou repas livrés chauds ou remis au consommateur	+ 63 °C

Toutefois, et pour autant que la sécurité des produits d'origine animale et denrées alimentaires en contenant soit assurée, il est admis de soustraire les produits d'origine animale et denrées alimentaires en contenant, congelés, ainsi que les glaces et crèmes glacées aux températures mentionnées dans le tableau :

a) Dans la mesure où la différence de température n'excède pas + 3°C en surface, lorsque cela s'avère nécessaire, pour de brèves périodes, lors du chargement-déchargement de ces produits aux interfaces entre l'élaboration, le transport, le stockage et l'exposition des produits d'origine animale et denrées alimentaires en contenant et lors de leur présentation à la vente ;

b) Lors de l'exposition des glaces et crèmes glacées pour leur consommation immédiate dans la mesure où leur approvisionnement s'effectue en quantités adaptées aux besoins du service.

ANNEXE II

Dispositions particulières applicables aux établissements d'entreposage des produits d'origine animale et denrées alimentaires en contenant

Dispositions liées aux encéphalopathies spongiformes subaiguës transmissibles

1. Par dérogations prévues au *b* du point 4.3 et au point 10 de l'annexe V du règlement (CE) n° 999/2001 susvisé, l'entreposage de carcasses, demi-carcasses, demi-carcasses découpées, quartiers ou morceaux de découpe issus d'animaux de l'espèce bovine et contenant de l'os vertébral considéré comme matériel à risque spécifié est autorisé dans un entrepôt frigorifique agréé au titre du règlement (CE) n° 853/2004 du 29 avril 2004.

Le responsable de l'entrepôt frigorifique doit par ailleurs respecter les dispositions définies par la présente annexe, afin de détenir des carcasses et parties de carcasses de bovins contenant de l'os vertébral considéré comme matériel à risque spécifié.

La sortie d'un entrepôt frigorifique de carcasses ou parties de carcasses de bovins contenant de l'os vertébral considéré comme matériel à risque spécifié n'est autorisée qu'à destination :

a) D'un autre entrepôt frigorifique agréé au titre du règlement (CE) n° 853/2004 du 29 avril 2004, dont le responsable respecte les dispositions définies par la présente annexe, afin de détenir des carcasses et parties de carcasses de bovins contenant de l'os vertébral considéré comme matériel à risque spécifié ;

b) D'un atelier de découpe agréé au titre du règlement (CE) n° 853/2004 du 29 avril 2004, dont le responsable respecte en outre les dispositions définies au A de l'annexe 3 de l'arrêté du 17 mars 1992 susvisé afin de détenir et désosser des carcasses et parties de carcasses de bovins contenant de l'os vertébral considéré comme matériel à risque spécifié ;

c) D'un atelier de boucherie au sens de la section I de l'annexe V du présent arrêté, autorisé par le préfet à détenir et désosser des carcasses et parties de carcasses de bovins contenant de l'os vertébral considéré comme matériel à risque spécifié. Cette autorisation est délivrée sur la base d'un engagement du responsable de l'établissement, dont le modèle est présenté à l'appendice A de l'annexe V du présent arrêté. La liste nationale des ateliers de boucherie autorisés est publiée au *Bulletin officiel* du ministère chargé de l'agriculture.

Par ailleurs, le responsable de tout établissement, à l'exclusion des cas prévus aux *a*, *b* et c du présent point, souhaitant acquérir, confier, livrer, faire livrer ou céder des carcasses ou partie de carcasses de bovins contenant de l'os vertébral considéré comme matériel à risque spécifié doit respecter les dispositions définies au B de l'annexe III de l'arrêté du 17 mars 1992 susvisé.

2. Lors de l'entreposage de carcasses, demi-carcasses, demi-carcasses découpées en un maximum de trois morceaux et quartiers issus d'animaux de l'espèce bovine et contenant de l'os vertébral considéré comme matériel à risque spécifié, le registre ou système équivalent conforme aux prescriptions du règlement (CE) n° 178/2002 du 28 janvier 2002 relatives à la traçabilité est complété des données nécessaires à l'identification et au suivi matière de ces carcasses et parties de carcasses entrant dans l'établissement d'entreposage ou le quittant. De plus, il doit permettre de connaître en tout temps la localisation de ces produits d'origine animale et denrées alimentaires en contenant dans l'établissement. Ces informations sont conservées pendant une durée minimale de trois ans.

ANNEXE III

Dispositions particulières applicables aux moyens de transport de produits d'origine animale et denrées alimentaires en contenant

I. — *Dispositions spécifiques au transport des produits de la pêche.*

Par dérogation prévue au paragraphe 2 du chapitre VIII de la section VIII de l'annexe III du règlement (CE) n° 853/2004, le directeur départemental en charge des services vétérinaires peut autoriser le transport de produits de la pêche congelés à une température supérieure à – 18°C lorsqu'ils sont transportés d'un entrepôt frigorifique vers un établissement agréé pour y être décongelés dès leur arrivée et préparés ou transformés, et que la distance à parcourir est courte, n'excédant pas 50 km ou une heure de trajet, sans rupture de charge.

II. — *Dispositions spécifiques au transport des viandes fraîches.*

Par dérogation prévue au 3 du chapitre VII de la section I de l'annexe III du règlement (CE) n° 853/2004, le transport des viandes d'ongulés domestiques n'ayant pas atteint la température de + 3°C pour les abats et + 7°C pour les autres viandes est possible sous réserve du respect du point 18 de la section I de l'annexe IV de l'arrêté du 18 décembre 2009.

III. — *Dispositions liées aux encéphalopathies spongiformes subaiguës transmissibles.*

Par dérogations prévues au *b* du point 4.3 et au point 10 de l'annexe V du règlement (CE) n° 999/2001 susvisé, le transport des carcasses, demi-carcasses, demi-carcasses découpées, quartiers ou morceaux de découpe issus d'animaux de l'espèce bovine et contenant de l'os vertébral considéré comme matériel à risque spécifié n'est autorisé qu'à destination :

a) D'un atelier de découpe agréé au titre du règlement (CE) n° 853/2004 du 29 avril 2004, dont le responsable respecte en outre les dispositions définies au A de l'annexe 3 de l'arrêté du 17 mars 1992 susvisé, afin de détenir et de désosser des carcasses et parties de carcasses de bovins contenant de l'os vertébral considéré comme matériel à risque spécifié ;

b) D'un entrepôt frigorifique agréé au titre du règlement (CE) n° 853/2004 du 29 avril 2004, dont le responsable respecte les dispositions établies aux 1 et 2 de l'annexe II du présent arrêté, afin de détenir des carcasses et parties de carcasses de bovins contenant de l'os vertébral considéré comme matériel à risque spécifié ;

c) D'un atelier de boucherie au sens de la section I de l'annexe V du présent arrêté, autorisé par le préfet à détenir et désosser de telles carcasses ou parties de carcasses. Cette autorisation est délivrée sur la base d'un engagement du responsable de l'établissement à respecter les dispositions définies à l'annexe V du présent arrêté. La liste nationale des ateliers de boucherie autorisés est publiée au *Bulletin officiel* du ministère chargé de l'agriculture.

Par ailleurs, le responsable de tout établissement, à l'exclusion des cas prévus aux *a*, *b* et *c* du présent point, souhaitant acquérir, confier, livrer, faire livrer ou céder des carcasses ou partie de carcasses de bovins contenant de l'os vertébral considéré comme matériel à risque spécifié doit respecter les dispositions définies au B de l'annexe III de l'arrêté du 17 mars 1992 susvisé.

IV. — *Dispositions spécifiques au transport de matières dangereuses.*

Il est interdit de prendre en charge avant, pendant ou après un transport de produits d'origine animale et denrées alimentaires en contenant un fret susceptible d'altérer les caractéristiques sanitaires et qualitatives des produits d'origine animale et denrées alimentaires en contenant par contaminations, émanations, pollutions ou apports toxiques tel que des marchandises dangereuses classées toxiques et/ou corrosives au sens de l'Accord européen relatif au transport international des marchandises dangereuses par route (ADR) à l'exclusion des boissons alcoolisées et des produits d'entretien, de droguerie et d'hygiène conditionnés en unité de vente destinés aux utilisateurs finaux.

V. — *Dispositions spécifiques au soutien des forces armées.*

Pour les transports, adaptés au soutien des forces armées en opération et à l'entraînement, des dispositions particulières sont fixées par arrêté du ministre de la défense.

....

ANNEXE V

DISPOSITIONS PARTICULIÈRES APPLICABLES À LA REMISE DIRECTE

SECTION I Dispositions spécifiques liées aux encéphalopathies spongiformes subaiguës transmissibles applicables aux ateliers de boucherie

CHAPITRE I Dispositions générales

Par dérogation prévue au *b* du point 4.3 de l'annexe V du règlement (CE) n° 999/2001 susvisé, les carcasses et parties de carcasses issues d'animaux de l'espèce bovine et contenant de l'os vertébral considéré comme matériel à risque spécifié peuvent être détenues et désossées dans un atelier de boucherie autorisé par le préfet (directeur départemental en charge des services vétérinaires).

Pour obtenir cette autorisation, le responsable de l'établissement demandeur transmet au préfet une demande d'autorisation conforme au modèle présenté à l'appendice A à la présente annexe. Il s'engage à respecter les dispositions définies au chapitre II de la présente annexe. En cas de non-respect de ces dispositions, l'autorisation accordée à l'établissement concerné sera immédiatement retirée.

La liste nationale des ateliers de boucherie autorisés est publiée au *Bulletin officiel* du ministère chargé de l'agriculture.

CHAPITRE II

I. — *Conditions d'équipements et de procédure à respecter.*

1. Disposer, de manière dédiée, de matériel et d'outils aisément identifiables (planches de découpe, couteaux, scies) servant au désossage des pièces attenantes à la colonne vertébrale.

2. Être équipé afin d'effectuer la pesée des matériels à risque spécifiés issus du désossage de ces mêmes pièces.

3. Disposer, pour le recueil et le stockage des déchets générés par l'opération de désossage, en vue de leur incinération ou co-incinération finale, de bacs étanches et d'un local réfrigéré ou frigorifique, conformément aux prescriptions du décret n° 2005-1219 du 28 septembre 2005 relatif aux délais de déclaration et de conservation mentionnés à l'article L. 226-6 du code rural et de la pêche maritime. Ces équipements sont de capacité adaptée à la fréquence d'enlèvement des déchets appliquée conformément aux prescriptions du décret susmentionné.

4. Pouvoir justifier de l'enlèvement, par une entreprise spécialisée et agréée pour leur traitement, des sous-produits animaux de catégorie 1 générés au sein de l'établissement par le désossage de carcasses et parties de carcasses issues de bovins et contenant de l'os vertébral considéré comme matériel à risque spécifié.

5. Le plan de formation à l'hygiène et à la sécurité du personnel de l'établissement inclut la gestion des matériels à risque spécifiés.

II. — *Conditions de fonctionnement à respecter.*

1. Le désossage des pièces attenantes à la colonne vertébrale est effectué avec le matériel dédié prévu au 1° du I du présent chapitre, en prenant les précautions nécessaires pour éviter tout risque de dissémination des os ou d'éclats d'os vertébral lors des opérations. Les os de la colonne vertébrale renfermant les ganglions rachidiens sont isolés sur la planche réservée à cette opération. Le désossage des groupes de muscles suit le séquençage suivant : collier, basses-côtes, milieu de train de côtes, aloyau (possibilité de lever le filet en premier puis de désosser le faux-filet en deux séances de travail, afin de limiter la dessication et l'oxydation des viandes).

2. Après le désossage, les os de la colonne vertébrale renfermant les ganglions rachidiens ainsi que les autres déchets obtenus lors de cette opération et considérés de catégorie 1 sont déposés dans un bac clairement identifié par la mention "MRS" ou "CATÉGORIE 1" (respectivement pour "matériels à risque spécifiés" ou "sous-produits de catégorie 1") ou par un code couleur dont la signification est clairement connue du personnel de l'établissement et réservé à ce seul usage. Les éventuelles esquilles d'os tombées au sol sont récupérées avant nettoyage du sol.

Ce bac réutilisable est hermétique et constitué d'un matériau imputrescible, permettant des opérations de nettoyage et de désinfection efficaces. Il dispose d'un système de fermeture hermétique et permet une préhension sûre et une manipulation aisée.

3. Les os sont dénaturés au moyen de tout colorant autorisé par instruction du ministre chargé de l'agriculture. Cette opération est à renouveler à chaque nouveau dépôt d'os de la colonne vertébrale dans le bac.

4. Le bac réservé aux sous-produits de catégorie 1 et fermé est stocké dans une enceinte frigorifique à température positive ou négative selon le délai de conservation des déchets appliqué conformément aux prescriptions du décret précité.

5. Les matériels à risque spécifiés ou sous-produits de catégorie 1 générés par l'opération de désossage des morceaux attenants à la colonne vertébrale sont évacués selon les modalités définies par instruction du ministère chargé de l'agriculture.

6. Après chaque désossage, le matériel de travail et les outils de découpe dédiés sont nettoyés puis désinfectés de manière à ce qu'aucune matière organique ne subsiste. Les outils sont laissés à tremper dans un produit et selon une procédure autorisés ou homologués par le ministère chargé de l'agriculture pour cet usage (par exemple une heure à température ambiante dans de l'eau de javel à 2 % de chlore actif).

Les bacs réservés aux sous-produits de catégorie 1 sont nettoyés puis désinfectés après chaque opération de collecte.

Les instructions relatives aux bonnes pratiques d'hygiène doivent être suivies.

7. Les modalités pratiques de collecte des sous-produits de catégorie 1, générés par le désossage de carcasses et parties de carcasses issues d'animaux de l'espèce bovine et contenant de l'os vertébral considéré comme matériel à risque spécifié, sont définies par instruction du ministère chargé de l'agriculture.

III. — *Obligations documentaires.*

Un système est mis en place de façon à garantir la traçabilité des différents produits qui entrent dans l'établissement et qui en sortent et permettre notamment de faire le lien entre les carcasses contenant des matériels à risques spécifiés et les sous-produits de catégorie 1 générés. Les factures concernant les bovins soumis à l'obligation de retrait des vertèbres considérées comme matériels à risque spécifiés sont classées par ordre chronologique d'arrivée, ainsi que les bons d'enlèvement des matériels à risques spécifiés.

Les documents relatifs à la gestion des MRS sont conservés pendant trois ans.

Les modalités documentaires relatives à l'évacuation des déchets sont définies dans une instruction du ministère chargé de l'agriculture.

IV. — *Obligations générales.*

Dans la mesure où l'établissement ne procède pas au désossage de la totalité des viandes de bovins contenant de l'os vertébral considéré comme matériel à risque spécifié qu'il réceptionne, celui-ci a l'obligation de ne livrer ces viandes qu'à des établissements autorisés à les recevoir.

SECTION II Dispositions diverses

Conformément au 3 de l'article 17 et au 3 de l'article 4 du règlement (CE) n° 852/2004 du 29 avril 2004, les dispositions particulières sont applicables à la remise directe.

1. Le déconditionnement des produits d'origine animale et denrées alimentaires en contenant destinés au tranchage ou au service s'effectue au fur et à mesure des besoins et dans des conditions d'hygiène évitant leur contamination. Les informations relatives à l'identification du produit et à sa durée de vie sont conservées durant toute la détention de celui-ci.

2. Le nom de la personne responsable de distributeurs automatiques ainsi que son adresse et son numéro de téléphone sont apposés lisiblement à l'extérieur des appareils.

....

ANNEXE VII

Dispositions applicables à la cession de viande hachée

1. Par dérogation prévue au 5 de l'article 1er du règlement (CE) n° 853/2004, les dispositions relatives aux matières premières du chapitre II de la section V de l'annexe III dudit règlement sont applicables à la cession au consommateur de viande hachée.

2. Les viandes hachées doivent être préparées à la demande et à la vue de l'acheteur.

Toutefois, par dérogation prévue au 5 de l'article 1er du règlement (CE) n° 853/2004, les viandes hachées peuvent être préparées à l'avance pour autant que :

— l'atelier de fabrication réponde aux dispositions relatives à la fabrication de viande hachée de la section V de l'annexe III du règlement (CE) n° 853/2004 ;

— l'exploitant ait fait la déclaration de cette activité au préfet (directeur départemental en charge des services vétérinaires).

ANNEXE VIII

DISPOSITIONS APPLICABLES AUX PETITES QUANTITÉS DE GIBIER SAUVAGE

1. L'exploitant d'un établissement de commerce de détail fournissant directement le consommateur final, lorsqu'il est approvisionné conformément au *c* du 3 de l'article 1er du règlement (CE) n° 853/2004 en petite quantité de gibier sauvage par un chasseur, ne peut accepter :

a) De recevoir un gibier dépouillé ou plumé ;

b) Que le gibier soit ou ait été congelé ;

c) Que le gibier ne soit pas accompagné de la fiche de compte rendu d'examen initial remplie par la personne formée à la réalisation de ce type d'examen ;

d) Que le gibier sauvage ne soit pas identifié, individuellement pour le grand gibier, individuellement ou par lot pour le petit gibier. Le numéro d'identification est reporté sur la fiche mentionnée au *c* du présent point ;

e) Que les carcasses de sanglier*[s]* ne soient pas accompagnées par la fiche d'accompagnement des prélèvements, dans le cadre de la recherche des larves de trichine réalisée à l'initiative du détenteur de la carcasse de sanglier. Cette fiche comporte la signature du laboratoire et le résultat du test trichine qui doit être favorable ;

f) Que le gibier sauvage provienne d'un lieu de chasse distant de plus de 80 km de l'établissement livré. Toutefois, dans le cas de lieux de chasse situés dans des zones soumises à des contraintes géographiques particulières, le préfet peut autoriser une livraison à une distance supérieure. Les conditions de détermination de cette distance sont précisées dans une instruction publiée au *Bulletin officiel* du ministère chargé de l'agriculture.

2. L'exploitant d'un établissement de commerce de détail fournissant directement le consommateur final, lorsqu'il est approvisionné, conformément au *c* du 3 de l'article 1er du règlement (CE) n° 853/2004 en gibier sauvage par un chasseur ne peut le congeler en l'état, étant donné que le gibier n'est ni dépouillé ni plumé.

Décret n° 2011-509 du 10 mai 2011

Fixant les conditions d'autorisation et d'utilisation des auxiliaires technologiques pouvant être employés dans la fabrication des denrées destinées à l'alimentation humaine 🏛.

Règlement (UE) n° 1169/2011 du Parlement européen et du Conseil du 25 octobre 2011,

Concernant l'information des consommateurs sur les denrées alimentaires.

BIBL. ▶ NDLR, *BRDA 2012, n° 1, p. 18.* – BAUDOUIN, *CCC 2012. Alerte 6.* – LEBEL, *RD rur. 2012. Alerte 15.* – GATEAU et FARON, *Journ. sociétés févr. 2013. 10* (obligation d'information due au consommateur, l'exemple du secteur agro-alimentaire).

CHAPITRE PREMIER *Dispositions générales*

Art. 1er *Objet et champ d'application.* **1. Le présent règlement contient les dispositions de base permettant d'assurer un niveau élevé de protection des consommateurs en matière d'information sur les denrées alimentaires, dans le respect des différences de perception desdits consommateurs et de leurs besoins en information, tout en veillant au bon fonctionnement du marché intérieur.**

2. Le présent règlement définit les principes généraux, les exigences et les responsabilités générales régissant l'information sur les denrées alimentaires et, en particulier, l'étiquetage des denrées alimentaires. Il fixe les dispositifs garantissant le droit des consommateurs à l'information et les procédures d'information sur les denrées alimentaires, tout en tenant compte de la nécessité de prévoir une souplesse suffisante permettant de répondre aux évolutions futures et aux nouvelles exigences en matière d'information.

3. Le présent règlement s'applique aux exploitants du secteur alimentaire à tous les stades de la chaîne alimentaire lorsque leurs activités concernent l'information des consommateurs sur les denrées alimentaires. Il s'applique à toutes les denrées alimentaires destinées au consommateur final, y compris celles servies par les collectivités, ou destinées à être livrées à des collectivités.

Le présent règlement s'applique aux services de restauration collective assurés par des entreprises de transport dès lors que les départs ont lieu sur les territoires d'États membres auxquels les traités s'appliquent.

4. Le présent règlement s'applique sans préjudice des exigences d'étiquetage prévues par des dispositions particulières de l'Union applicables à certaines denrées alimentaires.

Art. 2 *Définitions.* 1. Aux fins du présent règlement, les définitions suivantes s'appliquent :

a) les définitions de "denrée alimentaire", "législation alimentaire", "entreprise du secteur alimentaire", "exploitant du secteur alimentaire", "commerce de détail", "mise sur le marché" et "consommateur final" figurant à l'article 2 et à l'article 3, points 1), 2), 3), 7), 8) et 18), du règlement (CE) n° 178/2002 ;

b) les définitions de "transformation", "produits non transformés" et "produits transformés" figurant à l'article 2, paragraphe 1, points m), n) et o), du règlement (CE) n° 852/2004 du Parlement européen et du Conseil du 29 avril 2004 relatif à l'hygiène des denrées alimentaires ;

c) la définition d'"enzyme alimentaire" figurant à l'article 3, paragraphe 2, point a), du règlement (CE) n° 1332/2008 du Parlement européen et du Conseil du 16 décembre 2008 concernant les enzymes alimentaires ;

d) les définitions d'"additif alimentaire", d'"auxiliaire technologique" et de "support" figurant à l'article 3, paragraphe 2, points a) et b), et à l'annexe I, point 5, du règlement (CE) n° 1333/2008 du Parlement européen et du Conseil du 16 décembre 2008 sur les additifs alimentaires ;

e) la définition d'"arômes" figurant à l'article 3, paragraphe 2, point a), du règlement (CE) n° 1334/2008 du Parlement européen et du Conseil du 16 décembre 2008 relatif aux arômes et à certains ingrédients alimentaires possédant des propriétés aromatisantes qui sont destinés à être utilisés dans et sur les denrées alimentaires ;

f) les définitions de "viandes", de "viandes séparées mécaniquement", de "préparations de viandes", de "produits de la pêche" et de "produits à base de viande" figurant à l'annexe I, points 1.1, 1.14, 1.15, 3.1 et 7.1, du règlement (CE) n° 853/2004 du Parlement européen et du Conseil du 29 avril 2004 fixant des règles spécifiques d'hygiène applicables aux denrées alimentaires d'origine animale ;

g) la définition de "publicité" figurant à l'article 2, point a), de la directive 2006/114/CE du Parlement européen et du Conseil du 12 décembre 2006 en matière de publicité trompeuse et de publicité comparative.

2. Les définitions suivantes s'appliquent également :

a) "information sur les denrées alimentaires" : toute information concernant une denrée alimentaire transmise au consommateur final sur une étiquette, dans d'autres documents accompagnant cette denrée ou à l'aide de tout autre moyen, y compris les outils de la technologie moderne ou la communication verbale ;

b) "législation concernant l'information sur les denrées alimentaires" : les dispositions de l'Union régissant l'information sur les denrées alimentaires et notamment l'étiquetage, y compris les règles générales applicables soit à toutes les denrées alimentaires dans des circonstances données, soit à certaines catégories de denrées alimentaires et les règles s'appliquant uniquement à des denrées spécifiques ;

c) "informations obligatoires sur les denrées alimentaires" : les mentions que des dispositions de l'Union imposent de fournir au consommateur final ;

d) "collectivité" : tout établissement (y compris un véhicule ou un étal fixe ou mobile), tel qu'un restaurant, une cantine, une école, un hôpital ou un service de restauration, dans lequel, dans le cadre d'une activité professionnelle, des denrées alimentaires prêtes à être consommées par le consommateur final sont préparées ;

e) "denrée alimentaire préemballée" : l'unité de vente destinée à être présentée en l'état au consommateur final et aux collectivités, constituée par une denrée alimentaire et l'emballage dans lequel elle a été conditionnée avant sa présentation à la vente, que cet emballage la recouvre entièrement ou seulement partiellement, mais en tout cas de telle façon que le contenu ne puisse être modifié sans que l'emballage subisse une ouverture ou une modification ; cette définition ne couvre pas les denrées emballées sur le lieu de vente à la demande du consommateur ou préemballées en vue de leur vente immédiate ;

f) "ingrédient" : toute substance ou tout produit, y compris les arômes, les additifs alimentaires et les enzymes alimentaires, ou tout constituant d'un ingrédient composé, utilisé dans la fabrication ou la préparation d'une denrée alimentaire et encore présent dans le produit fini, éventuellement sous une forme modifiée ; les résidus ne sont pas considérés comme des ingrédients ;

(Rect. JOUE L 50 du 21 févr. 2015) « g) "lieu de provenance" : le lieu indiqué comme étant celui dont provient la denrée alimentaire, mais qui n'est pas le "pays d'origine" tel que défini conformément aux articles 23 à 26 du règlement (CEE) n° 2913/92 ; le nom, la raison sociale ou l'adresse de l'exploitant du secteur alimentaire figurant sur l'étiquette ne vaut pas, au sens du présent règlement, indication du pays d'origine ou du lieu de provenance de la denrée alimentaire. »

h) "ingrédient composé" : tout ingrédient lui-même élaboré à partir de plusieurs ingrédients ;

i) "étiquette" : toute marque, tout signe, toute image ou toute autre représentation graphique écrit, imprimé, poncé, apposé, gravé ou appliqué sur l'emballage ou le récipient contenant une denrée alimentaire ou joint à celui-ci ;

j) "étiquetage" : les mentions, indications, marques de fabrique ou de commerce, images ou signes se rapportant à une denrée alimentaire et figurant sur tout emballage, document, écriteau, étiquette, bague ou collerette accompagnant ou se référant à cette denrée alimentaire ;

k) "champ visuel" : toutes les surfaces d'un emballage pouvant être lues à partir d'un unique angle de vue ;

l) "champ visuel principal" : le champ visuel d'un emballage le plus susceptible d'être vu au premier coup d'œil par les consommateurs lors de l'achat et permettant à ces derniers d'identifier immédiatement un produit en fonction de ses caractéristiques et de sa nature et, le cas échant *[échéant]*, de sa marque commerciale ; si un emballage comporte plusieurs champs visuels identiques, le champ visuel principal est celui choisi par l'exploitant du secteur alimentaire ;

m) "lisibilité" : l'apparence matérielle de l'information, par laquelle l'information est mise visuellement à la portée du grand public et qui dépend de divers éléments, entre autres du corps de caractère, des espaces, de l'interligne, de la largeur du trait, de la couleur, de la police de caractère, du rapport entre la largeur et la hauteur des lettres, de la nature du support ainsi que du contraste significatif entre le texte et le fond ;

n) "dénomination légale" : la dénomination d'une denrée alimentaire prescrite par les dispositions de l'Union qui lui sont applicables ou, en l'absence de telles dispositions, la dénomination prévue par les dispositions législatives, réglementaires ou administratives applicables dans l'État membre dans lequel la denrée alimentaire est vendue au consommateur final ou aux collectivités ;

o) "nom usuel" : le nom reconnu comme étant la dénomination de la denrée alimentaire par les consommateurs de l'État membre dans lequel celle-ci est vendue, sans que de plus amples explications soient nécessaires ;

p) "nom descriptif" : un nom qui décrit la denrée alimentaire et, si nécessaire, son utilisation, et qui est suffisamment clair pour que les consommateurs puissent déterminer sa véritable nature et la distinguer des autres produits avec lesquels elle pourrait être confondue ;

q) "ingrédient primaire" : le ou les ingrédients d'une denrée alimentaire qui constituent plus de 50 % de celle-ci ou qui sont habituellement associés à la dénomination de cette denrée par les consommateurs et pour lesquels, dans la plupart des cas, une indication quantitative est requise ;

r) "date de durabilité minimale d'une denrée alimentaire" : la date jusqu'à laquelle cette *denrée alimentaire* conserve ses propriétés spécifiques dans des conditions de conservation appropriées ;

(Rect. JOUE L 163 du 15 juin 2013) « s) "nutriments" : les protéines, les glucides, les matières grasses, les fibres alimentaires, le sodium, les vitamines et les sels minéraux dont la liste est établie à l'annexe XIII, partie A, point 1, du présent règlement, ainsi que les substances qui relèvent ou sont des composants de l'une de ces catégories ; »

t) "nanomatériau manufacturé" : tout matériau produit intentionnellement présentant une ou plusieurs dimensions de l'ordre de 100 nm ou moins, ou composé de parties fonctionnelles distinctes, soit internes, soit à la surface, dont beaucoup ont une ou plusieurs dimensions de l'ordre de 100 nm ou moins, y compris des structures, des agglomérats ou des agrégats qui peuvent avoir une taille supérieure à 100 nm mais qui conservent des propriétés typiques de la nanoéchelle.

Les propriétés typiques de la nanoéchelle comprennent :

i) les propriétés liées à la grande surface spécifique des matériaux considérés ; et/ou

ii) des propriétés physico-chimiques spécifiques qui sont différentes de celles de la forme non nanotechnologique du même matériau ; *— La publication du Règl. délégué (UE) nº 1363/2013 du 12 déc. 2013 (JOUE L 343 du 19 déc. 2013) modifiant l'art. 2 du Règl. (UE) nº 1169/2011 doit être considérée comme nulle et non avenue (JOUE L 346 du 20 déc. 2013).*

u) "technique de communication à distance" : tout moyen qui, sans présence physique et simultanée du fournisseur et du consommateur, peut être utilisé pour la conclusion du contrat entre ces parties.

3. Aux fins du présent règlement, le pays d'origine d'une denrée alimentaire se réfère à l'origine de la denrée, telle que définie conformément aux articles 23 à 26 du règlement (CEE) nº 2913/92.

4. Les définitions spécifiques de l'annexe I s'appliquent également.

CHAPITRE II *Principes généraux de l'information sur les denrées alimentaires*

Art. 3 *Objectifs généraux.* 1. L'information sur les denrées alimentaires tend à un niveau élevé de protection de la santé et des intérêts des consommateurs en fournissant au consommateur final les bases à partir desquelles il peut décider en toute connaissance de cause et utiliser les denrées alimentaires en toute sécurité, dans le respect, notamment, de considérations sanitaires, économiques, écologiques, sociales et éthiques.

2. La législation concernant l'information sur les denrées alimentaires vise à établir, dans l'Union, la libre circulation des denrées alimentaires légalement produites et commercialisées, compte tenu, le cas échéant, de la nécessité de protéger les intérêts légitimes des producteurs et de promouvoir la fabrication de produits de qualité.

3. Lors de l'établissement de nouvelles exigences par la législation concernant l'information sur les denrées alimentaires, une période de transition est instaurée après l'entrée en vigueur de ces nouvelles exigences, sauf dans certains cas dûment justifiés. Durant cette période de transition, les denrées alimentaires dont l'étiquetage ne satisfait pas aux nouvelles dispositions peuvent être mises sur le marché et les stocks des denrées alimentaires mises sur le marché avant le terme de la période de transition peuvent continuer à être vendus jusqu'à leur épuisement.

4. Une consultation publique, ouverte et transparente*[,]* est à effectuer, notamment avec les parties prenantes, directement ou par l'intermédiaire d'organismes représentatifs, au cours de l'élaboration, de l'évaluation et de la révision de la législation relative à l'information sur les denrées alimentaires, sauf si l'urgence de la question ne le permet pas.

Art. 4 *Principes régissant les informations obligatoires sur les denrées alimentaires.* 1. Les informations obligatoires requises sur les denrées alimentaires par la législation concernant l'information sur ces denrées entrent notamment dans l'une des catégories suivantes :

a) informations sur l'identité et la composition, les propriétés ou autres caractéristiques de la denrée ;

b) informations sur la protection de la santé des consommateurs et un usage sûr de la denrée. Ces informations concernent notamment :

i) les attributs liés à la composition pouvant avoir un effet néfaste sur la santé de certains groupes de consommateurs ;

ii) la durabilité, les conditions de conservation et d'une utilisation sûre ;

iii) les incidences sur la santé, y compris les risques et conséquences liés à une consommation néfaste et dangereuse de la denrée ;

c) informations sur les caractéristiques nutritionnelles permettant aux consommateurs, y compris ceux qui doivent suivre un régime alimentaire spécial, de choisir en toute connaissance de cause.

2. Au moment d'envisager d'imposer des informations obligatoires sur les denrées alimentaires et afin de permettre aux consommateurs de prendre leurs décisions en toute connaissance de cause, il convient de prendre en considération le fait que la majorité des consommateurs jugent *[juge]* largement nécessaires certaines informations auxquelles ils attachent une valeur importante, ou de tenir compte de tout bénéfice généralement admis par les consommateurs.

Art. 5 *Consultation de l'Autorité européenne de sécurité des aliments.* Toute mesure de l'Union dans le domaine de la législation relative à l'information sur les denrées alimentaires susceptible d'avoir une incidence sur la santé publique est adoptée après consultation de l'Autorité européenne de sécurité des aliments (ci-après dénommée "Autorité").

CHAPITRE III *Exigences générales relatives à l'information sur les denrées alimentaires et responsabilités des exploitants du secteur alimentaire*

Art. 6 *Exigence fondamentale.* Toute denrée alimentaire destinée au consommateur final ou aux collectivités est accompagnée d'informations sur les denrées alimentaires conformément au présent règlement.

Art. 7 *Pratiques loyales en matière d'information.* 1. Les informations sur les denrées alimentaires n'induisent pas en erreur, notamment :

a) sur les caractéristiques de la denrée alimentaire et, notamment, sur la nature, l'identité, les qualités, la composition, la quantité, la durabilité, le pays d'origine ou le lieu de provenance, le mode de fabrication ou d'obtention de cette denrée ;

b) en attribuant à la denrée alimentaire des effets ou qualités qu'elle ne possède pas ;

c) en suggérant que la denrée possède des caractéristiques particulières, alors que toutes les denrées alimentaires similaires possèdent ces mêmes caractéristiques, notamment en insistant particulièrement sur la présence ou l'absence de certains ingrédients et/ou nutriments ;

d) en suggérant au consommateur, au moyen de l'apparence, de la description ou d'une représentation graphique, la présence d'une denrée ou d'un ingrédient déterminé alors qu'il s'agit en fait d'une denrée dans laquelle un composant présent naturellement ou un ingrédient normalement utilisé dans cette denrée alimentaire a été remplacé par un composant ou un ingrédient différent.

2. Les informations sur les denrées alimentaires sont précises, claires et aisément compréhensibles par les consommateurs.

3. Sauf dérogations prévues par la législation de l'Union applicable aux eaux minérales naturelles et aux denrées alimentaires destinées à un usage nutritionnel particulier, les informations sur les denrées alimentaires n'attribuent pas à celles-ci des propriétés de prévention, de traitement ou de guérison d'une maladie humaine, ni n'évoquent de telles propriétés.

4. Les paragraphes 1, 2 et 3 s'appliquent également à :

a) la publicité ;

b) la présentation des denrées alimentaires et notamment à la forme ou à l'aspect donné à celles-ci ou à leur emballage, au matériau d'emballage utilisé, à la manière dont elles sont disposées ainsi qu'à l'environnement dans lequel elles sont exposées.

Étiquetage. Les art. 2, § 1, sous a), i), et 3, § 1, point 2, de la Dir. 2000/13/CE du 20 mars 2000, relative au rapprochement des législations des États membres concernant l'étiquetage et la présentation des denrées alimentaires ainsi que la publicité faite à leur égard, doivent être interprétés en ce sens qu'ils s'opposent à ce que l'étiquetage d'une denrée alimentaire et les modalités selon lesquelles celui-ci est réalisé puissent suggérer, au moyen de l'apparence, de la description ou d'une représentation graphique d'un ingrédient déterminé, la présence de ce dernier dans cette denrée alors que, en fait, cet ingrédient y est absent, cette absence ressortant uniquement de la liste des ingrédients qui figure sur l'emballage de ladite denrée (jurispr. transposable au Règl. n° 1169/2011 du 25 oct. 2011, art. 7). • CJUE 4 juin 2015, n° C-195/14 : *D. 2016. Pan. 618, obs. Poillot ; CCC 2015, n° 294, obs. Raymond ; RJDA 2015, n° 607 ; Europe 2015, n° 336, obs. Rigaux.*

Art. 8 *Responsabilités.* 1. L'exploitant du secteur alimentaire responsable des informations sur les denrées alimentaires est l'exploitant sous le nom ou la raison sociale duquel la denrée alimentaire est commercialisée ou, si ledit exploitant n'est pas établi dans l'Union, l'importateur sur le marché de l'Union.

2. L'exploitant du secteur alimentaire responsable des informations sur les denrées alimentaires veille à la présence et à l'exactitude des informations sur les denrées alimentaires conformément à la législation applicable concernant l'information sur les denrées alimentaires et les exigences des dispositions nationales pertinentes.

3. Les exploitants du secteur alimentaire qui n'ont pas d'influence sur les informations sur les denrées alimentaires ne fournissent pas de denrées alimentaires dont ils savent ou supposent, sur la base des informations dont ils disposent en tant que professionnels, qu'elles ne sont pas conformes à la législation applicable concernant l'information sur les denrées alimentaires et aux exigences des dispositions nationales pertinentes.

4. Les exploitants du secteur alimentaire, dans les entreprises placées sous leur contrôle, ne modifient pas les informations accompagnant une denrée alimentaire si une telle modification est de nature à induire en erreur le consommateur final ou à réduire de quelque autre manière le niveau de protection de celui-ci ou la possibilité pour le consommateur final de décider en toute connaissance de cause. Les exploitants du secteur alimentaire sont responsables de toute modification qu'ils apportent aux informations sur les denrées alimentaires accompagnant une denrée alimentaire.

5. Sans préjudice des paragraphes 2 à 4, les exploitants du secteur alimentaire, dans les entreprises placées sous leur contrôle, assurent et vérifient la conformité avec les exigences de la législation concernant l'information sur les denrées alimentaires et avec les dispositions nationales qui sont pertinentes dans leurs activités.

6. Les exploitants du secteur alimentaire, dans les entreprises placées sous leur contrôle, veillent à ce que les informations relatives aux denrées alimentaires non préemballées destinées au consommateur final ou destinées à être livrées aux collectivités soient transmises à l'exploitant du secteur alimentaire recevant ces denrées pour que, si nécessaire, les informations obligatoires sur les denrées alimentaires soient fournies au consommateur final.

7. Dans les cas ci-après, les exploitants du secteur alimentaire, dans les entreprises placées sous leur contrôle, veillent à ce que les mentions obligatoires requises en vertu des articles 9 et 10 apparaissent sur le préemballage ou sur une étiquette attachée à celui-ci, ou sur les documents commerciaux se rapportant aux denrées alimentaires, s'il peut être garanti que ces documents soit accompagnent la denrée alimentaire à laquelle ils se rapportent, soit ont été envoyés avant la livraison ou en même temps que celle-ci, lorsque :

a) les denrées alimentaires préemballées sont destinées au consommateur final, mais commercialisées à un stade antérieur à la vente à celui-ci et lorsque ce stade n'est pas la vente à une collectivité ;

b) les denrées alimentaires préemballées sont destinées à être livrées aux collectivités pour y être préparées, transformées, fractionnées ou découpées.

Nonobstant le premier alinéa, les exploitants du secteur alimentaire veillent à ce que les mentions visées à l'article 9, paragraphe 1, points a), f), g) et h) *[,]* figurent également sur l'emballage extérieur dans lequel les denrées alimentaires préemballées sont présentées lors de la commercialisation.

8. Les exploitants du secteur alimentaire qui fournissent à d'autres exploitants des denrées alimentaires qui ne sont pas destinées au consommateur final ni aux collectivités veillent à fournir à ces autres exploitants du secteur alimentaire suffisamment d'informations leur permettant, le cas échéant, de respecter les obligations qui leur incombent en vertu du paragraphe 2.

CHAPITRE IV *Informations obligatoires sur les denrées alimentaires*

SECTION I *Contenu et présentation*

Art. 9 *Liste des mentions obligatoires.* 1. Conformément aux articles 10 à 35, et sous réserve des exceptions prévues dans le présent chapitre, les mentions suivantes sont obligatoires :

a) la dénomination de la denrée alimentaire ;

b) la liste des ingrédients ;

c) tout ingrédient ou auxiliaire technologique énuméré à l'annexe II ou dérivé d'une substance ou d'un produit énuméré à l'annexe II provoquant des allergies ou des intolérances, utilisé dans la fabrication ou la préparation d'une denrée alimentaire et encore présent dans le produit fini, même sous une forme modifiée ;

d) la quantité de certains ingrédients ou catégories d'ingrédients ;

e) la quantité nette de denrée alimentaire ;

f) la date de durabilité minimale ou la date limite de consommation ;

g) les conditions particulières de conservation et/ou d'utilisation ;

h) le nom ou la raison sociale et l'adresse de l'exploitant du secteur alimentaire visé à l'article 8, paragraphe 1 ;

i) le pays d'origine ou le lieu de provenance lorsqu'il est prévu à l'article 26 ;

j) un mode d'emploi, lorsque son absence rendrait difficile un usage approprié de la denrée alimentaire ;

k) pour les boissons titrant plus de 1,2 % d'alcool en volume, le titre alcoométrique volumique acquis ;

l) une déclaration nutritionnelle.

2. Les mentions visées au paragraphe 1 sont exprimées à l'aide de mots et de chiffres. Sans préjudice de l'article 35, elles peuvent l'être en outre à l'aide de pictogrammes ou de symboles.

3. Si la Commission adopte des actes délégués et d'exécution tels que visés au présent article, les mentions visées au paragraphe 1 peuvent alternativement être exprimées au moyen de pictogrammes ou de symboles plutôt que par des mots ou des chiffres.

Afin de veiller à ce que les consommateurs bénéficient d'autres moyens d'expression pour les informations obligatoires sur les denrées alimentaires que les mots et les chiffres, et pour autant que le même niveau d'information *[ne]* soit ainsi assuré que par les mots et les chiffres, la Commission, sur la base d'éléments témoignant d'une compréhension uniforme par le consommateur, peut fixer, par voie d'actes délégués, en conformité avec l'article 51, les critères selon lesquels une ou plusieurs des mentions visées au paragraphe 1 peuvent être exprimées par des pictogrammes ou des symboles plutôt que par des mots ou des chiffres.

4. La Commission, dans le but d'assurer l'application uniforme du paragraphe 3 du présent article, peut adopter des actes d'exécution portant sur les modalités d'application du critère défini conformément au paragraphe 3 pour l'expression d'une mention ou de plusieurs *[d'une ou de plusieurs mentions]* au moyen de pictogrammes ou de symboles plutôt que de mots ou de chiffres. Ces actes d'exécution sont adoptés en conformité avec la procédure d'examen visée à l'article 48, paragraphe 2.

Art. 10 *Mentions obligatoires complémentaires pour des types ou catégories spécifiques de denrées alimentaires.* 1. En plus des mentions énumérées à l'article 9, paragraphe 1, des mentions obligatoires complémentaires sont prévues à l'annexe III pour des types ou catégories spécifiques de denrées alimentaires.

2. Afin de veiller à l'information du consommateur sur les types ou catégories spécifiques de denrées alimentaires et de tenir compte des progrès scientifiques et techniques, de la protection de la santé des consommateurs ou de l'utilisation des denrées en toute sécurité, la Commission peut modifier l'annexe III par voie d'actes délégués, en conformité avec l'article 51.

Lorsque, dans le cas où apparaît un risque pour la santé des consommateurs, des raisons d'urgence impérieuse l'imposent, la procédure prévue à l'article 52 est applicable aux actes délégués adoptés en vertu du présent article.

Art. 11 *Métrologie.* L'article 9 s'applique sans préjudice des dispositions de l'Union plus spécifiques en matière de métrologie.

Art. 12 *Mise à disposition et emplacement des informations obligatoires.* 1. Pour toutes les denrées alimentaires, les informations obligatoires sur les denrées alimentaires sont fournies et rendues facilement accessibles, conformément au présent règlement.

2. Pour les denrées alimentaires préemballées, les informations obligatoires figurent directement sur l'emballage ou sur une étiquette attachée à celui-ci.

3. Afin de veiller à ce que les consommateurs puissent disposer des informations obligatoires sur les denrées alimentaires par d'autres moyens mieux adaptés pour certaines mentions obligatoires, et pour autant que le même niveau d'information *[ne]* soit ainsi assuré qu'au moyen de l'emballage ou de l'étiquette, la Commission, sur la base d'éléments témoignant d'une compréhension uniforme et d'un large usage de ces moyens par les consommateurs, peut fixer, par voie d'actes délégués, en conformité avec l'article 51, les critères selon lesquels certaines mentions obligatoires peuvent être exprimées par un moyen autre que leur indication sur l'emballage ou l'étiquette.

4. Afin d'assurer l'application uniforme du paragraphe 3 du présent article, la Commission peut adopter des actes d'exécution portant sur les modalités d'application des critères visés au paragraphe 3 afin que certaines mentions obligatoires soient exprimées par un moyen autre que leur indication sur l'emballage ou l'étiquette. Ces actes d'exécution sont adoptés en conformité avec la procédure d'examen visée à l'article 48, paragraphe 2.

5. Les dispositions de l'article 44 s'appliquent aux denrées alimentaires non préemballées.

Art. 13 *Présentation des mentions obligatoires.* 1. Sans préjudice des mesures nationales arrêtées en vertu de l'article 44, paragraphe 2, les informations obligatoires sur les denrées alimentaires sont inscrites à un endroit apparent de manière à être facilement visibles, clairement lisibles et, le cas échéant, indélébiles. Elles ne sont en aucune façon dissimulées, voilées, tronquées ou séparées par d'autres indications ou images ou tout autre élément interférant.

2. Sans préjudice de dispositions particulières de l'Union applicables à certaines denrées alimentaires, les mentions obligatoires énumérées à l'article 9, paragraphe 1, qui figurent sur l'emballage ou l'étiquette jointe à celui-ci sont imprimées de manière clairement lisible dans un corps de caractère dont la hauteur de x, telle que définie à l'annexe IV, est égale ou supérieure à 1,2 mm.

3. Dans le cas d'emballages ou de récipients dont la face la plus grande a une surface inférieure à 80 cm^2, la hauteur de x du corps de caractère visée au paragraphe 2 est égale ou supérieure à 0,9 mm.

4. Afin de réaliser les objectifs du présent règlement, la Commission établit, par voie d'actes délégués, en conformité avec l'article 51, des règles de lisibilité.

Aux mêmes fins que celles énoncées au premier alinéa, la Commission peut, par voie d'actes délégués, en conformité avec l'article 51, étendre les exigences du paragraphe 5 du présent article aux mentions obligatoires complémentaires pour des types ou catégories spécifiques de denrées alimentaires.

5. Les mentions énumérées à l'article 9, paragraphe 1, points a), e) et k)*[,]* apparaissent dans le même champ visuel.

6. Le paragraphe 5 du présent article ne s'applique pas aux cas spécifiés à l'article 16, paragraphes 1 et 2.

Art. 14 *Vente à distance.* 1. Sans préjudice des informations requises en vertu de l'article 9, pour les denrées alimentaires préemballées proposées à la vente au moyen d'une technique de communication à distance :

a) les informations obligatoires sur les denrées alimentaires, à l'exception des mentions prévues à l'article 9, paragraphe 1, point f), sont fournies avant la conclusion de l'achat et figurent sur le support de la vente à distance ou sont transmises par tout autre moyen approprié clairement précisé par l'exploitant du secteur alimentaire. Lorsque d'autres moyens appropriés sont utilisés, les informations obligatoires sur les denrées alimentaires sont fournies sans que l'exploitant du secteur alimentaire puisse imputer de frais supplémentaires aux consommateurs ;

b) toutes les mentions obligatoires sont fournies au moment de la livraison.

2. Dans le cas des denrées alimentaires non préemballées proposées à la vente au moyen d'une technique de communication à distance, les mentions requises en vertu de l'article 44 sont fournies conformément au paragraphe 1 du présent article.

3. Le paragraphe 1, point a), ne s'applique pas aux denrées alimentaires proposées à la vente au moyen de distributeurs automatiques ou de locaux commerciaux automatisés.

Art. 15 *Exigences linguistiques.* 1. Sans préjudice de l'article 9, paragraphe 3, les informations obligatoires sur les denrées alimentaires apparaissent dans une langue facilement compréhensible par les consommateurs des États membres où la denrée est commercialisée.

2. Les États membres où la denrée alimentaire est commercialisée peuvent imposer sur leur territoire que les mentions figurent dans une ou plusieurs des langues officielles de l'Union.

3. Les paragraphes 1 et 2 ne s'opposent pas à ce que les mentions figurent en plusieurs langues.

Art. 16 *Omission de certaines mentions obligatoires.* 1. Dans le cas de bouteilles en verre destinées à être réutilisées qui sont marquées de manière indélébile et qui, de ce fait, ne portent ni étiquette, ni bague, ni collerette, seules les mentions énumérées à l'article 9, *paragraphe 1, points a), c), e), f) et l), sont obligatoires.*

2. Dans le cas d'emballages ou de récipients dont la face la plus grande a une surface inférieure à 10 cm^2, seules les mentions énumérées à l'article 9, paragraphe 1, points a), c), e) et f), sont obligatoires sur l'emballage ou l'étiquette. Les mentions visées à l'article 9, paragraphe 1, point b), sont fournies par d'autres moyens ou sont mises à la disposition du consommateur à sa demande.

3. Sans préjudice d'autres dispositions de l'Union requérant une déclaration nutritionnelle obligatoire, la déclaration visée à l'article 9, paragraphe 1, point l), n'est pas obligatoire pour les denrées alimentaires énumérées à l'annexe V.

4. Sans préjudice d'autres dispositions de l'Union requérant une liste des ingrédients ou une déclaration nutritionnelle obligatoire, les mentions visées à l'article 9, paragraphe 1, points b) et l), ne sont pas obligatoires pour les boissons titrant plus de 1,2 % d'alcool en volume.

Au plus tard le 13 décembre 2014, la Commission élabore un rapport concernant l'application de l'article 18 et de l'article 30, paragraphe 1, aux produits visés au présent paragraphe, indiquant si les boissons alcoolisées devraient à l'avenir être soumises notamment aux exigences applicables en matière d'information sur la valeur énergétique et précisant les motifs justifiant les éventuelles exemptions, en tenant compte de la nécessité de veiller à la cohérence avec d'autres politiques pertinentes de l'Union. Elle examine, à cette occasion, s'il y a lieu de proposer une définition des "alcopops".

La Commission accompagne ce rapport d'une proposition législative fixant, le cas échéant, les règles en matière de liste des ingrédients et de déclaration nutritionnelle obligatoire pour ces produits.

SECTION II *Dispositions détaillées sur les mentions obligatoires*

Art. 17 *Dénomination de la denrée alimentaire.* 1. La dénomination de la denrée alimentaire est sa dénomination légale. En l'absence d'une telle dénomination, la dénomination de la denrée est son nom usuel. A défaut d'un tel nom ou si celui-ci n'est pas utilisé, un nom descriptif est à indiquer.

2. L'utilisation dans l'État membre de commercialisation de la dénomination de la denrée alimentaire sous laquelle le produit est légalement fabriqué et commercialisé dans l'État membre de production est admise. Toutefois, lorsque l'application des autres dispositions du présent règlement, notamment celles fixées à l'article 9, n'est pas de nature à permettre aux consommateurs de l'État membre de commercialisation de connaître la nature réelle de la denrée et de la distinguer des denrées avec lesquelles ils pourraient la confondre, la dénomination de la denrée en question est accompagnée d'autres informations descriptives à faire figurer à proximité de celle-ci.

3. Dans des cas exceptionnels, la dénomination de la denrée alimentaire de l'État membre de production n'est pas utilisée dans l'État membre de commercialisation lorsque la denrée qu'elle désigne dans l'État membre de production s'écarte tellement, du point de vue de sa composition ou de sa fabrication, de la denrée connue sous cette dénomination dans l'État membre de commercialisation que le paragraphe 2 ne suffit pas à assurer, dans l'État membre de commercialisation, une information correcte du consommateur.

4. Une dénomination protégée dans le cadre de la propriété intellectuelle, une marque de commerce ou une dénomination de fantaisie ne peut se substituer à la dénomination de la denrée alimentaire.

5. Les dispositions spécifiques relatives à la dénomination de la denrée alimentaire et aux mentions dont celle-ci est assortie sont établies à l'annexe VI.

Art. 18 *Liste des ingrédients.* 1. La liste des ingrédients est assortie d'un intitulé ou précédée d'une mention appropriée "ingrédients" ou comportant ce terme. Elle comprend tous les ingrédients de la denrée alimentaire, dans l'ordre décroissant de leur importance pondérale au moment de leur mise en œuvre dans la fabrication de la denrée.

2. Les ingrédients sont désignés par leur nom spécifique, le cas échéant, conformément aux règles prévues à l'article 17 et à l'annexe VI.

3. Tous les ingrédients qui se présentent sous forme de nanomatériaux manufacturés sont indiqués clairement dans la liste des ingrédients. Le nom des ingrédients est suivi du mot "nano" entre crochets.

4. Les modalités techniques régissant l'application des paragraphes 1 et 2 du présent article sont établies à l'annexe VII.

5. Afin de réaliser les objectifs du présent règlement, la Commission ajuste et adapte, par voie d'actes délégués en conformité avec l'article 51, la définition des "nanomatériaux manufacturés" visée à l'article 2, paragraphe 2, point t), au progrès scientifique et technique ou aux définitions convenues à un niveau international.

Art. 19 *Omission de la liste des ingrédients.* 1. Une liste des ingrédients n'est pas requise pour les denrées alimentaires suivantes :

a) les fruits et légumes frais, y compris les pommes de terre, qui n'ont pas fait l'objet d'un épluchage, d'un découpage ou d'autres traitements similaires ;

b) les eaux gazéifiées, dont la dénomination fait apparaître cette caractéristique ;

c) les vinaigres de fermentation s'ils proviennent exclusivement d'un seul produit de base et pour autant qu'aucun autre ingrédient n'ait été ajouté ;

d) les fromages, le beurre, les laits et crèmes fermentés pour autant que n'aient pas été ajoutés d'autres ingrédients que des produits lactés, des enzymes alimentaires et des cultures de micro-organismes nécessaires à la fabrication ou, dans le cas des fromages autres que frais ou fondus, que le sel nécessaire à leur fabrication ;

e) les produits ne comportant qu'un seul ingrédient, à condition que la dénomination de la denrée alimentaire :

i) soit identique au nom de l'ingrédient ; ou

ii) permette de déterminer la nature de l'ingrédient sans risque de confusion.

2. Afin de tenir compte de l'utilité que présente pour les consommateurs la liste des ingrédients de types ou catégories spécifiques de denrées alimentaires, la Commission peut, dans des cas exceptionnels, compléter le paragraphe 1 du présent article, par voie d'actes délégués, en conformité avec l'article 51, pour autant que l'omission de la liste des ingrédients n'aboutisse pas à une information inadéquate du consommateur final ou des collectivités.

Art. 20 *Omission de constituants d'une denrée alimentaire de la liste des ingrédients.* Sans préjudice de l'article 21, l'indication des constituants suivants d'une denrée alimentaire n'est pas requise dans la liste des ingrédients :

(Rect. JOUE L 50 du 21 févr. 2015) « a) les constituants d'un ingrédient qui, au cours du processus de fabrication, ont été temporairement soustraits pour être réincorporés ensuite en quantité ne dépassant pas la teneur initiale ; »

b) les additifs alimentaires et enzymes alimentaires :

i) dont la présence dans une denrée alimentaire est uniquement due au fait qu'ils étaient contenus dans un ou plusieurs ingrédients de cette denrée, conformément au principe de transfert visé à l'article 18, paragraphe 1, points a) et b), du règlement (CE) nº 1333/2008, et sous réserve qu'ils ne remplissent pas de fonction technologique dans le produit fini ; ou

ii) qui sont utilisés en tant qu'auxiliaires technologiques ;

c) les supports, ainsi que les substances qui ne sont pas des additifs alimentaires mais qui sont utilisées de la même manière et dans le même but que les supports, qui sont utilisés aux doses strictement nécessaires ;

d) les substances qui ne sont pas des additifs alimentaires mais qui sont utilisées de la même manière et dans le même but que les auxiliaires technologiques et qui sont toujours présentes dans le produit fini, même sous une forme modifiée ;

e) l'eau :

i) lorsque l'eau est utilisée, lors du processus de fabrication, uniquement pour permettre la reconstitution dans son état d'origine d'un ingrédient utilisé sous forme concentrée ou déshydratée, ou

ii) dans le cas du liquide de couverture, qui n'est normalement pas consommé.

Art. 21 *Étiquetage de certaines substances ou certains produits provoquant des allergies ou intolérances.* 1. Sans préjudice des modalités arrêtées en vertu de l'article 44, paragraphe 2, les mentions visées à l'article 9, paragraphe 1, point c), satisfont aux exigences suivantes :

a) elles sont indiquées dans la liste des ingrédients, conformément aux règles prévues à l'article 18, paragraphe 1, accompagnées d'une référence claire au nom de la substance ou du produit énuméré à l'annexe II ; et

b) le nom de la substance ou du produit énuméré à l'annexe II est mis en évidence par une impression qui le distingue clairement du reste de la liste des ingrédients, par exemple au moyen du corps de caractère, du style de caractère ou de la couleur du fond.

En l'absence de liste des ingrédients, l'indication des mentions visées à l'article 9, paragraphe 1, point c), comporte le terme "contient" suivi du nom de la substance ou du produit énuméré à l'annexe II.

Lorsque plusieurs ingrédients ou auxiliaires technologiques d'une denrée alimentaire proviennent d'une seule substance ou d'un seul produit énuméré à l'annexe II, l'étiquetage doit le préciser pour chaque ingrédient ou auxiliaire technologique concerné.

L'indication des mentions visées à l'article 9, paragraphe 1, point c), n'est pas requise lorsque la dénomination de la denrée alimentaire fait clairement référence au nom de la substance ou du produit concerné.

2. Afin de garantir une meilleure information des consommateurs et de tenir compte des progrès scientifiques et des connaissances techniques les plus récents, la Commission réexamine systématiquement et, au besoin, met à jour la liste figurant à l'annexe II par voie d'actes délégués, en conformité avec l'article 51.

Lorsque, dans le cas où un risque pour la santé des consommateurs apparaît, des raisons d'urgence impérieuse l'imposent, la procédure prévue à l'article 52 est applicable aux actes délégués adoptés en vertu du présent article.

Art. 22 *Indication quantitative des ingrédients.* 1. L'indication de la quantité d'un ingrédient ou d'une catégorie d'ingrédients utilisé dans la fabrication ou la préparation d'une denrée alimentaire est requise lorsque cet ingrédient ou cette catégorie d'ingrédients :

a) figure dans la dénomination de la denrée alimentaire ou est généralement associé à cette dénomination par les consommateurs ;

b) est mis en évidence dans l'étiquetage par des mots, des images ou une représentation graphique ; ou

c) est essentiel pour caractériser une denrée alimentaire et la distinguer des produits avec lesquels elle pourrait être confondue en raison de sa dénomination ou de son aspect.

2. Les modalités techniques d'application du paragraphe 1, y compris les cas particuliers dans lesquels l'indication de la quantité de certains ingrédients n'est pas requise, sont établies à l'annexe VIII.

Art. 23 *Quantité nette.* 1. La quantité nette d'une denrée alimentaire est exprimée, en utilisant, selon le cas, le litre, le centilitre, le millilitre ou bien le kilogramme ou le gramme :

a) en unités de volume pour les produits liquides ;

b) en unités de masse pour les autres produits.

2. Afin de garantir une meilleure compréhension par les consommateurs des informations sur les denrées alimentaires figurant sur les étiquettes, la Commission peut prévoir pour des catégories spécifiques de denrées alimentaires, par voie d'actes délégués, en conformité avec l'article 51, une forme d'expression de la quantité nette autre que celle prévue au paragraphe 1 du présent article.

3. Les modalités techniques d'application du paragraphe 1, y compris les cas particuliers dans lesquels l'indication de la quantité nette n'est pas requise, sont établies à l'annexe IX.

Art. 24 *Date de durabilité minimale, date limite de consommation et date de congélation.* 1. Dans le cas de denrées alimentaires microbiologiquement très périssables et qui, de ce fait, sont susceptibles, après une courte période, de présenter un danger immédiat pour la santé humaine, la date de durabilité minimale est remplacée par la date limite de consommation. Au-delà de la date limite de consommation, une denrée alimentaire est dite dangereuse conformément à l'article 14, paragraphes 2 à 5, du règlement (CE) n° 178/2002.

2. La date appropriée est indiquée conformément à l'annexe X.

3. Afin d'assurer la mise en œuvre uniforme de la façon d'indiquer la date de durabilité minimale décrite à l'annexe X, point 1 c), la Commission peut adopter des actes d'exécution fixant les modalités à cet égard. Ces actes d'exécution sont adoptés en conformité avec la procédure d'examen visée à l'article 48, paragraphe 2.

Art. 25 *Conditions de conservation ou conditions d'utilisation.* 1. Si les denrées requièrent des conditions particulières de conservation et/ou d'utilisation, celles-ci sont indiquées.

2. *(Rect. JOUE L 167 du 30 juin 2017)* « Pour permettre une bonne conservation ou une bonne utilisation de la denrée après ouverture de son emballage, les conditions de conservation et/ou le délai de consommation sont indiqués, le cas échéant. »

Art. 26 *Pays d'origine ou lieu de provenance.* 1. Le présent article s'applique sans préjudice des exigences d'étiquetage prévues dans des dispositions particulières de l'Union, et notamment le règlement (CE) n° 509/2006 du Conseil du 20 mars 2006 relatif aux spécialités traditionnelles garanties des produits agricoles et des denrées alimentaires et le règlement (CE) n° 510/2006 du Conseil du 20 mars 2006 relatif à la protection des indications géographiques et des appellations d'origine des produits agricoles et des denrées alimentaires. — *Tous les deux sont abrogés par Règl. (UE) nº 1151/2012 du 21 nov. 2012, V. vº Valorisation des produits et services.*

2. L'indication du pays d'origine ou du lieu de provenance est obligatoire :

a) dans les cas où son omission serait susceptible d'induire en erreur les consommateurs sur le pays d'origine ou le lieu de provenance réel de la denrée alimentaire, en particulier si les informations jointes à la denrée ou l'étiquette dans son ensemble peuvent laisser penser que la denrée a un pays d'origine ou un lieu de provenance différent ;

b) pour la viande relevant des codes de nomenclature combinée (NC) dont la liste figure à l'annexe XI. L'application du présent point est subordonnée à l'adoption des actes d'exécution visés au paragraphe 8.

3. Lorsque le pays d'origine ou le lieu de provenance de la denrée alimentaire est indiqué et qu'il n'est pas celui de son ingrédient primaire :

a) le pays d'origine ou le lieu de provenance de l'ingrédient primaire en question est également indiqué ; ou

b) le pays d'origine ou le lieu de provenance de l'ingrédient primaire est indiqué comme étant autre que celui de la denrée alimentaire.

L'application du présent paragraphe est subordonnée à l'adoption des actes d'exécution visés au paragraphe 8.

4. Dans les cinq ans à compter de la date d'application du paragraphe 2, point b), la Commission présente un rapport au Parlement européen et au Conseil afin d'évaluer l'indication obligatoire du pays d'origine ou du lieu de provenance pour les produits visés audit point.

5. Au plus tard le 13 décembre 2014, la Commission présente des rapports au Parlement européen et au Conseil concernant l'indication obligatoire du pays d'origine ou du lieu de provenance pour les denrées suivantes :

a) les types de viande autres que la viande bovine et ceux visés au paragraphe 2, point b) ;

b) le lait ;

c) le lait utilisé comme ingrédient dans les produits laitiers ;

d) les denrées alimentaires non transformées ;

e) les produits comprenant un seul ingrédient ;

f) les ingrédients constituant plus de 50 % d'une denrée alimentaire.

6. Au plus tard le 13 décembre 2013, la Commission présente un rapport au Parlement européen et au Conseil concernant l'indication obligatoire du pays d'origine ou du lieu de provenance pour la viande utilisée en tant qu'ingrédient.

7. Les rapports visés aux paragraphes 5 et 6 tiennent compte de la nécessité d'informer les consommateurs de la faisabilité de fournir l'indication obligatoire du pays d'origine ou du lieu de provenance et d'une analyse des coûts et des avantages de l'introduction de telles mesures, y compris les incidences juridiques sur le marché intérieur et l'impact sur le commerce international.

La Commission peut accompagner ces rapports de propositions de modification des dispositions pertinentes de la législation de l'Union.

8. Au plus tard le 13 décembre 2013, après des analyses d'impact, la Commission adopte les actes d'exécution fixant les modalités d'application du paragraphe 2, point b), et du paragraphe 3 du présent article. Ces actes d'exécution sont adoptés en conformité avec la procédure d'examen visée à l'article 48, paragraphe 2.

9. Dans le cas des denrées visées au paragraphe 2, point b), au paragraphe 5, point a), et au paragraphe 6, les rapports et les analyses d'impact effectués au titre du présent article examinent, notamment, les options quant aux modalités possibles d'exprimer le pays d'origine ou le lieu de provenance desdites denrées, en particulier par rapport à chacun des moments suivants qui sont déterminants dans la vie de l'animal :

a) lieu de naissance ;

b) lieu d'élevage ;

c) lieu d'abattage.

Art. 27 *Mode d'emploi.* 1. Le mode d'emploi d'une denrée alimentaire est indiqué de façon à permettre un usage approprié de cette denrée.

2. La Commission peut adopter des actes d'exécution fixant les modalités d'application du paragraphe 1 à certaines denrées alimentaires. Ces actes d'exécution sont adoptés en conformité avec la procédure d'examen visée à l'article 48, paragraphe 2.

Art. 28 *Titre alcoométrique.* **1. Les modalités selon lesquelles le titre alcoométrique volumique est indiqué sont déterminées, en ce qui concerne les produits relevant du code NC 2204, par les dispositions spécifiques de l'Union qui leur sont applicables.**

2. Le titre alcoométrique volumique acquis des boissons titrant plus de 1,2 % d'alcool en volume qui ne sont pas visées au paragraphe 1 est à indiquer conformément à l'annexe XII.

SECTION III *Déclaration nutritionnelle*

Art. 29 *Lien avec d'autres actes législatifs.* **1. La présente section ne s'applique pas aux denrées alimentaires entrant dans le champ d'application de :**

a) la directive 2002/46/CE du Parlement européen et du Conseil du 10 juin 2002 relative au rapprochement des législations des États membres concernant les compléments alimentaires ;

b) la directive 2009/54/CE du Parlement européen et du Conseil du 18 juin 2009 relative à l'exploitation et à la mise dans le commerce des eaux minérales naturelles.

2. La présente section s'applique sans préjudice de la directive 2009/39/CE du Parlement européen et du Conseil du 6 mai 2009 relative aux denrées alimentaires destinées à une alimentation particulière et des directives spécifiques visées à l'article 4, paragraphe 1, de ladite directive.

Art. 30 *Contenu.* **1. La déclaration nutritionnelle obligatoire inclut les éléments suivants :**

a) la valeur énergétique ; et

b) la quantité de *(Rect. JOUE L 163 du 15 juin 2013)* **« matières grasses », d'acides gras saturés, de glucides, de sucres, de protéines et de sel.**

S'il y a lieu, une déclaration indiquant que la teneur en sel est exclusivement due à la présence de sodium présent naturellement peut figurer à proximité immédiate de la déclaration nutritionnelle.

2. Le contenu de la déclaration nutritionnelle obligatoire, visé au paragraphe 1, peut être complété par l'indication des quantités d'un ou de plusieurs des éléments suivants :

a) acides gras mono-insaturés ;

b) acides gras polyinsaturés ;

c) polyols ;

d) amidon ;

e) fibres alimentaires ;

f) tous vitamines ou sels minéraux énumérés à l'annexe XIII, partie A, point 1, et présents en quantité significative conformément à la partie A, point 2, de ladite annexe.

3. Lorsque l'étiquetage d'une denrée alimentaire préemballée comporte la déclaration nutritionnelle obligatoire visée au paragraphe 1, les informations suivantes peuvent y être répétées :

a) soit la valeur énergétique ;

b) soit la valeur énergétique, ainsi que les quantités de *(Rect. JOUE L 163 du 15 juin 2013)* **« matières grasses », d'acides gras saturés, de sucres et de sel.**

4. Par dérogation à l'article 36, paragraphe 1, lorsque l'étiquetage des produits visés à l'article 16, paragraphe 4, comporte une déclaration nutritionnelle, le contenu de celle-ci peut être limité à la seule valeur énergétique.

5. Sans préjudice des dispositions de l'article 44 et par dérogation à l'article 36, paragraphe 1, lorsque l'emballage des produits visés à l'article 44, paragraphe 1, comporte une déclaration nutritionnelle, le contenu de celle-ci peut être limité à :

a) la valeur énergétique ; ou

b) la valeur énergétique et les quantités de *(Rect. JOUE L 163 du 15 juin 2013)* **« matières grasses », d'acides gras saturés, de sucres et de sel.**

6. Afin de tenir compte de l'utilité que présentent pour les consommateurs les mentions visées aux paragraphes 2 à 5 du présent article, la Commission peut, par voie d'actes délégués en conformité avec l'article 51, modifier les listes figurant auxdits paragraphes, en y ajoutant ou en en retirant des mentions.

7. Au plus tard le 13 décembre 2014, la Commission, compte tenu des preuves scientifiques et de l'expérience acquise dans les États membres, présente un rapport sur la pré-

sence d'acides gras trans dans les denrées alimentaires et, de manière générale, dans le régime alimentaire de la population de l'Union. Le but du rapport est d'évaluer les effets de mesures appropriées qui pourraient permettre aux consommateurs de faire des choix plus sains quant aux denrées alimentaires et à leur régime alimentaire en général, ou qui pourraient promouvoir l'apport d'options plus saines en ce qui concerne les denrées alimentaires offertes aux consommateurs, y compris, entre autres, la fourniture d'informations aux consommateurs sur lesdits acides gras trans ou l'imposition de restrictions à leur usage. La Commission joint à ce rapport, le cas échéant, une proposition législative.

Art. 31 *Calcul.* 1. La valeur énergétique est calculée à l'aide des coefficients de conversion énumérés à l'annexe XIV.

2. La Commission peut, par voie d'actes délégués en conformité avec l'article 51, adopter les coefficients de conversion pour les vitamines et les sels minéraux visés à l'annexe XIII, partie A, point 1, afin de calculer plus précisément la quantité de vitamines et sels minéraux présente dans les denrées alimentaires. Ces coefficients de conversion sont ajoutés à l'annexe XIV.

3. La valeur énergétique et les quantités de nutriments visées à l'article 30, paragraphes 1 à 5, se rapportent à la denrée alimentaire telle qu'elle est vendue.

S'il y a lieu, il est possible de fournir ces informations pour la denrée alimentaire une fois préparée, à condition que le mode de préparation soit décrit avec suffisamment de détails et que l'information concerne la denrée prête à la consommation.

4. Les valeurs déclarées sont, selon le cas, des valeurs moyennes établies sur la base :

a) de l'analyse de la denrée alimentaire effectuée par le fabricant ;

b) du calcul effectué à partir des valeurs moyennes connues ou effectives relatives aux ingrédients utilisés ; ou

c) du calcul effectué à partir de données généralement établies et acceptées.

La Commission peut adopter des actes d'exécution fixant les modalités pour l'application uniforme du présent paragraphe en ce qui concerne la précision des valeurs déclarées et notamment les écarts entre les valeurs déclarées et celles constatées lors des contrôles officiels. Ces actes d'exécution sont adoptés en conformité avec la procédure d'examen visée à l'article 48, paragraphe 2.

Art. 32 *Expression pour 100 g ou 100 ml.* 1. La valeur énergétique et les quantités de nutriments visées à l'article 30, paragraphes 1 à 5, sont exprimées à l'aide des unités de mesure énoncées à l'annexe XV.

2. La valeur énergétique et les quantités de nutriments visées à l'article 30, paragraphes 1 à 5, sont exprimées pour 100 g ou 100 ml.

3. Les éventuelles indications concernant les vitamines et les sels minéraux, outre la forme d'expression visée au paragraphe 2, sont exprimées, pour 100 g ou 100 ml, en pourcentage des apports de référence fixés à l'annexe XIII, partie A, point 1.

4. Outre la forme d'expression visée au paragraphe 2 du présent article, la valeur énergétique et les quantités de nutriments visées à l'article 30, paragraphes 1, 3, 4 et 5, peuvent être exprimées, le cas échéant, pour 100 g ou 100 ml, en pourcentage des apports de référence fixés à l'annexe XIII, partie B.

5. Lorsque des indications sont apportées en application du paragraphe 4, la mention suivante est indiquée à proximité immédiate : "Apport de référence pour un adulte type (8 400 kJ/2 000 kcal)".

Art. 33 *Expression par portion ou par unité de consommation.* 1. Dans les cas suivants, la valeur énergétique et les quantités de nutriments visées à l'article 30, paragraphes 1 à 5, peuvent être exprimées par portion et/ou par unité de consommation facilement reconnaissable par les consommateurs, à condition que la portion ou l'unité utilisée soit quantifiée sur l'étiquette et que le nombre de portions ou d'unités contenues dans l'emballage soit indiqué :

a) en plus de la forme d'expression pour 100 g ou 100 ml visée à l'article 32, paragraphe 2 ;

b) en plus de la forme d'expression pour 100 g ou 100 ml visée à l'article 32, paragraphe 3, pour les quantités de vitamines et de sels minéraux ;

c) en plus de ou en lieu et place de la forme d'expression pour 100 g ou 100 ml visée à l'article 32, paragraphe 4.

2. Par dérogation à l'article 32, paragraphe 2, dans les cas visés à l'article 30, paragraphe 3, point b), les quantités de nutriments et/ou le pourcentage des apports de référence fixés

à l'annexe XIII, partie B, peuvent être exprimés uniquement par portion ou par unité de consommation.

Si, en vertu du premier alinéa, les quantités de nutriments sont exprimées uniquement par portion ou par unité de consommation, la valeur énergétique est exprimée à la fois par 100 g ou par 100 ml et par portion ou unité de consommation.

3. Par dérogation à l'article 32, paragraphe 2, dans les cas visés à l'article 30, paragraphe 5, la valeur énergétique et les quantités de nutriments ou le pourcentage des apports de référence fixés à l'annexe XIII, partie B, peuvent être exprimés uniquement par portion ou par unité de consommation.

4. La portion ou l'unité utilisée est indiquée à proximité immédiate de la déclaration nutritionnelle.

5. Afin d'assurer, lorsque la déclaration nutritionnelle est exprimée par portion ou par unité de consommation, la mise en œuvre uniforme de cette forme d'expression et d'offrir aux consommateurs une base de comparaison uniforme, la Commission adopte par voie d'actes d'exécution, en tenant compte des habitudes de consommation réelles et des recommandations diététiques, des règles concernant l'expression par portion ou par unité de consommation pour des catégories spécifiques de denrées alimentaires. Ces actes d'exécution sont adoptés en conformité avec la procédure d'examen visée à l'article 48, paragraphe 2.

Art. 34 *Présentation.* 1. Les mentions visées à l'article 30, paragraphes 1 et 2, figurent dans le même champ visuel. Elles sont présentées conjointement, sous une forme claire et, le cas échéant, dans l'ordre de présentation prévu à l'annexe XV.

2. Les mentions visées à l'article 30, paragraphes 1 et 2, sont présentées, si la place le permet, sous forme de tableau, avec alignement des chiffres. Faute de place suffisante, les informations sont présentées sous forme linéaire.

3. Les mentions visées à l'article 30, paragraphe 3, sont présentées conjointement :

a) dans le champ visuel principal ; et

b) dans le corps de caractère prévu à l'article 13, paragraphe 2.

Les mentions visées à l'article 30, paragraphe 3, peuvent être présentées sous une autre forme que celle prévue au paragraphe 2 du présent article.

4. Les mentions visées à l'article 30, paragraphes 4 et 5, peuvent être présentées sous une autre forme que celle prévue au paragraphe 2 du présent article.

(Rect. JOUE L 163 du 15 juin 2013) « 5. Lorsque la valeur énergétique ou la quantité de nutriment(s) d'un produit est négligeable, l'information concernant ces éléments peut être remplacée par une mention telle que "Contient des quantités négligeables de ...", placée à proximité immédiate de la déclaration nutritionnelle, si une telle déclaration est fournie. »

(Rect. JOUE L 50 du 21 févr. 2015) « Afin d'assurer la mise en œuvre uniforme du présent paragraphe, la Commission peut adopter des actes d'exécution concernant la valeur énergétique et les quantités de nutriments visées à l'article 30, paragraphes 1 à 5, qui peuvent être considérées comme négligeables. Ces actes d'exécution sont adoptés en conformité avec la procédure d'examen visée à l'article 48, paragraphe 2. »

6. Afin d'assurer la mise en œuvre uniforme des dispositions relatives à la présentation de la déclaration nutritionnelle en ce qui concerne les formes visées aux paragraphes 1 à 4 du présent article, la Commission peut adopter des actes d'exécution fixant les modalités d'application. Ces actes d'exécution sont adoptés en conformité avec la procédure d'examen visée à l'article 48, paragraphe 2.

Art. 35 *Formes d'expression et de présentation complémentaires.* 1. Outre les formes d'expression prévues à l'article 32, paragraphes 2 et 4, et à l'article 33 et la présentation prévue à l'article 34, paragraphe 2, la valeur énergétique et les quantités de nutriments visées à l'article 30, paragraphes 1 à 5, peuvent être exprimées sous d'autres formes et/ou présentées au moyen de graphiques ou symboles en complément des mots ou chiffres, pour autant que les exigences suivantes soient respectées :

a) ces formes se fondent sur de solides études auprès des consommateurs, scientifiquement valides, et n'induisent pas le consommateur en erreur, comme indiqué à l'article 7 ;

b) leur mise au point est le résultat de la consultation d'un large éventail de groupes d'intérêts ;

c) elles visent à faciliter la compréhension par le consommateur de la contribution de la denrée alimentaire à l'apport en énergie et en nutriments d'un régime alimentaire, ou de l'importance, à cet égard, de la denrée considérée ;

d) elles sont étayées par des éléments scientifiquement valides prouvant que le consommateur moyen comprend la façon dont l'information est exprimée ou présentée ;

e) dans le cas des autres formes d'expression, elles se fondent, soit sur les apports de référence harmonisés fixés à l'annexe XIII, soit, en l'absence de telles valeurs, sur des avis scientifiques généralement admis concernant les apports en énergie ou en nutriments;

f) elles sont objectives et non discriminatoires ; et

g) leur mise en œuvre ne fait pas obstacle à la libre circulation des marchandises.

2. Les États membres peuvent recommander aux exploitants du secteur alimentaire d'utiliser une ou plusieurs formes d'expression ou de présentation complémentaires de la déclaration nutritionnelle dont ils estiment qu'elles satisfont le mieux aux exigences fixées au paragraphe 1, points a) à g). Les États membres communiquent à la Commission les modalités de ces formes d'expression ou de présentation complémentaires.

3. Les États membres assurent un suivi approprié des formes d'expression ou de présentation complémentaires de la déclaration nutritionnelle qui sont utilisées sur le marché de leur territoire.

Afin de faciliter le suivi de l'utilisation des formes d'expression ou de présentation complémentaires, les États membres peuvent demander aux exploitants du secteur alimentaire qui mettent sur le marché de leur territoire des denrées alimentaires sur lesquelles sont apposées ces informations d'en informer les autorités compétentes et de fournir à celles-ci les éléments démontrant que les exigences fixées au paragraphe 1, points a) à g), sont respectées. En pareil cas, des informations sur la cessation de l'utilisation de ces formes d'expression ou de présentation complémentaires peuvent également être exigées.

4. La Commission facilite et organise l'échange d'informations entre les États membres ainsi qu'avec elle-même et les parties prenantes sur les questions relatives à l'utilisation de toute forme d'expression ou de présentation complémentaire de la déclaration nutritionnelle.

5. Sur la base de l'expérience acquise, la Commission présente au Parlement européen et au Conseil, au plus tard le 13 décembre 2017, un rapport sur l'utilisation des formes d'expression et de présentation complémentaires, sur leur effet sur le marché intérieur et sur l'opportunité de poursuivre l'harmonisation de ces formes d'expression et de présentation. A cette fin, les États membres communiquent à la Commission les informations utiles concernant l'utilisation de ces formes d'expression ou de présentation complémentaires sur le marché de leur territoire. La Commission peut accompagner ce rapport d'une proposition de modification des dispositions pertinentes de la législation de l'Union.

6. Afin d'assurer la mise en œuvre uniforme du présent article, la Commission adopte les actes d'exécution établissant les modalités d'application des paragraphes 1, 3 et 4 du présent article. Ces actes d'exécution sont adoptés en conformité avec la procédure d'examen visée à l'article 48, paragraphe 2.

CHAPITRE V *Informations facultatives sur les denrées alimentaires*

Art. 36 *Exigences applicables.* 1. Les informations sur les denrées alimentaires, visées aux articles 9 et 10, qui sont fournies à titre volontaire satisfont aux exigences fixées aux sections II et III du chapitre IV.

2. Les informations sur les denrées alimentaires fournies à titre volontaire satisfont aux exigences suivantes :

a) elles n'induisent pas les consommateurs en erreur, conformément à l'article 7 ;

b) elles ne sont pas ambiguës ou déroutantes pour les consommateurs ; et

c) elles se fondent, le cas échéant, sur les *[des]* données scientifiques pertinentes.

3. La Commission adopte des actes d'exécution fixant les modalités d'application relatives aux exigences visées au paragraphe 2 du présent article pour les informations facultatives suivantes sur les denrées alimentaires relatives à :

a) la présence éventuelle et non intentionnelle dans les denrées alimentaires de substances ou de produits provoquant des allergies ou des intolérances ;

b) l'indication de l'acceptabilité d'une denrée alimentaire pour les végétariens ou les végétaliens ;

c) l'indication d'apports de référence pour des catégories particulières de population *[populations]*, en sus des apports de référence fixés à l'annexe XIII ;

(Règl. UE n° 1155/2013 du 21 août 2013, en vigueur le 6 déc. 2013) « d) informations sur l'absence ou la présence réduite de gluten dans les denrées alimentaires. » — *V. Règl. d'exécution (UE) n° 828/2014 du 30 juill. 2014 (JOUE L 228 du 31 juill.).*

Ces actes d'exécution sont adoptés en conformité avec la procédure d'examen visée à l'article 48, paragraphe 2.

4. Afin de veiller à ce que les consommateurs soient informés comme il convient, lorsque des informations facultatives sur les denrées alimentaires fournies par les exploitants du secteur alimentaire sont divergentes, pouvant ainsi induire en erreur ou dérouter le consommateur, la Commission peut, par voie d'actes délégués en conformité avec l'article 51, prévoir des cas supplémentaires où des informations facultatives sur les denrées alimentaires sont fournies en plus de celles visées au paragraphe 3 du présent article.

Art. 37 *Présentation.* Les informations facultatives sur les denrées alimentaires n'empiètent pas sur l'espace disponible pour les informations obligatoires sur les denrées alimentaires.

CHAPITRE VI *Mesures nationales*

Art. 38 *Mesures nationales.* 1. Pour ce qui concerne les questions expressément harmonisées par le présent règlement, les États membres ne peuvent ni adopter ni conserver des mesures nationales, sauf si le droit de l'Union l'autorise. Ces mesures nationales ne peuvent entraver la libre circulation des marchandises, notamment donner lieu à une discrimination à l'encontre de denrées alimentaires provenant d'autres États membres.

2. Sans préjudice de l'article 39, les États membres peuvent adopter des dispositions nationales concernant des questions qui ne sont pas expressément harmonisées par le présent règlement, pour autant que ces mesures n'aient pas pour effet d'interdire, d'entraver ou de restreindre la libre circulation des marchandises qui sont conformes au présent règlement.

Art. 39 *Mesures nationales sur les mentions obligatoires complémentaires.* 1. Outre les mentions obligatoires visées à l'article 9, paragraphe 1, et à l'article 10, les États membres peuvent, conformément à la procédure établie à l'article 45, adopter des mesures exigeant des mentions obligatoires complémentaires, pour des types ou catégories spécifiques de denrées alimentaires, justifiées par au moins une des raisons suivantes :

a) protection de la santé publique ;

b) protection des consommateurs ;

c) répression des tromperies ;

d) protection de la propriété industrielle et commerciale, des indications de provenance ou des appellations d'origine enregistrées, et répression de la concurrence déloyale.

2. En application du paragraphe 1, les États membres ne peuvent introduire des mesures concernant l'indication obligatoire du pays d'origine ou du lieu de provenance des denrées alimentaires que s'il existe un lien avéré entre certaines propriétés de la denrée et son origine ou sa provenance. Lorsqu'ils communiquent ces mesures à la Commission, les États membres apportent la preuve que la majorité des consommateurs attachent *[attache]* une importance significative à cette information.

Art. 40 *Lait et produits laitiers.* Les États membres peuvent adopter des mesures dérogeant à l'article 9, paragraphe 1, et à l'article 10, paragraphe 1, pour le lait et les produits laitiers présentés dans des bouteilles en verre destinées à être réutilisées.

Ils communiquent, sans tarder, le contenu de ces mesures à la Commission.

Art. 41 *Boissons alcoolisées.* En attendant l'adoption des dispositions de l'Union visées à l'article 16, paragraphe 4, les États membres peuvent maintenir des mesures nationales en ce qui concerne l'énumération des ingrédients des boissons titrant plus de 1,2 % d'alcool en volume.

Art. 42 *Expression de la quantité nette.* En l'absence de dispositions de l'Union visées à l'article 23, paragraphe 2, concernant la manière d'exprimer la quantité nette de denrées alimentaires spécifiques d'une façon autre que celle prévue à l'article 23, paragraphe 1, les États membres peuvent conserver les mesures nationales adoptées avant le 12 décembre 2011.

Au plus tard le 13 décembre 2014, les États membres informent la Commission de ces mesures. La Commission les porte à la connaissance des autres États membres.

Art. 43 *Indication facultative d'apports de référence pour des catégories particulières de population [populations].* Dans l'attente de l'adoption par l'Union des dispositions visées à l'article 36, paragraphe 3, point c), les États membres peuvent adopter des mesures nationales portant sur l'indication facultative d'apports de référence pour des catégories particulières de population *[populations]*.

Les États membres communiquent immédiatement à la Commission le contenu de ces mesures.

Art. 44 *Mesures nationales concernant les denrées alimentaires non préemballées.* 1. Pour les denrées alimentaires proposées non préemballées à la vente au consommateur final et aux collectivités ou pour les denrées alimentaires emballées sur les lieux de vente à la demande du consommateur ou préemballées en vue de leur vente immédiate,

a) l'indication des mentions visées à l'article 9, paragraphe 1, point c), est obligatoire ;

b) l'indication d'autres mentions visées aux articles 9 et 10 n'est pas obligatoire, à moins qu'un État membre n'adopte des mesures nationales exigeant que toutes ces mentions ou certaines d'entre elles ou des éléments de ces mentions soient indiqués.

2. Les États membres peuvent arrêter des mesures nationales concernant les modalités selon lesquelles les mentions ou éléments de mentions indiqués au paragraphe 1 doivent être communiqués et, le cas échéant, la forme de leur expression et de leur présentation.

3. Les États membres communiquent immédiatement à la Commission le contenu des mesures visées au paragraphe 1, point b), et au paragraphe 2.

Art. 45 *Procédure de notification.* 1. Dans le cas où il est fait référence au présent article, l'État membre qui juge nécessaire d'arrêter une nouvelle législation concernant l'information sur les denrées alimentaires notifie au préalable à la Commission et aux autres États membres les mesures envisagées, en précisant les motifs qui les justifient.

2. La Commission consulte le comité permanent de la chaîne alimentaire et de la santé animale institué par l'article 58, paragraphe 1, du règlement (CE) n° 178/2002, lorsqu'elle juge cette consultation utile ou lorsqu'un État membre en fait la demande. Dans ce cas, la Commission veille à ce que cette procédure soit transparente aux yeux de toutes les parties prenantes.

3. L'État membre qui juge nécessaire d'arrêter une nouvelle législation concernant l'information sur les denrées alimentaires ne peut prendre les mesures envisagées que trois mois après la notification visée au paragraphe 1, à condition de ne pas avoir reçu un avis contraire de la Commission.

4. Si l'avis de la Commission est négatif, celle-ci engage, avant l'expiration du délai visé au paragraphe 3 du présent article, la procédure d'examen visée à l'article 48, paragraphe 2, en vue de déterminer si les mesures envisagées peuvent être appliquées, le cas échéant moyennant les modifications appropriées.

5. La directive 98/34/CE du Parlement européen et du Conseil du 22 juin 1998 prévoyant une procédure d'information dans le domaine des normes et réglementations techniques et des règles relatives aux services de la société de l'information ne s'applique pas aux mesures relevant de la procédure de notification prévue au présent article.

CHAPITRE VII *Dispositions d'exécution, dispositions modificatrices et dispositions finales*

Art. 46 *Modification des annexes.* Afin de tenir compte des progrès scientifiques et techniques, de la santé des consommateurs ou du besoin d'information des consommateurs, et sous réserve des dispositions de l'article 10, paragraphe 2, et de l'article 21, paragraphe 2, relatives aux modifications des annexes II et III, la Commission peut, par voie d'actes délégués en conformité avec l'article 51, modifier les annexes du présent règlement.

Art. 47 *Période de transition pour les actes d'exécution ou les actes délégués et date d'application.* 1. Sans préjudice du paragraphe 2 du présent article, dans l'exercice des compétences que le présent règlement lui confère pour adopter des mesures par voie d'actes d'exécution selon la procédure d'examen visée à l'article 48, paragraphe 2, ou par voie d'actes délégués en conformité avec l'article 51, la Commission :

a) instaure une période de transition appropriée pour l'application des nouvelles mesures, durant laquelle les denrées alimentaires dont l'étiquetage ne satisfait pas aux nouvelles mesures peuvent être mises sur le marché et après laquelle les stocks des denrées alimentaires mises sur le marché avant le terme de la période de transition peuvent continuer à être vendus jusqu'à épuisement; et

b) veille à ce que ces mesures s'appliquent à partir du 1er avril d'une année civile.

2. Le paragraphe 1 ne s'applique pas en cas d'urgence, lorsque l'objectif des mesures visées audit paragraphe est la protection de la santé humaine.

Art. 48 *Comité.* 1. La Commission est assistée par le comité permanent de la chaîne alimentaire et de la santé animale institué par l'article 58, paragraphe 1, du règlement (CE) n° 178/2002. Ledit comité est un comité au sens du règlement (UE) n° 182/2011.

2. Lorsqu'il est fait référence au présent paragraphe, l'article 5 du règlement (UE) n° 182/2011 s'applique.

Lorsque le comité n'émet aucun avis, la Commission n'adopte pas le projet d'acte d'exécution et l'article 5, paragraphe 4, troisième alinéa, du règlement (UE) n° 182/2011 s'applique.

Art. 49 et 50 *Modification des Règl. (CE) nos 1924/2006 et 1925/2006. — V. ces textes, supra.*

Art. 51 *Exercice de la délégation.* 1. Le pouvoir d'adopter des actes délégués conféré à la Commission est soumis aux conditions fixées au présent article.

2. Le pouvoir d'adopter des actes délégués visé à l'article 9, paragraphe 3, à l'article 10, paragraphe 2, à l'article 12, paragraphe 3, à l'article 13, paragraphe 4, à l'article 18, paragraphe 5, à l'article 19, paragraphe 2, à l'article 21, paragraphe 2, à l'article 23, paragraphe 2, à l'article 30, paragraphe 6, à l'article 31, paragraphe 2, à l'article 36, paragraphe 4, et à l'article 46 est conféré à la Commission pour une période de cinq ans après le 12 décembre 2011. La Commission élabore un rapport relatif à la délégation de pouvoir au plus tard neuf mois avant la fin de la période de cinq ans. La délégation de pouvoir est tacitement prorogée pour des périodes d'une durée identique, sauf si le Parlement européen ou le Conseil s'oppose à cette prorogation trois mois au plus tard avant la fin de chaque période.

3. La délégation de pouvoir visée à l'article 9, paragraphe 3, à l'article 10, paragraphe 2, à l'article 12, paragraphe 3, à l'article 13, paragraphe 4, à l'article 18, paragraphe 5, à l'article 19, paragraphe 2, à l'article 21, paragraphe 2, à l'article 23, paragraphe 2, à l'article 30, paragraphe 6, à l'article 31, paragraphe 2, à l'article 36, paragraphe 4, et à l'article 46 peut être révoquée à tout moment par le Parlement européen ou le Conseil. La décision de révocation met fin à la délégation de pouvoir qui y est précisée. La révocation prend effet le jour suivant celui de la publication de ladite décision au *Journal officiel de l'Union européenne* ou à une date ultérieure qui est précisée dans ladite décision. Elle ne porte pas atteinte à la validité des actes délégués déjà en vigueur.

4. Aussitôt qu'elle adopte un acte délégué, la Commission le notifie au Parlement européen et au Conseil simultanément.

5. Un acte délégué adopté en vertu de l'article 9, paragraphe 3, de l'article 10, paragraphe 2, de l'article 12, paragraphe 3, de l'article 13, paragraphe 4, de l'article 18, paragraphe 5, de l'article 19, paragraphe 2, de l'article 21, paragraphe 2, de l'article 23, paragraphe 2, de l'article 30, paragraphe 6, de l'article 31, paragraphe 2, de l'article 36, paragraphe 4, et de l'article 46, n'entre en vigueur que si le Parlement européen ou le Conseil n'a pas exprimé d'objections dans un délai de deux mois à compter de la notification de cet acte au Parlement européen et au Conseil ou si, avant l'expiration de ce délai, le Parlement européen et le Conseil ont tous deux informé la Commission de leur intention de ne pas exprimer d'objections. Ce délai est prolongé de deux mois à l'initiative du Parlement européen ou du Conseil.

Art. 52 *Procédure d'urgence.* 1. Les actes délégués adoptés en vertu du présent article entrent en vigueur sans délai et s'appliquent tant qu'aucune objection n'est exprimée conformément au paragraphe 2. La notification d'un acte délégué au Parlement européen et au Conseil expose les raisons du recours à la procédure d'urgence.

2. Le Parlement européen ou le Conseil peut exprimer des objections à l'égard d'un acte délégué, conformément à la procédure visée à l'article 51, paragraphe 5. En pareil cas, la Commission abroge l'acte concerné sans délai après que le Parlement européen ou le Conseil lui a notifié sa décision d'exprimer des objections.

Art. 53 *Abrogation.* 1. Les directives 87/250/CEE, 90/496/CEE, 1999/10/CE, 2000/13/CE, 2002/67/CE et 2008/5/CE et le règlement (CE) n° 608/2004 sont abrogés à partir du 13 décembre 2014.

2. Les références aux actes abrogés s'entendent comme faites au présent règlement.

Art. 54 *Mesures transitoires.* 1. Les denrées alimentaires mises sur le marché ou étiquetées avant le 13 décembre 2014 et qui ne sont pas conformes aux exigences du présent règlement peuvent être commercialisées jusqu'à épuisement des stocks.

Les denrées alimentaires mises sur le marché ou étiquetées avant le 13 décembre 2016 et qui ne sont pas conformes à l'exigence fixée à l'article 9, paragraphe 1, point l), peuvent être commercialisées jusqu'à épuisement des stocks.

Les denrées alimentaires mises sur le marché ou étiquetées avant le 1er janvier 2014 et qui ne sont pas conformes aux exigences fixées à l'annexe VI, partie B, peuvent être commercialisées jusqu'à épuisement des stocks.

2. Entre le 13 décembre 2014 et le 13 décembre 2016, lorsque la déclaration nutritionnelle est fournie à titre volontaire, elle respecte les articles 30 à 35.

3. Nonobstant la directive 90/496/CEE, l'article 7 du règlement (CE) n° 1924/2006 et l'article 7, paragraphe 3, du règlement (CE) n° 1925/2006, les denrées alimentaires étiquetées conformément aux articles 30 à 35 du présent règlement peuvent être mises sur le marché avant le 13 décembre 2014.

Nonobstant le règlement (CE) n° 1162/2009 de la Commission du 30 novembre 2009 portant dispositions d'application transitoires des règlements (CE) n° 853/2004, (CE) n° 854/2004 et (CE) n° 882/2004 du Parlement européen et du Conseil, les denrées alimentaires qui sont étiquetées conformément à l'annexe VI, partie B, du présent règlement peuvent être mises sur le marché avant le 1er janvier 2014.

Art. 55 *Entrée en vigueur et date d'application.* Le présent règlement entre en vigueur le vingtième jour suivant celui de sa publication au *Journal officiel de l'Union européenne.*

Il est applicable à partir du 13 décembre 2014, à l'exception de l'article 9, paragraphe 1, point l), qui est applicable à partir du 13 décembre 2016 et de l'annexe VI, partie B, qui est applicable à partir du 1er janvier 2014.

Le présent règlement est obligatoire dans tous ses éléments et directement applicable dans tout État membre.

ANNEXES

Annexes I à XV disponibles au **C. consom.**

Décret n° 2012-129 du 30 janvier 2012,

Relatif à la mise sur le marché des truffes et des denrées alimentaires en contenant.

Art. 1er Les dispositions du présent décret s'appliquent aux truffes, champignons du genre *Tuber*, et aux denrées alimentaires en contenant, sous quelque forme que ce soit.

Légalité. S'il est constant que les dispositions de l'art. L. 112-7-1 [ancien], qui constituent la base légale du Décr. n° 2012-129 du 30 janv. 2012, n'ont pas été communiquées à la Commission européenne préalablement à l'adoption de l'art. 4 de la L. n° 2010-874 du 27 juill. 2010, les dispositions du décret lui-même ont fait l'objet d'une telle communication, laquelle était accompagnée de celles de l'art. L. 112-7-1 [ancien]. Ainsi, à la date prévue pour l'entrée en vigueur du décret, l'ensemble des règles techniques relatives à la mise sur le marché des truffes avait été communiqué à la Commission, conformément à l'exigence résultant de l'art. 8 de la Dir. 98/34/CE du 22 juin 1998. • CE 17 mai 2013 : *RJDA 2013, n° 755.*

Art. 2 Il est interdit d'importer, de détenir en vue de la vente ou de la distribution à titre gratuit, de mettre en vente, de vendre ou de distribuer à titre gratuit des truffes ou des denrées alimentaires en contenant ne satisfaisant pas aux dispositions du présent décret.

Art. 3 Les truffes qui sont commercialisées à l'état frais au consommateur final sont :

a) Entières ou en morceaux, en brisures ou en pelures ; les coupes doivent être franches et fraîches d'exécution ;

b) Fermes, à maturité, saines et, à cet égard, exemptes de corps étrangers et pratiquement exemptes de matières étrangères visibles, de parasites, d'attaques de parasites, de dommages causés par le gel ainsi que d'humidité extérieure anormale ;

c) Exemptes d'odeurs et de saveurs étrangères.

Le contenu de chaque conditionnement est homogène et, pour les truffes entières, comporte uniquement des truffes de même espèce et de même qualité. Les truffes non entières sont commercialisées préemballées.

Art. 4 Les colis, préemballages et lots de truffes à l'état frais ne peuvent être commercialisés au consommateur final que s'ils comportent un pourcentage inférieur à 5 %, en nombre ou en poids, de produits ne répondant pas aux spécifications mentionnées à l'article 3. Les produits impropres à la consommation et qui sont exclus de la vente ne rentrent pas dans le calcul de ce pourcentage.

Art. 5 Outre les mentions prévues *(Décr. nº 2016-884 du 29 juin 2016, art. 6, en vigueur le 1er juill. 2016)* « par le règlement (UE) nº 1169/2011 du Parlement européen et du Conseil du 25 octobre 2011 modifié concernant l'information des consommateurs sur les denrées alimentaires », la dénomination de vente des *[de]* truffes à l'état frais comprend le nom usuel de l'espèce de truffe accompagné du nom scientifique en latin correspondant.

Lorsque ces truffes sont commercialisées à un stade antérieur à la vente au consommateur final, ces mentions figurent sur l'emballage dans lequel le produit est présenté lors de sa commercialisation ou sur les fiches, bons de livraison ou documents commerciaux accompagnant les produits auxquels ils se rapportent ou envoyés avant la livraison ou dans le même temps.

Lorsque ces truffes ne sont pas présentées préemballées sur les lieux de vente au consommateur final, ces mentions sont placées de manière visible à proximité immédiate des produits eux-mêmes, ou sur une affiche, un écriteau ou tout autre moyen approprié.

Art. 6 *(Décr. nº 2016-884 du 29 juin 2016, art. 6, en vigueur le 1er juill. 2016)* La mention : " truffé " est réservée aux denrées alimentaires contenant un minimum de 3 % de truffe appartenant aux espèces *Tuber melanosporum*, *Tuber brumale* et *Tuber magnatum*, dont les noms usuels sont respectivement :

1° "Truffe noire", "truffe du Périgord" ou "truffe noire du Périgord" ;
2° "Truffe brumale" ; et
3° "Truffe blanche d'Alba" ou "truffe blanche du Piémont".

La dénomination du produit proposé à la consommation indique le nom usuel de l'espèce de truffe utilisée dans la composition du produit.

Les mentions : "au jus de truffe" ou "aromatisé au jus de truffe" sont réservées aux denrées alimentaires contenant un minimum de 3 % de jus de truffe appartenant aux espèces *Tuber melanosporum* ou *Tuber brumale* dont les noms usuels sont respectivement : "truffe noire", "truffe du Périgord" ou "truffe noire du Périgord" et "truffe brumale".

La dénomination du produit proposé à la consommation indique le nom usuel de l'espèce de truffe utilisée dans l'obtention du jus de truffe. Lorsque des arômes sont également utilisés, le nom du ou des arômes entrant dans la composition du produit est indiqué dans la dénomination du produit.

Le mélange d'espèces de truffe est interdit pour l'élaboration des denrées alimentaires mentionnées au 1er et au 6e alinéas.

Toute mention faisant référence à la truffe autre que les mentions indiquées ci-dessus est suivie du nom usuel de l'espèce ou des espèces utilisées et du pourcentage de truffe présent dans la denrée, qui doit être supérieur à 1 %. — *V. aussi art. 12.*

Dénomination « truffé ». Si les denrées alimentaires contenant un minimum de 3 % de truffes de l'espèce *Tuber magnatum* peuvent prétendre à la dénomination « truffé », alors que les denrées dites « au jus de truffe » ou « aromatisées au jus de truffe » ne peuvent contenir cette variété de truffes, la distinction ainsi établie, qui concerne la composition de deux produits différents, n'est pas entachée d'erreur manifeste d'appréciation au regard des objectifs d'information et de protection du consommateur et de promotion des variétés nobles de truffe que le décret attaqué poursuit. • CE 17 mai 2013 : *cité ss. art. 1er.*

Art. 7 Dans les établissements proposant des repas à consommer sur place, à emporter ou à livrer, le nom usuel de la truffe utilisée et, le cas échéant, la désignation de l'arôme ajouté, sont portés à la connaissance du consommateur, de façon lisible et visible, par affichage, par indication sur les cartes et menus ou sur tout autre support.

Art. 8 Les produits légalement fabriqués ou commercialisés dans un autre État membre de l'Union européenne ou en Turquie, ou légalement fabriqués dans un autre État partie à

l'accord sur l'Espace économique européen, ne sont pas soumis aux exigences du présent décret. Sans préjudice de l'application du règlement du 9 juillet 2008 susvisé *[établissant les procédures relatives à l'application de certaines règles techniques nationales à des produits commercialisés légalement dans un autre État membre]* **ou du respect d'une procédure analogue pour les autres États parties à l'accord sur l'Espace économique européen ainsi que pour la Turquie, ces produits peuvent être importés et commercialisés en France avec l'une des mentions prévues au présent décret ou des mentions analogues.**

Reconnaissance mutuelle. L'art. 8 ne crée pas de rupture d'égalité entre les marchandises produites sur le territoire national et les marchandises importées, alors même que ces dernières ne sont pas, en vertu du principe de reconnaissance mutuelle, soumises à ses exigences. • CE 17 mai 2013 : *cité ss. art. L. 1er.*

Art. 9 Des arrêtés conjoints du ministre chargé de la consommation et du ministre chargé de l'agriculture précisent les modalités d'application du présent décret en ce qui concerne les critères de qualité mentionnés à l'article 3 ainsi que, pour l'application des articles 5, 6 et 7, les noms scientifiques et les noms usuels des truffes. — *V. Arr. du 19 mars 2015, ci-dessous.*

Arrêté du 19 mars 2015,

Établissant une correspondance entre les noms usuels et scientifiques des truffes, pour l'application du décret nº 2012-129 du 30 janvier 2012 relatif à la mise sur le marché des truffes et denrées en contenant.

Art. 1er Pour l'application des articles 5, 6 et 7 du décret du 30 janvier 2012 susvisé *[V. supra]*, les noms usuels des truffes sont :

— "truffe noire", "truffe noire du Périgord", "truffe du Périgord" pour désigner les truffes de l'espèce *Tuber melanosporum Vitt.* ;

— "truffe blanche d'Alba" ou "truffe blanche du Piémont" pour désigner les truffes de l'espèce *Tuber magnatum P.* ;

— "truffe brumale" pour désigner les truffes de l'espèce *Tuber brumale Vitt.* ;

— "truffe musquée" pour désigner les truffes de l'espèce *Tuber brumale Vitt. var. moschatum F.* ;

— "truffe de la Saint*[-]*Jean", "truffe d'été", "truffe blanche d'été" pour désigner les truffes de l'espèce *Tuber aestivum Vitt.* ;

— "truffe de Bourgogne", "truffe d'automne" pour désigner les truffes de l'espèce *Tuber aestivum Vitt. var. uncinatum C.* ;

— "truffe mésentérique" pour désigner les truffes de l'espèce *Tuber mesentericum Vitt.* ;

— "truffe de l'Oregon" pour désigner les truffes de l'espèce *Tuber gibbosum Harkn.* ;

— "truffe de Chine", "truffe d'Asie" pour désigner les truffes de l'espèce *Tuber indicum C.M.*

Art. 2 Les conserves de pelures et de brisures de truffes peuvent comporter un assemblage de truffes des espèces *Tuber melanosporum* et *Tuber brumale*, dans ce cas elles sont dénommées :

— "conserves de brisures ou brisures, de truffes d'hiver" ; ou

— "conserves de pelures ou pelures, de truffes d'hiver".

La proportion de l'espèce *Tuber melanosporum* ne doit pas être inférieure à 30 %.

Art. 10 *(Abrogé par Décr. nº 2016-884 du 29 juin 2016, art. 6, en vigueur le 1er juill. 2016)* ***Les infractions au présent décret et aux dispositions de l'article L. 112-7-1*** [du code de la consommation] ***sont punies de la peine d'amende prévue pour les contraventions de la troisième classe.***

Art. 11 *V. Décr. nº 93-999 du 9 août 1993, art. 9, vº Œufs, volailles.*

Art. 12 Les dispositions du présent décret entrent en vigueur le 1er juillet 2012. Les denrées alimentaires mentionnées à l'article 6 qui sont étiquetées conformément aux dispositions des articles R. 112-1 à R. 112-31 *[anciens]* **du code de la consommation avant la date d'entrée en vigueur du présent décret peuvent continuer à être commercialisées jusqu'à épuisement des stocks.**

Règlement (UE) nº 1151/2012 du Parlement européen et du Conseil du 21 novembre 2012,

Relatif aux systèmes de qualité applicables aux produits agricoles et aux denrées alimentaires.

V. ce texte, vº Valorisation des produits et des services.

Arrêté du 8 octobre 2013,

Relatif aux règles sanitaires applicables aux activités de commerce de détail, d'entreposage et de transport de produits et denrées alimentaires autres que les produits d'origine animale et les denrées alimentaires en contenant.

TITRE PREMIER Champ d'application

Art. 1er Les dispositions du présent arrêté s'appliquent aux activités de commerce de détail, d'entreposage et de transport des produits et denrées alimentaires destinés à l'alimentation humaine autres que les produits d'origine animale et denrées alimentaires en contenant.

Art. 2 Pour l'application du présent arrêté, on entend par :

a) "Denrée alimentaire périssable" : toute denrée alimentaire qui peut devenir dangereuse, notamment du fait de son instabilité microbiologique, lorsque la température de conservation n'est pas maîtrisée ;

b) "Denrée alimentaire très périssable" : toute denrée alimentaire périssable qui peut devenir rapidement dangereuse, notamment du fait de son instabilité microbiologique, lorsque la température de conservation n'est pas maîtrisée ;

c) "Remise directe" : toute cession à titre gratuit ou onéreux, réalisée entre un détenteur d'une denrée alimentaire et un consommateur final destinant ce produit à sa consommation, en dehors de toute activité de restauration collective ;

d) "Restauration collective" : activité de restauration hors foyer caractérisée par la fourniture de repas à une collectivité de consommateurs réguliers, liée par accord ou par contrat ;

e) "Cuisine centrale" : établissement dont une partie au moins de l'activité consiste en la fabrication de préparations culinaires destinées à être livrées à au moins un restaurant satellite ou à une collectivité de personnes à caractère social ;

f) "Préparation culinaire élaborée à l'avance" : préparation culinaire devant être consommée de manière différée dans le temps ou l'espace et dont la stabilité microbiologique est assurée par l'une des modalités suivantes :

— entreposage réfrigéré ou liaison froide : lorsque la conservation de ces préparations entre leur élaboration et leur utilisation est assurée par le froid ;

— entreposage chaud ou liaison chaude : lorsque la conservation de ces préparations entre leur élaboration et leur utilisation est assurée par la chaleur ;

g) "Restaurant satellite" : établissement ou local aménagé desservi par une cuisine centrale.

TITRE II Exigences en matière de maîtrise des températures pour la conservation des produits et denrées alimentaires

Art. 3 Les températures des produits et denrées alimentaires mentionnés à l'article 1er qui sont réfrigérés ou congelés et non préemballés sont conformes aux dispositions définies à l'annexe I.

Toutefois, les produits et denrées alimentaires peuvent être conservés à une température différente de celles mentionnées à l'annexe I dans des conditions satisfaisant :

— soit aux prescriptions des guides de bonnes pratiques d'hygiène et d'application des principes d'analyse des dangers et des points critiques pour les maîtriser (HACCP) validés propres au secteur concerné ;

— soit aux conditions résultant d'une analyse des dangers validée, argumentée à la lumière des éléments de connaissance, d'expérience et d'historique retenus.

TITRE III Dispositions particulières applicables aux établissements de restauration collective

Art. 4 Les dispositions particulières applicables aux établissements de restauration collective sont définies à l'annexe II.

TITRE IV Dispositions particulières applicables aux établissements de remise directe

Art. 5 Les dispositions particulières applicables aux établissements de remise directe sont définies à l'annexe III.

TITRE V **Dispositions finales**

Art. 6 Sont abrogés :

— l'arrêté du 9 mai 1995 réglementant l'hygiène des aliments remis directement au consommateur ; — *V. ce texte au **C. consom.**, éd. 2013 ou antérieures.*

— l'arrêté du 28 mai 1997 relatif aux règles d'hygiène applicables à certains aliments et préparations alimentaires destinés à la consommation humaine ; — *V. ce texte au **C. consom.**, éd. 2013 ou antérieures.*

— l'arrêté du 29 septembre 1997 fixant les conditions d'hygiène applicables dans les établissements de restauration collective à caractère social ; — *V. ce texte au **C. consom.**, éd. 2013 ou antérieures.*

— l'arrêté du 6 juillet 1998 relatif aux règles d'hygiène applicables aux établissements d'entreposage de certaines denrées alimentaires. — *V. ce texte au **C. consom.**, éd. 2013 ou antérieures.*

ANNEXES

ANNEXE I

Les températures des produits et denrées alimentaires non préemballés doivent être conformes en tous points du produit aux températures définies dans le tableau ci-après :

TEMPÉRATURES MAXIMALES DES DENRÉES CONGELÉES		
Nature des denrées	Température de conservation au stade de l'entreposage ou du transport	Température de conservation dans les établissements de remise directe ou de restauration collective
Glaces et sorbets	– 18 °C	– 18 °C
Autres denrées alimentaires congelées	– 12 °C	– 12 °C
Nota. — La température indiquée est la température maximale de la denrée alimentaire sans limite inférieure.		

TEMPÉRATURES MAXIMALES DES DENRÉES RÉFRIGÉRÉES		
Nature des denrées	Température de conservation au stade de l'entreposage ou du transport	Température de conservation dans les établissements de remise directe ou de restauration collective
Denrées alimentaires très périssables	Température définie sous la responsabilité du fabricant ou du conditionneur	+ 4 °C
Denrées alimentaires périssables	Température définie sous la responsabilité du fabricant ou du conditionneur	+ 8 °C
Préparations culinaires élaborées à l'avance	+ 3 °C	+ 3 °C
Nota. — La limite inférieure de conservation des denrées alimentaires réfrigérées doit se situer à la température débutante de congélation propre à chaque catégorie de produits.		

TEMPÉRATURE MINIMALE EN LIAISON CHAUDE	
Plats cuisinés ou repas livrés chauds ou remis au consommateur	+ 63 °C

Toutefois, et pour autant que la sécurité des produits est assurée, il est admis de soustraire les produits et denrées alimentaires congelés ainsi que les glaces et les sorbets aux températures mentionnées dans le tableau :

a) Dans la mesure où la différence de température n'excède pas 3°C en surface, lorsque cela s'avère nécessaire, pour de brèves périodes, lors du chargement et du déchargement de ces produits aux interfaces entre l'élaboration, le transport, le stockage et l'exposition des produits et denrées alimentaires et lors de leur présentation à la vente ;

b) Lors de l'exposition des glaces et sorbets pour leur consommation immédiate dans la mesure où leur approvisionnement s'effectue en quantités adaptées aux besoins du service.

ANNEXE II

DISPOSITIONS PARTICULIÈRES APPLICABLES AUX ÉTABLISSEMENTS DE RESTAURATION COLLECTIVE

1. Lerefroidissement rapide des préparations culinaires est opéré de telle manière que leur température à cœur ne demeure pas à des valeurs comprises entre + 63°C et + 10°C pendant plus de deux heures, sauf si une analyse des dangers validée a prouvé qu'un refroidissement moins rapide est suffisant pour garantir la sécurité des produits et denrées alimentaires. Après refroidissement, ces produits et denrées alimentaires sont conservés dans une enceinte dont la température est comprise entre 0°C et + 3°C.

2. Les préparations culinaires destinées à être consommées froides sont refroidies rapidement, le cas échéant, et entreposées dès la fin de leur élaboration et jusqu'à l'utilisation finale dans une enceinte dont la température est comprise entre 0°C et + 3°C.

Ces préparations culinaires sont retirées de cette enceinte au plus près de la consommation, dans un délai maximum de deux heures, sous réserve que le produit soit maintenu à une température inférieure ou égale à + 10°C, sauf si une analyse des dangers validée a montré qu'un autre couple temps/température offre le même niveau de garantie pour la santé humaine.

3. La remise en température des préparations culinaires à servir chaudes est opérée de telle manière que leur température ne demeure pas pendant plus d'une heure à des valeurs comprises entre + 10°C et la température de remise au consommateur ; cette température ne peut pas être inférieure à + 63°C, sauf si une analyse des dangers validée a montré qu'une température inférieure n'entraîne pas de risque pour la santé du consommateur. Ces préparations culinaires doivent être consommées le jour de leur première remise en température.

4. La durée de vie des préparations culinaires élaborées à l'avance est déterminée par l'exploitant. Cependant, la durée de vie des préparations culinaires élaborées à l'avance réfrigérées ne peut excéder trois jours après celui de la fabrication, en l'absence d'études de durée de vie. Sur l'une des faces externes de chaque conditionnement des préparations culinaires élaborées à l'avance figure la date limite de consommation.

5. Les exploitants conservent des plats témoins à la disposition des agents chargés des contrôles. Ces plats témoins sont des échantillons représentatifs des différents plats distribués aux consommateurs et clairement identifiés. Ils doivent être conservés pendant au moins cinq jours en froid positif (0°C à + 3°C) après la dernière présentation au consommateur.

6. Dès qu'il a connaissance de la survenue d'un effet indésirable inhabituel pouvant être lié à la consommation d'aliments dans son établissement chez au moins deux consommateurs, le responsable de l'établissement signale sans délai cet effet indésirable inhabituel au directeur départemental en charge de la protection des populations ainsi qu'au directeur général de l'agence régionale de santé.

7. Les produits et denrées alimentaires et les boissons déjà servis au consommateur ne peuvent plus être destinés à l'alimentation humaine ou animale, à l'exception de ceux qui n'ont pas été déconditionnés et qui se conservent à température ambiante.

Les excédents des plats prévus au menu du jour non servis au consommateur peuvent être représentés le lendemain, pour autant que la sécurité alimentaire soit assurée et que soit mis en œuvre un moyen d'identification de la date de fabrication des plats correspondants.

Les dispositions du deuxième alinéa ne s'appliquent pas dans les restaurants satellites, à l'exception des préparations culinaires qui n'ont pas été déconditionnées et ont été maintenues, jusqu'à leur utilisation finale, dans une enceinte dont la température est comprise entre 0°C et + 3°C, sans rupture de la chaîne du froid.

ANNEXE III

DISPOSITIONS PARTICULIÈRES APPLICABLES À LA REMISE DIRECTE

1. Le déconditionnement des produits et denrées alimentaires destinés au tranchage ou au service s'effectue au fur et à mesure des besoins et dans des conditions d'hygiène évitant leur contamination. Les informations relatives à l'identification du produit et à sa durée de vie sont conservées durant toute la détention de celui-ci.

2. Le nom de la personne responsable de distributeurs automatiques ainsi que son adresse et son numéro de téléphone sont apposés lisiblement à l'extérieur des appareils.

Décret n° 2016-1137 du 19 août 2016

Relatif à l'indication de l'origine du lait et du lait et des viandes utilisés en tant qu'ingrédient.

BIBL. ▶ BOMBARDIER et VIRUÉGA, *RD rur. 2017. Étude 6* (entrée en vigueur du décret sur les mentions d'origine : quelles conséquences pour les entreprises ?).

Art. 1er I. — L'étiquetage des denrées alimentaires préemballées au sens de l'article 2 du règlement (UE) n° 1169/2011 du Parlement européen et du Conseil du 25 octobre 2011 susvisé se conforme aux dispositions du présent décret lorsque ces denrées contiennent :

1° Du lait ;

2° En tant qu'ingrédient, du lait utilisé dans les produits laitiers mentionnés dans la liste figurant en annexe ;

3° En tant qu'ingrédient utilisé dans un produit transformé, une ou plusieurs viandes mentionnées dans la liste figurant en annexe.

L'étiquetage des denrées alimentaires préemballées indique l'origine des ingrédients mentionnés aux 1° à 3°. Toutefois, si ces ingrédients représentent un pourcentage, exprimé en poids total des ingrédients mis en œuvre dans la denrée alimentaire préemballée, inférieur à un seuil, l'étiquetage de cette denrée n'est pas soumis aux dispositions du présent décret.

Le seuil mentionné à l'alinéa précédent ne peut pas être supérieur à 50 %. Il est fixé par arrêté des ministres chargés de la consommation et de l'agriculture. — *V. Arr. du 28 sept. 2016, ci-dessous.*

II. — L'étiquetage des denrées alimentaires préemballées bénéficiant d'une appellation d'origine au sens du règlement (UE) n° 1151/2012 du Parlement européen et du Conseil du 21 novembre 2012 susvisé ainsi que de celles issues de la production biologique au sens du règlement (CE) n° 834/2007 du Conseil du 28 juin 2007 susvisé n'est pas soumis aux dispositions du présent décret.

Arrêté du 28 septembre 2016, *fixant les seuils prévus par le décret n° 2016-1137 du 19 août 2016 relatif à l'indication de l'origine du lait et du lait et des viandes utilisés en tant qu'ingrédient.* **Art. 1er** Le seuil prévu au I de l'article 1er du décret n° 2016-1137 du 19 août 2016 susvisé est de :

1° 50 % pour le lait utilisé en tant qu'ingrédient dans un produit laitier ;

2° 8 % pour la viande utilisée en tant qu'ingrédient dans un produit transformé.

Art. 2 Le présent arrêté entre en vigueur le 1er janvier 2017 et sera publié au *Journal officiel* de la République française.

Art. 2 I. — L'indication de l'origine des viandes mentionnées à l'article 1er comprend, pour chaque catégorie de viande*[s]*, les mentions suivantes :

1° "Pays de naissance : (nom du pays de naissance des animaux)" ;

2° "Pays d'élevage : (nom du pays où a eu lieu l'élevage des animaux)" ;

3° "Pays d'abattage : (nom du pays où a eu lieu l'abattage des animaux)".

II. — Par dérogation au I, lorsqu'une catégorie de viande[s] provient d'animaux nés, élevés et abattus dans le même pays, la mention de l'origine peut apparaître sous la forme : "Origine : (nom du pays)".

III. — Par dérogation aux I et II, lorsqu'une catégorie de viande*[s]* provient d'animaux nés, élevés et abattus dans un seul ou *[dans]* plusieurs États membres de l'Union européenne, la mention de l'origine peut apparaître sous la forme : "Origine : UE".

IV. – Par dérogation aux I et II, lorsqu'une catégorie de viande*[s]* provient d'animaux nés, élevés et abattus dans un seul ou *[dans]* plusieurs États non membres de l'Union européenne, la mention de l'origine peut apparaître sous la forme : "Origine : Hors UE".

Art. 3 I. – L'indication de l'origine du lait ou du lait utilisé en tant qu'ingrédient dans les produits laitiers mentionnés à l'article 1er comprend les mentions suivantes :

1° "Pays de collecte : (nom du pays dans lequel a été collecté le lait)" ;

2° "Pays de conditionnement ou de transformation : (nom du pays dans lequel le lait a été conditionné ou transformé)".

II. – Par dérogation au I, lorsque le lait ou le lait utilisé en tant qu'ingrédient dans les produits laitiers a été collecté, conditionné ou transformé dans le même pays, la mention de l'origine peut apparaître sous la forme : "Origine : (nom du pays)".

III. – Par dérogation aux I et II, lorsque le lait ou le lait utilisé en tant qu'ingrédient dans les produits laitiers a été collecté, conditionné ou transformé dans un seul ou *[dans]* plusieurs États membres de l'Union européenne, la mention de l'origine peut apparaître sous la forme : "Origine : UE".

IV. – Par dérogation aux I et II, lorsque le lait ou le lait utilisé en tant qu'ingrédient dans les produits laitiers a été collecté, conditionné ou transformé dans un seul ou *[dans]* plusieurs États non membres de l'Union européenne, la mention de l'origine peut apparaître sous la forme : "Origine : Hors UE".

Art. 4 Pour l'application du I des articles 2 et 3, lorsque l'indication de l'origine conduit à indiquer plusieurs États membres de l'Union européenne, la mention du nom des pays peut être remplacée par la mention : "UE".

Pour l'application du I des articles 2 et 3, lorsque l'indication de l'origine conduit à indiquer plusieurs États non membres de l'Union européenne, la mention du nom des pays peut être remplacée par la mention : "Hors UE".

Pour l'application du I des articles 2 et 3, lorsque l'indication de l'origine conduit à indiquer plusieurs États membres et non membres de l'Union européenne ou lorsque cette origine n'est pas déterminée, la mention du nom des pays peut être remplacée par la mention : "UE ou Hors UE".

Art. 5 Les mentions prévues aux articles 2 et 3 figurent soit dans la liste des ingrédients, immédiatement après le nom de l'ingrédient concerné, soit dans une note au bas de cette liste. La mention est apposée dans une taille, une couleur et une police de caractères qui ne sont pas différentes de celles utilisées pour la liste des ingrédients.

Art. 6 Les produits légalement fabriqués ou commercialisés dans un autre État membre de l'Union européenne ou dans un pays tiers ne sont pas soumis aux dispositions du présent décret.

Art. 7 Les documents, systèmes et procédures permettant de justifier de la conformité de l'étiquetage des denrées alimentaires préemballées avec les dispositions du présent décret sont tenus à la disposition des agents chargés du contrôle pendant une période de cinq ans.

Art. 8 Est puni des amendes prévues par les contraventions de la 5e classe le fait de :

1° Détenir en vue de la vente, mettre en vente, vendre ou distribuer à titre gratuit des denrées alimentaires préemballées contenant en tant qu'ingrédient une ou plusieurs viandes mentionnées à l'article 1er, sans indication de l'origine, en violation de l'article 2 ;

2° Détenir en vue de la vente, mettre en vente, vendre ou distribuer à titre gratuit des denrées alimentaires préemballées contenant du lait ou du lait utilisé en tant qu'ingrédient *dans les produits* laitiers mentionnés à l'article 1er, sans indication de l'origine, en violation de l'article 3 ;

3° Ne pas respecter les dispositions de l'article 7.

Art. 9 Les dispositions du présent décret sont applicables jusqu'au 31 décembre 2018. Les ministres chargés de la consommation et de l'agriculture établissent un rapport sur leur application. Ce rapport est transmis à la Commission européenne.

Art. 10 Les denrées alimentaires préemballées, légalement fabriquées ou commercialisées avant l'entrée en vigueur du présent décret, dont l'étiquetage n'est pas conforme à ses dispositions, peuvent être mises en vente, vendues ou distribuées à titre gratuit jusqu'à épuisement des stocks et au plus tard le 31 mars 2017.

Art. 11 Le présent décret entre en vigueur le 1er janvier 2017.

ANNEXE

I. — LISTE DES VIANDES MENTIONNÉES À L'ARTICLE 1er (Y COMPRIS LES PRÉPARATIONS DE VIANDES ET LES VIANDES SÉPARÉES MÉCANIQUEMENT)

Viandes des animaux de l'espèce bovine ;

Viandes des animaux de l'espèce porcine ;

Viandes des animaux des espèces ovine et caprine ;

Viandes des volailles.

II. — LISTE DES PRODUITS LAITIERS MENTIONNÉS À L'ARTICLE 1er

Lait et crème de lait, non concentrés ni additionnés de sucre ou d'autres édulcorants ;

Lait et crème de lait, concentrés ou additionnés de sucre ou d'autres édulcorants ;

Babeurre, lait et crème caillés, yoghourt, képhir et autres laits et crèmes fermentés ou acidifiés, même concentrés ou additionnés de sucre ou d'autres édulcorants ou aromatisés ou additionnés de fruits ou de cacao ;

Lactosérum, même concentré ou additionné de sucre ou d'autres édulcorants ; produits consistant en composants naturels du lait, même additionnés de sucre ou d'autres édulcorants, non dénommés ni compris ailleurs ;

Beurre et autres matières grasses provenant du lait ; pâtes à tartiner laitières ;

Fromages et caillebotte.

Arrêté du 5 mai 2017,

Fixant les conditions d'étiquetage des nanomatériaux manufacturés dans les denrées alimentaires.

Art. 1er Tous les ingrédients des denrées alimentaires qui se présentent sous forme de nanomatériaux manufacturés sont indiqués clairement dans la liste des ingrédients. Le nom des ingrédients est suivi du mot "nano" entre crochets.

On entend par : "nanomatériau manufacturé" tout matériau produit intentionnellement présentant une ou plusieurs dimensions de l'ordre de 100 nm ou moins, ou composé de parties fonctionnelles distinctes, soit internes, soit à la surface, dont beaucoup ont une ou plusieurs dimensions de l'ordre de 100 nm ou moins, y compris des structures, des agglomérats ou des agrégats qui peuvent avoir une taille supérieure à 100 nm mais qui conservent des propriétés typiques de la nanoéchelle.

Les propriétés typiques de la nanoéchelle comprennent :

***i)* Les propriétés liées à la grande surface spécifique des matériaux considérés ; et/ou**

***ii)* Des propriétés physico-chimiques spécifiques qui sont différentes de celles de la forme non nanotechnologique du même matériau.**

DÉPANNAGE, RÉPARATION, ENTRETIEN

Code de la propriété intellectuelle

Indications relatives aux services publics

BIBL. ▶ CARON, *CCE 2014. Repère 7* (pauvre code de la propriété intellectuelle !).

Art. L. 731-1 *(L. nº 2014-344 du 17 mars 2014, art. 75)* **Le présent chapitre est applicable aux publicités, quel qu'en soit le support, et pratiques commerciales relatives aux prestations de dépannage, réparation et entretien dans le secteur du bâtiment et de l'équipement de la maison. Les prestations concernées sont énumérées par arrêté du ministre chargé de la consommation.** — *V. Arr. du 17 nov. 2014, infra.*

Art. L. 731-2 *(L. nº 2014-344 du 17 mars 2014, art. 75)* **Toute utilisation, dans les publicités et documents mentionnés au présent chapitre, de dessins, coordonnées, références ou autres signes distinctifs relatifs à un service public est soumise à l'autorisation préalable du service concerné.**

L'autorisation prévue au premier alinéa :

1° Ne peut être délivrée sans présentation préalable d'un exemplaire du support destiné à la publication ;

2° Ne peut être valable pour une durée supérieure à un an, éventuellement renouvelable dans les mêmes formes ;

3° Est motivée par l'intérêt général.

Le service ayant délivré l'autorisation peut la retirer à tout moment si l'une des conditions précitées n'est plus remplie. La décision de retrait prend effet dix jours après sa notification.

Art. L. 731-3 *(L. n° 2014-344 du 17 mars 2014, art. 75)* **Tout manquement à l'article L. 731-2 est passible d'une amende administrative dont le montant ne peut excéder 100 000 €. L'amende est prononcée par l'autorité administrative chargée de la concurrence et de la consommation dans les conditions prévues** *(Ord. n° 2016-301 du 14 mars 2016, art. 14, en vigueur le 1er juill. 2016)* **« au chapitre II du titre II du livre V » du code de la consommation.**

Art. L. 731-4 *(Ord. n° 2016-301 du 14 mars 2016, art. 14, en vigueur le 1er juill. 2016)* **Les manquements au présent chapitre sont recherchés et constatés par les agents mentionnés aux articles L. 511-3 et L. 511-21 du code de la consommation, dans les conditions prévues à l'article L. 511-6 du même code.**

Arrêté du 27 mars 1987,

Relatif aux règles de publicité des prix pour les prestations d'entretien ou de réparation, de contrôle technique, de dépannage ou de remorquage ainsi que de garage de véhicules.

V. ce texte, v° Automobiles.

Arrêté du 17 novembre 2014,

Relatif aux prestations de dépannage, de réparation et d'entretien dans le secteur du bâtiment et de l'équipement de la maison.

Art. 1er Les dispositions des articles L. 731-2 et suivants du code de la propriété intellectuelle s'appliquent :

— aux prestations de dépannage, de réparation et d'entretien énumérées en annexe ;

— aux opérations de remplacement ou d'adjonction de pièces, d'éléments ou d'appareils consécutives aux prestations précitées ;

— aux opérations de raccordement, d'installation, d'entretien, de réparation ou de réglage portant sur des équipements électriques, électroniques, informatiques, radioélectriques et électroménagers, quel que soit le lieu d'exécution.

ANNEXE

Prestations d'entretien, dépannage, réparation effectuées pour les travaux suivants :

— maçonnerie ;

— fumisterie et génie climatique, y compris entretien, réparation et dépannage des installations permettant l'utilisation des énergies nouvelles renouvelables (notamment panneaux photovoltaïques, éoliennes domestiques, pompes à chaleur, poêles à bois, systèmes solaires thermodynamiques) ;

— ramonage ;

— isolation ;

— menuiserie (y compris entretien des portes de garage, portes de garage automatiques et portails électriques) ;

— serrurerie (y compris remplacement de ferme-porte) ;

— couverture, toiture (y compris application d'hydrofuge et démoussage) ;

— étanchéité (y compris réparation des joints de terrasse, entretien des terrasses et recherche et réparation de fuites dans la maison) ;

— plomberie, installation sanitaire (y compris entretien de la robinetterie) ;

— plâtrerie ;

— peinture ;

— vitrerie ;
— miroiterie ;
— revêtement de murs et de sols en tous matériaux ;
— installations électriques et mise aux normes des installations électriques ;
— évacuation des eaux pluviales, curage des eaux usées, nettoyage et débouchage des canalisations ;
— entretien et réparation des systèmes de contrôle de l'accès à la maison ou à la résidence ;
— entretien et réparation des ascenseurs et plates-formes élévatrices ;
— entretien et réparation des systèmes de télésurveillance ;
— prestations de dératisation et désinsectisation ;
— entretien et désinfection des vide-ordures ;
— entretien des extincteurs ;
— équipements informatiques.

Arrêté du 24 janvier 2017,

Relatif à la publicité des prix des prestations de dépannage, de réparation et d'entretien dans le secteur du bâtiment et de l'équipement de la maison.

BIBL. ▶ BATTISTINI, *LPA 3 mai 2017* (les nouvelles obligations des prestataires de dépannage, de réparation et d'entretien du bâtiment et de l'équipement de la maison, en matière de publicité et d'informations à communiquer au client).

Art. 1er **I. — Les dispositions du présent arrêté s'appliquent à tout professionnel qui réalise :**

— des prestations de dépannage, de réparation et d'entretien dans les secteurs du bâtiment et de l'équipement de la maison, énumérées en annexe ;

— des opérations de remplacement ou d'adjonction de pièces, d'éléments ou d'appareils, consécutives à la mise en œuvre des prestations susvisées ;

(Abrogé par Arr. du 28 févr. 2017, art. 1er) ***« — des prestations couvertes par des paiements forfaitaires effectués lors de la conclusion ou du renouvellement de contrats incluant à titre accessoire la mise en service ou le raccordement du bien, de contrats d'entretien, de contrats de garantie ou de services après-vente. »***

II. — Ne sont pas soumises aux dispositions du présent arrêté :

(Arr. du 28 févr. 2017, art. 1er) **« — les prestations couvertes par des paiements forfaitaires effectués lors de la conclusion ou du renouvellement de contrats incluant à titre accessoire la mise en service ou le raccordement du bien, de contrats d'entretien, de contrats de garantie ou de services après-vente** *[;]* **»**

— les prestations de raccordement à un réseau public effectuées par un concessionnaire de service public ou sous sa responsabilité et qui font l'objet d'une tarification publique.

Art. 2 **En application des articles L. 112-1 et L. 112-3 du code de la consommation, le professionnel communique au consommateur préalablement à la conclusion d'un contrat de prestation de services visés à l'article 1er, les informations suivantes :**

— le ou les taux horaires de main-d'œuvre toutes taxes comprises (TTC) ;

— les modalités de décompte du temps estimé ;

— le cas échéant, les prix TTC des différentes prestations forfaitaires proposées, notamment les prix au mètre linéaire ou au mètre carré ;

— le cas échéant, les frais de déplacement ;

— le caractère payant ou gratuit du devis et, le cas échéant, le coût d'établissement du devis ;

— le cas échéant, toute autre condition de rémunération.

Devis. L'Arr. du 2 mars 1990 relatif à la publicité des prix des prestations de dépannage, de réparation et d'entretien [remplacé par Arr. du 24 janv. 2017], qui impose l'établissement d'un devis, n'est applicable qu'auxdites prestations et non à la fourniture et à la pose d'équipement. • Toulouse, 17 déc. 2002, n° 2002/00355.

Art. 3 **Lorsque le professionnel reçoit la clientèle dans ses locaux, les informations visées à l'article 2 font l'objet d'un affichage visible à l'intérieur de ces locaux de l'endroit où se tient la clientèle. Lorsque ce local dispose d'un accès indépendant à partir de la voie publique, ou d'une vitrine, ces mêmes informations sont affichées de façon visible et lisible de l'extérieur.**

Ces informations sont également communiquées dans les conditions prévues aux articles L. 221-8, L. 221-11 et L. 221-12 du code de la consommation, relatifs aux contrats conclus hors établissement commercial ou à distance.

Elles doivent également être aisément accessibles sur tout espace de communication en ligne dédié au professionnel.

Art. 4 I. — Préalablement à l'exécution de toute prestation visée à l'article 1er, conclue en établissement commercial, le professionnel remet au client un devis détaillé, qui comporte, outre les mentions des articles L. 111-1 et L. 111-2 du code de la consommation, les mentions suivantes :

— la date de rédaction ;
— le nom et l'adresse de l'entreprise ;
— le nom du client ;
— le lieu d'exécution de l'opération ;
— la nature exacte des réparations à effectuer ;
— le décompte détaillé, en quantité et en prix, de chaque prestation et produit nécessaire à l'opération prévue : dénomination, prix unitaire et désignation de l'unité à laquelle il s'applique (notamment l'heure de main-d'œuvre, le mètre linéaire ou le mètre carré) et la quantité prévue ;
— le cas échéant, les frais de déplacement ;
— la somme globale à payer hors taxes et toutes taxes comprises, en précisant le taux de TVA ;
— la durée de validité de l'offre ;
— l'indication du caractère payant ou gratuit du devis.

II. — Lorsque le contrat est conclu hors établissement au sens de l'article L. 221-1, le devis détaillé revêt la forme du contrat déterminée aux articles L. 221-5 et L. 221-9 du code de la consommation. Pour l'application de l'article L. 111-1 (2°) relatif à l'information sur les prix, il comporte :

— le décompte détaillé, en quantité et en prix, de chaque prestation, en particulier le taux horaire de main d'œuvre et le temps estimé ou, le cas échéant, le montant forfaitaire de chaque prestation ;
— la dénomination des produits et matériels nécessaires à l'opération prévue et leur prix unitaire ainsi que, le cas échéant la désignation de l'unité à laquelle il s'applique et la quantité prévue ;
— le cas échéant, les frais de déplacement.

III. — Dans le devis visé au I précité ou dans le contrat conclu hors établissement commercial visé au II précité, le consommateur doit être informé qu'il peut conserver les pièces, les éléments ou appareils remplacés. Cette information s'effectue selon un modèle-type figurant en annexe du présent arrêté.

Art. 5 Toute prestation visée au présent arrêté doit faire l'objet dès qu'elle est exécutée et, en tout état de cause avant le paiement du prix, de la délivrance d'une note dans les conditions prévues par l'arrêté du 3 octobre 1983 modifié *[V. v° Prix (publicité)]*.

Si le consommateur le demande expressément, une note doit lui être remise pour les prestations effectuées quel que soit le montant des prestations réalisées.

Ce document est remis gratuitement sur un support durable.

Art. 6 Les dispositions du présent arrêté s'appliquent sans préjudice des dispositions des articles L. 221-18 et suivants du code de la consommation.

Art. 7 L'arrêté du 2 mars 1990 relatif à la publicité des prix des prestations de dépannage, de réparation et d'entretien dans le secteur du bâtiment et de l'équipement de la maison est abrogé. — *V. **C. consom.**, éd. 2017 et antérieures.*

Art. 8 Le présent arrêté entre en vigueur le 1er avril 2017.

ANNEXES

ANNEXE 1

Prestations de dépannage, de réparation et d'entretien dans les secteurs du bâtiment et de l'équipement de la maison suivants :

— maçonnerie ;
— fumisterie et génie climatique, y compris les énergies renouvelables ;

— ramonage ;
— isolation ;
— menuiserie (y compris entretien des portes de garage, porte[s] de garage automatiques et portails électriques) ;
— serrurerie (y compris remplacement de ferme-porte) ;
— couverture, toiture (y compris application d'hydrofuge et démoussage) ;
— étanchéité (y compris réparation des joints de terrasse, entretien des terrasses et recherche et réparation) ;
— plomberie, sanitaires ;
— plâtrerie ;
— peinture ;
— vitrerie ;
— miroiterie ;
— revêtement de murs et de sols en tous matériaux ;
— électricité ;
— évacuation des eaux pluviales, curage des eaux usées, nettoyage et débouchage des canalisations ;
— entretien et réparation des systèmes d'alarme et de télésurveillance ;
— entretien et réparation des plates-formes élévatrices privatives ;
— prestations de dératisation et désinsectisation ;
— entretien et désinfection des vide-ordures ;
— entretien des extincteurs.

ANNEXE 2

Souhaitez-vous conserver les pièces, éléments ou appareils remplacés ?
OUI ❑ NON ❑
Signature du consommateur précédée de la mention manuscrite "Lu et approuvé".

EAU

Code de la santé publique

Eaux potables

Art. L. 1321-1 Toute personne qui offre au public de l'eau en vue de l'alimentation humaine, à titre onéreux ou à titre gratuit et sous quelque forme que ce soit, y compris la glace alimentaire, est tenue de s'assurer que cette eau est propre à la consommation.

(Ord. nº 2017-9 du 5 janv. 2017, art. 2) « L'utilisation d'eau impropre à la consommation pour la préparation et la conservation de toutes denrées et marchandises destinées à l'alimentation humaine ainsi que l'utilisation d'eau impropre pour les usages domestiques sont interdites, à l'exception des cas prévus en application de l'article L. 1323-1. »

....

Art. R. 1321-1 La présente section est applicable aux eaux destinées à la consommation humaine définies ci-après :

1º Toutes les eaux qui, soit en l'état, soit après traitement, sont destinées à la boisson, à la cuisson, à la préparation d'aliments ou à d'autres usages domestiques, qu'elles soient fournies par un réseau de distribution, à partir *(Décr. nº 2007-49 du 11 janv. 2007, art. 1er-II)* « d'une citerne, » d'un camion-citerne ou d'un bateau-citerne, en bouteilles ou en conteneurs, y compris les eaux de source ;

2º Toutes les eaux utilisées dans les entreprises alimentaires pour la fabrication, la transformation, la conservation ou la commercialisation de produits ou de substances, destinés à la consommation humaine, qui peuvent affecter la salubrité de la denrée alimentaire finale, y compris la glace alimentaire d'origine hydrique.

La présente section n'est pas applicable aux eaux minérales naturelles et aux eaux relevant de l'article L. 5111-1.

Eaux minérales naturelles

Art. L. 1322-1 *(L. nº 2004-806 du 9 août 2004, art. 65-II)* **I. — Sans préjudice des dispositions de l'article L. 214-1 du code de l'environnement, l'eau minérale naturelle fait l'objet d'une reconnaissance et d'une autorisation par** *(Ord. nº 2010-177 du 23 févr. 2010, art. 7, en vigueur le 25 févr. 2010)* **« le représentant de l'État dans le département » pour :**

1º L'exploitation de la source ;

2º Le conditionnement de l'eau ;

3º L'utilisation à des fins thérapeutiques dans un établissement thermal ;

4º La distribution en buvette publique.

II. — Toute modification notable des caractéristiques de l'eau minérale naturelle ou tout changement notable des conditions d'exploitation de la source doit faire l'objet d'une demande de révision de la reconnaissance ou de l'autorisation d'exploitation.

Art. L. 1322-2 *(L. nº 2004-806 du 9 août 2004, art. 66)* **I. — Toute personne qui offre au public de l'eau minérale, à titre onéreux ou à titre gratuit et sous quelque forme que ce soit, est tenue de s'assurer que cette eau est propre à l'usage qui en est fait.**

II. — Toute personne publique ou privée titulaire d'une autorisation mentionnée à l'article L. 1322-1 est tenue de :

1º Surveiller la qualité de l'eau minérale naturelle ;

2º Se soumettre au contrôle sanitaire ;

3º N'employer que des produits et procédés de nettoyage et de désinfection des installations qui ne sont pas susceptibles d'altérer la qualité de l'eau minérale naturelle distribuée ;

4º N'employer que des produits et procédés de traitement qui ne modifient pas la composition de cette eau dans ses constituants essentiels et n'ont pas pour but d'en modifier les caractéristiques microbiologiques, à l'exception du traitement de l'eau utilisée dans les établissements thermaux visant à prévenir les risques sanitaires spécifiques à certains soins ;

5º Respecter les règles de conception et d'hygiène applicables aux installations de production et de distribution ;

6º Se soumettre aux règles de restriction ou d'interruption de la distribution au public en cas de risque sanitaire et assurer, en ce cas, l'information des consommateurs.

....

Art. R. 1322-2 Une eau minérale naturelle est une eau microbiologiquement saine, répondant aux conditions fixées par l'article R. 1322-3, provenant d'une nappe ou d'un gisement souterrain exploité à partir d'une ou plusieurs émergences naturelles ou forées constituant la source. Elle témoigne, dans le cadre des fluctuations naturelles connues, d'une stabilité de ses caractéristiques essentielles, notamment de sa composition et de sa température à l'émergence, qui n'est pas affectée par le débit de l'eau prélevée.

Elle se distingue des autres eaux destinées à la consommation humaine :

1º Par sa nature, caractérisée par sa teneur en minéraux, oligoéléments ou autres constituants ;

2º Par sa pureté originelle,

l'une et l'autre caractéristiques ayant été conservées intactes en raison de l'origine souterraine de cette eau qui a été tenue à l'abri de tout risque de pollution.

Ces caractéristiques doivent avoir été appréciées sur les plans géologique et hydrogéologique, physique, chimique, microbiologique et, si nécessaire, pharmacologique, physiologique et clinique, conformément aux dispositions des articles R. 1322-5 et R. 1322-6.

Art. R. 1322-3 Une eau minérale naturelle ne doit pas contenir un nombre ou une concentration de micro-organismes, de parasites ou de toute autre substance constituant un danger pour la santé publique.

Elle répond en outre à des critères de qualité microbiologiques et physico-chimiques, définis par arrêté du ministre chargé de la santé et, s'il s'agit d'une eau conditionnée, par arrêté conjoint des ministres chargés de la consommation et de la santé. — *V. Arr. du 14 mars 2007 (JO 5 avr.), modifié.*

Les constituants physico-chimiques faisant l'objet d'une limite réglementaire de concentration sont naturellement présents dans l'eau minérale naturelle et ne résultent ni d'une contamination de la source ni d'un traitement.

Les exigences indiquées ci-dessus sont respectées aux points de conformité suivants :

1° A l'émergence, pour tous les paramètres de qualité des eaux, en tenant compte de la mise en œuvre ultérieure d'un traitement autorisé ;

2° Et, selon les cas, au point où les eaux sont conditionnées, aux points d'utilisation thermale ou aux points de distribution en buvette publique.

Au cours de sa commercialisation, l'eau minérale naturelle conditionnée répond aux critères de qualité définis ci-dessus.

Art. R. 1322-4 Lorsque l'étiquetage d'une boisson rafraîchissante sans alcool fait apparaître qu'elle est fabriquée à partir d'une eau minérale naturelle, cette eau doit être conforme aux dispositions du présent chapitre.

Conditionnement des eaux minérales naturelles

Art. R. 1322-35 L'eau minérale naturelle est une denrée alimentaire au sens du règlement (CE) n° 852/2004 du 29 avril 2004 du Parlement européen et du Conseil relatif à l'hygiène des denrées alimentaires.

Art. R. 1322-36 Les matériaux utilisés pour le conditionnement de l'eau minérale naturelle, au sens du règlement (CE) n° 1935/2004 du Parlement européen et du Conseil du 27 octobre 2004 concernant les matériaux et objets destinés à entrer en contact avec les denrées alimentaires, sont traités ou fabriqués et utilisés de manière à éviter que les caractéristiques chimiques, microbiologiques et organoleptiques de l'eau ne s'en trouvent altérées.

Art. R. 1322-37 Le transport de l'eau minérale naturelle conditionnée est effectué dans les récipients destinés au consommateur final.

Information des consommateurs d'eau minérale naturelle conditionnée

Art. R. 1322-44-9 *(Décr. n° 2007-49 du 11 janv. 2007, art. 3)* Les eaux minérales naturelles conditionnées sont détenues en vue de la vente, mises en vente, vendues ou distribuées à titre gratuit, sous l'une des dénominations de vente suivantes :

1° "Eau minérale naturelle" ou "eau minérale naturelle non gazeuse", qui désigne une eau minérale naturelle non effervescente, c'est-à-dire ne dégageant pas spontanément de gaz carbonique à l'émergence de façon nettement perceptible dans des conditions normales ;

2° "Eau minérale naturelle naturellement gazeuse" ou "eau minérale naturelle gazeuse", qui désigne une eau effervescente dont la teneur en gaz carbonique provenant de la source, après décantation éventuelle et conditionnement, est la même qu'à l'émergence, compte tenu, s'il y a lieu, de la réincorporation d'une quantité de gaz provenant de la même nappe ou du même gisement équivalente à celle du gaz libéré au cours de ces opérations et sous réserve des tolérances techniques usuelles ;

3° "Eau minérale naturelle renforcée au gaz de la source", qui désigne une eau effervescente dont la teneur en gaz carbonique provenant de la même nappe ou du même gisement, après décantation éventuelle et conditionnement, est supérieure à celle constatée à l'émergence ;

4° "Eau minérale naturelle avec adjonction de gaz carbonique", qui désigne une eau rendue effervescente par l'addition de gaz carbonique d'une autre origine que la nappe ou le gisement dont elle provient.

La dénomination de vente est accompagnée de la mention "totalement dégazéifiée", lorsque l'eau à laquelle ladite mention s'applique a fait l'objet d'un traitement d'élimination totale de son gaz carbonique libre, ou bien par la mention "partiellement dégazéifiée" lorsque cette élimination est partielle. Ces éliminations ne peuvent résulter que de l'emploi de procédés exclusivement physiques.

Art. R. 1322-44-10 *(Décr. n° 2007-49 du 11 janv. 2007, art. 3)* L'étiquetage des eaux minérales naturelles conditionnées détenues en vue de la vente, mises en vente, vendues ou distribuées à titre gratuit, comporte, outre les mentions prévues à l'article R. 112-9 *[ancien]* du code de la consommation, les mentions suivantes :

1° Le nom de la source constituée d'une ou plusieurs émergences naturelles ou forées ;

2° Le lieu d'exploitation et, dans les cas prévus par les dispositions de l'article R. 112-9 du même code, la mention du pays d'origine ;

3° La composition analytique de l'eau minérale naturelle conditionnée se rapportant à ses constituants caractéristiques ;

4° Le cas échéant, l'indication se rapportant au traitement à l'aide d'air enrichi en ozone ;

5° Le cas échéant, la mention d'autres traitements ayant pour objet la séparation de certains constituants indésirables, à l'exception de l'opération de filtration ou de décantation ;

6° Les avertissements se rapportant à des teneurs en certains constituants ;

7° La désignation commerciale, lorsqu'elle diffère du nom de la source ;

8° La dénomination de vente mentionnée à l'article R. 1322-44-9 du présent code.

Un arrêté des ministres chargés de la consommation et de la santé fixe les modalités d'application des dispositions mentionnées aux 4°, 5° et 6°, notamment les limites de concentration au-dessus desquelles une mention est requise sur l'étiquetage des eaux conditionnées et les délais d'application de cette disposition. — *V. Arr. du 14 mars 2007 (JO 5 avr.), modifié.*

Art. R. 1322-44-11 *(Décr. nº 2007-49 du 11 janv. 2007, art. 3)* Lorsque la désignation commerciale d'une eau minérale naturelle déterminée diffère du nom de la source ou du lieu de son exploitation, l'indication de ce nom ou de ce lieu est portée en caractères dont la hauteur et la largeur sont au moins égales à une fois et demie celles du plus grand des caractères utilisés pour l'indication de la désignation commerciale.

La commercialisation d'une eau minérale naturelle provenant d'une même source sous plusieurs désignations commerciales est interdite.

Les dispositions du présent article sont applicables à toute forme d'étiquetage ou de publicité.

Art. R. 1322-44-12 *(Décr. nº 2007-49 du 11 janv. 2007, art. 3)* Les mentions relatives à la minéralisation, si elles ont été établies sur la base d'analyses physico-chimiques officiellement reconnues, peuvent figurer sur les emballages, les étiquettes d'une eau minérale naturelle et dans la publicité concernant cette eau.

Art. R. 1322-44-13 *(Décr. nº 2007-49 du 11 janv. 2007, art. 3)* Est interdite toute indication attribuant à une eau minérale naturelle des propriétés de prévention, de traitement ou de guérison d'une maladie humaine, à l'exception des mentions, établies sur la base d'analyses physico-chimiques officiellement reconnues, dont la liste est fixée par arrêté des ministres chargés de la santé et de la consommation. — *V. Arr. du 14 mars 2007 (JO 5 avr.), modifié.*

Art. R. 1322-44-14 *(Décr. nº 2007-49 du 11 janv. 2007, art. 3)* Est interdite sur les emballages, les étiquettes et dans la publicité, sous quelque forme que ce soit, toute indication, dénomination, marque de fabrique ou de commerce, image ou autre signe figuratif ou non, qui, étant appliqué à une eau minérale naturelle, suggère une caractéristique que cette eau ne possède pas en ce qui concerne notamment l'origine, la date de l'autorisation d'exploiter, les résultats d'analyses ou toute référence analogue aux garanties d'authenticité.

Art. R. 1322-44-15 *(Décr. nº 2007-49 du 11 janv. 2007, art. 3)* La composition analytique d'une eau faisant l'objet d'une description chiffrée figurant sur les emballages, les étiquettes et dans la publicité n'est pas différente de celle présentée par l'eau à laquelle se rapporte ladite mention. Toutefois, les écarts de composition d'une eau minérale naturelle résultant de fluctuations naturelles n'affectant pas la stabilité des caractéristiques essentielles de l'eau ne sont pas considérés comme des différences au sens du présent article.

Tout récipient utilisé pour le conditionnement des eaux minérales naturelles est muni d'un dispositif de fermeture conçu pour éviter toute possibilité de falsification ou de contamination.

Information des curistes

Art. R. 1322-44-16 *(Décr. nº 2007-49 du 11 janv. 2007, art. 3)* Le responsable de l'établissement thermal affiche les éléments d'information des curistes et du personnel amené à intervenir dans l'établissement, portant notamment sur :

1° Les qualités thérapeutiques de l'eau minérale naturelle utilisée et ses éventuelles restrictions d'usage ;

2° Les caractéristiques essentielles de l'eau ;

3° Le cas échéant, le traitement mis en œuvre ;

4° Le cas échéant, le réchauffage ou le refroidissement de l'eau ;

5° La date du dernier contrôle sanitaire et les résultats des analyses.

Information des consommateurs de buvette publique

Art. R. 1322-44-17 *(Décr. n° 2007-49 du 11 janv. 2007, art. 3)* Le responsable de la distribution en buvette publique d'une eau minérale naturelle affiche sur place les éléments d'information portant notamment sur :

1° L'autorisation de distribuer cette eau au public ;

2° Les caractéristiques essentielles de cette eau ;

3° Le cas échéant, le traitement mis en œuvre ;

4° Le cas échéant, les effets favorables sur la santé et les risques associés à la consommation prolongée de cette eau ;

5° La date du dernier contrôle sanitaire et les résultats des analyses.

Eaux de source conditionnées

Art. R. 1321-84 *(Décr. n° 2007-49 du 11 janv. 2007, art. 2-I)* « Une eau de source est une eau d'origine souterraine, micro-biologiquement saine et protégée contre les risques de pollution. A l'émergence et au cours de la commercialisation, elle respecte ou satisfait les limites ou références de qualité, portant sur des paramètres microbiologiques et physico-chimiques, définies par arrêté des ministres chargés de la consommation et de la santé. »

Toutefois, lorsque les éléments instables ou les constituants indésirables doivent être séparés d'une eau de source à l'aide de traitements autorisés pour cette eau conformément à l'article R. 1321-85, le respect des caractéristiques de qualité chimique mentionnées à l'alinéa précédent s'applique à l'eau de source *(Décr. n° 2007-49 du 11 janv. 2007, art. 2-I)* « conditionnée ».

Une eau de source est exploitée par une ou plusieurs émergences naturelles ou forées. Elle doit être introduite à la source dans des récipients autorisés destinés à la livraison au consommateur.

Art. R. 1321-85 *(Décr. n° 2007-49 du 11 janv. 2007, art. 2-I)* Les eaux de source ne peuvent faire l'objet que de traitements ou adjonctions déterminés par arrêté des ministres chargés de la consommation et de la santé.

Cet arrêté fixe les conditions techniques d'utilisation et, le cas échéant, les délais à respecter pour appliquer les différents types de traitement autorisés ainsi que la procédure de demande d'utilisation de nouveaux types de traitements.

Art. R. 1321-86 *(Décr. n° 2007-49 du 11 janv. 2007, art. 2-I)* Lorsque l'étiquetage d'une boisson rafraîchissante sans alcool fait apparaître qu'elle est fabriquée à partir d'une eau de source, cette eau doit être conforme aux dispositions de la présente section.

Art. R. 1321-87 Les eaux de source *(Décr. n° 2007-49 du 11 janv. 2007, art. 2-I)* « conditionnées » sont détenues en vue de la vente, mises en vente, vendues ou distribuées à titre gratuit, sous l'une des dénominations suivantes :

1° "Eau de source" ;

2° "Eau de source avec adjonction de gaz carbonique" qui désigne une eau de source effervescente par addition de gaz carbonique.

Art. R. 1321-88 L'étiquetage des eaux de source *(Décr. n° 2007-49 du 11 janv. 2007, art. 2-I)* « conditionnées » qui sont détenues en vue de la vente, mises en vente, vendues ou distribuées à titre gratuit doit comporter, outre les mentions prévues à l'article R. 112-9 *[ancien]* du code de la consommation, les mentions suivantes :

1° Le nom de la source exploitée par une ou plusieurs émergences naturelles ou forées ;

2° L'indication du lieu d'exploitation et, dans les cas prévus par les dispositions de l'article R. 112-9 *[ancien]* du code de la consommation, la mention du pays d'origine ;

3° L'indication se rapportant au traitement à l'aide d'air enrichi en ozone ;

4° L'indication se rapportant aux autres traitements ayant pour objet la séparation de certains constituants indésirables, à l'exception de l'opération de filtration ou de décantation.

Un arrêté des ministres chargés de la consommation et de la santé fixe, en tant que de besoin, les modalités d'application des dispositions mentionnées au 3° et au 4° du présent article.

Art. R. 1321-89 Si la désignation commerciale d'une eau de source déterminée diffère du nom de la source ou du lieu de son exploitation, l'indication de ce nom, ou de ce lieu, doit être portée en caractères dont la hauteur et la largeur sont au moins égales à une fois et demie celles du plus grand des caractères utilisés pour l'indication de la désignation commerciale.

La commercialisation d'une eau de source déterminée sous plusieurs désignations commerciales est interdite.

Les dispositions du présent article sont applicables à toute forme d'étiquetage ou de publicité.

Art. R. 1321-90 Sans préjudice des dispositions de l'article R. 112-7 *[ancien]* du code de la consommation, est interdite, tant sur les emballages ou les étiquettes que dans la publicité, sous quelque forme que ce soit, toute indication, dénomination, marque de fabrique ou de commerce, image ou autre signe figuratif ou non, qui, étant appliqué à une eau de source, est susceptible de créer une confusion avec une eau minérale naturelle, notamment par l'indication de propriétés favorables à la santé, par la mention d'expressions comportant le mot "minéral" ou des dérivés de ce mot, ou par la mise en exergue d'un ou de plusieurs éléments particuliers relatifs à la composition de l'eau.

(Décr. nº 2007-49 du 11 janv. 2007, art. 2-I) « Toutefois, la mention du caractère approprié d'une eau de source pour l'alimentation des nourrissons est autorisée dans les mêmes conditions que celles prévues aux articles R. 1322-44-12 et R. 1322-44-13 pour les eaux minérales naturelles. »

Eaux rendues potables par traitement[s] conditionnées

Art. R. 1321-91 Une eau rendue potable par traitements, *(Décr. nº 2007-49 du 11 janv. 2007, art. 2-I)* « conditionnée », autre qu'une eau minérale naturelle ou qu'une eau de source, doit satisfaire les exigences de qualité *(Décr. nº 2007-49 du 11 janv. 2007, art. 2-I)* « , portant sur des paramètres microbiologiques et physico-chimiques, définies par arrêté des ministres chargés de la consommation et de la santé ». — *V. Arr. du 14 mars 2007 (JO 5 avr.), modifié.*

Art. R. 1321-92 Les eaux rendues potables par traitements, *(Décr. nº 2007-49 du 11 janv. 2007, art. 2-I)* « conditionnées », sont détenues en vue de la vente, mises en vente, vendues ou distribuées à titre gratuit, sous l'une des dénominations de vente suivantes :

1º "Eau rendue potable par traitements" ;

2º "Eau rendue potable par traitements et avec adjonction de gaz carbonique" qui désigne toute eau rendue potable par traitements, *(Décr. nº 2007-49 du 11 janv. 2007, art. 2-I)* « conditionnée », qui a été rendue effervescente par addition de gaz carbonique.

Cette dénomination doit être complétée par l'indication des traitements mis en œuvre. Une telle indication doit rendre compte, parmi les catégories de traitements fixés par les dispositions réglementaires prises en application de l'article L. 1321-10, de ceux de ces traitements qui sont réellement utilisés pour l'eau considérée.

Art. R. 1321-93 Sans préjudice des dispositions de l'article R. 112-7 *[ancien]* du code de la consommation, est interdite, tant sur les emballages ou les étiquettes que dans la publicité, sous quelque forme que ce soit, toute indication, dénomination, marque de fabrique ou de commerce, image ou autre signe figuratif ou non, qui, étant appliqué à une eau rendue potable par traitements, est susceptible de créer une confusion avec une eau minérale naturelle ou avec une eau de source, notamment par l'indication de propriétés favorables à la santé, par la mention d'expressions comportant le mot minéral ou des dérivés de ce mot, par la mention d'expressions comportant le mot source ou des dérivés de ce mot, ou par la mise en exergue d'un ou de plusieurs éléments particuliers relatifs à la composition de l'eau.

Art. R. 1321-94 La composition d'une eau faisant l'objet d'une description chiffrée figurant tant sur les emballages ou étiquettes que dans la publicité ne doit pas être différente de celle présentée par l'eau à laquelle se rapporte ladite mention.

Toutefois, les écarts de composition *(Abrogé par Décr. nº 2007-49 du 11 janv. 2007, art. 2-I)* « *d'une eau minérale naturelle ou* » d'une eau de source qui résultent de variations dues à des fluctuations naturelles n'affectant pas la stabilité des caractéristiques essentielles de l'eau ne sont pas considérés comme des différences au sens du présent article.

Tout récipient utilisé pour le conditionnement *(Abrogé par Décr. n° 2007-49 du 11 janv. 2007, art. 2-I)* « *des eaux minérales naturelles ou* » des eaux de source doit être muni d'un dispositif de fermeture conçu pour éviter toute possibilité de falsification ou de contamination.

Dispositions pénales

Art. R. 1324-1 *(Décr. n° 2007-49 du 11 janv. 2007, art. 4)* Les infractions aux dispositions du I de l'article R. 1321-48, des I, IV et V de l'article R. 1321-50, du premier alinéa de l'article R. 1321-54, des articles R. 1321-86 à R. 1321-95, du dernier alinéa de l'article R. 1322-3, des articles R. 1322-4, R. 1322-36 et R. 1322-37 et des articles R. 1322-44-9 à R. 1322-44-15 sont constatées dans les conditions définies aux chapitres II à VI du titre Ier du livre II du code de la consommation *[ancien]* et sont punies des peines prévues à l'article *(Décr. n° 2016-884 du 29 juin 2016, art. 2, en vigueur le 1er juill. 2016)* « R. 451-1 » de ce code.

Eaux non potables

Art. L. 1323-1 *(Ord. n° 2017-9 du 5 janv. 2017, art. 2)* L'utilisation d'eaux telles que mentionnées au deuxième alinéa de l'article L. 1321-1 est possible pour certains usages, domestiques ou dans les entreprises alimentaires, lorsque la qualité de ces eaux n'a aucune influence, directe ou indirecte, sur la santé de l'usager et sur la salubrité de la denrée alimentaire finale.

Un décret en Conseil d'État détermine les modalités d'application des dispositions du présent chapitre et*[,]* notamment, pour chaque type d'eau concernée :

1° Les catégories d'usage possibles et les conditions auxquelles chacune d'elles est soumise ;

2° Les cas dans lesquels l'utilisation des eaux est subordonnée à une autorisation délivrée, à l'utilisateur ou au producteur, par l'autorité compétente de l'État ou à une déclaration préalable effectuée, par l'utilisateur ou le producteur, auprès de cette autorité ;

3° Les modalités selon lesquelles l'utilisateur ou le producteur sont tenus de mettre en œuvre des mesures de surveillance et de se soumettre à des mesures de contrôle ainsi que les conditions dans lesquelles les dépenses liées au contrôle peuvent être mises à leur charge.

Recommandation CCA n° 85-01 du 19 novembre 1982,

Concernant les contrats de distribution de l'eau (BOCC 17 janv. 1985).

La Commission des clauses abusives.

Considérant que le service public de distribution d'eau est à la charge des communes ; que ces collectivités assurent, seules ou en se regroupant, ce service public industriel et commercial sous la forme de régie directe, de régie intéressée, de gérance, de concession ou d'affermage ; que, quel que soit le mode juridique de distribution, les relations entre l'usager et le service chargé de la distribution d'eau, communément appelé « service des eaux », résultent d'un contrat d'abonnement appelé « règlement du service d'eau » ; que ce contrat se trouve, du fait de sa nature même, soumis, en ce qui concerne l'ensemble de ses stipulations, au régime du droit privé ;

Considérant qu'il résulte de ce qui précède que, d'une part, le « service des eaux » doit être regardé, quelle que soit sa qualification juridique comme un professionnel au sens des articles 35 et suivants de la loi n° 78-23 du 10 janvier 1978 *[C. consom., art. L. 212-1 s.]* et que, d'autre part, les clauses des règlements du service d'eau peuvent faire l'objet de recommandations de la part de la commission des clauses abusives ; que dans l'hypothèse où certaines des clauses insérées dans le règlement du service d'eau ne feraient que reprendre une disposition de nature réglementaire insérée dans un cahier type de concession ou d'affermage régissant les relations entre la commune et le service des eaux, il appartient à la commission des clauses abusives, après avoir formulé sa recommandation de proposer, conformément à l'article 38 de la loi précitée, les modifications réglementaires qui lui paraissent souhaitables ;

Considérant que, dans de nombreuses communes, les droits et obligations des usagers du service des eaux ne sont pas consignés par écrit ; que l'ignorance dans laquelle se trouve ainsi l'abonné lui est préjudiciable ; qu'il convient ainsi qu'un document intitulé règlement du service d'eau soit établi pour chaque commune et remis aux usagers ;

Considérant que les abonnés du service des eaux adhèrent, souvent sans les connaître, à des clauses dont certaines résultent d'un abus de puissance économique de la part du service des eaux et procurent à celui-ci des avantages excessifs ; qu'ainsi qu'il est dit ci-dessus ces clauses n'ont généralement pas un caractère réglementaire et ne font pas l'objet d'une publication ; que pour permettre l'information complète et préalable de l'abonné, le document intitulé règlement du service d'eau doit lui être remis avant la conclusion de l'abonnement ; que pour les abonnements en cours, ce document devrait être remis dans les délais les plus brefs ;

Considérant de même que tout abonné doit connaître, avant sa mise en application, toute modification du règlement du service ; qu'il est abusif de le faire souscrire d'avance à toute modification ultérieure du règlement du service, l'abonné devant conserver la faculté de demander éventuellement à cette occasion la résiliation de son abonnement ;

Considérant que lorsque la distribution d'eau est assurée en régie directe par la commune ou par un regroupement de communes, le prix du mètre cube d'eau est fixé par délibération du conseil municipal ou par l'organe délibérant qui a l'obligation de voter le budget de la régie en équilibre ; que dans les autres modes de distribution, le prix du mètre cube d'eau ainsi que les modalités de révision de ce prix sont fixés par le règlement qui lie la ou les communes et la société distributrice ; que si les décisions de fixation de prix ont ainsi un caractère réglementaire, il importe que l'usager ait une bonne connaissance de ces éléments essentiels du contrat qui le lie au service des eaux ; qu'il convient donc que le prix du mètre cube d'eau au jour de la conclusion du contrat d'abonnement et les modalités de révision de ce prix figurent dans le règlement du service ;

Considérant que le service des eaux est responsable des travaux d'installation du branchement que si l'abonné a généralement la possibilité d'aménager la niche abritant le compteur, il doit le faire conformément aux directives du service des eaux ; que de plus en plus fréquemment le compteur est la propriété du service des eaux ; qu'il est ainsi abusif de mettre à la charge de l'abonné les conséquences dommageables causées par le gel du compteur, à défaut de faute prouvée de l'abonné ;

Considérant qu'en cas d'arrêt du compteur, il doit toujours être loisible à l'abonné d'apporter la preuve que sa consommation d'eau a pu, pour la période d'arrêt, être significativement différente de celle enregistrée pendant la période correspondante de l'année précédente ou de celle calculée par extrapolation sur une période déterminée de l'année en cours ;

Considérant que les règlements du service d'eau prévoient généralement que les frais de vérification des compteurs, d'ouverture et de fermeture des branchements, sont fixés à un montant correspondant à un certain nombre de mètres cubes d'eau ; que le prix du mètre cube d'eau peut varier dans des proportions importantes et connaître de fortes hausses ; que l'abonné n'a pas la possibilité, si le prix de l'eau s'accroît considérablement, de demander que le nombre de mètres cubes d'eau servant à la facturation d'interventions dont le coût économique est sans rapport avec le prix du mètre cube d'eau soit révisé en baisse ; qu'il conviendrait ainsi de dissocier ces frais du prix du mètre cube d'eau ;

Considérant que les règlements du service prévoient généralement une pénalité dans l'hypothèse où l'abonné use de l'eau autrement que pour son usage personnel et celui de ses locataires et en dispose, gratuitement ou non, en faveur de tout autre particulier ou intermédiaire ; que cette infraction a un caractère généralement bénin et ne saurait être assimilée à un piquage sur le branchement ou une modification du compteur ; qu'il y a ainsi lieu, si une clause pénale est maintenue dans cette hypothèse, de la fixer à un montant inférieur à celui prévu lors d'infractions plus graves ;

Considérant que la fermeture du branchement constitue une mesure d'une particulière gravité à laquelle il ne saurait être procédé sans mise en demeure préalable et ne peut se justifier qu'à titre conservatoire soit pour faire cesser un trouble préjudiciable aux autres abonnés ou aux installations, soit pour s'opposer à la commission d'un délit ;

Considérant que, hors les cas de force majeure, le service des eaux ne peut sans abus dégager, ainsi que cela a été relevé dans tous les règlements de service examinés, sa responsabilité pour les troubles de toute nature que peuvent causer une interruption générale ou partielle du service, l'insuffisance ou les brusques variations de pression ; que si des sanctions pécuniaires sont déjà prévues au profit de la collectivité par le cahier des charges type pour l'exploitation par affermage, ces sanctions ne sont pas exclusives de dommages et intérêts que peuvent demander les abonnés, tant dans le cas de l'affermage que dans l'hypothèse d'autres modes de gestion du service des eaux ;

Considérant que la fourniture d'eau à un abonné domestique consiste, non seulement à garantir un débit, une pression convenus, mais également une eau conforme aux qualités définies par les règlements sanitaires, que la fourniture d'eau ne présentant pas la qualité ainsi définie constitue une méconnaissance par le service des eaux de l'une de ses obligations essentielles ;

Considérant que la distribution d'eau est un service public ; que les candidats à l'abonnement qui réunissent les conditions prévues au règlement du service doivent nécessairement pouvoir bénéficier d'un abonnement et ce, dans un délai raisonnable ;

Considérant que seul le service des eaux est autorisé à effectuer le branchement ; que les règlements du service des eaux excluent généralement la responsabilité du service des eaux pour les conséquences dommageables d'accidents survenus sur la partie du branchement située au-delà du domaine public ; que cette clause est abusive dès lors que ces accidents peuvent résulter d'une faute du service des eaux, par exemple par suite d'un défaut de conception du branchement, et que les conséquences dommageables peuvent provenir d'une inaction lors d'une fuite signalée par l'abonné ;

Considérant que certains règlements du service prévoient l'inclusion d'une consommation minimale d'eau dans la tarification ; que, s'il est normal que la tarification comporte une partie fixe, correspondant à l'abonnement, celle-ci doit couvrir des frais indépendants de la consommation de l'abonné ; que l'intégration de l'équivalent d'une consommation minimale dans la tarification n'a aucun fondement économique ou juridique et peut conduire à un prix abusif du mètre cube d'eau réellement consommé pour des abonnés qui ont une faible consommation ; qu'il conviendrait ainsi d'éliminer toute référence à une consommation minimale ;

Considérant que certains règlements du service prévoient la souscription d'un abonnement payé d'avance comportant obligatoirement un minimum de consommation d'eau choisi au sein d'une gamme en fonction des consommations de l'abonné au cours des années antérieures ; que les excédents de consommation par rapport à ce minimum souscrit sont facturés à l'abonné ; qu'en revanche la consommation d'un volume d'eau moindre que le minimum souscrit ne donne droit à aucun remboursement, que cette dernière clause est abusive dès lors que l'abonné ne connaît pas sa consommation future qui peut varier sensiblement par rapport aux années précédentes ;

Considérant que certains règlements du service prévoient que dans l'hypothèse où le service des eaux n'a pu, du fait de l'usager, relever la consommation inscrite au compteur, un minimum de consommation d'eau est facturé et ne sera pas déduit de la consommation constatée à l'échéance suivante ; qu'une telle clause résulte manifestement d'un abus de puissance économique de la part du service des eaux et doit être supprimée ;

Considérant que les frais de fermeture, de réouverture du branchement et d'installation du compteur sont à la charge de l'abonné ; que ces frais doivent par eux-mêmes dissuader l'abonné de demander une résiliation de son abonnement pour une courte période ; que rien ne justifie, ainsi que le prévoient généralement les règlements du service des eaux, le paiement de l'abonnement pendant la période d'interruption si, après cessation de son abonnement sur sa propre demande, un abonné sollicite, dans un délai inférieur à un an par rapport à la fin de l'abonnement précédent, la réouverture du branchement et la réinstallation du compteur ;

Considérant que les règlements du service des eaux réservent généralement à celui-ci la faculté de contrôler les installations intérieures de l'abonné pour vérifier qu'elles n'ont pas *d'actions nuisibles sur la distribution* publique ; que ces vérifications peuvent éventuellement engager la responsabilité du service des eaux si elles provoquent des conséquences dommageables de toute nature à l'abonné ; qu'il est dès lors abusif de dégager dans tous les cas, ainsi que le font généralement les règlements du service, la responsabilité du service des eaux pour les contrôles effectués ;

Considérant que certains règlements du service des eaux prévoient un court délai, de l'ordre de quinze jours à un mois, au-delà duquel l'abonné ne peut plus contester le montant de la facture ; que cette clause est manifestement abusive ;

Considérant que certains règlements du service interdisent toute réclamation de la part de l'usager lors de la demande de paiement ; qu'il est abusif de paralyser ainsi le jeu de l'exception d'inexécution en obligeant l'abonné à payer alors qu'il a pu éventuellement constater que le service des eaux n'a pas rempli complètement ses obligations ;

Considérant que, dans l'hypothèse où la fermeture du branchement intervient à la demande de l'abonné suite à une modification du règlement du service décidée par le service des eaux, il est abusif de mettre à la charge de l'abonné les frais de fermeture du branchement, la modification du contrat n'étant pas de son fait ;

Considérant que certains règlements du service subordonnent la réouverture du branchement au paiement par le nouvel abonné des arriérés impayés par l'ancien abonné ; qu'une telle clause est abusive dès lors que le nouvel abonné n'est pas débiteur du service des eaux,

Recommande :

A. – 1° Que lors de la conclusion de l'abonnement au service de distribution d'eau, le règlement du service d'eau soit remis à l'abonné, à charge pour le service de justifier cette remise ;

2° Que, de même, toute modification du règlement du service soit remis à l'abonné dans les mêmes conditions avant sa mise en application ;

3° Que le prix du mètre cube d'eau à la date de la conclusion du contrat et les modalités de révision de ce prix soient inclus dans le règlement du service ;

4° Que les règlements du service d'eau laissent à la charge du service des eaux les dommages causés par le gel du compteur sauf pour le service des eaux à prouver une faute de l'abonné ;

5° Que l'abonné ait la possibilité, en cas d'arrêt du compteur, d'apporter la preuve d'une variation de sa consommation d'eau par rapport à la période de référence prévue dans ce cas dans le règlement du service ;

6° Que les frais de vérification des compteurs, d'ouverture et de fermeture des branchements soient dissociés des prix du mètre cube d'eau et calculés en fonction des coûts réellement supportés ;

7° Que la pénalité encourue par l'abonné dans le cas d'usage à titre gratuit ou onéreux de l'eau ne soit ni manifestement excessive ni manifestement dérisoire par rapport au préjudice subi ;

8° Que la fermeture d'un branchement à l'initiative du service des eaux soit obligatoirement précédée d'une mise en demeure préalable notifiée à l'abonné, excepté le cas où une telle mesure est le seul moyen d'éviter des dommages aux installations, de protéger les intérêts légitimes des autres abonnés ou de faire cesser un délit ;

9° Qu'une clause du règlement de service prévoie, hors le cas de force majeure, la responsabilité du service des eaux à l'égard des abonnés pour les troubles de toute nature occasionnés par des accidents de service, notamment pour les cas d'interruption générale ou partielle du service non justifiée par une réparation, d'insuffisance ou de brusque variation de la pression d'eau, de présence d'air ou de sable dans les conduites, de fourniture d'eau non conforme aux règlements sanitaires ;

10° Qu'une clause du règlement de service prévoie que le service des eaux est tenu, sur tout le parcours de la distribution, de fournir de l'eau à tout candidat à l'abonnement remplissant les conditions énoncées audit règlement et ce dans un délai fixé lors de la signature de l'abonnement ;

B. – Que soient éliminées des règlements du service proposés par les collectivités ou sociétés qui assurent la distribution d'eau, les clauses ayant pour objet ou pour effet :

1° De se référer à des conditions générales non remises à l'abonné suivant les modalités précisées dans la recommandation A 1 ;

2° De faire souscrire d'avance l'abonné à toute modification ultérieure du règlement du service ;

3° D'exclure toute responsabilité du service des eaux pour les conséquences dommageables d'accidents survenus sur la partie du branchement située au-delà du domaine public ;

4° D'inclure, dans la tarification, une consommation minimale dans la partie fixe de l'abonnement ;

5° D'imposer à l'abonné de payer d'avance un abonnement pour un minimum de consommation d'eau choisi au sein d'une gamme, sans qu'il ait la possibilité d'obtenir, si sa consommation réelle est inférieure au minimum souscrit, le remboursement de la différence ;

6° De ne pas permettre de déduire de la consommation constatée lors d'un relevé du compteur la consommation forfaitaire facturée précédemment à l'abonné dont le compteur n'avait pu être relevé ;

7° D'imposer le paiement de l'abonnement pendant la période d'interruption si, après cessation de son abonnement sur sa propre demande, un abonné sollicite la réouverture du branchement et la réinstallation du compteur ;

8° De dégager entièrement la responsabilité du service des eaux lorsque celui-ci procède à des vérifications des installations intérieures de l'abonné ;

9° D'instituer un délai plus court que le délai légal pour contester le montant de la facture ;

10° De paralyser le jeu de l'exception d'inexécution en obligeant l'abonné à payer alors que le service des eaux n'a pas rempli ses obligations ;

11° De mettre à la charge de l'abonné les frais de fermeture du branchement lorsque cette fermeture intervient à la demande de l'abonné mais consécutivement à une modification du règlement du service décidée par le service des eaux ;

12° De subordonner la réouverture du branchement au paiement par le nouvel abonné non débiteur des arriérés impayés par l'ancien abonné ;

13° D'exclure, en sus des cas de force majeure, toute responsabilité du service des eaux pour les troubles de toute nature occasionnés par des faits de service.

(Délibérée sur le rapport de M. André Schilte dans les séances des 9 juillet, 24 septembre, 15 octobre et 19 novembre 1982.)

V. infra, Recommandation complémentaire n° 2001-01.

Arrêté du 21 février 1996,

Portant création d'un observatoire de l'eau.

Art. 1er Il est créé un comité d'experts dans le domaine de l'eau, auprès du ministre chargé de l'environnement et du ministre chargé de la consommation, qui en assurent conjointement la présidence.

Il prend la dénomination d'"observatoire de l'eau".

Art. 2 L'observatoire de l'eau exerce une fonction générale d'analyse, d'information et d'expertise sur :

– la composition et l'évolution des différents éléments du prix de l'eau ;

– l'évaluation de la qualité des services publics de distribution de l'eau et de l'assainissement, au regard des objectifs nationaux ou internationaux relatifs à la qualité des eaux distribuées et l'épuration des eaux usées domestiques ;

– l'évaluation et la prospective économiques en matière d'eau et d'assainissement ;

– les facteurs explicatifs de l'évolution du prix de l'eau, notamment les investissements, le mode de gestion et le mode de facturation.

Art. 3 L'observatoire de l'eau est saisi pour avis par ses présidents ou à la demande des deux tiers au moins de ses membres.

Art. 4 L'observatoire de l'eau est composé des membres suivants :

1° Au titre des associations de consommateurs :

– trois représentants et leurs suppléants, désignés par le Conseil national de la consommation ;

2° Au titre des associations de protection de la nature et de l'environnement :

– deux représentants et leurs suppléants, proposés en leur sein par les représentants des associations de protection de la nature et de l'environnement représentées au Comité national de l'eau ;

3° Au titre des associations de distributeurs d'eau :

– deux représentants et leurs suppléants, désignés par le syndicat professionnel des distributeurs d'eau ;

4° Au titre des élus locaux :

– trois représentants et leurs suppléants, désignés par l'Association des maires de France (AMF) ;

– un représentant et son suppléant, désignés par l'Association des présidents de conseils généraux (APCG) ;

– un représentant et son suppléant, désignés par la Fédération nationale des collectivités concédantes et des régies (FNCCR) ;

5° Au titre des organismes de bassin :

– deux présidents de comités de bassin et leurs suppléants, désignés par le ministre de l'environnement ;

6° Au titre de l'État :

– le directeur général des collectivités locales ou son représentant ;

– le directeur général de la santé publique ou son représentant ;

– le directeur de l'eau ou son représentant ;

– le directeur de l'espace rural et de la forêt ou son représentant ;

– le directeur général de la concurrence, de la consommation et de la répression des fraudes ou son représentant.

Les membres de l'observatoire et leurs suppléants autres que ceux du 6° sont désignés par arrêtés du ministre chargé de l'environnement et du ministre chargé de la consommation.

....

Art. 8 La direction de l'eau, en liaison avec les agences de l'eau, et la direction générale de la concurrence, de la consommation et de la répression des fraudes mettent leurs moyens d'expertise et d'étude à la disposition de l'observatoire de l'eau.

Arrêté du 10 juillet 1996,

Relatif aux factures de distribution de l'eau et de collecte et de traitement des eaux usées.

BIBL. GÉN. ▶ D. ROCHER, *Gaz. Pal. 2003. Doctr. 2211* (la facture d'eau, miroir du droit).

Art. 1er Toute facture d'eau aux abonnés comprend trois rubriques distinctes ainsi dénommées :

– distribution de l'eau ;

– collecte et traitement des eaux usées ;

– organismes publics.

Toutefois, lorsqu'il est établi des factures distinctes pour chacun des services, ou si l'un des services ne donne pas lieu à facturation, la rubrique sans objet peut ne pas être mentionnée.

En cas de traitement non collectif des eaux usées, la rubrique Collecte et traitement des eaux usées peut être remplacée par la rubrique "Contrôle et, le cas échéant, entretien de l'installation du système d'assainissement individuel".

Art. 2 Les rubriques Distribution de l'eau et Collecte et traitement des eaux usées comportent :

Pour les factures non forfaitaires, deux sous-rubriques :

– l'abonnement, correspondant à la partie fixe de la facturation ; si les dispositions choisies par la collectivité pour sa tarification prévoient une distinction des frais de location et/ou d'entretien du compteur et du branchement, ceux-ci doivent faire l'objet de plusieurs lignes à part, la facture devant faire apparaître un montant totalisé de l'ensemble de ces éléments ;

– la consommation, correspondant à la partie variable de la facturation en fonction du volume consommé par l'abonné.

Pour les factures forfaitaires, le volume et le montant du forfait et le prix du mètre cube d'eau supplémentaire sont indiqués distinctement. La facture mentionne également les références de l'autorisation préfectorale de la facturation forfaitaire, prise en application du décret du 28 décembre 1993 susvisé *[nº 93-1347, pris pour l'application de la loi nº 92-3 du 3 janv. 1992 sur l'eau ; V.* ***C. envir.****].*

Les différentes rubriques distinguent, en plus des mentions correspondant à leur globalité, la ou les parts des distributeurs et celles des collectivités ou des établissements publics de coopération intercommunale. Les libellés suivants doivent être utilisés si possible avec un caractère différent : « part distributeur », « part communale » ou « part intercommunale ». Lorsqu'il en existe plusieurs, le nom de chacun d'eux doit être ajouté ou substitué à ce libellé.

La rubrique Distribution de l'eau comporte la sous-rubrique Préservation des ressources en eau (agence de l'eau).

Art. 3 *(Arr. du 22 févr. 2008, art. 1er)* « La rubrique "Organismes publics" distingue les redevances suivantes :

« – lutte contre la pollution (agence de l'eau) ;

« – modernisation des réseaux (agence de l'eau) ;

« – Voies navigables de France (VNF).

« Dans les départements d'outre-mer, les mots : "agence de l'eau" sont remplacés par les mots : "office de l'eau" en cas de recouvrement de ces redevances par l'office de l'eau compétent. »

La ligne Voies navigables de France doit mentionner la référence de la décision de la collectivité de répercuter cette redevance sur le prix de l'eau facturé à l'usager.

Les dispositions issues de l'arrêté du 22 févr. 2008 entrent en vigueur un mois après la date de sa publication (JO 6 mars) pour les communes ou établissements publics de coopération intercommunale de plus de 10 000 habitants, et six mois après la date de sa publication dans les autres cas (Arr. du 22 févr. 2008, art. 2).

Art. 4 Pour chacune de ces rubriques et sous-rubriques, la facture doit faire apparaître le prix unitaire hors taxes, le montant hors taxes et le taux de TVA applicable.

Pour les rubriques dont le montant est fonction du volume consommé, ce volume doit figurer en face de chacune des rubriques et sous-rubriques concernées.

La facture mentionne également le montant global hors taxes et toutes taxes comprises.

(Arr. du 28 avr. 2016, en vigueur le 1er janv. 2017) « Dans le cas d'une tarification comportant un terme proportionnel au volume d'eau consommé, la facture mentionne également :

« 1° Le coût de l'abonnement ;

« 2° Le prix du litre d'eau toutes taxes comprises, obtenu en divisant le montant global toutes taxes comprises de la facture auquel il est retranché le coût de l'abonnement mentionné au 1°, par le nombre de litres consommés. Ce prix est indiqué en euros suivi de cinq chiffres après la virgule et accompagné de la mention "(hors abonnement)". »

Art. 5 Chaque facture émise doit comporter les informations suivantes :

– le nom et l'adresse du service de distribution de l'eau et/ou de collecte et de traitement des eaux usées ;

– les coordonnées téléphoniques et les horaires d'ouverture du service à appeler par l'usager en cas de demande d'information ou de réclamation ;

– le numéro de téléphone à appeler en cas d'urgence ;

– la date limite de règlement de la facture et les modalités de paiement.

Art. 6 Les niveaux des anciens et des nouveaux index retenus ainsi que le montant du volume consommé sont mentionnés. En cas de facturation intermédiaire, basée sur un volume estimé, ces indications ne sont pas obligatoires.

Le solde restant dû sur les précédentes factures doit être rappelé.

Art. 7 Les périodes de facturation doivent figurer dans tous les cas.

Dans le cas de factures intermédiaires basées sur des volumes estimés de consommation, le caractère estimatif de la facture doit être mentionné ainsi que la période de référence retenue. Le mode d'évaluation de cette estimation doit avoir été porté à la connaissance de l'abonné.

Art. 8 Les éléments essentiels de la note de synthèse annuelle ou de la synthèse commentée de la qualité de l'eau établie par la direction départementale des affaires sanitaires et sociales, en application des articles D. 1321-103 et D. 1321-104 du code de la santé publique, doivent être portés à la connaissance de l'abonné, une fois par an, à l'occasion d'une facturation.

Art. 9 Tout changement significatif total ou partiel du tarif, correspondant à une modification des conditions dans lesquelles le service est rendu, doit être mentionné au plus tard à l'occasion de la première facture où le nouveau tarif s'applique en précisant le tarif concerné et la date exacte d'entrée en vigueur.

Art. 10 Chaque abonné doit avoir la possibilité de s'acquitter des sommes dues dans l'année au moins par deux paiements. Un nombre plus élevé de paiements peut être proposé en fonction du montant global de la facture annuelle à échelonner.

Art. 11 Les opérations particulières résultant de la mise en place d'un nouveau contrat ou de la réalisation de prestations ponctuelles donnent lieu à des facturations ou à des rubriques séparées.

Art. 12 Les dispositions du présent arrêté entrent en vigueur le 1er janvier 1998 pour les communes ou établissements publics de coopération intercommunale de plus de 30 000 habitants.

Pour les communes ou établissements publics de coopération intercommunale compris entre 10 000 et 30 000 habitants, la date d'entrée en vigueur est fixée au 1er janvier 1999.

Pour les communes ou établissements publics de coopération intercommunale de moins de 10 000 habitants, la date d'entrée en vigueur est fixée au 1er juillet 2000.

Arrêté du 16 novembre 1999,

Relatif à la publicité, à l'égard du consommateur, des prix de vente à l'unité de mesure de certains produits préemballés.

V. ce texte, v° Prix (publicité).

Loi n° 2000-1208 du 13 décembre 2000,

Relative à la solidarité et au renouvellement urbains.

Art. 93 Tout service public de distribution d'eau destinée à la consommation humaine est tenu de procéder à l'individualisation des contrats de fourniture d'eau à l'intérieur des immeubles collectifs *(L. n° 2006-1772 du 30 déc. 2006, art. 61)* « à usage principal » d'habitation et des ensembles immobiliers de logements dès lors que le propriétaire en fait la demande.

(L. n° 2006-1772 du 30 déc. 2006, art. 61) « La souscription d'un contrat individuel avec le service public de distribution d'eau s'impose alors à tout occupant pour bénéficier de la fourniture d'eau. Ce contrat ne concerne pas la fourniture d'eau chaude sanitaire. »

Lorsqu'elle émane d'un propriétaire bailleur, la demande est précédée d'une information complète des locataires sur la nature et les conséquences techniques et financières de l'individualisation des contrats de fourniture d'eau et fait l'objet, s'il y a lieu, d'un accord défini par l'article 42 de la loi n° 86-1290 du 23 décembre 1986 tendant à favoriser l'investissement locatif, l'accession à la propriété de logements sociaux et le développement de l'offre foncière. — *V. ce texte aux **C. civ.** ou **C. baux**.*

Le propriétaire qui a formulé la demande prend en charge les études et les travaux nécessaires à l'individualisation des contrats de fourniture d'eau, notamment la mise en conformité des installations aux prescriptions du code de la santé publique et la pose de compteurs d'eau.

Les conditions d'organisation et d'exécution du service public de distribution d'eau doivent être adaptées pour préciser les modalités de mise en œuvre de l'individualisation des contrats de fourniture d'eau, dans le respect de l'équilibre économique du service conformément à l'article L. 2224-1 du code général des collectivités territoriales. Lorsque la gestion des compteurs des immeubles concernés par l'individualisation n'est pas assurée par la collectivité responsable du service public ou son délégataire, cette gestion est confiée à un organisme public ou privé compétent conformément aux dispositions du code des marchés publics.

Un décret en Conseil d'État précise les conditions d'application du présent article. — *V. infra, Décr. n° 2003-408 du 28 avr. 2003.*

Dans toutes les dispositions législatives en vigueur, pour les contrats passés en application de l'Ord. n° 2015-899 du 23 juill. 2015, les références au code des marchés publics s'entendent comme faisant référence à ladite ordonnance pour autant que lesdits contrats eussent relevé du champ d'application de ces dispositions avant l'entrée en vigueur de l'ordonnance (Ord. préc., art. 100).

Recommandation CCA n° 2001-01 du 25 janvier 2001,

Complémentaire à la recommandation n° 85-01 du 19 novembre 1982 concernant les contrats de distribution d'eau (BOCC 23 mai 2001).

La Commission des clauses abusives,

Considérant que depuis la période d'élaboration de la recommandation n° 85-01 du 19 novembre 1982 *[supra]*, a été développé, à la suite des lois de décentralisation, le principe de libre administration des collectivités locales, qui s'applique en particulier en ce qui concerne leur service public industriel et commercial qu'est la distribution de l'eau ; qu'en vertu de ce principe de libre administration, les collectivités locales adoptent désormais le « règlement » de leur service des eaux, quel qu'en soit le mode d'exploitation, en régie directe ou par voie de délégation, sans être tenues de reprendre, comme par le passé, des dispositions prévues par des déchets relatifs à des cahiers des charges type pour l'exploitation par affermage ou concession du service de distribution ; qu'organisant les relations entre les consommateurs abonnés et le service des eaux, le document habituellement appelé « règlement du service de distribution d'eau », et destiné à être remis aux consommateurs lors de la demande d'abonnement, fait partie intégrante du contrat d'abonnement dont il constitue des conditions générales ; qu'il résulte de ce qui précède que la suppression de toutes les clauses présentant un caractère abusif dans de tels documents peut être directement recommandée, en application de l'article L. 132-4 *[ancien]* du code de la consommation, sans qu'il soit nécessaire désormais de proposer la modification de décrets ;

Considérant que l'examen des documents actuellement remis par les services des eaux à leurs cocontractants consommateurs a fait apparaître la nécessité d'ajouter de nouvelles clauses à la liste de celles dont le caractère abusif avait déjà été dénoncé ;

Considérant que de nombreuses collectivités locales prévoient dans le règlement de leur service des eaux que, lors de la formation du contrat d'abonnement, un dépôt de garantie sera exigé du consommateur ; que le montant de ce dépôt varie d'une commune à l'autre dans d'importantes proportions ; que lorsque le dépôt, dépassant sa fonction de garantie de paiement des factures périodiques à venir, est excessivement élevé, il perd sa justification significativement les droits et obligations des parties au détriment du consommateur ;

Considérant que quelques contrats prévoient la réévaluation ultérieure du dépôt de garantie en fonction de l'augmentation du prix de l'eau, des compléments étant alors appelés à être réclamés aux abonnés ; que cette stipulation, qui conduit à alourdir sans cesse une obligation du consommateur, sans qu'aucune contrepartie ne soit prévue sour la forme d'intérêts, présente un caractère abusif dès lors que l'absence de difficulté dans l'exécution du contrat amenuise le risque d'un défaut de paiement ;

Considérant que le règlement du service des eaux de certaines communes subordonne la conclusion du contrat d'abonnement avec un locataire à l'engagement par le propriétaire du logement de garantir le paiement des sommes ultérieurement dues ; qu'en imposant un tel engagement sans aucune alternative, notamment sous la forme d'un dépôt de garantie, le professionnel abuse de sa situation de monopole et déséquilibre le contrat au détriment du non-professionnel qui peut se trouver chargé d'une obligation pour des fournitures dont il n'aura pas profité lui-même et dont il n'a aucun moyen de maîtriser l'ampleur ;

Considérant que certains contrats laissent à l'abonné le soin de prendre à ses risques et périls toutes les précautions utiles pour garantir contre le gel le compteur du service des eaux ; que dans la mesure où certaines de ces précautions peuvent relever du service des eaux lors de l'installation du compteur et qu'en tant que professionnel celui-ci doit informer le consommateur des précautions complémentaires à prendre le cas échéant pour assurer une bonne protection dans des circonstances particulières, la stipulation qui charge l'abonné de prendre seul, et sans information, toutes les mesures contre le gel diminue les obligations du professionnel et déséquilibre de façon significative le contrat ;

Considérant que certains règlements du service des eaux excluent toute responsabilité à l'égard des abonnés à raison de causes résultant de l'exploitation de ce service, telles que des arrêts momentanés, prévus ou imprévus, « des interruptions plus ou moins prolongées

dans la distribution ou résultant de la gelée, de la sécheresse, des réparations de conduites ou réservoirs, du chômage des machines ou de toutes autres causes » ; que quelques municipalités font même s'engager leurs administrés, sur le formulaire de demande de branchement de l'eau, « à ne présenter aucune réclamation par suite de perturbation dans l'eau ou sa limpidité » ; que de telles exonérations générales de responsabilité, qui dépassent les seuls cas de force majeure ou d'interruption de la distribution liée à l'aménagement ou à l'entretien du réseau, créent, au détriment du consommateur, un déséquilibre significatif entre les droits et obligations des parties ;

Considérant que la plupart des règlements de service des eaux prévoient qu'en cas d'interruption de la distribution résultant de la force majeure ou de travaux, la redevance d'abonnement ne sera réduite au prorata du temps de non-utilisation que si celui-ci excède une certaine durée ; que si les relations contractuelles ne sont pas déséquilibrées de façon suffisamment significative lorsque le seuil retenu reste dans des limites raisonnables, elles le deviennent lorsque celui-ci est fixé au-delà de quarante-huit heures consécutives,

Recommande :

Que soient éliminées des documents destinés à être remis aux consommateurs par les collectivités locales, ou les sociétés qui exploitent par délégation leur service des eaux, les clauses ayant pour objet ou pour effet :

1° De mettre à la charge du consommateur la constitution d'un dépôt de garantie excessivement élevé ;

2° De donner un caractère révisable, en cours de contrat, au montant du dépôt de garantie initialement constitué ;

3° De subordonner la conclusion du contrat d'abonnement avec un locataire à l'engagement par le propriétaire du logement de garantir le paiement des sommes ultérieurement dues, sans prévoir d'alternative à cet engagment ;

4° D'obliger l'abonné à prendre seul toutes les mesures de protection contre le gel du compteur appartenant au service des eaux, sans l'informer sur les mesures à prendre en complément de celles qui ont été mises en œuvre lors de l'installation ;

5° D'exonérer de façon générale le professionnel de toute responsabilité liée à l'inexécution ou à la mauvaise exécution de son obligation de distribution, au-delà des seuls cas de force majeure ou d'interruption de la distribution liée à l'aménagement ou à l'entretien du réseau ;

6° De fixer, en cas d'interruption de la distribution résultant de la force majeure ou de travaux, un seuil excédant celui de quarante-huit heures consécutives pour ouvrir, au consommateur, droit à la réduction de sa redevance d'abonnement au prorata du temps de non-utilisation.

(Texte adopté le 25 janvier 2001 sur le rapport de M. Laurent Leveneur.)

Décret nº 2003-408 du 28 avril 2003,

Pris en application de l'article 93 de la loi nº 2000-1208 du 13 décembre 2000 et relatif à l'individualisation des contrats de fourniture d'eau.

BIBL. ▶ CHOSSON et RODRIGUES, *AJDI 2003. 743*.

Art. 1er La personne morale, de droit public ou privé, chargée de l'organisation du service public de distribution d'eau adapte les conditions d'organisation et d'exécution de ce service afin de permettre l'individualisation des contrats de fourniture d'eau.

Les règles applicables aux conditions d'organisation et d'exécution de ce service définissent notamment les relations entre l'exploitant du service de distribution d'eau et les abonnés, les modalités de fourniture de l'eau, les obligations du service, les règles applicables aux abonnements, les conditions de mise en service des branchements et compteurs et les modalités de paiement des prestations et fournitures d'eau.

L'adaptation à laquelle la personne morale chargée de l'organisation du service public de distribution d'eau doit procéder porte notamment sur les prescriptions techniques que doivent respecter les installations de distribution d'eau des immeubles collectifs d'habitation et des ensembles immobiliers de logements, et qui sont nécessaires pour procéder à l'individualisation des contrats de fourniture d'eau, dans le respect des dispositions du code de la santé publique.

Ces prescriptions ne peuvent ni imposer la pose d'un seul compteur par logement, ni exiger que les compteurs soient placés à l'extérieur des logements.

Cette adaptation doit intervenir dans un délai de neuf mois à compter de la publication du présent décret *[JO 6 mai]*.

Art. 2 Le propriétaire de l'immeuble collectif d'habitation ou de l'ensemble immobilier de logements, titulaire du contrat de fourniture d'eau, qui souhaite individualiser ce contrat adresse une demande à cette fin à la personne morale chargée de l'organisation du service public de distribution d'eau.

Cette demande est accompagnée d'un dossier technique qui comprend notamment une description des installations existantes de distribution d'eau en aval du ou des compteurs servant à la facturation au regard des prescriptions mentionnées au troisième alinéa de l'article 1er. Il comprend également, le cas échéant, le projet de programme de travaux destinés à rendre ces installations conformes à ces prescriptions.

Cette demande est adressée par lettre recommandée avec demande d'avis de réception ou par tout autre moyen présentant des garanties équivalentes.

Art. 3 La personne morale chargée de l'organisation du service public de distribution d'eau dispose d'un délai de quatre mois à compter de la date de réception de la demande complète mentionnée à l'article 2 pour vérifier si les installations décrites dans le dossier technique respectent les prescriptions mentionnées au troisième alinéa de l'article 1er. Elle précise au propriétaire, le cas échéant, les modifications à apporter au projet présenté pour respecter ces prescriptions.

Elle peut à cette fin faire procéder à une visite des lieux, sans que le délai de quatre mois mentionné à l'alinéa précédent puisse être prolongé pour ce motif.

Elle peut, en tant que de besoin, demander au propriétaire des éléments d'information complémentaires relatifs à l'installation. La réponse du propriétaire apportant ces éléments d'information déclenche à nouveau le délai de quatre mois mentionné au premier alinéa.

Elle adresse au propriétaire les modèles des contrats destinés à remplacer le ou les contrats en cours, ainsi que les conditions d'organisation et d'exécution du service public de distribution d'eau.

Art. 4 Le propriétaire qui décide de donner suite au projet informe les locataires occupant les logements qui sont concernés et peut conclure avec eux l'accord mentionné à l'article 42 de la loi du 23 décembre 1986 *[nº 86-1290]* susvisée.

Art. 5 Le propriétaire adresse à la personne morale chargée de l'organisation du service public de distribution d'eau une confirmation de sa demande d'individualisation des contrats de fourniture d'eau. Le dossier technique mentionné à l'article 2 et tenant compte, le cas échéant, des modifications mentionnées à l'article 3 est annexé à cet envoi. Le propriétaire indique également les conditions dans lesquelles les locataires ont été informés du projet et l'échéancier prévisionnel de réalisation des travaux. Cet envoi est adressé par lettre recommandée avec demande d'avis de réception ou par tout autre moyen présentant des garanties équivalentes.

Art. 6 La personne morale chargée de l'organisation du service public procède à l'individualisation des contrats de fourniture d'eau dans un délai de deux mois à compter de la réception de la confirmation de la demande mentionnée à l'article 5 ou, si des travaux sont nécessaires, à compter de la réception des travaux notifiée par le propriétaire. Toutefois, le propriétaire et la personne morale chargée de l'organisation du service public peuvent convenir d'une autre date pour l'individualisation de ces contrats.

ÉCHELLES, ESCABEAUX

Décret nº 96-333 du 10 avril 1996,

Relatif à la sécurité des consommateurs en ce qui concerne les échelles portables, escabeaux et marchepieds.

Art. 1er Les échelles portables, les escabeaux et marchepieds, à l'exception de ceux de ces produits exclusivement destinés à un usage professionnel déterminé nécessitant une construction spécifique adaptée à cet usage, ne peuvent être fabriqués, importés, détenus en vue de la vente ou de la distribution à titre gratuit, mis en vente, vendus, mis en location ou distribués à titre gratuit que s'ils répondent aux conditions fixées par le présent décret.

Art. 2 Les échelles, escabeaux et marchepieds doivent satisfaire aux exigences de sécurité définies à l'annexe I du présent décret de manière à assurer la sécurité des personnes contre les risques de dommages physiques résultant notamment d'une chute, d'un coincement, d'un écrasement, d'une strangulation ou d'une électrisation dans des conditions normales d'utilisation ou dans d'autres conditions raisonnablement prévisibles par le fabricant.

Le respect de cette prescription est attesté par la mention « conforme aux exigences de sécurité » qui doit être apposée sur le produit de façon visible, lisible et indélébile par le responsable de la première mise sur le marché.

Art. 3 L'emploi de la mention prévue à l'article précédent n'est autorisé que si les produits satisfont à l'une des obligations suivantes :

1° Avoir été fabriqués conformément aux normes françaises ou étrangères les concernant, dont les références sont publiées au *Journal officiel* de la République française. — *V. l'avis publié au JO du 15 avr. 2017, infra.*

Dans ce cas, le responsable de la première mise sur le marché des produits tient à la disposition des agents chargés du contrôle et habilités par l'article *(Ord. n° 2016-301 du 14 mars 2016, art. 2, en vigueur le 1er juill. 2016)* « L. 421-5 » du code de la consommation un dossier comprenant une description détaillée du produit et des moyens par lesquels le fabricant s'assure de la conformité de sa production à la norme de référence ainsi que l'adresse des lieux de fabrication ou d'entreposage en vue de la mise sur le marché ;

2° Avoir été fabriqués conformément à un modèle bénéficiant d'une attestation de conformité aux exigences de sécurité délivrée à la suite d'un examen de type par un des organismes, français ou étrangers, agréés à cet effet par le ministre chargé de l'industrie et dont la liste est publiée au *Journal officiel* de la République française.

Dans ce cas, le responsable de la première mise sur le marché des produits tient à la disposition des agents chargés du contrôle un dossier comprenant l'attestation de conformité aux exigences de sécurité ou une copie certifiée conforme, une description détaillée du produit et des moyens par lesquels le fabricant s'assure de la conformité de sa production au modèle examiné, ainsi que l'adresse des lieux de production ou d'entreposage.

Les dossiers mentionnés au présent article devront être conservés cinq ans à compter de la date de la dernière vente par le responsable de la première mise sur le marché du produit correspondant.

Art. 4 Outre la mention exigée par l'article 2 ci-dessus, doivent figurer de manière visible, lisible et indélébile sur les échelles, escabeaux et marchepieds :

1. La charge maximale admissible exprimée en kilogrammes et inscrite en caractères très apparents ;

2. Des indications permettant d'identifier le modèle et le lot de fabrication ainsi que le responsable de leur première mise sur le marché ;

3. Les informations nécessaires à une utilisation conforme à leur destination des produits prévues à l'annexe II et correspondant au type de produit concerné. — *V. l'avis publié au JO du 31 juill. 2013, infra.*

Art. 5 Seront punis de l'amende prévue pour les contraventions de la 5e classe :

1. Les responsables de la première mise sur le marché qui auront procédé à cette mise sur le marché sans qu'ait été apposée la mention prévue au deuxième alinéa de l'article 2 ci-dessus ;

2. Les responsables de la première mise sur le marché, qui ne seront pas en mesure de présenter le dossier prévu au 1° ou au 2° de l'article 3 ci-dessus ;

3. Ceux qui auront mis en vente, vendu, loué ou distribué à titre gratuit ou détenu en vue de l'une de ces opérations des produits ne comportant pas la mention prévue à l'article 2 ou les indications et informations prévues à l'article 4 ci-dessus.

En cas de récidive, la peine d'amende prévue pour la récidive de la contravention de 5e classe est applicable.

Art. 6 Le présent décret entre en vigueur le premier jour du septième mois suivant la date de sa publication au *Journal officiel* de la République française *[JO 20 avr.]*.

ANNEXE I

Exigences de sécurité

1. Résistance : les matériaux constitutifs doivent être choisis de manière que le produit et ses différents composants résistent aux contraintes mécaniques et atmosphériques liées à l'utilisation.

2. Stabilité : le produit doit être construit de manière à être stable dans toutes les positions d'utilisation préconisées lorsqu'il est installé conformément aux instructions fournies.

3. Risque de dérapage : les échelons, marches ou plate-forme en métal ou en matière plastique doivent être antidérapants. Les appuis au sol, à l'exception de ceux en bois, doivent être munis de dispositifs antidérapants qui ne doivent pas pouvoir s'enlever involontairement et dont le remplacement doit être possible en cas d'usure.

4. Caractéristiques dimensionnelles : la distance entre les échelons ou marches, qui doit être constante, la largeur utile, la profondeur des degrés et la surface de la plate-forme doivent être adaptées ou suffisantes pour permettre une utilisation correcte et sûre.

5. Autres caractéristiques de construction :

Échelles à plate-forme, marchepieds et escabeaux : ces produits doivent être munis d'un garde-corps efficace ;

Échelles à coulisse :

a) Les échelons de recouvrement doivent être situés dans un même plan perpendiculaire aux montants ;

b) La distance minimale de recouvrement des différents plans doit être telle qu'elle n'affecte pas la solidité et la stabilité de l'échelle ;

c) Un dispositif doit interdire la possibilité d'utiliser l'échelle déployée sans que le recouvrement soit suffisant ;

d) Pour les échelles à déploiement manuel, un dispositif doit interdire tout déploiement ou repliement involontaire en cours d'utilisation ;

e) Pour les échelles à mécanisme, les dispositifs d'arrêt doivent s'enclencher de manière sûre. En cas de lâchage ou rupture du cordeau, les plans supérieurs ne doivent pas pouvoir descendre de plus d'un échelon.

Échelles doubles :

a) Elles doivent être munies d'un dispositif de sécurité contre l'écartement des plans fixé à demeure et automatiquement fonctionnel lors de leur mise en œuvre ;

b) Lorsqu'elles sont à marches ou à plate-forme, ces éléments doivent être horizontaux en position d'utilisation. En outre la plate-forme ne doit pas basculer si l'utilisateur marche sur son bord avant.

ANNEXE II

Les informations nécessaires à une utilisation conforme à la destination de l'échelle, de l'escabeau ou du marchepied sont apposées sur le produit lui-même, sous forme de phrases rédigées en langue française ou de pictogrammes aisément compréhensibles des utilisateurs ;

Elles concernent :

1. La nécessité d'installer le produit sur un sol plan et stable, et avec une surface d'appui adéquate ;
2. L'angle d'inclinaison de l'échelle si son mode de construction ne l'impose pas ;
3. L'interdiction d'utiliser le produit à plusieurs, à moins que son fabricant ne soit en mesure de prouver qu'il a été conçu et construit pour supporter la charge correspondant à un nombre de personnes pouvant utiliser simultanément l'échelle, ce nombre étant alors indiqué ;
4. Les risques de contact avec les lignes électriques aériennes (échelles de plus de cinq mètres déployées) ;
5. L'interdiction d'utiliser le produit comme passerelle ;
6. Le sens de mise en place ;
7. Le ou les plans utilisables ;
8. La vérification :
   — de l'angle d'ouverture entre plans ;
   — de la mise en place ou de l'enclenchement des systèmes de sécurité ;
9. La limite d'utilisation (par exemple « Ne pas gravir les x derniers barreaux ») ;
10. Les conditions d'entretien.

Avis relatif à l'application du décret nº 96-333 du 10 avril 1996,

Relatif à la sécurité des consommateurs en ce qui concerne les échelles portables, escabeaux et marchepieds (JO 15 avr. 2017).

Le décret nº 96-333 du 10 avril 1996 définit les exigences de sécurité applicables aux échelles portables, escabeaux et marchepieds.

Le présent avis comporte en annexe I la liste des références des normes mentionnées au 1º de l'article 3 du décret nº 96-333 du 10 avril 1996 et en annexe II la liste des normes permettant de satisfaire au 3º de l'article 4 du même décret.

Sont reconnues équivalentes les normes adoptées par les instituts nationaux de normalisation des États membres de l'Union européenne et des États parties à l'accord instituant l'Espace économique européen ou de Turquie, transposant les normes européennes correspondantes.

Cet avis annule et remplace l'avis ayant le même objet publié au *Journal officiel* de la République française du 17 juin 2016.

Il fera l'objet de mise à jour en cas de modification du contenu de son annexe.

Les produits conformes aux normes dont les références ont été publiées au *Journal officiel* de la République française par l'avis du 17 juin 2016, ou aux versions qui les ont remplacées, peuvent être mis sur le marché dans un délai de six mois à compter de la publication du présent avis et commercialisés jusqu'à épuisement des stocks.

ANNEXES

ANNEXE I

INDICE DE LA NORME	TITRE DE LA NORME
NF EN 131-1 (décembre 2015)	Échelles. — Terminologie, types, dimensions fonctionnelles
NF EN 131-2 + A2 (mars 2017)	Échelles. — Exigences, essais, marquage
NF EN 131-4 (août 2007)	Échelles articulées à articulation simple ou multiple
NF EN 131-6 (mai 2015)	Échelles télescopiques
NF EN 14183 (juin 2004)	Escabeaux

ANNEXE II

INDICE DE LA NORME	TITRE DE LA NORME
NF EN 131-3 (juillet 2007)	Échelles.— Informations destinées à l'utilisateur.

ÉNERGIE DOMESTIQUE

BIBL. GÉN. ▶ LAMOUREUX, *RTD com. 2009. 239* (le bien énergie).

Code de l'énergie

Médiateur national de l'énergie

Art. L. 122-1 Le médiateur national de l'énergie est chargé de recommander des solutions aux litiges entre les *(L. nº 2015-992 du 17 août 2015, art. 185)* **« personnes physiques ou morales et les entreprises du secteur de l'énergie » et de participer à l'information des consommateurs d'***(L. nº 2015-992 du 17 août 2015, art. 185)* **« énergie » sur leurs droits.** *(Ord. nº 2015-1033 du 20 août 2015, art. 6)* **« Il accomplit sa mission de médiation de la consommation dans les conditions prévues au** *(Ord. nº 2016-301 du 14 mars 2016, art. 2, en vigueur le 1er juill. 2016)* **« titre Ier du livre VI » du code de la consommation. Néanmoins, par dérogation au *c* de l'article L. 152-2 de ce code, la saisine d'un autre médiateur ne fait**

pas obstacle au traitement d'un litige de consommation par le Médiateur national de l'énergie, dès lors que l'objet de ce litige relève de son champ de compétences. »

Il ne peut être saisi que de litiges nés de l'exécution des contrats *(L. n° 2013-312 du 15 avr. 2013, art. 8-I)* « conclus par un consommateur non professionnel ou par un consommateur professionnel appartenant à la catégorie des microentreprises mentionnée à l'article 51 de la loi n° 2008-776 du 4 août 2008 de modernisation de l'économie. Ces contrats doivent avoir » déjà fait l'objet d'une réclamation écrite préalable du consommateur auprès du fournisseur *(L. n° 2013-312 du 15 avr. 2013, art. 8-I)* « ou du distributeur » concerné, qui n'a pas permis de régler le différend dans un délai fixé par voie réglementaire. — *V. C. énergie, art. R. 122-1, infra.*

Il est saisi directement et gratuitement par le consommateur ou son mandataire. Il formule sa recommandation dans un délai fixé par voie réglementaire et motive sa réponse. Sa saisine suspend la prescription des actions en matière civile et pénale pendant ce délai.

(L. n° 2015-992 du 17 août 2015, art. 185) « Les entreprises concernées par les litiges prévus au premier alinéa sont tenues d'informer leurs clients de l'existence et des modalités de saisine du médiateur national de l'énergie, en particulier dans les réponses aux réclamations qu'elles reçoivent. »

....

Art. R. 122-1 *(Décr. n° 2017-1113 du 27 juin 2017, art. 1er)* Le processus de médiation relatif aux litiges relevant de la compétence du Médiateur national de l'énergie prévu à l'article L. 122-1 du présent code est soumis aux dispositions des articles R. 612-1 à R. 612-5 du code de la consommation ainsi qu'aux dispositions suivantes :

1° Le délai au terme duquel le consommateur peut saisir le Médiateur national de l'énergie en application du deuxième alinéa de l'article L. 122-1 du présent code est fixé à deux mois à compter de la date de la réclamation écrite faite auprès de l'entreprise du secteur de l'énergie concernée ;

2° Le Médiateur national de l'énergie mentionne dans la notification de sa saisine prévue à l'article R. 612-2 du code de la consommation que la prescription des actions en matière civile et pénale prévue au troisième alinéa de l'article L. 122-1 du présent code est suspendue ;

3° Lorsque le litige dont il est saisi n'entre pas dans son champ de compétence, le Médiateur national de l'énergie informe le consommateur du rejet de sa demande de médiation et lui indique, le cas échéant, dans le délai prévu à l'article L. 612-2 du code de la consommation, l'autorité administrative à laquelle il transmet sa saisine en application de l'article L. 114-2 du code des relations entre le public et l'administration ;

4° Le Médiateur national de l'énergie peut demander aux parties de produire leurs observations et de formuler leur proposition de solution dans le délai qu'il fixe. Il peut, avec l'accord des parties, entendre les tiers qui y consentent ;

5° Pour l'application du troisième alinéa de l'article L. 122-1 du présent code, le Médiateur national de l'énergie formule sa recommandation dans le délai de quatre-vingt-dix jours, éventuellement prolongé, fixé à l'article R. 612-5 du code de la consommation.

L'art. R. 122-1, tel qu'issu du Décr. n° 2017-1113 du 27 juin 2017, remplace les art. R. 122-1, R. 122-2 et R. 122-3 résultant du Décr. n° 2015-1823 du 30 déc. 2015, sans renuméroter l'art. R. 122-4 ci-dessous.

Art. R. 122-4 *(Décr. n° 2015-1823 du 30 déc. 2015)* Le médiateur :

....

12° Peut transiger dans les conditions fixées par les articles 2044 à 2058 du code civil ;

....

Protection des consommateurs

Art. L. 122-6 Les modalités selon lesquelles toute personne ou famille éprouvant des difficultés particulières a droit à une aide de la collectivité pour disposer de la fourniture d'énergie, dans les conditions fixées par la loi n° 90-449 du 31 mai 1990 visant à la mise en œuvre du droit au logement, sont énoncées à l'article L. 115-3 du code de l'action sociale et des familles.

Art. L. 122-7 Les obligations imposées aux fournisseurs en vue de protéger les consommateurs d'électricité et de gaz sont énoncées aux chapitres II et III du titre III du livre III et aux chapitres II et III du titre IV du livre IV.

Protection des consommateurs en situation de précarité énergétique

Art. L. 124-1 *(L. n° 2015-992 du 17 août 2015, art. 201-I)* **Le chèque énergie est un titre spécial de paiement permettant aux ménages dont le revenu fiscal de référence est, compte tenu de la composition du ménage, inférieur à un plafond d'acquitter tout ou partie du montant des dépenses d'énergie relatives à leur logement ou des dépenses qu'ils assument pour l'amélioration de la qualité environnementale ou la capacité de maîtrise de la consommation d'énergie de ce logement comprises parmi celles mentionnées à l'article 200 *quater* du code général des impôts.**

Le chèque énergie est émis et attribué à ses bénéficiaires par l'Agence de services et de paiement mentionnée à l'article L. 313-1 du code rural et de la pêche maritime, qui en assure le remboursement aux personnes et organismes définis par décret en Conseil d'État. Les fournisseurs et les distributeurs d'énergie, les gestionnaires des logements-foyers mentionnés à l'article L. 633-1 du code de la construction et de l'habitation qui font l'objet de la convention prévue à l'article L. 353-1 du même code et les professionnels ayant facturé les dépenses d'amélioration de la qualité environnementale ou de maîtrise de la consommation des logements sont tenus d'accepter ce mode de règlement.

Le chèque énergie est accompagné d'une notice d'information et de conseils en matière d'efficacité et de bonne gestion énergétiques du logement et des appareils électriques.

L'administration fiscale constitue un fichier établissant une liste des personnes remplissant les conditions prévues au premier alinéa du présent article et comportant les éléments nécessaires au calcul du montant de l'aide dont elles peuvent bénéficier. Ce fichier est transmis à l'Agence de services et de paiement afin de lui permettre d'adresser aux intéressés le chèque énergie. L'agence préserve la confidentialité des informations qui lui sont transmises.

Les occupants des résidences sociales mentionnées à l'article L. 633-1 du code de la construction et de l'habitation qui font l'objet de la convention prévue à l'article L. 353-1 du même code bénéficient, lorsqu'ils n'ont pas la disposition privative, au sens de la taxe d'habitation, de la chambre ou du logement qu'ils occupent, d'une aide spécifique. Cette aide est versée par l'Agence de services et de paiement au gestionnaire de la résidence sociale, à sa demande, lequel la déduit, sous réserve des frais de gestion, du montant des redevances quittancées.

Un décret en Conseil d'État détermine les conditions d'application du présent article.

Ce décret définit les conditions d'une mise en œuvre progressive du chèque énergie, en vue de sa généralisation qui intervient au plus tard au 1er janvier 2018. Il désigne les territoires sur lesquels le chèque énergie est mis en place à titre expérimental, en remplacement des tarifs spéciaux prévus aux articles L. 337-3 et L. 445-5 du présent code, afin, notamment, de définir les meilleures modalités de mise en œuvre permettant d'optimiser l'utilisation du chèque énergie par ses bénéficiaires. L'État peut autoriser, dans le cadre de cette expérimentation, l'utilisation du chèque énergie pour l'achat d'équipements électriques, lorsque le remplacement d'un ancien équipement permet un gain substantiel de performance énergétique. Dans un délai de trois mois avant le terme de l'expérimentation, le Gouvernement remet au Parlement un rapport d'évaluation. — *V. Décr. n° 2016-555 du 6 mai 2016, ci-dessous.*

Le décret mentionné à l'art. L. 124-1 peut prévoir des modalités transitoires de mise en œuvre des art. L. 124-1 à L. 124-4 afin d'assurer la bonne articulation entre la mise en œuvre du chèque énergie et la suppression des tarifs spéciaux institués par les art. L. 337-3 et L. 445-5 (L. n° 2015-992 du 17 août 2015, art. 201-IV). — V. Décr. n° 2016-555 du 6 mai 2016, ci-dessous.

Décret n° 2016-555 du 6 mai 2016,

Relatif au chèque énergie.

Art. 2 I. — Les territoires dans lesquels le chèque énergie est mis en place, conformément au dernier alinéa de l'article L. 124-1, à titre expérimental en remplacement des tarifs spéciaux mentionnés aux articles L. 337-3 et L. 445-5, sont :

— le département de l'Ardèche ;

— le département de l'Aveyron ;

— le département des Côtes-d'Armor ;

— le département du Pas-de-Calais.

Pour la durée de cette expérimentation, seuls les ménages répondant aux critères d'éligibilité précisés à l'article R. 124-1 du code de l'énergie, et qui résident dans les territoires cités à l'alinéa précédent, bénéficient d'un chèque énergie. Ces ménages bénéficient également des protections spécifiques mentionnées à l'article R. 124-16 du même code.

Toutefois, le dispositif d'aide spécifique pour les occupants des résidences sociales, mentionné à l'article R. 124-5 du code de l'énergie, ne fait pas l'objet de l'expérimentation et n'entre en application qu'à compter du 1er janvier 2018. Jusqu'à cette date, les dispositions relatives au tarif de première nécessité de l'électricité et au tarif spécial de solidarité de fourniture du gaz demeurent applicables aux gestionnaires des résidences sociales, y compris sur les territoires mentionnés au premier alinéa.

A compter du 1er mai 2016, les personnes qui résident dans les départements mentionnés au premier alinéa cessent d'être éligibles au tarif de première nécessité prévu à l'article L. 337-3 du code de l'énergie et au tarif spécial de solidarité prévu à l'article L. 445-5 du même code. Pour ces personnes déjà identifiées comme bénéficiaires, les déductions correspondant à ces tarifs ainsi que les droits qui leur sont associés sont interrompus à cette même date.

Ces personnes sont informées de ces dispositions par un courrier validé par le ministre chargé de l'énergie et transmis par les fournisseurs d'énergie ou par l'organisme agissant pour leur compte dans le cadre de la mise en œuvre du tarif de première nécessité et du tarif spécial de solidarité. Le coût de cet envoi est pris en compte dans les charges donnant lieu à compensation au titre de ces tarifs.

II. — Le rapport d'évaluation de l'expérimentation mentionné au dernier alinéa de l'article L. 124-1 du code de l'énergie porte notamment sur :

— les modalités d'utilisation du chèque énergie, en particulier le type de dépenses qui ont été payées avec le chèque, et la proportion des ménages ayant eu recours au mécanisme de pré-affectation prévu à l'article R. 124-10 du code de l'énergie ;

— le taux d'utilisation des chèques énergie par les ménages éligibles ;

— les coûts de gestion du dispositif, y compris une estimation des coûts assumés par les organismes et personnes morales acceptant le chèque, en faisant apparaître les coûts liés directement à l'expérimentation, et les coûts relatifs à une gestion courante ;

— le nombre de ménages ayant fait appel aux dispositions protectrices mentionnées à l'article R. 124-16 du code de l'énergie ;

— les conditions d'information des ménages sur le dispositif et les modalités d'accompagnement pertinentes.

Ce rapport est également communiqué aux parties prenantes, notamment fournisseurs et organisations de consommateurs, afin de recueillir leurs observations et propositions en vue de l'amélioration éventuelle du dispositif avant sa généralisation prévue le 1er janvier 2018.

Les fournisseurs d'électricité et de gaz naturel proposent aux consommateurs mentionnés au 6e al. de l'art. 2 une offre de transmission de leurs données de consommation exprimées en euros au moyen d'un dispositif déporté, dans les conditions prévues par les art. D. 337-17-2 à D. 337-17-6 et D. 445-23 à D. 445-27 C. énergie, dans un délai d'un mois suivant la date à laquelle le bénéficiaire du chèque énergie s'est fait connaître dans les conditions prévues au dern. al. de l'art. R. 124-16 du même code ou en transmettant une attestation prévue à l'art. D. 124-17 du même code en cours de validité (Décr. no 2016-1618 du 29 nov. 2016, art. 6).

Art. 3 I. — Les dispositions du III de l'article 201 de la loi de transition énergétique prennent effet le 1er janvier 2018.

Les droits des personnes bénéficiaires du tarif de première nécessité prévu à l'article L. 337-3 du code de l'énergie ou du tarif spécial de solidarité prévu à l'article L. 445-5 du même code, s'arrêtent au 31 décembre 2017. Les montants des déductions et versements forfaitaires sont calculés au *prorata temporis* de la période restant à couvrir jusqu'à cette date, sur la base des montants annuels fixés respectivement par les articles R. 337-5 et R. 445-9 du code de l'énergie.

Ces personnes bénéficient des dispositions protectrices mentionnées à l'article R. 124-16 du code de l'énergie, jusqu'au 30 avril 2018.

Le bénéfice de la tarification de l'électricité comme produit de première nécessité et du tarif spécial de solidarité au profit des gestionnaires des résidences sociales mentionnées à l'article L. 633-1 du code de la construction et de l'habitation est interrompu au 31 décembre 2017.

II. — Sont abrogées à compter du 1er janvier 2018 :

— la sous-section 1 de la section I du chapitre VII du titre III du livre III du code de l'énergie comprenant les articles R. 337-1 à R. 337-17 ;

— la section II du chapitre V du titre IV du livre IV du même code, comprenant les articles R. 445-8 à R. 445-22.

Art. L. 124-2 *(L. nº 2015-992 du 17 août 2015, art. 201-I)* Le chèque énergie comporte, lors de son émission, une valeur faciale modulée en fonction du nombre de membres et des revenus du ménage. Il est nominatif et sa durée de validité est limitée. Cette durée de validité est différente selon que le chèque énergie est utilisé pour acquitter des factures d'énergie relatives au logement ou des dépenses d'amélioration de la qualité environnementale ou de maîtrise de la consommation d'énergie du logement mentionnées à l'article L. 124-1.

Les caractéristiques du chèque énergie, en tant que titre spécial de paiement, sont déterminées par arrêté conjoint des ministres chargés de l'énergie, des affaires sociales et de l'économie.

Art. L. 124-3 *(L. nº 2015-992 du 17 août 2015, art. 201-I)* Les chèques qui n'ont pas été présentés au remboursement avant la fin du deuxième mois suivant l'expiration de leur durée de validité sont définitivement périmés.

Art. L. 124-4 *(L. nº 2015-992 du 17 août 2015, art. 201-I)* Les dépenses et les frais de gestion supportés par l'Agence de services et de paiement *(L. nº 2015-1786 du 29 déc. 2015, art. 5-III)* « au titre des missions mentionnées à l'article L. 124-1 » sont financés par *(Abrogé par L. nº 2015-1786 du 29 déc. 2015, art. 5-III)* ***« une part des contributions dues par les consommateurs finals d'électricité mentionnées à l'article L. 121-10, par une part des contributions dues par les fournisseurs de gaz naturel mentionnées à l'article L. 121-37 et par »*** le budget de l'État.

(Abrogé par L. nº 2015-1786 du 29 déc. 2015, art. 5-III) ***« Les parts des contributions prévues au premier alinéa du présent article sont fixées par arrêté des ministres chargés de l'énergie et du budget, en tenant compte de la part respective de l'électricité, du gaz naturel et des autres énergies dans la consommation finale d'énergie résidentielle. »***

Art. L. 124-5 *(L. nº 2015-992 du 17 août 2015, art. 201-III)* Pour les consommateurs domestiques bénéficiant de l'aide prévue au présent chapitre, la mise à disposition des données de comptage en application des articles L. 341-4 et L. 453-7 s'accompagne d'une offre, par les fournisseurs d'électricité et de gaz naturel, de transmission des données de consommation, exprimées en euros, au moyen d'un dispositif déporté. Pour les consommateurs d'électricité, ce dispositif permet un affichage en temps réel.

La fourniture de ces services et de ces dispositifs ne donne pas lieu à facturation.

Un décret précise les modalités d'application du présent article, qui doivent tenir compte du déploiement des dispositifs prévus au premier alinéa des articles L. 341-4 et L. 453-7.

L'art. L. 124-5 entre en vigueur à compter de la date fixée par le décret mentionné à l'art. L. 124-1, et au plus tard à compter du 31 déc. 2018 (L. nº 2015-992 du 17 août 2015, art. 201-III). — V. Décr. nº 2016-555 du 6 mai 2016, ss. art. L. 124-1 C. énergie.

Art. R. 124-1 *(Décr. nº 2016-555 du 6 mai 2016, art. 1er)* Le bénéfice du chèque énergie est ouvert aux ménages dont le revenu fiscal de référence annuel par unité de consommation est inférieur à 7 700 euros, au titre de leur résidence principale. Ce montant peut être réévalué par arrêté des ministres chargés de l'économie et de l'énergie.

Au sens du présent chapitre, le ménage désigne une ou plusieurs personnes physiques qui ont, au 1er janvier de l'année de l'imposition, la disposition ou la jouissance d'un local imposable à la taxe d'habitation prévue à l'article 1407 du code général des impôts. Le revenu fiscal de référence du ménage est la somme des revenus fiscaux de référence des contribuables ayant la disposition ou la jouissance du local.

La première ou seule personne du ménage constitue une unité de consommation. La deuxième personne est prise en compte pour 0,5 unité de consommation. Chaque personne supplémentaire est prise en compte pour 0,3 unité de consommation.

Ces valeurs sont réduites de moitié pour les enfants mineurs en résidence alternée au domicile de chacun des parents lorsqu'ils sont réputés à la charge égale de l'un ou de l'autre parent en application du quatrième alinéa du I de l'article 194 du code général des impôts.

Art. R. 124-2 *(Décr. nº 2016-555 du 6 mai 2016, art. 1er)* Le chèque énergie est émis au titre d'une année civile, sur un support papier ou sous forme dématérialisée. Sa valeur faciale est déterminée en fonction des revenus et de la composition du ménage, tels que définis à l'article R. 124-1.

Le chèque émis au titre d'une année civile comporte une échéance au 31 mars de l'année civile suivante.

Le chèque énergie est accompagné d'attestations, sous format papier ou dématérialisé, permettant, le cas échéant, de faire valoir les droits associés au bénéfice du chèque énergie, dans les conditions précisées à l'article R. 124-16. Ces attestations comportent une échéance d'utilisation correspondant au 30 avril suivant l'année civile de leur émission.

Art. R. 124-3 *(Décr. nº 2016-555 du 6 mai 2016, art. 1er)* La valeur faciale du chèque énergie (TTC) est définie comme suit, selon le revenu fiscal de référence (RFR) du ménage et le nombre d'unités de consommation (UC) :

	NIVEAU DE RFR/ UC		
	RFR/ UC < 5 600 €	5 600 € ≤ RFR/ UC < 6 700 €	6 700 € ≤ RFR/ UC < 7 700 €
1 UC	144,00 €	96,00 €	48,00 €
1< UC < 2	190,00 €	126,00 €	63,00 €
2 UC ou +	227,00 €	152,00 €	76,00 €

Ces valeurs peuvent être modifiées par arrêté des ministres chargés de l'économie et de l'énergie.

Art. R. 124-4 *(Décr. nº 2016-555 du 6 mai 2016, art. 1er)* I. — Le chèque énergie permet d'acquitter à hauteur de sa valeur faciale, en tout ou en partie :

— une dépense de fourniture d'énergie liée au logement ;

— sous réserve des dispositions propres à certaines résidences sociales prévues à l'article R. 124-5, le montant acquitté pour l'occupation d'un logement dans un logement-foyer mentionné à l'article L. 633-1 du code de la construction et de l'habitation qui fait l'objet de la convention prévue à l'article L. 351-2 du même code ;

— une dépense liée à l'acquisition ou à l'installation dans le logement des équipements, matériaux et appareils qui ouvrent droit au crédit d'impôt mentionné à l'article 200 *quater* du code général des impôts.

II. — Les personnes morales et organismes auxquels est ouvert le remboursement du chèque énergie sont :

— les fournisseurs d'électricité ou de gaz naturel ;

— les fournisseurs de gaz de pétrole liquéfié ;

— les fournisseurs de fioul domestique ;

— les fournisseurs de bois, de biomasse ou d'autres combustibles destinés à l'alimentation d'équipements de chauffage ou d'équipements de production d'eau chaude ;

— les gestionnaires de réseaux de chaleur ;

— les gestionnaires des logements-foyers mentionnés à l'article L. 633-1 du code de la construction et de l'habitation ayant conclu la convention prévue à l'article L. 351-2 du même code ;

— les professionnels titulaires d'un signe de qualité mentionné à l'article 46 AX de l'annexe III au code général des impôts.

Art. R. 124-5 *(Décr. nº 2016-555 du 6 mai 2016, art. 1er)* I. — La demande adressée par les gestionnaires des résidences sociales à l'Agence de services et de paiement, ou au prestataire agissant pour son compte, en vue d'assurer aux occupants de ces résidences le bénéfice de l'aide spécifique prévue au cinquième alinéa de l'article L. 124-1, est transmise avant le 1er novembre de chaque année pour l'année suivante et accompagnée des documents suivants :

— la convention en cours prévue à l'article L. 351-2 du code de la construction et de l'habitation ;

— l'attestation par les services départementaux de l'État que la convention n'a pas été dénoncée, qui précise sa date d'expiration.

L'Agence de services et de paiement accuse réception du dossier complet et fait connaître au demandeur, avant le 1er février de chaque année, le montant prévisionnel de l'aide auquel il aura droit pour l'année en cours.

II. — Le montant de l'aide spécifique versée par l'agence aux gestionnaires de résidences sociales, est établi en fonction du nombre de logements occupés de la résidence sociale concernés et sur la base d'un montant unitaire est égal à 144 € (TTC) par logement et par an, qui peut être modifié par arrêté conjoint des ministres chargés de l'économie, de l'énergie et du logement.

L'aide est versée en deux parts égales avant le 1er mars et le 1er septembre de chaque année.

Le montant de cette aide est, après diminution de 5 % au titre des frais de gestion, déduit, pendant une période de douze mois à compter de l'échéance du mois d'avril, des redevances mensuelles quittancées aux résidents.

Le montant de la déduction mensuelle, qui fait l'objet d'une mention spécifique sur l'avis d'échéance adressé au résident, ne peut excéder le montant mensuel à acquitter par celui-ci. Le montant de l'aide spécifique qui, le cas échéant, dépasse la somme annuelle des redevances mensuelles est déduit du deuxième versement effectué par l'Agence de services et de paiement pour l'année en cours, ou reversé par le gestionnaire de la résidence sociale à l'Agence de services et de paiement.

Avant le 1er mai de chaque année, un bilan de l'utilisation de l'aide au cours de l'année écoulée est adressé par le gestionnaire de la résidence sociale à l'Agence de services et de paiement, faisant apparaître les informations suivantes :

– l'identification de la résidence ;
– le nombre de logements concernés ;
– le montant d'aide *[de l'aide]* perçu en euros ;
– le montant des frais de gestion correspondant à 5 % du montant d'aide *[de l'aide]* perçu en euros ;
– le montant à rembourser aux résidents correspondant à 95 % du montant d'aide *[de l'aide]* perçu en euros ;
– les montants effectivement remboursés aux résidents en euros ;
– les montants perçus et non remboursés aux résidents, à déduire du deuxième versement ou à reverser à l'Agence de services et de paiement en euros.

III. – La demande d'aide prévue au I est réputée renouvelée chaque année au 1er novembre, jusqu'à la date d'expiration de la convention mentionnée sur l'attestation délivrée par les services de l'État.

Le gestionnaire de la résidence sociale signale toute interruption ou modification de la convention prévue à l'article L. 351-2 du code de la construction et de l'habitation ainsi que toute évolution du nombre de logements au sein de la résidence. A défaut de signalement dans les deux mois suivant la modification, l'Agence de services et de paiement réclame les sommes indûment versées au gestionnaire de la résidence sociale.

Art. R. 124-6 *(Décr. nº 2016-555 du 6 mai 2016, art. 1er)* L'Agence de services et de paiement mentionnée à l'article L. 313-1 du code rural et de la pêche maritime est chargée, dans le cadre d'une convention avec l'État :

1º D'éditer, d'émettre et de distribuer le chèque énergie ;

2º D'assurer son remboursement aux personnes morales et organismes mentionnés au II de l'article R. 124-4 ;

3º De constituer et de tenir à jour un répertoire des personnes morales et organismes pouvant accepter le chèque énergie en paiement, répondant aux critères du II de l'article R. 124-4 ;

4º De mettre en place les dispositions propres à assurer la sécurité physique et financière des titres ;

5º De fournir, d'une part, aux bénéficiaires du chèque énergie, d'autre part, aux personnes ou organismes qui acceptent ce chèque, les renseignements pratiques dont ils peuvent avoir besoin, y compris en matière de réclamation ;

6º De collecter et de restituer au ministre chargé de l'énergie les informations relatives à la mise en œuvre du chèque énergie, concernant notamment le nombre de bénéficiaires, le taux d'utilisation du chèque, le type de dépenses acquittées, et les coûts de gestion associés.

Ces missions peuvent être confiées, en tout ou partie, à un ou plusieurs prestataires, sous la responsabilité de l'Agence de services et de paiement.

Art. R. 124-7 *(Décr. nº 2016-555 du 6 mai 2016, art. 1er)* I. – L'administration fiscale adresse chaque année à l'Agence de services et de paiement, par voie électronique, le fichier, signé électroniquement, des ménages remplissant les conditions prévues à l'article R. 124-1 ; il comporte pour chacun d'eux les informations suivantes :

— le nom et le prénom de la ou des personnes composant le ménage, correspondant à la ou aux personnes au nom desquelles l'imposition à la taxe d'habitation est établie ;

— le nombre d'unités de consommation de chaque ménage bénéficiaire, calculé conformément à l'article 1er du présent décret ;

— l'adresse postale de chaque ménage bénéficiaire ainsi que son adresse de taxation ;

— un indicateur permettant de classer chaque ménage bénéficiaire par tranche de revenu et par unité de consommation ;

— l'identifiant fiscal national individuel des contribuables constituant le ménage, dit "numéro SPI" ;

— l'adresse électronique des personnes composant le ménage bénéficiaire du chèque énergie, lorsqu'elle est connue de l'administration fiscale.

L'Agence de services et de paiement peut transmettre ces informations, en tant que de besoin, aux prestataires mentionnés au dernier alinéa de l'article R. 124-6.

L'Agence de services et de paiement attribue les chèques énergie aux ménages bénéficiaires, à l'exception de ceux qui bénéficient du dispositif d'aide spécifique prévu à l'article R. 124-5.

A l'occasion de la distribution du chèque énergie, l'Agence de services et de paiement ou son prestataire informe le bénéficiaire de la transmission de ces informations par l'administration fiscale. Elle indique également au bénéficiaire les modalités lui permettant de faire valoir auprès d'elle ses droits d'accès, d'opposition ou de rectification, conformément à l'article 32 de la loi n° 78-17 du 6 janvier 1978 relative à l'informatique, aux fichiers et aux libertés.

II. — L'agence prend toutes les précautions nécessaires pour préserver la sécurité et la confidentialité des données *[, ces précautions]* sont prises, en particulier à l'occasion de leur transmission. Les personnes chargées de recueillir et exploiter ces données sont tenues à une obligation de confidentialité.

Les informations transmises par l'administration fiscale ne peuvent être conservées pendant une durée supérieure à vingt-quatre mois à compter de leur réception. Toutefois, lorsque le bénéficiaire fait usage du chèque qu'il reçoit, pour le paiement d'une dépense mentionnée au I de l'article R. 124-4 ou pour l'échanger contre le titre prévu à l'article R. 124-13, les informations qui le concernent sont conservées par l'Agence de services et de paiement conformément aux obligations relatives au délai de conservation des pièces justificatives de la dépense publique, en application de l'article 60 de la loi n° 63-156 du 23 février 1963 de finances pour 1963 et des articles 52 et 199 du décret n° 2012-1246 du 7 novembre 2012 relatif à la gestion budgétaire et comptable publique.

III. — Lorsque la situation d'un ménage, au regard de l'administration fiscale, est corrigée et que cette correction permet au ménage de satisfaire les critères d'éligibilité prévus à l'article R. 124-1 ou lui donne droit à un montant d'aide plus élevé, l'Agence de services et de paiement, sur réclamation de ce ménage et au vu d'un justificatif d'imposition, selon le cas émet un chèque énergie ou échange le chèque initialement reçu par le ménage contre un nouveau chèque de la valeur à laquelle ce ménage a droit.

Pour être recevable, la réclamation doit être formulée avant le 31 décembre de l'année suivant l'année au titre de laquelle le chèque énergie a été émis ou aurait dû être émis.

Art. R. 124-8 *(Décr. n° 2016-555 du 6 mai 2016, art. 1er)* Le ministre chargé de l'énergie précise par arrêté les pièces que l'Agence de services et de paiement peut demander aux personnes morales et organismes concernés pour l'application du II de l'article R. 124-4.

Les modalités selon lesquelles l'Agence de services et de paiement rembourse les personnes morales et organismes acceptant le chèque énergie sont précisées par voie de conventions entre l'agence et ces personnes et organismes.

Art. R. 124-9 *(Décr. n° 2016-555 du 6 mai 2016, art. 1er)* Les chèques énergie ne peuvent être présentés par leurs bénéficiaires qu'aux personnes morales et organismes mentionnés au II de l'article R. 124-4. Ceux-ci ne peuvent les recevoir qu'en paiement d'une dépense mentionnée au I de l'article R. 124-4.

Ces personnes morales et organismes présentent les titres, accompagnés d'un bordereau de remise valant demande de remboursement, à l'Agence de services et de paiement ou au prestataire agissant pour son compte. Cette demande de remboursement, qui peut être dématérialisée, atteste de l'utilisation du chèque pour le paiement d'une dépense prévue au I de l'article R. 124-4.

Sur la base des conventions passées avec les personnes morales et organismes ou des demandes de remboursement accompagnées des bordereaux de remise de chèques, l'Agence de services et de paiement effectue le paiement par virement bancaire. Le paiement est effectué dans un délai qui ne peut excéder quinze jours à compter de la date de réception d'une demande de remboursement conforme, hors délais interbancaires.

L'Agence de services et de paiement peut demander à la personne morale ou à l'organisme concerné des pièces complémentaires attestant de la nature des dépenses qui ont été payées avec un chèque énergie.

Art. R. 124-10 *(Décr. n° 2016-555 du 6 mai 2016, art. 1er)* Le bénéficiaire qui décide d'affecter son chèque énergie au paiement de dépenses d'électricité ou de gaz naturel peut demander à l'agence d'affecter directement la valeur du chèque auquel il aura droit les années suivantes au paiement des dépenses relevant du même contrat de fourniture.

Dans ce cas, tant que le ménage reste bénéficiaire du chèque énergie et titulaire du même contrat de fourniture, et sauf demande expresse de sa part, l'Agence de services et de paiement verse le montant du chèque énergie au fournisseur concerné. La valeur du chèque est déduite par le fournisseur de la ou des factures du bénéficiaire qui suivent ce versement. Pour les consommateurs mensualisés, le paiement des mensualités s'effectue selon les mêmes modalités que celles prévues à l'article R. 124-11.

Les modalités d'échange, entre l'Agence de services et de paiement et le fournisseur d'électricité ou de gaz naturel, des informations nécessaires à l'application du présent article, sont prévues par la convention mentionnée à l'article R. 124-8.

Art. R. 124-11 *(Décr. n° 2016-555 du 6 mai 2016, art. 1er)* I. — L'utilisation du chèque énergie comme moyen de paiement ne peut donner lieu à aucun remboursement en numéraire, ni total ni partiel.

II. — Lorsque la valeur du chèque énergie utilisé par un bénéficiaire pour le paiement d'une facture d'électricité ou de gaz naturel est supérieure au montant de ladite facture, le trop-perçu est déduit de la ou, le cas échéant, des prochaines factures. Cela ne peut donner lieu à remboursement, sauf en cas d'émission d'une facture de clôture telle que prévue *(Décr. n° 2016-555 du 6 mai 2016, art. 5-I, en vigueur le 1er juill. 2016)* « par l'article L. 224-15 du code de la consommation ».

Lorsque le chèque est adressé à un fournisseur en dehors d'une période de facturation, sa valeur est déduite de la facture suivante et, si elle est supérieure à son montant, de la ou des factures suivantes. Toutefois, elle est affectée par priorité, en totalité ou en partie selon le cas, à une facture antérieure non soldée par le client.

Lorsque le bénéficiaire a opté pour un paiement de sa facture par mensualisation, le fournisseur qui reçoit le chèque énergie déduit la valeur du chèque de la première mensualité à échoir, et de la ou des mensualités suivante *[suivantes]* si la première mensualité est inférieure au montant du chèque. Le cas échéant, le montant résiduel est déduit de la facture de régularisation.

III. — Lorsque le chèque énergie est présenté comme moyen de paiement à un gestionnaire de logement-foyer ou à un organisme gestionnaire d'habitation à loyer modéré, et que sa valeur est supérieure au montant à acquitter, le trop-perçu est affecté à l'échéance suivante. Il ne peut être reversé au résident qu'à l'issue du contrat de location.

IV. — Les dispositions de la première phrase du II du présent article sont applicables au bénéficiaire du chèque énergie qui utilise celui-ci pour le paiement d'une dépense relative à la livraison de gaz de pétrole liquéfié livré en vrac. Le trop-perçu ne peut donner lieu à remboursement, sauf en cas de résiliation du contrat.

Art. R. 124-12 *(Décr. n° 2016-555 du 6 mai 2016, art. 1er)* Les personnes morales et organismes mentionnés au II de l'article R. 124-4 ne sont tenues d'accepter un chèque énergie en paiement que jusqu'au 31 mars de l'année civile suivant l'année d'émission.

Les titres ne peuvent être présentés au remboursement que jusqu'au 31 mai de l'année suivant l'année civile de leur émission ; les titres présentés après cette date sont définitivement périmés.

Art. R. 124-13 *(Décr. n° 2016-555 du 6 mai 2016, art. 1er)* Le bénéficiaire d'un chèque énergie qui souhaite affecter la valeur de son titre au financement de dépenses d'amélioration de la qualité environnementale ou de maîtrise de la consommation d'énergie de son logement peut remettre le chèque non utilisé à l'Agence de services et de paiement avant la fin de la période mentionnée au premier alinéa de l'article R. 124-12. Dans ce cas, l'Agence de services et de paiement échange gratuitement ce titre contre un titre de même valeur valable uniquement pour le financement des dépenses d'amélioration de la qualité environnementale ou de maîtrise de la consommation d'énergie du logement comprises parmi celles mentionnées à l'article 200 *quater* du code général des impôts.

La durée de validité de ce nouveau titre est augmentée de deux années par rapport à la durée de validité du titre initial remis par le bénéficiaire.

Art. R. 124-14 *(Décr. n° 2016-555 du 6 mai 2016, art. 1er)* Le fait d'accepter un chèque énergie pour le paiement d'autres dépenses que celles définies au I de l'article R. 124-4, ou *[le fait]* de contrevenir aux dispositions de l'article R. 124-11 sont punis de l'amende prévue pour les contraventions de la cinquième classe.

Art. R. 124-15 *(Décr. n° 2016-555 du 6 mai 2016, art. 1er)* L'Agence de services et de paiement adresse chaque année, avant le 15 juin, au ministre chargé de l'énergie, une déclaration mentionnant le montant des dépenses et des frais de gestion, pour l'activité exercée au titre de l'année précédente. Cette déclaration précise le nombre et la valeur des chèques non utilisés et non échangés à l'échéance de la durée de validité prévue à l'article R. 124-12 ainsi que le nombre et la valeur des chèques échangés et valables pour le financement de travaux d'économies d'énergie. Elle est accompagnée d'une estimation des coûts de gestion prévisionnels pour l'année suivante.

Art. R. 124-16 *(Décr. n° 2016-555 du 6 mai 2016, art. 1er)* I. — Les bénéficiaires du chèque énergie bénéficient également de la gratuité de la mise en service et de l'enregistrement de leur contrat de fourniture d'électricité ou de gaz naturel ainsi que d'un abattement de 80 % sur la facturation d'un déplacement en raison d'une interruption de fourniture imputable à un défaut de règlement.

Les pertes de recettes et les coûts occasionnés par ces dispositions sont compensés dans le cadre des dispositions prévues aux articles L. 121-8 et L. 121-36.

II. — Le bénéfice des droits mentionnés au I du présent article ainsi que des protections spécifiques prévues au troisième alinéa de l'article L. 115-3 du code de l'action sociale et des familles, *(Décr. n° 2016-555 du 6 mai 2016, art. 5-II, en vigueur le 1er juill. 2016)* « à l'article L. 224-13 du code de la consommation » et à l'article 2 du décret n° 2008-780 du 13 août 2008 relatif à la procédure applicable en cas d'impayés des factures d'électricité, de gaz, de chaleur et d'eau, est ouvert à compter du 1er avril de l'année au titre de laquelle la personne a bénéficié du chèque énergie et jusqu'au 30 avril de l'année suivante, lorsque celle-ci s'est fait connaître auprès du fournisseur concerné, par le règlement d'une facture avec son chèque énergie ou par la transmission à ce fournisseur de l'attestation prévue à l'article R. 124-2.

L'offre de transmission des données de consommation au moyen d'un dispositif déporté d'affichage, prévue à l'article L. 124-5 du code de l'énergie, est proposée par les fournisseurs d'électricité et de gaz aux ménages bénéficiaires du chèque énergie qui se sont fait connaître auprès d'eux dans les mêmes conditions.

Art. D. 124-17 *(Décr. n° 2016-1618 du 29 nov. 2016, art. 3)* A compter de la date mentionnée au premier alinéa de l'article 3 du décret n° 2016-555 du 6 mai 2016 relatif au chèque énergie, l'Agence de services et de paiement adresse chaque année aux bénéficiaires du chèque énergie, lorsqu'ils habitent une zone où sont déployés les dispositifs de comptage mentionnés au premier alinéa de l'article L. 341-4 et au premier alinéa de l'article L. 453-7, une attestation leur permettant de faire valoir auprès de leur fournisseur d'énergie leur droit à l'offre de transmission des données de consommation au moyen d'un dispositif déporté.

Cette attestation comporte une date de validité et informe le client qu'il peut bénéficier du dispositif déporté s'il est équipé d'un dispositif de comptage mentionné au premier alinéa de l'article L. 341-4 ou au premier alinéa de l'article L. 453-7.

Les dispositions issues de l'art. 3 du Décr. n° 2016-1618 du 29 nov. 2016 entrent en vigueur le 1er janv. 2018 conformément à son art. 7. Or, à la lecture du Décr. préc. dans son ensemble, la logique commande que ces dispositions entrent en vigueur le lendemain de la publication du Décr. préc. (JO 30 nov.).

Art. D. 124-18 *(Décr. nº 2016-1618 du 29 nov. 2016, art. 5, en vigueur le 1er janv. 2018)* Les fournisseurs d'électricité et de gaz naturel proposent aux consommateurs domestiques bénéficiant du chèque énergie et équipés d'un dispositif de comptage mentionné au premier alinéa de l'article L. 341-4 ou au premier alinéa de l'article L. 453-7 une offre de transmission de leurs données de consommation exprimées en euros au moyen d'un dispositif déporté. Pour les consommateurs d'électricité, ce dispositif permet un affichage en temps réel.

Art. D. 124-19 *(Décr. nº 2016-1618 du 29 nov. 2016, art. 5, en vigueur le 1er janv. 2018)* Cette offre peut comporter plusieurs options.

Pour les consommateurs d'électricité :

– au moins l'une d'entre elles permet l'affichage des données de consommation en temps réel au moyen d'un dispositif équipé d'un écran dont dispose déjà le consommateur ;

– une autre, prioritairement destinée aux consommateurs qui ne disposent pas d'un dispositif approprié, permet l'affichage des données de consommation en temps réel au moyen d'un dispositif déporté dédié consultable à l'intérieur de l'habitation que le fournisseur met à la disposition du consommateur.

Pour les consommateurs de gaz naturel, au moins l'une d'entre elles permet la mise à disposition des données de consommation au moyen d'un dispositif équipé d'un écran dont dispose déjà le consommateur.

Les offres sont communiquées au ministre chargé de l'énergie au plus tard deux mois avant d'être proposées pour la première fois ; celui-ci dispose d'un délai d'un mois pour s'y opposer.

Art. D. 124-20 *(Décr. nº 2016-1618 du 29 nov. 2016, art. 5, en vigueur le 1er janv. 2018)* Pour chaque option, le fournisseur d'électricité ou de gaz naturel précise de manière claire et intelligible la consistance des informations susceptibles de lui être transmises.

Celles des informations qui ne sont pas strictement nécessaires à l'exercice de sa mission ne peuvent lui être transmises sans qu'il ait recueilli le consentement explicite du consommateur.

Art. D. 124-21 *(Décr. nº 2016-1618 du 29 nov. 2016, art. 5, en vigueur le 1er janv. 2018)* Les dispositifs proposés préservent la confidentialité des données et sont performants en termes de consommation d'électricité.

Un arrêté du ministre chargé de l'énergie précise les informations que le dispositif déporté doit être en mesure d'afficher.

Pour les consommateurs d'électricité, si une option implique la transmission de données de consommation par le biais d'un émetteur radio, celui-ci répond à des spécifications techniques minimales d'interopérabilité définies par arrêté du ministre chargé de l'énergie.

Art. D. 124-22 *(Décr. nº 2016-1618 du 29 nov. 2016, art. 5, en vigueur le 1er janv. 2018)* Le dispositif est mis à disposition dans un délai de trente jours suivant l'acceptation de l'offre.

S'il refuse l'offre, le consommateur peut néanmoins demander à bénéficier ultérieurement s'il remplit toujours les conditions mentionnées à l'article D. 124-18.

Les données transmises au consommateur par le dispositif mentionné à l'article D. 124-18 ne sont pas opposables au fournisseur.

Art. D. 124-23 *(Décr. nº 2016-1618 du 29 nov. 2016, art. 5, en vigueur le 1er janv. 2018)* L'offre est adressée au consommateur dans un délai d'un mois suivant :

– la mise en service du dispositif de comptage mentionné au premier alinéa de l'article L. 341-4 ou au premier alinéa de l'article L. 453-7 ou,

– la date de signature du contrat de fourniture, en cas de changement de fournisseur, ou,

– la date à laquelle le bénéficiaire du chèque énergie s'est fait connaître dans les conditions prévues au dernier alinéa de l'article R. 124-16 ou en transmettant l'attestation prévue à l'article D. 124-17 en cours de validité.

Fourniture d'électricité

Art. L. 121-5 La mission de fourniture d'électricité consiste à assurer, en favorisant la maîtrise de la demande, la fourniture d'électricité, sur l'ensemble du territoire, aux clients bénéficiaires des tarifs réglementés de vente dans les conditions prévues aux articles L. 337-4 à L. 337-9. L'électricité est fournie par le raccordement aux réseaux publics ou, le cas échéant, par la mise en œuvre des installations de production d'électricité de proximité mentionnées à l'article L. 2224-33 du code général des collectivités territoriales.

Cette fourniture concourt à la cohésion sociale, au moyen de la péréquation nationale *(L. nº 2013-312 du 15 avr. 2013, art. 7-I)* « des tarifs. »

Cette mission incombe à Électricité de France ainsi que, dans leur zone de desserte, aux entreprises locales de distribution chargées de la fourniture. Elles l'accomplissent, pour les clients raccordés aux réseaux de distribution, conformément aux dispositions des cahiers des charges de concession ou des règlements de service des régies mentionnés au II de l'article L. 2224-31 du code général des collectivités territoriales.

Les autorités organisatrices de la distribution publique d'électricité mentionnées à l'article L. 121-4 sont les autorités organisatrices du service public de la fourniture d'électricité aux clients raccordés à un réseau de distribution qui bénéficient des tarifs réglementés de vente mentionnés à l'article L. 337-1 *(Abrogé par L. nº 2013-312 du 15 avr. 2013, art. 7-I) « ou de la tarification spéciale dite "produit de première nécessité" ».*

(Abrogé par L. nº 2015-992 du 17 août 2015, art. 201-III) (L. nº 2013-312 du 15 avr. 2013, art. 7-I) « La mission de fourniture d'électricité concourt également à la cohésion sociale par la mise en œuvre de la tarification spéciale dite "produit de première nécessité" mentionnée à l'article L. 337-3. Cette mission est assignée aux fournisseurs mentionnés au chapitre III du titre III du livre III. L'autorité administrative peut prononcer, dans les conditions définies au paragraphe 2 de la sous-section 3 de la section II du chapitre II du titre IV du présent livre, une des sanctions prévues aux 1º et 2º de l'article L. 142-31 à l'encontre des auteurs des manquements à l'obligation d'assurer cette mission, y compris en cas de défaut de transmission d'informations demandées par une autorité chargée du contrôle en application du quatrième alinéa du I de l'article L. 2224-31 du code général des collectivités territoriales. » — Cet al. est abrogé à compter de la date fixée par le décret mentionné à l'art. L. 124-1 C. énergie (V. supra), et au plus tard à compter du 31 déc. 2018 (L. nº 2015-992 du 17 août 2015, art. 201-III).

Elle consiste également à assurer la fourniture d'électricité de secours aux clients raccordés aux réseaux publics dans les conditions prévues aux troisième et quatrième alinéas de l'article L. 333-3.

....

Art. L. 331-1 Tout client qui achète de l'électricité pour sa propre consommation ou qui achète de l'électricité pour la revendre a le droit de choisir son fournisseur d'électricité. Il peut conclure un contrat d'achat d'électricité avec un producteur ou un fournisseur d'électricité de son choix installé sur le territoire d'un État membre de l'Union européenne ou, dans le cadre de l'exécution d'accords internationaux, sur le territoire d'un autre État.

Art. L. 331-2 Tout consommateur final d'électricité exerce le droit prévu à l'article L. 331-1 par site de consommation.

Art. L. 331-3 Lorsqu'un consommateur final exerce le droit prévu à l'article L. 331-1 pour un site donné, ses contrats en cours au tarif réglementé concernant la fourniture d'électricité de ce site sont résiliés de plein droit. Cette résiliation ne peut donner lieu au paiement de quelque indemnité que ce soit.

(L. nº 2015-992 du 17 août 2015, art. 152) « Toutefois, lorsque cette résiliation intervient moins d'un an après une modification à la baisse, effectuée sur l'initiative du consommateur, des puissances souscrites dans le contrat, Électricité de France ou l'entreprise locale de distribution chargée de la fourniture a droit à une indemnité sauf si le consommateur démontre qu'il n'a pas remonté sa puissance souscrite dans l'année qui suit la modification à la baisse mentionnée au présent alinéa. »

Lorsqu'un consommateur ayant déjà exercé le droit prévu à l'article L. 331-1 change à nouveau de fournisseur, il est seul redevable des coûts générés par ce changement, notamment au gestionnaire du réseau auquel il est raccordé.

Art. L. 332-1 Les dispositions des articles *(Ord. nº 2016-301 du 14 mars 2016, art. 2, en vigueur le 1er juill. 2016)* « L. 224-1 à L. 224-16 » du code de la consommation sont applicables aux contrats conclus entre les fournisseurs d'électricité et les consommateurs et aux contrats conclus entre les fournisseurs et les non-professionnels pour une puissance électrique égale ou inférieure à 36 kilovoltampères, ainsi qu'aux offres correspondantes.

Art. L. 332-2 Les dispositions de *(Ord. nº 2016-301 du 14 mars 2016, art. 2, en vigueur le 1er juill. 2016)* « l'article L. 224-2, de l'article L. 224-3, à l'exception de ses 13º et 16º, de l'article L. 224-7, à l'exception de son 2°, et des articles L. 224-8 à L. 224-12 » du code de la consommation sont applicables aux contrats conclus entre les fournisseurs d'électricité et les consommateurs finals non domestiques souscrivant une puissance électrique égale ou inférieure à 36 kilovoltampères (kVA), ainsi qu'aux offres correspondantes. Ces dispositions sont d'ordre public.

Art. L. 332-3 Dans les conditions fixées par *(Ord. n° 2016-301 du 14 mars 2016, art. 2, en vigueur le 1er juill. 2016)* « les articles L. 224-8 et L. 224-9 » du code de la consommation, les personnes mentionnées à l'article L. 332-1 ont la possibilité de conclure un contrat unique portant sur la fourniture et la distribution d'électricité.

Art. L. 332-4 Lorsque le fournisseur d'électricité facture simultanément au consommateur la fourniture d'énergie et l'utilisation des réseaux publics de transport et de distribution, en application des dispositions des articles L. 111-92 et L. 332-3, chaque kilowattheure (kWh) consommé est facturé, au minimum, au montant prévu par le tarif d'utilisation des réseaux mentionné à l'article L. 341-2.

Art. L. 332-5 Les fournisseurs communiquent sur leur demande aux consommateurs qui souscrivent une puissance égale ou inférieure à 36 kilovoltampères (kVA) leurs barèmes de prix ainsi que la description précise des offres commerciales auxquelles s'appliquent ces prix. Ces barèmes de prix sont identiques pour l'ensemble des clients de cette catégorie souscrivant une puissance égale ou inférieure à 36 kilovoltampères (kVA) raccordés au réseau électrique continental.

Art. L. 332-6 Les contrats de vente d'électricité conclus avec un consommateur final non domestique qui bénéficie d'un tarif réglementé de vente d'électricité, ainsi que les factures correspondantes, doivent mentionner l'option tarifaire souscrite.

....

Art. R. 333-10 *(Décr. n° 2015-1823 du 30 déc. 2015)* Les bénéficiaires de l'autorisation prévue à l'article R. 333-1 sont tenus d'informer les consommateurs finals sur l'origine de l'électricité fournie.

A cet effet, ils indiquent, sur les factures d'électricité ou dans un document joint et dans les documents promotionnels relatifs à l'électricité adressés aux consommateurs finals :

(Décr. n° 2016-944 du 11 juill. 2016, art. 3) « 1° Les différentes sources d'énergie primaire utilisées pour produire l'électricité qu'ils ont commercialisée et la contribution respective de chacune d'elles à leur offre globale d'électricité, correspondant à l'ensemble de l'électricité délivrée par un fournisseur à l'ensemble de ses clients, au cours de l'année précédente :

« *a)* A ce titre, ils peuvent se prévaloir du mix résiduel mentionné à l'article R. 333-14, dès sa publication, pour la part de l'électricité commercialisée dont l'origine n'est pas certifiée par des mécanismes de traçabilité. Dans ce cas, il est fait mention de la part de l'électricité commercialisée sur laquelle le mix résiduel a été utilisé ;

« *b)* La contribution en sources d'énergie renouvelable ou produite par cogénération ne peut être supérieure à la part contenue dans le mix résiduel que si des garanties d'origine ont été utilisées ;

« *c)* La contribution en sources d'énergie primaire, si elle est supérieure au mix résiduel, doit pouvoir être documentée par la déclaration du producteur indiquant la quantité d'énergie produite par la source d'énergie en question sur la période considérée ou, le cas échéant, par les chiffres agrégés fournis par la bourse de l'électricité ou par l'entreprise située à l'extérieur de l'Union européenne auprès de laquelle l'électricité a été obtenue ;

« 2° » La référence des publications dans lesquelles les consommateurs peuvent trouver les informations relatives à la quantité de dioxyde de carbone ou de déchets radioactifs générée par la production d'un kilowattheure à partir de la totalité des sources d'énergie primaire utilisées par l'opérateur. Cette disposition n'entraîne pas l'obligation de fournir ces indications à la suite de demandes individuelles.

Tarification et prix de l'électricité

Art. L. 337-1 Le deuxième alinéa de l'article L. 410-2 du code de commerce s'applique :

1° Au prix de l'accès régulé à l'électricité nucléaire historique ;

2° Aux tarifs réglementés de vente d'électricité ;

3° Aux tarifs de cession de l'électricité aux entreprises locales de distribution ou aux entreprises issues de la séparation juridique des activités des entreprises locales de distribution.

Ces mêmes dispositions s'appliquent aux plafonds de prix qui peuvent être fixés pour la fourniture d'électricité aux clients qui ont exercé leur droit prévu à l'article L. 331-1 dans les zones du territoire non interconnectées au réseau métropolitain continental.

Art. L. 337-3 *(Abrogé par L. n° 2015-992 du 17 août 2015, art. 201-III, à compter du 1er janv. 2018)* ***Les tarifs de vente d'électricité aux consommateurs domestiques tiennent compte du caractère indispensable de l'électricité pour les consommateurs dont les revenus du foyer sont, au regard de la composition familiale, inférieurs à un plafond, en instaurant pour une tranche de leur consommation une tarification spéciale "produit de première nécessité". Cette tarification spéciale est applicable aux services liés à la fourniture.***

Pour la mise en œuvre de cette mesure, *(L. n° 2013-312 du 15 avr. 2013, art. 7-II)* ***« l'administration fiscale et les organismes de sécurité sociale constituent » un fichier regroupant les ayants droit potentiels. Ces fichiers sont transmis aux fournisseurs d'électricité*** *(Abrogé par L. n° 2013-312 du 15 avr. 2013, art. 7-II)* ***« mentionnés à l'article L. 121-5 » ou, le cas échéant, à un organisme désigné à cet effet par ces fournisseurs, afin de leur permettre de notifier aux intéressés leurs droits à la tarification spéciale. Les fournisseurs d'électricité ou l'organisme qu'ils ont désigné préservent la confidentialité des informations contenues dans le fichier.***

(L. n° 2013-312 du 15 avr. 2013, art. 7-II) ***« La tarification spéciale "produit de première nécessité" bénéficie aux gestionnaires des résidences sociales mentionnées à l'article L. 633-1 du code de la construction et de l'habitation qui font l'objet de la convention prévue à l'article L. 353-1 du même code.***

« Les sommes correspondantes sont déduites, sous réserve des frais de gestion, du montant des redevances quittancées aux occupants des chambres ou des logements situés dans ces résidences. »

Les conditions d'application du présent article sont fixées par voie réglementaire. *— V. C. énergie, art. R. 337-1 s., infra.*

L'art. L. 337-3 est abrogé à compter de la date fixée par le décret mentionné à l'art. L. 124-1 C. énergie (V. supra), et au plus tard à compter du 31 déc. 2018 (L. n° 2015-992 du 17 août 2015, art. 201-III). — Le Décr. n° 2016-555 du 6 mai 2016 a fixé cette date au 1er janv. 2018 (V. Décr. préc., art. 3-I, ss. art. L. 124-1 C. énergie).

Art. L. 337-3-1 *(Abrogé par L. n° 2015-992 du 17 août 2015, art. 201-III, à compter du 1er janv. 2018) (L. n° 2015-992 du 17 août 2015, art. 28-I)* ***Pour les consommateurs domestiques bénéficiant de la tarification spéciale prévue à la présente sous-section, la mise à disposition des données de comptage en application de l'article L. 341-4 s'accompagne d'une offre, par les fournisseurs, de transmission des données de consommation, exprimées en euros, au moyen d'un dispositif déporté d'affichage en temps réel.***

La fourniture de ces services et de ces dispositifs ne donne pas lieu à facturation.

Un décret précise les modalités d'application du présent article, qui tiennent compte du déploiement des dispositifs prévus au premier alinéa de l'article L. 341-4.

La mise à disposition des données de consommation exprimées en euros, au moyen d'un dispositif déporté d'affichage en temps réel, est progressivement proposée à l'ensemble des consommateurs domestiques, après une évaluation technico-économique menée par la Commission de régulation de l'énergie (L. n° 2015-992 du 17 août 2015, art. 28-IV).

L'art. L. 337-3-1 est abrogé à compter de la date fixée par le décret mentionné à l'art. L. 124-1 C. énergie (V. supra), et au plus tard à compter du 31 déc. 2018 (L. n° 2015-992 du 17 août 2015, art. 201-III). — Le Décr. n° 2016-555 du 6 mai 2016 a fixé cette date au 1er janv. 2018 (V. Décr. préc., art. 3-I, ss. art. L. 124-1 C. énergie).

Art. L. 337-7 Les tarifs réglementés de vente de l'électricité mentionnés à l'article L. 337-1 bénéficient, à leur demande, aux consommateurs finals domestiques et non domestiques pour leurs sites souscrivant une puissance inférieure ou égale à 36 kilovoltampères.

Art. L. 337-8 Les tarifs réglementés de vente de l'électricité mentionnés au même article L. 337-1 bénéficient, à leur demande, aux consommateurs finals domestiques et non domestiques pour leurs sites situés dans les zones non interconnectées au réseau métropolitain continental.

Art. L. 337-9 Jusqu'au 31 décembre 2015, les consommateurs finals domestiques et non domestiques autres que ceux mentionnés à l'article L. 337-7 bénéficient des tarifs réglementés de vente de l'électricité mentionnés à l'article L. 337-1 pour la consommation d'un site autre que ceux mentionnés à l'article L. 337-8 et pour lequel il n'a pas été fait usage, au 7 décembre 2010, de la faculté prévue à l'article L. 331-1. A partir du 1er janvier 2016, ils ne bénéficient plus, pour leurs sites autres que ceux mentionnés à l'article L. 337-8, de ces tarifs.

Jusqu'au 31 décembre 2015, les consommateurs finals domestiques et non domestiques autres que ceux mentionnés à l'article L. 337-7 bénéficient, à leur demande et pour une durée qui ne peut être inférieure à un an, des tarifs réglementés de vente de l'électricité mentionnés à l'article L. 337-1 pour la consommation d'un site autre que ceux mentionnés à l'article L. 337-8 et pour lequel il a été fait usage, après le 7 décembre 2010, de la faculté prévue à l'article L. 331-1. Les consommateurs finals qui font usage de la faculté prévue au même article L. 331-1 ne peuvent demander à bénéficier à nouveau des tarifs réglementés qu'à l'expiration d'un délai d'un an après avoir usé de cette faculté. A partir du 1er janvier 2016, ils ne bénéficient plus, pour leurs sites autres que ceux mentionnés à l'article L. 337-8, de ces tarifs.

....

Art. R. 337-1 *(Abrogé par Décr. n° 2016-555 du 6 mai 2016, art. 3-II, à compter du 1er janv. 2018) (Décr. n° 2015-1823 du 30 déc. 2015) Le bénéfice de la tarification de l'électricité comme produit de première nécessité, prévue à l'article L. 337-3 du présent code, est ouvert, sauf refus exprès de leur part, pour leur résidence principale, aux personnes physiques titulaires d'un contrat de fourniture d'électricité :*

1° Dont les ressources annuelles, telles que définies aux articles L. 861-2 et R. 861-4 à R. 861-16 du code de la sécurité sociale, du foyer, tel que défini à l'article R. 861-2 du code de la sécurité sociale, sont inférieures ou égales à un montant fixé à l'article R. 337-4 du présent code ;

2° Ou dont le revenu fiscal de référence annuel par part du foyer soumis à l'impôt sur le revenu, tel que défini à l'article 6 du code général des impôts, est inférieur ou égal au montant fixé par l'article R. 337-4 du présent code ; ce montant est, pour les foyers résidant en Guadeloupe, en Guyane, en Martinique, à La Réunion et à Mayotte, majoré d'un pourcentage fixé [par] *le même article.*

Lorsque plusieurs contrats de fourniture d'électricité sont conclus au sein d'un même foyer, la tarification spéciale prévue à l'alinéa précédent est appliquée à un seul contrat. Lorsque plusieurs titulaires du même contrat de fourniture d'électricité remplissent les conditions du 1° ou du 2°, la tarification spéciale n'est appliquée qu'une seule fois.

Art. R. 337-2 *(Abrogé par Décr. n° 2016-555 du 6 mai 2016, art. 3-II, à compter du 1er janv. 2018) (Décr. n° 2015-1823 du 30 déc. 2015) Le bénéfice de la tarification de l'électricité comme produit de première nécessité prévue, par le troisième alinéa de l'article L. 337-3 du présent code, au profit des gestionnaires des résidences sociales mentionnées à l'article L. 633-1 du code de la construction et de l'habitation qui font l'objet de la convention prévue à l'article L. 353-1 de ce même code, est ouvert, sur leur demande, dans les conditions prévues à l'article R. 337-14 du présent code.*

Art. R. 337-3 *(Abrogé par Décr. n° 2016-555 du 6 mai 2016, art. 3-II, à compter du 1er janv. 2018) (Décr. n° 2015-1823 du 30 déc. 2015) Pour une personne physique bénéficiaire, la tarification de l'électricité comme produit de première nécessité résulte d'une déduction forfaitaire sur le prix de fourniture contractuellement établi entre le client domestique et son fournisseur d'électricité.*

La déduction forfaitaire mentionnée au premier alinéa ne doit pas être supérieure au montant total de la facture annuelle d'électricité toutes taxes comprises. Elle est établie en fonction de la puissance souscrite et du nombre d'unités de consommation que compte le foyer. La première ou seule personne du foyer constitue une unité de consommation. Chaque autre personne du foyer constitue une fraction d'unité de consommation égale à la majoration du plafond de ressources prévue à l'article R. 861-3 du code de la sécurité sociale.

La composition du foyer se réfère au foyer tel que défini à l'article R. 861-2 du code de la sécurité sociale lorsque cette information est connue et date de moins de dix-huit mois. Dans le cas contraire, le nombre de personnes du foyer fiscal soumis à l'impôt sur le revenu, tel que défini à l'article 6 du code général des impôts, peut être retenu.

Les montants de la déduction forfaitaire mentionnée au premier alinéa sont fixés par l'article R. 337-5 du présent code. Ils peuvent être réévalués par arrêté des ministres chargés de l'économie, de l'énergie et des affaires sociales après avis de la Commission de régulation de l'énergie. Le montant des ressources annuelles mentionné au 1° de l'article R. 337-1 du présent code et le montant du revenu fiscal de référence du foyer mentionné au 2° du même article peuvent être réévalués dans les mêmes conditions. Le pourcentage de majoration mentionné au 2° de l'article

R. 337-1 peut être réévalué par arrêté des ministres chargés de l'économie, de l'énergie, des affaires sociales et de l'outre-mer, après avis de la Commission de régulation de l'énergie.

Art. R. 337-4 *(Abrogé par Décr. nº 2016-555 du 6 mai 2016, art. 3-II, à compter du 1er janv. 2018) (Décr. nº 2015-1823 du 30 déc. 2015)* ***Le montant annuel des ressources du foyer, mentionné au 1º de l'article R. 337-1 du présent code, est celui ouvrant droit à la déduction prévue à l'article L. 863-2 du code de la sécurité sociale.***

Le montant du revenu fiscal de référence annuel par part, mentionné au 2º de l'article R. 337-1 du présent code, est fixé à 2 175 euros. Ce montant est majoré de 11,3 % pour les foyers résidant en Guadeloupe, en Guyane, en Martinique, à La Réunion et à Mayotte.

Art. R. 337-5 *(Abrogé par Décr. nº 2016-555 du 6 mai 2016, art. 3-II, à compter du 1er janv. 2018) (Décr. nº 2015-1823 du 30 déc. 2015)* ***La déduction forfaitaire mentionnée à l'article R. 337-3 du présent code est égale, selon la puissance souscrite et le nombre d'unités de consommation (UC), aux valeurs figurant au tableau ci-dessous :***

DÉDUCTION FORFAITAIRE EN FONCTIONDE L'UC (EN EUROS TTC/AN)	3 KVA	6 KVA	9 KVA ET PLUS
UC = 1	71	87	94
1 < UC < 2	88	109	117
UC > = 2	106	131	140

Le taux de la taxe sur la valeur ajoutée s'appliquant à la déduction forfaitaire est le taux normal prévu à l'article 278 du code général des impôts.

Art. R. 337-6 *(Abrogé par Décr. nº 2016-555 du 6 mai 2016, art. 3-II, à compter du 1er janv. 2018) (Décr. nº 2015-1823 du 30 déc. 2015)* ***Le bénéfice de cette tarification ne fait pas obstacle à l'obtention des aides de toute nature prévues par le décret nº 2008-780 du 13 août 2008 relatif à la procédure applicable en cas d'impayés des factures d'électricité, de gaz, de chaleur et d'eau.***

Art. R. 337-7 *(Abrogé par Décr. nº 2016-555 du 6 mai 2016, art. 3-II, à compter du 1er janv. 2018) (Décr. nº 2015-1823 du 30 déc. 2015)* ***Les organismes d'assurance maladie communiquent aux fournisseurs proposant la tarification spéciale de l'électricité comme produit de première nécessité ou à un organisme agissant pour leur compte, aux seules fins d'identifier les personnes physiques pouvant bénéficier de cette tarification, les civilités, prénoms, noms, dates de naissance et adresses de leurs ressortissants remplissant la condition de ressources prévue au 1º de l'article R. 337-1 du présent code ainsi que le nombre de personnes du foyer tel que défini à l'article R. 861-2 du code de la sécurité sociale. Ces informations sont communiquées au moins une fois par trimestre. Aucune information transmise par les organismes d'assurance maladie ne peut être conservée pour une durée supérieure à dix-neuf mois.***

L'administration fiscale communique aux fournisseurs proposant la tarification spéciale de l'électricité comme produit de première nécessité ou à un organisme agissant pour leur compte, aux seules fins d'identifier les personnes physiques pouvant bénéficier de cette tarification, les civilités, prénoms, noms, dates de naissance et adresses de ses ressortissants remplissant la condition de revenu fiscal de référence par part fiscale prévue au 2º de l'article R. 337-1 du présent code, ainsi que le nombre de personnes du foyer contribuable de l'impôt sur le revenu tel que défini à l'article 6 du code général des impôts. Ces informations sont communiquées au moins une fois par an. Aucune information transmise par l'administration fiscale ne peut être conservée pendant une durée supérieure à dix-neuf mois.

Les gestionnaires de réseaux de distribution d'électricité communiquent à l'organisme agissant pour le compte des fournisseurs, au moins toutes les six semaines, les informations nécessaires pour identifier les bénéficiaires potentiels du tarif de première nécessité de chaque fournisseur d'électricité.

Pour chaque point de livraison, ces informations comprennent :

— la civilité, le prénom et le nom du titulaire du contrat, le cas échéant le prénom et le nom du co-titulaire du contrat ;

— le numéro et l'adresse du point de livraison ;

— le nom du fournisseur ;

— le code postal, le nom et le code INSEE de la commune.

Aucune information transmise par les gestionnaires de réseaux de distribution d'électricité ne peut être conservée pour une durée supérieure à neuf semaines.

Art. R. 337-8 *(Abrogé par Décr. nº 2016-555 du 6 mai 2016, art. 3-II, à compter du 1er janv. 2018) (Décr. nº 2015-1823 du 30 déc. 2015)* ***Les fournisseurs d'électricité, ou l'organisme agis-***

sant pour leur compte, adressent à ceux de leurs clients identifiés à l'aide des informations mentionnées aux premier, deuxième et troisième alinéas de l'article R. 337-7, une attestation, comportant les références de leur contrat de fourniture, les informant qu'ils remplissent les conditions ouvrant droit au bénéfice de la tarification spéciale de l'électricité et que, sauf refus exprès de leur part dans un délai de quinze jours suivant la date d'envoi de cette attestation, cette tarification leur sera appliquée. L'attestation informe les mêmes clients de la transmission des données ainsi que de leurs droits d'accès et d'opposition conformément à l'article 32 de la loi n° 78-17 du 6 janvier 1978 relative à l'informatique, aux fichiers et aux libertés.

Art. R. 337-9 *(Abrogé par Décr. n° 2016-555 du 6 mai 2016, art. 3-II, à compter du 1er janv. 2018) (Décr. n° 2015-1823 du 30 déc. 2015)* ***Les fournisseurs, ou l'organisme agissant pour leur compte, adressent aux bénéficiaires potentiels de leur zone d'activité commerciale qu'ils n'identifient pas comme leurs clients une attestation les informant qu'ils remplissent les conditions ouvrant droit au bénéfice de la tarification spéciale et leur indiquant la procédure pour en bénéficier.***

Ceux de ces bénéficiaires potentiels qui ont un contrat avec ces fournisseurs communiquent à ceux-ci, ou à l'organisme agissant pour leur compte, au moyen de l'attestation mentionnée à l'alinéa précédent, le nom et les coordonnées de leur fournisseur et les références de leur contrat. Cette attestation dûment complétée est conservée sous forme numérisée pour une durée de dix-neuf mois à compter de la date de réception des références contractuelles par le fournisseur d'électricité ou par l'organisme agissant pour son compte désigné par lui.

Art. R. 337-10 *(Abrogé par Décr. n° 2016-555 du 6 mai 2016, art. 3-II, à compter du 1er janv. 2018) (Décr. n° 2015-1823 du 30 déc. 2015)* ***L'attestation mentionnée aux articles R. 337-8 et R. 337-9 ou le courrier l'accompagnant précise :***

1° Le nombre d'unités de consommation du foyer ;

2° L'information sur les droits des bénéficiaires potentiels de la tarification spéciale de l'électricité comme produit de première nécessité (ou "TPN"), sur l'"interlocuteur TPN" et sur le "numéro vert TPN" ;

3° L'information sur les droits des bénéficiaires potentiels de la fourniture de gaz naturel au tarif spécial de solidarité (ou "TSS"), sur "l'interlocuteur TSS" et sur le "numéro vert TSS".

Art. R. 337-11 *(Abrogé par Décr. n° 2016-555 du 6 mai 2016, art. 3-II, à compter du 1er janv. 2018) (Décr. n° 2015-1823 du 30 déc. 2015)* ***La tarification spéciale est appliquée par le fournisseur pendant un an à compter de l'expiration du délai de quinze jours prévu à l'article R. 337-8, ou, dans le cas prévu à l'article R. 337-9, à compter de la date de réception, par le fournisseur d'électricité ou par l'organisme agissant pour son compte, des attestations dûment complétées.***

Afin de prévenir l'interruption du bénéfice de la tarification spéciale de l'électricité pour les personnes physiques, celle-ci est prolongée pour une période supplémentaire de six mois à compter de la fin de sa durée d'application, sauf si l'interruption résulte de la rupture du contrat de fourniture. Sauf en cas de fraude, elle ne donne lieu en aucun cas à remboursement de la part du bénéficiaire. Le montant de la déduction mentionné au premier alinéa de l'article R. 337-3 est calculé, pendant cette période supplémentaire, prorata temporis.

Pendant cette période supplémentaire de six mois, le fournisseur ou l'organisme agissant pour son compte informe le client, qui n'est plus identifié comme bénéficiaire potentiel de la tarification spéciale comme produit de première nécessité en vertu de la procédure décrite aux articles R. 337-7 et suivants, du fait que ses droits sont prolongés temporairement, de la date de fin de cette prolongation et de la procédure à suivre pour continuer à bénéficier de ce tarif au terme de cette période de prolongation.

Si les droits à la tarification spéciale sont reconduits pendant la période supplémentaire de six mois, la tarification est appliquée pour un an à compter de la date de renouvellement de ces droits, sans préjudice d'une nouvelle période supplémentaire de six mois.

En cas de résiliation du contrat de fourniture avant le terme d'un an ou de la période de six mois supplémentaires, le montant de la déduction mentionnée au premier alinéa de l'article R. 337-3 est calculé prorata temporis. Le fournisseur ou l'organisme agissant pour son compte renvoie à l'intéressé un duplicata de son attestation et un courrier mentionnant la date de début et de fin d'application de la tarification spéciale. Le nouveau fournisseur d'électricité est tenu d'appliquer cette tarification spéciale pour la durée de droits restant, le cas échéant, à courir, en appliquant un coefficient prorata temporis au montant de la déduction forfaitaire.

Art. R. 337-12 *(Abrogé par Décr. n° 2016-555 du 6 mai 2016, art. 3-II, à compter du 1er janv. 2018) (Décr. n° 2015-1823 du 30 déc. 2015)* ***Toutes les précautions utiles sont prises pour préserver la sécurité et la confidentialité des données mentionnées aux articles R. 337-7 à R. 337-11. Les agents ou employés chargés de recueillir et exploiter ces données sont tenus à une obligation de confidentialité.***

Les intéressés sont à chaque fois informés de la transmission des données les concernant aux fournisseurs d'électricité ou à un organisme agissant pour le compte de ces derniers ainsi que de leurs droits d'accès, de rectification et d'opposition, conformément à l'article 32 de la loi nº 78-17 du 6 janvier 1978 relative à l'informatique, aux fichiers et aux libertés.

Art. R. 337-13 (*Abrogé par Décr. nº 2016-555 du 6 mai 2016, art. 3-II, à compter du 1er janv. 2018*) (*Décr. nº 2015-1823 du 30 déc. 2015*) *Les personnes physiques bénéficiaires de la tarification spéciale prévue par la présente sous-section bénéficient de la gratuité de la mise en service et de l'enregistrement du contrat et d'un abattement de 80 % sur la facturation d'un déplacement en raison d'une interruption de fourniture imputable à un défaut de règlement.*

Art. R. 337-14 (*Abrogé par Décr. nº 2016-555 du 6 mai 2016, art. 3-II, à compter du 1er janv. 2018*) (*Décr. nº 2015-1823 du 30 déc. 2015*) *En vue de bénéficier de la tarification spéciale de l'électricité comme produit de première nécessité, les gestionnaires de résidences sociales mentionnés à l'article R. 337-2 du présent code transmettent leur demande à leur fournisseur d'électricité, ou à l'organisme agissant pour le compte de ceux-ci, accompagnée de :*

1º La convention signée prévue à l'article L. 353-1 du code de la construction et de l'habitation ;

2º L'attestation par les services départementaux de l'État que la convention n'a pas été dénoncée, précisant sa date d'expiration ;

3º Tout document justifiant du nombre de logements de la résidence sociale concernée et de l'absence de contrats individuels de fourniture d'électricité pour les logements ;

4º Les références du contrat collectif de fourniture d'électricité, le nom et les coordonnées du fournisseur, ainsi que les références du ou des points de livraison concernés.

Pour le gestionnaire d'une résidence sociale dont les occupants ne disposent pas d'un contrat individuel de fourniture, la tarification de l'électricité comme produit de première nécessité résulte d'une déduction sur le prix de fourniture contractuellement établi entre le gestionnaire et son fournisseur d'électricité. Cette déduction est établie en fonction du nombre de logements de la résidence sociale concernée. Elle ne doit pas être supérieure au montant total de la facture annuelle d'électricité toutes taxes comprises.

Le montant de la déduction est remboursé mensuellement aux résidents, déduction faite des frais de gestion qui s'élèvent à 5 % du montant de la déduction. Le montant ainsi déduit fait l'objet d'une mention spécifique sur l'avis d'échéance adressé au résident.

Le montant de la déduction mentionnée aux deux alinéas précédents est fixé par l'article R. 337-16. Il peut être réévalué par arrêté des ministres chargés de l'économie, de l'énergie, du logement et des affaires sociales après avis de la Commission de régulation de l'énergie.

Art. R. 337-15 (*Abrogé par Décr. nº 2016-555 du 6 mai 2016, art. 3-II, à compter du 1er janv. 2018*) (*Décr. nº 2015-1823 du 30 déc. 2015*) *La tarification spéciale est appliquée par le fournisseur jusqu'à la date d'expiration mentionnée sur l'attestation délivrée par les services de l'État et au plus pour trois ans. En cas de résiliation du contrat de fourniture avant ce terme, le fournisseur ou l'organisme agissant pour son compte renvoie à l'intéressé un courrier mentionnant la date de début et de fin d'application de la tarification spéciale. Le nouveau fournisseur d'électricité de l'intéressé est tenu d'appliquer cette tarification spéciale pour la durée de droits restant, le cas échéant, à courir. Le montant de la déduction est alors calculé prorata temporis.*

Aucune information transmise par les gestionnaires de résidences sociales ne peut être conservée pendant une durée supérieure à trois ans.

Art. R. 337-16 (*Abrogé par Décr. nº 2016-555 du 6 mai 2016, art. 3-II, à compter du 1er janv. 2018*) (*Décr. nº 2015-1823 du 30 déc. 2015*) *La déduction mentionnée à l'article R. 337-14 est égale à 47 € (TTC) par logement par an. Le taux de la taxe sur la valeur ajoutée s'appliquant à la déduction forfaitaire est le taux normal prévu à l'article 278 du code général des impôts.*

Art. R. 337-17 (*Abrogé par Décr. nº 2016-555 du 6 mai 2016, art. 3-II, à compter du 1er janv. 2018*) (*Décr. nº 2015-1823 du 30 déc. 2015*) *L'ensemble des coûts du service fourni par les organismes d'assurance maladie au titre de l'application de la présente sous-section leur est remboursé par les fournisseurs d'électricité proposant la tarification spéciale de l'électricité comme produit de première nécessité.*

Art. R. 337-17-1 *Dispositions applicables à Mayotte.*

Art. D. 337-17-2 (*Décr. nº 2016-1618 du 29 nov. 2016, art. 1er*) Les fournisseurs d'électricité proposent aux consommateurs désignés à l'article L. 337-3-1 et équipés d'un dispositif de comptage mentionné au premier alinéa de l'article L. 341-4 une offre de transmission de leurs données de consommation exprimées en euros au moyen d'un dispositif déporté d'affichage en temps réel.

Les art. D. 337-17-2 à D. 337-17-7, issus de l'art. 1er du Décr. no 2016-1618 du 29 nov. 2016, entrent en vigueur le 1er janv. 2018 conformément à son art. 7. Or, ces dispositions sont abrogées à compter de cette même date par son art. 5, qui renvoie à la date prévue au premier al. de l'art. 3 du Décr. no 2016-555 du 6 mai 2016 relatif au chèque énergie (V. ss. art. L. 124-1). Les dispositions législatives pour lesquelles ces dispositions d'application ont été prises (V. art. L. 337-3-1) demeurent en vigueur jusqu'au 1er janv. 2018. Ainsi, la logique commande que les dispositions réglementaires correspondantes entrent en vigueur le lendemain de la publication du Décr. préc. du 29 nov. 2016 (JO 30 nov.) et soient abrogées à compter du 1er janv. 2018.

Art. D. 337-17-3 *(Décr. no 2016-1618 du 29 nov. 2016, art. 1er)* **Cette offre peut comporter plusieurs options.**

Au moins l'une d'entre elles permet l'affichage des données de consommation en temps réel au moyen d'un dispositif équipé d'un écran dont dispose déjà le consommateur.

Une autre, prioritairement destinée aux consommateurs qui ne disposent pas d'un dispositif approprié, permet l'affichage des données de consommation en temps réel au moyen d'un dispositif déporté dédié consultable à l'intérieur de l'habitation que le fournisseur met à la disposition du consommateur.

Les offres sont communiquées au ministre chargé de l'énergie au plus tard deux mois avant d'être proposées pour la première fois ; celui-ci dispose d'un délai d'un mois pour s'y opposer.

Art. D. 337-17-4 *(Décr. no 2016-1618 du 29 nov. 2016, art. 1er)* **Pour chaque option, le fournisseur précise de manière claire et intelligible la consistance des informations susceptibles de lui être transmises.**

Celles des informations qui ne sont pas strictement nécessaires à l'exercice de sa mission ne peuvent lui être transmises sans qu'il ait recueilli le consentement explicite du consommateur.

Art. D. 337-17-5 *(Décr. no 2016-1618 du 29 nov. 2016, art. 1er)* **Les dispositifs proposés préservent la confidentialité des données et sont performants en termes de consommation d'électricité.**

Si une option implique la transmission de données de consommation par le biais d'un émetteur radio, celui-ci répond à des spécifications techniques minimales d'interopérabilité définies par arrêté du ministre chargé de l'énergie.

Un arrêté du ministre chargé de l'énergie précise les informations que le dispositif déporté doit être en mesure d'afficher.

Art. D. 337-17-6 *(Décr. no 2016-1618 du 29 nov. 2016, art. 1er)* **Le dispositif est mis à disposition dans un délai de trente jours suivant l'acceptation de l'offre.**

S'il refuse l'offre, le consommateur peut néanmoins demander à en bénéficier ultérieurement s'il remplit toujours les conditions prévues à l'article D. 337-17-2.

Les données transmises par le dispositif déporté d'affichage ne sont pas opposables au fournisseur d'électricité.

Art. D. 337-17-7 *(Décr. no 2016-1618 du 29 nov. 2016, art. 1er)* **L'offre est adressée au consommateur dans un délai d'un mois suivant la mise en service du dispositif de comptage mentionné au premier alinéa de l'article L. 341-4 ou, en cas de changement de fournisseur, dans un délai d'un mois suivant la date de signature du contrat de fourniture d'électricité.**

Art. R. 337-18 *(Décr. no 2015-1823 du 30 déc. 2015)* **Les tarifs réglementés de vente d'électricité comportent des catégories, options et versions tarifaires.**

Les catégories tarifaires sont définies en fonction de la tension de raccordement et de la puissance souscrite par le client pour le site concerné :

Le tarif dit "bleu" est proposé aux consommateurs finals pour tout site situé en France métropolitaine, raccordé en basse tension (tension de raccordement inférieure ou égale à 1 kilovolt) et dont la puissance maximale souscrite est inférieure ou égale à 36 kilovoltampères, ainsi que pour tout site situé en outre-mer lorsqu'il est raccordé en basse tension (tension de raccordement inférieure ou égale à 1 kilovolt) ;

Le tarif dit "jaune" peut être proposé aux consommateurs finals pour tout site situé dans une zone non interconnectée au réseau métropolitain continental, raccordé en basse tension (tension de raccordement inférieure ou égale à 1 kilovolt) et dont la puissance maximale souscrite est supérieure à 36 kilovoltampères.

Le tarif dit "vert" est proposé aux consommateurs finals pour tout site raccordé en haute tension (tension de raccordement supérieure à 1 kilovolt), situé dans une zone non

interconnectée au réseau métropolitain continental, ou situé en métropole continentale et dont la puissance maximale souscrite est inférieure ou égale à 36 kilovoltampères ou 33 kilowatts selon l'unité dans laquelle les puissances sont souscrites.

Les consommateurs finals situés en France métropolitaine continentale, raccordés en basse tension, dont la puissance souscrite est inférieure ou égale à 36 kilovoltampères, qui bénéficient au 31 décembre 2015 d'un "tarif jaune" et dont le dispositif de comptage permet les dépassements de puissance, peuvent conserver ce tarif tant qu'ils ne demandent pas à changer d'option, de version ou de puissance souscrites.

Les consommateurs finals situés en France métropolitaine continentale, raccordés en basse tension, dont la puissance souscrite est inférieure ou égale à 36 kilovoltampères ou 33 kilowatts selon l'unité dans laquelle les puissances sont souscrites, qui bénéficient au 31 décembre 2015 d'un "tarif vert", peuvent conserver ce tarif tant qu'ils ne demandent pas à changer d'option, de version ou de puissance souscrites.

Dans les territoires, non interconnectés au réseau métropolitain continental, de Guyane et de La Réunion, un tarif réglementé de vente de l'électricité spécifique peut être proposé aux consommateurs finals dont la puissance souscrite est inférieure à 3 kilovoltampères pour des sites isolés raccordés en basse tension à un micro réseau *[microréseau]* non raccordé lui-même au réseau public de distribution principal.

Chaque catégorie tarifaire peut comporter plusieurs options tarifaires dont chacune peut, elle-même, comporter plusieurs versions.

Les options et les versions tarifaires sont fonction des caractéristiques moyennes de consommation de l'électricité, de l'impact du site de consommation sur le dimensionnement des infrastructures de réseau et du réseau auquel ce site est raccordé. Lorsque la puissance souscrite est inférieure ou égale à 36 kilovoltampères, sont distinguées, en fonction des courbes de charges de référence établies par types de clients, des options ouvertes pour tout site faisant un usage résidentiel de l'électricité et des options ouvertes pour tout site faisant un usage non résidentiel de l'électricité. A l'exception du tarif mentionné au huitième alinéa pour les sites isolés, chaque option ou version tarifaire comporte une part fixe et, par période tarifaire, une part proportionnelle à l'énergie consommée.

La part fixe et chaque part proportionnelle à l'énergie consommée dépendent des caractéristiques intrinsèques de la fourniture, notamment :

1° De la ou des puissances souscrites par l'abonné ;

2° De la tension sous laquelle l'énergie est fournie ;

3° Du mode d'utilisation de la puissance au cours de l'année en ce qui concerne en particulier la période et la durée d'utilisation.

Chaque option ou version tarifaire peut comporter plusieurs périodes tarifaires, caractérisées chacune notamment par une part proportionnelle spécifique et, le cas échéant, des modalités de calcul des dépassements de puissance et de la puissance réduite et des modalités de facturation de l'énergie réactive.

Les tarifs réglementés de vente d'électricité sont affichés sur internet par les opérateurs en charge de la fourniture de l'électricité aux tarifs réglementés ou sont à défaut tenus par tout autre moyen à la disposition des clients. Ils sont communiqués par ces mêmes opérateurs à tout client qui en fait la demande.

Art. R. 337-19 *(Décr. nº 2015-1823 du 30 déc. 2015)* Pour chaque catégorie tarifaire mentionnée à l'article R. 337-18, le niveau des tarifs réglementés de vente de l'électricité est déterminé, sous réserve de la prise en compte des coûts de l'activité de fourniture de l'électricité aux tarifs réglementés d'Électricité de France et des entreprises locales de distribution, par l'addition du coût de l'accès régulé à l'électricité nucléaire historique, du coût du complément d'approvisionnement, qui inclut la garantie de capacité, des coûts d'acheminement de l'électricité et des coûts de commercialisation ainsi que d'une rémunération normale de l'activité de fourniture.

Le coût de l'accès régulé à l'électricité nucléaire historique est déterminé en fonction du prix de l'accès régulé à l'électricité nucléaire historique appliqué au prorata de la quantité de produit théorique calculée en application de l'article R. 336-14, compte tenu, le cas échéant, de l'atteinte du volume global maximal d'électricité nucléaire historique fixé par l'article L. 336-2.

Le coût du complément d'approvisionnement sur le marché est calculé en fonction des caractéristiques moyennes de consommation et des prix de marché à terme constatés. Jusqu'au début de la première année de livraison du mécanisme d'obligation de capacité prévu au chapitre V du présent titre, le coût de la garantie de capacité est considéré comme nul. Ensuite, il est pris en compte dans la part proportionnelle à l'énergie consommée du prix de fourniture.

Les coûts d'acheminement de l'électricité sont déterminés en fonction des tarifs d'utilisation des réseaux publics.

Les coûts de commercialisation correspondent aux coûts de commercialisation d'un fournisseur d'électricité au moins aussi efficace qu'Électricité de France dans son activité de fourniture des clients ayant souscrit aux tarifs réglementés de vente de l'électricité.

La rémunération normale de l'activité de fourniture est affectée à la part du tarif proportionnelle à l'énergie consommée.

Art. R. 337-19-1 *(Décr. n° 2015-1823 du 30 déc. 2015)* Dans les zones non interconnectées au réseau métropolitain continental, le niveau des tarifs réglementés de vente de l'électricité aux consommateurs dont la puissance souscrite est supérieure à 36 kilovoltampères évolue, par catégorie tarifaire, dans les mêmes proportions que le coût de l'électricité, déterminé par la Commission de régulation de l'énergie, facturé aux consommateurs pour les mêmes puissances souscrites en France métropolitaine continentale. Ces tarifs évoluent en même temps que les tarifs réglementés de vente de l'électricité aux consommateurs dont la puissance souscrite est inférieure ou égale à 36 kilovoltampères.

Art. R. 337-20 *(Décr. n° 2015-1823 du 30 déc. 2015)* Les options que comporte une catégorie tarifaire peuvent être mises en extinction ou supprimées dans les conditions prévues à l'article L. 337-4. Les options mises en extinction ne sont plus proposées aux clients à compter de la date d'effet de cette mise en extinction. Un client dont le contrat en cours à cette date comporte une telle option la conserve, y compris lors de la tacite reconduction de celui-ci, tant qu'il ne demande pas un changement d'option tarifaire. La part fixe et les parts proportionnelles d'une option mise en extinction peuvent continuer de faire l'objet d'évolutions en structure comme en niveau.

Les options supprimées ne sont plus proposées aux clients à compter de la date d'effet de cette suppression. Dans un délai maximum *[maximal]* de trois mois à compter de cette date, les opérateurs en charge de la fourniture d'électricité avisent chaque client disposant d'une option supprimée de la nécessité d'en choisir une autre parmi celles en vigueur. Si ce choix n'a pas été opéré dans un délai d'un an à compter de la date d'effet de la suppression, le client se voit appliquer la correspondance tarifaire prévue à cet effet par l'arrêté de suppression de l'option. Si le changement d'option nécessite une modification du dispositif de comptage, le coût de cette modification est supporté par l'opérateur en charge de la fourniture de l'électricité aux tarifs réglementés.

Art. R. 337-20-1 *(Décr. n° 2015-1823 du 30 déc. 2015)* Afin d'inciter à la maîtrise de la consommation, en particulier pendant les périodes de pointe, les ministres chargés de l'énergie et de l'économie peuvent fixer par arrêté pris annuellement après avis de la Commission de régulation de l'énergie :

– le pourcentage maximal que peut représenter la part fixe dans la facture hors taxes prévisionnelle moyenne à température normale pour chaque puissance souscrite de chaque option tarifaire du "tarif bleu" ;

– le niveau minimal du rapport entre le prix de la période tarifaire le plus élevé et le prix de la période tarifaire le plus faible que doit respecter au moins une option du "tarif bleu" accessible aux consommateurs résidentiels.

La Commission de régulation de l'énergie veille à ne pas exposer la structure des tarifs, *en ce qui concerne en particulier* la répartition des coûts entre la part fixe et la part proportionnelle à l'électricité consommée et la différenciation des tarifs entre les périodes tarifaires, à des changements brusques ou à une instabilité susceptibles de nuire à la lisibilité des signaux tarifaires pour les consommateurs ou de conduire à des évolutions de factures d'amplitudes excessives au fil de périodes successives.

Art. R. 337-20-2 *(Décr. n° 2015-1823 du 30 déc. 2015)* La Commission de régulation de l'énergie prend en compte les orientations de politique énergétique indiquées par les ministres chargés de l'économie et de l'énergie, notamment en ce qui concerne les types de clients pour lesquels les ministres souhaitent que des options tarifaires soient proposées.

Art. R. 337-21 *(Décr. n° 2015-1823 du 30 déc. 2015)* Les tarifs réglementés de vente d'électricité font l'objet d'un examen au moins une fois par an.

Art. R. 337-22 *(Décr. nº 2015-1823 du 30 déc. 2015)* Toute évolution du prix de l'accès régulé à l'électricité nucléaire historique ou des tarifs d'utilisation des réseaux publics d'électricité donne lieu à la modification des tarifs réglementés de vente en vigueur pour prendre en compte cette évolution.

Toute décision motivée de la Commission de régulation de l'énergie concernant une évolution des tarifs d'utilisation des réseaux publics d'électricité est accompagnée d'une proposition de nouveaux tarifs réglementés de vente de l'électricité.

Toute proposition de prix de l'accès régulé à l'électricité nucléaire historique adressée par la Commission de régulation de l'énergie aux ministres chargés de l'économie et de l'énergie donne lieu à une proposition par celle-ci de nouveaux tarifs réglementés de vente de l'électricité dans un délai maximal de quatre mois.

Art. R. 337-23 *(Décr. nº 2015-1823 du 30 déc. 2015)* Lorsqu'un client subit une interruption de fourniture imputable à une défaillance des réseaux publics de transport ou de distribution, la part fixe du tarif réglementé de vente qui lui est applicable fait l'objet d'un abattement forfaitaire.

Art. R. 337-24 *(Décr. nº 2015-1823 du 30 déc. 2015)* Lorsqu'un relevé de consommation d'électricité comporte simultanément des consommations payables aux anciens et aux nouveaux tarifs, une répartition proportionnelle au nombre de jours de chaque période est effectuée.

Fourniture de gaz

Art. L. 441-1 Tout client qui consomme le gaz qu'il achète ou qui achète du gaz pour le revendre a le droit, le cas échéant, par l'intermédiaire de son mandataire, de choisir son fournisseur de gaz naturel.

Art. L. 441-2 Tout consommateur de gaz exerce le droit prévu à l'article L. 441-1 par site de consommation.

Art. L. 441-4 Lorsqu'un consommateur exerce le droit prévu à l'article L. 441-1 pour un site, le contrat de fourniture et de transport pour ce site, conclu a un prix réglementé, est résilié de plein droit, sans qu'il y ait lieu à indemnité à la charge de l'une ou l'autre partie.

Art. L. 442-1 Les dispositions des articles *(Ord. nº 2016-301 du 14 mars 2016, art. 2, en vigueur le 1er juill. 2016)* « L. 224-1 et L. 224-16 » du code de la consommation sont applicables aux contrats conclus entre les fournisseurs de gaz naturel et les consommateurs ou les non-professionnels pour une consommation de gaz naturel inférieure à 30 000 kilowattheures par an, ainsi qu'aux offres correspondantes.

Art. L. 442-2 Les dispositions de *(Ord. nº 2016-301 du 14 mars 2016, art. 2, en vigueur le 1er juill. 2016)* « l'article L. 224-2, de l'article L. 224-3, à l'exception de ses 13° et 16°, de l'article L. 224-7, à l'exception de son 2°, et des articles L. 224-8 à L. 224-16 » du code de la consommation sont applicables aux contrats conclus entre les fournisseurs de gaz naturel et les consommateurs finals non domestiques consommant moins de 30 000 kilowattheures par an ainsi qu'aux offres correspondantes.

Art. L. 442-3 Dans les conditions fixées par *(Ord. nº 2016-301 du 14 mars 2016, art. 2, en vigueur le 1er juill. 2016)* « les articles L. 224-8 et L. 224-9 » du code de la consommation, les personnes mentionnées à l'article L. 442-1 ont la possibilité de conclure un contrat unique portant sur la fourniture et la distribution de gaz naturel.

Tarification et prix du gaz

Art. L. 445-1 Les dispositions du deuxième alinéa de l'article L. 410-2 du code de commerce s'appliquent aux tarifs réglementés de vente du gaz naturel mentionnés à l'article L. 445-3.

Art. L. 445-3 Les tarifs réglementés de vente du gaz naturel sont définis en fonction des caractéristiques intrinsèques des fournitures et des coûts liés à ces fournitures. Ils couvrent l'ensemble de ces coûts à l'exclusion de toute subvention en faveur des clients qui ont exercé leur droit prévu à l'article L. 441-1. Ils sont harmonisés dans les zones de desserte respectives des différents gestionnaires de réseaux de distribution mentionnés à l'article L. 111-53. Les différences de tarifs n'excèdent pas les différences relatives aux coûts de raccordement des distributions au réseau de transport de gaz naturel à haute pression.

Art. L. 445-4 Un consommateur final de gaz naturel ne peut pas bénéficier des tarifs réglementés de vente de gaz naturel mentionnés à l'article L. 445-3, sauf pour un site de consommation faisant encore l'objet de ces tarifs.

Toutefois, un consommateur final de gaz naturel consommant moins de 30 000 kilowattheures par an peut bénéficier, sur tout site de consommation, des tarifs réglementés de vente de gaz naturel mentionnés à l'article L. 445-3.

(L. nº 2014-344 du 17 mars 2014, art. 25-I) « Les consommateurs finals non domestiques consommant plus de 30 000 kilowattheures par an et bénéficiant encore des tarifs réglementés de vente de gaz naturel mentionnés à l'article L. 445-3 ne sont plus éligibles à ces tarifs aux dates suivantes :

« 1º Pour les consommateurs non domestiques raccordés au réseau de transport, à l'expiration d'un délai de trois mois à compter de la publication de la loi nº 2014-344 du 17 mars 2014 relative à la consommation ;

« 2º Pour les consommateurs non domestiques dont le niveau de consommation est supérieur à 200 000 kilowattheures par an, au plus tard le 31 décembre 2014 ;

« 3º Pour les consommateurs non domestiques dont le niveau de consommation est supérieur à 30 000 kilowattheures par an, au plus tard le 31 décembre 2015.

« Toutefois et par dérogation aux 1º à 3º :

« *a)* Le propriétaire unique d'un immeuble à usage principal d'habitation consommant moins de 150 000 kilowattheures par an ou le syndicat des copropriétaires d'un tel immeuble peuvent bénéficier des tarifs réglementés pour les sites de consommation faisant encore l'objet de ces tarifs. Cette exception fait l'objet d'un réexamen régulier, au regard de l'évolution des marchés, conduit conjointement par la Commission de régulation de l'énergie et par le Gouvernement ;

« *b)* Les entreprises locales de distribution faisant encore l'objet de tarifs réglementés et dont la consommation est inférieure à 100 000 mégawattheures par an peuvent continuer à en bénéficier jusqu'au 31 décembre 2015. »

Sur les modalités de mise en œuvre des dispositions issues de la L. nº 2014-344 du 17 mars 2014, V. art. 25-II à VI de la loi et Ord. nº 2016-129 du 10 févr. 2016.

Art. L. 445-5 *(Abrogé par L. nº 2015-992 du 17 août 2015, art. 201-III, à compter du 1er janv. 2018)* ***Les clients domestiques ayant droit à la tarification spéciale "produit de première nécessité" mentionnée à l'article L. 337-3 bénéficient également, pour une part de leur consommation, d'un tarif spécial de solidarité applicable à la fourniture de gaz naturel et aux services qui lui sont liés. Les modalités d'application de la tarification spéciale "produit de première nécessité" prévues à ce même article L. 337-3 sont applicables à la mise en place du tarif spécial de solidarité, notamment pour la transmission des fichiers aux fournisseurs de gaz naturel.***

(L. nº 2013-312 du 15 avr. 2013, art. 7-VIII) ***« Les conditions d'attribution du tarif de première nécessité aux gestionnaires des résidences sociales mentionnées à l'article L. 633-1 du code de la construction et de l'habitation qui font l'objet de la convention prévue à l'article L. 353-1 du même code et de reversement aux occupants des chambres ou des logements situés dans ces résidences s'appliquent également à l'attribution du tarif spécial de solidarité relatif à la fourniture de gaz naturel et aux services qui lui sont liés. »***

Les conditions d'application du présent article sont fixées par décret en Conseil d'État, en particulier pour les clients domestiques résidant dans un immeuble d'habitation chauffé collectivement. *— V. C. énergie, art. R. 445-8 s., infra.*

L'art. L. 445-5 est abrogé à compter de la date fixée par le décret mentionné à l'art. L. 124-1 C. énergie (V. supra), et au plus tard à compter du 31 déc. 2018 (L. nº 2015-992 du 17 août 2015, art. 201-III). — Le Décr. nº 2016-555 du 6 mai 2016 a fixé cette date au 1er janv. 2018 (V. Décr. préc., art. 3-I, ss. art. L. 124-1 C. énergie).

Art. L. 445-6 *(Abrogé par L. nº 2015-992 du 17 août 2015, art. 201-III, à compter du 1er janv. 2018) (L. nº 2015-992 du 17 août 2015, art. 28-V)* ***Pour les consommateurs domestiques bénéficiant de la tarification spéciale prévue à la présente section, la mise à la disposition des données de comptage en application de l'article L. 453-7 s'accompagne d'une offre, par les fournisseurs, de transmission des données de consommation, exprimées en euros, au moyen d'un dispositif déporté.***

La fourniture de ces services et de ces dispositifs ne donne pas lieu à facturation.

Un décret précise les modalités d'application du présent article, qui tiennent compte du déploiement des dispositifs prévus au premier alinéa de l'article L. 453-7.

L'art. L. 445-6 est abrogé à compter de la date fixée par le décret mentionné à l'art. L. 124-1 C. énergie (V. supra), et au plus tard à compter du 31 déc. 2018 (L. nº 2015-992 du 17 août 2015, art. 201-III). —

Le Décr. nº 2016-555 du 6 mai 2016 a fixé cette date au 1er janv. 2018 (V. Décr. préc., art. 3-I, ss. art. L. 124-1 C. énergie).

Art. R. 445-1 *(Décr. nº 2015-1823 du 30 déc. 2015)* **Sont déterminés dans les conditions définies par la présente section les tarifs réglementés de vente, hors taxes, du gaz naturel :**

1° Du fournisseur mentionné à l'article L. 111-68 ;

2° Des fournisseurs mentionnés à l'article L. 111-54 et au III de l'article L. 2224-31 du code général des collectivités territoriales ;

3° De la société Total Énergie Gaz.

Art. R. 445-2 *(Décr. nº 2015-1823 du 30 déc. 2015)* **Les tarifs réglementés de vente du gaz naturel couvrent les coûts d'approvisionnement en gaz naturel et les coûts hors approvisionnement.**

Ils comportent une part variable liée à la consommation effective et une part forfaitaire calculée à partir des coûts fixes de fourniture du gaz naturel pouvant également tenir compte de la quantité consommée, souscrite ou réservée par le client et des conditions d'utilisation, notamment de la répartition des quantités demandées au cours de l'année.

Art. R. 445-3 *(Décr. nº 2015-1823 du 30 déc. 2015)* **Pour chaque fournisseur est définie une formule tarifaire qui traduit la totalité des coûts d'approvisionnement en gaz naturel. La formule tarifaire et les coûts hors approvisionnement permettent de déterminer le coût moyen de fourniture du gaz naturel, à partir duquel sont fixés les tarifs réglementés de vente de celui-ci, en fonction des modalités de desserte des clients concernés.**

Les coûts hors approvisionnement comprennent notamment :

1° Les coûts d'utilisation des réseaux de transport de gaz naturel et, le cas échéant, des réseaux de distribution publique de gaz naturel, résultant de l'application des tarifs d'utilisation des infrastructures de gaz fixés par la Commission de régulation de l'énergie ;

2° Les coûts d'utilisation des stockages de gaz naturel, le cas échéant ;

3° Les coûts de commercialisation des services fournis, y compris une marge commerciale raisonnable.

La méthodologie d'évaluation des coûts hors approvisionnement pour chaque fournisseur est précisée par arrêté des ministres chargés de l'économie et de l'énergie, après avis de la Commission de régulation de l'énergie.

La Commission de régulation de l'énergie effectue, chaque année, une analyse détaillée de l'ensemble des coûts d'approvisionnement en gaz naturel et hors approvisionnement. Les coûts de commercialisation peuvent être, en cas d'indisponibilité des données, estimés à partir de moyennes. La Commission de régulation de l'énergie intègre notamment dans son analyse les possibilités d'optimisation du portefeuille d'approvisionnement de chaque fournisseur sur la période écoulée. Elle peut proposer aux ministres chargés de l'énergie et de l'économie de revoir la formule tarifaire ou la méthodologie d'évaluation des coûts hors approvisionnement, afin de prendre en compte l'évolution des coûts dans les tarifs. Elle remet au Gouvernement les résultats de cette analyse et les rend publics, dans le respect du secret des affaires, au plus tard le 15 mai.

La formule tarifaire est fixée par arrêté des ministres chargés de l'économie et de l'énergie, le cas échéant sur proposition du fournisseur, après avis de la Commission de régulation de l'énergie.

Chaque fournisseur rend accessibles et compréhensibles par le public, par tout moyen approprié, les déterminants de sa formule tarifaire et les modalités de calcul de l'évolution des coûts d'approvisionnement et hors approvisionnement, dans les limites autorisées par le secret des affaires.

Art. R. 445-4 *(Décr. nº 2015-1823 du 30 déc. 2015)* **Pour chaque fournisseur, un arrêté des ministres chargés de l'économie et de l'énergie pris après avis de la Commission de régulation de l'énergie fixe, à l'issue de l'analyse détaillée remise par celle-ci, prévue par le septième alinéa de l'article R. 445-3, et au plus tard le 1er juillet, les barèmes des tarifs réglementés à partir, le cas échéant, des propositions du fournisseur.**

Ces barèmes sont réexaminés et révisés s'il y a lieu, après avis de la Commission de régulation de l'énergie et à partir, le cas échéant, des propositions du fournisseur, en fonction de l'évolution de la formule tarifaire ainsi que de l'évolution des coûts hors approvisionnement, en tenant compte des modifications intervenues en application du premier alinéa de l'article R. 445-5.

Pour rendre son avis, la Commission de régulation de l'énergie s'appuie notamment sur les éléments comptables produits par le fournisseur, conformément à l'article L. 111-88.

Art. R. 445-5 *(Décr. nº 2015-1823 du 30 déc. 2015)* Le fournisseur modifie, selon une fréquence définie par arrêté des ministres chargés de l'économie et de l'énergie et au maximum une fois par mois, jusqu'à l'intervention d'un nouvel arrêté tarifaire pris en application de l'article R. 445-4, les barèmes de ses tarifs réglementés en y répercutant les variations des coûts d'approvisionnement en gaz naturel, telles qu'elles résultent de l'application de sa formule tarifaire, sauf opposition du Premier ministre dans les conditions fixées au cinquième alinéa du présent article. La répercussion des variations des coûts d'approvisionnement en euros par mégawattheure se fait de manière uniforme sur les différents barèmes et s'applique sur la part variable, sauf disposition contraire prévue par l'arrêté mentionné à l'article R. 445-4.

Avant de procéder à une telle modification, le fournisseur saisit la Commission de régulation de l'énergie d'une proposition de barèmes accompagnée des éléments d'information permettant de la justifier, afin qu'elle en vérifie la conformité avec la formule tarifaire ou, le cas échéant, avec les dispositions prévues par le décret mentionné au cinquième alinéa du présent article.

Le fournisseur ne peut appliquer la modification avant l'expiration d'un délai de vingt jours à compter de la saisine de la Commission de régulation de l'énergie.

Les ministres chargés de l'économie et de l'énergie sont informés sans délai par le fournisseur de sa proposition de barèmes et par la Commission de régulation de l'énergie de son avis.

En cas d'augmentation exceptionnelle des prix des produits pétroliers ou des prix de marché du gaz naturel, sur le dernier mois ou sur une période cumulée de trois mois, le Premier ministre peut, avant l'expiration du délai prévu au troisième alinéa du présent article, et après avis de la Commission de régulation de l'énergie, s'opposer par décret à la proposition et fixer de nouveaux barèmes. Le décret précise les modalités et le calendrier, qui ne peut excéder un an à compter de son entrée en vigueur, de remise à niveau des tarifs par rapport à la formule tarifaire et de répercussion des montants non perçus durant la période considérée. Il précise les conditions dans lesquelles le fournisseur est autorisé à modifier ses tarifs réglementés jusqu'à l'intervention d'un nouvel arrêté tarifaire pris en application de l'article R. 445-4.

Art. R. 445-6 *(Décr. nº 2015-1823 du 30 déc. 2015)* Les dispositions des articles R. 445-3 à R. 445-5 sont précisées, en tant que de besoin, par arrêté des ministres chargés de l'économie et de l'énergie.

Art. R. 445-7 *(Décr. nº 2015-1823 du 30 déc. 2015)* Les fournisseurs mentionnés à l'article R. 445-1 affichent de manière claire et lisible, notamment sur leur site internet, les barèmes de leurs tarifs réglementés. Les fournisseurs mettent également à la disposition du public les barèmes applicables au cours des deux années précédentes.

Art. R. 445-8 *(Abrogé par Décr. nº 2016-555 du 6 mai 2016, art. 3-II, à compter du 1er janv. 2018) (Décr. nº 2015-1823 du 30 déc. 2015) Le bénéfice du tarif spécial de solidarité applicable à la fourniture de gaz naturel, prévus au premier alinéa de l'article L. 445-5, est ouvert sauf refus exprès de leur part pour leur résidence principale aux personnes physiques ayant droit à la tarification spéciale dite "produit de première nécessité" en application des trois premiers alinéas de l'article R. 337-1.*

Le bénéfice du tarif spécial de solidarité prévu par le deuxième alinéa de l'article L. 445-5 du présent code, au profit des gestionnaires des résidences sociales mentionnées à l'article L. 633-1 du code de la construction et de l'habitation qui font l'objet de la convention prévue à l'article L. 353-1 de ce même code, est ouvert, sur leur demande, dans les conditions prévues à l'article R. 445-21 du présent code.

Art. R. 445-9 *(Abrogé par Décr. nº 2016-555 du 6 mai 2016, art. 3-II, à compter du 1er janv. 2018) (Décr. nº 2015-1823 du 30 déc. 2015) Lorsque la personne physique bénéficiaire du tarif spécial de solidarité est détenteur d'un contrat individuel de fourniture de gaz naturel, ce tarif résulte d'une déduction forfaitaire sur le prix de fourniture contractuellement établi entre le client domestique et son fournisseur de gaz naturel. Pour les personnes physiques mentionnées à l'article R. 445-14, ce tarif consiste en un versement forfaitaire. Le cas échéant, la déduction et le versement forfaitaires peuvent être cumulés.*

La déduction forfaitaire mentionnée au premier alinéa ne doit pas être supérieure au montant total de la facture annuelle de gaz naturel toutes taxes comprises. Elle est établie en fonction de la plage de consommation et du nombre d'unités de consommation que compte le foyer. Le versement forfaitaire mentionné au même alinéa est établi en fonction du nombre d'unités de consommation que compte le foyer.

La première ou seule personne du foyer constitue une unité de consommation. Chaque autre personne du foyer constitue une fraction d'unité de consommation égale à la majoration du plafond de ressources prévue à l'article R. 861-3 du code de la sécurité sociale.

La composition du foyer se réfère au foyer tel que défini à l'article R. 861-2 du code de la sécurité sociale lorsque cette information est connue et date de moins de dix-huit mois. Dans le cas contraire, le nombre de personnes du foyer fiscal soumis à l'impôt sur le revenu, tel que défini à l'article 6 du code général des impôts, peut être retenu.

La déduction forfaitaire mentionnée au premier alinéa est égale, pour chaque plage de consommation considérée et pour chaque unité de consommation (ou UC), aux valeurs figurant aux tableaux ci-dessous :

Déduction forfaitaire en fonction de l'UC (en € TTC par an)	Plage de consommation		
	0-1000 kWh/an	1000-6000 kWh/an	> 6000 kWh/an
1 UC	23	72	123
1 < UC < 2	30	95	153
2 UC ou +	38	117	185

Le taux de la taxe sur la valeur ajoutée s'appliquant à cette déduction forfaitaire est le taux normal prévu à l'article 278 du code général des impôts.

Le versement forfaitaire mentionné au premier alinéa, fonction de l'unité de consommation (UC) du foyer, est égal aux valeurs suivantes :

UNITÉ DE CONSOMMATION (OU UC)	VERSEMENT FORFAITAIRE (EN € TTC PAR AN)
1 UC	100
1 < UC < 2	123
2 UC et +	147

La déduction mentionnée à l'article R. 445-21 est égale à 100 € TTC par logement et par an.

Le taux de la taxe sur la valeur ajoutée s'appliquant à cette déduction forfaitaire est le taux normal prévu à l'article 278 du code général des impôts.

Les montants de la déduction et du versement forfaitaires peuvent être réévalués dans les limites résultant des dispositions des articles L. 121-35 à L. 121-43 par arrêté des ministres chargés de l'économie, de l'énergie et des affaires sociales après avis de la Commission de régulation de l'énergie.

Art. R. 445-10 (*Abrogé par Décr. n° 2016-555 du 6 mai 2016, art. 3-II, à compter du 1er janv. 2018*) (*Décr. n° 2015-1823 du 30 déc. 2015*) *Le bénéfice de cette tarification ne fait pas obstacle à l'obtention des aides de toute nature prévues par le décret n° 2008-780 du 13 août 2008 relatif à la procédure applicable en cas d'impayés des factures d'électricité, de gaz, de chaleur et d'eau.*

Art. R. 445-11 (*Abrogé par Décr. n° 2016-555 du 6 mai 2016, art. 3-II, à compter du 1er janv. 2018*) (*Décr. n° 2015-1823 du 30 déc. 2015*) *Les fournisseurs de gaz naturel qui le souhaitent désignent un organisme, chargé d'identifier les ayants droit du tarif spécial de solidarité, qui agit pour leur compte. Cet organisme ne communique aux fournisseurs que les informations qui sont strictement nécessaires à l'identification de leurs clients.*

Art. R. 445-12 (*Abrogé par Décr. n° 2016-555 du 6 mai 2016, art. 3-II, à compter du 1er janv. 2018*) (*Décr. n° 2015-1823 du 30 déc. 2015*) *Les organismes d'assurance maladie communiquent à l'organisme agissant pour le compte des fournisseurs de gaz naturel ou, le cas échéant, directement aux fournisseurs de gaz naturel, aux seules fins d'identifier les personnes physiques pouvant bénéficier du tarif spécial de solidarité du gaz naturel, les informations précisées à l'alinéa suivant.*

Les informations communiquées par les organismes d'assurance maladie sont la civilité, le prénom, le nom, la date de naissance et l'adresse des personnes physiques mentionnées à l'article R. 445-8 du présent code ainsi que le nombre de personnes composant le foyer tel que défini à l'article R. 861-2 du code de la sécurité sociale. Elles sont communiquées au moins une fois par trimestre. Aucune information transmise par les organismes d'assurance maladie ne peut être conservée pendant une durée supérieure à dix-neuf mois.

Art. R. 445-13 (Abrogé par Décr. n° 2016-555 du 6 mai 2016, art. 3-II, à compter du 1er janv. 2018) (Décr. n° 2015-1823 du 30 déc. 2015) *L'administration fiscale communique à l'organisme agissant pour le compte des fournisseurs de gaz naturel ou, le cas échéant, directement aux fournisseurs de gaz naturel, aux seules fins d'identifier les personnes physiques pouvant bénéficier du tarif spécial de solidarité du gaz naturel, les informations précisées à l'alinéa suivant.*

Les informations communiquées par l'administration fiscale sont la civilité, le prénom, le nom, la date de naissance et l'adresse des personnes physiques mentionnées à l'article R. 445-8 ainsi que le nombre de personnes composant le foyer contribuable de l'impôt sur le revenu, tel que défini à l'article 6 du code général des impôts. Elles sont communiquées une fois par an.

Aucune information transmise par l'administration fiscale ne peut être conservée pendant une durée supérieure à dix-neuf mois.

Art. R. 445-14 (Abrogé par Décr. n° 2016-555 du 6 mai 2016, art. 3-II, à compter du 1er janv. 2018) (Décr. n° 2015-1823 du 30 déc. 2015) *Les gestionnaires de réseaux de distribution de gaz naturel communiquent, à l'organisme agissant pour le compte des fournisseurs, au moins toutes les six semaines, les informations nécessaires pour identifier les personnes physiques bénéficiaires potentiels du tarif spécial de solidarité de chaque fournisseur de gaz naturel.*

Ces informations sont, pour chaque point de comptage et d'estimation : la civilité, le prénom et le nom du titulaire du contrat, le cas échéant le prénom et le nom du cotitulaire du contrat, le numéro et l'adresse du point de comptage et d'estimation, le nom du fournisseur et le code postal, le nom et le code INSEE de la commune. Aucune information transmise par les gestionnaires de réseaux de distribution de gaz naturel ne peut être conservée pendant une durée supérieure à neuf semaines.

A partir des informations mentionnées aux articles R. 445-12 et R. 445-13 et aux alinéas qui précèdent, l'organisme agissant pour le compte des fournisseurs de gaz naturel ou, le cas échéant, le fournisseur de gaz naturel adresse aux clients identifiés comme bénéficiaires potentiels du tarif spécial de solidarité une attestation comportant les références de leur contrat de fourniture et leur point de comptage et d'estimation et indiquant que, sauf refus exprès de leur part dans un délai de quinze jours suivant la date d'envoi de ce courrier, le tarif spécial de solidarité leur sera appliqué.

Cette attestation informe les mêmes clients de la transmission des données ainsi que de leurs droits d'accès et d'opposition conformément à l'article 32 de la loi n° 78-17 du 6 janvier 1978 relative à l'informatique, aux fichiers et aux libertés.

Art. R. 445-15 (Abrogé par Décr. n° 2016-555 du 6 mai 2016, art. 3-II, à compter du 1er janv. 2018) (Décr. n° 2015-1823 du 30 déc. 2015) *Pour les immeubles d'habitation chauffés collectivement au gaz naturel, à l'exception des résidences sociales mentionnées au deuxième alinéa de l'article R. 445-8, les cocontractants des fournisseurs de la chaufferie communiquent à l'organisme agissant pour le compte de ces fournisseurs ou, le cas échéant, à ces fournisseurs le numéro, l'adresse, le code postal, le nom et le code INSEE de la commune des immeubles concernés, la référence contractuelle et la date de début et de fin d'application des contrats. Ils signalent, le cas échéant, l'existence d'autres sources d'énergie que le gaz naturel pour alimenter la chaufferie collective.*

Les fournisseurs de gaz naturel communiquent, le cas échéant, à l'organisme agissant pour leur compte le numéro, l'adresse, le code postal, le nom et le code INSEE de la commune des immeubles d'habitation dont ils fournissent la chaudière, la date de début et de fin d'application des contrats à partir des informations communiquées par leurs cocontractants dans les contrats de fourniture ou dans les demandes d'exonération de taxe intérieure de consommation sur le gaz naturel. Ils signalent, le cas échéant, l'existence d'autres sources d'énergie que le gaz naturel pour alimenter la chaufferie collective.

A partir des informations mentionnées aux articles R. 445-12 et R. 445-13, l'organisme agissant pour le compte des fournisseurs de gaz naturel ou, le cas échéant, les fournisseurs de gaz naturel adressent aux personnes identifiées comme bénéficiaires potentiels du tarif spécial de solidarité un courrier comportant les références contractuelles de leur chaufferie collective et indiquant que, sauf refus exprès de leur part dans un délai de quinze jours suivant la date d'envoi de ce courrier, le tarif spécial de solidarité leur sera appliqué. Ce courrier informe les mêmes clients de la transmission des données ainsi que de leurs droits d'accès et d'opposition conformément à l'article 32 de la loi n° 78-17 du 6 janvier 1978 relative à l'informatique, aux fichiers et aux libertés.

Art. R. 445-16 (Abrogé par Décr. n° 2016-555 du 6 mai 2016, art. 3-II, à compter du 1er janv. 2018) (Décr. n° 2015-1823 du 30 déc. 2015) *Sauf dans les cas relevant de l'article R. 445-21, l'organisme agissant pour le compte des fournisseurs de gaz naturel ou, le cas échéant, le fournis-*

seur de gaz naturel, pour sa zone d'activité commerciale, adresse aux personnes physiques bénéficiaires potentiels du tarif spécial de solidarité qui n'ont pu être identifiés ni comme disposant d'un contrat individuel de fourniture de gaz naturel, ni comme étant chauffés collectivement au gaz naturel une attestation, accompagnée le cas échéant d'un courrier, qui leur permet de bénéficier du tarif spécial de solidarité (ou "TSS") et qui les informe :

1° De leurs droits au tarif spécial de solidarité ;

2° Du nombre d'unités de consommation de leur foyer ;

3° De l'existence de "l'interlocuteur TSS" et du "numéro vert TSS" ;

Ces personnes renvoient cette attestation à l'organisme agissant pour le compte des fournisseurs de gaz naturel ou, le cas échéant, au fournisseur de gaz naturel, après l'avoir complétée avec les références du contrat de fourniture de gaz naturel, le nom et les coordonnées du fournisseur et, éventuellement dans le cas d'une chaufferie collective, l'indication de l'existence de son alimentation par d'autres sources d'énergie que le gaz naturel. Cette attestation dûment complétée est conservée sous forme numérisée pour une durée de dix-neuf mois à compter de la date de sa réception.

Art. R. 445-17 (*Abrogé par Décr. n° 2016-555 du 6 mai 2016, art. 3-II, à compter du 1er janv. 2018*) (*Décr. n° 2015-1823 du 30 déc. 2015*) *Toutes précautions utiles pour préserver la sécurité et la confidentialité des données sont prises. Les agents ou employés chargés de recueillir et exploiter ces données sont tenus à une obligation de confidentialité.*

Art. R. 445-17-1 (*Abrogé par Décr. n° 2016-555 du 6 mai 2016, art. 3-II, à compter du 1er janv. 2018*) (*Décr. n° 2015-1823 du 30 déc. 2015*) *Les intéressés sont informés de la transmission des données les concernant aux fournisseurs d'électricité ou à un organisme agissant pour leur compte ainsi que de leurs droits d'accès, de rectification et d'opposition conformément à l'article 32 de la loi n° 78-17 du 6 janvier 1978 relative à l'informatique, aux fichiers et aux libertés.*

Art. R. 445-18 (*Abrogé par Décr. n° 2016-555 du 6 mai 2016, art. 3-II, à compter du 1er janv. 2018*) (*Décr. n° 2015-1823 du 30 déc. 2015*) *Le tarif spécial de solidarité est appliqué par le fournisseur de gaz naturel à un titulaire d'un contrat individuel, sous forme d'une déduction qui doit figurer sur la facture avec le libellé correspondant, pour une durée d'un an à compter de la fin du délai de quinze jours mentionné au dernier alinéa de l'article R. 445-15 ou, le cas échéant, à compter de la réception de l'attestation mentionnée à l'article R. 445-16.*

Les personnes détentrices d'un contrat individuel de fourniture de gaz naturel remplissant les conditions pour bénéficier du tarif spécial de solidarité bénéficient également de la gratuité de la mise en service et de l'enregistrement de leur contrat ainsi que d'un abattement de 80 % sur la facturation d'un déplacement motivée par une interruption de fourniture imputable à un défaut de règlement.

Art. R. 445-19 (*Abrogé par Décr. n° 2016-555 du 6 mai 2016, art. 3-II, à compter du 1er janv. 2018*) (*Décr. n° 2015-1823 du 30 déc. 2015*) *Afin de prévenir l'interruption du bénéfice du tarif spécial de solidarité, celui-ci est prolongé, pour une période supplémentaire de six mois à compter de la fin de sa durée d'application, sauf si cette dernière résulte de la rupture du contrat de fourniture. Sauf en cas de fraude, elle ne donne lieu en aucun cas à remboursement de la part du bénéficiaire. Le montant de la déduction mentionné au premier alinéa de l'article R. 445-9, pendant cette période supplémentaire, est calculé prorata temporis. Pendant cette période supplémentaire de six mois, le fournisseur ou l'organisme agissant pour son compte informe son client qui n'est plus identifié comme ayant droit au tarif spécial de solidarité en vertu de la procédure décrite ci-dessus du fait que ses droits sont prolongés temporairement, de la date de fin de cette prolongation et de la procédure à suivre pour continuer à bénéficier du tarif spécial de solidarité au terme de la période complémentaire. Si les droits au tarif spécial de solidarité sont reconduits pendant cette période supplémentaire de six mois, le tarif spécial est appliqué pour un an à compter de la date de renouvellement de ces droits, sans préjudice d'une nouvelle période supplémentaire de six mois.*

En cas de résiliation du contrat de fourniture avant le terme d'un an ou de la période de six mois supplémentaires, le montant de la déduction mentionné au premier alinéa de l'article R. 445-9 est calculé prorata temporis. Le fournisseur ou l'organisme agissant pour son compte renvoie à l'intéressé un duplicata de son attestation et un courrier mentionnant la date de début et de fin d'application de la tarification spéciale de solidarité. Le nouveau fournisseur de l'intéressé est tenu d'appliquer la tarification spéciale de solidarité pour la durée de droits restant, le cas échéant, à courir.

Art. R. 445-20 (*Abrogé par Décr. n° 2016-555 du 6 mai 2016, art. 3-II, à compter du 1er janv. 2018*) (*Décr. n° 2015-1823 du 30 déc. 2015*) *Les personnes physiques mentionnées à l'article R. 445-8 et résidant dans un immeuble d'habitation chauffé collectivement au gaz naturel* *peuvent également bénéficier du tarif spécial de solidarité prévu par la présente section, sauf dans les cas relevant de l'article R. 445-21. Les immeubles d'habitation chauffés par un réseau de chaleur urbain ne sont pas concernés par les dispositions du présent article.*

Dans le cas d'un immeuble d'habitation soumis au statut de la copropriété et chauffé collectivement au gaz naturel, les informations mentionnées au dernier alinéa de l'article R. 445-16 sont communiquées aux copropriétaires par le syndic de l'immeuble ou tout autre mandataire, dans les appels de provisions sur charges du budget et sous forme d'affichage dans les parties communes de l'immeuble. Cette information est délivrée au titre des missions de gestion courante incluses au forfait du contrat de gestion du syndic ou tout autre mandataire, et ne peut entraîner de majoration de charges, pour les copropriétaires comme pour les locataires.

Le propriétaire d'un ou [de] *plusieurs logements situés dans un immeuble d'habitation chauffé collectivement au gaz naturel ou, le cas échéant, son mandataire communique à son ou ses locataires, dans la quittance de loyer, le décompte individuel ou par tout autre moyen les informations mentionnées au dernier alinéa de l'article R. 445-16.*

En l'absence de refus exprès de la part du bénéficiaire potentiel dans le délai de quinze jours mentionné à l'article R. 445-14 ou après réception de l'attestation dûment complétée, l'organisme agissant pour le compte des fournisseurs de gaz naturel ou, le cas échéant, le fournisseur de gaz naturel adresse au demandeur du tarif spécial de solidarité un versement forfaitaire. Dans le cas où la chaufferie collective de l'immeuble est alimentée par plusieurs sources d'énergie, le versement forfaitaire est réduit de moitié.

Le montant annuel auquel a droit un foyer figure à l'article R. 445-9.

Art. R. 445-21 *(Abrogé par Décr. nº 2016-555 du 6 mai 2016, art. 3-II, à compter du 1er janv. 2018) (Décr. nº 2015-1823 du 30 déc. 2015)* ***En vue de bénéficier du tarif spécial de solidarité, les gestionnaires de résidences sociales mentionnés au deuxième alinéa de l'article R. 445-8 transmettent à leur fournisseur de gaz naturel*[,]** ***ou à l'organisme agissant pour le compte des fournisseurs, leur demande accompagnée de :***

1º La convention signée prévue à l'article L. 353-1 du code de la construction et de l'habitation ;

2º L'attestation par les services départementaux de l'État que la convention n'a pas été dénoncée, précisant sa date d'expiration ;

3º Tout document justifiant du nombre de logements de la résidence sociale concernée et de l'absence de contrats individuels de fourniture de gaz naturel pour les logements ;

4º Les références du contrat collectif de fourniture de gaz naturel, le nom et les coordonnées du fournisseur, ainsi que les références du ou des points de comptage et d'estimation concernés.

Pour le gestionnaire d'une résidence sociale dont les résidents ne disposent pas d'un contrat individuel de fourniture, le tarif spécial de solidarité résulte d'une déduction sur le prix de fourniture contractuellement établi entre le gestionnaire et son fournisseur de gaz naturel. Cette déduction est établie en fonction du nombre de logements de la résidence sociale concernée ; elle ne doit pas être supérieure au montant total de la facture annuelle de gaz naturel toutes taxes comprises.

Le montant de la déduction est remboursé mensuellement aux résidents, déduction faite des frais de gestion qui s'élèvent à 5 % du montant de la déduction. Le montant ainsi déduit fait l'objet d'une mention spécifique sur l'avis d'échéance adressé au résident.

Le montant de la déduction mentionnée aux alinéas précédents est fixé par l'article R. 445-9 ; il peut être réévalué par arrêté des ministres chargés de l'économie, de l'énergie, du logement et des affaires sociales après avis de la Commission de régulation de l'énergie.

Le tarif spécial est appliqué par le fournisseur jusqu'à la date d'expiration mentionnée sur l'attestation délivrée par les services de l'État et au plus pour trois ans. En cas de résiliation du contrat de fourniture avant ce terme, le fournisseur ou l'organisme agissant pour son compte renvoie à l'intéressé un courrier mentionnant la date de début et de fin d'application du tarif spécial. Le nouveau fournisseur de gaz naturel de l'intéressé est tenu d'appliquer ce tarif spécial pour la durée de droits restant, le cas échéant, à courir. Le montant de la déduction est alors calculé prorata temporis.

Aucune information transmise par les gestionnaires de résidences sociales ne peut être conservée pendant une durée supérieure à trois ans.

Art. R. 445-22 *(Abrogé par Décr. nº 2016-555 du 6 mai 2016, art. 3-II, à compter du 1er janv. 2018) (Décr. nº 2015-1823 du 30 déc. 2015)* ***L'ensemble des coûts du service fourni par les organismes d'assurance maladie au titre de la présente section leur est remboursé par les fournisseurs de gaz naturel, en application de conventions que ces fournisseurs sont tenus de conclure avec ces organismes. A défaut de conventions, les ministres chargés de l'énergie et de la sécurité sociale arrêtent le montant de ces coûts.***

Art. D. 445-23 *(Décr. n° 2016-1618 du 29 nov. 2016, art. 2)* **Les fournisseurs de gaz naturel proposent aux consommateurs désignés à l'article L. 445-6 et équipés d'un dispositif de comptage mentionné au premier alinéa de l'article L. 453-7 une offre de transmission de leurs données de consommation de gaz naturel exprimées en euros au moyen d'un dispositif déporté.**

Les art. D. 445-23 à D. 445-28, issus de l'art. 1er du Décr. n° 2016-1618 du 29 nov. 2016, entrent en vigueur le 1er janv. 2018 conformément à son art. 7. Or, ces dispositions sont abrogées à compter de cette même date par son art. 5, qui renvoie à la date prévue au premier al. de l'art. 3 du Décr. n° 2016-555 du 6 mai 2016 relatif au chèque énergie (V. ss. art. L. 124-1). Les dispositions législatives pour lesquelles ces dispositions d'application ont été prises (V. art. L. 445-6) demeurent en vigueur jusqu'au 1er janv. 2018. Ainsi, la logique commande que les dispositions réglementaires correspondantes entrent en vigueur le lendemain de la publication du Décr. préc. du 29 nov. 2016 (JO 30 nov.) et soient abrogées à compter du 1er janv. 2018.

Art. D. 445-24 *(Décr. n° 2016-1618 du 29 nov. 2016, art. 2)* **Cette offre peut comporter plusieurs options.**

Au moins l'une d'entre elles permet la mise à disposition des données de consommation au moyen d'un dispositif équipé d'un écran dont dispose déjà le consommateur.

Les offres sont communiquées au ministre chargé de l'énergie au plus tard deux mois avant d'être proposées pour la première fois ; celui-ci dispose d'un délai d'un mois pour s'y opposer.

Art. D. 445-25 *(Décr. n° 2016-1618 du 29 nov. 2016, art. 2)* **Pour chaque option, le fournisseur précise de manière claire et intelligible la consistance des informations susceptibles de lui être transmises.**

Celles des informations qui ne sont pas strictement nécessaires à l'exercice de sa mission ne peuvent lui être transmises sans qu'il ait recueilli le consentement explicite du consommateur.

Art. D. 445-26 *(Décr. n° 2016-1618 du 29 nov. 2016, art. 2)* **Les dispositifs proposés préservent la confidentialité des données et sont performants en termes de consommation d'électricité.**

Un arrêté du ministre chargé de l'énergie précise les informations que le dispositif déporté doit être en mesure d'afficher.

Art. D. 445-27 *(Décr. n° 2016-1618 du 29 nov. 2016, art. 2)* **Le dispositif est mis à disposition dans un délai de trente jours suivant l'acceptation de l'offre.**

S'il refuse l'offre, le consommateur peut néanmoins demander à en bénéficier ultérieurement s'il remplit toujours les conditions prévues à l'article D. 445-23.

Les données transmises par le dispositif déporté ne sont pas opposables au fournisseur de gaz naturel.

Art. D. 445-28 *(Décr. n° 2016-1618 du 29 nov. 2016, art. 2)* **L'offre est adressée au consommateur dans un délai d'un mois suivant la mise en service du dispositif de comptage mentionné au premier alinéa de l'article L. 453-7 ou, en cas de changement de fournisseur, dans un délai d'un mois suivant la date de signature du contrat de fourniture de gaz naturel.**

Code de l'environnement

Art. L. 541-10-7 *(L. n° 2010-788 du 12 juill. 2010, art. 193-I)* **Toute personne physique ou morale qui met sur le marché national des bouteilles de gaz destinées à un usage individuel les assortit d'une consigne ou d'un système équivalent favorisant leur** *(L. n° 2015-992 du 17 août 2015, art. 81)* **« réemploi. Elle prend également en charge la reprise à titre gratuit des déchets de bouteilles de gaz dont le détenteur s'est défait hors des circuits de consigne ou de système équivalent mis en place par les producteurs. »**

Un décret détermine les conditions d'application du présent article. *(Abrogé par L. n° 2015-992 du 17 août 2015, art. 81)* ***« Le présent article entre en vigueur le 1er janvier 2011. »*** *— V. C. envir., art. R. 543-257 s. —* ***C. envir.***

Recommandation CCA n° 84-01 du 20 janvier 1984,

Relative aux contrats de fourniture de gaz de pétrole liquéfié (GPL) en vrac et de mise à disposition ou de vente du réservoir (BOCC 20 nov. 1984).

La Commission des clauses abusives,

Considérant que le gaz de pétrole liquéfié est une source d'énergie domestique répandue en milieu rural et semi-rural et que le parc de réservoirs installés en 1982 dépassait largement 400 000 unités ;

Considérant que, la plupart du temps, les contrats de mise à disposition (par consignation ou location de vente), d'entretien du réservoir et de fourniture de GPL sont indissolublement liés ;

Considérant que, si cette subordination de vente peut se justifier en raison des impératifs de sécurité pour les contrats de mise à disposition ou de vente et d'entretien, elle ne s'impose pas pour les contrats de mise à disposition ou de vente et de fourniture de GPL ;

Considérant que les contrats de fourniture sont conclus pour des périodes de longue durée, de trois à neuf ans, qui empêchent les consommateurs de s'approvisionner à la demande auprès d'autres fournisseurs, d'utiliser des sources d'énergie moins coûteuses qui leur deviennent accessibles (ex. gaz de ville) ou de bénéficier d'éventuelles économies d'énergie et leur sont donc extrêmement défavorables ;

Considérant que les contrats de fourniture sont souvent reconduits pour des périodes de durée égale au terme initial et ne peuvent être en général résiliés qu'avec un long préavis (le plus souvent six mois) ce qui limite encore la liberté contractuelle du consommateur ;

Considérant qu'un certain nombre de contrats prévoient de lourdes pénalités de résiliation qui correspondent à la somme des loyers restant à payer jusqu'au terme en cours et à tout ou partie des frais d'installation, de démontage et de transport du réservoir ;

Considérant que le consommateur n'a pas en règle générale le choix du moment de la livraison du GPL dans la mesure où les sociétés fixent elles-mêmes leur programme de tournée sans l'en avertir ;

Considérant de surcroît que la livraison étant payable au comptant, le consommateur peut ne pas être en mesure d'en assurer le paiement ;

Considérant que, lorsque le consommateur peut obtenir la livraison à date fixe, ce service fait l'objet d'une facturation complémentaire ;

Considérant que les contrats font référence au tarif en vigueur au jour de la livraison et que, par conséquent, le prix de vente du GPL n'est ni déterminé ni déterminable ;

Considérant que les sociétés distributrices donnent une définition très large des cas dans lesquels la livraison peut être retardée ou interrompue à titre de « force majeure » alors que ces cas (grève, actes concertés du personnel, incendie, inondation, émeute, barrières de dégel, difficultés de circulation ou d'approvisionnement...) ne présentent pas, en règle absolue, le caractère extérieur, imprévisible et insurmontable dont les juges déduisent au cas par cas l'existence de la force majeure ;

Considérant que, alors que les sociétés distributrices fournissant le GPL mettent à disposition le réservoir et assurent son entretien, les contrats attribuent cependant la responsabilité de la garde du réservoir au consommateur, contrairement à la jurisprudence interprétant les articles 1384 et 1719 du code civil ;

Considérant qu'en conséquence des règles de responsabilité ainsi fixées dans un sens qui lui est défavorable, le consommateur peut être contraint de s'assurer pour des risques qui ne lui incombent pas ;

Considérant que les contrats des sociétés distributrices qui vendent le réservoir et qui l'entretiennent ne mentionnent nullement l'existence de la garantie du vendeur des articles 1641 et suivants du code civil, ce qui est en contradiction formelle avec l'article 4 du décret du *24 mars 1978* ;

Considérant que toutes les clauses ne précisent pas exactement la nature, la périodicité et la prise en charge des opérations d'entretien (routine, dépannage, contrôle triennal, contrôle décennal) et que nombre de sociétés distributrices ne fournissent *a posteriori* au consommateur aucun document faisant état du détail et de la date de leurs interventions ;

Considérant que le consommateur ignore, à la signature du contrat, le montant des frais d'installation, de montage, de démontage et de transport qui lui incombent ;

Considérant que les frais induits par le contrôle décennal (montage, remontage, transport, etc.) sont entièrement supportés par le consommateur désigné par le sort et qu'il serait plus équitable de mettre au point une mutualisation de ces frais entre tous les consommateurs qui bénéficient de ce contrôle ;

Considérant que, dans les cas où elles acceptent de vendre au consommateur un réservoir installé chez lui depuis plusieurs années, les sociétés distributrices lui facturent un prix de vente qui ne tient pas compte proportionnellement de la durée d'utilisation du réservoir ;

Considérant que les sociétés distributrices se réservent systématiquement la possibilité de céder tout ou partie de leur contrat à une personne physique ou morale de leur choix sans objection possible de la part du consommateur, alors que ce dernier ne peut réciproquement céder le bénéfice de son contrat à un tiers que si celui-ci est agréé par la société distributrice ;

Considérant que certains contrats attribuent en général une compétence territoriale aux tribunaux de Paris, sans préciser que, conformément à l'article 48 du code de procédure civile *[V. v° Compétence]*, cette attribution n'est valable qu'entre commerçants,

Recommande :

A. — Que soient éliminées des documents contractuels proposés à leurs clients non professionnels ou consommateurs par les sociétés distributrices de gaz de pétrole liquéfié les clauses ayant pour objet ou pour effet :

1. De subordonner la fourniture du gaz de pétrole liquéfié à la vente, la location ou la consignation et l'entretien du réservoir ;

2. D'imposer une durée initiale supérieure à trois ans pour les contrats de fourniture de gaz de pétrole liquéfié, de mise à disposition, et d'entretien du réservoir ;

3. De donner au contrat d'entretien une durée supérieure à celle des contrats de fourniture de gaz de pétrole liquéfié et de mise à disposition du réservoir dans les cas où ces contrats sont proposés par la même société ;

4. De prévoir la tacite reconduction du contrat pour une période supérieure à un an ;

5. De fixer une durée de préavis de résiliation ou de non-renouvellement supérieure à trois mois ;

6. En dehors d'une formule d'abonnement, d'imposer une date de livraison et une quantité minimale ;

7. De laisser indéterminé ou indéterminable le prix du gaz de pétrole liquéfié ;

8. De confier au consommateur la garde du réservoir alors que l'entretien de ce réservoir et le contrôle du gaz de pétrole liquéfié incombent à la société distributrice ;

9. De mettre à la charge du consommateur qui résilie le contrat avant son terme, le paiement d'une somme autre que celle couvrant au prorata de la durée effective du contrat, les frais d'installation, de démontage et de transport du réservoir ;

10. De dégager leur responsabilité pour les cas autres que ceux présentant le caractère de la force majeure ;

11. De permettre à la société distributrice de procéder à la cession de son contrat sans que le consommateur soit assuré du maintien de ses droits et obligations contractuels ;

12. De déroger aux règles légales de compétence.

B. — Que, dans tous les cas, la fourniture de GPL, la mise à disposition du réservoir (par location ou consignation) ou la vente de ce réservoir et son entretien fassent l'objet d'écrits distincts.

C. — Que les documents contractuels :

1. Indiquent clairement, lorsque le réservoir est mis à la disposition du consommateur (par location ou consignation) que le consommateur peut l'acquérir à tout moment à un prix déterminable, tenant compte notamment de la durée d'utilisation du réservoir ;

2. Indiquent clairement, lorsque le réservoir est vendu, qu'outre les obligations découlant du contrat d'entretien et de la réglementation sur les appareils à pression, le vendeur du réservoir doit la garantie légale prévue aux articles 1641 et suivants du code civil ;

3. Énumèrent en détail, dans le cadre du contrat d'entretien, la nature et la périodicité des différentes opérations de contrôle :

— de routine ;
— de dépannage ;
— triennal ;
— décennal,

et le coût supplémentaire éventuel ;

4. Engagent la société distributrice à remettre au consommateur, après chacune de ces opérations de contrôle, un bulletin précisant la date, l'objet et la nature des contrôles et des réparations éventuelles ;

5. Permettent le paiement mensuel des avances sur consommation (abonnement) avec régularisation une fois par an, dans l'hypothèse où les livraisons sont effectuées à la discrétion de la société distributrice ;

6. Engagent la société distributrice à envoyer par lettre un simple avis précisant le jour de passage avant toute livraison effectuée de sa propre initiative ou à la demande du consommateur ;

7. Fixent à titre d'information, au jour de la formation du contrat, le montant des frais d'installation, de démontage et de transport du réservoir et la proportion que devra en payer le consommateur qui résilie son contrat avant terme.

(Délibérée dans ses séances du 8 juillet, du 16 septembre, du 18 novembre, du 16 décembre 1983 et du 20 janvier 1984, sur le rapport de Mme Loosli-Surans, de l'Institut national de la consommation.)

Arrêté nº 85-69/A du 5 décembre 1985,

Relatif au prix de vente du fioul domestique.

Art. 1er A compter du 1er janvier 1986, les prix à la production du fioul domestique sont librement déterminés.

Art. 2 Les prix limites de vente au détail ne peuvent évoluer que dans le cadre d'engagements de lutte contre l'inflation souscrits conformément au dispositif défini par l'arrêté nº 82-95/A du 22 octobre 1982 modifié.

Art. 3 Les autorisés spéciaux déposent, lors de toute modification, leurs conditions générales de vente ainsi que les prix auxquels elles s'appliquent. Ce dépôt est fait simultanément auprès de la direction générale de la concurrence, de la consommation et de la répression des fraudes et de la direction des hydrocarbures.

Les conditions générales de vente comprennent tous les rabais, remises, ristournes relatifs à la fourniture de fioul et sont applicables à tout acheteur non consommateur final, quelle que soit la nature du contrat passé avec son fournisseur. Elles comprennent notamment les barèmes d'écart en fonction des quantités de fioul en cause et de différenciations liées à la localisation des acheteurs.

Art. 4 A titre de mesure de publicité sur les prix, les négociants doivent tenir à la disposition de la clientèle leurs barèmes et conditions de vente, et les afficher de façon lisible dans leurs locaux professionnels accessibles au public.

Art. 5 L'arrêté nº 82-10/A modifié est abrogé.

Art. 6 Les dispositions du présent arrêté ne sont pas applicables aux départements d'outre-mer.

Décret nº 2008-780 du 13 août 2008,

Relatif à la procédure applicable en cas d'impayés des factures d'électricité, de gaz, de chaleur et d'eau.

Art. 1er Lorsqu'un consommateur d'électricité, de gaz, de chaleur ou d'eau n'a pas acquitté sa facture dans un délai de 14 jours après sa date d'émission ou à la date limite de paiement, lorsque cette date est postérieure, son fournisseur l'informe par un premier courrier qu'à défaut de règlement dans un délai supplémentaire de 15 jours[,] *(Décr. nº 2014-274 du 27 févr. 2014, art. 2)* « sa fourniture pourra être réduite ou interrompue pour l'électricité, ou interrompue pour le gaz, la chaleur ou l'eau, sous réserve des dispositions du troisième alinéa de l'article L. 115-3 du code de l'action sociale et des familles ».

A défaut d'accord entre le consommateur et le fournisseur sur les modalités de paiement dans le délai supplémentaire de 15 jours mentionné à l'alinéa précédent, ce dernier peut procéder à la réduction ou à *(Décr. nº 2014-274 du 27 févr. 2014, art. 2)* « l'interruption de fourniture, sous réserve des dispositions du troisième alinéa de l'article L. 115-3 du code de l'action sociale et des familles, » et en avise le consommateur au moins 20 jours à l'avance par un second courrier dans lequel il informe ce consommateur que ce dernier peut saisir les services sociaux s'il estime que sa situation relève des dispositions *(Décr. nº 2014-274 du 27 févr. 2014, art. 2)* « du premier alinéa de l'article L. 115-3 » du code de l'action sociale et des familles.

(Décr. nº 2016-555 du 6 mai 2016, art. 4-I) « Les courriers mentionnés aux alinéas précédents invitent également le consommateur à faire valoir auprès de son fournisseur, le cas échéant, les droits associés au bénéfice du chèque énergie mentionnés à l'article R. 124-16 du code de l'énergie, en réglant sa facture avec le chèque énergie ou en adressant à son fournisseur une des attestations prévues à l'article R. 124-2 du même code. »

(Décr. nº 2013-1296 du 27 déc. 2013, art. 14) « Le présent décret s'applique à Mayotte. »

Art. 2 Par dérogation aux dispositions de l'article 1er et pour la fourniture de sa résidence principale, lorsqu'un consommateur *(Décr. nº 2016-555 du 6 mai 2016, art. 4-I)* « a fait valoir auprès de son fournisseur d'énergie qu'il bénéficie du chèque énergie mentionné à l'article L. 124-1 du code de l'énergie, » *(Abrogé par Décr. nº 2016-555 du 6 mai 2016, art. 4-II, à compter du 1er janv. 2018)* *« lorsqu'il bénéficie d'un tarif social de la part de son fournisseur, »* lorsqu'il a déjà reçu une aide d'un fonds de solidarité pour le logement pour régler une facture auprès de ce même fournisseur ou lorsque sa situation relève de celles prévues dans les conventions visées à l'article 7, et qu'il n'a pas acquitté sa facture à l'expiration du premier délai défini au premier alinéa de l'article 1er, son fournisseur l'informe par un premier courrier :

— qu'à défaut de règlement dans un délai supplémentaire de 30 jours*[,]* sa fourniture *(Décr. nº 2014-274 du 27 févr. 2014, art. 3)* « pourra être réduite ou interrompue pour l'électricité ou interrompue pour le gaz, la chaleur et l'eau, sous réserve des dispositions du troisième alinéa de l'article L. 115-3 du code de l'action sociale et des familles » ;

— qu'il peut saisir les services sociaux du département et les services sociaux communaux afin de permettre l'examen de sa situation. A cette fin, le fournisseur précise dans le courrier qu'il tient à sa disposition les coordonnées des services sociaux du département et, le cas échéant, des services sociaux communaux ;

— que, sauf opposition de sa part et afin de faciliter l'examen de sa situation, le fournisseur transmettra les informations mentionnées à l'alinéa ci-dessous aux services sociaux du département et, le cas échéant, aux services sociaux communaux. Le consommateur bénéficie d'un délai, qui ne peut être inférieur à 8 jours, pour exprimer son opposition à cette transmission d'information.

Lorsque le délai mentionné au quatrième alinéa est écoulé et si le consommateur n'a pas fait connaître son opposition, le fournisseur transmet aux services sociaux du département et, le cas échéant, aux services sociaux communaux les seules données nécessaires à l'appréciation de la situation du consommateur. Il s'agit de ses nom et prénom, de son adresse, de son option tarifaire pour l'électricité, du montant de sa dette en valeur ainsi que de la période de consommation correspondante.

A défaut d'accord entre le consommateur et le fournisseur sur les modalités de paiement dans le délai de 30 jours mentionné au deuxième alinéa et en l'absence d'une demande d'aide déposée auprès du fonds de solidarité pour le logement, le fournisseur peut procéder à la réduction ou à *(Décr. nº 2014-274 du 27 févr. 2014, art. 3)* « l'interruption de fourniture, sous réserve des dispositions du troisième alinéa de l'article L. 115-3 du code de l'action sociale et des familles » et en avise le consommateur au moins 20 jours à l'avance par un second courrier.

Pour l'application du présent décret, le terme de « services sociaux communaux » désigne le centre communal ou intercommunal d'action sociale ou, à défaut, le maire de la commune du lieu de résidence du consommateur.

Art. 3 Lorsque le fonds de solidarité pour le logement est saisi d'une demande d'aide relative à une situation d'impayé d'une facture d'électricité, de gaz, de chaleur ou d'eau, il en informe, dans les meilleurs délais, les services sociaux communaux concernés et, s'ils ne le sont déjà, les services sociaux du département et le fournisseur.

A compter de la date de dépôt du dossier, le consommateur bénéficie du maintien de la fourniture d'électricité, de gaz, de chaleur ou d'eau prévue au deuxième alinéa de l'article L. 115-3 du code de l'action sociale et des familles susvisé.

La décision du fonds de solidarité pour le logement accordant ou refusant l'aide est prise après consultation des services sociaux communaux. Elle fait l'objet d'une information du fournisseur. A défaut d'une décision d'aide prise dans un délai de deux mois, le fournisseur peut procéder à la réduction ou à *(Décr. n° 2014-274 du 27 févr. 2014, art. 4)* « l'interruption de fourniture » et en avise par courrier au moins 20 jours à l'avance le consommateur.

Lorsqu'une aide a été attribuée par le fonds de solidarité pour le logement pour couvrir une partie de la dette, le fournisseur propose au consommateur, le cas échéant, des modalités pour le règlement du solde de la dette et en informe le fonds de solidarité pour le logement.

Art. 4 *(Décr. n° 2014-274 du 27 févr. 2014, art. 5)* La réduction de puissance prévue au troisième alinéa de l'article L. 115-3 du code de l'action sociale et des familles est réalisée, lorsqu'elle est mise en œuvre, dans les conditions suivantes :

— pour les clients bénéficiant d'une puissance souscrite de six kilovoltampères ou plus, la puissance maximale de soutirage du point de livraison ne peut pas être réduite en deçà de trois kilovoltampères ;

— pour les clients bénéficiant d'une puissance souscrite de trois kilovoltampères, la puissance maximale de soutirage du point de livraison ne peut pas être réduite en deçà de deux kilovoltampères.

Art. 5 *(Décr. n° 2014-274 du 27 févr. 2014, art. 6)* Le fournisseur d'électricité, de gaz ou de chaleur, lorsqu'il adresse aux personnes en situation d'impayé les courriers prévus au deuxième alinéa de l'article 1er, au sixième alinéa de l'article 2 et au troisième alinéa de l'article 3 à une date comprise entre le 1er novembre et le *(Décr. n° 2016-555 du 6 mai 2016, art. 4-I)* « 31 mars » de l'année suivante, y précise :

— que leur fourniture d'électricité, de gaz ou de chaleur ne peut être interrompue dans leur résidence principale pendant la période hivernale comprise entre le 1er novembre de chaque année et le *(Décr. n° 2016-555 du 6 mai 2016, art. 4-I)* « 31 mars » ; et

— que, sauf *(Abrogé par Décr. n° 2016-555 du 6 mai 2016, art. 4-II, à compter du 1er janv. 2018)* ***« si elles bénéficient de la tarification spéciale de l'électricité comme produit de première nécessité ou »*** *(Décr. n° 2016-555 du 6 mai 2016, art. 4-I)* « si elles ont fait valoir qu'elles bénéficient du chèque énergie mentionné à l'article L. 124-1 du code de l'énergie », leur fourniture d'électricité peut, dans leur résidence principale et pendant la même période, faire l'objet d'une réduction de puissance.

Art. 6 *(Décr. n° 2014-274 du 27 févr. 2014, art. 7)* Lorsque l'interruption de fourniture ou la réduction de puissance pour impayé pratiquée a été maintenue pendant cinq jours, le fournisseur en informe, le premier jour ouvré suivant, les services sociaux du département et, le cas échéant, les services sociaux communaux lorsque ces derniers sont cosignataires de la convention mentionnée à l'article 7.

Art. 7 I. — Les communes ou les centres intercommunaux d'action sociale peuvent être partie aux conventions signées, en application de l'article 6-3 de la loi du 31 mai 1990 susvisée *[n° 90-449, visant la mise en œuvre du droit au logement]*, entre le département et les fournisseurs d'énergie ou d'eau. Dans ce cas, les dispositions du II ci-dessous sont applicables aux services sociaux communaux concernés.

II. — Ces conventions précisent les caractéristiques des situations d'impayé qui font l'objet d'une information des services sociaux du département par les fournisseurs en application de l'article 2 avant la mise en œuvre d'une procédure de réduction ou de coupure.

Ces conventions précisent aussi les modalités de l'information par les fournisseurs des services sociaux du département, mentionnée aux articles 2 et 3.

III. — Ces conventions fixent en outre :

— les délais de décision du fonds de solidarité pour le logement en fonction de l'urgence de la situation ;

— les délais d'information du fournisseur par le fonds de solidarité pour le logement mentionnés au premier alinéa de l'article 3 ;

— les modalités de l'échéancier proposé par le fournisseur pour le règlement du solde de la dette du consommateur lorsque le fonds de solidarité a pris en charge une partie de cette dette ;

— les actions, coordonnées entre les parties contractantes, de prévention et d'information sur la maîtrise de la consommation en énergie et en eau, pour les personnes qui bénéficient d'une aide du fonds de solidarité logement ;

(Abrogé par Décr. nº 2014-274 du 27 févr. 2014, art. 8) « *— le cas échéant, les procédures communes de contrôle entre le fonds de solidarité pour le logement et les fournisseurs des documents attestant des aides accordées par le fonds de solidarité pour le logement ;* »

— les modalités de contribution des fournisseurs à l'évaluation des besoins prévue à l'article 4 de la loi du 31 mai 1990 susvisée et aux actions du plan départemental d'action pour le logement des personnes défavorisées dans le domaine de la prévention et du traitement des impayés d'eau et d'énergie ainsi qu'à l'évaluation de ces actions.

Art. 8 Lorsque la facture d'électricité du contrat relatif aux parties communes d'un immeuble n'a pas été acquittée à la date limite de paiement, le fournisseur informe, par courrier, le syndic de l'immeuble qu'à défaut de règlement dans un délai supplémentaire d'un mois sa fourniture pourra être *(Décr. nº 2014-274 du 27 févr. 2014, art. 9)* « interrompue ».

A défaut d'accord entre le syndicat des copropriétaires représenté par le syndic et le fournisseur sur les modalités de paiement dans le délai d'un mois mentionné à l'alinéa précédent, le fournisseur peut procéder à *(Décr. nº 2014-274 du 27 févr. 2014, art. 9)* « l'interruption de fourniture » après apposition d'un nouveau rappel dans les parties communes de l'immeuble.

Ce nouveau rappel est apposé par le gestionnaire de réseau sur la demande du fournisseur. Sa durée d'affichage ne peut être inférieure à un mois. Le rappel précise nécessairement :

— le nouveau délai accordé pour procéder au règlement de la facture en question ;

— les cordonnées de la personne ou du service habilité à recevoir le règlement de la facture ;

— la possibilité, pour les copropriétaires occupants, de saisir les services sociaux s'ils estiment que leur situation relève des dispositions de l'article L. 115-3 du code de l'action sociale et des familles.

Ce délai est porté à deux mois lorsque le syndicat des copropriétaires peut faire valoir auprès du fournisseur la défaillance frauduleuse du syndic ou l'existence d'une procédure de liquidation judiciaire à l'encontre de ce dernier ou lorsque le fonds de solidarité pour le logement a été saisi par l'intermédiaire des services sociaux.

Art. 9 Pour la mise en œuvre des dispositions prévues au deuxième alinéa de l'article 6 de loi du 31 mai 1990 susvisée *[nº 90-449, visant la mise en œuvre du droit au logement ; V. ce texte, infra]* et lorsque le syndicat des copropriétaires est dans la situation d'impayé mentionnée au premier alinéa de l'article 1er du présent décret, le syndic informe chaque copropriétaire occupant n'ayant pas assumé ses obligations relatives au paiement de ses charges collectives d'eau ou d'énergie de la possibilité de déposer un dossier de demande d'aide auprès du fonds de solidarité pour le logement soit directement, soit par l'intermédiaire des services sociaux.

Dans la lettre recommandée avec demande d'avis de réception valant mise en demeure au copropriétaire occupant d'avoir à acquitter les charges demeurées impayées, le syndic précise qu'il tient à sa disposition les coordonnées des services sociaux et lui indique que, sauf opposition de sa part, dans un délai qui ne peut être inférieur à quinze jours suivant la date de notification, il pourra transmettre aux services sociaux du département et, le cas échéant, aux services sociaux communaux les données suivantes : ses nom et prénom, son adresse ainsi que l'état des soldes débiteurs des comptes individuels, les tantièmes des quotes-parts des copropriétaires concernés, le budget prévisionnel de l'année en cours et le compte de gestion général du dernier exercice clos.

Art. 10 Les dispositions *(Décr. nº 2014-274 du 27 févr. 2014, art. 10)* « de l'article 3 » s'appliquent aux fonds locaux lorsqu'ils ont été créés en application de l'article 7 de la loi du 31 mai 1990 susvisée *[nº 90-449, visant la mise en œuvre du droit au logement]*. Dans ce cas, les conventions mentionnées à l'article 7 du présent décret sont cosignées par les présidents des établissements publics de coopération intercommunale ou les maires responsables des fonds locaux.

Art. 11 Chaque fournisseur d'électricité, de gaz, de chaleur ou d'eau approvisionnant des personnes physiques désigne un correspondant "solidarité-précarité" pour les relations avec les services sociaux du département, les services sociaux communaux ainsi qu'avec les associations de défense d'usagers ou de consommateurs qui en feront la demande.

Le correspondant "solidarité-précarité" tient à la disposition des services sociaux du département et des services sociaux communaux les informations mentionnées au cinquième alinéa de l'article 2 relatives aux clients dont la fourniture est réduite ou *(Décr. n° 2014-274 du 27 févr. 2014, art. 11)* « interrompue ».

Le correspondant "solidarité-précarité" peut être commun à plusieurs départements et à plusieurs fournisseurs.

Art. 12 Toutes précautions utiles pour préserver la sécurité et la confidentialité des données sont prises en particulier à l'occasion de leur transmission.

Les agents ou employés chargés de recueillir et exploiter ces données sont tenus à une obligation de confidentialité.

La durée maximale de conservation des données nominatives de signalement, telles que décrites aux articles 2 et 9, est fixée à quatre mois à compter de leur réception par les destinataires.

Art. 12 *bis* *(Décr. n° 2014-274 du 27 févr. 2014, art. 12)* Les informations transmises par les fournisseurs d'électricité, de gaz naturel ou de chaleur à la Commission de régulation de l'énergie et au Médiateur national de l'énergie sont :

– le nombre d'interruptions de fourniture sans résiliation de clients domestiques mises en œuvre pour non-paiement des factures ;

– le nombre de résiliations de contrat de fourniture de clients domestiques mises en œuvre pour non-paiement des factures, en distinguant celles qui ont été précédées d'une interruption sans résiliation ;

– le nombre de réductions de puissance de clients domestiques mises en œuvre pour non-paiement des factures.

Ces informations sont transmises par trimestre civil, au plus tard à la fin du mois suivant chaque trimestre ; pour le premier et le quatrième trimestre de chaque année, sont distinguées les réductions de puissance qui ont été mises en œuvre au cours de la période mentionnée au troisième alinéa de l'article L. 115-3 du code de l'action sociale et des familles et celles qui l'ont été hors de cette période.

Art. 13 Le présent décret entre en vigueur le premier jour du quatrième mois suivant celui de sa publication au *Journal officiel* de la République française *[JO 14 août]*.

Art. 14 *(Décr. n° 2014-274 du 27 févr. 2014, art. 13)* Les dispositions des articles 1er, 4, 5, 6, 11 et 12 *bis* peuvent être modifiées par décret simple.

Art. 15 Le décret n° 2005-971 du 10 août 2005 relatif à la procédure applicable en cas d'impayés d'électricité et les articles R. 261-1 et R. 261-2 du code de l'action sociale et des familles sont abrogés à compter de la date d'entrée en vigueur *[1er déc. 2008]* du présent décret. — *V. ces textes au* **C. consom.**, *éd. 2008 et antérieures.*

Arrêté du 18 avril 2012,

Relatif aux factures de fourniture d'électricité ou de gaz naturel à leurs modalités de paiement et aux conditions de report ou de remboursement des trop-perçus.

Art. 1er La fourniture d'électricité ou de gaz naturel donne lieu avant paiement à la délivrance sans frais, par le fournisseur, d'une facture au consommateur.

Pour le consommateur ayant choisi un étalement des règlements, le fournisseur d'électricité ou de gaz naturel délivre, au moins une fois par an, une facture ainsi qu'un échéancier de paiement.

Art. 2 La facture de fourniture d'électricité ou de gaz naturel est adressée au consommateur sur un support papier ou, avec son accord exprès et préalable, sur un autre support durable à sa disposition.

Elle est établie au moins une fois par an en fonction de l'énergie effectivement consommée.

Art. 3 La facture de fourniture d'électricité ou de gaz naturel indique les moyens simples et gratuits permettant au consommateur d'accéder à l'ensemble des prix appliqués par le fournisseur.

La facture indique les coordonnées téléphoniques ainsi que le coût d'appel et l'adresse du site internet du "service d'information des pouvoirs publics".

Art. 4 La facture de fourniture d'électricité ou de gaz naturel adressée au consommateur fait apparaître, de manière lisible, les éléments d'information suivants :

— le nom, l'adresse et le numéro d'inscription au registre du commerce et des sociétés (RCS) du fournisseur d'électricité ou de gaz naturel ou toute indication équivalente pour les sociétés situées hors de France et pour les opérateurs qui ne sont pas inscrits au registre du commerce et des sociétés ;

— le nom, l'adresse électronique et postale, le numéro d'appel non surtaxé et les horaires d'accès au service clientèle du fournisseur ;

— le numéro d'appel non surtaxé du centre de dépannage du gestionnaire du réseau de distribution lorsque le fournisseur a conclu avec le consommateur un contrat unique portant sur la fourniture et la distribution d'électricité ou de gaz naturel ;

— le numéro de référence du client ;

— le nom, le prénom ou la raison sociale du titulaire du contrat de fourniture d'électricité ou de gaz naturel ;

— l'adresse du site de consommation ;

— le cas échéant, le nom du payeur et l'adresse de facturation, si ces coordonnées sont différentes de celles du site de consommation ;

— l'intitulé commercial de l'offre souscrite ainsi que les éventuelles options et différenciations horaires ;

— la date d'échéance et le délai de préavis de résiliation du contrat à durée déterminée souscrit par le consommateur final non domestique pour une puissance électrique égale ou inférieure à 36 kilovoltampères (kVA) ou consommant moins de 30 000 kilowattheures (kWh) de gaz naturel par an ;

— pour l'électricité, le numéro du point de livraison du site de consommation (PDL) et la puissance souscrite ;

— pour le gaz naturel, le numéro du point de comptage et d'estimation (PCE) et la consommation annuelle de référence (CAR) ou la consommation annuelle prévisionnelle utilisée par le fournisseur pour ses estimations ;

— le caractère réglementé ou non des prix facturés ;

— le numéro de référence du ou des compteurs ;

— le type du ou des compteurs transmis par le gestionnaire de réseau de distribution ;

— le numéro de référence de la facture, sa date d'émission et sa date limite de paiement ;

— la date estimative de la prochaine facture et, si le fournisseur en a connaissance, celle du prochain relevé ;

— la période durant laquelle le client peut transmettre des index pour une prise en compte dans l'émission de la facture suivante et les modalités de cette transmission, en application du *(Ord. nº 2016-301 du 14 mars 2016, art. 2, en vigueur le 1er juill. 2016)* « quatrième alinéa de l'article L. 224-12 » du code de la consommation ;

— les modalités de paiement ;

— l'historique de la consommation en kWh sur une année pleine précédant l'établissement de la facture, éventuellement sous forme de graphique, permettant une comparaison avec la consommation de l'année précédente à la même période, si le fournisseur dispose de ces informations, et distinguant les consommations réelles et estimées.

Art. 5 Pour chaque type d'abonnement souscrit auprès du fournisseur d'électricité ou de gaz naturel une ligne distincte identifie clairement :

— la période de facturation ;

— le prix de l'abonnement mensuel et son montant hors taxes pour la période considérée ;

— les promotions et remises éventuelles ainsi que la période durant laquelle elles s'appliquent.

Art. 6 Le détail des consommations d'électricité ou de gaz naturel mentionne pour chaque énergie :

— la période sur laquelle porte la consommation, en précisant si la consommation facturée est estimée ou réelle ou transmise par le client ;

— les anciens et les nouveaux index estimés ou relevés ou transmis par le client, en kWh pour l'électricité, en m^3 pour le gaz naturel ;

— le nombre de kWh ou de m^3 facturés, en distinguant, s'il y a lieu, les éventuelles différenciations horaires ;

– pour le gaz naturel, le coefficient de conversion appliqué à la période facturée ;
– le prix unitaire du kWh et le montant hors taxes des consommations ;
– les promotions et remises éventuelles ainsi que la période durant laquelle elles s'appliquent ;
– en cas de changement de prix, à défaut d'un index réel transmis par le gestionnaire de réseau de distribution, le prix moyen calculé en fonction de la durée de chaque période ou la répartition des kWh facturés à l'ancien et au nouveau prix proportionnellement à la durée de chaque période écoulée, le cas échéant, affectée des coefficients de pondération prévus au contrat.

Art. 7 La facture de fourniture d'électricité ou de gaz naturel mentionne la période facturée et le prix unitaire hors taxes des options et des services, le cas échéant, souscrits auprès du fournisseur.

Art. 8 La facture de fourniture d'électricité ou de gaz naturel comporte, le cas échéant, la date et l'intitulé des prestations réalisées par le gestionnaire du réseau public de distribution et facturées par le fournisseur d'électricité ou de gaz naturel. L'intitulé de ces prestations doit permettre de les identifier dans le catalogue des prestations du gestionnaire de réseau de distribution.

Art. 9 La facture de fourniture d'électricité ou de gaz naturel détaille l'ensemble des taxes et contributions applicables, dues par le consommateur en vertu de la législation en vigueur.

Elle mentionne notamment :
– le montant de la facture hors TVA pour le consommateur final non domestique souscrivant une puissance électrique égale ou inférieure à 36 kVA ou consommant moins de 30 000 kWh de gaz naturel par an ;
– les taux et les montants de la TVA ;
– le montant total de la facture toutes taxes comprises.

Art. 10 En vue d'assurer l'information du consommateur, la facture de fourniture d'électricité ou de gaz naturel précise de manière apparente les mentions complémentaires suivantes :
– en cas de facturation terme à échoir ou fondée sur un index estimé, la base sur laquelle repose l'estimation ou comment avoir accès à cette base ;
– si la facture comporte des rectifications, les informations relatives à la période, au tarif appliqué et au nombre de kWh concernés qui permettent d'en vérifier le fondement, ces informations peuvent figurer clairement dans un document joint à la facture ;
– les coordonnées du service compétent pour traiter les réclamations ;
– l'adresse postale et l'adresse du site internet du médiateur national de l'énergie accompagnées de la mention suivante : "En cas de litige lié à l'exécution du contrat, si votre réclamation écrite auprès de *[nom du fournisseur]* n'a pas permis de régler le différend dans un délai de deux mois, vous pouvez saisir le médiateur national de l'énergie" ;
– le délai minimal de conservation des factures.

Art. 11 La facture comporte également les éléments suivants :
– le montant à payer ou, le cas échéant, à rembourser ;
– la date limite de paiement ou, le cas échéant, le délai de remboursement.

Art. 12 Les éléments suivants sont communiqués au consommateur au moins une fois par an pour chaque énergie :
– le montant hors taxes de l'abonnement annuel facturé ;
– le montant hors taxes de la consommation annuelle facturée ;
– le montant hors taxes annuel facturé de chaque option et service souscrits ;
– le montant total annuel toutes taxes comprises facturé au client.

Art. 13 Le fournisseur est tenu de proposer le chèque et un mode de paiement en espèces dans les conditions prévues par le code monétaire et financier susvisé.

Art. 14 En cours de contrat, lorsque la facture établie en fonction de l'énergie consommée fait apparaître un trop-perçu par le fournisseur inférieur à 25 euros, le trop-perçu est reporté sur la facture suivante, sauf si le consommateur demande son remboursement ; à partir de ce montant, le trop-perçu est remboursé par le fournisseur. Le remboursement est effectué dans un délai de quinze jours à compter de l'émission de la facture ou de la demande du client.

Le montant prévu à l'alinéa ci-dessus est porté à cinquante euros pour le consommateur final non domestique ou non professionnel souscrivant une puissance électrique égale ou inférieure à 36 kVA ou consommant moins de 30 000 kWh de gaz naturel par an.

Art. 15 L'arrêté du 2 juillet 2007 relatif aux factures de fourniture d'électricité ou de gaz naturel est abrogé à compter du 1er janvier 2013. — *V. ce texte au* **C. *consom.***, *éd. 2012 ou antérieures.*

Art. 16 Les dispositions du présent arrêté entrent en vigueur le 1er janvier 2013, à l'exception de celles de l'article 12, qui entrent en vigueur le 1er janvier 2014.

Directive 2012/27/UE du 25 octobre 2012,

Relative à l'efficacité énergétique.

....

Art. 9 *Relevés.* 1. Les États membres veillent à ce que, dans la mesure où cela est techniquement possible, financièrement raisonnable et proportionné compte tenu des économies d'énergie potentielles, les clients finals d'électricité, de gaz naturel, de chaleur et de froid ainsi que d'eau chaude sanitaire reçoivent, à des prix concurrentiels, des compteurs individuels qui indiquent avec précision la consommation réelle d'énergie du client final et qui donnent des informations sur le moment où l'énergie a été utilisée.

Un tel compteur individuel à des prix concurrentiels est toujours fourni :

a) lorsqu'un compteur existant est remplacé, à moins que cela ne soit pas techniquement possible ou rentable au regard des économies potentielles estimées à long terme ;

b) lorsqu'il est procédé à un raccordement dans un bâtiment neuf ou qu'un bâtiment fait l'objet de travaux de rénovation importants, tels que définis dans la directive 2010/31/UE.

2. Lorsque et dans la mesure où les États membres mettent en place des systèmes intelligents de mesure et des compteurs intelligents pour le gaz naturel et/ou l'électricité conformément aux directives 2009/72/CE et 2009/73/CE :

a) ils veillent à ce que les systèmes de mesure fournissent aux clients finals des informations sur le moment où l'énergie a été utilisée et à ce que les objectifs d'efficacité énergétique et les avantages pour les clients finals soient pleinement pris en compte au moment de définir les fonctionnalités minimales des compteurs et les obligations imposées aux acteurs du marché ;

b) ils veillent à assurer la sécurité des compteurs intelligents et de la communication des données ainsi qu'à garantir la protection de la vie privée des clients finals, conformément à la législation de l'Union en matière de protection des données et de la vie privée ;

c) pour l'électricité et à la demande du client final, ils exigent des exploitants des compteurs qu'ils veillent à ce que le ou les compteurs puissent tenir compte de l'électricité injectée sur le réseau depuis les locaux du client final ;

d) ils veillent à ce que, si le client final le demande, les données du compteur relatives à sa production ou à sa consommation d'électricité soient mises à sa disposition ou à celle d'un tiers agissant au nom du client final, sous une forme aisément compréhensible qu'ils peuvent utiliser pour comparer les offres sur une base équivalente ;

e) ils exigent que des informations et des conseils appropriés soient donnés aux clients au moment de l'installation de compteurs intelligents, en particulier sur toutes les possibilités que ces derniers offrent en termes d'affichage et de suivi de la consommation d'énergie.

3. Lorsqu'un bâtiment est alimenté en chaleur et en froid ou en eau chaude par un réseau de chaleur ou par une installation centrale desservant plusieurs bâtiments, un compteur de chaleur ou d'eau chaude est installé sur l'échangeur de chaleur ou au point de livraison.

Dans les immeubles comprenant plusieurs appartements et les immeubles mixtes équipés d'une installation centrale de chaleur/froid ou alimentés par un réseau de chaleur ou une installation centrale desservant plusieurs bâtiments, des compteurs individuels de consommation sont également installés d'ici au 31 décembre 2016 pour mesurer la consommation de chaleur, de froid ou d'eau chaude de chaque unité, lorsque cela est techniquement possible et rentable. Lorsqu'il n'est pas rentable ou techniquement possible d'utiliser des compteurs individuels pour mesurer la consommation de chaleur, des répartiteurs des frais de chauffage individuels sont utilisés pour mesurer la consommation de chaleur à chaque radiateur, à moins que l'État membre en question ne démontre que l'installation de tels répartiteurs n'est pas rentable. Dans ces cas, d'autres méthodes rentables permettant de mesurer la consommation de chaleur peuvent être envisagées.

Lorsque des immeubles comprenant plusieurs appartements sont alimentés par un réseau de chaleur ou de froid ou lorsque de tels bâtiments sont principalement alimentés par des systèmes de chaleur ou de froid collectifs, les États membres peuvent introduire des règles transparentes concernant la répartition des frais liés à la consommation thermique ou d'eau chaude dans ces immeubles, afin d'assurer une comptabilisation transparente et exacte de la consommation individuelle. Au besoin, ces règles comportent des orientations en ce qui concerne la répartition des frais liés à la consommation de chaleur et/ou d'eau chaude comme suit :

a) l'eau chaude destinée aux besoins domestiques ;

b) la chaleur rayonnée par l'installation du bâtiment et aux fins du chauffage des zones communes (lorsque les cages d'escaliers et les couloirs sont équipés de radiateurs) ;

c) le chauffage des appartements.

Art. 10 *Informations relatives à la facturation.* 1. Lorsque les clients finals ne disposent pas des compteurs intelligents visés dans les directives 2009/72/CE et 2009/73/CE, les États membres veillent à ce que, au plus tard le 31 décembre 2014, les informations relatives à la facturation soient précises et fondées sur la consommation réelle, conformément à l'annexe VII, point 1.1, pour tous les secteurs relevant de la présente directive, y compris les distributeurs d'énergie, les gestionnaires de réseaux de distribution et les entreprises de vente d'énergie au détail, lorsque cela est techniquement possible et économiquement justifié.

Il peut être satisfait à cette obligation en établissant un système permettant au client final de relever lui-même régulièrement son compteur et de communiquer les données relevées à son fournisseur d'énergie. La facturation est fondée sur la consommation estimée ou un tarif forfaitaire uniquement lorsque le client final n'a pas communiqué le relevé du compteur pour une période de facturation déterminée.

2. Les compteurs installés conformément aux directives 2009/72/CE et 2009/73/CE permettent d'obtenir des informations relatives à la facturation précises et fondées sur la consommation réelle. Les États membres veillent à ce que le client final ait la possibilité d'accéder facilement à des informations complémentaires sur sa consommation passée lui permettant d'effectuer lui-même un contrôle précis.

Les informations complémentaires sur la consommation passée comprennent :

a) les données cumulées concernant au moins les trois dernières années ou la durée écoulée depuis le début du contrat de fourniture si celle-ci est d'une durée inférieure. Les périodes couvertes par ces données correspondent à celles pour lesquelles des données de facturation fréquentes ont été produites ; et

b) les données détaillées en fonction du moment où l'énergie a été utilisée, pour chaque jour, chaque semaine, chaque mois et chaque année. Ces données sont mises à la disposition du client final via l'internet ou l'interface du compteur pour les vingt-quatre derniers mois au minimum ou pour la période écoulée depuis le début du contrat de fourniture, si celle-ci est d'une durée inférieure.

3. Que des compteurs intelligents aient été installés ou non, les États membres :

a) exigent que, dans la mesure où les informations relatives à la facturation et à la consommation passée d'énergie du client final sont disponibles, elles soient mises à la disposition d'un fournisseur de services énergétiques désigné par le client final, si celui-ci le demande ;

b) veillent à ce que le client final se voie offrir la possibilité de recevoir des informations relatives à la facturation et des factures par voie électronique et qu'il reçoive, à sa demande, une explication claire et compréhensible sur la manière dont la facture a été établie, en particulier lorsque les factures ne sont pas établies sur la base de la consommation réelle ;

c) veillent à ce que des informations appropriées accompagnent les factures pour que les clients finals reçoivent un relevé complet des coûts actuels de l'énergie, conformément à l'annexe VII ;

d) peuvent prévoir que, à la demande du client final, les informations figurant sur ces factures ne soient pas considérées comme constituant une demande de paiement. Dans ce cas, les États membres veillent à ce que les fournisseurs d'énergie proposent des dispositions souples pour les paiements proprement dits ;

e) exigent que, à la demande des consommateurs, des informations et des estimations concernant les coûts énergétiques leur soient fournies en temps utile, sous une forme aisément compréhensible de manière qu'ils puissent comparer les offres sur une base équivalente.

Art. 11 *Coût de l'accès aux relevés et aux informations relatives à la facturation.* 1. Les États membres veillent à ce que les clients finals reçoivent sans frais toutes leurs factures et les informations relatives à la facturation pour leur consommation d'énergie et à ce qu'ils aient également accès sans frais et de manière appropriée aux données relatives à leur consommation.

2. Nonobstant le paragraphe 1, la répartition des frais liés aux informations relatives à la facturation pour la consommation individuelle de chaleur et de froid dans les immeubles comprenant plusieurs appartements et les bâtiments multifonctionnels, conformément à l'article 9, paragraphe 3, est effectuée sur une base non lucrative. Les coûts résultant de l'attribution de cette tâche à un tiers, tel qu'un fournisseur de services ou le fournisseur d'énergie local, et couvrant le relevé, l'imputation et la comptabilisation des consommations individuelles réelles dans de tels bâtiments, peuvent être facturés au client final, dans la mesure où ces coûts restent raisonnables.

Art. 12 *Programme d'information et de participation des clients.* 1. Les États membres prennent les mesures appropriées pour promouvoir et favoriser une utilisation efficace de l'énergie par les petits clients, y compris les ménages. Ces mesures peuvent s'inscrire dans une stratégie nationale.

2. Aux fins du paragraphe 1, ces mesures comprennent un ou plusieurs des éléments énumérés au point a) ou b) :

a) un éventail d'instruments et de politiques visant à promouvoir les changements de comportement, notamment :

i) des incitations fiscales ;

ii) l'accès à des financements, à des aides ou à des subventions ;

iii) la fourniture d'informations ;

iv) des projets exemplaires ;

v) des activités sur le lieu de travail ;

b) des moyens pour associer les consommateurs et les associations de consommateurs à la mise en place éventuelle de compteurs intelligents grâce à la communication d'informations sur :

i) des changements rentables et facilement réalisables en matière d'utilisation de l'énergie ;

ii) les mesures d'efficacité énergétique.

....

Art. 28 *Transposition.* 1. Les États membres mettent en vigueur les dispositions législatives, réglementaires et administratives nécessaires pour se conformer à la présente directive, au plus tard le 5 juin 2014.

....

ANNEXE VII

Exigences minimales en matière de facturation et informations relatives à la facturation sur la base de la consommation réelle

1. Exigences minimales en matière de facturation

1.1. Facturation fondée sur la consommation réelle

Afin de permettre au client final de réguler sa propre consommation d'énergie, la facturation devrait être établie au moins une fois par an sur la base de la consommation réelle, et les informations relatives à la facturation devraient lui être communiquées au moins une fois par trimestre à sa demande ou s'il a opté pour une facturation électronique, ou deux fois par an dans les autres cas. Le gaz utilisé exclusivement pour la cuisine peut être exempté de cette obligation.

1.2. Informations minimales incluses dans la facture

Les États membres veillent, le cas échéant, à ce que les clients finals disposent, dans leurs factures, contrats, transactions et reçus émis dans les stations de distribution, ou dans les documents qui les accompagnent, les [des] informations suivantes, rédigées dans un langage clair et compréhensible :

a) les prix courants réels et la consommation réelle d'énergie ;

b) la comparaison, de préférence sous la forme d'un graphique, de la consommation énergétique actuelle du client final avec sa consommation pour la même période au cours de l'année précédente ;

c) les coordonnées de contact (y compris les adresses internet) d'associations de défense des consommateurs finals, d'agences de l'énergie ou d'organismes similaires auxquels s'adresser pour obtenir des informations sur les mesures visant à améliorer l'efficacité énergétique qui existent, sur les profils comparatifs d'utilisateurs finals et sur les spécifications techniques objectives d'équipements consommateurs d'énergie.

En outre, les États membres veillent, chaque fois que cela est possible et utile, à ce que les clients finals disposent, dans leurs factures, contrats, transactions et reçus émis dans les stations de distribution, ou dans les documents qui les accompagnent, de la comparaison avec la consommation moyenne d'un client final appartenant à la même catégorie d'utilisateurs et constituant la norme ou la référence, rédigée dans un langage clair et compréhensible, ou d'une référence à ces informations ;

1.3. Conseils en matière d'efficacité énergétique accompagnant les factures et autres retours d'information adressés aux clients finals

Les distributeurs d'énergie, les gestionnaires de réseau de distribution et les entreprises de vente d'énergie au détail indiquent de manière claire et compréhensible à leurs clients, dans les contrats, avenants et factures qu'ils envoient et sur les sites internet destinés aux particuliers, les coordonnées de contact (notamment l'adresse internet) d'organismes indépendants de conseil aux consommateurs, d'agences de l'énergie ou d'organismes similaires auprès desquels ils peuvent obtenir des conseils sur les mesures existantes en matière d'efficacité énergétique, sur les profils de référence correspondant à leur consommation d'énergie et sur les spécifications techniques d'appareils consommateurs d'énergie qui peuvent permettre d'en réduire la consommation.

Recommandation CCA n° 2014-01 du 16 octobre 2014,

Relative aux contrats proposés par les fournisseurs de gaz et d'électricité (BOCC 19 déc. 2014).

La Commission des clauses abusives,

Considérant que, depuis le 1er juillet 2007, les consommateurs particuliers et les non-professionnels ont la possibilité de s'adresser aux fournisseurs d'énergie de leur choix et non plus seulement aux opérateurs historiques : EDF, GDF et les entreprises locales de distribution ; que ces consommateurs peuvent, en outre, opter pour des offres à prix libres dits "prix de marché", indépendants des tarifs réglementés fixés par l'État ; que les contrats concernés par cette recommandation sont les contrats uniques portant sur la fourniture et la distribution d'électricité et de gaz naturel au sens de l'article L. 121-92 *[L. 224-8]* **du code de la consommation ; que ne sont pas concernés les contrats de fourniture de gaz de pétrole liquéfié (GPL) en vrac (qui n'est pas du gaz naturel) et de mise à disposition ou de vente de réservoir, pour lesquels la commission des clauses abusives a adopté la recommandation n° 84-01** *[V. supra]* **;**

Sur les clauses contenues dans les contrats proposés par les fournisseurs de gaz et d'électricité, qui sont :

1) les contrats conclus entre un fournisseur et un consommateur ou un non-professionnel ;

2) les contrats conclus entre un fournisseur et un client (bailleur ou syndicat de copropriétaires) avec « délégation » du locataire ou du copropriétaire par le client au bénéfice du fournisseur et facturation du locataire ou du copropriétaire par le fournisseur.

A. *Clauses relatives à la mise en service de la fourniture d'énergie*

1. Considérant qu'un contrat stipule « (...) La date d'entrée en vigueur correspond à la date portée par le client sur le contrat lors de sa signature manuscrite ou à la date de

conclusion du contrat souscrit par voie électronique, tel que prévu à l'article 1369-5 du code civil. Le contrat prend effet à la date de première fourniture d'électricité par ..., sous réserve de l'application du droit de rétractation prévu l'article 6.4. A ce propos, ... tente dans la mesure du possible de débuter la livraison d'électricité à la date souhaitée par le client. Toutefois, dans le cadre d'un changement de fournisseur et sous réserve des conditions suspensives de l'article 6.4 et des délais imposés par le GRD (gestionnaire de réseau de distribution) ainsi que de l'acceptation par le GRD de l'inscription du point de livraison dans le périmètre de facturation de ..., la date effective de fourniture d'électricité sera comprise entre le 10e et le 21e jour suivant la date de la demande de changement de fournisseur transmis au GRD par ... A ce titre, l'index transmis par le GRD à l'ancien fournisseur et à ..., en qualité de nouveau fournisseur, fait foi entre les parties, conformément aux règles décrites dans le référentiel clientèle du GRD. Dans le cadre d'une mise en service et sous réserve des conditions suspensives de l'article 6.4 et des délais nécessaires pour le GRD pour effectuer la mise en service ainsi que de l'acceptation par le GRD de l'inscription du point de livraison ou de raccordement dans le périmètre de facturation de ..., la date effective de fourniture d'électricité sera celle souhaitée par le client et précisée dans le contrat, les délais de mise en service pouvant varier de 5 à 10 jours (...) » ; que cette clause qui ne délivre pas une information claire sur les modalités de détermination du délai à l'expiration duquel l'énergie sera fournie est contraire à l'article L. 111-1-3° du code de la consommation ; qu'elle est donc illicite et, maintenue dans les contrats, abusive ;

B. *Clauses relatives au conseil tarifaire*

2. Considérant que certains contrats mettent à la charge du consommateur le devoir de s'assurer que le tarif souscrit correspond à ses besoins, alors que l'obligation de conseil incombe au professionnel ; qu'une telle clause crée un déséquilibre significatif au détriment du consommateur ou du non-professionnel en ce qu'elle exonère le professionnel de son obligation de conseil au détriment du consommateur ;

C. *Clauses relatives au comptage*

3. Considérant que plusieurs contrats stipulent qu'en cas de dysfonctionnement des appareils de comptage, une rectification de facturation est établie par comparaison avec des périodes similaires de consommation ou, à défaut, par analogie avec celle d'un point de livraison présentant des caractéristiques de consommation comparables ; que, par ailleurs, le distributeur précise, dans ses dispositions générales relatives à l'accès et l'utilisation du réseau public de distribution, que le client peut contester cette quantité corrigée auprès du distributeur, du fournisseur ou des tribunaux ; que ces clauses, en ce qu'elles prévoient une facturation fondée sur une reconstitution forfaitaire de la consommation établie unilatéralement par le professionnel, créent un déséquilibre significatif au détriment du consommateur ou du non-professionnel ;

D. *Clauses relatives à l'auto-relève*

4. Considérant que des contrats ne prévoient pas l'auto-relève du client pour établir sa consommation réelle d'énergie ; que ces clauses sont illicites dès lors que l'article L. 121-91 *[L. 224-11]*, dernier alinéa, du code de la consommation dispose : « Le fournisseur est tenu d'offrir au client la possibilité de transmettre, par internet, par téléphone ou tout moyen à la convenance de ce dernier, des éléments sur sa consommation réelle, éventuellement sous forme d'index, à des dates qui permettent une prise en compte de ces index pour l'émission de ses factures » ; que, maintenues dans les contrats, elles sont abusives ;

E. *Clauses relatives aux modalités de paiement*

5. Considérant que certains contrats imposent un mode unique de règlement par prélèvement bancaire automatique ; que cette clause est illicite comme contraire à l'article 13 de l'arrêté du 18 avril 2012 *[relatif aux factures de fourniture d'électricité ou de gaz naturel, à leurs modalités de paiement et aux conditions de report ou de remboursement des trop-perçus ; V. supra]* et, maintenue dans les contrats, abusive en ce qu'elle limite indûment la liberté de choix du moyen de paiement du non-professionnel ou du consommateur ;

6. Considérant qu'un contrat stipule que tout paiement par chèque ou TIP fera l'objet d'une facturation de frais ; que cette clause est illicite dès lors que l'article L. 112-12 du code monétaire et financier dispose que « le bénéficiaire ne peut appliquer de frais pour l'utilisation d'un instrument de paiement donné » et, maintenue dans les contrats, elle est abusive ;

7. Considérant que d'autres contrats prévoient que, pour le règlement de la facture, seul le paiement par prélèvement automatique, par chèque ou par TIP est prévu, à l'exclusion d'un règlement en espèces ; que ces clauses méconnaissent l'arrêté du 18 avril 2012 relatif aux factures qui énonce que le fournisseur, en sus du mode de règlement par chèque, est tenu de proposer un mode de paiement en espèces ; que cette clause est donc illicite et, maintenue dans les contrats, abusive ;

F. *Clauses relatives à la facturation*

8. Considérant que des contrats stipulent que « le client accepte de recevoir sa facture uniquement par voie électronique », sans faire apparaître clairement et distinctement une acceptation expresse d'un mode unique de facturation par voie électronique, alors même que l'article 2 de l'arrêté du 18 avril 2012 relatif aux factures de fourniture d'électricité ou de gaz naturel, à leurs modalités de paiement et aux conditions de report ou de remboursement des trop-perçus dispose que « la facture est adressée au consommateur sur un support papier ou, avec son accord exprès et préalable, sur un autre support durable à sa disposition » ; que cette clause est illicite et, maintenue dans les contrats, abusive ;

9. Considérant que des contrats stipulent que le fournisseur peut, « pour justes motifs, notamment au vu des informations techniques », modifier le montant des mensualités ; que cette clause laisse à la seule appréciation du fournisseur cette modification sans que le consommateur ou le non-professionnel soit en mesure d'en comprendre les raisons, notamment eu égard au caractère imprécis de l'expression « au vu des informations techniques » ; que cette clause est de nature à créer un déséquilibre significatif entre les droits et obligations des parties au contrat au détriment du consommateur ou du non-professionnel ;

10. Considérant que, dans ces mêmes contrats, le fournisseur prévoit que « la consommation du client lui est facturée annuellement, quel que soit le mode de règlement choisi [...] A défaut d'informations nécessaires (notamment les relevés réels transmis par le GRD), cette facture sera émise sur les consommations estimées [...] » ; que cette clause autorise la facturation annuelle sur estimation en l'absence de relevé annuel sans que cette absence soit imputable au consommateur ou au non-professionnel ; que cette clause contrevient à l'article L. 121-91 *[L. 224-11]* du code de la consommation qui dispose que toute offre de fourniture d'énergie permet, au moins un fois par an, un *[une]* facturation de l'énergie consommée ; que, maintenue dans les contrats, elle est abusive ;

11. Considérant que certains contrats stipulent que « les factures seront adressées par voie postale moyennant le paiement d'un surcoût de 0,80 euros *[euro]* TTC par mois au titre des frais de traitement, sauf dérogation figurant dans les conditions particulières » ; que cette clause méconnaît l'arrêté du 18 avril 2012 relatif aux factures qui prévoit, en ses articles 1er et 2, que le fournisseur est tenu de délivrer sans frais et avant paiement une facture au consommateur et que, sauf accord de la part de celui-ci concernant l'utilisation d'un autre support durable, le fournisseur doit lui adresser les factures sur support papier ; que cette clause est illicite et, maintenue dans les contrats, abusive ;

G. *Clauses relatives à la contestation de la facturation*

12. Considérant que plusieurs contrats prévoient un délai réduit, entre 3 mois et 4 ans, au-delà duquel le consommateur ou le non-professionnel ne peut plus contester le montant de la facture ; que l'article L. 137-1 *[L. 218-1]* du code de la consommation interdit, même d'un commun accord, de modifier la durée légale de la prescription déterminée par l'article 2224 du code civil, selon lequel : « les actions personnelles ou mobilières se prescrivent par 5 ans à compter du jour où le titulaire d'un droit a connu ou aurait dû connaître les faits lui permettant de l'exercer » ; que, dès lors, ces clauses*[,]* qui laissent croire au consommateur qu'il ne pourra plus agir pour contester la facturation après le délai mentionné au contrat, sont illicites et, maintenues dans les contrats, abusives ;

H. *Clauses relatives au paiement de pénalités*

13. Considérant que de nombreuses clauses prévoient des pénalités à la charge du consommateur ou du non-professionnel dans l'hypothèse d'un manquement à son obligation de payer sa facture dans le délai contractuel alors que ces clauses fixent comme point de départ du délai la date d'émission de la facture ; que cette date peut ne pas être celle de sa réception par le consommateur ; qu'ainsi, ces clauses ne permettent pas au consommateur de bénéficier effectivement du délai de paiement contractuel ; que, dès lors, elles sont abusives en ce qu'elles créent un déséquilibre significatif entre les droits et obligations des parties au détriment du consommateur ou du non-professionnel ;

14. Considérant que certaines clauses mettent à la charge du consommateur ou du non-professionnel des pénalités en cas de retard dans l'exécution de son obligation de paiement alors que les contrats ne prévoient aucune pénalité à l'encontre du professionnel en cas de retard dans l'exécution de ses propres obligations de fourniture ou de restitution d'un trop*[-]*perçu ; que ces clauses sont abusives en ce qu'elles créent un déséquilibre significatif entre les droits et obligations des parties au détriment du consommateur ou du non-professionnel ;

I. *Clauses relatives au paiement de frais*

15. Considérant qu'il est parfois stipulé qu'il sera facturé au client des frais, notamment en cas d'impayé, sans autre précision ; que cette clause ne permet pas au consommateur ou au non-professionnel d'appréhender l'étendue de ses obligations ; que, par suite, elle est abusive en ce qu'elle crée un déséquilibre significatif entre les droits et obligations des parties au détriment du consommateur ou du non-professionnel ;

16. Considérant que des clauses stipulent que les honoraires éventuels d'huissier de justice seront intégralement refacturés au client ; que cette stipulation est illicite au regard de l'article L. 111-8 du code des procédures civiles d'exécution qui dispose que : « A l'exception des droits proportionnels de recouvrement ou d'encaissement qui peuvent être mis partiellement à la charge des créanciers dans des conditions fixées par décret en Conseil d'État, les frais de l'exécution forcée sont à la charge du débiteur, sauf s'il est manifeste qu'ils n'étaient pas nécessaires au moment où ils ont été exposés. Les contestations sont tranchées par le juge. Les frais de recouvrement entrepris sans titre exécutoire restent à la charge du créancier, sauf s'ils concernent un acte dont l'accomplissement est prescrit par la loi au créancier. Toute stipulation contraire est réputée non écrite, sauf disposition législative contraire » ; que ces clauses sont donc illicites et, maintenues dans les contrats, abusives ;

17. Considérant que des contrats stipulent que lorsque la facture fait apparaître un trop-perçu en faveur du client, le remboursement de ce montant s'effectuera au plus tard sur la facture suivante ou encore que, si le client le demande et si ce montant est supérieur ou égal à trente euros, le professionnel rembourse ce montant dans les meilleurs délais, en fonction du moyen de paiement convenu avec son client ; que cette clause est contraire à l'article 14 de l'arrêté du 18 avril 2012 relatif aux factures qui prévoit que le fournisseur est tenu de respecter le délai de remboursement de quinze jours à compter de l'émission de la facture lorsque le trop*[-]*perçu est supérieur à vingt-cinq euros ; qu'elle crée un déséquilibre significatif entre les droits et obligations des parties au détriment du consommateur ou du non-professionnel ; qu'elle est donc illicite et, maintenue dans les contrats, abusive ;

J. *Clauses relatives à la responsabilité*

18. Considérant que certains contrats prévoient que le professionnel peut supprimer ou réduire le droit à réparation du préjudice subi par le client en stipulant :

— que le professionnel « exclut toute responsabilité quant aux éventuels dommages indirects, immatériel et financiers » ;

— qu'il appartient « de manière générale au client de prendre toutes les précautions élémentaires », sans autre précision, « pour se prémunir contre les conséquences des interruptions et défauts dans la qualité de la fourniture d'énergie » ;

– qu'« en toute hypothèse et pendant la durée du contrat, le professionnel ne pourra être amené à verser pour l'ensemble des dommages susceptibles d'intervenir lors de l'exécution du contrat un montant supérieur » à une certaine somme ;

– qu'« en aucun cas la responsabilité du fournisseur ne pourra être engagée s'il est constaté des anomalies de facturation des consommations d'eau chaude sanitaire. Le client fera son affaire de tout contentieux lié à la facturation des consommations d'eau chaude sanitaire pouvant survenir, notamment avec les copropriétaires » ;

Que ces clauses*[,]* qui tendent à permettre au professionnel de s'exonérer totalement ou partiellement de sa responsabilité, entrent dans le champ d'application de l'article R. 132-1-6° *[R. 212-1]* du code de la consommation qui présume abusive, de manière irréfragable, la clause qui a pour effet de « supprimer ou réduire le droit à réparation du préjudice subi par le non-professionnel ou le consommateur en cas de manquement par le professionnel à l'une quelconque de ses obligations » ;

19. Considérant que des contrats prévoient que « toute rupture des plombs de scellement des compteurs sera considérée comme une fraude et sera poursuivie comme telle » ; que cette clause qui impute, en toute hypothèse, au client une fraude, sans réserver le cas d'un auteur inconnu, notamment en cas d'installation extérieure des scellés, apparait *[apparaît]* abusive en ce qu'elle inverse la charge de la preuve, en contravention avec l'article R. 132-1-12° *[R. 212-1]* du code de la consommation ;

K. *Clauses relatives aux frais de déplacement*

20. Considérant qu'un contrat prévoit que le gestionnaire de réseau peut demander systématiquement au client le paiement de frais lorsqu'un déplacement est vain par la faute du client, alors qu'en cas d'absence fautive du gestionnaire de réseau, seul le fournisseur peut formuler auprès de ce dernier une demande de paiement de frais d'un montant égal à celui facturé en cas de déplacement vain ; que cette clause apparait *[apparaît]* abusive en ce qu'elle met à la charge du consommateur ou du non-professionnel des frais pour déplacement vain, sans réserver à celui-ci le droit à une indemnité à la charge du professionnel fautif ;

21. Considérant qu'une clause prévoit la facturation de frais pour déplacement vain si le client est absent et n'a pas annulé le rendez-vous plus de 48h à l'avance, que cette clause apparait *[apparaît]*, par sa généralité, de nature à créer un déséquilibre significatif entre les droits et obligations des parties au détriment du consommateur ou du non-professionnel en ce qu'elle ne réserve pas l'hypothèse de la force majeure que pourrait invoquer le consommateur ou le non-professionnel ;

L. *Clauses relatives à la force majeure*

22. Considérant que plusieurs contrats définissent la force majeure « comme tout événement extérieur à la volonté de la partie affectée, imprévisible, ne pouvant être surmonté par la mise en œuvre des efforts raisonnables auxquels celle-ci est tenue en sa qualité d'opérateur prudent et raisonnable, l'empêchant temporairement d'exécuter tout ou partie des obligations qui lui incombent au titre du(des) contrat(s) » ; que de telles clauses sont abusives en ce qu'elles donnent une définition de la force majeure plus large qu'en droit commun ;

23. Considérant que de nombreux contrats contiennent une clause par laquelle le professionnel prévoit qu'en cas de suspension du contrat pour cause de force majeure qui devrait se prolonger « pendant plus de deux (2) mois à compter de la date de sa survenance, chacune des parties aura la faculté de résilier le contrat par lettre recommandée avec accusé de réception adressée à l'autre partie » ; qu'une telle clause laisse croire au consommateur ou au non-professionnel qu'en cas de suspension du contrat, il ne disposerait plus du droit de résilier le contrat à tout moment, qu'il tient de l'article L. 121-89 *[L. 224-14]* du code de la consommation ; qu'elle est, dès lors, de nature à créer un déséquilibre significatif entre les droits et obligations des parties au contrat au détriment du consommateur ou du non-professionnel ;

M. *Clauses relatives à l'évolution des conditions générales de vente*

24. Considérant que les clauses relatives à l'évolution des conditions générales de vente doivent respecter l'article L. 121-90 *[L. 224-10]* du code de la consommation qui dispose *[que]* « tout projet de modification par le fournisseur des conditions contractuelles est communiqué au consommateur par voie postale ou, à sa demande, par voie électronique, au moins un mois avant la date d'application envisagée. Cette communication est assortie d'une information précisant au consommateur qu'il peut résilier le contrat sans pénalité, dans un délai maximal de trois mois à compter de sa réception. Les dispositions du présent article ne sont pas applicables aux modifications contractuelles imposées par la loi ou le règlement » ;

Que certains contrats ne se conforment pas à ces dispositions, prévoyant que « toute modification des CGV pourra être portée à la connaissance du client. Les nouvelles CGV s'appliqueront 1 mois après. Le client dispose d'un délai de 3 mois à compter de la réception des nouvelles CGV pour résilier les contrats sans pénalité » ; qu'une telle clause*[,]* qui laisse le choix au professionnel de communiquer ou non les nouvelles conditions générales de vente (CGV) au client, est illicite et, maintenue dans les contrats, abusive ;

N. *Clauses relatives à la résiliation du contrat*

25. Considérant qu'un contrat comporte une clause de résiliation non conforme à l'article L. 121-89 *[L. 224-14]* du code de la consommation en ce qu'elle prévoit :

— une résiliation à la date anniversaire du contrat, moyennant un préavis d'au moins 45 jours calendaires ;

— le paiement d'une indemnité de résiliation, le montant de cette indemnité ne pouvant être inférieur à un minimum de perception pour frais de gestion ;

Qu'une telle clause est illicite en ce qu'elle contrevient aux conditions de délai et de coûts prévues par l'article L. 121-89 *[L. 224-14]* du code de la consommation ; que, maintenue dans les contrats, elle est abusive ;

26. Considérant que des clauses autorisent le professionnel à « résilier le contrat en cas de non-respect, par le client, de l'une quelconque de ses obligations (...) » ; que de telles clauses sont de nature à créer un déséquilibre significatif entre les droits et obligations des parties au détriment du consommateur ou du non-professionnel en ce qu'elles accordent au professionnel la possibilité de résilier le contrat pour non-respect par le consommateur ou le non-professionnel de l'une quelconque de ses obligations, même mineure ;

O. *Clauses relatives au traitement des litiges*

27. Considérant qu'un contrat prévoit que le médiateur national de l'énergie (MNE) peut être saisi seulement après que le consommateur a parcouru toutes les étapes du suivi de sa réclamation jusqu'au médiateur interne de l'entreprise ; que cette clause est abusive en ce qu'elle laisse croire au consommateur qu'il ne peut pas saisir soit directement le juge, soit le médiateur national de l'énergie ;

28. Considérant que des clauses relatives au règlement des litiges ne mentionnent pas la possibilité de saisir le médiateur national de l'énergie ; qu'elles sont illicites au regard de l'article L. 121-87-15° *[L. 224-3]* du code de la consommation et, maintenues dans les contrats, sont abusives ;

29. Considérant qu'un contrat prévoit que « le client victime d'un dommage qu'il attribue à une faute ou au non-respect des engagements du distributeur défini *[définis]* dans les dispositions générales applicables est tenu d'informer le fournisseur de l'existence d'un préjudice en le lui déclarant par lettre recommandée avec avis de réception dans un délai de sept jours à compter de la survenance du dommage » ; qu'une telle clause est abusive en ce qu'elle laisse croire au consommateur qu'à l'expiration du délai stipulé, il sera déchu de tout droit à indemnisation, en contravention avec l'article R. 132-2-10° [R. 212-2] du code de la consommation qui dispose que sont présumées abusives les clauses qui ont pour objet ou pour effet de « supprimer ou entraver l'exercice d'actions en justice ou des voies de recours par le consommateur, notamment en obligeant le consommateur à saisir exclusivement une juridiction d'arbitrage non couverte par des dispositions légales ou à passer exclusivement par un mode alternatif de règlement des litiges » ;

P. ***Clause relative aux modalités d'informations utilisées pour prévenir le consommateur ou [le] non-professionnel d'une interruption du service à la suite d'une intervention programmée sur le réseau***

30. Considérant qu'un contrat stipule : « Lorsque des interventions programmées sur le réseau sont nécessaires, le gestionnaire les porte à la connaissance du client ou du fournisseur, avec l'indication de la durée prévisible d'interruption, par voie de presse, d'affichage ou d'informations individualisées » ; qu'une telle clause crée un déséquilibre significatif entre les droits et obligations des parties au détriment du consommateur ou du non-professionnel en ce qu'elle prévoit un mode d'avertissement au choix du professionnel, notamment par voie de presse ou d'affichage, ne garantissant pas une information effective du consommateur ou du non-professionnel sur l'interruption programmée de la fourniture d'énergie ; que, dès lors, elle est abusive ;

Q. ***Clause relative à la période postérieure à la fin du contrat***

31. Un contrat prévoit*[:]* « Toute consommation de gaz naturel au-delà de la date de fin de contrat, quelle que soit la cause de celle-ci, et non couverte par un nouveau contrat avec un fournisseur de gaz naturel constitue une consommation anormale. Le fournisseur subissant un préjudice du fait de cette consommation sera fondé à exiger le paiement de gaz naturel consommé au prix indiqué aux Conditions particulières avec une majoration de 25 % des termes de quantités appliquées aux quantités vendues. Sauf nouveau contrat conclu entre le client et le fournisseur pour une durée déterminée, la poursuite de la consommation de gaz naturel se fera aux risques et périls du client. Le fournisseur pourra demander au distributeur l'interruption de la fourniture pour le(s) point(s) de livraison du client et ce, à tout moment. Dans ce cas, le client ne pourra revendiquer le remboursement d'aucun dommage de quelque nature que ce soit, et les frais d'interruption seront à sa charge*[.]* » ; que cette clause crée un déséquilibre significatif entre les droits et obligations des parties au détriment du consommateur ou du non-professionnel en ce qu'elle met à la charge du consommateur ou du non-professionnel dont le contrat est venu à expiration des consommations et des pénalités sans qu'il soit établi que les consommations d'énergie en cause lui soient imputables ;

Recommande que soient éliminées des contrats proposés par les fournisseurs de gaz et d'électricité les clauses ayant pour objet ou pour effet :

1. De ne pas donner une information claire sur les modalités de détermination du délai d'exécution de la prestation de fourniture d'énergie ;
2. De mettre à la charge du consommateur le devoir de s'assurer que le tarif souscrit correspond à ses besoins, alors que le devoir de conseil incombe au professionnel ;
3. De prévoir, en cas de dysfonctionnement des appareils de comptage, une facturation fondée sur une reconstitution forfaitaire de la consommation établie unilatéralement par le professionnel ;
4. De ne pas prévoir l'auto-relève du client pour établir sa consommation réelle d'énergie ;
5. D'imposer le prélèvement automatique comme unique mode de paiement ;
6. D'imposer le paiement de frais pour l'utilisation d'un instrument de paiement donné ;
7. De ne pas proposer un mode de paiement en espèces et d'appliquer des frais pour l'utilisation d'un mode de paiement donné ;
8. D'imposer au consommateur de recevoir sa facture uniquement par voie électronique, sans son accord exprès et préalable ;
9. D'autoriser le professionnel à modifier unilatéralement le montant des mensualités sans mettre le consommateur ou le non-professionnel en mesure d'en comprendre les raisons ;
10. D'autoriser le professionnel à facturer annuellement la consommation du client, sur estimation en l'absence de relevé annuel, sans que cette absence soit imputable au consommateur ou au non-professionnel ;
11. De mettre à la charge du consommateur ou du non-professionnel des frais pour l'acheminement des factures sur support papier ;
12. De modifier la durée légale de la prescription ;

13. De mettre une pénalité à la charge du consommateur ou du non-professionnel qui manquerait à son obligation de paiement dans le délai contractuel, sans le mettre en mesure de bénéficier effectivement de ce délai ;

14. De mettre une pénalité à la charge du consommateur ou du non-professionnel sans prévoir une pénalité du même ordre à l'encontre du professionnel qui n'exécuterait pas les siennes ;

15. De mettre à la charge du consommateur ou du non-professionnel des frais indéfinis en cas d'impayé ;

16. De mettre à la charge du consommateur ou du non-professionnel tous les frais engagés pour le recouvrement des sommes dues ;

17. De ne pas respecter en cas de trop*[-]*perçu supérieur à vingt-cinq euros le délai réglementaire de remboursement de quinze jours à compter de l'émission de la facture ;

18. De supprimer ou réduire le droit à réparation du préjudice subi par le non-professionnel ou le consommateur en cas de manquement par le professionnel à l'une quelconque de ses obligations ;

20. D'imposer au consommateur ou au non-professionnel des frais en cas de déplacement vain par sa faute sans réserver son droit à une indemnité lorsque le déplacement vain est imputable au professionnel ;

21. De permettre au professionnel de facturer au consommateur ou au non-professionnel de *[des]* frais pour déplacement vain sans réserver le cas de force majeure ;

22. D'écarter la responsabilité du professionnel par le moyen d'une définition de la force majeure plus large que celle du droit commun ;

23. De laisser croire au consommateur ou au non-professionnel qu'il ne pourrait résilier le contrat à tout moment ;

24. D'affranchir le professionnel de son obligation de communiquer au consommateur ou au non-professionnel tout projet de modification des conditions contractuelles ;

25. D'aggraver, au détriment du consommateur ou du non-professionnel, les modalités de résiliation du contrat telles qu'énoncées par l'article L. 121-89 *[L. 224-14]* du code de la consommation ;

26. De prévoir la résolution du contrat par le professionnel pour non-respect par le consommateur ou le non-professionnel de l'une quelconque de ses obligations, fût-elle mineure ;

27. De laisser croire au consommateur ou au non-professionnel qu'il ne peut introduire une action en justice ou saisir le médiateur national de l'énergie qu'après épuisement de la procédure de réclamation interne à l'entreprise ;

28. De donner une information incomplète au regard des prescriptions légales sur les modes de règlements amiables et contentieux des litiges ;

29. De laisser croire au consommateur ou au non-professionnel qu'à l'expiration du délai stipulé, il sera déchu de tout droit à indemnisation, en contravention avec l'article R. 132-2-10° *[R. 212-2]* du code de la consommation ;

30. De prévoir des modes d'avertissement ne garantissant pas l'information effective du consommateur ou *[du]* non-professionnel sur l'interruption programmée de la fourniture d'énergie ;

31. De mettre à la charge du consommateur ou du non-professionnel dont le contrat a pris fin des consommations d'énergie et des pénalités dont il n'est pas établi qu'elles lui soient imputables.

(Recommandation adoptée le 16 octobre 2014 sur le rapport de Mme Corinne Solal.)

Décret n° 2015-1083 du 27 août 2015,

Relatif à la mise à disposition sur le marché du matériel électrique destiné à être employé dans certaines limites de tension.

CHAPITRE PREMIER *Dispositions générales*

Art. 1er Le présent décret s'applique au matériel électrique destiné à être employé à une tension nominale comprise entre 50 et 1 000 volts pour le courant alternatif et 75 et 1 500 volts pour le courant continu, à l'exception des matériels et phénomènes énumérés à l'annexe II.

Art. 2 Aux fins du présent décret, on entend par :

1° "Mise à disposition sur le marché" : toute fourniture d'un matériel électrique destiné à être distribué, consommé ou utilisé sur le marché de l'Union dans le cadre d'une activité commerciale, à titre onéreux ou gratuit ;

2° "Mise sur le marché" : la première mise à disposition d'un matériel électrique sur le marché de l'Union ;

3° "Fabricant" : toute personne physique ou morale qui fabrique un matériel électrique ou fait concevoir ou fabriquer un matériel électrique, et commercialise ce matériel sous son propre nom ou sa propre marque ;

4° "Mandataire" : toute personne physique ou morale établie dans l'Union ayant reçu mandat écrit du fabricant pour agir en son nom aux fins de l'accomplissement de tâches déterminées ;

5° "Importateur" : toute personne physique ou morale établie dans l'Union qui met un matériel électrique provenant d'un pays tiers sur le marché de l'Union ;

6° "Distributeur" : toute personne physique ou morale faisant partie de la chaîne d'approvisionnement, autre que le fabricant ou l'importateur, qui met un matériel électrique à disposition sur le marché ;

7° "Opérateurs économiques" : le fabricant, le mandataire, l'importateur et le distributeur ;

8° "Spécifications techniques" : un document fixant les exigences techniques devant être respectées par un matériel électrique ;

9° "Norme harmonisée" : une norme harmonisée au sens de l'article 2, point 1 c, du règlement (UE) n° 1025/2012 du 25 octobre 2012 susvisé ;

10° "Évaluation de la conformité" : le processus qui permet de démontrer si les objectifs de sécurité mentionnés à l'article 3 et énoncés à l'annexe I relatifs à un matériel électrique ont été respectés ;

11° "Rappel" : toute mesure visant à obtenir le retour d'un matériel électrique qui a déjà été mis à la disposition de l'utilisateur final ;

12° "Retrait" : toute mesure visant à empêcher la mise à disposition sur le marché d'un matériel électrique présent dans la chaîne d'approvisionnement ;

13° "Législation d'harmonisation de l'Union" : toute législation de l'Union visant à harmoniser les conditions de commercialisation des produits ;

14° "Marquage CE" : le marquage par lequel le fabricant indique que le matériel électrique est conforme aux exigences applicables de la législation d'harmonisation de l'Union prévoyant son apposition.

Art. 3 Le matériel électrique ne peut être importé, détenu en vue de la vente ou de la distribution à titre gratuit, mis en vente, vendu ou distribué à titre gratuit, mis à disposition sur le marché à titre gratuit ou onéreux que si, construit conformément aux règles de l'art en matière de sécurité en vigueur dans l'Union, il ne compromet pas, lorsqu'il est correctement installé et entretenu et utilisé conformément à sa destination, la santé et la sécurité des personnes et des animaux domestiques ainsi que des biens.

Les principaux éléments des objectifs de sécurité sont énumérés à l'annexe I.

CHAPITRE II *Obligations des opérateurs économiques*

Art. 4 Les fabricants sont soumis aux obligations suivantes :

1° Les fabricants s'assurent, lorsqu'ils mettent leur matériel électrique sur le marché, *que celui-ci a été conçu* et fabriqué conformément aux objectifs de sécurité mentionnés à l'article 3 et énoncés à l'annexe I ;

2° Les fabricants établissent la documentation technique mentionnée à l'annexe III et mettent ou font mettre en œuvre la procédure d'évaluation de la conformité mentionnée à l'annexe III.

Lorsqu'il a été démontré, à l'aide de la procédure d'évaluation de la conformité mentionnée à l'alinéa précédent, que le matériel électrique respecte les objectifs de sécurité mentionné à l'article 3 et énoncés à l'annexe I, les fabricants établissent une déclaration UE de conformité et apposent le marquage CE ;

3° Les fabricants conservent la documentation technique mentionnée à l'annexe III et la déclaration UE de conformité pendant dix ans à partir de la mise sur le marché du matériel électrique ;

4° Les fabricants mettent en place des procédures pour que la production en série reste conforme au présent décret. Il est dûment tenu compte des modifications de la conception ou des caractéristiques du produit ainsi que des modifications des normes harmonisées mentionnées à l'article 10, des normes internationales ou nationales mentionnées aux articles 11 et 12, ou d'autres spécifications techniques par rapport auxquelles la conformité du matériel électrique est déclarée.

Lorsque cela semble approprié au vu des risques que présente le matériel électrique, les fabricants, dans un souci de protection de la santé et de la sécurité des consommateurs, effectuent des essais par sondage sur le matériel électrique mis à disposition sur le marché, examinent les réclamations, le matériel électrique non conforme et les rappels de matériel électrique non conforme et, le cas échéant, tiennent un registre en la matière et informent les distributeurs d'un tel suivi ;

5° Les fabricants mettent sur le marché du matériel électrique portant un numéro de type, de lot ou de série, ou un autre élément permettant son identification. Lorsque la taille ou la nature du matériel électrique ne le permet pas, les informations requises figurent sur son emballage ou dans un document accompagnant le matériel électrique ;

6° Les fabricants indiquent leur nom, leur raison sociale ou leur marque déposée et l'adresse postale à laquelle ils peuvent être contactés sur le matériel électrique ou, lorsque ce n'est pas possible, sur son emballage ou dans un document accompagnant le matériel électrique. L'adresse précise un lieu unique où le fabricant peut être contacté. Les coordonnées sont rédigées dans une langue aisément compréhensible par les utilisateurs finals et les autorités de surveillance du marché ;

7° Les fabricants joignent au matériel électrique des instructions et des informations de sécurité rédigées en langue française pour le matériel électrique destiné à être mis à disposition en France. Ces instructions et ces informations de sécurité, ainsi que tout étiquetage, sont clairs, compréhensibles et intelligibles. Elles peuvent également figurer dans une ou plusieurs autres langues ;

8° Les fabricants qui considèrent ou ont des raisons de croire qu'un matériel électrique qu'ils ont mis sur le marché n'est pas conforme au présent décret prennent immédiatement les mesures correctives nécessaires pour le mettre en conformité, le retirer ou le rappeler, si nécessaire. Sans préjudice des dispositions de l'article *(Ord. n° 2016-301 du 14 mars 2016, art. 2, en vigueur le 1er juill. 2016)* « L. 423-3 » du code de la consommation, si le matériel électrique présente un risque, les fabricants en informent immédiatement les autorités nationales compétentes des États membres dans lesquels ils ont mis cet appareil à disposition sur le marché, en fournissant des précisions, notamment, sur la non-conformité et toute mesure corrective adoptée.

Art. 5 I. – Le fabricant peut désigner un mandataire par un mandat écrit.

Les obligations énoncées au 1 de l'article 4 et l'obligation d'établir la documentation technique mentionnée au 2 de l'article 4 ne peuvent pas être confiées au mandataire.

II. – Le mandataire exécute les tâches indiquées dans le mandat qu'il a reçu du fabricant. Le mandat doit au minimum autoriser le mandataire à tenir à la disposition des agents chargés du contrôle la déclaration UE de conformité et la documentation technique pendant dix ans à partir de la mise sur le marché du matériel électrique.

Art. 6 Les importateurs sont soumis aux obligations suivantes :

1° Les importateurs ne mettent sur le marché que du matériel électrique conforme aux dispositions du présent décret ;

2° Avant de mettre du matériel électrique sur le marché, les importateurs s'assurent que la procédure appropriée d'évaluation de la conformité a été appliquée par le fabricant. Ils s'assurent que le fabricant a établi la documentation technique, que le matériel électrique porte le marquage CE et est accompagné des documents requis et que le fabricant a respecté les exigences énoncées aux 5° et 6° de l'article 4.

Lorsqu'un importateur considère ou a des raisons de croire que le matériel électrique *n'est pas conforme aux objectifs* de sécurité mentionnés à l'article 3 et énoncés à l'annexe I, il ne met ce matériel électrique sur le marché qu'après qu'il a été mis en conformité. En outre, si le matériel électrique présente un risque, l'importateur en informe le fabricant ainsi que les autorités de surveillance du marché ;

3° Les importateurs indiquent leur nom, leur raison sociale ou leur marque déposée et l'adresse postale à laquelle ils peuvent être contactés sur le matériel électrique ou, lorsque ce n'est pas possible, sur son emballage ou dans un document accompagnant le matériel électrique. Les coordonnées sont rédigées dans une langue aisément compréhensible par les utilisateurs finals et les autorités de surveillance du marché ;

4° Les importateurs s'assurent que le matériel électrique est accompagné d'instructions et d'informations de sécurité rédigées en langue française pour le matériel électrique destiné à être mis à disposition en France. Elles peuvent figurer en outre dans une ou plusieurs autres langues ;

5° Les importateurs s'assurent que, tant qu'un matériel électrique est sous leur responsabilité, ses conditions de stockage ou de transport ne compromettent pas sa conformité avec les objectifs de sécurité mentionnés à l'article 3 et énoncés à l'annexe I ;

6° Lorsque cela semble approprié au vu des risques que présente le matériel électrique, les importateurs, dans un souci de protection de la santé et de la sécurité des consommateurs, effectuent des essais par sondage sur le matériel électrique mis à disposition sur le marché, examinent les réclamations, le matériel électrique non conforme et les rappels de matériel électrique et, le cas échéant, tiennent un registre en la matière et informent les distributeurs d'un tel suivi ;

7° Les importateurs qui considèrent ou ont des raisons de croire qu'un matériel électrique qu'ils ont mis sur le marché n'est pas conforme au présent décret prennent immédiatement les mesures correctives nécessaires pour le mettre en conformité, le retirer ou le rappeler, si nécessaire. Sans préjudice des dispositions de l'article *(Ord. n° 2016-301 du 14 mars 2016, art. 2, en vigueur le 1er juill. 2016)* « **L. 423-3** » du code de la consommation, si le matériel électrique présente un risque, les importateurs en informent immédiatement les autorités nationales compétentes des États membres dans lesquels ils ont mis cet article à disposition sur le marché, en fournissant des précisions, notamment, sur la non-conformité et toute mesure corrective adoptée ;

8° Pendant dix ans à compter de la mise sur le marché du matériel électrique, les importateurs tiennent une copie de la déclaration UE de conformité à la disposition des agents chargés du contrôle et s'assurent que la documentation technique peut être fournie à ces agents, sur demande.

Art. 7 Les distributeurs sont soumis aux obligations suivantes :

1° Lorsqu'ils mettent du matériel électrique à disposition sur le marché, les distributeurs agissent avec la diligence requise en ce qui concerne les exigences du présent décret ;

2° Avant de mettre du matériel électrique à disposition sur le marché, les distributeurs vérifient qu'il porte le marquage CE, qu'il est accompagné des documents requis et des instructions et informations de sécurité rédigées en langue française pour le matériel électrique destiné à être mis en vente ou distribué à titre gratuit en France et que le fabricant et l'importateur se sont respectivement conformés aux exigences énoncées aux 5° et 6° de l'article 4 et au 3° de l'article 6. Les instructions et informations peuvent en outre figurer dans une ou plusieurs autres langues.

Lorsqu'un distributeur considère ou a des raisons de croire que le matériel électrique n'est pas conforme aux objectifs de sécurité mentionnés à l'article 3 et énoncés à l'annexe I, il ne met ce matériel électrique à disposition sur le marché qu'après qu'il a été mis en conformité. En outre, si le matériel électrique présente un risque, le distributeur en informe le fabricant ou l'importateur ainsi que les autorités de surveillance du marché ;

3° Les distributeurs s'assurent que, tant que le matériel électrique est sous leur responsabilité, ses conditions de stockage ou de transport ne compromettent pas sa conformité avec les objectifs de sécurité mentionnés à l'article 3 et énoncés à l'annexe I ;

4° Les distributeurs qui considèrent ou ont des raisons de croire que du matériel électrique qu'ils ont mis à disposition sur le marché n'est pas conforme au présent décret s'assurent que soient prises les mesures correctives nécessaires pour le mettre en conformité, le retirer ou le rappeler, si nécessaire. Sans préjudice de l'article *(Ord. n° 2016-301 du 14 mars 2016, art. 2, en vigueur le 1er juill. 2016)* « **L. 423-3** » du code de la consommation, si le matériel électrique présente un risque, les distributeurs en informent immédiatement les autorités nationales compétentes des États membres dans lesquels ils ont mis le matériel électrique à disposition sur le marché, en fournissant des précisions, notamment, sur la non-conformité et toute mesure corrective adoptée.

Art. 8 Un importateur ou un distributeur est considéré comme un fabricant pour l'application du présent décret et il est soumis aux obligations incombant au fabricant en vertu de l'article 4 lorsqu'il met du matériel électrique sur le marché sous son nom ou sa marque ou modifie du matériel électrique déjà mis sur le marché de telle sorte que la conformité au présent décret peut en être affectée.

Art. 9 Les opérateurs économiques identifient, à la demande des agents chargés du contrôle :

a) Tout opérateur économique qui leur a fourni du matériel électrique ;

b) Tout opérateur économique auquel ils ont fourni du matériel électrique.

Les opérateurs économiques doivent être en mesure de communiquer les informations mentionnées au premier alinéa pendant dix ans à compter de la date à laquelle le matériel électrique leur a été fourni et pendant dix ans à compter de la date à laquelle ils ont fourni le matériel électrique.

CHAPITRE III *Conformité du matériel électrique*

Art. 10 Le matériel électrique conforme à des normes harmonisées ou à des parties de normes harmonisées dont les références ont été publiées au *Journal officiel de l'Union européenne* est présumé conforme aux objectifs de sécurité mentionnés à l'article 3 et énoncés à l'annexe I qui sont couverts par ces normes ou parties de normes.

Art. 11 Lorsque les normes harmonisées mentionnées à l'article 10 n'ont pas été établies et publiées, le matériel électrique conforme aux dispositions en matière de sécurité des normes internationales établies par la Commission électrotechnique internationale (CEI) et dont les références ont été publiées au *Journal officiel de l'Union européenne*, est considéré comme répondant aux objectifs de sécurité mentionnés à l'article 3 et énoncés à l'annexe I qui sont couverts par ces normes.

Art. 12 Lorsque les normes harmonisées mentionnées à l'article 10 n'ont pas été rédigées et publiées et que les normes internationales mentionnées à l'article 11 n'ont pas été publiées, le matériel électrique construit conformément aux dispositions en matière de sécurité des normes en vigueur dans l'État membre de fabrication est considéré comme répondant aux objectifs de sécurité mentionnés à l'article 3 et énoncés à l'annexe I si elles assurent un niveau de sécurité équivalent à celui requis sur le territoire français.

Art. 13 La déclaration UE de conformité atteste que le respect des objectifs de sécurité mentionnés à l'article 3 et énoncés à l'annexe I a été démontré.

La déclaration UE de conformité est établie selon le modèle figurant à l'annexe IV, contient les éléments précisés dans le module A présenté à l'annexe III et est mise à jour en continu. Elle est rédigée ou traduite en langue française pour le matériel électrique destiné à être mis à disposition sur le marché français.

Lorsqu'un matériel électrique relève de plusieurs actes de l'Union imposant l'établissement d'une déclaration UE de conformité, il n'est établi qu'une seule déclaration UE de conformité pour l'ensemble de ces actes. La déclaration doit mentionner les titres des actes de l'Union concernés, ainsi que les références de leur publication.

En établissant la déclaration UE de conformité, le fabricant assume la responsabilité de la conformité du matériel électrique aux exigences du présent décret.

Art. 14 Le marquage CE est soumis aux principes généraux énoncés à l'article 30 du règlement (CE) n° 765/2008 du 9 juillet 2008 susvisé *[fixant les prescriptions relatives à l'accréditation et à la surveillance du marché pour la commercialisation des produits]*.

Le marquage CE est apposé de façon visible, lisible et indélébile sur le matériel électrique ou sur sa plaque signalétique. Lorsque cela n'est pas possible ou n'est pas garanti eu égard à la nature du matériel électrique, il est apposé sur l'emballage et sur les documents d'accompagnement.

Le marquage CE est apposé avant que le matériel électrique ne soit mis sur le marché.

CHAPITRE IV *Sanctions*

***Art. 15** I. — Est puni de l'amende* prévue pour les contraventions de la cinquième classe le fait :

1° D'importer ou mettre sur le marché à titre gratuit ou onéreux un matériel électrique qui n'a pas fait l'objet de l'évaluation de conformité prévue au 2° de l'article 4 ;

2° D'importer, mettre sur le marché à titre gratuit ou onéreux, détenir en vue de la vente ou de la distribution à titre gratuit, mettre en vente, vendre ou distribuer à titre gratuit un matériel électrique qui n'est pas accompagné des instructions et des informations de sécurité mentionnées au 7° de l'article 4 ;

3° D'importer ou mettre sur le marché à titre gratuit ou onéreux un matériel électrique non accompagné de la mention des caractéristiques essentielles mentionnées au *a* du point 1 de l'annexe I ;

4° Pour un fabricant ou un importateur, de ne pas être en mesure de communiquer aux agents chargés du contrôle la déclaration UE de conformité mentionnée à l'article 13 ;

5° Pour un fabricant, de ne pas être en mesure de communiquer aux agents chargés du contrôle la documentation technique définie à l'annexe III et pour un importateur, de ne pas être en mesure de la leur procurer.

La récidive est réprimée conformément aux dispositions des articles 132-11 et 132-15 du code pénal.

II. – Est puni de l'amende prévue pour les contraventions de la troisième classe le fait :

1° D'importer, mettre sur le marché à titre gratuit ou onéreux, détenir en vue de la vente ou de la distribution à titre gratuit, mettre en vente, vendre ou distribuer à titre gratuit un matériel électrique ne respectant pas l'obligation prévue à l'article 14 ;

2° D'importer, mettre sur le marché à titre gratuit ou onéreux, détenir en vue de la vente ou de la distribution à titre gratuit, mettre en vente, vendre ou distribuer à titre gratuit un matériel électrique ne portant pas les informations mentionnées aux 5° et 6° de l'article 4 et au 3° de l'article 6 ;

3° D'apposer sur un matériel électrique, sur son emballage ou sur les documents ou notices d'information du fabricant qui l'accompagnent, des inscriptions de nature à créer des confusions avec le marquage CE ou à en compromettre la visibilité ou la lisibilité.

CHAPITRE V *Dispositions transitoires et finales*

Art. 16 Les dispositions du présent décret entrent en vigueur le 20 avril 2016.

Toutefois, les matériels électriques conformes aux dispositions du décret n° 95-1081 du 3 octobre 1995 modifié relatif à la sécurité des personnes, des animaux et des biens lors de l'emploi des matériels électriques destinés à être employés dans certaines limites de tension et qui ont été mis sur le marché de l'Union avant le 20 avril 2016 peuvent continuer à être vendus ou distribués à titre gratuit.

Art. 17 Le décret n° 95-1081 du 3 octobre 1995 modifié relatif à la sécurité des personnes, des animaux et des biens lors de l'emploi des matériels électriques destinés à être employés dans certaines limites de tension est abrogé à compter du 20 avril 2016.

Dans toutes les dispositions à caractère réglementaire en vigueur, les références au décret n° 95-1081 du 3 octobre 1995 relatif à la sécurité des personnes, des animaux et des biens lors de l'emploi des matériels électriques destinés à être employés dans certaines limites de tension sont remplacées par les références au présent décret à compter du 20 avril 2016.

ANNEXES

V. les annexes au ***C. consom.***

Décret n° 2015-1084 du 27 août 2015,

Relatif à la compatibilité électromagnétique des équipements électriques et électroniques.

CHAPITRE PREMIER *Dispositions générales*

Art. 1er I. – Le présent décret s'applique aux équipements tels que définis à l'article 2.

II. – Le présent décret ne s'applique pas :

(Décr. n° 2017-599 du 21 avr. 2017, art. 4) « *a)* Aux équipements radioélectriques définis au 11° de l'article L. 32 et à l'article L. 34-9 du code des postes et des communications électroniques ; »

b) Aux produits, aux pièces et aux équipements aéronautiques mentionnés par le règlement du 20 février 2008 susvisé ;

c) Aux équipements radioélectriques utilisés par les radioamateurs au sens du règlement des radiocommunications adopté dans le cadre de la constitution de l'Union internationale des télécommunications et de la convention de l'Union internationale des télécommunications, à moins que ces équipements ne soient mis à disposition sur le marché ;

d) Aux équipements dont les caractéristiques physiques impliquent par leur nature même :

i) Qu'ils sont incapables de produire ou de contribuer à produire des émissions électromagnétiques qui dépassent un niveau permettant aux équipements radioélectriques et de télécommunications et aux autres équipements de fonctionner comme prévu ; et

ii) Qu'ils fonctionnent sans dégradation inacceptable en présence de perturbations électromagnétiques normalement présentes lors de l'utilisation prévue ;

e) Aux kits d'évaluation sur mesure destinés à être utilisés par des professionnels seulement dans des installations de recherche et de développement à de telles fins.

Aux fins du *c*, les kits de composants destinés à être assemblés par les radioamateurs et les équipements mis à disposition sur le marché et modifiés par et pour les radioamateurs ne sont pas considérés comme des équipements mis à disposition sur le marché.

III. — Lorsque, pour les équipements mentionnés au I, les exigences essentielles énoncées à l'annexe I sont prévues totalement ou partiellement de manière plus spécifique par d'autres dispositions de la législation de l'Union, le présent décret ne s'applique pas ou cesse de s'appliquer à ces équipements en ce qui concerne ces exigences à dater de la mise en œuvre desdites dispositions de la législation de l'Union.

IV. — Le présent décret est sans effet sur l'application de la législation de l'Union ou des États membres régissant la sécurité des équipements.

Art. 2 I. - Aux fins du présent décret, on entend par :

1° "équipement" : un appareil ou une installation fixe quelconque ;

2° "appareil" : tout dispositif fini ou toute combinaison de tels dispositifs mis à disposition sur le marché en tant qu'unité fonctionnelle indépendante, destiné à l'utilisateur final et susceptible de produire des perturbations électromagnétiques, ou dont le fonctionnement peut être affecté par de telles perturbations ;

3° "installation fixe" : une combinaison particulière de plusieurs types d'appareils et, le cas échéant, d'autres dispositifs qui sont assemblés, installés et prévus pour être utilisés de façon permanente à un endroit prédéfini ;

4° "compatibilité électromagnétique" : l'aptitude d'équipements à fonctionner dans leur environnement électromagnétique de façon satisfaisante sans produire eux-mêmes de perturbations électromagnétiques intolérables pour d'autres équipements dans cet environnement ;

5° "perturbation électromagnétique" : tout phénomène électromagnétique susceptible de créer des troubles de fonctionnement d'un équipement ; une perturbation électromagnétique peut être un bruit électromagnétique, un signal non désiré ou une modification du milieu de propagation lui-même ;

6° "immunité" : l'aptitude d'équipements à fonctionner comme prévu, sans dégradation en la présence de perturbations électromagnétiques ;

7° "à des fins de sécurité" : aux fins de préserver la vie humaine ou des biens ;

8° "environnement électromagnétique" : la totalité des phénomènes électromagnétiques observables en un lieu donné ;

9° "mise à disposition sur le marché" : toute fourniture d'un appareil destiné à être distribué, consommé ou utilisé sur le marché de l'Union dans le cadre d'une activité commerciale, à titre onéreux ou gratuit ;

10° "mise sur le marché" : la première mise à disposition d'un appareil sur le marché de l'Union ;

11° "fabricant" : toute personne physique ou morale qui fabrique un appareil ou fait concevoir ou fabriquer un appareil, et commercialise cet appareil sous son nom ou sa marque ;

12° "mandataire" : toute personne physique ou morale établie dans l'Union ayant reçu mandat écrit du fabricant pour agir en son nom aux fins de l'accomplissement de tâches *déterminées ;*

13° "importateur" : toute personne physique ou morale établie dans l'Union qui met un appareil provenant d'un pays tiers sur le marché de l'Union ;

14° "distributeur" : toute personne physique ou morale faisant partie de la chaîne d'approvisionnement autre que le fabricant ou l'importateur, qui met un appareil à disposition sur le marché ;

15° "opérateurs économiques" : le fabricant, le mandataire, l'importateur et le distributeur ;

16° "spécifications techniques" : un document fixant les exigences techniques devant être respectées par un appareil ;

17° "norme harmonisée" : une norme harmonisée au sens du *c* du 1 de l'article 2 du règlement du 25 octobre 2012 susvisé ;

18° "accréditation" : l'accréditation au sens du 10 de l'article 2 du règlement du 9 juillet 2008 susvisé ;

19° "organisme national d'accréditation" : un organisme national d'accréditation au sens du 11 de l'article 2 du règlement du 9 juillet 2008 susvisé ;

20° "évaluation de la conformité" : le processus qui permet de démontrer si les exigences essentielles du présent décret relatives aux appareils ont été respectées ;

21° "organisme d'évaluation de la conformité" : un organisme qui effectue des opérations d'évaluation de la conformité, comme l'étalonnage, les essais, la certification et l'inspection ;

22° "rappel" : toute mesure visant à obtenir le retour d'un appareil qui a déjà été mis à la disposition de l'utilisateur final ;

23° "retrait" : toute mesure visant à empêcher la mise à disposition sur le marché d'un appareil présent dans la chaîne d'approvisionnement ;

24° "législation d'harmonisation de l'Union" : toute législation de l'Union visant à harmoniser les conditions de commercialisation des produits ;

25° "marquage CE" : le marquage par lequel le fabricant indique que l'appareil est conforme aux dispositions applicables de la législation d'harmonisation de l'Union prévoyant son apposition.

II. – Aux fins de l'application du présent décret, les produits suivants sont considérés comme des appareils :

1° Les "composants" ou "sous-ensembles" destinés à être incorporés dans un appareil par l'utilisateur final et qui sont susceptibles de provoquer des perturbations électromagnétiques ou dont le fonctionnement risque d'être affecté par ces perturbations ;

2° Les "installations mobiles" définies comme une combinaison d'appareils et, le cas échéant, d'autres dispositifs, prévus pour être déplacés et pour fonctionner dans des lieux différents.

Art. 3 I. – Les équipements ne peuvent être importés, détenus en vue de la vente ou de la distribution à titre gratuit, mis en vente, vendus ou distribués à titre gratuit, mis à disposition sur le marché à titre gratuit ou onéreux ou mis en service que s'ils sont conformes au présent décret dès lors qu'ils sont dûment installés, entretenus et utilisés conformément aux fins prévues.

II. – Les équipements qui ne satisfont pas aux dispositions du présent décret peuvent être exposés ou faire l'objet de démonstrations lors de foires commerciales, d'expositions ou d'événements similaires, à condition qu'une indication visible spécifie clairement que ces équipements ne peuvent pas être mis à disposition sur le marché de l'Union ou mis en service avant d'avoir été mis en conformité avec les dispositions de la directive 2014/30/UE du 26 février 2014 susvisée. Les démonstrations ne peuvent avoir lieu que si les mesures adéquates ont été prises pour éviter des perturbations électromagnétiques.

Art. 4 Les équipements satisfont aux exigences essentielles énoncées à l'annexe I.

CHAPITRE II *Obligations des opérateurs économiques*

Art. 5 Les fabricants sont soumis aux obligations suivantes :

1° Les fabricants s'assurent, lorsqu'ils mettent leurs appareils sur le marché, que ceux-ci ont été conçus et fabriqués conformément aux exigences essentielles énoncées à l'annexe I ;

2° Les fabricants établissent la documentation technique mentionnée à l'annexe II ou à l'annexe III et mettent ou font mettre en œuvre la procédure d'évaluation de la conformité pertinente mentionnée à l'article 12.

Lorsqu'il a été démontré, à l'aide de cette procédure, que l'appareil respecte les exigences applicables, les fabricants établissent une déclaration UE de conformité et apposent le marquage CE ;

3° Les fabricants conservent la documentation technique et la déclaration UE de conformité pendant dix ans à partir de la mise sur le marché de l'appareil ;

4° Les fabricants mettent en place des procédures pour que la production en série reste conforme au présent décret. Il est dûment tenu compte des modifications de la conception ou des caractéristiques de l'appareil ainsi que des modifications des normes harmonisées ou d'autres spécifications techniques par rapport auxquelles la conformité de l'appareil est déclarée ;

5° Les fabricants mettent sur le marché des appareils portant un numéro de type, de lot ou de série, ou un autre élément permettant leur identification ou, lorsque la taille ou la nature de l'appareil ne le permet pas, que les informations requises figurent sur l'emballage ou dans un document accompagnant l'appareil ;

6° Les fabricants indiquent leur nom, leur raison sociale ou leur marque déposée et l'adresse postale à laquelle ils peuvent être contactés sur l'appareil ou, lorsque ce n'est pas possible, sur son emballage ou dans un document accompagnant l'appareil. L'adresse précise un lieu unique où le fabricant peut être contacté. Les coordonnées sont rédigées dans une langue aisément compréhensible par les utilisateurs finals et les autorités de surveillance du marché ;

7° Les fabricants joignent aux appareils les instructions et les informations mentionnées à l'article 15, rédigées en langue française pour les appareils destinés à être mis à disposition en France. Ces instructions et ces informations ainsi que tout étiquetage sont clairs, compréhensibles et intelligibles. Elles peuvent figurer en outre dans une ou plusieurs autres langues ;

8° Les fabricants qui considèrent ou ont des raisons de croire qu'un appareil qu'ils ont mis sur le marché n'est pas conforme au présent décret prennent immédiatement les mesures correctives nécessaires pour le mettre en conformité, le retirer ou le rappeler, si nécessaire. En outre, si l'appareil présente un risque, les fabricants en informent immédiatement les autorités nationales compétentes des États membres dans lesquels ils ont mis cet appareil à disposition sur le marché, en fournissant des précisions, notamment, sur la non-conformité et toute mesure corrective adoptée.

Art. 6 Le fabricant peut désigner un mandataire par un mandat écrit.

Les obligations énoncées au 1° de l'article 5 et l'obligation d'établir la documentation technique mentionnée au 2° de l'article 5 ne peuvent pas être confiées au mandataire.

Le mandataire exécute les tâches indiquées dans le mandat reçu du fabricant. Le mandat doit au minimum autoriser le mandataire à tenir la déclaration UE de conformité et la documentation technique à la disposition des agents chargés du contrôle pendant dix ans à partir de la mise sur le marché de l'appareil.

Art. 7 Les importateurs sont soumis aux obligations suivantes :

1° Les importateurs ne mettent sur le marché que des appareils conformes aux dispositions du présent décret ;

2° Avant de mettre un appareil sur le marché, les importateurs s'assurent que la procédure appropriée d'évaluation de la conformité mentionnée à l'article 12 a été appliquée par le fabricant. Ils s'assurent que le fabricant a établi la documentation technique, que l'appareil porte le marquage CE et est accompagné des documents requis, et que le fabricant a respecté les exigences énoncées aux 5° et 6° de l'article 5.

Lorsqu'un importateur considère ou a des raisons de croire qu'un appareil n'est pas conforme aux exigences essentielles énoncées à l'annexe I, il ne met cet appareil sur le marché qu'après qu'il a été mis en conformité. En outre, si l'appareil présente un risque, l'importateur en informe le fabricant ainsi que les agents chargés du contrôle ;

3° Les importateurs indiquent leur nom, leur raison sociale ou leur marque déposée et l'adresse postale à laquelle ils peuvent être contactés sur l'appareil ou, lorsque ce n'est pas possible, sur son emballage ou dans un document accompagnant les appareils. Les coordonnées sont rédigées dans une langue aisément compréhensible par les utilisateurs finals et les autorités de surveillance du marché ;

4° Les importateurs vérifient que l'appareil est accompagné des instructions et des informations mentionnées à l'article 15, rédigées en langue française pour les appareils destinés à être mis à disposition en France. Elles peuvent figurer en outre dans une ou plusieurs autres langues ;

5° Les importateurs s'assurent que, tant qu'un appareil est sous leur responsabilité, ses conditions de stockage ou de transport ne compromettent pas sa conformité avec les exigences essentielles énoncées à l'annexe I ;

6° Les importateurs qui considèrent ou ont des raisons de croire qu'un appareil qu'ils ont mis sur le marché n'est pas conforme au présent décret prennent immédiatement les mesures correctives nécessaires pour le mettre en conformité, le retirer ou le rappeler, si nécessaire. En outre, si l'appareil présente un risque, les importateurs en informent immédiatement les autorités nationales compétentes des États membres dans lesquels ils ont mis cet appareil à disposition sur le marché, en fournissant des précisions, notamment, sur la non-conformité et toute mesure corrective adoptée ;

7° Pendant dix ans à partir de la mise sur le marché de l'appareil, les importateurs tiennent une copie de la déclaration UE de conformité à la disposition des agents chargés du contrôle et s'assurent que la documentation technique peut être fournie à ces agents sur demande.

Art. 8 Les distributeurs sont soumis aux obligations suivantes :

1° Lorsqu'ils mettent un appareil à disposition sur le marché, les distributeurs agissent avec la diligence requise en ce qui concerne les exigences du présent décret ;

2° Avant de mettre un appareil à disposition sur le marché, les distributeurs vérifient qu'il porte le marquage CE, qu'il est accompagné des documents requis ainsi que d'instructions et des informations mentionnées à l'article 15, rédigées en langue française pour les appareils destinés à être mis en vente ou distribué à titre gratuit en France, et que le fabricant et l'importateur ont respecté les exigences énoncées respectivement aux 5° et 6° de l'article 5 et au 3° de l'article 7. Les instructions et informations peuvent en outre figurer dans une ou plusieurs autres langues.

Lorsqu'un distributeur considère ou a des raisons de croire qu'un appareil n'est pas conforme aux exigences essentielles énoncées à l'annexe I, il ne met cet appareil à disposition sur le marché qu'après qu'il a été mis en conformité. En outre, si l'appareil présente un risque, le distributeur en informe le fabricant ou l'importateur ainsi que les agents chargés du contrôle ;

3° Les distributeurs s'assurent que, tant qu'un appareil est sous leur responsabilité, ses conditions de stockage ou de transport ne compromettent pas sa conformité avec les exigences essentielles énoncées à l'annexe I ;

4° Les distributeurs qui considèrent ou ont des raisons de croire qu'un appareil qu'ils ont mis à disposition sur le marché n'est pas conforme au présent décret s'assurent que les mesures correctives nécessaires soient prises pour le mettre en conformité, le retirer ou le rappeler, si nécessaire. En outre, si l'appareil présente un risque, les distributeurs en informent immédiatement les autorités nationales compétentes des États membres dans lesquels ils ont mis cet appareil à disposition sur le marché, en fournissant des précisions, notamment, sur la non-conformité et toute mesure corrective adoptée.

Art. 9 Un importateur ou un distributeur est considéré comme un fabricant pour l'application du présent décret et il est soumis aux obligations incombant au fabricant, énoncées à l'article 5, s'il met sur le marché un appareil sous son nom ou sa marque ou s'il modifie un appareil déjà mis sur le marché de telle manière que sa conformité au présent décret peut en être affectée.

Art. 10 Les opérateurs économiques identifient, à la demande des agents chargés du contrôle :

a) Tout opérateur économique qui leur a fourni un appareil ;

b) Tout opérateur économique auquel ils ont fourni un appareil.

Les opérateurs économiques doivent être en mesure de communiquer ces informations pendant dix ans à compter de la date à laquelle l'appareil leur a été fourni et pendant dix ans à compter de la date à laquelle ils ont fourni l'appareil.

CHAPITRE III *Conformité des équipements*

Art. 11 Les équipements conformes à des normes harmonisées ou à des parties de normes harmonisées dont les références ont été publiées au *Journal officiel de l'Union européenne* sont présumés conformes aux exigences essentielles énoncées à l'annexe I qui sont couvertes par ces normes ou parties de normes.

Art. 12 La conformité des appareils avec les exigences essentielles énoncées à l'annexe I est démontrée en recourant à l'une des procédures d'évaluation de la conformité suivantes :

a) Le contrôle interne de la fabrication, prévu à l'annexe II ;

b) L'examen UE de type, suivi par la conformité au type sur la base du contrôle interne de la fabrication, prévu à l'annexe III.

Le fabricant peut choisir de restreindre l'application de la procédure mentionnée au *b* à certains aspects des exigences essentielles, pour autant que, pour les autres aspects des exigences essentielles, la procédure mentionnée au *a* soit appliquée.

Art. 13 La déclaration UE de conformité atteste que le respect des exigences essentielles énoncées à l'annexe I a été démontré.

La déclaration UE de conformité est établie selon le modèle figurant à l'annexe IV, contient les éléments précisés dans les modules correspondants énoncés aux annexes II et III et est mise à jour en continu. Elle est rédigée ou traduite en langue française pour les appareils destinés à être mis à disposition sur le marché français.

Lorsqu'un appareil relève de plusieurs actes de l'Union imposant l'établissement d'une déclaration UE de conformité, il n'est établi qu'une seule déclaration UE de conformité pour l'ensemble de ces actes. La déclaration doit mentionner les titres des actes de l'Union concernés ainsi que les références de leur publication.

En établissant la déclaration UE de conformité, le fabricant assume la responsabilité de la conformité de l'appareil avec les exigences fixées dans le présent décret.

Art. 14 Le marquage CE est soumis aux principes généraux énoncés à l'article 30 du règlement du 9 juillet 2008 susvisé *[fixant les prescriptions relatives à l'accréditation et à la surveillance du marché pour la commercialisation des produits]*.

Le marquage CE est apposé avant que l'appareil ne soit mis sur le marché.

Le marquage CE est apposé de façon visible, lisible et indélébile sur l'appareil ou sur sa plaque signalétique. Lorsque cela n'est pas possible ou n'est pas garanti eu égard à la nature de l'appareil, il est apposé sur l'emballage et sur les documents d'accompagnement.

Art. 15 L'appareil est accompagné d'informations sur toute précaution spécifique à prendre lors du montage, de l'installation, de l'entretien ou de l'utilisation de l'appareil, de façon à garantir que, une fois mis en service, celui-ci soit conforme aux exigences essentielles énoncées au point 1 de l'annexe I.

Les appareils pour lesquels la conformité avec les exigences essentielles énoncées au point 1 de l'annexe I n'est pas assurée dans les zones résidentielles sont accompagnés d'une indication claire de cette restriction d'emploi, qui figure s'il y a lieu également sur l'emballage.

Les informations nécessaires afin de permettre une utilisation de l'appareil conforme aux fins prévues pour celui-ci figurent dans les instructions qui l'accompagnent.

Art. 16 Les appareils mis à disposition sur le marché et qui peuvent être incorporés dans une installation fixe sont soumis à toutes les dispositions du présent décret applicables aux appareils.

Les exigences des articles 4 à 10 et 12 à 15 ne sont toutefois pas obligatoires dans le cas d'appareils prévus pour être incorporés dans une installation fixe particulière et qui ne sont pas mis à disposition sur le marché par ailleurs.

Dans de tels cas, la documentation d'accompagnement identifie l'installation fixe ainsi que ses caractéristiques en matière de compatibilité électromagnétique et indique les précautions à prendre pour y incorporer les appareils de façon à ne pas compromettre la conformité de cette installation. La documentation comprend, en outre, les informations mentionnées aux 5° et 6° de l'article 5 et au 3° de l'article 7.

Les bonnes pratiques d'ingénierie mentionnées au point 2 de l'annexe I sont documentées et la ou les personnes responsables tiennent cette documentation à la disposition des autorités compétentes à des fins d'inspection aussi longtemps que l'installation fixe fonctionne.

Toute personne, physique ou morale, qui procède à la réalisation ou à la modification d'une installation fixe au sens du 3° de l'article 2 est responsable de l'établissement de sa conformité avec les exigences essentielles énoncées à l'annexe I.

CHAPITRE IV Organismes d'évaluation de la conformité

Art. 17 I. – Le ministre chargé de l'industrie est l'autorité notifiante au sens des articles 21 et 22 de la directive 2014/30/UE du 26 février 2014 susvisée *[relative à l'harmonisation des législations des États membres concernant la compatibilité électromagnétique]*.

II. – Sont habilités à réaliser l'examen UE de type mentionné à l'article 12 les organismes accrédités à cet effet par le Comité français d'accréditation (COFRAC) et faisant l'objet d'une notification à la Commission européenne ainsi que les organismes désignés à cet effet par un autre État membre de l'Union européenne, un État partie à l'accord sur l'Espace économique européen ou la Turquie.

Les organismes faisant l'objet d'une notification par le ministre chargé de l'industrie participent aux activités de normalisation et de coordination des organismes notifiés pertinentes.

III. – Les organismes d'évaluation de la conformité pouvant justifier du respect des exigences prévues au II soumettent leur demande de notification au ministre chargé de l'industrie.

Art. 18 Les organismes notifiés communiquent au ministre chargé de l'industrie les éléments suivants :

a) Tout refus, restriction, suspension ou retrait d'une attestation d'examen UE de type ;

b) Toute circonstance influant sur la portée ou les conditions de la notification ;

c) Toute demande d'information reçue des agents chargés du contrôle concernant des activités d'évaluation de la conformité ;

d) Sur demande, les activités d'évaluation de la conformité réalisées dans le cadre de leur notification et toute autre activité réalisée, y compris les activités et sous-traitances transfrontalières.

Les organismes notifiés fournissent aux autres organismes notifiés qui effectuent des activités similaires d'évaluation de la conformité couvrant les mêmes appareils des informations pertinentes sur les questions relatives aux résultats négatifs de l'évaluation de la conformité et, sur demande, aux résultats positifs.

CHAPITRE V Sanctions

Art. 19 Est puni des peines prévues *(Décr. n° 2016-884 du 29 juin 2016, art. 2, en vigueur le 1er juill. 2016)* « aux articles R. 451-1 et R. 531-2 » du code de la consommation le fait :

1° D'importer ou mettre sur le marché à titre gratuit ou onéreux un appareil qui n'a pas fait l'objet de l'évaluation de conformité prévue à l'article 12 ;

2° Pour un fabricant ou un importateur de ne pas être en mesure de communiquer aux agents chargés du contrôle la déclaration UE de conformité mentionnée à l'article 13 ;

3° Pour un fabricant de ne pas être en mesure de communiquer aux agents chargés du contrôle la documentation technique définie à l'annexe II ou III et pour un importateur, de ne pas être en mesure de la leur procurer ;

4° D'importer, de mettre sur le marché à titre gratuit ou onéreux, détenir en vue de la vente ou de la distribution à titre gratuit, mettre en vente, vendre ou distribuer à titre gratuit un appareil ne respectant pas les dispositions prévues à l'article 14 ;

5° D'apposer sur un appareil, sur son emballage ou sur les documents, notices ou instructions qui l'accompagnent, des inscriptions de nature à créer des confusions avec le marquage CE ou à en compromettre la visibilité ou la lisibilité ;

6° D'importer, de mettre sur le marché à titre onéreux ou gratuit, détenir en vue de la vente ou de la distribution à titre gratuit, mettre en vente, vendre ou distribuer à titre gratuit un appareil ne portant pas les informations mentionnées aux 5° et 6° de l'article 5 et au 3° de l'article 7 ou n'étant pas accompagnés des instructions et informations mentionnées à l'article 15 ;

7° D'exposer lors de salons professionnels, de foires commerciales, d'expositions ou d'événements similaires des équipements qui, alors qu'ils ne sont pas conformes aux dispositions de l'article 5, ne respectent pas les dispositions du II de l'article 3.

CHAPITRE VI Dispositions transitoires et finales

Art. 20 Les dispositions du présent décret entrent en vigueur le 20 avril 2016.

Toutefois les équipements conformes aux dispositions du décret n° 2006-1278 du 18 octobre 2006 relatif à la compatibilité électromagnétique des équipements électriques et électroniques et qui ont été mis sur le marché de l'Union avant le 20 avril 2016 peuvent continuer à être vendus ou distribués à titre gratuit.

Art. 21 Le décret n° 2006-1278 du 18 octobre 2006 relatif à la compatibilité électromagnétique des équipements électriques et électroniques est abrogé à compter du 20 avril 2016.

Dans toutes les dispositions à caractère réglementaire en vigueur, les références au décret n° 2006-1278 du 18 octobre 2006 relatif à la compatibilité électromagnétique des équipements électriques et électroniques sont remplacées par les références au présent décret à compter du 20 avril 2016.

ANNEXES

V. les annexes au ***C. consom.***

ENSEIGNEMENT ET FORMATION

Code du travail

Art. L. 6353-3 *(Ord. n° 2007-329 du 12 mars 2007)* Lorsqu'une personne physique entreprend une formation, à titre individuel et à ses frais, un contrat est conclu entre elle et le dispensateur de formation. — *[Anc. art. L. 920-13, al. 1er, 1re phrase].*

(L. n° 2009-1437 du 24 nov. 2009, art. 51) « Ce contrat est conclu avant l'inscription définitive du stagiaire et tout règlement de frais. »

Art. L. 6353-4 *(Ord. n° 2007-329 du 12 mars 2007)* Le contrat conclu entre la personne physique qui entreprend une formation et le dispensateur de formation précise, à peine de nullité :

1° La nature, la durée, le programme et l'objet des actions de formation qu'il prévoit ainsi que les effectifs qu'elles concernent ;

2° Le niveau de connaissances préalables requis pour suivre la formation et obtenir les qualifications auxquelles elle prépare ;

3° Les conditions dans lesquelles la formation est donnée aux stagiaires, notamment les modalités de formation dans le cas des formations réalisées en tout ou en partie à distance, les moyens pédagogiques et techniques mis en œuvre ainsi que les modalités de contrôle des connaissances et la nature de la sanction éventuelle de la formation ;

4° Les diplômes, titres ou références des personnes chargées de la formation prévue par le contrat ;

5° Les modalités de paiement ainsi que les conditions financières prévues en cas de cessation anticipée de la formation ou d'abandon en cours de stage. — *[Anc. art. L. 920-13, al. 1er, 2e phrase, à al. 6].*

Art. L. 6353-5 *(Ord. n° 2007-329 du 12 mars 2007)* Dans le délai de dix jours à compter de la signature du contrat, le stagiaire peut se rétracter par lettre recommandée avec avis de réception. — *[Anc. art. L. 920-13, al. 7, 1re phrase].*

Art. L. 6353-6 *(Ord. n° 2007-329 du 12 mars 2007)* Aucune somme ne peut être exigée du stagiaire avant l'expiration du délai de rétractation prévu à l'article L. 6353-5.

Il ne peut être payé à l'expiration de ce délai une somme supérieure à 30 % du prix convenu.

Le solde donne lieu à échelonnement des paiements au fur et à mesure du déroulement de l'action de formation. — *[Anc. art. L. 920-13, al. 8].*

Art. L. 6353-7 *(Ord. n° 2007-329 du 12 mars 2007)* Si, par suite de force majeure dûment reconnue, le stagiaire est empêché de suivre la formation, il peut rompre le contrat. Dans ce cas, seules les prestations effectivement dispensées sont rémunérées à due proportion de leur valeur prévue au contrat. — *[Anc. art. L. 920-13, al. 7, 2e et 3e phrases].*

Art. L. 6353-8 *(L. n° 2009-1437 du 24 nov. 2009, art. 51)* Le programme et les objectifs de la formation, la liste des formateurs avec la mention de leurs titres ou qualités, les horaires, les modalités d'évaluation de la formation, les coordonnées de la personne chargée des relations avec les stagiaires par l'entité commanditaire de la formation et le règlement intérieur applicable à la formation sont remis au stagiaire avant son inscription définitive.

Dans le cas des contrats conclus en application de l'article L. 6353-3, les informations mentionnées au premier alinéa du présent article ainsi que les tarifs, les modalités de règlement et les conditions financières prévues en cas de cessation anticipée de la formation ou d'abandon en cours de stage sont remis au stagiaire potentiel avant son inscription définitive et tout règlement de frais.

Code de l'éducation

Établissements privés dispensant un enseignement à distance

Art. L. 444-1 Les dispositions du présent chapitre s'appliquent à toutes les formes d'enseignement privé à distance.

Constitue un enseignement à distance l'enseignement ne comportant pas, dans les lieux où il est reçu, la présence physique du maître chargé de le dispenser ou ne comportant une telle présence que de manière occasionnelle ou pour certains exercices. — *[L. nº 71-556 du 12 juill. 1971, art. 1er].*

1. Organisme privé d'enseignement. Constitue un organisme privé d'enseignement à distance un établissement qui, en vue de la préparation de divers diplômes, fournit à ses clients un ensemble de prestations comportant notamment la remise de plans de travail et de corrigés types et qui, éventuellement, propose auxdits clients l'assistance d'enseignants attachés à un autre établissement. • Crim. 13 nov. 1974 : *D. 1975. IR 6.*

2. Institut de formation médicale. La loi de 1971 s'applique à toutes les formes d'enseignement privé à distance ; tel est le cas d'un institut de formation médicale qui s'est défini comme un établissement d'enseignement supérieur libre, lequel, n'étant pas un établissement public, est nécessairement privé. • Paris, 3 déc. 1991 : *D. 1992. IR 76.*

3. Enseignement à distance. Il n'y a pas d'enseignement à distance lorsque la seule partie de la formation se faisant à distance est l'étude des cours et qu'il n'est pas établi que les explications nécessaires, les exercices et la vérification des connaissances se faisaient ailleurs qu'au siège de l'organisme d'enseignement. • Paris, 8 juill. 1987 : *D. 1987. IR 197.*

.....

Art. L. 444-7 A peine de nullité, les conditions dans lesquelles l'enseignement à distance est donné aux élèves sont précisées dans le contrat, notamment en ce qui concerne le service d'assistance pédagogique, les directives du travail, les travaux à effectuer et leur correction.

A peine de nullité, également, il doit en outre être annexé à ce contrat le plan d'études, qui comporte des indications sur le niveau des connaissances préalables, le niveau des études, leur durée moyenne et les emplois auxquels elles préparent. La fourniture des livres, objets ou matériels doit être comptabilisée à part. — *[L. nº 71-556 du 12 juill. 1971, art. 8]. — V. C. éduc., art. R. 444-18 s.*

Paiement de la prestation. Cassation de l'arrêt qui, au prétendu motif qu'elle est abusive, refuse d'appliquer une clause qui, contrairement à l'usage des paiements trimestriels, oblige à payer dans son entier une année scolaire à peine commencée. • Civ. 1re, 6 déc. 1989 : *D. 1990. 289, note Ghestin.*

Art. L. 444-8 A peine de nullité, le contrat ne peut être signé qu'au terme d'un délai de sept jours après sa réception.

Le contrat peut être résilié par l'élève, ou son représentant légal, si, par suite d'un cas fortuit ou d'une force majeure, il est empêché de suivre l'enseignement correspondant. Dans ce cas, la résiliation ne donne lieu à aucune indemnité.

Jusqu'à l'expiration d'un délai de trois mois à compter de la date d'entrée en vigueur du contrat, celui-ci peut être unilatéralement résilié par l'élève moyennant une indemnité dont le montant ne saurait excéder 30 % du prix du contrat, fournitures non comprises. Les sommes déjà versées peuvent être retenues à due concurrence.

Les livres, objets ou matériels dont le contrat prévoyait la fourniture à l'élève et qui ont été effectivement livrés à la date de la résiliation, restent acquis pour la valeur estimée au contrat.

Il ne peut être payé par anticipation plus de 30 % du prix convenu, fournitures non comprises. Pour les cours dont la durée totale est supérieure à douze mois, les 30 % sont calculés sur le prix de la première année pédagogique telle qu'elle est prévue par le plan d'études.

Le contrat doit, à peine de nullité, reproduire les dispositions du présent article. Il ne peut comporter de clause attributive de compétence. — *[L. n° 71-556 du 12 juill. 1971, art. 9]. — V. C. éduc., art. R. 444-18 s.*

Est prorogé jusqu'au premier jour ouvrable suivant le délai qui expirerait normalement un samedi, un dimanche ou un jour férié ou chômé (L. n° 89-421 du 23 juin 1989, art. 10-II).

BIBL. ▶ BAZIN, *D. 2008. 3028* (le droit de repentir en droit de la consommation).

Art. L. 444-10 Toute infraction aux dispositions du présent chapitre est passible d'un an d'emprisonnement et de 15 000 € d'amende.

En cas de condamnation, le tribunal peut prononcer, pour une durée de cinq ans au plus, l'interdiction de diriger et d'enseigner ainsi que la fermeture de l'établissement. — *[L. n° 71-556 du 12 juill. 1971, art. 16].*

Art. R. 444-1 *(Décr. n° 2008-263 du 14 mars 2008)* Constitue un organisme privé d'enseignement à distance, soumis aux dispositions des articles L. 444-1 à L. 444-11 et L. 471-1 à L. 471-5, tout organisme privé qui s'engage à dispenser un enseignement, sous quelque forme que ce soit, dans les conditions définies aux articles L. 444-1 à L. 444-11.

Cet enseignement consiste à dispenser à distance, à titre principal ou en complément d'un enseignement, un service d'assistance pédagogique à une préparation ou à une formation. Le service peut consister notamment à fournir, avec ou sans échelonnement dans le temps, en vue d'une formation dans une discipline quelconque d'enseignement ou de la préparation à un concours, à un examen, à un diplôme ou à une activité professionnelle, des livres, cours ou matériels, que l'assistance pédagogique accompagne ces fournitures ou soit dispensée séparément. — *[Décr. n° 72-1218 du 22 déc. 1972, art. 1er].*

Art. R. 444-18 *(Décr. n° 2008-263 du 14 mars 2008)* Le contrat prévu à l'article L. 444-7 précise le caractère et la périodicité des travaux de toute nature qui sont proposés à l'élève dans chacune des disciplines faisant l'objet d'un enseignement; il expose également la manière dont est assuré le service d'assistance pédagogique, les méthodes utilisées, les contrôles exercés, la façon dont sont communiquées les directives des enseignants et dont l'élève est mis en mesure d'apprécier le résultat d'ensemble de ses efforts; il indique les noms, prénoms et qualités des enseignants responsables de la formation de l'élève.

Le contrat contient, s'il y a lieu, la liste des livres, cours et matériel didactiques de toute nature que l'élève sera astreint à se procurer, à titre onéreux, ainsi que l'indication du prix et des modalités de paiement. — *[Décr. n° 72-1218 du 22 déc. 1972, art. 18].*

Art. R. 444-19 *(Décr. n° 2008-263 du 14 mars 2008)* Un plan d'études, annexé au contrat, précise en outre, conformément au deuxième alinéa de l'article L. 444-7 :

1° Le programme de l'enseignement, la nature et le contenu des disciplines étudiées, le nombre minimum des travaux de toute nature demandés à l'élève, l'échelonnement des enseignements et des travaux dans le temps ;

2° Le niveau des connaissances préalables nécessaires pour entreprendre l'étude de ce programme, apprécié par référence aux diplômes et titres exigés pour suivre un enseignement de niveau équivalent dans un établissement public d'enseignement ;

3° Le niveau des études, apprécié par référence à celui de leur premier aboutissement et, le cas échéant, à celui des études correspondantes dans l'enseignement public ;

4° La durée moyenne des études, appréciées en nombre d'heures, compte tenu du niveau préalable de connaissances de l'élève tel qu'il résulte de ses déclarations écrites et des diplômes et titres qu'il détient. — *[Décr. n° 72-1218 du 22 déc. 1972, art. 19].*

Art. R. 444-20 *(Décr. n° 2008-263 du 14 mars 2008)* Les fournitures assurées, le cas échéant, aux élèves par l'organisme privé d'enseignement à distance sont adaptées aux exigences de l'enseignement dispensé et conformes aux données récentes, notamment scientifiques et techniques ; elles ne peuvent être livrées et facturées qu'au fur et à mesure des nécessités de leur utilisation : elles font l'objet d'un compte distinct et détaillé. Le titre, les noms d'auteur et d'éditeur sont précisés pour chaque livre ; l'utilité pédagogique est

sommairement expliquée pour tout autre objet ou matériel. – *[Décr. n° 72-1218 du 22 déc. 1972, art. 20].*

Art. R. 444-21 *(Décr. n° 2008-263 du 14 mars 2008)* **Lorsque la durée totale de l'enseignement est supérieure à douze mois, le compte relatif au prix de l'enseignement proprement dit fait apparaître le prix effectif global, toutes charges et taxes comprises, de la première année pédagogique.** – *[Décr. n° 72-1218 du 22 déc. 1972, art. 21].*

Art. R. 444-22 *(Décr. n° 2008-263 du 14 mars 2008)* **Le contrat est clairement divisé et rédigé en caractères facilement lisibles. Les nullités et déchéances prévues, le cas échéant, par le contrat sont mentionnées en caractères gras contrastant suffisamment avec le contexte dans lequel elles sont insérées.**

Les dispositions de l'article L. 444-8 sont reproduites en caractères gras, nettement détachées des clauses contractuelles et contrastant suffisamment avec celles-ci. Elles sont placées en dernier lieu, avant l'emplacement réservé pour les signatures. – *[Décr. n° 72-1218 du 22 déc. 1972, art. 22].*

Art. R. 444-23 *(Décr. n° 2008-263 du 14 mars 2008)* **Le projet de contrat, y compris le plan d'études qui lui est annexé, est adressé au souscripteur, par lettre recommandée avec demande d'avis de réception, en deux exemplaires, signés par le représentant légal de l'organisme privé d'enseignement à distance. Le contrat est retourné par le souscripteur, par lettre recommandée.** – *[Décr. n° 72-1218 du 22 déc. 1972, art. 23].*

Envoi du contrat. L'exigence d'une expédition à l'élève par lettre recommandée avec avis de réception est conforme à la volonté du législateur, puisqu'elle permet de connaître le point de départ du délai de six jours francs prévu par l'art. 9 [ancien] de la loi du 12 juill. 1971 ; c'est donc à bon droit qu'une cour d'appel a rejeté l'exception d'illégalité relative à l'art. 23 du décret du 22 déc. 1972. • Crim. 25 janv. 1978 : *D. 1978. IR 344, obs. Roujou de Boubée.* – V. aussi Fortin, *D. 1977. 254.*

Art. R. 444-24 *(Décr. n° 2008-263 du 14 mars 2008)* **La somme exigible dès la souscription du contrat ne peut excéder le montant du prix susceptible d'être payé par anticipation tel qu'il est prévu par les dispositions du cinquième alinéa de l'article L. 444-8.**

Les versements subséquents ont lieu dans les conditions fixées par le contrat. Toutefois, pendant une période de trois mois à compter de la date de la conclusion du contrat, ces versements ne peuvent aboutir à constituer, au profit de l'organisme privé d'enseignement à distance, une provision supérieure au montant de l'indemnité que ledit organisme peut, en application du troisième alinéa de l'article L. 444-8, réclamer, le cas échéant, au souscripteur en cas de résiliation.

Les sommes dues au titre de contrats relatifs à des enseignements à distance dispensés pendant les vacances scolaires et limités à la durée de celles-ci peuvent faire l'objet de modalités de paiement entièrement libres, lorsque ces enseignements ne s'appliquent qu'à des élèves fréquentant, pendant l'année scolaire, des établissements d'enseignement sur place. Dans ce cas, le délai de résiliation est fixé à huit jours. – *[Décr. n° 72-1218 du 22 déc. 1972, art. 24].*

Art. R. 444-25 *(Décr. n° 2008-263 du 14 mars 2008)* **Toute modification ou adjonction aux contrats déjà conclus ne peut être apportée que dans les conditions et formes prévues par les articles L. 444-7 et L. 444-8 et par les dispositions des articles R. 444-18 à R. 444-27.** – *[Décr. n° 72-1218 du 22 déc. 1972, art. 25].*

Art. R. 444-26 *(Décr. n° 2008-263 du 14 mars 2008)* **En cas de survenance de l'empêchement prévu au deuxième alinéa de l'article L. 444-8, à la suite d'un cas fortuit ou d'une force majeure, l'élève ou son représentant légal notifie la résiliation, en en précisant les motifs, à l'organisme privé d'enseignement à distance, par lettre recommandée avec demande d'avis de réception.**

A défaut de réponse de l'organisme privé, la résiliation prend effet huit jours après la date de la réception de cette lettre. L'organisme privé restitue aussitôt les sommes versées par l'élève ou pour son compte par un tiers ou par un organisme de crédit, qu'il détiendrait à titre de provision ou d'avance et qui ne constitueraient pas la contrepartie de services effectivement rendus à la date d'effet de la résiliation.

L'estimation pécuniaire de ces services est faite à proportion du temps couru depuis la date d'entrée en vigueur du contrat. – *[Décr. n° 72-1218 du 22 déc. 1972, art. 26].*

Art. R. 444-27 *(Décr. nº 2008-263 du 14 mars 2008)* S'il entend faire usage de la faculté de résiliation prévue au troisième alinéa de l'article L. 444-8, l'élève ou son représentant légal notifie la résiliation à l'organisme privé d'enseignement à distance, sans être tenu de la motiver, par lettre recommandée avec demande d'avis de réception.

La résiliation prend effet à la date de réception de cette lettre par l'organisme privé intéressé. Celui-ci restitue aussitôt les sommes versées par l'élève ou pour son compte par un tiers ou par un organisme de crédit, qu'il détiendrait à titre de provision ou d'avance et qui excéderaient le montant du prix des services effectivement rendus augmenté, le cas échéant, de celui de l'indemnité prévue au troisième alinéa de l'article L. 444-8.

L'estimation pécuniaire des services effectivement rendus est faite comme il est dit à l'article R. 444-26. — *[Décr. nº 72-1218 du 22 déc. 1972, art. 27].*

Art. R. 444-28 *(Décr. nº 2008-263 du 14 mars 2008)* Sans préjudice des peines plus graves prévues par l'article L. 444-10, est puni de l'amende prévue pour les contraventions de la cinquième classe le fait, pour toute personne, d'enfreindre les dispositions des articles R. 444-8 et R. 444-15. Les mêmes peines s'appliquent à toute personne qui ferait obstacle à l'exercice des contrôles et inspections prévus aux articles R. 444-14 à R. 444-17. — *[Décr. nº 72-1218 du 22 déc. 1972, art. 31].*

Publicité et démarchage

Art. L. 471-1 Les dispositions du présent chapitre sont applicables à tous les organismes ou établissements d'enseignement. — *[L. nº 71-556 du 12 juill. 1971, art. 10].*

Art. L. 471-2 Les organismes d'enseignement privés doivent rappeler dans leur dénomination leur caractère privé.

Les dénominations des organismes d'enseignement privés existants sont soumises à déclaration. — *[L. nº 71-556 du 12 juill. 1971, art. 11]. — V. C. éduc., art. R. 471-1.*

Art. L. 471-3 Toute publicité doit faire l'objet d'un dépôt préalable auprès du recteur. La publicité ne doit rien comporter de nature à induire les candidats en erreur sur la culture et les connaissances de base indispensables, la nature des études, leur durée moyenne *(L. nº 2013-660 du 22 juill. 2013, art. 72)* «, les diplômes » et les emplois auxquels elles préparent. — *V. C. éduc., art. R. 471-2.*

Aucune publicité ne peut être mise en œuvre pendant le délai de quinze jours qui suit le dépôt. *(L. nº 2013-660 du 22 juill. 2013, art. 72)* « Pendant ce délai, le recteur doit transmettre aux services de la concurrence, de la consommation et de la répression des fraudes les publicités qui lui paraissent en infraction avec l'article L. 731-14. »

Il n'est pas dérogé aux dispositions du code de la consommation relatives à la publicité et de l'article 313-1 du code pénal. — *[L. nº 71-556 du 12 juill. 1971, art. 12].*

Art. L. 471-4 Il est interdit d'effectuer des actes de démarchage ou de mandater des démarcheurs pour le compte d'organismes d'enseignement.

Constitue l'acte de démarchage le fait de se rendre au domicile des particuliers ou sur les lieux de travail pour provoquer la souscription d'un contrat d'enseignement. — *[L. nº 71-556 du 12 juill. 1971, art. 13].*

1. Démarchage. Le démarchage en matière d'enseignement est prohibé, quelle que soit sa forme ; il l'est notamment lorsque le client éventuel a demandé lui-même une information personnelle, c'est-à-dire, dans son esprit, l'envoi d'une documentation, peu important que cette information se soit traduite par la visite d'un démarcheur et que celle-ci ait abouti à la signature d'un contrat. • Crim. 4 janv. 1982 : *D. 1982. IR 163.*

2. Domicile. La prohibition de l'art. 13 s'applique même si la signature du contrat est intervenue postérieurement au démarchage, et hors du domicile du particulier. • Crim. 8 févr. 1995 : *Bull. crim. nº 60.*

Art. L. 471-5 Le fait de méconnaître les dispositions du présent chapitre est puni d'un an d'emprisonnement et de 15 000 € d'amende.

En cas de condamnation, le tribunal peut prononcer, pour une durée de cinq ans au plus, l'interdiction de diriger et d'enseigner ainsi que la fermeture de l'établissement. — *[L. nº 71-556 du 12 juill. 1971, art. 16]. — V. C. éduc., art. R. 471-7.*

Art. R. 471-1 *(Décr. nº 2008-263 du 14 mars 2008)* **La déclaration de dénomination qui incombe à tout organisme d'enseignement privé, par application des dispositions de l'article L. 471-2, est adressée au recteur de l'académie où se trouve le siège de l'organisme.**

Toute modification ultérieure à la dénomination est préalablement déclarée au recteur. – *[Décr. nº 72-1219 du 22 déc. 1972, art. 1er].*

Art. R. 471-2 *(Décr. nº 2008-263 du 14 mars 2008)* **Le dépôt préalable à toute publicité faite par les organismes ou établissements d'enseignement, auquel il est procédé en application des dispositions de l'article L. 471-3, est effectué par leur représentant légal, en triple exemplaire, auprès du recteur de l'académie dans laquelle est situé le siège de l'organisme ou de l'établissement ; il en est délivré récépissé.** – *[Décr. nº 72-1219 du 22 déc. 1972, art. 2].*

Art. R. 471-3 *(Décr. nº 2008-263 du 14 mars 2008)* **Les documents déposés indiquent tous les éléments de la publicité, sous toutes leurs formes, ainsi que tous les moyens de diffusion utilisés, notamment la liste complète des organes de presse destinés à servir de support.** – *[Décr. nº 72-1219 du 22 déc. 1972, art. 3].*

Art. R. 471-4 *(Décr. nº 2008-263 du 14 mars 2008)* **La publicité écrite, utilisant des supports qui excèdent les dimensions définies par arrêté du ministre chargé de l'éducation, est déposée sous forme de reproductions photographiques, dont les dimensions sont fixées par ledit arrêté.** – *[Décr. nº 72-1219 du 22 déc. 1972, art. 6].*

Art. R. 471-5 *(Décr. nº 2008-263 du 14 mars 2008)* **Les établissements privés d'enseignement sur place ne peuvent procéder au dépôt de toute publicité qu'après l'expiration du délai dont disposent les autorités compétentes pour faire opposition à la déclaration de leur ouverture conformément aux dispositions des articles L. 441-1 à L. 441-4, L. 441-5 à L. 441-9, L. 441-10 à L. 441-13 et L. 731-1 à L. 731-11.**

Les organismes privés d'enseignement à distance ne peuvent procéder au dépôt de toute publicité qu'après la date à laquelle ils peuvent légalement exercer leur activité. – *[Décr. nº 72-1219 du 22 déc. 1972, art. 4].*

Art. R. 471-6 *(Décr. nº 2008-263 du 14 mars 2008)* **Lorsque sont confondus sous la même dénomination un établissement dispensant un enseignement sur place et un organisme dispensant un enseignement à distance, chaque forme d'enseignement fait l'objet d'une publicité distincte qui ne peut en aucune manière faire référence au caractère, aux qualités, aux succès ou à la notoriété de l'autre forme d'enseignement.** – *[Décr. nº 72-1219 du 22 déc. 1972, art. 5].*

Art. R. 471-7 *(Décr. nº 2008-263 du 14 mars 2008)* **Sans préjudice des peines plus graves prévues par l'article L. 471-5, est puni de l'amende prévue pour les contraventions de la cinquième classe le fait, pour toute personne, d'enfreindre les dispositions des articles R. 471-5 et R. 471-6.** – *[Décr. nº 72-1219 du 22 déc. 1972, art. 7].*

Tarifs de la restauration scolaire

Art. R. 531-52 *(Décr. nº 2009-553 du 15 mai 2009)* **Les tarifs de la restauration scolaire fournie aux élèves des écoles maternelles, des écoles élémentaires, des collèges et des lycées de l'enseignement public sont fixés par la collectivité territoriale qui en a la charge.** – *[Décr. nº 2006-753 du 29 juin 2006, art. 1er].*

Art. R. 531-53 *(Décr. nº 2009-553 du 15 mai 2009)* **Les tarifs mentionnés à l'article R. 531-52 ne peuvent, y compris lorsqu'une modulation est appliquée, être supérieurs au coût par usager résultant des charges supportées au titre du service de restauration, après déduction des subventions de toute nature bénéficiant à ce service.** – *[Décr. nº 2006-753 du 29 juin 2006, art. 2].*

Recommandation CCA nº 91-01 du 7 juillet 1989,

Concernant les contrats proposés par les établissements d'enseignement (BOCC 6 sept. 1991).

La Commission des clauses abusives,

Considérant que les établissements d'enseignement présentent une grande variété et que les contrats proposés aux consommateurs visent des situations extrêmement diverses, tant par le niveau d'enseignement dispensé (primaire, secondaire, supérieur, technique, professionnel) que par les prestations proposées allant de l'enseignement seul à l'internat et par le régime juridique de l'établissement ; que, par ailleurs, l'éducation nationale offre également aux élèves et à leurs parents un certain nombre de prestations moyennant une contrepartie financière, telles que la demi-pension ou l'internat ; qu'enfin, les consommateurs eux-mêmes, contractant avec les établissements d'enseignement, sont parfois les parents d'élèves mineurs, parfois les élèves eux-mêmes ayant atteint leur majorité ;

Considérant que les conventions, écrites ou verbales, qui lient les établissements d'enseignement à des consommateurs et aux termes desquelles les consommateurs doivent verser une contrepartie financière en échange d'un enseignement et/ou de prestations annexes diverses, constituent des contrats habituellement proposés au sens de la loi du 10 janvier 1978 *[C. consom., art. L. 212-1 s.]* ; que ces contrats sont bien proposés par des professionnels à des consommateurs ; que les clauses de ces contrats sont en fait imposées à l'adhésion des consommateurs ; qu'il convient dès lors d'éliminer de ces contrats les clauses qui peuvent être qualifiées d'abusives au sens de la loi du 10 janvier 1978 ;

Considérant que, dans de nombreux cas, aucun document n'existe fixant les droits et obligations réciproques des parties ; que, lorsque ces documents existent, ils ne sont pas toujours communiqués aux consommateurs ; que certains contrats précisent même que les contrats, quelle que soit la dénomination donnée, ne seront communiqués qu'après l'inscription et le paiement ; que certains contrats sont très flous sur les parties contractantes, d'autres allant jusqu'à exiger l'adhésion non seulement de l'élève majeur cocontractant, mais également de son conjoint ; qu'il paraît nécessaire, de manière à prévenir les difficultés et à assurer un juste équilibre contractuel, d'exiger que dans tous les contrats un document écrit, indiquant les droits et obligations réciproques des parties, soit remis aux consommateurs avant la conclusion du contrat et avant tout paiement par le consommateur ;

Considérant que le contrat ainsi conclu doit indiquer non seulement les obligations des consommateurs, mais également celles contractées par les professionnels, et qu'il ne saurait contenir de clauses permettant au seul professionnel de modifier unilatéralement le contenu et l'étendue de leurs obligations ;

Considérant que les contrats relatifs à la demi-pension et à l'internat doivent préciser les prestations dues par le professionnel ; que, par contre, doivent être éliminées les clauses prévoyant que le professionnel ne sera pas tenu de rembourser les sommes payées à l'avance par le consommateur, quel que soit le motif pour lequel les prestations n'ont pas été consommées : maladie ou décès de l'élève, carences du professionnel lui-même, grèves, etc.

Considérant que les clauses relatives au prix dû par le consommateur doivent être suffisamment claires et précises et éviter toute ambiguïté et toute imprécision ; que les clauses indiquant que le prix est forfaitaire pour une année entière et prévoyant qu'il est dû, même si l'élève ne peut suivre l'enseignement, pour quelque cause que ce soit (décès, maladie, réunion, suspension de cours, fermeture de l'établissement, etc.), doivent être éliminées ; que, de même, doivent être éliminées les clauses permettant au professionnel de réviser unilatéralement en cours d'année les prix convenus ;

Considérant que certaines clauses relatives au paiement du prix doivent également être éliminées ; que tel est le cas des clauses qui interdisent tout règlement en espèce, exigent la remise de chèques non datés ou de chèques en blanc, imputent les versements faits lors de l'inscription sur le troisième trimestre ;

Considérant que toutes les clauses excluant directement ou indirectement l'application de la loi du 10 janvier 1978 sur le crédit à la consommation *[C. consom., art. L. 312-1 s.]* doivent être éliminées ;

Considérant que les clauses imposant au consommateur qui contracte avec le professionnel, de conclure divers contrats de vente ou de service avec ce professionnel ou avec d'autres professionnels indiqués par lui, notamment pour les fournitures, l'uniforme, l'équipement, le matériel, constituent des ventes liées ou subordonnées et sont illégales ; que ces clauses permettent parfois des abus considérables ; que si de telles prestations annexes peuvent exister, c'est à la condition qu'elles ne soient en aucun cas obligatoires ;

Considérant que de nombreux contrats contiennent des clauses résolutoires permettant au professionnel de mettre fin au contrat à tout moment, de manière unilatérale, et sans préavis ; que de telles clauses sont manifestement abusives et doivent être éliminées ;

Considérant que de nombreux contrats contiennent des clauses pénales en cas de défaut ou de retard dans les paiements ; que certaines de ces clauses sont manifestement excessives, notamment lorsqu'elles prévoient que les consommateurs devront, à titre de clause pénale, payer un trimestre ou une année entière en cas de rupture du contrat par leur fait, quelle qu'en soit la cause (par exemple, en cas de décès de l'élève), alors que le professionnel ne devrait aucune indemnité en cas de suspension des cours ou de fermeture de l'école en cours d'année ;

Considérant que de nombreux contrats contiennent des clauses attributives de compétence ou des clauses compromissoires manifestement illicites,

Recommande :

A. – Que les conventions liant les établissements d'enseignement aux consommateurs fassent l'objet d'un écrit précisant les parties à ce contrat et les obligations contractées tant par le professionnel que par le consommateur ; que les contrats précisent de manière claire les obligations accessoires à l'enseignement contractées par le professionnel, notamment en matière de demi-pension ou d'internat ; que ce contrat soit remis au consommateur avant sa conclusion.

B. – Que soient éliminées des contrats proposés par les établissements d'enseignement les clauses qui ont pour objet ou pour effet :

1° De faire référence à des conditions générales non communiquées au consommateur et non annexées au contrat ;

2° De prévoir un quelconque versement par le consommateur avant la conclusion du contrat, quelle que soit la dénomination donnée à ce versement ;

3° De permettre au professionnel de modifier unilatéralement le contenu du contrat et l'étendue des obligations des parties ;

4° De prévoir que le professionnel ne serait pas tenu de rembourser les sommes payées à l'avance par le consommateur en cas de rupture du contrat ou de non-fourniture des prestations par le professionnel pour quelque cause que ce soit ;

5° De permettre au professionnel de réviser unilatéralement les prix convenus en dehors des clauses licites d'indexation qui doivent alors figurer dans le contrat ;

6° D'affecter les paiements effectués en début de l'année scolaire par le consommateur aux autres trimestres ainsi que celles exigeant un prélèvement bancaire, refusant le paiement en espèces, exigeant la remise de chèques non entièrement remplis ;

7° D'écarter l'application de la loi n° 78-22 du 10 janvier 1978 sur le crédit *[C. consom., art. L. 312-1 s.]* ;

8° De contraindre le consommateur à accepter des ventes ou des services liés ou subordonnés ;

9° De permettre au professionnel de rompre unilatéralement le contrat à tout moment ;

10° De prévoir des clauses pénales excessives et que, dans tous les cas où une clause pénale est stipulée, soient rappelées les dispositions de l'article 1152 du code civil ;

11° D'empêcher la résiliation du contrat à la demande du consommateur qui justifie d'un motif sérieux et légitime.

C. – Que soient exclues de ces mêmes contrats toutes les clauses attributives de compétence et les clauses compromissoires.

(Texte adopté le 7 juillet 1989 sur le rapport de M. Luc Bihl.)

Recommandation CCA n° 2010-01 du 11 février 2010,

Relative aux contrats de soutien scolaire.

La Commission des clauses abusives,

Considérant que le secteur du soutien scolaire présente une grande variété tenant à la diversité de ses acteurs (associations, centres pédagogiques, établissements privés, instituts, réseaux de franchises, professeurs indépendants) ; que les contrats proposés aux non-professionnels ou aux consommateurs visent des situations extrêmement diverses, tant par la gamme très large de disciplines et de niveaux d'études concernés que par les prestations proposées, allant notamment du cours individuel à domicile ou collectif dans la structure à l'aide aux devoirs en cours d'année scolaire, en passant par des stages de pré rentrée, de remise à niveau, de révision durant les vacances scolaires ou de préparation aux grandes écoles ; que les non-professionnels ou les consommateurs contractant avec les entreprises de soutien scolaire sont parfois les parents d'élèves mineurs, parfois les élèves ayant atteint leur majorité ;

Considérant que la Commission regrette que toutes les conventions liant les professionnels du secteur aux non-professionnels ou aux consommateurs ne fassent pas l'objet d'un document contractuel préalablement écrit fixant les droits et obligations réciproques des parties ; que la Commission déplore également que, lorsqu'un document contractuel est effectivement remis au non-professionnel ou au consommateur, celui-ci manque parfois de lisibilité, contrairement aux exigences de l'article L. 133-2 *[L. 211-1]* du code de la consommation ;

Considérant qu'il existe deux types de contrats habituellement proposés par les professionnels à leurs contractants non-professionnels ou consommateurs dans le secteur du soutien scolaire : les contrats de prestations de soutien scolaire (I) et les contrats de mandat de soutien scolaire (II) ; que les clauses de nature à déséquilibrer significativement les relations entre professionnels et non-professionnels ou consommateurs au détriment de ceux-ci sont soit des clauses propres à chaque type de contrat, soit des clauses communes aux deux types de contrats (III et IV) ;

I. Considérant que les contrats de prestations de soutien scolaire sont des contrats par lesquels le professionnel s'engage à fournir au non-professionnel ou au consommateur un enseignant capable de remplir les fonctions de soutien scolaire ; que cet enseignant est un employé du professionnel prestataire ; que les prestations proposées sont de deux ordres, soit des cours collectifs dans les locaux du prestataire (A), soit des cours individuels au domicile du non-professionnel ou du consommateur (B) ;

A. Cours collectifs dans les locaux du prestataire. 1°) Considérant que certains contrats prévoient qu'il n'y aura aucun remboursement du non-professionnel ou du consommateur en cas d'absence du bénéficiaire à un cours collectif de soutien scolaire ; que cette clause est abusive en ce qu'elle ne réserve pas l'hypothèse où l'absence serait due à un cas de force majeure ;

2°) Considérant que certaines clauses autorisent le professionnel à modifier les termes du contrat en cours d'exécution, qu'il s'agisse de modifications du prix, des conditions générales ou des caractéristiques de ses prestations ; que, suivant l'article R. 132-1, 3°) *[R. 212-1]*, du code de la consommation, ces clauses qui ont pour objet ou pour effet de "réserver au professionnel le droit de modifier unilatéralement les clauses du contrat relatives à sa durée, aux caractéristiques ou au prix du bien à livrer ou du service à rendre" sont de manière irréfragable présumées abusives ;

3°) Considérant que de nombreux contrats prévoient que le professionnel est tenu d'une obligation de moyens, sans préciser l'objet de cette obligation ; que, du fait de sa généralité, cette clause est abusive en ce qu'elle laisse croire au non-professionnel ou au consommateur que le professionnel n'est tenu d'aucune obligation de résultat, notamment en ce qui concerne la fourniture du cours collectif ;

4°) Considérant que certaines clauses stipulent que le professionnel pourra conserver les arrhes versées par le non-professionnel ou le consommateur, en cas de résiliation par ce dernier avant le commencement d'exécution du contrat, sans prévoir, réciproquement, le droit pour le non-professionnel ou le consommateur au versement d'une somme égale au double des arrhes, au cas où c'est le professionnel qui résilie le contrat ; que, selon l'article R. 132-2, 2°) *[R. 212-2]*, du code de la consommation, ces clauses, qui ont pour objet ou pour effet d'"autoriser le professionnel à conserver des sommes versées par le non-professionnel ou le consommateur lorsque celui-ci renonce à conclure ou à exécuter le contrat, sans prévoir réciproquement le droit pour le non-professionnel ou le consommateur de percevoir une indemnité d'un montant équivalent, ou égale au double en cas de versement d'arrhes au sens de l'article L. 114-1 *[ancien]*, si c'est le professionnel qui renonce", sont présumées abusives ;

5°) Considérant que certains contrats autorisent le professionnel à "annuler contre remboursement une préparation en cas d'insuffisance de participants", sans préciser le nombre en deçà duquel il dispose de cette faculté ; que, si l'insuffisance du nombre de participants constitue un motif légitime de résiliation en vertu du contrat, cette clause, qui, en vertu de l'article R. 132-1, 8°) *[R. 212-1]*, du code de la consommation, a pour objet ou pour effet de "reconnaître au professionnel le droit de résilier discrétionnairement le contrat, sans reconnaître le même droit au non-professionnel ou au consommateur" est de manière irréfragable présumée abusive ;

6°) Considérant que certaines clauses permettent au professionnel de résilier le contrat pour motif légitime, mais sans prévoir de délai de préavis ; qu'en application de l'article R. 132-2, 4°) *[R. 212-2]* du code de la consommation, ces clauses qui ont pour effet ou pour objet de "reconnaître au professionnel la faculté de résilier le contrat sans préavis d'une durée raisonnable" sont présumées abusives ;

7°) Considérant que de nombreuses clauses prévoient qu'en cas de résiliation par le non-professionnel ou le consommateur, ce dernier sera tenu au versement d'une indemnité contractuelle au profit du professionnel ; que ces clauses sont abusives en ce qu'elles ne réservent pas le cas de force majeure ;

B. Cours individuels au domicile du non-professionnel ou du consommateur. 8°) Considérant qu'un contrat stipule que lorsqu'un enseignant se rend au cours prévu et que le bénéficiaire du cours n'est pas au rendez-vous, le cours est considéré comme donné et décompté du forfait à concurrence d'une heure, "dans le cas où ni l'enseignant ni la société n'a été prévenu suffisamment à l'avance" ; que cette clause est abusive en ce qu'elle laisse au professionnel le pouvoir discrétionnaire d'apprécier ledit délai, lui conférant ainsi un pouvoir unilatéral dans l'exécution du contrat ; qu'en outre, cette clause est susceptible de contrevenir à l'article R. 132-1, 4°) *[R. 212-1]* du code de la consommation qui présume comme irréfragablement abusives les clauses ayant pour objet ou pour effet d'"accorder au seul professionnel le droit de déterminer si la chose livrée ou les services fournis sont conformes ou non aux stipulations du contrat ou *[de]* lui conférer le droit exclusif d'interpréter une quelconque clause du contrat" ;

9°) Considérant que certaines clauses autorisent le professionnel à modifier les termes du contrat en cours d'exécution, qu'il s'agisse de modifications du prix, des conditions générales ou des caractéristiques de ses prestations ; que, suivant l'article R. 132-1-3° *[R. 212-1]*), du code de la consommation, ces clauses, qui ont pour objet ou pour effet de "réserver au professionnel le droit de modifier unilatéralement les clauses du contrat relatives à sa durée, aux caractéristiques ou au prix du bien à livrer ou du service à rendre", sont de manière irréfragable présumées abusives ;

10°) Considérant qu'une clause stipule que la cession du contrat par le non-professionnel ou consommateur est interdite alors qu'elle est permise du fait du professionnel ; que, de surcroît, la cession du contrat par le professionnel est possible sans l'accord du contractant cédé ; que, selon l'article R. 132-2, 5°) *[R. 212-2]*, du code de la consommation, cette clause, qui a pour objet ou pour effet de "permettre au professionnel de procéder à la cession de son contrat sans l'accord du non-professionnel ou du consommateur", est présumée abusive "lorsque cette cession est susceptible d'engendrer une diminution des droits du non-professionnel ou du consommateur" ;

11°) Considérant que de nombreux contrats prévoient que le non-professionnel ou le consommateur devra payer une indemnité forfaitaire dont le montant apparaît manifestement disproportionné, pour le cas où il poursuivrait sa collaboration avec l'enseignant proposé par le professionnel, sans passer par son service ; que cette clause s'analyse, dans les contrats de prestations de services, comme une clause de non-débauche du personnel proposé ; que, en vertu de l'article R. 132-2, 3°) *[R. 212-2]*, du code de la consommation, cette clause, qui a pour effet ou pour objet d'"imposer au non-professionnel ou au consommateur qui n'exécute pas ses obligations une indemnité d'un montant manifestement disproportionné", est présumée abusive ;

II. Considérant que les contrats de mandat sont des contrats par lesquels la famille signataire donne à la société de soutien scolaire le pouvoir de rechercher du personnel enseignant susceptible de remplir les fonctions de soutien scolaire, d'effectuer les formalités administratives nécessaires à l'emploi de ce personnel et de rémunérer ce personnel pour son compte et en son nom ; que, dans ce type de contrat, la famille signataire est l'employeur du personnel enseignant ;

12°) Considérant que certaines clauses stipulent que les coupons-contrats ne sont ni échangés ni remboursés, quel que soit le motif ; que ces clauses sont abusives en ce que les sommes initialement confiées au professionnel dans le cadre du contrat de mandat sont indûment conservées par lui ;

13°) Considérant que de nombreux contrats imposent au non-professionnel ou au consommateur un délai pour l'annulation d'un cours ; que cette clause est abusive en ce que le professionnel s'immisce indûment dans la relation contractuelle entre l'enseignant et le non-professionnel ou le consommateur qui est son employeur ;

14°) Considérant qu'un professionnel remet au non-professionnel ou au consommateur le contrat de travail liant celui-ci à l'enseignant ; qu'une clause prévoit alors que ce contrat de travail est remis à titre indicatif, à charge pour le non-professionnel ou le consommateur d'en vérifier l'adéquation avec la législation en vigueur ; que cette clause est abusive en ce qu'elle laisse croire que le professionnel pourrait être exonéré de sa responsabilité en cas d'inadéquation du contrat fourni par lui avec la législation en vigueur ;

15°) Considérant qu'une clause stipule que le professionnel n'ayant qu'une obligation de moyens, sa responsabilité ne pourra être engagée qu'en raison d'une faute lourde ; que cette clause est abusive en ce qu'elle limite la responsabilité du professionnel, en exigeant de rapporter la preuve d'une faute lourde alors qu'une faute légère suffit ;

16°) Considérant que de nombreux contrats prévoient que le non-professionnel ou le consommateur devra payer une indemnité forfaitaire dont le montant apparaît manifestement disproportionné, pour le cas où il poursuivrait sa collaboration avec l'enseignant proposé par le professionnel, sans passer par son service ; que, en application de l'article R. 132-2, 3°) *[R. 212-2]*, du code de la consommation, cette clause, qui a pour effet ou pour objet d'"imposer au non-professionnel ou au consommateur qui n'exécute pas ses obligations une indemnité d'un montant manifestement disproportionné", est présumée abusive ;

17°) Considérant que, dans certains contrats, les éléments constitutifs du contrat de travail liant l'enseignant et le non-professionnel ou le consommateur ne sont pas réunis ; que la clause désignant le signataire du contrat comme l'employeur de l'enseignant est alors abusive en ce qu'elle laisse croire au non-professionnel ou au consommateur qu'il est nécessairement l'employeur et qu'elle lui en fait supporter les obligations ;

III. Considérant que les contrats de prestations de cours à domicile et les contrats de mandat présentent des similitudes, quant à leur objet, qui est la présentation d'un enseignant fournissant des cours de soutien scolaire à domicile, et quant à leur exécution, notamment parce qu'ils reposent sur le mécanisme des coupons-contrats ; que ces contrats comportent des clauses identiques qui relèvent d'une même analyse ;

18°) Considérant que ces contrats comportent des clauses prévoyant que les frais d'inscription ne sont jamais remboursables ; que ces clauses sont abusives en ce qu'elles obligent le non-professionnel ou le consommateur à payer un prix alors même qu'il ne recevrait aucune prestation en contrepartie, notamment dans le cas où aucun professeur ne serait trouvé du fait du professionnel ;

19°) Considérant que des clauses stipulent que les coupons-contrats ne sont pas remboursés en cas de perte ; que ces clauses sont abusives en ce qu'elles privent le non-professionnel ou le consommateur d'une prestation – l'heure de cours – qu'il a payée au motif qu'il a perdu le coupon-contrat prouvant cette prestation ;

20°) Considérant que des clauses prévoient que les coupons-contrats sont non remboursables mais échangeables durant un certain délai ; que ces clauses sont abusives en ce qu'elles ne réservent pas le cas où le défaut d'utilisation des coupons par le non-professionnel ou le consommateur est imputable au professionnel ;

21°) Considérant que certaines clauses stipulent que les coupons-contrats ne sont ni échangés ni remboursés, quel que soit le motif ; que ces clauses sont abusives en ce que, soit elles font supporter au non-professionnel ou au consommateur les conséquences *pécuniaires d'une inexécution* par le professionnel, soit elles sont de nature à dissuader le non-professionnel ou le consommateur de procéder à la révocation anticipée du mandat pour motif légitime ou raison de force majeure ;

22°) Considérant que de nombreux contrats prévoient que le professionnel est tenu d'une obligation de moyens, sans préciser l'objet de cette obligation ; que, du fait de sa généralité, cette clause est abusive en ce qu'elle laisse croire au non-professionnel ou au consommateur que le professionnel n'est tenu d'aucune obligation de résultat, notamment en ce qui concerne la présentation de l'enseignant ;

IV. 23°) Considérant que certains contrats imposent un mode unique de règlement par chèque ; que cette clause est abusive en ce qu'elle limite indûment la liberté de choix du moyen de paiement du non-professionnel ou du consommateur ;

24°) Considérant que de nombreuses clauses prévoient un encaissement échelonné des chèques, présenté comme une faveur pour le non-professionnel ou le consommateur ; alors que la jurisprudence, en application de l'article L. 131-31 du code monétaire et financier, décide que la stipulation du délai de remise à l'encaissement est réputée non écrite et que sa violation ne pourra être source de responsabilité contractuelle ; que ces clauses sont abusives en ce qu'elles laissent croire au non-professionnel ou au consommateur qu'il bénéficie d'une facilité de paiement alors que, en cas d'encaissement des chèques par le professionnel, il ne disposera d'aucun recours contre lui ;

25°) Considérant que certaines clauses stipulent une obligation d'information à la charge du non-professionnel ou du consommateur concernant les modifications de sa situation ; que ces clauses sont abusives en ce qu'elles laissent croire au non-professionnel ou au consommateur, du fait de sa *[leur]* rédaction floue et générale, que le professionnel pourra invoquer un motif étranger à l'exécution du contrat pour en obtenir la résiliation aux torts du non-professionnel ou du consommateur ;

26°) Considérant que certaines clauses définissent la force majeure comme "tout événement indépendant de la volonté" du professionnel ; que ces clauses sont abusives en ce qu'elles écartent la responsabilité du professionnel par le biais d'une définition de la force majeure trop large au regard de celle du droit commun ;

27°) Considérant que certaines clauses imposent au non-professionnel ou au consommateur un délai de résiliation plus long que celui auquel est soumis le professionnel dans les mêmes circonstances ; que, selon l'article R. 132-2 8°) *[R. 212-2]*, du code de la consommation, ces clauses, qui ont pour objet ou pour effet "de soumettre la résolution ou la résiliation du contrat à des conditions plus rigoureuses pour le non-professionnel ou le consommateur que pour le professionnel", sont présumées abusives ;

28°) Considérant qu'une clause stipule que toute réclamation, pour être recevable, doit être communiquée au professionnel dans un certain délai ; que cette clause laisse croire au non-professionnel ou au consommateur que, passé ce délai, il est privé de toute action en justice ; que, suivant l'article R. 132-2, 10°) *[R. 212-2]*, du code de la consommation, cette clause, qui a pour objet ou pour effet "de supprimer ou d'entraver l'exercice d'actions en justice ou des voies de recours par le consommateur", est présumée abusive ;

29°) Considérant que certains contrats comportent une clause imposant un recours amiable préalablement à toute action en justice ; que, en vertu de l'article R. 132-2, 10°) *[R. 212-2]*, du code de la consommation, cette clause, qui a pour objet ou pour effet "de supprimer ou d'entraver l'exercice d'actions en justice ou des voies de recours par le consommateur", est présumée abusive ;

30°) Considérant que certains contrats comportent des clauses dérogeant aux règles légales fixant les délais pour agir en justice ; qu'aux termes de l'article L. 137-1 *[L. 218-1]* du code de la consommation, qui dispose que "Par dérogation à l'article 2254 du code civil, les parties au contrat entre un professionnel et un consommateur ne peuvent, même d'un commun accord, ni modifier la durée de prescription, ni ajouter aux causes de suspension ou d'interruption de celle-ci", de telles clauses sont illicites ; que, maintenues dans un contrat entre un professionnel et un non-professionnel ou un consommateur, ces clauses sont abusives ;

31°) Considérant que certains contrats prévoient que le tribunal compétent en cas de litige est celui du siège de l'entreprise ou du professionnel de soutien scolaire ; que, en application de l'article 48 du code de procédure civile, seules sont valables les clauses attributives de compétence territoriale stipulées entre commerçants ; que de telles clauses stipulées entre un professionnel et un non-professionnel ou un consommateur sont donc illicites ; que, maintenues dans un contrat entre un professionnel et un non-professionnel ou un consommateur, ces clauses sont abusives.

Recommande que soient éliminées

I. A. des contrats de prestations de cours collectifs de soutien scolaire dans les locaux du prestataire, les clauses ayant pour objet ou pour effet :

1°) De priver le non-professionnel ou le consommateur de tout remboursement en cas d'absence du bénéficiaire à un cours, sans réserver le cas de force majeure ;

2°) D'autoriser le professionnel à modifier unilatéralement la durée, les caractéristiques ou le prix de la prestation d'enseignement, en cours d'exécution du contrat

3°) De permettre au professionnel de modifier les conditions de sa responsabilité en stipulant qu'il n'est tenu que d'une obligation de moyens (alors qu'il est tenu d'une obligation de résultat, notamment quant à la fourniture des cours) ;

4°) De permettre au professionnel de conserver les arrhes versées par le non-professionnel ou le consommateur, en cas de résiliation du contrat avant son commencement d'exécution, sans prévoir de droit réciproque à indemnité d'un montant égal au double des arrhes au profit du non-professionnel ou du consommateur, dans le cas où la résiliation est imputable au professionnel ;

5°) D'accorder au professionnel un droit discrétionnaire de résiliation du contrat après le début des cours collectifs, sans reconnaître le même droit au non-professionnel ou au consommateur ;

6°) D'autoriser le professionnel à résilier le contrat sans prévoir de délai de préavis d'une durée raisonnable ;

7°) D'imposer au non-professionnel ou au consommateur une indemnité contractuelle en cas de résiliation de sa part, sans réserver le cas de force majeure ;

B. des contrats de prestations de cours individuels de soutien scolaire à domicile, les clauses ayant pour objet ou pour effet :

8°) De laisser à l'appréciation discrétionnaire du professionnel le délai d'annulation d'un cours ;

9°) D'autoriser le professionnel à modifier unilatéralement la durée, les caractéristiques ou le prix de la prestation d'enseignement en cours d'exécution du contrat ;

10°) De permettre au professionnel de céder le contrat, sans l'accord du non-professionnel ou du consommateur lorsque la cession est susceptible de provoquer une diminution de leurs droits ;

11°) D'imposer une indemnité d'un montant manifestement disproportionné au non-professionnel ou au consommateur qui ne respecte pas une clause de non-débauche du personnel proposé ;

II. des contrats de mandat de soutien scolaire, les clauses ayant pour objet ou pour effet :

12°) De permettre au professionnel de conserver indûment les sommes reçues dans le cadre du contrat de mandat ;

13°) De permettre au professionnel de s'immiscer indûment dans la relation contractuelle entre l'enseignant et le non-professionnel ou le consommateur qui est son employeur ;

14°) D'imposer au non-professionnel ou au consommateur de vérifier la conformité à la législation en vigueur du contrat de travail fourni par le professionnel ;

15°) De limiter la responsabilité du professionnel en exigeant du consommateur la preuve d'une faute lourde, alors qu'une faute légère suffit à l'engager ;

16°) D'imposer une indemnité d'un montant manifestement disproportionné au non-professionnel ou au consommateur qui contracterait avec l'enseignant sans l'intermédiaire du professionnel ;

17°) De laisser croire au non-professionnel ou au consommateur qu'il est nécessairement l'employeur de l'enseignant et de lui faire supporter les obligations d'un contrat de travail, lorsque les éléments constitutifs d'un tel contrat ne sont pas réunis ;

III. des contrats de prestations de cours à domicile et de mandat de soutien scolaire, les clauses ayant pour objet ou pour effet :

18°) De rendre les frais d'inscription non remboursables, notamment dans le cas où aucun professeur ne serait trouvé du fait du professionnel ;

19°) De priver le non-professionnel ou le consommateur de la prestation à laquelle s'est engagé le professionnel, au motif de la perte du coupon-contrat ;

20°) De limiter la durée de validité des coupons-contrats, sans réserver le cas où le défaut d'utilisation des coupons-contrats par le non-professionnel ou le consommateur durant leur durée de validité est imputable au professionnel ;

21°) De priver le non-professionnel ou le consommateur de toute restitution du prix versé, même en cas d'inexécution par le professionnel ou de révocation du mandat pour motif légitime ou raison de force majeure ;

22°) De permettre au professionnel de modifier les conditions de sa responsabilité en stipulant qu'il n'est tenu que d'une obligation de moyens (alors qu'il est tenu d'une obligation de résultat, notamment quant à la présentation de l'enseignant) ;

IV. de tous les contrats de soutien scolaire, les clauses ayant pour objet ou pour effet :

23°) D'imposer le chèque comme mode unique de paiement ;

24°) De laisser croire au non-professionnel ou au consommateur, en stipulant un encaissement échelonné des chèques, qu'il bénéficie d'une facilité de paiement ;

25°) De laisser croire au non-professionnel ou au consommateur que toute modification de sa situation pourra donner lieu à la résiliation du contrat ;

26°) D'exonérer le professionnel de sa responsabilité par le moyen d'une définition de la force majeure différente de celle du droit commun ;

27°) D'imposer au non-professionnel ou au consommateur un délai de résiliation plus long que celui auquel est soumis le professionnel ;

28°) D'entraver l'exercice d'actions en justice par le non-professionnel ou le consommateur en lui imposant un délai pour former une réclamation ;

29°) D'entraver l'exercice d'actions en justice du non-professionnel ou du consommateur en stipulant une clause imposant un recours amiable préalablement à toute action en justice ;

30°) De déroger aux règles légales fixant les délais pour agir en justice ;

31°) De déroger aux règles légales de compétence territoriale des juridictions.

(Adoptée le 11 février 2010 sur le rapport de Mme Claire-Marie Péglion-Zika.)

FROMAGES

Décret n° 70-559 du 23 juin 1970,

*Portant règlement d'administration publique pour l'application en ce qui concerne les fromages préemballés de la loi du 1er août 1905 modifiée sur la répression des fraudes et des articles 258 et 262 [art. L. 231-1 et L. 231-5] du code rural. – Abrogé à compter du 13 déc. 2014 (Décr. n° 2014-1489 du 11 déc. 2014, art. 6). – V. **C. consom.**, éd. 2014 et antérieures.*

Décret n° 82-257 du 18 mars 1982,

Portant application de la loi du 1er août 1905 sur les fraudes et falsifications en matière de produits ou de services et rendant obligatoire le marquage de certains fromages.

Art. 1er Sans préjudice de la réglementation applicable aux fromages bénéficiant d'une appellation d'origine, les fromages à pâte pressée fabriqués en France, d'un poids au moins égal à 5 kg, ne peuvent être détenus ou transportés en vue de la vente, mis en vente ou vendus que si le lieu de fabrication, la teneur en matière grasse, le numéro d'identification de l'atelier de fabrication sont inscrits sur une marque visible et indélébile incorporée au fromage pendant sa fabrication.

Doivent en outre porter l'indication de leur date de fabrication les fromages mentionnés ci-dessus et figurant sur une liste arrêtée conjointement par le ministre de l'agriculture et le ministre de la consommation dans les conditions prévues à l'article 2 du présent décret.

Art. 2 Les conditions d'application du présent décret sont fixées par arrêtés conjoints du ministre de l'agriculture et du ministre de la consommation pris après avis du comité national consultatif interprofessionnel du lait et des produits laitiers.

Art. 3 Le décret du 1er avril 1940 rendant obligatoire le marquage des fromages est abrogé.

Règlement (CE) nº 2204/90 du Conseil du 24 juillet 1990,

Établissant les règles générales complémentaires de l'organisation commune des marchés dans le secteur du lait et des produits laitiers en ce qui concerne les fromages.

V. JOCE L 201 du 31 juill. 1990, p. 7.

Arrêté du 16 novembre 1999,

Relatif à la publicité, à l'égard du consommateur, des prix de vente à l'unité de mesure de certains produits préemballés.

V. ce texte, vº Prix (publicité).

Décret nº 2007-628 du 27 avril 2007,

Relatif aux fromages et spécialités fromagères.

CHAPITRE PREMIER *Définitions et dénominations*

Art. 1er La dénomination "fromage" est réservée au produit fermenté ou non, affiné ou non, obtenu à partir des matières d'origine exclusivement laitière suivantes : lait, lait partiellement ou totalement écrémé, crème, matière grasse, babeurre, utilisées seules ou en mélange et coagulées en tout ou en partie avant égouttage ou après élimination partielle de la partie aqueuse.

(Décr. nº 2013-1010 du 12 nov. 2013, art. 2, en vigueur le 1er janv. 2014) « La dénomination "fromage" peut également être utilisée pour tout produit issu de fromages tels que définis à l'alinéa précédent et aux articles 2 et 3, par mélange ou assemblage entre eux ou avec des matières premières laitières mentionnées à l'alinéa précédent, pour autant que ce produit n'incorpore pas d'autres ingrédients que ceux qui sont autorisés dans ces fromages par l'article 10. »

La teneur minimale en matière sèche du produit ainsi défini doit être de 23 grammes pour 100 grammes de fromage.

Art. 2 La dénomination "fromage blanc" est réservée à un fromage non affiné qui, lorsqu'il est fermenté, a subi une fermentation principalement lactique.

Les fromages blancs fermentés et commercialisés avec le qualificatif « frais » ou sous la dénomination "fromage frais" doivent renfermer une flore vivante au moment de la vente au consommateur.

(Décr. nº 2013-1010 du 12 nov. 2013, art. 3, en vigueur le 1er janv. 2014) « Par dérogation aux dispositions du troisième alinéa de l'article 1er, la teneur minimale en matière sèche des fromages définis au présent article peut être abaissée, sauf dispositions spécifiques prévues à l'annexe, » jusqu'à 15 grammes ou 10 grammes pour 100 grammes de fromage, selon que leur teneur en matière grasse est supérieure à 20 grammes ou au plus égale à 20 grammes pour 100 grammes de fromage, après complète dessiccation. — *V. annexe préc. au* ***C. consom.***

Art. 3 La dénomination "bleu" est réservée à un fromage affiné, à pâte légèrement salée, éventuellement malaxée *(Décr. nº 2013-1010 du 12 nov. 2013, art. 4, en vigueur le 1er janv. 2014)* « , » et persillée en raison de la présence de moisissures internes de couleur bleu-vert à blanc-gris.

Art. 4 *(Décr. nº 2013-1010 du 12 nov. 2013, art. 5, en vigueur le 1er janv. 2014)* La dénomination "fromage fondu" est réservée au produit obtenu par la fonte et l'émulsification, à l'aide de la chaleur (à une température d'au moins 70°C pendant 30 secondes ou toute autre combinaison équivalente), de fromage ou d'un mélange de fromages, additionné *éventuellement* d'autres produits laitiers. Le fromage fondu présente une teneur minimale en matière sèche de 40 grammes pour 100 grammes de produit fini.

Par dérogation aux dispositions du premier alinéa, un fromage fondu allégé en matière grasse et dont la dénomination "fromage fondu" est complétée sur l'étiquetage d'une mention faisant état de cet allègement en matière grasse présente une teneur minimale en matière sèche de 30 grammes pour 100 grammes de produit fini.

Art. 5 La dénomination "fromage de lactosérum" est réservée au produit obtenu par coagulation ou précipitation du sérum, concentré ou non, avec ou sans adjonction d'autres produits laitiers.

Art. 6 *(Décr. n° 2013-1010 du 12 nov. 2013, art. 6, en vigueur le 1er janv. 2014)* Les dénominations énumérées à l'annexe sont réservées aux produits qui y sont définis. — *V. cette annexe au* ***C. consom.***

Art. 7 *(Abrogé par Décr. n° 2013-1010 du 12 nov. 2013, art. 22, à compter du 1er janv. 2014)* ***La dénomination "fromage" peut être utilisée pour tout mélange ou assemblage entre eux de produits définis aux articles 1er à 3 pour autant que le mélange ou l'assemblage n'incorpore pas d'autres ingrédients que ceux qui sont autorisés dans ces fromages.***

Art. 8 La dénomination "spécialité fromagère" est réservée au produit laitier autre que ceux définis aux articles *(Décr. n° 2013-1010 du 12 nov. 2013, art. 7, en vigueur le 1er janv. 2014)* « 1er à 5 », fermenté ou non, affiné ou non, préparé à partir des matières premières énumérées à l'article 1er auxquelles d'autres matières provenant exclusivement du lait peuvent être ajoutées, utilisées seules ou en mélange. Ce produit est obtenu :

1° Soit par coagulation en tout ou en partie des matières énumérées au premier alinéa de l'article 1er, avant égouttage ou après élimination partielle de la phase aqueuse ;

2° Soit par d'autres techniques de fabrication entraînant leur coagulation, partielle ou totale, de façon à obtenir un produit fini ayant des caractéristiques similaires.

La teneur minimale en matière sèche est de 20 grammes pour 100 grammes de produit fini pour les spécialités fromagères affinées et 10 grammes pour 100 grammes de produit fini pour les spécialités fromagères non affinées.

(Décr. n° 2013-1010 du 12 nov. 2013, art. 7, en vigueur le 1er janv. 2014) « La dénomination "spécialité fromagère" est également utilisée pour les produits issus du mélange ou de l'assemblage entre eux d'un ou plusieurs produits définis aux articles 1er à 3 avec des produits définis à l'article 5 ou au présent article ou avec des matières premières provenant exclusivement du lait mentionnées au présent article. »

Art. 9 La dénomination "spécialité fromagère fondue" est réservée au produit laitier autre que ceux définis à l'article 4, dont la teneur minimale en matière sèche est de 25 grammes pour 100 grammes de produit, préparé à partir de fromage et d'autres produits laitiers. Ce produit est obtenu par des techniques de traitement qui incluent la fonte et conduisent à l'émulsification des matières premières et doit avoir subi, au cours de sa fabrication, une température d'au moins 70°C pendant 30 secondes ou toute autre combinaison de durée et de température d'effet équivalent.

(Décr. n° 2013-1010 du 12 nov. 2013, art. 8, en vigueur le 1er janv. 2014) « Par dérogation aux dispositions du premier alinéa, une spécialité fromagère fondue allégée en matière grasse et dont la dénomination "spécialité fromagère fondue" est complétée sur l'étiquetage d'une mention faisant état de cet allègement en matière grasse présente une teneur minimale en matière sèche de 20 grammes pour 100 grammes de produit fini. »

Art. 9-1 *(Décr. n° 2013-1010 du 12 nov. 2013, art. 9, en vigueur le 1er janv. 2014)* La dénomination "fromage fermier" ou tout autre qualificatif laissant entendre une origine fermière est réservée *[réservé]* à un fromage fabriqué selon les techniques traditionnelles par un producteur agricole ne traitant que les laits de sa propre exploitation sur le lieu même de celle-ci. *(Annulé par CE 17 avr. 2015, n° 374602, à compter du 1er sept. 2015)* « ***Lorsque l'affinage a lieu en dehors de l'exploitation, l'étiquetage comporte les mentions prévues au 5° du A de l'article 12.*** » — *V. note au 5° du A de l'art. 12.*

Sans préjudice de la réglementation applicable aux fromages bénéficiant d'un signe d'identification de la qualité et de l'origine au sens de l'article L. 640-2 du code rural et de la pêche maritime *[V. v° Valorisation des produits et services]*, le terme "fromage" peut être remplacé, dans la dénomination "fromage fermier", par le nom d'un fromage défini au présent décret, d'une appellation d'origine, d'une indication géographique protégée ou par un nom de fantaisie, sous réserve, dans ce dernier cas, que la dénomination "fromage" figure sur l'étiquetage.

CHAPITRE II *Traitements et additions autorisés*

Art. 10 *(Décr. n° 2013-1010 du 12 nov. 2013, art. 10, en vigueur le 1er janv. 2014)* « Sauf dispositions contraires définies à l'annexe, peuvent être utilisés lors de la fabrication des

produits définis aux articles 1er à 9-1 un ou plusieurs des produits suivants : » — *V. Annexe préc. au* ***C. consom.***

1° Sel *(Décr. n° 2013-1010 du 12 nov. 2013, art. 10, en vigueur le 1er janv. 2014)* **« et substituts du sel » ;**

2° Épices, aromates et plantes aromatiques ;

(Décr. n° 2013-1010 du 12 nov. 2013, art. 10, en vigueur le 1er janv. 2014) **« 3° Dans les produits autres que les bleus définis à l'article 3 et les produits définis à l'annexe :**

« ***a)*** **Extraits d'aromates ainsi qu'arômes et ingrédients alimentaires possédant des propriétés aromatisantes autorisés par le règlement (CE) n° 1334/2008 du Parlement européen et du Conseil du 16 décembre 2008 relatif aux arômes et à certains ingrédients alimentaires possédant des propriétés aromatisantes qui sont destinés à être utilisés dans et sur les denrées alimentaires et modifiant le règlement (CEE) n° 1601/91 du Conseil, les règlements (CE) n° 2232/96 et (CE) n° 110/2008 et la directive 2000/13/CE** *[V. v° Denrées alimentaires]* **; »**

b) **Dans une limite de 30 % en poids du produit fini : sucres et autres denrées alimentaires conférant une saveur spécifique au produit fini. L'incorporation de matières grasses et protéiques ne provenant pas du lait est toutefois interdite ;**

(Décr. n° 2013-1010 du 12 nov. 2013, art. 10, en vigueur le 1er janv. 2014) **«** ***c)*** **Vitamines et minéraux et autres substances à but nutritionnel et physiologique conformes au règlement (CE) n° 1925/2006 du Parlement européen et du Conseil du 20 décembre 2006 modifié concernant l'adjonction de vitamines, de minéraux et de certaines autres substances aux denrées alimentaires et au décret n° 2006-1264 du 16 octobre 2006 modifié relatif aux vitamines, substances minérales et autres substances employées dans la fabrication des denrées alimentaires** *[V. ces textes, v° Denrées alimentaires]* **;**

« 4° Lait, babeurre, partiellement ou totalement déshydratés, préparations de protéines d'origine laitière, y compris les caséines et caséinates. La teneur initiale en protéines du mélange de matières premières laitières utilisées ne doit pas être augmentée de plus de 5 grammes par litre pour les fromages définis à l'article 6 et à l'annexe et de plus de 10 grammes pour les autres produits définis aux articles 1er, 2, 3 et 5 ; »

5° Présure et enzymes coagulantes *(Décr. n° 2013-1010 du 12 nov. 2013, art. 10, en vigueur le 1er janv. 2014)* **« conformes, d'une part, au règlement (CE) n° 1332/2008 du Parlement européen et du Conseil du 16 décembre 2008 concernant les enzymes alimentaires et modifiant la directive 83/417/CEE du Conseil, le règlement (CE) n° 1493/1999 du Conseil, la directive 2000/13/CE, la directive 2001/112/CE du Conseil et le règlement (CE) n° 258/97 et, d'autre part, à l'article 5 du décret n° 2011-949 du 10 août 2011 modifiant le code de la consommation en ce qui concerne les additifs, les enzymes et les arômes destinés à l'alimentation humaine** *[V. ss. C. consom., art. R. 412-22]* **;**

« 5°-1 Cultures de bactéries, de levures et de moisissures dont l'innocuité est démontrée par l'usage ou, pour les nouvelles cultures, évaluée par l'Agence nationale de sécurité sanitaire de l'alimentation, de l'environnement et du travail ; »

6° Eau ;

7° Pour l'enrobage des produits autres que râpés ou moulus : céréales, protéagineux ou oléagineux, fibres, sous diverses formes ;

8° Auxiliaires technologiques dont la liste et les conditions d'emploi sont fixées *(Décr. n° 2013-1010 du 12 nov. 2013, art. 10, en vigueur le 1er janv. 2014)* **« par arrêté pris en application du décret n° 2011-509 du 10 mai 2011 fixant les conditions d'autorisation et d'utilisation des auxiliaires technologiques pouvant être employés dans la fabrication des denrées destinées à l'alimentation humaine** *[V. v° Denrées alimentaires]* **; »**

9° Additifs dont la liste et les conditions d'emploi sont fixées par *(Décr. n° 2013-1010 du 12 nov. 2013, art. 10, en vigueur le 1er janv. 2014)* **« le règlement (CE) n° 1333/2008 du Parlement européen et du Conseil du 16 décembre 2008 modifié sur les additifs alimentaires » ;**

10° Autres substances dont la liste et les conditions d'emploi sont fixées par arrêtés pris en application du décret du 15 avril 1912 susvisé *[V. v° Denrées alimentaires]*.

(Décr. n° 2013-1010 du 12 nov. 2013, art. 10, en vigueur le 1er janv. 2014) **« Pour les fromages bénéficiant d'une appellation d'origine ou d'une indication géographique protégée, les produits mentionnés aux 2° à 10° ne peuvent être employés que dans les conditions prévues par les règles particulières de fabrication des fromages sous signes d'identification de la qualité et de l'origine.**

« Pour les fromages définis à l'article 9-1, les produits mentionnés aux 1° à 10° peuvent être employés sous réserve du respect des techniques traditionnelles inhérentes à ce type de fromages » ;

11° Outre les ingrédients énumérés ci-dessus, les spécialités fromagères, allégées ou non, ainsi que les spécialités fromagères fondues, allégées ou non, peuvent incorporer de la gélatine ou de l'amidon dans la limite de *(Décr. n° 2013-1010 du 12 nov. 2013, art. 10, en vigueur le 1er janv. 2014)* « 20 g/kg » de produit fini, seul ou combinés *[combiné]* ou en combinaison avec les stabilisants ou épaississants autorisés en tant qu'additifs*[;]*

(Abrogé par Décr. n° 2013-1010 du 12 nov. 2013, art. 10, à compter du 1er janv. 2014) « Pour les fromages bénéficiant d'une appellation d'origine contrôlée ou d'une indication géographique protégée, les produits mentionnés aux 2°, 3°, 4°, 5°, 6°, 7°, 8°, 9° et 10° ne peuvent être employés que dans les conditions prévues par leurs règles particulières de fabrication. »

(Décr. n° 2013-1010 du 12 nov. 2013, art. 10, en vigueur le 1er janv. 2014) « 12° Amidon et amidons modifiés, dans les fromages vendus sous forme râpée, moulue ou en poudre, en tant qu'anti-mottant, par addition au fromage râpé et non au fromage lui-même, dans la limite de 20 g/kg. Le fromage, avant râpage et adjonction de ces substances, respecte l'ensemble des critères de sa définition réglementaire, notamment en extrait sec et matière grasse. »

Art. 11 La conservation par maintien à une température négative des matières premières laitières, des produits en cours de fabrication ou du caillé est autorisée. Pour les fromages bénéficiant d'une appellation d'origine *(Abrogé par Décr. n° 2013-1010 du 12 nov. 2013, art. 11, à compter du 1er janv. 2014) « contrôlée »* ou d'une indication géographique protégée, cette pratique est autorisée uniquement dans les conditions prévues par leurs règles particulières de fabrication.

CHAPITRE III *Étiquetage*

Art. 12 *(Décr. n° 2013-1010 du 12 nov. 2013, art. 12, en vigueur le 1er janv. 2014)* « L'étiquetage des fromages autres que ceux énumérés aux articles 4 et 5 et celui des spécialités fromagères comportent, outre les dispositions et mentions prévues par les articles R. 112-1 à R. 112-31 *[anciens]* du code de la consommation, les indications suivantes : »

A. — La dénomination de vente est complétée par :

1° L'indication de l'espèce animale lorsque les matières premières laitières proviennent d'une seule espèce animale autre que la vache. Toutefois cette mention n'est pas exigée pour les fromages fabriqués *(Décr. n° 2013-1010 du 12 nov. 2013, art. 12, en vigueur le 1er janv. 2014)* « au » lait de chèvre définis à l'annexe ou pour les fromages fabriqués au lait de chèvre ou au lait de brebis et bénéficiant d'une AOC ou d'une IGP ; — *V. annexe préc. au JO 29 avr. 2007.*

(Décr. n° 2013-1010 du 12 nov. 2013, art. 12, en vigueur le 1er janv. 2014) « 2° La mention "Au lait de mélange" pour les produits fabriqués à partir de matières premières laitières provenant d'au moins deux espèces animales ; cette mention peut être remplacée par l'indication des matières premières laitières utilisées, par espèce animale, dans l'ordre décroissant de leur importance pondérale dans l'extrait sec du mélange, lorsque les matières premières laitières issues de chaque espèce animale autre que la vache représentent au moins 20 % de l'extrait sec du mélange. Ces mentions sont complétées par une indication sur l'étiquetage des matières premières laitières par espèce animale, par ordre *décroissant d'importance pondérale* dans l'extrait sec et accompagnée de leur pourcentage relatif ou tout au moins d'un pourcentage minimum *[minimal]*. »

Lorsque le fromage ou la spécialité fromagère est préparé avec un mélange de matières premières laitières provenant de la chèvre et de la vache, dont au minimum 50 % de l'extrait sec est d'origine caprine, la mention mi-chèvre ou l'une des mentions dans les formes prévues à l'alinéa précédent ;

3° Pour les fromages définis à l'article 2 et les spécialités fromagères non affinées, la mention :

a) "Contient plus de 82 % d'humidité" lorsque la teneur en matière sèche du produit est inférieure à 18 grammes pour 100 grammes et d'au moins 15 grammes pour 100 grammes de produit fini ;

b) "Contient plus de 85 % d'humidité" lorsque la teneur en matière sèche du produit est inférieure à 15 grammes pour 100 grammes et d'au moins 10 grammes pour 100 grammes de produit fini ;

(Décr. nº 2013-1010 du 12 nov. 2013, art. 12, en vigueur le 1er janv. 2014) « 4º En cas d'addition d'arôme de fromages ou d'arômes d'autres produits laitiers, le qualificatif "aromatisé", suivi des mots : "saveur fromage" ou "goût fromage" ou du nom du ou des autres produits laitiers utilisés. Ces dispositions ne s'appliquent pas lorsque des produits laitiers eux-mêmes sont utilisés à des fins aromatiques ou lorsque l'aromatisation est réalisée au moyen d'arômes naturels obtenus à partir de matières premières strictement laitières.

« En cas d'utilisation d'arômes de produits définis à l'annexe, la nature de l'arôme ne pourra figurer que dans la liste des ingrédients. — *V. annexe préc. au* **C. *consom.***

(Annulé par CE 17 avr. 2015, nº 374602, à compter du 1er sept. 2015) *« 5º La mention "fabriqué à la ferme puis affiné par l'établissement" suivie du nom de l'affineur, dans le cas des fromages fermiers tels que définis à l'article 9-1 mais dont la phase d'affinage a été réalisée en dehors de l'exploitation agricole. Cette mention suit immédiatement la dénomination "fromage fermier". La taille des caractères de ces mentions est identique. »* — *Sous réserve des actions contentieuses engagées à la date du 17 avr. 2015 contre les actes pris sur le fondement de la seconde phrase du 1er al. de l'art. 9-1 et du 5º ci-dessus, les effets antérieurs à cette annulation des dispositions en cause doivent être réputés définitifs (JO 23 avr.).*

B. — L'indication de la teneur en matière grasse pour 100 grammes de produit fini, à l'issue du processus de fabrication. Cette mention n'est toutefois pas exigée lorsque le produit comporte un étiquetage nutritionnel incluant l'indication de la teneur en lipides pour 100 grammes.

(Décr. nº 2013-1010 du 12 nov. 2013, art. 12, en vigueur le 1er janv. 2014) « Pour les fromages élaborés avec un lait n'ayant pas subi d'écrémage ni de standardisation en matière grasse, notamment les produits fermiers, la mention "au lait entier" peut remplacer l'indication de la teneur en matière grasse.

« Pour les fromages élaborés avec un lait ayant subi un écrémage partiel, sans standardisation de la matière grasse, cette mention peut être remplacée par la mention : "au lait partiellement écrémé".

« Pour les fromages élaborés avec un lait n'ayant pas subi d'écrémage ni de standardisation en matière grasse et n'ayant pas subi de traitement thermique, les deux mentions peuvent être remplacées par l'indication : "au lait cru entier".

« Toutefois, dans le cas d'une apposition volontaire de la teneur chiffrée du taux de matière grasse sur un fromage élaboré avec un lait n'ayant pas subi de standardisation en matière grasse, le taux de matière grasse est indiqué dans les formes prévues au premier alinéa. »

(Abrogé par Décr. nº 2013-1010 du 12 nov. 2013, art. 12, à compter du 1er janv. 2014) *« C. — Les dénominations des produits mentionnés aux articles 8 et 9 doivent être inscrites en caractères apparents de manière à être facilement visibles et lisibles dans les conditions habituelles de présentation. »*

Fromage fermier. Les dispositions attaquées (2nde phrase du 1er al. de l'art. 9-1 et 5º du A de l'art. 12) sont de nature, en omettant de préciser certaines des garanties d'une élaboration fermière des fromages aux différents stades de production lorsque l'affinage a lieu en dehors de l'exploitation, à créer un doute dans l'esprit de l'acheteur ou du consommateur sur le caractère fermier de ces fromages affinés en dehors de l'exploitation. • CE 17 avr. 2015, nº 374602 : *JO 23 avr. 2015; CCC 2015, nº 192; Gaz. Pal. 2015. 3732, obs. Robbe.*

Art. 13 *(Décr. nº 2013-1010 du 12 nov. 2013, art. 13, en vigueur le 1er janv. 2014)* « L'étiquetage des produits définis au présent décret peut en outre comporter toute allégation conforme au règlement (CE) nº 1924/2006 du Parlement européen et du Conseil du 20 décembre 2006 modifié concernant les allégations nutritionnelles et de santé portant sur les denrées alimentaires *[V. vº Denrées alimentaires]* ainsi que les mentions suivantes : »

(Abrogé par Décr. nº 2013-1010 du 12 nov. 2013, art. 13, à compter du 1er janv. 2014) *« 1º "0 % de matière grasse" lorsque le fromage ou la spécialité fromagère est fabriqué avec du lait écrémé et sans autre ajout de matière grasse ;*

« 2º "Maigre" lorsque le produit renferme moins de 10 grammes de matière grasse pour 100 grammes de produit après complète dessiccation ;

« 3° "Allégé" pour les fromages, les fromages fondus, les spécialités fromagères et les spécialités fromagères fondues n'ayant pas fait l'objet d'une addition de sucres et renfermant de 10 grammes à moins de 30 grammes de matière grasse pour 100 grammes de produit après complète dessiccation ; »

4° "Crème" lorsque le fromage ou la spécialité fromagère renferme de 45 grammes à moins de 60 grammes de matière grasse pour 100 grammes de produit après complète dessiccation ;

5° "Double crème" lorsque le fromage ou la spécialité fromagère renferme de 60 grammes à moins de 75 grammes de matière grasse pour 100 grammes de produit après complète dessiccation ;

6° "Triple crème" lorsque le fromage ou la spécialité fromagère renferme au moins 75 grammes de matière grasse pour 100 grammes de produit après complète dessiccation ;

(Abrogé par Décr. n° 2013-1010 du 12 nov. 2013, art. 13, à compter du 1er janv. 2014) ***« 7° "Fermier" ou toute autre indication laissant entendre une origine fermière, lorsque le fromage est fabriqué selon les techniques traditionnelles par un producteur agricole ne traitant que les laits de sa propre exploitation sur le lieu même de celle-ci. » Cependant, lorsqu'un système d'identification des produits est mis en place, l'affinage des fromages fermiers peut être réalisé en dehors de l'exploitation agricole ;*** *— 2e phrase du 7° annulée par CE 28 oct. 2009, cité ci-dessous. — V. Arr. du 7 nov. 2012, v° Lait, produits laitiers.*

8° "Fruitier" ou toute autre indication laissant entendre une origine fruitière, pour autant que le fromage soit fabriqué dans les conditions et selon les techniques traditionnelles, quotidiennement ou biquotidiennement, à partir de lait cru produit localement par des producteurs organisés pour la collecte, la fabrication ou la vente. Le lait est collecté ou apporté sur le lieu de transformation et issu de deux traites consécutives maximum. Le lait doit être emprésuré dans un délai n'excédant pas la fin de la demi-journée qui suit la dernière traite.

Fromage fermier. En se bornant à assortir la faculté d'utiliser, pour l'étiquetage des fromages, le qualificatif fermier ou toute autre indication laissant entendre une origine fermière, dans les cas où l'affinage est réalisé en dehors de l'exploitation agricole à la ferme, à la seule condition qu'un système d'identification des produits soit mis en place, les dispositions du 7° de l'art. 13 sont de nature à créer un doute dans l'esprit de l'acheteur ou du consommateur sur les caractéristiques du produit en question. • CE 28 oct. 2009 : *CCC 2010, n° 111, obs. Raymond ; RJDA 2010, n° 1010.*

Art. 14 *(Décr. n° 2013-1010 du 12 nov. 2013, art. 14, en vigueur le 1er janv. 2014)* **« L'étiquetage des produits mentionnés au présent décret porte, de manière visible et lisible, dans le même champ visuel que la dénomination de vente ou dans la liste des ingrédients, une indication relative aux traitements appliqués au lait ou à la crème mis en œuvre lors de leur fabrication, selon qu'ils appartiennent aux catégories décrites au 1° ou au 2° : »**

1° Pour tous les produits autres que les fromages à pâte pressée cuite, les fromages de lactosérum, les fromages fondus et les spécialités fromagères fondues, cette mention porte sur le traitement thermique subi par le lait *(Décr. n° 2013-1010 du 12 nov. 2013, art. 14, en vigueur le 1er janv. 2014)* **« ou la crème » mis en œuvre ; les mentions doivent être, selon le cas :**

a) *(Décr. n° 2013-1010 du 12 nov. 2013, art. 14, en vigueur le 1er janv. 2014)* **« "[lait] cru" » : pour les produits fabriqués à partir de lait non chauffé au-delà de 40°C ni soumis à un traitement non thermique d'effet équivalent notamment du point de vue de la réduction de la concentration en micro-organismes ;**

b) *(Décr. n° 2013-1010 du 12 nov. 2013, art. 14, en vigueur le 1er janv. 2014)* **« "[lait] pasteurisé" » : pour les produits préparés à partir de lait chauffé à une température d'au moins 72°C pendant quinze secondes ou toute combinaison équivalente ; le lait pasteurisé présente une réaction négative au test de la phosphatase ;**

c) *(Décr. n° 2013-1010 du 12 nov. 2013, art. 14, en vigueur le 1er janv. 2014)* **« "[lait] thermisé – température inférieure à la pasteurisation" » : pour les produits préparés à partir de lait chauffé à une température supérieure à 40°C et inférieure à 72°C pendant au moins quinze secondes ; le lait thermisé présente une réaction positive au test de la phosphatase ;**

d) *(Décr. n° 2013-1010 du 12 nov. 2013, art. 14, en vigueur le 1er janv. 2014)* **« "[lait] pasteurisé ou thermisé – température inférieure à la pasteurisation et [lait] cru X % minimum" » : pour les produits préparés à partir d'un mélange de lait cru et de lait pasteurisé (ou thermisé) ;**

e) (*Décr. n° 2013-1010 du 12 nov. 2013, art. 14, en vigueur le 1er janv. 2014*) « "[lait] microfiltré" » : pour les produits préparés à partir de lait écrémé traité par microfiltration et de crème ayant subi un traitement thermique au moins égal à une pasteurisation, notamment du point de vue de la réduction de la concentration en micro-organismes, c'est-à-dire à au moins 80°C pendant quinze secondes ;

f) (*Décr. n° 2013-1010 du 12 nov. 2013, art. 14, en vigueur le 1er janv. 2014*) « "[lait] microfiltré et [lait] entier cru X % minimum" ou "[lait] microfiltré et [crème] crue X % minimum" » : pour les produits préparés à partir d'un mélange de lait écrémé microfiltré et de lait entier ou de crème crue.

Dans le cas d'une énumération, les différents types de lait utilisés sont mentionnés dans l'ordre décroissant de leur importance pondérale ;

2° Pour les autres produits, la mention porte sur le traitement thermique appliqué au produit en cours de fabrication :

a) Les fromages à pâte pressée dont le processus de fabrication inclut une cuisson à une température supérieure ou égale à 50°C doivent porter, indépendamment de leur dénomination de vente, la mention "fromage à pâte pressée cuite" ;

(*Décr. n° 2013-1010 du 12 nov. 2013, art. 14, en vigueur le 1er janv. 2014*) « *b)* Le qualificatif "fondu" dans le cas des dénominations de vente des fromages fondus et spécialités fromagères fondues satisfait à l'obligation mentionnée au premier alinéa du présent article ; »

c) Les fromages de lactosérum doivent porter, indépendamment de leur dénomination de vente, la mention "produit pasteurisé" (*Décr. n° 2013-1010 du 12 nov. 2013, art. 14, en vigueur le 1er janv. 2014*) « ou "produit cuit" ou "produit ayant subi une cuisson au moins équivalente à une pasteurisation" ».

Art. 15 Indépendamment de la mention obligatoire prévue à l'article 14, l'étiquetage des fromages à pâte pressée cuite comporte, de façon facultative, la mention "au lait cru", lorsque le fromage est exclusivement fabriqué à partir de lait cru tel que défini au *a* du 1° de l'article 14.

Art. 16 L'étiquetage des fromages fondus et des spécialités fromagères fondues comporte, outre les mentions prévues par les articles R. 112-1 à (*Décr. n° 2013-1010 du 12 nov. 2013, art. 15, en vigueur le 1er janv. 2014*) « R. 112-31 » *[anciens]* du code de la consommation, l'indication de la teneur en matière grasse dans les formes prévues au B de l'article 12.

Art. 17 I. — L'étiquetage des fromages fondus et des spécialités fromagères fondues peut en outre comporter les mentions suivantes :

1° "Crème de..." précédant la dénomination "fromage fondu" ou "spécialité fromagère fondue", lorsque le produit renferme de 50 à moins de 60 grammes de matière grasse pour 100 grammes de produit après complète dessiccation ;

2° "Double crème" lorsque le produit renferme de 60 grammes à moins de 75 grammes de matière grasse pour 100 grammes de produit après complète dessiccation ;

3° "Triple crème" lorsque le produit renferme au moins 75 grammes de matière grasse pour 100 grammes de produit après complète dessiccation.

(*Décr. n° 2013-1010 du 12 nov. 2013, art. 16, en vigueur le 1er janv. 2014*) « II. — Dans la dénomination "fromage fondu", complétée le cas échéant, par une des mentions prévues au I, le mot : "fromage" peut être remplacé par le nom d'un fromage défini à l'annexe ou dans une norme internationale lorsque celui-ci constitue au moins 50 % du poids total des matières premières laitières mises en œuvre. » — *V. annexe préc. au* **C. *consom.***

Art. 18 (*Abrogé par Décr. n° 2013-1010 du 12 nov. 2013, art. 22, à compter du 1er janv. 2014*) ***En cas d'incorporation de fromage bénéficiant d'une appellation d'origine contrôlée ou d'une indication géographique protégée dans un des produits mentionnés aux articles 7, 8 ou 9, le nom de l'appellation d'origine contrôlée ou de l'indication géographique protégée ne peut figurer que dans la liste des ingrédients.***

Art. 19 L'étiquetage des fromages de lactosérum comporte, outre les mentions prévues par les articles R. 112-1 à (*Décr. n° 2013-1010 du 12 nov. 2013, art. 17, en vigueur le 1er janv. 2014*) « R. 112-31 » *[anciens]* du code de la consommation, les indications suivantes :

1° La dénomination de vente complétée par l'indication de la ou des espèces animales, lorsque les matières premières proviennent d'une espèce autre que la vache ou de plusieurs espèces animales ;

2° La teneur en matière grasse dans les formes prévues au B de l'article 12 ;

3° La mention relative au traitement des matières premières mis en œuvre conformément à l'article 14.

Art. 20 Lorsque les produits mentionnés au présent décret sont mis en vente sans emballage, les indications suivantes doivent être soit apposées en caractères indélébiles et apparents sur la croûte des produits vendus entiers, soit inscrites sur une étiquette rigide placée sur chaque produit entier ou en morceaux, ou sur chaque lot de produits entiers ou en morceaux, un lot ne pouvant contenir que des produits auxquels s'applique la même dénomination. Ces indications sont :

1° La dénomination de vente complétée, le cas échéant, par les mentions prévues *(Décr. n° 2013-1010 du 12 nov. 2013, art. 18, en vigueur le 1er janv. 2014)* « au A » de l'article 12 et au 1° de l'article 19 ;

2° L'indication de la teneur en matière grasse dans les formes prévues *(Décr. n° 2013-1010 du 12 nov. 2013, art. 18, en vigueur le 1er janv. 2014)* « au B » de l'article 12 ;

3° L'une des mentions relatives au traitement des matières premières mis en œuvre prévues à l'article 14 ;

(Décr. n° 2013-1010 du 12 nov. 2013, art. 18, en vigueur le 1er janv. 2014) « 4° La mention d'étiquetage prévue au 5° du A de l'article 12 dans le cas d'un fromage fermier dont l'affinage a lieu en dehors de l'exploitation. »

Art. 21 *(Abrogé par Décr. n° 2013-1010 du 12 nov. 2013, art. 22, à compter du 1er janv. 2014)* *A l'exception des produits définis à l'annexe, les mentions d'étiquetage autres que celles figurant à l'article 14 ne sont pas exigées pour les produits mentionnés au présent décret lorsqu'ils sont fabriqués et vendus au consommateur final par les producteurs agricoles ne traitant que les laits de leur propre exploitation sur le lieu même de celle-ci.* — V. annexe préc. au **C. consom.**

CHAPITRE V *Dispositions particulières*

Art. 22 Les formes traditionnelles décrites ci-après sont réservées exclusivement aux fromages de chèvre :

1° Cylindre de 60 millimètres de diamètre au maximum et dont la longueur est comprise entre 10 et 20 centimètres ;

2° Cylindre de 65 millimètres de diamètre au maximum, dit « bonde », et dont la hauteur est comprise entre 5 et 7 centimètres ;

3° Pyramide et tronc de pyramide, quelles que soient la forme de la base ainsi que les dimensions de la base et de la hauteur.

Toutefois, l'usage de la forme en bonde cylindrique reste admis pour les fromages traditionnellement fabriqués sous cette forme avec du lait de vache.

Art. 23 Les dispositions *(Décr. n° 2013-1010 du 12 nov. 2013, art. 19, en vigueur le 1er janv. 2014)* « du B » de l'article 12 et du 2° des articles 19 et 20 ne sont pas applicables aux fromages bénéficiant d'une appellation d'origine contrôlée ou d'une indication géographique protégée. Toutefois, dans le cas d'une apposition volontaire de la teneur en matière grasse, celle-ci doit être conforme aux dispositions du présent décret.

Art. 24 Des arrêtés des ministres chargés de la consommation et de l'agriculture fixent, en tant que de besoin, les modalités d'application du présent décret.

Art. 25 *(Décr. n° 2013-1010 du 12 nov. 2013, art. 20, en vigueur le 1er janv. 2014)* Les produits légalement fabriqués ou commercialisés dans un autre État membre de l'Union européenne ou en Turquie ou légalement fabriqués dans un autre État partie à l'accord sur l'Espace économique européen ne sont pas soumis aux exigences du présent décret. Sans préjudice de l'application du règlement (CE) n° 764/2008 du Parlement européen et du Conseil du 9 juillet 2008 établissant les procédures relatives à l'application de certaines règles techniques nationales à des produits commercialisés légalement dans un autre État membre et abrogeant la décision n° 3052/95/CE ou du respect d'une procédure analogue pour les autres États parties à l'accord sur l'Espace économique européen ainsi que pour la Turquie, ces produits peuvent être importés et commercialisés en France avec l'une des mentions prévues au présent décret ou des mentions analogues.

Art. 26 Il est interdit de détenir en vue de la vente ou de la distribution à titre gratuit, de mettre en vente, vendre ou distribuer à titre gratuit les produits ne satisfaisant pas aux dispositions du présent décret. Les infractions à ces dispositions sont punies des peines prévues *(Décr. n° 2016-884 du 29 juin 2016, art. 2, en vigueur le 1er juill. 2016)* « aux articles R. 451-1 et R. 531-2 » du code de la consommation.

Art. 27 Le décret n° 88-1206 du 30 décembre 1988 portant application de la loi du 1er août 1905 sur la répression des fraudes et falsifications en matière de produits ou de services et de la loi du 2 juillet 1935 tendant à l'organisation et à l'assainissement du marché du lait en ce qui concerne les fromages est abrogé à compter de l'entrée en vigueur du présent décret, dans les conditions prévues à l'article 28.

Toutefois, la partie de l'annexe au décret du 30 décembre 1988 susmentionné relative au gruyère est abrogée à compter de la publication *[JO 29 avr.]* du présent décret.

Art. 28 Le présent décret entre en vigueur le premier jour du deuxième mois suivant sa publication *[JO 29 avr.]*.

Décret n° 2012-1126 du 4 octobre 2012,

Relatif à la régulation de l'offre de fromages bénéficiant d'une appellation d'origine protégée ou d'une indication géographique protégée.

Art. 1er Pour l'application de l'article 126 *quinquies* du règlement (CE) n° 1234/2007 du Conseil du 22 octobre 2007 susvisé *[portant organisation commune des marchés dans le secteur agricole]*, les ministres chargés de l'agriculture et de l'économie peuvent, par arrêté conjoint, définir, pour une période de temps déterminée, des règles portant sur la régulation de l'offre de fromages bénéficiant d'une appellation d'origine protégée ou d'une indication géographique protégée.

FRUITS ET LÉGUMES

Décret n° 55-1126 du 19 août 1955,

Portant application de l'article L. 412-1 du code de la consommation en ce qui concerne le commerce des fruits et légumes (Ord. n° 2016-301 du 14 mars 2016, art. 2, en vigueur le 1er juill. 2016).

Art. 1er Les dispositions du présent décret sont applicables à tous fruits et légumes, frais, ou secs, ou séchés, ou conservés par congélation, y compris les pommes de terre, transportés en vue de la vente, mis en vente ou vendus, quelle que soit leur provenance, sans préjudice de l'application des règles spéciales de qualité et de conditionnement fixées pour l'exportation par les textes pris en exécution du décret du 14 juin 1938.

Art. 2 Les fruits et légumes ne peuvent être transportés ou exposés en vue de la vente, mis en vente ou vendus pour la consommation en nature que s'ils sont, dès leur livraison par les producteurs, de qualité saine, loyale et marchande.

Art. 3 Les emballages renfermant des fruits et légumes destinés à la vente pour être consommés à l'état frais doivent être propres et en bon état.

Les fruits ou légumes d'espèces fragiles doivent être placés dans les récipients les contenant dans des conditions telles qu'ils ne puissent être ni altérés, ni écrasés.

S'il s'agit d'emballages de réemploi, toutes les mentions antérieures ne s'appliquant pas soit au produit qu'ils renferment, soit à l'expéditeur ou à l'emballeur dudit produit, doivent être annulées ou rendues illisibles.

Des arrêtés du ministre de l'agriculture et des ministres chargés du commerce et des affaires économiques définiront les caractéristiques et le mode d'identification des différents types d'emballages et pourront prescrire l'impression par le fabricant des indications adoptées pour cette identification, ainsi que de leur poids à vide. Ces mêmes arrêtés pourront interdire la réexpédition et le réemploi d'emballages du type non retournable dits "perdus".

Le papier d'emballage utilisé pour les fruits et légumes doit être soit blanc, soit coloré au moyen de l'une des substances dont l'emploi est autorisé pour envelopper des produits alimentaires par arrêté pris de concert entre les ministres intéressés.

Le contact direct de papier imprimé avec les fruits ou légumes est interdit. Ne sont pas considérés comme papiers imprimés les papiers portant sur la face externe les noms et adresses ainsi que toutes les indications commerciales intéressant le vendeur.

Toutefois, le papier imprimé et le papier journal pourront être utilisés au contact des fruits en coques, tels que noix, amandes, ainsi que des légumes tels que racines, tubercules, bulbes non épluchés ni lavés qui doivent faire l'objet d'un nettoyage approprié avant consommation.

Art. 4 Les mesures de détail relatives à l'exécution du présent décret, en ce qui concerne notamment les modalités d'application de l'article 2 et, pour chaque espèce ou groupe d'espèces, la variété, le triage, le calibre minimum, la maturité, les caractères qui rendent les produits impropres à la vente pour la consommation en nature, les modalités spéciales de traitement, de conditionnement, de présentation, de facturation et d'étiquetage, ainsi que le mode de vente (au poids, au colis ou à l'unité) pourront être précisées par des arrêtés conjoints du ministre de l'agriculture et du ministre chargé du commerce, pris après avis du comité interprofessionnel qualifié.

Des arrêtés conjoints du ministre de l'agriculture et du ministre chargé du commerce imposeront, pour les espèces ou catégories de fruits et légumes qu'ils désigneront, et selon les modalités qu'ils fixeront, l'obligation de faire figurer le qualificatif "tout-venant" sur les lots ne répondant pas à certaines conditions relatives à la présentation, ainsi qu'à l'uniformité en matière de variété et de calibrage.

Certains qualificatifs tels que "normalisé" pourront être réservés à des lots de fruits et de légumes qui répondront aux conditions fixées à cet effet par des arrêtés du ministre de l'agriculture et du ministre chargé du commerce, pris après avis du comité interprofessionnel qualifié.

Sur le commerce des pommes de terre, V. Arr. du 3 mars 1997 (JO 26 mars).

Art. 5 *(Abrogé par Décr. nº 84-1149 du 7 déc. 1984, art. 49)* ***« L'emploi de toute indication, de tout signe, de tout mode de présentation, susceptible de créer dans l'esprit de l'acheteur une confusion sur la nature, l'espèce, la variété, la provenance, l'état sanitaire, le calibrage ou le poids des produits visés au présent décret, est interdit en toutes circonstances, sous quelque forme que ce soit, notamment :***

« 1º Sur les récipients et emballages ;

« 2º Sur les étiquettes ;

« 3º Sur tout papier de commerce et généralement dans tous avis publicitaires. »

Est interdit, notamment, l'emploi des qualificatifs visés au dernier alinéa de l'article 4 du présent décret pour désigner les lots ne répondant pas aux conditions fixées par les arrêtés prévus audit article, ainsi que l'emploi de toute indication susceptible de faire croire à une qualité qui ne correspondrait pas à la réalité.

Art. 6 *(Décr. nº 2010-109 du 29 janv. 2010, art. 2)* Dans toute annonce de prix portant sur des fruits et légumes frais, au stade de la vente au détail, la mention relative à l'origine des produits est inscrite de façon visible et lisible, en caractères d'une taille égale à celle de l'indication du prix.

Décret nº 78-466 du 29 mars 1978,

Pris pour l'application, en ce qui concerne les fruits à l'eau-de-vie, de la loi du 1er août 1905.

Art. 1er La dénomination de vente des fruits conservés dans un liquide ne peut comporter de référence à la dénomination ou à l'appellation d'origine d'une eau-de-vie que si cette eau-de-vie a été utilisée à l'exclusion de tout autre spiritueux dans la préparation du produit.

Art. 2 Par exception aux dispositions du 6º de l'article 3 du décret du 12 octobre 1972, l'étiquetage des récipients contenant des fruits conservés dans de l'eau-de-vie doit comporter la mention du volume d'eau-de-vie utilisé sur la base d'un titre alcoométrique de 40 degrés.

Arrêté du 3 août 1994,

Relatif à l'information du consommateur sur les prix des fruits et légumes.

Art. 1er L'information du consommateur sur les prix des fruits ou des légumes frais (y compris les pommes de terre et les champignons) réalisée hors des lieux de vente doit être obligatoirement accompagnée de l'indication précise :

— de la variété du fruit ou du légume ;
— du pays d'origine ;
— de sa catégorie de qualité et de son calibre, lorsque ces éléments sont définis par la réglementation.

Art. 2 Le présent arrêté entrera en vigueur deux mois après sa publication au *Journal officiel* de la République française *[JO 5 août]*.

Règlement (CE) n° 96/2200 du Conseil du 28 octobre 1996,

Portant organisation commune des marchés dans le secteur des fruits et légumes.

TITRE PREMIER Classification des produits

....

Art. 2 1. Les produits destinés à être livrés à l'état frais au consommateur peuvent être classifiés par référence à un système de normes.

2. Les normes concernant les fruits et légumes frais énumérés à l'annexe I sont adoptées selon la procédure prévue à l'article 46 pour la mise en œuvre de l'organisation commune des marchés. A cette fin, il est tenu compte des normes CEE (ONU) recommandées par le groupe travail de la normalisation des produits périssables et de l'amélioration de la qualité institué auprès de la Commission économique pour l'Europe.

Jusqu'à l'adoption de nouvelles normes, les normes définies en application de l'article 2 du règlement (CEE) n° 1035/72 restent d'application.

3. La Commission, agissant selon la procédure prévue à l'article 46, peut étendre à d'autres produits la liste figurant à l'annexe I.

Art. 3 1. Le détenteur des produits pour lesquels des normes sont adoptées ne peut exposer ces produits en vue de la vente, les mettre en vente, les vendre, les livrer ou les commercialiser de toute autre manière à l'intérieur de la Communauté que s'ils sont conformes à ces normes. Il est responsable du respect de cette conformité.

Toutefois, les États membres peuvent ne pas soumettre à l'obligation de conformité aux normes ou à certaines de leurs dispositions :

a) les produits exposés en vue de la vente, mis en vente, vendus, livrés ou commercialisés de toute autre manière par le producteur sur les lieux de vente en gros, et notamment sur les marchés à la production, situés dans la région de production ;

b) les produits acheminés de ces lieux de vente en gros vers des stations de conditionnement et d'emballage ou des stations d'entreposage situées dans la même région de production.

En cas d'application du deuxième alinéa, l'État membre concerné en informe la Commission et lui communique les mesures qu'il a prises à cette fin.

2. Ne sont pas soumis à l'obligation de conformité aux normes à l'intérieur de la région de production :

a) les produits vendus ou livrés par le producteur à des stations de conditionnement et d'emballage ou à des stations d'entreposage ou acheminés de l'exploitation du producteur vers ces stations ;

b) les produits acheminés des stations d'entreposage vers les stations de conditionnement et d'emballage.

3. Ne sont pas soumis à l'obligation de conformité aux normes :

a) les produits acheminés vers les usines de transformation, sous réserve de l'éventuelle fixation, selon la procédure prévue à l'article 46, de critères minimaux de qualité pour les produits destinés à la transformation industrielle ;

b) les produits cédés au consommateur pour ses besoins personnels par le producteur sur le lieu de son exploitation ;

c) sur décision de la Commission prise à la demande d'un État membre selon la procédure visée à l'article 46, les produits d'une région donnée vendus par le commerce de détail de cette région pour répondre à une consommation locale traditionnelle notoirement connue.

4. La preuve doit être fournie que les produits visés au paragraphe 2 et au paragraphe 3 point *a)* répondent aux conditions prévues, notamment en ce qui concerne leur destination.

....

Art. 5 1. Les mentions prévues par les normes en matière de marquage doivent être indiquées en caractères lisibles et visibles sur l'un des côtés de l'emballage, soit par impression directe indélébile, soit au moyen d'une étiquette intégrée ou solidement fixée au colis.

2. Pour les marchandises expédiées en vrac, chargées directement sur un moyen de transport, les mentions visées au paragraphe 1 doivent figurer sur un document accompagnant la marchandise ou sur une fiche placée visiblement à l'intérieur du moyen de transport.

Art. 6 Au stade de la vente au détail, lorsque les produits sont offerts en emballage, les mentions prévues en matière de marquage doivent être présentées de façon lisible et apparente.

Pour les produits présentés préemballés, au sens de la directive 79/112/CEE *[du 18 déc. 1978, relative au rapprochement des législations des États membres concernant l'étiquetage et la présentation des denrées alimentaires ainsi que la publicité faite à leur égard, abrogée et remplacée par Dir. 2000/13/CE du 20 mars 2000]*, le poids net est indiqué, en plus de toutes les mentions prévues dans les normes. Toutefois, pour les produits normalement vendus à la pièce, l'obligation d'indiquer le poids net ne s'applique pas si le nombre de pièces peut être clairement vu et facilement compté de l'extérieur ou, à défaut, si ce nombre est indiqué sur l'étiquetage.

Les produits peuvent ne pas être présentés en emballage à condition que le détaillant appose sur la marchandise mise en vente une pancarte portant en caractères très apparents et lisibles les indications prévues par les normes et relatives à :

– la variété,
– l'origine du produit,
– la catégorie.

Vente sans emballage. Le défaut de mention de la variété, de l'origine et de la catégorie des fruits et légumes frais présentés hors emballage contrevient à l'art. 6 du Règl. du 28 oct. 1996 ; dix-neuf produits étant concernés, ces faits sont constitutifs de dix-neuf contraventions. • Paris, 7 janv. 2009 : *CCC 2009, n° 184, obs. Raymond.*

....

Art. 8 1. Les produits pour lesquels des normes sont adoptées ne sont admis à l'importation en provenance des pays tiers que s'ils sont conformes à ces normes ou à des normes au moins équivalentes.

2. Les articles 3 à 7 s'appliquent aux produits importés dans la Communauté, après l'accomplissement des formalités d'importation conformément aux dispositions communautaires existant en la matière.

Art. 9 1. Les produits pour lesquels des normes sont adoptées ne sont admis à l'exportation vers les pays tiers que s'ils sont conformes à ces normes.

Toutefois, des dérogations peuvent être accordées selon la procédure prévue à l'article 46, compte tenu des exigences des marchés de destination.

....

V. Règl. (CE) n° 1148/2001 de la Commission du 12 juin 2001 concernant les contrôles de conformité avec les normes de commercialisation applicables dans le secteur des fruits et légumes frais (JOCE L 156 du 13 juin).

Arrêté du 16 novembre 1999,

Relatif à la publicité, à l'égard du consommateur, des prix de vente à l'unité de mesure de certains produits préemballés.

V. ce texte, v° Prix (publicité).

Loi n° 2010-788 du 12 juillet 2010,

Portant engagement national pour l'environnement.

Art. 119 Les indications obligatoires concernant la vente de fruits, légumes et plantes horticoles sont régies par les articles *(Ord. n° 2016-301 du 14 mars 2016, art. 2, en vigueur le 1er juill. 2016)* « L. 412-1 » et suivants du code de la consommation.

GÉOMÈTRES

Arrêté du 22 décembre 1992,

Relatif à l'information des consommateurs sur les prix des prestations topographiques.

Art. 1er Le prix des prestations topographiques doit faire l'objet d'un affichage dans les lieux où elles sont proposées au consommateur.

L'affichage doit comporter les indications suivantes :

– le prix TTC des dix prestations les plus couramment pratiquées par le professionnel ;

– le caractère payant ou gratuit du devis et, dans le premier cas, le coût d'établissement du devis ;

– le cas échéant, les frais de déplacement et toute autre condition de rémunération.

Lorsque la prestation n'est pas offerte dans les locaux du professionnel, un document comprenant les mêmes indications doit être obligatoirement présenté au consommateur, préalablement à toute intervention.

En outre, une documentation présentant la liste complète des prestations proposées avec l'indication de leur prix devra être constamment présentée à la vue de la clientèle et tenue à sa libre disposition.

Art. 2 Préalablement à l'exécution des travaux, le professionnel remet un devis au consommateur, dont le double est conservé dans les conditions de l'arrêté du 3 octobre 1983. – *V. ce texte, vº Prix (publicité).*

Art. 3 Lorsque le professionnel exécute, pour le compte du consommateur, des prestations exigées par une administration ou une collectivité publique, ces prestations obligatoires sont distinguées de manière très apparente, sur le devis et sur la note, des autres prestations éventuellement demandées par le client.

HÉBERGEMENT DES PERSONNES ÂGÉES

Code de l'action sociale et des familles

Établissements et services sociaux et médico-sociaux

Art. L. 312-1 *(L. nº 2002-2 du 2 janv. 2002)* I. – Sont des établissements et services sociaux et médico-sociaux, au sens du présent code, les établissements et les services, dotés ou non d'une personnalité morale propre, énumérés ci-après :

....

6º Les établissements et les services qui accueillent des personnes âgées ou qui leur apportent à domicile une assistance dans les actes quotidiens de la vie, des prestations de soins ou une aide à l'insertion sociale ;

....

Art. L. 313-1-2 *(L. nº 2015-1776 du 28 déc. 2015, art. 47)* Pour intervenir auprès des bénéficiaires de l'allocation personnalisée d'autonomie mentionnée à l'article L. 232-1 et de la prestation de compensation du handicap mentionnée à l'article L. 245-1, un service d'aide et d'accompagnement à domicile relevant des 6º ou 7º du I de l'article L. 312-1 doit y être autorisé spécifiquement s'il n'est pas détenteur de l'habilitation à recevoir des bénéficiaires de l'aide sociale mentionnée à l'article L. 313-6. Cette autorisation peut être refusée ou retirée dans les conditions prévues, respectivement, aux articles L. 313-8 et L. 313-9.

Tout service autorisé dans les conditions prévues au premier alinéa du présent article a l'obligation d'accueillir, dans la limite de sa spécialité et de sa zone d'intervention autorisée, toute personne bénéficiaire des prestations mentionnées au même premier alinéa qui s'adresse à lui, dans des conditions précisées, le cas échéant, par un contrat pluriannuel d'objectifs et de moyens conclu dans les conditions prévues à l'article L. 313-11-1.

Par dérogation à l'art. L. 313-1-2 CASF, dans sa rédaction résultant de l'art. 47 de la L. nº 2015-1776 du 28 déc. 2015, pour l'examen des demandes d'agrément des services d'aide et d'accompagnement à domicile en cours d'instruction à la date d'entrée en vigueur du même art. 47, le 2º du même art. L. 313-1-2 reste applicable dans sa rédaction antérieure à la même loi. Les services d'aide et d'accompagnement mentionnés au 1er al. de l'art. 95 de la L. préc. auxquels un agrément est délivré sont réputés détenir, au titre de l'art. L. 313-1 CASF, une autorisation ne valant pas habilitation à recevoir des bénéficiaires de l'aide sociale à la date d'effet de cet agrément. Les 2e et dern. al. du III de l'art. 47 de la L. préc. leur sont également applicables (L. préc., art. 95).

....

Art. R. 314-149 **Lors de l'entrée d'une personne dans un établissement relevant des 6° ou 7° du I de l'article L. 312-1, et sauf dans le cas où cette entrée fait suite à une décision d'orientation prononcée par une autorité administrative, il peut être demandé à cette personne ou à son représentant légal le dépôt d'une caution.**

Cette caution ne peut excéder *(Décr. n° 2016-1815 du 21 déc. 2016, art. 2-55°)* **« le montant du tarif » mensuel d'hébergement qui reste effectivement à la charge de la personne hébergée.**

La caution est restituée à la personne hébergée ou à son représentant légal dans les trente jours qui suivent sa sortie de l'établissement, déduction faite de l'éventuelle créance de ce dernier. – *[Décr. n° 2003-1010 du 22 oct. 2003, art. 154].*

Hébergement de personnes âgées

Art. L. 342-1 *(L. n° 2002-2 du 2 janv. 2002)* **Sont soumis aux dispositions du présent chapitre :**

1° Les établissements mentionnés au 6° du I de l'article L. 312-1, lorsqu'ils ne sont ni habilités à recevoir des bénéficiaires de l'aide sociale ni conventionnés au titre de l'aide personnalisée au logement ;

2° Les mêmes établissements, lorsqu'ils n'accueillent pas à titre principal des bénéficiaires de l'aide sociale pour la fraction de leur capacité au titre de laquelle ils ne sont pas habilités à recevoir des bénéficiaires de l'aide sociale ;

(L. n° 2015-1776 du 28 déc. 2015, art. 12) **« 3° Les établissements conventionnés au titre de l'aide personnalisée au logement et non habilités à recevoir des bénéficiaires de l'aide sociale, pour ce qui concerne les prestations qui ne sont pas prises en compte dans le calcul de la part de la redevance assimilable au loyer et aux charges locatives récupérables conformément aux conventions mentionnées à l'article L. 353-2 du code de la construction et de l'habitation** *[;]* **»**

(Ord. n° 2005-1477 du 1er déc. 2005, art. 8) **« 4° Les établissements d'hébergement pour personnes âgées habilités au titre de l'aide sociale, dans les conditions précisées au I de l'article L. 342-3-1. »**

Ces établissements ne peuvent héberger une personne âgée sans qu'au préalable un contrat écrit ait été passé avec cette personne ou son représentant légal. Pour la signature de ce contrat, la personne ou son représentant légal peut se faire accompagner d'une personne de son choix.

Art. L. 342-2 **Le contrat est à durée indéterminée ; il précise les conditions et les modalités de sa résiliation. Il comporte en annexe un document contractuel décrivant l'ensemble des prestations qui sont offertes par l'établissement et indiquant le prix de chacune d'elles, fixé** *(L. n° 2015-1776 du 28 déc. 2015, art. 57)* **« en application des deux premiers alinéas » de l'article L. 342-3. Le document est complété en cas de création d'une nouvelle prestation.**

Ce document détermine aussi les conditions de facturation de chaque prestation en cas d'absence ou d'hospitalisation du souscripteur.

(L. n° 2015-1776 du 28 déc. 2015, art. 57) **« Pour les établissements relevant du premier alinéa du I de l'article L. 313-12, le contrat prévoit dans tous les cas un ensemble de prestations minimales relatives à l'hébergement, dont la liste est fixée par décret, qui est dit "socle de prestations". »**

Le contrat précise les *(L. n° 2015-1776 du 28 déc. 2015, art. 57)* **« autres » prestations dont le souscripteur a déclaré vouloir bénéficier. Un avenant au contrat est établi lorsque, pendant la durée du contrat, le résident demande le bénéfice d'une prestation supplémentaire ou renonce à une prestation. Lorsqu'un préposé de l'établissement est désigné gérant de la tutelle en vertu de l'article 499 du code civil, les dispositions du deuxième alinéa de l'article 500 dudit code sont applicables pour la conclusion de l'avenant.**

Lorsque, préalablement à l'entrée dans l'établissement, la personne âgée ou son représentant légal a déclaré vouloir conclure un contrat pour un hébergement d'une durée limi-

tée, inférieure à six mois, le contrat est alors à durée déterminée. Il contient les mêmes éléments que ceux définis aux alinéas précédents. Lorsqu'une personne est hébergée, sur la base d'un contrat à durée déterminée, au-delà d'une période de six mois consécutifs, le contrat est transformé de plein droit en contrat à durée indéterminée et soumis aux dispositions des articles L. 342-1 à L. 342-6. — *[L. nº 90-600 du 6 juill. 1990, art. 2].*

Les dispositions relatives au socle de prestations prévu à l'art. L. 342-2 CASF, dans sa rédaction résultant de l'art. 57 de la L. nº 2015-1776 du 28 déc. 2015, ne sont pas applicables aux contrats conclus avant la date d'entrée en vigueur du décret mentionné au même art. L. 342-2 (L. préc., art. 97).

Clauses abusives. Ayant exactement relevé qu'en application de l'art. L. 342-2 CASF, le contrat de séjour détermine les conditions de facturation de chaque prestation en cas d'absence ou d'hospitalisation du souscripteur, la cour d'appel en a justement déduit que les établissements sont libres de fixer le montant des déductions qu'ils accordent aux résidents hospitalisés ou absents sur le tarif hébergement. • Civ. 1re, 3 nov. 2016, nº 15-20.621 P : *cité note 63 ss. art. L. 212-1 C. consom.* ♦ Ayant constaté que la clause litigieuse stipule un délai de préavis pendant lequel le résident est tenu de régler les frais d'hébergement, sous déduction du coût alimentaire, sauf occupation de sa chambre par un nouveau résident dans ce délai, l'arrêt retient que, s'agissant d'un contrat à durée indéterminée, ce délai est légitime ; il relève encore qu'à titre de réciprocité, un préavis d'un mois est prévu en cas de résiliation par l'établissement. Au regard de ces constatations et appréciations, c'est à bon droit que la cour d'appel a écarté le caractère abusif de la clause. • Même arrêt.

Art. L. 342-3 *(L. nº 2015-1776 du 28 déc. 2015, art. 57)* « Le socle de prestations prévu au troisième alinéa de l'article L. 342-2 fait l'objet d'un prix global. Toute clause prévoyant un prix distinct pour une prestation relevant du socle de prestations est réputée non écrite.

« Le prix du socle de prestations et les prix des autres prestations d'hébergement sont librement fixés lors de la signature du contrat. Ils varient ensuite, dans des conditions fixées par décret, dans la limite d'un pourcentage fixé au 1er janvier de chaque année par arrêté des ministres chargés des personnes âgées et de l'économie, compte tenu de l'évolution des coûts de la construction et des loyers, des produits alimentaires et des services et du taux d'évolution des retraites de base prévu à l'article L. 161-23-1 du code de la sécurité sociale.

« Le conseil de la vie sociale est consulté au moins une fois par an sur le niveau du prix du socle de prestations et sur le prix des autres prestations d'hébergement ainsi qu'à chaque création d'une nouvelle prestation.

« Pour les établissements relevant du 3° de l'article L. 342-1 du présent code, le prix du socle de prestations pris en compte dans le calcul de la part de redevance assimilable au loyer et aux charges locatives récupérables évolue conformément à ce que prévoit la convention conclue au titre de l'aide personnalisée au logement ; seules les autres prestations évoluent en fonction de l'arrêté interministériel mentionné au deuxième alinéa du présent article. »

Lorsqu'une des prestations offertes est choisie par un résident postérieurement à la signature du contrat ou à la création de cette prestation, son prix est celui qui figure dans le document contractuel mentionné à l'article L. 342-2, majoré, le cas échéant, dans la limite des pourcentages de variation autorisés depuis la date de signature du contrat ou de la création de la prestation si celle-ci est postérieure. — *[L. nº 90-600 du 6 juill. 1990, art. 3.]*

BIBL. ▶ LANDAIS, *RDSS 2011. 1146* (modalités de tarification des établissements d'hébergement pour personnes âgées dépendantes).

Art. L. 342-3-1 *(Ord. nº 2005-1477 du 1er déc. 2005, art. 8-III)* Les établissements d'hébergement pour personnes âgées habilités au titre de l'aide sociale mentionnés au 6° du I de l'article L. 312-1 peuvent être soumis aux dispositions du présent chapitre, à leur demande et après accord du président du conseil départemental compétent, dans le cadre d'une convention d'aide sociale, lorsqu'il est constaté que l'établissement a accueilli en moyenne *moins de 50 % de bénéficiaires de l'aide* sociale par rapport à sa dernière capacité agréée sur les trois exercices précédant celui de la demande.

Dans ce cas, une convention d'aide sociale, dont le contenu minimal est fixé par décret, est conclue pour une durée maximale de cinq ans entre le représentant de l'établissement et le président du conseil départemental. Elle précise notamment :

1° Les conditions de réservation et de mise à disposition des places pour les bénéficiaires de l'aide sociale à l'hébergement des personnes âgées ;

2° Le montant des différents tarifs afférents à l'hébergement pouvant être pris en charge par l'aide sociale départementale et la définition des prestations garanties auxquelles ces tarifs correspondent.

Les tarifs afférents à l'hébergement pouvant être pris en charge par l'aide sociale départementale sont revalorisés chaque année pendant toute la durée de la convention du pourcentage prévu à l'article L. 342-3.

Art. L. 342-4 Le *(L. n° 2015-1776 du 28 déc. 2015, art. 57)* **« président du conseil départemental » peut fixer un pourcentage supérieur en cas d'augmentation importante des coûts d'exploitation résultant d'amélioration de prestations existantes ou de la modification des conditions de gestion ou d'exploitation.**

L'établissement qui demande le bénéfice de ces dispositions doit adresser au *(L. n° 2015-1776 du 28 déc. 2015, art. 57)* **« président du conseil départemental », conjointement à sa demande, l'avis rendu par le** *(L. n° 2015-1776 du 28 déc. 2015, art. 57)* **« conseil de la vie sociale ».** — *[L. n° 90-600 du 6 juill. 1990, art. 4].*

Art. L. 342-5 *(L. n° 2015-1776 du 28 déc. 2015, art. 59-I)* **Constitue un manquement passible d'une amende administrative dont le montant ne peut excéder 3 000 € pour une personne physique et 15 000 € pour une personne morale le fait :**

1° D'héberger une personne âgée sans avoir au préalable conclu le contrat écrit conformément à l'article L. 342-1 ;

2° De proposer ou conclure un contrat dont une des stipulations n'est pas conforme à l'article L. 342-2 ;

3° De pratiquer des prix supérieurs à ceux résultant de l'application du pourcentage de variation fixé par les arrêtés prévus aux articles L. 342-3 et L. 342-4.

(Ord. n° 2016-301 du 14 mars 2016, art. 4, en vigueur le 1er juill. 2016) **« Ces manquements sont recherchés et constatés par les agents mentionnés aux articles L. 511-3 et L. 511-21 du code de la consommation, dans les conditions prévues à l'article L. 511-7 du même code. » Lorsque le manquement fait l'objet d'une sanction et que toutes les voies de recours ont été épuisées, l'autorité administrative chargée de la concurrence et de la consommation informe le président du conseil départemental de la nature des manquements sanctionnés.**

L'amende est prononcée dans les conditions prévues *(Ord. n° 2016-301 du 14 mars 2016, art. 4, en vigueur le 1er juill. 2016)* **« au chapitre II du titre II du livre V du code de la consommation ».**

Art. L. 342-6 *(L. n° 2007-290 du 5 mars 2007, art. 39)* **Les dispositions du présent chapitre s'appliquent sans préjudice de celles qui figurent au chapitre III du titre III du livre VI du code de la construction et de l'habitation.**

Art. R. 342-1 **Est puni de l'amende prévue pour les contraventions de la cinquième classe, le fait, dans un établissement mentionné à l'article L. 342-1 :**

1° d'héberger une personne âgée sans avoir au préalable conclu le contrat écrit conformément aux dispositions de l'article L. 342-1 ;

2° de conclure un contrat dont les stipulations ne sont pas conformes aux dispositions de l'article L. 342-2 ;

3° de pratiquer des tarifs supérieurs à ceux résultant de l'application du pourcentage de variation fixé par l'arrêté ministériel ou préfectoral prévus aux articles L. 342-3 et L. 342-4.

(Abrogé par Décr. n° 2010-671 du 18 juin 2010, art. 5-I) ***« Les personnes morales peuvent être déclarées pénalement responsables, dans les conditions prévues à l'article 121-2 du code pénal, des infractions définies au présent article. Elles encourent la peine d'amende, dans les conditions prévues à l'article 131-41 du code pénal. »***

La récidive des contraventions prévues au présent article est réprimée conformément aux articles 132-11 et 132-15 du code pénal. — *[Décr. n° 91-322 du 27 mars 1991, art. 1er, sauf 4°].*

Sanctions pénales. Il ne saurait être reproché à un établissement d'avoir pratiqué, durant la période visée à la prévention, des prix conformes aux stipulations des contrats passés avec les personnes hébergées, et ce, même si ces contrats ont été conclus au mépris des engagements moraux pris par le repreneur de l'établissement à l'égard des religieuses cédantes de celui-ci. Les contrats passés avec les pensionnaires, à défaut d'avoir été déférés aux juridictions éventuellement compétentes pour apprécier les conditions de leur souscription par les personnes âgées en cause, doivent être considérés comme librement consentis, et, aucune facturation ultérieure excédant le pourcentage autorisé par arrêté ministériel n'étant démontrée, les infractions poursuivies ne sont pas caractérisées. • Versailles, 11 sept. 1998 : *BICC 15 oct. 1999, n° 1151.*

Services d'aide et d'accompagnement non soumis à autorisation

Art. L. 347-1 *(Ord. n° 2005-1477 du 1er déc. 2005, art. 4-III)* **Dans les services** *(L. n° 2015-1776 du 28 déc. 2015, art. 47)* **« d'aide et d'accompagnement à domicile relevant des 6° ou 7° du I de l'article L. 312-1 qui ne sont pas habilités à recevoir des bénéficiaires de l'aide sociale », les prix des prestations de service sont librement fixés lors de la signature du contrat conclu entre le prestataire de service et le bénéficiaire.** *(L. n° 2015-1776 du 28 déc. 2015, art. 47)* **« Le contrat est à durée indéterminée ; il précise les conditions et les modalités de sa résiliation. »**

Les prix des prestations contractuelles varient ensuite dans la limite d'un pourcentage fixé par arrêté *(L. n° 2015-1776 du 28 déc. 2015, art. 47)* **« des ministres chargés de l'économie et des finances, des personnes âgées et de l'autonomie » compte tenu de l'évolution des salaires et du coût des services.** — *Le prix des prestations contractuelles ne peut augmenter de plus de 1,35 % au cours de l'année 2015 par rapport à l'année précédente (Arr. du 17 déc. 2014, JO 20 déc.).*

Le *(L. n° 2015-1776 du 28 déc. 2015, art. 47)* **« président du conseil départemental » peut fixer un pourcentage supérieur en cas d'augmentation importante des coûts d'exploitation résultant de l'amélioration des prestations existantes ou de la modification des conditions de gestion ou d'exploitation.**

Art. L. 347-2 *(L. n° 2014-344 du 17 mars 2014, art. 117)* **Les manquements à l'article L. 347-1 du présent code sont passibles d'une amende administrative dont le montant ne peut excéder 3 000 € pour une personne physique et 15 000 € pour une personne morale.** *(Ord. n° 2016-301 du 14 mars 2016, art. 4, en vigueur le 1er juill. 2016)* **« Ces manquements sont recherchés et constatés par les agents mentionnés aux articles L. 511-3 et L. 511-21 du code de la consommation, dans les conditions prévues à l'article L. 511-7 du même code***[.]* **» L'amende est prononcée dans les conditions prévues** *(Ord. n° 2016-301 du 14 mars 2016, art. 4, en vigueur le 1er juill. 2016)* **« au chapitre II du titre II du livre V » du code de la consommation.**

Sur le contrat d'accueil de personnes âgées ou handicapées adultes au domicile d'un accueillant familial, V. CASF, art. L. 442-1, R. 442-1 à R. 442-5. — ***CASF.***

Recommandation CCA n° 85-03 du 5 juillet 1985,

Concernant les contrats proposés par les établissements hébergeant des personnes âgées (BOCC 9 nov. 1985).

La Commission,

Considérant que les établissements accueillant des personnes âgées assurent, sous la responsabilité d'un même gestionnaire, leur logement dans un ou des immeubles comportant des locaux et des équipements communs destinés à la vie collective et fournissent diverses prestations annexes : restauration, surveillance et/ou soins médicaux, services ménagers, animations diverses... ; que cette forme de logement constitue un service spécifique même si des différences sont constatées d'un établissement à l'autre, portant sur la présence ou non de locaux privatifs mis à la disposition de chaque personne hébergée, l'étendue des prestations annexes, ou leur caractère obligatoire ou facultatif ; que dès lors les recommandations émises par la commission à ce sujet visent l'ensemble des contrats proposés par les établissements définis ci-dessus ;

Considérant que les documents **examinés par la commission désignent les établissements d'accueil sous des vocables tels que « maison de retraite », « foyer », « foyer-logement », « hospice » ; que de même les personnes concernées y sont désignées comme « pensionnaires », « résidents », « occupants » et leurs interlocuteurs comme « directeur », « direction », « responsable », « gestionnaire »... ; qu'il convient dans ce qui suit de regrouper** indifféremment ces vocables sous les termes respectifs de « consommateur » d'une part, d'« établissement » ou « professionnel » d'autre part ;

Sur la nature des documents examinés et la compétence de la commission,

Considérant que ces documents déterminent les droits et obligations réciproques du consommateur et de l'établissement ; que lorsque celui-ci ne fait pas partie du secteur hospitalier public, ils constituent bien des contrats sur lesquels la commission est habilitée à se prononcer ;

Considérant que certaines clauses ont pour objet d'organiser la vie en commun des consommateurs hébergés dans un même établissement ; qu'il en est ainsi limitativement des clauses fixant les modalités d'utilisation des services, locaux et équipements collectifs et des locaux réservés à plusieurs consommateurs tels qu'une chambre commune, et des clauses destinées à éviter qu'un occupant n'occasionne des troubles de jouissance aux autres ; que ces clauses, concernant les modalités d'exécution de la convention passée entre l'établissement et chaque consommateur individuellement font partie des contrats précités ; que la commission est donc également fondée le cas échéant à émettre des recommandations à leur sujet, sous réserve qu'elles aient été effectivement imposées par le professionnel ; que tel n'est pas le cas des clauses régissant ces seuls aspects des contrats qui reprennent les dispositions d'un éventuel « règlement intérieur » élaboré ou expressément approuvé par les consommateurs eux-mêmes ou leurs représentants au sein des instances consultatives ou de direction de l'établissement ;

Considérant enfin que certains établissements font partie du secteur hospitalier public ; qu'en conséquence les règles régissant leurs rapports avec les consommateurs ne relèvent pas du droit privé ; que la commission peut néanmoins, conformément à l'article 38 de la loi du 10 janvier 1978 susvisée, proposer les modifications réglementaires qui lui paraissent souhaitables ;

Sur la présentation,

Considérant que dans la plupart des établissements il n'est pas remis à chaque consommateur d'exemplaire du document constatant ses droits et obligations, celui-ci étant au mieux affiché dans les parties communes ;

Considérant que la présentation de la plupart des documents conduit à occulter leur nature contractuelle et à leur conférer un caractère apparemment unilatéral ou réglementaire, notamment par la dénomination qui leur est donnée, celle de « règlement » étant employée dans 86 p. 100 d'entre eux, en ne prévoyant pas de manifestation du consentement du consommateur par l'apposition de sa signature ou tout autre moyen, ou en confondant des stipulations purement contractuelles et des règles de vie en commun qui, le cas échéant, auraient été fixées par la collectivité des résidents et non imposées par le professionnel ;

Considérant que certains contrats prévoient qu'ils auront force obligatoire même à l'égard des consommateurs qui ne les auraient pas signés ou que le professionnel serait autorisé à en modifier unilatéralement le contenu ou à imposer ses décisions ou celles d'un tiers sur les points qui n'y seraient pas expressément prévus ; que de telles clauses, qui sont sans valeur, peuvent néanmoins abuser un consommateur sur l'étendue réelle de ses droits ;

Considérant que, s'il en existe un, le règlement intérieur doit être annexé au contrat et *préciser les modalités et la date de son élaboration* ; que chaque consommateur doit également être informé de ses éventuelles modifications ultérieures ;

Considérant que les contrats d'hébergement proposés aux consommateurs comportent rarement toutes les mentions utiles à leur information sur leurs droits et leurs obligations ; qu'il en est ainsi plus particulièrement :

— des conditions d'admission dans l'établissement ;

— de la date d'effet du contrat, de sa durée, de ses modalités de renouvellement ou de résiliation par l'une ou l'autre des parties ;

— du prix du contrat et de ses modalités de révision, de l'énumération des prestations annexes obligatoires ou facultatives, en distinguant celles qui sont comprises dans le prix de celles qui ne le sont pas et, s'il y a lieu, de la liste des charges récupérables ;

— de la désignation et de la description des parties, équipements et accessoires de l'établissement en distinguant les parties communes des locaux privatifs dont le consommateur a la jouissance exclusive ou partagée ;

Considérant qu'il en est de même s'agissant de dispositions légales ou réglementaires applicables à certaines catégories d'établissements ou de consommateurs, en particulier en matière de régime des prix, de représentation des consommateurs au sein des instances consultatives de l'établissement ;

Considérant que les établissements accueillant des bénéficiaires de l'aide sociale sont réglementairement tenus de reverser mensuellement à ces derniers 10 p. 100 de leurs ressources, sans que cette somme puisse être inférieure à 1 p. 100 du minimum vieillesse annuel légal, mais que la grande majorité des contrats ne rappellent pas cette obligation ou indiquent un montant minimal périmé depuis plusieurs années ;

Sur la formation, la durée et la résiliation du contrat.

Considérant que la plupart des contrats fixent des critères d'admission des consommateurs dans l'établissement ; qu'il est légitime, notamment en considération des intérêts des autres résidents, de n'y admettre que des personnes aptes au mode de vie qui y est proposé, en fonction de son caractère plus ou moins collectif, de la nécessité ou non d'effectuer soi-même certains actes de la vie courante, de la possibilité ou non de disposer sur place de certains soins médicaux, etc. ; que de même certains établissements sont tenus de n'admettre que des personnes dont les ressources sont inférieures à un montant donné ; qu'il est par conséquent normal de subordonner la conclusion définitive du contrat à la fourniture par le consommateur des preuves qu'il satisfait bien à tel ou tel de ces critères lorsqu'ils sont prévus ;

Mais considérant que certains établissements réservent par ailleurs leur accès à des « gens de bonne vie et mœurs » ou « honorablement connus » ou encore « n'ayant fait l'objet d'aucune condamnation pénale » ; qu'en outre l'éventualité d'une enquête de moralité par l'établissement est parfois prévue ; que l'imprécision de ces notions revient à lui donner le droit d'accepter ou de refuser arbitrairement de contracter avec tel ou tel consommateur ; que de telles clauses tendent à légitimer un refus de prestations de services et peuvent favoriser dans certains cas des attitudes ségrégationnistes ;

Considérant que près du tiers des contrats exigent, préalablement à l'admission définitive, un examen du consommateur par le médecin de l'établissement ; que de telles clauses sont de nature à procurer au professionnel un avantage excessif si elles ne prévoient pas la possibilité pour le consommateur de contester une éventuelle décision défavorable en se soumettant à l'examen d'un médecin de son choix ;

Considérant que certains établissements subordonnent l'admission des couples à la production par ceux-ci d'un certificat de mariage ou parfois de concubinage ; que de telles exigences portent sans nécessité atteinte à la vie privée des individus, sans préjudice du droit pour l'établissement de s'assurer de la solidarité des débiteurs ;

Considérant que le consommateur est parfois tenu lors de son admission de fournir un engagement de tiers aux termes duquel ceux-ci s'engagent à payer ses frais de séjour en ses lieu et place s'il était défaillant ; que cette stipulation est abusive dans tous les cas où le ou les tiers dont il s'agit ne sont pas débiteurs d'aliments à l'égard de l'intéressé ;

Considérant que certains établissements exigent lors de l'admission la remise des titres de retraite et pension, livrets de caisse d'épargne, carnets de chèques... Ou une délégation de paiement à l'établissement des revenus de l'intéressé ; que cette exigence n'est autorisée réglementairement par le décret du 2 septembre 1954 susvisé *[sur l'aide sociale]* qu'à l'égard des seuls bénéficiaires de l'aide sociale ;

Considérant qu'une « période d'essai » est parfois prévue ; qu'il arrive qu'elle soit stipulée au profit d'une partie comme de l'autre, chacune pouvant, pendant ce délai, mettre fin au contrat de plein droit conformément aux recommandations antérieures de la commission ; mais qu'elle peut au contraire exister au seul profit de l'établissement ou être stipulée pour une période de plusieurs mois ou indéterminée, ce qui lui procure un avantage abusif ;

Considérant que dans le domaine des baux d'habitation, qui présentent de nombreuses similitudes avec les contrats de l'espèce, le législateur est intervenu pour déterminer les droits et obligations des parties ; qu'en particulier il a fixé à six ans la durée des baux consentis par une personne morale ; que par ailleurs le bailleur ne peut refuser de renouveler le contrat que pour des motifs « sérieux et légitimes », le locataire pouvant les contester devant la commission départementale des rapports locatifs ; que de même le contrat ne peut être de plein droit résilié par le bailleur qu'en cas de non-paiement du loyer, un mois après un commandement de payer resté infructueux ; que la validité des congés donnés par le bailleur est subordonnée à l'observation de modalités strictes, en particulier obligation de les motiver et de les signifier par lettre recommandée avec avis de réception ou acte d'huissier et respect d'un préavis de trois mois ; qu'enfin l'exercice de ces droits est subordonné, à l'encontre de tout locataire âgé de plus de soixante-dix ans et disposant de ressources inférieures à une fois et demie le SMIC, à l'offre concomitante d'un logement correspondant aux besoins et possibilités de ce dernier ;

Considérant que cette législation exclut expressément de son objet les contrats visés par la présente recommandation, ce qui peut être regretté ;

Considérant que la vocation d'un établissement accueillant des personnes âgées est de leur procurer un logement stable et durable aussi longtemps qu'elles remplissent les conditions pour y être admises ; que l'éviction d'une personne âgée de l'établissement où elle est logée peut avoir pour elle des répercussions particulièrement graves ; qu'il est en toute hypothèse légitime que cette catégorie particulière de consommateurs bénéficie de protections au moins aussi étendues que les locataires ;

Considérant que cependant la quasi-totalité des contrats examinés ne comportent aucune stipulation expresse quant à leur durée, et que lorsqu'elle est stipulée elle est alors extrêmement brève, généralement de un à trois mois et jamais supérieure à un an, renouvelables par tacite reconduction ;

Considérant que dans la plupart des contrats, que leur durée soit déterminée ou non, il est stipulé que l'une ou l'autre des parties peut y mettre fin à tout moment ; qu'un tel équilibre des droits est purement formel, et met en fait le consommateur dans une situation de précarité totale, lui interdisant toute certitude quant à la pérennité de ce qui constitue son principal, et en général unique logement ; il lui serait en effet fort difficile d'en retrouver un équivalent alors que de son côté le professionnel n'aurait aucun mal à lui substituer un autre consommateur, le nombre de demandes d'admission dans les établissements recevant des personnes âgées étant en règle générale très supérieur à celui des places disponibles ;

Considérant que la plupart des contrats prévoient en outre divers cas particuliers permettant au seul professionnel de le résilier à tout moment ; qu'il est équitable que ce dernier dispose d'un tel recours si le consommateur est de mauvaise foi et notamment n'acquitte pas les sommes dont il est redevable, s'il ne répond plus aux conditions d'accès à l'établissement fixées lors de son admission, ou si, en dehors de cas fortuits ou de force majeure, il est absent de l'établissement plus de quatre mois par an, délai au-delà duquel celui-ci cesse de constituer sa résidence principale au regard de divers textes législatifs et réglementaires ;

Mais considérant que plus de la moitié des contrats examinés ajoutent à ces motifs de résiliation d'autres dont la rigueur, la variété ou l'imprécision de la formulation, par exemple toute « absence injustifiée » le « mauvais esprit » du consommateur ou plus généralement tout manquement « à l'une quelconque de ses obligations », permettent au professionnel d'exercer arbitrairement et abusivement ce droit d'éviction ;

Considérant, s'agissant des modalités pratiques de résiliation ou de non-renouvellement du contrat, que 80 p. 100 des contrats examinés ne prévoient aucun délai de préavis ; que dans le cas contraire il est extrêmement bref, variant le plus souvent entre quelques jours et un mois ; qu'il est rarement prévu de mise en demeure préalable, par lettre recommandée avec avis de réception ou tout autre moyen, qui serait faite au consommateur de respecter ses obligations, ni de l'informer de la même façon qu'il sera mis fin à son contrat à partir de telle date ; qu'il n'est pratiquement jamais prévu de procédure amiable et contradictoire permettant aux deux parties d'exposer leurs griefs, par exemple devant le conseil de maison lorsqu'il en existe ou toute autre instance paritaire ; qu'il est tout aussi rarement prévu que le professionnel doive communiquer au consommateur les motifs justifiant selon lui sa décision ; qu'au contraire certains contrats prévoient que toute décision de ce genre n'aura pas à être motivée et sera « sans appel » ;

Considérant qu'en cas de congé provenant d'événements qui sont le fait du professionnel ou indépendants de la volonté du consommateur il est conforme à la vocation de ces établissements que la résiliation ne puisse prendre effet que si un hébergement correspondant aux besoins et possibilités de l'intéressé lui a été proposé, et qu'il doit en particulier en être ainsi en cas de modification de l'état de santé de l'intéressé le rendant inapte à la vie dans l'établissement ou impliquant une hospitalisation prolongée, ce qui constitue un aléa auquel est par définition exposé un établissement accueillant des personnes âgées ;

Sur le prix,

Considérant que seuls quelques-uns des documents examinés comportent la mention expresse du prix convenu alors qu'il s'agit à l'évidence d'un élément essentiel du contrat et que les autres renvoient aux « tarifs en vigueur » ou autres formules aussi vagues ; que s'agissant de sa révision il est généralement prévu qu'elle pourra s'opérer à chaque renouvellement du contrat, ou en fonction de l'évolution des conditions économiques, ou encore selon « les arrêtés préfectoraux » ou « la réglementation en vigueur », que ces formules imprécises, combinées avec les clauses fixant la durée des contrats et leurs conditions de renouvellement ou de résiliation donnent au professionnel la possibilité de modifier unilatéralement le prix ;

Considérant que les éventuelles dispositions réglementaires en la matière, variables suivant le statut de l'établissement, ne fixent le plus souvent que des plafonds à ne pas dépasser et que dès lors elles ne peuvent à elles seules être retenues pour déterminer le prix ;

Considérant que plusieurs établissements se réservent le droit de facturer des suppléments de prix dans certains cas ; qu'une telle clause peut permettre au professionnel d'augmenter unilatéralement le prix et donc s'avérer abusive si par ailleurs le contrat ne précise pas clairement son objet, en distinguant ce qui est compris dans le prix de ce qui ne l'est pas ;

Considérant qu'à l'inverse certains contrats excluent par avance toute diminution du prix en cas de non-utilisation de prestations annexes par le consommateur du fait de son absence éventuelle, notamment les repas ; que cette stipulation est de nature à inciter certains consommateurs aux ressources modestes à limiter le plus possible leurs sorties à l'extérieur ; que le professionnel est en contrepartie fondé à demander d'être informé suffisamment à l'avance des absences du consommateur lorsqu'elles sont prévisibles par celui-ci, afin d'éviter d'engager des dépenses inutiles ;

Considérant qu'environ 20 p. 100 des contrats excluent toute diminution du prix en cas d'hospitalisation du consommateur ; que pour la même raison il s'agit d'une situation abusive, d'autant plus qu'une proportion équivalente d'établissements prévoient cette diminution ;

Considérant que plusieurs circulaires ministérielles, dont la dernière en date du 7 avril 1982, ont enjoint aux établissements régis par la loi du 30 juin 1975 *[codifiée au CASF, livre III, titre Ier]* de ne pas facturer de frais de séjour aux personnes qui s'absenteraient pendant une durée inférieure ou égale à celle des congés payés légaux, soit cinq semaines actuellement, sous réserve que pendant ce délai l'établissement puisse disposer du logement ou du lit ainsi vacant ; que de nombreux établissements ne rappellent pas cette règle dans les contrats, ou indiquent une durée de congés inférieure à celle prévue par la législation, ou rajoutent des exigences supplémentaires telles que l'autorisation du médecin de l'établissement ou l'obligation de prendre lesdites vacances en une seule fois ;

Considérant que certains contrats, par lesquels un logement privatif est mis à la disposition du consommateur, prévoient que le prix est réparti entre d'une part une « indemnité d'occupation » et d'autre part le remboursement de frais en fait assimilables à des charges locatives ; qu'il convient dès lors de considérer comme abusives les clauses accordant au professionnel des droits plus étendus que ceux que la loi du 22 juin 1982 *[remplacée par L. n° 89-462 du 6 juill. 1989]* reconnaît aux bailleurs en la matière, ou contraires à la recommandation n° 80-04 de la commission *[V. v° Logement (location)]* ; que tel est le cas en particulier des clauses ayant pour effet ou pour objet de faire payer au consommateur des charges autres que celles considérées comme récupérables par ces textes ;

Considérant que certains professionnels exigent le versement lors de la conclusion du contrat d'un dépôt de garantie ; qu'il y a lieu de considérer comme abusives les clauses imposant un dépôt alors que les frais de séjour sont payables trimestriellement et d'avance, ou prévoyant un dépôt supérieur au prix de deux mois de frais de séjour ;

Considérant que certains professionnels imposent le prélèvement automatique comme mode de paiement ; qu'ils motivent cette stipulation par la nécessité de protéger les consommateurs contre leur propre négligence ou celle de leurs débiteurs d'aliments ; que ces considérations justifieraient qu'ils proposent éventuellement mais n'imposent pas contractuellement un mode de paiement qui réduit fortement les recours pratiques du consommateur en cas de contestation sur le prix ; que de telles clauses sont interdites en matière de baux d'habitation ;

Sur les autres droits et obligations des parties,

Considérant que tout consommateur doit être libre de faire appel au médecin de son choix et être assuré du secret médical ; que sans faire expressément obstacle à ces principes certains professionnels y portent atteinte en subordonnant à l'accord du médecin de l'établissement la visite d'un médecin « extérieur », ou en imposant lors de la visite de celui-ci la présence de l'infirmière ou tout autre préposé de l'établissement ; que si ces exigences sont en partie justifiées par la nécessité d'être informé d'éventuelles prescriptions médicales pour veiller à leur bonne application, le consommateur doit conserver la possibilité de recevoir seul le médecin de son choix, eu égard en particulier aux conséquences que peut avoir son état de santé sur son maintien ou non dans l'établissement ;

Considérant que pour les mêmes raisons il est abusif que, comme le stipulent certains contrats, la décision d'hospitalisation puisse être prise par le seul médecin attaché à l'établissement même en dehors des cas d'urgence, alors que par ailleurs elle peut constituer un motif de résiliation du contrat ;

Considérant qu'en cas de départ définitif ou de décès du consommateur*[,]* l'établissement devient dépositaire des objets qu'il détenait mais qu'une proportion non négligeable de contrats comportent des clauses interdites par les dispositions du code civil (art. 1915 et suivants du code civil ; art. 1949 et suivants sur le dépôt nécessaire) notamment en prévoyant un délai très bref – parfois huit jours ou moins – à l'expiration duquel l'établissement décline toute responsabilité quant aux objets délaissés ou s'en attribue purement et simplement la propriété ; que les établissements ne faisant pas partie du secteur hospitalier public ne sont pas autorisés à s'approprier les biens et les valeurs que détenait le consommateur même lorsqu'il était bénéficiaire de l'aide sociale ; que dans le domaine voisin la loi du 31 mars 1896 relative aux objets abandonnés dans les hôtels n'autorise qu'à faire vendre ces objets au bout de six mois et à consigner le prix au profit de leur propriétaire ;

Considérant qu'un contrat d'hébergement d'une personne âgée implique pour le professionnel l'obligation de lui assurer la jouissance paisible de l'objet du contrat, c'est-à-dire notamment :

– assurer l'hébergement suivant les modalités prévues lors de la conclusion du contrat, s'agissant aussi bien du logement que des prestations annexes ; ne pas les modifier ni diminuer ou supprimer unilatéralement les services prévus ;

– entretenir les locaux privatifs et collectifs mis à la disposition des consommateurs, ceux-ci pouvant toutefois, lorsqu'ils ont la jouissance exclusive d'un logement, être tenus de l'entretien courant et des menues réparations, telles que définies par la loi du 22 juin 1982 *[remplacée par L. 6 juill. 1989]* ;

– garantir le consommateur contre tous les défauts des locaux et services mis à sa disposition qui en empêchent ou en réduisent l'usage initialement prévu par le contrat ; le professionnel est en outre responsable des fautes et des négligences de ses préposés ; il est également garant de son fait personnel ;

– respecter l'intimité de chaque consommateur et sa vie personnelle ;

Considérant que le consommateur est quant à lui tenu de jouir paisiblement et en bon père de famille des locaux et services objets du contrat, c'est-à-dire notamment :

– les utiliser suivant la destination prévue au contrat ;

– ne pas dégrader les locaux et restituer ceux réservés à son usage exclusif dans l'état où il les a reçus tel que constaté contradictoirement à l'origine, sous réserve de la vétusté et de la force majeure ;

— ne pas porter atteinte au droit de jouissance paisible des autres personnes ayant contracté avec le même établissement ;

— respecter les contraintes de la vie en collectivité qu'implique, à des degrés divers, l'hébergement dans un tel établissement, éventuellement codifiées dans un « règlement intérieur » déterminé ou approuvé par les consommateurs concernés ou leurs représentants ;

Considérant que les clauses dérogeant à ces principes au profit du professionnel et imposées par ce dernier lui procurent un avantage excessif et sont donc abusives mais qu'elles sont fréquentes dans les contrats examinés par la commission ;

Considérant que certaines d'entre elles sont d'ores et déjà interdites par le décret du 24 mars 1978 *[C. consom., art. R. 212-1 et R. 212-2]* ; que même si elles sont donc réputées non écrites il convient d'en recommander la suppression afin que des consommateurs ne soient pas abusés sur l'étendue réelle de leurs droits ; qu'il en est ainsi des clauses par lesquelles l'établissement s'exonère par avance de toute responsabilité pour les accidents de tous ordres dont serait victime le consommateur, de même que pour les pertes, vols ou dégradations occasionnés à ses biens, en particulier son linge ; que pareillement, il est interdit au professionnel, en cas de manquement à l'une de ses obligations contractuelles, d'exclure par avance tout dédommagement pour le consommateur ;

Considérant que sont interdites les clauses permettant au professionnel de modifier unilatéralement les caractéristiques du service à rendre sans l'accord écrit du consommateur, que de telles clauses ont été relevées dans les contrats examinés, principalement celles par lesquelles le professionnel se réserve le droit de supprimer certains services sans diminution du prix, de modifier leur organisation et notamment les horaires, de changer le consommateur de chambre, de lui imposer de passer d'une chambre qu'il occupait seul ou avec son conjoint à une chambre partagée avec d'autres personnes, d'effectuer à tout moment les travaux dans le ou les locaux privatifs mis à la disposition du consommateur, quelle qu'en soit l'importance ou la durée ;

Considérant que certains établissements insèrent dans leurs contrats des clauses ayant pour effet ou pour objet de rendre opposable au consommateur un état des lieux initial ou final établi par le seul professionnel, ce qui peut avoir pour conséquence de lui faire supporter le coût de dégradations dont la preuve ne serait pas rapportée qu'il en soit responsable ;

Considérant que de nombreux contrats comportent des clauses portant atteinte à l'intimité et à la vie personnelle du consommateur en lui interdisant par exemple d'apporter avec lui tout objet personnel, de décorer son logement, de laisser sur sa table de nuit des photos ou autres objets similaires, de s'étendre sur son lit dans la journée, de se lever ou de se coucher en dehors de certaines heures, de choisir ses compagnons de table... Ou en autorisant le professionnel ou ses préposés à ouvrir son courrier administratif, à pénétrer à tout moment dans la chambre ou le logement du consommateur, à « inspecter » son armoire, même en dehors de cas motivés par l'urgence ou les nécessités de l'entretien des locaux, ou encore en prévoyant des sanctions telles que privation de sorties, de visites, isolement... à l'égard des consommateurs qui ne respecteraient pas ces obligations exorbitantes ;

Considérant qu'il est légitime et nécessaire que les personnes âgées hébergées dans des établissements spécifiques conservent des possibilités de vie sociale aussi étendues que possible et puissent par conséquent s'en absenter ou y recevoir des visites avec le minimum de restrictions ; que certains contrats font effectivement preuve d'un grand libéralisme à cet égard mais que d'autres, sensiblement plus nombreux, subordonnent sorties et visites du consommateur à l'autorisation du professionnel ou plus souvent au respect d'horaires excessivement réduits, ces exigences étant motivées selon eux par des impératifs de sécurité ou de tranquillité pour l'intéressé ou les autres personnes vivant dans l'établissement ;

Considérant que le professionnel est certes garant de la sécurité des consommateurs qu'il héberge et doit à ce titre appeler, le cas échéant, l'attention de certains d'entre eux, ou de leur famille, sur leur état de santé lorsqu'il le juge incompatible avec des sorties à l'extérieur, mais qu'il ne lui appartient cependant pas de se substituer au libre arbitre de chacun ; que pour les mêmes raisons il est normal qu'il soit prévenu, lorsqu'elle est prévisible, d'une rentrée tardive, pour éviter des recherches inutiles ; que toujours pour les mêmes impératifs de sécurité, le professionnel peut être amené à fermer l'accès à l'établissement pendant la nuit mais que certains d'entre eux par des mesures ou aménagements appropriés, donnent néanmoins latitude aux personnes qui y vivent ou à celles qu'elles reçoivent d'y rentrer ou d'en sortir ;

Considérant que le professionnel est également garant de la tranquillité de l'ensemble des consommateurs vivant dans un établissement et donc fondé à veiller à ce que ceux d'entre eux qui entrent ou sortent ou reçoivent des visites à des heures inhabituelles ne dérangent pas les autres ; qu'il n'est pas autorisé pour autant à interdire purement et simplement de telles allées et venues ; qu'en conséquence lorsqu'un consommateur dispose de la jouissance exclusive d'un logement il doit pouvoir y recevoir des tiers à tout moment sous la seule réserve qu'il n'en résulte aucun dérangement pour les autres occupants ; que dans les autres cas, même si la nécessité matérielle de recevoir des visites dans les parties communes peut justifier qu'elles soient soumises à des horaires fixés à l'avance, il paraît légitime que le consommateur ait la faculté de recevoir occasionnellement, en dehors de ces horaires à condition d'en avoir informé le professionnel suffisamment à l'avance pour que celui-ci ait pu prendre ses dispositions ;

Considérant que lorsque le contrat comporte la mise à disposition du consommateur d'un logement privatif il est légitime de lui interdire de le sous-louer ou d'y héberger un tiers de façon permanente ; qu'il est par contre abusif d'étendre cette interdiction à tout hébergement exceptionnel et très limité dans le temps, sauf si l'établissement dispose de « chambres d'hôte » destinées à cette fin ;

Considérant que près de la moitié des contrats imposent des horaires de repas sensiblement en avance sur les usages en la matière, ce qui implique de tout aussi sensibles contraintes pour les intéressés ;

Considérant que la majorité des contrats ne prévoient pas le droit pour les consommateurs hébergés de recevoir des invités aux repas, alors qu'une telle possibilité est importante pour le maintien de leurs relations familiales ou amicales ; que cependant aucun contrat ne l'exclut formellement ; qu'il convient donc de recommander que les contrats comportent une mention rappelant cette possibilité, sans préjudice du droit pour l'établissement de demander à être informé suffisamment à l'avance de la présence éventuelle d'invités, et de facturer les repas supplémentaires ainsi consommés,

Recommande :

A. – 1° Qu'un exemplaire du contrat soit remis au consommateur avant sa conclusion de telle sorte qu'il puisse en prendre connaissance avant d'y donner son consentement ;

2° Que le contrat soit signé par le consommateur au bas des clauses impliquant des obligations pour lui ;

3° Que la dénomination qui est donnée aux contrats fasse explicitement référence à leur nature conventionnelle et ne leur confère pas abusivement et trompeusement un caractère réglementaire ou unilatéral ;

4° Que toute modification ultérieure du contrat fasse l'objet d'un avenant à celui-ci signé par le consommateur ;

5° Que lorsqu'il existe dans l'établissement un règlement intérieur élaboré ou approuvé par les consommateurs logeant dans celui-ci, ou leurs représentants, il soit annexé au contrat, que celui-ci précise la date et les conditions de son élaboration ou approbation et que ses éventuelles modifications ultérieures soient portées à la connaissance de chaque *consommateur ;*

6° Que les contrats comportent les mentions ou informations suivantes :

– le cas échéant, conditions de santé ou de ressources auxquelles est subordonnée l'admission ;

– date d'effet du contrat, durée et modalités de renouvellement ou de résiliation par l'une ou l'autre des parties ;

– prix du contrat, date et modalités de révision de celui-ci et, s'il y a lieu, liste des charges récupérables en sus et régime réglementaire applicable aux augmentations de prix ;

– énumération des prestations obligatoires ou facultatives offertes par l'établissement en plus de l'hébergement proprement dit, en distinguant celles qui sont comprises dans le prix de celles qui ne le sont pas ;

— désignation et description du ou des locaux réservés à l'hébergement du consommateur, qu'il en ait la jouissance exclusive ou partagée avec d'autres consommateurs ;

— énumération des parties, équipements et accessoires de l'immeuble qui font l'objet d'un usage commun ;

7° Que dans les établissements privés soumis aux dispositions de la loi du 30 juin 1975 *[CASF, livre III, titre Ier]* et du décret du 17 mars 1978 susvisés *[relatifs aux institutions sociales et médico-sociales]* les contrats rappellent l'existence légale d'un « conseil de maison », ses compétences et le mode de désignation des représentants des consommateurs à ce conseil ;

8° Que dans les mêmes établissements les contrats rappellent que le consommateur a le droit de s'absenter chaque année pendant une durée inférieure ou égale à celle des congés payés légaux sans que lui soient facturés de frais de séjour ;

9° Que les contrats précisent la part de ressources que l'établissement est tenu, selon la réglementation en vigueur, de reverser mensuellement aux bénéficiaires de l'aide sociale ;

10° Que les contrats rappellent le droit pour tout consommateur de faire appel au médecin de son choix et d'être examiné par lui sans la présence d'un tiers ;

11° Que les contrats rappellent le droit pour le consommateur de recevoir des invités payants aux repas, sous réserve que le responsable de l'établissement en ait été informé préalablement.

B. — Que soient éliminées des contrats proposés par des établissements hébergeant des personnes âgées les clauses ayant pour effet ou pour objet :

1° De donner force obligatoire au contrat à l'égard de consommateurs qui ne l'auraient pas signé ou de permettre au professionnel d'en modifier unilatéralement le contenu ;

2° D'accorder au professionnel le droit de refuser, sans motif légitime, de contracter avec un consommateur ou de soumettre la conclusion du contrat à des critères qu'il se réserve d'apprécier unilatéralement ;

3° De subordonner la conclusion définitive du contrat :

— aux résultats d'une enquête sur la vie privée du consommateur ;

— à l'avis du médecin de l'établissement sans prévoir la possibilité pour le consommateur, en cas de décision défavorable, de se soumettre à l'examen contradictoire d'un médecin de son choix ;

— à la production de pièces portant atteinte à la vie privée du consommateur, notamment certificat de mariage ou de concubinage ;

— à la fourniture par le consommateur d'un engagement de tiers autres que ses éventuels débiteurs d'aliments de payer en son lieu et place ses frais de séjour s'il était défaillant ;

4° D'obliger les consommateurs qui ne sont pas bénéficiaires de l'aide sociale à déléguer leurs ressources au professionnel ou à lui remettre les titres afférents ;

5° De reconnaître au professionnel la faculté de résilier le contrat pendant une « période d'essai » suivant sa signature sans que cette même faculté soit explicitement reconnue au consommateur, ou de donner à cette période une durée indéterminée ou excessive ;

6° Lorsque le contrat est à durée déterminée :

— de fixer celle-ci à un niveau inférieur à la durée légale des baux d'habitation ;

— d'autoriser le professionnel à résilier de plein droit le contrat pour d'autres motifs que le non-paiement par le consommateur de ses frais de séjour dûment justifiés ;

7° De permettre au professionnel de ne pas renouveler un contrat à durée déterminée, ou de résilier un contrat à durée indéterminée pour des motifs autres que sérieux et légitimes, notamment si le consommateur est de mauvaise foi, ne répond plus aux critères fixés contractuellement lors de son admission ou est absent de l'établissement plus de quatre mois par an ;

8° De prévoir que la résiliation du contrat, en cas d'inexécution par le consommateur de ses obligations, et notamment de retard de paiement, prenne effet moins d'un mois après qu'il a été mis en demeure de s'exécuter par lettre recommandée avec avis de réception ;

9° De permettre au professionnel, dans les autres cas de résiliation ou de non-renouvellement par celui-ci, de donner congé avec un délai de préavis inférieur à trois mois, sans le notifier au consommateur par lettre recommandée avec avis de réception, sans lui en indiquer le ou les motifs précis, sans lui donner la possibilité d'en contester éventuellement le caractère sérieux et légitime devant le conseil de maison s'il en existe un, ou toute autre instance paritaire ;

10° De permettre l'éviction du consommateur, lorsque les événements qui motivent la résiliation du contrat sont le fait du professionnel ou indépendants de la volonté du consommateur, sans qu'un hébergement correspondant aux besoins et possibilités de ce dernier lui ait été proposé ;

11° De faire dépendre le prix à payer par le consommateur de la volonté du professionnel s'exerçant directement sur celui-ci ou sur les éléments destinés à le déterminer ;

12° De permettre au professionnel, en cas d'absence du consommateur dont il a été informé suffisamment à l'avance ou d'hospitalisation, de ne pas déduire du prix le coût des services, en particulier les repas, que celui-ci n'aurait pas consommés de ce fait ;

13° De limiter, dans les établissements régis par la loi du 30 juin 1975 *[CASF, livre III, titre Ier]*, le droit pour les consommateurs de ne pas acquitter de frais de séjour s'ils partent en vacances pour une durée inférieure ou égale à celle des congés payés légaux sous réserve de permettre à l'établissement de disposer de leur logement ou lit durant cette période ;

14° De faire payer au consommateur, lorsqu'il a la jouissance exclusive d'un logement, des charges autres que celles considérées comme récupérables par l'article 23 de la loi du 22 juin 1982 *[V. L. 6 juill. 1989, art. 23]* et son décret d'application ;

15° D'imposer le versement d'un dépôt de garantie si les frais de séjour sont payables trimestriellement et d'avance, ou, dans les autres cas, d'un dépôt supérieur au prix de deux mois de séjour ;

16° D'imposer le prélèvement automatique comme unique mode de paiement ;

17° De limiter le libre choix de son médecin par le consommateur et son droit d'être examiné par lui en dehors de la présence de tiers ;

18° D'autoriser, sauf cas d'urgence, le médecin de l'établissement à faire hospitaliser un consommateur sans l'accord de son médecin traitant ;

19° De permettre au professionnel, en cas de départ définitif ou de décès du consommateur, de s'approprier les objets ou valeurs délaissés par celui-ci, ou de se soustraire à ses obligations de dépositaire ;

20° D'exonérer par avance le professionnel de sa responsabilité ;

21° D'exclure tout recours du consommateur pour les accidents de tous ordres dont il serait victime, de même que pour les pertes, vols et dégradations occasionnés à ses biens, notamment son linge, contre les défauts des locaux ou des services qui en empêchent ou en réduisent l'usage initialement prévu au contrat, ou contre le fait fautif du professionnel ou de ses préposés ;

22° De permettre au professionnel de modifier unilatéralement l'objet du contrat par la suppression de certains services ou la modification de leur organisation ou en imposant au consommateur de changer de logement ou de chambre, et notamment de passer d'une chambre privative à une chambre partagée avec d'autres consommateurs ;

23° D'obliger les consommateurs à souffrir tous les travaux jugés utiles par le professionnel, sans diminution de prix quelle qu'en soit l'importance ou la durée ;

24° D'exonérer le personnel de son obligation de maintenir les locaux, y compris privatifs, en bon état d'entretien ;

25° De mettre à la charge des consommateurs disposant de la jouissance exclusive d'un logement des obligations d'entretien plus étendues que celles mises à la charge des locataires par la loi du 22 juin 1982 et ses textes d'application ;

26° De faire supporter au consommateur le coût de dégradations dont la preuve ne serait pas rapportée qu'il en soit responsable, notamment en rendant opposables des états des lieux établis en dehors de sa présence ;

27° De porter atteinte à la vie privée et à la liberté du consommateur au-delà des contraintes normales de la vie en collectivité, et notamment :

— de lui interdire d'installer des objets personnels ou des meubles, ou de décorer son logement de façon compatible avec la taille de celui-ci et avec la présence éventuelle d'autres consommateurs ;

— de permettre au professionnel de prendre connaissance du courrier des consommateurs ;

— de permettre au professionnel d'inspecter les effets personnels du consommateur ;

– de permettre au professionnel en dehors de cas motivés par l'urgence ou les nécessités de l'entretien de pénétrer dans les locaux dont le consommateur a la jouissance ;

– d'imposer au consommateur des sanctions privatives de liberté en cas de manquement au contrat ou au règlement intérieur ;

28° De restreindre le droit du consommateur de s'absenter à tout moment de l'établissement, sauf pour le professionnel à décliner sa responsabilité s'il juge que l'état de santé du consommateur ne le permet pas, à demander d'être informé préalablement de départs ou de retours à des heures inhabituelles, ou à stipuler les précautions à respecter pour la sécurité et la tranquillité des autres occupants ;

29° D'imposer des horaires de visite lorsque le consommateur n'a pas la jouissance exclusive d'un logement, sans accorder à celui-ci la faculté d'en recevoir occasionnellement en dehors de ces horaires sous réserve que le professionnel en ait été informé suffisamment à l'avance pour prendre ses dispositions ;

30° De restreindre le droit de recevoir des visites dans les établissements où chaque consommateur a la jouissance exclusive d'un logement, sauf à stipuler les précautions à respecter pour la sécurité et la tranquillité des autres occupants ;

31° D'interdire au consommateur, lorsqu'il a la jouissance exclusive d'un logement et que l'établissement ne dispose pas de chambres pour les hôtes de passage, d'héberger temporairement un tiers dans ce logement ;

32° D'imposer des horaires de repas très différents de ceux en usage.

(Adoptée le 5 juillet 1985, sur le rapport de M. Bernard Genes.)

Recommandation CCA n° 2008-02 du 13 décembre 2007,

Relative aux contrats proposés par certains établissements hébergeant des personnes âgées et non habilités à recevoir des bénéficiaires de l'aide sociale, complétant la recommandation n° 85-03 relative aux contrats proposés par les établissements hébergeant des personnes âgées (BOCC 23 avr. 2008).

La Commission des clauses abusives,

Considérant que certains contrats proposés par les établissements hébergeant des personnes âgées contiennent des clauses de nature à déséquilibrer significativement les relations entre les professionnels et des consommateurs qui peuvent être particulièrement vulnérables, au détriment de ces derniers ;

Considérant que certains contrats proposés par les établissements hébergeant des personnes âgées comportent des stipulations relatives à la constitution d'un dossier d'accueil ou d'admission, qui imposent la fourniture de documents contenant des données se rapportant à l'état de santé passé et actuel de la personne, dont les modalités de remise à l'établissement manquent de précision quant au destinataire de cette information et au respect de la confidentialité ; que la commission des clauses abusives attire l'attention des professionnels sur l'importance qui s'attache à la définition de procédures assurant le respect de la vie privée, spécialement en ce qui concerne les données personnelles à caractère médical ;

1° – Considérant que certains contrats sont qualifiés de contrats à durée indéterminée ou déterminée, alors même qu'ils prévoient une durée déterminée dans des conditions contraires aux dispositions de l'article L. 342-2 du code de l'action sociale et des familles, et prévoyant, alors qu'ils sont supposés avoir une durée indéterminée, une durée de un mois, de un an, de six ans, renouvelables tacitement ; que de telles stipulations sont source d'abus en ce qu'elles méconnaissent les termes de la loi ;

2° – Considérant que certains contrats proposés par les établissements hébergeant des personnes âgées comportent des stipulations relatives à l'obligation pour la personne hébergée au titre d'un contrat à durée déterminée de s'acquitter de la totalité des sommes dues jusqu'au terme initial du contrat, lorsqu'il est mis fin par anticipation au dit contrat pour quelque cause que ce soit ; que de telles stipulations sont abusives en ce qu'elles obligent le consommateur à payer une somme d'argent pour une prestation qui ne sera pas fournie, d'autant que rédigées en des termes généraux, elles imposent au consommateur le paiement d'une pénalité contractuelle, alors même que la résiliation serait intervenue pour un motif légitime ;

3° – Considérant que certains contrats proposés par les établissements hébergeant des personnes âgées comportent des stipulations prévoyant, au profit des dits établissements, le maintien pendant l'hospitalisation de la personne âgée, de la facturation de la prestation dépendance ; que de telles stipulations sont abusives en ce qu'elles obligent le consommateur à payer une somme d'argent pour une prestation qui ne sera pas fournie, d'autant que l'absentéisme est déjà pris en compte au moment de la fixation des tarifs dépendance par voie réglementaire ;

4° – Considérant que certains contrats proposés par les établissements hébergeant des personnes âgées comportent des stipulations relatives à la délégation à l'établissement de ses ressources par la personne hébergée, en contrepartie de la mise à disposition d'une somme minime à titre d'argent de poche, alors même que celle-ci ne bénéficie pas de l'aide sociale ; que de telles stipulations sont abusives en ce qu'elles privent la personne hébergée de la libre disposition de sommes qui lui reviennent et sont susceptibles d'être mises en œuvre dans des établissements non habilités à accueillir des personnes bénéficiaires de l'aide sociale ;

5° – Considérant que certains contrats proposés par les établissements hébergeant des personnes âgées comportent des stipulations permettant à l'établissement de modifier unilatéralement des prestations de service complémentaires (ménage, nombre de repas) au cours de l'exécution du contrat, sans justification soumise à l'appréciation du consommateur ; que de telles stipulations créent ainsi un déséquilibre significatif entre les parties ;

6° – Considérant que certains contrats proposés par les établissements hébergeant des personnes âgées comportent une stipulation imposant à la charge de la personne âgée, en plus du tarif d'hébergement, le paiement d'un trousseau de linge, alors que l'article R. 314-159 du code de l'action sociale et des familles prévoit que le tarif afférent à l'hébergement recouvre notamment l'accueil hôtellerie ; que cette stipulation est de nature à conduire la personne âgée à un double paiement pour la même prestation ; qu'en cela, elle est abusive ;

7° – Considérant que certains contrats proposés par les établissements hébergeant des personnes âgées comportent des clauses qui permettent à l'établissement de décider unilatéralement de ne pas restituer le linge de la personne âgée au motif qu'il serait hors d'usage ; que de telles clauses portent atteinte au droit de propriété du consommateur ;

8° – Considérant que certains contrats proposés par les établissements hébergeant des personnes âgées comportent une stipulation qui permet à l'établissement de « mettre fin au séjour, sans préavis, si l'état de santé de la personne entraîne une inadaptation à la structure de l'établissement ou l'impossibilité d'assurer les soins, le tout présentant un danger immédiat pour lui-même et/ou les autres pensionnaires », sans distinguer selon que l'état de santé médicalement constaté et justifiant le transport dans une autre structure, présente un caractère définitif ou provisoire ; qu'une telle clause, qui laisse à l'appréciation arbitraire de l'établissement les conditions de résiliation du contrat, est abusive ;

9° – Considérant que certains contrats proposés par les établissements hébergeant des personnes âgées comportent des stipulations relatives à la facturation, après le décès ou la libération de la chambre, d'une somme forfaitaire destinée à la remise en état des lieux ; que de telles stipulations sont abusives en ce que les sommes revenant à l'établissement peuvent ne pas correspondre à une dépense réellement engagée ou une prestation effectivement réalisée ;

10° – Considérant que certains contrats proposés par les établissements hébergeant des personnes âgées comportent une stipulation relative à la facturation, après le décès ou la libération de la chambre en cours de mois, de la totalité du prix mensuel de la pension ; que de telles stipulations sont abusives en ce que les sommes revenant à l'établissement peuvent ne pas correspondre à une dépense réellement engagée ou une prestation effectivement réalisée ;

11° – Considérant que certains contrats proposés par les établissements hébergeant des personnes âgées comportent des stipulations qui excluent de manière générale de rechercher toute responsabilité, imputable à l'établissement, en cas de vol ; que de telles stipulations sont abusives en ce qu'elles éludent la responsabilité des établissements ;

12° – Considérant que certains contrats proposés par les établissements hébergeant des personnes âgées comportent des stipulations relatives à l'exercice des actions en justice imposant la compétence d'une juridiction non compétente soit matériellement soit territorialement ; que de telles stipulations sont sources d'abus en ce qu'elles font échapper les dits établissements au juge normalement compétent ;

Recommande que soient supprimées des contrats les clauses ayant pour objet :

1° – d'induire en erreur le consommateur sur la durée de son engagement ;

2° – d'imposer au consommateur le paiement de pénalités contractuelles lorsqu'il est mis fin à un contrat à durée déterminée pour un motif légitime ;

3° – de maintenir, pendant l'hospitalisation de la personne âgée, la facturation de la prestation dépendance à sa charge ;

4° – de prévoir la délégation à l'établissement de ses ressources par la personne hébergée, en contrepartie de la mise à disposition d'une somme minime à titre d'argent de poche, lorsque la personne hébergée ne bénéficie pas de l'aide sociale ou que l'établissement n'est pas habilité à accueillir des bénéficiaires de cette prestation ;

5° – de permettre à l'établissement de modifier unilatéralement la durée ou la nature des prestations complémentaires initialement convenues ;

6° – d'ajouter au tarif d'hébergement, incluant déjà l'accueil hôtellerie, le paiement d'un trousseau de linge de maison ;

7° – de permettre à un établissement de disposer du linge personnel de la personne hébergée ;

8° – de permettre à l'établissement de résilier le contrat, sans préavis, et en l'absence d'avis médical attestant de l'impossibilité définitive pour l'intéressé de résider dans l'établissement ;

9° – de permettre à l'établissement de percevoir une somme forfaitaire destinée à la remise en état des lieux après la libération de la chambre occupée par la personne âgée ;

10° – de permettre à l'établissement de facturer la totalité du prix de l'hébergement d'un mois en cas de décès ou de libération de la chambre en cours de mois ;

11° – d'interdire de rechercher la responsabilité des établissements, en cas de vol, lorsque aucune possibilité de dépôt auprès d'un préposé n'est envisagée, ou excluant en toute hypothèse toute responsabilité ;

12° – de déroger aux règles de compétence territoriale ou d'attribution des juridictions.

(Adoptée le 13 déc. 2007 sur le rapport de M. Fabrice Delbano.)

Arrêté du 17 mars 2015,

Relatif à l'information préalable du consommateur sur les prestations de services à la personne.

CHAPITRE PREMIER *Champ d'application*

Art. 1er Les dispositions du présent arrêté sont applicables aux personnes morales de droit privé ou de droit public et aux entreprises individuelles qui offrent, à titre onéreux, des prestations de services relevant des activités de services à la personne prévues aux articles L. 7231-1 et D. 7231-1 du code du travail, y compris des activités prévues à l'article L. 313-1-2 du code de l'action sociale et des familles.

CHAPITRE II *Obligation générale d'information*

Art. 2 Le prestataire de service *[services]* met à disposition du consommateur sur le lieu d'accueil du public et sur son site internet*[,]* lorsqu'il existe, les informations suivantes :

1° La liste de chacune des prestations qu'il propose et l'activité dont celle-ci relève en référence à la liste fixée par l'article D. 7231-1 du code du travail ;

2° La mention du mode d'intervention selon lequel chacune des prestations est réalisée, désigné par son appellation commune :

a) Le placement de travailleurs auprès des consommateurs-employeurs, prévu au 1° de l'article L. 7232-6 du même code, dit mode d'intervention "mandataire" ;

b) Le recrutement de travailleurs mis à disposition des consommateurs, prévue *[prévu] au 2° du même article, dit mode d'intervention* "mise à disposition" ;

c) La fourniture de prestations de services aux consommateurs, prévue au 3° du même article, dit *[dite]* mode d'intervention "prestataire".

Art. 3 L'information du consommateur sur les prix, le devis ainsi que la première page du contrat comportent, de façon visible et lisible, l'une des mentions suivantes :

1° Dans le cas où l'intervention est réalisée selon le mode d'intervention dit "mandataire" :

"Attention, dans le cadre d'un contrat de placement de travailleurs, le consommateur est l'employeur de la personne qui effectue la prestation à son domicile. En cette qualité d'employeur, le consommateur est soumis à diverses obligations résultant notamment du code du travail et du code de la sécurité sociale" ;

2° Dans le cas où l'intervention est réalisée selon le mode d'intervention dit "mise à disposition" :

"Dans le cadre d'un contrat de mise à disposition de travailleurs, le prestataire de service *[services]* reste l'employeur."

CHAPITRE III *Information sur les prix et les éventuelles réductions de prix*

Art. 4 Toute information sur le prix comprend le détail des frais annexes éventuels tels que les frais de dossier, les frais de gestion ou les frais de déplacement.

L'information sur le prix indique le prix de chaque prestation rapporté à une unité horaire, ou*[,]* lorsque le rapport à l'unité n'est pas approprié, le prix forfaitaire pour chaque prestation proposée.

Les prix sont exprimés hors taxes et toutes taxes comprises.

Art. 5 La mention d'un éventuel avantage fiscal ou social est clairement définie, détachée du prix et exprimée dans une police de caractère d'imprimerie de taille inférieure à celle de l'information sur le prix.

CHAPITRE IV *Devis*

Art. 6 Un devis personnalisé est fourni gratuitement à tout consommateur auquel le prestataire de service *[services]* propose une prestation ou un ensemble de prestations dont le prix mensuel est supérieur ou égal à 100 € TTC.

Un devis personnalisé est fourni gratuitement à tout consommateur qui en fait la demande pour toute prestation ou tout ensemble de prestations dont le prix mensuel est inférieur à 100 € TTC.

Un exemplaire du devis est conservé par le professionnel pendant une durée minimum *[minimale]* d'un an.

Le prestataire de service *[services]* affiche de façon visible et lisible dans les lieux de vente et sur les offres de services proposées à distance la phrase suivante : "Le vendeur remet gratuitement un devis personnalisé au consommateur à qui il propose une prestation ou un ensemble de prestations dont le prix total est supérieur ou égal à 100 € TTC ou au consommateur qui lui en fait la demande."

Art. 7 Le devis mentionne :

1° La date de rédaction et la durée de validité de l'offre ;

2° Le nom ou la raison sociale et l'adresse du prestataire de service *[services]* ;

3° Le numéro de la déclaration si elle a été faite, d'agrément ou d'autorisation du prestataire de service *[services]* ;

4° Le nom et l'adresse du consommateur ;

5° Le lieu ou les lieux de l'intervention ou la zone d'intervention indiqués par le consommateur ;

6° La description de chaque prestation proposée ;

7° Le ou les modes d'intervention proposés, tels que prévus au 2° de l'article 2 ;

8° Le nombre d'heures de travail correspondant à chaque prestation proposée sauf si cette indication n'est pas pertinente compte tenu de la nature de la prestation ;

9° Le prix horaire ou, lorsque le rapport à l'unité horaire n'est pas approprié, le prix forfaitaire pour chaque prestation proposée ;

10° Le cas échéant, le taux de TVA applicable à chaque prestation ;

11° Le montant total à payer ou, si le contrat n'a pas de durée déterminée par avance, le montant total mensuel ou hebdomadaire ;

12° Le cas échant *[échéant]*, le montant détaillé de tous les frais annexes mentionnés à l'article 4.

Les montants prévus au 11° et au 12° sont exprimés hors taxes et toutes taxes comprises.

CHAPITRE V *Facture*

Art. 8 **La facture prévue à l'article D. 7233-1 du code du travail est délivrée au consommateur avant paiement. Elle est gratuite quel que soit le support durable utilisé à cette fin.**

CHAPITRE VI *Dispositions finales*

Art. 9 **Les dispositions du présent arrêté entrent en vigueur le 1er juillet 2015.**

HÔTELS, RESTAURANTS, DÉBITS DE BOISSONS

RÉP. COM. v° *Hôtellerie*, par DAGORNE-LABBE.

Code civil

Art. 1952 *(L. n° 73-1141 du 24 déc. 1973)* **Les aubergistes ou hôteliers répondent, comme dépositaires, des vêtements, bagages et objets divers apportés dans leur établissement par le voyageur qui loge chez eux ; le dépôt de ces sortes d'effets doit être regardé comme un dépôt nécessaire.**

BIBL. ▸ BÉNABENT, *D. 1978. 49.* – BERGEL, *Gaz. Pal. 1977. 1. Doctr. 62.* – BIHL, *JCP 1974. I. 2616.* – DUMAS, *D. 1974. Chron. 104.* – SERVANT, *D. 2001. Chron. 2914* (évolutions récentes de la jurisprudence). – DRAPIER et MERCOLI, *LPA 4 août 2006* (de la sécurité dans le contrat d'hôtellerie). – ZIMMERMANN, *RDC 2007. 1287* (l'évolution de la responsabilité des aubergistes et des hôteliers en Angleterre). – DELPECH, *Tourisme & Droit mars 2008. 20* (le contrat de réservation d'hôtel).

1. Domaine du dépôt hôtelier. La responsabilité des hôteliers, telle qu'elle résulte des art. 1952 s., présente un caractère exceptionnel et ne saurait être étendue par voie d'analogie aux restaurateurs. Se rattachant au contrat d'hôtellerie, elle implique nécessairement que le client est « logé » dans l'hôtel et n'est pas venu seulement pour prendre un repas. • Civ. 1re, 11 mars 1969 : *D. 1969. 492.* ♦ V. aussi • Civ. 1re, 17 déc. 1957 : *JCP 1958. II. 10452* (exclusion de l'art. 1952 pour une clinique) • 1er mars 1988 : *Bull. civ. I, n° 57* • Paris, 17 déc. 1970 : *Gaz. Pal. 1971. 1. 293, note Desforges* (... pour le vestiaire d'un cabaret) • Paris, 3 déc. 1987 : *D. 1988. IR 28* (... pour un restaurant) • TI Arcachon, 17 janv. 1975 : *D. 1976. 506, note Bihl* (... pour un emplacement de camping) • Civ. 3e, 4 avr. 2012 : *AJDI 2012. 420, obs. Porcheron ; CCC 2012, n° 170, obs. Leveneur ; RCA 2012, n° 209, obs. Groutel* (*idem*, appliquant l'art. 1725 C. civ.) • Civ. 1re, 19 oct. 1999 : *Bull. civ. I, n° 278 ; D. 1999. IR 257 ; LPA 16 nov. 2000, note Thioye ; RDI 2000. 96, obs. Collart-Dutilleul* (... pour une résidence hôtelière). ♦ Lorsque le propriétaire d'un immeuble exerce dans les lieux une activité de location hôtelière et de location de salle de conférence, sa responsabilité renforcée d'hôtelier doit s'entendre de façon restrictive à son activité hôtelière. • Versailles, 18 nov. 2005 : *RJDA 2006, n° 768.* ♦ Sur la qualification de la mise à disposition d'un studio à titre de complément de rémunération (contrat d'hôtellerie), V. • Civ. 1re, 26 févr. 1991 : *Bull. civ. I, n° 78 ; RTD civ. 1992. 140, obs. Gautier*.

2. Notion de client. Une société qui établit avoir acquitté le prix de location de chambres à son seul nom, à l'exclusion de toute indication du nom de préposés, a seule la qualité de voyageur au sens des art. 1952 s., et elle justifie de sa qualité à agir en réparation de la perte d'un véhicule et du matériel qu'il contenait dès lors qu'elle établit en être propriétaire. • Versailles, 27 févr. 2004 : *BICC 1er avr. 2005, n° 640.*

3. Durée des obligations. Les obligations de l'hôtelier envers son client se poursuivent jusqu'au départ de celui-ci. • Civ. 1re, 20 mars 1990 : *JCP 1990. II. 21564, note Goubeaux ; RTD civ. 1990. 680, obs. Rémy* (client encore dans l'établissement au moment où le vol des objets chargés dans le véhicule, stationné sur le parking de l'hôtel, s'est produit).

4. Notion d'effets : application aux véhicules. Une voiture garée dans l'enceinte de l'hôtel constitue un effet au sens de l'art. 1952. • Bordeaux, 20 janv. 1972 : *Gaz. Pal. 1972. 1. 426 (1re esp.).* ♦ Le régime de responsabilité de l'hôtelier en cas de vol ou de dommage du véhicule stationné dans les dépendances de l'hôtel relève de l'art. 1953. • Civ. 1re, 22 févr. 2000 : *Bull. civ. I, n° 57 ; D. 2001. 341, note Gout ; JCP 2001. II. 10543, note Gauvin ; RCA 2000, n° 160, note Groutel ; LPA 9 juin 2000, note Dagorne-Labbe ; ibid. 26 juill. 2000, note Hocquet-Berg ; RTD civ. 2000. 579, obs. Jourdain*. ♦ ... Et non de l'art. 1954. • Civ. 1re, 30 mai 2000 : *Bull. civ. I, n° 163 ; D. 2000. IR 170 ; RCA 2000, n° 267, note Groutel ; RTD civ. 2000. 579, obs. Jourdain* (caractère inopérant de l'absence de jouissance privative de l'hôtelier sur le parking). – Même sens : • Civ. 1re, 29 sept. 2004 : *Bull. civ. I, n° 218 ; D. 2004. IR 2622*.

5. Voie publique. Mais le client d'un hôtel ne saurait invoquer l'art. 1952 en cas de dommage subi par son automobile stationnée sur la voie publique. • Civ. 2e, 9 juill. 1975 : *JCP 1977. II. 18544 (1re esp.), note Mourgeon.* ♦ Même solution lorsque le client propriétaire du véhicule volé sur la voie publique a eu recours aux services du chasseur du restaurant : • Paris, 15 mars 1995 : *Gaz. Pal. 1996. 2. 381.* – Rappr. • Civ. 1re, 11 janv. 2000 : *Bull. civ. I, no 4; RCA 2000, no 87, note Groutel.* ♦ Jugé qu'il en va de même lorsque le véhicule est volé sur le parking de l'établissement s'il est établi que l'hôtelier n'avait pas la jouissance privative de ce lieu. • Rouen, 13 oct. 1994 : *JCP 1995. II. 22487, note de Quenaudon.* ♦ Comp. • Civ. 1re, 22 févr. 2000 : *préc. note 4.* ♦ V. aussi note 5 ss. art. 1954.

6. En constatant que le vol du véhicule a eu lieu sur le parc de stationnement privatif de l'hôtel, les juges du fond ont suffisamment caractérisé le lieu de commission du vol. • Civ. 1re, 18 janv. 1989 : *Bull. civ. I, no 20.*

7. Preuve du dépôt. Le dépôt des effets visés à l'art. 1952 devant être regardé comme un dépôt nécessaire, il peut être prouvé par témoins conformément à l'art. 1950. • Civ. 1re, 14 févr. 1990 : *Bull. civ. I, no 44.*

Art. 1953 *(L. no 73-1141 du 24 déc. 1973)* **Ils sont responsables du vol ou du dommage de ces effets, soit que le vol ait été commis ou que le dommage ait été causé par leurs** *(L. no 2009-526 du 12 mai 2009, art. 10-I)* **« préposés, ou par des tiers » allant et venant dans l'hôtel.**

Cette responsabilité est illimitée, nonobstant toute clause contraire, au cas de vol ou de détérioration des objets de toute nature déposés entre leurs mains ou qu'ils ont refusé de recevoir sans motif légitime.

Dans tous les autres cas, les dommages-intérêts dus au voyageur sont, à l'exclusion de toute limitation conventionnelle inférieure, limités à l'équivalent de cent fois le prix de location du logement par journée, sauf lorsque le voyageur démontre que le préjudice qu'il a subi résulte d'une faute de celui qui l'héberge ou des personnes dont ce dernier doit répondre.

1. Clauses limitatives de responsabilité. Le seul fait pour l'hôtelier de faire figurer une clause de non-responsabilité pour les vols d'objets dans les chambres sur une carte de bienvenue et sur une affiche placée dans la chambre ne peut suffire à établir que le client en ait eu connaissance ou l'ait acceptée. • Paris, 5 janv. 1996 : *JCP 1996. II. 22679, note Hassler.* ♦ L'hôtelier ne peut s'exonérer de sa responsabilité par la présence d'un panneau « parking non gardé ». • Civ. 1re, 22 févr. 2000 : *préc. note 4 ss. art. 1952.*

2. Responsabilité illimitée : dépôt entre les mains de l'hôtelier. La mise à la disposition du client d'un compartiment dans la salle des coffres de l'hôtel pour y déposer ses objets de valeur caractérise suffisamment le dépôt entre les mains de l'hôtelier. • Civ. 1re, 14 févr. 1990 : *Bull. civ. I, no 44.* ♦ En revanche, dès lors que le client a le libre usage d'un coffre individuel mis à sa disposition et fonctionnant sur la seule combinaison de son choix, il n'y a pas dépôt entre les mains de l'hôtelier. • Civ. 1re 11 juin 2002 : *RCA 2002, no 300.*

3. ... Faute du client exonératoire. Le seul fait de n'avoir pas déclaré l'importance des bijoux déposés entre les mains de l'hôtelier ne constitue pas la faute du client, dont l'hôtelier, pour être exonéré de sa responsabilité illimitée, doit rapporter la preuve. • Civ. 1re, 14 févr. 1990 : *préc. note 2.* ♦ Mais les clients qui ne s'étaient pas conformés aux consignes de sécurité affichées dans la chambre les invitant à déposer dans le coffre-fort de l'hôtel leurs biens d'une valeur supérieure ou égale à 22 400 euros ont commis une faute ayant contribué à la réalisation de leur préjudice pour la fraction excédant cette somme. • Civ. 1re, 12 juin 2012 : *CCC 2012, no 228.*

4. Responsabilité limitée. Si la limitation de responsabilité résultant de l'art. 1953, al. 3, est fondée sur l'imprévisibilité pour l'hôtelier de la valeur des objets non réellement déposés entre ses mains, il appartient aux juges du fond d'apprécier la prévisibilité du dommage (en l'espèce, vol d'objets de valeur dans une voiture au garage de l'hôtel). • Civ. 1re, 16 déc. 1964 : *D. 1965. 96.*

5. Plafond d'indemnisation. La référence faite au prix de location du logement par journée doit s'entendre *in concreto* du prix de la ou des chambres effectivement prises en location et ayant ouvert le droit à réparation. • Grenoble, 28 juin 1995 : *Gaz. Pal. 1996. 2. 383* (prix des deux chambres louées par les deux clients dont la voiture unique a été volée).

6. Faute de l'hôtelier. L'art. 1953, al. 3, n'exige pas la preuve de l'intention de nuire, ni d'une faute lourde, mais celle d'une faute caractérisée de l'hôtelier. • Paris, 26 nov. 1987 : *D. 1988. IR 4.* ♦ Ne constitue pas une faute le fait, pour l'hôtelier, de ne pas assurer la surveillance particulière d'un véhicule fermé à clef sur le parc de stationnement privatif de l'hôtel. • Civ. 1re, 20 mars 1990 : *JCP 1990. II. 21564, note Goubeaux; RTD civ. 1990. 680, obs. Rémy.* ♦ Ne donne pas de base légale à sa décision la cour d'appel qui déclare un hôtelier responsable sans limitation pour le vol de l'automobile d'un client sans relever que l'hôtelier s'était engagé à assurer la sécurité du parc de stationnement de l'hôtel. • Civ. 1re, 2 avr. 1996 : *Bull. civ. I, n° 161; JCP 1996. II. 22679, note Hassler; CCC 1996, n° 123, note Leveneur; RTD civ. 1996. 917, obs. Jourdain*. ♦ V. aussi • Civ. 1re, 6 juill. 2000 : *Bull. civ. I, n° 208; D. 2000. IR 216; JCP 2001. II. 10543, note Gauvin; RCA 2000, n° 333, note Groutel; RTD civ. 2001. 156, obs. Jourdain* (cet engagement peut se déduire des multiples mesures de sécurité mises en œuvre).

Art. 1954 *(L. n° 73-1141 du 24 déc. 1973)* **Les aubergistes ou hôteliers ne sont pas responsables des vols ou dommages qui arrivent par force majeure, ni de la perte qui résulte de la nature ou d'un vice de la chose, à charge de démontrer le fait qu'ils allèguent.**

Par dérogation aux dispositions de l'article 1953, les aubergistes ou hôteliers sont responsables des objets laissés dans les véhicules stationnés sur les lieux dont ils ont la jouissance privative à concurrence de cinquante fois le prix de location du logement par journée.

Les articles 1952 et 1953 ne s'appliquent pas aux animaux vivants.

1. ***Force majeure.*** Une cour d'appel peut estimer qu'un vol à main armée ne constitue pas un cas de force majeure, dès lors que n'ont pas été prises toutes les précautions possibles que sa prévisibilité rendait nécessaires. • Civ. 1re, 9 mars 1994 : *Bull. civ. I, n° 91; JCP 1994. I. 3773, n° 6, obs. Viney.*

2. ***Faute du client.*** La faute prévisible du client qui a laissé dans sa voiture fermée à clef des objets d'une certaine valeur ne fait pas obstacle à l'indemnisation. • Civ. 1re, 18 janv. 1989 : *Bull. civ. I, n° 20.*

3. ***Objets dans un véhicule : plafond d'indemnisation.*** Si la responsabilité de l'hôtelier est limitée à cinquante fois le prix journalier de location du logement pour les objets volés dans les véhicules stationnés sur les lieux dont il a la jouissance privative, cette disposition ne saurait avoir pour effet de décharger l'hôtelier de l'obligation de réparer l'intégralité du préjudice de la victime d'un tel vol lorsque celle-ci rapporte la preuve qu'il a manqué au devoir de prudence et de surveillance qui lui incombe. • Civ. 1re, 27 janv. 1982 : *JCP 1983. II. 19936, note Chabas.* ♦ Pour l'application de l'art. 1954, al. 2, à des objets fixés sur le toit d'un véhicule : • Civ. 1re, 19 oct. 1999 : *LPA 4 avr. 2000, note Dagorne-Labbe.*

4. En cas de vol d'une voiture et des objets déposés à l'intérieur, il y a lieu à application cumulée des plafonds de responsabilité prévus respectivement aux art. 1953 et 1954. • Grenoble, 28 juin 1995 : *préc. note 5 ss. art. 1953.*

5. ***Parking privatif.*** Dès lors que le parking où était stationné le véhicule du client victime du vol était non clôturé et utilisable par n'importe quel automobiliste, l'hôtelier n'en avait pas la jouissance privative au sens de l'art. 1954. • Civ. 1re, 15 oct. 1996 : *Bull. civ. I, n° 353.* – Dans le même sens : • Civ. 1re, 22 juin 1999 : *Bull. civ. I, n° 210; JCP 2000. II. 10259, note Gauvin; RTD civ. 1999. 845, obs. Jourdain*. ♦ Comp. • Civ. 1re, 22 févr. 2000 : *préc. note 4 ss. art. 1952* (en ce qui concerne les objets laissés dans le véhicule, l'hôtel, propriétaire du terrain où le véhicule était en stationnement, en a de ce fait la jouissance privative au sens de l'art. 1954, al. 2). ♦ La responsabilité de l'hôtelier est retenue lorsque le parking appartient à l'hôtel et que, celui-ci n'étant accessible qu'en voiture, le client y stationne nécessairement son véhicule. • Grenoble, 29 avr. 1996 : *Gaz. Pal. 1996. 2. 385.* ♦ V. aussi : • Versailles, 2 mai 1997 : *D. Affaires 1997. 1185* (parking à usage exclusif de la clientèle et uniquement accessible par elle) • Paris, 4 juill. 1997 : *Gaz. Pal. 1998. 1. Somm. 341* (parking privé et clos d'un « Relais & Châteaux »).

Code du tourisme

Hôtels

Art. L. 311-7 **Les infractions aux dispositions applicables en matière de classement et de prix des hôtels sont constatées et poursuivies dans les conditions fixées par les articles L. 450-1 à L. 450-3 du code de commerce.** – *[L. n° 66-965 du 26 déc. 1966, art. 1er, partie]. – Anc. art. L. 311-8 (L. n° 2009-888 du 22 juill. 2009, art. 10-I et III).*

Art. L. 311-8 **Les infractions aux dispositions applicables en matière de classement et de prix des hôtels sont punies d'une amende de 15 000 €. Les articles** *(Ord. n° 2017-303 du 9 mars 2017, art. 2-I)* **« L. 490-1 à L. 490-4 » du code de commerce s'appliquent.** – *[L. n° 66-965 du 26 déc. 1966, art. 2, partie]. – Anc. art. L. 311-9 (L. n° 2009-888 du 22 juill. 2009, art. 10-I et III).*

Art. D. 311-10 *(Décr. n° 2016-51 du 27 janv. 2016, en vigueur le 1er avr. 2016)* **La décision de classement mentionnée à l'article D. 311-8 peut être abrogée ou modifiée pour la durée restant à courir de la décision initiale de classement lorsqu'***[lorsque,]* **au terme d'une procédure contradictoire initiée par l'organisme mentionné à l'article L. 141-2 à la suite d'une**

réclamation, l'exploitant n'établit pas la conformité au tableau de classement sur [un] ou [sur] plusieurs critères au regard desquels le classement a été prononcé.

Un arrêté du ministre chargé du tourisme précise les conditions et modalités de modification ou d'abrogation d'une décision de classement et notamment les conditions dans lesquelles un certificat de contre-visite établi par un organisme évaluateur accrédité peut être requis, à peine d'abrogation de la décision de classement, afin de vérifier que les écarts de conformité par rapport aux critères de classement contestés ont été rectifiés.

Ancien art. D. 311-10 (Décr. n° 2006-1229 du 6 oct. 2006) *Selon des modalités fixées par arrêté, les exploitants des établissements relevant de l'industrie hôtelière doivent assurer à l'égard du client la publicité des prix de leurs prestations de services, notamment par affichage aux bureaux de réception et de caisse, dans chaque chambre et dans leurs salles de restaurants et, en outre, à l'extérieur de l'établissement pour ce qui concerne les prix des repas et prestations assurées par le restaurant. — [Décr. n° 66-371 du 13 juin 1966, art. 9]. — Anc. art. R. 311-12 (Décr. n° 2009-1650 du 23 déc. 2009, art. 5-II). — V. 1er Arr. du 27 mars 1987 (restaurants), 2e Arr. du 27 mars 1987 (hôtellerie de plein air) et Arr. du 18 oct. 1988 (hôtels).*

Restaurants

Art. L. 312-2 Les infractions aux dispositions applicables en matière de classement et de prix des restaurants sont constatées et poursuivies dans les conditions fixées par les articles L. 450-1 à L. 450-3 du code de commerce. — *[L. n° 66-965 du 26 déc. 1966, art. 1er, partie].*

Art. L. 312-3 Les infractions aux dispositions applicables en matière de classement et de prix des restaurants sont punies d'une amende de 15 000 €. Les articles L. 470-1 à L. 470-4 du code de commerce s'appliquent. — *[L. n° 66-965 du 26 déc. 1966, art. 2, partie].*

Restauration rapide. Commet une infraction à la réglementation sur la publicité des prix des hôtels et restaurants, le dirigeant d'une société exploitant un établissement de restauration rapide qui s'est abstenu de remettre aux consommateurs une note avec l'indication des prix des prestations fournies et du service. En effet, la loi du 26 déc. 1966, ne faisant aucune distinction entre les diverses formes de restauration, s'applique à la restauration rapide. • Crim. 3 avr. 1997 : *Bull. crim. n° 135; D. Affaires 1997. 856; D. 1997. IR 156 ; CCC 1997, n° 158, obs. Raymond; JCP 1997. IV. 1771.*

Débits de boissons

Art. L. 314-1 *(L. n° 2009-888 du 22 juill. 2009, art. 29)* Un décret fixe les règles relatives aux heures de fermeture des débits de boissons ayant pour activité principale l'exploitation d'une piste de danse. Ce décret peut prévoir que la vente d'alcool n'est plus autorisée dans ledit débit pendant une plage horaire minimale précédant la fermeture de l'établissement.

……………………………………………………………………………………

Art. D. 314-1 *(Décr. n° 2009-1652 du 23 déc. 2009, art. 15)* L'heure limite de fermeture des débits de boissons ayant pour objet principal l'exploitation d'une piste de danse est fixée à 7 heures du matin.

La vente de boissons alcooliques n'est plus autorisée dans les débits mentionnés au premier alinéa pendant l'heure et demie précédant sa fermeture.

Recommandation CCA n° 84-03 du 8 juillet 1983,

Concernant les contrats d'hôtellerie de plein air (BOCC 5 déc. 1984).

La Commission des clauses abusives,

Considérant que si la création, l'aménagement et le fonctionnement des campings font l'objet d'une réglementation complexe et abondante, les rapports entre les professionnels, propriétaires des terrains de camping et les consommateurs, sont régis uniquement par le règlement intérieur des campings, élaboré par les professionnels, et imposé par ceux-ci à l'adhésion des consommateurs ; que ces règlements intérieurs constituent donc bien des contrats soumis aux dispositions de l'article 35 de la loi du 10 janvier 1978 *[C. consom., art. L. 212-1]* ;

Considérant qu'il importe tout d'abord d'informer exactement le consommateur sur les prestations qui lui sont offertes, les prix pratiqués et le contenu du contrat auquel il adhère ; qu'il est dès lors indispensable que la classification du camping, les prix et le règlement intérieur soient affichés à l'entrée du camp, de manière visible et de façon telle que le consommateur en ait nécessairement connaissance avant de conclure le contrat ; qu'il serait au surplus très positif de traduire la classification, laquelle correspond aux prestations fournies par le camping, sous forme de tableau simplifié indiquant au consommateur qui ne connaît pas nécessairement l'abondante réglementation en cette matière, les principaux équipements et installations du camping ; que, certes, ces affichages sont d'ores et déjà prévus par une disposition réglementaire ; que la pratique démontre, cependant, que cette obligation d'informer le consommateur est fort peu et mal assurée ; que seule une sanction pénale, en cas de manquement à ces obligations réglementaires d'information, paraît être de nature à rendre celles-ci réelles et efficaces ;

Considérant que certains campings entendent réserver la conclusion d'un contrat au consommateur qui s'engage à séjourner pendant une certaine durée qui atteint parfois trois semaines ou un mois ; que des clauses du règlement intérieur permettent au professionnel de refuser de contracter avec les consommateurs qui souhaiteraient séjourner pour une durée inférieure ; que ces clauses constituent un refus de prestations de services, et doivent être éliminées des contrats ;

Considérant que de très nombreux règlements intérieurs accordent au professionnel le droit d'accepter ou de refuser arbitrairement tel ou tel consommateur, sans avoir à fournir d'explication ou à justifier sa décision ; que, certes, le professionnel doit pouvoir refuser de contracter lorsque la loi l'y autorise, notamment en cas de demande anormale ou de mauvaise foi ; que cependant la clause accordant au professionnel un droit arbitraire et absolu d'accepter ou de refuser de contracter tend à légitimer un refus de prestation de services ; qu'elle est en outre de nature à favoriser, dans certains cas, des attitudes racistes ou ségrégationnistes ; qu'il en va de même des clauses subordonnant l'accès au camping à l'appartenance du consommateur à une association ou à un groupement ; que par contre n'est pas abusive la clause exigeant que le consommateur justifie être titulaire d'une assurance pour le cours de son séjour ;

Considérant que la plupart des règlements intérieurs contiennent une clause permettant au professionnel, en cas de manquement par le consommateur à l'une quelconque des dispositions du règlement intérieur, de rompre celui-ci, puis de procéder lui-même à l'expulsion du consommateur, et même, selon certaines clauses, avec le concours de la force publique ; que s'il est normal que le contrat soit rompu en cas d'inobservation de ses obligations par l'une des parties, nul ne peut se faire justice soi-même ; que ces clauses, et notamment la référence à la force publique, ont en réalité un effet d'intimidation sur le consommateur ;

Considérant que pour se procurer une garantie de paiement, certaines clauses du contrat imposent au consommateur le paiement intégral de la totalité du prix à l'avance, alors que les prestations ne sont pas encore fournies, et que dans certains cas, elles peuvent ne pas l'être ou l'être de manière incomplète ; que ces clauses sont manifestement abusives, de même que celles qui aboutissent au même résultat, de manière plus insidieuse en exigeant que le consommateur remette dès son arrivée, au professionnel, une pièce d'identité qui ne lui sera restituée qu'après paiement du prix à l'issue de son séjour ;

Considérant que s'il est normal que les professionnels fassent payer une redevance à toutes les personnes qui utilisent, directement ou indirectement, ses équipements ou ses installations, la clause prévoyant le paiement pour les « visiteurs » d'un certain prix, quand bien même lesdits visiteurs n'utiliseraient pas ces installations, est manifestement dépourvue de toute cause juridique et abusive ;

Considérant que le professionnel est tenu d'un certain nombre d'obligations, et qu'il est notamment responsable, avec ses cocontractants, de ses préposés et de ses installations en vertu de l'article 1384 du code civil ; que de même, le professionnel a à sa charge une obligation générale de prudence et diligence dans l'installation, le fonctionnement et la surveillance de son camping ; que toutes clauses excluant ces responsabilités, ou les limitant, sont donc abusives ;

Considérant que certaines clauses permettent au professionnel de fournir au consommateur des prestations différentes et inférieures aux minimums fixés par la réglementation en vigueur, notamment en ce qui concerne la surface de l'emplacement attribué ; que ces clauses, illégales, sont manifestement abusives ;

Considérant que certaines clauses dérogent aux règles de compétence territoriale telles qu'elles sont fixées par l'article 49 du Nouveau code de procédure civile en attribuant compétence exclusive aux juridictions du lieu du camping *[V. v° Compétence, art. 46 s. C. pr. civ.]*,

Recommande :

A. – Que soit effectivement assurée l'information des consommateurs, par remise ou par affichage à l'entrée des campings de la classification de celui-ci, de son règlement intérieur et des prix pratiqués ;

B. – Que soient éliminées des contrats les clauses qui ont pour objet ou pour effet :

1° De soumettre la conclusion du contrat à une obligation de durée minimum de séjour ;

2° D'accorder au professionnel le droit de refuser, sans motif légitime, de contracter avec un consommateur ou de soumettre la conclusion du contrat à l'appartenance du consommateur à une association ou à un groupement ;

3° De permettre au professionnel de rompre le contrat unilatéralement sans avoir à fournir de motif ;

4° De permettre au professionnel de procéder lui-même, en cas de rupture du contrat, à l'expulsion du consommateur et *a fortiori* celles donnant à penser qu'il bénéficie pour ce faire du concours de la force publique hors les cas d'infraction pénale ;

5° De soumettre la conclusion du contrat au règlement à l'avance d'une fraction excessive du prix, et celles subordonnant la conclusion du contrat au dépôt entre les mains du professionnel d'une pièce d'identité du consommateur ;

6° D'imposer le paiement d'une redevance pour de simples visiteurs qui n'utilisent pas les équipements ou installations du camp ;

7° D'affirmer l'irresponsabilité générale du professionnel ainsi que celles excluant sa responsabilité en cas de manquement par lui à ses obligations contractuelles y compris son obligation générale de surveillance ;

8° De permettre au professionnel de réduire les prestations fournies à un niveau inférieur à celui prescrit par une disposition législative ou réglementaire ;

9° De modifier les règles légales de compétence.

(Délibérée dans ses séances du 22 avril 1983 et du 8 juillet 1983, sur le rapport de Me Luc Bihl.)

Arrêté du 27 mars 1987,

Relatif à l'affichage des prix dans les établissements servant des repas, denrées ou boissons à consommer sur place.

Art. 1er Les exploitants des établissements, y compris ceux faisant partie d'un hôtel, qui servent des repas, denrées ou boissons à consommer sur place, sont tenus de procéder à l'affichage des prix à payer effectivement par le consommateur.

Dans les établissements où il est perçu un service, le prix affiché s'entend, au sens du présent arrêté, taxes et service compris. Les documents affichés ou mis à la disposition de la clientèle doivent comporter la mention "prix service compris" suivie de l'indication, entre parenthèses, du taux pratiqué pour la rémunération de ce service.

Art. 2 *(Arr. du 29 juin 1990, en vigueur le 3 août 1990)* « Les exploitants visés à l'article 1er sont tenus d'afficher, d'une part, de manière visible et lisible de l'extérieur de l'établissement, d'autre part, de manière visible et lisible sur les emplacements extérieurs réservés à la clientèle, les prix pratiqués, quel que soit le lieu de consommation, des boissons et denrées les plus couramment servies, énumérées ci-après et nommément désignées : »

– la tasse de café noir ;
– un demi de bière à la pression ;
– un flacon de bière (contenance servie) ;
– un jus de fruit (contenance servie) ;
– un soda (contenance servie) ;
– une eau minérale plate ou gazeuse (contenance servie) ;
– un apéritif anisé (contenance servie) ;
– un plat du jour ;
– un sandwich.

La dénomination et les prix doivent être indiqués par des lettres et chiffres d'une hauteur minimale de 1,5 cm.

(Arr. du 29 juin 1990, en vigueur le 3 août 1990) « Pour les établissements qui, en outre, offrent des installations ou des prestations de divertissement telles que spectacles et musique, sont affichés, de manière visible et lisible de l'extérieur, en lieu et place des mentions prévues à l'alinéa 1er, les prix des prestations ci-après désignées :

« – billet d'entrée et, si le prix de celui-ci comprend une boisson, la nature et la contenance de celle-ci ;

« – une boisson sans alcool (nature et contenance servie) ;

« – une boisson alcoolisée servie au verre (nature et contenance servie) ;

« – une bouteille de whisky (marque et contenance) ;

« – une bouteille de vodka ou de gin (marque et contenance) ;

« – une bouteille de champagne (marque et contenance). »

Art. 3 A l'intérieur de l'établissement, l'affichage consiste en l'indication sur un document exposé à la vue du public et directement lisible par la clientèle de la liste établie, par rubrique, des boissons et denrées offertes à la vente et du prix de chaque prestation.

Art. 4 *(Arr. du 29 juin 1990, en vigueur le 3 août 1990)* « Dans les établissements servant des repas, les menus ou cartes du jour, ainsi qu'une carte comportant au minimum les prix de cinq vins ou à défaut les prix des vins s'il en est servi moins de cinq, doivent être affichés de manière visible et lisible de l'extérieur pendant la durée du service et au moins à partir de onze heures trente pour le déjeuner et de dix-huit heures pour le dîner. Dans le cas où certains menus ne sont servis qu'à certaines heures de la journée, cette particularité doit être clairement mentionnée dans le document affiché. Dans les établissements ne servant pas de vin, sera affichée une carte comportant au minimum la nature et les prix de cinq boissons couramment servies. »

A l'intérieur de ces établissements, des menus ou cartes identiques à ceux qui sont affichés à l'extérieur doivent être mis à la disposition de la clientèle.

Art. 5 Les cartes et menus doivent comporter, pour chaque prestation, le prix ainsi que la mention "boisson comprise" ou "boisson non comprise" et, dans tous les cas, indiquer pour les boissons la nature et la contenance offertes.

Art. 6 Dans les restaurants et pour les boissons servies à l'occasion des repas, les documents prévus aux articles 2 et 3 peuvent être remplacés par une carte mise à la disposition de la clientèle et comportant les prix de l'ensemble des prestations offertes.

Cette carte peut être un document distinct du menu et, le cas échéant, peut être inscrite de façon lisible au dos du menu.

Art. 7 Les dispositions de l'arrêté n° 77-105 P du 2 septembre 1977 relatif à la publicité des prix à l'égard du consommateur *[remplacé par Arr. du 11 mars 2015, relatif aux annonces de réduction de prix à l'égard des consommateurs, V. v° Prix (publicité)]* sont applicables aux exploitants des établissements définis à l'article 1er du présent arrêté.

Recommandation CCA n° 05-01 du 27 janvier 2005,

Relative aux contrats d'hôtellerie de plein air et aux contrats de locations d'emplacements de résidence mobile (BOCC 23 juin 2005).

La commission des clauses abusives,

Considérant que les rapports entre les professionnels, propriétaires des terrains de camping et les consommateurs louant une parcelle sur ces terrains sont régis par le règlement intérieur des campings, document élaboré par les professionnels, et proposé par ceux-ci à l'adhésion des consommateurs ; que ces règlements intérieurs constituent donc bien des *contrats soumis aux dispositions de l'*article L. 132-1 [L. 212-1] du code de la consommation ;

Considérant que les terrains de camping accueillent, outre des vacanciers y installant leur tente ou caravane, des particuliers propriétaires d'une « résidence mobile », habitation de loisir pouvant être déplacée ;

Considérant que les rapports entre les professionnels exploitants de camping et les propriétaires de résidences mobiles sont régis, en sus du règlement intérieur du camping, par un contrat de location d'un « emplacement loisir » sur le terrain de camping ;

Considérant que ces deux types de documents contractuels contiennent des clauses dont le caractère abusif au sens de l'article L. 132-1 *[L. 212-1]* du code de la consommation peut être relevé :

1. Considérant que certains contrats prévoient qu'en cas de retard du consommateur dépassant de 24 heures la date prévue d'arrivée, et en l'absence de message écrit de sa part, le professionnel dispose librement de l'emplacement ; que d'autres contrats précisent que les messages téléphoniques ne sont pas admis ; que de telles clauses sont particulièrement pénalisantes en cas de retard causé par un événement imprévu ; que de telles clauses créent un déséquilibre d'autant plus significatif qu'elles ne seraient pas accompagnées de stipulations prévoyant le remboursement des sommes versées d'avance ;

2. Considérant que certaines clauses prévoient le versement par le consommateur d'un acompte forfaitaire à la réservation quels que soient la durée et le coût du séjour ;

Considérant que dans certains cas, en période creuse notamment, les versements d'avance peuvent ainsi représenter jusqu'à 75 % du prix du séjour ;

3. Considérant que certaines clauses réservent au professionnel le droit d'octroyer au consommateur un autre « emplacement loisir » que celui prévu au contrat pour effectuer des travaux ou aménagements ;

Mais considérant que la plupart des terrains de camping sont fermés durant plusieurs mois de l'année, pendant lesquels le professionnel peut faire effectuer les travaux d'entretien, de réparation ou de rénovation nécessaires ; que de telles clauses présentent, hors cas d'urgence manifeste, un déséquilibre significatif au détriment du consommateur ;

4. Considérant que certaines clauses prévoient que le consommateur preneur de l'emplacement s'engage à laisser le professionnel procéder aux travaux nécessaires quels que soient la durée de ceux-ci et les troubles qu'ils occasionnent ; que d'autres clauses précisent en outre que le consommateur souffrira toutes les réparations que l'exploitant du camping serait amené à faire sur l'emplacement loué, sans pouvoir réclamer aucune indemnité ni réduction du coût de la location, quelles que soient la durée et l'importance des travaux et en dépit du trouble occasionné en période d'occupation ;

Considérant que ces clauses déséquilibrent significativement le contrat au détriment du consommateur ;

5. Considérant que certaines clauses prévoient, à peine de résiliation du contrat, que « le professionnel se réserve le droit de vérifier le bon entretien et l'esthétique de la résidence mobile, critères dont il est le seul juge » ; que d'autres clauses indiquent que « les caravanes ou résidences mobiles vétustes ou dégradées ou qui ne seront pas en harmonie avec le reste du parc devront être enlevées ou remplacées » ;

Considérant que si l'exploitant peut imposer au propriétaire de la résidence mobile une obligation d'entretien, l'état de cette installation ne peut être laissée à sa libre appréciation, sans énonciation préalable de critères permettant de caractériser l'entretien ou la vétusté de l'installation ;

Cette clause, qui réserve au professionnel la faculté d'apprécier unilatéralement l'état de la résidence mobile, présente un caractère abusif ;

6. Considérant qu'une clause prévoit que « toute installation laissée sans entretien, jugée vétuste ou à l'état d'épave, fera l'objet d'une mise en demeure demandant son remplacement ou son éviction » et précise en outre que « dans les quinze jours sans réponse de l'intéressé, le responsable du site procédera à l'éviction ou à la destruction de l'épave aux frais de l'intéressé » ;

Considérant que cette clause qui permet, hors de toute procédure judiciaire ou hors le cas d'abandon manifeste, d'évincer autrui ou de détruire son bien, crée un déséquilibre significatif ;

7. Considérant que certaines clauses prévoient qu'à défaut d'exécution d'une seule condition du bail ou à défaut du paiement d'un seul terme du loyer, le contrat sera résilié huit jours après mise en demeure ; que d'autres clauses réduisent ce délai de résiliation à quatre jours ;

Considérant que cette clause révèle un déséquilibre significatif au détriment du consommateur ;

8. Considérant que plusieurs clauses obligent le consommateur qui vend sa résidence mobile de loisir sur le camping à verser une commission au professionnel exploitant du terrain sur lequel se trouve la résidence ;

Considérant que ces clauses ne mentionnent pas le service rendu par le professionnel en contrepartie de la commission demandée au consommateur et révèlent ainsi un déséquilibre significatif entre contractants ;

Considérant que, de la même façon, certaines clauses obligent l'acquéreur d'une résidence mobile de loisirs à verser une commission ou « droit d'entrée » au professionnel exploitant du terrain sur lequel se trouve la résidence ;

9. Considérant que ces clauses ne mentionnent pas le service rendu par le professionnel en contrepartie de la commission demandée au consommateur et révèlent ainsi un déséquilibre significatif entre contractants ;

10. Considérant que plusieurs clauses énoncent que « le professionnel décline toute responsabilité en cas de chutes de branches, intempéries, vol... » ; que le professionnel tient pourtant du règlement intérieur type une obligation générale de surveillance du terrain et qu'il est responsable, en vertu de l'article 1384 du code civil, de ses installations et préposés ; que ces clauses, excluant en termes généraux toute responsabilité du professionnel, présentent un caractère abusif ;

11. Considérant que plusieurs clauses prévoient que « l'accès aux différentes aires de jeux se fait sous l'entière responsabilité des usages et que la direction décline toute responsabilité en cas d'accident pouvant survenir aux enfants » ;

Mais considérant que le décret n° 96-1136 du 18 décembre 1996 fixant des prescriptions de sécurité relatives aux aires de jeux prescrit notamment aux exploitants l'obligation d'en vérifier l'entretien et de déterminer éventuellement les réparations qui doivent être effectuées ;

Que cette clause, qui prévoit la responsabilité exclusive du consommateur, sans réserver le défaut d'entretien imputable au professionnel, est illicite et crée un déséquilibre significatif au détriment du consommateur ;

12. Considérant que la plupart des contrats comportent une clause attribuant compétence exclusive aux juridictions du lieu du camping ; que de telles clauses sont illicites et, maintenues dans les contrats, ont un caractère abusif ;

Recommande que soient éliminées des contrats de d'hôtellerie de plein air les clauses ayant pour objet ou pour effet :

1. De permettre au professionnel de disposer librement de l'emplacement de camping réservé par le consommateur, dont l'arrivée retardée de plus de 24 heures n'a pas fait l'objet d'un message écrit ;

2. De soumettre la conclusion du contrat au règlement d'avance d'une fraction du prix disproportionnée par rapport au coût du séjour prévu ;

3. De permettre au professionnel de délivrer au consommateur pour effectuer des travaux ou emménagements un emplacement autre que celui qui était prévu au contrat, sans réserver cette possibilité aux travaux nécessités par l'urgence manifeste ;

4. D'imposer au consommateur de supporter les troubles occasionnés par les travaux que le professionnel pourra réaliser sur l'emplacement loué, sans limiter explicitement ces travaux, en période d'occupation, aux réparations urgentes et en excluant tout droit à indemnité pour le consommateur ;

5. De réserver au professionnel, à peine de résiliation du contrat, l'appréciation de l'état d'entretien ou de vétusté de la résidence mobile, sans énoncer de critères objectifs permettant de caractériser cet état de l'installation ;

6. De permettre au professionnel, hors toute procédure judiciaire ou hors le cas d'abandon manifeste, de détruire la résidence mobile qu'il considérerait « à l'état d'épave » 15 jours après mise en demeure du propriétaire d'enlever son installation ;

7. De prévoir la résiliation du contrat par le professionnel, à bref délai après l'envoi d'une mise en demeure, à défaut d'exécution par le consommateur d'une clause quelconque du bail ;

8. D'obliger le consommateur qui vend sa résidence mobile à verser une rémunération au professionnel, sans contrepartie de la part de ce dernier ;
9. De prévoir le versement d'une commission par l'acquéreur d'une résidence mobile de loisir, sans mentionner le service rendu en contrepartie par le professionnel qui perçoit cette commission ;
10. D'exclure toute responsabilité du professionnel en cas d'événements survenant sur le terrain de camping ;
11. D'exclure la responsabilité du professionnel en cas d'accident pouvant survenir aux enfants fréquentant les aires de jeux, sans réserver le cas d'un défaut d'entretien imputable au professionnel ;
12. De déroger aux règles légales de compétence territoriale.
(Texte adopté le 27 janvier 2005 sur le rapport de Mme Fabienne Gensollen.)

Décret n° 2007-1359 du 14 septembre 2007,

Relatif au titre de maître-restaurateur.

Art. 1er *(Décr. n° 2015-348 du 26 mars 2015, art. 1er, en vigueur le 1er avr. 2015)* « I. – Le titre de maître-restaurateur, prévu à l'article *(Ord. n° 2016-301 du 14 mars 2016, art. 2, en vigueur le 1er juill. 2016)* « L. 122-21 » du code de la consommation, peut être délivré aux personnes physiques qui exercent leur activité en qualité de dirigeant ou d'employé dans une entreprise exploitant un fonds de commerce de restauration. »

II. – Pour obtenir le titre de maître-restaurateur, *(Décr. n° 2015-348 du 26 mars 2015, art. 1er, en vigueur le 1er avr. 2015)* « les personnes physiques mentionnées au I doivent » justifier de l'une des conditions suivantes :

1° Être titulaire du brevet professionnel, du baccalauréat professionnel ou d'une certification de niveau IV ou supérieur enregistrée au répertoire national des certifications professionnelles ;

2° Être titulaire du certificat d'aptitude professionnelle, du brevet d'études professionnelles ou d'une certification de même niveau enregistrée au répertoire national des certifications professionnelles, accompagné d'une expérience professionnelle de cinq ans en qualité de *(Décr. n° 2015-348 du 26 mars 2015, art. 1er, en vigueur le 1er avr. 2015)* « dirigeant ou d'employé » d'une entreprise exploitant un fonds de commerce de restauration ;

3° Justifier, en tant que *(Décr. n° 2015-348 du 26 mars 2015, art. 1er, en vigueur le 1er avr. 2015)* « dirigeant ou employé » d'une entreprise exploitant un fonds de commerce de restauration, d'une expérience professionnelle de dix ans si le *(Décr. n° 2015-348 du 26 mars 2015, art. 1er, en vigueur le 1er avr. 2015)* « dirigeant ou employé » n'est pas titulaire de l'un des diplômes, titres ou certificats mentionnés au 1° ou au 2° ;

4° Justifier au minimum d'une expérience professionnelle de cinq ans en tant que *(Décr. n° 2015-348 du 26 mars 2015, art. 1er, en vigueur le 1er avr. 2015)* « dirigeant ou employé » d'une entreprise exploitant un fonds de commerce de restauration s'il n'est pas titulaire de l'un des diplômes, titres ou certificats mentionnés au 1° ou au 2° et ne possède pas les qualifications professionnelles requises à condition que l'activité de chaque établissement soit placée sous le contrôle technique, effectif et permanent, d'un cuisinier détenant un diplôme, un titre ou un certificat de qualification professionnelle délivré pour l'exercice du métier de cuisinier, enregistré au répertoire national des certifications professionnelles et classé à un niveau V ou à un niveau supérieur et justifiant, lorsqu'elle est requise, d'une expérience professionnelle minimale de cinq ans.

III. – Les dispositions précédentes sont indistinctement applicables aux ressortissants d'un État membre de la Communauté européenne ou d'un autre État partie à l'accord sur l'Espace économique européen.

Ces ressortissants justifient, au titre de leur fonction de *(Décr. n° 2015-348 du 26 mars 2015, art. 1er, en vigueur le 1er avr. 2015)* « dirigeant ou employé », de la détention d'un diplôme, d'un titre ou d'un certificat obtenu dans l'un de ces États autres que la France et préparant à l'exercice de métiers comparables et, lorsqu'elle est requise, d'une expérience professionnelle acquise dans des conditions équivalentes ou, à défaut de la détention d'un tel diplôme, titre ou certificat, d'une expérience professionnelle de dix ans acquise dans des conditions équivalentes. Pour l'application du 4° du II, ces ressortissants justifient, au titre de leur fonction de cuisinier, de la détention de l'un des diplômes, titres ou certificats

mentionnés à la phrase précédente et, lorsqu'elle est requise, d'une expérience professionnelle minimale de cinq ans acquise dans des conditions équivalentes.

Les conditions dans lesquelles ces justifications sont apportées sont fixées par arrêté du ministre chargé du commerce. – *V. Arr. du 14 sept. 2007 (JO 16 sept.).*

Art. 2 **Le titulaire du titre mentionné à l'article 1er doit exercer personnellement** *(Décr. nº 2015-348 du 26 mars 2015, art. 2, en vigueur le 1er avr. 2015)* **« une activité dans l'établissement.**

« Lorsque le titulaire du titre cesse définitivement son activité, la déchéance du titre est prononcée à la date du départ de l'établissement. »

Dans le cas où il est fait application du 4° du II de l'article 1er et lorsque le cuisinier mentionné à cet alinéa cesse définitivement son activité, le maître-restaurateur en informe immédiatement par écrit le préfet du département mentionné au premier alinéa de l'article 4. Dans un délai de trente jours à compter du départ de ce cuisinier, il lui signale son remplacement par une personne satisfaisant aux mêmes conditions de qualification et d'expérience professionnelle prévues à cet alinéa. Si, à l'expiration de ce délai, aucun remplacement n'est intervenu ou si les conditions mentionnées à la phrase précédente ne sont pas satisfaites, le préfet du département peut prononcer la déchéance du titre de maître-restaurateur.

Art. 3 **Les conditions d'exercice de l'activité doivent correspondre dans chaque établissement aux normes d'aménagement et de fonctionnement prévues dans le cahier des charges relatif au titre de maître-restaurateur.**

Ce cahier des charges, approuvé par arrêté conjoint des ministres chargés du commerce et du tourisme, détermine à cette fin les critères de qualité que chaque établissement doit respecter dans les domaines suivants :

1° Origine et transformation des produits utilisés ;

2° Relations avec les clients ;

3° Aménagements intérieurs ;

4° Équipements extérieurs ;

(Abrogé par Décr. nº 2015-348 du 26 mars 2015, art. 3, à compter du 1er avr. 2015) **« 5° Règles *d'hygiène et de sécurité.* »**

Un audit externe est réalisé, aux frais du candidat, par l'un des organismes certificateurs mentionnés à l'article R. 115-5 *[ancien]* **du code de la consommation et qu'il choisit parmi ceux figurant sur une liste établie par arrêté du ministre chargé du commerce. Cette liste comporte exclusivement les organismes qui ont déposé leur candidature en vue de leur inscription sur cette liste et qui justifient d'une compétence dans le domaine de la restauration.**

(Décr. nº 2015-348 du 26 mars 2015, art. 3, en vigueur le 1er avr. 2015) **« Un audit, qui a pour objet de vérifier la conformité de l'établissement aux normes prévues dans ce cahier des charges, est réalisé aux frais de l'entreprise par l'un des organismes certificateurs qu'elle choisit parmi ceux figurant sur une liste établie par un arrêté du ministre chargé du commerce. Cet audit donne lieu à un rapport qui précise si chacun des critères énumérés dans le cahier des charges est satisfait et est assorti de conclusions motivées. »**

Arrêté du 26 mars 2015,

Relatif au cahier des charges du titre de maître-restaurateur.

Art. 1er Le cahier des charges pour l'attribution du titre de maître-restaurateur, annexé au présent arrêté, est approuvé.

ANNEXE

CAHIER DES CHARGES POUR LE TITRE DE MAÎTRE-RESTAURATEUR

Contenu de la prestation de services

A. — Produits de la table et composition de la carte :

Sans préjudice des dispositions suivantes, la cuisine est faite sur le lieu de consommation à partir de produits bruts définis conformément à l'article D. 121-13-1 *[ancien]* du code de la consommation relatif à la mention "fait maison". Les produits doivent en outre être acquis majoritairement frais.

Le composant principal de chaque plat doit être acquis frais, sauf exceptions prévues dans une liste exhaustive validée par l'administration.

Les produits semi-finis suivants doivent être exclusivement achetés auprès d'artisans ou de PME indépendantes maîtrisant leur cycle de production : les charcuteries, à l'exception des terrines et pâtés qui sont réalisés sur place, les salaisons, la saurisserie et les pains.

La carte doit comporter au moins cinq produits régionaux de saison (au sens des régions administratives), hors boissons. Elle ne doit pas recourir à des plats préparés.

Les plats doivent être servis en quantité suffisante, avec une présentation soignée.

B. — Service à table et information du client :

Le personnel de salle doit être composé au moins d'une personne titulaire au minimum d'un diplôme ou d'un certificat de qualification professionnelle des métiers de la salle de niveau V ou justifiant d'une expérience professionnelle de deux ans dans ce domaine de compétence.

Le service doit être professionnel, courtois et efficace de la réservation, à l'accueil et au départ du client.

Le personnel doit transmettre au client des informations précises et complètes, y compris dans le cadre d'une réservation ou d'une éventuelle réclamation.

La tenue du personnel doit être soignée et en harmonie avec le style du restaurant.

Les documents d'information à destination du client (menus, extrait de carte des vins, affichages, signalétique, factures, tarif, prix, services, horaires, moyens de paiement acceptés) doivent être complets, lisibles et soignés.

Une information doit être proposée à destination des personnes à mobilité réduite, si les équipements sont existants. Ce critère est sans objet en l'absence d'équipements.

Équipements et aménagements

C. — Aménagements et présentation :

Les locaux destinés à l'accueil des clients doivent être accessibles, confortables, aménagés de façon chaleureuse et tenus propres en permanence. Les sanitaires doivent en particulier être propres, ventilés et équipés pour le confort du client.

La mise en place de la table doit être soignée et en harmonie avec le style du restaurant.

Des équipements en faveur de l'accueil des jeunes enfants (rehausseur ou chaise haute) sont proposés aux clients.

Les espaces extérieurs utilisés pour l'accueil des clients doivent être accessibles, offrir des conditions de sécurité suffisantes. Ils doivent être propres, en bon état, avec des éclairages suffisants.

Les espaces extérieurs destinés au service des clients sont aménagés et équipés de façon confortable, avec des éclairages suffisants : notamment terrasse ombragée ou pourvue de parasols, mobilier de qualité.

Art. 4 **Le titre de maître-restaurateur est délivré pour une durée de quatre ans, par le préfet du département du lieu de l'immatriculation au registre du commerce et des sociétés du principal établissement du candidat ou de l'entreprise qu'il dirige** *(Décr. n° 2015-348 du 26 mars 2015, art. 4, en vigueur le 1er avr. 2015)* **« ou dans laquelle il exerce ses activités ».**

Le préfet vérifie le respect des conditions prévues aux articles 1er et 2 et se prononce au vu des conclusions motivées de l'audit externe prévu à l'article 3. Le non-respect de l'un des critères du cahier des charges fait obstacle à la délivrance du titre de maître-restaurateur.

En cas de rejet de la demande d'octroi du titre, la décision notifiée au candidat mentionne la possibilité de former le recours prévu à l'article 5.

Un arrêté conjoint des ministres chargés de l'intérieur, du commerce et du tourisme précise la composition des dossiers de candidature ainsi que la procédure d'instruction des demandes. — *V. Arr. du 14 sept. 2007 (JO 16 sept.).*

Art. 5 **I. — Il est créé, dans chaque région ou dans la collectivité territoriale de Corse, une commission régionale de recours pour l'attribution du titre de maître-restaurateur.**

Cette commission, instituée par arrêté du préfet de région ou, dans la collectivité territoriale de Corse, du préfet de Corse, comprend :

1° Le préfet de région, ou, dans la collectivité territoriale de Corse, le préfet de Corse, ou son représentant, président ;

(Décr. n° 2015-348 du 26 mars 2015, art. 5, en vigueur le 1er avr. 2015) **« 2° Trois représentants de la direction régionale des entreprises, de la concurrence, de la consommation, du travail et de l'emploi ou de la direction des entreprises, de la concurrence, de la consommation, du travail et de l'emploi ;**

« 3° » Quatre représentants titulaires désignés, ainsi que leurs suppléants, par le préfet de région ou, dans la collectivité territoriale de Corse, par le préfet de Corse, sur proposition des organisations professionnelles du secteur de la restauration représentatives au niveau national. Les représentants de ces organisations sont nommés pour une durée de cinq ans renouvelable.

En cas de partage des voix, la voix du président ou de son représentant est prépondérante.

Si un représentant des organisations professionnelles démissionne, décède, est démis de son mandat ou cesse en cours de mandat d'exercer les fonctions en raison desquelles il a été nommé, il est pourvu à son remplacement pour la durée de son mandat restant à courir.

Un arrêté conjoint des ministres chargés de l'intérieur, du commerce et du tourisme précise les modalités de fonctionnement de la commission régionale.

II. — Le recours présenté à la commission régionale de recours mentionnée au I doit, à peine d'irrecevabilité, être formé dans un délai de deux mois à compter de la notification de la décision de rejet.

Art. 6 **Deux mois au moins avant le terme de la période de validité de quatre ans du titre de maître-restaurateur, celui-ci peut faire l'objet d'une demande de renouvellement selon la procédure prévue à l'article 4.**

Arrêté du 22 octobre 2008,

Relatif à l'information préalable du consommateur sur les caractéristiques des hébergements locatifs en hôtellerie de plein air.

Art. 1er **Préalablement à la conclusion de toute location d'un hébergement en hôtellerie de plein air et sur la base d'un support écrit, le loueur doit communiquer au preneur éventuel les informations contenues dans l'état descriptif joint en annexe au présent arrêté, précisant la description des lieux loués, leur situation dans la localité et les conditions de location.**

Art. 2 **Par location saisonnière d'un hébergement en hôtellerie de plein air, on entend toute location d'hébergement située dans un camping, notamment les habitations légères de loisirs et les résidences mobiles de loisirs.**

ANNEXE

ÉTAT DESCRIPTIF TYPE ET CONDITIONS DE LOCATION

1. Renseignements administratifs

Nom et adresse du camping..

N° de téléphone : ....

N° de fax : ....

Adresse mail et site internet : ....

Dates d'ouverture : ....

Heures d'arrivée et de départ : ....

Catégorie (nombre d'étoiles) : ....

Classement (loisirs ou tourisme et nombre d'emplacements pour chaque classement) : ...

Numéro et date de l'arrêté préfectoral de classement : ....

Numéro SIRET :..

2. Renseignements généraux

Situation géographique du camping

Joindre un extrait de carte permettant de situer le camping dans son environnement.

Altitude (pour les établissements situés en montagne) : ....

Distance d'accès aux pistes de ski les plus proches (pour les établissements situés en montagne accueillant des skieurs) : ....

Distance de la mer, distance de la plage la plus proche (pour les établissements en bord ou à proximité de la mer) : ....

Distance du lac ou de la rivière le plus proche : ....

Distance de la ville ou du village le plus proche : ....

Distance de la gare SNCF la plus proche : ....

Distance de la gare routière la plus proche : ....

Distance du magasin d'alimentation le plus proche : ....

Environnement

Préciser les caractéristiques locales remarquables : ....

Signaler les inconvénients de voisinage éventuels : ....

Informations pratiques. — Transports locaux

Coordonnées des services de transports locaux (le cas échéant) : autobus, etc.

Équipements communs situés sur le camping

Lave-linge : ....

Salle de repassage : ....

Cabine téléphonique : ....

Piscine : ....

Aire de jeux pour les enfants : ....

Autre équipement (le cas échéant) : ....

3. Descriptif de l'hébergement loué

Type d'hébergement

Illustrer par un plan de l'hébergement à l'échelle homogène 1/200 minimum (à préciser) faisant apparaître l'aménagement suivant le type d'hébergement.

Type d'hébergement (habitation légère de loisirs, résidence mobile de loisirs, bungalow toilé meublé) : ....

Ancienneté de l'hébergement (0 à 7 ans, 7 à 12 ans, plus de 12 ans) : ....

Superficie de l'hébergement (hors terrasse) : ....

Capacité maximale en nombre de personnes : ....

Préciser si l'hébergement est accessible aux handicapés : ....

Descriptif intérieur

Chambres : détail des lits (préciser si les lits sont superposés ou mobiles, leur largeur, la présence de couvertures ou de couettes, d'oreillers ou de traversins, si le linge est fourni ou non).

1re chambre : ....

2e chambre : ....

3e chambre : ....

Chambre supplémentaire : ....

Cuisine : détail de l'équipement (type de cuisinière, four à micro-ondes, lave-vaisselle, batterie de cuisine, vaisselle, etc.) : ....

Sanitaires : douches, lavabo, WC (préciser s'ils sont séparés) : ....

Équipements complémentaires (le cas échéant) :

Air conditionné : ....

Chauffage : ....

Télévision (préciser s'il y a un lecteur DVD) : ....

Branchement télévision : ....

Internet (préciser si l'accès à internet sans fil est possible) : ....

Téléphone : ....

Autres (salon de jardin, barbecue individuel, transats, etc.) : ....

Autres pour les enfants (lit, chaise...) : ....

4. Prix et modalités des locations

Prix des locations proposées pour la période considérée en précisant les prestations comprises dans le tarif :

Montant de la taxe de séjour (par personne et par jour, à la date ....
du : ....
pour information)

Montant des arrhes ou acomptes avec conditions de règlement : ....

Frais de réservation : ....

Possibilité d'assurance annulation et son coût : ....

Assurance responsabilité civile obligatoire (à mentionner obligatoirement) : ....

Restrictions diverses (le cas échéant) : animaux refusés, interdiction de fumer, etc. : ....

5. Prix des prestations annexes à la location et des autres prestations

Eau, électricité et gaz s'ils ne sont pas compris dans le prix de la location : ....

Prestations annexes non comprises dans le prix de la location (ménage, linge de lit et de toilette, accessoires pour les enfants, etc.) : ....

Supplément pour véhicule (voiture, remorque de bateau, etc.) : ....

Arrêté du 21 décembre 2009,

Relatif aux règles sanitaires applicables aux activités de commerce de détail, d'entreposage et de transport de produits d'origine animale et denrées alimentaires en contenant.

V. texte complet de cet arrêté, vº Denrées alimentaires (textes généraux).

Art. 6 **Des dispositions particulières applicables aux établissements de restauration collective, y compris les cuisines centrales, sont définies aux annexes IV et VI.** — *V. ces annexes ss. art. 7, infra.*

Art. 7 **Des dispositions particulières applicables aux établissements de restauration collective, à l'exception des cuisines centrales, sont définies aux annexes VII et VIII.** — *V. ces annexes, vº Denrées alimentaires (textes généraux).*

ANNEXE IV

Dispositions particulières applicables aux établissements de restauration collective

Conformément au 3 de l'article 17 et au 3 de l'article 4 du règlement (CE) nº 852/2004 du 29 avril 2004, les dispositions particulières suivantes sont applicables aux établissements de restauration collective :

1. Le refroidissement rapide des préparations culinaires est opéré de telle manière que leur température à cœur ne demeure pas à des valeurs comprises entre + 63°C et + 10°C pendant plus de deux heures, sauf si une analyse des dangers validée a prouvé qu'un refroidissement moins rapide reste suffisant pour garantir la salubrité des produits d'origine animale et denrées alimentaires en contenant. Après refroidissement, ces produits d'origine animale et denrées alimentaires en contenant sont conservées dans une enceinte dont la température est comprise entre 0°C et + 3°C.

2. Les préparations culinaires destinées à être consommées froides sont refroidies rapidement, le cas échéant, et entreposées dès la fin de leur élaboration et jusqu'à l'utilisation finale dans une enceinte dont la température est comprise entre 0°C et + 3°C.

Ces préparations culinaires sont retirées de cette enceinte au plus près de la consommation, dans un délai maximum de deux heures sous réserve que le produit soit maintenu à une température inférieure ou égale à + 10°C, sauf si une analyse des dangers validée a montré qu'un autre couple temps/température offre le même niveau de sécurité pour les consommateurs.

3. La remise en température des préparations culinaires à servir chaudes est opérée de telle manière que leur température ne demeure pas pendant plus d'une heure à des valeurs comprises entre + 10°C et la température de remise au consommateur. En tout état de cause, cette température ne peut être inférieure à + 63°C, sauf si une analyse des dangers validée a montré qu'une température inférieure n'entraîne pas de risque pour la santé du consommateur. Ces préparations culinaires doivent être consommées le jour de leur première remise en température.

4. La durée de vie des préparations culinaires élaborées à l'avance est déterminée par l'exploitant. Cependant, la durée de vie des préparations culinaires élaborées à l'avance réfrigérées ne peut excéder trois jours après celui de la fabrication, en l'absence d'études de durée de vie. Sur l'une des faces externes de chaque conditionnement des préparations culinaires élaborées à l'avance figure au minimum la date limite de consommation.

Pour les produits déconditionnés puis reconditionnés, la date limite de consommation ne peut excéder la durée de vie initiale du produit ou du constituant de l'assemblage qui présente la durée de vie la plus courte.

5. Les exploitants conservent des plats témoins à la disposition exclusive des agents chargés du contrôle officiel. Ces plats témoins sont des échantillons représentatifs des différents plats distribués aux consommateurs et clairement identifiés. Ils doivent être conservés pendant au moins cinq jours en froid positif (0-3°C) après la dernière présentation au consommateur.

6. Dès qu'il a connaissance de la survenue d'un effet indésirable inhabituel pouvant être lié à la consommation d'aliments dans son établissement, chez au moins deux consommateurs, le responsable de l'établissement :

i) Invite les consommateurs concernés à consulter rapidement un médecin qui procédera au diagnostic et à leur prise en charge ;

ii) Signale sans délai cet effet indésirable inhabituel au directeur départemental des affaires sanitaires et sociales ainsi qu'au directeur départemental en charge des services vétérinaires.

Afin de faciliter l'enquête des services officiels, l'exploitant tient à leur disposition les renseignements nécessaires à l'enquête épidémiologique, notamment les menus effectivement servis ainsi que les plats témoins des repas ayant précédé la survenue des symptômes.

Pour un organisme placé sous l'autorité ou la tutelle du ministre de la défense, le signalement est effectué selon les modalités fixées par le directeur central du service de santé des armées, la déclaration est faite par le chef du département d'épidémiologie et de santé publique du service de santé des armées territorialement compétent, d'une part, au directeur départemental des affaires sanitaires et sociales concerné et, d'autre part, au directeur du service de santé des armées dont relève cet organisme.

7. Les produits d'origine animale et denrées alimentaires en contenant déjà servis au consommateur ne peuvent plus être destinés à l'alimentation humaine ou animale à l'exception de ceux qui n'ont pas été déconditionnés et qui se conservent à température ambiante.

Les excédents des plats prévus au menu du jour, non servis au consommateur, peuvent être représentés le lendemain, pour autant que leur salubrité soit assurée et que soit mis en œuvre un moyen d'identification de la date de fabrication des plats correspondants.

Les dispositions du deuxième alinéa ne s'appliquent pas dans les restaurants satellites, à l'exception des préparations culinaires qui n'ont pas été déconditionnées et ont été maintenues, jusqu'à leur utilisation finale, dans une enceinte dont la température est comprise entre 0°C et + 3°C, sans rupture de la chaîne du froid.

....

ANNEXE VI

Dispositions relatives à la décongélation

Conformément au 3 de l'article 17 et au 3 de l'article 4 du règlement (CE) n° 852/2004 du 29 avril 2004, les dispositions particulières suivantes sont applicables à la décongélation.

1. La décongélation des produits d'origine animale et denrées alimentaires en contenant à l'état congelé est effectuée :

— soit dans une enceinte réfrigérée entre 0°C et la température maximale de conservation de la denrée lorsque celle-ci est fixée réglementairement. A défaut, les denrées alimentaires doivent être décongelées dans une enceinte réfrigérée entre 0°C et + 4°C ;

— soit par cuisson ou par remise en température sans décongélation préalable.

Toute autre méthode peut être utilisée si une analyse des dangers validée a montré qu'elle offre le même niveau de sécurité pour les consommateurs.

2. Une fois décongelés, les produits sont conservés conformément aux prescriptions de l'annexe I qui concernent les produits d'origine animale et denrées alimentaires en contenant réfrigérées.

3. Les produits décongelés d'origine animale et denrées alimentaires en contenant, autres que les surgelés, ne peuvent être recongelés, sauf si l'analyse des dangers validée a montré que les opérations envisagées offrent le même niveau de sécurité pour les consommateurs.

Arrêté du 24 décembre 2014,

Relatif à l'information préalable du consommateur dans les établissements hôteliers de plein air.

Art. 1er Les dispositions du présent arrêté s'appliquent aux établissements hôteliers de plein air qui comprennent :

— les terrains de camping ou de caravanage mentionnés à l'article D. 331-1-1 du code du tourisme ;

— les parcs résidentiels de loisir exploités sous régime hôtelier mentionnés à l'article D. 333-4 du même code.

Art. 2 A l'entrée de chaque établissement, au lieu de réception de la clientèle et au lieu de commercialisation, y compris en ligne, sont affichés, de manière claire et lisible, les prix toutes taxes comprises des prestations de services qu'il commercialise.

Art. 3 Les dispositions du présent article s'appliquent aux offres de location d'emplacement à l'année des hébergements suivants :

— les habitations légères de loisir au sens de l'article R.* 111-31 du code de l'urbanisme ;

— les résidences mobiles de loisir au sens de l'article R.* 111-33 du même code ;

— les caravanes au sens de l'article R.* 111-37 du même code.

Préalablement à la conclusion du contrat de location, le professionnel remet au consommateur, sur support durable, les informations suivantes :

— la durée et le prix de la location ainsi que les modalités de règlement ;

— les conditions de renouvellement et de modification du contrat, en précisant les modalités de revalorisation du loyer ;

— les modalités de résiliation anticipée, notamment les frais ou pénalités éventuels et le délai de préavis ;

— le prix des services et équipements indispensables ou, le cas échéant, l'information selon laquelle ces derniers sont compris dans le prix de la location ; les prestations indispensables comprennent le transport, le calage, le branchement ainsi que la fourniture d'eau, d'électricité et de gaz ;

— le cas échéant, le prix des prestations annexes commercialisées.

Pour les propriétaires de résidences mobiles de loisirs, ces informations peuvent être intégrées dans la notice prévue aux articles D. 331-1-1 et D. 333-4 du code du tourisme.

Art. 4 L'arrêté du 27 mars 1987 relatif à l'affichage des prix de l'hôtellerie de plein air est abrogé. — *V. C. **consom.**, éd. 2014 et antérieures.*

Art. 5 Le présent arrêté entre en vigueur le 1er janvier 2015.

Arrêté du 18 décembre 2015,

Relatif à la publicité des prix des hébergements touristiques marchands autres que les meublés de tourisme et les établissements hôteliers de plein air.

Art. 1er Le présent arrêté est applicable aux professionnels exploitant les hébergements suivants :

1° Hôtels de tourisme au sens de l'article D. 311-4 du code du tourisme et hôtels non classés ;

2° Résidences de tourisme au sens de l'article D. 321-1 du même code et résidences de tourisme non classées ;

3° Chambres d'hôtes au sens de l'article L. 324-3 du même code ;

4° Hébergements des villages de vacances au sens de l'article D. 325-1 du même code ;

5° Tout autre hébergement touristique marchand au sens de l'article L. 141-2 du même code à l'exception :

a) Des meublés de tourisme au sens de l'article D. 324-1 du même code ;

b) Des hébergements proposés à la location dans les terrains de camping ou de caravanage mentionnés à l'article D. 331-1-1 du même code ;

c) Des hébergements proposés à la location dans les parcs résidentiels de loisir mentionnés à l'article D. 333-3 du même code.

Les articles 2 à 5 sont également applicables aux autres professionnels qui proposent la réservation des nuitées ou séjours dans ces hébergements. En outre, les articles 2 à 4 sont applicables aux professionnels qui proposent un service de comparaison de ces prix, *quel qu'en soit le moyen.*

Art. 2 Le prix d'une prestation d'hébergement porté à la connaissance des consommateurs est le prix toutes taxes comprises et inclut le prix de toute prestation indispensable à la réservation, à l'exclusion, en cas de vente à distance, du coût de l'utilisation de la technique de communication à distance. Toutefois, les taxes applicables payées par le consommateur ne pouvant être incluses dans le prix sont mentionnées à proximité de ce dernier.

L'indication du prix est complétée de la mention, à proximité immédiate et à l'exclusion de tout renvoi, de la date ou de la période à laquelle il est applicable. La mention de la date peut être remplacée par la mention : "tarif du jour".

Art. 3 Si le prix d'une prestation d'hébergement porté à la connaissance des consommateurs comprend une réduction pour l'utilisation d'un instrument de paiement donné conformément à l'article L. 112-12 du code monétaire et financier, la mention de cet instrument est également indiquée, à proximité immédiate de ce prix, à l'exclusion de tout renvoi et dans des conditions de visibilité et lisibilité au moins égales à celles du prix.

Toutefois, cette information peut être communiquée une seule fois pour l'ensemble des prix affichés sur un même support s'ils correspondent aux mêmes modes de paiement. Dans ce cas, l'information figure en début du support, dans des conditions de visibilité et lisibilité au moins égales à celles des prix.

Art. 4 Les prestations d'hébergement proposées à la réservation font l'objet, à tout moment de la réservation, d'une information sur le prix définitif à payer. Cette information est accompagnée des précisions selon lesquelles un petit-déjeuner est servi ou non dans l'établissement, une connexion à l'internet est accessible ou non depuis les chambres et, le cas échéant, si ces prestations sont comprises ou non dans le prix de la prestation d'hébergement.

Art. 5 Le professionnel qui informe le consommateur de l'indisponibilité de la prestation d'hébergement dans un établissement donné et à des dates préalablement renseignées précise, le cas échéant, le mode de distribution via lequel cette prestation d'hébergement n'est plus disponible.

Cette information figure à proximité immédiate de l'information sur l'indisponibilité, à l'exclusion de tout renvoi et dans des conditions de lisibilité et visibilité identiques.

Art. 6 A l'extérieur de l'établissement, à proximité de l'entrée principale du public sont affichés, de manière claire, lisible et à jour :

– le prix pratiqué pour la prochaine nuitée en chambre double, ou le prix maximum *[maximal]* pratiqué pour une nuitée en chambre double pendant une période au choix incluant la prochaine nuitée ; si ces prestations ne sont pas commercialisées, le prix de la prestation d'hébergement la plus couramment pratiquée, assortie de sa durée, est retenu ;

– l'information selon laquelle un petit-déjeuner est servi ou non dans l'établissement, celle selon laquelle une connexion à l'internet est accessible ou non depuis les chambres et, le cas échéant, si ces prestations sont comprises ou non dans le prix de la prestation d'hébergement ;

– les modalités selon lesquelles le consommateur peut accéder à l'information sur les prix de l'ensemble des autres prestations commercialisées.

Art. 7 Sont affichées, de manière visible et lisible, au lieu de réception de la clientèle :

– les informations prévues à l'article 6, selon les modalités prévues par cet article ;

– l'indication des heures d'arrivée et de départ et, le cas échéant, des suppléments appliqués en cas de départs tardifs.

En outre, l'information sur les prix de l'ensemble des autres prestations commercialisées y est accessible.

Art. 8 Dans chaque chambre, est accessible l'information sur l'ensemble des prix des prestations fournies accessoirement aux nuitées ou séjours.

Le consommateur y est informé des modalités de consultation de ces informations de manière claire, lisible et visible.

Art. 9 Sont abrogés :

– l'arrêté du 8 juin 1967 relatif à l'affichage des prix dans les hôtels, pensions de famille et maisons meublées ;

– l'arrêté du 18 octobre 1988 relatif à l'affichage des prix dans les hôtels et autres établissements similaires d'hébergement. – *V.* ***C. consom.****, éd. 2015 et antérieures.*

Art. 10 Le présent arrêté entre en vigueur le 1er janvier 2016.

Toutefois, les affichages présents avant la date mentionnée au premier alinéa dans les établissements régis par le présent arrêté peuvent être maintenus jusqu'au 1er juin 2016.

INFORMATIQUE

BIBL. GÉN. ▸ CAPRIOLI, *CCE 2005. Étude 7* (commerce à distance sur internet et protection des données à caractère personnel – loi du 6 août 2004). – J. HUET, *Études Calais-Auloy, Dalloz, 2004, p. 507* (protection des consommateurs dans le commerce électronique). – PASSA, *LPA 6 févr. 2004* (les règles générales du commerce électronique et leur application dans les rapports avec les consommateurs). – A. PENNEAU, *LPA 13 mai 2004* (contrat électronique et protection du cybercontractant). – SAUPHANOR-BROUILLAUD et CERMOLACCE, *CCE 2003. Chron. 6* (internet : image électronique et consommateur). – VIVANT, *Études Calais-Auloy, Dalloz, 2004, p. 1151* (la protection du cyberconsommateur). – SÉNÉCHAL, *Rev. UE 2015. 442* (le contrat de fourniture de contenu numérique en droit européen et français : une notion unitaire ou duale ?).

▸ V. aussi Bibl. gén. vº *Commerce électronique.*

Code de la propriété intellectuelle

Art. L. 122-6-2 *(L. nº 94-361 du 10 mai 1994, art. 5-1)* **Toute publicité ou notice d'utilisation relative aux moyens permettant la suppression ou la neutralisation de tout dispositif technique protégeant un logiciel doit mentionner que l'utilisation illicite de ces moyens est passible des sanctions prévues en cas de contrefaçon.**

Un décret en Conseil d'État fixera les conditions d'application du présent article.

Art. R. 335-2 *(Décr. nº 96-103 du 2 févr. 1996)* **Toute publicité ou notice d'utilisation relative à un moyen permettant la suppression ou la neutralisation de tout dispositif technique protégeant un logiciel, qui ne comporte pas la mention en caractères apparents que l'utilisation illicite de ces moyens est passible des sanctions prévues en cas de contrefaçon, est punie des peines prévues pour les contraventions de la troisième classe.**

Loi nº 78-17 du 6 janvier 1978,

Relative à l'informatique, aux fichiers et aux libertés.

Art. 38 *(L. nº 2004-801 du 6 août 2004, art. 5)* **Toute personne physique a le droit de s'opposer, pour des motifs légitimes, à ce que des données à caractère personnel la concernant fassent l'objet d'un traitement.**

Elle a le droit de s'opposer, sans frais, à ce que les données la concernant soient utilisées à des fins de prospection, notamment commerciale, par le responsable actuel du traitement ou celui d'un traitement ultérieur.

Les dispositions du premier alinéa ne s'appliquent pas lorsque le traitement répond à une obligation légale ou lorsque l'application de ces dispositions a été écartée par une disposition expresse de l'acte autorisant le traitement.

Recommandation CCA nº 95-02 du 7 avril 1995,

Relative aux contrats proposés par les éditeurs ou distributeurs de logiciels ou progiciels destinés à l'utilisation sur micro-ordinateurs (BOCC 25 août 1995).

BIBL. GÉN. ▸ CAPRIOLI, *CCC juin 1996.*

La Commission des clauses abusives,

Considérant que les contrats relatifs à l'utilisation de logiciels (logiciels pris au sens commun de ce terme ou progiciels) utilisés sur micro-ordinateurs intéressent désormais un large public ;

Considérant que ces contrats sont élaborés par les seuls professionnels et que l'utilisation de ces logiciels emporte généralement adhésion des consommateurs à leurs clauses ; qu'ils constituent ainsi des contrats habituellement proposés par des professionnels à des consommateurs ;

Considérant que certains contrats comportent des clauses nombreuses souvent imprimées en caractère de taille sensiblement inférieure au corps 8 ; qu'ainsi ces contrats

manquent de lisibilité et ne répondent pas aux prescriptions de l'article L. 133-2 *[L. 211-1]* du code de la consommation ;

Considérant que des clauses stipulent que ne sont pas opposables au professionnel les différentes formes de publicités préalables et les informations données à l'occasion de la cession du support ; que ces clauses sont souvent complétées par la reconnaissance par le consommateur que « le logiciel et la garantie limitée qui l'accompagne constituent l'accord intégral et exclusif qui lie les parties et remplacent toute offre ou accord antérieur, oral ou écrit, et toute autre communication entre les parties relative à l'objet de la licence ou de la garantie limitée » ; que de telles clauses sont contraires à l'exigence de loyauté dans les relations contractuelles et sont abusives en ce qu'elles tendent à rendre inopposables au professionnel ses propres informations et méconnaissent l'obligation de renseignement ;

Considérant que des contrats précisent souvent que le choix du logiciel le mieux adapté est l'affaire du client ; que certains ajoutent que le vendeur n'a aucune obligation de conseil quant à l'utilisation du logiciel choisi ; que, cependant, la commercialisation d'un bien ou d'un service d'une telle technicité fait peser de façon particulière sur le professionnel une obligation de conseil qui comporte une orientation du choix du consommateur ; que de telles clauses sont abusives en ce qu'elles méconnaissent cette obligation ;

Considérant que les logiciels ne sont, le plus souvent, pas garantis ; que cette absence de garantie concerne aussi bien la qualité des supports que les qualités et caractéristiques de ces logiciels et les conséquences dommageables de leur fonctionnement ou dysfonctionnement ; qu'en outre la documentation est fournie dans l'état où elle se trouve, son emploi, son exactitude ne sont pas garantis et les frais de « dépannage..., réparation..., correction... » provoqués par les défauts de cette documentation sont à la charge du consommateur ;

Considérant que, s'agissant des qualités des supports et des logiciels, cette absence de garantie ne peut se justifier par les seules contraintes techniques dès lors que certains éditeurs prévoient expressément une garantie des supports et/ou des logiciels, et notamment de leur bonne fabrication et conformité à leur documentation pour des durées variant de un mois à un an ; qu'en revanche certains professionnels s'exonèrent purement et simplement de toute obligation à l'égard de leurs clients non professionnels ; que le logiciel et la documentation devraient à tout le moins être conformes à un standard défini par le professionnel, pour une version donnée du logiciel, qui préciserait notamment les matériels et logiciels compatibles avec le produit mis à la disposition du consommateur, ainsi que procèdent habituellement les professionnels dans leurs documents publicitaires ;

Considérant que la combinaison de clauses excluant toute garantie et de clauses limitatives de garantie est de nature à induire le consommateur en erreur sur l'étendue des droits que lui confère le contrat et par suite abusive ;

Considérant que, dans la généralité des cas, toute garantie des dommages provoqués par le logiciel est expressément écartée ; que l'affirmation de l'absence totale de garantie revient pour le professionnel à s'exonérer de tous les régimes de responsabilité ; qu'une telle affirmation, répétée sur beaucoup des contrats relatifs aux logiciels commercialisés en France, aboutit à créer un déséquilibre significatif au détriment du consommateur au sens des dispositions du code de la consommation ; qu'au demeurant la garantie des vices cachés s'appliquant à tout le moins à la vente des supports, la clause exonératoire est illégale en vertu des dispositions du décret n° 78-464 du 24 mars 1978 ;

Considérant que les clauses qui stipulent que « le contrat reste en vigueur jusqu'à sa résiliation et sera annulé automatiquement sans préavis par le professionnel au cas où le détenteur ne se conforme pas aux termes de la licence », sans préciser la nature et la gravité des manquements, tendent à donner au professionnel un droit unilatéral, voire discrétionnaire, de résiliation et sont abusives ;

Considérant qu'est abusive, ainsi que l'a qualifiée la commission dans ses recommandations n°s 80-06 *[V. v° Clauses abusives]*, 85-02 *[V. v° Automobiles]* et 91-02 *[V. v° Clauses abusives]*, et illégale dans les conditions prévues par l'article L. 114-1 *[L. 121-17]* du code de la consommation la clause qui a pour objet ou pour effet de stipuler que la date de livraison de la chose ou de l'exécution du service est donnée à titre indicatif et qui interdit au consommateur de demander des dommages et intérêts en cas de retard dans la livraison ;

Considérant que certains contrats attribuent compétence au seul tribunal de commerce de Paris ou aux seuls tribunaux de Paris ; que la jurisprudence autorise cependant le non-commerçant à exercer son action devant la juridiction civile ou devant le tribunal de commerce ; qu'en outre les clauses qui dérogent aux règles de compétence territoriale sont contraires aux dispositions impératives de l'article 48 du nouveau code de procédure civile *[V. v° Compétence]* **; qu'en conséquence de telles clauses doivent être éliminées des contrats,**

Recommande :

Que les documents contractuels soient imprimés avec des caractères dont la hauteur ne saurait être inférieure au corps 8 ;

Que soient éliminées des contrats objets de la présente recommandation les clauses qui ont pour objet ou pour effet :

1° De rendre inopposables à leur auteur les publicités et autres communications faites par les distributeurs de logiciels ;

2° D'exonérer le professionnel de son obligation de conseil ;

3° D'exclure toute garantie du professionnel afférente au logiciel, à son support et de l'exonérer de toutes les conséquences des défauts de la documentation fournie lors de la mise à disposition du logiciel ;

4° D'induire en erreur le consommateur en combinant des stipulations qui excluent toute garantie avec des clauses limitatives de garantie ;

5° D'exonérer le professionnel de toute responsabilité du fait des conséquences dommageables de l'utilisation des logiciels qu'il commercialise ;

6° De stipuler une date de livraison ou d'exécution indicative ;

7° De reconnaître, directement ou indirectement, au professionnel un droit de résiliation unilatéral ne reposant pas sur un manquement grave au contrat ;

8° De déroger aux règles de compétence territoriale ou d'attribution des juridictions.

(Texte adopté le 7 avril 1995 sur le rapport de M. Jean-Pierre Looten.)

Avis du Conseil national de la consommation du 18 février 1997,

Sur l'offre d'accès à internet.

V. le texte de cet avis, BOCC 21 févr. 1997.

BIBL. ▸ GRÉGOIRE, *CCC 1998. Chron. 13* (offre d'accès à Internet et protection des consommateurs).

ANNEXE I

RECOMMANDATIONS DU CONSEIL NATIONAL DE LA CONSOMMATION PORTANT SUR LA RÉDACTION D'UN CONTRAT DE FOURNITURE D'ACCÈS À INTERNET AUX CONSOMMATEURS

(Recomm. 23 sept. 1997)

Préambule

L'offre d'accès à Internet qui émane des fournisseurs en France, si elle est riche et variée, est aussi extrêmement complexe à appréhender du fait, notamment, de son évolution permanente.

Le Conseil national de la consommation a pu observer, lors d'une étude qu'il a menée auprès de fournisseurs d'accès à Internet, que l'information fournie au consommateur n'était pas toujours satisfaisante et suffisante, notamment en ce qui concerne les conditions générales et/ou particulières des contrats proposés.

Comme cette situation semble principalement résulter d'une méconnaissance de la réglementation en vigueur, le Conseil national de la consommation a suggéré, dans son avis au ministre, d'élaborer, à titre indicatif, à l'attention des fournisseurs d'accès à Internet, un modèle de contrat dont ils pourraient s'inspirer.

En voici l'expression :

Destinées à l'ensemble des fournisseurs qui offrent aux consommateurs un accès à Internet, les présentes recommandations ont pour objet de guider les fournisseurs d'accès dans la rédaction de leurs documents contractuels afin que ceux-ci soient non seulement conformes aux législations et réglementations existantes, mais également loyaux et transparents envers le consommateur.

Satisfaisant à un double objectif d'information sur : 1. Les conditions et modalités (techniques, financières et juridiques) de mise à disposition de l'accès à Internet ; 2. Les droits et obligations de chacune des parties au contrat, le présent document est composé de deux parties :

— une partie Dispositions légales ou réglementaires qui reprend les dispositions obligatoires auxquelles tout fournisseur d'accès à Internet doit se soumettre ;

— une partie Recommandations dans laquelle sont énoncées les recommandations émises par le Conseil national de la consommation et la Commission des clauses abusives, mais aussi des précisions sur l'interprétation de certaines de ces dispositions.

Remarques :

Dans la partie Dispositions légales ou réglementaires figurent en caractères italiques, les dispositions de la directive européenne 97/7/CE du 20 mai 1997 (*JOCE* du 4 juin 1997) « contrats à distance » qui vient d'être adoptée *[abrogée et remplacée par Dir. 2011/83/UE du 25 oct. 2011, reproduite ss. art. L. 232-3]*. Bien que non encore transposée dans notre droit national, il nous est apparu important d'anticiper son application, en l'intégrant dans ce document ;

A la différence de celles contenues dans la partie Dispositions légales ou réglementaires, les dispositions de la partie Recommandations n'ont aucun caractère contraignant. Ainsi en est-il des recommandations de la Commission des clauses abusives visant la suppression ou la modification des clauses présentant un caractère abusif qui n'ont qu'une valeur indicative ;

Il est important, ici, de souligner que les deux parties de ce document sont indissociables. A défaut, l'esprit et le contenu de ce document seraient non seulement dénaturés mais également remis en cause.

Recommandations du CNC portant sur la rédaction d'un contrat de fourniture d'accès à internet

DISPOSITIONS LÉGALES OU RÉGLEMENTAIRES	RECOMMANDATIONS
FORMATION DU CONTRAT Élaboration du contrat Les conditions générales et/ou particulières des contrats proposés par les professionnels aux consommateurs doivent être présentées et rédigées de façon claire et compréhensible.	Il conviendrait en conséquence de : – éviter la présence de termes techniques (ou les expliquer) ; – éviter les traductions littérales de contrats étrangers ; – utiliser une police de caractères au minimum de corps 8 ; – faire référence dans le bulletin d'abonnement à la grille de concordance permettant à l'abonné de connaître la configuration requise de l'équipement informatique pour accéder au serveur de son prestataire, à l'internet et aux différents services offerts en ligne.
L'offre, la présentation, les modes d'emploi ou d'utilisation, la description de l'étendue et des conditions de garantie d'un bien, d'un produit ou d'un service ainsi que les quittances et factures doivent être rédigées en français. Droit de rétractation Dans le cadre d'un contrat conclu à distance, porter à la connaissance de l'abonné l'existence du droit de rétractation et ses conditions d'exercice (voir art. 6).	
Preuve du contrat	Les conditions générales et/ou particulières devraient être adressées de préférence sur support papier ou, le cas échéant, avec le kit de connexion (si fourni) sous forme numérique mais à condition qu'une impression du contrat soit possible. Le bulletin d'abonnement doit être daté et signé par les deux parties.
Remise du contrat Transmission sur simple demande à toute personne intéressée d'un exemplaire des conventions proposées habituellement.	Toute offre d'accès devrait être accompagnée systématiquement d'un exemplaire du contrat définissant clairement les droits et obligations des parties, dont notamment les tarifs proposés conformément à l'article 3-1.

DISPOSITIONS LÉGALES OU RÉGLEMENTAIRES	RECOMMANDATIONS
CONTENU DU CONTRAT Identification des parties Pour le prestataire : Dénomination et représentant légal de la société. Numéro d'immatriculation au RCS Adresse. Pour l'abonné : Nom et prénom de l'abonné. Adresse.	Téléphone. Fax. Messagerie électronique. Téléphone. Fax. Adresse de facturation.
Article 1er Objet du contrat	Mise à disposition par le prestataire d'un accès à l'internet au nom de l'abonné.
Article 2 Obligations du prestataire 2.1. Définition des prestations offertes. 2.1.1. Définition détaillée de la nature et des caractéristiques essentielles du service offert	Cela signifie de : – porter à la connaissance de l'abonné toutes les fonctionnalités qui lui sont offertes en les décrivant (Web, FTP, Newsgroups, IRC, messagerie électronique...) et autres fonctionnalités particulières si elles sont proposées (Minitel, services en ligne...) : – préciser les caractéristiques qui s'y attachent (par exemple pour la messagerie : capacité de stockage des messages, durée de stockage...).
	Préciser le cas échéant : – si une assistance est offerte (si tel est le cas en prévoir les conditions conformément à l'art. 2-3). En tout état de cause, au titre de son obligation de conseil, le prestataire devrait fournir une aide à l'abonné lors de la première mise en service de l'accès ; – si des logiciels sont fournis (si tel est le cas en prévoir les conditions conformément à l'art. 2-4) ; – si du matériel est fourni (modem...) et selon quelles modalités (prêt, vente...).
2.1.2. Modification des prestations offertes Dans les contrats conclus entre professionnels et non-professionnels ou consommateurs est interdite la clause ayant pour objet ou pour effet de réserver au professionnel le droit de modifier unilatéralement les caractéristiques du bien à livrer ou du service à rendre. Toutefois, il peut être stipulé que le professionnel peut apporter des modifications liées à l'évolution technique, à condition qu'il n'en résulte ni augmentation de prix, ni altération de qualité et que la clause réserve au non-professionnel ou consommateur la possibilité de mentionner les caractéristiques auxquelles il subordonne son engagement.	Prévoir expressément les conditions de modifications des prestations offertes, à savoir : – information préalable de l'abonné. Entrée en vigueur des modifications au terme d'un préavis ; – possibilité pour l'abonné de résilier le contrat à ce titre, frais éventuels.
2.1.3. Interruption du service à l'initiative du prestataire	Prévoir expressément les conditions d'interruption du service : – information préalable de l'abonné avec respect d'un préavis ; – le motif de l'interruption ; – indemnisation éventuelle au profit de l'abonné.
2.2. Codes d'accès 2.2.1. Caractéristiques	Définir clairement les caractéristiques attachées au droit d'accès. Le cas échéant : – définir le caractère incessible et personnel du droit d'accès. Dans ce cas, définir les conditions de dérogations accordées à l'abonné notamment dans le cadre familial et définir les sanctions en cas de non-respect de ses obligations.

DISPOSITIONS LÉGALES OU RÉGLEMENTAIRES	RECOMMANDATIONS
2.2.2. Perte et vol	Définir : – la procédure déclarative de perte ou de vol des codes d'accès : – personnes ou services à contacter ; – formes et délais de la déclaration ; – les mesures mises en place pour prévenir l'utilisation frauduleuse du compte de l'abonné ; – les conditions d'obtention d'un nouveau code : – frais éventuels ; – modes de communication (en ligne, par voie postale...) ; – délais de remplacement.
2.2.3. Modification	Prévoir expressément au bénéfice des deux parties la faculté de modification des codes sous réserve d'indiquer : – un préavis (d'une durée supérieure ou égale à celui prévu en cas de résiliation) ; – les motifs de la modification (technique...) ; – la possibilité de résilier le contrat à ce titre ; – les éventuelles conséquences financières.
2.3. Assistance	Préciser lorsqu'elle existe : – si elle est obligatoire ou pas ; – si elle est gratuite ou payante ; – son étendue : – contenu ; – durée ; – modalité de la prestation (téléphonique, en ligne, sur site, heure et jour...).
2.4. Fourniture de logiciels 2.4.1. Détermination des logiciels fournis	À préciser : nom, version...
2.4.2. Description des logiciels fournis	Décrire les fonctionnalités des logiciels fournis. Recommandation de la Commission des clauses abusives : supprimer les clauses ayant pour effet ou pour objet de rendre inopposables à leur auteur les publicités et autres communications faites par les distributeurs de logiciels. Toute fourniture de logiciels par le prestataire devrait s'accompagner dans le contrat des précisions suivantes : – leurs conditions de mise à disposition (kit joint avec l'abonnement, téléchargement...) ; – leurs conditions d'utilisation (licence, mode d'emploi ou toute autre information sur un support adapté, rédigés en français, de façon claire et lisible avec des caractères dont la hauteur ne saurait être inférieure au corps 8). Recommandation de la Commission des clauses abusives : supprimer les clauses exonérant le professionnel de toute responsabilité du fait des conséquences dommageables de l'utilisation des logiciels qu'il commercialise ; – les conditions et modalités de leur mise à jour éventuelle.
2.4.3. Prix des logiciels fournis	Préciser le caractère gratuit ou payant de la mise à disposition des logiciels fournis ainsi que de leurs mises à jour.

DISPOSITIONS LÉGALES OU RÉGLEMENTAIRES	RECOMMANDATIONS
2.4.4. Garantie des logiciels Avant la conclusion d'un contrat à distance, le consommateur doit bénéficier d'informations claires portant sur les services après-vente et les garanties commerciales existantes.	Informer l'abonné des éventuelles garanties existantes. Recommandations de la Commission des clauses abusives : Supprimer les clauses ayant pour effet ou pour objet : – d'exonérer le professionnel de son obligation de conseil, d'exclure toute garantie du logiciel, à son support, et de l'exonérer de toutes les conséquences des défauts de la documentation fournie lors de la mise à disposition du logiciel ; – d'induire en erreur le consommateur en combinant des stipulations qui excluent toute garantie avec des clauses limitatives de garantie ; – d'exclure toute garantie du professionnel afférente au logiciel, à son support et de l'exonérer de toutes les conséquences des défauts de la documentation fournie lors de la mise à disposition du logiciel.
2.5. Garantie Avant la conclusion d'un contrat à distance, le consommateur doit bénéficier d'informations claires portant sur les services après-vente et les garanties commerciales existantes. Dans l'hypothèse de biens vendus (modem...), indication des dispositions applicables en matière de garantie des vices cachés.	Recommandation de la Commission des clauses abusives : supprimer les clauses qui ont pour objet ou effet d'induire en erreur le consommateur en combinant des stipulations qui excluent toute garantie avec des clauses limitatives de garantie.
2.6. Protection des données à caractère personnel Informer l'abonné : – sur toute utilisation ou transmission à des tiers des données personnelles qu'il communique ; – sur son droit d'accès et de rectification sur les fichiers le concernant ; – sur son droit d'opposition au traitement des données à caractère personnel le concernant. Porter à la connaissance de l'abonné que les techniques de communication à distance lorsqu'elles permettent une communication individuelle ne peuvent être utilisées qu'en l'absence d'opposition manifeste de ce dernier. Proposer à l'abonné un moyen technique lui permettant de restreindre l'accès à certains services ou de les sélectionner.	Prévoir : – l'adoption d'un système permettant à l'abonné de ne pas recevoir de publicité s'il le souhaite ; – la mise en application du contrôle parental.
Article 3 Obligations de l'abonné L'abonné devra régler un prix dans les conditions ci-après fixées :	
3.1. Prix des prestations offertes 3.1.1. Information préalable	
Avant la conclusion d'un contrat à distance, le consommateur bénéficie d'informations claires portant sur le prix TTC de la prestation, et notamment sur les modalités de paiement, la durée de validité de l'offre ou du prix, le coût de l'utilisation de la technique de communication à distance lorsqu'il est calculé sur une base autre que le tarif de base. L'ensemble de ces informations doit être communiqué soit par écrit, soit sur un support durable préalablement à tout engagement.	

DISPOSITIONS LÉGALES OU RÉGLEMENTAIRES	RECOMMANDATIONS
3.1.2. Détermination du prix Exprimer le prix en monnaie française et toutes taxes comprises.	Indiquer : – le prix d'abonnement ; – le coût des communications téléphoniques, et, s'il y a lieu : – les frais fixes de mise en service (inscription...) ; – le coût des services annexes (service en ligne, Minitel...).
3.1.3. Modalités de paiement du prix La délivrance d'une note est obligatoire lorsque le prix de la prestation de service est supérieur ou égal à 100 F *[15,24 €]* (TVA comprise). Si le prix est inférieur à 100 F *[15,24 €]* (TVA comprise), la délivrance de la note est facultative sauf en cas de demande du consommateur. Cette note doit comporter : sa date de rédaction, les nom et adresse de l'entreprise, le nom du client (sauf opposition de ce dernier), le détail de la prestation (durée, prix, nature et dénomination de la prestation...), la somme totale à payer (hors taxes et TTC).	Informer le consommateur de cette faculté. Indiquer : – les divers modes de paiement acceptés, dont notamment le prélèvement automatique, les chèques, la CB ; – la périodicité des paiements ; – les délais de paiement ; – la facturation (préciser sous quelle forme : en ligne, document papier...).
3.1.4. Modalités de révision du prix	Prévoir en tout état de cause : – la possibilité pour l'abonné de résilier le contrat sur le fondement de ce motif ; – la mise en place d'un préavis d'une durée supérieure ou égale à celui prévu en cas de résiliation.
3.2. Autres éventuelles obligations	Les définir précisément. Prévoir les sanctions éventuelles en cas d'inexécution (indemnités...). Recommandations de la Commission des clauses abusives : supprimer les clauses qui ont pour objet ou effet de constater : – l'adhésion de l'abonné à des stipulations contractuelles dont il n'a pas eu une connaissance effective au moment de la formation du contrat, soit en raison de la présentation matérielle des documents contractuels, soit en l'absence de justification de leur communication réelle à l'abonné ; – de manière irréfragable l'adhésion de l'abonné à des clauses dont il n'a pas eu effectivement l'occasion de prendre connaissance avant la conclusion du contrat. Exclure toute référence à des codes d'éthique ou d'usages qui ne sont pas mis préalablement à la disposition des consommateurs.
Article 4 Responsabilité Sont réputées non écrites les clauses ayant pour objet ou effet de supprimer ou de réduire le droit à réparation du non-professionnel ou *[du]* consommateur en cas de manquement par le professionnel à l'une quelconque de ses obligations.	Recommandations de la Commission des clauses abusives : supprimer les clauses qui : – exonèrent le professionnel de sa responsabilité en cas d'inexécution ou d'exécution défectueuse, partielle ou tardive de ses obligations ; – limitent l'indemnité due par le professionnel en cas d'inexécution ou d'exécution défectueuse, partielle ou tardive de ses obligations ; – ont pour objet ou pour effet d'obliger le consommateur à exécuter ses obligations lors même que le professionnel n'exécuterait pas les siennes.
Article 5 Durée du contrat	Préciser : – la durée du contrat ; – les conditions et modalités d'une éventuelle tacite reconduction d'un contrat à durée déterminée (durée du nouveau contrat, délai à respecter en cas de non-reconduction...).

DISPOSITIONS LÉGALES OU RÉGLEMENTAIRES	RECOMMANDATIONS
Article 6 Résiliation Informer l'abonné des conditions de résiliation du contrat lorsque celui-ci est à durée indéterminée ou d'une durée supérieure à un an. Porter à sa connaissance l'existence du droit de rétractation et ses conditions d'exercice (sept jours ouvrables à compter de la conclusion du contrat sauf si l'abonné donne son accord pour que la fourniture du service commence avant la fin de ce délai. En cas de rétractation, le fournisseur est tenu au remboursement des sommes versées dans les meilleurs délais et, en tout cas, dans les trente jours).	Prévoir expressément : – les conditions de la résiliation (préavis et forme probante) ; – les conséquences de la rupture, à savoir notamment : les conséquences financières, les conséquences techniques (par exemple : retour du matériel ? Que deviennent les abonnements optionnels en cours ? Le courrier électronique ? Comment l'acheminement du courrier reçu après la résiliation peut-il se faire ?...). Recommandations de la Commission des clauses abusives : supprimer les clauses ayant pour objet ou effet de réserver au professionnel la faculté de résilier le contrat de façon discrétionnaire sans accorder la même faculté au non-professionnel ou consommateur.
Article 7 Litige	Informer clairement l'abonné de la loi applicable lorsqu'il ne s'agit pas de la loi française. Préciser lorsqu'un service de gestion des réclamations existe : – l'adresse postale de l'établissement où l'abonné peut présenter ses réclamations ; – les conditions (préavis et forme) de saisine de ce service ; – les conséquences de cette saisine sur le contrat (par exemple : suspension des services offerts, suspension des paiements, etc.). Recommandations de la Commission des clauses abusives : supprimer les clauses ayant pour objet ou effet de : – réduire ou entraver l'exercice par le non-professionnel ou consommateur des actions en justice ou des voies de recours, sous réserve des procédures facultatives susceptibles d'éviter le recours aux tribunaux ; – déroger aux règles légales de compétence territoriale ou d'attribution ; – réserver au professionnel le droit d'obliger son cocontractant à rembourser les frais et honoraires exposés pour obtenir l'exécution du contrat, sans donner au non-professionnel ou consommateur la même faculté ; – déroger aux règles légales régissant la preuve.

Les membres du Conseil national de la consommation, réunis en séance plénière le 23 septembre 1997, ont adopté l'annexe I à l'unanimité des deux collèges.

ANNEXE II

V. cette annexe, BOCC 30 oct. 1997.

Recommandation CCA n° 03-01 du 26 septembre 2002,

Relative aux contrats de fourniture d'accès à internet (*BOCC 31 janv. 2003*).

BIBL. ▸ GRYNBAUM, *CCE 2003, n° 25.*

La Commission des clauses abusives,

Considérant que les contrats de fourniture d'accès à Internet conclus entre des professionnels et des consommateurs ont pour objet un service, le professionnel, qui fait fonctionner un centre serveur, accordant au consommateur le droit d'y connecter son équipe-

ment informatique afin de pouvoir recevoir et envoyer des données à travers les réseaux en ligne ;

Considérant que la connexion entre l'utilisateur et le centre serveur se réalise tantôt en utilisant le réseau téléphonique commuté public, tantôt au moyen d'un réseau câblé appartenant en propre au fournisseur d'accès ; que si le service d'accès à Internet proposé par les opérateurs disposant d'un réseau câblé est toujours payant, celui qu'offrent les fournisseurs accessibles par le réseau téléphonique commuté public est tantôt payant, tantôt gratuit, en ce sens que l'utilisateur n'est appelé à verser aucune rémunération au fournisseur d'accès, même s'il doit par ailleurs supporter lui-même le coût de l'utilisation du réseau commuté public que lui facture son opérateur de boucle locale ;

Considérant que l'examen des modèles de convention habituellement proposés par les fournisseurs professionnels d'accès à Internet à leurs cocontractants consommateurs a conduit à déceler des clauses dont le caractère abusif, au sens de l'article L. 132-1 *[L. 212-1]* du code de la consommation, peut être relevé, que le service proposé soit payant ou gratuit ; que d'autres clauses en revanche n'encourent la critique que dans les contrats à titre onéreux, voire dans une variété de ceux-ci, ceux que proposent les fournisseurs d'accès disposant d'un réseau câblé.

I. Clauses dont le caractère abusif peut être relevé que le service soit payant ou gratuit

1° Considérant que de nombreux contrats de fourniture d'accès à Internet comportent une clause attributive de compétence territoriale, pourtant prohibée entre professionnels et consommateurs par le nouveau code de procédure civile ; qu'il est également parfois prévu que tout différend entre les parties sera soumis à la compétence exclusive du tribunal de commerce, alors que le jeu des règles ordinaires de compétence ne permet pas de contraindre un consommateur, qui n'est pas un commerçant, à plaider devant ce tribunal ; que cette dérogation aux règles de compétence d'attribution engendre un déséquilibre significatif ;

2° Considérant que ces contrats contiennent fréquemment des clauses prévoyant que les conditions générales en ligne prévalent sur les conditions générales imprimées ; que la prépondérance donnée à un document pouvant se prêter par nature à évolution, alors même que celle-ci ne serait pas acceptée par le consommateur, par rapport à un contrat sur support durable, peut permettre des modifications unilatérales du contrat au détriment du non-professionnel ;

3° Considérant que certains modèles de contrats prévoient que le consommateur s'engage, sous la menace de sanctions contractuelles, à respecter divers code s de conduite, usages ou règles de comportement présentés comme ayant été développés par la communauté des utilisateurs du réseau Internet ; qu'en l'absence d'acceptation par le consommateur du contenu de ces règles, cette clause déséquilibre les relations contractuelles en chargeant l'utilisateur, éventuellement novice, d'une obligation à l'objet imprécis ;

4° Considérant que certains contrats, envisageant l'hypothèse d'une utilisation détournée ou non autorisée de l'identifiant ou du mot de passe du client par des tiers, prévoient que la responsabilité de celui-ci ne sera dégagée à l'égard du fournisseur d'accès qu'à compter d'un délai d'un jour ouvrable ou d'un jour ouvré courant après la date mentionnée sur l'accusé de réception de la lettre par laquelle le client a averti le fournisseur de la perte ou *du vol de son mot de passe ou de son identifiant* ; que ce délai, différant les conséquences de la notification, apparaît d'autant moins justifié que la lettre recommandée vient déjà en confirmation d'un avis de perte ou de vol que l'utilisateur s'est engagé à donner immédiatement par téléphone ou courrier électronique ;

5° Considérant que plusieurs modèles de contrat réservent au fournisseur d'accès le droit de demander, à tout moment, à l'abonné de changer le nom ou le pseudonyme que celui-ci a choisi pour composer son adresse électronique, parfois sous menace de suspension de l'accès en cas de refus de modification ; dans la mesure où ce droit n'est pas limité aux hypothèses d'indisponibilité initiale du pseudonyme ou d'atteinte à l'ordre public ou aux droits d'autrui, mais peut prendre une tournure purement discrétionnaire, alors que son exercice est susceptible de présenter un important inconvénient pour le consommateur, notamment en l'obligeant à informer toutes ses relations de ce changement, il est source d'un déséquilibre contractuel ;

6° Considérant que certains contrats stipulent, au sujet de la responsabilité du fournisseur d'accès, « que toute réclamation et/ou contestation » de l'utilisateur à l'encontre du professionnel devra être formulée par le premier « au plus tard quarante-huit heures à compter de leur fait générateur sous peine de déchéance » ; que cette clause a pour objet ou pour effet de réduire, d'une façon excessive, les possibilités pour le consommateur de faire valoir en justice ses droits contre le professionnel qui n'aurait pas correctement rempli ses obligations ;

7° Considérant que de nombreuses conventions contiennent des clauses excluant la responsabilité du professionnel d'une manière plus ou moins étendue, notamment quant à la perte de données, à l'intégrité des messages déposés dans la boîte aux lettres électronique d'un client, à la défaillance momentanée (au-delà des seuls travaux d'entretien, renforcement ou extension des installations) du réseau appartenant en propre au fournisseur ou, plus largement, à tout dommage subi par le client « du fait de l'utilisation du service » et même à « tout dommage qui affecterait l'utilisateur » ou encore à tout dommage pouvant naître de l'utilisation du service ou de l'impossibilité de l'utiliser ; que sont également très fréquentes les clauses limitant la responsabilité à des montants très faibles ; que lorsque le fournisseur d'accès, même non rémunéré, manque à ses obligations contractuelles de manière à engager sa responsabilité par application du droit commun de la responsabilité contractuelle, le consommateur doit pouvoir obtenir réparation de son préjudice, et que de telles clauses qui exonèrent en ce cas le professionnel ou limitent sa responsabilité à un montant dérisoire déséquilibrent significativement le contrat ;

8° Considérant que la même critique est encourue par des clauses qui parviennent également à l'exonération de la responsabilité du professionnel par le biais d'une définition de la force majeure plus large qu'en droit commun, en y faisant notamment entrer, sans distinction, la survenance de tout événement indépendant de la volonté du fournisseur, ou encore la panne d'ordinateur ;

9° Considérant que quelques contrats prévoient que le client prendra en charge tous dommages et intérêts auxquels pourrait être condamné le fournisseur d'accès à l'égard de tiers en raison de l'utilisation du service, ainsi que les frais engagés pour sa défense ; que lorsque des dommages causés aux tiers l'ont été, en tout ou en partie, par le fournisseur, si bien que sa responsabilité peut être engagée par les victimes, ces clauses transfèrent au consommateur la charge définitive d'une dette qui, en tout ou en partie, doit normalement incomber au professionnel, et, ce faisant, elles déséquilibrent le contrat.

II. Clauses dont le caractère abusif peut être relevé dans les seuls contrats à titre onéreux

10° Considérant que de nombreux modèles de convention prévoient que le fournisseur d'accès pourra à tout moment prendre l'initiative de modifier le contrat, notamment quant au nombre ou à la nature des services, à leurs conditions d'accès ou d'utilisation, sans autre formalité que de porter ces modifications dans les conditions générales, voire particulières, en ligne ; qu'un droit de résiliation est alors en général offert au client pendant un certain délai, à l'expiration duquel, à défaut de dénonciation du contrat, le consommateur est réputé avoir accepté lesdites modifications ; que la possibilité contractuellement donnée au professionnel de modifier unilatéralement, hors les hypothèses prévues par l'article R. 132-2 *[R. 212-2]*, alinéa 2, du code de la consommation, même avec une faculté de résiliation pour le consommateur, un contrat en cours, sans l'accord explicite de son cocontractant, alors que le client, qui a pris un abonnement payant, peut légitimement compter sur l'exécution de l'intégralité du service qui lui a été initialement promis, engendre un déséquilibre significatif entre les droits et obligations des parties ;

11° Considérant que certains contrats à durée déterminée permettent au fournisseur de *procéder à la modification* du prix de son service, sans accord explicite du consommateur ; que même en ouvrant à ce dernier une faculté de résiliation s'il n'accepte pas une augmentation, alors que le client est en droit de compter sur le maintien du tarif convenu tout au long de la période déterminée pour laquelle le contrat a été conclu, cette clause déséquilibre la relation contractuelle au profit du professionnel ;

12° Considérant que des contrats à durée indéterminée contiennent une clause organisant la résiliation de la convention si l'abonné n'accepte pas une augmentation de tarif ; qu'un abus est caractérisé lorsqu'il n'est pas prévu que le tarif précédemment convenu continuera de s'appliquer jusqu'à la résiliation ;

13° Considérant que quelques modèles de contrat donnent au fournisseur d'accès le droit de communiquer à des tiers les données nominatives concernant ses abonnés, notamment celles qui sont relatives à leurs achats en ligne, afin que ces tiers puissent leur faire connaître leurs propres produits ; que sans réserver un droit d'opposition pour l'abonné, cette stipulation emporte un déséquilibre significatif au détriment du consommateur ;

14° Considérant que certains contrats prévoient que le souscripteur devra effectuer en toutes circonstances plus d'un certain pourcentage des appels téléphoniques nécessaires à son accès à Internet à partir d'un numéro de téléphone identifiable par le fournisseur, à peine de suspension ou résiliation de la convention ; que cette stipulation limite significativement les droits du non-professionnel, qui, dès lors qu'il donne son identifiant et son mot de passe, doit pouvoir utiliser, où qu'il se trouve et quelle que soit la ligne téléphonique qu'il emploie, le service d'accès à Internet auquel il a souscrit ;

15° Considérant que quelques contrats précisent que l'obligation contractée par le professionnel de fournir l'accès à Internet n'est qu'une obligation de moyens ; que si certains événements, telle une connexion simultanée insurmontable d'un nombre trop important d'abonnés, peut rendre la fourniture parfaite du service impossible au fournisseur et donc aléatoire, d'autres composantes de son obligation, notamment la maintenance de ses matériels en état de fonctionnement, ont la nature d'une obligation de résultat ; que par sa généralité, cette clause diminue significativement les droits du consommateur ;

16° Considérant que certains contrats contiennent des clauses stipulant que l'utilisateur aura accès au service sauf en cas de panne ; que ces clauses déséquilibrent le contrat en ce que, d'une part, la notion de panne n'est pas précisée et que, d'autre part, le client qui souscrit un abonnement à titre onéreux est en droit d'attendre une exécution professionnelle du service en contrepartie, alors que la panne des matériels du fournisseur est en principe une inexécution de l'obligation contractée par celui-ci ;

17° Considérant que plusieurs modèles de convention contiennent des clauses de résiliation de plein droit en cas de manquement par l'abonné à ses obligations ; que ces clauses, jouant exclusivement au détriment du consommateur, sans qu'aucune réciprocité ne soit prévue à son profit en cas de manquement par le professionnel à ses propres obligations, sont manifestement déséquilibrées ;

18° Considérant que des clauses prévoient la résiliation pour utilisation anormale du service, sans que soit définie précisément l'utilisation normale, ou encore pour dépassement du plafond autorisé de quantités de données transférées, sans que soit prévue une information du consommateur sur la quantité des données qu'il transfère et leur cumul ; que d'autres clauses permettent au fournisseur de mettre fin à la relation contractuelle, sans préavis, à la suite d'un incident de paiement ou en cas de défaut de règlement, sans autre précision, alors qu'un refus de paiement peut être justifié, notamment par une contestation de la facture, et n'est pas nécessairement une faute de la part du client, qui, si un délai de préavis était stipulé, pourrait présenter ses observations et justifications ; qu'en donnant ainsi au professionnel une faculté de résiliation, en cas d'inexécution d'obligations imprécises du consommateur ou consécutivement à tout refus de paiement de sa part même justifié, ces clauses créent un déséquilibre significatif ;

19° Considérant que certains contrats limitent au détriment du consommateur la possibilité de tirer les conséquences de la force majeure en ne permettant de résilier le contrat que lorsque celle-ci a excédé une durée pouvant aller jusqu'à plusieurs mois, ce qui, dans ce secteur tout spécialement, est excessivement long ;

20° Considérant que plusieurs contrats excluent, en cas de résiliation, tout remboursement des sommes versées d'avance par le consommateur ; que dans la mesure où cette clause s'applique à la résiliation aux torts du fournisseur, voire à la dénonciation du contrat dans le délai de préavis contractuellement prévu, l'abus est caractérisé ;

21° Considérant que quelques modèles de contrat stipulent que la résiliation de l'abonnement constitue le seul droit et recours à la disposition de l'abonné qui n'est pas satisfait du service de son fournisseur ou qui entend contester la facturation ; que le contrat est significativement déséquilibré lorsqu'il met ainsi le professionnel à l'abri de l'exécution forcée de ses prestations dans les conditions convenues, d'autant plus que la résiliation n'est pas sans inconvénient pour son cocontractant qu'elle privera de son adresse électronique ;

22° Considérant que certains contrats assortissent la résiliation aux torts de l'abonné d'une clause imposant à celui-ci de verser une somme très élevée à titre de clause pénale et sans préjudice des dommages intérêts que pourrait demander le fournisseur ; que le cumul d'une clause pénale avec des dommages et intérêts réparant le même préjudice est abusif ;

23° Considérant qu'un modèle de contrat conclu pour une durée initiale de trente-six mois permet à l'abonné de résilier son engagement tous les six mois, mais à condition de verser, à titre de dédit, une somme substantielle ; que dans la mesure où cette clause ne réserve pas la possibilité d'une résiliation sans indemnité, en cas de motif légitime, elle est abusive ;

24° Considérant que certains contrats ne prévoient qu'un seul mode de paiement des sommes dues au fournisseur ; que de telles limitations, qui ne laissent aucun choix au consommateur, sont abusives ;

25° Considérant que plusieurs contrats stipulent que la facture électronique transmise par le fournisseur chaque mois fera seule foi des opérations réalisées ; que cette clause, qui a pour effet de priver le consommateur de toute possibilité de contestation de la facturation par une preuve contraire, engendre un déséquilibre significatif au détriment de celui-ci ;

26° Considérant que certains contrats prévoient que l'abonné est tenu de relever son courrier électronique une fois tous les quinze jours et qu'à défaut les messages que le fournisseur d'accès lui aura adressés seront réputés opposables ; que cette clause est déséquilibrée en ce que le consommateur peut avoir des raisons légitimes de ne pas aller relever son courrier même pendant quelques semaines ; que d'autres contrats stipulent que les notifications envoyées par courriers électroniques seront réputées avoir été réceptionnées deux jours après la date de leur délivrance ; que même si cette stipulation concerne aussi bien les notifications du consommateur que celles du fournisseur, elle aboutit à imposer au consommateur de relever son courrier au moins tous les deux jours, ce qui est excessif alors que, par hypothèse, celui-ci ne poursuit pas des fins professionnelles avec son courrier électronique.

III. Clauses spécifiques à des contrats d'abonnement à un service d'accès à internet par le réseau câblé du fournisseur

27° Considérant que la plupart des contrats prévoient que l'installation s'effectuera dans un délai de deux mois à compter de la signature du contrat, et stipulent que si ce délai ne peut pas être respecté pour une cause directement imputable au fournisseur d'accès, le contrat pourra être anéanti automatiquement et de plein droit par l'une ou l'autre des parties ; que dans la mesure où cette clause résolutoire peut jouer à l'initiative et au profit du professionnel, elle présente un caractère abusif, puisqu'elle revient à faire dépendre l'exécution du contrat de sa seule volonté ;

28° Considérant que les contrats prévoient souvent que tout matériel pris en location par l'abonné pour les besoins de l'interconnexion de son équipement informatique avec le réseau câblé devra être restitué après l'expiration de son abonnement, et précisent que la détérioration, pour quelque cause qu'elle intervienne, donnera lieu à facturation à hauteur d'une indemnité forfaitaire, voire du devis de réparation, à moins que l'abonné ne démontre qu'il n'en est en rien responsable ; qu'en mettant ainsi à la charge de l'abonné la preuve de sa non-responsabilité pour toutes les détériorations du matériel loué, sans préciser que ne sont concernées que les détériorations autres que celles qui peuvent être dues à un vice propre de ce matériel, cette clause engendre un déséquilibre significatif,

Recommande :

Que soient éliminées des modèles de convention habituellement proposés aux consommateurs par les fournisseurs d'accès à internet les clauses qui ont pour objet ou pour effet :

I. Dans les contrats de fourniture d'accès payant ou gratuit

1° De déroger aux règles légales de compétence territoriale ou d'attribution des juridictions ;

2° De donner la primauté à des conditions générales en ligne sur les conditions générales imprimées, alors même que ces conditions en ligne n'auraient pas été acceptées par le consommateur ;

3° D'obliger le consommateur, sous la menace de sanctions contractuelles, à respecter un code de conduite ou des règles de comportement développées par la communauté des utilisateurs du réseau Internet, sans qu'il ait accepté le contenu de ces règles ;

4° De différer à l'expiration d'un délai, courant à partir de la réception de la lettre par laquelle le consommateur informe du détournement, de la perte ou du vol de son mot de passe ou de son identifiant, le moment où sera dégagée la responsabilité de l'abonné consécutivement à une utilisation détournée ou non autorisée de ces éléments d'identification ;

5° De réserver au fournisseur d'accès le droit de demander, à tout moment, à l'abonné de changer le nom ou le pseudonyme qu'il a choisi pour composer son adresse électronique, sans que ce droit soit limité aux hypothèses d'indisponibilité initiale, ou d'atteinte à l'ordre public ou aux droits d'autrui ;

6° De prévoir, après un fait générateur de responsabilité du professionnel, un délai excessivement court pour que le consommateur puisse faire valoir ses droits ;

7° D'exonérer le professionnel de toute responsabilité ou de la limiter excessivement en cas de manquement à ses obligations contractuelles ;

8° D'écarter la responsabilité du professionnel par le moyen d'une définition de la force majeure plus large qu'en droit commun ;

9° De reporter sur le consommateur la charge de tous dommages et intérêts auxquels le fournisseur pourrait être condamné à l'égard de tiers, ainsi que des frais exposés pour sa défense.

II. Dans les contrats de fourniture d'accès à titre onéreux

10° De permettre au professionnel, en cours d'exécution du contrat, hors les cas prévus par l'article R. 132-2 *[R. 212-2]* du code de la consommation, de modifier unilatéralement, sans accord explicite de l'abonné, le service promis ;

11° De donner au fournisseur la possibilité de modifier le tarif d'un contrat à durée déterminée sans accord explicite du consommateur, même en ouvrant à ce dernier une faculté de résiliation s'il n'accepte pas l'augmentation ;

12° D'organiser la résiliation d'un contrat à durée indéterminée si l'abonné n'accepte pas une augmentation de tarif, sans prévoir que le tarif précédemment convenu continuera de s'appliquer jusqu'à la résiliation ;

13° De permettre au fournisseur d'accès de communiquer à des tiers les données nominatives concernant ses abonnés, sans réserver à ceux-ci un droit d'opposition ;

14° D'imposer à l'utilisateur un pourcentage minimum de connexions à partir d'un numéro de téléphone identifiable ;

15° De limiter toutes les obligations du fournisseur d'accès à de simples obligations de moyens ;

16° De dégager le professionnel de son obligation d'assurer l'accès au service promis en cas de panne ;

17° De permettre au professionnel de résilier le contrat de plein droit en cas de manquement par l'abonné à ses obligations, sans que soit prévue la faculté réciproque au profit du consommateur en cas d'inexécution des obligations du fournisseur d'accès ;

18° De donner au professionnel une faculté de résiliation, en cas d'inexécution d'obligations imprécises du consommateur ou consécutivement à tout refus de paiement de sa part, même justifié ;

19° De limiter la possibilité pour l'abonné de tirer les conséquences de la force majeure en ne lui permettant de résilier le contrat que lorsque celle-ci a atteint une durée excessivement longue ;

20° D'exclure en cas de résiliation, même aux torts du fournisseur d'accès ou même en cas de respect d'un délai de dénonciation contractuellement prévu, tout remboursement des sommes versées d'avance ;

21° De restreindre à la résiliation du contrat les droits de l'abonné insatisfait du service ou contestant la facturation ;

22° De mettre à la charge de l'abonné, en cas de résiliation du contrat à ses torts, à la fois le versement du montant d'une clause pénale et de dommages et intérêts ;

23° D'organiser une faculté périodique de résiliation, moyennant le versement d'un dédit, au profit du consommateur ayant souscrit un contrat à durée déterminée, sans réserver la possibilité d'une résiliation sans indemnité en cas de motif légitime ;

24° D'imposer au consommateur un mode de paiement unique ;

25° De présenter la facture électronique transmise par le professionnel comme faisant seule foi des opérations réalisées, et de priver ainsi l'utilisateur de toute possibilité de contester cette facturation par une preuve contraire ;

26° D'imposer à l'abonné de relever son courrier électronique selon une périodicité trop courte et, passé ce délai après la délivrance de messages que lui a adressés le fournisseur, les réputer opposables à l'égard du consommateur, même s'il ne les a pas relevés.

III. Dans les contrats de fourniture d'accès à internet par le réseau câblé du fournisseur

27° De permettre au fournisseur de résilier le contrat de plein droit en cas de non-respect du délai de raccordement pour une cause à lui imputable ;

28° De mettre à la charge de l'abonné la preuve de sa non-responsabilité des détériorations du matériel loué, sans préciser que ne sont concernées que les détériorations autres que celles qui peuvent être dues à un vice propre de ce matériel.

(Texte adopté le 26 septembre 2002 sur le rapport de M. Laurent Leveneur.)

Recommandation CCA n° 2007-01 du 15 février 2007,

Relative aux contrats proposant aux consommateurs les services groupés de l'internet, du téléphone et de la télévision (BOCC 31 juill.).

La Commission des clauses abusives,

Considérant que plusieurs fournisseurs d'accès à internet offrent aux consommateurs, par l'intermédiaire des lignes de cuivre ou du câble, les services du téléphone, de l'internet haut débit et de la télévision ; qu'à la fin de l'année 2006, quelque deux millions de contrats de ce type, dits contrats triple-play dans la pratique, avaient déjà été conclus et que leur nombre est appelé à se développer ;

Considérant que l'examen des modèles de convention habituellement proposés par les fournisseurs professionnels de ces services à leurs cocontractants consommateurs fait apparaître un certain nombre de clauses dont le caractère abusif, au sens de l'article L. 132-1 *[L. 212-1]* du code de la consommation, peut être relevé ;

1° Considérant qu'il est parfois stipulé que la "Nétiquette" fait partie des documents contractuels que le consommateur s'engage à respecter ; que les clauses de ce type qui, sous peine de sanctions contractuelles, obligent le consommateur en vertu de ce code de bonne conduite, indépendamment de toute acceptation de sa part et, le cas échéant, sans qu'il en ait eu connaissance, sont de nature à déséquilibrer de manière significative le contrat à son détriment, comme l'a déjà dit la commission dans sa recommandation n° 2003-01 relative aux contrats de fourniture d'accès à internet ;

2° Considérant que plusieurs contrats stipulent que le consommateur doit vérifier la compatibilité de son équipement personnel au regard des services proposés par l'opérateur et que ce dernier décline toute responsabilité à ce sujet ; qu'il est parfois ajouté que le consommateur installera le modem sous sa propre responsabilité suivant, notamment, un manuel d'utilisation fourni et consultable en ligne sur le site de l'opérateur ; que ces clauses, qui obligent le consommateur, pour bénéficier de la fourniture d'une prestation de services à caractère technique et complexe, à rechercher des informations lui permettant d'accomplir les vérifications qui lui sont imposées, en particulier au moyen de l'internet dont il souhaite précisément se doter, sont de nature à permettre au professionnel de s'exonérer de son obligation d'information et de conseil ; que, pour cette raison, elles présentent un caractère abusif au sens de l'article L. 132-1 *[L. 212-1]* du code de la consommation ;

3° Considérant qu'il est parfois stipulé que l'opérateur ne sera tenu d'aucune responsabilité en cas d'impossibilité d'accès du consommateur aux services, et ce, quelle qu'en soit la cause ; que cette clause générale d'exclusion de responsabilité, qui englobe même le cas d'une défaillance imputable au professionnel, déséquilibre gravement le contrat au détriment du consommateur ;

4° Considérant que des contrats stipulent qu'à tout moment l'opérateur pourra demander à l'usager, à ses frais, d'effectuer des "mises à jour logicielles", voire de changer d'équipement terminal pour des raisons techniques ; que ces stipulations, qui permettent au professionnel de modifier unilatéralement les conditions de la fourniture du service, sans réserver au consommateur la possibilité de résilier le contrat sans pénalité pour le cas où ces nouvelles conditions ne lui conviendraient pas, contreviennent aux dispositions de l'article L. 121-84 *[L. 224-33]* du code de la consommation ; que, maintenues dans les contrats, elles présentent un caractère abusif ;

5° Considérant que plusieurs contrats réservent à l'opérateur le droit de modifier, sans information préalable, le contenu des services proposés au consommateur en lui laissant croire qu'il n'a pas la possibilité de résilier le contrat dans les conditions de l'article L. 121-84 *[L. 224-33]* du code de la consommation ; que, maintenue *[maintenues]* dans les contrats, ces clauses présentent un caractère abusif ;

6° Considérant que plusieurs contrats, tout en prévoyant un accès aux services 7 jours sur 7 et 24 heures sur 24, réservent au professionnel le droit de restreindre le service à la seule réception des appels en cas de consommations payantes anormalement élevées ou d'interrompre automatiquement une communication téléphonique ou une session d'internet au-delà d'une certaine durée ; que de telles stipulations, en autorisant des interruptions de services qui ne seraient justifiées ni par un manquement contractuel du consommateur, ni par la nécessité d'assurer un service d'urgence ou de répondre aux exigences de la défense nationale ou de la sécurité publique dans les conditions prévues par le code des postes et des communications électroniques, sont de nature à déséquilibrer de manière significative le contrat au détriment du consommateur ;

7° Considérant qu'il est parfois également stipulé que le professionnel se réserve le droit de supprimer les courriers stockés ou les adresses secondaires du consommateur en cas d'absence d'utilisation du service de messagerie électronique pendant une durée déterminée ; que de telles clauses, qui permettent au professionnel de supprimer un service au consommateur, en l'absence de toute interruption de paiement de sa part, déséquilibrent gravement le contrat à son détriment ;

8° Considérant que certains contrats autorisent l'opérateur, "sauf avis contraire" du consommateur, à communiquer les coordonnées personnelles de ce dernier, notamment à des organismes commerciaux ; que ce type de stipulations présente un caractère abusif, dans la mesure où celles-ci sont de nature à autoriser le professionnel à procéder à cette diffusion avec toutes les conséquences, éventuellement dommageables, qui en résultent, sans que le consommateur ait été mis en mesure d'exercer efficacement son droit d'opposition (loi n° 78-17 du 6 janvier 1978 modifiée sur l'informatique, les fichiers et les libertés, art. 38) ;

9° Considérant que plusieurs contrats prévoient que l'opérateur professionnel s'engage à mettre en œuvre les moyens nécessaires pour permettre l'accès aux services ; que ces stipulations ont pour effet de diminuer de manière significative les droits du consommateur, dans la mesure où la prestation de fourniture d'accès promise par le professionnel, qui fait appel à une technique aujourd'hui maîtrisée, présente le caractère d'une obligation de résultat dont il ne peut s'exonérer que par la preuve d'une cause étrangère ; qu'elles revêtent ainsi un caractère abusif au sens de l'article L. 132-1 *[L. 212-1]* du code de la consommation ;

10° Considérant que certains contrats subordonnent la mise en œuvre de la responsabilité civile de l'opérateur, en ce qui concerne l'accès au service, à la preuve, par le consommateur, que les agissements du premier sont à l'origine du dommage ; que ce type de stipulation, qui contredit l'obligation de résultat pesant sur le professionnel en restreignant les hypothèses dans lesquelles il pourra être tenu pour responsable, est de nature à déséquilibrer gravement le contrat au détriment du consommateur ;

11° Considérant que les contrats prévoient des clauses exonératoires de la responsabilité du professionnel pour des causes diverses, telles que : inaccessibilité au réseau internet, perte de fichiers ou de données, toute défaillance ou altération dans la qualité du service consécutive à un événement indépendant ou extérieur, ou encore échec du raccordement aux services audiovisuels, à l'accès à internet ou aux services du téléphone, quelle qu'en soit la cause ; que ces clauses déséquilibrent de manière significative le contrat au détriment du consommateur en ce qu'elles permettent au professionnel d'échapper aux conséquences de ses éventuels manquements contractuels alors même que ceux-ci, n'étant pas dus à une cause étrangère, lui seraient imputables ;

12° Considérant que plusieurs contrats, en considération de divers manquements imputables au professionnel, tels que des perturbations ou interruptions de services, établissent une limitation de sa responsabilité ; que de telles clauses sont de nature à déséquilibrer gravement la relation contractuelle au détriment du consommateur lorsque le principe de la réparation offerte à ce dernier est subordonné au manquement prolongé du professionnel, telle qu'une perturbation ou une interruption d'accès au service d'une durée supérieure à trois jours, ou lorsque le montant de la réparation stipulé peut être dérisoire ;

13° Considérant qu'il est aussi parfois stipulé que l'envoi du décodeur est effectué par l'opérateur aux risques et périls du consommateur, quels que soient les modes de transport utilisés ; que cette stipulation présente un caractère abusif en ce que, dans un contrat non translatif de propriété, elle a pour effet d'inverser la règle du droit commun de la charge des risques en faisant notamment supporter au consommateur, en l'occurrence créancier de l'obligation inexécutée, les conséquences de la perte fortuite de la chose ;

14° Considérant que plusieurs contrats prévoient que, "quelle que soit la cause" de la détérioration des éléments fournis par le professionnel, le consommateur, en tant que gardien responsable, pourra être tenu d'indemniser le premier à concurrence du montant de la valeur de remplacement à neuf du matériel détérioré ; que ce type de clause est de nature à provoquer le déséquilibre significatif prévu à l'article L. 132-1 *[L. 212-1]* du code de la consommation en ce qu'il permet au professionnel d'exiger le prix du remplacement alors même que la détérioration lui serait imputable ; que l'abus est d'autant plus caractérisé que l'état de détérioration du matériel litigieux dépend contractuellement de la seule appréciation du professionnel ;

15° Considérant que certains contrats prévoient que les tarifs de la prestation de service sont accessibles sur le site internet de l'opérateur, sur ses documentations commerciales ou encore dans ses points de vente ; que ces stipulations ne sont pas conformes aux dispositions de l'article L. 121-83 *[L. 224-30]* du code de la consommation qui exige que le détail des tarifs pratiqués figure dans tout contrat souscrit par un consommateur avec un fournisseur de services de communications électroniques ; que, maintenues dans les contrats, ces clauses présentent un caractère abusif ;

16° Considérant qu'il est également stipulé que le décompte des sommes à payer effectué par l'opérateur fait la preuve des opérations réalisées par le consommateur ; que cette stipulation, qui laisse croire au consommateur que la preuve contraire n'est pas recevable en la matière, est de nature à créer le déséquilibre significatif énoncé à l'article L. 132-1 *[L. 212-1]* du code de la consommation ;

17° Considérant que certains contrats stipulent qu'en cas de retard de paiement le consommateur devra acquitter des intérêts de retard forfaitairement déterminés à compter d'une lettre de relance, sans préjudice de tous dommages-intérêts ; que ce type de clause déséquilibre le contrat de manière significative au détriment du consommateur, d'une part, en prévoyant une double sanction pécuniaire au manquement contractuel de ce dernier et, d'autre part, en omettant de prévoir la moindre pénalité contractuelle à la charge du professionnel pour le cas où ce dernier n'exécuterait pas ses obligations contractuelles ;

18° Considérant qu'il est parfois stipulé que la résiliation du contrat à l'initiative de l'opérateur s'effectuera moyennant un préavis d'un mois à compter de l'envoi d'un courrier électronique au consommateur, alors que la résiliation à l'initiative de ce dernier ne peut intervenir, à l'expiration du même délai, qu'à compter de la réception par le professionnel d'une lettre recommandée ; que cette absence de réciprocité dans les modalités de résiliation du contrat est de nature à créer le déséquilibre significatif prévu à l'article L. 132-1 *[L. 212-1]* du code de la consommation ;

19° Considérant que certains contrats prévoient que la demande de résiliation du consommateur doit être reçue par le professionnel avant le 15 du mois en cours pour une résiliation effective au dernier jour dudit mois et qu'à défaut, celle-ci n'interviendra qu'au dernier jour du mois suivant ; que ces stipulations sont manifestement déséquilibrées au détriment du consommateur en ce qu'elles sont dépourvues de réciprocité en cas de résiliation à l'initiative du professionnel,

Recommande que soient éliminées des contrats de fourniture d'accès aux services de l'internet, du téléphone et de la télévision les clauses ayant pour objet ou pour effet :

1° D'obliger le consommateur, sous la menace de sanctions contractuelles, à respecter un code de bonne conduite sans qu'il en ait accepté les termes ;

2° De dispenser le professionnel de son obligation d'information et de conseil relativement à la compatibilité et à l'installation des équipements permettant l'accès du consommateur aux services à lui proposés ;

3° D'exonérer le professionnel de sa responsabilité dans tous les cas d'impossibilité d'accès du consommateur aux services proposés ;

4° De permettre au professionnel de modifier unilatéralement les conditions techniques et financières de la fourniture du service au consommateur sans prévoir la possibilité pour ce dernier de résilier le contrat sans pénalité ;

5° De réserver au professionnel la faculté de modifier de manière discrétionnaire le contenu du service offert au consommateur, en contravention avec les dispositions de l'article L. 121-84 *[L. 224-33]* du code de la consommation ;

6° De réserver au professionnel le droit d'interrompre ou de restreindre l'accès au service, pourtant stipulé permanent ou illimité, alors même que cette interruption ne serait justifiée ni par les manquements contractuels du consommateur ni par des prescriptions légales impératives ;

7° D'autoriser le professionnel, indépendamment de tout manquement contractuel du consommateur, à supprimer les courriers stockés de ce dernier en cas d'absence d'utilisation prolongée de sa part ;

8° D'autoriser le professionnel à communiquer à des fins commerciales les données personnelles du consommateur sans avoir mis ce dernier en mesure de s'y opposer efficacement ;

9° De limiter à une simple obligation de moyens l'obligation de fourniture d'accès du professionnel ;

10° De faire dépendre la responsabilité du professionnel, en ce qui concerne l'accès au service, de la preuve, par le consommateur, que les agissements du premier sont à l'origine du dommage ;

11° De permettre au professionnel de s'exonérer de toute responsabilité, indépendamment de la survenance d'une cause étrangère ;

12° De soumettre le droit à réparation du consommateur au caractère prolongé du manquement du professionnel à ses obligations ou de limiter cette réparation à un montant dérisoire ;

13° De faire supporter au consommateur, à l'occasion de l'envoi du modem ou du décodeur, le risque de leur perte fortuite ;

14° De permettre au professionnel d'exiger du consommateur, en cas de détérioration, quelle qu'en soit la cause, du matériel d'équipement à lui confié, sa valeur de remplacement ;

15° De dispenser le professionnel de l'obligation de faire figurer le détail des tarifs pratiqués dans le contrat conclu avec le consommateur ;

16° De laisser croire au consommateur que le décompte établi par le professionnel constitue le seul mode de preuve possible des opérations accomplies ;

17° De prévoir des sanctions pécuniaires à l'encontre du consommateur en cas de retard de paiement de sa part, sans réciprocité dans le cas où le professionnel n'exécuterait pas ses propres obligations contractuelles ;

18° D'imposer au consommateur des modalités de résiliation du contrat plus contraignantes que celles incombant au professionnel ;

19° De retarder le moment de la résiliation effective du contrat quand celle-ci intervient à l'initiative du consommateur, sans réciprocité lorsqu'elle a lieu à l'initiative du professionnel.

(Recommandation adoptée le 15 février 2007 sur le rapport de M. Gilles Paisant.)

Recommandation CCA n° 2014-02 du 7 novembre 2014,

Relative aux contrats proposés par les fournisseurs de services de réseaux sociaux (BOCC 19 déc. 2014).

BIBL. ▶ DELPECH, *D. 2014. 2517* (contrats de service de réseautage social). – NDLR, *BRDA 2015, n° 1, p. 15* (les fournisseurs de réseaux sociaux pointés du doigt par la CCA). – LOISEAU, *CCE 2015, n° 4* (les maîtres du monde numérique coupables d'abus). – PIEDELIÈVRE, *CCE 2015. Étude 3* (contrats dits de service de réseautage). – FALKMAN, *JCP E 2015, n° 1136* (les réseaux sociaux face à de nouvelles contraintes). ▶ BOIZARD, *CCE 2015. Étude 7* (les réseaux sociaux peuvent-ils être contraints de nous oublier ?).

La Commission des clauses abusives,

Considérant que les réseaux sociaux ont connu, ces dernières années, une forte croissance de leur fréquentation et ce, parmi toutes les catégories de la population et, notamment, les mineurs ; que le modèle d'affaires de ces réseaux sociaux repose principalement sur la collecte d'informations utiles au fonctionnement du réseau social, la valorisation des informations recueillies et échangées ; qu'afin de clarifier la distinction entre le réseau lui-même et le service rendu, ce dernier sera dénommé dans la présente recommandation service de réseautage social ;

Considérant que ces services de la société de l'information reposent sur un fonctionnement participatif, par lequel les utilisateurs fournissent du contenu (photographies, chroniques, commentaires, musiques, vidéo ou encore liens vers d'autres sites) accessible en ligne à d'autres utilisateurs, publiquement ou de manière privée ;

Considérant que la circonstance que l'utilisateur participe au fonctionnement du réseau et assure donc lui-même une prestation de service*[s]* **n'altère en rien sa qualité de consommateur ou** *[de]* **non-professionnel ;**

Considérant que les réseaux sociaux fonctionnent sur des rapports contractuels avec leurs utilisateurs ; que ces contrats sont conclus pour une durée indéterminée entre un professionnel et un utilisateur qui peut agir tantôt en qualité de professionnel lorsque le réseau social propose un service de mise en relation de professionnels, tantôt en qualité de consommateur ou *[de]* **non-professionnel lorsque l'internaute agit à des fins n'entrant pas dans le cadre de son activité commerciale, industrielle, artisanale ou libérale ; que seuls ces derniers contrats sont inclus dans le champ de cette recommandation ;**

Considérant que les contrats d'adhésion qui sont ainsi conclus entre le fournisseur du service de réseautage social et l'utilisateur en sa qualité de consommateur ou de non-professionnel présentent tout ou partie des particularités suivantes :

— une asymétrie informationnelle entre les parties ;

— la mise à disposition d'un service sans contrepartie monétaire ;

— l'instantanéité de l'adhésion de l'utilisateur, laquelle peut s'effectuer soit au terme d'un processus de simple clic pour accepter les conditions générales d'utilisation, soit par la seule navigation, autrement dit, la simple utilisation du réseau ;

— la multiplicité des documents auxquels l'accès ne s'opère que par renvois (liens hypertextes ou renvois internes) ;

Considérant que l'examen des multiples modèles de conventions habituellement proposées par les fournisseurs professionnels de services de réseautage social à leurs cocontractants consommateurs ou non-professionnels a conduit à déceler des clauses dont le caractère abusif au sens de l'article L. 132-1 *[L. 212-1]* **du code de la consommation peut être relevé ;**

I — *Lisibilité et rédaction du contrat*

A. *Présentation des contrats*

1 - Considérant que les conditions générales d'utilisation de certains contrats de fourniture de réseautage social sont difficilement lisibles à l'écran comme sur papier après impression desdites conditions générales en raison de la charte graphique de l'interface du réseau social ; que ces clauses ne sont pas conformes au 1er alinéa de l'article L. 133-2 *[L. 211-1]* **du code de la consommation qui dispose que « les clauses des contrats proposés par les professionnels aux consommateurs ou aux non-professionnels doivent être présentées et rédigées de façon claire et compréhensible » ; que ce procédé, en ne permettant pas un accès effectif au contenu du contrat, crée un déséquilibre significatif entre les droits et obligations des parties au contrat au détriment du consommateur ou du non-professionnel ;**

B. *Langue des contrats*

2 - Considérant qu'un certain nombre de contrats de service de réseautage social sont rédigés en langue étrangère sans proposer de version française aux consommateurs ; que les clauses stipulées dans de tels contrats ne sont pas compréhensibles pour l'utilisateur français ; que ces clauses ne sont pas conformes au 1er alinéa de l'article L. 133-2 *[L. 211-1]* **du code de la consommation qui dispose que « Les clauses des contrats proposés par les professionnels aux consommateurs ou aux non-professionnels doivent être présentées et rédigées de façon claire et compréhensible » ; que ce procédé, en ne permettant pas un accès effectif au contenu du contrat, crée un déséquilibre significatif entre les droits et obligations des parties au contrat au détriment du consommateur ou du non-professionnel ;**

3 - Considérant que plusieurs contrats de service de réseautage social comportent une clause de traduction prévoyant la primauté de la version étrangère des conditions générales d'utilisation sur la version française en cas de conflit entre ces deux versions linguistiques ; que de telles clauses ayant pour effet de rendre opposable au consommateur ou au non-professionnel un contrat dans une version qui n'est pas celle qu'il a acceptée créent un déséquilibre significatif entre les droits et obligations des parties au contrat au détriment du consommateur ou du non-professionnel ;

C. *Clauses déterminant la qualification des documents*

4 - Considérant que de nombreux contrats comportent des clauses faisant référence à des documents dénommés : charte, politique de confidentialité, politique d'utilisation, règles de communauté, sans précision de leur nature contractuelle ; que ces dénominations ambiguës ne permettent pas au consommateur ou au non-professionnel de déterminer si ces documents ont une valeur contractuelle ; que ces clauses qui privent le consommateur ou le non-professionnel d'une information claire sur la nature et la portée de ses engagements ne sont pas conformes au 1er alinéa de l'article L. 133-2 *[L. 211-1]* **du code de la consommation qui dispose que « les clauses des contrats proposés par les professionnels aux consommateurs ou aux non-professionnels doivent être présentées et rédigées de façon claire et compréhensible » ; que cette ambiguïté relative à la valeur contractuelle des documents crée un déséquilibre significatif entre les droits et obligations des parties au contrat au détriment du consommateur ou du non-professionnel en ce qu'elle le prive d'une information claire quant à l'existence ou à la portée de ses engagements ;**

D. *Clauses au contenu disparate*

5 - Considérant que certains contrats comportent une clause qui traite simultanément et sans ordre logique d'une série d'obligations de nature diverse (quant au contenu du site ou quant à son accès, aux données personnelles, au partage des contenus ou encore à la responsabilité) ; qu'une telle clause, par l'accumulation désordonnée des stipulations, rend difficile l'accès effectif au contenu du contrat ; que, présentant ainsi un caractère difficilement lisible pour le consommateur ou le non-professionnel, elle est contraire à l'article L. 133-2 *[L. 211-1]***, alinéa 1er, du code de la consommation et crée un déséquilibre signifi-**

catif entre les droits et obligations des parties au contrat au détriment du consommateur ou du non-professionnel ;

6 - Considérant que certains contrats comportent une clause qui traite simultanément et sans ordre logique d'une série d'obligations de nature diverse à la charge des parties ; qu'une telle clause*[,]* qui est de nature à susciter des confusions quant au contenu exact des droits et obligations des parties, est contraire à l'article L. 133-2 *[L. 211-1]*, alinéa 1er, du code de la consommation ; qu'elle crée, donc, un déséquilibre significatif entre les droits et obligations des parties au contrat au détriment du consommateur quant à la compréhension des droits et obligations réciproques ;

E. *Clauses de renvois*

7 - Considérant que la plupart des contrats de fourniture de service de réseautage social se présentent soit sous la forme de documents gigognes accessibles par différents liens hypertextes soit sous la forme de clauses qui renvoient les unes aux autres ; que ces renvois successifs peuvent, lorsqu'ils sont excessifs, nuire à l'accès effectif de l'utilisateur à ces documents contractuels ; qu'ainsi, ces clauses de renvoi, en ce qu'elles ne permettent pas un accès global au contrat, nuisent à l'appréciation de sa cohérence d'ensemble ; que de telles clauses, qui portent atteinte à la compréhensibilité du contrat, sont contraires à l'article L. 133-2 *[L. 211-1]*, alinéa 1er, du code de la consommation ; que ce défaut d'appréhension de l'étendue des droits et obligations crée un déséquilibre significatif entre les droits et obligations des parties au contrat au détriment du consommateur ou du non-professionnel ;

II — *Formation du contrat*

A. *Capacité du consommateur mineur*

8 - Considérant que la plupart des contrats de fourniture de service de réseautage social destinés aux mineurs comportent des clauses relatives au traitement de ses *[leurs]* données personnelles sans exigence du consentement exprès de son représentant légal ; qu'il résulte des articles 389-3, alinéa 1er, et 1124 du code civil que le mineur capable de discernement peut valablement accomplir seul uniquement les actes permis par la loi ou l'usage, ces derniers étant considérés comme des actes de la vie courante ; que le mineur ne peut mesurer par lui-même l'ensemble des conséquences préjudiciables qui pourraient naître du traitement de ses données personnelles ; que le mineur ne peut, sans consentement préalable de son représentant légal, consentir au traitement de ses données personnelles, y compris dans un contrat d'usage ; que ces clauses, en ce qu'elles laissent croire au consommateur ou au non-professionnel mineur qu'il peut seul consentir au traitement de ses données à caractère personnel, créent un déséquilibre significatif entre les droits et obligations des parties au contrat au détriment du consommateur ou du non-professionnel mineur ;

9 - Considérant que la plupart des contrats d'utilisation de fourniture de service de réseautage social destinés aux mineurs prévoient que le fait pour les mineurs de s'inscrire implique qu'ils ont obtenu une autorisation préalable de leurs parents, y compris pour des stipulations qui ne peuvent être souscrites que par l'intermédiaire de leur représentant légal ; qu'en conséquence, ces clauses*[,]* qui font présumer l'existence du consentement du représentant légal et réputent le contrat valablement formé en l'absence d'un tel consentement exprès, sont abusives en ce qu'elle créent un déséquilibre significatif entre les droits et obligations des parties au contrat au détriment du consommateur ou du non-professionnel mineur ;

B. *Consentement*

A) *Clauses d'acceptation implicite*

10 - Considérant que la plupart des contrats de fourniture de service de réseautage social présument immédiatement le consentement du consommateur ou du non-professionnel du seul fait qu'il utilise le réseau et l'obligent à cliquer ensuite sur un lien hypertexte s'il désire s'informer du contenu des conditions générales d'utilisation auxquelles il a, donc,

ainsi implicitement adhéré ; que si le consommateur ou le non-professionnel a, de la sorte, la possibilité formelle d'accéder au contenu des conditions générales d'utilisation, cette accessibilité est postérieure à son adhésion qui résulte de la seule navigation ; que la clause qui stipule que la seule navigation emporte l'adhésion du consommateur aux conditions générales d'utilisation à un moment où il n'a pas pu avoir accès à celles-ci, est, selon l'article R. 132-1-1° *[R. 212-1]* **du code de la consommation, de manière irréfragable présumée abusive ;**

B) *Clauses définissant les étapes de l'offre et de l'acceptation*

11 - Considérant qu'une clause d'un contrat de fourniture de service de réseautage social qui propose, en plus de la plateforme d'échanges, la vente de biens, réels ou virtuels, permet au professionnel de transférer la qualité d'auteur de l'offre au consommateur ou au non-professionnel, en contravention avec l'article 1369-4 du code civil, privant ce dernier du bénéfice de la procédure dite du double-clic définie par l'article 1369-5 du code civil ; qu'une telle clause est illicite et, maintenue dans un contrat conclu entre un professionnel et un consommateur ou un non-professionnel, abusive ;

C) *Clauses relatives au droit de rétractation*

12 - Considérant qu'une clause d'un contrat de fourniture de service de réseautage social proposant, en plus de la plateforme d'échanges, la vente de biens, réels ou virtuels, prévoit un délai d'annulation de l'achat d'une durée de cinq jours ; que cette clause*[,]* **qui contrevient au délai de rétractation de quatorze jours prévu à l'article L. 121-21** *[L. 221-18]* **du code de la consommation, est illicite et, maintenue dans un contrat conclu entre un professionnel et un consommateur ou un non-professionnel, abusive ;**

13 - Considérant qu'une clause d'un contrat de fourniture de service de réseautage social qui propose, en plus de la plateforme d'échanges, le téléchargement de contenu numérique non fourni sur un support matériel, interdit tout « retour de contenu numérique » ; qu'une telle clause qui laisse croire à l'utilisateur qu'il ne dispose d'aucun droit de rétractation en cas de téléchargement, alors que cette exclusion est subordonnée à son renoncement exprès à ce droit, n'est pas conforme à l'article L. 121-21-8-13° *[L. 221-28]* **du code de la consommation ; qu'une telle clause est illicite et, maintenue dans un contrat conclu entre un professionnel et un consommateur ou un non-professionnel, abusive ;**

III — *Contenu du contrat*

A. *Clauses de gratuité*

14 - Considérant que de nombreux contrats de fourniture de service de réseautage social prévoient des clauses affirmant que les services proposés sont gratuits ; que ces clauses laissent croire à l'utilisateur consommateur ou non-professionnel que le service est dépourvu de toute contrepartie de sa part, alors que, si toute contrepartie monétaire à sa charge est exclue, les données, informations et contenus qu'il dépose, consciemment ou non, à l'occasion de l'utilisation du réseau social, constituent une contrepartie qui s'analyse en une rémunération ou un prix, potentiellement valorisable par le professionnel ; que cette ambiguïté de la clause de rémunération autorise son examen par une interprétation ***a contrario*** **de l'article L. 132-1, alinéa 7,** *[L. 212-1]* **du code de la consommation, selon lequel l'appréciation du caractère abusif des clauses ne porte pas sur l'adéquation de la rémunération au service offert « pour autant que les clauses soient rédigées de façon claire et compréhensible » ; que ces clauses sont de nature à créer un déséquilibre significatif entre les droits et obligations des parties au contrat au détriment du consommateur ou du non-professionnel en ce qu'elles lui laissent croire qu'il ne fournit aucune contrepartie, alors que celle-ci réside dans l'ensemble des traitements de ses données à caractère personnel, des informations et des contenus déposés sur le réseau ;**

B. *Clauses relatives aux données personnelles des clients*

A) *Clauses de qualification des données à caractère personnel*

15 - Considérant que certains contrats de fourniture de service de réseautage social comportent des clauses qui font référence aux nombreuses traces – ***cookies*****, données de**

géolocalisation, adresse IP, notamment – laissées par l'utilisateur consommateur ou non-professionnel au cours de sa navigation, en excluant à son égard toute protection au titre des données à caractère personnel alors même que certaines de ces traces pourraient être qualifiées de données à caractère personnel et bénéficier comme telles, pour leur traitement, des dispositions de la loi n° 78-17 du 6 janvier 1978 relative à l'informatique, aux fichiers et aux libertés ; que ces clauses sont de nature à créer un déséquilibre significatif entre les droits et obligations des parties au contrat au détriment du consommateur ou du non-professionnel en ce qu'elles lui laissent croire que le professionnel est dispensé de toute obligation lorsqu'il collecte, traite, utilise ou partage ces informations ;

B) *Clauses relatives au traitement des données à caractère personnel*

1) Clauses relatives à la licéité du traitement

16 - Considérant que de nombreux contrats de fourniture de service de réseautage social prévoient des clauses qui envisagent largement les traitements des données à caractère personnel des utilisateurs consommateurs ou non-professionnels ; que ces clauses qui visent toutes formes d'utilisation des données sans précision des finalités du traitement prévoient un consentement implicite de l'utilisateur consommateur ou non-professionnel audit traitement résultant de la seule navigation sur le site du réseau ; que les articles 6 et 7 de la loi n° 78-17 du 6 janvier 1978 relative à l'informatique, aux fichiers et aux libertés imposent, d'une part, soit de recueillir le consentement de la personne concernée, soit de satisfaire à l'une des cinq autres conditions de licéité et, d'autre part, de réaliser un traitement de manière licite et loyale pour des finalités strictement déterminées ; que ces clauses qui ne respectent pas les conditions de licéité des traitements constituent des violations caractérisées des articles 6 et 7 de la loi informatique et libertés ; qu'ainsi, elles sont illicites et, maintenues dans un contrat conclu entre un professionnel et un consommateur ou un non-professionnel, abusives ;

17 - Considérant que certaines clauses des contrats de fourniture de service de réseautage social prévoient que l'utilisateur consommateur ou non-professionnel peut consentir implicitement, du seul fait de sa navigation sur le site, au traitement par le professionnel de données sensibles le concernant ; que l'article 8 de la loi n° 78-17 du 6 janvier 1978 relative à l'informatique, aux fichiers et aux libertés impose de recueillir un consentement explicite pour les données qui font « apparaître, directement ou indirectement, les origines raciales ou ethniques, les opinions politiques, philosophiques ou religieuses ou l'appartenance syndicale des personnes ou qui sont relatives à la santé ou à la vie sexuelle de celles-ci » ; que ces clauses sont donc illicites et, maintenues dans un contrat conclu entre un professionnel et un consommateur ou un non-professionnel, abusives ;

2) Clauses autorisant le partage des données

18 - Considérant que de nombreuses clauses des contrats de fourniture de service de réseautage social prévoient la faculté pour le professionnel de communiquer les données à caractère personnel des utilisateurs consommateurs ou non-professionnels à des tiers non désignés ou des catégories de tiers non désignées, pour des utilisations non précisées et dont les finalités ne sont pas spécifiquement envisagées ; que, conformément aux articles 6 et 7 de la loi n° 78-17 du 6 janvier 1978 relative à l'informatique, aux fichiers et aux libertés, le traitement licitement réalisé doit respecter des finalités déterminées, explicites et légitimes et les données ne doivent pas être traitées ultérieurement de manière incompatible avec ces finalités ; qu'en outre, l'article 38 de la loi précitée confère à toute personne le droit de s'opposer à ce que des données à caractère personnel la concernant fassent l'objet d'un traitement ; que de telles clauses sont de nature à créer un déséquilibre significatif entre les droits et obligations des parties au contrat au détriment du consommateur ou du non-professionnel en ce qu'elles lui laissent croire, d'une part, que les traitements réalisés par ces actes de communication de données à caractère personnel à des tiers ne sont nullement soumis aux conditions de licéité des traitements légalement prévues et, d'autre part, qu'il ne dispose pas du droit d'opposition et de rectification lorsque ces traitements ont été mis en œuvre ;

3) Clauses relatives à la conservation des données

19 - Considérant que certaines clauses des contrats de fourniture de service de réseautage social prévoient une conservation des données à caractère personnel de l'utilisateur consommateur ou non-professionnel pour une durée indéterminée, ou sans lien avec la durée nécessaire aux finalités du traitement ; que l'article 6-5° de la loi n° 78-17 du 6 janvier 1978 relative à l'informatique, aux fichiers et aux libertés dispose que les données à caractère personnel « sont conservées sous une forme permettant l'identification des personnes concernées pendant une durée qui n'excède pas la durée nécessaire aux finalités pour lesquelles elles sont collectées et traitées » ; que ces clauses constituent des violations caractérisées des dispositions précitées ; qu'ainsi, elles sont illicites et, maintenues dans un contrat conclu entre un professionnel et un consommateur ou un non-professionnel, abusives ;

4) Clauses relatives au transfert des données hors UE

20 - Considérant que certaines clauses contenues dans les contrats de fourniture de service de réseautage social réservent au professionnel la faculté de transférer les données à caractère personnel de l'utilisateur consommateur ou non-professionnel vers des États, parfois indéterminés, n'appartenant pas nécessairement à l'Union européenne, et ce, sans recueillir un consentement spécifique à ces transferts de la part du consommateur ou du non-professionnel ; que les articles 68 et 69 de la loi n° 78-17 du 6 janvier 1978 relative à l'informatique, aux fichiers et aux libertés interdisent de tels transferts à moins que le professionnel ait recueilli le consentement exprès du consommateur ou du non-professionnel ou que les États concernés garantissent un niveau de protection suffisant de la vie privée et des droits fondamentaux à l'égard du traitement des données à caractère personnel ; que ces clauses*[,]*** **qui ne respectent pas ces dispositions en ce qu'elles n'exigent pas un consentement exprès à ces transferts ou en ce qu'elles présument ce consentement, sont illicites et, maintenues dans un contrat conclu entre un professionnel et un consommateur ou un non-professionnel, abusives ;**

C) Clauses relatives à la sécurité des données

21 - Considérant que certaines clauses contenues dans les contrats de fourniture de service de réseautage social transfèrent à l'utilisateur non-professionnel ou consommateur la charge de l'obligation du responsable de traitement de veiller à la sécurité des données à caractère personnel qui sont traitées sur le réseau social ; que l'article 34 de la loi n° 78-17 du 6 janvier 1978 relative à l'informatique, aux fichiers et aux libertés prévoit que « le responsable du traitement est tenu de prendre toutes les précautions utiles, au regard de la nature des données et des risques présentés par le traitement, pour préserver la sécurité des données et notamment empêcher qu'elles soient déformées, endommagées ou que des tiers non autorisés y aient accès » ; que ces clauses sont de nature à créer un déséquilibre significatif entre les droits et obligations des parties au contrat au détriment du consommateur ou du non-professionnel en ce qu'elles lui laissent croire, au mépris des dispositions précitées de la loi informatique et libertés, qu'il est seul tenu de veiller à la sécurité de ses données ;

D) Clauses relatives à la modification de la politique de confidentialité

22 - Considérant que certaines **clauses des contrats de fourniture de service de réseautage social réservent au professionnel le droit de modifier unilatéralement la politique de confidentialité et, en conséquence, les dispositions applicables aux traitements des données à caractère personnel, sans information préalable dans un délai raisonnable ouvrant au consommateur ou au non-professionnel le droit de résilier le contrat ; que de telles modifications portent sur la contrepartie fournie par le consommateur ou le non-professionnel ; que ces clauses sont de manière irréfragable présumées abusives en vertu de l'article R. 132-1-3°** *[R. 212-1]* **du code de la consommation ;**

23 - Considérant que certaines clauses des contrats de fourniture de service de réseautage social prévoient que les conditions relatives aux traitements des données à caractère personnel sont modifiables à tout moment, sans préciser que les nouvelles conditions ne

seront applicables qu'à la période postérieure à leur entrée en vigueur ; qu'elles sont ainsi de nature à créer un déséquilibre significatif entre les droits et obligations des parties au contrat au détriment du consommateur ou du non-professionnel en ce qu'elles lui laissent croire qu'il est lié de manière rétroactive par les nouvelles conditions relatives aux traitements des données ;

C. *Clauses relatives aux contenus numériques*

A) *Clauses relatives aux licences de propriété intellectuelle*

24 - Considérant que la plupart des contrats de fourniture de services de réseautage social comprennent une clause prévoyant que, dans l'hypothèse de la publication d'un contenu dans le cadre des prestations mises à disposition par le fournisseur de service, l'utilisateur accorde à ce dernier un droit d'utilisation sur ce contenu ; que ces clauses peuvent porter sur un contenu protégé par la législation régissant le droit d'auteur au sens du livre I du code de la propriété intellectuelle ; que certaines de ces clauses sont formulées de manière trop large et qu'elles sont, alors, contraires aux prescriptions des articles L. 131-1 et L. 131-3 dudit code qui imposent de préciser le contenu visé, les droits conférés ainsi que les exploitations autorisées par l'auteur du contenu protégé ; que cette généralité est de nature à créer un déséquilibre significatif entre les droits et obligations des parties au contrat au détriment du consommateur ou du non-professionnel ;

25 - Considérant que la plupart des contrats de fourniture de services de réseautage social comportent des clauses qui confèrent une totale liberté au fournisseur de service lors de l'utilisation du contenu ; qu'elles sont contraires à l'article L. 121-1 du code de la propriété intellectuelle en ce qu'elles portent atteinte au principe d'ordre public d'inaliénabilité du droit moral de l'auteur ; que ces clauses sont illicites et, maintenues dans un contrat conclu entre un professionnel et un consommateur ou un non-professionnel, abusives ;

26 - Considérant que la plupart des clauses prévoient que le droit d'utilisation conféré au fournisseur du service l'est à titre gratuit ; que certaines de ces clauses sont noyées dans les conditions générales d'utilisation du service de réseautage social sans que l'attention de l'utilisateur soit suffisamment attirée sur la portée de son engagement ; que ces clauses qui privent le non-professionnel ou le consommateur d'une information claire sur la portée de son engagement sont contraires à l'article L. 133-2 *[L. 211-1]*, alinéa 1er, du code de la consommation ; que ce défaut de lisibilité est de nature à créer un déséquilibre entre les droits et les obligations des parties au contrat au détriment du consommateur ou du non-professionnel ;

B) *Clauses de conformité à la loi n° 2004-575 du 21 juin 2004 pour la confiance dans l'économie numérique*

27 - Considérant que plusieurs contrats contiennent une clause stipulant que le fournisseur du service ne saurait être tenu responsable au titre des contenus circulant sur son réseau social ; que, lorsque le fournisseur peut être qualifié d'hébergeur, cette clause est contraire aux articles 6-I-2 et suivants de la loi n° 2004-575 du 21 juin 2004 pour la confiance dans l'économie numérique, selon lesquels cet intermédiaire technique peut engager sa responsabilité dès lors qu'il a connaissance d'un contenu manifestement illicite et qu'il n'a pas agi promptement pour supprimer le contenu ou en bloquer l'accès sous conditions ; que, dans l'hypothèse où le fournisseur n'est qu'un simple prestataire de stockage, sa responsabilité peut être engagée sur le fondement du droit commun ; que ces clauses privent les utilisateurs cocontractants de toute action en responsabilité à l'encontre du fournisseur du service ; que de telles clauses exclusives de responsabilité sont de manière irréfragable présumées abusives au sens de l'article R. 132-1-6° *[R. 212-1]* du code de la consommation ;

28 - Considérant que certains contrats comportent des clauses qui prévoient, en cas de circulation de contenu illicite sur le réseau social, que le retrait de ce contenu n'a qu'un caractère facultatif pour le fournisseur de service ; que certaines clauses nient l'exigence de promptitude qui encadre ce retrait ou le soumettent à davantage de conditions que les prévisions légales ne l'exigent ; que ces clauses sont illicites en ce qu'elles sont contraires

aux dispositions des articles 6-I-2 et suivants de la loi n° 2004-575 du 21 juin 2004 pour la confiance dans l'économie numérique ; que, maintenues dans un contrat conclu entre un professionnel et un consommateur ou un non-professionnel, elles sont abusives ;

C) *Clauses relatives à la perte des contenus*

29 - Considérant que certains contrats contiennent des clauses excluant la responsabilité du fournisseur de service en cas de dommage subi du fait de la perte de contenu sur son site même lorsqu'il est tenu d'une obligation de stockage ; que ces clauses sont de manière irréfragable présumées abusives au sens de l'article R. 132-1-6° *[R. 212-1]* **du code de la consommation ;**

D) *Clauses relatives au rejet ou à la suppression des contenus*

30 - Considérant que plusieurs contrats comportent des clauses conférant au fournisseur du service un pouvoir discrétionnaire pour accepter ou supprimer, pour une raison quelconque, un contenu généré par le consommateur ou le non-professionnel utilisateur du réseau social, en dehors de l'hypothèse de la modération contractuellement prévue ; que ces clauses ont pour effet d'accorder au seul professionnel le droit de déterminer si le contenu est conforme aux stipulations du contrat, alors même que ce professionnel s'est engagé à fournir une prestation de stockage et de mise à disposition de tous contenus ; que de telles clauses sont de manière irréfragable présumées abusives au sens de l'article R. 132-1-4° *[R. 212-1]* **du code de la consommation ;**

E) *Clauses relatives à la conservation des contenus après la suppression du compte*

31 - Considérant que certains contrats contiennent des clauses prévoyant, en cas de résiliation du contrat, que le fournisseur du service se réserve le droit de conserver les contenus mis en ligne par l'utilisateur, hors les hypothèses de cession licite ou de motif légitime, au-delà de la durée nécessaire aux opérations techniques de suppression des contenus ; que ces clauses reconnaissent au professionnel un pouvoir de décision unilatérale quant à la durée de conservation de ces contenus sans que ce droit ne soit assorti d'une information relative aux modalités de cette conservation en faveur de l'utilisateur consommateur ou non-professionnel ; que ces clauses sont de nature à créer un déséquilibre significatif entre les droits et obligations des parties au contrat au détriment du consommateur ou du non-professionnel ;

IV — *Clauses relatives à l'exécution du contrat*

A. *Clauses relatives aux modifications unilatérales du site, des services ou des conditions générales d'utilisation*

A) *Clauses de modifications unilatérales du site ou des conditions générales d'utilisation*

32 - Considérant que quelques contrats de fourniture de service de réseautage social comportent une clause qui confère au professionnel le droit de modifier le site ou les conditions générales d'utilisation sans informer préalablement le consommateur ou *[le]* **non-professionnel ; que, par sa généralité, cette clause autorise une modification unilatérale en dehors des seuls cas prévus par l'article R. 132-2-1-IV et V** *[R. 212-4]* **du code de la** *consommation ; que,* **dès lors, cette clause est abusive en vertu soit de l'article R. 132-1-3°** *[R. 212-1]*, **soit de l'article R. 132-2-6°** *[R. 212-2]* **du code de la consommation ;**

B) *Clauses de présomption du consentement du consommateur ou du non-professionnel aux modifications unilatérales des conditions générales d'utilisation*

33 - Considérant que la plupart des contrats de fourniture de service de réseautage social comportent des clauses présumant le consentement du consommateur aux modifications des conditions générales d'utilisation apportées unilatéralement par le fournisseur du service, hors des seuls cas prévus par l'article R. 132-2-1-IV et V *[R. 212-4]* **du code de la consommation ; que ces clauses***[,]* **qui ont pour effet de permettre une modification unilatérale par le professionnel des conditions générales d'utilisation, sont abusives en vertu**

soit de l'article R. 132-1-3° *[R. 212-1]*, **soit de l'article R. 132-2-6°** *[R. 212-2]* **du code de la consommation ;**

C) *Clauses de transfert de l'obligation d'information*

34 - Considérant que la plupart des contrats de fourniture de service de réseautage social indiquent qu'il appartient à l'utilisateur de consulter régulièrement les conditions générales d'utilisation aux fins de prendre connaissance de leurs modifications et de s'y conformer ; que ces clauses qui transfèrent l'exécution de l'obligation d'information sur l'utilisateur conduisent à renverser la charge de l'obligation légale d'information qui pèse sur le professionnel ; qu'elles créent donc un déséquilibre significatif entre les droits et obligations des parties au contrat au détriment de l'utilisateur non-professionnel ou consommateur ;

D) *Clauses de modifications unilatérales de la contrepartie monétaire*

35 - Considérant que les contrats de fourniture de service de réseautage social qui proposent des services spécifiques moyennant une contrepartie monétaire comportent des clauses réservant au professionnel le droit de modifier unilatéralement le prix de ces services, sans avertir l'utilisateur dans un délai raisonnable pour qu'il soit en mesure, s'il n'agrée pas la modification, de résilier le contrat ; que d'autres contrats prévoient une information préalable du consommateur ou du non-professionnel, sans l'avertir qu'il dispose de la faculté de résilier le contrat dans l'hypothèse où il n'agréerait pas la modification ; que ces clauses sont présumées abusives en vertu des articles R. 132-1-3° *[R. 212-1]* **et R. 132-2-1-IV** *[R. 212-4]* **du code de la consommation ;**

B. *Clauses relatives à la résiliation*

36 - Considérant que la plupart des contrats de fourniture de service de réseautage social comportent des clauses reconnaissant au professionnel le droit de résilier discrétionnairement le contrat ; que ces clauses stipulées dans des contrats à durée indéterminée ne sont généralement pas assorties d'un délai de préavis d'une durée raisonnable ; qu'ainsi, elles créent un déséquilibre significatif entre les droits et obligations des parties au contrat au détriment du consommateur ou du non-professionnel ;

C. *Clauses relatives à la responsabilité*

A) *Clauses relatives à la responsabilité de l'utilisateur*

1) Clauses de responsabilité pour l'usage du mot de passe

37 - Considérant que de nombreux contrats de fourniture de service de réseautage social comportent une clause prévoyant la confidentialité du mot de passe confié à l'utilisateur ou choisi par ce dernier et la responsabilité de son utilisateur en cas de perte ou transmission de celui-ci ; qu'en revanche certaines de ces stipulations prévoient la responsabilité de l'utilisateur en cas de piratage du mot de passe, sans qu'il soit prouvé une négligence de l'utilisateur ; qu'une telle clause est de nature à créer un déséquilibre significatif entre les droits et obligations des parties au contrat au détriment du consommateur ou du non-professionnel ;

2) Clauses faisant peser sur l'utilisateur une indemnisation

38 - Considérant que de nombreux contrats de fourniture de service de réseautage social, y compris ceux destinés spécifiquement aux mineurs, prévoient que l'utilisateur prendra en charge tous dommages et intérêts auxquels pourrait être condamné le fournisseur de services de réseaux sociaux à l'égard de tiers en raison de l'utilisation du service, ainsi que les frais engagés pour sa défense ; que, du fait de leur caractère général, elles ne sont pas limitées au seul cas d'une faute de l'utilisateur et de la réparation de ses conséquences ; que, ce faisant, elles créent un déséquilibre significatif entre les droits et obligations des parties au contrat au détriment du consommateur ou du non-professionnel ;

B) *Clauses exonératoires de responsabilité du fournisseur de services de réseautage social au titre du fonctionnement et de l'utilisation du site*

39 - Considérant que la plupart des contrats de fourniture de service de réseautage social prévoient une renonciation de l'utilisateur à rechercher la responsabilité du fournisseur de service de réseautage social au titre du fonctionnement du site ou de son exploitation ; que ces clauses ont pour effet d'exonérer de toute responsabilité contractuelle le fournisseur de services de réseautage social qui manque à ses obligations ; qu'en privant le consommateur ou le non-professionnel de la faculté d'obtenir réparation de son préjudice, par application du droit commun de la responsabilité contractuelle, ces clauses sont présumées abusives de manière irréfragable au sens de l'article R. 132-1-6° *[R. 212-1]* **du code de la consommation ;**

40 - Considérant que certains contrats de fourniture de service de réseautage social exonèrent le fournisseur du service de réseautage social de toute responsabilité, y compris en cas de blessures corporelles ou de décès résultant de l'utilisation de son site ; que ces clauses sont présumées abusives de manière irréfragable au sens de l'article R. 132-1-6° *[R. 212-1]* **du code de la consommation ;**

V — *Litiges*

A. *Clauses régissant la nullité des conditions générales d'utilisation*

41 - Considérant qu'un contrat de fourniture de service de réseautage social comporte une clause aux termes de laquelle, en cas de nullité de l'une quelconque des stipulations des conditions générales d'utilisation, l'utilisateur restera tenu par les autres stipulations ; qu'une telle clause qui ne réserve pas l'hypothèse de la nullité d'une clause essentielle du contrat ou de l'interdépendance des stipulations contractuelles, qui est de nature à entrainer *[entraîner]* **l'annulation de tout ou partie du contrat, crée un déséquilibre significatif entre les droits et obligations des parties au contrat au détriment du consommateur ou du non-professionnel ;**

42 - Considérant qu'un contrat de fourniture de service de réseautage social comporte une clause aux termes de laquelle en cas de nullité de l'une des stipulations des conditions générales d'utilisation, celle-ci serait remplacée par une stipulation dont le contenu serait le plus similaire possible à la disposition annulée ; que cette clause*[,]* **qui tend à autoriser le professionnel à substituer unilatéralement une stipulation à celle annulée, crée un déséquilibre significatif entre les droits et obligations des parties au contrat au détriment du consommateur ou du non-professionnel ;**

B. *Clauses relatives à la preuve*

43 - Considérant que plusieurs contrats de fourniture de service de réseautage social prévoient que les registres informatisés du fournisseur de service de réseau social feront seuls foi des opérations réalisées ; que ces clauses qui limitent les moyens de preuve à la disposition du consommateur ou du non-professionnel sont présumées abusives au sens de l'article R. 132-2-9° *[R. 212-2]* **du code de la consommation ;**

C. *Clauses entravant le recours en justice*

44 - Considérant que quelques contrats de fourniture de service de réseautage social prévoient que :

– l'utilisateur renonce à tout recours en justice contre le fournisseur de service de réseautage social en cas d'atteinte à l'un de ses droits de la personnalité résultant de la diffusion d'informations le concernant ;

– en cas de suppression, par le fournisseur de service de réseau social, du contenu posté par l'utilisateur, le seul moyen d'action accordé à ce dernier pour faire valoir ses droits est celui décidé par le fournisseur de service de réseautage social ;

– l'utilisateur renonce à tout recours en justice pour quelque motif que ce soit ;

– le fournisseur de service de réseautage social s'octroie le droit exclusif d'entreprendre des poursuites d'ordre judiciaire à l'encontre de l'utilisateur ;

— que l'utilisateur est obligé de saisir, en cas de litige, une juridiction d'arbitrage étrangère sauf disposition contraire aux conditions générales d'utilisation ;

Que ces clauses qui entravent l'exercice de l'action en justice du consommateur et du non-professionnel sont, pour le premier, présumées abusives au sens de l'article R. 132-2-10° *[R. 212-2]* du code de la consommation et pour le second abusives au sens de l'article L. 132-1 *[L. 212-1]* du code de la consommation ; — *V. TGI Paris, ord., 5 mars 2015, note 65 ss. art. L. 212-1.*

45 - Considérant que quelques contrats de fourniture de service de réseautage social comportent une clause aux termes de laquelle l'utilisateur s'engage à présenter ses réclamations à titre individuel, à l'exclusion de toute demande en qualité de membre d'un groupe ; que de telles clauses*[,]* qui ont pour effet d'interdire à un utilisateur de participer à une action de groupe sont contraires à l'article L. 423-25 *[L. 623-32]* du code de la consommation, sont illicites et, maintenues dans un contrat conclu entre un professionnel et un consommateur ou un non-professionnel, abusives ;

D. *Clauses de choix de loi*

46 - Considérant que plusieurs clauses de contrats de fourniture de service de réseautage social prévoient l'application impérative d'une loi étrangère ; que de telles clauses*[,]* qui laissent croire au consommateur ou au non-professionnel qu'il ne bénéficie pas des dispositions impératives de la loi française lorsqu'elles sont plus protectrices que celles de la loi visée dans la clause, créent un déséquilibre significatif entre les droits et obligations des parties au contrat au détriment du consommateur ou du non-professionnel ;

Recommande que :

1°) les contrats de fourniture de réseautage social conclus entre les professionnels et les consommateurs ou les non-professionnels comportent des conditions générales d'utilisation présentées de façon aisément lisible pour le consommateur ou le non-professionnel ;

Recommande que soient éliminées des contrats proposés par les fournisseurs de service de réseautage social les clauses ayant pour objet ou pour effet :

2°) de ne proposer au consommateur ou au non-professionnel qu'un contrat rédigé dans une langue étrangère au public visé ;

3°) de rendre opposable au consommateur ou au non-professionnel la version en langue étrangère du contrat ;

4°) de dénommer de manière imprécise les documents proposés au consommateur ou au non-professionnel sans mentionner s'ils font partie du contrat et de rendre ainsi ambiguë leur valeur contractuelle à l'égard du consommateur ou du non-professionnel ;

5°) de présenter cumulativement et de façon désordonnée une série de droits et d'obligations de nature diverse ;

6°) de stipuler cumulativement et de façon désordonnée une série d'obligations difficilement compréhensibles et de nature diverse à la charge de l'une ou l'autre des parties ;

7°) d'opérer des renvois excessifs entre les différents documents contractuels proposés au consommateur ou au non-professionnel ;

8°) de ne pas prévoir le consentement exprès des représentants légaux des mineurs non émancipés pour le traitement des données à caractère personnel ;

9°) de présumer le consentement du représentant légal du mineur non émancipé lorsque celui-ci est légalement requis ;

10°) de présumer le consentement du consommateur ou du non-professionnel aux conditions générales d'utilisation du seul fait qu'il utilise le réseau ;

11°) de transférer, dans les contrats de vente de biens, réels ou virtuels, proposés par le réseau social, la qualité d'auteur de l'offre, au consommateur ou *[au]* non-professionnel, le privant ainsi de la procédure dite du double-clic ;

12°) de prévoir à l'égard du consommateur ou du non-professionnel un délai de rétractation à la suite de la vente en ligne d'un bien, réel ou virtuel, inférieur à quatorze jours ;

13°) de laisser croire au consommateur ou au non-professionnel qu'il ne dispose d'aucun droit de rétractation en cas de fourniture d'un contenu numérique sur un support non matériel, sans recueillir son renoncement exprès à ce droit ;

14°) d'affirmer que les services de réseautage social sont gratuits ;

15°) de laisser croire que toutes les informations laissées par le consommateur ou le non-professionnel pourront être utilisées par le professionnel sans que celui-ci soit tenu d'aucune obligation pour leur traitement ;

16°) de prévoir, sans respecter les dispositions de la loi n° 78-17 du 6 janvier 1978 relative à l'informatique, aux fichiers et aux libertés, un consentement implicite au traitement par le professionnel des données à caractère personnel des consommateurs ou des non-professionnels ;

17°) de prévoir que par sa seule navigation sur le réseau social, le consommateur ou le non-professionnel consent aux traitements de ses données sensibles ;

18°) de laisser croire au consommateur ou au non-professionnel que ses données à caractère personnel peuvent être communiquées à des tiers non désignés ou des catégories de tiers non désignées, sans qu'il soit appelé à y consentir préalablement ou qu'il puisse s'y opposer *a posteriori* ;

19°) de prévoir la conservation des données à caractère personnel du consommateur ou du non-professionnel sans aucune limitation de durée ou pour une durée qui excède celle nécessaire aux finalités du traitement ;

20°) de prévoir le transfert à l'étranger des données à caractère personnel sans préciser vers quels États a lieu ce transfert et sans exiger le consentement exprès du consommateur ou du non-professionnel lorsqu'il est légalement requis, ou en déduisant ce consentement de l'acceptation des conditions générales d'utilisation du service ;

21°) de laisser croire au consommateur ou au non-professionnel qu'il a la charge des obligations visant à préserver la sécurité des données à caractère personnel qui incombent, légalement, au professionnel responsable du traitement ;

22°) de réserver au professionnel le droit de modifier unilatéralement le contrat, sans en informer préalablement le consommateur ou le non-professionnel dans un délai raisonnable conformément à l'article R. 132-2-1-IV *[R. 212-4]* du code de la consommation, afin de lui permettre de résilier, le cas échéant, le contrat ;

23°) de laisser croire au consommateur ou au non-professionnel qu'il est lié de manière rétroactive par les nouvelles conditions relatives aux traitements des données ;

24°) de conférer au fournisseur du service un droit d'utilisation portant sur les contenus générés par le consommateur ou le non-professionnel, dès lors que ces contenus sont protégés par le droit d'auteur, sans formuler de précision suffisante concernant les contenus visés, les droits conférés et les exploitations autorisées ;

25°) de contrevenir au principe d'ordre public d'inaliénabilité du droit moral de l'auteur ;

26°) de conférer au professionnel un droit d'utilisation à titre gratuit sur le contenu généré par l'utilisateur consommateur ou non-professionnel, sans le préciser de manière claire et apparente ;

27°) de priver le consommateur ou le non-professionnel de toute action en responsabilité contre le professionnel au titre des contenus illicites circulant sur son réseau social ;

28°) de prévoir que le fait de bloquer l'accès ou de retirer promptement tout contenu illicite circulant sur le réseau social n'a pour le professionnel qu'un caractère facultatif, de nier l'exigence légale de promptitude de ce retrait ou de soumettre ce retrait à davantage de conditions que les prévisions légales ne l'exigent ;

29°) d'exclure la responsabilité du professionnel en cas de perte du contenu généré par le consommateur ou le non-professionnel ;

30°) de conférer au professionnel, qui s'est engagé à fournir une prestation de stockage et de mise à disposition de tous contenus, le pouvoir discrétionnaire d'accepter ou de supprimer un contenu généré par le consommateur, hors modération contractuellement prévue ;

31°) de reconnaître au professionnel, postérieurement à la résiliation du contrat, le droit de conserver les contenus mis en ligne par le consommateur ou le non-professionnel hors les hypothèses de cession licite ou de motif légitime, au-delà de la durée nécessaire aux opérations techniques de suppression du contenu ;

32°) de conférer au professionnel le droit de modifier unilatéralement le site ou les conditions générales d'utilisation hors les cas prévus par l'article R. 132-2-1-IV et V *[R. 212-4]* du code de la consommation ;

33°) de présumer le consentement du consommateur ou du non-professionnel aux modifications unilatérales des conditions générales d'utilisation ;

34°) de dispenser le professionnel de son obligation d'information relative aux modifications unilatérales des conditions générales d'utilisation, en la transférant sur le consommateur ou le non-professionnel ;

35°) de réserver au professionnel le droit de modifier unilatéralement la contrepartie monétaire des services spécifiques sans en informer préalablement le consommateur ou le non-professionnel, ou l'aviser de sa faculté, le cas échéant, de résilier le contrat ;

36°) de reconnaître au professionnel le droit de résilier discrétionnairement le contrat de fourniture de service de réseautage social à durée indéterminée, sans préavis d'une durée raisonnable ;

37°) d'engager la responsabilité du consommateur ou du non-professionnel en cas de piratage du mot de passe qui lui a été confié ou qu'il a choisi, sans mettre à la charge du professionnel la preuve d'une négligence de l'utilisateur ;

38°) de faire peser sur le consommateur ou sur le non-professionnel la réparation de tous dommages qui ne lui seraient pas imputables ;

39°) d'exonérer le professionnel de toute responsabilité au titre du fonctionnement ou de l'exploitation du réseau ;

40°) d'exonérer le professionnel de toute responsabilité, y compris en cas de blessures corporelles ou de décès du consommateur ou du non-professionnel résultant de l'utilisation de son site ;

41°) de stipuler qu'en cas de nullité de l'une des stipulations des conditions générales d'utilisation, le consommateur ou le non-professionnel restera tenu par les autres stipulations, sans réserver l'hypothèse de la nullité d'une clause essentielle du contrat ou de l'interdépendance des stipulations contractuelles ;

42°) d'autoriser le professionnel à substituer unilatéralement une stipulation à celle annulée ;

43°) de limiter indûment les moyens de preuve à la disposition du consommateur ou du non-professionnel ;

44°) de supprimer ou entraver l'exercice d'actions en justice par le consommateur ou par le non-professionnel ; — *V. TGI Paris, ord., 5 mars 2015, note 65 ss. art. L. 212-1.*

45°) d'interdire au consommateur ou au non-professionnel de participer à une action de groupe ;

46°) de laisser croire au consommateur ou au non-professionnel qu'il ne bénéficie pas des dispositions impératives de la loi française.

(Recommandation adoptée le 7 novembre 2014 sur le rapport de Mmes Natacha Sauphanor-Brouillaud, Nathalie Martial-Braz, Célia Zolynski.)

JOUETS, DIVERTISSEMENTS

BIBL. GÉN. ▶ Avis de la commission de sécurité des consommateurs du 3 déc. 2003 relatif aux dangers des objets insérés dans le rembourrage des jouets, *BOCC 13 févr. 2004, p. 111.*

Code de la santé publique

Art. L. 5231-4 *(L. nº 2010-788 du 12 juill. 2010, art. 183-III)* **La distribution à titre onéreux ou gratuit d'objets contenant un équipement radioélectrique dont l'usage est spécifiquement dédié aux enfants de moins de six ans peut être interdite par arrêté du ministre chargé de la santé, afin de limiter l'exposition excessive des enfants.**

Code des transports

Art. L. 6214-1 *(L. nº 2016-1428 du 24 oct. 2016, art. 2)* **Le télépilote est la personne qui contrôle manuellement les évolutions d'un aéronef circulant sans personne à bord ou, dans le cas d'un vol automatique, la personne qui est en mesure à tout moment d'intervenir sur sa trajectoire ou, dans le cas d'un vol autonome, la personne qui détermine directement la trajectoire ou les points de passage de cet aéronef.**

Art. L. 6214-2 *(L. n° 2016-1428 du 24 oct. 2016, art. 2)* **Tout télépilote doit avoir suivi une formation visant à permettre le contrôle de l'évolution des aéronefs circulant sans personne à bord, en sécurité et dans le respect des règles et des conditions d'emploi relatives à la navigation aérienne. Cette obligation n'est pas applicable à l'utilisation de loisir d'aéronefs circulant sans personne à bord, lorsque leur masse est inférieure à un seuil fixé par voie réglementaire. Ce seuil ne peut être supérieur à 800 grammes.**

Les objectifs et les modalités de la formation, les modalités de vérification de son assimilation ainsi que les modalités de reconnaissance par équivalence d'autres formations sont précisés par voie réglementaire.

Art. L. 6214-3 *(L. n° 2016-1428 du 24 oct. 2016, art. 2)* **Pour certaines opérations professionnelles effectuées hors vue du télépilote, ce dernier doit être détenteur d'un titre dont les modalités de délivrance, de retrait et de suspension sont fixées par décret en Conseil d'État.**

Art. L. 6214-4 *(L. n° 2016-1428 du 24 oct. 2016, art. 4-II, en vigueur le 1er juill. 2018)* **Les aéronefs circulant sans personne à bord et d'une masse supérieure à un seuil fixé par voie réglementaire, qui ne peut être supérieur à 800 grammes, sont équipés d'un dispositif de limitation de capacités.**

Sont exemptés de l'obligation définie au premier alinéa les aéronefs circulant sans personne à bord et qui sont opérés dans un cadre agréé et dans des zones identifiées à cet effet.

Un décret en Conseil d'État précise les objectifs du dispositif mentionné au même premier alinéa ainsi que les conditions dans lesquelles des aéronefs circulant sans personne à bord sont exemptés de l'obligation définie audit premier alinéa.

V. note ss. art. L. 6214-5.

Art. L. 6214-5 *(L. n° 2016-1428 du 24 oct. 2016, art. 4-II, en vigueur le 1er juill. 2018)* **Tout aéronef circulant sans personne à bord et d'une masse supérieure à un seuil fixé par voie réglementaire, qui ne peut être supérieur à 800 grammes, est équipé d'un dispositif de signalement sonore qui se déclenche en cas de perte de contrôle des évolutions de l'appareil ou de perte de maîtrise de la trajectoire de l'appareil par son télépilote.**

Sont exemptés de l'obligation définie au premier alinéa les aéronefs circulant sans personne à bord et qui sont opérés dans un cadre agréé et dans des zones identifiées à cet effet.

Un décret en Conseil d'État précise les objectifs du dispositif mentionné au même premier alinéa ainsi que les conditions dans lesquelles des aéronefs circulant sans personne à bord sont exemptés de l'obligation définie audit premier alinéa.

Les art. L. 6214-4 et L. 6214-5 entrent en vigueur le 1er juill. 2018. Toutefois, pour les aéronefs circulant sans personne à bord enregistrés en application de l'art. L. 6111-1 C. transports avant le 1er juill. 2018, les dispositions des art. L. 6214-4 et L. 6214-5 ne s'appliquent qu'à compter du 1er janv. 2019. L'art. L. 6214-5 n'est pas applicable aux aéronefs enregistrés en application de l'art. L. 6111-1 avant le 1er juill. 2018 (L. n° 2016-1428 du 24 oct. 2016, art. 4-III).

....

Art. L. 6232-12 *(L. n° 2016-1428 du 24 oct. 2016, art. 5)* **Est puni de six mois d'emprisonnement et de 15 000 € d'amende le fait pour un télépilote de faire survoler, par maladresse ou négligence, par un aéronef circulant sans personne à bord, une zone du territoire français en violation d'une interdiction prononcée dans les conditions prévues au premier alinéa de l'article L. 6211-4.**

Est puni d'un an d'emprisonnement et de 45 000 € d'amende le fait pour un télépilote :

1° D'engager ou de maintenir un aéronef circulant sans personne à bord au-dessus d'une zone mentionnée au premier alinéa du présent article ;

2° De ne pas se conformer aux prescriptions de l'article L. 6211-4.

Art. L. 6232-13 *(L. n° 2016-1428 du 24 oct. 2016, art. 5)* **Le télépilote reconnu coupable d'une des infractions prévues à l'article L. 6232-12 du présent code ou de l'infraction prévue à l'article 223-1 du code pénal encourt également la peine complémentaire de confiscation de l'aéronef circulant sans personne à bord qui a servi à commettre l'infraction.**

Décret n° 91-1175 du 13 novembre 1991,

Portant application de la loi du 21 juillet 1983 [C. consom., art. L. 421-1 s.] relative à la sécurité des consommateurs en ce qui concerne certains objets.

Art. 1er **Sont interdites la fabrication, l'importation, l'exportation, l'offre, la vente, la distribution à titre gratuit ou la détention par les professionnels des objets suivants :**

1. Les montres-bracelets comportant un briquet incorporé ;

(Abrogé par Décr. n° 2006-1129 du 8 sept. 2006, art. 9, à compter du 11 mars 2007) « 2. Les briquets ayant la taille, la forme et l'aspect de jouets reproduisant un véhicule miniature ; »

3. Les masques de plongée comportant un tuba incorporé muni d'une balle de ping-pong destinée à l'obturer durant la plongée.

Ces dispositions sont applicables quelles que soient les mises en garde accompagnant le produit.

Art. 2 **Sont interdites la fabrication, l'importation, l'exportation, l'offre, la vente, la distribution à titre gratuit, la détention ou la location par les professionnels des objets figurant à la liste suivante s'ils ne répondent pas aux exigences de sécurité définies en annexe pour chacun d'entre eux :**

(Abrogé par Décr. n° 2006-1129 du 8 sept. 2006, art. 9, à compter du 11 mars 2007) « 1. Briquets imitant un autre objet ; »

2. *(Décr. n° 2003-1123 du 26 nov. 2003)* **« Arbres de Noël » artificiels ;**

3. Bougeoirs et compositions décoratives de bougies ;

4. *(Abrogé par Décr. n° 95-937 du 24 août 1995, à compter du 1er oct. 1995) « Vélos tout terrain ». — Sur le régime applicable à la sécurité des bicyclettes, V. Décr. n° 2016-364 du 29 mars 2016, v° Bicyclettes, cyclomoteurs.*

Composition décorative de bougies. Justifie sa décision la cour d'appel qui énonce que le fait de laisser une bougie placée sur une composition décorative se consumer jusqu'à son support constitue, pour le professionnel qui commercialise ce produit, une condition raisonnablement prévisible d'emploi. • Crim. 10 juill. 1995 : *Bull. crim. n° 252.*

Art. 3 *(Décr. n° 2003-1123 du 26 nov. 2003)* **Les arbres de Noël artificiels ou naturels, leurs branches et les compositions en comportant, à l'exclusion des compositions décoratives de bougies mentionnées au 3 de l'article 2, doivent, lorsqu'ils sont recouverts par flocage d'une ou plusieurs couches, être accompagnés d'un étiquetage ou d'une notice contenant la mise en garde suivante : "Ne pas approcher d'une flamme ou d'un corps incandescent (bougies ou cierges magiques par exemple). Ne pas laisser de guirlandes électriques branchées sans surveillance". L'étiquetage et la notice de ces produits doivent également comporter un pictogramme représentant une flamme.**

Lorsque ces produits sont distribués sans étiquetage ou sans notice, un affichage lisible est apposé sur le lieu de vente de façon visible, qui comporte les termes de la mise en garde et le pictogramme susmentionnés.

Art. 4 *(Décr. n° 2003-1123 du 26 nov. 2003)* **Est puni des peines d'amende prévues pour les contraventions de la 5e classe le fait de :**

1° Fabriquer, exporter, importer, offrir, vendre, distribuer à titre gratuit, détenir en vue de la vente ou de la distribution, ou louer un objet interdit en application des articles 1er et 2 ;

2° Mettre en vente ou distribuer à titre gratuit ou onéreux les produits visés à l'article 3 qui ne répondent pas aux obligations définies dans cet article.

Les personnes morales peuvent être déclarées pénalement responsables, dans les conditions prévues aux articles 121-2 et 131-40 (1°) du code pénal, des infractions définies au présent article. Elles encourent les peines d'amendes selon les modalités prévues à l'article 131-41 du même code.

La récidive des contraventions prévues au présent article est réprimée conformément aux articles 132-11 et 132-15 du code pénal.

ANNEXE

EXIGENCES DE SÉCURITÉ RELATIVES AUX PRODUITS CITÉS À L'ARTICLE 2

1. Les briquets imitant un autre objet doivent être conçus de façon telle que le système de déclenchement de la flamme ne soit pas analogue à un des mécanismes fonctionnels de l'objet

imité. Toutefois, ces objets satisfont aux exigences de sécurité si leur système d'allumage comporte un verrouillage automatique et si le déverrouillage nécessite une manœuvre volontaire qui ne met pas elle-même en jeu un des mécanismes fonctionnels de l'objet imité ;

2. Les extrémités des branches *(Décr. nº 2003-1123 du 26 nov. 2003)* « d'arbres de Noël » artificiels doivent être conçues de manière à éviter tout risque de blessure aux personnes ou être munies d'une protection ;

3. Les bougeoirs et compositions décoratives de bougies doivent être conçus de façon telle qu'ils ne puissent pas s'enflammer ou propager la flamme de la bougie s'ils sont utilisés dans des conditions normales ou raisonnablement prévisibles d'emploi ;

4. *(Abrogé par Décr. nº 95-937 du 24 août 1995, à compter du 1er oct. 1995) « Les vélos tout terrain doivent être conçus de façon telle que, en cas de rupture du câble de frein avant, le mouvement de la roue avant ne soit pas bloqué. » — Sur le régime applicable à la sécurité des bicyclettes, V. Décr. nº 2016-364 du 29 mars 2016, vº Bicyclettes, cyclomoteurs.*

Décret nº 92-985 du 9 septembre 1992,

Relatif à la prévention des risques résultant de l'usage de certains produits imitant des denrées alimentaires.

Art. 1er **Les produits qui ne sont pas des denrées alimentaires, mais dont il est raisonnablement prévisible que les consommateurs, en particulier les enfants, pourront les confondre avec des produits alimentaires, compte tenu de leurs caractéristiques, notamment leur forme, leur odeur, leur couleur, leur aspect, leur conditionnement, leur étiquetage, leur volume ou leur taille, ne doivent pas comporter, pour la sécurité ou la santé des personnes, de risques, tels que l'étouffement, l'intoxication, la perforation ou l'obstruction du tube digestif.**

Les dispositions du présent décret sont applicables quelles que soient les mises en garde accompagnant le produit.

Champ d'application. Pour la commercialisation de couronnes de Noël comportant des baies factices, éléments qui n'étaient pas conformes aux normes prévues par le Décr. nº 92-985 du 9 sept. 1992, définies pour les jouets, mais qui étaient également applicables en l'espèce où il existait un risque de suffocation en cas d'ingestion par des enfants : • Douai, 24 juill. 2008 : *JCP 2009. IV. 1040.*

Art. 2 **Les matériaux constitutifs des produits mentionnés à l'article 1er, à l'exception des parties non accessibles, doivent avoir une biodisponibilité, au sens du décret du 12 septembre 1989 susvisé** *[nº 89-662, infra]*, **due à l'utilisation n'excédant pas, par jour, l'une des limites suivantes :**

0,2 microgramme d'antimoine ;
0,1 microgramme d'arsenic ;
25 microgrammes de baryum ;
0,6 microgramme de cadmium ;
0,3 microgramme de chrome ;
0,7 microgramme de plomb ;
0,5 microgramme de mercure ;
5 microgrammes de sélénium.

Art. 3 **Les produits mentionnés à l'article 1er et leurs parties détachables doivent être de dimensions suffisantes pour ne pas pouvoir être ingérés par les enfants de moins de trente-six mois.**

***A cette fin, ils ne doivent* pas pouvoir entrer entièrement dans le gabarit décrit dans l'annexe au présent décret.**

Art. 4 **Sans préjudice de l'application des mesures administratives prévues par la loi du 21 juillet 1983 susvisée** *[nº 83-660 ; V. C. consom., art. L. 421-1 s.]*, **sera puni des peines d'amende prévues pour les contraventions de la cinquième classe tout fabricant, importateur ou distributeur qui procédera à la fabrication, l'importation, l'exportation, l'offre, la vente, la distribution à titre gratuit ou détiendra des produits mentionnés à l'article 1er qui ne satisfont pas à l'une ou l'autre des obligations définies respectivement à l'article 2 et à l'article 3.**

En cas de récidive, la peine d'amende prévue pour la récidive des contraventions de la 5e classe sera applicable.

Au sens du présent décret, on entend par importation l'entrée sur le territoire douanier de marchandises non communautaires.

Art. 5 Dans un délai de trente jours à compter de l'entrée en vigueur du présent décret, les fabricants, importateurs ou distributeurs détenant les produits définis à l'article 4 du présent décret doivent retirer ces produits du marché. A défaut, les sanctions prévues par les dispositions du même article sont applicables.

Art. 6 Le décret n° 86-270 du 18 février 1986 portant application de la loi du 21 juillet 1983 relative à la sécurité des consommateurs en ce qui concerne les gommes à effacer est abrogé à compter de l'entrée en vigueur du présent décret.

Décret n° 94-699 du 10 août 1994,

Fixant les exigences de sécurité relatives aux équipements d'aires collectives de jeux.

Art. 1er Il est interdit de fabriquer, d'importer, de détenir en vue de la vente, de mettre en vente, de vendre, de distribuer à titre gratuit et de donner en location des équipements d'aires collectives de jeux qui ne satisfont pas aux prescriptions du présent décret.

Art. 2 Pour l'application du présent décret, les équipements d'aires collectives de jeux s'entendent des matériels et ensemble de matériels destinés à être utilisés par des enfants à des fins de jeu, quel que soit le lieu de leur implantation.

Ne sont toutefois pas soumis aux dispositions du présent décret les équipements forains, les équipements aquatiques et les équipements destinés, par leurs caractéristiques, à un usage exclusivement familial.

Art. 3 Les équipements d'aires collectives de jeux doivent satisfaire aux exigences de sécurité définies en annexe au présent décret.

Art. 4 Le respect des exigences de sécurité définies en annexe est attesté par la mention : "conforme aux exigences de sécurité", apposée par les soins du fabricant ou de l'importateur, de manière visible, lisible et indélébile sur l'équipement et sur son emballage.

Le fabricant ou l'importateur appose, en outre, de manière visible, lisible et indélébile :

1° Sur l'équipement et sur son emballage, son nom ou sa raison sociale ou sa marque de commerce, son adresse et une mention permettant d'identifier le modèle ;

2° Sur l'équipement, les avertissements nécessaires à la prévention des risques inhérents à son utilisation.

Art. 5 Peuvent seuls comporter la mention : "conforme aux exigences de sécurité" les équipements d'aires collectives de jeux qui satisfont à l'une des deux obligations suivantes :

1° Avoir été fabriqués conformément aux normes de sécurité françaises ou étrangères les concernant, dont les références sont publiées au *Journal officiel* de la République française. — *V. Avis relatif à l'application du Décr. n° 94-699 du 10 août 1994 fixant les exigences de sécurité relatives aux équipements d'aires collectives de jeux (JO 6 mars 2009).*

Dans ce cas, le responsable de la première mise sur le marché des équipements tient à la disposition des agents chargés du contrôle un dossier comprenant une description détaillée du produit et des moyens par lesquels le fabricant s'assure de la conformité de sa production aux normes susmentionnées, ainsi que l'adresse des lieux de fabrication ou d'entreposage.

2° S'ils ne respectent pas toutes les normes visées au 1° ci-dessus, être conformes à un modèle bénéficiant lui-même d'une attestation de conformité aux exigences de sécurité délivrée à la suite d'un examen de type effectué par un organisme français ou étranger agréé par le ministre chargé de l'industrie. — *V. la liste de ces organismes au JO du 31 mars 2015.*

Dans ce cas, le responsable de la première mise sur le marché des équipements tient à la disposition des agents chargés du contrôle un dossier comprenant une description détaillée du produit, l'attestation de conformité aux exigences de sécurité ou une copie conforme, une description des moyens par lesquels le fabricant s'assure de la conformité de sa production au modèle examiné et l'adresse des lieux de production ou d'entreposage.

Art. 6 Tout équipement doit être accompagné d'une notice d'emploi, de montage, d'installation et d'entretien. Cette notice précise l'âge minimal des enfants auxquels l'équipement est destiné et comporte des mentions d'avertissement relatives aux risques liés à son utilisation.

Art. 7 Sans préjudice de l'application des sanctions pénales et des mesures administratives prévues au *(Décr. nº 2016-884 du 29 juin 2016, art. 2, en vigueur le 1er juill. 2016)* « livre IV » du code de la consommation en cas de méconnaissance des exigences de sécurité, seront punis des peines d'amende prévues pour les contraventions de la 5e classe :

a) Ceux qui auront fabriqué, importé, détenu en vue de la vente, mis en vente, vendu, distribué à titre gratuit ou donné en location un équipement d'aires collectives de jeux qui ne comporte pas l'ensemble des mentions exigées par l'article 4 ci-dessus ou qui ne satisfait pas aux prescriptions de l'article 6 ci-dessus ;

b) Les responsables de la première mise sur le marché d'équipements d'aires collectives de jeux qui ne sont pas en mesure de présenter les documents justifiant l'apposition de la mention : "conforme aux exigences de sécurité", dans les conditions prévues à l'article 5 ci-dessus.

En cas de récidive, la peine d'amende prévue pour la récidive des contraventions de la 5e classe sera applicable.

Art. 8 Le présent décret entrera en vigueur le 1er janvier 1995.

ANNEXE

EXIGENCES DE SÉCURITÉ

I. Dispositions communes à tous les équipements

a) Les différentes parties des équipements et leurs raccords doivent pouvoir résister aux contraintes auxquelles ils sont soumis lors de leur utilisation.

Les matériaux employés doivent avoir une durée de vie tenant compte de la spécificité des aires collectives de jeux, en particulier des processus de fatigue, de vieillissement, de corrosion et d'usure.

b) Les surfaces de zones accessibles des équipements ne doivent comporter ni pointes, ni arêtes saillantes, ni bavures ou surfaces rugueuses, susceptibles d'occasionner des blessures ou des strangulations.

c) Les angles et ouvertures au voisinage des zones dans lesquelles des mouvements incontrôlés du corps sont prévisibles ne doivent pas présenter de risque d'accrochage ou de coincement des parties du corps ou des vêtements.

De même, les équipements ne doivent pas comporter de parties mobiles à ouverture variable, dans lesquelles certaines parties du corps peuvent se faire coincer.

d) Les parties d'équipements élevées doivent être correctement protégées pour éviter le risque de chute accidentelle.

e) Les éléments, mobiles ou statiques, d'équipements susceptibles d'entrer en contact avec certaines parties du corps au cours d'une utilisation raisonnablement prévisible doivent avoir des angles arrondis.

f) L'émission par les équipements de substances dangereuses doit être limitée de manière à être sans effet sur les enfants ou à réduire ces effets à des proportions non dangereuses.

g) Les matériaux employés pour les équipements ne doivent pas être susceptibles de provoquer de brûlures, soit par friction, soit par contact.

h) Les équipements doivent être conçus de manière que, quelles que soient les circonstances, les adultes puissent accéder à tous les endroits où les enfants sont susceptibles de se trouver.

II. Dispositions spécifiques à certains équipements

a) Toboggan

1. La glissière doit être conçue de telle manière que la vitesse de descente soit raisonnablement réduite en fin de trajectoire.

2. Les accélérations de la vitesse du corps résultant des variations de la courbure du toboggan doivent être limitées afin de ne pas provoquer d'accidents dus au rebondissement et d'éviter que les enfants soient projetés hors de la trajectoire.

3. La partie glissante du toboggan doit être d'accès facile.

4. L'entrée de la glissière doit être conçue de manière à décourager toute tentative d'accès en position debout.

b) Équipements comportant des éléments rotatifs

1. Les éléments rotatifs doivent être conçus de telle manière que les risques de blessures, quand l'enfant tombe de l'élément rotatif ou le quitte alors qu'il est en mouvement, soient réduits au minimum.

2. Les espaces entre les éléments rotatifs et les structures statiques environnantes ne doivent pas permettre l'introduction de parties du corps susceptible d'entraîner le happement de l'enfant par l'élément rotatif.

c) Équipements comportant des éléments de balancement

Tous les éléments de balancement doivent avoir des caractéristiques appropriées d'amortissement des chocs afin d'éviter toute lésion irréversible si l'un de ces éléments heurte un enfant.

III. Montage et maintenance

Les travaux de montage et d'entretien doivent être clairement décrits et illustrés, dans la notice accompagnant les équipements, par des plans techniques ou des schémas.

Décret n° 96-360 du 23 avril 1996,

Relatif aux mises en garde concernant les jeux vidéo.

Pour les dispositions applicables entre le 7 nov. 1994 et le 7 nov. 1995, V. Arr. du 2 nov. 1994 (JO 6 nov.)

Art. 1er Il est interdit d'importer en vue de la mise sur le marché, de détenir en vue de la vente, de mettre en vente, de distribuer à titre gratuit ou de mettre à disposition du public, à titre gratuit ou onéreux, des jeux vidéo, des logiciels de jeux vidéo et des consoles de jeux vidéo qui ne satisfont pas aux prescriptions du présent décret.

Art. 2 Pour l'application du présent décret les jeux vidéo, les consoles de jeux vidéo et les logiciels de jeux vidéo s'entendent des produits visés aux sous-catégories 36 50 42 et 36 50 43 de la nomenclature, approuvée par le décret du 2 octobre 1992 susvisé *[n° 92-1129, portant approbation des nomenclatures d'activités et de produits]* et permettant la diffusion d'images comportant des stimuli pouvant favoriser la crise d'épilepsie photosensible, c'est-à-dire la succession rapide d'images ou la répétition de figures géométriques simples, d'éclairs et d'explosions.

Sont, toutefois, exclus du champ d'application du présent décret les jeux vidéo à cristaux liquides dont la tension nominale est inférieure ou égale à 3 volts.

Art. 3 I. — Les jeux vidéo, les logiciels de jeux vidéo ainsi que les consoles de jeux vidéo doivent être accompagnés du texte de mise en garde prévu à l'annexe I. Ce texte est inclus dans une notice placée dans la boîte qui les contient.

II. — L'emballage des jeux vidéo, des logiciels de jeux vidéo et des consoles de jeux vidéo doit comporter l'avertissement suivant :

"Attention : chez certaines personnes, l'utilisation de ce jeu nécessite des précautions d'emploi particulières qui sont détaillées dans la notice jointe."

Cet avertissement est porté en caractères blancs sur une étiquette rouge ou un encart de même couleur prévu sur l'emballage imprimé, d'une longueur minimum de 8 centimètres et d'une hauteur minimum de 6 centimètres pour les emballages des consoles de jeux susceptibles d'être connectés à un écran, et d'une longueur minimum de 3 centimètres et d'une hauteur minimum de 2 centimètres pour les emballages des logiciels et des jeux non susceptibles de connexion.

Art. 4 Tout exploitant d'un établissement mettant à titre gratuit ou onéreux des jeux vidéo à la disposition du public doit :

— apposer de manière visible, lisible et indélébile l'avertissement suivant sur chaque machine :

"Chez certaines personnes, l'utilisation de ce jeu nécessite des précautions d'emploi particulières. Reportez-vous impérativement à l'affiche apposée dans cet établissement." ;

— apposer dans la salle recevant les jeux vidéo une affiche visible et lisible par les joueurs conforme aux dispositions de l'annexe II et utilisant des caractères d'une taille d'au moin 1 centimètre.

Art. 5 Seront punies des peines d'amende prévues pour les contraventions de la 5e classe les personnes reconnues coupables :

1° D'importation en vue de la mise sur le marché, de détention en vue de la vente, de vente, de distribution à titre gratuit ou de mise à disposition du public à titre gratuit ou onéreux de jeux vidéo, de consoles de jeux vidéo ou de logiciels de jeux vidéo non munis du texte de mise en garde prévu au I de l'article 3 et de l'avertissement mentionné au II de l'article 3 ;

2° De non-apposition, dans les conditions prévues à l'article 4, de l'avertissement et de l'affiche mentionnés au même article, dans tout établissement mettant des jeux vidéo à la disposition du public à titre gratuit ou onéreux.

En cas de récidive, la peine d'amende prévue pour la récidive des contraventions de *[la]* 5e classe sera applicable.

ANNEXE I

À LIRE AVANT TOUTE UTILISATION D'UN JEU VIDÉO PAR VOUS-MÊME OU PAR VOTRE ENFANT

I. Précautions à prendre dans tous les cas pour l'utilisation d'un jeu vidéo

Évitez de jouer si vous êtes fatigué ou si vous manquez de sommeil.

Assurez-vous que vous jouez dans une pièce bien éclairée en modérant la luminosité de votre écran.

Lorsque vous utilisez un jeu vidéo susceptible d'être connecté à un écran, jouez à bonne distance de cet écran de télévision et aussi loin que le permet le cordon de raccordement.

En cours d'utilisation, faites des pauses de dix à quinze minutes toutes les heures.

II. Avertissement sur l'épilepsie

Certaines personnes sont susceptibles de faire des crises d'épilepsie comportant, le cas échéant, des pertes de conscience à la vue, notamment, de certains types de stimulations lumineuses fortes : succession rapide d'images ou répétition de figures géométriques simples, d'éclairs ou d'explosions. Ces personnes s'exposent à des crises lorsqu'elles jouent à certains jeux vidéo comportant de telles stimulations, alors même qu'elles n'ont pas d'antécédent médical ou n'ont jamais été sujettes elles-mêmes à des crises d'épilepsie.

Si vous-même ou un membre de votre famille avez déjà présenté des symptômes liés à l'épilepsie (crise ou perte de conscience) en présence de stimulations lumineuses, consultez votre médecin avant toute utilisation.

Les parents se doivent également d'être particulièrement attentifs à leurs enfants lorsqu'ils jouent avec des jeux vidéo. Si vous-même ou votre enfant présentez un des symptômes suivants : vertige, trouble de la vision, contraction des yeux ou des muscles, trouble de l'orientation, mouvement involontaire ou convulsion, perte momentanée de conscience, il faut cesser immédiatement de jouer et consulter un médecin.

ANNEXE II

AVERTISSEMENT CONCERNANT LES RISQUES D'ÉPILEPSIE ET DES PRÉCAUTIONS À PRENDRE LORS DE L'UTILISATION D'UN JEU VIDÉO

Certaines personnes sont susceptibles de faire des crises d'épilepsie ou d'avoir des pertes de conscience à la vue de certains types de lumières clignotantes ou d'éléments fréquents dans notre environnement quotidien. Ces personnes s'exposent à des crises lorsqu'elles regardent certaines images télévisées ou lorsqu'elles jouent à certains jeux vidéo. Ces phénomènes peuvent apparaître alors même que le sujet n'a pas d'antécédent médical ou n'a jamais été confronté à une crise d'épilepsie.

Si vous avez déjà présenté des symptômes liés à l'épilepsie (crise ou perte de conscience) en présence de stimulations lumineuses, veuillez consultez votre médecin avant toute utilisation.

En tout état de cause, veuillez respecter les règles suivantes lors de l'utilisation d'un jeu vidéo :
— évitez de jouer si vous êtes fatigué ou si vous manquez de sommeil ;
— assurez-vous que vous jouez dans une pièce bien éclairée ;
— en cours d'utilisation, faites des pauses de dix à quinze minutes toutes les heures.

Décret nº 96-1136 du 18 décembre 1996,

Fixant les prescriptions de sécurité relatives aux aires collectives de jeux.

Art. 1er Les dispositions du présent décret s'appliquent aux aires collectives de jeux sans préjudice des règles édictées par le code de la construction et de l'habitation qui les concernent, notamment en matière de sécurité contre l'incendie.

On entend par aire collective de jeux toute zone, y compris celle implantée dans un parc aquatique ou parc d'attraction, spécialement aménagée et équipée pour être utilisée, de façon collective, par des enfants à des fins de jeux.

Sont également soumises au présent décret les aires collectives de jeux situées dans l'enceinte des établissements accueillant des enfants et dont les équipements sont susceptibles d'être utilisés par ceux-ci à des fins de jeux.

Sont exclus du champ d'application du présent décret les fêtes foraines ainsi que les salles et terrains de sport.

Art. 2 Les aires collectives de jeux doivent être conçues, implantées, aménagées, équipées et entretenues de manière à ne pas présenter de risques pour la sécurité et la santé de leurs usagers dans le cadre d'une utilisation normale ou raisonnablement prévisible.

Peuvent seules être mises à la disposition des enfants, à titre gratuit ou à titre onéreux, les aires collectives de jeux qui respectent les prescriptions de sécurité définies à l'annexe du présent décret et dont les équipements sont conformes aux dispositions législatives ou réglementaires en vigueur.

Art. 3 L'exploitant ou le gestionnaire de l'aire collective de jeux tient à la disposition des agents chargés du contrôle un dossier comprenant :

1° Un plan faisant apparaître la situation et la structure générale de l'aire de jeux ainsi que l'implantation des équipements ;

2° Les plans d'entretien et de maintenance prévus au II (4, *a*) de l'annexe du présent décret ;

3° Les documents attestant que les interventions correspondant à l'entretien et à l'inspection régulière de l'aire de jeu et de ses équipements sont bien effectuées conformément au II (4, *b*) de l'annexe du présent décret ;

4° Les documents indiquant le nom ou la raison sociale ainsi que l'adresse des fournisseurs de tous les équipements installés sur l'aire ;

5° Les notices d'emploi et d'entretien accompagnant les équipements ;

6° Le dossier de base de l'ensemble de l'installation comprenant notamment les notices de montage et les rapports de réception des installations sur le site ;

7° Les documents exigés par le décret du 10 août 1994 susvisé *[nº 94-699 ; V. ce texte supra]*, justifiant la conformité aux exigences de sécurité des équipements fabriqués et installés sur l'aire de jeux après le 1er janvier 1995.

Art. 4 Le nom, ou la raison sociale, et l'adresse de l'exploitant ou du gestionnaire de l'aire de jeux doivent être affichés de façon visible, lisible et indélébile à chaque entrée de l'aire collective de jeux, ou à proximité de chaque équipement, ou sur chaque équipement.

Art. 5 Seront punis des peines d'amende prévues pour les contraventions de la 5e classe les exploitants ou gestionnaires d'aires collectives de jeux :

1° Qui ne seront pas en mesure de présenter les documents prévus à l'article 3 ci-dessus ;

2° Ou qui n'auront pas satisfait à l'obligation d'affichage prévue à l'article 4 ci-dessus.

En cas de récidive, la peine d'amende prévue pour la récidive des contraventions de 5e classe sera applicable.

Les personnes morales peuvent être déclarées responsables, dans les conditions prévues à l'article 121-2 du code pénal, des infractions définies aux alinéas précédents ; elles encourent la peine d'amende selon les modalités prévues à l'article 131-41 du même code.

Art. 6 Le présent décret entrera en vigueur six mois après la date de sa publication au *Journal officiel [JO 26 déc.]*.

Toutefois les aires de jeux existantes qui, à la date d'application du décret, ne seront pas conformes aux prescriptions du II (3, *a*) et (3, *b*) de l'annexe devront être mises en conformité dans le délai de deux ans à compter de sa date de publication.

ANNEXE

PRESCRIPTIONS ESSENTIELLES DE SÉCURITÉ

I. Principes généraux

Un affichage sur ou à proximité de chaque équipement, conforme aux dispositions du II (2, *a*) ci-après, doit informer les utilisateurs et les personnes assurant leur surveillance de la tranche d'âge à laquelle chaque équipement est destiné et comporter les mentions d'avertissement relatives aux risques liés à son utilisation.

Ces informations peuvent être apportées sous forme de pictogrammes.

II. Risques particuliers

1. Choix du site :

a) L'accès immédiat de l'aire de jeux doit être aménagé de façon à protéger les utilisateurs et les tiers contre les risques liés à la circulation des véhicules à moteur ;

b) Les plantes et arbres présents sur les aires de jeux doivent être choisis, implantés et protégés de façon à ne pas occasionner d'accidents pour les enfants (empoisonnements ou blessures).

2. Aménagement :

a) Les équipements et les zones de sécurité qui les entourent doivent être dégagés de tout obstacle ne faisant pas partie intégrante du jeu ;

b) Les limites des zones présentant des risques particuliers, comme les abords des balançoires ou des tourniquets, doivent être matérialisées de manière que, dans leur utilisation normale ou raisonnablement prévisible, ils n'occasionnent pas de heurts entre les enfants utilisant l'équipement et ceux qui ne l'utilisent pas ;

c) Les jeux utilisant l'eau doivent être conçus de manière à écarter tout risque de noyade ou d'infection raisonnablement prévisible ;

d) Les bacs à sable doivent être maintenus dans des conditions d'hygiène satisfaisantes ;

e) Les équipements doivent être implantés de manière que les adultes puissent, en toutes circonstances, accéder à tous les endroits où les enfants sont susceptibles de se trouver ;

f) Les éléments des équipements doivent être installés de façon à assurer la stabilité de ces derniers et à éviter ainsi tout risque de renversement, de chute ou de déplacement inopiné ;

g) Lorsque cela est prévu par la notice d'installation, les équipements doivent être fixés au sol.

3. Matériaux de revêtement et de réception :

a) Les zones sur lesquelles les enfants sont susceptibles de tomber alors qu'ils utilisent les équipements doivent être revêtues de matériaux amortissants appropriés ;

b) La durée de vie des matériaux amortissants utilisés doit correspondre à leur utilisation sur une aire collective de jeux, notamment pour ce qui concerne les processus d'usure et de vieillissement et les effets des variations climatiques. Les matériaux de remblai doivent être appliqués en couche suffisamment épaisse pour en permettre une bonne répartition ;

c) Les matériaux de revêtement de l'aire de jeux doivent satisfaire aux conditions d'hygiène et de propreté permettant d'éviter toute souillure ou contamination.

4. Entretien et maintenance :

a) Les exploitants ou gestionnaires doivent élaborer un plan d'entretien de l'aire de jeux et un plan de maintenance des équipements qui y sont implantés et respecter ces plans. Ces derniers doivent mentionner le nom ou la raison sociale du ou des organismes chargés de les exécuter ainsi que la nature et la périodicité des contrôles à effectuer ;

b) Les exploitants ou gestionnaires doivent organiser l'inspection régulière de l'aire de jeux et de ses équipements, pour en vérifier l'état et pour déterminer les actions de réparation et d'entretien qui doivent être entreprises. La nature et la fréquence des inspections doivent être fonction, notamment, des instructions du fabricant, du degré de fréquentation de l'aire de jeux et des conditions climatiques ;

c) L'accès aux équipements qui ne répondent plus aux exigences de sécurité légales ou réglementaires doit être interdit ;

d) Les plans, ainsi qu'un registre comportant, pour chaque site, la date et le résultat des contrôles effectués, seront tenus à la disposition des agents de contrôle, habilités à cet effet par l'article L. 222-1 *[ancien]* du code de la consommation.

Décret n° 99-240 du 24 mars 1999,

Relatif aux conditions de commercialisation de certains objets ayant l'apparence d'une arme à feu.

Art. 1er L'offre, la mise en vente, la vente, la distribution à titre gratuit ou la mise à disposition à titre onéreux ou gratuit des objets neufs ou d'occasion ayant l'apparence d'une arme à feu, destinés à lancer des projectiles rigides, lorsqu'ils développent à la bouche une énergie supérieure à 0,08 joule et inférieure ou égale à 2 joules, sont réglementées dans les conditions définies par le présent décret.

Art. 2 La vente, la distribution à titre gratuit à des mineurs ou la mise à leur disposition à titre onéreux ou gratuit des produits visés à l'article 1er du présent décret sont interdites.

Art. 3 L'indication de l'énergie exprimée en joules développée par les produits visés à l'article 1er du présent décret doit figurer à la fois sur le produit, sur son emballage et sur la notice d'emploi obligatoirement jointe.

Art. 4 L'emballage ainsi que la notice d'emploi des produits visés à l'article 1er du présent décret doivent indiquer, en caractères lisibles, visibles et indélébiles, les deux mentions : "Distribution interdite aux mineurs" et "Attention : ne jamais diriger le tir vers une personne".

Art. 5 Est puni de la peine d'amende prévue pour les contraventions de la 5e classe :

1° Le fait de vendre, de distribuer à titre gratuit à des mineurs, de mettre à leur disposition à titre gratuit ou onéreux les produits visés à l'article 1er du présent décret ;

2° Le fait d'offrir à la vente, de mettre en vente, de vendre, de distribuer à titre gratuit, de mettre à disposition à titre gratuit ou onéreux les produits visés à l'article 1er du présent décret en méconnaissant les dispositions des articles 3 et 4 du présent décret.

En cas de récidive, la peine d'amende prévue pour la récidive de la contravention de 5e classe est applicable.

Les personnes morales peuvent être déclarées pénalement responsables, dans les conditions prévues à l'article 121-2 du code pénal, des infractions définies au présent article ; elles encourent la peine d'amende selon les modalités prévues à l'article 131-41 du même code.

Loi n° 2008-136 du 13 février 2008,

Relative à la sécurité des manèges, machines et installations pour fêtes foraines ou parcs d'attractions.

BIBL. ▶ SPRUNGARD, *Tourisme & Droit mai 2008.* 19 (un tourbillon législatif envahit les manèges).

Art. 1er Les manèges, machines et installations pour fêtes foraines ou parcs d'attractions ou tout autre lieu d'installation ou d'exploitation doivent être conçus, construits, installés, exploités et entretenus de façon à présenter, dans des conditions normales d'utilisation ou dans d'autres conditions raisonnablement prévisibles par le professionnel, la sécurité à laquelle on peut légitimement s'attendre et ne pas porter atteinte à la santé des personnes.

Art. 2 Les manèges, machines et installations pour fêtes foraines ou parcs d'attractions ou tout autre lieu d'installation ou d'exploitation sont soumis à un contrôle technique initial et périodique portant sur leur état de fonctionnement et sur leur aptitude à assurer la sécurité des personnes. Ce contrôle technique, effectué ou vérifié par des organismes agréés par l'État, est à la charge des exploitants.

Art. 3 Tout exploitant de manèges, machines et installations pour fêtes foraines ou parcs d'attractions ou tout autre lieu d'installation ou d'exploitation est tenu de faire connaître au public, par voie d'affichage, le nom de l'organisme de contrôle technique et la date de la dernière visite de contrôle de l'équipement.

Art. 4 Un rapport du Gouvernement est remis chaque année au Parlement sur l'accidentologie survenue lors des fêtes foraines et dans les parcs d'attractions.

Art. 5 Un décret en Conseil d'État définit les exigences de sécurité auxquelles doivent satisfaire les manèges, machines et installations visés à l'article 1er, le contenu et les modalités du contrôle technique ainsi que les conditions et les modalités d'agrément des organismes de contrôle technique. — *V. Décr. nº 2008-1458 du 30 déc. 2008, ci-dessous.*

Décret nº 2008-1458 du 30 décembre 2008,

Pris pour l'application de la loi nº 2008-136 du 13 février 2008 relative à la sécurité des manèges, machines et installations pour fêtes foraines ou parcs d'attractions.

Art. 1er Au sens du présent décret, on entend par :

"Matériel(s)" : les manèges, machines et installations pour fêtes foraines ou pour parcs d'attractions ou tout autre lieu d'installation ou d'exploitation destinés à être installés et assemblés en vue d'accueillir, de mouvoir ou de propulser des personnes dans un but de divertissement.

"Mise en service" : la première mise en fonction sur le territoire français d'un matériel par l'exploitant à l'issue de sa phase de réception et avant sa mise en exploitation.

"Attestation de bon montage" : le document par lequel l'exploitant d'un matériel atteste que celui-ci a été installé et calé dans le respect des prescriptions techniques émises par son constructeur ou, à défaut, dans le respect des règles de l'art.

Art. 2 Sont réputés satisfaire aux dispositions de l'article 1er de la loi du 13 février 2008 susvisée les matériels qui sont conformes :

— aux prescriptions relatives à la conception et à la fabrication de ces matériels, à la documentation technique fournie par le fabricant et aux instructions à l'attention du public contenues dans la norme NF EN 13814 (2007) ou ;

— aux réglementations, aux normes, aux spécifications techniques ou aux procédés de fabrication d'un autre État membre de la Communauté européenne ou partie à l'accord instituant l'Espace économique européen ou de la Turquie, assurant un niveau de sécurité équivalent à celui garanti par le présent décret.

Les références des prescriptions de ces normes et de ces réglementations sont publiées au *Journal officiel* de la République française.

Art. 3 Les matériels sont exploités dans les conditions de vitesse de rotation, d'accélération et de toute autre prescription technique fixées par leurs constructeurs ou déterminées par leur classement dans l'une des catégories mentionnées à l'article 14 à laquelle ces matériels appartiennent.

Chaque matériel doit être soumis aux opérations d'entretien et de maintenance nécessaires à son bon fonctionnement, à la sécurité et à la santé des personnes.

Art. 4 Chaque matériel doit être accompagné d'un dossier technique constitué par l'exploitant. Ce dossier mentionne sa catégorie, ses caractéristiques techniques ainsi que la nature et la date des opérations de contrôle, de réparation et d'entretien dont il fait l'objet. Il est complété par les rapports de contrôle ou de vérification prévus aux articles 9 et 10.

Art. 5 I. — Le contrôle technique des matériels est effectué par des organismes de contrôle agréés par le ministre de l'intérieur. — *V. Arr. du 26 janv. 2009 (JO 14 mars).*

II. — Il peut également être effectué par un service constituant une partie distincte et identifiable de l'entreprise exploitant les matériels.

Ce service répond aux critères suivants :

— il dispose du personnel nécessaire et possède l'infrastructure indispensable pour accomplir correctement les tâches techniques et administratives liées aux opérations de contrôle ;

— ce personnel a une qualification, une formation, une expérience appropriées et une connaissance satisfaisante des exigences des contrôles à réaliser ;

— il n'est soumis à aucune pression pouvant influencer son jugement.

Lorsqu'un tel service effectue le contrôle technique, ce dernier est vérifié par un organisme de contrôle agréé par le ministre de l'intérieur.

Art. 6 Les matériels font l'objet d'un contrôle technique initial avant leur mise en service.

Les matériels font ensuite l'objet de contrôles techniques périodiques.

Art. 7 Toute réparation ou modification effectuée entre deux contrôles et portant sur des éléments de structure ou de sous-ensemble dont la rupture ou la défaillance pourrait compromettre le fonctionnement du matériel en toute sécurité est signalée par l'exploitant à l'organisme chargé du contrôle technique qui réalise un nouveau contrôle.

Art. 8 Tout exploitant est tenu de présenter à l'organisme agréé le dossier technique du matériel et, à compter du deuxième contrôle technique, le rapport de contrôle technique précédent.

Art. 9 A l'issue du contrôle technique qu'il a effectué, l'organisme agréé établit un rapport indiquant les opérations de contrôle réalisées et, le cas échéant, ses observations sur les éléments contrôlés. Il se prononce également sur la pertinence des opérations d'entretien, de contrôle et de réparation effectuées par l'exploitant ou sous sa responsabilité.

S'il constate que certains défauts rendent un matériel de nature à compromettre la sécurité ou la santé des personnes, la remise en exploitation de ce matériel est subordonnée aux réparations nécessaires pour y remédier. La bonne exécution de ces réparations fait l'objet d'un nouveau contrôle appelé contre-visite.

Les rapports de contrôle sont remis à l'exploitant qui les conserve et réalise les actions correctives nécessaires.

Art. 10 A l'issue de la vérification du contrôle technique effectué par un service mentionné au II de l'article 5, l'organisme agréé établit un rapport mentionnant les vérifications réalisées et, le cas échéant, ses observations sur les éléments vérifiés.

L'organisme agréé se prononce également sur la qualité du processus de contrôle. S'il constate que ce processus contrevient aux règles relatives au contrôle technique, il en avise sans délai le ministre de l'intérieur, qui peut prescrire que le contrôle technique sera dorénavant effectué par un organisme agréé.

Les rapports de vérification sont remis à l'exploitant, qui les conserve et réalise les actions correctives nécessaires.

Art. 11 L'installation d'un matériel sur le territoire d'une commune donne lieu à la présentation au maire de la commune :

a) Des conclusions du rapport de contrôle technique ou du rapport de vérification et, le cas échéant, du rapport de contre-visite en cours de validité et comportant des conclusions favorables ;

b) D'une déclaration établie par l'exploitant précisant qu'il a réalisé les actions correctives nécessaires et que son matériel est maintenu en bon état, accompagnée des documents justificatifs.

A l'issue de l'installation du matériel, l'exploitant remet au maire une attestation de bon montage, ainsi que, si le matériel a fait l'objet d'un nouveau contrôle après la demande d'installation, le ou les rapports mentionnés au deuxième alinéa.

Le maire peut interdire l'exploitation du matériel, la subordonner à des réparations ou modifications ou à la réalisation d'un nouveau contrôle technique si les constatations effectuées ou l'examen des documents mentionnés au présent article le justifient.

A Paris, l'exploitant présente les documents précités au préfet de police qui exerce les compétences du maire prévues à l'alinéa précédent.

Art. 12 *Commission chargée de donner un avis sur l'agrément des organismes chargés d'effectuer ou de vérifier le contrôle technique des matériels.*

Art. 13 L'agrément est délivré pour une ou *[pour]* plusieurs des catégories de contrôles suivantes :

a) Le contrôle initial des matériels neufs ;

b) Le premier contrôle des matériels déjà en service ;

c) Le contrôle périodique des matériels.

L'agrément ne peut être délivré qu'aux organismes indépendants juridiquement et financièrement de tout constructeur, réparateur, importateur, vendeur, loueur, propriétaire ou exploitant des matériels satisfaisant aux critères suivants :

— les personnels appelés à effectuer ces contrôles doivent n'avoir aucun lien avec les entreprises qu'ils sont appelés à contrôler susceptible d'affecter l'indépendance de leur action ;

— l'organisme de contrôle et son personnel veillent à la confidentialité des informations obtenues au cours de leurs activités.

La demande d'agrément est adressée au ministre de l'intérieur, qui se prononce après avis de la commission mentionnée à l'article 12.

L'agrément est délivré et renouvelé pour une durée maximale de cinq ans.

La demande de renouvellement est adressée au ministre de l'intérieur trois mois avant l'expiration de l'agrément.

En cas de non-respect des obligations imposées à l'organisme agréé, le ministre de l'intérieur peut, après avis de la commission mentionnée à l'article 12, prononcer la suspension provisoire ou le retrait définitif de l'agrément.

Les décisions d'agrément, de suspension d'agrément et de retrait d'agrément sont publiées au *Journal officiel* de la République française.

Un arrêté conjoint du ministre de l'intérieur, du ministre chargé de l'industrie et du ministre chargé de la consommation précise les modalités de l'agrément des organismes de contrôle technique. — *V. Arr. du 26 janv. 2009 (JO 14 mars).*

Art. 14 Des arrêtés conjoints du ministre de l'intérieur et du ministre chargé de l'industrie définissent les catégories de matériels selon leurs caractéristiques techniques et le contenu du dossier technique mentionné à l'article 4. Ils précisent également, en fonction des conditions d'exploitation des matériels, les modalités d'exercice du contrôle technique et de sa vérification ainsi que sa périodicité. Ils indiquent les défauts des matériels de nature à compromettre la sécurité ou la santé des personnes. — *V. Arr. du 12 mars 2009 (JO 15 avr.)*

Art. 15 L'exploitant d'un matériel informe sans délai le préfet de tout accident ou problème de santé dont a été victime un utilisateur ou un tiers.

A Paris, cette information est adressée au préfet de police.

Art. 16 Les dispositions du présent décret entrent en vigueur le premier jour du sixième mois suivant la date de sa publication *[JO 31 déc. 2008]*, à l'exception des dispositions de ses articles 12 à 15.

Les matériels dont la mise en service est antérieure à la date de publication du présent décret font l'objet d'un premier contrôle technique, selon des modalités fixées par arrêté conjoint du ministre de l'intérieur et du ministre chargé de l'industrie, dans un délai qui ne peut être supérieur à trois ans.

Directive 2009/48/CE du Parlement européen et du Conseil du 18 juin 2009,

Relative à la sécurité des jouets 🏛.

Décret n° 2009-873 du 16 juillet 2009,

Relatif à la sécurité des alarmes de piscine par détection d'immersion.

Art. 1er Les dispositions du présent décret s'appliquent aux alarmes de piscine par détection d'immersion.

Art. 2 Il est interdit de fabriquer, d'importer, de mettre en vente, de vendre, de détenir en vue de la vente ou de la distribution à titre gratuit, ou de distribuer à titre gratuit des alarmes de détection d'immersion qui ne répondent pas aux conditions fixées par le présent décret.

Art. 3 Les alarmes par détection d'immersion :

1° Répondent aux exigences de sécurité énumérées à l'annexe I, d'une part, pour détecter la chute dans une piscine d'un enfant d'un poids égal ou supérieur à six kilogrammes, déclencher un dispositif d'alerte constitué d'une sirène et prévenir la noyade, d'autre part, pour rendre les commandes du dispositif inaccessibles aux enfants de moins de cinq ans ;

2° Portent les indications définies à l'annexe II ;

3° Sont accompagnées d'une notice d'emploi qui comporte toutes les mentions nécessaires à l'installation, l'utilisation et l'entretien de l'alarme, des conseils de sécurité et de prévention des noyades et les indications définies à l'annexe II.

Art. 4 Les alarmes de piscine par détection d'immersion sont conformes à un modèle bénéficiant d'une attestation de conformité aux exigences de sécurité définies à l'annexe I. Cette attestation est délivrée à la suite d'un examen de type réalisé par un organisme d'un État membre de la Communauté européenne ou d'un autre État partie à l'accord sur l'Espace économique européen ou de la Turquie, accrédités selon la norme EN/ISO 17025 par le Comité français d'accréditation (COFRAC), ou par un organisme d'accréditation signataire de l'accord multilatéral pris dans le cadre de la coordination européenne des organismes d'accréditation pour le contrôle des produits mentionnés à l'article 1er.

Le fabricant met en place un système d'assurance de la qualité conforme à la norme ISO 9001 ou fondé sur un contrôle unitaire de la production qui garantit la conformité des produits fabriqués au modèle bénéficiant de l'attestation de conformité aux exigences de sécurité.

Au sens du présent décret, on entend par "modèle d'alarme" les alarmes d'un même fabricant, ayant la même conception et les mêmes caractéristiques techniques.

Toute modification d'un modèle d'alarme susceptible d'avoir des effets sur la capacité de ce modèle à répondre aux exigences de sécurité définies à l'annexe I fait l'objet d'une nouvelle attestation de conformité, délivrée à la suite d'un examen de type effectué dans les conditions prévues à l'alinéa 1.

Art. 5 Le responsable de la mise sur le marché tient à la disposition des agents chargés du contrôle :

1° L'attestation de conformité du modèle aux exigences de sécurité mentionnée au premier alinéa de l'article 4 ;

2° Une déclaration, rédigée par le responsable de la mise sur le marché, indiquant que toutes les alarmes de chacun des lots mis sur le marché sont conformes au modèle soumis à l'examen de type ainsi que les documents relatifs au programme d'essais et de contrôles venant à l'appui de cette déclaration ;

3° Les documents relatifs au système d'assurance de la qualité mis en place par le fabricant.

Art. 6 Les dispositions du présent décret ne font pas obstacle à la commercialisation des produits légalement fabriqués ou commercialisés dans un autre État membre de la Communauté européenne ou en Turquie, ou légalement fabriqués dans un État partie à l'accord instituant l'Espace économique européen, assurant un niveau de sécurité équivalent *[équivalant]* à celui exigé par le présent décret.

Art. 7 Est puni des peines d'amende prévues pour les contraventions de *[la]* 5e classe le fait de fabriquer, importer, détenir en vue de la vente ou de la distribution à titre gratuit, mettre en vente, vendre ou distribuer à titre gratuit les produits mentionnés à l'article 1er qui ne satisfont pas aux dispositions du présent décret.

La récidive des contraventions prévues au présent article est réprimée conformément aux articles 132-11 et 132-15 du code pénal.

Art. 8 Les alarmes par détection d'immersion dont la conformité à la norme NF P 90-307-1 ou la norme NF P 90-307 et à son amendement A1 attestée par un rapport d'essai établi par un organisme indépendant du fabricant ou de l'importateur pourront être commercialisées pendant une période de six mois courant à compter de la date d'entrée en vigueur du présent décret.

ANNEXE I

EXIGENCES DE SÉCURITÉ

I. Exigences générales

Les alarmes de piscine par détection d'immersion sont conçues et fabriquées de manière à répondre aux exigences ci-après :

1° Fonctionner vingt-quatre heures sur vingt-quatre quelles que soient les conditions atmosphériques raisonnablement prévisibles et en dehors des périodes pendant lesquelles le système est volontairement neutralisé ;

2° Disposer d'une sirène intégrée ou déportée par liaison filaire, suffisamment puissante ;

3° Détecter la chute d'un enfant dont le poids est égal ou supérieur à six kilogrammes et déclencher un dispositif d'alerte sonore audible et suffisamment long ;

4° Ne pas se déclencher de façon intempestive ;

5° Résister aux températures hautes et basses et à un environnement humide ;

6° Les enveloppes contenant du matériel électrique sont protégées ;

7° La centrale et le détecteur sont installés de façon à ne pouvoir être déplacés sans l'aide d'un outil ; en outre tout composant amovible à des fins de remplacement ne peut être ouvert ou fermé par l'utilisateur sans l'aide d'un outil ;

8° Disposer d'une autonomie suffisante et être équipées d'un système de signalisation d'une alimentation faible ou d'un défaut ou d'une absence d'alimentation ;

9° Après une désactivation temporaire de l'alarme pour utiliser la piscine, le système d'alarme comporte, en plus de la réactivation manuelle, une fonction de réactivation automatique dans un bref délai ;

10° Les états « en surveillance » et « hors surveillance », « alarme », « défaillance », « hors service » sont signalés de façon permanente.

II. Exigences relatives aux commandes

1° Les commandes d'activation/désactivation sont mises hors de portée des enfants de moins de 5 ans ou sécurisées ;

2° Le déverrouillage des commandes ne peut être réalisé par un enfant de moins de 5 ans ;

3° Les manœuvres de mise « en service » et « hors service » sont effectuées à l'aide d'un dispositif spécifique ne pouvant être actionné involontairement.

ANNEXE II

MARQUAGES

Les alarmes de piscine par détection d'immersion portent de manière visible, lisible et indélébile les indications suivantes :

1° Le nom ou la dénomination sociale du fabricant ou de l'importateur et son adresse ;

2° Une indication permettant d'identifier le modèle de l'alarme ;

3° Une indication permettant d'identifier le lot auquel appartient l'alarme.

Décret n° 2010-166 du 22 février 2010,

Relatif à la sécurité des jouets.

V. aussi Circ. NOR BCRD1120902C du 26 juill. 2011 relative à la sécurité des jouets.

CHAPITRE PREMIER *Objet et champ d'application*

Art. 1er **Le présent décret fixe des règles en matière de sécurité applicables aux jouets et les conditions de la libre circulation de ceux-ci sur le marché.**

Art. 2 **Au sens du présent décret, on entend par jouets les produits qui sont conçus pour être utilisés, exclusivement ou non, à des fins de jeu par des enfants de moins de quatorze ans ou destinés à cet effet.**

Le présent décret ne s'applique pas aux jouets suivants :

a) **Équipements d'aires collectives de jeux destinés à une utilisation publique ;**

b) **Machines ludiques automatiques, actionnées ou non à l'aide de pièces de monnaie, destinées à une utilisation publique ;**

c) **Véhicules pour enfants équipés de moteurs à combustion ;**

d) **Jouets machine à vapeur ;**

e) **Frondes et lance-pierres.**

Un arrêté du ministre chargé de l'industrie précise la liste des produits susceptibles d'être utilisés à des fins de jeu par des enfants de moins de quatorze ans, qui ne sont pas considérés comme des jouets au sens du présent décret. *— V. Arr. du 24 févr. 2010, infra.*

CHAPITRE II *Exigences essentielles de sécurité*

Art. 3 **Les jouets ne peuvent être importés, fabriqués en vue de la mise sur le marché de l'Union, détenus en vue de la vente ou de la distribution à titre gratuit, mis en vente, vendus ou distribués à titre gratuit, mis à disposition sur le marché à titre gratuit ou onéreux que s'ils répondent aux exigences essentielles de sécurité en ne mettant pas en danger la sécurité ou la santé des utilisateurs ou celles de tiers lorsqu'ils sont utilisés conformément à leur destination ou à leur usage prévisible, compte tenu du comportement des enfants, pendant leur durée d'utilisation prévisible et normale. La capacité des utilisateurs**

et, le cas échéant, des personnes qui les surveillent est prise en compte, notamment dans le cas des jouets qui sont destinés à des enfants de moins de trente-six mois ou à d'autres tranches d'âge déterminées.

Les jouets mentionnés au premier alinéa :

1° Répondent aux exigences de sécurité particulières définies à l'annexe I pendant leur durée d'utilisation prévisible et normale. Un arrêté du ministre chargé de l'industrie précise les conditions d'application du 2 de la partie II « Inflammabilité » et des 4, 6, 9 et 10 de la partie III « Propriétés chimiques » de l'annexe I ; — *V. cette annexe ss. l'art. 20 du présent décret. — V. aussi Arr. du 24 févr. 2010 (JO 6 mars).*

2° Sont revêtus, le cas échéant, des avertissements nécessaires à leur utilisation en toute sécurité ;

3° Satisfont à l'une des procédures d'évaluation de la conformité prévues aux articles 8 et 9 ;

4° Sont revêtus du marquage "CE".

Art. 4 L'étiquetage, les instructions d'utilisation et les avertissements qui accompagnent les jouets destinés à être mis à disposition sur le marché français sont rédigés en langue française.

L'étiquetage ainsi que les instructions d'utilisation attirent l'attention des enfants ou des personnes qui les surveillent sur les dangers et les risques d'effets dommageables, inhérents à l'utilisation des jouets, ainsi que sur la manière de les éviter.

Les avertissements spécifient les limites d'utilisation appropriées des jouets. Ils ne peuvent pas être en contradiction avec l'utilisation à laquelle le jouet est destiné du fait de ses fonctions, dimensions ou caractéristiques.

Les limites d'utilisation concernant l'utilisateur comprennent au moins un âge minimum *[minimal]* et, le cas échéant, un âge maximum *[maximal]*, les aptitudes de l'utilisateur, un poids minimum *[minimal]* ou maximum *[maximal]*, ainsi que la nécessité de veiller à ce que le jouet soit utilisé sous la surveillance d'un adulte.

Les fabricants apposent les avertissements de manière clairement visible, facilement lisible, aisément compréhensible et précise sur les jouets, sur une étiquette ou sur l'emballage et, le cas échéant, dans les instructions d'utilisation qui accompagnent les produits.

Les avertissements sont précédés de la mention : "Attention !", qui peut, si plusieurs avertissements sont nécessaires, figurer une seule fois avant l'ensemble des avertissements.

Les avertissements qui déterminent la décision d'achat, tels que ceux qui spécifient l'âge minimum et l'âge maximum des utilisateurs, ainsi que les autres avertissements applicables figurent sur l'emballage de vente ou de manière clairement visible pour le consommateur avant l'achat, y compris lorsque celui-ci est effectué en ligne.

Les petits jouets vendus sans emballage portent directement le marquage des avertissements appropriés.

Un arrêté du ministre chargé de l'industrie définit les avertissements spécifiques pour certaines catégories de jouets. — *V. Arr. du 24 févr. 2010, infra.*

CHAPITRE III *Marquage « CE »*

Art. 5 Le marquage "CE" obéit aux principes généraux énoncés à l'article 30 du règlement du 9 juillet 2008 susvisé.

Les jouets portant le marquage "CE" sont présumés conformes au présent décret.

Il est apposé avant que le produit ne soit mis sur le marché. Il peut être suivi d'un pictogramme ou de toute autre information relative à un risque ou un usage particulier.

Le marquage "CE" est apposé de manière visible, lisible et indélébile sur le jouet, sur une étiquette attachée à celui-ci ou sur son emballage. Dans le cas de jouets de petites dimensions et de jouets composés de petites pièces, il peut être apposé sur une étiquette ou sur un feuillet accompagnant le jouet. Si cela n'est pas techniquement possible dans le cas de jouets vendus en présentoir de vente, le marquage "CE" peut être apposé sur ce présentoir, à condition que celui-ci ait été utilisé comme emballage du jouet.

Si le marquage "CE" n'est pas visible de l'extérieur de l'emballage, il est apposé sur l'emballage.

Art. 6 Les jouets qui ne satisfont pas aux dispositions du présent décret, notamment ceux qui ne sont pas munis du marquage "CE", peuvent être exposés et utilisés dans des salons professionnels et des expositions, à condition qu'ils soient accompagnés d'une indication précisant qu'ils ne satisfont pas aux exigences fixées par le présent décret et qu'ils ne seront pas mis à disposition sur le marché de l'Union avant d'avoir été mis en conformité.

CHAPITRE IV *Évaluation de la conformité*

Art. 7 Avant de mettre un jouet à disposition sur le marché, le fabricant procède à une analyse des dangers de nature chimique, physique, mécanique, électrique, en matière d'inflammabilité, de radioactivité et d'hygiène que le jouet peut présenter et évalue l'exposition potentielle à ces dangers.

Pour évaluer la conformité des jouets, le fabricant respecte l'une des deux procédures définies aux articles 8 et 9.

Il établit une déclaration "CE" de conformité attestant le respect des exigences essentielles de sécurité mentionnées à l'article 3. Cette déclaration "CE" de conformité contient les éléments énumérés à l'annexe II et aux modules pertinents de l'annexe II de la décision du 9 juillet 2008 susvisée et est mise à jour. La déclaration "CE" de conformité des jouets destinés à être mis à disposition sur le marché français est rédigée ou traduite en langue française.

En établissant la déclaration "CE" de conformité, le fabricant assume la responsabilité de la conformité du jouet.

L'ensemble des données et des détails pertinents sur les moyens utilisés par le fabricant pour garantir que les jouets satisfont aux exigences mentionnées à l'article 3 est consigné dans une documentation technique conservée par le fabricant. Cette documentation contient les documents énumérés à l'annexe III. — *V. cette annexe ss. l'art. 20 du présent décret.*

La documentation technique est rédigée dans l'une des langues officielles de l'Union européenne sous réserve des dispositions du dernier alinéa de l'article 10.

Le fabricant ou son mandataire, ou, à défaut, toute personne qui met les jouets sur le marché, tient la documentation technique à la disposition des agents chargés du contrôle, y compris une copie de la déclaration "CE" de conformité.

Art. 8 Le fabricant utilise la procédure de contrôle de production interne mentionnée au module A de l'annexe II de la décision du 9 juillet 2008 susvisée lorsque les jouets ont été fabriqués conformément aux normes harmonisées ou parties de normes harmonisées couvrant toutes les exigences de sécurité pertinentes, dont les références sont publiées au *Journal officiel de l'Union européenne*.

Les jouets conformes aux normes harmonisées ou parties de normes harmonisées susmentionnées bénéficient d'une présomption de conformité aux exigences essentielles de sécurité mentionnées à l'article 3, dans la mesure où elles sont couvertes par ces normes ou parties de normes.

Art. 9 Le fabricant utilise la procédure de l'examen "CE de type" décrite à l'article 10, combinée à la procédure de "conformité au type" mentionnée au module C de l'annexe II de la décision du 9 juillet 2008 susvisée dans l'un des cas suivants :

1° Si des normes harmonisées telles que mentionnées au premier alinéa de l'article 8, couvrant toutes les exigences de sécurité requises pour le jouet, n'existent pas ;

2° Si les normes harmonisées mentionnées au premier alinéa de l'article 8 existent, mais le fabricant ne les a pas appliquées ou les a appliquées partiellement ;

3° Si les normes harmonisées mentionnées au premier alinéa de l'article 8 ou certaines d'entre elles ont été publiées assorties d'une restriction ;

4° Si le fabricant estime que la nature, la conception, la construction ou la destination du jouet nécessite une vérification par un tiers.

Art. 10 La demande d'examen "CE de type", la réalisation de cet examen et l'émission de l'attestation d'examen "CE de type" sont effectuées conformément aux procédures mentionnées au module B de l'annexe II de la décision du 9 juillet 2008 susvisée. L'examen "CE de type" est effectué de la manière décrite au paragraphe 2, second tiret, de ce module.

La demande d'examen "CE de type" comprend une description du jouet et une indication du lieu de fabrication, y compris l'adresse.

L'examen "CE de type" est réalisé par un organisme habilité, indépendant du fabricant et notifié à la Commission européenne.

Sont habilités à réaliser l'examen "CE de type" les organismes accrédités pour les essais correspondants par le Comité français d'accréditation (COFRAC) et faisant l'objet d'une notification à la Commission européenne ainsi que les organismes désignés à cet effet par un autre État membre de l'Union européenne, un État partie à l'accord sur l'Espace économique européen ou la Turquie. Les organismes faisant l'objet d'une notification par les autorités françaises participent aux activités de normalisation et de coordination pertinentes. Ils informent les autorités de tout refus, restriction, suspension ou retrait d'un certificat d'examen "CE de type" ainsi que de toute circonstance influant sur la portée et les conditions de leur habilitation.

L'examen "CE de type" comprend une évaluation, menée le cas échéant conjointement avec le fabricant, de l'analyse effectuée par ce dernier, conformément aux dispositions du premier alinéa de l'article 7 relatives aux dangers que le jouet peut présenter.

L'attestation d'examen "CE de type" comprend une référence au présent décret, une représentation en couleur et une claire description du jouet, notamment ses dimensions, ainsi qu'une liste des essais effectués, accompagnée d'une référence au rapport d'essai correspondant.

L'attestation est revue au minimum tous les cinq ans et à tout moment en cas de nécessité, en particulier en cas de modification du processus de fabrication, des matières premières ou des composants du jouet.

L'attestation est retirée si le jouet ne satisfait plus aux exigences de sécurité mentionnées à l'article 3. Les organismes ayant fait l'objet d'une notification n'accordent pas d'attestation d'examen "CE de type" à un jouet auquel une telle attestation a été refusée ou retirée par un autre organisme ayant fait l'objet d'une notification, sauf si le jouet a été mis en conformité entre-temps.

La documentation technique et la correspondance se rapportant à la procédure de l'examen "CE de type" sont rédigées en français ou dans une langue acceptée par l'organisme réalisant l'examen "CE de type".

CHAPITRE V *Obligations des opérateurs économiques*

Art. 11 I. – Les fabricants, lorsqu'ils mettent leurs jouets sur le marché de l'Union, s'assurent que ceux-ci sont conçus et fabriqués conformément aux exigences essentielles de sécurité mentionnées à l'article 3.

II. – Les fabricants se conforment aux procédures décrites aux chapitres III et IV.

III. – Les fabricants conservent la documentation technique et la déclaration "CE" de conformité pendant une durée de dix ans à partir de la mise sur le marché du jouet.

IV. – Les fabricants s'assurent que des procédures sont en place pour faire en sorte que la production en série reste conforme au modèle soumis aux essais. Ils tiennent compte des modifications de la conception ou des caractéristiques du jouet ainsi que des modifications des normes harmonisées prises comme base de référence pour déclarer la conformité d'un jouet.

Dans tous les cas où cela est jugé approprié, eu égard aux risques présentés par un jouet et afin de protéger la santé et la sécurité des consommateurs, les fabricants effectuent des essais par sondage sur des jouets commercialisés, enquêtent sur les réclamations et, le cas échéant, tiennent un registre de celles-ci ainsi que des jouets non conformes et informent les distributeurs du suivi réalisé.

V. – Les fabricants s'assurent que leurs jouets portent un numéro de type, de lot, de série ou de modèle ou tout autre élément permettant leur identification ou, lorsque la taille ou la nature du jouet ne le permet pas, que les informations requises figurent sur l'emballage ou dans un document accompagnant le jouet.

VI. – Les fabricants indiquent sur le jouet leur nom, leur raison sociale ou leur marque commerciale déposée et l'adresse à laquelle ils peuvent être contactés. S'il n'est pas possible d'apposer ces informations sur le jouet, elles figurent sur l'emballage du jouet ou dans un document accompagnant le jouet. L'adresse indique un seul endroit où le fabricant peut être contacté.

VII. – Les fabricants s'assurent que le jouet est accompagné d'instructions et d'informations de sécurité dans une langue ou des langues aisément comprises des consommateurs de l'État membre sur le marché duquel le jouet est destiné à être mis à disposition.

Art. 12 I. – Un mandataire peut être désigné, par un mandat écrit, par un fabricant.

II. – Les obligations prévues au 1° de l'article 11 et l'établissement de la documentation technique ne font pas partie de son mandat.

III. – Le mandataire accomplit les tâches spécifiées dans le mandat reçu du fabricant qui visent au minimum à tenir la déclaration "CE" de conformité et la documentation technique à la disposition des agents chargés du contrôle pendant une durée de dix ans à compter de la mise sur le marché du jouet.

Art. 13 I. – Les importateurs ne mettent sur le marché que des jouets conformes.

II. – Avant de mettre un jouet sur le marché, les importateurs s'assurent que la procédure appropriée d'évaluation de la conformité a été appliquée par le fabricant.

Ils s'assurent que le fabricant a établi la documentation technique, que le jouet porte le marquage de conformité requis, qu'il est accompagné des documents nécessaires et que le fabricant a satisfait aux exigences mentionnées aux V et VI de l'article 11.

Lorsqu'un importateur considère, ou a des raisons de croire, qu'un jouet n'est pas conforme aux exigences essentielles de sécurité mentionnées à l'article 3, il ne met pas le jouet sur le marché tant que le jouet n'a pas été mis en conformité avec ces exigences. En outre, dans le cas où le jouet présente un risque, l'importateur en informe le fabricant ainsi que les agents chargés du contrôle.

III. – Les importateurs indiquent sur le jouet leur nom, leur raison sociale ou leur marque commerciale déposée et l'adresse à laquelle ils peuvent être contactés. S'il n'est pas possible d'apposer ces informations sur le jouet, elles figurent sur l'emballage du jouet ou dans un document accompagnant le jouet.

IV. – Les importateurs s'assurent que le jouet est accompagné d'instructions et d'informations de sécurité dans une langue ou des langues aisément comprises des consommateurs de l'État membre sur le marché duquel le jouet est destiné à être mis à disposition.

V. – Tant qu'un jouet est sous leur responsabilité, les importateurs s'assurent que les conditions de stockage ou de transport ne compromettent pas sa conformité aux exigences essentielles de sécurité mentionnées à l'article 3.

VI. – Lorsque cela est jugé approprié, eu égard aux risques présentés par un jouet et afin de protéger la santé et la sécurité des consommateurs, les importateurs effectuent des essais par sondage sur des jouets commercialisés, enquêtent sur les réclamations et, le cas échéant, tiennent un registre de celles-ci, ainsi que des jouets non conformes ou rappelés, et informent les distributeurs du suivi réalisé.

VII. – Pendant une durée de dix ans à compter de la mise sur le marché du jouet, les importateurs tiennent une copie de la déclaration "CE" de conformité à la disposition des agents chargés du contrôle et s'assurent que la documentation technique peut être fournie à ces agents sur demande.

Art. 14 I. – Les distributeurs, lorsqu'ils mettent un jouet à disposition sur le marché, agissent avec toute la diligence requise en ce qui concerne les exigences applicables.

II. – Avant de mettre un jouet à disposition sur le marché, les distributeurs vérifient qu'il porte le marquage ou les marquages de conformité requis, qu'il est accompagné des documents requis et d'instructions et d'informations de sécurité dans une langue ou des langues aisément comprises des consommateurs de l'État membre sur le marché duquel le jouet est destiné à être mis à disposition, et que le fabricant et l'importateur ont respecté les exigences mentionnées respectivement aux V et VI de l'article 11 et au III de l'article 13.

Lorsqu'un distributeur considère, ou a des raisons de croire, qu'un jouet n'est pas conforme aux exigences essentielles de sécurité mentionnées à l'article 3, il ne met pas le jouet à disposition sur le marché tant qu'il n'a pas été mis en conformité avec ces exigences. En outre, dans le cas où le produit présente un risque, le distributeur en informe le fabricant ou l'importateur ainsi que les agents chargés du contrôle.

III. – Tant qu'un jouet est sous leur responsabilité, les distributeurs s'assurent que les conditions de stockage ou de transport ne compromettent pas sa conformité aux exigences essentielles de sécurité mentionnées à l'article 3.

Art. 15 Un importateur ou un distributeur est considéré comme un fabricant au sens du présent décret et est soumis aux obligations incombant au fabricant énoncées à l'article 11 s'il met sur le marché un jouet sous son nom ou sa marque propre ou s'il modifie un jouet déjà mis sur le marché de telle manière que sa conformité aux exigences applicables risque d'en être affectée.

Art. 16 Les opérateurs économiques identifient, à la demande des agents chargés du contrôle :

a) Tout opérateur économique qui leur a fourni un jouet ;

b) Tout opérateur économique auquel ils ont fourni un jouet.

Les opérateurs économiques sont en mesure de fournir ces informations pendant une durée de dix ans à compter de la date de mise sur le marché du jouet dans le cas du fabricant, et pendant dix ans à compter de la date où le jouet leur a été fourni dans le cas des autres opérateurs économiques.

CHAPITRE VI *Sanctions*

Art. 17 Est puni de l'amende prévue pour les contraventions de la cinquième classe le fait :

1° De fabriquer en vue de la mise sur le marché de l'Union, importer, détenir en vue de la vente ou de la distribution à titre gratuit, mettre en vente, vendre, mettre à disposition sur le marché à titre gratuit ou onéreux des jouets ne respectant pas les obligations prévues aux 2° et 3° de l'article 3 ;

2° De ne pas être en mesure de présenter aux agents chargés du contrôle les documents prévus au chapitre IV.

La récidive est réprimée conformément aux dispositions des articles 132-11 et 132-15 du code pénal.

Est puni de l'amende prévue pour les contraventions de la troisième classe le fait :

1° De fabriquer en vue de la mise sur le marché de l'Union, importer, détenir en vue de la vente ou de la distribution à titre gratuit, mettre en vente, vendre, mettre à disposition sur le marché à titre gratuit ou onéreux des jouets ne respectant pas l'obligation prévue au 4° de l'article 3 ;

2° D'apposer sur un jouet, sur son emballage ou sur les documents, notices d'information du fabricant qui l'accompagnent des inscriptions de nature à créer des confusions avec le marquage "CE" ou à en compromettre la visibilité ou la lisibilité ;

3° D'exposer, lors de salons professionnels et expositions, des jouets qui ne respectent pas les dispositions de l'article 6.

CHAPITRE VII *Dispositions transitoires et finales*

Art. 18 Les dispositions du présent décret entrent en vigueur le 20 juillet 2011.

Art. 19 Le décret du 12 septembre 1989 susvisé *[nº 89-662, relatif à la prévention des risques résultant de l'usage des jouets]*, à l'exception du 3 de la partie II de l'annexe II, est abrogé à compter du 20 juillet 2011.

Le 3 de la partie II de l'annexe II du décret du 12 septembre 1989 susvisé est abrogé à compter du 20 juillet 2013.

Décret nº 89-662 du 12 septembre 1989,

Relatif à la prévention des risques résultant de l'usage des jouets.

Ce décret est abrogé à compter du 20 juill. 2011 (Décr. nº 2010-166 du 22 févr. 2010, art. 19). — V. ***C. consom.****, éd. 2010 ou antérieures.*

Art. 20 Les jouets conformes au décret du 12 septembre 1989 susvisé *[nº 89-662, relatif à la prévention des risques résultant de l'usage des jouets]* et qui ont été mis sur le marché de l'Union avant le 20 juillet 2011 peuvent continuer à être commercialisés.

Les jouets conformes au présent décret sauf aux exigences énoncées dans la partie III de l'annexe I peuvent être mis sur le marché communautaire jusqu'au 20 juillet 2013, à condition de satisfaire aux exigences prévues au 3 de la partie II de l'annexe II du décret du 12 septembre 1989 susvisé.

ANNEXES

ANNEXE 1

EXIGENCES DE SÉCURITÉ PARTICULIÈRES

I. Propriétés physiques et mécaniques

1. Les jouets et leurs pièces, ainsi que leurs fixations dans le cas de jouets montés, ont la résistance mécanique et, le cas échéant, la stabilité requises pour résister aux contraintes auxquelles ils sont soumis lors de leur utilisation sans risquer de provoquer des blessures par rupture ou déformation.

2. Les arêtes, saillies, cordes, câbles et fixations accessibles des jouets sont conçus et fabriqués de manière à réduire, dans la mesure du possible, les risques de blessure lors d'un contact.

3. Les jouets sont conçus et fabriqués de manière à ne présenter, du fait du mouvement de leurs pièces, aucun risque ou seulement les risques minimaux inhérents à leur utilisation.

4. *a)* Les jouets et leurs pièces ne présentent pas de risque d'étranglement.

b) Les jouets et leurs pièces ne présentent pas de risque d'asphyxie par blocage de l'arrivée d'air résultant d'une obstruction externe des voies respiratoires par la bouche ou le nez.

c) Les jouets et leurs pièces sont d'une dimension telle qu'ils ne présentent pas de risque d'asphyxie par blocage de l'arrivée d'air résultant d'une obstruction interne des voies respiratoires par des objets coincés dans la bouche ou le pharynx ou à l'entrée des voies respiratoires inférieures.

d) Les jouets qui sont manifestement destinés aux enfants de moins de trente-six mois et leurs éléments et leurs pièces détachables sont de dimension suffisante pour empêcher leur ingestion ou leur inhalation. Cette prescription s'applique également aux autres jouets destinés à être mis en bouche ainsi qu'à leurs éléments et leurs pièces détachables.

e) Les emballages dans lesquels les jouets sont contenus pour la vente au détail ne présentent pas de risques d'étranglement ou d'asphyxie par obstruction externe des voies respiratoires par la bouche ou le nez.

f) Les jouets présents dans des denrées alimentaires ou mélangés à des denrées alimentaires ont leur propre emballage. Tel qu'il se présente, cet emballage est de dimension suffisante pour empêcher son ingestion ou son inhalation.

g) Les emballages de jouets mentionnés aux points *e* et *f* sphériques, ovoïdes ou ellipsoïdes et toutes pièces détachables de ceux-ci ou les emballages cylindriques aux extrémités arrondies sont d'une dimension empêchant qu'ils causent une obstruction des voies respiratoires en se retrouvant coincés dans la bouche ou le pharynx ou à l'entrée des voies respiratoires inférieures.

h) Les jouets qui font corps avec un produit alimentaire au stade de la consommation, de telle sorte qu'il est indispensable de consommer l'aliment avant d'avoir accès au jouet, sont interdits. Les pièces de jouets qui, d'une autre manière, font corps avec un produit alimentaire satisfont aux exigences énoncées aux points *c* et *d*.

5. Les jouets aquatiques sont conçus et fabriqués de façon à réduire, dans la mesure du possible, et compte tenu de l'usage préconisé de ces jouets, le risque de perte de flottabilité et de perte de l'appui donné à l'enfant. On entend par « jouet aquatique » un jouet destiné à être utilisé en eau peu profonde et apte à porter ou à soutenir un enfant sur l'eau.

6. Les jouets dans lesquels on peut pénétrer et qui constituent de ce fait un espace clos pour les utilisateurs possèdent un moyen de sortie que ceux-ci peuvent facilement actionner de l'intérieur pour s'en extraire.

7. Les jouets conférant la mobilité aux utilisateurs comportent, dans la mesure du possible, un système de freinage adapté au type de jouet et en rapport avec l'énergie cinétique qu'ils développent. Ce système peut être facilement actionné par l'utilisateur sans risque d'éjection ou de blessure pour l'utilisateur et pour les tiers.

La vitesse maximale résultant de la construction des jouets porteurs électriques est limitée de sorte à minimiser le risque de blessure.

8. La forme et la composition des projectiles et l'énergie cinétique qu'ils peuvent développer lors de leur lancement par un jouet conçu à cette fin sont telles que les projectiles ne risquent pas, compte tenu de la nature du jouet, de blesser l'utilisateur ou des tiers.

9. Les jouets sont fabriqués de manière à garantir que :

a) Les températures maximale et minimale de toutes les surfaces accessibles ne causent pas de blessures lors d'un contact ;

b) Les liquides, vapeurs et gaz contenus dans le jouet n'atteignent pas des températures ou des pressions telles que leur échappement, dû à des raisons autres que celles indispensables au bon fonctionnement du jouet, soit susceptible de provoquer des brûlures ou autres blessures.

10. Les jouets conçus pour émettre un son sont conçus et fabriqués, en ce qui concerne les valeurs maximales pour les impulsions sonores et les sons prolongés, de telle sorte que le son qu'ils émettent ne puisse endommager l'ouïe des enfants.

11. Les jouets d'activité sont fabriqués de manière à réduire dans la mesure du possible :

a) Le risque que des parties du corps soient écrasées ou coincées ;

b) Le risque qu'un vêtement soit happé ;

c) Le risque de chute, d'impact et de noyade.

En particulier, toute surface de ces jouets accessible à un ou plusieurs enfants doit être conçue pour en supporter la charge. On entend par « jouet d'activité » un jouet destiné à un usage familial et dont la structure portante reste fixe pendant l'activité et qui est destiné aux enfants pour pratiquer l'une des activités suivantes : grimper, sauter, se balancer, glisser, basculer, tournoyer, ramper, se faufiler ou toute combinaison de ces activités.

II. Inflammabilité

1. Les jouets ne constituent pas un élément inflammable dangereux dans l'environnement de l'enfant. Ils sont donc composés de matériaux remplissant au moins l'une des conditions suivantes :

a) Ils ne brûlent pas sous l'action directe d'une flamme, d'une étincelle ou de toute autre source potentielle d'incendie ;

b) Ils sont difficilement inflammables (la flamme s'éteint dès qu'il n'y a plus de cause d'incendie) ;

c) S'ils s'enflamment, ils brûlent lentement et présentent une faible vitesse de propagation de la flamme ;

d) Ils sont conçus, quelle que soit leur composition chimique, de manière à retarder mécaniquement le processus de combustion.

Ces matériaux combustibles ne constituent pas un risque de propagation du feu aux autres matériaux utilisés dans le jouet.

2. Les jouets qui, pour des raisons indispensables à leur fonctionnement, contiennent des substances ou des mélanges répondant aux critères de classification énoncés dans un arrêté du ministre chargé de l'industrie, et notamment des matériaux et équipements pour des expériences chimiques, l'assemblage de maquettes, les moulages plastiques ou céramiques, l'émaillage, la photographie ou des activités similaires, ne contiennent pas, en tant que tels, des substances ou des mélanges qui puissent devenir inflammables du fait de la perte de composants volatils non inflammables. — *V. Arr. du 24 févr. 2010 (JO 6 mars) au* ***C. consom.***

3. Les jouets autres que les amorces à percussion pour jouets ne sont pas explosifs et ne contiennent pas d'éléments ou de substances susceptibles d'exploser en cas d'utilisation ou d'usage prévu à l'article 3.

4. Les jouets, et notamment les jeux et les jouets chimiques, ne contiennent pas, en tant que tels, des substances ou des mélanges :

a) Qui, lorsqu'ils sont associés, sont susceptibles d'exploser par réaction chimique ou par échauffement ;

b) Qui sont susceptibles d'exploser lorsqu'ils sont mélangés avec des substances oxydantes ;

c) Ou qui contiennent des composants volatils inflammables dans l'air et susceptibles de former des mélanges vapeur/air inflammables ou explosifs.

III. Propriétés chimiques

1. Les jouets sont conçus et fabriqués de manière à ne présenter aucun risque d'effet nuisible sur la santé humaine dû à l'exposition à des substances ou mélanges chimiques qui entrent dans la composition des jouets ou qui y sont présents, lorsque l'utilisation de ces jouets est celle décrite à l'article 3.

2. Les jouets sont conformes à la législation communautaire relative à certaines catégories de produits ou aux restrictions d'utilisation de certaines substances et mélanges.

Les jouets qui sont eux-mêmes des substances ou des mélanges sont également conformes, suivant le cas, à l'arrêté du 20 avril 1994 relatif à la classification, l'emballage et l'étiquetage des substances, à l'arrêté du 9 novembre 2004 définissant les critères de classification et les conditions d'étiquetage et d'emballage des préparations dangereuses et transposant la directive du 31 mai 1999 susvisée et au règlement du 16 décembre 2008 susvisé.

3. Sans préjudice de l'application des restrictions définies au premier alinéa du 2, les substances classées comme étant cancérogènes, mutagènes ou toxiques pour la reproduction (CMR) de catégorie 1A, 1B ou 2, conformément au règlement du 16 décembre 2008, ne sont pas utilisées dans les jouets et n'entrent pas dans la composition de jouets ou de pièces de jouets micro-structurellement distinctes.

4. Par dérogation au 3, des substances ou mélanges classés CMR peuvent être utilisés dans les jouets et entrer dans la composition de jouets ou de pièces de jouets micro-structurellement distinctes sous réserve que l'une des conditions suivantes soit remplie :

a) Ces substances et mélanges sont présents à des concentrations individuelles égales ou inférieures à celles fixées par un arrêté du ministre chargé de l'industrie ; — *V. Arr. du 24 févr. 2010 (JO 6 mars) au* ***C. consom.***

b) Ces substances et mélanges sont totalement inaccessibles aux enfants, y compris par inhalation, dès lors que les jouets sont utilisés dans les conditions prévues à l'article 3 ;

c) Ces substances et mélanges sont autorisés pour une utilisation particulière par un arrêté du ministre chargé de l'industrie. — *V. Arr. du 24 févr. 2010 (JO 6 mars) au* ***C. consom.***

5. Les 3 et 4 ne s'appliquent pas au nickel contenu dans l'acier inoxydable.

6. Les 3 et 4 ne s'appliquent pas aux matériaux qui respectent les valeurs limites spécifiques pour les produits chimiques utilisés dans les jouets destinés à l'usage d'enfants de moins de trente-six mois ou dans d'autres jouets destinés à être mis en bouche, fixées par un arrêté du ministre chargé de l'industrie, ou, en l'absence de telles valeurs mais pas au-delà du 20 juillet 2017, aux matériaux couverts par les dispositions relatives aux matières entrant en contact avec les denrées alimentaires et respectant ces dispositions, définies dans le règlement du 27 octobre 2004 susvisé, ainsi que les mesures spécifiques afférentes pour certaines matières. — *V. Arr. du 24 févr. 2010 (JO 6 mars) au* ***C. consom.***

7. Sans préjudice de l'application des 3 et 4, l'utilisation des nitrosamines et des substances nitrosables est interdite dans les jouets destinés à des enfants de moins de trente-six mois et dans les autres jouets destinés à être mis en bouche, si la migration de ces substances est égale ou supérieure à 0,05 mg par kg pour les nitrosamines et à 1 mg par kg pour les substances nitrosables.

8. Les jouets cosmétiques, tels que les cosmétiques pour poupées, sont conformes aux exigences de composition et d'étiquetage énoncées dans la directive du 27 juillet 1976 susvisée.

9. Les conditions d'emploi des substances parfumantes allergisantes sont définies dans un arrêté du ministre chargé de l'industrie. — *V. Arr. du 24 févr. 2010 (JO 6 mars) au* ***C. consom.***

10. Les limites de migration des éléments chimiques entrant dans la composition des jouets et de leurs composants sont fixées par un arrêté du ministre chargé de l'industrie. — *V. Arr. du 24 févr. 2010 (JO 6 mars) au* ***C. consom.***

IV. Propriétés électriques

1. Les jouets et leurs pièces accessibles sont alimentés par une tension qui n'excède pas 24 volts en courant continu ou l'équivalent en courant alternatif.

Les voltages internes n'excèdent pas 24 volts en courant continu ou l'équivalent en courant alternatif, à moins que le voltage et la combinaison de la tension et de l'intensité générées ne comportent aucun risque de choc électrique nuisible, même si le jouet est cassé.

2. Les pièces des jouets qui sont en contact ou susceptibles d'être en contact avec une source d'électricité risquant de provoquer un choc électrique ainsi que les câbles ou autres fils conducteurs par lesquels l'électricité est conduite à ces pièces sont efficacement isolés et mécaniquement protégés afin de prévenir le risque d'un tel choc.

3. Les jouets électriques sont conçus et fabriqués de manière à garantir que les températures maximales atteintes par toutes les surfaces directement accessibles ne causent pas de brûlures lors d'un contact.

4. Lors de pannes prévisibles, les jouets sont conçus pour prévenir les risques liés à l'électricité résultant d'une source d'énergie électrique.

5. Les jouets électriques assurent une protection adéquate contre les risques d'incendie.

6. Les jouets électriques sont conçus et fabriqués de telle sorte que les champs électriques, magnétiques et électromagnétiques et les autres radiations générées par le matériel soient limités à ce qui est nécessaire pour le fonctionnement du jouet. Ils fonctionnent à un niveau de sécurité conforme à l'état généralement reconnu de la technique, compte tenu des mesures en vigueur en la matière dans l'Union européenne.

7. Les jouets dotés d'un système de commande électronique sont conçus et fabriqués de manière à fonctionner en toute sécurité, même en cas de dysfonctionnement ou de panne découlant d'une défaillance du système lui-même ou d'un facteur extérieur.

8. Les jouets sont conçus et fabriqués de manière à ne présenter aucun risque pour la santé et aucun risque de blessures aux yeux ou à la peau par des lasers, des diodes électroluminescentes ou tout autre type de radiation.

9. Le transformateur électrique pour jouets ne fait pas partie intégrante du jouet.

V. Hygiène

1. Les jouets sont conçus et fabriqués de façon à satisfaire aux conditions d'hygiène et de propreté afin d'éviter les risques d'infection, de maladie et de contamination.

2. Les jouets destinés aux enfants de moins de trente-six mois sont conçus et fabriqués de manière à pouvoir être nettoyés. Les jouets en textile sont lavables, sauf s'ils contiennent un mécanisme susceptible d'être endommagé par le lavage à grande eau. Les jouets continuent de remplir les conditions de sécurité après le nettoyage, conformément aux dispositions du présent alinéa et aux consignes du fabricant.

VI. Radioactivité

Les jouets sont conformes à l'ensemble des dispositions applicables au titre du chapitre III du traité instituant la Communauté européenne de l'énergie atomique.

ANNEXE II

Modèle de déclaration « CE » de conformité

1. Nº ... (identification unique du ou des jouets).

2. Nom et adresse du fabricant ou de son mandataire.

3. La présente déclaration de conformité est établie sous la seule responsabilité du fabricant.

4. Objet de la déclaration : ... (identification du jouet permettant sa traçabilité, accompagnée d'une image couleur suffisamment claire pour permettre l'identification du jouet).

5. L'objet de la déclaration décrit ci-dessus est conforme à la directive nº 2009/48/CE du 18 juin 2009 du Parlement européen et du Conseil relative à la sécurité des jouets (citer le cas échéant les autres directives pertinentes, par exemple les directives « compatibilité électromagnétique », « matériaux au contact des denrées alimentaires », avec leurs références).

6. Références des normes harmonisées pertinentes appliquées ou des spécifications par rapport auxquelles la conformité est déclarée : ...

7. Le cas échéant, l'organisme notifié (nom, numéro) a effectué (description de l'intervention) et a établi l'attestation : ...

8. Informations complémentaires : ...

Signé par et au nom de :

(Date et lieu d'établissement).

(Nom, fonction) (signature).

ANNEXE III

Documentation technique

La documentation technique mentionnée à l'article 7 contient les éléments suivants, dans la mesure nécessaire à l'évaluation :

a) Une description détaillée de la conception et de la fabrication, notamment une liste des composants et des matières utilisés dans les jouets ainsi que les fiches de données de sécurité relatives aux substances chimiques utilisées, à obtenir auprès des fournisseurs de substances chimiques ;

b) La ou les évaluations de la sécurité effectuées en application du chapitre V ;

c) Une description de la procédure suivie pour évaluer la conformité ;

d) Une copie de la déclaration "CE" de conformité ;

e) L'adresse des lieux de fabrication et d'entreposage ;

f) Une copie des documents que le fabricant a communiqués à l'organisme notifié, si ce dernier intervient ;

g) Les rapports d'essais et la description des moyens par lesquels le fabricant garantit la conformité de la production aux normes harmonisées, si le fabricant a suivi la procédure de contrôle *interne de la fabrication* mentionnée à l'article 8 ;

h) Une copie de l'attestation de l'examen « CE de type », une description des moyens par lesquels le fabricant garantit la conformité de la production au type de produit décrit dans l'attestation ainsi qu'une copie des documents que le fabricant a communiqués à l'organisme notifié, si le fabricant a suivi les procédures d'examen « CE de type » et d'établissement de la déclaration de conformité au type mentionnées à l'article 9.

Arrêté du 24 février 2010,

Fixant les modalités d'application du décret n° 2010-166 du 22 février 2010 relatif à la sécurité des jouets.

Art. 1er **Les produits susceptibles d'être utilisés à des fins de jeu par des enfants de moins de quatorze ans qui ne sont pas considérés comme des jouets au sens de l'article 2 du décret du 22 février 2010 susvisé sont listés en annexe I.**

Art. 2 **Les conditions d'application du 2 de la partie II "Inflammabilité" et des 4, 6, 9 et 10 de la partie III "Propriétés chimiques" de l'annexe I du décret du 22 février 2010 susvisé sont fixées en annexe II.**

Art. 3 **Les avertissements spécifiques pour certaines catégories de jouets prévus à l'article 4 du décret du 22 février 2010 susvisé sont apposés dans les conditions fixées en annexe III.**

ANNEXES
ANNEXE I

LISTE DE PRODUITS QUI NE SONT PAS CONSIDÉRÉS COMME DES JOUETS AU SENS DE L'ARTICLE 2 DU DÉCRET DU 22 FÉVRIER 2010 SUSVISÉ

1. Objets décoratifs servant aux fêtes et célébrations ;

2. Produits destinés à des collectionneurs, à condition que ces produits ou leur emballage portent, de manière visible et lisible, la mention qu'ils sont destinés aux collectionneurs âgés d'au moins 14 ans, tels que :

a) Modèles réduits fidèles et détaillés ;

b) (Arr. du 8 janv. 2015, art. 1er) « Coffrets d'assemblage de modèles réduits détaillés ; »

c) Poupées folkloriques et décoratives et autres articles similaires ;

d) Répliques historiques de jouets ;

e) Reproductions d'armes à feu réelles.

3. Équipements sportifs, y compris les patins à roulettes, les patins en ligne et les planches à roulettes destinés aux enfants pesant plus de 20 kg ;

4. *(Arr. du 8 janv. 2015, art. 1er)* « Bicyclettes ayant une hauteur de selle maximale supérieure à 435 mm, distance mesurée à la verticale entre le sol et la surface supérieure de la selle, la selle se trouvant en position horizontale et la tige de la selle étant réglée au niveau d'insertion minimum *[minimal]* ; »

5. Trottinettes et autres moyens de transport conçus pour le sport ou qui sont destinés à être utilisés à des fins de déplacement sur les voies publiques ;

6. Véhicules électriques destinés à être utilisés pour les déplacements sur les voies publiques ainsi que sur leurs trottoirs ;

7. Équipements nautiques destinés à être utilisés dans des eaux profondes et dispositifs pour apprendre à nager destinés aux enfants, tels que les sièges de natation et les aides à la natation ;

8. Puzzles de plus de 500 pièces ;

9. Armes et pistolets à air comprimé, à l'exception des armes à eau et des pistolets à eau, et arcs à flèches d'une longueur supérieure à 120 cm ;

10. *(Arr. du 8 janv. 2015, art. 1er)* « Artifices de divertissement, y compris les amorces à percussion qui ne sont pas spécialement conçues pour des jouets ; »

11. Produits et jeux comprenant des projectiles à pointe acérée, tels que les jeux de fléchettes à pointe métallique ;

12. Produits éducatifs fonctionnels, tels que les fours et fers électriques et autres produits fonctionnels alimentés par une tension nominale supérieure à 24 volts, fonctionnant et destinés à être utilisés de la même manière qu'un produit, un appareil ou une installation destinés à des adultes, dont ils peuvent constituer un modèle réduit et qui sont vendus exclusivement pour être employés à des fins éducatives sous la surveillance d'un adulte ;

13. Produits destinés à être utilisés dans les écoles à des fins d'enseignement et dans d'autres contextes pédagogiques, sous la surveillance d'un instructeur adulte, tels que les équipements scientifiques ;

14. Équipements électroniques, tels que les ordinateurs personnels et les consoles de jeu, servant à utiliser des logiciels interactifs, et les périphériques associés, à moins que ces équipements électro-

niques ou les périphériques associés ne soient spécifiquement conçus pour les enfants et destinés à ceux-ci et aient une valeur ludique intrinsèque, tels que les ordinateurs personnels, claviers, manettes de jeu ou volants spécialement conçus ;

15. Logiciels interactifs destinés aux loisirs et aux divertissements, tels que les jeux électroniques et leurs supports de stockage, tels que les disques compacts ;

16. Sucettes de puériculture ;

17. Luminaires attrayants pour les enfants ;

18. Transformateurs électriques pour jouets ;

19. Accessoires de mode pour enfants non destinés à être utilisés à des fins de jeu.

ANNEXE II

Conditions d'application du 2 de la partie II « inflammabilité » et des 4, 6, 9 et 10 de la partie III « propriétés chimiques » de l'annexe I du décret du 22 février 2010 susvisé.

V. cette annexe au ***C. consom.***

ANNEXE III

Avertissements spécifiques pour certaines catégories de jouets en application de l'article 4 du décret du 22 février 2010 susvisé

Les avertissements sont repris à l'identique. Ils sont précédés de la mention : "Attention !", qui peut, si plusieurs avertissements sont nécessaires, figurer une seule fois avant l'ensemble des avertissements.

1. Jouets non destinés aux enfants de moins de trente-six mois

Les jouets qui sont susceptibles de présenter un danger pour les enfants de moins de trente-six mois sont accompagnés d'un avertissement, par exemple : "Ne convient pas aux enfants de moins de 36 mois" ou "Ne convient pas aux enfants de moins de 3 ans", ou encore le mot "Attention !" associé au graphique suivant :

Ces avertissements sont accompagnés d'une brève indication, qui peut figurer dans la notice d'emploi, sur le danger précis justifiant cette restriction.

Cette disposition ne s'applique pas aux jouets qui, en raison de leurs fonctions, dimensions, caractéristiques, propriétés ou autres éléments probants, ne sont manifestement pas susceptibles d'être destinés aux enfants de moins de trente-six mois.

2. Jouets d'activité

On entend par "jouet d'activité" un jouet destiné à un usage familial, dont la structure portante reste fixe pendant l'activité et qui est destiné aux enfants pour pratiquer une des activités suivantes : grimper, sauter, se balancer, glisser, basculer, tournoyer, ramper, se faufiler ou toute combinaison de ces activités.

Les jouets d'activité portent l'avertissement suivant :

"Réservé à un usage familial".

Les jouets d'activité attachés à une traverse et, le cas échéant, d'autres jouets d'activité sont accompagnés d'une notice d'emploi attirant l'attention sur la nécessité d'effectuer des contrôles et des entretiens périodiques de leurs parties les plus importantes (suspensions, attaches, fixation au sol, etc.) et précisant que, en cas d'omission de ces contrôles, le jouet pourrait présenter des risques de chute ou de renversement.

Sont également fournies avec les jouets d'activité des instructions sur la façon correcte de les assembler et indiquant les parties qui peuvent présenter des dangers si l'assemblage n'est pas correct. Des informations précises sur les caractéristiques de la surface appropriée sur laquelle placer le jouet sont fournies.

3. Jouets fonctionnels

On entend par "jouet fonctionnel" un jouet qui fonctionne et est utilisé de la même manière qu'un produit, un appareil ou une installation destinés à être utilisés par des adultes et qui peut constituer un modèle réduit d'un tel produit, appareil ou installation.

Les jouets fonctionnels portent l'avertissement suivant :

"A utiliser sous la surveillance d'un adulte".

Ils sont en outre accompagnés d'une notice d'emploi mentionnant les instructions de fonctionnement ainsi que les précautions à suivre par l'utilisateur, avec l'avertissement qu'en cas d'omission de ces précautions celui-ci s'exposerait aux dangers, à préciser par le fabricant, propres à l'appareil ou au produit dont le jouet constitue un modèle réduit ou une imitation. Il est également indiqué que le jouet doit être maintenu hors de la portée d'enfants d'un certain âge à préciser par le fabricant.

4. Jouets chimiques

On entend par "jouet chimique" un jouet destiné à la manipulation directe de substances et de mélanges chimiques et qui est destiné à être utilisé, à un âge approprié, sous la surveillance d'adultes.

Sont notamment considérés comme jouets chimiques les boîtes d'expériences chimiques, les boîtes d'inclusion plastique, les ateliers miniatures de céramique, émaillage, photographie et les jouets analogues qui provoquent une réaction chimique ou une modification analogue de la substance en cours d'utilisation.

Sans préjudice de l'application des dispositions prévues par la législation communautaire applicable à la classification, l'emballage et l'étiquetage de certaines substances et mélanges dangereux, la notice d'emploi des jouets contenant, en tant que tels, ces substances ou mélanges porte l'indication du caractère dangereux de ceux-ci et des précautions à prendre par les utilisateurs afin d'éviter des dangers s'y rapportant, à préciser de manière concise, selon le type de jouet. Il est également mentionné quels sont les soins de première urgence à donner en cas d'accidents graves dus à l'utilisation de ce type de jouets. Il est également indiqué que ces jouets doivent être maintenus hors de la portée d'enfants d'un certain âge à préciser par le fabricant.

En plus des indications prévues au paragraphe précédent, les jouets chimiques portent sur l'emballage l'avertissement suivant :

"Ne convient pas aux enfants de moins de... ans (âge à préciser par le fabricant). A utiliser sous la surveillance d'un adulte".

5. Patins, patins à roulettes, patins en ligne, planches à roulettes, trottinettes et bicyclettes pour enfants

Ces produits, s'ils sont présentés à la vente comme jouets, portent l'avertissement suivant :

"A utiliser avec des équipements de protection. Ne pas utiliser sur la voie publique".

En outre, la notice d'emploi rappelle que l'utilisation du jouet doit se faire avec prudence, car elle demande beaucoup d'adresse, afin d'éviter des accidents par chute ou collision, sources de blessures pour l'utilisateur et les tiers. Des indications concernant les équipements de protection conseillés (casques, gants, genouillères, coudières, etc.) sont également données.

6. Jouets aquatiques

On entend par "jouet aquatique" un jouet destiné à être utilisé en eau peu profonde et apte à porter ou à soutenir un enfant sur l'eau.

Les jouets aquatiques portent l'avertissement suivant :

"A n'utiliser qu'en eau où l'enfant a pied et sous la surveillance d'un adulte".

7. Jouets contenus dans les denrées alimentaires

Les emballages des denrées alimentaires dans lesquelles des jouets sont mélangés portent l'avertissement suivant :

"Contient un jouet ; la surveillance d'un adulte est recommandée".

8. Imitations de masques protecteurs et de casques

Les imitations de masques protecteurs et de casques comportent l'avertissement suivant :

"Ce jouet n'assure pas une protection".

9. Jouets destinés à être suspendus au-dessus d'un berceau, d'un parc ou d'une poussette au moyen de fils, de cordes, d'élastiques ou de sangles

Les jouets destinés à être suspendus au-dessus d'un berceau, d'un parc ou d'une poussette au moyen de fils, de cordes, d'élastiques ou de sangles portent l'avertissement suivant sur l'emballage et cet avertissement est indiqué de manière permanente sur le jouet :

"Afin d'éviter tout risque d'étranglement, enlever le jouet dès que l'enfant tente de se mettre à quatre pattes ou de ramper".

10. Emballage des substances parfumantes contenues dans les jeux de table olfactifs, les ensembles cosmétiques et les jouets gustatifs

L'emballage des substances parfumantes contenues dans les jeux de table olfactifs, les ensembles cosmétiques et les jeux gustatifs mentionnés au 3 de la partie V de l'annexe II comporte l'avertissement suivant :

"Contient des substances parfumantes susceptibles de causer des allergies".

Décret nº 2010-580 du 31 mai 2010,

Relatif à l'acquisition, la détention et l'utilisation des artifices de divertissement et des articles pyrotechniques destinés au théâtre.

Art. 1er **Sans préjudice des dispositions du code de la défense, le présent décret fixe les conditions auxquelles sont soumises l'acquisition, la détention et l'utilisation des produits explosifs que constituent les artifices de divertissement et les articles pyrotechniques destinés au théâtre.**

Les catégories d'articles pyrotechniques auxquelles se réfère le présent décret sont celles définies *(Décr. nº 2015-799 du 1er juill. 2015, art. 2-V, en vigueur le 1er juill. 2015)* **« par les articles R. 557-6-1 et R. 557-6-3 du code de l'environnement ».**

Art. 2 **Pour l'application du présent décret, on entend par « spectacle pyrotechnique » tout spectacle présenté devant un public dans le cadre d'une manifestation publique ou privée comprenant soit :**

a) **Des artifices de divertissement de la catégorie 4 ou des articles pyrotechniques destinés au théâtre de la catégorie T2 ;**

b) **Des artifices de divertissement des catégories 2 ou 3, ou des articles pyrotechniques destinés au théâtre de la catégorie T1, dont la quantité totale de matière active est supérieure à 35 kg.**

CHAPITRE PREMIER *Détention et utilisation*

Art. 3 **Le stockage, en vue d'un spectacle pyrotechnique, au voisinage des lieux du spectacle, des artifices de divertissement et des articles pyrotechniques destinés au théâtre est soumis à des conditions de sûreté et de sécurité fixées par un arrêté du ministre de l'intérieur.**

Art. 4 **L'utilisation lors d'un spectacle pyrotechnique des artifices de divertissement et des articles pyrotechniques destinés au théâtre est soumise aux obligations suivantes :**

1° L'organisateur d'un spectacle pyrotechnique doit en faire la déclaration préalable au maire de la commune et au préfet du département où se déroulera le spectacle un mois au moins avant la date prévue ;

2° La mise en œuvre des artifices de la catégorie 4 et des articles pyrotechniques destinés au théâtre de la catégorie T2 ne peut être effectuée que par des personnes titulaires du certificat de qualification prévu à l'article 6 ou sous le contrôle direct de personnes titulaires de ce certificat.

La composition du dossier de déclaration et les règles de sécurité auxquelles doit satisfaire l'organisation du spectacle sont précisées par un arrêté du ministre de l'intérieur.

Les dispositions des art. L. 112-8 et L. 112-9 CRPA (anc. art. 2 et 3 de l'Ord. nº 2005-1516 du 8 déc. 2005) ne s'appliquent pas aux démarches administratives ayant pour objet la déclaration de spectacle pyrotechnique au préfet (Décr. nº 2015-1423 du 5 nov. 2015).

CHAPITRE II *Dispositions relatives aux artifices lancés par mortier*

Art. 5 *(Décr. n° 2012-508 du 17 avr. 2012, art. 1er)* I. – Les artifices des catégories 2 et 3 conçus pour être lancés par un mortier ne peuvent être mis en œuvre que par une personne titulaire soit du certificat de qualification prévu par l'article 6, soit d'un agrément délivré par le préfet du département ou, à Paris, par le préfet de police, ou sous le contrôle direct de cette personne. L'agrément est délivré pour une durée déterminée. Il est accordé ou retiré pour des motifs tirés des garanties présentées par le demandeur au regard des exigences de la protection de la sécurité publique.

II. – L'acquisition et la détention d'artifices de divertissement conçus pour être lancés par un mortier sont réservées :

1° S'il s'agit d'artifices des catégories 2 et 3, aux personnes titulaires du certificat de qualification prévu par l'article 6 ou de l'agrément prévu au I du présent article et qui peuvent justifier que ces artifices seront mis en œuvre par une personne titulaire de ce certificat ou de cet agrément ou sous le contrôle direct de celle-ci ;

2° S'il s'agit d'artifices de la catégorie 4, aux personnes qui peuvent justifier qu'ils seront mis en œuvre dans les conditions fixées au 2° de l'article 4 du présent décret.

III. – Les dispositions du II du présent article ne sont pas applicables aux personnes qui acquièrent ou détiennent les artifices concernés dans l'exercice d'une activité professionnelle ayant pour objet leur transport, leur distribution, leur conservation ou leur utilisation.

Les dispositions des art. L. 112-8 et L. 112-9 CRPA (anc. art. 2 et 3 de l'Ord. n° 2005-1516 du 8 déc. 2005) ne s'appliquent pas aux démarches administratives ayant pour objet l'agrément pour l'utilisation des artifices de divertissement lancés par mortiers (Décr. n° 2015-1423 du 5 nov. 2015).

CHAPITRE III *Qualification*

Art. 6 Le certificat de qualification mentionné aux articles 4 et 5 est délivré aux personnes physiques qui justifient d'une connaissance suffisante des artifices de divertissement et des articles pyrotechniques destinés au théâtre, des conditions techniques et réglementaires de leur mise en œuvre et des risques qu'ils comportent.

Il est délivré par le préfet du département dans lequel se trouve le domicile du demandeur.

Les connaissances exigées, les modalités de délivrance et la durée de validité du certificat sont précisées par un arrêté du ministre de l'intérieur. – *V. Arr. du 31 mai 2010, art. 28 s. (JO 2 juin).*

Les dispositions des art. L. 112-8 et L. 112-9 CRPA (anc. art. 2 et 3 de l'Ord. n° 2005-1516 du 8 déc. 2005) ne s'appliquent pas aux démarches administratives ayant pour objet le certificat de qualification d'artificier et l'agrément des organismes de formation des artificiers (Décr. n° 2015-1423 du 5 nov. 2015).

Art. 7 Le préfet peut, après les avoir mises à même de présenter leurs observations, suspendre ou retirer le certificat de qualification aux personnes qui auront méconnu les obligations relatives à l'acquisition, à la détention et à l'utilisation des artifices de divertissement et articles pyrotechniques destinés au théâtre et à l'organisation des spectacles pyrotechniques définies par les chapitres Ier et II.

CHAPITRE IV *Dispositions pénales*

Art. 8 Est puni de l'amende prévue pour les contraventions de la 4e classe le fait de stocker des artifices de divertissement et articles pyrotechniques destinés au théâtre en violation des dispositions fixées par l'arrêté mentionné à l'article 3.

Les personnes physiques condamnées pour la contravention prévue au présent article encourent également la peine complémentaire de confiscation de la chose qui a servi ou était destinée à commettre l'infraction.

Les personnes morales déclarées pénalement responsables, dans les conditions prévues par l'article 121-2 du code pénal, de la contravention prévue au présent article encourent, outre l'amende, dans les conditions prévues à l'article 131-41 du code pénal, la peine de confiscation de la chose qui a servi ou était destinée à commettre l'infraction.

Art. 9 Est puni de l'amende prévue pour les contraventions de la 5e classe le fait d'utiliser des artifices de divertissement et des articles pyrotechniques destinés au théâtre en violation des dispositions de l'article 4.

Les personnes physiques condamnées pour la contravention prévue au présent article encourent également la peine complémentaire de confiscation de la chose qui a servi ou était destinée à commettre l'infraction.

Les personnes morales déclarées pénalement responsables, dans les conditions prévues par l'article 121-2 du code pénal, de la contravention prévue au présent article encourent, outre l'amende, dans les conditions prévues à l'article 131-41 du code pénal, la peine de confiscation de la chose qui a servi ou était destinée à commettre l'infraction.

La récidive des contraventions prévues au présent article est réprimée conformément aux articles 132-11 et 132-15 du code pénal.

Art. 10 *(Décr. no 2012-508 du 17 avr. 2012, art. 2)* Est puni de l'amende prévue pour les contraventions de la cinquième classe le fait d'acquérir, détenir ou utiliser, en violation des dispositions de l'article 5, un artifice de divertissement conçu pour être lancé par un mortier.

Les personnes physiques condamnées pour la contravention prévue au présent article encourent également la peine complémentaire de confiscation de la chose qui a servi ou était destinée à commettre l'infraction.

Les personnes morales déclarées pénalement responsables, dans les conditions prévues par l'article 121-2 du code pénal, de la contravention prévue au présent article encourent, outre l'amende, dans les conditions prévues à l'article 131-41 du code pénal, la peine de confiscation de la chose qui a servi ou était destinée à commettre l'infraction.

La récidive des contraventions prévues au présent article est réprimée conformément aux articles 132-11 et 132-15 du code pénal.

CHAPITRE V *Dispositions transitoires et finales*

Art. 11 Les artifices de divertissement classés dans les groupes K2 et K3 en application du décret no 90-897 du 1er octobre 1990 *[abrogé ; V. ce texte au* ***C. consom.****, éd. 2010 ou antérieures]* ou du décret no 2010-455 du 4 mai 2010 sont soumis jusqu'au 4 juillet 2017 aux dispositions du présent décret relatives à l'acquisition, la détention et l'utilisation des artifices de divertissement des catégories 2 et 3.

Les artifices de divertissement classés dans le groupe K4 sont soumis jusqu'au 4 juillet 2017 aux dispositions du présent décret relatives à l'acquisition, la détention et l'utilisation des artifices de divertissement de la catégorie 4.

Art. 12 *Abrogé par Décr. no 2015-799 du 1er juill. 2015, art. 5-VII.*

Art. 13 Le décret no 90-897 du 1er octobre 1990 modifié portant réglementation des artifices de divertissement est abrogé. — *V. ce texte au* ***C. consom.****, éd. 2010 ou antérieures.*

Art. 14 Les dispositions du présent décret entrent en vigueur à compter du 4 juillet 2010.

JUS DE FRUITS, SIROPS

Décret no 60-296 du 28 mars 1960,

Portant règlement d'administration publique, en ce qui concerne la vente au détail des boissons, pour l'application de la loi du 1er août 1905 sur la répression des fraudes [C. consom., art. L. 213-1 s.].

Art. 1er Dans les établissements servant des consommations sur place, les boissons de toute nature détenues en bouteilles doivent être versées en présence du consommateur lorsqu'elles sont détaillées au verre.

Dans les mêmes établissements, les boissons détenues en bouteilles bouchées ou autres récipients hermétiquement clos et dont la vente n'est pas faite au verre doivent être présentées au consommateur en récipients intacts qui sont ouverts en sa présence.

Décret no 92-818 du 18 août 1992,

Portant application de la loi du 1er août 1905 sur les fraudes et falsifications en matière de produits ou de services [C. consom., art. L. 441-1] en ce qui concerne les sirops.

Art. 1er La dénomination "sirop" est réservée aux produits concentrés et aromatisés obtenus par dissolution de matières sucrantes glucidiques dans de l'eau.

(Décr. n° 97-914 du 30 sept. 1997) « Les sirops produits en France pour le marché français doivent présenter une teneur minimale en matières sucrantes glucidiques de 55 %, mesurée par rapport au poids du produit fini. Cette teneur est ramenée à 50 % lorsque le ou les jus de fruits présents dans le sirop consistent exclusivement en jus d'agrumes ou lorsque la matière sucrante glucidique ajoutée consiste en fructose. »

Art. 2 Les dénominations "sirop de fruits" ou "sirop au jus de fruits" sont réservées aux sirops contenant au moins 10 p. 100 de jus de fruits. Ce pourcentage est ramené à 7 p. 100 lorsque le ou les jus de fruits présents dans le sirop consistent exclusivement en jus d'agrumes.

Les dénominations "sirop au jus de..." ou "sirop de..." complétées par le nom du ou des fruits donnant la ou les saveurs dominantes sont réservées aux sirops de fruits contenant au moins 10 p. 100 du jus du ou des fruits concernés. La teneur minimale requise est ramenée à 7 p. 100 dans le cas des agrumes.

Art. 3 Les dénominations "sirop de grenadine" ou "grenadine" sont réservées aux sirops aromatisés au moyen de jus de fruits rouges et de vanille, ou de leurs extraits, et éventuellement de jus de citron.

Art. 4 La dénomination "sirop d'orgeat" est réservée aux sirops présentant la saveur dominante des extraits d'amandes ou d'amandes amères mis en œuvre dans le produit.

Art. 5 Seuls les produits mentionnés à l'article 2 peuvent comporter des représentations de fruits dans leur étiquetage.

Art. 6 Outre les mentions prévues par les dispositions du décret du 7 décembre 1984 susvisé *[C. consom., anc. art. R. 112-1 s.]*, l'étiquetage des sirops doit comporter, le cas échéant, les mentions suivantes :

— la mention "boisson concentrée contenant de la caféine, à diluer avec au moins cinq fois son volume d'eau", lorsqu'il est recouru pour l'aromatisation à des extraits végétaux contenant de la caféine ;

— la mention "boisson concentrée contenant de la quinine à diluer avec au moins cinq fois son volume d'eau", lorsqu'il est recouru pour l'aromatisation à des extraits végétaux contenant de la quinine.

Art. 7 Les dispositions du décret du 28 juillet 1908 modifié portant application de la loi du 1er août 1905 susvisée en ce qui concerne les liqueurs et les sirops relatives aux sirops sont abrogées.

Pour la réglementation des additifs alimentaires pouvant être employés pour la fabrication des sirops, V. art. R. 412-22.

Arrêté du 16 novembre 1999,

Relatif à la publicité, à l'égard du consommateur, des prix de vente à l'unité de mesure de certains produits préemballés.

V. ce texte, v° Prix (publicité).

Directive 2001/112/CE du Conseil du 20 décembre 2001,

Relative aux jus de fruits et à certains produits similaires destinés à l'alimentation humaine .

Décret n° 2003-838 du 1er septembre 2003,

Pris pour l'application de l'article L. 412-1 du code de la consommation en ce qui concerne les jus de fruits et certains produits similaires destinés à l'alimentation humaine (Ord. n° 2016-301 du 14 mars 2016, art. 2, en vigueur le 1er juill. 2016).

Art. 1er Il est interdit de détenir en vue de la vente ou de la distribution à titre gratuit, de mettre en vente, de vendre ou de distribuer à titre gratuit les jus de fruits ou certains produits similaires destinés à l'alimentation humaine mentionnés à l'annexe I qui ne répondent pas aux définitions et règles fixées dans le présent décret et ses annexes.

Art. 2 Ne peuvent être utilisés, pour la fabrication des produits définis à la partie I de l'annexe I, que les traitements et les substances visés à la partie II de cette annexe et les matières premières conformes à l'annexe II. Les nectars de fruits doivent répondre aux dispositions de l'annexe IV.

(Abrogé par Décr. no 2013-1049 du 21 nov. 2013, art. 1er) ***« Toutefois, peuvent être ajoutés aux produits définis à la partie I de l'annexe I, d'une part, des additifs dans les conditions prévues par le décret du 18 septembre 1989 susvisé** [no 89-674, abrogé par Décr. no 2011-949 du 10 août 2011, art. 7]* ***et, d'autre part, sur arrêté conjoint des ministres respectivement chargés de la consommation, de l'agriculture et de la santé, après avis de l'** (Décr. no 2011-385 du 11 avr. 2011, art. 15)* ***« Agence nationale de sécurité sanitaire de l'alimentation, de l'environnement et du travail ». »***

Art. 3 Les dénominations énumérées à la partie I de l'annexe I sont réservées aux produits qui y sont définis et ne peuvent être utilisées dans le commerce que pour désigner ces produits.

Certains produits définis à la partie I de l'annexe I peuvent comporter, outre la dénomination obligatoire, les dénominations particulières mentionnées à l'annexe III.

Art. 4 Le chapitre II du titre Ier du livre Ier de la partie réglementaire du code de la consommation *[ancien]* concernant l'étiquetage et la présentation des denrées alimentaires est applicable aux produits qui font l'objet du présent décret dans toutes ses dispositions qui ne sont pas contraires à celui-ci.

L'étiquetage et la présentation de ces produits font l'objet des dispositions complémentaires suivantes :

a) Lorsque le produit provient d'une seule espèce de fruit, l'indication de celle-ci se substitue au mot : "fruit" ;

(Décr. no 2013-1049 du 21 nov. 2013, art. 1er) « *b)* Pour les produits fabriqués à partir de deux fruits ou plus, sauf en cas d'emploi de jus de citron ou de limette dans les conditions fixées à l'annexe I, partie II, point 2, la dénomination est composée de l'énumération des fruits utilisés, dans l'ordre décroissant du volume des jus ou purées de fruits mis en œuvre, tels qu'ils figurent dans la liste des ingrédients. Toutefois, pour les produits fabriqués à partir de trois fruits ou plus, l'indication des fruits utilisés peut être remplacée par la mention : "plusieurs fruits", par une mention similaire ou par celle du nombre de fruits utilisés ; »

(Abrogé par Décr. no 2013-1049 du 21 nov. 2013, art. 1er) ***« c) Pour les jus de fruits auxquels des sucres ont été ajoutés à des fins d'édulcoration, la dénomination de vente doit comporter la mention : "sucré" ou "avec addition de sucres", suivie de l'indication de la quantité maximale de sucres ajoutée, calculée en matière sèche et exprimée en grammes par litre ; »***

d) La reconstitution dans leur état d'origine et au moyen des substances strictement nécessaires à cette opération des produits définis à la partie I de l'annexe I n'entraîne pas l'obligation de mentionner sur l'étiquetage la liste des ingrédients utilisés à cette fin. L'addition au jus de fruits de pulpes ou de cellules, telles que définies à l'annexe II, est indiquée sur l'étiquetage ;

e) Pour les mélanges de jus de fruits et de jus de fruits obtenus à partir d'un concentré ainsi que pour le nectar de fruits obtenu entièrement ou partiellement à partir d'un ou de plusieurs concentrés, l'étiquetage comporte la mention : "à base de concentré(s)" ou "partiellement à base de concentré(s)", selon le cas. Cette mention doit figurer, en caractères clairement visibles, à proximité immédiate de la dénomination ;

f) Pour le nectar de fruits, l'étiquetage doit comporter l'indication de la teneur minimale en jus de fruits, en purée de fruits ou en mélange de ces ingrédients par la mention : "teneur en fruits : ... % minimum". Cette mention doit figurer dans le même champ visuel que la dénomination ;

(Décr. no 2013-1049 du 21 nov. 2013, art. 1er) « *g)* L'étiquetage du jus de fruits concentré mentionné à l'annexe I, partie I, point 2, qui n'est pas destiné à être livré au consommateur final porte une mention indiquant la présence et la quantité de jus de citron, de jus de limette ou d'acidifiants ajoutés conformément au règlement (CE) no 1333/2008 du Parlement européen et du Conseil du 16 décembre 2008 sur les additifs alimentaires. Cette mention figure sur l'emballage, sur une étiquette attachée à l'emballage ou sur un document d'accompagnement. »

Art. 5 *(Abrogé par Décr. nº 2013-1049 du 21 nov. 2013, art. 1er)* ***Les dispositions du présent décret entrent en vigueur le 12 juillet 2003 et le décret nº 78-1109 du 23 novembre 1978 est abrogé à compter de la même date.***

Pourront toutefois être commercialisés jusqu'à épuisement des stocks les produits satisfaisant aux prescriptions de ce dernier décret et étiquetés avant le 12 juillet 2004.

Les produits mis sur le marché de l'Union européenne ou étiquetés avant la date d'entrée en vigueur du Décr. nº 2013-1049 du 21 nov. 2013 (JO 23 nov.) et qui sont conformes aux dispositions du Décr. nº 2013-838 du 1er sept. 2003 dans sa rédaction antérieure à la même date peuvent être commercialisés jusqu'au 28 avr. 2015. La mention : "à partir du 28 avril 2015, aucun jus de fruits ne contient de sucres ajoutés" peut figurer sur l'étiquetage, dans le même champ visuel que la dénomination des produits mentionnés à l'annexe I, partie I, points 1 à 4, jusqu'au 28 oct. 2016 (Décr. nº 2013-1049 du 21 nov. 2013, art. 2 et 3).

ANNEXES

ANNEXE I

DÉNOMINATIONS, DÉFINITIONS DES PRODUITS ET CARACTÉRISTIQUES

I. Définitions

1. a) Jus de fruits :

Le produit fermentescible mais non fermenté obtenu à partir des parties comestibles de fruits sains et mûrs, frais ou conservés par réfrigération ou congélation, d'une espèce ou de plusieurs espèces en mélange, possédant la couleur, l'arôme et le goût caractéristiques du jus des fruits dont il provient.

Les arômes, les pulpes et les cellules obtenus par des moyens physiques appropriés à partir de fruits de la même espèce peuvent être restitués au jus de fruits.

Dans le cas des agrumes, le jus de fruits doit provenir de l'endocarpe. Toutefois, le jus de limette peut être obtenu à partir du fruit entier.

Lorsque les jus sont obtenus à partir de fruits comprenant des pépins, graines et peaux, les parties ou composantes des pépins, graines et peaux ne sont pas incorporées dans le jus. Cette disposition ne s'applique pas dans les cas où les parties ou composantes des pépins, graines et peaux ne peuvent être éliminées par les bonnes pratiques de fabrication.

Le mélange de jus de fruits et de purée de fruits est autorisé dans la production de jus de fruits.

b) Jus de fruits à base de concentré :

Le produit obtenu par reconstitution du jus de fruits concentré défini au point 2, avec de l'eau potable répondant aux critères établis par la directive 98/83/CE du Conseil du 3 novembre 1998 relative à la qualité des eaux destinées à la consommation humaine.

La teneur en matière sèche soluble du produit fini correspond à la valeur Brix minimale du jus reconstitué, spécifiée à l'annexe V.

Si un jus à base de concentré est obtenu à partir d'un fruit ne figurant pas à l'annexe V, la valeur Brix minimale du jus reconstitué équivaut à la valeur Brix du jus extrait à partir du fruit utilisé pour produire le concentré.

Les arômes, les pulpes et les cellules obtenus par des moyens physiques appropriés à partir de fruits de la même espèce peuvent être restitués au jus de fruits à base de concentré.

Le jus de fruits à base de concentré est préparé selon des processus de fabrication appropriés qui préservent les caractéristiques physiques, chimiques, organoleptiques et nutritionnelles essentielles d'un type moyen de jus des fruits dont il provient.

Le mélange de jus de fruits et/ou de jus de fruits concentré avec de la purée de fruits et/ou de la purée de fruits concentrée est autorisé dans la production de jus de fruits à base de concentré.

2. Jus de fruits concentré :

Le produit obtenu à partir de jus de fruits d'une ou de plusieurs espèces de fruits par l'élimination physique d'une partie déterminée de l'eau de constitution. Lorsque le produit est destiné à la consommation directe, l'élimination est d'au moins 50 % de l'eau de constitution.

Les arômes, les pulpes et les cellules obtenus par des moyens physiques appropriés à partir de fruits de la même espèce peuvent être restitués au jus de fruits concentré.

3. Jus de fruits obtenu par extraction hydrique :

Le produit obtenu par diffusion dans l'eau :

— du fruit à pulpe entier dont le jus ne peut être extrait par aucun moyen physique ; ou

— du fruit entier déshydraté.

4. Jus de fruits déshydraté/en poudre :

Le produit obtenu à partir de jus de fruits d'une ou de plusieurs espèces de fruits par l'élimination physique de la quasi-totalité de l'eau de constitution.

5. Nectar de fruits :

Le produit fermentescible mais non fermenté :

— qui est obtenu en ajoutant de l'eau, avec ou sans addition de sucres et/ou de miel, aux produits définis aux points 1 à 4, à de la purée de fruits et/ou à de la purée de fruits concentrée et/ou à un mélange de ces produits ; et

— qui est conforme à l'annexe IV.

Sans préjudice du règlement (CE) n° 1924/2006 du Parlement européen et du Conseil du 20 décembre 2006 concernant les allégations nutritionnelles et de santé portant sur les denrées alimentaires, dans le cas de la fabrication de nectars de fruits sans sucres ajoutés ou à valeur énergétique réduite, les sucres peuvent être remplacés totalement ou partiellement par des édulcorants conformément au règlement (CE) n° 1333/2008.

Les arômes, les pulpes et les cellules obtenus par des moyens physiques appropriés à partir de fruits de la même espèce peuvent être restitués au nectar de fruits.

II. Ingrédients, traitements et substances autorisés

1. Composition :

Les espèces correspondant aux noms botaniques figurant à l'annexe V sont utilisées dans la préparation des jus de fruits, des purées de fruits et des nectars de fruits portant la dénomination du fruit concerné ou le nom commun du produit. Pour les espèces de fruits qui ne figurent pas à l'annexe V, le nom botanique ou commun correct est utilisé.

La valeur Brix pour le jus de fruits est celle du jus tel qu'il est extrait du fruit et ne peut être modifiée, sauf par mélange avec le jus d'un fruit de la même espèce.

La valeur Brix minimale figurant à l'annexe V pour le jus de fruits reconstitué et la purée de fruits reconstituée ne tient pas compte des matières sèches solubles de tout ingrédient ou additif ayant éventuellement été ajouté.

2. Ingrédients autorisés :

Seuls les ingrédients suivants peuvent être ajoutés aux produits visés à la partie I :

— les vitamines et les minéraux autorisés par le règlement (CE) n° 1925/2006 du Parlement européen et du Conseil du 20 décembre 2006 concernant l'adjonction de vitamines, de minéraux et de certaines autres substances aux denrées alimentaires ;

— les additifs alimentaires autorisés en vertu du règlement (CE) n° 1333/2008 ;

et en outre :

— pour les jus de fruits, jus de fruits à base de concentré et jus de fruits concentrés : les arômes, les pulpes et les cellules restitués ;

— dans le cas du jus de raisin : les sels d'acides tartriques restitués ;

— pour les nectars de fruits : les arômes, les pulpes et les cellules restitués ; les sucres et/ou le miel jusqu'à 20 % du poids total des produits finis ; et/ou les édulcorants.

Une allégation selon laquelle il n'a pas été ajouté de sucres à un nectar de fruits, ou toute autre allégation susceptible d'avoir le même sens pour le consommateur, ne peut être faite que si le produit ne contient pas de monosaccharides ou disaccharides ajoutés ou toute autre denrée alimentaire utilisée pour ses propriétés édulcorantes, y compris les édulcorants au sens du règlement (CE) n° 1333/2008. Si les sucres sont naturellement présents dans le nectar de fruits, l'indication suivante devrait également figurer sur l'étiquette : "contient des sucres naturellement présents" ;

— pour les produits figurant à l'annexe III, point *a*, point *b*, premier tiret, point *c*, point e, deuxième tiret, et point *h* : les sucres et/ou le miel ;

— pour les produits définis à la partie I, points 1 à 5, dans le but de corriger le goût acide : le jus de citron et/ou le jus de limette et/ou le jus concentré de citron et/ou le jus concentré de limette jusqu'à 3 grammes par litre de jus, exprimé en acide citrique anhydre ;

— pour le jus de tomate et le jus de tomate à base de concentré : le sel, les épices et les herbes aromatiques.

3. Traitements et substances autorisés :

Seuls les traitements suivants peuvent être appliqués et seules les substances suivantes peuvent être ajoutées aux produits visés à la partie I :

— procédés mécaniques d'extraction ;

— procédés physiques usuels, y compris les procédés d'extraction hydrique (procédé "in line" — diffusion) de la partie comestible des fruits autres que le raisin pour la fabrication des jus de fruits concentrés, à condition que les jus de fruits ainsi obtenus soient conformes à la partie I, point 1 ;

— pour les jus de raisins issus de raisins traités par sulfitage à l'aide d'anhydride sulfureux, le désulfitage par des moyens physiques est autorisé à condition que la quantité totale de SO_2 présent dans le produit fini n'excède pas 10 mg/l ;

— les préparations enzymatiques : pectinases (pour fragmentation de la pectine), protéinases (pour fragmentation des protéines) et amylases (pour fragmentation de l'amidon) conformes aux exigences du règlement (CE) n° 1332/2008 du Parlement européen et du Conseil du 16 décembre 2008 concernant les enzymes alimentaires ;

— gélatine alimentaire ;

— tanins ;

— silice colloïdale ;

— charbons ;

— azote ;

— bentonite en tant qu'argile adsorbante ;

— adjuvants de filtration et adjuvants de précipitation chimiquement inertes (y compris perlites, diatomite lavée, cellulose, polyamide insoluble, polyvinylpyrrolidone, polystyrène) conformes au règlement (CE) n° 1935/2004 du Parlement européen et du Conseil du 27 octobre 2004 concernant les matériaux et objets destinés à entrer en contact avec des denrées alimentaires ;

— adjuvants d'adsorption chimiquement inertes conformes au règlement (CE) n° 1935/2004 et utilisés pour réduire les teneurs en naringine et en limonoïdes des jus d'agrumes sans modifier sensiblement les teneurs en glucosides limonoïdes, en acides, en sucres (y compris les oligosaccharides) ou en minéraux.

ANNEXE II

Définitions des matières premières

Aux fins du présent décret, les définitions ci-après sont applicables :

1. Fruit :

Tous les fruits. Aux fins du présent décret, la tomate est également considérée comme un fruit.

Le fruit est sain, suffisamment mûr, et frais ou conservé par des moyens physiques ou par des traitements, y compris des traitements postrécolte appliqués conformément aux dispositions en vigueur dans l'Union européenne.

2. Purée de fruits :

Le produit fermentescible mais non fermenté obtenu par des procédés physiques appropriés tels que tamisage, broyage ou mouture de la partie comestible de fruits entiers ou épluchés, sans élimination de jus.

3. Purée de fruits concentrée :

Le produit obtenu à partir de purée de fruits par l'élimination physique d'une partie déterminée de l'eau de constitution.

Des arômes obtenus par des moyens physiques appropriés, tels que définis à l'annexe I, partie II, point 3, et récupérés en totalité à partir de fruits de la même espèce peuvent être restitués à la purée de fruits concentrée.

4. Arôme :

Sans préjudice du règlement (CE) n° 1334/2008 du Parlement européen et du Conseil du 16 décembre 2008 relatif aux arômes et à certains ingrédients alimentaires possédant des propriétés aromatisantes qui sont destinés à être utilisés dans et sur les denrées alimentaires, les arômes à restituer sont obtenus lors de la transformation du fruit par des procédés physiques appropriés. Ces procédés physiques peuvent être utilisés afin de préserver, conserver ou stabiliser la qualité de l'arôme et comprennent en particulier le pressage, l'extraction, la distillation, la filtration, l'adsorption, l'évaporation, le fractionnement et la concentration.

L'arôme est obtenu à partir des parties comestibles du fruit ; toutefois, il peut également s'agir d'huile d'écorces d'agrumes pressées à froid et de composés provenant de noyaux.

5. Sucres :

— les sucres tels que définis par le décret n° 2003-586 du 30 juin 2003 pris pour l'application de l'article *(Ord. n° 2016-301 du 14 mars 2016, art. 2, en vigueur le 1er juill. 2016)* « L. 412-1 » du code de la consommation en ce qui concerne certains sucres destinés à l'alimentation humaine ;

— le sirop de fructose ;

— les sucres dérivés de fruits.

6. Miel :

Le produit défini par le décret n° 2003-587 du 30 juin 2003 pris pour l'application de l'article *(Ord. n° 2016-301 du 14 mars 2016, art. 2, en vigueur le 1er juill. 2016)* « L. 412-1 » du code de la consommation en ce qui concerne le miel.

7. Pulpes ou cellules :

Les produits obtenus à partir des parties comestibles de fruits de la même espèce sans élimination de jus. En outre, pour les agrumes, les pulpes ou les cellules sont les vésicules renfermant le jus tirées de l'endocarpe.

ANNEXE III

Appellations particulières pour certains produits visés à l'annexe I

a) "*vruchtendrank*" : pour les nectars de fruits ;

b) "*Süßmost*" : l'appellation "Süßmost" ne peut être utilisée qu'en liaison avec les appellations "*Fruchtsaft*" ou "*Fruchtnektar*" :

— pour les nectars de fruits obtenus exclusivement à partir de jus de fruits, de jus de fruits concentrés ou d'un mélange de ces deux produits, non consommables en l'état du fait de leur acidité naturelle élevée ;

— pour les jus de fruits obtenus à partir de pommes ou de poires, avec addition de pommes, le cas échéant, mais sans addition de sucres ;

c) "*succo e polpa*" ou "*sumo e polpa*" : pour les nectars de fruits obtenus exclusivement à partir de purée de fruits et/ou de purée de fruits concentrée ;

d) "*æblemost*" : pour le jus de pommes *[pomme]* sans addition de sucres ;

e) "*sur... saft*", complétée par l'indication, en langue danoise, du fruit utilisé : pour les jus sans addition de sucres, obtenus à partir de cassis, cerises, groseilles rouges, groseilles blanches, framboises, fraises ou baies de sureau ;

"*sød... saft*" ou "*sødet... saft*", complétée par l'indication, en langue danoise, du fruit utilisé : pour les jus obtenus à partir de ce fruit, avec plus de 200 grammes de sucres ajoutés par litre ;

f) "*äppelmust/äpplemust*" : pour le jus de pommes *[pomme]* sans addition de sucres ;

g) "*mosto*" : synonyme de jus de raisin ;

h) "*smiltsēr kšķu sula ar cukuru*" ou "*astelpaju mahl suhkruga*" ou "*słodzony sok z rokitnika*" : pour les jus obtenus à partir des fruits de l'argousier avec un maximum de 140 grammes de sucres ajoutés par litre.

ANNEXE IV

DISPOSITIONS PARTICULIÈRES RELATIVES AUX NECTARS DE FRUITS

NECTARS DE FRUITS obtenus à partir de	TENEUR MINIMALE en jus et/ou purée (en % du volume du produit fini)
I. - *Fruits à jus acide non consommable en l'état*	
Fruits de la Passion	25
Morelles de Quito	25
Cassis	25
Groseilles blanches	25
Groseilles rouges	25
Groseilles à maquereau	30
Fruits de l'argousier	25
Prunelles	30
Prunes	30
Quetsches	30
Sorbes	30
Cynorhodons	40
Cerises acides (griottes)	35
Autres cerises	40
Myrtilles	40
Baies de sureau	50
Framboises	40
Abricots	40
Fraises	40
Mûres	40
Airelles rouges	30
Coings	50
Citrons et limettes	25
Autres fruits appartenant à cette catégorie	25
II. - *Fruits pauvres en acide ou avec beaucoup de pulpe ou très aromatisés, dont le jus n'est pas consommable en l'état*	
Mangues	25
Bananes	25
Goyaves	25
Papayes	25
Litchis	25
Azeroles (nèfles de Naples)	25

NECTARS DE FRUITS obtenus à partir de	TENEUR MINIMALE en jus et/ou purée (en % du volume du produit fini)
Corossol	25
Cœur de bœuf ou cachiman	25
Chérimoles	25
Grenades	25
Anacarde ou noix de cajou	25
Caja	25
Imbu	25
Autres fruits appartenant à cette catégorie	25
III. - *Fruits à jus consommable en l'état*	50
Pommes	50
Poires	50
Pêches	50
Agrumes, sauf citrons et limettes	50
Ananas	50
Tomates	50
Autres fruits appartenant à cette catégorie	50

ANNEXE V

Valeurs Brix minimales pour le jus de fruits reconstitué et la purée de fruits reconstituée

NOM COMMUN DU FRUIT	NOM BOTANIQUE	VALEURS BRIX MINIMALES
Pomme (*)	*Malus domestica* Borkh.	11,2
Abricot (**)	*Prunus armeniaca* L.	11,2
Banane (**)	*Musa x paradisiaca* L. (à l'exclusion des bananes plantains)	21,0
Cassis (*)	*Ribes nigrum* L.	11,0
Raisin (*)	*Vitis vinifera* L. ou ses hybrides *Vitis labrusca* L. ou ses hybrides	15,9
Pamplemousse (*)	*Citrus x paradisi* Macfad.	10,0
Goyave (**)	*Psidium guajava* L.	8,5
Citron (*)	*Citrus limon* (L.) Burm.f.	8,0
Mangue (**)	*Mangifera indica* L.	13,5
Orange (*)	*Citrus sinensis* (L.) Osbeck	11,2
Fruit de la Passion (*)	*Passiflora edulis* Sims	12,0
Pêche (**)	*Prunus persica* (L.) Batsch var. persica	10,0

NOM COMMUN DU FRUIT	NOM BOTANIQUE	VALEURS BRIX MINIMALES
Poire (**)	*Pyrus communis* L.	11,9
Ananas (*)	*Ananas comosus* (L.) Merr.	12,8
Framboise (*)	*Rubus idaeus* L.	7,0
Cerise acide (*)	*Prunus cerasus* L.	13,5
Fraise (*)	*Fragaria x ananassa* Duch.	7,0
Tomate (*)	*Lycopersicon esculentum* Mill.	5,0
Mandarine (*)	*Citrus reticulata* Blanco	11,2
Pour les produits marqués d'un astérisque (*), qui sont produits en tant que jus, une densité relative minimale est déterminée par rapport à une eau à 20/20 °C. Pour les produits marqués de deux astérisques (**), qui sont produits en tant que purées, seule une valeur Brix minimale non corrigée (sans correction de l'acidité) est déterminée.		

LAIT, PRODUITS LAITIERS

Décret du 25 mars 1924,

Relatif au lait et aux produits de la laiterie (Décr. nº 2017-325 du 13 mars 2017, art. 2).

TITRE PREMIER Laits et boissons à base de lait *(Décr. nº 55-592 du 16 juill. 1955).*

Art. 1er La dénomination "lait" sans indication de l'espèce animale de provenance, est réservée au lait de vache.

Tout lait provenant d'une femelle laitière autre que la vache doit être désigné par la dénomination "lait" suivie de l'indication de l'espèce animale dont il provient : "lait de chèvre", "lait de brebis", "lait d'ânesse", etc.

Art. 2 *(Décr. nº 71-6 du 4 janv. 1971)* Ne peut être considéré comme lait propre à la consommation humaine :

1° Le lait provenant d'animaux atteints de maladies dont la nomenclature sera donnée par arrêté du ministre de l'agriculture pris sur avis du comité consultatif des épizooties ;

2° Le lait coloré, malpropre ou malodorant ;

3° Le lait provenant d'une traite opérée moins de sept jours après le part, et, d'une manière générale, le lait contenant du colostrum ;

4° Le lait provenant d'animaux mal nourris et manifestement surmenés ;

5° Le lait contenant des antiseptiques ou des antibiotiques ;

6° Le lait coagulant à l'ébullition ;

7° Le lait ne satisfaisant pas à l'épreuve du dénombrement cellulaire dont les modalités sont fixées par arrêté du ministre de l'agriculture.

Art. 2 *bis* *(Décr. nº 71-6 du 4 janv. 1971)* Les laits offerts à la vente en nature aux consommateurs, à l'état cru ou après traitement thermique, soit directement par les producteurs, soit par les entreprises laitières, ne peuvent présenter une teneur en protéines inférieure à 28 grammes par litre.

Toutefois, le ministre de l'agriculture peut, par arrêté pris à la demande du préfet du département où résident les producteurs et après consultation par ce dernier des organisations professionnelles intéressées, reporter au plus tard au 1er janvier 1972 l'application de cette disposition aux laits offerts à la vente aux consommateurs par les producteurs d'une zone déterminée.

Art. 2 *ter* *(Décr. nº 71-6 du 4 janv. 1971)* Ne peut être considéré comme lait propre à la consommation animale :

1° Le lait provenant d'animaux atteints de maladies dont la nomenclature est donnée par arrêté du ministre de l'agriculture ;

2° Le lait coloré ou malpropre ;

3° Le lait contenant des antibiotiques ou des antiseptiques ;

4° Le lait coagulant à l'ébullition ;

5° Le lait ne satisfaisant pas à l'épreuve du dénombrement cellulaire dont les modalités sont fixées par arrêté du ministre de l'agriculture.

Art. 3 *(Décr. nº 55-952 du 16 juill. 1955)* « Il est interdit de détenir sans motifs légitimes, d'exposer, de mettre en vente ou de vendre, pour la consommation humaine, du lait impropre à cet usage ou du lait obtenu par mélange de lait propre à la consommation et de lait impropre à cet usage ; du lait obtenu par une traite incomplète ; du lait ayant subi un écrémage même partiel. »

(Décr. nº 77-1026 du 7 sept. 1977) « Il est interdit de détenir sans motifs légitimes, d'exposer, de mettre en vente ou de vendre :

« *a)* Sous la dénomination Lait pasteurisé, du lait qui n'a pas été débarrassé de tous microbes pathogènes par un procédé ayant reçu l'approbation du conseil supérieur d'hygiène publique de France ;

« *b)* Sous la dénomination Lait stérilisé, du lait dont la conservation n'est pas assurée par l'emploi successif des deux techniques suivantes :

« 1° Conditionnement dans un récipient hermétiquement clos, étanche aux liquides et aux micro-organismes ;

« 2° Traitement par la chaleur ou traitement selon un autre mode autorisé par arrêté concerté des ministres de l'agriculture et de la santé ; ce traitement doit avoir pour effet de détruire ou d'inhiber totalement les enzymes, les micro-organismes et leurs toxines, dont la présence ou la prolifération pourrait altérer le lait ou le rendre impropre à la consommation humaine ;

« *c)* Sous la dénomination Lait stérilisé UHT (lait stérilisé traité par ultra-haute température), du lait dont la conservation n'est pas assurée par l'emploi successif des deux techniques suivantes :

« 1° Traitement par un procédé de chauffage direct ou indirect, en flux continu, appliqué en une seule fois de façon ininterrompue pendant un temps très court à une température au moins égale à 140°C ; ce traitement doit avoir pour effet de détruire ou d'inhiber totalement les enzymes, les micro-organismes et leurs toxines, dont la présence ou la prolifération pourrait altérer le lait ou le rendre impropre à la consommation humaine ;

« 2° Conditionnement aseptique dans un récipient stérile hermétiquement clos, étanche aux liquides et aux micro-organismes et permettant de soustraire le lait à toute influence défavorable de la lumière. »

Art. 3 *bis* *(Décr. nº 84-1147 du 7 déc. 1984)* Outre les mentions prévues par les dispositions du décret nº 84-1147 du 7 décembre 1984 *[anc. art. R. 112-1 s. C. consom.]* portant application de la loi du 1er août 1905 sur les fraudes et falsifications en matière de produits ou de services, en ce qui concerne l'étiquetage et la présentation des denrées alimentaires, l'étiquetage des laits stérilisés ou des laits stérilisés UHT doit comporter les indications suivantes :

— en complément de la dénomination de vente lait stérilisé ou lait stérilisé UHT, le terme "entier", "demi-écrémé" ou "écrémé" selon le cas ;

— le numéro d'immatriculation de l'atelier de stérilisation ;

— la mention : "après ouverture, à conserver au froid et à consommer rapidement".

Les ateliers de stérilisation sont soumis à déclaration et immatriculation dans les mêmes conditions que les ateliers de pasteurisation.

Art. 3 *ter* *Abrogé par Décr. nº 84-1147 du 7 déc. 1984.*

Art. 4 Est considérée comme une falsification aux termes de l'article 3 de la loi du 1er août 1905 *[C. consom., art. L. 413-1]* :

L'addition, en quelque proportion que ce soit, d'eau potable au lait.

Est considérée comme une falsification nuisible à la santé, aux termes du paragraphe 6 de l'article 3 de la loi du 1er août 1905 :

L'addition au lait, en quelque proportion que ce soit, d'eau non potable ;

L'addition au lait d'une substance quelconque, exception faite pour celles dont l'emploi pourrait être autorisé, en vue de la conservation du lait, par arrêté pris de concert par les ministres de l'hygiène et de l'agriculture, après avis du conseil supérieur d'hygiène publique de France.

(Décr. nº 55-952 du 16 juill. 1955) « Est également considéré comme une falsification l'emploi de tout traitement, autre que le filtrage ou les procédés thermiques d'assainisse-

ment, susceptible de modifier la composition physique ou chimique du lait, lorsque ce traitement n'est pas autorisé par arrêté pris de concert entre les ministres de l'agriculture et de la santé publique et de la population, après avis du conseil supérieur d'hygiène publique de France et du comité central du lait ».

Les dispositions du décret du 25 mars 1924 cessent d'être applicables, en tant qu'elles concernent les additifs alimentaires inscrits sur la liste établie par l'arrêté prévu par le Décr. n° 89-674 du 18 sept. 1989, art. 2 (V. au **C. consom.**, *éd. 2011 ou antérieures), à compter de la date de publication dudit arrêté (Décr. n° 89-674 du 18 sept. 1989, art. 14, abrogé par Décr. n° 2011-949 du 10 août 2011, art. 7). — V. Arr. du 14 oct. 1991 (JO 10 déc.) relatif aux additifs pouvant être employés dans les denrées destinées à l'alimentation humaine, mod. par Arr. du 2 oct. 1997, art. 15 (JO 8 nov.).*

Art. 5 Est autorisé, pour le nettoyage et la désinfection des appareils servant aux manipulations, au transport et au débit du lait, l'emploi des carbonates alcalins, des hypochlorites, du formol et de l'eau oxygénée, à la condition que, grâce à des rinçages subséquents, le lait ne retienne aucune trace des ingrédients employés.

Art. 5 *bis* *(Décr. n° 2017-325 du 13 mars 2017, art. 2)* « La dénomination "Lait aromatisé" est réservée aux boissons stérilisées préparées à l'avance, constituées exclusivement de lait écrémé ou non, sucré ou non, additionné d'arômes. »

Toutefois, des colorants et des substances susceptibles d'être utilisés dans ces boissons à titre de stabilisateur physique peuvent être autorisés dans des conditions fixées par arrêté conjoint du ministre de l'agriculture et du ministre de la santé publique et de la population, pris après avis du conseil supérieur d'hygiène publique de France.

V. note ss. art. 4.

Art. 5 *ter* *(Décr. n° 55-592 du 16 juill. 1955)* Les laits aromatisés doivent demeurer stériles jusqu'à la vente au consommateur. Ils devront être conditionnés en récipients d'une capacité effective d'un litre au maximum.

A partir d'une date fixée par arrêté conjoint du ministre de l'agriculture et du ministre de l'industrie et du commerce, les bouteilles devront être conformes aux dispositions du décret du 4 juin 1954 susvisé.

Art. 5 *quater* *(Décr. n° 84-1147 du 7 déc. 1984)* Outre les mentions prévues par les dispositions du décret n° 84-1147 du 7 décembre 1984 *[C. consom., anc. art. R. 112-1 s.]* portant application de la loi du 1er août 1905 sur les fraudes et falsifications en matière de produits ou de services, en ce qui concerne l'étiquetage et la présentation des denrées alimentaires, l'étiquetage des laits aromatisés doit comporter :

— la dénomination de vente "lait aromatisé", accompagnée, s'il y a lieu, du mot "homogénéisé". Toutefois, les laits aromatisés au moyen de chocolat ou cacao peuvent être mis en vente sous la dénomination de "lait chocolaté" ou "lait cacaoté" ;

— la mention de la matière aromatisante utilisée ;

— la mention de la teneur en matière grasse exprimée en grammes par litre, jointe à la dénomination de vente.

TITRE II Laits concentrés

Art. 6 La dénomination de "lait concentré" est réservée au produit provenant de la concentration du "lait" propre à la consommation humaine.

La dénomination de "lait écrémé concentré" est réservée au produit provenant de la concentration du "lait écrémé".

La dénomination de "lait sucré concentré" est réservée au produit provenant de la concentration du "lait", propre à la consommation, additionné de sucre (saccharose).

La dénomination de "lait écrémé sucré concentré" est réservée au produit provenant de la concentration du "lait écrémé" additionné de sucre (saccharose).

Il est interdit d'employer d'autres dénominations que celles énumérées au présent article pour désigner des produits auxquels lesdites dénominations sont réservées.

Art. 7 Les récipients contenant les produits visés à l'article précédent, détenus ou transportés en vue de la vente, mis en vente ou vendus, doivent être revêtus d'une étiquette portant les indications suivantes :

La dénomination du produit, conformément aux dispositions de l'art. 6 du présent décret ;

Le nom ou la raison sociale du fabricant, ainsi que le lieu de fabrication ;

(*Décr. du 23 sept. 1934*) « La date de la fabrication par le millésime de l'année pendant lequel le lait a été introduit dans le récipient. Les conditions dans lesquelles l'inscription de cette date devra être effectuée sur les récipients, en caractères indélébiles, seront fixées par arrêté du ministre de l'agriculture » ;

Le poids net de la marchandise exprimé en grammes ;

Le degré de concentration par le poids en grammes d'eau bouillie à ajouter au produit pour obtenir un volume indiqué en litre et décilitres, égal à celui du lait, écrémé ou non, sucré ou non, dont provient le contenu de la boîte.

Cette indication sera donnée par l'une des formules suivantes : en ajoutant au contenu de cette boîte ... grammes d'eau bouillie, on obtient ... litre ... décilitres de lait, – ou de lait sucré à ... grammes par litre, – ou de lait écrémé, – ou de lait écrémé sucré à ... grammes par litre.

Les indications relatives à la dénomination du produit et au poids net doivent être inscrites en caractères de dimensions au moins égales à celles des caractères les plus grands figurant sur l'étiquette et de même apparence typographique.

Dans le cas où un autre sucre que le saccharose est ajouté ou substitué à ce dernier, partiellement ou totalement, dans la préparation des produits visés au présent article, la dénomination de vente doit être suivie d'une mention indiquant, sans abréviation et en caractères apparents, la nature et l'importance de l'addition ou de la substitution.

TITRE III Laits en poudre

Art. 8 La dénomination de "lait en poudre" est réservée au produit provenant de la dessiccation du lait, propre à la consommation humaine.

La dénomination de "lait écrémé en poudre" est réservée au produit provenant de la dessiccation du "lait écrémé".

La dénomination de "lait demi-écrémé en poudre" est réservée au produit provenant de la dessiccation du lait demi-écrémé ou du mélange de "lait en poudre" et de "lait écrémé en poudre" tels qu'ils sont définis aux deux paragraphes précédents.

La dénomination "lait sucré en poudre" est réservée au "lait en poudre" additionné de sucre (saccharose).

La dénomination "lait écrémé sucré en poudre" est réservée au "lait écrémé en poudre" additionné de sucre (saccharose).

La dénomination "lait demi-écrémé sucré en poudre" est réservée au "lait demi-écrémé en poudre" additionné de sucre (saccharose).

Il est interdit d'employer d'autres dénominations que celles énumérées au présent article pour désigner des produits auxquels lesdites dénominations sont réservées.

Art. 9 Les récipients contenant les produits visés à l'article précédent, détenus, ou transportés en vue de la vente, mis en vente ou vendus doivent être revêtus d'une étiquette portant les indications suivantes :

La dénomination du produit, conformément aux dispositions de l'art. 8 du présent décret ;

Le nom ou la raison sociale du fabricant ainsi que le lieu de fabrication ;

(*Décr. du 23 sept. 1934*) « La date de la fabrication (millésime de l'année), dans les mêmes conditions que celles fixées par le paragraphe 4 de l'article 7 ci-dessus ;

« La teneur en matière grasse ainsi qu'éventuellement la teneur en sucre additionné » ;

Le poids net de la marchandise exprimé en grammes ;

Les indications relatives à la dénomination du produit et au poids net doivent être inscrites en caractères de dimensions au moins égales à celles des caractères les plus grands figurant sur l'étiquette et de même apparence typographique.

Dispositions communes aux laits concentrés et aux laits en poudre

Art. 10 Est considérée comme une falsification aux termes de l'article 3 de la loi du 1er août 1905, l'addition aux produits visés aux titres II et III du présent décret, d'une substance quelconque, exception faite pour celles dont l'emploi pourrait être autorisé par arrêté pris dans les conditions fixées à l'article 4 du présent décret. – *V. note ss. art. 4.*

Art. 11 Il est interdit de faire figurer sur l'étiquette visée aux articles 7 et 9 ci-dessus, aucune indication recommandant l'emploi pour l'alimentation des enfants en bas âge et des malades des produits visés aux titres II et III du présent décret.

En ce qui concerne ceux desdits produits auxquels sont applicables les dénominations :
Lait écrémé concentré ;
Lait écrémé sucré concentré ;
Lait écrémé en poudre ;
Lait écrémé sucré en poudre ;
Lait demi-écrémé en poudre ;
Lait demi-écrémé sucré en poudre,
les indications dont l'inscription est prescrite par les articles 7 et 9 ci-dessus, doivent être accompagnées de la mention "à ne donner aux jeunes enfants et aux malades que sur l'indication du médecin".

Art. 12 Les dispositions des titres II et III du présent décret sont applicables aux produits importés. En conséquence, ces produits ne pourront être détenus en vue de la vente, mis en vente ou vendus que si les récipients qui les contiennent sont revêtus d'une étiquette portant, en langue française, les indications prescrites par les articles 7 et 9 du présent décret.

TITRE IV Caséine

Art. 13 et 14 *Abrogés par Décr. n° 88-1097 du 2 déc. 1988.*

TITRE V Crème

Art. 15 et 16 *Abrogés par Décr. n° 80-313 du 23 avr. 1980.*

TITRE VI Beurre

Art. 17 à 19 *Abrogés par Décr. n° 88-1204 du 30 déc. 1988.*

TITRE VII Fromage

Art. 20 à 23 *Abrogés par Décr. 20 oct. 1936, art. 18.*

TITRE VIII Présure

Art. 24 *(Décr. n° 69-475 du 14 mai 1969)* La dénomination "présure" est réservée à l'extrait soit liquide ou pâteux, soit pulvérisé ou comprimé après dessiccation provenant de la macération des caillettes de jeunes bovidés tenus au régime du lait.

Ne constitue pas une manipulation ou pratique frauduleuse, aux termes de la loi du 1er août 1905, l'addition à la présure de sel commercialement pur, ou de toute substance dont l'emploi est autorisé pour la préparation, la coloration ou la conservation du produit par arrêté pris de concert par le ministre de l'agriculture et le ministre d'État chargé des affaires sociales, sur l'avis du conseil supérieur d'hygiène publique de France.

Art. 25 *(Décr. n° 69-475 du 14 mai 1969)* Les bouteilles, flacons et boîtes contenant au plus un litre ou un kilogramme de présure mise en vente doivent porter les indications suivantes :
La dénomination ;
La force coagulante (nombre de volumes de lait coagulé par un volume de présure, en 40 minutes à 35°C) ou, à défaut, le dosage ;
Le nom et l'adresse du fabricant, cette mention pouvant être remplacée soit par une marque de fabrique ou de commerce, soit par le nom d'un vendeur, à la condition d'être *suivie d'une indication conventionnelle* arrêtée par le service de la répression des fraudes et du contrôle de la qualité et permettant d'identifier le fabricant ;
La contenance ou le poids ;
La mention : "tenir au frais, bouché et à l'abri de la lumière" pour la présure à l'état liquide, et "tenir au sec" pour la présure à l'état solide.

TITRE IX Dispositions générales

Art. 26 Les dispositions des titres Ier, II et III du présent décret ne sont pas applicables aux produits mis en vente ou vendus par les pharmaciens et destinés à être utilisés à des emplois médicaux comme produits de régime, tels que les produits connus sous les dénominations "lait humanisé", "lait maternisé" "lait peptonisé".

Art. 27 *(Décr. du 23 sept. 1934)* L'emploi de toute indication ou de tout signe tendant à faire croire faussement que les produits visés au présent décret ont été produits et manipulés sous un contrôle officiel, de même l'emploi de toute indication ou de tout signe susceptible de créer dans l'esprit de l'acheteur une confusion sur le poids, le volume, sur la nature ou sur l'origine desdits produits, lorsque, d'après la convention ou les usages, la désignation de l'origine attribuée à ces produits doit être considérée comme la cause principale de la vente, sont interdits en toutes circonstances et sous quelque forme que ce soit, notamment :

1° Sur les récipients et emballages ;

2° Sur les étiquettes, capsules, bouchons, cachets ou tout autre appareil de fermeture ;

3° Dans les papiers de commerce, factures, catalogues, prospectus, prix courants, enseignes, affiches, tableaux réclames, annonces ou tout autre moyen de publicité.

L'interdiction ci-dessus s'applique notamment à l'emploi de toute indication ou de tout signe annonçant qu'un produit est à base de beurre ou a été préparé au beurre, alors que ce produit a été fabriqué en tout ou en partie avec d'autres matières grasses que le beurre.

Art. 28 *(Décr. nº 2017-325 du 13 mars 2017, art. 2)* Les produits légalement fabriqués et commercialisés dans un autre État membre de l'Union européenne ou en Turquie ou légalement fabriqués dans un autre État partie à l'accord sur l'Espace économique européen ne sont pas soumis aux exigences du présent décret. Ces produits peuvent être commercialisés en France avec l'une des mentions prévues au présent décret ou des mentions analogues.

Loi du 2 juillet 1935,

Tendant à l'organisation et à l'assainissement des marchés du lait et des produits résineux.

TITRE PREMIER Réglementation de la préparation et de la vente des produits laitiers

Art. 1er Le lait destiné à la consommation ou à la fabrication d'un produit laitier ne pourra être mis en vente que s'il provient de femelles laitières en parfait état sanitaire.

Art. 2 A partir du 1er janvier 1936, sera considéré comme une tentative de tromperie ou une tromperie, aux termes de l'article 1er de la loi du 1er août 1905 *[C. consom., art. L. 441-1]*, le fait de détenir en vue de la vente, d'exposer ou de mettre en vente ou de vendre en nature pour la consommation humaine, du lait ayant subi un écrémage même partiel.

(Décr. nº 53-979 du 30 sept. 1953) Toutefois, un décret rendu sur proposition du ministre de l'agriculture, du ministre de la santé publique et de la population et du ministre chargé des affaires économiques, après avis du comité central du lait et de l'*(Ord. nº 2010-18 du 7 janv. 2010, art. 3-II)* « Agence nationale chargée de la sécurité sanitaire de l'alimentation, de l'environnement et du travail », pourra fixer une teneur en matière grasse particulière pour certains laits spéciaux et pour les laits pasteurisés destinés à la consommation en nature. Ce décret précisera notamment les conditions dans lesquelles les ateliers de traitement pourront procéder à l'enrichissement ou à l'appauvrissement des laits de mélange pour amener leur teneur en matière grasse au pourcentage à observer.

Art. 3 *(Décr. nº 53-979 du 30 sept. 1953)* Dans le cas où, pour une région déterminée, les comités départementaux prévus à l'article 29 et les chambres d'agriculture intéressés en indiqueraient l'opportunité, le ministre de l'agriculture, après avis du comité central du lait, pourra fixer par arrêté le taux minimum de matière grasse que devront contenir tous les laits de mélange mis en vente dans ladite région.

Art. 4 et 5 *Abrogés par L. nº 98-565 du 8 juill. 1998, art. 8.*

Art. 6 Les laits ne répondant pas aux prescriptions des articles 4 et 5 ne pourront être vendus en nature en vue de la consommation humaine que s'ils ont été soumis préalablement à un traitement de pasteurisation ou à tout autre traitement possédant une efficacité au moins égale au point de vue de l'hygiène.

Un décret pris après avis de l'*(Ord. nº 2010-18 du 7 janv. 2010, art. 3-II)* « Agence nationale chargée de la sécurité sanitaire de l'alimentation, de l'environnement et du travail » et du comité central du lait fixera les modalités du contrôle des ateliers de traitement du lait. Ce contrôle portera notamment sur la qualité des laits devant être traités, sur les opérations de traitement et la qualité du lait après traitement. – *V. Décr. n° 55-771 du 21 mai 1955, infra.*

Les préfets, sur avis des services de la répression des fraudes ou des organisations de contrôle qui seront autorisées par le comité central du lait, peuvent suspendre temporairement la livraison du lait à la consommation humaine par un atelier de pasteurisation après trois avertissements.

Cette interdiction, qui pourra être renouvelée, ne pourra chaque fois dépasser trois mois.

Art. 7 *(Décr. n° 53-979 du 30 sept. 1953)* Pourront être réglementées par décret, rendu sur proposition du ministre de l'agriculture et du ministre de la santé publique et de la population, après avis du comité central du lait et de l'*(Ord. n° 2010-18 du 7 janv. 2010, art. 3-II)* « Agence nationale chargée de la sécurité sanitaire de l'alimentation, de l'environnement et du travail » :

1° Les conditions de production, de collecte et de transport des laits destinés, soit à être vendus à l'état cru pour la consommation humaine, soit à être pasteurisés ;

2° Les conditions de vente des laits crus ou des laits pasteurisés destinés à la consommation humaine.

Ces décrets pourront prévoir notamment l'obligation de souscrire une déclaration à la préfecture, les modalités de contrôle, les conditions relatives à la tenue des étables, à la propreté de la traite, aux locaux, aux récipients et aux véhicules utilisés pour la récolte, le transport et la vente du lait.

Jusqu'à une date qui sera fixée par arrêté du ministre de l'agriculture, les conditions et les modalités de contrôle de la vente du lait au détail, l'obligation de la déclaration à la préfecture ne s'appliquent pas aux agriculteurs qui vendent directement aux consommateurs.

En ce qui concerne les laits destinés à des agglomérations urbaines déterminées par arrêté du ministre de l'agriculture, du ministre de l'intérieur et du ministre de la santé publique et de la population, certains critères de qualité et de conditionnement pourront être fixés par décret rendu sur proposition des mêmes ministres, après avis du comité central du lait et de l'*(Ord. n° 2010-18 du 7 janv. 2010, art. 3-II)* « Agence nationale chargée de la sécurité sanitaire de l'alimentation, de l'environnement et du travail ».

Les préfets, sur avis du service de la répression des fraudes et après trois avertissements, pourront interdire la vente du lait destiné à la consommation humaine à tout vendeur coupable d'une infraction aux dispositions, soit de l'article 5 de la présente loi ou du décret qui fixera ses conditions d'application, soit du décret prévu au présent article.

Cette interdiction est renouvelable ; elle ne pourra chaque fois être prononcée pour une durée supérieure à trois mois.

Art. 8 *Abrogé par Décr. n° 64-466 du 21 mai 1964.*

Art. 9 *Abrogé par L. n° 88-1202 du 30 déc. 1988, art. 66.*

Art. 10 Le beurre vendu comme provenant d'un pays ou d'une région doit provenir exclusivement dudit pays ou de ladite région.

Art. 11 Le mélange de beurres de provenances diverses ne pourra pas être vendu avec mention d'origine.

Art. 12 Six mois après la promulgation de la présente loi il sera interdit d'importer en France des fromages étrangers d'une teneur en matière grasse inférieure à 40 pour 100.

Art. 13 Dans un délai de six mois à dater de la promulgation de la présente loi, le ministre de l'agriculture fixera par des *règlements d'administration publique* pris en application de la loi du 1er août 1905, après consultation du comité central du lait, les caractéristiques extérieures des principales espèces de fromages existant à ce jour, leur composition et notamment leur teneur en matière grasse et la nature du lait employé, ainsi que les dérogations aux articles 12 et 15 rendues nécessaires par la qualité de certains produits.

Sont considérées comme principales espèces de fromages les espèces types répandues sur le marché national ou international et non les fromages de fabrication et de consommation locales ou régionales.

Dans le même délai de six mois, à partir de la promulgation de la présente loi, un *règlement d'administration publique*, pris en application de la loi du 1er août 1905, précisera les mesures nécessaires :

1° Pour que tout fromage d'une des principales espèces définies comme dit au paragraphe 1er du présent article porte obligatoirement jusqu'à sa livraison au consommateur son nom d'espèce, son origine et sa teneur en matière grasse sur sec ;

2° Pour que les autres fromages, non définis, d'une teneur inférieure à 40 pour 100 en matière grasse et pour que ceux présentés sous une forme ou un aspect pouvant créer confusion dans l'esprit du consommateur avec l'un des fromages des espèces définies, portent obligatoirement une bande très apparente de couleur imposée, indiquant leur teneur en matière grasse sur sec et la nature du lait utilisé pour leur fabrication.

Les fromages de fabrication locale ou régionale pourront, si la demande en est faite par les chambres d'agriculture intéressées et après consultation des organisations professionnelles intéressées, être soumis aux règles précédentes. – *V. Décr. nº 2007-628 du 27 avr. 2007, vº Fromages.*

Art. 14 Les obligations imposées aux produits laitiers nationaux en application de la présente loi seront étendues aux produits laitiers importés.

TITRE II Réglementation du marché des corps gras

....

TITRE III Organisation administrative

....

TITRE VI Dispositions diverses

....

Art. 34 Toutes les infractions à la présente loi seront punies comme infraction à l'article 1er de la loi du 1er août 1905 (délit de tromperie).

En cas de bonne foi, il sera fait application de la loi du 21 juillet 1929 *[modifiant l'art. 13 de la loi du 1er août 1905]*.

Art. 35 Le tribunal pourra ordonner l'insertion, aux frais du contrevenant, dans trois journaux régionaux quotidiens ou périodiques, dont au moins un professionnel et, s'il y a lieu, l'affichage pendant quinze jours, dans l'établissement du contrevenant, du jugement rendu au pénal, en application de l'article ci-dessus. Cette publicité sera obligatoire à compter de la deuxième infraction constatée à toute disposition de la présente loi.

Décret nº 55-771 du 21 mai 1955,

Relatif aux laits destinés à la consommation humaine.

TITRE PREMIER Lait cru

Art. 1er Les laits qui peuvent être vendus à l'état cru pour la consommation humaine, en application de l'article 4 de la loi du 2 juillet 1935 et de l'article 6 du décret nº 53-979 du 30 septembre 1953, doivent simultanément répondre aux prescriptions :

– De l'article 1er de la loi du 2 juillet 1935 et des articles 2 et 3 de la même loi, modifiés par les articles 4 et 5 du décret nº 53-979 du 30 septembre 1953 ;

– Du titre premier du décret du 25 mars 1924 modifié par le décret du 23 septembre 1934 ;

– Des articles 2 et 3 ci-après.

Art. 2 Les laits destinés à être vendus à l'état cru pour la consommation humaine doivent :

1° Conformément aux dispositions du décret du 24 janvier 1934, ne pas provenir d'animaux tuberculeux, ni renfermer de bacilles tuberculeux. Ces laits doivent provenir :

a) D'étables officiellement contrôlées visées à l'article 4 de la loi du 2 juillet 1935 ;

b) D'étables patentées, c'est-à-dire titulaires de la patente sanitaire délivrée dans les conditions prévues par les articles 11 et 12 du décret du 29 septembre 1935 ;

c) D'étables possédant un cheptel reconnu indemne de tuberculose par les services vétérinaires, à la suite d'épreuves de tuberculine ou de toute autre épreuve diagnostique approuvée par le comité consultatif des épizooties ;

2° Provenir d'exploitations pourvues d'eau naturellement potable ou rendue potable par un procédé approuvé par le directeur départemental de la santé et d'étables assainies et blanchies au moins une fois par an : l'entreposage et la manipulation du lait ne doivent pas être effectués à l'intérieur de l'étable ;

3° Être récoltés et transportés dans des récipients répondant aux prescriptions de l'article 3 du présent décret ;

4° Être propres et le demeurer jusqu'au moment de la vente au consommateur, leur propreté étant reconnue par l'épreuve de filtration sur ouate ;

5° Être refroidis immédiatement après la traite et être maintenus jusqu'au moment de la vente au consommateur à une température inférieure à 15°, ces prescriptions ne s'appliquant pas toutefois aux laits vendus directement au consommateur dans les deux heures suivant la fin de la traite ;

6° Au moment de la vente au consommateur, ne pas décolorer le bleu de méthylène en moins de trois heures, dans les conditions fixées par l'arrêté prévu à l'article 16 du présent décret.

Les prescriptions des paragraphes 5° et 6° du présent article seront mises en application pour tout ou partie de chaque département, par arrêté du ministre de l'agriculture, pris après avis du préfet intéressé.

Art. 3 Les récipients utilisés pour la récolte et pour le transport des laits destinés à être vendus à l'état cru pour la consommation humaine doivent :

1° Être maintenus en bon état d'entretien ;

2° Avant utilisation, être propres et aseptisés ; les ingrédients employés doivent avoir été autorisés par le conseil supérieur d'hygiène publique de France ;

3° S'ils sont destinés au transport hors de l'exploitation, ils doivent en outre :

a) Porter sur une bande jaune entourant complètement le récipient ou sur une étiquette l'inscription : « lait cru », en caractères très apparents d'au moins 3 cm de haut ;

b) Sitôt remplis et refroidis, être fermés ;

c) Ne pas être ouverts depuis la prise en charge jusqu'à la vente au consommateur, sauf dans le cas où les laits sont, pour la vente au détail, recueillis dans un bac réfrigéré ; en ce cas, les récipients ne peuvent être ouverts qu'au moment du transvasement ;

d) Au moment de la prise en charge, être munis d'un dispositif (plomb, cachet ou autre) permettant de s'assurer du respect de la prescription de l'alinéa *c* ci-dessus ; le dispositif doit porter le numéro d'immatriculation prévu à l'article 5 du présent décret.

Les prescriptions du paragraphe 3° du présent article ne s'appliquent pas aux producteurs vendant directement au consommateur les laits produits exclusivement sur leur exploitation, sous réserve que la vente ait lieu, soit sur l'exploitation même, soit dans un dépôt où ces laits puissent être individualisés.

Art. 4 En dehors des producteurs vendant soit directement au consommateur, soit à l'un des ramasseurs prévus au paragraphe 2° du présent article, seuls peuvent vendre du lait à l'état cru pour la consommation humaine :

1° Les fruitières, sous réserve de le vendre directement au consommateur dans leur rayon de ramassage ;

2° Jusqu'à une date fixée par arrêté du ministre de l'agriculture, les ramasseurs collectant moins de 600 litres de lait par jour chez les producteurs.

Sont considérés comme ramasseurs, aux termes du présent décret, toutes personnes physiques ou morales, autres que les fruitières visées ci-dessus, servant à un titre quelconque d'intermédiaire entre le producteur et le consommateur.

Art. 5 Les fruitières et les ramasseurs prévus à l'article 4 du présent décret doivent, avant le début de leurs opérations ou, s'il s'agit d'opérations en cours à la date de la publication du présent décret, au plus tard un mois après cette date, en faire la déclaration, sur un imprimé du modèle réglementaire annexé au présent décret, au préfet intéressé, à savoir le préfet du département dans lequel leur siège ou leur domicile est situé, ou le préfet de police si ce siège ou ce domicile est situé dans le ressort de la préfecture de police.

Le préfet délivre à chaque intéressé un récépissé de sa déclaration indiquant le numéro d'immatriculation qui lui est affecté : il transmet, le cas échéant, à chacun des préfets des départements dans lesquels la vente est prévue (dans le département de la Seine au préfet de police), un exemplaire de la déclaration de l'intéressé, revêtu du numéro d'immatriculation qui lui est affecté.

Toute modification dans les conditions d'exploitation doit être déclarée au préfet intéressé.

TITRE II Lait pasteurisé

Art. 6 Qu'il s'agisse de la pasteurisation ou de tout autre procédé, le traitement du lait, tel qu'il est prévu à l'article 6 de la loi du 2 juillet 1935, a pour but de permettre de livrer à la consommation humaine des laits répondant aux prescriptions de l'article 8 ou de l'article 10 du présent décret.

La pasteurisation consiste en un chauffage du lait pratiqué dans un appareil ou un groupe d'appareils appropriés et correctement utilisés selon un principe approuvé par le conseil supérieur d'hygiène publique de France.

Dès maintenant sont considérés comme approuvés les traitements pratiqués dans les limites suivantes :

– Chauffage à 63° pendant au moins trente minutes,

– Chauffage instantané à 95°.

Pour les températures intermédiaires, un arrêté du ministre de l'agriculture et du ministre de la santé publique et de la population, pris après avis du conseil supérieur d'hygiène publique de France, fixera en tant que de besoin la durée du chauffage.

Pendant toute la durée de la pasteurisation, la température ne devra pas s'abaisser en quelque point que ce soit de la masse du lait au-dessous du minimum requis pour le procédé adopté.

En vue du contrôle de leur fonctionnement, les appareils de pasteurisation doivent être munis d'enregistreurs de température.

Le ministre de l'agriculture fixe par arrêté :

1° Les caractéristiques d'utilisation et de fonctionnement des enregistreurs de température ;

2° Les conditions dans lesquelles sont relevés les résultats enregistrés par les appareils de contrôle ;

3° Les modalités de contrôle des appareils enregistreurs.

Les graphiques doivent être datés et classés dans l'ordre chronologique ; ils doivent être conservés pendant six mois et présentés pendant cette période à toute réquisition des agents habilités pour le contrôle.

Immédiatement après la pasteurisation, le lait doit être refroidi, en tous ses points et en moins d'une heure, à une température inférieure à 6°. Le ministre de l'agriculture peut, par arrêté pris sur proposition du préfet intéressé, autoriser, pour une durée limitée, des ateliers de traitement expressément désignés à pratiquer la réfrigération à une température comprise entre 6° et 13°.

Ces autorisations ne peuvent être accordées aux ateliers livrant du lait pasteurisé conditionné.

Tout traitement du lait autre que ceux définis ci-dessus doit être reconnu d'une efficacité au moins égale au point de vue de l'hygiène par le conseil supérieur d'hygiène publique de France et être approuvé par arrêté du ministre de l'agriculture et du ministre de la santé publique et de la population, pris après avis du comité central du lait. Quel que soit le traitement approuvé auquel il a été soumis, le lait considéré est dit « pasteurisé ».

Art. 7 Les laits soumis à l'un des traitements prévus à l'article 6 du présent décret doivent répondre aux prescriptions :

1° Du décret du 25 mars 1924, modifié par le décret du 23 septembre 1934 ;

2° Des décrets du 24 janvier 1934 ;

3° De l'article 1er de la loi du 2 juillet 1935 et des articles 2 et 3 de la même loi, modifiés par les articles 4 et 5 du décret n° 53-979 du 30 septembre 1953.

Une fois traités, ces laits doivent répondre aux prescriptions, soit de l'article 8, soit de l'article 10 du présent décret, et sont dénommés, dans le premier cas, "lait pasteurisé" et, dans le second cas, "lait pasteurisé conditionné".

Néanmoins, une fois traités, les laits provenant soit d'étables officiellement contrôlées, soit d'étables patentées, doivent répondre aux prescriptions de l'article 10 du présent décret.

Un arrêté du ministre de l'agriculture et du ministre de la santé publique et de la population pourra déterminer les conditions dans lesquelles certains laits ne pourront être soumis à l'un des traitements prévus à l'article 6 du présent décret.

Art. 8 Le "lait pasteurisé" doit, à la sortie de l'atelier de traitement, ne pas renfermer plus de 100 000 germes microbiens vivants par centimètre cube.

Jusqu'au moment de la vente au consommateur, il doit :

– être propre, la propreté étant reconnue par l'épreuve de filtration sur ouate ;

– être exempt de germes pathogènes détruits par la pasteurisation, l'absence de ces germes étant reconnue par les épreuves définies par l'arrêté prévu à l'article 16 ci-après :

– ne pas renfermer plus de 200 000 germes microbiens vivants par centimètre cube ;

– être maintenu à une température inférieure ou égale à 10°, sauf dérogation spéciale et temporaire accordée par arrêté du ministre de l'agriculture.

Les récipients utilisés pour le transport du "lait pasteurisé" doivent :

1° Avoir une contenance supérieure à 1 litre, afin d'éviter toute confusion avec les récipients utilisés pour le transport du lait pasteurisé conditionné ;

2° Être maintenus en bon état d'entretien ;

3° Avant chaque utilisation, être propres et aseptisés ; les ingrédients employés doivent avoir été autorisés par le conseil supérieur d'hygiène publique de France ;

4° Sitôt remplis, être fermés et le demeurer jusqu'à la vente au consommateur, réserve faite des deux cas suivants :

– le lait contenu dans des citernes doit être réparti dans des récipients de moindre capacité permettant sa livraison pour la vente au détail ; en ce cas, l'ouverture des citernes doit avoir lieu exclusivement dans les gares laitières ou dans les entrepôts servant à cet usage et les nouveaux récipients doivent y être fermés et munis du dispositif prévu ci-dessous ;

– le lait est recueilli par le détaillant dans un bac réfrigéré ; en ce cas, les récipients ne peuvent être ouverts qu'au moment du transvasement ;

5° Sitôt fermés, être munis d'un dispositif (plomb, cachet ou autre) permettant de s'assurer du respect de la prescription du paragraphe 4° du présent article ; le dispositif doit porter le numéro d'immatriculation prévu à l'article 11 du présent décret et la date de livraison, celle-ci devant avoir lieu au plus tard vingt-quatre heures après la fin du dernier traitement.

Art. 9 La vente du "lait pasteurisé" prévue à l'article 8 du présent décret est interdite dans les agglomérations déterminées par arrêté du ministre de l'agriculture, du ministre de l'intérieur et du ministre de la santé publique et de la population, pris en application de l'article 7 du décret n° 53-979 du 30 septembre 1953.

Le ministre de l'agriculture et le ministre de la santé publique et de la population peuvent, par arrêtés conjoints, pris sur proposition des préfets intéressés, accorder des dérogations à cette interdiction.

Les dispositions du premier alinéa ci-dessus ne s'appliquent ni aux industriels utilisateurs de lait dans le cadre de leur activité professionnelle, ni aux collectivités dans la mesure où le lait est destiné à être consommé sur place. Tout transvasement de ce lait pour vente à emporter est rigoureusement interdit. La dérogation prévue au présent alinéa en faveur de certaines collectivités ne s'applique pas aux établissements ou sections d'établissement hébergeant des enfants de moins de deux ans.

Les laits vendus à l'état cru dans les agglomérations visées au premier alinéa ci-dessus doivent provenir exclusivement soit d'étables officiellement contrôlées visées à l'article 4 de la loi du 2 juillet 1935, soit d'étables patentées, c'est-à-dire titulaires de la patente sanitaire délivrée dans les conditions prévues par les articles 11 et 12 du décret du 29 septembre 1935.

Cette dernière prescription sera mise en application par arrêté du préfet intéressé, compte tenu des possibilités d'approvisionnement de l'agglomération considérée.

Art. 10 *(Décr. n° 84-1147 du 7 déc. 1984)* Les récipients ou leurs dispositifs de fermeture doivent porter l'inscription "lait pasteurisé conditionné" ou "pasteurisé conditionné", le numéro d'immatriculation de l'atelier de traitement et la date limite de consommation.

Art. 11 Toute personne exploitant un atelier de traitement du lait doit avant la mise en service de l'atelier – ou, s'il s'agit d'un atelier fonctionnant à la date de la publication du présent décret, au plus tard un mois après cette date – en faire la déclaration, sur un imprimé du modèle réglementaire annexé au présent décret, au préfet intéressé, à savoir le préfet du département dans lequel l'atelier est situé ou le préfet de police si l'atelier est situé dans le ressort de la préfecture de police.

Le préfet délivre un récépissé de la déclaration portant le numéro d'immatriculation affecté à l'atelier et indiquant, le cas échéant, qu'il livre du "lait pasteurisé conditionné".

Toute modification dans les conditions d'exploitation doit être déclarée au préfet intéressé dans les trois mois.

Les préfets adressent au ministre de l'agriculture un état des récépissés délivrés par eux aux ateliers de traitement.

TITRE III Vente au consommateur

Art. 12 Les laits destinés à la consommation humaine, visés au présent décret, n'ont droit, selon le cas, qu'à la dénomination "lait cru" ou "lait pasteurisé" ou "lait pasteurisé conditionné", sans aucune adjonction susceptible de faire croire à une supériorité de qualité, notamment de caractère médical.

Le "lait cru" peut néanmoins, le cas échéant, sous réserve qu'il provienne exclusivement de l'une ou l'autre de ces catégories d'étables, être vendu dans des récipients portant, outre cette dénomination, l'inscription "lait provenant d'étables officiellement contrôlées" ou "lait provenant d'étables patentées".

De même le "lait pasteurisé conditionné" peut, le cas échéant, sous réserve qu'il provienne exclusivement de l'une ou l'autre de ces catégories d'étables, être vendu dans des récipients portant, outre cette dénomination, l'inscription "lait provenant d'étables officiellement contrôlées" ou "lait provenant d'étables surveillées", cette dernière inscription s'appliquant à la fois aux étables patentées et aux étables prévues au paragraphe *c* de l'article 2 du présent décret.

Art. 13 *Abrogé par Décr. n° 84-1147 du 7 déc. 1984.*

Art. 14 A moins qu'elle n'ait lieu sur l'exploitation même du producteur, la vente au consommateur doit avoir lieu exclusivement dans des magasins ou installations spécialement aménagés à cet effet. Des arrêtés préfectoraux pris après avis des organisations professionnelles intéressées et du *(Décr. n° 2006-665 du 7 juin 2006, art. 19-IV)* « conseil départemental de l'environnement et des risques sanitaires et technologiques » traiteront, notamment, de l'aménagement des locaux et de l'interdiction d'y exercer certaines activités susceptibles de nuire à la qualité du lait.

Nonobstant les prescriptions de l'alinéa précédent, est autorisée la livraison à domicile dans des récipients fermés maintenus jusqu'au moment de la remise au consommateur à une température inférieure ou égale à 15° :

1° Du lait pasteurisé conditionné ;

2° Du lait cru transporté dans des récipients répondant aux prescriptions du paragraphe 3° *a)* de l'article 3 et des paragraphes 1°, 2° et 3° de l'article 10 du présent décret.

TITRE IV Contrôle

Art. 15 La surveillance sanitaire de la production, le contrôle du traitement, de la conservation, du transport et de la vente des laits destinés à la consommation humaine relèvent du ministre de l'agriculture.

Le service de la répression des fraudes, les services vétérinaires et les services de la santé échangent à l'échelon départemental toutes informations relatives à la qualité hygiénique du lait.

Lorsque des motifs d'ordre sanitaire et hygiénique le nécessitent, les contrôles peuvent être effectués conjointement par le service de la répression des fraudes, la direction départementale des services vétérinaires et le service départemental de la santé.

Pour la surveillance des ateliers de traitement du lait, lorsque ces contrôles conjoints viennent en sus des prévisions du service de la répression des fraudes à qui incombe cette surveillance, les frais supportés par ce service donnent lieu à remboursement de la part du ministre de la santé publique et de la population selon des modalités fixées par arrêté interministériel.

Des instructions du ministre de l'agriculture fixeront les attributions des services départementaux relevant de son autorité dans les diverses missions énoncées au premier alinéa du présent article.

En tout état de cause, la constatation des infractions incombe aux fonctionnaires qualifiés en application du premier alinéa du présent article. Cependant, quel que soit le stade de la production, du traitement, de la conservation ou de la commercialisation du lait au cours duquel une infraction aura été relevée, aucune poursuite ne pourra être engagée sans que le service de la répression des fraudes ait été appelé à donner son avis préalable.

Art. 16 Tout prélèvement d'échantillon effectué en exécution de la loi du 2 juillet 1935, modifiée par le décret n° 53-979 du 30 septembre 1953, pour le contrôle de la teneur microbienne des laits destinés à la consommation humaine comporte un seul échantillon.

Pour les laits pasteurisés conditionnés, chaque échantillon est constitué par un récipient plein et fermé.

Tout prélèvement d'échantillon donne lieu à un procès-verbal de prélèvement ; toute analyse d'échantillon donne lieu à un rapport d'analyse ; procès-verbal et rapport d'analyse doivent être adressés au préfet intéressé.

Tout contrôle d'un atelier de traitement donne lieu à plusieurs prélèvements d'échantillons.

Des arrêtés conjoints du ministre de l'agriculture et du ministre de la santé publique et de la population fixent les modalités du contrôle hygiénique et bactériologique des laits destinés à la consommation humaine en ce qui concerne, notamment :

1° Les prélèvements d'échantillons, leur identification, leur refroidissement, leur conservation et leur transport au laboratoire d'analyse ;

2° L'établissement du procès-verbal de prélèvement et du rapport d'analyse ;

3° L'analyse contradictoire prévue à l'article 18 du présent décret ;

4° La description des méthodes d'analyse.

Le ministre de l'agriculture établit la liste des laboratoires agréés pour l'analyse bactériologique du lait, ainsi que le ressort de ces laboratoires.

Art. 17 Les dispositions des articles 15 et 16 du présent décret ne font pas obstacle :

– A la recherche et à la constatation des infractions en exécution de la loi du 1er août 1905 modifiée et complétée ;

– A l'application tant de la loi du 5 avril 1884 que de la loi du 15 février 1902, modifiée et complétée par le décret-loi du 30 octobre 1935.

TITRE V Sanctions

Art. 18 Les infractions aux dispositions du présent décret sont passibles des pénalités édictées par les articles 34 et 35 de la loi du 2 juillet 1935, modifiée, sans préjudice de l'application des sanctions administratives (avertissements, interdiction de vente) dans les conditions prévues par les articles 6 et 7 de ladite loi et suivant les modalités ci-après.

Après notification d'un avertissement, l'intéressé peut présenter ses observations au préfet.

Un délai minimum de quinze jours doit s'écouler entre la notification d'un avertissement et le contrôle qui suit.

Après trois avertissements notifiés dans le délai d'un an, le préfet peut interdire, pour une durée maximum de trois mois, la vente du lait par le vendeur en cause.

Toutefois, s'il s'agit d'un atelier de traitement du lait, l'exploitant de l'atelier peut demander, avant toute interdiction de vente, un contrôle comportant analyse contradictoire et il dispose d'un délai de huit jours après communication des résultats de cette analyse pour adresser un mémoire en défense au préfet intéressé.

Si les trois avertissements ont porté uniquement sur le lait pasteurisé conditionné, l'interdiction de vente n'est appliquée qu'au lait de cette catégorie.

Décret n° 80-313 du 23 avril 1980,

Relatif aux crèmes de lait destinées à la consommation (*Décr. n° 2017-325 du 13 mars 2017, art. 4*).

Art. 1er Le présent décret concerne la préparation, la détention en vue de la vente, la mise en vente, la vente et la distribution à titre gratuit des crèmes, des crèmes légères et des crèmes crues destinées à la consommation, qu'elles soient en nature, sucrées, à fouetter, fouettées, sous pression ou additionnées de quelque substance que ce soit.

TITRE PREMIER Crème et crème légère

SECTION I *Crème et crème légère en nature ou sucrées*

Art. 2 La dénomination "crème" est réservée au lait contenant au moins 30 grammes de matière grasse provenant exclusivement du lait pour 100 grammes de poids total.

La dénomination "crème légère" est réservée au lait contenant moins de 30 grammes mais au moins 12 grammes de matière grasse provenant exclusivement du lait pour 100 grammes de poids total.

Lorsque la crème ou la crème légère contient des produits d'addition autorisés, la détermination de la teneur en matière grasse est effectuée sur la partie lactée.

Art. 3 La crème et la crème légère doivent être, préalablement à leur mise en vente, soumises à un traitement de pasteurisation ou de stérilisation.

Toutefois, la crème peut ne pas faire l'objet d'un traitement thermique d'assainissement pour la vente au détail, à la condition d'être mise en vente sous la dénomination de "crème crue".

Art. 4 Est autorisée l'addition à la crème ou à la crème légère des produits suivants :

Saccharose (sucre mi-blanc, sucre blanc ou sucre blanc raffiné) dans la proportion pondérale de 15 p. 100 au maximum ;

Ferments lactiques ;

Dans le cas de crème ou de crème légère stérilisée, stabilisateurs autorisés par arrêté interministériel pris dans les formes prévues à l'article 1er du décret du 15 avril 1912 *[V. vo Denrées alimentaires]* modifié à la dose pondérale de 0,5 p. 100 au maximum, ou protéines de lait à la dose de 3 p. 100 au maximum calculés sur la partie lactée.

Sous réserve des dispositions de l'article 9 ci-dessous, l'addition de tout autre produit est interdite, exception faite des produits chimiques dont l'emploi pourrait être autorisé par arrêté interministériel pris dans les formes prévues à l'article 1er du décret du 15 avril 1912 modifié.

Les dispositions du Décr. du 23 avr. 1980 cessent d'être applicables, en tant qu'elles concernent les additifs alimentaires inscrits sur la liste établie par l'arrêté prévu par le Décr. no 89-674 du 18 sept. 1989, art. 2 (V. au ***C. consom.****, éd. 2011 ou antérieures), à compter de la date de publication dudit arrêté (Décr. no 89-674 du 18 sept. 1989, art. 14, abrogé par Décr. no 2011-949 du 10 août 2011, art. 7). — V. Arr. du 14 oct. 1991 (JO 10 déc.) relatif aux additifs pouvant être employés dans les denrées destinées à l'alimentation humaine, mod. par Arr. du 2 oct. 1997, art. 15 (JO 8 nov.).*

Art. 5 La crème, la crème légère et la crème crue ne peuvent être commercialisées que préemballées. Le préemballage doit être effectué pour la crème et la crème légère sur le lieu du traitement thermique d'assainissement et pour la crème crue sur le lieu de production, dans des récipients clos et étanches contenant une masse nette ou un volume net fixés par arrêté conjoint du ministre de l'agriculture et du ministre de l'industrie.

Toutefois, la crème et la crème crue présentées dans des quantités supérieures à un litre ou un kilo peuvent faire l'objet d'un reconditionnement en vue de la vente au détail dans le local de vente ou dans ses annexes, en récipients contenant moins d'un litre ou d'un kilo et répondant aux prescriptions de l'alinéa précédent, sous réserve que la quantité de crème ou de crème crue ainsi préemballée ne dépasse pas celle qui est habituellement vendue au détail dans la journée. Elles peuvent de même être débitées à la demande sur les lieux de vente au détail.

Art. 6 Sans préjudice de l'application des dispositions du décret du 12 octobre 1972 *[no 72-937, application de la loi du 1er août 1905 ; abrogé]* susvisé, les récipients contenant de la crème, de la crème légère ou de la crème crue préemballée doivent porter les indications suivantes en caractères très apparents :

La dénomination de vente : "crème", "crème légère" ou "crème crue" accompagnée du mot "sucrée" dans le cas où il y a addition de sucre ;

L'indication de la teneur en matière grasse pour 100 grammes s'il s'agit de crème légère ;

La mention du traitement de stérilisation dans le cas où la crème ou la crème légère a été stérilisée ;

La mention des produits d'addition ;

Le volume net ou la masse nette de la marchandise ;

La date de péremption, exprimée par la mention "à consommer avant le ..." suivie du quantième du mois et du mois ;

La mention "conservation à ..." suivie de l'indication de la température à respecter ; toutefois, cette indication n'est pas exigible dans le cas où la crème ou la crème légère a été stérilisée.

Les récipients contenant de la crème ou de la crème crue reconditionnée comme il est dit au deuxième alinéa de l'article 5 doivent porter les indications suivantes en caractères très apparents :

La dénomination de vente : "crème" ou "crème crue" ;

La mention des produits d'addition ;

La date de péremption, exprimée par la mention "à consommer avant le ..." suivie du quantième du mois et du mois.

Art. 7 Les prescriptions des articles 5 et 6 ci-dessus ne sont pas applicables à la crème crue mise en vente au détail par l'exploitant agricole lui-même et provenant du lait de son exploitation.

Art. 8 Peut être mise en vente sous la dénomination de "crème fraîche" ou "crème légère fraîche", dans un délai maximum fixé par arrêté du ministre de l'agriculture, la crème ou la crème légère satisfaisant aux conditions suivantes :

Ne pas avoir subi un traitement thermique d'assainissement autre que celui de pasteurisation ;

Avoir été conditionnée sur le lieu de production dans les vingt-quatre heures suivant celle-ci.

SECTION II *Crème et crème légère sucrées, aromatisées ou additionnées de fruits, de miel, de cacao ou de chocolat*

Art. 9 La crème ou la crème légère peuvent faire l'objet d'une addition d'aromates, d'épices, *(Décr. nº 2017-325 du 13 mars 2017, art. 4)* « d'arômes », de fruits, de pulpes ou de jus de fruits, de miel, de cacao ou de chocolat. Elles doivent présenter les teneurs en matière grasse fixées à l'article 2 du présent décret. Elles doivent être préemballées. Les dispositions des articles 3 (1er alinéa), 4, 5 (1er alinéa) et 6 ci-dessus sont applicables aux denrées mentionnées au présent article. La dénomination de vente de ces crèmes doit faire état s'il y a lieu de l'addition de saccharose et de ceux des produits ci-dessus mentionnés qu'elles contiennent.

Le pourcentage de crème ou de crème légère contenu dans les denrées mentionnées au présent article doit être d'au moins 75 p. 100 dans le produit mis en vente.

TITRE II Crème à fouetter et crème légère à fouetter, crème fouettée et crème légère fouettée

Art. 10 La crème à fouetter et la crème légère à fouetter, d'une part, la crème fouettée et la crème légère fouettée, d'autre part, doivent présenter respectivement les teneurs en matière grasse fixées à l'article 2 du présent décret. Elles doivent être préemballées.

Les dispositions des articles 3 (1er alinéa) et 5 (1er alinéa) sont applicables aux denrées mentionnées au présent article.

Le taux de foisonnement, c'est-à-dire le rapport entre le volume de la crème fouettée ou de la crème légère fouettée prête à la vente et le volume total initial des différents constituants, ne doit pas être supérieur à 3,5.

Art. 11 Est autorisée l'addition aux denrées visées au présent titre des produits suivants :

Saccharose (sucre mi-blanc, sucre blanc ou sucre blanc raffiné) ;

Ferments lactiques ;

Aromates, épices, *(Décr. nº 2017-325 du 13 mars 2017, art. 4)* « arômes », fruits, pulpes ou jus de fruits, miel, cacao ou chocolat ;

Colorants autorisés pour les produits laitiers ;

Stabilisateurs autorisés par arrêté interministériel pris dans les formes prévues à l'article 1er du décret du 15 avril 1912 modifié, à la dose pondérale de 1 p. 100 au maximum, ou protéines de lait à la dose pondérale de 3 p. 100 au maximum calculée sur la partie lactée.

L'addition de tout autre produit est interdite, exception faite des produits chimiques dont l'emploi pourrait être autorisé par arrêté interministériel pris dans les formes prévues à l'article 1er du décret du 15 avril 1912 *[V. vº Denrées alimentaires]* modifié.

Le pourcentage pondéral de crème ou de crème légère contenu dans les denrées visées au présent titre doit être d'au moins 75 p. 100 dans le produit mis en vente.

V. supra, note ss. art. 4.

Art. 12 Sans préjudice de l'application des dispositions du décret du 12 octobre 1972 susvisé, les récipients contenant les denrées visées au présent titre, préemballées en vue de la vente, doivent porter les indications suivantes en caractères très apparents :

La dénomination de vente "crème à fouetter", "crème légère à fouetter", "crème fouettée" ou "crème légère fouettée" selon le cas ; la dénomination de vente doit faire état s'il y a lieu de l'addition de saccharose, d'aromates, d'épices, *(Décr. nº 2017-325 du 13 mars 2017, art. 4)* « d'arômes », de fruits, pulpes ou jus de fruits, de miel, de cacao ou de chocolat ;

L'indication de la teneur en matière grasse pour 100 grammes s'il s'agit de crème légère à fouetter ou de crème légère fouettée ;

La mention du traitement de stérilisation dans le cas où la denrée a été stérilisée ;

La mention des produits d'addition ;

Le volume net ou la masse nette ; dans le cas de crème fouettée ou de crème légère fouettée, l'indication de la masse nette est obligatoire ;

La date de péremption, exprimée par la mention "à consommer avant le ...", suivie du quantième du mois et du mois ;

La mention "conservation à ..." suivie de l'indication de la température à respecter dans le cas où la denrée a été pasteurisée.

Art. 13 La dénomination "crème Chantilly" est réservée à une crème fouettée contenant au moins 30 grammes de matière grasse pour 100 grammes et n'ayant fait l'objet d'aucune autre addition que de saccharose (sucre mi-blanc, sucre blanc ou sucre blanc raffiné) et éventuellement de *(Décr. nº 2017-325 du 13 mars 2017, art. 4)* « préparations aromatisantes ».

TITRE III Crème sous pression et crème légère sous pression

Art. 14 L'emploi de protoxyde d'azote répondant aux critères de pureté de la Pharmacopée française est autorisé pour le foisonnement et la conservation sous pression de la crème ou de la crème légère, pasteurisée ou stérilisée, dans les conditions fixées au présent titre.

Art. 15 La crème sous pression et la crème légère sous pression doivent présenter les teneurs en matière grasse fixées à l'article 2. Elles doivent être préemballées sur le lieu du traitement thermique d'assainissement dans des récipients clos et étanches contenant au maximum un kilogramme de crème.

L'intérieur des récipients doit être lisse et ne comporter ni aspérité, ni creux.

Les matériaux qui constituent les récipients doivent être conformes aux dispositions en vigueur en ce qui concerne leur composition et leur inertie vis-à-vis de la crème. Ils doivent en outre supporter la stérilisation.

Les dispositions de l'article 10 sont applicables aux crèmes visées au présent titre, sauf en ce qui concerne les stabilisateurs dont l'addition est limitée à la dose pondérale de 0,1 p. 100 au maximum.

Art. 16 Sans préjudice de l'application des dispositions des décrets du 12 octobre 1972 et du 18 janvier 1943 susvisés, les récipients contenant les denrées visées au présent titre, préemballées en vue de la vente, doivent porter les indications suivantes en caractères très apparents :

La dénomination de vente "crème sous pression" ou "crème légère sous pression" selon le cas ; la dénomination de vente doit faire état, s'il y a lieu, de l'addition de saccharose, d'aromates, d'épices, *(Décr. nº 2017-325 du 13 mars 2017, art. 4)* « d'arômes », de fruits, pulpes ou jus de fruits, de miel, de cacao ou de chocolat ;

L'indication de la teneur en matière grasse pour 100 grammes s'il s'agit de crème légère sous pression ;

La mention du traitement de stérilisation dans le cas où la denrée a été stérilisée ;

La mention des produits d'addition ;

La masse nette en grammes de produit consommable ;

La date de péremption, exprimée par la mention "à consommer avant le ..." suivie du quantième du mois et du mois ;

La mention "conservation à ..." suivie de l'indication de la température à respecter dans le cas où la denrée a été pasteurisée.

TITRE IV Dispositions diverses

Art. 17 Un arrêté du ministre de l'agriculture fixe, en tant que de besoin, les modalités techniques d'application du présent décret en ce qui concerne la préparation, le conditionnement et l'étiquetage des crèmes.

Art. 18 Les dispositions des articles 15 et 16 du décret susvisé du 25 mars 1924 *[supra]* modifié sont abrogées.

Art. 18-1 *(Décr. nº 2017-325 du 13 mars 2017, art. 4)* Les produits légalement fabriqués et commercialisés dans un autre État membre de l'Union européenne ou en Turquie ou légalement fabriqués dans un autre État partie à l'accord sur l'Espace économique européen ne sont pas soumis aux exigences du présent décret. Ces produits peuvent être commercialisés en France avec l'une des mentions prévues au présent décret ou des mentions analogues.

Arrêté nº 81-19/A du 1er avril 1981,

Relatif au prix des laits de consommation.

Art. 1er Les prix de vente aux consommateurs des laits de consommation sont librement déterminés par les détaillants sous leur responsabilité. Cessent d'être applicables les dispositions de l'arrêté nº 77-40/P du 31 mars 1977 relatives aux prix des laits de consommation ainsi que celles des arrêtés préfectoraux ayant le même objet.

Art. 2 Une affiche blanche, imprimée en noir, d'une hauteur d'au moins 40 cm et d'une largeur d'au moins 30 cm, doit être apposée dans tous les points de vente au détail, à proximité des rayons où sont exposés les laits visés à l'article 1er ci-dessus, sans qu'aucun obstacle puisse gêner la vue des consommateurs.

Cette affiche énumère, à raison d'un article par ligne, toutes les catégories de lait mises en vente, avec indication :

De la dénomination exacte de la catégorie de lait : Lait cru, Lait frais pasteurisé, Lait pasteurisé de haute qualité, Lait stérilisé, Lait stérilisé UHT, Lait aromatisé (boisson) ;

Des mentions : Entier, Demi-écrémé ou Écrémé selon le cas ;

De la dénomination du type d'emballage : Bouteille verre, Bouteille plastique ou emballage carton ;

Du prix de vente au litre, au demi-litre ou au quart de litre.

Cette affiche portera comme titre "Prix du lait".

Art. 3 Les dimensions des caractères utilisés pour la confection de l'affiche visée à l'article 2 ci-dessus doivent être au minimum les suivantes :

	Hauteur	Largeur
Lettres du titre	2,5 cm	1,5 cm
Lettres et chiffres du texte	1 cm	0,5 cm

Art. 4 Les mentions portées sur l'affiche prévue à l'article 2 ci-dessus doivent être libellées en toutes lettres et en chiffres sans abréviation autre que les abréviations réglementaires des unités de volume et de prix.

Art. 5 Les articles 2 à 4 ci-dessus constituent des mesures de publicité à l'égard du consommateur, sans préjudice de l'application de l'arrêté nº 25-921 du 16 septembre 1971 ***relatif au marquage**, à **l'étiquetage** et à **l'affichage des prix*** *[abrogé ; V. désormais Arr. du 3 déc. 1987, vº Prix (publicité)].*

Art. 6 Les dispositions du présent arrêté ne sont pas applicables dans les départements d'outre-mer.

Décret nº 88-1203 du 30 décembre 1988,

Relatif aux laits fermentés et au yaourt ou yoghourt.

Art. 1er La dénomination "lait fermenté" est réservée au produit laitier préparé avec des laits écrémés ou non ou des laits concentrés ou en poudre écrémés ou non, enrichis ou non de constituants du lait, ayant subi un traitement thermique au moins équivalent à la pasteurisation, ensemencés avec des micro-organismes appartenant à l'espèce ou aux espèces caractéristiques de chaque produit.

La coagulation des laits fermentés ne doit pas être obtenue par d'autres moyens que ceux qui résultent de l'activité des micro-organismes utilisés.

La quantité d'acide lactique libre qu'ils contiennent ne doit pas être inférieure à 0,6 gramme pour 100 grammes lors de la vente au consommateur et la teneur en matière protéique rapportée à la partie lactée ne doit pas être inférieure à celle d'un lait normal.

Les laits fermentés doivent être maintenus jusqu'à la vente au consommateur à une température susceptible d'éviter leur altération et qui sera fixée par arrêté conjoint des ministres chargés de l'agriculture, de la santé et de la consommation.

Art. 2 La dénomination "yaourt" ou "yoghourt" est réservée au lait fermenté obtenu, selon les usages loyaux et constants, par le développement des seules bactéries lactiques thermophiles spécifiques dites *Lacto-bacillus bulgaricus* et *Streptococcus thermophilus*, qui doivent être ensemencées simultanément et se trouver vivantes dans le produit fini, à raison d'au moins 10 millions de bactéries par gramme rapportées à la partie lactée.

La quantité d'acide lactique libre contenue dans le yaourt ou yoghourt ne doit pas être inférieure à 0,7 gramme pour 100 grammes lors de la vente au consommateur.

Art. 3 Les laits fermentés peuvent être additionnés des produits suivants : *(Décr. n° 2017-325 du 13 mars 2017, art. 6)* « arômes » ainsi que, dans la limite de 30 p. 100 en poids du produit fini, sucres et autres denrées alimentaires conférant une saveur spécifique.

L'incorporation en tant que produits de substitution de matières grasses et protéiques d'origine non laitière est interdite.

Ils ne doivent subir aucun traitement permettant de soustraire un élément constitutif du lait mis en œuvre, notamment l'égouttage du coagulum.

Des arrêtés pris dans les formes prévues à l'article 1er du décret du 15 avril 1912 susvisé fixent la liste et les conditions d'emploi des autres substances et des autres catégories d'arômes autorisées pour la fabrication et la préparation des produits définis au présent décret.

Les dispositions du Décr. du 30 déc. 1988 cessent d'être applicables, en tant qu'elles concernent les additifs alimentaires inscrits sur la liste établie par l'arrêté prévu par le Décr. n° 89-674 du 18 sept. 1989, art. 2 (V. au ***C. consom.****, éd. 2011 ou antérieures), à compter de la date de publication dudit arrêté (Décr. n° 89-674 du 18 sept. 1989, art. 14, abrogé par Décr. n° 2011-949 du 10 août 2011, art. 7). — V. Arr. du 14 oct. 1991 (JO 10 déc.) relatif aux additifs pouvant être employés dans les denrées destinées à l'alimentation humaine, mod. par Arr. du 2 oct. 1997, art. 15 (JO 8 nov.).*

Art. 4 L'étiquetage des laits fermentés comporte, outre les mentions prévues par le décret du 7 décembre 1984 susvisé *[C. consom., anc. art. R. 112-1 s.]* :

— en complément de la dénomination de vente, l'indication de l'espèce animale ou des espèces animales dont le lait provient, dès lors qu'il ne s'agit pas de lait de vache ;

— la mention "conservation à ..." suivie de l'indication de la température à respecter ;

— la mention "maigre" faisant suite à la dénomination de vente si la teneur en matière grasse du produit, calculée sur la partie lactée, est inférieure à 1 p. 100 en poids ;

— suivant le cas, la mention "sucré" ou le nom de la matière aromatique utilisée si le lait fermenté est sucré ou aromatisé ;

— en cas d'adjonction d'un ou plusieurs des ingrédients prévus à l'article 3, la mention de cet ou de ces ingrédients doit être jointe à la dénomination de vente ;

L'étiquetage des laits fermentés peut comporter la mention "gras", accompagnant la dénomination de vente, si la teneur en matière grasse, calculée sur la partie lactée, est au moins égale à 3 p. 100 en poids.

Art. 5 La mention "yaourt" ou "yoghourt" ne peut figurer dans l'étiquetage d'une denrée alimentaire que si le produit concerné renferme du "yaourt" ou "yoghourt" conforme à la définition prévue à l'article 2 ci-dessus.

Art. 6 Un arrêté conjoint des ministres chargés de l'agriculture, de la santé et de la consommation fixe, le cas échéant, la durée pendant laquelle les produits définis au présent décret conservent leurs propriétés spécifiques.

Art. 7 Indépendamment des mesures prévues pour la recherche et la constatation éventuelle des délits de fraude en application du décret du 22 janvier 1919 modifié *[C. consom.,* *art. R. 512-9]*, les caractéristiques microbiologiques des laits fermentés et les modalités de contrôle de ces caractéristiques sont fixées par arrêté conjoint des ministres chargés de l'agriculture, de la santé et de la consommation.

Art. 8 *(Décr. nº 2017-325 du 13 mars 2017, art. 6)* Les produits légalement fabriqués et commercialisés dans un autre État membre de l'Union européenne ou en Turquie ou légalement fabriqués dans un autre État partie à l'accord sur l'Espace économique européen ne sont pas soumis aux exigences du présent décret. Ces produits peuvent être commercialisés en France avec l'une des mentions prévues au présent décret ou des mentions analogues.

Arrêté du 16 novembre 1999,

Relatif à la publicité, à l'égard du consommateur, des prix de vente à l'unité de mesure de certains produits préemballés.

V. ce texte, vº Prix (publicité).

Arrêté du 11 octobre 2001,

Relatif à l'emploi de vitamine D dans le lait et les produits laitiers frais (yaourts et laits fermentés, fromages frais) de consommation courante.

Décret nº 2003-1148 du 28 novembre 2003,

Portant application de l'article L. 412-1 du code de la consommation en ce qui concerne les laits de conserve partiellement ou totalement déshydratés destinés à l'alimentation humaine (Ord. nº 2016-301 du 14 mars 2016, art. 2, en vigueur le 1er juill. 2016).

Art. 1er Il est interdit de détenir en vue de la vente ou de la distribution à titre gratuit, de mettre en vente, de vendre ou de distribuer des laits de conserve partiellement ou totalement déshydratés tels que définis en annexe I et II ne répondant pas aux dispositions du présent décret.

Art. 2 Les dénominations énumérées en annexe I et II du présent décret sont réservées aux produits qui y sont définis et ne doivent être utilisées que pour désigner ces produits, à tous les stades de la commercialisation ou de la distribution à titre gratuit.

Les dénominations en langue étrangère mentionnées à l'annexe II du présent décret peuvent être ajoutées aux dénominations mentionnées à l'annexe I.

Les dénominations en langue française mentionnées à l'annexe II du présent décret peuvent être substituées aux dénominations mentionnées à l'annexe I.

Art. 3 Outre les dénominations telles que définies à l'article 2 et les mentions prévues aux articles R. 112-1 à R. 112-33 *[anciens]* du code de la consommation, l'étiquetage des produits définis à l'annexe I est complété dans les conditions suivantes :

a) L'étiquetage des produits autres que les laits concentrés écrémés, sucrés ou non, et les laits en poudre écrémés comporte l'indication du pourcentage de matières grasses du lait, exprimé en poids par rapport au produit fini ;

b) L'étiquetage des laits partiellement déshydratés comporte le pourcentage d'extrait sec dégraissé provenant du lait.

Les mentions définies au *a* et au *b* du présent article figurent à proximité de la dénomination de vente.

L'étiquetage des laits totalement déshydratés comporte des recommandations concernant la méthode de dilution ou de reconstitution, y compris la mention de la teneur en matières grasses du produit ainsi dilué ou reconstitué.

L'étiquetage des laits totalement déshydratés mentionne que le produit « n'est pas destiné à l'alimentation des nourrissons de moins de douze mois ».

Dans le cas où des produits pesant moins de 20 grammes par unité sont conditionnés dans un emballage extérieur, les indications prévues au présent article peuvent ne figurer que sur cet emballage extérieur, sauf en ce qui concerne la dénomination exigée à l'article 2.

Art. 4 La conservation des produits mentionnés à l'annexe I est obtenue :

– par traitement thermique (stérilisation, traitement UHT, etc.), pour les laits concentrés non sucrés ;

– par addition de saccharose, pour les laits concentrés sucrés ;
– par déshydratation, pour les laits totalement déshydratés.

Art. 5 **Pour la fabrication des laits concentrés sucrés, une quantité additionnelle de lactose n'excédant pas à 0,03 % en poids du produit fini est autorisée.**

Art. 6 *(Décr. n° 2008-882 du 1er sept. 2008, art. 1er)* **Des vitamines et des minéraux peuvent être ajoutés dans les laits de conserve, partiellement ou totalement déshydratés, dans les conditions prévues par le règlement n° 1925/2006 du Parlement européen et du Conseil du 20 décembre 2006 modifié concernant l'adjonction de vitamines, de minéraux et de certaines autres substances aux denrées alimentaires.**

Art. 6-1 *(Décr. n° 2008-882 du 1er sept. 2008, art. 2)* **Le taux de protéines des laits de conserve, partiellement ou totalement déshydratés, peut être ajusté à un taux minimal de 34 % en poids exprimé en matière sèche dégraissée, par addition ou retrait de constituants du lait ou d'une matière première dans les conditions prévues à l'annexe I, sans que cet ajustement modifie le rapport entre les protéines de lactosérum et la caséine du lait.**

Les matières premières autorisées aux fins de l'ajustement de la teneur en protéines mentionnées à l'alinéa précédent sont : le rétentat du lait, le perméat du lait et le lactose, tels que définis à l'annexe I. — *V. annexe I ss. art. 7.*

Art. 7 **Le décret n° 78-278 du 9 mars 1978 portant application de la loi du 1er août 1905 sur la répression des fraudes et falsifications en matière de produits ou de services, en ce qui concerne les laits de conserve partiellement ou totalement déshydratés, destinés à l'alimentation humaine est abrogé. Pourront toutefois être commercialisés jusqu'à épuisement des stocks les produits satisfaisant aux prescriptions de ce dernier décret et étiquetés avant le 17 juillet 2004.**

ANNEXE I

DÉNOMINATION ET DÉFINITIONS DES PRODUITS

1. Lait partiellement déshydraté

Le produit liquide, sucré ou non, obtenu *(Abrogé par Décr. n° 2008-882 du 1er sept. 2008, art. 3)* *« directement »* par élimination partielle de l'eau du lait, du lait entièrement ou partiellement écrémé ou d'un mélange de ces produits, éventuellement additionné de crème, de lait totalement déshydraté ou de ces deux produits, l'addition de lait totalement déshydraté ne dépassant pas, dans le produit fini, 25 % de l'extrait sec total provenant du lait.

Sortes de lait*[s]* concentré*[s]* non sucré*[s]*

a) Lait concentré riche en matières grasses.

Le lait partiellement déshydraté contenant, en poids, au moins 15 % de matières grasses et au moins 26,5 % d'extrait sec total provenant du lait.

b) Lait concentré.

Le lait partiellement déshydraté contenant, en poids, au moins 7,5 % de matières grasses et au moins 25 % d'extrait sec total provenant du lait.

c) Lait concentré partiellement écrémé.

Le lait partiellement déshydraté contenant, en poids, au moins 1 % et moins de 7,5 % de matières grasses, et au moins 20 % d'extrait sec total provenant du lait.

d) Lait concentré écrémé.

Le lait partiellement déshydraté contenant, en poids, au maximum 1 % de matières grasses et au moins 20 % d'extrait sec total provenant du lait.

Sortes de lait*[s]* concentré*[s]* sucré*[s]*

e) Lait concentré sucré.

Le lait partiellement déshydraté additionné de saccharose (sucre mi-blanc, sucre blanc ou sucre blanc raffiné) et contenant, en poids, au moins 8 % de matières grasses et au moins 28 % d'extrait sec total provenant du lait.

f) Lait concentré sucré partiellement écrémé.

Le lait partiellement déshydraté additionné de saccharose (sucre mi-blanc, sucre blanc ou sucre blanc raffiné) et contenant, en poids, au moins 1 % et moins de 8 % de matières grasses, et au moins 24 % d'extrait sec total provenant du lait.

g) Lait concentré sucré écrémé.

Le lait partiellement déshydraté additionné de saccharose (sucre mi-blanc, sucre blanc ou sucre blanc raffiné) et contenant, en poids, au maximum 1 % de matières grasses et au moins 24 % d'extrait sec total provenant du lait.

2. Lait totalement déshydraté

Le produit solide obtenu *(Abrogé par Décr. n° 2008-882 du 1er sept. 2008, art. 3)* « *directement* » par élimination de l'eau du lait, du lait entièrement ou partiellement écrémé, de la crème ou d'un mélange de ces produits, et dont la teneur en eau n'excède pas 5 % en poids du produit fini.

a) Lait en poudre riche en matières grasses ou poudre de lait riche en matières grasses.

Le lait déshydraté contenant, en poids, au moins 42 % de matières grasses.

b) Lait en poudre entier ou poudre de lait entier.

Le lait déshydraté contenant, en poids, au moins 26 % et moins de 42 % de matières grasses.

c) Lait en poudre partiellement écrémé ou poudre de lait partiellement écrémé.

Le lait déshydraté dont la teneur en matières grasses est, en poids, supérieure à 1,5 % est inférieure à 26 %.

d) Lait en poudre écrémé ou poudre de lait écrémé.

Le lait déshydraté contenant, en poids, au maximum 1,5 % de matières grasses.

3. Matières premières autorisées aux fins d'ajustement de la teneur en protéines
(Décr. n° 2008-882 du 1er sept. 2008, art. 3)

« *a)* Rétentat du lait :

« Le rétentat du lait est le produit obtenu après concentration des protéines du lait par ultrafiltration du lait, du lait partiellement écrémé ou du lait écrémé.

« *b)* Perméat du lait :

« Le perméat du lait est le produit obtenu après élimination des protéines du lait et de la matière grasse.

« *c)* Lactose :

« Le lactose est un constituant naturel du lait qui s'obtient normalement à partir du lactosérum contenant en poids 99,0 % au moins de lactose, exprimé en lactose anhydre calculé sur la matière sèche. Il peut être anhydre, contenir une molécule d'eau de cristallisation, ou être un mélange de ces deux formes. »

ANNEXE II

Dénominations particulières de certains produits énumérés à l'annexe I

a) En langue anglaise, "evaporated milk" désigne le produit défini à l'annexe I, point 1 *b*, contenant, en poids, au moins 9 % de matières grasses et 31 % d'extrait sec total provenant du lait.

b) En langue française, "lait demi-écrémé concentré" et "lait demi-écrémé concentré non sucré", en langue espagnole, "leche evaporada semidesnatada", en langue néerlandaise, "geëvaporeerde halfvolle melk" et "halfvolle koffiemelk" et, en langue anglaise, "evaporated semi-skimmed milk" désignent le produit défini à l'annexe I, point 1 *c*, contenant, en poids, entre 4 % et 4,5 % de matières grasses et au moins 24 % d'extrait sec total.

c) En langue danoise, "kondenseret kaffeflde" et, en langue allemande, "kondensierte Kaffeesahne" désignent le produit défini à l'annexe I, point 1 *a*.

d) En langue danoise, "fldepulver", en langue allemande, "Rahmpulver" et "Sahnepulver", en langue française, "crème en poudre", en langue néerlandaise, "roompoeder", en langue suédoise, "gräddpulver" et, en langue finnoise, "kermajauhe" désignent le produit défini à l'annexe I, point 2 *a*.

e) En langue française, "lait demi-écrémé concentré sucré", en langue espagnole, "leche condensada semidesnatada" et, en langue néerlandaise, "gecondenseerde halfvolle melk met suiker" désignent le produit défini à l'annexe I, point 1 *f*, contenant, en poids, entre 4 % et 4,5 % de matières grasses et au moins 28 % d'extrait sec total provenant du lait.

f) En langue française, "lait demi-écrémé en poudre", en langue néerlandaise, "halfvolle melkpoeder" et, en langue anglaise, "semi-skimmed milk powder" ou "dried semi-skimmed milk" désignent le produit défini à l'annexe I, point 2 *c*, dont la teneur en matières grasses est comprise entre 14 % et 16 %.

g) En langue portugaise, "leite em pó meio gordo" désigne le produit défini à l'annexe I, point 2 *c*, dont la teneur en matières grasses est comprise entre 13 % et 26 %.

h) En langue néerlandaise, "koffiemelk" désigne le produit défini à l'annexe I, point 1 *b*.

i) En langue finnoise, "rasvaton maitojauhe" désigne le produit défini à l'annexe I, point 2 *d*.

j) En langue espagnole, "leche en polvo semidesnatada" désigne le produit défini à l'annexe I, point 2 *c*, dont la teneur en matières grasses est comprise entre 10 % et 16 %.

(Décr. n° 2008-882 du 1er sept. 2008, art. 4) « *k)* En langue maltaise "Halib evaporat" désigne le produit défini à l'annexe I, point 1 *b*.

« *l)* En langue maltaise "Halib evaporat b'kontenut baxx ta'xaham" désigne le produit défini à l'annexe I, point 1 *c*.

« *m)* En langue estonienne "koorepulber" désigne le produit défini à l'annexe I, point 2 *a*.

« *n)* En langue estonienne "piimapulber" désigne le produit défini à l'annexe I, point 2 *b*.

« *o)* En langue estonienne "väherasvane kondenspiim" désigne le produit défini à l'annexe I, point 1 *c*.

« *p)* En langue estonienne "magustatud väherasvane kondenspiim" désigne le produit défini à l'annexe I, point 1 *f*.

« *q)* En langue estonienne "väherasvane piimapulber" désigne le produit défini à l'annexe I, point 2 *c*.

« *r)* En langue tchèque "zahustená neslazená smetana" désigne le produit défini à l'annexe I, point 1 *a*.

« *s)* En langue tchèque "zahustené neslazené plnotucné mléko" désigne le produit défini à l'annexe I, point 1 *b*.

« *t)* En langue tchèque "zahustené neslazené polotucné mléko" désigne le produit défini à l'annexe I, point 1 *c*, contenant, en poids, entre 4 % et 4, 5 % de matière grasse.

« *u)* En langue tchèque "zahustené slazené polotucné mléko" désigne le produit défini à l'annexe I, point 1 *e*.

« *v)* En langue tchèque "zahustené slazené polotucné mléko" désigne le produit défini à l'annexe I, point 1 *f*, contenant, en poids, entre 4 % et 4,5 % de matière grasse.

« *w)* En langue tchèque "susená smetana" désigne le produit défini à l'annexe I, point 2 *a*.

« *x)* En langue tchèque "zahustené slazené polotucné mléko" désigne le produit défini à l'annexe I, point 2 *c*, contenant, en poids, entre 14 % et 16 % de matière grasse. »

Arrêté du 18 décembre 2009,

Relatif aux règles sanitaires applicables aux produits d'origine animale et aux denrées alimentaires en contenant.

V. le texte complet de l'arrêté, v° Denrées alimentaires (textes généraux).

Art. 8 **L'annexe VIII décrit les dispositions particulières applicables au lait et aux produits laitiers.**

....

ANNEXE VIII

Dispositions applicables au lait cru et aux produits laitiers

1. Conformément au *a* du 8 de l'article 10 du règlement (CE) n° 853/2004 du 29 avril 2004, les conditions de commercialisation du lait cru de vache destiné à la consommation humaine directe sont définies par arrêtés du ministre de l'alimentation, de l'agriculture et de la pêche et du ministère de l'économie de l'industrie et de l'emploi.

2. Des dérogations à l'obligation de respecter les dispositions prévues au 3 du III du chapitre Ier de la section IX de l'annexe III du règlement (CE) n° 853/2004 du 29 avril 2004 peuvent être accordées conformément au *b* du 8 de l'article 10 du règlement (CE) n° 853/2004 précité, par décision du préfet sur proposition du directeur départemental en charge des services vétérinaires, aux établissements de fabrication de fromages d'une durée de vieillissement ou de maturation d'au moins 60 jours et de produits laitiers obtenus dans le cadre de la fabrication de ces fromages pour autant que cela ne compromette pas la réalisation des objectifs de ce règlement.

Ces dérogations sont accordées à titre individuel à chaque établissement après examen de sa demande.

3. L'autorisation prévue au 3 du I du chapitre Ier de la section IX de l'annexe III du règlement (CE) n° 853/2004 du 29 avril 2004 peut être accordée à titre individuel, par décision du préfet, sur proposition du directeur départemental en charge des services vétérinaires.

4. L'autorisation prévue au *b* du 4 du B du II du chapitre Ier de la section IX de l'annexe III du règlement (CE) n° 853/2004 du 29 avril 2004 et l'autorisation prévue au *b* du 2 du I du chapitre II de la section IX de l'annexe III du règlement (CE) n° 853/2004 précité sont délivrées à titre général par le ministère chargé de l'agriculture (direction générale de l'alimentation) ou à titre individuel par le préfet, sur proposition du directeur départemental en charge des services vétérinaires.

5. L'autorité compétente pour recevoir les informations prévues au 5 du III du chapitre Ier de la section IX de l'annexe III du règlement (CE) n° 854/2004 est le préfet du département de l'exploitant du secteur alimentaire.

Arrêté du 13 juillet 2012,

Relatif aux conditions de production et de mise sur le marché de lait cru de bovinés, de petits ruminants et de solipèdes domestiques remis en l'état au consommateur final.

V. aussi Note de service DGAL/SDSSA/N2012-8186 du 10 sept. 2012, relative au lait cru destiné à la consommation humaine directe (circulaire.legifrance.gouv.fr).

Art. 1er Les dispositions du présent arrêté s'appliquent au lait cru des bovinés, des petits ruminants et des solipèdes domestiques remis en l'état au consommateur final, non destiné à être transformé conformément aux dispositions du paragraphe 8 de l'article 10 du règlement (CE) n° 853/2004 susvisé *[fixant des règles spécifiques d'hygiène applicables aux denrées alimentaires d'origine animale]*.

Art. 2 Au sens du présent arrêté, on entend par :

1° "Mise sur le marché" : la détention de denrées alimentaires ou d'aliments pour animaux en vue de leur vente, y compris l'offre en vue de la vente ou toute autre forme de cession, à titre gratuit ou onéreux, ainsi que la vente, la distribution et les autres formes de cession proprement dites, conformément au 8 de l'article 3 du règlement (CE) n° 178/2002 susvisé *[établissant les principes généraux et les prescriptions générales de la législation alimentaire instituant l'Autorité européenne de sécurité des aliments et fixant les procédures relatives à la sécurité des denrées alimentaires]* **;**

2° "Lait cru" : le lait produit par la sécrétion de la glande mammaire d'animaux d'élevage et non chauffé à plus de 40°C, ni soumis à un traitement d'effet équivalent, conformément au 4.1 de l'annexe I du règlement (CE) n° 853/2004 susvisé ;

3° "Consommateur final" : le dernier consommateur d'une denrée alimentaire qui n'utilise pas celle-ci dans le cadre d'une opération ou d'une activité d'une entreprise du secteur alimentaire, conformément au 18 de l'article 3 du règlement (CE) n° 178/2002 susvisé ;

4° "Exploitation" : un établissement où sont détenus un ou plusieurs animaux d'élevage pour la production de lait destiné à être commercialisé comme aliment, au sens d'"exploitation de production de lait" telle que définie au 4.2 de l'annexe I du règlement (CE) n° 853/2004 susvisé ;

5° "Eau potable" : l'eau satisfaisant aux exigences minimales fixées par la directive 98/83/CE du Conseil du 3 novembre 1998 relative à la qualité des eaux destinées à la consommation humaine, conformément au *g* du 1 de l'article 2 du règlement (CE) n° 852/2004 susvisé *[relatif à l'hygiène des denrées alimentaires]* **;**

6° "Exploitant" : responsable d'un établissement où sont détenus un ou plusieurs animaux d'élevage pour la production de lait destiné à être commercialisé comme aliment, au sens de responsable d'une "exploitation de production de lait" telle que définie au 4.2 de l'annexe I du règlement (CE) n° 853/2004 susvisé ;

7° "Commerce de détail" : la manipulation et/ou la transformation de denrées alimentaires ainsi que leur entreposage dans les points de vente ou de livraison au consommateur final, y compris les terminaux de distribution, les traiteurs, les restaurants d'entreprise, la restauration collective, les restaurants et autres prestataires de services de restauration similaires, les commerces, les plates-formes de distribution vers les grandes surfaces et les grossistes, conformément au 7 de l'article 3 du règlement (CE) n° 178/2002 susvisé ;

8° "Conditionnement" : l'action de placer une denrée alimentaire dans une enveloppe ou dans un contenant en contact direct avec la denrée concernée ; cette enveloppe ou ce contenant, conformément au *j* du 1 de l'article 2 du règlement (CE) n° 852/2004 susvisé ;

9° "Respect des critères microbiologiques" : obtention de résultats satisfaisants ou acceptables aux analyses mentionnées en annexe III. — *V. cette annexe au* **C. *consom.***.

Art. 3 Avant de produire et de mettre sur le marché du lait cru remis en l'état au consommateur final, l'exploitant adresse au préfet du département dans lequel est située l'exploitation une demande d'autorisation, conformément au modèle figurant en annexe I au présent arrêté. — *V. cette annexe au* **C. *consom.***.

Cette autorisation est accordée après constat par les services chargés des contrôles, lors d'une inspection, que l'exploitation satisfait aux dispositions du présent arrêté ainsi qu'aux dispositions du chapitre Ier de la section IX de l'annexe III du règlement n° 853/2004 susvisé.

L'autorisation peut être suspendue ou retirée par le préfet en cas de non-respect des dispositions mentionnées au deuxième alinéa.

Art. 4 Le lait cru destiné à être remis en l'état au consommateur final est produit dans une exploitation qui utilise de l'eau potable pour le nettoyage et la désinfection du matériel en contact avec le lait cru.

Art. 5 Le lait cru remis en l'état au consommateur final est refroidi immédiatement après la traite et conservé à une température comprise entre 0°C et + 4°C inclus sauf si la mise sur le marché intervient sur l'exploitation dans les deux heures suivant la fin de la traite.

Seuls peuvent être mélangés les laits de deux traites successives ou les laits issus de traites effectuées sur une période de vingt-quatre heures au maximum.

Art. 6 Le lait cru peut être conditionné pour être remis directement au consommateur final par l'exploitant ou livré à un commerce de détail.

Ce conditionnement est réalisé sur le lieu de production dans des récipients individuels fermés hermétiquement sitôt remplis. Les dispositifs de fermeture empêchent les contaminations. Le système de fermeture est conçu de telle manière qu'après ouverture, la preuve de l'ouverture reste manifeste et aisément contrôlable.

Art. 7 Le lait cru peut être remis en vrac directement au consommateur final par l'exploitant qui réalise le conditionnement à la vue du consommateur ou par l'intermédiaire d'un distributeur automatique de liquide.

Dans ce dernier cas, les exploitants se conforment, outre aux dispositions mentionnées à l'annexe II du règlement (CE) n° 852/2004, aux dispositions suivantes :

1° Le fonctionnement et l'entretien d'un distributeur automatique sont sous la responsabilité d'un exploitant unique qui approvisionne la machine avec le lait de son exploitation ;

2° L'exploitant approvisionne le distributeur avec du lait préalablement refroidi à une température comprise entre 0°C et + 4°C. Le lait est ensuite maintenu à une température comprise entre 0°C et + 4°C dans toutes les parties de la machine ; lors d'un dysfonctionnement du système de réfrigération, le distributeur est mis hors service ;

3° Le système de distribution n'est pas source de contamination du lait ;

4° Le lait cru est renouvelé chaque jour dans le distributeur automatique. Le lait invendu du jour ne peut être utilisé pour la consommation humaine qu'après avoir subi un traitement thermique au moins équivalent à une pasteurisation ;

5° Le modèle de distributeur automatique utilisé est conforme aux dispositions réglementaires en vigueur concernant la métrologie et la sécurité des machines ;

6° L'exploitant appose ses coordonnées sur le distributeur conformément aux dispositions du II de la section II de l'annexe V de l'arrêté du 21 décembre 2009 susvisé *[relatif aux règles sanitaires applicables aux activités de commerce de détail, d'entreposage et de transport de produits d'origine animale et de denrées alimentaires en contenant]* ;

7° L'exploitant déclare au préfet *[du département]* dans lequel est situé le distributeur automatique l'utilisation et la localisation de chaque distributeur en remplissant la demande d'autorisation de production et de mise sur le marché du lait cru remis en l'état au consommateur final, conformément à l'article 3 du présent arrêté. Cette demande tient lieu de déclaration au sens de l'article 1er de l'arrêté du 28 juin 1994 susvisé *[relatif à l'identification et à l'agrément sanitaire des établissements mettant sur le marché des denrées animales ou d'origine animale et au marquage de salubrité]*.

Si le ou les distributeurs se situent dans un département différent de celui de l'exploitation, l'exploitant envoie une copie de sa demande d'autorisation au préfet du département dans lequel se situe *[situent]* le ou les distributeurs.

Art. 8 Le lait cru remis en l'état au consommateur final satisfait aux critères microbiologiques définis en annexe II au présent arrêté. — *V. cette annexe au* ***C. consom.*** 🏛.

Pour vérifier le respect de ces critères, les exploitants procèdent à des analyses selon une fréquence d'échantillonnage déterminée sous leur responsabilité et avec les méthodes d'analyse mentionnées en annexe II au présent arrêté.

Pour l'analyse des micro-organismes aérobies cultivant à 30°C, la fréquence d'échantillonnage est au minimum de deux prélèvements par mois.

Le nombre d'unités à prélever pour constituer un échantillon suivant les plans d'échantillonnage définis en annexe peut être réduit à une seule unité si l'exploitant est en mesure de démontrer, par l'historique de ses analyses microbiologiques, que le lait cru qu'il produit respecte les critères microbiologiques définis en annexe II au présent arrêté.

Art. 9 Les exploitants titulaires de la patente sanitaire au 1er juillet 2012 présentent la demande d'autorisation mentionnée à l'article 3 dans un délai de quatre mois suivant l'entrée en vigueur du présent arrêté.

Art. 10 L'arrêté du 6 août 1985 relatif aux normes d'hygiène et de salubrité auxquelles doit répondre le lait cru livré en l'état et destiné à la consommation humaine et l'arrêté du 3 août 1984 fixant les conditions de l'attribution et du maintien de la patente sanitaire définie à l'article 11 du décret n° 63-301 du 19 mars 1963 relatif à la prophylaxie de la tuberculose bovine sont abrogés.

Art. 11 Les dispositions du présent arrêté entrent en vigueur le 1er octobre 2012.

ANNEXES

V. les annexes I à III au ***C. consom.*** 🏛.

Arrêté du 7 novembre 2012,

Relatif aux règles sanitaires applicables aux produits laitiers présentant des caractéristiques traditionnelles.

Art. 1er Les produits laitiers présentant des caractéristiques traditionnelles mentionnés au 1 de l'article 7 du règlement n° 2074/2005 du 5 décembre 2005 susvisé sont les suivants :

1° Les produits laitiers bénéficiant d'une appellation d'origine protégée, d'une indication géographique protégée ou d'une spécialité traditionnelle garantie ;

2° Les fromages fermiers mentionnés au 7° de l'article 13 du décret n° 2007-628 du 27 avril 2007 susvisé ; — *V. ce texte, v° Fromages.*

3° Les produits laitiers, autres que ceux mentionnés au 1°, fabriqués selon des méthodes prévues par les cahiers des charges des signes d'identification de la qualité et de l'origine mentionnés aux articles L. 641-6, L. 641-11 ou L. 641-12 du code rural et de la pêche maritime ; — *V. ces art., v° Valorisation des produits et des services.*

4° Les produits laitiers dérivés obtenus à l'occasion de la fabrication des produits mentionnés aux 1° à 3°.

Art. 2 En application du 2 de l'article 7 du règlement n° 2074/2005 du 5 décembre 2005 susvisé, les exploitants des établissements de fabrication et d'affinage des produits laitiers présentant des caractéristiques traditionnelles peuvent utiliser les locaux, les matériaux, les équipements, les emballages et les conditionnements figurant en annexe pour la fabrication et l'affinage des produits mentionnés à l'article 1er.

Art. 3 Les exploitants des établissements qui font usage de la possibilité prévue à l'article 2 prennent en considération la production de produits laitiers présentant des caractéristiques traditionnelles, d'une part dans la mise en œuvre des exigences générales et spécifiques d'hygiène et, d'autre part, dans la mise en place, l'application et le maintien de leurs procédures permanentes fondées sur les principes HACCP, en application des articles 4 et 5 du règlement n° 852/2004 du 29 avril 2004 susvisé *[relatif à l'hygiène des denrées alimentaires]*.

Art. 4 Le présent arrêté, dont les dispositions entreront en vigueur le 1er janvier 2013, sera publié au *Journal officiel* de la République française.

ANNEXE

I. — Locaux

Les locaux peuvent être équipés de murs, plafonds et portes n'étant pas composés de matériaux lisses, étanches, non absorbants ou résistants à la corrosion et comporter des murs, plafonds et sols naturels d'origine géologique.

II. — Matériaux, équipements, emballages et conditionnements

Les matériaux, équipements, emballages et conditionnements pouvant être utilisés sont les suivants :

— cuves de caillage ou de maturation en bois ou en cuivre ;
— barattes, cuvelles de malaxage en bois ;
— planches d'affinage, matériels d'égouttage, de contention ou de décaillage en bois ;
— ustensiles en bois, jonc, cuivre ou laiton ;
— moules, cercles, caisses ou boîtes en bois ;
— paille, paillons végétaux, joncs, raphia, feuilles végétales ;
— feuilles d'étain.

Décret n° 2016-1598 du 25 novembre 2016,

Relatif aux caséines et caséinates destinés à l'alimentation humaine.

Art. 1er **Les dispositions du présent décret s'appliquent aux caséines et caséinates destinés à l'alimentation humaine ainsi qu'à leurs mélanges.**

Art. 2 **Pour l'application du présent décret, on entend par :**

1° "Caséine acide alimentaire" : le produit laitier obtenu par la séparation, le lavage et le séchage du coagulum précipité par acides du lait écrémé ou d'autres produits dérivés du lait ;

2° "Caséine présure alimentaire" : le produit laitier obtenu par la séparation, le lavage et le séchage du coagulum du lait écrémé ou d'autres produits dérivés du lait ; le coagulum est obtenu par réaction de la présure ou d'autres enzymes coagulantes ;

3° "Caséinate alimentaire" : le produit laitier obtenu par action du coagulum de la caséine alimentaire ou de la caséine alimentaire caillée avec des agents neutralisants, suivie d'un séchage.

Art. 3 **Les dénominations mentionnées à l'article 2 sont réservées aux produits qui y sont définis.**

Art. 4 **Il est interdit de détenir en vue de la vente ou de la distribution à titre gratuit, de vendre, ou de distribuer à titre gratuit ou onéreux des produits sous une dénomination définie à l'article 2 qui ne satisfont pas aux prescriptions du présent décret et des annexes I et II de la directive (UE) 2015/2203 du 25 novembre 2015 susvisée** *[relative au rapprochement des législations des États membres concernant les caséines et caséinates destinés à l'alimentation humaine et abrogeant la directive 83/417/CEE du Conseil]***.**

Art. 5 **Les produits qui ne satisfont pas aux critères fixés par le présent décret mais qui sont légalement commercialisés sont dénommés et étiquetés de manière à ne pas induire l'acheteur en erreur quant à leur nature, leur qualité et leur utilisation prévue.**

Art. 6 **Les produits qui ne respectent pas les normes énoncées à l'annexe I, section I, points *b* et *c*, à l'annexe I, section II, points *b* et *c*, ou à l'annexe II, points *b* et *c* de la directive (UE) 2015/2203 du 25 novembre 2015 susvisée, ne sont pas utilisés dans la préparation de denrées alimentaires.**

Art. 7 **I. – Les emballages, récipients ou étiquettes des produits définis à l'article 2 comportent, de manière visible, lisible, écrites en caractères indélébiles et, pour les produits commercialisés en France, en langue française, les mentions suivantes :**

1° La dénomination de vente définie à l'article 2, aux 1°, 2° et 3°, avec, pour les caséinates alimentaires, l'indication du ou des cations énumérés à l'annexe II, point *d* de la directive (UE) 2015/2203 du 25 novembre 2015 susvisée ;

2° Pour les produits commercialisés sous la forme de mélange :

***a)* La mention : "mélange de..." suivie des dénominations des différents produits dont le mélange est composé, dans l'ordre pondéral décroissant ;**

b) L'indication du ou des cations, énumérés à l'annexe II, point *d* de la directive (UE) 2015/2203 du 25 novembre 2015 susvisée, pour les caséinates alimentaires ;

c) La teneur en protéines pour les mélanges qui contiennent des caséinates alimentaires ;

3° La quantité nette des produits exprimée en kilogrammes ou en grammes ;

4° Le nom ou la raison sociale et l'adresse de l'exploitant du secteur alimentaire sous le nom ou la raison sociale duquel le produit est commercialisé ou, si l'exploitant du secteur alimentaire n'est pas établi dans l'Union, de l'importateur sur le marché de l'Union ;

5° Le nom du pays d'origine pour les produits importés de pays tiers ;

6° L'identification du lot des produits ou la date de production.

Toutefois, les mentions prévues au *c* du 2° et aux 3°, 4° et 5° peuvent ne figurer que sur un document d'accompagnement.

Lorsque la teneur minimale en protéines du lait fixée à l'annexe I, section I, point *a)* 2 et section II, point *a* 2, et à l'annexe II, point *a* 2 de la directive (UE) 2015/2203 du 25 novembre 2015 susvisée est dépassée dans les produits définis à l'article 2, cela peut être indiqué sur les emballages, récipients ou étiquettes des produits.

II. – Les mentions énoncées au I peuvent ne pas être rédigées en langue française si ces informations sont fournies par l'exploitant du secteur alimentaire par d'autres moyens.

Ces mêmes informations peuvent figurer en plusieurs langues.

Art. 8 Le décret n° 88-1097 du 2 décembre 1988 portant application de la loi du 1er août 1905 sur les fraudes et falsifications en matière de produits ou de services en ce qui concerne certaines lactoprotéines (caséines et caséinates) destinées à l'alimentation humaine est abrogé. – *V. au **C. consom.**, éd. 2017 et antérieures.*

Art. 9 Le présent décret entre en vigueur le 22 décembre 2016.

LANGUE FRANÇAISE

Loi n° 86-1067 du 30 septembre 1986,

Relative à la liberté de communication.

Art. 20-1 *(L. n° 94-665 du 4 août 1994, art. 12)* L'emploi du français est obligatoire dans l'ensemble des émissions et des messages publicitaires des organismes et services de *(L. n° 2009-258 du 5 mars 2009, art. 44)* « communication audiovisuelle », quel que soit leur mode de diffusion ou de distribution, à l'exception des œuvres cinématographiques et audiovisuelles en version originale.

....

L'obligation prévue au premier alinéa n'est pas applicable aux programmes, parties de programme ou publicités incluses dans ces derniers qui sont conçus pour être intégralement diffusés en langue étrangère ou dont la finalité est l'apprentissage d'une langue, ni aux retransmissions de cérémonies cultuelles.

[Dispositions déclarées non conformes à la Constitution par décision du Conseil constitutionnel n° 94-345 DC du 29 juill. 1994.]

Lorsque les émissions ou les messages publicitaires visés au premier alinéa du présent article sont accompagnés de traductions en langues étrangères, la présentation en français doit être aussi lisible, audible ou intelligible que la présentation en langue étrangère.

Loi n° 94-665 du 4 août 1994,

Relative à l'emploi de la langue française.

BIBL. ▸ PONTIER, *ALD 1994. Chron. 195.* – BIGOT, *Gaz. Pal. 1995. 1. Doctr. 262* (publicité et usage de la langue française). – STAEFFEN et VEYSSIÈRE, *ibid. 1995. 2. Doctr. 1299* (même thème). – LE COHENNEC, *LPA 1er mars 1996* (choix comme marque d'un terme étranger). – BERTOLASO, *ibid. 19 févr. 1997.* – MERIC, *ibid. 6 oct. 1997.* – GRELIER-LENAIN, *Gaz. Pal. 25-26 nov. 1998, p. 17.* – CLARET, CCC *2001. Chron. 5* (conformité au droit communautaire ?). – BERNARDEAU, *ibid. Chron. 10* (étiquetage et langue française : les enseignements de l'arrêt *Casino*). – BOUGUETTAYA, *RLDI déc. 2014. 43* (la loi Toubon appliquée à l'internet).

Art. 1er Langue de la République en vertu de la Constitution, la langue française est un élément fondamental de la personnalité et du patrimoine de la France.

Elle est la langue de l'enseignement, du travail, des échanges et des services publics.

Elle est le lien privilégié des États constituant la communauté de la francophonie.

Art. 2 **Dans la désignation, l'offre, la présentation, le mode d'emploi ou d'utilisation, la description de l'étendue et des conditions de garantie d'un bien, d'un produit ou d'un service, ainsi que dans les factures et quittances, l'emploi de la langue française est obligatoire.**

[Dispositions déclarées non conformes à la Constitution par décision du Conseil constitutionnel n° 94-345 DC du 29 juillet 1994.]

Les mêmes dispositions s'appliquent à toute publicité écrite, parlée ou audiovisuelle.

Les dispositions du présent article ne sont pas applicables à la dénomination des produits typiques et spécialités d'appellation étrangère connus du plus large public.

La législation sur les marques ne fait pas obstacle à l'application des premier et troisième alinéas du présent article aux mentions et messages enregistrés avec la marque. — *Pour l'entrée en vigueur, V. art. 20 et 23. — V. aussi art. 16 à 18.*

V. infra, Circ. 20 sept. 2001.

1. Champ d'application. La L. n° 75-1349 du 31 déc. 1975 [abrogée et remplacée par la L. n° 94-665 du 4 août 1994] ne saurait être appliquée à un commissionnaire en douane, intervenant comme mandataire d'un importateur, au stade du dédouanement, lequel est nécessairement antérieur à la commercialisation sur le marché national. • Crim. 22 oct. 1985 : *Bull. crim. n° 322 ; D. 1986. IR 402.* ♦ En réduisant le but de la L. du 31 déc. 1975 à la protection des consommateurs, grâce à l'information de ceux-ci, alors que ce texte, d'un caractère général et qui tend à sauvegarder la langue française, ne comporte nullement une telle limitation, la cour d'appel a méconnu le sens et la portée du texte. • Crim. 20 oct. 1986, n° 85-90.934 P : *Bull. crim. n° 294.* ♦ Ne peut se prévaloir, sur le fondement de la L. du 4 août 1994 et de l'art. L. 111-1 C. consom., de la nullité ou de l'inopposabilité des clauses essentielles d'une convention intitulée « Central Agency Agreement » en ce que cette dernière est rédigée en langue anglaise, le consommateur qui, bien que de langue maternelle française, a lui-même apporté des aménagements manuscrits au contrat, démontrant ainsi sa compréhension des dispositions essentielles de la convention et sa capacité à apprécier la portée du contrat qu'il concluait. • Paris, 26 mai 2011, n° 10/02933.

2. Supports publicitaires. La reproduction sur supports publicitaires d'un paquet de cigarettes, lorsqu'elle comporte une mention en langue anglaise non assortie de sa traduction française, constitue une infraction à la loi de 1975 [abrogée et remplacée par la L. n° 94-665 du 4 août 1994]. • Crim. 12 mars 1984 : *D. 1984. IR 349.*

3. Emballages. Un sachet en plastique, étant un moyen pour montrer et exposer des chemises à l'extérieur du magasin tout en les protégeant, constitue un emballage et, à ce titre, un moyen de présentation. Dès lors, les indications figurant sur ces emballages étant toutes rédigées en anglais, la contravention aux dispositions de la loi du 4 août 1994 est constituée. • T. pol. Paris, 5 juin 1997 : *BID 1998, n° 5, p. 29.*

4. Les inscriptions figurant sur les sachets déshumidificateurs de sel de silice contenus dans des cartables commercialisés doivent être écrites en français. • T. pol. Levallois-Perret, 7 sept. 1999 : *BID 2002, n° 1, p. 26.* ♦ Confirmé par : • Versailles, 16 juin 2000 : *BID 2002, n° 1, p. 27.*

5. Spécialités d'appellation étrangère. La contravention aux dispositions de la loi du 4 août 1994 n'est pas constituée lorsque les dénominations relevées dans le procès-verbal écrites en langue anglaise sans traduction en français désignent manifestement des spécialités d'appellations étrangères connues du plus large public au même titre que « chorizo, hot dog »... Il en est ainsi, en effet, des termes « Big Mac, Mac Bacon, Mac Chicken » dont la traduction en français confinerait au ridicule et n'apporterait pas au consommateur « la parfaite connaissance du produit » visée par la circulaire du 19 mars 1996. • T. pol. Béziers, 2 avr. 1997 : *BID 1997, n° 10, p. 22.* – Comp. • Crim. 20 oct. 1986, n° 85-90.934 P : *préc. note 1.*

6. Micro-informatique. L'emploi de la langue française est impératif y compris dans le domaine de l'informatique et la prédominance de fait de la langue anglaise sur ce marché, ne dispense aucunement une société distributrice de respecter les dispositions de la loi du 4 août 1994. • Paris, 27 janv. 1997 : *Gaz. Pal. 1997. 1. Somm. 229 ; BID 1998, n° 3, p. 28.* ♦ Contrevient aux dispositions de la loi du 4 août 1994 le fournisseur de matériels informatiques qui expose et met à la disposition du public en vue de la vente des équipements informatiques dont les notices d'utilisation sont exclusivement rédigées en langue anglaise. • Paris, 2 oct. 1997 : *Gaz. Pal. 1999. 1. Somm. 23, note Firouz-Abadie* • Paris, 10 févr. 2003 : *Gaz. Pal. 23-25 nov. 2003, obs. Le Vallois ; CCC 2003, n° 167, obs. Raymond.* ♦ V. aussi : • T. pol. Paris, 24 sept. 1998 : *BID 1999, n° 9, p. 42.* ♦ N'est pas de nature à entraîner la relaxe du prévenu la circonstance que les documents en anglais accompagnant le progiciel étaient destinés à un installateur spécialisé et non à l'utilisateur final, qui pouvait, une fois le progiciel installé, avoir accès aux modes d'emploi en ligne rédigés en français. • Crim. 3 nov. 2004 : *Bull. crim. n° 266 ; RTD com. 2005. 432, obs. Bouloc.*

7. Huile d'olive. Méconnaît l'art. 2 de la loi du 4 août 1994 le gérant d'une société qui a distribué un lot de bouteilles d'huile d'olive comportant des mentions exclusivement en langue étrangère, alors que l'emploi de la langue française est obligatoire pour la « désignation, la présentation, le mode d'emploi... du produit ». • Aix-en-Provence, 24 sept. 1997 : *CCC 1998, n° 82, obs. Raymond ; BID 1999, n° 2, p. 35.*

8. Vêtements. Une société qui a exposé à la vente des articles textiles dont l'étiquetage présente en anglais les mentions d'entretien doit être déclarée coupable de rédaction de la notice d'utilisation d'un produit en langue étrangère. L'argument de l'existence d'un pictogramme reprenant les instructions d'entretien est irrecevable dans la mesure où la société n'est pas poursuivie sur le fondement des dispositions du code de la consommation, mais sur celui de la loi du 4 août 1994, laquelle ne tend pas à réglementer l'étiquetage des produits du commerce mais à imposer l'utilisation de la langue française, élément fondamental de la personnalité et du patrimoine de la France. • Paris, 10 sept. 1999 : *JCP E 1999, n° 48, p. 1897.* ♦ Sur le rejet du pourvoi, V. : • Crim. 14 nov. 2000 : *Bull. crim. n° 342 ; RTD com. 2001. 528, obs. Bouloc ; JCP 2001. II. 10525, note Dreyer ; Dr. pénal 2001, n° 51, obs. J.-H. Robert ; BID 2001, n° 11, p. 12,* selon lequel les indications en langue étrangère constituaient un mode d'utilisation du produit au sens de l'art. 1er du Décr. du 3 mars 1995.

9. Décapeurs thermiques. Commet la contravention de rédaction du mode d'emploi ou d'utilisation d'un produit en langue étrangère le prévenu qui a commercialisé dans son magasin six décapeurs thermiques dont les précautions d'emploi ainsi que le mode d'emploi étaient rédigés en langue espagnole et non en français, ce qui est regrettable s'agissant de matériels pouvant présenter un certain danger lors de leur utilisation, et en tout cas une complexité certaine, et alors même qu'il n'est pas démontré que l'ensemble de ces produits commercialisés en France l'aient été sans notices rédigées en français. • Paris, 13 avr. 1999 : *CCC 2000, n° 34, obs. Raymond.*

10. Personnes responsables. Il appartient à l'importateur qui a mis le produit pour la première fois sur le marché français de s'assurer de l'étiquetage de celui-ci en langue française. Le simple fait de fournir au distributeur des étiquettes libres avec le texte rédigé en français n'est pas suffisant. • T. pol. Paris, 26 juin 1997 : *BID 1998, n° 5, p. 31.* ♦ C'est au prévenu qui a pris la décision d'importer les produits qu'il incombe de vérifier la conformité de ceux-ci à la législation sur la langue française. • Angers, 26 févr. 1998 : *BID 1999, n° 2, p. 35.*

11. Cumul de contraventions. Le dirigeant d'une société ayant offert 33 guirlandes électriques à la vente dans son magasin, assorties d'un mode d'utilisation en langue étrangère, se voit, à bon droit, condamné à autant d'amendes que de contraventions constatées à la législation sur l'emploi de la langue française, dès lors que la commercialisation de chaque article sans mode d'utilisation en langue française constitue une faute distincte punissable séparément. • Crim. 26 avr. 2000 : *Bull. crim. n° 163.* ♦ De même, un gérant ayant commercialisé 1055 bouteilles d'huile d'olive en violation de la législation relative à l'emploi de la langue française, le premier juge pouvait à bon droit le reconnaître coupable des 1055 contraventions relevées à son encontre. • Aix-en-Provence, 24 sept. 1997 : *préc. note 7.*

12. Droit communautaire. Sur la compatibilité d'une réglementation nationale prescrivant l'utilisation d'une langue déterminée pour l'étiquetage des denrées alimentaires et de la directive CE 79/112 du 18 déc. 1978, V. : • CJCE 14 juill. 1998 : *D. Affaires 1998. 1742, obs. C. R.*

13. Les États membres peuvent adopter des mesures nationales exigeant que les mentions figurant sur les produits importés soient libellées dans la langue de la région de vente des produits ou dans une autre langue aisément compréhensible pour les consommateurs de cette région, mais à la condition que ces mesures nationales soient indistinctement applicables à tous les produits nationaux et importés et soient proportionnées au but de protection des consommateurs qu'elles poursuivent. Ces mesures nationales doivent, notamment, être limitées aux mentions auxquelles l'État membre attribue un caractère obligatoire. • CJCE 3 juin 1999 : *D. 2000. Somm. 42, obs. Pizzio ; Gaz. Pal. 17-18 déc. 1999, p. 38 ; BRDA 1999, n° 20, p. 10.* ♦ *Contra* : les art. 30 du traité CE (actuel art. 36 TFUE) et 14 de la directive CE 79/112 du 18 déc. 1978 s'opposent à ce qu'une réglementation nationale impose l'utilisation d'une langue déterminée pour l'étiquetage des denrées alimentaires, sans retenir la possibilité qu'une autre langue facilement comprise par les acheteurs soit utilisée ou que l'information de l'acheteur soit assurée par d'autres mesures. • CJCE 12 sept. 2000 : *BICC 2000, n° 1260 ; D. 2001. 1458, note Pontier ; CCC 2001. Chron. 10, par Bernardeau.*

14. La mesure d'effet équivalent à des restrictions quantitatives à l'importation qui pourrait résulter de la législation prescrivant l'emploi de la langue française dans les modes d'utilisation des produits est justifiée, conformément à l'art. 36, devenu l'art. 30, du Traité de Rome (actuel art. 36 TFUE), par la protection des consommateurs sur le territoire national. • Crim. 26 avr. 2000 : *préc. note 11* • 14 nov. 2000 : *Bull. crim. n° 342* • 13 nov. 2007 : *JCP 2008. I. 161, n° 13, obs. Lecourt ; CCC 2008, n° 54, obs. Raymond ; Dr. pénal 2008. Chron. 4, n° 55, par Lepage* • Paris, 10 févr. 2003 : *préc. note 6.*

15. Les art. 28 et 29 du traité CE (actuels art. 34 et 35 TFUE) prohibent toute réglementation commerciale des États membres susceptible d'entraver directement ou indirectement le commerce intracommunautaire, ainsi que les mesures étatiques impliquant une discrimination des produits destinés à l'exportation en favorisant l'écoulement des produits nationaux sur le marché de tel État membre. Ces dispositions s'appliquent à la législation relative à la protection de la langue française, dans la mesure où il n'existe pas d'harmonisation des législations nationales dans ce domaine. Ainsi, en prohibant les mentions en langue étrangère, l'art. 2 de la loi du 4 août 1994 contraint l'importateur à un aménagement différent du produit du fait de sa commercialisation en France, ce qui entraîne des frais supplémentaires de conditionnement, et favorise, dès lors, la production nationale étiquetée en français, les opérateurs étrangers étant privés de l'avantage économique que représente l'emploi d'une présentation unique. Il y a donc une mesure d'effet équivalent à une restriction quantitative, dès lors que l'exigence légale n'obéit pas à un impératif de santé publique ni de protection du consommateur. • TGI Paris, 8 juin 1998 : *D. Affaires 1999. 471, obs. E. P.*

16. Exceptions. Par exception au principe de l'emploi obligatoire de la langue française dans la présentation des biens, produits ou services, l'utilisation sans traduction de l'expression « product of France » pour l'étiquetage d'un produit est admise. Cette expression peut, en effet, être assimilée aux exceptions prévues par la circulaire du 19 mars 1996 au titre des termes entrés dans le langage courant ou résultant de l'application des conventions internationales, tels que « in/off », « made in » ou « copyright ». Rép. min. n° 16082 : *JO Sénat Q, 29 juill. 1999, p. 2571 ;* n° 29315 : *JOAN Q, 2 août 1999, p. 4696.* ♦ Dans les termes généraux où elle est rédigée, l'instruction du directeur général de la concurrence du 21 févr. 2005, qui invite les services de contrôle à apprécier au cas par cas si l'information de l'ensemble des consommateurs est correctement assurée, notamment dans le cas où des indications en langue française auraient été remplacées en tout ou partie par des termes ou expressions dans une autre langue ou par des dessins, symboles ou pictogrammes, ne fait que permettre d'apprécier si la sanction d'une méconnaissance des dispositions de l'art. 2 de la loi ne serait pas contraire au principe de proportionnalité tel que la CJCE l'applique en matière d'exigences linguistiques nationales. • CE 27 juill. 2006 : *JCP 2006. IV. 2860 ; CCC 2007, n° 37, obs. Raymond ; RJDA 2007, n° 438 ; RDC 2007. 360, obs. Fenouillet ; Europe 2006, n° 269, obs. Cassia.* ♦ Les précautions d'utilisation et de sécurité relatives à la vitesse des toupies et à la nécessité de supervision des adultes ayant été traduites et, même si les instructions de montage étaient rédigées exclusivement en langue allemande, elles étaient accompagnées de schémas explicites, de sorte que l'impératif de protection du consommateur justifiant l'application de la loi de 1994 était respecté. • Paris, 25 oct. 2006 : *RJDA 2007, n° 1185.*

17. Suppression de l'alinéa 2. La décision du Conseil constitutionnel du 29 juill. 1994 ne remet pas en cause le caractère obligatoire de la langue française dans les documents commerciaux. • Com. 24 nov. 2009 : *CCC 2010, n° 63, obs. Raymond ; Gaz. Pal. 2010. 2961, obs. Greffe.*

Art. 3 **Toute inscription ou annonce apposée ou faite sur la voie publique, dans un lieu ouvert au public ou dans un moyen de transport en commun et destinée à l'information du public doit être formulée en langue française.** *[Dispositions déclarées non conformes à la Constitution par décision du Conseil constitutionnel n° 94-345 DC du 29 juillet 1994.]*

Si l'inscription rédigée en violation des dispositions qui précèdent est apposée par un tiers utilisateur sur un bien appartenant à une personne morale de droit public, celle-ci doit mettre l'utilisateur en demeure de faire cesser, à ses frais et dans le délai fixé par elle, l'irrégularité constatée. Si la mise en demeure n'est pas suivie d'effet, l'usage du bien peut, en tenant compte de la gravité du manquement, être retiré au contrevenant, quels que soient les stipulations du contrat ou les termes de l'autorisation qui lui avait été accordée.

V. Circ. n° 99-40 du 28 sept. 1999, Le Moniteur du 15 oct. 1999, p. 396.

Art. 4 **Lorsque des inscriptions ou annonces visées à l'article précédent, apposées ou faites par des personnes morales de droit public ou des personnes privées exerçant une mission de service public font l'objet de traductions, celles-ci sont au moins au nombre de deux.**

Dans tous les cas où les mentions, annonces et inscriptions prévues aux articles 2 et 3 de la présente loi sont complétées d'une ou plusieurs traductions, la présentation en français doit être aussi lisible, audible ou intelligible que la présentation en langues étrangères.

Un décret en Conseil d'État précise les cas et les conditions dans lesquels il peut être dérogé aux dispositions du présent article dans le domaine des transports internationaux. *— V. Décr. n° 95-240 du 3 mars 1995, art. 15, infra, et Circ. n° 99-40 du 28 sept. 1999, Le Moniteur du 15 oct. 1999, p. 396.*

Art. 5 **Quels qu'en soient l'objet et les formes, les contrats auxquels une personne morale de droit public ou une personne privée exécutant une mission de service public sont parties**

sont rédigés en langue française. Ils ne peuvent contenir ni expression ni terme étrangers lorsqu'il existe une expression ou un terme français de même sens approuvés dans les conditions prévues par les dispositions réglementaires relatives à l'enrichissement de la langue française.

Ces dispositions ne sont pas applicables aux contrats conclus par une personne morale de droit public gérant des activités à caractère industriel et commercial *(L. n° 96-597 du 2 juill. 1996, art. 105)* **« , la Banque de France ou la Caisse des dépôts et consignations » et à exécuter intégralement hors du territoire national.** *(L. n° 96-597 du 2 juill. 1996, art. 105)* **« Pour l'application du présent alinéa, sont réputés exécutés intégralement hors de France les emprunts émis sous le bénéfice de l'article 131 *quater* du code général des impôts ainsi que les contrats portant sur la fourniture de services d'investissement au sens de l'article 4 de la loi n° 96-597 du 2 juillet 1996 de modernisation des activités financières et qui relèvent, pour leur exécution, d'une juridiction étrangère. »**

Les contrats visés au présent article conclus avec un ou plusieurs cocontractants étrangers peuvent comporter, outre la rédaction en français, une ou plusieurs versions en langue étrangère pouvant également faire foi.

Une partie à un contrat conclu en violation du premier alinéa ne pourra se prévaloir d'une disposition en langue étrangère qui porterait préjudice à la partie à laquelle elle est opposée.

Art. 16 *(L. n° 2014-344 du 17 mars 2014, art. 107)* **Les infractions aux dispositions des textes pris pour l'application de l'article 2 sont recherchées et constatées par les agents mentionnés** *(Ord. n° 2016-301 du 14 mars 2016, art. 29, en vigueur le 1er juill. 2016)* **« aux articles L. 511-3 et L. 511-22 du code de la consommation, dans les conditions prévues au I de l'article L. 511-22 du même code ».**

Art. 17 *(Abrogé par L. n° 2014-344 du 17 mars 2014, art. 107)* ***Quiconque entrave de façon directe ou indirecte l'accomplissement des missions des agents mentionnés au premier alinéa de l'article 16 ou ne met pas à leur disposition tous les moyens nécessaires à cette fin est passible des peines prévues au second alinéa de l'article 433-5 du code pénal.***

Entrave aux agents de la DGCCRF. Le fait de refuser l'accès au stock du magasin à des fonctionnaires des services de la direction générale de la concurrence, de la consommation et de la répression des fraudes qui au préalable ont constaté dans le magasin que plusieurs produits ne répondaient pas aux normes sur l'usage de la langue française, est constitutif du délit d'entrave de l'art. 17, quand bien même ces fonctionnaires ont pu faire le contrôle ultérieurement, accompagnés de la police. • Paris, 23 nov. 1998 : *BID 2000, n° 11, p. 35, obs. Pezet.*

Art. 18 *(Abrogé par L. n° 2014-344 du 17 mars 2014, art. 107)* ***Les infractions aux dispositions des textes pris pour l'application de la présente loi sont constatées par des procès-verbaux qui font foi jusqu'à preuve du contraire.***

Les procès-verbaux doivent, sous peine de nullité, être adressés dans les cinq jours qui suivent leur clôture au procureur de la République.

Une copie en est également remise, dans le même délai, à l'intéressé.

Nécessité d'un procès-verbal. Deux associations pour la défense de la langue française sont déclarées irrecevables à saisir directement le tribunal par voie de citation directe parce qu'il résulte tant de l'application de la loi du 4 août 1994 que du décret du 3 mars 1995 que la mise en mouvement de l'action publique, si elle n'a pas été entendue comme du seul ressort du parquet, nécessite cependant que celui-ci soit saisi par la transmission d'un procès-verbal dressé par des agents habilités limitativement énumérés. • T. pol. Paris, 19 juin 1997 : *LPA 6 oct. 1997, note Dreyfus-Weill.* ♦ La nécessité, en vertu de l'art. 18 de la loi n° 94-665 du 4 août 1994, de constater les infractions par un procès-verbal adressé dans les cinq jours au ministère public, constitue une disposition spécifique et dérogatoire au droit commun. L'existence d'un procès-verbal d'audition n'étant pas assimilable à un procès-verbal de constatation, il y a atteinte aux droits de la défense et la poursuite doit être annulée. • Paris, 8 oct. 1999 : *JCP E 1999, n° 48, p. 1897; BID 2000, n° 11, p. 30, obs. Pezet.*

Art. 19 *V. C. pr. pén., art. 2-14, v° Associations de consommateurs.*

Art. 20 **La présente loi est d'ordre public. Elle s'applique aux contrats conclus postérieurement à son entrée en vigueur.** — *Sur l'abrogation de la L. n° 75-1349 du 31 déc. 1975 et les dispositions d'entrée en vigueur, V. L. n° 94-665 du 4 août 1994, art. 23 et 24.* — ***C. communic.***

Décret nº 95-240 du 3 mars 1995,

Pris pour l'application de la loi nº 94-665 du 4 août 1994 relative à l'emploi de la langue française.

TITRE PREMIER Sanctions pénales

Art. 1er I. — Le fait de ne pas employer la langue française dans les conditions prévues par la loi du 4 août 1994 susvisée relative à l'emploi de la langue française :

1º Dans la désignation, l'offre, la présentation, le mode d'emploi ou d'utilisation, la description de l'étendue et des conditions de garantie d'un bien, d'un produit ou d'un service ainsi que dans les factures et quittances ;

2º Dans toute publicité écrite, parlée ou audiovisuelle,

est puni de la peine d'amende prévue pour les contraventions de la 4e classe.

II. — Le fait de ne pas employer la langue française pour toute inscription ou annonce destinée à l'information du public, apposée ou faite sur la voie publique, dans un lieu ouvert au public ou dans un moyen de transport en commun, est puni de la même peine. *— V. art. 16, infra.*

III. — Le fait de présenter la version française d'une manière qui n'est pas aussi lisible, audible ou intelligible que la présentation en langue étrangère des mentions, publicités, inscriptions ou annonces visées aux I et II du présent article est puni de la même peine. — *V. art. 16, infra.*

IV. — En cas de condamnation prononcée pour l'une des contraventions prévues au présent article, le tribunal peut faire application des articles 132-66 à 132-70 du code pénal.

Art. 2 Sous réserve des exceptions prévues par l'article 6 de la loi du 4 août 1994 précitée, est puni de la peine d'amende prévue pour les contraventions de la 4e classe le fait, pour toute personne de nationalité française organisant une manifestation, un colloque ou un congrès :

1º D'interdire aux participants de s'exprimer en français ;

2º De distribuer aux participants des documents avant et pendant la réunion pour en présenter le programme, sans les accompagner d'une version française ;

3º De ne pas établir au moins un résumé en français des documents préparatoires ou de travail distribués aux participants et ne pas inclure, dans les actes ou comptes rendus de travaux publiés, au moins un résumé en français des textes ou interventions présentés en langue étrangère ;

4º De ne pas prévoir un dispositif de traduction dans le cas fixé au quatrième alinéa de l'article 6 de la loi précitée.

....

Art. 4 Les personnes morales peuvent être déclarées responsables pénalement, dans les conditions prévues par l'article 121-2 du code pénal, des infractions définies aux articles 1er à 3.

Les personnes morales encourent la peine de l'amende suivant les modalités prévues par l'article 131-41 du code pénal.

Les dispositions des articles 132-66 à 132-70 du code pénal sont applicables en cas de condamnation d'une personne morale.

TITRE II *[ABROGÉ]* Prélèvements

(*Abrogé par Décr. nº 2014-1109 du 30 sept. 2014, art. 38*)

Art. 5 *Les agents désignés à l'article 16 de la loi du 4 août 1994 précitée, lorsqu'ils ont identifié les biens ou produits mis en cause et présumé l'infraction prévue à l'article 1er-I du présent décret, prélèvent un exemplaire représentatif d'un lot ou d'un ensemble de ces biens ou produits.*

Art. 6 *Tout exemplaire prélevé est mis sous scellés. Ces scellés comportent une étiquette d'identification portant notamment les indications suivantes :*

1º La nature du bien ou du produit mis en cause dont un exemplaire a été prélevé ;

2º La date, l'heure et le lieu où le prélèvement a été effectué ;

3º Les nom, raison sociale et adresse de la personne chez laquelle le prélèvement a été opéré ; si le prélèvement est effectué en cours de route, les nom et adresse des expéditeurs et destinataires ;

4º Le numéro d'ordre du prélèvement ;

5º La signature du ou des agents qui ont procédé au prélèvement de l'exemplaire.

Art. 7 *Aussitôt après avoir mis sous scellés l'exemplaire, le ou les agents désignés par l'article 16 de la loi du 4 août 1994 précitée, s'ils sont en présence du propriétaire ou du détenteur du bien* *ou du produit mis en cause, doivent le mettre en demeure de déclarer la valeur de l'exemplaire prélevé. Le propriétaire ou le détenteur peut justifier cette valeur par tout moyen, et notamment à l'aide de ses documents comptables.*

Les agents compétents peuvent considérer comme excessive la valeur déclarée par le propriétaire ou le détenteur du bien ou du produit mis en cause et réaliser eux-mêmes une estimation de l'exemplaire prélevé.

Un récépissé est remis au propriétaire ou au détenteur du bien ou du produit mis en cause ; il y est fait mention de la nature de l'exemplaire prélevé, de la valeur déclarée ou, le cas échéant, estimée par le ou les agents.

En cas de prélèvement en cours de route, le représentant de l'entreprise de transport reçoit pour sa décharge un récépissé indiquant la nature du bien ou du produit prélevé, ainsi que la valeur déclarée ou, le cas échéant, la valeur estimée par le ou les agents.

Art. 8 *L'exemplaire mis sous scellés est joint au procès-verbal, rédigé séance tenante.*

Ce procès-verbal comporte les mentions suivantes :

1° Les nom, prénoms, qualité du ou des agents qui ont procédé au prélèvement de l'exemplaire ;

2° La date, l'heure et le lieu où le prélèvement a été effectué ;

3° Les nom, prénoms et profession, adresse de la personne chez laquelle le prélèvement a été opéré ; les nom et adresse de l'expéditeur et du destinataire, si le prélèvement a été effectué en cours de route ;

4° Le numéro d'ordre du prélèvement ;

5° La nature du bien ou du produit mis en cause dont un exemplaire a été prélevé ;

6° Les circonstances dans lesquelles le prélèvement a été effectué, l'importance du lot ou de l'ensemble des produits ou des biens mis en cause ;

7° Toutes observations jugées utiles par le ou les agents qui ont procédé au prélèvement de l'exemplaire ;

8° Les déclarations, le cas échéant, du propriétaire ou du détenteur des biens ou produits mis en cause, du représentant de l'entreprise de transport ;

9° L'indication de la transmission du procès-verbal et de l'exemplaire sous scellés au procureur de la République et à l'intéressé dans un délai de cinq jours ;

10° La signature du ou des agents qui ont procédé au prélèvement de l'exemplaire.

TITRE III Agrément des associations

Art. 9 Toute association régulièrement déclarée ayant pour objet statutaire la défense de la langue française peut demander l'agrément prévu à l'article 2-14 du code de procédure pénale *[V. cet art., v° Associations de consommateurs]* dès lors qu'elle remplit les conditions suivantes :

1° Deux années d'existence à compter de sa déclaration ;

2° Un nombre suffisant de membres cotisant soit individuellement, soit par l'intermédiaire d'associations fédérées ;

3° Une activité effective en vue de la défense de la langue française dans le respect des autres langues et cultures. Cette activité est attestée notamment par la nature et l'importance des manifestations ou des publications ;

4° Le caractère désintéressé des activités.

Art. 10 La demande d'agrément ou de renouvellement est adressée à la délégation générale à la langue française. Le dossier doit comprendre :

1° Un exemplaire des statuts de l'association ;

2° Le nombre de cotisants ;

3° La liste des membres de ses organes dirigeants ;

4° Le dernier rapport moral et financier ;

5° Les comptes du dernier exercice.

Lorsque le dossier remis est complet, il en est délivré récépissé. La décision d'agrément ou de refus est notifiée dans un délai de quatre mois à compter de la date de délivrance du récépissé. Les décisions de refus doivent être motivées.

Art. 11 L'agrément est accordé par arrêté conjoint du ministre de la justice et du ministre chargé de la francophonie. Il est publié au *Journal officiel* de la République française.

L'agrément est accordé pour trois années. Il peut être renouvelé.

Art. 12 Lorsque plusieurs associations, dont l'une au moins est agréée, se fédèrent, la condition d'ancienneté lors de la demande d'agrément, prévue à l'article 9 (1°) ci-dessus, n'est pas exigée.

Art. 13 L'agrément peut être suspendu ou retiré par arrêté conjoint du ministre de la justice et du ministre chargé de la francophonie lorsque l'association ne remplit plus l'une des conditions ayant justifié l'agrément. L'association doit être au préalable mise en demeure de présenter ses observations.

Art. 14 Les associations agréées adressent chaque année à la délégation générale à la langue française, en deux exemplaires, leur rapport moral et leur rapport financier.

TITRE IV Dispositions applicables dans le domaine des transports internationaux

(Décr. nº 98-563 du 1er juill. 1998).

Art. 15 *(Décr. nº 98-563 du 1er juill. 1998)* Lorsque les personnes morales de droit public ou les personnes privées exerçant une mission de service public, transporteurs ou gestionnaires d'infrastructures de transport, qui accomplissent tout ou partie de leur activité dans le domaine des transports internationaux, accompagnent de traductions les inscriptions qu'elles apposent ou les annonces qu'elles font, l'obligation, prévue au premier alinéa de l'article 4 de la loi du 4 août 1994 susvisée, que ces traductions soient au moins au nombre de deux n'est pas applicable dans les cas suivants :

1. Pour les inscriptions ou annonces impromptues concernant la sécurité ou l'urgence ;
2. Pour les inscriptions ou annonces apposées ou faites dans les infrastructures de transport situées dans un département frontalier, si l'unique langue de traduction est celle du pays limitrophe de ce département ;
3. Pour les inscriptions ou annonces apposées ou faites dans les moyens de transport, si l'unique langue de traduction est celle du pays de départ ou de destination de ceux-ci ;
4. Pour les inscriptions ou annonces apposées ou faites dans les moyens de transport traversant le territoire national sans s'arrêter ou n'effectuant sur le territoire national que des arrêts techniques, sans embarquement ou débarquement de passagers ;
5. Pour les inscriptions intégrées à la structure du moyen de transport utilisé ;
6. Pour les avis écrits et oraux à la batellerie dans les zones frontalières ;
7. Jusqu'au 31 décembre 2001 pour les annonces non enregistrées effectuées directement par les agents ;
8. Jusqu'au 31 décembre 2003 pour les inscriptions destinées à l'information du public et apposées sur un support permanent dans les infrastructures de transport.

Art. 15-1 *(Décr. nº 98-563 du 1er juill. 1998)* Jusqu'au 31 décembre 2003, le rapport mentionné à l'article 22 de la loi du 4 août 1994 précitée comporte des indications sur l'application des dispositions de l'article 15 du présent décret.

V. Circ. nº 99-40 du 28 sept. 1999, Le Moniteur du 15 oct. 1999, p. 396.

TITRE V Dispositions diverses *(Décr. nº 98-563 du 1er juill. 1998).*

Art. 16 Les dispositions des II et III de l'article 1er entrent en vigueur dans un délai de six mois à compter de la date de publication du présent décret *[JO 5 mars]. — V. Circ. 19 mars 1996, infra.*

Circulaire du 19 mars 1996,

Concernant l'application de la loi nº 94-665 du 4 août 1994 relative à l'emploi de la langue française (JO 20 mars).

....

2. *Champ d'application de la loi*

....

2.1. *L'emploi de la langue française pour la commercialisation des biens, produits et services*

2.1.1. Les articles 2, 3 et 4 de la loi prévoient l'emploi obligatoire de la langue française dans la désignation, l'offre, la présentation des biens, produits ou services ainsi que dans les inscriptions ou annonces destinées à l'information du public.

Sont concernés :

1º Tous les documents destinés à informer l'utilisateur ou le consommateur : étiquetages, prospectus, catalogues, brochures et autres documents d'information, bons de commande, bons de livraison, certificats de garantie, modes d'emploi, menus et cartes des vins, factures, quittances, reçus et tickets de caisse, programmes de spectacles, titres de transport, contrats d'adhésion (contrats d'assurance, offres de service financier, etc.).

Les modes d'utilisation intégrés dans les logiciels d'ordinateurs et de jeux vidéo et comportant des affichages sur écran ou des annonces sonores sont assimilés à des modes d'emploi. En conséquence, les modes d'utilisation des logiciels d'application et des logiciels d'exploitation doivent être établis en français, qu'ils soient sur papier ou intégrés dans le logiciel.

Les factures et autres documents échangés entre professionnels, personnes de droit privé françaises et étrangères, qui ne sont pas consommateurs ou utilisateurs finaux des biens, produits ou services, ne sont pas visés par ces dispositions.

2° Les inscriptions sur les produits, sur leur contenant ou sur leur emballage.

Dans le cas de biens ou produits comportant des inscriptions gravées, moulées ou tissées en langue étrangère, des termes ou expressions peuvent être admis sans traduction, s'il s'agit de termes ou expressions entrés dans le langage courant ou résultant de l'application de conventions internationales (par exemple : *on/off, made in, copyright*).

3° Toute publicité écrite, parlée ou audiovisuelle concernant les biens, produits ou services commercialisés.

Compte tenu des exceptions prévues par l'article 12 de la loi en faveur des œuvres cinématographiques, audiovisuelles et musicales en version originale, les dispositions des articles 2, 3 et 4 ne s'appliquent pas aux extraits d'œuvres originales en langue étrangère accompagnant une publicité diffusée par les services audiovisuels. Cette règle vaut également pour toute publicité diffusée dans un lieu public.

Ne sont en outre pas concernées les publicités incluses dans des programmes ou parties de programmes dont la finalité est l'apprentissage d'une langue étrangère ou qui sont conçus pour être intégralement diffusés en langue étrangère (par exemple : les publicités diffusées soit dans le cadre des programmes des chaînes étrangères reçues par câble ou satellite, soit dans celui des programmes audiovisuels en langue étrangère diffusés par les opérateurs nationaux à l'intention des étrangers résidant en France).

Il va de soi que les publicités incluses dans des organes de presse intégralement imprimés en langue étrangère ne sont pas non plus visées.

4° Les inscriptions ou annonces destinées à l'information du public.

Il s'agit des informations de nature non commerciale, effectuées sous forme d'inscriptions ou d'annonces apposées ou faites sur la voie publique ou dans un lieu ouvert au public que celui-ci appartienne à un propriétaire public ou privé (gares, aéroports, stations et abribus, salles de spectacles, cafés, restaurants, musées, galeries marchandes, commerces...) et dans les moyens de transport en commun, quel que soit leur mode d'exploitation, public ou privé.

5° Les mentions et messages enregistrés avec la marque.

Les dispositions de la loi ne s'étendent ni aux dénominations sociales, ni aux enseignes, ni aux noms commerciaux, ni aux marques de fabrique, de commerce ou de service. Des marques, ou déclinaisons de marque, constituées d'un ou plusieurs termes étrangers, peuvent donc être déposées, enregistrées ou utilisées en France sans traduction.

En revanche, compte tenu des dispositions du dernier alinéa de l'article 2 de la loi, les mentions et messages en langue étrangère accompagnant une marque doivent, quand ils sont employés en France, comporter une traduction en français aussi lisible, audible ou intelligible que la présentation en langue étrangère.

Cette règle s'applique même si ces mentions et messages ont été, conformément au droit de la propriété intellectuelle, enregistrés au sein d'une marque.

Par mention, on entend toute mention descriptive servant à désigner une caractéristique d'un bien, produit ou service ainsi que toute mention générique ou désignant usuellement, dans le langage courant ou professionnel, un bien, produit ou service.

Par message, on entend tout message destiné à informer le public ou à attirer son attention sur une ou plusieurs caractéristiques d'un bien, produit ou service.

L'emploi obligatoire de la langue française s'applique, dès l'entrée en vigueur de la loi, à tous les messages et mentions accompagnant la marque, ou enregistrés dans une marque, quelle que soit la date où celle-ci a été déposée ou enregistrée ou a commencé à être utilisée.

2.1.2. Une traduction en une ou plusieurs langues étrangères peut dans tous les cas accompagner la version en français. Mais la présentation en langue française doit être aussi lisible, audible ou intelligible que la présentation en langue étrangère.

Ce principe implique qu'une mention, inscription ou annonce faite dans une autre langue ne doit pas, en raison de sa taille, de son graphisme, de sa couleur, de son volume sonore ou pour toute autre cause, être mieux comprise que celle établie en français. Les annonces ou inscriptions destinées à l'information du public doivent, de préférence, être formulées d'abord en langue française.

Une similitude des deux présentations et un parallélisme des modes d'expression entre les deux versions ne sont toutefois pas exigés. En outre, la traduction peut ne pas être au mot à mot, dès lors qu'elle reste dans l'esprit du texte original.

Les mêmes règles valent pour les modes d'emploi ou d'utilisation dont les présentations en langue française et en langues étrangères doivent être aussi compréhensibles et aussi complètes les unes que les autres. Un texte est réputé être incompréhensible s'il faut se reporter à sa version dans une autre langue pour le comprendre.

2.1.3. Les dispositions ci-dessus sont applicables lors de la commercialisation en France des biens, produits ou services, quelle que soit l'origine de ceux-ci.

Il s'agit en effet d'assurer la protection du consommateur afin qu'il puisse acheter et utiliser un produit ou bénéficier de services en ayant une parfaite connaissance de leur nature, de leur utilisation et de leurs conditions de garantie.

Toutefois, les dispositions de l'article 2 de la loi ne s'appliquent pas aux produits typiques et spécialités d'appellation étrangère ; les dénominations de certains produits spécifiques et connus du plus large public (par exemple : chorizo, cookie, couscous, gin, hot dog, jeans, paella, pizza, sandwich...) ainsi que les dénominations étrangères protégées en France à la suite d'accords internationaux (par exemple : gorgonzola, scotch whisky) peuvent être employées sans traduction.

Lors du dédouanement, seules les déclarations en douane doivent être rédigées en français. Les services douaniers peuvent, en tant que de besoin, demander une traduction en français des documents qui accompagnent ces déclarations.

Ne sont pas visées les opérations liées à l'exportation ou à la réexportation ou effectuées avant la mise sur le marché des biens, produits et services introduits sur le territoire français. Ainsi des produits d'origine étrangère qui sont semi-finis ou des produits exposés dans le cadre de foires, salons et expositions exclusivement réservés aux professionnels et qui ne font pas directement l'objet de transactions peuvent-ils ne pas être présentés en français. *— V. Recomm. CSA nº 2005-2 du 18 janv. 2005 (JO 27 avr.) relative à l'emploi de la langue française par voie audiovisuelle.*

....

3. *Contrôle de l'application de la loi*

3.1. *Rôle de la délégation générale à la langue française*

La délégation générale à la langue française, qui a pour mission de coordonner et de promouvoir la politique en faveur de la langue française, est chargée de veiller à la bonne application de la loi du 4 août 1994.

A ce titre, elle conduit les actions d'informations nécessaires pour faire respecter la législation par les milieux professionnels et les usagers. Lorsqu'elle est saisie de manquements à la loi, elle adresse des avertissements aux organismes concernés. Elle est associée aux mesures de contrôle prises par les services habilités à rechercher et constater les infractions à la loi et s'assure de la mise en œuvre de ce texte par les agents publics.

Elle instruit, en liaison avec le ministère de la justice, les dossiers des associations qui demandent un agrément (cf. point 3.3) et elle suit l'activité des associations agréées.

En outre, elle établit chaque année avant le 15 septembre, pour le Parlement, le rapport prévu par l'article 22 de la loi sur l'application de cette même loi et des textes concernant le statut de la langue française dans les institutions internationales. Pour ce faire, les administrations et organismes publics concernés lui adressent chaque année avant le 1er juillet les informations relatives à la mise en œuvre, dans leurs services, de la législation sur l'emploi de la langue française.

3.2. *Sanctions encourues et administrations chargées de relever les infractions*

Le décret n° 95-240 du 3 mars 1995 pris pour l'application de la loi (publié au *Journal officiel* du 5 mars 1995) a défini les infractions aux articles 2, 3, 4, 6 et 9-II de la loi et fixé les sanctions pénales correspondantes. Il s'agit de contraventions de la 4e classe.

Les infractions aux articles 9-I et 10 de la loi sont sanctionnées respectivement sur la base des articles R. 152-4 *[devenu art. R. 1323-1]* (contravention*[s]* de la 4e classe) et R. 361-1 *[devenu art. R. 5334-1]* (contravention*[s]* de la 3e classe) du code du travail.

Les infractions à l'article 12 de la loi relèvent de la responsabilité du Conseil supérieur de l'audiovisuel.

Le non-respect des dispositions des articles 5, 8 et 9-IV de la loi entraîne l'inopposabilité du texte ou des dispositions établis en langue étrangère.

En outre, toute subvention publique peut être retirée, en tout ou en partie, à un bénéficiaire qui ne se conformerait pas à la loi. Dans le cas particulier d'inscriptions apposées exclusivement en langue étrangère sur un bien appartenant à une personne publique, l'usage du bien peut être retiré au contrevenant.

Sont habilités à rechercher et constater les infractions aux articles 2, 3, 4, 6, 9-I, 9-II et 10 de la loi les officiers et agents de police judiciaire ainsi que, pour les seules infractions à l'article 2, les agents de la direction générale de la concurrence, de la consommation et de la répression des fraudes (DGCCRF), de la direction générale des douanes et droits indirects, de la direction générale des impôts, les vétérinaires inspecteurs, les préposés et les agents techniques sanitaires, les médecins inspecteurs départementaux de la santé.

3.3. *Rôle des associations agréées*

Un arrêté du 3 mai 1995 du ministre de la culture et de la francophonie et du ministre de la justice (publié au *Journal officiel* du 12 mai 1995) a agréé cinq associations de défense de la langue française en vue de leur permettre d'exercer les droits reconnus à la partie civile en ce qui concerne les infractions aux dispositions des articles 2, 3, 4, 6, 7 et 10 de la loi.

4. *Entrée en vigueur de la loi*

Selon l'article 23 de la loi, les dispositions de l'article 2 devaient entrer en vigueur à la date de publication du décret d'application et celles des articles 3 et 4, six mois après cette première date. Le décret n° 95-240 du 3 mars 1995 pris pour l'application de la loi ayant été publié au *Journal officiel* du 5 mars 1995, l'intégralité de la loi du 4 août 1994 est devenue applicable en France depuis le 7 septembre 1995.

Les biens et produits qui ont été introduits sur le territoire national avant le 7 mars 1995, date d'entrée en vigueur de l'article 2 de la loi, ont pu être commercialisés sous leur présentation initiale jusqu'à écoulement des stocks, et au plus tard jusqu'au 7 mars 1996.

Vous voudrez bien saisir la délégation générale à la langue française de toute question concernant l'application de la présente circulaire.

Circulaire du 20 février 1997,

Sur la mise en œuvre des dispositions législatives et réglementaires relatives à l'emploi de la langue française (BOMJ n° 65, p. 128).

La loi n° 94-665 du 4 août 1994 relative à l'emploi de la langue française est entrée en vigueur dans toutes ses dispositions le 7 septembre 1995.

Au plan pénal, le décret n° 95-240 du 3 mars 1995, pris pour l'application de cette loi, définit les infractions aux articles 2, 3, 4, 6 et 9-II de la loi et les punit des peines de la 4e classe de contraventions.

Par ailleurs, les dispositions prévues par les articles 9-I et 10 de cette même loi sont sanctionnées respectivement des peines de la 4e et de la 3e classes de contraventions par les articles R. 152-4 et R. 361-1 *[devenus art. R. 1323-1 et R. 5334-1]* du code du travail.

La loi a également prévu que les agents de la DGCCRF, de la DGI, de la DGDDI, les vétérinaires inspecteurs et les médecins inspecteurs de la santé sont compétents pour rechercher et constater les infractions à l'article 2 de la loi.

Par ailleurs, elle a conféré aux associations agréées de défense de la langue française le droit de se constituer partie civile en ce qui concerne les infractions aux dispositions des articles 2, 3, 4, 6, 7 et 10 de la loi (art. 19 de la loi du 4 août 1994, qui a introduit dans le code de procédure pénale un article 2-14). Par arrêté du 3 mai 1995, cinq associations ont été agréées à ce titre.

Enfin, la loi prévoit qu'un rapport annuel sur son application est remis au Parlement le 15 septembre.

Cette loi comporte, à l'évidence, des enjeux culturels particulièrement importants. Mais son importance est également, dans une large part, sociale et économique.

Il est en effet impératif que les consommateurs disposent d'une information dans une langue compréhensible, afin d'opérer des choix en meilleure connaissance de cause et d'utiliser les biens acquis en toute sécurité.

En outre, la loi a modifié le droit du travail afin de mieux protéger les salariés par la présence du français dans leurs relations avec l'employeur (conventions collectives, règlement intérieur, offres d'emploi, etc.) et dans les documents nécessaires à l'exécution de leurs tâches (notices d'emploi des machines ou produits dangereux notamment).

L'application de la réglementation relative à l'emploi de la langue française contribue donc également à la protection de la santé et de la sécurité des personnes.

Il importe par conséquent de sanctionner les infractions aux dispositions de la loi avec toute la rigueur nécessaire.

A l'occasion du premier bilan annuel dressé par la direction générale de la concurrence, de la consommation et de la répression des fraudes sur l'application de la loi et des interventions des associations de défense de la langue française, sont apparues deux difficultés dans l'application du dispositif.

Les statistiques fournies par la DGCCRF font en premier lieu état d'un taux de classement sans suite important des procédures dressées par ses services. Par ailleurs, les associations agréées déclarent obtenir difficilement des parquets des informations sur les suites réservées à leurs plaintes et se heurter à des difficultés en cas de délivrance de citations directes.

Sur le premier point, il est tout à fait essentiel que des poursuites soient le plus souvent possible engagées, dès lors que les faits constatés traduisent un mépris délibéré de la législation en vigueur. Vous voudrez donc bien donner les instructions utiles aux officiers du ministère public placés sous votre autorité.

Il est également très important que les associations dont les plaintes sont à l'origine de constatations d'infractions soient informées par les parquets, quand elles ne le sont pas par les services des ministres de la culture ou des finances, des suites qui auront été réservées à ces plaintes. Cette information permettra de donner aux associations concernées toutes précisions utiles afin de leur permettre de se joindre à la procédure en se constituant partie civile.

Il convient en troisième lieu de rappeler que l'habilitation législative conférée aux associations de défense de la langue française pour exercer les droits reconnus à la partie civile leur permet notamment de mettre en mouvement l'action publique par la voie de la citation directe, et ce même si l'infraction n'a pas été constatée par procès-verbal conformément aux dispositions de l'article 18 de la loi.

En effet, la Cour de cassation a jugé (Cass. crim. 2 octobre 1985, Ravel, Bull. n° 290, et 25 février 1986, Fau, Bull. n° 73) que les textes donnant compétence à certains fonctionnaires pour constater des infractions à des réglementations spécifiques n'avaient pas pour objet d'exclure le recours à tout autre mode de preuve de droit commun et que, par conséquent, les associations de consommateurs agréées étaient admises à exercer devant toutes les juridictions, notamment par la voie de la citation directe, l'action civile relative aux faits portant un préjudice à l'intérêt collectif des consommateurs. Le même raisonnement peut sans aucun doute être suivi pour les associations de défense de la langue française.

Enfin, pour être à même de communiquer à la délégation générale à la langue française les informations nécessaires à l'élaboration de son rapport annuel au Parlement sur l'application de la loi, il serait souhaitable de communiquer chaque année à la direction des affaires criminelles et des grâces, sous-direction des affaires économiques et financières, et au plus tard à la fin du mois d'avril, des éléments statistiques (nombre de procédures et suites données) ainsi qu'une copie des décisions les plus significatives rendues en la matière par les tribunaux de police de votre ressort durant la période allant du mois d'avril de l'année précédente au mois d'avril de l'année en cours. — *[...]*

Circulaire du 20 septembre 2001,

Relative à l'application de l'article 2 de la loi du 4 août 1994 relative à l'emploi de la langue française (JO 27 oct.).

La circulaire du 19 mars 1996 (publiée au *Journal officiel* de la République française du 20 mars 1996) *[supra]* a fixé un ensemble de recommandations pour l'application de la loi du 4 août 1994 relative à l'emploi de la langue française.

Depuis lors, la Cour de justice des Communautés européennes a rendu plusieurs arrêts qui précisent les conditions dans lesquelles les États membres peuvent adopter des mesures relatives à l'utilisation de leurs langues dans les mentions d'étiquetage et dans les modes d'emploi.

Faisant suite à la jurisprudence récente de la Cour, la présente circulaire rappelle que l'article 2 de la loi est applicable lors de la commercialisation en France des biens, produits ou services quelle que soit l'origine de ceux-ci. Ses dispositions ont pour objet d'assurer l'information et la protection du consommateur afin qu'il puisse acheter et utiliser un produit ou bénéficier de services en ayant une parfaite connaissance de leur nature, de leur utilisation et de leurs conditions de garantie.

Elle précise en outre que l'article 2 de la loi ne fait pas obstacle à la possibilité d'utiliser d'autres moyens d'information du consommateur, tels que des dessins, symboles ou pictogrammes. Ceux-ci peuvent être accompagnés de mentions en langue étrangère non traduites en français, dès lors que les dessins, symboles ou pictogrammes et les mentions sont soit équivalents, soit complémentaires, sous réserve qu'ils ne soient pas de nature à induire en erreur le consommateur.

En indiquant dans le dernier paragraphe de la circulaire du 20 sept. 2001 que « l'article 2 de la loi ne fait pas obstacle ... non traduites en français », les ministres ne se sont pas bornés à interpréter la loi du 4 août 1994, mais ont fixé une règle nouvelle qu'ils n'avaient pas compétence pour édicter; ces dispositions doivent par suite être annulées pour incompétence. • CE 30 juill. 2003 : *Lebon 347*.

LIVRES

Loi nº 81-766 du 10 août 1981,

Relative au prix du livre.

Art. 1er **Toute personne physique ou morale qui édite ou importe des livres est tenue de fixer, pour les livres qu'elle édite ou importe, un prix de vente au public.**

Ce prix est porté à la connaissance du public. *Un décret précisera, notamment,* les conditions dans lesquelles il sera indiqué sur le livre et déterminera également les obligations de l'éditeur ou de l'importateur en ce qui concerne les mentions permettant l'identification du livre et le calcul des délais prévus par la présente loi. — *V. Décr. nº 81-1068 du 3 déc. 1981, infra.*

Tout détaillant doit offrir le service gratuit de commande à l'unité. Toutefois, et dans ce seul cas, le détaillant peut ajouter au prix effectif de vente au public qu'il pratique les frais ou rémunérations correspondant à des prestations supplémentaires exceptionnelles expressément réclamées par l'acheteur et dont le coût a fait l'objet d'un accord préalable.

Les détaillants doivent pratiquer un prix effectif de vente au public compris entre 95 p. 100 et 100 p. 100 du prix fixé par l'éditeur ou l'importateur. *(L. nº 2014-779 du 8 juill.*

2014, art. 1er) **« Lorsque le livre est expédié à l'acheteur et n'est pas retiré dans un commerce de vente au détail de livres, le prix de vente est celui fixé par l'éditeur ou l'importateur. Le détaillant peut pratiquer une décote à hauteur de 5 % de ce prix sur le tarif du service de livraison qu'il établit, sans pouvoir offrir ce service à titre gratuit. »** — *Sur cet ajout, V. BRDA 2014, no 13, p. 11.*

Dans le cas où l'importation concerne des livres édités en France, le prix de vente au public fixé par l'importateur est au moins égal à celui qui a été fixé par l'éditeur.

(L. no 85-500 du 13 mai 1985) **« Les dispositions de l'alinéa précédent ne sont pas applicables aux livres importés en provenance d'un État membre de la Communauté européenne** *(L. no 93-1420 du 31 déc. 1993, en vigueur le 1er janv. 1994)* **« ou d'un autre État partie à l'accord sur l'Espace économique européen », sauf si des éléments objectifs, notamment l'absence de commercialisation effective dans cet État, établissent que l'opération a eu pour objet de soustraire la vente au public aux dispositions du quatrième alinéa du présent article. »** — *V. Circ. 10 janv. 1990 (D. et ALD 1990. 105).*

BIBL. ▶ Droit communautaire : FOCSANEANU, *JCP E 1985. II. 14498.* – GRELON, *RTD eur. 1987. 405.* – POUCHARD, *RTD eur. 2001. 63* (les systèmes de prix fixe du livre dans les zones linguistiques transnationales au regard du droit communautaire).

1. Conformité au traité de Rome. V. : • CJCE 3 oct. 2000 : *JCP 2000. II. 10485, note Pollaud-Dulian* • 10 janv. 1985 : *JCP 1985. II. 20395, note Develleunes* • Com. 5 mai 1987 *(2 esp.) : Bull. civ. IV, nos 108 et 109* • Crim. 19 déc. 1988 : *Bull. crim. no 435* • Paris, 11 avr. 1988 : *D. 1988. IR 126.* ♦ V. aussi : • CE 22 nov. 1991 : *D. 1992. IR 11.*

2. Internet. Sur l'application de la loi à la vente de livres par le réseau internet, V. Rép. min. no 39991 du 17 janv. 2000 : *JOAN Q 10 avr. 2000, p. 2321.*

3. Partitions musicales. La loi du 10 août 1981, qui est d'interprétation stricte puisque dérogeant au principe de la liberté des prix, ne s'applique pas aux partitions musicales qui n'y sont pas visées. • Civ. 1re, 28 janv. 2010 : *Bull. civ. I, no 23 ; D. 2010. AJ 379, obs. Gallmeister ; JCP E 2010, no 1224 ; CCC 2010, no 88, obs. Leveneur ; RJDA 2010, no 787.*

4. Référé. Une campagne publicitaire contraire à la loi du 10 août 1981 et génératrice d'un trouble manifestement illicite peut être interdite par voie de référé. • Com. 2 oct. 1990 : *Bull. civ. IV, no 225 ; RTD com. 1991. 429, obs. Bouloc .*

5. Remises supérieures à 5 %. En ce sens que la loi du 10 août 1981, ne faisant aucune distinction entre les différentes catégories de détaillants, que la vente de livres soit leur activité principale, accessoire ou occasionnelle, et ne permettant pas que ces dispositions soient écartées lors d'opérations promotionnelles, est donc applicable à l'opération consistant en la remise d'un livre moyennant le versement d'une somme d'argent à des automobilistes ayant fait un plein d'essence, cette opération devant s'analyser, *quelle que soit la qualification qu'en donnent les* parties, en un contrat de vente et ce, peu important que cette vente soit consécutive à la conclusion préalable d'un autre contrat, V. • Versailles, 28 janv. 1999 : *D. 1999. IR 71 ; D. Affaires 1999. 449, obs. E. P. ; RJDA 1999, no 486 ; LPA 1999, no 222, note Etner,* confirmé par • Com. 29 janv. 2002 : *D. 2002. AJ 885, obs. Chevrier .*

6. Viole l'art. 1er, al. 4, le vendeur au détail d'albums de bandes dessinées qui a vendu ces albums en octroyant un point cadeau pour l'achat d'un album, représentant 25 % de la valeur d'un autre album à acheter. • Paris, 10 mai 2000 : *D. 2000. AJ 372, obs. Petit ; JCP 2001. II. 10471, note Pollaud-Dulian ; Gaz. Pal. 11-12 août 2000, p. 20, obs. Vray.* ♦ Conf. par : • Com. 13 mars 2001 : *Bull. civ. IV, no 59 ; D. 2001. AJ 1241, obs. Chevrier ; RTD com. 2001. 756, obs. Bouloc ; Gaz. Pal. 21-22 nov. 2001, p. 77 ; CCC 2001, no 152, obs. Raymond.*

7. Vente à un prix supérieur. La vente de livres à un prix supérieur à 100 % du prix fixé par l'éditeur ou l'importateur est une contravention prévue et réprimée par les art. 1er, al. 4, et 10 *bis* de la L. no 81-766 du 10 août 1981. • Crim. 3 avr. 2001 : *Bull. crim. no 91 ; RTD com. 2001. 793, obs. Bouloc ; JCP 2001. IV. 2163.*

8. Obligation de l'éditeur. L'éditeur ne peut se prévaloir des dispositions de la loi du 10 août 1981 qu'autant qu'il s'y est lui-même conformé, la démonstration que le détaillant n'a pas pratiqué « un prix effectif de vente au public compris entre 95 % et 100 % du prix fixé par l'éditeur » étant à sa charge et supposant que puisse être déterminé avec certitude et précision, dans les conditions prévues par la loi et les textes pris pour son application, le prix de vente au public fixé par l'éditeur. • Paris, 8 déc. 2000 : *Gaz. Pal. 21-22 nov. 2001, p. 50, note Pezé.*

L'obligation qui pèse sur l'éditeur de fixer, pour les livres qu'il édite, un prix de vente au public à partir duquel les détaillants doivent pratiquer le prix effectif, ne fait pas obstacle à ce que cet éditeur consente un remboursement partiel à ceux qui achètent simultanément plusieurs livres qu'il édite, pourvu que ce remboursement s'applique à tous les acheteurs quel que soit le détaillant auprès duquel ils se sont fournis. • Com. 26 févr. 2008 : *Bull. civ. IV, no 48 ;*

D. 2008. AJ 779, obs. Delpech ; RTD com. 2008. 839, obs. Bouloc ; JCP 2008. IV. 1603 ; CCC 2008, n° 151, obs. Leveneur ; ibid., n° 193, obs. Raymond ; RJDA 2008, n° 1315. ♦ Considérant cette condition non remplie : • Paris, 6 mars 2009 : D. 2009. AJ 1018, obs. Delpech .

Art. 2 **Par dérogation aux dispositions de l'article 37 (1°)** *[abrogé par L. n° 85-1408 du 30 déc. 1985 ; V., désormais,* ***C. com.****, art. L. 442-6]* **de la loi n° 73-1193 du 27 décembre 1973 modifiée, les conditions de vente établies par l'éditeur ou l'importateur, en appliquant un barème d'écart sur le prix de vente au public hors taxes, prennent en compte la qualité des services rendus par les détaillants en faveur de la diffusion du livre. Les remises correspondantes doivent être supérieures à celles résultant de l'importance des quantités acquises par les détaillants.**

Art. 3 *(L. n° 2003-517 du 18 juin 2003, art. 4, en vigueur le 1er août 2003)* **Par dérogation aux dispositions du quatrième alinéa de l'article 1er et sous réserve des dispositions du dernier alinéa, le prix effectif de vente des livres peut être compris entre 91 % et 100 % du prix de vente au public lorsque l'achat est réalisé :**

1° Pour leurs besoins propres, excluant la revente, par l'État, les collectivités territoriales, les établissements d'enseignement, de formation professionnelle ou de recherche, les syndicats représentatifs ou les comités d'entreprise ;

2° Pour l'enrichissement des collections des bibliothèques accueillant du public, par les personnes morales gérant ces bibliothèques. Le prix effectif inclut le montant de la rémunération au titre du prêt en bibliothèque assise sur le prix public de vente des livres prévue à l'article L. 133-3 du code de la propriété intellectuelle.

Le prix effectif de vente des livres scolaires peut être fixé librement dès lors que l'achat est effectué par une association facilitant l'acquisition de livres scolaires par ses membres ou, pour leurs besoins propres, excluant la revente, par l'État, une collectivité territoriale ou un établissement d'enseignement. — *V. Décr. n° 85-862 du 8 août 1985, infra.*

Jusqu'à l'expiration d'un délai d'un an à compter de la date d'entrée en vigueur de la loi du 18 juin 2003, le prix effectif de vente mentionné au 1er al. de l'art. 3 de la L. n° 81-766 du 10 août 1981 peut être compris entre 88 % et 100 % du prix de vente au public fixé par l'éditeur ou l'importateur (L. n° 2003-517 du 18 juin 2003, art. 6, al. 2).

Les dispositions prévues aux trois premiers alinéas de l'art. 3 ne s'appliquent pas aux marchés publics dont l'avis d'appel public à la concurrence a été envoyé à la publication avant la date d'entrée en vigueur de la loi du 18 juin 2003. — Les marchés publics en cours d'exécution à la date d'entrée en vigueur de la loi précitée et les marchés publics dont l'avis d'appel public à la concurrence a été envoyé à la publication avant cette même date doivent être résiliés au plus tard un an après l'entrée en vigueur de la loi du 18 juin 2003 dès lors qu'ils comportent des dispositions non conformes aux trois premiers alinéas de l'art. 3 de la L. n° 81-766 du 10 août 1981 (L. n° 2003-517 du 18 juin 2003, art. 6, al. 3 et 4).

1. Livres scolaires. Les critères fixés par le Décr. n° 85-862 du 8 août 1985 sont précis et excluent les ouvrages couramment utilisés par les étudiants, tels les codes juridiques, qui ne sont pas des manuels scolaires, au sens d'un ouvrage édité pour répondre au programme d'une classe, indiqué comme tel sur sa couverture, et conformément au programme officiel de l'éducation nationale. • TGI Paris, 5 juill. 2011 : *RG n° 10/01701.* ♦ En ce sens que l'exception prévue à l'art. 3, au bénéfice des *associations facilitant l'acquisition des* livres scolaires pour leurs membres, ne s'étend pas aux membres desdites associations pris individuellement, V. • Paris, 24 sept. 1997 : *D. 1997. IR 225 ; D. Affaires. 1997. 1246.*

2. Collectivités territoriales. Il résulte des art. 1er, 3 et 5 de la L. du 10 août 1981 que le prix de vente aux collectivités territoriales, pour leurs besoins propres, excluant la revente, d'un livre, n'ayant pas le caractère d'un livre scolaire, édité ou importé depuis moins de deux ans et dont le dernier approvisionnement par le vendeur remonte à moins de six mois, ne peut être inférieur à 91 % du prix de vente au public fixé par l'éditeur (pour des dictionnaires personnalisés qui comportaient une première et une dernière page de couverture modifiée par rapport à la version vendue au public et huit pages supplémentaires, ce qui ne suffisait pas à les faire regarder comme des ouvrages distincts du dictionnaire destiné au public). • CE 28 sept. 2016, n° 400393 : *AJCT 2017. 49, obs. Dreyfus* .

Art. 4 **Toute personne qui publie un livre en vue de sa diffusion par courtage, abonnement ou par correspondance moins de neuf mois après la mise en vente de la première édition fixe, pour ce livre, un prix de vente au public au moins égal à celui de cette première édition.**

1. Si la loi confie à l'éditeur le soin de fixer le prix de vente au public du livre qu'il publie, elle ne laisse nullement entendre qu'il peut modifier à son gré et à son seul bénéfice le prix de vente au détail d'une même édition. • T. com. Paris, 1er oct. 1997 : *Gaz. Pal. 12-13 août 1998, p. 6.*

2. L'édition de deux livres édités en partenariat, mais dont le titre est distinct, la présentation différente, le premier comportant en couverture une photographie en impression, alors que le second est vendu sous une jaquette amovible comportant une autre illustration, et dont le contenu n'est pas similaire, n'est pas contraire aux dispositions des art. 1er et 4 de la loi du 10 août 1981. • Paris, 20 janv. 1999 : *D. Affaires 1999. 327, obs. E. P.; JCP 1999. II. 10149, note Derieux.*

3. Les livres ne peuvent être vendus à des prix réduits au-delà des limites légalement autorisées, sous couvert de ventes à primes par courtage, abonnement ou correspondance, et de telles ventes ne peuvent intervenir, avant l'expiration du délai de neuf mois, que pour des livres édités exclusivement en vue d'une telle diffusion hors librairie. • Com. 13 mars 2001 : *Bull. civ. IV, n° 59; D. 2001. AJ 1241, obs. Chevrier; RTD com. 2001. 756, obs. Bouloc*. ♦ V. l'arrêt confirmé, qui avait retenu la violation de l'art. 4 par un club de livres également éditeur d'ouvrage ayant offert, pour l'achat de ce livre, des points cadeaux de réduction à faire valoir sur l'achat d'un exemplaire de ce même titre ou d'un ouvrage comparable, payé par l'addition des réductions de 20 à 25 % sur le prix public de vente de la première édition, V. • Paris, 10 mai 2000 : *D. 2000. AJ 372, obs. Petit; JCP 2001. II. 10471, note Pollaud-Dulian; Gaz. Pal. 11-12 août 2000, p. 20, obs. Vray.*

Art. 5 **Les détaillants peuvent pratiquer des prix inférieurs au prix de vente au public mentionné à l'article 1er sur les livres édités ou importés depuis plus de deux ans, et dont le dernier approvisionnement remonte à plus de six mois.**

Le délai de deux ans prévu à l'art. 5 est calculé en se référant à la date du dépôt légal mentionné sur les ouvrages (Rép. min. : *JOAN Q 4 mars 1996, p. 1784*).

Art. 6 **Les ventes à prime ne sont autorisées, sous réserve des dispositions de la loi n° 51-356 du 20 mars 1951 modifiée et de la loi n° 73-1193 du 27 décembre 1973 modifiée** *[abrogée par Ord. n° 86-1243 du 1er déc. 1986 ; V. désormais C. consom., art. L. 121-19]*, **que si elles sont proposées, par l'éditeur ou l'importateur, simultanément et dans les mêmes conditions à l'ensemble des détaillants ou si elles portent sur des livres faisant l'objet d'une édition exclusivement réservée à la vente par courtage, par abonnement ou par correspondance.**

1. *Frais de port.* La prise en charge par le vendeur du coût afférent à l'exécution de son obligation de délivrance du produit vendu ne constitue pas une prime. • Com. 6 mai 2008 : *cité note 3 ss. art. L. 121-19* (conf. par • Paris, 9 avr. 2009 : *eod. loc.*). ♦ ... *Contra* et cassant l'arrêt jugeant que les frais de port étant normalement à la charge de l'acheteur, le seul fait pour le vendeur, dans un but de promotion et d'incitation à l'achat, d'annoncer au client auquel le lie un contrat à titre onéreux, qu'il assume lui-même le paiement de la livraison et d'en faire un service gratuit, caractérise la prime au sens des art. 6 de la loi du 10 août 1981 et L. 121-35 [L. 121-19] C. consom. • Paris, 23 mai 2007 : *eod. loc.* • TGI Versailles, 11 déc. 2007 : *ibid.*

2. *Bon d'achat.* Sur une prime consistant en un bon d'achat, V. • Com. 20 nov. 2007 : *cité note 11 ss. art. L. 121-19.*

3. *Rabais.* Sur la distinction entre vente à prime et vente à rabais, V. note 6 ss. art. 1er, et note 3 ss. art. 4, *supra*.

Art. 7 **Toute publicité annonçant des prix inférieurs au prix de vente au public mentionné à l'article 1er (alinéa 1er) est interdite hors des lieux de vente.**

BIBL. ▶ ACKAD, *RLC janv.-mars 2013. 38* (les *newsletters* annonçant des rabais sur le prix du livre sont-elles licites ?).

Art. 8 **En cas d'infraction aux dispositions de la présente loi, les actions en cessation ou en réparation peuvent être engagées, notamment par tout concurrent, association agréée de défense des consommateurs ou syndicat des professionnels de l'édition ou de la diffusion de livres ainsi que par l'auteur ou toute organisation de défense des auteurs.**

1. L'adverbe « notamment » (au début de la liste des personnes recevables à agir) indique sans ambiguïté que l'énumération n'est pas limitative. Dans ces conditions, un éditeur, directement intéressé à la distribution des ouvrages concernés, peut être considéré comme un concurrent au sens de l'art. 8. • Paris, 25 oct. 1994 : *D. 1995. IR 22.*

2. Est recevable l'action d'un éditeur de bandes dessinées contre une compagnie pétrolière offrant aux automobilistes faisant, dans ses stations-services, un plein de carburant d'au moins 30 litres, la faculté d'acquérir pour la somme de 6 F des bandes dessinées d'une série vendue chez les détaillants au prix de 53 F. • Versailles, 2 févr. 1996 : *D. 1998. Somm. 222, obs. Serra; CCC 1996, n° 179, obs. Raymond.*

Art. 8-1 *(L. n° 2014-344 du 17 mars 2014, art. 142)* **Des agents relevant du ministre chargé de la culture peuvent procéder aux enquêtes nécessaires à l'application de la présente loi. Ces agents sont désignés par le ministre chargé de la culture et prêtent serment dans les**

conditions prévues par décret en Conseil d'État. – *V. Décr. n° 2015-519 du 11 mai 2015. –* **C. *com.***

Art. 8-2 *(L. n° 2014-344 du 17 mars 2014, art. 142)* **Les enquêtes donnent lieu à l'établissement de procès-verbaux et, le cas échéant, de rapports.**

Les procès-verbaux sont transmis au procureur de la République. Un double en est laissé aux parties intéressées. Ils font foi jusqu'à preuve contraire.

Art. 8-3 *(L. n° 2014-344 du 17 mars 2014, art. 142)* **Les agents mentionnés à l'article 8-1 peuvent accéder à tous locaux, terrains ou moyens de transport à usage professionnel, demander la communication des livres, factures et tous autres documents professionnels et en obtenir ou prendre copie par tous moyens et sur tous supports, recueillir sur convocation ou sur place les renseignements et justifications.**

Ils peuvent, sans se voir opposer le secret professionnel, accéder à tout document ou élément d'information détenu par les services et établissements de l'État et des autres collectivités publiques.

Ils peuvent demander au ministre chargé de la culture de désigner un expert pour procéder à toute expertise contradictoire nécessaire.

Art. 8-4 *(L. n° 2014-344 du 17 mars 2014, art. 142)* **Pour le contrôle de la vente de livres par un service de communication au public en ligne, les agents mentionnés à l'article 8-1 peuvent faire usage d'un nom d'emprunt. Un décret en Conseil d'État précise les conditions dans lesquelles ils procèdent à leurs constatations.**

Art. 8-5 *(L. n° 2014-344 du 17 mars 2014, art. 142)* **Est puni d'un emprisonnement de six mois et d'une amende de 7 500 € le fait pour quiconque de s'opposer, de quelque façon que ce soit, à l'exercice des fonctions dont les agents mentionnés à l'article 8-1 sont chargés en application de la présente loi.**

Art. 8-6 *(L. n° 2014-344 du 17 mars 2014, art. 142)* **Les agents habilités à constater les infractions à la présente loi peuvent, après une procédure contradictoire, enjoindre au professionnel, en lui impartissant un délai raisonnable, de se conformer à ces obligations ou de cesser tout agissement illicite.**

Art. 8-7 *(L. n° 2014-344 du 17 mars 2014, art. 142)* **Pour l'application de la présente loi, le ministre chargé de la culture ou son représentant peut, devant les juridictions civiles ou pénales, déposer des conclusions et les développer oralement à l'audience. Il peut également produire les procès-verbaux et les rapports d'enquête.**

Art. 9 **Les dispositions de la présente loi ne font pas obstacle à l'application, le cas échéant, de l'ordonnance n° 45-1483 du 30 juin 1945 modifiée relative aux prix** *[abrogée par Ord. n° 86-1243 du 1er déc. 1986 ; V., désormais* **C. *com.***, *art. L. 442-6]*, **à l'exception toutefois des premier et deuxième alinéas du 4° de l'article 37 de ladite ordonnance.**

Art. 10 **Un décret détermine les modalités d'application de la présente loi aux départements d'outre-mer, compte tenu des sujétions dues à l'éloignement de ces départements.**

(L. n° 2002-1575 du 30 déc. 2002, art. 116) **« Le prix des livres scolaires est identique en métropole et dans les départements d'outre-mer. »**

Art. 10 *bis* *(L. n° 85-500 du 13 mai 1985)* **Un décret en Conseil d'État détermine les peines d'amendes contraventionnelles applicables en cas d'infraction aux dispositions de la présente loi.** – *V. Décr. n° 85-556 du 29 mai 1985, infra.*

Art. 11 (al. 1er) **La présente loi entrera en vigueur à la date du 1er janvier 1982, y compris** *pour l'ensemble des* **livres édités ou importés antérieurement à cette date.**

Art. 11-1 *(Ord. n° 2007-1801 du 21 déc. 2007, art. 13-I)* **La présente loi est applicable à Mayotte à compter du 1er janvier 2009.**

Décret n° 81-1068 du 3 décembre 1981,

Pris pour l'application de la loi n° 81-766 du 10 août 1981 relative au prix du livre et portant modification du régime du dépôt légal.

Art. 1er **L'éditeur ou l'importateur indique le prix de vente au public sur les livres qu'il édite ou importe par impression ou étiquetage. Dans ce dernier cas, l'étiquette porte également le nom de l'éditeur.**

Pour les livres, édités ou importés avant le 1er janvier 1982, l'indication des prix de vente au public est effectuée par l'éditeur, l'importateur, le distributeur ou, à défaut, par le détaillant.

Les prix résultant des modifications du tarif de l'éditeur ou de l'importateur intervenu après le 1er janvier 1982 sont portés sur les livres par le détaillant ainsi que la date d'entrée en vigueur desdits prix.

Art. 2 Par dérogation aux dispositions de l'article 1er, pour les livres faisant l'objet d'une édition exclusivement réservée à la vente par courtage, par abonnement ou par correspondance, le prix de vente au public peut être indiqué uniquement sur les documents de vente ou catalogues permettant la commande.

Art. 3 Tout éditeur ou importateur est tenu de faire connaître aux détaillants offrant à la vente les livres qu'il édite ou importe le prix de ces livres par des catalogues ou tarifs soit généraux, soit limités aux nouveautés.

Le détaillant doit permettre la consultation par l'acheteur de ces catalogues ou tarifs ou, à défaut, de tous autres documents permettant la connaissance du prix de vente au public mentionné à l'article 1er de la loi du 10 août 1981 susvisée.

Art. 4 *(Décr. nº 90-73 du 10 janv. 1990)* Pour les livres importés qui ont été édités hors de la Communauté économique européenne, est considéré comme importateur le dépositaire principal de livres importés à qui incombe l'obligation prévue par l'article 8 de la loi du 21 juin 1943 susvisée *[sur le dépôt légal, abrogée et remplacée par L. nº 92-546 du 20 juin 1992, spéc. art. 4 ;* ***C. pén.****]*, sauf si les livres ont été mis en libre pratique dans un État membre de la CEE.

Pour les livres édités dans un État membre de la CEE ou qui ont été mis en libre pratique dans un État membre, le prix de vente au public en France ne peut être inférieur au prix de vente fixé ou conseillé par l'éditeur pour cette vente, ou au prix de vente au détail fixé ou conseillé dans le pays d'édition ou dans le pays de mise en libre pratique, exprimé en francs français *[euros]*, ou au prix résultant de la répercussion sur ces prix d'un avantage obtenu par l'importateur dans le pays d'édition.

Art. 5 Les délais de neuf mois et de deux ans mentionnés aux articles 4 et 5 de la loi du 10 août 1981 susvisée courent à partir du premier jour du mois suivant celui du dépôt légal.

Pour les ouvrages édités ou importés antérieurement au 1er janvier 1982, ces délais courent à partir du premier jour du trimestre du dépôt légal.

Art. 6 Dans le cas prévu à l'alinéa 3 de l'article 1er de la loi du 10 août 1981 susvisée, la définition et le coût des prestations supplémentaires expressément réclamées par l'acheteur donnent lieu à l'établissement d'un document contractuel signé par l'acheteur qui en reçoit un exemplaire.

Art. 7 *Abrogé par Décr. nº 93-1429 du 31 déc. 1993.*

Art. 8 Le présent décret entrera en vigueur le 1er janvier 1982.

Décret nº 85-556 du 29 mai 1985,

Relatif aux infractions à la loi nº 81-766 du 10 août 1981 modifiée relative au prix du livre.

Art. 1er Sera puni de la peine d'amende prévue pour la troisième classe de contraventions :

1º Quiconque aura édité ou importé un livre sans fixer un prix de vente au public ;

2º Sous réserve des exceptions prévues par les articles 3 et 5 de la loi du 10 août 1981 relative au prix du livre, tout détaillant qui aura pratiqué un prix effectif de vente non compris entre 95 p. 100 et 100 p. 100 du prix fixé par l'éditeur ou l'importateur ;

(Annulé par CE nº 70946 du 22 nov. 1991) ***« 3º Tout importateur qui aura fixé, pour un livre édité dans un autre État membre de la Communauté économique européenne, un prix de vente au public inférieur au prix de vente fixé ou conseillé par l'éditeur pour la vente au public en France de cet ouvrage ou, à défaut, inférieur au prix de vente au détail fixé ou conseillé par lui dans le pays d'édition, exprimé en francs français ; »*** *— V. RFDA 1992. 489, concl. Hubert ; CCC 1992, nº 15, obs. Raymond.*

4° Tout importateur qui aura fixé, pour un livre édité en France et réimporté d'un État non membre de la Communauté économique européenne, un prix de vente au public inférieur à celui qu'a fixé l'éditeur ;

5° Tout importateur qui aura fixé, pour un livre édité en France et réimporté d'un État membre de la Communauté économique européenne, un prix de vente au public inférieur au prix fixé par l'éditeur, s'il est établi que l'opération a eu pour objet de soustraire la vente au public de cet ouvrage aux dispositions du quatrième alinéa de l'article 1er de la loi du 10 août 1981 ;

6° Quiconque aura fixé, pour un livre publié en vue de sa diffusion par courtage, abonnement ou correspondance moins de neuf mois après sa première édition, un prix de vente au public inférieur à celui de cette première édition.

Décret n° 85-862 du 8 août 1985,

Pris pour l'application de la loi n° 81-766 du 10 août 1981 modifiée relative au prix du livre en ce qui concerne les livres scolaires.

Art. 1er *(Décr. n° 2004-922 du 31 août 2004)* « Sont considérés comme livres scolaires, au sens de l'alinéa 4 de l'article 3 de la loi du 10 août 1981 susvisée, les manuels et leur mode d'emploi, ainsi que les cahiers d'exercices et de travaux pratiques qui les complètent ou les ensembles de fiches qui s'y substituent, régulièrement utilisés dans le cadre de l'enseignement primaire, secondaire et préparatoire aux grandes écoles, ainsi que des formations au brevet de technicien supérieur, et conçus pour répondre à un programme préalablement défini ou agréé par les ministres concernés. »

La classe ou le niveau d'enseignement doit être imprimé sur la couverture ou la page de titre de l'ouvrage.

Loi n° 2011-590 du 26 mai 2011,

Relative au prix du livre numérique.

BIBL. ▶ KERJEAN, *CCE 2011. Étude 15* (vers une nouvelle exception culturelle française). – POLLAUD-DULIAN, *RTD com. 2011. 556* (présentation de la loi). – GEORGES et DE CARVALHO, *RLC avr.-juin 2012. 125* (une loi d'exception pour préserver la création éditoriale).

Art. 1er La présente loi s'applique au livre numérique lorsqu'il est une œuvre de l'esprit créée par un ou plusieurs auteurs et qu'il est à la fois commercialisé sous sa forme numérique et publié sous forme imprimée ou qu'il est, par son contenu et sa composition, susceptible d'être imprimé, à l'exception des éléments accessoires propres à l'édition numérique.

Un décret précise les caractéristiques des livres entrant dans le champ d'application de la présente loi. — *V. Décr. n° 2011-1499 du 10 nov. 2011, art. 1er.*

Art. 2 Toute personne établie en France qui édite un livre numérique dans le but de sa diffusion commerciale en France est tenue de fixer un prix de vente au public pour tout type d'offre à l'unité ou groupée. Ce prix est porté à la connaissance du public.

Ce prix peut différer en fonction du contenu de l'offre et de ses modalités d'accès ou d'usage.

Le premier alinéa ne s'applique pas aux livres numériques, tels que définis à l'article 1er, lorsque ceux-ci sont intégrés dans des offres proposées sous la forme de licences d'utilisation et associant à ces livres numériques des contenus d'une autre nature et des fonctionnalités. Ces licences bénéficiant de l'exception définie au présent alinéa doivent être destinées à un usage collectif et proposées dans un but professionnel, de recherche ou d'enseignement supérieur dans le strict cadre des institutions publiques ou privées qui en font l'acquisition pour leurs besoins propres, excluant la revente.

Un décret fixe les conditions et modalités d'application du présent article. — *V. Décr. n° 2011-1499 du 10 nov. 2011, art. 2 s.*

Art. 3 Le prix de vente, fixé dans les conditions déterminées à l'article 2, s'impose aux personnes proposant des offres de livres numériques aux acheteurs situés en France.

Art. 4 Les ventes à primes de livres numériques ne sont autorisées, sous réserve des dispositions de l'article *(Ord. n° 2016-301 du 14 mars 2016, art. 2, en vigueur le 1er juill. 2016)*

« L. 121-19 » du code de la consommation, que si elles sont proposées par l'éditeur, tel que défini à l'article 2, simultanément et dans les mêmes conditions à l'ensemble des personnes mentionnées à l'article 3.

Art. 5 Pour définir la remise commerciale sur les prix publics qu'il accorde aux personnes proposant des offres de livres numériques aux acheteurs situés en France, l'éditeur, tel que défini à l'article 2, tient compte, dans ses conditions de vente, de l'importance des services qualitatifs rendus par ces derniers en faveur de la promotion et de la diffusion du livre numérique par des actions d'animation, de médiation et de conseil auprès du public.

Art. 6 *V. CPI, art. L. 132-5.* — **CPI.**

Art. 7 Un décret en Conseil d'État détermine les peines d'amende contraventionnelle applicables en cas d'infraction aux dispositions de la présente loi. — *V. Décr. n° 2012-146 du 30 janv. 2012, art. 1er.*

Art. 7-1 *(L. n° 2014-344 du 17 mars 2014, art. 143)* Les agents mentionnés à l'article 8-1 de la loi n° 81-766 du 10 août 1981 relative au prix du livre sont habilités à rechercher et à constater les infractions à la présente loi et disposent à cet effet des pouvoirs prévus aux articles 8-2 à 8-7 de la loi n° 81-766 du 10 août 1981 précitée. — *V. ces art., supra.* — *V. aussi Décr. n° 2015-519 du 11 mai 2015.* — ***C. com.***

Art. 8 Un comité de suivi composé de deux députés et deux sénateurs, désignés par les commissions chargées des affaires culturelles auxquelles ils appartiennent, est chargé de suivre la mise en œuvre de la présente loi. Après consultation du comité de suivi et avant le 31 juillet de chaque année, le Gouvernement présente au Parlement un rapport annuel sur l'application de la présente loi au vu de l'évolution du marché du livre numérique comportant une étude d'impact sur l'ensemble de la filière.

Ce rapport vérifie notamment si l'application d'un prix fixe au commerce du livre numérique profite au lecteur en suscitant le développement d'une offre légale abondante, diversifiée et attractive, et favorise une rémunération juste et équitable de la création et des auteurs, permettant d'atteindre l'objectif de diversité culturelle poursuivi par la présente loi.

Art. 9 La présente loi est applicable en Nouvelle-Calédonie.

Décret n° 2011-1499 du 10 novembre 2011,

Pris en application de la loi n° 2011-590 du 26 mai 2011 relative au prix du livre numérique.

Art. 1er Les éléments accessoires propres à l'édition numérique mentionnés au premier alinéa de l'article 1er de la loi du 26 mai 2011 susvisée s'entendent des variations typographiques et de composition, des modalités d'accès aux illustrations et au texte telles que le moteur de recherche associé, les modalités de défilement ou de feuilletage des éléments contenus, ainsi que des ajouts de textes ou de données relevant de genres différents, notamment *[les]* sons, musiques, images animées ou fixes, limités en nombre et en importance, complémentaires du livre et destinés à en faciliter la compréhension.

Art. 2 Au sens du deuxième alinéa de l'article 2 de la loi du 26 mai 2011 susvisée :

— le contenu d'une offre peut être composé de tout ou partie d'un ou plusieurs livres numériques ainsi que de fonctionnalités associées ;

— les modalités d'accès au livre numérique s'entendent des conditions dans lesquelles un livre numérique est mis à disposition sur un support d'enregistrement amovible ou sur un réseau de communication au public en ligne, notamment par téléchargement ou diffusion en flux ("*streaming*") ;

— les modalités d'usage du livre numérique se rapportent notamment au caractère privé ou collectif de cet usage, à la durée de mise à disposition du livre numérique, à la faculté d'impression, de copie et de transfert du livre numérique sur divers supports de lecture.

Art. 3 L'éditeur tel que mentionné à l'article 2 de la loi du 26 mai 2011 susvisée est tenu de faire connaître à toute personne qui propose des offres de livres numériques le prix ou les barèmes de prix de ces offres. Ces barèmes doivent permettre d'identifier les différents critères pris en compte pour déterminer le prix d'une offre. Ces critères se rapportent au contenu de l'offre et aux modalités d'accès et d'usage mentionnés à l'article 2.

A cette fin, l'éditeur mentionné à l'alinéa précédent fait figurer dans une base de données rendue accessible aux personnes qui proposent des offres de livres numériques la description de chaque offre et la mention du prix ou des barèmes qui lui sont associés.

Lorsque le livre numérique est commercialisé sur un support d'enregistrement amovible, l'éditeur indique le prix de vente sur ce support.

Art. 4 Le prix de vente au public d'une offre de livre numérique, communiqué par l'éditeur dans les conditions prévues à l'article 3, doit être porté à la connaissance des personnes auxquelles cette offre est destinée de manière non équivoque, visible et lisible.

Dans le cas d'un usage individuel de l'offre, l'information sur le prix de vente fait apparaître la somme totale toutes taxes comprises qui doit être effectivement payée par le consommateur. Dans le cas d'un usage collectif de l'offre, le prix est fixé en application du barème établi par l'éditeur.

La personne qui propose une offre de livre numérique sur son site de vente en ligne y indique le prix ou le barème.

Décret n° 2012-146 du 30 janvier 2012,

Relatif aux infractions à la loi n° 2011-590 du 26 mai 2011 relative au prix du livre numérique.

Art. 1er Sont punis de l'amende prévue pour les contraventions de la troisième classe :

1° Le fait, pour une personne établie en France qui édite un livre numérique dans le but de sa diffusion commerciale en France, de ne pas fixer un prix de vente au public pour chacune des offres qu'elle propose au sens de l'article 2 de la loi n° 2011-590 du 26 mai 2011 relative au prix du livre numérique et sous réserve des exceptions prévues au troisième alinéa de cet article ;

2° Le fait de proposer une offre de livre numérique aux acheteurs situés en France sans respecter le prix fixé dans les conditions prévues au 1°.

Art. 2 Les dispositions du présent décret sont applicables en Nouvelle-Calédonie.

Loi n° 2014-344 du 17 mars 2014,

Relative à la consommation.

Art. 144 I. — Sans préjudice de l'action publique et à l'exception des conflits relevant des procédures d'arbitrage professionnelles, sont soumis à une conciliation préalable :

1° Les litiges relatifs à l'application de la loi n° 81-766 du 10 août 1981 relative au prix du livre ; *— V. ce texte, supra.*

2° Les litiges relatifs à l'application de la loi n° 2011-590 du 26 mai 2011 relative au prix du livre numérique. *— V. ce texte, supra.*

Cette conciliation est mise en œuvre par le médiateur du livre.

Sans préjudice du droit des parties de saisir le juge, le médiateur du livre peut également être saisi des litiges opposant des éditeurs privés à un éditeur public au sujet de ses pratiques éditoriales.

II. — Le médiateur du livre peut être saisi par tout détaillant, toute personne qui édite des livres, en diffuse ou en distribue auprès des détaillants, par toute organisation professionnelle ou syndicale concernée, par les prestataires techniques auxquels ces personnes recourent ou par le ministre intéressé. Il peut également se saisir d'office de toute affaire entrant dans sa compétence.

Pour l'examen de chaque affaire, le médiateur du livre invite les parties à lui fournir toutes les informations qu'il estime nécessaires, sans que puisse lui être opposé le secret des affaires, et peut entendre toute personne dont l'audition lui paraît utile.

Cette démarche de conciliation s'exerce dans le respect de la compétence de l'Autorité de la concurrence et du ministre chargé de l'économie. Lorsque les faits relevés par le médiateur du livre apparaissent constitutifs de pratiques anticoncurrentielles mentionnées aux articles L. 420-1 et suivants du code de commerce, le médiateur du livre saisit l'Autorité de la concurrence.

Dans le respect de la liberté de négociation commerciale des parties, le médiateur du livre favorise ou suscite toute solution de conciliation. Lorsque le médiateur constate un accord entre les parties, il rédige un procès-verbal précisant les mesures à prendre pour le mettre en œuvre. Il peut rendre public le procès-verbal de conciliation, sous réserve des informations couvertes par le secret des affaires.

Si aucun accord n'a pu être trouvé entre les parties, le médiateur peut adresser aux parties une recommandation précisant les mesures qui lui paraissent de nature à mettre fin à la situation litigieuse.

En cas d'échec de la conciliation, le médiateur du livre peut, dans les domaines relevant de sa compétence, saisir la juridiction compétente pour lui demander d'ordonner la cessation des pratiques contraires aux lois n° 81-766 du 10 août 1981 et n° 2011-590 du 26 mai 2011 précitées.

Si les faits dont il a connaissance sont susceptibles de recevoir une qualification pénale, le médiateur du livre informe le ministère public.

Le médiateur du livre peut formuler des préconisations afin de faire évoluer les dispositions normatives relevant de son champ de compétences.

Le médiateur du livre adresse chaque année un rapport sur ses activités au ministre chargé de la culture. *(L. n° 2016-925 du 7 juill. 2016, art. 16)* « Ce rapport est public. Une copie en est adressée aux présidents des commissions permanentes parlementaires chargées de la culture. »

Un décret en Conseil d'État précise les conditions d'application du présent article, notamment les modalités de désignation du médiateur.

Décret n° 2014-936 du 19 août 2014,

Relatif au médiateur du livre.

Art. 1er Le médiateur du livre est nommé par décret pris sur le rapport du ministre chargé de la culture pour une durée de trois ans renouvelable.

Il est choisi parmi les membres ou anciens membres du Conseil d'État, de la Cour de cassation ou de la Cour des comptes ou parmi des personnalités qualifiées, à raison de leur compétence dans le secteur du livre.

La fonction de médiateur est incompatible avec le fait d'exercer ou d'avoir exercé au cours des trois dernières années les fonctions de dirigeant, d'associé, de mandataire social ou de salarié d'une entreprise ou d'un organisme relevant d'une des catégories prévues au premier alinéa du II de l'article 144 de la loi du 17 mars 2014 susvisée *[n° 2014-344 relative à la consommation]*.

Art. 2 Le médiateur peut faire appel aux services du ministre chargé de la culture. Celui-ci met à sa disposition les moyens nécessaires à l'exercice de ses missions.

Art. 3 I. — La saisine du médiateur par une partie est effectuée par lettre remise contre signature ou tout autre moyen propre à établir la preuve de la date de la saisine.

Elle comporte :

1° Les nom et adresse du demandeur et, si ce dernier est une personne morale, l'identité de son représentant légal et ses statuts ;

2° Le cas échéant, le nom de son conseil ou de son représentant et le mandat donné à ce dernier ;

3° Les pièces justifiant que le demandeur relève d'une des catégories prévues au premier alinéa du II de l'article 144 de la loi du 17 mars 2014 susvisée ;

4° L'objet de la saisine avec un exposé du litige et les pièces sur lesquelles la saisine est fondée ;

5° Le nom et, si elle est connue, l'adresse de la ou des autres parties au litige.

II. — Si la saisine ne satisfait pas aux prescriptions du I du présent article, le médiateur adresse une demande de régularisation sous délai maximal d'un mois au demandeur ou à son représentant. En l'absence de régularisation ou si le litige n'entre pas dans le champ du I de l'article 144 de la loi du 17 mars 2014 susvisée, le médiateur déclare irrecevable la saisine.

III. — Le médiateur adresse aux parties copie de la saisine par lettre remise contre signature ou tout autre moyen propre à établir la preuve de la date de réception de la saisine. Les parties disposent alors d'un délai d'un mois à compter de la réception pour adresser leurs observations au médiateur et au demandeur.

Art. 4 Lorsque le médiateur se saisit d'office d'un litige en application du II de l'article 144 de la loi du 17 mars 2014 susvisée, il adresse aux parties l'objet de sa saisine qui doit être motivée et les pièces sur lesquelles se fonde celle-ci, par lettre remise contre signature ou tout autre moyen propre à établir la preuve de la date de réception de la saisine. Les parties disposent d'un délai d'un mois pour lui adresser leurs observations.

Art. 5 Le médiateur dispose d'un délai de trois mois, à compter de la réception des observations des parties ou de l'expiration du délai imparti pour les produire, pour tenter de concilier les parties.

Art. 6 Les parties sont entendues par le médiateur. Elles peuvent se faire assister par toute personne de leur choix dont elles communiquent l'identité préalablement à leur audition.

Le médiateur établit un procès-verbal des auditions qui est versé au dossier.

Art. 7 Lorsqu'une partie se prévaut du secret des affaires, elle signale au médiateur, à l'occasion de leur communication, les informations, documents ou partie de documents qu'elle estime couverts par ce secret et qui ne peuvent alors être rendus publics.

Le médiateur ne peut porter à la connaissance des autres parties ces informations ou documents couverts par le secret, qu'avec l'accord de la partie qui s'en est prévalue.

Art. 8 En cas de conciliation, le médiateur dresse un procès-verbal signé par lui et les parties en cause, constatant leur accord et fixant un délai pour son exécution. Une copie de ce procès-verbal est remise à chaque partie.

En application du quatrième alinéa du II de l'article 144 de la loi du 17 mars 2014 susvisée, le médiateur peut décider de la publication du procès-verbal, en intégralité ou par extraits, sur un service de communication au public en ligne ou par voie de presse.

Art. 9 Si, à l'issue du délai prévu à l'article 5, aucun accord n'a pu être trouvé entre les parties, le médiateur peut, en application du cinquième alinéa du II de l'article 144 de la loi du 17 mars 2014 susvisée, émettre une recommandation qui est notifiée aux parties par lettre remise contre signature ou tout autre moyen propre à établir la preuve de la date de la réception.

Les parties disposent alors d'un délai d'un mois à compter de la réception de la recommandation pour faire connaître au médiateur les suites qu'elles comptent donner à sa recommandation.

Art. 10 En cas d'échec de la conciliation, le médiateur dresse un procès-verbal constatant cet échec, dont copie est remise à chaque partie. Il peut, en application du sixième alinéa du II de l'article 144 de la loi du 17 mars 2014 susvisée, saisir la juridiction compétente.

L'échec de la conciliation résulte de l'une des situations suivantes :

1° Aucun accord n'est trouvé entre les parties dans le délai prévu à l'article 5 ;

2° La recommandation du médiateur n'est pas suivie par les parties ;

3° Les engagements des parties constatés dans le procès-verbal mentionné au premier alinéa de l'article 8 ne sont pas exécutés à l'expiration du délai mentionné au même article.

Art. 11 Les constatations du médiateur, les déclarations qu'il recueille et les informations portées à sa connaissance ne peuvent être ni produites ni invoquées par une partie sans l'accord des autres dans le cadre d'une autre procédure de médiation, d'une procédure d'arbitrage ou d'une instance juridictionnelle.

LOGEMENT (CONSTRUCTION)

Code civil

Art. 1589-1 *(L. nº 2000-1208 du 13 déc. 2000, art. 72, en vigueur le 1er juin 2001)* **Est frappé *de nullité tout engagement* unilatéral souscrit en vue de l'acquisition d'un bien ou d'un droit immobilier pour lequel il est exigé ou reçu de celui qui s'engage un versement, quelle qu'en soit la cause et la forme.**

BIBL. ▶ ALBRIEUX, *CCC 2006. Étude 4.* – BELLON, *JCP N 2001. 1772.* – DAGOT, *JCP N 2001. 912.* – LEVENEUR, *CCC 2001, nº 22.* – PELLETIER, *Defrénois 2001. 205.* – PÉRINET-MARQUET, *JCP N 2001. 533.* – PRIGENT, *AJDI 2003. 166* – RAULT, *JCP 2001. I. 294.*

Code de la construction et de l'habitation

Sur la construction d'une maison individuelle, V. CCH, art. L. 230-1 s. — **CCH.**

Sur la vente d'immeubles à construire, V. CCH, art. L. 261-1 s. — **CCH.**

Protection de l'acquéreur immobilier

BIBL. GÉN. ▶ BELLIVIER, *RTD civ. 2001. 216* . – BELLON, *JCP N 2001. 1772* (engagements unilatéraux). – BERGEL, *Dr. et patr., nov. 2002, p. 54*. – BOSGIRAUD et NITOT, *ibid., juin 2005, p. 26* (difficultés d'application). – D. BOULANGER, *JCP N 2001. 1696* (application dans l'espace). – DAGOT, *ibid. 912*. – MAUGER-VIELPEAU et VIELPEAU, *JCP N 2002. 1711* (rôle du notaire). – MONTRAVERS, *Dr. et patr., juin 2001, p. 36*. – PELLETIER, *Defrénois 2001. 205*. – PÉRINET-MARQUET, *JCP 2002. I. 129* (champ d'application). – PUYGAUTHIER, *JCP N 2003. 1258* (régimes matrimoniaux et droit de rétractation de l'art. L. 271-1 CCH). – RAULT, *JCP 2001. I. 294*. – SAINT-ALARY-HOUIN et TOMASIN, *RDI 2001. 13* . – SOMMER, *JCP N 2001. 924*. – SUQUET, *JCP N 2005. 1084*. – POUMARÈDE, *RDI 2017. 8* (les contrats de construction et le droit de la consommation). ▶ Application dans le temps : LE BARS, *JCP N 2001. 952*. ▶ Condition suspensive du paiement après expiration du délai de rétractation : NUYTTEN, *RDC 2003. 259*. – LE MAGUERESSE, *JCP N 2009, nº 1-2, p. 22* (droit de rétractation et délai de réflexion : la fin du serpent de mer de la remise en main propre ?).

Art. L. 271-1 **Pour tout acte** *(Abrogé par L. nº 2006-872 du 13 juill. 2006, art. 96) « sous seing privé »* **ayant pour objet la construction ou l'acquisition d'un immeuble à usage d'habitation, la souscription de parts donnant vocation à l'attribution en jouissance ou en propriété d'immeubles d'habitation ou la vente d'immeubles à construire ou de location-accession à la propriété immobilière, l'acquéreur non professionnel peut se rétracter dans un délai de** *(L. nº 2015-990 du 6 août 2015, art. 210-II)* **« dix** *[ancienne rédaction : sept]* **» jours à compter du lendemain de la première présentation de la lettre lui notifiant l'acte.**

Cet acte est notifié à l'acquéreur par lettre recommandée avec demande d'avis de réception ou par tout autre moyen présentant des garanties équivalentes pour la détermination de la date de réception ou de remise. La faculté de rétractation est exercée dans ces mêmes formes.

(L. nº 2006-872 du 13 juill. 2006, art. 96) **« Lorsque l'acte est conclu par l'intermédiaire d'un professionnel ayant reçu mandat pour prêter son concours à la vente, cet acte peut être remis directement au bénéficiaire du droit de rétractation. Dans ce cas, le délai de rétractation court à compter du lendemain de la remise de l'acte, qui doit être attestée selon des modalités fixées par décret.** — *V. CCH, art. D. 271-6.*

« Lorsque le contrat constatant ou réalisant la convention est précédé d'un contrat préliminaire ou d'une promesse synallagmatique ou unilatérale, les dispositions figurant aux trois alinéas précédents ne s'appliquent qu'à ce contrat ou à cette promesse.

« Lorsque le contrat constatant ou réalisant la convention est dressé en la forme authentique et n'est pas précédé d'un contrat préliminaire ou d'une promesse synallagmatique ou unilatérale, l'acquéreur non professionnel dispose d'un délai de réflexion de *(L. nº 2015-990 du 6 août 2015, art. 210-II)* **« dix** *[ancienne rédaction : sept]* **» jours à compter de la notification ou de la remise du projet d'acte selon les mêmes modalités que celles prévues pour le délai de rétractation mentionné aux premier et troisième alinéas. En aucun cas l'acte authentique ne peut être signé pendant ce délai de** *(L. nº 2015-990 du 6 août 2015, art. 210-II)* **« dix** *[ancienne rédaction : sept]* **» jours. »** — *V. CCH, art. D. 271-7.*

Art. L. 271-2 **Lors de la conclusion d'un acte mentionné à l'article L. 271-1, nul ne peut recevoir de l'acquéreur non professionnel, directement ou indirectement, aucun versement à quelque titre ou sous quelque forme que ce soit avant l'expiration du délai de rétractation, sauf dispositions législatives expresses contraires prévues notamment pour les contrats ayant pour objet l'acquisition ou la construction d'un immeuble neuf d'habitation, la souscription de parts donnant vocation à l'attribution en jouissance ou en propriété d'immeubles d'habitation et les contrats préliminaires de vente d'immeubles à construire ou de location-accession à la propriété immobilière. Si les parties conviennent d'un versement à une date postérieure à l'expiration de ce délai et dont elles fixent le montant, l'acte est conclu sous la condition suspensive de la remise desdites sommes à la date convenue.**

Toutefois, lorsque l'un des actes mentionnés à l'alinéa précédent est conclu par l'intermédiaire d'un professionnel ayant reçu mandat pour prêter son concours à la vente, un versement peut être reçu de l'acquéreur s'il est effectué entre les mains d'un professionnel disposant d'une garantie financière affectée au remboursement des fonds déposés. Si l'acquéreur exerce sa faculté de rétractation, le professionnel dépositaire des fonds les lui restitue dans un délai de vingt et un jours à compter du lendemain de la date de cette rétractation.

Lorsque l'acte est dressé en la forme authentique, aucune somme ne peut être versée pendant le délai de réflexion de *(L. n° 2015-990 du 6 août 2015, art. 210-II)* « dix *[ancienne rédaction : sept]* » jours.

Est puni de 30 000 € d'amende le fait d'exiger ou de recevoir un versement ou un engagement de versement en méconnaissance des alinéas ci-dessus.

Art. L. 271-3 *(L. n° 2002-73 du 17 janv. 2002, art. 167)* Les dispositions *(L. n° 2006-872 du 13 juill. 2006, art. 79-IV)* « de la présente section » ne sont pas applicables aux ventes par adjudication réalisées en la forme authentique.

Dossier de diagnostic technique

Art. L. 271-4 *(Ord. n° 2005-655 du 8 juin 2005, art. 18)* I. — En cas de vente de tout ou partie d'un immeuble bâti, un dossier de diagnostic technique, fourni par le vendeur, est annexé à la promesse de vente ou, à défaut de promesse, à l'acte authentique de vente. En cas de vente publique, le dossier de diagnostic technique est annexé au cahier des charges.

Le dossier de diagnostic technique comprend, dans les conditions définies par les dispositions qui les régissent, les documents suivants :

1° Le constat de risque d'exposition au plomb prévu aux articles L. 1334-5 et L. 1334-6 du code de la santé publique ;

2° L'état mentionnant la présence ou l'absence de matériaux ou produits contenant de l'amiante prévu à l'article L. 1334-13 du même code ;

3° L'état relatif à la présence de termites dans le bâtiment prévu à l'article L. 133-6 du présent code ;

4° L'état de l'installation intérieure de gaz *(Abrogé par L. n° 2006-872 du 13 juill. 2006, art. 79-IV)* « *naturel* » prévu à l'article L. 134-6 du présent code ;

5° Dans les zones mentionnées au I de l'article L. 125-5 du code de l'environnement, l'état des risques naturels et technologiques prévu au deuxième alinéa du I du même article ;

6° Le diagnostic de performance énergétique prévu à l'article L. 134-1 du présent code ;

(L. n° 2006-872 du 13 juill. 2006, art. 79-IV) « 7° L'état de l'installation intérieure d'électricité prévu à l'article L. 134-7 ; »

(L. n° 2006-1772 du 30 déc. 2006, art. 47, en vigueur le 1er janv. 2013) « 8° Le document établi à l'issue du contrôle des installations d'assainissement non collectif mentionné à l'article L. 1331-11-1 du code de la santé publique » ;

(L. n° 2014-366 du 24 mars 2014, art. 76-II) « 9° Dans les zones prévues à l'article L. 133-8, l'information sur la présence d'un risque de mérule. »

Les documents mentionnés aux *(L. n° 2006-872 du 13 juill. 2006, art. 79-IV)* « 1°, 4° et 7° » ne sont requis que pour les immeubles ou parties d'immeuble à usage d'habitation.

(L. n° 2006-872 du 13 juill. 2006, art. 79-IV) « Le document mentionné au 6° n'est pas requis en cas de vente d'un immeuble à construire visée à l'article L. 261-1. »

Lorsque les locaux faisant l'objet de la vente sont soumis aux dispositions de la loi n° 65-557 du 10 juillet 1965 fixant le statut de la copropriété des immeubles bâtis ou appartiennent à des personnes titulaires de droits réels immobiliers sur les locaux ou à des titulaires de parts donnant droit ou non à l'attribution ou à la jouissance en propriété des locaux, le document mentionné au 1° porte exclusivement sur la partie privative de l'immeuble affectée au logement et les documents mentionnés au[x] *(L. n° 2006-872 du 13 juill. 2006, art. 79-IV)* « 3°, 4° et 7° » sur la partie privative du lot.

II. — En l'absence, lors de la signature de l'acte authentique de vente, d'un des documents *mentionnés* aux 1°, 2°, *(L. n° 2006-872 du 13 juill. 2006, art. 79-IV ; L. n° 2006-1772 du 30 déc. 2006, art. 47, en vigueur le 1er janv. 2013)* « 3°, 4°, 7° et 8° » du I en cours de validité, le vendeur ne peut pas s'exonérer de la garantie des vices cachés correspondante.

En l'absence, lors de la signature de l'acte authentique de vente, du document mentionné au 5° du I, l'acquéreur peut poursuivre la résolution du contrat ou demander au juge une diminution du prix.

(L. n° 2010-788 du 12 juill. 2010, art. 160-IV) « En cas de non-conformité de l'installation d'assainissement non collectif lors de la signature de l'acte authentique de vente, l'acquéreur fait procéder aux travaux de mise en conformité dans un délai d'un an après l'acte de vente. »

L'acquéreur ne peut se prévaloir à l'encontre du propriétaire des informations contenues dans le diagnostic de performance énergétique[,] qui n'a qu'une valeur informative.

BIBL. ▶ Dossier de diagnostic technique : D. BOULANGER, *JCP N 2005. Actu. 317*. – KÉRAVEC, *JCP N 2005. 1358* (formules). – WERTENSCHLAG et ABINADER, *AJDI 2005. 624*. – DURAND-PASQUIER, *Constr.-Urb. 2007. Alerte 61* (application dans le temps de la réglementation relative aux diagnostics immobiliers). – CORGAS-BERNARD, *JCP N 2008, nº 18, p. 15* (délivrance tardive du dossier de diagnostic technique : l'absence de sanction ou presque !). – DURAND-PASQUIER, *RCA 2009. Étude 1* (la responsabilité des diagnostiqueurs immobiliers). – WERTENSCHLAG et GEIB, *AJDI 2009. 417* (*idem*). – GUÉGAN, *Administrer janv. 2010. 27* (les diagnostics techniques en matière de vente et de location d'habitation). – SAINT GENIEST, *AJDI 2012. 167* (responsabilité des diagnostiqueurs). – CHANTEPIE, *ibid. 821* (diagnostics préalables à la vente immobilière).

Art. L. 271-5 *(Ord. nº 2005-655 du 8 juin 2005, art. 18)* **La durée de validité des documents prévus aux 1° à 4°** *(L. nº 2006-872 du 13 juill. 2006, art. 79-IV ; L. nº 2006-1772 du 30 déc. 2006, art. 47, en vigueur le 1er janv. 2013)* **« , 6°, 7° et 8° » du I de l'article L. 271-4 est fixée par décret en fonction de la nature du constat, de l'état ou du diagnostic.** – *V. CCH, art. R. 271-5.*

Si l'un de ces documents produits lors de la signature de la promesse de vente n'est plus en cours de validité à la date de la signature de l'acte authentique de vente, il est remplacé par un nouveau document pour être annexé à l'acte authentique de vente.

Si le constat mentionné au 1° établit l'absence de revêtements contenant du plomb ou la présence de revêtements contenant du plomb à des concentrations inférieures aux seuils définis par arrêté des ministres chargés de la santé et de la construction, il n'y a pas lieu de faire établir un nouveau constat à chaque mutation, le constat initial étant joint au dossier de diagnostic technique.

Si, après la promesse de vente, la parcelle sur laquelle est implanté l'immeuble est inscrite dans une des zones mentionnées au I de l'article L. 125-5 du code de l'environnement ou l'arrêté préfectoral prévu au III du même article fait l'objet d'une mise à jour, le dossier de diagnostic technique est complété lors de la signature de l'acte authentique de vente par un état des risques naturels et technologiques ou par la mise à jour de l'état existant.

Art. L. 271-6 *(Ord. nº 2005-655 du 8 juin 2005, art. 18)* **Les documents prévus aux 1° à 4°** *(L. nº 2006-872 du 13 juill. 2006, art. 79-IV)* **«, 6° et 7° du I » de l'article L. 271-4** *(L. nº 2010-788 du 12 juill. 2010, art. 1er-I)* **« ainsi qu'à l'article L. 134-1 » sont établis par une personne présentant des garanties de compétence et disposant d'une organisation et de moyens appropriés.**

Cette personne est tenue de souscrire une assurance permettant de couvrir les conséquences d'un engagement de sa responsabilité en raison de ses interventions.

Elle ne doit avoir aucun lien de nature à porter atteinte à son impartialité et à son indépendance ni avec le propriétaire ou son mandataire qui fait appel à elle, ni avec une entreprise pouvant réaliser des travaux sur les ouvrages, installations ou équipements pour lesquels il lui est demandé d'établir l'un des documents mentionnés au premier alinéa.

(L. nº 2010-788 du 12 juill. 2010, art. 1er-I) **« Le diagnostic de performance énergétique mentionné à l'article L. 134-4 affiché à l'intention du public peut être réalisé par un agent de la collectivité publique ou de la personne morale occupant le bâtiment, dans les conditions prévues au premier alinéa du présent article. Un décret définit les conditions et modalités d'application du présent article. »** – *V. CCH, art. R. 271-1.* – ***CCH.***

BIBL. ▶ WERTENSCHLAG et GEIB, *AJDI 2008. 831* (l'indépendance des diagnostiqueurs à l'égard des intermédiaires). – SAINT GENIEST, *AJDI 2012. 167* (responsabilité des diagnostiqueurs).

Art. R. 271-5 *(Décr. nº 2006-1653 du 21 déc. 2006, art. 4)* **Par rapport à la date de la promesse de vente ou à la date de l'acte authentique de vente de tout ou partie d'un immeuble bâti, les documents prévus aux 1°, 3°** *(Décr. nº 2011-413 du 13 avr. 2011, art. 3)* **« et 4° » du I de l'article L. 271-4 doivent avoir été établis depuis :**

— sous réserve des dispositions du troisième alinéa de l'article L. 271-5, moins d'un an pour le constat de risque d'exposition au plomb ;

— moins de six mois pour l'état du bâtiment relatif à la présence de termites ;

— moins de trois ans pour l'état de l'installation intérieure de gaz ;

(Abrogé par Décr. nº 2011-413 du 13 avr. 2011, art. 3) « – *(Décr. nº 2008-1175 du 13 nov. 2008)* ***« moins de dix ans pour le diagnostic de performance énergétique » ; »***

(Décr. nº 2008-1175 du 13 nov. 2008) **« – moins de trois ans pour l'état de l'installation intérieure d'électricité. »**

Art. D. 271-6 *(Décr. n° 2008-1371 du 19 déc. 2008, art. 3)* L'acte sous seing privé ou une copie de l'avant-contrat réalisé en la forme authentique remis directement à l'acquéreur non professionnel en application du troisième alinéa de l'article L. 271-1 reproduit les dispositions de l'article L. 271-2.

Le bénéficiaire du droit de rétractation y inscrit de sa main les mentions suivantes : "remis par (nom du professionnel)... à (lieu)... le (date)..." et : "Je déclare avoir connaissance qu'un délai de rétractation de *(Décr. n° 2016-579 du 11 mai 2016, art. 1er)* « dix *[ancienne rédaction : sept]* » jours m'est accordé par l'article L. 271-1 du code de la construction et de l'habitation, et qu'il court à compter du lendemain de la date de remise inscrite de ma main sur le présent acte, soit à compter du...".

BIBL. ▶ LE MAGUERESSE, *JCP N 2009, n° 1-2, p. 22* (droit de rétractation et délai de réflexion : la fin du serpent de mer de la remise en main propre ?).

Art. D. 271-7 *(Décr. n° 2008-1371 du 19 déc. 2008, art. 3)* Le projet d'acte authentique *(Décr. n° 2016-579 du 11 mai 2016, art. 2)* « mentionné » au cinquième alinéa de l'article L. 271-1 remis directement à l'acquéreur non professionnel reproduit les dispositions de l'article L. 271-2.

Le bénéficiaire du droit de réflexion y inscrit de sa main les mentions suivantes : "remis par (nom du professionnel)... à (lieu)... le (date)..." et : "Je déclare avoir connaissance qu'un délai de réflexion de *(Décr. n° 2016-579 du 11 mai 2016, art. 2)* « dix *[ancienne rédaction : sept]* » jours m'est accordé par l'article L. 271-1 du code de la construction et de l'habitation, et qu'il court à compter du lendemain de la date de remise inscrite de ma main sur le présent projet, soit à compter du...".

Recommandation CCA n° 81-02 du 18 novembre 1980,

Concernant les contrats de construction de maisons individuelles selon un plan établi à l'avance et proposé par le constructeur (BOCC 16 janv. 1981).

La Commission des clauses abusives,

Considérant que, malgré la réglementation en vigueur, de nombreux contrats habituellement proposés aux acquéreurs de maisons individuelles à construire selon un plan établi à l'avance comportent des clauses qui dérogent à cette protection, la rendent inopérante ou aboutissent à déséquilibrer totalement le contrat conclu au profit du seul professionnel ; qu'il convient tant dans l'intérêt de la protection des consommateurs que dans celui des professionnels en vue d'un assainissement des pratiques commerciales, d'éliminer de telles clauses ;

Considérant que les contrats de construction de maisons individuelles sont des contrats synallagmatiques ; que les clauses faisant dépendre la validité du contrat signé par les représentants des deux parties d'une confirmation par le professionnel ont pour effet d'engager unilatéralement le consommateur et de lui faire verser des sommes, alors que le professionnel, lui, n'est pas encore engagé ; que de telles clauses contraires à l'équilibre des obligations contractées ont déjà été dénoncées par la commission des clauses abusives dans sa recommandation n° 80-03 CCA du 8 août 1980 *[V. v° Clauses abusives]* ;

Considérant que de nombreux contrats posent en principe l'inopposabilité au professionnel des documents publicitaires établis par lui ou des maisons témoins exposées par lui ; que, cependant, la consultation de ces documents et la visite de ces maisons constituent l'un des éléments déterminants du consentement du consommateur au contrat qui lui est proposé ;

Considérant que l'article 45-1 de la loi du 27 juillet 1971, devenu les articles L. 231-1 et suivants susvisés du code de la construction et de l'habitation, dispose que le contrat est toujours conclu sous la condition suspensive d'octroi des autorisations administratives et qu'en cas de refus de celles-ci toutes les sommes versées par le consommateur devront lui être remboursées ; que, cependant, certains contrats prévoient que le professionnel pourra conserver certaines sommes au titre des frais de dossier, des plans ou des études ; que ces clauses sont contraires aux dispositions formelles de la loi et qu'elles ont pour effet d'annuler la protection que le législateur a ainsi voulu accorder à l'acquéreur ;

Considérant que l'article *R. 231-9 du code de la construction et de l'habitation ouvre la possibilité pour l'une ou l'autre partie de prévoir la résiliation du contrat dans le mois qui suit sa signature ; que si de nombreux contrats stipulent bien cette faculté, ils la réservent au seul professionnel ;

Considérant que la plupart des contrats prévoient que le prix indiqué correspond à une construction réalisée sur un terrain de résistance normale ; que le consommateur, non technicien, ne peut savoir ce qu'est un terrain de résistance normale et se trouve exposé à de nombreux frais supplémentaires qu'il ne pouvait prévoir et dont il ne peut vérifier le bien-fondé ; qu'il appartient au professionnel, qui est, lui, un technicien averti et compétent, de s'assurer, avant la signature définitive du contrat, de la nature du terrain et qu'aucun supplément ne pourra être réclamé de ce chef, après la signature du contrat ;

Considérant que de nombreux contrats stipulent que le professionnel pourra, pendant toute la durée des travaux, interdire l'accès du chantier à toute personne, y compris le consommateur acquéreur ; que, certes, le professionnel doit être protégé contre toute immixtion abusive du consommateur sur le chantier ; que, cependant, le consommateur est en droit de vérifier l'état d'avancement des travaux qui conditionnent les paiements, et la manière dont ces travaux sont effectués ; qu'il convient, conformément aux usages du bâtiment, de prévoir dans les contrats une visite hebdomadaire du chantier à laquelle le consommateur pourra participer ;

Considérant que selon la réglementation en vigueur (art. R. 231-4 du code de la construction et de l'habitation susvisé), le prix fixé dans le contrat doit comprendre tous les frais et honoraires et ne peut plus être modifié, sauf avenants expressément acceptés par le consommateur ; que, cependant, certains contrats parviennent à tourner cette protection par diverses clauses mettant à la charge de l'acquéreur, en sus du prix convenu, le coût des plans ou encore la remise en état du terrain ou de la voirie, ou même en rendant obligatoire pour le consommateur la signature des avenants proposés par le professionnel ;

Considérant que de nombreux contrats prévoient des délais draconiens pour le paiement du prix des travaux, certains exigeant le paiement sous vingt-quatre heures ou quarante-huit heures ; qu'un délai de quinze jours après présentation des situations paraît raisonnable ; qu'au surplus, les sanctions prévues par contrat en cas de retard du consommateur dans ses paiements sont souvent exagérées ; que, certes, de telles clauses pénales sont toujours réductibles par le juge aux termes de l'article 1152 *[1231-5]* du code civil, mais que le consommateur l'ignorant bien souvent, ces clauses qui vont jusqu'à prévoir, à la seule volonté du professionnel, la résiliation du marché et le paiement intégral du prix, dès le moindre retard dans les paiements, pèsent anormalement sur la volonté du consommateur ; qu'il peut, au demeurant, avoir des motifs parfaitement fondés pour retarder un paiement qui ne correspondrait pas à l'avancement réel des travaux ;

Considérant qu'inversement, les professionnels insèrent dans les contrats des clauses particulièrement favorables à leurs intérêts en ce qui concerne les délais d'exécution de leurs travaux ; que ces délais, fixés par le contrat, ne doivent pouvoir être augmentés qu'en cas de force majeure, de cas fortuit ou d'intempéries ; que tous les autres motifs d'allongement des délais doivent être interdits ; que naturellement, en cas d'allongement des délais pour des motifs étrangers au contrat, les revisions de prix doivent être neutralisées ;

Considérant que les contrats prévoient généralement, en cas de retard du professionnel dans l'exécution de ses travaux, des pénalisations dérisoires ;

Considérant que la réception des travaux est un acte important de l'opération de construction ; que la plupart des contrats contiennent des clauses qui ont pour effet, sinon pour finalité, d'obliger le consommateur à prononcer la réception sans réserves quand bien même les travaux ne seraient pas achevés ou que de nombreux défauts apparents existeraient ; qu'en effet, la majorité des contrats stipulent que le consommateur n'a le choix qu'entre prononcer la réception sans aucune réserve ou refuser cette réception, auquel cas le professionnel ne lui remettra pas les clefs, et ce quand bien même les réserves ne porteraient que sur quelques vices apparents ou travaux de finition ; que ces clauses pèsent de manière excessive sur la volonté du consommateur qui, pressé de prendre possession, accepte bien souvent de signer une réception sans réserves qui ne correspond ni à sa volonté ni à la réalité ;

Considérant que les garanties dues par le professionnel sont clairement définies par les articles 1792 et suivants du code civil ; que toutes les clauses limitant dans le temps ou dans l'étendue des réparations la garantie de parfait achèvement, la garantie biennale et la garantie décennale dues par le professionnel sont illégales et doivent être éliminées des contrats ;

Considérant, en ce qui concerne la résiliation du contrat par le consommateur, que le professionnel est en droit de demander le règlement des travaux qu'il a effectués, des frais qu'il a exposés et du bénéfice qu'il était en droit d'espérer si le contrat avait été mené à son terme ; que, par contre, les clauses du contrat prévoyant, outre le paiement des travaux et des frais, des indemnités forfaitaires allant jusqu'à 30 p. 100 du montant global du marché, sont manifestement excessives ;

Considérant que toutes les clauses compromissoires ou celles obligeant le consommateur à recourir à une mesure d'expertise amiable préalable sont abusives ; que de même sont abusives toutes les clauses faisant attribution de compétence au tribunal du siège social du professionnel, ou au tribunal de commerce,

Recommande :

Que soient éliminées des contrats habituellement conclus entre professionnels et non-professionnels ou consommateurs, acquéreurs de maisons individuelles à construire selon un plan établi à l'avance, les clauses ayant pour objet ou pour effet :

1° De prévoir lors de la signature du contrat un engagement immédiat et définitif du consommateur et un engagement éventuel du professionnel ;

2° De reconnaître au professionnel la faculté de résilier le contrat dans le mois qui suit sa signature sans que cette même faculté soit explicitement reconnue au consommateur ;

3° De rendre inopposable au professionnel ses propres documents publicitaires ou la référence à ses maisons d'exposition ;

4° De permettre au professionnel, contrairement à la loi, en cas de refus du permis de construire, de conserver tout ou partie des sommes versées par le consommateur ;

5° De permettre au professionnel de modifier unilatéralement le prix convenu en fonction de la nature du terrain ;

6° D'interdire l'accès du consommateur au chantier pendant toute la durée des travaux, la faculté pour le consommateur de participer à une réunion hebdomadaire sur le chantier pendant toute la durée des travaux devant être précisée dans le contrat ;

7° De majorer le prix déterminé par le contrat notamment pour cause de travaux supplémentaires autrement que par voie d'avenants librement acceptés par le consommateur ;

8° De prévoir pour le paiement des acomptes un délai inférieur à quinze jours à dater de la présentation des situations ;

9° De fixer les pénalités dues par le consommateur, en cas de retard dans les paiements, à des sommes supérieures au montant correspondant aux usages et normes en vigueur dans le bâtiment ;

10° De prévoir la résiliation du contrat, en cas de retard dans les paiements, sans que celle-ci ait été précédée d'une mise en demeure par lettre recommandée avec accusé de réception, ladite résiliation ne pouvant intervenir moins d'un mois après cette mise en demeure ;

11° De décharger le professionnel de son obligation d'exécuter les travaux dans les délais prévus par le contrat et notamment de prévoir des causes légitimes de retard autres que les intempéries et les cas de force majeure ;

12° D'accorder au consommateur, en cas de retard professionnel dans l'exécution de ses travaux, des indemnités et pénalités disproportionnées avec celles qui sanctionnent les retards du consommateur dans ses paiements ;

13° De supprimer ou de réduire la faculté pour le consommateur d'émettre des réserves lors de la réception des travaux, et notamment de subordonner la remise des clefs à une réception sans réserves ;

14° De subordonner la remise des clefs au paiement intégral du prix et de faire ainsi obstacle au droit du consommateur de consigner les sommes restant dues entre les mains d'un séquestre ;

15° De réduire les garanties dues par le professionnel en vertu des articles 1792 et suivants du code civil ;

16° D'attribuer au professionnel, en cas de résiliation du contrat du fait du consommateur, une indemnité supérieure au montant des travaux qu'il a effectués, des frais qu'il a exposés et du bénéfice qu'il était en droit d'espérer si le contrat avait été mené à son terme ;

17° D'imposer le recours à un arbitrage pour un litige qui n'est pas encore né ou le recours à une expertise amiable préalablement à toute action en justice ; de déroger aux règles légales de compétence territoriale ou d'attribution.

(Délibérée sur le rapport de Me Bihl dans les séances des 16 septembre et 18 novembre 1980, où siégeaient M. P. Lutz, président, conseiller à la Cour de cassation, MM. R. Bernard, L. Bihl, J. Calais-Auloy, Y. Cotte, R. Grise, B. Gross, P. Leclercq, P. Marleix, N. Renaudin, J. Semler-Collery, P. Simonet, membres.)

Recommandation CCA n° 91-03 du 22 juin 1990,

Complétant la recommandation n° 81-02 concernant les contrats de construction de maison individuelle selon un plan établi à l'avance et proposé par le constructeur (BOCC 6 sept. 1991).

La Commission des clauses abusives,

Considérant que de nouvelles clauses abusives ont été relevées depuis la publication de la précédente recommandation n° 81-02 relative aux contrats de construction de maisons individuelles ; qu'il y a donc lieu de la compléter ;

Considérant que les clauses relatives à la condition suspensive de l'obtention des prêts dans les contrats immobiliers ont déjà fait l'objet d'une recommandation de la commission ; que beaucoup de contrats visés par la présente recommandation sont concernés par cette recommandation n° 88-01 susvisée *[V. v° Clauses abusives]* ; qu'il y a donc lieu de s'y reporter pour tout ce qui a trait auxdites clauses ;

Considérant que la construction d'une maison individuelle est soumise à une loi d'ordre public qui impose que soient annexés au contrat des plans cotés avec indication des surfaces pour chaque pièce ; qu'en cas d'erreurs dans les surfaces, il appartient au juge, compte tenu de leur importance, d'estimer si l'accédant subit ou non un préjudice ; qu'en conséquence doivent être déclarées abusives toutes clauses qui suppriment ou limitent la responsabilité des constructeurs en cas d'erreurs dans les surfaces ;

Considérant que de nombreux contrats prévoient qu'en cas de consignation de fonds par le maître d'ouvrage soit avant l'ouverture du chantier à titre de dépôt de garantie, soit après la réception pour garantir la reprise des réserves, cette consignation devra se faire obligatoirement dans une banque choisie par le constructeur, alors que la loi prévoit simplement que cette consignation devra se faire auprès d'un établissement financier habilité ou chez un notaire ; que ces deux possibilités offrent toutes garanties aux constructeurs ; qu'il n'y a donc pas lieu de limiter la liberté des consommateurs de consigner où ils le souhaitent des fonds qui, à ce stade de la construction, leur appartiennent toujours ;

Considérant que de nombreux contrats stipulent que le maître d'ouvrage s'engage à signer toute procuration ou à donner toute délégation devant faciliter la gestion financière de l'opération, alors même que la pratique montre que de nombreux professionnels n'hésitent pas à faire signer au maître d'ouvrage des mandats en blanc pour obtenir le déblocage des fonds sans qu'il soit tenu compte de l'échelonnement légal des paiements et de l'état d'avancement des travaux ; que cette pratique conduit souvent à des abus de blanc-seing mettant l'accédant dans des situations dramatiques en cas de défaillance de l'entreprise ; que, pour ces raisons et parce qu'elles confèrent un pouvoir exorbitant aux professionnels, de telles clauses doivent être éliminées des contrats ;

Considérant que certains contrats interdisent au consommateur d'hypothéquer son terrain et sa maison, sauf pour les prêts immobiliers nécessaires à leur financement, tant que le prix de la maison n'est pas totalement réglé ; que certains contrats vont même jusqu'à interdire la location dans les mêmes cas, alors que le non-paiement d'une partie du prix de la construction peut être fondé sur des motifs tout à fait légitimes ; que de telles clauses peuvent constituer un moyen de rétorsion destiné à décourager l'accédant qui souhaiterait faire valoir ses droits ; que ces interdictions qui portent gravement atteinte au droit de propriété de l'accédant donnent un avantage successif au constructeur qui dispose par ailleurs de nombreux autres moyens contractuels ou législatifs pour obtenir le paiement de ces créances ; qu'il y a donc lieu de supprimer des contrats de telles clauses ;

Considérant que de nombreux contrats stipulent qu'en cas d'interruption de travaux pour retard de paiement, le constructeur n'assume plus la garde du chantier et que le maître d'ouvrage est responsable des désordres pouvant survenir sur le chantier ; que cette limitation de responsabilité est abusive dès lors qu'elle est imposée par le professionnel au consommateur alors même que l'article R. 231-4 du code de la construction prévoit une sanction spécifique en cas de retard de paiement et qu'il appartient aux seuls tribunaux de limiter la responsabilité du constructeur en fonction de chaque cas d'espèce, compte tenu de l'importance des retards et des causes de ceux-ci ;

Considérant que de nombreux contrats indiquent que la délivrance d'un permis de construire avec réserve ou prescriptions architecturales ne constitue pas un refus ; que cette clause met en échec la protection assurée par la loi au consommateur qui prévoit que « le contrat est conclu sous la condition suspensive qu'il soit satisfait à toutes les formalités réglementaires préalables à la construction », ce qui vise essentiellement le permis de construire ; que celui-ci n'est véritablement obtenu qu'à partir du moment où le projet est conforme à toutes les prescriptions architecturales applicables sur le site et qu'il ne donne plus lieu à réserves ; que des modifications demandées par l'administration à une demande initiale déposée par le consommateur peuvent entraîner une augmentation du prix et que de tels changements dans l'aspect ou la configuration de la maison peuvent contraindre l'accédant à renoncer à son projet de construction ; qu'obliger ainsi un accédant à construire alors même que les modifications imposées pour l'obtention du permis de construire sont telles que l'équilibre du contrat s'en trouve rompu doit être considéré comme abusif ;

Considérant que certaines clauses stipulent que le client supportera le coût de la fourniture d'eau pour les besoins du chantier et du combustible nécessaire au préchauffage ; que la stipulation d'une telle clause est contraire au caractère forfaitaire du prix imposé par les articles L. 231-1 et R. 231-4 du code de la construction ;

Considérant que de nombreuses clauses stipulent que l'acquéreur, dûment averti de la date prévue pour la réception, qui ne se présente pas, se verra notifier par lettre recommandée l'achèvement des travaux, cette notification entraînant sous huitaine l'exigibilité des sommes dues, d'autres disposant même qu'une telle absence vaut réception sans réserve, alors même que le consommateur peut avoir des motifs légitimes d'absence ; que la loi a par ailleurs prévu qu'à défaut de réception à l'amiable ou à la demande de la partie la plus diligente, elle doit avoir lieu judiciairement et, en tout état de cause, être prononcée contradictoirement ; qu'une clause qui ne prévoit qu'un mode de réception et à une date imposée au consommateur sans réserver la possibilité d'une réception judiciaire est contraire à la loi et est abusive ;

Considérant que la construction étant la propriété du consommateur, il apparaît abusif de stipuler dans le contrat que le constructeur se réserve le droit de laisser un panneau de chantier après la réception sans le consentement préalable du consommateur,

Recommande :

Que soient éliminées des contrats habituellement conclus entre professionnels et non-professionnels ou consommateurs, acquéreurs de maisons individuelles à construire selon un plan établi à l'avance, les clauses ayant pour objet ou pour effet :

1. De rendre inopposables aux constructeurs les erreurs de surfaces ;

2. D'imposer la consignation de fonds par le maître d'ouvrage exclusivement auprès d'un établissement financier agréé par le constructeur ;

3. D'obliger le consommateur à signer toute procuration ou à donner toute délégation au constructeur pour percevoir les fonds destinés au financement de l'opération ;

4. D'interdire au consommateur d'hypothéquer son terrain et sa maison, sauf pour les prêts nécessaires à leur financement, ou de les donner en location ;

5. De supprimer la responsabilité du constructeur relative à la garde du chantier en cas de non-paiement d'une fraction du prix par le consommateur ;

6. De prévoir que la délivrance du permis de construire avec réserve ou prescriptions architecturales n'est pas assimilable à un refus de permis de construire ;

7. De prévoir que le client supportera le coût de la fourniture d'eau pour les besoins du chantier et les dépenses relatives au préchauffage ;

8. De prévoir que l'absence du maître d'ouvrage à la date de la réception imposée par le constructeur vaut réception sans réserve et exigibilité des sommes dues ;

9. De réserver le droit au constructeur de laisser un panneau de chantier après la réception sans l'accord préalable du propriétaire.

(Texte adopté le 22 juin 1990 sur le rapport de Mme Frédérique Lahaye.)

LOGEMENT (LOCATION)

Code du tourisme

Art. L. 324-2 **Toute offre ou contrat de location saisonnière doit revêtir la forme écrite et contenir l'indication du prix demandé ainsi qu'un état descriptif des lieux.**

(L. n° 2016-1321 du 7 oct. 2016, art. 51) **« Toute offre de location mentionnée au II de l'article L. 324-1-1 contient le numéro de déclaration mentionné à cet article. »** – *[L. n° 65-997 du 29 nov. 1965, art. 58-III].*

....

Art. L. 327-1 *(L. n° 2009-888 du 22 juill. 2009, art. 13)* **L'usage des dénominations et appellations réglementées par le présent titre** *[résidence de tourisme, immobilier de loisir réhabilité, village résidentiel de tourisme, meublé de tourisme, chambre d'hôtes, village de vacances, maison familiale de vacances, refuge de montagne]*, **de nature à induire le consommateur en erreur, est interdit et puni des peines prévues** *(Ord. n° 2016-301 du 14 mars 2016, art. 2, en vigueur le 1er juill. 2016)* **« aux articles L. 132-2 et L. 132-3 » du code de la consommation.**

V. Instr. NOR : ACTI1331490J du 23 déc. 2013 relative aux principales réglementations applicables aux loueurs de chambres d'hôtes.

Arrêté du 16 mai 1967,

Relatif aux locations saisonnières en meublé.

Art. 1er **A titre de mesure de publicité des prix, toute location saisonnière en meublé doit, préalablement à sa conclusion, faire l'objet de la remise, au preneur éventuel, d'un état établi selon le modèle joint en annexe** *[infra]* **au présent arrêté précisant la description des lieux loués, leur situation dans la localité et les conditions de leur location.**

Art. 2 **Par location saisonnière, au sens du présent arrêté, il convient d'entendre les locations en meublé consenties à l'occasion des vacances, quelle que soit la durée de la location ou le mode de location intervenu.**

Art. 3 **Cessent d'être applicables les dispositions de l'arrêté n° 25 033 du 23 avril 1965.**

ANNEXE

ÉTAT DESCRIPTIF TYPE ET CONDITIONS DE LOCATION

(Rayer les mentions inutiles, compléter.)

I. Renseignements généraux

Nom et adresse du propriétaire : ...., n° tél. : ....

Nom et adresse de l'agence : ...., n° tél. : ....

Adresse des lieux loués

Date de construction : .... Éventuellement classement : ....

S'agit-il d'une construction classique en dur ? : ....

S'agit-il d'une villa avec jardin ? : ....

S'agit-il d'un appartement ou local situé dans un immeuble comportant plusieurs appartements, dans ce cas, combien ? : ....

S'agit-il de pièces dans appartement ou villa déjà occupés partiellement :

Par le propriétaire ? : .... Par d'autres locataires ? : ....

N° de l'appartement ou du local loué ? : ....

Nombre de pièces principales ? : ....

Superficie totale des lieux loués ? : ....

Étage : .... (face – droite – gauche).

Y a-t-il un ascenseur ? : ....

Y a-t-il un jardin ? : .... (le locataire en a-t-il la jouissance ? : ....)

Y a-t-il un parc ? : .... (le locataire en a-t-il la jouissance ? : ....)
Y a-t-il une cour ? : .... (le locataire en a-t-il la jouissance ? : ....)
Y a-t-il un garage ? : .... (le locataire en a-t-il la jouissance ? : ....)

II. Situation de l'immeuble dans la localité (plan éventuellement)

Distance de la mer : ....
Distance de la plage la plus proche : ....
Distance du lac : ....
Distance de la gare SNCF – de la gare des cars : ....
Distance du centre ville : ....
Exposition et vue (indiquer si les pièces donnent sur cour, sur rue, etc.) :
Living : ...., chambre n° 1 : ....
Chambre n° 2 : ...., chambre n° 3 : ....
Y a-t-il une terrasse ? : ...., des balcons ? : ....
Signaler les inconvénients du voisinage (bruits, odeurs, etc.) : ....

III. Description de l'appartement ou du local

État d'entretien : ...., peintures : ....
Y a-t-il l'eau chaude et froide, le gaz, l'électricité (voltage), un mode de chauffage (au gaz, à l'électricité, au mazout, au charbon) dans toutes les pièces ? : ....
Y a-t-il le téléphone ? : .... N° : ....
Pour chaque pièce principale. – Préciser la surface, le nombre de fenêtres, le nombre de lits (à 1 place, à 2 places), la literie, le mobilier (éventuellement l'équipement sanitaire pour les chambres) :
1re pièce : ....
2e pièce : ....
3e pièce : ....
Pièces secondaires :
Y a-t-il une entrée ? : ....
Y a-t-il une cuisine ? : ...., surface : ....
Y a-t-il un réchaud au gaz de ville, au butane, à l'électricité ?
Avec/sans four ? ....
Y a-t-il une cuisinière au gaz de ville, au butane, à l'électricité, au charbon ? Avec/sans four ? : ..
Y a-t-il un évier à eau chaude et froide ? : ....
Y a-t-il un réfrigérateur ? contenance : ....
Y a-t-il un vide-ordures ? : ....
Y a-t-il une batterie de cuisine complète ? : ....
Y a-t-il une salle d'eau indépendante ? : ...., surface : ....
Avec lavabo eau chaude et froide ? : ....
Avec douche : ...., baignoire : ....
Avec bidet à eau courante chaude et froide ? : ....
Y a-t-il un w.-c. dans l'appartement, à l'étage, dans la cour ? : ....
Vaisselle (pour combien de personnes) ? : ....

IV. Modalités et prix de location

Prix (commission éventuelle de l'agence comprise) (en francs *[euros]*) :
Charges (eau, gaz, électricité, chauffage, téléphone) : comprises, non comprises.
Loyer d'avance(1) .... F [€], payable ....
Remboursable en cas de dédit .... mois avant le début de la location.
NOTA. (1) Décret n° 65-226 du 25 mars 1965 pour les mandataires.

Recommandation CCA n° 80-04 du 4 février 1980,

Concernant les contrats de location de locaux à usage d'habitation (BOCC 17 oct. 1980).

La Commission des clauses abusives,

Considérant que les contrats de location de locaux à usage d'habitation proposés aux locataires ne comportent pas toujours toutes les mentions utiles à l'information des locataires sur leurs droits et leurs obligations, qu'il en est ainsi plus particulièrement :

De la référence au régime juridique auquel est assujetti le contrat ; qu'une telle mention doit permettre au locataire de savoir si le contrat qu'il signe est régi ou non par la loi du 1er septembre 1948 susvisée ou toute autre réglementation, notamment relative aux logements sociaux ;

Du texte intégral de tous les documents portant des obligations, en particulier du règlement intérieur régissant l'immeuble loué et du texte des accords susvisés signés dans le cadre de la commission permanente pour l'étude des charges locatives et des rapports entre propriétaires, gestionnaires et usagers lorsque le bailleur s'est engagé à les appliquer ;

De la détermination de la durée du contrat et de la date à laquelle il prend effet ;

De l'identification et de la qualité des parties contractantes ; qu'il doit être indiqué si le signataire du contrat agit à titre personnel ou en tant que mandataire ; qu'en outre il doit être précisé qu'en cas de décès du preneur, le contrat puisse bénéficier au conjoint ;

De l'état des lieux contradictoirement dressé ;

Considérant que le bailleur est généralement tenu des trois obligations suivantes :

1° Délivrer les lieux loués suivant les conditions prévues lors de la conclusion du contrat et en bon état de réparation ; ne pas modifier la forme des lieux loués, ni diminuer ou supprimer unilatéralement les services prévus ; et ne pas obliger le preneur à prendre les lieux loués dans l'état où ils se trouvent au moment de l'entrée en jouissance sans pouvoir demander aucune remise en état ou réparation en cours de contrat ;

2° Entretenir les lieux loués ; cette obligation lui imposant d'effectuer pendant la durée du contrat toutes les réparations autres que celles d'entretien courant et les menues réparations ;

3° Garantir le locataire pour tous les vices ou défauts de la chose louée qui en empêchent l'usage ; il en est ainsi notamment des défauts cachés, des vices de construction, des infiltrations, des défauts dus à la vétusté ; le bailleur est en outre responsable des fautes et des négligences de ses préposés ; il est également garant de son fait personnel et du fait des tiers ;

Considérant qu'il ne peut être dérogé aux obligations ci-dessus que lorsque le contrat prévoit une contrepartie exceptionnelle, par exemple sur le montant du loyer ou sur la durée de la location ;

Considérant que le locataire est tenu notamment des trois obligations suivantes :

1° Utiliser les lieux loués suivant la destination prévue par le contrat, en bon père de famille ; toutefois, à condition de respecter ces limites, la jouissance des lieux est un droit qui ne peut être réduit : ainsi son bailleur ne peut lui interdire de fixer dans les lieux loués le siège d'une association ; le bailleur ne peut lui interdire la possession d'animaux familiers ;

2° Payer le loyer et les charges ; cependant, le bailleur ne peut augmenter le loyer en cours de contrat en fonction de conditions unilatéralement appréciées par lui-même ; par ailleurs, le locataire n'est redevable que des charges récupérables telles qu'elles sont définies selon le régime juridique de la location considérée par l'article 38 de la loi du 1er septembre 1948 susvisée ou par les accords signés dans le cadre de la commission permanente pour l'étude des charges locatives et des rapports entre propriétaires, gestionnaires et usagers ; en tout état de cause, le bailleur doit justifier ces charges et permettre au locataire d'en vérifier le montant réel ;

3° Restituer les lieux dans l'état où il les a reçus tels que constatés contradictoirement à l'origine, sous réserve de la vétusté ; le locataire ne saurait être tenu de les remettre à neuf ;

Considérant que lors de la conclusion des contrats de location, le dépôt de garantie exigé des locataires par certains bailleurs dépasse abusivement un montant équivalent à deux mois de loyer et qu'en fin de location ce dépôt de garantie est remboursé souvent tardivement, plus de trois mois après l'expiration du contrat ;

Considérant que les clauses résolutoires peuvent être justifiées notamment à l'encontre du locataire de mauvaise foi qui ne paie pas son loyer, à condition qu'un délai suffisant soit toutefois accordé pour qu'il s'en acquitte ; mais qu'elles peuvent être abusives lorsque le locataire se contente de faire valoir ses droits, en particulier, lorsqu'il demande la justification de la réalité des charges locatives et exige une juste répartition de celles-ci ou l'application d'une des clauses du contrat ;

Considérant que les clauses prévoyant le paiement par le locataire des frais de recouvrement des loyers et des charges impayées s'analysent comme des clauses pénales qui en vertu des dispositions légales en vigueur peuvent être réduites par le juge ;

Considérant que le locataire ne peut être tenu en cas de recouvrement judiciaire du remboursement de sommes autres que celles résultant de frais de justice *stricto sensu* et des intérêts des sommes dues ; et qu'en cas de recouvrement non judiciaire, il ne peut être obligé que de rembourser les frais réels ;

Considérant que le tribunal d'instance du lieu de l'immeuble loué est seul compétent pour connaître les litiges nés du contrat de location de locaux à usage d'habitation ;

Considérant que les clauses contraires aux principes énoncés ci-dessus sont abusives au sens de l'article 35 de la loi susvisée du 10 janvier 1978 *[C. consom., art. L. 212-1]*,

Recommande :

I. – Que les contrats de location de locaux à usage d'habitation proposés aux locataires comportent :

1° L'indication des références du régime juridique auquel est assujettie la location ;

2° La précision de la durée du contrat et de la date à laquelle il prend effet ;

3° L'indication de l'identité et de la qualité des parties ;

4° L'état des lieux contradictoirement dressé ;

5° L'énumération des réparations locatives ;

6° L'énumération des charges récupérables et une information sur l'évolution de leur montant et sur leur répartition au cours des douze derniers mois (notamment eau, chauffage, électricité, entretien) ;

7° Une clause donnant au locataire toute la possibilité de vérifier le montant réel des charges dont le remboursement lui est demandé, par la production des pièces comptables justificatives ou celles des contrats que le bailleur a pu conclure à ce titre ;

8° L'engagement par le bailleur de rembourser dans un délai maximum de trois mois à compter de la fin du contrat de location, le montant du dépôt de garantie, déduction faite, le cas échéant, des sommes qui lui sont dues ;

II. – Que soient éliminées des contrats de location de locaux à usage d'habitation proposés aux locataires, les clauses suivantes ayant pour objet ou pour effet :

1° D'exonérer le bailleur de sa responsabilité en cas de non-délivrance des lieux loués dans les conditions prévues lors de la conclusion du contrat ;

2° D'empêcher le locataire d'obtenir réparation du préjudice qu'il subit en cas de modifications unilatéralement effectuées par le bailleur, portant soit sur les lieux loués, soit sur les prestations prévues ;

3° D'exonérer le bailleur de son obligation d'entretenir les lieux loués et de procéder aux réparations qui lui incombent ;

4° D'obliger le locataire à souffrir toutes les réparations jugées utiles par le bailleur, sans aucune diminution du loyer, même si les réparations durent plus de quarante jours ;

5° De limiter l'obligation de réparation du bailleur aux seuls travaux visés par l'article 606 du code civil ;

6° De décharger le bailleur de son obligation de garantie, notamment en cas de défauts ou vices empêchant l'habitation des lieux loués dans des conditions normales ;

7° De décharger le bailleur de sa responsabilité du fait de ses préposés ;

8° De limiter le droit du locataire de jouir en bon père de famille des lieux loués, notamment d'interdire directement ou indirectement la constitution ou le fonctionnement d'associations ;

9° De faire payer au locataire des charges autres que celles considérées comme récupérables ;

10° De fixer une limite au droit du locataire de vérifier le montant des charges dont le paiement lui est réclamé ;

11° D'exiger du preneur un dépôt de garantie supérieur à deux mois de loyer ;

12° D'autoriser le bailleur à résilier unilatéralement le contrat en dehors des cas de mauvaise foi du locataire ;

13° D'empêcher le jeu normal de l'article 1152 *[1231-5]* du code civil sur la révision des clauses pénales ;

14º D'obliger le locataire à rembourser les frais et honoraires exposés pour le recouvrement judiciaire et de prévoir un remboursement forfaitaire des frais exposés en cas de recouvrement non judiciaire ;

15º De déroger aux règles légales de compétence territoriale ou d'attribution.

(Délibérée sur les rapports de MM. Bihl, Grise et Simonet dans ses séances des 27 mars, 24 avril, 26 juin, 25 septembre, 27 novembre 1979 et 4 février 1980 où siégeaient M. Paul Lutz, conseiller à la Cour de cassation, président, Mme Achach, Mlle Aubertin, MM. Bihl, Calais-Auloy, Cotte, Delcourt, Grise, Gross, Lemontey, Marleix, Semler-Collery, Simonet, membres.)

Recommandation CCA nº 94-04 du 1er juillet 1994,

Concernant les contrats de locations saisonnières (BOCC 27 oct. 1994 ; Rect. BOCC 9 déc. 1994).

La Commission des clauses abusives,

Considérant que certains contrats proposés par des professionnels aux consommateurs sont imprimés en caractères tels qu'ils sont pratiquement illisibles ; qu'ils ne permettent pas d'en prendre aisément connaissance ;

Considérant que le mécanisme de formation des contrats de locations saisonnières obéit à un processus particulier et se déroule en plusieurs étapes :

— offre de location par le professionnel, par voie de publicité ;

— réponse du consommateur accompagnée du versement d'une somme d'argent ;

— confirmation par le professionnel,

que la plupart des modèles de contrat précisent que celui-ci n'est conclu qu'après la confirmation par le professionnel ;

que de telles clauses soumettant la conclusion du contrat à la confirmation par le professionnel, après l'acceptation par le consommateur et le versement d'une somme par celui-ci, s'expliquent par le fait que le professionnel peut recevoir de nombreuses réponses à une unique annonce ;

que ce mécanisme s'analyse en réalité en deux étapes :

— conclusion d'un pré-contrat (offre du professionnel et réponse du consommateur) ;

— conclusion du contrat lui-même par la confirmation du professionnel,

qu'il convient que ce mécanisme soit clairement explicité et que soient précisés le délai de confirmation du professionnel et le délai de restitution des sommes versées ;

Considérant que certains contrats relatifs aux locations saisonnières, notamment dans les stations de sports d'hiver, comportent des clauses établissant une discrimination selon l'âge des consommateurs ; que ces clauses permettent au professionnel de résoudre le contrat, après sa conclusion, lorsque les locataires sont des « groupes de jeunes » ; que de telles clauses sont manifestement illicites ;

Considérant que des clauses permettent au professionnel de modifier unilatéralement le contrat après la conclusion de celui-ci, notamment dans son objet ou dans ses conditions ; que si des modifications du contrat peuvent intervenir, en particulier en raison de circonstances extérieures indépendantes de la volonté des parties, elles ne le peuvent qu'avec l'accord de ces dernières ;

Considérant que certaines clauses prévoient qu'en cas de dédit du consommateur, pour quelque cause que ce soit, celui-ci sera débiteur de la totalité du loyer alors que le professionnel se réserve le droit de se dédire moyennant le seul remboursement de la somme versée par le consommateur, celui-ci n'ayant droit à aucune indemnité ;

Considérant que de nombreux contrats comportent des clauses fixant des délais trop brefs pour les réclamations des consommateurs relatives à l'état des lieux ; que la spécificité des locations saisonnières exige certes que les réclamations soient faites dans un bref délai, mais que le délai de vingt-quatre heures figurant dans ces contrats est manifestement abusif ; que doivent être considérées comme abusives les clauses qui fixent, pour de telles réclamations, un délai inférieur à trois jours ;

Considérant que certains contrats comportent des clauses exonérant le professionnel de toute responsabilité dans le cas où celui-ci ne délivrerait pas au locataire des locaux et des équipements conformes au contrat ; que de telles clauses sont manifestement abusives ;

Considérant que les contrats prévoient la possibilité pour le professionnel de faire effectuer des travaux dans les lieux loués durant le séjour du consommateur, quelles que soient l'importance et la durée de ces travaux ; que, compte tenu de la nature particulière des locations saisonnières et de leur faible durée, une telle clause est abusive sauf si elle vise le cas d'urgence manifeste ;

Considérant que certaines clauses précisent qu'en cas de travaux effectués par le propriétaire durant le séjour du consommateur celui-ci ne saurait réclamer aucune indemnisation du préjudice qu'il subit de leur fait ; que de telles clauses sont abusives ;

Considérant que certains contrats prévoient que les formalités de sortie sont effectuées unilatéralement par le professionnel, après le départ du locataire, sans réserver à celui-ci la possibilité d'obtenir un état des lieux contradictoire ;

Considérant que de nombreux contrats prévoient que les réclamations du consommateur après la fin du séjour doivent être formées dans un délai extrêmement bref, le plus souvent huit jours ; qu'un tel délai, compte tenu de la période habituelle de ces locations, est abusif ;

Considérant que la plupart des contrats imposent aux consommateurs des clauses attributives de compétence, qu'il s'agisse du lieu ou de la nature de la juridiction ; que certains d'entre eux comportent des clauses compromissoires ; que ces clauses sont illicites,

Recommande :

Que les documents contractuels habituellement proposés par les professionnels aux consommateurs :

– soient imprimés en caractères typographiques de corps 8 au minimum ;

– précisent :

a) Le mécanisme de la formation du contrat ;

b) Les conditions et les délais dans lesquels le professionnel est tenu de confirmer son accord, de remettre le texte du contrat définitif au consommateur et de rembourser les sommes versées par celui-ci lors de la conclusion du pré-contrat ;

– rappellent les dispositions relatives aux arrhes de l'article L. 114-1 *[ancien]* du code de la consommation ;

Que soient éliminées des contrats les clauses ayant pour objet ou pour effet :

– d'opérer une discrimination permettant au professionnel de résoudre le contrat pour des motifs fondés sur l'âge des occupants ;

– de permettre au professionnel de modifier unilatéralement les conditions initiales du contrat ;

– de permettre au professionnel de ne pas exécuter le contrat en remboursant au consommateur les sommes versées par celui-ci en excluant toute forme d'indemnité ;

– de prévoir qu'en cas de dédit du consommateur celui-ci sera débiteur de la totalité du loyer prévu par le contrat, alors que le professionnel ne serait pas tenu à une obligation équivalente ;

– d'imposer au consommateur un délai inférieur à trois jours pour effectuer, lors de son entrée dans les lieux, toute réclamation relative à l'état de ceux-ci ;

– d'exonérer le professionnel de toute responsabilité en cas de manquement à son obligation de délivrance des lieux et des équipements conformes à l'état descriptif et en bon état d'entretien et de fonctionnement ;

– de permettre au professionnel de faire effectuer pendant la durée de la location des travaux non dictés par l'urgence manifeste ;

– d'exclure, en cas de travaux dictés par l'urgence, tout droit pour le consommateur d'obtenir réparation des troubles de jouissance qu'il aurait subis de ce fait ;

– de réserver au professionnel le droit d'effectuer les formalités de sortie de manière unilatérale et après le départ du consommateur, sans offrir à celui-ci la possibilité d'exiger l'établissement d'un état des lieux contradictoire ;

– de fixer des délais trop brefs pour les réclamations que peut être amené à faire le consommateur après l'expiration de la location ;

– de prévoir une attribution de compétence territoriale ou à des juridictions commerciales ou encore d'imposer au consommateur des clauses compromissoires.

(Texte adopté le 1er juillet 1994 sur le rapport de M. Luc Bihl.)

Recommandation CCA n° 2000-01 du 17 février 2000,

Complétant la recommandation n° 80-04 [V. supra] concernant les contrats de location de locaux à usage d'habitation (BOCC 22 juin 2000).

BIBL. GÉN. ▶ CANU, *Rev. loyers 2000. 400.* – R. MARTIN, *Ann. loyers 2000. 1875.*

La Commission des clauses abusives,

Considérant que depuis la publication de la recommandation n° 80-04 et l'intervention de nouvelles dispositions législatives d'ordre public susvisées, de nouvelles clauses ont été relevées dans les contrats qui nécessitent une recommandation complémentaire ;

Considérant que l'examen des contrats a révélé à la Commission des clauses abusives l'existence de clauses illicites au regard de dispositions d'ordre public ; que la liste de ces clauses figure en annexe de la présente recommandation ;

Considérant que les personnes physiques qui prennent à bail leur habitation principale, secondaire ou pour un emplacement de véhicules peuvent être considérées comme des consommateurs ; que les bailleurs peuvent être soit des personnes morales professionnelles, soit des personnes physiques ayant la qualité de loueurs professionnels (comme celles notamment visées à l'article 2 de la loi n° 49-458 du 2 avril 1949 accordant le bénéfice du maintien dans les lieux à certains clients des hôtels, pensions de famille et meublés) ; que la commission est donc compétente pour examiner les contrats proposés aux locataires et en signaler les clauses abusives ;

Considérant que certains sont imprimés en caractères pâles ou de taille inférieure au corps 8 ; qu'ainsi ces contrats manquent de lisibilité ;

Considérant que les contrats proposés aux locataires sont soumis à deux régimes juridiques : celui résultant des seules dispositions du code civil (I) et celui résultant d'une loi d'ordre public (principalement lois du 1er septembre 1948 et du 6 juillet 1989) (II) ; que des clauses sont communes à tous les contrats, seule la sanction différant selon le régime applicable (III).

I. *Les clauses spécifiques aux contrats soumis aux seules dispositions du code civil*

A. *Durée du bail*

1. Considérant que de nombreux contrats fixent une durée irrévocable de la location, que le bail, par exemple, n'est pas résolu par le décès du preneur dont les héritiers restent tenus au paiement des sommes dues au bailleur ; que de telles clauses qui empêchent les locataires ou leurs héritiers de donner congé pour un motif légitime déséquilibrent le contrat au détriment de ces derniers.

B. *État des lieux de sortie*

2. Considérant que certains contrats font obligation au locataire de faire dresser à ses frais par l'architecte du bailleur ou son gérant l'état des réparations locatives en fin de jouissance ; qu'une telle clause, alors que cet état des lieux peut être fait sans frais contradictoirement entre les parties, est abusive en ce qu'elle fait prendre en charge par le locataire des sommes dues par le propriétaire en exécution du contrat de mandat.

C. *Clauses relatives aux dépôts de garantie*

3. Considérant que certains contrats prévoient le prélèvement sur le dépôt de garantie de différentes indemnités dues en raison de « violation des clauses et conditions du bail sans justificatif et sans jugement » ; qu'une telle clause, qui abandonne au seul professionnel la détermination desdites indemnités qu'il évalue discrétionnairement dans leur principe ou leur montant, est abusive.

D. *Clauses relatives à l'obligation d'installation d'éléments d'équipement*

4. Considérant qu'un contrat fait obligation au locataire de :

« – supporter à ses frais toutes modifications d'arrivée, de branchement, de remplacement de compteur ou d'installation intérieure pouvant être exigées par les compagnies distributrices des eaux, du gaz, de l'électricité ou du chauffage ;

« – faire poser, à ses frais, des compteurs d'eau chaude et froide, les frais de location, entretien et relevé étant à la charge du preneur ».

Qu'une telle clause est abusive en ce qu'elle transfère au preneur des obligations qui, portant sur l'installation d'éléments d'équipement, incombent normalement au bailleur.

E. *Clauses relatives au droit de visite en cas de congé ou de vente du local*

5. Considérant que certains contrats imposent au locataire, en cas de congé, de laisser visiter les lieux, par exemple, de 10 heures à 18 heures ; qu'une telle clause est abusive en ce qu'elle oblige le locataire qui ne désire ou ne peut laisser les clefs à un tiers à rester à son domicile pendant cette période.

6. Considérant que ces mêmes contrats ajoutent qu'à défaut de respecter cette obligation le locataire devra verser une indemnité forfaitaire de trois mois de loyer ; qu'une telle stipulation est abusive en ce qu'elle fixe une indemnité forfaitaire disproportionnée à ce manquement.

F. *Clauses relatives aux modalités de délivrance du congé donné par le locataire*

7. Considérant qu'un contrat, conclu pour une durée irrévocable d'une année avec tacite reconduction, impose pour la validité du congé donné par le locataire la signature de son conjoint ; qu'une telle clause est asubive en ce qu'elle laisse croire que l'époux restant seul dans les lieux ne peut donner congé sans le consentement de son conjoint.

G. *Clauses relatives à l'utilisation des lieux loués*

8. Considérant qu'un contrat interdit au preneur, sous peine de résiliation de plein droit du bail, d'utiliser les lieux loués comme résidence secondaire ou saisonnière ; qu'une telle clause est abusive en ce qu'elle porte atteinte au libre usage des lieux et que semblable occupation n'est pas par elle-même préjudiciable au bailleur.

H. *Clauses relatives aux responsabilités du locataire*

9. Considérant que certains contrats prévoient que le preneur répond de toutes dégradations survenues pendant sa jouissance des lieux à l'exclusion seulement de celles résultant de la vétusté et de la force majeure ; que de telles clauses, qui ne permettent pas au locataire de s'exonérer de sa responsabilité en prouvant qu'il n'a pas commis de faute (art. 1732 du code civil), créent un déséquilibre significatif aux dépens de ce dernier.

I. *Clauses relatives à la rémunération de ceux qui concourent à l'établissement du contrat de location*

10. Considérant que la plupart des contrats mettent à la charge du preneur tous les frais liés à la conclusion du bail ; que de telles clauses déséquilibrent le contrat au détriment du locataire qui prend à sa charge exclusive les sommes permettant la conclusion d'un contrat profitant aux deux parties.

J. *Clauses relatives au paiement des sommes dues*

11. Considérant que certains contrats prévoient que le paiement des sommes dues s'effectuera obligatoirement par prélèvement automatique ; que de telles clauses, qui *imposent cet unique moyen* de paiement, déséquilibrent les obligations contractuelles.

K. *Clauses limitatives de la libre jouissance des lieux loués ou des éléments d'équipement*

12. Considérant que de nombreux contrats contiennent, sous peine de résiliation de plein droit du bail, des clauses portant atteinte à la libre jouissance des lieux loués comme l'interdiction de l'usage de l'ascenseur, de l'escalier principal et l'obligation d'utiliser l'escalier de service pour les fournisseurs, livreurs, ouvriers et gens de service – l'obligation faite au locataire de donner le libre accès aux lieux loués au bailleur, à son représentant, à son architecte ou ses entrepreneurs aussi souvent qu'il sera nécessaire – de donner les clefs du logement à un tiers en cas d'absence ; que de telles clauses, dont certaines soit opèrent une

discrimination illicite, soit alourdissent illégalement les obligations du preneur, sont abusives en raison de leur généralité ou de la gravité de leur sanction.

L. *Fin de bail*

13. Considérant qu'un contrat définit le départ effectif du locataire comme suit : « Le départ étant entendu après complet déménagement, exécution des réparations locatives, résiliation des abonnements de gaz, électricité, eau et téléphone, présentation au bailleur de la quittance taxe d'habitation (art. 1686 du CGI), établissement de l'état des lieux contradictoire en fin de contrat et remise des clefs » ; que cette clause est abusive en ce qu'elle fait dépendre la fin du bail d'événements extérieurs à la volonté des parties ou de la volonté d'une seule d'entre elles et qu'elle est susceptible d'imposer au locataire de poursuivre ses obligations sans contrepartie.

II. *Clauses abusives dans les contrats soumis aux dispositions d'une loi d'ordre public*

A. *Clause relative à la présentation des obligations*

14. Considérant que la plupart des contrats prévoient dans un chapitre relatif aux obligations du locataire définie par l'article 7 de la loi du 6 juillet 1989 (ce texte étant expressément visé dans ledit chapitre) d'autres obligations que celles édictées par la loi ; qu'une telle présentation est abusive en ce qu'elle fait croire au locataire que les obligations qui figurent au bail découlent d'une loi d'ordre public, et par conséquent s'imposent à lui.

B. *Clauses augmentant les obligations légales du locataire*

15. Considérant que des clauses imposent au locataire des obligations comme le remplacement du compteur et de l'installation électrique intérieure, l'installation à ses frais de boîte aux lettres à la demande du bailleur, le ramonage des cheminées dans le mois précédant son départ ; que de telles clauses sont abusives en ce qu'elles outrepassent les obligations légales du locataire.

C. *Clauses relatives au barème de vétusté pour les réparations locatives*

16. Considérant qu'un des contrats examinés fixe un barème de vétusté pour déterminer à la charge du locataire, en fin de bail, le montant des réparations de remise en état, en proportion d'un nombre d'années d'occupation ; qu'une telle clause est abusive en ce qu'elle impose au locataire des réparations incombant légalement au bailleur.

D. *Clauses relatives aux travaux effectués par le preneur*

17. Considérant que certains contrats interdisent, sous peine de résiliation judiciaire du bail, de réaliser des aménagements qui ne transforment pas la chose louée, tels que la pose d'un revêtement sur le sol ; que de telles clauses sont abusives lorsque l'aménagement envisagé n'est pas susceptible d'entraîner des dégradations irréversibles.

18. Considérant que certains contrats prévoient que les travaux et aménagements effectués par le preneur « feront immédiatement accession à l'immeuble » et resteront acquis au bailleur à la fin du contrat qu'elle qu'en soit la cause, sans aucune indemnité ni remboursement de sa part ou de la part des occupants suivants, le bailleur conservant la faculté d'exiger, lors du départ du preneur, la remise des locaux dans leur état d'origine ; qu'une telle clause, qui laisse au seul bailleur le choix entre la remise en état des lieux loués et l'abandon des aménagements réalisés par le preneur, constitue un déséquilibre significatif entre les droits et obligations des parties au contrat.

E. *Clauses relatives au congé donné par le locataire*

19. Considérant que certains contrats exigent du locataire qui se prévaut du délai de préavis réduit d'un mois, qu'il justifie du motif légal lors de l'envoi du congé et qu'à défaut le délai de préavis de trois mois s'appliquera ; qu'une telle clause, qui laisse croire au consommateur qu'une justification postérieure de sa part serait inopérante, déséquilibre

gravement le contrat au détriment du locataire en ce qu'elle peut amener le propriétaire à exiger l'observation du préavis de droit commun et la perception des sommes y afférentes.

F. *Clauses relatives aux frais de procédure de renouvellement du bail*

20. Considérant qu'un contrat prévoit qu'en cas de renouvellement du bail avec hausse de loyer (art. 17 *c* de la loi du 6 juillet 1989), les frais de procédure seront intégralement à la charge du locataire si celui-ci ne s'est pas manifesté auprès du bailleur lors de la notification de l'offre de renouvellement ou après la saisine de la commission de conciliation ; qu'une telle clause, qui laisse croire au locataire qu'il doit négocier avec le propriétaire est abusive.

III. *Clauses communes à l'ensemble des contrats de location*

A. *Clauses relatives aux obligations du locataire*

21. Considérant que de nombreux contrats font obligation au locataire de tenir les lieux garnis de meubles et objets meublants en quantité et en « qualité » pour répondre en tout temps du paiement du loyer et des charges et de l'exécution des conditions du bail ; qu'une telle clause, compte tenu de l'exigence systématique d'un dépôt de garantie, est abusive en ce qu'elle fait double emploi avec les dispositions de l'article 1752 du code civil.

22. Considérant que certains contrats font obligations aux locataires de procéder au ramonage des cheminées plusieurs fois par an ; qu'une telle clause par sa généralité est abusive.

B. *Clauses de responsabilité et de recours*

23. Considérant qu'un contrat impose au locataire d'accepter toutes les stipulations qu'il comporte « sans pouvoir prétendre à aucune diminution de loyer ni indemnité quelconque, mais au contraire à peine de résiliation » ; qu'une telle clause qui interdit tout recours au locataire quelles que soient les clauses concernées, entraîne un déséquilibre entre les droits et les obligations des parties.

24. Considérant que d'autres clauses interdisent au locataire de rechercher la responsabilité du bailleur dans des circonstances visées par une liste limitative débutant par exemple par l'adverbe « notamment » ; que de telles clauses sont abusives en ce qu'elles tendent à interdire toute réclamation du locataire.

25. Considérant que certains contrats, relatifs à la location d'emplacements de véhicule, contiennent des clauses qui exonèrent le bailleur de sa responsabilité en cas de détérioration du véhicule ; que de telles clauses sont abusives en ce qu'elles excluent les cas où la responsabilité du bailleur serait engagée notamment en raison du défaut d'entretien de l'immeuble.

26. Considérant que d'autres contrats exonèrent le bailleur de sa responsabilité dans de nombreuses hypothèses : chute des appareils d'éclairage, accidents survenus aux usagers d'un terrain de jeux, arrêt de la fourniture de certaines prestations (ascenseur, chauffage...) ; que de telles clauses sont abusives en ce qu'elles exonèrent le bailleur de ses obligations liées à l'entretien de l'immeuble, à l'entretien et au fonctionnement des installations ou à la sécurité des équipements.

27. Considérant que certaines clauses interdisent au preneur tout recours en cas de destruction totale des lieux loués ; que ces clauses sont abusives en ce qu'elles interdisent la mise en jeu de la responsabilité du bailleur.

28. Considérant que certaines clauses déchargent le bailleur de sa responsabilité du fait de ses préposés ou des tiers désignés par lui, lorsque le preneur est par ailleurs obligé de leur laisser une clef du logement en cas d'absence ; que de telles clauses, qui permettent au bailleur d'imposer une obligation sans en assumer les conséquences dommageables, sont abusives.

29. Considérant que de nombreux contrats contiennent une clause prévoyant que la responsabilité du bailleur ne pourra être recherchée pour « les troubles, dommages ou actes délictueux dont le preneur, les membres de sa famille, les personnes à charge ou à son service seraient victimes du fait de colocataires ou occupants de l'immeuble ou de

tiers, le preneur ayant alors une action directe à l'encontre du responsable des troubles, des dommages, ou actes délictueux » ; qu'une telle clause est abusive en ce qu'elle dispense le bailleur de garantir une jouissance paisible et d'agir en conséquence dans la limite de ses obligations et de ses droits.

C. *Clauses relatives aux travaux effectués avec l'accord du propriétaire*

30. Considérant qu'un contrat prévoit qu'en cas de travaux effectués avec l'accord du bailleur le locataire est obligé de prendre l'architecte et les entreprises choisis par le propriétaire ; qu'une telle clause, qui ne distingue pas selon les travaux envisagés, et qui va au-delà du contrôle exercé sur la nature et la qualité des travaux par un professionnel désigné par le bailleur, est abusive.

D. *Clauses relatives à l'hébergement de tiers*

31. Considérant que de nombreux contrats interdisent au locataire à peine de résiliation du bail de faire occuper les lieux loués, même temporairement, par des personnes autres que son conjoint, ses ascendants ou descendants à charge vivant habituellement à son foyer et les employés de maison à son service ; que d'autres contrats limitent l'usage du logement « aux personnes déclarées au bail ainsi qu'aux enfants à naître » ; que de telles clauses, de par leur généralité, sont de nature à entraîner au détriment du consommateur un déséquilibre significatif entre les droits et obligations des parties.

E. *Clauses pénales*

32. Considérant que tous les contrats comportent, à la charge exclusive du locataire, des clauses pénales (dépôt de garantie acquis au bailleur, indemnité d'occupation de deux à trois fois le loyer quotidien...) en cas d'inexécution d'une des clauses du bail ou de retard dans le paiement du loyer ; que de telles clauses, compte tenu de l'absence de réciprocité en cas de manquement du bailleur, sont source de déséquilibre contractuel au détriment du consommateur.

F. *Clauses relatives aux tolérances*

33. Considérant que la plupart des contrats prévoient la faculté pour le bailleur de mettre fin à toute tolérance sans délai ; que de telles clauses sont abusives en ce qu'elles ne prévoient pas l'obligation pour le bailleur de notifier au preneur, sous une forme explicite, qu'il met fin à l'usage qui s'est instauré de déroger aux clauses du bail, et de lui laisser un délai suffisant pour se mettre en conformité avec ladite obligation.

G. *Clauses relatives aux assurances souscrites par le locataire*

34. Considérant que certains contrats exigent du locataire qu'il souscrive des assurances garantissant des risques (par exemple bris de glace) autres que ceux pour lesquels il est d'usage que le locataire s'assure ; que de telles clauses en ce qu'elles aggravent les obligations du locataire sont abusives.

H. *Clauses relatives à l'élection de domicile*

35. Considérant que la plupart des contrats, tout en exigeant que le locataire indique en fin de bail sa nouvelle adresse ou une domiciliation, prévoient qu'il élise domicile dans les lieux loués, après son départ ; que de telles clauses sont abusives en ce qu'elles permettent au bailleur de notifier des actes de procédure à une adresse à laquelle il sait que le locataire ne réside plus ;

Recommande :

A. — Que les documents contractuels soient imprimés lisiblement avec des caractères dont la hauteur ne saurait être inférieure au corps 8.

B. — Que soient éliminées des contrats les clauses ayant pour objet ou pour effet :

I. — *Pour les contrats soumis aux seules dispositions du code civil :*

1. D'imposer une durée irrévocable au contrat, sans prévoir la possibilité d'une résiliation anticipée pour motif légitime ;

2. D'imposer au locataire de faire dresser à ses frais par l'architecte du bailleur ou de son gérant l'état des réparations locatives en fin de bail ;
3. D'autoriser le bailleur à prélever sur le dépôt de garantie des indemnités qu'il a évaluées discrétionnairement dans leur principe ou leur montant ;
4. De transférer au preneur des obligations qui, portant sur l'installation d'éléments d'équipement, incombent normalement au bailleur ;
5. De fixer, en cas de congé, des horaires de visite du logement incompatibles avec les contraintes de la vie courante des locataires ;
6. De fixer des indemnités disproportionnées au manquement du locataire à l'obligation de laisser visiter les lieux après congé ou mise en vente ;
7. De subordonner la validité du congé donné par le locataire à la signature de son conjoint ;
8. D'interdire au preneur, sous peine de résiliation de plein droit du bail, d'utiliser les lieux loués comme résidence secondaire ou saisonnière ;
9. D'empêcher le locataire de s'exonérer de sa responsabilité en raison des dégradations survenues pendant sa jouissance des lieux, dans les hypothèses où il n'a pas commis de faute ;
10. De mettre à la charge exclusive du preneur les frais liés à la conclusion du bail ;
11. D'imposer le prélèvement automatique comme unique moyen de paiement des sommes dues en exécution du bail ;
12. De porter atteinte à la libre jouissance des lieux loués ;
12 *bis*. De prévoir la résiliation de plein droit du bail pour le manquement du locataire à ses obligations autres qu'essentielles ;
13. De faire dépendre d'événements extérieurs à la volonté des parties ou d'une seule d'entre elles le « départ effectif » du locataire et donc la cessation de son obligation de régler le loyer et les charges.

II. — *Pour les contrats soumis aux dispositions d'une loi d'ordre public :*

14. De laisser croire au locataire que certaines obligations figurant au bail sont imposées par une loi d'ordre public ;
15. D'imposer au locataire des obligations qui outrepassent ses obligations légales ;
16. De laisser à la charge du locataire, en fin de bail, les frais de remise en état incombant légalement au bailleur ;
17. D'interdire au preneur d'effectuer des aménagements qui ne causent pas de dégradations irréversibles aux lieux loués ;
18. De laisser, pour les travaux et aménagements effectués par le locataire, au seul bailleur l'option entre la remise en état des lieux loués et l'abandon sans indemnité ;
19. De laisser croire au consommateur qu'il ne peut justifier, postérieurement à l'envoi du congé, du motif de préavis réduit d'un mois ;
20. D'obliger le locataire à négocier avec le propriétaire le montant du loyer renouvelé faute de quoi les frais de la procédure de renouvellement seraient à sa charge.

III. — *Clauses communes à l'ensemble des contrats de location :*

21. D'exiger du locataire, lorsqu'un dépôt de garantie est prévu, de tenir les lieux garnis de meubles et objets meublants pour répondre des obligations découlant du bail ;
22. D'exiger du locataire, sans motif légitime, le ramonage des cheminées plusieurs fois par an ;
23. D'interdire au locataire de contester les clauses du bail, à peine de résiliation ;
24. D'interdire au locataire, par des clauses non limitatives de renonciation, tout recours contre le bailleur ;
25. D'exonérer le bailleur d'un emplacement de véhicule de sa responsabilité en cas de détérioration du véhicule lorsque celle-ci lui est imputable ;
26. D'interdire au locataire de rechercher la responsabilité du bailleur en raison d'un défaut d'entretien de l'immeuble, de la vétusté ou de la dangerosité des éléments installés ;
27. D'interdire au preneur de rechercher la responsabilité du bailleur en cas de destruction totale des lieux loués ;
28. D'exonérer le bailleur de sa responsabilité lorsque le contrat impose au locataire de remettre ses clefs, en cas d'absence, à une personne qu'il n'a pas lui-même librement choisie ;

29. D'exonérer, dans tous les cas, le bailleur de sa responsabilité pour les troubles, dommages ou actes délictueux causés par les colocataires occupants de l'immeuble ou les tiers ;

30. D'exiger du locataire qui effectue des travaux avec l'accord du propriétaire, d'en confier la réalisation à l'architecte ou aux entreprises choisis par ce dernier ;

31. D'interdire au preneur de faire occuper les lieux loués par les personnes de son choix ;

32. De déterminer le montant de l'indemnité due par le locataire qui n'exécute pas ses obligations sans prévoir une indemnité du même ordre à la charge du bailleur qui n'exécute pas les siennes ;

33. De permettre au bailleur de mettre fin à l'usage qui s'est instauré de déroger à une clause du bail, sans mise en demeure laissant au preneur un délai de mise en conformité ;

34. D'exiger du locataire qu'il souscrive des assurances autres que celles qu'il est d'usage de contracter ;

35. De prévoir une « domiciliation » du locataire dans les lieux qu'il a libérés.

(Texte adopté le 17 février 2000 sur le rapport de M. Pierre Bouaziz.)

ANNEXE I

Clauses illicites au regard de dispositions d'ordre public

Clauses de résiliation de plein droit

1. Clauses prévoyant la résiliation de plein droit du bail par une simple ordonnance de référé et interdisant le droit d'appel à l'encontre desdites ordonnances : article 490 du NCPC *[C. pr. civ.]*.

Clauses relatives à la souscription d'un contrat d'assurance

2. Clause obligeant le locataire à souscrire une assurance auprès d'une entreprise d'assurance française : article 49 du traité instituant la Communauté européenne.

Clauses d'aggravation des charges

3. Clause prévoyant que le locataire devra payer tous les frais et honoraires en cas de procédure faite à son encontre : article 32 de la loi n° 91-650 du 9 juillet 1991 *[C. pr. exéc., art. L. 111-8]*.

Clauses interdisant au locataire de demander des délais pour libérer les lieux

4. Clause interdisant au locataire dont l'expulsion est poursuivie, de solliciter des délais pour libérer les lieux : articles 1244-1 et 1244-3 *[1343-5]* du code civil et L. 613-1 du code de la construction et de l'habitation.

Clauses relatives à l'obligation de délivrance

5. Clause prévoyant que le locataire lors de son entrée en jouissance prend les lieux loués dans l'état où ils se trouvent, sans pouvoir exiger de travaux de remise en état ou de réparation : article 6 de la loi du 6 juillet 1989.

Clauses relatives aux frais de rédaction du bail

6. Clause prévoyant que « les frais de constitution de dossier et d'établissement du bail (frais d'acte, de rédaction, d'imprimés notamment) seront à la charge du preneur. Il en sera de même pour les frais d'enregistrement si le contrat est soumis à cette formalité » ; ou que les frais de photocopies des pièces annexées au bail sont à la charge du preneur seul : article 5 de la loi du 6 juillet 1989.

Clauses relatives aux frais d'établissement d'état des lieux

7. Clause prévoyant que si le preneur faisait obstacle à l'établissement contradictoire d'un état des lieux, lors de l'entrée dans les lieux, ceux-ci seront réputés en parfait état : article 3 de la loi du 6 juillet 1989.

8. Clause prévoyant que seront partagés par moitié les frais relatifs à l'état des lieux établi contradictoirement : article 3, alinéa 2 de la loi de 1989.

Clauses relatives à la limitation de la jouissance paisible du logement

9. Clause prévoyant que le locataire doit laisser un accès permanent au bailleur pour quelque motif que ce soit ou pour y exécuter des travaux : article 6 *(b)* de la loi du 6 juillet 1989.

Clauses relatives aux modifications de la consistance de la chose louée

10. Clause prévoyant que le bailleur pourra modifier la consistance de la chose louée sans recours possible du locataire (dépose définitive des volets, persiennes et jalousies...) : articles 4 *h* et 6 *c* de la loi du 6 juillet 1989.

Clauses relatives à la responsabilité du locataire

11. Clause prévoyant que le locataire doit répondre « des dégradations et pertes qui surviennent au cours de son occupation dans les lieux loués, à moins, qu'il ne prouve qu'elles ont eu lieu par cas de force majeure » : article 7 *c* de la loi du 6 juillet 1989.

Clauses relatives aux charges locatives

12. Clause prévoyant que les frais relatifs notamment à l'envoi des avis d'échéance ou quittances de loyer sont à la charge du locataire; article 23 de la loi du 6 juillet 1989 et annexe au décret n° 87-713 du 26 août 1987.

13. Clause prévoyant l'obligation du locataire de prendre « toute*[s]* les dispositions nécessaires pour éviter et éventuellement faire disparaître tout insecte, parasite ou rongeur » : annexe VI-1 au décret du 26 août 1987.

Clauses relatives au congé donné par le locataire

14. Clause prévoyant que si le locataire résilie le bail, il devra rembourser au propriétaire, au *prorata temporis* de la durée non courue, la part des honoraires réglés par celui-ci lors de la réalisation de la location : article 12 de la loi du 6 juillet 1989.

Clauses relatives au montant des sommes dues durant la période de préavis

15. Clause prévoyant que « tout mois commencé est et sera dû intégralement tant pour le loyer que pour les accessoires » : article 15, alinéa 3, de la loi du 6 juillet 1989.

Clauses relatives à la restitution des clefs des lieux loués

16. Clause prévoyant que les clefs doivent être rendues au bailleur avant midi le jour où finira la location sous-entendant que, passé cette heure, c'est une nouvelle journée qui commence et donc des sommes supplémentaires dues par le locataire : article 15 de la loi du 6 juillet 1986 et des articles 641 et 642 du NCPC *[C. pr. civ]*.

Clauses relatives à la restitution du dépôt de garantie

17. Clause prévoyant que si le locataire n'exécute pas les réparations locatives (après établissement de l'état des lieux) et ne justifie pas du paiement de toutes les sommes dont le bailleur doit être tenu à sa place, le coût desdites réparations et des sommes fera l'objet d'une évaluation forfaitaire dont le montant sera déduit du dépôt de garantie, le même contrat prévoyant que dès justification au bailleur du paiement par le preneur des sommes dont il pourrait être redevable la somme forfaitairement retenue à ce titre serait remboursée : article 22 de la loi du 6 juillet 1980.

Clauses relatives à la domiciliation d'une activité artisanale ou commerciale

18. Clause faisant interdiction au preneur de domicilier dans les lieux loués, sans autorisation du bailleur, une activité libérale, artisanale, commerciale ou industrielle : article 1er *ter* de la loi du 21 décembre 1984.

Clauses relatives à la suppression du gardiennage

19. Clause prévoyant que le locataire ne pourra exercer aucun recours en cas de modification ou de suppression de gardiennage de l'immeuble : article 4 *h* de la loi du 6 juillet 1989.

Clauses exonérant le bailleur de son obligation d'entretien

20. Clause exonérant le bailleur de toute responsabilité en cas d'arrêt ou mauvais fonctionnement des différents appareils et installations quelconques se trouvant dans les lieux loués ou dans l'immeuble : article 6 *a* et *c* de la loi du 6 juillet 1989.

Clauses relatives au sort des meubles délaissés par le locataire

21. Clause prévoyant qu'en cas de délaissement par le locataire de meubles, objets, effets, ceux-ci seront réputés appartenir au bailleur qui pourra les faire enlever et entreposer aux frais du loca-

taire et en disposer à son gré à l'expiration d'un délai d'un mois : article 201 et suivants du décret n° 92-755 du 31 juillet 1992 *[désormais codifié au C. pr. exéc.]*.

Clauses relatives à la responsabilité collective des locataires

22. Clause prévoyant que les frais de dégorgement et de réparation de canalisations d'évacuations ou vide-ordures obstrués ou détériorés seront à la charge de l'ensemble des locataires lorsque l'auteur restera inconnu : article 4 e de la loi du 6 juillet 1989.

Clauses relatives à la saisie

23. Clause autorisant le bailleur à effectuer une saisie arrêt sur les rémunérations auprès de l'employeur en cas de défaillance du locataire : prohibée par l'article 4 *d* de la loi du 6 juillet 1989.

Clauses relatives aux installations d'antenne de télévision

24. Clause interdisant au preneur d'installer une antenne extérieure sans l'autorisation expresse et écrite du bailleur et l'obligeant à se brancher à ses frais sur l'antenne collective de l'immeuble s'il en existe une : article 1er de la loi n° 66-457 du 2 juillet 1966 modifiée et décret du 22 décembre 1967.

Clauses relatives aux assurances souscrites par le locataire

25. Clause exigeant du locataire qu'il remette une copie de la police d'assurance ainsi que ses avenants certifiés conformes, ou qu'il justifie chaque année sans demande préalable du propriétaire, qu'il est assuré et que soit stipulée une priorité pour le bailleur pour les sommes assurées : article 7 *g* du 6 juillet 1989.

Recommandation CCA n° 13-01 du 6 juin 2013,

Relative aux contrats de location non saisonnière de logement meublé (BOCC 13 sept. 2013).

BIBL. ▶ SAUPHANOR-BROUILLAUD, *RDC 2014. 97* (clauses abusives dans le contrat de bail d'habitation en logement meublé).

La Commission des clauses abusives,

Considérant que les logements meublés sont des biens recherchés, en particulier, par les étudiants et les jeunes actifs qui souhaitent y établir leur résidence principale, même pendant quelques mois, car, à la différence des logements nus, le locataire n'a besoin, pour y vivre, que d'apporter ses effets personnels,

Considérant que sont concernés les contrats rédigés par des professionnels, associations, fédérations, sociétés privées, pour une utilisation généralisée à destination des consommateurs,

Considérant que, comme le précise l'article L. 632-3, alinéa 2, du code de la construction et de l'habitation, les locations saisonnières, tout comme les logements-foyers ou les logements gérés par les CROUS, ne relèvent pas du dispositif protecteur sur lequel se fonde la présente recommandation ;

Considérant que la présente étude ne porte pas sur les logements-foyers régis par les articles L. 633-1 et suivants du code précité, le contrat qui lie l'occupant et le foyer s'analysant en un contrat de prestation de services et non en un contrat de location.

Considérant que ces documents contractuels contiennent des clauses dont le caractère abusif au sens de l'article L. 132-1 *[L. 212-1]* **du code de la consommation peut être relevé,**

A. Clauses relatives à la formation et à la qualification du contrat

1. *Clauses relatives à la qualification du contrat*

1. Considérant que certains contrats sont dénommés "contrat d'hébergement de logements meublés à durée indéterminée", "convention d'occupation" ou indiquent que la location concerne des "locaux loués semi-meublés" ; que ces dénominations laissent croire aux consommateurs, que les dispositions protectrices des articles L. 632-1 et suivants du code de la construction et de l'habitation sont inapplicables ; qu'elles créent ainsi un déséquilibre significatif entre les droits et obligations des parties au contrat au détriment du consommateur ; qu'elles sont donc abusives ;

2. *Clauses relatives au droit applicable*

2. Considérant que des clauses stipulent que les locaux meublés objet du contrat ne constituent pas la résidence principale du locataire ; que certains contrats précisent qu'ils sont soumis uniquement aux dispositions des articles 1714 et suivants du code civil ; que d'autres encore excluent expressément l'application des articles L. 632-1 et suivants du code de la construction et de l'habitation ; que, lorsque le logement loué constitue, en réalité, la résidence principale du locataire, ces clauses sont illicites en ce qu'elles contreviennent aux articles L. 632-1 et suivants précités qui sont d'ordre public ; que, dès lors, maintenues dans un contrat, ces clauses sont abusives ;

3. Considérant que des clauses mentionnent que le locataire "déclare que les biens loués ne seront jamais sa résidence principale" et lui imposent de fixer celle-ci en un autre lieu, sous peine de la résiliation immédiate du bail ; que, lorsque ce dernier est destiné à assurer le logement principal du consommateur, notamment étudiant, ces clauses qui tendent à soustraire le contrat aux dispositions d'ordre public des articles L. 632-1 et suivants du code de la construction et de l'habitation créent un déséquilibre significatif entre les droits et obligations des parties au contrat au détriment du consommateur ; qu'elles sont donc abusives ;

3. *Clauses relatives à la durée du contrat*

4. Considérant que des clauses imposent une durée de contrat différente de celle prévue par les articles L. 632-1 et suivants du code de la construction et de l'habitation ; que ces clauses sont illicites et, maintenues dans un contrat, abusives ;

4. *Clauses relatives aux frais, droits et honoraires*

5. Considérant que certaines clauses prévoient que seront à la charge du locataire tous les frais, droits et honoraires du bail ainsi que ceux qui en sont la suite ou la conséquence ; que ces clauses, dès lors qu'elles n'indiquent ni la nature ni le montant de l'ensemble de ces frais, ne permettent pas au locataire de connaître précisément l'étendue de son engagement ; qu'elles créent à son détriment un déséquilibre significatif entre les droits et obligations des parties au contrat, et sont abusives ; qu'elles sont donc abusives ;

6. Considérant que des clauses mettent à la charge du locataire les frais et honoraires du mandataire du bailleur ; que ces clauses, qui font peser sur le locataire la charge de prestations bénéficiant exclusivement au bailleur, créent un déséquilibre significatif dans les droits et obligations des parties ; qu'elles sont donc abusives ;

B. Clauses relatives au contenu du contrat

A) *Clauses relatives aux dépenses mises à la charge du locataire*

1. *Clauses relatives à des prestations dites complémentaires*

7. Considérant que des clauses imposent le versement par le locataire d'une "contribution forfaitaire" mensuelle, correspondant à "l'ensemble des prestations individuelles au titre du mobilier et des équipements particuliers", alors que le locataire règle le loyer d'un appartement meublé, censé être garni d'un mobilier suffisant pour permettre une habitation normale ; que ces clauses qui ont pour effet de rémunérer deux fois le bailleur pour la même prestation de fourniture de meubles, créent un déséquilibre significatif entre les droits et obligations des parties ; qu'elles sont donc abusives ;

2. *Clauses relatives aux impôts et taxes*

8. Considérant que des clauses stipulent que le locataire acquittera, en sus du loyer, les impôts et taxes dus par le bailleur ; que ces clauses mettent à la charge du locataire des obligations incombant au bailleur et créent un déséquilibre significatif entre les droits et obligations des parties au détriment du consommateur ; qu'elles sont donc abusives ;

3. *Clauses relatives au paiement des sommes dues*

9. Considérant que des clauses prévoient le paiement par le preneur de sommes supplémentaires en fonction du mode de paiement choisi par lui ; que ces clauses qui contreviennent à l'article L. 112-12 du code monétaire et financier, sont illicites ; que, maintenues dans un contrat, elles sont abusives ;

4. *Clauses relatives à la modification unilatérale du prix par le bailleur*

10. Considérant que des clauses prévoient la faculté pour le bailleur de modifier, à tout moment, les prix et/ou de supprimer les services offerts dans la résidence qui sont des prestations indissociables de la location ; que l'article R. 132-1, 3°, *[R. 212-1]* du code de la consommation dispose que la clause qui a pour objet ou pour effet "de réserver au professionnel le droit de modifier unilatéralement les clauses du contrat relatives à sa durée, aux caractéristiques ou au prix du bien à livrer ou du service à rendre (...)" est abusive de manière irréfragable ; qu'ainsi, ces clauses, en ce qu'elles permettent au bailleur de modifier unilatéralement le prix des prestations, sont abusives ;

B) *Clauses relatives aux interdictions faites au preneur*

1. *Clauses relatives à l'hébergement des tiers*

11. Considérant que des clauses restreignent la possibilité pour le locataire de recevoir ou héberger des amis et de la famille, même de manière très temporaire, notamment en limitant l'accès de l'immeuble aux seuls résidents, ou en prévoyant des normes d'occupation très strictes ; que ces clauses, dans la mesure où elles privent le locataire de la possibilité de recevoir ou héberger ses proches même dans les conditions d'une occupation paisible, sont contraires à l'article 8.1 de la Convention européenne de sauvegarde des droits de l'homme et des libertés fondamentales ; que ces clauses sont illicites et, maintenues dans un contrat, abusives ;

12. Considérant que des clauses prévoient que le bailleur pourra vérifier ou faire vérifier le respect des conditions d'occupation à tout moment ; que l'article 9 du code civil dispose que "chacun a droit au respect de sa vie privée" ; qu'ainsi, les clauses stipulant la faculté d'une intrusion permanente dans les locaux du preneur sont illicites et, maintenues dans un contrat, abusives ;

13. Considérant que des clauses prévoient, en cas de non-respect des conditions contractuelles d'occupation, une majoration substantielle du loyer, rétroactivement à compter de la prise d'effet du contrat ; que le caractère rétroactif de cette pénalité est de nature à créer un déséquilibre significatif entre les droits et obligations des parties au contrat au détriment du consommateur ; qu'au surplus, il convient de rappeler qu'en vertu de l'article R. 132-2 *[R. 212-2]* du code de la consommation, est présumée abusive la clause imposant au consommateur défaillant "une indemnité d'un montant manifestement disproportionné" ;

2. *Clauses relatives à la détention d'animaux*

14. Considérant que des clauses interdisent la détention d'animaux familiers ; que l'article 10. I de la loi n° 70-598 du 9 juillet 1970 modifiant et complétant la loi du 1er septembre 1948 portant modification et codification de la législation relative aux rapports des bailleurs et locataires ou occupants de locaux d'habitation ou à usage professionnel indique : "est réputée non écrite toute stipulation tendant à interdire la détention d'un animal dans un local d'habitation dans la mesure où elle concerne un animal familier. Cette détention est toutefois subordonnée au fait que ledit animal ne cause aucun dégât à l'immeuble ni aucun trouble de jouissance aux occupants de celui-ci" ; qu'ainsi ces clauses *sont illicites et, maintenues dans un contrat*, abusives ;

C) *Clauses relatives aux obligations imposées au preneur*

15. Considérant que des clauses stipulent que le locataire a l'obligation de se raccorder à l'antenne collective et de participer aux différents frais liés à celle-ci ; que l'article 2 de

la loi du 2 juillet 1966 relative à l'installation d'antennes réceptrices de radiodiffusion dispose que "le propriétaire qui a installé à ses frais une antenne collective ou un réseau interne à l'immeuble fournissant un service collectif est fondé à demander à chaque usager [...], à titre de frais de branchement et d'utilisation, une quote-part des dépenses d'installation, d'entretien et de remplacement" et précise qu'au préalable, ledit locataire aura dû "*[accepter]* de se raccorder à cette antenne collective ou à ce réseau interne" ; que ces clauses, en ce qu'elles ne prévoient pas l'accord préalable du locataire, sont illégales et, maintenues dans un contrat, abusives ;

C. Clauses relatives à l'exécution du contrat

1. *Clauses relatives à la limitation de jouissance paisible du logement*

16. Considérant que des clauses imposent, pour permettre un bon entretien des locaux loués, que le locataire laisse visiter l'appartement par le gérant, ou ses préposés, chaque fois que l'entretien le nécessitera et au moins une fois par trimestre pour s'assurer de l'état de celui-ci ; que ces clauses exigent du locataire qu'il s'engage à laisser pénétrer chez lui, sans nécessité et, sauf urgence, sans avertissement préalable, le bailleur ou toute entreprise missionnée par celui-ci ; que de telles clauses créent un déséquilibre significatif entre les droits et obligations des parties, au détriment du consommateur, contraint de subir un trouble injustifié à la jouissance paisible à laquelle il peut prétendre en vertu de l'article 1719, 3°, du code civil et ce, sans aucune contrepartie ; qu'elles sont donc abusives ;

17. Considérant que des clauses indiquent qu'en cas de congé donné ou reçu, ainsi qu'en cas de vente, le locataire devra laisser visiter son logement, pendant plusieurs mois, de nombreuses heures chaque jour, excepté le dimanche ; que ces clauses, qui contraignent le locataire à laisser visiter son logement pendant une durée excessive au regard des usages et du droit au respect de la vie privée, créent un déséquilibre significatif entre les droits et obligations des parties au contrat au détriment du consommateur ; qu'elles sont donc abusives ;

18. Considérant que des clauses prévoient que le bailleur se réserve le droit d'exécuter toutes sortes de travaux, y compris dans le logement loué ; que, pour ceux-ci, le locataire devra sans indemnité laisser pénétrer dans les lieux les ouvriers diligentés par le bailleur et retirer à ses frais tous les aménagements qu'il aura effectués dans le local ; que l'article 1723 du code civil énonce que "le bailleur ne peut, pendant la durée du bail, changer la forme de la chose loué *[louée]*" ; que l'article 1724 du même code dispose, que "si, durant le bail, la chose louée a besoin de réparations urgentes et qui ne puissent être différées jusqu'à sa fin, le preneur doit les souffrir, quelque incommodité qu'elles lui causent, et quoiqu'il soit privé, pendant qu'elles se font, d'une partie de la chose louée. Mais, si ces réparations durent plus de quarante jours, le prix du bail sera diminué à proportion du temps et de la partie de la chose louée dont il aura été privé" ; que, selon l'article R. 132-1, 5°, *[R. 212-1]* du code de la consommation, sont "de manière irréfragable présumées abusives, au sens des dispositions du premier et du troisième alinéa de l'article L. 132-1 et dès lors interdites, les clauses ayant pour objet ou pour effet de (...) contraindre le non-professionnel ou le consommateur à exécuter ses obligations alors que, réciproquement, le professionnel n'exécuterait pas ses obligations de délivrance ou de garantie d'un bien ou son obligation de fourniture d'un service" ; qu'ainsi ces clauses qui autorisent le bailleur à modifier la forme de la chose louée et à exécuter des travaux même *non urgents et d'une durée non limitée*, sans diminution de loyer et en imposant divers frais au locataire, sont irréfragablement présumées abusives ;

19. Considérant que des clauses indiquent que le constat d'entrée dans les lieux prévoit des travaux à effectuer et que, quelle que soit leur importance, le preneur s'engage à laisser pénétrer dans le logement, pendant les premiers mois d'occupation, les entreprises mandatées par le bailleur pour les effectuer ; qu'en vertu de l'article 1719, 1°, du code civil, le bailleur est obligé "de délivrer au preneur la chose louée" ; que, selon l'article R. 132-1, 5°, *[R. 212-1]* du code de la consommation, sont "de manière irréfragable présumées abusives, au sens des dispositions du premier et du troisième alinéa de l'article L. 132-1 *[L. 212-1]* et dès lors interdites, les clauses ayant pour objet ou pour effet de (...) contraindre le non-professionnel ou le consommateur à exécuter ses obligations alors que, réciproquement, le professionnel n'exécuterait pas ses obligations de délivrance ou de garantie d'un bien ou son obligation de fourniture d'un service" ; que ces clauses, qui autorisent une délivrance seulement partielle du local loué, pour une durée indéterminée et sans diminution de loyer, sont irréfragablement présumées abusives ;

20. Considérant que des clauses indiquent qu'aucune garantie n'est donnée quant au degré de température du chauffage et de l'eau chaude ; qu'en vertu de l'article 1719, 3°, du code civil le bailleur s'engage à "faire jouir paisiblement le preneur pendant la durée du bail" du logement ; que ces clauses, qui exonèrent le bailleur de cette obligation, créent un déséquilibre significatif au détriment du consommateur ; qu'elles sont donc abusives ;

2. *Clauses relatives aux obligations du locataire, à l'entretien et à la réparation des locaux loués*

21. Considérant que des clauses font peser sur le locataire toutes les charges, "quelle qu'en soit la nature", y compris les réparations afférentes tant au bien loué qu'à l'immeuble ; que ces clauses, dans la mesure où elles ont pour objet ou pour effet de transférer sur le preneur des dépenses non locatives, créent un déséquilibre significatif entre les droits et obligations des parties au détriment du consommateur ; qu'elles sont donc abusives ;

22. Considérant que des clauses imposent au locataire de faire procéder à ses frais à :

— la réparation de tous les robinets et canalisations d'eau et de gaz,

— la réparation de tous les siphons de vidange des appareils sanitaires, des réservoirs de chasse et des canalisations jusqu'au raccordement à la descente commune des W.C.,

— la réparation des appareils sanitaires, des canalisations,

— la réparation des stores et volets,

— la réparation des dommages en cas d'infiltrations dues à des accidents causés par le gel ou la fonte des neiges,

— toutes les modifications d'arrivée, de branchement, de remplacement de compteur ou d'installations intérieures pouvant être exigées par les compagnies distributrices des eaux, du gaz, de l'électricité et du chauffage ;

que ces clauses, en ce qu'elles mettent à la charge du locataire divers travaux sans distinguer, conformément aux articles 1719, 2°, et 1720, alinéa 2, du code civil, les réparations locatives des travaux incombant au bailleur, créent un déséquilibre significatif entre les droits et obligations des parties au contrat ; qu'elles sont donc abusives ;

D. Clauses relatives à la fin du contrat

A) *Clauses relatives à l'état des lieux de sortie et à la remise en état du logement*

1. *Clauses relatives à l'état des lieux de sortie des locaux loués et au dépôt de garantie*

23. Considérant que les clauses de certains contrats précisent que le dépôt de garantie ne sera remis au locataire qu'après la survenance d'un certain nombre d'événements dépendant de la volonté du bailleur ou de ses prestataires et sans stipulation d'une durée raisonnable ; que, dès lors, ces clauses créent un déséquilibre significatif entre les droits et obligations des parties au contrat au détriment du consommateur ; qu'elles sont donc abusives ;

24. Considérant que des clauses stipulent qu'à défaut d'état des lieux d'entrée, le local est présumé loué neuf ; que, cependant, l'article 1731 du code civil prévoit qu'à défaut d'état des lieux, les locaux seront réputés être en bon état de réparations locatives ; que ces clauses, qui font peser sur le locataire la charge de la preuve contraire à la présomption contractuelle, alors qu'il appartiendrait normalement au bailleur de prouver, en l'absence d'état des lieux, que le local a été délivré neuf, et qui tendent ainsi à faire supporter par le preneur en fin de bail des réparations excédant celles qu'il devrait normalement prendre en charge, sont irréfragablement présumées abusives par application de l'article R. 132-1, 12°, *[R. 212-1]* du code de la consommation selon lequel sont interdites les clauses ayant pour objet ou effet d'"imposer au non-professionnel ou au consommateur la charge de la preuve, qui, en vertu du droit applicable, devrait incomber normalement à l'autre partie au contrat" ;

2. *Clauses relatives à la remise en état du logement*

25. Considérant que des clauses prévoient une liste de sommes forfaitairement mises à la charge du preneur pour chaque dégradation subie par le logement ; que le locataire s'engage à des remboursements sur la base d'une qualification unilatérale des dégradations par le bailleur et d'une estimation faite par avance au titre des réparations à réaliser ; que ces clauses*[,]* qui sont de nature à faire supporter par le locataire le paiement de sommes injustifiées, créent, au détriment du consommateur, un déséquilibre significatif entre les droits et obligations des parties au contrat ; qu'elles sont donc abusives ;

B) *Clauses relatives aux causes et aux modalités de résiliation du bail*

1. *Clauses relatives aux possibilités de résiliation par le bailleur*

26. Considérant que certains contrats prévoient au bénéfice du bailleur une faculté de résiliation du bail pour des motifs autres que ceux limitativement prévus par les articles L. 632-1 et L. 632-2 du code de la construction et de l'habitation ; que ces clauses contreviennent au statut protecteur établi par le législateur au bénéfice du locataire ; que ces clauses sont illicites et, maintenues dans un contrat, abusives ;

27. Considérant que des clauses énoncent qu'en cas d'inexécution par le locataire d'une seule des clauses du bail, celui-ci sera résilié de plein droit sans qu'il soit besoin de remplir aucune formalité judiciaire ; que ces clauses, qui prévoient la résiliation de plein droit du contrat, en cas de manquement même mineur du preneur, créent un déséquilibre significatif entre les droits et obligations des parties au détriment du consommateur ; qu'elles sont donc abusives ;

28. Considérant que des clauses imposent le paiement de prestations para-hôtelières, telles "un petit déjeuner mensuel" et "un ménage trimestriel de l'appartement", sous peine de résiliation de plein droit du contrat ; que la sanction prévue par ces clauses en cas de défaut de paiement de prestations étrangères à l'objet principal du contrat, qui est la location d'un logement meublé, est disproportionnée ; que, dès lors, ces clauses créent un déséquilibre significatif entre les droits et obligations des parties au contrat au détriment du consommateur ; qu'elles sont donc abusives ;

29. Considérant qu'une clause indique que, si les locaux loués viennent à être détruits partiellement ou totalement, la location sera résiliée de plein droit si bon semble au bailleur sans aucune indemnité à sa charge ; alors que l'article 1722 du code civil dispose que "si, pendant la durée du bail, la chose louée est détruite en totalité par cas fortuit, le bail est résilié de plein droit ; si elle n'est détruite qu'en partie, le preneur peut, suivant les circonstances, demander ou une diminution du prix, ou la résiliation même du bail. Dans l'un et l'autre cas, il n'y a lieu à aucun dédommagement" ; que cette clause, en ce qu'elle offre le choix au seul bailleur de résilier ou non le bail en cas de destruction totale ou partielle du logement loué, crée un déséquilibre significatif entre les droits et obligations des parties au contrat ; qu'elles sont donc abusives ;

2. *Clauses relatives aux modalités de délivrance du congé*

30. Considérant qu'il est stipulé dans certaines clauses relatives à la délivrance du congé que :

— soit le bailleur peut donner congé avec un préavis d'un mois ou de trois mois avant la fin du bail, sans conditions,

— soit le locataire est tenu du paiement des loyers jusqu'à relocation et à défaut jusqu'à la fin du bail,

— soit le locataire ne peut donner congé que par un préavis de trois mois avant la date anniversaire du bail ;

que ces clauses comportent des violations caractérisées des dispositions de l'article L. 632-1 du code de la construction et de l'habitation ; qu'ainsi, elles sont illicites et, maintenues dans un contrat, abusives ;

31. Considérant que des clauses fixent la date d'effet du préavis du locataire nécessairement au dernier jour du mois et stipulent que tout départ anticipé donnera lieu à la facturation d'un "complément de redevance" ; que l'article L. 632-1 du code de la construction

et de l'habitation prévoit que le locataire "peut résilier le contrat à tout moment sous réserve du respect d'un préavis d'un mois" ; que ces clauses sont donc illicites et, maintenues dans un contrat, abusives ;

32. Considérant que des clauses prévoient que le contrat de bail expire de plein droit à l'issue d'une durée de 12 mois et que, si le locataire souhaite à nouveau louer le logement, il devra payer les frais de rédaction d'un nouveau contrat ; que l'article L. 632-1 du code de la construction et de l'habitation dispose que, dans le cas d'un bail de 12 mois, le contrat est renouvelable tacitement ; que ces clauses sont donc illicites et, maintenues dans un contrat, abusives ;

3. *Clauses relatives aux modalités de résiliation du contrat de bail*

33. Considérant que des clauses imposent, dans le cas d'un départ du locataire avant un nombre de mois déterminé, l'augmentation rétroactive du loyer ; que d'autres contrats prévoient un montant de loyer dégressif avec réajustement des premiers loyers en fonction de la durée d'occupation du logement ; que ces différentes clauses dissimulent une indemnité de résiliation en contravention avec l'article L. 632-1 du code de la construction et de l'habitation selon lequel "le locataire peut résilier le contrat à tout moment sous réserve du respect d'un préavis d'un mois" ; que ces clauses sont donc illicites et, maintenues dans un contrat, abusives ;

34. Considérant que des clauses énoncent que le dépôt de garantie sera restitué au locataire dans les deux mois suivant la date de résiliation "acceptée" par le mandataire du bailleur ; que l'article L. 632-1 du code de la construction et de l'habitation prévoit, pour le preneur, le droit de résilier le contrat à tout moment, sans que le bailleur soit en mesure de s'y opposer ; que ces clauses qui laissent croire que le bailleur serait en droit d'accepter, ou non, le congé régulièrement donné par le preneur, sont illicites et, maintenues dans un contrat, abusives ;

E. Clauses relatives aux contentieux

1. *Clauses relatives à la charge de la preuve*

35. Considérant que des clauses prévoient que le locataire sera tenu pour responsable de toute dégradation des parties communes ; que le bailleur est déchargé par ces clauses de l'obligation de prouver l'imputabilité au preneur des détériorations causées aux parties communes ; que ces clauses font peser sur le locataire une responsabilité de plein droit en méconnaissance des règles relatives à la charge de la preuve telles que définies par l'article 1315 *[1353]*, alinéa 1er, du code civil ; qu'elles sont présumées irréfragablement abusives par l'article R. 132-1, 12°, *[R. 212-1]* du code de la consommation en ce qu'elles imposent "au non-professionnel ou au consommateur la charge de la preuve, qui, en vertu du droit applicable, devrait incomber normalement à l'autre partie au contrat" ;

36. Considérant que des clauses indiquent que le locataire répondra des dégradations survenant pendant la durée du contrat de location dans les locaux dont il a la jouissance ; que l'article 1732 du code civil énonce que le preneur "répond des dégradations ou des pertes qui arrivent pendant sa jouissance, à moins qu'il ne prouve qu'elles ont eu lieu sans sa faute" ; que ces clauses, qui laissent croire au locataire que la réparation des dégradations qui ne lui sont pas imputables sera à sa charge, créent un déséquilibre significatif entre les droits et obligations des parties au contrat et sont abusives ;

37. Considérant que des clauses prévoient que le bailleur sera toujours réputé satisfaire à toutes ses obligations et, notamment, à celles visées à l'article 1719 du code civil ; qu'en vertu de l'article 1315 *[1353]*, alinéa 2, du code civil, "celui qui se prétend libéré doit justifier le payement ou le fait qui a produit l'extinction de son obligation" ; que ces clauses, qui tendent à décharger le bailleur de l'obligation de rapporter cette preuve et font peser sur le locataire la preuve contraire, sont irréfragablement abusives en vertu de l'article *R. 132-1, 12°, [R. 212-1]* du code de la consommation ;

2. *Clauses pénales*

38. Considérant que des clauses prévoient, en cas de retard dans le paiement du loyer, une majoration forfaitaire des sommes dues, alors que ces contrats ne contiennent aucune

clause pénale en cas d'inexécution par le bailleur de ses obligations de délivrance ou d'entretien ; que ces clauses créent un déséquilibre significatif entre les droits et obligations des parties au contrat ; qu'elles sont donc abusives ;

3. *Indemnités conventionnelles*

39. Considérant que des clauses prévoient que, si le locataire obtenait des délais pour libérer les lieux à l'issue du bail, il devrait une indemnité supérieure au montant du loyer ; que ces clauses, en ce qu'elles constituent un obstacle à l'exercice du droit pour le locataire de solliciter du juge l'octroi de délais en application de l'article L. 613-1 du code de la construction et de l'habitation, créent un déséquilibre significatif entre les droits et obligations des parties au contrat ; qu'elles sont donc abusives ;

40. Considérant que des clauses prévoient une indemnité égale à la totalité du dépôt de garantie en cas d'envoi du préavis par un moyen autre qu'une lettre recommandée ; que ces clauses, en ce qu'elles prévoient une sanction sans lien avec le manquement reproché au locataire, créent un déséquilibre significatif entre les droits et obligations des parties au contrat ; qu'elles sont donc abusives ;

4. *Frais et honoraires de recouvrement*

41. Considérant que des clauses indiquent que l'ensemble des frais pour le recouvrement des sommes impayées et pour toutes poursuites devra être remboursé par le locataire ; que l'article L. 111-8 du code des procédures civiles d'exécution, dispose "les frais de recouvrement entrepris sans titre exécutoire restent à la charge du créancier, sauf s'ils concernent un acte dont l'accomplissement est prescrit par la loi. Toute stipulation contraire est réputée non écrite, sauf disposition législative contraire. Cependant, le créancier qui justifie du caractère nécessaire des démarches entreprises pour recouvrer sa créance peut demander au juge de l'exécution de laisser tout ou partie des frais ainsi exposés à la charge du débiteur de mauvaise foi" ; que ces clauses qui mettent à la charge du preneur les frais et honoraires de recouvrement en l'absence de titre exécutoire, sont illicites et, maintenues dans un contrat, abusives ;

5. *Clauses de réduction ou d'exclusion de garantie du bailleur*

42. Considérant que des clauses prévoient de multiples cas d'exclusion de la responsabilité du bailleur, sans distinguer selon que lui sont imputables, ou non, les troubles de jouissance subis par le preneur ; qu'en vertu de l'article R. 132-1, 6°, *[R. 212-1]* du code de la consommation, est irréfragablement présumée abusive la clause ayant pour objet ou pour effet de "supprimer ou réduire le droit à réparation du préjudice subi par le non-professionnel ou le consommateur en cas de manquement par le professionnel à l'une quelconque de ses obligations" ; que, dès lors, ces clauses sont abusives ;

6. *Clauses relatives à l'élection de domicile*

43. Considérant que des clauses prévoient que, pour l'exécution du bail et, notamment, pour la signification de tous les actes de poursuites, le locataire fait élection de domicile dans les lieux loués ; que ces clauses sont applicables même après le départ du locataire des lieux loués ; qu'en ce qu'elles permettent au bailleur de notifier des actes de procédure à une adresse à laquelle il sait que le locataire ne réside plus, ces clauses créent un déséquilibre significatif entre les droits et obligations des parties au contrat, au détriment du consommateur ; qu'elles sont donc abusives ;

Recommande que soient supprimées des contrats les clauses ayant pour objet ou pour effet :

1. de laisser croire au locataire d'un logement meublé qui constitue son habitation principale qu'il ne bénéfice pas des dispositions des articles L. 632-1 et suivants du code de la construction et de l'habitation ;

2. d'exclure l'application des articles L. 632-1 et suivants du code de la construction et de l'habitation lorsque le logement loué constitue, en réalité, la résidence principale du locataire ;

3. d'imposer au consommateur, pour obtenir et conserver la location du bien, de renoncer au régime protecteur d'ordre public institué par les articles L. 632-1 et suivants du code de la construction et de l'habitation ;

4. de prévoir une durée de location contraire aux dispositions des articles L. 632-1 et suivants du code de la construction et de l'habitation ;

5. de prévoir, de manière générale, que seront à la charge du locataire l'ensemble des frais, droits et honoraires du bail ainsi que leur suite et conséquence, sans en indiquer précisément ni la nature ni le montant ;

6. de faire peser sur le locataire les frais et honoraires du mandataire du bailleur ;

7. de prévoir un supplément de rémunération pour la fourniture du mobilier et des équipements nécessaires à une habitation normale, par ailleurs incluse dans le loyer ;

8. de mettre à la charge du locataire, en sus du loyer, des impôts et taxes relatifs au bien loué, incombant au bailleur ;

9. d'imposer des frais supplémentaires au consommateur en fonction du mode de paiement qu'il choisit ;

10. de prévoir la faculté pour le bailleur de modifier unilatéralement, à tout moment, le prix et la nature des prestations prévues dans le contrat de bail ;

11. de restreindre le droit pour le locataire de recevoir ou *[d']*héberger ses proches dans les lieux loués, même dans les conditions d'une occupation paisible ;

12. de porter atteinte à la jouissance paisible des lieux loués en prévoyant la possibilité pour le bailleur de vérifier ou de faire vérifier à tout moment les conditions d'occupation des locaux ;

13. de prévoir une pénalité rétroactive en cas de non-respect des conditions contractuelles d'occupation ;

14. d'empêcher le locataire de détenir des animaux domestiques dans les lieux loués dès lors que ceux-ci ne causent pas de dégâts et ne troublent pas la jouissance des autres occupants de l'immeuble ;

15. d'imposer des frais à un locataire alors qu'il n'a pas, au préalable, accepté de bénéficier du service de raccordement à une antenne collective ;

16. de limiter la jouissance paisible du locataire en l'obligeant à laisser visiter le bien loué par le gérant, ses préposés ou ses prestataires, soit sans nécessité, soit, en cas de nécessité, sans avertissement préalable, sauf urgence ;

17. de contraindre le locataire à laisser visiter son logement, en cas de congé ou de vente, pendant une durée excessive au regard des usages et du droit au respect de la vie privée ;

18. de prévoir que le bailleur pourra effectuer tous travaux dans les lieux loués, en toutes circonstances, sans limitation de durée et sans aucune indemnité ;

19. d'autoriser une délivrance seulement partielle du local loué, pour une durée indéterminée et sans diminution de loyer ;

20. de dispenser le bailleur de ses obligations de fourniture de chauffage et d'eau chaude ;

21. de faire peser sur le preneur des dépenses non locatives ;

22. de mettre à la charge du locataire divers travaux susceptibles d'incomber au bailleur ;

23. de soumettre la restitution du dépôt de garantie à la survenance d'un certain nombre d'événements dépendant de la volonté du bailleur ou de ses prestataires et sans stipulation d'une durée raisonnable ;

24. de stipuler qu'à défaut d'état des lieux d'entrée, le local est présumé loué neuf ;

25. de mettre à la charge du locataire des sommes forfaitaires pour chaque dégradation subie par le logement ;

26. de prévoir une faculté de résiliation du contrat par le bailleur pour des motifs autres que ceux limitativement prévus par les articles L. 632-1 et L. 632-2 du code de la construction et de l'habitation ;

27. de prévoir la résiliation du bail de plein droit en cas d'inexécution, par le locataire, de l'une quelconque de ses obligations, même mineure ;

28. de prévoir une clause résolutoire de plein droit en cas de défaut de paiement d'une prestation étrangère à l'objet principal du contrat de location d'un logement meublé ;

29. de permettre au bailleur de résilier, ou non, le bail en cas de destruction totale ou partielle des locaux loués, en méconnaissance de l'article 1722 du code civil ;

30. de prévoir la résiliation du contrat, par le locataire comme par le bailleur, dans des conditions contraires à l'article L. 632-1 du code de la construction et de l'habitation ;
31. de reporter, dans tous les cas, au dernier jour du mois, la date d'effet du congé donné par le locataire ;
32. d'imposer la rédaction d'un nouveau bail à l'expiration du contrat, alors qu'il est tacitement renouvelé par application de l'article L. 632-1 du code de la construction et de l'habitation ;
33. d'imposer au locataire résiliant son contrat de bail de manière anticipée, une indemnité de résiliation, quelle que soit sa forme, notamment un réajustement du montant des loyers ;
34. de prévoir que le bailleur ou son mandataire peut accepter ou refuser le congé régulièrement donné par le locataire ;
35. de faire peser sur le locataire une présomption de responsabilité dans la survenance des dégradations des parties communes ;
36. d'empêcher le locataire de faire valoir des causes de non-imputabilité des dégradations du logement loué ;
37. de faire bénéficier le bailleur d'une présomption d'exécution de ses obligations ;
38. de prévoir une pénalité en cas de retard dans le paiement du loyer, sans réciprocité en cas d'inexécution par le bailleur de ses obligations ;
39. de prévoir le versement d'une indemnité contractuelle supérieure au loyer en cas d'obtention d'un délai judiciaire pour libérer les lieux à l'expiration du bail ;
40. de prévoir contractuellement des indemnités sans lien avec le manquement reproché au locataire ;
41. de mettre à la charge du locataire, sans décision de justice, l'ensemble des frais de recouvrement des sommes impayées ;
42. de supprimer le droit à réparation du preneur en cas de manquement du bailleur à ses obligations ;
43. de prévoir que le locataire fait élection de domicile dans les lieux loués, même après la résiliation du contrat.
(Recommandation adoptée le 6 juin 2013 sur le rapport de Nathalie Bricks et Raphaëlle Petit-Macur.)

Décret nº 2015-587 du 29 mai 2015,

Relatif aux contrats types de location de logement à usage de résidence principale.

Art. 1er Le contrat type figurant en annexe nº 1 du présent décret s'applique aux locations soumises au titre Ier de la loi du 6 juillet 1989 susvisée, à l'exception des locations de logement faisant l'objet d'une convention passée en application de l'article L. 351-2 ou de l'article L. 321-8 du code de la construction et de l'habitation, des locations de logement appartenant aux organismes d'habitation à loyer modéré ne faisant pas l'objet d'une convention passée en application de l'article L. 351-2 susmentionné et des colocations formalisées par la conclusion de plusieurs contrats entre les locataires et le bailleur.

En Guadeloupe, à la Martinique, en Guyane, à La Réunion et à Mayotte, le contrat type figurant en annexe nº 1 ne s'applique pas aux locations de logement des sociétés d'économie mixte agréées conformément à l'article L. 481-1 du code de la construction et de l'habitation, construit, acquis ou amélioré avec le concours financier de l'État prévu à l'article R. 372-1 du même code.

Art. 2 Le contrat type figurant en annexe nº 2 du présent décret s'applique aux locations soumises au titre Ier *bis* de la loi du 6 juillet 1989 susvisée, à l'exception des colocations de logement meublé formalisées par la conclusion de plusieurs contrats entre les locataires et le bailleur.

Art. 3 Le présent décret entre en vigueur le 1er août 2015.

ANNEXES

V. ces annexes au **C. consom.**

Arrêté du 29 mai 2015,

Relatif au contenu de la notice d'information annexée aux contrats de location de logement à usage de résidence principale.

Art. 1er **Le contenu de la notice d'information, jointe aux contrats de location établis suivant les contrats types définis par le décret n° 2015-587 du 29 mai 2015 susvisé est précisé en annexe du présent arrêté.**

Art. 2 **Le présent arrêté entre en vigueur le 1er août 2015.**

ANNEXE

V. au ***C. consom.*** .

MÉDECINS

Code de la santé publique

Information des usagers du système de santé

Art. L. 1111-3 *(L. n° 2016-41 du 26 janv. 2016, art. 217-I)* **Toute personne a droit à une information sur les frais auxquels elle pourrait être exposée à l'occasion d'activités de prévention, de diagnostic et de soins et, le cas échéant, sur les conditions de leur prise en charge et de dispense d'avance des frais.**

Cette information est gratuite.

Art. L. 1111-3-1 *(L. n° 2016-41 du 26 janv. 2016, art. 94)* **Pour toute prise en charge effectuée par un établissement de santé, le patient reçoit, au moment de sa sortie, un document l'informant, dans des conditions définies par décret, du coût de l'ensemble des prestations reçues avec l'indication de la part couverte par son régime d'assurance maladie obligatoire et, le cas échéant, de celle couverte par son organisme d'assurance complémentaire et du solde qu'il doit acquitter.**

Art. L. 1111-3-2 *(L. n° 2016-41 du 26 janv. 2016, art. 217-I)* **I. — L'information est délivrée par les professionnels de santé exerçant à titre libéral et par les centres de santé :**

1° Par affichage dans les lieux de réception des patients ;

2° Par devis préalable au-delà d'un certain montant.

S'agissant des établissements de santé, l'information est délivrée par affichage dans les lieux de réception des patients ainsi que sur les sites internet de communication au public.

II. — Lorsque l'acte inclut la fourniture d'un dispositif médical sur mesure, le devis normalisé comprend de manière dissociée le prix de vente de chaque produit et de chaque prestation proposés, le tarif de responsabilité correspondant et, le cas échéant, le montant du dépassement facturé et le montant pris en charge par les organismes d'assurance maladie.

Le professionnel de santé remet par ailleurs au patient les documents garantissant la traçabilité et la sécurité des matériaux utilisés, en se fondant le cas échéant sur les éléments fournis par un prestataire de services ou un fournisseur.

III. — Les informations mises en ligne par les établissements de santé en application du dernier alinéa du I peuvent être reprises sur le site internet de la Caisse nationale de l'assurance maladie des travailleurs salariés et plus généralement par le service public mentionné à l'article L. 1111-1.

Art. L. 1111-3-3 *(L. n° 2016-41 du 26 janv. 2016, art. 217-I)* **Les modalités particulières d'application** *(Ord. n° 2016-301 du 14 mars 2016, art. 2, en vigueur le 1er juill. 2016)* **« des articles L. 112-1 et L. 112-2 » du code de la consommation aux prestations de santé relevant de l'article L. 1111-3, du I et du second alinéa du II de l'article L. 1111-3-2 du présent code en ce qui concerne l'affichage, la présentation, les éléments obligatoires et le montant au-delà duquel un devis est établi ainsi que les informations permettant d'assurer l'identification et la traçabilité des dispositifs médicaux délivrés sont fixés par arrêté conjoint des ministres chargés de l'économie, de la santé et de la sécurité sociale.**

Le devis normalisé prévu au premier alinéa du II de l'article L. 1111-3-2 est défini par un accord conclu entre l'Union nationale des caisses d'assurance maladie, les organismes professionnels représentant les mutuelles et unions de mutuelles régies par le code de la mutualité, les institutions de prévoyance et unions d'institutions de prévoyance régies par le code de la sécurité sociale, les entreprises mentionnées à l'article L. 310-1 du code des assurances et offrant des garanties portant sur le remboursement et l'indemnisation des frais occasionnés par une maladie, une maternité ou un accident et les organisations représentatives des professionnels de santé concernés. A défaut d'accord, un devis type est défini par arrêté conjoint des ministres chargés de l'économie, de la santé et de la sécurité sociale.

Art. L. 1111-3-4 *(L. n° 2016-41 du 26 janv. 2016, art. 217-I)* Les établissements publics de santé et les établissements de santé mentionnés aux *b*, *c* et *d* de l'article L. 162-22-6 du code de la sécurité sociale ne peuvent facturer au patient que les frais correspondant aux prestations de soins dont il a bénéficié ainsi que, le cas échéant, les frais prévus au 2° des articles L. 162-22-1 et L. 162-22-6 du même code correspondant aux exigences particulières qu'il a formulées.

Les professionnels de santé liés par l'une des conventions mentionnés *[mentionnées]* à l'article L. 162-14-1 dudit code et les services de santé liés par une convention avec un organisme national ou local assurant la gestion des prestations maladie et maternité des régimes obligatoires de base de sécurité sociale ne peuvent facturer que les frais correspondant à la prestation de soins assurée et ne peuvent exiger le paiement d'une prestation qui ne correspond pas directement à une prestation de soins.

Art. L. 1111-3-5 *(L. n° 2016-41 du 26 janv. 2016, art. 217-I)* Les manquements aux obligations prévues aux articles L. 1111-3, L. 1111-3-2, L. 1111-3-3 et L. 1111-3-4 du présent code sont recherchés et constatés par les agents de la concurrence, de la consommation et de la répression des fraudes, dans les conditions définies *(Ord. n° 2016-301 du 14 mars 2016, art. 17, en vigueur le 1er juill. 2016)* « à l'article L. 511-7 » du code de la consommation.

Ces manquements sont passibles d'une amende administrative dont le montant ne peut excéder 3 000 € pour une personne physique et 15 000 € pour une personne morale. L'amende est prononcée dans les conditions prévues *(Ord. n° 2016-301 du 14 mars 2016, art. 17, en vigueur le 1er juill. 2016)* « au chapitre II du titre II du livre V du code de la consommation ».

Chirurgie esthétique

Art. L. 1151-2 *(L. n° 2009-879 du 21 juill. 2009, art. 61)* La pratique des actes, procédés, techniques et méthodes à visée esthétique autres que ceux relevant de l'article L. 6322-1 peut, si elle présente des risques sérieux pour la santé des personnes, être soumise à des règles, définies par décret, relatives à la formation et la qualification des professionnels pouvant les mettre en œuvre, à la déclaration des activités exercées et à des conditions techniques de réalisation.

Elle peut également être soumise à des règles de bonnes pratiques de sécurité fixées par arrêté du ministre chargé de la santé.

Art. L. 1151-3 *(L. n° 2009-879 du 21 juill. 2009, art. 61)* Les actes à visée esthétique dont la mise en œuvre présente un danger grave ou une suspicion de danger grave pour la santé humaine peuvent être interdits par décret après avis de la Haute Autorité de santé. Toute décision de levée de l'interdiction est prise en la même forme.

Art. L. 1152-1 *(L. n° 2009-879 du 21 juill. 2009, art. 61)* En cas d'exercice d'une activité à visée esthétique en méconnaissance des dispositions de l'article L. 1151-2, *(Ord. n° 2010-177 du 23 févr. 2010, art. 7)* « le directeur général de l'agence régionale de santé » peut suspendre le droit d'exercer l'activité concernée pour une durée maximale de six mois.

Si, au terme de la durée de suspension, l'intéressé ne s'est pas mis en conformité avec les règles applicables, *(Ord. n° 2010-177 du 23 févr. 2010, art. 7)* « le directeur général de l'agence régionale de santé » prononce l'interdiction d'exercer l'activité concernée pour une durée maximale de cinq ans. L'activité ne peut être reprise à la fin de la période d'interdiction que si l'intéressé justifie s'être mis en conformité avec les règles en vigueur.

Art. L. 1152-2 *(Ord. n° 2010-177 du 23 févr. 2010, art. 7)* « Le directeur général de l'agence régionale de santé » *(L. n° 2009-879 du 21 juill. 2009, art. 61)* « peut prononcer une sanction financière à l'encontre du professionnel ayant exercé une activité à visée esthétique

en méconnaissance des dispositions des articles L. 1151-2 ou L. 1151-3 et, le cas échéant, de la personne morale qui a admis la pratique d'une telle activité dans un organisme ou un établissement dont elle est responsable. Le montant maximum de la sanction est fixé à 37 500 € pour les personnes physiques et à 150 000 € pour les personnes morales. »

....

Art. L. 6322-1 *(L. n° 2002-303 du 4 mars 2002, art. 52)* **Une intervention de chirurgie esthétique, y compris dans les établissements de santé mentionnés au livre Ier, ne peut être pratiquée que dans des installations satisfaisant à des conditions techniques de fonctionnement. Celles-ci font l'objet d'une** *(Ord. n° 2010-177 du 23 févr. 2010, art. 26)* **« certification » dans les conditions prévues à l'article L. 6113-3.** — *Sur les conditions techniques de fonctionnement des installations de chirurgie esthétique, V. CSP, art. D. 6322-31 s.* — **CSP.**

La création de ces installations est soumise à l'autorisation de l'autorité administrative territorialement compétente. L'autorisation, qui entraîne la possibilité de fonctionner, est accordée pour une durée limitée renouvelable. Elle est subordonnée au résultat d'une visite de conformité sollicitée par la personne autorisée et menée par l'autorité administrative compétente. — *Sur l'autorisation des installations de chirurgie esthétique et la visite de conformité, V. CSP, art. D. 6322-1 s. et D. 6322-48 s.* — **CSP.**

Elle est réputée caduque si l'installation n'a pas commencé à fonctionner dans un délai de trois ans. De même, sauf accord préalable de l'autorité administrative sur demande justifiée du titulaire de l'autorisation, l'arrêt du fonctionnement de l'installation pendant une durée supérieure à six mois entraîne la caducité de l'autorisation. La caducité est constatée par l'autorité administrative compétente.

L'autorisation est retirée si une publicité directe ou indirecte sous quelque forme que ce soit est effectuée en faveur de l'établissement titulaire de ladite autorisation.

L'autorisation peut être suspendue totalement ou partiellement, ou peut être retirée par l'autorité administrative compétente pour les motifs et dans les conditions prévues à l'article L. 6122-13. Toutefois, l'avis *(Ord. n° 2010-177 du 23 févr. 2010, art. 12)* **« de la commission spécialisée de la conférence régionale de la santé et de l'autonomie compétente pour le secteur sanitaire » n'est pas exigé.**

L'activité, objet de l'autorisation, n'entre pas dans le champ des prestations couvertes par l'assurance maladie au sens de l'article *(L. n° 2015-1702 du 21 déc. 2015, art. 59-XII-C-2°, en vigueur le 1er janv. 2016)* **« L. 160-8 » du code de la sécurité sociale.**

Art. L. 6322-2 *(L. n° 2002-303 du 4 mars 2002, art. 52)* **Pour toute prestation de chirurgie esthétique, la personne concernée, et, s'il y a lieu, son représentant légal, doivent être informés par le praticien responsable des conditions de l'intervention, des risques et des éventuelles conséquences et complications. Cette information est accompagnée de la remise d'un devis détaillé. Un délai minimum doit être respecté par le praticien entre la remise de ce devis et l'intervention éventuelle. Pendant cette période, il ne peut être exigé ou obtenu de la personne concernée une contrepartie quelconque ni aucun engagement à l'exception des honoraires afférents aux consultations préalables à l'intervention.**

En application de l'art. L. 6322-2, un délai minimum de quinze jours doit être respecté après la remise du devis détaillé, daté et signé par le ou les praticiens mentionnés aux 1°, 2° et 4° de l'art. D. 6322-43 devant effectuer l'intervention de chirurgie esthétique. — Il ne peut être en aucun cas dérogé à ce délai, même sur la demande de la personne concernée. — Le chirurgien, qui a rencontré la personne concernée, pratique lui-même l'intervention chirurgicale, ou l'informe au cours de cette rencontre qu'il n'effectuera pas lui-même tout ou partie de cette intervention. Cette information est mentionnée sur le devis. — Les dispositions du présent article sont reproduites sur chaque devis (CSP, art. D. 6322-30).

....

Art. L. 6324-1 *(L. n° 2002-303 du 4 mars 2002, art. 54)* ....

Les agents *(Ord. n° 2016-301 du 14 mars 2016, art. 17, en vigueur le 1er juill. 2016)* **« mentionnés aux articles L. 511-3 et L. 511-21 du code de la consommation » sont habilités à rechercher et constater les infractions définies au II de l'article L. 6324-2. A cet effet, ils disposent des pouvoirs prévus à l'article** *(Ord. n° 2016-301 du 14 mars 2016, art. 17, en vigueur le 1er juill. 2016)* **« L. 511-6 » du code de la consommation.**

Art. L. 6324-2 *(L. n° 2002-303 du 4 mars 2002, art. 54)* **I. — Est puni d'une amende de 150 000 € le fait d'exercer des activités de chirurgie esthétique sans l'autorisation prévue**

à l'article L. 6322-1 ou lorsque cette autorisation est réputée caduque ou qu'elle a été suspendue ou retirée.

II. – Est puni d'une amende de 30 000 € le fait :

1° De ne pas remettre le devis détaillé prévu à l'article L. 6322-2 ;

2° De ne pas respecter le délai prévu au même article ;

3° D'exiger ou d'obtenir pendant ce même délai une contrepartie de quelque nature qu'elle soit.

III. – *(L. n° 2009-526 du 12 mai 2009, art. 125-XXI)* « Les personnes morales déclarées responsables pénalement, dans les conditions prévues par l'article 121-2 du code pénal, des infractions définies au présent article encourent, outre l'amende suivant les modalités prévues par l'article 131-38 du code pénal, les peines prévues par les 2°, 4°, 8° et 9° de l'article 131-39 du même code. L'interdiction mentionnée au 2° de l'article 131-39 du même code porte sur l'activité dans l'exercice ou à l'occasion de l'exercice de laquelle l'infraction a été commise. »

....

Obligation d'affichage du professionnel de santé

Art. R. 1111-21 *(Décr. n° 2009-152 du 10 févr. 2009)* Les professionnels de santé mentionnés aux livres Ier et III de la quatrième partie du présent code et qui reçoivent des patients affichent, de manière visible et lisible, dans leur salle d'attente ou, à défaut, dans leur lieu d'exercice, les tarifs des honoraires ou fourchettes des tarifs des honoraires qu'ils pratiquent ainsi que le tarif de remboursement par l'assurance maladie en vigueur correspondant aux prestations suivantes dès lors qu'elles sont effectivement proposées :

1° Pour les médecins : consultation, visite à domicile et majoration de nuit, majoration de dimanche, majorations pratiquées dans le cadre de la permanence des soins et au moins cinq des prestations les plus couramment pratiquées ;

2° Pour les chirurgiens-dentistes : consultation et au moins cinq des prestations de soins conservateurs, chirurgicaux et de prévention les plus pratiqués et au moins cinq des traitements prothétiques et d'orthopédie dento-faciale les plus pratiqués ;

3° Pour les autres professionnels de santé : consultation, visite à domicile et au moins cinq des prestations les plus couramment pratiquées.

Art. R. 1111-22 *(Décr. n° 2009-152 du 10 févr. 2009)* Les médecins mentionnés à l'article précédent doivent également afficher, dans les mêmes conditions matérielles et selon leur situation conventionnelle, les phrases citées au *a, b* ou *c* ci-après :

a) Pour les médecins conventionnés qui pratiquent les tarifs fixés par la convention :

"Votre médecin applique les tarifs de remboursement de l'assurance maladie. Ces tarifs ne peuvent pas être dépassés, sauf dans deux cas :

"– exigence exceptionnelle de votre part, s'agissant de l'horaire ou du lieu de la consultation ;

"– non-respect par vous-même du parcours de soins.

"Si votre médecin vous propose de réaliser certains actes qui ne sont pas remboursés par l'assurance maladie, il doit obligatoirement vous en informer.

"Dans tous les cas cités ci-dessus où votre médecin fixe librement ses honoraires ou ses dépassements d'honoraires, leur montant doit être déterminé avec tact et mesure."

b) Pour les médecins conventionnés autorisés à pratiquer des honoraires supérieurs à ceux fixés par la convention :

"Votre médecin détermine librement ses honoraires. Ils peuvent donc être supérieurs au tarif du remboursement par l'assurance maladie.

"Si votre médecin vous propose de réaliser certains actes qui ne sont pas remboursés par l'assurance maladie, il doit obligatoirement vous en informer.

"Dans tous les cas, il doit fixer ses honoraires avec tact et mesure.

"Si vous bénéficiez de la couverture maladie universelle complémentaire, votre médecin doit appliquer le tarif de remboursement de l'assurance maladie."

c) Pour les médecins non conventionnés avec l'assurance maladie, les phrases :

"Votre médecin n'est pas conventionné ; il détermine librement le montant de ses honoraires. Le remboursement de l'assurance maladie se fait sur la base des "tarifs d'autorité", dont le montant est très inférieur aux tarifs de remboursement pour les médecins conventionnés.

"Si votre médecin vous propose de réaliser certains actes qui ne sont pas remboursés par l'assurance maladie, il doit obligatoirement vous en informer.

"Dans tous les cas, il doit fixer ses honoraires avec tact et mesure."

Art. R. 1111-23 *(Décr. nº 2009-152 du 10 févr. 2009)* Les chirurgiens-dentistes mentionnés à l'article R. 1111-21 doivent également afficher, dans les mêmes conditions matérielles et selon leur situation conventionnelle, l'une des phrases citées aux *a*, *b* ou *c* ci-après :

a) Pour les chirurgiens-dentistes conventionnés qui pratiquent les tarifs fixés par la convention :

"Votre chirurgien-dentiste applique les tarifs de remboursement de l'assurance maladie. Ces tarifs ne peuvent être dépassés, sauf en cas d'exigence exceptionnelle de votre part, s'agissant de l'horaire ou du lieu de la consultation.

"Pour les traitements prothétiques et d'orthopédie dento-faciale, votre chirurgien-dentiste pratique des honoraires libres qui peuvent être supérieurs aux tarifs de remboursement par l'assurance maladie.

"Si vous bénéficiez de la couverture maladie universelle complémentaire, ces dépassements sont plafonnés.

"Si votre chirurgien-dentiste vous propose de réaliser certains actes qui ne sont pas remboursés par l'assurance maladie, il doit obligatoirement vous en informer.

"Dans les cas cités ci-dessus où votre chirurgien-dentiste fixe librement ses honoraires ou ses dépassements d'honoraires, leur montant doit être déterminé avec tact et mesure."

b) Pour les chirurgiens-dentistes conventionnés bénéficiant du droit permanent à dépassement :

"Votre chirurgien-dentiste détermine librement ses honoraires, qui peuvent être supérieurs au tarif de remboursement par l'assurance maladie.

"Si votre chirurgien-dentiste vous propose de réaliser certains actes qui ne sont pas remboursés par l'assurance maladie, il doit obligatoirement vous en informer.

"Dans tous les cas, votre chirurgien-dentiste doit fixer ses honoraires avec tact et mesure."

c) Pour les chirurgiens-dentistes non conventionnés avec l'assurance maladie, les phrases :

"Votre chirurgien-dentiste n'est pas conventionné avec l'assurance maladie ; il détermine librement le montant de ses honoraires. Le remboursement de l'assurance maladie se fait sur la base des "tarifs d'autorité", dont le montant est très inférieur aux tarifs de remboursement pour les chirurgiens-dentistes conventionnés.

"Si votre chirurgien-dentiste vous propose de réaliser certains actes qui ne sont pas remboursés par l'assurance maladie, il doit obligatoirement vous en informer.

"Dans tous les cas, votre chirurgien-dentiste doit fixer ses honoraires avec tact et mesure."

Art. R. 1111-24 *(Décr. nº 2009-152 du 10 févr. 2009)* Les professionnels de santé mentionnés à l'article R. 1111-21 autres que les médecins et les chirurgiens-dentistes doivent également afficher, dans les mêmes conditions matérielles et, selon leur situation conventionnelle, l'une des phrases citées au *a*, *b* ou *c* ci-après :

a) Pour les professionnels de santé conventionnés qui pratiquent les tarifs fixés par la convention dont ils relèvent :

"Votre professionnel de santé pratique des honoraires conformes aux tarifs de l'assurance maladie. Ces tarifs ne peuvent être dépassés, sauf en cas d'exigence exceptionnelle de votre part, s'agissant de l'horaire ou du lieu des actes pratiqués.

"Si votre professionnel de santé vous propose de réaliser certains actes qui ne sont pas remboursés par l'assurance maladie, il doit obligatoirement vous en informer.

"Dans le cas prévu ci-dessus où votre professionnel de santé peut déterminer librement ses honoraires ou ses dépassements d'honoraires, il en détermine le montant avec tact et mesure."

b) Pour les professionnels de santé qui n'ont pas adhéré à la convention dont leur profession relève :

"Votre professionnel de santé n'est pas conventionné avec l'assurance maladie ; il détermine librement le montant de ses honoraires. Le remboursement de l'assurance maladie se fait sur la base des « tarifs d'autorité », dont le montant est très inférieur aux tarifs de remboursement pour les professionnels de santé conventionnés.

"Si votre professionnel de santé vous propose de réaliser certains actes qui ne sont pas remboursés par l'assurance maladie, il doit obligatoirement vous en informer."

c) Pour les autres professionnels de santé d'exercice libéral dont les rapports avec l'assurance maladie ne sont pas régis par une convention, les phrases :

"Votre professionnel de santé fixe librement le montant de ses honoraires dans le respect du tact et de la mesure. Ils ne font pas l'objet d'un remboursement par l'assurance maladie."

Dans toutes les phrases mentionnées aux *a, b* et *c* ci-dessus, le professionnel peut remplacer les mots "professionnels de santé" par la dénomination de sa profession.

Art. R. 1111-25 *(Décr. nº 2009-152 du 10 févr. 2009)* Le fait de ne pas afficher les informations relatives aux honoraires dans les conditions prévues aux articles R. 1111-21 à R. 1111-24 est sanctionné comme suit :

En cas de première constatation d'un manquement, les agents habilités notifient au professionnel un rappel de réglementation mentionnant la date du contrôle, les faits constatés ainsi que le montant maximum de l'amende administrative encourue.

Le professionnel en cause dispose d'un délai de quinze jours pour se mettre en conformité avec la réglementation ainsi rappelée. Passé ce délai, en cas de nouvelle constatation d'un manquement chez le même professionnel, le représentant de l'État dans le département notifie les manquements reprochés et le montant de l'amende administrative envisagée au professionnel, afin qu'il puisse présenter ses observations écrites ou orales, le cas échéant assisté d'une personne de son choix, dans le délai de quinze jours francs à compter de la notification.

A l'issue de ce délai, le représentant de l'État peut prononcer une amende administrative dont le montant ne peut excéder 3 000 €. Il la notifie à l'intéressé en lui indiquant le délai dans lequel il doit s'en acquitter et les voies de recours qui lui sont ouvertes. L'amende est recouvrée conformément aux dispositions des *(Décr. nº 2012-1247 du 7 nov. 2012, art. 20, en vigueur le 1er janv. 2013)* « articles 108 à 111 du décret nº 2012-1246 du 7 novembre 2012 relatif à la gestion budgétaire et comptable publique ».

Arrêté du 25 juillet 1996,

Relatif à l'information du consommateur sur l'organisation des urgences médicales.

Art. 1er Les médecins doivent afficher, dans leur salle d'attente, de manière visible et lisible, les conditions ci-dessous dans lesquelles est assurée la permanence des soins :

Leur numéro de téléphone et les heures auxquelles ils peuvent être joints ;

Le numéro de téléphone des structures de permanence de soins et d'urgence vers lesquelles ils choisissent d'orienter les consommateurs en leur absence ;

La mention suivante : « En cas de doute ou dans les cas les plus graves, appelez le numéro téléphonique "15" ».

Art. 2 La mention « En cas d'urgence », suivie du numéro d'appel, doit figurer sur les ordonnances que le médecin remet à son patient. — *Cet arrêté entrera en vigueur six mois après sa publication au Journal officiel [JO 1er août] (Arr. du 25 juill. 1996, art. 3).*

Arrêté du 17 octobre 1996,

Relatif à la publicité des prix des actes médicaux et chirurgicaux à visée esthétique.

Art. 1er Pour toute prestation à visée esthétique, dont le montant estimé est supérieur ou *égal à (Arr. du 3 sept. 2001, art. 3-XXXI)* « 300 € » ou comportant une anesthésie générale, le praticien remet un devis détaillé.

Les autres prestations à visée esthétique doivent également donner lieu à un devis détaillé lorsque la personne examinée le demande. — *V. désormais CSP, art. L. 6322-2, supra.*

Art. 2 Tout devis doit comporter les mentions suivantes :

1. La date de rédaction ;
2. Le nom, l'adresse, le numéro d'inscription au conseil départemental de l'ordre des médecins, la qualification dans une spécialité (y compris la médecine générale) et/ou la compétence exclusive en chirurgie plastique, reconstructrice et esthétique délivrée par le Conseil national de l'ordre des médecins et l'existence ou non d'une assurance en responsabilité civile professionnelle du praticien, le garantissant pour l'acte prévu ;
3. Le nom, le prénom, la date de naissance et l'adresse du patient demandeur ;

4. *(Arr. du 15 avr. 1997)* **« Le lieu d'exécution de la prestation en précisant, pour les établissements de santé privés, le numéro FINESS délivré par la direction régionale des affaires sanitaires et sociales » ;**

5. La nature précise de l'acte prévu et de l'anesthésie nécessaire, la date proposée ; les informations d'ordre médical concernant l'acte proposé peuvent être données sur un document séparé ;

6. Le décompte détaillé, en quantité et en prix, de chaque prestation et produit nécessaires à l'acte prévu : dénomination, prix unitaire et quantité prévue, à l'exception des examens préopératoires, ainsi que la durée pendant laquelle sont assurés les soins postopératoires, la somme globale à payer, TTC, et la durée de validité de l'offre ;

7. Le nombre de jours d'arrêt de travail à prévoir et la nature des examens préopératoires indispensables ;

8. L'obligation, pour le praticien, de fournir au médecin indiqué par la personne examinée le compte rendu opératoire ;

9. Les phrases :

"Lorsque des dispositifs médicaux ou de produits injectables à visée esthétique sont utilisés, ils doivent être autorisés officiellement. Les références en seront détaillées sur la facture (marque, fabricant, numéro de lot...).

"S'il s'agit d'un acte uniquement à visée esthétique, les examens, l'intervention, les prescriptions et l'arrêt de travail éventuel ne pourront être pris en charge par l'assurance maladie."

(Abrogé par CE du 27 avr. 1998) ***« Il est convenu que doit être respecté un délai minimum de quinze jours entre la remise de ce document et l'intervention éventuelle. C'est un délai de réflexion avant toute décision, pour le praticien comme pour la personne examinée. Pendant cette période, il ne peut être exigé ou obtenu, de la personne examinée, directement ou indirectement, à quelque titre que ce soit ni sous quelque forme que ce soit, une contrepartie quelconque ni aucun engagement, à l'exception du prix de la présente consultation.*** *— Sur l'annulation des dispositions relatives au délai de réflexion, V. CE 27 avr. 1998, ss. art. 2.*

« Ce délai peut toutefois être réduit à sept jours, à la demande expresse de la personne examinée, qui devra mentionner elle-même, de manière manuscrite et signée, cette demande sur le présent devis. »

Dans tous les cas, le devis, établi en double exemplaire et signé du praticien, doit également comporter l'indication manuscrite, datée et signée du consommateur : "devis reçu avant l'exécution de la prestation de service".

Passé le délai de réflexion, la personne examinée qui accepte le devis doit porter sur l'exemplaire du praticien la mention manuscrite, datée et signée : "devis accepté après réflexion".

Lorsque le praticien fournit les informations médicales mentionnées à l'alinéa 5 sur un document séparé, ce document doit comporter les mêmes mentions manuscrites et signatures que le présent devis.

Le praticien conserve le double du devis dans les mêmes conditions que celles prévues par l'arrêté du 3 octobre 1983 *[relatif à la publicité des prix de tous les services ; V. v° Prix (publicité)]*.

1. L'obligation faite au praticien et à la personne examinée de respecter un délai minimum de réflexion avant la décision éventuelle d'intervention portant atteinte au principe de la liberté contractuelle et excédant l'habilitation donnée par l'anc. art. L. 113-3 C. consom., il y a lieu d'annuler les dispositions de l'art. 2, paragr. 9, de l'arrêté du 17 oct. 1996 relatives au délai de réflexion, lesquelles ne forment pas avec les autres dispositions de cet arrêté un ensemble indivisible. • CE 27 avr. 1998 : *D. 1998. IR 182 ; BID 1998, n° 9, p. 21 ; Dr. adm. 1998, n° 216, obs. C. M. ; RFDA 1998. 640.* ♦ *V. désormais CSP, art. L. 6322-2, supra.*

2. A contrevenu aux dispositions de l'arrêté le chirurgien qui a remis à plusieurs clients des devis ne précisant pas son numéro d'inscription au conseil départemental de l'ordre des médecins ni sa qualification dans une spécialité et ne comportant pas les mentions obligatoires relatives au décompte détaillé, en quantité et en prix, de chaque prestation, à la durée de validité de l'offre et à la durée de l'arrêt de travail éventuel du patient. • Crim. 15 oct. 2002 : *Dr. pénal 2003, n° 22, obs. J.-H. Robert ; CCC 2003, n° 99, obs.* Raymond.

Art. 3 **Pour tous les actes à visée esthétique qui ne sont pas visés à l'article 1er, est remis à la personne examinée un document d'information reprenant les alinéas 1 à 5 de l'article 2.**

Art. 4 **Le présent arrêté sera publié au *Journal officiel* de la République française et entrera en vigueur le 1er janvier 1997.**

MÉDICAMENTS

Code de la santé publique

Publicité des médicaments

Art. L. 5122-1 On entend par publicité pour les médicaments à usage humain toute forme d'information, y compris le démarchage, de prospection ou d'incitation qui vise à promouvoir la prescription, la délivrance, la vente ou la consommation de ces médicaments, à l'exception de l'information dispensée, dans le cadre de leurs fonctions, par les pharmaciens gérant une pharmacie à usage intérieur.

Ne sont pas inclus dans le champ de cette définition :

– la correspondance, accompagnée le cas échéant de tout document non publicitaire, nécessaire pour répondre à une question précise sur un médicament particulier ;

– les informations concrètes et les documents de référence relatifs, par exemple, aux changements d'emballages, aux mises en garde concernant les effets indésirables dans le cadre de la pharmacovigilance, ainsi qu'aux catalogues de ventes et listes de prix s'il n'y figure aucune information sur le médicament ;

– les informations relatives à la santé humaine ou à des maladies humaines, pour autant qu'il n'y ait pas de référence même indirecte à un médicament. – *[Anc. art. L. 551.]*

Art. L. 5122-2 La publicité définie à l'article L. 5122-1 ne doit pas être trompeuse ni porter atteinte à la protection de la santé publique. Elle doit présenter le médicament ou produit de façon objective et favoriser son bon usage.

Elle doit respecter les dispositions de l'autorisation de mise sur le marché *(L. n° 2011-2012 du 29 déc. 2011, art. 29-I)* « ainsi que les stratégies thérapeutiques recommandées par la Haute Autorité de santé ». – *[Anc. art. L. 551-1.]*

Art. L. 5122-3 Seuls peuvent faire l'objet d'une publicité les médicaments pour lesquels ont été obtenus l'autorisation de mise sur le marché mentionnée à l'article L. 5121-8 ou *(Ord. n° 2007-613 du 26 avr. 2007, art. 52)* « l'autorisation mentionnée à l'article L. 5121-9-1 ou un des enregistrements mentionnés aux articles L. 5121-13 et L. 5121-14-1 ou » *(L. n° 2011-1906 du 21 déc. 2011, art. 26-I, en vigueur le 1er janv. 2012)* « qui bénéficient d'une autorisation d'importation parallèle en application de l'article L. 5124-13 ».

(L. n° 2011-2012 du 29 déc. 2011, art. 29-II) « La publicité pour un médicament est interdite lorsque ce médicament fait l'objet d'une réévaluation du rapport entre les bénéfices et les risques *(Abrogé par Ord. n° 2016-966 du 15 juill. 2016, art. 2)* «*à la suite d'un signalement de pharmacovigilance*». Les professionnels de santé sont informés par l'exploitant du médicament de la réévaluation conduite dans le cadre du présent alinéa. L'information ainsi prodiguée doit être conforme à celle délivrée par l'Agence nationale de sécurité du médicament et des produits de santé. »

Art. L. 5122-4 *Abrogé par L. n° 2007-248 du 26 févr. 2007, art. 18.*

Art. L. 5122-5 *Abrogé par L. n° 2011-1906 du 21 déc. 2011, art. 26-I, à compter du 1er janv. 2012.*

Art. L. 5122-6 La publicité auprès du public pour un médicament n'est admise qu'à la condition que ce médicament ne soit pas soumis à prescription médicale, *(L. n° 2007-248 du 26 févr. 2007, art. 19)* « qu'aucune de ses différentes présentations ne soit » remboursable par les régimes obligatoires d'assurance maladie et que l'autorisation de mise sur le marché ou l'enregistrement ne comporte pas *(L. n° 2007-248 du 26 févr. 2007, art. 19)* « d'interdiction ou » de restrictions en matière de publicité auprès du public en raison d'un risque possible pour la santé publique *(L. n° 2007-248 du 26 févr. 2007, art. 19)* « , notamment lorsque le médicament n'est pas adapté à une utilisation sans intervention d'un médecin pour le diagnostic, l'initiation ou la surveillance du traitement ».

(L. n° 2009-879 du 21 juill. 2009, art. 110-I) « La publicité auprès du public pour un médicament bénéficiant d'une autorisation de mise sur le marché délivrée par *(Ord. n° 2010-177 du 23 févr. 2010, art. 26)* « l'Union européenne » en application du règlement (CE) n° 726/2004 du Parlement européen et du Conseil, du 31 mars 2004, établissant des procédures communautaires pour l'autorisation et la surveillance en ce qui concerne

les médicaments à usage humain et à usage vétérinaire et instituant une Agence européenne des médicaments, ou dont l'autorisation de mise sur le marché a été modifiée par le biais de la procédure telle que prévue par ce même règlement, peut être interdite ou restreinte pour les motifs cités au premier alinéa, par décision du directeur général de *(L. nº 2011-2012 du 29 déc. 2011, art. 5-IV)* **« l'Agence nationale de sécurité du médicament et des produits de santé ». »**

(L. nº 2011-2012 du 29 déc. 2011, art. 29-IV) **« Par dérogation au premier alinéa, les campagnes publicitaires pour les médicaments mentionnés à l'article L. 5121-2** *[V. vº Tabac, produits du tabac, note ss. CSP, art. L. 3511-1]* **ou pour des vaccins soumis à prescription médicale ou remboursables peuvent s'adresser au public.**

« Les campagnes publicitaires non institutionnelles auprès du public pour des vaccins mentionnés au troisième alinéa du présent article ne sont autorisées que si les conditions suivantes sont réunies :

« 1º Ils figurent sur une liste de vaccins établie pour des motifs de santé publique par arrêté du ministre chargé de la santé pris après avis *(L. nº 2017-220 du 23 févr. 2017, art. 4-III, en vigueur le 23 mai 2017)* **« de la Haute Autorité de santé » ;**

« 2º Le contenu de ces campagnes publicitaires est conforme à l'avis *(L. nº 2017-220 du 23 févr. 2017, art. 4-III, en vigueur le 23 mai 2017)* **« de la Haute Autorité de santé » et est assorti, de façon clairement identifiée, des mentions minimales obligatoires déterminées par cette instance. Ces mentions sont reproduites *in extenso*, sont facilement audibles et lisibles, selon le support du message publicitaire concerné, sont sans renvoi et sont en conformité avec des caractéristiques définies par arrêté du ministre chargé de la santé. »**

La publicité auprès du public pour un médicament est nécessairement accompagnée d'un message de prudence et de renvoi à la consultation d'un médecin en cas de persistance des symptômes. — *[Anc. art. L. 551-3.]*

Art. L. 5122-6-1 *(Ord. nº 2012-1427 du 19 déc. 2012, art. 7-I)* **Le commerce électronique de médicaments mentionné à l'article L. 5125-33 est soumis aux dispositions du présent chapitre.** — *Sur le commerce électronique de médicaments par une pharmacie d'officine, V. CSP, art. L. 5125-33 s. et R. 5125-70 s.* — **CSP.**

BIBL. ▶ DOUVILLE, *JCP E 2013, nº 1067* (courtage et commerce en ligne de médicaments). – DEBET, *CCE 2013, nº 25* (la vente de médicaments en ligne autorisée en France). – LAUDE, *D. 2013. 516* (autorisation de la vente en ligne de médicaments). – DALMAS, *JCP 2013, nº 252* (vente en ligne de médicaments : dix ans d'attente pour un régime mort-né ?). – PEIGNÉ, *RDSS 2013. 303* (consécration du commerce électronique de médicaments et prévention de leur falsification). – MASCRET et ISSENHUTH, *LPA 23 mai 2013* (analyse critique de la réglementation relative au commerce en ligne de médicaments). – SIRANYAN, *CCC 2013. Étude 8* (vente des médicaments par internet : une évolution inéluctable pour les pharmacies françaises ?). – HICHRI, *RLDA sept. 2013. 103* (vente en ligne des médicaments : un modèle consacré, encore imparfait).

Art. L. 5122-7 Les indications thérapeutiques dont la mention dans la publicité auprès du public est interdite sont déterminées par un arrêté du ministre chargé de la santé pris sur proposition de *(L. nº 2011-2012 du 29 déc. 2011, art. 5-IV)* **« l'Agence nationale de sécurité du médicament et des produits de santé ».** — *[Anc. art. L. 551-4.]*

Art. L. 5122-8 La publicité auprès du public pour un médicament mentionné à l'article L. 5122-6 ainsi que les campagnes publicitaires auprès du public pour les vaccinations sont soumises à une autorisation préalable de *(L. nº 2011-2012 du 29 déc. 2011, art. 5-IV)* **« l'Agence nationale de sécurité du médicament et des produits de santé » dénommée visa de publicité.**

Ce visa est délivré pour une durée qui ne peut excéder la durée de l'autorisation de mise sur le marché pour les médicaments soumis à cette autorisation.

En cas de méconnaissance des dispositions des articles L. 5122-2 ou L. 5122-7, le visa peut être suspendu en cas d'urgence ou retiré par décision motivée de l'agence. — *[Anc. art. L. 551-5.]*

Art. L. 5122-8-1 *Abrogé par Ord. nº 2013-1183 du 19 déc. 2013, art. 4-IX, à compter du 1er févr. 2014. — V. désormais CSP, art. L. 5422-6, infra.*

Art. L. 5122-9 *(L. nº 2011-2012 du 29 déc. 2011, art. 29-V)* **La publicité pour un médicament auprès des membres des professions de santé habilités à prescrire ou à dispenser des médicaments ou à les utiliser dans l'exercice de leur art est soumise à une autorisation**

préalable de l'Agence nationale de sécurité du médicament et des produits de santé dénommée "visa de publicité".

Ce visa est délivré pour une durée qui ne peut excéder la durée de l'autorisation de mise sur le marché pour les médicaments soumis à cette autorisation.

En cas de méconnaissance des articles L. 5122-2 ou L. 5122-3, le visa peut être suspendu en cas d'urgence ou retiré par décision motivée de l'agence.

Toute publicité auprès des professionnels de santé pour des vaccins est assortie, de façon clairement identifiée et sans renvoi, des recommandations *in extenso* de l'avis *(L. n° 2017-220 du 23 févr. 2017, art. 4-III, en vigueur le 23 mai 2017)* **« de la Haute Autorité de santé ».**

Les publicités ayant fait l'objet, avant la date de promulgation de la L. n° 2011-2012 du 29 déc. 2011, du dépôt prévu à l'art. L. 5122-9 dans sa rédaction antérieure à cette promulgation continuent, pendant un délai d'un an à compter de cette même date, d'être régies par le chapitre II du titre II des livres Ier et IV de la cinquième partie du code de la santé publique ainsi que par l'art. L. 162-17-4 CSS dans leur rédaction antérieure à la promulgation de la loi précitée (L. préc., art. 41-VIII).

Interdiction de la publicité. Il résulte de l'art. L. 5122-9 (dans sa rédaction antérieure) que si le Comité économique des produits de santé n'est saisi qu'à la suite d'une interdiction de publicité décidée par l'Agence française de sécurité sanitaire des produits de santé au vu de manquements aux règles relatives à la publicité des médicaments que cette agence a relevés, il lui appartient d'apprécier dans chaque espèce, après avoir mis l'entreprise en mesure de présenter ses observations, s'il y a lieu de prononcer une sanction financière et d'en déterminer le montant en fonction de la gravité de l'infraction et de l'évolution des ventes de la spécialité en cause. • CE 30 janv. 2008 : *RDSS 2008. 307, note Courrèges ; JCP 2008. IV. 1414 ; Gaz. Pal. 2008. 2009, obs. Cabannes.* ♦ Pour exercer pleinement cet office, le comité doit, alors même que l'interdiction de l'Afssaps serait devenue définitive, examiner lui-même l'ensemble des éléments de droit et de fait de nature à justifier sa propre décision. • Même décision. ♦ En effet, une pénalité financière prononcée par le comité en application de l'art. L. 162-17-4 CSS constitue une décision administrative infligeant une sanction qui doit être motivée. • Même décision.

Art. L. 5122-9-1 *(L. n° 2011-2012 du 29 déc. 2011, art. 29-VI)* **Les demandes de visa prévues à l'article L. 5122-9 sont effectuées selon un calendrier et durant une période déterminés par décision du directeur général de l'Agence nationale de sécurité du médicament et des produits de santé.**

Art. L. 5122-10 *(L. n° 2007-248 du 26 févr. 2007, art. 20)* **« Des échantillons gratuits de médicaments ne peuvent être remis aux personnes habilitées à prescrire ou à dispenser des médicaments dans le cadre des pharmacies à usage intérieur que sur leur demande.**

« Ces échantillons ne peuvent contenir des substances classées comme psychotropes ou stupéfiants, ou auxquelles la réglementation des stupéfiants est appliquée en tout ou partie.

« Ils doivent être identiques aux spécialités pharmaceutiques concernées et porter la mention : "échantillon gratuit".

« Leur remise directe au public à des fins promotionnelles ainsi que leur remise dans les enceintes accessibles au public à l'occasion de congrès médicaux ou pharmaceutiques est interdite. »

(Abrogé par Ord. n° 2017-49 du 19 janv. 2017, art. 3) ***« Dans le cadre de la promotion des médicaments auprès des personnes habilitées à les prescrire ou à les délivrer, il est interdit d'octroyer, d'offrir ou de promettre à ces personnes une prime, un avantage pécuniaire ou un avantage en nature, à moins que ceux-ci ne soient de valeur négligeable*** *(L. n° 2007-248 du 26 févr. 2007, art. 20)* ***« et ne soient relatifs à l'exercice de la médecine ou de la pharmacie ». »*** *— [Anc. art. L. 551-8.]*

*Les modifications issues de l'Ord. n° 2017-49 du 19 janv. 2017 entrent en vigueur à des dates fixées par décret et au plus tard le 1er juill. 2018 (Ord. préc., art. 5). — Sur les avantages offerts par les personnes fabriquant ou commercialisant des produits ou des prestations de santé, V. CSP, art. L. 1453-3 s. — **CSP**.*

Art. L. 5122-11 Les personnes qui font de l'information par démarchage ou de la prospection pour des médicaments doivent posséder des connaissances scientifiques suffisantes attestées par des diplômes, titres ou certificats figurant sur une liste établie par l'autorité administrative.

Les employeurs des salariés mentionnés au premier alinéa doivent veiller en outre à l'actualisation des connaissances de ceux-ci.

Ils doivent leur donner instruction de rapporter à l'entreprise toutes les informations relatives à l'utilisation des médicaments dont ils assurent la publicité, en particulier en ce

qui concerne les effets indésirables qui sont portés à leur connaissance par les personnes visitées. — *[Anc. art. L. 551-7.]*

Art. L. 5122-12 Par dérogation aux dispositions de l'article L. 5122-11, peuvent également exercer les activités définies au premier alinéa de cet article :

1° Les personnes qui exerçaient de telles activités pendant au moins trois ans dans les dix années précédant le 19 janvier 1994 ;

2° Les personnes autres que celles mentionnées au 1° qui exerçaient ces activités au 19 janvier 1994, à condition de satisfaire dans un délai de quatre ans à compter de la même date aux conditions fixées par le premier alinéa de l'article L. 5122-11 ou à des conditions de formation définies par l'autorité administrative. — *[L. n° 94-43 du 18 janv. 1994, art. 11].*

Art. L. 5122-13 Les dispositions des articles L. 5122-2, L. 5122-3, du premier alinéa de l'article L. 5122-6, des articles L. 5122-7, L. 5122-8, L. 5122-9 et L. 5122-11 sont applicables à la publicité pour les générateurs, trousses et précurseurs. — *[Art. L. 551-9 (partie)].*

Art. L. 5122-14 *(Abrogé par L. n° 2014-201 du 24 févr. 2014, art. 3-V)* ***La publicité pour les produits autres que les médicaments présentés comme favorisant le diagnostic, la prévention ou le traitement des maladies, des affections relevant de la pathologie chirurgicale et des dérèglements physiologiques, le diagnostic ou la modification de l'état physique ou physiologique, la restauration, la correction ou la modification des fonctions organiques est soumise aux dispositions du premier alinéa de l'article L. 5122-2 et des articles L. 5122-8 et L. 5122-9.*** — *[Art. L. 551-10].*

Art. L. 5122-15 La publicité ou la propagande, sous quelque forme que ce soit, relative aux objets, appareils et méthodes, présentés comme favorisant le diagnostic, la prévention ou le traitement des maladies, des affections relevant de la pathologie chirurgicale et des dérèglements physiologiques, le diagnostic ou la modification de l'état physique ou physiologique, la restauration, la correction ou la modification des fonctions organiques, peut être interdite par *(L. n° 2011-2012 du 29 déc. 2011, art. 5-IV)* « l'Agence nationale de sécurité du médicament et des produits de santé », lorsqu'il n'est pas établi que lesdits objets, appareils et méthodes possèdent les propriétés annoncées. *(L. n° 2011-2012 du 29 déc. 2011, art. 5-IV)* « L'Agence nationale de sécurité du médicament et des produits de santé » peut aussi *(Abrogé par L. n° 2011-2012 du 29 déc. 2011, art. 6)* ***« , après avis de la commission prévue au deuxième alinéa du présent article, »*** soumettre cette publicité ou propagande à l'obligation de mentionner les avertissements et précautions d'emplois nécessaires à l'information du consommateur.

L'interdiction est prononcée *(Abrogé par L. n° 2011-2012 du 29 déc. 2011, art. 6)* ***« après avis d'une commission et »*** après que le fabricant, importateur ou distributeur desdits objets et appareils ou le promoteur desdites méthodes ait *[a]* été appelé à présenter ses observations. Elle prend effet trois semaines après sa publication au *Journal officiel*. Elle est alors opposable au fabricant, importateur, distributeur ou promoteur, ainsi qu'aux personnes qui sollicitent ou font solliciter la publicité ou la propagande interdite et aux agents de publicité ou de diffusion. — *[Anc. art. L. 552.]*

....

Art. L. 5134-2 *(Abrogé par Ord. n° 2016-966 du 15 juill. 2016, art. 2)* ***Les dispositions des articles L. 5122-1 à L. 5122-3, du premier alinéa de l'article L. 5122-6, des articles L. 5122-7, L. 5122-8, L. 5122-9 et L. 5122-11 sont applicables à la publicité pour les produits, autres que les médicaments, mentionnés à l'article L. 5134-1.***

Toutefois, seules les dispositions des articles L. 5122-1, L. 5122-2, L. 5122-8 et L. 5122-9 sont applicables à la publicité pour les préservatifs. — [Anc. art. L. 551-9 (partie).]

....

Art. L. 5422-1 *(Abrogé par Ord. n° 2013-1183 du 19 déc. 2013, art. 4-IX, à compter du 1er févr. 2014) (Ord. n° 2008-717 du 17 juill. 2008, art. 5)* ***Toute publicité de caractère trompeur ou de nature à porter atteinte à la santé publique, ainsi que toute publicité qui ne respecte pas les dispositions du second alinéa de l'article L. 5122-2 relatives au respect de l'autorisation de mise sur le marché, est punie de deux ans d'emprisonnement et de 30 000 € d'amende.***

Toute publicité ne présentant pas un médicament ou un produit revendiquant une finalité sanitaire de façon objective ou n'en favorisant pas le bon usage est punie de 30 000 € d'amende.

Art. L. 5422-2 *(Abrogé par Ord. n° 2013-1183 du 19 déc. 2013, art. 4-IX, à compter du 1er févr. 2014) (Ord. n° 2008-717 du 17 juill. 2008, art. 5)* ***Toute publicité portant sur un médicament qui n'a pas obtenu l'autorisation mentionnée*** *(L. n° 2008-1425 du 27 déc. 2008, art. 177-X)*

« aux articles L. 5121-8 et L. 5121-9-1 ou l'autorisation d'importation parallèle » (L. n° 2011-1906 du 21 déc. 2011, art. 26-I, en vigueur le 1er janv. 2012) « en application de l'article L. 5124-13 » ou l'un des enregistrements mentionnés aux articles L. 5121-13 et L. 5121-14-1, est punie de deux ans d'emprisonnement et de 30 000 € d'amende.

Art. L. 5422-3 *(Ord. n° 2013-1183 du 19 déc. 2013, art. 4-I, en vigueur le 1er févr. 2014)* **Toute publicité au sens de l'article L. 5122-1 effectuée auprès du public ou des professionnels de santé pour un médicament bénéficiant de l'autorisation mentionnée à l'article L. 5121-12 est punie d'un an d'emprisonnement et de 150 000 € d'amende.**

Art. L. 5422-4 *Abrogé par L. n° 2011-2012 du 29 déc. 2011, art. 29-VII.*

Art. L. 5422-5 **Est punie** *(Ord. n° 2013-1183 du 19 déc. 2013, art. 4-II, en vigueur le 1er févr. 2014)* **« d'un an d'emprisonnement et de 150 000 € » d'amende toute publicité au sens de l'article L. 5122-1 effectuée auprès du public pour un médicament :**

1° Soumis à prescription médicale ;

2° Remboursable par les régimes obligatoires d'assurance maladie *(L. n° 2004-806 du 9 août 2004, art. 127)* **« , sauf dans le cas prévu au troisième alinéa de l'article L. 5122-6 » ;**

3° Dont l'autorisation de mise sur le marché ou l'enregistrement comporte des restrictions en matière de publicité auprès du public en raison d'un risque possible pour la santé publique.

(Ord. n° 2013-1183 du 19 déc. 2013, art. 4-II, en vigueur le 1er févr. 2014) **« Est puni** *[punie]* **des mêmes peines toute campagne publicitaire non institutionnelle pour des vaccins effectuée auprès du public, en méconnaissance des obligations prévues à l'article L. 5122-6. »** – *[Anc. art. L. 556, al. 1er.]*

Art. L. 5422-6 *(Ord. n° 2013-1183 du 19 déc. 2013, art. 4-III, en vigueur le 1er févr. 2014)* **Toute publicité au sens de l'article L. 5122-1 qui n'a pas obtenu le visa en application des articles L. 5122-8 et L. 5122-9 ou qui est effectuée malgré la suspension ou le retrait de celui-ci est punie d'un an d'emprisonnement et de 150 000 € d'amende.**

Art. L. 5422-7 *(Abrogé par Ord. n° 2013-1183 du 19 déc. 2013, art. 4-IX, à compter du 1er févr. 2014) Est punie de 3 750 € d'amende :*

1° Toute publicité au sens de l'article L. 5122-1 effectuée auprès du public qui n'est pas accompagnée d'un message de prudence et de renvoi à la consultation d'un médecin en cas de persistance de symptômes ;

2° Toute publicité de spécialités définies au 5° de l'article L. 5121-1, qui ne mentionne pas l'appartenance à la catégorie des spécialités génériques.

La récidive des infractions définies au présent article est punie de trois mois d'emprisonnement et de 7 500 € d'amende. – [Anc. art. L. 518.]

Art. L. 5422-8 **Est puni** *(Ord. n° 2013-1183 du 19 déc. 2013, art. 4-IV, en vigueur le 1er févr. 2014)* **« d'un an d'emprisonnement et de 75 000 € » d'amende le fait de remettre des échantillons de médicaments :**

1° A des personnes non habilitées à prescrire ou à dispenser des médicaments dans le cadre des pharmacies à usage intérieur ;

2° A des personnes habilitées à prescrire ou à dispenser des médicaments dans le cadre des pharmacies à usage intérieur, sans que ces personnes en aient exprimé la demande ;

3° Contenant des substances classées comme psychotropes ou comme stupéfiants, ou auxquels la réglementation des stupéfiants est appliquée en tout ou en partie ;

4° Dans les enceintes accessibles au public à l'occasion de congrès médicaux ou pharmaceutiques ;

5° Différents des spécialités pharmaceutiques concernées ou qui ne portent pas la mention ***"échantillon gratuit"*** **;** – *[Anc. art. L. 556, al. 1er.]*

(Ord. n° 2008-171 du 17 juill. 2008, art. 5) **« 6° Gratuits au public à des fins promotionnelles ;**

« 7° Aux personnes habilitées sur le fondement de l'article L. 5122-10 en quantité supérieure *(Ord. n° 2013-1183 du 19 déc. 2013, art. 4-IV, en vigueur le 1er févr. 2014)* **« au nombre fixé par voie réglementaire ».**

Art. L. 5422-9 **L'octroi, l'offre ou la promesse à des personnes habilitées à prescrire ou à délivrer des médicaments d'une prime, d'un avantage pécuniaire ou en nature, à moins que ceux-ci ne soient de valeur négligeable, pour promouvoir des médicaments,** *(Ord. n° 2013-1183 du 19 déc. 2013, art. 4-V, en vigueur le 1er févr. 2014)* **« est puni de deux ans d'emprisonnement et** *[de]* **75 000 € d'amende. »** – *[Anc. art. L. 556, al. 1er.]*

Art. L. 5422-10 *(Abrogé par Ord. nº 2013-1183 du 19 déc. 2013, art. 4-IX, à compter du 1er févr. 2014)* ***Est punie de 37 500 € d'amende toute publicité pour des générateurs, trousses ou précurseurs en infraction aux dispositions de l'article L. 5122-13.*** — [Anc. art. L. 556, al. 1er.]

Art. L. 5422-11 *(Abrogé par Ord. nº 2013-1183 du 19 déc. 2013, art. 4-IX, à compter du 1er févr. 2014)* ***Est punie de 37 500 € d'amende toute publicité pour produits mentionnés à l'article L. 5122-14 :***

1º De caractère trompeur, de nature à porter atteinte à la protection de la santé publique, ne présentant pas le produit de façon objective ou n'en favorisant pas le bon usage ;

2º Qui n'a pas obtenu le visa mentionné à l'article L. 5122-8 ou qui est effectuée malgré la suspension ou le retrait de celui-ci ;

3º *(L. nº 2011-2012 du 29 déc. 2011, art. 29-IX)* ***« Qui n'a pas fait l'objet du visa de publicité prévu à l'article L. 5122-9 ou qui est effectuée malgré la décision de suspension ou de retrait de celui-ci prise en application du même article. »*** — [Anc. art. L. 556, al. 1er.]

Publicité pharmaceutique. Se rend coupable d'infraction aux règles sur la publicité pharmaceutique ou médicale le responsable d'une société qui, alors qu'il n'a pas obtenu préalablement le visa officiel du ministère de la santé, diffuse des documents publicitaires, relatifs à des produits cosmétiques et d'hygiène corporelle, laissant entendre que ceux-ci ont des propriétés thérapeutiques. • TGI Paris, 2 avr. 1997 : *BID 1997, nº 11, p. 27.*

Art. L. 5422-12 *(Ord. nº 2013-1183 du 19 déc. 2013, art. 4-VI, en vigueur le 1er févr. 2014)* **« Est punie d'un an d'emprisonnement et de 150 000 euros d'amende » toute publicité pour des objets, appareils ou méthodes mentionnés à l'article L. 5122-15 sans respecter l'obligation de mentionner les avertissements et précautions d'emplois nécessaires à l'information du consommateur ou en dépit de l'interdiction prononcée par le** *(Ord. nº 2013-1183 du 19 déc. 2013, art. 4-VI, en vigueur le 1er févr. 2014)* **« directeur général de l'Agence nationale de sécurité du médicament et des produits de santé. »** — *[Anc. art. L. 556, al. 1er.]*

Art. L. 5422-13 *(Abrogé par Ord. nº 2013-1183 du 19 déc. 2013, art. 4-IX, à compter du 1er févr. 2014)* ***Le fait, quel que soit le mode de publicité utilisé, de tirer profit d'une publicité irrégulière au sens de l'article L. 5122-2 ou d'assurer la diffusion d'une telle publicité est puni de 37 500 € d'amende.***

Les dispositions prévues à l'alinéa précédent sont applicables lorsque cette publicité, faite à l'étranger, est perçue ou diffusée en France. — [Anc. art. L. 556, al. 2 et 3.]

Art. L. 5422-14 **Dans les cas mentionnés** *(Ord. nº 2013-1183 du 19 déc. 2013, art. 4-VII, en vigueur le 1er févr. 2014)* **« au présent chapitre », le tribunal peut interdire la vente et ordonner la saisie et la confiscation des médicaments, produits, objets et appareils susvisés, ainsi que la saisie et la destruction des documents et objets publicitaires les concernant ou concernant les méthodes susmentionnées.**

(Abrogé par Ord. nº 2013-1183 du 19 déc. 2013, art. 4-VII, à compter du 1er févr. 2014) ***« Toutefois, dans les cas mentionnés à l'article L. 5422-7 le tribunal peut seulement interdire la saisie et la destruction des documents et objets publicitaires. »*** — *[Anc. art. L. 556, al. 4.]*

.....

Art. L. 5422-18 *(Ord. nº 2013-1183 du 19 déc. 2013, art. 4-VIII, en vigueur le 1er févr. 2014)* **Constitue un manquement soumis à sanction financière :**

1º Toute publicité portant sur un médicament qui n'a pas obtenu l'autorisation mentionnée aux articles L. 5121-8 et L. 5121-9-1 ou l'autorisation d'importation parallèle en application de l'article L. 5124-13 ou l'un des enregistrements mentionnés aux articles L. 5121-13 et L. 5121-14-1 ;

2º Toute publicité au sens de l'article L. 5122-1 effectuée auprès du public qui n'a pas obtenu le visa mentionné à l'article L. 5122-8 ou qui est effectuée malgré la suspension ou le retrait de celui-ci ;

3º Toute publicité au sens de l'article L. 5122-1 effectuée auprès des professionnels de santé qui n'a pas obtenu le visa mentionné à l'article L. 5122-9 ou qui est effectuée malgré la suspension ou le retrait de celui-ci ;

4º Toute publicité au sens de l'article L. 5122-1 effectuée auprès du public pour un médicament soumis à prescription médicale ;

5º Toute publicité au sens de l'article L. 5122-1 effectuée auprès du public pour un médicament remboursable par les régimes obligatoires d'assurance maladie, sauf dans le cas prévu au troisième alinéa de l'article L. 5122-6 ;

6° Toute publicité au sens de l'article L. 5122-1 effectuée auprès du public pour un médicament dont l'autorisation de mise sur le marché ou l'enregistrement comporte des restrictions en matière de publicité auprès du public en raison d'un risque possible pour la santé publique ;

7° Toute publicité au sens de l'article L. 5122-1 effectuée auprès du public ou des professionnels de santé pour un médicament bénéficiant de l'autorisation mentionnée à l'article L. 5121-12 ;

8° Toute publicité pour des générateurs, trousses ou précurseurs en méconnaissance des dispositions de l'article L. 5122-13 ;

9° Toute campagne publicitaire non institutionnelle pour des vaccins effectuée en méconnaissance des obligations prévues à l'article L. 5122-6.

....

Art. R. 5122-3 Lorsqu'elle est admise en vertu des dispositions de l'article L. 5122-6, la publicité pour un médicament auprès du public :

1° Est conçue de façon que le caractère publicitaire du message soit évident et que le produit soit clairement identifié comme médicament ;

2° Comporte au moins *(Abrogé par Décr. nº 2012-741 du 9 mai 2012, art. 3)* « ***, outre les mentions obligatoires prévues au dernier alinéa de l'article L. 5122-6*** » :

a) La dénomination du médicament, ainsi que la dénomination commune *(Abrogé par Décr. nº 2012-741 du 9 mai 2012, art. 3)* « ***lorsque le médicament ne contient qu'un seul principe actif*** » ;

b) Les informations indispensables pour un bon usage du médicament ;

c) Une invitation expresse à lire attentivement les instructions figurant sur la notice ou sur le conditionnement extérieur, selon le cas ;

(Décr. nº 2007-157 du 5 févr. 2007, art. 1er) « *d*) Un message de prudence, un renvoi au conseil d'un pharmacien et, en cas de persistance des symptômes, une invitation à la consultation d'un médecin » ;

(Décr. nº 2012-741 du 9 mai 2012, art. 3) « *e*) Pour une spécialité générique, la mention de cette qualité et, si le groupe générique auquel appartient la spécialité comporte une ou plusieurs spécialités de référence, la mention : "Cette spécialité est un générique de", suivie du nom de la ou des spécialités de référence, de leur dosage et de leur forme pharmaceutique. En ce cas, la publicité comporte également la mention : "Médicament inscrit au répertoire des génériques. Lors de la substitution, consultez la liste des excipients à effet notoire figurant sur l'emballage ainsi que le répertoire des génériques pour prendre connaissance des mises en garde éventuelles y figurant."

« Pour une publicité sur un support de diffusion radiophonique, la mention de la dénomination commune prévue au *a* n'est requise que lorsque le médicament ne contient pas plus de deux principes actifs. En outre, pour l'application du *e*, seule est requise la mention que la spécialité est générique. »

Art. R. 5122-4 Sans préjudice des dispositions de l'article L. 5122-7, une publicité pour un médicament auprès du public ne peut comporter aucun élément qui :

1° Ferait apparaître la consultation médicale ou l'intervention chirurgicale comme superflue, en particulier en offrant un diagnostic ou en préconisant un traitement par correspondance ;

2° Suggérerait que l'effet du médicament est assuré, qu'il est sans effets indésirables, ou qu'il est supérieur ou égal à celui d'un autre traitement ou médicament ;

3° Suggérerait qu'un état de santé normal peut être amélioré par l'utilisation du médicament ;

4° Suggérerait qu'un état de santé normal peut être affecté en cas de non-utilisation du médicament ; cette interdiction ne s'applique pas aux campagnes publicitaires pour des vaccins ou médicaments mentionnés au *(Décr. nº 2012-741 du 9 mai 2012, art. 4)* « troisième » alinéa de l'article L. 5122-6 ;

5° S'adresserait exclusivement ou principalement aux enfants ;

6° Se référerait à une recommandation émanant de scientifiques, de professionnels de santé ou de personnes qui, bien que n'étant ni des scientifiques ni des professionnels de santé, peuvent, par leur notoriété, inciter à la consommation du médicament concerné ;

7° Assimilerait le médicament à une denrée alimentaire, à un produit cosmétique ou à un autre produit de consommation ;

8° Suggérerait que la sécurité ou l'efficacité du médicament est due au fait qu'il s'agit d'une substance naturelle ;

9° Pourrait conduire, par une description détaillée de symptômes, à un faux autodiagnostic ;

10° Utiliserait de manière abusive, effrayante ou trompeuse des représentations visuelles d'altérations du corps humain dues à des maladies ou à des lésions ;

11° Présenterait de manière excessive ou trompeuse l'action du médicament dans le corps humain ;

12° Se référerait à des attestations de guérison ;

13° Insisterait sur le fait que le médicament a reçu une autorisation de mise sur le marché ou a fait l'objet d'un enregistrement ;

14° Comporterait des offres de primes, objets ou produits quelconques ou d'avantages matériels directs ou indirects de quelque nature que ce soit.

Art. R. 5122-5 *(Décr. n° 2012-741 du 9 mai 2012, art. 5)* Un calendrier des périodes de dépôt des demandes de visa mentionnées à l'article L. 5122-8 est fixé pour chaque année, par décision du directeur général de l'Agence nationale de sécurité du médicament et des produits de santé *(Décr. n° 2016-183 du 23 févr. 2016, art. 3-V)* « publiée sur le site internet de l'agence », avant le 1er novembre de l'année précédente. Ce calendrier détermine au minimum quatre périodes par an, d'une durée comprise entre une semaine et deux mois chacune, au cours desquelles les demandes doivent être déposées.

Les demandes de visa sont réputées acceptées en l'absence de décision du directeur général de l'agence dans un délai de deux mois à compter du jour suivant la fin de la période au cours de laquelle elles ont été déposées.

La durée de validité du visa est de deux ans.

Art. R. 5122-6 *(Décr. n° 2012-741 du 9 mai 2012, art. 5)* Lors du dépôt de la demande de visa, le demandeur attribue, à chacun des supports prévus pour la publicité, un numéro interne de référencement, selon des règles définies par une décision du directeur général de l'Agence nationale de sécurité du médicament et des produits de santé.

La publicité diffusée auprès du public fait mention de ce numéro, sauf pour une publicité sur un support de diffusion radiophonique.

Art. R. 5122-7 *(Décr. n° 2012-741 du 9 mai 2012, art. 5)* Le retrait de visa prévu au troisième alinéa de l'article L. 5122-8 est prononcé par le directeur général de l'Agence nationale de sécurité du médicament et des produits de santé après que le bénéficiaire du visa a été invité, par tout moyen permettant de rapporter la preuve de la date de réception de cet avis, à présenter ses observations écrites ou orales dans un délai fixé par le directeur général, qui ne peut être inférieur à un mois.

En cas d'urgence, le directeur général de l'agence peut suspendre le visa, pour une durée de trois mois au plus.

Officine de pharmacie

Art. L. 5125-24 Les pharmaciens ne peuvent faire dans leur officine le commerce de marchandises autres que celles figurant sur une liste arrêtée par le ministre chargé de la santé, sur proposition du Conseil national de l'ordre des pharmaciens. — *V. Arr. du 15 févr. 2002. — **CSP**.*

Les pharmaciens doivent dispenser dans leur officine les drogues simples, les produits chimiques et les préparations décrites par la pharmacopée. Les substances ainsi dispensées doivent répondre aux spécifications de ladite pharmacopée.

Les pharmaciens ne peuvent vendre aucun remède secret.

*Sur le commerce électronique de médicaments par une pharmacie d'officine, V. CSP, art. L. 5125-33 s. et R. 5125-70 s. — **CSP**.*

Art. L. 5125-25 Il est interdit aux pharmaciens ou à leurs préposés de solliciter des commandes auprès du public.

Il est interdit aux pharmaciens de recevoir des commandes de médicaments et autres produits ou objets mentionnés à l'article L. 4211-1 *[relatif au monopole pharmaceutique]* par l'entremise habituelle de courtiers et de se livrer au trafic et à la distribution à domicile de médicaments, produits ou objets précités, dont la commande leur serait ainsi parvenue.

Toute commande livrée en dehors de l'officine par toute autre personne ne peut être remise qu'en paquet scellé portant le nom et l'adresse du client.

Toutefois, sous réserve du respect des dispositions du premier alinéa de l'article L. 5125-21, les pharmaciens d'officine, ainsi que les autres personnes légalement habilitées à les remplacer, assister ou seconder, peuvent dispenser personnellement une commande au domicile des patients dont la situation le requiert. – *[Anc. art. L. 589.]*

Art. L. 5125-26 Est interdite la vente au public de tous médicaments, produits et objets mentionnés à l'article L. 4211-1 par l'intermédiaire de maisons de commission, de groupements d'achats ou d'établissements possédés ou administrés par des personnes non titulaires de l'un des diplômes, certificats ou autres titres mentionnés à l'article L. 4221-1 *[diplôme de docteur en pharmacie ou de pharmacien]. – [Anc. art. L. 590].*

Art. L. 5125-27 Tout débit, étalage ou distribution de médicaments est interdit sur la voie publique, dans les foires ou marchés, à toute personne, même munie du diplôme de pharmacien. – *[Anc. art. L. 591.]*

....

Art. L. 5125-31 La publicité en faveur des officines de pharmacie ne peut être faite que dans les conditions prévues par voie réglementaire. – *[Anc. art. L. 551-11 (partie).]*

....

Art. R. 4235-55 L'organisation de l'officine ou de la pharmacie à usage intérieur doit assurer la qualité de tous les actes qui y sont pratiqués.

Le pharmacien veille à ce que le public ne puisse accéder directement aux médicaments et à ce que ceux-ci soient dispensés avec la discrétion que requiert le respect du secret professionnel.

(Décr. nº 2008-641 du 30 juin 2008, art. 2) « Toutefois, le pharmacien titulaire ou le pharmacien gérant une officine peut rendre directement accessibles au public les médicaments de médication officinale mentionnés à l'article R. 5121-202. Ces médicaments doivent être présentés dans un espace dédié, clairement identifié et situé à proximité immédiate des postes de dispensation des médicaments et d'alimentation du dossier pharmaceutique mentionné à l'article L. 161-36-4-2 du code de la sécurité sociale, de façon à permettre un contrôle effectif du pharmacien. Ce dernier met à la disposition du public les informations émanant des autorités de santé relatives au bon usage des médicaments de médication officinale. »

....

Art. R. 4235-57 L'information en faveur d'une officine de pharmacie dans les annuaires ou supports équivalents est limitée comme suit :

1° A la rubrique "Pharmacie", sont seules autorisées les mentions des noms et adresses et des numéros de téléphone et de télécopie ;

2° A toute autre rubrique, ne peuvent figurer que les annonces relatives aux activités spécialisées autorisées dans l'officine ;

Les mentions prévues aux 1° et 2° ci-dessus ne peuvent revêtir, par leur présentation et leur dimension, une importance telle qu'elle leur confère un caractère publicitaire.

La publicité pour les médicaments, produits et articles dont la vente est réservée aux pharmaciens ne peut s'effectuer que conformément à la réglementation en vigueur.

Art. R. 4235-58 La publicité pour les produits ou articles dont la vente n'est pas réservée aux pharmaciens est admise à condition de :

1° Demeurer loyale ;

2° Se présenter sur un support compatible avec la dignité de la profession ;

3° Observer tact et mesure dans sa forme et son contenu ;

4° Ne pas être trompeuse pour le consommateur.

Art. R. 4235-59 Les vitrines des officines et les emplacements aménagés pour être visibles de l'extérieur ne peuvent servir à présenter que les activités dont l'exercice en pharmacie est licite. Sous réserve de la réglementation en vigueur en matière de concurrence et de publicité et des obligations légales en matière d'information sur les prix pratiqués, ces vitrines et emplacements ne sauraient être utilisés aux fins de solliciter la clientèle par des procédés et moyens contraires à la dignité de la profession.

....

Art. R. 4235-64 Le pharmacien ne doit pas, par quelque procédé ou moyen que ce soit, inciter ses patients à une consommation abusive de médicaments.

Art. R. 4235-65 Tous les prix doivent être portés à la connaissance du public conformément à la réglementation économique en vigueur.

Lorsque le pharmacien est, en vertu de la réglementation en vigueur, appelé à fixer librement les prix pratiqués dans son officine, il doit y procéder avec tact et mesure.

....

Art. R. 5125-26 La publicité en faveur des officines de pharmacie n'est autorisée que dans les conditions et sous les réserves ci-après définies :

1° La création, le transfert, le changement de titulaire d'une officine *(Décr. n° 2012-1562 du 31 déc. 2012, art. 3-I)* « , ainsi que la création d'un site internet de l'officine » peuvent donner lieu à un communiqué dans la presse écrite limité à l'indication du nom du pharmacien, de ses titres universitaires, hospitaliers et scientifiques figurant sur la liste établie par le Conseil national de l'ordre des pharmaciens, mentionnée à l'article R. 4235-52, *(Décr. n° 2012-1562 du 31 déc. 2012, art. 3-I)* « l'adresse du site internet de l'officine, » le nom du prédécesseur, l'adresse de l'officine avec, le cas échéant, la mention d'activités liées au commerce des marchandises figurant sur la liste mentionnée au premier alinéa de l'article L. 5125-24.

Cette annonce est préalablement communiquée au conseil régional de l'ordre des pharmaciens. Elle ne saurait excéder la dimension de 100 cm^2 ;

2° Outre les moyens d'information sur l'officine mentionnés à l'article R. 4235-57, les pharmaciens peuvent faire paraître dans la presse écrite des annonces en faveur des activités mentionnées au 1° ci-dessus d'une dimension maximale de 100 cm^2, comportant leur nom et adresse ainsi que les numéros de téléphone et de télécopie et les heures d'ouverture des officines.

Art. R. 5125-27 Des brochures d'éducation sanitaire peuvent être remises gratuitement au public dans l'officine, à la condition que n'y figure aucune publicité en faveur de cette dernière, hormis le nom et l'adresse du pharmacien.

Art. R. 5125-28 Il est interdit aux pharmaciens d'officine d'octroyer à leur clientèle des primes ou des avantages matériels directs ou indirects, de lui donner des objets ou produits quelconques à moins que ceux-ci ne soient de valeur négligeable, et d'avoir recours à des moyens de fidélisation de la clientèle pour une officine donnée.

Art. R. 5125-29 Un groupement ou un réseau constitué entre pharmacies ne peut faire de la publicité en faveur des officines qui le constituent.

Aucune publicité ne peut être faite auprès du public pour un groupement ou un réseau constitué entre officines.

Étiquetage des médicaments

Art. R. 5121-137 *Abrogé par Décr. n° 2014-955 du 21 août 2014, art. 2.*

Art. R. 5121-138 Sans préjudice des mentions exigées par d'autres dispositions législatives et réglementaires, l'étiquetage du conditionnement extérieur ou, à défaut de conditionnement extérieur, l'étiquetage du conditionnement primaire d'un médicament ou d'un produit mentionné à l'article L. 5121-8, porte les mentions suivantes, inscrites de manière à être facilement lisibles, clairement compréhensibles et indélébiles :

1° *(Décr. n° 2008-435 du 6 mai 2008, art. 49)* « Le nom du médicament ou du produit, le dosage, la forme pharmaceutique, le cas échéant la mention du destinataire ("nourrissons", "enfants" ou "adultes"), ainsi que, lorsque le médicament contient au maximum trois substances actives, la ou les dénominations communes ; les modalités de l'inscription du nom et du dosage en braille ainsi que les modalités d'information de l'*(Décr. n° 2012-597 du 27 avr. 2012, art. 5-I, en vigueur le 1er mai 2012)* « Agence nationale de sécurité du médicament et des produits de santé » liée à cette inscription sont prévues par décision du directeur général de l'agence » ;

2° La composition qualitative et quantitative en *(Décr. n° 2008-435 du 6 mai 2008, art. 49)* « substances actives » par unité de prise ou, selon la forme d'administration, pour un volume ou un poids déterminé, en utilisant les dénominations communes ;

3° La forme pharmaceutique et le contenu en poids, en volume ou en unités de prise ;

4° La liste des excipients qui ont une action ou un effet notoire *(Abrogé par Décr. n° 2014-955 du 21 août 2014, art. 2)* *« et qui sont mentionnés dans les bonnes pratiques d'étiquetage prévues à l'article R. 5121-137* ». Toutefois, s'il s'agit d'un produit injectable, d'une préparation topique ou d'un collyre, tous les excipients sont mentionnés ;

5° Le mode d'administration et, si nécessaire, la voie d'administration *(Décr. n° 2008-435 du 6 mai 2008, art. 49)* « , suivis d'un espace prévu pour indiquer la posologie prescrite » ;

6° *(Décr. n° 2008-435 du 6 mai 2008, art. 49)* « Une mise en garde spéciale selon laquelle ce médicament doit être tenu hors de la portée et de la vue des enfants ; »

7° Une mise en garde spéciale, si elle s'impose pour ce médicament ;

8° Le numéro du lot de fabrication ;

9° La date de péremption en clair ;

10° Les précautions particulières de conservation, s'il y a lieu ;

11° Les précautions particulières d'élimination des produits non utilisés ou des déchets dérivés de ces produits s'il y a lieu *(Décr. n° 2008-435 du 6 mai 2008, art. 49)* « , ainsi qu'une référence à tout système de collecte approprié mis en place » ;

12° *(Décr. n° 2008-435 du 6 mai 2008, art. 49)* « Le nom et l'adresse du titulaire de l'autorisation de mise sur le marché et, le cas échéant, de l'entreprise exploitant le médicament ou le produit ; »

13° La mention : "Médicament autorisé n°" suivie du numéro de l'autorisation de mise sur le marché ;

14° Pour les médicaments non soumis à prescription, l'indication thérapeutique ;

15° et 16° *Abrogés par Décr. n° 2014-955 du 21 août 2014, art. 2.*

17° Le classement du médicament en matière de prescription et de délivrance, mentionné dans l'autorisation de mise sur le marché ;

18° Pour les médicaments homéopathiques mentionnés *(Décr. n° 2008-435 du 6 mai 2008, art. 49)* « au 5° de l'article R. 5121-28 » la mention : "Médicament homéopathique traditionnellement utilisé dans" suivie de l'indication thérapeutique.

Les dispositions des art. R. 5121-138, R. 5121-141, R. 5121-142, R. 5121-149 et du dernier alinéa de l'art. R. 5121-148 sont applicables aux médicaments et produits soumis à autorisation de mise sur le marché, autorisés à la date d'entrée en vigueur du Décr. n° 2008-435 du 6 mai 2008 (JO 7 mai), dans un délai maximal d'un an à compter de cette même date (Décr. préc., art. 60).

Art. R. 5121-138-1 à R. 5121-138-4 *Dispositifs de sécurité portés par les emballages des médicaments. — V.* ***CSP.***

Art. R. 5121-139 *(Décr. n° 2017-550 du 14 avr. 2017, art. 1er)* « I. — » Le conditionnement extérieur peut comporter, outre le signe distinctif de l'entreprise, des signes ou des pictogrammes explicitant certaines des informations ci-dessus ainsi que d'autres informations compatibles avec le résumé des caractéristiques du produit. Ces éléments doivent être utiles *(Décr. n° 2008-435 du 6 mai 2008, art. 50)* « pour les patients » et ne présenter aucun caractère promotionnel.

(Décr. n° 2017-550 du 14 avr. 2017, art. 1er) « II. — » Lorsque le médicament ou produit a des effets sur la capacité de conduire des véhicules ou d'utiliser des machines, mentionnés *(Décr. n° 2008-435 du 6 mai 2008, art. 50)* « dans le résumé des caractéristiques du produit », son conditionnement extérieur comporte un pictogramme, dont le modèle est déterminé, *(Décr. n° 2017-550 du 14 avr. 2017, art. 1er)* « après avis » du directeur général de l'*(Décr. n° 2012-597 du 27 avr. 2012, art. 5-I, en vigueur le 1er mai 2012)* « Agence nationale de sécurité du médicament et des produits de santé », par arrêté du ministre chargé de la santé. — *V. Arr. du 8 août 2008, infra.*

(Décr. n° 2017-550 du 14 avr. 2017, art. 1er) « III. — Lorsqu'un médicament ou un produit a des effets tératogènes ou foetotoxiques mentionnés dans son résumé des caractéristiques du produit, son conditionnement extérieur comporte un pictogramme dont le modèle est déterminé, après avis du directeur général de l'Agence nationale de sécurité du médicament et des produits de santé, par arrêté du ministre chargé de la santé. — *V. Arr. du 5 mai 2017, infra.*

« IV. — Le titulaire d'une autorisation de mise sur le marché d'un médicament ou produit transmet pour information au directeur général de l'Agence nationale de sécurité du médicament et des produits de santé un exemplaire du conditionnement extérieur de ce médicament ou produit comprenant le pictogramme prévu au II ou au III qu'il met en œuvre, sans faire application des dispositions de l'article R. 5121-41.

« V. — En cas de non-respect des dispositions des II, III et IV, la mesure de suspension de l'autorisation de mise sur le marché prévue à l'article R. 5121-47 est applicable. »

Les dispositions du III de l'art. R. 5121-139 dans sa rédaction résultant du Décr. n° 2017-550 du 14 avr. 2017 entrent en vigueur, pour les médicaments et produits faisant l'objet d'une autorisation de mise sur le marché à la date de publication dudit décret (JO 16 avr.), dans un délai de six mois à compter de cette même date. Toutefois, les dispositions s'appliquant au pictogramme exigé pour les médicaments et produits qui ne font pas l'objet d'une autorisation de mise sur le marché à la date d'entrée en vigueur dudit décret, et pour les médicaments et produits à base de valproate de sodium et ses dérivés, entrent en vigueur à une date fixée par l'arrêté prévu et, au plus tard, dans le délai d'un mois à compter de la publication dudit décret (Décr. préc., art. 2).

Art. R. 5121-140 **Les mentions prévues aux articles R. 5121-138 et R. 5121-139 sont rédigées en français. Elles peuvent en outre être rédigées dans d'autres langues, à condition que les mêmes mentions figurent dans toutes les langues utilisées.**

(Décr. n° 2008-435 du 6 mai 2008, art. 51) **« Lorsque le médicament n'est pas destiné à être** *(Décr. n° 2012-1244 du 8 nov. 2012, art. 2)* **« délivré » directement au patient ou lorsqu'il est mis à disposition du patient à titre exceptionnel notamment en raison de l'indisponibilité du médicament ayant une autorisation de mise sur le marché en France, le directeur général de l'***(Décr. n° 2012-597 du 27 avr. 2012, art. 5-I, en vigueur le 1er mai 2012)* **« Agence nationale de sécurité du médicament et des produits de santé » peut** *(Décr. n° 2012-1244 du 8 nov. 2012, art. 2)* **« , sous réserve des mesures qu'il juge nécessaires pour protéger la santé humaine, » exonérer de l'obligation de faire figurer certaines mentions et de rédiger les mentions en français. »**

Art. R. 5121-141 **Par dérogation aux dispositions de l'article** *(Décr. n° 2008-435 du 6 mai 2008, art. 52)* **« R. 5121-138 », lorsque les médicaments ou les produits sont contenus dans un conditionnement extérieur conforme aux prescriptions dudit article, les conditionnements primaires sous forme de blister comportent au moins les indications suivantes :**

1° *(Décr. n° 2008-435 du 6 mai 2008, art. 52)* **« Le nom du médicament ou du produit, le dosage, la forme pharmaceutique, le cas échéant la mention du destinataire ("nourrissons", "enfants" ou "adultes"), ainsi que, lorsque le médicament contient au maximum trois substances actives, la ou les dénominations communes ; »**

2° *(Décr. n° 2008-435 du 6 mai 2008, art. 52)* **« Le nom du titulaire de l'autorisation de mise sur le marché du médicament ou produit ; »**

3° Le numéro du lot de fabrication ;

4° La date de péremption.

V. note ss. art. R. 5121-138.

Art. R. 5121-142 **Les ampoules ou autres petits conditionnements primaires sur lesquels il est impossible de mentionner l'ensemble des indications prévues à l'article** *(Décr. n° 2008-435 du 6 mai 2008, art. 53)* **« R. 5121-138 » peuvent ne porter que les indications suivantes :**

1° *(Décr. n° 2008-435 du 6 mai 2008, art. 53)* **« Le nom du médicament ou du produit, le dosage, la forme pharmaceutique, le cas échéant la mention du destinataire ("nourrissons", "enfants" ou "adultes"), ainsi que, lorsque le médicament contient au maximum trois substances actives, la ou les dénominations communes ; »**

2° Le mode d'administration et, si nécessaire, la voie d'administration ;

3° La date de péremption ;

4° Le numéro du lot de fabrication ;

5° Le contenu en poids, en volume ou en unités.

V. note ss. art. R. 5121-138.

....

Art. R. 5121-148 **La présence d'une notice d'information pour l'utilisateur dans le conditionnement de tout médicament ou produit est obligatoire, sauf si les mentions citées à l'article R. 5121-149 figurent directement sur le conditionnement extérieur ou le conditionnement primaire.**

Elle est rédigée en français, en termes aisément compréhensibles pour l'utilisateur et suffisamment lisibles *(Décr. n° 2008-435 du 6 mai 2008, art. 56)* **« , compte tenu des résultats de la consultation de groupes de patients ».**

Elle peut en outre être rédigée en plusieurs autres langues, à condition que les mêmes informations figurent dans toutes les langues utilisées.

(Décr. nº 2008-435 du 6 mai 2008, art. 56) « Lorsque le médicament n'est pas destiné à être *(Décr. nº 2012-1244 du 8 nov. 2012, art. 3)* « délivré » directement au patient ou lorsqu'il est mis à disposition du patient à titre exceptionnel notamment en raison de l'indisponibilité du médicament ayant une autorisation de mise sur le marché en France, le directeur général de l'*(Décr. nº 2012-597 du 27 avr. 2012, art. 5-I, en vigueur le 1er mai 2012)* « Agence nationale de sécurité du médicament et des produits de santé » peut *(Décr. nº 2012-1244 du 8 nov. 2012, art. 3)* « , sous réserve des mesures qu'il juge nécessaires pour protéger la santé humaine, » exonérer de l'obligation de faire figurer certaines mentions et de rédiger la notice en français.

« Le titulaire de l'autorisation de mise sur le marché veille à ce que la notice soit disponible, sur demande des organisations de patients, dans des formats appropriés pour les aveugles et les mal-voyants. »

V. note ss. art. R. 5121-138.

Art. R. 5121-149 *(Décr. nº 2012-1244 du 8 nov. 2012, art. 4)* « La notice est établie en conformité avec le résumé des caractéristiques du produit. Elle comporte un texte standard, invitant expressément les patients à signaler tout effet indésirable suspecté à leur médecin, à leur pharmacien ou à tout autre professionnel de santé ou bien directement au centre régional de pharmacovigilance, et précisant les différents modes de notification à leur disposition. Elle comporte également, dans l'ordre, les indications suivantes : »

1° *(Décr. nº 2008-435 du 6 mai 2008, art. 57)* « Pour l'identification du médicament ou du produit :

« *a)* Le nom du médicament ou du produit, le dosage, la forme pharmaceutique, le cas échéant la mention du destinataire ("nourrissons", "enfants" ou "adultes") ainsi que la dénomination commune lorsqu'il ne contient qu'une seule substance active et que son nom est un nom de fantaisie ;

« *b)* La catégorie pharmacothérapeutique ou le type d'activité dans des termes aisément compréhensibles pour le patient ; »

2° Les indications thérapeutiques ;

3° L'énumération des informations nécessaires avant la prise du médicament relatives aux contre-indications, aux précautions d'emploi, aux interactions médicamenteuses et autres interactions susceptibles d'affecter l'action du médicament et aux mises en garde spéciales. Cette énumération doit :

a) Tenir compte de la situation particulière des catégories suivantes d'utilisateurs : enfants, femmes enceintes ou allaitant, personnes âgées, personnes présentant certaines pathologies spécifiques ;

b) Mentionner, s'il y a lieu, les effets possibles du traitement sur la capacité à conduire un véhicule ou à utiliser certaines machines ;

c) Comporter une liste des excipients dont la connaissance est nécessaire pour une utilisation efficace et sans risque du médicament ou du produit *(Abrogé par Décr. nº 2014-955 du 21 août 2014, art. 2)* ***« et qui sont définis par les bonnes pratiques d'étiquetage prévues à l'article R. 5121-137 »*** ;

4° Les instructions nécessaires pour un bon usage, en particulier :

a) La posologie ;

b) Le mode et, si nécessaire, la voie d'administration ;

c) La fréquence de l'administration, en précisant, si nécessaire, le moment auquel le médicament ou produit peut ou doit être administré, et, le cas échéant, selon la nature du produit ;

d) La durée du traitement ;

e) La conduite à tenir en cas de surdosage ;

f) La conduite à tenir au cas où l'administration d'une ou plusieurs doses a été omise ;

g) La mention, si nécessaire, d'un risque de syndrome de sevrage ;

(Décr. nº 2008-435 du 6 mai 2008, art. 57) « *h)* La recommandation de consulter un médecin ou un pharmacien pour toute précision ou conseil relatif à l'utilisation du produit ; »

5° Une description des effets indésirables pouvant être observés lors de l'usage normal du médicament ou du produit et, le cas échéant, la conduite à tenir *(Abrogé par Décr. nº 2012-1244 du 8 nov. 2012, art. 4)* ***« , ainsi qu'une invitation expresse pour le patient à communiquer à son médecin ou à son pharmacien tout effet indésirable qui ne serait pas mentionné dans la notice »*** ;

6° Un renvoi à la date de péremption figurant sur le conditionnement extérieur, avec :
a) Une mise en garde contre tout dépassement de cette date ;
b) S'il y a lieu, les précautions particulières de conservation ;
c) S'il y a lieu, une mise en garde en cas de signes visibles de détérioration ;
(Décr. n° 2008-435 du 6 mai 2008, art. 57) « *d)* La composition qualitative complète en substances actives et excipients ainsi que la composition quantitative en substances actives, en utilisant les dénominations communes pour chaque présentation du médicament ou du produit ;

« *e)* La forme pharmaceutique et le contenu en poids, en volume, ou en unités de prises, pour chaque présentation du médicament ;

« *f)* Le nom et l'adresse du titulaire de l'autorisation de mise sur le marché et, le cas échéant, de l'entreprise exploitant le médicament ou le produit ;

« *g)* Le nom et l'adresse du fabricant » ;

(Décr. n° 2008-435 du 6 mai 2008, art. 57) « 7° Lorsque le médicament est autorisé conformément aux articles R. 5121-51 et suivants sous des noms différents dans les États concernés, une liste des noms autorisés dans chacun de ces États » ;

(Décr. n° 2008-435 du 6 mai 2008, art. 57) « 8° » La date à laquelle la notice a été révisée pour la dernière fois.

(Décr. n° 2012-1244 du 8 nov. 2012, art. 4) « Pour les médicaments figurant sur la liste visée à l'article 23 du règlement (CE) n° 726/2004 du Parlement européen et du Conseil du 31 mars 2004, la notice doit, outre les renseignements mentionnés ci-dessus, comporter la mention : "Ce médicament fait l'objet d'une surveillance supplémentaire". Cette mention est précédée du symbole noir mentionné à l'article 23 du règlement (CE) n° 726/2004 du Parlement européen et du Conseil du 31 mars 2004 et suivie d'une phrase explicative déterminée par la Commission européenne. »

Pour les préparations radiopharmaceutiques, la notice doit, en outre, mentionner les précautions à prendre par l'utilisateur et le patient durant la préparation et l'administration du produit et les précautions spéciales pour l'élimination du conditionnement et de ses contenus non utilisés.

La notice peut comporter, outre le signe distinctif de l'entreprise, des signes ou des pictogrammes explicitant certaines des informations ci-dessus ainsi que d'autres informations compatibles avec le résumé des caractéristiques du produit. Ces éléments doivent être utiles *(Décr. n° 2008-435 du 6 mai 2008, art. 57)* « pour les patients » et ne présenter aucun caractère promotionnel.

(Abrogé par Décr. n° 2008-435 du 6 mai 2008, art. 57) ***« Le directeur général de l'Agence française de sécurité sanitaire des produits de santé peut autoriser que ne figurent pas sur la notice les indications thérapeutiques dont la mention est susceptible d'entraîner des inconvénients graves pour certains patients. »***

Les dispositions de l'antépénultième alinéa de l'art. R. 5121-149, relatives aux médicaments faisant l'objet d'une surveillance supplémentaire, sont applicables dans un délai d'un an à compter de la publication par la Commission européenne du symbole et de la phrase explicative accompagnant la mention propre à ces médicaments (Décr. n° 2012-1244 du 8 nov. 2012, art. 8-III).

V. note ss. art. R. 5121-138.

Code de la sécurité sociale

Prix de vente des médicaments

Art. L. 162-16-4 *(L. n° 98-1194 du 23 déc. 1998, art. 30-I) (L. n° 2016-1827 du 23 déc. 2016, art. 98-I)* « I. — » Le prix de vente au public de chacun des médicaments mentionnés au premier alinéa de l'article L. 162-17 est fixé par convention entre l'entreprise exploitant le médicament et le comité économique *(L. n° 99-1140 du 29 déc. 1999, art. 32-IV)* « des produits de santé » conformément à l'article L. 162-17-4 ou, à défaut, *(L. n° 2004-810 du 13 août 2004, art. 43-I)* « par décision du comité, sauf opposition conjointe des ministres concernés qui arrêtent dans ce cas le prix dans un délai de quinze jours après la décision du comité ». La fixation de ce prix tient compte principalement de l'amélioration du service médical rendu *(Abrogé par L. n° 2016-1827 du 23 déc. 2016, art. 98-I)* ***« apportée »*** par le médicament, *(L. n° 2011-1906 du 21 déc. 2011, art. 47-V)* « le cas échéant des résultats de l'évaluation médico-économique, » des prix des médicaments à même visée thérapeutique, des volumes de vente prévus ou constatés ainsi que des conditions prévisibles et réelles d'utilisation du médicament. *(Abrogé par L. nº 2016-1827 du 23 déc. 2016, art. 98-I)* *« Lorsque la fixation du prix du médicament est fondée sur une appréciation de l'amélioration du service médical rendu différente de celle de la commission mentionnée à l'article L. 5123-3 du code de la santé publique, le Comité économique des produits de santé fait connaître à la commission les motifs de son appréciation. »*

Ce prix comprend les marges prévues par *(L. nº 2004-810 du 13 août 2004, art. 43-I)* « la décision mentionnée » à l'article L. 162-38 ainsi que les taxes en vigueur.

(Ord. nº 2017-1092 du 8 juin 2017, art. 2) « Le cas échéant, s'ajoutent aux prix de vente au public des médicaments les honoraires de dispensation définis par la convention nationale prévue à l'article L. 162-16-1, y compris ceux de ces honoraires pratiqués, dans des conditions et limites fixées par décret, lorsque les médicaments délivrés ne sont pas pris en charge par l'assurance maladie. »

(L. nº 2016-1827 du 23 déc. 2016, art. 98-I) « II. – Le prix de vente mentionné au I peut être fixé à un niveau inférieur ou baissé, par convention ou, à défaut, par décision du Comité économique des produits de santé, au regard d'au moins l'un des critères suivants :

« 1° L'ancienneté de l'inscription de la spécialité concernée ou des médicaments à même visée thérapeutique sur la liste prévue au premier alinéa de l'article L. 162-17 ou sur celle mentionnée au premier alinéa de l'article L. 5123-2 du code de la santé publique, ou la fin des droits de propriété intellectuelle conférant une exclusivité de commercialisation de la spécialité, notamment en cas de commercialisation d'un premier médicament générique ou d'un premier médicament biologique similaire ;

« 2° Le prix net ou le tarif net, au sens du quatrième alinéa de l'article L. 162-18 du présent code, de la spécialité et des médicaments à même visée thérapeutique ;

« 3° Le prix d'achat constaté de la spécialité concernée et des médicaments à même visée thérapeutique par les établissements de santé ou les distributeurs de gros ou de détail, compte tenu des remises, ristournes et avantages commerciaux et financiers assimilés de toute nature consentis, y compris les rémunérations de services prévues à l'article L. 441-7 du code de commerce ;

« 4° Le coût net, au sens de l'article L. 162-18 du présent code, du traitement médicamenteux pour l'assurance maladie obligatoire lorsque la spécialité concernée est utilisée concomitamment ou séquentiellement avec d'autres médicaments, notamment au regard du coût net des traitements à même visée thérapeutique ;

« 5° Les montants remboursés, prévus ou constatés, par l'assurance maladie obligatoire pour le médicament concerné et ceux à même visée thérapeutique ;

« 6° L'existence de prix ou de tarifs inférieurs, déduction faite des différentes remises ou taxes en vigueur, dans d'autres pays européens présentant une taille totale de marché comparable et dont la liste est fixée par décret.

« III. – » Un décret en Conseil d'État détermine les conditions d'application du présent article, et notamment les procédures et délais de fixation des prix.

(L. nº 2016-1827 du 23 déc. 2016, art. 98-I) « IV. – » Sont constatées et poursuivies, dans les conditions *(L. nº 2014-344 du 17 mars 2014, art. 140-III)* « prévues au titre V du livre IV du code de commerce », les infractions aux conventions et arrêtés mentionnés ci-dessus.

(L. nº 2016-1827 du 23 déc. 2016, art. 98-I) « V. – Le cadre des conventions mentionnées aux I et II du présent article peut être, le cas échéant, précisé par l'accord mentionné à l'article L. 162-17-4. » – *Anc. art. L. 162-16-1 (L. nº 99-641 du 27 juill. 1999, art. 39-I).*

Art. L. 162-16-4-1 *(L. nº 2012-1404 du 17 déc. 2012, art. 56)* Le prix de vente au public des allergènes préparés spécialement pour un seul individu, définis à l'article L. 4211-6 du code de la santé publique et pris en charge par les organismes d'assurance maladie, est établi par convention entre la personne autorisée à les préparer et à les délivrer et le Comité économique des produits de santé ou, à défaut, par décision du comité, sauf opposition conjointe des ministres chargés de la santé et de la sécurité sociale, qui arrêtent dans ce cas le prix dans un délai de quinze jours après la décision du comité.

La fixation de ce prix tient principalement compte des prix des produits comparables, des volumes de vente prévus ou constatés et des conditions prévisibles et réelles d'utilisation.

Un décret en Conseil d'État détermine les conditions d'application du présent article, et notamment les procédures et délais de fixation du prix, ainsi que les règles selon lesquelles certains de ces allergènes peuvent être exclus de la prise en charge par l'assurance maladie.

Art. L. 162-16-5 *(L. n° 2016-1827 du 23 déc. 2016, art. 98-II)* « I. — Le prix de cession au public des spécialités disposant d'une autorisation de mise sur le marché, de l'autorisation d'importation parallèle en application de l'article L. 5124-13 du code de la santé publique ou de l'autorisation mentionnée à l'article L. 5121-9-1 du même code et inscrites sur la liste prévue à l'article L. 5126-4 *[nouvelle rédaction en vigueur le 1er juill. 2017 : au 1° de l'article L. 5126-6]* dudit code, majoré le cas échéant du montant de la taxe sur la valeur ajoutée et d'une marge dont la valeur est fixée par arrêté des ministres chargés de la santé, de la sécurité sociale et de l'économie prenant en compte les frais inhérents à la gestion et à la dispensation de ces spécialités, est fixé par convention entre l'entreprise exploitant le médicament et le Comité économique des produits de santé conformément à l'article L. 162-17-4 du présent code ou, à défaut, par décision du comité. Il est fixé au plus tard dans un délai de soixante-quinze jours à compter de l'inscription de la spécialité sur la liste prévue à l'article L. 5126-4 *[nouvelle rédaction en vigueur le 1er juill. 2017 : au 1° de l'article L. 5126-6]* du code de la santé publique ou, lorsque la spécialité figurait sur cette liste préalablement à l'obtention de l'autorisation de mise sur le marché, dans un délai de soixante-quinze jours à compter de l'obtention de cette autorisation. Les ministres concernés peuvent faire opposition conjointe à la décision du comité et arrêtent dans ce cas le tarif de responsabilité dans un délai de quinze jours à compter de cette décision.

« Ce prix est fixé dans les conditions prévues au I de l'article L. 162-16-4. Il peut être fixé à un niveau inférieur ou baissé dans les conditions prévues au II de ce même article. »

Tant que *(Abrogé par L. n° 2016-1827 du 23 déc. 2016, art. 98-II)* « ***le prix de vente déclaré ou*** » le prix de cession au public n'est pas publié, les spécialités pharmaceutiques qui figuraient sur cette liste préalablement à l'obtention de l'autorisation de mise sur le marché sont prises en charge ou donnent lieu à remboursement par l'assurance maladie lorsqu'elles sont délivrées par une pharmacie à usage intérieur d'un établissement de santé dûment autorisé sur la base de leur prix d'achat majoré de la marge mentionnée au premier alinéa et, le cas échéant, du montant de la taxe sur la valeur ajoutée.

(Abrogé par L. n° 2016-1827 du 23 déc. 2016, art. 98-II) « ***Un accord conclu à cet effet entre le comité et une ou plusieurs organisations syndicales représentatives des entreprises concernées ou, à défaut, un décret en Conseil d'État précise** (L. n° 2006-1640 du 21 déc. 2006, art. 59-I) **« la procédure, » les conditions dans lesquelles sont effectuées les déclarations des laboratoires exploitants, les critères de l'opposition du comité, les conditions dans lesquelles les prix de vente déclarés peuvent être révisés et les engagements que doit prendre l'entreprise.*** »

Sont constatées et poursuivies dans les conditions fixées par le titre V du livre IV du code de commerce les infractions aux conventions et arrêtés mentionnés ci-dessus.

(L. n° 2014-1554 du 22 déc. 2014, art. 66) « II. — Lorsque le prix d'achat des spécialités acquitté par l'établissement est inférieur *(Abrogé par L. n° 2016-1827 du 23 déc. 2016, art. 98-II)* « ***au prix de vente publié par le Comité économique des produits de santé ou, le cas échéant,*** » au prix de cession fixé en application du *(L. n° 2016-1827 du 23 déc. 2016, art. 98-II)* « premier » alinéa du I minoré de la marge mentionnée au premier alinéa du même I, le prix de cession facturable et servant de base au calcul de la participation de l'assuré est égal au prix d'achat majoré d'une fraction de la différence entre ces deux éléments, fixée par arrêté conjoint des ministres chargés de la santé et de la sécurité sociale, auquel s'ajoute la marge précitée. »

Les prix de cession des spécialités pharmaceutiques fixés sur le fondement de l'art. L. 162-16-5 dans sa rédaction antérieure à la L. n° 2016-1827 du 23 déc. 2016 restent valables jusqu'à leur modification par une nouvelle convention ou, à défaut, une nouvelle décision du Comité économique des produits de santé (L. préc., art. 98-XIII).

....

Art. L. 162-17 Les médicaments spécialisés, mentionnés à l'article L. 5121-8 du code de la santé publique *(L. n° 2004-810 du 13 août 2004, art. 31-IV)* « et les médicaments bénéficiant d'une autorisation d'importation parallèle *(L. n° 2011-1906 du 21 déc. 2011, art. 26-II, en vigueur le 1er janv. 2012)* « en application de l'article L. 5124-13 » du même code », ne ***peuvent être pris en charge ou donner*** lieu à remboursement par les caisses d'assurance maladie *(L. n° 2001-1246 du 21 déc. 2001, art. 40)* « , lorsqu'ils sont dispensés en officine, » que s'ils figurent sur une liste établie dans les conditions fixées par décret en Conseil d'État. *(L. n° 2011-2012 du 29 déc. 2011, art. 14)* « La demande d'inscription d'un médicament sur cette liste est subordonnée à la réalisation d'essais cliniques contre des stratégies thérapeutiques, lorsqu'elles existent, dans des conditions définies par décret en Conseil

d'État. » *(Ord. nº 96-345 du 24 avr. 1996, art. 22-I)* **« La liste précise les seules indications thérapeutiques ouvrant droit à la prise en charge ou au remboursement des médicaments ».**

(L. nº 2001-1246 du 21 déc. 2001, art. 40) **« Les médicaments inscrits sur la liste prévue** *(Ord. nº 2016-1729 du 15 déc. 2016, art. 2, en vigueur le 1er juill. 2017)* **« au 1° de l'article L. 5126-6 » du code de la santé publique sont pris en charge ou donnent lieu à remboursement par l'assurance maladie lorsqu'ils sont délivrés par une pharmacie à usage intérieur d'un établissement de santé dûment autorisée. Cette liste précise les seules indications thérapeutiques ouvrant droit à la prise en charge ou au remboursement des médicaments. »** *(Ord. nº 2016-1729 du 15 déc. 2016, art. 2, en vigueur le 1er juill. 2017)* **« La part prise en charge par les régimes obligatoires d'assurance maladie au titre des remboursements afférents à ces médicaments est facturée à la caisse désignée en application de l'article** *[des articles]* **L. 174-2 ou L. 174-18. »**

(L. nº 2004-806 du 9 août 2004, art. 128-I) **« L'inscription d'un médicament sur les listes mentionnées aux premier et deuxième alinéas peut, au vu des exigences de qualité et de sécurité des soins mettant en œuvre ce médicament, énoncées le cas échéant par la commission prévue à l'article L. 5123-3 du code de la santé publique, être assortie de conditions concernant la qualification ou la compétence des prescripteurs, l'environnement technique ou l'organisation de ces soins et d'un dispositif de suivi des patients traités. »**

En ce qui concerne les médicaments officinaux et les préparations magistrales, un décret en Conseil d'État détermine les règles selon lesquelles certaines catégories de ces médicaments peuvent être exclues du remboursement par arrêté interministériel.

Dernier al. abrogé par L. nº 99-1140 du 29 déc. 1999.

L'art. L. 162-17 CSS est applicable aux demandes déposées à compter du 1er janv. 2012 (L. nº 2011-2012 du 29 déc. 2011, art. 41-V).

Dispositifs médicaux à usage individuel

Art. L. 165-8 *(L. nº 2011-2012 du 29 déc. 2011, art. 34-III)* **« La mention, dans la publicité auprès du public pour des produits ou prestations inscrits sur la liste prévue à l'article L. 165-1 autres que des dispositifs médicaux mentionnés à l'article L. 5213-3 du code de la santé publique, que ces produits sont remboursés, même partiellement, par les régimes obligatoires d'assurance maladie ou par un régime complémentaire est interdite. »**

(L. nº 2006-1640 du 21 déc. 2006, art. 65) **« Cette disposition ne s'oppose pas à ce que tout opérateur vendant au public de tels produits ou prestations fournisse au consommateur, sur le lieu de la vente et au moment de celle-ci, toute information sur son prix ainsi que sur les conditions de prise en charge par l'assurance maladie du produit ou de la prestation offerte à la vente, de ses différents éléments constitutifs dans le cas de dispositifs modulaires et des adjonctions ou suppléments éventuels.**

« Les infractions au présent article sont constatées et poursuivies dans les conditions prévues pour les infractions à l'article *(Ord. nº 2016-301 du 14 mars 2016, art. 2, en vigueur le 1er juill. 2016)* **« L. 121-2 » du code de la consommation. Elles sont punies d'une amende de 37 500 €, dont le montant maximum peut être porté à 50 % des dépenses de la publicité constituant l'infraction. »**

Art. L. 165-9 *(L. nº 2015-990 du 6 août 2015, art. 44-I)* **« Le professionnel de santé qui délivre au public un produit ou une prestation d'appareillage des déficients de l'ouïe ou d'optique-lunetterie inscrit sur la liste mentionnée au premier alinéa de l'article L. 165-1 remet à l'assuré social** *(Abrogé par L. nº 2015-1702 du 21 déc. 2015, art. 59-IV-7º, à compter du 1er janv. 2016)* ***« ou à son ayant droit »*, avant la conclusion du contrat de vente, un devis normalisé comportant le prix de vente de chaque produit et de chaque prestation proposés ainsi que les modalités de prise en charge par les organismes d'assurance maladie obligatoire et, le cas échéant, complémentaire. »**

Avant le paiement, *(L. nº 2015-990 du 6 août 2015, art. 44-I)* **« le professionnel de santé qui délivre au public un produit ou une prestation d'appareillage des déficients de l'ouïe ou d'optique-lunetterie » remet à l'assuré** *(Abrogé par L. nº 2015-1702 du 21 déc. 2015, art. 59-IV-7º, à compter du 1er janv. 2016)* ***« ou à son ayant droit »* une note détaillée reprenant**

les mêmes éléments *(L. nº 2015-990 du 6 août 2015, art. 44-I)* **« ainsi que les informations permettant d'assurer l'identification et la traçabilité des dispositifs médicaux fournis ».**

(L. nº 2015-990 du 6 août 2015, art. 44-I) **« La note et les informations d'identification et de traçabilité sont transmises à l'organisme de sécurité sociale auquel est affilié l'assuré.**

« Le contenu et la présentation du devis et de la note sont fixés par un arrêté pris dans les conditions prévues à l'article *(Ord. nº 2016-301 du 14 mars 2016, art. 2, en vigueur le 1er juill. 2016)* **« L. 112-1 » du code de la consommation.**

« Les informations permettant d'assurer l'identification et la traçabilité sont fixées par un arrêté conjoint des ministres chargés de la santé, de l'économie et de la sécurité sociale. »

Art. L. 165-9-1 *(L. nº 2015-990 du 6 août 2015, art. 44-I)* **Les manquements aux obligations prévues à l'article L. 165-9 du présent code** *(Ord. nº 2016-301 du 14 mars 2016, art. 18, en vigueur le 1er juill. 2016)* **« sont recherchés et constatés par les agents mentionnés aux articles L. 511-3 et L. 511-21 du code de la consommation, dans les conditions prévues à l'article L. 511-7 du même code. Ils » sont passibles d'une amende administrative dont le montant ne peut excéder 3 000 € pour une personne physique et 15 000 € pour une personne morale. L'amende est prononcée dans les conditions prévues** *(Ord. nº 2016-301 du 14 mars 2016, art. 18, en vigueur le 1er juill. 2016)* **« au chapitre II du titre II du livre V » du code de la consommation.**

Arrêté du 24 décembre 1998,

Relatif à l'interdiction de mettre sur le marché des thermomètres médicaux à mercure destinés à mesurer la température interne de l'homme.

Art. 1er **Il est interdit de mettre sur le marché des thermomètres médicaux à mercure destinés à mesurer la température interne de l'homme à partir du 1er mars 1999.**

Art. 2 **Les dispositions de l'article 1er ne sont pas applicables lorsque les thermomètres sont placés sous régime douanier du transit communautaire externe ou sous tout régime douanier économique au sens du règlement (CEE) nº 2913/92 du Conseil du 12 octobre 1992 établissant le code des douanes communautaire, sous réserve qu'ils soient réexportés vers un État non membre de la Communauté européenne ou mis en libre pratique dans un autre État membre ou détruits à l'issue du placement sous ledit régime.**

Arrêté du 8 août 2008,

Pris pour l'application de l'article R. 5121-139 du code de la santé publique et relatif à l'apposition d'un pictogramme sur le conditionnement extérieur de certains médicaments et produits.

Art. 1er **Le pictogramme prévu au deuxième alinéa de l'article R. 5121-139 du code de la santé publique est décliné en trois modèles différents, correspondant chacun à un niveau de risque potentiel du médicament ou produit en ce qui concerne les effets sur la capacité de conduire des véhicules ou d'utiliser des machines.**

Art. 2 **Le pictogramme associé au niveau 1 concerne les médicaments ou produits contenant des substances actives mentionnées dans l'annexe au présent arrêté** *[V. JO 3 oct.]*, **qui ne remettent pas en cause la conduite de véhicules ou l'utilisation de machines mais nécessitent que les patients soient informés.**

Le pictogramme associé au niveau 1 a la forme d'un triangle équilatéral noir sur fond jaune (référence pantone : 108 C) dans lequel se trouve une voiture noire, et "Niveau 1" est mentionné en dessous. Il est accompagné du libellé suivant : "Soyez prudent. Ne pas conduire sans avoir lu la notice."

Art. 3 Le pictogramme associé au niveau 2 concerne les médicaments ou produits contenant des substances actives mentionnées dans l'annexe au présent arrêté *[V. JO 3 oct.]*, qui peuvent remettre en cause l'aptitude à la conduite de véhicules ou à l'utilisation de machines et nécessitent l'avis d'un professionnel de santé.

Le pictogramme associé au niveau 2 a la forme d'un triangle équilatéral noir sur fond orange (référence pantone : 151 C) dans lequel se trouve une voiture noire, et "Niveau 2" est mentionné en dessous. Il est accompagné du libellé suivant : "Soyez très prudent. Ne pas conduire sans l'avis d'un professionnel de santé."

Art. 4 Le pictogramme associé au niveau 3 concerne les médicaments ou produits contenant des substances actives mentionnées dans l'annexe au présent arrêté *[V. JO 3 oct.]*, pour lesquels l'aptitude à la conduite de véhicules ou à l'utilisation de machines est remise en cause pendant leur utilisation.

Le pictogramme associé au niveau 3 a la forme d'un triangle équilatéral noir sur fond rouge (référence pantone : 485 C) dans lequel se trouve une voiture noire, et "Niveau 3" est mentionné en dessous. Il est accompagné du libellé suivant : "Attention, danger : ne pas conduire. Pour la reprise de la conduite, demandez l'avis d'un médecin."

Art. 5 Lorsque le médicament ou produit contient plusieurs substances actives auxquelles sont associés des niveaux de risque différents, s'applique le modèle de pictogramme du niveau le plus élevé.

Art. 6 I. — Les dispositions de l'article 1er sont applicables aux médicaments ou produits soumis à autorisation de mise sur le marché, autorisés à la date de classification de la ou des substances actives qu'ils contiennent dans l'annexe au présent arrêté *[V. JO 3 oct.]* ou à la date de modification de cette classification, dans un délai d'un an à compter de cette même date.

Elles s'appliquent avant l'expiration de ce même délai, à la date du renouvellement quinquennal de l'autorisation de mise sur le marché ou de la modification des éléments de cette autorisation.

II. — Par dérogation au I du présent article, les dispositions de l'article 1er sont applicables sans délai aux médicaments ou produits contenant une ou des substances actives pour lesquelles il est indiqué "expiré" dans les tableaux de l'annexe précitée.

III. — Dans les cas mentionnés au I du présent article, le titulaire de l'autorisation de mise sur le marché transmet pour information au directeur général de l'Agence française de sécurité sanitaire des produits de santé un exemplaire du conditionnement extérieur comportant le pictogramme.

Les dispositions de l'article R. 5121-41 du code susvisé ne s'appliquent pas aux cas prévus par le présent article. Toutefois, en cas de non-respect des dispositions du présent article, les mesures de suspension prévues à l'article R. 5121-47 du même code sont applicables.

Art. 7 A titre transitoire, lorsqu'un médicament ou produit qui a des effets sur la capacité de conduire des véhicules ou d'utiliser des machines mentionnés dans le résumé des caractéristiques du produit contient une ou des substances actives non mentionnées en annexe au présent arrêté *[V. JO 3 oct.]*, son conditionnement extérieur doit comporter un pictogramme ayant la forme d'un triangle équilatéral rouge sur fond blanc dans lequel se trouve une voiture noire :

Art. 8 Les dimensions du pictogramme sont adaptées à la taille du conditionnement extérieur du médicament ou produit.

Art. 9 L'arrêté du 18 juillet 2005 pris pour l'application de l'article R. 5121-139 du code de la santé publique et relatif à l'apposition d'un pictogramme sur le conditionnement extérieur de certains médicaments et produits est abrogé.

Arrêté du 28 novembre 2014,

Relatif à l'information du consommateur sur le prix des médicaments dans les officines de pharmacie.

CHAPITRE PREMIER *Champs d'application*

Art. 1er Les dispositions du présent arrêté sont applicables à la vente en pharmacie des médicaments à usage humain.

Elles ne sont pas applicables à la vente à distance de médicaments.

Les dispositions des articles 2 et 3 du présent arrêté ne sont pas applicables à la vente au public des médicaments dans les pharmacies à usage intérieur.

CHAPITRE II *Information générale sur les régimes de prix des médicaments et des honoraires*

Art. 2 Un document unique d'information sur les modalités de fixation de prix des médicaments est apposé, dans la pharmacie, sur un support visible et lisible par le consommateur. Il contient la formule suivante :

"Le prix des médicaments non remboursables est libre. Le prix des médicaments remboursables est réglementé. Au prix des médicaments, peut s'ajouter, dans les conditions définies par la réglementation, un honoraire de dispensation par boîte et par ordonnance.

"A votre demande, un justificatif de paiement peut vous être remis."

La formule est complétée, le cas échéant, par les phrases suivantes :

1° Dans le cas où les médicaments non exposés à la vue du public ne font pas l'objet d'un étiquetage :

"Un catalogue des prix des médicaments non exposés à la vue du public est mis à votre disposition." ;

2° Dans le cas où le tarif des honoraires ne fait pas l'objet de l'affichage prévu à l'article 6 :

"Le catalogue de prix des médicaments non exposés à la vue du public détaille le tarif des honoraires."

CHAPITRE III *Information sur le prix des médicaments exposés à la vue du public*

Art. 3 Le prix des médicaments exposés à la vue du public fait l'objet d'un affichage visible et lisible.

Pour les médicaments en accès direct au public, l'affichage peut être remplacé par un étiquetage.

CHAPITRE IV *Information sur les prix des médicaments non exposés à la vue du public*

Art. 4 Le prix de vente toutes taxes comprises des médicaments destinés à la vente et non exposés à la vue du public fait l'objet d'une information soit par un étiquetage, soit par le catalogue prévu à l'article 5.

Cette information est assortie de l'indication, sous forme de taux, de la part prise en charge par les régimes obligatoires de base de sécurité sociale au titre de l'assurance maladie.

Art. 5 Le catalogue est établi sur un support matériel ou un support électronique. Il est librement accessible par le consommateur.

Lorsque le catalogue repose sur un support matériel, les médicaments sont classés par ordre alphabétique de dénomination commune internationale.

La mise à jour du catalogue est effectuée à chaque changement de prix pour les médicaments dont le prix est fixé par le pharmacien et, au moins une fois tous les mois, pour les médicaments dont le prix est réglementé. La date de la mise à jour est indiquée sur le catalogue.

Lorsque le prix réglementé d'un médicament non immédiatement disponible à l'officine est différent du prix figurant sur le catalogue, le pharmacien informe le consommateur de cette différence de prix avant la vente.

En ce qui concerne les médicaments pris en charge par les régimes obligatoires de sécurité sociale et non exposés à la vue du public et les honoraires fixés en application de la législation de sécurité sociale, l'obligation de mettre un catalogue à disposition du consommateur est réputée satisfaite dès lors que celui-ci bénéficie, depuis la pharmacie*[,]* d'un accès à distance, libre et immédiat, notamment par internet, à une base de donnée*[s]* publique administrée par l'autorité administrative et comportant le prix public des médicaments.

CHAPITRE V *Information sur le tarif d'honoraire[s] du pharmacien*

Art. 6 Le tarif ou le prix des honoraires de dispensation fait l'objet d'un affichage visible et lisible dans la pharmacie ou est détaillé dans le catalogue prévu à l'article 5.

CHAPITRE VI *Délivrance d'une note au consommateur*

Art. 7 Lorsque le consommateur le demande, la délivrance d'un médicament donne lieu à la remise d'un justificatif de paiement.

Le justificatif de paiement remis par le pharmacien comporte la date de l'achat, le nom et l'adresse de l'officine, le nom et la quantité du médicament délivré et le prix toutes taxes comprises des médicaments ainsi que le montant des honoraires de dispensation.

L'original de l'ordonnance sur laquelle sont reproduites les informations prévues aux articles L. 161-31 et D. 161-13-1 du code de la sécurité sociale dites "ticket Vitale" peut constituer le justificatif de paiement prévu aux alinéas précédents et à l'article 8.

Art. 8 Pour les préparations prévues au 1° et au 3° de l'article L. 5121-1 du code de la santé publique, la remise d'un justificatif de paiement comportant les informations prévues au deuxième alinéa de l'article 7 est obligatoire.

CHAPITRE VII *Dispositions transitoires et finales*

Art. 9 L'arrêté du 26 mars 2003 relatif à l'information du consommateur sur les prix des médicaments non remboursables dans les officines de pharmacies *[pharmacie]* est abrogé. *– V. C. **consom.**, éd. 2014 et antérieures.*

Art. 10 Les dispositions du présent arrêté entrent en vigueur le 1er juillet 2015 sous réserve des dispositions de l'article 11.

Art. 11 I. – L'article 9 entre en vigueur immédiatement en ce qu'il concerne l'article 3 de l'arrêté du 26 mars 2003 relatif à l'information du consommateur sur les prix des médicaments non remboursables dans les officines de pharmacie.

II. – Un document unique d'information sur les modalités de fixation de prix des médicaments est apposé, dans la pharmacie, sur un support visible et lisible par le consommateur. Il contient la formule suivante :

"Le prix des médicaments remboursables est réglementé. Le prix des médicaments non remboursables est libre.

"Dans le cas où aucune vignette n'est apposée sur le conditionnement, le prix et les modalités de remboursement du médicament sont accessibles sur le site internet : www.medicaments.gouv.fr."

III. – Les dispositions du paragraphe précédent sont applicables immédiatement et jusqu'à la date d'entrée en vigueur prévue à l'article 10.

Arrêté du 5 mai 2017,

Relatif à l'apposition d'un pictogramme sur le conditionnement extérieur de certains médicaments ou produits.

Art. 1er En application du troisième alinéa de l'article R. 5121-139 du code de la santé publique, un pictogramme est apposé sur le conditionnement extérieur des médicaments ou produits présentant un effet tératogène ou foetotoxique mentionné dans le résumé des caractéristiques du produit et nécessitant que les patientes soient informées pour ne pas utiliser ces médicaments ou produits, avant ou pendant la grossesse, sauf en l'absence d'alternative thérapeutique.

Ce pictogramme, dont le modèle figure en annexe I, a la forme d'un triangle équilatéral rouge sur fond blanc d'au moins un centimètre de côté dans lequel se trouve une femme enceinte en noir. A sa droite ou en dessous, figure le libellé suivant : "NOM DE LA SPECIALITE + GROSSESSE = DANGER".

En dessous de ce pictogramme, figure le message suivant : "Ne pas utiliser chez [mentionner les personnes concernées] sauf en l'absence d'alternative thérapeutique".

Les personnes concernées par le message sont mentionnées par le titulaire de l'autorisation de mise sur le marché, conformément au résumé des caractéristiques du produit, parmi les possibilités suivantes :

— l'adolescente ou la femme en âge de procréer, et sans contraception efficace ;

— la femme enceinte ;

— la femme enceinte à compter du [X]e mois de grossesse (lorsque la mise en garde porte sur une période précise de la grossesse).

Les dimensions du pictogramme, qui doit apparaitre lisiblement, sont adaptées à la taille du conditionnement extérieur du médicament ou produit.

Art. 2 En application du troisième alinéa de l'article R. 5121-139 du code de la santé publique, un pictogramme est apposé sur le conditionnement extérieur des médicaments ou produits présentant un effet tératogène ou foetotoxique mentionné dans le résumé des caractéristiques du produit et nécessitant que les patientes soient informées pour ne pas utiliser ces médicaments ou produits, avant ou pendant la grossesse, même en l'absence d'alternative thérapeutique.

Ce pictogramme, dont le modèle figure en annexe II, a la forme d'un rond rouge barré, sur fond blanc, d'au moins un centimètre de diamètre dans lequel se trouve une femme enceinte en noir. A sa droite ou en dessous, figure le libellé "NOM DE LA SPECIALITE + GROSSESSE = INTERDIT".

En dessous de ce pictogramme, figure le message suivant : "Ne pas utiliser chez [mentionner les personnes concernées]".

Les personnes concernées par le message sont mentionnées par le titulaire de l'autorisation de mise sur le marché, conformément au résumé des caractéristiques du produit, parmi les possibilités suivantes :

— l'adolescente ou la femme en âge de procréer, et sans contraception efficace ;

— la femme enceinte ;

— la femme enceinte à compter du [X]e mois de grossesse (lorsque la contre-indication porte sur une période précise de la grossesse).

Les dimensions du pictogramme qui doit apparaitre lisiblement, sont adaptées à la taille du conditionnement extérieur du médicament ou produit.

Art. 3 En application du troisième alinéa de l'article R. 5121-139 du code de la santé publique, un pictogramme est apposé sur le conditionnement extérieur des spécialités à base de valproate de sodium et dérivés.

Ce pictogramme, dont le modèle figure en annexe III, a la forme d'un triangle rouge, sur fond blanc, d'au moins un centimètre de diamètre dans lequel se trouve une femme enceinte en noir. A sa droite ou en dessous, figure le libellé "NOM DE LA SPECIALITE + GROSSESSE = DANGER".

En dessous de ce pictogramme, figure le message suivant : "Ne pas utiliser chez les filles, adolescentes, femmes en âge de procréer ou enceintes, sauf en cas d'échec des autres traitements".

Le pictogramme doit être placé sur une face dédiée du conditionnement extérieur, sans aucune autre mention d'étiquetage. Les dimensions du pictogramme qui doit apparaitre lisiblement, sont adaptées à la taille du conditionnement extérieur du médicament.

Art. 4 **Le titulaire de l'autorisation de mise sur le marché appose le pictogramme prévu aux articles 1, 2 ou 3 conformément aux données mentionnées dans le résumé des caractéristiques du produit.**

Toutefois, face à une situation pouvant répondre à la fois aux critères prévus aux articles 1er et 2, le pictogramme prévu à l'article 2 doit être retenu.

Le titulaire de l'autorisation de mise sur le marché transmet pour information au directeur général de l'Agence nationale de sécurité du médicament et des produits de santé un exemplaire du conditionnement extérieur comportant le pictogramme.

Les dispositions de l'article R. 5121-41 du code susvisé ne s'appliquent pas aux cas prévus par le présent article. Toutefois, en cas de non-respect des dispositions du présent article, les mesures de suspension prévues à l'article R. 5121-47 du même code sont applicables.

ANNEXES

ANNEXE 1

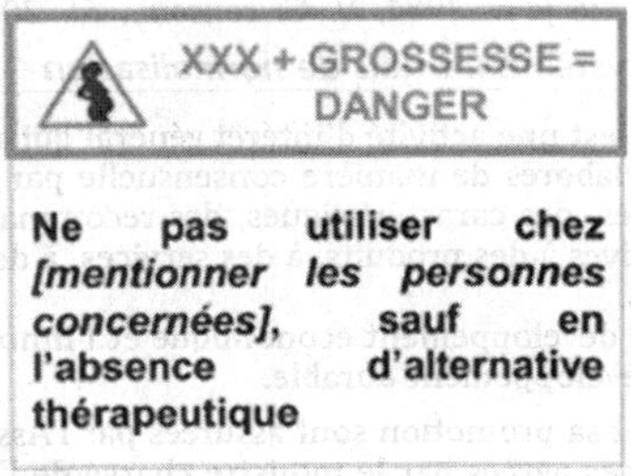

ANNEXE 2

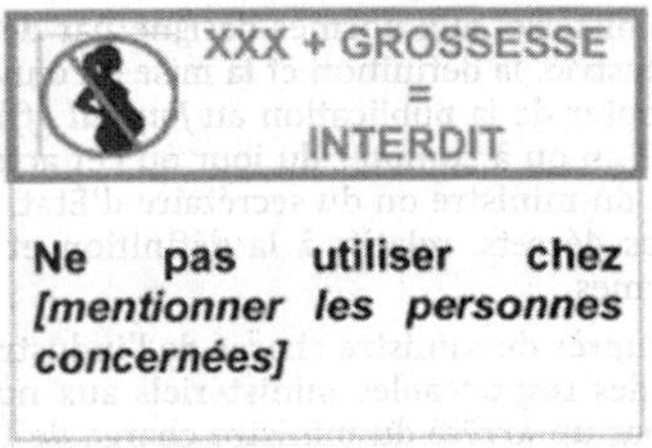

ANNEXE 3

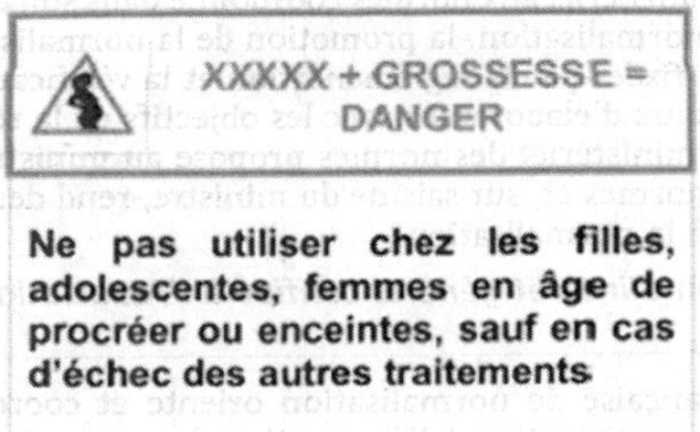

NORMALISATION

Décret nº 2009-697 du 16 juin 2009,

Relatif à la normalisation.

RÉP. COM. vº *Normalisation*, par BERR.

BIBL. GÉN. ▶ Décr. nº 84-74 du 26 janv. 1984 : NGUYEN-THANH-BOURGEAIS, *J.-Cl. Conc. Consom., vº Normalisation, fasc. 870.* – PONTIER, *D. 1996. Chron. 355* (la certification). – PENNEAU, *LPA 1998, nº 18,* (respect de la norme et responsabilités civile et pénale de l'homme de l'art). – PERNOLLET, *LPA 1998, nº 18* (élaboration des normes techniques). – X..., *BID 1994, nº 11, p. 67* (la marque « NF-environnement » et l'écolabel européen en France). – PENNEAU, *Mélanges Bouloc, Dalloz, 2006, p. 857* (des consommateurs et des signes pour une clarification en matière de certification de qualité hors secteur alimentaire). ▶ Décr. nº 2009-697 du 16 juin 2009 : PENNEAU, *JCP E 2009, nº 44-45, p. 35* (la réforme de la normalisation : quel « système » pour quel « intérêt public » ?). – MARCOU, *RFDA 2011. 135* (la procédure de normalisation et l'innovation).

Sur le Décr. nº 84-74 du 26 janv. 1984, V. ***C. consom.****, éd. 2009 et antérieures.*

CHAPITRE PREMIER *Le système français de normalisation*

Art. 1er La normalisation est une activité d'intérêt général qui a pour objet de fournir des documents de référence élaborés de manière consensuelle par toutes les parties intéressées, portant sur des règles, des caractéristiques, des recommandations ou des exemples de bonnes pratiques, relatives à des produits, à des services, à des méthodes, à des processus ou à des organisations.

Elle vise à encourager le développement économique et l'innovation tout en prenant en compte des objectifs de développement durable.

Art. 2 La normalisation et sa promotion sont assurées par l'Association française de normalisation et les organismes agréés par le ministre chargé de l'industrie comme bureaux de normalisation sectoriels afin d'organiser ou de participer à l'élaboration de normes françaises, européennes ou internationales.

Art. 3 Un délégué interministériel aux normes désigné par décret assure, sous l'autorité du ministre chargé de l'industrie, la définition et la mise en œuvre de la politique française des normes. Il peut, à compter de la publication au *Journal officiel* de la République française du décret de nomination ou à compter du jour où cet acte prend effet, si ce jour est postérieur, signer, au nom du ministre ou du secrétaire d'État, par délégation, l'ensemble des actes, à l'exception des décrets, relatifs à la définition et à la mise en œuvre de la politique française des normes.

Art. 4 I. — Il est institué auprès du ministre chargé de l'industrie un groupe interministériel des normes composé des responsables ministériels aux normes, désignés, après avis des ministres concernés, par un arrêté du ministre chargé de l'industrie. La liste des responsables ministériels est publiée au *Journal officiel* de la République française. Le groupe interministériel des normes est présidé par le délégué interministériel aux normes.

II. — Le responsable ministériel aux normes coordonne dans son département ministériel le suivi des travaux de normalisation, la promotion de la normalisation comme moyen de répondre aux exigences fixées par la réglementation et la vérification de la cohérence des projets de normes en cours d'élaboration avec les objectifs de la réglementation.

III. — Le groupe interministériel des normes propose au ministre les orientations de la politique française des normes et, sur saisine du ministre, rend des avis sur toute question relative aux normes et à la normalisation.

CHAPITRE II *La mission d'intérêt général confiée à l'Association française de normalisation*

Art. 5 L'Association française de normalisation oriente et coordonne l'élaboration des normes nationales et la participation à l'élaboration des normes européennes et internationales.

Elle est le membre français des organisations non gouvernementales de normalisation européennes et internationales. Elle peut se faire représenter au sein de leurs organes délibérants par les bureaux de normalisation sectoriels.

Un comité, créé auprès de l'Association française de normalisation et aux travaux duquel le délégué interministériel aux normes ou son représentant participe, élabore et arrête, en concertation avec toutes les parties prenantes, les positions exprimées par le représentant français au sein des organisations non gouvernementales de normalisation européennes et internationales.

Art. 6 L'Association française de normalisation assure :

1° La programmation des travaux de normalisation laquelle vise :

***a)* A identifier, sur la base des besoins recensés auprès des partenaires économiques et sociaux et des contributions des bureaux de normalisation, les normes à élaborer en France ou au sein des organisations non gouvernementales de normalisation européennes et internationales ;**

***b)* A sélectionner les travaux d'élaboration de normes européens et internationaux justifiant une participation française ;**

***c)* A réaliser des études d'impact économique ;**

2° L'organisation des enquêtes publiques sur les projets de normes élaborés par les bureaux de normalisation en application de l'article 15 ;

3° L'homologation et la publication des normes.

1. Certification AFNOR. L'Association française de normalisation (AFNOR), association reconnue d'utilité publique placée sous la tutelle du ministère chargé de l'industrie, avait pour mission d'élaborer les référentiels demandés par les acteurs économiques pour faciliter leur développement stratégique et commercial, et d'attester de la conformité aux normes par l'apposition d'une marque nationale, ce qui ne constitue nullement une assurance l'engageant en cas de panne du produit. • Civ. 1re, 2 oct. 2007 : *Bull. civ. I, n° 315 ; D. 2008. 259, note Penneau ; RDI 2008. 106, obs. Malinvaud ; JCP E 2007, n° 45, p. 33 ; CCC 2008, n° 36, obs. Leveneur ; LPA 25 sept. 2008, obs. Craponne ; RJDA 2007, n° 1290.*

L'adoption du Décr. n° 2009-697 du 16 juin 2009 a supprimé la référence au monopole de l'apposition de la marque NF pour l'AFNOR, ce qui a pour conséquence de dissocier l'activité d'intérêt général qu'est la normalisation (art. 1er du décret) de la certification (à savoir l'élaboration d'un référentiel et la certification de conformité à la norme au regard de ce même référentiel) ; la certification ne peut dès lors plus être considérée comme révélant la mise en œuvre de prérogatives de puissance publique. • Aut. conc. n° 12-D-26 du 20 déc. 2012. ♦ L'Autorité de la concurrence peut être compétente pour juger des référentiels menant à la sanction de la conformité d'une norme homologuée et à l'apposition subséquente par l'AFNOR de la marque NF après l'entrée en vigueur du Décr. du 16 juin 2009. • Même décision.

2. Clause abusive. Par sa nature de norme, la norme AFNOR NFP 03-001 échappe au domaine d'application des dispositions de l'art. L. 132-1 [L. 212-1] C. consom. • Versailles, 13 nov. 2013 : *RDI 2014. 210, obs. Malinvaud ; Constr.-Urb. 2014, n° 32, obs. Sizaire.*

Art. 7 **L'Association française de normalisation est destinataire des documents relatifs à la normalisation adressés aux organes délibérants des bureaux de normalisation sectoriels. Elle peut, à la demande de ces bureaux ou à son initiative, participer à leurs travaux.**

Art. 8 **Un comité d'audit et d'évaluation auprès de l'Association française de normalisation est chargé d'organiser l'évaluation de l'activité des bureaux de normalisation prévue à l'article 11 et de contrôler la conformité et l'efficacité de l'activité de l'Association française de normalisation prévue à l'article 6. Il vérifie en particulier la bonne association de *toutes les parties intéressées* dans les travaux des bureaux de normalisation, notamment les associations de consommateurs, les syndicats représentatifs de salariés et les petites et moyennes entreprises.**

Art. 9 **La mission d'intérêt général confiée par le présent décret à l'Association française de normalisation fait l'objet d'une comptabilité distincte de celle de ses autres activités.**

Cette comptabilité distingue en outre en son sein les comptes de l'activité d'orientation et de coordination de l'élaboration des normes de ceux de l'activité de bureau de normalisation prévue au IV de l'article 11.

L'Association française de normalisation tient une comptabilité analytique permettant de retracer la décomposition des coûts et de l'affectation des différentes ressources des activités d'intérêt général.

Art. 10 I. — Le délégué interministériel aux normes exerce les fonctions de commissaire du Gouvernement auprès de l'Association française de normalisation.

L'inscription d'un point à l'ordre du jour du conseil d'administration de l'Association française de normalisation est de droit lorsque le délégué interministériel aux normes le demande.

Il peut s'opposer aux délibérations du conseil d'administration de l'Association française de normalisation dans un délai de huit jours ouvrés si elles sont contraires à des dispositions législatives, réglementaires, aux orientations de la politique française des normes ou lorsqu'elles sont de nature à compromettre l'exercice de la mission d'intérêt général qui lui est confiée.

En cas d'empêchement, le commissaire du gouvernement peut se faire représenter aux séances du conseil d'administration par un agent placé sous son autorité.

II. — L'Association française de normalisation est soumise au *(Décr. n° 2012-1247 du 7 nov. 2012, art. 49, al. 1er, en vigueur le 1er janv. 2013)* « contrôle budgétaire prévu par le décret n° 2012-1246 du 7 novembre 2012 ».

CHAPITRE III *L'élaboration et l'homologation des projets de normes*

Art. 11 I. — L'élaboration des projets de normes est assurée, par délégation de l'Association française de normalisation, par les bureaux de normalisation sectoriels agréés dans les conditions prévues au présent article.

II. — L'agrément des bureaux de normalisation sectoriels est accordé, par délégation du ministre chargé de l'industrie, par le délégué interministériel aux normes pour une durée maximale de trois ans au vu d'une évaluation de leurs activités organisée conformément à l'article 8.

L'agrément précise le champ d'intervention du bureau de normalisation sectoriel et ses obligations, lesquelles peuvent être modifiées après le recueil des observations du bureau.

III. — Le délégué interministériel aux normes est habilité, par délégation du ministre chargé de l'industrie, à suspendre ou retirer l'agrément prévu au II.

Si un bureau de normalisation sectoriel ne respecte pas ses obligations, le délégué interministériel aux normes l'informe que l'agrément peut être suspendu ou retiré. L'agrément ne peut être suspendu ou retiré qu'après avoir mis à même le bureau de présenter ses observations sur la mesure envisagée et ses motifs.

IV. — Dans les domaines communs à un grand nombre de secteurs et dans les secteurs pour lesquels il n'existe pas de bureau de normalisation sectoriel agréé, l'élaboration des projets de normes est effectuée par l'Association française de normalisation dans les conditions prévues au deuxième alinéa de l'article 9. Dans l'exercice du rôle de bureau de normalisation l'Association française de normalisation est soumise aux mêmes obligations que les bureaux de normalisation sectoriels à l'exception de celle d'agrément prévue au II.

Art. 12 I. — Pour l'élaboration des projets de normes nationales, européennes et internationales, l'Association française de normalisation délègue sa mission aux organismes bénéficiant de l'agrément du ministre chargé de l'industrie prévu à l'article 11 qui l'exercent au nom et pour le compte de l'Association française de normalisation.

II. — Les normes nationales sont élaborées par les bureaux de normalisation agréés conformément à l'article 11 avec le concours de commissions de normalisation regroupant toutes les parties intéressées qui souhaitent participer à cette élaboration.

III. — Lorsque les travaux de normalisation relèvent de plusieurs bureaux de normalisation, l'Association française de normalisation, en concertation avec les parties concernées, détermine le bureau de normalisation assurant la coordination des travaux.

Art. 13 I. — La délégation de mission fait l'objet d'une convention entre l'Association française de normalisation et le bureau de normalisation concerné approuvée par le délégué interministériel aux normes.

La convention prévoit, pour les bureaux de normalisation qui disposent des capacités pour exercer ces missions, la délégation de la conduite et de l'animation, confiées à la France, des travaux d'élaboration de normes européennes ou internationales.

II. — La convention prévoit les conditions dans lesquelles l'Association française de normalisation rémunère le bureau de normalisation au titre de la participation de ce dernier à l'élaboration de normes.

Art. 14 Il peut être demandé une participation aux frais d'élaboration d'une norme aux membres des commissions de normalisation prévue au II de l'article 12.

Toutefois, il ne peut être demandé de participation aux frais d'élaboration d'une norme aux associations de consommateurs et aux associations de protection de l'environnement agréées compte tenu de leur représentativité sur le plan national, aux syndicats représentatifs de salariés, aux petites et moyennes entreprises de moins de 250 salariés ne dépendant pas à plus de 25 % d'un groupe de plus de 250 salariés, aux établissements publics d'enseignement et aux établissements publics à caractère scientifique et technologique, ainsi qu'aux départements ministériels au titre de la participation de leur responsable ministériel aux normes et de leur suppléant.

Art. 15 L'homologation d'une norme par l'Association française de normalisation est précédée d'une enquête publique. Celle-ci consiste en la mise à disposition gratuite du projet de norme, comprenant au moins une version française, sur le site internet de l'Association française de normalisation pendant la durée de celle-ci, qui ne peut être inférieure à quinze jours, afin de permettre à toutes les parties intéressées de faire valoir leurs observations. L'organisation des enquêtes publiques est précédée d'une publicité suffisante.

Art. 16 Le délégué interministériel aux normes est consulté par l'Association française de normalisation avant l'homologation de normes. Il peut s'opposer à l'homologation de celles-ci dans le délai d'un mois à compter de la transmission qui lui est faite par l'Association française de normalisation pour les mêmes motifs que ceux énumérés au I de l'article 10 et pour défaut de version française de la norme.

Il veille à l'emploi de la langue française.

CHAPITRE IV *L'application des normes*

Art. 17 Les normes sont d'application volontaire.

Toutefois, les normes peuvent être rendues d'application obligatoire par arrêté signé du ministre chargé de l'industrie et du ou des ministres intéressés.

Les normes rendues d'application obligatoire sont consultables gratuitement sur le site internet de l'Association française de normalisation. — *V. www.boutique.afnor.org.*

CHAPITRE V *Dispositions finales*

Art. 18 Le décret n° 84-74 du 26 janvier 1984 fixant le statut de la normalisation est abrogé. — *V. ce texte au* **C. *consom.***, *éd. 2009 et antérieures.*

Art. 19 Les agréments délivrés antérieurement à l'entrée en vigueur du décret restent valables jusqu'au 1er janvier 2010.

OBJETS D'ART, OBJETS ANCIENS

Code pénal

Art. 321-7 Est puni de six mois d'emprisonnement et de 30 000 € d'amende le fait, par une personne dont l'activité professionnelle comporte la vente d'objets mobiliers usagés ou acquis à des personnes autres que celles qui les fabriquent ou en font le commerce, *(L. n° 92-1336 du 16 déc. 1992)* « d'omettre, y compris par négligence, de tenir » jour par jour, dans des conditions prévues par décret en Conseil d'État, un registre *(L. n° 2011-267 du 14 mars 2011, art. 55)* « indiquant la nature, les caractéristiques, la provenance, le mode de règlement de l'objet et » contenant une description des objets acquis ou détenus en vue de la vente ou de l'échange et permettant l'identification de ces objets ainsi que celle des personnes qui les ont vendus ou apportés à l'échange.

Est puni des mêmes peines le fait, par une personne, à l'exception des officiers publics ou ministériels, qui organise, dans un lieu public ou ouvert au public, une manifestation en vue de la vente ou de l'échange d'objets visés à l'alinéa précédent, *(L. n° 92-1336 du 16 déc. 1992)* « d'omettre, y compris par négligence, de tenir » jour par jour, dans des conditions prévues par décret en Conseil d'État, un registre permettant l'identification des vendeurs.

Lorsque l'activité professionnelle définie au premier alinéa est exercée par une personne morale, ou que l'organisateur de la manifestation prévue au deuxième alinéa est une personne morale, l'obligation de tenir le registre incombe aux dirigeants de cette personne morale.

BIBL. ▶ OTTAWAY, *JCP E 2013, n° 1184* (tour d'horizon sur le registre de police).

1. Tenue irrégulière. Pour un exemple, V. • Crim. 24 nov. 1992 : *CCC 1993, n° 99, note Raymond.* ♦ Le registre doit être tenu par le chef d'entreprise, à moins qu'il ne puisse démontrer l'existence d'une délégation de pouvoir. • Crim. 6 oct. 2009 : *CCC 2010, n° 58, obs. Raymond; RCA 2010, n° 7.*

2. Enregistrement au jour le jour. Sur la nécessité de cette condition, V. • Crim. 18 sept. 1990 : *D. 1990. IR 262.*

3. Lieu public ou ouvert au public. Par ces termes, le législateur a entendu viser les foires à la brocante, kermesses, braderies, bourses d'échanges, au sein desquelles les particuliers comme les professionnels offrent à la vente ou à l'échange des biens qui leur appartiennent (Rép. min. n° 27658 : *JOAN Q, 31 juill. 1995; BID 1995, n° 10, p. 29*).

4. Particuliers. Les particuliers peuvent être autorisés, à titre exceptionnel, à vendre dans les lieux publics des objets mobiliers personnels usagés à l'occasion de marchés aux puces et de foires à la brocante. Ils doivent demander au maire une autorisation qui est accordée à titre individuel et non sous la forme d'une autorisation générale ou collective (Rép. min. n° 27658 : *préc. note 3*).

5. Procédure. Les vérifications effectuées sur le fondement des art. L. 321-7 et L. 321-8 C. pén. ne sont pas soumises aux dispositions du C. pr. pén. relatives aux perquisitions et saisies. • Crim. 13 oct. 1998 : *Bull. crim. n° 254.*

Art. 321-8 Est puni de six mois d'emprisonnement et de 30 000 € d'amende le fait, par une personne visée à l'article précédent, d'apposer sur le registre prévu par cet article des mentions inexactes.

Est puni des mêmes peines le fait, par cette personne, de refuser de présenter ce registre à l'autorité compétente.

....

Art. R. 321-3 *(Décr. n° 2012-99 du 26 janv. 2012, art. 1er)* « Le registre d'objets mobiliers prévu au premier alinéa de l'article 321-7 comporte : »

1° Les nom, prénoms, qualité et domicile de chaque personne qui a vendu, apporté à l'échange ou remis en dépôt en vue de la vente un ou plusieurs objets, ainsi que la nature, le numéro et la date de délivrance de la pièce d'identité produite par la personne physique qui a réalisé la vente, l'échange ou le dépôt, avec l'indication de l'autorité qui l'a établie ;

2° Lorsqu'il s'agit d'une personne morale, la dénomination et le siège de celle-ci ainsi que les nom, prénoms, qualité et domicile du représentant de la personne morale qui a effectué l'opération pour son compte, avec les références de la pièce d'identité produite ;

(Décr. n° 2012-99 du 26 janv. 2012, art. 1er) « 3° La nature, la provenance et la description des objets acquis ou détenus en vue de la vente ou de l'échange.

« La description de chaque objet comprend ses caractéristiques ainsi que les noms, signatures, monogrammes, lettres, chiffres, numéros de série, emblèmes et signes de toute nature apposés sur lui et qui servent à l'identifier *[.]*

« Toutefois, les objets dont la valeur unitaire » n'excède pas un montant fixé par un arrêté conjoint du garde des sceaux, ministre de la justice, du ministre de l'intérieur et du ministre chargé du commerce et qui ne présentent pas un intérêt artistique ou historique peuvent être regroupés et faire l'objet d'une mention et d'une description communes sur le registre.

Art. R. 321-4 Chaque objet exposé à la vente ou détenu en stock est affecté d'un numéro d'ordre.

Les objets mentionnés au dernier alinéa de l'article R. 321-3 peuvent faire l'objet d'un numéro d'ordre commun.

Le numéro d'ordre est porté sur le registre et figure de manière apparente sur chaque objet ou lot d'objets.

Numéro d'ordre. La détermination du nombre des contraventions ne résulte pas de celui des objets exposés, mais des numéros portés sur le registre. • Crim. 23 oct. 1997 : *Dr. pénal 1998, n° 32, obs. Véron.*

Art. R. 321-5 Le registre comporte également :

1° Le prix d'achat *(Décr. n° 2012-99 du 26 janv. 2012, art. 2)* « et le mode de règlement de chaque objet ou lot d'objets » ou, en cas d'échange, d'acquisition à titre gratuit ou de dépôt en vue de la vente, une estimation de la valeur vénale de chaque objet ou lot d'objets ;

2° Le cas échéant, l'indication *(Décr. n° 2013-287 du 4 avr. 2013, art. 2)* « de la mesure de protection de l'objet mobilier en application des dispositions du code du patrimoine » *[C. patr., art. L. 611-1 s.]*, lorsqu'il en est donné connaissance au revendeur d'objets mobiliers.

Art. R. 321-6 Les mentions figurant sur le registre sont inscrites à l'encre indélébile, sans blanc, rature ni abréviation.

Le registre est coté et paraphé par le commissaire de police ou, à défaut, par le maire de la commune où est situé l'établissement ouvert au public.

Lorsque les personnes mentionnées à l'article R. 321-1 possèdent plusieurs établissements ouverts au public, un registre est tenu pour chaque établissement.

Lorsque ces mêmes personnes ne possèdent pas d'établissement fixe ouvert au public, le registre est coté et paraphé par un commissaire de police ou un maire.

Le registre est conservé pendant un délai de cinq ans à compter de sa date de clôture.

Art. R. 321-6-1 *(Décr. n° 2013-287 du 4 avr. 2013, art. 3)* La tenue du registre au moyen d'un traitement automatisé de données à caractère personnel dispense de la tenue d'un registre physique coté et paraphé.

Le registre tenu au moyen d'un traitement automatisé comporte les mentions prévues aux articles R. 321-3 à R. 321-5.

Le traitement automatisé garantit l'intégrité, l'intangibilité et la sécurité des données enregistrées.

La durée de conservation des données est de dix ans à compter de leur enregistrement dans le traitement.

Art. R. 321-7 Lorsque la personne mentionnée à l'article R. 321-1 est une personne morale, les obligations prévues par la présente sous-section incombent aux dirigeants de celle-ci.

Art. R. 321-8 Le modèle du registre d'objets mobiliers est déterminé par arrêté conjoint du ministre de l'intérieur et du ministre chargé du commerce.

(Décr. n° 2013-287 du 4 avr. 2013, art. 4) « Les modalités de tenue du registre d'objets mobiliers au moyen d'un traitement automatisé de données à caractère personnel prévu à l'article R. 321-6-1 et les obligations techniques devant être respectées par un tel traitement sont déterminées par arrêté conjoint du ministre de l'intérieur et du ministre de la culture. »

Art. R. 321-9 Le registre tenu à l'occasion de toute manifestation mentionnée au deuxième alinéa de l'article 321-7 doit comprendre :

1° Les nom, prénoms, qualité et domicile de chaque personne qui offre à la vente ou à l'échange des objets mobiliers usagés ou acquis de personnes autres que celles qui les fabriquent ou en font commerce ainsi que la nature, le numéro et la date de délivrance de la pièce d'identité produite par celle-ci avec l'indication de l'autorité qui l'a établie ;

(Décr. n° 2009-16 du 7 janv. 2009, art. 3) « 2° Pour les participants non professionnels, la mention de la remise d'une attestation sur l'honneur de non-participation à deux autres manifestations de même nature au cours de l'année civile ;

« 3° » Lorsqu'il s'agit d'une personne morale, la dénomination et le siège de celle-ci ainsi que les nom, prénoms, qualité et domicile du représentant de la personne morale à la manifestation, avec les références de la pièce d'identité produite.

Art. R. 321-10 Le registre doit être coté et paraphé par le commissaire de police ou, à défaut, par le maire de la commune du lieu de la manifestation.

Il est tenu à la disposition des services de police et de gendarmerie, des services fiscaux, des douanes ainsi que des services de la concurrence, de la consommation et de la répression des fraudes pendant toute la durée de la manifestation.

Au terme de celle-ci et au plus tard dans le délai de huit jours, il est déposé à la préfecture ou à la sous-préfecture du lieu de la manifestation.

Art. R. 321-11 Lorsque l'organisateur de la manifestation est une personne morale, les obligations prévues par la présente sous-section incombent aux dirigeants de celle-ci.

Art. R. 321-12 Le modèle du registre est déterminé par arrêté conjoint du ministre de l'intérieur et du ministre chargé du commerce. — *V. Arr. du 21 juill. 1992 (JO 31 juill.), mod. par Arr. du 15 mai 2009 (JO 10 juin).*

Registre d'objets mobiliers. L'arrêté du 21 juill. 1992, qui a abrogé l'arrêté du 29 déc. 1988, permet l'édition du registre sous la forme de « listing » en supprimant l'exigence de la reliure (Rép. min. n° 10948 : *JOAN Q, 13 juin 1994, p. 3029*).

Art. R. 633-1 Le fait, par une personne mentionnée à l'article R. 321-1 *[toute personne soumise à l'obligation de tenir le registre prévu à l'art. 321-7, al. 1er]*, lorsqu'elle est requise par l'autorité compétente, de s'abstenir de présenter le récépissé de déclaration prévu au dernier alinéa du même article, est puni de l'amende prévue pour les contraventions de la 3e classe.

Art. R. 633-2 Le fait, par une personne mentionnée à l'article R. 321-1, d'omettre de faire figurer de manière apparente sur un objet ou lot d'objets exposé à la vente ou détenu en stock le numéro d'ordre correspondant, conformément aux prescriptions de l'article R. 321-4, est puni de l'amende prévue pour les contraventions de la 3e classe.

Art. R. 633-3 Le fait, par une personne mentionnée à l'article R. 321-1, d'omettre de faire parapher le registre d'objets mobiliers prévu à l'article R. 321-3, conformément aux prescriptions de l'article R. 321-6, est puni de l'amende prévue pour les contraventions de la 3e classe.

(Décr. no 2013-287 du 4 avr. 2013, art. 5) « Le fait, par une personne mentionnée à l'article R. 321-1, tenant un registre d'objets mobiliers au moyen d'un traitement automatisé de données à caractère personnel, de ne pas tenir ce registre dans les conditions garantissant l'intégrité, l'intangibilité et la sécurité des données enregistrées telles que définies par l'arrêté prévu au deuxième alinéa de l'article R. 321-8 est puni de l'amende prévue pour les contraventions de la 3e classe. »

Loi du 8 mars 1935,

Ayant pour but de protéger les objets d'art fabriqués et vendus sous la dénomination de "bronze".

Art. 1er Il est interdit de mettre en vente et de vendre des objets d'art sous la dénomination de "bronzes" avec ou sans qualificatif, et composés d'un autre produit industriel que celui résultant d'un alliage métallique dans lequel le cuivre entre dans une proportion qui ne peut être inférieure à 65 p. 100 du poids total de l'objet manufacturé, le complément étant constitué par l'adjonction d'autres métaux.

Art. 2 Les objets d'art en bronze dont la composition répondra aux prescriptions de l'article 1er de la présente loi devront, lors de leur mise en vente, porter obligatoirement le mot "bronze" gravé ou incrusté visiblement dans le métal.

Art. 3 L'emploi du mot "bronze", même précédé ou suivi d'une autre appellation et servant à désigner une matière ne correspondant pas à la composition spécifiée à l'article 1er, de même que l'incorporation du mot "bronze" dans une appellation quelconque et l'emploi de toutes indications ou signes susceptibles de tromper l'acheteur sur la nature et la qualité substantielle de la matière mise en vente, est interdit en toutes circonstances et sous quelque forme que ce soit, notamment sur les emballages, étiquettes, papiers de commerce, factures, catalogues, prospectus, prix courant et tout autre moyen de publicité en général.

Art. 4 Les infractions à la présente loi seront punies des peines prévues par les articles 1er à 14 inclusivement de la loi du 1er août 1905 sur la répression des fraudes.

Décret no 81-255 du 3 mars 1981,

Sur la répression des fraudes en matière de transactions d'œuvres d'art et d'objets de collection.

Art. 1er Les vendeurs habituels ou occasionnels d'œuvres d'art ou d'objets de collection ou leurs mandataires, ainsi que les officiers publics ou ministériels *(Décr. no 2001-650 du 19 juill. 2001, art. 69)* « et les personnes habilitées » procédant à une vente publique aux enchères doivent, si l'acquéreur le demande, lui délivrer une facture, quittance, bordereau de vente ou extrait du procès-verbal de la vente publique contenant les spécifications qu'ils auront avancées quant à la nature, la composition, l'origine et l'ancienneté de la chose vendue.

Art. 2 La dénomination d'une œuvre ou d'un objet, lorsqu'elle est uniquement et immédiatement suivie de la référence à une période historique, un siècle ou une époque, garantit l'acheteur que cette œuvre ou objet a été effectivement produit au cours de la période de référence.

Lorsqu'une ou plusieurs parties de l'œuvre ou objet sont de fabrication postérieure, l'acquéreur doit en être informé.

Art. 3 A moins qu'elle ne soit accompagnée d'une réserve expresse sur l'authenticité, l'indication qu'une œuvre ou un objet porte la signature ou l'estampille d'un artiste entraîne la garantie que l'artiste mentionné en est effectivement l'auteur.

Le même effet s'attache à l'emploi du terme "par" ou "de" suivi de la désignation de l'auteur.

Il en va de même lorsque le nom de l'artiste est immédiatement suivi de la désignation ou du titre de l'œuvre.

Authenticité. C'est à tort qu'un commissaire-priseur réduit la portée du Décr. n° 81-255 du 3 mars 1981 à une simple définition du vocabulaire employé dans les ventes d'œuvres d'art par les marchands. • Paris, 11 déc. 2009 : *Dalloz jurisprudence.* ♦ Les mentions inexactes faites sur le catalogue sans aucune réserve engagent la responsabilité du commissaire-priseur sans qu'il soit besoin de caractériser autrement sa faute, et la signature figurant sur la photo jointe à la vente, également fausse en l'espèce, comme pouvait le laisser supposer sa simple comparaison avec celle de l'œuvre en cause, devait attirer l'attention du commissaire-priseur sur l'authenticité de l'œuvre d'autant que ce document, malgré une certaine pratique professionnelle, n'a pas valeur de certificat d'authenticité. • Même arrêt.

Art. 4 L'emploi du terme "attribué à" suivi d'un nom d'artiste garantit que l'œuvre ou l'objet a été exécuté pendant la période de production de l'artiste mentionné et que des présomptions sérieuses désignent celui-ci comme l'auteur vraisemblable.

Art. 5 L'emploi des termes "atelier de" suivis d'un nom d'artiste garantit que l'œuvre a été exécutée dans l'atelier du maître cité ou sous sa direction.

La mention d'un atelier est obligatoirement suivie d'une indication d'époque dans le cas d'un atelier familial ayant conservé le même nom sur plusieurs générations.

Art. 6 L'emploi des termes "école de" suivis d'un nom d'artiste entraîne la garantie que l'auteur de l'œuvre a été l'élève du maître cité, a notoirement subi son influence ou bénéficié de sa technique. Ces termes ne peuvent s'appliquer qu'à une œuvre exécutée du vivant de l'artiste ou dans un délai inférieur à cinquante ans après sa mort.

Lorsqu'il se réfère à un lieu précis, l'emploi du terme "école de" garantit que l'œuvre a été exécutée pendant la durée d'existence du mouvement artistique désigné, dont l'époque doit être précisée et par un artiste ayant participé à ce mouvement.

Art. 7 Les expressions "dans le goût de", "style", "manière de", "genre de", "d'après", "façon de", ne confèrent aucune garantie particulière d'identité d'artiste, de date de l'œuvre, ou d'école.

Art. 8 Tout fac-similé, surmoulage, copie ou autre reproduction d'une œuvre d'art ou d'un objet de collection doit être désigné comme tel.

Art. 9 Tout fac-similé, surmoulage, copie ou autre reproduction d'une œuvre d'art originale au sens de l'article 71 de l'annexe III du code général des impôts, exécuté postérieurement à la date d'entrée en vigueur du présent décret, doit porter de manière visible et indélébile la mention "Reproduction".

Art. 10 Quiconque aura contrevenu aux dispositions des articles 1er et 9 du présent décret sera passible des amendes prévues pour les contraventions de la cinquième classe.

ŒUFS, VOLAILLES

Code rural et de la pêche maritime

Production et commercialisation de certains produits animaux

Art. L. 654-27-1 *(L. n° 2006-11 du 5 janv. 2006, art. 74)* Le foie gras fait partie du patrimoine culturel et gastronomique protégé en France. On entend par foie gras, le foie d'un canard ou d'une oie spécialement engraissé par gavage.

....

Qualificatif "fermier" et mentions "produit à la ferme" ou "produit de la ferme" pour les œufs de poules pondeuses de l'espèce Gallus gallus

Art. D. 641-57-6 *(Décr. nº 2015-1031 du 19 août 2015, art. 1er, en vigueur le 1er janv. 2016)* Les conditions d'utilisation du qualificatif "fermier", les mentions "produit de la ferme" ou "produit à la ferme" dans la publicité, l'étiquetage ou la présentation des œufs de poules pondeuses de l'espèce *Gallus gallus* sont définies à la présente sous-section.

Art. D. 641-57-7 *(Décr. nº 2015-1031 du 19 août 2015, art. 1er, en vigueur le 1er janv. 2016)* 1º Les poules pondeuses sont élevées selon le mode de production biologique ou selon les dispositions du 1 de l'annexe II du règlement (CE) nº 589/2008 portant modalités d'application du règlement (CE) nº 1234/2007 du Conseil en ce qui concerne les normes de commercialisation applicables aux œufs permettant l'utilisation de la mention "œufs de poules élevées en plein air" ;

2º L'exploitation où sont élevées les poules pondeuses répond aux caractéristiques suivantes :

— l'exploitant est propriétaire des poules pondeuses assurant la production des œufs et est responsable de la conduite de l'élevage ;

— l'exploitant produit des céréales utilisées pour l'alimentation des poules pondeuses ou s'approvisionne auprès d'exploitations agricoles situées dans le département ou les départements limitrophes ;

— la production d'œufs ne constitue pas la seule source de revenu de l'exploitant ;

— le nombre de poules pondeuses présentes sur l'exploitation n'excède pas 6 000 ;

— les œufs sont ramassés et triés manuellement et quotidiennement soit directement dans les pondoirs, soit après leur évacuation directe des pondoirs jusqu'à une table de tri.

Art. D. 641-57-8 *(Décr. nº 2015-1031 du 19 août 2015, art. 1er, en vigueur le 1er janv. 2016)* L'étiquetage des emballages d'œufs porte l'indication du mode d'alimentation des poules pondeuses mentionné au *a* de l'article 15 du règlement (CE) nº 589/2008 de la Commission du 23 juin 2008 portant modalités d'application du règlement (CE) nº 1234/2007 du Conseil en ce qui concerne les normes de commercialisation applicables aux œufs.

Dans le cas de la vente en vrac, cette indication est mentionnée sur un panneau situé à proximité du lieu de vente des œufs.

Art. D. 641-57-9 *(Décr. nº 2015-1031 du 19 août 2015, art. 1er, en vigueur le 1er janv. 2016)* Lorsque les œufs ne sont pas remis directement au consommateur final par l'exploitant, le nom de l'exploitant et l'adresse, composée au minimum du nom de la commune dans laquelle est établi l'exploitant et son code postal, sont mentionnés sur les emballages ou, dans le cas de la vente en vrac, sur le panneau mentionné à l'article D. 641-57-8.

Art. D. 641-57-10 *(Décr. nº 2015-1031 du 19 août 2015, art. 1er, en vigueur le 1er janv. 2016)* Toute personne physique ou morale qui participe à la production d'œufs de poules pondeuses de l'espèce *Gallus gallus* doit déclarer à l'autorité administrative l'utilisation du qualificatif "fermier" ou des mentions "produit à la ferme" ou "produit de la ferme". Les modalités et le contenu de cette déclaration sont définis par arrêté conjoint du ministre chargé de l'agriculture et du ministre chargé de la consommation.

Art. D. 641-57-11 *(Décr. nº 2015-1031 du 19 août 2015, art. 1er, en vigueur le 1er janv. 2016)* Les dispositions des articles D. 641-57-6 à D. 641-57-10 ne s'appliquent pas :

— aux productions destinées à la vente directe au consommateur final sur le lieu de production ou sur un marché public local situé dans la région de production dont l'accès est réservé au consommateur final en qualité d'acheteur, à condition que le producteur soit détenteur d'un effectif total de poules pondeuses inférieur ou égal à 50, réparti sur un ou plusieurs sites de production ;

— aux œufs légalement produits et commercialisés dans un autre État membre de l'Union européenne ou en Turquie, ou légalement produits et commercialisés dans un État partie à l'accord sur l'Espace économique européen, qui emploient, dans leur étiquetage ou leur présentation, le qualificatif "fermier", les mentions "produit à la ferme" ou "produit de la ferme".

Commercialisation des produits de l'aviculture

Art. R.* 654-115 L'autorisation de procéder au classement des œufs est accordée aux centres d'emballage mentionnés à l'article 5 du règlement (CEE) nº 1907/90 du Conseil du 26 juin 1990 concernant certaines normes de commercialisation applicables aux œufs par décision du ministre chargé de l'agriculture ou de son délégué. – *[Décr. nº 69-857 du 17 sept. 1969, art. 1er].*

Sur le qualificatif "fermier" des œufs de poules, V. C. rur., art. D. 641-57-1 à D. 641-57-5. – **C. rur.** *– Dispositions annulées par CE 10 nov. 2010, nº 327507 : RJDA 2011, nº 471.*

Loi nº 57-866 du 1er août 1957,

Relative à la protection de l'appellation "volaille de Bresse".

Art. 1er Seules ont droit à l'appellation "volaille de Bresse" les volailles de race Bresse blanche, produites sur le territoire délimité de la région bressane et satisfaisant par ailleurs à toutes conditions propres à assurer leurs qualités traditionnelles.

Art. 2 L'aire de production, s'étendant sur certaines parties des départements de l'Ain, du Jura et de Saône-et-Loire, est celle qui est définie par le jugement du 22 décembre 1936 du tribunal civil de Bourg.

Art. 3 Il est interdit de détenir en vue de la vente, de transporter, d'exposer, de mettre en vente, de vendre, d'importer ou d'exporter sous une dénomination comportant le mot "Bresse" ou tout vocable dérivé du mot "Bresse", des volailles qui n'auraient pas été exclusivement élevées dans l'aire définie à l'article 2 et qui ne rempliraient pas les conditions prévues à l'article 1er.

Art. 4 A dater de la promulgation de la présente loi, il sera créé un établissement doté de la personnalité civile dit "Comité interprofessionnel de la volaille de Bresse".

La composition du comité interprofessionnel de la volaille de Bresse et ses règles de fonctionnement seront fixées par un décret rendu sur la proposition du secrétaire d'État à l'agriculture.

Le comité interprofessionnel de la volaille de Bresse est chargé :

1º D'étudier les problèmes intéressant la production et la commercialisation de la volaille de Bresse ;

2º De proposer toutes mesures utiles destinées à améliorer cette production et à en garantir la qualité et l'origine ;

3º D'étudier et de proposer un statut avicole technique et économique de la volaille de Bresse ;

4º De promouvoir toutes actions propres à maintenir et accroître, en France et à l'étranger, les débouchés commerciaux pour la volaille de Bresse.

V. Décr. nº 2008-68 du 21 janv. 2008 relatif à la composition et au mode de fonctionnement du comité interprofessionnel de la volaille de Bresse (JO 23 janv).

Art. 5 Le comité interprofessionnel est seul habilité à faire fabriquer et à répartir les marques d'identification et les scellés de garantie de qualité que devront obligatoirement porter les volailles de Bresse proposées à la vente sous le bénéfice de l'appellation "volaille de Bresse".

Art. 6 Les recettes du comité seront assurées par les dons et legs ainsi que par le produit de la vente des marques et scellés prévus à l'article 5.

Art. 7 La gestion du comité est soumise au contrôle économique et financier de l'État, *dans les conditions fixées par le décret* nº 55-733 du 26 mai 1955.

Art. 8 *Abrogé par L. nº 2009-526 du 12 mai 2008, art. 62-II.*

Art. 9 Les infractions aux dispositions des articles 3 et 5 de la présente loi seront punies des peines prévues par l'article 13 de la loi du 1er août 1905 *[C. consom., art. R. 451-1]*, sans préjudice des peines plus graves résultant des dispositions générales de ladite loi.

Art. 10 Des arrêtés du secrétaire d'État à l'agriculture, pris sur proposition du comité interprofessionnel de la volaille de Bresse, fixeront les conditions d'application de la présente loi.

V. Décr. nº 2009-1601 du 18 déc. 2009 (JO 20 déc.) relatif aux appellations d'origine contrôlées "Volaille de Bresse" ou "Poulet de Bresse", "Poularde de Bresse", "Chapon de Bresse".

Décret n° 67-251 du 17 mars 1967,

Portant règlement d'administration publique en ce qui concerne le commerce des volailles abattues pour la consommation humaine.

Art. 1er à 10 *Abrogés par Décr. n° 2009-1083 du 1er sept. 2009, art. 2. — V. C. consom., art. R. 412-27.*

Art. 11 Toute indication autre que celles prévues par le présent décret est interdite en toutes circonstances, sous quelque forme que ce soit, notamment :

1° Sur les colis et les enveloppes de conditionnement ;

2° Sur les étiquettes ;

3° Sur les scellés visés à l'article 16 ;

4° Dans tout papier de commerce, et généralement dans tout avis publicitaire.

Toutefois l'apposition d'une marque commerciale est autorisée, à condition que cette marque ne soit pas susceptible de créer dans l'esprit de l'acheteur une quelconque confusion.

L'indication de la provenance géographique peut être autorisée. Il appartient aux intéressés d'adresser à cet effet une demande au ministre de l'agriculture.

(Décr. n° 82-405 du 11 mai 1982) « Les dispositions du présent article ne concernent ni les marques de salubrité prévues par l'article 263 *[art. L. 232-3]* du code rural et de la pêche maritime ni les mentions d'étiquetage fixées par le règlement modifié n° 2967-76 du Conseil des communautés européennes du 23 novembre 1976 et du règlement n° 2785-80 de la commission du 30 octobre 1980 pris pour l'application du règlement précédent déterminant des normes communes relatives à la teneur en eau de coqs, poules et poulets congelés ou surgelés. »

Les deux règlements nos 2967/76 et 2785/80 sont abrogés par Règl. n° 2891/93 du 21 oct. 1993, art. 2 (JOCE n° L 263 du 22 oct.) et remplacés par Règl. n° 1538/91 du 5 juin 1991 (JOCE n° L 143 du 7 juin) portant modalités d'application du Règl. (CEE) n° 1906/90 du Conseil établissant des normes de commercialisation pour les volailles, mod., notamment, par Règl. n° 2891/93 du 21 oct. 1993, préc., et Règl. n° 1474/2007 du 13 déc. 2007 (JOUE n° L 329 du 14 déc.).

Art. 12 à 16 *Abrogés par Décr. n° 2009-1083 du 1er sept. 2009, art. 2. — V. C. consom., art. R. 412-27.*

Décret n° 86-226 du 18 février 1986,

Relatif à la dénomination "magret" ou "maigret".

Art. 1er Il est interdit de détenir en vue de la vente, de distribuer à titre gratuit ou onéreux, d'importer pour la mise à la consommation, sur le territoire national, sous la dénomination "magret" ou "maigret" ou sous une dénomination contenant soit les mots "magret" ou "maigret", soit un dérivé ou une imitation de ces mots, un produit qui ne répondrait pas aux dispositions du présent décret.

Art. 2 La dénomination "magret" ou "maigret" est réservée aux muscles de la masse pectorale constituant le filet prélevés sur un canard ou une oie engraissé par gavage en vue de la production de foie gras. Le magret ne comprend pas le muscle de l'aiguillette et doit être présenté avec la peau et la graisse sous-cutanée le recouvrant.

La dénomination "magret" ou "maigret" doit être complétée par le nom de l'espèce animale dont le produit est issu.

Art. 3 Le présent décret entrera en vigueur dans un délai de douze mois suivant sa publication au *Journal officiel* de la République française *[JO 20 févr.]*.

Règlement (CE) n° 1906/90 du Conseil du 26 juin 1990,

Établissant des normes de commercialisation pour les volailles.

V. JOCE L 173 du 6 juill. 1990, p. 1.

Décret n° 93-999 du 9 août 1993,

Relatif aux préparations à base de foie gras.

Art. 1er Il est interdit de détenir en vue de la vente ou de la distribution à titre gratuit, de mettre en vente, de vendre ou de distribuer à titre gratuit sous les dénominations visées à l'article 2 des préparations à base de foie gras qui ne sont pas conformes aux dispositions du présent décret.

Art. 2 Au sens du présent décret, on entend par :

1° Foie gras d'oie entier, foie gras de canard entier : les préparations composées d'un foie gras entier ou d'un ou plusieurs lobes de foie gras, d'oie ou de canard selon le cas, et d'un assaisonnement;

2° Foie gras d'oie, foie gras de canard : les préparations composées de morceaux de lobes de foie gras, d'oie ou de canard selon le cas, agglomérés et d'un assaisonnement;

3° Bloc de foie gras d'oie, bloc de foie gras de canard : les préparations composées de foie gras, d'oie ou de canard selon le cas, reconstitué et d'un assaisonnement;

4° Parfait de foie d'oie, parfait de foie de canard, parfait de foie d'oie et de canard, parfait de foie de canard et d'oie : les préparations composées d'au moins 75 p. 100 de foie gras traité par des moyens mécaniques, auquel est ajouté du foie maigre d'oie ou de canard et un assaisonnement;

5° Médaillon ou pâté de foie d'oie, médaillon ou pâté de foie de canard, médaillon ou pâté de foie d'oie et de canard, médaillon ou pâté de foie de canard et d'oie : les préparations composées d'au moins 50 p. 100 de foie gras ou de bloc de foie gras, présenté en noyau entouré d'une farce, et assaisonnées ;

6° Galantine de foie d'oie, galantine de foie de canard, galantine de foie d'oie et de canard, galantine de foie de canard et d'oie : les préparations composées d'au moins 50 p. 100 de foie gras ou de bloc de foie gras mêlé à une farce et assaisonnées ;

7° Mousse de foie d'oie, mousse de foie de canard, mousse de foie d'oie et de canard, mousse de foie de canard et d'oie : les préparations composées d'au moins 50 p. 100 de foie gras mêlé à une farce de façon à donner au produit la texture caractéristique de sa dénomination et assaisonnées ;

8° Assaisonnement : le sel, le sucre, les épices et plantes aromatiques, les eaux-de-vie, les vins de liqueur, les vins ;

9° Morceau de lobe : tout morceau de foie gras dont la masse, constatée dans le produit fini, est au moins égale à 20 grammes ;

10° Morceau : tout fragment de foie gras dont la masse, constatée dans le produit fini, est au moins égale à 10 grammes ;

11° Homogénat : l'ensemble constitué par la partie de foie gras qui n'a pas gardé la texture de morceau après agglomération des morceaux et les fragments de masse inférieure à 20 grammes ;

12° Graisse de pochage : la graisse exsudée du foie gras lors de sa transformation ;

13° Parures de déveinage : les produits provenant du parage des foies gras ;

14° Farce : produit élaboré à partir d'un ou plusieurs des ingrédients suivants : maigre ou gras de porc, de veau ou de volaille, foie de porc, foie de volailles, parures de déveinage, graisse de pochage, œufs, lait, lactoprotéines, farine, amidon.

Art. 3 Les foies gras entiers définis à l'article 2 peuvent être additionnés de truffes, de gelée d'enrobage, de sel nitrité, d'acide ascorbique ou d'ascorbate de sodium.

Ils ne doivent pas comporter plus de 30 p. 100 de graisse exsudée.

Lorsqu'ils sont préemballés, l'emballage peut ne renfermer qu'un seul morceau de lobe, si la masse nette est inférieure ou égale à 250 grammes.

La présence d'un fragment de lobe supplémentaire est admise pour compléter la masse.

Art. 4 *Les foies gras définis* à l'article 2 peuvent être additionnés de truffes, de gelée d'enrobage, de sel nitrité, d'acide ascorbique ou d'ascorbate de sodium.

La proportion totale de graisse exsudée et d'homogénat ne doit pas dépasser 30 p. 100 du produit fini.

Art. 5 Les blocs de foie gras définis à l'article 2 peuvent être additionnés de truffes, de gelée d'enrobage, d'eau, de sel nitrité, d'acide ascorbique ou d'ascorbate de sodium.

La quantité d'eau ajoutée et la quantité d'eau apportée par les assaisonnements ne doivent pas, au total, excéder 10 p. 100 de la masse de la préparation.

Le taux d'humidité rapporté au produit délipidé ne doit pas dépasser 82 p. 100.

Lorsque l'étiquetage indique la présence de morceaux, la masse totale des morceaux doit représenter au moins 30 p. 100 du produit fini.

Art. 6 Les parfaits définis à l'article 2 peuvent être additionnés de truffes, de gelée, d'eau, de graisse de pochage, de parures de déveinage, de sel nitrité, d'acide ascorbique ou d'ascorbate de sodium.

La graisse de pochage et les parures ne sont pas comptées dans le pourcentage de foie gras.

Le taux d'humidité rapporté au produit délipidé ne doit pas dépasser 82 p. 100.

Art. 7 Les médaillons et les pâtés définis à l'article 2 peuvent être additionnés de truffes, de gelée, d'eau, de graisse de pochage, de sel nitrité, d'acide ascorbique ou d'ascorbate de sodium.

Le taux d'humidité rapporté au produit délipidé et désamidonné ne doit pas dépasser 80 p. 100.

Art. 8 Les galantines et les mousses définies à l'article 2 peuvent être additionnées de truffes, de gelée, de barde, d'eau, de graisse de pochage, de parures de dénervage ou de déveinage, de sel nitrité, d'acide ascorbique ou d'ascorbate de sodium.

La graisse de pochage et les parures ne sont pas comptées dans le pourcentage de foie gras.

Le taux d'humidité rapporté au produit délipidé et désamidonné ne doit pas dépasser 80 p. 100.

Le foie gras des galantines reconstitué ou non, visible à la coupe, doit représenter au moins 35 p. 100 de la masse du produit fini, débarrassé, le cas échéant, de sa barde et de sa gelée d'enrobage.

Le bardage des galantines n'est autorisé qu'au moyen de bardes de porc non reconstituées et dans la limite de 10 p. 100 de la masse des préparations de 250 grammes ou plus et de 13 p. 100 de la masse des préparations de moins de 250 grammes.

Art. 9 La dénomination de vente ne peut faire référence à la présence de truffes que s'il s'agit de *Tuber melanosporum* et que si le taux de truffes garanti est au minimum de 3 p. 100.

Pour les médaillons, galantines, mousses et produits de charcuterie, le taux de truffes garanti peut être compris entre 1 et 3 p. 100 *(Abrogé par Décr. nº 2012-129 du 30 janv. 2012, art. 11, à compter du 1er juill. 2012)* « ***; dans ce cas, la dénomination de vente est complétée par la mention : "truffé à x p. 100"*** ». *— V. Décr. nº 2012-129 du 30 janv. 2012, art. 6, vº Denrées alimentaires.*

Le pourcentage est calculé par rapport à la masse de la préparation débarrassée de la graisse, de la barde ou de la gelée de couverture.

L'utilisation des brisures ou de pelures de truffes n'est pas autorisée.

Art. 10 La dénomination de vente est complétée par l'indication « en gelée » si la préparation est enrobée de gelée.

Le pourcentage de gelée est limité à 20 p. 100 pour les préparations de masse inférieure à 250 grammes et à 15 p. 100 pour les autres préparations.

L'addition de gélatine destinée à absorber le jus d'exsudation est admise à l'emboîtage dans la limite de 1 p. 100.

Art. 11 Les farces ne doivent pas renfermer plus de 2 p. 100 de liant protéique, ni plus de 3 p. 100 de liant amylacé, exprimés en matière sèche.

Art. 12 Les préparations de foie gras désignées à l'article 2 ne doivent pas contenir plus de 2 grammes de saccharose par kilogramme de préparation. L'assaisonnement est limité à 4 p. 100 de la masse de la préparation.

Art. 13 La dénomination de vente des produits de charcuterie peut faire référence au foie gras, si la proportion de foie gras mis en œuvre est d'au moins 20 p. 100. Dans ce cas, la dénomination de vente est complétée par les termes : « au foie d'oie » ou : « au foie de canard ».

Art. 13-1 *(Décr. nº 2000-1245 du 21 déc. 2000)* Les préparations à base de foie gras légalement fabriquées ou commercialisées et conformes aux usages loyaux dans les autres États membres de l'Union européenne et les pays signataires de l'accord sur l'Espace économique européen peuvent être commercialisées sur le territoire français.

Toutefois, pour ces préparations, il est interdit d'utiliser l'une des dénominations prévues à l'article 2 pour désigner une préparation qui s'écarte tellement, du point de vue de sa composition ou de sa fabrication, de la préparation telle que définie à l'article précité qu'elle ne saurait être considérée comme appartenant à la même catégorie de produits.

Art. 14 Sont abrogés le 1° et le 2° de l'article 9 du décret du 15 avril 1912 *[V. v° Denrées alimentaires]* pris pour l'application de la loi du 1er août 1905 sur la répression des fraudes dans la vente des marchandises et des falsifications des denrées alimentaires et spécialement les viandes, produits de la charcuterie, fruits, légumes, poissons et conserves.

Art. 15 Le présent décret entrera en vigueur le 1er janvier 1994.

Arrêté du 16 novembre 1999,

Relatif à la publicité, à l'égard du consommateur, des prix de vente à l'unité de mesure de certains produits préemballés.

V. ce texte, v° Prix (publicité).

Règlement (CE) n° 589/2008 de la Commission du 23 juin 2008,

Portant modalités d'application du règlement (CE) n° 1234/2007 du Conseil en ce qui concerne les normes de commercialisation applicables aux œufs.

Applicable à compter du 1er juill. 2008.

V. Règl. (CE) n° 1234/2007 du Conseil du 22 oct. 2007 portant organisation commune des marchés dans le secteur agricole et dispositions spécifiques en ce qui concerne certains produits de ce secteur (JOUE L 299 du 16 nov. 2007).

V. Règl. (CE) n° 617/2008 de la Commission du 27 juin 2008 portant modalités d'application du Règl. (CE) n° 1234/2007 du Conseil en ce qui concerne les normes de commercialisation pour les œufs à couver et les poussins de volailles de basse-cour (JOUE L 168 du 28 juin 2008).

Arrêté du 18 décembre 2009,

Relatif aux règles sanitaires applicables aux produits d'origine animale et aux denrées alimentaires en contenant.

V. le texte complet de l'arrêté, v° Denrées alimentaires (textes généraux).

Art. 3 Sans préjudice des dispositions des règlements (CE) n° 852/2004 et (CE) n° 853/2004, ainsi que de leurs mesures d'application communautaires et nationales, les conditions applicables à l'approvisionnement direct par le producteur du consommateur final ou du commerce de détail local fournissant directement le consommateur final en petites quantités de produits primaires sont définies par :

....

2. L'annexe II s'agissant des conditions applicables pour les œufs de poules. — *V. cette annexe, ss. art. 9.*

....

Art. 9 *(Abrogé par Arr. du 28 août 2014, art. 7, à compter du 1er janv. 2015)* ***L'approvisionnement d'œufs prévu à l'article 3 du présent arrêté respecte les dispositions du point I 2) de la partie A de l'annexe XIV du règlement n° 1234/2007.***

Par dérogation au point 2 de l'article 2 du présent arrêté [V. ce texte, v° Denrées alimentaires (textes généraux)], ***dans des cas particuliers liés à l'implantation de producteurs d'œufs dans des zones d'accès difficile, le préfet du département du site d'élevage des oiseaux d'élevage peut autoriser les établissements situés dans des zones soumises à des contraintes géographiques particulières à commercialiser leurs produits sur des marchés publics locaux situés à une distance supérieure à 80 km.***

....

ANNEXE II

DISPOSITIONS APPLICABLES À L'APPROVISIONNEMENT DIRECT PAR LE PRODUCTEUR DU CONSOMMATEUR FINAL EN PETITES QUANTITÉS D'ŒUFS

SECTION I DÉFINITIONS ET DISPOSITIONS GÉNÉRALES

1. Au sens de la présente annexe, on entend par :

a) "Œufs de consommation" : les œufs de poules en coquille, propres à la consommation humaine en l'état à l'exclusion des œufs cassés, des œufs couvés et des œufs cuits ;

b) "Établissement" : toute construction ou, dans le cas d'installation à ciel ouvert, tout site clos ou non clos situé sur le territoire national, dans lequel les oiseaux d'élevage sont détenus, élevés ou entretenus en vue de la production d'œufs de consommation. L'établissement regroupe éventuellement plusieurs bâtiments contigus ou non et, le cas échéant, les parcours associés ;

c) "Atelier" : un bâtiment ou une volière, associé ou non à un parcours ;

e) [d)] "Lot d'oiseaux" : un ensemble d'oiseaux de même espèce et de même âge.

2. L'approvisionnement direct par le producteur d'œufs du consommateur final en petites quantités, prévu par le *c* du 2 de l'article 1er du règlement (CE) no 852/2004 et au *c* du 3 de l'article 1er du 853 *[règlement (CE) no 853/2004]* et au *b* du 3 de l'article 1er du règlement (CE) no 2160/2003, et sans préjudice des dispositions prévues aux articles R. 231-13 à R. 231-15 du code rural et de la pêche maritime, et notamment de l'obligation de déclaration, est soumis aux conditions définies ci-après :

(Abrogé par Arr. du 28 août 2014, art. 7, à compter du 1er janv. 2015) « *— le producteur est détenteur, dans un ou plusieurs établissement(s), d'un effectif total de volailles présentes inférieur à 250 animaux adultes ;* »

— le producteur respecte les dispositions sanitaires de la présente annexe et les règles de commercialisation prévues à l'article 9.

SECTION II DISPOSITIONS GÉNÉRALES D'HYGIÈNE APPLICABLES À LA PRODUCTION D'ŒUFS ET AUX OPÉRATIONS CONNEXES

CHAPITRE Ier Normes d'aménagement et de fonctionnement de l'établissement

1. Les accès à l'établissement sont délimités de façon à interdire la pénétration des personnes étrangères, d'autres animaux, ainsi que celle des véhicules destinés à l'enlèvement des cadavres. Dans le cas d'élevage de volailles avec parcours, la protection à mettre en place ne vise pas les oiseaux sauvages. Dans le cas de volailles en liberté, la délimitation concerne uniquement les véhicules destinés à l'enlèvement des cadavres.

2. L'approvisionnement en aliments des troupeaux est conçu pour éviter autant que possible la circulation de véhicules étrangers dans la zone d'élevage.

3. Toute personne ayant accès à l'établissement d'élevage revêt une tenue de travail spécifique à l'établissement. L'éleveur et le cas échéant son personnel ont accès à un local, situé sur le site de l'établissement et à proximité des bâtiments d'élevage, pour changer de tenue. Ce local comporte un lave-mains, avec eau si possible chaude, savon liquide, essuie-mains jetables et une poubelle. Il doit être maintenu en bon état d'entretien et de propreté. En cas de production multiple, les poules pondeuses sont isolées des autres espèces animales.

4. Les abords de chaque bâtiment sont maintenus en état de propreté satisfaisant.

5. Les cadavres de volailles sont stockés dans des récipients étanches avant enlèvement par l'équarrisseur ou, si leur poids est inférieur à 40 kg, traités conformément à la réglementation en vigueur.

6. Le brûlage à l'air libre des déchets et des cadavres est interdit. Toute mesure est prise pour empêcher la contamination des volailles et des œufs par les dioxines, les polychlorobiphényles (PCB) et les molécules apparentées.

7. Toutes mesures doivent être prises pour limiter le plus possible l'accès des bâtiments aux rongeurs et aux insectes. Les bâtiments et leurs abords doivent être dératisés et désinsectisés régulièrement. Un enregistrement de ces différentes opérations doit être effectué.

8. Dans le cas d'utilisation pour la boisson des animaux d'une eau provenant partiellement ou en totalité d'un réseau privé, la qualité bactériologique de l'eau de boisson à son point d'arrivée dans le bâtiment d'élevage doit être contrôlée annuellement vis-à-vis des indicateurs de contamination fécale. Les critères à respecter sont les suivants :

a) Entérocoques : absence dans 100 ml ;

b) Coliformes totaux — *E. coli* : absence dans 100 ml.

(Arr. du 17 févr. 2015) « Les entérocoques et les coliformes totaux – *E. coli* sont respectivement recherchés par les méthodes décrites dans les normes NF EN ISO 7899-2 (août 2000) et NF EN ISO 9308-1 (septembre 2000). »

En cas de résultats favorables lors d'un premier contrôle et sous réserve d'une protection satisfaisante du captage et du réseau de distribution interne à l'établissement, le protocole de surveillance de la qualité bactériologique de l'eau peut être allégé à la recherche des entérocoques à une fréquence bisannuelle suivant le même critère.

Tout résultat non satisfaisant fait l'objet de mesures correctives.

9. Des opérations de nettoyage, désinfection et de vide sanitaire des bâtiments d'élevage des volailles et du matériel d'élevage (nids de ponte, abreuvoirs, nourrisseurs, etc.) sont réalisées au moins annuellement. La litière doit être retirée du bâtiment avant les opérations de nettoyage et désinfection. Les tracteurs et autres matériels de manipulation doivent être nettoyés après cette opération. Le stockage, l'épandage des déjections animales et des eaux de nettoyage ne doivent pas constituer une source de contamination de l'établissement.

Le nettoyage et la désinfection des locaux d'élevage et de leurs annexes ainsi que du matériel sont effectués selon un protocole écrit et reconnu comme valide, à l'aide d'un désinfectant autorisé. Ce protocole doit également prendre en compte la lutte contre les animaux et les insectes et les acariens indésirables, ainsi que la décontamination des abords.

La durée minimale du vide sanitaire après les opérations de nettoyage et de désinfection des locaux ainsi que du matériel d'élevage (nids de ponte, chaînes d'alimentation, silos, abreuvoirs, bacs réservoirs d'eau, tuyauteries, etc.) doit permettre un assèchement le plus complet possible des locaux et du matériel.

CHAPITRE II Stockage, transport et commercialisation des œufs

1. Les œufs sales et/ou fêlés doivent être immédiatement écartés. Les œufs de consommation doivent être stockés dans des conteneurs propres réservés à cet effet dans un local spécifique, propre, ventilé.

2. Les œufs doivent être transportés dans des conteneurs réservés à cet effet.

3. Dans les locaux du producteur et jusqu'à la vente au consommateur, les œufs doivent être maintenus propres, secs, à l'abri d'odeurs étrangères, efficacement protégés contre les chocs et soustraits à l'action directe du soleil.

4. Les œufs ne sont ni lavés, ni nettoyés avant leur commercialisation.

5. Les œufs doivent être entreposés à l'établissement et transportés à une température, de préférence constante, la mieux à même d'assurer une conservation optimale de leurs qualités hygiéniques.

6. Des opérations de nettoyage, désinfection des locaux de stockage des œufs à l'établissement et des conteneurs de stockage et de transport sont régulièrement réalisées.

SECTION III TENUE DE REGISTRES

1. Afin de retracer l'origine des volailles et des œufs qui en sont issus, tout détenteur de volailles doit tenir à jour un registre conformément à l'arrêté du 5 juin 2000. Il doit être conservé pendant une période minimale de trois ans et présenté à toute demande des agents des services vétérinaires, tels que mentionnés à l'article L. 231-2 du code rural et de la pêche maritime.

2. Sans préjudice du respect des dispositions de l'arrêté du 5 juin 2000 relatif au registre d'élevage, les informations suivantes doivent y être enregistrées :

Par lot de volailles :

a) La souche de volaille et ses caractères physiques distinctifs ;

b) La provenance des volailles, et notamment l'identification du couvoir et de l'établissement d'élevage de pré-ponte ;

c) Les dates d'entrée et sortie des volailles dans l'établissement ;

d) Le nombre de volailles entrées et sorties ;

e) Les dates d'entrée en ponte et de fin de ponte, pour chaque cycle de ponte en cas de mue ;

f) La destination des volailles réformées.

Pour l'ensemble des lots de volailles :

a) L'adresse des marchés publics locaux sur lesquels les œufs sont cédés au consommateur final ;

b) La quantité d'œufs produits dans l'établissement présentée en moyenne sur chacun de ces marchés ;

c) Les autres circuits de remise au consommateur (vente à la ferme, colportage) et notamment les zones de vente par colportage.

Les factures d'achat des volailles, des aliments composés, sont conservées en annexe du registre.

Arrêté du 28 août 2014,

Relatif aux normes de commercialisation des œufs.

Art. 1er Au sens du présent arrêté, on entend par :

— "Site de production" : le site d'élevage des poules pondeuses d'œufs de consommation pour une exploitation agricole donnée ;

— "Producteur" : le détenteur de poules pondeuses sur un site de production et toute personne de sa famille ou tout salarié travaillant sur ce site de production ;

— "Colportage" : l'offre ou la cession à titre gratuit ou onéreux d'œufs faite par le producteur au domicile du consommateur final ;

— "Région de production" : un ensemble de zones naturelles restreintes de production caractérisées par une homogénéité ou de grandes similitudes des facteurs naturels, géographiques, humains ou agricoles locaux, situé à une distance inférieure ou égale à 80 km du site de production ;

— "Marché proche" ou "marché public local" : *[un]* marché situé dans la région de production, dont l'accès est réservé au consommateur final en qualité d'acheteur.

Les définitions figurant à l'article 1er du règlement (CE) n° 589/2008 susvisé *[portant modalité d'application du Règl. (CE) n° 1234/2007 en ce qui concerne les normes de commercialisation applicables aux œufs ; V. supra]* s'appliquent le cas échéant.

Art. 2 En application du point 2 du I de la partie VI de l'annexe VII du règlement (UE) n° 1308/2013 susvisé *[portant organisation commune des marchés des produits agricoles]*, les œufs livrés directement par le producteur au consommateur final sur le site de production, sur un marché public local ou par colportage dans leur région de production, dans les conditions prévues à l'article 3, sont exemptés des exigences relatives aux normes de commercialisation définies par ce même règlement, à l'exception du III de la partie VI de l'annexe VII relatif au marquage.

Le producteur souhaitant bénéficier de l'exemption de classement par catégorie de qualité et de poids en fait la déclaration au préfet du département dans lequel son site de production est situé : un code du producteur destiné au marquage des œufs lui est attribué. Le producteur ne peut alors pas faire usage des catégories de qualité et de poids prévues par le règlement (UE) n° 1308/2013 et par le règlement (CE) n° 589/2008 susvisés.

Art. 3 L'exemption prévue à l'article 2 du présent arrêté est soumise aux dispositions suivantes :

— le producteur est détenteur d'un effectif total de poules pondeuses inférieur ou égal à 250 animaux adultes, réparti sur un ou plusieurs sites de production ;

— les œufs sont marqués du code du producteur conformément au point 1 du III de la partie VI de l'annexe VII du règlement (CE) n° 1308/2013 susvisé *(Arr. du 25 nov. 2016, art. 1er)* « toutefois, dans le cas d'une vente d'œufs sur le site de production, les producteurs sont exemptés de l'obligation de marquage des œufs » ;

— les œufs sont présentés à la vente, en vrac ;

— les œufs sont livrés au consommateur dans un délai n'excédant pas 21 jours après la ponte ;

— la date ou la période de ponte et le mode d'élevage des animaux, tel que défini à l'article 12 du règlement (CE) n° 589/2008 susvisé, sont indiqués à proximité immédiate des œufs, sans risque de confusion, sur une affiche, un écriteau ou tout autre moyen approprié.

Art. 4 En application du point 1 du III de la partie VI de l'annexe VII du règlement (UE) n° 1308/2013 susvisé, les œufs de catégorie B sont exemptés de l'obligation de marquage définie dans ce même point lorsqu'ils sont commercialisés exclusivement sur le territoire national.

Art. 5 En application de l'article 11 du règlement (CE) n° 589/2008 susvisé, le préfet du département dans lequel est situé le site de production peut, sur demande d'un producteur, l'exempter de l'obligation de marquage des œufs définie au point 1 du III de la partie VI de l'annexe VII du règlement (UE) n° 1308/2013 susvisé pour les œufs livrés directement depuis le site de production à un exploitant de l'industrie alimentaire située en France ou dans un autre État membre.

Art. 6 En application de l'article 8 du règlement (CE) n° 589/2008 susvisé, le préfet du département dans lequel est situé le site de production peut, sur demande du producteur, lui accorder une dérogation à l'obligation de marquage des œufs prévue par ce même article lorsqu'ils sont livrés directement depuis le site de production à un centre d'emballage situé dans un autre État membre de l'Union européenne.

Art. 7 *V. Arr. du 18 déc. 2009, art. 9 et annexe II, section I, point 2, 2e al., supra.*

Art. 8 Est abrogé l'arrêté du 19 septembre 1972 portant application du décret n° 69-857 du 17 septembre 1969 relatif au commerce des œufs.

Art. 9 Le présent arrêté, dont les dispositions entrent en vigueur le 1er janvier 2015, sera publié au *Journal officiel* de la République française *[JO 11 sept.]*.

OPTICIENS

Arrêté du 23 juillet 1996,

Relatif à l'information du consommateur sur les produits d'optique médicale.

Art. 1er *(Abrogé par Arr. du 28 avr. 2017, art. 6, à compter du 1er janv. 2018)* ***Le présent arrêté est applicable aux produits d'optique suivants : verres correcteurs, montures pour verres correcteurs, lentilles de contact et matériels pour amblyopes.***

Art. 2 *(Abrogé par Arr. du 28 avr. 2017, art. 6, à compter du 1er janv. 2018)* ***Tout professionnel proposant au consommateur la vente des produits visés à l'article 1er est tenu d'afficher de façon parfaitement lisible de l'intérieur ou de l'extérieur du magasin la mention suivante : "Il est remis gratuitement un devis avant la conclusion de la vente".***

Art. 3 *(Abrogé par Arr. du 28 avr. 2017, art. 6, à compter du 1er janv. 2018)* ***Tout professionnel proposant au consommateur les produits visés à l'article 1er est tenu de lui remettre, préalablement à la conclusion de la vente, un devis comportant les mentions précisées en annexe au présent arrêté.***

Ce devis établi en double exemplaire devra comporter en outre une information précise sur les conditions du service après-vente comme indiqué en annexe au présent arrêté.

Le professionnel conservera un exemplaire de ce devis pendant un délai minimum d'un an à compter de sa délivrance.

Devis. Sur l'obligation d'établir un devis, V. • Rennes, 28 juin 2000, n° 00/11160.

Art. 4 *(Abrogé par Arr. du 28 avr. 2017, art. 6, à compter du 1er janv. 2018)* ***Le présent arrêté entrera en vigueur le 1er octobre 1996.***

ANNEXE

MENTIONS DEVANT FIGURER SUR LE DEVIS PRÉVU À L'ARTICLE 3 DE L'ARRÊTÉ

(Abrogée par Arr. du 28 avr. 2017, art. 6, à compter du 1er janv. 2018)

A. Pour des lunettes

(Arr. du 20 mai 1997) « Les références (date et signataire) de la prescription médicale, lorsqu'il y a lieu.

« Le choix des verres et le prix (par verre) des verres adaptés :

« — la proposition, sur demande du consommateur, d'une offre de base : par offre de base, on entend l'offre la moins chère que l'opticien choisit de proposer, en respectant la prescription ;

« — la proposition d'une offre personnalisée ;

« — la prise en charge prévue par le tarif interministériel des prestations sanitaires (TIPS) et, s'il est connu, le remboursement des régimes complémentaires.

« Le choix de la monture et son prix :

« — la proposition, sur demande du consommateur, d'une offre de base ;

« — la proposition d'une offre personnalisée ;

« — la prise en charge prévue par le TIPS et, s'il est connu, le remboursement des régimes complémentaires. »

Pour la monture et pour les verres, l'identification précise des produits doit être mentionnée :

— pour la monture : la marque du fabricant ou du distributeur, le modèle et sa référence commerciale dans le catalogue du fabricant ou du distributeur ;

— pour les verres : le nom du fabricant ou du distributeur, la marque commerciale, le diamètre de fabrication et, séparément, les options et suppléments de fabrication.

Pour les prestations assurées par l'opticien : leurs détails.

Le délai de livraison au consommateur.

La date limite de validité du devis.

Les réserves éventuelles du professionnel.

Les conditions de vente et de paiement le cas échéant.

B. Pour des lentilles de contact

Les références (date et signataire) de la prescription médicale, lorsqu'il y a lieu.

Le type, la référence et la marque des lentilles.

Les options éventuelles.

Le prix par lentille.

La prise en charge prévue par le TIPS et, s'il est connu, le remboursement des régimes complémentaires.

La durée moyenne de vie des lentilles dans les conditions normales d'utilisation et d'entretien conseillées.

La mention de l'apprentissage des manipulations d'entretien et le coût éventuel de cet apprentissage.

L'estimation du coût annuel d'entretien des lentilles (produits préconisés : spécifiques ou multifonctions).

Pour les prestations assurées par l'opticien : leurs détails.

Le délai de livraison des lentilles au consommateur.

La date limite de validité du devis.

Les réserves éventuelles du professionnel.

Les conditions de vente et de paiement le cas échéant.

C. Service après-vente

Conditions du service après-vente proposé par le professionnel avec l'indication de ce qui est payant ou gratuit, par exemple :

— garantie : durée, champ d'application, conditions d'usage ;

— conseils d'entretien ;

— les types de travaux que le professionnel s'engage à effectuer.

Arrêté du 28 avril 2017,

Relatif à l'information de l'assuré social ou de son ayant droit sur les conditions de vente des produits et prestations d'appareillage des déficients de l'ouïe et d'optique-lunetterie.

CHAPITRE PREMIER *Champ d'application*

Art. 1er Les dispositions du présent arrêté sont applicables aux professionnels de santé qui délivrent au public un produit ou une prestation d'appareillage des déficients de l'ouïe ou d'optique-lunetterie correctrice et à tout professionnel qui commercialise ces produits. Elles s'appliquent dans le cadre de la seule délivrance de ces produits et prestations.

CHAPITRE II *Information préalable à la vente*

Art. 2 Les professionnels affichent en vitrine et à l'intérieur du local commercial de manière visible et lisible, la mention suivante : "Un devis détaillé vous est remis gratuitement avant tout achat de produit correcteur."

Art. 3 Les professionnels affichent en vitrine, de manière visible et lisible depuis l'extérieur, le prix et l'intitulé des prestations qu'ils proposent. Les sites de vente en ligne affichent également ces informations.

CHAPITRE III *Contenu et présentation du devis normalisé*

Art. 4 Le devis normalisé prévu au premier alinéa de l'article L. 165-9 du code de la sécurité sociale est fixé conformément aux modèles joints en annexe I pour les produits d'appareillage des déficients de l'ouïe, en annexe II.1 pour les lunettes correctrices et en annexe II.2 pour les lentilles oculaires correctrices.

Le modèle de devis normalisé fixé à l'annexe I doit obligatoirement être accompagné de son annexe informative.

Le devis est établi en double exemplaire. Le professionnel conserve un exemplaire de ce devis pendant un délai minimum d'un an à compter de sa délivrance.

CHAPITRE IV *Contenu et présentation de la note détaillée*

Art. 5 La note détaillée prévue au deuxième alinéa de l'article L. 165-9 du code de la sécurité sociale est remise avant paiement intégral à l'assuré ou à son ayant droit.

Cette note reprend, pour chaque produit ou prestation d'appareillage des déficients de l'ouïe ou d'optique-lunetterie faisant l'objet du contrat :

– les éléments prévus par le devis normalisé ;

– les éléments d'identification nécessaires aux organismes de prise en charge :

– patient : nom et prénom, nº d'assuré social, date de naissance, adresse ;

– assuré social (si différent du patient) : même éléments ;

– médecin prescripteur : nom, prénom, nº identification RPPS et date de la prescription ;

– les éléments prévus par l'arrêté pris en application du dernier alinéa de l'article L. 165-9 du code de la sécurité sociale permettant l'identification et la traçabilité des dispositifs médicaux délivrés ;

– la référence au numéro du devis signé, ou accepté en cas de vente à distance ;

– le nom et l'adresse du garant de la conformité des biens au contrat ;

– le cas échéant, le certificat émis par le fabricant pour le(s) dispositif(s) délivrés *[délivré(s)]* ou toute information permettant au consommateur de vérifier l'origine et les caractéristiques essentielles de ces produits.

Le professionnel conserve un exemplaire de cette note pendant un délai minimum d'un an à compter de sa délivrance.

CHAPITRE V *Dispositions finales*

Art. 6 L'arrêté du 31 octobre 2008 fixant le modèle du devis normalisé d'appareillage auditif mentionné à l'article L. 165-9 du code de la sécurité sociale est abrogé.

L'arrêté du 23 juillet 1996 relatif à l'information du consommateur sur les produits d'optique médicale est abrogé. — *V. ce texte, supra.*

Art. 7 Les dispositions du présent arrêté entrent en vigueur le 1er janvier 2018.

ANNEXES

ANNEXE I. – DEVIS D'APPAREILLAGE AUDITIF

(Art. L. 165-9 du code de la sécurité sociale)

Audioprothésiste :
Nom :
Adresse :
Tél/Fax :
Adresse de Courriel :
N° d'identification :

Patient :
Nom, Prénom :
Adresse :
Date de naissance ;

N° du Devis :
Lieu :
Date d'Etablissement :
Valable jusqu'au :

Assuré (si différent du patient)
Nom, Prénom :
Adresse :
Date de naissance :

Premier Appareillage ☐ **Renouvellement d'Appareillage** ☐

1. Prestations préalables à la délivrance *(partie du devis pouvant être séparément, préalablement à la vente des produits et prestations)*	**Prix si achat**	**Prix si non-achat**
- Prise en charge du patient : évaluation des besoins, examen des conduits auditifs, mesures nécessaires à une proposition d'appareillage. - Réalisation des essais d'un ou plusieurs appareils avec les réglages et mesures nécessaire. Durée des essais : Facturation des éléments nécessaires à l'essai : oui ☐ non ☐ Si oui, détail des éléments facturés (embouts, coques, etc.). Dépôt de garantie pour le matériel confié pendant les essais : oui ☐ non ☐ Si oui, préciser le montant du dépôt de garantie.		
Autre (préciser).		

Sous-total HT	
Sous-total TTC	
A titre informatif, prix de vente du ou des appareil(s) servant à l'essai.	

Ce devis est remis pour information. En cas d'acceptation, une signature vous sera demandée afin de valider la commande et de formaliser votre engagement. Le paiement intervient au plus tôt le jour de la signature du devis.

Nom et signature de l'audioprothésiste ayant réalisé le devis :

Signature du patient lors de l'acception des conditions du présent devis, précédée de la mention « bon pour accord » et de la date:

En cas de choix d'un équipement à l'issue des essais, un complément au devis comportant les rubriques suivantes et les informations d'identification communes sera remis au patient.

2. Appareil(s) électronique(s) correcteur(s) de surdité proposé(s) incluant tous les accessoires nécessaires à son (leur) fonctionnement *(la fiche technique de l'appareil proposé doit obligatoirement être jointe au devis)*		**Prix TTC**
Appareil droit	Marque, modèle, référence commerciale dans le catalogue du fabricant et caractéristiques essentielles (type et classe d'audioprothèse(s), nombre de canaux, filtres, connectivité, rechargeable ou non, compatibilité ou non avec l'accessibilité par la boucle magnétique), autres. Nom du fabricant.	
Appareil gauche	Marque, modèle, référence commerciale dans le catalogue du fabricant et caractéristiques essentielles (type et classe d'audioprothèse(s), nombre de canaux, filtres, connectivité, rechargeable ou non, compatibilité ou non avec l'accessibilité par la boucle magnétique), autres. Nom du fabricant.	
Consommables/accessoires indispensables ou optionnels au fonctionnement du ou des appareils	Marque, modèle, référence commerciale dans le catalogue du fabricant ou du fournisseur.	
Garanties commerciales[1]	Contenu des garanties – *Le corps du devis peut se limiter à l'indication des caractéristiques essentielles de la garantie commerciale, sous réserve d'un renvoi exprès à des conditions générales figurant au dos du devis, lesquelles tiennent lieu de contrat au sens de l'article L. 217-15 du code de la consommation. Ces conditions précisent notamment, le contenu de la garantie, les modalités de sa mise en œuvre, son prix, sa durée, son étendue territoriale, ainsi que le nom et l'adresse du garant.*	
Sous-total HT		
Sous-total TTC		

[1] *En plus de la garantie commerciale que peut proposer le vendeur, l'acheteur bénéficie sur les appareils et consommables achetés, de la garantie légale de conformité définie par les articles L. 217-4 et suivants du code de la consommation. Durant les deux ans qui suivent l'achat, en cas de défaut de conformité des produits, le professionnel propose au consommateur le remplacement du bien ou sa réparation. Le vendeur est également responsable des vices cachés (article 1641 et suivants du Code civil) et l'acheteur peut demander un remboursement, total ou partiel des produits, dans les deux ans suivant la découverte du vice.*

3. Prestations associées à la délivrance, l'adaptation, le contrôle immédiat et le suivi des appareils auditifs pendant la première année		**Prix TTC**
Prestations minimales devant être assurées : - l'adaptation ou l'application prothétique, la délivrance, l'ajustement anatomique et le contrôle d'efficacité immédiat de l'appareillage (tests et mesures audiométriques nécessaires et modifications de réglages éventuelles). - l'adaptation progressive du réglage de l'appareil permettant la personnalisation du traitement du signal avec, à chaque séance, le contrôle d'efficacité et les tests nécessaires ainsi que l'appréciation du patient. - l'éducation prothétique. - la délivrance de conseils d'adaptation, de manipulation de l'appareil, d'entretien ; l'information sur le changement des piles, sur les conditions d'utilisation de l'aide auditive en fonction des situations sonores ; essai systématique de la boucle magnétique le cas échéant - la prestation de trois séances de suivi du patient les 3e, 6e et 12e mois après la délivrance de l'aide auditive. - la gestion administrative du dossier du patient, et notamment l'élaboration du (ou des) compte(s) rendu(s) d'appareillage au médecin prescripteur et au médecin traitant. **- Autres (préciser).**	Délais. Préciser si le prix est indiqué par audioprothèse ou par équipement complet, le nombre de séances et leur tarification le cas échéant.	
	Sous-total HT	
	Sous-total TTC	

4. Prestations de suivi prothétique régulier, contrôle permanent à partir de la 2e année et pendant toute la durée de l'appareillage avec le même appareil	**Prix TTC**
Détails. Préciser si le prix est indiqué par audioprothèse ou par équipement complet. Préciser : tests audiométriques nécessaires, vérifications mécaniques et acoustiques des appareils, nettoyage, etc.	
Sous-total HT	
Sous-total TTC	

	Tarifs de prise en charge par l'assurance maladie et code LPP	**Montants pris en charge par les organismes complémentaires de santé, si connus**[2]	**Total des prises en charge**
Appareillage droit			
Appareillage gauche			
Accessoires pros en charge et consommables			

MONTANT TOTAL TTC (1+2+3+4)	
Dispense d'avance des frais (tiers payant) : ☐ oui ☐ non	
Arrhes ☐ ou acompte ☐ à la commande (préciser le montant) :	
MONTANT TOTAL du reste à charge TTC	

[2] *En application de l'article L. 112-2 du code des assurances, votre organisme complémentaire d'assurance maladie vous informe du montant de prise en charge dont vous bénéficiez au regard des conditions particulières de votre contrat.*

Ce devis doit être obligatoirement accompagné de son annexe.

Nom et signature de l'audioprothésiste ayant réalisé le devis :

Ce devis vous est remis pour information. En cas d'acceptation une signature vous sera demandée, afin de valider la commande et de formaliser votre engagement. La date de facturation marque le point de délivrance de l'appareil auditif. Une fois ce devis signé, aucune rétractation n'est possible.

Signature du patient lors de l'acceptation des conditions de présent devis, précédée de la mention « bon pour accord » et de la date :

ANNEXE

INFORMATIONS SUR LE DEVIS ET LE CONTENU DES PRESTATIONS INDISSOCIABLES DE L'APPAREIL QUI VOUS EST PROPOSÉ

Pour vous proposer ce devis correspondant à un appareillage adapté à votre cas, l'audioprothésiste que vous consultez a été conduit en particulier à :

— vous questionner afin d'évaluer votre gêne, vos besoins, votre motivation, vos antécédents, etc. ;

— examiner vos conduits auditifs ;

— mesurer votre audition en vous faisant écouter des sons au casque (audiométrie tonale) ;

— mesurer votre tolérance aux sons forts (seuils d'inconfort) ;

— mesurer votre compréhension de la parole en vous faisant entendre des mots (audiométrie vocale) ;

— vous informer sur les différents appareillages disponibles et réalisables, leur utilisation, leur entretien, leur coût, leur durée de vie, les conditions de remboursement par les organismes de prise en charge.

1. Lors de la délivrance de l'appareil, les prestations de base proposées par l'audioprothésiste comprennent :

— l'application prothétique, la délivrance et le contrôle immédiat de l'appareillage ;

— la prise d'empreinte des conduits auditifs externes, si le type d'appareillage le nécessite ;

— les essais d'un ou plusieurs appareils, avec à chaque fois l'ensemble des réglages nécessaires :

— le contrôle immédiat de l'efficacité prothétique en utilisant tous les tests audiométriques nécessaires ;

— l'ajustement anatomique de l'appareil ;

— l'adaptation progressive du réglage des appareils lors de séances d'essais permettant la personnalisalion du traitement du signal, avec, à chaque séance, le contrôle d'efficacité de l'appareillage par l'audiométrie tonale et vocale ainsi que de votre appréciation ;

— votre information sur l'utlisation, la manipulation, l'entretien des appareils, le changement des piles, les conditions d'utlisation en fonction des situations sonores la durée et le contenu de garantie ;

— la gestion administrative de votre dossier, et notamment l'élaboration du (ou des) compte(s) rendu(s) d 'appareillage au médecin prescripteur et à votre médecin traitant.

2. De plus, à la prestation d'adaptation de base, doivent être ajoutées une ou plusieurs prestations de suivi prothétique correspondant à des visites et des contrôles de l'appareil, pour le même appareil, qui sont les suivantes :

— des séances de contrôle d'efficacité au 3e mois, au 6e mois et au 12e mois après la délivrance de l'aide auditive ;

— les contrôles effectués lors de ce suivi comportant tous les tests audiométriques nécessaires, les vérifications mécaniques et acoustiques des appareils et le nettoyage ;

— la gestion administrative de votre dossier, et notamment l'élaboration du (ou des) compte(s) rendu(s) d 'appareillage au médecin prescripteur et à votre médecin traitant.

3. Un suivi à compter de la fin de la première année et jusqu'à la fin de la vie de l'appareil doit vous être proposé en complément des prestations précédentes.

Annexe II.1 – Devis d'appareillage en optique médicale (autre que les lentilles correctrices)

(Art. L. 165-9 du code de la sécurité sociale)

OPTICIEN : Nom, Prénom : Adresse : Tél/Fax : Adresse de Courriel : N° d'Identification :	Nom, Prénom du Patient : Adresse : Date de Naissance : **N° du Devis :** Valable jusqu'à Lieu : Date d'Etablissement :

1. Prestations préalables à la délivrance *(paille du devis pouvant être remise séparément préalablement à la vente des produits et prestations)*	**prix si achat**	**prix si non-achat**
Le professionnel détaille dans cette partie du devis, de manière précise et exhaustive, les prestations qu'il propose préalablement à la délivrance		
Sous-Total HT		
Sous-Total TTC		

2. Équipements d'optique correctrice : verres correcteurs et monture *(tous les équipements inclus dans l'offre doivent être détaillés, qu'ils soient payants ou non)*	**Prix TTC**	**Tarifs de prise en charge par l'Assurance maladie et code LPP**	**Prises en charge par les organismes complémentaires de santé, si connu**[1]
Monture : Modèle proposé : fabricant, marque commerciale, modèle et référence dans le catalogue du fabricant, caractéristiques essentielles (matériau, etc.).			
Verre droit : Modèle proposé : fabricant, marque commerciale, modèle et référence dans le catalogue du fabricant. Caractéristiques essentielles (matériau, indice, propriétés, traitements intrinsèques au verre et performances (par exemple : % de filtration des rayonnements).			
Verre gauche: mêmes indications que verre droit			
Traitements optionnels supplémentaires (l'intitulé, les caractéristiques et le prix de chaque option pour chaque produit ci-avant mentionné doivent être détaillés)			
Sous-Total HT			
Sous-Total TTC			

[1] *En application de l'article L. 112-2 du code des assurances, votre organisme complémentaire d'assurance maladie vous informe du montant de prise en charge dont vous bénéficiez au regard des conditions particulières de votre contrat.*

3. Prestations liées à la délivrance et garanties	**Prix TTC**
Détail des prestations - Le professionnel détaille dans cette partie du devis, de manière précise et exhaustive, les prestations qu'il propose et qui sont liées à la délivrance de l'équipement	
Frais de livraison,en cas de vente à distance	
Garanties commerciales[2] : Contenu des garanties - *Le corps du devis peut se limiter à l'indication des caractéristiques essentielles de la garantie commerciale, sous réserve d'un renvoi exprès à des conditions générales figurant au dos du devis, lesquelles tiennent lieu de contrat au sens de l'article L. 217-5 du code de la consommation. Ces conditions précisent notamment, le contenu de la garantie, les modalités de sa mise en œuvre, son prix, sa durée, son étendue territoriale, ainsi que le nom et l'adresse du garant.*	

Sous-Total HT	
Sous-Total TTC	

[2] *En plus de la garantie commerciale que peut proposer le vendeur, l'acheteur bénéficie sur les appareils et consommables achetés, de la garantie légale de conformité définie par les articles L. 217-4 du code de la consommation. Durant deux ans qui suivent l'achat, en cas de défaut de conformité des produits, le professionnel propose au consommateur le remplacement du bien ou sa réparation. Le vendeur est également responsable des vices cachés (articles 1641 et suivants du Code civil) et l'acheteur peut demander un remboursement, total ou partiel des produits, dans les deux ans suivant la découverte du vice.*

MONTANT TOTAL TTC (1+2+3)	**Prix de l'appareillage TTC**	**Montant total des prises en charge**
Dispense d'avance des frais (tiers payant) : ☐ oui ☐ non	Arrhes ☐ ou acompte ☐ à la commande (préciser le montant) :	
Délai de livraison		
MONTANT TOTAL du reste à charge TTC		

Nom, signature et cachet de l'opticien ayant réalisé le devis :

Ce devis vous est remis pour information. En cas d'acceptation une signature vous sera demandée, afin de valider la commande et de formaliser votre engagement. Une fois ce devis signé, aucune rétractation n'est possible.

Annexe II.2 – Devis d'appareillage en lentilles correctrices

Opticien : Nom, Prénom : Adresse : Tél/Fax : Adresse de courriel : N° d'Identification :	Nom et prénom du patient : Date de naissance : Adresse : N° du devis : Valable jusqu'au : Date et lieu d'établissement :

Primo-porteur ☐ Renouvellement ☐

1. Prestations préalables à la délivrance *(partie du devis pouvant être remise séparément, préalablement à la vente des produits et prestations)*	**Prix si achat**	**Prix si non-achat**
Le professionnel détaille dans cette partie du devis, de manière précise et exhaustive, les prestations qu'il propose préalablement à la délivrance (exemple : séances d'apprentissage à la manipulation, à la pose, et à l'entretien des lentilles correctrices)		
Sous-Total HT		
Sous-Total TTC		

2. Équipements correcteurs : lentilles de contact correctrices *(tous les équipements inclus dans l'offre doivent être détaillés, qu'ils soient ou non payants)*	**Prix TTC**	**Tarifs de prise en charge par l'Assurance maladie et code LPP**	**Prises en charge par les organismes complémentaires de santé, si connu[1]**
Lentille(s) droite(s) : Modèle proposé : marque commerciale, modèle et référence dans le catalogue du fabricant, caractéristiques essentielles (souple/rigides, fréquence de renouvellement). Durée de port des lentilles indiquée par le fabricant. Conditionnement et nombre de boîtes.			

Lentille(s) gauche(s) : Modèle proposé : marque commerciale, modèle et référence dans le catalogue du fabricant, Caractéristiques essentielles (souple/rigides, fréquence de renouvellement). Durée de port des lentilles indiquée par le fabricant. Conditionnement et nombre de boîtes.			
Information éventuelle sur les produits d'entretien.			
Traitements optionnels supplémentaires (l'intitulé, les caractéristiques et le prix de chaque option pour chaque produit ci-avant mentionné doivent être détaillés)			
Sous-Total HT			
Sous-Total TTC			

[1] *En application de l'article L. 112-2 du code des assurances, votre organisme complémentaire d'assurance maladie vous informe du montant de prise en charge dont vous bénéficiez au regard des conditions particulières de votre contrat.*

3. Prestations liées à la délivrance et garanties	**Prix TTC**
Détail des prestations - Le professionnel détaille dans cette partie du devis, de manière précise et exhaustive. les prestations qu'il propose et qui sont liées à la délivrance de l'équipement	
Frais de livraison,en cas ce vente à distance	
Garanties commerciales[2] : Contenu des garanties - *Le corps du devis peut se limiter à l'indication des caractéristiques essentielles de la garantie commerciale, sous réserve d'un renvoi exprès à des conditions générales figurant au dos du devis, lesquelles tiennent lieu de contrat au sens de l'article L. 217-5 du code de la consommation. Ces conditions précisent notamment, le contenu de la garantie, les modalités de sa mise en œuvre, son prix, sa durée, son étendue territoriale, ainsi que le nom et l'adresse du garant.*	
Sous-Total HT	
Sous-Total TTC	

[2] *En plus de la garantie commerciale que peut proposer le vendeur, l'acheteur bénéficie sur les appareils et consommables achetés, de la garantie légale de conformité définie par les articles L. 217-4 du code de la consommation. Durant deux ans qui suivent l'achat, en cas de défaut de conformité des produits, le professionnel propose au consommateur le remplacement du bien ou sa réparation. Le vendeur est également responsable des vices cachés (articles 1641 et suivants du Code civil) et l'acheteur peut demander un remboursement, total ou partiel des produits, dans les deux ans suivant la découverte du vice.*

MONTANT TOTAL TTC (1+2+3)	**Prix de l'appareillage TTC**	**Montant total des prises en charge**
Dispense d'avance des frais (tiers payant) : ☐ oui ☐ non	Arrhes ☐ ou acompte ☐ à la commande (préciser le montant) :	
Délai de livraison		
MONTANT TOTAL du reste à charge TTC		

Nom, signature et cachet de l'opticien ayant réalisé le devis :

Ce devis vous est remis pour information. En cas d'acceptation une signature vous sera demandée, afin de valider la commande et de formaliser votre engagement. Une fois ce devis signé, aucune rétractation n'est possible.

Arrêté du 28 avril 2017,

Relatif à la nature des informations d'identification et de traçabilité des produits d'optique-lunetterie et d'appareillage des déficients de l'ouïe.

Art. 1er Pour assurer leur identification et leur traçabilité, les produits d'optique lunetterie correctrice et d'appareillage des déficients de l'ouïe doivent être accompagnés depuis leur fabrication jusqu'à la délivrance au consommateur final des informations suivantes :

— le nom et l'adresse du fabricant, ainsi que le nom et l'adresse de son mandataire si le fabricant n'a pas de siège social dans l'Union européenne ;

— pour les dispositifs réalisés selon les spécifications du prescripteur, le numéro d'identification des dispositifs constituant l'équipement ;

— pour les dispositifs fabriqués en série de manière identique, le code GTIN, le code du lot ou du numéro de série.

Ces informations figurent sur tout dispositif ou à défaut sur son emballage ou sur les documents accompagnant sa délivrance et remis au consommateur.

Art. 2 La note obligatoire mentionnée à l'article 5 de l'arrêté du 28 avril 2017 susvisé *[V. supra]* doit comporter les informations prévues à l'article 1er du présent arrêté.

Art. 3 Les dispositions du présent arrêté entrent en vigueur le 1er janvier 2018.

PAIN

Arrêté no 78-89/P du 9 août 1978,

Relatif au prix du pain et des produits de viennoiserie et de pâtisserie fraîche.

Art. 1er Les arrêtés suivants sont abrogés :

Arrêté ministériel no 22-958 du 28 mai 1955 ;
Arrêté ministériel no 24-648 du 4 juillet 1962 ;
Arrêté ministériel no 24-695 du 9 août 1962 ;
Arrêté ministériel no 73-53/P du 2 novembre 1973 ;
Arrêté ministériel no 73-65/P du 27 décembre 1973 ;
Arrêté ministériel no 77-99/P du 31 juillet 1977 ;
Arrêté ministériel no 77-125/P du 4 novembre 1977.

Les prix de toutes les catégories de pain*[s]* et des produits de viennoiserie et de pâtisserie fraîche sont librement déterminés par chaque fabricant, boulanger ou dépositaire de pain.

Art. 2 Chaque catégorie de pain*[s]* exposée à la vue du public dans tous les points de vente au détail doit être accompagnée d'un écriteau d'une longueur d'au moins 15 cm et d'une hauteur d'au moins 2,5 cm, comportant les indications suivantes :

Dénomination exacte de la catégorie de pain*[s]* ;

Poids en grammes pour les pains vendus à la pièce, à l'exception des pains d'un poids inférieur à 200 grammes ;

Prix de vente à la pièce ou au kilogramme selon qu'il s'agit de pains vendus à la pièce ou au poids ;

Prix de vente rapporté au kilogramme pour les pains vendus à la pièce, à l'exception des pains d'un poids inférieur à 200 grammes.

L'écriteau doit être fixé à la base et au milieu de chacune des grilles ou étagères où les pains sont exposés.

Art. 3 Une affiche blanche, imprimée en noir, d'une hauteur d'au moins 40 cm et d'une largeur d'au moins 30 cm, doit être apposée dans tous les points de vente au détail, à une hauteur maxima de deux mètres au-dessus du sol du magasin, et sans qu'un obstacle puisse gêner la vue des consommateurs.

Cette affiche énumère, à raison d'un article par ligne, toutes les catégories de pain mises *en vente, avec indication de leur dénomination* précise, de leur poids, de leur prix à la pièce, et, pour les pains vendus à la pièce d'un poids égal ou supérieur à 200 grammes de leur prix rapporté au kilogramme. Elle portera comme titre "Prix du pain".

Art. 4 Les dimensions des caractères utilisés pour la confection des écriteaux et des affiches mentionnés ci-dessus doivent être au minimum les suivantes :

	Hauteur	Largeur
Lettres du titre	2,5 cm	1,5 cm
Chiffres du texte	2 cm	1 cm
Lettres du texte	1 cm	0,5 cm

Art. 5 Les articles 2, 3 et 4 constituent des mesures de publicité des prix à l'égard du consommateur.

Art. 6 Les dispositions du présent arrêté sont applicables à compter du 12 août 1978 à 0 heure et du 19 août 1978 pour la publicité des prix rapportés au kilogramme des pains d'un poids égal ou supérieur à 200 grammes. Elles ne sont pas applicables dans les départements d'outre-mer.

Art. 7 *(Arr. nº 78-110/P du 3 nov. 1978)* Une affiche similaire à celle prévue à l'article 3 du présent arrêté, mais dont les dimensions et celles des caractères prévues à l'article 4 peuvent être réduites de moitié, doit être apposée en vitrine de telle sorte qu'elle soit lisible de l'extérieur.

Art. 8 *(Arr. nº 78-110/P du 3 nov. 1978)* Les mentions portées sur les affiches prévues aux articles 3 et 7 du présent arrêté doivent être libellées en toutes lettres et en chiffres, sans abréviation autre que les abréviations réglementaires des unités de poids et de prix.

Art. 9 *(Arr. nº 78-110/P du 3 nov. 1978)* Les dispositions des articles 7 et 8 ci-dessus, qui constituent des mesures de publicité de prix à l'égard du consommateur, sont applicables à compter du 20 novembre 1978.

Elles ne sont pas applicables dans les départements d'outre-mer.

Décret nº 93-1074 du 13 septembre 1993,

Pris pour l'application de la loi du 1er août 1905 [C. consom., art. L. 441-1] en ce qui concerne certaines catégories de pains.

Art. 1er Peuvent seuls être mis en vente ou vendus sous la dénomination de : "pain maison" ou sous une dénomination équivalente les pains entièrement pétris, façonnés et cuits sur leur lieu de vente au consommateur final. Toutefois, cette dénomination peut également être utilisée lorsque le pain est vendu au consommateur final, de façon itinérante, par le professionnel qui a assuré sur le même lieu les opérations de pétrissage, de façonnage et de cuisson.

Art. 2 Peuvent seuls être mis en vente ou vendus sous la dénomination de : "pain de tradition française", "pain traditionnel français", "pain traditionnel de France" ou sous une dénomination combinant ces termes les pains, quelle que soit leur forme, n'ayant subi aucun traitement de surgélation au cours de leur élaboration, ne contenant aucun additif et résultant de la cuisson d'une pâte qui présente les caractéristiques suivantes :

1º Être composée exclusivement d'un mélange de farines panifiables de blé, d'eau potable et de sel de cuisine ;

2º Être fermentée à l'aide de levure de panification *(Saccharomyces cerevisiae)* et de levain, au sens de l'article 4 du présent décret, ou de l'un seulement de ces agents de fermentation alcoolique panaire ;

3º Éventuellement, contenir, par rapport au poids total de farine mise en œuvre, une proportion maximale de :

a) 2 p. 100 de farine de fèves ;

b) 0,5 p. 100 de farine de soja ;

c) 0,3 p. 100 de farine de malt de blé.

Art. 3 Peuvent seuls être mis en vente ou vendus sous *(Décr. nº 97-917 du 1er oct. 1997)* « une dénomination comportant la mention complémentaire "au levain" les pains définis aux articles 1er et 2 » et présentant un potentiel hydrogène (pH) maximal de 4,3 et une teneur en acide acétique endogène de la mie d'au moins 900 parties par million.

Art. 4 Le levain est une pâte composée de farine de blé et de seigle, ou de l'un seulement de ces deux ingrédients, d'eau potable, éventuellement additionnée de sel, et soumise à une fermentation naturelle acidifiante, dont la fonction est d'assurer la levée de la pâte.

Le levain renferme une micro-flore acidifiante constituée essentiellement de bactéries lactiques et de levures. Toutefois, l'addition de levure de panification *(Saccharomyces cerevisiae)* est admise dans la pâte destinée à la dernière phase du pétrissage, à la dose maximale de 0,2 p. 100 par rapport au poids de farine mise en œuvre à ce stade.

Le levain peut faire l'objet d'une déshydratation sous réserve que le levain déshydraté contienne une flore vivante de bactéries de l'ordre d'un milliard de bactéries alimentaires et d'un à dix millions de levures par gramme. Après réhydratation, et, éventuellement, addition de levure de panification *(Saccharomyces cerevisiae)* dans les conditions prévues à l'alinéa précédent, il doit être capable d'assurer une levée correcte du pâton.

Le levain peut faire l'objet d'un ensemencement de micro-organismes autorisés par arrêté du ministre de l'agriculture et du ministre chargé de la consommation, pris après avis de la commission de technologie alimentaire créée par le décret n° 89-530 du 28 juillet 1989 portant création de la commission de technologie alimentaire.

....

Arrêté du 16 novembre 1999,

Relatif à la publicité, à l'égard du consommateur, des prix de vente à l'unité de mesure de certains produits préemballés.

V. ce texte concernant les produits de panification, v° Prix (publicité).

PLACEMENTS FINANCIERS

Code monétaire et financier

Démarchage, colportage et fourniture à distance de services financiers

Démarchage bancaire ou financier

RÉP. COM. v° *Démarchage bancaire ou financier,* par AUBRY.

BIBL. GÉN. ▶ Loi du 1er août 2003 de sécurité financière : BERTIN-MOUROT et FATIER, *LPA 14 août 2003.* – DONDERO, *LPA 14 nov. 2003.* – PORTIER, *RD banc. fin. 2003, n° 205.* – MARMAYOU, *Dr. et patr. déc. 2003. 70.* – MATSOPOULOU, *RD banc. fin. 2003. 379.* – PORTIER et PARTOUCHE, *ibid. 390* (intermédiaire en opérations de banque). – LUCAS DE LEYSSAC et G. PARLÉANI, *Rev. sociétés 2003. 719* . – BONNEAU, *Banque et Droit janv.-févr. 2004. 10* (définition et produits concernés). – RONTCHEVSKY et STORCK, *RTD com. 2003. 767* (réforme du démarchage). – TORCK, *Dr. sociétés 2004. Chron. 1* (même thème). – BÉDARIDE, *Dr. et patr., sept. 2004, p. 36* (crédit immobilier et démarchage). – GIRARDIN et GRISON, *CCC 2004. Chron. 18* (techniques de vente et de promotion des produits et services bancaires). – GOURISSE, *Dr. sociétés 2004. Chron. 18* (publicité et démarchage financiers). – ARESTAN, *Banque et Droit mars-avr. 2006. 3* (actualité du démarchage bancaire et financier). – JOUFFRIN, *D. 2006. 1534* (principes généraux). – COUPEZ et VERBIEST, *ibid. 3057* (commercialisation à distance des services financiers).

▶ Loi n° 2006-1770 du 30 déc. 2006 : ARESTAN, *Banque et Droit janv.-févr. 2007. 3.* – BOUTEILLER, *RLDA sept. 2008. 75* (démarchage et autres pratiques commerciales). – ROUSSILLE, *JCP E 2010, n° 4, p. 28 ; CCC 2010. Étude 2* (démarchage et services financiers à distance : quelle protection pour le consommateur ?).

Définition

Art. L. 341-1 Constitue un acte de démarchage bancaire ou financier toute prise de contact non sollicitée, par quelque moyen que ce soit, avec une personne physique ou une personne morale déterminée, en vue d'obtenir, de sa part, un accord sur :

1° La réalisation par une des personnes mentionnées au 1° de l'article L. 341-3 d'une opération sur un des instruments financiers énumérés à l'article L. 211-1 ;

2° La réalisation par une des personnes mentionnées au 1° *(L. n° 2010-1249 du 22 oct. 2010, art. 36-I)* « ou au 4° » de l'article L. 341-3 d'une opération de banque ou d'une opération connexe définies aux articles L. 311-1 et L. 311-2 ;

3° La fourniture par une des personnes mentionnées au 1° de l'article L. 341-3 d'un service d'investissement ou d'un service connexe définis aux articles L. 321-1 et L. 321-2 ;

4° La réalisation d'une opération sur biens divers mentionnée à l'article L. 550-1 ;

5° La fourniture par une des personnes mentionnées au 3° de l'article L. 341-3 d'une prestation de conseil en investissement prévu au I de l'article L. 541-1 ;

(Ord. nº 2009-866 du 15 juill. 2009, art. 8, en vigueur le 1er nov. 2009) **« 6° La fourniture par une des personnes mentionnées au 1° de l'article L. 341-3 d'un service de paiement prévu au II de l'article L. 314-1 » ;**

(Ord. nº 2014-559 du 30 mai 2014, art. 2, en vigueur le 1er oct. 2014) **« 7° La fourniture par un conseiller en investissement participatif de la prestation de conseil en investissement prévu au I de l'article L. 547-1. »**

Constitue également un acte de démarchage bancaire ou financier, quelle que soit la personne à l'initiative de la démarche, le fait de se rendre physiquement au domicile des personnes, sur leur lieu de travail ou dans les lieux non destinés à la commercialisation de produits, instruments et services financiers, en vue des mêmes fins.

L'activité de démarchage bancaire ou financier est exercée sans préjudice de l'application des dispositions particulières relatives à la prestation de services d'investissement, à la réalisation d'opérations de banque *(L. nº 2010-1249 du 22 oct. 2010, art. 36-I)* **« et de services de paiement » et à la réalisation d'opérations sur biens divers, ainsi que des dispositions de l'article 66-4 de la loi nº 71-1130 du 31 décembre 1971 portant réforme de certaines professions judiciaires et juridiques.** — *V. Circ. CRIM 04-14/G3, NOR JUS D04-30 188 C, 14 sept. 2004 (D. 2004. 2484).*

BIBL. ▶ BOUTEILLER, *JCP E 2004, nº 23, p. 897* (éléments constitutifs et premières réflexions quant aux situations concrètes).

Art. L. 341-2 Les règles concernant le démarchage bancaire ou financier ne s'appliquent pas :

1° Aux prises de contact avec les investisseurs qualifiés définis à l'article L. 411-2 et avec les personnes morales dont le total du bilan, le chiffre d'affaires, le montant des actifs gérés, les recettes ou les effectifs sont supérieurs à un seuil fixé par décret ;

2° Aux prises de contact dans les locaux des personnes mentionnées à l'article L. 341-3, sauf lorsque ces personnes sont contractuellement liées, en vue de la commercialisation d'instruments financiers et de produits d'épargne, *(Ord. nº 2005-1527 du 8 déc. 2005, art. 37)* **« aux sociétés exploitant des magasins de grande surface visées par l'article »** *(L. nº 2008-776 du 4 août 2008, art. 105-V, en vigueur le 25 nov. 2008)* **« L. 752-1 du code de commerce et l'article »** *(Ord. nº 2009-901 du 24 juill. 2009, art. 2)* **« L. 212-7 du code du cinéma et de l'image animée », et que leurs locaux sont implantés dans les locaux de ces magasins ;**

3° Aux démarches dans les locaux professionnels d'une personne morale à la demande de cette dernière ;

4° Aux prises de contact avec des personnes morales, lorsqu'elles portent exclusivement sur les services visés au 4 de l'article L. 321-2 ;

5° Lorsque la personne visée est déjà cliente de la personne pour le compte de laquelle la prise de contact a lieu, dès lors que l'opération proposée correspond, à raison de ses caractéristiques, des risques ou des montants en cause, à des opérations habituellement réalisées par cette personne ;

6° Aux démarches effectuées, pour le compte d'un établissement de crédit *(Ord. nº 2013-544 du 27 juin 2013, art. 3, en vigueur le 1er janv. 2014)* **« ou d'une société de financement », en vue de proposer un contrat de financement de biens ou de prestations de services répondant aux conditions prévues à** *(Ord. nº 2016-301 du 14 mars 2016, art. 2, en vigueur le 1er juill. 2016)* **« la section IX du chapitre II du titre Ier du livre III » du code de la consommation, ou constituant une location-vente ou une location avec option d'achat visées à l'article L. 311-2 dudit code. Il en va de même lorsque ces contrats sont destinés aux besoins d'une activité professionnelle ;**

7° *(L. nº 2004-804 du 9 août 2004, art. 4)* **« Sans préjudice des dispositions prévues au 6°, aux démarches effectuées pour le compte d'un établissement de crédit** *(Ord. nº 2013-544 du 27 juin 2013, art. 3, en vigueur le 1er janv. 2014)* **« ou d'une société de financement » en vue de proposer des contrats de financement de ventes à tempérament ou de location aux personnes, physiques ou morales, autres que celles visées au 1°, à la condition que le nom de l'établissement** *(Ord. nº 2013-544 du 27 juin 2013, art. 3, en vigueur le 1er janv. 2014)* **« ou de la société » prêteur et le coût du crédit ou de la location soient mentionnés, sous peine de nullité » ;**

8° Aux démarches effectuées sur le lieu de vente, pour le compte d'un établissement de crédit, *(Ord. n° 2013-544 du 27 juin 2013, art. 3, en vigueur le 1er janv. 2014)* **« d'une société de financement, »** *(L. n° 2013-100 du 28 janv. 2013, art. 6)* **« d'un établissement de monnaie électronique fournissant des services de paiement permettant l'octroi de crédit »** *(Ord. n° 2009-866 du 15 juill. 2009, art. 8, en vigueur le 1er nov. 2009)* **« ou d'un établissement de paiement », en vue de proposer des crédits visés au titre Ier du livre III du code de la consommation ;**

(L. n° 2006-1770 du 30 déc. 2006, art. 63-I, en vigueur le 30 sept. 2007) **« 9° Aux conventions conclues entre les personnes mentionnées au 1° de l'article L. 341-3, à l'exception des sociétés de capital-risque, pour la distribution de produits, la réalisation d'une opération ou la fourniture d'un service, mentionnés à l'article L. 341-1, à l'exception des dispositions mentionnées à l'article L. 341-6 ; »**

(Ord. n° 2009-866 du 15 juill. 2009, art. 8, en vigueur le 1er nov. 2009) **« 10° Aux démarches effectuées, pour le compte d'un établissement de paiement** *(L. n° 2013-100 du 28 janv. 2013, art. 6)* **« ou d'un établissement de monnaie électronique fournissant des services de paiement permettant l'octroi de crédit », en vue de proposer un contrat de financement de biens ou de prestations de services répondant aux conditions prévues à la** *(Ord. n° 2016-301 du 14 mars 2016, art. 2, en vigueur le 1er juill. 2016)* **« section V du chapitre II du titre Ier du livre III » du code de la consommation » ;**

(L. n° 2013-672 du 26 juill. 2013, art. 62) **« 11° A la diffusion auprès des personnes physiques ou morales d'une simple information publicitaire, à l'exclusion de tout document contractuel ou précontractuel, quel que soit le support. »**

Personnes habilitées à procéder au démarchage

Art. L. 341-3 **Ne peuvent recourir ou se livrer à l'activité de démarchage bancaire ou financier, dans la limite des dispositions particulières qui les régissent, que :**

1° Les établissements de crédit *(Ord. n° 2013-544 du 27 juin 2013, art. 3, en vigueur le 1er janv. 2014)* **« ou les sociétés de financement » définis à l'article L. 511-1, les organismes mentionnés à l'article L. 518-1,** *(L. n° 2013-100 du 28 janv. 2013, art. 6)* **« les établissements de monnaie électronique, »** *(Ord. n° 2009-866 du 15 juill. 2009, art. 8, en vigueur le 1er nov. 2009)* **« les établissements de paiement, » les entreprises d'investissement et les entreprises d'assurance définies respectivement à l'article L. 531-4 du présent code et à l'article L. 310-1 du code des assurances,** *(Ord. n° 2017-484 du 6 avr. 2017, art. 3)* **« les fonds de retraite professionnelle supplémentaire mentionnés à l'article L. 381-1 du même code, » les sociétés de capital-risque mentionnées à l'article 1er-1 de la loi n° 85-695 du 11 juillet 1985 portant diverses dispositions d'ordre économique et financier, en vue de la souscription des titres qu'elles émettent, les** *(Ord. n° 2017-1107 du 22 juin 2017, art. 3, en vigueur le 3 janv. 2018)* **« sociétés de gestion de placements collectifs » définies à l'article L. 543-1 du présent code en vue de la souscription des titres financiers émis par les** *(Ord. n° 2017-1107 du 22 juin 2017, art. 3, en vigueur le 3 janv. 2018)* **« placements collectifs » dont elles assurent la gestion, ainsi que les établissements et entreprises équivalents agréés dans un autre État membre de** *(L. n° 2013-100 du 28 janv. 2013, art. 6)* **« l'Union » européenne et habilités à intervenir sur le territoire français ;**

2° Les entreprises, dans le cadre des dispositifs relevant du *(L. n° 2010-1249 du 22 oct. 2010, art. 36-II)* **« livre III de la troisième partie » du code du travail qu'elles proposent à leurs bénéficiaires, ainsi que les personnes morales qu'elles mandatent pour proposer un de ces dispositifs conclus par l'entreprise. Dans ce cas, et sans préjudice des règles d'information et de commercialisation auxquelles elles sont soumises, seules sont applicables à ces activités de démarchage les dispositions de l'article L. 341-9, du 3° de l'article L. 353-2 et de l'article L. 353-4 du présent code ;**

3° Les conseillers en investissements financiers définis à l'article L. 541-1 *(Abrogé par L. n° 2010-1249 du 22 oct. 2010, art. 36-II)* « ***, exclusivement pour les opérations prévues au 5° de l'article L. 341-1*** » ;

(L. n° 2010-1249 du 22 oct. 2010, art. 36-II) **« 4° Les intermédiaires en opérations de banque et en services de paiement mentionnés à l'article L. 519-1 ;**

« 5° Les agents liés mentionnés à l'article L. 545-1 » ;

(Ord. n° 2014-559 du 30 mai 2014, art. 3, en vigueur le 1er oct. 2014) **« 6° Les conseillers en investissements participatifs définis à l'article L. 547-1. »** — *Sur les sanctions pénales, V. C. mon. fin., art. L. 353-2.*

Art. L. 341-4 I. – Les personnes mentionnées à l'article L. 341-3 peuvent mandater des personnes physiques afin d'exercer pour leur compte une activité de démarchage bancaire ou financier. Les établissements et entreprises ou institutions mentionnés au 1° de cet article peuvent également mandater des personnes morales à cet effet. Dans ce cas, celles-ci peuvent à leur tour mandater des personnes physiques afin d'exercer cette activité pour leur compte.

II. – Dans tous les cas, le mandat est nominatif. Il mentionne la nature des produits et services qui en sont l'objet ainsi que les conditions dans lesquelles l'activité de démarchage peut être exercée. Sa durée est limitée à deux ans. Il peut être renouvelé.

(L. n° 2010-1249 du 22 oct. 2010, art. 36-III) « Le démarcheur exerce une activité de démarchage bancaire et financier uniquement pour le compte de son mandant et dans la limite des services, opérations et produits pour lesquels celui-ci est agréé. »

Une même personne physique ou morale peut recevoir des mandats émanant de plusieurs entreprises, institutions ou établissements mentionnés au 1° de l'article L. 341-3. Cette personne informe alors l'ensemble de ses mandants *[des mandats]* ainsi détenus.

III. – Les personnes *(Abrogé par L. n° 2006-1770 du 30 déc. 2006, art. 63-I, à compter du 30 sept. 2007)* « *morales* » mentionnées à l'article L. 341-3 et celles mandatées en application du I du présent article sont civilement responsables du fait des démarcheurs, agissant en cette qualité, auxquels elles ont délivré un mandat. Les personnes morales mentionnées à l'article L. 341-3 demeurent responsables du fait des salariés *(L. n° 2006-1770 du 30 déc. 2006, art. 63-I, en vigueur le 30 sept. 2007)* « ou employés des personnes physiques ou » des personnes morales qu'elles ont mandatées, dans la limite du mandat.

IV. – Les démarcheurs personnes physiques et les personnes physiques ayant le pouvoir de gérer ou d'administrer les personnes morales mandatées en application du I doivent remplir des conditions d'âge, d'honorabilité et de compétence professionnelle fixées par décret. Il en va de même des salariés ou employés des personnes mentionnées à l'article L. 341-3, lorsqu'ils exercent des activités de démarchage, et de *(L. n° 2006-1770 du 30 déc. 2006, art. 63-I, en vigueur le 30 sept. 2007)* « ceux des personnes physiques ou des personnes morales mandatées » en application du I du présent article.

V. – Les règles fixées aux II et IV ne s'appliquent pas aux personnes physiques participant à l'envoi de documents nominatifs, sous réserve qu'elles n'aient aucun contact personnalisé permettant d'influencer le choix de la personne démarchée. Dans ce cas, les personnes morales mentionnées à l'article L. 341-3 ou mandatées en application du I sont considérées comme exerçant directement l'activité de démarchage et sont tenues d'en appliquer les règles. – *Sur les sanctions pénales, V. C. mon. fin., art. L. 353-2.*

Art. L. 341-5 Toute personne physique ou morale mandatée pour exercer des activités de démarchage bancaire ou financier doit être en mesure de justifier à tout moment de l'existence d'un contrat d'assurance la couvrant contre les conséquences pécuniaires de sa responsabilité civile professionnelle, en cas de manquement à ses obligations professionnelles telles que définies au présent chapitre.

Le niveau minimal des garanties qui doivent être apportées par l'assurance de responsabilité civile professionnelle est fixé par décret en fonction des conditions dans lesquelles l'activité est exercée, notamment de l'existence d'un seul ou de plusieurs mandats, et des produits et services faisant l'objet du démarchage.

Art. L. 341-6 et L. 341-7 *Abrogés par L. n° 2010-1249 du 22 oct. 2010, art. 92-II, à compter du 1er janv. 2013. – V.* ***C. consom.****, éd. 2012 et antérieures, ou* ***C. mon. fin.***

Art. L. 341-7-1 *(Abrogé par L. n° 2010-1249 du 22 oct. 2010, art. 92-II) (Ord. n° 2007-544 du 12 avr. 2007, art. 2, en vigueur le 1er nov. 2007)* ***Le fichier mentionné à l'article L. 341-7 recense également les agents liés mentionnés à l'article L. 545-1.***

L'art. L. 341-7-1 est abrogé au premier jour du septième mois qui suit la mise en place du registre mentionné au I de l'art. L. 546-1 C. mon. fin. (L. n° 2010-1249 du 22 oct. 2010, art. 92-II). – Le registre unique des intermédiaires en assurance, banque et finance (ORIAS) est mis en place à compter du 15 janv. 2013 (Arr. du 20 déc. 2012, JO 26 déc.).

Art. L. 341-8 Toute personne se livrant à une activité de démarchage bancaire ou financier en se rendant physiquement au domicile des personnes démarchées, sur leur lieu de travail ou dans les lieux non destinés à la commercialisation de produits, instruments et services financiers, doit être titulaire d'une carte de démarchage délivrée par la personne pour le compte de laquelle elle agit, selon un modèle fixé par arrêté du ministre chargé de l'économie. — *V. Arr. du 28 sept. 2004 (JO 29 sept.).* — ***C. mon. fin.***

Cette carte doit être présentée à toute personne ainsi démarchée. — *Sur les sanctions pénales, V. C. mon. fin., art. L. 353-1.*

Art. L. 341-9 *(Ord. nº 2005-429 du 6 mai 2005)* Les personnes exerçant l'activité de démarchage bancaire et financier sont soumis aux incapacités énoncées à l'article L. 500-1.

Produits ne pouvant pas faire l'objet de démarchage

Art. L. 341-10 Sans préjudice des règles particulières applicables au démarchage de certains produits, ne peuvent pas faire l'objet de démarchage :

1° Les produits dont le risque maximum n'est pas connu au moment de la souscription ou pour lesquels le risque de perte est supérieur au montant de l'apport financier initial, à l'exception :

— des parts de sociétés civiles de placement immobilier. A l'issue d'un délai de deux ans à compter de la promulgation de la loi nº 2003-706 du 1er août 2003 de sécurité financière *[JO 2 août]*, seules pourront faire l'objet de démarchage les parts de sociétés civiles de placement immobilier dont les statuts prévoient la limitation de la responsabilité de chaque associé au montant de sa part au capital ;

— des produits entrant dans le cadre d'une opération normale de couverture, sous réserve que ces produits soient proposés exclusivement à des personnes morales ;

2° Les produits non autorisés à la commercialisation sur le territoire français en application de l'article L. 151-2 ;

3° Les produits relevant *(Ord. nº 2011-915 du 1er août 2011, art. 23)* « de l'article L. 214-42 dans sa rédaction antérieure à l'ordonnance nº 2011-915 du 1er août 2011 relative aux *(Ord. nº 2013-676 du 25 juill. 2013, art. 3)* « OPCVM » et à la modernisation du cadre juridique de la gestion d'actifs et de l'article » *(L. nº 2014-1 du 2 janv. 2014, art. 25-II)* « L. 214-169 » ;

4° Les instruments financiers qui ne sont pas admis aux négociations sur les marchés réglementés définis aux articles *(Ord. nº 2007-1490 du 18 oct. 2007, art. 2, en vigueur le 1er nov. 2007)* « L. 421-4 » et L. 422-1 ou sur les marchés étrangers reconnus définis à l'article L. 423-1, à l'exception des parts ou actions d'*(Ord. nº 2013-676 du 25 juill. 2013, art. 3 et 36)* « OPCVM ou de FIA relevant des paragraphes 1, 2 et 6 de la sous-section 2, du paragraphe 2 ou du sous-paragraphe 1 du paragraphe 1 de la sous-section 3, ou de la sous-section 4 de la section II du chapitre IV du titre Ier du livre II », *(Ord. nº 2009-80 du 22 janv. 2009, art. 3, en vigueur le 1er avr. 2009)* « des titres financiers offerts au public après établissement d'un document d'information » dans les conditions du titre Ier du livre IV du présent code, des titres émis par les sociétés de capital-risque mentionnées à l'article 1er-1 de la loi nº 85-695 du 11 juillet 1985 précitée et des produits proposés dans le cadre d'un dispositif relevant du *(L. nº 2010-1249 du 22 oct. 2010, art. 36-IV)* « livre III de la troisième partie » du code du travail ;

(Ord. nº 2016-520 du 28 avr. 2016, art. 3, en vigueur le 1er oct. 2016) « 5° Les bons de caisse. » — *Sur les sanctions pénales, V. C. mon. fin., art. L. 353-2.*

Règles de bonne conduite

Art. L. 341-11 *(Ord. nº 2005-648 du 6 juin 2005, art. 5)* « Avant de formuler une offre portant sur des instruments financiers, un service d'investissement ou un service connexe », les démarcheurs s'enquièrent de la situation financière de la personne démarchée, de son expérience et de ses objectifs en matière de placement ou de financement. Ces dispositions ne s'appliquent pas dans le cas des envois effectués dans les conditions prévues au V de l'article L. 341-4, sans préjudice du respect des obligations d'information et de conseil dues aux souscripteurs et aux clients en application des articles *(Ord. nº 2011-915 du 1er août 2011, art. 23)* « L. 214-23-1 » *(Abrogé par L. nº 2014-1 du 2 janv. 2014, art. 25-II)* «*, L. 214-83-1* » et *(Ord. nº 2007-1490 du 18 oct. 2007, art. 2, en vigueur le 1er nov. 2007)* « L. 533-11 à L. 533-16 ».

Les démarcheurs communiquent à la personne démarchée, d'une manière claire et compréhensible, les informations qui lui sont utiles pour prendre sa décision.

Art. L. 341-12 *(Ord. nº 2005-648 du 6 juin 2005, art. 5, en vigueur le 1er déc. 2005)* En temps utile, avant qu'elle ne soit liée par un contrat, la personne démarchée reçoit des informations fixées par décret en Conseil d'État, portant notamment sur :

1° *(L. nº 2010-1249 du 22 oct. 2010, art. 36-V)* « Le nom et l'adresse professionnelle » de la personne physique procédant au démarchage ;

2° *(L. nº 2010-1249 du 22 oct. 2010, art. 36-V)* « Le nom, l'adresse et, le cas échéant, l'immatriculation mentionnée à l'article L. 546-1 » de la ou des personnes morales pour le compte de laquelle ou desquelles le démarchage est effectué ;

3° *(L. nº 2010-1249 du 22 oct. 2010, art. 36-V)* « Le nom, l'adresse et, le cas échéant, l'immatriculation mentionnée à l'article L. 546-1 » de la personne morale mandatée en application du I de l'article L. 341-4 si le démarchage est effectué pour le compte d'une telle personne ;

4° Les documents d'information particuliers relatifs aux produits, instruments financiers et services proposés requis par les dispositions législatives et réglementaires en vigueur ou, en l'absence de tels documents, une note d'information sur chacun des produits, instruments financiers et services proposés, élaborée sous la responsabilité de la personne ou de l'établissement qui a recours au démarchage et indiquant, s'il y a lieu, les risques particuliers que peuvent comporter les produits proposés ;

5° Les conditions de l'offre contractuelle, notamment le prix total effectivement dû par la personne démarchée ou, lorsqu'un prix exact ne peut être indiqué, la base de calcul du prix, permettant à la personne démarchée de vérifier ce dernier, les modalités selon lesquelles sera conclu le contrat, en particulier le lieu et la date de signature de celui-ci ;

6° L'existence ou l'absence du droit de rétractation, prévu selon les cas, à l'article *(Ord. nº 2016-301 du 14 mars 2016, art. 2, en vigueur le 1er juill. 2016)* « L. 222-7 » du code de la consommation ou à l'article L. 341-16 du présent code, ainsi que ses modalités d'exercice ;

7° La loi applicable aux relations précontractuelles ainsi qu'au contrat, et l'existence de toute clause concernant le choix d'une juridiction.

Les informations communiquées par le fournisseur à la personne démarchée sur les obligations contractuelles sont conformes à la loi applicable au contrat en cas de conclusion de celui-ci.

Ces informations, dont le caractère commercial doit apparaître sans équivoque, sont fournies de manière claire et compréhensible par tout moyen adapté à la technique de communication à distance utilisée.

Le décret en Conseil d'État mentionné au premier alinéa fixe également les modalités particulières applicables en cas de communication par téléphonie vocale. — *V. C. mon. fin., art. L. 341-16. — Sur les sanctions pénales, V. C. mon. fin., art. L. 353-1.*

Ces dispositions sont applicables sans préjudice de l'application des obligations législatives et réglementaires spécifiques à chaque produit, instrument financier ou service proposé.

Les modifications issues de l'art. 33-III de la L. nº 2014-344 du 17 mars 2014 s'appliquent aux contrats conclus après le 13 juin 2014 (L. préc., art. 34).

Art. L. 341-13 Il est interdit au démarcheur de proposer des produits, instruments financiers et services autres que ceux pour lesquels il a reçu des instructions expresses de la ou des personnes pour le compte desquelles il agit.

Art. L. 341-14 Le contrat portant sur la fourniture d'un service d'investissement ou d'un service connexe, sur la réalisation d'une opération sur instruments financiers, d'une opération de banque ou d'une opération connexe *(Ord. nº 2009-866 du 15 juill. 2009, art. 8, en vigueur le 1er nov. 2009)* « , d'un service de paiement » ou d'une opération sur biens divers est conclu entre la personne démarchée et l'établissement, l'entreprise ou la personne morale habilitée à exercer ces activités, sans que le démarcheur puisse le signer au nom et pour le compte de la personne pour le compte de laquelle il agit. — *Sur les sanctions pénales, V. C. mon. fin., art. L. 353-1.*

Art. L. 341-15 Il est interdit à tout démarcheur de recevoir des personnes démarchées des espèces, des effets de commerce, des valeurs ou chèques au porteur ou à son nom ou tout paiement par un autre moyen *(L. nº 2006-387 du 31 mars 2006, art. 25-VIII, en vigueur le 1er déc. 2005)* « , sous réserve des modalités d'exercice du droit de rétractation prévues au II de l'article L. 341-16 ».

Art. L. 341-16 I. — *(L. nº 2006-387 du 31 mars 2006, art. 25-IX, en vigueur le 1er déc. 2005)* « La personne démarchée dispose d'un délai de quatorze jours calendaires révolus pour

exercer son droit de rétractation, sans avoir à justifier de motifs ni à supporter de pénalités. — *Sur le formulaire de rétractation, V. C. mon. fin., art. D. 341-8.*

« Le délai pendant lequel peut s'exercer le droit de rétractation commence à courir :

« 1° Soit à compter du jour où le contrat est conclu ;

« 2° Soit à compter du jour où la personne démarchée reçoit les conditions contractuelles et les informations, si cette dernière date est postérieure à celle mentionnée au 1°. »

II. — *(L. n° 2006-387 du 31 mars 2006, art. 25-IX, en vigueur le 1er déc. 2005)* **« Lorsque la personne démarchée exerce son droit de rétractation, elle ne peut être tenue qu'au paiement du prix correspondant à l'utilisation du produit ou du service financier effectivement fourni entre la date de conclusion du contrat et celle de l'exercice du droit de rétractation, à l'exclusion de toute pénalité.**

« Le démarcheur ne peut exiger de la personne démarchée le paiement du produit ou du service mentionné au premier alinéa que s'il peut prouver que la personne démarchée a été informée du montant dû, conformément au 5° de l'article L. 341-12.

« Toutefois, il ne peut exiger ce paiement s'il a commencé à exécuter le contrat avant l'expiration du délai de rétractation sans demande préalable de la personne démarchée.

« Le démarcheur est tenu de rembourser à la personne démarchée, dans les meilleurs délais et au plus tard dans les trente jours, toutes les sommes qu'il a perçues de celle-ci en application du contrat, à l'exception du montant mentionné au premier alinéa. Ce délai commence à courir le jour où le démarcheur reçoit notification par la personne démarchée de sa volonté de se rétracter.

« La personne démarchée restitue au démarcheur, dans les meilleurs délais et au plus tard dans les trente jours, toute somme et tout bien qu'elle a reçus de ce dernier. Ce délai commence à courir à compter du jour où la personne démarchée notifie au démarcheur sa volonté de se rétracter. »

L'exécution des contrats portant sur les services de conservation ou d'administration d'instruments financiers et de gestion de portefeuille pour le compte de tiers est différée pendant la durée du droit de rétractation.

III. — Le délai de rétractation prévu au premier alinéa du I ne s'applique pas :

1° Aux services de réception-transmission et exécution d'ordres pour le compte de tiers mentionnés à l'article L. 321-1, ainsi qu'à la fourniture d'instruments financiers mentionnés à l'article L. 211-1 ;

2° Lorsque des dispositions spécifiques à certains produits et services prévoient un délai de réflexion ou un délai de rétractation d'une durée différente, auquel cas ce sont ces délais qui s'appliquent en matière de démarchage.

(L. n° 2006-387 du 31 mars 2006, art. 25-IX, en vigueur le 1er déc. 2005) **« 3° Aux contrats exécutés intégralement par les deux parties à la demande expresse de la personne démarchée avant que cette dernière n'exerce son droit de rétractation. »**

IV. — En cas de démarchage effectué selon les modalités prévues au *(L. n° 2010-737 du 1er juill. 2010, art. 38-III)* **« huitième » alinéa de l'article L. 341-1, les personnes mentionnées aux articles L. 341-3 et L. 341-4 ne peuvent recueillir ni ordres ni fonds de la part des personnes démarchées en vue de la fourniture de services de réception-transmission et exécution d'ordres pour le compte de tiers mentionnés à l'article L. 321-1 ou d'instruments financiers mentionnés à l'article L. 211-1, avant l'expiration d'un délai de réflexion de quarante-huit heures.**

Ce délai de réflexion court à compter du lendemain de la remise d'un récépissé établissant la communication à la personne démarchée, par écrit sur support papier, des informations et documents prévus à l'article L. 341-12.

Le silence de la personne démarchée à l'issue de l'expiration du délai de réflexion ne peut être considéré comme signifiant le consentement de celle-ci.

V. — *Abrogé par L. n° 2006-387 du 31 mars 2006, art. 25-IX, à compter du 1er déc. 2005.*

Sur les sanctions pénales, V. C. mon. fin., art. L. 353-1.

BIBL. ▸ BAZIN, *D. 2008. 3028* (le droit de repentir en droit de la consommation).

Code monétaire et financier Art. D. 341-8 Le formulaire mentionné au deuxième alinéa du I de l'article L. 341-16, qui est intitulé "Formulaire relatif au délai de rétractation prévue par l'article L. 341-16 du code monétaire et financier", comporte les mentions suivantes :

1° La mention que ce formulaire doit être renvoyé au plus tard 14 jours à compter de la conclusion du contrat par lettre recommandée avec avis de réception ;

2° L'identité de l'organisme avec lequel le contrat a été conclu, son adresse et la désignation du contrat, parmi les catégories mentionnées à l'article L. 341-1 du code monétaire et financier, sous réserve des interdictions prévues à l'article L. 341-10 et des exceptions prévues au III de l'article L. 341-16 ;

3° L'indication selon laquelle cette rétractation n'est valable que si elle est adressée avant l'expiration du délai de 14 jours prévu à l'article L. 341-16, lisiblement et dûment remplie ;

4° L'indication selon laquelle la personne démarchée déclare renoncer au contrat, avec la description du produit ou service proposé pour lequel elle a signé le contrat ;

5° Le nom de l'organisme ayant commercialisé le produit ou le service et avec lequel la personne démarchée a conclu le contrat ;

6° La date, la signature du client et, le cas échéant, des autres cocontractants.

Sanctions disciplinaires

Art. L. 341-17 Tout manquement aux lois, règlements et obligations professionnelles applicables au démarchage bancaire ou financier commis par les personnes mentionnées aux *(L. n° 2013-672 du 26 juill. 2013, art. 62)* « 1°, 3° et 5° » de l'article L. 341-3 et à l'article L. 341-4 est sanctionné dans les conditions prévues, selon leur nature ou leurs activités, *(Ord. n° 2010-76 du 21 janv. 2010, art. 3)* « aux articles L. 612-39, L. 621-15 et L. 621-17 ».

Démarchage et colportage concernant les opérations sur les matières précieuses et les billets de banque étrangers

Opérations sur matières précieuses

Art. L. 342-1 Sont interdits le colportage et le démarchage en vue de la vente, de l'achat ou de l'échange de l'or en lingots, barres, monnaies étrangères et pièces d'or démonétisées.

Se livre au colportage de ces matières celui qui se rend au domicile des particuliers, autres que les banquiers, agents de change et négociants en métaux précieux, ou dans les lieux publics non réservés à cet effet, pour offrir ou se procurer les matières ci-dessus désignées, avec livraison et paiement immédiats, en totalité ou en partie, soit en numéraire, soit en valeurs. – *[Décr.-L. du 12 nov. 1938, art. 4, al. 1er et 2].*

Art. L. 342-2 I. – Se livre au démarchage des matières mentionnées au premier alinéa de l'article L. 342-1 celui qui se rend habituellement au domicile des particuliers, autres que les banquiers, agents de change, négociants en métaux précieux, ou dans les lieux publics non réservés à cet effet, pour conseiller l'achat, la vente ou l'échange de ces matières, ou pour offrir de participer soit à des opérations à terme sur les mêmes matières, soit à des syndicats ayant pour objet des opérations fondées sur des différences de cours et portant sur les mêmes matières.

II. – Sont également considérées comme actes de démarchage interdits par l'article L. 342-1, les offres de service faites de façon habituelle, par lettres, circulaires, communications téléphoniques ou tout autre moyen, au domicile des personnes autres que les banquiers, agents de change, négociants en métaux précieux ou dans les lieux publics non réservés à cet effet en vue des opérations mentionnées au I. – *[Décr.-L. du 12 nov. 1938, art. 4, al. 3 et 4].*

Opérations sur les billets de banque étrangers

Art. L. 342-3 Sont interdits le colportage et le démarchage en vue de la vente ou de l'échange des billets de banque étrangers.

Se livre au colportage des billets de banque étrangers celui qui se rend au domicile des particuliers, autres que les banquiers et agents de change, ou dans les lieux publics, pour offrir ou se procurer ces billets avec livraison et paiement immédiats, en totalité ou en partie, soit en numéraire, soit en valeurs.

Se livre au démarchage des billets de banque étrangers celui qui se rend habituellement au domicile des particuliers, autres que les banquiers et agents de change, ou dans les lieux publics, pour conseiller l'achat, la vente ou l'échange de ces billets, la participation à des opérations sur ces billets, ou pour offrir de participer, soit à des opérations à terme sur les mêmes billets, soit à des syndicats ayant pour objet des opérations fondées sur des différences de cours et portant sur les mêmes billets.

Sont également considérées comme actes de démarchage interdits par le présent article les offres de service faites de façon habituelle (par lettres, circulaires, communications téléphoniques ou tout autre moyen) au domicile des personnes, autres que les banquiers et agents de change, ou dans les lieux publics, en vue des opérations mentionnées à l'alinéa précédent. — *[Décr.-L. du 12 nov. 1938, art. 5].*

Fourniture à distance de services financiers à un consommateur

(Ord. n° 2005-648 du 6 juin 2005, art. 5, en vigueur le 1er déc. 2005)

BIBL. ▶ COUPEZ et VERBIEST, *D. 2006. 3057* (commercialisation à distance des services financiers).

Art. L. 343-1 *(L. n° 2014-344 du 17 mars 2014, art. 33-III)* **La fourniture à distance de services financiers à un consommateur est régie par les articles** *(Ord. n° 2016-301 du 14 mars 2016, art. 2, en vigueur le 1er juill. 2016)* **« L. 222-1 à L. 222-18 » du code de la consommation.**

Les modifications issues de l'art. 33-III de la L. n° 2014-344 du 17 mars 2014 s'appliquent aux contrats conclus après le 13 juin 2014 (L. préc., art. 34).

Art. L. 343-2 **Lorsque la fourniture à distance de services financiers à un consommateur est précédée d'un démarchage au sens de l'article L. 341-1,** *(Abrogé par L. n° 2006-387 du 31 mars 2006, art. 25-X, à compter du 1er déc. 2005) « sont en outre applicables les dispositions du chapitre Ier du titre IV du livre III, à l'exception de l'article L. 341-16 » [l']* **article L. 341-12 s'applique à la place de l'article** *(Ord. n° 2016-301 du 14 mars 2016, art. 2, en vigueur le 1er juill. 2016)* **« L. 222-5 » du code de la consommation et les références qui sont faites à ce dernier article sont remplacées par des références faites à l'article L. 341-12.**

V. note ss. art. L. 343-1.

Infractions relatives au démarchage

Démarchage en matière bancaire ou financière

(L. n° 2003-706 du 1er août 2003, art. 53-I)

Art. L. 353-1 **Est puni de six mois d'emprisonnement et de 7 500 € d'amende :**

1° Le fait, pour toute personne, de se livrer à l'activité de démarchage bancaire ou financier définie à l'article L. 341-1 sans avoir obtenu une carte de démarchage en cas d'activité réalisée dans les conditions de l'article L. 341-8 ;

2° Le fait, pour toute personne se livrant à l'activité de démarchage bancaire ou financier *(L. n° 2006-387 du 31 mars 2006, art. 25-XI, en vigueur le 1er déc. 2005)* **« dans les conditions définies au septième alinéa de l'article L. 341-1 », de ne pas communiquer à la personne démarchée les informations et documents mentionnés à l'article L. 341-12 et à l'avant-dernier alinéa de l'article L. 341-6 ;**

3° Le fait, pour toute personne se livrant à l'activité de démarchage bancaire ou financier définie à l'article L. 341-1, de ne pas respecter les règles relatives à la signature du contrat prévues à l'article L. 341-14 ;

4° Le fait, pour toute personne se livrant à l'activité de démarchage bancaire ou financier définie à l'article L. 341-1, de ne pas permettre à la personne démarchée de bénéficier du délai de rétractation mentionné à l'article L. 341-16 sous réserve des dérogations prévues à cet article ;

5° Le fait, pour toute personne se livrant à l'activité de démarchage bancaire ou financier définie au deuxième alinéa de l'article L. 341-1, de recevoir des personnes démarchées des ordres ou des fonds en vue de la fourniture de services de réception-transmission et exécution d'ordres pour le compte de tiers mentionnés à l'article L. 321-1, ou d'instruments financiers mentionnés à l'article *(Ord. n° 2009-15 du 8 janv. 2009, art. 2)* **« L. 211-1 », *avant l'expiration du délai de* quarante-huit heures mentionné au IV de l'article L. 341-16.**

Art. L. 353-2 **Est puni des peines prévues à l'article 313-1 du code pénal :**

1° Le fait, pour toute personne, de recourir à l'activité de démarchage bancaire ou financier définie à l'article L. 341-1 sans remplir les conditions prévues aux articles L. 341-3 et L. 341-4 ;

2° Le fait, pour toute personne se livrant à l'activité de démarchage bancaire ou financier définie à l'article L. 341-1, de proposer des produits interdits de démarchage mentionnés à l'article L. 341-10 ;

3° *Abrogé par Ord. n° 2005-429 du 6 mai 2005, art. 7-II.*

4° Le fait, pour toute personne se livrant à l'activité de démarchage bancaire ou financier, de proposer aux personnes démarchées des produits, instruments financiers et services autres que ceux pour lesquels elle a reçu des instructions expresses de la ou des personnes pour le compte de laquelle ou desquelles elle agit ;

5° Le fait, pour toute personne se livrant à l'activité de démarchage bancaire ou financier, de recevoir des personnes démarchées des espèces, des effets de commerce, des valeurs ou chèques au porteur ou à son nom ou tout *(Ord. n° 2005-429 du 6 mai 2005, art. 50)* « paiement » par un autre moyen.

Art. L. 353-3 Les personnes physiques coupables de l'un des délits mentionnés aux articles L. 353-1 et L. 353-2 encourent également les peines complémentaires suivantes :

1° L'interdiction des droits civiques, civils et de famille, suivant les modalités prévues par l'article 131-26 du code pénal ;

2° L'interdiction, suivant les modalités prévues par l'article 131-27 du code pénal, d'exercer une fonction publique ou d'exercer une activité professionnelle ou sociale dans l'exercice ou à l'occasion de laquelle l'infraction a été commise, pour une durée de cinq ans au plus ;

3° L'affichage ou la diffusion de la décision prononcée, dans les conditions prévues par l'article 131-35 du code pénal.

Art. L. 353-4 *(L. n° 2009-526 du 12 mai 2009, art. 125-XIV)* « Les personnes morales déclarées responsables pénalement, dans les conditions prévues par l'article 121-2 du code pénal, des infractions définies aux articles L. 353-1 et L. 353-2 encourent, outre l'amende suivant les modalités prévues par l'article 131-38 du code pénal, les peines prévues par l'article 131-39 du même code. »

L'interdiction mentionnée au 2° de ce même article porte sur l'activité dans l'exercice ou à l'occasion de l'exercice de laquelle l'infraction a été commise.

Art. L. 353-5 *(Ord. n° 2016-301 du 14 mars 2016, art. 11, en vigueur le 1er juill. 2016)* Les agents mentionnés aux articles L. 511-3 et L. 511-21 du code de la consommation sont habilités à rechercher et constater les infractions prévues aux articles L. 353-1 et L. 353-2 du présent code, dans les conditions prévues à l'article L. 511-5 du code de la consommation.

Opérations sur matières précieuses et billets de banque étrangers

Art. L. 353-6 *(L. n° 2003-706 du 1er août 2003, art. 53-I-2°)* Est puni d'un emprisonnement de six mois et d'une amende de 9 000 €, le fait, pour toute personne, de méconnaître les obligations prescrites au titre des opérations sur matières précieuses et des billets de banque, par les articles L. 342-1 à L. 342-3.

La saisie et la confiscation des matières mentionnées aux articles L. 342-1 à L. 342-3 sont obligatoires. — *[Décr.-L. du 12 nov. 1938, art. 6].*

Associations de défense des investisseurs

BIBL. GÉN. ▶ Colloque Dalloz, *Rev. sociétés 1995. 207* ✐. - LE BARS, *LPA 14 nov. 2003* (loi de sécurité financière). - L'HÉLIAS, MATTHIAS et NEUVILLE, *Bull. Joly Bourse, avr. 1994. 51* (associations de défense d'actionnaires). - DE VAUPLANE, *ibid., n° spéc. 35* (class actions).

Art. L. 452-1 Les associations régulièrement déclarées ayant pour objet statutaire explicite la défense des investisseurs en *(Ord. n° 2009-15 du 8 janv. 2009, art. 3)* « titres financiers » ou en produits financiers peuvent, *(Abrogé par L. n° 2003-706 du 1er août 2003, art. 126)* *« si elles ont été agréées à cette fin, »* agir en justice devant toutes les juridictions même par voie de constitution de partie civile, relativement aux faits portant un préjudice direct ou indirect à l'intérêt collectif des investisseurs ou de certaines catégories d'entre eux.

(L. n° 2003-706 du 1er août 2003, art. 126) « Ces associations sont :

« — les associations agréées, dans des conditions fixées par décret après avis du ministère public et de l'Autorité des marchés financiers, lorsqu'elles justifient de six mois d'existence et, pendant cette même période, d'au moins deux cents membres cotisant individuellement et lorsque leurs dirigeants remplissent des conditions d'honorabilité et de compétence fixées par décret ; — *Sur l'agrément de ces associations, V. C. mon. fin., art. D. 452-1 à D. 452-8.* — ***C. mon. fin.***

« — les associations qui répondent aux critères de détention de droits de vote définis par l'article L. 225-120 du code de commerce si elles ont communiqué leurs statuts à l'Autorité des marchés financiers. »

Lorsqu'une pratique contraire aux dispositions législatives ou réglementaires est de nature à porter atteinte aux droits des épargnants, les associations d'actionnaires mentionnées *(L. nº 2003-706 du 1er août 2003, art. 126)* « au premier alinéa » peuvent demander en justice qu'il soit ordonné à la personne qui en est responsable de se conformer à ces dispositions, de mettre fin à l'irrégularité ou d'en supprimer les effets.

La demande est portée devant le président du tribunal de grande instance du siège social de la société en cause, qui statue en la forme des référés et dont la décision est exécutoire par provision. Le président du tribunal est compétent pour connaître des exceptions d'illégalité. Il peut prendre, même d'office, toute mesure conservatoire et prononcer, pour l'exécution de son ordonnance, une astreinte versée au Trésor public.

Dernier al. abrogé par L. nº 2003-706 du 1er août 2003, art. 126.

Art. L. 452-2 Lorsque plusieurs personnes physiques, identifiées en leur qualité d'investisseur, ont subi des préjudices individuels qui ont été causés par le fait d'une même personne et qui ont une origine commune, toute association mentionnée à l'article L. 452-1 peut, si elle a été mandatée par au moins deux des investisseurs concernés, agir en réparation devant toute juridiction, au nom de ces investisseurs.

Le mandat ne peut être sollicité par voie d'appel public télévisé ou radiophonique, ni par voie d'affichage, de tract ou de lettre personnalisée. Il doit être donné par écrit par chaque investisseur. — *[L. nº 88-14 du 5 janv. 1988, art. 13].*

(L. nº 2003-706 du 1er août 2003, art. 126) « Toutefois, lorsqu'une association agréée en application du troisième alinéa de l'article L. 452-1 agit en réparation devant les juridictions civiles ou commerciales, le président du tribunal de grande instance ou le président du tribunal de commerce selon le cas peut, par ordonnance de référé, l'autoriser à solliciter des actionnaires un mandat pour agir en leur nom en ayant recours, à ses frais, aux moyens de publicité mentionnés à l'alinéa précédent.

« Sans préjudice des dispositions des articles L. 612-1 à L. 612-5 du code de commerce, les associations visées à l'alinéa précédent établissent chaque année un bilan, un compte de résultat et une annexe, dont les modalités d'établissement sont précisées par décret et qui sont approuvés par l'assemblée des adhérents. Lorsque l'association introduit une demande en application de l'alinéa précédent, elle transmet ces documents au président du tribunal. »

Art. L. 452-3 Tout investisseur ayant donné son accord, dans les conditions prévues à l'article L. 452-2, à l'exercice d'une action devant une juridiction pénale est considéré en ce cas comme exerçant les droits reconnus à la partie civile en application du code de procédure pénale. Toutefois, les significations et notifications qui concernent l'investisseur sont adressées à l'association. — *[L. nº 88-14 du 5 janv. 1988, art. 14].*

Art. L. 452-4 L'association qui exerce une action en justice en application des articles L. 452-2 et L. 452-3 peut se constituer partie civile devant le juge d'instruction ou la juridiction de jugement du siège social ou du lieu d'habitation de la personne mise en cause ou, à défaut, du lieu de la première infraction. — *[L. nº 88-14 du 5 janv. 1988, art. 15].*

Intermédiaires

Art. L. 550-1 *(L. nº 2014-344 du 17 mars 2014, art. 110)* I. — Est un intermédiaire en biens divers :

1° Toute personne qui, directement ou indirectement, par voie de communication à caractère promotionnel ou de démarchage, propose à titre habituel à un ou plusieurs clients ou clients potentiels de souscrire des rentes viagères ou d'acquérir des droits sur des biens mobiliers ou immobiliers lorsque les acquéreurs n'en assurent pas eux-mêmes la gestion ou lorsque le contrat leur offre une faculté de reprise ou d'échange et la revalorisation du capital investi ;

2° Toute personne qui recueille des fonds à cette fin ;

3° Toute personne chargée de la gestion desdits biens.

II. — Est également un intermédiaire en biens divers toute personne qui propose à un ou plusieurs clients ou clients potentiels d'acquérir des droits sur un ou plusieurs biens en mettant en avant la possibilité d'un rendement financier direct ou indirect ou ayant un effet économique similaire.

III. — Les communications à caractère promotionnel portant sur les propositions mentionnées aux I et II adressées à des clients ou des clients potentiels :

1° Sont clairement identifiables en tant que telles ;

2° Présentent un contenu exact, clair et non trompeur ;

3° Permettent raisonnablement de comprendre les risques afférents au placement.

IV. — Sans préjudice des compétences de l'autorité administrative chargée de la concurrence et de la consommation *(Abrogé par Ord. n° 2016-301 du 14 mars 2016, art. 11, à compter du 1er juill. 2016)* ***« mentionnée à l'article L. 141-1 du code de la consommation »***, l'Autorité des marchés financiers peut se faire communiquer tous documents, quel qu'en soit le support, afin de s'assurer de la conformité des propositions mentionnées aux I et II du présent article aux dispositions relevant du présent titre.

V. — Les personnes mentionnées au I du présent article sont soumises aux articles L. 550-2, L. 550-3, L. 550-4, L. 550-5 et L. 573-8 du présent code.

(L. n° 2016-1691 du 9 déc. 2016, art. 79) « Les personnes mentionnées au II du présent article sont soumises à l'article L. 550-3. »

VI. — Le présent titre ne s'applique pas aux propositions portant sur :

1° Des opérations de banque ;

2° Des instruments financiers et parts sociales ;

3° Des opérations régies par le code des assurances, le code de la mutualité et le code de la sécurité sociale ;

4° L'acquisition de droits sur des logements et locaux à usage commercial ou professionnel ou des terrains destinés à la construction de ces logements ou locaux.

Art. L. 550-2 Seules des sociétés par actions peuvent, à l'occasion des opérations mentionnées à l'article L. 550-1, recevoir des sommes correspondant aux souscriptions des acquéreurs ou aux versements des produits de leurs placements. Ces sociétés doivent justifier, avant toute *(L. n° 2014-344 du 17 mars 2014, art. 110)* « communication à caractère promotionnel » ou démarchage, qu'elles disposent d'un capital intégralement libéré d'un montant au moins égal à celui exigé *(Abrogé par Ord. n° 2009-80 du 22 janv. 2009, art. 5, à compter du 1er avr. 2009)* ***« des sociétés faisant publiquement appel à l'épargne »*** par l'article L. 224-2 du code de commerce. — *[L. n° 83-1 du 3 janv. 1983, art. 36-1]*.

Art. L. 550-3 Préalablement à toute *(L. n° 2014-344 du 17 mars 2014, art. 110)* « communication à caractère promotionnel » ou à tout démarchage, un document destiné à donner toute information utile au public sur l'opération proposée, sur la personne qui en a pris l'initiative et sur le gestionnaire, doit être établi dans des conditions déterminées par décret. — *V. C. mon. fin., art. R. 550-1.*

Lorsque *(L. n° 2014-344 du 17 mars 2014, art. 110)* « le client ou le client potentiel » n'a pas reçu le document d'information préalablement à la conclusion du contrat, ou lorsque les clauses de ce contrat ne sont pas conformes au contenu du document d'information, le juge peut lui accorder des dommages-intérêts ou prononcer la résolution du contrat.

Les projets de documents d'information et les projets de contrat type sont déposés auprès de *(L. n° 2003-706 du 1er août 2003, art. 46-V)* « l'Autorité des marchés financiers » qui exerce, dans les conditions fixées par le présent code, son contrôle auprès de l'ensemble des entreprises qui participent à l'opération et détermine si celle-ci présente le minimum de garanties exigé d'un placement destiné au public. *(L. n° 2016-1691 du 9 déc. 2016, art. 79)* « L'Autorité examine le document d'information mentionné au premier alinéa et détermine ces garanties dans les conditions fixées par son règlement général. »

L'autorité peut limiter ou préciser les conditions *(L. n° 2014-344 du 17 mars 2014, art. 110)* « des communications à caractère promotionnel » pour tenir compte de la nature des produits et des garanties offertes.

(L. n° 2016-1691 du 9 déc. 2016, art. 79) « Elle dispose d'un délai de deux mois, à compter du dépôt, pour formuler ses observations. » *(L. n° 2014-344 du 17 mars 2014, art. 110)* « Les communications à caractère promotionnel » ou le démarchage ne peuvent être entrepris que si les observations de l'autorité ont été respectées *(Abrogé par L. n° 2016-1691 du 9 déc. 2016, art. 79)* ***« ou, à défaut d'observation, lorsque le délai ci-dessus est écoulé »***. Une copie des documents diffusés est remise à *(L. n° 2003-706 du 1er août 2003, art. 46-V)* « l'Autorité des marchés financiers ».

Toute personne qui propose de se substituer au gestionnaire des biens ou à la personne tenue à l'exécution des engagements mentionnés *(L. nº 2014-344 du 17 mars 2014, art. 110)* **« au 1º du I » de l'article L. 550-1 doit déposer un projet de document d'information et un projet de contrat type à** *(L. nº 2003-706 du 1er août 2003, art. 46-V)* **« l'Autorité des marchés financiers » qui exerce son contrôle dans les conditions prévues au troisième alinéa ci-dessus.**

En cas de modification des conditions dans lesquelles est assurée la gestion des biens ou l'exécution des engagements, l'accord des titulaires de droits sur ces modifications n'est valablement donné qu'après que ceux-ci ont été spécialement informés des changements proposés, de leur portée et de leur justification, dans un document déposé à *(L. nº 2003-706 du 1er août 2003, art. 46-V)* **« l'Autorité des marchés financiers ». Celle-ci peut demander que ce document soit mis en conformité avec ses observations.**

Lorsque *(L. nº 2003-706 du 1er août 2003, art. 46-V)* **« l'Autorité des marchés financiers » constate que l'opération proposée au public n'est plus conforme au contenu du document d'information et du contrat type ou ne présente plus les garanties prévues au présent article, elle peut ordonner, par une décision motivée, qu'il soit mis fin à tout démarchage ou** *(L. nº 2014-344 du 17 mars 2014, art. 110)* **« communication à caractère promotionnel » concernant l'opération.** — *[L. nº 83-1 du 3 janv. 1983, art. 37]. — Pour les dispositions pénales, V. C. mon. fin., art. L. 573-8.*

Code monétaire et financier Art. R. 550-1 Le document d'information qui doit être déposé par tout intermédiaire en biens divers préalablement à *(Décr. nº 2009-557 du 19 mai 2009, art. 1er-VI)* « toute offre au public » ou à tout démarchage pour proposer l'acquisition de droits ou de biens dans les conditions prévues à l'article L. 550-3 doit comporter toutes les indications utiles à l'information des épargnants.

Il décrit notamment la nature et l'objet de l'opération proposée. Il donne l'identité de son initiateur et des personnes qui seront chargées de la gestion des biens.

Il indique le montant des frais de toute nature qui seront supportés directement ou indirectement par l'épargnant. Il précise les modalités de revente des droits et des biens acquis.

Dispositions pénales

Art. L. 571-12 Est puni de six mois d'emprisonnement et de 9 000 € d'amende le fait, pour toute personne, d'ouvrir ou de tenir une maison de prêts sur gages ou nantissement sans autorisation légale.

Est puni des mêmes peines le fait, pour une personne ayant une autorisation, de ne pas tenir un registre conforme aux règlements, contenant de suite, sans aucun blanc ni interligne, les sommes ou les objets prêtés, les noms, domicile ou profession des emprunteurs, la nature, la qualité et la valeur des objets mis en nantissement.

Est puni des mêmes peines le fait d'acheter ou de vendre de façon habituelle des récépissés de nantissement de caisses de crédit municipal. — *[L. nº 66-1010 du 28 déc. 1966, art. 16-1].*

Art. L. 573-8 Est puni d'un emprisonnement de cinq ans et d'une amende de 18 000 €, le fait, pour toute personne de méconnaître les obligations prescrites aux articles L. 550-3 et L. 550-4. *[...] — [L. nº 83-1 du 3 janv. 1983, art. 40].*

POISSONS, PRODUITS DE LA MER

Code rural et de la pêche maritime

Valorisation des produits de la pêche

Art. L. 644-15 *(L. nº 2010-788 du 12 juill. 2010, art. 170)* **Les produits issus de la pêche durable peuvent bénéficier d'un écolabel. Les conditions auxquelles ils doivent répondre pour en bénéficier sont déterminées dans un référentiel dont les modalités d'élaboration et de contrôle de son application par des organismes accrédités sont fixées par décret.** — *V. C. rur., art. D. 621-27-1 s. et D. 646-20 s.* — ***C. rur.***

Art. D. 646-21 *(Décr. nº 2012-104 du 27 janv. 2012, art. 2)* L'écolabel des produits de la pêche maritime garantit que les produits certifiés respectent les critères d'une pêche durable.

La certification des produits au niveau de l'unité de production garantit le respect des critères de la pêche durable relatifs à la préservation de la ressource et de l'écosystème marins, aux conditions de travail et de vie à bord des marins, à la traçabilité et à la qualité des produits.

La certification des produits de la pêche maritime au niveau de la chaîne de commercialisation garantit la traçabilité des produits certifiés et la qualité des produits vivants, frais, réfrigérés jusqu'à leur vente au consommateur final. Les opérateurs qui commercialisent des produits certifiés préalablement emballés et étiquetés par leur fournisseur sont exemptés de certification.

Pour garantir au consommateur final que le produit de la pêche maritime respecte les critères de la pêche durable, la certification du produit est requise au niveau de l'unité de production et au niveau de la chaîne de commercialisation.

Mise sur le marché des coquillages vivants

Art. R. 231-35 *(Décr. nº 2012-1220 du 31 oct. 2012, art. 1er, en vigueur le 1er janv. 2013)* Sont soumises aux dispositions du présent paragraphe les activités de production et de mise sur le marché des coquillages vivants destinés à la consommation humaine.

On entend par coquillages les espèces marines appartenant aux groupes des mollusques bivalves, des gastéropodes, des échinodermes et des tuniciers.

Art. R. 231-36 *(Décr. nº 2012-1220 du 31 oct. 2012, art. 1er, en vigueur le 1er janv. 2013)* Au sens de la présente sous-section, on entend par :

1° Production : les activités, pratiquées à titre professionnel, de pêche ou d'élevage de coquillages juvéniles ou adultes et ayant pour but final la préparation à la vente et à la mise sur le marché pour la consommation humaine ;

2° Élevage : toutes les étapes de culture d'un coquillage ayant pour objectif, par croissance, engraissement, affinage ou par toute autre technique visant à en améliorer les caractéristiques physiques et organoleptiques, l'obtention d'un coquillage de taille et de qualité marchandes destiné à la consommation humaine ;

3° Transfert : l'opération consistant à déplacer des coquillages vivants d'une zone de production à une autre zone de production dans le cadre d'activités d'élevage, ou vers tout établissement conchylicole agréé pour la purification ou l'expédition de coquillages vivants et vers tout établissement de traitement, à l'exception des opérations d'expédition.

Art. R. 231-37 *(Décr. nº 2012-1220 du 31 oct. 2012, art. 1er, en vigueur le 1er janv. 2013)* Sont déterminés par arrêté du préfet du département après avis du comité régional conchylicole concerné et de la commission des cultures marines :

1° L'emplacement, les limites et le classement des zones de production prévus au A du chapitre II de l'annexe II du règlement (CE) nº 854/2004 du 29 avril 2004 fixant les règles spécifiques d'organisation des contrôles officiels concernant les produits d'origine animale destinés à la consommation humaine ;

2° L'emplacement et les limites des zones de reparcage, qui satisfont à la qualité sanitaire des zones de productions classées en A conformément aux points A, B et C du chapitre II de la section VII de l'annexe III du règlement (CE) nº 853/2004 du 29 avril 2004 fixant des règles spécifiques d'hygiène applicables aux denrées alimentaires d'origine animale.

Ces arrêtés sont publiés au recueil des actes administratifs ainsi que sur le site internet de la préfecture.

Art. R. 231-38 *(Décr. nº 2012-1220 du 31 oct. 2012, art. 1er, en vigueur le 1er janv. 2013)* Les règles relatives aux programmes et plans d'échantillonnage prévus par les dispositions des points A et B du chapitre II de l'annexe II du règlement (CE) nº 854/2004 du 29 avril 2004 ainsi qu'à l'exploitation et l'interprétation de leurs résultats et les modalités de classement et de surveillance sanitaire régulière de chaque classe de zone de production et de reparcage sont fixées par arrêté conjoint du ministre chargé de l'agriculture et du ministre chargé de la santé. — *V. Arr. du 6 nov. 2013 (JO 29 nov.).*

Art. R. 231-39 *(Décr. nº 2012-1220 du 31 oct. 2012, art. 1er, en vigueur le 1er janv. 2013)* Pour l'application des 1 et 2 du C du chapitre II de l'annexe II du règlement (CE) nº 854/

2004 du 29 avril 2004, l'autorité compétente qui, en cas de contamination momentanée d'une zone ou lorsque la santé publique est mise en péril, ferme la zone concernée ou en prononce le déclassement est le préfet du département.

Lorsqu'une zone de reparcage ne satisfait plus à la qualité sanitaire des zones de productions classées en A, le préfet de département décide soit la suspension des opérations de reparcage pour une durée maximale de trois mois non reconductible, soit le déclassement de la zone en cause.

Ces décisions sont portées immédiatement à la connaissance de l'agence régionale de santé, des communes et des organisations professionnelles concernés.

Art. R. 231-40 *(Décr. n° 2012-1220 du 31 oct. 2012, art. 1er, en vigueur le 1er janv. 2013)* Le transfert depuis une zone C vers une zone A ou B est limité aux seuls naissains et juvéniles qui y sont captés ou récoltés.

Par dérogation au point 1 du A du chapitre II de la section VII de l'annexe III du règlement (CE) n° 853/2004, le captage et la récolte des naissains hors zones classées pour effectuer leur transfert vers une zone de production peuvent être exceptionnellement autorisés par le préfet du département après avis de la commission des cultures marines.

Un arrêté du ministre chargé de l'agriculture fixe les modalités d'application du présent article et précise notamment la liste des espèces et les tailles maximales des naissains ou juvéniles. — *V. Arr. du 6 nov. 2013 (JO 29 nov.).*

Art. R. 231-41 *(Décr. n° 2012-1220 du 31 oct. 2012, art. 1er, en vigueur le 1er janv. 2013)* En application du c du point 2 du C du chapitre II de la section VII de l'annexe III du règlement (CE) n° 853/2004 du 29 avril 2004, le préfet de département peut autoriser, sur la base d'une analyse de risque, le reparcage des coquillages provenant de zones C pour une durée inférieure à deux mois.

Un arrêté du ministre chargé de l'agriculture précise les modalités de demande d'autorisation. — *V. Arr. du 6 nov. 2013 (JO 29 nov.).*

Art. R. 231-42 *(Décr. n° 2012-1220 du 31 oct. 2012, art. 1er, en vigueur le 1er janv. 2013)* Le document d'enregistrement mentionné au point 3 du chapitre Ier de la section VII de l'annexe III du règlement (CE) n° 853/2004 du 29 avril 2004 accompagne tout lot de coquillages vivants lors de tout transfert.

Toutefois et conformément au point 7 du chapitre Ier de la section VII de l'annexe III du règlement (CE) n° 854/2004 du 29 avril 2004, le document d'enregistrement n'est pas requis lorsque le transfert est effectué entre des zones et installations d'une même entreprise par le personnel de celle-ci.

Un arrêté conjoint du ministre chargé de l'agriculture et du ministre chargé de la consommation précise les modalités d'application des dispositions du présent article, notamment, les conditions d'utilisation et de conservation des documents d'enregistrement. — *V. Arr. du 6 nov. 2013 (JO 29 nov.).*

Pêche non professionnelle de coquillages vivants

Art. R. 231-43 *(Décr. n° 2012-1220 du 31 oct. 2012, art. 1er, en vigueur le 1er janv. 2013)* La pêche à titre non professionnel des coquillages vivants destinés à la consommation humaine ne peut être pratiquée dans les zones de production que sur les gisements naturels situés dans des zones classées A ou B.

Les modalités de l'information sanitaire du public se livrant à cette pêche dans des zones classées B sont fixées par un arrêté conjoint du ministre chargé de la santé et du ministre chargé de l'agriculture, après avis de l'Agence nationale de sécurité sanitaire de l'alimentation, de l'environnement et du travail. Cet arrêté est disponible sur le site des ministères chargés de l'agriculture et de la santé.

Conditions et modalités de transbordement, débarquement et transformation des produits de la mer

Art. D. 932-1 *(Décr. n° 2014-1608 du 26 déc. 2014, en vigueur le 1er janv. 2015)* Pour l'application du présent livre, on entend par "produits de la pêche maritime et de l'aquaculture marine" les produits de la pêche maritime d'origine animale et de l'aquaculture marine, vivants, frais, réfrigérés, congelés ou surgelés.

....

Art. R. 932-4 *(Décr. nº 2014-1608 du 26 déc. 2014, en vigueur le 1er janv. 2015)* **Tous les produits de la pêche maritime et de l'aquaculture marine sont, au plus tard avant la première mise sur le marché, triés, pesés, mis en lots pour la vente et étiquetés conformément aux règlements (CE) nº 2406/96 du Conseil du 26 novembre 1996** *[fixant des normes communes de commercialisation pour certains produits de la pêche]*, **(CE) nº 850/98 du Conseil du 30 mars 1998** *[visant à la conservation des ressources de pêche par le biais de mesures techniques de protection des juvéniles d'organismes marins]*, **(CE) nº 104/2000 du Conseil du 17 décembre 1999** *[portant organisation commune des marchés dans le secteur des produits de la pêche et de l'aquaculture]*, **(CE) nº 178/2002 du Parlement européen et du Conseil du 28 janvier 2002** *[établissant les principes généraux et les prescriptions générales de la législation alimentaire]*, **(CE) nº 1967/2006 du Conseil du 21 décembre 2006** *[concernant des mesures de gestion pour l'exploitation durable des ressources halieutiques en Méditerranée]* **et (CE) nº 1224/2009 du Conseil du 20 novembre 2009** *[instaurant un régime communautaire de contrôle afin d'assurer le respect des règles de la politique commune de la pêche]*, **notamment en ce qui concerne les instruments utilisés, les normes de traçabilité et de commercialisation.**

....

Art. R. 932-7 *(Décr. nº 2014-1608 du 26 déc. 2014, en vigueur le 1er janv. 2015)* **Le producteur est responsable des opérations de mise en lots commerciaux et d'étiquetage des produits de la pêche maritime et de l'aquaculture marine qu'il réalise. Lorsque ces opérations sont réalisées par les halles à marées enregistrées ou les organismes ou personnes prenant en charge les produits avant la première mise sur le marché, la responsabilité de ces opérations leur incombe. Ces opérateurs sont aussi responsables des nouvelles opérations de mise en lots commerciaux et d'étiquetage des produits qu'ils effectuent postérieurement aux opérations réalisées par le producteur.**

Ordonnance nº 58-1357 du 27 décembre 1958,

Sur le contrôle de la fabrication des conserves et semi-conserves de poissons, crustacés et autres animaux marins.

Art. 1er **Le contrôle permanent de la fabrication des conserves et semi-conserves de poissons, crustacés et autres animaux marins est exercé, par délégation du ministre chargé de la marine marchande, par l'Institut scientifique et technique des pêches maritimes en collaboration avec les services compétents du ministère de l'agriculture et avec ceux du ministère de la santé publique.**

Sont transférés à l'État et exercés par les préfets, les pouvoirs et compétences de contrôle de l'Institut scientifique et technique des pêches maritimes (Décr. nº 89-247 du 14 avr. 1989, JO 20 avr.).

Art. 2 *Abrogé par L. nº 84-608 du 16 juill. 1984.*

Art. 3 **Les agents du contrôle sont agréés par le ministre chargé de la marine marchande. Ils sont assermentés dans les conditions fixées par le décret prévu à l'article 8.**

Les procès-verbaux dressés par ces agents font foi jusqu'à preuve du contraire et ne sont pas soumis à affirmation.

Art. 4 **Les agents du contrôle ont accès en tous temps dans toutes les parties des établissements de fabrication, y compris les locaux servant au conditionnement des produits et les dépôts ; leur inspection peut porter sur les véhicules utilisés.**

Ils peuvent se faire communiquer toutes pièces de comptabilité et prélever tous échantillons nécessaires à l'accomplissement de leur mission.

Art. 5 **Les agents de contrôle interdisent la mise en fabrication des matières premières ou ingrédients reconnus en mauvais état de fraîcheur ou impropres à la consommation humaine au sens des règlements en vigueur. Ils font procéder à la destruction des matières premières ou ingrédients corrompus ou toxiques.**

Ils peuvent consigner en usine, pour vérification et analyse par les services de l'institut scientifique et technique des pêches maritimes ou par tout laboratoire, les conserves et semi-conserves fabriquées présentant un caractère suspect.

Les mesures prévues au présent article ne donnent pas lieu à indemnité.

Art. 6 **Sur proposition du directeur de l'Institut scientifique et technique des pêches maritimes, le ministre chargé de la marine marchande peut, après avis du ministre de l'agricul-**

ture, imposer aux fabricants de prendre, dans un délai déterminé, toutes mesures nécessaires à assurer la salubrité des fabrications.

Art. 7 Indépendamment des pénalités prévues par les dispositions en vigueur, et notamment par la loi du 1er août 1905 modifiée concernant la répression des fraudes *[C. consom., art. L. 441-1]*, les fabricants ou leurs mandataires responsables seront punis d'un emprisonnement de trois mois et d'une amende de 4 500 € ou d'une de ces deux peines seulement en cas :

1° D'opposition à l'exercice des fonctions des agents de contrôle telles qu'elles sont définies à l'article 4 ci-dessus ;

2° D'inexécution, de refus d'exécution, d'entrave à l'exécution d'une décision prise en vertu des dispositions des articles 5 et 6 ci-dessus ;

3° De détournement, de mise en vente, de vente, d'expédition hors du lieu de fabrication ou de remplacement frauduleux de produits consignés en usine pour vérification et analyse.

Art. 8 Un décret fixera les modalités d'application de la présente ordonnance. — *V. Décr. no 60-1524 du 30 déc. 1960, infra.*

Art. 9 Le décret du 15 mai 1940 instituant un contrôle de la fabrication des conserves de poissons, crustacés et autres animaux marins est abrogé.

Décret no 60-1524 du 30 décembre 1960,

Sur le contrôle de la fabrication des conserves et semi-conserves de poissons, crustacés et autres animaux marins.

Art. 1er Sont considérées comme animaux marins, au sens de l'ordonnance no 58-1357 du 27 décembre 1958, toutes les espèces de poissons, crustacés et autres animaux qui vivent constamment, ou seulement pendant certaines périodes, dans une eau salée.

Art. 2 Sont respectivement considérés comme conserves et comme semi-conserves, au sens de l'ordonnance susvisée, les produits qui répondent aux définitions contenues dans l'article 2 du décret no 55-241 du 10 février 1955 et dans les arrêtés pris pour son application.

Les produits qui ne remplissent pas les conditions prévues au présent article et à l'article 1er ci-dessus ne peuvent être fabriqués et mis en vente sous l'appellation de conserves ou de semi-conserves d'animaux marins.

Art. 3 Les agents du contrôle sont pris parmi les fonctionnaires, agents contractuels ou auxiliaires en service à l'Institut scientifique et technique des pêches maritimes ; ils sont agréés par arrêté du ministre chargé de la marine marchande sur la proposition du directeur de l'Institut scientifique et technique des pêches maritimes.

Sont transférés à l'État, et exercés par les préfets, les pouvoirs et compétences de contrôle de l'Institut scientifique et technique des pêches maritimes (Décr. no 89-247 du 14 avr. 1989, JO 20 avr.).

Art. 4 Avant d'entrer en fonctions, les agents du contrôle prêtent devant le tribunal d'instance dans le ressort duquel ils sont domiciliés le serment ci-après :

"Je jure de bien et fidèlement remplir mes fonctions et de ne rien révéler ou utiliser de ce qui sera porté à ma connaissance à l'occasion de leur exercice".

Ce serment devra être renouvelé en cas de changement de poste des intéressés.

Art. 5 Les analyses nécessitées par l'exercice du contrôle sont exécutées par les laboratoires de l'Institut scientifique et technique des pêches maritimes ou par les laboratoires agréés par le directeur de cet institut. Les conditions générales de l'agrément seront fixées par arrêté conjoint du ministre chargé de la marine marchande et du ministre de la santé publique.

Art. 6 I. — Les fabricants doivent permettre l'exécution de toutes les opérations faites par les agents en vue de contrôler l'application des lois et règlements relatifs aux conserves et aux semi-conserves d'animaux marins.

Les dépositaires d'animaux marins et autres matières premières acquis par les fabricants sont tenus à la même obligation, ainsi que les dépositaires de conserves ou de semi-conserves non encore vendues par les fabricants.

II. — Outre les prélèvements ordinaires de produits finis ou de matières utilisées en fabrication, faits, à titre de sondage, pour l'exécution des vérifications usuelles en ateliers de fabrication ou en entrepôts, les opérations de contrôle comportent des prises d'échantillons que les agents effectuent aux mêmes endroits selon les modalités précisées à l'article 13.

Art. 7 Les fabricants sont tenus de fournir aux agents de contrôle tous renseignements nécessaires à l'accomplissement de leur mission. Sur leur demande, ils doivent communiquer à ces agents toutes pièces de comptabilité susceptibles notamment de justifier de l'espèce et des quantités d'animaux marins traités, des quantités de produits fabriqués et de l'état des stocks.

Les fabricants doivent également informer les agents de contrôle de la présence dans des entrepôts, voisins ou éloignés de la fabrique, d'animaux marins acquis pour les fabrications ou de produits fabriqués non commercialisés. Ils doivent donner toutes précisions sur ces entreposages.

Art. 8 Les inspections sont mentionnées sur un registre coté et paraphé où les agents de contrôle inscrivent leurs observations et les décisions prises pour l'application des dispositions en vigueur.

Le fabricant, le dépositaire de matières premières ou de produits fabriqués, ou leur représentant, doivent prendre connaissance de ces inscriptions et émarger sur ledit registre. Celui-ci doit être constamment tenu à la disposition des agents de contrôle ; le fabricant ou le dépositaire est responsable de sa conservation.

Art. 9 Sans préjudice des pouvoirs qu'ils tiennent de l'article 5 de l'ordonnance susvisée, les agents de contrôle consignent en fabrique ou en entrepôt les matières premières ou produits fabriqués qui paraissent corrompus, toxiques ou impropres à la consommation ou qui, sans paraître impropres à la consommation, ne semblent pas correspondre aux dispositions législatives ou réglementaires.

Ils consignent notamment :

1° Les matières premières ou produits fabriqués d'une qualité douteuse ou qui présentent un caractère susceptible d'être provoqué par une altération ou une contamination nocive ;

2° Les conserves ou semi-conserves dont la fabrication ne semble pas conforme aux règlements ;

3° Les conserves ou semi-conserves contenues dans des boîtes, récipients ou autres emballages qui portent des mentions, signes ou indications quelconques qui ne paraissent pas loyales, sincères, conformes aux règlements ou qui ne semblent pas correspondre à la qualité du produit.

Art. 10 Les matières et produits consignés sont placés sous scellés ou dans un local sous scellés ou, si ces opérations sont impossibles, dans un local ou un emplacement spécial dépendant de l'usine.

Les mesures de consignation sont notées par l'agent de contrôle sur le registre visé à l'article 8. Les mentions portées au registre indiquent, notamment, la désignation des matières et produits consignés, leur quantité et le motif de la consignation.

Art. 11 Lorsque la consignation de conserves ou de semi-conserves est motivée par une inobservation des règles d'étiquetage et de marquage qui peut être immédiatement caractérisée par l'agent de contrôle, celui-ci fait procéder à la rectification reconnue nécessaire ; il lève la consignation une fois que l'étiquetage et le marquage sont modifiés et complétés en conformité des règlements.

Art. 12 Lorsque, à la suite de la consignation, des examens de laboratoire ou des vérifications complémentaires sont nécessaires, notamment lorsque les matières ou produits consignés présentent des caractères susceptibles d'être imputés à une altération ou à une contamination nocive, l'agent de contrôle procède à un prélèvement d'échantillons dans les conditions ci-dessous définies.

Art. 13 Le nombre d'échantillons composant chaque prélèvement et la quantité de matière ou de produits prélevés sont fixés selon la nature de la substance à examiner, le motif du prélèvement et les vérifications à opérer. Toutefois, les prélèvements portant sur des conserves ou des semi-conserves comprennent au minimum quatre échantillons apparemment semblables.

Outre les échantillons conservés par l'agent aux fins d'analyse ou de vérification, des échantillons sont, sur la demande du fabricant, placés sous scellés et tenus en réserve en vue d'une contre-analyse éventuelle.

Les mentions des prises d'échantillons sont portées au registre visé à l'article 8 ; elles indiquent, notamment, la désignation et le nombre des échantillons prélevés et le motif du prélèvement. Le fabricant, le dépositaire, ou leur représentant sont invités à émarger en regard de ces mentions.

En tant que les besoins particuliers au contrôle institué par l'ordonnance susvisée le nécessiteront, les modalités d'exécution des prélèvements ci-dessus définies seront précisées par arrêté du ministre chargé de la marine marchande.

Art. 14 1° Si les examens de laboratoire ou les vérifications opérées font apparaître que les matières ou produits consignés peuvent être mis tels quels en fabrication ou en vente pour la consommation humaine, l'agent de contrôle lève la consignation ;

2° Si les examens de laboratoire ou les vérifications opérées font apparaître que la mise en fabrication ou en vente ne peut être faite que dans certaines conditions, le fabricant est tenu de se conformer aux indications données à cette fin par l'agent de contrôle. En particulier, si les mentions portées sur les boîtes ou autres récipients doivent être modifiées ou complétées, la consignation est maintenue jusqu'à rectification de l'étiquetage ;

3° Si les examens de laboratoire ou les vérifications opérées font apparaître que les matières ou produits sont impropres à la consommation humaine au sens des règlements en vigueur, l'agent fait procéder à leur destruction, à moins qu'ils puissent être livrés à la consommation animale ou à des usages agricoles ou industriels dans des conditions qui sont alors indiquées au fabricant par l'agent de contrôle.

Art. 15 Les opérations de destruction ordonnées en conformité des dispositions de l'article 5, premier alinéa, de l'ordonnance susvisée ainsi que les mesures prévues aux articles 9, 11 et 14 ci-dessus sont exécutées par le fabricant suivant les indications de l'agent de contrôle et sous la surveillance de celui-ci.

Art. 16 Les levées de consignation et les destructions sont mentionnées sur le registre visé à l'article 8, ainsi que les livraisons de denrées effectuées dans les conditions prévues à l'article 14, alinéa 3.

Art. 17 Lorsqu'il y a retour d'un lot de boîtes de conserves ou de semi-conserves au fabricant en application des dispositions de l'article 4 du décret du 10 février 1955, le fabricant qui reçoit ce lot doit en aviser immédiatement le service de la répression des fraudes et l'agent régional du service de contrôle de l'Institut scientifique et technique des pêches maritimes ; il doit préalablement obtenir une autorisation du service de la répression des fraudes s'il désire réutiliser le lot.

Art. 18 Chaque fabricant de conserves ou de semi-conserves d'animaux marins est tenu de faire connaître à l'Institut scientifique et technique des pêches maritimes l'adresse précise de chaque fabrique qu'il exploite, la date de la mise en exploitation et le ou les genres de produits fabriqués (conserves ou semi-conserves). Il doit également indiquer l'adresse de l'entrepôt ou des entrepôts utilisés pour les animaux marins ou autres matières premières ou pour les produits fabriqués, lorsque ces entrepôts et les ateliers de fabrication ne sont pas contigus.

Ces renseignements devront être fournis sous un délai d'un mois à dater de la publication du présent décret lorsque des conserves ou des semi-conserves auront été mises en vente avant cette publication.

Art. 19 Toute personne ou société désireuse de créer une fabrique de conserves ou de semi-conserves d'animaux marins doit adresser à l'Institut scientifique et technique des pêches maritimes un dossier comprenant :

1° Une notice précisant l'emplacement de la fabrique et décrivant succinctement celle-ci ;

2° Un plan donnant la disposition des locaux et des principales installations ainsi que la superficie couverte par les bâtiments.

Les fabricants désireux de procéder, dans des établissements déjà existants, à des transformations comportant la construction d'ateliers de fabrication doivent de même faire connaître leurs projets à l'Institut scientifique et technique des pêches maritimes.

Dans la réalisation de leurs projets de construction, les intéressés sont tenus de se conformer aux indications données, dans le cadre des règlements sanitaires en vigueur, par l'Institut scientifique et technique des pêches maritimes en vue d'assurer la salubrité des fabrications.

Art. 20 Les premières conserves ou semi-conserves d'animaux marins fabriquées dans un nouvel établissement ne peuvent être livrées à la consommation qu'après autorisation de l'Institut scientifique et technique des pêches maritimes.

Sera considérée comme fabrique nouvelle toute fabrique dont aucun produit n'aura été mis en vente avant la publication du présent décret.

Art. 21 1. – L'autorisation de fabriquer des conserves et des semi-conserves d'animaux marins peut être limitée à certaines espèces dont la liste est arrêtée par le ministre chargé de la marine marchande, sur proposition du directeur de l'Institut scientifique et technique des pêches maritimes, après avis du ministre de l'agriculture en ce qui concerne les poissons anadromes.

2. – L'interdiction de mise en conserve ou en semi-conserve peut être prononcée dans les mêmes formes pour les animaux d'une espèce donnée qui ne possèdent pas les caractères biologiques permettant la fabrication de produits de bonne qualité.

3. – La dénomination des animaux marins mis en conserve ou en semi-conserve doit être conforme à la nomenclature arrêtée par le ministre chargé de la marine marchande, sur la proposition du directeur de l'Institut scientifique et technique des pêches maritimes, après avis du ministre de l'agriculture.

Art. 22 1. – Les animaux marins et autres matières alimentaires utilisés dans la préparation des conserves et des semi-conserves doivent être indemnes de toute altération et de toute contamination nocive.

Les animaux marins doivent notamment être dépourvus d'odeur ammoniacale fétide ou putride. Les produits d'assaisonnement et d'accompagnement doivent être dépourvus d'odeurs et de saveurs étrangères ou anormales.

2. – L'eau utilisée pour la fabrication des conserves ou des semi-conserves d'animaux marins doit être reconnue potable. Toutefois, pour certaines opérations, notamment le lavage des animaux marins, l'emploi d'eau douce ou d'eau de mer propres et saines peut être autorisé ; ces eaux ne doivent, en aucun cas, être susceptibles de compromettre la qualité des produits fabriqués, ni de nuire à la santé de ceux qui les consomment.

3. – Les récipients utilisés pour la mise en conserve ou en semi-conserve doivent être propres et dépourvus de contamination nocive.

4. – Toutes les opérations de fabrication doivent être exécutées dans de bonnes conditions de propreté et de salubrité.

5. – Les produits fabriqués et destinés à la vente doivent être sains ; ils ne doivent présenter aucun indice caractérisant une altération ; en particulier ils ne doivent pas dégager d'odeur ammoniacale, fétide ou putride.

6. – Les conserves et les semi-conserves ne doivent contenir aucun germe pathogène dangereux, aucune toxine dangereuse ni aucun produit indésirable en dose toxique résultant d'une action bactérienne (histamine en particulier).

Indépendamment de cette condition, les conserves ne doivent contenir aucun germe susceptible de se développer dans celles-ci ou d'altérer la qualité du produit. Elles doivent subir une stérilisation dans les conditions fixées par l'Institut scientifique et technique des pêches maritimes.

7. – Sauf autorisation prévue par les règlements, il est interdit d'ajouter une substance étrangère aux animaux marins et aux produits alimentaires d'assaisonnement et d'accompagnement mis en conserve ou en semi-conserve.

Cette interdiction concerne notamment tout produit chimique dont l'emploi n'est pas expressément admis. Elle vise également l'application superficielle d'une substance étrangère sur les animaux marins ou autres produits alimentaires.

8. – Sauf autorisation prévue par les règlements, il est interdit d'utiliser des matières alimentaires ayant subi un traitement susceptible de modifier de façon indésirable, du point de vue hygiénique ou alimentaire, leur constitution chimique. Cette interdiction concerne en particulier les huiles de poissons désodorisées par chauffage et susceptibles de contenir des produits de polymérisation.

Art. 23 Les dispositions de l'article 22 ci-dessus sont complétées, le cas échéant, par des arrêtés pris dans les conditions suivantes :

1° En ce qui concerne l'hygiène et la salubrité, notamment l'hygiène des fabriques et des opérations de fabrication, les conditions d'entreposage des animaux marins ou autres matières premières et des produits fabriqués, la salubrité et les caractères bactériologiques ou chimiques des produits en conserve ou en semi-conserve, les obligations des fabricants sont fixées, sur avis de l'Institut scientifique et technique des pêches maritimes, par arrêté conjoint du ministre chargé de la marine marchande, du ministre de l'agriculture et du ministre de la santé publique, après consultation de l'organisme représentant la profession intéressée ;

2° Les mesures tendant à assurer la loyauté des fabrications et des transactions, notamment les règles relatives aux quantités de substances alimentaires contenues dans les boîtes ou autres récipients, à la composition et à la qualité des conserves et des semi-conserves, au conditionnement et à la désignation des produits, aux mentions et aux signes dont l'emploi est obligatoire ou interdit, sont fixées conformément à l'article 8 du décret n° 55-241 du 10 février 1955, après avis de l'Institut scientifique et technique des pêches maritimes et consultation de l'organisme représentant la profession intéressée ;

3° Indépendamment des règles prévues aux alinéas 1 et 2 ci-dessus, des décisions du ministre chargé de la marine marchande, prises sur proposition de l'organisme représentant la profession intéressée et sur avis de l'Institut scientifique et technique des pêches maritimes, après consultation du service de la répression des fraudes, peuvent, notamment en vue d'améliorer la qualité organoleptique des produits fabriqués et compte tenu des usages professionnels, en particulier de ceux relevant de l'art culinaire, interdire ou rendre obligatoires certains modes de préparation et de présentation des animaux marins et des produits qui les accompagnent.

Art. 24 *Abrogé par Décr. n° 72-1161 du 20 déc. 1972.*

Art. 25 Les dispositions du présent décret ne dérogent pas aux attributions dévolues aux agents chargés d'appliquer les lois et règlements en vigueur, et notamment la loi du 1er août 1905 *[C. consom., art. L. 441-1]*.

Arrêté du 26 juin 1996,

Relatif aux dénominations de vente admises des pectinidés.

Art. 1er Les coquillages de la famille des pectinidés, lorsqu'ils sont présentés en conserve, semi-conserve ou à l'état surgelé, doivent être commercialisés soit sous la dénomination "saint-jacques" complétée du nom scientifique de l'espèce et du pays d'origine, soit sous la dénomination "saint-jacques" complétée seulement du nom scientifique de l'espèce lorsque le pays d'origine figure déjà en caractères bien apparents sur la même face de l'étiquette que la dénomination.

Art. 2 Les mentions prévues à l'article 1er peuvent être remplacées par la dénomination "pétoncle" lorsqu'il s'agit de pectinidés appartenant aux espèces *Chlamys varia* et *Chlamys opercularis* ou le terme "vanneau" lorsqu'il s'agit de l'espèce *Chlamys opercularis.*

Art. 3 Les emballages et étiquettes conformes aux dispositions de la réglementation antérieure pourront continuer à être utilisés pendant un délai de trois mois à compter de la publication du présent arrêté.

Art. 4 L'arrêté du 22 mars 1993 modifié relatif aux noms officiels et aux dénominations de vente admises des pectinidés est abrogé.

Arrêté du 2 juillet 1996,

Fixant les critères sanitaires auxquels doivent satisfaire les coquillages vivants destinés à la consommation humaine immédiate.

Art. 1er La définition des coquillages vivants donnée à l'article 1er du décret du 28 avril 1994 susvisé *[C. rur., art. R. 231-35]* est applicable au présent arrêté.

On entend par coquillages les espèces marines appartenant aux groupes des mollusques bivalves, des gastéropodes, des échinodermes et des tuniciers (C. rur., art. R. 231-35, al. 2).

Art. 2 Pour être reconnus propres à la consommation humaine immédiate, les coquillages vivants doivent satisfaire aux critères organoleptiques et à ceux relatifs aux contaminants microbiologiques chimiques et biologiques donnés à l'annexe du présent arrêté et vérifiés selon les méthodes officielles ou reconnues équivalentes.

Art. 3 **Sont abrogés les critères microbiologiques relatifs aux coquillages bivalves et oursins présentés vivants, figurant à l'article 5 de l'arrêté du 21 décembre 1979 susvisé** *[relatif aux critères microbiologiques auxquels doivent satisfaire certaines denrées animales ou d'origine animale]*.

ANNEXE

CRITÈRES SANITAIRES DES COQUILLAGES VIVANTS DESTINÉS
À LA CONSOMMATION HUMAINE IMMÉDIATE

Critères organoleptiques

Les coquillages possèdent les caractéristiques visuelles associées à la fraîcheur et à la vitalité, incluant l'absence de souillure sur la coquille, une réponse à la percussion et une quantité normale de liquide intervalvaire. Ils ne doivent pas être souillés ou contaminés par des substances susceptibles d'en détériorer le goût.

Critères microbiologiques

Le nombre le plus probable (NPP) de bactéries fécales présentes dans 100 g de chair de coquillage et de liquide intervalvaire ne doit pas excéder 300 coliformes fécaux ou 230 *Escherichia coli*, estimé sur la base d'un test à 5 tubes et 3 dilutions, ou de tout autre procédé bactériologique dont l'équivalence en niveau de précision est démontrée.

Les coquillages ne contiennent pas de salmonelles dans 25 g de chair.

En l'absence de technique de routine pour la recherche de virus et de la fixation de normes virologiques, le contrôle sanitaire se fonde sur des dénombrements de bactéries fécales.

Critères relatifs aux contaminants chimiques

Les coquillages ne contiennent pas de radionucléides et de composés toxiques ou nocifs d'origine naturelle ou rejetés dans l'environnement, à une teneur telle que l'absorption alimentaire calculée dépasse les doses journalières admissibles (DJA) pour l'homme.

Critères relatifs aux contaminants biologiques

La teneur en toxine paralytique (« Paralytic Shellfish Poison » : PSP) dans les parties comestibles des coquillages (corps entier ou toute partie consommable séparément) ne dépasse pas 80 g pour 100 g, d'après la méthode d'analyse biologique, le cas échéant associée avec une méthode chimique de recherche de la saxitoxine ou toute autre méthode reconnue équivalente.

En cas de contestation sur les résultats, la méthode de référence est la méthode biologique.

Les méthodes d'analyse biologique habituelles ne donnent pas de réaction significative en ce qui concerne la présence de toxine diarrhéique (« Diarrheic Shellfish Poison » : DSP) dans les parties comestibles des coquillages (corps entier ou toute partie consommable séparément).

(Arr. du 25 nov. 1999) « Le taux de toxine amnésiante (Amnesic Shellfish Poison : ASP) dans les parties comestibles des mollusques (corps entier ou toute partie consommable séparément) n'excède pas 20 g d'acide domoïque par gramme d'après la méthode d'analyse par chromatographie liquide haute performance (HPLC). »

Arrêté du 16 novembre 1999,

Relatif à la publicité, à l'égard du consommateur, des prix de vente à l'unité de mesure de certains produits préemballés.

V. ce texte concernant notamment les produits de la mer, v° Prix (publicité).

Règlement (CE) n° 104/2000/CE du Conseil du 17 décembre 1999,

Portant organisation commune des marchés dans le secteur des produits de la pêche et de l'aquaculture.

CHAPITRE II (DU TITRE Ier) *Information du consommateur*

Art. 4 **1. Sans préjudice des dispositions applicables en vertu de la directive 79/112/CEE, les produits visés à l'article 1er, points *a)*, *b)* et *c)*, ne peuvent être proposés à la vente au**

détail au consommateur final, quelle que soit la méthode de commercialisation, que si un affichage ou un étiquetage approprié indique :

a) la dénomination commerciale de l'espèce ;

b) la méthode de production (capture en mer ou en eaux intérieures ou élevage) ;

c) la zone de capture.

Ces exigences ne sont toutefois pas applicables aux petites quantités de produits écoulées directement aux consommateurs soit par des pêcheurs soit par des producteurs d'aquaculture.

2. Pour l'application du paragraphe 1, point *a)*, les États membres établissent et publient, au plus tard le 1er janvier 2002, la liste des dénominations commerciales admises sur leur territoire, au moins pour toutes les espèces énumérées aux annexes I à IV du présent règlement. Cette liste indique, pour chaque espèce, le nom scientifique, la dénomination dans la ou les langues officielles de l'État membre, ainsi que, le cas échéant, la ou les dénominations acceptées ou tolérées au plan local ou régional.

3. Les États membres notifient à la Commission la liste des dénominations commerciales visées au paragraphe 2 au moins deux mois avant la date visée audit paragraphe. Les États membres reconnaissent les dénominations énumérées par d'autres États membres pour la même espèce et dans la même langue.

4. Les modalités d'application du présent article sont, en tant que de besoin, arrêtées selon la procédure prévue à l'article 38, paragraphe 2.

Le Règl. (CE) nº 104/2000 du 17 déc. 1999 est abrogé. L'art. 4 s'applique toutefois jusqu'au 12 déc. 2014 (Règl. (UE) nº 1379/2013 du 11 déc. 2013, art. 46). — V., à compter du 13 déc. 2014, Règl. (UE) nº 1379/2013 du 11 déc. 2013, art. 35 à 39, infra.

Règlement (CE) nº 2065/2001/CE de la Commission du 22 octobre 2001,

Établissant les modalités d'application du règlement nº 104/2000/CE du Conseil en ce qui concerne l'information du consommateur dans le secteur des produits de la pêche et de l'aquaculture.

CHAPITRE PREMIER *Champ d'application*

Art. 1er Sans préjudice des dispositions applicables en vertu de la directive 2000/13/CE du Parlement européen et du Conseil *[abrogée et remplacée par Règl. (UE) nº 1169/2011 du 25 oct. 2011, à compter du 13 déc. 2014]*, le présent règlement s'applique aux produits de la pêche et de l'aquaculture figurant sur les listes et sous les présentations des code s du chapitre 3 de la nomenclature combinée, commercialisés sur le territoire communautaire, quelle que soit leur origine, même lorsque ces produits sont préemballés.

CHAPITRE II *Modification de la liste de dénominations commerciales et modalités de l'information du consommateur*

Art. 2 1. Toute espèce non comprise dans la liste des dénominations commerciales admises par un État membre peut être commercialisée sous une dénomination commerciale à caractère provisoire, établie par l'autorité compétente de l'État membre. Une dénomination commerciale définitive reprise dans la liste des dénominations admises est établie par l'État membre dans les cinq mois suivant la date d'attribution de la dénomination commerciale provisoire de l'espèce concernée.

2. Toute modification de la liste des dénominations commerciales admises par un État membre est notifiée sans délai à la Commission, qui en informe les autres États membres.

Art. 3 Aux fins de l'application de l'article 4, paragraphe 1, point *a)*, du règlement (CE) nº 104/2000, la dénomination commerciale d'une espèce est celle établie dans chaque État membre conformément à l'article 4, paragraphe 2, dudit règlement.

Un opérateur peut aussi faire mention du nom scientifique de l'espèce concernée à la vente au consommateur final.

Art. 4 1. L'indication de la méthode de production, conformément à l'article 4, paragraphe 1, point *b)*, du règlement (CE) nº 104/2000, comporte l'indication d'une des mentions suivantes selon qu'il s'agit de pêche en mer, de pêche en eaux intérieures ou d'aquaculture :

....

– en langue française :
"... pêché ...", "... pêché en eaux douces..." ou "... élevé ...",

....

2. Pour les espèces pêchées en mer, l'État membre peut autoriser l'omission de la méthode de production à la vente au consommateur final, à condition qu'il ressorte clairement de la dénomination commerciale ainsi que de la zone de capture qu'il s'agit d'une espèce pêchée en mer. Cette autorisation ne peut pas être octroyée en cas de doute sur la méthode de production.

3. Aux fins de l'indication de la méthode de production, les produits d'élevage sont ceux résultant de l'aquaculture telle que décrite à l'annexe III, point 2.2 *a)*, du règlement (CE) n° 2792/1999 du Conseil.

Art. 5 1. L'indication de la zone de capture, conformément à l'article 4, paragraphe 1, point *c)*, du règlement (CE) n° 104/2000, comporte les mentions suivantes :

a) pour les produits pêchés en mer, la mention d'une des zones figurant à l'annexe ;

b) pour les produits pêchés en eaux douces, la mention de l'État membre ou du pays tiers d'origine du produit ;

c) pour les produits d'élevage, la mention de l'État membre ou du pays tiers d'élevage dans lequel la phase de développement final du produit s'est déroulée. Lorsque l'élevage a lieu dans plusieurs États membres ou pays tiers, l'État membre où a lieu la vente au consommateur final peut autoriser, lors de cette vente, l'indication des différents États membres ou pays tiers d'élevage.

2. Les opérateurs peuvent faire mention d'une zone de capture plus précise.

Développement final. Aucun texte ni usage professionnel ou commercial ne définit la notion de « développement final » ni fixe la durée minimale de celui-ci. Dès lors que toute infraction doit être définie en termes clairs et non équivoques permettant au prévenu de connaître exactement la nature de l'accusation portée contre lui, doit être relaxé un ostréiculteur ayant proposé à la vente, avec un étiquetage indiquant « élevées en France », des huîtres en provenance d'Irlande, dans la mesure où il est établi que les huîtres litigieuses ont séjourné pendant un mois minimum dans son bassin avant d'être commercialisées. • Crim. 24 févr. 2009 : *CCC 2009, n° 153, obs. Raymond ; Dr. pénal 2009, n° 71, obs. J.-H. Robert.*

Art. 6 1. En cas de proposition de vente d'un mélange d'espèces différentes, les indications visées à l'article 4, paragraphe 1, du règlement (CE) n° 104/2000 doivent être apportées pour chaque espèce.

2. En cas de proposition de vente d'un mélange d'espèces identiques dont la méthode de production est différente, il est nécessaire que la méthode afférente à chaque lot soit indiquée. En cas de proposition de vente d'un mélange d'espèces identiques dont la zone de capture ou le pays d'élevage est différent, il est nécessaire que soit au moins indiquée la zone du lot le plus représentatif en quantité, accompagnée de la mention que le produit provient également, lorsqu'il s'agit d'un produit de la pêche, de différentes zones de capture et lorsqu'il s'agit de produits d'élevage, de différents pays.

Art. 7 Aux fins de l'application de l'article 4, paragraphe 1, du règlement (CE) n° 104/2000, les États membres fixent les petites quantités de produits écoulées directement aux consommateurs, à condition qu'elles n'excèdent en aucun cas une valeur égale à 20 € par achat. Ces petites quantités ne peuvent provenir que de la propre exploitation du vendeur.

CHAPITRE III *Traçabilité et contrôle*

Art. 8 Les informations exigées en ce qui concerne la dénomination commerciale, la méthode de production et la zone de capture doivent être disponibles à chaque stade de la commercialisation de l'espèce concernée. Ces informations ainsi que le nom scientifique de l'espèce concernée sont fournis par le biais d'un étiquetage ou emballage du produit ou par tout document commercial d'accompagnement de la marchandise, y compris la facture.

Art. 9 1. Les États membres instaurent un régime de contrôle de l'application de l'article 8.

2. Les États membres communiquent à la Commission, dès leur adoption et au plus tard le 31 mars 2002, les mesures prises en application du paragraphe 1. Les États membres communiquent à la Commission, au plus tard le 31 mars 2002, les mesures existantes qui répondent aux exigences de l'article 8.

CHAPITRE IV *Dispositions finales*

Art. 10 **Le présent règlement entre en vigueur le septième jour suivant celui de sa publication au *Journal officiel des Communautés européennes*.**

Il est applicable à partir du 1er janvier 2002. Toutefois, les produits mis sur le marché ou étiquetés avant cette date ainsi que les emballages non conformes aux dispositions du présent règlement peuvent être commercialisés jusqu'à épuisement des stocks.

ANNEXE

Zones de capture	Définition de la zone [1]
Atlantique Nord-Ouest	Zone FAO n° 21
Atlantique Nord-Est [2]	Zone FAO n° 27
Mer Baltique	Zone FAO n° 27. IIId
Atlantique Centre-Ouest	Zone FAO n° 31
Atlantique Centre-Est	Zone FAO n° 34
Atlantique Sud-Ouest	Zone FAO n° 41
Atlantique Sud-Est	Zone FAO n° 47
Mer Méditerranée	Zone FAO nos 37.1, 37.2 et 37.3
Mer Noire	Zone FAO n° 37.4
Océan Indien	Zone FAO nos 51 et 57
Océan Pacifique	Zone FAO nos 61, 67, 71, 77, 81 et 87
Antarctique	Zone FAO nos 48, 58 et 88

(1) Annuaire FAO. Statistique des pêches. Captures. Vol. 86/1. 2000.
(2) Sauf mer Baltique.

Arrêté du 18 décembre 2009,

Relatif aux règles sanitaires applicables aux produits d'origine animale et aux denrées alimentaires en contenant.

V. le texte complet de l'arrêté, vo Denrées alimentaires (textes généraux).

Art. 3 **Sans préjudice des dispositions des règlements (CE) n° 852/2004 et (CE) n° 853/2004, ainsi que de leurs mesures d'application communautaires et nationales, les conditions applicables à l'approvisionnement direct par le producteur du consommateur final ou du commerce de détail local fournissant directement le consommateur final en petites quantités de produits primaires sont définies par :**

1. L'annexe I s'agissant des conditions applicables pour les produits de la pêche.

....

ANNEXE I

DISPOSITIONS APPLICABLES À L'APPROVISIONNEMENT DIRECT PAR LE PRODUCTEUR DU CONSOMMATEUR FINAL OU DU COMMERCE DE DÉTAIL LOCAL FOURNISSANT DIRECTEMENT LE CONSOMMATEUR FINAL EN PETITES QUANTITÉS DE PRODUITS DE LA PÊCHE VISÉES À LA SECTION VIII DE L'ANNEXE III DU RÈGLEMENT (CE) N° 853/2004 ET TELS QUE DÉFINIS DANS CE TEXTE

(Arr. du 19 août 2016, art. 1er).

1. Conformément au c du 2 de l'article 1er du règlement (CE) n° 852/2004 et au c du 3 de l'article 1er du règlement (CE) n° 853/2004 et sans préjudice des dispositions prévues aux articles R. 231-13 à R. 231-15 du code rural et de la pêche maritime, l'approvisionnement direct par le producteur du consommateur final ou du commerce de détail local fournissant directement le consommateur final en petites quantités de produits primaires de la pêche est soumis aux conditions définies ci-après :

a) Les quantités maximales pouvant être fournies par le producteur ne dépassent pas :

100 kg de produits par débarquement et par navire de pêche pour les produits de la pêche capturés dans le milieu naturel *(Abrogé par Arr. du 19 août 2016, art. 1er)* *«, hors coquillages »* ;

100 kg par jour pour les produits d'aquaculture.

b) La distance de distribution vers le commerce de détail n'excède pas les 50 km à partir du point de débarquement.

2. Le transport, le stockage et, pour autant qu'elles soient effectuées à bord du navire de pêche, les manipulations de ces produits (abattage, saignée, étêtage, éviscération, enlèvement des nageoires, réfrigération et conditionnement) sont réalisés dans des conditions d'hygiène satisfaisantes, permettant de les prévenir de toute contamination.

L'eau utilisée pour la manipulation ou la conservation de ces produits doit être de l'eau potable conforme aux dispositions de l'article R. 1321 du code de la santé publique ou de l'eau propre, au sens du *i* de l'article 2 du règlement (CE) n° 853/2004 du 29 avril 2004.

Le plus rapidement possible après la capture, les produits primaires de la pêche, qui ne sont pas conservés vivants, doivent être conservés à une température approchant celle de la glace fondante. La glace utilisée doit être fabriquée à partir d'eau potable ou propre, manipulée et entreposée dans des conditions prévenant toute contamination. L'eau de fusion ne doit pas rester en contact avec les produits.

Règlement (UE) n° 1379/2013 du Parlement européen et du Conseil du 11 décembre 2013,

Portant organisation commune des marchés dans le secteur des produits de la pêche et de l'aquaculture.

Les art. 35 à 39 s'appliquent à compter du 13 déc. 2014. — V., jusqu'à cette date, Règl. (CE) n° 104/2000 du 17 déc. 1999, art. 4, supra (Règl. (UE) n° 1379/2013 du 11 déc. 2013, art. 46 et 49).

CHAPITRE IV *Information des consommateurs*

Art. 35 *Informations obligatoires.* **1. Sans préjudice du règlement (UE) n° 1169/2011** *[V. ce texte, v° Denrées alimentcires]*, **les produits de la pêche et de l'aquaculture visés à l'annexe I, points a), b), c) et e), du présent règlement qui sont commercialisés dans l'Union, quelle que soit leur origine ou leur méthode de commercialisation, ne peuvent être proposés à la vente au consommateur final ou à une collectivité que si un affichage ou un étiquetage approprié indique :** — *V. annexe I au JOUE L 354 du 28 déc. 2013.*

a) la dénomination commerciale de l'espèce et son nom scientifique ;

b) la méthode de production, en particulier les mentions suivantes : "... pêché..." ou "... pêché en eaux douces..." ou "... élevé..." ;

c) la zone de capture ou d'élevage du produit et la catégorie d'engin de pêche utilisé pour la capture, conformément à la première colonne de l'annexe III du présent règlement ; — *V. annexe III au JOUE L 354 du 28 déc. 2013.*

d) si le produit a été décongelé ;

e) la date de durabilité minimale, le cas échéant.

L'exigence du point d) ne s'applique pas :

a) aux ingrédients présents dans le produit fini ;

b) aux denrées alimentaires pour lesquelles la congélation constitue une étape technologiquement nécessaire du processus de production ;

c) aux produits de la pêche et de l'aquaculture congelés préalablement à des fins de sécurité sanitaire conformément à l'annexe III, section VIII, du règlement (CE) n° 853/2004 ;

d) aux produits de la pêche et de l'aquaculture qui ont été décongelés avant le processus de fumage, salage, cuisson, saumurage, séchage ou une combinaison de l'un de ces processus.

2. En ce qui concerne les produits de la pêche et de l'aquaculture non préemballés, les informations obligatoires énumérées au paragraphe 1 peuvent être communiquées dans le cadre de la vente au détail à l'aide d'informations commerciales telles que des panneaux d'affichage ou des affiches.

3. En cas de proposition à la vente au consommateur final ou à une collectivité d'un mélange d'espèces identiques dont la méthode de production est différente, la méthode afférente à chaque lot est indiquée. En cas de proposition à la vente au consommateur final ou à une collectivité d'un mélange d'espèces identiques dont la zone de capture ou le pays d'élevage est différent, la zone du lot le plus représentatif en quantité est au moins

indiquée, accompagnée de la mention que le produit provient également de différentes zones de capture ou de différentes zones d'élevage.

4. Les États membres peuvent exempter des exigences visées au paragraphe 1 les petites quantités de produits écoulées directement aux consommateurs à partir des navires de pêche, à condition qu'elles n'excèdent pas la valeur visée à l'article 58, paragraphe 8, du règlement (CE) nº 1224/2009.

5. Les produits de la pêche et de l'aquaculture et leurs emballages qui ont été étiquetés ou marqués avant le 13 décembre 2014 et qui ne sont pas conformes au présent article peuvent être commercialisés jusqu'à l'épuisement de ces stocks.

Art. 36 *Rapport sur un label écologique.* Après consultation des États membres et des parties prenantes, la Commission soumet, au plus tard le 1er janvier 2015, au Parlement européen et au Conseil un rapport de faisabilité sur les options envisageables en vue d'un système d'attribution de labels écologiques pour les produits de la pêche et de l'aquaculture, notamment en ce qui concerne la création d'un tel système à l'échelle de l'Union et la fixation d'exigences minimales pour l'utilisation d'un label écologique de l'Union par les États membres.

Art. 37 *Dénomination commerciale.* 1. Aux fins de l'article 35, paragraphe 1, les États membres établissent et publient une liste des dénominations commerciales admises sur leur territoire, accompagnées de leur nom scientifique. Cette liste mentionne :

a) le nom scientifique de chaque espèce, conformément au système d'information FishBase ou à la base de données ASFIS de l'organisation *[l'Organisation]* des Nations unies pour l'alimentation et l'agriculture (FAO), le cas échéant ;

b) la dénomination commerciale :

i) le nom de chaque espèce dans la ou les langues officielles de l'État membre concerné ;

ii) le cas échéant, tout autre nom qui est admis ou toléré au niveau local ou régional.

2. Toute espèce de poisson qui constitue un ingrédient d'une autre denrée alimentaire peut être désignée sous la dénomination "poisson", à condition que la dénomination et la présentation de cette denrée ne se réfèrent pas à une espèce précise de poisson.

3. Toute modification de la liste des dénominations commerciales admises par un État membre est notifiée sans délai à la Commission, qui en informe les autres États membres.

Art. 38 *Indication de la zone de capture ou de production.* 1. L'indication de la zone de capture ou de production conformément à l'article 35, paragraphe 1, point c), consiste en les éléments suivants :

a) dans le cas des produits de la pêche pêchés en mer, le nom écrit de la sous-zone ou de la division figurant sur la liste des zones de pêche de la FAO, ainsi que le nom de cette zone dans des termes intelligibles pour le consommateur, ou une carte ou un pictogramme indiquant cette zone, ou, par dérogation à cette exigence, pour les produits de la pêche capturés dans des eaux autres que l'Atlantique du Nord-Est (zone de pêche 27 de la FAO) et la Méditerranée et la mer Noire (zone de pêche 37 de la FAO), le nom de la zone de pêche de la FAO ;

b) dans le cas des produits de la pêche capturés en eaux douces, la mention des eaux d'origine dans l'État membre ou le pays tiers de provenance du produit ;

c) dans le cas des produits de l'aquaculture, la mention de l'État membre ou du pays tiers dans lequel le produit a atteint plus de la moitié de son poids final ou est resté plus de la moitié de la période d'élevage ou, dans le cas des crustacés et mollusques, dans lequel il a passé la dernière phase du processus d'élevage ou de culture, d'une durée minimale de six mois.

2. Outre les informations visées au paragraphe 1, les opérateurs peuvent indiquer une zone de capture ou de production plus précise.

Art. 39 *Informations complémentaires facultatives.* 1. Outre les informations obligatoires requises en vertu de l'article 35, les informations suivantes peuvent être fournies à titre facultatif, à condition qu'elles soient claires et non équivoques :

a) la date de capture des produits de la pêche ou de récolte des produits de l'aquaculture ;

b) la date de débarquement des produits de la pêche ou informations sur le port de débarquement des produits ;

c) des informations plus détaillées sur le type d'engin de pêche, telle *[telles]* qu'elles figurent dans la liste de la deuxième colonne de l'annexe III ; *— V. annexe III au JOUE L 354 du 28 déc. 2013.*

d) en cas de produits de la pêche capturés en mer, l'État du pavillon du navire ayant réalisé la capture ;
e) des informations environnementales ;
f) des informations d'ordre éthique ou social ;
g) des informations sur les techniques de production et les pratiques de production ;
h) des informations sur le contenu nutritionnel du produit.
2. Un code de réaction rapide (QR) indiquant une partie ou la totalité des informations visées à l'article 35, paragraphe 1, peut être utilisé.
3. Les informations facultatives n'empiètent pas sur l'espace réservé aux informations obligatoires sur l'affichage ou l'étiquetage.
4. Il n'est fourni à titre facultatif aucune information qui ne puisse être vérifiée.

POMPES FUNÈBRES

Code monétaire et financier

Art. L. 312-1-4 *(L. nº 2013-672 du 26 juill. 2013, art. 72)* **La personne qui a qualité pour pourvoir aux funérailles du défunt peut obtenir, sur présentation de la facture des obsèques, le débit sur les comptes de paiement du défunt, dans la limite du solde créditeur de ces comptes, des sommes nécessaires au paiement de tout ou partie des frais funéraires, auprès des banques teneuses desdits comptes, dans la limite d'un montant fixé par arrêté du ministre chargé de l'économie.** — *Montant fixé à 5 000 euros et revalorisé annuellement en fonction de l'indice INSEE des prix à la consommation hors tabac (Arr. du 7 mai 2015, JO 14 mai).*

(L. nº 2015-177 du 16 févr. 2015, art. 4) **« Sous réserve de justifier de sa qualité d'héritier, tout successible en ligne directe peut :**

« 1º Obtenir, sur présentation des factures, du bon de commande des obsèques ou des avis d'imposition, le débit sur les comptes de paiement du défunt, dans la limite des soldes créditeurs de ces comptes, des sommes nécessaires au paiement de tout ou partie des actes conservatoires, au sens du 1º de l'article 784 du code civil, auprès des établissements de crédit teneurs desdits comptes, dans la limite d'un montant fixé par arrêté du ministre chargé de l'économie ; — *Montant fixé à 5 000 euros et revalorisé annuellement en fonction de l'indice INSEE des prix à la consommation hors tabac (Arr. du 7 mai 2015, JO 14 mai).*

« 2º Obtenir la clôture des comptes du défunt et le versement des sommes y figurant, dès lors que le montant total des sommes détenues par l'établissement est inférieur à un montant fixé par arrêté du ministre chargé de l'économie. — *Montant fixé à 5 000 euros et revalorisé annuellement en fonction de l'indice INSEE des prix à la consommation hors tabac (Arr. du 7 mai 2015, JO 14 mai).*

« Pour l'application des 1º et 2º, l'héritier justifie de sa qualité d'héritier auprès de l'établissement de crédit teneur desdits comptes soit par la production d'un acte de notoriété, soit par la production d'une attestation signée de l'ensemble des héritiers, par lequel ils attestent :

« *a)* Qu'il n'existe pas de testament ni d'autres héritiers du défunt ;

« *b)* Qu'il n'existe pas de contrat de mariage ;

« *c)* Qu'ils autorisent le porteur du document à percevoir pour leur compte les sommes figurant sur les comptes du défunt ou à clôturer ces derniers ;

« *d)* Qu'il n'y a ni procès, ni contestation en cours concernant la qualité d'héritier ou la composition de la succession.

« Pour l'application du présent 2º, l'attestation mentionnée au cinquième alinéa doit également préciser que la succession ne comporte aucun bien immobilier.

« Lorsque l'héritier produit l'attestation mentionnée au cinquième alinéa, il remet à l'établissement de crédit teneur des comptes :

« – son extrait d'acte de naissance ;

« – un extrait d'acte de naissance du défunt et une copie intégrale de son acte de décès ;

« – le cas échéant, un extrait d'acte de mariage du défunt ;

« – les extraits d'actes de naissance de chaque ayant droit désigné dans l'attestation susmentionnée ;

« – un certificat d'absence d'inscription de dispositions de dernières volontés. »

BIBL. ▶ LASSERRE CAPDEVILLE, *LPA 27 sept. 2013* (évolution concernant le paiement des frais funéraires).

Code général des collectivités territoriales

Opérateurs participant au service extérieur des pompes funèbres

Art. L. 2223-31 **Les entreprises ou associations habilitées ne peuvent employer dans leurs enseignes, leurs publicités et leurs imprimés des termes ou mentions qui tendent à créer une confusion avec les régies, les délégataires des communes ou les services municipaux.**

Les délégataires des communes peuvent, seuls, utiliser la mention : "Délégataire officiel de la ville".

Les régies communales peuvent, seules, utiliser la mention : "Régisseur officiel de la ville". — *[C. communes, art. L. 362-8].*

Art. L. 2223-32 *(Abrogé par Ord. n° 2015-1682 du 17 déc. 2015, art. 10, à compter du 1er janv. 2016)* ***Les régies et les entreprises ou associations habilitées doivent faire mention dans leur publicité et leurs imprimés de leur forme juridique, de l'habilitation dont elles sont titulaires et, le cas échéant, du montant de leur capital.*** — *[C. communes, art. L. 362-9].*

Art. L. 2223-33 *(L. n° 2008-1350 du 19 déc. 2008, art. 7)* **« A l'exception des formules de financement d'obsèques, sont interdites les offres de services faites en prévision d'obsèques ou pendant un délai de deux mois à compter du décès en vue d'obtenir ou de faire obtenir, soit directement, soit à titre d'intermédiaire, la commande de fournitures ou de prestations liées à un décès. » Sont interdites les démarches à domicile ainsi que toutes les démarches effectuées dans le même but sur la voie publique ou dans un lieu ou édifice public ou ouvert au public.** — *[C. communes, art. L. 362-10].*

1. *Marbrerie funéraire.* L'art. L. 2223-33 ne distingue pas selon la nature des prestations liées à un décès, à savoir si elles relèvent ou non du service extérieur des pompes funèbres, et les juges du fond en déduisent exactement que l'interdiction résultant de ce texte s'applique également à la marbrerie funéraire. • Crim. 29 juin 2004 : *Bull. crim. n° 175 ; D. 2004. IR 2088 ; CCC 2004, n° 184, obs. Raymond ; Gaz. Pal. 2005. 1122, note F. A. ; Dr. pénal 2004, n° 148, obs. J.-H. Robert ; AJ pénal 2004. 368 .*

2. *Obsèques.* Le texte interdisant les offres de services ou actes de démarchage faits « à l'occasion ou en prévision d'obsèques », doit être cassé l'arrêt qui condamne les prévenus sans avoir constaté que les obsèques étaient imminentes ou en cours. • Crim. 29 juin 2004 : *préc. note 1.*

3. *Délai.* L'art. L. 2223-33 ne fixe *[fixait]* aucune limite dans le temps à l'interdiction qu'il édicte. • Crim. 27 juin 2006 : *Bull. crim. n° 197 ; AJ pénal 2006. 407, obs. P. R. ; RSC 2007. 94, obs. Ambroise-Castérot ; JCP 2006. IV. 2632 ; Gaz. Pal. 2006. 3409, obs. M. B. ; RJDA 2006, n° 1177 ; Dr. pénal 2006, n° 122, obs. J.-H. Robert.* ♦ V. désormais la rédaction de la 1re phrase de l'art. L. 2223-33, telle qu'elle résulte de la L. n° 2008-1350 du 19 déc. 2008. – Sur ce, V. *BRDA 2009, n° 1, p. 9.*

4. *Invitation.* L'art. L. 2223-33 ne distingue pas selon que la visite est effectuée spontanément par le démarcheur ou à la demande du client éventuel. • Crim. 13 févr. 2007 : *Bull. crim. n° 40 ; AJ pénal 2007. 183, obs. M.-E. C. ; RSC 2008. 91, obs. Ambroise-Castérot ; JCP 2007. IV. 1690 ; CCC 2007, n° 191, obs. Raymond ; RJDA 2007, n° 666 ; Dr. pénal 2007, n° 75, obs. J.-H. Robert ; RDC 2007. 787, obs. Fenouillet.*

Art. L. 2223-33-1 *(L. n° 2013-672 du 26 juill. 2013, art. 73)* **Les formules de financement d'obsèques prévoient expressément l'affectation à la réalisation des obsèques du souscripteur ou de l'adhérent, à concurrence de leur coût, du capital versé au bénéficiaire.**

....

Art. L. 2223-34-1 *(L. n° 2004-1343 du 9 déc. 2004, art. 11)* **Toute clause d'un contrat prévoyant des prestations d'obsèques à l'avance sans que le contenu détaillé** *(L. n° 2013-672 du 26 juill. 2013, art. 73)* **« et personnalisé » de ces prestations soit défini est réputée non écrite.**

(L. n° 2013-672 du 26 juill. 2013, art. 74) **« Tout contrat prévoyant des prestations d'obsèques à l'avance précise les conditions d'affectation des bénéfices techniques et financiers, conformément à l'article L. 132-5 du code des assurances. Il lui est affecté chaque année, lorsqu'il est positif, un montant correspondant à une quote-part du solde créditeur du compte financier, au moins égale à 85 % de ce solde multiplié par le rapport entre les provisions mathématiques relatives à ce contrat et le total des provisions mathématiques, diminuée des intérêts crédités aux provisions mathématiques relatives à ce même contrat au cours de l'exercice. Il fait aussi l'objet d'une information annuelle conformément à l'article L. 132-22 du même code. Un arrêté précise les modalités de calcul et d'affectation de cette quote-part. »**

Art. L. 2223-34-2 *(L. n° 2009-526 du 12 mai 2009, art. 25)* Il est créé un fichier national destiné à centraliser les contrats prévoyant des prestations d'obsèques à l'avance souscrits par les particuliers auprès des entreprises visées à l'article L. 310-1 du code des assurances et des mutuelles et unions mentionnées à l'article L. 111-1 du code de la mutualité.

Les modalités d'application du présent article, y compris la durée de conservation des informations enregistrées, sont déterminées par décret en Conseil d'État après avis de la Commission nationale de l'informatique et des libertés.

Art. L. 2223-35 ....

La violation des dispositions des articles L. 2223-31 à L. 2223-34 est punie d'une amende de 75 000 €.

Est puni de cinq ans d'emprisonnement et de 75 000 € d'amende le fait de proposer, directement ou indirectement, des offres, des promesses, des dons, des présents ou des avantages quelconques pour obtenir d'une personne qui, à l'occasion de son activité professionnelle, a connaissance d'un décès, qu'elle fasse connaître aux entreprises ou associations fournissant les prestations énumérées à l'article L. 2223-19 la survenance d'un décès ou qu'elle recommande aux familles les services d'une entreprise ou association déterminée.

Est puni de trois ans d'emprisonnement et de 45 000 € d'amende le fait, par une personne qui, à l'occasion de l'exercice de son activité professionnelle, a connaissance d'un décès, de solliciter ou d'agréer, directement ou indirectement, des offres, des promesses, des dons, des présents ou des avantages quelconques pour faire connaître aux entreprises ou associations fournissant les prestations énumérées à l'article L. 2223-19 la survenance d'un décès ou pour recommander aux familles les services d'une entreprise ou association déterminée.

Les personnes physiques coupables de l'une des infractions prévues au présent article encourent également les peines complémentaires suivantes :

1° L'interdiction des droits civiques, civils et de famille, suivant les modalités prévues par l'article 131-26 du code pénal ;

2° L'interdiction, pour une durée de cinq ans au plus, d'exercer une fonction publique ou d'exercer l'activité professionnelle ou sociale dans l'exercice ou à l'occasion de l'exercice de laquelle l'infraction a été commise ;

3° L'affichage ou la diffusion de la décision prononcée, dans les conditions prévues à l'article 131-35 du code pénal. – *[C. communes, art. L. 362-12].*

Art. L. 2223-35-1 *(L. n° 2004-1343 du 9 déc. 2004, art. 12)* Afin de garantir au contractant ou au souscripteur d'une formule de prestations d'obsèques à l'avance sa pleine et entière liberté de choix sa vie durant, qu'il s'agisse d'un contrat de forme individuelle ou d'adhésion à un contrat de groupe au sens de l'article L. 140-1 *[L. 141-1]* du code des assurances, le contrat doit prévoir explicitement la faculté pour le contractant ou le souscripteur de modifier la nature des obsèques, le mode de sépulture, le contenu des prestations et fournitures funéraires, l'opérateur habilité désigné pour exécuter les obsèques et, le cas échéant, le mandataire désigné pour veiller à la bonne exécution des volontés exprimées au sens de l'article 3 de la loi du 15 novembre 1887 sur la liberté des funérailles, le ou les changements effectués à fournitures et prestations équivalentes ne donnant droit à la perception que des seuls frais de gestion prévus par les conditions générales souscrites, sous peine, en cas de non-respect par une entreprise de cette liberté de modification ou de proposition par elle d'un contrat n'incluant pas cette faculté, d'une amende de 15 000 € par infraction commise.

Art. L. 2223-36 *(Responsabilité pénale des personnes morales).*

....

Information des familles

Art. R. 2223-24 La documentation générale, les devis obligatoirement remis aux familles et les bons de commande établis par les régies, les entreprises, les associations et leurs établissements, habilités conformément à l'article L. 2223-23, doivent être conformes aux dispositions prévues par les articles R. 2223-25 à R. 2223-30. – *[Décr. n° 95-653 du 9 mai 1995, art. 1er].*

Art. R. 2223-25 La documentation générale et les devis doivent comporter l'indication du nom, du représentant légal, de l'adresse de l'opérateur et, le cas échéant, son numéro d'inscription au registre du commerce ou au répertoire des métiers, ainsi que l'indication de sa forme juridique, de l'habilitation dont il est titulaire et, le cas échéant, du montant de son capital.

(Décr. n° 2017-983 du 10 mai 2017, art. 2, en vigueur le 1er janv. 2018) « Le contenu de la documentation générale est fixé par arrêté du ministre de l'économie. » — *[Décr. n° 95-653 du 9 mai 1995, art. 2].*

Art. R. 2223-26 Les devis doivent mentionner la commune du lieu du décès, de la mise en bière, du service funéraire, de l'inhumation ou de la crémation, ainsi que la date à laquelle ces devis ont été établis. — *[Décr. n° 95-653 du 9 mai 1995, art. 3].*

Art. R. 2223-27 Les devis doivent regrouper les fournitures et services de l'opérateur en les distinguant des sommes versées à des tiers en rémunération de prestations assurées par eux et des taxes.

Ils doivent indiquer, le cas échéant, l'entreprise ou le service tiers qui réalise l'ouverture et la fermeture du monument funéraire, le creusement et le comblement de la fosse. — *[Décr. n° 95-653 du 9 mai 1995, art. 4].*

Art. R. 2223-28 Les devis doivent faire apparaître le nombre d'agents exécutant l'une des prestations funéraires et affectés au convoi. — *[Décr. n° 95-653 du 9 mai 1995, art. 5].*

Art. R. 2223-29 Les devis doivent faire apparaître de manière distincte les prestations obligatoires, qui comportent dans tous les cas le cercueil, ses poignées *(Décr. n° 2011-121 du 28 janv. 2011, art. 45)* « , sa plaque d'identité » et sa cuvette étanche, à l'exclusion de ses accessoires intérieurs et extérieurs, ainsi que soit les opérations d'inhumation, soit les opérations de crémation et l'urne cinéraire ou cendrier.

En fonction des circonstances ou des causes du décès, du mode de transport et des modalités de l'inhumation ou de la crémation, les prestations obligatoires incluent également, dans les cas et conditions prévus par la section II du chapitre III du titre Ier du présent livre, et par la section Ire du présent chapitre, les soins de conservation, la housse mortuaire, le véhicule de transport de corps avant mise en bière, le cercueil hermétique muni d'un filtre épurateur. — *[Décr. n° 95-653 du 9 mai 1995, art. 6].*

Art. R. 2223-30 Le bon de commande comporte l'accord et la signature de la personne qui a passé commande. Il contient, en plus des informations mentionnées à l'article R. 2223-26, les mentions suivantes :

— nom et prénom du défunt ;
— date de naissance du défunt ;
— date du décès ;
— date et heure de la mise en bière ;
— date et heure du service funéraire ;
— date et heure de l'inhumation ou de la crémation ;
— nom et prénom de la personne qui a passé commande ;
— adresse de la personne qui a passé commande ;
— lien avec le défunt de la personne qui a passé commande ;
— montant de la somme totale, toutes taxes comprises. — *[Décr. n° 95-653 du 9 mai 1995, art. 7].*

Art. R. 2223-31 Les communes doivent afficher à la vue du public, dans le service d'état civil de la mairie et des mairies annexes ainsi que dans le local de conservation du ou des cimetières communaux, la liste des régies, entreprises, associations et de leurs établissements habilités à fournir les prestations du service extérieur des pompes funèbres.

Cette liste est établie dans les conditions prévues à l'article R. 2223-71.

Elle doit être communiquée par les services municipaux à toute personne sur simple demande. — *[Décr. n° 95-653 du 9 mai 1995, art. 8].*

Art. R. 2223-32 Les établissements de santé publics ou privés tiennent à la disposition du public la liste des régies, entreprises, associations et de leurs établissements habilités à fournir les prestations du service extérieur des pompes funèbres, établie dans les conditions prévues à l'article R. 2223-71.

Les établissements de santé publics ou privés doivent afficher dans les locaux de leur chambre mortuaire, à la vue du public, et communiquer à toute personne sur sa demande,

la liste des chambres funéraires habilitées. Celle-ci est établie par le préfet du département où sont situés ces établissements dans les mêmes conditions que celles fixées pour la liste des opérateurs funéraires par l'article R. 2223-71. — *[Décr. nº 95-653 du 9 mai 1995, art. 9].*

Art. R. 2223-32-1 *(Décr. nº 2011-121 du 28 janv. 2011, art. 46)* **Les régies, entreprises ou associations habilitées, conformément à l'article L. 2223-23, qui organisent les funérailles d'une personne dont le corps doit faire l'objet d'une crémation, dans les conditions fixées à l'article R. 2213-34, sont tenues d'informer les familles des dispositions des articles L. 2223-18-1 et L. 2223-18-2.** — *[Décr. nº 95-653 du 9 mai 1995, art. 9-1].*

....

Chambres funéraires, chambres mortuaires et crématoriums

Art. R. 2223-67 Les gestionnaires d'une chambre funéraire, d'une chambre mortuaire, d'un crématorium sont tenus d'adopter un règlement intérieur conforme aux dispositions prévues par le présent paragraphe. Ce règlement doit être affiché à la vue du public dans les locaux d'accueil du public.

(Décr. nº 2017-983 du 10 mai 2017, art. 2, en vigueur le 1er janv. 2018) **« Ce règlement mentionne notamment :**

« – la date de création et les dates et modalités de contrôle de la chambre funéraire ou du crématorium ;

« – les conditions d'accès et d'intervention des personnels mentionnés à l'article R. 2223-69 ;

« – les conditions d'admission des défunts dans la chambre funéraire ou mortuaire ou le crématorium ;

« – les aménagements techniques ainsi que les dispositifs de sécurité et de secours. » — *[Décr. nº 95-653 du 9 mai 1995, art. 27].*

....

Art. R. 2223-70 Les familles ont accès à la chambre funéraire, à la chambre mortuaire ou au crématorium où se trouve leur défunt. Le règlement intérieur précise les modalités de cet accès. — *[Décr. nº 95-653 du 9 mai 1995, art. 30].*

Art. R. 2223-71 *(Décr. nº 2011-121 du 28 janv. 2011, art. 48)* **Le préfet du département établit la liste des régies, entreprises et associations et de leurs établissements auxquels il a accordé une habilitation, conformément à l'article L. 2223-23.**

Cette liste est mise à jour chaque année. Elle est affichée dans les locaux d'accueil des chambres funéraires, des chambres mortuaires et des crématoriums et y est tenue à la disposition des familles.

La liste comprend le nom commercial de l'opérateur, les activités pour lesquelles l'habilitation a été délivrée, l'adresse complète, les numéros de téléphone et de télécopie et, le cas échéant, l'adresse de messagerie électronique. Les opérateurs funéraires sont classés par commune, par arrondissement à Paris, Lyon, Marseille, et par ordre alphabétique. — *[Décr. nº 95-653 du 9 mai 1995, art. 31].*

Art. R. 2223-72 Les gestionnaires des équipements mentionnés à l'article R. 2223-68 *[chambres funéraires, chambres mortuaires et crématoriums]* **doivent veiller à ce qu'aucun document de nature commerciale n'y soit visible, sous réserve des dispositions des articles R. 2223-71 et R. 2223-88.** — *[Décr. nº 95-653 du 9 mai 1995, art. 33].*

....

Art. R. 2223-88 Lorsque le corps d'un défunt a été admis dans une chambre funéraire dans les conditions prévues *(Décr. nº 2011-121 du 28 janv. 2011, art. 65)* **« aux quatrième et cinquième alinéas » de l'article R. 2223-76 et de l'article R. 2223-77 et que cette chambre funéraire comprend, dans le respect des dispositions de l'article L. 2223-38, un local dans lequel sont proposées aux familles les autres prestations du service extérieur des pompes funèbres, le gestionnaire de la chambre funéraire ne peut accepter une commande de ces autres prestations avant d'avoir reçu de la personne qui a qualité pour pourvoir aux funérailles un document signé par elle et attestant qu'elle a pris connaissance, au préalable, de la liste mentionnée à l'article R. 2223-71.** — *[Décr. nº 95-653 du 9 mai 1995, art. 32].*

Arrêté du 11 janvier 1999,

Relatif à l'information sur les prix des prestations funéraires.

Art. 1er Les dispositions du présent arrêté sont applicables à l'ensemble des prestations funéraires quel que soit l'opérateur de pompes funèbres qui les exécute.

Art. 2 Une documentation générale indiquant le nom, le représentant légal ou le responsable de l'établissement et l'adresse de l'opérateur de pompes funèbres, le cas échéant, le numéro d'inscription au registre du commerce ou au répertoire des métiers ainsi que sa forme juridique, le numéro d'habilitation ainsi que les prestations pour lesquelles il est habilité, et, le cas échéant, son capital, devra être constamment présentée à la vue de la clientèle et consultable par elle. Il devra être indiqué en première page de cette documentation générale les prestations rendues obligatoires par un texte législatif ou réglementaire pour les inhumations, crémations ou situations particulières nécessitant des mesures supplémentaires.

La documentation générale fait apparaître, élément par élément, les prix et conditions de vente des prestations et fournitures. Les prestations ou fournitures peuvent être regroupées en un ou plusieurs ensembles cohérents ; le détail de leurs éléments constitutifs est alors indiqué conformément aux rubriques de la documentation générale. Les éléments obligatoires sont distingués des autres éléments par tout moyen approprié.

Les mêmes obligations sont faites lorsque des éléments sont présentés en un lieu différent de celui où est tenue la documentation générale.

Art. 3 La présentation des cercueils au public en vue de la vente doit comporter un étiquetage précisant :

— le prix total du produit ;

— le prix de la prestation obligatoire comprenant le cercueil avec les poignées et sa cuvette étanche ;

— la liste des accessoires facultatifs compris dans le prix total ;

— l'essence du bois ou la nature des autres matériaux agréés dont est composé le cercueil (poignées, cuvette étanche et accessoires facultatifs exclus) et son type de finition si le matériau de base n'est pas brut (placage, impression...). Ces mentions doivent figurer dans le devis.

Art. 4 Avant toute opération funéraire, un devis écrit, gratuit, détaillé et chiffré selon les mêmes rubriques que la documentation générale présentée à la clientèle fait apparaître, pour chaque prestation ou fourniture, la nature et le prix TTC ainsi que le montant total du devis TTC. Il est remis à la clientèle.

(Arr. du 11 oct. 2011, art. 1er) « Le devis doit être conforme aux dispositions des articles R. 2223-25 à R. 2223-29 du code général des collectivités territoriales et de l'arrêté du 23 août 2010 modifié portant définition du modèle de devis applicable aux prestations fournies par les opérateurs funéraires. »

Lorsque l'opérateur des pompes funèbres mandaté par le client fait appel à des entreprises tierces désignées par le client lui-même, le devis précise de plus les noms et qualités de ces entreprises ainsi que le prix des prestations et fournitures assurées par ces dernières pour le montant net facturé et, le cas échéant, le montant des honoraires correspondant à la représentation du client auprès de ces entreprises.

Le devis doit également faire apparaître le montant des honoraires correspondant, intervenant par intervenant, à la représentation du client auprès des diverses administrations, organismes cultuels ou autres organismes, ainsi que les sommes demandées par ces organismes, qu'il s'agisse de taxes ou de redevances ou de prix, et qui seront avancées par l'entreprise mandatée par le client. Le montant des sommes avancées doit pouvoir en être justifié auprès du client lors du paiement de la facture. Le montant total de l'ensemble des honoraires perçus est mentionné sur le devis.

Les honoraires de représentation auprès des tiers peuvent toutefois faire l'objet d'un montant forfaitaire unique dans le devis. Dans cette hypothèse, le détail des prestations comprises dans le forfait doit être indiqué au client.

La durée de validité du devis est expressément indiquée sur celui-ci. Il doit être conservé par l'entreprise pendant sa durée de validité et au moins pendant deux ans lorsqu'il est suivi d'une commande.

Art. 5 Lorsque le devis est accepté par la famille, un bon de commande est alors établi, qui reprend les mentions prévues à l'*(Arr. du 11 oct. 2011, art. 2)* « article R. 2223-30 du code général des collectivités territoriales », notamment le détail chiffré des prestations ou fournitures ainsi que le montant total de celles-ci.

Il mentionne : nom, prénom, date de naissance du défunt – date du décès – date, heure et lieu de la mise en bière, date, heure et lieu du service funéraire – date, heure et lieu de la crémation et/ou de l'inhumation – nom, prénom et adresse de la personne qui a passé commande – lien de parenté du défunt avec la personne qui a passé commande.

Le bon de commande ne peut être signé valablement que s'il comporte la totalité des éléments visés ci-dessus. Toute modification du bon de commande ayant une incidence sur les prix des prestations ou fournitures mentionnées sur le devis doit être préalablement portée sur le devis détenu par le client ou faire l'objet d'un nouveau devis reprenant la totalité des prestations ou fournitures y figurant.

Art. 6 L'arrêté du 19 janvier 1994 relatif à l'information sur les prix des prestations funéraires est abrogé.

Recommandation CCA n° 2010-02 du 15 avril 2010,

Relative aux contrats de prévoyance obsèques.

La Commission des clauses abusives,

Considérant qu'à la fin de l'année 2009 deux millions et demi de contrats de prévoyance obsèques avaient été souscrits et que ce nombre est appelé à se développer fortement compte tenu de l'évolution démographique ;

Considérant que l'appellation "contrats de prévoyance obsèques" recouvre deux types de contrats d'assurance vie-décès : des contrats en prestations et des contrats en capital ; que, dans la mesure où ces derniers ne garantissent pas que le capital sera versé à un opérateur funéraire et n'ont donc pas de lien nécessaire avec le financement des obsèques, le champ de la présente recommandation porte uniquement sur les contrats en prestations associant un intermédiaire d'assurance à un opérateur funéraire ; que la finalité de ces contrats est de garantir le versement d'un capital à l'opérateur funéraire pour qu'il réalise les obsèques selon les volontés du consommateur ;

Considérant que la Commission regrette que la présentation commerciale de certains contrats laisse penser au consommateur que ses volontés seront respectées dans l'organisation de ses obsèques, alors même que le contrat, étant de capitalisation, n'a pas cet objet, ou bien, lorsqu'il s'agit d'un contrat de prévoyance obsèques à proprement parler, que ce respect n'est pas contractuellement garanti ;

Considérant que certains montages contractuels sont d'une grande complexité juridique faisant intervenir une association, un groupement d'intérêt économique funéraire, un opérateur funéraire, un mandataire, un assureur, un assisteur, etc. ; que leur présentation matérielle ne permet pas toujours au consommateur d'identifier les multiples intervenants et leurs rôles respectifs ;

Considérant que l'examen de ces contrats révèle des clauses abusives relatives au contenu du contrat, à sa modification, à l'exécution et à l'inexécution des prestations ;

I. Les clauses relatives au contenu du contrat

1° Considérant que les contrats de certains opérateurs funéraires proposent au consommateur un ensemble de prestations sans faire apparaître clairement la distinction entre celles qui, en application de l'article L. 2223-20 du code général des collectivités territoriales, présentent un caractère obligatoire pour l'exécution de leur mission de service public, et celles qui sont seulement facultatives ; que ces clauses ne permettent pas au consommateur de se faire une idée précise des prestations obligatoires ; qu'en contrevenant ainsi aux dispositions légales précitées, elles sont illicites et que, maintenues dans les contrats, elles présentent un caractère abusif ;

2° Considérant que plusieurs contrats présentent certaines prestations funéraires comme obligatoires, alors qu'elles ne revêtent pas ce caractère en vertu de l'article

L. 2223-20 du code général des collectivités territoriales ; que, dans la mesure où ces clauses laissent croire au consommateur qu'il est tenu de souscrire de telles prestations, elles sont de nature à créer un déséquilibre significatif à son détriment ;

II. Les clauses relatives à la modification du contrat

3° Considérant que certains contrats contiennent une clause en vertu de laquelle le devis des prestations, qui sert de base au montant du capital que va choisir le consommateur, a une durée de validité de 4 mois après sa signature ; cette clause est de nature à laisser croire au consommateur que, 4 mois après son acceptation du devis, le professionnel sera libre de modifier les termes de son engagement ; que cette clause relève donc de l'interdiction du 3°) de l'article R. 132-1 *[R. 212-1]* du code de la consommation ;

4° Considérant que certaines clauses permettent, à l'occasion de la modification de l'opérateur funéraire par le consommateur conformément aux dispositions de l'article L. 2223-35-1 du code général des collectivités territoriales *(V. ce texte, supra)*, au mandataire désigné par ce dernier de limiter son obligation contractuelle de garantir la bonne exécution des obsèques ; que ces clauses, qui sont de nature à permettre au professionnel d'alléger unilatéralement son obligation contractuelle à l'occasion de l'exercice d'une prérogative légale par le consommateur, créent un déséquilibre contractuel significatif au détriment de ce dernier ;

5° Considérant que plusieurs contrats permettent expressément au consommateur, conformément aux dispositions de l'article L. 2223-35-1 du code général des collectivités territoriales, de modifier certains éléments de son contrat, notamment le montant du capital initialement choisi ; que *[,]* toutefois, certaines clauses prévoient, en cas d'augmentation de ce capital, un paiement immédiat par le consommateur tandis que, en cas de diminution, le remboursement dû aux héritiers n'est prévu qu'après son décès ; que de telles stipulations, qui permettent au professionnel de conserver ces sommes sans aucune justification pendant une durée indéterminée, sont de nature à créer un déséquilibre significatif au détriment du consommateur ; qu'elles sont donc abusives ;

6° Considérant que diverses clauses permettent à l'opérateur funéraire, dans l'hypothèse « où certaines prestations ou fournitures seraient modifiées ou supprimées », de leur conserver « une qualité et/ou un caractère équivalent » ; que de telles clauses, par leur généralité, autorisent le professionnel à substituer, à sa discrétion, des prestations à celles initialement prévues ; qu'elles sont abusives au sens du 3°) de l'article R. 132-1 *[R. 212-1]* du code de la consommation ;

7° Considérant que les contrats de plusieurs opérateurs funéraires prévoient que certaines prestations ou fournitures, non stipulées mais nécessaires à la « bonne exécution » des obsèques, feront l'objet d'une facturation supplémentaire et d'un prélèvement automatique ; que de telles clauses, en ce qu'elles permettent au professionnel d'imposer unilatéralement des prestations supplémentaires au consommateur, en fonction d'éléments insuffisamment précis et explicites, sont abusives au sens du 3°) de l'article R. 132-1 *[R. 212-1]* du code de la consommation ;

8° Considérant que le contrat d'un opérateur funéraire prévoit, sans autre précision, que le changement de domicile du consommateur peut entraîner une modification de son contrat ; qu'aucun détail n'est donné sur cette modification éventuelle ni sur les conséquences qui pourraient résulter d'un changement de domicile quelle que soit la distance séparant le nouveau domicile de l'ancien ; que, par sa généralité, cette stipulation est de nature à réserver au professionnel la possibilité de modifier unilatéralement et discrétionnairement les clauses du contrat relatives à sa durée, aux caractéristiques ou au prix du bien à livrer ou du service à rendre, en méconnaissance des dispositions du 3°) de l'article R. 132-1 *[R. 212-1]* du code de la consommation ;

9° Considérant que certaines clauses prévoient que le consommateur ne peut changer l'opérateur funéraire, bénéficiaire du contrat, qu'avec l'accord préalable de celui initialement choisi ; que ces stipulations ne permettent pas au consommateur de modifier l'opérateur funéraire à tout moment contrairement à ce que prévoit l'article L. 2223-35-1 du code général des collectivités territoriales ; qu'elles sont illicites et que, maintenues dans les contrats, elles présentent un caractère abusif ;

10° Considérant que certaines clauses prévoient un délai minimum pour modifier l'opérateur funéraire ; que ces dispositions ne permettent donc pas au consommateur de changer d'opérateur funéraire à tout moment contrairement à ce qu'édicte l'article L. 2223-35-1 du code général des collectivités territoriales ; qu'elles sont illicites et que, maintenues dans les contrats, elles présentent un caractère abusif ;

III. Les clauses relatives à l'exécution et l'inexécution des prestations

11° Considérant que les contrats qui prévoient le paiement par primes périodiques imposent le prélèvement automatique comme mode unique de paiement ; que de telles stipulations sont abusives en ce qu'elles ne laissent aucun choix du mode de paiement au consommateur ;

12° Considérant que certaines clauses subordonnent la mise en œuvre des prestations d'assistance, en particulier celle relative au rapatriement du corps, à l'obligation, pour « tout membre de la famille », après le décès du souscripteur, de téléphoner au gestionnaire du contrat et de lui déclarer des « éléments », sans autre précision ; que, faute pour le consommateur de connaître à l'avance les renseignements susceptibles de lui être demandés et, surtout, de savoir sur quelles bases le gestionnaire serait amené à refuser la prise en charge du rapatriement, les clauses litigieuses sont de nature à autoriser le professionnel à faire dépendre l'exécution de son obligation de sa seule discrétion ; qu'elles rompent ainsi l'équilibre contractuel au détriment du consommateur, en contravention aux dispositions du 1°) de l'article R. 132-2 *[R. 212-2]* **du code de la consommation ;**

13° Considérant que les contrats organisent la procédure à suivre pour que l'assisteur exécute son obligation contractuelle de rapatriement du corps ; qu'une clause subordonne cette prestation à la réalisation par ce dernier de « vérifications utiles » ; que la nature des « vérifications » à effectuer n'étant nullement précisée, l'intervention du professionnel ne dépend que de sa seule appréciation de la situation et qu'ainsi, postérieurement à la conclusion du contrat, il sera en mesure de se libérer discrétionnairement de son obligation contractuelle ; qu'une telle stipulation contractuelle crée un déséquilibre significatif au détriment du consommateur et qu'elle est présumée abusive au sens du 1°) de l'article R. 132-2 *[R. 212-2 du code]* **de la consommation ;**

14° Considérant que certaines clauses prévoient que l'assureur, après le décès du consommateur et le versement du capital convenu, se réserve le droit de demander « tout justificatif complémentaire qu'il juge utile » ; que ces stipulations sont de nature à laisser croire au consommateur que, faute pour lui d'être en mesure de répondre à ces exigences indéterminées, laissées à la discrétion du professionnel, le versement du capital souscrit pourrait être remis en cause ; qu'une telle clause est de nature à créer un déséquilibre significatif au détriment du consommateur ; qu'elle est donc abusive ;

15° Considérant que certains contrats relatifs à la garantie d'assistance rapatriement du corps prévoient une liste de cas dans lesquels la société d'assistance entend se libérer de son obligation contractuelle ; que l'usage de l'adverbe « notamment » placé au début de cette liste ainsi que l'énumération de diverses hypothèses insuffisamment précises ou limitées permettent au professionnel de se libérer de son obligation contractuelle même dans des situations ne relevant pas de la force majeure ; qu'une telle clause crée un déséquilibre significatif au détriment du premier ; qu'elle est donc abusive ;

16° Considérant que certains contrats prévoient que le tribunal compétent en cas de litige est celui du siège social du professionnel ; que l'article 48 du code de procédure civile prohibe la clause attributive de compétence entre professionnels et consommateurs ; que de telles clauses, qui ont pour objet de déroger aux règles impératives de compétence territoriale, sont illicites et que, maintenues dans les contrats, elles sont abusives.

Recommande que soient éliminées des contrats de prévoyance obsèques les clauses ayant pour objet ou pour effet :

1° de ne pas mettre le consommateur en mesure d'identifier les prestations funéraires obligatoires, en méconnaissance des dispositions de l'article L. 2223-20 du code général des collectivités territoriales ;

2° de laisser croire au consommateur qu'il est tenu de souscrire certaines prestations funéraires qui, pourtant, ne revêtent aucun caractère obligatoire ;

3° de laisser croire au consommateur que le professionnel, postérieurement à l'acceptation du devis, aura la faculté de modifier les termes de son engagement ;

4° de permettre au mandataire, en méconnaissance des dispositions du 4°) de l'article R. 132-1 *[R. 212-1]* du code de la consommation, de modifier unilatéralement son obligation contractuelle de garantir la bonne exécution des obsèques à l'occasion de l'exercice par le consommateur d'une prérogative légale ;

5° de prévoir un paiement immédiat du consommateur lorsqu'il décide d'augmenter le capital et un remboursement, seulement après son décès, lorsqu'il choisit d'en diminuer le montant ;

6° d'autoriser le professionnel à modifier ou supprimer de manière discrétionnaire certaines prestations ou fournitures ;

7° d'autoriser le professionnel à facturer de manière unilatérale au consommateur des prestations non initialement stipulées, en méconnaissance des dispositions du 3°) de l'article R. 132-1 *[R. 212-1]* du code de la consommation ;

8° de réserver au professionnel le droit de modifier discrétionnairement les clauses du contrat en cas de changement de domicile du consommateur ;

9° de soumettre le changement d'opérateur funéraire initialement choisi à l'accord de ce dernier, en méconnaissance des dispositions de l'article L. 2223-35-1 du code général des collectivités territoriales ;

10° d'imposer au consommateur un délai pour changer d'opérateur funéraire, en méconnaissance des dispositions de l'article L. 2223-35-1 du code général des collectivités territoriales ;

11° d'imposer au consommateur le prélèvement automatique comme mode unique de paiement ;

12° de permettre au professionnel de faire dépendre l'exécution de sa prestation à la fourniture, par le consommateur, d'« éléments » indéterminés ;

13° de permettre à l'assisteur de faire dépendre l'exécution de son obligation de rapatriement du corps de vérifications non définies et laissées à son appréciation discrétionnaire ;

14° de laisser croire au consommateur que, postérieurement au décès du souscripteur, le versement du capital pourrait être remis en cause à défaut de la fourniture par ce premier de justificatifs relevant de la seule discrétion du professionnel ;

15° de permettre au professionnel de se libérer de son obligation contractuelle même dans des situations non constitutives de la force majeure ;

16° de déroger aux règles légales de compétence territoriale des juridictions.

(Texte adopté le 15 avril 2010 sur le rapport de Mme Ariane Pommery.)

Recommandation ACPR n° 2015-R-02 du 12 février 2015,

Sur la commercialisation des contrats d'assurance vie liés au financement en prévision d'obsèques.

1. *Contexte*

Fin 2013, plus de trois millions de contrats portant la dénomination "obsèques" avaient été commercialisés en France.

L'étude des réclamations reçues par l'Autorité de contrôle prudentiel et de résolution (ACPR) et l'analyse des pratiques de commercialisation des contrats d'assurance vie liés au financement des frais d'obsèques ont permis de constater que les souscripteurs *[ce terme recouvre, dans la recommandation, aussi bien les souscripteurs et adhérents que les candidats à l'assurance durant la phase précontractuelle]* pouvaient mal appréhender les garanties proposées. En effet, les informations et conseils délivrés relativement à ces contrats s'avèrent parfois incomplets ou ambigus, dans la mesure où ils peuvent laisser entendre que :

— les bénéficiaires peuvent utiliser le capital comme ils le souhaitent, et donc à des fins étrangères au financement des obsèques alors que le contrat est une couverture des frais liés aux obsèques ;

— le capital décès sera suffisant pour couvrir les frais d'obsèques, en suggérant que le montant du capital sera supérieur à ces frais, de telle manière qu'il subsistera, au profit du (des) bénéficiaire(s) distinct(s) de l'opérateur funéraire, un solde de capital alors que tel n'est pas toujours le cas. En outre, le règlement des obsèques est susceptible d'impliquer un coût supplémentaire, en particulier lorsque (i) le capital souscrit est d'un faible montant, ou lorsque (ii) le capital prévu correspond au montant du devis des prestations obsèques joint au contrat sans prendre en compte l'augmentation probable du devis au jour du décès ;

– en cas d'exclusion de garantie ou de survenance du risque assuré hors de la période de garantie, l'intégralité des cotisations réglées sera reversée aux ayants droit. Or, dans un tel cas de figure, le montant reversé aux ayants droit correspond le plus souvent aux cotisations versées diminuées des frais prélevés et de l'éventuelle quote-part de prime affectée à la couverture d'autres garanties (notamment de prestations d'assistance).

Par ailleurs, il a été constaté que les souscripteurs n'ont pas toujours pleinement conscience :

– du fait que le délai d'un mois dont dispose l'organisme d'assurance*[s]* pour verser le capital ne court qu'à compter de la réception, par l'organisme d'assurance*[s]*, de pièces justificatives dont la liste exhaustive ne figure pas dans le contrat d'assurance vie, le (les) bénéficiaire(s) pouvant ainsi percevoir le capital bien après les funérailles ;

– que le contrat d'assurance vie peut ne pas être rachetable ou que la valeur de rachat peut se trouver diminuée, notamment par le coût de garanties parfois associées au contrat d'assurance vie ;

– que la somme des cotisations versées peut être supérieure au montant du capital garanti ;

– des éventuelles exclusions ou limitations de garantie relatives à l'âge de l'assuré ou à la date de réalisation du risque assuré ;

– de l'importance attachée à la rédaction de la clause bénéficiaire, notamment dans l'hypothèse d'un solde de capital après règlement des frais d'obsèques ou en cas de disparition anticipée de l'opérateur funéraire qui avait été désigné en qualité de bénéficiaire.

2. *Champ d'application de la recommandation*

2.1. *Contrats concernés*

La recommandation concerne la commercialisation de l'ensemble des contrats d'assurance vie présentés comme liés au financement en prévision d'obsèques. Ces contrats prévoient des garanties de nature différente. Il peut ainsi s'agir :

– de contrats d'assurance sur la vie garantissant le versement d'un capital à un opérateur funéraire en cas de survenance du risque assuré (le décès de l'assuré) associés à un contrat de prestations d'obsèques prises en charge par l'opérateur funéraire (nature des obsèques, mode de sépulture, fournitures funéraires, etc.) *[ces contrats ont fait l'objet de la Recomm. CCA nº 2010-02, V. supra]* ;

– de contrats d'assurance sur la vie présentés comme assurant un financement en prévision des frais d'obsèques, mais ne comportant ni contrat de prestations d'obsèques, ni nécessairement la désignation d'un opérateur funéraire en qualité de bénéficiaire.

Ces contrats peuvent revêtir la forme de contrats d'assurance vie entière comportant des valeurs de rachat ou de contrats non rachetables de type temporaire décès.

2.2. *Personnes concernées*

La présente recommandation s'applique aux entreprises d'assurance*[s]* régies par le code des assurances, aux mutuelles ou unions régies par le code de la mutualité, aux institutions de prévoyance régies par le code de la sécurité sociale (ci-après, les « organismes d'assurance*[s]* ») et aux intermédiaires d'assurance*[s]*, y compris lorsque ces organismes d'assurance*[s]* ou intermédiaires d'assurance*[s]* interviennent en France en libre prestation de services ou en libre établissement.

3. *Obligations des organismes d'assurance[s] et des intermédiaires d'assurance[s]*

Les obligations des organismes d'assurance*[s]* et des intermédiaires d'assurance*[s]* sont notamment prévues par les articles suivants :

– L'article L. 132-27 du code des assurances *[également applicable aux institutions de prévoyance par renvoi de l'art. L. 932-23 CSS. – V. aussi art. L. 223-25-2 C. mut.]* dispose que

toutes les informations, y compris les communications à caractère publicitaire, relatives à un contrat d'assurance sur la vie doivent présenter un contenu exact, clair et non trompeur. Les communications à caractère publicitaire doivent être clairement identifiées comme telles ;

– l'article L. 132-27-1 du code des assurances dispose que, lorsque la commercialisation d'un contrat d'assurance vie est réalisée sans intermédiaire, l'organisme d'assurance*[s]* **doit notamment s'enquérir des connaissances, des exigences et des besoins du souscripteur, et délivrer un conseil, en tenant compte en particulier de ces informations, adapté à la complexité du contrat. Si le souscripteur ne fournit pas ces informations, l'organisme d'assurance***[s]* **doit le mettre en garde préalablement à la souscription du contrat. L'article L. 520-1 du code des assurances** *[V. aussi art. L. 116-5 C. mut.]* **met cette même obligation à la charge des intermédiaires d'assurance***[s]* **;**

– les articles L. 132-28 et R. 132-5-1 du code des assurances *[également applicable aux institutions de prévoyance par renvoi des art. L. 932-23 et R. 932-3-4 CSS. — V. aussi art. L. 223-25-3 C. mut.]* **portent obligation d'établir des conventions entre organismes d'assurance***[s]* **et intermédiaires d'assurance***[s]* **en matière de commercialisation de contrats d'assurance vie, notamment concernant les conditions dans lesquelles l'intermédiaire d'assurance***[s]* **est tenu de soumettre à l'organisme d'assurance***[s]* **les documents à caractère publicitaire préalablement à leur diffusion ;**

– l'article L. 2223-33-1 du code général des collectivités territoriales dispose que les formules de financement d'obsèques prévoient une obligation d'affectation des sommes versées à la réalisation des obsèques de l'assuré.

4. *Recommandation*

Dans un objectif de meilleure information et de transparence lors de la commercialisation des contrats d'assurance vie liés au financement en prévision d'obsèques, lorsque le type de contrat d'assurance vie le justifie, l'ACPR recommande aux organismes d'assurance*[s]* **et aux intermédiaires d'assurance***[s]* **d'attirer l'attention des souscripteurs sur les points suivants.**

4.1. *Dans le cadre des communications à caractère publicitaire et du devoir de conseil*

4.1.1 Le capital décès ne peut être utilisé, à concurrence du coût des obsèques, à la convenance du (des) bénéficiaire(s) et donc à des fins étrangères au financement des obsèques.

4.1.2 Le capital versé au(x) bénéficiaire(s) est susceptible d'être insuffisant pour couvrir les frais prévisibles d'obsèques.

4.2. *Dans le cadre du conseil délivré aux souscripteurs*

4.2.1 Le délai et les conditions précises de versement des prestations après le décès de l'assuré ainsi que la liste précise des pièces devant être fournies par le(s) bénéficiaire(s) dans les situations les plus courantes.

4.2.2 L'importance attachée à la rédaction de la clause bénéficiaire, notamment en termes d'identité lors de l'indication du (des) bénéficiaire(s) et de l'opportunité de prévoir un (des) bénéficiaire(s) subséquent(s), notamment dans l'éventualité de la disparition anticipée de l'opérateur funéraire ou d'un bénéficiaire personne physique. L'existence ou non d'une faculté de rachat.

4.2.3 Lorsque le contrat est rachetable, le montant des valeurs de rachat, le montant des frais et le fait qu'une quote-part des primes/cotisations versées peut être affectée au financement des autres garanties prévues, notamment celles liées aux prestations d'assistance.

4.2.4 Les conséquences résultant de la survenance du décès hors de la période de garantie ou de la mise en jeu d'une clause d'exclusion de garantie et l'impact des frais sur le montant restitué, le cas échéant, aux ayants droit.

4.2.5 L'âge de l'assuré et/ou la date de survenance du risque assuré peuvent conditionner la mise en jeu de la garantie.

4.3. *Moyens et procédures*

Les organismes d'assurance*[s]* et intermédiaires d'assurance*[s]* mettent en œuvre les moyens et procédures nécessaires pour assurer l'exécution des modalités d'information et de conseil recommandées aux paragraphes 4.1 et 4.2 *supra*.

La présente recommandation remplace la recommandation 2011-R-04 du 15 juin 2011. – *V. cette Recomm. au* ***C. consom.****, éd. 2014.*

POSTE ET TÉLÉCOMMUNICATIONS

Code de la santé publique

Art. L. 5231-3 *(L. nº 2010-788 du 12 juill. 2010, art. 183-III)* **Toute publicité, quel qu'en soit le moyen ou le support, ayant pour but direct de promouvoir la vente, la mise à disposition, l'utilisation ou l'usage d'un téléphone mobile par des enfants de moins de quatorze ans est interdite.**

Art. L. 5231-3-1 *(L. nº 2015-136 du 9 févr. 2015, art. 5)* **A la demande de l'acheteur, pour la vente de tout appareil de téléphonie mobile, l'opérateur fournit un** *(L. nº 2016-41 du 26 janv. 2016, art. 61-III)* **« dispositif d'écoute » permettant de limiter l'exposition de la tête aux émissions radioélectriques adapté aux enfants de moins de quatorze ans.** – *Anc. art. L. 5232-1-3. (L. nº 2016-41 du 26 janv. 2016, art. 61-III).*

....

Art. L. 5232-1-1 *(L. nº 2015-136 du 9 févr. 2015, art. 5)* **Toute publicité, quel que soit son moyen ou son support, ayant pour but la promotion de l'usage d'un téléphone mobile pour des communications vocales mentionne de manière claire, visible et lisible l'usage recommandé d'un dispositif** *(L. nº 2016-41 du 26 janv. 2016, art. 61-II)* **« d'écoute » permettant de limiter l'exposition de la tête aux émissions radioélectriques émises par l'équipement.** *(L. nº 2016-41 du 26 janv. 2016, art. 61-II)* **« Le dispositif d'écoute »** *(L. nº 2015-990 du 6 août 2015, art. 128)* **« permettant de limiter l'exposition de la tête aux champs électromagnétiques émis par l'équipement doit également figurer sur cette publicité. »**

Le contrevenant est passible d'une amende maximale de 75 000 €.

Art. L. 5232-1-2 *(Abrogé par L. nº 2015-990 du 6 août 2015, art. 128) (L. nº 2015-136 du 9 févr. 2015, art. 5)* ***Est interdite toute publicité, quel que soit son moyen ou son support, ayant pour but la promotion de l'usage d'un téléphone mobile sans accessoire permettant de limiter l'exposition de la tête aux champs électromagnétiques émis par l'équipement. Le contrevenant est passible d'une amende maximale de 75 000 €.***

Code des postes et des communications électroniques

Le service postal

Le service universel postal et les obligations du service postal

Art. L. 2 *(L. nº 2010-123 du 9 févr. 2010, art. 19, en vigueur le 1er janv. 2011)* **« La Poste est le prestataire du service universel postal pour une durée de quinze ans à compter du 1er janvier 2011. Tous les trois ans, le Gouvernement, après avis de la Commission** *(L. nº 2016-1321 du 7 oct. 2016, art. 45-I)* **« supérieure du numérique et des postes » et de l'Autorité de régulation des communications électroniques et des postes, informe le Parlement des conditions d'exécution par La Poste de sa mission de service universel postal ainsi que des moyens mis en œuvre pour l'améliorer.**

« En sus des obligations résultant de l'autorisation prévue à l'article L. 3, le prestataire du service universel postal est soumis, au titre des prestations relevant de ce service, à des obligations particulières en matière de qualité et d'accessibilité du service, de traitement des réclamations des utilisateurs et, pour des prestations déterminées, de dédommagement en cas de non-respect des engagements de qualité de service. Il tient une comptabilité spécifique sur ses activités dans le champ du service universel. Il transmet, sur demande de l'Autorité de régulation des communications électroniques et des postes, toute informa-

tion et tout document comptable permettant d'assurer le contrôle du respect de ses obligations. » — *Sur les objectifs de qualité de service fixés à La Poste, V. Arr. du 14 oct. 2015, infra.*

(L. n° 2005-516 du 20 mai 2005, art. 1er) « Un décret en Conseil d'État, pris après consultation de La Poste, et après avis de l'Autorité de régulation des communications électroniques et des postes et de la Commission *(L. n° 2016-1321 du 7 oct. 2016, art. 45-I)* « supérieure du numérique et des postes », précise les caractéristiques de l'offre de service universel que La Poste est tenue d'assurer.

« Ce décret fixe également les droits et obligations de La Poste au titre de ses missions de service public des envois postaux, comprenant le régime spécifique offert à la presse en vertu du deuxième alinéa de l'article L. 4, ainsi que les conditions dans lesquelles sont assurées la neutralité et la confidentialité des services qu'elle fournit. »

Art. L. 3 *(L. n° 2010-123 du 9 févr. 2010, art. 22-I, en vigueur le 1er janv. 2011)* Les services postaux portant sur les envois de correspondance intérieure et transfrontière sont offerts par tout prestataire de services postaux, sous réserve de l'obtention d'une autorisation délivrée par l'Autorité de régulation des communications électroniques et des postes dans les conditions prévues à l'article L. 5-1. Cette autorisation n'est toutefois pas requise si ces services se limitent à la correspondance intérieure et n'incluent pas la distribution.

Art. L. 3-1 *(L. n° 2005-516 du 20 mai 2005, art. 1er)* Les titulaires de l'autorisation prévue à l'article L. 3 ont accès, dans des conditions transparentes et non discriminatoires, selon des modalités techniques et tarifaires prévues dans le cadre de conventions signées à cette fin avec le prestataire du service universel, aux moyens, détenus ou contrôlés par celui-ci, qui sont indispensables à l'exercice de leurs activités postales.

Ces moyens comprennent le répertoire des codes postaux assorti de la correspondance entre ces codes et l'information géographique sur les voies et adresses, les informations collectées par La Poste sur les changements d'adresse, un service de réexpédition en cas de changement d'adresse du destinataire, une faculté ou un service de distribution dans les boîtes postales installées dans les bureaux de poste.

Art. L. 3-2 *(L. n° 2005-516 du 20 mai 2005, art. 1er)* Toute prestation de services postaux est soumise aux règles suivantes :

a) Garantir la sécurité des usagers, des personnels et des installations du prestataire de service ;

b) Garantir la confidentialité des envois de correspondance et l'intégrité de leur contenu ;

(L. n° 2010-123 du 9 févr. 2010, art. 23, en vigueur le 1er janv. 2011) « *b bis)* Garantir le secret des correspondances, ainsi que la neutralité des services postaux au regard de l'identité de l'expéditeur et de la nature des envois postaux ; »

c) Assurer la protection des données à caractère personnel dont peuvent être dépositaires le prestataire du service universel ou les titulaires de l'autorisation prévue à l'article L. 3, ainsi que la protection de la vie privée des usagers de ces services ;

d) Être fournie dans les conditions techniques respectant l'objectif de préservation de l'environnement ;

(L. n° 2010-123 du 9 févr. 2010, art. 23, en vigueur le 1er janv. 2011) « *e)* Mettre en place des procédures simples, transparentes et gratuites de traitement des réclamations et respecter les intérêts des usagers au regard des obligations fixées à l'article L. 7 ;

« *f)* Garantir l'accès aux services et aux installations aux personnes handicapées dans les conditions prévues à l'article L. 111-7-3 du code de la construction et de l'habitation ;

« *g)* Respecter les obligations légales et conventionnelles applicables en matière de droit du travail et la législation de sécurité sociale en vigueur, sans préjudice des dispositions spécifiques applicables aux personnels ayant, le cas échéant, le statut de fonctionnaire ;

« *h)* Respecter l'ordre public et les obligations liées à la défense nationale. »

....

Art. R. 1-1-2 *(Décr. n° 2007-29 du 5 janv. 2007)* La levée des envois postaux est assurée à heures régulières dans les points de contact et dans des boîtes aux lettres accessibles en permanence sur la voie publique. L'information sur l'heure de la levée la plus tardive figure sur ces installations.

Art. R. 1-1-3 *(Décr. n° 2007-29 du 5 janv. 2007)* Les envois de correspondance, autres que les envois en nombre, confiés au prestataire du service universel sont payés par l'expéditeur au moyen de timbres ou de vignettes d'affranchissement. Tout autre moyen de paiement est défini contractuellement entre le prestataire du service universel et l'usager.

En cas d'insuffisance d'affranchissement, les envois postaux sont délivrés au destinataire sous réserve qu'il verse un complément d'affranchissement. A défaut, les envois sont renvoyés à l'expéditeur.

....

Art. R. 1-1-5 *(Décr. nº 2007-29 du 5 janv. 2007)* Le conditionnement et l'emballage des envois postaux relevant du service universel doivent être adaptés à la forme et à la nature du contenu de l'envoi et aux conditions de transport permettant d'en préserver l'intégrité et la confidentialité. Les conditions requises pour satisfaire à ces dispositions sont précisées dans le catalogue prévu à l'article R. 1-1-10.

Tout envoi postal appartient à l'expéditeur aussi longtemps qu'il n'a pas été délivré au destinataire, sans préjudice de l'application des articles L. 7 à L. 11. – *V. ces art., infra.*

La distribution est assurée à l'adresse indiquée par l'expéditeur. A la demande du destinataire, la distribution peut être assurée selon d'autres modalités fixées par voie contractuelle.

L'expéditeur doit libeller l'adresse du destinataire de manière à permettre la bonne exécution de la distribution postale. A défaut, les envois sont renvoyés à l'expéditeur lorsque celui-ci est identifiable.

La distribution est subordonnée à l'existence, chez le destinataire, d'une installation de réception des envois de correspondance accessible et conforme aux spécifications établies dans le respect de la réglementation en vigueur. Cette disposition ne s'applique pas aux objets qui relèvent, par leur nature, d'une distribution à la personne.

Art. R. 1-1-6 *(Décr. nº 2007-29 du 5 janv. 2007)* Lorsque la distribution d'un envoi postal recommandé relevant du service universel est impossible, le destinataire est avisé que l'objet est conservé en instance pendant quinze jours calendaires. A l'expiration de ce délai, l'envoi postal est renvoyé à l'expéditeur lorsque celui-ci est identifiable.

....

Art. R. 1-1-9 *(Décr. nº 2007-29 du 5 janv. 2007)* L'usager du service universel est informé, par affichage dans chaque point de contact, des modalités de réclamation et des conditions de dédommagement. Il y dispose de formulaires de réclamation. La réclamation fait l'objet d'un enregistrement nominatif et donne lieu à un accusé de réception indiquant le délai de réponse. Le délai de réponse à une réclamation relative à un envoi national ne peut être supérieur à deux mois à compter de la réception de la réclamation assortie des justificatifs. Le traitement de la réclamation par le prestataire du service universel est gratuit pour l'usager.

Si l'usager n'est pas satisfait de la réponse donnée à titre définitif à sa réclamation, il peut, sans préjudice de toute autre voie de recours, saisir le médiateur de La Poste institué en application de l'article R. 1-1-18.

....

Art. R. 1-1-12 *(Décr. nº 2007-29 du 5 janv. 2007)* Lorsque, en raison de circonstances exceptionnelles indépendantes de la volonté de La Poste, le service universel est interrompu ou perturbé, La Poste prend toutes les dispositions utiles pour rétablir le service dans les meilleurs délais. La Poste informe le ministre chargé des postes et l'Autorité de régulation des communications électroniques et des postes des mesures prises et des délais nécessaires pour rétablir le service.

....

Art. R. 1-1-18 *(Décr. nº 2007-29 du 5 janv. 2007)* La Poste institue un médiateur rattaché directement au président et nommé par celui-ci pour une durée supérieure à deux ans. Le médiateur peut être saisi sans frais par les usagers dont les réclamations ont fait l'objet d'un rejet définitif. Il émet son avis dans un délai de deux mois sur les situations qui lui sont soumises.

Le médiateur dispose des moyens nécessaires à l'accomplissement de sa mission. Il ne peut être démis que pour faute grave et avec l'accord du conseil d'administration.

Il publie des recommandations et transmet chaque année un bilan statistique et qualitatif de son activité au président de La Poste, au ministre chargé des postes et à l'Autorité de régulation des communications électroniques et des postes.

Art. D. 1 *(Décr. n° 2013-417 du 21 mai 2013, art. 3)* **L'insertion de billets de banque, de pièces** *(Décr. n° 2013-981 du 30 oct. 2013, art. 1er)* **« métalliques ayant cours légal et pouvoir libératoire destinées à la circulation en France » et de métaux précieux est interdite dans les envois postaux, y compris dans les envois à valeur déclarée, les envois recommandés et les envois faisant l'objet de formalités attestant leur dépôt et leur distribution.**

Art. D. 2 *(Décr. n° 2013-417 du 21 mai 2013, art. 4)* **Les bijoux définis** *(Décr. n° 2014-1253 du 27 oct. 2014, art. 2 et 16)* **« à l'article R. 613-27 du code de la sécurité intérieure » ne peuvent être transportés que par envoi à valeur déclarée, par envoi recommandé ou par envoi faisant l'objet de formalités attestant leur dépôt et leur distribution.**

Dans le cadre de l'offre de service universel postal définie à l'article R. 1, les bijoux ne peuvent être transportés que par envoi en valeur déclarée ou par colis recommandé.

Le montant des envois à valeur déclarée relevant de l'offre de service universel postal doit être conforme au seuil fixé par l'arrêté prévu à l'article R. 1.

La valeur des objets insérés dans un envoi recommandé ou dans un envoi faisant l'objet de formalités attestant leur dépôt et leur distribution ne doit pas dépasser le niveau de garantie choisi par l'expéditeur lors du dépôt de l'envoi.

Régulation des activités postales

Art. L. 5-7-1 *(L. n° 2010-123 du 9 févr. 2010, art. 27, en vigueur le 1er janv. 2011)* **L'Autorité de régulation des communications électroniques et des postes traite les réclamations des usagers des services postaux qui n'ont pu être satisfaites dans le cadre des procédures mises en place par les prestataires de services postaux autorisés.**

Régime de responsabilité applicable aux services postaux

Art. L. 7 *(L. n° 2005-516 du 20 mai 2005, art. 19)* **La responsabilité des prestataires de services postaux au sens de l'article L. 1 est engagée dans les conditions prévues par les** *(Ord. n° 2016-131 du 10 févr. 2016, art. 6-XI, en vigueur le 1er oct. 2016)* **« articles 1103, 1104, 1193 et suivants, et 1240 et suivants** *[ancienne rédaction : articles 1134 et suivants et 1382 et suivants]* **» du code civil à raison des pertes et avaries survenues lors de la prestation.**

Toutefois, cette responsabilité tient compte des caractéristiques des envois et des tarifs d'affranchissement selon des modalités fixées par un décret en Conseil d'État qui détermine des plafonds d'indemnisation. — *V. CPCE, art. R. 2-1 s.*

1. Indemnisation forfaitaire. Pour condamner La Poste à payer à une banque les sommes résultant de retraits frauduleux effectués suite à l'envoi d'une carte bancaire par lettre recommandée AR qui n'est jamais parvenue à son destinataire, l'arrêt retient que les règles d'indemnisation fixées par le CPCE sont censées assurer la réparation forfaitaire du coût de l'objet lui-même et non les conséquences d'une utilisation dommageable de cet objet. En statuant ainsi, alors que l'indemnisation forfaitaire prévue par la réglementation répare l'entier préjudice subi, la cour d'appel a violé l'art. 8 CPCE. • Civ. 1re, 18 févr. 2009 : *Bull. civ. I, n° 35 ; JCP 2009. IV. 1487 ; CCC 2009, n° 122, obs. Leveneur ; RD banc. fin. 2009, n° 112, obs. Crédot et Samin ; RJDA 2009, n° 540 ; RDC 2009. 1047, obs. Carval.*

2. Faute lourde. Les dispositions exonératoires de responsabilité telles qu'elles étaient prévues par l'art. 10 CPCE dans sa rédaction applicable en la cause ne s'appliquent pas dans le cas où La Poste a commis une faute lourde dans l'exécution de sa mission. • Com. 7 sept. 2010 : *Bull. civ. IV, n° 133 ; D. 2010. Actu. 2515, obs. Delpech ; JCP 2010, n° 998, note Delebecque ; CCC 2010, n° 269 ; RJDA 2011, n° 37.*

Art. L. 8 *(L. n° 2005-516 du 20 mai 2005, art. 19)* **Pour les dommages directs causés par le retard dans la distribution d'un envoi postal, la responsabilité des prestataires des services postaux au sens de l'article L. 1 est engagée dans les conditions prévues par les** *(Ord. n° 2016-131 du 10 févr. 2016, art. 6-XI, en vigueur le 1er oct. 2016)* **« articles 1103, 1104, 1193 et suivants, et 1240 et suivants** *[ancienne rédaction : articles 1134 et suivants et 1382 et suivants]* **» du code civil, si le prestataire a souscrit un engagement portant sur le délai d'acheminement de cet envoi postal.**

Toutefois, cette responsabilité tient compte des caractéristiques des envois et des tarifs d'affranchissement selon des modalités fixées par un décret en Conseil d'État qui détermine des plafonds d'indemnisation. – *V. CPCE, art. R. 2-4.*

Art. L. 9 *(L. nº 2005-516 du 20 mai 2005, art. 19)* Par voie de marquage, d'étiquetage, d'affichage ou par tout autre procédé visible approprié, les prestataires de services postaux informent les utilisateurs d'envois postaux sur les tarifs, les limitations éventuelles de la responsabilité contractuelle, le délai d'un an durant lequel toutes réclamations sont recevables et les conditions particulières de la vente, selon des modalités fixées par arrêté du ministre chargé de l'économie et du ministre chargé des postes, après consultation du Conseil national de la consommation.

Art. L. 10 *(L. nº 2005-516 du 20 mai 2005, art. 19)* Les actions en responsabilité pour avaries, pertes ou retards engagées au titre des articles L. 7 et L. 8 sont prescrites dans le délai d'un an à compter du lendemain du jour du dépôt de l'envoi.

Art. L. 11 *(L. nº 2005-516 du 20 mai 2005, art. 12-VI et 27-4º)* La prescription est acquise au profit du prestataire du service universel et des titulaires de l'autorisation prévue à l'article L. 3 pour toute demande en restitution du prix de leurs prestations présentée après un délai d'un an à compter du jour de paiement.

La prescription est acquise au profit de l'utilisateur pour les sommes dues en paiement des prestations du prestataire du service universel et des titulaires de l'autorisation prévue à l'article L. 3 lorsque ceux-ci ne les ont pas réclamées dans un délai d'un an à compter de la date de leur exigibilité.

....

Art. R. 2-1 *(Décr. nº 2006-1020 du 11 août 2006, art. 1er)* Les indemnités susceptibles, en application de l'article L. 7, d'être mises à la charge des prestataires de services postaux du fait de la perte ou de l'avarie des envois postaux, autres que les colis, qui leur ont été confiés, ne peuvent excéder :

1º Pour les envois ordinaires, une somme égale à deux fois le tarif d'affranchissement ;

2º Pour les envois bénéficiant, à la demande de l'expéditeur, d'un procédé de suivi entre leur dépôt dans le réseau du prestataire et leur distribution, une somme égale à trois fois le tarif d'affranchissement ;

3º Pour les envois faisant l'objet, selon les modalités fixées par arrêté du ministre chargé des postes, de formalités attestant leur dépôt et leur distribution, la somme de 16 € ; – *V. Arr. du 7 févr. 2007, infra.*

4º Pour les envois comportant des valeurs déclarées, le montant déclaré.

Art. R. 2-2 *(Décr. nº 2006-1020 du 11 août 2006, art. 1er)* Les indemnités susceptibles, en application de l'article L. 7, d'être mises à la charge des prestataires de services postaux du fait de la perte ou de l'avarie des colis postaux qui leur ont été confiés ne peuvent excéder 23 € par kilogramme de poids brut de marchandises manquantes ou avariées ; le poids brut s'entend du poids des marchandises augmenté de celui de leur emballage.

Art. R. 2-3 *(Décr. nº 2006-1020 du 11 août 2006, art. 1er)* Est considéré comme perdu un envoi postal qui n'a pas été distribué à son destinataire dans un délai de quarante jours à compter de la date de son dépôt dans le réseau du prestataire.

Art. R. 2-4 *(Décr. nº 2006-1020 du 11 août 2006, art. 1er)* Les indemnités susceptibles, en application de l'article L. 8, d'être mises à la charge des prestataires de services postaux du fait du retard dans la distribution des envois postaux qui leur ont été confiés ne peuvent excéder le montant du tarif d'affranchissement.

Art. R. 2-5 *(Décr. nº 2006-1020 du 11 août 2006, art. 1er)* Les règles d'indemnisation fixées au présent titre s'appliquent à défaut de stipulations plus favorables prévues par les conditions générales de vente ou par les contrats conclus entre prestataires et expéditeurs.

Les télécommunications

Annuaires et services de renseignements

Art. L. 34 *(L. nº 2004-669 du 9 juill. 2004, art. 9)* La publication des listes d'abonnés ou d'utilisateurs des réseaux ou services de communications électroniques est libre, sous réserve de la protection des droits des personnes.

Parmi les droits garantis figurent ceux pour toute personne d'être mentionnée sur les listes d'abonnés ou d'utilisateurs publiées dans les annuaires ou consultables par l'intermédiaire d'un service de renseignements ou de ne pas l'être, de s'opposer à l'inscription de certaines données la concernant dans la mesure compatible avec les nécessités de la constitution des annuaires et des services de renseignements auxquels ces listes sont destinées, d'être informée préalablement des fins auxquelles sont établis, à partir de ces listes, des annuaires et services de renseignements et des possibilités d'utilisation reposant sur des fonctions de recherche intégrées à leur version électronique, d'interdire que les informations nominatives la concernant soient utilisées dans des opérations commerciales, ainsi que de pouvoir obtenir communication desdites informations nominatives et exiger qu'elles soient rectifiées, complétées, clarifiées, mises à jour ou effacées, dans les conditions prévues aux articles 35 et 36 *[art. 39 et 40]* de la loi n° 78-17 du 6 janvier 1978 relative à l'informatique, aux fichiers et aux libertés.

Le consentement préalable des abonnés à un opérateur de téléphonie mobile est requis pour toute inscription dans les listes d'abonnés ou d'utilisateurs établies par leur opérateur mobile, destinées à être publiées dans les annuaires ou consultables par l'intermédiaire d'un service de renseignements, de données à caractère personnel les concernant.

Sur toute demande présentée en vue d'éditer un annuaire universel ou de fournir un service universel de renseignements, même limitée à une zone géographique déterminée, les opérateurs sont tenus de communiquer, dans des conditions non discriminatoires et à un tarif reflétant les coûts du service rendu, la liste de tous les abonnés ou utilisateurs auxquels ils ont affecté, directement ou par l'intermédiaire d'un distributeur, un ou plusieurs numéros du plan national de numérotation téléphonique prévu à l'article L. 44. Les données communiquées portent soit sur l'ensemble des abonnés et des utilisateurs de l'opérateur, soit sur ceux qui sont domiciliés dans la ou les communes de la zone géographique faisant l'objet de la demande. Un décret en Conseil d'État, pris après avis de la Commission *(L. n° 2016-1321 du 7 oct. 2016, art. 45-I)* « supérieure du numérique et des postes », précise les modalités d'application du présent alinéa.

Les litiges relatifs aux conditions techniques et financières de la fourniture des listes d'abonnés prévue à l'alinéa précédent peuvent être soumis à l'Autorité de régulation des télécommunications et des postes conformément à l'article L. 36-8.

....

Art. R. 10 *(Décr. n° 2003-752 du 1er août 2003)* Toute personne ayant souscrit un abonnement au service téléphonique au public a le droit de figurer gratuitement sur une liste d'abonnés ou d'utilisateurs destinée à être publiée.

Elle peut obtenir gratuitement de l'opérateur auprès duquel elle est abonnée ou *(Décr. n° 2012-436 du 30 mars 2012, art. 5)* « du distributeur de son service » :

1. De ne pas être mentionnée sur les listes d'abonnés ou d'utilisateurs publiées ou susceptibles d'être consultées par les *(Décr. n° 2005-606 du 27 mai 2005)* « services de renseignements » ;

2. Que ces listes ne comportent pas l'adresse complète de son domicile sauf lorsque l'activité professionnelle mentionnée consiste à fournir des biens ou des services aux consommateurs ;

3. Que ces listes ne comportent pas de référence à son sexe, sous réserve d'absence d'homonymie sur la même liste ;

4. Que les données à caractère personnel la concernant issues des listes d'abonnés ou d'utilisateurs ne soient pas utilisées dans des opérations de prospection directe soit par voie postale, soit par voie de télécommunications, sans préjudice des dispositions de l'article *(Décr. n° 2005-606 du 27 mai 2005)* « L. 34-5 », à l'exception des opérations concernant la fourniture du service téléphonique au public et relevant de la relation contractuelle entre l'opérateur et l'abonné.

5. Que ces données ne soient pas mentionnées sur des listes d'abonnés ou d'utilisateurs permettant la recherche inversée de l'identité de l'abonné et de l'utilisateur à partir de son numéro de téléphone.

Les abonnés sont informés par les opérateurs ou leurs distributeurs des droits mentionnés aux alinéas précédents au moment où ils souscrivent leur abonnement. Ces droits peuvent être exercés au moment de la souscription de l'abonnement ou, ultérieurement, à tout moment, auprès de l'opérateur ou du distributeur du service.

(Décr. n° 2005-606 du 27 mai 2005) **« Les abonnés qui bénéficient » des dispositions prévues au 1 ci-dessus bénéficient de plein droit des dispositions du 4.**

(Décr. n° 2005-606 du 27 mai 2005) **« Le consentement préalable des abonnés à un opérateur de téléphonie mobile est requis pour toute inscription de données à caractère personnel les concernant dans les listes d'abonnés ou d'utilisateurs mentionnées au premier alinéa. A défaut, ils bénéficient de plein droit des dispositions du 1 ci-dessus. »**

Les abonnés qui ont opté pour un mode de règlement entièrement prépayé de leurs communications et qui n'ont aucun engagement contractuel de durée avec leur opérateur doivent, pour figurer sur les listes d'abonnés ou d'utilisateurs mentionnées au premier alinéa, formuler une demande auprès de leur opérateur ou distributeur. Ils fournissent à cette fin les renseignements prévus au I de l'article R. 10-3.

(Décr. n° 2005-606 du 27 mai 2005) **« Les opérateurs et leurs distributeurs mettent les abonnés qui ont opté pour un mode de règlement entièrement prépayé de leurs communications et qui n'ont aucun engagement contractuel de durée avec leur opérateur à même de prendre connaissance des informations prévues au premier alinéa du présent article. »**

Art. R. 10-1 *(Abrogé par Décr. n° 2014-1109 du 30 sept. 2014, art. 38) (Décr. n° 2003-752 du 1er août 2003)* ***Le fait d'utiliser, dans des opérations de prospection directe, des données à caractère personnel*** *(Décr. n° 2012-436 du 30 mars 2012, art. 6-I)* ***« relatives à des » personnes ayant exprimé leur opposition, par application des dispositions du 4 de l'article R. 10, quel que soit le mode d'accès à ces données, est puni, pour chaque correspondance ou chaque appel, de l'amende prévue pour les contraventions de la quatrième classe, sans préjudice de l'application du premier alinéa de l'article 226-18 du code pénal.***

La prospection directe des personnes physiques *(Décr. n° 2012-436 du 30 mars 2012, art. 6-II)* ***« , abonnés ou utilisateurs, » en violation des dispositions du premier alinéa de l'article L. 33-4-1 est punie, pour chaque communication, de l'amende prévue pour les contraventions de la quatrième classe, sans préjudice de l'application du premier alinéa de l'article 226-18 du code pénal.***

Décret n° 2005-606 du 27 mai 2005, *relatif aux annuaires et aux services de renseignements et modifiant le code des postes et des communications électroniques.* **Art. 2** Les opérateurs et leurs distributeurs informent les abonnés à la téléphonie fixe qui n'ont pas bénéficié, avant l'entrée en vigueur du présent décret, d'une offre d'insertion dans les listes d'abonnés ou d'utilisateurs destinées à être publiées ou accessibles par un service de renseignements :

— des dispositions prévues à l'article R. 10 du code des postes et des communications électroniques ;

— de la nature des données à caractère personnel mentionnées au I de l'article R. 10-3 du même code et figurant sur ces listes ;

— des dispositions prévues à l'alinéa suivant.

Les abonnés font connaître à leur opérateur ou distributeur, dans un délai de six mois à compter de la réception de l'information, leur refus de figurer sur ces listes. A défaut, ils sont réputés avoir consenti à y être mentionnés. Dans ce cas, les dispositions des 4 et 5 de l'article R. 10 du code des postes et des communications électroniques leur sont applicables de plein droit.

Protection de la vie privée des utilisateurs des réseaux et services de communications électroniques

Art. L. 34-2 *(L. n° 2001-1062 du 15 nov. 2001, art. 29 ; L. n° 2004-669 du 9 juill. 2004, art. 10)* **La prescription est acquise, au profit des opérateurs mentionnés à l'article L. 33-1, pour toutes demandes en restitution du prix de leurs prestations de communications électroniques présentées après un délai d'un an à compter du jour du paiement.**

La prescription est acquise, au profit de l'usager, pour les sommes dues en paiement des prestations de communications électroniques d'un opérateur appartenant aux catégories visées au précédent alinéa lorsque celui-ci ne les a pas réclamées dans un délai d'un an courant à compter de la date de leur exigibilité.

Prescription annale. Les dispositions relatives aux courtes prescriptions sont d'application stricte et ne peuvent être étendues à des cas qu'elles ne visent pas expressément, de sorte que, si la prescription annale des demandes en restitution du prix des prestations de communications électroniques régit la restitution du règlement des frais de résiliation du contrat, elle est sans application aux demandes en réparation des préjudices attribués à la résiliation prématurée de ce contrat et à l'utilisation frauduleuse de la carte bancaire de l'abonné. • Civ. 1re, 9 juill. 2015, n° 14-21.241 P : *Dalloz actualité, 9 sept. 2015, obs. Kilgus; JCP E 2015, n° 1431; RJDA 2015, n° 800.* ♦ Une demande d'indemnisation pour non-respect de la fourniture des capacités de transmission n'est pas concernée par la prescription annale applicable aux demandes en restitution du prix payé pour des prestations de communications électroniques. • Civ. 1re, 10 sept. 2015, n° 14-16.599 P : *Dalloz actualité, 23 sept. 2015, obs. Kilgus; D. 2015. Actu. 1838; JCP E 2015, n° 1478; RDC 2016. 243, obs. Danis-Fatôme.*

Art. L. 34-5 *(Ord. n° 2011-1012 du 24 août 2011, art. 8)* **« Est interdite la prospection directe au moyen de** *(L. n° 2014-344 du 17 mars 2014, art. 115)* **« système automatisé** *[systèmes automatisés]* **de communications électroniques au sens du 6° de l'article L. 32 », d'un télécopieur ou de courriers électroniques utilisant les coordonnées d'une personne physique, abonné ou utilisateur, qui n'a pas exprimé préalablement son consentement à recevoir des prospections directes par ce moyen. »**

(L. n° 2004-575 du 21 juin 2004, art. 22-I) **Pour l'application du présent article, on entend par consentement toute manifestation de volonté libre, spécifique et informée par laquelle une personne accepte que des données à caractère personnel la concernant soient utilisées à fin de prospection directe.**

Constitue une prospection directe l'envoi de tout message destiné à promouvoir, directement ou indirectement, des biens, des services ou l'image d'une personne vendant des biens ou fournissant des services. *(L. n° 2014-344 du 17 mars 2014, art. 115)* **« Pour l'application du présent article, les appels et messages ayant pour objet d'inciter l'utilisateur ou l'abonné à appeler un numéro surtaxé ou à envoyer un message textuel surtaxé relèvent également de la prospection directe. »**

Toutefois, la prospection directe par courrier électronique est autorisée si les coordonnées du destinataire ont été recueillies *(Abrogé par Ord. n° 2011-1012 du 24 août 2011, art. 8-II) « directement »* **auprès de lui, dans le respect des dispositions de la loi n° 78-17 du 6 janvier 1978 relative à l'informatique, aux fichiers et aux libertés, à l'occasion d'une vente ou d'une prestation de services, si la prospection directe concerne des produits ou services analogues fournis par la même personne physique ou morale, et si le destinataire se voit offrir, de manière expresse et dénuée d'ambiguïté, la possibilité de s'opposer, sans frais, hormis ceux liés à la transmission du refus, et de manière simple, à l'utilisation de ses coordonnées** *(Ord. n° 2011-1012 du 24 août 2011, art. 8-II)* **« au moment où elles » sont recueillies et chaque fois qu'un courrier électronique de prospection lui est adressé** *(Ord. n° 2011-1012 du 24 août 2011, art. 8-II)* **« au cas où il n'aurait pas refusé d'emblée une telle exploitation ».**

Dans tous les cas, il est interdit d'émettre, à des fins de prospection directe, des messages au moyen *(L. n° 2014-344 du 17 mars 2014, art. 115)* **« de système automatisé** *[systèmes automatisés]* **de communications électroniques au sens du 6° de l'article L. 32 », télécopieurs et courriers électroniques, sans indiquer de coordonnées valables auxquelles le destinataire puisse utilement transmettre une demande tendant à obtenir que ces communications cessent sans frais autres que ceux liés à la transmission de celle-ci. Il est également interdit de dissimuler l'identité de la personne pour le compte de laquelle la communication est émise et de mentionner un objet sans rapport avec la prestation ou le service proposé.**

La Commission nationale de l'informatique et des libertés veille, pour ce qui concerne la prospection directe utilisant les coordonnées *(Ord. n° 2011-1012 du 24 août 2011, art. 8-IV)* **« d'un abonné ou » d'une personne physique, au respect des dispositions du présent article en utilisant les compétences qui lui sont reconnues par la loi n° 78-17 du 6 janvier 1978 précitée. A cette fin, elle peut notamment recevoir, par tous moyens, les plaintes relatives aux** *(L. n° 2014-344 du 17 mars 2014, art. 115)* **« manquements » aux dispositions du présent article.**

(Ord. n° 2016-301 du 14 mars 2016, art. 13, en vigueur le 1er juill. 2016) **« Les manquements aux dispositions du présent article sont recherchés et constatés par les agents mentionnés aux articles L. 511-3 et L. 511-21 du code de la consommation, dans les conditions prévues à l'article L. 511-5 du même code. »**

(L. n° 2014-344 du 17 mars 2014, art. 115) **« Sous réserve qu'il n'ait pas été fait application de l'article L. 36-11 et en vue d'assurer la protection du consommateur, les manquements au présent article sont sanctionnés par une amende administrative, prononcée par l'auto-**

rité administrative chargée de la concurrence et de la consommation dans les conditions prévues *(Ord. nº 2016-301 du 14 mars 2016, art. 13, en vigueur le 1er juill. 2016)* **« au chapitre II du titre II du livre V » du code de la consommation, dont le montant ne peut excéder 3 000 € pour une personne physique et 15 000 € pour une personne morale.**

« Lorsque l'autorité mentionnée au huitième alinéa du présent article a prononcé une amende administrative en application du même présent article, l'autorité mentionnée à l'article L. 36-11 veille, si elle prononce à son tour une sanction, à ce que le montant global des sanctions prononcées contre la même personne à raison des mêmes faits n'excède pas le maximum légal le plus élevé. »

Un décret en Conseil d'État précise en tant que de besoin les conditions d'application du présent article, notamment eu égard aux différentes technologies utilisées.

BIBL. ▶ DAUTIEU, *Gaz. Pal. 2003. 3327* (le nouveau régime juridique applicable à la prospection directe opérée par voie électronique).

Consentement exprès. Le consentement spécifique exigé par les dispositions de l'art. L. 34-5 ne peut résulter que du consentement exprès de l'utilisateur, donné en toute connaissance de cause et après une information adéquate sur l'usage qui sera fait de ses données personnelles. Alors même que l'information serait suffisante et les conditions générales d'utilisation claires et explicites, le consentement donné à ces dernières pour l'ensemble des finalités d'un traitement, dont l'usage des données personnelles de l'utilisateur, ne saurait être regardé comme valant consentement spécifique, au sens et pour l'application de l'art. L. 34-5. • CE 11 mars 2015, nº 368624 : *AJDA 2015. 1112, concl. Bretonneau ; RJDA 2015, nº 606 ; CCE 2015, nº 46, obs. Debet.*

Obligations de service public

Art. L. 35-1 *(L. nº 2003-1365 du 31 déc. 2003)* **Le service universel des télécommunications fournit à tous :**

1º *(Ord. nº 2011-1012 du 24 août 2011, art. 11)* **« Un raccordement à un réseau fixe ouvert au public et un service téléphonique de qualité à un prix abordable. Ce raccordement au réseau permet » l'acheminement des communications téléphoniques, des communications par télécopie et des communications de données à des débits suffisants pour permettre l'accès à internet, en provenance ou à destination des points d'abonnement, ainsi que l'acheminement gratuit des appels d'urgence.**

Les conditions tarifaires incluent le maintien, pendant une année, en cas de défaut de paiement, d'un service restreint comportant la possibilité de recevoir des appels ainsi que d'acheminer des appels téléphoniques aux services gratuits ou aux services d'urgence au bénéfice du débiteur saisi en application de la *(Ord. nº 2011-1895 du 19 déc. 2011, art. 3, en vigueur le 1er juin 2012)* **« partie législative du code des procédures civiles d'exécution** *[ancienne rédaction : loi nº 91-650 du 9 juillet 1991 portant réforme des procédures civiles d'exécution]* **» et du débiteur qui fait l'objet de mesures prévues aux articles** *(Ord. nº 2016-301 du 14 mars 2016, art. 2, en vigueur le 1er juill. 2016)* **« L. 711-1 » et suivants du code de la consommation.**

Toute personne obtient, sur sa demande, l'abonnement au service d'un opérateur chargé du service universel dans les conditions prévues par le présent code. Le propriétaire d'un immeuble ou son mandataire ne peut s'opposer à l'installation de la ligne d'abonné demandée par son locataire ou occupant de bonne foi ;

2º Un service de renseignements et un annuaire d'abonnés, sous formes imprimée *(L. nº 2015-990 du 6 août 2015, art. 129-III)* **« ou électronique », conformément aux dispositions de l'article L. 35-4 ;**

(Abrogé par L. nº 2015-990 du 6 août 2015, art. 129-III) ***« 3º L'accès à des cabines téléphoniques publiques installées sur le domaine public*** *(Ord. nº 2011-1012 du 24 août 2011, art. 11)* ***« ou à d'autres points d'accès au service téléphonique au public » ; »***

4º Des mesures particulières en faveur des utilisateurs finaux handicapés afin d'assurer, d'une part, un accès aux services mentionnés aux 1º *(L. nº 2015-990 du 6 août 2015, art. 129-III)* **« et 2º » qui soit équivalent à l'accès dont bénéficient les autres utilisateurs finaux et, d'autre part, le caractère abordable de ces services.**

Le service universel est fourni dans des conditions tarifaires et techniques prenant en compte les difficultés particulières rencontrées dans l'accès au service téléphonique par certaines catégories de personnes, en raison notamment de leur niveau de revenu et en proscrivant toute discrimination fondée sur la localisation géographique de l'utilisateur.

Un décret en Conseil d'État, pris après avis de la Commission *(L. n° 2016-1321 du 7 oct. 2016, art. 45-I)* « supérieure du numérique et des postes », précise les modalités d'application du présent article et le contenu de chacune des composantes du service universel. — *V. CPCE, art. R. 20-30 à R. 20-30-12, issus du Décr. n° 2004-1222 du 17 nov. 2004 (JO 19 nov.).*

....

Art. L. 35-4 *(Ord. n° 2001-670 du 25 juill. 2001, art. 19)* Au moyen d'un annuaire universel, présenté sous forme imprimée *(L. n° 2015-990 du 6 août 2015, art. 129-III)* « ou électronique », et d'un service universel de renseignements, le public a accès, sous réserve de la protection des droits des personnes, aux noms ou raisons sociales, aux numéros téléphoniques et aux adresses de tous les abonnés aux réseaux ouverts au public, ainsi qu'à la mention de leur profession pour ceux qui le souhaitent. Il peut avoir accès, sous cette même réserve, aux adresses électroniques des abonnés qui le souhaitent.

Tout annuaire universel doit respecter des modalités de présentation et des caractéristiques techniques fixées par voie réglementaire. Toute personne qui édite un annuaire universel ou fournit un service universel de renseignements traite et présente de façon non discriminatoire les informations qui lui sont communiquées à cette fin.

Al. 3 abrogé par L. n° 2003-1365 du 31 déc. 2003.

Un décret en Conseil d'État, pris après avis de la Commission *(L. n° 2016-1321 du 7 oct. 2016, art. 45-I)* « supérieure du numérique et des postes », détermine les modalités d'application du présent article. Il précise notamment les garanties à mettre en œuvre pour assurer la confidentialité des données, compte tenu des intérêts commerciaux des opérateurs, et la protection de la vie privée. — *V. CPCE, art. R. 10 s.*

Numérotation et adressage

Art. L. 44 *(L. n° 2004-669 du 9 juill. 2004, art. 24) (L. n° 2006-1771 du 30 déc. 2006, art. 7-II)* « I. — » ....

(L. n° 2008-3 du 3 janv. 2008, art. 16-II) « L'autorité identifie, au sein du plan national de numérotation téléphonique, la liste des numéros ou blocs de numéros pouvant être surtaxés. *(Ord. n° 2011-1012 du 24 août 2011, art. 27)* « Elle peut fixer les principes de tarification et les prix maximaux applicables à ces numéros. » Les numéros ou blocs de numéros qui ne figurent pas sur cette liste ne sont pas surtaxés. »

....

Les opérateurs sont tenus de proposer à un tarif raisonnable à leurs abonnés les offres permettant à ces derniers de conserver leur numéro géographique lorsqu'ils changent d'opérateur sans changer d'implantation géographique et de conserver leur numéro non géographique, fixe ou mobile, lorsqu'ils changent d'opérateur tout en demeurant en métropole, dans un même département d'outre-mer, à Mayotte ou à Saint-Pierre-et-Miquelon. Les opérateurs prévoient les dispositions nécessaires dans les conventions d'accès et d'interconnexion, à des tarifs reflétant les coûts correspondants.

(Ord. n° 2011-1012 du 24 août 2011, art. 27) « Les offres mentionnées à l'alinéa précédent doivent permettre à l'abonné qui le demande de changer d'opérateur tout en conservant son numéro. La demande de conservation du numéro, adressée par l'abonné à l'opérateur auprès duquel il souscrit un nouveau contrat, est transmise par ce dernier à l'opérateur de l'abonné. Le délai de portage est d'un jour ouvrable, sous réserve de la disponibilité de l'accès, sauf demande expresse de l'abonné. Sans préjudice des dispositions contractuelles relatives aux durées minimales d'engagement, le portage effectif du numéro entraîne de manière concomitante la résiliation du contrat qui lie cet opérateur à l'abonné. — *En vigueur le 1er janv. 2012.*

« Tout retard ou abus dans la prestation de conservation du numéro donne lieu à indemnisation de l'abonné. »

(L. n° 2005-882 du 2 août 2005, art. 59) « Un décret, pris après avis de l'Autorité de régulation des communications électroniques et des postes, de la Commission *(L. n° 2016-1321 du 7 oct. 2016, art. 45-I)* « supérieure du numérique et des postes » et du Conseil national de la consommation, précise les modalités d'application des deux alinéas précédents. » — *V. CPCE, art. D. 406-18 et D. 406-19, issus de Décr. n° 2006-82 du 27 janv. 2006 (JO 28 janv.).*

(L. n° 2006-1771 du 30 déc. 2006, art. 7-II) « II. — » ....

V. Avis du Conseil national de la consommation du 13 janv. 2006 sur le décret relatif à la conservation du numéro (BOCC 4 août 2006).

BIBL. ▶ FORSTER et CAVEDON, *Gaz. Pal. 2007. 3083* (la portabilité des numéros mobiles).

Art. L. 44-1 *(L. n° 2009-1572 du 17 déc. 2009, art. 30-I)* **Les fournisseurs d'accès à internet qui attribuent à leurs clients une adresse de courrier électronique dans le cadre de leur offre sont tenus de proposer à ces derniers, lorsqu'ils changent de fournisseur, une offre leur permettant de continuer, pour une durée de six mois à compter de la résiliation, à avoir accès gratuitement au courrier électronique reçu sur l'adresse électronique attribuée sous son nom de domaine par ledit fournisseur d'accès à internet.**

Les dispositions de l'art. L. 44-1 s'appliquent aux contrats en cours à la date de promulgation de la L. n° 2009-1572 du 17 déc. 2009 (L. préc., art. 30-II).

Décret n° 94-946 du 31 octobre 1994,

Relatif au prix de la prestation de service téléphonique fixe perçu par certains établissements qui mettent des installations téléphoniques à la disposition du public.

Art. 1er **Dans les établissements relevant de l'article 3** *[CASF, art. L. 312-1]* **de la loi du 30 juin 1975 susvisée** *[n° 75-535 relative aux institutions sociales et médico-sociales]* **ou de l'article L. 710-2** *[art. L. 1112-1]* **du code de la santé publique, le prix de la prestation de service téléphonique fixe comporte au plus deux éléments :**

1. Un forfait correspondant à la mise à disposition à titre privatif de l'installation et du terminal permettant d'accéder au service téléphonique entre points fixes ;

2. La refacturation des unités téléphoniques consommées majorée au plus de 30 p. 100.

Art. 2 **Le forfait mentionné à l'article 1er est exigible pour la mise à disposition des installations et du terminal téléphonique. Il couvre les seules prestations de service téléphonique fixe.**

Art. 3 **Le ministre chargé de l'économie fixe, après consultation du ministre chargé des affaires sociales et du ministre chargé de la santé, et en fonction du prix moyen de l'abonnement au service téléphonique, de l'indice des salaires et de l'indice de prix des services informatiques, le montant maximal du forfait mentionné aux articles précédents.**

Arrêté du 31 octobre 1994,

Relatif à l'information des consommateurs sur les tarifs appliqués par les personnes qui mettent à la disposition de leur clientèle des installations permettant d'accéder à des services de télécommunication.

Art. 1er **Les personnes qui mettent à la disposition de leur clientèle des installations permettant d'accéder à des services de télécommunication sont tenues, préalablement à cette mise à disposition, d'informer les utilisateurs :**

– des conditions, notamment tarifaires, d'utilisation de ces installations ;

– de l'identité de la personne responsable dans l'établissement où se trouve l'équipement terminal et auprès de laquelle les utilisateurs peuvent adresser d'éventuelles réclamations.

Art. 2 **Doivent être affichés de manière lisible et visible, à proximité immédiate de chaque installation, pour chacune des prestations offertes :**

– le prix TTC de l'éventuel forfait de mise à disposition ;

– le prix TTC de l'unité de base servant au calcul du montant de la prestation ; lorsque cette unité est une durée, le prix est affiché selon la cadence fixée par l'opérateur public en heures pleines ; lorsque le prix dépend de la destination, il est affiché en distinguant les destinations locales, grande distance et internationales ;

– l'existence d'éventuelles réductions ou majorations, notamment en fonction du moment ou de la durée de la communication ;

– la mention de la gratuité de l'acheminement par France Télécom des appels destinés aux services actuellement desservis par les numéros 15, 17 et 18.

Les canevas indicatifs joints en annexe peuvent être utilisés.

Art. 3 **1. Lorsque des établissements visés à l'article 1er du décret du 31 octobre 1994 susvisé** *[n° 94-946, supra]* **mettent à la disposition de leur clientèle, à titre privatif, des installations permettant d'accéder à des services de télécommunication, ils doivent délivrer une note qui, outre la date, le nom et l'adresse de l'établissement, doit comporter :**

– le montant du forfait de mise à disposition ;

— si le poste n'est pas un poste à encaissement automatique, le prix de chaque communication.

2. Dans tous les autres cas, sauf si le poste est à encaissement automatique, les dispositions réglementaires relatives à la délivrance de notes prévues à l'arrêté du 3 octobre 1983 s'appliquent.

ANNEXE

CANEVAS INDICATIF POUR L'INFORMATION DES CONSOMMATEURS DANS LES ÉTABLISSEMENTS NON VISÉS PAR L'ARTICLE 1ᵉʳ DU DÉCRET (INSTALLATIONS SITUÉES EN FRANCE MÉTROPOLITAINE)

Les rubriques I-1, II-1 et III doivent obligatoirement figurer dans l'information donnée aux consommateurs.

I. Tarif général des communications téléphoniques

1. Le prix des communications est calculé par montant indivisible égal à,...€ TTC, pour des durées fixées en heure pleine comme suit selon les zones de destination (voir la carte et la liste de pays étrangers) :

3 minutes pour les communications locales ;

24 secondes à 2 minutes pour les communications de voisinage ;

19 secondes pour les communications grande distance ;

7,1 à 12 secondes pour les communications vers le reste de l'Union européenne ;

2,5 à 12 secondes pour les communications vers le reste du monde.

2. Pour les communications nationales, les durées ci-dessus sont allongées selon les périodes d'application figurant dans le tableau suivant :

	6 h – 8 h	**8 h – 12 h 30**	**12 h 30 – 13 h 30**	**13 h 30 – 18 h**	**18 h – 21 h 30**	**21 h 30 – 22 h 30**	**22 h 30 – 6 h**
Lundi au vendredi	50 %	–	33 %	–	33 %	50 %	67 %
Samedi	50 %	–	33 %	50 %	50 %	50 %	67 %
Dimanche et fêtes légales	50 %	50 %	50 %	50 %	50 %	50 %	67 %

II. Tarifs particuliers

1. Les appels destinés aux services desservis par les numéros 15 (SAMU), 17 (police) et 18 (pompiers) sont acheminés gratuitement par France Télécom.

2. Les autres communications acheminées par France Télécom sans que l'abonné ait à supporter aucun droit (communications à destination d'un « numéro vert », communications établies avec une carte France Télécom ou un système équivalent) sont tarifées comme suit ...

III. Renseignements

Pour toute information ou réclamation sur l'utilisation des moyens de télécommunication mis à disposition, vous pouvez vous adresser dans cet établissement à ... (téléphone : ...).

Liste de tarifs internationaux

	Secondes
Allemagne	12
Autriche	7,1
Belgique	12
Canada	6,6
Danemark (et îles Féroé)	10
Espagne (et Canaries)	12
États-Unis	6,6

	Secondes
Finlande	7,1
Gibraltar	7,1
Grèce	10
Irlande	10
Italie, Saint-Marin	12
Japon	3,4
Luxembourg	12
Norvège	7,1
Pays-Bas	12
Portugal (et Açores, Madère)	10
Royaume-Uni (et Jersey)	12
Suède	7,1
Suisse, Liechtenstein	12
Territoires français d'outre-mer	2,5

CANEVAS INDICATIF POUR L'INFORMATION DES CONSOMMATEURS DANS LES ÉTABLISSEMENTS NON VISÉS PAR L'ARTICLE 1er DU DÉCRET (INSTALLATIONS SITUÉES EN FRANCE MÉTROPOLITAINE)

Les rubriques I-1 et III doivent obligatoirement figurer dans l'information donnée aux consommateurs.

I. Tarif général des télécopies

1. Le prix d'envoi des télécopies en heure pleine dépend comme suit de la destination (voir la carte et la liste de pays étrangers) :

,... € TTC par page pour les communications locales ;

,... à, ... € TTC par page pour les communications de voisinage ;

,... € TTC par page pour les communications grande distance ;

,... à, ... € TTC par page pour les communications vers le reste de l'Union européenne ;

,... à, ... € TTC par page pour les communications vers le reste du monde.

2. Pour les communications nationales, les prix d'envoi ci-dessus sont réduits, selon les périodes d'application figurant dans le tableau suivant :

	6 h – 8 h	8 h – 12 h 30	12 h 30 – 13 h 30	13 h 30 – 18 h	18 h – 21 h 30	21 h 30 – 22 h 30	22 h 30 – 6 h
Lundi au vendredi	50 %	–	33 %	–	33 %	50 %	67 %
Samedi	50 %	–	33 %	50 %	50 %	50 %	67 %
Dimanche et fêtes légales	50 %	50 %	50 %	50 %	50 %	50 %	67 %

3. Le prix de réception des télécopies est de ...,.. € TTC par page, ou la réception des télécopies est gratuite.

II. Tarifs particuliers

Les télécopies acheminées par France Télécom sans que l'abonné ait à supporter aucun droit (communications à destination d'un « numéro vert », communications établies avec une carte France Télécom ou un système équivalent...) sont tarifées comme suit...

III. Renseignements

Pour toute information ou réclamation sur l'utilisation des moyens de télécommunication mis à disposition, vous pouvez vous adresser dans cet établissement à ... (téléphone : ...).

V. Délibération n° 94-112 du 20 déc. 1994 de la Commission nationale de l'informatique et des libertés portant adoption d'une norme simplifiée concernant les traitements automatisés d'informations nominatives mis en œuvre à l'aide d'autocommutateurs téléphoniques desservant des postes téléphoniques mis à la disposition de la clientèle contre facturation (norme simplifiée n° 39) (JO 3 janv. 1995).

Arrêté du 8 octobre 2003,

Relatif à l'information des consommateurs sur les équipements terminaux radioélectriques pris en application de l'article R. 20-10 du code des postes et des communications électroniques.

Art. 1er Le débit d'absorption spécifique (DAS) local dans la tête figure de façon lisible et visible dans la notice d'emploi des équipements terminaux radioélectriques destinés à être utilisés en France.

On entend par « débit d'absorption spécifique de l'énergie (DAS) » le débit avec lequel l'énergie produite par un équipement est absorbée par une unité de masse du tissu du corps et exprimée en watts par kilogramme (W/kg), mesuré sur l'ensemble du corps ou sur une de ses parties (CPCE, art. R. 9, § 4, issu de Décr. n° 2003-961 du 8 oct. 2003, JO 9 oct.).

Art. 2 Des informations conformes à celles mentionnées à l'annexe au présent arrêté figurent, sous une rubrique intitulée "Précautions d'usage de l'appareil", dans la notice d'emploi ou dans une notice jointe à la notice d'emploi des équipements terminaux radioélectriques destinés à être utilisés en France. La forme rédactionnelle de ces informations est laissée à l'initiative du fabricant ou de la personne responsable de la mise sur le marché des équipements.

ANNEXE

TYPES D'INFORMATIONS DEVANT FIGURER SOUS LA RUBRIQUE « PRÉCAUTIONS D'USAGE DE L'APPAREIL »

A. — Mesures touchant à la sécurité des personnes utilisatrices ou non

Non-utilisation du téléphone mobile dans certaines situations (en conduisant) et certains lieux (les avions, les hôpitaux, les stations-service et les garages professionnels).

Précautions à prendre par les porteurs d'implants électroniques (stimulateurs cardiaques, pompes à insuline, neurostimulateurs...) concernant notamment la distance entre le téléphone mobile et l'implant (15 centimètres) et la position du téléphone, lors de l'appel, sur le côté opposé à l'implant.

B. — Conseils d'utilisation pour réduire le niveau d'exposition du consommateur aux rayonnements (il sera précisé que ces conseils sont donnés par simple mesure de prudence, aucun danger lié à l'utilisation d'un téléphone mobile n'ayant été constaté)

Recommandation de l'utilisation du téléphone mobile dans de bonnes conditions de réception, pour diminuer la quantité de rayonnements reçus (notamment dans un parking souterrain, lors de déplacements en train ou en voiture...).

Indication des paramètres de bonne réception (ex. : affichage sur l'écran du téléphone de quatre ou cinq barrettes).

Recommandation d'utilisation d'un kit mains libres et, dans cette situation, précautions à prendre lors d'une communication : éloignement du téléphone du ventre pour les femmes enceintes ou du bas ventre pour les adolescents.

Arrêté du 16 mars 2006,

Relatif à l'information sur les prix des services d'assistance des fournisseurs de services de communications électroniques.

Art. 1er Tout fournisseur de services de communications électroniques doit informer le consommateur sur le prix éventuellement facturé pour tout appel téléphonique vers son service d'assistance technique, son service après-vente ou son service de réclamations.

L'information porte sur le tarif global de la prestation sollicitée et de la communication téléphonique susceptible d'être facturée.

Lorsque le prix mentionné n'inclut pas celui de la communication téléphonique, le fournisseur de services en informe le consommateur. Dans ce cas, il précise distinctement le prix de la communication téléphonique ou, à défaut, les conditions dans lesquelles ce prix peut être obtenu par le consommateur.

Art. 2 L'information mentionnée à l'article 1er doit être communiquée par écrit dans le contrat, sur les factures et sur les documents d'information précontractuelle.

Cette information doit en outre être communiquée en début d'appel, accompagnée d'une information sur le temps d'attente prévisible.

Art. 3 Les dispositions du présent arrêté sont applicables dans un délai de neuf mois à compter de la date de sa publication.

V. Avis CNC du 15 mars 2006 (BOCC 4 août 2006).

Décision ARCEP n° 2006-0381 du 30 mars 2006,

Précisant les modalités d'application de la portabilité des numéros mobiles en métropole.

CHAPITRE PREMIER *Définitions*

Art. 1er *(Définitions)* Pour l'application de la présente décision, on entend par :

1° *Numéro mobile* : numéro non géographique de la forme 06ABPQMCDU utilisé pour la fourniture d'un service de communications interpersonnelles mobiles, tel que défini par la décision n° 2005-1085 du 15 décembre 2005 susvisée de l'Autorité ;

2° *Opérateur mobile* : personne physique ou morale exploitant un réseau de communications électroniques ouvert au public ou fournissant au public un service de communications électroniques attributaire de numéros mobiles métropolitains ou bénéficiant d'une mise à disposition de tels numéros ;

3° *Abonné mobile* : personne physique ou morale utilisant le service fourni par un opérateur mobile et à laquelle a été affecté un numéro mobile ;

4° *Offre mobile entreprise* : toute offre de services mobiles non accessible à une autre entité que les entreprises, associations ou entités publiques ;

5° *Abonné mobile identifié par un SIREN* : tout abonné dont le code SIREN a été enregistré par l'opérateur mobile dans sa base de données des abonnés ;

6° *Abonné mobile entreprise* : tout abonné ayant souscrit à une offre mobile entreprise ainsi que tout abonné mobile identifié par un "SIREN" ;

7° *Abonné mobile grand public* : abonné ne répondant pas à la définition de l'abonné mobile entreprise ;

8° *Portabilité ou conservation d'un numéro mobile* : droit pour un abonné, lorsqu'il change d'opérateur mobile, de conserver son numéro auprès de son nouvel opérateur mobile ;

9° *Portage du numéro* : opération par laquelle l'opérateur donneur désactive le numéro dans son système d'information, l'opérateur receveur active le même numéro dans son propre système d'information et l'opérateur attributaire prend acte de ce transfert et met à jour son propre système d'information ;

10° *Numéro mobile actif* : tout numéro mobile affecté à un abonné mobile, y compris lorsque le service fourni fait l'objet d'une suspension temporaire du fait de l'opérateur ou à la demande de l'abonné ;

11° *Numéro mobile inactif* : tout numéro mobile qui n'est pas un numéro mobile actif ;

12° *Relevé d'identité opérateur ("RIO")* : code alphanumérique de 12 caractères attribué par tout opérateur mobile à chaque numéro mobile actif pour les besoins des échanges interopérateurs dans le cadre de la portabilité des numéros mobiles en métropole.

Redevance de portabilité. L'art. 30, § 2, de la Dir. 2002/22/CE du 7 mars 2002, concernant le *service universel et les droits des utilisateurs au regard des réseaux et services de communications électroniques*, doit être interprété en ce sens que l'autorité réglementaire nationale doit tenir compte des coûts supportés par les opérateurs de réseaux de téléphonie mobile pour la mise en œuvre du service de la portabilité du numéro lorsqu'elle apprécie le caractère dissuasif de la redevance à payer par les consommateurs pour l'utilisation dudit service. Toutefois, elle conserve la faculté d'arrêter le montant maximal de cette redevance exigible par les opérateurs à un niveau inférieur aux coûts supportés par ces derniers, lorsqu'une redevance calculée sur la base de ces seuls coûts est susceptible de dissuader les utilisateurs de faire usage de la facilité de la portabilité. • CJUE 1er juill. 2010 : *D. 2010. Actu. 1790*.

Art. 2 *(Champ d'application)* La présente décision s'applique aux opérateurs de métropole attributaires de numéros mobiles et aux opérateurs de métropole bénéficiant d'une mise à disposition de tels numéros.

CHAPITRE II *Principes généraux*

Art. 3 *(Dispositions générales)* Les opérateurs mobiles mettent à disposition de leurs abonnés les informations, et notamment le relevé d'identité opérateur, nécessaires à l'exercice de leur droit à conserver leur numéro en cas de changement d'opérateur.

La demande de conservation du numéro est adressée par l'abonné à l'opérateur receveur dans les formes précisées par celui-ci. Cette demande ne peut être qu'accessoire à la souscription d'un contrat de service mobile. Elle vaut demande de résiliation du contrat qui lie l'abonné à l'opérateur donneur en ce qui concerne le numéro porté. La résiliation de ce contrat est conditionnée au portage effectif du numéro.

L'opérateur receveur s'assure de la capacité du demandeur à exercer son droit à conserver un numéro mobile. Avant d'accepter la demande, il informe le demandeur des conséquences du portage effectif du numéro et de la possible inéligibilité de sa demande. Il informe également le demandeur de la date prévue pour le portage effectif du numéro. Si l'opérateur donneur informe l'opérateur receveur que la demande est inéligible, celui-ci en informe l'abonné dans les meilleurs délais.

Art. 4 *(Inéligibilité de la demande de conservation du numéro)* I. — L'opérateur receveur ne peut refuser la demande de l'abonné de conservation du numéro que dans les cas suivants :

— incapacité du demandeur : la demande de portage doit être présentée par le titulaire du contrat ou par une personne dûment mandatée par celui-ci ;

— demande incomplète ou contenant des informations erronées : la demande de portage doit notamment comporter le numéro mobile objet de la demande et le relevé d'identité opérateur (RIO) correspondant.

II. — L'opérateur donneur ne peut refuser la demande de portage présentée par l'opérateur receveur au nom de l'abonné que dans les cas suivants :

— données incomplètes ou erronées : la demande de portage doit comporter le numéro mobile objet de la demande et le relevé d'identité opérateur (RIO) correspondant ;

— numéro mobile inactif au jour du portage : la demande de portabilité doit porter sur un numéro actif au jour du portage ;

— numéro mobile faisant déjà l'objet d'une demande de portabilité non encore exécutée.

III. — En cas d'incident technique exceptionnel impliquant un report de l'exécution du portage par rapport à la date prévue initialement, l'éligibilité de la demande n'est pas remise en cause par ce report.

CHAPITRE III *Obligations d'informations à l'abonné*

Art. 5 *(Obligation de mise à disposition d'information aux abonnés)* I. — Les opérateurs mobiles mettent à disposition des abonnés grand public un serveur vocal d'information. Ce serveur vocal d'information spécifique à la portabilité des numéros doit être librement et gratuitement accessible depuis la ligne mobile de l'abonné sans imposer une authentification préalable de l'appelant. Le serveur informe successivement l'appelant :

— le cas échéant, sur la date de fin de la durée minimale d'engagement, lorsque le contrat en vigueur liant l'abonné à l'opérateur mobile inclut une telle clause, et que celle-ci n'est pas échue ;

— le relevé d'identification opérateur ou « RIO » associé au numéro mobile.

Le serveur vocal d'information a pour seul but la mise à disposition des informations précitées. Il ne peut pas, conformément au principe de finalité, être utilisé par les opérateurs pour des actions autres, et notamment de fidélisation de leurs abonnés.

Les opérateurs rendent publics les numéros permettant d'accéder au serveur vocal d'information.

Le message délivré par le serveur vocal d'information est le suivant :

— lorsqu'il existe une clause de durée minimale d'engagement non échue à la date d'interrogation du serveur vocal d'information par l'appelant : « *[Dénomination commerciale de l'opérateur]* vous informe que votre période d'engagement se terminera le *[date d'expiration de la clause de durée minimum d'engagement]*. Le RIO est *[OO Q RRRRRR CCC]*. Ces informations vous seront confirmées par l'envoi d'un SMS sur votre mobile. » ;

— dans les autres cas : « Nous vous informons que votre contrat auprès de *[Dénomination commerciale de l'opérateur]* ne comprend pas à ce jour de période minimale d'engagement. Le RIO est *[OO Q RRRRRR CCC]*. Ces informations vous seront confirmées par l'envoi d'un SMS sur votre mobile. », où « *[Dénomination commerciale de l'opérateur]* » est la dénomination commerciale de l'opérateur de l'abonné ; *[date d'expiration de la clause de durée minimum d'engagement]* est la date à laquelle l'abonné peut résilier son contrat sans subir de pénalité financière pour non-respect d'une clause de durée minimale d'engagement ; et *[OO Q RRRRRR CCC]* est le relevé d'identité opérateur de la ligne de l'appelant.

L'appelant a la possibilité de réécouter le message délivré par le serveur vocal d'information.

Cette réponse orale est suivie par l'envoi d'un SMS adressé au numéro mobile objet de la demande dans les conditions suivantes :

– lorsqu'il existe une clause de durée minimale d'engagement non échue à la date d'interrogation du serveur vocal d'information par l'appelant : « *[Nom] [Prénom]* est titulaire d'un contrat dont la date de fin d'engagement est le *[JJ/MM/AAAA]*. Le RIO est : *[OO Q RRRRRR CCC]* » ;

– dans les autres cas : « *[Nom] [Prénom]* est titulaire d'un contrat non soumis à ce jour à une date de fin d'engagement. Le RIO est : *[OO Q RRRRRR CCC]* »,

où « *[Nom]* » est le patronyme du titulaire du contrat, tronqué après le 40e caractère le cas échéant ; *[Prénom]* est les 10 premières lettres du prénom du titulaire du contrat ; *[JJ/MM/AAAA]* désigne la date de fin de la durée minimale d'engagement du contrat associé au numéro appelant ; et *[OO Q RRRRRR CCC]* désigne le RIO associé au numéro appelant.

II. – Les opérateurs mobiles mettent à disposition des abonnés entreprises pour chaque numéro mobile actif le RIO correspondant soit sous forme électronique par le biais d'espaces clients accessibles par le réseau internet, lorsqu'ils existent ; soit par une mention du RIO sur le support de facturation correspondant à la ligne mobile concernée.

Par exception à l'alinéa précédent, les opérateurs mobiles peuvent mettre à disposition le RIO aux « abonnés mobiles identifiés par un SIREN » n'ayant pas souscrit une « offre mobile entreprise » comme des abonnés « grand public », dans les conditions prévues au I du présent article.

III. – La mise à disposition du RIO par les opérateurs est gratuite pour le demandeur dans les modalités décrites aux I et II du présent article.

IV. – En tout état de cause, l'abonné doit pouvoir obtenir son relevé d'identité opérateur auprès du service commercial de l'opérateur sur simple demande.

Art. 6 *(Obligations d'information de l'abonné par l'opérateur receveur)* I. – Avant d'accepter la demande de conservation du numéro, l'opérateur receveur informe l'abonné des modalités suivantes relatives à sa demande de portage :

– le droit à la portabilité est acquis sous réserve du respect des critères d'éligibilité, notamment le numéro porté doit toujours être actif le jour du portage ;

– la demande de portabilité du numéro vaut demande de résiliation du contrat de l'abonné auprès de son opérateur en ce qui concerne le numéro porté ;

– la résiliation du contrat prend effet avec le portage effectif du numéro, sans préjudice des dispositions contractuelles relatives aux durées minimales d'engagement.

L'opérateur receveur informe le demandeur de la date et de la plage horaire prévue pour le portage effectif du numéro, qui doit, sauf demande expresse de l'abonné, intervenir dans un délai maximum de 10 jours conformément à l'article D. 406-18-I du code des postes et des communications électroniques.

II. – Lorsque l'opérateur donneur notifie un cas d'inéligibilité de la demande de conservation du numéro, l'opérateur receveur en informe l'abonné en précisant le motif dans les meilleurs délais.

CHAPITRE IV *Obligations de qualité de service*

Art. 7 *(Obligations de qualité de service sur la mise à disposition d'information)* Le serveur vocal d'information sur la portabilité mis en place par chaque opérateur doit être accessible au minimum de 6 heures à 22 heures tous les jours de l'année.

L'envoi du SMS doit avoir lieu dans les deux minutes qui suivent l'appel du demandeur dans 80 % des cas et dans les cinq minutes dans 99 % des cas.

Art. 8 *(Obligations de qualité de service suite à la demande de l'abonné)* I. – Une fois qu'il a accepté une demande de conservation du numéro, l'opérateur receveur doit la transmettre à l'opérateur donneur dans les meilleurs délais et au maximum :

— le lendemain dans 80 % des cas et au plus tard le surlendemain lorsque le délai de portage est inférieur ou égal à 10 jours ;

— cinq jours ouvrables avant la date de portage dans 80 % des cas et au plus tard quatre jours ouvrables avant cette date lorsque le délai de portage demandé par l'abonné est supérieur à 10 jours.

II. — Une fois qu'il a reçu une demande de conservation du numéro, l'opérateur donneur confirme l'éligibilité à l'opérateur receveur dans les meilleurs délais et au maximum le lendemain dans 80 % des cas et au plus tard le surlendemain.

Art. 9 *(Obligations de qualité de service le jour de portage)* Le jour du portage effectif du numéro, l'interruption de service, en émission ou en réception, ne peut être supérieure à quatre heures.

L'opérateur donneur, l'opérateur receveur et l'opérateur attributaire mettent en œuvre les procédures nécessaires au respect du présent article.

CHAPITRE V *Spécifications techniques et autres obligations des opérateurs*

Art. 10 *(Relevé d'identité opérateur)* I. — Les opérateurs mobiles attribuent pour chaque numéro mobile actif un « relevé d'identité opérateur » ou « RIO » au plus tard le 1er janvier 2007. A compter de cette date, le RIO est attribué à tout numéro mobile, dans les meilleurs délais et au maximum dans les 7 jours calendaires qui suivent l'activation du numéro.

II. — Le RIO est composé de quatre champs suivant la structure suivante « OO Q RRRRRR CCC », avec :

— champ « OO » : champ codé sur deux caractères numériques identifiant l'opérateur donneur ;

— champ « Q » : champ codé sur un caractère alphanumérique correspondant à la qualité de l'abonné. Ce champ peut prendre deux modalités « P » ou « E » ;

— champ « RRRRRR » : champ codé sur six caractères alphanumériques constituant une référence du contrat associé au numéro mobile pour l'opérateur donneur ;

— champ « CCC » : champ codé sur trois caractères alphanumériques constituant une clé permettant de vérifier la cohérence entre le numéro mobile de l'abonné et les trois premiers champs du RIO.

III. — Lorsqu'un abonné mobile a souscrit à une « offre mobile entreprise », l'opérateur doit renseigner le champ « Q » avec la modalité « E ». Lorsque l'abonné mobile n'a pas souscrit à une « offre mobile entreprise » mais est un « abonné mobile identifié par un SIREN », il est recommandé de renseigner le champ « Q » avec la modalité « E ». Dans tous les autres cas, l'opérateur renseigne le champ « Q » avec la modalité « P ».

Art. 11 *(Modalités d'intervention d'une entité de gestion commune de la portabilité)* Les opérateurs peuvent recourir à une entité de gestion commune de la portabilité pour intermédier l'échange de flux d'information entre opérateurs receveur, donneur, attributaire et tiers dans la mesure où les prestations fournies sont conformes aux obligations des opérateurs résultant du code des postes et des communications électroniques et des décisions qui en découlent.

Dans ce cas, les opérateurs veillent à ce que les prestations fournies respectent notamment les principes de reflet des coûts, de non-discrimination et ne créent pas d'obstacle artificiel au libre exercice d'une concurrence loyale entre opérateurs.

Art. 12 *(Annulation d'une demande de portabilité par l'opérateur receveur)* Seul l'opérateur receveur peut annuler une demande de portabilité auprès de l'opérateur donneur. Dans ce cas, la demande de résiliation du contrat entre l'abonné et l'opérateur donneur est également annulée.

Art. 13 *(Traitement des informations)* L'opérateur donneur ne peut, suite à une demande de portabilité, informer ses services commerciaux de la résiliation du contrat de l'abonné avant envoi de sa confirmation de l'éligibilité de la demande à l'opérateur receveur.

Art. 14 *(Entrée en vigueur)* La présente décision entre en vigueur en métropole le 1er janvier 2007.

Art. 15 *(Exécution)* Le directeur général de l'Autorité est chargé de l'exécution de la présente décision, qui sera publiée au *Journal officiel* de la République française, après son homologation par le ministre chargé des communications électroniques. — *V. Arr. du 13 avr. 2006 (JO 16 mai).*

Arrêté du 7 février 2007,

Pris en application de l'article R. 2-1 du code des postes et des communications électroniques et fixant les modalités relatives au dépôt et à la distribution des envois postaux.

Art. 1er En application de l'article R. 2-1 du code des postes et des communications électroniques susvisé, les modalités caractérisant les envois postaux faisant l'objet de formalités attestant de leur dépôt et de leur distribution doivent répondre aux exigences fixées à l'article 2 et suivants du présent arrêté.

Art. 2 Lors du dépôt de l'envoi postal faisant l'objet de formalités attestant de son dépôt et de sa distribution, l'expéditeur doit indiquer en caractères lisibles :

– ses nom, prénom ou sa raison sociale, ainsi que son adresse ;

– les nom et prénom ou la raison sociale du destinataire, ainsi que son adresse.

Le prestataire doit indiquer :

– la date de dépôt ou de collecte, le niveau de garantie, le numéro d'identification de l'envoi et le prix payé par l'expéditeur.

Art. 3 Une preuve de dépôt portant les mentions indiquées à l'article 2 doit être remise ou renvoyée à l'expéditeur selon des modalités fixées dans les conditions générales de vente. Cette preuve de dépôt doit permettre l'identification du prestataire de services postaux concerné par mention de son nom ou de sa raison sociale, de son adresse sociale, de son sigle, de son numéro de téléphone, éventuellement de son adresse électronique, du lieu et de l'adresse de dépôt ou de collecte. Cette preuve comporte, le cas échéant, le nom du sous-traitant chargé de la distribution.

Art. 4 La preuve de distribution doit comporter les informations prévues aux articles 2 et 3 ainsi que :

– les nom et prénom de la personne ayant accepté l'envoi et sa signature (le destinataire ou son mandataire) ;

– la pièce justifiant son identité ;

– la date de distribution ;

– le numéro d'identification de l'envoi.

Art. 4-1 *(Arr. du 21 mai 2013, art. 2, en vigueur le 1er juill. 2013)* Si la personne qui accepte l'envoi a déjà précédemment justifié de son identité à l'adresse, conformément à l'article 4 du présent arrêté, auprès du même employé chargé de la distribution soit en tant que destinataire, soit en tant que titulaire d'un mandat du destinataire en cours de validité, l'employé peut remettre l'envoi sans nouvelle présentation d'une pièce d'identité. L'employé indique alors sur la preuve de distribution et, le cas échéant, sur l'avis de réception, que tel est bien le cas et appose sa signature sur ces mêmes supports pour en attester.

Art. 5 En cas d'absence du destinataire à l'adresse indiquée par l'expéditeur lors du passage de l'employé chargé de la distribution, *(Arr. du 21 mai 2013, art. 3, en vigueur le 1er juill. 2013)* « un avis du prestataire informe » le destinataire que l'envoi postal est mis en instance pendant un délai de quinze jours à compter du lendemain de la présentation de l'envoi postal à son domicile ainsi que du lieu où cet envoi peut être retiré.

Au moment du retrait par le destinataire de l'envoi mis en instance, l'employé consigne sur la preuve de distribution les informations suivantes :

– les nom et prénom de la personne ayant accepté l'envoi et sa signature (le destinataire ou son mandataire) ;

– *la pièce justifiant son identité ;*

(Abrogé par Arr. du 21 mai 2013, art. 3, à compter du 1er juill. 2013) « – la date de présentation ; »

– la date de distribution ;

– le numéro d'identification de l'envoi.

(Arr. du 21 mai 2013, art. 3, en vigueur le 1er juill. 2013) « La preuve de distribution comporte également la date de présentation de l'envoi. »

Art. 6 Un exemplaire de la preuve de distribution doit être conservé par le prestataire de services postaux pendant un an à compter de la date de distribution. Pendant cette période, cette pièce est communiquée, à leur demande, à l'expéditeur et au destinataire, après vérification de leur identité.

Art. 7 A la demande de l'expéditeur, et moyennant rémunération de ce service additionnel fixée dans les conditions générales de vente, le prestataire peut établir un avis de réception attestant de la distribution de l'envoi. Cet avis est retourné à l'expéditeur et comporte les informations suivantes :

– les nom et prénom de la personne ayant accepté l'envoi et sa signature (le destinataire ou son mandataire) ;
– la pièce justifiant son identité ;
– la date de présentation si l'envoi a fait l'objet d'une mise en instance ;
– la date de distribution ;
– le numéro d'identification de l'envoi ;
– l'identification du prestataire ayant effectué la distribution, s'il est différent de celui auprès duquel l'envoi a été déposé.

Art. 8 *(Arr. du 21 mai 2013, art. 5, en vigueur le 1er juill. 2013)* Le prestataire indique dans les conditions générales de vente :

– le délai de distribution ;
– les modalités permettant le suivi de l'envoi recommandé entre son dépôt dans le réseau du prestataire et sa distribution ;
– la liste de pièces acceptées pour justifier l'identité du destinataire.

Art. 9 *(Arr. du 21 mai 2013, art. 6, en vigueur le 1er juill. 2013)* Les mentions portées sur la preuve de dépôt, la preuve de distribution et, le cas échéant, l'accusé de réception doivent être libellées en caractères lisibles et sur support durable.

Art. 10 *(Arr. du 21 mai 2013, art. 7, en vigueur le 1er juill. 2013)* Sans préjudice des dispositions du présent arrêté, le prestataire peut proposer à l'expéditeur ou au destinataire des modalités supplémentaires optionnelles portant sur les conditions d'information du destinataire ou de distribution d'un envoi recommandé.

Loi n° 2007-309 du 5 mars 2007,

Relative à la modernisation de la diffusion audiovisuelle et à la télévision du futur.

Art. 19 I. – Dans un délai de neuf mois à compter de la promulgation de la présente loi, les téléviseurs vendus par les industriels aux distributeurs d'équipement électronique grand public sur le territoire national intègrent un adaptateur permettant la réception des services de la télévision numérique terrestre.

Dans un délai de douze mois à compter de la promulgation de la présente loi, les téléviseurs vendus aux consommateurs sur le territoire national intègrent un adaptateur permettant la réception des services de la télévision numérique terrestre.

A partir du 1er décembre 2008, les téléviseurs et les enregistreurs mis en vente par un professionnel permettant la réception des programmes en haute définition intègrent un adaptateur prévu à cet effet.

(L. n° 2008-776 du 4 août 2008, art. 117) « A partir du 1er décembre 2009, les téléviseurs de plus de 66 centimètres de diagonale d'écran destinés aux particuliers permettant la réception des services de télévision numérique terrestre, lors de leur mise en vente par un professionnel à un particulier, doivent intégrer un adaptateur qui permet la réception de l'ensemble des programmes gratuits de télévision numérique terrestre, en haute définition et en définition standard.

« A partir du 1er décembre 2012, tous les téléviseurs destinés aux particuliers permettant la réception des services de télévision numérique terrestre, lors de leur mise en vente par un professionnel à un particulier, doivent intégrer un adaptateur qui permet la réception de l'ensemble des programmes gratuits de télévision numérique terrestre, en haute définition et en définition standard.

« A partir du 1er décembre 2012, les adaptateurs individuels permettant la réception des services de télévision numérique terrestre, lors de leur mise en vente par un professionnel à un particulier, doivent permettre la réception de l'ensemble des programmes gratuits de télévision numérique terrestre, en haute définition et en définition standard. »

II. – Seuls les terminaux permettant la réception des services en haute définition, selon les caractéristiques techniques précisées par application de l'article 12 de la loi n° 86-1067 du 30 septembre 1986 relative à la liberté de communication, peuvent se voir accorder le label "Prêt pour la haute définition".

(Ord. nº 2009-1019 du 26 août 2009, art. 8) « II *bis*. – Seuls les terminaux permettant la réception des services en clair de télévision numérique diffusés dans les départements d'outre-mer, les collectivités d'outre-mer régies par l'article 74 de la Constitution et en Nouvelle-Calédonie, selon les caractéristiques techniques précisées par application de l'article 12 de la loi du 30 septembre 1986 précitée, peuvent se voir accorder le label "Prêt pour la télévision numérique terrestre (TNT) outre-mer". »

III. – Les industriels et les distributeurs d'équipement électronique grand public sont tenus d'informer de façon détaillée et visible les consommateurs des capacités de chaque téléviseur, adaptateur, enregistreur ou tout autre équipement récepteur de télévision à recevoir des signaux numériques, notamment en haute définition, en faisant état, le cas échéant, de la labellisation mentionnée au II *(Ord. nº 2009-1019 du 26 août 2009, art. 8)* « , et, dans les départements d'outre-mer, les collectivités d'outre-mer régies par l'article 74 de la Constitution et la Nouvelle-Calédonie, de la labellisation mentionnée au II *bis* ».

(L. nº 2008-776 du 4 août 2008, art. 120) « Les industriels et distributeurs d'équipements électroniques grand public sont également tenus d'informer de façon détaillée et visible, notamment sur les lieux de vente, les consommateurs sur les modalités et le calendrier de l'extinction de la diffusion de la télévision hertzienne terrestre en mode analogique et de basculement vers le numérique. »

IV. – Seuls les terminaux permettant la réception des services gratuits de radio numérique diffusés dans les bandes III et L, selon les caractéristiques techniques précisées par application de l'article 12 de la loi nº 86-1067 du 30 septembre 1986 précitée, peuvent se voir accorder le label "Prêt pour la radio numérique".

Les industriels et les distributeurs d'équipement électronique grand public sont tenus d'informer de façon détaillée et visible les consommateurs des capacités des récepteurs de radio numérique et de télévision mobile personnelle à recevoir les services numériques de radio, notamment en faisant état, le cas échéant, de la labellisation mentionnée à l'alinéa précédent.

(L. nº 2009-258 du 5 mars 2009, art. 79-II) « V. – *(L. nº 2011-525 du 17 mai 2011, art. 143)* « Dans un délai de trois mois à compter de la diffusion de services de radio par voie hertzienne terrestre en mode numérique auprès d'au moins 20 % de la population française », lors de leur mise en vente par un professionnel à un particulier, les terminaux neufs dédiés à titre principal à la réception de services de radio et capables d'afficher des contenus multimédias, à l'exception des terminaux équipant les véhicules automobiles, permettent la réception des services de radio par voie hertzienne terrestre en mode numérique dans les bandes de fréquences visées au quatrième alinéa du II de l'article 29-1 de la loi nº 86-1067 du 30 septembre 1986 relative à la liberté de communication.

« *(L. nº 2011-525 du 17 mai 2011, art. 143)* « Dans un délai de douze mois à compter de la diffusion de services de radio par voie hertzienne terrestre en mode numérique auprès d'au moins 20 % de la population française », cette obligation s'applique à tous les terminaux neufs dédiés à titre principal à la réception de services de radio ainsi qu'aux terminaux neufs permettant la réception de services de radio et capables d'afficher des contenus multimédias, à l'exception des terminaux équipant les véhicules automobiles.

« *(L. nº 2011-525 du 17 mai 2011, art. 143)* « Dans un délai de dix-huit mois à compter de la diffusion de services de radio par voie hertzienne terrestre en mode numérique auprès d'au moins 20 % de la population française », cette obligation s'applique à tous les terminaux permettant la réception de services de radio. »

(L. nº 2011-525 du 17 mai 2011, art. 143) « Lorsque la diffusion de services de radio par voie hertzienne terrestre en mode numérique atteint un niveau de couverture correspondant à 20 % de la population française, le Conseil supérieur de l'audiovisuel rend publique cette information. »

Arrêté du 4 mai 2007,

Pris en application de l'article L. 9 du code des postes et des communications électroniques et fixant les modalités d'information des utilisateurs d'envois postaux.

Art. 1er Les dispositions prévues par le présent arrêté s'appliquent à tous les services postaux, quel que soit le procédé ou le support d'information utilisé.

Art. 2 Les informations destinées aux utilisateurs de services postaux, prévues à l'article L. 9 du code des postes et des communications électroniques, portant sur :
— les tarifs ;
— les limitations éventuelles de responsabilité contractuelle ;
— le délai d'un an durant lequel sont recevables les réclamations ;
— et les conditions générales de vente et les conditions particulières ; celles-ci doivent inclure les caractéristiques essentielles du service et notamment les éventuels niveaux de garantie,
doivent être visibles, lisibles, claires et précises.

Art. 3 L'information sur les tarifs des produits et des services postaux nationaux ou transfrontaliers doit faire apparaître la somme totale toutes taxes comprises qui devra être effectivement payée par l'utilisateur de services postaux exprimées en euros.

Les prestataires de services postaux se conforment aux prescriptions de l'arrêté du 3 décembre 1987 susvisé.

Art. 4 Les informations portant sur :
— les limitations éventuelles de responsabilité contractuelle des prestataires de services postaux ;
— et sur le délai d'un an pendant lequel les réclamations des consommateurs sont recevables,
doivent être clairement distingués *[distinguées]* sur le support utilisé, au moyen de caractères gras d'une taille supérieure à celle utilisée pour les autres rubriques.

Art. 5 Chaque prestataire de services postaux réunit dans un document unique les conditions générales de vente et les conditions particulières de la vente de chacun de ses services postaux. Ce document, mis à la disposition des utilisateurs de services postaux, rassemble notamment l'information visée à l'article 2.

Art. 6 Les informations visées à l'article 2 ainsi que celles relatives aux caractéristiques essentielles des services postaux, notamment la nature de la prestation, les délais d'exécution du service, les modalités de réclamation et d'indemnisation, ne peuvent faire l'objet de renvois limitant la lisibilité des informations.

Les autres informations susceptibles d'être explicitées sous forme de renvois font l'objet de mentions lisibles et clairement identifiables.

Décision ARCEP n° 2009-0637 du 23 juillet 2009,

Précisant les modalités d'application de la portabilité des numéros fixes et l'acheminement des communications à destination des numéros portés fixes et mobiles.

Homologuée par Arr. du 22 oct. 2009 (JO 20 nov.).

CHAPITRE PREMIER *Définitions*

Art. 1er *Définitions.* Pour l'application de la présente décision, on entend par :

1° *Numéro mobile :* numéro non géographique employé pour la fourniture d'un service de communications interpersonnelles mobiles, tel que défini par les décisions de l'Autorité relatives au plan national de numérotation.

2° *Numéro fixe :* numéro géographique ou non géographique qui n'est pas un numéro mobile, tel que défini par les décisions de l'Autorité relatives au plan national de numérotation.

3° *Opérateur :* personne physique ou morale exploitant un réseau de communications électroniques ouvert au public ou fournissant au public un service de communications électroniques.

4° *Opérateur fixe :* opérateur attributaire de numéros fixes ou bénéficiant d'une mise à disposition de tels numéros et/ou affectant à ses abonnés des numéros fixes.

5° *Opérateur mobile :* opérateur attributaire de numéros mobiles ou bénéficiant d'une mise à disposition de tels numéros et/ou affectant à ses abonnés des numéros mobiles.

6° *Abonné fixe :* personne physique ou morale ayant souscrit au service fourni par un opérateur fixe et à laquelle a été affecté un ou plusieurs numéros fixes. Les abonnés fixes se répartissent en deux catégories : les abonnés entreprise et les abonnés grand public.

7° *Abonné entreprise :* tout abonné fixe ayant souscrit à une offre fixe entreprise, ainsi que tout abonné fixe identifié par un numéro SIREN (système d'identification du répertoire des entreprises) dans la base de données des abonnés de l'opérateur fixe.

8° *Offre fixe entreprise :* toute offre de services fixes non accessible à d'autres entités que les entreprises, associations ou entités publiques.

9° *Abonné grand public :* tout abonné fixe ne répondant pas à la définition de l'abonné entreprise.

10° *Portabilité ou conservation d'un numéro fixe :* droit pour un abonné fixe, lorsqu'il change d'opérateur fixe, de conserver son numéro fixe auprès de son nouvel opérateur fixe.

11° *Opérateur attributaire :* opérateur fixe auquel a été attribué le numéro fixe objet de la demande de conservation du numéro, conformément aux décisions de l'Autorité relatives au plan national de numérotation.

12° *Opérateur receveur :* opérateur fixe auprès duquel l'abonné souscrit un nouveau contrat et vers lequel le numéro fixe est porté.

13° *Opérateur donneur :* opérateur fixe à partir duquel le numéro fixe est porté.

14° *Portage du numéro :* opération par laquelle l'opérateur donneur désactive le numéro dans son système d'information, l'opérateur receveur active le même numéro dans son système d'information et l'opérateur attributaire prend acte de cette situation et met à jour son propre système d'information.

15° *Date convenue de portabilité :* date et heure demandées par l'opérateur receveur pour l'activation du portage ou date et heure négociées entre l'opérateur receveur et l'opérateur donneur, sans préjudice des droits de l'abonné fixe.

16° *Préfixe de routage :* préfixe de portabilité des numéros fixes défini dans les décisions de l'Autorité relatives au plan national de numérotation et identifiant l'équipement de commutation ou de routage de l'opérateur receveur vers lequel le numéro est porté.

17° *Numéro fixe actif :* tout numéro fixe affecté ou réservé à un abonné fixe, activé dans le réseau de l'opérateur, y compris lorsque le service fourni fait l'objet d'une suspension temporaire du fait de l'opérateur fixe ou à la demande de l'abonné fixe.

18° *Numéro fixe inactif :* tout numéro fixe qui n'est pas un numéro fixe actif.

19° *Numéro réservé :* numéro affecté à l'abonné fixe, pour lequel il a la possibilité de demander une activation ultérieure dans le réseau de son opérateur fixe.

CHAPITRE II *Principes généraux*

Art. 2 *Dispositions générales.* Les opérateurs fixes mettent à disposition de leurs abonnés fixes les informations nécessaires à l'exercice de leur droit à conserver leur numéro fixe.

La demande de conservation du numéro fixe est adressée par l'abonné fixe à l'opérateur receveur. Cette demande ne peut être qu'accessoire à la souscription d'un contrat de service de communications électroniques auprès de l'opérateur receveur. Elle vaut demande de résiliation du contrat qui lie l'abonné fixe à l'opérateur donneur, en ce qu'il concerne le numéro porté. Cette résiliation est conditionnée au portage effectif du numéro fixe, objet de la demande de portabilité.

L'opérateur receveur s'assure de la capacité du demandeur à exercer son droit à conserver un numéro fixe.

Avant d'accepter la demande, l'opérateur receveur informe le demandeur des conséquences du portage effectif du numéro fixe et de la possible inéligibilité de sa demande.

L'opérateur receveur se charge pour le compte de l'abonné fixe de la mise en œuvre de la conservation du numéro auprès des opérateurs concernés. L'opérateur receveur est l'interlocuteur unique de l'abonné fixe concernant la demande de conservation du numéro fixe et son suivi jusqu'à la mise en œuvre effective de la demande.

Un fournisseur de services de communications électroniques peut déléguer, sous sa responsabilité, à une société tierce la mise en œuvre de tout ou partie de ses obligations en matière de portabilité des numéros. Dans ce cas, il communique à l'Autorité, à sa demande et dans le délai qu'elle précise, le contrat qui régit la fourniture de ces prestations par cette société tierce.

Lorsque l'opérateur receveur affecte plusieurs numéros à son abonné fixe pour une même ligne, il fait droit à la demande de l'abonné consistant à ce que son numéro d'identification appelant transmis soit le numéro porté. Il informe son abonné de ce droit au moment de la souscription.

Art. 3 *Inéligibilité de la demande de conservation du numéro fixe.* I. — L'opérateur receveur ne peut refuser la demande de l'abonné fixe de conservation du numéro fixe que dans les cas suivants :

— incapacité du demandeur : la demande de portabilité doit être présentée par le titulaire du contrat en ce qu'il concerne le numéro fixe objet de la demande, ou par une personne dûment mandatée par celui-ci ;

— demande incomplète ou contenant des informations erronées : la demande de portabilité doit comporter l'ensemble des informations nécessaires et notamment le numéro fixe objet de la demande ;

— non-respect des règles de gestion du plan national de numérotation : la demande de portabilité doit notamment respecter certaines contraintes géographiques ;

— incompatibilité technique : la demande de portabilité doit être assurée dans des conditions techniques raisonnables du point de vue des contraintes objectives que peut encourir l'opérateur.

Il relève de la responsabilité de l'opérateur receveur de vérifier l'exactitude de la demande formulée par le titulaire du contrat ou par son mandataire.

II. — L'opérateur donneur ne peut refuser la demande de portage présentée par l'opérateur receveur au nom de l'abonné fixe que dans les cas suivants :

— données incomplètes ou erronées : la demande de portage doit notamment comporter le numéro fixe objet de la demande ;

— numéro fixe inactif au jour du portage : la demande de portage doit notamment porter sur un numéro actif au jour du portage ;

— numéro fixe faisant déjà l'objet d'une demande de portage non encore exécutée.

Lorsqu'il refuse une demande de portage pour l'un de ces motifs, l'opérateur donneur indique à l'opérateur receveur sur quel motif il fonde son refus.

III. — En cas d'incident technique impliquant un report de l'exécution du portage, l'éligibilité de la demande n'est pas remise en cause par ce report.

CHAPITRE III *Obligations d'information à l'abonné fixe*

Art. 4 *Obligations de mise à disposition d'information par les opérateurs fixes.* Les opérateurs fixes mettent à disposition de leurs abonnés fixes les informations nécessaires à la conservation du numéro fixe. Ils doivent notamment mettre à leur disposition la liste exhaustive des numéros fixes qui ont été affectés ou réservés dans le cadre de leur contrat, en particulier les numéros de sélection directe à l'arrivée associés aux numéros d'identification de l'installation des abonnés entreprise.

Ces informations sont mises à disposition gratuitement, soit sous forme électronique par le biais d'espaces clients accessibles par le réseau internet, lorsqu'ils existent, soit par une mention sur le support de facturation correspondant à l'installation concernée.

En tout état de cause, l'opérateur donneur fait droit à la demande de l'opérateur receveur concernant l'obtention des informations décrites au premier alinéa du présent article, ainsi que toute information nécessaire à l'identification de l'installation, dans le cadre d'une demande de conservation du numéro fixe.

Art. 5 *Obligations d'information de l'abonné fixe par l'opérateur receveur.* I. — Avant d'accepter la demande de conservation du numéro, l'opérateur receveur informe l'abonné fixe des modalités et conséquences de sa demande :

— le droit à la portabilité est acquis sous réserve du respect des critères d'éligibilité, notamment le numéro fixe objet de la demande doit toujours être actif le jour du portage ;

— la demande de portabilité du numéro fixe vaut demande de résiliation du contrat de l'abonné auprès de l'opérateur donneur, en ce qu'il concerne le numéro fixe porté ;

— la résiliation du contrat de fourniture de service de communications électroniques, en ce qu'il concerne le numéro fixe porté, prend effet avec le portage effectif du numéro fixe, sans préjudice des dispositions contractuelles relatives aux durées minimales d'engagement ;

— la demande de portabilité d'un numéro fixe concerne exclusivement la conservation du numéro fixe et non pas des services dont bénéficiait l'abonné auprès de son opérateur, sans préjudice des dispositions de la décision n° 2006-0639 de l'Autorité susvisée.

II. — L'opérateur receveur informe le demandeur de la date et heure prévues pour le portage effectif du numéro fixe.

III. – Lorsque l'opérateur donneur notifie un cas d'inéligibilité de la demande de conservation du numéro fixe, l'opérateur receveur en informe l'abonné fixe dans les meilleurs délais, en lui précisant le motif d'inéligibilité opposé.

CHAPITRE IV *Délais de portabilité et obligations de qualité de service*

Art. 6 *Délais inter-opérateurs concernant le traitement de la demande de portage.* I. – Une fois qu'il a accepté une demande de conservation du numéro fixe, l'opérateur receveur la transmet à l'opérateur donneur et à l'opérateur attributaire en cas de portabilité subséquente dans les meilleurs délais et, au plus tard, cinq jours ouvrés avant la date convenue de portabilité pour les abonnés grand public, au plus tard sept jours ouvrés avant la date convenue de portabilité pour les abonnés entreprise, et dans les deux jours ouvrés en l'absence de date convenue.

II. – Une fois qu'il a reçu une demande de conservation du numéro, l'opérateur donneur confirme l'éligibilité et l'éventuelle date convenue de portabilité à l'opérateur receveur dans les meilleurs délais et, au plus tard, dans les trois jours ouvrés qui suivent la date de réception de la demande pour les abonnés grand public et, au plus tard, dans les cinq jours ouvrés qui suivent la date de réception de la demande pour les abonnés entreprise.

III. – Les opérateurs concernés par une opération de portage mettent en œuvre les procédures communes nécessaires au respect du présent article.

Art. 7 *Délais de transmission par l'opérateur receveur des informations relatives aux numéros fixes portés.* I. – Une fois qu'il a accepté une demande de conservation du numéro, l'opérateur receveur transmet aux opérateurs tiers les informations relatives à la mise en œuvre de la conservation du numéro fixe dès le retour d'éligibilité de l'opérateur donneur.

Ces informations sont destinées à l'ensemble des opérateurs de communications électroniques notamment à des fins d'acheminement des appels à destination des numéros fixes portés ; elles précisent en particulier le préfixe de routage associé au numéro fixe objet de la demande et l'éventuelle date convenue de portabilité.

II. – L'opérateur receveur transmet également aux opérateurs tiers les informations permettant le suivi de la mise en œuvre de la portabilité dans des délais compatibles avec l'obligation de qualité de service relative à l'acheminement des communications à destination des numéros portés, précisée à l'article. 13 du présent dispositif.

III. – Le présent article entre en vigueur le 1er avril 2010.

Art. 8 *Obligation de qualité de service du portage.* Le jour du portage effectif du numéro, les opérateurs fixes prennent toutes les dispositions nécessaires pour que l'interruption de service en émission ou en réception soit la plus courte possible pour l'abonné fixe.

En tout état de cause, l'interruption de service en émission ou en réception ne peut être supérieure à six heures à compter du 1er janvier 2011, puis à quatre heures à compter du 1er janvier 2012.

Les opérateurs font droit aux demandes raisonnables des opérateurs receveurs en vue de fournir une qualité de service accrue pour leurs abonnés entreprise.

Les opérateurs concernés par une opération de portage mettent en œuvre les procédures communes nécessaires au respect du présent article.

CHAPITRE V *Spécifications techniques et autres obligations s'imposant aux opérateurs*

Art. 9 *Mise à disposition d'un guichet unique portabilité fixe pour le traitement des demandes de portage.* Les opérateurs fixes mettent à disposition des opérateurs tiers les coordonnées de leur guichet unique portabilité fixe et les procédures pour le traitement de la conservation du numéro fixe. Ce guichet unique traite l'ensemble des demandes de portage en relation avec les opérateurs tiers. Ces informations sont précisées dans les conventions opérateurs relatives à la portabilité des numéros fixes et sont disponibles sur simple demande.

Art. 10 *Modalités d'intervention d'une entité commune de portabilité des numéros fixes.* Les opérateurs peuvent recourir à une entité commune pour faciliter l'échange de flux d'information entre opérateurs dans la mesure où les prestations fournies par cette entité sont conformes aux obligations résultant du code des postes et des communications électroniques et des décisions prises pour son application.

Dans ce cas, les opérateurs veillent à ce que les prestations fournies par l'entité commune respectent notamment les principes de reflet des coûts et de non-discrimination et ne créent pas d'obstacle artificiel au libre exercice d'une concurrence loyale entre opérateurs.

Art. 11 *Annulation d'une demande de portabilité par l'opérateur receveur.* Seul l'opérateur receveur peut annuler une demande de portabilité auprès de l'opérateur donneur. Dans ce cas, la demande de résiliation du contrat ou du service entre l'abonné fixe et l'opérateur donneur, en ce qu'il concerne le numéro, est également annulée.

Art. 12 *Traitement des informations par l'opérateur donneur.* L'opérateur donneur ne peut, suite à une demande de portabilité, informer ses services commerciaux de la résiliation du contrat de l'abonné fixe avant envoi de sa confirmation de l'éligibilité de la demande à l'opérateur receveur.

Art. 13 *Obligation de qualité de service relative à l'acheminement des communications à destination des numéros portés.* Les opérateurs prennent toutes les dispositions nécessaires pour que l'acheminement des communications à destination des numéros portés se fasse dans les mêmes conditions de qualité de service que pour les communications à destination des numéros non portés, sous réserve du délai maximum d'interruption de service lié à la mise en œuvre de la portabilité.

En tout état de cause, à compter du 1er avril 2010, l'acheminement des communications à destination des numéros portés se fait dans les mêmes conditions de qualité de service que pour les communications à destination des numéros non portés, sous réserve du délai maximum d'interruption de service lié à la mise en œuvre de la portabilité.

Cette obligation s'applique aux communications à destination de l'ensemble des numéros fixes et mobiles.

Art. 14 *Entrée en vigueur.* La présente décision entre en vigueur à compter de sa publication au *Journal officiel* de la République française, après son homologation par le ministre chargé des communications électroniques. — *V. Arr. du 22 oct. 2009 (JO 20 nov.).*

Art. 15 *Exécution.* Le directeur général de l'Autorité est chargé de l'exécution de la présente décision, qui sera publiée au *Journal officiel* de la République française, après son homologation par le ministre chargé des communications électroniques. — *V. Arr. du 22 oct. 2009 (JO 20 nov.).*

Loi n° 2010-788 du 12 juillet 2010,

Portant engagement national pour l'environnement.

Art. 184 *(L. n° 2015-136 du 9 févr. 2015, art. 4)* I. — Pour tout équipement terminal radioélectrique et équipement radioélectrique proposé à la vente et pour lequel le fabricant a l'obligation de le faire mesurer, le débit d'absorption spécifique est indiqué de façon lisible, intelligible et en français.

Pour tout appareil de téléphonie mobile, mention doit également être faite de la recommandation d'usage de l'accessoire mentionné au troisième alinéa de l'article L. 34-9 du code des postes et des communications électroniques permettant de limiter l'exposition de la tête aux émissions radioélectriques lors des communications.

II. — Afin d'assurer la sobriété de l'exposition du public aux champs électromagnétiques :

1° Les notices d'utilisation des équipements terminaux radioélectriques comportent une information claire sur les indications pratiques permettant d'activer ou de désactiver l'accès sans fil à internet ;

2° Les équipements émetteurs de champs électromagnétiques d'un niveau supérieur à un seuil fixé par décret ne peuvent être installés dans un local privé à usage d'habitation sans qu'une information claire et lisible ne soit donnée aux occupants concernant l'existence d'un rayonnement et, le cas échéant, les recommandations d'usage permettant de minimiser l'exposition à celui-ci ;

3° Les établissements proposant au public un accès wifi le mentionnent clairement au moyen d'un pictogramme à l'entrée de l'établissement.

Décret n° 2010-1207 du 12 octobre 2010,

Relatif à l'affichage du débit d'absorption spécifique des équipements terminaux radioélectriques.

Art. 1er La valeur du débit d'absorption spécifique définie au 4° de l'article R. 9 du code des postes et des communications électroniques des équipements terminaux radioélectriques mentionnés aux 10° et 11° de l'article 32 de ce code mis en vente, y compris dans le cadre de la vente à distance, vendus, mis en location ou distribués à titre gratuit fait l'objet d'un affichage selon les modalités fixées par arrêté conjoint des ministres chargés de la santé et de la consommation.

Arrêté du 12 octobre 2010,

Relatif à l'affichage du débit d'absorption spécifique des équipements terminaux radioélectriques.

Art. 1er La valeur du débit d'absorption spécifique des téléphones mobiles destinés à être utilisés dans les réseaux ouverts au public figure à proximité immédiate de l'équipement auquel elle se rapporte :

– sur les lieux de vente ou de distribution à titre gratuit au consommateur final ;

– dans toute publicité.

La valeur du débit d'absorption spécifique, exprimée en watts par kilogramme (W/kg) et précédée de la mention "DAS", est indiquée en caractère gras et d'une taille au moins égale à la plus grande utilisée pour présenter les caractéristiques techniques de l'équipement, quel que soit le support utilisé.

Art. 2 La mention suivante figure de manière visible et lisible au moins une fois sur les lieux de vente ou de distribution à titre gratuit au consommateur final, et dans toute publicité :

"Le DAS (débit d'absorption spécifique) des téléphones mobiles quantifie le niveau d'exposition maximal de l'utilisateur aux ondes électromagnétiques, pour une utilisation à l'oreille. La réglementation française impose que le DAS ne dépasse pas 2 W/kg."

Art. 3 Les dispositions du présent arrêté entrent en vigueur six mois après sa publication au *Journal officiel* de la République française *[JO 14 oct.]*.

Arrêté du 3 décembre 2013,

Relatif à l'information préalable du consommateur sur les caractéristiques techniques des offres d'accès à l'internet en situation fixe filaire.

Art. 1er Le présent arrêté est applicable aux fournisseurs de services de communications électroniques, au sens du 6° de l'article L. 32 du code des postes et des communications électroniques, qui proposent un accès en situation fixe filaire à l'internet ou à certains de ses services.

Art. 2 Le fournisseur de services met à la disposition du public les informations pédagogiques qui sont mentionnées à l'annexe A, au sein d'un espace en ligne dédié à ces informations.

Cet espace est facilement accessible depuis la page principale du site du fournisseur et accessible en un clic depuis la page de présentation de chacune des offres qu'il commercialise.

Art. 3 Le débit mentionné dans les messages publicitaires et les documents commerciaux relatifs à une offre proposée par un fournisseur de services est le débit utile pour le consommateur, correspondant aux capacités dédiées au protocole internet (débit "IP"). Il est exprimé en quantité de données pouvant être échangées par unité de temps.

Art. 4 Tout message publicitaire ou document commercial d'un fournisseur de services, dès lors qu'il mentionne un débit, précise si ce dernier est un débit montant ou descendant.

(Arr. du 1er mars 2016, art. 1er) « Lorsqu'il est fait mention du débit descendant, le débit montant est également indiqué, à proximité immédiate, dans des conditions d'audibilité et de lisibilité égales, notamment en termes de volume sonore, de taille de caractère et de couleur. »

Lorsque le débit varie significativement en fonction des caractéristiques du raccordement au réseau fixe ouvert au public, l'information sur le débit est accompagnée de la mention requise conformément au I de l'annexe B.

Cette mention figure à proximité du niveau de débit indiqué et dans des conditions d'audibilité et de lisibilité au moins égales, notamment en termes de volume sonore, de taille de caractère et de couleur.

V. note ss. art. 6-1.

Art. 5 Tout message publicitaire ou document commercial d'un fournisseur de services, dès lors qu'il fait référence directement ou indirectement aux performances relatives au débit d'une technologie pour laquelle le débit varie significativement en fonction des caractéristiques du raccordement du consommateur au réseau fixe ouvert au public, reproduit la mention requise conformément au II de l'annexe B.

Cette mention figure dans des caractères suffisamment importants, s'inscrit de façon distincte des autres mentions rectificatives et légales, et doit être clairement identifiée comme venant rectifier les références aux performances mentionnées au premier alinéa.

Cette mention n'est pas requise lorsque l'article 4 est applicable.

Art. 6 Avant la souscription d'une offre incluant un accès visé à l'article 1er, le fournisseur de services délivre au consommateur les informations suivantes relatives à la ligne pour laquelle il souscrit :

1° Le support physique de cette ligne *(Arr. du 1er mars 2016, art. 2)* « comprenant la nature du raccordement jusque dans le logement, » ainsi que la ou les technologies auxquelles sa ligne est éligible chez le fournisseur de services, en précisant, le cas échéant, celle qu'il compte privilégier ;

2° Les catégories de services qui sont susceptibles de ne pas pouvoir être délivrés sur cette ligne en raison de ses caractéristiques physiques, notamment les services de télévision et les services de média audiovisuel à la demande. Pour chacun de ces services, le fournisseur teste l'éligibilité technique de l'accès et, à la suite de ce test, indique ceux qui sont inclus dans l'offre, options comprises. Il informe également le consommateur des conséquences contractuelles lorsque l'un des services souscrits n'est finalement pas accessible, notamment de la faculté de résiliation, sans frais ni pénalités, du contrat d'accès à l'internet ;

3° Une estimation des débits montants et descendants accessibles sur cette ligne, effectuée conformément à l'annexe C ;

4° Un renvoi vers l'espace en ligne dédié mentionné à l'article 2 ;

5° Les niveaux de qualité minimum garantis en termes de débit prévus au contrat en application du *(Ord. no 2016-301 du 14 mars 2016, art. 2, en vigueur le 1er juill. 2016)* « 2° de l'article L. 224-30 » du code de la consommation ;

6° Le cas échéant, la liste des services inclus dans l'offre bénéficiant d'une gestion priorisée du trafic, et l'information selon laquelle leur utilisation est susceptible d'affecter le débit disponible pour l'accès aux services de l'internet en précisant, pour les services de communication audiovisuelle, les informations complémentaires prévues au II de l'annexe C ;

7° Le cas échéant, les restrictions d'usage ou la liste des services faisant l'objet d'une dégradation résultant directement d'une pratique de gestion de trafic mise en œuvre par le fournisseur de services.

Les informations prévues au présent article sont communiquées conjointement et de manière distincte des autres informations commerciales ou contractuelles. Toutefois, celles listées aux 4° à 7° peuvent être délivrées au consommateur après la souscription, sur support durable, dans un délai raisonnable. Dans ce cas, les informations listées aux 1° à 3° sont rappelées.

V. note ss. art. 6-1.

Art. 6-1 *(Arr. du 1er mars 2016, art. 3)* Tout message publicitaire ou document commercial d'un fournisseur de services relatif à une offre utilisant une technologie pour laquelle le débit ne varie pas significativement en fonction des caractéristiques du raccordement du consommateur au réseau fixe ouvert au public, s'il associe le terme "fibre" aux services du fournisseur alors que le raccordement du client final jusque dans son logement n'est pas réalisé en fibre optique, comporte la mention "(sauf raccordement du domicile)".

Cette mention figure à la suite de chaque utilisation du terme "fibre" ou de l'expression "fibre optique", associée aux services du fournisseur, dans des conditions d'audibilité et de lisibilité au moins égales, notamment en termes de volume sonore, de taille de caractère et de couleur.

Dans le cas d'un message publicitaire non radiophonique, la mention visée au premier alinéa est complétée par une seconde mention précisant le support physique du raccordement final et commençant par les mots : "le raccordement du domicile n'est pas en fibre optique mais en". Si elle est écrite, cette seconde mention figure dans des caractères suffisamment importants, s'inscrit de façon distincte des autres mentions rectificatives et

légales et doit être clairement identifiée comme venant préciser la mention visée au premier alinéa.

Les dispositions issues de l'Arr. du 1er mars 2016 entrent en vigueur le 1er juin 2016 pour tout message publicitaire et le 1er mars 2017 pour tout document commercial (Arr. préc., art. 4).

Art. 7 **Les dispositions des articles 2 et 6 et des annexes auxquelles ils renvoient entrent en vigueur le 1er juillet 2014.**

ANNEXES

Annexe A

I. — Les informations pédagogiques visées à l'article 2 comprennent :

a) L'existence d'outils permettant à un consommateur de mesurer le débit utile de sa ligne ;

b) Les usages ou services interdits, impossibles ou faisant l'objet d'une dégradation volontaire dans la gestion du trafic ;

c) Le cas échéant, la politique de priorisation ou de dégradation volontaire de certains flux de données en fonction de l'offre souscrite, du service en ligne ou de la nature du service en ligne et ses impacts, positifs et négatifs, pour le consommateur ;

d) L'information sur le fait que d'autres éléments peuvent influer sur le débit des échanges de données entre le consommateur et le service de communication au public en ligne, notamment le dimensionnement du réseau amont du fournisseur de services, les éventuelles interconnexions avec d'autres réseaux, les capacités du raccordement au réseau de l'éditeur de service et le dimensionnement de ses plateformes de services ;

e) Un renvoi vers les résultats de mesures de qualité de service propres au fournisseur de services effectuées conformément au code des postes et des communications électroniques, lorsqu'ils sont publics.

II. — Elles comprennent également, pour chacune des technologies utilisées, lorsque cela est pertinent, les informations suivantes :

a) Le support physique de l'accès ;

b) Pour chacun des réseaux utilisés par le fournisseur de services, les éléments prévus au I de l'article D. 98-6-2 susvisé *[du code des postes et des communications électroniques]* lorsque que le *[lorsque le]* fournisseur est tenu de les rendre publics, notamment les cartes de couvertures et les services gratuits d'information sur l'éligibilité aux services de détail ;

c) Les équipements nécessaires à la réception du service au logement du consommateur, et l'information selon laquelle le fournisseur de services les fournit ou non ;

d) Le cas échéant, l'information que certains services ne sont pas disponibles sur l'ensemble du territoire accompagnée d'un renvoi vers l'outil permettant au consommateur de tester l'éligibilité de son logement à ces services ;

e) Le cas échéant, l'information selon laquelle le débit disponible dépend des caractéristiques physique de la ligne ;

f) Le cas échéant, si les débits proposés sont, au niveau de l'accès, dédiés au logement du consommateur ou partagés avec d'autres logements ;

g) Les éléments extérieurs pouvant affecter la qualité de l'accès tels que les perturbations électromagnétiques ou l'installation électrique du logement desservi ;

h) Des conseils relatifs à l'installation des équipements du fournisseur afin d'optimiser la qualité de l'accès.

III. — Un avis du CNC peut préciser le contenu et la présentation des informations pédagogiques mentionnées à l'article 2. Elles sont alors communiquées conformément à cet avis.

Annexe B

I. DÉBITS ET MENTIONS DEVANT FIGURER DANS LES MESSAGES PUBLICITAIRES ET LES DOCUMENTS COMMERCIAUX VISÉS À L'ARTICLE 4

Les mentions prévues à l'article 4 sont fixées, en fonction du débit annoncé, dans le tableau ci-dessous pour les accès supportés par le réseau de cuivre. Elles ne s'appliquent pas aux annonces des niveaux de qualité minimum garantis en termes de débit prévus au contrat. Les valeurs indiquées dans ces mentions sont remplacées par les seuils de débit définis au contrat lorsque ces seuils sont inférieurs.

DÉBIT FIGURANT dans les messages publicitaires et les documents commerciaux visés à l'article 4	**MENTIONS DEVANT ÊTRE REPRODUITES STRICTEMENT DANS LES MESSAGES publicitaires et les documents commerciaux visés à l'article 4**	
	Lorsque les technologies VDSL ne sont pas susceptibles d'être proposées	**Lorsque les technologies VDSL sont susceptibles d'être proposées**
Débit descendant inférieur ou égal à 15 Mb/s	« Débit descendant atteignable en général entre 1 Mb/s et 15 Mb/s »	
Débit montant inférieur ou égal à 1 Mb/s	« Débit montant atteignable en général inférieur à 1 Mb/s »	
Débit descendant supérieur à 15 Mb/s et inférieur ou égal à 50 Mb/s	« Débit descendant atteignable en général entre 1 Mb/s et 15 Mb/s » précédée de la mention complémentaire	« Débit descendant atteignable en général entre 1 Mb/s et 15 Mb/s, pouvant être compris entre 15 Mb/s et 50 Mb/s pour certaines des lignes les plus courtes (moins de 1 km) »
Débit montant supérieur à 1 Mb/s	« Débit montant atteignable en général inférieur à 1 Mb/s » précédée de la mention complémentaire	« Débit montant atteignable en général inférieur à 1 Mb/s, pouvant atteindre 8 Mb/s pour certaines des lignes les plus courtes (moins de 1 km) »
Débit descendant supérieur à 50Mb/s		« Débit descendant atteignable en général entre 1 Mb/s et 15 Mb/s, pouvant être compris entre 15 Mb/s et 50 Mb/s pour certaines des lignes les plus courtes (moins de 1 km) » précédée de la mention complémentaire
Débit montant supérieur à 8 Mb/s		« Débit montant atteignable en général inférieur à 1 Mb/s, pouvant atteindre 8 Mb/s pour certaines des lignes les plus courtes (moins de 1 km) » précédée de la mention complémentaire

La mention complémentaire prévue dans le tableau ci-dessus est ainsi rédigée : "Débit atteignable sur des lignes inférieures à [X] m, en l'absence de perturbations" où X est la longueur, exprimée en mètres, en deçà de laquelle le débit annoncé dans le message publicitaire ou le document commercial est atteint chez le fournisseur de services.

La grammaire des propositions peut être adaptée en vue d'insérer ces mentions dans un message plus long comportant le niveau de débit. Si plusieurs annonces de débit figurent dans un même document et sur une même page, les termes communs aux différentes mentions autres que les niveaux de débits peuvent n'être cités qu'une seule fois. Ces aménagements ne doivent pas remettre en cause la signification, le niveau de précision ou l'intelligibilité du message transmis.

II. MENTION DEVANT FIGURER DANS LES MESSAGES PUBLICITAIRES ET LES DOCUMENTS COMMERCIAUX VISÉS À L'ARTICLE 5

La mention visée à l'article 5 est ainsi rédigée pour les accès supportés par le réseau de cuivre : "Débit variable en fonction de la longueur de la ligne".

En outre, si la technologie visée à l'article 5 fait partie des technologies VDSL, les messages publicitaires ou les documents commerciaux comportent également, à proximité de chacune des mentions de performance relatives à cette technologie, les termes : "uniquement sur les lignes les plus courtes (en général moins de 1 km)".

Annexe C

I. MÉTHODE DE CALCUL DE L'ESTIMATION DU DÉBIT COMMUNIQUÉE AVANT LA SOUSCRIPTION

Si, dans des conditions normales d'utilisation, la ou les technologies utilisées pour l'accès permettent d'offrir les mêmes débits indépendamment des caractéristiques physiques de cet accès, ce sont ces débits qui sont communiqués au consommateur en application du 3° de l'article 6. Le cas échéant, ils sont limités aux seuils de l'offre définis au contrat.

Si au contraire, les débits permis par la ou les technologies utilisées dépendent des caractéristiques physiques de l'accès, en particulier la distance entre l'équipement de réseau situé chez le consommateur et l'équipement de réseau actif le plus proche parmi ceux localisés à l'extérieur de son logement, le fournisseur de services communique une estimation effectuée sur la base d'informations publiques en tenant compte des perturbations qu'il peut raisonnablement anticiper. Cette estimation est accompagnée d'une mention précisant les conditions dans lesquelles elle est effectuée.

En particulier, s'agissant des accès supportés par le réseau de cuivre, le calcul de cette estimation est effectué conformément à la méthode suivante :

1. Le fournisseur calcule l'atténuation théorique à 300 kHz à partir de la longueur de la ligne, entre le palier du logement du consommateur et l'équipement de réseau actif le plus proche parmi ceux localisés à l'extérieur de son logement, et de sa section, en respectant les règles suivantes :

a) 15 dB/km pour une section de 4/10 mm ;

b) 12,4 dB/km pour une section de 5/10 mm ;

c) 10,3 dB/km pour une section de 6/10 mm ;

d) 7,9 dB/km pour une section de 8/10 mm ;

e) 1,5 dB pour les connexions (branchement, jarretiérage).

2. Le fournisseur identifie la valeur minimale, *x*, et la valeur maximale, *y*, associées à cette atténuation et à la technologie ou aux technologies communiquées en application du 1° de l'article 6, conformément au tableau ci-dessous, en les limitant*[,]* le cas échéant, aux seuils de l'offre définis au contrat :

ATTÉNUATION (dB)	TECHNOLOGIES VDSL (Mb/s)				TECHNOLOGIES ADSL (Mb/s)			
	Montant		Descendant		Montant		Descendant	
	x	*y*	*x*	*y*	*x*	*y*	*x*	*y*
[0-8]	4	12	20	70	0,5	1	12	20
]8-14]	1	10	15	40	0,5	1	10	15
]14-21]	0,5	1	8	12	0,5	1	8	12
]21- 30]	0,5	1	4	12	0,5	1	4	12
]30-43]	0,5	1	2	8	0,5	1	2	8
]43-65]	0,5	1	0,25	5	0,5	1	0,25	5
]65-78]	0,5	1	0	2	0,5	1	0	2

3. Le fournisseur de services communique au consommateur, pour le débit montant et descendant, l'information qu'il sera, en général, compris entre x et y. Si à la fois des technologies VDSL et ADSL sont susceptibles d'être utilisées sur la ligne du consommateur, et si les estimations de débit sont différentes pour les deux types de technologies, le fournisseur de services communique au consommateur les éléments suivants, dans cet ordre :

a) L'estimation relative aux technologies ADSL ;

b) L'information selon laquelle il est possible qu'il soit en mesure de faire bénéficier le consommateur des performances des technologies VDSL et l'offre commerciale ou les équipements qui lui permettrait d'accéder au VDSL ;

c) L'estimation relative aux technologies VDSL.

4. Les estimations précédentes sont directement suivies de la mention ci-dessous :

"Cette évaluation est effectuée selon une méthodologie fixée par les pouvoirs publics et commune à tous les opérateurs. Le débit dont vous disposerez pourra être différent compte tenu de nombreux autres éléments. Pour plus d'information, veuillez visiter notre espace d'information en ligne."

II. INFORMATIONS COMPLÉMENTAIRES RELATIVES AUX SERVICES AUDIOVISUELS PRIORITAIRES SUR L'ACCÈS À L'INTERNET

Les informations visées au 6° de l'article 6 sont complétées par une mention ainsi rédigée : "Le débit utilisé par chaque chaîne regardée ou enregistrée varie en fonction de la chaîne, de la qualité de l'image et des méthodes de transmission utilisées notamment par votre opérateur. Une chaîne en simple définition nécessite généralement un débit descendant compris entre 2Mb/s et 4Mb/s et une chaîne en haute définition un débit descendant compris entre 5Mb/s et 8Mb/s."

Arrêté du 31 décembre 2013,

Relatif à l'information tarifaire des offres de services de communications électroniques commercialisées sous la forme de cartes prépayées et de forfaits bloqués.

Art. 1er **Le présent arrêté est applicable aux offres de services de communications électroniques intégralement prépayées au sein desquelles est inclus un volume limité de consommation duquel sont décomptées les utilisations de différents services, selon un barème spécifique à chacun de ces services.**

Pour l'application du présent arrêté, le volume de consommation mentionné au premier alinéa est désigné par l'expression : "crédit de communication".

Pour l'application du présent arrêté, on entend par communication électronique locale une communication interpersonnelle nationale effectuée depuis le territoire sur lequel l'opérateur est déclaré et, s'agissant des communications téléphoniques ou par messages textuels, à destination de ce même territoire.

Art. 2 **Les communications électroniques locales suivantes font l'objet d'une information tarifaire dont les modalités sont précisées aux articles 3 à 5 :**

— les communications téléphoniques ;
— les messages textuels interpersonnels ;
— les communications de données.

Art. 3 **Tout document commercial ou contractuel relatif à une offre visée à l'article 1er et mentionnant le crédit de communication comporte, pour les services cités dans la publicité et ceux visés à l'article 2, quand l'utilisation de ces services implique le décompte du crédit de communication, les règles de décompte associées à ces services ou, pour chacun de ces services, la quantité maximale pouvant être consommée au sein du crédit de communication.**

Art. 4 **L'information visée aux articles 2 et 3 apparaît sur le support de manière distincte des mentions rectificatives et légales. Elle ne figure pas en note de bas de page.**

Si l'offre permet au consommateur de choisir entre plusieurs règles de décompte du crédit de communication et si le support ne permet pas d'afficher toutes ces règles, les obligations au titre du présent article ne s'appliquent que pour l'une des règles de décompte mises en avant dans la publicité.

Art. 5 **Quand le support de la publicité n'est pas écrit ou que son format ne permet pas une information dans les conditions définies aux articles 3 et 4, l'information est effectuée par un renvoi vers un serveur vocal gratuit ou vers une page dédiée à cette information sur le site internet de l'opérateur.**

Art. 6 **L'opérateur met gratuitement à la disposition du consommateur un dispositif de suivi en temps réel du niveau du crédit de communication.**

Art. 7 **Les dispositions du présent arrêté entrent en vigueur le 1er avril 2014.**

Arrêté du 31 décembre 2013,

Relatif aux factures des services de communications électroniques et à l'information du consommateur sur la consommation au sein de son offre.

Art. 1er **I. — Les prestations de services de communications électroniques donnent lieu, avant paiement, à la délivrance gratuite et simultanée des documents et informations suivants au titulaire du contrat :**

a) **Une facture ;**

b) **Une facture détaillée ;**

c) **Des informations sur son offre et les consommations effectuées accessibles en ligne sur un espace personnel, dans le respect de la loi du 6 janvier 1978 susvisée** *[nº 78-17, relative à l'informatique, aux fichiers et aux libertés]* **; ces informations sont listées au 1 de l'annexe.**

II. — Pour les offres d'abonnements ne donnant accès qu'à des services prépayés, un document unique peut être délivré dans les conditions définies au 2 de l'annexe, à la place des factures.

Art. 2 Les dispositions du présent arrêté ne sont pas applicables aux offres sans abonnement intégralement prépayées.

Art. 3 I. — Les factures et les factures détaillées sont mises gratuitement à la disposition du consommateur sur support durable dès leur émission. La mise à disposition est notifiée sans délai au titulaire de la ligne et la notification mentionne le montant total à payer.

II. — Lors de la souscription, le consommateur est informé de la nature du support, papier ou dématérialisé, sur lequel ses factures seront émises et, si plusieurs supports sont disponibles, de la possibilité de demander un autre support que celui proposé par l'opérateur.

III. — Sur simple demande du titulaire, qui peut être effectuée par tout moyen et à tout moment, y compris lors de la souscription, les factures à venir lui sont adressées gratuitement sur support papier, à la place du support dématérialisé proposé par l'opérateur. Si la demande intervient en cours de contrat, elle est prise en compte dix jours ouvrés après la date de cette demande.

IV. — Le titulaire qui reçoit sa facture sous format papier peut demander, par tout moyen, que lui soit communiquée gratuitement sous format papier toute facture détaillée comportant des communications effectuées lors de l'un des douze derniers mois, sous réserve qu'il ne l'ait pas déjà reçue sous ce format. Elle lui est adressée dans un délai maximum *[maximal]* de dix jours ouvrés.

V. — A la demande expresse du titulaire, la facture détaillée indique les quatre derniers chiffres des numéros appelés, conformément à l'article D. 98-5 du code des postes et des communications électroniques. Si la demande intervient en cours de contrat, elle est prise en compte dix jours ouvrés après la date de cette demande.

VI. — Un relevé détaillé des communications effectuées au cours de l'un des douze derniers mois, sur lequel les numéros appelés comprennent les quatre derniers chiffres, est mis à la disposition du consommateur sur support durable, sur simple demande, dans un délai maximum *[maximal]* de deux mois. Sur simple demande du titulaire, ce relevé lui est adressé sur support papier, à la place du support dématérialisé proposé par l'opérateur.

1. Légalité de l'Arr. du 31 déc. 2013. En prévoyant que les prestataires de services de communications électroniques, qui sont par ailleurs soumis aux prescriptions du 1 du II de l'art. D. 98-5 CPCE, auront l'obligation de délivrer gratuitement au consommateur, avant tout paiement, et sur support papier s'il en fait la demande, les factures et les factures détaillées de consommation de ces services, le ministre chargé de l'économie s'est borné à déterminer des modalités d'information du consommateur sur les prix et les conditions particulières de vente des services de communications électroniques, de telle sorte qu'il a pu compétemment prendre l'arrêté attaqué sur le fondement des dispositions de l'anc. art. L. 113-3 C. consom. • CE 31 oct. 2014 : *Dalloz actualité, 7 nov. 2014, obs. Pastor ; RJDA 2015, n° 53.*

2. Support papier. Les dispositions du II de l'art. D. 98-5 CPCE – qui se bornent à garantir le droit du consommateur à recevoir, à titre gratuit, des factures non détaillées et, sur sa demande, des factures détaillées – n'ont ni pour objet ni pour effet d'imposer aux prestataires de services de communications électroniques la fourniture de factures sur un support plutôt que sur un autre. Dès lors, le moyen tiré de ce que l'Arr. du 31 déc. 2013 méconnaîtrait ces dispositions, en tant qu'il fait obligation aux opérateurs de communications électroniques de mettre à disposition et d'adresser gratuitement au consommateur ses factures et ses factures détaillées sur support papier, ne peut, par suite, qu'être écarté. • CE 31 oct. 2014 : *préc. note 1.*

3. Libre concurrence. La circonstance que l'arrêté attaqué ait pour conséquence une aggravation des charges d'exploitation des sociétés requérantes ainsi que la remise en cause de certaines de leurs offres commerciales est sans incidence sur sa légalité. • CE 31 oct. 2014 : *préc. note 1.* ♦ Si, aux termes de son art. 2, les dispositions de l'arrêté ne sont pas applicables aux offres sans abonnement intégralement prépayées, il convient toutefois de constater que le consommateur d'une offre de services de communications électroniques avec abonnement est placé dans une situation différente de celle du consommateur d'une offre de services de communications électroniques sans abonnement intégralement prépayée qui, au demeurant, est également réglementée par un autre Arr. du 31 déc. 2013. • Même décision.

Art. 4 La facture comprend, en plus des éléments d'identification et des informations listés au 3 de l'annexe, les montants suivants :

a) Le montant total toutes taxes comprises à payer et le montant hors taxe correspondant ;

b) Le montant total toutes taxes comprises des services délivrés par l'opérateur et le montant hors taxe correspondant;

c) Le montant total toutes taxes comprises des services délivrés par des tiers et le montant hors taxe correspondant.

Art. 5 I. — La facture comprend une section dédiée aux services délivrés par l'opérateur divisée en trois rubriques distinctes :

a) Abonnements, forfaits et options;

b) Communications;

c) Autres services et produits de l'opérateur.

II. — La facture comprend une section dédiée aux services délivrés par des tiers qui se subdivise en deux rubriques distinctes :

a) Abonnements souscrits auprès des tiers;

b) Services ponctuels des tiers.

III. — Ces cinq rubriques listent les catégories de services ou de produit payés comme précisé par les dispositions du 4 de l'annexe.

Art. 6 I. — La facture détaillée reprend chacune des sections, rubriques et catégories figurant sur la facture, dans le même ordre, avec les mêmes intitulés et en rappelant les montants toutes taxes comprises à payer ou, le cas échéant, la mention "inclus".

II. — La facture détaillée comprend, sous l'intitulé de chaque catégorie, la liste exhaustive des communications effectuées, services et produits fournis par l'opérateur, ou par des tiers, qui relèvent de cette catégorie comme précisé aux 5 et 6 de l'annexe.

Art. 7 Les termes mentionnés dans les factures, les factures détaillées et l'espace en ligne pour caractériser les différentes prestations ou produits fournis donnent lieu à un avis du Conseil national de la consommation. Ils sont utilisés conformément aux définitions retenues. Les quantités utilisées le sont conformément au 7 de l'annexe.

Art. 8 L'arrêté du 1er février 2002 relatif aux factures des services téléphoniques est abrogé à compter du 1er avril 2015 à l'exception de son article 14*[,]* qui est abrogé à compter du 10 janvier 2014. — *V. Arr. préc. au* ***C. consom.****, éd. 2014 et antérieures.*

Art. 9 Le présent arrêté entre en vigueur le 10 janvier 2014 à l'exception des dispositions du I de l'article 1er et des articles 4 à 7 et des dispositions de l'annexe auxquelles ils renvoient qui sont applicables au 1er avril 2015.

ANNEXE

1. ESPACE PERSONNEL EN LIGNE

I. — Les informations devant figurer sur l'espace en ligne en application du *c* du I de l'article 1er comprennent :

a) L'information relative au support sur lequel sont mises à disposition la facture et la facture détaillée ainsi que le moyen d'y accéder;

b) S'il existe, le numéro d'identification de la ligne utilisée pour tester son éligibilité aux différents services;

c) Une fiche d'information standardisée de l'offre souscrite dont le contenu et l'organisation sont conformes à un avis du Conseil national de la consommation;

d) Le montant total toutes taxes comprises des frais et pénalités à payer en cas de résiliation ou un renvoi vers un outil de calcul permettant d'estimer ce montant;

e) Si l'opérateur commercialise des terminaux verrouillés, un renvoi vers les informations nécessaires pour déverrouiller son terminal;

f) Les coordonnées du médiateur institué en application de l'article *(Ord. no 2016-301 du 14 mars 2016, art. 2, en vigueur le 1er juill. 2016)* « L. 224-41 » du code de la consommation et la procédure pour le saisir.

II. — Ces informations comprennent également un récapitulatif des quantités de communications réalisées sur les trois derniers mois.

Ce récapitulatif inclut les quantités mensuelles des communications électroniques effectuées, distinguées par zone tarifaire d'émission et de destination. Il inclut également les communications téléphoniques reçues, distinguées par zone tarifaire de réception, quand elles ne sont ni gratuites ni incluses dans un forfait illimité.

Les communications su vantes, même si elles sont décomptées d'un même forfait, sont présentées distinctement au sein de ce récapitulatif :

— les communications nationales et les communications internationales ;

— les communications téléphoniques émises et les communications téléphoniques reçues.

Les communications de données au sein d'un forfait d'accès illimité à l'internet peuvent ne pas être mentionnées.

2. DOCUMENT UNIQUE

I. — Si tous les services inclus dans l'offre sont prépayés, l'opérateur peut émettre, à la place de la facture, un document unique récapitulant les paiements à venir pour les vingt-quatre prochains mois ou une période inférieure.

II. — Ce document est communiqué dans les mêmes conditions que la facture. Un nouveau document est délivré à l'occasion de toute modification du tarif de l'offre ou de la période minimale d'exécution du contrat.

III. — Il comporte les éléments suivants :

a) Les montants toutes taxes comprises à payer pendant la période couverte, les montants hors taxes correspondants et les dates limites de paiement associées ;

b) Les informations et éléments d'identification devant figurer sur la facture en application du 3 de l'annexe ;

c) Celles devant figurer sur la facture en application de dispositions législatives, en particulier la date de fin d'engagement si le contrat comporte une clause imposant une durée minimale d'exécution.

IV. — Les sommes payées à l'occasion de la résiliation donnent lieu à l'émission d'une facture reprenant, outre le montant total toutes taxes comprises à payer, le montant hors taxe et les informations et éléments d'identification définis au 3 de l'annexe.

V. — En haut de la première page, le document unique comporte une mention claire et lisible informant le consommateur de la possibilité de résilier le contrat à tout moment, le cas échéant, y compris avant la fin de la période minimale d'exécution du contrat, sous réserve du paiement des frais ou pénalités prévus au contrat conformément à la législation en vigueur. Cette mention l'informe également de l'émission d'une facture en vue du paiement des sommes mentionnées au IV.

VI. — S'il existe un dispositif de report, en début de chaque période de report, l'opérateur communique à l'utilisateur, a quantité reportée au titre de la période précédente ainsi que la quantité utilisable pour la période à venir.

3. ÉLÉMENTS D'IDENTIFICATION DE LA FACTURE

I. — La facture comporte les éléments d'identification suivants :

a) Le nom, l'adresse, le capital et le numéro d'inscription au registre du commerce et des sociétés (RCS) de l'opérateur de communications électroniques ;

b) Les conditions d'accès au service ou à l'organisme gestionnaire de la facture auquel le consommateur peut s'adresser, notamment les coordonnées postales, téléphoniques ou électroniques, les horaires d'ouverture et les tarifs d'accès à ces services ;

c) Le nom et l'adresse du ou des titulaires prévus au contrat ;

d) Le nom de l'utilisateur ou les noms des utilisateurs prévus au contrat, si le titulaire ou les titulaires du contrat en font la demande ;

e) Le cas échéant, pour chaque ligne, le numéro ou les numéros de la ligne téléphonique ;

f) L'identifiant client propre à l'opérateur s'il existe ;

g) L'adresse de fourniture du service si celle-ci est différente de l'adresse de facturation ;

h) La date d'émission, la date limite de paiement et le numéro de la facture.

II. — La facture indique également le ou les moyens simples et gratuits par lesquels le client peut accéder à l'ensemble des tarifs appliqués ainsi que les modalités d'accès aux documents et informations mentionnés aux *b* et *c* du I de l'article 1er, quand ces documents et informations ne sont pas fournis avec la facture.

III. — S'il existe un dispositif de report, la facture indique également la quantité reportée au titre de la période de référence précédente ainsi que la quantité utilisable pour la période à venir.

4. CONTENU DE LA FACTURE

I. — Chaque rubrique de la facture regroupe des catégories de services ou de produits. Chaque catégorie est présentée sur une ou plusieurs lignes distinctes sur laquelle ou lesquelles sont mentionnés :

a) L'intitulé commercial de la catégorie de services ou de produits ;

b) Les dates de début et de fin de la période de référence au titre de laquelle les services ou les produits sont facturés ;

c) La quantité de produits ou services souscrits relevant de cette catégorie et, si elle différente, la quantité consommée ;

d) Le montant toutes taxes comprises à payer ainsi que le taux de TVA applicable si une TVA est applicable ;

e) Les promotions et les remises éventuelles si le service ou le produit est fourni par l'opérateur.

II. — La rubrique "abonnements, forfaits et options" regroupe l'ensemble des prestations payantes ou gratuites pendant une période limitée correspondant à des abonnements, des forfaits ou des options souscrits auprès de l'opérateur.

III. — La rubrique "communications" regroupe l'ensemble des communications électroniques constatées sur la période de facturation à l'exception des communications téléphoniques à destination des numéros gratuits pour tous les appelants et des communications de données au sein d'un forfait d'accès illimité à l'internet.

Font l'objet de catégories dédiées les communications suivantes :

a) Celles incluses dans chaque forfait ou crédit de communication, y compris illimité ;

b) Celles décomptées au-delà de ces forfaits pour chacun d'entre eux ;

c) Celles décomptées en dehors des forfaits en les distinguant par zones tarifaires géographiques pour l'émission, la destination ou la réception de la communication ;

d) Celles permettant de solliciter ou d'accéder à des services délivrés par des tiers quand elles sont facturées différemment des autres communications ;

e) Celles facturées au titre du dépassement de seuil d'utilisation des services.

IV. — La rubrique "autres services et produits de l'opérateur" comprend tous les services et produits payants fournis par l'opérateur et n'entrant pas dans les rubriques définies aux II et III ci-dessus.

V. — Les rubriques "abonnements souscrits auprès des tiers" et "services ponctuels des tiers" comprennent les paiements effectués au bénéfice de tiers, pour les services ou produits qu'ils ont fournis, et facturés au titulaire par l'opérateur.

Font l'objet de catégories dédiées les services ou produits suivants :

a) Ceux facturés au titre d'une communication à destination d'un numéro à tarification majorée ;

b) Ceux facturés au titre d'une communication par message textuel ;

c) Ceux facturés au titre d'une communication par message multimédia.

VI. — Si l'opérateur collecte des sommes pour le compte de tiers, ces dernières figurent sur la facture au sein d'une section supplémentaire dédiée. Cette section comprend deux rubriques conformes aux prescriptions du I et du V ci-dessus à l'exception de l'obligation de mentionner le taux de TVA et les montants hors taxe ; dans ce cas, la facture peut ne pas mentionner le montant total hors taxe.

VII. — Si l'une des sections ou rubriques de la facture ne contient aucun élément, elle peut ne pas être mentionnée.

Lorsque la période de référence au titre de laquelle les services ou produits sont facturés est unique, celle-ci peut n'être mentionnée qu'une seule fois pour la rubrique, la section ou la facture concernée.

Lorsque le taux de TVA est unique, celui-ci peut n'être mentionné qu'une seule fois pour la rubrique, la section ou la facture concernée.

Si la facture est émise au titre de l'utilisation de plusieurs lignes téléphoniques, elle reproduit les éléments devant figurer sur la facture pour chacune de ces lignes.

5. FACTURE DÉTAILLÉE (LISTE DES SERVICES ET PRODUITS DE L'OPÉRATEUR)

I. — La facture détaillée comprend, pour chaque communication :

a) La date et l'heure du début de communication, de la session ou l'heure d'envoi du message ;

b) Le cas échéant, le numéro joint, dans le respect des dispositions de la loi n° 78-17 du 6 janvier 1978 modifiée ;

c) Les zones tarifaires géographiques ou pays d'émission, de réception et de destination de la communication ;

d) La quantité consommée dans son unité de référence et, si elle est différente, la quantité facturée ;

e) Les options, remises ou promotions éventuelles s'y appliquant ;

f) Le montant toutes taxes comprises à payer.

II. — Elle comprend, pour chaque autre service ou produit fourni par l'opérateur :

a) La date et l'heure de l'achat ;

b) L'intitulé commercial du service souscrit ou du produit acheté ;

c) Le montant toutes taxes comprises à payer.

III. — Les catégories de services et produits suivants peuvent ne pas figurer sur la facture détaillée :

a) Les communications électroniques au sein des forfaits illimités, sauf en cas de facturation au titre du dépassement de seuil de consommation fixé au contrat ;

b) Les communications de données intégralement prépayées si un dispositif de suivi de la consommation accessible depuis le terminal de l'utilisateur est fourni gratuitement par l'opérateur ;

c) Les produits ou services ponctuels autres que de communications électroniques pour lesquels la date d'achat figure sur la facture.

6. FACTURE DÉTAILLÉE (LISTE DES SERVICES ET PRODUITS DES TIERS)

I. — La facture détaillée comprend la liste des paiements au bénéfice de tiers avec pour chacun d'entre eux :

a) Le nom du fournisseur du service ou du produit si celui-ci n'est pas facturé au titre d'une communication téléphonique ou d'un message textuel ;

b) Le numéro appelé, si le service est facturé au titre d'une communication téléphonique ou d'un message textuel, sans les quatre derniers chiffres, à moins que le client ait expressément demandé que tous les chiffres soient indiqués conformément à l'article D. 98-5 du code des postes et des communications électroniques ;

c) La date et l'heure d'achat ou, si le paiement est effectué au titre d'un appel, la date et l'heure du début de la communication et la durée de cette dernière ;

d) Le prix total toutes taxes comprises du service, hors prix éventuel de la communication.

Ces paiements sont classés en fonction du nom du fournisseur, lequel peut n'être mentionné qu'une seule fois pour l'ensemble des paiements concernés.

II. — La facture détaillée comporte une mention informant le consommateur des moyens à sa disposition pour contacter le fournisseur et, le cas échéant, de résilier ses abonnements.

Le nom du fournisseur visé au I peut être remplacé par un identifiant. Dans ce cas, la mention visée au précédent alinéa informe également le consommateur des moyens à sa disposition pour identifier ce fournisseur. Elle informe également le consommateur des moyens à sa disposition pour identifier le fournisseur à partir du numéro appelé, pour les services facturés au titre d'une communication téléphonique ou d'un message textuel.

Si le consommateur n'a pas expressément demandé que tous les chiffres des numéros appelés figurent sur la facture détaillée la facture détaillée rappelle que cette demande peut être effectuée par tout moyen et que le consommateur peut également obtenir un relevé détaillé des communications effectuées au cours de l'un des douze derniers mois, sur lequel les numéros appelés comprennent les quatre derniers chiffres.

III. — La facture détaillée couvrant le début d'un abonnement auprès d'un tiers mentionne, en *tête de la liste des paiements associés,* la date et l'heure de la souscription accompagnée de la mention "souscription".

IV. — Si le paiement au bénéfice d'un tiers implique la facturation de communications par l'opérateur la facture détaillée comprend, au sein de la liste des paiements au bénéfice des tiers, une mention rappelant le prix unitaire de ces communications.

7. UNITÉS

Lorsque les quantités mentionnées sur la facture et la facture détaillée ou l'espace en ligne sont des durées de communications, celles-ci sont exprimées en heures, minutes et secondes.

Si ces quantités sont des quantités de données, celles-ci sont exprimées en un multiple de l'octet. Elles ne peuvent être arrondies au-delà du pas de facturation.

Les dates et heures figurant sur la facture détaillée sont exprimées en jours, mois, heures, et minutes.

Arrêté du 14 octobre 2015,

Relatif aux objectifs de qualité de service fixés à La Poste pour 2015, 2016 et 2017 au titre de l'offre de service universel que La Poste est tenue d'assurer en application de l'article L. 2 du code des postes et des communications électroniques.

*Sur les objectifs de qualité de service pour 2009, V. Arr. du 8 juin 2009. — **C. consom.**, éd. 2011. — Sur les objectifs de qualité de service pour 2011 et 2012, V. Arr. du 30 janv. 2012. — **C. consom.**, éd. 2013. — Sur les objectifs de qualité de service pour 2013, V. Arr. du 2 août 2013. — **C. consom.**, éd. 2014. — Sur les objectifs de qualité de service pour 2014, V. Arr. du 22 oct. 2014. — **C. consom.**, éd. 2015.*

Art. 1er **Les jours de dépôt et de distribution s'entendant en jours ouvrables, les indicateurs et objectifs de qualité de service assignés à La Poste sont définis dans le tableau en annexe.**

Les mesures de la qualité de service correspondant à ces indicateurs et objectifs respectent les règles suivantes :

1° Les mesures de qualité de service de la Lettre prioritaire, de la Lettre verte et du courrier transfrontière communautaire sont effectuées conformément à la norme européenne EN 13850.

2° La mesure de la qualité de service de la Lettre recommandée est effectuée selon une méthode informatisée, explicitée, auditable et s'appliquant à une base la plus exhaustive possible. Le délai d'acheminement est calculé en comparant, pour chaque envoi, d'une part, sa date d'enregistrement dans le système de suivi lors de sa prise en charge par La Poste, et d'autre part, sa date d'enregistrement dans le système de suivi de la première tentative de distribution.

3° La mesure de la qualité de service des avis de réception de la Lettre recommandée est effectué *[effectuée]* **selon une méthode informatisée, explicitée et auditable.**

Le délai de distribution est calculé en comptant, pour chaque envoi, le nombre de jours écoulés entre la date de flashage associée à la distribution de la Lettre recommandée enregistrée dans le système de suivi et la date de flashage associée au passage des avis de réception dans les plates-formes industrielles Courrier de traitement Arrivée enregistrée dans le système de suivi.

4° La mesure de la qualité de service du Colissimo guichet est effectué *[effectuée]* **selon une méthode informatisée, explicitée et auditable.**

Art. 2 **La méthode de mesure du traitement des réclamations est conforme aux principes préconisés dans la norme européenne EN 14012.**

Le taux de réponse aux réclamations dans un délai de 21 jours concernant le courrier domestique est fixé à 96 % pour 2015, 97 % pour 2016 et 98 % pour 2017.

Le taux de réponse aux réclamations dans un délai de 21 jours concernant le colis domestique est fixé à 96 % pour 2015, 97 % pour 2016 et 98 % pour 2017.

Art. 3 **1° La mesure du taux de mise en œuvre des contrats concernant le service de réexpédition en ligne est effectuée selon une méthode informatisée, explicitée et auditable.**

Le taux de mise en œuvre des contrats dans un délai de 48 heures concernant le service de réexpédition en ligne est fixé à 90 % pour 2015, 91 % pour 2016 et 92 % pour 2017.

2° La mesure du taux de rétablissement du service suite aux dysfonctionnements signalés concernant le service de réexpédition est effectuée selon une méthode informatisée, explicitée et auditable.

Le taux de rétablissement du service suite aux dysfonctionnements signalés concernant le service de réexpédition est fixé à 95 % en 48 heures pour 2015, 2016 et 2017.

Art. 4 **L'arrêté du 22 octobre 2014 susvisé est abrogé en ce qu'il concerne la seule année 2015.** — *V. **C. consom.**, éd. 2015.*

ANNEXE

OBJECTIFS DE QUALITÉ DE SERVICE AU TITRE DE L'OFFRE DE SERVICE UNIVERSEL POSTAL POUR 2015, 2016 ET 2017

	2015 Objectifs	2016 Objectifs	2017 Objectifs
Lettre prioritaire			
Taux de distribution en J + 1	> 85 %	> 85 %	> 85 %
Délais excessifs (distribution au-delà de J + 3)	< 1 %	< 1 %	< 1 %
Lettre verte			
Taux de distribution en J + 2	93,5 %	93,75 %	94 %
Délais excessifs (distribution au-delà de J + 4)	< 1 %	< 1 %	< 1 %
Lettre recommandée			
Taux de distribution en J + 2	95 %	95 %	95 %
Délais excessifs (distribution au-delà de J + 4)	< 1 %	< 1 %	< 1 %
Taux de distribution des avis de réception en J + 2	86 %	87 %	88 %
Courrier transfrontière (import)			
Taux de distribution en J + 3	90 %	90 %	90 %
Taux de distribution en J + 5	97 %	97 %	97 %
Colissimo guichet			
Taux de distribution en J + 2 avec affranchissement guichet (simple ou recommandé)	89,5 %	90 %	91 %
Taux de distribution en J + 2 avec affranchissement électronique (simple ou recommandé)	90 %	91 %	92 %
Délais excessifs (distribution au-delà de J + 4)	< 1,5 %	< 1,5 %	< 1,5 %

Règlement (UE) 2017/1128 du Parlement européen et du Conseil du 14 juin 2017,

Relatif à la portabilité transfrontalière des services de contenu en ligne dans le marché intérieur.

PRIX

Code civil

Art. 1591 Le prix de la vente doit être déterminé et désigné par les parties.

Pour des références bibliographiques et des annotations de jurisprudence afférentes, V. C. civ.

Code monétaire et financier

Art. L. 112-5 En cas de paiement en billets et pièces, il appartient au débiteur de faire l'appoint. – *[Décr. 22 avr. 1790, art. 7.]*

BIBL. ▶ LASSERRE CAPDEVILLE, *Banque et Droit mars-avr. 2008. 6* (vers un rétrécissement du droit de payer en espèces ?). – NOBLOT, *CCC 2013. Formule 5* (clauses restrictives des modes de paiement dans les contrats de consommation).

1. Parcmètre. Fait une exacte application de l'art. 7 du Décr. du 22 avr. 1790 et de l'art. 1243 C. civ. la cour d'appel qui énonce que l'usager d'un parcmètre est tenu de se conformer aux modalités de paiement fixées par l'autorité publique. • Crim. 27 oct. 1993 : *Bull. crim. n° 317.* ♦ Pour l'utilisation obligatoire d'une carte prépayée (Paris-carte), V. • Crim. 26 avr. 2006 : *Bull. crim. n° 114 ; D. 2006. IR 1632 ; AJ pénal 2006. 309, obs. Céré ; AJDA 2006. 2011, note Lombard ; RSC 2007. 87, obs. Mascala ; Gaz. Pal. 2006. 4044, obs. Y. M. ; RD banc. fin. 2006, n° 153, obs. Crédot et Samin ; RJDA 2006, n° 1263 ; Dr. pénal 2006, n° 111, obs. J.-H. Robert* • 13 juin 2007 : *Dr. pénal 2007, n° 137, obs. J.-H. Robert.* – V. aussi • Crim. 23 janv. 2013 : *Bull. crim. n° 28 ; Dalloz actualité, 11 mars 2013, obs. Bombled ; D. 2013. Actu. 506 ; Banque et Droit mai-juin 2013. 49, obs. Lasserre Capdeville ; Dr. pénal 2013, n° 57, obs. J.-H. Robert.* • 5 févr. 2013 : *Bull. crim. n° 37 ; Dalloz actualité, 19 mars 2013, obs. Bombled ; D. 2013. Actu. 568 ; Dr. pénal 2013, n° 57, obs. J.-H. Robert.* ♦ ... Ou de la carte Monéo, V. • TA Paris, 29 sept. 2004 : *n° 0317958/3.*

2. Appoint. Viole l'art. L. 112-5 C. mon. fin. l'arrêt qui énonce que cet article, qui impose au débiteur de faire l'appoint, ne justifie pas le refus d'un directeur de supermarché d'accepter en paiement un billet de 500 € présenté par un client et de rendre la monnaie. • Crim. 14 déc. 2005 : *Bull. crim. n° 334 ; D. 2006. AJ 498, obs. Avena-Robardet ; RTD com. 2006. 501, obs. Bouloc ; RSC 2006. 309, obs. Vermeille ; ibid. 607, obs. J.-P. Delmas Saint-Hilaire ; JCP E 2006, n° 23, p. 993, note Kenfack et de Lamy ; Dr. pénal 2006, n° 57, obs. Véron ; RJDA 2006, n° 695.*

Code pénal

Art. R. 642-3 **Le fait de refuser de recevoir des pièces de monnaie ou des billets de banque ayant cours légal en France selon la valeur pour laquelle ils ont cours est puni de l'amende prévue pour les contraventions de la 2e classe.**

(Abrogé par Décr. n° 2010-671 du 18 juin 2010, art. 4) ***« Les personnes morales peuvent être déclarées responsables pénalement, dans les conditions prévues par l'article 121-2, de l'infraction définie au présent article.***

« La peine encourue par les personnes morales est l'amende, suivant les modalités prévues par l'article 131-41. »

Acceptation des espèces. Se rend coupable de la contravention prévue par l'art. R. 642-3 une société créancière n'acceptant aucun règlement en numéraire, le débiteur n'étant donc pas en mesure d'effectuer un paiement en billets et pièces ni même de s'acquitter de l'obligation de faire l'appoint. • Crim. 3 oct. 2007 : *Bull. crim. n° 235 ; D. 2007. AJ 2803, obs. Avena-Robardet ; RTD com. 2008. 432, obs. Bouloc ; AJ pénal 2007. 538 ; RJDA 2008, n° 187 ; Dr. et patr. mars 2008. 74, obs. Mattout et Prüm.*

Code de commerce

Prix abusivement bas

RÉP. COM. v° *Ventes réglementées*, par RETTERER.

Art. L. 420-5 **Sont prohibées les offres de prix ou pratiques de prix de vente aux consommateurs abusivement bas par rapport aux coûts de production, de transformation et de commercialisation, dès lors que ces offres ou pratiques ont pour objet ou peuvent avoir pour effet d'éliminer d'un marché ou d'empêcher d'accéder à un marché une entreprise ou l'un de ses produits.**

(L. n° 2017-256 du 28 févr. 2017, art. 64) **« En Guadeloupe, en Guyane, en Martinique, à La Réunion et dans le Département de Mayotte, lorsque des denrées alimentaires identiques ou similaires à celles qui sont produites et commercialisées localement sont proposées aux consommateurs à des prix manifestement inférieurs à ceux pratiqués dans l'hexagone, la conclusion d'un accord entre les acteurs de l'importation et de la distribution, d'une part, et ceux de la production et de la transformation locales, d'autre part, peut être rendue obligatoire par le représentant de l'État dans le territoire. Celui-ci prend en compte les volumes de produits concernés, la situation économique des producteurs locaux et l'intérêt des consommateurs à très faibles revenus. Cet accord, dont la négociation est conduite sous l'égide de l'État et des collectivités compétentes en matière de développement économique, doit mentionner les opérations continues menées par la distribution afin d'offrir au consommateur des denrées produites localement ainsi que la politique**

menée par les producteurs locaux afin de satisfaire au mieux les besoins des consommateurs. L'accord est rendu public par arrêté préfectoral. En l'absence d'accord dans le délai de dix jours ouvrables à compter de l'ouverture des négociations, le représentant de l'État dans le territoire prend par arrêté toute mesure relevant de sa compétence et permettant de répondre aux objectifs précités. »

Les coûts de commercialisation comportent également et impérativement tous les frais résultant des obligations légales et réglementaires liées à la sécurité des produits.

Ces dispositions ne sont pas applicables en cas de revente en l'état, à l'exception des enregistrements sonores reproduits sur supports matériels *(L. nº 2005-882 du 2 août 2005, art. 45)* **« et des vidéogrammes destinés à l'usage privé du public ».** — *[Ord. nº 86-1243 du 1er déc. 1986, art. 10-1].*

BIBL. ▶ VOGEL, *CCC 1996, nº 144.* – SEMADENI, *Cah. dr. entr. 1996, nº 5, p. 8.* – MALAURIE-VIGNAL, *D. 1996. Chron. 361.* – TRAN THIET, RAKOTOVAO, FREGET et VITAL-DURAND, *CCC 1997. chron. 1.* – FOURNIER, *Cah. dr. entr. 1997, nº 1, p. 5.* – DUCHENET, *BID 1998, nºs 7-8, p. 77* (pratique des prix bas et abusivement bas). – MAINGUY, *Cah. dr. entr. 1998, nº 6, p. 23* (abus de droit dans les contrats soumis au droit de la concurrence). – KOVAR, *Cah. dr. entr. 1999, nº 5, p. 1* (pratique de prix abusivement bas et commercialisation des supports de sons). – BENOIT, *Dr. et patr., juin 2000. 62* (le droit de la concurrence est un droit de l'abus). – MALAURIE-VIGNAL, *CCC 2003, nº 142* (prix abusivement bas des produits agricoles et crise conjoncturelle). – DECOCQ, *CCE 2005, nº 175* (prohibition des prix abusivement bas des vidéogrammes). – PERROT, *RLC juill.-sept. 2006. 153* (les pratiques de prix bas sont-elles anticoncurrentielles ?). – WINCKLER, *ibid. 158* (prix bas : objectif ou abus ?).

1. Notion de prix abusivement bas. Admettant que le texte concerne les produits comme les prestations de services, V. • Cons. conc. nº 96-PB-01 du 27 nov. 1996 : *BOCC 8 janv. 1997.* ♦ Sur la détermination des coûts de référence pris en compte pour déterminer le caractère abusivement bas des prix pratiqués dans le secteur du disque, V. • Cons. conc. nº 98-PB-03 du 8 juill. 1998 : *BOCC 30 sept. 1998 ; Cah. dr. entr. 1999, nº 2, p. 33, obs. Mainguy, Grignon et Respaud.* ♦ V. aussi • Cons. conc. nº 98-PB-06 du 15 sept. 1998 : *BOCC 31 oct. 1998 ; D. Affaires 1999. 249, obs. A. M. ; Cah. dr. entr. 1999, nº 2, p. 33, obs. Mainguy, Grignon et Respaud.*

2. Notion de consommateur. Le consommateur visé est la personne physique ou morale qui, sans expérience particulière dans le domaine où elle contracte, agit pour la satisfaction de ses besoins personnels et utilise dans ce seul but, le produit ou le service acquis. • Paris, 3 juill. 1998 : *D. 1999. 249, note Chazal ; D. Affaires 1998. 1525, obs. A.M. ; Gaz. Pal. 1998. 2. Somm. 425 ; CCC 1998, nº 131, obs. Malaurie-Vignal ; LPA 28 juin 1999, obs. Mathey.* ♦ V. aussi, précisant qu'il doit s'agir du consommateur final : • Cons. conc. nº 01-D-81 du 19 déc. 2001 : *BOCC 28 févr. 2002.* ♦ Si un groupement, en tant que centrale de référencement agissant pour le compte de ses adhérents, peut être assimilé à l'utilisateur final du produit, son rôle fait de lui un professionnel averti sur le marché de la fourniture des produits pharmaceutiques, en sorte qu'il ne saurait être qualifié de consommateur au sens de l'art. L. 420-5. • T. com. Paris, 15 févr. 2007 : *CCC 2007, nº 236, obs. Malaurie-Vignal.* ♦ Un centre hospitalier dispose d'une compétence technique dans le domaine où il intervient, ce qui est incompatible avec la notion de consommateur au sens de l'art. L. 420-5. • Cons. conc. nº 08-D-01 du 18 janv. 2008 : *BOCC 26 juin 2008 ; JCP 2008. Act. 137 ; CCC 2008, nº 85, obs. Bosco ; RJDA 2008, nº 459.*

3. Exclusion des distributeurs. Jugeant que les prix pratiqués par des personnes exerçant une activité de distribution, c'est-à-dire de revente en l'état, ne tombent pas sous le coup de la prohibition édictée par l'art. L. 420-5, V. • Cons. conc. nº 04-D-33 du 19 juill. 2004 : *BOCC 9 déc. 2004 ; Lettre distrib. oct. 2004, p. 2.*

4. Éviction du marché. Dès lors qu'un distributeur est confronté à plusieurs reprises, et, à intervalles suffisamment rapprochés, à des ventes à prix bas de la part d'un ou plusieurs concurrents, alors que lui-même ne serait pas en mesure de pratiquer de tels prix aussi régulièrement sans remettre en cause l'équilibre de son entreprise, et s'il est établi que les prix en question constituent des prix abusivement bas, une telle situation peut aboutir à l'éviction du marché de ce distributeur. • Cons. conc. nº 98-PB-06 du 15 sept. 1998 : *préc. note 1.*

Dans l'hypothèse où une entreprise aurait pratiqué un prix de vente qui serait inférieur aux coûts variables, la preuve de la volonté d'éviction résulte de plein droit de la mise en œuvre de cette pratique si l'entreprise est en position dominante ; si l'entreprise n'est pas en position dominante, cette pratique constitue une présomption simple, ou indice de sa volonté d'éviction, qui doit être complétée par d'autres indices pour établir l'existence de cette volonté. • Cons. conc. nº 02-D-66 du 6 nov. 2002 : *BOCC 28 févr. 2003 ; CCC 2003, nº 74, obs. Malaurie-Vignal.*

Revente à perte

Art. L. 442-2 Le fait, pour tout commerçant, de revendre ou d'annoncer la revente d'un produit en l'état à un prix inférieur à son prix d'achat effectif est puni de 75 000 d'amende. Cette amende peut être portée à la moitié des dépenses de publicité dans le cas où une annonce publicitaire, quel qu'en soit le support, fait état d'un prix inférieur au prix d'achat effectif. *(L. n° 2008-3 du 3 janv. 2008, art. 1er-I)* « La cessation de l'annonce publicitaire peut être ordonnée dans les conditions prévues à l'article *(Ord. n° 2016-301 du 14 mars 2016, art. 2, en vigueur le 1er juill. 2016)* « L. 132-8 » du code de la consommation.

« Le prix d'achat effectif est le prix unitaire net figurant sur la facture d'achat, minoré du montant de l'ensemble des autres avantages financiers consentis par le vendeur exprimé en pourcentage du prix unitaire net du produit et majoré des taxes sur le chiffre d'affaires, des taxes spécifiques afférentes à cette revente et du prix du transport. — *V. note ss. art. L. 442-4 C. com.*

« Le prix d'achat effectif tel que défini au deuxième alinéa est affecté d'un coefficient de 0,9 pour le grossiste qui distribue des produits ou services exclusivement à des professionnels qui lui sont indépendants et qui exercent une activité de revendeur au détail, de transformateur ou de prestataire de services final. Est indépendante au sens de la phrase précédente toute entreprise libre de déterminer sa politique commerciale et dépourvue de lien capitalistique ou d'affiliation avec le grossiste. » — *Cet al. reprend le II de l'art. 47 de la L. n° 2005-882 du 2 août 2005, désormais abrogé (L. n° 2008-3 du 3 janv. 2008, art. 1er-II).*

Art. L. 442-3 *(L. n° 2008-3 du 3 janv. 2008, art. 9-II)* « Les personnes morales déclarées pénalement responsables de l'infraction prévue à l'article L. 442-2 encourent la peine mentionnée au 9° de l'article 131-39 du code pénal. »

La cessation de l'annonce publicitaire peut être ordonnée dans les conditions prévues à l'article *(Ord. n° 2016-301 du 14 mars 2016, art. 2, en vigueur le 1er juill. 2016)* « L. 132-8 » du code de la consommation. — *[Ord. n° 86-1243 du 1er déc. 1986, art. 32 (I), al. 3 et 4]. — V. note ss. art. L. 442-4.*

Art. L. 442-4 I. — Les dispositions de l'article L. 442-2 ne sont pas applicables :

1° Aux ventes volontaires ou forcées motivées par la cessation ou le changement d'une activité commerciale ;

(L. n° 2008-776 du 4 août 2008, art. 98-III, en vigueur le 1er janv. 2009) « 2° » Aux produits dont la vente présente un caractère saisonnier marqué, pendant la période terminale de la saison des ventes et dans l'intervalle compris entre deux saisons de vente ;

(L. n° 2008-776 du 4 août 2008, art. 98-III, en vigueur le 1er janv. 2009) « 3° » Aux produits qui ne répondent plus à la demande générale en raison de l'évolution de la mode ou de l'apparition de perfectionnements techniques ;

(L. n° 2008-776 du 4 août 2008, art. 98-III, en vigueur le 1er janv. 2009) « 4° » Aux produits, aux caractéristiques identiques, dont le réapprovisionnement s'est effectué en baisse, le prix effectif d'achat étant alors remplacé par le prix résultant de la nouvelle facture d'achat ;

(L. n° 2008-776 du 4 août 2008, art. 98-III, en vigueur le 1er janv. 2009) « 5° » Aux produits alimentaires commercialisés dans un magasin d'une surface de vente de moins de 300 mètres carrés et aux produits non alimentaires commercialisés dans un magasin d'une surface de vente de moins de 1000 mètres carrés, dont le prix de revente est aligné sur le prix légalement pratiqué pour les mêmes produits par un autre commerçant dans la même zone d'activité ;

(L. n° 2008-776 du 4 août 2008, art. 98-III, en vigueur le 1er janv. 2009) « 6° » A condition que l'offre de prix réduit ne fasse l'objet d'une quelconque publicité ou annonce à l'extérieur du point de vente, aux produits périssables à partir du moment où ils sont menacés d'altération rapide ;

(L. n° 2008-776 du 4 août 2008, art. 98-III, en vigueur le 1er janv. 2009) « 7° Aux produits soldés mentionnés à l'article L. 310-3. »

II. — Les exceptions prévues au I ne font pas obstacle à l'application du *(L. n° 2005-845 du 26 juill. 2005, art. 164-I)* « 2° de l'article L. 653-5 » et du 1 de l'article L. 654-2. — *[Ord. n° 86-1243 du 1er déc. 1986, art. 32 (II et III)].*

Les dispositions de l'art. 32 de l'Ord. n° 86-1243 du 1er déc. 1986, issues de la loi n° 96-588 du 1er juill. 1996, abrogées et codifiées par l'Ord. n° 2000-912 du 18 sept. 2000 aux art. L. 442-2 à L. 442-4, sont entrées en vigueur le 1er janv. 1997. Jusqu'à cette date, le régime de la revente à perte était défini par l'art. 1er de la loi n° 63-628 du 2 juill. 1963. — V. ce texte au ***C. consom.****, éd. 2011 et antérieures.*

I. PROTECTION DE L'INTÉRÊT COLLECTIF DES CONSOMMATEURS

1. La constitution de partie civile d'une association de consommateurs agréée est recevable, dès lors que la revente à perte, incompatible avec une concurrence saine et loyale, est contraire à l'intérêt général des consommateurs, et qu'est donc caractérisé le préjudice direct ou indirect causé à l'intérêt collectif des consommateurs. • Crim. 10 oct. 1996 : *Bull. crim. n° 358; D. 1997. IR 20 ; D. Affaires 1997. 216.*

II. LE DÉLIT DE REVENTE À PERTE

2. Compatibilité avec le droit de l'Union. BIBL. Théophile et Giolito, *Cah. dr. entr. 1994, n° 4, p. 8. – BEEI 2002, n° 6, p. 11* (proposition de règlement sur les promotions des ventes). – Voinot, *AJCA 2014. 171* (l'interdiction de la revente à perte est-elle conforme à la directive sur les pratiques commerciales déloyales à l'égard des consommateurs ?). ♦ La Dir. 2005/29/CE du 11 mai 2005 sur les pratiques commerciales déloyales des entreprises vis-à-vis des consommateurs doit être interprétée en ce sens qu'elle s'oppose à une disposition nationale qui prévoit une interdiction générale d'offrir à la vente ou de vendre des biens à perte, pour autant que cette disposition poursuit des finalités tenant à la protection des consommateurs (législation belge). • CJUE 7 mars 2013 : *D. 2013. Actu. 913, obs. Petit ; ibid. Pan. 2819, obs. Dorandeu ; RTD eur. 2013. 570, obs. Aubert de Vincelles ; JCP 2013, n° 396, obs. Berlin; CCC 2013. Alerte 34, par Arcelin; RJDA 2013. 539, note Fourgoux; RLDA juin 2013. 35, note Lecourt; RLC juill.-sept. 2013. 53, obs. Grall; Europe 2013. Alerte 23, par Idot.* ♦ Comp., estimant que se pose la question de savoir si la prohibition de la revente à perte, énoncée à l'art. L. 442-2, poursuit des finalités tenant à la protection des consommateurs, ou vise à protéger, non pas les consommateurs, mais les acteurs économiques et la concurrence. Si l'intérêt du consommateur n'est jamais totalement occulté, le fait même que la L. n° 2014-344 du 17 mars 2014 reste muette sur ce point confirme que le dispositif législatif vise avant tout à assurer l'équilibre des relations commerciales et donc à protéger les intérêts économiques. Dès lors, l'art. L. 442-2, en ce qu'il vise, dans ce cadre, à prohiber la revente à perte entre professionnels, échappe au champ d'application de la Dir. du 11 mai 2005 et trouve à s'appliquer. • Douai, 31 mars 2016, n° 15/02238 : *AJCA 2016. 299, obs. Ancelin et d'Harcourt ; RTD com. 2016. 477, obs. Chagny ; CCC 2016, n° 165, obs. Malaurie-Vignal.* ♦ Jugeant également que les art. 3, 10, 81 et 82 du Traité de Rome (actuels art. 5 du traité sur l'Union européenne et 101 et 102 TFUE) ne s'opposent pas à l'application d'une réglementation nationale interdisant aux commerçants de revendre un produit en l'état à un prix inférieur à son prix d'achat. • Crim. 28 sept. 1992 : *RJDA 1992, p. 806, note de Massiac.* – V. aussi • CJCE 24 nov. 1993 : *D. 1994. 185, note Voinot ; Gaz. Pal. 1994. 2. 414, note O. d'Ormesson et A. Wachsmann; CCC 1993, n° 210, obs. Vogel; RJDA 1994, p. 123, note de Massiac.*

3. Domaine d'application. L'art. 1er-I ne faisant aucune distinction entre les opérateurs et incriminant tout commerçant qui revendait un produit en l'état à un prix inférieur à son prix d'achat, était punissable la revente à perte de produits par une centrale d'achat à ses filiales. • Crim. 21 juin 1993 : *RJDA 1993, n° 720*, conf. • Paris, 12 nov. 1991 : *BICC 1992, n° 646; Gaz. Pal. 1992. 1. 302, note Marchi.* ♦ L'art. L. 442-2 s'applique même dans les rapports entre une société-mère et sa filiale détenue à 100 %. • Douai, 20 déc. 2005 : *CCC 2006, n° 159, obs. Malaurie-Vignal* (conf. par • Crim. 22 nov. 2006 : *Bull. crim. n° 293; D. 2007. AJ 150, obs. Chevrier ; RTD com. 2007. 464, obs. Bouloc ; AJ pénal 2007. 87, obs. M.-E. C. ; Gaz. Pal. 2007. 1223; Dr. pénal 2007, n° 25, obs. J.-H. Robert; RJDA 2007, n° 563; RLDA févr. 2007. 57, obs. Cheynel*). ♦ Appliquant les dispositions sur la revente à perte même si, au moment de l'achat, le distributeur n'était pas encore propriétaire de la marchandise : • Douai, 12 janv. 2006 : *CCC 2006, n° 158, obs. Malaurie-Vignal* (conf. par • Crim. 6 déc. 2006 : *Bull. crim. n° 307; D. 2007. AJ 301, obs. Chevrier ; RTD com. 2007. 464, obs. Bouloc ; AJ pénal 2007. 85, obs. Royer ; JCP 2007. I. 187, n° 12, obs. J.-H. Robert; RJDA 2007, n° 564; Dr. pénal 2007, n° 41, obs. J.-H. Robert; RLDA févr. 2007. 56, obs. Cheynel*).

4. Application dans le temps. V. • Crim. 1er juin 1987 : *Bull. crim. n° 226.*

5. Économie globale de l'opération. Pour apprécier l'existence du délit de revente à perte, il y a lieu de prendre en considération l'économie globale de l'opération de revente (opération combinant un abonnement au réseau internet et la fourniture de modem). • Crim. 7 mai 2002 : *Bull. crim. n° 109; D. 2002. AJ 2050 ; ibid. 2003. Somm. 1033, obs. Chopin ; CCC 2002. Comm. 159, obs. Malaurie-Vignal; ibid. Comm. 166, obs. Raymond; JCP 2003. I. 103, n° 15, obs. Robert; JCP 2003. II. 10047, note Courtois-Champenois; RTD com. 2002. 738, obs. Bouloc ; RJDA 2003, n° 197.* – V. aussi Serinet, *D. 2002. Chron. 3252 .* – Comp., jugeant que l'incrimination doit s'analyser produit par produit et non de façon globale (à propos d'un rabais global accordé sur le contenu total d'un « caddie ») : • TGI Toulouse, 4 juill. 1994 : *Cah. dr. entr. 1996, n° 5, p. 33, obs. Arhel.*

A. REVENTE À UN PRIX INFÉRIEUR AU PRIX D'ACHAT EFFECTIF

6. Preuve. La seule production de factures suffit à établir l'illicéité de la revente pratiquée en-deçà du prix d'achat effectif qui y figure. • Crim. 4 avr. 2001 : *RJDA 2001, n° 1269.*

7. Prix d'achat présumé (jurisprudence antérieure à la loi du 1er juill. 1996). La présomption selon laquelle le prix d'achat effectif est celui porté sur la facture d'achat, est une présomption simple. • T. com. Paris, réf., 6 sept. 1988 : *Gaz. Pal. 1988. 2. 839, note Marchi.* ♦ La preuve contraire peut résulter de ristournes différées et de conditions de coopération commerciale dont peut, par ailleurs, bénéficier le revendeur. • Même ordonnance. – V. aussi • Crim. 4 févr. 1991 : *Gaz. Pal. 1991. 1. 299, note Bayet.* ♦ Lorsque la facture n'est pas fiable, comme comportant une anomalie manifeste, le revendeur est libre d'apporter la preuve, dont la charge lui incombe, du caractère licite de la revente. • Douai, 7 oct. 1994 : *BICC 1995, n° 68; RJDA 1995, n° 302.*

8. Prix du transport. Une société de vente par correspondance peut valablement tenir compte pour le calcul du seuil de revente à perte des frais de port afférents à la livraison de la marchandise. • Douai, 28 sept. 1993 : *RJDA 1994, n° 1043.*

9. Déduction pour coopération commerciale. Sur la subordination de la déduction pour services dits « de coopération commerciale » à l'affectation de ces services au produit au prix litigieux : V. • Crim. 1er juin 1987 : *préc. note 4* • 4 févr. 1991 : *préc. note 7* • Montpellier, 17 janv. 1995 : *BID 1995, n° 12, p. 34.* – V. aussi • T. com. Paris, 6 sept. 1988 : *préc. note 7* • Chambéry, 27 juin 1996 : *JCP E 1996. Pan. 991.* ♦ V. désormais art. L. 441-3, al. 3, codifiant l'art. 31, al. 3, dans sa rédaction issue de la loi n° 96-588 du 1er juill. 1996.

10. Remises pour paiement comptant. Pour le calcul du seuil de revente à perte, aucune distinction ne saurait être opérée entre les différentes remises venant en diminution du prix d'achat. • Crim. 10 avr. 1995 : *Bull. crim. n° 153; D. 1995. IR 156.* ♦ V. désormais art. L. 441-3, al. 3, codifiant l'art. 31, al. 3, dans sa rédaction issue de la L. n° 96-588 du 1er juill. 1996. – **C. com.**

11. Réduction acquise à la date de la vente et directement liée à la vente. En ce sens qu'une ristourne de fin de campagne consentie par un fournisseur à tous les adhérents d'une centrale d'achat, sans autre condition que l'achat, doit être prise en compte dans le calcul du seuil de revente à perte, V. • Orléans, 26 nov. 1998 : *D. Affaires 1999. 1205.*

12. Remises futures et conditionnelles. (jurisprudence antérieure à la loi du 1er juill. 1996). Méconnaît le sens et la portée de l'art. 1er ci-dessus et de l'art. 31 de l'ordonnance n° 86-1243 du 1er déc. 1986 [dans sa rédaction antérieure à la loi du 1er juill. 1996], relatif aux factures, l'arrêt qui autorise le revendeur à faire prendre en compte, pour la détermination du prix d'achat effectif, toutes les remises mêmes futures et conditionnelles, dans la mesure où, leur principe étant acquis, elles devront être, sans fraude, régulièrement et effectivement octroyées, alors que les remises alléguées n'étaient pas chiffrables au jour de la vente. • Crim. 18 févr. 1991 : *JCP E 1991. Pan. 591 ; RTD com. 1991. 685, obs. Bouzat* (V. l'arrêt cassé : • Colmar, 26 févr. 1990 : *JCP 1990. II. 21522, note Burst*) • 18 mai 1992 : *RJDA 1992, n° 1152.* – V. aussi : • Metz, 26 sept. 1991 : *Cah. dr. entr. 1992, n° 3, note Burst et Mousseron* • Versailles, 14 mai 1992 : *RJDA 1992, n° 847* • TGI Reims, 25 oct. 1993 : *CCC 1995, n° 71, obs. Vogel.* ♦ Les ristournes complémentaires qui peuvent être prises en compte pour la détermination du seuil de revente à perte ne doivent pas revêtir un caractère aléatoire ou être la contrepartie d'un service. • Versailles, 10 oct. 1991 : *RJDA 1992, n° 482.*

13. La rémunération de l'exposition des produits de la marque d'un fournisseur par certains détaillants étant accordée par ce premier au vu d'une facture établie par le revendeur, la prestation de ce dernier se trouve ainsi rémunérée dans le cadre de conventions non incluses dans les conditions générales de vente, et fait l'objet d'une facturation autonome, de telle sorte que sa valeur n'a pas à être déduite du prix du produit (pour établir le seuil de revente à perte). • Paris, 5 nov. 1996 : *D. Affaires 1997. 111.*

14. Remises arrière. Sur les remises non intégrées dans le prix d'origine, dites « remises arrière », V. la position défavorable de l'administration : Rép. min. n° 19179 : *JO Sénat Q, 16 avr. 1992, p. 941.*

15. Sur les remises devant figurer sur les factures avant l'intervention de la loi du 1er juill. 1996 et sur la rétroactivité de cette nouvelle loi moins sévère, V. notes ss. art. 31 de l'ord. n° 86-1243 du 1er déc. 1986 [C. com., art. L. 441-3]. – **C. com.**

B. ÉLÉMENT MORAL

16. La seule constatation de la violation en connaissance de cause d'une prescription légale implique de la part de son auteur l'intention coupable exigée par l'art. 121-3 C. pén. • Crim. 4 avr. 2001 : *RJDA 2001, n° 1269.* ♦ Est ainsi caractérisé en tous ses éléments constitutifs le délit de revente à perte dès lors que les prix de revente du prévenu, compte tenu des seules remises dont il justifie, sont inférieurs à ses coûts d'achat effectifs. • Crim. 10 oct. 1996 : *Bull. crim. n° 358 ; D. Affaires 1997. 216 ; JCP 1997. IV. 60.* ♦ Comp., pour un arrêt ayant jugé que, l'art. 121-3 étant applicable, le délit de revente à perte n'est constitué que si le prévenu a eu l'intention de le commettre ou a été imprudent ou négligent dans le mode de calcul de son prix de revente : • Nancy, 8 févr. 1996 : *Gaz. Pal. 1996. 2. Doctr. 1197, obs. O.F.*

17. Avant l'entrée en vigueur de l'art. 121-3 C. pén., le 1er mars 1994, la chambre criminelle considérait que le texte n'exige point que l'intention frauduleuse soit établie. • Crim. 4 févr. 1991 : *D. 1991. IR 120* ; *Gaz. Pal. 1991. 2. 401, note Doucet.* ♦ Cependant, une cour d'appel précisait que le prévenu doit avoir agi « en connaissance de cause » : • Chambéry, 27 juin 1996 : *JCP E 1996. Pan. 991.* ♦ Une cour d'appel jugeait encore que l'élément intentionnel est démontré par l'attitude du prévenu tendant à faire croire aux enquêteurs qu'il n'y avait pas eu de réapprovisionnement après la hausse de taxes sur le carburant : • Montpellier, 27 févr. 1995 : *BID 1996, n° 3, p. 41.* ♦ Comp., aussi, pour une relaxe motivée, notamment, par l'imprécision de la position de l'administration sur la prise en considération des ristournes : • TGI Strasbourg, 23 juin 1994 : *BID 1996, n° 3, p. 41.* ♦ Est coupable le PDG d'un magasin qui a commis des négligences en ne s'assurant pas de la fiabilité du système informatique mis en place sous son autorité et en ne vérifiant pas la concordance des prix d'achat et de revente dans le magasin alors que le risque d'erreurs humaines était inévitable compte tenu du système alors mis en place. • Crim, 12 déc. 2000 : *BID 2001, n° 7-8, p. 42.*

C. EXCEPTIONS LÉGALES À L'INTERDICTION

1° PRODUITS SAISONNIERS

18. L'exception prévue pour certains produits dépréciables par l'art. 1er-II n'est admissible que lorsque leur revente a lieu à un moment où ils sont potentiellement dépréciés (vente de jouets trois jours avant Noël). • Crim. 13 mars 1995 : *RJDA 1995, n° 599.* ♦ S'agissant d'une vente de jouets, le 15 décembre ne constitue pas la période terminale de la saison des ventes, celle-ci commençant en octobre pour s'achever le 24 décembre : • Orléans, 15 sept. 1997 : *BID 1998, n° 5, p. 26.* – V. aussi, pour une mise en vente dès le 19 décembre, • Caen, 7 avr. 1995 : *BID 1997, n° 10, p. 26.* ♦ Dans le même sens, V. • Besançon, 25 nov. 1999 : *BICC 2000, n° 440.* ♦ V., au contraire, jugeant que la mise en vente de jouets le 23 décembre se situe dans la phase terminale de la saison, laquelle ne peut pas se situer après le 24 décembre : • Crim. 3 mai 2001 : *RJDA 2002, n° 441 ; Dr. pénal. 2001. Comm. 131, obs. Robert ; BID 2002, n° 10-11, p. 26.* ♦ Sur la contestation du caractère saisonnier des jouets, V. • TGI Quimper, 23 janv. 1997 : *BID 1998, n° 1, p. 18.*

2° PRODUITS NE RÉPONDANT PLUS À LA DEMANDE GÉNÉRALE

19. Le faible nombre de ventes ne suffit pas à établir que le produit litigieux ne répond plus à la demande générale en raison de l'évolution de la mode ou des progrès techniques. • Chambéry, 27 juin 1996 : *préc. note 16.*

3° ALIGNEMENT DU PRIX

20. Proximité temporelle. L'exception d'alignement prévue à l'art. 1er-II, dernier al., n'est pas subordonnée à la simultanéité des pratiques visées par ce texte. • Crim. 28 juin 1993 : *Bull. crim. n° 225* (délai de onze jours) • 17 janv. 1994 : *ibid. n° 22 ; D. 1995. 577, note Casson* (délai de trois semaines) • 3 mai 1995 : *Bull. crim. n° 162 ; D. 1995. IR 164* (délai d'une semaine). ♦ Mais le prix servant de base à l'alignement ne peut valablement consister en un prix ayant été pratiqué un mois après la date du contrôle. • Montpellier, 17 janv. 1995 : *préc. note 9.*

21. Sur le rejet d'un alignement sur un prix non encore pratiqué, V. • Rouen, 24 févr. 1994 : *Cah. dr. entr. 1996, n° 5, p. 34, obs. Arhel.*

22. Proximité géographique. La notion de « zone d'activité » doit s'apprécier au regard de l'entreprise et du marché. • Crim. 10 avr. 1995 : *préc. note 10.*

23. Le directeur d'un magasin à grande surface ne peut invoquer utilement un alignement sur un commerçant situé à 25 km dans une autre zone d'activité. • Crim. 10 oct. 1996 : *Bull. crim. n° 358 ; D. 1997. IR 20 ; D. Affaires 1997. 216.*

24. Proximité des prix. Il n'est pas exigé que le prix aligné soit identique au prix servant de référence (à propos d'un alignement partiel, tantôt sur un concurrent, tantôt sur un autre). • Crim. 3 mai 1995 : *préc. note 20.* ♦... Ni que le prix aligné soit égal [ou inférieur] au prix de référence (à propos d'un prix supérieur) : • Crim. 23 janv. 1995 : *Bull. crim. n° 29 ; RJDA 1995, n° 456.*

25. Alignement sur un prix lui-même illicite. Un prévenu ne peut valablement arguer d'un alignement sur le prix d'un concurrent, lui-même inférieur au seuil de revente à perte, ce qu'il ne pouvait ignorer dès lors qu'il s'agissait de deux enseignes en situation dominante. • TGI Lille, 26 avr. 1996 : *BID 1997, n° 5, p. 27.*

26. Nature de l'exception. L'alignement sur la concurrence est un moyen de défense au fond qui peut être soulevé à tout moment de la procédure. • Crim. 10 avr. 1995 : *préc. note 10.*

27. Preuve. Du moment où il n'est point contesté que le prévenu, auquel est reproché une revente à perte, a aligné ses prix sur ceux des commerçants concurrents, il ne saurait être exigé de lui la preuve de la légalité des prix pratiqués par ceux-ci, ce qui reviendrait à rapporter une preuve impossible. • Dijon, 1er mars 1990 : *Gaz. Pal. 1990. 2. 687, note Doucet.* ♦ Il suffit au revendeur d'apporter la preuve du prix sur lequel il prétend s'aligner, sauf à la partie poursuivante à établir le caractère illégal de ce prix. • Crim. 11 mars 1991 : *D. 1991. IR 144* ; *Gaz. Pal. 1991. 2. 399, note Bayet* • 3 mai 1995 : *préc. note 20* • Paris, 25 sept. 1995 : *D. 1995. IR 270*. ♦ La preuve du prix du concurrent peut résulter de la production d'un ticket de caisse. • Crim. 11 mars 1991 : *JCP 1991. IV. 237.* – V. aussi • Crim. 3 juin 1991 : *ibid. 1991. IV. 357.*

28. La preuve peut être rapportée postérieurement au contrôle effectué par les agents de la Direction de la concurrence et de la consommation. • Crim. 3 avr. 1997 : *D. Affaires 1997. 1212 ; RJDA 1997. 1506 ; BID 1998, n° 3, p. 40.* ♦ Pour un exemple de délégation jugée régulière, V. • Toulouse, 24 oct. 1996 : *BID 1997, n° 9, p. 15.*

4° EXCEPTION DE RÉAPROVISIONNEMENT

29. Autonomie de l'exception (jurispr. antérieure à la L. du 4 août 2008). Il ressort à l'évidence, comme cela n'est pas discuté par l'administration, de la lecture de l'art. L. 442-4 que la notion de réapprovisionnement envisagée par son paragraphe c [désormais 4°] est exclusive de la condition préalable exposée au 1° de « ventes volontaires ou forcées motivées par la cessation ou le changement d'une activité commerciale » qui ne constitue en réalité avec le cas visé en c qu'une des exceptions à l'art. L. 442-2 prévues par la loi. • Saint-Denis de La Réunion, 16 oct. 2008 : *JCP E 2009, n° 30, p. 27, obs. Decocq.* ♦ L'autonomie de l'exception de réapprovisionnement est désormais légalement acquise par la renumérotation de l'art. L. 442-4 opérée par la L. n° 2008-776 du 4 août 2008.

30. Conditions de l'exception. Dès lors que les produits sont identiques, l'exception s'applique alors même que le réapprovisionnement alieu le même jour dès lors que les deux commandes ne sont pas concomitantes mais successives, la loi n'exigeant pas pour qu'il y ait réapprovisionnement que le stock de la première commande ait été vendu. • Saint-Denis de La Réunion, 16 oct. 2008 : *préc. note 29.*

III. RÉPRESSION

A. AUTEUR

31. Vente à une filiale. L'art. 1er-I ne faisant aucune distinction entre les opérateurs, est punissable la revente à perte de produits par une centrale d'achat à ses filiales. • Crim. 21 juin 1993 : *RJDA 1993, n° 720.* ♦ Décision confirmant : • Paris, 12 nov. 1991 : *BICC 1992, n° 646 ; Gaz. Pal. 1992. 1. 302, note Marchi.*

32. Délégation de pouvoirs. BIBL. Bayet, *Gaz. Pal. 1993. 2. Doctr. 923.* ♦ Sauf si la loi en dispose autrement, le chef d'entreprise qui n'a pas personnellement pris part à la réalisation de l'infraction peut s'exonérer de sa responsabilité pénale s'il rapporte la preuve qu'il a délégué ses pouvoirs à une personne pourvue de la compétence de l'autorité et des moyens nécessaires. • Crim. 11 mars 1993 : *Bull. crim. n° 112 ; D. 1994. Somm. 135, obs. Roujou de Boubée ; JCP E 1994. II. 571, note J.-H. Robert ; Bull. Joly 1993. 666, note Cartier* • 17 janv. 1994 : *préc. note 20* • 3 mai 1995 : *préc. note 20* • 6 mai 1996 : *RJDA 1996, n° 1335.* – *Contra* : • Besançon, 8 mars 1994 : *Bulletin d'actualité Lamy droit économique, oct. 1994, p. 7.* ♦ Comp. aussi, auparavant, jugeant que le dirigeant de l'entreprise où les pratiques illicites sont constatées ne saurait s'exonérer en invoquant une délégation de pouvoirs, dès lors que les faits incriminés relèvent des fonctions de direction qu'il assume personnellement : • Crim. 11 mars 1991 : *D. 1991. IR 160 ; Rev. sociétés 1991. 565, note Bouloc* • 18 mai 1992 : *RJDA 1992, n° 1153.*

33. Preuve de la délégation de pouvoirs. La délégation de pouvoirs n'a pas besoin d'avoir date certaine, la preuve de la valeur et de l'étendue d'une délégation de pouvoirs, et des subdélégations éventuelles, n'étant soumise à aucune forme particulière. • Crim. 15 nov. 1994 : *Bulletin d'actualité Lamy droit économique, janv. 1995, p. 3.* ♦ Sur la validité d'une subdélégation, sous réserve de la preuve, d'une part, de la formation et de la compétence du subdélégataire, d'autre part, de la faculté, par le subdélégant luimême, de déléguer à un subordonné, V. • Crim. 25 janv. 1996 : *BID 1996, n° 6, p. 32.* – V. aussi • Crim. 3 avr. 1997 : *Bull. d'actualité Lamy droit économique août-sept. 1997, p. 4* • Rouen, 29 avr. 1996 : *BID 1997, n° 5, p. 20.* ♦ Il y a délégation de pouvoirs lorsqu'il ressort des contrats de travail ou des pièces du dossier que les personnes concernées sont pourvues de la compétence, de l'autorité et des moyens nécessaires propres à assurer la délégation de pouvoirs. • Crim. 12 déc. 2000 : *BID 2001, n° 7-8, p. 42.*

34. Pour un arrêt ayant admis que les contrats de travail des responsables des secteurs alimentaire et non alimentaire d'une grande surface opéraient, pour les infractions d'achat sans facture de produits frais et de revente à perte de conserves et de lessives, délégation de pouvoirs, les préposés en question bénéficiant d'une connaissance technique suffisante à la compréhension des textes à faire respecter, V. • Angers, 22 nov. 1994 : *BID 1995, n° 12, p. 34.*

B. ACTION CIVILE

35. Une association de défense de commerçants et d'artisans ne peut valablement se constituer partie civile à l'occasion des poursuites exercées contre le dirigeant d'un hypermarché pour revente à perte, dès lors qu'elle n'est pas une victime directe de l'infraction et qu'elle ne figure pas au nombre des personnes auxquelles le législateur a reconnu le droit d'agir en justice. • Crim. 7 déc. 1992 : *RJDA 1993, n° 49.* ♦ Sur la recevabilité de la constitution de partie civile, d'une association de consommateurs agréée, V. *supra* note 1.

Prix de revente imposé

Art. L. 442-5 **Est puni d'une amende de 15 000 € le fait par toute personne d'imposer, directement ou indirectement, un caractère minimal au prix de revente d'un produit ou**

d'un bien, au prix d'une prestation de service ou à une marge commerciale. — *[Ord. n° 86-1243 du 1er déc. 1986, art. 34].*

Ce texte ne s'applique pas aux livres, dont le prix est régi par la L. n° 81-766 du 10 août 1981 (V. v° Livres).

Spéculation illicite

Art. L. 443-2 I. — *(L. n° 2005-882 du 2 août 2005, art. 52)* « Est puni de deux ans d'emprisonnement et de 30 000 € d'amende le fait d'opérer la hausse ou la baisse artificielle soit du prix de biens ou de services, soit d'effets publics ou privés, notamment à l'occasion d'enchères à distance :

« 1° En diffusant, par quelque moyen que ce soit, des informations mensongères ou calomnieuses ;

« 2° En introduisant sur le marché ou en sollicitant soit des offres destinées à troubler les cours, soit des sur-offres ou sous-offres faites aux prix demandés par les vendeurs ou prestataires de services ;

« 3° Ou en utilisant tout autre moyen frauduleux.

« La tentative est punie des mêmes peines. »

II. — Lorsque la hausse ou la baisse artificielle des prix concerne des produits alimentaires, la peine est portée à trois ans d'emprisonnement et 45 000 € d'amende.

III. — Les personnes physiques coupables des infractions prévues au présent article encourent également les peines complémentaires suivantes :

1° L'interdiction des droits civiques, civils et de famille, suivant les modalités de l'article 131-26 du code pénal ;

2° L'affichage ou la diffusion de la décision prononcée dans les conditions prévues par l'article 131-35 du code pénal. — *[Ord. n° 86-1243 du 1er déc. 1986, art. 52-1].*

BIBL. ▶ MASSÉ, *RSC 1986. 625.* - MAINGUY, *Cah. dr. entr. 1995, n° 1* (clauses de prix à marge garantie).

Pour des exemples de poursuite sur le fondement de l'art. 52-1 [C. com., art. L. 443-2], V. • TGI Draguignan, 10 oct. 1996 : *BID 1997, n° 10, p. 24* • TGI Limoges, 17 déc. 1997 : *BID 1998, n° 10, p. 19.*

Art. L. 443-3 *(L. n° 2008-3 du 3 janv. 2008, art. 9-III)* Les personnes morales déclarées pénalement responsables des infractions prévues aux I et II de l'article L. 443-2 encourent les peines mentionnées aux 2° à 6° et 9° de l'article 131-39 du code pénal.

L'interdiction mentionnée au 2° de l'article 131-39 du même code porte sur l'activité dans l'exercice ou à l'occasion de l'exercice de laquelle l'infraction a été commise.

Code rural et de la pêche maritime

Organisation générale de la production et des marchés

Art. L. 611-4 *(L. n° 2005-157 du 23 févr. 2005, art. 35)* La situation de crise conjoncturelle affectant ceux des produits figurant sur la liste prévue à l'article L. 441-2-1 du code de commerce est constituée lorsque le prix de cession de ces produits par les producteurs ou leurs groupements reconnus est anormalement bas par rapport à la moyenne des prix observés lors des périodes correspondantes des cinq dernières campagnes, à l'exclusion des deux périodes au cours desquelles les prix ont été respectivement le plus bas et le plus élevé.

Al. 2 et 3 abrogés par L. n° 2010-874 du 27 juill. 2010, art. 15-II. — V. désormais C. rur., art. L. 611-4-1.

Un arrêté conjoint du ministre chargé de l'économie et du ministre chargé de l'agriculture précise, en fonction des différents produits concernés, les modalités d'application du présent article, notamment les modalités de détermination des prix anormalement bas et la durée pendant laquelle ces prix doivent être constatés pour que la crise soit constituée.

Art. L. 611-4-1 *(L. n° 2010-874 du 27 juill. 2010, art. 15-II)* Les personnes mentionnées au I de l'article 302 *bis* ZA du code général des impôts peuvent conclure chaque année avec l'État des accords de modération des marges de distribution des fruits et légumes frais.

Ces personnes doivent, lorsqu'elles sont liées contractuellement à une centrale d'achat ou à une centrale de référencement ou associées à un groupement d'achat, mandater le responsable de cette centrale ou de ce groupement pour signer en leur nom les accords prévus au premier alinéa du présent article.

La marge de distribution visée au premier alinéa s'entend de la différence entre le prix de revente hors taxe au consommateur du produit et son prix d'achat hors taxe.

Ces accords, dont le contenu est précisé par décret en Conseil d'État, sont signés avant le 1er mars de chaque année. Pour l'année 2010, ils sont signés au plus tard un mois après la publication de ce décret. Ils entrent en application dès que la situation de crise conjoncturelle définie à l'article L. 611-4 est constituée.

Les personnes mentionnées au I de l'article 302 *bis* ZA du code général des impôts, ou le groupement de distributeurs dont elles dépendent, rendent compte, à la demande des ministres chargés de l'agriculture et de l'économie, de l'application des accords.

Le non-respect des accords ou le retard dans leur mise en œuvre est sanctionné d'une amende civile dont le montant ne peut être supérieur à deux millions d'euros. Le montant de l'amende est proportionné à la gravité des faits constatés, au vu notamment du volume de produits en cause et de la durée des périodes de crise. L'action est introduite devant la juridiction civile compétente par le ministère public, par le représentant de l'État dans le département, par le ministre chargé de l'agriculture ou le ministre chargé du commerce.

Avant le 1er mars de chaque année, le Gouvernement remet au Parlement un rapport sur la mise en œuvre des accords de modération des marges de distribution des fruits et légumes frais prévus à l'art. L. 611-4-1 C. rur. (L. nº 2010-874 du 27 juill. 2010, art. 16).

Art. L. 611-4-2 *(L. nº 2005-157 du 23 févr. 2005, art. 23)* Un coefficient multiplicateur entre le prix d'achat et le prix de vente des fruits et légumes périssables peut être instauré en période de crises conjoncturelles définies à l'article L. 611-4 ou en prévision de celles-ci. Ce coefficient multiplicateur est supérieur lorsqu'il y a vente assistée.

Les ministres chargés de l'économie et de l'agriculture fixent le taux du coefficient multiplicateur, sa durée d'application, dans une limite qui ne peut excéder trois mois, et les produits visés après consultation des organisations professionnelles agricoles.

Un décret en Conseil d'État détermine les modalités d'application du présent article et les sanctions applicables en cas de méconnaissance de ses dispositions.

PRIX (PUBLICITÉ)

Code de commerce

Transparence

Art. L. 441-2 *(L. nº 2010-874 du 27 juill. 2010, art. 13)* I. — Toute publicité à destination du consommateur, diffusée sur tout support ou visible de l'extérieur du lieu de vente, mentionnant une réduction de prix ou un prix promotionnel sur les produits alimentaires périssables doit préciser la nature et l'origine des produits offerts et la période pendant laquelle est maintenue l'offre proposée par l'annonceur. La mention relative à l'origine est inscrite en caractères d'une taille égale à celle de la mention du prix.

Lorsque de telles opérations promotionnelles sont susceptibles, par leur ampleur ou leur fréquence, de désorganiser les marchés, un arrêté interministériel ou, à défaut, préfectoral fixe, pour les produits concernés, la périodicité et la durée de telles opérations. — *Les infractions aux dispositions des arrêtés pris en application du 2e al. de l'art. L. 441-2 sont punies de l'amende prévue par le 5º de l'art. 131-13 du code pénal pour les contraventions de la 5e classe. La contravention commise en cas de récidive est punie de l'amende prévue par le 5º de l'art. 131-13 du code pénal pour les contraventions de la 5e classe commises en récidive (C. com., art. R. 441-1).*

Toute infraction aux dispositions des premier ou deuxième alinéas est punie d'une amende de 15 000 €.

La cessation de la publicité réalisée en violation du présent I peut être ordonnée dans les *conditions prévues à l'article (Ord. nº 2016-301 du 14 mars 2016, art. 2, en vigueur le 1er juill. 2016)* « L. 132-8 » du code de la consommation.

II. — Pour un fruit ou légume frais ayant fait l'objet, entre le fournisseur et son acheteur, d'un accord sur le prix de cession, l'annonce du prix, hors lieu de vente, est autorisée dans un délai maximal de trois jours précédant le premier jour de l'application du prix annoncé, pour une durée qui ne peut excéder cinq jours à compter de cette date.

L'accord sur le prix de cession est formalisé dans un contrat écrit signé par les parties, dont un exemplaire est détenu par chacune d'entre elles avant la diffusion de l'annonce du prix hors lieu de vente. Le présent alinéa ne s'applique pas aux annonces de prix réalisées sur le lieu des ventes au déballage mentionnées à l'article L. 310-2 du présent code.

III. – Dans les cas où les conditions mentionnées au premier alinéa du II ne sont pas réunies, toute annonce de prix, hors lieu de vente, portant sur un fruit ou légume frais, quelle que soit l'origine de celui-ci, doit faire l'objet d'un accord interprofessionnel d'une durée d'un an renouvelable, conclu conformément à l'article L. 632-1 du code rural et de la pêche maritime. Cet accord précise les périodes durant lesquelles une telle annonce est possible et ses modalités.

Cet accord peut être étendu conformément aux articles L. 632-3 et L. 632-4 du même code.

IV. – Les II et III ne sont pas applicables aux fruits et légumes frais appartenant à des variétés non produites en France métropolitaine. – *[Ord. nº 86-1243 du 1er déc. 1986, art. 28].*

Arrêté nº 83-50/A du 3 octobre 1983,

Relatif à la publicité des prix de tous les services (BOCC 4 oct. ; Rect. BOCC 8 nov.).

Art. 1er *(Arr. du 15 juill. 2010, art. 1er)* Toute prestation de service doit faire l'objet, dès qu'elle a été rendue et en tout état de cause avant paiement du prix, de la délivrance d'une note lorsque le prix de la prestation est supérieur ou égal à 25 € (TVA comprise).

Pour les prestations de service dont le prix est inférieur à 25 € (TVA comprise), la délivrance d'une note est facultative, mais celle-ci doit être remise au client s'il la demande.

Art. 2 Les conditions dans lesquelles la délivrance d'une note est obligatoire ou facultative doivent être rappelées à la clientèle par un affichage lisible au lieu où s'exécute le paiement du prix.

Art. 3 La note doit obligatoirement mentionner :

La date de rédaction de la note ;

Le nom et l'adresse du prestataire ;

Le nom du client, sauf opposition de celui-ci ;

La date et le lieu d'exécution de la prestation ;

Le décompte détaillé, en quantité et prix, de chaque prestation et produit fourni ou vendu, soit dénomination, prix unitaire et désignation de l'unité à laquelle il s'applique, quantité fournie ;

La somme totale à payer hors taxes et toutes taxes comprises.

Toutefois le décompte détaillé est facultatif lorsque la prestation de service a donné lieu, préalablement à son exécution, à l'établissement d'un devis descriptif et détaillé, accepté par le client et conforme aux travaux exécutés.

Art. 4 La note doit être établie en double exemplaire. L'original est remis au client, le double doit être conservé par le prestataire pendant une durée de deux ans et classé par ordre de date de rédaction.

Art. 5 Le présent arrêté s'applique à tous les services, sauf dispositions particulières à certains d'entre eux, et sans préjudice des autres réglementations concernant la publicité des prix.

Art. 6 La durée de conservation des notes fixée par l'arrêté nº 25-361 du 8 juin 1967 modifié par l'arrêté nº 81-05/A du 6 février 1981 est portée à deux ans.

Art. 7 *L'arrêté nº* 79-67/P du 28 décembre 1979 cesse d'être applicable. Les prestations rendues depuis moins de douze mois avant la date d'entrée en vigueur du présent arrêté sont soumises aux dispositions de l'article 4 ci-dessus.

Arrêté nº 84-64/A du 20 septembre 1984,

Relatif à la publicité des prix à l'égard du consommateur (BOCC 21 sept.).

Art. unique La publicité des prix des produits et services pour lesquels le vendeur ou le prestataire offre la prise en charge totale ou partielle des frais de crédit doit être assurée conformément aux dispositions de l'arrêté ministériel nº 25-921 du 16 septembre 1971 *[abrogé et remplacé par Arr. du 3 déc. 1987 relatif à l'information du consommateur sur les prix, infra]* sous réserve des dispositions suivantes :

Cette publicité doit comporter :

– Le prix pour paiement à crédit qui doit être le prix le plus bas effectivement pratiqué pour l'achat au comptant d'un article ou d'une prestation similaire, dans le même établissement de vente au détail au cours des trente derniers jours précédant le début de la publicité ou de l'offre.

– Le prix pour paiement comptant qui doit être inférieur à celui demandé pour l'achat à crédit et calculé selon les modalités fixées par les articles 38 et 39 du décret n° 84-709 du 24 juillet 1984 *[C. consom., anc. art. R. 311-4 et R. 311-5]*.

Toutefois la mention du prix pour paiement comptant est facultative dès lors qu'une publicité réalisée sur les lieux de vente comporte la mention « crédit gratuit » ou la mention « offre de prise en charge partielle des frais de crédit » et indique par catégories de produits ou de services l'importance de la réduction en valeur absolue ou en pourcentage, accordée pour paiement comptant et calculée par rapport aux prix pour paiement à crédit.

Arrêté n° 86-63/A du 2 décembre 1986,

Relatif aux mesures de publicité des prix applicables dans certains secteurs professionnels.

Art. 1er A titre de mesure de publicité des prix, les professionnels distribuant ou proposant les produits et services concernés sont tenus de respecter les règles relatives à l'information du consommateur définies dans les textes énumérés à l'annexe n° 1, ainsi que les règles reprises en annexe n° 2.

Art. 2 L'application des mesures visées à l'article 1er ne dispense pas des obligations prévues à l'arrêté n° 25-921 susvisé. – *V. infra, l'Arr. du 3 déc. 1987 qui abroge et remplace l'Arr. n° 25-921 du 16 sept. 1971 relatif au marquage, à l'étiquetage et à l'affichage des prix (BOCC 17 sept.).*

ANNEXE I

Arrêté n° 77-3/P du 31 janvier 1977 relatif au classement et aux prix dans les établissements hôteliers non homologués « Tourisme » et les maisons meublées ;

Arrêté n° 77-142/P du 20 décembre 1977 relatif aux prix de vente du matériel agricole ;

Arrêté n° 78-89/P du 9 août 1978 relatif au prix du pain et des produits de viennoiserie et pâtisserie fraîche, modifié par l'arrêté n° 78-110/P du 3 novembre 1978 et l'arrêté n° 81-10/A du 10 mars 1981 ;

Arrêté n° 81-05/A du 6 février 1981 relatif aux prix des hôtels, motels et relais de tourisme, des établissements hôteliers non homologués « Tourisme » et des maisons meublées ;

Arrêté n° 81-19/A du 1er avril 1981 relatif au prix des laits de consommation ;

Arrêté n° 81-42/A du 4 août 1981 relatif à la publicité des tarifs de la coiffure ;

Arrêté n° 83-39/A du 29 juin 1983 relatif aux tarifs de dépannage et de remorquage des véhicules d'un PTAC inférieur à 3,5 tonnes ;

Arrêté n° 83-73/A du 8 décembre 1983 relatif aux prix des communications perçues par les abonnés qui mettent leur poste téléphonique ou leur poste à encaissement automatique à la disposition du public ou de leur clientèle ;

Arrêté n° 84-57/A du 29 juin 1984 relatif aux tarifs de dépannage et de remorquage des véhicules d'un PTAC inférieur à 3,5 tonnes ;

Arrêté n° 85-10/A du 29 janvier 1985, complété par l'arrêté n° 85-50/A du 28 juin 1985, relatif au prix de vente des carburants ;

Arrêté n° 85-24/A du 18 mars 1985 relatif aux prix et tarifs des pompes funèbres ;

Arrêté n° 85-69/A du 5 décembre 1985 relatif au prix de vente du fioul domestique ;

Arrêté n° 86-2/A du 14 janvier 1986 relatif à la détermination des prix des produits et prestations inscrits au tarif interministériel des prestations sanitaires ;

Arrêté n° 86-28/A du 24 juin 1986 relatif aux prix des services de la coiffure ;

Arrêté n° 86-48/A du 3 novembre 1986 relatif aux opérations de déménagement et de garde-meubles ;

Arrêté n° 86-49/A du 3 novembre 1986 relatif aux prix et tarifs des remontées mécaniques ;

Accord de régulation n° 86-12 du 6 février 1986 entériné par l'arrêté n° 86-10/A du 28 février 1986 relatif aux prix des services de blanchisserie et de nettoyage à sec ;

Accord de régulation nos 86-21 et 86-22 du 16 juillet 1986 entérinés par l'arrêté n° 86-37/A du 31 juillet 1986 relatif aux tarifs des établissements d'enseignement privé et des établissements ou organismes de formation professionnelle ou continue.

ANNEXE II

Experts-comptables

1. Tous travaux effectués par un expert-comptable, un comptable agréé ou un expert-comptable stagiaire autorisé pour les besoins d'activités économiques de toute nature sont soumis à l'obligation de délivrance d'une note d'honoraires comportant :
— le nom ou la raison sociale ainsi que l'adresse du membre de l'ordre ;
— le nom ou la raison sociale ainsi que l'adresse du client ;
— la date d'établissement de la note d'honoraires ;
— la dénomination précise des travaux effectués et la période à laquelle se rapportent ces travaux ;
— la méthode de détermination des honoraires ;
— les frais, débours et taxes ;
— le montant TTC des honoraires.

2. Toutefois, lorsqu'une lettre de mission aura été établie, définissant, conformément à la recommandation du Conseil supérieur de l'ordre, la mission dont est chargé le membre de l'ordre, les droits et obligations de chacune des parties ainsi que les modalités de facturation, la note d'honoraires pourra ne pas faire apparaître la dénomination précise des travaux et la méthode de détermination des honoraires, lorsque les travaux réalisés et les honoraires demandés auront été conformes au contenu de la lettre de mission.
Dans ce cas, la note d'honoraires comportera les autres mentions obligatoires et fera référence à la lettre de mission.

3. Tous travaux ou éléments de mission annexes ou complémentaires à la lettre de mission doivent faire l'objet d'une note d'honoraires établie conformément aux règles ci-dessus.

Produits et prestations inscrits au tarif interministériel des prestations sanitaires

1. Les pédicures-podologues exonérés de la TVA assurent l'information préalable des patients en mettant en œuvre les mesures suivantes :

— une affichette doit être apposée dans la salle d'attente et dans le cabinet de consultation ; elle mentionne le prix des semelles orthopédiques selon leur pointure ainsi que le tarif de responsabilité hors taxe correspondant ;

— cette affichette mentionne également le montant des honoraires maximaux susceptibles d'être demandés dans l'hypothèse d'une obligation de dresser un diagnostic, de donner les indications correspondantes et de définir les orthèses nécessaires ; le tarif de responsabilité correspondant est également mentionné ;

— au cas où les semelles à réaliser ne pourraient correspondre aux produits tarifés, les pédicures-podologues délivreront au patient un devis préalable à l'exécution de la commande faisant ressortir le prix maximum qu'aura à acquitter le patient et le tarif de responsabilité hors taxe correspondant ;

— dans tous les cas, sans préjudice des dispositions du 1 de la présente rubrique, les pédicures-podologues doivent délivrer à leurs patients une note faisant ressortir le prix total effectivement payé et le tarif de responsabilité correspondant.

2. Les entreprises d'orthopédie soumises à la TVA doivent apposer sur leur vitrine un écriteau parfaitement lisible faisant ressortir :
— la liste des produits commercialisés ;
— leurs prix limites de vente TTC au public ;
— le tarif de responsabilité correspondant.

Sans préjudice des dispositions du 1 de la présente rubrique, les entreprises doivent délivrer à chaque acheteur une note faisant ressortir la description du produit vendu, le prix TTC effectivement demandé et le tarif de responsabilité correspondant.

3. Pour les semelles fabriquées spécialement aux mesures du patient, les entreprises doivent, préalablement à l'exécution de la commande, délivrer au consommateur un devis faisant ressortir le prix maximum qu'aura à acquitter le patient et le tarif de responsabilité correspondant.

4. Les distributeurs finals et les entreprises de location et de réparation de véhicules pour handicapés physiques doivent :

a) Tenir à la disposition de leur clientèle le tarif fourni par le producteur, après avoir dûment rempli, sous leur responsabilité, la colonne destinée à recevoir l'indication du prix limite de vente au public TTC ;

b) Tenir à la disposition de leur clientèle la liste et les prix des prestations rendues – réparation et/ou locations – dans les mêmes conditions (description des prestations, tarif de responsabilité correspondant, prix limites TTC), et afficher en vitrine, dans les mêmes conditions, la liste et les prix des cinq prestations les plus couramment rendues.

Ils ne pourront exiger du consommateur, lors de la commande d'un véhicule, que des arrhes correspondant à la part du prix restant éventuellement à sa charge, sans que ces arrhes puissent excéder 25 p. 100 de cette part.

Sans préjudice des dispositions du 1 de la présente rubrique, les prestataires délivreront à chaque acheteur une note faisant ressortir le numéro d'homologation, le type et la désignation du véhicule, le tarif de responsabilité correspondant et le prix effectivement demandé.

5. Les fabricants de sparadraps doivent apposer sur chaque article une étiquette comportant :

— le tarif de responsabilité en vigueur ;

— un emplacement, non servi, destiné à permettre au distributeur final d'indiquer sous sa responsabilité le prix de vente TTC au public.

Ils pourront, s'ils le jugent utile, mentionner également un prix maximum conseillé de revente au public.

Assainissement et vidange

1. Les professionnels doivent présenter à la clientèle les barèmes des prestations qui font l'objet d'un catalogue de prix et établir dans les autres cas d'intervention un devis détaillé gratuit et préalable à tout commencement des travaux.

2. L'accord du client est, en outre, demandé pour toute opération complémentaire, non initialement prévue, et une estimation du coût des travaux est alors indiquée.

3. Pour les prestations effectuées en urgence et pour lesquelles il n'est pas possible d'établir un devis préalable, les professionnels fournissent une estimation du coût de celles-ci avant leur réalisation et, lors de la facturation, toutes justifications des majorations éventuelles applicables aux travaux réalisés en dehors des conditions normales d'exécution.

Réparation et entretien de véhicules automobiles

Les entreprises qui facturent leur réparation au barème de temps doivent le présenter à tout client qui le demande. Cette possibilité de consultation fait l'objet d'un affichage au lieu de réception de la clientèle.

Syndics de copropriété

Un décompte détaillé des honoraires auxquels peut prétendre le syndic doit être fourni à l'assemblée générale des copropriétaires et faire ressortir le montant total des honoraires, ainsi que la répartition selon les différents types de rémunération : honoraires de gestion courante et autres honoraires de gestion le cas échéant, assiette des honoraires à percevoir en cas de travaux exceptionnels et autres honoraires pour prestations particulières notamment.

(Arr. du 19 mars 2010) « Les opérations effectuées par les administrateurs d'immeuble ou syndics de copropriété qui figurent dans le tableau annexe relèvent de la gestion courante. Cette annexe énumère la liste minimale des prestations incluses dans le forfait annuel. Toute prestation particulière doit figurer explicitement en tant que telle dans le contrat de syndic. Le contenu des prestations particulières doit être défini avec précision dans les rubriques correspondantes figurant dans le contrat de syndic. »

ANNEXE

LISTE MINIMALE DES PRESTATIONS DE GESTION COURANTE PRESTATIONS INVARIABLES

(Arr. du 19 mars 2010, en vigueur le 1er juill. 2010)

I. ASSEMBLÉE GÉNÉRALE ANNUELLE

I-1. Élaboration et envoi de la convocation, des documents à joindre à la convocation et des projets de résolutions (*).

I-2. Réunion du conseil syndical précédant l'assemblée générale. — Objet de la réunion.

I-2.1. Établissement de l'ordre du jour.

I-2.2. Présence du syndic ou de son représentant *[il convient de préciser expressément la durée contractuelle prévue comme incluse dans le forfait ainsi que les jours et les plages horaires convenus]*.

I-3. Mise à disposition de tous les copropriétaires des différentes pièces comptables et justificatives dans les conditions prévues à l'article 18-1 de la loi du 10 juillet 1965.

I-4. Tenue de l'assemblée générale.

I-4.1. Établissement de la feuille de présence, émargement, vérification des voix et des pouvoirs.

I-4.2. Tenue du registre des procès-verbaux.

I-4.3. Procès-verbal : rédaction du procès-verbal lorsque le syndic est élu secrétaire.

I-4.4. Envoi et notification du procès-verbal (*).

I-4.5. Affichage dans les parties communes de la copropriété d'un procès-verbal abrégé mentionnant les résolutions relatives à l'entretien de la copropriété et aux travaux.

I-4.6. Présence du syndic ou de son représentant *[il convient de préciser expressément la durée contractuelle prévue comme incluse dans le forfait ainsi que les jours et les plages horaires convenus]*.

II. COMPTABILITÉ GÉNÉRALE DE LA COPROPRIÉTÉ

II-1. Établissement du compte de gestion générale et des annexes du syndicat des copropriétaires.

II-1.1. Présentation des comptes en conformité avec la réglementation en vigueur.

II-1.2. Établissement du budget prévisionnel, en collaboration avec le conseil syndical.

II-2. Compte copropriétaires.

II-2.1. Établissement et mise à jour de la liste des copropriétaires.

II-2.2. Tenue des comptes des copropriétaires.

II-2.3. Appel des provisions sur budget prévisionnel (*).

II-2.4. Imputations des consommations individuelles de fluide ou d'énergie lorsque les compteurs sont déjà installés lors de la désignation du syndic.

II-3. Compte fournisseurs. — Factures.

II-3.1. Vérification et paiement des factures.

II-4. Remise au syndic successeur de l'état financier, de la totalité des fonds, de l'état des comptes des copropriétaires et des comptes du syndicat.

II-5. Compte bancaire séparé ou, le cas échéant, compte du cabinet en cas de dispense (possibilité de prix différencié selon le choix de la copropriété).

III. ADMINISTRATION ET GESTION DE LA COPROPRIÉTÉ EN CONFORMITÉ AVEC LE RÈGLEMENT DE COPROPRIÉTÉ

III-1. Archives du syndicat.

III-1.1. Détention :

Détention, conservation des archives utiles dans le cadre de la gestion courante de l'immeuble *[il convient de préciser expressément leur nature, leur volume et leur ancienneté]*, notamment les plans, le règlement de copropriété, l'état de répartition des charges, l'état de division, les procès-verbaux des assemblées générales, les contrats de travail des préposés du syndicat, les contrats d'assurance de l'immeuble et documents nécessaires pour leur mise en œuvre, les documents et décisions de justice relatifs à l'immeuble dont les délais de contestation ne sont pas révolus, les contrats d'entretien et de maintenance des équipements communs, ainsi que toute pièce administrative datant de moins de deux ans.

III-1.2. Transmission des archives au syndic successeur.

III-1.3. Élaboration et transmission au conseil syndical du bordereau récapitulatif des archives transmises au syndic successeur.

III-2. Conseil syndical. — Obligations administratives.

III-2.1. Mise à disposition et communication au conseil syndical de toutes pièces ou documents se rapportant à la gestion du syndicat (*).

III-2.2. Recueil des avis écrits du conseil syndical lorsque sa consultation est obligatoire.

III-3. Entretien et maintenance.

III-3.1. Visite de la copropriété dans les conditions définies au contrat *(nombre et modalités à préciser)*.

III-3.2. Négociation, passation, suivi des marchés des prestataires et gestion des contrats à l'échéance dans le cadre du budget prévisionnel.

III-3.3. Gestion de tous les diagnostics/dossiers obligatoires.

III-3.4. Carnet d'entretien : établissement et mise à jour pour les informations mentionnées aux articles 3 et 4 du décret n° 2001-477 du 30 mai 2001.

III-3.5. En vue de la consultation en assemblée générale, appel d'offres, étude des devis et mise en concurrence résultant de la demande d'une pluralité de devis ou de l'établissement d'un devis descriptif soumis à l'évaluation de plusieurs entreprises lorsque celle-ci est obligatoire dans le cadre des travaux de maintenance définis à l'article 45 du décret n° 67-223 du 17 mars 1967.

III-3.6. Gestion des travaux d'entretien et de maintenance.

IV. ASSURANCES

IV-1. Souscription des polices d'assurance au nom du syndicat et avec l'accord préalable du syndicat.

IV-2. Déclaration des sinistres concernant :

— les parties communes ;

— les parties privatives lorsque le dommage a sa source dans les parties communes.

IV-3. Règlement des indemnités aux bénéficiaires.

V. GESTION DU PERSONNEL

V-1. Recherche et entretien préalable (les coûts de la publication des annonces ne sont pas compris) (**).

V-2. Établissement du contrat de travail et, le cas échéant, de ses avenants (**).

V-3. Paiement du salaire et de toute indemnité, prime... due au salarié (**).

V-4. Tenue du livre des salaires et édition des bulletins de paie (**).

V-5. Déclarations et paiement aux organismes fiscaux et sociaux (**).

V-6. Attestations et déclarations obligatoires (**).

V-7. Gestion des remplacements pendant les congés, arrêts maladie et maternité (**).

V-8. Mise en place du DUERSST et mise à jour (**).

V-9. Gestion de la formation du personnel du syndicat (**).

V-I. Divers.

V-I.1. Calcul des intérêts légaux au profit du syndicat.

(*) Prestations hors frais de tirages, d'affranchissements et d'acheminements.

(**) Prestations effectuées de façon habituelle si présence de personnel du syndicat des copropriétaires.

Cinémas

Les prix des places ainsi que les conditions dans lesquelles sont consentis les avantages particuliers aux spectateurs sont clairement indiqués près des caisses et figureront sur les bandes des répondeurs téléphoniques pour les salles qui en possèdent.

Arrêté du 3 décembre 1987,

Relatif à l'information du consommateur sur les prix.

Art. 1er *(Arr. du 21 déc. 2001)* **Toute information sur les prix de produits ou de services doit faire apparaître, quel que soit le support utilisé, la somme totale toutes taxes comprises qui devra être effectivement payée par le consommateur, exprimée en euros.**

Toutefois, peuvent être ajoutés à la somme annoncée les frais ou rémunérations correspondant à des prestations supplémentaires exceptionnelles expressément réclamées par le consommateur et dont le coût a fait l'objet d'un accord préalable. — *Entrée en vigueur le 1er janv. 2002.*

Prestations inévitables. L'art. 3 de la Dir. 98/6/CE du 16 févr. 1998 relative à la protection des consommateurs en matière d'indication des prix des produits offerts aux consommateurs, lu en *combinaison avec l'art.* 1er et l'art. 2, sous a), de celle-ci, doit être interprété en ce sens que les frais de transfert d'un véhicule automobile du fabricant au vendeur, qui sont à la charge du consommateur, doivent être inclus dans le prix de vente de ce véhicule indiqué dans une publicité faite par un professionnel lorsque, compte tenu de toutes les caractéristiques de cette publicité, elle fait état, aux yeux du consommateur, d'une offre portant sur ledit véhicule. • CJUE 7 juill. 2016, n° C-476/14 : *D. 2017. Pan. 541, obs. Poillot ; RJDA 2017, n° 50; Europe 2016, n° 363, obs. Bouveresse.*

Art. 2 **Les dispositions du présent article s'appliquent aux produits qui ne sont pas usuellement emportés par l'acheteur ainsi qu'aux produits délivrés par correspondance.**

Les frais de livraison ou d'envoi des produits visés à l'alinéa précédent doivent être inclus dans le prix de vente, à moins que leur montant ne soit indiqué en sus.

Lorsque ces frais ne sont pas inclus, toute information du consommateur sur les prix doit clairement préciser :

— sur les lieux de vente, le montant de ces frais selon les différentes zones desservies par le vendeur ;

— hors des lieux de vente, leur montant pour la zone habituellement desservie par le vendeur.

Toutefois :

— lorsqu'une information du consommateur sur les prix concerne plusieurs points de vente dont les conditions de livraison sont différentes, celle-ci peut ne mentionner que l'existence éventuelle de frais de livraison qui devront être portés à la connaissance du consommateur sur les lieux de vente avant la conclusion du contrat ;

— lorsqu'il s'agit d'une offre de vente visée à l'article 14 ci-après, le consommateur doit être informé de façon complète du montant des frais de livraison, par tout moyen approprié, avant la conclusion du contrat.

Dans le cas où le vendeur n'effectue pas de livraison, toute information du consommateur sur les prix doit le préciser.

Art. 3 Lorsque le prix annoncé ne comprend pas un élément ou une prestation de services indispensables à l'emploi ou à la finalité du produit ou du service proposés, cette particularité doit être indiquée explicitement.

Art. 4 Le prix de tout produit destiné à la vente au détail et exposé à la vue du public, de quelque façon que ce soit, notamment en vitrine, en étalage ou à l'intérieur du lieu de vente, doit faire l'objet d'un marquage par écriteau ou d'un étiquetage.

Art. 5 Le prix doit être indiqué sur le produit lui-même ou à proximité de celui-ci de façon qu'il n'existe aucune incertitude quant au produit auquel il se rapporte.

Il doit être parfaitement lisible soit de l'extérieur, soit de l'intérieur de l'établissement, selon le lieu où sont exposés les produits.

Visibilité extérieure. Le principe de l'art. 5 de l'Arr. du 3 déc. 1987 est que le prix de tout produit destiné à la vente au détail et exposé à la vue du public doit faire l'objet d'une information du consommateur, selon un procédé tel que le client puisse connaître ce prix sans entrer dans le lieu de vente si le produit est visible de l'extérieur. En l'espèce, 101 chaussures étaient visibles de l'extérieur, dans les deux vitrines, sans que leur prix soit visible par le client de l'extérieur, puisque le prix était apposé sous la chaussure. • Bourges, 22 août 1991 : *CCC 1992, n° 171, obs. Raymond.*

Art. 6 Les produits identiques ou non, vendus au même prix et exposés ensemble à la vue du public, peuvent ne donner lieu qu'à l'indication d'un seul prix.

Produits identiques. Il résulte de l'art. 6 de l'Arr. du 3 déc. 1987 que le nombre de contraventions dressées ne saurait être égal au nombre d'articles dépourvus d'étiquetage ou d'affichage du prix mais doit être égal au nombre d'articles différents. • Paris, 4 avr. 1995, n° 94/07583. – Comp., estimant inapplicable la règle de non-cumul des peines en matière de contravention : • Limoges, 4 janv. 2006, n° 05/00429.

Art. 7 Les produits vendus par lots doivent comporter un écriteau mentionnant le prix et la composition du lot ainsi que le prix de chaque produit composant le lot.

Ventilation du prix. L'art. 7 de l'Arr. du 3 déc. 1987 n'est pas applicable au prix de chacun des éléments d'un même produit (pour la vente d'un ordinateur équipé de logiciels préinstallés). • Civ. 1re, 29 mars 2017, n° 15-13.248 P : *cité note 1 ss. art. L. 121-1.*

Art. 8 Lorsqu'il s'agit de produits vendus au poids ou à la mesure, l'indication du prix doit être accompagnée de l'unité de poids ou de mesure à laquelle ce prix correspond.

Art. 8-1 *(Arr. du 21 mars 2005)* Lorsqu'il s'agit de produits contenant de l'or, du platine, de l'argent ou du palladium, l'indication du prix doit être accompagnée de l'indication du métal précieux utilisé et de son titre exprimé en millièmes.

Pour l'application de l'art. 8-1, V. Circ. 13 oct. 1993 (BOCC 6 nov.).

V. aussi Arr. du 18 août 2015, v° Bijoux, pierres et métaux précieux.

Art. 8-2 *(Arr. du 3 janv. 2002)* Lorsqu'il s'agit de produits composés de métal précieux – or, platine et argent – et de métal commun juxtaposés, l'indication de prix doit être accompagnée de la mention du nom des métaux entrant dans la composition de l'ouvrage. L'obligation relative à la mention des métaux n'est pas applicable aux mécanismes internes d'horlogerie et aux pièces techniques.

Cette information est portée sur les étiquettes et sur tout document commercial ou publicitaire faisant mention d'un prix de vente.

Art. 9 Les produits factices autres que les éléments de décoration, exposés à la vue du public, notamment en vitrine, doivent comporter l'indication des prix auxquels sont vendus dans le magasin les produits réels correspondants.

Art. 10 Le prix de tout produit non exposé à la vue du public, mais disponible pour la vente au détail soit dans le magasin de vente, soit dans les locaux attenants au magasin et directement accessibles de celui-ci, doit faire l'objet d'un étiquetage.

Art. 11 L'étiquette doit être rédigée en caractères parfaitement lisibles. Elle est placée ou attachée soit sur le produit lui-même, soit sur l'emballage dans lequel il est présenté à la vente.

L'étiquette peut être remplacée par la simple inscription du prix sur le produit ou l'emballage.

Art. 12 Les dispositions des articles 10 et 11 ne sont pas applicables :

— aux produits alimentaires périssables ;

— aux produits dont le prix est indiqué par écriteau sur un spécimen exposé à la vue du public ;

— aux produits non périssables vendus en vrac dont le prix fait l'objet d'un affichage dans des conditions identiques à celles prévues à l'article 13 pour les prestations de services.

Art. 13 Le prix de toute prestation de services doit faire l'objet d'un affichage dans les lieux où la prestation est proposée au public.

L'affichage consiste en l'indication sur un document unique de la liste des prestations de services offertes et du prix de chacune d'elles. Ce document, exposé à la vue du public, doit être parfaitement lisible de l'endroit où la clientèle est habituellement reçue.

En outre, le prix de tout ou partie des prestations proposées au public doit faire l'objet d'un affichage lisible de l'extérieur, selon des modalités fixées par arrêté du ministre chargé de l'économie.

Art. 14 Le prix de tout produit ou de toute prestation de services proposés au consommateur selon une technique de communication à distance doit être indiqué de façon précise au consommateur, par tout moyen faisant preuve, avant la conclusion du contrat.

Constitue une technique de communication à distance au sens du présent arrêté toute technique permettant au consommateur, hors des lieux habituels de réception de la clientèle, de commander un produit ou de demander la réalisation d'un service.

Sont notamment considérés comme des techniques de communication à distance la télématique, le téléphone, la vidéotransmission, la voie postale et la distribution d'imprimés.

Art. 15 Des modalités d'information sur les prix, particulières à certains produits ou services, peuvent être prévues par arrêté ministériel.

Art. 16 L'arrêté du 16 septembre 1971 relatif au marquage, à l'étiquetage et à l'affichage des prix est abrogé.

Art. 17 L'article 1er de l'arrêté du 2 septembre 1977 relatif à la publicité des prix à l'égard du consommateur est abrogé.

Circulaire du 19 juillet 1988,

Portant application des dispositions de l'arrêté du 3 décembre 1987 relatif à l'information du consommateur sur les prix.

La parfaite transparence dans les transactions économiques et l'information du consommateur sont nécessaires au bon fonctionnement d'une économie de marché, basée sur la confrontation de l'offre et la demande.

Afin d'exercer des choix éclairés, les consommateurs doivent être en mesure de connaître les prix à l'avance et de comparer sans difficulté des offres suffisamment complètes et objectives.

En harmonie avec les principes du droit contractuel, l'article 28 de l'ordonnance du 1er décembre 1986 constitue la base légale de l'obligation qui s'impose à tout vendeur, comme à tout prestataire de services dans ses rapports avec les consommateurs, de faire connaître publiquement ses prix.

L'arrêté du 3 décembre 1987 précise les modalités de cette obligation. Il représente le droit commun en matière d'information du consommateur sur les prix. Avec les arrêtés spécifiques à certains produits, services ou méthodes de vente, il compose un dispositif permettant l'exacte information du consommateur.

La présente circulaire se propose d'expliciter les conditions dans lesquelles les règles définies par l'arrêté général du 3 décembre 1987 doivent être mises en œuvre.

I. DISPOSITIONS GÉNÉRALES

a) Champ d'application des règles d'information du consommateur sur les prix

L'ordonnance du 1er décembre 1986 relative à la liberté des prix et de la concurrence a un champ d'application plus étendu que celle du 30 juin 1945. Son article 53 *[devenu C. com., art. L. 410-1]* dispose que les « règles définies à la présente ordonnance s'appliquent à toutes activités de production, de distribution et de services, y compris celles qui sont le fait de personnes publiques ».

L'article 28 de l'ordonnance précise que les règles d'information du consommateur sur les prix concernent tout vendeur de produits et tout prestataire de services.

L'arrêté du 3 décembre 1987 qui fixe les modalités des règles prévues par l'article 28 est donc d'application très générale, quelle que soit la nature des produits ou services concernés, s'étendant également aux ventes directes effectuées par les producteurs.

Toutefois, n'en relèvent pas certaines activités régies par des dispositifs législatifs particuliers, pour ce qui concerne les modalités d'information du consommateur qu'ils définissent (par exemple, les établissements de crédit). L'article 28 de l'ordonnance conserve, dans ce cas, sa portée de principe général de l'obligation, pour les opérateurs économiques ayant des relations avec les consommateurs, de faire connaître publiquement leurs prix.

Enfin, dans la mesure où cet article 28 mentionne le terme « produit », les ventes d'immeubles, qui constituent des biens, n'y sont pas soumises. Par contre, tel n'est pas le cas des activités connexes, telles que celles exercées par les agences immobilières.

Les dispositions de l'arrêté du 3 décembre 1987 ne jouent qu'à l'égard du consommateur. Elles s'imposent même si le vendeur, ou le prestataire de services, vend ou s'adresse le plus souvent à des utilisateurs professionnels, dès lors que les produits ou services sont également offerts à des consommateurs ou peuvent être achetés par eux (Cass. crim., 15 juin 1987).

A titre d'illustration, les grossistes et les coopératives agricoles d'approvisionnement en sont dispensés pour les produits offerts exclusivement à des utilisateurs professionnels (revendeurs, agriculteurs). En revanche, la publicité des prix doit être assurée lorsqu'ils dérogent à cette exclusivité, mais seulement pour les produits qui sont susceptibles d'être achetés par des consommateurs au sens de l'arrêté.

S'agissant des produits, par « consommateur », on entend le consommateur final, qui les emploie pour satisfaire ses propres besoins et ceux des personnes à sa charge, et non pour les revendre, les transformer ou les utiliser dans le cadre de sa profession.

Pour les prestations de services, il s'agit de leur bénéficiaire, au titre de son activité non professionnelle, sous la forme de travaux sur les biens corporels lui appartenant ou de services dont sa personne ou ses intérêts sont l'objet.

Les modalités de l'arrêté relatives au marquage, à l'étiquetage et à l'affichage des prix ne concernent pas les offres isolées répondant à une exigence particulière d'un consommateur. Les vendeurs et prestataires sont néanmoins tenus dans ce cas, conformément à l'article 28 de l'ordonnance, de faire connaître leurs prix par tout moyen approprié (indication de prix verbale ou écrite, estimation, devis détaillé, etc.).

La mise en œuvre des prescriptions réglementaires n'incombe qu'aux commerçants et prestataires de services, sous leur responsabilité personnelle. Leurs fournisseurs ne sont tenus à aucune sujétion spéciale au regard de l'arrêté.

b) Principe général de l'information sur les prix (art. 1er de l'arrêté)

Les dispositions de l'article 1er de l'arrêté du 3 décembre 1987 relatives à la nature du prix à indiquer s'appliquent aux divers types d'informations sur les prix, qu'elles soient adressées au public (publicité des prix par affichage ou étiquetage, publicité commerciale utilisant des arguments de prix) ou à une personne déterminée (prix indiqué sur un bon de commande ou sur un devis).

Elles visent à mettre le consommateur à l'abri de toute surprise quant au montant de la dépense totale qu'il aura à supporter pour l'acquisition du produit ou la fourniture du service proposé.

Le client doit connaître d'emblée le prix qu'il aura réellement à débourser et non pas un prix qui ne serait pas significatif, parce qu'étant exprimé hors taxes ou incomplet dans ses éléments.

Le prix annoncé, exprimé en monnaie française, doit donc comprendre l'ensemble des marges commerciales et des frais (frais d'emballage, de transport jusqu'au magasin de vente, frais de mise à disposition de la marchandise, etc.), hormis ceux correspondant à des prestations supplémentaires exceptionnelles – au sens de très rarement demandées – que le consommateur réclamerait expressément et faisant l'objet d'un accord contractuel sur la chose et les prix.

Il est précisé que ce principe du prix « tout compris » ne s'oppose pas à ce que le prix publiquement annoncé varie à la baisse, à la suite de l'obtention d'une remise particulière, débattue contractuellement ou offerte à certains clients.

II. L'INFORMATION SUR LES PRIX DE LA LIVRAISON

a) Le principe de l'article 2

L'article 2 complète le précédent et vise à ce que le consommateur sache, sans ambiguïté, si le prix annoncé pour un produit s'entend livraison comprise ou non.

Ses dispositions s'appliquent aux produits habituellement livrés, soit en raison du mode de distribution concerné (par exemple, vente par correspondance), soit en raison de leurs caractéristiques (objets lourds et encombrants non usuellement emportés par l'acheteur, tels de nombreux meubles et articles ménagers ou d'équipement des foyers).

b) Modalités de l'information du consommateur

Le commerçant a le choix entre l'inclusion des frais de livraison dans le prix de vente et leur indication en sus.

Dans ce dernier cas, le consommateur doit être informé du montant des frais de livraison, de façon partielle, dans les documents publicitaires (l'information ne concerne que la zone limitée habituellement desservie par le vendeur) et, de façon complète, sur les lieux de vente (le consommateur est informé du barème de prix correspondant à l'ensemble des zones desservies). A défaut de précision dans la publicité sur la zone limitée habituellement desservie, il sera admis qu'elle correspond à la zone de diffusion du message publicitaire.

Sur les lieux de vente, il convient que le consommateur puisse connaître sans difficulté ni ambiguïté les tarifs pratiqués pour la livraison, avant la conclusion du contrat.

Le procédé le plus approprié est l'affichage, à proximité des rayons concernés, d'un document parfaitement lisible de l'endroit où se tient normalement la clientèle.

c) Cas particuliers des produits commandés « à distance »

Dans le cas d'engagements souscrits hors des lieux de vente, le consommateur doit être informé, de façon complète, du montant des frais de livraison, par tout moyen approprié, avant la conclusion du contrat.

Les procédés et modalités appropriés sont ceux et celles, précisés au chapitre ci-après concernant l'article 14, qui répondent aux exigences de l'information du consommateur en matière de vente à distance (catalogues de vente par correspondance, publipostages, vidéo-catalogues, etc.).

d) Cas particulier des publicités nationales ou régionales

L'article 2 de l'arrêté prévoit une exception à l'obligation d'indiquer le prix de la livraison, qui concerne les publicités, généralement nationales ou régionales, se référant à plusieurs points de vente dont les conditions de livraison sont différentes.

Dans ce cas particulier, les documents publicitaires doivent toutefois indiquer si des frais de livraison sont demandés en sus du prix annoncé. Cette indication est complétée, avant la conclusion du contrat, sur les lieux de vente comme dans les supports des opérations commerciales à distance, par une parfaite information du consommateur sur les conditions de la livraison.

e) Cas où le vendeur n'effectue pas de livraison

Si, compte tenu de ses choix commerciaux, le vendeur n'effectue pas de livraison, la clientèle doit être informée de cette particularité dans les documents publicitaires ainsi qu'au point de vente.

III. L'INFORMATION SUR CERTAINES PARTICULARITÉS DES PRODUITS OU SERVICES

L'article 3 impose, lorsque le prix de vente ne comprend pas la fourniture d'un élément ou d'une prestation indispensables à l'utilisation du produit ou à la finalité du service proposés, que cette information soit portée à la connaissance du public par tout moyen approprié avant la conclusion du contrat.

Ainsi, lorsque le prix annoncé pour un appareil électrique ne comprend pas la fourniture d'un transformateur indispensable, ou lorsque le prix d'un jouet ne comprend pas les piles électriques nécessaires à son fonctionnement, ces particularités doivent être indiquées explicitement.

De même, lorsque le prix d'un appareil ménager ne comprend pas la fourniture d'un élément de branchement, une installation ou une mise en service particulières – par exemple nécessitant l'intervention d'un professionnel –, le consommateur doit en être averti.

IV. L'INFORMATION SUR LE PRIX DES PRODUITS EXPOSÉS À LA VUE DU PUBLIC

a) Principe

Le prix de tout produit destiné à la vente au détail et exposé à la vue du public doit faire l'objet d'une information du consommateur, selon un procédé tel que le client puisse connaître ce prix sans entrer dans le lieu de vente, si le produit est visible de l'extérieur (vitrines, étalages, etc.), et sans avoir à interroger le vendeur, si le produit est visible de l'intérieur du lieu de vente (étagères, présentoirs, etc.).

Ces dispositions sont de portée absolument générale : elles s'appliquent qu'il s'agisse d'une boutique, d'un magasin ou de tout autre lieu de vente, même situé en plein air, et à tous les produits, y compris les articles de luxe (Cass. crim. 16 mars 1977) et ceux d'occasion.

N'y échappent pas les ventes au détail réalisées dans les foires et salons au vu des produits exposés, que la livraison des produits soit immédiate ou n'intervienne qu'à l'extérieur de ces expositions ou après leur clôture.

En revanche, l'indication du prix n'est pas exigée dans les vitrines-expositions éloignées du lieu de vente, qui ont un caractère essentiellement publicitaire (vitrines placées dans les gares ou dans les lieux publics notamment).

b) Modalités de l'information sur les prix

L'information du consommateur sur le prix des produits exposés à la vue du public doit être effectuée par marquage ou étiquetage sur chaque produit, ou sur un support placé à proximité immédiate.

Dans tous les cas, les prix doivent être parfaitement lisibles et le procédé utilisé ne doit entraîner aucune incertitude ou équivoque pour le consommateur quant à la relation s'établissant entre les prix et les produits auxquels ils correspondent.

S'il peut y avoir un doute sur la nature ou la qualité du produit, l'indication du prix doit être accompagnée de la dénomination exacte du produit.

L'étiquette ne sera utilisée, en pratique, que si l'acheteur a la possibilité matérielle de prendre en main le produit sans avoir à demander préalablement l'accord du vendeur.

Si un même produit se trouve exposé en vitrine et à l'intérieur du magasin, son prix doit être indiqué aux deux endroits.

Dans le cas de produits, identiques ou non, vendus au même prix et faisant l'objet d'une exposition en commun, l'indication d'un seul prix est suffisante, conformément à l'article 6 de l'arrêté.

S'agissant des produits vendus par lots, doivent être mentionnés le prix et la composition du lot, ainsi que le prix de chaque produit composant le lot. Cette dernière sujétion ne sera toutefois exigée, en pratique, que pour les lots composés de produits de nature différente. Au demeurant, on ne doit pas perdre de vue que la subordination de vente est dans son principe interdite (art. 30 de l'ordonnance du 1er décembre 1986) et n'est admise que dans certaines conditions précisées par la jurisprudence et la doctrine.

Enfin, les produits factices exposés à la vue du public doivent comporter l'indication du prix de vente des produits réels correspondants. Cette obligation ne concerne que les produits qui imitent exactement les articles mis en vente et non pas les éléments de décoration.

c) Annonce simultanée de deux prix différents

Le fait d'annoncer simultanément, dans un même magasin, deux prix différents pour le même article est de nature à constituer une infraction dans le cas où cette anomalie repose sur une publicité inexacte ou de nature à induire en erreur le consommateur, ou encore sur un marquage des prix, ou un étiquetage, non conforme aux prescriptions réglementaires.

Par ailleurs, en présence d'un produit marqué ou étiqueté à deux prix différents, il est usuel que l'on demande au client le prix le plus faible, lorsque celui-ci est en rapport avec la valeur de l'article.

d) Cas des œuvres d'art originales et des objets ayant valeur d'antiquité

Répondant aux spécificités de ces produits, peuvent être admises l'apposition d'une étiquette discrète sur les articles exposés à la vue du public ou, dans les galeries d'art, la consultation d'une liste des prix.

e) Cas des livres neufs ou d'occasion

Lorsque les ouvrages sont accessibles à la clientèle sans qu'elle ait à solliciter l'accord préalable du vendeur, il peut être admis que le marquage ou l'étiquetage des prix de vente soient remplacés par la mention du prix à l'intérieur des volumes, par simple inscription manuscrite ou sur une fiche de vente.

Cette possibilité ne s'applique cependant pas aux livres exposés en vitrine, pour lesquels le prix doit apparaître en caractères parfaitement lisibles, de telle sorte que le public en soit informé sans pour cela être contraint de pénétrer dans le magasin.

f) Cas des ensembles de cuisine

Le prix des produits exposés à la vue du public doit être indiqué élément par élément. En outre, le consommateur doit savoir, sans ambiguïté, si le prix annoncé concerne des éléments à emporter, des éléments livrés mais « à monter soi-même » ou des éléments livrés et posés.

Si la pose, non comprise dans le prix, est forfaitisée (forfait de base ne comprenant pas les aménagements résultant des particularités des locaux à équiper), les tarifs de cette prestation doivent faire l'objet d'un affichage dans les conditions de l'article 13 de l'arrêté.

Lorsque la pose n'est pas forfaitisée mais effectuée uniquement sur devis, cette particularité ainsi que les conditions du devis doivent être portées à la connaissance de la clientèle, avant la conclusion du contrat.

En ce qui concerne les frais de livraison, l'information du consommateur sur leur montant est réalisée selon les modalités prévues par l'article 2 de l'arrêté.

V. L'INFORMATION SUR LE PRIX DES PRODUITS NON EXPOSÉS À LA VUE DU PUBLIC

a) Principe

Le prix de tout produit non exposé à la vue du public, mais disponible pour la vente au détail soit dans le magasin, soit dans les locaux attenants au magasin et directement accessibles de celui-ci, doit faire l'objet d'un étiquetage.

Il est en effet essentiel, pour la transparence du marché et la loyauté des transactions, qu'au cas où l'acheteur n'aurait pas fixé son choix sur des marchandises exposées à la vue du public, celles qui lui seront offertes en remplacement portent désignation de leur prix.

b) Produits devant faire l'objet d'une étiquette

Le principe ne concerne que les produits prêts à être immédiatement vendus. N'y sont pas soumis, en particulier, ceux qui n'ont pas encore été sortis de leur emballage d'origine lorsque la vente a lieu habituellement sans cet emballage.

Sous réserve que la disponibilité pour la vente soit effective, il s'applique aux articles présents dans le magasin mais non visibles par la clientèle (notamment contenus dans des boîtes ou rangés dans des tiroirs), de même qu'à ceux détenus dans les locaux attenants au magasin non ouverts au public dès lors qu'ils sont directement accessibles du lieu de vente par le commerçant ou son personnel et constituent en fait des annexes de celui-ci ; cette définition exclut les produits stockés dans les réserves qui en sont entièrement indépendantes.

c) Modalités de l'étiquetage

L'étiquette est placée ou attachée sur le produit ou son emballage. Elle fait apparaître le prix toutes taxes comprises. Cette étiquette peut être remplacée par une simple inscription imprimée ou manuscrite du prix.

d) Cas particuliers où l'étiquetage n'est pas exigé

Dans certaines hypothèses, d'autres modalités de présentation sont admissibles, ne serait-ce que parce que le recours à l'étiquette est parfois difficilement praticable, dès lors que le principe d'une pleine et complète information du consommateur est entièrement respecté.

Ainsi sont dispensés de l'étiquetage :

Les produits dont le prix est indiqué en regard d'un spécimen exposé à la vue du public ; il va de soi que le prix des produits entreposés hors la vue de la clientèle doit alors être identique à celui du modèle ou de l'échantillon présenté.

Pour éviter l'étiquetage des divers articles détenus dans des locaux attenants au magasin, pourront être repris, en regard du seul article exposé, le prix des différents modèles de la même marque, mais de capacités ou de dimensions différentes (cas des machines à laver, des réfrigérateurs notamment).

Les produits alimentaires périssables : il s'agit des fruits et légumes frais, des viandes, des produits de la mer et des produits laitiers frais ; il demeure bien entendu que, lorsqu'ils sont exposés à la vue du public, l'indication des prix est obligatoire.

Les produits non périssables vendus en vrac tels que le charbon, les engrais, les semences, voire certains articles de quincaillerie (clous, vis, etc.) ; si un échantillon est exposé à la vue du public, le prix des produits correspondants, accompagné s'il y a lieu de l'unité de poids ou de mesure, doit être annoncé en regard ; au cas contraire, ils donnent lieu à un affichage dans les lieux de réception de la clientèle.

Par ailleurs, il est considéré, à l'égard des professions qui vendent une très grande variété d'articles, dont l'étiquetage est, de ce fait, techniquement très difficile, qu'il est suffisamment satisfait à la réglementation lorsque sont mis à la libre disposition de leur clientèle des catalogues ou des tarifs reprenant la liste complète des articles non étiquetés ou non affichés avec l'indication du prix de chacun d'entre eux (cas de la quincaillerie, par exemple).

VI. L'INFORMATION SUR LE PRIX DES PRESTATIONS DE SERVICES

a) Principe et modalités de l'affichage

Le prix de toutes les prestations de services, quelle qu'en soit la nature, doit faire l'objet d'un affichage dans les lieux où elles sont proposées au public.

L'affichage consiste en l'indication, sur un document unique de la liste des prestations offertes et de leur prix, toutes taxes comprises, aucun doute ne devant exister sur la nature de la prestation fournie pour le prix indiqué.

Pour satisfaire aux exigences de l'arrêté, il convient que l'affiche soit parfaitement lisible de l'endroit où se tient normalement la clientèle ou de celui où elle est habituellement reçue, et donc, en particulier, qu'elle ne soit ni masquée ni placée trop loin.

S'agissant des indications portées sur l'affiche, seule la taxe de séjour peut être mentionnée séparément, pour les activités de services et dans les localités où elle est exigible.

L'affiche doit comporter non seulement la totalité des prestations offertes à la clientèle et leur prix, mais également les éventuels suppléments ou majorations correspondant à des opérations complémentaires ou spéciales.

L'article 13 précise encore que le prix de tout ou partie des prestations proposées au public doit faire l'objet d'un affichage lisible de l'extérieur, selon des modalités fixées par arrêté du ministre chargé de l'économie (textes généralement spécifiques à un service déterminé).

b) Modalités particulières concernant les prestations de services à caractère variable

Il s'agit de prestations dont l'étendue et la composition finale varient en fonction de la demande ou de la situation particulière du client (par exemple, travaux d'installation et de réparation) et qui, en conséquence, ne peuvent être systématiquement forfaitisées.

Toutefois, des forfaits correspondant à certaines opérations de base courantes sont habituellement proposés.

Lorsqu'il existe un magasin ou un lieu permettant de recevoir la clientèle, doivent y être affichés les différents paramètres utilisés par le prestataire pour calculer le prix total : les prix unitaires (par exemple les taux horaires de main-d'œuvre, le prix au mètre ou au mètre carré), le prix des diverses prestations forfaitaires ainsi que les autres conditions de rémunération (par exemple les frais de déplacement).

Lorsque la clientèle n'est pas reçue dans un lieu ou emplacement qui lui est réservé, conformément aux articles 13 et 14 de l'arrêté, le prix et les conditions de vente des prestations offertes doivent être indiqués au consommateur, avant la conclusion du contrat, sans préjudice des modalités d'information prévues, le cas échéant, par arrêté spécifique concernant un secteur d'activité déterminé.

c) Prestations rétribuées en pourcentage

Pour certaines professions où il est de coutume que la prestation fournie soit rétribuée proportionnellement à la valeur du bien vendu ou du service rendu, l'affiche peut ne comporter que la mention du ou des pourcentages prélevés, en précisant, le cas échéant, les tranches de prix correspondantes (cas des agents immobiliers ou des agences de location).

Il importe dans ce cas que l'affiche fasse apparaître sans ambiguïté tous les éléments auxquels se rapportent les pourcentages (nature des opérations et des biens, produits ou services concernés, base de calcul utilisée, prix à payer toutes taxes comprises).

d) Rémunération dénommée « service »

Certaines activités de services (cafés, restaurants) font usuellement l'objet du versement au personnel en contact avec la clientèle d'une rémunération dénommée « service ».

Celle-ci ne peut être exigée qu'à la condition d'être mentionnée expressément sur les documents affichés à la vue du public ou mis à la disposition de la clientèle.

En outre, les prix doivent être indiqués au consommateur « service compris » et le taux du service perçu doit être précisé.

En dehors de ces cas, aucune gratification ne peut être exigée par le prestataire de service ou son personnel.

e) *Substitution d'un catalogue* à l'affichage des prix

Lorsque l'importance du nombre de prestations proposées et la grande diversité de leurs conditions de fourniture ne permettent pas d'établir une affiche parfaitement lisible par la clientèle, ce document peut être remplacé par un catalogue complet mis à la libre disposition du public dans les lieux de sa réception (cas des agences de voyages, par exemple).

f) Cas particulier des professions libérales

L'arrêté du 3 décembre 1987 est d'application générale et ne prévoit pas d'exception à l'information du consommateur sur les prix.

Toutefois, compte tenu des contraintes particulières de certaines professions libérales, sont admises des adaptations aux différentes situations, des modalités réglementaires de l'information du consommateur sur les prix.

Mais les consommateurs doivent être en mesure de connaître, sans difficulté et avant l'intervention du prestataire, soit le prix lui-même, soit les principaux paramètres susceptibles de composer ou de déterminer le prix final.

Il doit être conseillé aux consommateurs de s'informer auprès du prestataire, avant son intervention, du coût estimatif de celle-ci, afin de se mettre à l'abri d'éventuelles surprises.

La mesure la plus appropriée consisterait donc, pour chaque professionnel ou entité libérale, à afficher dans leur salle d'attente un document, sur lequel il est précisé que toute personne faisant appel aux conseils ou à l'assistance d'un professionnel libéral est en droit d'obtenir préalablement communication de ses conditions d'intervention et notamment une estimation du prix à payer.

Au demeurant, certaines professions libérales adoptent les modalités d'information du consommateur sur les prix telles que prévues par l'arrêté général (affichage en salle d'attente des pédicures-podologues ou des masseurs-kinésithérapeutes), tandis que d'autres, compte tenu de leur spécificité, sont assujetties à des modalités propres d'information sur les prix, définies par arrêté particulier (syndics de copropriété).

Enfin, il est rappelé que les tarifs de quelques professions faisant l'objet de dispositions législatives propres (notaires, huissiers notamment), sont réglementés et publiés au *Journal officiel*. Au surplus, ils sont mis à la disposition de la clientèle ou peuvent être consultés à sa demande.

g) Cas particulier des entreprises de restauration collective

Conformément à l'article 13 de l'arrêté, le prix des différents plats servis par les entreprises de restauration collective doit faire l'objet d'un affichage dans les lieux de réception du public.

Cependant, compte tenu de la diversité des conditions de prix, dont les usagers doivent avoir eu préalablement connaissance, et du fait que cela ne présente pas d'inconvénient pour la clientèle, le prix des plats exprimé en nombre d'unités de compte peut être considéré comme satisfaisant la réglementation.

VII. LES OFFRES DE VENTE ET DE PRESTATION DE SERVICE*[S]* À DISTANCE

a) Principe

Les techniques de communication à distance pénétrant peu à peu le commerce, les engagements des consommateurs sont de plus en plus souvent souscrits hors des lieux de vente.

Ces techniques de communication à distance, par lesquelles les entreprises proposent leurs produits ou services et qui permettent au consommateur de s'engager hors des lieux de vente, constituent à la fois la « vitrine » de ces entreprises et le moyen de véhiculer les transactions.

L'article 14 de l'arrêté a pour finalité d'assurer l'information du consommateur sur les prix, lorsqu'il commande un produit ou demande la prestation d'un service selon une technique de communication à distance, telle que la télématique, le téléphone, la vidéo-transmission ou la voie postale (liste non limitative et susceptible d'évolution).

En effet, comme sur les lieux de vente traditionnels, le consommateur effectuant des opérations commerciales à distance doit connaître précisément les prix avant la conclusion du contrat, afin qu'il soit en mesure de prendre le temps de la réflexion et qu'il puisse, s'il le souhaite, comparer sans difficulté des offres concurrentes.

b) Modalités de l'information du consommateur sur les prix

Sous réserve que le principe d'information préalable du consommateur soit respecté, le vendeur ou le prestataire ont une grande latitude dans le choix du procédé approprié à cette fonction.

Ils peuvent faire connaître publiquement leurs prix de diverses manières, notamment par le relais même de la technique de communication à distance qui permet la prise de commande. Ainsi, le prix peut apparaître sur l'écran ou le lecteur de « vidéocatalogue », d'appareils télématiques type « Minitel », de « bornes » télématiques ou de « vidéokiosques ». Il peut également être mentionné sur les publipostages assortis de bons de commande.

Différemment, l'entreprise peut faire connaître ses prix de façon distincte de la commande, par exemple, par l'envoi préalable aux consommateurs de listes de produits, d'imprimés ou de catalogues mentionnant les prix. La commande ultérieure passée, par exemple, par télématique, téléphone ou voie postale, fait alors référence aux indications portées dans ces documents. Dans le même sens, les prix peuvent être annoncés par le relais d'un réseau de télévision, les commandes étant passées par le canal du téléphone ou de la télématique.

Quelles que soient les modalités d'information utilisées, elles ne doivent laisser place à aucune équivoque quant à la relation entre les produits ou services offerts et les prix correspondants.

Par ailleurs, les produits ou services doivent être décrits de manière aussi précise que possible, dans leurs éléments tant qualitatifs (dénomination, nature, qualité) que quantitatifs (dimensions et poids notamment).

c) Caractère probant des moyens d'information sur les prix

L'arrêté précise que, hors des lieux de vente, l'information du consommateur sur les prix est véhiculée par tout moyen « faisant preuve », afin qu'elle puisse être vérifiable, notamment en cas de contestation ultérieure sur la réalité du prix initalement annoncé.

S'agissant d'un texte pénal, tous les modes de preuve sont *a priori* admissibles et laissés à la libre appréciation du juge.

Cependant, compte tenu de leur force probante particulière, seront admis plus aisément par les tribunaux, et peuvent en conséquence être considérés comme réellement appropriés à la publicité des prix, les procédés d'information utilisant l'écrit ainsi que ceux ayant un caractère public, l'information pouvant alors être constatée par témoin (par exemple, mention du prix sur écran télématique).

VIII. DISPOSITIONS DIVERSES

Bien que l'arrêté conduise à rendre homogènes les règles d'information sur les prix, il peut exister des produits ou des services qui, compte tenu de leur nature ou des conditions de leur vente, exigent une information différente ou plus complète des consommateurs.

En vertu de l'article 15, les dispositions des textes spéciaux en vigueur à la date de l'arrêté faisant l'objet de la présente circulaire ou pris ultérieurement doivent être considérées comme des modalités d'application des règles définies par cet arrêté, adaptées aux spécificités des secteurs considérés.

Les obligations qui découlent de ces régimes particuliers se substituent aux dispositions analogues de l'arrêté de portée générale du 3 décembre 1987.

Concernant l'information du consommateur sur l'euro, V. Avis du Conseil national de la consommation du 4 déc. 1997 (BOCC 19 déc., p. 871).

Arrêté du 3 juillet 1996,

Relatif à l'information du consommateur sur les prix des denrées alimentaires bénéficiant d'un label agricole.

Art. 1er L'information du consommateur sur les prix des denrées alimentaires bénéficiant d'un label agricole réalisée hors des lieux de vente doit être obligatoirement accompagnée de la mention :

– du logo Label rouge ;

– de la dénomination de vente complète du produit et, le cas échéant, de son caractère fermier ;

– *le cas échéant*, du nom du groupement détenteur du label ;

– du mode d'alimentation lorsque les denrées concernées sont des produits carnés (y compris les produits avicoles et cunicoles) et des produits de l'aquaculture.

Art. 2 Le présent arrêté sera publié au *Journal officiel* de la République française et entrera en vigueur deux mois après sa publication *[JO 12 juill.]*.

Arrêté du 16 novembre 1999,

Relatif à la publicité, à l'égard du consommateur, des prix de vente à l'unité de mesure de certains produits préemballés.

Art. 1er Les produits préemballés figurant sur les listes annexées au présent arrêté sont soumis, lorsqu'ils sont exposés pour la vente au détail à emporter, à des obligations particulières en ce qui concerne la publicité de leurs prix.

Ces produits doivent être munis d'une étiquette indiquant le prix de vente au kilogramme, à l'hectogramme, au litre, au décilitre, au mètre, au mètre carré ou au mètre cube, la quantité nette délivrée et le prix de vente correspondant.

Le commerçant assujetti aux présentes dispositions peut opter pour l'étiquetage à l'hectogramme ou au kilogramme d'une part, au décilitre ou au litre d'autre part, sous réserve de n'adopter qu'une seule unité de mesure pour chaque catégorie de produits mentionnée en annexe.

Art. 2 Lorsque des produits préemballés identiques sont présentés en poids ou en volumes égaux et exposés ensemble à la vue du public, les mentions prévues à l'alinéa précédent peuvent être portées sur un seul écriteau figurant à proximité des produits considérés.

Art. 3 L'article 1er n'est pas applicable aux produits que les dispositions réglementaires en vigueur exemptent de l'indication de la quantité nette.

Art. 4 Dans le cas des produits pour lesquels les dispositions réglementaires en vigueur exigent l'indication de la quantité nette égouttée, le prix au kilogramme ou à l'hectogramme sera rapporté à cette quantité.

Art. 5 Toute publicité de prix à l'égard du consommateur faite hors des lieux de vente sur les produits visés à l'article 1er est soumise aux mêmes conditions.

Art. 6 L'article 1er n'est pas applicable aux produits préemballés dont les quantités nettes correspondent au kilogramme, à l'hectogramme, au litre, au décilitre, au mètre, au mètre carré ou au mètre cube.

Art. 7 L'arrêté du 10 novembre 1982 relatif à la publicité, à l'égard du consommateur, des prix de vente à l'unité de mesure de certains produits préemballés est abrogé.

ANNEXE

I. LISTE DES DENRÉES ALIMENTAIRES PRÉEMBALLÉES CONCERNÉES QUEL QUE SOIT LEUR MODE DE PRÉSENTATION OU DE CONSERVATION

Produits de la mer et d'eau douce (poissons, crustacés, mollusques...) en l'état ou transformés.

Viandes en l'état ou transformées (toute espèce, y compris le gibier).

Charcuteries, salaisons.

Plats cuisinés.

Fruits et légumes, champignons (tous produits végétaux, y compris les fruits et légumes secs, les pommes de terre et produits dérivés de la pomme de terre : préparation pour purée, chips...).

Produits de panification, de boulangerie et de biscuiterie.

Produits céréaliers et dérivés des céréales (riz, farine, semoules, pâtes alimentaires, céréales pour petits déjeuners...).

Produits pour apéritifs (fruits et graines salées, biscuits...).

Vinaigre, produits condimentaires et sauces (légumes au vinaigre, olives, moutarde, mayonnaises et sauces diverses).

Graisses et huiles (tous corps gras, margarine, pâtes à tartiner...).

Lait (cru, pasteurisé, stérilisé, concentré, en poudre, aromatisé).

Produits laitiers (beurre, crème, laits fermentés, fromages frais, fromages habituellement vendus au poids ou avec l'indication du poids).

Crèmes préparées, entremets, desserts (solides ou liquides).

Glaces, crèmes glacées, sorbets (à l'exception des doses individuelles de glaces alimentaires).

Fruits au sirop, confitures, compotes, gelées, marmelades.

Miel.

Chocolat (tablette, poudre, bonbon de chocolat) et produits dérivés du cacao (poudre pour petits déjeuners, pâtes à tartiner).

Sucres (morceaux, poudre...).

Substituts de sucre, édulcorants de table.

Produits de confiserie (y compris pâtes de fruits, à l'exception des confiseries dont le poids net est inférieur à 20 grammes, traditionnellement vendues à la pièce).

Café, thé, chicorée et leurs mélanges (sous toutes formes, y compris extraits).

Tous produits destinés à une alimentation particulière (produits diététiques, de régime, pour nourrissons et enfants en bas âge, produits spécifiques pour sportifs).

Apéritifs anisés, apéritifs à base de vin.

Apéritifs sans alcool.

Vins de table, à l'exclusion des vins de pays.

Vins mousseux, vins pétillants, vermouths, vins de liqueur, liqueurs, eaux-de-vie autres que ceux bénéficiant d'une appellation d'origine.

Boissons alcoolisées.

Bières, cidres, poirés et hydromels.

Jus de fruits et de légumes.

Sirops, limonades, sodas, boissons rafraîchissantes et préparations pour boissons (à l'exception de boissons vendues à l'unité sous forme de boîte métallique ou de bouteille de contenance de 33 cl ou 50 cl).

Eaux de table, eaux de source et eaux minérales (à l'exception des bouteilles d'eau de contenance de 33 cl ou 50 cl vendues à l'unité).

Aliments pour animaux domestiques.

II. LISTE DES PRODUITS NON ALIMENTAIRES PRÉEMBALLÉS

Produits d'hygiène et de beauté de consommation courante

Savons de toilette.

Dentifrice, lotions dentaires.

Produits pour le bain et la douche.

Soins de la chevelure (shampooing, lotions).

Produits pour le rasage (crèmes, lotions).

Eaux de toilette à l'exception des extraits de parfums, eaux de Cologne, lotions d'hygiène corporelle, émulsions.

Produits solaires.

Produits de lavage

Savons.

Produits à laver (linge, vaisselle) sous toutes leurs formes (poudre, solide, liquide) et détergents liquides.

Produits de rinçage (vaisselle).

Produits régénérants (vaisselle).

Assouplissants textiles sous toutes leurs formes.

Produits ménagers d'entretien

Produits à récurer, détartrer, déboucher, décaper, détacher.

Produits d'entretien des sols.

Produits pour vitres et glaces.

Produits d'entretien des matériaux.

Peintures, vernis et diluants, à l'exclusion des couleurs fines pour l'art et l'enseignement.

Produits divers

Produits d'entretien courant pour l'automobile (huiles, lave-glaces...).

Produits phytopharmaceutiques pour jardin d'amateur, engrais.

Produits de bricolage (plâtre, ciment, enduits, colle à papier peint...).

Arrêté du 10 juin 2009,

Relatif à l'information sur les prix des appels téléphoniques aux services à valeur ajoutée.

Art. 1er Tout appel d'un consommateur à un numéro du plan national de numérotation permettant d'accéder à un service à valeur ajoutée donne lieu à une information sur le prix

global susceptible de lui être facturé par son fournisseur de services de communications électroniques lorsqu'il excède le tarif souscrit auprès de ce dernier pour les appels vers les numéros fixes français, hors communications entre territoires des départements, régions et collectivités d'outre-mer ou entre ces territoires et le territoire métropolitain.

Art. 2 L'information sur le prix doit être communiquée par un message gratuit en début d'appel, d'une durée qui ne peut être inférieure à 10 secondes. Un signal sonore matérialise la fin de cette information et la mise en application des conditions de prix annoncées.

Art. 3 Il peut être prévu que le consommateur renonce à entendre l'annonce prévue à l'article 2 dans les conditions suivantes :

— lors de tout appel, par appui de l'appelant sur la touche "#" de son équipement terminal ou un autre procédé équivalent ;

— pour une durée ne pouvant excéder trois mois, écourtée en cas de changement de tarif, par accord exprès du titulaire du contrat de communications électroniques.

Art. 4 L'information prévue à l'article 2 doit inclure l'ensemble des composantes tarifaires du prix total de l'appel susceptible d'être facturé par le fournisseur de services de communications électroniques.

Lorsque la tarification distingue un prix de communication téléphonique et un prix destiné à rémunérer la prestation de service, la première composante tarifaire peut être qualifiée dans le message de "prix d'une communication normale" sans précision complémentaire dès lors que son prix n'excède pas le tarif souscrit par le consommateur auprès de son fournisseur de services de communications électroniques pour les appels vers les numéros fixes français, hors communications entre territoires des départements, régions et collectivités d'outre-mer ou entre ces territoires et le territoire métropolitain. L'information relative à la première composante peut également être remplacée par une information sur les conditions dans lesquelles elle peut être obtenue par le consommateur.

Art. 5 Sont exclus des dispositions du présent arrêté :

— les appels téléphoniques vers des services réservés exclusivement à un usage professionnel pour l'appelant ;

— les appels sans intervention humaine, dits "de machine à machine", lorsque ces appels sont déclenchés pour les besoins d'une prestation de service dont la souscription a donné lieu préalablement à un contrat écrit et dont l'information quant aux prix est conforme à la réglementation en vigueur.

Art. 6 Les dispositions du présent arrêté entrent en vigueur au 1er janvier 2010 pour les numéros dont la tarification depuis un poste fixe est supérieure à 0,15 € par minute ou par appel, et au 1er janvier 2011 pour les autres numéros concernés.

Arrêté du 11 mars 2015,

Relatif aux annonces de réduction de prix à l'égard du consommateur.

BIBL. ▶ J.-H. ROBERT, *Dr. pénal 2015, n° 73* (un libéral arrêté Macron). - TITONE et DARY, *RLDA juin 2015. 31* (nouveau régime et opportunité pour les professionnels).

Art. 1er Toute annonce de réduction de prix est licite sous réserve qu'elle ne constitue pas une pratique commerciale déloyale au sens de l'article *(Ord. n° 2016-301 du 14 mars 2016, art. 2, en vigueur le 1er juill. 2016)* « L. 121-1 » du code de la consommation et qu'elle soit conforme aux exigences du présent arrêté.

Art. 2 *Lorsqu'une annonce* de réduction de prix est faite dans un établissement commercial, l'étiquetage, le marquage ou l'affichage des prix réalisés conformément aux dispositions en vigueur doivent préciser, outre le prix réduit annoncé, le prix de référence qui est déterminé par l'annonceur et à partir duquel la réduction de prix est annoncée.

Compatibilité avec le droit de l'UE. La Dir. 2005/29/CE du 11 mai 2005, relative aux pratiques commerciales déloyales des entreprises vis-à-vis des consommateurs dans le marché intérieur, doit être interprétée en ce sens qu'elle s'oppose à des dispositions nationales qui prévoient une interdiction générale, sans évaluation au cas par cas permettant d'établir le caractère déloyal, des annonces de réduction de prix qui ne font pas apparaître le prix de référence lors du marquage ou de l'affichage des prix, pour autant que ces dispositions poursuivent des finalités tenant à la protection des consommateurs. Il appartient à la juridiction de renvoi d'apprécier si tel est le cas dans l'affaire au principal. • CJUE 8 sept. 2015, n° C-13/15 : *D. 2016. Pan. 618,* *obs. Sauphanor-Brouillaud ; AJCA 2015. 479, obs. Pecnard et Robic ; RJDA 2015, nº 789 ; Banque et Droit janv.-févr. 2016. 58, obs. Jouffin.* – Sur la question préjudicielle, V. • Crim. 9 sept. 2014, nº 13-85.927 P : *Bull. crim. nº 182 ; Dalloz actualité, 25 sept. 2014, obs. Petit ; D. 2015. Pan. 590, obs. Poillot ; JCP E 2014, nº 1522 ; CCC 2014, nº 283, obs. Raymond ; Dr. pénal 2014, nº 138, obs. J.-H. Robert ; RLDA nov. 2014. 50, obs. Mathonnière.*

Art. 3 **Lorsque l'annonce de réduction de prix est d'un taux uniforme et se rapporte à des produits ou services parfaitement identifiés, cette réduction peut être faite par escompte de caisse. Dans ce cas, cette modalité doit faire l'objet d'une information, l'indication du prix réduit n'est pas obligatoire et l'avantage annoncé s'entend par rapport au prix de référence.**

Art. 4 **L'annonceur doit pouvoir justifier de la réalité du prix de référence à partir duquel la réduction de prix est annoncée.**

Art. 5 **L'arrêté du 31 décembre 2008 relatif aux annonces de réduction de prix à l'égard du consommateur est abrogé.** — *V. cet Arr. au* **C. consom.**, *éd. 2015 et antérieures.*

PRODUITS BIOLOGIQUES

Code rural et de la pêche maritime

L'agriculture biologique

Art. L. 641-13 *(Ord. nº 2006-1547 du 7 déc. 2006, art. 2)* **Peuvent bénéficier de la mention "agriculture biologique" les produits agricoles, transformés ou non, qui satisfont** *(Ord. nº 2010-459 du 6 mai 2010, art. 4)* **« aux exigences de la réglementation** *(Ord. nº 2015-1246 du 7 oct. 2015, art. 6-I)* **« de l'Union européenne » relative à la production biologique et à l'étiquetage des produits biologiques » ou, le cas échéant, aux conditions définies par les cahiers des charges homologués par arrêté du ou des ministres intéressés sur proposition de l'Institut national de l'origine et de la qualité.** — *V. Règl. nº 834/2007 du 28 juin 2007, infra.*

BIBL. ▶ BOUALILI, *RD rur. 2008. Étude 4* (le statut de l'agriculture biologique).

Certification « Halal ». La réglementation de l'UE a défini de manière exhaustive, sans renvoyer à l'adoption de textes d'application par les États membres et sans que de tels textes soient rendus nécessaires pour sa pleine efficacité, les règles relatives à la production agricole biologique de bovins ; dès lors, le pouvoir réglementaire n'est pas compétent pour édicter des dispositions nationales la réitérant, la précisant ou la complétant. Il en résulte que les conclusions de la requérante tendant à l'annulation du refus du pouvoir réglementaire d'interdire l'usage de la mention « agriculture biologique » pour les produits de viande bovine issue d'animaux abattus sans étourdissement préalable ne peuvent qu'être rejetées ; il en va de même, par voie de conséquence, de ses conclusions tendant à ce qu'il soit enjoint à l'autorité compétente d'adopter un tel règlement. • CE 20 oct. 2014, nº 365447 : *RD rur. 2015, nº 40, obs. Fériel.*

Art. L. 671-7 *(Ord. nº 2006-1547 du 7 déc. 2006, art. 3)* **Les dispositions pénales relatives à la mention agriculture biologique sont fixées** *(Ord. nº 2016-301 du 14 mars 2016, art. 2, en vigueur le 1er juill. 2016)* **« aux articles L. 432-6 et L. 453-6 » du code de la consommation.**

Art. R. 641-31 *(Décr. nº 2007-30 du 5 janv. 2007)* **Le logo correspondant à la marque "AB" déposée par le ministère de l'agriculture peut être apposé sur tout produit auquel le bénéfice de la mention "Agriculture biologique" a été reconnu.**

L'Institut national de l'origine et de la qualité assure la protection de cette marque et l'Agence française pour le développement et la promotion de l'agriculture biologique en assure la gestion.

Décret nº 94-1212 du 26 décembre 1994,

Pris pour l'application du code de la consommation en ce qui concerne le mode de production biologique des produits agricoles et sa mention sur les produits agricoles et les denrées alimentaires.

Art. 1er *Abrogé par Décr. n° 2011-255 du 9 mars 2011, art. 20. – V. C. consom., art. R. 412-17 s.*

Art. 2 *(Décr. n° 2007-682 du 3 mai 2007, art. 2)* **Toutefois, en application** *(Décr. n° 2011-255 du 9 mars 2011, art. 20)* **« du paragraphe 2 de l'article 28 du règlement (CE) n° 834/2007 du Conseil du 28 juin 2007 modifié relatif à la production biologique et à l'étiquetage des produits biologiques et abrogeant le règlement (CEE) n° 2092/91 » :**

1° Les opérateurs mentionnés à *(Décr. n° 2011-255 du 9 mars 2011, art. 20)* **« l'article 28 » du même règlement, qui achètent préemballés et revendent en l'état les produits mentionnés à l'article 1er de ce règlement, directement au consommateur final ou à l'utilisateur final, ne sont pas soumis aux dispositions du paragraphe 1 de** *(Décr. n° 2011-255 du 9 mars 2011, art. 20)* **« l'article 28 » du règlement.**

2° Les mêmes opérateurs, qui revendent, non préemballés, directement au consommateur final, les produits mentionnés à l'article 1er du règlement ne sont pas soumis aux dispositions du point *b* du paragraphe 1 de *(Décr. n° 2011-255 du 9 mars 2011, art. 20)* **« l'article 28 » du règlement, si le montant annuel d'achat de ces produits est inférieur à un montant fixé par arrêté des ministres chargés de l'agriculture et de la consommation.** *– Montant fixé à 10 000 € par Arr. du 20 juin 2007 (JO 27 juill.).*

Les opérateurs mentionnés à l'alinéa précédent demeurent tenus de notifier leur activité à l'Agence française pour le développement et la promotion de l'agriculture biologique (Agence BIO) dans les conditions prévues au point *a* du paragraphe 1 *(Décr. n° 2011-255 du 9 mars 2011, art. 20)* **« de l'article 28 » du même règlement.**

Règlement (CE) n° 834/2007 du Conseil du 28 juin 2007,

Relatif à la production biologique et à l'étiquetage des produits biologiques.

TITRE PREMIER Objectif, champ d'application et définitions

Art. 1er *Objectif et champ d'application.* **1. Le présent règlement contient les dispositions de base du développement durable de la production biologique et, parallèlement, assure le bon fonctionnement du marché intérieur, garantit une concurrence loyale, donne confiance aux consommateurs et protège leurs intérêts.**

Il fixe les objectifs et les principes communs qui fondent les règles qu'il énonce concernant :

a) tous les stades de la production, de la préparation et de la distribution des produits biologiques et les contrôles y afférents ;

b) l'utilisation dans l'étiquetage et dans la publicité d'indications se référant à la production biologique.

2. Le présent règlement s'applique aux produits agricoles ci-après, y compris les produits de l'aquaculture, lorsqu'ils sont mis sur le marché ou destinés à être mis sur le marché :

a) produits agricoles vivants ou non transformés ;

b) produits agricoles transformés destinés à l'alimentation humaine ;

c) aliments pour animaux ;

d) matériel de reproduction végétative et semences utilisés aux fins de culture.

Les produits de la chasse et de la pêche d'animaux sauvages ne sont pas considérés comme relevant du mode de production biologique.

Le présent règlement s'applique également aux levures destinées à l'alimentation humaine ou animale.

3. *Le présent règlement s'applique* **à tout opérateur exerçant une activité à un stade quelconque de la production, de la préparation ou de la distribution des produits visés au paragraphe 2.**

Néanmoins, la restauration collective n'est pas soumise au présent règlement. Les États membres peuvent appliquer des règles nationales ou, en l'absence de telles règles, les normes privées relatives à l'étiquetage et au contrôle des produits issus de la restauration collective, dans la mesure où ces règles sont conformes au droit communautaire.

4. Le présent règlement s'applique sans préjudice des autres dispositions communautaires ou dispositions nationales conformes à la législation communautaire concernant les produits visés dans le présent article, telles que les dispositions régissant la production, la préparation, la commercialisation, l'étiquetage et le contrôle, y compris la législation en matière de denrées alimentaires et d'alimentation animale.

Art. 2 *Définitions.* Aux fins du présent règlement, on entend par :

a) "production biologique", l'utilisation du mode de production conforme aux règles fixées dans le présent règlement à tous les stades de la production, de la préparation et de la distribution ;

b) "stades de production, de préparation et de distribution", tous les stades depuis la production primaire d'un produit biologique jusqu'à son stockage, sa transformation, son transport, sa vente et sa fourniture au consommateur final, et le cas échéant l'étiquetage, la publicité, l'importation, l'exportation et les activités de sous-traitance ;

c) "biologique", issu de la production biologique ou en rapport avec celle-ci ;

d) "opérateur", les personnes physiques ou morales chargées de veiller au respect des exigences du présent règlement au sein de l'activité biologique qui est sous leur contrôle ;

e) "production végétale", la production de produits végétaux agricoles y compris la récolte de produits végétaux sauvages à des fins commerciales ;

f) "production animale", la production d'animaux terrestres domestiques ou domestiqués (y compris les insectes) ;

g) "aquaculture", la définition figurant dans le règlement (CE) n° 1198/2006 du Conseil du 27 juillet 2006 relatif au Fonds européen pour la pêche s'applique ;

h) "conversion", le passage de l'agriculture non biologique à l'agriculture biologique pendant une période donnée, au cours de laquelle les dispositions relatives au mode de production biologique ont été appliquées ;

i) "préparation", les opérations de conservation et/ou de transformation des produits biologiques (y compris l'abattage et la découpe pour les produits animaux), ainsi que l'emballage, l'étiquetage et/ou les modifications apportées à l'étiquetage concernant le mode de production biologique ;

j) "denrée alimentaire", "aliments pour animaux" et "mise sur le marché", les définitions figurant dans le règlement (CE) n° 178/2002 du Parlement européen et du Conseil du 28 janvier 2002 établissant les principes généraux et les prescriptions générales de la législation alimentaire, instituant l'Autorité européenne de sécurité des aliments et fixant des procédures relatives à la sécurité des denrées alimentaires s'appliquent ;

k) "étiquetage", les termes, mentions, indications, marques commerciales ou noms commerciaux, images ou symboles portant et figurant sur tout emballage, document, écriteau, étiquette, panneau, bague ou collerette accompagnant un produit ou se référant à ce dernier ;

l) "denrée alimentaire préemballée", tout produit défini à l'article 1er, paragraphe 3, point b), de la directive 2000/13/CE du Parlement européen et du Conseil du 20 mars 2000 relative au rapprochement des législations des États membres concernant l'étiquetage et la présentation des denrées alimentaires ainsi que la publicité faite à leur égard *[abrogée et remplacée par Règl. (UE) n° 1169/2011 du 25 oct. 2011, à compter du 13 déc. 2014]* ;

m) "publicité", toute représentation à l'intention du public, par tout moyen autre que l'étiquetage, qui vise ou est de nature à influencer et façonner l'attitude, les opinions et les comportements afin de promouvoir directement ou indirectement la vente de produits biologiques ;

n) "autorité compétente", l'autorité centrale d'un État membre compétente pour l'organisation de contrôles officiels dans le domaine de la production biologique conformément aux dispositions prévues par le présent règlement, ou toute autre autorité à laquelle cette compétence a été conférée ; cette définition inclut, le cas échéant, l'autorité correspondante d'un pays tiers ;

o) "autorité de contrôle", une organisation administrative publique d'un État membre à laquelle l'autorité compétente a attribué, en tout ou partie, sa compétence pour procéder aux inspections et à la certification dans le domaine de la production biologique conformément aux dispositions prévues par le présent règlement et, le cas échéant, l'autorité correspondante d'un pays tiers ou l'autorité correspondante opérant dans un pays tiers ;

p) "organisme de contrôle", un tiers indépendant privé procédant aux inspections et à la certification dans le domaine de la production biologique conformément aux dispositions prévues par le présent règlement et, le cas échéant, l'organisme correspondant d'un pays tiers ou l'organisme correspondant opérant dans un pays tiers ;

q) "marque de conformité", l'affirmation, sous la forme d'une marque, de la conformité à un ensemble particulier de normes ou à d'autres documents normatifs ;

r) "ingrédient", toute substance définie à l'article 6, paragraphe 4, de la directive 2000/13/CE *[abrogée et remplacée par Règl. (UE) nº 1169/2011 du 25 oct. 2011, à compter du 13 déc. 2014]* ;

s) "produits phytopharmaceutiques", les produits définis à la directive 91/414/CEE du Conseil du 15 juillet 1991 concernant la mise sur le marché des produits phytopharmaceutiques ;

t) "organisme génétiquement modifié (OGM)", un organisme défini par la directive 2001/18/CE du Parlement européen et du Conseil du 12 mars 2001 relative à la dissémination volontaire d'organismes génétiquement modifiés dans l'environnement et abrogeant la directive 90/220/CEE du Conseil et qui n'est pas obtenu par les techniques de modification génétique énumérées à l'annexe I.B de cette directive ;

u) "obtenu à partir d'OGM", dérivé, en tout ou partie, d'organismes génétiquement modifiés, mais non constitué d'OGM et n'en contenant pas ;

v) "obtenu par des OGM", obtenu selon un procédé dans lequel le dernier organisme vivant utilisé est un OGM, mais non constitué d'OGM et n'en contenant pas, ni obtenu à partir d'OGM ;

w) "additifs pour l'alimentation animale", les produits définis au règlement (CE) nº 1831/2003 du Parlement européen et du Conseil du 22 septembre 2003 relatif aux additifs destinés à l'alimentation des animaux ;

x) "équivalent", dans la description de mesures ou systèmes différents, le fait de répondre aux mêmes objectifs et de respecter les mêmes principes par l'application de règles garantissant le même niveau d'assurance de conformité ;

y) "auxiliaire technologique", toute substance qui n'est pas consommée comme un ingrédient alimentaire en tant que tel, utilisée délibérément dans la transformation de matières premières, de denrées alimentaires ou de leurs ingrédients pour répondre à un certain objectif technologique pendant le traitement ou la transformation et pouvant avoir pour résultat la présence non intentionnelle mais techniquement inévitable de résidus de cette substance ou de ses dérivés dans le produit final, à condition que ces résidus ne présentent pas de risque pour la santé et n'aient aucun effet technologique sur le produit fini ;

z) "rayonnement ionisant", un rayonnement au sens de la directive 96/29/Euratom du Conseil du 13 mai 1996 fixant les normes de base relatives à la protection sanitaire de la population et des travailleurs contre les dangers résultant des rayonnements ionisants et dans les limites prévues par l'article 1er, paragraphe 2, de la directive 1999/2/CE du Parlement européen et du Conseil du 22 février 1999 relative au rapprochement des législations des États membres sur les denrées et ingrédients alimentaires traités par ionisation ;

aa) "opérations de restauration collective", la préparation de produits biologiques dans les restaurants, hôpitaux, cantines et autres entreprises similaires du secteur alimentaire au point de vente ou de fourniture au consommateur final.

TITRE II Objectifs et principes de la production biologique

Art. 3 *Objectifs.* La production biologique poursuit les objectifs généraux suivants :

a) établir un système de gestion durable pour l'agriculture qui :

i) respecte les systèmes et cycles naturels et maintient et améliore la santé du sol, de l'eau, des végétaux et des animaux, ainsi que l'équilibre entre ceux-ci ;

ii) contribue à atteindre un niveau élevé de biodiversité ;

iii) fait une utilisation responsable de l'énergie et des ressources naturelles, telles que l'eau, les sols, la matière organique et l'air ;

iv) respecte des normes élevées en matière de bien-être animal et, en particulier, répond aux besoins comportementaux propres à chaque espèce animale ;

b) viser à produire des produits de haute qualité ;

c) viser à produire une grande variété de denrées alimentaires et autres produits agricoles qui répondent à la demande des consommateurs concernant des biens produits par l'utilisation de procédés qui ne nuisent pas à l'environnement, à la santé humaine, à la santé des végétaux ou à la santé et au bien-être des animaux.

Art. 4 *Principes généraux.* La production biologique est fondée sur les principes suivants :

a) concevoir et gérer de manière appropriée des procédés biologiques en se fondant sur des systèmes écologiques qui utilisent des ressources naturelles internes au système, selon des méthodes qui :

i) utilisent des organismes vivants et des méthodes de production mécaniques ;

ii) recourent à des pratiques de culture et de production animale liées au sol, ou à des pratiques d'aquaculture respectant le principe d'exploitation durable de la pêche ;

iii) excluent le recours aux OGM et aux produits obtenus à partir d'OGM ou par des OGM à l'exception des médicaments vétérinaires ;

iv) sont fondées sur l'évaluation des risques, et sur le recours à des mesures de précaution et à des mesures préventives, s'il y a lieu ;

b) restreindre l'utilisation d'intrants extérieurs. Lorsque leur utilisation est nécessaire ou en l'absence des pratiques et méthodes de gestion appropriées visées au point a), elle est limitée aux :

i) intrants provenant d'autres productions biologiques ;

ii) substances naturelles ou substances dérivées de substances naturelles ;

iii) engrais minéraux faiblement solubles ;

c) limiter strictement l'utilisation d'intrants chimiques de synthèse aux cas exceptionnels suivants :

i) en l'absence de pratiques de gestion appropriées ; et

ii) lorsque les intrants extérieurs visés au point b) ne sont pas disponibles sur le marché ; ou

iii) lorsque l'utilisation des intrants extérieurs visés au point b) contribue à des effets inacceptables sur l'environnement ;

d) adapter le cas échéant, dans le cadre du présent règlement, les règles de la production biologique compte tenu de l'état sanitaire, des différences régionales en matière de climat et de conditions locales, des stades de développement et des pratiques d'élevage particulières.

Art. 5 *Principes spécifiques applicables en matière d'agriculture.* Outre les principes généraux énoncés à l'article 4, l'agriculture biologique est fondée sur les principes spécifiques suivants :

a) préserver et développer la vie et la fertilité naturelle des sols, leur stabilité et leur biodiversité, prévenir et combattre le tassement et l'érosion des sols et nourrir les végétaux principalement par l'écosystème du sol ;

b) réduire au minimum l'utilisation de ressources non renouvelables et d'intrants ne provenant pas de l'exploitation ;

c) recycler les déchets et les sous-produits d'origine végétale ou animale comme intrants pour la production végétale ou animale ;

d) tenir compte de l'équilibre écologique local ou régional dans le cadre des décisions en matière de production ;

e) préserver la santé des animaux en stimulant les défenses immunologiques naturelles de l'animal et en encourageant la sélection de races et de pratiques d'élevage appropriées ;

f) préserver la santé des végétaux au moyen de mesures préventives, notamment en choisissant des espèces et des variétés appropriées et résistantes aux nuisibles et aux maladies, en assurant dûment une rotation appropriée des cultures, en recourant à des méthodes mécaniques et physiques et en protégeant les prédateurs naturels des nuisibles ;

g) pratiquer un élevage adapté au site et lié au sol ;

h) assurer un niveau élevé de bien-être animal en respectant les besoins propres à chaque espèce ;

i) produire des produits animaux biologiques issus d'animaux qui, depuis leur naissance ou leur éclosion, et tout au long de leur vie, sont élevés dans des exploitations biologiques ;

j) choisir des races en tenant compte de la capacité des animaux à s'adapter aux conditions locales, de leur vitalité et de leur résistance aux maladies ou aux problèmes sanitaires ;

k) nourrir les animaux avec des aliments biologiques composés d'ingrédients agricoles issus de l'agriculture biologique et de substances non agricoles naturelles ;

l) mettre en œuvre des pratiques d'élevage qui renforcent le système immunitaire et les défenses naturelles contre les maladies et comprennent, notamment, la pratique régulière de l'exercice et l'accès à des espaces de plein air et à des pâturages s'il y a lieu ;

m) exclure l'élevage d'animaux polyploïdes obtenus artificiellement ;

n) maintenir, dans la production aquacole, la biodiversité des écosystèmes aquatiques naturels, et maintenir durablement la santé du milieu aquatique ainsi que la qualité des écosystèmes aquatiques et terrestres environnants ;

o) nourrir les organismes aquatiques avec des aliments provenant de l'exploitation durable de la pêche, telle que définie à l'article 3 du règlement (CE) n° 2371/2002 du Conseil du 20 décembre 2002 relatif à la conservation et à l'exploitation durable des ressources halieutiques dans le cadre de la politique commune de la pêche, ou des aliments biologiques composés d'ingrédients agricoles issus de l'agriculture biologique et de substances non agricoles naturelles.

Art. 6 *Principes spécifiques applicables en matière de transformation des denrées alimentaires biologiques.* Outre les principes généraux énoncés à l'article 4, la production de denrées alimentaires biologiques transformées est fondée sur les principes spécifiques suivants :

a) produire des denrées alimentaires biologiques à partir d'ingrédients agricoles biologiques, sauf lorsque un ingrédient n'est pas disponible sur le marché sous une forme biologique ;

b) réduire l'utilisation des additifs alimentaires, des ingrédients non biologiques ayant des fonctions principalement technologiques ou organoleptiques, ainsi que des micronutriments et des auxiliaires technologiques, afin qu'il y soit recouru le moins possible et seulement lorsqu'il existe un besoin technologique essentiel ou à des fins nutritionnelles particulières ;

c) exclure les substances et méthodes de transformation susceptibles d'induire en erreur sur la véritable nature du produit ;

d) faire preuve de précaution lors de la transformation des denrées alimentaires, en utilisant de préférence des méthodes biologiques, mécaniques et physiques.

Art. 7 *Principes spécifiques applicables en matière de transformation des aliments biologiques pour animaux.* Outre les principes généraux énoncés à l'article 4, la production d'aliments biologiques transformés pour animaux est fondée sur les principes spécifiques suivants :

a) produire des aliments biologiques pour animaux à partir d'ingrédients agricoles biologiques, sauf lorsque un ingrédient n'est pas disponible sur le marché sous une forme biologique ;

b) réduire au minimum l'utilisation d'additifs alimentaires et d'auxiliaires technologiques et y recourir seulement lorsqu'il existe un besoin technologique ou zootechnique essentiel ou à des fins nutritionnelles particulières ;

c) exclure les substances et méthodes de transformation susceptibles d'induire en erreur sur la véritable nature du produit ;

d) faire preuve de précaution lors de la transformation des aliments pour animaux, et utiliser de préférence des méthodes biologiques, mécaniques et physiques.

TITRE III Règles de production

CHAPITRE PREMIER *Règles générales de production*

Art. 8 *Exigences générales.* Les opérateurs se conforment aux règles de production énoncées dans le présent titre et à celles prévues dans les modalités de mise en œuvre visées à l'article 38, point a).

Art. 9 *Interdiction d'utilisation des OGM.* 1. L'utilisation d'OGM et de produits obtenus à partir d'OGM ou par des OGM comme aliments destinés à l'homme ou à l'animal, auxiliaires technologiques, produits phytopharmaceutiques, engrais, amendements du sol, semences, matériel de reproduction végétative, micro-organismes ou animaux est interdite en production biologique.

*2. Aux fins de l'inter*diction visée au paragraphe 1 concernant les OGM et les produits obtenus à partir d'OGM destinés à l'alimentation humaine et animale, les opérateurs peuvent se fonder sur les étiquetages accompagnant un produit ou tout autre document d'accompagnement apposé ou fourni conformément à la directive 2001/18/CE, au règlement (CE) n° 1829/2003 du Parlement européen et du Conseil du 22 septembre 2003 concernant les denrées alimentaires et les aliments pour animaux génétiquement modifiés ou au règlement n° 1830/2003 concernant la traçabilité et l'étiquetage des organismes génétiquement modifiés et la traçabilité des produits destinés à l'alimentation humaine ou animale produits à partir d'organismes génétiquement modifiés.

Les opérateurs peuvent présumer qu'aucun OGM ou produit obtenu à partir d'OGM n'a été utilisé dans la fabrication des denrées alimentaires ou des aliments pour animaux qu'ils ont achetés lorsque ces derniers ne comportent pas d'étiquetage, ou ne sont pas accompagnés d'un document, conformément aux règlements susvisés, à moins qu'ils n'aient obtenu d'autres informations indiquant que l'étiquetage des produits en question n'est pas en conformité avec lesdits règlements.

3. Aux fins de l'interdiction visée au paragraphe 1 concernant les produits qui ne constituent pas des denrées alimentaires ou des aliments pour animaux ou ne sont pas obtenus par des OGM, les opérateurs qui utilisent de tels produits non biologiques achetés à des tiers demandent au vendeur de confirmer que les produits fournis n'ont pas été obtenus à partir d'OGM ou par des OGM.

4. Conformément à la procédure visée à l'article 37, paragraphe 2, la Commission décide des mesures de mise en œuvre de l'interdiction d'utiliser des OGM ou des produits obtenus à partir d'OGM ou par des OGM.

Art. 10 *Interdiction d'utilisation de rayonnement ionisant.* Le traitement des denrées alimentaires ou des aliments pour animaux biologiques ou de matières premières utilisées dans les denrées alimentaires ou dans les aliments pour animaux biologiques par rayonnement ionisant est interdit.

CHAPITRE II *Production agricole*

Art. 11 *Règles générales applicables à la production agricole.* L'ensemble d'une exploitation agricole est géré en conformité avec les exigences applicables à la production biologique.

Toutefois, conformément à des conditions particulières à établir selon la procédure visée à l'article 37, paragraphe 2, une exploitation peut être scindée en unités clairement distinctes ou en sites de production aquacole, qui ne sont pas tous gérés selon le mode de production biologique. Pour les animaux, il doit s'agir d'espèces distinctes. Pour l'aquaculture, les mêmes espèces peuvent être concernées, pour autant qu'il y ait une séparation adéquate entre les sites de production. Pour les végétaux, il doit s'agir de variétés différentes pouvant facilement être distinguées.

Lorsque, en application du paragraphe 2, les unités d'une exploitation ne sont pas toutes affectées à la production biologique, l'opérateur sépare les terres, les animaux et les produits qui sont utilisés pour les unités biologiques ou qui sont produits par ces unités de ceux qui sont utilisés pour les unités non biologiques ou qui sont produits par ces unités, et il tient un registre *ad hoc* permettant d'attester cette séparation.

Art. 12 *Règles applicables à la production végétale.* 1. Outre les règles générales applicables à la production agricole énoncées à l'article 11, les règles suivantes s'appliquent à la production végétale biologique :

a) la production végétale biologique a recours à des pratiques de travail du sol et des pratiques culturales qui préservent ou accroissent la matière organique du sol, améliorent la stabilité du sol et sa biodiversité, et empêchent son tassement et son érosion ;

b) la fertilité et l'activité biologique du sol sont préservées et augmentées par la rotation pluriannuelle des cultures, comprenant les légumineuses et d'autres cultures d'engrais verts et par l'épandage d'effluents d'élevage ou de matières organiques, de préférence compostés, provenant de la production biologique ;

c) l'utilisation de préparations biodynamiques est autorisée ;

d) en outre, les engrais et amendements du sol ne peuvent être utilisés que s'ils ont fait l'objet d'une autorisation d'utilisation dans la production biologique conformément à l'article 16 ;

e) l'utilisation d'engrais minéraux azotés est interdite ;

f) toutes les techniques de production végétale utilisées empêchent ou réduisent au minimum toute contribution à la contamination de l'environnement ;

g) la prévention des dégâts causés par les ravageurs, les maladies et les mauvaises herbes repose principalement sur la protection des prédateurs naturels, le choix des espèces et des variétés, la rotation des cultures, les techniques culturales et les procédés thermiques ;

h) en cas de menace avérée pour une culture, des produits phytopharmaceutiques ne peuvent être utilisés que s'ils ont fait l'objet d'une autorisation d'utilisation dans la production biologique conformément à l'article 16 ;

i) pour la production de produits autres que les semences et le matériel de multiplication végétative, seuls les semences et le matériel de reproduction produits selon le mode biologique sont utilisés. A cet effet, la plante-mère, dans le cas des semences, et la plante parentale, dans le cas du matériel de reproduction végétative, ont été produites conformément aux règles établies dans le présent règlement pendant au moins une génération ou, s'il s'agit de cultures pérennes, deux saisons de végétation ;

j) les produits de nettoyage et de désinfection utilisés dans la production végétale ne peuvent être utilisés que s'ils ont fait l'objet d'une autorisation d'utilisation dans la production biologique conformément à l'article 16.

2. La récolte des végétaux sauvages et de parties de ceux-ci, poussant spontanément dans les zones naturelles, les forêts et les zones agricoles, est assimilée à une méthode de production biologique, à la condition :

a) que ces zones n'aient pas été soumises, pendant une période de trois ans au moins avant la récolte, à des traitements à l'aide de produits autres que ceux ayant fait l'objet d'une autorisation d'utilisation dans la production biologique conformément à l'article 16 ;

b) que la récolte n'affecte pas la stabilité de l'habitat naturel ou la préservation des espèces dans la zone de récolte.

3. Les mesures nécessaires à la mise en œuvre des règles de production énoncées dans le présent article sont adoptées conformément à la procédure visée à l'article 37, paragraphe 2.

Art. 13 *Règles de production applicables aux algues marines.* 1. La récolte d'algues marines sauvages et de parties de celles-ci, se développant naturellement dans la mer, est assimilée à une méthode de production biologique, à la condition :

a) que les zones de production soient de haute qualité écologique telle que définie par la directive 2000/60/CE du Parlement européen et du Conseil du 23 octobre 2000 établissant un cadre pour une politique communautaire dans le domaine de l'eau et, sous réserve de sa mise en œuvre, soient d'une qualité équivalente aux eaux désignées en vertu de la directive 2006/113/CE du Parlement européen et du Conseil du 12 décembre 2006 relative à la qualité requise des eaux conchylicoles et ne soient pas impropres du point de vue sanitaire. Jusqu'à ce que des modalités plus détaillées soient introduites dans la législation d'application, les algues sauvages comestibles ne seront pas récoltées dans les zones qui ne répondent pas aux critères applicables aux zones de classe A ou de classe B telles que définies à l'annexe II du règlement (CE) n° 854/2004 du Parlement européen et du Conseil du 29 avril 2004 fixant les règles spécifiques d'organisation des contrôles officiels concernant les produits d'origine animale destinés à la consommation humaine ;

b) que la récolte n'affecte pas la stabilité à long terme de l'habitat naturel ni le maintien de l'espèce dans la zone de récolte.

2. Pour que la culture d'algues marines soit considérée comme biologique, elle doit être située dans des zones côtières dont les caractéristiques environnementales et sanitaires sont au moins équivalentes aux caractéristiques définies au paragraphe 1, et en outre :

a) des pratiques durables doivent être utilisées à tous les stades de la production, depuis la récolte des jeunes algues jusqu'à la récolte des algues adultes ;

b) afin de veiller au maintien d'une large diversité génétique, il convient de procéder régulièrement à la récolte des jeunes algues en milieu sauvage pour compléter les stocks de culture dans des installations fermées ;

c) les engrais ne doivent pas être utilisés, excepté dans des installations fermées et uniquement s'ils ont fait l'objet, à cette fin, d'une autorisation d'utilisation dans la production biologique conformément à l'article 16.

3. Les mesures nécessaires à la mise en œuvre des règles de production énoncées dans le présent article sont adoptées conformément à la procédure visée à l'article 37, paragraphe 2.

Art. 14 *Règles applicables à la production animale.* 1. Outre les règles générales applicables à *la production agricole* énoncées à l'article 11, les règles suivantes s'appliquent à la production animale :

a) en ce qui concerne l'origine des animaux :

i) les animaux d'élevage biologique naissent et sont élevés dans des exploitations biologiques ;

ii) à des fins de reproduction, des animaux d'élevage non biologique peuvent être introduits dans une exploitation dans des conditions particulières. Ces animaux ainsi que les produits qui en sont issus peuvent être considérés comme biologiques dès lors que la période de conversion visée à l'article 17, paragraphe 1, point c), a été respectée ;

iii) les animaux détenus dans l'exploitation au début de la période de conversion ainsi que les produits qui en sont dérivés peuvent être considérés comme biologiques dès lors que la période de conversion visée à l'article 17, paragraphe 1, point c), a été respectée ;

b) en ce qui concerne les pratiques d'élevage et les conditions de logement :

i) le personnel chargé des animaux possède les connaissances et les compétences élémentaires nécessaires en matière de santé et de bien-être des animaux ;

ii) les pratiques d'élevage, y compris sa densité, et les conditions de logement permettent de répondre aux besoins de développement ainsi qu'aux besoins physiologiques et éthologiques des animaux ;

iii) les animaux d'élevage bénéficient d'un accès permanent à des espaces de plein air, de préférence à des pâturages, chaque fois que les conditions climatiques et l'état du sol le permettent, sauf si des restrictions et des obligations relatives à la protection de la santé humaine et animale sont imposées en vertu de la législation communautaire ;

iv) le nombre d'animaux d'élevage est limité en vue de réduire au minimum le surpâturage, le tassement du sol, l'érosion ou la pollution causée par les animaux ou par l'épandage de leurs effluents d'élevage ;

v) les animaux d'élevage biologique et les autres animaux d'élevage sont détenus séparément. Toutefois, les animaux d'élevage biologique peuvent paître sur des terres domaniales ou communales et les animaux d'élevage non biologique peuvent paître sur des terres biologiques, dans certaines conditions restrictives ;

vi) l'attache ou l'isolement des animaux d'élevage sont interdits, à moins que ces mesures concernent des animaux individuels pendant une durée limitée et pour autant qu'elles soient justifiées par des raisons de sécurité, de bien-être ou vétérinaires ;

vii) la durée du transport des animaux d'élevage est réduite au minimum ;

viii) toute souffrance, y compris la mutilation, est réduite au minimum pendant toute la durée de vie de l'animal, y compris lors de l'abattage ;

ix) les ruchers sont situés dans des zones offrant des sources de nectar et de pollen constituées essentiellement de cultures produites selon le mode biologique ou, le cas échéant, d'une flore spontanée ou de forêts ou de cultures exploitées selon un mode non biologique auxquelles seuls des traitements ayant une faible incidence sur l'environnement sont appliqués. Les ruchers sont suffisamment éloignés des sources susceptibles de contaminer les produits de l'apiculture ou de nuire à la santé des abeilles ;

x) les ruches et les matériaux utilisés dans l'apiculture sont principalement constitués de matériaux naturels ;

xi) la destruction des abeilles dans les rayons en tant que méthode associée à la récolte de produits apicoles est interdite ;

c) en ce qui concerne la reproduction :

i) la reproduction recourt à des méthodes naturelles. Toutefois, l'insémination artificielle est autorisée ;

ii) la reproduction ne fait pas appel à des traitements à base d'hormones ou de substances analogues, sauf dans le cadre d'un traitement vétérinaire appliqué à un animal individuel ;

iii) d'autres formes de reproduction artificielle telles que le clonage et le transfert d'embryons sont interdites ;

iv) des races appropriées sont choisies. Le choix des races contribue également à prévenir toute souffrance et à éviter de devoir mutiler les animaux ;

d) en ce qui concerne l'alimentation :

i) se procurer principalement des aliments pour animaux provenant de l'exploitation dans laquelle les animaux sont détenus ou d'autres exploitations biologiques de la même région ;

ii) les animaux d'élevage sont nourris avec des aliments biologiques répondant à leurs besoins nutritifs aux différents stades de leur développement. Une partie de la ration peut contenir des aliments provenant d'exploitations en conversion vers l'agriculture biologique ;

iii) les animaux d'élevage, à l'exception des abeilles, bénéficient d'un accès permanent à des pâturages ou à des fourrages grossiers ;

iv) les matières premières pour aliments des animaux non biologiques d'origine végétale, les matières premières pour aliments des animaux d'origine animale et minérale, les additifs pour l'alimentation animale, certains produits utilisés dans les aliments des animaux et les auxiliaires technologiques ne sont utilisés que s'ils ont fait l'objet d'une autorisation d'utilisation dans la production biologique conformément à l'article 16 ;

v) l'utilisation de facteurs de croissance et d'acides aminés de synthèse est interdite ;

vi) les mammifères non sevrés sont nourris avec du lait naturel, de préférence du lait maternel ;

e) en ce qui concerne la prévention des maladies et les traitements vétérinaires :

i) la prévention des maladies est fondée sur la sélection des races et des souches, les pratiques de gestion des élevages, la qualité élevée des aliments pour animaux et l'exercice, une densité d'élevage adéquate et un logement adapté offrant de bonnes conditions d'hygiène ;

ii) les maladies sont traitées immédiatement pour éviter toute souffrance à l'animal ; lorsque le recours à des produits phytothérapeutiques, homéopathiques ou autres est inapproprié, des médicaments vétérinaires allopathiques chimiques de synthèse, notamment des antibiotiques, peuvent être utilisés si nécessaire, et dans des conditions strictes ; en particulier, les restrictions relatives aux traitements et au temps d'attente doivent être définies ;

iii) l'utilisation de médicaments vétérinaires immunologiques est autorisée ;

iv) les traitements liés à la protection de la santé humaine et de la santé des animaux qui sont imposés en vertu de la législation communautaire sont autorisés ;

f) en ce qui concerne le nettoyage et la désinfection, les produits employés à cet effet dans les bâtiments et installations destinés à l'élevage ne sont utilisés que s'ils ont fait l'objet d'une autorisation d'utilisation dans la production biologique conformément à l'article 16.

2. Les mesures et conditions nécessaires à la mise en œuvre des règles de production énoncées dans le présent article sont adoptées conformément à la procédure visée à l'article 37, paragraphe 2.

Art. 15 *Règles applicables à la production d'animaux d'aquaculture.* 1. Outre les règles générales applicables à la production agricole énoncées à l'article 11, les règles suivantes s'appliquent à la production d'animaux d'aquaculture :

a) en ce qui concerne l'origine des animaux d'aquaculture :

i) l'aquaculture biologique est fondée sur l'élevage de juvéniles de géniteurs biologiques et d'exploitations biologiques ;

ii) lorsque des juvéniles issus de géniteurs ou d'exploitations biologiques ne sont pas disponibles, des animaux issus d'une production non biologique peuvent être introduits dans une exploitation dans des conditions particulières ;

b) en ce qui concerne les pratiques d'élevage :

i) le personnel chargé des animaux possède les connaissances et les compétences élémentaires nécessaires en matière de santé et de bien-être des animaux ;

ii) les pratiques d'élevage, y compris l'alimentation des animaux, la conception des installations, la densité d'élevage et la qualité de l'eau, permettent de répondre aux besoins de développement, ainsi qu'aux besoins physiologiques et comportementaux des animaux ;

iii) les pratiques d'élevage réduisent au minimum les effets négatifs de l'exploitation sur l'environnement, y compris la fuite des animaux d'élevage ;

iv) les animaux biologiques et les autres animaux d'aquaculture sont détenus séparément ;

v) le transport garantit que le bien-être des animaux est préservé ;

vi) toute souffrance des animaux est réduite au minimum, y compris lors de l'abattage ;

c) en ce qui concerne la reproduction :

i) l'induction polyploïde artificielle, l'hybridation artificielle, le clonage et la production de souches monosexes, sauf par tri manuel, sont interdits ;

ii) des souches appropriées sont choisies ;

iii) les conditions spécifiques aux espèces pour la gestion des géniteurs, la reproduction et la production de juvéniles sont définies ;

d) en ce qui concerne l'alimentation des poissons et des crustacés :

i) les animaux sont nourris avec des aliments répondant à leurs besoins nutritifs aux différents stades de leur développement ;

ii) la composante végétale des aliments est issue de la production biologique et la partie des aliments dérivée d'animaux aquatiques provient de l'exploitation durable de la pêche ;

iii) les matières premières non biologiques d'origine végétale des aliments pour animaux, les matières premières des aliments pour animaux d'origine animale et minérale, les additifs, certains produits utilisés dans les aliments des animaux et les auxiliaires technologiques ne sont utilisés que s'ils ont fait l'objet d'une autorisation d'utilisation dans la production biologique conformément à l'article 16 ;

iv) l'utilisation de facteurs de croissance et d'acides aminés de synthèse est interdite ;

e) en ce qui concerne les mollusques bivalves et les autres espèces qui ne sont pas nourries par l'homme, mais qui se nourrissent de plancton naturel :

i) ces animaux filtreurs satisfont tous leurs besoins nutritifs dans la nature à l'exception des juvéniles élevés en écloserie et en nurserie ;

ii) ils sont élevés dans des eaux répondant aux critères applicables aux zones de classe A ou de classe B telles que définies à l'annexe II du règlement (CE) n° 854/2004 ;

iii) les zones de production sont situées dans des eaux de haute qualité écologique telle que définie par la directive 2000/60/CE et, sous réserve de sa mise en œuvre, qui sont d'une qualité équivalente aux eaux désignées en vertu de la directive 2006/113/CE ;

f) en ce qui concerne la prévention des maladies et les traitements vétérinaires :

i) la prévention des maladies est fondée sur l'élevage des animaux dans des conditions optimales par un choix approprié du site, une conception optimale des exploitations, l'application de bonnes pratiques d'élevage et de gestion, notamment le nettoyage et la désinfection réguliers des installations, la qualité élevée des aliments pour animaux, une densité d'élevage adéquate et la sélection des reproducteurs et des souches ;

ii) les maladies sont traitées immédiatement pour éviter toute souffrance aux animaux ; lorsque le recours à des produits phytothérapeutiques, homéopathiques ou autres est inapproprié, des médicaments vétérinaires allopathiques chimiques de synthèse, notamment des antibiotiques, peuvent être utilisés si nécessaire, et dans des conditions strictes ; en particulier, les restrictions relatives aux traitements et au temps d'attente doivent être définies ;

iii) l'utilisation de médicaments vétérinaires immunologiques est autorisée ;

iv) les traitements liés à la protection de la santé humaine et de la santé des animaux qui sont imposés en vertu de la législation communautaire sont autorisés ;

g) en ce qui concerne le nettoyage et la désinfection, les produits employés à cet effet dans les étangs, cages, bâtiments et installations, ne sont utilisés que s'ils ont fait l'objet d'une autorisation d'utilisation dans la production biologique conformément à l'article 16.

2. Les mesures et conditions nécessaires à la mise en œuvre des règles de production énoncées dans le présent article sont adoptées conformément à la procédure visée à l'article 37, paragraphe 2.

Art. 16 *Produits et substances utilisés en agriculture et critères pour leur autorisation.* 1. La Commission, conformément à la procédure visée à l'article 37, paragraphe 2, autorise l'utilisation dans la production biologique et inclut dans une liste restreinte les produits et substances susceptibles d'être utilisés, en agriculture biologique, aux fins suivantes en tant que :

a) produits phytopharmaceutiques ;

b) engrais et amendements des sols ;

c) matières premières non biologiques d'origine végétale pour aliments des animaux, matières premières pour aliments des animaux d'origine animale et minérale et certaines substances utilisées en alimentation animale ;

d) additifs pour l'alimentation animale et auxiliaires technologiques ;

e) produits de nettoyage et de désinfection des étangs, cages, bâtiments et installations utilisés pour la production animale ;

f) produits de nettoyage et de désinfection des bâtiments et installations utilisés pour la production végétale, y compris le stockage dans une exploitation agricole.

Les produits et substances figurant sur la liste restreinte ne peuvent être utilisés que dans la mesure où l'utilisation correspondante est autorisée dans le cadre de l'agriculture générale dans les États membres concernés conformément aux dispositions communautaires pertinentes ou aux dispositions nationales conformes à la législation communautaire.

2. L'autorisation des produits et substances visés au paragraphe 1 est soumise aux objectifs et principes énoncés au titre II ainsi qu'aux critères généraux et spécifiques suivants qui seront évalués dans leur ensemble :

a) leur utilisation est nécessaire au maintien de la production et est essentielle à l'utilisation prévue ;

b) tous les produits et substances sont d'origine végétale, animale, microbienne ou minérale, sauf si des produits ou des substances provenant de ces sources ne sont pas disponibles en quantité ou en qualité suffisante ou s'il n'existe pas d'autre solution ;

c) les critères suivants s'appliquent aux produits visés au paragraphe 1, point a) :

i) leur utilisation est essentielle pour lutter contre un organisme nuisible ou une maladie particulière pour lesquels on ne dispose ni d'alternatives sur le plan biologique, physique ou de la sélection des végétaux, ni d'autres méthodes de culture ou pratiques de gestion efficaces ;

ii) si les produits ne sont pas d'origine végétale, animale, microbienne ou minérale et ne sont pas identiques à leur forme naturelle, ils ne peuvent être autorisés que si les conditions de leur utilisation excluent tout contact direct avec les parties comestibles de la plante ;

d) en ce qui concerne les produits visés au paragraphe 1, point b), leur utilisation est essentielle pour obtenir ou maintenir la fertilité du sol ou pour satisfaire des exigences nutritionnelles particulières des cultures ou à des fins spécifiques d'amendement du sol ;

e) les critères suivants s'appliquent aux produits visés au paragraphe 1, points c) et d) :

i) ils sont nécessaires pour préserver la santé, le bien-être et la vitalité des animaux et contribuer à un régime alimentaire approprié répondant aux besoins physiologiques et comportementaux des espèces concernées ou, sans recourir à ces substances, il est impossible de produire ou de conserver ces aliments pour animaux ;

ii) les aliments pour animaux d'origine minérale, les oligo-éléments, les vitamines ou les provitamines sont d'origine naturelle. Si ces substances ne sont pas disponibles, l'utilisation de substances analogues chimiquement bien définies peut être autorisée dans la production biologique.

3. a) Conformément à la procédure visée à l'article 37, paragraphe 2, la Commission peut fixer les conditions et les limites en ce qui concerne les produits agricoles auxquels les produits ou substances visés au paragraphe 1 peuvent être appliqués, la méthode d'application, le dosage, les dates limites d'utilisation et le contact avec les produits agricoles, et décide, si nécessaire, du retrait de ces produits et substances.

b) Si un État membre estime qu'un produit ou une substance devrait être ajouté à la liste visée au paragraphe 1, ou en être retiré, ou bien que les spécifications d'utilisation définies au point a) doivent être modifiées, il veille à transmettre officiellement à la Commission et aux États membres un dossier motivant les raisons de l'inclusion, du retrait ou des modifications.

Les demandes d'amendement ou de retrait, ainsi que les décisions prises en la matière, sont publiées.

c) Les produits et substances utilisés avant l'adoption du présent règlement aux fins correspondant à celles énoncées au paragraphe 1 peuvent continuer à être utilisés après l'adoption. La Commission peut en tout état de cause retirer ces produits ou substances conformément à l'article 37, paragraphe 2.

4. Les États membres peuvent réglementer, sur leur territoire, l'utilisation dans l'agriculture biologique de produits et substances à des fins différentes de celles mentionnées au paragraphe 1, à condition que leur utilisation soit soumise aux objectifs et aux principes énoncés au titre II et aux critères généraux et spécifiques prévus au paragraphe 2 et dans la mesure où ces règles sont conformes au droit communautaire. Les États membres concernés informent les autres États membres et la Commission de l'existence de telles règles nationales.

5. L'utilisation de produits et substances de catégories qui ne sont pas couvertes par les paragraphes 1 et 4, sous réserve des objectifs et principes énoncés au titre II et des critères généraux prévus dans le présent article, est autorisée en agriculture biologique.

Art. 17 *Conversion.* 1. Les règles suivantes s'appliquent aux exploitations qui commencent une activité de production biologique :

a) la période de conversion débute au plus tôt au moment où l'opérateur a déclaré son activité aux autorités compétentes et a assujetti son exploitation au système de contrôle, conformément à l'article 28, paragraphe 1 ;

b) l'ensemble des règles établies par le présent règlement s'appliquent durant la période de conversion ;

c) des périodes de conversion spécifiques sont définies par type de culture ou de production animale ;

d) dans une exploitation ou unité en partie en production biologique et en partie en conversion vers la production biologique, l'exploitant sépare les produits relevant de la production biologique de ceux relevant de la production en conversion, sépare les animaux ou fait en sorte qu'il soit facile de les séparer et tient un registre ad hoc permettant d'attester cette séparation ;

e) afin de déterminer la période de conversion susvisée, une période précédant immédiatement la date de début de cette période peut être prise en considération sous certaines conditions ;

f) lors de leur commercialisation, les animaux et les produits d'origine animale produits pendant la période de conversion visée au point c) ne comportent pas les indications visées aux articles 23 et 24, utilisées pour étiqueter les produits et faire de la publicité à leur sujet.

2. Les mesures et conditions nécessaires à la mise en œuvre des règles énoncées dans le présent article, et notamment les périodes visées au paragraphe 1, points c) à f), sont définies conformément à la procédure visée à l'article 37, paragraphe 2.

CHAPITRE III *Production d'aliments transformés pour animaux*

Art. 18 *Règles générales applicables à la production d'aliments transformés pour animaux.* 1. La production d'aliments biologiques transformés pour animaux est séparée dans le temps ou dans l'espace de la production d'aliments non biologiques transformés pour animaux.

2. Les matières premières biologiques pour aliments des animaux ou les matières premières pour aliments des animaux issues de la production en conversion et les mêmes matières premières pour aliments des animaux produites selon des modes non biologiques n'entrent pas simultanément dans la composition de l'aliment biologique pour animaux.

3. La transformation à l'aide de solvants de synthèse de toute matière première pour aliments des animaux utilisée ou transformée dans le cadre de la production biologique est interdite.

4. Le recours aux substances et techniques qui permettent de rétablir les propriétés perdues au cours de la transformation et de l'entreposage des aliments pour animaux biologiques ou de corriger les effets des fautes commises dans la transformation de ces produits ou encore qui sont susceptibles d'induire en erreur sur la véritable nature du produit, est interdit.

5. Les mesures et conditions nécessaires à la mise en œuvre des règles de production énoncées dans le présent article sont adoptées conformément à la procédure visée à l'article 37, paragraphe 2.

CHAPITRE IV *Production de denrées alimentaires transformées*

Art. 19 *Règles générales applicables à la production de denrées alimentaires transformées.* 1. La préparation de denrées alimentaires biologiques transformées est séparée dans le temps ou dans l'espace des denrées alimentaires non biologiques.

2. Les conditions suivantes s'appliquent à la composition des denrées alimentaires biologiques transformées :

a) la denrée est fabriquée principalement à partir d'ingrédients d'origine agricole ; afin de déterminer si une denrée est produite principalement à partir d'ingrédients d'origine agricole, l'eau et le sel de cuisine ajoutés ne sont pas pris en considération ;

b) seuls les additifs, les auxiliaires technologiques, les arômes, l'eau, le sel, les préparations de micro-organismes et d'enzymes, les minéraux, les oligo-éléments, les vitamines, ainsi que les acides aminés et les autres micronutriments destinés à une utilisation nutritionnelle particulière peuvent être utilisés dans les denrées alimentaires, à condition d'avoir fait l'objet d'une autorisation d'utilisation dans la production biologique conformément à l'article 21 ;

c) les ingrédients agricoles non biologiques ne peuvent être utilisés que s'ils ont fait l'objet d'une autorisation d'utilisation dans la production biologique conformément à l'article 21 ou s'ils ont été provisoirement autorisés par un État membre ;

d) un ingrédient biologique ne doit pas être présent concomitamment avec le même ingrédient non biologique ou issu de la production en conversion ;

e) les denrées alimentaires produites à partir de cultures en conversion contiennent uniquement un ingrédient végétal d'origine agricole.

3. Le recours aux substances et techniques qui permettent de rétablir les propriétés perdues au cours de la transformation et de l'entreposage des denrées alimentaires biologiques, de corriger les effets des fautes commises dans la transformation de ces produits ou encore qui sont susceptibles d'induire en erreur sur la véritable nature du produit, est interdit.

Les mesures nécessaires à la mise en œuvre des règles de production énoncées dans le présent article, notamment en ce qui concerne les méthodes de transformation et les conditions d'autorisation provisoire par les États membres, visées au paragraphe 2, point c), sont arrêtées conformément à la procédure visée à l'article 37, paragraphe 2.

Art. 20 *Règles générales applicables à la production de levures biologiques.* 1. Pour la production de levures biologiques, seuls des substrats produits selon le mode biologique sont utilisés. Les autres produits et substances ne peuvent être utilisés que s'ils ont fait l'objet d'une autorisation d'utilisation dans la production biologique conformément à l'article 21.

2. Les denrées alimentaires ou aliments pour animaux biologiques ne doivent pas contenir à la fois des levures biologiques et des levures non biologiques.

3. Des règles de production détaillées peuvent être fixées conformément à la procédure visée à l'article 37, paragraphe 2.

Art. 21 *Critères d'utilisation de certains produits et substances dans la transformation.* 1. L'autorisation des produits et substances destinés à la production biologique et leur inclusion dans une liste restreinte de produits et de substances visés à l'article 19, paragraphe 2, points b) et c), est soumise aux objectifs et principes énoncés au titre II ainsi qu'aux critères suivants, qui sont évalués dans leur ensemble :

i) il n'existe pas d'autres solutions autorisées conformément au présent chapitre ;

ii) il serait impossible, sans y recourir, de produire ou de conserver les denrées alimentaires ou de respecter des propriétés diététiques prévues en vertu de la législation communautaire.

En outre, les produits et substances visés à l'article 19, paragraphe 2, point b), existent à l'état naturel et ne peuvent avoir subi que des processus mécaniques, physiques, biologiques, enzymatiques ou microbiens, sauf si des produits et substances provenant de telles sources ne sont pas disponibles en quantité ou en qualité suffisante sur le marché.

2. Conformément à la procédure visée à l'article 37, paragraphe 2, la Commission décide de l'autorisation des produits et substances et de leur inclusion dans la liste restreinte visée au paragraphe 1 du présent article et fixe les conditions spécifiques et les limites de leur utilisation, et, si nécessaire, du retrait de produits.

Si un État membre estime qu'un produit ou une substance doit être ajouté à la liste visée au paragraphe 1, ou en être retiré, ou bien que les spécifications d'utilisation définies au paragraphe 1 doivent être modifiées, il veille à transmettre officiellement à la Commission et aux États membres un dossier motivant les raisons de l'inclusion, du retrait ou des modifications.

Les demandes d'amendement ou de retrait, ainsi que les décisions prises en la matière, sont publiées.

Les produits et substances utilisés avant l'adoption du présent règlement et couverts par l'article 19, paragraphe 2, points b) et c), peuvent continuer à être utilisés après l'adoption. La Commission peut, en tout état de cause, retirer ces produits ou substances conformément à l'article 37, paragraphe 2.

CHAPITRE V *Flexibilité*

Art. 22 *Règles de production exceptionnelles.* 1. Conformément à la procédure visée à l'article 37, paragraphe 2, et compte tenu des objectifs et principes énoncés au titre II, la Commission peut, dans les conditions fixées au paragraphe 2 du présent article, prévoir des dérogations aux règles de production établies aux chapitres I à IV.

2. Les dérogations visées au paragraphe 1 sont limitées au minimum et le cas échéant, limitées dans le temps, et elles ne peuvent être prévues que dans les cas suivants :

a) lorsqu'elles sont nécessaires pour garantir que la production biologique puisse être amorcée ou maintenue dans les exploitations soumises à des contraintes climatiques, géographiques ou structurelles ;

b) lorsqu'elles sont nécessaires pour garantir l'accès aux aliments pour animaux, aux semences et au matériel de reproduction végétative, aux animaux vivants et à d'autres intrants agricoles, dans les cas où de tels intrants ne sont pas disponibles sur le marché sous forme biologique ;

c) lorsqu'elles sont nécessaires pour garantir l'accès aux ingrédients d'origine agricole, dans les cas où de tels ingrédients ne sont pas disponibles sur le marché sous forme biologique ;

d) lorsqu'elles sont nécessaires pour résoudre des problèmes spécifiques liés à la gestion des animaux d'élevage biologique ;

e) lorsqu'elles sont nécessaires en ce qui concerne l'utilisation au cours de la transformation des produits et substances spécifiques visés à l'article 19, paragraphe 2, point b), pour assurer la production sous une forme biologique de denrées alimentaires bien établies ;

f) lorsque des mesures provisoires sont nécessaires pour permettre à la production biologique de continuer ou de reprendre en cas de situation catastrophique ;

g) lorsqu'il est nécessaire d'utiliser les additifs alimentaires et autres substances énumérées à l'article 19, paragraphe 2, point b), ou les additifs pour l'alimentation animale et autres substances indiqués à l'article 16, paragraphe 1, point d), et que ces substances ne sont pas disponibles sur le marché autrement que produites ou par des OGM ;

h) lorsqu'il est nécessaire, en vertu de la législation communautaire ou nationale, d'utiliser les additifs alimentaires et autres substances énumérées à l'article 19, paragraphe 2, point b), ou les additifs pour l'alimentation animale indiqués à l'article 16, paragraphe 1, point d).

3. Conformément à la procédure visée à l'article 37, paragraphe 2, la Commission peut fixer des conditions spécifiques en vue de l'application des dérogations prévues au paragraphe 1.

TITRE IV Étiquetage

Art. 23 *Utilisation de termes faisant référence à la production biologique.* 1. Aux fins du présent règlement, un produit est considéré comme portant des termes se référant au mode de production biologique lorsque, dans l'étiquetage, la publicité ou les documents commerciaux, le produit, ses ingrédients ou les matières premières destinées aux aliments pour animaux sont caractérisés par des termes suggérant à l'acheteur que le produit, ses ingrédients ou les matières premières destinées aux aliments pour animaux ont été obtenus selon les règles établies dans le présent règlement. En particulier, les termes énumérés à l'annexe *[V. cette annexe ss. l'art. 42 du présent règlement]*, leurs dérivés ou diminutifs, tels que "bio" et "éco", employés seuls ou associés à d'autres termes, peuvent être utilisés dans l'ensemble de la Communauté et dans toute langue communautaire aux fins d'étiquetage et de publicité concernant un produit répondant aux exigences énoncées dans le présent règlement ou conformes à celui-ci.

L'utilisation de termes faisant référence au mode de production biologique dans l'étiquetage et la publicité des produits agricoles vivants ou non transformés n'est possible que si par ailleurs tous les ingrédients de ce produit ont également été obtenus en accord avec les exigences énoncées dans le présent règlement.

2. L'utilisation des termes visés au paragraphe 1 n'est autorisée en aucun endroit de la Communauté ni dans aucune langue communautaire pour l'étiquetage, la publicité et les documents commerciaux concernant un produit, qui ne répond pas aux exigences énoncées dans le présent règlement, à moins que ces termes ne s'appliquent pas à des produits agricoles présents dans les denrées alimentaires ou les aliments pour animaux ou qu'ils ne soient manifestement pas associés à la production biologique.

En outre, l'utilisation de termes, y compris de marques de commerce, ou pratiques en matière d'étiquetage ou de publicité qui seraient de nature à induire le consommateur ou l'utilisateur en erreur en suggérant qu'un produit ou ses ingrédients sont conformes aux exigences énoncées dans le présent règlement est interdite.

3. L'utilisation des termes visés au paragraphe 1 est interdite pour un produit dont l'étiquetage ou la publicité doit indiquer qu'il contient des OGM, est constitué d'OGM ou est obtenu à partir d'OGM, conformément aux dispositions communautaires.

4. En ce qui concerne les denrées alimentaires transformées, les termes visés au paragraphe 1 peuvent être utilisés :

a) dans la dénomination de vente à condition que :

i) la denrée alimentaire transformée soit en conformité avec l'article 19 ;

ii) au moins 95 % en poids, de ses ingrédients d'origine agricole soient biologiques ;

b) uniquement dans la liste des ingrédients, à condition que la denrée alimentaire soit en conformité avec l'article 19, paragraphe 1 et paragraphe 2, points a), b) et d) ;

c) dans la liste des ingrédients et dans le même champ visuel que la dénomination de vente, à condition que :

i) l'ingrédient principal soit un produit de la chasse ou de la pêche ;

ii) qu'il contienne d'autres ingrédients d'origine agricole qui soient tous biologiques ;

iii) la denrée alimentaire soit en conformité avec l'article 19, paragraphe 1 et paragraphe 2, points a), b) et d).

La liste des ingrédients indique quels sont les ingrédients biologiques.

Si les points b) et c) du présent paragraphe s'appliquent, les références au mode de production biologique ne peuvent apparaître qu'en relation avec les ingrédients biologiques et la liste des ingrédients indique le pourcentage total d'ingrédients biologiques par rapport à la quantité totale d'ingrédients d'origine agricole.

Les termes et l'indication du pourcentage visée à l'alinéa précédent apparaissent dans une couleur, un format et un style de caractères identiques à ceux des autres indications de la liste des ingrédients.

5. Les États membres prennent les mesures nécessaires pour assurer le respect des dispositions du présent article.

6. Conformément à la procédure visée à l'article 37, paragraphe 2, la Commission peut adapter la liste des termes figurant en annexe. — *V. l'annexe précitée ss. l'art. 42 du présent règlement.*

Art. 24 *Indications obligatoires.* 1. Lorsqu'un terme est utilisé dans les conditions visées à l'article 23, paragraphe 1 :

a) le numéro de code visé à l'article 27, paragraphe 10, de l'autorité ou de l'organisme de contrôle dont dépend l'opérateur qui a mené à bien la dernière opération de production ou de préparation figure également sur l'étiquette ;

b) le logo communautaire visé à l'article 25, paragraphe 1, concernant les denrées alimentaires préemballées figure également sur l'emballage ;

c) lorsque le logo communautaire est utilisé, une indication de l'endroit où les matières premières agricoles qui composent le produit ont été produites figure également dans le même champ visuel que le logo et prend l'une des formes suivantes, le cas échéant :

— "Agriculture UE" lorsque la matière première agricole a été produite dans l'Union européenne,

— "Agriculture non UE" lorsque la matière première agricole a été produite dans des pays tiers,

— "Agriculture UE/non UE" lorsqu'une partie de la matière première agricole a été produite dans la Communauté et une autre partie dans un pays tiers.

L'indication "UE" ou "non UE" peut être remplacée ou complétée par le nom d'un pays dans le cas où toutes les matières premières agricoles qui composent le produit ont été produites dans ce pays.

En ce qui concerne l'indication susmentionnée, les ingrédients présents en petite quantité en poids peuvent ne pas être pris en compte pour autant que leur quantité totale n'excède pas 2 % de la quantité totale en poids de matières premières d'origine agricole.

L'indication "UE" ou "non UE" susmentionnée ne doit pas apparaître dans une couleur, un format et un style de caractères qui soient plus apparents que la dénomination de vente du produit.

L'utilisation du logo communautaire visé à l'article 25, paragraphe 1, et l'indication visée au premier alinéa sont facultatives pour les produits importés de pays tiers. Toutefois, lorsque l'étiquette porte le logo communautaire visé à l'article 25, paragraphe 1, l'indication visée au premier alinéa figure également sur l'étiquetage.

2. Les indications visées au paragraphe 1 sont inscrites à un endroit apparent de manière à être facilement visibles, clairement lisibles et indélébiles.

3. Conformément à la procédure visée à l'article 37, paragraphe 2, la Commission fixe des critères spécifiques en ce qui concerne la présentation, la composition et la taille des indications visées au paragraphe 1, points a) et c).

Art. 25 *Logos de production biologique.* 1. Le logo de production biologique communautaire peut être utilisé aux fins d'étiquetage, de présentation et de publicité concernant les produits conformes aux exigences énoncées dans le présent règlement.

Le logo communautaire n'est pas utilisé pour les produits en conversion et pour les denrées alimentaires visées à l'article 23, paragraphe 4, points b) et c).

2. Des logos nationaux et privés peuvent être utilisés aux fins d'étiquetage, de présentation et de publicité concernant les produits conformes aux exigences énoncées dans le présent règlement.

3. Conformément à la procédure visée à l'article 37, paragraphe 2, la Commission fixe des critères spécifiques en ce qui concerne la présentation, la composition, la taille et l'aspect du logo communautaire.

Art. 26 *Exigences particulières en matière d'étiquetage.* Conformément à la procédure visée à l'article 37, paragraphe 2, la Commission fixe les exigences particulières en matière d'étiquetage et de composition applicables :

a) aux aliments biologiques pour animaux ;

b) aux produits d'origine végétale issus de la production en conversion ;

c) au matériel de reproduction végétative et aux semences utilisés aux fins de culture.

TITRE V Contrôles

Art. 27 *Système de contrôle.*

Art. 28 *Adhésion au système de contrôle.* 1. Avant de mettre sur le marché un produit en tant que produit biologique ou en conversion vers l'agriculture biologique, tout opérateur qui produit, prépare, stocke, ou importe d'un pays tiers des produits au sens de l'article 1er, paragraphe 2, ou qui met de tels produits sur le marché :

a) notifie son activité aux autorités compétentes de l'État membre où celle-ci est exercée ;

b) soumet son entreprise au système de contrôle visé à l'article 27.

Le premier alinéa s'applique également aux exportateurs qui exportent des produits fabriqués conformément aux règles de production fixées dans le présent règlement.

Lorsqu'un opérateur sous-traite l'une de ses activités à un tiers, cet opérateur est néanmoins assujetti aux exigences visées aux points a) et b) et les activités sous-traitées sont soumises au système de contrôle.

2. Les États membres peuvent dispenser de l'application du présent article les opérateurs qui revendent des produits directement au consommateur ou à l'utilisateur final, à condition qu'ils ne produisent pas, ne préparent pas, n'entreposent pas ailleurs qu'au point de vente ou n'importent pas d'un pays tiers ces produits ou n'aient pas sous-traité ces activités à un tiers.

3. Les États membres désignent une autorité ou agréent un organisme habilité à recevoir les notifications.

4. Les États membres veillent à ce que tout opérateur qui se conforme aux règles du présent règlement et qui s'acquitte d'un droit raisonnable à titre de participation aux dépenses de contrôle ait le droit de relever du système de contrôle.

5. Les autorités et organismes de contrôle tiennent une liste actualisée des noms et adresses des opérateurs soumis à leur contrôle. Cette liste est mise à la disposition des parties intéressées.

6. La Commission, conformément à la procédure visée à l'article 37, paragraphe 2, adopte des modalités d'exécution en vue de fournir des précisions sur la procédure de notification et de soumission au système de contrôle visée au paragraphe 1 du présent article, notamment en ce qui concerne les informations figurant dans la notification visée au paragraphe 1, point a) du présent article.

Art. 29 *Documents justificatifs.* 1. Les autorités et organismes de contrôle visés à l'article 27, paragraphe 4, fournissent des documents justificatifs à tout opérateur qui fait l'objet de leurs contrôles et remplit, dans son secteur d'activité, les exigences énoncées dans le présent règlement. Les documents justificatifs doivent au moins permettre l'identification de l'opérateur et indiquer le type ou la gamme des produits et la période de validité.

2. L'opérateur vérifie les documents justificatifs de ses fournisseurs.

3. La forme des documents justificatifs visés au paragraphe 1 est établie conformément à la procédure visée à l'article 37, paragraphe 2, en tenant compte des avantages que présente la certification électronique.

Art. 30 *Mesures à prendre en cas d'infractions et d'irrégularités.* 1. Lorsqu'une irrégularité est constatée en ce qui concerne le respect des exigences fixées dans le présent règlement, l'autorité ou l'organisme de contrôle veille à ce qu'aucune référence au mode de production biologique ne figure sur l'étiquetage et dans la publicité relatifs à l'ensemble du lot ou de la production concerné par cette irrégularité, pour autant que cette mesure soit proportionnée à l'exigence ayant fait l'objet de l'infraction ainsi qu'à la nature et aux circonstances particulières des activités concernées.

Lorsqu'une infraction grave ou une infraction avec effet prolongé est constatée, l'autorité ou l'organisme de contrôle interdit à l'opérateur en cause de commercialiser des produits comportant une référence au mode de production biologique sur l'étiquetage et dans la publicité pendant une période à convenir avec l'autorité compétente de l'État membre.

2. Les informations relatives aux irrégularités ou aux infractions altérant le caractère biologique d'un produit circulent sans délai entre les organismes de contrôle, les autorités de contrôle, les autorités compétentes et les États membres concernés et, le cas échéant, sont communiquées immédiatement à la Commission.

Le niveau de communication dépend de la gravité et de l'ampleur de l'irrégularité ou de l'infraction constatée.

Conformément à la procédure visée à l'article 37, paragraphe 2, la Commission peut établir les modalités et la forme de cette communication.

Art. 31 *Échange d'informations.*

TITRE VI Échanges avec les pays tiers

Art. 32 *Importation de produits conformes.* 1. Les produits importés de pays tiers peuvent être mis sur le marché de la Communauté en tant que produits biologiques, à condition :

a) que le produit respecte les dispositions des titres II, III et IV du présent règlement, ainsi que les modalités de mise en œuvre applicables à sa production et adoptées en vertu du présent règlement ;

b) que tous les opérateurs, y compris les exportateurs, aient été soumis aux contrôles d'une autorité ou d'un organisme de contrôle reconnus conformément au paragraphe 2 ;

c) que les opérateurs concernés soient en mesure de fournir à tout moment aux importateurs ou aux autorités nationales les documents justificatifs visés à l'article 29 permettant d'identifier l'opérateur qui a effectué la dernière opération et de s'assurer du respect par cet opérateur des points a) et b), et délivrés par l'autorité ou l'organisme de contrôle visé au point b).

2. Conformément à la procédure visée à l'article 37, paragraphe 2, la Commission reconnaît aux autorités et organismes de contrôle visés au paragraphe 1, point b) du présent article, y compris aux autorités et organismes de contrôle visés à l'article 27, la compétence d'effectuer les contrôles et de délivrer, dans les pays tiers concernés, les documents justificatifs mentionnés au paragraphe 1, point c) du présent article, et elle établit une liste de ces autorités et organismes de contrôle.

Les organismes de contrôle sont accrédités selon la norme européenne EN 45011 ou le guide ISO 65 (exigences générales relatives aux organismes procédant à la certification de produits), dans la version la plus récente publiée au *Journal officiel de l'Union européenne*, série C. Les organismes de contrôle sont soumis à une évaluation sur place, à une surveillance et à une réévaluation pluriannuelle régulières de leurs activités par l'organisme d'accréditation.

Lorsqu'elle examine une demande de reconnaissance, la Commission invite l'autorité ou l'organisme de contrôle concerné à fournir tous les renseignements nécessaires. La Commission peut également confier à des experts la tâche d'évaluer sur place les règles de production et les contrôles effectués dans le pays tiers par l'autorité ou l'organisme de contrôle concerné.

Les autorités ou organismes de contrôle reconnus fournissent les rapports d'évaluation délivrés par l'organisme d'accréditation ou, le cas échéant, par l'autorité compétente, relatifs à l'évaluation sur place, à la surveillance et à la réévaluation pluriannuelle régulières de leurs activités.

Sur la base des rapports d'évaluation, la Commission, assistée par les États membres, assure une supervision appropriée des autorités et organismes de contrôle reconnus en réexaminant régulièrement leur reconnaissance. La nature de la supervision est fixée sur la base d'une évaluation des risques de cas d'irrégularités ou d'infractions aux dispositions prévues dans le présent règlement.

Art. 33 *Importation de produits présentant des garanties équivalentes.* 1. Un produit importé d'un pays tiers peut également être commercialisé sur le marché communautaire en tant que produit biologique, à condition :

a) qu'il ait été produit conformément à des règles de production équivalentes à celles prévues aux titres III et IV ;

b) que les opérateurs aient été soumis à des mesures de contrôle d'une efficacité équivalente à celles des mesures prévues au titre V et que ces mesures aient été appliquées de manière constante et effective ;

c) que, à tous les stades de la production, de la préparation et de la distribution dans le pays tiers, les opérateurs aient soumis leurs activités à un système de contrôle reconnu conformément au paragraphe 2 ou à une autorité ou à un organisme de contrôle reconnu conformément au paragraphe 3 ;

d) que le produit soit couvert par un certificat d'inspection qui a été délivré par les autorités compétentes, les autorités de contrôle ou les organismes de contrôle du pays tiers reconnus conformément au paragraphe 2, ou par une autorité ou un organisme de contrôle reconnus conformément au paragraphe 3, et qui confirme que le produit satisfait aux conditions énoncées dans le présent paragraphe.

L'original du certificat visé au présent paragraphe doit être jointaux marchandises jusqu'à l'arrivée de celles-ci dans les locaux du premier destinataire ; ensuite l'importateur doit garder le certificat à la disposition de l'autorité ou de l'organisme de contrôle, pendant au moins deux ans.

2. Conformément à la procédure visée à l'article 37, paragraphe 2, la Commission peut reconnaître les pays tiers dont le système de production répond à des principes et à des règles de production équivalents à ceux énoncés aux titres II, III et IV et dont les mesures de contrôles sont d'une efficacité équivalente à celles des mesures prévues au titre V et dresse une liste de ces pays. L'évaluation de l'équivalence tient compte des lignes directrices CAC/GL 32 du *Codex Alimentarius*.

Lorsqu'elle examine une demande de reconnaissance, la Commission invite le pays tiers concerné à fournir tous les renseignements nécessaires. La Commission peut confier à des experts la tâche d'évaluer sur place les règles de production et les mesures de contrôle mises en place dans le pays tiers concerné.

Le 31 mars de chaque année au plus tard, les pays tiers reconnus envoient à la Commission un rapport annuel concis concernant la mise en œuvre et l'application des mesures de contrôle mises en place dans le pays tiers.

Sur la base des informations contenues dans ces rapports annuels, la Commission, assistée par les États membres, assure une supervision appropriée des pays tiers reconnus en réexaminant régulièrement leur reconnaissance. La nature de la supervision est fixée sur la base d'une évaluation des risques de cas d'irrégularités ou d'infractions aux dispositions prévues dans le présent règlement.

3. En ce qui concerne les produits qui ne sont pas importés conformément à l'article 32 et qui ne sont pas importés d'un pays tiers reconnu conformément au paragraphe 2 du présent article, la Commission peut, conformément à la procédure visée à l'article 37, paragraphe 2, reconnaître les autorités et organismes de contrôle, y compris les autorités et organismes de contrôle visés à l'article 27, compétents pour effectuer les contrôles et délivrer les certificats dans les pays tiers aux fins du paragraphe 1, et dresse une liste de ces autorités et organismes de contrôle. L'évaluation de l'équivalence tient compte des lignes directrices CAC/GL 32 du *Codex Alimentarius*.

La Commission examine toute demande de reconnaissance introduite par une autorité ou un organisme de contrôle d'un pays tiers.

Lorsqu'elle examine une demande de reconnaissance, la Commission invite l'autorité ou l'organisme de contrôle concerné à fournir tous les renseignements nécessaires. L'autorité ou l'organisme de contrôle est soumis à une évaluation sur place, à une surveillance et à une réévaluation pluriannuelle régulières de ses activités par un organisme d'accréditation ou, le cas échéant, par une autorité compétente. La Commission peut également confier à des experts la tâche d'évaluer sur place les règles de production et les mesures de contrôle mises en œuvre dans le pays tiers par l'autorité ou l'organisme de contrôle concerné.

Les autorités ou organismes de contrôle reconnus fournissent les rapports d'évaluation délivrés par l'organisme d'accréditation ou, le cas échéant, par l'autorité compétente, rela-

tifs à l'évaluation sur place, à la surveillance et à la réévaluation pluriannuelle régulières de leurs activités.

Sur la base de ces rapports d'évaluation, la Commission, assistée par les États membres, assure une supervision appropriée des autorités et organismes de contrôle reconnus en réexaminant régulièrement leur reconnaissance. La nature de la supervision est fixée sur la base d'une évaluation des risques de cas d'irrégularités ou d'infractions aux dispositions prévues dans le présent règlement.

TITRE VII Disposition finales et transitoires

Art. 34 *Libre circulation des produits biologiques.* **1. Les autorités compétentes et les autorités et organismes de contrôle ne peuvent, pour des motifs liés à la méthode de production, à l'étiquetage ou à la présentation de cette méthode, interdire ou limiter la commercialisation des produits biologiques contrôlés par une autre autorité de contrôle ou organisme de contrôle établis dans un autre État membre, dans la mesure où ces produits répondent aux exigences du présent règlement. En particulier, aucun contrôle ou charge financière autres que ceux prévus au titre V du présent règlement ne peuvent être imposés.**

2. Les États membres peuvent appliquer sur leur territoire des règles plus strictes en ce qui concerne la production végétale et animale biologique, à condition que ces règles soient applicables également à la production non biologique et qu'elles soient conformes au droit communautaire et n'interdisent pas ou ne limitent pas la mise sur le marché de produits biologiques produits en dehors du territoire de l'État membre concerné.

Art. 35 *Transmission des informations à la Commission.*

Art. 36 *Informations statistiques.*

Art. 37 *Comité chargé de la production biologique.*

Art. 38 *Modalités de mise en œuvre.*

Art. 39 *Abrogation du règlement (CEE) n° 2092/91.*

Art. 40 *Mesures transitoires.*

Art. 41 *Rapport au Conseil.*

Art. 42 *Entrée en vigueur et application.* **Le présent règlement entre en vigueur le septième jour suivant celui de sa publication au *Journal officiel de l'Union européenne* [*JOUE L 189 du 20 juill. 2007*].**

Lorsque des modalités de production ne sont pas prévues pour certaines espèces animales, certaines plantes aquatiques et certaines microalgues, les règles en matière d'étiquetage prévues à l'article 23 ainsi que les règles en matière de contrôle prévues au titre V s'appliquent. Jusqu'à l'adoption de modalités de production, les règles nationales ou, à défaut, les normes privées approuvées ou reconnues par les États membres s'appliquent.

Le présent règlement est applicable à partir du 1er janvier 2009.

Le présent règlement est obligatoire dans tous ses éléments et directement applicable dans tout État membre.

(Règl. n° 967/2008 du 29 sept. 2008) **« Toutefois, l'article 24, paragraphe 1, points b) et c), s'applique à compter du 1er juillet 2010. »**

ANNEXE

TERMES VISÉS À L'ARTICLE 23, PARAGRAPHE 1

BG : биологичжн,
ES : ecológico,
CS : ekologické,
DA : økologisk,
DE : ökologisch, biologisch,
ET : mahe, ökoloogiline,
EL : βιολογικό,

LT : ekologiškas,
LU : biologesch,
HU : ökológiai,
MT : organiku,
NL : biologisch,
PL : ekologiczne,
PT : biológico,

EN : organic,
FR : biologique,
GA : orgánach,
HR : ekološki,
IT : biologico,
LV : bioloģisks, ekoloģisks,
RO : ecologic,
SK : ekologické, biologické,
SL : ekološki,
FI : luonnonmukainen,
SV : ekologisk.

PRODUITS COSMÉTIQUES, PRODUITS D'HYGIÈNE CORPORELLE, PRODUITS DE TATOUAGE

Code de la santé publique

Produits cosmétiques

BIBL. GÉN. ▶ BRUNENGO-BASSO et CERATI-GAUTHIER, *JCP E 2005. 1738* (sécurité des produits cosmétiques : état des lieux). – G. BLANC, *D. 2006. 1917* (distribution des produits cosmétiques et sécurité des produits). – REINGEWIRTZ, *LPA 20 déc. 2012* (nouvelle réglementation applicable aux produits cosmétiques).

Art. L. 5131-1 On entend par produit cosmétique toute substance ou *(L. nº 2011-12 du 5 janv. 2011, art. 8-I)* « mélange destiné à être mis » en contact avec les *(Abrogé par L. nº 2014-201 du 24 févr. 2014, art. 3-I) « diverses »* parties superficielles du corps humain *(L. nº 2014-201 du 24 févr. 2014, art. 3-I)* « (l'épiderme, les systèmes pileux et capillaire, les ongles, les lèvres et les organes génitaux externes) » ou avec les dents et les muqueuses buccales, en vue, exclusivement ou principalement, de les nettoyer, de les parfumer, d'en modifier l'aspect, de les protéger, de les maintenir en bon état ou de corriger les odeurs corporelles. — *[Anc. art. L. 658-1.]*

....

Art. L. 5131-3 *(L. nº 2014-201 du 24 févr. 2014, art. 3-I)* Les produits cosmétiques *(L. nº 2016-41 du 26 janv. 2016, art. 167-I)* « importés ou » mis à disposition sur le marché satisfont aux dispositions du règlement (CE) nº 1223/2009 du Parlement européen et du Conseil, du 30 novembre 2009, précité. — *V. ce texte, infra.*

L'autorité compétente mentionnée au paragraphe 5 de l'article 6, au paragraphe 3 de l'article 11, au paragraphe 5 de l'article 13 et aux articles 23 à 30 du même règlement est l'Agence nationale de sécurité du médicament et des produits de santé. Le ministre chargé de la consommation et les agents mentionnés *(Ord. nº 2016-301 du 14 mars 2016, art. 17, en vigueur le 1er juill. 2016)* « à l'article L. 511-3 et aux 1° et 2° du I de l'article L. 511-22 » du code de la consommation ont également la qualité d'autorité compétente pour la mise en œuvre du paragraphe 5 de l'article 6, du paragraphe 3 de l'article 11, du paragraphe 5 de l'article 13, du paragraphe 5 de l'article 23 et des articles 24 à 26 et 28 à 30 dudit règlement, dans la limite des pouvoirs dont ils disposent en vertu des dispositions du code de la consommation et du présent code.

Art. L. 5131-4 *(L. nº 2014-201 du 24 févr. 2014, art. 3-I)* L'Agence nationale de sécurité du médicament et des produits de santé publie les principes de bonnes pratiques de laboratoire applicables aux études de sécurité non cliniques destinées à évaluer la sécurité des produits cosmétiques pour la mise en œuvre de l'article 10 du règlement (CE) nº 1223/2009 du Parlement européen et du Conseil, du 30 novembre 2009, précité, ainsi que les règles applicables à l'inspection et à la vérification des bonnes pratiques de laboratoire. Elle définit les règles relatives à la délivrance des documents attestant le respect de ces bonnes pratiques.

Art. L. 5131-5 *(L. nº 2014-201 du 24 févr. 2014, art. 3-I)* I. — Toute personne responsable et tout distributeur de produits cosmétiques peuvent déclarer, en complément de leurs obligations découlant de l'article 23 du règlement (CE) nº 1223/2009 du Parlement européen et du Conseil, du 30 novembre 2009, précité, les autres effets indésirables à l'Agence nationale de sécurité du médicament et des produits de santé.

II. – Tout professionnel de santé ayant connaissance d'un effet indésirable grave, au sens du p du paragraphe 1 de l'article 2 du même règlement, susceptible de résulter de l'utilisation d'un produit cosmétique le déclare, sans délai, à l'Agence nationale de sécurité du médicament et des produits de santé. Il peut déclarer, en outre, les autres effets indésirables dont il a connaissance. Il peut, d'autre part, déclarer les effets susceptibles de résulter d'un mésusage.

Tout utilisateur professionnel peut procéder à la déclaration d'effets indésirables à l'Agence nationale de sécurité du médicament et des produits de santé. Il peut, d'autre part, déclarer les effets susceptibles de résulter d'un mésusage.

Tout consommateur de produits cosmétiques peut procéder à la déclaration d'effets indésirables à l'Agence nationale de sécurité du médicament et des produits de santé. Il peut, d'autre part, déclarer les effets susceptibles de résulter d'un mésusage.

Art. L. 5131-6 *(L. n° 2014-201 du 24 févr. 2014, art. 3-I)* En cas de doute sérieux quant à la sécurité d'une substance entrant dans la composition d'un produit cosmétique, l'Agence nationale de sécurité du médicament et des produits de santé peut mettre en demeure la personne responsable de ce produit de lui communiquer les informations mentionnées à l'article 24 du règlement (CE) n° 1223/2009 du Parlement européen et du Conseil, du 30 novembre 2009, précité. Cette mise en demeure peut être assortie d'une astreinte au plus égale à 500 € par jour de retard à compter de la date fixée par l'agence. Le montant maximal de l'astreinte mise en recouvrement ne peut être supérieur au montant maximal de l'amende prévue à l'article L. 5431-9 du présent code.

Art. L. 5131-7 *(L. n° 2014-201 du 24 févr. 2014, art. 3-I)* Pour tout produit cosmétique mis sur le marché ou importé pour la première fois d'un État non membre de l'Union européenne ou non partie à l'accord sur l'Espace économique européen avant le 11 juillet 2013, le fabricant, son représentant, la personne pour le compte de laquelle le produit est fabriqué ou, en cas d'importation, le responsable de la mise sur le marché conserve, jusqu'au 11 juillet 2020, le dossier rassemblant les informations sur le produit.

Les centres antipoison mentionnés à l'article L. 6141-4 conservent jusqu'au 11 juillet 2020 les informations adéquates et suffisantes, reçues avant le 11 juillet 2013, concernant les substances utilisées dans les produits cosmétiques.

L'art. L. 5131-7, dans sa rédaction résultant de la L. n° 2014-201 du 24 févr. 2014, est abrogé à compter du 12 juill. 2020 (L. préc., art. 3-VI).

Art. L. 5131-8 *(L. n° 2014-201 du 24 févr. 2014, art. 3-I)* Un décret en Conseil d'État détermine les modalités d'application du présent chapitre, notamment :

1° Les modalités de présentation et le contenu de la déclaration prévue à l'article L. 5131-2 ;

2° Les modalités d'étiquetage des produits cosmétiques mentionnés au paragraphe 4 de l'article 19 du règlement (CE) n° 1223/2009 du Parlement européen et du Conseil, du 30 novembre 2009, précité, après avis du Conseil national de la consommation ;

3° Les modalités de mise en œuvre du système de cosmétovigilance prévu à l'article L. 5131-5.

Étiquetage des produits cosmétiques

Art. R. 5131-4 *(Décr. n° 2015-1417 du 4 nov. 2015, art. 3)* I. – Le récipient et l'emballage des produits cosmétiques mis à disposition sur le marché portent en caractères indélébiles, facilement lisibles et visibles, les mentions visées aux paragraphes 1 à 3 de l'article 19 du règlement (CE) n° 1223/2009 du Parlement européen et du Conseil du 30 novembre 2009 relatif aux produits cosmétiques.

II. – Tout produit cosmétique présenté non préemballé, emballé sur les lieux de vente à la demande de l'acheteur ou préemballé en vue de sa vente immédiate doit être muni sur lui-même ou à proximité immédiate, par tout moyen visible et lisible, des mentions visées au paragraphe 1 de l'article 19 du même règlement, en indiquant à quel(s) produit(s) ces mentions se rattachent, sans risque de confusion.

III. – Les mentions prévues aux points *b*, *c*, *d* et *f* du paragraphe 1 de l'article 19 du même règlement et au paragraphe II du présent article sont rédigées en français. Elles peuvent, en outre, être rédigées dans d'autres langues.

Information du public

Art. R. 5131-5 *(Décr. nº 2015-1417 du 4 nov. 2015, art. 3)* **La personne responsable veille à rendre facilement accessible au public par des moyens appropriés les informations mentionnées à l'article 21 du règlement (CE) nº 1223/2009 du Parlement européen et du Conseil, du 30 novembre 2009, relatif aux produits cosmétiques.**

Elle adresse ces informations par tout moyen conférant date certaine, dans un délai de trois semaines à compter de la réception de la demande. — *Anc. art. R. 5131-13 réécrit.*

Dispositions pénales

Art. L. 5431-1 Ont qualité pour rechercher et constater les infractions aux dispositions *(Ord. nº 2004-670 du 9 juill. 2004, art. 7-IV)* **« du chapitre Ier du titre III du livre Ier de la cinquième partie », ainsi qu'aux mesures réglementaires prises pour l'application de ces dispositions :**

— les pharmaciens inspecteurs de santé publique *(Ord. nº 2010-177 du 23 févr. 2010, art. 19-I)* **« et les inspecteurs des agences régionales de santé ayant la qualité de pharmacien », dans les conditions prévues aux articles L. 5411-1 à** *(Ord. nº 2013-1183 du 19 déc. 2013, art. 22, en vigueur le 1er févr. 2014)* **« L. 5411-4 » ;**

— les inspecteurs de *(L. nº 2011-2012 du 29 déc. 2011, art. 5-IV)* **« l'Agence nationale de sécurité du médicament et des produits de santé », dans les conditions prévues à l'article L. 5412-1 ;**

— les médecins inspecteurs de santé publique *(Ord. nº 2010-177 du 23 févr. 2010, art. 19-I)* **« et les inspecteurs des agences régionales de santé ayant la qualité de médecin », dans les conditions prévues à l'article L. 5413-1 ;**

— les agents mentionnés *(Ord. nº 2016-301 du 14 mars 2016, art. 17, en vigueur le 1er juill. 2016)* **« à l'article L. 511-3 et aux 1º et 2º du I de l'article L. 511-22 » du code de la consommation, dans les conditions prévues à l'article L. 5414-1.** — *[Anc. art. L. 658-9, I.]*

Art. L. 5431-2 *(L. nº 2014-201 du 24 févr. 2014, art. 3-II)* **Est puni de deux ans d'emprisonnement et de 30 000 € d'amende le fait :**

1º Pour toute personne qui fabrique ou conditionne des produits cosmétiques, d'ouvrir ou d'exploiter un établissement de fabrication ou de conditionnement de ces produits, ou d'étendre l'activité d'un établissement à de telles opérations, sans qu'ait été faite au préalable la déclaration prévue à l'article L. 5131-2 à l'Agence nationale de sécurité du médicament et des produits de santé ou sans qu'aient été communiquées les modifications des éléments constitutifs de la déclaration ;

2º Pour la personne responsable de la mise sur le marché d'un produit cosmétique, déterminée à l'article 4 du règlement (CE) nº 1223/2009 du Parlement européen et du Conseil du 30 novembre 2009, relatif aux produits cosmétiques *[V. ce texte, infra]*, **de ne pas respecter les obligations de notification à la Commission européenne en ne transmettant pas les informations mentionnées aux paragraphes 1 et 2 de l'article 13 et au paragraphe 3 de l'article 16 du même règlement ;**

3º Pour la personne responsable de la mise sur le marché d'un produit cosmétique, déterminée à l'article 4 dudit règlement, de mettre sur le marché des produits cosmétiques ou de réaliser des expérimentations animales portant sur des produits cosmétiques finis ou sur des ingrédients ou des combinaisons d'ingrédients en méconnaissance des interdictions prévues au paragraphe 1 de l'article 18 de ce même règlement.

Art. L. 5431-3 Les personnes physiques coupables des infractions définies à l'article L. 5431-2 encourent également les peines complémentaires suivantes :

1º La diffusion de la décision de condamnation et celle d'un ou plusieurs messages informant le public de cette décision, dans les conditions prévues à l'article 131-35 du code pénal ;

2º L'affichage de la décision prononcée, dans les conditions et sous les peines prévues à l'article 131-35 du même code ;

3º La confiscation de la chose qui a servi ou était destinée à commettre l'infraction ou du produit de la vente de cette chose, dans les conditions prévues à l'article 131-21 du même code ;

4° La fermeture définitive ou pour une durée de cinq ans au plus des établissements de l'entreprise ayant servi à commettre les faits incriminés, dans les conditions prévues à l'article 131-33 du même code ;

5° L'interdiction de fabriquer, de conditionner, d'*(L. nº 2014-201 du 24 févr. 2014, art. 3-II)* **« importer et » de mettre sur le marché des produits cosmétiques pour une durée maximum de cinq ans.** – *[Anc. art. L. 658-8, II.]*

Art. L. 5431-4 *(L. nº 2009-526 du 12 mai 2009, art. 125-XXI)* **« Les personnes morales déclarées responsables pénalement, dans les conditions prévues par l'article 121-2 du code pénal, des infractions définies à l'article L. 5431-2 encourent, outre l'amende suivant les modalités prévues par l'article 131-38 du code pénal : »**

1° La confiscation de la chose qui a servi ou était destinée à commettre l'infraction ou de la chose qui en est le produit, dans les conditions prévues au 8° de l'article 131-39 du même code ;

2° L'affichage de la décision prononcée ou la diffusion de celle-ci soit par la presse écrite, soit par tout moyen de communication audiovisuelle, dans les conditions prévues au 9° de l'article 131-39 du même code ;

3° La fermeture définitive ou pour une durée de cinq ans au plus des établissements de l'entreprise ayant servi à commettre les faits incriminés, dans les conditions prévues au 4° de l'article 131-39 du même code. – *[Anc. art. L. 658-8, III.]*

Art. L. 5431-5 *(Ord. nº 2008-717 du 17 juill. 2008, art. 9)* **Est puni de deux ans d'emprisonnement et de 30 000 € d'amende le fait pour** *(L. nº 2014-201 du 24 févr. 2014, art. 3-II)* **« la personne responsable, déterminée à l'article 4 du règlement (CE) nº 1223/2009 du Parlement européen et du Conseil, du 30 novembre 2009, relatif aux produits cosmétiques** *[V. ce texte, infra]*, **» de mettre sur le marché à titre gratuit ou onéreux un produit cosmétique qui n'est pas conforme aux règles relatives aux substances entrant dans la composition de ce produit,** *(L. nº 2014-201 du 24 févr. 2014, art. 3-II)* **« prévues à l'article 14 et aux paragraphes 1 et 2 de l'article 15 du même règlement ».**

Art. L. 5431-6 *(Ord. nº 2008-717 du 17 juill. 2008, art. 9)* **Est puni d'un an d'emprisonnement et de 15 000 € d'amende le fait pour** *(L. nº 2014-201 du 24 févr. 2014, art. 3-II)* **« la personne responsable, déterminée par l'article 4 du règlement (CE) nº 1223/2009 du Parlement européen et du Conseil, du 30 novembre 2009, relatif aux produits cosmétiques** *[V. ce texte, infra]* **» :**

1° De mettre sur le marché à titre gratuit ou onéreux un produit cosmétique sans tenir à disposition des autorités de contrôle *(L. nº 2014-201 du 24 févr. 2014, art. 3-II)* **« mentionnées à l'article L. 5431-1, à l'adresse indiquée sur l'étiquetage de ce produit, le dossier d'information prévu au paragraphe 1 de l'article 11 du même règlement » ;**

2° De mettre sur le marché à titre gratuit ou onéreux un produit cosmétique sans que le dossier *(L. nº 2014-201 du 24 févr. 2014, art. 3-II)* **« d'information mentionné à l'article 11 dudit règlement » comporte les mentions obligatoires prévues** *(L. nº 2014-201 du 24 févr. 2014, art. 3-II)* **« au paragraphe 2 du même article » ;**

(Abrogé par L. nº 2014-201 du 24 févr. 2014, art. 3-II) ***« 3° De ne pas transmettre à*** *(L. nº 2011-2012 du 29 déc. 2011, art. 5-IV)* ***« l'Agence nationale de sécurité du médicament et des produits de santé », sur sa demande, l'une des informations mentionnées à l'article L. 5131-10. »***

Art. L. 5431-7 *(Ord. nº 2008-717 du 17 juill. 2008, art. 9)* **Le fait, pour** *(L. nº 2014-201 du 24 févr. 2014, art. 3-II)* **« la personne responsable, déterminée à l'article 4 du règlement (CE) nº 1223/2009 du Parlement européen et du Conseil du 30 novembre 2009, précité** *[V. ce texte, infra]* **», de mettre sur le marché à titre gratuit ou onéreux un produit cosmétique dont le récipient ou l'emballage ne comporte pas l'une des mentions prévues** *(L. nº 2014-201 du 24 févr. 2014, art. 3-II)* **« à l'article 19 du même règlement » est puni de 15 000 € d'amende.**

Art. L. 5431-8 *(L. nº 2014-201 du 24 févr. 2014, art. 3-II)* **Le fait, pour la personne responsable, déterminée à l'article 4 du règlement (CE) nº 1223/2009 du Parlement européen et du Conseil, du 30 novembre 2009, précité** *[V. ce texte, infra]*, **et les distributeurs, tels que définis au e du paragraphe 1 de l'article 2 du même règlement, de ne pas signaler à l'Agence nationale de sécurité du médicament et des produits de santé, sans délai et par tout moyen, tous les effets indésirables graves, au sens du p du même paragraphe 1, dans**

les conditions mentionnées au paragraphe 1 de l'article 23 dudit règlement, est puni de deux ans d'emprisonnement et de 30 000 € d'amende.

Est puni des mêmes peines le fait, pour le professionnel de santé ayant eu connaissance, dans l'exercice de ses fonctions, d'un effet indésirable grave, au sens du p du paragraphe 1 de l'article 2 du même règlement, de s'abstenir de le signaler sans délai à l'agence.

Art. L. 5431-9 *(L. nº 2014-201 du 24 févr. 2014, art. 3-II)* Le fait, pour la personne responsable, déterminée à l'article 4 du règlement (CE) nº 1223/2009 du Parlement européen et du Conseil, du 30 novembre 2009, précité *[V. ce texte, infra]*, de ne pas transmettre à l'Agence nationale de sécurité du médicament et des produits de santé, malgré la mise en demeure effectuée dans les conditions fixées à l'article L. 5131-6, l'une des informations mentionnées à l'article 24 du même règlement est puni d'un an d'emprisonnement et de 15 000 € d'amende.

Art. R. 5431-1 *(Décr. nº 2011-287 du 18 mars 2011, art. 1er)* Le fait, pour *(Décr. nº 2015-1417 du 4 nov. 2015, art. 5)* « la personne responsable telle que déterminée à l'article 4 du règlement (CE) nº 1223/2009 du Parlement européen et du Conseil, du 30 novembre 2009, relatif aux produits cosmétiques *[V. ce texte, infra]* », de ne pas mettre à la disposition du public les informations prévues à l'article *(Décr. nº 2015-1417 du 4 nov. 2015, art. 5)* « 21 du même règlement » est puni de l'amende prévue pour les contraventions de la cinquième classe.

Art. R. 5431-2 *(Décr. nº 2015-1417 du 4 nov. 2015, art. 5)* La mise à disposition sur le marché, par un distributeur tel que défini au *e* du paragraphe 1 de l'article 2 du règlement (CE) nº 1223/2009 du Parlement européen et du Conseil, du 30 novembre 2009, relatif aux produits cosmétiques *[V. ce texte, infra]*, d'un produit cosmétique non conforme aux règles fixées en matière d'étiquetage, d'exigences linguistiques ou de date de durabilité minimale par le paragraphe 2 de l'article 6 du même règlement est puni *[punie]* de l'amende prévue pour les contraventions de la cinquième classe.

Art. R. 5431-3 *(Décr. nº 2015-1417 du 4 nov. 2015, art. 5)* La récidive des infractions prévues aux articles R. 5431-1 et R. 5431-2 est réprimée conformément aux articles 132-11 et 132-15 du code pénal.

Produits de tatouage

Art. L. 513-10-1 *(L. nº 2004-806 du 9 août 2004, art. 149)* On entend par produits de tatouage toute substance ou préparation colorante destinée, par effraction cutanée, à créer une marque sur les parties superficielles du corps humain à l'exception des produits qui sont des dispositifs médicaux au sens de l'article L. 5211-1.

Art. L. 513-10-2 *(L. nº 2014-201 du 24 févr. 2014, art. 3-III)* L'ouverture et l'exploitation de tout établissement de fabrication, de conditionnement ou d'importation, même à titre accessoire, de produits de tatouage, de même que l'extension de l'activité d'un établissement à de telles opérations, sont subordonnées à une déclaration auprès de l'Agence nationale de sécurité du médicament et des produits de santé.

Cette déclaration est faite par la personne responsable de la mise sur le marché des produits de tatouage, qui est, selon le cas, le fabricant ou son représentant, la personne pour le compte de laquelle les produits de tatouage sont fabriqués ou la personne qui met sur le marché les produits de tatouage importés.

Toute modification des éléments constitutifs de la déclaration est communiquée à l'agence.

La personne responsable de la mise sur le marché des produits de tatouage désigne une ou plusieurs personnes qualifiées responsables de la fabrication, du conditionnement, de l'importation, des contrôles de qualité, de l'évaluation de la sécurité pour la santé humaine, de la détention et de la surveillance des stocks de matières premières et de produits finis. Ces personnes doivent posséder des connaissances scientifiques suffisantes, attestées par des diplômes, titres ou certificats figurant sur une liste établie par arrêté des ministres chargés de l'artisanat, de l'enseignement supérieur, de l'industrie et de la santé, ou justifier d'une expérience pratique appropriée dont la durée et le contenu sont déterminés dans les mêmes conditions.

Art. L. 513-10-3 *(L. nº 2004-806 du 9 août 2004, art. 149)* La fabrication des produits de tatouage doit être réalisée en conformité avec les bonnes pratiques de fabrication dont les principes sont définis par arrêté des ministres chargés de la consommation et de la santé, pris sur proposition de *(L. nº 2011-2012 du 29 déc. 2011, art. 5-IV)* « l'Agence nationale de sécurité du médicament et des produits de santé ». *(L. nº 2014-201 du 24 févr. 2014, art. 3-III)* « L'évaluation de la sécurité pour la santé humaine de ces produits est exécutée en conformité avec les bonnes pratiques de laboratoire dont les principes sont publiés par l'Agence nationale de sécurité du médicament et des produits de santé, de même que les règles applicables à l'inspection et à la vérification des bonnes pratiques de laboratoire. Un arrêté des ministres chargés de la consommation et de la santé, pris sur proposition de l'agence, définit les règles relatives à la délivrance de documents attestant du respect de ces bonnes pratiques. » — *V. Arr. du 15 sept. 2010 (JO 14 oct.) et Arr. du 23 juin 2011 (JO 1er juill.).*

Art. L. 513-10-4 *(L. nº 2014-201 du 24 févr. 2014, art. 3-III)* Les produits de tatouage mis sur le marché ne doivent pas nuire à la santé humaine lorsqu'ils sont appliqués dans les conditions normales ou raisonnablement prévisibles d'utilisation compte tenu, notamment, de la présentation du produit, des mentions portées sur l'étiquetage ainsi que de toute autre information destinée aux consommateurs.

Art. L. 513-10-5 *(L. nº 2014-201 du 24 févr. 2014, art. 3-III)* Un produit de tatouage ne peut être mis sur le marché à titre gratuit ou onéreux que s'il remplit les conditions suivantes :

1º Son récipient et son emballage comportent le nom ou la raison sociale et l'adresse de la personne responsable de la mise sur le marché du produit, ainsi que les autres mentions prévues par voie réglementaire ;

2º La personne responsable de la mise sur le marché du produit tient effectivement à la disposition des autorités de contrôle, à l'adresse mentionnée ci-dessus, un dossier rassemblant toutes les informations utiles, au regard des articles L. 513-10-3 et L. 513-10-4, sur la formule qualitative et quantitative, les spécifications physico-chimiques et microbiologiques, les conditions de fabrication et de contrôle, l'évaluation de la sécurité pour la santé humaine et les effets indésirables de ce produit.

Art. L. 513-10-6 *(L. nº 2014-201 du 24 févr. 2014, art. 3-III)* La mise sur le marché à titre gratuit ou onéreux d'un produit de tatouage est subordonnée à la transmission aux centres antipoison mentionnés à l'article L. 6141-4, désignés par arrêté conjoint des ministres chargés de la consommation, de l'industrie et de la santé, d'informations adéquates et suffisantes concernant les substances utilisées dans ce produit.

La liste de ces informations est fixée par arrêté conjoint des ministres chargés de la consommation, de l'industrie et de la santé.

Art. L. 513-10-7 *(L. nº 2014-201 du 24 févr. 2014, art. 3-III)* La personne responsable de la mise sur le marché du produit de tatouage met à la disposition du public, par des moyens appropriés, y compris des moyens électroniques, les informations liées à la composition et aux effets indésirables de ce produit, définies par voie réglementaire.

Fabrication et conditionnement des produits de tatouage

Art. R. 513-10-1 *(Décr. nº 2008-210 du 3 mars 2008, art. 2, en vigueur le 5 mars 2010)* Les produits de tatouage sont rendus stériles par l'utilisation de procédés appropriés. Ils sont fournis dans un récipient qui en conserve la stérilité jusqu'à l'utilisation.

Les récipients à doses multiples sont autorisés à condition que la délivrance de chaque dose ne compromette pas la stérilité du produit restant dans le récipient, une dose étant définie comme la quantité de produit utilisée pour une seule personne au cours d'une seule séance.

La qualité des substances colorantes est conforme à celle prévue par l'arrêté mentionné à l'article 2 du décret nº 89-674 du 18 septembre 1989 *[abrogé par Décr. nº 2011-949 du 10 août 2011, art. 7, reproduit ss. art. R. 214-6]* ou, à défaut, à une monographie nationale ou à d'autres spécifications permettant un niveau de qualité équivalent ou supérieur.

La qualité des récipients et celle des substances autres que les substances colorantes sont conformes aux monographies de la pharmacopée européenne mentionnée à l'article L. 5112-1 ou, à défaut, à une monographie nationale ou à d'autres spécifications permettant un niveau de qualité équivalent ou supérieur.

Art. R. 513-10-2 *(Décr. nº 2008-210 du 3 mars 2008, art. 2, en vigueur le 5 juin 2008)* **La déclaration prévue** *(Décr. nº 2015-1417 du 4 nov. 2015, art. 4)* **« à l'article » L. 513-10-2 est adressée** *(Décr. nº 2015-1417 du 4 nov. 2015, art. 4)* **« par tout moyen conférant date certaine » à l'***(Décr. nº 2012-597 du 27 avr. 2012, art. 5-I, en vigueur le 1er mai 2012)* **« Agence nationale de sécurité du médicament et des produits de santé ».**

Elle indique :

1° Le nom ou la raison sociale, l'adresse et la nature juridique de l'entreprise à laquelle l'établissement appartient ;

2° L'adresse de l'établissement en France et la nature exacte de l'activité envisagée ;

3° Le nom, l'adresse et la nature de l'activité des sous-traitants auxquels sont confiés, le cas échéant, tout ou partie des opérations de fabrication ou de stérilisation des produits ;

4° Le type d'utilisation des produits mis sur le marché ;

5° Le nom, la fonction et la qualification professionnelle ou l'expérience pratique de la *(Décr. nº 2015-1417 du 4 nov. 2015, art. 4)* **« personne responsable de la mise sur le marché des produits de tatouage et des personnes qualifiées responsables de la fabrication, du conditionnement, de l'importation, des contrôles de qualité, de l'évaluation de la sécurité pour la santé humaine, de la détention et de la surveillance des stocks de matières premières et de produits finis ».**

La personne qui signe la déclaration indique sa qualité au regard des dispositions du deuxième alinéa de l'article L. 513-10-2.

Toute modification apportée aux indications ainsi fournies est transmise sans délai dans les mêmes formes à l'*(Décr. nº 2012-597 du 27 avr. 2012, art. 5-I, en vigueur le 1er mai 2012)* **« Agence nationale de sécurité du médicament et des produits de santé ».**

Art. R. 513-10-3 *(Décr. nº 2008-210 du 3 mars 2008, art. 2, en vigueur le 5 mars 2009)* *(Décr. nº 2015-1417 du 4 nov. 2015, art. 4)* **« La personne responsable de la mise sur le marché d'un produit de tatouage établie » en France tient à la disposition des autorités de contrôle, à l'adresse mentionnée au 6° de l'article R. 513-10-5, le dossier prévu au troisième alinéa de l'article** *(Décr. nº 2015-1417 du 4 nov. 2015, art. 4)* **« L. 513-10-5 ». Ce dossier comporte :**

1° La formule qualitative et quantitative du produit ;

2° Les spécifications physico-chimiques et microbiologiques des matières premières et du produit de tatouage ;

3° La description des conditions de fabrication et de contrôle du produit ;

4° La durée de conservation du produit et la méthode utilisée pour la déterminer ;

5° L'évaluation de la sécurité du produit pour la santé humaine ;

6° Le nom et l'adresse de la personne qualifiée responsable de l'évaluation de la sécurité pour la santé humaine ainsi que son niveau de qualification professionnelle ;

7° Les données existantes en matière d'effets indésirables pour la santé humaine résultant de l'utilisation du produit ;

8° La justification de la transmission aux centres antipoison des informations prévues *(Décr. nº 2015-1417 du 4 nov. 2015, art. 4)* **« à l'article L. 513-10-6 ».**

Chacun des éléments mentionnés au présent article porte l'indication de la date à laquelle il a été établi. Toute modification de ces informations fait l'objet d'un rectificatif daté et conservé dans le dossier.

Le format et le contenu des informations composant le dossier prévu au présent article sont précisés par décision de l'*(Décr. nº 2012-597 du 27 avr. 2012, art. 5-I, en vigueur le 1er mai 2012)* **« Agence nationale de sécurité du médicament et des produits de santé ».**

Composition des produits de tatouage

Art. R. 513-10-4 *(Décr. nº 2008-210 du 3 mars 2008, art. 2)* **Sont fixées par arrêtés du ministre chargé de la santé, sur proposition du directeur général de l'***(Décr. nº 2012-597 du 27 avr. 2012, art. 5-I, en vigueur le 1er mai 2012)* **« Agence nationale de sécurité du médicament et des produits de santé »** *(Abrogé par Décr. nº 2012-597 du 27 avr. 2012, art. 4, à compter du 1er mai 2012 ; Décr. nº 2015-1417 du 4 nov. 2015, art. 4)* ***« émise après avis d'un groupe d'experts sur l'évaluation des risques des produits de tatouage »*** **:**

1° La liste des substances qui ne peuvent pas entrer dans la composition des produits de tatouage ;

2° La liste des substances qui ne peuvent pas entrer dans la composition des produits de tatouage, sauf à respecter des restrictions et conditions fixées par cette liste. — *Sur les sanctions pénales, V. CSP, art. R. 5437-1.*

Al. abrogé par Décr. n° 2012-597 du 27 avr. 2012, art. 4, à compter du 1er mai 2012.

Étiquetage des produits de tatouage

Art. R. 513-10-5 *(Décr. n° 2008-210 du 3 mars 2008, art. 2, en vigueur le 5 mars 2009)* Sans préjudice des mentions exigées par d'autres dispositions législatives ou réglementaires, le récipient et l'emballage de chaque unité de produit de tatouage mis sur le marché à titre gratuit ou onéreux comportent les indications suivantes, inscrites de manière à être lisibles, compréhensibles et indélébiles :

1° La dénomination du produit ;

2° Le contenu nominal au moment du conditionnement, indiqué en masse ou en volume ;

3° La date de durabilité maximale, définie comme étant la date jusqu'à laquelle le produit, conservé dans des conditions appropriées, continue à remplir sa fonction initiale et reste notamment conforme aux dispositions de l'article *(Décr. n° 2015-1417 du 4 nov. 2015, art. 4)* « L. 513-10-4 ». La date de durabilité maximale est annoncée par la mention : "A utiliser avant fin", suivie soit de la date elle-même, soit de l'indication de l'endroit de l'étiquetage où elle figure. En cas de besoin, ces mentions sont complétées par l'indication des conditions dont le respect permet d'assurer la durabilité indiquée. La date se compose de l'indication, en clair et dans l'ordre, du mois et de l'année ;

4° Le numéro de lot de fabrication ou la référence permettant l'identification de la fabrication ;

5° La mention "stérile" ;

6° Le nom ou la raison sociale et l'adresse *(Décr. n° 2015-1417 du 4 nov. 2015, art. 4)* « de la personne responsable de la mise sur le marché d'un produit de tatouage établie » en France. Ces mentions peuvent être abrégées lorsque l'abréviation permet l'identification de l'entreprise. En cas de pluralité d'adresses, celle qui est soulignée désigne le lieu où se trouve le dossier prévu au troisième alinéa de l'article *(Décr. n° 2015-1417 du 4 nov. 2015, art. 4)* « L. 513-10-5 » ;

7° Les précautions particulières d'emploi, notamment celles prévues par la liste mentionnée au 2° de l'article R. 513-10-4 ;

8° La liste des ingrédients dans l'ordre décroissant de leur importance pondérale au moment de leur incorporation, précédée du mot "ingrédients". Les ingrédients en concentration inférieure à 1 % peuvent être mentionnés dans un ordre quelconque après ceux dont la concentration est supérieure à 1 %.

Les substances colorantes sont désignées par leur numéro de registre du Colour Index (CI) ou, à défaut, par leur dénomination chimique internationale (IUPAC), leur dénomination selon la nomenclature internationale des ingrédients cosmétiques (INCI), leur numéro de registre du Chemical Abstract Service (CAS) ou par leur dénomination chimique usuelle.

Les ingrédients autres que les substances colorantes sont désignés par leur dénomination chimique internationale (IUPAC) ou, à défaut, par leur dénomination figurant dans la pharmacopée européenne, leur numéro CAS ou par leur dénomination chimique usuelle.

Ne sont pas considérées comme ingrédients :

a) Les impuretés contenues dans les matières premières utilisées ;

b) Les substances techniques subsidiaires utilisées lors de la fabrication mais ne se retrouvant pas dans la composition du produit fini ;

9° Le cas échéant, les numéros de téléphone ou de télécopie ou l'adresse internet où sont mises à la disposition du public les informations prévues à l'article R. 513-10-14.

En cas d'impossibilité pratique, les adresses mentionnées au 6° et les indications prévues aux 7°,8° et 9° peuvent ne figurer que sur l'emballage ou sur un support joint. — *Sur les sanctions pénales, V. CSP, art. R. 5437-4.*

Système national de vigilance exercée sur les produits de tatouage

Art. R. 513-10-6 *(Décr. n° 2008-210 du 3 mars 2008, art. 2)* Pour l'application de la présente section, on entend par :

"Mésusage" : une utilisation non conforme à la destination du produit, à son usage habituel ou à son mode d'emploi, ou aux précautions particulières d'emploi mentionnées au 7° de l'article R. 513-10-5 ;

"Effet indésirable" : une réaction nocive et non recherchée, se produisant dans les conditions normales d'emploi d'un produit de tatouage ou résultant d'un mésusage d'un tel produit ;

"Effet indésirable grave" : *(Décr. n° 2015-1417 du 4 nov. 2015, art. 4)* « une réaction nocive et non prévisible, qu'elle se produise dans les conditions normales d'emploi du produit chez l'homme ou qu'elle résulte d'un mésusage, » qui soit justifierait une hospitalisation, soit entraînerait une incapacité fonctionnelle permanente ou temporaire, une invalidité, une mise en jeu du pronostic vital immédiat, un décès ou une anomalie ou une malformation congénitale.

Art. R. 513-10-7 *(Décr. n° 2008-210 du 3 mars 2008, art. 2)* Les produits de tatouage font l'objet d'une vigilance destinée à surveiller *(Décr. n° 2015-1417 du 4 nov. 2015, art. 4)* « les effets indésirables se produisant dans des conditions normales d'emploi du produit ou résultant d'un mésusage ». Cette vigilance s'exerce sur l'ensemble de ces produits après leur mise sur le marché.

Art. R. 513-10-8 *(Décr. n° 2008-210 du 3 mars 2008, art. 2)* Le système national de vigilance comprend :

1° L'*(Décr. n° 2012-597 du 27 avr. 2012, art. 5-I, en vigueur le 1er mai 2012)* « Agence nationale de sécurité du médicament et des produits de santé » ;

2° Les autorités administratives compétentes désignées selon les modalités prévues à l'article *(Ord. n° 2016-301 du 14 mars 2016, art. 2, en vigueur le 1er juill. 2016)* « L. 423-3 » du code de la consommation ;

(Décr. n° 2015-1417 du 4 nov. 2015, art. 4) « 3° Les professionnels de santé ;

« 4° La personne responsable de la mise sur le marché d'un produit de tatouage ;

« 5° Les personnes qui réalisent des tatouages à titre professionnel ;

« 6° Les consommateurs de produits de tatouage. »

Art. R. 513-10-9 *(Décr. n° 2008-210 du 3 mars 2008, art. 2)* La vigilance exercée sur les produits de tatouage comporte :

1° La déclaration *(Décr. n° 2015-1417 du 4 nov. 2015, art. 4)* « sans délai des effets indésirables graves mentionnés à l'article L. 513-10-8, y compris ceux résultant d'un mésusage » et le recueil des informations les concernant ainsi que le recueil des informations mentionnées à l'article R. 513-10-12 ;

(Décr. n° 2015-1417 du 4 nov. 2015, art. 4) « 1° *bis* La déclaration des autres effets indésirables, y compris ceux résultant d'un mésusage du produit ; »

2° L'enregistrement, l'évaluation et l'exploitation de ces informations dans un but de prévention ; ces informations sont analysées en prenant en compte les données disponibles concernant la vente et les pratiques d'utilisation des produits de tatouage ;

3° La réalisation de toutes études et de tous travaux concernant la sécurité d'emploi de ces produits ;

4° La réalisation et le suivi des actions correctrices.

L'exercice de la vigilance peut impliquer la recherche et l'analyse des données contenues dans le dossier prévu à l'article R. 513-10-3.

Art. R. 513-10-10 *(Décr. n° 2008-210 du 3 mars 2008, art. 2)* L'*(Décr. n° 2012-597 du 27 avr. 2012, art. 5-I, en vigueur le 1er mai 2012)* « Agence nationale de sécurité du médicament et des produits de santé » assure la mise en œuvre du système national de vigilance sur les produits de tatouage. Elle en définit les orientations, anime et coordonne les actions des différents intervenants et veille au respect des dispositions prévues par la présente section.

Elle reçoit les informations qui lui sont transmises par les professionnels de santé, par les personnes qui réalisent des tatouages *(Décr. n° 2015-1417 du 4 nov. 2015, art. 4)* « à titre professionnel, par les personnes responsables de la mise sur le marché d'un produit de tatouage, par les consommateurs » et *(Abrogé par Décr. n° 2015-1417 du 4 nov. 2015, art. 4)* « *, en application du deuxième alinéa du II de l'article L. 5131-9,* » par les autorités administratives compétentes désignées selon les modalités prévues à l'article *(Ord. n° 2016-301 du 14 mars 2016, art. 2, en vigueur le 1er juill. 2016)* « L. 423-3 » du code de la consommation.

(Décr. n° 2015-1417 du 4 nov. 2015, art. 4) « Elle transmet à l'agence régionale de santé territorialement compétente les informations relatives aux conditions dans lesquelles les

tatouages ont été pratiqués, inclues dans la déclaration des effets indésirables conformément aux dispositions de l'article L. 513-10-8. »

Art. R. 513-10-11 *(Décr. nº 2008-210 du 3 mars 2008, art. 2)* En cas d'effet indésirable grave susceptible d'être dû à un produit de tatouage, *(Décr. nº 2015-1417 du 4 nov. 2015, art. 4)* « les personnes responsables de la mise sur le marché d'un produit de tatouage, » les professionnels de santé qui l'ont constaté ou les personnes réalisant des tatouages *(Décr. nº 2015-1417 du 4 nov. 2015, art. 4)* « à titre professionnel » qui en ont eu connaissance en font la déclaration sans délai au directeur général de l'*(Décr. nº 2012-597 du 27 avr. 2012, art. 5-I, en vigueur le 1er mai 2012)* « Agence nationale de sécurité du médicament et des produits de santé ».

(Décr. nº 2015-1417 du 4 nov. 2015, art. 4) « Ces personnes déclarent en outre les autres effets indésirables dont elles ont eu connaissance.

« Le professionnel de santé et les personnes qui réalisent des tatouages à titre professionnel précisent si l'effet indésirable résulte d'un mésusage et décrivent les conditions dans lesquelles le tatouage a été pratiqué.

« Le consommateur peut déclarer à l'Agence nationale de sécurité du médicament et des produits de santé tout effet indésirable en faisant état, le cas échéant, d'un mésusage et en décrivant les conditions dans lesquelles le tatouage a été pratiqué.

« Le modèle de déclaration est établi par l'Agence nationale de sécurité du médicament et des produits de santé. »

Art. R. 513-10-12 *(Décr. nº 2008-210 du 3 mars 2008, art. 2)* Lorsque le directeur général de l'*(Décr. nº 2012-597 du 27 avr. 2012, art. 5-I, en vigueur le 1er mai 2012)* « Agence nationale de sécurité du médicament et des produits de santé » en fait la demande motivée, *(Décr. nº 2015-1417 du 4 nov. 2015, art. 4)* « la personne » responsable de la mise sur le marché du produit lui transmet sans délai les informations mentionnées à l'article *(Décr. nº 2015-1417 du 4 nov. 2015, art. 4)* « L. 513-10-9 » en précisant, pour chaque produit :

1° Sa dénomination commerciale ;

2° Le nom ou la raison sociale et l'adresse *(Décr. nº 2015-1417 du 4 nov. 2015, art. 4)* « de la personne responsable de la mise sur le marché d'un produit de tatouage établie » en France, figurant sur l'étiquetage du produit conformément au 6° de l'article R. 513-10-5 ;

3° La concentration exacte des substances dont l'innocuité fait l'objet d'un doute sérieux ;

4° Les présentations et les contenances des différents conditionnements commercialisés.

Ces informations sont conservées et archivées de manière à en assurer la sécurité.

Art. R. 513-10-13 *(Décr. nº 2008-210 du 3 mars 2008, art. 2)* Les personnes qui ont accès aux informations mentionnées à l'article R. 513-10-12 sont astreintes au secret professionnel dans les conditions prévues à l'article 226-13 du code pénal.

Information du public

Art. R. 513-10-14 *(Décr. nº 2008-210 du 3 mars 2008, art. 2)* Les informations mises à la disposition du public sont :

1° La formule qualitative exprimée sous la forme de la liste des ingrédients mentionnée au 8° de l'article R. 513-10-5 ;

2° En outre, pour les substances dangereuses entrant dans la composition du produit de tatouage et mentionnées *(Abrogé par Décr. nº 2015-1417 du 4 nov. 2015, art. 4)* *« au 1° de l'article L. 5132-1 et »* à l'article L. 1342-2 du présent code *(Abrogé par Décr. nº 2015-1417 du 4 nov. 2015, art. 4)* *« ainsi qu'à l'article R. 231-51 [R. 4411-3 nouv.] du code du travail »*, la quantité exprimée en pourcentage, sous la forme d'une fourchette de concentrations ou d'une concentration maximale ;

3° Les effets indésirables mentionnés au 7° de l'article R. 513-10-3, à l'exception de ceux résultant d'un mésusage, en précisant leur nature et leur fréquence. – *Sur les sanctions pénales, V. CSP, art. R. 5437-1.*

Art. R. 513-10-15 *(Décr. nº 2008-210 du 3 mars 2008, art. 2)* Toute personne qui souhaite obtenir les informations prévues à l'article précédent en fait la demande par voie postale à l'adresse mentionnée au 6° de l'article R. 513-10-5 ou par télécopie ou par voie électronique aux coordonnées mentionnées au 9° du même article, en précisant notamment le nom du produit, sa marque et, le cas échéant, sa teinte.

Le fabricant ou le responsable de la mise sur le marché du produit répond à cette demande dans un délai de trois semaines à compter de sa réception. Il conserve toutes les demandes et les réponses pendant une période de cinq ans.

Tatouage par effraction cutanée et perçage corporel

Art. R. 1311-1 *(Décr. nº 2008-149 du 19 févr. 2008, art. 1er)* Les dispositions de la présente section s'appliquent à la mise en œuvre des techniques de tatouage par effraction cutanée, y compris la technique du maquillage permanent, et du perçage corporel, à l'exception du perçage du pavillon de l'oreille et de l'aile du nez quand il est réalisé par la technique du pistolet perce-oreille.

Art. R. 1311-2 *(Décr. nº 2008-149 du 19 févr. 2008, art. 1er)* Les personnes qui mettent en œuvre les techniques citées à l'article R. 1311-1 déclarent cette activité auprès du *(Décr. nº 2010-344 du 31 mars 2010, art. 30)* « directeur général de l'agence régionale de santé compétent pour le » lieu d'exercice de cette activité. La cessation de cette activité est déclarée auprès de la même autorité. Les modalités de ces déclarations sont fixées par arrêté du ministre chargé de la santé. *— V. Arr. du 23 déc. 2008 (JO 7 janv. 2009). — Sur les sanctions pénales, V. CSP, art. R. 1312-9, infra.*

Art. R. 1311-3 *(Décr. nº 2008-149 du 19 févr. 2008, art. 1er)* Les personnes qui mettent en œuvre les techniques citées à l'article R. 1311-1 doivent avoir suivi une formation aux conditions d'hygiène et de salubrité prévues par l'article R. 1311-4. Un arrêté du ministre chargé de la santé détermine les catégories d'établissements et les organismes habilités par le *(Décr. nº 2010-344 du 31 mars 2010, art. 30)* « directeur général de l'agence régionale de santé » à délivrer cette formation, ainsi que le contenu de celle-ci et les diplômes acceptés en équivalence. *— V. Arr. du 12 déc. 2008 (JO 26 déc.), mod. par Arr. du 20 janv. 2010 (JO 3 févr.). — Sur les sanctions pénales, V. CSP, art. R. 1312-9, infra.*

Art. R. 1311-4 *(Décr. nº 2008-149 du 19 févr. 2008, art. 1er)* La mise en œuvre des techniques mentionnées à l'article R. 1311-1 s'exerce dans le respect des règles générales d'hygiène et de salubrité. Elle respecte en particulier les règles suivantes :

— le matériel pénétrant la barrière cutanée ou entrant en contact avec la peau ou la muqueuse du client et les supports directs de ce matériel sont soit à usage unique et stériles, soit stérilisés avant chaque utilisation ;

— les locaux comprennent une salle exclusivement réservée à la réalisation de ces techniques.

Les modalités d'application du présent article sont fixées par arrêté du ministre chargé de la santé. *— V. Arr. du 11 mars 2009 (JO 20 mars). — Sur les sanctions pénales, V. CSP, art. R. 1312-9, infra.*

Art. R. 1311-5 *(Décr. nº 2008-149 du 19 févr. 2008, art. 1er, en vigueur le 20 août 2008)* Les déchets produits sont assimilés aux déchets d'activités de soins à risques infectieux. Leur élimination est soumise aux dispositions des articles R. 1335-1 à R. 1335-8, R. 1335-13 et R. 1335-14. *— Sur les sanctions pénales, V. CSP, art. R. 1312-9.*

Dispositions spécifiques au perçage du pavillon de l'oreille et de l'aile du nez

Art. R. 1311-6 *(Décr. nº 2008-149 du 19 févr. 2008, art. 1er)* La présente section s'applique au perçage du pavillon de l'oreille et de l'aile du nez par la technique du pistolet perce-oreille.

Art. R. 1311-7 *(Décr. nº 2008-149 du 19 févr. 2008, art. 1er)* La technique citée à l'article R. 1311-6 ne peut être mise en œuvre que par :

— les personnes qui ont effectué la déclaration prévue à l'article R. 1311-2 ;

— les personnes relevant de conventions collectives ou ayant une activité principale référencée dans la nomenclature d'activités française dont les listes sont fixées par arrêté du ministre chargé de la santé. *— V. Arr. du 29 oct. 2008 (JO 4 nov.). — Sur les sanctions pénales, V. CSP, art. R. 1312-10.*

Art. R. 1311-8 *(Décr. nº 2008-149 du 19 févr. 2008, art. 1er)* Les personnes qui mettent en œuvre la technique mentionnée à l'article R. 1311-6 sont soumises au respect des règles générales d'hygiène et de salubrité. Elles respectent en particulier les règles suivantes :

— la peau du client est isolée des éléments permanents du pistolet perce-oreille par un élément jetable et à usage unique servant de support au bijou de pose ;

— le bijou de pose et son support sont fournis stériles dans un emballage hermétique qui en garantit la stérilité jusqu'à son utilisation.

Les modalités d'application du présent article sont fixées par arrêté du ministre chargé de la santé. — *V. Arr. du 11 mars 2009 (JO 20 mars). — Sur les sanctions pénales, V. CSP, art. R. 1312-10.*

Art. R. 1311-9 *(Décr. nº 2008-149 du 19 févr. 2008, art. 1er, en vigueur le 20 févr. 2009)* L'emballage hermétique de chaque unité constituée par le bijou de pose et son support, mis sur le marché à titre gratuit ou onéreux, comporte les indications suivantes, inscrites de manière à être facilement lisibles, clairement compréhensibles et indélébiles :

1° La dénomination du produit ;

2° La date de durabilité maximale, définie comme étant la date jusqu'à laquelle ce produit, conservé dans des conditions appropriées, continue à remplir sa fonction initiale ; cette date est annoncée par la mention : "A utiliser avant", suivie soit de la date elle-même, soit de l'indication de l'endroit de l'étiquetage où elle figure ; la date se compose de l'indication, en clair et dans l'ordre, du mois et de l'année ;

3° Le numéro de lot de fabrication ou la référence permettant l'identification de la fabrication ;

4° La mention : "stérile" ;

5° Le nom ou la raison sociale et la ou les adresses du fabricant ou du responsable de la mise sur le marché ; ces mentions peuvent être abrégées lorsque l'abréviation permet l'identification de l'entreprise.

Dispositions communes

Art. R. 1311-10 *(Décr. nº 2008-149 du 19 févr. 2008, art. 1er, en vigueur le 20 août 2008)* Un tatouage par effraction cutanée ne peut être réalisé qu'avec des produits de tatouage respectant les dispositions prévues par les articles L. 513-10-1 à *(Décr. nº 2015-1417 du 4 nov. 2015, art. 1er)* « L. 513-10-10 ». — *Sur les sanctions pénales, V. CSP, art. R. 1312-9 et R. 1312-10.*

Les tiges utilisées lors d'un perçage initial jusqu'à cicatrisation et les tiges utilisées après cicatrisation sont conformes aux dispositions de l'article R. 5132-45 et aux textes réglementaires relatifs au nickel pris pour son application.

Art. R. 1311-11 *(Décr. nº 2008-149 du 19 févr. 2008, art. 1er)* Il est interdit de pratiquer les techniques mentionnées aux articles R. 1311-1 et R. 1311-6 sur une personne mineure sans le consentement écrit d'une personne titulaire de l'autorité parentale ou de son tuteur. Les personnes réalisant ces pratiques sur une personne mineure doivent être en mesure, pendant trois ans, de présenter la preuve de ce consentement aux autorités de contrôle mentionnées à l'article L. 1312-1. — *Sur les sanctions pénales, V. CSP, art. R. 1312-9 et R. 1312-10.*

Art. R. 1311-12 *(Décr. nº 2008-149 du 19 févr. 2008, art. 1er)* Les personnes qui mettent en œuvre les techniques mentionnées aux articles R. 1311-1 et R. 1311-6 informent leurs clients, avant qu'ils se soumettent à ces techniques, des risques auxquels ils s'exposent et, après la réalisation de ces techniques, des précautions à respecter. Cette information est affichée de manière visible dans le local où ces techniques sont pratiquées et est remise par écrit aux clients. Le contenu de cette information est fixé par arrêté du ministre chargé de la santé. — *Sur les sanctions pénales, V. CSP, art. R. 1312-9 et R. 1312-10.*

Art. R. 1311-13 *(Décr. nº 2008-149 du 19 févr. 2008, art. 1er)* Les dispositions du présent chapitre ne sont pas applicables aux professionnels de santé lorsqu'ils réalisent des actes de soins. Ils restent régis, pour ces activités, par les dispositions législatives et réglementaires les concernant.

Dispositions pénales

Art. L. 5437-1 *(L. nº 2004-806 du 9 août 2004, art. 149)* Les infractions relatives aux produits de tatouage prévues au présent chapitre, ainsi que par les règlements pris pour son application, sont recherchées et constatées conformément aux dispositions de l'article L. 5431-1 relatives aux produits cosmétiques.

Art. L. 5437-2 *(L. nº 2014-201 du 24 févr. 2014, art. 3-IV)* Est puni de deux ans d'emprisonnement et de 30 000 € d'amende le fait :

1° Pour la personne responsable d'un établissement de fabrication, de conditionnement ou d'importation de produits de tatouage, d'ouvrir, d'exploiter ou d'étendre l'activité d'un établissement à de telles opérations, sans qu'ait été faite au préalable la déclaration à l'Agence nationale de sécurité du médicament et des produits de santé ou sans qu'aient été déclarées les modifications des éléments figurant dans la déclaration, prévues aux deuxième et troisième alinéas de l'article L. 513-10-2 ;

2° Pour la personne responsable d'un établissement de fabrication, de conditionnement ou d'importation de produits de tatouage, de diriger un établissement mentionné au 1° du présent article sans avoir désigné la ou les personnes qualifiées responsables conformément à l'article L. 513-10-2 ;

3° Pour la personne responsable de la mise sur le marché national du produit de tatouage, au sens du même article L. 513-10-2, de ne pas transmettre aux centres antipoison les informations mentionnées à l'article L. 513-10-6.

Art. L. 5437-3 *(L. n° 2014-201 du 24 févr. 2014, art. 3-IV)* Les personnes physiques coupables des infractions définies à l'article L. 5437-2 encourent également les peines complémentaires suivantes :

1° La diffusion de la décision de condamnation et celle d'un ou de plusieurs messages informant le public de cette décision, dans les conditions prévues à l'article 131-35 du code pénal ;

2° L'affichage de la décision prononcée, dans les conditions et sous les peines prévues au même article ;

3° La confiscation de la chose qui a servi ou était destinée à commettre l'infraction ou du produit de la vente de cette chose, dans les conditions prévues à l'article 131-21 dudit code ;

4° La fermeture définitive ou pour une durée de cinq ans au plus des établissements de l'entreprise ayant servi à commettre les faits incriminés, dans les conditions prévues à l'article 131-33 du même code ;

5° L'interdiction de fabriquer, de conditionner, d'importer et de mettre sur le marché des produits de tatouage pour une durée maximale de cinq ans.

Art. L. 5437-4 *(L. n° 2014-201 du 24 févr. 2014, art. 3-IV)* Les personnes morales déclarées responsables pénalement, dans les conditions prévues à l'article 121-2 du code pénal, des infractions définies à l'article L. 5437-2 du présent code encourent, outre l'amende suivant les modalités prévues à l'article 131-38 du code pénal :

1° La confiscation de la chose qui a servi ou était destinée à commettre l'infraction ou de la chose qui en est le produit, dans les conditions prévues au 8° de l'article 131-39 du même code ;

2° L'affichage de la décision prononcée ou la diffusion de celle-ci soit par la presse écrite, soit par tout moyen de communication électronique, dans les conditions prévues au 9° du même article 131-39 ;

3° La fermeture définitive ou pour une durée de cinq ans au plus des établissements de l'entreprise ayant servi à commettre les faits incriminés, dans les conditions prévues au 4° dudit article 131-39.

Art. L. 5437-5 *(L. n° 2014-201 du 24 févr. 2014, art. 3-IV)* Le fait, pour la personne responsable de la mise sur le marché du produit de tatouage, au sens de l'article L. 513-10-2, de ne pas signaler dès qu'elle en a connaissance et par tout moyen à l'Agence nationale de sécurité du médicament et des produits de santé les effets indésirables graves, dans les conditions mentionnées au I de l'article L. 513-10-8, est puni de deux ans d'emprisonnement et de 30 000 € d'amende.

Est puni des mêmes peines le fait, pour le professionnel de santé ou la personne qui réalise des tatouages à titre professionnel ayant eu personnellement connaissance, dans l'exercice de ses fonctions, d'un effet indésirable grave, au sens du même I, de s'abstenir de le signaler, sans délai, à l'agence.

....

Art. R. 1312-9 *(Décr. n° 2008-149 du 19 févr. 2008, art. 1er)* Est puni de l'amende prévue pour les contraventions de la 5e classe le fait de mettre en œuvre une technique de tatouage par effraction cutanée ou une technique de perçage corporel citée à l'article R. 1311-1 :

1° Sans avoir déclaré son activité conformément aux dispositions de l'article R. 1311-2 ;

2° Sans respecter les conditions d'hygiène et de salubrité prévues à l'article R. 1311-4 ;

3° Sans avoir reçu la formation prévue à l'article R. 1311-3 ;

4° Sans procéder à l'information et à l'affichage prévus à l'article R. 1311-12 ;

5° Sans respecter les dispositions de l'article R. 1311-5 relatives au traitement des déchets ;

6° En utilisant des produits ou des matériaux non conformes aux dispositions de l'article R. 1311-10 ;

7° Sur un mineur sans avoir préalablement recueilli l'accord du titulaire de l'autorité parentale ou du tuteur, dans les conditions prévues à l'article R. 1311-11.

Art. R. 1312-10 *(Décr. n° 2008-149 du 19 févr. 2008, art. 1er)* Est puni de l'amende prévue pour les contraventions de la 5e classe le fait de pratiquer le perçage du pavillon de l'oreille ou de l'aile du nez par la technique du pistolet perce-oreille :

1° Sans remplir les conditions de déclaration ou d'exercice prévues à l'article R. 1311-7 ;

2° Sans respecter les conditions d'hygiène prévues à l'article R. 1311-8 ;

3° Sans procéder à l'information et à l'affichage prévus à l'article R. 1311-12 ;

4° En utilisant des matériaux non conformes aux dispositions de l'article R. 1311-10 ;

5° Sur un mineur sans avoir préalablement recueilli l'accord du titulaire de l'autorité parentale ou du tuteur, dans les conditions prévues à l'article R. 1311-11.

Art. R. 1312-11 *(Décr. n° 2008-149 du 19 févr. 2008, art. 1er)* Les personnes coupables des infractions prévues aux articles R. 1312-9 et R. 1312-10 encourent également la peine complémentaire de confiscation de la chose qui a servi ou était destinée à commettre l'infraction ou de la chose qui en est le produit.

Art. R. 1312-12 *(Décr. n° 2010-671 du 18 juin 2010, art. 5-XIII)* Les personnes morales déclarées responsables pénalement, dans les conditions prévues par l'article 121-2 du code pénal, des infractions définies au présent chapitre encourent, outre l'amende suivant les modalités prévues par l'article 131-41 du code pénal, la peine de confiscation de la chose qui a servi ou était destinée à commettre l'infraction ou de la chose qui en est le produit.

Art. R. 1312-13 *(Décr. n° 2008-149 du 19 févr. 2008, art. 1er)* La récidive des contraventions prévues aux articles R. 1312-9 et R. 1312-10 est réprimée conformément aux articles 132-11 et 132-15 du code pénal.

....

Art. R. 5437-1 *(Décr. n° 2008-210 du 3 mars 2008, art. 3)* Est puni de l'amende prévue pour les contraventions de la cinquième classe le fait, pour *(Décr. n° 2015-1417 du 4 nov. 2015, art. 6)* « la personne responsable de la mise sur le marché d'un produit de tatouage » :

1° De mettre sur le marché à titre gratuit ou onéreux un produit de tatouage dont la composition n'est pas conforme aux arrêtés prévus à l'article R. 513-10-4 ou sans tenir à disposition le dossier d'information mentionné à l'article R. 513-10-3 ;

2° De ne pas mettre à la disposition du public les informations prévues à l'article R. 513-10-14 ;

(Décr. n° 2015-1417 du 4 nov. 2015, art. 6) « 3° De ne pas transmettre, lorsque le directeur général de l'Agence nationale de sécurité du médicament et des produits de santé en fait la demande motivée, la liste des produits dans la composition desquels entrent une ou plusieurs substances pour lesquelles l'agence suspecte un doute sérieux sur l'innocuité. »

Les personnes physiques coupables des infractions définies au présent article encourent également la peine complémentaire de confiscation de la chose qui a servi ou était destinée à commettre l'infraction.

Art. R. 5437-2 *(Décr. n° 2010-671 du 18 juin 2010, art. 5-XIII)* Les personnes morales déclarées responsables pénalement, dans les conditions prévues par l'article 121-2 du code pénal, des infractions définies à l'article R. 5437-1 encourent, outre l'amende suivant les modalités prévues par l'article 131-41 du code pénal, la peine de confiscation de la chose qui a servi ou était destinée à commettre l'infraction.

Art. R. 5437-3 *(Décr. n° 2008-210 du 3 mars 2008, art. 3)* La récidive des contraventions prévues à l'article R. 5437-1 est réprimée conformément aux articles 132-11 et 132-15 du code pénal.

Art. R. 5437-4 *(Décr. n° 2008-210 du 3 mars 2008, art. 3)* Est puni de l'amende prévue pour les contraventions de la troisième classe le fait de mettre sur le marché à titre gratuit ou onéreux un produit de tatouage dont le récipient ou l'emballage ne comporte pas l'une des mentions prévues à l'article R. 513-10-5.

Arrêté du 27 mars 1987,

Relatif à la publicité des tarifs des prestations d'esthétique corporelle.

Art. 1er Les exploitants d'instituts de beauté sont tenus d'afficher de manière visible et lisible de l'extérieur de l'établissement un tarif comportant au moins dix prix TTC des prestations les plus couramment pratiquées. Les forfaits regroupant au moins deux prestations figurant sur ce tarif doivent faire apparaître le détail des prestations qui les composent.

La possibilité de consulter la liste des prestations prévue à l'article 2 devra être mentionnée sur ce tableau d'affichage des prix.

Art. 2 Un tarif comportant la liste complète des prix TTC des prestations de services offertes dans l'établissement doit faire l'objet d'un affichage à l'intérieur de l'établissement, visible et lisible par la clientèle au lieu de paiement.

Des exemplaires de ce tarif seront mis à la disposition de la clientèle.

Arrêté du 16 novembre 1999,

Relatif à la publicité, à l'égard du consommateur, des prix de vente à l'unité de mesure de certains produits préemballés.

V. ce texte, concernant notamment les produits d'hygiène et de beauté, v° Prix (publicité).

Arrêté du 27 décembre 2000,

Fixant les modalités selon lesquelles sont portées à la connaissance des consommateurs certaines informations relatives aux produits cosmétiques présentés à la vente non préemballés ou emballés sur les lieux de vente à la demande de l'acheteur ou préemballés en vue de leur vente immédiate.

Art. 1er Lorsque les produits cosmétiques sont présentés non préemballés à la vente ou lorsqu'ils sont emballés sur les lieux de la vente à la demande de l'acheteur ou préemballés en vue de leur vente immédiate, les informations mentionnées à l'article R. 5263-4 *[R. 5131-4]* du code de la santé publique sont portées à la connaissance du consommateur par tout moyen visible et lisible disposé à proximité immédiate des produits et indiquant clairement à quel produit il se rattache. En particulier, il peut être utilisé des panneaux d'affichage, des écrans informatiques, des brochures, notices ou catalogues.

Les dispositions de l'alinéa ci-dessus s'appliquent également aux savons, perles de bains et autres petits produits lorsqu'il est impossible, pour des raisons liées à la taille ou à la forme, de faire figurer les informations prévues par l'article R. 5263-4 *[R. 5131-4]* du code de la santé publique sur une étiquette, une bande, une carte ou une notice jointe.

Art. 2 Depuis la fabrication ou la mise sur le marché des produits visés à l'article 1er, chaque intervenant professionnel concerné doit assurer la délivrance ou la transmission des informations nécessaires à la mise en œuvre des dispositions de l'article 1er ci-dessus.

Règlement (CE) n° 1223/2009 du Parlement européen et du Conseil du 30 novembre 2009,

Relatif aux produits cosmétiques.

BIBL. ▶ GALLAGE-ALWIS, *Journ. sociétés oct. 2010. 52* (comment se préparer pour 2013 ?). – HAOULIA, *LPA 9 juill. 2013* (entrée en vigueur du nouveau règlement européen relatif aux produits cosmétiques).

CHAPITRE PREMIER *Champ d'application et définitions*

Art. 1er *Champ d'application et objectif.* Le présent règlement établit des règles auxquelles doit satisfaire tout produit cosmétique mis à disposition sur le marché, afin de garantir le fonctionnement du marché intérieur et d'assurer un niveau élevé de protection de la santé humaine.

Art. 2 *Définitions.* 1. Aux fins du présent règlement, on entend par :

a) "produit cosmétique", toute substance ou tout mélange destiné à être mis en contact avec les parties superficielles du corps humain (épiderme, systèmes pileux et capillaire, ongles, lèvres et organes génitaux externes) ou avec les dents et les muqueuses buccales en vue, exclusivement ou principalement, de les nettoyer, de les parfumer, d'en modifier l'aspect, de les protéger, de les maintenir en bon état ou de corriger les odeurs corporelles ;

b) "substance", un élément chimique et ses composés à l'état naturel ou obtenus par un processus de fabrication, y compris tout additif nécessaire pour en préserver la stabilité et toute impureté résultant du processus mis en œuvre, mais à l'exclusion de tout solvant qui peut être séparé sans affecter la stabilité de la substance ou modifier sa composition ;

c) "mélange", un mélange ou une solution composé de deux substances ou plus ;

d) "fabricant", toute personne physique ou morale qui fabrique ou fait concevoir ou fabriquer un produit cosmétique, et commercialise ce produit sous son nom ou sa marque ;

e) "distributeur", toute personne physique ou morale faisant partie de la chaîne d'approvisionnement, autre que le fabricant ou l'importateur, qui met un produit cosmétique à disposition sur le marché communautaire ;

f) "utilisateur final", un consommateur ou un professionnel qui utilise le produit cosmétique ;

g) "mise à disposition sur le marché", toute fourniture d'un produit cosmétique destiné à être distribué, consommé ou utilisé sur le marché communautaire dans le cadre d'une activité commerciale, à titre onéreux ou gratuit ;

h) "mise sur le marché", la première mise à disposition d'un produit cosmétique sur le marché communautaire ;

i) "importateur", toute personne physique ou morale établie dans la Communauté qui met sur le marché communautaire un produit cosmétique provenant d'un pays tiers ;

j) "norme harmonisée", une norme adoptée par l'un des organismes européens de normalisation énumérés à l'annexe I de la directive 98/34/CE du Parlement européen et du Conseil du 22 juin 1998 prévoyant une procédure d'information dans le domaine des normes et réglementations techniques et des règles relatives aux services de la société de l'information sur la base d'une demande formulée par la Commission conformément à l'article 6 de ladite directive ;

k) "nanomatériau", un matériau insoluble ou bio-persistant, fabriqué intentionnellement et se caractérisant par une ou plusieurs dimensions externes, ou une structure interne, sur une échelle de 1 à 100 nm ;

l) "agents conservateurs", les substances qui sont exclusivement ou principalement destinées à empêcher le développement de micro-organismes dans le produit cosmétique ;

m) "colorants", les substances qui sont exclusivement ou principalement destinées à colorer le produit cosmétique, l'ensemble du corps ou certaines parties de celui-ci, par absorption ou réflexion de la lumière visible ; les précurseurs de colorants capillaires d'oxydation sont également considérés comme des colorants ;

n) "filtres ultraviolets", les substances qui sont exclusivement ou principalement destinées à protéger la peau de certains rayonnements ultraviolets en absorbant, réfléchissant ou dispersant ces rayonnements ;

o) "effet indésirable", une réaction nocive pour la santé humaine imputable à l'utilisation normale ou raisonnablement prévisible d'un produit cosmétique ;

p) "effet indésirable grave", un effet indésirable entraînant une incapacité fonctionnelle temporaire ou permanente, un handicap, une hospitalisation, des anomalies congénitales, un risque vital immédiat ou un décès ;

q) "retrait", toute mesure visant à empêcher la mise à disposition sur le marché d'un produit cosmétique dans la chaîne d'approvisionnement ;

r) "rappel", toute mesure visant à obtenir le retour d'un produit cosmétique qui a déjà été mis à la disposition de l'utilisateur final ;

s) "formulation-cadre", une formulation qui mentionne la catégorie ou la fonction des ingrédients et leur concentration maximale dans le produit cosmétique, ou qui donne des informations quantitatives et qualitatives pertinentes lorsqu'un produit cosmétique n'est pas couvert, en partie ou en totalité, par une telle formulation. La Commission fournit des indications permettant l'établissement de la formulation-cadre et les adapte régulièrement au progrès technique et scientifique.

2. Aux fins du paragraphe 1, point a), une substance ou un mélange destiné à être ingéré, inhalé, injecté ou implanté dans le corps humain n'est pas considéré comme un produit cosmétique.

3. Eu égard aux diverses définitions des nanomatériaux publiées par différents organismes, et compte tenu des développements techniques et scientifiques constants dans le domaine des nanotechnologies, la Commission ajuste et adapte le paragraphe 1, point k), au progrès technique et scientifique ainsi qu'aux définitions adoptées en conséquence au niveau international. Ces mesures, qui visent à modifier des éléments non essentiels du présent règlement, sont arrêtées en conformité avec la procédure de réglementation avec contrôle visée à l'article 32, paragraphe 3.

CHAPITRE II *Sécurité, responsabilité et libre circulation*

Art. 3 *Sécurité.* Un produit cosmétique mis à disposition sur le marché est sûr pour la santé humaine lorsqu'il est utilisé dans des conditions d'utilisation normales ou raisonnablement prévisibles, compte tenu notamment des éléments suivants :

a) présentation, y compris la conformité avec la directive 87/357/CEE ;

b) étiquetage ;

c) instructions concernant l'utilisation et l'élimination ;

d) toute autre indication ou information émanant de la personne responsable définie à l'article 4.

La présence d'avertissements ne dispense pas les personnes définies aux articles 2 et 4 du respect des autres obligations prévues par le présent règlement.

Art. 4 *Personne responsable.* 1. Seuls les produits cosmétiques pour lesquels une personne physique ou morale est désignée dans la Communauté comme "personne responsable" sont mis sur le marché.

2. La personne responsable garantit, pour chaque produit cosmétique mis sur le marché, la conformité aux obligations applicables établies dans le présent règlement.

3. Pour un produit cosmétique fabriqué dans la Communauté ne faisant pas l'objet, par la suite, d'une exportation puis d'une réimportation dans la Communauté, le fabricant établi dans la Communauté est la personne responsable.

Le fabricant peut désigner comme personne responsable, par mandat écrit, une personne établie dans la Communauté, qui accepte par écrit.

4. Lorsque, pour un produit cosmétique fabriqué dans la Communauté ne faisant pas l'objet, par la suite, d'une exportation puis d'une réimportation dans la Communauté, le fabricant est établi en dehors de la Communauté, il désigne comme personne responsable, par mandat écrit, une personne établie dans la Communauté, qui accepte par écrit.

5. Pour un produit cosmétique importé, chaque importateur est la personne responsable du produit cosmétique spécifique qu'il met sur le marché.

L'importateur peut désigner comme personne responsable, par mandat écrit, une personne établie dans la Communauté, qui accepte par écrit.

6. Le distributeur est la personne responsable lorsqu'il met un produit cosmétique sur le marché sous son nom ou sa marque, ou modifie un produit déjà mis sur le marché de telle manière que sa conformité aux exigences applicables risque d'en être affectée.

La traduction des informations relatives à un produit cosmétique déjà mis sur le marché n'est pas considérée comme une modification de ce produit de nature à affecter sa conformité aux exigences applicables du présent règlement.

Art. 5 *Obligations des personnes responsables.* 1. Les personnes responsables garantissent la conformité aux articles 3, 8, 10, 11, 12, 13, 14, 15, 16, 17 et 18, à l'article 19, paragraphes 1, 2 et 5, ainsi qu'aux articles 20, 21, 23 et 24.

2. Les personnes responsables qui considèrent ou ont des raisons de croire qu'un produit cosmétique qu'elles ont mis sur le marché n'est pas conforme au présent règlement prennent immédiatement les mesures correctives nécessaires pour le mettre en conformité, le retirer ou le rappeler, selon le cas.

En outre, si le produit cosmétique présente un risque pour la santé humaine, les personnes responsables en informent immédiatement les autorités nationales compétentes des États membres où elles ont mis le produit à disposition et celles de l'État membre où le dossier d'information sur le produit est tenu à disposition, en fournissant des précisions, notamment, sur la non-conformité et les mesures correctives adoptées.

3. Les personnes responsables coopèrent avec ces autorités, à la demande de ces dernières, concernant toute mesure visant à éliminer les risques posés par des produits cosmétiques qu'elles ont mis à disposition sur le marché. En particulier, les personnes respon-

sables fournissent à l'autorité nationale compétente qui en fait la demande motivée toutes les informations et la documentation nécessaires pour démontrer la conformité des aspects spécifiques du produit, dans une langue aisément compréhensible par ladite autorité.

Art. 6 *Obligations des distributeurs.* 1. Dans le cadre de leurs activités, lorsqu'ils mettent un produit cosmétique à disposition sur le marché, les distributeurs agissent avec la diligence requise en ce qui concerne les exigences applicables.

2. Avant de mettre un produit cosmétique à disposition sur le marché, les distributeurs vérifient que :

– l'étiquetage mentionne les informations prévues à l'article 19, paragraphe 1, points a), e) et g), et à l'article 19, paragraphes 3 et 4,

– les exigences linguistiques prévues à l'article 19, paragraphe 5, sont respectées,

– la date de durabilité minimale spécifiée, le cas échéant, conformément à l'article 19, paragraphe 1, n'est pas dépassée.

3. Lorsque les distributeurs estiment ou ont des raisons de croire :

– qu'un produit cosmétique n'est pas en conformité avec les exigences prévues par le présent règlement, ils ne peuvent mettre ce produit à disposition sur le marché qu'après sa mise en conformité avec les exigences applicables,

– qu'un produit cosmétique qu'ils ont mis à disposition sur le marché n'est pas conforme au présent règlement, ils s'assurent que les mesures correctives nécessaires sont prises pour mettre ce produit en conformité, le retirer ou le rappeler, selon le cas.

En outre, si le produit cosmétique présente un risque pour la santé humaine, les distributeurs en informent immédiatement la personne responsable et les autorités nationales compétentes des États membres où ils ont mis le produit à disposition, en fournissant des précisions, notamment, sur la non-conformité et les mesures correctives adoptées.

4. Les distributeurs s'assurent, lorsqu'un produit est sous leur responsabilité, que les conditions de stockage ou de transport ne compromettent pas sa conformité aux exigences prévues par le présent règlement.

5. Les distributeurs coopèrent avec les autorités compétentes, à la demande de ces dernières, concernant toute mesure visant à éliminer les risques posés par des produits qu'ils ont mis à disposition sur le marché. En particulier, les distributeurs fournissent à l'autorité nationale compétente qui en fait la demande motivée toutes les informations et la documentation nécessaires pour démontrer la conformité du produit aux exigences énumérées au paragraphe 2, dans une langue aisément compréhensible par ladite autorité.

Art. 7 *Identification dans la chaîne d'approvisionnement.* A la demande d'une autorité compétente :

– les personnes responsables identifient les distributeurs qu'elles approvisionnent en produits cosmétiques,

– le distributeur identifie le distributeur ou la personne responsable qui lui a fourni le produit cosmétique, ainsi que les distributeurs à qui il a fourni ce produit.

Cette obligation s'applique pendant une période de trois ans à partir de la date à laquelle le lot du produit cosmétique a été mis à la disposition du distributeur.

Art. 8 *Bonnes pratiques de fabrication.* 1. La fabrication des produits cosmétiques respecte les bonnes pratiques de fabrication en vue de garantir les objectifs de l'article 1er.

2. Le respect des bonnes pratiques de fabrication est présumé lorsque la fabrication est effectuée conformément aux normes harmonisées applicables dont les références ont été publiées au *Journal officiel de l'Union européenne*.

Art. 9 *Libre circulation.* Les États membres ne refusent pas, n'interdisent pas et ne restreignent pas, pour des raisons concernant les exigences contenues dans le présent règlement, la mise à disposition sur le marché des produits cosmétiques qui répondent aux prescriptions du présent règlement.

CHAPITRE III *Évaluation de la sécurité, dossier d'informationsur le produit et notification*

Art. 10 *Évaluation de la sécurité.* 1. Avant la mise sur le marché dun produit cosmétique, la personne responsable veille, afin de démontrer que ce produit es conforme à l'article 3, à ce que sa sécurité soit évaluée sur la base des informations appropriées et à ce qu'un rapport sur la sécurité du produit cosmétique soit établi conformément à l'annexe I.

La personne responsable s'assure :

a) que l'usage auquel le produit cosmétique est destiné et l'exposition systémique attendue aux différents ingrédients dans une formulation finale sont pris en compte dans l'évaluation de la sécurité ;

b) qu'une approche appropriée fondée sur la force probante est utilisée dans l'évaluation de la sécurité pour passer en revue les données émanant de toutes les sources existantes ;

c) que le rapport sur la sécurité du produit cosmétique est actualisé en tenant compte des informations pertinentes complémentaires apparues après la mise sur le marché du produit.

Le premier alinéa s'applique également aux produits cosmétiques qui ont été notifiés en vertu de la directive 76/768/CEE.

La Commission, en étroite coopération avec toutes les parties intéressées, adopte des lignes directrices appropriées permettant aux entreprises, en particulier aux petites et moyennes entreprises, de satisfaire aux exigences établies à l'annexe I. Lesdites lignes directrices sont adoptées conformément à la procédure de réglementation visée à l'article 32, paragraphe 2.

2. L'évaluation de la sécurité du produit cosmétique, exposée à l'annexe I, partie B, est effectuée par une personne titulaire d'un diplôme ou autre titre sanctionnant une formation universitaire d'enseignement théorique et pratique en pharmacie, toxicologie, médecine ou dans une discipline analogue, ou une formation reconnue équivalente par un État membre.

3. Les études de sécurité non cliniques visées dans l'évaluation de la sécurité prévue au paragraphe 1 et effectuées après le 30 juin 1988 pour évaluer la sécurité d'un produit cosmétique sont conformes à la législation communautaire relative aux principes de bonnes pratiques de laboratoire en vigueur au moment où l'étude a été réalisée ou aux autres normes internationales reconnues comme équivalentes par la Commission ou l'AEPC.

Art. 11 *Dossier d'information sur le produit.* 1. Lorsqu'un produit cosmétique est mis sur le marché, la personne responsable conserve un dossier d'information sur celui-ci. Le dossier d'information sur le produit est conservé pendant une période de dix ans à partir de la date à laquelle le dernier lot du produit cosmétique a été mis sur le marché.

2. Le dossier d'information sur le produit contient les informations et données suivantes, actualisées si nécessaire :

a) une description du produit cosmétique permettant l'établissement d'un lien clair entre le dossier d'information et le produit cosmétique concerné ;

b) le rapport sur la sécurité du produit cosmétique visé à l'article 10, paragraphe 1 ;

c) une description de la méthode de fabrication et une déclaration de conformité aux bonnes pratiques de fabrication visées à l'article 8 ;

d) lorsque la nature ou l'effet du produit cosmétique le justifie, les preuves de l'effet revendiqué par le produit cosmétique ;

e) les données relatives aux expérimentations animales réalisées par le fabricant, ses agents ou fournisseurs et relatives au développement ou à l'évaluation de la sécurité du produit cosmétique ou de ses ingrédients, y compris toute expérimentation animale réalisée pour satisfaire aux exigences législatives ou réglementaires de pays tiers.

3. La personne responsable veille à ce que l'autorité compétente de l'État membre où est conservé le dossier d'information sur le produit ait aisément accès à ce dossier en format électronique ou sous un autre format, à son adresse indiquée sur l'étiquetage.

Les informations figurant dans le dossier d'information sur le produit sont disponibles dans une langue qui peut être facilement comprise par les autorités compétentes de l'État membre.

4. Les exigences visées aux paragraphes 1 à 3 du présent article s'appliquent également aux produits cosmétiques qui ont été notifiés en vertu de la directive 76/768/CEE.

Art. 12 *Échantillonnage et analyse.* 1. L'échantillonnage et l'analyse des produits cosmétiques sont effectués de façon fiable et reproductible.

2. En l'absence de législation communautaire applicable, la fiabilité et la reproductibilité sont présumées si la méthode employée est conforme aux normes harmonisées applicables dont les références ont été publiées au *Journal officiel de l'Union européenne*.

Art. 13 *Notification.* 1. Avant la mise sur le marché du produit cosmétique, la personne responsable transmet à la Commission, par des moyens électroniques, les informations suivantes :

a) la catégorie du produit cosmétique et son ou ses noms, afin de permettre son identification spécifique ;

b) le nom et l'adresse de la personne responsable où le dossier d'information sur le produit est tenu à disposition ;

c) le pays d'origine en cas d'importation ;

d) l'État membre dans lequel le produit cosmétique doit être mis sur le marché ;

e) les coordonnées d'une personne physique à contacter en cas de nécessité ;

f) la présence de substances sous forme de nanomatériaux et :

i) leur identification comprenant le nom chimique (IUPAC) et d'autres nomenclatures telles que spécifiées au point 2 du préambule des annexes II à VI du présent règlement ;

ii) les conditions d'exposition raisonnablement prévisibles ;

g) le nom et le numéro CAS (Chemical Abstracts Service) ou le numéro CE des substances classées comme cancérogènes, mutagènes ou toxiques pour la reproduction (CMR) de catégorie 1A ou 1B, conformément à l'annexe VI, partie 3, du règlement (CE) n° 1272/2008 ;

h) la formulation-cadre permettant un traitement médical prompt et approprié en cas de troubles.

Le premier alinéa s'applique également aux produits cosmétiques qui ont été notifiés en vertu de la directive 76/768/CEE.

2. Lorsque le produit cosmétique est mis sur le marché, la personne responsable notifie à la Commission l'étiquetage original et, si elle est raisonnablement lisible, une photographie de l'emballage correspondant.

3. A compter du 11 juillet 2013, un distributeur qui met à disposition dans un État membre un produit cosmétique déjà mis sur le marché d'un autre État membre et qui traduit, de sa propre initiative, tout élément de l'étiquetage de ce produit afin de se conformer à la législation nationale, soumet à la Commission, par des moyens électroniques, les informations suivantes :

a) la catégorie du produit cosmétique, son nom dans l'État membre d'origine et son nom dans l'État membre où il est mis à disposition, afin de permettre son identification spécifique ;

b) l'État membre dans lequel le produit cosmétique est mis à disposition ;

c) ses nom et adresse ;

d) le nom et l'adresse de la personne responsable où le dossier d'information sur le produit est tenu à disposition.

4. Lorsqu'un produit cosmétique a été mis sur le marché avant le 11 juillet 2013 mais n'est plus mis sur le marché à compter de cette date, et qu'un distributeur introduit ce produit dans un État membre après cette date, ledit distributeur communique à la personne responsable les informations suivantes :

a) la catégorie du produit cosmétique, son nom dans l'État membre d'origine et son nom dans l'État membre où il est mis à disposition, afin de permettre son identification spécifique ;

b) l'État membre dans lequel le produit cosmétique est mis à disposition ;

c) ses nom et adresse.

Sur la base de cette communication, la personne responsable soumet à la Commission, par des moyens électroniques, les informations visées au paragraphe 1 du présent article, lorsque les notifications prévues à l'article 7, paragraphe 3, et à l'article 7 *bis*, paragraphe 4, de la directive 76/768/CEE n'ont pas été effectuées dans l'État membre dans lequel le produit cosmétique est mis à disposition.

5. La Commission met sans délai les informations visées au paragraphe 1, points a) à g), et aux paragraphes 2 et 3 à la disposition de toutes les autorités compétentes par des moyens électroniques.

Ces informations peuvent être utilisées par les autorités compétentes uniquement à des fins de surveillance du marché, d'analyse du marché, d'évaluation et d'information des consommateurs dans le cadre des articles 25, 26 et 27.

6. La Commission met sans délai, par des moyens électroniques, les informations visées aux paragraphes 1, 2 et 3 à la disposition des centres antipoisons et structures assimilées, lorsque de tels centres ou structures ont été établis par les États membres.

Ces informations peuvent être utilisées par ces organismes uniquement à des fins de traitement médical.

7. Si l'une des informations visées aux paragraphes 1, 3 et 4 change, la personne responsable ou le distributeur fournit sans délai une mise à jour.

8. La Commission peut, en tenant compte des progrès techniques et scientifiques et des besoins spécifiques liés à la surveillance du marché, modifier les paragraphes 1 à 7 en y ajoutant des exigences.

Ces mesures, qui visent à modifier des éléments non essentiels du présent règlement, sont arrêtées en conformité avec la procédure de réglementation avec contrôle visée à l'article 32, paragraphe 3.

CHAPITRE IV *Restrictions concernant certaines substances*

Art. 14 *Restrictions concernant les substances énumérées dans les annexes.* 1. Sans préjudice de l'article 3, les produits cosmétiques ne contiennent aucune des substances suivantes :

a) substances interdites

– substances interdites énumérées à l'annexe II ;

b) substances faisant l'objet de restrictions

– substances faisant l'objet de restrictions qui ne sont pas utilisées dans le respect des restrictions indiquées à l'annexe III ;

c) colorants

i) les colorants autres que ceux énumérés à l'annexe IV et les colorants qui y figurent mais qui ne sont pas utilisés dans le respect des conditions établies dans ladite annexe, à l'exception des produits de coloration capillaire visés au paragraphe 2 ;

ii) sans préjudice des points b), d) i) et e) i), les substances qui sont énumérées à l'annexe IV mais qui ne sont pas destinées à être employées comme colorants et qui ne sont pas utilisées dans le respect des conditions établies dans ladite annexe ;

d) agents conservateurs

i) les agents conservateurs autres que ceux énumérés à l'annexe V et les agents conservateurs qui y figurent mais qui ne sont pas utilisés dans le respect des conditions établies dans ladite annexe ;

ii) sans préjudice des points b), c) i) et e) i), les substances qui sont énumérées à l'annexe V mais qui ne sont pas destinées à être employées comme agents conservateurs et qui ne sont pas utilisées dans le respect des conditions établies dans ladite annexe ;

e) filtres ultraviolets

i) les filtres ultraviolets autres que ceux énumérés à l'annexe VI et les filtres ultraviolets qui y figurent mais qui ne sont pas utilisés dans le respect des conditions établies dans ladite annexe ;

ii) sans préjudice des points b), c) i) et d) i), les substances qui sont énumérées à l'annexe VI mais qui ne sont pas destinées à être employées comme filtres ultraviolets et qui ne sont pas utilisées dans le respect des conditions établies dans ladite annexe.

2. Sous réserve d'une décision de la Commission visant à étendre le champ d'application de l'annexe IV aux produits de coloration capillaire, ces produits ne contiennent ni colorants destinés à colorer les cheveux ou le système pileux du visage, à l'exception des cils, autres que ceux énumérés à l'annexe IV, ni colorants destinés à colorer les cheveux ou le système pileux du visage, à l'exception des cils, qui sont énumérés à ladite annexe mais qui ne sont pas utilisés dans le respect des conditions qui y sont établies.

La décision de la Commission visée au premier alinéa, qui vise à modifier des éléments non essentiels du présent règlement, est arrêtée en conformité avec la procédure de réglementation avec contrôle visée à l'article 32, paragraphe 3.

Art. 15 *Substances classées comme CMR.* 1. L'utilisation, dans les produits cosmétiques, de substances classées comme CMR de catégorie 2, conformément à l'annexe VI, partie 3, du règlement (CE) n° 1272/2008, est interdite. Toutefois, une substance classée dans la catégorie 2 peut être utilisée dans des produits cosmétiques si elle a été évaluée par le CSSC et que celui-ci l'a jugée sûre pour l'utilisation dans les produits cosmétiques. A cet effet, la Commission adopte les mesures nécessaires en conformité avec la procédure de réglementation avec contrôle visée à l'article 32, paragraphe 3, du présent règlement.

2. L'utilisation, dans les produits cosmétiques, de substances classées comme CMR de catégorie 1A ou 1B, conformément à l'annexe VI, partie 3, du règlement (CE) n° 1272/2008, est interdite.

Toutefois, ces substances peuvent être utilisées à titre exceptionnel dans les produits cosmétiques si, après leur classification comme CMR de catégorie 1A ou 1B, conformément à l'annexe VI, partie 3, du règlement (CE) n° 1272/2008, toutes les conditions suivantes sont remplies :

a) elles sont conformes aux prescriptions relatives à la sécurité des denrées alimentaires définies par le règlement (CE) n° 178/2002 du Parlement européen et du Conseil du 28 janvier 2002 établissant les principes généraux et les prescriptions générales de la législation alimentaire, instituant l'Autorité européenne de sécurité des aliments et fixant des procédures relatives à la sécurité des denrées alimentaires ;

b) il n'existe pas de substances de substitution appropriées, comme l'établit une analyse des solutions de remplacement ;

c) la demande est faite pour un usage particulier de la catégorie de produits, avec une exposition déterminée ; et

d) elles ont été évaluées et jugées sûres par le CSSC pour une utilisation dans les produits cosmétiques, notamment au vu de l'exposition à ces produits et en tenant compte de l'exposition globale à partir d'autres sources, ainsi qu'en accordant une attention particulière aux groupes de population vulnérables.

En vue d'éviter tout mésusage du produit cosmétique, un étiquetage spécifique est assuré conformément à l'article 3 du présent règlement, compte tenu des risques éventuels liés à la présence de substances dangereuses et aux voies d'exposition.

En vue de l'application du présent paragraphe, la Commission modifie les annexes du présent règlement en conformité avec la procédure de réglementation avec contrôle visée à l'article 32, paragraphe 3, du présent règlement, dans un délai de quinze mois après l'inclusion des substances concernées à l'annexe VI, partie 3, du règlement (CE) n° 1272/2008.

Pour des raisons d'urgence impérieuse, la Commission peut avoir recours à la procédure d'urgence visée à l'article 32, paragraphe 4, du présent règlement.

La Commission donne mandat au CSSC pour réévaluer ces substances dès qu'apparaissent des préoccupations en matière de sécurité et au plus tard cinq ans après leur inclusion aux annexes III à VI du présent règlement, et au moins tous les cinq ans par la suite.

3. Le 11 janvier 2012 au plus tard, la Commission veille à ce que des lignes directrices appropriées soient mises au point afin de permettre une approche harmonisée de l'élaboration et de l'utilisation des estimations relatives à l'exposition globale dans le cadre de l'évaluation de la sécurité d'utilisation des substances CMR. Ces lignes directrices sont élaborées après consultation du CSSC, de l'AEPC, de l'EFSA et des autres parties intéressées, en encourageant, le cas échéant, les meilleures pratiques en la matière.

4. Lorsque des critères convenus par la Communauté ou au niveau international pour l'identification des substances présentant des propriétés perturbant le système endocrinien sont disponibles, ou au plus tard le 11 janvier 2015, la Commission révise le présent règlement en ce qui concerne les substances présentant des propriétés perturbant le système endocrinien.

Art. 16 *Nanomatériaux.* 1. Pour tout produit cosmétique contenant des nanomatériaux, un niveau élevé de protection de la santé humaine est garanti.

2. Les dispositions du présent article ne s'appliquent pas aux nanomatériaux utilisés comme colorants, filtres ultraviolets ou agents conservateurs réglementés par l'article 14, sauf spécification contraire.

3. Outre la notification prévue à l'article 13, les produits cosmétiques contenant des nanomatériaux sont notifiés à la Commission par la personne responsable, par des moyens électroniques, six mois avant leur mise sur le marché, sauf s'ils ont déjà été mis sur le marché par la même personne responsable avant le 11 janvier 2013.

Dans ce cas, les produits cosmétiques contenant des nanomatériaux et mis sur le marché sont notifiés à la Commission par la personne responsable entre le 11 janvier 2013 et le 11 juillet 2013, par des moyens électroniques, en plus de la notification prévue à l'article 13.

Les premier et deuxième alinéas ne s'appliquent pas aux produits cosmétiques contenant des nanomatériaux conformes aux exigences prévues à l'annexe III.

Les informations notifiées à la Commission comprennent au minimum :

a) l'identification du nanomatériau, y compris son nom chimique (IUPAC) et d'autres nomenclatures telles que spécifiées au point 2 du préambule des annexes II à VI ;

b) la spécification du nanomatériau, y compris la taille des particules et les propriétés physiques et chimiques ;

c) une estimation de la quantité de nanomatériau contenue dans les produits cosmétiques destinés à être mis sur le marché chaque année ;

d) le profil toxicologique du nanomatériau ;

e) les données relatives à la sécurité du nanomatériau, liées à la catégorie du produit cosmétique dans lequel il est utilisé ;

f) les conditions d'exposition raisonnablement prévisibles.

La personne responsable peut désigner une autre personne physique ou morale, par mandat écrit, pour la notification des nanomatériaux, et elle en informe la Commission.

La Commission attribue un numéro de référence lors de la soumission du profil toxicologique, qui peut remplacer l'information à notifier en vertu du point d).

4. Dans le cas où la Commission émet des doutes sur la sécurité d'un nanomatériau, elle demande, sans délai, au CSSC de donner son avis sur la sécurité dudit nanomatériau en ce qui concerne son utilisation dans les catégories de produits cosmétiques concernées, ainsi que sur les conditions d'exposition raisonnablement prévisibles. La Commission publie ces informations. Le CSSC donne son avis dans les six mois suivant la demande de la Commission. Lorsque le CSSC estime qu'une donnée nécessaire est manquante, la Commission demande à la personne responsable de fournir ces données *[cette donnée]* **dans un délai raisonnable explicitement mentionné et qui ne peut pas être prolongé. Le CSSC rend son avis définitif dans les six mois suivant la fourniture des informations supplémentaires. L'avis du CSSC est mis à la disposition du public.**

5. La Commission peut, à tout moment, invoquer la procédure prévue au paragraphe 4 si elle a le moindre doute en matière de sécurité, par exemple en raison d'informations nouvelles fournies par un tiers.

6. En tenant compte de l'avis du CSSC, et lorsqu'il existe un risque potentiel pour la santé humaine, y compris lorsque les données sont insuffisantes, la Commission peut modifier les annexes II et III.

7. La Commission peut, en tenant compte des progrès techniques et scientifiques, modifier le paragraphe 3 en y ajoutant des exigences.

8. Les mesures visées aux paragraphes 6 et 7, qui visent à modifier des éléments non essentiels du présent règlement, sont arrêtées en conformité avec la procédure de réglementation avec contrôle visée à l'article 32, paragraphe 3.

9. Pour des raisons d'urgence impérieuse, la Commission peut avoir recours à la procédure visée à l'article 32, paragraphe 4.

10. La Commission rend disponibles les informations suivantes :

a) le 11 janvier 2014 au plus tard, la Commission rend disponible un catalogue de tous les nanomatériaux utilisés dans les produits cosmétiques mis sur le marché, y compris ceux qui sont utilisés comme colorants, filtres ultraviolets et agents conservateurs, mentionnés dans une section séparée, en indiquant les catégories de produits cosmétiques et les conditions d'exposition raisonnablement prévisibles. Ce catalogue est régulièrement mis à jour par la suite et il est mis à la disposition du public ;

b) la Commission présente au Parlement européen et au Conseil un rapport de situation annuel, qui fournit des informations sur les développements concernant l'utilisation de *nanomatériaux dans les produits cosmétiques dans la* **Communauté,** *y compris ceux qui sont utilisés* **comme colorants, filtres ultraviolets et agents conservateurs, mentionnés dans une section séparée. Le premier rapport est présenté au plus tard le 11 juillet 2014. La mise à jour du rapport dresse la liste, en particulier, des nouveaux nanomatériaux présents dans les nouvelles catégories de produits cosmétiques, indique le nombre de notifications, les progrès accomplis en matière de développement de méthodes d'évaluation spécifiques**

aux nanomatériaux et de lignes directrices relatives aux évaluations de la sécurité, et fournit des informations sur les programmes de coopération internationale.

11. La Commission réexamine régulièrement les dispositions du présent règlement en matière de nanomatériaux, en tenant compte des progrès scientifiques et propose, le cas échéant, les modifications qui s'imposent concernant ces dispositions.

Le premier réexamen est effectué au plus tard le 11 juillet 2018.

Art. 17 *Traces de substances interdites.* La présence non intentionnelle d'une petite quantité d'une substance interdite, provenant d'impuretés issues d'ingrédients naturels ou synthétiques, du processus de fabrication, du stockage, de la migration de l'emballage, qui est techniquement inévitable dans de bonnes pratiques de fabrication, est permise à condition qu'elle soit conforme à l'article 3.

CHAPITRE V *Expérimentation animale*

Art. 18 *Expérimentation animale.*

CHAPITRE VI *Information des consommateurs*

Art. 19 *Étiquetage.* 1. Sans préjudice des autres dispositions du présent article, les produits cosmétiques ne sont mis à disposition sur le marché que si le récipient et l'emballage des produits cosmétiques portent en caractères indélébiles, facilement lisibles et visibles, les mentions suivantes :

a) le nom ou la raison sociale et l'adresse de la personne responsable. Ces mentions peuvent être abrégées dans la mesure où l'abréviation permet d'identifier cette personne et son adresse. Si plusieurs adresses sont indiquées, celle où la personne responsable tient à disposition le dossier d'information sur le produit est mise en évidence. Le pays d'origine est spécifié pour les produits cosmétiques importés ;

b) le contenu nominal au moment du conditionnement, indiqué en poids ou en volume, sauf pour les emballages contenant moins de cinq grammes ou moins de cinq millilitres, les échantillons gratuits et les unidoses ; en ce qui concerne les préemballages, qui sont habituellement commercialisés par ensemble de pièces et pour lesquels l'indication du poids ou du volume n'est pas significative, le contenu peut ne pas être indiqué pour autant que le nombre de pièces soit mentionné sur l'emballage. Cette mention n'est pas nécessaire lorsque le nombre de pièces est facile à déterminer de l'extérieur ou si le produit n'est habituellement commercialisé qu'à l'unité ;

c) la date jusqu'à laquelle le produit cosmétique, conservé dans des conditions appropriées, continue à remplir sa fonction initiale et reste notamment conforme à l'article 3 (ci-après dénommée "la date de durabilité minimale").

La date elle-même ou l'indication de l'endroit où elle figure sur l'emballage est précédée du symbole figurant à l'annexe VII, point 3*[,]* ou de la mention "à utiliser de préférence avant fin".

La date de durabilité minimale est clairement mentionnée et se compose, dans l'ordre, soit du mois et de l'année, soit du jour, du mois et de l'année. En cas de besoin, ces mentions sont complétées par l'indication des conditions qui doivent être remplies pour assurer la durabilité indiquée.

L'indication de la date de durabilité minimale n'est pas obligatoire pour les produits cosmétiques dont la durabilité minimale excède trente mois. Ces produits portent l'indication de la durée pendant laquelle le produit est sûr après son ouverture et peut être utilisé sans dommages pour le consommateur. Cette information est indiquée, sauf si le concept de durabilité après ouverture n'est pas pertinent, par le symbole figurant à l'annexe VII, point 2, suivi de la durée d'utilisation (exprimée en mois et/ou années) ;

d) les précautions particulières d'emploi et, au minimum, celles indiquées dans les annexes III à VI, ainsi que d'éventuelles indications concernant des précautions particulières à observer pour les produits cosmétiques à usage professionnel ;

e) le numéro de lot de fabrication ou la référence permettant l'identification du produit cosmétique. En cas d'impossibilité pratique due aux dimensions réduites des produits cosmétiques, une telle mention ne doit figurer que sur l'emballage ;

f) la fonction du produit cosmétique, sauf si cela ressort clairement de sa présentation ;

g) la liste des ingrédients. Ces informations peuvent figurer uniquement sur l'emballage. La liste est précédée du terme "ingrédients".

Aux fins du présent article, on entend par "ingrédient" toute substance ou mélange utilisé de façon intentionnelle dans le produit cosmétique au cours du processus de fabrication. Toutefois, ne sont pas considérées comme ingrédients :

i) les impuretés contenues dans les matières premières utilisées ;

ii) les substances techniques subsidiaires utilisées dans le mélange mais ne se retrouvant pas dans la composition du produit fini.

Les compositions parfumantes et aromatiques et leurs matières premières sont mentionnées par les termes "parfum" ou "aroma". En outre, la présence de substances dont la mention est exigée en vertu de la colonne "Autres" de l'annexe III est indiquée dans la liste des ingrédients, en plus des termes "parfum" ou "aroma".

La liste des ingrédients est établie dans l'ordre décroissant de leur importance pondérale au moment de leur incorporation dans le produit cosmétique. Les ingrédients dont la concentration est inférieure à 1 % peuvent être mentionnés dans le désordre après ceux dont la concentration est supérieure à 1 %.

Tout ingrédient présent sous la forme d'un nanomatériau doit être clairement indiqué dans la liste des ingrédients. Le nom de l'ingrédient est suivi du mot "nano" entre crochets.

Les colorants autres que ceux destinés à colorer les cheveux ou le système pileux du visage, à l'exception des cils, peuvent être mentionnés dans le désordre après les autres ingrédients cosmétiques. Pour les produits cosmétiques décoratifs commercialisés en plusieurs nuances de couleurs, tous les colorants utilisés dans la gamme, à l'exception de ceux destinés à colorer les cheveux ou le système pileux du visage, à l'exception des cils, peuvent être mentionnés, à condition d'y ajouter les mots "peut contenir" ou le symbole "+/−". La nomenclature CI (*Colour Index*) est utilisée, le cas échéant.

2. Lorsqu'il est impossible pour des raisons pratiques de faire figurer sur l'étiquetage, comme cela est prévu, les indications visées au paragraphe 1, points d) et g), les dispositions suivantes s'appliquent :

— les indications requises figurent sur une notice, une étiquette, une bande ou une carte jointe ou attachée au produit,

— sauf impossibilité pratique, il est fait référence à ces informations soit par une indication abrégée, soit par le symbole reproduit à l'annexe VII, point 1, qui doit figurer sur le récipient ou l'emballage pour les indications visées au paragraphe 1, point d), et sur l'emballage pour celles visées au paragraphe 1, point g).

3. Dans le cas du savon et des perles pour le bain ainsi que d'autres petits produits, lorsqu'il est impossible, pour des raisons pratiques, de faire figurer les indications visées au paragraphe 1, point g), sur une étiquette, une bande, une carte ou une notice jointe, lesdites indications figurent sur un écriteau placé à proximité immédiate du récipient dans lequel le produit cosmétique est proposé à la vente.

4. Pour les produits cosmétiques présentés non préemballés ou pour les produits cosmétiques emballés sur le lieu de vente à la demande de l'acheteur, ou préemballés en vue de leur vente immédiate, les États membres arrêtent les modalités selon lesquelles les mentions visées au paragraphe 1 sont indiquées.

5. La langue dans laquelle sont rédigées les informations visées au paragraphe 1, points b), c), d) et f), ainsi qu'aux paragraphes 2, 3 et 4, est déterminée par la législation des États membres dans lesquels le produit est mis à la disposition de l'utilisateur final.

6. Les informations visées au paragraphe 1, point g), sont indiquées à l'aide de la dénomination commune de l'ingrédient établie dans le glossaire prévu à l'article 33. En l'absence de dénomination commune de l'ingrédient, on utilisera un terme figurant dans une nomenclature généralement admise.

Art. 20 *Allégations concernant le produit.* 1. Pour l'étiquetage, la mise à disposition sur le marché et la publicité des produits cosmétiques, le texte, les dénominations, marques, images ou autres signes figuratifs ou non ne peuvent être utilisés pour attribuer à ces produits des caractéristiques ou des fonctions qu'ils ne possèdent pas.

2. La Commission, en coopération avec les États membres, établit un plan d'action relatif aux allégations utilisées et définit des priorités afin de déterminer des critères communs justifiant l'utilisation d'une allégation.

Après consultation du CSSC ou de toute autre autorité compétente, la Commission adopte une liste de critères communs concemant les allégations pouvant être utilisées pour les produits cosmétiques, en conformité avec la procédure de réglementation avec contrôle

visée à l'article 32, paragraphe 3, du présent règlement, en tenant compte des dispositions de la directive 2005/29/CE.

Le 11 juillet 2016 au plus tard, la Commission présente au Parlement européen et au Conseil un rapport concernant l'utilisation des allégations sur la base des critères communs adoptés au titre du deuxième alinéa. Si le rapport conclut que les allégations sur les produits cosmétiques ne respectent pas les critères communs, la Commission prend les mesures appropriées, en coopération avec les États membres, afin d'en garantir le respect.

3. La personne responsable ne peut signaler, sur l'emballage du produit, ou sur tout document, notice, étiquette, bande ou carte accompagnant ce produit cosmétique ou s'y référant, l'absence d'expérimentations réalisées sur des animaux que si le fabricant et ses fournisseurs n'ont pas effectué ou commandité de telles expérimentations pour le produit cosmétique fini, son prototype ou les ingrédients le composant, et n'ont utilisé aucun ingrédient ayant été testé par d'autres sur des animaux en vue du développement de nouveaux produits cosmétiques.

Règlement (UE) n° 655/2013 de la Commission du 10 juillet 2013,

Établissant les critères communs auxquels les allégations relatives aux produits cosmétiques doivent répondre pour pouvoir être utilisées.

Art. 1er Le présent règlement s'applique aux allégations sous la forme de textes, de dénominations, de marques, d'images ou d'autres signes figuratifs ou autres attribuant explicitement ou implicitement des caractéristiques ou fonctions au produit et utilisées à l'occasion de l'étiquetage, de la mise à disposition sur le marché et de la publicité de produits cosmétiques. Il s'applique à toute allégation, quels que soient le support ou le type d'outil de commercialisation utilisé, les fonctions du produit alléguées et le public cible.

Art. 2 La personne responsable visée à l'article 4 du règlement (CE) n° 1223/2009 veille à ce que le libellé de l'allégation relative à des produits cosmétiques soit conforme aux critères communs établis à l'annexe I et concorde avec les documents attestant l'effet allégué du produit cosmétique dans le dossier d'information sur le produit visé à l'article 11 du règlement (CE) n° 1223/2009.

Art. 3 Le présent règlement entre en vigueur le jour suivant celui de sa publication au *Journal officiel de l'Union européenne [JOUE L 190 du 11 juill.]*.

Il s'applique à partir du 11 juillet 2013.

Le présent règlement est obligatoire dans tous ses éléments et directement applicable dans tout État membre.

ANNEXE

CRITÈRES COMMUNS

1. Conformité avec la législation.

1. Les allégations indiquant que le produit a été autorisé ou approuvé par une autorité compétente dans l'Union ne sont pas autorisées.

2. L'acceptabilité d'une allégation doit être fondée sur l'image qu'elle donne du produit cosmétique à l'utilisateur final moyen, qui est normalement informé et raisonnablement attentif et avisé, compte tenu des facteurs sociaux, culturels et linguistiques propres au marché concerné.

3. Les allégations qui laissent entendre qu'un produit procure un bénéfice particulier alors que, ce faisant, il satisfait simplement aux prescriptions minimales de la législation ne sont pas autorisées.

2. Véracité.

1. Les allégations ne peuvent mentionner la présence dans le produit d'un ingrédient qui ne s'y trouve pas.

2. Les allégations faisant référence aux propriétés d'un ingrédient donné ne peuvent laisser entendre que le produit fini possède les mêmes propriétés lorsque ce n'est pas le cas.

3. Les communications à caractère commercial ne peuvent laisser entendre que les opinions exprimées sont des allégations vérifiées à moins que ces opinions rendent compte de faits vérifiables.

3. Éléments probants.

1. Les allégations relatives aux produits cosmétiques, qu'elles soient explicites ou implicites, doivent être fondées sur des éléments probants adéquats et vérifiables, quel que soit leur type ; il peut s'agir, le cas échéant, d'évaluations d'experts.

2. Les éléments étayant une allégation doivent tenir compte des pratiques les plus récentes.

3. Lorsque les allégations sont étayées par des études, celles-ci doivent concerner le produit et le bénéfice allégué, doivent avoir été réalisées selon des méthodes correctement conçues et suivies (valables, fiables et reproductibles) et doivent être conformes à l'éthique.

4. Le niveau de preuve ou de justification doit correspondre au type d'allégation, notamment lorsque la sécurité de l'utilisateur peut être compromise si l'allégation n'est pas justifiée.

5. Les mentions clairement exagérées qui ne doivent pas être prises au pied de la lettre par l'utilisateur final moyen (hyperboles) et les mentions abstraites ne doivent pas être étayées.

6. Une allégation attribuant (explicitement ou implicitement) au produit fini les propriétés d'un de ses ingrédients doit être étayée par des éléments probants adéquats et vérifiables, tels que des données attestant une concentration efficace de l'ingrédient dans le produit.

7. L'acceptabilité d'une allégation doit être fondée sur le poids de la preuve des éléments probants issus de l'ensemble des études, données et informations disponibles en fonction de la nature de l'allégation et des connaissances générales qu'en ont les utilisateurs finaux.

4. Sincérité.

1. Les effets allégués d'un produit ne peuvent aller au-delà des effets démontrés par les éléments probants disponibles.

2. Les allégations ne peuvent attribuer au produit concerné des caractéristiques particulières (c'est-à-dire uniques) si des produits similaires possèdent les mêmes caractéristiques.

3. Si l'action d'un produit est subordonnée au respect de conditions particulières (s'il doit être utilisé en association avec d'autres produits, par exemple), cette information doit être clairement indiquée.

5. Équité.

1. Les allégations relatives aux produits cosmétiques doivent être objectives et ne peuvent dénigrer ni la concurrence ni des ingrédients utilisés de manière légale.

2. Les allégations relatives aux produits cosmétiques ne doivent pas créer de confusion avec le produit d'un concurrent.

6. Choix en connaissance de cause.

1. Les allégations doivent être claires et compréhensibles pour l'utilisateur final moyen.

2. Les allégations font partie intégrante des produits et doivent contenir des informations qui permettent à l'utilisateur final moyen de choisir en connaissance de cause.

3. Les communications à caractère commercial doivent tenir compte de la capacité du public cible de les comprendre [population des États membres concernés, catégories données de personnes (utilisateurs finaux d'un âge ou d'un sexe donné)]. Les communications à caractère commercial doivent être claires, précises, pertinentes et compréhensibles pour le public cible.

Art. 21 *Accès du public aux informations.* **Sans préjudice de la protection, notamment, du secret commercial et des droits de propriété intellectuelle, la personne responsable veille à ce que la formule qualitative et quantitative du produit cosmétique et, dans le cas de compositions parfumantes et aromatiques, le nom et le numéro de code de la composition et l'identité du fournisseur, *ainsi que les données existantes en matière d'effets indésirables et d'effets indésirables graves* provoqués par le produit cosmétique suite à son utilisation, soient rendus facilement accessibles au public par des moyens appropriés.**

Les informations quantitatives portant sur la composition du produit cosmétique qui doivent être tenues à disposition du public ne concernent que les substances dangereuses conformément à l'article 3 du règlement (CE) nº 1272/2008.

CHAPITRE VII *Surveillance du marché*

Art. 22 *Contrôle au sein du marché* 🏛.

Art. 23 *Communication des effets indésirables graves.* **1. En cas d'effets indésirables graves, la personne responsable et les distributeurs notifient sans délai les renseignements suivants à l'autorité compétente de l'État membre où l'effet indésirable grave a été constaté :**

a) tous les effets indésirables graves dont ils ont connaissance ou dont on peut raisonnablement s'attendre à ce qu'ils aient connaissance ;

b) le nom du produit cosmétique concerné, permettant son identification spécifique ;

c) les mesures correctives qu'ils ont prises, le cas échéant.

2. Lorsque la personne responsable notifie des effets indésirables graves à l'autorité compétente de l'État membre où l'effet indésirable grave a été constaté, cette autorité compétente transmet immédiatement les informations visées au paragraphe 1 aux autorités compétentes des autres États membres.

3. Lorsque les distributeurs notifient des effets indésirables graves à l'autorité compétente de l'État membre où l'effet indésirable grave a été constaté, cette autorité compétente transmet immédiatement les informations visées au paragraphe 1 aux autorités compétentes des autres États membres et à la personne responsable.

4. Lorsque des utilisateurs finaux ou des professionnels de la santé notifient des effets indésirables graves à l'autorité compétente de l'État membre où l'effet indésirable grave a été constaté, cette autorité compétente transmet immédiatement les informations relatives au produit cosmétique concerné aux autorités compétentes des autres États membres et à la personne responsable.

5. Les autorités compétentes peuvent utiliser les informations visées au présent article à des fins de surveillance au sein du marché, d'analyse du marché, d'évaluation et d'information des consommateurs dans le cadre des articles 25, 26 et 27.

Art. 24 *Information sur les substances.* **En cas de doutes sérieux quant à la sécurité de toute substance entrant dans la composition des produits cosmétiques, l'autorité compétente d'un État membre où un produit contenant cette substance est mis à disposition sur le marché peut, par requête motivée, exiger de la personne responsable qu'elle communique une liste de tous les produits cosmétiques pour lesquels elle est responsable et qui contiennent cette substance. Cette liste indique la concentration de la substance concernée dans les produits cosmétiques.**

Les autorités compétentes peuvent utiliser les informations visées au présent article à des fins de surveillance au sein du marché, d'analyse du marché, d'évaluation et d'information des consommateurs dans le cadre des articles 25, 26 et 27.

CHAPITRE VIII *Non-conformité et clause de sauvegarde*

Art. 25 *Non-conformité par la personne responsable.* **1. Sans préjudice du paragraphe 4, les autorités compétentes exigent de la personne responsable qu'elle prenne toutes les mesures appropriées, y compris des actions correctives de mise en conformité du produit cosmétique, son retrait du marché ou son rappel, dans un délai expressément mentionné, proportionnées à la nature du risque, lorsqu'une non-conformité est constatée pour l'un des points suivants :**

a) les bonnes pratiques de fabrication visées à l'article 8 ;

b) l'évaluation de la sécurité visée à l'article 10 ;

c) les exigences relatives au dossier d'information sur le produit visées à l'article 11 ;

d) les dispositions relatives à l'échantillonnage et à l'analyse visées à l'article 12 ;

e) les exigences en matière de notification visées aux articles 13 et 16 ;

f) les restrictions concernant les substances, visées aux articles 14, 15 et 17 ;

g) les exigences en matière d'expérimentation animale visées à l'article 18 ;

h) les exigences en matière d'étiquetage visées à l'article 19, paragraphes 1, 2, 5 et 6 ;

i) les exigences liées aux allégations concernant les produits, établies à l'article 20 ;

j) l'accès du public aux informations, visé à l'article 21 ;

k) la communication des effets indésirables graves visée à l'article 23 ;

l) les exigences d'information sur les substances, visées à l'article 24 ;

2. Le cas échéant, une autorité compétente informe l'autorité compétente de l'État membre dans lequel la personne responsable est établie des mesures qu'elle a exigées de la part de la personne responsable.

3. La personne responsable veille à ce que les mesures visées au paragraphe 1 soient prises pour tous les produits concernés mis à disposition sur le marché dans l'ensemble de la Communauté.

4. En cas de risques graves pour la santé humaine, lorsque l'autorité compétente considère que la non-conformité n'est pas limitée au territoire de l'État membre où le produit cosmétique est mis à disposition sur le marché, elle informe la Commission et les autorités compétentes des autres États membres des mesures qu'elle a exigées de la part de la personne responsable.

5. L'autorité compétente prend toutes les dispositions appropriées pour interdire ou restreindre la mise à disposition du produit cosmétique sur le marché ou pour procéder à son retrait du marché ou à son rappel dans les cas suivants :

a) lorsqu'une action immédiate est nécessaire en cas de risque grave pour la santé humaine ; ou

b) lorsque la personne responsable ne prend pas toutes les mesures appropriées dans le délai visé au paragraphe 1.

En cas de risques graves pour la santé humaine, l'autorité compétente informe sans délai la Commission et les autorités compétentes des autres États membres des dispositions qu'elle a prises.

6. En l'absence de risques graves pour la santé humaine, dans l'hypothèse où la personne responsable ne prendrait pas toutes les mesures appropriées, l'autorité compétente informe sans délai l'autorité compétente de l'État membre dans lequel la personne responsable est établie des mesures qu'elle a prises.

7. Aux fins des paragraphes 4 et 5 du présent article, le système d'échange d'informations prévu à l'article 12, paragraphe 1, de la directive 2001/95/CE du Parlement européen et du Conseil du 3 décembre 2001 relative à la sécurité générale des produits est utilisé.

L'article 12, paragraphes 2, 3 et 4, de la directive 2001/95/CE et l'article 23 du règlement (CE) n° 765/2008 du Parlement européen et du Conseil du 9 juillet 2008 fixant les prescriptions relatives à l'accréditation et à la surveillance du marché pour la commercialisation des produits s'appliquent également.

Art. 26 *Non-conformité par les distributeurs.* Les autorités compétentes exigent des distributeurs qu'ils prennent toutes les mesures appropriées, y compris des actions correctives de mise en conformité du produit cosmétique, son retrait du marché ou son rappel, dans un délai raisonnable, proportionnées à la nature du risque, lorsqu'une non-conformité est constatée par rapport aux obligations prévues à l'article 6.

Art. 27 *Clause de sauvegarde.* 1. Dans le cas de produits conformes aux exigences visées à l'article 25, paragraphe 1, lorsqu'une autorité compétente constate ou a des motifs raisonnables de craindre qu'un ou plusieurs produits cosmétiques mis à disposition sur le marché présentent ou pourraient présenter un risque grave pour la santé humaine, elle prend toutes les mesures provisoires appropriées pour assurer que le ou les produits concernés sont retirés, rappelés ou que leur disponibilité est restreinte d'une autre manière.

2. L'autorité compétente communique immédiatement à la Commission et aux autorités compétentes des autres États membres les mesures prises et toute information étayant la décision.

Aux fins du premier alinéa, le système d'échange d'informations prévu à l'article 12, paragraphe 1, de la directive 2001/95/CE est utilisé.

L'article 12, paragraphes 2, 3 et 4, de la directive 2001/95/CE s'applique.

3. La Commission détermine, dès que possible, si les mesures provisoires visées au paragraphe 1 sont justifiées ou non. A cette fin, elle consulte, dans la mesure du possible, les parties intéressées, les États membres et le CSSC.

4. Si les mesures provisoires sont justifiées, l'article 31, paragraphe 1, s'applique.

5. Si les mesures provisoires ne sont pas justifiées, la Commission en informe les États membres et l'autorité compétente concernée abroge les mesures provisoires en question.

Art. 28 *Bonnes pratiques administratives.* 1. Toute décision prise en vertu des articles 25 et 27 indique les motifs exacts sur lesquels elle repose. Elle est notifiée sans délai par l'autorité compétente à la personne responsable, qui est informée en même temps des voies de

recours ouvertes par la législation de l'État membre concerné et des délais dans lequel ces recours peuvent être présentés.

2. A l'exclusion des cas dans lesquels une action immédiate est nécessaire en raison d'un risque grave pour la santé humaine, la personne responsable a la possibilité de présenter son point de vue avant la prise d'une décision.

3. Le cas échéant, les dispositions visées aux paragraphes 1 et 2 s'appliquent eu égard au distributeur pour toute décision prise conformément aux articles 26 et 27.

CHAPITRE IX *Coopération administrative*

Art. 29 *Coopération entre les autorités compétentes.*

Art. 30 *Coopération en matière de vérification du dossier d'information sur le produit.*

CHAPITRE X *Mesures d'exécution et dispositions finales*

Art. 31 *Modification des annexes.*

Art. 32 *Comité.*

Art. 33 *Glossaire des dénominations communes des ingrédients.*

Art. 34 *Autorités compétentes, centres antipoisons ou structures assimilées.*

Art. 35 *Rapport annuel sur l'expérimentation animale.*

Art. 36 *Objection formelle à l'encontre de normes harmonisées.*

Art. 37 *Sanctions.* **Les États membres déterminent le régime des sanctions applicables aux violations des dispositions du présent règlement et prennent toutes mesures nécessaires pour assurer la mise en œuvre de celles-ci. Les sanctions ainsi prévues doivent être effectives, proportionnées et dissuasives. Les États membres notifient ces dispositions à la Commission au plus tard le 11 juillet 2013, et toute modification ultérieure les concernant dans les meilleurs délais.**

Art. 38 *Abrogation.* **La directive 76/768/CEE est abrogée avec effet au 11 juillet 2013, à l'exception de l'article 4 *ter* qui est abrogé avec effet au 1er décembre 2010.**

Les références à la directive abrogée s'entendent comme faites au présent règlement.

Le présent règlement ne porte pas atteinte aux obligations des États membres concernant les délais de transposition en droit national des directives indiqués à l'annexe IX, partie B.

Cependant, les autorités compétentes continuent à garder disponibles les informations reçues conformément à l'article 7, paragraphe 3, et à l'article 7 *bis*, paragraphe 4, de la directive 76/768/CEE, et les personnes responsables continuent à tenir à disposition les informations collectées conformément à l'article 7 *bis* de ladite directive, jusqu'au 11 juillet 2020.

Art. 39 *Dispositions transitoires.* **Par dérogation à la directive 76/768/CEE, les produits cosmétiques qui sont conformes au présent règlement peuvent être mis sur le marché avant le 11 juillet 2013.**

A compter du 11 janvier 2012, par dérogation à la directive 76/768/CEE, une notification effectuée conformément à l'article 13 du présent règlement est considérée comme conforme à l'article 7, paragraphe 3, et à l'article 7 *bis*, paragraphe 4, de ladite directive.

Art. 40 *Entrée en vigueur et date d'application.* **1. Le présent règlement entre en vigueur le vingtième jour suivant celui de sa publication au *Journal officiel de l'Union européenne*** *[JOUE L 342 du 22 déc. 2009].*

***2. Il est applicable* à compter du 11 juillet 2013, à l'exception :**

— de l'article 15, paragraphes 1 et 2, qui s'applique à compter du 1er décembre 2010, de même que les articles 14, 31 et 32 dans la mesure où ils sont nécessaires pour l'application de l'article 15, paragraphes 1 et 2, et

— de l'article 16, paragraphe 3, deuxième alinéa, qui s'applique à compter du 11 janvier 2013.

PRODUITS DIÉTÉTIQUES, COMPLÉMENTS ALIMENTAIRES

Code de la santé publique

Art. L. 5137-1 *(Ord. n° 2007-613 du 26 avr. 2007, art. 24)* On entend par aliments diététiques destinés à des fins médicales spéciales les aliments destinés à une alimentation particulière qui sont spécialement traités ou formulés pour répondre aux besoins nutritionnels des patients. Ils sont destinés à constituer l'alimentation exclusive ou partielle des patients dont les capacités d'absorption, de digestion, d'assimilation, de métabolisation ou d'excrétion des aliments ordinaires ou de certains de leurs ingrédients ou métabolites sont diminuées, limitées ou perturbées, ou dont l'état de santé appelle d'autres besoins nutritionnels particuliers qui ne peuvent être satisfaits par une modification du régime alimentaire normal ou par un régime constitué d'aliments destinés à une alimentation particulière ou par une combinaison des deux.

Ils ne peuvent être utilisés que sous contrôle médical.

Art. L. 5137-2 *(Ord. n° 2007-613 du 26 avr. 2007, art. 25)* Sont soumis à prescription médicale obligatoire les aliments diététiques destinés à des fins médicales spéciales qui répondent :

1° Aux besoins nutritionnels particuliers de personnes atteintes d'une des maladies nécessitant ce type d'apport et figurant sur une liste fixée par arrêté du ministre chargé de la santé ;

2° A des caractéristiques déterminées par le même arrêté.

Ils ne peuvent être délivrés au détail que par les pharmacies à usage intérieur des établissements de santé, les officines de pharmacie, ainsi que par des personnes morales agréées par l'autorité administrative. La demande d'agrément est accompagnée d'un dossier dont le contenu est fixé par arrêté du ministre chargé de la santé. En cas de méconnaissance des dispositions législatives ou réglementaires applicables, l'agrément peut être suspendu ou retiré. La fourniture et la délivrance de ces produits doivent être conformes aux bonnes pratiques dont les principes sont définis par arrêté du ministre chargé de la santé.

Art. L. 5137-3 *(Ord. n° 2007-613 du 26 avr. 2007, art. 25)* Les règles relatives à la composition et à la présentation des produits mentionnés à l'article L. 5137-1 sont fixées par décret, pris en application de l'article *(Ord. n° 2016-301 du 14 mars 2016, art. 2, en vigueur le 1er juill. 2016)* « L. 412-1 » du code de la consommation.

....

Vigilance alimentaire

Art. R. 1323-1 *(Décr. n° 2017-885 du 9 mai 2017, art. 2-I)* I. — La vigilance alimentaire, dite nutrivigilance, a pour objet la surveillance, l'évaluation, la prévention du risque d'effet indésirable lié à l'absorption des denrées et aliments mentionnés au II du présent article.

II. — La nutrivigilance s'exerce sur :

1° Les nouveaux aliments au sens de l'article 2 du règlement (UE) n° 2015/2283 du Parlement européen et du Conseil du 25 novembre 2015 relatif aux nouveaux aliments ;

2° Les aliments qui font l'objet d'adjonction de substances à but nutritionnel ou physiologique au sens des articles 1er et 2 du règlement (CE) n° 1925/2006 concernant l'adjonction de vitamines, de minéraux et de certaines autres substances aux denrées alimentaires ; *— V. ce texte, v° Denrées alimentaires (textes généraux).*

3° Les compléments alimentaires au sens de l'article 2 du décret n° 2006-352 du 20 mars 2006 relatif aux compléments alimentaires ; *— V. ce texte, infra.*

4° Les denrées alimentaires couvertes par le règlement (UE) n° 609/2013 du Parlement européen et du Conseil du 12 juin 2013 concernant les denrées alimentaires destinées aux nourrissons et aux enfants en bas âge, les denrées alimentaires destinées à des fins médicales spéciales et les substituts de la ration journalière totale pour contrôle du poids.

Art. R. 1323-2 *(Décr. n° 2010-688 du 23 juin 2010, art. 1er)* La vigilance alimentaire prévue à l'article R. 1323-1 comporte :

1° La déclaration des effets indésirables effectuée par les professionnels de santé à l'Agence nationale de sécurité sanitaire de l'alimentation, de l'environnement et du travail ;

2° La transmission à cette même agence des informations sur les effets indésirables reçues dans le cadre de leurs missions par l'*(Décr. n° 2016-523 du 27 avr. 2016, art. 4-I)* « Agence nationale de santé publique », l'*(Décr. n° 2012-597 du 27 avr. 2012, art. 5-I, en vigueur le 1er mai 2012)* « Agence nationale de sécurité du médicament et des produits de santé », l'Agence française de lutte contre le dopage, la direction générale de la concurrence, de la consommation et de la répression des fraudes et la direction générale de l'alimentation ;

3° L'enregistrement de la déclaration des effets indésirables et des informations mentionnés au 1° et au 2° du présent article et leur évaluation, dans un but de prévention, par l'Agence nationale de sécurité sanitaire de l'alimentation, de l'environnement et du travail ainsi que la formulation par l'agence d'avis et de recommandations concernant la sécurité d'emploi de ces denrées alimentaires ;

4° Le suivi des mesures de nature à préserver la santé publique arrêtées par les ministres compétents.

Art. R. 1323-3 *(Décr. n° 2010-688 du 23 juin 2010, art. 1er)* Pour l'application du présent chapitre, on entend par :

1° Effet indésirable une réaction nocive se produisant dans les conditions normales d'emploi d'une denrée alimentaire chez l'homme ou résultant d'une utilisation non conforme à sa destination, à son usage habituel ou à son mode d'emploi ou aux précautions particulières d'emploi mentionnées sur son étiquetage ;

2° Effet indésirable grave, un effet indésirable qui justifie soit une hospitalisation, soit entraîne une incapacité fonctionnelle permanente ou temporaire, une invalidité, une mise en jeu du pronostic vital immédiat, un décès ou une anomalie ou une malformation congénitale.

Décret n° 91-827 du 29 août 1991,

Relatif aux aliments destinés à une alimentation particulière.

Art. 1er Sont considérées comme denrées alimentaires destinées à une alimentation particulière les denrées alimentaires qui, du fait de leur composition particulière ou du procédé particulier de leur fabrication, se distinguent nettement des denrées alimentaires de consommation courante, conviennent à l'objectif nutritionnel indiqué et sont commercialisées de manière à indiquer qu'elles répondent à cet objectif.

Une alimentation particulière doit répondre aux besoins nutritionnels particuliers :

— soit de certaines catégories de personnes dont le processus d'assimilation ou le métabolisme est perturbé ;

— soit de certaines catégories de personnes qui se trouvent dans des conditions physiologiques particulières et qui, de ce fait, peuvent tirer des bénéfices particuliers d'une ingestion contrôlée de certaines substances dans les aliments ;

— soit des nourrissons ou enfants en bas âge, en bonne santé.

Art. 2 La nature ou la composition des produits mentionnés à l'article 1er doit être telle que ces produits soient appropriés à l'objectif nutritionnel particulier auquel ils sont destinés.

Les denrées destinées à une alimentation particulière doivent répondre également aux dispositions réglementaires applicables aux denrées de consommation courante sous réserve des modifications apportées à ces denrées pour les rendre conformes à la définition de l'article 1er.

Art. 3 Des arrêtés conjoints des ministres chargés de la consommation, de l'agriculture et de la santé, après avis de l'*(Décr. n° 2011-385 du 11 avr. 2011, art. 16)* « Agence nationale de sécurité sanitaire de l'alimentation, de l'environnement et du travail », fixent :

a) La liste et les conditions d'emploi des substances à but nutritionnel telles que vitamines, sels minéraux, acides aminés et autres substances qu'il est licite d'incorporer aux denrées alimentaires destinées à une alimentation particulière ainsi que les critères de pureté qui sont applicables à ces substances ;

b) Le cas échéant, les modalités selon lesquelles l'étiquetage, la présentation et la publicité peuvent faire allusion à un régime ou à une catégorie de personnes.

(Décr. n° 2001-1068 du 15 nov. 2001) « *c)* Les modalités d'utilisation des mentions relatives à la réduction de la teneur en sodium ou en sel (chlorure de sodium, sel de table) ou leur absence ;

« *d)* Les modalités d'utilisation des mentions concernant l'absence de gluten ;

« *e)* Les conditions dans lesquelles doit intervenir la déclaration relative au groupe de denrées alimentaires destinées à une alimentation particulière figurant au point 4 de l'annexe I "Aliments diététiques destinés à des fins médicales spéciales" et les modalités selon lesquelles doit être effectuée cette déclaration. »

Pour les produits appartenant aux groupes de denrées alimentaires destinées à une alimentation particulière énumérés à l'annexe I du présent décret, ces arrêtés fixent les dispositions relatives aux exigences essentielles quant à leur nature ou à leur composition, ainsi que celles relatives à la qualité des matières premières utilisées, à l'hygiène, aux substances d'addition, à l'étiquetage, à la présentation et à la publicité. Ces arrêtés autorisent également les modifications de la composition d'aliments de consommation courante pour les rendre conformes à l'objectif nutritionnel auquel ces produits sont censés répondre.

Art. 4 Les produits mentionnés à l'article 1er peuvent être mis en vente avec les qualificatifs « diététiques » ou « de régime » à l'exception des aliments pour nourrissons ou enfants en bas âge en bonne santé.

Sont interdits dans le commerce des aliments de consommation courante :

— l'utilisation des qualificatifs diététiques ou de régime, seuls ou en combinaison avec d'autres termes, pour désigner ces denrées alimentaires ;

— toute autre indication ou toute présentation susceptible de faire croire qu'il s'agit d'un produit soumis aux dispositions du présent décret.

Toutefois, pour les denrées alimentaires et les boissons de consommation courante qui conviennent à une alimentation particulière, il pourra être fait état de cette propriété dans les conditions fixées par arrêté pris dans les formes prévues à l'article 3.

Art. 5 Outre les mentions prévues par le décret du 7 décembre 1984 *[C. consom., anc. art. R. 112-1 s.]* susvisé, l'étiquetage des denrées mentionnées à l'article 1er doit comporter la dénomination du produit, immédiatement suivie des caractéristiques nutritionnelles particulières. Toutefois, dans le cas des produits destinés aux nourrissons ou enfants en bas âge en bonne santé, cette mention est remplacée par l'indication de leur destination.

Pour les produits ne figurant pas à l'annexe I, l'étiquetage doit indiquer en plus :

a) Les éléments particuliers de la composition qualitative et quantitative ou le procédé particulier de fabrication qui confèrent au produit ses caractéristiques nutritionnelles particulières ;

b) La valeur énergétique disponible exprimée en kilojoules et kilocalories, ainsi que la teneur en glucides, protides et lipides pour 100 g ou 100 ml de produit commercialisé, et rapportée à la quantité proposée pour la consommation si le produit est ainsi présenté. Toutefois, si cette valeur énergétique est inférieure à 50 kJ (12 kcal) pour 100 g ou 100 ml de produit commercialisé, les indications dont il s'agit peuvent être remplacées soit par la mention « valeur énergétique inférieure à 50 kJ (12 kcal) pour 100 g », soit par la mention « valeur énergétique inférieure à 50 kJ (12 kcal) pour 100 ml ».

Pour les produits figurant à l'annexe I, l'étiquetage doit indiquer les exigences particulières fixées par les arrêtés prévus à l'article 3. — *V. infra, l'annexe.*

Art. 6 Les produits mentionnés à l'article 1er ne peuvent être mis dans le commerce que préemballés et de telle façon que l'emballage les recouvre entièrement.

Toutefois, des arrêtés pris dans les formes prévues à l'article 3 fixent la liste des produits ou catégories de produits qui peuvent être vendus non préemballés dans le commerce de détail. Dans ce cas, les indications prévues à l'article 5 doivent être portées par tous moyens à la connaissance du consommateur.

Art. 7 L'étiquetage, la présentation en vue de la vente, les documents commerciaux et la publicité des produits mentionnés à l'article 1er ne doivent pas faire état de propriétés de prévention, de traitement, de guérison des maladies humaines ni évoquer de telles propriétés.

Toutefois, des arrêtés conjoints des ministres chargés de la consommation, de l'agriculture et de la santé, pris après avis de l'*(Décr. n° 2011-385 du 11 avr. 2011, art. 16)* « Agence nationale de sécurité sanitaire de l'alimentation, de l'environnement et du travail »,

peuvent autoriser l'utilisation de mentions tendant à préciser les emplois du produit en liaison avec le traitement de certaines maladies.

(Décr. n° 2001-1068 du 15 nov. 2001) **« Le premier alinéa ne fait pas obstacle à la diffusion de toute information ou recommandation utile destinée exclusivement aux personnes qualifiées dans les domaines de la médecine, de la nutrition ou de la pharmacie. »**

Art. 8 *(Décr. n° 2001-1068 du 15 nov. 2001)* **« Lors de la première mise sur le marché d'un produit mentionné à l'article 1er et ne figurant pas à l'annexe I, le fabricant ou l'importateur doit en faire la déclaration au préfet (direction départementale de la concurrence, de la consommation et de la répression des fraudes) du département du lieu de fabrication ou d'importation. Un exemplaire de l'étiquetage dudit produit doit être joint à cette déclaration.**

« Toute modification de la composition du produit doit faire l'objet d'une nouvelle déclaration. »

Dans le cas où la mise en vente a déjà eu lieu dans un autre État membre de la Communauté économique européenne, la déclaration précitée est à compléter de l'indication de l'autorité de l'État membre destinataire de la première déclaration.

A toute demande du préfet du département, le fabricant ou l'importateur doit fournir l'exposé des travaux scientifiques ainsi que toutes autres données justifiant la conformité du produit aux dispositions de l'article 1er ainsi qu'aux allégations formulées quant aux caractéristiques nutritionnelles particulières.

Dans la mesure où les travaux scientifiques ont fait l'objet d'une publication facilement accessible, une référence à celle-ci suffit.

Art. 9 **Le décret n° 81-574 du 15 mai 1981 portant application de la loi du 1er août 1905 sur la répression des fraudes en ce qui concerne les aliments destinés à une alimentation particulière est abrogé.**

Toutefois, les arrêtés concernant les produits destinés à une alimentation particulière pris en application des textes antérieurs au présent décret demeurent en vigueur dans la mesure où ils ne sont pas contraires aux dispositions du présent décret.

ANNEXE I

GROUPES DE DENRÉES ALIMENTAIRES DESTINÉES À UNE ALIMENTATION PARTICULIÈRE, POUR LESQUELS LES DISPOSITIONS SPÉCIFIQUES SERONT FIXÉES PAR DES ARRÊTÉS

(Décr. n° 2001-1068 du 15 nov. 2001)

1. Préparations pour nourrissons et préparations de suite.
2. Denrées alimentaires à base de céréales et aliments pour bébés destinés aux nourrissons et aux enfants en bas âge.
3. Aliments destinés à être utilisés dans les régimes hypocaloriques destinés à la perte de poids.
4. Aliments diététiques destinés à des fins médicales spéciales.
5. Aliments adaptés à une dépense musculaire intense, surtout pour les sportifs.
6. Aliments destinés à des personnes affectées d'un métabolisme glucidique perturbé (diabétiques).

Directive 96/8/CE de la Commission du 26 février 1996

Relative aux denrées alimentaires destinées à être utilisées dans les régimes hypocaloriques destinés à la perte de poids.

V. aussi Règl. (UE) n° 609/2013 du 12 juin 2013, infra.

Art. 1er **1. La présente directive est une directive spécifique au sens de l'article 4 de la directive 89/398/CEE** *[remplacée par Dir. 2009/39/CE du 6 mai 2009, JOUE L 124 du 20 mai 2009]*. **Elle fixe les exigences en matière de composition et d'étiquetage des denrées alimentaires à but nutritionnel particulier destinées à être utilisées dans les régimes hypocaloriques destinés à la perte de poids et présentées comme telles.**

2. Les denrées alimentaires destinées à être utilisées dans les régimes hypocaloriques destinés à la perte de poids sont des aliments de composition particulière qui, s'ils sont utilisés selon les instructions du fabricant, remplacent tout ou partie de la ration journalière. Ces aliments se répartissent en deux catégories :

a) les produits présentés comme remplaçant la totalité de la ration journalière ;

b) les produits présentés comme remplaçant un ou plusieurs des repas constituant la ration journalière.

Art. 2 Les États membres veillent à ce que les produits énumérés à l'article 1er ne puissent être commercialisés dans la Communauté que s'ils sont conformes aux règles établies par la présente directive.

Art. 3 Les denrées alimentaires relevant de la présente directive doivent respecter les règles de composition spécifiées dans l'annexe I.

Art. 4 Tous les éléments constitutifs des produits visés à l'article 1er paragraphe 2 point a) sont, à la vente, conditionnés dans le même emballage.

Art. 5 1. La dénomination de vente des produits est la suivante :

a) pour les produits relevant de l'article 1er paragraphe 2 point a) : "substitut de la ration journalière totale pour contrôle du poids" ;

b) pour les produits relevant de l'article 1er paragraphe 2 point b) : "substitut de repas pour contrôle du poids".

2. Outre les mentions spécifiées à l'article 3 de la directive 79/112/CEE, l'étiquetage des produits en question porte obligatoirement les indications suivantes :

a) la valeur énergétique disponible exprimée en kilojoules (kJ) et en kilocalories (kcal) et la teneur en protéines, glucides et lipides, exprimée sous forme chiffrée, par quantité spécifiée, proposée à la consommation, du produit prêt à l'emploi ;

b) la quantité moyenne de chaque sel minéral et de chaque vitamine dont la quantité minimale est indiquée au point 5 de l'annexe I, exprimée sous forme chiffrée par quantité spécifiée, proposée à la consommation, du produit prêt à l'emploi. De plus, pour les produits visés à l'article 1er paragraphe 2 point b), l'information relative aux vitamines et aux sels minéraux figurant au tableau point 5 de l'annexe I doit également être exprimée en pourcentage des valeurs définies à l'annexe de la directive 90/496/CEE du Conseil (4) ;

c) le cas échéant, le mode d'emploi et une mention indiquant qu'il importe de le suivre ;

d) si un produit, utilisé selon les instructions du fabricant, apporte plus de 20 grammes de polyols par jour, une mention indiquant qu'il comporte un risque d'effet laxatif ;

e) une mention indiquant qu'il importe de maintenir un apport liquidien quotidien suffisant ;

f) pour les produits visés à l'article 1er paragraphe 2 point a) :

i) une mention indiquant que le produit apporte des quantités suffisantes de tous les nutriments essentiels pour une journée ;

ii) une mention indiquant que le produit ne peut être consommé pendant plus de trois semaines sans avis médical ;

g) pour les produits visés à l'article 1er paragraphe 2 point b), une mention indiquant qu'ils n'ont l'effet souhaité que dans le cadre d'un régime hypocalorique et que, dans ce cadre, ils doivent être complétés par d'autres aliments.

3. *(Dir. nº 2007/29/CE, art. 1er)* « L'étiquetage, la publicité et la présentation des produits concernés ne doivent pas mentionner le rythme ou l'importance de la perte de poids qui peut résulter de leur consommation. »

....

ANNEXE I

COMPOSITION ESSENTIELLE DES DENRÉES ALIMENTAIRES DESTINÉES AUX RÉGIMES HYPOCALORIQUES

Les spécifications portent sur les produits prêts à l'emploi qui sont commercialisés tels quels ou qui doivent être reconstitués selon les instructions du fabricant.

1. Énergie

1.1. L'apport énergétique des produits visés à l'article 1er paragraphe 2 point a) doit être de *3 360 kJ (800 kcal) au minimum* et de 5 040 kJ (1 200 kcal) au maximum pour la ration journalière totale.

1.2. L'apport énergétique des produits visés à l'article 1er paragraphe 2 point b) doit être de 840 kJ (200 kcal) au minimum et de 1 680 kJ (400 kcal) au maximum par repas

2. Protéines

2.1. L'apport protidique des produits visés à l'article 1er paragraphe 2 points a) et b) doit représenter entre 25 et 50 % de l'apport énergétique total de ces produits. L'apport protidique des produits visés à l'article 1er paragraphe 2 point a) ne doit en aucun cas dépasser 125 g.

2.2. Les dispositions visées ci-dessus concernant les protéines se rapportent aux protéines dont l'indice chimique est égal à celui de la protéine de référence correspondante à l'OAA/OMS (1985) figurant à l'annexe II. Si l'indice chimique d'une protéine est inférieur à 100 % de celui de la protéine de référence, la quantité minimale de cette protéine doit être augmentée en conséquence. L'indice chimique de la protéine doit en tout état de cause être au moins égal à 80 % de celui de la protéine de référence.

2.3. Par « indice chimique », on entend le rapport le plus faible entre la quantité de chaque acide aminé essentiel contenue dans la protéine qui fait l'objet de l'expérimentation et la quantité de chaque acide aminé correspondant contenue dans la protéine de référence.

2.4. Dans tous les cas, l'adjonction d'acides aminés n'est admise que dans le but d'améliorer la valeur nutritive des protéines et uniquement dans les proportions nécessaires pour atteindre cet objectif.

3. Lipides

3.1. L'apport énergétique de la matière grasse ne doit pas dépasser 30 % de l'apport énergétique total du produit.

3.2. Dans les produits visés à l'article 1er paragraphe 2 point a), la quantité d'acide linoléique (sous forme de glycérides) ne doit pas être inférieure à 4,5 g.

3.3. Dans les produits visés à l'article 1er paragraphe 2 point b), la quantité d'acide linoléique (sous forme de glycérides) ne doit pas être inférieure à 1 g.

4. Fibres alimentaires

La teneur en fibres alimentaires des produits visés à l'article 1er paragraphe 2 point a) doit être de 10 g au minimum et de 30 g au maximum pour la ration journalière.

5. Vitamines et sels minéraux

5.1. Pour la ration journalière complète, les produits visés à l'article 1er paragraphe 2 point a) doivent apporter au moins :

100 % des quantités de vitamines et de sels minéraux spécifiées dans le tableau.

5.2. Les produits visés à l'article 1er paragraphe 2 point b) doivent apporter, par repas, au moins 30 % des quantités de vitamines et de sels minéraux spécifiées au tableau et minimum 500 mg de potassium.

Arrêté du 16 novembre 1999,

Relatif à la publicité, à l'égard du consommateur, des prix de vente à l'unité de mesure de certains produits préemballés.

V. ce texte, concernant les produits diététiques, vo Prix (publicité).

Décret no 2006-352 du 20 mars 2006,

Relatif aux compléments alimentaires.

BIBL. ▶ CERATI-GAUTHIER et BRUNENGO-BASSO, *JCP E 2007, no 26, p. 18* (complément alimentaire et sécurité des consommateurs). – PEIGNÉ, *RDSS 2008. 176* (circulation des préparations commercialisées comme complément alimentaire dans un État membre et classée comme médicament dans un autre).

CHAPITRE PREMIER *Dispositions générales*

Art. 1er Sans préjudice des dispositions du règlement du 27 janvier 1997 susvisé *[no 258/97 relatif aux nouveaux aliments et aux nouveaux ingrédients alimentaires]*, **les dispositions du présent décret :**

1o Sont applicables aux compléments alimentaires commercialisés comme des denrées alimentaires et présentés comme tels. Ces produits sont vendus au consommateur final sous une forme préemballée ;

2o Ne s'appliquent pas aux médicaments et aux spécialités pharmaceutiques, tels que définis aux articles L. 5111-1 et L. 5111-2 du code de la santé publique.

Art. 2 Aux fins du présent décret, on entend par :

1° "Compléments alimentaires", les denrées alimentaires dont le but est de compléter le régime alimentaire normal et qui constituent une source concentrée de nutriments ou d'autres substances ayant un effet nutritionnel ou physiologique seuls ou combinés, commercialisés sous forme de doses, à savoir les formes de présentation telles que les gélules, les pastilles, les comprimés, les pilules et autres formes similaires, ainsi que les sachets de poudre, les ampoules de liquide, les flacons munis d'un compte-gouttes et les autres formes analogues de préparations liquides ou en poudre destinées à être prises en unités mesurées de faible quantité ;

2° "Nutriments", les substances suivantes :

a) Vitamines ;

b) Minéraux ;

3° "Substances à but nutritionnel ou physiologique", les substances chimiquement définies possédant des propriétés nutritionnelles ou physiologiques, à l'exception des nutriments définis au 2° et des substances possédant des propriétés exclusivement pharmacologiques ;

4° "Plantes et préparations de plantes", les ingrédients composés de végétaux ou isolés à partir de ceux-ci, à l'exception des substances mentionnées au 2° et au 3°, possédant des propriétés nutritionnelles ou physiologiques, à l'exclusion des plantes ou des préparations de plantes possédant des propriétés pharmacologiques et destinées à un usage exclusivement thérapeutique.

CHAPITRE II *Dispositions relatives à la composition des compléments alimentaires*

Art. 3 Les ingrédients mentionnés à l'article 2 ne peuvent être employés dans la fabrication des compléments alimentaires que s'ils conduisent à la fabrication de produits sûrs, non préjudiciables à la santé des consommateurs, comme cela est établi par des données scientifiques généralement acceptées.

A la demande des agents habilités par les dispositions de l'article *(Ord. n° 2016-301 du 14 mars 2016, art. 2, en vigueur le 1er juill. 2016)* « L. 512-4 » du code de la consommation, le responsable de la première mise sur le marché d'un complément alimentaire est tenu de leur communiquer la nature et les résultats des vérifications et contrôles réalisés à cet effet.

Art. 4 Seuls peuvent être utilisés pour la fabrication des compléments alimentaires :

1° Les nutriments et les substances à but nutritionnel ou physiologique définis aux 2° et 3° de l'article 2, dans les conditions prévues aux articles 5 et 6 ;

2° Les plantes et les préparations de plantes définies au 4° de l'article 2 dans les conditions prévues à l'article 7 ;

3° Les autres ingrédients dont l'utilisation en alimentation humaine est traditionnelle ou reconnue comme telle au sens du règlement du 27 janvier 1997 susvisé, ou autorisés conformément à ce règlement ;

4° Les additifs, les arômes et les auxiliaires technologiques dont l'emploi est autorisé en alimentation humaine dans les conditions prévues par les décrets du 18 septembre 1989, du 11 avril 1991 et du 31 juillet 2001 susvisés. — *V. ces décrets, v° Denrées alimentaires.*

Art. 5 Les nutriments définis au 2° de l'article 2 ne peuvent être employés dans la fabrication des compléments alimentaires que dans les conditions fixées par arrêté des ministres chargés de la consommation, de l'agriculture et de la santé.

Cet arrêté fixe :

1° La liste des nutriments dont l'emploi est autorisé ;

2° Les critères d'identité et de pureté auxquels ils doivent répondre ;

3° Les teneurs maximales admissibles et, le cas échéant, les teneurs minimales requises ;

4° La liste des nutriments dont l'emploi est autorisé jusqu'au 31 décembre 2009.

Teneurs maximales en nutriment. La Dir. *2002/46/CE du 10 juin 2002, relative au rapprochement des législations des États membres concernant les compléments alimentaires, doit être interprétée en ce sens que, sans préjudice du traité CE [désormais traité FUE], les États membres demeurent compétents pour adopter une réglementation relative aux quantités maximales de vitamines et de minéraux pouvant être utilisées pour la fabrication de compléments alimentaires tant que la Commission européenne n'a pas arrêté ces quantités conformément à l'art. 5, § 4, de cette directive. • CJUE 29 avr. 2010 : *JCP 2010, n° 580, obs. F. Picod ; Gaz. Pal. 2010. 3202, note Bandon-Tourret ; Europe 2010,* *n° 200, obs. Dupont-Lassalle.* ♦ Outre l'obligation de respecter les art. 28 CE et 30 CE, les États membres sont également tenus de s'inspirer des éléments figurant à l'art. 5, § 1 et 2 de la directive, y compris l'exigence d'une évaluation des risques fondée sur des données scientifiques généralement admises, pour fixer les quantités maximales de vitamines et de minéraux pouvant être utilisées pour la fabrication de compléments alimentaires en attendant que la Commission européenne arrête ces quantités au titre du § 4 dudit art. 5. • Même arrêt.

Art. 6 Les substances à but nutritionnel ou physiologique, définies au 3° de l'article 2, pouvant être employées dans la fabrication des compléments alimentaires sont les suivantes :

1° Les substances ayant fait l'objet d'une autorisation d'emploi dans les denrées alimentaires destinées à une alimentation particulière par arrêté pris en application de l'article 3 du décret du 29 août 1991 susvisé *[n° 91-827, supra]*, sous réserve que les apports journaliers, compte tenu du mode d'emploi préconisé, ne dépassent pas les apports de référence ;

2° Les substances dont l'emploi est autorisé par arrêté *(Décr. n° 2011-329 du 25 mars 2011)* « du ministre chargé de la consommation », pris après avis de l'*(Décr. n° 2011-385 du 11 avr. 2011, art. 15)* « Agence nationale de sécurité sanitaire de l'alimentation, de l'environnement et du travail », selon les procédures prévues aux articles 16 et 17, et dans les conditions d'emploi prévues dans cet arrêté ; — *V. Arr. du 26 sept. 2016, infra.*

3° Les substances présentes dans les compléments alimentaires ayant fait l'objet de la déclaration prévue à l'article 16, pendant une période maximale de douze mois, et sous réserve qu'elles n'aient pas fait l'objet d'un refus d'inscription dans l'arrêté mentionné au 2° dans les conditions prévues au 8° de l'article 16.

Art. 7 Les plantes et les préparations de plantes définies au 4° de l'article 2 pouvant être employés dans la fabrication des compléments alimentaires sont les suivantes :

1° Les parties de plantes et les plantes traditionnellement considérées comme alimentaires, à l'exclusion de leurs préparations non traditionnelles en alimentation humaine ;

2° Les plantes non mentionnées au 1°, ou les préparations de plantes, autorisées par arrêté *(Décr. n° 2011-329 du 25 mars 2011)* « du ministre chargé de la consommation », pris après avis de l'*(Décr. n° 2011-385 du 11 avr. 2011, art. 15)* « Agence nationale de sécurité sanitaire de l'alimentation, de l'environnement et du travail », selon la procédure prévue aux articles 16 et 17, et dans les conditions d'emploi prévues dans cet arrêté ;

3° Les plantes et les préparations de plantes présentes dans les compléments alimentaires ayant fait l'objet de la déclaration prévue à l'article 16, pendant une période maximale de douze mois, et sous réserve qu'elles n'aient pas fait l'objet d'un refus d'inscription dans l'arrêté mentionné au 2° dans les conditions prévues au 8° de l'article 16.

CHAPITRE III *Dispositions relatives à l'étiquetage des compléments alimentaires*

Art. 8 L'étiquetage des compléments alimentaires, leur présentation et la publicité qui en est faite n'attribuent pas à ces produits des propriétés de prévention, de traitement ou de guérison d'une maladie humaine, ni n'évoquent ces propriétés.

Art. 9 La dénomination de vente prévue à l'article R. 112-14 *[ancien]* du code de la consommation est "complément alimentaire".

Les produits définis au 1° de l'article 2 ne peuvent être mis en vente que sous cette dénomination.

Art. 10 Sans préjudice des articles R. 112-1 à R. 112-31 *[anciens]* du code de la consommation, l'étiquetage des compléments alimentaires porte les indications suivantes :

1° *Le nom des catégories de nutriments* ou substances caractérisant le produit ou une indication relative à la nature de ces nutriments ou substances ;

2° La portion journalière de produit dont la consommation est recommandée ;

3° Un avertissement indiquant qu'il est déconseillé de dépasser la dose journalière indiquée ;

4° Une déclaration visant à éviter que les compléments alimentaires ne soient utilisés comme substituts d'un régime alimentaire varié ;

5° Un avertissement indiquant que les produits doivent être tenus hors de la portée des jeunes enfants.

Art. 11 L'étiquetage, la présentation et la publicité des compléments alimentaires ne portent aucune mention affirmant ou suggérant qu'un régime alimentaire équilibré et varié ne constitue pas une source suffisante de nutriments en général.

Art. 12 I. — La quantité des nutriments ou des substances mentionnées aux 3° et 4° de l'article 2 présente dans le produit est déclarée sur l'étiquetage sous forme numérique.

La quantité se rapporte à la portion journalière de produit recommandé par le fabricant telle qu'elle est indiquée sur l'étiquetage.

Les unités à utiliser pour les vitamines et les minéraux sont spécifiées dans l'arrêté prévu à l'article 5.

II. — Les informations concernant les vitamines et les minéraux sont également exprimées en pourcentage des valeurs de référence mentionnées, le cas échéant, dans l'annexe de l'arrêté du 3 décembre 1993 pris en application du décret du 27 septembre 1993 susvisé. — *V. ce décret et cet arrêté, v° Denrées alimentaires.*

Étiquetage. L'art. 5 de la Dir. 2002/46/CE, relative au rapprochement des législations des États membres concernant les compléments alimentaires, doit être interprété en ce sens que la circonstance qu'un étiquetage adapté pourrait dissuader le groupe de consommateurs auquel il s'adresse de recourir à un nutriment bénéfique pour lui à faible dose ne constitue pas un élément pertinent pour fixer les quantités maximales de vitamines et de minéraux pouvant être utilisées pour la fabrication de compléments alimentaires. La prise en compte de la différence des niveaux de sensibilité de différents groupes de consommateurs ne saurait permettre à un État membre d'appliquer à l'ensemble de la population une telle quantité maximale adaptée à un groupe de consommateurs spécifique, tel que celui des enfants, que si cette mesure est limitée à ce qui est nécessaire pour assurer la protection de la santé des personnes appartenant à ce groupe et si ladite mesure est proportionnée à l'objectif qu'elle poursuit, celui-ci ne pouvant pas être atteint par des mesures moins restrictives des échanges à l'intérieur de l'Union européenne. • CJUE 29 avr. 2010 : *cité ss. art. 5 du présent décret.*

Art. 13 I. — Les valeurs déclarées mentionnées au I de l'article 12 sont des valeurs moyennes calculées sur la base de l'analyse du produit effectuée par le fabricant.

II. — Le pourcentage des valeurs de référence pour les vitamines et les minéraux mentionnés au II de l'article 12 peut également être indiqué sous forme de graphiques.

Art. 14 En tant que de besoin, des arrêtés des ministres chargés de la consommation, de l'agriculture et de la santé fixent les modalités de mise en œuvre des articles 11 à 13.

CHAPITRE IV *Dispositions relatives aux déclarations et aux demandes d'autorisation d'emploi*

Art. 15 Le responsable de la première mise sur le marché d'un complément alimentaire ne relevant pas de la procédure prévue à l'article 16 informe la direction générale de la concurrence, de la consommation et de la répression des fraudes de la mise sur le marché du produit en lui transmettant un modèle de son étiquetage.

La composition du produit telle qu'elle est mentionnée sur l'étiquetage doit satisfaire aux conditions prévues par les dispositions du premier alinéa de l'article 3.

Un arrêté des ministres chargés de la consommation, de l'agriculture et de la santé précisera les modalités de transmission de cette déclaration. — *V. Arr. du 9 août 2016, infra.*

Art. 16 La première mise sur le marché français d'un complément alimentaire contenant une substance à but nutritionnel ou physiologique, une plante ou une préparation de plante, ne figurant pas dans les arrêtés prévus aux articles 6 et 7, mais légalement fabriqué ou commercialisé dans un autre État membre de la Communauté européenne ou un autre État partie à l'accord sur l'Espace économique européen donne lieu à la procédure suivante :

1° L'importateur ou le fabricant établi sur le territoire d'un État membre de la Communauté européenne ou d'un autre État partie à l'accord sur l'Espace économique européen doit faire une déclaration à la direction générale de la concurrence, de la consommation et de la répression des fraudes.

2° Cette déclaration doit être accompagnée :

a) De l'identification du fabricant ou de l'importateur ;

b) D'un modèle de l'étiquetage utilisé pour ce produit ;

c) Des documents et informations permettant d'attester que la substance à but nutritionnel ou physiologique, la plante ou la préparation de plante, ou le produit, sont légalement fabriqués ou commercialisés dans un autre État membre de la Communauté européenne ou un autre État partie à l'accord sur l'Espace économique européen ;

d) De la présentation par le déclarant de toutes les données en sa possession utiles à l'appréciation de la substance à but nutritionnel ou physiologique, de la plante ou préparation de plante, ou du produit.

3° Un arrêté des ministres chargés de la consommation, de l'agriculture et de la santé précise les modalités de transmission de cette déclaration. — *V. Arr. du 9 août 2016, infra.*

4° Dans un délai maximal de deux mois après la réception du dossier complet de la déclaration mentionnée au 1°, la direction générale de la concurrence, de la consommation et de la répression des fraudes fait savoir au déclarant si le produit peut être commercialisé et dans quelles conditions. L'absence de réponse dans le délai de deux mois après réception du dossier complet de la déclaration vaut autorisation de mise sur le marché.

5° Le refus d'autorisation de commercialisation est motivé :

a) Soit par l'absence des documents et informations mentionnés au *c* du 2° du présent article ;

b) Soit par des éléments scientifiques, délivrés notamment par l'*(Décr. n° 2011-385 du 11 avr. 2011, art. 15)* « Agence nationale de sécurité sanitaire de l'alimentation, de l'environnement et du travail », démontrant que le produit présente un risque pour la santé.

6° La direction générale de la concurrence, de la consommation et de la répression des fraudes invite le déclarant à présenter, s'il le souhaite, ses observations sur ce refus d'autorisation de commercialisation.

7° Dans un délai maximal de douze mois après la déclaration mentionnée au 1°, les substances à but nutritionnel ou physiologique, les plantes ou préparations de plantes, qui ont été admises sur le marché français, sont inscrites dans les arrêtés mentionnés aux articles 6 et 7.

8° Lorsque la commercialisation sur le marché français des substances à but nutritionnel ou physiologique, des plantes ou préparations de plantes a été autorisée après la déclaration mentionnée au 1°, un refus d'inscription dans les formes mentionnées au 7° peut être, le cas échéant, notifié au déclarant, lorsqu'il est motivé par des éléments scientifiques portés à la connaissance de la direction générale de la concurrence, de la consommation et de la répression des fraudes, démontrant un risque réel pour la santé.

9° Ce refus d'inscription des substances à but nutritionnel ou physiologique, des plantes ou préparations de plantes entraîne la cessation de la commercialisation sur le marché français des produits les contenant.

Art. 17 Les demandes visant à modifier ou compléter les dispositions des arrêtés mentionnés au 2° de l'article 6 et au 2° de l'article 7 donnent lieu à la procédure suivante :

1° Ces demandes, introduites par toute personne physique ou morale, sont adressées à la direction générale de la concurrence, de la consommation et de la répression des fraudes, accompagnées du dossier nécessaire à leur instruction, en vue de leur transmission à l'*(Décr. n° 2011-385 du 11 avr. 2011, art. 15)* « Agence nationale de sécurité sanitaire de l'alimentation, de l'environnement et du travail ».

2° La recevabilité de la demande est appréciée par la direction générale de la concurrence, de la consommation et de la répression des fraudes dans un délai maximum de quinze jours à compter de la date de dépôt de la demande.

3° Dès lors que le dossier est complet, la direction générale de la concurrence, de la consommation et de la répression des fraudes accuse réception de celui-ci et assure sa transmission à l'*(Décr. n° 2011-385 du 11 avr. 2011, art. 15)* « Agence nationale de sécurité sanitaire de l'alimentation, de l'environnement et du travail ».

4° L'*(Décr. n° 2011-385 du 11 avr. 2011, art. 15)* « Agence nationale de sécurité sanitaire de l'alimentation, de l'environnement et du travail » émet, dans un délai de quatre mois à compter de la réception du dossier complet, un avis prenant en compte, en tant que de besoin, les éléments fournis par l'Agence française de sécurité sanitaire des produits de santé, lorsqu'il s'agit d'une demande d'autorisation d'emploi d'une plante ou d'une préparation de plante.

5° La direction générale de la concurrence, de la consommation et de la répression des fraudes notifie au demandeur l'avis de l'*(Décr. n° 2011-385 du 11 avr. 2011, art. 15)* « Agence nationale de sécurité sanitaire de l'alimentation, de l'environnement et du travail », ainsi que la décision motivée du ministre prise suite à cet avis. Cette notification est faite dans un délai de quinze jours après la notification de l'avis à la direction générale de la concurrence, de la consommation et de la répression des fraudes.

6° Un arrêté des ministres chargés de la consommation, de l'agriculture et de la santé fixe les règles relatives à la constitution des dossiers précisant les éléments à fournir en vue de l'évaluation de l'innocuité de la substance à but nutritionnel ou physiologique, de la plante ou préparation de plante, pour la santé des consommateurs.

Art. 18 La procédure définie à l'article 17 s'applique également pour toute modification des quantités maximales de nutriments prévues dans l'arrêté mentionné à l'article 5, dans l'attente de la fixation de teneurs maximales en application de la directive du 10 juin 2002 susvisée.

CHAPITRE V *Dispositions diverses*

Art. 19 Le refus d'autorisation de commercialisation et le refus d'inscription mentionnés respectivement au 5° et au 8° de l'article 16, ainsi que la décision du ministre chargé de la consommation prévue au 5° de l'article 17, peuvent faire l'objet d'un recours devant le tribunal administratif conformément aux dispositions de l'article R. 421-1 du code de justice administrative.

Art. 20 Il est interdit d'importer pour la mise en libre pratique, de détenir en vue de la vente ou de la distribution à titre gratuit, de mettre en vente, de vendre ou de distribuer à titre gratuit des compléments alimentaires qui ne répondent pas aux dispositions du présent décret.

Art. 21 L'article 1er du décret du 15 avril 1912 susvisé cesse d'être applicable aux compléments alimentaires. — *V. ce décret, v° Denrées alimentaires.*

Art. 22 Le dernier alinéa de l'article 15-2 du décret du 15 avril 1912 susvisé est supprimé. — *V. ce décret, v° Denrées alimentaires.*

Art. 23 Les compléments alimentaires contenant les substances à but nutritionnel ou physiologique, les plantes et préparations de plantes mentionnées respectivement aux 3° et 4° de l'article 2, fabriqués selon les dispositions en vigueur avant la date de publication du présent décret, peuvent continuer à être commercialisés dix-huit mois au-delà de cette date.

Les compléments alimentaires contenant les nutriments mentionnés au 2° de l'article 2, fabriqués selon les dispositions en vigueur avant la date de publication du présent décret, peuvent continuer à être commercialisés jusqu'à la date de publication de l'arrêté prévu à l'article 5.

Règlement (UE) n° 609/2013 du Parlement européen et du Conseil du 12 juin 2013,

Concernant les denrées alimentaires destinées aux nourrissons et aux enfants en bas âge, les denrées alimentaires destinées à des fins médicales spéciales et les substituts de la ration journalière totale pour contrôle du poids.

CHAPITRE PREMIER *Dispositions générales*

Art. 1er *Objet.* 1. Le présent règlement établit les exigences en matière de composition et d'information applicables aux catégories de denrées alimentaires suivantes :

a) les préparations pour nourrissons et les préparations de suite ;
b) les préparations à base de céréales et les denrées alimentaires pour bébés ;
c) les denrées alimentaires destinées à des fins médicales spéciales ;
d) les substituts de la ration journalière totale pour contrôle du poids.

2. Le présent règlement établit, pour l'Union, une liste des substances qui peuvent être ajoutées à l'une ou plusieurs des catégories de denrées alimentaires visées au paragraphe 1 et fixe les règles applicables à l'actualisation de cette liste.

Art. 2 *Définitions.* 1. Aux fins du présent règlement, les définitions suivantes s'appliquent :

a) les définitions de "denrée alimentaire", d'"exploitant du secteur alimentaire", de "commerce de détail" et de "mise sur le marché" énoncées respectivement à l'article 2 et à l'article 3, points 3), 7) et 8), du règlement (CE) n° 178/2002 ;

b) les définitions de "denrée alimentaire préemballée", d'"étiquetage" et de "nanomatériau manufacturé" énoncées respectivement à l'article 2, paragraphe 2, points e), j) et t), du règlement (UE) n° 1169/2011 ;

c) les définitions d'"allégation nutritionnelle" et d'"allégation de santé" établies respectivement à l'article 2, paragraphe 2, points 4) et 5), du règlement (CE) n° 1924/2006 *[V. ce texte, v° Denrées alimentaires]*.

2. De plus, on entend par :

a) "nourrisson", un enfant âgé de moins de 12 mois ;

b) "enfant en bas âge", un enfant âgé de 1 à 3 ans ;

c) "préparation pour nourrissons", une denrée alimentaire destinée à être utilisée par des nourrissons pendant les premiers mois de leur vie et qui répond elle seule aux besoins nutritionnels de ces nourrissons jusqu'à l'introduction d'une alimentation complémentaire appropriée ;

d) "préparation de suite", une denrée alimentaire destinée à être utilisée par des nourrissons lorsqu'une alimentation complémentaire appropriée est introduite et qui constitue le principal élément liquide d'une alimentation progressivement diversifiée de ces nourrissons ;

e) "préparation à base de céréales", une denrée alimentaire :

i) destinée à satisfaire les besoins particuliers des nourrissons en bonne santé pendant la période de sevrage, ainsi que ceux des enfants en bas âge en bonne santé, comme complément à leur alimentation et/ou en vue de leur adaptation progressive à une alimentation normale ; et

ii) appartenant à l'une des catégories suivantes :

– les céréales simples qui sont ou doivent être reconstituées avec du lait ou d'autres liquides nutritifs appropriés,

– les céréales à complément protéinique qui sont ou doivent être reconstituées avec de l'eau ou tout autre liquide exempt de protéines,

– les pâtes à faire bouillir dans de l'eau ou dans d'autres liquides appropriés,

– les biscottes et les biscuits à utiliser tels quels, ou écrasés, avec de l'eau, du lait ou d'autres liquides appropriés ;

f) « denrée alimentaire pour bébés », une denrée alimentaire destinée à satisfaire les besoins particuliers des nourrissons en bonne santé pendant la période de sevrage, ainsi que ceux des enfants en bas âge en bonne santé, comme complément à leur alimentation et/ou en vue de leur adaptation progressive à une alimentation normale, à l'exclusion :

i) des préparations à base de céréales, et

ii) des boissons à base de lait et produits similaires destinés aux enfants en bas âge ;

g) « denrée alimentaire destinée à des fins médicales spéciales", une denrée alimentaire spécialement traitée ou formulée et destinée à répondre aux besoins nutritionnels de patients, y compris les nourrissons, et qui ne peut être utilisée que sous contrôle médical, et destinée à constituer l'alimentation exclusive ou partielle des patients dont les capacités d'absorption, de digestion, d'assimilation, de métabolisation ou d'excrétion des denrées alimentaires ordinaires ou de certains de leurs ingrédients ou métabolites sont diminuées, limitées ou perturbées, ou dont l'état de santé détermine d'autres exigences nutritionnelles particulières qui ne peuvent être satisfaites par une modification du seul régime alimentaire normal ;

h) « substitut de la ration journalière totale pour contrôle du poids", des denrées alimentaires de composition particulière destinées à être utilisées dans les régimes hypocaloriques destinés à la perte de poids qui, si elles sont utilisées selon les instructions de l'exploitant du secteur alimentaire, remplacent la ration journalière dans sa totalité.

Art. 3 *Décisions d'interprétation.* Afin d'assurer la mise en œuvre uniforme du présent règlement, la Commission peut décider, au moyen des actes d'exécution :

a) si une denrée alimentaire entre dans le champ d'application du présent règlement ;

b) à quelle catégorie spécifique de denrées alimentaires visée à l'article 1er, paragraphe 1, appartient une denrée alimentaire déterminée.

Ces actes d'exécution sont adoptés en conformité avec la procédure d'examen visée à l'article 17, paragraphe 2.

Art. 4 *Mise sur le marché.* 1. Les denrées alimentaires visées à l'article 1er, paragraphe 1, ne peuvent être mises sur le marché que si elles sont conformes au présent règlement.

2. Les denrées alimentaires visées à l'article 1er, paragraphe 1, ne peuvent être mises sur le marché de détail que sous forme préemballée.

3. Les États membres ne peuvent restreindre ou interdire la mise sur le marché de denrées alimentaires conformes au présent règlement pour des motifs ayant trait à leur composition, à leur fabrication, à leur présentation ou à leur étiquetage.

Art. 5 *Principe de précaution.* Afin d'assurer un niveau élevé de protection de la santé pour les personnes auxquelles sont destinés *[destinées]* les denrées alimentaires visées à l'article 1er, paragraphe 1, du présent règlement, le principe de précaution visé à l'article 7 du règlement (CE) n° 178/2002 s'applique.

CHAPITRE II *Exigences en matière de composition et d'information*

SECTION I *Exigences générales*

Art. 6 *Dispositions générales.* 1. Les denrées alimentaires visées à l'article 1er, paragraphe 1, respectent toutes les exigences du droit de l'Union applicables aux denrées alimentaires.

2. Les exigences établies par le présent règlement prévalent sur toute exigence contraire du droit de l'Union applicable aux denrées alimentaires.

Art. 7 *Avis de l'Autorité.* L'Autorité fournit des avis scientifiques conformément aux articles 22 et 23 du règlement (CE) n° 178/2002 aux fins de l'application du présent règlement. Ces avis servent de fondement scientifique à toute mesure de l'Union adoptée en vertu du présent règlement qui serait susceptible d'avoir une incidence sur la santé publique.

Art. 8 *Accès aux documents.* La Commission applique les dispositions du règlement (CE) n° 1049/2001 du Parlement européen et du Conseil du 30 mai 2001 relatif à l'accès du public aux documents du Parlement européen, du Conseil et de la Commission aux demandes d'accès à tout document couvert par le présent règlement.

Art. 9 *Exigences générales en matière de composition et d'information.* 1. La composition des denrées alimentaires visées à l'article 1er, paragraphe 1, est telle qu'elle est adaptée pour répondre aux besoins nutritionnels des personnes auxquelles elles sont destinées et qu'elle convient à ces personnes, conformément à des données scientifiques généralement admises.

2. Les denrées alimentaires visées à l'article 1er, paragraphe 1, ne contiennent aucune substance dans des quantités susceptibles de nuire à la santé des personnes auxquelles elles sont destinées.

Pour les substances qui sont des nanomatériaux manufacturés, le respect des exigences visées au premier alinéa est démontré sur la base de méthodes d'essai adéquates s'il y a lieu.

3. Sur la base des données scientifiques généralement admises, les substances ajoutées aux denrées alimentaires visées à l'article 1er , paragraphe 1, aux fins des prescriptions visées au paragraphe 1 du présent article, sont biodisponibles pour l'utilisation par le corps humain, ont un effet nutritionnel ou physiologique et conviennent aux personnes auxquelles elles sont destinées.

4. Sans préjudice de l'article 4, paragraphe 1, du présent règlement, les denrées alimentaires visées à l'article 1er, paragraphe 1, du présent règlement peuvent contenir des substances couvertes par l'article 1er du règlement (CE) n° 258/97, pour autant que ces substances remplissent les conditions de mise sur le marché prévues par ledit règlement.

5. L'étiquetage, la présentation et la publicité des denrées alimentaires visées à l'article 1er, paragraphe 1, fournissent des informations sur l'utilisation appropriée de ces denrées alimentaires, n'induisent pas en erreur, n'attribuent pas à celles-ci des propriétés de prévention, de traitement ou de guérison d'une maladie humaine, ni n'évoquent de telles propriétés.

6. Le paragraphe 5 n'empêche pas la communication de toute information ou recommandation utile destinée exclusivement aux personnes disposant de qualifications en médecine, en nutrition, en pharmacie ou à tout autre professionnel des soins de santé responsable en matière de soins de la mère et de l'enfant.

Art. 10 *Exigences supplémentaires relatives aux préparations pour nourrissons et aux préparations de suite.* 1. L'étiquetage, la présentation et la publicité des préparations pour nourrissons et des préparations de suite sont conçues *[conçus]* de manière à ne pas décourager l'allaitement au sein.

2. L'étiquetage, la présentation et la publicité des préparations pour nourrissons ainsi que l'étiquetage des préparations de suite ne comportent pas d'images de nourrissons ou d'autres images ou du *[de]* texte*[s]* susceptibles d'idéaliser l'utilisation de ces préparations.
Sans préjudice du premier alinéa, les représentations graphiques destinées à faciliter l'identification des préparations pour nourrissons et des préparations de suite et à illustrer les méthodes de préparation sont autorisées.

SECTION II *Exigences spécifiques*

Art. 11 *Exigences spécifiques en matière de composition et d'information.* 1. Sous réserve des exigences générales énoncées aux articles 6 et 9 et des exigences supplémentaires de l'article 10, et compte tenu des progrès techniques et scientifiques pertinents, la Commission est habilitée à adopter des actes délégués en conformité avec l'article 18 en ce qui concerne les aspects suivants :

a) les exigences spécifiques en matière de composition applicables aux denrées alimentaires visées à l'article 1er, paragraphe 1, à l'exception des exigences énoncées en annexe ;

b) les exigences spécifiques concernant l'utilisation de pesticides sur les produits destinés à la production des denrées alimentaires visées à l'article 1er, paragraphe 1, ainsi que les résidus de pesticides dans ces denrées alimentaires. Les exigences spécifiques applicables aux catégories de denrées alimentaires visées à l'article 1er, paragraphe 1, points a) et b), et aux denrées alimentaires destinés *[destinées]* à des fins médicales spéciales mis *[mises]* au point pour répondre aux besoins nutritionnels des nourrissons et des enfants en bas âge sont mises à jour régulièrement et comprennent, entre autres, des dispositions visant à limiter autant que possible l'utilisation de pesticides ;

c) les exigences spécifiques concernant l'étiquetage, la présentation et la publicité des denrées alimentaires visées à l'article 1er, paragraphe 1, y compris l'autorisation des allégations nutritionnelles et de santé s'y rapportant ;

d) les exigences de notification pour la mise sur le marché d'une denrée alimentaire visée à l'article 1er, paragraphe 1, afin de faciliter le suivi officiel efficace de ces denrées alimentaires *[cette denrée alimentaire]* et sur la base desquelles les exploitants du secteur alimentaire informent les autorités compétentes des États membres où cette denrée alimentaire est commercialisé ;

e) les exigences concernant les pratiques publicitaires et commerciales concernant les préparations pour nourrissons ;

f) les exigences concernant les informations à fournir en matière d'alimentation des nourrissons et des enfants en bas âge, afin d'assurer une information adéquate sur les pratiques alimentaires appropriées ;

g) les exigences spécifiques applicables aux denrées alimentaires destinées à des fins médicales spéciales mis *[mises]* au point pour répondre aux besoins nutritionnels des nourrissons, y compris les exigences en matière de composition et les exigences relatives à l'utilisation de pesticides sur des produits destinés à la production de ces denrées alimentaires et aux résidus de pesticides, à l'étiquetage, à la présentation, à la publicité et aux pratiques promotionnelles et commerciales, selon le cas.

Ces actes délégués sont adoptés au plus tard le 20 juillet 2015.

2. Sous réserve des exigences générales énoncées aux articles 6 et 9 et des exigences supplémentaires de l'article 10, et compte tenu des progrès techniques et scientifiques pertinents, y compris les données fournies par les parties intéressées en matière de produits innovants, la Commission est habilitée à adopter des actes délégués en conformité avec l'article 18 afin de mettre à jour les actes visés au paragraphe 1 du présent article.
En cas d'apparition de risques pour la santé, lorsque des raisons d'urgence impérieuses l'exigent, la procédure établie à l'article 19 s'applique aux actes délégués adoptés en vertu du présent paragraphe.

Art. 12 *Boissons à base de lait et produits similaires destinés aux enfants en bas âge.* Le 20 juillet 2015 au plus tard, la Commission, après consultation de l'Autorité, présente au Parlement européen et au Conseil un rapport sur la nécessité éventuelle de dispositions spécifiques relatives aux exigences en matière de composition et d'étiquetage et à d'autres types d'exigences, s'il y a lieu, concernant les boissons à base de lait et les produits similaires destinés aux enfants en bas âge. Dans ce rapport, la Commission examine, entre autres, les besoins nutritionnels des enfants en bas âge, le rôle de ces produits dans leur régime alimentaire et si ces produits présentent des avantages nutritionnels par rapport au régime alimentaire normal d'un enfant pendant la période de sevrage. Un tel rapport peut, si nécessaire, être accompagné d'une proposition législative appropriée.

Art. 13 *Denrées alimentaires destinées aux sportifs.* Le 20 juillet 2015 au plus tard, la Commission, après consultation de l'Autorité, présente au Parlement européen et au Conseil un rapport sur la nécessité éventuelle de dispositions concernant les denrées alimentaires destinées aux sportifs. Un tel rapport peut, si nécessaire, être accompagné d'une proposition législative appropriée.

Art. 14 *Lignes directrices techniques.* La Commission peut adopter des lignes directrices techniques destinées à faciliter le respect du présent chapitre et du chapitre III par les exploitants du secteur alimentaire, en particulier les PME.

CHAPITRE III *Liste de l'Union*

Art. 15 *Liste de l'Union.* 1. Les substances appartenant aux catégories de substances suivantes peuvent être ajoutées à l'une ou plusieurs des catégories de denrées alimentaires visées à l'article 1er, paragraphe 1, pour autant que ces substances figurent sur la liste de l'Union figurant dans l'annexe *[V. au JOUE L 181 du 29 juin 2013]* et respectent les éléments contenus sur la liste de l'Union conformément au paragraphe 3 du présent article :

a) vitamines ;
b) minéraux ;
c) acides aminés ;
d) carnitine et taurine ;
e) nucléotides ;
f) choline et inositol.

2. Les substances figurant sur la liste de l'Union satisfont aux exigences générales visées aux articles 6 et 9 et, le cas échéant, aux exigences spécifiques établies conformément à l'article 11.

3. La liste de l'Union contient les éléments suivants :

a) la catégorie de denrées alimentaires visée à l'article 1er, paragraphe 1, à laquelle les substances appartenant aux catégories de substances énumérées au paragraphe 1 du présent article peuvent être ajoutées ;
b) la dénomination, la description de la substance et, s'il y a lieu, la spécification de sa forme ;
c) s'il y a lieu, les conditions d'utilisation de la substance ;
d) s'il y a lieu, les critères de pureté applicables à la substance.

4. Les critères de pureté établis par la législation de l'Union applicable aux denrées alimentaires, qui est d'application pour les substances figurant sur la liste de l'Union lorsqu'elles sont utilisées pour la fabrication de denrées alimentaires à d'autres fins que celles couvertes par le présent règlement, s'appliquent aussi à ces substances lorsqu'elles sont utilisées à des fins couvertes par le présent règlement, sauf si celui-ci en dispose autrement.

5. Pour les substances figurant sur la liste de l'Union pour lesquelles le droit de l'Union applicable aux denrées alimentaires ne prévoit pas de critères de pureté, les critères de pureté généralement acceptables recommandés par les organismes internationaux sont applicables et ce jusqu'à l'établissement de ces critères.

Les États membres peuvent conserver des règles nationales fixant des critères de pureté plus stricts.

6. Afin de prendre en compte des progrès techniques, des évolutions scientifiques ou la protection de la santé des consommateurs, la Commission est habilitée à adopter, en ce qui concerne les catégories de substances énumérées au paragraphe 1 du présent article, des actes délégués en conformité avec l'article 18, concernant ce qui suit :

a) la suppression d'une catégorie de substances ;
b) l'ajout d'une catégorie de substances ayant un effet nutritionnel ou physiologique.

7. Des substances appartenant à des catégories qui ne sont pas énumérées au paragraphe 1 du présent article peuvent être ajoutées aux denrées alimentaires visées à l'article 1er, paragraphe 1, pour autant qu'elles satisfassent aux exigences générales visées aux articles 6 et 9 et, le cas échéant, aux exigences spécifiques établies conformément à l'article 11.

Art. 16 *Mise à jour de la liste de l'Union.* 1. Sous réserve des exigences générales énoncées aux articles 6 et 9 et, le cas échéant, aux exigences spécifiques arrêtées en conformité avec l'article 11, et afin de prendre en compte les progrès techniques, les évolutions scientifiques ou la protection de la santé des consommateurs, la Commission est habilitée à adopter des actes délégués en conformité avec l'article 18, afin de modifier l'annexe, concernant ce qui suit :

a) l'ajout d'une substance sur la liste de l'Union ;
b) la suppression d'une substance de la liste de l'Union ;
c) l'ajout, la suppression ou la modification des éléments visés à l'article 15, paragraphe 3.

2. En cas d'apparition de risques pour la santé, lorsque des raisons d'urgence impérieuses l'exigent, la procédure établie à l'article 19 s'applique aux actes délégués adoptés en vertu du présent article.

CHAPITRE IV *Dispositions de procédure*

Art. 17 *Comité.*

Art. 18 *Exercice de la délégation.*

Art. 19 *Procédure d'urgence.*

CHAPITRE V *Dispositions finales*

Art. 20 *Abrogation.* 1. La directive 2009/39/CE est abrogée avec effet au 20 juillet 2016. Les références aux actes abrogés s'entendent comme faites au présent règlement.

2. La directive 92/52/CEE et le règlement (CE) n° 41/2009 sont abrogés avec effet au 20 juillet 2016.

3. Sans préjudice du paragraphe 4, premier alinéa, la directive 96/8/CE *[V. ce texte, supra]* ne s'applique pas aux denrées alimentaires présentées comme remplaçant un ou plusieurs des repas constituant la ration journalière à partir du 20 juillet 2016.

4. Le règlement (CE) n° 953/2009 et les directives 96/8/CE, 1999/21/CE, 2006/125/CE et 2006/141/CE sont abrogés à partir de la date d'application des actes délégués visés à l'article 11, paragraphe 1.

En cas de conflit entre le présent règlement et le règlement (CE) n° 953/2009 ainsi que les directives 96/8/CE, 1999/21/CE, 2006/125/CE et 2006/141/CE, le présent règlement prévaut.

Art. 21 *Mesures transitoires.* 1. Les denrées alimentaires visées à l'article 1er, paragraphe 1, du présent règlement qui ne respectent pas le présent règlement mais qui respectent la directive 2009/39/CE et, selon le cas, le règlement (CE) n° 953/2009 et les directives 96/8/CE *[V. ce texte, supra]*, 1999/21/CE, 2006/125/CE et 2006/141/CE et qui ont été mises sur le marché ou ont été étiquetées avant le 20 juillet 2016 peuvent continuer d'être commercialisées jusqu'à épuisement des stocks de ces denrées alimentaires.

Lorsque la date d'application des actes délégués visés à l'article 11, paragraphe 1, du présent règlement est postérieure au 20 juillet 2016, les denrées alimentaires visées à l'article 1er, paragraphe 1, qui respectent le présent règlement et, selon le cas, le règlement (CE) n° 953/2009 ainsi que les directives 96/8/CE, 1999/21/CE, 2006/125/CE et 2006/141/CE mais ne respectent pas lesdits actes délégués, et qui ont été mises sur le marché ou étiquetées avant la date d'application de ces actes délégués, peuvent continuer d'être commercialisées jusqu'à épuisement des stocks de ces denrées alimentaires.

2. Les denrées alimentaires qui ne sont pas visées à l'article 1er, paragraphe 1, du présent règlement mais qui ont été mises sur le marché ou étiquetées conformément à la directive 2009/39/CE et au règlement (CE) n° 953/2009 et, selon le cas, à la directive 96/8/CE et au règlement (CE) n° 41/2009 avant le 20 juillet 2016 peuvent continuer d'être commercialisées jusqu'à épuisement des stocks de ces denrées alimentaires.

Art. 22 *Entrée en vigueur.* Le présent règlement entre en vigueur le vingtième jour suivant celui de sa publication au *Journal officiel de l'Union européenne [JOUE L 181 du 29 juin 2013]*.

Il est applicable à partir du 20 juillet 2016, à l'exception de ce qui suit :

— les articles 11, 16, 18 et 19 sont applicables à partir du 19 juillet 2013,
— l'article 15 et l'annexe du présent règlement sont applicables à partir de la date d'application des actes délégués visés à l'article 11, paragraphe 1.

Arrêté du 9 août 2016,

Relatif à la création d'un traitement automatisé des données à caractère personnel de déclaration de la mise sur le marché de compléments alimentaires.

Art. 1er I. – Il est créé à la direction générale de la concurrence, de la consommation et de la répression des fraudes (DGCCRF) un téléservice comportant un traitement automatisé de données à caractère personnel dénommé "Téléprocédure de déclaration de la mise sur le marché des compléments alimentaires", composé de deux modules distincts :

1° Le premier module, accessible par internet, est destiné aux professionnels responsables de la mise sur le marché des compléments alimentaires tenus d'effectuer une déclaration dans le cadre des articles 15 et 16 du décret du 20 mars 2006 susvisé *[nº 2006-352, relatif aux compléments alimentaires ; V. supra]* et aux mandataires agissant pour leur compte ;

2° Le second module, accessible exclusivement par le réseau interne de la DGCCRF, est destiné aux agents habilités à rechercher les infractions relatives aux compléments alimentaires affectés dans les directions régionales des entreprises, de la concurrence, de la consommation, du travail et de l'emploi (DIRECCTE), dans les directions des entreprises, de la concurrence, de la consommation, du travail et de l'emploi (DIECCTE), dans la direction de la cohésion sociale du travail et de l'emploi et de la population (DCSTEP), dans les directions départementales de la protection des populations (DDPP), dans les directions départementales de la cohésion sociale et de la protection des populations (DDCSPP) et dans ses services à compétence nationale.

II. – Le présent traitement s'intègre dans le cadre des contrôles des compléments alimentaires.

Art. 2 I. – Les principales fonctionnalités du premier module sont :

1° L'enregistrement d'une demande d'adhésion d'une entreprise administrateur du compte ;

2° La création d'un contact dans l'entreprise ;

3° La création et la gestion des comptes utilisateurs pour les auteurs de la saisine agissant au nom de l'entreprise ;

4° La création et la gestion des déclarations de notification de mise sur le marché des compléments alimentaires avec la possibilité d'y joindre des pièces complémentaires ou faire des observations ;

5° La modification d'un produit ou son arrêt de commercialisation ;

6° La déclaration d'une nouvelle substance ;

7° La consultation des notifications et des différents documents (accusé de réception électronique, attestations de libre vente, refus de commercialisation) ;

8° L'enregistrement des distributeurs de l'entreprise.

II. – Les principales fonctionnalités du second module sont :

1° L'enregistrement et la gestion des notifications ;

2° L'administration des listes de référence ;

3° La délivrance de différents documents (attestations de libre vente et refus de commercialisation) ;

4° La gestion des listes "positives" et "négatives" de plantes, nutriments et substances à but nutritionnel ou physiologique.

Art. 3 Les catégories de données à caractère personnel qui sont enregistrées et traitées dans le traitement prévu à l'article 1er sont les suivantes :

1° Données d'identification des agents exerçant des missions dans les services mentionnés à l'article 1er : nom, prénom, unité d'affectation, unité opérationnelle, service, programme LOLF auquel appartient l'agent, profil utilisateur ;

2° Identification juridique et administrative de l'entreprise adhérente (raison sociale pour les sociétés ou nom, prénom pour les entreprises unipersonnelles, adresse, code postal, commune, numéro SIRET ou SIREN ou TVA intracommunautaire, coordonnées du mandataire si différent du professionnel du secteur des compléments alimentaires, numéro de téléphone, numéro de télécopie, adresse de courrier électronique) ;

3° Informations sur l'administrateur du compte de l'entreprise adhérente (civilité, nom de naissance, prénom, adresse de courrier électronique, identifiant individuel, identifiant entreprise, numéro d'adhésion de l'entreprise, numéro de téléphone fixe et/ou de portable, télécopie, fonction au sein de l'entreprise) ;

4° Informations sur le contact dans l'entreprise adhérente (nom, prénom, fonction au sein de l'entreprise, adresse de courrier électronique, numéro de téléphone fixe et/ou de portable, télécopie) ;

5° Informations sur le distributeur de l'entreprise adhérente (numéro SIRET, raison sociale, adresse, code postal, commune) ;

6° Informations sur l'entreprise mandataire (identification juridique et administrative de cette entreprise) agissant au nom de l'entreprise responsable et désignée par l'administrateur du compte de l'entreprise adhérente ;

7° Informations relatives aux éléments de notification de la déclaration ou de modification de compléments alimentaires ou son arrêt de commercialisation (nature et contenu de la saisine, messages, étiquetage ou pièces complémentaires jointes à l'appui de la saisine, données relatives à l'accusé de réception électronique, date d'arrêt de production du produit, date de durabilité minimale) ;

8° Informations relatives aux données contenues dans les différents documents (attestations de libre vente, refus de déclaration) : nom commercial, marque, gamme, forme galénique, numéro de déclaration, raison sociale du déclarant, numéro d'attestation, description du complément alimentaire, liste des ingrédients, composition, date de refus et motif de refus en cas de refus, dates des commentaires en cas d'observation du déclarant ;

9° Informations relatives aux connexions et accès au téléservice (enregistrement de toute création, modification ou suppression de données comprenant l'identifiant de son auteur ainsi que la date, l'heure et l'objet de l'opération).

Art. 4 Les données d'identification des agents mentionnées au 1° de l'article 3 sont supprimées au départ de l'agent.

Les données à caractère personnel et informations enregistrées mentionnées aux 2°, 3°, 4° et 5° de l'article 3 sont conservées un mois après la suppression du compte de l'entreprise adhérente.

Les données à caractère personnel et informations enregistrées mentionnées au 6° de l'article 3 sont conservées soit pendant la durée du mandat de l'entreprise mandataire, soit un mois après la suppression du compte de l'entreprise adhérente.

Les données à caractère personnel et informations enregistrées mentionnées aux 7° et 8° de l'article 3 sont conservées trois ans après l'arrêt de commercialisation du produit déclaré.

Les informations relatives aux connexions et accès au téléservice mentionnées au 9° de l'article 3 sont conservés pendant une durée qui ne peut excéder six mois à compter du jour de leur enregistrement.

Art. 5 Le présent traitement est en relation avec la base SIRENE pour vérifier le numéro SIRET de l'établissement.

Art. 6 I. – Parmi les destinataires, seuls les agents habilités et affectés dans les directions mentionnées à l'article 1er accèdent au traitement en raison de leurs attributions respectives et dans la limite du besoin d'en connaître.

II. – Les personnes autorisées à recevoir communication des données à caractère personnel contenues dans le traitement sont les agents mentionnés aux articles L. 511-3 et L. 511-22 du code de la consommation.

Art. 7 Les droits d'accès, de rectification, prévus aux articles 39 à 40 de la loi du 6 janvier 1978 susvisée *[n° 78-17, relative à l'informatique, aux fichiers et aux libertés]* s'exercent pour les agents mentionnés à l'article 6 auprès des responsables hiérarchiques locaux et pour les professionnels responsables de la mise sur le marché des compléments alimentaires à l'adresse suivante : DGCCRF, 59, boulevard Vincent-Auriol, 75703 Paris Cedex 13 (bureau 2D qualité, performance et systèmes d'information, télédoc 052).

Art. 8 Le droit d'opposition prévu à l'article 38 de la loi du 6 janvier 1978 susvisée ne s'applique pas au traitement mis en place.

Arrêté du 26 septembre 2016,

Établissant la liste des substances à but nutritionnel ou physiologique autorisées dans les compléments alimentaires et les conditions de leur emploi.

Art. 1er Le présent arrêté établit la liste des substances à but nutritionnel ou physiologique, mentionnées au 2° de l'article 6 du décret *[nº 2006-352]* du 20 mars 2006 susvisé ainsi que les conditions de leur emploi dans la fabrication des compléments alimentaires.

Art. 2 Le présent arrêté s'applique aux compléments alimentaires auxquels sont ajoutées des substances chimiquement définies, à des fins nutritionnelles ou physiologiques.

Il ne s'applique pas :

— aux nutriments définis au 2° de l'article 2 du décret du 20 mars 2006 susvisé ;

— aux substances utilisées à des fins autres que nutritionnelles ou physiologiques.

Art. 3 Sans préjudice des dispositions des 1° et 3° de l'article 6 du décret du 20 mars 2006 susvisé, seules les substances à but nutritionnel ou physiologique figurant à l'annexe I peuvent être mises sur le marché afin d'être employées dans la fabrication des compléments alimentaires.

Art. 4 Les substances à but nutritionnel ou physiologique peuvent être employées, seules ou en mélange, dans la fabrication d'un complément alimentaire si elles remplissent les conditions suivantes :

1° Elles ne présentent pas de danger pour la santé du consommateur auquel le produit est destiné, aux doses proposées, selon les preuves scientifiques disponibles ;

2° Leur utilisation n'induit pas le consommateur en erreur.

Art. 5 1° Sans préjudice des 2 et 3 *[2° et 3°]*, la quantité totale de substance à but nutritionnel ou physiologique présente dans la portion journalière maximale de complément alimentaire dont la consommation est recommandée est limitée à la dose nécessaire pour atteindre l'objectif nutritionnel ou physiologique désiré, lorsque cette dose est connue.

2° L'ajout, dans un complément alimentaire, d'une substance à but nutritionnel ou physiologique respecte les conditions fixées au 1 de l'annexe I.

3° L'ajout, dans un complément alimentaire, d'une substance à but nutritionnel ou physiologique figurant au 2 de l'annexe I ne doit pas conduire à ce que celui-ci constitue un médicament par fonction tel que défini par l'article L. 5111-1 du code de la santé publique, notamment en exerçant une activité pharmacologique.

A ce titre, la quantité de substance à but nutritionnel ou physiologique présente dans la portion journalière maximale de complément alimentaire dont la consommation est recommandée ne doit pas atteindre la dose considérée comme pharmacologique.

Art. 6 Les producteurs de substances à but nutritionnel ou physiologique et les producteurs de compléments alimentaires en contenant détiennent, dans la limite de leurs activités, les informations nécessaires pour s'assurer de la conformité de leurs produits.

A cette fin, ils détiennent notamment les informations pertinentes énumérées à l'annexe II.

Art. 7 Les producteurs de compléments alimentaires contenant des substances à but nutritionnel ou physiologique :

— fournissent aux consommateurs les informations garantissant une consommation sûre et non préjudiciable à la santé, en particulier par les femmes enceintes et allaitantes ;

— mettent en place une surveillance postérieure à la commercialisation de leurs produits de manière à être informés des effets indésirables que ceux-ci pourraient provoquer.

Art. 8 Les dispositions du présent arrêté entrent en vigueur le 1er janvier 2017.

ANNEXES
ANNEXE I

SUBSTANCES À BUT NUTRITIONNEL OU PHYSIOLOGIQUE DONT L'EMPLOI EST AUTORISÉ DANS LES COMPLÉMENTS ALIMENTAIRES

1. Substances à but nutritionnel ou physiologique soumises à des restrictions spécifiques

Caféine	La quantité présente dans la portion journalière recommandée ne doit pas dépasser 200 mg.
Carnitine	La quantité présente dans la portion journalière recommandée ne doit pas dépasser 2 000 mg. Toutes les formes d'apport contiennent une carnitine de haute pureté chimique (99 % de l'énantiomère L).

Créatine	La quantité présente dans la portion journalière recommandée ne doit pas dépasser 3 000 mg.
Lycopène	La quantité présente dans la portion journalière recommandée ne doit pas dépasser 15 mg.

2. Autres substances à but nutritionnel ou physiologique

Les substances à but nutritionnel ou physiologique autres que celles figurant dans le tableau établi au 1 sont autorisées dans les compléments alimentaires, sous réserve qu'elles ne soient pas considérées comme des nouveaux ingrédients au sens de l'article 1er du règlement du 27 janvier 1997 *[nº 258/97]* susvisé.

La direction générale de la concurrence, de la consommation et de la répression des fraudes établit et tient un registre des substances à but nutritionnel ou physiologique entrant dans cette catégorie.

ANNEXE II

INFORMATIONS DÉTENUES PAR LES OPÉRATEURS DU SECTEUR ALIMENTAIRE POUR CARACTÉRISER UNE SUSBTANCE À BUT NUTRITIONNEL OU PHYSIOLOGIQUE

Les informations à communiquer dépendent notamment de l'activité de l'opérateur et de la substance. Toute absence doit néanmoins être justifiée.

Le format de présentation des données suit le canevas ci-dessous ; toutefois*[,]* un renvoi vers des documents préétablis (fiche de spécification, SDS...) est possible.

SUBSTANCE À BUT NUTRITIONNEL OU PHYSIOLOGIQUE

Cette section regroupe les informations générales permettant d'identifier la substance à but nutritionnel ou physiologique et d'en connaître les caractéristiques essentielles.

Informations générales

Des informations succinctes sont attendues sur :

— la nomenclature de la substance ;

— la structure de la substance ;

— les propriétés générales de la substance.

S'agissant de la nomenclature, sont à fournir les différentes dénominations de la substance (dénomination commune internationale, nom IUPAC) ainsi que ses numéros d'enregistrement dans les banques de référence (numéro CAS, EINECS, RTECS, code ATC...).

La formule développée, y compris la stéréochimie, la structure moléculaire et la masse molaire sont à fournir.

Une liste des propriétés physicochimiques et des autres propriétés pertinentes de la substance est à fournir.

Fabrication

Des informations sont attendues sur :

— le ou les fabricants ;

— le procédé de fabrication ;

— les matières premières.

Sont à indiquer le nom, l'adresse et le rôle de chaque fabricant.

Il convient de décrire de façon adéquate le procédé de fabrication de la substance. Un diagramme de fabrication incluant chaque étape doit être fourni. La nature des matières premières et des intrants mis en œuvre dans le procédé doit être précisée.

Caractérisation

La caractérisation vise à prouver l'identité de la substance en vérifiant sa structure sur la base de méthodes appropriées, notamment physico-chimiques. La nature, le référentiel et le résultat des tests réalisés doivent être présentés.

Sont également attendues des données sur les impuretés : nature, origine, quantités, méthodes analytiques utilisées.

Spécifications

Une information détaillée sur les spécifications utilisées pour le contrôle de routine de la substance, accompagnée d'une justification du choix de ces spécifications, les méthodes analytiques et leur validation doit être fournie.

Références

Une présentation détaillée sur les normes et les molécules de référence utilisées pour tester la substance doit être faite.

Stabilité de la substance

Doivent être exposés de manière sommaire les types d'études réalisées, les protocoles utilisés et les résultats obtenus.

Lorsqu'il existe une norme de référence reconnue (telle qu'une monographie de la Pharmacopée) prenant en compte cette problématique, de telles études ne sont pas requises s'il est démontré que la substance est conforme jusqu'au moment de son utilisation dans la fabrication d'un complément alimentaire.

COMPLÉMENT ALIMENTAIRE CONTENANT LA SUBSTANCE À BUT NUTRITIONNEL OU PHYSIOLOGIQUE

Cette section regroupe les informations générales permettant d'expliquer l'usage de la substance à but nutritionnel ou physiologique dans le complément alimentaire.

Description et composition du produit fini

Une description rapide du produit fini (forme, dose journalière recommandée) et de sa composition doit être fournie. Cette description inclut la liste de tous les ingrédients et leur quantité par dose journalière recommandée.

Stabilité du produit fini

Doivent être exposés de manière sommaire les types d'études réalisées, les protocoles utilisés et les résultats obtenus.

En l'absence de telles études, il convient de fournir les données justifiant leur absence et les modalités de détermination du délai de durabilité.

Développement du produit fini

Des justifications sont attendues sur le choix de la dose retenue pour la substance à but nutritionnel ou physiologique, au regard des données disponibles concernant sa sécurité et son effet nutritionnel ou physiologique.

PRODUITS « MONTAGNE »

Code rural et de la pêche maritime

Les mentions « montagne » et « produit de montagne »

Art. L. 641-14 *(Ord. nº 2015-1246 du 7 oct. 2015, art. 3-10º)* **Peuvent être assortis de la mention "montagne" les produits agricoles non alimentaires et non transformés et les produits destinés à la consommation humaine autres que ceux énumérés à l'annexe I du traité sur le fonctionnement de l'Union européenne, qui sont produits et élaborés dans les zones de montagne et qui répondent aux conditions fixées par décret en Conseil d'État.**

Ce décret peut subordonner l'utilisation de cette mention à une déclaration préalable à l'autorité administrative.

Libre circulation. Sur la compatibilité de la loi du 9 janv. 1985 et de son décret d'application avec *le Règl. (CE) nº 2081/92, il* y a *lieu* de poser une question préjudicielle à la CJCE. • Crim. 3 oct. 1994 : *Dr. pénal 1995. Comm. 124, obs. J.-H. Robert ; JCP E 1995. Pan. 68.* ♦ En réservant l'utilisation de la dénomination « montagne » aux seuls produits fabriqués en France à partir de matières premières françaises, la loi nº 85-30 du 9 janv. 1985 et le décret du 26 févr. 1988 pris pour son application instituent une discrimination entre produits nationaux et non nationaux constitutive, au sens de l'art. 30 du Traité des communautés européennes, d'une entrave actuelle ou potentielle aux échanges intracommunautaires, dès lors qu'elle n'est justifiée par aucune des réserves prévues par l'art. 36 du même traité (jurisprudence relative à la loi n° 85-30 du 9 janv. 1985 dans sa version initiale). • Crim. 18 sept. 1997 : *Bull. crim. n° 305; RTD com. 1998. 430, obs. Bouloc; D. Affaires 1997. 1331; D. 1997. IR 233; Dr. pénal 1997. 157, note J.-H. Robert; BID 1998, n°s 7-8, p. 35.*

Art. L. 641-15 *(Ord. n° 2015-1246 du 7 oct. 2015, art. 3-10°)* **Les dispositions de l'article L. 641-14 ne sont pas applicables aux produits légalement produits ou commercialisés dans l'un des États membres de l'Union européenne ou en Turquie ou dans l'un des États parties à l'accord sur l'Espace économique européen, qui emploient dans leur étiquetage ou leur présentation la mention "montagne".**

Art. L. 641-16 *(Ord. n° 2015-1246 du 7 oct. 2015, art. 3-10°)* **La mention "produit de montagne" peut être utilisée pour décrire les produits destinés à la consommation humaine énumérés à l'annexe I du traité sur le fonctionnement de l'Union européenne et définis au paragraphe 1 de l'article 31 du règlement (UE) n° 1151/2012 du Parlement européen et du Conseil du 21 novembre 2012 relatif aux systèmes de qualité applicables aux produits agricoles et aux denrées alimentaires et qui respectent les dispositions de ce règlement et des actes d'exécution pris pour son application ainsi que les dispositions prises par décret en Conseil d'État pour sa mise en œuvre.**

Afin de permettre le contrôle du respect de ces dispositions dans les conditions prévues à l'article 34 de ce règlement, ce décret peut subordonner l'utilisation de la mention "produit de montagne" à une déclaration préalable à l'autorité administrative.

....

Art. R. 641-32 *(Décr. n° 2017-775 du 4 mai 2017, art. 2-31°)* **La mention "montagne" est réservée aux produits mentionnés à l'article L. 641-14 dont les matières premières sont issues d'une zone de montagne et les opérations de production, de transformation et d'élaboration se déroulent dans une zone de montagne.**

Art. R. 641-33 *(Décr. n° 2017-775 du 4 mai 2017, art. 2-32°)* **Par dérogation à l'article R. 641-32, l'obligation de provenance d'une zone de montagne ne s'applique pas aux matières premières qui, pour des raisons naturelles, ne sont pas produites dans une zone de montagne.**

PRODUITS SURGELÉS

Décret n° 64-949 du 9 septembre 1964,

Portant application de l'article L. 412-1 du code de la consommation pour les produits surgelés (Ord. n° 2016-301 du 14 mars 2016, art. 2, en vigueur le 1er juill. 2016).

Art. 1er Le qualificatif "surgelé" ou toute autre dénomination comprenant un composé ou dérivé de ce mot ou évoquant l'idée de congélation ultra-rapide est réservé aux produits alimentaires ou boissons qui :

***a)* Se trouvaient au moment de leur surgélation dans un parfait état de fraîcheur ;**

***b)* Répondaient, au même moment, et chacun en ce qui le concerne, aux caractéristiques prévues par les textes spéciaux en vigueur en matière de répression des fraudes et, pour les viandes, abats et produits d'origine animale, en matière de salubrité ;**

***c)* Ont fait l'objet des opérations nécessaires de triage et de parage ;**

***d)* Ont été soumis en vue de leur stabilisation à un abaissement de température suffisant pour permettre l'obtention à "cœur" d'une température égale ou inférieure à – 18°C appliquée le plus tôt possible après la capture, l'abattage ou la préparation. L'opération de surgélation doit être conduite de manière à franchir très rapidement la zone de température de cristallisation maximum ;**

(Décr. n° 91-1230 du 3 déc. 1991) **« Pendant l'opération de congélation il est interdit d'utiliser en contact direct avec les produits des fluides frigorigènes autres que ceux dont la liste et les conditions d'emploi sont fixées par arrêté pris dans les formes prévues à l'article 1er du décret du 15 avril 1912 *[V. v° Denrées alimentaires]* susvisé. »**

e) *(Décr. n° 91-1230 du 3 déc. 1991 ; Décr. n° 97-1016 du 5 nov. 1997)* **« Ont été maintenus, en tous points, à une température inférieure ou égale à – 18°C depuis la surgélation jusqu'à la remise au consommateur final ou l'utilisation par les restaurants, hôpitaux, cantines et autres collectivités similaires. Toutefois, cette température peut, pendant le transport et**

pendant la conservation dans les meubles de vente, subir de brèves variations en hausse n'excédant pas 3°C. »

(*Décr. nº 97-1016 du 5 nov. 1997*) « Des arrêtés conjoints du ministre chargé de la santé, du ministre chargé de la consommation, du ministre chargé de l'industrie et du ministre chargé de l'agriculture déterminent :

« 1. Les conditions techniques de surgélation et de conservation applicables à chaque catégorie de produits visés par le présent décret ;

« 2. Les dispositifs techniques et les méthodes qui doivent être utilisés par les agents chargés du contrôle pour vérifier le respect des règles de température. »

Art. 2 (*Décr. nº 91-1230 du 3 déc. 1991*) « Les véhicules, récipients ou emballages utilisés par une personne autre que le consommateur final pour le transport des produits surgelés doivent permettre le respect des règles de température prévues à l'article 1er ci-dessus. »

Au stade de la vente au détail, les produits surgelés doivent être conservés, dès leur réception et jusqu'à leur remise au consommateur, dans des chambres froides ou des meubles spéciaux permettant le respect des règles de température prévues à l'article 1er.

Des arrêtés du ministre de l'agriculture et des ministres intéressés pourront en cas de besoin fixer les caractéristiques des chambres froides et des meubles mentionnés à l'alinéa précédent.

Art. 2-1 *Abrogé par Décr. nº 2006-372 du 28 mars 2006.*

Art. 3 Les produits visés au présent décret devront être exempts de germes pathogènes et satisfaire aux conditions bactériologiques qui pourront être fixées par arrêté contresigné des ministres de l'agriculture, de la santé publique et de la population et, s'il y a lieu, du ministre chargé de la marine marchande.

Art. 4 (*Décr. nº 91-1230 du 3 déc. 1991*) Les produits surgelés destinés au consommateur final doivent être conditionnés dans des préemballages qui assurent leur protection, notamment contre les contaminations extérieures microbiennes et contre la dessiccation.

Art. 5 Tout fabricant, distributeur ou vendeur en gros de produits surgelés doit adresser au préfet du département (service de la répression des fraudes) dans lequel est situé son établissement, avant l'ouverture de celui-ci ou, s'il s'agit d'un établissement fonctionnant à la date de publication du présent décret, au plus tard un mois après cette date, une déclaration en deux exemplaires indiquant son nom ou sa raison sociale et son adresse, le lieu de l'établissement ainsi que la nature des produits soumis à la surgélation. Un récépissé de sa déclaration est remis à l'intéressé.

Art. 6 (*Décr. nº 2006-372 du 28 mars 2006*) L'étiquetage des produits surgelés doit comporter les mentions prévues à l'article R. 112-9 *[ancien]* du code de la consommation complétées ou modifiées ainsi qu'il suit :

1. La dénomination de vente des produits mentionnés à l'article 1er est complétée par la mention "surgelé" ;

2. Lorsque les produits sont destinés au consommateur final ou aux restaurants, hôpitaux, cantines ou autres collectivités similaires, l'étiquetage comporte également l'indication que le produit ne doit pas être recongelé après une décongélation, ainsi que la date de durabilité minimale, accompagnée de l'indication de la période durant laquelle les produits surgelés peuvent être entreposés par le destinataire ;

3. Lorsque les produits surgelés ne sont pas destinés au consommateur final ou aux collectivités mentionnées à l'alinéa précédent, l'emballage ou une étiquette liée à celui-ci portent les mentions suivantes :

a) La dénomination de vente complétée conformément au 1 du présent article ;

b) La quantité nette exprimée en unité de masse ;

c) Une mention permettant d'identifier le lot ;

d) Le nom ou la raison sociale et l'adresse du fabricant ou du conditionneur ou d'un *vendeur établi à l'intérieur de* la Communauté.

Les autres mentions obligatoires prévues à l'article R. 112-9 *[ancien]* du même code peuvent figurer sur les fiches, bons de livraison ou documents commerciaux lorsque ceux-ci accompagnent les denrées alimentaires auxquelles ils se rapportent, ou ont été envoyés avant ou en même temps que la livraison. Ces documents doivent être détenus sur les lieux d'utilisation ou de stockage des denrées alimentaires y afférentes.

Art. 7 Les mesures de détail relatives à l'application du présent décret, et notamment les règles de composition, de conditionnement, de dénomination et d'étiquetage, auxquelles devront répondre les produits surgelés d'une catégorie donnée, pourront être fixées par arrêté du ministre de l'agriculture, du ministre chargé du commerce et pour celles des poissons et autres animaux marins par arrêtés concertés du ministre de l'agriculture, du ministre chargé du commerce et du ministre chargé de la marine marchande.

Art. 8 *(Décr. nº 91-1230 du 3 déc. 1991)* Les dispositions du présent décret ne sont pas applicables aux glaces alimentaires.

Art. 8-1 *Abrogé par Décr. nº 2009-1083 du 1er sept. 2009, art. 2. – V. C. consom., art. R. 412-35.*

Arrêté du 16 novembre 1999,

Relatif à la publicité, à l'égard du consommateur, des prix de vente à l'unité de mesure de certains produits préemballés.

V. ce texte, concernant notamment les glaces, vº Prix (publicité).

PUBLICITÉ TÉLÉVISÉE

Code de la santé publique

Alimentation, publicité et promotion

Art. L. 2133-1 *V. vº Denrées alimentaires.*

Art. R. 2133-1 *(Décr. nº 2007-263 du 27 févr. 2007)* Le contenu de l'information à caractère sanitaire que doivent contenir les messages publicitaires et promotionnels mentionnés à l'article L. 2133-1 est fixé par arrêté interministériel, après avis de l'*(Décr. nº 2011-385 du 11 avr. 2011, art. 1er)* « Agence nationale de sécurité sanitaire de l'alimentation, de l'environnement et du travail » et de l'*(Décr. nº 2016-523 du 27 avr. 2016, art. 4-I)* « Agence nationale de santé publique ». *— V. Arr. du 27 févr. 2007, infra.*

Cet arrêté fixe une liste des informations à caractère sanitaire à utiliser par les annonceurs ou les promoteurs et leurs adaptations en fonction du support et des modalités techniques de diffusion du message publicitaire ou promotionnel, du public intéressé, des catégories de boissons et d'aliments et de leur composition.

BIBL. ▶ FELDMAN, *D. 2008. 1492* (lutte contre l'obésité infantile ou infantilisation des Français ?). – FRIANT-PERROT et GARDE, *LPA 6 oct. 2011* (la publicité alimentaire et la lutte contre l'obésité infantile en droit français et en droit anglais).

Art. R. 2133-2 *(Décr. nº 2007-263 du 27 févr. 2007)* Le message à caractère sanitaire mentionné au quatrième alinéa de l'article L. 3323-4 tient lieu d'information à caractère sanitaire au sens de l'article L. 2133-1. *— V. art. L. 3323-4 préc., vº Boissons alcooliques.*

Art. R. 2133-3 *(Décr. nº 2007-263 du 27 févr. 2007)* Chaque année, l'*(Décr. nº 2016-523 du 27 avr. 2016, art. 4-I)* « Agence nationale de santé publique » consulte les organisations représentatives des annonceurs et des promoteurs sur les orientations, pour l'année suivante, des actions d'information et d'éducation nutritionnelles financées par le produit de la contribution mentionnée à l'article L. 2133-1 et portant notamment sur les thèmes et supports des actions envisagées.

Loi nº 86-1067 du 30 septembre 1986,

Relative à la liberté de communication.

Art. 27 *(L. nº 89-25 du 17 janv. 1989)* Compte tenu des missions d'intérêt général des organismes du secteur public et des différentes catégories de services de communication audiovisuelle diffusés par voie hertzienne terrestre ou par satellite, des décrets en Conseil d'État fixent les principes généraux définissant les obligations concernant :

1º *(L. nº 2000-719 du 1er août 2000, art. 25-I)* « La publicité, le télé-achat et le parrainage ;

« 1° *bis* Les services consacrés exclusivement à l'autopromotion ou au télé-achat ; »

....

Art. 33 *(L. n° 2000-719 du 1er août 2000, art. 55)* Un décret en Conseil d'État, pris après avis du Conseil supérieur de l'audiovisuel, fixe, pour chaque catégorie de services de *(L. n° 2004-669 du 9 juill. 2004, art. 59 et 108)* « radio ou de télévision distribués par les réseaux n'utilisant pas des fréquences assignées par le conseil supérieur de l'audiovisuel » :

....

3° Les règles applicables à la publicité, au télé-achat et au parrainage ;

4° Les règles applicables aux services consacrés exclusivement à l'autopromotion ou au télé-achat ;

....

Art. 33-2 *(L. n° 2009-258 du 5 mars 2009, art. 55)* Un décret en Conseil d'État, pris après avis du Conseil supérieur de l'audiovisuel, fixe pour les services de médias audiovisuels à la demande distribués par les réseaux n'utilisant pas des fréquences assignées par le Conseil supérieur de l'audiovisuel :

1° Les règles applicables à la publicité, au télé-achat et au parrainage ;

....

Art. 43 *(L. n° 2004-669 du 9 juill. 2004, art. 86)* Toute forme de publicité accessible par un service de communication audiovisuelle doit être clairement identifiée comme telle. Elle doit également permettre d'identifier la personne pour le compte de laquelle elle est réalisée.

Décret n° 92-280 du 27 mars 1992,

Pris pour l'application des articles 27 et 33 de la loi n° 86-1067 du 30 septembre 1986 et fixant les principes généraux définissant les obligations des éditeurs de services en matière de publicité, de parrainage et de télé-achat (Décr. n° 2001-1331 du 28 déc. 2001).

BIBL. ▶ Ouverture de nouveaux secteurs à la publicité télévisée (Décr. 7 oct. 2003) : HANSE, *Gaz. Pal. 28-29 avr. 2004, Doctr.* – HAQUET, *Gaz. Pal. 2007. 3780* (secteurs interdits de publicité télévisée : suite... et fin). ▶ CLAQUIN, *CCE 2009. Alerte 15* (placement de produit et protection du consommateur : la publicité clandestine en voie de régularisation ?).

Art. 1er *(Décr. n° 2001-1331 du 28 déc. 2001)* Le présent décret est applicable aux éditeurs de services de télévision.

L'article 15 excepté, il est également applicable aux éditeurs de services autres que de télévision diffusés par voie hertzienne terrestre en mode numérique, dans des conditions fixées par la convention conclue avec le Conseil supérieur de l'audiovisuel. *(Décr. n° 2010-1379 du 12 nov. 2010, art. 20, en vigueur le 1er janv. 2011)* « La mise à disposition de messages publicitaires, de parrainage et de téléachat par un éditeur de services de médias audiovisuels à la demande est toutefois régie par le décret n° 2010-1379 du 12 novembre 2010 relatif aux services de médias audiovisuels à la demande. » — *V. ce texte, infra.*

TITRE PREMIER Publicité

CHAPITRE PREMIER *Dispositions générales*

Art. 2 Pour l'application du présent décret, constitue une publicité toute forme de message télévisé diffusé contre rémunération ou autre contrepartie en vue soit de promouvoir la fourniture de biens ou services, y compris ceux qui sont présentés sous leur appellation générique, dans le cadre d'une activité commerciale, industrielle, artisanale ou de profession libérale, soit d'assurer la promotion commerciale d'une entreprise publique ou privée.

Cette définition n'inclut pas les offres directes au public en vue de la vente, de l'achat ou de la location de produits ou en vue de la fourniture de services contre rémunération.

Art. 3 La publicité doit être conforme aux exigences de véracité, de décence et de respect de la dignité de la personne humaine.

Elle ne peut porter atteinte au crédit de l'État.

Art. 4 La publicité doit être exempte de toute discrimination en raison de la race, du sexe *(Décr. n° 2010-1379 du 12 nov. 2010, art. 20, en vigueur le 1er janv. 2011)* « , de la nationalité, du handicap, de l'âge ou de l'orientation sexuelle », de toute scène de violence et de toute incitation à des comportements préjudiciables à la santé, à la sécurité des personnes et des biens ou à la protection de l'environnement.

Art. 5 La publicité ne doit contenir aucun élément de nature à choquer les convictions religieuses, philosophiques ou politiques des téléspectateurs.

Art. 6 La publicité doit être conçue dans le respect des intérêts des consommateurs. Toute publicité comportant, sous quelque forme que ce soit, des allégations, indications ou présentations fausses ou de nature à induire en erreur les consommateurs est interdite.

Art. 7 La publicité ne doit pas porter *(Décr. nº 2001-1331 du 28 déc. 2001)* « un préjudice moral ou physique » aux mineurs. A cette fin, elle ne doit pas :

1° Inciter directement les mineurs à l'achat d'un produit ou d'un service en exploitant leur inexpérience ou leur crédulité ;

2° Inciter directement les mineurs à persuader leurs parents ou des tiers d'acheter les produits ou les services concernés ;

3° Exploiter ou altérer la confiance particulière que les mineurs ont dans leurs parents, leurs enseignants ou d'autres personnes ;

4° Présenter sans motif *(Abrogé par Décr. nº 2001-1331 du 28 déc. 2001)* « ***légitime*** » des mineurs en situation dangereuse.

Art. 8 Est interdite la publicité concernant, d'une part, les produits dont la publicité télévisée fait l'objet d'une interdiction législative et, d'autre part, les produits et secteurs économiques suivants :

— boisson comprenant plus de 1,2 degré d'alcool ;

— *(Décr. nº 2003-960 du 7 oct. 2003, en vigueur le 1er janv. 2004)* « édition littéraire sauf sur les services de télévision exclusivement distribués par câble ou diffusés par satellite » ;

— cinéma ;

— *(Abrogé par Décr. nº 2003-960 du 7 oct. 2003, à compter du 1er janv. 2004)* « ***presse*** » ;

— *(Décr. nº 2003-960 du 7 oct. 2003, en vigueur le 1er janv. 2004)* « distribution pour les opérations commerciales de promotion se déroulant entièrement ou principalement sur le territoire national, sauf dans les départements d'outre-mer et les territoires de la Polynésie française, des îles Wallis-et-Futuna, dans *(L. nº 2010-1488 du 7 déc. 2010, art. 36)* « le département de Mayotte » et en Nouvelle-Calédonie.

« Au sens du présent décret, on entend par opération commerciale de promotion toute offre de produits ou de prestations de services faite aux consommateurs ou toute organisation d'événement qui présente un caractère occasionnel ou saisonnier, résultant notamment de la durée de l'offre, des prix et des conditions de vente annoncés, de l'importance du stock mis en vente, de la nature, de l'origine ou des qualités particulières des produits ou services ou des produits ou prestations accessoires offerts. » — *V. aussi art. 34-1.*

V. Recommandations du CSA du 19 déc. 2003 relatives à la publicité télévisée en faveur du secteur de la presse (JO 6 janv. 2004) ; ... en faveur du secteur de l'édition littéraire (JO 6 janv. 2004).

V. la grille de lecture du BVP du 15 mai 2006 relative à la publicité télévisée dans le secteur de la distribution (BRDA 2006, nº 12, p. 10).

1. Modes de publicité. Le CSA n'a pas compétence pour autoriser l'accès à la publicité audiovisuelle de sites internet qui, par leur activité, contribuent à la promotion commerciale des entreprises relevant des secteurs auxquels la publicité commerciale est interdite. • CE 3 juill. 2000 : *D. 2000. IR 208 ; Légipresse 2000, III, p. 132, note B. Delcros.*

2. Secteurs d'activité : boissons alcooliques. La réglementation française interdisant la publicité télévisée pour les boissons alcooliques comportant un taux d'alcool supérieur à 1,2 degré commercialisées en France est propre à garantir la réalisation de l'objectif de protection de la santé publique qu'elle poursuit, sans revêtir de caractère disproportionné. • CJCE 13 juill. 2004 : *D. 2004. 3060, note Zarka ; D. 2006. Pan. 196, obs. Alaphilippe ; RSC 2005. 571, obs. Fourgoux ; LPA 9 août 2006, note Derieux.* ♦ Sur la publicité en faveur de boissons alcooliques, diffusée à la télévision au moment des manifestations sportives, V. aussi • Paris, 23 sept. 1997 : *D. 1998. Somm. 125, obs. Hassler et Lapp ; Gaz. Pal. 1998. 1. 361* (pourvoi rejeté par • Com. 5 avr. 2005 : D. 2005. AJ 1082, obs. Daleau ; *CCC 2005, nº 159, note Raymond*). ♦ V. vº *Boissons alcooliques*, notes ss. art. L. 3323-2 CSP.

3. ... Distribution. Sur le contournement de l'interdiction de la publicité télévisée concernant le secteur économique de la distribution par la prise abusive de la qualité de producteur, par le biais de sociétés filiales, V. • Paris, 16 oct. 1996 : *Gaz. Pal. 1997. 1. Somm. 278, obs. Grelier-Lenain.*

4. Outre-mer. Sur le régime applicable en outre-mer, V. • CE 29 juin 1994, *Assoc. « Presse de la Réunion » : Dr. adm. 1994. 442.*

Art. 9 La publicité clandestine est interdite.

Pour l'application du présent décret, constitue une publicité clandestine la présentation verbale ou visuelle de marchandises, de services, du nom, de la marque ou des activités d'un producteur de marchandises ou d'un prestataire de services dans des programmes, lorsque cette présentation est faite dans un but publicitaire.

Art. 10 La publicité ne doit pas utiliser des techniques subliminales.

Art. 11 La publicité ne doit faire appel ni visuellement ni oralement à des personnes présentant régulièrement les journaux télévisés et les magazines d'actualité.

CHAPITRE II *Règles relatives à la diffusion des messages publicitaires*

Art. 12 *(Décr. nº 2010-1379 du 12 nov. 2010, art. 20)* Les messages publicitaires sont diffusés dans le respect des dispositions de la loi nº 94-665 du 4 août 1994 relative à l'emploi de la langue française. — *V. cette loi, vº Langue française.*

Art. 13 *(Décr. nº 2001-1331 du 28 déc. 2001)* Les messages publicitaires doivent être diffusés simultanément dans l'ensemble de la zone de service. Toutefois, cette disposition :

1º Ne s'applique pas aux éditeurs de services qui comptent au nombre de leurs obligations la programmation d'émissions à caractère régional, pour cette programmation ;

2º Ne fait pas obstacle à la réalisation, sous le contrôle du Conseil supérieur de l'audiovisuel et dans des zones géographiquement limitées, d'échanges de messages entre annonceurs à des fins d'expérimentation commerciale ;

3º Ne fait pas obstacle à ce que les éditeurs de services distribués par câble ou diffusés par satellite procédant à des décrochages locaux sous leur responsabilité éditoriale puissent diffuser des messages publicitaires au cours de ces décrochages.

Art. 14 Les messages publicitaires ou les séquences de messages publicitaires doivent être aisément identifiables comme tels et nettement séparés du reste du programme, avant comme après leur diffusion, par des écrans reconnaissables à leurs caractéristiques optiques et acoustiques.

(Décr. nº 2001-1331 du 28 déc. 2001) « Lorsque les caractéristiques du service de télévision ne permettent pas que la publicité soit clairement identifiée comme telle par les moyens prévus à l'alinéa précédent, les conventions et cahiers des charges peuvent définir les conditions dans lesquelles il est satisfait à cette obligation. »

Les messages d'intérêt général à caractère non publicitaire tels que ceux diffusés dans le cadre des campagnes des organisations caritatives et des campagnes d'information des administrations peuvent être insérés, le cas échéant, dans les séquences publicitaires.

(Décr. nº 2010-747 du 2 juill. 2010, art. 48) « Le niveau sonore des séquences publicitaires ainsi que des écrans qui les précèdent et qui les suivent ne doit pas excéder, s'agissant notamment du traitement de la dynamique sonore, le niveau sonore moyen du reste du programme. »

(Décr. nº 2001-1331 du 28 déc. 2001) « La publicité isolée doit être exceptionnelle » *(Décr. nº 2008-1392 du 19 déc. 2008, art. 1er, en vigueur le 1er janv. 2009)* « sauf lors de la diffusion de manifestations sportives ».

Art. 15 Sous réserve des dispositions de l'article 73 de la loi du 30 septembre 1986 susvisée et sans préjudice des dispositions particulières applicables à chaque organisme ou service mentionné à l'article 1er, la publicité est diffusée dans les conditions suivantes :

I. — Les messages publicitaires sont insérés entre les émissions. Toutefois, ils peuvent être insérés dans les émissions, à condition de ne pas porter atteinte à l'intégrité et à la valeur de ces émissions, de tenir compte des interruptions naturelles du programme ainsi que de sa durée et de sa nature, et de ne pas porter atteinte aux droits des ayants droit.

Dans le cas prévu ci-dessus, une période d'au moins vingt minutes doit s'écouler entre deux interruptions successives à l'intérieur d'une émission.

II. — Lorsque les émissions se composent de parties autonomes ou dans les émissions sportives et dans celles retransmettant des événements et des spectacles comprenant des intervalles, les messages publicitaires sont insérés entre ces parties autonomes ou dans ces intervalles.

III. — La diffusion des journaux télévisés, des magazines d'actualité, des émissions religieuses et des émissions pour enfants, dont la durée est inférieure à trente minutes, ne peut être interrompue par des messages publicitaires. Lorsque leur durée est égale ou supérieure à trente minutes, les dispositions prévues aux I et II ci-dessus sont applicables.

IV. – Lorsque la diffusion d'une œuvre cinématographique est interrompue par la publicité, celle-ci ne peut comporter des messages d'une durée totale supérieure à six minutes.

(Décr. nº 2001-1331 du 28 déc. 2001) **« V. – Le temps maximal consacré à la diffusion de messages publicitaires est fixé par les conventions et cahiers des charges dans les conditions suivantes : »**

(Décr. nº 2010-747 du 2 juill. 2010, art. 49-I) **« 1º Pour les éditeurs de services diffusés par voie hertzienne terrestre sur une zone géographique dont la population recensée est supérieure à dix millions d'habitants, il n'excède pas neuf minutes par heure en moyenne quotidienne sur l'ensemble des périodes de programmation au cours desquelles cette diffusion est autorisée, ni douze minutes pour une heure d'horloge donnée. Toutefois, pour les éditeurs de services autres que ceux préalablement diffusés par voie hertzienne terrestre en mode analogique et au cours d'un délai ne pouvant excéder sept ans à compter de la date prévue dans l'autorisation pour le début effectif des émissions, le temps maximal consacré à la diffusion de messages publicitaires est porté à douze minutes pour une heure d'horloge donnée ; »**

(Décr. nº 2003-1056 du 4 nov. 2003) **« 2º Pour les éditeurs de services distribués par** *(Décr. nº 2008-1392 du 19 déc. 2008, art. 2, en vigueur le 1er janv. 2009)* **« les réseaux n'utilisant pas des fréquences assignées par le Conseil supérieur de l'audiovisuel » ainsi que pour les éditeurs de services diffusés par voie hertzienne terrestre** *(Abrogé par Décr. nº 2010-747 du 2 juill. 2010, art. 49-II)* ***« autorisés en application de l'article 30-1 de la même loi »*** **sur une zone géographique dont la population recensée est inférieure ou égale à dix millions d'habitants, la durée consacrée à la diffusion de messages publicitaires est fixée par la convention en fonction de la catégorie à laquelle appartient le service considéré. Elle ne peut excéder** *(Abrogé par Décr. nº 2008-1392 du 19 déc. 2008, art. 2, à compter du 1er janv. 2009)* ***« neuf minutes par heure d'antenne en moyenne quotidienne sur l'ensemble des périodes de programmation au cours desquelles cette diffusion est autorisée, ni »*** **douze minutes »** *(Décr. nº 2008-1392 du 19 déc. 2008, art. 2, en vigueur le 1er janv. 2009)* **« pour une heure d'horloge donnée ».**

(Décr. nº 2001-1331 du 28 déc. 2001) **« La convention peut toutefois prévoir des durées supérieures à celles prévues à l'alinéa précédent au profit des éditeurs de services qui, sur un canal affecté à une commune, un groupement de communes ou une association, sont destinés aux informations sur la vie communale, intercommunale ou locale.**

« Les durées maximales prévues au premier alinéa du 2º peuvent être portées, pour les éditeurs de services destinés uniquement au territoire national et qui ne peuvent être reçus, directement ou indirectement, dans un ou plusieurs autres États membres de l'Union européenne, à douze minutes par heure d'antenne en moyenne quotidienne et à quinze minutes » *(Décr. nº 2008-1392 du 19 déc. 2008, art. 2, en vigueur le 1er janv. 2009)* **« pour une heure d'horloge donnée ».**

(Décr. nº 2008-1392 du 19 déc. 2008, art. 2, en vigueur le 1er janv. 2009) **« Pour l'application du présent décret, on entend par heure d'horloge une période de soixante minutes successives commençant à la minute zéro et finissant à la minute cinquante-neuf. »**

Art. 15-1 *(Décr. nº 2001-1331 du 28 déc. 2001)* **Pour les services de cinéma et les services de paiement à la séance, les programmes faisant l'objet de conditions d'accès particulières ainsi que les programmes dont la diffusion en clair a été autorisée à titre exceptionnel par le Conseil supérieur de l'audiovisuel ne peuvent pas comporter de messages publicitaires.**

Toutefois et par dérogation à l'article 8, pour les services de cinéma distribués par câble ou diffusés par satellite ou par voie hertzienne terrestre en mode numérique, les programmes faisant l'objet de conditions d'accès particulières peuvent comporter des messages publicitaires concernant le secteur du cinéma. Les proportions fixées en application du V de l'article 15 sont alors respectées, respectivement, pour les programmes diffusés en clair et pour les programmes faisant l'objet de conditions d'accès particulières.

Art. 16 **Aucune publicité ne peut être insérée dans les diffusions de services religieux.**

CHAPITRE III *Règle applicables aux services entièrement consacrés à l'autopromotion*

(Décr. nº 2001-1331 du 28 déc. 2001)

Art. 16-1 **Constitue un service d'autopromotion le service distribué par câble ou diffusé par satellite qui réserve l'intégralité de son temps de diffusion à la promotion des produits, services ou programmes d'une personne morale.**

Les dispositions des articles 9 et 14 ne sont pas applicables aux programmes consacrés à l'autopromotion.

TITRE II Parrainage

Art. 17 *(Décr. nº 2010-1379 du 12 nov. 2010, art. 20, en vigueur le 1er janv. 2011)* Pour l'application du présent décret, constitue un parrainage toute contribution d'une entreprise ou d'une personne morale publique ou privée ou d'une personne physique, n'exerçant pas d'activités d'édition de services de télévision ou de médias audiovisuels à la demande ou de production d'œuvres audiovisuelles, au financement de services de télévision ou de programmes dans le but de promouvoir son nom, sa marque, son image *(Décr. nº 2017-193 du 15 févr. 2017, art. 1er)* « , ses activités, ses produits ou ses services ».

Art. 18 Les émissions télévisées parrainées doivent répondre aux exigences suivantes :

I. – Leur contenu et leur programmation ne peuvent, en aucun cas, être influencés par le parrain dans des conditions susceptibles de porter atteinte à la responsabilité et à l'indépendance éditoriale de la société ou du service de télévision.

II. – Elles ne doivent pas *(Décr. nº 2017-193 du 15 févr. 2017, art. 2)* « inciter directement à l'achat » ou à la location des produits ou services du parrain ou d'un tiers et ne peuvent en particulier comporter des références promotionnelles spécifiques à ces produits ou services.

(Décr. nº 2017-193 du 15 févr. 2017, art. 2) « III. – Le parrainage doit être clairement identifié en tant que tel au début, à la fin ou pendant l'émission parrainée.

« Cette identification peut se faire par le nom, le logo ou un autre symbole du parrain, notamment au moyen d'une référence à ses produits ou services ou d'un signe distinctif, sous les réserves suivantes :

« 1º La mention du parrain pendant le déroulement d'une émission, hormis les cas où elle intervient à l'occasion d'une interruption de cette émission, doit rester ponctuelle et discrète, se borner à rappeler la contribution apportée par celui-ci et ne peut se traduire par un slogan publicitaire ou la présentation du produit lui-même ou de son conditionnement ;

« 2º Lorsque le parrainage est destiné à financer une émission de jeux ou de concours, la remise aux particuliers des produits ou services du parrain à titre de lots ne peut faire l'objet d'aucun argument publicitaire.

« IV. – Dans les bandes-annonces, la mention du parrain doit rester ponctuelle et discrète et se borner à rappeler la contribution apportée par celui-ci. »

Art. 19 *(Décr. nº 2008-1392 du 19 déc. 2008, art. 3, en vigueur le 1er janv. 2009)* Les émissions télévisées ne peuvent être parrainées par des entreprises qui ont pour activité principale la fabrication ou la vente de boissons alcoolisées ou de produits du tabac. Les entreprises qui ont notamment pour activité la fabrication ou la vente de médicaments ou la fourniture de traitements médicaux ne peuvent parrainer des émissions télévisées que pour promouvoir leur nom ou leur image.

BIBL. ▶ NDLR, *Lettre distrib. févr. 2009, p. 4* (parrainage d'émissions télévisées par les entreprises du médicament).

Art. 20 Les journaux télévisés et les émissions d'information politique ne peuvent être parrainés.

TITRE III Télé-achat

(Décr. nº 2001-1331 du 28 déc. 2001)

Art. 21 On entend par télé-achat la diffusion d'offres faites directement au public en vue de la fourniture, moyennant paiement, de biens meubles ou immeubles, de services, ou de droits et obligations s'y rapportant.

La diffusion de ces offres est réservée aux émissions de télé-achat.

CHAPITRE PREMIER *Dispositions générales*

Art. 22 Les articles 3, 4, 5, 7, 8, 9 et 10 du présent décret applicable à la publicité télévisée s'appliquent également aux émissions de télé-achat.

Art. 23 Les émissions de télé-achat sont clairement annoncées comme telles.

Art. 24 *Abrogé par Décr. nº 2008-1392 du 19 déc. 2008, art. 4, à compter du 1er janv. 2009.*

Art. 25 La présentation des biens ou services offerts à la vente doit être conçue dans le respect des intérêts des consommateurs et ne doit pas comporter d'allégations ou d'indications fausses ou de nature à induire le public en erreur.

Les biens ou services sont décrits de manière aussi précise que possible, dans des conditions que déterminent les conventions et cahiers des charges.

Les conditions de commande ne doivent comporter aucune ambiguïté quant aux engagements souscrits.

Art. 26 Les émissions de télé-achat ne font pas intervenir de mineurs de seize ans.

Art. 27 Les conventions et cahiers des charges fixent les modalités selon lesquelles un même bien ou service peut être présenté à la fois dans une émission de télé-achat et dans un message publicitaire.

CHAPITRE II *Règles relatives à la diffusion des émissions de télé-achat*

Art. 28 Les émissions de télé-achat ne peuvent être interrompues par des écrans publicitaires.

Art. 29 La durée des émissions de télé-achat ne peut être inférieure à quinze minutes. Leur durée totale ne peut dépasser trois heures par jour.

(Décr. n° 2008-1392 du 19 déc. 2008, art. 5, en vigueur le 1er janv. 2009) « Ces émissions ne peuvent être diffusées par voie hertzienne terrestre qu'entre minuit et 11 heures et entre 14 heures et 16 heures. Toutefois, aucune diffusion ne peut avoir lieu le mercredi après-midi. »

Art. 30 Les services de télévision ne diffusent pas plus de huit émissions quotidiennes de télé-achat.

CHAPITRE III *Dispositions applicables aux éditeurs de services principalement ou exclusivement consacrés au télé-achat*

Art. 31 *Abrogé par Décr. n° 2008-1392 du 19 déc. 2008, art. 4, à compter du 1er janv. 2009.*

Art. 32 Les dispositions des articles 23, 28, 29 et 30 ne sont pas applicables aux éditeurs de services distribués par câble ou diffusés par satellite qui sont exclusivement consacrés au télé-achat.

Ces dispositions ne sont pas non plus applicables aux éditeurs de services qui réservent au moins 50 % de leur temps de diffusion à des émissions de télé-achat et qui ne sont reçus, directement ou indirectement, dans aucun autre État membre de la Communauté européenne ou signataire de l'accord sur l'Espace économique européen ou partie à la Convention européenne sur la télévision transfrontière. Pour ces éditeurs de services, la convention fixe notamment la durée totale du temps consacré au télé-achat, le nombre d'émissions quotidiennes de télé-achat ainsi que la durée de ces émissions.

Art. 33 Les dispositions des articles 23, *(Abrogé par Décr. n° 2008-1392 du 19 déc. 2008, art. 4, à compter du 1er janv. 2009)* « 24, » 28, 29 et 30 ne sont pas applicables aux services diffusés par voie hertzienne terrestre en mode numérique qui sont exclusivement consacrés à la diffusion d'émissions de télé-achat.

TITRE IV **Dispositions transitoires et finales** *(Décr. n° 2001-1331 du 28 déc. 2001 ; Décr. n° 2003-960 du 7 oct. 2003).*

Les art. 34 et 35 ci-dessous reprennent le texte des anc. art. 22 et 23. L'anc. art. 21 est abrogé (Décr. n° 2001-1331 du 28 déc. 2001, art. 11 et 12).

Art. 34 *(Décr. n° 2008-1392 du 19 déc. 2008, art. 7, en vigueur le 1er janv. 2009)* Le présent décret est applicable à Wallis-et-Futuna, en Polynésie française, en Nouvelle-Calédonie et dans les Terres australes et antarctiques françaises *(Décr. n° 2017-193 du 15 févr. 2017, art. 3)* « dans sa rédaction résultant du décret n° 2017-193 du 15 février 2017 ». — *Il en est de même des décrets modificatifs n° 2001-1331 du 28 déc. 2001, n° 2003-960 du 7 oct. 2003 et n° 2017-193 du 15 févr. 2017.*

Art. 34-1 *(Décr. n° 2003-960 du 7 oct. 2003)* Par dérogation aux dispositions de l'article 8 du présent décret, toute publicité pour la distribution demeure interdite jusqu'au 1er janvier 2007 pour les éditeurs de services de télévision à vocation nationale diffusés par voie hertzienne terrestre en mode analogique. — *Entrée en vigueur le 1er janv. 2004.*

Art. 35 Le décret nº 87-37 du 26 janvier 1987 est abrogé.
Sur le décret modificatif nº 2003-960 du 7 oct. 2003, V. Avis nº 2003-5 du 22 juill. 2003 du Conseil supérieur de l'audiovisuel (JO 8 oct.), et Rapport au Premier ministre (JO 9 oct.).

Recommandation CSA nº 2006-6 du 4 juillet 2006,

Relative à la présentation faite à la télévision d'œuvres cinématographiques ou audiovisuelles, de jeux vidéo et de services téléphoniques, télématiques ou de sites internet qui font l'objet de restrictions aux mineurs.

Conformément aux articles 1er et 15 de la loi du 30 septembre 1986 modifiée relative à la liberté de communication, le Conseil supérieur de l'audiovisuel est le garant de la protection de l'enfance et de l'adolescence dans les programmes mis à la disposition du public par un service de communication audiovisuelle.

Dans le cadre de cette mission, le conseil a décidé d'édicter la présente recommandation qui encadre la présentation, sur les services de télévision autres que de cinéma ou de paiement à la séance, d'œuvres cinématographiques ou audiovisuelles, de leurs vidéogrammes, de jeux vidéo et de services téléphoniques, télématiques ou de sites internet faisant l'objet de restrictions aux mineurs. Elle concerne leur présentation au sein des émissions et leur promotion dans le cadre de messages publicitaires et d'opérations de parrainage.

Dans le cadre des émissions télévisées

Lorsque est diffusé un extrait ou une bande-annonce d'une œuvre cinématographique ou audiovisuelle ou d'un jeu vidéo qui fait l'objet d'une classification par tranche d'âge ou d'une interdiction aux mineurs, cette classification ou cette interdiction doit être portée à la connaissance du public de manière claire et intelligible.

Le choix des images proposées doit toujours tenir compte du contexte de programmation, des horaires de diffusion et de la présence du jeune public devant le petit écran.

Des extraits ou des bandes-annonces d'œuvres cinématographiques ou audiovisuelles interdites ou déconseillées aux moins de 12 ans, de jeux vidéo destinés aux plus de 12 ans ne doivent pas être diffusés ni pendant des émissions destinées à la jeunesse ni dans les dix minutes qui précèdent ou qui suivent ces émissions.

La diffusion d'extraits ou de bandes-annonces d'œuvres cinématographiques ou audiovisuelles interdites ou déconseillées aux moins de 16 ans, de même que la diffusion d'extraits ou de bandes-annonces de jeux vidéo destinés aux plus de 16 ans ne doit pas intervenir pendant des émissions destinées à la jeunesse ni dans les dix minutes qui précèdent ou qui suivent l'événement. Avant 22 heures, elle doit toujours être accompagnée d'un contenu éditorial qui tienne compte de la présence éventuelle de jeunes téléspectateurs devant l'écran en permettant notamment de contextualiser les images de violence ou de sexualité et en évitant la promotion de formes de violence.

La diffusion d'extraits ou de bandes-annonces d'œuvres cinématographiques ou audiovisuelles interdites ou déconseillées aux mineurs de 18 ans ou de jeux vidéo destinés aux plus de 18 ans ne doit pas intervenir avant 22 heures.

Ces extraits ou ces bandes-annonces ne doivent pas avoir de caractère pornographique ni d'extrême violence.

Dans le cadre des messages publicitaires et des opérations de parrainage

Conformément à l'article 4 du décret du 27 mars 1992 fixant les principes généraux définissant les obligations des éditeurs de services en matière de publicité, de parrainage et de téléachat *[V. ce texte, supra]*, **les messages publicitaires doivent être exempts de toute scène de violence.**

Chaque fois qu'est diffusé un message publicitaire relatif au vidéogramme d'une œuvre cinématographique ou audiovisuelle ou à un jeu vidéo qui fait l'objet d'une classification *par tranche* **d'âge ou d'une interdiction aux mineurs, celle-ci doit être portée à la connaissance du public de manière claire et intelligible.**

Les messages publicitaires en faveur de vidéogrammes d'œuvres cinématographiques ou audiovisuelles interdites ou déconseillées aux moins de 12 ans et de jeux vidéo destinés aux plus de 12 ans ne sont diffusés ni pendant des émissions destinées à la jeunesse, ni dans les 10 minutes qui précèdent ou suivent ces émissions.

Les messages publicitaires en faveur de vidéogrammes d'œuvres cinématographiques ou audiovisuelles interdites ou déconseillées aux moins de 16 ans et de jeux vidéo destinés aux plus de 16 ans ne sont pas diffusés avant 20 h 30.

Les messages publicitaires en faveur de jeux vidéo qui sont destinés aux plus de 18 ans et qui ne sont pas à caractère pornographique ne sont pas diffusés avant 22 h 30.

Les messages publicitaires en faveur de vidéogrammes d'œuvres cinématographiques ou audiovisuelles interdites ou déconseillées aux moins de 18 ans et en faveur de jeux vidéo à caractère pornographique destinés aux plus de 18 ans ne doivent pas intervenir en dehors des plages réservées aux programmes de catégorie V selon le dispositif de la signalétique et sur les services autorisés.

Les messages publicitaires ou les séquences de parrainage en faveur de services téléphoniques, télématiques ou de site internet réservés ou destinés aux adultes ne sont pas diffusés avant minuit et après 5 heures du matin.

Arrêté du 27 février 2007,

Fixant les conditions relatives aux informations à caractère sanitaire devant accompagner les messages publicitaires ou promotionnels en faveur de certains aliments et boissons.

Art. 1er Pour les messages publicitaires et promotionnels visés à l'article L. 2133-1, les informations à caractère sanitaire prévues à l'article R. 2133-1 sont : "Pour votre santé, mangez au moins cinq fruits et légumes par jour", "Pour votre santé, pratiquez une activité physique régulière", "Pour votre santé, évitez de manger trop gras, trop sucré, trop salé" et "Pour votre santé, évitez de grignoter entre les repas". – *V. CSP, art. L. 2133-1 et R. 2133-1.*

Dans le cas de messages publicitaires ou promotionnels pour les préparations à base de céréales et les aliments pour bébé mentionnés à l'article 20 de l'arrêté du 1er juillet 1976 susvisé, l'information à caractère sanitaire est la suivante : "Apprenez à votre enfant à ne pas grignoter entre les repas" et "Bouger, jouer est indispensable au développement de votre enfant".

Dans le cas de messages publicitaires ou promotionnels pour les préparations de suite mentionnées à l'article 13 de l'arrêté du 1er juillet 1976 susvisé, l'information à caractère sanitaire est la suivante : "En plus du lait, l'eau est la seule boisson indispensable" et "Bouger, jouer est indispensable au développement de votre enfant".

Pour les écrans publicitaires télédiffusés ou radiodiffusés encadrant les programmes jeunesse destinés aux enfants ou insérés dans ces programmes et pour les publicités insérées dans la presse destinée aux enfants, les mêmes informations à caractère sanitaire peuvent être formulées en utilisant le tutoiement ou remplacées par le jeu d'informations suivantes :

"Pour bien grandir, mange au moins cinq fruits et légumes par jour", "Pour être en forme, dépense-toi bien", "Pour bien grandir, ne mange pas trop gras, trop sucré, trop salé" et "Pour être en forme, évite de grignoter dans la journée".

Les informations à caractère sanitaire seront présentées d'une manière aisément lisible ou audible, respectueuse de leur vocation de santé publique et clairement distinguable du message publicitaire ou promotionnel.

Les informations à caractère sanitaire sont utilisées au sein de chaque campagne publicitaire de manière à garantir, par type de support publicitaire ou promotionnel, l'apparition régulière de chacune d'elle sur une quantité égale de messages publicitaires ou promotionnels, avec une tolérance de plus ou moins 10 %.

Art. 2 Pour les messages publicitaires diffusés à la télévision et au cinéma, l'information sanitaire mentionnée à l'article 1er est soit incluse dans un bandeau fixe ou défilant maintenu pendant toute la durée d'émission du message publicitaire, soit présentée dans un écran suivant immédiatement le message publicitaire. Dans le cas d'un bandeau, celui-ci recouvre au moins 7 % de la hauteur de l'écran.

Sa présentation respecte les règles et usages de bonnes pratiques régulièrement définis par la profession, et notamment les règles édictées par le Bureau de vérification de la publicité.

L'information à caractère sanitaire est complétée, lorsque la durée du message publicitaire le permet, à la fin de sa présentation, par la mention de l'adresse : www.manger-bouger.fr.

Art. 3 Dans le cas de messages publicitaires diffusés à la radio, l'information à caractère sanitaire mentionnée à l'article 1er est diffusée immédiatement après le message publicitaire.

L'annonceur peut employer les informations mentionnées à l'article 1er ou, à défaut, le jeu d'informations suivantes :

"Pour votre santé, bougez plus", "Pour votre santé, limitez les aliments gras, salés, sucrés" et "Pour votre santé, évitez de grignoter".

Sa présentation respecte également les règles et usages de bonnes pratiques régulièrement définis par la profession.

Les mêmes informations sanitaires peuvent être formulées en utilisant le tutoiement.

Art. 4 Pour les messages publicitaires ou promotionnels diffusés sur un support imprimé, l'information à caractère sanitaire mentionnée à l'article 1er est complétée par la mention de l'adresse : www.mangerbouger.fr.

Le message sanitaire s'inscrit dans un espace horizontal et réservé à ce texte recouvrant au moins 7 % de la surface publicitaire.

Dans le cas où plusieurs messages publicitaires ou promotionnels visés à l'article L. 2133-1 apparaissent sur une même page, l'information à caractère sanitaire peut n'être apposée qu'une seule fois, dans un bandeau recouvrant au moins 7 % de la page.

Dans le cas de documents publicitaires ou promotionnels réalisés par un seul distributeur ou producteur, les informations à caractère sanitaire peuvent prendre la forme d'un texte d'éducation nutritionnelle présenté une seule fois sur le document et figurant en annexe du présent arrêté. Ce texte recouvre au moins une demi-page au total. — *V. l'annexe préc., infra.*

Art. 5 Pour les messages publicitaires diffusés par voie de services de communication au public en ligne, l'information à caractère sanitaire mentionnée à l'article 1er est complétée par la mention de l'adresse : www.mangerbouger.fr

Sur ces services, l'information à caractère sanitaire apparaît en même temps que le message publicitaire et doit être accessible lors de la consultation du message publicitaire.

ANNEXE

TEXTE D'ÉDUCATION NUTRITIONNELLE MENTIONNÉ À L'ARTICLE 4 DE L'ARRÊTÉ DU 27 FÉVRIER 2007

« Manger et bouger font partie des plaisirs de la vie et peuvent vous aider, vous et vos proches, à rester en bonne santé. Par des choix judicieux, cela contribue aussi à vous protéger de certaines maladies.

Le programme national nutrition santé propose des recommandations nutritionnelles tout à fait compatibles avec les notions de plaisir et de convivialité.

Chaque famille d'aliments a sa place dans votre assiette, et ce quotidiennement. Tous sont indispensables pour assurer un équilibre nutritionnel, mais la consommation de certains doit être limitée tandis que celle d'autres est à privilégier.

Comment faire en pratique ?

Consommer au moins 5 fruits et légumes par jour, qu'ils soient crus, cuits, nature, préparés, frais, surgelés ou en conserve ;

Manger du pain et des produits céréaliers, des pommes de terre et des légumes secs à chaque repas et selon l'appétit (en privilégiant les aliments céréaliers complets) ;

Consommer 3 produits laitiers par jour (lait, yaourt, fromage) en privilégiant la variété ;

Manger de la viande, du poisson (et autres produits de la pêche) ou des œufs 1 ou 2 fois par jour en alternance ; penser à consommer du poisson au moins deux fois par semaine ;

Limiter les matières grasses ajoutées (beurre, huile, crème fraîche, etc.) et les produits gras (produits apéritifs, viennoiseries, etc.) ;

Limiter le sucre et les produits sucrés (sodas, boissons sucrées, confiseries, chocolat, pâtisseries, crèmes-desserts, etc.) ;

Limiter la consommation de sel et préférer le sel iodé ;

Boire de l'eau à volonté, au cours et en dehors des repas.

Ne pas dépasser, par jour, 2 verres de boisson alcoolisée pour les femmes et 3 verres pour les hommes (1 verre de vin de 10 cl est équivalent à 1 demi de bière ou à 1 verre de 6 cl d'une boisson titrant 20 degrés, de type porto, ou de 3 cl d'une boisson titrant 40 à 45 degrés d'alcool, de type whisky ou pastis).

Pratiquer quotidiennement une activité physique pour atteindre au moins l'équivalent de 30 minutes de marche rapide par jour (prendre l'escalier plutôt que l'ascenseur, préférer la marche et le vélo à la voiture lorsque c'est possible...). »

Directive 2010/13/UE du Parlement européen et du Conseil du 10 mars 2010,

Visant à la coordination de certaines dispositions législatives, réglementaires et administratives des États membres relatives à la fourniture de services de médias audiovisuels (directive « Services de médias audiovisuels »).

Dispositions applicables à tous les services de médias audiovisuels

Art. 9 1. Les États membres veillent à ce que les communications commerciales audiovisuelles fournies par les fournisseurs de services de médias relevant de leur compétence répondent aux exigences suivantes :

a) les communications commerciales audiovisuelles sont facilement reconnaissables comme telles. Les communications commerciales audiovisuelles clandestines sont interdites ;

b) les communications commerciales audiovisuelles n'utilisent pas de techniques subliminales ;

c) les communications commerciales audiovisuelles :

i) ne portent pas atteinte à la dignité humaine ;

ii) ne comportent pas de discrimination fondée sur le sexe, l'origine raciale ou ethnique, la nationalité, la religion ou les convictions, un handicap, l'âge ou l'orientation sexuelle, ni ne promeuvent une telle discrimination ;

iii) n'encouragent pas des comportements préjudiciables à la santé ou à la sécurité ;

iv) n'encouragent pas des comportements gravement préjudiciables à la protection de l'environnement ;

d) toute forme de communication commerciale audiovisuelle pour les cigarettes et les autres produits du tabac est interdite ;

e) les communications commerciales audiovisuelles relatives à des boissons alcooliques ne doivent pas s'adresser expressément aux mineurs et ne doivent pas encourager la consommation immodérée de ces boissons ;

f) la communication commerciale audiovisuelle pour les médicaments et les traitements médicaux qui sont disponibles uniquement sur ordonnance dans l'État membre de la compétence duquel relève le fournisseur de services de médias est interdite ;

g) les communications commerciales audiovisuelles ne causent pas de préjudice physique ou moral aux mineurs. Par conséquent, elles ne doivent pas inciter directement les mineurs à l'achat ou à la location d'un produit ou d'un service en exploitant leur inexpérience ou leur crédulité, inciter directement les mineurs à persuader leurs parents ou des tiers d'acheter les produits ou les services faisant l'objet de la publicité, exploiter la confiance particulière que les mineurs ont dans leurs parents, leurs enseignants ou d'autres personnes, ou présenter sans motif des mineurs en situation dangereuse.

2. Les États membres et la Commission encouragent les fournisseurs de services de médias à élaborer des codes déontologiques relatifs à la communication commerciale audiovisuelle inappropriée, accompagnant les programmes pour enfants ou incluse dans ces programmes, et concernant des denrées alimentaires ou des boissons contenant des nutriments ou des substances ayant un effet nutritionnel ou physiologique, notamment ceux tels que les matières grasses, les acides gras trans, le sel/sodium et les sucres, dont la présence en quantités excessives dans le régime alimentaire global n'est pas recommandée.

Art. 10 1. Les services de médias audiovisuels ou les programmes audiovisuels qui sont parrainés répondent aux exigences suivantes :

a) leur contenu et, dans le cas de la radiodiffusion télévisuelle, leur programmation ne sont en aucun cas influencés de manière à porter atteinte à la responsabilité et à l'indépendance éditoriale du fournisseur de services de médias ;

b) ils n'incitent pas directement à l'achat ou à la location de biens ou de services, notamment en faisant des références promotionnelles spécifiques à ces produits ou services ;

c) les téléspectateurs sont clairement informés de l'existence d'un accord de parrainage. Les programmes parrainés doivent être clairement identifiés en tant que tels par le nom, le logo et/ou un autre symbole du parraineur, par exemple au moyen d'une référence à ses produits ou services ou d'un signe distinctif, d'une manière adaptée au programme au début, à la fin ou pendant celui-ci.

2. Les services de médias audiovisuels ou les programmes audiovisuels ne sont pas parrainés par des entreprises qui ont pour activité principale la fabrication ou la vente de cigarettes et d'autres produits du tabac.

3. Le parrainage de services de médias audiovisuels ou de programmes audiovisuels par des entreprises qui ont notamment pour activité la fabrication ou la vente de médicaments et de traitements médicaux peut promouvoir le nom ou l'image de l'entreprise, mais ne doit pas promouvoir des médicaments ou des traitements médicaux spécifiques disponibles uniquement sur ordonnance dans l'État membre de la compétence duquel relève le fournisseur de services de médias.

4. Les journaux télévisés et les programmes d'actualité ne sont pas parrainés. Les États membres peuvent décider d'interdire la diffusion d'un logo de parrainage au cours des programmes pour enfants, des documentaires ou des programmes religieux.

Art. 11 1. Les paragraphes 2, 3 et 4 ne s'appliquent qu'aux programmes produits après le 19 décembre 2009.

2. Le placement de produit est interdit.

3. Par dérogation au paragraphe 2, le placement de produit est admissible dans les cas suivants, à moins qu'un État membre en décide autrement :

a) dans les œuvres cinématographiques, films et séries réalisés pour des services de médias audiovisuels, ainsi que pour des programmes sportifs et de divertissement ;

b) lorsqu'il n'y a pas de paiement mais uniquement la fourniture, à titre gratuit, de certains biens ou services, tels que des accessoires de production et des lots, en vue de leur inclusion dans un programme.

La dérogation prévue au point a) ne s'applique pas aux programmes pour enfants.

Les programmes qui comportent du placement de produit répondent au moins à toutes les exigences suivantes :

a) leur contenu et, dans le cas de la radiodiffusion télévisuelle, leur programmation ne doivent en aucun cas être influencés de manière à porter atteinte à la responsabilité et à l'indépendance éditoriale du fournisseur de services de médias ;

b) ils n'incitent pas directement à l'achat ou à la location de biens ou de services, notamment en faisant des références promotionnelles spécifiques à ces produits ou services ;

c) ils ne mettent pas en avant de manière injustifiée le produit en question ;

d) les téléspectateurs sont clairement informés de l'existence d'un placement de produit. Les programmes comportant du placement de produit sont identifiés de manière appropriée au début et à la fin de leur diffusion, ainsi que lorsqu'un programme reprend après une interruption publicitaire, afin d'éviter toute confusion de la part du téléspectateur.

Par exception, les États membres peuvent décider de déroger aux exigences énoncées au point d), pour autant que le programme concerné n'ait été ni produit ni commandé par le fournisseur de services de médias lui-même ou une société affiliée au fournisseur de services de médias.

4. En tout état de cause, les programmes ne comportent pas de placement :

a) de produits du tabac ou de cigarettes, ou de placement de produits émanant d'entreprises qui ont pour activité principale la fabrication ou la vente de cigarettes et d'autres produits du tabac ;

b) de médicaments ou de traitements médicaux spécifiques disponibles uniquement sur ordonnance dans l'État membre de la compétence duquel relève le fournisseur de services de médias.

Publicité télévisée et téléachat

....

Art. 19 1. La publicité télévisée et le téléachat doivent être aisément identifiables comme tels et pouvoir être distingués du contenu éditorial. Sans préjudice de l'utilisation des nou-

velles techniques publicitaires, la publicité télévisée et le téléachat doivent être nettement séparés du reste du programme par des moyens optiques et/ou acoustiques et/ou spatiaux.

2. Les spots isolés de publicité et de téléachat doivent être exceptionnels, sauf lors de la diffusion de manifestations sportives.

Partage de l'écran. L'art. 19, § 1, de la Dir. 2010/13/UE du 10 mars 2010 doit être interprété en ce sens qu'il ne s'oppose pas à une législation nationale qui permet qu'un écran partagé faisant apparaître le générique de fin d'un programme télévisé dans une colonne et un menu de présentation des programmes à venir du fournisseur dans l'autre, afin de séparer le programme qui se termine de la séquence de publicité télévisée qui le suit, ne soit pas nécessairement combiné avec, ou suivi par, un signal acoustique ou optique, à condition qu'un tel moyen de séparation réponde, à lui seul, aux exigences énoncées à la première phrase de cet art. 19, § 1, ce qu'il appartient à la juridiction de renvoi de vérifier. • CJUE 17 févr. 2016, n° C-314/14 : *Europe 2016, n° 137, obs. Daniel.*

Art. 20 **1. Les États membres veillent à ce que, en cas d'insertion de publicité télévisée ou de téléachat pendant les programmes, il ne soit pas porté atteinte à l'intégrité des programmes, compte tenu de leurs interruptions naturelles, de leur durée et de leur nature, ni aux droits des ayants droit.**

2. La diffusion des films conçus pour la télévision (à l'exclusion des séries, feuilletons et documentaires), des œuvres cinématographiques et des journaux télévisés peut être interrompue par de la publicité télévisée et/ou du téléachat une fois par tranche programmée de trente minutes au moins. La diffusion des programmes pour enfants peut être interrompue par de la publicité télévisée et/ou du téléachat une fois par tranche programmée de trente minutes au moins, à condition que la durée programmée du programme soit supérieure à trente minutes. La publicité télévisée ou le téléachat ne peuvent être insérés pendant la diffusion des services religieux.

Art. 21 **Le téléachat concernant des médicaments faisant l'objet d'une autorisation de mise sur le marché au sens de la directive 2001/83/CE, ainsi que le téléachat concernant des traitements médicaux, sont interdits.**

Art. 22 **La publicité télévisée et le téléachat pour les boissons alcooliques doivent respecter les critères suivants :**

a) ne pas être spécifiquement adressé aux mineurs et, en particulier, présenter des mineurs consommant ces boissons ;

b) ne pas associer la consommation d'alcool à une amélioration des performances physiques ou à la conduite automobile ;

c) ne pas susciter l'impression que la consommation d'alcool favorise la réussite sociale ou sexuelle ;

d) ne pas suggérer que les boissons alcooliques sont dotées de propriétés thérapeutiques ou ont un effet stimulant, sédatif ou anticonflictuel ;

e) ne pas encourager la consommation immodérée de boissons alcooliques ou donner une image négative de l'abstinence ou de la sobriété ;

f) ne pas souligner comme qualité positive des boissons leur forte teneur en alcool.

Art. 23 **1. Le pourcentage de temps de diffusion de spots de publicité télévisée et de spots de téléachat à l'intérieur d'une heure d'horloge donnée ne dépasse pas 20 %.**

2. Le paragraphe 1 ne s'applique pas aux messages diffusés par l'organisme de radiodiffusion télévisuelle en ce qui concerne ses propres programmes et les produits connexes directement dérivés de ces programmes, aux annonces de parrainage et aux placements de produits.

Temps maximal de diffusion. L'art. 23, § 1, de la Dir. 2010/13 du 10 mars 2010 doit être interprété, dans le cas où un État membre n'a pas usé de la faculté de prévoir une règle plus stricte que celle instituée par cet article, en ce sens non seulement qu'il ne s'oppose pas à ce que des « secondes noires », qui sont insérées entre les différents spots d'une séquence de publicité télévisée ou entre cette séquence et le programme télévisé qui la suit, soient incluses dans le temps maximal de 20 % de diffusion de publicité télévisée par heure d'horloge que cet article fixe, mais également qu'il impose une telle inclusion. • CJUE 17 févr. 2016, n° C-314/14 : *cité ss. art. 19 de ladite directive.* ♦ L'art. 23, § 2, de la Dir. 2010/13 doit être interprété en ce sens que des signes de parrainage présentés dans d'autres programmes que le programme parrainé doivent être inclus dans le temps maximal de diffusion de publicité par heure d'horloge fixé à l'art. 23, § 1, de cette directive. • Même arrêt.

Art. 24 Les fenêtres de téléachat doivent être clairement identifiées comme telles grâce à des moyens optiques et acoustiques et avoir une durée minimale ininterrompue de quinze minutes.

Art. 25 La présente directive s'applique *mutatis mutandis* aux chaînes de télévision consacrées exclusivement à la publicité et au téléachat, ainsi qu'aux chaînes de télévision consacrées exclusivement à l'autopromotion.

Toutefois, le chapitre VI ainsi que l'article 20 et l'article 23 ne s'appliquent pas à ces chaînes de télévision.

Art. 26 Sans préjudice de l'article 4, les États membres peuvent prévoir, dans le respect du droit de l'Union, des conditions autres que celles fixées à l'article 20, paragraphe 2, et à l'article 23 pour les émissions de télévision qui sont destinées uniquement au territoire national et qui ne peuvent être reçues par le public, directement ou indirectement, dans un ou plusieurs autres États membres.

....

Dispositions finales

Art. 34 La directive 89/552/CEE *[du 3 oct. 1989]*, telle que modifiée par les directives visées à l'annexe I, partie A, est abrogée, sans préjudice des obligations des États membres en ce qui concerne les délais de transposition en droit national des directives indiqués à l'annexe I, partie B.

Les références faites à la directive abrogée s'entendent comme faites à la présente directive et sont à lire selon le tableau de correspondance figurant à l'annexe II.

Art. 35 La présente directive entre en vigueur le vingtième jour suivant celui de sa publication au *Journal officiel de l'Union européenne [JOUE L 95 du 15 avr. 2010]*.

Loi nº 2010-788 du 12 juillet 2010,

Portant engagement national pour l'environnement.

Art. 177 Les chaînes de télévision respectent un volume sonore égal, qu'il s'agisse des programmes télévisés ou des pages d'écrans publicitaires.

Chaque année, le Conseil supérieur de l'audiovisuel remet au Parlement un rapport sur le respect par les chaînes de télévision de cette obligation.

Décret nº 2010-1379 du 12 novembre 2010,

Relatif aux services de médias audiovisuels à la demande.

Art. 14 La mise à disposition de messages publicitaires par un éditeur de services de médias audiovisuels à la demande est régie par les articles 2 à 7, le deuxième alinéa de l'article 8, les articles 9 à 12, le III de l'article 15 et l'article 16 du décret du 27 mars 1992 susvisé *[V. ce texte supra]*.

Art. 15 La mise à disposition de téléachat par les éditeurs de services de médias audiovisuels à la demande est régie par les articles 3 à 5, l'article 7, le deuxième alinéa de l'article 8, les articles 9 à 12, le premier alinéa de l'article 21, l'article 23, les premier et troisième alinéas de l'article 25 et l'article 26 du décret du 27 mars 1992 susvisé *[V. ce texte supra]*.

Art. 16 Pour l'application du présent chapitre, constitue un parrainage toute contribution d'une entreprise ou d'une personne morale publique ou privée ou d'une personne physique, n'exerçant pas d'activités d'édition de services de télévision ou de médias audiovisuels à la demande ou de production d'œuvres audiovisuelles, au financement de services de médias audiovisuels à la demande ou de programmes, dans le but de promouvoir son nom, sa marque, son image, ses activités ou ses produits.

Art. 17 Les services de médias audiovisuels à la demande ou leurs programmes parrainés doivent répondre aux exigences suivantes :

1° Leur contenu ne peut, en aucun cas, être influencé par le parrain dans des conditions susceptibles de porter atteinte à la responsabilité et à l'indépendance éditoriale de l'éditeur du service ;

2° Ils n'incitent pas directement à l'achat ou à la location de produits ou de services, notamment en faisant des références promotionnelles spécifiques à ces produits ou services ;

3° Le parrainage doit être clairement identifié en tant que tel par le nom, le logo ou un autre symbole du parrain, par exemple au moyen d'une référence à ses produits ou services ou d'un signe distinctif, d'une manière adaptée au programme au début, à la fin ou pendant celui-ci.

Art. 18 Le parrainage d'un service de médias audiovisuels à la demande ou de ses programmes est régi par les articles 3 à 7, les articles 9 à 12 et les articles 19 et 20 du décret du 27 mars 1992 susvisé *[V. ce texte supra]*.

PUÉRICULTURE (ARTICLES DE)

Décret n° 91-1292 du 20 décembre 1991,

Relatif à la prévention des risques résultant de l'usage des articles de puériculture.

Art. 1er Il est interdit de fabriquer, d'importer, de détenir en vue de la vente, de mettre en vente ou de distribuer à titre gratuit des articles de puériculture qui ne satisfont pas aux prescriptions du présent décret.

Art. 2 Pour application du présent décret, l'article de puériculture s'entend de tout produit destiné à assurer ou à faciliter l'assise, la toilette, le couchage, le transport, le déplacement et la protection physique des enfants de moins de quatre ans.

Toutefois, ne sont pas soumis aux dispositions du présent décret les accessoires pour l'hygiène, les articles de literie et les équipements pour le transport d'enfants dans des voitures particulières.

Art. 3 Les articles de puériculture doivent satisfaire aux exigences de sécurité définies en annexe au présent décret. Le respect de cette prescription est attesté par la mention : "Conforme aux exigences de sécurité", qui doit être apposée, par l'importateur ou le fabricant, de façon visible, lisible et indélébile, sur l'article de puériculture ou sur son emballage.

Art. 4 L'emploi de la mention prévue à l'article précédent n'est autorisé que si l'article de puériculture satisfait à l'une des conditions suivantes :

1° Avoir été fabriqué conformément aux normes de sécurité françaises ou étrangères le concernant dont les références sont publiées au *Journal officiel* de la République française. *— V. Avis relatif à l'application du Décr. n° 91-1292 du 20 déc. 1991, infra.*

Dans ce cas, le responsable de la première mise sur le marché tient à la disposition des agents chargés du contrôle un dossier comprenant une description des moyens par lesquels le fabricant s'assure de la conformité de sa production à ces normes et l'adresse des lieux de fabrication ou d'entreposage.

2° Être conforme à un modèle bénéficiant d'une attestation de conformité aux exigences de sécurité délivrée à la suite d'un examen de type par un organisme habilité agréé par le ministre chargé de l'industrie. *— V. la liste de ces organismes au JO du 6 sept. 2012.*

Dans ce cas, le responsable de la première mise sur le marché tient à la disposition des agents chargés du contrôle un dossier comprenant l'attestation de conformité aux exigences de sécurité ou une copie conforme, une description des moyens par lesquels le fabricant s'assure de la conformité de sa production au modèle examiné et l'adresse des lieux de production et d'entreposage.

Art. 5 Outre la mention exigée par l'article 3 ci-dessus, la présentation de tout article de puériculture doit indiquer de façon visible, lisible et indélébile le nom ou la raison sociale ou la marque de commerce et l'adresse du fabricant ou de l'importateur, et comporter une mention permettant d'identifier le modèle.

L'adresse du fabricant ou de l'importateur peut ne figurer que sur l'emballage qui contient l'article de puériculture.

Les autres indications doivent obligatoirement figurer sur l'article de puériculture.

Art. 6 Tout article de puériculture doit être accompagné d'une notice d'emploi qui indique, s'il y a lieu, le procédé de montage de l'objet, et en précise les conditions d'utilisation, et notamment les précautions d'emploi.

Art. 7 Sans préjudice, en cas de méconnaissance des exigences de sécurité, de l'application des mesures administratives prévues par la loi du 21 juillet 1983 susvisée *[n° 83-660, relative à la sécurité des consommateurs, codifiée au C. consom., art. L. 421-1 s.]*, seront punis de la peine d'amende prévue pour les contraventions de la 4e classe :

1° Ceux qui auront mis sur le marché ou détenu en vue de la vente des articles de puériculture qui ne comportent pas les mentions exigées par les articles 3 et 5 ci-dessus ou qui ne satisfont pas aux prescriptions de l'article 6 ci-dessus ;

2° Le responsable de la première mise sur le marché qui ne sera pas en mesure de présenter les documents justifiant l'apposition de la mention : « Conforme aux exigences de sécurité », dans les conditions prévues à l'article 4 du présent décret.

(Abrogé par Décr. n° 93-726 du 29 mars 1993, art. 1er) ***« En cas de récidive, la peine d'amende prévue pour la récidive des contraventions de la 4e classe sera applicable. »***

Art. 8 Le présent décret entrera en vigueur le 1er septembre 1992.

Toutefois, les articles de puériculture qui, à cette date, ne seront pas conformes aux prescriptions dudit décret pourront, s'ils ont été importés ou fabriqués en France avant la même date du 1er septembre 1992, être commercialisés jusqu'au 1er septembre 1993.

ANNEXE
FIXANT LES EXIGENCES DE SÉCURITÉ

I. Principes généraux

Les utilisateurs de matériel de puériculture ainsi que les tiers doivent être protégés, dans le cas d'une utilisation normale ou raisonnablement prévisible, contre les risques pour la santé et la sécurité des personnes :

a) Liés à la conception, à la construction ou la composition des articles de puériculture ;

b) Inhérents à l'utilisation du produit et que l'on ne peut éliminer en modifiant sa construction sans en altérer la fonction ou le priver de ses propriétés essentielles.

II. Risques particuliers

1. Propriétés physiques et mécaniques

Les articles de puériculture doivent satisfaire aux exigences suivantes :

a) Ils doivent être stables et résister aux contraintes mécaniques et physiques auxquelles ils sont soumis lors d'une utilisation normale ou raisonnablement prévisible sans se briser ou subir de déformation dangereuse pour l'enfant ;

b) Ils ne doivent pas, par leurs caractéristiques, et notamment par la présence d'arêtes ou saillies, le mode d'assemblage de leurs éléments fixes et mobiles ou le mouvement d'éléments mobiles, présenter pour l'enfant des risques d'atteinte à l'intégrité physique tels que lésion, coupure, pincement, étranglement ou suffocation ;

c) Les dispositifs de sécurité, tels que verrouillage et freinage, installés sur un article de puériculture, doivent être efficaces et ne doivent pas pouvoir être actionnés par l'enfant ;

d) Les éléments qui peuvent être démontés sans l'emploi d'un outil doivent être de dimensions suffisantes pour éviter d'être avalés ou inhalés par l'enfant ;

e) Lorsqu'il s'agit d'articles qui comportent des harnais ou ceintures de sécurité, ces éléments doivent être ajustables à la taille de l'enfant et disposer d'un système de fermeture et de réglage qui évite leur glissement.

2. Inflammabilité

Les articles de puériculture doivent être composés soit de matériaux qui ne brûlent pas sous l'action directe d'une flamme, d'une étincelle ou de tout autre foyer potentiel d'incendie, soit de matériaux qui s'enflamment difficilement (la flamme s'éteint dès qu'il n'y a plus de cause d'incendie), soit, lorsqu'ils sont inflammables, de matériaux qui brûlent lentement avec une faible vitesse de propagation de la flamme.

3. Propriétés chimiques

a) Les articles de puériculture ne doivent pas présenter, dans leur utilisation normale ou raisonnablement prévisible, de risques pour la santé par ingestion, inhalation ou contact avec la peau, les muqueuses ou les yeux ;

b) En cas de combustion, les articles de puériculture ne doivent pas dégager des gaz toxiques ;
c) Les parties peintes, vernies, laquées ou recouvertes de substances similaires, les parties constituées de matériaux colorés dans la masse et les parties constituées de textiles teints qui peuvent être atteints par la bouche de l'enfant, doivent être réalisées avec des produits qui ne contiennent pas, à l'état soluble ou à l'état de composés solubles, des teneurs en métaux lourds présentant un danger en cas d'ingestion par l'enfant.

4. Hygiène

Les articles de puériculture doivent satisfaire aux conditions d'hygiène et de propreté afin d'éviter les risques d'infection, de maladie et de contamination.

Avis relatif à l'application du décret n° 91-1292 du 20 décembre 1991,

Relatif à la prévention des risques résultant de l'usage des articles de puériculture.

Le présent avis comporte en annexe la liste des références des normes mentionnées à l'article 4 du décret n° 91-1292 du 20 décembre 1991 relatif à la prévention des risques résultant de l'usage des articles de puériculture.

Cet avis annule et remplace l'avis ayant même objet publié au *Journal officiel* de la République française du 25 septembre 2015 (NOR EINC1522097V).

Il fera l'objet de mises à jour en cas de modification du contenu de son annexe.

Les sièges et nacelles qui relèvent des arrêtés des 25 et 26 janvier 1995, relatifs aux systèmes de retenue pour enfants transportés à bord des véhicules à moteur, sont également soumis au décret n° 91-1292 lorsqu'ils sont utilisés hors d'un véhicule en qualité de transat ou de couffin.

ANNEXE

RÉFÉRENCE de la norme	TITRE DE LA NORME	RÉFÉRENCE de la norme remplacée	DATE DE FIN d'application de la norme remplacée
NF EN 716-1 + A1 (février 2013)	Meubles : Lits à nacelle fixes et pliants à usage domestique pour enfants. - Partie 1 : Exigences de sécurité	NF EN 716-1 (mai 2008)	Sans objet
NF EN 716-2 + A1 (février 2013)	Meubles : Lits à nacelle fixes et pliants à usage domestique pour enfants. - Partie 2 : Méthodes d'essai	NF EN 716-2 (mai 2008)	Sans objet
NF EN 1130-1 (mai 1996)	Meubles : Berceaux à usage domestique. - Partie 1 : Exigences de sécurité	Sans objet	Sans objet
NF EN 1130-2 (mai 1996)	Meubles : Berceaux à usage domestique. - Partie 2 : Méthodes d'essai	Sans objet	Sans objet
NF EN 1272 (juin 1998)	Articles de puériculture : Sièges de table. - Exigences de sécurité et méthodes d'essai	Sans objet	Sans objet
NF EN 1273 (août 2005)	Articles de puériculture : Trotteurs. - Exigences de sécurité et méthodes d'essai	Sans objet	Sans objet
NF EN 1466 (novembre 2014)	Articles de puériculture : Couffins et supports. - Exigences de sécurité et méthodes d'essai	NF EN 1466+A1 (février 2008)	1er septembre 2016 (*)
NF EN 1888 (avril 2012)	Articles de puériculture : Voitures d'enfants. - Exigences de sécurité et méthodes d'essai	Sans objet	Sans objet
NF EN 1930 (février 2012)	Articles de puériculture : Barrières de sécurité. - Exigences de sécurité et méthodes d'essai	Sans objet	Sans objet
NF EN 12221-1 + A1 (octobre 2013)	Articles de puériculture : Dispositifs à langer à usage domestique. - Partie 1 : Exigences de sécurité	NF EN 1222-1 (juillet 2008)	Sans objet

RÉFÉRENCE de la norme	TITRE DE LA NORME	RÉFÉRENCE de la norme remplacée	DATE DE FIN d'application de la norme remplacée
NF EN 12221-2 + A1 (octobre 2013)	Articles de puériculture : Dispositifs à langer à usage domestique. - Partie 2 : Méthodes d'essai	NF EN 1222-2 (juillet 2008)	Sans objet
NF EN 12227 (décembre 2010)	Parcs à usage domestique. - Exigences de sécurité et méthodes d'essai	Sans objet	Sans objet
NF EN 12790 (juin 2009)	Articles de puériculture : Transats.	Sans objet	Sans objet
NF EN 13209-1 (décembre 2004)	Articles de puériculture : Porte-enfants. - Exigences de sécurité et méthodes d'essai. - Partie 1 : Porte-enfants dorsaux avec armature	Sans objet	Sans objet
NF EN 13209-2 (février 2016)	Articles de puériculture : Porte-enfants. - Exigences de sécurité et méthodes d'essai. - Partie 2 : Porte-enfants souples	NF EN 13209-2 (novembre 2005)	1er juin 2017 (*)
NF EN 13210 (décembre 2004)	Articles de puériculture : Harnais, laisses de promenade et articles similaires pour enfants. - Exigences de sécurité et méthodes d'essai	Sans objet	Sans objet
NF EN 14036 (janvier 2004)	Articles de puériculture : Nacelles à oscillation verticale. - Exigences de sécurité et méthodes d'essai	Sans objet	Sans objet
NF EN 14344 (mars 2005)	Articles de puériculture : Sièges enfants pour bicyclettes. - Exigences de sécurité et méthodes d'essai	Sans objet	Sans objet
NF EN 14988-1 + A1 (octobre 2012)	Chaises hautes pour enfants. - Partie 1 : Exigences de sécurité	NF EN 14988-1 (juin 2006)	1er juillet 2015
NF EN 14988-2 + A1 (octobre 2012)	Chaises hautes pour enfants. - Partie 2 : Méthodes d'essai	NF EN 14988-2 (juin 2006)	1er juillet 2015
NF EN 16120 + A1 (juin 2014)	Articles de puériculture : Rehausseurs de chaise	Sans objet	Sans objet
NF EN 16232 (septembre 2013)	Articles de puériculture : Balancelles suspendues pour enfants	Sans objet	Sans objet
NF D 60-300-4 (novembre 2012)	Mobilier d'enfant. - Usage domestique - Partie 4 : Exigences et méthodes d'essai pour lits sans nacelle	Sans objet	Sans objet
NF S 54-042 (juin 2012)	Articles de puériculture : Thermomètres de bain. - Spécifications et marquages	Sans objet	Sans objet
NF S 54-043 (septembre 2015)	Articles de puériculture : Habillages de pluie. - Exigences minimales de sécurité et essais	NF S 54-043 (mai 2008)	1er juin 2017 (*)
NF S 54-045 (décembre 2014)	Mobilier de puériculture et pour l'enfant - Couchettes pour enfants à usage collectif - Exigences de sécurité et méthodes d'essai	Sans objet	Sans objet

(*) Le 1° de l'article 4 du décret n° 91-1292 du 20 décembre 1991 prévoit que les produits sont fabriqués conformément aux normes dont les références sont publiées au JORF. Par conséquent, c'est la date de fabrication, ou le cas échéant d'importation, des produits qui détermine quelle version de la norme peut être appliquée. Ainsi les produits de puériculture, conformes aux normes remplacées, pourront continuer à être fabriqués en vue de la mise sur le marché ou importés jusqu'à la date de fin d'application de la norme remplacée et commercialisés jusqu'à épuisement des stocks.

Circulaire du 29 juillet 1992,

Relative au champ d'application du décret n° 91-1292 du 20 décembre 1991 relatif à la prévention des risques résultant de l'usage des articles de puériculture.

Le décret n° 91-1292 du 20 décembre 1991 relatif à la prévention des risques résultant de l'usage des articles de puériculture entrera en vigueur le 1er septembre 1992.

Afin de répondre à la demande des professionnels, la présente circulaire reprend, sous forme de liste de produits, les réponses données à leurs interrogations concernant le champ d'application du décret.

I. – Les produits soumis aux dispositions du décret :

A. – Définition générale :

L'article 2 du décret du 20 décembre 1991 précise que, pour son application, l'article de puériculture s'entend de tout produit destiné à assurer ou à faciliter l'assise, la toilette, le couchage, le transport, le déplacement et la protection physique des enfants de moins de quatre ans.

Les produits suivants sont par conséquent soumis aux prescriptions du décret :

– les berceaux ;
– les harnais et ceintures ;
– les sièges fixés sur un support tel qu'une table ;
– les transats ;
– les sièges, anneaux, transats de bain ;
– les sièges additionnels pour poussettes ;
– les sièges de bicyclette ;
– les thermomètres de bain ;
– les baignoires.

B. – Les produits qui font l'objet de l'une des normes citées dans l'avis publié au *Journal officiel* du 24 décembre 1991 :

– landaus, poussettes et voitures d'enfants transformables, pour un ou plusieurs enfants ;
– lits fixes et pliants utilisés dans la pièce d'habitation dont la longueur nominale est comprise entre 90 cm et 140 cm ;
– couffins, moïses, couchettes ;
– tables à langer ;
– porte-enfant ;
– chaises hautes ;
– trotteurs ;
– parcs ;
– barrières de sécurité.

II. – Les produits exclus :

A. – Produits relevant d'autres réglementations :

– les tétines ;
– les sucettes ;
– les anneaux de dentition.

B. – Les produits expressément exclus par l'article 2 :

1. Les accessoires pour l'hygiène :

– pots ;
– brosses à cheveux ;
– éponges pour la toilette ;
– brosses à dents ;
– matelas à langer.

2. Les articles de literie :

– draps ;
– couvertures ;
– matelas.

3. Équipements pour le transport des enfants dans les voitures particulières :

– lits-autos ;
– sièges-autos ;

— rehausseurs ;
— harnais pour voiture.

C. — Les articles qui, bien que figurant sous le terme générique « articles de puériculture » dans les catalogues, n'entrent pas dans le champ d'application du décret :

— dispositifs de protection tels que cache-prise, coin de table, entrebâilleur de porte, système d'alarme, veilleuse, protection de four ;
— les objets relatifs à l'alimentation et à la préparation des aliments : assiettes, gobelets, couverts et produits connexes, chauffe-biberons, stérilisateurs ;
— l'habillement et les articles chaussants pour enfants.

RECOUVREMENT DES CRÉANCES

Code des procédures civiles d'exécution

(Décr. nº 2012-783 du 20 mai 2012, en vigueur le 1er juin 2012)

Personnes chargées du recouvrement amiable des créances

BIBL. ▶ Décr. nº 96-1112 du 18 déc. 1996 : CROSIO, *LPA 5 févr. 1997.* – DESURVIRE, *Rev. huiss. 1997. 808.* – TRICAUD, *Gaz. Pal. 20 et 22 avr. 1997.*

Art. R. 124-1 Les dispositions du présent chapitre s'appliquent aux personnes physiques ou morales qui, d'une manière habituelle ou occasionnelle, même à titre accessoire, procèdent au recouvrement amiable des créances pour le compte d'autrui, à l'exception de celles qui y procèdent au titre de leur statut professionnel ou dans le cadre de la réglementation de leur profession. – *[Décr. nº 96-1112 du 18 déc. 1996, art. 1er].*

Art. R. 124-2 Les personnes mentionnées à l'article R. 124-1 justifient qu'elles ont souscrit un contrat d'assurance les garantissant contre les conséquences pécuniaires de la responsabilité civile professionnelle qu'elles peuvent encourir en raison de leur activité.

Elles justifient également être titulaires d'un compte dans l'un des établissements de crédit mentionnés à l'article L. 511-9 du code monétaire et financier ou l'une des institutions ou l'un des établissements de services mentionnés à l'article L. 518-1 du même code. Ce compte doit être exclusivement affecté à la réception des fonds encaissés pour le compte des créanciers.

La justification des conditions requises aux alinéas précédents est assurée par déclaration écrite des intéressés, remise ou adressée, avant tout exercice de l'activité, au procureur de la République près le tribunal de grande instance dans le ressort duquel ils ont le siège de leurs activités. A tout moment, le procureur de la République peut vérifier que les intéressés se conforment aux obligations prescrites par le présent article. – *[Décr. nº 96-1112 du 18 déc. 1996, art. 2].*

Art. R. 124-3 La personne chargée du recouvrement amiable ne peut procéder à celui-ci qu'après avoir conclu une convention écrite avec le créancier dans laquelle il lui est donné pouvoir de recevoir pour son compte.

Cette convention précise notamment :

1º Le fondement et le montant des sommes dues, avec l'indication distincte des différents éléments de la ou des créances à recouvrer sur le débiteur ;

2º Les conditions et les modalités de la garantie donnée au créancier contre les conséquences pécuniaires de la responsabilité civile encourue en raison de l'activité de recouvrement des créances ;

3º Les conditions de détermination de la rémunération à la charge du créancier ;

4º Les conditions de reversement des fonds encaissés pour le compte du créancier. – *[Décr. nº 96-1112 du 18 déc. 1996, art. 3].*

Art. R. 124-4 La personne chargée du recouvrement amiable adresse au débiteur une lettre qui contient les mentions suivantes :

1º Les nom ou dénomination sociale de la personne chargée du recouvrement amiable, son adresse ou son siège social, l'indication qu'elle exerce une activité de recouvrement amiable ;

2º Les nom ou dénomination sociale du créancier, son adresse ou son siège social ;

3° Le fondement et le montant de la somme due en principal, intérêts et autres accessoires, en distinguant les différents éléments de la dette, à l'exclusion des frais qui restent à la charge du créancier en application du troisième alinéa de l'article L. 111-8 ;

4° L'indication d'avoir à payer la somme due et les modalités de paiement de la dette ;

5° La reproduction des *(Décr. n° 2013-109 du 30 janv. 2013, art. 7)* « deuxième et troisième alinéas » de l'article L. 111-8.

Les références et date d'envoi de la lettre mentionnée au premier alinéa sont rappelées à l'occasion de toute autre démarche auprès du débiteur en vue du recouvrement amiable. – *[Décr. n° 96-1112 du 18 déc. 1996, art. 4].*

Art. R. 124-5 La personne chargée du recouvrement informe le créancier qu'elle a obtenu un paiement même partiel de la part du débiteur, à moins que le paiement résulte de l'exécution d'un accord de versement échelonné déjà connu du créancier.

Sauf stipulation contraire, elle le tient également informé de toute proposition du débiteur tendant à s'acquitter de son obligation par un autre moyen que le paiement immédiat de la somme réclamée. – *[Décr. n° 96-1112 du 18 déc. 1996, art. 6].*

Art. R. 124-6 Une quittance est remise au débiteur pour tout paiement.

Les fonds reçus par la personne chargée du recouvrement donnent lieu, sauf convention contraire, à un reversement dans un délai d'un mois à compter de leur encaissement effectif. – *[Décr. n° 96-1112 du 18 déc. 1996, art. 5].*

Art. R. 124-7 Est puni de l'amende prévue par le 5° de l'article 131-13 du code pénal pour les contraventions de la cinquième classe le fait pour toute personne exerçant l'activité mentionnée à l'article R. 124-1 de :

1° Ne pas se conformer aux obligations prévues à l'article R. 124-2 ;

2° Omettre l'une des mentions prévues à l'article R. 124-4 dans la lettre adressée au débiteur.

En cas de récidive, la peine d'amende prévue au même alinéa pour la récidive des contraventions de la cinquième classe est applicable. – *[Décr. n° 96-1112 du 18 déc. 1996, art. 7].*

REMONTÉES MÉCANIQUES

*Sont dénommés « remontées mécaniques » tous les appareils de transports publics de personnes par chemin de fer funiculaire ou à crémaillère, par téléphérique, par téléskis ou par tout autre engin utilisant des câbles porteurs ou tracteurs (C. tourisme, art. L. 342-7). — **C. tourisme.***

Code des assurances

Art. L. 220-1 Toute personne physique ou morale autre que l'État, exploitant pour le transport des voyageurs, sous quelque régime juridique que ce soit, un chemin de fer funiculaire ou à crémaillère, un téléphérique, un remonte-pente ou tout autre engin de remontée mécanique utilisant des câbles porteurs ou tracteurs doit être couverte par une assurance garantissant sa responsabilité civile pour tous dommages causés par ce moyen de transport. – *V. C. assur., art. R. 220-1 s. et A. 220-3 s. — **C. assur.***

BIBL. ▶ QUÉZEL-AMBRUNAZ, *Gaz. Pal. 2007. 665* (responsabilité civile des exploitants de remontées mécaniques).

Recommandation CCA n° 86-02 du 19 septembre 1986,

Relative aux contrats de remontées mécaniques dans les stations de sports d'hiver (BOCC 3 nov. 1986).

La Commission des clauses abusives,

Considérant que les contrats de remontées mécaniques concernent chaque année plusieurs millions d'usagers qui fréquentent les stations de sports d'hiver pour s'y adonner à la pratique du ski ; que si certaines dispositions régissant la conclusion et l'exécution de ces contrats sont imposées par la loi ou des règlements pris par l'autorité publique, il en est d'autres qui sont élaborées par les seuls professionnels et imposées par eux à l'adhésion des consommateurs et usagers ; que les clauses insérées par les exploitants de remontées mécaniques entrent donc bien dans le champ d'application de la loi du 10 janvier 1978 *[C. consom., art. L. 212-1 s.]* ;

Considérant que les exploitants d'installations de remontées mécaniques ont eu comme principal souci dans le libellé des contrats proposés à l'adhésion des usagers de se prémunir contre d'éventuelles fraudes ; que les dispositions de la loi du 9 janvier 1985 *[n° 85-30, sur la montagne]*, de celle du 30 décembre 1985 *[n° 85-1407, sur diverses dispositions de procédure pénale et de droit pénal]* et du décret du 22 mars 1942 modifié *[sur les voies ferrées]* comblent un vide juridique et permettent aux professionnels de lutter efficacement contre la fraude sans qu'il soit nécessaire d'y ajouter par voie conventionnelle ;

Considérant qu'un certain nombre de clauses habituellement insérées dans les contrats par les professionnels sont manifestement abusives au sens de l'article 35 de la loi du 10 janvier 1978 *[C. consom., art. L. 212-1]* ;

Considérant que la clause interdisant à l'usager de céder le titre lui donnant droit à l'usage des remontées mécaniques ne peut trouver sa justification que dans la remise quantitative ou le prix préférentiel consenti par l'exploitant ; que par contre, il est abusif d'interdire la cession du titre d'accès aux installations lorsque sa validité est limitée à la journée de sa délivrance ; qu'une telle clause ne perd son caractère abusif que si l'exploitant délivre par ailleurs des titres d'accès soit pour chaque utilisation des installations, soit pour une durée inférieure à la journée ;

Considérant qu'hormis les cas où les titres d'accès aux remontées mécaniques sont anonymes, il est abusif de stipuler qu'aucun duplicata ne sera délivré en cas de perte, destruction ou soustraction frauduleuse d'un titre d'accès ;

Considérant que les clauses par lesquelles les exploitants de remontées mécaniques excluent tout dédommagement et tout remboursement total ou partiel du titre d'accès aux installations sont manifestement abusives ; qu'il en est notamment ainsi lorsque l'interruption du service de tout ou partie des installations est le fait de l'exploitant ; que même dans des cas de force majeure tels que l'interruption des fournitures d'électricité par EDF ou des circonstances atmosphériques exceptionnelles l'exploitant devrait être tenu au remboursement du prix payé par le consommateur ;

Considérant que les cas exceptionnels où les contrats de remontées mécaniques prévoient une indemnisation de l'usager en cas d'interruption de service, les modalités imposées à l'usager consistant le plus souvent en une prolongation de la durée de validité du titre d'accès sont manifestement abusives en ce qu'elles supposent que le consommateur pourra prolonger son séjour dans la station ;

Considérant qu'en vertu des dispositions légales et réglementaires en vigueur, l'autorité préfectorale doit, par arrêté, approuver un règlement de police et un règlement d'exploitation ; que ces règlements sont, en général, conformes à des règlements types élaborés par le ministre chargé des transports ; que la méconnaissance par les usagers des règles ainsi prescrites les expose à des sanctions pénales prévues et réprimées par l'article R. 26-15 du code pénal *[nouv. C. pén., art. R. 610-5]*. Que ces mêmes règlements prévoient que l'exploitant ou ses préposés peuvent à titre conservatoire et uniquement pour des raisons liées à la sécurité s'opposer à ce que le contrevenant accède aux installations ; que le décret du 22 mars 1942 modifié qui entrera en vigueur le 1er octobre 1986 aggrave la répression des infractions commises au préjudice des exploitants et en facilite la poursuite ;

Considérant que la plupart des contrats examinés donnent à l'exploitant des remontées mécaniques le pouvoir de retirer le titre d'accès acquis par l'usager lorsque celui-ci enfreint les règlements de police ou d'exploitation édictés par l'autorité administrative ; que cette faculté, qui ajoute aux dispositions de ces règlements, attribue un pouvoir discrétionnaire de résolution des contrats à l'une des deux parties, sans contrôle juridictionnel ou même administratif ; que de telles clauses sont manifestement abusives,

Recommande :

Que soient éliminées des contrats les clauses qui ont pour objet ou pour effet :

D'interdire la libre cession des forfaits journaliers :

— lorsqu'il n'est pas proposé de forfaits de durée plus brève ou de tickets à l'unité ;

— ou lorsque le titulaire du forfait n'a pas bénéficié d'un avantage tarifaire lié à son appartenance à une catégorie particulière.

D'exclure la délivrance d'un duplicata d'un titre d'accès aux remontées mécaniques en cas de perte, destruction ou soustraction lorsque ledit titre est nominatif.

De supprimer ou de limiter la responsabilité de l'exploitant en cas d'interruption de service de son fait et ce sauf cas de force majeure.

D'exonérer, lors de l'interruption partielle ou totale du service pour cas de force majeure, l'exploitant de son obligation de rembourser le prix ou la fraction de prix correspondant à la durée de l'interruption.

D'imposer à l'usager, à titre de dédommagement ou de remboursement, une compensation sous la forme d'une prolongation de la validité du titre d'accès aux installations.

De permettre à l'exploitant de décider unilatéralement de la résolution du contrat par le retrait du titre d'accès.

(Texte adopté le 19 septembre 1986 sur le rapport de M. Berges.)

Arrêté n° 86-49/A du 3 novembre 1986,

Relatif aux prix et tarifs des remontées mécaniques.

Art. 1er A compter de la publication du présent arrêté, les prix et tarifs des transports publics de voyageurs par chemin de fer funiculaire ou à crémaillère, téléphérique, remonte-pente ou tout autre engin utilisant des câbles porteurs ou tracteurs peuvent être librement déterminés.

Art. 2 Pour les contrats comportant une clause de variation, les évolutions en hausse du jeu des formules de variation de prix ne donneront lieu à aucun rattrapage au titre de la saison 1985-1986 et des saisons antérieures.

Art. 3 A titre de mesure accessoire, les barèmes tarifaires devront être déposés auprès des services des commissaires de la République au moins quinze jours avant leur mise en application.

Art. 4 A titre de mesures de protection et d'information des usagers, les dispositions suivantes devront être respectées :

— les tarifs et conditions de vente et d'utilisation des prestations devront faire l'objet d'un affichage aisément lisible par les usagers, sur leurs lieux de vente, ainsi qu'à l'accès principal aux engins ;

— les conditions de vente et d'utilisation des prestations devront expressément figurer sur les tarifs diffusés auprès du public.

RESPONSABILITÉ DU FAIT DES PRODUITS

Code civil

De la responsabilité du fait des produits défectueux

Les dispositions ci-dessous, modifiées par la L. n° 2004-1343 du 9 déc. 2004, sont applicables aux produits dont la mise en circulation est postérieure à la date d'entrée en vigueur de la L. n° 98-389 du 19 mai 1998 (JO 21 mai), même s'ils ont fait l'objet d'un contrat antérieur (L. n° 98-389 du 19 mai 1998, art. 21 ; L. n° 2004-1343 du 9 déc. 2004, art. 29-II). — Toutefois, les dispositions de la L. du 9 déc. 2004 ne s'appliquent pas aux litiges ayant donné lieu à une décision de justice définitive à la date de sa publication [JO 10 déc.] (L. préc., art. 29-II ; JO 10 déc.). — L'Ord. n° 2016-131 du 10 févr. 2016 renumérote les art. 1386-1 à 1386-18 en art. 1245 à 1245-17, sans toutefois en modifier le régime.

RÉP. CIV. v° *Responsabilité du fait des produits défectueux*, par CAILLÉ.

DALLOZ ACTION *Droit de la responsabilité et des contrats*, par LE TOURNEAU (ss. la dir.), Dalloz, 2014/2015, 10e édition.

Pour une bibl., V. **C. civ.**

Art. 1245 *(Ord. n° 2016-131 du 10 févr. 2016, art. 2, en vigueur le 1er oct. 2016)* **Le producteur est responsable du dommage causé par un défaut de son produit, qu'il soit ou non lié par un contrat avec la victime.** — *Anc. art. 1386-1.*

1. *Application dans le temps.* La loi du 19 mai 1998 ayant exclu tout effet rétroactif, son régime ne peut s'appliquer à un produit vendu avant son entrée en vigueur. • Nancy, 5 oct. 2004 : *BICC 15 janv. 2006, n° 130.* ♦ Il convient de rechercher si le médicament incriminé est un produit défectueux en application de l'art. 1147 C. civ. interprété à la lumière des dispositions de la Dir. n° 85/374, non encore transposée en droit français à l'époque des faits et devenue depuis les art. 1386-1 s. [1245 s.] C. civ. • Angers, 16 juin 2006 : *cité note 2 ss. art. 1245-8 C. civ., infra.* – V. aussi • Civ. 1re, 15 mai 2007 : *Bull. civ. I, n° 186 ; D. 2007. Pan. 2907, obs. Brun ; ibid. AJ 1593, obs. Gallmeister ; RTD civ. 2007. 580, obs. Jourdain ; JCP 2007. I. 185, n° 8, obs. Stoffel-Munck ; JCP E 2007, n° 45, p. 28, note Leveneur ; CCC 2007, n° 233, obs. Leveneur ; LPA 25 sept. 2008, obs. Depincé et Terrier ; RJDA 2007, n° 1034 ; RDC 2007. 1147, obs. Borghetti.* ♦ Le produit a bien été mis en circulation après l'entrée en vigueur de la loi du 19 mai 1998 car, s'agissant de produits fabriqués en série, il convient de prendre en compte la date de mise en circulation de la série comprenant le produit défectueux. • Grenoble, 11 juin 2008 : *cité note 3 ss. art. 1245-1 C. civ.*

2. *Dommages causés aux tiers.* Responsabilité du fabricant-vendeur d'un portail coulissant qui, en sortant de son rail de guidage, a causé un dommage corporel au fils de l'acheteur. • Nancy, 8 avr. 2003 : *JCP 2004. IV. 3038.*

Art. 1245-1 *(Ord. n° 2016-131 du 10 févr. 2016, art. 2, en vigueur le 1er oct. 2016)* **Les dispositions du présent chapitre s'appliquent à la réparation du dommage qui résulte d'une atteinte à la personne.**

Elles s'appliquent également à la réparation du dommage supérieur à un montant déterminé par décret, qui résulte d'une atteinte à un bien autre que le produit défectueux lui-même. — *Anc. art. 1386-2. — Montant fixé à 500 € (Décr. n° 2005-113 du 11 févr. 2005, art. 1er).*

1. *Dommage réparable.* Le régime de la responsabilité du fait des produits défectueux ne s'applique pas à la réparation du dommage qui résulte d'une atteinte au produit défectueux lui-même. • Civ. 1re, 14 oct. 2015, n° 14-13.847 P : *D. 2015. Actu. 2127 ; RTD civ. 2016. 137, obs. Jourdain ; JCP E 2015, n° 1554 ; RJDA 2015, n° 880 ; Gaz. Pal. 19 janv. 2016, p. 35, obs. Gerry-Vernières ; RDC 2016. 228, obs. Knetsch.* ♦ Pour engager la responsabilité du fabricant, la défectuosité du produit doit consister en un défaut de sécurité ayant causé un dommage à une personne ou à un bien autre que le produit défectueux lui-même. Tel n'est pas le cas, s'agissant de coulures du mastic de fenêtres à double vitrage. • Civ. 1re, 9 juill. 2003 : *Bull. civ. I, n° 173 ; RCA 2003, n° 268.* ♦ Dans le même sens, pour les vices de fonctionnement affectant une imprimante, qui relèvent de la garantie contractuelle : • Paris, 14 sept. 2001 : *RCA 2002, n° 29, note Grynbaum.* ♦ ... Pour l'explosion de la porte vitrée d'un four, dès lors qu'il n'y a pas eu atteinte à la personne ou à un bien autre que l'appareil ménager lui-même. • Montpellier, 7 janv. 2003, n° 00/05056. ♦ ... Pour des désordres ayant affecté des pieds de pommes de terre obtenus à partir de plants de pommes de terre de semence défectueux, dès lors que le dommage n'a affecté que le fruit des semences. • Grenoble, 28 juin 2006 : *JCP 2006. IV. 3328.*

Pour rejeter la demande, l'arrêt retient que le seul préjudice invoqué est un préjudice économique constitué par des moins-values ou une perte de marge et consécutif à la mévente des bouteilles, de sorte qu'étant en lien direct avec les défectuosités du produit lui-même, ce dommage n'est pas indemnisable. En statuant ainsi, après avoir constaté que les défauts relevés affectaient non seulement les bouteilles de verre, mais aussi le vin qu'elles devaient contenir, ce dont il résultait que la mévente des bouteilles défectueuses, engendrant le préjudice invoqué, était consécutive au caractère impropre à la consommation du vin, la cour d'appel n'a pas tiré les conséquences légales de ses constatations. • Civ. 1re, 1er juill. 2015, n° 14-18.391 P : *D. 2015. 2227, note Girard ; RTD civ. 2015. 892, obs. Jourdain ; JCP E 2015, n° 1377 ; CCC 2015, n° 251, obs. Leveneur ; RJDA 2015, n° 793 ; Gaz. Pal. 2015. 3279, obs. Jaouen ; RCA 2015, n° 295, obs. Bloch ; RD rur. 2016, n° 25, obs. Bloch.*

2. *Transposition de la directive.* V. note ss. Dir. 85/374/CEE du 25 juill. 1985, art. 9, *infra.*

3. *Droit commun.* Si le régime de la responsabilité du fait des produits défectueux qui ne sont pas destinés à l'usage professionnel ni utilisés pour cet usage n'exclut pas l'application d'autres régimes de responsabilité contractuelle ou extra-contractuelle, c'est à la condition que ceux-ci reposent sur des fondements différents de celui d'un défaut de sécurité du produit litigieux, telles la garantie des vices cachés ou la faute. • Civ. 1re, 17 mars 2016, n° 13-18.876 P : *Dalloz actualité, 31 mars 2016, obs. Coustet ; D. 2016. Actu. 705 ; RTD civ. 2016. 646, obs. Jourdain ; JCP E 2016, n° 1208 ; RJDA 2016, n° 493 ; RDC 2016. 442, obs. Borghetti.* ♦ L'action en réparation de l'atteinte au produit défectueux relève du régime de droit commun de la responsabilité, en l'espèce de l'art. 1147 C. civ. • Grenoble, 11 juin 2008 : *JCP 2008. IV. 2926 ; RDC 2009. 542, obs. Borghetti.*

Art. 1245-2 *(Ord. n° 2016-131 du 10 févr. 2016, art. 2, en vigueur le 1er oct. 2016)* **Est un produit tout bien meuble, même s'il est incorporé dans un immeuble, y compris les pro-**

duits du sol, de l'élevage, de la chasse et de la pêche. L'électricité est considérée comme un produit. — *Anc. art. 1386-3.*

Art. 1245-3 *(Ord. nº 2016-131 du 10 févr. 2016, art. 2, en vigueur le 1er oct. 2016)* **Un produit est défectueux au sens du présent chapitre lorsqu'il n'offre pas la sécurité à laquelle on peut légitimement s'attendre.**

Dans l'appréciation de la sécurité à laquelle on peut légitimement s'attendre, il doit être tenu compte de toutes les circonstances et notamment de la présentation du produit, de l'usage qui peut en être raisonnablement attendu et du moment de sa mise en circulation.

Un produit ne peut être considéré comme défectueux par le seul fait qu'un autre, plus perfectionné, a été mis postérieurement en circulation. — *Anc. art. 1386-4.*

1. Défaut d'information. Responsabilité du fabricant d'un produit capillaire, vendu en grande surface, à l'origine d'une chute importante de cheveux chez une utilisatrice, pour manquement à son obligation de sécurité et à son obligation d'information sur les précautions d'emploi du produit. • Poitiers, 19 févr. 2003 : *Juris-Data nº 213180.* ♦ ... D'un fournisseur de béton qui, non seulement n'a pas communiqué la composition exacte du béton livré ayant causé un préjudice à l'acheteur (brûlures du deuxième degré profond et troisième degré), mais qui n'attirait en rien l'attention du client sur la nécessité de porter des couvre-bottes et des vêtements de protection imperméables à l'eau pour éviter tout contact avec la peau, ainsi que celle de retirer les vêtements et équipements de protection lorsqu'ils sont saturés de béton mouillé et de laver immédiatement les zones exposées. • Civ. 1re, 7 nov. 2006 : *Bull. civ. I, nº 467; D. 2006. IR 2950 ; RTD civ. 2007. 139, obs. Jourdain ; RTD com. 2007. 438, obs. Bouloc ; JCP 2006. IV. 3348; CCC 2007, nº 60, obs. Raymond; ibid., nº 64, obs. Leveneur; RJDA 2007, nº 304; RDC 2007. 312, obs. Borghetti; RDI 2007. 94, obs. Malinvaud .* ♦ La mention de la désignation du béton et de sa composition au recto du bon de livraison ne peut suffire à informer un consommateur non averti, de manière claire et précise, sur la dangerosité du produit non plus que la présence d'un pictogramme normalisé, caractérisant une dangerosité et accompagné de la mention irritant. • Paris, 21 sept. 2011 : *CCC 2012, nº 80, obs. Raymond.* ♦ V. sur la sécurité d'un utilisateur autre que l'acheteur de l'installation, qui n'a pas nécessairement eu accès à la notice d'information du contrat de consignation et n'est pas informé du risque présenté par l'utilisation de gaz propane pour l'alimentation d'un appareil fonctionnant au gaz butane, de telle sorte que la bouteille de gaz propane utilisée était un produit défectueux, au sens de l'art. 1386-4 [1245-3]. • Civ. 1re, 4 févr. 2015, nº 13-19.781 P : *Dalloz actualité, 23 févr. 2015, obs. Cayol; D. 2015. Actu. 375 ; JCP E 2015, nº 1265, note Le Gac-Pech; CCC 2015, nº 109, obs. Leveneur; RJDA 2015, nº 538; Gaz. Pal. 2015. 951, note Oudot.*

2. Causes du sinistre. Si la responsabilité du fait des produits défectueux requiert que le demandeur prouve le dommage, le défaut et le lien de causalité entre le défaut et le dommage, la participation du produit à la survenance du dommage est un préalable implicite, nécessaire à l'exclusion éventuelle d'autres causes possibles de la maladie, pour la recherche de la défectuosité du produit et du rôle causal de cette défectuosité, sans pour autant que sa simple implication dans la réalisation du dommage suffise à établir son défaut au sens de l'art. 1386-4 [1245-3], ni le lien de causalité entre ce défaut et le dommage. • Civ. 1re, 29 mai 2013 : *Bull. civ. I, nº 116; D. 2013. 1717, note Borghetti ; ibid. 1723, note Brun ; RTD civ. 2013. 625, obs. Jourdain ; RTD com. 2013. 797, obs. Bouloc ; JCP E 2013, nº 1517, note Gorny et Merckx; CCC 2013, nº 179; RJDA 2013, nº 857; Gaz. Pal. 2013. 2297, note Bargue; ibid. 2984, note Oudot.* ♦ Jugé qu'il importe peu que les causes exactes du sinistre (explosion de la vitre d'un insert de cheminée) ne soient pas établies, dès lors que le demandeur établit que le produit n'offre pas une sécurité normale, le producteur ayant la charge de la preuve d'une cause exonératoire ou de la faute de l'utilisateur. • TGI Aix-en-Provence, 2 oct. 2001 : *D. 2001. IR 3092 .* ♦ V. aussi note ss. art. 1245-12 C. civ., *infra.* ♦ La simple survenance d'un dommage n'établit pas la défectuosité ou la dangerosité du produit et il appartient à l'acheteur de caractériser le défaut du produit dès lors que l'utilisation d'un combustible liquide dans un brûleur implique nécessairement certains risques. • Versailles, 9 mars 2007 : *BRDA 2007, nº 11, p. 9.* ♦ En effet, la simple implication du produit dans la réalisation du dommage ne suffit pas à établir son défaut au sens des art. 1386-1 s. [1245 s.] C. civ., ni le lien de causalité entre ce défaut et le dommage. • Civ. 1re, 22 oct. 2009 : *JCP E 2009, nº 51-52, p. 24; CCC 2010, nº 61, obs. Raymond; RJDA 2010, nº 98; RDC 2010. 619, obs. Borghetti; RD rur. 2010, nº 36, obs. Lebel.* ♦ Le juge ne doit pas se déterminer par une considération générale sur le rapport bénéfice/risques du produit pour apprécier le caractère défectueux de celui-ci. • Civ. 1re, 10 juill. 2013 : *Bull. civ. I, nº 157; D. 2013. 2306, avis Mellottée ; ibid. 2312, note Brun ; ibid. 2315, note Borghetti ; RTD civ. 2013. 852, obs. Jourdain ; RDSS 2013. 938, obs. Peigné ; JCP 2013, nº 1012, note Parance; JCP E 2013, nº 1480, note Le Gac-Pech; Gaz. Pal. 2013. 2984, note Oudot; RDC 2014. 37, obs. Viney.*

Responsabilité du fabricant d'un produit destiné à réduire les rides, dès lors que le caractère défectueux et le lien de causalité entre l'injection et le préjudice subi sont avérés et qu'aucune des exceptions prévues à l'art. 1386-11 [1245-10] n'est établie. • Paris, 14 mars 2003 : *Juris-Data n° 212506.* – V. aussi • Civ. 1re, 22 nov. 2007 : *D. 2008. Pan. 2902, obs. Jourdain ; JCP 2008. I. 125, n° 9, obs. Stoffel-Munck ; CCC 2008, n° 64, obs. Leveneur ; LPA 20 mai 2008, obs. Hennion-Jacquet ; LPA 25 sept. 2008, obs. Depincé et Terrier ; RJDA 2008, n° 342 ; RCA 2008, n° 30, obs. Radé.* ♦ Les juges ne doivent pas se déterminer par une considération générale sur le rapport bénéfice/risque mais doivent examiner si les circonstances particulières relevées ne constituent pas des présomptions graves, précises et concordantes permettant de dire que le lien causal entre la maladie et la prise du produit était suffisamment établi. • Civ. 1re, 26 sept. 2012 : *Bull. civ. I, n° 187 ; D. 2012. 2853, note Borghetti ; JCP 2012, n° 1061, obs. Mistretta ; CCC 2012, n° 273, obs. Leveneur.*

3. Défectuosité. Le système d'airbag litigieux qui équipe un véhicule automobile ne peut être considéré comme défectueux au sens de l'art. 1386-1 [1245] C. civ., alors même que son déclenchement n'aurait pas dû se produire à une vitesse d'approche au moment de la collision du véhicule avec le bloc de pierre inférieure à 10 km/h, dans la mesure où le calculateur chargé de le déclencher a fonctionné normalement pour des raisons techniques liées à la configuration très particulière de cette collision, puisque, la carrosserie n'ayant pas subi de déformation et la structure du véhicule étant venue directement en contact avec l'obstacle, il en est résulté une augmentation de l'accélération détectée par le calculateur. • Dijon, 6 sept. 2007 : *JCP 2008. IV. 2161.* ♦ La constatation, par le juge, du défaut d'un produit, à la suite de la mise en évidence de risques graves liés à son utilisation que ne justifie pas le bénéfice qui en est attendu, n'implique pas que le producteur ait eu connaissance de ces risques lors de la mise en circulation du produit ou de sa prescription. • Civ. 1re, 25 févr. 2016, n° 15-11.257 P : *Dalloz actualité, 11 mars 2016, obs. Kilgus ; D. 2016. Actu. 542 ; RTD civ. 2016. 386, obs. Jourdain ; JCP E 2016, n° 1163 ; CCC 2016, n° 111, obs. Leveneur.*

Art. 1245-4 *(Ord. n° 2016-131 du 10 févr. 2016, art. 2, en vigueur le 1er oct. 2016)* **Un produit est mis en circulation lorsque le producteur s'en est dessaisi volontairement.**

Un produit ne fait l'objet que d'une seule mise en circulation. – *Anc. art. 1386-5.*

Art. 1245-5 *(Ord. n° 2016-131 du 10 févr. 2016, art. 2, en vigueur le 1er oct. 2016)* **Est producteur, lorsqu'il agit à titre professionnel, le fabricant d'un produit fini, le producteur d'une matière première, le fabricant d'une partie composante.**

Est assimilée à un producteur pour l'application du présent chapitre toute personne agissant à titre professionnel :

1° Qui se présente comme producteur en apposant sur le produit son nom, sa marque ou un autre signe distinctif ;

2° Qui importe un produit dans la Communauté européenne en vue d'une vente, d'une location, avec ou sans promesse de vente, ou de toute autre forme de distribution ;

(L. n° 2016-138 du 11 févr. 2016, art. 2) ***« 3° Qui fait don d'un produit vendu sous marque de distributeur en tant que fabricant lié à une entreprise ou à un groupe d'entreprises, au sens de l'article*** *(Décr. n° 2016-884 du 29 juin 2016, art. 2, en vigueur le 1er juill. 2016)* **« R. 412-47 »** ***du code de la consommation. »*** – *Le 3° a semble-t-il été implicitement abrogé par l'Ord. n° 2016-131 du 10 févr. 2016.*

Ne sont pas considérées comme producteurs, au sens du présent chapitre, les personnes dont la responsabilité peut être recherchée sur le fondement des articles 1792 à 1792-6 et 1646-1. – *Anc. art. 1386-6.*

BIBL. ▶ DENIZOT, *RTD civ. 2017. 216* (perdu de vue : où est-donc passé le 3° de l'art. 1386-6 [1245-5] C. civ. ?).

Producteur. Il ne résulte pas de l'art. 1386-6 [1245-5], 2°, que l'assimilation d'un importateur à un producteur soit limitée au seul importateur de produits en provenance de pays tiers, dès lors que l'art. 1386-6 [1245-5], 2°, n'est pas exclusif de l'art. 1386-6 [1245-5], 1°, lequel n'opère pas de distinction tenant à l'activité du professionnel concerné, de sorte que la cour d'appel a considéré à bon droit que ce texte n'excluait pas de son champ d'application l'importateur parallèle commercialisant un produit au titre d'une autorisation de mise sur le marché simplifiée. • Civ. 1re, 4 juin 2014 : *Bull. civ. I, n° 105 ; Dalloz actualité, 16 juin 2014, obs. Coustet ; D. 2014. Actu. 1272 ; RTD com. 2014. 846, obs. Bouloc ; JCP E 2014. Actu. 446 ; CCC 2014, n° 214 ; RJDA 2015, n° 57 ; Gaz. Pal. 2014. 2353, obs. Noguéro ; RDC 2014. 613, note Borghetti.*

Art. 1245-6 *(Ord. n° 2016-131 du 10 févr. 2016, art. 2, en vigueur le 1er oct. 2016)* **Si le producteur ne peut être identifié, le vendeur, le loueur, à l'exception du crédit-bailleur ou du loueur assimilable au crédit-bailleur, ou tout autre fournisseur professionnel, est**

responsable du défaut de sécurité du produit, dans les mêmes conditions que le producteur, à moins qu'il ne désigne son propre fournisseur ou le producteur, dans un délai de trois mois à compter de la date à laquelle la demande de la victime lui a été notifiée. — *V. notes ss. art. 1245-17, infra.*

Le recours du fournisseur contre le producteur obéit aux mêmes règles que la demande émanant de la victime directe du défaut. Toutefois, il doit agir dans l'année suivant la date de sa citation en justice. — *Anc. art. 1386-7.*

1. Application dans le temps. L'action intentée contre le vendeur est irrecevable, dès lors que l'identité du fabricant du produit était connue de l'assureur; il convient en effet d'appliquer l'art. 1386-7 [1245-6] dans sa rédaction issue de la loi du 5 avr. 2006, qui est conforme à la directive communautaire, même si la vente date de mars 1999 et que l'accident a eu lieu en juillet 1999. • Grenoble, 11 juin 2008 : *cité note 4 3ss. art. 1245-1 C. civ.*

2. Recours. La société X, qui avait fabriqué la prothèse défectueuse, et la société Y, elle-même fabricant d'une partie composante de celle-ci, en sont toutes deux les producteurs, de sorte que, n'ayant pas la qualité de fournisseur du produit défectueux, la société X n'était pas recevable à exercer contre la société Y le recours prévu à l'art. 1386-7 [1245-6], lequel est réservé au fournisseur dont la responsabilité de plein droit a été engagée en raison du défaut d'identification du producteur. • Civ. 1re, 15 mars 2017, n° 15-27.740 P : *Dalloz actualité, 3 avr. 2017, obs. Kilgus; D. 2017. Actu. 704; JCP 2017, n° 466, note Borghetti; BRDA 2017, n° 11, p. 18; RCA 2017, n° 174, obs. Bloch.*

3. Illustrations. Caractère non contestable de l'obligation à réparation du boucher vendeur de viande de cheval contaminée (trichinellose), dès lors qu'il ne peut être affirmé que l'état des connaissances scientifiques ne permettait pas de déceler l'existence du défaut. • Toulouse, 22 févr. 2000 : *D. 2000. IR 269; JCP 2000. II. 10429, note le Tourneau; RCA 2000, n° 369, note Grynbaum; CCC 2001, n° 52, obs. Raymond; Gaz. Pal. 29-30 août 2001, note Roulet et Peisse.* ♦ Responsabilité du vendeur professionnel d'un pneu défectueux (défaut d'étanchéité), dont l'éclatement a été à l'origine d'un accident. • Toulouse, 7 nov. 2000 : *RCA 2001, n° 199, note Grynbaum.*

4. Renvoi. V. aussi note ss. Dir. 85/374/CEE du 25 juill. 1985, art. 3, *infra.*

Art. 1245-7 *(Ord. n° 2016-131 du 10 févr. 2016, art. 2, en vigueur le 1er oct. 2016)* **En cas de dommage causé par le défaut d'un produit incorporé dans un autre, le producteur de la partie composante et celui qui a réalisé l'incorporation sont solidairement responsables.** — *Anc. art. 1386-8.*

Solidarité. Il résulte de la combinaison des art. 1386-8 [1245-7] C. civ. et 5 de la Dir. 85/374/CEE du 25 juill. 1985 que le producteur du produit fini et celui de la partie composante sont solidairement responsables à l'égard de la victime, mais que, dans leurs rapports, la détermination de leur contribution respective à la dette ne relève pas du champ d'application de la directive et, notamment, des dispositions de l'art. 1386-11 [1245-10] C. civ., qui transpose en droit interne l'art. 7 de la même directive. • Civ. 1re, 26 nov. 2014, n° 13-18.819 P : *D. 2015. 405, note Borghetti; RTD eur. 2015. 348-35, note Rias; RJDA 2015, n° 225; Gaz. Pal. 2015. 393, obs. Jaouen; RLDA janv. 2015. 37, obs. Mathonnière; RCA 2015, n° 58, obs. Bloch.* ♦ Selon l'art. 5 de la Dir. 85/374/CEE du 25 juill. 1985, lorsque plusieurs personnes sont responsables du même dommage, leur responsabilité est solidaire, sans préjudice des dispositions du droit national relatives au droit de recours; en droit interne, la contribution à la dette, en l'absence de faute, se répartit à parts égales entre les coobligés. • Même décision.

Art. 1245-8 *(Ord. n° 2016-131 du 10 févr. 2016, art. 2, en vigueur le 1er oct. 2016)* **Le demandeur doit prouver le dommage, le défaut et le lien de causalité entre le défaut et le dommage.** — *Anc. art. 1386-9.*

BIBL. ▶ DAILLE-DUCLOS, *JCP E 2009, n° 48, p. 22* (responsabilité du fait des produits défectueux : *la fin justifie-t-elle les moyens?*). – VINEY, D. 2010. 391 (la responsabilité des fabricants de médicaments et de vaccins : les affres de la preuve).

1. Charge de la preuve. Il appartient au demandeur en réparation du dommage causé par un produit qu'il estime défectueux de prouver le défaut invoqué. • Civ. 1re, 4 févr. 2015, n° 13-27.505 P : *Dalloz actualité, 24 févr. 2015, obs. Cayol; D. 2015. Actu. 375; JCP E 2015, n° 1141; CCC 2015, n° 110, obs. Leveneur; RJDA 2015, n° 468; Gaz. Pal. 2015. 951, note Oudot.*

2. Vaccination contre l'hépatite B. BIBL. Brun, *RLDC suppl. mars 2009. 29* (la responsabilité du fait des produits défectueux : l'exemple de la vaccination de l'hépatite B). – Derycke et Caron, *RLDC mars 2010. 17* (état des lieux du contentieux relatif au vaccin contre l'hépatite B). ♦ La responsabilité du producteur est soumise à la condition que le demandeur prouve, outre le dommage, le défaut du produit et le lien de causalité entre le défaut et le dommage; dès lors que les juges du fond ont constaté que l'étiologie de la sclérose en plaques est inconnue et que ni les expertises ni les études scientifiques ne concluent à l'existence d'une association entre la vaccination et la maladie, le lien de causalité entre l'une et l'autre ne pouvait être établi. • Civ. 1re, 23 sept. 2003 : *Bull. civ. I, n° 188 ; D. 2004. 898, note Serinet et Mislawski ; ibid. Somm. 1344, obs. D. Mazeaud ; JCP 2003. II. 10179, note Jonquet, Maillols, Mainguy et Terrier ; ibid. 2004. I. 101, n° 23 s., obs. Viney ; JCP E 2003. 1749, note Mistretta et Faict ; RCA 2003. Chron. 28, par Radé ; CCC 2004. Chron. 2, par Paul ; Dr. et patr., janv. 2004, p. 87, obs. Chabas ; RLDC 2004/1, n° 9, note Hocquet-Berg ; LPA 16 janv. 2004, note Gossement ; ibid. 22 avr. 2004, note Mémeteau ; Gaz. Pal. 4-6 avr. 2004, Doctr., étude Pitet ; RTD civ. 2004. 101, obs. Jourdain*, cassant • Versailles, 2 mai 2001 : *D. 2001. IR 1592 ; RTD civ. 2001. 891 et 896, obs. Jourdain* (qui confirmait • TGI Nanterre, 5 juin 1998 : *D. 1999. Somm. 246, obs. Revel ; ibid. 336, obs. Galloux ; D. Affaires 1999. 66, obs. S. B.-T. ; Gaz. Pal. 1999. 2. Somm. 620, obs. Beslay*). ♦Doit être cassé l'arrêt qui déduit le caractère défectueux du vaccin litigieux (contre l'hépatite B) des seules constatations que le vaccin avait été le facteur déclenchant du syndrome de Guillain-Barré développé par la victime et que l'autorisation de mise sur le marché énumérait cette affection au titre des effets indésirables, en mentionnant « très rarement, des neuropathies périphériques ». • Civ. 1re, 24 janv. 2006 : *Bull. civ. I, n° 33 ; D. 2006. 1273, note Neyret ; ibid. Pan. 1929, obs. Brun ; GAJC II 2008. 527, note Terré et Lequette ; RTD civ. 2006. 325, obs. Jourdain ; RTD com. 2006. 652, obs. Bouloc ; JCP 2006. II. 10082, note Grynbaum ; CCC 2006, n° 77, obs. Leveneur ; LPA 3 mars 2006, concl. Sarcelet ; RDC 2006. 841, obs. Borghetti*, cassant • Versailles, 12 sept. 2003 : *D. 2003. IR 2549 ; RCA 2004, n° 344, note Radé*. ♦V. aussi, estimant que la preuve du lien de causalité n'est pas rapportée : • TGI Lyon, 28 avr. 2003 (3 jugements) : *JCP 2003. II. 10166, note Mistretta.*

3. Présomption. Si l'action en responsabilité du fait d'un produit défectueux exige la preuve du dommage, du défaut et du lien de causalité entre le défaut et le dommage, une telle preuve peut résulter de présomptions, pourvu qu'elles soient graves, précises et concordantes. • Civ. 1re, 22 mai 2008 : *Bull. civ. I, nos 147, 148 et 149 ; D. 2008. AJ 1544, obs. Gallmeister ; RTD civ. 2008. 492, obs. Jourdain ; RDSS 2008. 578, obs. Peigné ; JCP 2008. II. 10131, note Grynbaum ; ibid. I. 186, n° 6, obs. Stoffel-Munck ; JCP E 2008, n° 38, p. 27, note Daille-Duclos ; Gaz. Pal. 2008. 1686, note Pierroux ; RDC 2008. 1186, note Borghetti ; RJDA 2008, n° 1069 ; RCA 2008. Étude 8, par Radé ; RLDC sept. 2008. 15, note Brun et Quézel-Ambrunaz* (3 arrêts) • 25 juin 2009 : *Bull. civ. I, n° 141 ; RTD civ. 2009. 723, obs. Jourdain ; RTD com. 2010. 181, obs. Bouloc ; LPA 4 déc. 2009, note Dupont* • 9 juill. 2009 : *Bull. civ. I, n° 176 ; D. 2009. AJ 1968, obs. Gallmeister ; D. 2010. Pan. 50, obs. Brun ; RTD civ. 2009. 723 et 735, obs. Jourdain ; JCP 2009, n° 41, p. 13, note Sargos ; Gaz. Pal. 2009. 2595, avis Legoux ; CCC 2009, n° 262, obs. Leveneur ; RDC 2010. 79, note Borghetti ; Dr. fam. 2009, n° 135, obs. Julien ; RCA 2009. Étude 13, par Radé.* ♦Il ne suffit pas de constater que certains principes actifs du médicament en cause sont dangereux pour que la responsabilité du laboratoire fabricant soit engagée ; pour autant, il suffit, pour que puisse être retenu le rôle causal du médicament, que soient réunies des présomptions graves, précises et concordantes. • Angers, 16 juin 2006 : *JCP 2006. IV. 2910.* ♦Ne constituent pas de telles présomptions la simple proximité temporelle entre la vaccination et le dommage, le bon état de santé de la victime avant les injections, les mentions du dictionnaire médical Vidal, ainsi que la modification ultérieure par le laboratoire de la notice du produit mentionnant le risque de développer une sclérose en plaques. • Civ. 1re, 24 sept. 2009 : *Bull. civ. I, n° 185 ; D. 2009. AJ 2426, obs. Gallmeister ; RJDA 2010, n° 97.*

Art. 1245-9 *(Ord. n° 2016-131 du 10 févr. 2016, art. 2, en vigueur le 1er oct. 2016)* **Le producteur peut être responsable du défaut alors même que le produit a été fabriqué dans le respect des règles de l'art ou de normes existantes ou qu'il a fait l'objet d'une autorisation administrative.** — *Anc. art. 1386-10.*

Art. 1245-10 *(Ord. n° 2016-131 du 10 févr. 2016, art. 2, en vigueur le 1er oct. 2016)* **Le producteur est responsable de plein droit à moins qu'il ne prouve :**

1° Qu'il n'avait pas mis le produit en circulation ;

2° Que, compte tenu des circonstances, il y a lieu d'estimer que le défaut ayant causé le dommage n'existait pas au moment où le produit a été mis en circulation par lui ou que ce défaut est né postérieurement ;

3° Que le produit n'a pas été destiné à la vente ou à toute autre forme de distribution ;

4° Que l'état des connaissances scientifiques et techniques, au moment où il a mis le produit en circulation, n'a pas permis de déceler l'existence du défaut ;

5° Ou que le défaut est dû à la conformité du produit avec des règles impératives d'ordre législatif ou réglementaire.

Le producteur de la partie composante n'est pas non plus responsable s'il établit que le défaut est imputable à la conception du produit dans lequel cette partie a été incorporée ou aux instructions données par le producteur de ce produit. — *Anc. art. 1386-11.*

1. Causes d'exonération. La force majeure ne figure pas parmi les causes d'exonération énumérées de manière limitative par les art. 1386-1 s. [1245 s.] • Toulouse, 14 déc. 2004 : *JCP E 2005. 926* (viande commercialisée avec l'autorisation des services vétérinaires qui n'ont pas décelé sa contamination). ♦ La circonstance qu'un coussin gonflable de voiture (« airbag ») ait considérablement atténué les dommages corporels en fonctionnant normalement n'exclut pas la mise en œuvre de la responsabilité au titre du produit défectueux s'il est établi que son fonctionnement a été la cause directe et exclusive de brûlures à la victime, du fait de sa conception, notamment de l'emplacement des évents d'évacuation d'air chaud. • Riom, 24 avr. 2002 : *Juris-Data nº 185203.*

2. Examen par le juge. L'invocation d'une cause d'exonération de responsabilité constitue une contestation dont le sérieux doit être examiné par le juge des référés sans que puisse être exigée l'évidence de la réunion des conditions de l'exonération. • Civ. 2e, 4 juin 2015, nº 14-13.405 P.

3. Renvoi. V. aussi notes ss. Dir. 85/374/CEE du 25 juill. 1985, art. 7, *infra.*

Art. 1245-11 *(Ord. nº 2016-131 du 10 févr. 2016, art. 2, en vigueur le 1er oct. 2016)* **Le producteur ne peut invoquer la cause d'exonération prévue au 4º de l'article 1245-10 lorsque le dommage a été causé par un élément du corps humain ou par les produits issus de celui-ci.** — *Anc. art. 1386-12.*

V. note 3 ss. Dir. 85/374/CEE du 25 juill. 1985, art. 7, *infra.*

Art. 1245-12 *(Ord. nº 2016-131 du 10 févr. 2016, art. 2, en vigueur le 1er oct. 2016)* **La responsabilité du producteur peut être réduite ou supprimée, compte tenu de toutes les circonstances, lorsque le dommage est causé conjointement par un défaut du produit et par la faute de la victime ou d'une personne dont la victime est responsable.** — *Anc. art. 1386-13.*

Faute exonératoire. L'heure pendant laquelle l'utilisateur avait conservé son pantalon mouillé par le béton ne caractérise pas en l'espèce la faute exonératoire de l'art. 1386-13 [1245-12]. • Civ. 1re, 7 nov. 2006 : *cité note 1 ss. art. 1245-3 C. civ., supra.*

Art. 1245-13 *(Ord. nº 2016-131 du 10 févr. 2016, art. 2, en vigueur le 1er oct. 2016)* **La responsabilité du producteur envers la victime n'est pas réduite par le fait d'un tiers ayant concouru à la réalisation du dommage.** — *Anc. art. 1386-14.*

Art. 1245-14 *(Ord. nº 2016-131 du 10 févr. 2016, art. 2, en vigueur le 1er oct. 2016)* **Les clauses qui visent à écarter ou à limiter la responsabilité du fait des produits défectueux sont interdites et réputées non écrites.**

Toutefois, pour les dommages causés aux biens qui ne sont pas utilisés par la victime principalement pour son usage ou sa consommation privée, les clauses stipulées entre professionnels sont valables. — *Anc. art. 1386-15.*

Art. 1245-15 *(Ord. nº 2016-131 du 10 févr. 2016, art. 2, en vigueur le 1er oct. 2016)* **Sauf faute du producteur, la responsabilité de celui-ci, fondée sur les dispositions du présent chapitre, est éteinte dix ans après la mise en circulation du produit même qui a causé le dommage à moins que, durant cette période, la victime n'ait engagé une action en justice.** — *Anc. art. 1386-16.*

Prescription. Il résulte des art. 1147 et 1384, al. 1er, C. civ., interprétés à la lumière de la Dir. CEE nº 85-374 du 24 juill. 1985, et de l'art. L. 110-4 C. com. que l'action de la victime d'un produit vendu défectueux, dont la mise en circulation est antérieure à l'entrée en vigueur de la loi du 19 mai 1998, codifiée aux art. 1386-1 à 1386-18 [1245 à 1245-17] C. civ., se prescrit à l'encontre du vendeur à compter de la vente. • Com. 24 janv. 2006 : *Bull. civ. IV, nº 16 ; RTD civ. 2006. 571, obs. Jourdain ; RTD com. 2006. 652, obs. Bouloc ; JCP 2006. IV. 1328.*

Art. 1245-16 *(Ord. nº 2016-131 du 10 févr. 2016, art. 2, en vigueur le 1er oct. 2016)* **L'action en réparation fondée sur les dispositions du présent chapitre se prescrit dans un délai de trois ans à compter de la date à laquelle le demandeur a eu ou aurait dû avoir connaissance du dommage, du défaut et de l'identité du producteur.** — *Anc. art. 1386-17.*

Entrée en vigueur et prescription. L'action en responsabilité extracontractuelle dirigée contre le fabricant d'un produit défectueux mis en circulation avant la L. nº 98-389 du 19 mai 1998 transposant la Dir. du 24 juill. 1985, en raison d'un dommage survenu entre l'expiration du délai de transposition de cette directive et l'entrée en vigueur de ladite loi de transposition, se prescrit, selon les dispositions de droit interne alors en vigueur, par dix ans à compter de la manifestation du dommage. • Civ. 1re, 26 sept. 2012 : *Bull. civ. I, nº 186 ; Dalloz actualité, 12 oct.*

2012, obs. Rabu ; D. 2012. Actu. 2306 ; RTD civ. 2013. 134, obs. Jourdain ; JCP 2012, n° 1063, obs. Clerc-Renaud ; RLDA nov. 2012. 41, obs. Mathonnière. ♦ L'action en responsabilité extracontractuelle dirigée contre le fabricant d'un produit dont le caractère défectueux est invoqué, qui a été mis en circulation après l'expiration du délai de transposition de la Dir. du 24 juill. 1985, mais avant la date d'entrée en vigueur de la L. du 19 mai 1998 transposant cette directive, se prescrit, selon les dispositions du droit interne, qui ne sont pas susceptibles de faire l'objet sur ce point d'une interprétation conforme au droit de l'Union, par dix ans à compter de la date de la consolidation du dommage initial ou aggravé. • Civ. 1re, 15 mai 2015, n° 14-13.151 P : *D. 2016. Pan. 43, obs. Brun ; RTD civ. 2015. 635, obs. Jourdain ; JCP 2015, n° 881, note Borghetti ; CCC 2015, n° 197, obs. L. L. ; Gaz. Pal. 2015. 2233, obs. Blanc ; RCA 2015, n° 210, obs. Bloch.*

Art. 1245-17 *(Ord. n° 2016-131 du 10 févr. 2016, art. 2, en vigueur le 1er oct. 2016)* **Les dispositions du présent chapitre ne portent pas atteinte aux droits dont la victime d'un dommage peut se prévaloir au titre du droit de la responsabilité contractuelle ou extracontractuelle ou au titre d'un régime spécial de responsabilité.**

Le producteur reste responsable des conséquences de sa faute et de celle des personnes dont il répond. — *Anc. art. 1386-18.*

Actions ouvertes. C'est dans l'attente de l'intégration du texte communautaire que la jurisprudence a créé, à partir de l'art. 1147 C. civ., la notion d'obligation de sécurité. A ce jour cette notion n'a plus lieu d'être puisqu'il existe d'une part une garantie concernant le bien lui-même : la garantie des vices cachés, et d'autre part une garantie pour les personnes victimes d'un produit défectueux. Ainsi, la notion d'obligation de sécurité n'existe plus puisqu'elle a été remplacée par le législateur par la garantie du fait des produits défectueux. • Bordeaux, 2 oct. 2006 : *RCA 2007, n° 164, obs. Radé.* ♦ Le régime de la responsabilité du fait des produits défectueux exclut l'application d'autres régimes de responsabilité contractuelle ou extracontractuelle de droit commun fondés sur le défaut d'un produit qui n'offre pas la sécurité à laquelle on peut légitimement s'attendre, à l'exception de la responsabilité pour faute et de la garantie des vices cachés. • Com. 26 mai 2010 : *Bull. civ. IV, n° 99 ; D. 2010. Actu. 1483 ; RTD civ. 2010. 790, obs. Jourdain ; JCP E 2010, n° 1721, note Leveneur ; JCP 2010, n° 1015, spéc. n° 8, obs. Stoffel-Munck ; CCC 2010, n° 198, obs. Leveneur ; RDC 2010. 1266, note Carval ; RJDA 2010, n° 895.* ♦ Jugeant que la responsabilité des prestataires de services de soins, qui ne peuvent être assimilés à des distributeurs de produits ou dispositifs médicaux, ne peut être recherchée que pour faute, pourvu que soit préservée leur faculté et/ou celle de la victime de mettre en cause la responsabilité du producteur sur le fondement de la responsabilité du fait des produits défectueux : • Civ. 1re, 12 juill. 2012 : *Bull. civ. I, n° 165 ; D. 2012. 2277, note Bacache ; RTD civ. 2012. 737, obs. Jourdain ; JCP 2012, n° 1036, note Sargos ; Gaz. Pal. 2012. 2897, obs. Mekki.* ♦ V. aussi note ss. Dir. 85/374/CEE du 25 juill. 1985, art. 13, *infra*.

Convention de La Haye du 2 octobre 1973,

Sur la loi applicable à la responsabilité du fait des produits.

La Convention de La Haye du 2 oct. 1973 a été publiée au Journal officiel de la République française du 3 nov. 1977 par Décr. n° 77-1210 du 10 oct. 1977. Elle est entrée en vigueur à l'égard de la France le 1er oct. 1977.

Les États signataires de la présente Convention,

Désirant établir des dispositions communes concernant la loi applicable, dans les relations internationales, à la responsabilité du fait des produits,

Ont résolu de conclure une Convention à cet effet et sont convenus des dispositions suivantes :

Art. 1er La présente Convention détermine la loi applicable à la responsabilité des fabricants et autres personnes visées à l'article 3 pour les dommages causés par un produit, y compris les dommages résultant d'une description inexacte du produit ou de l'absence d'indication adéquate concernant ses qualités, ses caractères spécifiques ou son mode d'emploi.

Lorsque la propriété ou la jouissance du produit a été transférée à la personne lésée par celle dont la responsabilité est invoquée, la Convention ne s'applique pas dans leurs rapports respectifs.

La présente Convention s'applique quelle que soit la juridiction ou l'autorité appelée à connaître du litige.

Champ d'application. L'art. 1er de la Convention de La Haye ne fait pas de distinction selon la nature de la responsabilité encourue par le fabricant. • Civ. 1re, 6 févr. 2008 : *Bull. civ. I, no 39; RTD com. 2008. 899, obs. Delebecque; JCP 2008. I. 161, no 11, obs. Attal; Gaz. Pal. 2008. 1104, obs. Niboyet; RJDA 2008, no 513; Dr. et patr. déc. 2008. 90, obs. M.-E. Ancel; RLDA avr. 2008. 61, note Bonnamour; RCA 2008, no 163.*

Art. 2 Au sens de la présente Convention :

a) Le mot "produit" comprend les produits naturels et les produits industriels, qu'ils soient bruts ou manufacturés, meubles ou immeubles ;

b) Le mot "dommage" comprend tout dommage aux personnes ou aux biens, ainsi que la perte économique ; toutefois le dommage causé au produit lui-même, ainsi que la perte économique qui en résulte, sont exclus, à moins qu'ils ne s'ajoutent à d'autres dommages ;

c) Le mot "personne" vise les personnes morales aussi bien que les personnes physiques.

Art. 3 La présente Convention s'applique à la responsabilité des personnes suivantes :

1. Les fabricants de produits finis ou de parties constitutives ;
2. Les producteurs de produits naturels ;
3. Les fournisseurs de produits ;
4. Les autres personnes, y compris les réparateurs et les entrepositaires, constituant la chaîne de préparation et de distribution commerciale des produits.

La présente Convention s'applique aussi à la responsabilité des agents ou préposés de l'une des personnes énumérées ci-dessus.

Art. 4 La loi applicable est la loi interne de l'État sur le territoire duquel le fait dommageable s'est produit, si cet État est aussi :

a) L'État de la résidence habituelle de la personne directement lésée, ou

b) L'État de l'établissement principal de la personne dont la responsabilité est invoquée, ou

c) L'État sur le territoire duquel le produit a été acquis par la personne directement lésée.

Art. 5 Nonobstant les dispositions de l'article 4, la loi applicable est la loi interne de l'État de la résidence habituelle de la personne directement lésée, si cet État est aussi :

a) L'État de l'établissement principal de la personne dont la responsabilité est invoquée, ou

b) L'État sur le territoire duquel le produit a été acquis par la personne directement lésée.

Art. 6 Quand aucune des lois désignées aux articles 4 et 5 ne s'applique, la loi applicable est la loi interne de l'État du principal établissement de la personne dont la responsabilité est invoquée, à moins que le demandeur ne se fonde sur la loi interne de l'État sur le territoire duquel le fait dommageable s'est produit.

Art. 7 Ni la loi de l'État sur le territoire duquel le fait dommageable s'est produit, ni la loi de l'État de la résidence habituelle de la personne directement lésée, prévues par les articles 4, 5 et 6, ne sont applicables si la personne dont la responsabilité est invoquée établit qu'elle ne pouvait pas raisonnablement prévoir que le produit ou ses propres produits de même type seraient mis dans le commerce dans l'État considéré.

Art. 8 La loi applicable détermine notamment :

1. Les conditions et l'étendue de la responsabilité ;
2. Les causes d'exonération, ainsi que toute limitation et tout partage de responsabilité ;
3. La nature des dommages pouvant donner lieu à réparation ;
4. Les modalités et l'étendue de la réparation ;
5. La transmissibilité du droit à réparation ;
6. Les personnes ayant droit à réparation du dommage qu'elles ont personnellement subi ;
7. La responsabilité du commettant du fait de son préposé ;
8. Le fardeau de la preuve, dans la mesure où les règles de la loi applicable à ce sujet font partie du droit de la responsabilité ;
9. Les prescriptions et les déchéances fondées sur l'expiration d'un délai, y compris le point de départ, l'interruption et la suspension des délais.

Art. 9 L'application des articles 4, 5 et 6 ne fait pas obstacle à ce que soient prises en considération les règles de sécurité en vigueur dans l'État sur le territoire duquel le produit a été introduit sur le marché.

Art. 10 L'application d'une des lois déclarées compétentes par la présente Convention ne peut être écartée que si elle est manifestement incompatible avec l'ordre public.

Art. 11 L'application des précédents articles de la présente Convention est indépendante de toute condition de réciprocité. La Convention s'applique même si la loi applicable n'est pas celle d'un État contractant.

Art. 12 Lorsqu'un État comprend plusieurs unités territoriales dont chacune a ses propres règles en matière de responsabilité du fait des produits, chaque unité territoriale est considérée comme un État aux fins de la détermination de la loi applicable selon la Convention.

Art. 13 Un État dans lequel différentes unités territoriales ont leurs propres règles de droit en matière de responsabilité du fait des produits ne sera pas tenu d'appliquer la présente Convention lorsqu'un État dont le système de droit est unifié ne serait pas tenu d'appliquer la loi d'un autre État en vertu des articles 4 et 5 de la présente Convention.

Art. 14 Tout État contractant qui comprend deux ou plusieurs unités territoriales qui ont leurs propres règles de droit en matière de responsabilité du fait des produits pourra, au moment de la signature, de la ratification, de l'acceptation, de l'approbation ou de l'adhésion, déclarer que la présente Convention s'étendra à toutes ces unités territoriales ou seulement à une ou plusieurs d'entre elles, et pourra à tout moment modifier cette déclaration en faisant une nouvelle déclaration.

Ces déclarations seront notifiées au Ministère des Affaires étrangères des Pays-Bas et indiqueront expressément les unités territoriales auxquelles la Convention s'applique.

Art. 15 La présente Convention ne déroge pas aux Conventions relatives à des matières particulières auxquelles les États contractants sont ou seront Parties et qui concernent la responsabilité du fait des produits.

Art. 16 Tout État contractant, au moment de la signature, de la ratification, de l'acceptation, de l'approbation ou de l'adhésion, pourra se réserver le droit :

1. De ne pas appliquer les dispositions de l'article 8, chiffre 9;
2. De ne pas appliquer la Convention aux produits agricoles bruts.

Aucune autre réserve ne sera admise.

Tout État contractant pourra également, en notifiant une extension de la Convention conformément à l'article 19, faire une ou plusieurs de ces réserves avec effet limité aux territoires ou à certains des territoires visés par l'extension.

Tout État contractant pourra à tout moment retirer une réserve qu'il aura faite ; l'effet de la réserve cessera le premier jour du troisième mois du calendrier après la notification du retrait.

Art. 17 La présente Convention est ouverte à la signature des États qui étaient membres de la Conférence de La Haye de droit international privé lors de sa douzième session.

Elle sera ratifiée, acceptée ou approuvée et les instruments de ratification, d'acceptation ou d'approbation seront déposés auprès du Ministère des Affaires étrangères des Pays-Bas.

Art. 18 Tout État qui n'est devenu membre de la Conférence qu'après la douzième session, ou qui appartient à l'Organisation des Nations unies ou à une institution spécialisée de celle-ci, ou est partie au Statut de la Cour internationale de Justice, pourra adhérer à la présente Convention après son entrée en vigueur en vertu de l'article 20.

L'instrument d'adhésion sera déposé auprès du Ministre des Affaires étrangères des Pays-Bas.

Art. 19 Tout État, au moment de la signature, de la ratification, de l'acceptation, de l'approbation ou de l'adhésion, pourra déclarer que la présente Convention s'étendra à l'ensemble des territoires qu'il représente sur le plan international, ou l'un ou plusieurs d'entre eux. Cette déclaration aura effet au moment de l'entrée en vigueur de la Convention pour ledit État.

Par la suite, toute extension de cette nature sera notifiée au Ministère des Affaires étrangères des Pays-Bas.

Art. 20 La présente Convention entrera en vigueur le premier jour du troisième mois du calendrier suivant le dépôt du troisième instrument de ratification, d'acceptation ou d'approbation prévu par l'article 17, alinéa 2.

Ensuite, la Convention entrera en vigueur :

– pour chaque État signataire ratifiant, acceptant ou approuvant postérieurement, le premier jour du troisième mois du calendrier après le dépôt de son instrument de ratification, d'acceptation ou d'approbation ;

– pour tout État adhérant, le premier jour du troisième mois du calendrier après le dépôt de son instrument d'adhésion ;

– pour les territoires auxquels la Convention a été étendue conformément à l'article 19, le premier jour du troisième mois du calendrier après la notification visée dans cet article.

Art. 21 La présente Convention aura une durée de cinq ans à partir de la date de son entrée en vigueur conformément à l'article 20, alinéa premier, même pour les États qui l'auront postérieurement ratifiée, acceptée ou approuvée ou qui y auront adhéré.

La Convention sera renouvelée tacitement de cinq ans en cinq ans, sauf dénonciation.

La dénonciation sera, au moins six mois avant l'expiration du délai de cinq ans, notifiée au Ministère des Affaires étrangères des Pays-Bas. Elle pourra se limiter à certains territoires auxquels s'applique la Convention.

La dénonciation n'aura d'effet qu'à l'égard de l'État qui l'aura notifiée. La Convention restera en vigueur pour les autres États contractants.

Art. 22 ....

Le Ministère des Affaires étrangères des Pays-Bas notifiera aux États membres de la Conférence, ainsi qu'aux États qui auront adhéré conformément aux dispositions de l'article 18 :

1. Les signatures, ratifications, acceptations et approbations, visées à l'article 17 ;
2. La date à laquelle la présente Convention entrera en vigueur conformément aux dispositions de l'article 20 ;
3. Les adhésions visées à l'article 18 et la date à laquelle elles auront effet ;
4. Les extensions visées à l'article 19 et la date à laquelle elles auront effet ;
5. Les réserves, le retrait des réserves et les déclarations mentionnées aux articles 14, 16 et 19 ;
6. Les dénonciations visées à l'article 21.

En foi de quoi, les soussignés, dûment autorisés, ont signé la présente Convention.

Fait à La Haye le 2 octobre 1973, en français et en anglais, les deux textes faisant également foi, en un seul exemplaire, qui sera déposé dans les archives du Gouvernement des Pays-Bas et dont une copie certifiée conforme sera remise, par la voie diplomatique, à chacun des États membres de la Conférence de La Haye de droit international privé lors de sa douzième session.

Directive 85/374/CEE du Conseil du 25 juillet 1985,

Relative au rapprochement des dispositions législatives, réglementaires et administratives des États membres en matière de responsabilité du fait des produits défectueux.

RÉP. EUR. v° *Consommateurs*, par CHRISTIANOS et F. PICOD.

Art. 1er Le producteur est responsable du dommage causé par un défaut de son produit.

Art. 2 *(Dir. n° 1999/34 du 10 mai 1999)* Pour l'application de la présente directive, le terme "produit" désigne tout meuble, même s'il est incorporé dans un autre meuble ou dans un immeuble. Le terme "produit" désigne également l'électricité.

Art. 3 1. Le terme « producteur » désigne le fabricant d'un produit fini, le producteur d'une matière première ou le fabricant d'une partie composante, et toute personne qui se présente comme producteur en apposant sur le produit son nom, sa marque ou un autre signe distinctif.

2. Sans préjudice de la responsabilité du producteur, toute personne qui importe un produit dans la Communauté en vue d'une vente, location, *leasing* ou toute autre forme de distribution dans le cadre de son activité commerciale est considérée comme producteur de celui-ci au sens de la présente directive et est responsable au même titre que le producteur.

3. Si le producteur du produit ne peut être identifié, chaque fournisseur en sera considéré comme producteur, à moins qu'il n'indique à la victime, dans un délai raisonnable, l'identité du producteur ou de celui qui lui a fourni le produit. Il en est de même dans le cas d'un produit importé, si ce produit n'indique pas l'identité de l'importateur visé au paragraphe 2, même si le nom du producteur est indiqué.

1. Produit. Application des dispositions de la directive 85/374 à un produit fabriqué et utilisé dans le cadre d'une prestation médicale entièrement financée par des fonds publics, sans contrepartie de la part du patient. • CJCE 10 mai 2001 : *cité note 1 ss. art. 7.*

2. Distributeur. En considérant, à l'art. 1386-7, 1er al., [1245-6] C. civ., que le distributeur d'un produit défectueux est responsable dans tous les cas et au même titre que le producteur, la France a manqué aux obligations qui lui incombent en vertu de l'art. 3, § 3, de la directive. • CJCE 25 avr. 2002 : *D. 2002. 2462, note Larroumet (1re esp.); ibid. AJ 1670, obs. Rondey; ibid. Somm. 2935, obs. Pizzio; CCC 2002, n° 117, note Raymond; RTD civ. 2002. 523, obs. Jourdain; ibid. 868, obs. Raynard; RTD com. 2002. 585, obs. Luby.* – V. aussi Calais-Auloy, *D. 2002. Chron. 2458.* ♦ Jugeant que la loi du 9 déc. 2004, qui avait modifié l'art. 1386-7 [1245-6] C. civ. pour tenir compte de l'arrêt précité, ne permettait toujours pas une transposition conforme aux exigences communautaires, V. • CJCE 14 mars 2006 : *D. 2006. Pan. 1262, obs. Nourissat; ibid. 1939, obs. Brun; RTD civ. 2006. 265, obs. Rémy-Corlay; ibid. 335, obs. Jourdain; RTD com. 2006. 515, obs. Luby; JCP 2006. I. 166, n° 13, obs. Stoffel-Munck; Gaz. Pal. 2006. Somm. 1986, obs. Peigné; RDC 2006. 835, obs. Borghetti; Europe 2006, n° 143, obs. Rigaux; JDI 2007. 606, obs. Chaltiel.* ♦ V. désormais la rédaction de l'art. 1386-7 [1245-6] C. civ. résultant de la L. n° 2006-406 du 5 avr. 2006, *supra.*

La détermination du cercle des responsables opérée aux art. 1er et 3 de la directive doit être considérée comme exhaustive et ne prévoit la responsabilité du fournisseur que dans l'hypothèse où le producteur ne peut pas être identifié. En revanche, par ce que la directive n'exclut pas l'application d'autres régimes de responsabilité pour autant que ceux-ci reposent sur des fondements différents, tels que la garantie des vices cachés ou la faute, une règle nationale selon laquelle le fournisseur est tenu de répondre sans restriction de la responsabilité pour faute du producteur peut être maintenue ou adoptée. • CJCE 10 janv. 2006 : *D. 2006. Pan. 1261, obs. Nourissat; ibid. 1936, obs. Brun; RTD civ. 2006. 265, obs. Remy-Corlay; ibid. 333, obs. Jourdain; RTD com. 2006. 515, obs. Luby; JCP 2006. I. 166, n° 12, obs. Stoffel-Munck; Gaz. Pal. 2006. Somm. 1983, obs. Onat; RDC 2006. 835, obs. Borghetti; RJ com. 2006. 155, obs. Raynouard.* ♦ En adoptant et en maintenant des dispositions qui rendent les fournisseurs intermédiaires intervenant dans la chaîne de distribution responsables aux mêmes conditions que le producteur, le Royaume du Danemark a violé l'art. 3 § 3 de la directive. • CJCE 5 juill. 2007 : *RLDA sept. 2007. 78, note Bonnamour.*

Art. 4 La victime est obligée de prouver le dommage, le défaut et le lien de causalité entre le défaut et le dommage.

Art. 5 Si, en application de la présente directive, plusieurs personnes sont responsables du même dommage, leur responsabilité est solidaire, sans préjudice des dispositions du droit national relatives au droit de recours.

Art. 6 1. Un produit est défectueux lorsqu'il n'offre pas la sécurité à laquelle on peut légitimement s'attendre compte tenu de toutes les circonstances, et notamment :

a) de la présentation du produit;

b) de l'usage du produit qui peut être raisonnablement attendu;

c) du moment de la mise en circulation du produit.

2. Un produit ne peut être considéré comme défectueux par le seul fait qu'un produit plus perfectionné a été mis en circulation postérieurement à lui.

Production en série. L'art. 6, § 1, de la Dir. 85/374/CEE du 25 juill. 1985 doit être interprété en ce sens que le constat d'un défaut potentiel des produits appartenant au même groupe ou relevant de la même série de la production permet de qualifier de défectueux un tel produit sans qu'il soit besoin de constater dans ce produit ledit défaut. • CJUE 5 mars 2015, n° C-503/13 : *D. 2015. 1247, note Borghetti; RTD civ. 2015. 406, obs. Jourdain; Europe 2015, n° 203, obs. Rigaux.*

Art. 7 Le producteur n'est pas responsable en application de la présente directive s'il prouve :

a) qu'il n'avait pas mis le produit en circulation;

b) que, compte tenu des circonstances, il y a lieu d'estimer que le défaut ayant causé le dommage n'existait pas au moment où le produit a été mis en circulation par lui ou que ce défaut est né postérieurement ;

c) que le produit n'a été ni fabriqué pour la vente ou pour toute autre forme de distribution dans un but économique du producteur, ni fabriqué ou distribué dans le cadre de son activité professionnelle ;

d) que le défaut est dû à la conformité du produit avec des règles impératives émanant des pouvoirs publics ;

e) que l'état des connaissances scientifiques et techniques au moment de la mise en circulation du produit par lui n'a pas permis de déceler l'existence du défaut ;

f) s'agissant du fabricant d'une partie composante, que le défaut est imputable à la conception du produit dans lequel la partie composante a été incorporée ou aux instructions données par le fabricant du produit.

1. Mise en circulation. La Dir. 85/374/CEE doit être interprétée en ce sens qu'un produit défectueux est mis en circulation lorsqu'il est utilisé à l'occasion d'une prestation de service concrète, de nature médicale, consistant à préparer un organe humain en vue de sa transplantation et que le dommage causé à celui-ci est consécutif à cette préparation. • CJCE 10 mai 2001 : *D. 2001. 3065, note Kayser ; RTD civ. 2001. 898, obs. Jourdain ; ibid. 988, obs. Raynard ; RTD com. 2001. 827, obs. Luby.* ♦ V. aussi note ss. art. 11.

2. Défaut indécelable. Interprétation de l'art. 7 de la Dir. du 25 juill. 1985 sur l'exonération du producteur pour les défauts indécelables en l'état des connaissances scientifiques et techniques au moment de la mise en circulation. • CJCE 29 mai 1997 : *D. 1998. 488, note A. Penneau ; JCP 1997. I. 4070, n° 31, obs. Viney* (appréciation objective du niveau le plus avancé des connaissances, indépendamment du secteur concerné).

3. Mesures préventives : charge de la preuve. En prévoyant, à l'art. 1386-12, 2e al., [1245-11] C. civ. que le producteur doit prouver qu'il a pris les dispositions propres à prévenir les conséquences d'un produit défectueux afin de pouvoir se prévaloir des causes d'exonération prévues à l'art. 7, sous *d)* et *e)*, de la directive, la France a manqué aux obligations qui lui incombent en vertu de l'art. 7 de la directive. • CJCE 25 avr. 2002 : *préc. note 2 ss. art. 3.* ♦ Sur cet arrêt, V. Calais-Auloy, *D. 2002. Chron. 2458*. ♦ V. désormais la nouvelle rédaction de l'art. 1386-12 [1245-11] C. civ. résultant de la loi du 9 déc. 2004, *supra.*

4. Interprétation stricte. Les cas d'exonération, limitativement énumérés par l'art. 7, doivent faire l'objet d'une interprétation stricte. • CJCE 10 mai 2001 : *préc. note 1.*

Art. 8 1. Sans préjudice des dispositions du droit national relatives au droit de recours, la responsabilité du producteur n'est pas réduite lorsque le dommage est causé conjointement par un défaut du produit et par l'intervention d'un tiers.

2. La responsabilité du producteur peut être réduite ou supprimée, compte tenu de toutes les circonstances, lorsque le dommage est causé conjointement par un défaut du produit et par la faute de la victime ou d'une personne dont la victime est responsable.

Art. 9 Au sens de l'article 1er, le terme "dommage" désigne :

a) le dommage causé par la mort ou par des lésions corporelles ;

b) le dommage causé à une chose ou la destruction d'une chose, autre que le produit défectueux lui-même, sous déduction d'une franchise de 500 Écus *[Euros]*, à condition que cette chose :

i) soit d'un type normalement destiné à l'usage ou à la consommation privés

et

ii) ait été utilisée par la victime principalement pour son usage ou sa consommation privés.

Le présent article ne porte pas préjudice aux dispositions nationales relatives aux dommages immatériels.

1. Franchise. En incluant, dans l'art. 1386-2 [1245-1] C. civ., les dommages inférieurs à 500 €, la France a manqué aux obligations qui lui incombent en vertu de l'art. 9, 1er al., sous *b)*, de la directive. • CJCE 25 avr. 2002 : *préc. note 2 ss. art. 3.* ♦ V. désormais la nouvelle rédaction de l'art. 1386-2 [1245-1] C. civ. résultant de la loi du 9 déc. 2004, *supra.*

En condamnant une société à la valeur des objets volés sans tenir compte d'une franchise de 500 €, le juge d'instance a violé l'art. 9, al. 1er, sous *b)*, de la Dir. 85/374/CEE du 25 juill. 1985. • Civ. 1re, 3 mai 2006 : *Bull. civ. I, n° 208 ; RTD civ. 2007. 137, obs. Jourdain ; JCP 2006. IV. 2156 ; RJDA 2006, n° 1179 ; RDC 2006. 1239, obs. Borghetti.*

2. Dommage causé par la mort. Les art. 1er et 9, 1er al., sous *a)*, de la Dir. 85/374 doivent être interprétés en ce sens que le dommage causé par une opération chirurgicale de remplacement d'un produit défectueux constitue un « dommage causé par la mort ou par des lésions corporelles », dont le producteur est responsable, lorsque cette opération est nécessaire pour éliminer le défaut du produit considéré. • CJUE 5 mars 2015 : *cité ss. art. 6.*

Art. 10 1. Les États membres prévoient dans leur législation que l'action en réparation prévue par la présente directive se prescrit dans un délai de trois ans à compter de la date à laquelle le plaignant a eu ou aurait dû avoir connaissance du dommage, du défaut et de l'identité du producteur.

2. Les dispositions des États membres réglementant la suspension ou l'interruption de la prescription ne sont pas affectées par la présente directive.

Art. 11 Les États membres prévoient dans leur législation que les droits conférés à la victime en application de la présente directive s'éteignent à l'expiration d'un délai de dix ans à compter de la date à laquelle le producteur a mis en circulation le produit même qui a causé le dommage, à moins que durant cette période la victime n'ait engagé une procédure judiciaire contre celui-ci.

1. Mise en circulation. Sur cette notion, V. • CJCE 9 févr. 2006 : *D. 2006. Pan. 1261, obs. Nourissat ; ibid. 1937, obs. Brun ; RTD civ. 2006. 265, obs. Rémy-Corlay ; ibid. 331, obs. Jourdain ; JCP 2006. II. 10083, note Zarka ; RJDA 2007, n° 426 (1re esp.) ; Gaz. Pal. 2006. Somm. 1982, obs. Grynbaum ; RJ com. 2006. 155, obs. Raynouard.*

2. Producteur. L'art. 11 doit être interprété en ce sens qu'il s'oppose à ce qu'une réglementation nationale autorisant la substitution d'une partie défenderesse à une autre en cours de procédure judiciaire soit appliquée de manière à permettre d'attraire, après l'expiration du délai qu'il fixe, un « producteur », au sens de l'art. 3 de la directive, comme partie défenderesse à une procédure judiciaire intentée dans ce délai contre une autre personne que lui. • CJUE 2 déc. 2009 : *BICC 15 avr. 2010, n° 493 ; D. 2010. 624, note Borghetti ; RTD civ. 2010. 340, obs. Jourdain ; RTD eur. 2010. 717, obs. Aubert de Vincelles ; JCP E 2009, n° 51-52, p. 23 ; RJDA 2010, n° 187 ; RLDA mars 2010. 56, note de Clavière-Bonnamour ; RLDA avr. 2010. 40, note Temple ; Europe 2010. Étude 4, par Busseuil ; RCA 2010. Alerte 2, par Rajot.* ♦Toutefois, d'une part, ledit art. 11 doit être interprété en ce sens qu'il ne s'oppose pas à ce que la juridiction nationale considère que, dans la procédure judiciaire engagée, dans le délai qu'il fixe, à l'encontre de la filiale à 100 % du « producteur », au sens de l'art. 3, § 1, ledit producteur puisse être substitué à cette filiale si cette juridiction constate que la mise en circulation du produit concerné a été déterminée en fait par ce producteur ; d'autre part, l'art. 3, § 3, doit être interprété en ce sens que, lorsque la victime d'un produit prétendument défectueux n'a raisonnablement pas pu identifier le producteur dudit produit avant d'exercer ses droits à l'encontre du fournisseur de ce dernier, ledit fournisseur doit être considéré comme un « producteur », aux fins, notamment, de l'application de l'art. 11, s'il n'a pas communiqué à la victime, de sa propre initiative et de manière diligente, l'identité du producteur ou de son propre fournisseur, ce qu'il appartient à la juridiction nationale de vérifier au vu des circonstances de l'espèce. • Même arrêt.

Art. 12 La responsabilité du producteur en application de la présente directive ne peut être limitée ou écartée à l'égard de la victime par une clause limitative ou exonératoire de responsabilité.

Art. 13 La présente directive ne porte pas atteinte aux droits dont la victime d'un dommage peut se prévaloir au titre du droit de la responsabilité contractuelle ou extracontractuelle ou au titre d'un régime spécial de responsabilité existant au moment de la notification de la présente directive.

BIBL. ▶ RIEHM, *D. 2007. 2749* (produits défectueux : quel avenir pour les droits communs ? L'influence communautaire sur les droits français et allemand). – VÉRON et VIALLA, *D. 2012. 1558* (nouvelle lecture de l'art. L. 1142-1-I CSP à la lumière des évolutions jurisprudentielles relatives aux produits défectueux).

1. Régime général de responsabilité. L'art. 13 de la Dir. 85/374/CEE doit être interprété en ce sens que les droits conférés par la législation d'un État membre aux victimes d'un dommage causé par un produit défectueux, au titre d'un régime général de responsabilité ayant le même fondement que celui mis en place par ladite directive, peuvent se trouver limités ou restreints à la suite de la transposition de celle-ci dans l'ordre juridique interne dudit État. • CJCE 25 avr. 2002 : *D. 2002. 2462, note Larroumet (2e esp.) ; ibid. Somm. 2937, obs. Pizzio ; D. 2003. Somm. 463, obs. D. Mazeaud ; RTD civ. 2002. 523, obs. Jourdain ; RTD com. 2002. 585, obs. Luby.* – V. aussi : Calais-Auloy, D. 2002. Chron. 2458 ; Viney, *JCP 2002. I. 177.*

2. Dommage aux biens à usage professionnel. La Dir. 85/374/CEE doit être interprétée en ce sens qu'elle ne s'oppose pas à l'interprétation d'un droit national ou à l'application d'une jurisprudence interne établie selon lesquelles la victime peut demander réparation du dommage causé à une chose destinée à l'usage professionnel et utilisée pour cet usage, dès lors que cette victime rapporte seulement la preuve du dommage, du défaut du produit et du lien de causalité entre ce défaut et le dommage. • CJCE 4 juin 2009 : *D. 2009. 1731, note Borghetti ; D. 2010. Pan. 55, obs. Gout ; RTD civ. 2009. 738, obs. Jourdain ; JCP 2009, n° 25, p. 44, obs. Picod ; ibid., n° 27, p. 34, note Jourdain ; ibid., n° 38, p. 41, obs. Stoffel-Munck ; Gaz. Pal. 2009. 3320, obs. Oudot ; CCC 2009, n° 283, obs. Raymond ; RJDA 2009, n° 794 ; RDC 2009. 1381, note Viney ; ibid. 1448, note Aubert de Vincelles ; Europe 2009, n° 335, obs. Michel et Meister.* – Sur cet arrêt, V. aussi Rochfeld, *D. 2009. 2047* (ambiguïtés des directives d'harmonisation totale). ♦ ... Réponse à la question préjudicielle posée par • Com. 24 juin 2008 : *Bull. civ. IV, n° 128 ; D. 2008. 2318, note Borghetti ; ibid. AJ 1895, obs. Gallmeister ; RTD civ. 2008. 685, obs. Jourdain ; JCP 2008. I. 186, n° 7, obs. Stoffel-Munck ; RJDA 2008, n° 1199 ; RLDC sept. 2008. 25, obs. Gaudin.* ♦ La CJCE a énoncé par un arrêt du 4 juin 2009 que la réparation des dommages causés à une chose destinée à l'usage professionnel et utilisée pour cet usage ne relève pas du champ d'application de la Dir. 85/374/CEE. • Com. 26 mai 2010 : *Bull. civ. IV, n° 100 ; D. 2010. 2628, note Borghetti ; RTD civ. 2010. 787, obs. Jourdain ; JCP 2010, n° 849, note Barbieri RJDA 2010, n° 894 ; RLDC juill.-août 2010. 28, obs. Le Nestour Drelon ; RDC 2010. 1262, note Carval ; RCA 2010, n° 257, obs. Hocquet-Berg.* ♦ S'il résulte de la jurisprudence de la CJCE que la réparation des dommages causés à une chose destinée à l'usage professionnel et utilisée pour cet usage ne relève pas du champ d'application de la Dir. 85/374/CEE du 25 juill. 1985 (arrêt n° C-285/08 du 4 juin 2009), la même directive s'applique, en revanche, au producteur d'un produit affecté d'un défaut, quelle que soit la destination, privée ou professionnelle, de l'usage de ce produit. • Civ. 1re, 11 janv. 2017, n° 16-11.726 P : *D. 2017. 626, note Borghetti ; JCP E 2017, n° 1073 ; CCC 2017, n° 66, obs. Bernheim-Desvaux ; RJDA 2017, n° 300 ; RCA 2017. Étude 3, par Bloch.*

3. *Régime spécial de responsabilité.* La référence, à l'art. 13, aux droits dont la victime d'un dommage peut se prévaloir au titre d'un régime spécial de responsabilité existant au moment de la notification de la directive permet de maintenir un régime propre, limité à un secteur déterminé de production, dans la mesure où ce régime était en vigueur le 30 juill. 1985. Si le régime spécial de responsabilité sans faute du service public hospitalier institué par l'arrêt du Conseil d'État du 9 juill. 2003 est distinct du régime général de responsabilité du fait des produits défectueux, en ce qu'il s'applique à un secteur déterminé de production, à savoir les produits de santé utilisés par le service public hospitalier, ce régime, qui n'a été mis en place qu'en 2003, ne saurait être regardé comme existant au moment de la notification de la directive ; la circonstance que la jurisprudence présente un caractère rétroactif n'étant pas de nature à remettre en cause cette appréciation. • TA Toulouse, 30 déc. 2008 : *D. 2009. 1938, note Borghetti ; AJDA 2009. 721, concl. Truilhé.* ♦ La Dir. 85/374/CEE du 25 juill. 1985 doit être interprétée en ce sens qu'elle ne s'oppose pas à une réglementation nationale établissant un régime spécial de responsabilité au sens de l'art. 13 de cette directive, qui prévoit, à la suite de la modification de cette réglementation intervenue postérieurement à la date de la notification de ladite directive à l'État membre concerné, que le consommateur a le droit de réclamer au fabricant du produit pharmaceutique des renseignements sur les effets indésirables de ce produit. • CJUE 20 nov. 2014 : *D. 2015. 549, note Borghetti ; JCP 2015, n° 67, note Grynbaum ; Europe 2015, n° 31, obs. Mosbrucker.*

Compte tenu des dispositions de son art. 13, la Dir. 85/374/CEE du 25 juill. 1985 permet-elle la mise en œuvre d'un régime de responsabilité fondé sur la situation particulière des patients des établissements publics de santé, en tant qu'il leur reconnaît notamment le droit d'obtenir de ces établissements, en l'absence même de faute de ceux-ci, la réparation des dommages causés par la défaillance des produits et appareils qu'ils utilisent, sans préjudice de la possibilité pour l'établissement d'exercer un recours en garantie contre le producteur ? • CE 4 oct. 2010 : *D. 2010. 213, note Borghetti ; AJDA 2010. 1912, obs. Grand.* ♦ Jugeant ce régime spécial de responsabilité compatible avec celui instauré par la Dir. 85/374/CEE relative à la responsabilité du fait de produit défectueux, V. • CJUE 21 déc. 2011 : *D. 2012. 926, note Borghetti ; RTD civ. 2012. 129, obs. Jourdain ; AJDA 2012. 313, obs. Aubert, Broussy et Donnat ; RTD eur. 2012. 679, obs. Aubert de Vincelles ; RJDA 2012, n° 448 ; Europe 2012, n° 100, obs. Larché ; RLDA avr. 2012. 52, note Clavière-Bonnamour ; Dr. adm. 2012, n° 42, obs. Lantero.* ♦ ... Et réglant l'affaire qui lui était soumise au regard de cette réponse : • CE 12 mars 2012 : *Dalloz actualité, 23 mars 2012, obs. Grand ; RDSS 2012. 716, note Peigné ; RTD eur. 2012. 925, obs. Ritleng ; JCP 2012, n° 623, note Tifine.* – V. aussi : • CE 25 juill. 2013 : *D. 2013. 2438, note Bacache ; AJDA 2013. 1597, obs. de Montecler ; RTD eur. 2014. 952-24, obs. Bouveresse ; JCP 2013, n° 915, obs. Tesson.*

Art. 14 La présente directive ne s'applique pas aux dommages résultant d'accidents nucléaires et qui sont couverts par des conventions internationales ratifiées par les États membres.

Art. 15 1. Chaque État membre peut :

a) Abrogé par Dir. n° 99/34 du 10 mai 1999, art. 1er.

b) par dérogation à l'article 7 point *e)*, maintenir ou, sous réserve de la procédure définie au paragraphe 2 du présent article, prévoir dans sa législation que le producteur est responsable même s'il prouve que l'état des connaissances scientifiques et techniques au moment de la mise en circulation du produit par lui ne permettait pas de déceler l'existence du défaut.

2. L'État membre qui souhaite introduire la mesure prévue au paragraphe 1 point *b)* communique à la Commission le texte de la mesure envisagée. Celle-ci en informe les autres États membres.

L'État membre concerné surseoit à prendre la mesure envisagée pendant un délai de neuf mois à compter de l'information de la Commission et à condition que celle-ci n'ait pas entre-temps soumis au Conseil une proposition de modification de la présente directive portant sur la matière visée. Si, toutefois, la Commission, dans un délai de trois mois à compter de la réception de ladite information, ne communique pas à l'État membre concerné son intention de présenter une telle proposition au Conseil, l'État membre peut prendre immédiatement la mesure envisagée.

Si la Commission présente au Conseil une telle proposition de modification de la présente directive dans le délai de neuf mois précité, l'État membre concerné surseoit à la mesure envisagée pendant un nouveau délai de dix-huit mois à compter de la présentation de ladite proposition.

3. Dix ans après la date de notification de la présente directive, la Commission soumet au Conseil un rapport sur l'incidence pour la protection des consommateurs et le fonctionnement du marché commun de l'application faite par les tribunaux de l'article 7 point *e)* et du paragraphe 1 point *b)* du présent article. A la lumière de *[ce]* rapport le Conseil, statuant dans les conditions prévues à l'article 100 du traité sur proposition de la Commission, décide de l'abrogation de l'article 7 point *e)*.

Risque de développement. Si le juge national, saisi d'un litige entrant dans le domaine d'application d'une directive, est tenu d'interpréter son droit interne à la lumière du texte et de la finalité de cette directive, c'est à la condition que celle-ci soit contraignante pour l'État membre et ne lui laisse pas une faculté d'option pour l'adaptation de son droit national au droit communautaire. • Civ. 1re, 9 juill. 2009 : *JCP 2009, n° 41, p. 13, note Sargos ; CCC 2009, n° 261, obs. Leveneur ; Gaz. Pal. 2009. 3969, note Grynbaum.* ♦ L'art. 15 de la Dir. 85/374/CEE leur laissait la faculté d'introduire ou non dans leur législation interne l'exonération pour risque de développement, de sorte que les dispositions de l'art. 7, e) de la directive, alors non encore transposée, prévoyant ce cas d'exonération, ne pouvaient donner lieu à une interprétation conforme des textes de droit interne, dans un litige entre particuliers. • Même arrêt. ♦ Le législateur français n'a pas usé de cette faculté de dérogation et a, au contraire, validé l'exonération pour risque de développement : V. art. 1386-11 [1245-10] C. civ.

Art. 16 1. Tout État membre peut prévoir que la responsabilité globale du producteur pour les dommages résultant de la mort ou de lésions corporelles et causés par des articles identiques présentant le même défaut est limitée à un montant qui ne peut être inférieur à 70 millions d'écus *[euros]*.

2. Dix ans après la date de notification de la présente directive, la Commission soumet au Conseil un rapport sur l'incidence pour la protection des consommateurs et le fonctionnement du marché commun de l'application de la limite financière de la responsabilité par les États membres qui ont fait usage de la faculté prévue au paragraphe 1. A la lumière de ce rapport, le Conseil, statuant dans les conditions prévues à l'article 100 du traité sur proposition de la Commission, décide de l'abrogation du paragraphe 1.

Art. 17 La présente directive ne s'applique pas aux produits mis en circulation avant la date à laquelle les dispositions visées à l'article 19 entrent en vigueur.

Art. 18 1. Au sens de la présente directive, l'écu *[euro]* est celui défini par le règlement (CEE) n° 3180/78, modifié par le règlement (CEE) n° 2626/84. La contre-valeur en monnaie nationale est initialement celle qui est applicable le jour de l'adoption de la présente directive.

2. Le Conseil, sur proposition de la Commission, procède tous les cinq ans à l'examen et, le cas échéant, à la révision des montants visés par la présente directive, en fonction de l'évolution économique et monétaire dans la Communauté.

Art. 19 1. Les États membres mettent en vigueur les dispositions législatives, réglementaires et administratives nécessaires pour se conformer à la présente directive au plus tard trois ans à compter de la notification de la présente directive. Ils en informent immédiatement la Commission.

2. La procédure définie à l'article 15 paragraphe 2 est applicable à compter de la date de notification de la présente directive.

Art. 20 Les États membres veillent à communiquer à la Commission le texte des dispositions essentielles de droit interne qu'ils adoptent dans le domaine régi par la présente directive.

Art. 21 La Commission adresse tous les cinq ans au Conseil un rapport concernant l'application de la présente directive et lui soumet, le cas échéant, des propositions appropriées.

1. Transposition tardive. La directive n'ayant toujours pas été transposée en dépit de l'expiration du délai imparti, la France a été condamnée pour manquement sur recours de la Commission : • CJCE 13 janv. 1993 : *Rec. CJCE I, p. 1 ; D. 1993. 566, note Clergerie ; Europe 1993, n° 121.*

2. Transposition incorrecte. V. notes ss. art. 3, 7 et 9, *supra*.

3. Effet direct. Le juge national doit interpréter son droit « à la lumière du texte et de la finalité » des directives non encore transposées. • CJCE 10 avr. 1984 : *Rec. CJCE, p. 1891* • CJCE 10 avr. 1984 : *ibid, p. 1921.* ◆ En ce sens : • Civ. 1re, 28 avr. 1998 : *Bull. civ. I, n° 158 ; D. Affaires 1998. 1122, obs. J. F. ; JCP 1998. II. 10088, rapp. Sargos ; ibid. I. 185, n° 19 s., obs. Viney ; Gaz. Pal. 1999. 1. 14, note Boré ; LPA 13 janv. 1999, note Fouassier ; RTD civ. 1998. 684, obs. Jourdain* (fourniture de sang contaminé par un centre régional de transfusion sanguine, indemnisation du préjudice subi par le mari et les enfants d'une personne contaminée par le virus du sida).

Règlement (CE) n° 864/2007 du 11 juillet 2007,

Sur la loi applicable aux obligations non contractuelles (« Rome II »).

BIBL. ▶ GUERCHOUN et PIEDELIÈVRE, *Gaz. Pal. 2007. 3106.*

Art. 4 *Règle générale.* 1. Sauf dispositions contraires du présent règlement, la loi applicable à une obligation non contractuelle résultant d'un fait dommageable est celle du pays où le dommage survient, quel que soit le pays où le fait générateur du dommage se produit et quels que soient le ou les pays dans lesquels des conséquences indirectes de ce fait surviennent.

2. Toutefois, lorsque la personne dont la responsabilité est invoquée et la personne lésée ont leur résidence habituelle dans le même pays au moment de la survenance du dommage, la loi de ce pays s'applique.

3. S'il résulte de l'ensemble des circonstances que le fait dommageable présente des liens manifestement plus étroits avec un pays autre que celui visé aux paragraphes 1 ou 2, la loi de cet autre pays s'applique. Un lien manifestement plus étroit avec un autre pays pourrait se fonder, notamment, sur une relation préexistante entre les parties, telle qu'un contrat, présentant un lien étroit avec le fait dommageable en question.

Art. 5 *Responsabilité du fait des produits.* 1. Sans préjudice de l'article 4, paragraphe 2, la loi applicable à une obligation non contractuelle découlant d'un dommage causé par un produit est :

a) la loi du pays dans lequel la personne lésée avait sa résidence habituelle au jour du dommage, si le produit a été commercialisé dans ce pays ; ou à défaut

b) la loi du pays dans lequel le produit a été acheté, si le produit a été commercialisé dans ce pays ; ou à défaut

c) la loi du pays dans lequel le dommage est survenu, si le produit a été commercialisé dans ce pays.

Toutefois, la loi applicable est celle du pays dans lequel la personne dont la responsabilité est invoquée a sa résidence habituelle, si cette personne ne pouvait raisonnablement pas prévoir la commercialisation du produit ou d'un produit du même type dans le pays dont la loi est applicable en vertu des points a), b) ou c).

2. S'il résulte de toutes les circonstances que le fait dommageable présente des liens manifestement plus étroits avec un pays autre que celui visé au paragraphe 1, la loi de cet autre pays s'applique. Un lien manifestement plus étroit avec un autre pays pourrait se fonder, notamment, sur une relation préexistante entre les parties, telle qu'un contrat, présentant un lien étroit avec le fait dommageable en question.

Art. 14 *Liberté de choix.* **1. Les parties peuvent choisir la loi applicable à l'obligation non contractuelle :**

a) par un accord postérieur à la survenance du fait générateur du dommage ;

ou

b) lorsqu'elles exercent toutes une activité commerciale, par un accord librement négocié avant la survenance du fait générateur du dommage.

Ce choix est exprès ou résulte de façon certaine des circonstances et ne porte pas préjudice aux droits des tiers.

2. Lorsque tous les éléments de la situation étaient, au moment de la survenance du fait générateur du dommage, localisés dans un pays autre que celui dont la loi a été choisie, le choix d'une loi par les parties ne peut porter atteinte à l'application des dispositions auxquelles la loi de cet autre pays ne permet pas de déroger par accord.

3. Lorsque tous les éléments de la situation étaient, au moment de la survenance du fait générateur du dommage, localisés dans un ou plusieurs États membres, le choix par les parties de la loi d'un pays tiers ne peut, le cas échéant, porter atteinte à l'application des dispositions du droit communautaire auxquelles il ne peut être dérogé par un accord, et telles qu'elles ont été mises en œuvre dans l'État membre du for.

BIBL. ▶ BOSKOVIC, *D. 2009. 1639* (l'autonomie de la volonté dans le règlement Rome II).

Art. 15 *Portée de la loi applicable.* **La loi applicable à une obligation non contractuelle en vertu du présent règlement régit notamment :**

a) les conditions et l'étendue de la responsabilité, y compris la détermination des personnes susceptibles d'être déclarées responsables des actes qu'elles commettent ;

b) les causes d'exonération, de limitation et de partage de responsabilité ;

c) l'existence, la nature et l'évaluation des dommages, ou la réparation demandée ;

d) dans les limites des pouvoirs conférés au tribunal par le droit procédural de l'État dont il relève, les mesures que ce tribunal peut prendre pour assurer la prévention, la cessation du dommage ou sa réparation ;

e) la transmissibilité du droit à réparation, y compris par succession ;

f) les personnes ayant droit à réparation du dommage qu'elles ont personnellement subi ;

g) la responsabilité du fait d'autrui ;

h) le mode d'extinction des obligations ainsi que les règles de prescription et de déchéance fondées sur l'expiration d'un délai, y compris les règles relatives au point de départ, à l'interruption et à la suspension d'un délai de prescription ou de déchéance.

Art. 16 *Dispositions impératives dérogatoires.* **Les dispositions du présent règlement ne portent pas atteinte à l'application des dispositions de la loi du for qui régissent impérativement la situation, quelle que soit la loi applicable à l'obligation non contractuelle.**

....

Art. 26 *Ordre public du for.* **L'application d'une disposition de la loi d'un pays désignée par le présent règlement ne peut être écartée que si cette application est manifestement incompatible avec l'ordre public du for.**

....

Art. 28 *Relation avec des conventions internationales existantes.* **1. Le présent règlement n'affecte pas l'application des conventions internationales auxquelles un ou plusieurs États membres sont parties lors de l'adoption du présent règlement et qui règlent les conflits de lois en matière d'obligations non contractuelles.**

2. Toutefois, le présent règlement prévaut entre les États membres sur les conventions conclues exclusivement entre deux ou plusieurs d'entre eux dans la mesure où elles concernent des matières réglées par le présent règlement.

....

Art. 31 *Application dans le temps.* **Le présent règlement s'applique aux faits générateurs de dommages survenus après son entrée en vigueur.**

Art. 32 *Date d'application.* **Le présent règlement est appliable à partir du 11 janvier 2009, à l'exception de l'article 29, lequel est applicable à partir du 11 juillet 2008.**

SUCRE, SUBSTANCES ÉDULCORANTES

Code de la santé publique

Art. L. 3232-5 *(L. nº 2013-453 du 3 juin 2013, art. 1er, en vigueur le 3 déc. 2013)* **Aucune denrée alimentaire de consommation courante destinée au consommateur final distribuée dans les collectivités mentionnées à l'article 73 de la Constitution ainsi que dans les collectivités de Saint-Barthélemy, Saint-Martin et Saint-Pierre-et-Miquelon ne peut avoir une teneur en sucres ajoutés supérieure à celle d'une denrée similaire de la même marque distribuée en France hexagonale.**

Lorsque la teneur en sucres ajoutés d'une denrée alimentaire de consommation courante distribuée en France hexagonale diminue, les responsables de la mise sur le marché des denrées similaires de la même marque distribuées dans les collectivités mentionnées au premier alinéa sont autorisés à poursuivre leur commercialisation jusqu'à épuisement des stocks et dans un délai maximal de six mois.

Art. L. 3232-6 *(L. nº 2013-453 du 3 juin 2013, art. 1er, en vigueur le 3 déc. 2013)* **La teneur en sucres ajoutés des denrées alimentaires de consommation courante destinées au consommateur final distribuées dans les collectivités mentionnées à l'article 73 de la Constitution ainsi que dans les collectivités de Saint-Barthélemy, Saint-Martin et Saint-Pierre-et-Miquelon, mais non distribuées par les mêmes enseignes en France hexagonale, ne peut être supérieure à la teneur en sucres ajoutés la plus élevée constatée dans les denrées alimentaires assimilables de la même famille les plus distribuées en France hexagonale.**

Un arrêté des ministres chargés de la santé, de l'agriculture, de la consommation et des outre-mer détermine la liste des denrées alimentaires soumises aux dispositions du premier alinéa. — *V. Arr. du 9 mai 2016, infra.*

Lorsque la teneur en sucres ajoutés la plus élevée mentionnée au premier alinéa diminue au sein d'une famille de denrées alimentaires distribuées en France hexagonale, les responsables de la mise sur le marché des denrées alimentaires assimilables de la même famille distribuées outre-mer soumises aux dispositions du même premier alinéa sont autorisés à poursuivre leur commercialisation jusqu'à épuisement des stocks et dans un délai maximal de six mois.

Art. L. 3232-7 *(L. nº 2013-453 du 3 juin 2013, art. 1er, en vigueur le 3 déc. 2013)* **Les manquements aux articles L. 3232-5 et L. 3232-6 sont constatés par les agents mentionnés** *(Ord. nº 2016-301 du 14 mars 2016, art. 17, en vigueur le 1er juill. 2016)* **« à l'article L. 511-3 et aux 1º et 2º du I de l'article L. 511-22 du code de la consommation, dans les conditions prévues au I de l'article L. 511-22 du même code ».**

....

Art. L. 3232-9 *(L. nº 2016-41 du 26 janv. 2016, art. 16-I et II, en vigueur le 26 janv. 2017)* **La mise à disposition, en accès libre, sous forme d'offre à volonté gratuite ou pour un prix forfaitaire, de boissons avec ajout de sucres ou d'édulcorants de synthèse est interdite dans tous les lieux de restauration ouverts au public, les établissements scolaires et les établissements destinés à l'accueil, à la formation et à l'hébergement des mineurs.**

Un arrêté des ministres chargés de la santé, de l'agriculture et de la consommation fixe la liste des catégories de boissons mentionnées au premier alinéa. — *V. Arr. du 18 janv. 2017, ci-dessous.*

Arrêté du 18 janvier 2017, *relatif à l'interdiction de la mise à disposition de boissons à volonté, gratuites ou pour un prix forfaitaire, avec ajout de sucres ou d'édulcorants de synthèse.* **Art. 1er** Dans les lieux et conditions fixés à l'article L. 3232-9 du code de la santé publique, est interdite la mise à disposition, en accès libre, sous forme d'offre à volonté gratuite ou pour un prix forfaitaire, des nectars mentionnés au 14-1-3 et des boissons aromatisées citées au 14-1-4 de la partie D de l'annexe II du règlement (CE) nº 1333/2008 du Parlement européen et du Conseil du 16 décembre 2008 sur les additifs alimentaires dès lors qu'ils contiennent des sucres ajoutés ou des édulcorants de synthèse.

Art. 2 Le présent arrêté entre en vigueur le lendemain de sa publication.

Décret nº 66-319 du 20 mai 1966,

Relatif à la vanille (Décr. nº 2017-325 du 13 mars 2017, art. 3).

Art. 1er Sous réserve des dispositions de l'article 2 ci-après, il est interdit de détenir en vue de la vente, de mettre en vente ou de vendre sous le nom de "vanille", avec ou sans qualificatif, ou sous une dénomination contenant soit le mot vanille, soit un dérivé ou une imitation de ce mot, un produit autre que le fruit du *Vanilla planifolia* et des espèces voisines, de la famille des *orchichées*, cueilli avant la maturité, ayant subi les traitements qui ont pour but d'en développer l'arôme et n'ayant fait l'objet d'aucun retranchement de ses principes utiles.

(Décr. nº 2017-325 du 13 mars 2017, art. 3) « Cette interdiction ne s'oppose pas à l'emploi du mot "vanille" conformément aux usages loyaux et constants du commerce, lorsqu'il s'agit de denrées alimentaires dont l'élaboration a nécessité la mise en œuvre de vanille ou d'arôme à flaveur de vanille. »

Art. 2 *(Décr. nº 2017-325 du 13 mars 2017, art. 3)* Les produits légalement fabriqués et commercialisés dans un autre État membre de l'Union européenne ou en Turquie ou légalement fabriqués dans un autre État partie à l'accord sur l'Espace économique européen ne sont pas soumis aux exigences du présent décret. Ces produits peuvent être commercialisés en France avec l'une des mentions prévues au présent décret ou des mentions analogues.

Art. 3 Les dispositions du présent décret seront applicables à l'expiration d'un délai d'un an à compter de sa publication.

Loi nº 88-14 du 5 janvier 1988,

Relative aux actions en justice des associations agréées de consommateurs et à l'information des consommateurs.

Substances édulcorantes

Art. 10 *(L. nº 92-60 du 18 janv. 1992)* I. — Sans préjudice des dispositions contenues dans les réglementations d'étiquetage des produits alimentaires, aucune mention indiquant, suggérant ou laissant croire que les édulcorants de synthèse possèdent des propriétés semblables à celles du sucre, alors qu'ils ne les possèdent pas, ne doit être utilisée :

a) Dans l'étiquetage des substances édulcorantes de synthèse ;

b) Dans l'étiquetage des denrées alimentaires contenant de telles substances ;

c) Dans les procédés de vente, les modes de présentation ou les modes d'information des consommateurs relatifs à ces substances ou denrées.

Les dispositions de la loi du 1er août 1905 sur les fraudes et falsifications en matière de produits ou de services sont applicables à la recherche, à la constatation et à la répression des infractions aux prescriptions des quatre alinéas précédents.

....

Décret nº 88-538 du 5 mai 1988,

Déterminant les sanctions applicables en cas d'infraction aux dispositions de l'article 10-1 de la loi nº 88-14 du 5 janvier 1988.

Art. 1er Sera puni de la peine d'amende prévue à l'article 13 de la loi du 1er août 1905 *[C. consom., art. R. 451-1]* susvisée quiconque n'aura pas respecté les dispositions du I *(a, b* et *c)* de l'article 10 de la loi du 5 janvier 1988 *[nº 88-14, supra]* susvisée.

Arrêté du 16 novembre 1999,

Relatif à la publicité, à l'égard du consommateur, des prix de vente à l'unité de mesure de certains produits préemballés.

V. ce texte, vº Prix (publicité).

Décret nº 2003-586 du 30 juin 2003,

Pris pour l'application de l'article L. 412-1 du code de la consommation en ce qui concerne certains sucres destinés à l'alimentation humaine (Ord. nº 2016-301 du 14 mars 2016, art. 2, en vigueur le 1er juill. 2016).

Art. 1er Il est interdit de détenir en vue de la vente ou de la distribution à titre gratuit, de mettre en vente, de vendre ou de distribuer à titre gratuit les sucres destinés à l'alimentation humaine mentionnés en annexe, qui ne répondent pas aux définitions et règles fixées dans le présent décret et son annexe.

Art. 2 Les dispositions du présent décret ne s'appliquent pas aux produits définis à la partie A de l'annexe, lorsqu'il s'agit de sucre impalpable, de sucre candi et de sucre en pain.

Art. 3 Les dénominations énumérées à la partie A de l'annexe sont réservées aux produits qui y sont définis et elles ne doivent être utilisées dans le commerce que pour désigner ces produits. Le produit répondant à la définition figurant au point 3 de la partie A de l'annexe peut cependant être désigné aussi sous la dénomination de "sucre" ou "sucre blanc".

Les produits définis à la partie A de l'annexe peuvent toutefois comporter, outre la dénomination obligatoire, d'autres qualificatifs habituels dans les États membres de la Communauté européenne.

Ces dénominations peuvent également être assorties à d'autres termes pour désigner, conformément aux usages, des produits différents de ceux auxquels s'applique le présent décret, dès lors que cette pratique n'est pas de nature à induire le consommateur en erreur.

Art. 4 Les dispositions de la partie Réglementaire du chapitre II du titre Ier du livre Ier du code de la consommation *[ancien]* concernant l'étiquetage et la présentation des denrées alimentaires sont applicables aux produits qui font l'objet du présent décret dans toutes ses dispositions qui ne sont pas contraires à celui-ci.

L'étiquetage et la présentation de ces produits font l'objet des dispositions complémentaires suivantes :

a) L'indication du poids net ne figure pas sur l'étiquetage des produits préemballés d'un poids inférieur à 20 grammes ;

b) L'étiquetage mentionne la teneur en matière sèche et en sucre inverti pour le sucre liquide, le sucre liquide inverti et le sirop de sucre inverti ;

c) L'étiquetage mentionne le qualificatif "cristallisé" pour le sirop de sucre inverti qui contient des cristaux dans la solution ;

d) Lorsque le sirop de glucose et le sirop de glucose déshydraté contiennent du fructose dans des proportions supérieures à 5 % du poids de la matière sèche, ils comportent, pour ce qui est de la dénomination des produits et en tant qu'ingrédients, un étiquetage portant la mention "sirop de glucose-fructose" ou "sirop de fructose-glucose" et "sirop de glucose-fructose déshydraté" ou "sirop de fructose-glucose déshydraté", selon que la teneur en glucose ou la teneur en fructose est la plus importante.

Art. 5 Les dispositions du présent décret entrent en vigueur le 12 juillet 2003 et le décret n° 77-876 du 12 juillet 1977 est abrogé à compter de la même date.

Pourront toutefois être commercialisés jusqu'à épuisement des stocks les produits satisfaisant aux prescriptions de ce dernier décret et étiquetés avant le 12 juillet 2004.

ANNEXE

A. Dénominations et définitions des produits

1. Sucre mi-blanc

Le saccharose purifié et cristallisé, de qualité saine, loyale et marchande, et qui répond aux caractéristiques suivantes :

a) Polarisation : pas moins de 99,5°Z ;

b) Teneur en sucre inverti : pas plus de 0,1 % en poids ;

c) Perte au séchage : pas plus de 0,1 % en poids.

2. Sucre ou sucre blanc

Le saccharose purifié et cristallisé, de qualité saine, loyale et marchande, et qui répond aux caractéristiques suivantes :

a) Polarisation : pas moins de 99,7°Z ;

b) Teneur en sucre inverti : pas plus de 0,04 % en poids ;

c) Perte au séchage : pas plus de 0,06 % en poids ;

d) Type de couleur : pas plus de 9 points déterminés conformément à la partie B, point a.

3. Sucre raffiné ou sucre blanc raffiné

Le produit qui répond aux caractéristiques visées au point 2 (*a*, *b* et *c*) et dont le nombre de points, déterminé conformément aux dispositions de la partie B, ne dépasse pas 8 au total et pas plus de :

4 pour le type de couleur ;
6 pour la teneur en cendres ;
3 pour la colorisation en solution.

4. Sucre liquide

La solution aqueuse de saccharose qui répond aux caractéristiques suivantes :

a) Matière sèche : pas moins de 62 % en poids ;

b) Teneur en sucre inverti (quotient du fructose par le dextrose : 1,0 ± 0,2) : pas plus de 3 % en poids sur la matière sèche ;

c) Cendres conductimétriques : pas plus de 0,1 % en poids sur la matière sèche, selon le mode de détermination défini à la partie B, point b ;

d) Coloration en solution : pas plus de 45 unités ICUMSA.

La dénomination « blanc » est réservée au sucre liquide dont la coloration en solution, selon le mode de détermination visé à la partie B, point c, de l'annexe, ne dépasse pas 25 unités ICUMSA (International Commission for Uniform Methods of Sugar Analysis).

5. Sucre liquide inverti

La solution aqueuse de saccharose partiellement inverti par hydrolyse, dans laquelle la proportion de sucre inverti n'est pas prépondérante et qui répond aux caractéristiques suivantes :

a) Matière sèche : pas moins de 62 % en poids ;

b) Teneur en sucre inverti (quotient du fructose par le dextrose : 1,0 ± 0,1) : plus de 3 % mais pas plus de 50 % en poids sur la matière sèche ;

c) Cendres conductimétriques : pas plus de 0,4 % en poids sur la matière sèche, selon le mode de détermination défini à la partie B, point b.

La dénomination « blanc » est réservée au sucre liquide inverti dont la teneur en cendres n'excède pas 0,1 % et la coloration en solution, selon le mode de détermination visé à la partie B, point c, de l'annexe, ne dépasse pas 25 unités ICUMSA.

6. Sirop de sucre inverti

La solution aqueuse, éventuellement cristallisée, de saccharose partiellement inverti par hydrolyse, dans laquelle la teneur en sucre inverti (quotient du fructose par le dextrose : 1,0 ± 0,1) doit être supérieure à 50 % en poids sur la matière sèche, et qui répond en outre aux exigences fixées au point 5 (*a* et *c*).

La dénomination « blanc » est réservée au sirop de sucre inverti dont la teneur en cendres n'excède pas 0,1 % et la coloration en solution, selon le mode de détermination visé à la partie B, point c, de l'annexe, ne dépasse pas 25 unités ICUMSA.

7. Sirop de glucose

La solution aqueuse purifiée et concentrée de saccharides nutritifs, obtenue à partir d'amidon et/ou de fécule et/ou d'inuline, et qui répond aux caractéristiques suivantes :

a) Matière sèche : pas moins de 70 % en poids ;

b) Équivalent en dextrose : pas moins de 20 % en poids sur la matière sèche exprimée en D-glucose ;

c) Cendres sulfatées : pas plus de 1 % en poids sur la matière sèche.

8. Sirop de glucose déshydraté

Le sirop de glucose partiellement déshydraté dont la teneur en matière sèche est d'au moins 93 % en poids et qui répond en outre aux exigences fixées au point 7 (*b* et *c*).

9. Dextrose ou dextrose monohydraté

Le D-glucose purifié et cristallisé contenant une molécule d'eau de cristallisation qui répond aux caractéristiques suivantes :

a) Dextrose (D-glucose) : pas moins de 99,5 % en poids sur la matière sèche ;

b) Matière sèche : pas moins de 90 % en poids ;

c) Cendres sulfatées : pas plus de 0,25 % en poids sur la matière sèche.

10. Dextrose ou dextrose anhydre

Le D-glucose purifié et cristallisé ne contenant pas d'eau de cristallisation, dont la teneur en matière sèche est d'au moins 98 % en poids, et qui répond aux exigences fixées au point 9 (*a* et *c*).

11. Fructose

Le D-glucose purifié et cristallisé qui répond aux caractéristiques suivantes :

a) Teneur en fructose : 98 % au minimum ;

b) Teneur en glucose : 0,5 % au maximum ;

c) Perte au séchage : pas plus de 0,5 % en poids ;

d) Cendres conductimétriques : pas plus de 0,1 % en poids, selon le mode de détermination défini à la partie B, point b.

B. Mode de détermination du type de couleur, de la teneur en cendres conductimétriques et de la coloration de la solution du sucre (blanc) et du sucre (blanc) raffiné définis à la partie A, points 2 et 3

Un *poind* correspond :

a) En ce qui concerne le type de couleur, à 0,5 unité, le calcul étant effectué selon la méthode de l'Institut pour la technologie agricole et l'industrie sucrière de Brunswick, visée à l'annexe, partie A, point 2, du règlement (CEE) n° 1265/69 de la Commission du 1er juillet 1969 concernant les méthodes de détermination de qualité applicables au sucre acheté par les organismes d'intervention ;

b) En ce qui concerne la teneur en cendres, à 0,001 8 %, le calcul étant effectué selon la méthode de l'International Commission for Uniform Methods of Sugar Analysis (ICUMSA), visée à l'annexe, partie A, point 1, du règlement (CEE) n° 1265/69 ;

c) En ce qui concerne la coloration en solution, à 7,5 unités, le calcul étant effectué selon la méthode de l'ICUMSA visée à l'annexe, partie A, point 3, du règlement (CEE) n° 1265/69.

Décret n° 2003-587 du 30 juin 2003,

Pris pour l'application de l'article L. 412-1 du code de la consommation en ce qui concerne le miel (Ord. n° 2016-301 du 14 mars 2016, art. 2, en vigueur le 1er juill. 2016).

Art. 1er **Il est interdit de détenir en vue de la vente ou de la distribution à titre gratuit, de mettre en vente, de vendre ou de distribuer à titre gratuit les produits mentionnés à l'annexe I qui ne répondent pas aux dispositions du présent décret.**

Art. 2 **I. – La dénomination "miel" est réservée au produit défini au I de l'annexe I et est utilisée dans le commerce pour désigner ce produit.**

II. – Les dénominations prévues aux II et III de l'annexe I sont réservées aux produits qui y sont définis et sont utilisées dans le commerce pour les désigner. Toutefois, ces dénominations peuvent être remplacées par la simple dénomination "miel", sauf dans le cas du miel filtré, du miel en rayons, du miel avec morceaux de rayons et du miel destiné à l'industrie.

III. – Lorsque du miel destiné à l'industrie a été utilisé comme ingrédient dans une denrée composée, la dénomination "miel" peut être utilisée dans la dénomination du produit composé au lieu de la dénomination "miel destiné à l'industrie". Toutefois, la dénomination "miel destiné à l'industrie" est utilisée dans la liste des ingrédients.

IV. – Le pays ou les pays d'origine où le miel a été récolté sont indiqués sur l'étiquette.

Toutefois, si le miel est originaire de plus d'un État membre de *(Décr. n° 2015-902 du 22 juill. 2015, art. 1er)* **« l'Union » européenne ou de plus d'un pays tiers, cette indication peut être remplacée par l'une des indications suivantes, selon le cas :**

1° "Mélange de miels originaires de *(Décr. n° 2015-902 du 22 juill. 2015, art. 1er)* **« l'UE »" ;**

2° "Mélange de miels non originaires de *(Décr. n° 2015-902 du 22 juill. 2015, art. 1er)* **« l'UE »" ;**

3° "Mélange de miels originaires et non originaires de *(Décr. n° 2015-902 du 22 juill. 2015, art. 1er)* **« l'UE »".**

Art. 3 *(Décr. n° 2015-902 du 22 juill. 2015, art. 1er)* **« Le règlement (UE) n° 1169/2011 du Parlement européen et du Conseil du 25 octobre 2011 concernant l'information des consommateurs sur les denrées alimentaires » est applicable aux produits qui font l'objet du présent décret dans toutes ses dispositions qui ne sont pas contraires à celui-ci.**

En outre :

1° Pour ce qui concerne le miel destiné à l'industrie, les termes : "destiné exclusivement à la cuisson" sont inscrits sur l'étiquette à proximité immédiate de la dénomination du produit ;

2° Sauf pour le miel filtré et le miel destiné à l'industrie, les dénominations de vente peuvent être complétées par des indications ayant trait :

***a)* A l'origine florale ou végétale, si le produit provient entièrement ou essentiellement de l'origine indiquée et en possède les caractéristiques organoleptiques, physico-chimiques et microscopiques ;**

***b)* A l'origine régionale, territoriale ou topographique, si le produit provient entièrement de l'origine indiquée ;**

***c)* A des critères spécifiques de qualité ;**

3° Le miel dont la dénomination comporte des indications ayant trait à une origine florale ou végétale, régionale, territoriale ou topographique, ou des critères spécifiques de qualité, ne peut avoir été additionné de miel filtré ou de miel destiné à l'industrie ;

(Décr. no 2015-902 du 22 juill. 2015, art. 1er) **« 4° Le pollen, en tant que constituant naturel propre au miel, n'est pas considéré comme un ingrédient, au sens du point *f* du paragraphe 2 de l'article 2 du règlement susmentionné, des produits définis à l'annexe I. »**

Les produits mis sur le marché ou étiquetés avant la date d'entrée en vigueur du Décr. no 2015-902 du 22 juill. 2015 conformément aux dispositions du Décr. no 2003-587 du 30 juin 2003 dans sa version applicable avant cette date peuvent continuer à être commercialisés jusqu'à épuisement des stocks (Décr. no 2015-902 du 22 juill. 2015, art. 2).

Art. 4 Dans le cas du miel filtré et du miel destiné à l'industrie, les récipients pour vrac, les emballages et la documentation commerciale indiquent clairement la dénomination intégrale du produit : "miel filtré" ou "miel destiné à l'industrie".

Art. 5 Les dispositions du présent décret entrent en vigueur le 1er août 2003 et le décret no 76-717 du 22 juillet 1976 pris pour l'application de la loi du 1er août 1905 sur la répression des fraudes dans la vente des marchandises et des falsifications des denrées alimentaires et des produits agricoles en ce qui concerne le miel est abrogé à compter de la même date.

Pourront toutefois être commercialisés jusqu'à épuisement des stocks les produits satisfaisant aux prescriptions de ce dernier décret et étiquetés avant le 1er août 2004.

ANNEXE I

DÉNOMINATIONS, DESCRIPTIONS ET DÉFINITIONS DES PRODUITS

I. — Au sens du présent décret, le miel est la substance sucrée naturelle produite par les abeilles de l'espèce *Apis mellifera* à partir du nectar de plantes ou des sécrétions provenant de parties vivantes des plantes ou des excrétions laissées sur celles-ci par des insectes suceurs, qu'elles butinent, transforment, en les combinant avec des matières spécifiques propres, déposent, déshydratent, entreposent et laissent mûrir dans les rayons de la ruche. A l'exception du miel filtré, aucun pollen *(Décr. no 2015-902 du 22 juill. 2015, art. 1er)* « ni aucun autre » constituant propre au miel ne doit être retiré, sauf si cela est inévitable lors de l'élimination de matières organiques et inorganiques étrangères.

II. — Les principales variétés de miel sont les suivantes :

1° En fonction de l'origine :

a) Miel de fleurs ou miel de nectars : le miel obtenu à partir des nectars de plantes ;

b) Miel de miellat : le miel obtenu essentiellement à partir des excrétions laissées sur les parties vivantes des plantes par des insectes suceurs (hémiptères) ou à partir des sécrétions provenant de parties vivantes de plantes ;

2° En fonction du mode de production et/ou de présentation :

a) Miel en rayons : le miel emmagasiné par les abeilles dans les alvéoles operculées de rayons fraîchement construits par elles-mêmes ou de fines feuilles de cire gaufrées réalisées uniquement en cire d'abeille, ne contenant pas de couvain, et vendu en rayons, entiers ou non ;

b) Miel avec morceaux de rayons : le miel qui contient un ou plusieurs morceaux de miel en rayons ;

c) Miel égoutté : le miel obtenu par égouttage des rayons désoperculés ne contenant pas de couvain ;

d) Miel centrifugé : le miel obtenu par centrifugation des rayons désoperculés ne contenant pas de couvain ;

e) Miel pressé : le miel obtenu par pressage des rayons ne contenant pas de couvain, avec ou sans chauffage modéré de 45 °C au maximum ;

f) Miel filtré : le miel obtenu par l'élimination de matières étrangères inorganiques ou organiques d'une manière qui a pour résultat l'élimination de quantités significatives de pollen.

III. — Le miel destiné à l'industrie est le miel qui peut être utilisé à des fins industrielles ou en tant qu'ingrédient dans d'autres denrées alimentaires destinées à être transformées et peut présenter un goût étranger ou une odeur étrangère ou avoir commencé à fermenter ou avoir fermenté ou avoir été surchauffé.

ANNEXE II

Caractéristiques de composition des miels

Le miel consiste essentiellement en différents sucres mais surtout en fructose et en glucose, ainsi qu'en autres substances telles que des acides organiques, des enzymes et des particules solides provenant de la récolte du miel. La couleur du miel peut aller d'une teinte presque incolore au brun sombre. Il peut avoir une consistance fluide, épaisse ou cristallisée en partie ou en totalité. Le goût et l'arôme varient mais dépendent de l'origine végétale.

Le miel, lorsqu'il est commercialisé comme tel ou quand il est utilisé dans un produit quelconque destiné à la consommation humaine, ne doit avoir fait l'objet d'aucune addition de produits alimentaires, y compris les additifs alimentaires, ni d'aucune addition autre que du miel. Le miel doit, dans toute la mesure possible, être exempt de matières organiques et inorganiques étrangères à sa composition. Il ne doit pas, sous réserve du III de l'annexe I, présenter de goût étranger ou d'odeur étrangère ni avoir commencé à fermenter, ni présenter une acidité modifiée artificiellement, ni avoir été chauffé de manière que les enzymes naturels soient détruits ou considérablement inactivés.

Lorsqu'il est commercialisé comme tel ou utilisé dans un produit quelconque destiné à la consommation humaine, le miel doit répondre aux caractéristiques de composition suivantes :

1. Teneur en sucres :

1.1. Teneur en fructose et en glucose (total des deux) :

— miel de fleurs, pas moins de 60 g/100 g ;

— miel de miellat, mélange de miel de miellat avec du miel de fleurs, pas moins de 45 g/100 g ;

1.2. Teneur en saccharose :

— en général, pas plus de 5 g/100 g ;

— faux acacia (*Robinia pseudoacacia*), luzerne (*Medicago sativa*), banksie de Menzies (*Banksia menziesii*), hedysaron (*Hedysarum*), eucalyptus rouge (*Eucalyptus camadulensis*), *Eucryphia lucida*, *Eucryphia milliganii*, agrumes spp., pas plus de 10 g/100 g ;

— lavande (*Lavandula spp.*), bourrache (*Borago officinalis*), pasplus de 15 g/100 g ;

2. Teneur en eau :

— en général, pas plus de 20 % ;

— miel de bruyère (*Calluna*) et miel destiné à l'industrie en général, pas plus de 23 % ;

— miel de bruyère (*Calluna*) destiné à l'industrie, pas plus de 25 %.

3. Teneur en matières insolubles dans l'eau :

— en général, pas plus de 0,1 g/100 g ;

— miel pressé, pas plus de 0,5 g/100 g ;

4. Conductivité électrique :

— miel non énuméré ci-dessous et mélanges de ces miels, pas plus de 0, mS/cm ;

— miel de miellat et miel de châtaignier et mélanges de ces miels, à l'exception des mélanges avec les miels énumérés ci-dessous, pas moins de 0,8 mS/cm ;

— exceptions : arbousier (*Arbutus unedo*), bruyère cendrée (*Erica*), eucalyptus, tilleul (*Tilia* spp), bruyère commune (*Calluna vulgaris*), manuka ou jelly bush (*leptospermum*), théier (*Melaleuca* spp.) ;

5. Acides libres :

— en général, pas plus de 50 milli-équivalents d'acides par kg ;

— miel destiné à l'industrie, pas plus de 80 milli-équivalents d'acides par kg ;

6. Indice diastasique et teneur en hydroxyméthylfurfural (HMF), déterminé après traitement et mélange :

a) Indice diastasique (échelle de Schade) :

— en général, à l'exception du miel destiné à l'industrie, pas moins de 8 ;

— miels ayant une faible teneur naturelle en enzymes (par exemple, miels d'agrumes) et une teneur en HMF non supérieure à 15 mg/kg, pas moins de 3 ;

b) HMF :

— en général, à l'exception du miel destiné à l'industrie, pas plus de 40 mg/kg, sous réserve des dispositions visées au point *a*, deuxième tiret ;

— miel d'origine déclarée en provenance de régions ayant un climat tropical et mélanges de ces miels, pas plus de 80 mg/kg.

Décret n° 2004-572 du 17 juin 2004,

Relatif aux interdictions concernant certaines confiseries gélifiées.

Art. 1er Il est interdit de fabriquer, d'importer, d'exporter, d'offrir, de détenir en vue de la vente ou de la distribution à titre gratuit, de mettre en vente, de vendre ou de distribuer à titre gratuit des confiseries ayant la consistance d'une gelée ferme de la taille d'une bouchée, absorbable par une projection dans la bouche obtenue par pression exercée sur leur conditionnement.

Les confiseries mentionnées au précédent alinéa s'entendent des denrées alimentaires ayant un goût de sucré.

Art. 2 Est puni de la peine d'amende prévue pour les contraventions de la cinquième classe le fait de fabriquer, d'importer, d'exporter, d'offrir, de détenir en vue de la vente ou de la distribution à titre gratuit, de mettre en vente, de vendre ou de distribuer à titre gratuit les produits mentionnés à l'article 1er.

Les personnes morales peuvent être déclarées pénalement responsables, dans les conditions prévues par l'article 121-2 du code pénal, des infractions définies à l'alinéa précédent. Elles encourent la peine d'amende, selon les modalités prévues à l'article 131-41 du code pénal.

La récidive des contraventions prévues au présent article est réprimée conformément aux articles 132-11 et 132-15 du code pénal.

Décret n° 2008-1370 du 19 décembre 2008,

Pris pour l'application de l'article L. 412-1 du code de la consommation en ce qui concerne certains produits de la sucrerie (Ord. n° 2016-301 du 14 mars 2016, art. 2, en vigueur le 1er juill. 2016).

Art. 1er Il est interdit de détenir en vue de la vente ou de la distribution à titre gratuit, de mettre en vente, de vendre ou de distribuer à titre gratuit les produits de la sucrerie mentionnés au présent décret qui ne répondent pas aux définitions et règles fixées par ce décret.

Art. 2 La dénomination "sucre brut" est réservée au sucre de betterave ou de canne non aromatisé, non additionné de colorants ni d'autres substances contenant, à l'état sec, en masse déterminée selon la méthode polarimétrique, plus de 85 % et moins de 99,5 % de saccharose.

La teneur en cendres conductimétriques est supérieure à 0,05 % en masse, selon la méthode de la Commission internationale pour l'uniformisation des méthodes d'analyse des sucres (ICUMSA).

Art. 3 La dénomination "sucre roux" est réservée au sucre de betterave ou de canne non aromatisé contenant, à l'état sec, en masse déterminée selon la méthode polarimétrique, plus de 85 % et moins de 99,7 % de saccharose.

La teneur en cendres conductimétriques est supérieure à 0,05 % en masse, selon la méthode de la Commission internationale pour l'uniformisation des méthodes d'analyse des sucres (ICUMSA).

Sa coloration résulte exclusivement de la transformation, lors du procédé de fabrication, de substances issues de la matière première d'origine, betterave ou canne à sucre, et doit être supérieure à 500 unités calculées selon la méthode de ladite commission.

Art. 4 La dénomination "cassonade" est réservée au sucre roux cristallisé issu directement du jus de la canne à sucre.

Art. 5 La dénomination "candi" est réservée au saccharose obtenu en gros cristaux par cristallisation lente des dissolutions de sucre de betterave ou de canne.

Art. 6 La dénomination "vergeoise" est réservée aux produits inférieurs à l'état solide provenant du raffinage du sucre de betterave ou de canne.

Art. 7 La dénomination "mélasse" est réservée aux liquides provenant de la fabrication ou du raffinage des sucres de betterave ou de canne, produits en aval des ateliers de cristallisation et d'une pureté inférieure à 70 % pour les produits issus de la betterave et à 75 % pour les produits issus de la canne.

Art. 8 La dénomination "sirop de sucre brut" est réservée aux sirops liquides provenant de la fabrication ou du raffinage des sucres de betterave ou de canne, ou issus d'une refonte de sucre brut, produits en aval des ateliers de cristallisation, et d'une pureté supérieure ou égale à 70 % pour les produits issus de la betterave et à 75 % pour les produits issus de la canne.

Art. 9 La dénomination "sirop vierge" est réservée aux sirops liquides de betterave ou de canne produits en amont des ateliers de cristallisation et d'une pureté supérieure ou égale à 70 % pour les produits issus de la betterave et à 75 % pour les produits issus de la canne.

Art. 10 Les dispositions du présent décret ne s'opposent pas à la mise sur le marché des produits mentionnés aux articles 2 à 9 légalement fabriqués ou commercialisés dans un autre État membre de la Communauté européenne, ou partie à l'accord sur l'Espace économique européen ou en Turquie.

Art. 11 Sont abrogés les articles 1er à 3, 26 et 27 du décret du 19 décembre 1910 susvisé *[portant règlement d'administration publique pour l'application de la loi du 1er août 1905 sur la répression des fraudes dans la vente des marchandises et des falsifications des denrées alimentaires et des produits agricoles, en ce qui concerne les produits de la sucrerie, de la confiserie et de la chocolaterie ; V. supra]*.

Art. 12 Le présent décret entre en vigueur le premier jour du sixième mois suivant sa publication au *Journal officiel* de la République française *[JO 21 déc.]*.

Arrêté du 9 mai 2016,

Portant application de la loi nº 2013-453 du 3 juin 2013 visant à garantir la qualité de l'offre alimentaire en outre-mer.

Art. 1er En application de l'article L. 3232-6 du code de la santé publique, dans les collectivités mentionnées à l'article 73 de la Constitution ainsi que dans les collectivités de Saint-Barthélemy, Saint-Martin et Saint-Pierre-et-Miquelon, la teneur en sucres ajoutés des denrées alimentaires de consommation courante appartenant aux familles précisées ci-dessous, distribuées au consommateur final mais non distribuées par les mêmes enseignes en France hexagonale, ne peut pas être supérieure à la teneur en sucres ajoutés la plus élevée constatée dans les denrées alimentaires assimilables de la même famille les plus distribuées en France hexagonale :

a) Les boissons rafraîchissantes sans alcool :

SECTEUR	FAMILLES	CARACTÉRISTIQUES
Boissons rafraîchissantes sans alcool sucrées	Eaux aromatisées	Eaux gazeuses ou non, aromatisées
	Boissons au thé	Boissons à base d'extrait de thé, gazeuses ou plates, aromatisées ou non
	Colas	Boissons parfum cola, aromatisées ou non
	Limonades	Boissons à base d'eau gazeuse et d'arômes (quels qu'ils soient, citron ou autres)
	Tonics et bitters	Boissons gazéifiées ou non, amères, aromatisées ou non
	Boissons aux fruits et/ou aux légumes	Boissons gazeuses ou non, contenant des jus de fruits et/ou des jus de légumes
	Boissons énergisantes	Boissons contenant des ingrédients excitants (caféine, taurine, guarana,...)

b) **Les produits laitiers et assimilés :**

SECTEUR	FAMILLES		CARACTÉRISTIQUES
Yaourts et laits fermentés (YLF)	Yaourts et laits fermentés sucrés	Classiques (MG ≤ 3,6 %)	Non édulcorés – Contient les YLF nature sucrés, aromatisés, aux fruits, sur lit de fruits, avec des inclusions de chocolat/caramel/biscuits/céréales, etc.
		Gourmands (MG > 3,6 %)	Non édulcorés – Contient les YLF nature sucrés, aromatisés, aux fruits, sur lit de fruits, avec des inclusions de chocolat/caramel/biscuits/céréales, etc.
	Yaourts et laits fermentés édulcorés		Quelle que soit la teneur en MG – Sucrés
Fromages frais (FF)	Fromages frais sucrés et/ou édulcorés	Classiques (MG ≤ 3,8 %)	Contient les fromages frais et fromages blanc lisse, nature sucrés, non édulcorés, aromatisés aux fruits, sur lit de fruits, etc.
		Gourmands (MG > 3,8 %)	Contient les fromages frais, fromages blanc lisse, nature sucrés, aromatisés aux fruits, sur lit de fruits, ainsi que les fromages avec des inclusions de chocolat/caramel/biscuits/céréales, etc.
Desserts frais non laitiers	Desserts au soja		Correspond à tous les produits au soja quel que soit le parfum (nature, sucré, aux fruits, au chocolat, à la vanille, etc.)
	Desserts frais non laitiers à base de chocolat		Correspond aux mousses au chocolat non laitières et/ou aux œufs, aux desserts pâtissiers à base de chocolat vendus au rayon frais tels que les fondants au chocolat, les profiteroles, etc.
	Desserts frais non laitiers sans chocolat		Correspond aux desserts pâtissiers sans chocolat vendus au rayon frais tels que les tiramisus, les clafoutis, les babas au rhum, etc.
Desserts lactés frais (contenant au minimum 50% de lait et autres ingrédients laitiers)	Crèmes dessert, laits emprésurés, laits gélifiés et liégeois		
	Desserts lactés frais à base de céréales		Correspond aux riz et semoules au lait, gâteaux de riz et de semoule
	Desserts lactés frais de type mousse		Sans œufs – Tous parfums incluant les mousses laitières aux fruits
	Desserts lactés frais aux œufs		Correspond aux crèmes caramel, petits pots de crème, flans aux œufs, îles flottantes, crèmes brûlées
	Panna cotta et autres entremets		Regroupe les panna cotta et les desserts lactés frais ne correspondant à aucune autre famille de la catégorie
	Desserts lactés frais gamme allégée et/ou édulcorés		Regroupe l'ensemble des produits de la catégorie des desserts lactés frais contenant des édulcorants ou appartenant à une gamme allégée en matières grasses ou en sucres. Le terme « allégé » fait ici référence à une gamme allégée et non à un produit d'une gamme non allégée qui aurait fait l'objet d'un allègement en MG ou en sucres au sens du règlement 1924/2006

c) **Les biscuits et gâteaux :**

SECTEUR	FAMILLES	TYPES DE PRODUITS INCLUS
	Barquettes aux fruits	Biscuits fruités nappés type barquette
	Bâtonnets enrobés	*Biscuits chocolatés nappés type bâtonnet*
	Biscuits au chocolat	Biscuits sablés au chocolat
		Biscuits secs au chocolat
		Petits-beurre aux pépites de chocolat

SECTEUR	FAMILLES	TYPES DE PRODUITS INCLUS
Biscuits	Biscuits aux œufs nature	Biscuits cuillers nature
		Boudoirs
	Biscuits avec tablette chocolat	Biscuits chocolatés avec tablette
		Biscuits chocolatés avec tablette fourrée
	Biscuits feuilletés nature	Biscuits feuilletés nature
	Biscuits fourrés au chocolat	Biscuits fourrés au chocolat
	Biscuits fourrés aux fruits	Biscuits fourrés aux fruits
	Biscuits nature	Biscuits secs nature
		Cigarettes russes
		Crêpes dentelles nature
		Langues de chat
		Spéculoos
	Biscuits pâtissiers	Biscuits pâtissiers
		Florentins
		Macarons
	Biscuits petit-déjeuner	Biscuits petit-déjeuner
	Biscuits sablés nature	Biscuits sablés nature
	Biscuits sandwichés fourrage au chocolat	Biscuits sandwichés fourrage au chocolat
	Biscuits sandwichés fourrage à la vanille	Biscuits sandwichés fourrage à la vanille
	Biscuits/barres chocolatées avec fourrage	Barres biscuitées
		Biscuits chocolatés avec fourrage
	Cookies	Cookies
	Galettes napées *[nappées]* chocolat	Biscuits chocolatés nappés type galette
	Gaufrettes fourrées au chocolat	Gaufrettes fourrées au chocolat
	Petits-beurre nature	Petits-beurre nature
	Tartelettes aux fruits	Biscuits fruités nappés type tartelette
	Autres biscuits	Autres biscuits, autres biscuits chocolatés, autres biscuits cuillers, autres biscuits feuilletés, biscuits à la noix de coco, biscuits aux fruits et au chocolat, biscuits chocolatés nappés type barquette, biscuits chocolatés nappés type tartelette, biscuits sablés autres parfums, biscuits sablés aux fruits, biscuits sandwichés fourrage aux fruits, biscuits secs autres parfums, biscuits secs aux fruits, crêpes dentelles au chocolat, croquants aux amandes, gaufrettes fourrées aux fruits, gaufrettes fourrées vanille ou caramel, goûters briochés, tuiles aux amandes, tuiles aux fruits

SECTEUR	FAMILLES	TYPES DE PRODUITS INCLUS
Gâteaux	Brownies	Brownies au chocolat
	Cakes aux fruits confits	Cakes aux fruits confits
	Gâteaux moelleux aux fruits/ fourrage fruits	Gâteaux moelleux aux fruits
		Gâteaux moelleux fourrés aux fruits
	Gâteaux marbrés	Gâteaux marbrés
	Gâteaux moelleux chocolat/ pépites/fourrage chocolat	Gâteaux moelleux au chocolat
		Gâteaux moelleux aux pépites de chocolat
		Gâteaux moelleux fourrés au chocolat
	Gâteaux moelleux nature/ quatre-quarts	Gâteaux moelleux nature
		Quatre-quarts nature
	Génoises au chocolat	Gâteaux moelleux au chocolat multicouches
	Génoises fourrées fruit nappées chocolat	Gâteaux moelleux au chocolat multicouches
		Génoises fourrées au chocolat
	Madeleines nature	Madeleines nature
	Autres gâteaux	Autres gâteaux, babas au rhum, congolais, crêpes au chocolat, crêpes aux fruits, crêpes nature, crêpes sucrées, financiers, gâteaux feuilletés aux fruits, gâteaux moelleux aux fruits à coque, gâteaux moelleux aux fruits et au chocolat, gâteaux sablés fourrés aux fruits, gaufres fines fourrées, gaufres moelleuses au chocolat, gaufres moelleuses nature ou sucrées, gaufres sèches, génoises fourrées aux fruits, madeleines au chocolat, pains d'épices, pâtisseries aux amandes

d) Glaces et sorbets :

SECTEURS	FAMILLE	CARACTÉRISTIQUES
Glaces et sorbets	Glace bâtonnet ou autres	Glaces et crèmes glacées bâtonnets
	Glace cône ou autres	Glaces et crèmes glacées cônes
	Glace barre	Glaces et crèmes glacées barres
	Glace pot	Pots glaces et crèmes glacées (classiques et avec des morceaux de biscuits, sauce, etc.)
	Glace à l'eau ou aux fruits	Ensemble des glaces à l'eau ou aux fruits individuelles (sucettes à l'eau, push up, squeeze up, etc.)
	Sorbet bâtonnet	Ensemble des sorbets bâtonnets sans distinction de formats
	Sorbet cône	Ensemble des sorbets cônes sans distinction de formats
	Sorbet pot	Ensemble des sorbets pots individuels sans distinction de formats ainsi que les produits de type oranges givrées ou citrons givrés
	Coupe et spécialité glacée	Produits correspondant à des mini-spécialités à partager (bûchettes, vacherins, omelettes norvégiennes, etc.) ; les produits avec meringue (cœurs de meringue) ou avec un enrobage (type dôme glacé) ; les produits type liégeois, melba et belle-hélène et les mélanges de sorbet et de glace (en proportion très proche)

SECTEURS	FAMILLE	CARACTÉRISTIQUES
	Spécialités glacées à partager	Regroupe les produits type Viennetta®, vacherin, nougat glacé, etc.
	Vrac glace	Glaces et crèmes glacées vrac classiques ou contenant des pépites de chocolat, ou morceaux de pistaches, raisins, noix de coco, morceaux de fruits
	Vrac glace gourmand	Glaces et crèmes glacées vrac autre recettes : ensemble des produits contenant des sauces, morceaux de biscuits, noix de macadamia, noix de pécan, ou type crème brûlée, stracciatella, etc.
	Vrac sorbet	Sorbets vrac

e) Les céréales du petit-déjeuner :

SECTEURS	FAMILLES	CARACTÉRISTIQUES
Céréales du petit-déjeuner	Céréales chocolat caramel	Références au caramel et au chocolat, sans fourrage (Exemples : céréales soufflées caramel et chocolat)
	Céréales chocolatées	Références au chocolat, sans fourrage (Exemples : riz soufflé au chocolat, boulettes de céréales au chocolat)
	Céréales fourrées	Références avec fourrage (Exemples : céréales fourrées choco-noisettes)
	Céréales équilibre	Références destinées en particulier aux personnes souhaitant prendre soin de leur ligne/références à base de blé complet (Exemples : pétales de riz et de blé complet aux fruits rouges)
	Céréales miel, caramel	Références au caramel et/ou au miel ou sucrées, sans fourrage (Exemples : maïs soufflé au miel, boules de maïs au miel)
	Céréales riches en fibre	Références mises en avant pour leur richesse en fibres (Exemples : fruits et fibres)
	Flocons d'avoine	Références de flocons d'avoine nature
	Mueslis croustillants	Références de mueslis contenant des pépites croustillantes (Exemples : mélange de pépites croustillantes, de céréales et de chocolat)
	Mueslis floconneux ou traditionnels	Références de mueslis avec flocons d'avoine (Exemples : muesli 4 céréales et 8 fruits, muesli floconneux bio 30 % de fruits)
	Pétales de maïs et autres céréales nature	Références de pétales de maïs non sucrées et autres références non sucrées (Exemples : corn flakes, grains de riz soufflés *[soufflé]* nature)

f) Les barres céréalières :

SECTEUR	FAMILLES	CARACTÉRISTIQUES
Barres céréalières	Barres céréalières aux fruits	Barres céréalières abricot, barres céréalières pomme, barres céréalières ligne et forme aux fruits rouges, etc.
	Barres céréalières aux fruits et chocolat	Barres céréalières noix de coco-chocolat, barres céréalières banane-chocolat, barres céréalières ligne et forme poire-chocolat, etc.
	Barres céréalières aux fruits à coque	Barres céréalières avec uniquement des inclusions de fruits à coque, barres céréalières cacahuètes-chocolat, barres céréalières à la noisette, barres céréalières ligne et forme aux amandes, etc.
	Barres céréalières pépites/nappage/fourrage au chocolat	Barres aux céréales chocolatées avec talon de lait, barres céréalières fourrées au chocolat, barres céréalières ligne et forme au chocolat, barres céréalières aux pépites de chocolat et au caramel (lorsque la quantité de chocolat est supérieure à la quantité de caramel), etc.

SECTEUR	FAMILLES	CARACTÉRISTIQUES
	Autres barres céréalières	Barres céréalières avec inclusion de biscuits, barres céréalières avec des inclusions de caramel, barres céréalières au miel avec talon de lait, barres céréalières ou bouchées ligne et forme nature, etc.

g) **Chocolats et barres chocolatées :**

SECTEUR	FAMILLES	CARACTÉRISTIQUES
	Barres chocolatées	Barres de chocolat au lait fourrées de cacahuètes ; barres de chocolat au lait fourrage caramel, etc.
	Bonbons/rochers/bouchées	Truffes fantaisie aux écorces d'oranges confites ; cacahuètes/amandes enrobées de chocolat ; céréales enrobées de chocolat ; fines feuilles de chocolat noir fourrées à la menthe ; rochers pralinés, etc.
	Pâtes à tartiner	Pâtes à tartiner aux noisettes ; pâtes à tartiner au lait, etc.
	Poudres chocolat sucrées	Poudres chocolatées sucrées à mélanger avec de l'eau ou du lait ; poudres chocolatées avec une teneur en sucres réduite, etc.
	Blocs gourmands au chocolat blanc, au lait, noir	Produits qui ne répondent pas à la définition du chocolat (% de cacao, % d'inclusions), généralement présentés sous forme de tablette de 200 g. La dénomination de vente peut s'écrire sous la forme « spécialité au chocolat blanc », « spécialité au chocolat au lait », « spécialité au chocolat noir »
	Chocolat blanc, au lait et noir à pâtisser	Tablettes de chocolat blanc, au lait et noir à pâtisser/dessert avec ou sans inclusions
	Chocolat allégé	Tablettes de chocolat allégé (à teneur réduite en glucides, etc.)
	Chocolat blanc basique	Tablettes de chocolat blanc (chocolat blanc ; chocolat blanc extra fin, etc.)
Chocolats et barres chocolatées	Chocolat au lait basique	Tablettes de chocolat au lait (chocolat de ménage au lait ; chocolat au lait issu de l'agriculture biologique, chocolat au lait, etc.)
	Chocolat noir basique	Tablettes de chocolat noir (chocolat noir, etc.)
	Chocolat noir basique avec inclusions	Tablettes de chocolat noir ou au lait avec noisettes/amandes/fèves de cacao, etc. (chocolat noir aux noix de pécan caramélisées ; chocolat noir au quinoa soufflé, etc.)
	Chocolat blanc basique avec inclusions	Tablettes de chocolat blanc avec inclusions (chocolat blanc fin avec nougat aux amandes et au miel ; chocolat blanc aux pépites à la fraise, etc.)
	Chocolat au lait basique avec inclusions	Tablettes de chocolat au lait avec noisettes/amandes/fèves de cacao, etc. (chocolat au lait aux noisettes entières ; chocolat au lait aux céréales croustillantes, etc.)
	Chocolat au lait et noir dégustation	Tablettes de chocolat noir portant la mention « dégustation » ou une mention équivalente. Il s'agit généralement de tablettes fines comportant des carrés de plus grande superficie que dans une tablette de chocolat classique
	Chocolat au lait fourré	Tablettes de chocolat au lait avec fourrage contenant ou non des inclusions (chocolat extra fin au lait fourré d'un suprême fondant ; chocolat au lait fourrage aux pralines et aux éclats de noisettes caramélisées, etc.)

SECTEUR	FAMILLES	CARACTÉRISTIQUES
	Chocolat noir fourré	Tablettes de chocolat noir avec fourrage contenant ou non des inclusions (chocolat fondant à la crème ; chocolat noir fourrage à la truffe fantaisie et à la noix de coco râpée caramélisée ; chocolat noir fourrage mousse, etc.)

Art. 2 I — Les familles de produits retenues ci-dessus ne sont établies que pour l'application du présent arrêté.

II. — Au sens du présent arrêté, les sucres ajoutés se limitent à l'adjonction de saccharose et à l'adjonction de sirops de sucres.

TABAC, PRODUITS DU TABAC

Code général des impôts

ANNEXE III

Tabacs

(Décr. nº 2004-68 du 16 janv. 2004)

Art. 244 *decies* ....

4. Il est interdit aux débitants de tabac de vendre ou stocker des tabacs manufacturés dans des distributeurs automatiques installés à l'intérieur ou à l'extérieur de leur établissement.

5. Les débitants de tabac ne peuvent vendre du tabac qu'aux clients présents dans l'enceinte du débit.

Il leur est interdit de vendre du tabac par correspondance ou par réseaux informatiques et de modifier la composition ou la présentation des tabacs manufacturés qu'ils vendent.

....

Art. 244 *unvicies* I. — Les revendeurs, mentionnés au premier alinéa de l'article 568 du présent code, sont les établissements suivants :

1. Débit de boissons à consommer sur place, titulaire d'une licence de troisième ou quatrième catégorie effectivement exploitée ou un restaurant titulaire d'une « licence restaurant » proprement dite, conformément au code de la santé publique ;
2. Station-service implantée sur le réseau autoroutier, les liaisons assurant la continuité du réseau autoroutier, les voies express ou les voies rapides en milieu urbain ou toute station-service pour les départements de Corse ;
3. Établissement militaire, pénitentiaire ou accueillant une population dont la liberté d'aller et venir est restreinte, à l'exclusion des établissements de santé, et notamment ceux qui sont habilités à recevoir des personnes hospitalisées sous contrainte.

Le représentant légal de ces établissements s'engage à respecter les obligations propres à la revente de tabac définies au présent article et aux articles 244 *duovicies* et 244 *tervicies*.

....

IV. — Les revendeurs ne vendent des tabacs manufacturés qu'aux seuls clients, usagers ou personnels de leur établissement, au titre d'un service complémentaire à l'activité principale de cet établissement.

Les revendeurs sont tenus de proposer à la clientèle, aux usagers et personnels de leur établissement des tabacs manufacturés d'au moins trois fabricants de leur choix. Ils ne peuvent passer un contrat d'exclusivité avec un fabricant ou un fournisseur de tabacs manufacturés.

Les revendeurs ne peuvent exposer dans leur établissement les tabacs à la vue de leur clientèle, de leurs usagers et de leurs personnels. Ils ne peuvent modifier la composition ou la présentation des tabacs manufacturés qu'ils revendent.

V. — Il est interdit aux revendeurs de vendre ou stocker des tabacs manufacturés dans des distributeurs automatiques installés à l'intérieur ou à l'extérieur de leur établissement.

Code de la santé publique

Lutte contre le tabagisme

BIBL. GÉN. ▶ DESBARATS, *D. 1998. Chron. 167* (droit à réparation des victimes directes du tabagisme). – LOLIVIER, *Gaz. Pal. 1998. Doctr. 1602* (Europe et publicité sur le tabac). – FOURGOUX, *RSC 1998. 56*. – GUÉDON, *JCP 2004. I. 104* (L. n° 2003-715 du 31 juill. 2003). – HAQUET, *Gaz. Pal. 2008. 3767* (modalités d'exposition des produits du tabac et des boissons alcooliques sur les antennes des services de radio et de télévision). – GAUTIER, *D. 2009. 1105* (exercice de doctrine engagée : au sujet des limites de l'intervention normative anti-tabac). – ARHEL, *Propr. ind. 2011. Étude 19* (emballages neutres pour les produits du tabac : droit des marques et application des règles de l'OMC). – MENDOZA-CAMINADE, *ibid. 2015. Étude 2* (droit des marques et intérêt général : le déshabillage des paquets de cigarettes). – BINCTIN, *Propr. ind. 2016. Étude 8* (paquet neutre et propriété intellectuelle).

Information et prévention

Art. L. 3511-1 *(Ord. n° 2016-623 du 19 mai 2016, art. 1er)* **Le Gouvernement fixe par décret la date d'une manifestation annuelle intitulée : "Jour sans tabac".** – *Fixée au 31 mai (CSP, art. D. 3511-3).*

Art. L. 3511-2 *(Ord. n° 2016-623 du 19 mai 2016, art. 1er)* **Une information de nature sanitaire***[,]* **prophylactique et psychologique est dispensée dans les établissements scolaires et à l'armée.**

Dans le cadre de l'éducation à la santé, une sensibilisation au risque tabagique est organisée, sous forme obligatoire, dans les classes de l'enseignement primaire et secondaire.

....

Produits du tabac

Dispositions générales

Excepté les cigares, les produits non conformes aux dispositions de l'Ord. n° 2016-623 du 19 mai 2016 peuvent être mis à la consommation jusqu'au 20 nov. 2016 et commercialisés jusqu'au 1er janv. 2017. Pour les cigares, les produits non conformes aux dispositions de ladite ordonnance peuvent être commercialisés jusqu'au 20 mai 2017 (Ord. préc., art. 6-II).

Art. L. 3512-1 *(Ord. n° 2016-623 du 19 mai 2016, art. 1er)* **Sont considérés comme produits du tabac les produits pouvant être consommés et composés, même partiellement, de tabac, qu'il soit ou non génétiquement modifié.**

Les produits du tabac comprennent les cigarettes, le tabac à rouler, le tabac à pipe, le tabac à pipe à eau, les cigares, les cigarillos, le tabac à mâcher, le tabac à priser et le tabac à usage oral.

Sont également des produits du tabac*[,]* **au sens du premier alinéa, les nouveaux produits du tabac qui sont les produits autres que ceux mentionnés au deuxième alinéa et qui sont mis sur le marché après le 19 mai 2014.**

Sont considérés comme médicaments les produits présentés comme supprimant l'envie de fumer ou réduisant l'accoutumance au tabac (CSP, art. L. 5121-2).

Art. L. 3512-2 *(Ord. n° 2016-623 du 19 mai 2016, art. 1er)* **Est considéré comme ingrédient, le tabac, un additif, ainsi que toute autre substance ou tout autre élément présent dans un produit fini du tabac, y compris le papier, le filtre, l'encre, les capsules et les colles.**

Art. L. 3512-3 *(Ord. n° 2016-623 du 19 mai 2016, art. 1er)* **Est considéré comme du tabac à rouler, le produit du tabac destiné à être utilisé par les consommateurs ou les détaillants pour confectionner des cigarettes. Si un produit peut être utilisé à la fois dans une pipe à eau et comme tabac à rouler, il est réputé être du tabac à rouler.**

Art. L. 3512-4 *(Ord. n° 2016-623 du 19 mai 2016, art. 1er)* **La propagande ou la publicité, directe ou indirecte,** *en faveur du tabac, des* **produits du tabac, des ingrédients définis à l'article L. 3512-2, ainsi que toute distribution gratuite ou vente d'un produit du tabac à un prix inférieur à celui qui a été homologué conformément à l'article 572 du code général des impôts sont interdites.**

Ces dispositions ne s'appliquent pas aux enseignes des débits de tabac, à condition que ces enseignes soient conformes à des caractéristiques définies par arrêté interministériel.

Elles ne s'appliquent pas non plus :

1° Aux publications et services de communication en ligne édités par les organisations professionnelles de producteurs, fabricants et distributeurs des produits du tabac, réservés à leurs adhérents, ni aux publications professionnelles spécialisées dont la liste est établie par arrêté signé par les ministres chargés de la santé et de la communication, ni aux services de communication en ligne édités à titre professionnel qui ne sont accessibles qu'aux professionnels de la production, de la fabrication et de la distribution des produits du tabac ;

2° Aux publications imprimées et éditées et aux services de communication en ligne mis à disposition du public par des personnes établies dans un pays n'appartenant pas à l'Union européenne ou à l'Espace économique européen, lorsque ces publications et services de communication en ligne ne sont pas principalement destinés au marché communautaire.

Toute opération de parrainage ou de mécénat est interdite lorsqu'elle est effectuée par les fabricants, les importateurs ou les distributeurs de produits du tabac ou lorsqu'elle a pour objet ou pour effet la propagande ou la publicité directe ou indirecte en faveur du tabac, des produits du tabac et des ingrédients définis à l'article L. 3512-2.

1. Infraction continue. La violation de l'art. L. 3511-3 [L. 3512-4] CSP relatif à l'interdiction de toute propagande ou publicité, directe ou indirecte, en faveur du tabac constitue, quel qu'en soit le support (site internet, en l'espèce), une infraction continue qui se poursuit tant que le message litigieux reste accessible au public. • Crim. 17 janv. 2006 : *Bull. crim. n° 21 ; D. 2006. 1437, note Courtin ; AJ pénal 2006. 169, obs. G. Royer ; RTD com. 2006. 687, obs. Bouloc ; JCP 2006. II. 10120, note Bouloc ; Dr. Pénal 2006, n° 41, obs. J.-H. Robert ; Gaz. Pal. 2006. 2775, obs. Y. M. ; CCE 2006, n° 85, obs. Lepage ; RJDA 2006, n° 715.*

2. Publicités interdites. Constitue une publicité ou propagande interdite toute diffusion d'écrit, d'image ou de photographie participant à la promotion du tabac ou des produits du tabac pour inciter à l'achat, quel qu'en soit l'auteur. Tel est le cas, notamment, de photographies de paquets de cigarettes nouvelles d'une certaine marque publiées dans un hebdomadaire. • Crim. 21 févr. 1996 : *CCC 1996, n° 195, obs. Raymond ; LPA 16 mai 1997, note Gras.* ♦ Des indications, qui font référence à la qualité et au caractère gustatif des feuilles de tabac, vantent ses qualités intrinsèques et informent les consommateurs sur l'existence d'autres saveurs, ont pour effet d'assurer la promotion du produit. • Crim. 15 juin 2011 : *CCC 2011, n° 251, obs. Raymond.* ♦ Sont clairement prohibées par ces dispositions toutes formes de communication commerciale, quel qu'en soit le support, ayant pour but ou pour effet de promouvoir, directement ou indirectement, le tabac ou un produit du tabac. • Crim. 18 mai 2016, n° 15-80.922 P : *D. 2016. Actu. 1141 ; JCP 2016. Actu. 714, obs. Brigant ; Dr. pénal 2016, n° 113, obs. J.-H. Robert ; Legipresse 2016. 546, note Fourgoux* (mentions, photographies, pictogrammes et interviews dans une revue spécialisée en vente sur le territoire français). ♦ Il en va ainsi des décorations de paquets de cigarettes qui associent le tabac à la jeunesse, aux voyages et aux loisirs, et qui suscitent le désir d'acquérir des cigarettes d'une marque déterminée afin de compléter des séries d'images différentes. • Crim. 3 mai 2006 : *Bull. crim. n° 118 ; AJ pénal 2006. 362, obs. Rondey ; RTD com. 2006. 929, obs. Bouloc ; JCP E 2007, n° 25, p. 23, note Raynaud (1re esp.) ; Gaz. Pal. 2006. Somm. 2087, obs. M. B. ; RJDA 2006, n° 1083 ; Dr. pénal 2006, n° 112, obs. J.-H. Robert* • 26 sept. 2006 : *Bull. crim. n° 237 ; D. 2007. Pan. 400, obs. Roujou de Boubée ; RTD com. 2007. 252, obs. Bouloc ; AJ pénal 2006. 451, obs. P. R. ; Gaz. Pal. 2006. 3493, obs. M. B. ; Dr. pénal 2006, n° 154, obs. J.-H. Robert ; RJDA 2007, n° 203* • 5 déc. 2006 : *Dr. Pénal 2007, n° 72, obs. J.-H. Robert.* ♦ Les mentions figurant sur les paquets de tabac qui associent le tabac à une conscience écologique, à une société ancienne utilisant des produits sélectionnés selon une certaine méthode de fabrication, et s'engageant à apporter au consommateur une entière satisfaction par un service après-vente constituent une publicité en faveur du tabac. • Crim. 15 déc. 2015, n° 14-87.439 : *CCC 2016, n° 79, obs. Bernheim-Desvaux ; Dr. pénal 2016, n° 30, obs. J.-H. Robert.* ♦ Le fait que les inscriptions litigieuses figurent sur des paquets de cigarettes ou leur Cellophane d'emballage, que les paquets soient vendus par des débitants de tabac et non en libre-service, et que les mentions figurent en petits caractères et au dos des paquets sur fond peu contrastant est sans incidence sur leur nature publicitaire. • Paris, 17 sept. 2008 : *JCP E 2009, n° 27, p. 30, note Azéma.* ♦ Il est également indifférent que les mentions litigieuses figurent à l'intérieur des paquets de tabac, à coté des recommandations et des précisions sur l'utilisation du produit. • Crim. 21 janv. 2014 : *Bull. crim. n° 18 ; Dalloz actualité, 17 févr. 2014, obs. Fucini ; D. 2014. Actu. 285 ; AJ pénal 2014. 302, obs. Lasserre Capdeville ; RTD com. 2014. 437, obs. Bouloc ; RSC 2014. 71, obs. Mascala ; JCP E 2014, n° 1136 ; RJDA 2014, n° 484 ; RLDA 2014. 38, obs. Reverdy ; Dr. pénal 2014, n° 42, obs. J.-H. Robert.* ♦ … Et ce, alors que la mauvaise foi du distributeur se déduit d'un défaut de vérification du produit, notamment de sa conformité aux règles en vigueur en matière de santé publique (peu important que, compte tenu de leur emplacement à l'intérieur des paquets, la société ne pouvait avoir connaissance des mentions critiquées). • Crim. 21 janv. 2014 : *Bull. crim. n° 19; D. 2014. Actu. 546 ; AJ pénal 2014. 361, obs. Lasserre Capdeville ; RJDA 2014, n° 484; RLDA avr. 2014. 41, obs. Reverdy.*

3. La représentation photographique d'un paquet de cigarettes est illicite dès lors qu'elle est accompagnée d'une mention en langue étrangère et de sa traduction « léger, c'est léger » ou « voici le paquet rigide ». • Crim. 29 juin 1994 : *JCP 1994. IV. 2254; JCP E 1994. Pan. 1243.*

4. Est condamné sous astreinte à cesser la diffusion des annonces incriminées le fabricant de cigarettes qui avait diffusé dans la presse la photographie de trois biscuits accompagnée d'un texte relativisant les statistiques de risques pour la santé de certaines habitudes de consommation comme l'exposition à la fumée du tabac et la consommation d'un biscuit. Il accréditait ainsi l'idée que la consommation d'un biscuit par jour est plus nocive que l'inhalation passive de tabac. • Paris, 24 sept. 1996 : *D. 1997. Somm. 235, obs. Izorche ; Gaz. Pal. 1997. 1. Somm. 275, note Vray* (confirmation de : • TGI Paris, 2 juill. 1996 : *CCC 1997, n° 71, obs. Raymond*).

5. Publicité indirecte. Toute utilisation publique d'une marque de cigarettes, quelle qu'en soit la finalité, constitue une publicité en faveur du tabac. • Crim. 29 juin 1999 : *Bull. crim. n° 165; D. 1999. IR 218 ; D. Affaires 1999. 1357, obs. C. R.; JCP 2000. I. 207, obs. J.-H. Robert; Dr. pénal 1999, n° 143, obs. J.-H. Robert; Gaz. Pal. 22-23 mars 2000, p. 36, note Hazan.* – Cassation partielle de : • Paris, 12 févr. 1998 : *RSC 1998. 561, note Fourgoux ; D. 1998. IR 104 ; D. Affaires 1998. 659, note C. R.; Dr. pénal 1998, n° 87, note J.-H. Robert; Gaz. Pal. 25-26 nov. 1998, p. 34.* ♦ Pour une publicité constituée par des annonces faites sur une plate-forme de commerce en ligne proposant la vente de produits du tabac à des prix particulièrement attractifs et reprenant les logos des marques de cigarettes, V. • Paris, 24 févr. 2010 : *CCE 2010, n° 62, obs. Debet.* ♦ Le seul fait de montrer des personnes dans une émission en train de fumer ne constitue pas une publicité prohibée en faveur du tabac. • Crim. 21 févr. 2017, n° 15-87.688 P : *Dalloz actualité, 15 mars 2017, obs. Benelli-de Bénazé; D. 2017. Actu. 510 ; JCP 2017, n° 340, obs. Brignant; Dr. pénal 2017, n° 58, obs. J.-H. Robert.*

6. Est illicite l'apparition sur les écrans d'une marque de tabac apposée sur les véhicules à l'occasion de la retransmission télévisée d'un rallye automobile qui s'est déroulé sur le territoire national. • Crim. 11 avr. 1996 : *Bull. crim. n° 159; RTD com. 1997. 157, obs. Bouloc ; Gaz. Pal. 1996. 2. Chron. 131, par Doucet.* ♦ Est une publicité illicite relevant des dispositions de l'art. L. 3511-3 [L. 3512-4] CSP la parution dans un journal de sport automobile de reportages sur des compétitions de sports mécaniques illustrés par les photographies de véhicules et de leurs pilotes sur lesquelles apparaissent les noms des marques de cigarettes sponsorisant les différentes écuries. • Crim. 18 mars 2003 : *Bull. crim. n° 72; JCP 2003. IV. 1909; Dr. pénal 2003, n° 78, obs. J.-H. Robert.* ♦ ... De même que la publication dans un magazine mensuel d'une photographie pleine page montrant le vainqueur d'une compétition sportive présentant sur le revers de son épaule le nom de son sponsor, le fabricant de cigarettes Marlboro, ainsi que le bras du coureur arrivé deuxième, sur lequel est lisible la mention d'une autre marque de cigarettes. • Paris, 26 janv. 2004 : *BICC 1er juin 2004, n° 898; Gaz. Pal. 2004. Somm. 1397.* ♦ Comp., jugeant qu'au-delà du peu de mise en valeur de la mention incriminée, il apparaît que la volonté du journal est avant tout d'informer sur un événement sportif et qu'aucun éléments du texte en marge duquel est inséré cette photographie ne comporte d'incitation, fut-elle indirecte, à l'usage du tabac, le message « GO ! ! ! », fut-il inscrit dans des tons analogues à ceux du paquet de marque « Gauloise », apparaissant par trop subliminal et n'atteignant pas le seuil de la sensation. • Versailles, 13 oct. 2009 : *LPA 27 mai 2010, note Berland-Basnier.*

7. La publication, dans le cadre d'un reportage sur l'argent des sportifs, de photographies d'un pilote automobile et de sa voiture sur lesquelles apparaissent le nom d'une marque de cigarettes sponsorisant son écurie, ainsi que celle d'un photomontage satirique représentant deux paquets de cigarettes de la marque, avec une légende tournant en dérision les mentions légales d'informations sanitaires inscrites sur les paquets de cigarettes, constitue le délit de publicité indirecte en faveur du tabac. • Crim. 11 janv. 2005 : *Bull. crim. n° 13; Dr. pénal 2005, n° 47, obs. J.-H. Robert; CCE 2005, n° 122, note A. Lepage*, rejetant le pourvoi contre • Paris, 27 janv. 2004 : *Gaz. Pal. 2004. Somm. 1398.*

8. Toute diffusion d'objets participant à la promotion du tabac ou des produits du tabac pour inciter à l'achat, constitue, quel qu'en soit l'auteur, une publicité ou une propagande interdite. Il en est ainsi pour la commercialisation de briquets rappelant une marque de cigarettes connue. • Crim. 26 mars 1997 : *Bull. crim. n° 125; D. Affaires 1997. 857; D. 1997. IR 163 ; RTD com. 1997. 697, obs. Bouloc ; JCP 1997. IV. 1794; RJDA 1997, n° 1283; Gaz. Pal. 1998. 1. 370.* ♦ C'est également le cas des cartes postales reproduisant des affiches ou œuvres exposées au Musée de la Seita sur lesquelles apparaît la célèbre Gitane sur fond de fumée de cigarette qui, même si elles présentent un indéniable caractère artistique et une certaine valeur marchande, constituent à l'évidence, compte tenu de leur sujet, une propagande ou une publicité indirecte en faveur du tabac. • TGI Paris, 6 janv. 1997 : *Gaz. Pal. 1998. 1. 372, note A. C.*

9. Constitue une publicité illicite en faveur du tabac le fait de distribuer des pochettes d'emballage revêtues des nom et marque de cigarettes, dès lors qu'elles servent non à la consommation mais au transport du tabac. • Crim. 31 janv. 1996 : *CCC 1996, n° 194, obs. Raymond; Gaz. Pal. 1996. 1. Chron. 75, par Doucet.*

10. L'élément matériel du délit de complicité de publicité indirecte en faveur du tabac est réalisé dès lors que des annonceurs ont fait une campagne publicitaire en faveur de vêtements qui rappelle, par la calligraphie de la marque, un produit du tabac et l'élément intentionnel résulte de la participation des prévenus à l'élaboration, à l'organisation et au financement d'une campagne publicitaire d'envergure destinée à maintenir la publicité en faveur de la marque de tabac. • Crim. 18 mars 2003 : *Bull. crim. n° 69; JCP 2003. IV. 1907.*

11. Mécénat interdit. Commet une publicité illicite en faveur du tabac le fabricant de tabac qui organise une exposition d'œuvres reproduisant sous différentes formes la Gitane créée par Max Ponty et portant en plus ou moins gros caractères le mot « Gitane » car elle constitue, au-delà de l'aspect artistique, une incontestable promotion en faveur d'un produit du tabac. En outre, les comptes rendus médiatiques ne laissant aucun doute sur le but recherché par la Seita qui a sciemment dépassé le cadre d'une opération de mécénat pour se livrer à une opération publicitaire pour la Gitane, les éléments tant matériel qu'intentionnel sont caractérisés. • Crim. 4 mai 1999 : *RJDA 1999, n° 735.* ♦ Se rendent encore coupables de publicité illicite en faveur du tabac les dirigeants de l'association « Prix scientifique Philip Morris » qui ont organisé la remise d'un prix récompensant un projet scientifique dans le domaine de la recherche appliquée. La cour d'appel méconnaît les art. L. 355-25 et L. 355-26 CSP (devenus art. L. 3512-4 et L. 3512-5) lorsqu'elle relève que la publicité a pour finalité de faire connaître l'existence d'un produit à des clients potentiels dans une perspective commerciale, et retient que le prix scientifique créé par le fabricant fait l'objet d'une promotion limitée à la communauté scientifique et de communications de presse limitées à des journalistes libres de ne pas les transmettre au public. • Crim. 29 juin 1999 : *préc. note 5.* ♦ Cassation partielle de : • Paris, 12 févr. 1998 : *préc. note 5.*

12. Cadeaux publicitaires. Il résulte de l'art. L. 3511-3 [L. 3512-4] CSP que sont prohibées toute forme de communication commerciale, quel qu'en soit le support, et toute diffusion d'objets ayant pour but ou pour effet de promouvoir le tabac ou un produit du tabac; il est indifférent à cet égard que le cadeau soit proposé postérieurement à l'acte d'achat et il n'est pas nécessaire qu'il ait un rapport de corrélation avec le paquet de cigarettes. • Crim. 20 nov. 2012 : *Bull. crim. n° 252; Dalloz actualité, 10 janv. 2013, obs. Winckelmuller; D. 2013. Actu. 20; AJ pénal 2013. 158, note Lasserre Capdeville; RTD com. 2013. 366, obs. Bouloc; RSC 2013. 86, obs. Mascala; RJDA 2013, n° 269; Dr. pénal 2013, n° 17, obs. J.-H. Robert; CCE 2013, n° 33, obs. Lepage; Dr. et proc. févr. 2013, Cah. dr. consom., p. 12, obs. Gavalda-Moulenat.* ♦ Constitue une publicité toute action tendant à promouvoir la vente d'un produit, peu important qu'elle ne touche que quelques consommateurs. Caractérise ainsi une publicité prohibée en faveur du tabac le fait d'insérer dans chaque paquet de cigarettes une affiche en carton incitant le consommateur à acheter des cigarettes pour obtenir une montre à un prix dérisoire. En effet, l'acquisition d'un grand nombre de paquets de cigarettes incitait nécessairement à fumer davantage, et d'autres personnes que les fumeurs réguliers ayant connaissance de cette offre étaient amenées à acquérir des paquets de cigarettes, et donc à fumer. • Paris, 9 avr. 1999 : *CCC 2000, n° 35, obs. Raymond.*

13. Constitue un acte de publicité illicite en faveur du tabac l'insertion, dans des paquets de cigarettes, d'affichettes permettant d'obtenir des cadeaux par collection. En effet, il s'agit d'une opération destinée à encourager la consommation et à promouvoir une marque de cigarettes, particulièrement incitative et visant un public jeune. Enfin dans la mesure où les affichettes figurent dans les paquets de cigarettes, il n'est pas possible de considérer que la publicité a été faite à l'intérieur du débit de tabac. • Paris, 16 oct. 1997 : *JCP 1998. IV. 1569.*

14. Constitue une publicité interdite en faveur du tabac une opération de communication destinée à promouvoir une marque de cigarettes, consistant à inclure dans des paquets de cigarettes des affichettes permettant d'obtenir gratuitement des cadeaux en contrepartie d'un nombre d'achats important de paquets. • Paris, 22 mai 1997 : *CCC 1998, n° 32, obs. Raymond.*

15. Constitue une véritable publicité directe en faveur du tabac l'offre de cadeaux publicitaires, en contrepartie de l'achat de paquets de cigarettes, même s'ils ne portent pas le logo de la marque, puisqu'ils incitent le consommateur à dépenser davantage en faveur de cette marque. Le fait que cette opération se soit déroulée à l'intérieur d'un débit de tabac n'est cependant pas exonératoire, dans la mesure où l'exception prévue à l'art. L. 355-25 CSP (devenu art. L. 3512-4) concerne l'admission des affichettes à l'intérieur des bureaux de tabac. • Paris, 25 nov. 1997 : *D. Affaires 1998. 238, note E. P.*

16. Constitue encore une véritable publicité directe en faveur du tabac la campagne publicitaire menée par les prévenus, consistant à insérer, à l'intérieur du paquet de cigarettes, un ticket permettant d'obtenir un cadeau, ce qui a pour but et pour effet d'encourager à la consommation du tabac. En outre, malgré les précautions prises pour ne pas faire apparaître le nom de la marque sur les tickets points, les prévenus n'ont cherché qu'à déguiser l'illicéité de la publicité en reprenant les couleurs des cigarettes sur les tickets pour mieux lier, dans l'esprit du consommateur, la marque et le produit publicitaire. • Paris, 7 févr. 2000 : *CCC 2000, n° 170, obs. Raymond.* ♦ Pour un rejet du pourvoi contre cet arrêt, V. • Crim. 20 févr. 2001 : *Dr. pénal 2001, n° 132, obs. J.-H. Robert.*

17. Campagne publicitaire autorisée. Ne constitue pas une publicité interdite en faveur du tabac la campagne organisée au bénéfice de la Seita, dans le cadre de sa privatisation, fondée sur cinq images représentant dans différents journaux des papillons, une « carotte » d'enseigne de débit de tabac, une « éprouvette » contenant des feuilles de tabac, un « calumet » de la paix, dans la mesure où elle n'avait pas pour but de promouvoir un produit du tabac. • Paris, 29 janv. 1998 : *Gaz. Pal. 1998. 1. 370.*

18. Responsabilité pénale. Le dirigeant d'une société française (Philip Morris France) n'est pas responsable d'un ordre de publicité illicite émanant d'une société étrangère (Philip Morris Holland), quand bien même la société qu'il dirige aurait tiré profit de ladite publicité. • Crim. 19 janv. 1994 : *RTD com. 1994. 802, obs. Bouzat.*

Peut être condamné comme auteur principal du délit de publicité illicite en faveur du tabac le directeur de publication d'un journal qui a concouru personnellement à la réalisation de l'infraction dès lors que, sans son intervention, la publicité litigieuse, qu'il ne pouvait ignorer en raison de son importance, n'aurait pas été publiée. • Crim. 14 juin 1995 : *D. 1997. Somm. 74.*

L'art. 117 de la loi du 24 juill. 1966 [C. com., art. L. 225-56] affirmant que les directeurs généraux disposent à l'égard des tiers des mêmes pouvoirs que le président, les juges du fond étaient fondés à déclarer le directeur général d'une société de cigarettes, coupable de complicité de publicité illicite en faveur du tabac, à propos d'une opération consistant à proposer des cadeaux en contrepartie de preuves d'achat figurant dans les paquets de cigarettes, dans la mesure où il a agit sciemment. • Crim. 6 mai 1998 : *Dr. pénal 1998, n° 147, note J.-H. Robert; JCP E 1999. 36, note J.-H. Robert.*

Doit être condamné pour publicité illicite en faveur du tabac, à propos de remise d'albums photographiques lors de ventes de cigarettes, le prévenu qui est responsable de plein droit de l'infraction en sa qualité de dirigeant de la personne morale, dès lors qu'il n'a pas invoqué de délégation de pouvoirs. • Crim. 28 oct. 1998 : *Bull. crim. n° 281; RTD com. 1999. 527, obs. Bouloc; BRDA 1999, n° 4, p. 11.* ♦ Les dirigeants et le représentant du bureau français d'une société de tabac peuvent être condamnés pour le délit de publicité en faveur de produits dérivés d'une marque de cigarettes bien qu'ils ne soient ni annonceurs, ni diffuseurs dès lors qu'ils ont approuvé la stratégie de diversification et de promotion des produits bénéficiaires de cette marque et qu'ils y ont contribué. • Crim. 18 mars 2003 : *Bull. crim. n° 69; JCP 2003. IV. 1908.* ♦ La mauvaise foi du distributeur se déduit d'un défaut de vérification du produit, notamment de sa conformité aux règles en vigueur en matière de santé publique, y compris lorsque les mentions critiquées se trouvent à l'intérieur de l'emballage. • Crim. 21 janv. 2014 : *Dalloz actualité, 7 mars 2014, obs. Anane; D. 2014. Actu. 546.*

19. Convention européenne des droits de l'homme. Les dispositions réglementant la publicité en faveur du tabac n'ont pas à être exclues du champ d'application de l'art. 10 Conv. EDH, dès lors qu'elles constituent, au sens du paragraphe 2, une mesure nécessaire à la protection de la santé, justifiant une restriction à la liberté d'expression. • Crim. 19 nov. 1997 : *Bull. crim. n° 393; D. 1998. 613, note Galloux; ibid. 2000. Chron. 26, par Boutet; Gaz. Pal. 1998. 1. Chron. 36, par Doucet.*

La condamnation du directeur de la publication d'un magazine pour publicité illicite en faveur du tabac, alors qu'est permise la retransmission télévisée de compétitions de sports mécaniques se déroulant dans des pays où la publicité pour le tabac est autorisée, ne constitue pas une discrimination au sens de l'art. 14 Conv. EDH entre la presse écrite et la presse audiovisuelle. • Paris, 26 janv. 2004 : *préc. note 6* • Crim. 19 juin 2007 : *Bull. crim. n° 170; RTD com. 2008. 201, obs. Bouloc; JCP 2007. IV. 2646; Gaz. Pal. 2007. 3451, obs. M. B.; Dr. pénal 2008. Chron. 4, n° 37, par Lepage; RLC avr.-juin 2008. 102, obs. Arcelin-Lécuyer.* – Dans le même sens : • CEDH, 5 mars 2009 : *RSC 2009. 668, obs. Roets; Gaz. Pal. 2009. 2204, obs. Vuaillat; CCE 2009. Chron. 9, n° 1, par Rizzio; Dr. pénal 2009, n° 80, obs. J.-H. Robert; Lettre distrib. mars 2009, p. 3 (2 arrêts).*

20. Droit communautaire. La réglementation française de la publicité indirecte en faveur du tabac, s'appliquant aussi bien aux produits nationaux qu'aux tabacs en provenance d'autres États membres, ne constitue pas une mesure d'effet équivalent au sens de l'art. 28 du traité CE (actuel art. 34 TFUE). • Crim. 10 avr. 1997 : *Bull. crim. n° 140; Dr. pénal 1997, n° 115, obs. J.-H. Robert.* ♦ En effet, les dispositions nationales n'instituent pas de discrimination arbitraire ou de restriction déguisée et l'objectif de protection de la santé publique poursuivi par la législation interne ne peut être atteint par des mesures moins contraignantes. • Crim. 18 mars 2003 : *préc. note 10.*

21. Prix minimal. En adoptant et en maintenant en vigueur un système de prix minimal pour la vente au détail des cigarettes mises à la consommation en France de même qu'une interdiction de vendre des produits du tabac « à un prix de nature promotionnelle contraire aux objectifs de santé publique », la France a manqué aux obligations qui lui incombent en vertu de l'art. 9, § 1, de la Dir. 95/59/CE du 27 nov. 1995, concernant les impôts autres que les taxes sur le chiffre d'affaires frappant la consommation des tabacs manufacturés, telle que modifiée par la Dir. 2002/10/CE du 12 févr. 2002. • CJUE 4 mars 2010 : *AJDA 2010. 943, obs. Aubert, Broussy et Donnat ; blogdalloz, 13 avr. 2010, note Berr ; JCP 2010, n° 328, obs. F. Picod ; Europe 2010, n° 164, obs. Mosbrucker ; JDI 2010. 595, obs. Berr.* ♦ Sur l'abrogation du Décr. n° 2004-975 du 13 sept. 2004 pris pour l'application du 1er al. de l'art. 572 CGI, du Décr. n° 2006-468 du 24 avr. 2006 portant modalités et conditions d'application du 1er al. de l'art. L. 3511-3 [L. 3512-4] CSP s'agissant des tabacs fine coupe destinés à rouler les cigarettes, de l'Arr. du 20 févr. 2006 fixant le prix de détail des cigarettes exprimé en 1 000 unités en dessous duquel le prix de ces produits ne peut être homologué et de l'Arr. du 24 avr. 2006 fixant le prix de détail des tabacs fine coupe destinés à rouler les cigarettes exprimé aux 1 000 grammes en dessous duquel le prix de ces produits est considéré comme promotionnel, V. Décr. n° 2010-446 du 3 mai 2010 et Arr. du 3 mai 2010 (JO 4 mai).

Art. L. 3512-5 *(Ord. n° 2016-623 du 19 mai 2016, art. 1er)* **Est considérée comme propagande ou publicité indirecte la propagande ou la publicité en faveur d'un organisme, d'un service, d'une activité, d'un produit ou d'un article autre que le tabac, un produit du tabac ou un ingrédient défini à l'article L. 3512-2 lorsque, par son graphisme, sa présentation, l'utilisation d'une marque, d'un emblème publicitaire ou un autre signe distinctif, elle rappelle le tabac, un produit du tabac ou un ingrédient défini à l'article L. 3512-2.**

Toutefois, ces dispositions ne sont pas applicables à la propagande ou à la publicité en faveur d'un produit autre que le tabac, un produit du tabac ou un ingrédient défini à l'article L. 3512-2 qui a été mis sur le marché avant le 1er janvier 1990 par une entreprise juridiquement et financièrement distincte de toute entreprise qui fabrique, importe ou commercialise du tabac*[,]* **un produit du tabac ou un ingrédient défini à l'article L. 3512-2. La création d'un lien juridique ou financier entre ces entreprises rend caduque cette dérogation.**

A. PUBLICITÉ INDIRECTE

1. Constitue le délit de publicité indirecte en faveur du tabac, au sens de l'art. L. 355-26 (devenu art. L. 3512-5) CSP, l'organisation d'un jeu de loterie gratuit par l'exploitant d'une marque de cigarettes, dès lors que ce jeu incite les candidats à consulter, voire à acheter, les paquets de cigarettes de cette marque, sur lesquels figurent les réponses aux questions posées. • Crim. 17 janv. 1996 : *Bull. crim. n° 32 ; D. Affaires 1996. 550 ; Gaz. Pal 1996. 1. Chron. 75, par Doucet.*

2. En reproduisant, fût-ce incidemment, le nom et certains éléments figuratifs d'une marque de cigarettes connue, un document publicitaire participe nécessairement à la promotion du produit, constitutive d'une publicité indirecte en faveur du tabac. • Crim. 11 févr. 1998 : *Bull. crim. n° 58 ; RSC 1998. 563, obs. Fourgoux ; D. Affaires 1998. 794, obs. C. R.*

3. Des motifs sérigraphiés sur des tee-shirts évoquant incontestablement dans l'esprit du consommateur moyen, eu égard au choix retenu pour les couleurs, le graphisme et certains éléments du décor, les paquets de cigarettes des marques commercialisées à la même époque par les sociétés du groupe tabacole, la diffusion de tee-shirts, revêtus de logos rappelant le tabac ou un produit du tabac, constitue une publicité indirecte en faveur du tabac, et justifie le refus d'une société devant confectionner lesdits tee-shirts de donner suite à une commande dont l'exécution l'aurait exposée à enfreindre la législation applicable. • Versailles, 15 nov. 1999 : *D. 2000. AJ 28, obs. C. R.*

4. L'usage d'une marque qui rappelle le tabac interdit de l'utiliser pour quelque activité que ce soit à des fins publicitaires ; en l'espèce le fait d'utiliser une marque de cigarettes mondialement connue pour désigner une activité d'agence de voyages constitue une publicité illicite en faveur du tabac. • Com. 25 avr. 2001 : *CCC 2001, n° 146, obs. Raymond.*

5. Conformément à l'art. 339 de la loi n° 92-1336 d'adaptation du 16 déc. 1992 (devenu CSP, art. L. 3512-5), l'élément moral du délit de publicité indirecte en faveur du tabac est caractérisé par la négligence de son auteur. Celle-ci doit être retenue lorsque le prévenu, professionnel de la vente par correspondance, amené à conduire de nombreuses opérations publicitaires, n'a pas vérifié la licéité de la publicité dont il assure la diffusion. • Crim. 11 févr. 1998 : *préc. note 2.*

B. DÉROGATION

6. Produit autre que le tabac. Des pochettes d'emballage comportant l'indication du nom et de la marque de cigarettes reproduisent le nom et la marque mêmes d'un produit du tabac et ne relèvent donc pas de l'exception prévue par l'art. 4, al. 2, de la loi du 9 juill. 1976 (CSP, art. L. 3512-5, al. 2). • Crim. 31 janv. 1996 : *CCC 1996, n° 194, obs. Raymond; Gaz. Pal. 1996. 1. Chron. 75, par Doucet.*

7. Une activité d'agence de voyages, qui constitue un service, ne saurait bénéficier de la dérogation prévue à l'alinéa 2 du texte, qui ne concerne que la propagande ou la publicité en faveur d'un produit. • Com. 25 avr. 2001 : *préc. note 4.*

8. Entreprise distincte. Il résulte de l'art. L. 355-26, al. 2, CSP (devenu art. L. 3512-5) que la dérogation au régime de la publicité indirecte en faveur du tabac est exclue pour les produits commercialisés, même avant le 1er janv. 1990, par les entreprises qui, sans constituer juridiquement et financièrement une entité avec celle qui fabrique, importe ou commercialise du tabac ou un produit du tabac, se rattachent à cette dernière par un lien juridique ou financier, fût-il indirect ou occasionnel. • Crim. 10 avr. 1997 : *Bull. crim. n° 140; D. Affaires 1997. 1001; Dr. pénal 1997, n° 115, obs. J.-H. Robert.* ♦ V. aussi : • Paris, 29 oct. 1998 : *D. Affaires 1999. 288, obs. C. R.* ♦ Sur les liens entre la société propriétaire d'une marque de tabac et celle utilisant cette marque comme enseigne d'un magasin de vêtements, V. • Paris, 8 janv. 2008 : *CCC 2008, n° 141, obs. Raymond.*

9. Le lien né d'un contrat de licence de marque avec une entreprise commercialisant un produit du tabac est de nature, quelle que soit sa date, à mettre obstacle à la dérogation prévue par l'art. L. 355-26, al. 2 (devenu art. L. 3512-5). • Crim. 7 mars 2006 : *JCP 2006. I. 159, n° 18, obs. Robert; CCC 2006, n° 150, obs. Raymond; Dr. pénal 2006, n° 72, obs. J.-H. Robert* • 22 janv. 1997 : *Bull. crim. n° 29; D. Affaires 1997. 341; D. 1997. IR 65; RDSS 1997. 541, note J.-S. Cayla; LPA 17 févr. 1997, note Gras.* ♦ V. sur pourvoi contre l'arrêt de renvoi, dans le sens de l'exclusion de la dérogation prévue à l'art. L. 355-26, al. 2 (devenu art. L. 3512-5), dès lors qu'existe un lien juridique et financier entre l'annonceur et le fabricant de cigarettes : • Crim. 29 juin 1999 : *Bull. crim. n° 164; D. 1999. IR 222; JCP 2000. I. 207, obs. J.-H. Robert; Dr. pénal 1999, n° 143, obs. J.-H. Robert* • 18 mars 2003 : *Bull. crim. n° 69; JCP 2003. IV. 1907.*

10. Exception culturelle. Sur l'examen des œuvres artistiques et culturelles au prisme de la loi Évin, V. • TA Montpellier, 6 avr. 2012 : *AJDA 2012. 1841, note Lantero.* – V. aussi Circ. DGS/MC2/2012/136 du 28 mars 2012.

Art. L. 3512-6 *(Ord. n° 2016-623 du 19 mai 2016, art. 1er)* **La retransmission des compétitions de sport mécanique, contenant de la publicité directe ou indirecte en faveur des produits mentionnés à l'article L. 3512-5 et qui se déroulent dans des pays où la publicité pour le tabac est autorisée, peut être assurée par les chaînes de télévision.**

Sport mécanique. L'exception de retransmission des compétitions de sport mécanique de l'art. L. 3511-5 [L. 3512-6] CSP se limite à la possibilité de diffuser ces compétitions, pour satisfaire aux nécessités de l'information, en temps réel ou dans des situations proches de celui-ci, sans s'étendre aux rediffusions d'images intervenant plusieurs heures ou plusieurs jours après l'épreuve. • Crim. 14 mai 2008 : *Bull. crim. n° 118; RTD com. 2009. 222, obs. Bouloc; AJ pénal 2008. 377, obs. M.-E. C.; RSC 2009. 384, obs. Mascala; JCP 2009. I. 144, n° 7, obs. Courtinat; LPA 20 janv. 2009, obs. Rizzo; Gaz. Pal. 2008. 4224, obs. Viriot-Barrial; RJDA 2008, n° 1192; Dr. pénal 2008, n° 114, obs. J.-H. Robert; Lettre distrib. sept. 2008, p. 2.*

....

Art. L. 3512-8 *(Ord. n° 2016-623 du 19 mai 2016, art. 1er)* **Il est interdit de fumer dans les lieux affectés à un usage collectif, notamment scolaire, et dans les moyens de transport collectif, sauf dans les emplacements expressément réservés aux fumeurs.**

1. Lieu fermé et couvert. La terrasse d'un établissement accueillant du public ne constitue pas un lieu fermé et couvert où s'impose l'interdiction totale de fumer, dès lors que, close des trois côtés, elle n'a ni toit ni auvent, ou bien si, disposant d'un toit ou auvent, elle est intégralement ouverte en façade frontale. • Civ. 2e, 13 juin 2013 : *Bull. civ. II, n° 124; Dalloz actualité, 26 juin 2013, obs. Bertignac; D. 2013. Actu. 1554, obs. Fontana.* ♦ *La terrasse d'un café, librement accessible* à l'usage collectif des consommateurs et du personnel de l'établissement, mais également fermée par ses trois côtés principaux, et munie seulement d'une aération partielle sous toiture, constitue un lieu fermé et couvert accueillant du public et un lieu de travail. • Même arrêt.

2. Emplacements réservés. Dès lors que la loi n'a pas imposé que soit dans tous les cas laissée aux fumeurs la possibilité de disposer d'emplacements réservés, mais a seulement permis, le cas échéant, la création de tels emplacements, il appartient au premier ministre d'en interdire l'aménagement dans certains de ces lieux, dès lors que cette interdiction est justifiée par la protection de la santé publique et est proportionnée à l'objectif poursuivi. Il en va ainsi d'une telle interdiction dans les collèges et lycées afin d'assurer une protection particulière des jeunes contre le risque tabagique. • CE 19 mars 2007 : *RFDA*

2007. 770, concl. Derepas ; JCP 2007. IV. 1872 ; Gaz. Pal. 2007. 2793.

3. Perte de chiffre d'affaires. Les dispositions, prises en vue de protéger la santé publique, qui ont posé le principe d'une interdiction générale de fumer dans les lieux à usage collectif, réservant la possibilité d'emplacements dédiés aux fumeurs, ne conduisent pas à l'interdiction générale et absolue de la vente de cendriers publicitaires. Par suite, les exploitants d'un établissement fabriquant ce type d'objet n'établissent pas que la baisse de leur chiffre d'affaires et la dépréciation de leur fonds de commerce, dont ils demandent réparation, seraient directement liées à l'entrée en vigueur de la législation relative à l'interdiction de fumer. • CAA Versailles, 26 juin 2012 : *req. n° 11VE02892.*

4. Cigarette électronique. La cigarette électronique ne saurait être assimilée à une cigarette traditionnelle et le liquide, mélangé à l'air, est diffusé sous forme de vapeur, de telle sorte que l'art. L. 3511-7 [L. 3512-8] n'est pas applicable. • Crim. 26 nov. 2014, n° 14-81.888 : *Gaz. Pal. 2015. 520, obs. Detraz ; Dr. pénal 2015, n° 21, obs. J.-H. Robert.* ♦ V. désormais art. L. 3513-6 CSP.

Art. L. 3512-9 *(Ord. n° 2016-623 du 19 mai 2016, art. 1er)* **Il est interdit à tous les occupants d'un véhicule de fumer en présence d'un enfant de moins de dix-huit ans.**

....

Art. R. 3512-2 *(Décr. n° 2016-1117 du 11 août 2016, art. 1er)* **L'interdiction de fumer dans les lieux affectés à un usage collectif mentionnée à l'article L. 3512-8 s'applique :**

1° Dans tous les lieux fermés et couverts qui accueillent du public ou qui constituent des lieux de travail ;

2° Dans les moyens de transport collectif ;

3° Dans les espaces non couverts des écoles, collèges et lycées publics et privés, ainsi que des établissements destinés à l'accueil, à la formation ou à l'hébergement des mineurs ;

4° Dans les aires collectives de jeux telles que définies par le décret n° 96-1136 du 18 décembre 1996 fixant les prescriptions de sécurité relatives aux aires collectives de jeux *[V. v° Jouets, divertissements]*.

Art. R. 3512-3 *(Décr. n° 2016-1117 du 11 août 2016, art. 1er)* **L'interdiction de fumer ne s'applique pas dans les emplacements mis à la disposition des fumeurs au sein des lieux mentionnés à l'article R. 3512-2 et créés, le cas échéant, par la personne ou l'organisme responsable des lieux.**

Ces emplacements ne peuvent pas être aménagés au sein des établissements d'enseignement publics et privés, des centres de formation des apprentis, des établissements destinés à ou régulièrement utilisés pour l'accueil, la formation, l'hébergement ou la pratique sportive des mineurs, des aires collectives de jeux et des établissements de santé.

Art. R. 3512-4 *(Décr. n° 2016-1117 du 11 août 2016, art. 1er)* **Les emplacements réservés mentionnés à l'article R. 3512-3 sont des salles closes, affectées à la consommation de tabac et dans lesquelles aucune prestation de service***[s]* **n'est délivrée. Aucune tâche d'entretien et de maintenance ne peut y être exécutée sans que l'air ait été renouvelé, en l'absence de tout occupant, pendant au moins une heure.**

Ces emplacements doivent :

1° Être équipés d'un dispositif d'extraction d'air par ventilation mécanique permettant un renouvellement d'air minimal de dix fois le volume de l'emplacement par heure. Ce dispositif est entièrement indépendant du système de ventilation ou de climatisation d'air du bâtiment. Le local est maintenu en dépression continue d'au moins cinq pascals par rapport aux pièces communicantes ;

2° *Être* **dotés de fermetures automatiques sans possibilité d'ouverture non intentionnelle ;**

3° Ne pas constituer un lieu de passage ;

4° Présenter une superficie au plus égale à 20 % de la superficie totale de l'établissement au sein duquel les emplacements sont aménagés sans que la superficie d'un emplacement puisse dépasser 35 mètres carrés.

Art. R. 3512-5 *(Décr. n° 2016-1117 du 11 août 2016, art. 1er)* **L'installateur ou la personne assurant la maintenance du dispositif de ventilation mécanique atteste que celui-ci permet de respecter les exigences mentionnées au 1° de l'article R. 3512-4.**

Le responsable de l'établissement est tenu de produire cette attestation à l'occasion de tout contrôle et de faire procéder à l'entretien régulier du dispositif.

....

Art. R. 3512-7 *(Décr. nº 2016-1117 du 11 août 2016, art. 1er)* Dans les lieux mentionnés à l'article R. 3512-2, une signalisation apparente rappelle le principe de l'interdiction de fumer. Un modèle de signalisation accompagné d'un message sanitaire de prévention est déterminé par arrêté du ministre chargé de la santé.

Le même arrêté fixe le modèle de l'avertissement sanitaire à apposer à l'entrée des espaces mentionnés à l'article R. 3512-3. *V. Arr. du 1er déc. 2010, infra.*

....

Art. R. 3512-9 *(Décr. nº 2016-1117 du 11 août 2016, art. 1er)* Les mineurs ne peuvent accéder aux emplacements mentionnés au premier alinéa de l'article R. 3512-3.

Modalités de vente

Art. L. 3512-10 *(Ord. nº 2016-623 du 19 mai 2016, art. 1er)* L'article L. 3335-1 *[zones protégées]* est applicable aux lieux de vente de tabac manufacturé, sans préjudice des droits acquis.

Par dérogation à l'article L. 3335-1 et sans préjudice des droits acquis, un débit de tabac ne peut être établi autour d'un établissement d'instruction publique, d'un établissement scolaire privé ou d'un établissement de formation ou de loisirs de la jeunesse à une distance inférieure à un seuil fixé par arrêté du représentant de l'État dans le département.

Art. L. 3512-11 *(Ord. nº 2016-623 du 19 mai 2016, art. 1er)* Est interdite la vente de produits du tabac en distributeurs automatiques.

Art. L. 3512-12 *(Ord. nº 2016-623 du 19 mai 2016, art. 1er)* Il est interdit de vendre ou d'offrir gratuitement, dans les débits de tabac et tous commerces ou lieux publics, à des mineurs de moins de dix-huit ans des produits du tabac définis à l'article L. 3512-1 ou des ingrédients définis à l'article L. 3512-2.

La personne qui délivre l'un de ces produits exige du client qu'il établisse la preuve de sa majorité. *— V. aussi CSP, art. D. 3512-9-1, infra.*

Art. L. 3512-13 *(Ord. nº 2016-623 du 19 mai 2016, art. 1er)* Sont interdites la fabrication, la vente, la distribution ou l'offre à titre gratuit des produits destinés à *[l']*usage oral, à l'exception de ceux qui sont destinés à être fumés ou chiqués, constitués totalement ou partiellement de tabac, sous forme de poudre, de particules fines ou toutes combinaisons de ces formes, notamment ceux qui sont présentés en sachets portions ou en sachets poreux, ou sous une forme évoquant une denrée comestible.

Art. L. 3512-14 *(Ord. nº 2016-623 du 19 mai 2016)* Sont interdites la vente, la distribution ou l'offre à titre gratuit de paquets de moins de vingt cigarettes et de paquets de plus de vingt *[cigarettes]* qui ne sont pas composés d'un nombre de cigarettes multiple de cinq ainsi que des contenants de moins de trente grammes de tabacs *[tabac]* fine coupe destinés à rouler des cigarettes, quel que soit leur conditionnement.

....

Art. D. 3512-9-1 *(Décr. nº 2016-1139 du 22 août 2016, art. 2)* Une affiche rappelant les dispositions de l'article L. 3512-12 est placée à la vue du public dans les établissements des débitants de tabac, des titulaires du statut d'acheteur-revendeur et des revendeurs, mentionnés au premier alinéa de l'article 568 du code général des impôts.

Le modèle de cette affiche est déterminé par arrêté conjoint du ministre chargé des douanes et des droits indirects et du ministre chargé de la santé. *V. Arr. du 22 août 2016, infra.*

Ingrédients et émissions

Art. L. 3512-15 *(Ord. nº 2016-623 du 19 mai 2016, art. 1er)* I. — Sont interdites la vente, la distribution ou l'offre à titre gratuit de cigarettes dont les teneurs maximales en goudron, en nicotine et en monoxyde de carbone des émissions sont supérieures à des teneurs fixées par arrêté du ministre chargé de la santé. *— V. Arr. du 22 août 2016, infra.*

II. — Cet arrêté *fixe en outre :*

1º Les méthodes d'analyse permettant de mesurer la teneur en goudron, en nicotine et en monoxyde de carbone des cigarettes ;

2º Les méthodes de vérification de l'exactitude des teneurs déclarées.

(Ord. nº 2016-1812 du 22 déc. 2016, art. 7) « III. — Les mesures des émissions mentionnées au I sont vérifiées par des laboratoires agréés par le ministre chargé de la santé, sur avis

d'un établissement public, désigné par arrêté du même ministre, qui évalue et contrôle les éléments relevant de son champ de compétence. Ces laboratoires n'appartiennent pas à l'industrie du tabac et ne sont pas contrôlés, directement ou indirectement, par celle-ci. »

Un décret prévoit les conditions d'agrément et de contrôle des laboratoires mentionnés ci-dessus. — *V. CSP, art. D. 3512-9-2 s.* — ***CSP.***

Art. L. 3512-16 *(Ord. nº 2016-623 du 19 mai 2016, art. 1er)* I. — Sont interdites la vente, la distribution ou l'offre à titre gratuit de cigarettes et de tabac à rouler :

1º Aromatisés ayant une odeur ou un goût clairement identifiable avant ou pendant la consommation, autre que ceux du tabac ;

2º Dont les filtres, le papier, les capsules, le conditionnement ou tout autre composant contiennent du tabac, de la nicotine ou des arômes ;

3º Contenant tout dispositif technique permettant de modifier l'odeur ou le goût des produits du tabac ou leur intensité de combustion ;

4º Contenant des vitamines ou d'autres additifs laissant entendre qu'un produit du tabac a des effets bénéfiques sur la santé ou que les risques qu'il présente pour la santé ont été réduits ;

5º Contenant de la caféine, de la taurine ou d'autres additifs et stimulants associés à l'énergie et à la vitalité ;

6º Contenant des additifs qui confèrent des propriétés colorantes aux émissions de fumée ;

7º Contenant des additifs qui facilitent l'inhalation ou l'absorption de nicotine ;

8º Contenant des additifs qui, sans combustion, ont des propriétés cancérogènes, mutagènes ou toxiques pour la reproduction humaine ;

9º Contenant des additifs dans des quantités qui augmentent, lors de la consommation, de manière significative ou mesurable, leurs effets toxiques ou l'effet de dépendance qu'ils engendrent.

II. — Les 4º à 6º et le 8º du I s'appliquent aux autres produits du tabac.

Le 7º du I s'applique aux autres produits du tabac à fumer.

Les 2º et 3º du I s'appliquent également aux papiers et aux filtres vendus, distribués ou offerts séparément.

III. — Le *(Ord. nº 2016-967 du 15 juill. 2016, art. 6)* « 1º du I » entre en vigueur le 20 mai 2020 pour les produits du tabac contenant un arôme clairement identifiable dont le volume des ventes représente, au sein de l'Union européenne, à la date du 20 mai 2016, 3 % ou plus d'une catégorie de produits du tabac déterminée.

Art. L. 3512-17 *(Ord. nº 2016-623 du 19 mai 2016, art. 1er)* I. — Avant la mise sur le marché de tout produit du tabac, les fabricants et importateurs de produits du tabac transmettent, par marque et par type, à l'établissement public désigné par arrêté la liste de tous les ingrédients utilisés dans la fabrication des produits du tabac et leurs émissions.

Cette déclaration comporte des informations portant notamment sur le statut des ingrédients au regard du règlement (CE) nº 1907/2006 du 18 décembre 2006 et du règlement (CE) nº 1272/2008 du 16 décembre 2008, les données toxicologiques et les effets sur la santé du produit, la raison de l'utilisation des ingrédients, ainsi qu'une description générale des additifs utilisés et leurs propriétés.

II. — Au plus tard dix-huit mois après qu'un additif a été inscrit sur la liste prioritaire établie par décision européenne mentionnée à l'article 6 de la directive 2014/40/UE, les fabricants et les importateurs soumettent les études approfondies qu'ils ont réalisées le concernant.

III. — Pour les nouveaux produits du tabac définis au troisième alinéa de l'article L. 3512-1, une notification complémentaire est transmise six mois avant la mise sur le marché. Cette notification comporte des études portant notamment sur la toxicité, les effets de dépendance, l'attractivité et le marché du produit.

Les dossiers de déclaration et de notification mentionnés à l'art. L. 3512-17 sont transmis au plus tard le 20 nov. 2016 pour les produits commercialisés avant le 20 mai 2016 (Ord. nº 2016-623 du 19 mai 2016, art. 6-I).

Art. L. 3512-18 *(Ord. nº 2016-623 du 19 mai 2016, art. 1er)* Les fabricants et importateurs de produits du tabac communiquent à l'établissement public désigné par arrêté les études internes et externes concernant le marché et les préférences des groupes de consommateurs en matière d'ingrédients et d'émissions et des synthèses d'études en vue du lance-

ment de nouveaux produits. Ils déclarent annuellement à cet établissement le volume de leurs ventes pour l'année écoulée, par marque et par type.

Toute première déclaration annuelle mentionnée à l'art. L. 3512-18 porte sur les données à partir du 1er janv. 2015 (Ord. nº 2016-623 du 19 mai 2016, art. 6-I).

Art. L. 3512-19 *(Ord. nº 2016-623 du 19 mai 2016, art. 1er)* **Toute déclaration** *(Ord. nº 2016-1812 du 22 déc. 2016, art. 7)* **« ou notification » mentionnée aux articles L. 3512-17 et L. 3512-18***[,]* **ou toute modification de** *(Ord. nº 2016-1812 du 22 déc. 2016, art. 7)* **« cette déclaration », donne lieu au versement par le fabricant ou l'importateur de produits du tabac, au profit de l'établissement public mentionné à l'article L. 3512-17, d'un droit pour la réception, le stockage, le traitement, l'analyse et la publication des informations, ainsi que pour la vérification des mesures visées à l'article L. 3512-16 et des études visées à l'article L. 3512-17.**

Le montant de ces droits est fixé par décret dans la limite de 7 600 €. *— V. CSP, art. D. 3512-16-1. —* **CSP.**

Ces droits sont recouvrés selon les modalités prévues pour le recouvrement des créances des établissements publics administratifs de l'État.

Caractéristiques des conditionnements

Art. L. 3512-20 *(Ord. nº 2016-623 du 19 mai 2016, art. 1er)* **Sans préjudice des dispositions de l'article 575 D du code général des impôts, les unités de conditionnement, les emballages extérieurs et les suremballages des cigarettes et du tabac à rouler, le papier à cigarette et le papier à rouler les cigarettes sont neutres et uniformisés.**

BIBL. ► ARHEL, *Propr. ind. 2011. Étude 19* (emballages neutres pour les produits du tabac : droit des marques et application des règles de l'OMC). - MENDOZA-CAMINADE, *ibid. 2015. Étude 2* (droit des marques et intérêt général : le déshabillage des paquets de cigarettes). - BINCTIN, *Propr. ind. 2016. Étude 8* (paquet neutre et propriété intellectuelle).

Art. L. 3512-21 *(Ord. nº 2016-623 du 19 mai 2016, art. 1er)* **I. — L'étiquetage des unités de conditionnement, tout emballage extérieur ainsi que le produit du tabac proprement dit ne peuvent comprendre aucun élément ou dispositif qui :**

1° Contribue à la promotion d'un produit du tabac ou incite à sa consommation en donnant une impression erronée quant aux caractéristiques, effets sur la santé, risques ou émissions de ce produit ;

2° Ressemble à un produit alimentaire ou cosmétique.

II. — Les éléments et dispositifs qui sont interdits en vertu du I comprennent notamment les messages, symboles, noms, marques commerciales, signes figuratifs ou autres.

Art. L. 3512-22 *(Ord. nº 2016-623 du 19 mai 2016, art. 1er)* **I. — Les unités de conditionnement et les emballages extérieurs portent, dans les conditions fixées par un arrêté du ministre chargé de la santé :**

1° Pour les produits du tabac à fumer :

***a)* Un avertissement sanitaire apposé deux fois, comportant notamment les informations relatives au sevrage tabagique, combiné avec une photographie ;**

(Ord. nº 2016-1812 du 22 déc. 2016, art. 7) **«** ***b)*** **Un avertissement général. Ce message est apposé deux fois lorsque ces produits sont conditionnés dans des boîtes pliantes à couvercle basculant ; »**

c) **Un message d'information.** *(Abrogé par Ord. nº 2016-1812 du 22 déc. 2016, art. 7)* ***« Ce message est apposé deux fois lorsque ces produits sont conditionnés dans des boîtes pliantes à couvercle basculant ; »*** *— V. CE 10 mai 2017, nº 401536 : JO 21 mai 2017.*

2° Pour les produits du tabac sans combustion, un avertissement sanitaire apposé deux fois.

II. — Les unités de conditionnement du papier à rouler les cigarettes portent, dans les conditions fixées par un arrêté du ministre chargé de la santé, un avertissement général et un avertissement comportant notamment les informations relatives au sevrage tabagique. *— V. 1er Arr. du 19 mai 2016, infra.*

....

Art. R. 3512-17 *(Décr. nº 2016-1117 du 11 août 2016, art. 1er)* **I. — Les unités de conditionnement et les emballages extérieurs des cigarettes et du tabac à rouler sont d'une seule nuance de couleur et peuvent comporter un code-barres.**

Ils peuvent faire apparaître une "marque de calibrage" résultant du seul processus de fabrication.

II. – Un arrêté du ministre chargé de la santé fixe la nuance de couleur ainsi que les caractéristiques du code-barres mentionnés au I.

Art. R. 3512-18 *(Décr. nº 2016-1117 du 11 août 2016, art. 1er)* I. – L'intérieur d'une unité de conditionnement et d'un emballage extérieur de cigarettes ou de tabac à rouler est d'une seule nuance de couleur. Le fabricant peut choisir entre deux nuances de couleur.

II. – Outre le produit du tabac, seul un revêtement faisant partie de l'emballage peut être contenu dans une unité de conditionnement.

III. – Un arrêté du ministre chargé de la santé fixe les nuances de couleur mentionnées au I ainsi que les caractéristiques du revêtement mentionné au II.

Art. R. 3512-19 *(Décr. nº 2016-1117 du 11 août 2016, art. 1er)* I. – Le suremballage de l'unité de conditionnement et de l'emballage extérieur de cigarettes ou de tabac à rouler est clair, transparent et non coloré.

II. – Le suremballage mentionné au I est dépourvu de tout marquage. Seuls peuvent y être apposés :

1° Un code-barres dont les caractéristiques sont fixées par arrêté du ministre chargé de la santé ;

2° Un carré ou un rectangle noir destiné à couvrir le code-barres figurant sur les unités de conditionnement incluses dans le suremballage.

III. – Le suremballage peut être doté d'une bandelette d'arrachage dont les caractéristiques sont définies par arrêté du ministre chargé de la santé.

Art. R. 3512-20 *(Décr. nº 2016-1117 du 11 août 2016, art. 1er)* I. – Sont interdits tous les procédés visant à porter atteinte à la neutralité et à l'uniformité des unités de conditionnement, emballages extérieurs ou suremballages, notamment ceux visant à leur conférer des caractéristiques auditives, olfactives ou visuelles spécifiques.

Un arrêté du ministre chargé de la santé établit une liste des principaux procédés interdits.

II. – Est également interdit à l'intérieur des unités de conditionnement, emballages extérieurs et suremballages tout encart ou élément, à l'exception, s'agissant du tabac à rouler, de papiers *[papier]* à rouler ou de filtres.

Art. R. 3512-21 *(Décr. nº 2016-1117 du 11 août 2016, art. 1er)* I. – Le papier à cigarettes, le papier à rouler les cigarettes et l'enveloppe du filtre sont d'une seule nuance de couleur. Le fabricant peut choisir, pour l'enveloppe du filtre, entre deux nuances de couleur.

II. – Un arrêté du ministre chargé de la santé fixe les nuances de couleur mentionnées au I.

....

Art. R. 3512-26 *(Décr. nº 2016-1117 du 11 août 2016, art. 1er)* I. – Outre les avertissements sanitaires prévus par l'article L. 3512-22, seules les mentions suivantes sont apposées de façon lisible et uniforme sur une unité de conditionnement ou un emballage extérieur de cigarettes ou de tabac à rouler :

1° Le nom de la marque ;

2° Le nom de la dénomination commerciale ;

3° Le nom, l'adresse postale, l'adresse électronique et le numéro de téléphone du fabricant ;

4° Le nombre de cigarettes contenues ou l'indication du poids en grammes du tabac à rouler contenu.

II. – Lorsque les unités de conditionnement ou emballages extérieurs de tabac à rouler contiennent également le papier à rouler ou les filtres, les mentions suivantes peuvent, le cas échéant, être ajoutées :

1° "contient le papier à rouler et les filtres" ;

2° "contient le papier à rouler" ;

3° "contient les filtres".

III. – Un arrêté du ministre chargé de la santé fixe l'emplacement des mentions autorisées au I et au II sur les unités de conditionnement ou emballages extérieurs ainsi que leurs caractéristiques.

Art. R. 3512-27 *(Décr. nº 2016-1117 du 11 août 2016, art. 1er)* **I. – Les noms de la marque et de la dénomination commerciale ne peuvent pas être apposés à l'intérieur de l'unité de conditionnement et de l'emballage extérieur des cigarettes ou du tabac à rouler.**

II. – Les coordonnées du fabricant peuvent figurer, dans des conditions définies par arrêté du ministre chargé de la santé, à l'intérieur de l'unité de conditionnement et de l'emballage extérieur, au lieu de figurer sur une surface extérieure.

Art. R. 3512-28 *(Décr. nº 2016-1117 du 11 août 2016, art. 1er)* **Les noms de la marque et de la dénomination commerciale peuvent être imprimés sur le papier à cigarette selon des modalités définies par arrêté du ministre chargé de la santé.**

Art. R. 3512-29 *(Décr. nº 2016-1117 du 11 août 2016, art. 1er)* **Les dispositions de l'article R. 541-12-17 et du IV de l'article R. 541-12-18 du code de l'environnement ne sont pas applicables aux conditionnements des cigarettes, du tabac à rouler et du papier à rouler les cigarettes.**

Art. R. 3512-30 *(Décr. nº 2016-1117 du 11 août 2016, art. 1er)* **Sont notamment considérés comme des éléments et dispositifs qui contribuent à la promotion d'un produit du tabac, au sens du 1° du I de l'article L. 3512-21, tous les messages, symboles, marques, dénominations commerciales, signes figuratifs ou autres qui :**

1° Suggèrent qu'un produit du tabac donné est moins nocif que d'autres, vise à réduire l'effet de certains composants nocifs de la fumée, présente des propriétés vitalisantes, énergisantes, curatives, rajeunissantes, naturelles, biologiques ou a des effets bénéfiques sur la santé ou le mode de vie, en termes de perte de poids, de pouvoir d'attraction sexuelle, de statut social, de vie sociale ou de qualités telles que la féminité, la masculinité ou l'élégance ;

2° Évoquent un goût, une odeur, tout arôme ou tout autre additif, ou l'absence de ceux-ci ;

3° Suggèrent qu'un produit du tabac donné est plus facilement biodégradable ou présente d'autres avantages pour l'environnement ;

4° Suggèrent des avantages économiques au moyen de bons imprimés, d'offres de réduction, de distribution gratuite, de promotion de type "deux pour le prix d'un" ou d'autres offres similaires.

Produits du vapotage

Dispositions communes

Art. L. 3513-1 *(Ord. nº 2016-623 du 19 mai 2016, art. 1er)* **Sont considérés comme produits du vapotage :**

1° Les dispositifs électroniques de vapotage, c'est-à-dire des produits, ou tout composant de ces produits, y compris les cartouches, les réservoirs et les dispositifs dépourvus de cartouche ou de réservoir, qui peuvent être utilisés, au moyen d'un embout buccal, pour la consommation de vapeur contenant le cas échéant de la nicotine. Les dispositifs électroniques de vapotage peuvent être jetables ou rechargeables au moyen d'un flacon de recharge et d'un réservoir ou au moyen de cartouches à usage unique ;

2° Les flacons de recharge, c'est-à-dire les récipients renfermant un liquide contenant le cas échéant de la nicotine, qui peuvent être utilisés pour recharger un dispositif électronique de vapotage.

Art. L. 3513-2 *(Ord. nº 2016-623 du 19 mai 2016, art. 1er)* **Ne constituent pas des produits du vapotage les produits qui sont des médicaments ou des dispositifs médicaux au sens des articles L. 5111-1 et L. 5211-1.**

Art. L. 3513-3 *(Ord. nº 2016-623 du 19 mai 2016, art. 1er)* **Est considéré comme ingrédient, un additif ainsi que toute autre substance ou tout autre élément présent dans un produit du vapotage.**

Art. L. 3513-4 *(Ord. nº 2016-623 du 19 mai 2016, art. 1er)* **La propagande ou la publicité, directe ou indirecte, en faveur des produits du vapotage est interdite.**

Ces dispositions ne s'appliquent pas :

1° Aux publications et services de communication en ligne édités par les organisations professionnelles de producteurs, fabricants et distributeurs des produits du vapotage, réservés à leurs adhérents, ni aux publications professionnelles spécialisées dont la liste

est établie par arrêté ministériel signé par les ministres chargés de la santé et de la communication ; ni aux services de communication en ligne édités à titre professionnel qui ne sont accessibles qu'aux professionnels de la production, de la fabrication et de la distribution des produits du vapotage ;

2° Aux publications imprimées et éditées et aux services de communication en ligne mis à disposition du public par des personnes établies dans un pays n'appartenant pas à l'Union européenne ou à l'Espace économique européen, lorsque ces publications et services de communication en ligne ne sont pas principalement destinés au marché communautaire ;

3° Aux affichettes relatives aux produits du vapotage, disposées à l'intérieur des établissements les commercialisant et non visibles de l'extérieur.

Toute opération de parrainage ou de mécénat est interdite lorsqu'elle a pour objet ou pour effet la propagande ou la publicité directe ou indirecte en faveur de produits du vapotage.

(Ord. nº 2016-1812 du 22 déc. 2016, art. 3) « Le 2° n'est pas applicable à Saint-Pierre-et-Miquelon et à Saint-Barthélemy. »

Art. L. 3513-5 *(Ord. nº 2016-623 du 19 mai 2016, art. 1er)* Il est interdit de vendre ou d'offrir gratuitement, dans les débits de tabac et tous commerces ou lieux publics, à des mineurs de moins de dix-huit ans des produits du vapotage.

La personne qui délivre l'un de ces produits exige du client qu'il établisse la preuve de sa majorité. — *V. aussi CSP, art. D. 3513-1, infra.*

(Ord. nº 2016-1812 du 22 déc. 2016, art. 3) « Pour l'application du présent article, dans les collectivités régies par l'article 73 de la Constitution, à Saint-Martin, à Saint-Barthélemy et à Saint-Pierre-et-Miquelon, les mots : "les débits de tabac et" sont supprimés. »

Art. L. 3513-6 *(Ord. nº 2016-623 du 19 mai 2016, art. 1er)* Il est interdit de vapoter dans :

1° Les établissements scolaires et les établissements destinés à l'accueil, à la formation et à l'hébergement des mineurs ;

2° Les moyens de transport collectif fermés ;

3° Les lieux de travail fermés et couverts à usage collectif. — *V. CSP, art. R. 3513-2 s. et R. 3515-7, infra.*

....

Art. D. 3513-1 *(Décr. nº 2016-1139 du 22 août 2016, art. 5)* Une affiche rappelant les dispositions de l'article L. 3513-5 est placée à la vue du public dans les établissements des débitants de tabac, tous commerces, lieux publics ou distributeurs vendant ces produits.

Lorsque le produit est vendu en ligne, les dispositions de l'article L. 3513-5 sont rappelées sur un bandeau d'information s'affichant en permanence sur la page internet de paiement en ligne du produit. *V. Arr. du 22 août 2016, infra.*

Le modèle de cette affiche et de ce bandeau sont déterminés par arrêté conjoint du ministre chargé des douanes et des droits indirects et du ministre chargé de la santé.

Art. R. 3513-2 *(Décr. nº 2017-633 du 25 avr. 2017, art. 1er, en vigueur le 1er oct. 2017)* Les lieux de travail soumis à l'interdiction de vapoter en application du 3° de l'article L. 3513-6 du présent code s'entendent des locaux recevant des postes de travail situés ou non dans les bâtiments de l'établissement, fermés et couverts, et affectés à un usage collectif, à l'exception des locaux qui accueillent du public.

Art. R. 3513-3 *(Décr. nº 2017-633 du 25 avr. 2017, art. 1er, en vigueur le 1er oct. 2017)* Dans les lieux mentionnés aux 1° et 2° et dans les bâtiments abritant les lieux mentionnés au 3° de l'article L. 3513-6, une signalisation apparente rappelle le principe de l'interdiction de vapoter et, le cas échéant, ses conditions d'application dans l'enceinte de ces lieux.

Art. R. 3513-4 *(Décr. nº 2017-633 du 25 avr. 2017, art. 1er, en vigueur le 1er oct. 2017)* Les dispositions des articles R. 3513-2 à R. 3513-3 s'appliquent sans préjudice des dispositions législatives et réglementaires relatives à l'hygiène et à la sécurité.

Dispositions propres aux produits du vapotage contenant de la nicotine

Art. L. 3513-7 *(Ord. nº 2016-623 du 19 mai 2016, art. 1er)* Les dispositifs électroniques de vapotage jetables, les flacons de recharge et les cartouches à usage unique contenant de la nicotine ne contiennent que des ingrédients de haute pureté, sauf traces techniquement inévitables dans le processus de fabrication.

Sont interdites la vente, la distribution ou l'offre à titre gratuit de dispositifs électroniques de vapotage jetables, de flacons de recharge et les cartouches à usage unique contenant de la nicotine qui comportent les additifs suivants :

1° Des additifs créant l'impression que le produit a des effets bénéfiques sur la santé ou que les risques qu'il présente pour la santé ont été réduits ;

2° Des additifs et stimulants associés à l'énergie et à la vitalité ;

3° Des additifs qui confèrent des propriétés colorantes aux émissions ;

4° Des additifs qui facilitent l'inhalation ou l'absorption de nicotine ;

5° Des additifs qui, sans combustion, ont des propriétés cancérogènes, mutagènes ou toxiques pour la reproduction humaine.

Art. L. 3513-8 *(Ord. n° 2016-623 du 19 mai 2016, art. 1er)* Dans les produits du vapotage contenant de la nicotine, seuls sont utilisés, à l'exception de la nicotine, des ingrédients qui, chauffés ou non, ne présentent pas de risques pour la santé humaine.

Les teneurs maximales en nicotine de ces produits sont fixées par arrêté du ministre chargé de la santé. — *V. 2e Arr. du 19 mai 2016, infra.*

Les dispositifs électroniques de vapotage diffusent, dans des conditions d'utilisation normales, la nicotine de manière constante.

Art. L. 3513-9 *(Ord. n° 2016-623 du 19 mai 2016, art. 1er)* Les produits du vapotage contenant de la nicotine comportent un dispositif de sûreté dont les caractéristiques sont déterminées par arrêté du ministre chargé de la santé. — *V. 2e Arr. du 19 mai 2016, infra.*

Art. L. 3513-10 *(Ord. n° 2016-623 du 19 mai 2016, art. 1er)* Six mois avant la mise sur le marché de produits du vapotage contenant de la nicotine, les fabricants et importateurs soumettent à l'établissement public*[,]* désigné par arrêté, un dossier de notification par marque et par type de produit.

Ce dossier porte notamment sur les responsables de cette mise sur le marché, sur la composition, les émissions, les données toxicologiques des ingrédients et des émissions, les composants et le processus de fabrication du produit.

Les dossiers de déclaration et de notification mentionnés à l'art. L. 3513-10 sont transmis au plus tard le 20 nov. 2016 pour les produits commercialisés avant le 20 mai 2016 (Ord. n° 2016-623 du 19 mai 2016, art. 6-I).

Par dérogation au délai prévu par l'art. L. 3513-10, les notifications peuvent être transmises jusqu'au 31 déc. 2016 pour les produits du vapotage dont la mise sur le marché est prévue pour le 1er janv. 2017, jusqu'au 28 févr. 2017 pour les produits du vapotage dont la mise sur le marché est prévue pour le 1er mars 2017 et jusqu'au 19 mai 2017 pour les produits dont la mise sur le marché est prévue pour le 20 mai 2017 (Décr. n° 2016-1139 du 22 août 2016, art. 7).

Art. L. 3513-11 *(Ord. n° 2016-623 du 19 mai 2016, art. 1er)* Les fabricants et importateurs de produits du vapotage contenant de la nicotine déclarent annuellement pour l'année écoulée à l'établissement public mentionné à l'article L. 3513-10 les données de leurs ventes par marque et par type ainsi que des synthèses des études de marché qu'ils réalisent.

Art. L. 3513-12 *(Ord. n° 2016-623 du 19 mai 2016, art. 1er)* Toute notification mentionnée à l'article L. 3513-10 donne lieu au versement, au profit de l'établissement public mentionné par cet article, d'un droit pour la réception, le stockage, le traitement, et l'analyse des informations, dont le montant est fixé par décret, dans la limite de 7 600 €. — *V. CSP, art. D. 3513-10.* — **CSP**.

Ces droits sont recouvrés selon les modalités prévues pour le recouvrement des créances des établissements publics administratifs de l'État.

V. CE 10 mai 2017, n° 401536 : JO 21 mai 2017.

Art. L. 3513-13 *(Ord. n° 2016-623 du 19 mai 2016, art. 1er)* Les fabricants, les importateurs et les distributeurs de produits du vapotage contenant de la nicotine mettent en place et tiennent à jour un système de collecte d'informations sur tous les effets indésirables présumés de ces produits sur la santé humaine.

Si l'un de ces opérateurs économiques considère ou a des raisons de croire que les produits qui sont en sa possession et sont destinés à être mis sur le marché ou sont mis sur le marché ne sont pas sûrs, ne sont pas de bonne qualité ou ne sont pas conformes au présent chapitre, cet opérateur économique prend immédiatement les mesures correctives nécessaires pour mettre le produit concerné en conformité, le retirer ou le rappeler, le cas échéant.

Dans ces cas, l'opérateur économique informe immédiatement l'établissement public mentionné à l'article L. 3513-10, en précisant en particulier les risques pour la santé humaine et la sécurité, toute mesure corrective prise, ainsi que les résultats de ces mesures correctives.

Des informations supplémentaires peuvent être demandées aux opérateurs économiques par l'établissement public mentionné à l'article L. 3513-10, par exemple sur les aspects touchant à la sécurité et à la qualité ou à tout effet indésirable éventuel desdits produits.

Art. L. 3513-14 *(Ord. nº 2016-623 du 19 mai 2016, art. 1er)* Lorsque l'établissement public mentionné à l'article L. 3513-10 constate ou a des motifs raisonnables de croire qu'un produit du vapotage contenant de la nicotine ou qu'un type de produits donnés pourrait présenter un risque grave pour la santé humaine, il en informe immédiatement le ministère chargé de la santé, en lui proposant les mesures provisoires appropriées.

Art. L. 3513-15 *(Ord. nº 2016-623 du 19 mai 2016, art. 1er)* Un arrêté du ministre chargé de la santé définit le volume maximal pour le réservoir des dispositifs électroniques de vapotage jetables et des cartouches à usage unique et pour les flacons de recharge contenant de la nicotine. — *V. 2e Arr. du 19 mai 2016, infra.*

Art. L. 3513-16 *(Ord. nº 2016-623 du 19 mai 2016, art. 1er)* Toutes les unités de conditionnement et tous les emballages extérieurs de produits du vapotage contenant de la nicotine mentionnent :

1° La composition intégrale du liquide contenant de la nicotine ;

2° La teneur moyenne en nicotine et de la quantité diffusée par dose ;

3° Le numéro de lot ;

4° Une recommandation selon laquelle le produit doit être tenu hors de portée des enfants ;

5° Un avertissement sanitaire apposé deux fois.

Un arrêté du ministre chargé de la santé fixe les caractéristiques et les modalités d'inscription de ces mentions obligatoires, les méthodes d'analyse permettant de mesurer la teneur en nicotine et les méthodes de vérification de l'exactitude des mentions portées sur les unités de conditionnement. — *V. Arr. du 19 mai 2016, infra.*

Art. L. 3513-17 *(Ord. nº 2016-623 du 19 mai 2016, art. 1er)* Toutes les unités de conditionnement des produits du vapotage contenant de la nicotine comprennent une notice dont les caractéristiques sont définies par arrêté du ministre chargé de la santé. — *V. 2e Arr. du 19 mai 2016, infra.*

Art. L. 3513-18 *(Ord. nº 2016-623 du 19 mai 2016, art. 1er)* I. — L'étiquetage des unités de conditionnement, tout emballage extérieur ainsi que le produit du vapotage contenant de la nicotine proprement dit ne peuvent comprendre aucun élément ou dispositif qui :

1° Contribue à la promotion des produits du vapotage ou incite à leur consommation en donnant une impression erronée quant aux caractéristiques, effets sur la santé, risques ou émissions du produit ;

2° Suggère que le produit est moins nocif que d'autres ou vise à réduire l'effet de certains composants nocifs de la fumée ou présente des propriétés vitalisantes, énergisantes, curatives, rajeunissantes, naturelles, biologiques ou a des effets bénéfiques sur la santé ou le mode de vie ;

3° Ressemble à un produit alimentaire ou cosmétique ;

4° Suggère que le produit est plus facilement biodégradable ou présente d'autres avantages pour l'environnement ;

5° Suggère un avantage économique au moyen de bons imprimés, d'offres de réduction, de distribution gratuite, de promotion de type "deux pour le prix d'un" ou d'autres offres similaires.

II. — Les éléments et dispositifs qui sont interdits en vertu du I comprennent notamment les messages, symboles, noms, marques commerciales, signes figuratifs ou autres.

Art. L. 3513-19 *(Ord. nº 2016-623 du 19 mai 2016, art. 1er)* Sauf dispositions contraires, un décret en Conseil d'État détermine les conditions d'application du présent chapitre, notamment celles relatives aux articles L. 3513-6 et L. 3513-7, ainsi que le contenu de la notification et de la déclaration mentionnées aux articles L. 3513-10 et L. 3513-11, leurs modalités de transmission et d'actualisation, la nature des informations qui sont rendues publiques et les modalités prévues à cet effet.

Produits à fumer à base de plantes autres que le tabac

Art. L. 3514-1 *(Ord. nº 2016-623 du 19 mai 2016, art. 1er)* **Sont considérés comme des produits à fumer à base de plantes autres que le tabac des produits à base de végétaux, de plantes aromatiques ou de fruits, ne contenant pas de tabac et pouvant être consommés au moyen d'un processus de combustion.**

Art. L. 3514-2 *(Ord. nº 2016-623 du 19 mai 2016, art. 1er)* **Est considéré comme ingrédient un additif ainsi que toute autre substance ou tout autre élément présent dans un produit à fumer à base de plantes autres que le tabac, y compris le papier, le filtre, l'encre, les capsules et les colles.**

Art. L. 3514-3 *(Ord. nº 2016-623 du 19 mai 2016, art. 1er)* **I. — L'étiquetage des unités de conditionnement, tout emballage extérieur ainsi que le produit à fumer à base de plantes autres que le tabac proprement dit ne peuvent comprendre aucun élément ou dispositif qui :**

1° Contribue à la promotion du produit ou incite à sa consommation en donnant une impression erronée quant aux caractéristiques, effets sur la santé, risques ou émissions du produit ; les étiquettes ne comprennent aucune information sur la teneur en nicotine, en goudron ou en monoxyde de carbone du produit ;

2° Suggère qu'un produit est moins nocif que d'autres ou vise à réduire l'effet de certains composants nocifs de la fumée ou présente des propriétés vitalisantes, énergisantes, curatives, rajeunissantes, naturelles, biologiques ou a des effets bénéfiques sur la santé ou le mode de vie ;

3° Indique que le produit est exempt d'additifs ou d'arômes ;

4° Ressemble à un produit alimentaire ou cosmétique.

II. — Les éléments et dispositifs qui sont interdits en vertu du I comprennent notamment les messages, symboles, noms, marques commerciales, signes figuratifs ou autres.

Art. L. 3514-4 *(Ord. nº 2016-623 du 19 mai 2016, art. 1er)* **Toutes les unités de conditionnement et tous les emballages extérieurs de produits à fumer à base de plantes autres que le tabac portent, dans les conditions fixées par un arrêté du ministre chargé de la santé, un avertissement sanitaire.** — *V. 1er Arr. du 19 mai 2016, infra.*

Art. L. 3514-5 *(Ord. nº 2016-623 du 19 mai 2016, art. 1er)* **Avant la mise sur le marché de tout produit à fumer à base de plantes autres que le tabac, les fabricants et importateurs de tels produits transmettent à l'établissement public désigné par arrêté une déclaration des ingrédients utilisés par marque et par type de produit.**

Art. L. 3514-6 *(Ord. nº 2016-623 du 19 mai 2016, art. 1er)* **Un décret en Conseil d'État détermine les conditions d'application du présent chapitre, notamment le contenu de la déclaration, ses modalités de transmission et d'actualisation, la nature des informations qui sont rendues publiques et les modalités selon lesquelles elles le sont.**

....

Sanctions et responsabilité pénale

Art. L. 3515-3 *(Ord. nº 2016-623 du 19 mai 2016, art. 1er)* **I. — Est punie** *[puni]* **de 100 000 euros d'amende :**

1° Toute propagande ou publicité, directe ou indirecte, du tabac, d'un produit du tabac ou des ingrédients définis à l'article L. 3512-1 en méconnaissance de l'interdiction prévue à l'article L. 3512-4 ;

2° Le fait de retransmettre une compétition de sport mécanique contenant de la publicité directe ou indirecte pour le tabac et se déroulant dans un pays où la publicité pour le tabac est interdite, ainsi que la retransmission, par un moyen autre qu'une chaîne de télévision, d'une compétition de sport mécanique contenant de la publicité directe ou indirecte pour le tabac et se déroulant dans un pays où la publicité pour le tabac est autorisée, en méconnaissance des dispositions de l'article L. 3512-6 ;

3° Le fait de vendre, distribuer ou offrir à titre gratuit des paquets de moins de vingt cigarettes, des paquets de plus de vingt cigarettes qui ne sont pas composés d'un nombre de cigarettes multiple de cinq ou des contenants de moins de trente grammes de tabacs fine coupe destinés à rouler des cigarettes, quel que soit leur conditionnement ;

4° Le fait de vendre, distribuer ou offrir à titre gratuit des cigarettes dont les teneurs en goudron, en nicotine et en monoxyde de carbone des émissions dépassent les teneurs maximales fixées dans les conditions du I de l'article L. 3512-15 ;

5° Le fait de vendre, distribuer ou offrir à titre gratuit des cigarettes ou du tabac à rouler :

a) Aromatisés ayant une odeur ou un goût clairement identifiable avant ou pendant la consommation, autre que ceux du tabac ;

b) Dont les filtres, le papier, les capsules, le conditionnement ou tout autre composant contiennent du tabac, de la nicotine ou des arômes ;

c) Contenant tout dispositif technique permettant de modifier l'odeur ou le goût des produits du tabac ou leur intensité de combustion ;

d) Contenant des vitamines ou d'autres additifs laissant entendre qu'un produit du tabac a des effets bénéfiques sur la santé ou que les risques qu'il présente pour la santé ont été réduits ;

e) Contenant de la caféine, de la taurine ou d'autres additifs et stimulants associés à l'énergie et à la vitalité ;

f) Contenant des additifs qui confèrent des propriétés colorantes aux émissions de fumée ;

g) Contenant des additifs qui facilitent l'inhalation ou l'absorption de nicotine ;

h) Contenant des additifs qui, sans combustion, ont des propriétés cancérogènes, mutagènes ou toxiques pour la reproduction humaine ;

i) Contenant des additifs dans des quantités qui augmentent, lors de la consommation, de manière significative ou mesurable, leurs effets toxiques ou l'effet de dépendance qu'ils engendrent ;

6° Le fait de vendre, distribuer ou offrir à titre gratuit du papier et des filtres :

a) Contenant du tabac, de la nicotine ou des arômes ;

b) Contenant tout dispositif technique permettant de modifier leur odeur ou leur goût ou l'intensité de la combustion de la cigarette ;

7° Le fait de vendre, distribuer ou offrir à titre gratuit des cigarettes, du tabac à rouler, du papier à cigarette et du papier à rouler les cigarettes en méconnaissance des dispositions de l'article L. 3512-20 imposant une neutralité et une uniformisation des unités de conditionnement, des emballages extérieurs et des suremballages ;

8° Le fait d'utiliser sur l'étiquetage des unités de conditionnement, sur tout emballage extérieur, ainsi que sur les produits du tabac proprement dit, un message, un symbole, une marque, une dénomination commerciale, un signe figuratif ou tout autre élément ou dispositif qui :

a) Contribue à la promotion d'un produit du tabac ;

b) Ressemble à un produit alimentaire ou cosmétique ;

9° Le fait d'utiliser une marque ou une dénomination sur l'étiquetage des unités de conditionnement, sur tout emballage extérieur, ainsi que sur les produits du tabac proprement dit, en méconnaissance des dispositions de l'article L. 3512-21 du code de la santé publique ;

10° Le fait de vendre, distribuer ou offrir à titre gratuit des produits du tabac ou du papier à rouler les cigarettes dans des unités de conditionnement et des emballages extérieurs méconnaissent les obligations fixées en matière d'avertissements sanitaires prévues à l'article L. 3512-22 ;

11° Toute propagande ou publicité, directe ou indirecte, en faveur des produits du vapotage en méconnaissance *de l'interdiction* prévue à l'article L. 3513-4 ;

12° Le fait de vendre, distribuer ou offrir à titre gratuit des dispositifs électroniques de vapotage jetables, des flacons de recharge ou des cartouches à usage unique contenant de la nicotine qui comportent les additifs suivants :

a) Des additifs créant l'impression que le produit a des effets bénéfiques sur la santé ou que les risques qu'il présente pour la santé ont été réduits ;

b) Des additifs et stimulants associés à l'énergie et à la vitalité ;

c) Des additifs qui confèrent des propriétés colorantes aux émissions ;

d) Des additifs qui facilitent l'inhalation ou l'absorption de nicotine ;

e) Des additifs qui, sans combustion, ont des propriétés cancérogènes, mutagènes ou toxiques pour la reproduction humaine ;

13° Le fait de vendre, distribuer ou offrir à titre gratuit des produits du vapotage dont les teneurs en nicotine dépassent les teneurs maximales fixées dans les conditions du second alinéa de l'article L. 3513-8 ;

14° Le fait de vendre, distribuer ou offrir à titre gratuit des produits du vapotage contenant de la nicotine sans dispositif de sûreté ou dont le dispositif de sûreté méconnaît les dispositions de l'article L. 3513-9 ;

15° Le fait de vendre, distribuer ou offrir à titre gratuit un dispositif électronique de vapotage jetable dont le réservoir dépasse le volume maximal fixé dans les conditions de l'article L. 3513-15 ;

16° Le fait de vendre, distribuer ou offrir à titre gratuit des cartouches à usage unique dont le réservoir dépasse le volume maximal fixé dans les conditions de l'article L. 3513-15 ;

17° Le fait de vendre, distribuer ou offrir à titre gratuit un flacon de recharge contenant de la nicotine dont le volume maximal méconnaît les dispositions de l'article L. 3513-15 ;

18° Le fait de vendre, distribuer ou offrir à titre gratuit un produit du vapotage contenant de la nicotine dont l'unité de conditionnement ou l'emballage extérieur ne mentionne pas l'un ou plusieurs des éléments suivants :

a) La composition intégrale du liquide contenant de la nicotine ;

b) La teneur moyenne en nicotine et de la quantité diffusée par dose ;

c) Le numéro de lot ;

d) Une recommandation selon laquelle le produit doit être tenu hors de portée des enfants ;

e) Un avertissement sanitaire apposé deux fois ;

19° Le fait de vendre, distribuer ou offrir à titre gratuit un produit du vapotage contenant de la nicotine dont l'unité de conditionnement ne comprend pas la notice en méconnaissance des dispositions de l'article L. 3513-17 ;

20° Le fait d'utiliser, sur les unités de conditionnement ainsi que sur tout emballage extérieur de produits du vapotage contenant de la nicotine, un message, un symbole, une marque, une dénomination commerciale, un signe figuratif ou tout autre élément ou dispositif qui :

a) Contribue à la promotion des produits du vapotage ou incite à leur consommation en donnant une impression erronée quant aux caractéristiques, effets sur la santé, risques ou émissions du produit ;

b) Suggère que le produit est moins nocif que d'autres ou vise à réduire l'effet de certains composants nocifs de la fumée ou présente des propriétés vitalisantes, énergisantes, curatives, rajeunissantes, naturelles, biologiques ou a des effets bénéfiques sur la santé ou le mode de vie ;

c) Ressemble à un produit alimentaire ou cosmétique ;

d) Suggère que le produit est plus facilement biodégradable ou présente d'autres avantages pour l'environnement ;

e) Suggère un avantage économique au moyen de bons imprimés, d'offres de réduction, de distribution gratuite, de promotion de type "deux pour le prix d'un" ou d'autres offres similaires ;

21° Le fait d'utiliser, sur les unités de conditionnement ainsi que sur tout emballage extérieur de produits à fumer à base de plantes autres que le tabac, un message, un symbole, une marque, une dénomination commerciale, un signe figuratif ou tout autre élément ou dispositif qui :

a) Contribue à la promotion du produit ou incite à sa consommation en donnant une impression erronée quant aux caractéristiques, effets sur la santé, risques ou émissions du produit ; les étiquettes ne comprennent aucune information sur la teneur en nicotine, en goudron ou en monoxyde de carbone du produit ;

b) Suggère qu'un produit est moins nocif que d'autres ou vise à réduire l'effet de certains composants nocifs de la fumée ou présente des propriétés vitalisantes, énergisantes, curatives, rajeunissantes, naturelles, biologiques ou a des effets bénéfiques sur la santé ou le mode de vie ;

c) Indique que le produit est exempt d'additifs ou d'arômes ;

d) Ressemble à un produit alimentaire ou cosmétique ;

22° Le fait de vendre, distribuer ou offrir à titre gratuit un produit à fumer à base de plantes autres que le tabac dont l'unité de conditionnement et l'emballage extérieur méconnaît les dispositions de l'article L. 3514-4 sur l'avertissement sanitaire.

II. – Pour les infractions pénales mentionnées au I, est encourue la peine complémentaire de confiscation de la chose qui a servi ou était destinée à commettre l'infraction ou de la chose qui en est le produit, en application de l'article 131-21 du code pénal.

III. – La récidive est punie d'une amende de 200 000 €. En cas de récidive, le tribunal peut, en outre, prononcer l'interdiction pendant une durée inférieure ou égale à cinq ans, de la vente des produits qui ont fait l'objet de l'opération illégale.

Le tribunal ordonne, s'il y a lieu, la suppression, l'enlèvement ou la confiscation de la publicité interdite aux frais des délinquants.

La cessation de la publicité peut être ordonnée soit sur réquisition du ministère public, soit d'office par le juge d'instruction ou le tribunal saisi des poursuites. La mesure ainsi prise est exécutoire nonobstant toutes voies de recours. Mainlevée peut en être donnée par la juridiction qui l'a ordonnée ou qui est saisie du dossier. La mesure cesse d'avoir effet en cas de décision de non-lieu ou de relaxe.

Les décisions statuant sur les demandes de mainlevée peuvent faire l'objet d'un recours devant la chambre de l'instruction ou devant la cour d'appel selon qu'elles ont été prononcées par un juge d'instruction ou par le tribunal saisi des poursuites.

La chambre de l'instruction ou la cour d'appel statue dans un délai de dix jours à compter de la réception des pièces.

Art. L. 3515-4 *(Ord. nº 2016-623 du 19 mai 2016, art. 1er)* Est punie *[puni]* de 45 000 euros d'amende :

1º Le fait pour un fabricant ou un importateur de produit du tabac de mettre sur le marché un produit du tabac sans avoir transmis la déclaration définie à l'article L. 3512-17 ;

2º Le fait pour un fabricant ou un importateur de produit du tabac de ne pas avoir communiqué une étude de marché en méconnaissance des dispositions de l'article L. 3512-18 ;

3º Le fait d'importer, en vue de les vendre, distribuer ou offrir à titre gratuit, des produits du tabac fabriqués dans un État non membre de l'Union européenne ou provenant d'un État membre de l'Union européenne dont l'unité de conditionnement n'est pas revêtue de l'identifiant unique en méconnaissance des dispositions de l'article L. 3512-23 ;

4º Le fait d'importer, en vue de les vendre, distribuer ou offrir à titre gratuit, des produits du tabac fabriqués dans un État non membre de l'Union européenne ou provenant d'un État membre de l'Union européenne, dont l'unité de conditionnement ne comporte pas le dispositif de sécurité infalsifiable en méconnaissance des dispositions de l'article L. 3512-25 ;

5º Toute modification ou altération, par toute personne concernée par le commerce des produits du tabac, du fabricant au dernier opérateur avant le premier détaillant, des informations contenues dans le traitement des données géré par le tiers-indépendant prévu à l'article L. 3512-24 ;

6º Le fait pour un fabricant ou un importateur de mettre sur le marché un produit du vapotage contenant de la nicotine sans avoir procédé à la notification dans les conditions et délais définies à l'article L. 3513-10 ;

7º Le fait pour un fabricant ou un importateur d'un produit du vapotage de ne pas avoir adressé la déclaration annuelle pour l'année écoulée en méconnaissance des dispositions de l'article L. 3513-11 ;

8º Le fait pour un fabricant, un distributeur ou un importateur d'un produit du vapotage de ne pas mettre en place ou mettre à jour un système de collecte d'informations mentionné à l'article L. 3513-13, sur tous les effets indésirables présumés de ces produits sur la santé humaine ;

9º Le fait pour un fabricant, un distributeur ou un importateur d'un produit du vapotage de ne pas informer immédiatement l'établissement public mentionné à l'article L. 3513-10 de risques pour la santé humaine et la sécurité que présentent un produit du vapotage qu'il met sur le marché ou commercialise, en violation des dispositions du troisième alinéa de l'article L. 3513-13 ;

10º Le fait pour un fabricant, un distributeur ou un importateur d'un produit du vapotage de ne pas communiquer à l'établissement public mentionné à l'article L. 3513-10 les informations supplémentaires qu'il lui demande conformément à l'article L. 3513-13 ;

11° Le fait pour un fabricant ou un importateur de produit à fumer à base de plantes autres que le tabac de mettre sur le marché un tel produit en méconnaissance de l'obligation de déclaration des ingrédients utilisés définie à l'article L. 3514-5.

....

Art. L. 3515-6 *(Ord. nº 2016-623 du 19 mai 2016, art. 1er)* Les personnes morales déclarées responsables pénalement, dans les conditions prévues par l'article 121-2 du code pénal, des infractions définies aux articles L. 3515-3 et L. 3515-4, encourent, outre l'amende dont le taux maximum est défini suivant les modalités prévues par l'article 131-38 du code pénal :

1° La suppression, l'enlèvement ou la confiscation de la publicité interdite aux frais des délinquants ;

2° En cas de récidive, l'interdiction, pendant une durée inférieure ou égale à cinq ans, de la vente des produits qui ont fait l'objet de l'opération illégale.

En cas de poursuites, la cessation de la publicité peut être ordonnée soit sur réquisition du ministère public, soit d'office par le juge d'instruction ou le tribunal saisi des poursuites. La mesure ainsi prise est exécutoire nonobstant toutes voies de recours. Mainlevée peut en être donnée par la juridiction qui l'a ordonnée ou qui est saisie du dossier. La mesure cesse d'avoir effet en cas de décision de non-lieu ou de relaxe.

Les décisions statuant sur les demandes de mainlevée peuvent faire l'objet d'un recours devant la chambre de l'instruction ou devant la cour d'appel selon qu'elles ont été prononcées par un juge d'instruction ou par le tribunal saisi des poursuites.

Art. L. 3515-7 *(Ord. nº 2016-623 du 19 mai 2016, art. 1er)* Les associations dont l'objet statutaire comporte la lutte contre le tabagisme, régulièrement déclarées depuis au moins cinq ans à la date des faits, peuvent exercer les droits reconnus à la partie civile pour les infractions aux dispositions du présent titre.

Peuvent exercer les mêmes droits les associations de consommateurs mentionnées à l'article *(Ord. nº 2016-301 du 14 mars 2016, art. 2, en vigueur le 1er juill. 2016)* « L. 621-1 » du code de la consommation ainsi que les associations familiales mentionnées aux articles L. 211-1 et L. 211-2 du code de l'action sociale et des familles.

1. Publicité illicite en faveur du tabac. En raison de la spécificité de son but et de l'objet de sa mission, le Comité national de lutte contre le tabagisme, association ayant le pouvoir d'exercer les droits reconnus à la partie civile, subit nécessairement un préjudice direct et personnel du fait de la publicité illicite en faveur du tabac. • Crim. 30 oct. 1995 : *Bull. crim. nº 335; D. 1996. IR 27 ; Gaz. Pal. 1996. 1. Chron. 36, par Doucet.* ♦ V. dans le même sens : • Paris, 29 oct. 1998 : *D. Affaires 1999. 288, obs. C. R.*

2. Interdiction de fumer dans un lieu couvert. Le comité national contre le tabagisme, autorisé à agir en justice, doit être indemnisé du préjudice subi à la suite d'une violation de l'interdiction de fumer dans un lieu couvert et clos accueillant du public, infraction commise par le directeur d'une école d'architecture. • T. pol. Paris, 12 oct. 1998 : *BICC 1999, nº 638.*

....

Art. R. 3515-2 *(Décr. nº 2016-1117 du 11 août 2016, art. 1er)* Le fait de fumer dans un lieu à usage collectif mentionné à l'article R. 3512-2 hors de l'emplacement mentionné à l'article R. 3512-3 est puni de l'amende prévue pour les contraventions de la troisième classe.

Art. R. 3515-3 *(Décr. nº 2016-1117 du 11 août 2016, art. 1er)* Est puni de l'amende prévue pour les contraventions de la quatrième classe le fait, pour le responsable des lieux où s'applique l'interdiction prévue à l'article R. 3512-2, de :

1° Ne pas mettre en place la signalisation prévue à l'article R. 3512-7 ;

2° Mettre à la disposition de*[s]* fumeurs un emplacement non conforme aux dispositions des articles R. 3512-3 et R. 3512-4 ;

3° Favoriser, sciemment, par quelque moyen que ce soit, la violation de l'interdiction mentionnée au premier alinéa du présent article.

Art. R. 3515-4 *(Décr. nº 2016-1117 du 11 août 2016, art. 1er)* Est puni de l'amende prévue pour les contraventions de la quatrième classe le fait de fumer dans un véhicule en présence d'un mineur en méconnaissance de l'interdiction prévue à l'article L. 3512-9.

Art. R. 3515-5 *(Décr. nº 2016-1117 du 11 août 2016, art. 1er)* Le fait de vendre ou d'offrir gratuitement, dans les débits de tabac, dans tous commerces ou lieux publics, des produits du tabac à un mineur en méconnaissance de l'interdiction prévue à l'article L. 3512-12 est puni de l'amende prévue pour les contraventions de la quatrième classe.

BIBL. ▶ RIBEYRE, *RSC 2010. 923* (sanctions prévues pour la vente et l'offre de produits du tabac).

Art. R. 3515-6 *(Décr. nº 2016-1117 du 11 août 2016, art. 1er)* **Le fait de vendre ou d'offrir gratuitement, dans les débits de tabac, dans tous commerces ou lieux publics, des produits du vapotage à un mineur en méconnaissance de l'interdiction prévue à l'article L. 3513-5 est puni de l'amende prévue pour les contraventions de la quatrième classe.**

Art. R. 3515-7 *(Décr. nº 2017-633 du 25 avr. 2017, art. 2, en vigueur le 1er oct. 2017)* **Le fait de vapoter dans les lieux mentionnés aux 1° à 3° de l'article L. 3513-6 en méconnaissance de l'interdiction prévue au même article est puni de l'amende prévue pour les contraventions de la 2e classe.**

Art. R. 3515-8 *(Décr. nº 2017-633 du 25 avr. 2017, art. 2, en vigueur le 1er oct. 2017)* **Le fait, pour le responsable des lieux où s'applique l'interdiction prévue à l'article L. 3513-6, de ne pas mettre en place la signalisation prévue à l'article R. 3513-3 est puni de l'amende prévue pour les contraventions de la 3e classe.**

Décret nº 78-1108 du 23 novembre 1978,

Pris pour l'application de la loi du 1er août 1905 sur les fraudes et les falsifications en matière de produits ou de services [C. consom., art. L. 441-1] en ce qui concerne le tabac, les produits du tabac et leurs succédanés.

Art. 1er **Le présent décret s'applique aux produits destinés à être fumés, prisés ou mâchés qui sont préparés à l'aide de tabac ou de succédanés et de produits d'addition autorisés.**

Il n'est pas applicable aux médicaments.

Art. 2 **Au sens du présent décret, on entend par :**

"Tabac" : les feuilles de la plante de tabac : *nicotiana tabacum L.*

"Produits du tabac" : les produits destinés à être fumés, prisés ou mâchés dès lors qu'ils sont, même partiellement, constitués de tabac.

Art. 3 **Ne peuvent être utilisées comme succédanés du tabac que des substances dont la présence dans les produits destinés à être fumés, prisés ou mâchés n'est pas interdite en application des dispositions du code de la santé publique et de la loi susvisée** *[nº 77-771]* **du 12 juillet 1977 sur le contrôle des produits chimiques** *[C. envir., art. L. 521-1 s.]*.

La liste, par catégories, des produits d'addition autorisés et, pour chacun d'eux, les taux maximaux et les conditions de pureté sont fixés par arrêté conjoint du ministre de l'agriculture, du ministre chargé de la santé et du ministre chargé du budget, après avis du conseil supérieur d'hygiène publique de France.

Les produits autres que le tabac qui entrent dans la constitution des enveloppes de cigarettes, de cigares et de cigarillos sont considérés comme des produits d'addition.

Art. 4 **Le taux d'un produit d'addition est défini comme étant le rapport de la masse de la matière sèche de ce produit à la masse totale de la matière sèche du produit manufacturé destiné à être fumé, prisé ou mâché, produits d'addition compris.**

Pour les cigarettes, la masse totale de matière sèche est déterminée compte non tenu de la masse du filtre et du papier d'assemblage du filtre. Pour les cigares et les cigarillos, cette masse est déterminée compte non tenu de l'embout, du filtre et du papier d'assemblage de l'embout.

Art. 5 **Il est interdit de fabriquer, d'importer, de détenir en vue de la vente, de mettre en vente, de vendre ou de distribuer à titre gratuit des produits définis à l'article 1er qui ne répondraient pas aux règles fixées par le présent décret.**

Art. 6 **Outre les mentions et marques imposées, en ce qui concerne les produits du tabac, par les dispositions des articles 12 et 14 de la loi susvisée du 24 mai 1976** *[nº 76-448, aménagement du monopole des tabacs]* **et celles de l'article 9 de la loi susvisée du 9 juillet 1976, chaque unité de conditionnement des produits destinés à être fumés, prisés ou mâchés doit indiquer, en caractères lisibles et indélébiles et en langue française, la composition intégrale du produit, c'est-à-dire les pourcentages de tabac ou de succédané, de papier à cigarette ou d'enveloppe ; et, le cas échéant, d'autres produits d'addition autorisés avec l'énumération des catégories de ces produits. Ces taux sont définis ainsi qu'il est prévu à**

l'article 4 ci-dessus, les valeurs des différents composants étant exprimées à 0,5 unité près par arrondissement par défaut.

En ce qui concerne les cigarettes, l'indication de la composition intégrale doit être portée sur une partie non détachable de l'unité de conditionnement.

Art. 7 Dans le commerce des marchandises faisant l'objet du présent décret, les dénominations "tabac à fumer" ou "scaferlati", "tabac à priser" et "tabac à mâcher" sont réservées aux produits contenant au moins 80 p. 100 de tabac.

Les dénominations "cigares" ou "cigarillos" sont réservées aux produits qui contiennent au moins 85 p. 100 de tabac et dont, soit l'enveloppe extérieure est constituée d'une feuille de tabac, soit les enveloppes extérieure et intérieure sont constituées de feuilles de tabac reconstitué contenant au moins 75 p. 100 de tabac.

Si une cigarette ne contient pas de tabac ou comprend du tabac dans une proportion inférieure à 85 p. 100, la dénomination "cigarette" doit, selon le cas, être immédiatement suivie, en caractères identiques, de la mention "sans tabac" ou de la mention "tabac et succédanés".

Art. 8 Dans le cas où la présentation d'un produit du tabac fait référence, de façon précise ou allusive, à un ou plusieurs pays ou régions renommés pour la qualité des tabacs qui y sont cultivés, l'unité de conditionnement de ce produit doit comporter l'indication de l'emploi qui est fait du ou des tabacs récoltés dans ces pays ou régions, que ce soit :

En ce qui concerne les cigares et les cigarillos, comme enveloppe extérieure (ou cape) ou comme élément de la composition du tabac contenu à l'intérieur de celle-ci ;

En ce qui concerne les autres produits manufacturés, comme élément de la composition du produit.

En cas de mélange avec d'autres tabacs, il doit être fait mention de la proportion du mélange constitué par les tabacs récoltés dans chacun des pays ou régions susmentionnés.

En ce qui concerne les produits autres que les cigares et les cigarillos, les mentions prévues à l'alinéa précédent peuvent être remplacées, sans indication de pourcentage, par la mention : "goût...", suivie d'un qualificatif rappelant la présence de tabacs cultivés dans les pays ou régions susmentionnés.

Art. 9 L'emploi de toute indication autre que celles prévues à l'article 8 relative à la composition du produit, telle que "nature", "naturel", "brut", est interdit pour désigner les produits du tabac.

Art. 10 Chaque unité de conditionnement des produits du tabac doit porter de façon apparente l'indication :

Du nombre de pièces pour les cigarettes, les cigares et les cigarillos ;

De la masse nette pour les autres produits.

Art. 11 Outre les indications prévues à l'article 6, chaque unité de conditionnement des produits destinés à être fumés, prisés ou mâchés autres que les produits du tabac doit porter les mentions suivantes :

La dénomination de vente ;

Le nom ou la raison sociale et l'adresse de la personne physique ou morale responsable soit de la fabrication, soit du conditionnement, soit de la commercialisation ;

Le nom du pays de fabrication du produit ;

Le nombre de pièces pour les cigarettes, les cigares et les cigarillos et la masse nette pour les autres produits.

Art. 12 Est interdit l'emploi, sous quelque forme que ce soit, dans la vente, la mise en vente, l'exposition des produits définis à l'article 1er ainsi que dans tout procédé de vente, d'exposition, d'étalage, de présentation, d'étiquetage et de publicité de ces produits, de toute inscription, indication, signe, dénomination de fantaisie susceptible de créer une confusion dans l'esprit de l'acheteur, notamment sur la nature, la composition, les qualités substantielles, le mode de fabrication, le poids, le nombre d'unités ou l'origine des produits faisant l'objet du présent décret, ainsi que sur l'usage auquel ces produits sont destinés.

Directive 2001/37/CE du Parlement européen et du Conseil du 5 juin 2001,

Relative au rapprochement des dispositions législatives, réglementaires et administratives des États membres en matière de fabrication, de présentation et de vente des produits du tabac (JOCE L 194 du 18 juill.).

La Dir. 2001/37/CE du 5 juin 2001 est abrogée avec effet au 20 mai 2016. — V., à compter de cette date, la Dir. 2014/40/UE du 3 avr. 2014, infra.

Directive 2003/33/CE du Parlement européen et du Conseil du 26 mai 2003,

Concernant le rapprochement des dispositions législatives, réglementaires et administratives des États membres en matière de publicité et de parrainage en faveur des produits du tabac (JOUE L 152 du 20 juin 2003).

Arrêté du 1er décembre 2010,

Fixant les modèles de signalisation prévus par l'article R. 3511-6 du code de la santé publique.

Art. 1er **La signalisation rappelant le principe de l'interdiction de fumer dans les lieux mentionnés à l'article R. 3511-1 du code de la santé publique, et prévue à l'article R. 3511-6 de ce code, reproduit le modèle en annexe 1 du présent arrêté.**

Toutefois, les signalisations éditées ou imprimées avant la date de publication du présent arrêté *[JO 11 déc.]* **et conformes aux annexes 1 ou 2 de l'arrêté du 22 janvier 2007 sont réputées valides.**

Art. 2 **La signalisation à apposer à l'entrée des espaces mentionnés à l'article R. 3511-2 du code de la santé publique reproduit le modèle en annexe 2 du présent arrêté.**

Les signalisations éditées ou imprimées avant la date de publication du présent arrêté *[JO 11 déc.]* **et conformes à l'annexe 3 de l'arrêté du 22 janvier 2007 ne sont plus réputées valides au-delà du délai de trois mois suivant la publication du présent arrêté.**

Art. 3 **Ces signalisations doivent respecter les dispositions graphiques prévues en annexe 3 du présent arrêté.**

Art. 4 **L'arrêté du 22 janvier 2007 fixant les modèles de signalisation prévus par l'article R. 3511-6 du code de la santé publique est abrogé.**

ANNEXES

ANNEXE 1

MODÈLE DE SIGNALISATION VISÉ À L'ARTICLE 1er

ANNEXE 2

MODÈLE DE SIGNALISATION VISÉ À L'ARTICLE 2

ANNEXE 3

DISPOSITIONS GRAPHIQUES

(à respecter par les modèles de signalisation prévus à l'article R. 3511-6
du code de la santé publique)

Ces modèles doivent être imprimés en l'état, ils ne doivent ni ne peuvent en aucun cas être modifiés.

Ces modèles sont libres d'impression sur n'importe quel support papier, plastique, autocollant, etc.

Ces modèles doivent être imprimés au format minimum de 15 × 21 cm (A5), sans limites d'agrandissement homothétique.

En aucun cas, les couleurs et typographies ne peuvent différer des références suivantes :

Couleurs :

Bleu :

Références quadrichromie :

C : 100.

M : 40.

J : 00.

N : 40.

Rouge :

Références quadrichromie :

C : 20.

M : 100.

J : 90.

N : 10.

Noir : Process Black C.

Gris : noir 40 %.

Typographie : Helvetica (normal ou gras).

Directive 2014/40/UE du Parlement européen et du Conseil du 3 avril 2014,

Relative au rapprochement des dispositions législatives, réglementaires et administratives des États membres en matière de fabrication, de présentation et de vente des produits du tabac et des produits connexes.

Arrêté du 19 mai 2016,

Relatif aux modalités d'inscription des avertissements sanitaires sur les unités de conditionnement des produits du tabac, des produits du vapotage, des produits à fumer à base de plantes autres que le tabac et du papier à rouler les cigarettes.

Art. 1er Chaque unité de conditionnement ainsi que tout emballage extérieur de produits du tabac, de produits du vapotage, de produits à fumer à base de plantes autres que le tabac ainsi que de papiers à rouler les cigarettes portent les avertissements sanitaires prévus dans le présent arrêté. Ces avertissements sont en français.

SECTION I *Produits du tabac*

SOUS-SECTION 1 *Dispositions générales*

Art. 2 I. – Les avertissements sanitaires occupent l'intégralité de la surface de l'unité de conditionnement ou de l'emballage extérieur qui leur est réservée. Ils ne sont pas commentés, paraphrasés ou ne font pas l'objet de référence de quelque manière que ce soit.

II. – Les avertissements sanitaires sont imprimés de façon inamovible, indélébile et pleinement visible et ne sont pas dissimulés ou interrompus, partiellement ou en totalité, par les marquages destinés à l'identification et à la traçabilité mentionnés à l'article L. 3512-23 du code de la santé publique, par les dispositifs de sécurité mentionnés à l'article L. 3512-25 du code de la santé publique, par des suremballages, des enveloppes, des boîtes ou tout autre élément lors de la mise sur le marché des produits du tabac.

III. – Dans le cas d'unités de conditionnement de forme parallélépipédique avec des bords arrondis ou biseautés, les avertissements sanitaires couvrent des surfaces équivalentes à celles des unités de conditionnement ne comportant pas de tels bords et sont apposés sans déborder sur les bords.

IV. – Les avertissements sanitaires restent intacts lors de l'ouverture de l'unité de conditionnement. Pour les unités de conditionnement comportant un couvercle supérieur rabattable, les avertissements sanitaires peuvent être interrompus par l'ouverture de l'unité de conditionnement, mais uniquement d'une façon qui garantisse l'intégrité graphique et la visibilité du texte, des photographies et des informations concernant le sevrage.

V. – En ce qui concerne les unités de conditionnement et les emballages extérieurs des produits du tabac autres que les cigarettes et le tabac à rouler en pochettes, les avertissements sanitaires peuvent être apposés au moyen d'adhésifs, à condition que ces derniers soient inamovibles.

Art. 3 Les dimensions des avertissements sanitaires sont calculées en fonction de la surface concernée lorsque l'unité de conditionnement est fermée.

Art. 4 Les avertissements sanitaires sont encadrés par une bordure noire d'une largeur d'un millimètre. Cette bordure n'interfère en aucune façon avec le texte des avertissements.

Art. 5 Un pictogramme visant à informer les consommateurs et leurs proches sur le programme d'aide au sevrage dédié aux femmes enceintes, mis en place sur le site www.tabac-info-service.fr, apparait systématiquement sur chaque unité de conditionnement de produits du tabac.

Le pictogramme est placé, pour les produits du tabac à fumer, à côté des informations relatives au sevrage tabagique, en dessous du message d'avertissement.

SOUS-SECTION 2 *Produits du tabac à fumer*

Art. 6 I. – Chaque unité de conditionnement ainsi que tout emballage extérieur des produits du tabac à fumer porte un avertissement sanitaire combiné, conformément au *a* du 1° de l'article L. 3512-22 du code de la santé publique.

II. – Cet avertissement sanitaire combiné :

1° Se compose d'un message d'avertissement figurant à l'annexe 1 du présent arrêté et d'une photographie en couleurs correspondante figurant dans la bibliothèque d'images de la directive déléguée 2014/109/UE de la Commission du 10 octobre 2014 ;

2° Comporte, en dessous du message d'avertissement visé au 1°, les informations relatives au sevrage tabagique suivantes :

(Arr. du 17 oct. 2016, en vigueur le 20 mai 2017) « "Tabac info service vous aide à arrêter de fumer : le site + l'appli + le 39 89 Service gratuit + prix appel *[ancienne rédaction : "Pour arrêter de fumer : www.tabac-info-service.fr ou 3989 (appel non surtaxé)"]*" » ;

3° Recouvre 65 % de la surface extérieure avant et arrière de l'unité de conditionnement et de tout emballage extérieur. Les unités de conditionnement cylindriques affichent deux avertissements sanitaires combinés, équidistants l'un de l'autre, chacun couvrant 65 % de la moitié de sa surface bombée respective ;

4° Apparaît contre le bord supérieur d'une unité de conditionnement et de tout emballage extérieur, et est orienté de la même façon que les autres informations figurant éventuellement sur cette surface de conditionnement ;

5° Respecte les dimensions ci-après, dans le cas d'unités de conditionnement des cigarettes :

— hauteur : 44 millimètres au minimum ;

— largeur : 52 millimètres au minimum.

III. — Les spécifications techniques concernant le format, la disposition, la présentation et les proportions des avertissements sanitaires combinés sont conformes à la décision européenne d'exécution 2015/1842 de la Commission du 9 octobre 2015.

IV. — Les avertissements sanitaires combinés sont répartis en trois séries d'illustrations de 14 photographies. Chaque série est utilisée alternativement d'une année à l'autre. Les séries sont numérotées 1, 2 et 3.

Les photographies de la série 1 sont apposées sur les unités de conditionnement fabriquées entre le 20 mai 2016 et le 19 mai 2017. Les photographies de la série 2 sont apposées sur les unités de conditionnement fabriquées entre le 20 mai 2017 et le 19 mai 2018. Les photographies de la série 3 sont apposées sur les unités de conditionnement fabriquées entre le 20 mai 2018 et le 19 mai 2019. Cet ordre est reproduit les années suivantes.

Chacun des avertissements sanitaires combinés à utiliser au cours d'une année donnée est apposé sur chaque marque de produits du tabac en nombre égal, dans la mesure du possible.

La procédure pour utiliser ces photographies est décrite en annexe 2 du présent arrêté.

Art. 7 I. — L'avertissement général mentionné au *b* du 1° de l'article L. 3512-22 du code de la santé publique est le suivant :

"Fumer tue".

Dans le cas des unités de conditionnement parallélépipédiques de cigarettes et du tabac à rouler, cet avertissement général apparaît sur la partie inférieure de l'une des surfaces latérales de l'unité de conditionnement.

Le message d'information mentionné au *c* du 1° de l'article L. 3512-22 du code de la santé publique est le suivant :

"La fumée du tabac contient plus de 70 substances cancérigènes".

Dans le cas des unités de conditionnement parallélépipédiques de cigarettes et du tabac à rouler, ce message d'information apparaît sur la partie inférieure de l'autre surface latérale.

II. — L'avertissement général et le message d'information mentionnés au I couvrent 50 % des surfaces sur lesquelles ils sont imprimés et ont une largeur supérieure ou égale à 20 millimètres. — *Le II de l'art. 7 de l'Arr. du 19 mai 2016 est annulé en tant qu'il s'applique aux cigares et cigarillos (CE 10 mai 2017, n° 401548 : JO 18 mai).*

III. — L'avertissement général et le message d'information visés au I sont imprimés en caractères gras Helvetica noirs sur fond blanc. La taille de police de caractères garantit que le texte correspondant occupe la proportion la plus grande possible de la surface réservée à ces avertissements sanitaires.

Ils sont centrés sur la surface qui leur est réservée. Dans le cas d'unités de conditionnement parallélépipédiques et pour tout emballage extérieur, ils sont apposés parallèlement à l'arête latérale de l'unité de conditionnement ou de l'emballage extérieur.

Art. 8 I. — Pour les unités de conditionnement se présentant sous la forme d'une boîte pliante à couvercle basculant, et dont la surface latérale se sépare en deux lors de l'ouverture, l'avertissement général et le message d'information apparaissent dans leur intégralité sur les plus grandes parties de ces deux surfaces séparées.

L'avertissement général apparaît aussi sur la partie intérieure de la surface supérieure, visible lorsque l'unité de conditionnement est ouverte.

Les surfaces latérales de ce type d'unité de conditionnement sont d'une hauteur supérieure ou égale à 16 millimètres. – *Le I de l'art. 8 de l'Arr. du 19 mai 2016 est annulé en tant qu'il s'applique aux cigares et cigarillos (CE 10 mai 2017, nº 401548 : JO 18 mai).*

II. – Les spécifications techniques concernant l'emplacement exact de l'avertissement général et du message d'information sur le tabac à rouler commercialisé en pochettes sont conformes à la décision européenne d'exécution 2015/1735 de la Commission du 24 septembre 2015.

III. – Dans le cas du tabac à rouler commercialisé dans des unités de conditionnement cylindriques, l'avertissement général apparaît sur la surface extérieure du couvercle et le message d'information sur sa surface intérieure.

SOUS-SECTION 3 *Produits du tabac sans combustion*

Art. 9 Chaque unité de conditionnement ainsi que tout emballage extérieur de produits du tabac sans combustion porte l'avertissement sanitaire suivant :

"Ce produit du tabac nuit à votre santé et crée une dépendance".

Art. 10 I. – L'avertissement sanitaire mentionné à l'article 9 couvre 30 % des deux surfaces les plus grandes de l'unité de conditionnement et de tout emballage extérieur. Le texte de cet avertissement est parallèle au texte principal figurant sur ces surfaces.

II. – Cet avertissement est imprimé en caractères gras Helvetica noirs sur fond blanc. La taille de police de caractères garantit que le texte correspondant occupe la proportion la plus grande possible des surfaces réservées à cet avertissement.

III. – L'avertissement est centré sur les surfaces qu'il occupe. Sur les unités de conditionnement parallélépipédiques et tout emballage extérieur, il est parallèle à l'arête latérale de l'unité de conditionnement ou de l'emballage extérieur.

SECTION II *Papier à rouler les cigarettes*

Art. 11 I. – Toutes les unités de conditionnement du papier à rouler les cigarettes portent :

1º Sur la face avant *(Arr. du 22 août 2016, art. 20)* « de la barquette », l'avertissement sanitaire suivant : 'Fumer nuit gravement à votre santé et à celle de votre entourage" ;

2º Sur la tranche supérieure *(Arr. du 22 août 2016, art. 20)* « du cahier », l'avertissement sanitaire suivant : "Faites-vous aider pour arrêter de fumer, téléphonez au 3989 (appel non surtaxé)".

Ces avertissements sont imprimés à un endroit apparent, de façon inamovible et indélébile, et ne sont en aucune façon dissimulés, voilés ou séparés par d'autres indications ou images ou par l'ouverture de l'unité de conditionnement.

Les emballages extérieurs ne portent pas d'avertissements sanitaires.

II. – L'avertissement exigé conformément au 1º du I couvre au moins 50 % de la superficie externe de la surface sur laquelle il est imprimé.

L'avertissement sanitaire visé au même 1º est imprimé :

1º En caractères gras Helvetica Bold noirs sur fond blanc, et en minuscules sauf pour la première lettre du message ;

2º En taille de caractère 18,5 ;

3º Centré sur la surface sur laquelle le texte doit être imprimé, parallèlement au bord supérieur de l'unité de conditionnement ;

4º Sur la partie inférieure de la face sur laquelle il est imprimé.

L'avertissement est entouré d'un bord noir, d'une épaisseur minimale de 3 mm, n'interférant en aucune façon avec le texte de l'avertissement.

III. – L'avertissement visé au 2º du I couvre la totalité de la superficie externe de la surface sur laquelle il est imprimé.

L'avertissement sanitaire visé au même 2º est imprimé :

1º En caractères gras Helvetica Medium noirs sur fond blanc, et en minuscules sauf pour la première lettre du message ;

2º En taille de caractère 6,5 ;

3º Centré sur la surface sur laquelle le texte doit être imprimé, parallèlement au bord supérieur de l'unité de conditionnement.

SECTION III *Produits du vapotage*

Art. 12 Toutes les unités de conditionnement et tous les emballages extérieurs de produits du vapotage et de flacons de recharge contenant de la nicotine portent, conformément à l'article L. 3513-16 du code de la santé publique, l'avertissement sanitaire suivant :

"La nicotine contenue dans ce produit crée une forte dépendance. Son utilisation par les non-fumeurs n'est pas recommandée."

Art. 13 I. – L'avertissement sanitaire mentionné à l'article 12 couvre 30 % des deux surfaces les plus grandes de l'unité de conditionnement et de tout emballage extérieur. Le texte de cet avertissement est parallèle au texte principal figurant sur ces surfaces.

II. – Cet avertissement est imprimé en caractères gras Helvetica noirs sur fond blanc. La taille de police de caractères garantit que le texte correspondant occupe la proportion la plus grande possible des surfaces réservées à cet avertissement.

III. – L'avertissement est centré sur les surfaces qu'il occupe et, sur les unités de conditionnement parallélépipédiques et tout emballage extérieur, il est parallèle à l'arête latérale de l'unité de conditionnement ou de l'emballage extérieur.

SECTION IV *Produits à fumer à base de plantes autres que le tabac*

Art. 14 Chaque unité de conditionnement ainsi que tout emballage extérieur de produits à fumer à base de plantes porte l'avertissement sanitaire suivant :

"Fumer ce produit nuit à votre santé."

Art. 15 I. – L'avertissement sanitaire est imprimé sur la surface extérieure avant et arrière de l'unité de conditionnement ainsi que sur tout emballage extérieur et couvre 30 % de chacune de ces deux surfaces.

II. – L'avertissement sanitaire est imprimé en caractères gras Helvetica noirs sur fond blanc. La taille de police de caractères garantit que le texte correspondant occupe la proportion la plus grande possible de la surface réservée à ces avertissements sanitaires.

III. – Il est centré sur la surface sur laquelle le texte doit être imprimé et, sur les unités de conditionnement parallélépipédiques et sur tout emballage extérieur. Il est parallèle à l'arête latérale de l'unité de conditionnement ou de l'emballage extérieur.

SECTION V *Dispositions finales*

Art. 16 Le présent arrêté abroge :

1° L'arrêté du 27 mai 2004 relatif aux modalités d'inscription des avertissements de caractère sanitaire sur les unités de conditionnement du papier à rouler les cigarettes ;

2° L'arrêté du 15 avril 2010 modifié relatif aux modalités d'inscription des avertissements de caractère sanitaire sur les unités de conditionnement des produits du tabac.

Art. 17 Excepté les cigares, les produits du tabac non conformes aux dispositions du présent arrêté peuvent être mis à la consommation jusqu'au 20 novembre 2016 et commercialisés jusqu'au 1er janvier 2017.

Pour les cigares, les produits non conformes aux dispositions du présent arrêté peuvent être commercialisés jusqu'au 20 mai 2017.

ANNEXE 1

LISTE DES MESSAGES D'AVERTISSEMENTS (VISÉS AU 1° DU II DE L'ARTICLE 6)

1° Fumer provoque 9 cancers du poumon sur 10.

2° Fumer provoque le cancer de la bouche et de la gorge.

3° Fumer nuit à vos poumons.

4° Fumer provoque des crises cardiaques.

5° Fumer provoque des AVC et des handicaps.

6° Fumer bouche vos artères.

7° Fumer augmente le risque de devenir aveugle.

8° Fumer nuit à vos dents et à vos gencives.

9° Fumer peut tuer l'enfant que vous attendez.

10° Votre fumée est dangereuse pour vos enfants, votre famille et vos amis.

11° Les enfants des fumeurs ont plus de risques de devenir fumeurs.

12° Arrêtez de fumer : restez en vie pour vos proches.

13° Fumer diminue la fertilité.
14° Fumer augmente le risque d'impuissance.

ANNEXE 2

BIBLIOTHÈQUE D'IMAGES

Les images de ces avertissements figurent dans une bibliothèque électronique de documents sources, disponible auprès du ministère chargé de la santé.

La demande de ces fichiers peut être formulée :

— par courriel à l'adresse générique de la direction générale de la santé, au bureau santé des populations (SP3) : DGS-SP3@sante.gouv.fr ;

— ou par voie postale à l'adresse suivante : direction générale de la santé, 14, avenue Duquesne, 75350 Paris 07 SP.

Arrêté du 19 mai 2016,

Relatif aux produits du vapotage contenant de la nicotine.

Art. 1er La teneur en nicotine des produits du vapotage mentionnée au deuxième alinéa de l'article L. 3513-8 du code de la santé publique est inférieure ou égale à 20 milligrammes par millilitre.

Art. 2 Le dispositif de sûreté mentionné à l'article L. 3513-9 du code de la santé publique est destiné à protéger les enfants. Ce dispositif est inviolable.

Lorsqu'ils contiennent de la nicotine, les dispositifs électroniques de vapotage et les flacons de recharge sont protégés contre le bris et les fuites, quels que soient les matériaux utilisés.

Pour assurer l'absence de fuite, le mécanisme de remplissage choisi par le fabricant remplit les conditions prévues au 1 de l'article 2 de la décision d'exécution 2016/586 de la Commission européenne du 14 avril 2016.

Art. 3 Le volume des réservoirs ou des cartouches pré-remplis mentionné à l'article L. 3513-15 du code de la santé publique ne peut excéder 2 millilitres.

Le volume des flacons de recharge mentionnés au même article ne peut excéder 10 millilitres.

Art. 4 I. – Les mentions obligatoires prévues aux 1° à 4° de l'article L. 3513-16 du code de la santé publique sont imprimées :

a) En français ;

b) Dans une police qui leur permette d'être lisibles pour les consommateurs et dont la taille est proportionnée à celle de l'unité de conditionnement ou de l'emballage extérieur.

II. – La composition des produits mentionnée sur les unités de conditionnement et prévue au 1° de l'article L. 3513-16 du code de la santé publique comprend la liste de tous les ingrédients contenus dans le produit par ordre décroissant de leur poids.

Art. 5 Les méthodes d'analyse mentionnées à l'article L. 3513-16 du code de la santé publique pour déterminer la teneur en nicotine contenue dans les flacons de recharge destinés à être vapotés sont reproductibles et comportent une incertitude relative globale inférieure ou égale à 5 %.

Les méthodes d'analyse utilisées pour doser la nicotine piégée à partir des émissions de bouffées standardisées sont reproductibles et comportent une incertitude relative globale inférieure ou égale à 25 %.

Sont considérées comme bouffées standardisées celles qui sont représentatives des bouffées réellement inhalées par les vapoteurs avec le dispositif électronique de vapotage et le flacon de recharge utilisés. Ces bouffées sont obtenues au moyen de procédés mécaniques de simulation du vapotage.

La quantité de nicotine émise dans vingt bouffées varie au maximum de plus ou moins 15 % autour de la moyenne de mesures effectuées sur trois séries de vingt bouffées.

La technique de piégeage utilisée pour capter la nicotine dans les émissions est optimale au regard de l'état des connaissances scientifiques.

Art. 6 Les méthodes de vérification de l'exactitude des mentions d'information prévues à l'article L. 3513-16 du code de la santé publique portées sur les unités de conditionnement

utilisent les techniques analytiques les plus adaptées au regard de l'état des connaissances scientifiques et des exigences d'exactitude, de répétabilité, de linéarité et de spécificité requises pour l'établissement des résultats.

Art. 7 **I. – Chaque unité de conditionnement d'un produit du vapotage contenant de la nicotine comprend la notice mentionnée à l'article L. 3513-17 du code de la santé publique. Celle-ci indique :**

a) **Les consignes d'utilisation et de stockage du produit et une note indiquant que l'utilisation du produit n'est pas recommandée aux jeunes et aux non-fumeurs ;**

b) **Les contre-indications ;**

c) **Les avertissements pour les groupes à risque spécifiques ;**

d) **Les effets indésirables possibles ;**

e) **L'effet de dépendance et la toxicité ;**

f) **Les coordonnées du fabricant ou de l'importateur et d'une personne physique ou morale au sein de l'Union.**

II. – En outre, la notice indique les consignes d'utilisation relatives au dispositif de sureté mentionné à l'article L. 3513-9 du code de la santé publique. Ces consignes contiennent les informations prévues, selon le mécanisme de remplissage choisi, au 2 de l'article 2 de la décision d'exécution 2016/586 de la Commission européenne du 14 avril 2016.

Arrêté du 22 août 2016,

Relatif aux produits du tabac, du vapotage, et à fumer à base de plantes autres que le tabac ainsi qu'au papier à rouler les cigarettes.

Produits du tabac

Art. 1er **L'établissement public mentionné aux articles L. 3512-15, L. 3512-17, L. 3512-18, D. 3512-9-2 et D. 3512-16-1 est l'Agence nationale de sécurité sanitaire de l'alimentation, de l'environnement et du travail.**

Art. 2 **Les niveaux d'émissions des cigarettes mises sur le marché ou fabriquées sur le territoire national visés à l'article L. 3512-15 du code de la santé publique ne peuvent excéder :**

a) **10 milligrammes de goudron par cigarette ;**

b) **1 milligramme de nicotine par cigarette ;**

c) **10 milligrammes de monoxyde de carbone par cigarette.**

Art. 3 **Les émissions des cigarettes, mentionnées à l'article L. 3512-15 et au 3° du I de l'article R. 3512-11 du code de la santé publique, sont mesurées sur la base des normes ISO 4387 pour le goudron, ISO 10315 pour la nicotine et ISO 8454 pour le monoxyde de carbone. L'exactitude des mesures concernant le goudron et la nicotine est vérifiée conformément à la norme ISO 8243.**

Art. 4 **I. – Tout signalement d'un arôme mentionné au premier alinéa de l'article L. 3512-16 du code de la santé publique se fait auprès du ministre chargé de la santé.**

II. – L'enquête relative à la présence d'un arôme mentionné au deuxième alinéa de l'article R. 3512-10 de la santé publique est effectuée sur la base des informations collectées conformément à la procédure prévue par la décision d'exécution (EU) 2016/779 de la Commission du 18 mai 2016 susvisée.

Le ministre chargé de la santé peut saisir le panel européen consultatif conformément à la procédure prévue par cette décision d'exécution. Le ministre chargé de la santé peut en outre demander des études complémentaires à un laboratoire agréé mentionné à l'article L. 3512-15 du code de la santé publique, à l'Institut national de la consommation ou à tout autre établissement ou institution qualifié.

III. – Le ministre chargé de la santé informe de la procédure visée au II les fabricants et importateurs des produits du tabac concernés par courrier électronique. L'adresse utilisée est celle qu'ils ont indiquée dans le formulaire de déclaration soumis en application de ***l'article L. 3512-17 du code de la santé publique*****. Le ministre chargé de la santé utilise également la voie électronique pour leur adresser toute demande d'information complémentaire ou toute notification conformément à la décision d'exécution susmentionnée.**

Les fabricants et les importateurs envoient leurs observations ou informations à l'adresse générique du ministère chargé de la santé dédiée aux produits du tabac suivante : info-industrie-tabac@sante.gouv.fr.

IV. – L'enquête ayant donné lieu à l'interdiction mentionnée à l'article L. 3512-16 du code de la santé publique, à l'exclusion des informations couvertes par le secret en matière commerciale et industrielle, est rendue publique sur le site du ministère chargé de la santé dans les six mois suivant la publication de l'arrêté d'interdiction.

Art. 5 Les déclarations, études et notifications mentionnées aux articles L. 3512-17 et L. 3512-18 du code de la santé publique sont transmises conformément au format commun de déclaration prévu par la décision d'exécution (UE) 2015/2186 de la Commission du 25 novembre 2015 susvisée.

Ces déclarations se font sur le site de la Commission européenne suivant : http://ec.europa.eu/health/euceg.

Tous les éléments des déclarations, notamment les études ou les documents joints, sont transmis en langue française.

Art. 6 I. – Les études mentionnées au II de l'article L. 3512-17 du code de la santé publique peuvent être constituées, pour les petites et moyennes entreprises, de copies d'études qui ont été déclarées par d'autres fabricants.

II. – Sont considérées comme petites et moyennes entreprises, au sens du I, les entreprises qui emploient moins de 250 personnes et dont le chiffre d'affaires annuel n'excède pas 50 millions d'euros ou dont le total du bilan annuel n'excède pas 43 millions d'euros.

Art. 7 La déclaration annuelle du volume des ventes mentionnée à l'article L. 3512-18 du code de la santé publique est transmise au plus tard le 31 mars de l'année suivant celle qui fait l'objet de la déclaration.

(Arr. du 12 déc. 2016, art. 1er) « Par dérogation au 1er alinéa, les déclarations portant sur les données à partir du 1er janvier 2015 peuvent être transmises jusqu'au 1er mars 2017. »

Art. 8 I. – L'Agence nationale de sécurité sanitaire de l'alimentation, de l'environnement et du travail veille à ce que les secrets en matière commerciale et industrielle ou toute autre information confidentielle mentionnés à l'article R. 3512-15 du code de la santé publique ne soient pas divulgués.

II. – Pour les informations transmises au titre du I de l'article L. 3512-17 du code de la santé publique, ne sont pas considérées comme confidentielles ou comme constituant des secrets en matière commerciale et industrielle les informations définies à l'article 6 de la décision d'exécution de la Commission UE 2015/2186 du 25 novembre 2015 susvisée.

III. – Pour les informations transmises au titre de l'article R. 3512-10 du code de la santé publique, les fabricants et les importateurs concernés par des demandes d'information peuvent, conformément à la décision d'exécution (EU) 2016/779 de la Commission du 18 mai 2016 susvisée, formuler une demande motivée visant à qualifier certaines informations de confidentielles.

Art. 9 Les informations mentionnées à l'article R. 3512-15 du code de la santé publique sont rendues accessibles au public par l'Agence nationale de sécurité sanitaire de l'alimentation, de l'environnement et du travail sur son site internet dans un délai de six mois après la déclaration.

Art. 10 L'affiche prévue par l'article D. 3512-9-1 du code de la santé publique reproduit le modèle figurant en annexe 1 du présent arrêté, en grand ou en petit format.

Cette affiche respecte les dispositions graphiques prévues en annexe 2 du présent arrêté.

Produits du vapotage

Art. 11 L'établissement public mentionné aux articles L. 3513-10 et D. 3513-10 est l'Agence nationale de sécurité sanitaire de l'alimentation, de l'environnement et du travail.

Art. 12 Les notifications, mentionnées aux articles L. 3513-10 et R. 3513-6 du code de la santé publique, et les études, mentionnées aux articles L. 3513-11 et R. 3513-7 du code de la santé publique, sont transmises à l'Agence nationale de sécurité sanitaire de l'alimentation, de l'environnement et du travail conformément aux modalités définies par la décision d'exécution (UE) 2015/2183 de la Commission du 24 novembre 2015 susvisée.

Une nouvelle notification est soumise pour chaque modification substantielle du produit.

Ces notifications se font sur le site de la Commission européenne suivant : http://ec.europa.eu/health/euceg.

Tous les éléments des notifications, notamment les études ou les documents joints, sont transmis en langue française.

Art. 12 *bis* *(Arr. du 12 déc. 2016, art. 2)* La déclaration annuelle du volume des ventes mentionnée à l'article L. 3513-11 du code de la santé publique est transmise au plus tard le 31 mars de l'année suivant celle qui fait l'objet de la déclaration.

Art. 13 I. – L'Agence nationale de sécurité sanitaire de l'alimentation, de l'environnement et du travail veille à ce que les secrets en matière commerciale et industrielle ou toute autre information confidentielle qui lui sont transmis ne soient pas divulgués.

II. – Pour les informations transmises au titre de l'article L. 3512-10 du code de la santé publique, ne sont pas considérées comme confidentielles ou comme constituant des secrets en matière commerciale et industrielle les informations définies à l'article 6 de la décision d'exécution de la Commission UE 2015/2183 du 24 novembre 2015 susvisée.

Art. 14 Les informations mentionnées à l'article R. 3513-9 du code de la santé publique sont rendues accessibles au public par l'Agence nationale de sécurité sanitaire de l'alimentation, de l'environnement et du travail sur son site internet dans un délai de six mois après la déclaration.

Art. 15 I. – L'affiche visée à l'article D. 3513-1 du code de la santé publique reproduit le modèle figurant en annexe 3 du présent arrêté en grand ou en petit format. Le vendeur choisit entre les deux modèles annexés en fonction des produits qu'il vend.

Cette affiche respecte les dispositions graphiques prévues en annexe 2 du présent arrêté.

II. – Le bandeau d'information prévu par l'article D. 3513-1 du code de la santé publique reproduit le modèle figurant en annexe 4 du présent arrêté et respecte les dispositions graphiques prévues en annexe 5 du présent arrêté. Le message d'information avertissant que la vente des produits du vapotage est interdite aux mineurs de moins de 18 ans est affiché sur les sites de vente en ligne de ces produits. Le message d'information qu'il contient ne peut être modifié. Le message d'information est fixe et visible sans altération de son contenu.

Produits à fumer à base de plantes autres que le tabac

Art. 16 L'établissement public mentionné à l'article L. 3514-5 est l'Agence nationale de sécurité sanitaire de l'alimentation, de l'environnement et du travail.

Art. 17 Tous les éléments des déclarations mentionnées aux articles L. 3514-5 et R. 3514-1 du code de la santé publique, y compris les documents joints, sont transmis en langue française.

Ces déclarations se font sur le site de la Commission européenne suivant : http://ec.europa.eu/health/euceg.

Art. 18 I. – L'Agence nationale de sécurité sanitaire de l'alimentation, de l'environnement et du travail veille à ce que les secrets en matière commerciale et industrielle qui lui sont transmis ne soient pas divulgués.

II. – Ne sont pas considérées comme constituant des secrets en matière commerciale et industrielle les informations qui ne sont pas définies comme telles par les opérateurs économiques.

Art. 19 Les informations mentionnées à l'article R. 3514-2 du code de la santé publique sont rendues accessibles au public par l'Agence nationale de sécurité sanitaire de l'alimentation, de l'environnement et du travail sur son site internet, dans un délai de six mois après la déclaration.

....

Art. 22 Sont abrogés :

1° L'arrêté du 5 mars 2003 relatif aux teneurs maximales en goudron, nicotine et monoxyde de carbone des cigarettes, aux méthodes d'analyse, aux modalités d'inscription de ces teneurs et de vérification de l'exactitude des mentions portées sur les conditionnements ainsi qu'aux modalités d'inscription des avertissements de caractère sanitaire sur *les unités de conditionnement* des produits du tabac ;

2° L'arrêté du 28 mai 2010 fixant le modèle de l'affiche prévue par l'article D. 3511-15 du code de la santé publique ;

3° L'arrêté du 1er décembre 2011 relatif à la liste des ingrédients et de leurs quantités utilisés dans la fabrication des produits du tabac que les fabricants et importateurs de produits du tabac doivent déclarer au ministre chargé de la santé.

Art. 23 Les informations mentionnées aux articles R. 3512-15, R. 3513-9 et R. 3514-2 du code de la santé publique qui sont transmises par les fabricants et les importateurs des produits du tabac avant le 31 décembre 2016 sont rendues accessibles au public par l'Agence nationale de sécurité sanitaire de l'alimentation, de l'environnement et du travail sur son site internet au plus tard le 31 août 2017.

ANNEXES

ANNEXE 1

MODÈLE D'AFFICHE RELATIVE A L'INTERDICTION DE VENTE AUX MINEURS DES PRODUITS DU TABAC

Grand format (A4)

Liberté • Égalité • Fraternité
RÉPUBLIQUE FRANÇAISE

Interdiction de vente de tabac aux mineurs de moins de 18 ans

Il est interdit de vendre ou d'offrir gratuitement, dans les débits de tabac et tous commerces ou lieux publics, à des mineurs de moins de dix-huit ans des produits du tabac ou leurs ingrédients, y compris notamment le papier et le filtre.

La personne qui délivre l'un de ces produits, exige du client qu'il établisse la preuve de sa majorité.

CODE DE LA SANTÉ PUBLIQUE, ART. L.3512-12 et R.3515-5

Le non respect de cette interdiction est passible de poursuites judiciaires.

Petit format (15 × 15)

Liberté • Égalité • Fraternité
RÉPUBLIQUE FRANÇAISE

Interdiction de vente de tabac aux mineurs de moins de 18 ans

Il est interdit de vendre ou d'offrir gratuitement, dans les débits de tabac et tous commerces ou lieux publics, à des mineurs de moins de dix-huit ans des produits du tabac ou leurs ingrédients, y compris notamment le papier et le filtre.

La personne qui délivre l'un de ces produits, exige du client qu'il établisse la preuve de sa majorité.

CODE DE LA SANTÉ PUBLIQUE, ART. L.3512-12 et R.3515-5

Le non respect de cette interdiction est passible de poursuites judiciaires.

ANNEXE 2

Dispositions graphiques des affiches

Ces modèles doivent être imprimés en l'état, ils ne doivent ni ne peuvent en aucun cas être modifiés. Ils sont libres d'impression sur n'importe quel support papier, plastique, autocollant, etc.

Ces modèles doivent être imprimés, sans limites d'agrandissement homothétique :

— pour le grand format, au format minimum de 21 × 29,7 cm (A4) ;

— pour le petit format, au format minimum 15 × 15 cm.

En aucun cas les couleurs et typographies ne peuvent différer des références suivantes :

Couleurs :

Bleu : références quadrichromie :

C : 100.

M : 80.

J : 00.

N : 00.

Rouge : références quadrichromie :

C : 00.

M : 100.

J : 100.

N : 00.

Noir : Process Black C.

Gris : noir 50 %.

Typographie : Helvetica Neue.

ANNEXE 3

Modèle d'affiche relative à l'interdiction de vente aux mineurs des produits du vapotage

Pour les vendeurs de produits du tabac et du vapotage (en format A4) :

Interdiction de vente de tabac et de produits de vapotage aux mineurs de moins de 18 ans

Il est interdit de vendre ou d'offrir gratuitement, dans les débits de tabac et tous commerces ou lieux publics, à des mineurs de moins de dix-huit ans, des produits du tabac ou des ingrédients composant ces produits, et des dispositifs électroniques de vapotage ou des flacons de recharge qui leur sont associés.

La personne qui délivre l'un de ces produits, exige du client qu'il établisse la preuve de sa majorité.

CODE DE LA SANTE PUBLIQUE,
ART. L.3512-12, L.3513-5, R.3515-5 et R.3515-6

Le non respect de cette interdiction est passible de *poursuites judiciaires*.

Pour les vendeurs de produits du vapotage (en format A4) :

Liberté • Égalité • Fraternité
RÉPUBLIQUE FRANÇAISE

Interdiction de vente de produits du vapotage aux mineurs de moins de 18 ans

Il est interdit de vendre ou d'offrir gratuitement dans tous commerces ou lieux publics, à des mineurs de moins de dix-huit ans des dispositifs électroniques de vapotage ou des flacons de recharge qui leur sont associés.

La personne qui délivre l'un de ces produits, exige du client qu'il établisse la preuve de sa majorité.

CODE DE LA SANTÉ PUBLIQUE, ART. L.3513-5 et R.3515-6

Le non respect de cette interdiction est passible de poursuites judiciaires.

ANNEXE 4

MODÈLE DE BANDEAU INFORMATIF POUR LES SITES DE VENTE EN LIGNE DE PRODUITS DU VAPOTAGE

Liberté • Égalité • Fraternité
RÉPUBLIQUE FRANÇAISE

Interdiction de vente de produits du vapotage aux mineurs de moins de 18 ans

La preuve de majorité de l'acheteur est exigée au moment de la vente en ligne.

CODE DE LA SANTÉ PUBLIQUE, ART. L. 3513-5 et R. 3515-6

ANNEXE 5

DISPOSITIONS GRAPHIQUES DU BANDEAU INFORMATIF

La typographie utilisée : Helvetica Neue.

Helvetica Neue Gras : texte de 1er niveau.

Helvetica Neue Regular : texte de 2e niveau.

Helvetica Neue Medium : texte de 3e niveau (références juridiques).

Le texte est composé sur un fond blanc en caractères noirs à 100 %.

Le texte est encadré d'un filet d'une épaisseur minimum de 3 pt, ajusté de bord à bord.

Le texte de 1er et de 2e niveau est centré, le texte de 3e niveau est ferré à droite dans l'alignement du texte du 1er niveau.

Un blanc tournant doit être respecté à l'intérieur du cadre.

Le principe de composition doit respecter la logique graphique et l'homothétie.

Le bandeau d'information est d'une hauteur minimale de 60 pixels.

Le bandeau d'information doit occuper toute la largeur de la page de vente en ligne.

TAXIS

Décret n° 2015-1252 du 7 octobre 2015,

Relatif aux tarifs des courses de taxi.

Art. 1er Le tarif de la course de taxi comprend un prix maximum du kilomètre parcouru. Pour les périodes où la marche du véhicule est ralentie et pour la période d'attente commandée par le client, ce prix est remplacé par un prix maximum horaire.

Des majorations de ces prix peuvent être prévues :

1° Pour la course de nuit ;

2° Pour la course qui impose un retour à vide ou pour la course qui dessert des zones périphériques ou extérieures au ressort géographique de l'autorisation de stationnement ;

3° Le cas échéant, pour la course effectuée sur route enneigée ou verglacée ;

4° Pour les courses effectuées aux heures de pointe.

Art. 2 Le tarif de la course de taxi comprend un prix maximum de prise en charge.

Des suppléments peuvent être prévus pour :

1° La prise en charge de passagers supplémentaires. Si ce supplément est prévu, il ne peut l'être qu'à partir du quatrième passager transporté ;

2° La prise en charge d'animaux ;

3° La prise en charge de bagages suivant leur poids et leur encombrement ;

4° La réservation du taxi.

Art. 3 Le ministre chargé de l'économie fixe chaque année par arrêté, en fonction de l'évolution du prix des carburants, du prix des véhicules automobiles ainsi que de leurs frais de réparation et d'entretien et du tarif des assurances, la variation du tarif d'une course type de taxi. Cet arrêté précise les conditions et délais dans lesquels cette variation est appliquée dans les arrêtés préfectoraux prévus à l'article 5. — *V. Arr. du 2 nov. 2015, infra.*

Il définit la course type mentionnée au premier alinéa en tenant compte des profils de courses habituellement effectuées par les taxis. La course type comprend la prise en charge, une ou plusieurs distances kilométriques et une ou plusieurs périodes d'attente ou de marche au ralenti, selon l'heure ou la localisation des trajets.

Il peut définir des courses types et des variations de leur tarif différenciées selon les zones géographiques, pour tenir compte des spécificités dans la structure des courses dans ces zones.

Les majorations de prix mentionnées à l'article 1er varient dans la même proportion que celle prévue pour le tarif de la course type.

Art. 4 Le ministre chargé de l'économie arrête le tarif minimum, majorations et suppléments inclus, susceptible d'être perçu pour une course.

Il peut définir la période d'attente commandée par le client mentionnée à l'article 1er et déterminer les conditions d'application des majorations mentionnées à l'article 1er et des suppléments mentionnés à l'article 2. Il peut également fixer le montant de ces majorations et le prix de ces suppléments.

Par dérogation aux dispositions de l'article 1er, il peut instituer des tarifications forfaitaires pour la desserte de certains lieux ou sites faisant l'objet d'une fréquentation régulière ou élevée. Il détermine les conditions dans lesquelles la variation des forfaits peut s'écarter de celle du tarif de la course type mentionnée à l'article 3.

Art. 5 Les préfets dans leur département et le préfet de police dans sa zone de compétence déterminent chaque année par arrêté :

1° Le prix maximum du kilomètre parcouru, le prix maximum horaire et le prix maximum de prise en charge, dans le respect de la variation de la course type mentionnée à l'article 3 ;

2° Les conditions d'application de la période d'attente commandée par le client, des majorations et des suppléments, sous réserve des décisions arrêtées par le ministre en application de l'article 4 ;

3° Le montant des majorations et le prix des suppléments, lorsqu'ils ne sont pas fixés par le ministre en application de l'article 4.

Art. 6 Les tarifs des courses de taxi en vigueur à la date de publication du présent décret *[JO 9 oct.]* restent applicables jusqu'à l'intervention des arrêtés préfectoraux fixant les nouveaux prix maximum en application des dispositions du présent décret, notamment de l'article 3.

Art. 7 Le décret nº 87-238 du 6 avril 1987 réglementant les tarifs des courses de taxi est abrogé. — *V. **C. consom.**, éd. 2015 et antérieures.*

Arrêté du 2 novembre 2015,

Relatif aux tarifs des courses de taxi.

TITRE PREMIER Dispositions générales

Art. 1er Les prix maximums du kilomètre parcouru, les prix maximums horaires et le prix maximum de prise en charge sont fixés chaque année, dans chaque département et pour les taxis parisiens dans le ressort de leur autorisation de stationnement, de manière que les tarifs des courses types varient du ou des montants fixés en annexe du présent arrêté.

Cette annexe précise également les conditions dans lesquelles cette variation est appliquée, le tarif minimum susceptible d'être perçu pour une course et les prix fixés par le ministre chargé de l'économie.

Art. 2 Les modalités d'application du prix maximum du kilomètre parcouru et du prix maximum horaire en fonction de la vitesse du véhicule figurent à l'annexe MI-07 de l'arrêté du 28 avril 2006 susvisé *[fixant les modalités d'application du Décr. nº 2006-447 du 12 avr. 2006 relatif à la mise sur le marché et à la mise en service de certains instruments de mesure]*.

Art. 3 Pour l'application du présent arrêté, on entend par "taxis parisiens" les taxis pour lesquels le ressort géographique de l'autorisation de stationnement comprend la commune de Paris.

TITRE II Dispositions applicables aux taxis non parisiens

Art. 4 Les dispositions du présent titre s'appliquent aux courses des taxis autres que les taxis parisiens.

Art. 5 I. — Le prix maximum du kilomètre parcouru est majoré une fois au titre de la course de nuit, dans la limite de 50 %, et une fois au titre du retour à vide *(Abrogé par Arr. du 3 déc. 2015, art. 1er)* «***, conformément au 2º du même article,*** » dans la limite de 100 %.

Ces majorations permettent l'application des quatre tarifs kilométriques suivants :

1º "Tarif A" : course de jour avec retour en charge à la station ;

2º "Tarif B" : course de nuit avec retour en charge à la station ou course effectuée le dimanche et les jours fériés avec retour en charge à la station ;

3º "Tarif C" : course de jour avec retour à vide à la station ;

4º "Tarif D" : course de nuit avec retour à vide à la station ou course effectuée le dimanche et les jours fériés avec retour à vide à la station.

II. — Le prix maximum du kilomètre parcouru peut également être majoré pour la course sur route enneigée ou verglacée dans la limite de 50 % et sans que cette majoration ne puisse être cumulée avec la majoration au titre de la course de nuit. L'application de cette majoration est subordonnée aux deux conditions suivantes :

— les routes sont effectivement enneigées ou verglacées ; et

— *des équipements spéciaux* ou des pneumatiques antidérapants dits "pneus hiver" sont utilisés.

III. — Le prix maximum horaire peut être majoré une fois, dans la limite de 50 %, de manière à permettre l'application d'un "tarif horaire de jour" et d'un "tarif horaire de nuit".

Art. 6 Seuls peuvent être prévus les suppléments mentionnés aux 1º à 3º de l'article 2 du décret *[nº 2015-1252]* du 7 octobre 2015 susvisé *[V. supra]*.

Chaque année, leur montant varie au plus dans la même proportion que celle prévue pour le tarif de la course type.

Art. 7 La course-type des taxis non parisiens comprend la prise en charge, sept kilomètres au "tarif A" et six minutes au tarif horaire applicable le jour.

Si un "tarif horaire de nuit" est prévu dans le département, les majorations au titre de la course de nuit évoluent de manière que le tarif d'une course comprenant la prise en charge, sept kilomètres au "tarif B" et six minutes d'attente ou de marche au ralenti au "tarif de nuit" varie dans la même proportion que le tarif de course type.

TITRE III Dispositions spécifiques aux taxis parisiens

CHAPITRE PREMIER *Dispositions générales*

Art. 8 Les dispositions du présent titre s'appliquent aux courses des taxis parisiens.

Art. 9 I. — Seuls sont prévus les suppléments mentionnés au 1° et au 4° de l'article 2 du décret *[nº 2015-1252]* du 7 octobre 2015 susvisé *[V. supra]*.

II. — Le supplément pour la prise en charge de passagers supplémentaires est applicable pour chaque passager, majeur ou mineur, à partir du cinquième.

III. — Les suppléments pour la réservation du taxi comprennent :

— un supplément applicable en cas de réservation immédiate, lorsque le client demande un taxi au plus vite, sans préciser d'heure de rendez-vous ;

— un supplément applicable en cas de réservation à l'avance, lorsque le client demande un taxi à une heure fixe.

IV. — Chaque année, le montant des suppléments varie au plus dans la même proportion que celle prévue pour le tarif de la course-type.

Art. 10 La période d'attente commandée par le client correspond à toute période, comprise entre le début et la fin de la prestation, pendant laquelle le taxi est à l'arrêt ou en stationnement à la demande du client. Le prix maximum horaire applicable est celui prévu pour les périodes où la marche du véhicule est ralentie.

On entend par "début de la prestation" au sens du présent article :

1° En l'absence de réservation, l'heure de la prise en charge ;

2° Pour une réservation immédiate, l'heure à laquelle le client est informé que le taxi est arrivé au lieu de rendez-vous ;

3° Pour une réservation à l'avance, l'heure du rendez-vous ou, en cas de retard du taxi, l'heure à laquelle ce dernier est arrivé au lieu de rendez-vous.

CHAPITRE II *Dispositions applicables aux courses non forfaitisées*

Art. 11 I. — Le prix maximum du kilomètre parcouru et le prix maximum horaire sont majorés de manière à permettre l'application des trois tarifs horokilométriques suivants :

1° "Tarif A" : course effectuée dans Paris entre 10 heures et 17 heures ;

2° "Tarif B" : course effectuée :

a) Dans Paris de 17 heures à 10 heures ainsi que le dimanche de 7 heures à 24 heures et les jours fériés de 0 heure à 24 heures ;

b) Dans le ressort géographique des taxis parisiens hors Paris, de 7 heures à 19 heures ;

(Arr. du 3 déc. 2015, art. 1er) « 3° » "Tarif C" : course effectuée :

a) Dans Paris de 0 heure à 7 heures le dimanche ;

b) Dans le ressort géographique des taxis parisiens hors Paris, de 19 heures à 7 heures ainsi que le dimanche et les jours fériés ;

c) En dehors du ressort géographique des taxis parisiens.

II. — Les majorations sont définies de manière que le prix maximum du kilomètre en "tarif B" n'excède pas de plus de 50 % celui en "tarif A" et que le prix maximum du kilomètre en "tarif C" n'excède pas de plus de 100 % celui en "tarif A".

Art. 12 La course type des taxis parisiens comprend la prise en charge, un kilomètre et cinq minutes au "tarif A", quatre kilomètres et douze minutes au "tarif B" ainsi que deux kilomètres et trois minutes au "tarif C".

CHAPITRE III *Dispositions applicables aux courses forfaitisées*

Art. 13 Les dispositions du présent chapitre s'appliquent aux courses dont l'origine est l'enceinte de l'aéroport de Paris-Charles-de-Gaulle ou celle de l'aéroport de Paris-Orly et dont la destination est la commune de Paris. Elles s'appliquent également aux courses dont l'origine est la commune de Paris et la destination est l'enceinte de ces mêmes aéroports.

Art. 14 I. — Le prix des courses mentionnées à l'article 13 est déterminé avant la prestation et ne peut excéder les montants fixés en annexe. Peuvent toutefois s'y ajouter les suppléments mentionnés à l'article 9 et le prix de la période d'attente commandée par le client mentionnée à l'article 10.

II. – Ces prix sont identiques à destination et en provenance des aéroports. Ils sont différenciés selon que le lieu de prise en charge ou de destination est localisé au nord ou au sud de la Seine.

Les lieux dans Paris localisés au nord de la Seine, ou "Paris rive droite", comprennent les arrondissements 1er à 4e, 8e à 12e et 16e à 20e. Les lieux localisés au sud de la Seine, ou "Paris rive gauche", comprennent les arrondissements 5e à 7e et 13e à 15e.

III. – Par dérogation au I, si le client demande expressément un arrêt ou un passage du taxi dans un lieu de son choix, la tarification forfaitaire n'est pas appliquée. Elle peut également, selon des modalités précisées par le préfet de police, ne pas être appliquée en cas de changement de destination ou d'un détour à la demande expresse du client *(Arr. du 3 déc. 2015, art. 1er)* « si » cette demande est effectuée après le début la course.

Art. 15 Les prix maximums des courses mentionnées à l'article 13 sont revus chaque année en fonction du montant de la variation annuelle mentionnée à l'article 1er et de l'évolution de l'offre et de la demande de courses de taxis desservant les aéroports concernés.

Ils sont arrondis à l'euro le plus proche.

TITRE IV Dispositions transitoires et finales

Art. 16 Sont abrogés :
– l'arrêté du 10 janvier 1992 relatif aux tarifs des courses de taxi ;
– l'arrêté du 29 décembre 1992 relatif aux tarifs des courses de taxi ;
– l'arrêté du 28 décembre 1993 relatif aux tarifs des courses de taxi ;
– l'arrêté du 30 décembre 1994 relatif aux tarifs des courses de taxi ;
– l'arrêté du 21 décembre 1995 relatif aux tarifs des courses de taxi ;
– l'arrêté du 26 décembre 1996 relatif aux tarifs des courses de taxi ;
– l'arrêté du 29 décembre 1997 relatif aux tarifs des courses de taxi ;
– l'arrêté du 28 décembre 1998 relatif aux tarifs des courses de taxi ;
– l'arrêté du 29 décembre 1999 relatif aux tarifs des courses de taxi ;
– l'arrêté du 3 octobre 2000 relatif aux tarifs des courses de taxi ;
– l'arrêté du 26 octobre 2001 relatif aux tarifs des courses de taxi ;
– l'arrêté du 17 décembre 2002 relatif aux tarifs des courses de taxi ;
– l'arrêté du 16 décembre 2003 relatif aux tarifs des courses de taxi ;
– l'arrêté du 16 décembre 2004 relatif aux tarifs des courses de taxi ;
– l'arrêté du 27 septembre 2005 relatif aux tarifs des courses de taxi ;
– l'arrêté du 22 décembre 2006 relatif aux tarifs des courses de taxi ;
– l'arrêté du 13 février 2008 relatif aux tarifs des courses de taxi ;
– l'arrêté du 22 décembre 2008 relatif aux tarifs des courses de taxi ;
– l'arrêté du 17 décembre 2009 relatif aux tarifs des courses de taxi ; – *V.* **C. *consom.***, *éd. 2010.*
– l'arrêté du 20 décembre 2010 relatif aux tarifs des courses de taxi ; – *V.* **C. *consom.***, *éd. 2011.*
– l'arrêté du 21 décembre 2011 relatif aux tarifs des courses de taxi ; – *V.* **C. *consom.***, *éd. 2012.*
– l'arrêté du 14 décembre 2012 relatif aux tarifs des courses de taxi ; – *V.* **C. *consom.***, *éd. 2013.*
– l'arrêté du 23 décembre 2013 relatif aux tarifs des courses de taxi ; – *V.* **C. *consom.***, *éd. 2014.*
– l'arrêté du 22 décembre 2014 relatif aux tarifs des courses de taxi. – *V.* **C. *consom.***, *éd. 2015.*

Art. 17 Les dispositions relatives à l'application par les taxis parisiens du supplément pour la réservation prévu à l'article 9, l'article 10 et le chapitre III du titre III entrent en vigueur le 1er mars 2016.

Les dispositions figurant en annexe du présent arrêté entrent en vigueur aux dates que cette annexe précise.

ANNEXE

TARIFS POUR L'ANNÉE 2017

(Arr. du 22 déc. 2016)

A. — **Montant des tarifs**

TARIFS POUR L'ANNÉE 2017 (TAXIS PARISIENS ET NON PARISIENS)		MONTANTS
Variation du tarif de la course type		0,00 %
Composantes de la course type	Prise en charge	Au plus 3,83 €
	Prix maximum du kilomètre parcouru	Au plus 1,06 €
	Prix maximum horaire	Au plus 35,43 €
Tarif minimum susceptible d'être perçu		7,00 €

TARIFS POUR L'ANNÉE 2017 (TAXIS PARISIENS)		MONTANTS
Suppléments	Réservation immédiate	4,00 €
	Réservation à l'avance	7,00 €
	Passagers (à partir du cinquième)	4,00 €
Forfaits	Aéroport de Paris-Charles-de-Gaulle - Paris « rive-droite »	50,00 €
	Aéroport de Paris-Charles-de-Gaulle - Paris « rive-gauche »	55,00 €
	Aéroport de Paris-Orly - Paris « rive-droite »	35,00 €
	Aéroport de Paris-Orly - Paris « rive-gauche »	30,00 €

Par dérogation au deuxième alinéa de l'article 6 du présent arrêté, si un supplément pour la prise en charge dans les gares, les ports et les aéroports était prévu dans un département au 1er janvier 2016, l'arrêté préfectoral pris en application de l'article 5 du décret du 7 octobre susvisé pour l'année 2017 peut fixer un supplément pour la prise en charge de bagages qui est supérieur à celui fixé pour l'année 2016. La majoration du prix qui en résulte ne peut excéder le montant nécessaire pour compenser la perte de revenu résultant de la suppression du supplément pour la prise en charge dans les gares, les ports et les aéroports.

Le supplément pour la prise en charge de bagages majoré par rapport à 2016 ne peut être appliqué par le taxi avant la modification de la table tarifaire du taximètre.

B. — **Lettre devant être apposée sur le cadran du taximètre**

TAXIS CONCERNÉS	LETTRE
Taxis non parisiens appliquant un supplément pour la prise en charge de bagages majoré par rapport à 2016	Q de couleur rouge
Autres taxis non parisiens	U de couleur verte
Taxis parisiens	Q de couleur rouge

C. — **Dispositif transitoire et entrée en vigueur**

Les tarifs fixés par la présente annexe entrent en vigueur à la date d'entrée en vigueur des arrêtés préfectoraux pris en application de l'article 5 du décret du 7 octobre susvisé pour l'année 2017, au plus tard le 15 février 2017.

Ces arrêtés sont publiés dans un délai de quinze jours à compter de la date de publication *[JO 29 déc.]* de la présente annexe.

Arrêté du 6 novembre 2015,

Relatif à l'information du consommateur sur les tarifs des courses de taxi.

TITRE PREMIER Dispositions générales

Art. 1er L'information du consommateur sur les prix des courses de taxi est effectuée au moyen de l'indicateur du taximètre, d'une affiche à l'intérieur du véhicule et de la remise

d'une note dans les cas prévus à l'article 1er de l'arrêté du 3 octobre 1983 susvisé *[relatif à la publicité des prix de tous les services ; V. v° Prix (publicité)]*.

Art. 2 Le cas échéant, cette information est également assurée au moyen *(Arr. du 3 déc. 2015, art. 2)* « des » dispositions particulières suivantes, qui peuvent déroger à celles prévues par le présent arrêté :

— les dispositions en annexe de l'arrêté du 2 novembre susvisé *[relatif aux tarifs des courses de taxi ; V. supra]* fixant les règles applicables spécifiquement pendant la période transitoire comprise, chaque année, entre l'application des nouveaux tarifs et la mise à jour de la table tarifaire du taximètre ;

— les dispositions prévues par arrêté préfectoral, dans les zones où une tarification forfaitaire est instituée pour certaines courses en application de l'article 4 du décret du 7 octobre 2015 susvisé *[relatif aux tarifs des courses de taxi ; V. supra]*, pour les courses pour lesquelles le forfait ne trouve plus à s'appliquer du fait d'un changement de destination ou d'un détour demandé expressément par le client.

TITRE II Table tarifaire du taximètre et répétiteurs lumineux

Art. 3 La valeur de la chute au compteur du taximètre ne peut excéder 0,1 euro.

Art. 4 Lorsqu'un supplément pour la réservation est prévu conformément au 4° de l'article 2 du décret du 7 octobre 2015 susvisé, les dispositions suivantes sont applicables pour les tables tarifaires des taximètres des taxis concernés :

1° La table tarifaire assure l'affichage, dès le début de la prestation, du prix du supplément pour la réservation applicable, majoré, le cas échéant, du prix de la prise en charge ;

2° La table tarifaire assure que, pour une même course :

a) Plusieurs suppléments ne peuvent être appliqués pour la réservation du taxi ;

b) Le prix de la prise en charge peut être appliqué au plus une fois ;

c) Un supplément pour la réservation du taxi ne peut être appliqué après qu'un prix du kilomètre parcouru ou un prix horaire a été appliqué ;

d) Le prix de la prise en charge ne peut être appliqué après qu'un prix du kilomètre parcouru a été appliqué ;

3° La table tarifaire permet au conducteur d'appliquer les réductions de prix consenties ou de ne pas appliquer certains suppléments.

Art. 5 Lorsqu'une tarification forfaitaire est instituée en application de l'article 4 du décret du 7 octobre 2015 susvisé, les dispositions suivantes sont applicables pour les tables tarifaires des taximètres des taxis concernés, le cas échéant*[,]* en complément de celles prévues à l'article 4 :

1° S'agissant des courses forfaitisées, la table tarifaire assure l'affichage, après la prise en charge du client et au plus tard au moment où le conducteur est informé de la destination souhaitée par le client, du prix définitif de la course. Cet affichage est maintenu inchangé pendant la course sauf, le cas échéant, pour prendre en compte le prix d'une période d'attente commandée par le client ou l'application d'un supplément autre que pour la réservation du taxi ;

2° La table tarifaire assure que, pour une même course :

a) Ne peuvent être appliqués plusieurs forfaits ;

b) Le prix de la prise en charge peut être appliqué au plus une fois ;

c) Ne peuvent être appliqués un forfait et un prix de prise en charge ;

d) Ne peuvent être appliqués un forfait et un prix du kilomètre parcouru ;

e) Le prix de la prise en charge ne peut être appliqué après qu'un prix du kilomètre parcouru a été appliqué ;

3° La table tarifaire permet au conducteur d'appliquer les réductions de prix consenties ou de ne pas appliquer certains suppléments.

Art. 6 L'application des tarifs est signalée, à l'extérieur du véhicule, dans les conditions prévues par l'arrêté du 13 février 2009 susvisé *[relatif aux dispositifs répétiteurs lumineux de tarifs pour taxis]*, pour les tarifs qui en relèvent, et par l'illumination de la lettre A du dispositif répétiteur lumineux de tarifs prévu par cet arrêté, pour les tarifs suivants :

1° Tarification forfaitaire instituée en application de l'article 4 du décret du 7 octobre 2015 susvisé, sauf, le cas échéant, pendant la période d'attente commandée par le client ;

2° Supplément pour la réservation du taxi, pendant la période précédant le début de la prestation.

TITRE III Affichage dans le véhicule

Art. 7 Sont affichés dans le taxi, le cas échéant*[,]* selon les modalités définies par arrêté préfectoral :

1° Les taux horaires et kilométriques en vigueur et leurs conditions d'application ;

2° Les montants et les conditions d'application de la prise en charge et des suppléments ;

3° Le cas échéant, les montants des forfaits et leurs conditions d'application ;

4° Les conditions dans lesquelles la délivrance d'une note est obligatoire ou facultative ;

5° L'information selon laquelle le consommateur peut demander que la note mentionne son nom ainsi que le lieu de départ et le lieu d'arrivée de la course ;

6° L'information selon laquelle le consommateur peut régler la course par carte bancaire ;

7° L'adresse définie par arrêté préfectoral, après consultation des organisations professionnelles de taxis et des associations de consommateurs, à laquelle peut être adressée une réclamation.

TITRE IV Remise d'une note

Art. 8 La note est établie en double exemplaire. Un exemplaire est remis au client lorsqu'elle est obligatoire, ou à sa demande lorsqu'elle est facultative. Le double est conservé par le prestataire pendant une durée de deux ans et classé par ordre de date de rédaction.

Art. 9 La note est établie dans les conditions suivantes :

1° Sont mentionnés au moyen de l'imprimante mentionnée au 1° du II de l'article R. 3121-1 du code des transports :

a) La date de rédaction de la note ;

b) Les heures de début et fin de la course ;

c) Le nom ou la dénomination sociale du prestataire ou de sa société ;

d) Le numéro d'immatriculation du véhicule de taxi ;

e) L'adresse définie par arrêté préfectoral, après consultation des organisations professionnelles de taxis et des associations de consommateurs, à laquelle peut être adressée une réclamation ;

f) Le montant de la course minimum ;

g) Le prix de la course toutes taxes comprises hors suppléments ;

2° Sont soit imprimés, soit portés de manière manuscrite :

a) La somme totale à payer toutes taxes comprises, qui inclut les suppléments ;

b) Le détail de chacun des suppléments prévus à l'article 2 du décret du 7 octobre 2015 susvisé. Ce détail est précédé de la mention "supplément(s)" ;

3° A la demande du client, sont soit imprimés, soit portés de manière manuscrite :

a) Le nom du client ;

b) Le lieu de départ et le lieu d'arrivée de la course.

Art. 10 Lorsqu'une tarification forfaitaire est instituée en application de l'article 4 du décret du 7 octobre 2015 susvisé, les dispositions suivantes sont également applicables pour toutes les courses des taxis concernés :

1° Lorsque la délivrance est obligatoire, l'impression de la note est effectuée automatiquement, de manière visible pour le client ;

2° Les mentions prévues au 2° de l'article 9 sont imprimées, ainsi que la dénomination précise des suppléments ;

3° Est également imprimé le détail du prix de la course qui comprend :

a) Le prix de la prise en charge accompagné de la mention "prise en charge" ou le forfait appliqué accompagné de sa dénomination ;

b) Pour chaque tarif appliqué, sa dénomination, la distance ou la durée pertinente, le prix du kilomètre parcouru ou le prix horaire et le prix total associé ;

c) Les éventuelles réductions de prix consenties ;

4° Les mots : "nom du client" *(Arr. du 3 déc. 2015, art. 2)* « ou "client" », "départ" et "arrivée" sont imprimés et suivis d'un espace qui permet de faire figurer les informations prévues au 3° de l'article 9.

TITRE V Dispositions transitoires et finales

Art. 11 L'arrêté du 10 septembre 2010 relatif à la délivrance de note pour les courses de taxi est abrogé. – *V.* **C. consom.**, *éd. 2015 et antérieures.*

Art. 12 Par dérogation aux dispositions du titre IV, les exploitants de taxis en circulation avant le 1er janvier 2012 autres que les taxis parisiens, lorsqu'ils ne sont pas dotés d'une imprimante permettant l'édition automatisée d'une note, demeurent régis, jusqu'au 31 décembre 2016, par les dispositions de l'arrêté du 3 octobre 1983 susvisé *[relatif à la publicité des prix de tous les services ; V. vº Prix (publicité)]*.

Art. 13 Pour les taxis parisiens, les tables tarifaires des taximètres en service à la date d'entrée en vigueur du présent arrêté peuvent, jusqu'à leur remplacement ou leur réparation et au plus tard jusqu'au 1er janvier 2025, ne pas comporter une ou plusieurs des fonctionnalités suivantes dès lors que sa ou leur mise en place nécessite des modifications de nature à affecter leurs caractéristiques métrologiques et l'application des mêmes opérations de contrôle que la fabrication ou l'installation d'instruments neufs, conformément à l'article 42 du décret *[nº 2001-387]* du 3 mai 2001 susvisé *[relatif au contrôle des instruments de mesure ; V. au* **C. com.***]* :

1° L'affichage *(Arr. du 3 déc. 2015, art. 2)* « prévu au 1° de l'article 4 ou au 1° de l'article 5 », sous réserve que le prix total de la course, suppléments inclus, soit affiché en fin de course ;

2° Un ou plusieurs des dispositifs prévenant les cumuls mentionnés au 2° de l'article 4 et au 2° de l'article 5 ;

3° Un ou plusieurs des dispositifs permettant l'application de réduction mentionnés au 3° de l'article 4 ou au 3° de l'article 5 ; dans ce cas, par dérogation au *c* du 3° de l'article 10, les réductions appliquées peuvent être mentionnées de manière manuscrite sur la note ;

4° L'impression de la dénomination précise des suppléments et des forfaits prévue respectivement au 2° et au *a* du 3° de l'article 10 *(Arr. du 3 déc. 2015, art. 2)* « ainsi qu'au *g* du 1° de l'article 9 lorsque le prix de la course toutes taxes comprises hors suppléments correspond au montant du forfait » ; dans ce cas, est affichée dans le véhicule la correspondance entre les dénominations imprimées et les suppléments ou forfaits.

TEXTILES

Décret nº 55-15 du 4 janvier 1955,

Portant règlement d'administration publique pour l'application, en ce qui concerne le commerce des vêtements masculins, de la loi du 1er août 1905 sur la répression des fraudes [C. consom., art. L. 441-1].

Art. 1er Est interdit et considéré comme une tromperie sur les qualités substantielles de la marchandise au sens de la loi du 1er août 1905, l'emploi de toute indication, de tout signe, de tout mode de présentation, en particulier par l'usage du mot "tailleur" ou de toute autre dénomination comprenant ce mot, susceptible de faire croire à un acheteur qu'un vêtement masculin a été exécuté suivant les procédés techniques conformes aux usages loyaux et constants de la profession de tailleur, qui comportent la coupe individuelle aux mesures exactes du client lorsque ledit vêtement n'a pas été exécuté dans ces conditions.

Décret nº 91-1163 du 12 novembre 1991,

Portant application de l'article L. 412-1 du code de la consommation en ce qui concerne les produits en fourrure (Ord. nº 2016-301 du 14 mars 2016, art. 2, en vigueur le 1er juill. 2016).

Art. 1er Il est interdit de détenir en vue de la vente, de mettre en vente ou de vendre sous le nom de "fourrure", avec ou sans qualitatif, sous réserve de l'application du présent décret, toute matière ou produit ouvré, présentant ou non l'aspect de la fourrure, si cette matière ou ce produit ne provient pas de la dépouille d'un animal préparée au moyen d'un apprêt ou de tout autre procédé destiné à en assurer la conservation tout en préservant les poils y attenants.

Art. 2 L'interdiction prévue à l'article 1er s'étend à l'utilisation des synonymes ou dérivés du mot "fourrure" ainsi qu'à l'utilisation du nom des espèces animales et de leurs dérivés, quelle que soit la langue utilisée.

Art. 3 Les produits définis à l'article 1er doivent comporter, lors de leur détention en vue de la vente, de leur mise en vente ou de leur vente au consommateur, un étiquetage conforme aux prescriptions édictées par les articles suivants.

Les mentions de cet étiquetage doivent figurer en caractères identiques et de même couleur, nettement apparents et lisibles. Ces mentions doivent également figurer sur les catalogues et sur tout document publicitaire.

Art. 4 La dénomination de vente des produits exclusivement constitués de fourrure *(Décr. nº 2004-923 du 1er sept. 2004, art. 1er)* « comporte la mention du mot "fourrure" suivie du nom de l'espèce animale employée ou seulement le nom de cette espèce » *(Abrogé par Décr. nº 2013-396 du 13 mai 2013, art. 3)* *« peut comporter la mention du mot "fourrure" »*.

Sont considérés comme exclusivement constitués de fourrure les produits dans lesquels l'apport de matières autres que la fourrure répond à de simples exigences techniques de fabrication ou d'utilisation.

Lorsque plusieurs espèces animales ont été utilisées, l'étiquetage doit mentionner le nom de chaque espèce dans l'ordre décroissant de la proportion en surface de la fourrure de chaque espèce.

Art. 5 L'étiquetage des produits qui ne sont que partiellement constitués de fourrure doit mentionner, calculée en surface du produit, la part qui est constituée de fourrure ou désigner les parties de ce produit qui sont constituées de fourrure.

(Décr. nº 2004-923 du 1er sept. 2004, art. 2) « Le mot "fourrure" est suivi du ou des noms des espèces animales employées dans l'ordre décroissant de la proportion en surface de la fourrure de chaque espèce, ou remplacé par le nom de cette ou de ces espèces. »

L'étiquetage doit indiquer la ou les autres matières utilisées, dans l'ordre décroissant d'importance.

Art. 6 L'étiquetage mentionne la qualité de la fourrure dans les conditions suivantes :

Lorsque la fourrure est réalisée par un assemblage "peau sur peau" de plusieurs peaux débarrassées de leurs déchets, l'étiquette mentionne : fourrure "pleine peau".

Lorsque la fourrure est réalisée à partir de peaux (pleines peaux) préalablement découpées en V, lesquelles sont ensuite recousues avec décalage, l'étiquette mentionne : fourrure "allonge".

Lorsque la fourrure a été réalisée à partir de morceaux ou de déchets tels que pattes, nuques ou flancs, l'étiquetage le mentionne ou précise la nature de ces morceaux ou déchets.

Art. 7 L'étiquetage des produits dont l'aspect peut prêter à confusion avec la fourrure ne peut mentionner le mot "fourrure" que s'il est clairement indiqué qu'il s'agit d'une "imitation". Dans tous les cas, l'étiquette doit indiquer la ou les matières utilisées.

Art. 8 Lorsque les fourrures utilisées sont traitées de manière à imiter celle d'un animal autre que celui dont la dépouille a été utilisée, l'étiquetage doit mentionner le terme "façon" suivi du nom de l'espèce animale dont la fourrure est imitée.

Art. 9 L'étiquetage d'un article qui a déjà été porté doit mentionner le caractère usagé de l'article, même s'il a subi une nouvelle ouvraison. Il en va de même d'un article réalisé à partir de fourrures provenant d'articles ayant déjà été portés.

Art. 10 Les mentions obligatoires de l'étiquetage prévues aux articles précédents doivent figurer sur les documents commerciaux d'accompagnement tels que factures ou bons de livraison, établis au stade antérieur à la vente au consommateur. Cette obligation exclut le recours à des abréviations. Il est toutefois admis de recourir à un code lorsque la signification de la codification figure sur le même document.

Art. 10 bis *(Décr. nº 2004-923 du 1er sept. 2004, art. 3)* Les dispositions du présent décret ne font pas obstacle au principe de libre circulation des produits en fourrure et des produits similaires légalement fabriqués ou commercialisés dans un autre État membre de l'Union européenne ou en Turquie, ou légalement fabriqués dans un État partie à l'accord sur l'Espace économique européen, dès lors que sont garanties de manière équivalente l'information du consommateur et la loyauté des transactions commerciales.

Art. 11 Les dispositions du présent décret entreront en vigueur le premier jour du sixième mois suivant celui au cours duquel il aura été publié au *Journal officiel [JO 14 nov.]*.

Le décret n° 61-45 du 10 janvier 1961 pris pour l'application, en ce qui concerne la fourrure, de la loi du 1er août 1905 est abrogé à compter de la date d'entrée en vigueur du présent décret.

Arrêté du 25 avril 1995,

Relatif à l'information du consommateur sur les conditions de vente des articles textiles usagés ou d'occasion.

Art. 1er L'information sur les prix prévue par l'arrêté du 3 décembre 1987 *[V. v° Prix (publicité)]* doit, en ce qui concerne les vêtements et articles textiles usagés ou d'occasion vendus en l'état au consommateur, être accompagnée de la mention : "vêtements d'occasion" ou "textiles d'occasion". Cette mention doit faire l'objet d'un marquage par écriteau à proximité des articles auxquels elle se rapporte.

Elle doit être parfaitement lisible soit de l'extérieur, soit de l'intérieur de l'établissement, soit sur l'étalage ou à proximité de celui-ci, selon le lieu où sont exposés les articles.

Décret n° 2000-164 du 23 février 2000,

Relatif à la sécurité de certains articles de literie.

Art. 1er Il est interdit de fabriquer, importer, mettre à disposition à titre gratuit ou onéreux, détenir en vue de la vente, mettre en vente, vendre ou distribuer à titre gratuit les articles de literie qui ne satisfont pas aux prescriptions du présent décret tendant à garantir leur hygiène et à protéger les personnes contre certains risques d'incendie.

Art. 2 Pour l'application du présent décret, indépendamment de leur état de produits neufs ou reconfectionnés, les articles de literie désignent les coussins, les traversins, les oreillers, les couettes, les édredons et les couvertures matelassées.

Sont exclus du champ d'application du présent décret les coussins conçus pour être intégrés, de quelque manière que ce soit, dans un siège.

Art. 3 Les articles de literie mentionnés à l'article 1er doivent satisfaire à l'exigence essentielle de non-allumabilité et, pour ceux qui comportent des plumes ou du duvet, à l'exigence essentielle d'hygiène.

La non-allumabilité consiste en une réaction limitée aux sources d'allumage auxquelles il est raisonnablement prévisible que le produit soit exposé de telle sorte que le feu ne puisse se transmettre à son environnement.

L'hygiène s'entend de l'élimination des risques liés à la présence d'éléments pathogènes.

Les performances atteintes pour satisfaire ces deux exigences doivent être conservées dans les conditions normales d'utilisation et d'entretien.

Art. 4 Les exigences fixées à l'article 3 sont présumées satisfaites pour les articles de literie satisfaisant à l'une des deux conditions suivantes :

1° Avoir passé avec succès le test d'allumabilité par une cigarette en combustion et, s'ils comportent des plumes ou du duvet, les essais de détermination de la turbidité d'un extrait aqueux, de mesure de l'indice d'oxygène et, le cas échéant, de détermination de l'état microbiologique prévus par les normes françaises ou par les normes, réglementations techniques, procédés ou modes de fabrication en vigueur dans un autre État membre de la Communauté européenne ou dans un État partie à l'accord instituant l'Espace économique européen, assurant un niveau de protection équivalent, dont les références ont été publiées au *Journal officiel* de la République française ;

2° Bénéficier d'un certificat de conformité aux exigences délivré à la suite de l'examen d'un modèle par un organisme, français ou d'un État membre de la Communauté européenne ou d'un État partie à l'accord instituant l'Espace économique européen, accrédité selon la norme NF EN 45011 par un organisme membre de l'accord européen d'accréditation (EA).

Les essais peuvent être pratiqués sur des modèles représentatifs de la forme la plus sensible de la gamme technique des produits finis qui seront mis sur le marché ou sur des éprouvettes présentant le même comportement.

Art. 5 La conformité des articles de literie aux exigences définies à l'article 3 est attestée par l'apposition soit sur le produit, soit sur son emballage, soit sur un document d'accompagnement, d'une mention visible, lisible et indélébile indiquant « conforme aux exigences du décret n° 2000-164 du 23 février 2000 » ainsi que d'une indication du nom ou de la raison sociale du responsable de la mise sur le marché.

Chaque article de literie doit être accompagné des modalités d'entretien recommandées pour conserver au produit ses caractéristiques initiales.

Art. 6 Le responsable de la première mise sur le marché, fabricant ou importateur, tient à la disposition des agents chargés du contrôle :

— une description du modèle, ou de l'éprouvette correspondante, comprenant la liste des composants avec leurs caractéristiques ;

— selon le mode de preuve choisi en application de l'article 4, soit les rapports de tests ou d'essais prévus par les normes comme indiqué au 1° de l'article 4, soit le certificat de conformité et les rapports d'essais délivrés par un organisme accrédité comme indiqué au 2° de l'article 4, ou une copie certifiée conforme de ces documents.

Le dossier devra être conservé cinq ans à compter de la date de la dernière mise sur le marché du produit.

Art. 7 Seront punies des peines d'amende prévue pour les contraventions de la 5ᵉ classe :

— les personnes qui auront fabriqué, importé, mis à disposition à titre gratuit ou onéreux, détenu en vue de la vente, mis en vente, vendu ou distribué à titre gratuit les articles de literie qui ne satisfont pas aux prescriptions des articles 3 et 5 du présent décret ;

— les personnes mentionnées au premier alinéa de l'article 6 qui ne seront pas en mesure de présenter le dossier prévu à l'article 6.

En cas de récidive, la peine prévue pour la récidive des contraventions de la 5ᵉ classe est applicable.

Les personnes morales peuvent être déclarées pénalement responsables, dans les conditions prévues aux articles 121-2 et 131-40 (1°) du code pénal, des infractions définies aux alinéas précédents. Elles encourent les peines d'amende selon les modalités prévues à l'article 131-41 du même code.

Art. 8 Les dispositions du présent décret entreront en vigueur le premier jour du douzième mois suivant celui de sa publication au *Journal officiel* de la République française.

Les articles de literie fabriqués ou importés avant la date d'entrée en vigueur du présent décret pourront être commercialisés pendant une durée de six mois après cette date.

Décret n° 2010-29 du 8 janvier 2010,

Portant application de l'article L. 412-1 du code de la consommation à certains produits en cuir et à certains produits similaires (Ord. n° 2016-301 du 14 mars 2016, art. 2, en vigeur le 1ᵉʳ juill. 2016).

Art. 1ᵉʳ I. — Les matières premières ainsi que les produits semi-manufacturés ou manufacturés dont tout ou partie est en cuir ou présente l'aspect du cuir sont mis en vente, vendus, détenus en vue de la vente ou de la distribution à titre gratuit, conformément aux dispositions du présent décret, à l'exception des équipements de protection individuelle tels que définis par la directive du 21 décembre 1989 susvisée et des articles chaussants définis par le décret du 30 mai 1996 relatif à l'étiquetage des matériaux utilisés dans les principaux éléments des articles chaussants proposés à la vente au consommateur *[V. ce texte, v° Cordonnerie, chaussures]*.

II. — Au sens du décret, est considéré comme :

— du cuir le produit obtenu de la peau animale au moyen d'un tannage ou d'une imprégnation conservant la structure naturelle des fibres de la peau et ayant conservé tout ou *partie de sa fleur ;*

— de la croûte ou de la refente de cuir la partie interne d'un cuir obtenue par division du cuir dans son épaisseur ou par toute autre opération ayant entraîné l'élimination complète de la couche externe et sur laquelle l'ensemble des points d'implantation des poils, plumes ou écailles est détruit. Dans le cas de la croûte de cuir de porcin, l'implantation des follicules pileux peut rester apparente.

Art. 2 I. – L'utilisation du mot "cuir", à titre principal ou de racine ou sous forme d'adjectif, quelle que soit la langue utilisée, est interdite dans la désignation de toute autre matière que celle obtenue de la peau animale au moyen d'un tannage ou d'une imprégnation conservant la forme naturelle des fibres de la peau.

II. – L'emploi dans la désignation des produits mentionnés à l'article 1er d'un nom d'espèce animale est interdit pour désigner tout autre produit qu'un produit issu de l'espèce animale considérée.

III. – Les dénominations de matières premières, les désignations d'espèces animales, les états de surface et les types de finition ne peuvent être utilisées que pour les matières premières, les espèces animales, les états de surface et les types de finition définis par arrêté des ministres chargés de la consommation et de l'industrie. – *V. infra, Arr. du 8 févr. 2010.*

Art. 3 Les produits définis à l'article 1er, détenus en vue de la vente ou de la distribution à titre gratuit, comportent un étiquetage indiquant, d'une manière lisible et indélébile et en caractères typographiques identiques, les mentions suivantes :

1° Soit le nom, la raison sociale ou la marque du fabricant, ou du distributeur, soit, à défaut, le nom du vendeur suivi d'une indication conventionnelle délivrée par la direction chargée de la répression des fraudes et destinée à identifier le fabricant ou l'importateur ;

2° La dénomination des matières premières pour chacune de leurs parties à prendre en considération en vertu des conditions définies par arrêté des ministres chargés de la consommation et de l'industrie. Cette dénomination peut être également complétée par des pictogrammes dans les conditions définies par arrêté des ministres chargés de la consommation et de l'industrie ; – *V. infra, Arr. du 8 févr. 2010.*

3° La finition grainée ou le grainage sur cuir ou sur croûte de cuir ou sur refente de cuir. Cette mention est complétée par le terme "façon" ou "imitation" ou autre terme équivalent suivi du nom de l'animal ou de l'espèce animale imité ou du nom du motif fantaisie choisi. Toutefois, dans le cas où le grain de l'animal ou de l'espèce animale ainsi reproduit correspond respectivement à celui de l'animal ou de l'espèce animale dont est issu le cuir, ce complément d'information est facultatif ;

4° Pour les articles en cuir, la désignation du nom de l'animal ou à défaut la désignation de l'espèce animale. Toutefois cette mention n'est exigée pour les articles de maroquinerie et de voyage qu'en ce qui concerne les parties extérieures ;

5° Pour les revêtements de meubles en cuir, la désignation du nom de l'animal ou à défaut la désignation de l'espèce animale, l'état de surface et le type de finition ;

6° Pour les revêtements de meuble en croûte de cuir ou en refente de cuir, le type de finition.

Art. 4 Les documents d'offre en vente destinés au consommateur, notamment les catalogues et prospectus, portent les mentions prévues aux 2°, 3°, 5° et 6° de l'article 3.

Art. 5 Aux stades antérieurs à la vente au consommateur les documents commerciaux d'accompagnement comportent les mentions suivantes :

1° Pour toutes les matières premières, leur dénomination ;

2° Pour le cuir, sa dénomination, l'espèce animale et le type de tannage ;

3° Pour la croûte de cuir ou la refente de cuir, sa dénomination et le type de tannage ;

4° Pour le cuir destiné à l'industrie du meuble, sa dénomination, l'espèce animale, le type de tannage, *l'état de surface* et le type de finition ;

5° Pour la croûte de cuir ou la refente de cuir destinée à l'industrie du meuble, sa dénomination, le type de tannage et le type de finition ;

6° Pour les produits définis à l'article 1er, les mentions prévues aux 2°, 3° et 4° de l'article 3.

Toutes les mentions prévues aux alinéas précédents sont indiquées clairement et sans abréviations. L'utilisation d'un code est toutefois admise à condition d'en préciser la signification.

Art. 6 Les exigences du présent décret ne s'appliquent pas aux produits légalement fabriqués ou commercialisés dans un autre État membre de l'Union européenne ou dans un autre État partie contractante à l'accord sur l'Espace économique européen ou en Turquie.

Art. 7 Le décret du 18 février 1986 portant application au commerce des produits en cuir et similaire du cuir de la loi du 1er août 1905 sur les fraudes et falsifications en matière de produits ou de services est abrogé.

Art. 8 Les dispositions du présent décret entrent en vigueur le premier jour du treizième mois suivant sa publication *[JO 10 janv.]*.

Arrêté du 8 février 2010,

Relatif à l'application du décret nº 2010-29 du 8 janvier 2010 portant application du code de la consommation en ce qui concerne certains produits en cuir et similaires du cuir.

Art. 1er Les dénominations de matières, les désignations d'espèces animales, les états de surface, les types de finition, les pictogrammes et les mentions énumérées en annexes du présent arrêté sont utilisés pour désigner les produits auxquels ce texte s'applique à tous les stades de la commercialisation ou de la distribution à titre gratuit.

ANNEXE I

Partie du produit fini à prendre en considération pour l'étiquetage

Articles de maroquinerie et de voyage :

Parties extérieures, doublure principale.

Sièges :

Toutes les parties apparentes, y compris l'arrière du siège.

Autres articles :

Toutes les parties extérieures.

ANNEXE II

Dénomination des matières

Cuir :

Produit obtenu de la peau animale au moyen d'un tannage ou d'une imprégnation conservant la structure naturelle des fibres de la peau et ayant conservé tout ou partie de sa fleur.

Croûte de cuir ou refente de cuir :

Partie interne d'un cuir, obtenue par refente ou par toute autre opération ayant entraîné l'élimination complète de la couche externe et sur laquelle l'ensemble des points d'implantation des poils, plumes ou écailles se trouve détruit.

Dans le cas de la croûte de cuir de porcin, l'implantation des follicules pileux peut rester apparente.

Synderme :

Matériau constitué de fibres de cuir agglomérées à l'aide d'un liant approprié et dont la proportion de fibres n'est pas inférieure à 50 % du poids anhydre.

Synthétique :

Terme général désignant un matériau composé pour tout ou partie de produits de synthèse macromoléculaires.

Textile :

Produit défini par la directive 2008/121/CE du Parlement européen et du Conseil du 14 janvier 2009 relative aux dénominations textiles *[abrogée et remplacée par Régl. (UE) nº 1007/2011 du 27 sept. 2011, V. infra]*.

Autres matériaux :

Matériaux non définis dans la présente annexe.

ANNEXE III

Désignation des espèces animales

Bovin :

Terme s'appliquant exclusivement aux peaux de bovinés ayant subi un tannage *[Le tannage peut être minéral, végétal, synthétique ou combiné]*.

Caprin :

Terme s'appliquant exclusivement aux peaux de caprinés ayant subi un tannage *[Le tannage peut être minéral, végétal, synthétique ou combiné]*.

Équin :

Terme s'appliquant exclusivement aux peaux d'équidés ayant subi un tannage *[Le tannage peut être minéral, végétal, synthétique ou combiné]*.

Ovin :

Terme s'appliquant exclusivement aux peaux d'ovidés ayant subi un tannage *[Le tannage peut être minéral, végétal, synthétique ou combiné]*.

Porcin :

Terme s'appliquant exclusivement aux peaux de porcins ayant subi un tannage *[Le tannage peut être minéral, végétal, synthétique ou combiné]*.

Autres espèces (faune sauvage et/ou d'élevage, reptiles, poissons...) :

Terme s'appliquant aux peaux d'espèces non définies dans cette annexe ayant subi un tannage *(Le tannage peut être minéral, végétal, synthétique ou combiné)*.

Remarque : le nom de l'animal dont est issue la peau peut être utilisé à titre de complément d'information par rapport à la mention de l'espèce animal*[e]* susmentionné*[e]*, ainsi et à titre d'exemples :

— pour les bovinés : vachette, veau, buffle, taureau ;
— pour les caprinés : chèvre, chevreau ;
— pour les équidés : cheval, poulain ;
— pour les ovidés : mouton, agneau ;
— pour les porcins : porc, pécari ;
— pour les autres espèces : le nom de l'animal dont est issue la peau.

ANNEXE IV

Désignation des états de surface du cuir

Pleine fleur :

Dénomination s'appliquant aux cuirs ayant conservé l'intégralité de leur fleur d'origine.

Remarque : le terme « grain naturel » peut être utilisé en complément à la mention « pleine fleur ».

Fleur corrigée :

Dénomination s'appliquant aux cuirs ayant subi une opération mécanique de ponçage de la fleur, les distinguant des cuirs pleine fleur.

Nubuck :

Dénomination s'appliquant aux cuirs poncés sur fleur et présentant un aspect légèrement velouté.

ANNEXE V

Désignation des types de finition

Sans finition ou « plongé » :

Dénomination s'appliquant au cuir ayant conservé sa fleur d'origine dont la coloration est obtenue par une teinture en plein bain et non recouvert par une autre couche de finition.

Aniline :

Dénomination s'appliquant aux cuirs dont la coloration n'est obtenue que par la stricte utilisation de colorant à l'exclusion de tout pigment. Cette finition est transparente.

Pigmenté :

Dénomination s'appliquant au cuir ou à la croûte de cuir dont la finition colorée est obtenue par l'utilisation de pigments.

Enduit :

Dénomination s'appliquant au cuir ou à la croûte de cuir recouverts d'un enduit ou d'un film dont l'épaisseur de la couche d'enduction ou de contrecollage n'excède pas un tiers de l'épaisseur totale du produit, mais est supérieure à 0,15 mm.

Velours :

a) Dénomination s'appliquant au cuir ayant subi un ponçage sur chair donnant un aspect velouté caractéristique ;

b) Dénomination s'appliquant à la croûte de cuir dont l'une des faces a subi un ponçage donnant un aspect velouté caractéristique.

On entend par :

Colorant : la substance colorée fixée par réaction chimique, par absorption ou par dispersion, sur le cuir soit pour le teindre, soit pour réaliser certains types de finitions définis par le présent arrêté.

Pigment : le produit organique ou minéral, finement divisé, insoluble dans l'eau et utilisé dans les types de finitions définis par le présent arrêté pour lui donner une couleur.

Finition grainée ou grainage :

Finition sur cuir, croûte de cuir ou refente de cuir, réalisée par reproduction, par impression ou par tout autre moyen, dans le but notamment d'imiter le grain de la peau d'un animal ou d'une espèce animale, ou la texture d'un autre matériau.

Mentions valorisantes

Semi-aniline (expression s'appliquant à des cuirs pigmentés).

Un cuir ou une peau tannée teinte avec des colorants appropriés qui présente en outre une finition colorée semi-transparente à base de pigment sur toute la surface permettant néanmoins l'identification de la structure naturelle des follicules pileux.

ANNEXE VI

Pictogrammes

Pictogramme	Dénomination	Utilisable pour les matières
	Cuir	Cuir
	Cuir enduit	Cuir enduit
	Croûte de cuir ou refente de cuir	Croûte de cuir ou refente de cuir
	Croûte de cuir enduit ou refente de cuir enduit	Croûte de cuir enduit ou refente de cuir enduit
	Textile	Textile
	Autres matériaux	Synderme, élastomère, synthétique, et autres matériaux

Arrêté du 9 juillet 2010,

Relatif aux méthodes officielles d'analyse des produits textiles.

Art. 1er Les modes de prélèvement d'échantillons et les méthodes d'analyse pour le contrôle officiel des produits textiles sont décrits par la directive du 16 décembre 1996 susvisée.

Art. 2 L'arrêté du 29 novembre 2007 relatif aux méthodes officielles d'analyse des produits textiles est abrogé.

Art. 3 Les dispositions du présent arrêté entrent en vigueur le 15 septembre 2010.

Règlement (UE) n° 1007/2011 du Parlement européen et du Conseil du 27 septembre 2011,

Relatif aux dénominations des fibres textiles et à l'étiquetage et au marquage correspondants des produits textiles au regard de leur composition en fibres.

CHAPITRE PREMIER *Dispositions générales*

Art. 1er *Objet.* Le présent règlement établit les règles relatives à l'utilisation des dénominations de fibres textiles et à l'étiquetage et au marquage correspondants des produits textiles au regard de leur composition en fibres, les règles relatives à l'étiquetage ou au marquage de produits textiles qui comportent des parties non textiles d'origine animale, et les règles relatives à la détermination de la composition en fibres des produits textiles au moyen de l'analyse quantitative des mélanges binaires et ternaires de fibres textiles, dans le but d'améliorer le fonctionnement du marché intérieur et de fournir des informations précises aux consommateurs.

Art. 2 *Champ d'application.* 1. Le présent règlement s'applique aux produits textiles mis à disposition sur le marché de l'Union et aux produits visés au paragraphe 2.

2. Aux fins du présent règlement, les produits ci-après sont assimilés aux produits textiles :

a) les produits qui sont constitués pour au moins 80 % de leur poids de fibres textiles ;

b) les revêtements de meubles, de parapluies et de parasols qui sont constitués pour au moins 80 % de leur poids de parties textiles ;

c) les parties textiles :

i) de la couche supérieure des revêtements de sol à plusieurs couches ;

ii) des revêtements de matelas ;

iii) des revêtements des articles de camping,

à condition que ces parties textiles représentent au moins 80 % en poids desdits revêtements ou couches supérieures ;

d) les textiles incorporés à d'autres produits dont ils font partie intégrante lorsque leur composition est spécifiée.

3. Le présent règlement ne s'applique pas aux produits textiles qui, sans donner lieu à un transfert de propriété à titre onéreux, sont confiés pour ouvraison à des personnes travaillant à domicile ou à des entreprises indépendantes travaillant à façon.

4. Le présent règlement ne s'applique pas aux produits textiles personnalisés qui sont fabriqués par des tailleurs indépendants.

Art. 3 *Définitions.* 1. Aux fins du présent règlement, on entend par :

a) "produit textile", tout produit qui, à l'état brut, semi-ouvré, ouvré, semi-manufacturé, manufacturé, semi-confectionné ou confectionné, est exclusivement composé de fibres textiles, quel que soit le procédé de mélange ou d'assemblage mis en œuvre ;

b) "fibre textile", soit :

i) un élément caractérisé par sa flexibilité, sa finesse et sa grande longueur par rapport à la dimension transversale maximale, qui le rendent apte à des applications textiles ; ou

ii) une bande ou un tube souple ne dépassant pas 5 millimètres de largeur apparente, y compris les bandes coupées de bandes ou de feuilles plus larges fabriquées à partir des substances servant à la fabrication des fibres figurant au tableau 2 de l'annexe I et aptes à des applications textiles ;

c) "largeur apparente", la largeur de la bande ou du tube sous forme pliée, aplatie, compressée ou tordue ou, dans le cas de largeur non uniforme, la largeur moyenne ;

d) "partie textile", une partie d'un produit textile ayant une teneur en fibre identifiable ;

e) "fibres étrangères", les fibres autres que celles mentionnées sur l'étiquette ou le marquage ;

f) "doublure", une partie séparée utilisée dans la confection de vêtements et autres produits, comprenant une ou plusieurs couches de matière textile maintenues sur un ou plusieurs bords ;

g) "étiquetage", l'indication des informations requises sur un produit textile par apposition d'une étiquette ;

h) "marquage", l'indication des informations requises directement sur un produit textile par couture, broderie, impression, gaufrage ou tout autre mode d'apposition ;

i) "étiquetage global", l'utilisation d'une étiquette unique pour plusieurs produits ou parties textiles ;

j) "produit jetable", un produit textile conçu pour être utilisé seulement une fois ou pendant un temps limité et qui n'est normalement pas utilisé ultérieurement à des fins identiques ou similaires ;

k) "taux conventionnel", la valeur de reprise d'humidité à utiliser dans le calcul du pourcentage de composants fibreux sur la base des masses de fibres pures à l'état sec après application de facteurs conventionnels.

2. Aux fins du présent règlement, les définitions de "mise à disposition sur le marché", "mise sur le marché", "fabricant", "importateur", "distributeur", "opérateurs économiques", "norme harmonisée", "surveillance du marché" et "autorité de surveillance du marché" figurant à l'article 2 du règlement (CE) n° 765/2008 s'appliquent.

Art. 4 *Exigence générale relative à la mise à disposition sur le marché de produits textiles.* Les produits textiles ne sont mis à disposition sur le marché que s'ils sont étiquetés, marqués ou accompagnés de documents commerciaux conformément au présent règlement.

CHAPITRE II *Dénominations des fibres textiles et exigences correspondantes en matière d'étiquetage et de marquage*

Art. 5 *Dénominations des fibres textiles.* 1. Seules les dénominations des fibres textiles énumérées à l'annexe I sont utilisées pour l'étiquetage et le marquage comportant la description de la composition en fibres des produits textiles.

2. L'utilisation des dénominations énumérées à l'annexe I est réservée aux fibres textiles dont la nature correspond à la description figurant dans ladite annexe.

Les dénominations figurant à l'annexe I ne sont pas utilisées pour désigner d'autres fibres, à titre principal ou à titre de racine, ou sous forme d'adjectif.

Le terme "soie" n'est pas utilisé pour indiquer la forme ou présentation particulière en fil continu des fibres textiles.

Art. 6 *Demande de nouvelles dénominations de fibres textiles.* Tout fabricant ou toute personne agissant au nom d'un fabricant peut demander à la Commission l'ajout d'une nouvelle dénomination de fibre textile à la liste figurant à l'annexe I.

La demande est accompagnée d'un dossier technique établi conformément à l'annexe II.

Art. 7 *Produits textiles purs.* 1. Un produit textile ne peut être étiqueté ou marqué "100 %", "pur" ou "tout" que s'il est composé exclusivement d'une même fibre.

Ces termes ou des termes similaires ne sont pas utilisés pour d'autres produits textiles.

2. Sans préjudice de l'article 8, paragraphe 3, un produit textile ne contenant pas plus de 2 % en poids de fibres étrangères peut également être considéré comme étant composé exclusivement d'une même fibre pour autant que cette quantité soit justifiée par le fait qu'elle est techniquement inévitable dans le cadre de bonnes pratiques de fabrication et ne résulte pas d'une addition systématique.

Un produit textile obtenu par le cycle du cardé peut aussi être considéré comme étant composé exclusivement d'une même fibre s'il ne contient pas plus de 5 % en poids de fibres étrangères, pour autant que cette quantité soit justifiée par le fait qu'elle est techniquement inévitable dans de bonnes pratiques de fabrication et ne résulte pas d'une addition systématique.

Art. 8 *Produits en laine vierge ou laine de tonte.* 1. Un produit textile peut comporter, sur l'étiquette ou le marquage, l'une des dénominations figurant à l'annexe III pourvu qu'il soit exclusivement composé d'une fibre de laine n'ayant pas été incorporée antérieurement à un produit fini et n'ayant pas subi des opérations de filature et/ou de feutrage autres que celles requises par la fabrication dudit produit, ni un traitement ou une utilisation qui ait endommagé la fibre.

2. Par dérogation au paragraphe 1, les dénominations figurant à l'annexe III peuvent être utilisées pour qualifier la laine contenue dans un mélange de fibres textiles si toutes les conditions ci-après sont satisfaites :

a) la totalité de la laine contenue dans le mélange répond aux exigences définies au paragraphe 1 ;

b) la quantité de cette laine par rapport au poids total du mélange n'est pas inférieure à 25 % ;

c) en cas de mélange intime, la laine n'est mélangée qu'avec une seule autre fibre.

La composition centésimale complète d'un tel mélange est indiquée.

3. Les fibres étrangères contenues dans les produits visés aux paragraphes 1 et 2, y compris dans les produits en laine obtenus par le cycle du cardé, ne dépassent pas 0,3 % en poids, et leur présence est justifiée par le fait qu'elle est techniquement inévitable dans le cadre de bonnes pratiques de fabrication et ne résulte pas d'une addition systématique.

Art. 9 *Produits textiles composés de plusieurs fibres.* 1. Tout produit textile comporte, sur l'étiquette ou le marquage, la dénomination et le pourcentage en poids de toutes les fibres qui le constituent, par ordre décroissant.

2. Par dérogation au paragraphe 1, et sans préjudice de l'article 7, paragraphe 2, une fibre qui représente jusqu'à 5 % du poids total du produit textile, ou les fibres qui, collectivement, représentent jusqu'à 15 % du poids total du produit textile, peuvent, si elles ne peuvent pas être facilement déclarées au moment de la fabrication, être désignées par l'expression "autres fibres", immédiatement précédée ou suivie de leur pourcentage global en poids.

3. Les produits comportant une chaîne en pur coton et une trame en pur lin et dont le pourcentage de lin représente au moins 40 % du poids total du tissu désencollé peuvent être désignés par la dénomination "métis" obligatoirement complétée par l'indication de composition "chaîne pur coton – trame pur lin".

4. Sans préjudice de l'article 5, paragraphe 1, les termes "fibres diverses" ou "composition textile non déterminée" peuvent être utilisés sur l'étiquette ou le marquage de tout produit textile dont il est difficile de préciser la composition au moment de la fabrication.

5. Par dérogation au paragraphe 1 du présent article, les fibres qui ne figurent pas encore à l'annexe I peuvent être désignées par l'expression "autres fibres", immédiatement précédée ou suivie de leur pourcentage global en poids.

Art. 10 *Fibres à effet décoratif et fibres antistatiques.* 1. Les fibres visibles et isolables destinées à produire un effet purement décoratif et ne dépassant pas 7 % du poids du produit fini ne doivent pas être prises en compte dans les compositions en fibres prévues aux articles 7 et 9.

2. Les fibres métalliques et autres fibres incorporées en vue d'obtenir un effet antistatique et ne dépassant pas 2 % du poids du produit fini ne doivent pas être prises en compte dans les compositions en fibres prévues aux articles 7 et 9.

3. *(Rect. JOUE L 243 du 18 sept. 2015)* « Dans le cas des produits visés à l'article 9, paragraphe 3 », les pourcentages prévus aux paragraphes 1 et 2 du présent article sont calculés séparément sur le poids de la chaîne et celui de la trame.

Art. 11 *Produits textiles composés de plusieurs parties.* 1. Tout produit textile constitué de deux parties textiles ou plus n'ayant pas la même teneur en fibres textiles est muni d'une étiquette ou d'un marquage indiquant la teneur en fibres textiles de chacune des parties.

2. L'étiquetage ou le marquage visé au paragraphe 1 n'est pas obligatoire pour les parties textiles lorsque les deux conditions suivantes sont remplies :

a) ces parties ne sont pas des doublures principales ; et

b) ces parties représentent moins de 30 % du poids total du produit textile.

3. Deux produits textiles ou plus ayant la même teneur en fibres qui forment, normalement, un ensemble unique, peuvent être munis d'une seule étiquette ou d'un seul marquage.

Art. 12 *Produits textiles qui comportent des parties non textiles d'origine animale.* 1. La présence de parties non textiles d'origine animale dans un produit textile est indiquée en faisant figurer la phrase "Contient des parties non textiles d'origine animale" sur l'étiquetage ou le marquage du produit textile qui comporte de telles parties, lorsque le produit est mis à disposition sur le marché.

2. L'étiquetage ou le marquage n'est pas trompeur et est effectué de façon que le consommateur puisse aisément le comprendre.

Art. 13 *Étiquetage et marquage des produits textiles énumérés à l'annexe IV.* La composition en fibres des produits textiles énumérés à l'annexe IV est indiquée conformément aux dispositions relatives à l'étiquetage et au marquage figurant dans ladite annexe.

Art. 14 *Étiquettes et marquages.* 1. Les produits textiles sont étiquetés ou marqués aux fins d'en indiquer la composition en fibres lorsqu'ils sont mis à disposition sur le marché.

L'étiquetage et le marquage des produits textiles est durable, aisément lisible, visible et accessible, et, dans le cas d'une étiquette, celle-ci est solidement fixée.

2. Sans préjudice du paragraphe 1, les étiquettes ou les marquages peuvent être remplacés ou complétés par des documents commerciaux d'accompagnement, lorsque les produits sont fournis à des opérateurs économiques dans la chaîne d'approvisionnement ou lorsqu'ils sont livrés en exécution d'une commande d'un pouvoir adjudicateur au sens de l'article 1er de la directive 2004/18/CE du Parlement européen et du Conseil du 31 mars 2004 relative à la coordination des procédures de passation des marchés publics de travaux, de fournitures et de services.

3. Les dénominations des fibres textiles et les descriptions des compositions en fibres visées aux articles 5, 7, 8 et 9 sont clairement indiquées sur les documents commerciaux d'accompagnement visés au paragraphe 2 du présent article.

Le recours à des abréviations n'est pas autorisé, à l'exception d'un code mécanographique, ou lorsque les abréviations sont définies dans des normes internationales, à condition qu'elles soient expliquées dans le même document commercial.

Art. 15 *Obligation de fournir l'étiquette ou le marquage.* 1. Lorsqu'il met un produit textile sur le marché, le fabricant veille à fournir l'étiquette ou le marquage et veille à l'exactitude des informations qui y figurent. Si le fabricant n'est pas établi dans l'Union, l'importateur veille à fournir l'étiquette ou le marquage et veille à l'exactitude des informations qui y figurent.

2. Aux fins du présent règlement, un distributeur est considéré comme un fabricant lorsqu'il met sur le marché un produit portant son propre nom ou sa propre marque, appose une étiquette ou modifie le contenu d'une étiquette.

3. Lorsqu'il met un produit textile à disposition sur le marché, le distributeur veille à ce que celui-ci porte l'étiquetage ou le marquage approprié prescrit par le présent règlement.

4. Les opérateurs économiques visés aux paragraphes 1, 2 et 3 veillent à ce qu'aucune information fournie lorsque des produits textiles sont mis à disposition sur le marché ne puisse être confondue avec les dénominations de fibres textiles et les descriptions des compositions en fibres prévues par le présent règlement.

Art. 16 *Utilisation des dénominations de fibres textiles et des descriptions relatives à la composition en fibres textiles.* 1. Lors de la mise à disposition d'un produit textile sur le marché, les descriptions relatives à la composition en fibres textiles visées aux articles 5, 7, 8 et 9 sont indiquées dans les catalogues, les prospectus ainsi que sur les emballages, étiquettes et marquages d'une manière aisément lisible, visible, claire et avec des caractères uniformes sur le plan de la taille, du style et de la police. Ces informations sont clairement visibles pour le consommateur avant l'achat, y compris dans les cas où l'achat est effectué par voie électronique.

2. La marque ou la raison sociale de l'entreprise peut figurer juste avant ou après les descriptions relatives à la composition en fibres textiles visées aux articles 5, 7, 8 et 9.

Toutefois, si la marque ou la raison sociale d'une entreprise comporte, à titre principal ou à titre de racine ou à titre d'adjectif, une des dénominations de fibres textiles énumérées à l'annexe I ou une dénomination pouvant prêter à confusion avec celle-ci, cette marque ou cette raison sociale figure juste avant ou après les descriptions relatives à la composition en fibres textiles visées aux articles 5, 7, 8 et 9.

Les autres informations apparaissent toujours séparément.

3. L'étiquetage ou le marquage est effectué dans la ou les langues officielles de l'État membre sur le territoire duquel les produits textiles sont mis à la disposition du consommateur, sauf prescription contraire dudit État membre.

Pour les bobines, fusettes, échevettes, pelotes ou toute autre petite unité de fil à coudre, à repriser et à broder, le premier alinéa s'applique à l'étiquetage global visé à l'article 17, paragraphe 3. Lorsque ces produits sont vendus individuellement, ils peuvent être étiquetés ou marqués dans l'une quelconque des langues officielles des institutions de l'Union, pour autant qu'ils comportent également un étiquetage global.

Art. 17 *Dérogations.* 1. Les règles prévues aux articles 11, 14, 15 et 16 font l'objet des dérogations prévues aux paragraphes 2, 3 et 4 du présent article.

2. L'indication des dénominations de fibres textiles ou de la composition en fibres textiles sur les étiquettes et marquages des produits textiles énumérés à l'annexe V n'est pas requise.

Toutefois, si la marque ou la raison sociale d'une entreprise comporte, à titre principal ou à titre de racine ou à titre d'adjectif, une des dénominations énumérées à l'annexe I ou une dénomination pouvant prêter à confusion avec celle-ci, les articles 11, 14, 15 et 16 sont applicables.

3. Lorsque les produits textiles visés à l'annexe VI sont de même type et de même composition en fibres, ils peuvent être mis à disposition sur le marché avec un étiquetage global.

4. La composition en fibres des produits textiles qui se vendent au mètre peut figurer sur la pièce ou sur le rouleau mis à disposition sur le marché.

5. Les produits textiles visés aux paragraphes 3 et 4 sont mis à disposition sur le marché de telle sorte que chaque acheteur dans la chaîne d'approvisionnement, y compris le consommateur, puisse en connaître la composition en fibres.

CHAPITRE III *Surveillance du marché*

Art. 18 *Contrôles aux fins de la surveillance du marché.* Les autorités de surveillance du marché procèdent à des contrôles de la conformité de la composition en fibres des produits textiles avec les informations fournies sur la composition en fibres de ces produits conformément au présent règlement.

Art. 19 *Détermination de la composition en fibres.* 1. Aux fins de déterminer la composition en fibres des produits textiles, les contrôles visés à l'article 18 sont réalisés conformément aux méthodes figurant à l'annexe VIII ou aux normes harmonisées à insérer dans ladite annexe.

2. Lors de la détermination de la composition en fibres visée aux articles 7, 8 et 9, il n'est pas tenu compte des éléments énumérés à l'annexe VII.

3. La composition en fibres visée aux articles 7, 8 et 9 est déterminée en appliquant à la masse anhydre de chaque fibre le taux conventionnel s'y rapportant, prévu à l'annexe IX, après avoir éliminé les éléments visés à l'annexe VII.

4. Les laboratoires chargés des essais sur les mélanges textiles pour lesquels il n'existe pas de méthode d'analyse uniforme au niveau de l'Union déterminent la composition en fibres de ces mélanges, en indiquant dans le rapport d'analyse le résultat obtenu, la *méthode* utilisée et le degré de précision de celle-ci.

Art. 20 *Tolérances.* 1. Lors de la détermination de la composition en fibres des produits textiles, les tolérances prévues aux paragraphes 2, 3 et 4 sont applicables.

2. Sans préjudice de l'article 8, paragraphe 3, il n'est pas nécessaire d'indiquer la présence de fibres étrangères dans la composition en fibres à fournir conformément à l'article 9, si le pourcentage de ces fibres n'atteint pas les taux suivants :

a) 2 % du poids total du produit textile, pour autant que cette quantité soit justifiée par le fait qu'elle est techniquement inévitable dans de bonnes pratiques de fabrication et ne résulte pas d'une addition systématique ; ou

b) 5 % du poids total pour les produits textiles obtenus par le cycle du cardé, pour autant que cette quantité soit justifiée par le fait qu'elle est techniquement inévitable dans de bonnes pratiques de fabrication et ne résulte pas d'une addition systématique.

3. Une tolérance de fabrication de 3 % par rapport au poids total des fibres mentionnées sur l'étiquette ou le marquage est admise entre la composition en fibres indiquée conformément à l'article 9 et les pourcentages résultant de l'analyse réalisée conformément à l'article 19. Cette tolérance est également appliquée :

a) aux fibres qui, conformément à l'article 9, peuvent être désignées par l'expression "autres fibres" ;

b) au pourcentage de laine visé à l'article 8, paragraphe 2, point b).

Lors de l'analyse, ces tolérances sont calculées séparément. Le poids total à prendre en considération pour le calcul de la tolérance visée au présent paragraphe est celui des fibres du produit fini, à l'exclusion du poids des fibres étrangères éventuellement constatées en application de la tolérance visée au paragraphe 2 du présent article.

4. Le cumul des tolérances visées aux paragraphes 2 et 3 n'est admis que dans le cas où les fibres étrangères éventuellement constatées lors de l'analyse, en application de la tolérance visée au paragraphe 2, se révèlent être de la même nature chimique qu'une ou plusieurs fibres mentionnées sur l'étiquette ou le marquage.

5. Pour des produits textiles particuliers dont la technique de fabrication nécessite des tolérances supérieures à celles indiquées aux paragraphes 2 et 3, la Commission peut autoriser des tolérances plus élevées.

Le fabricant présente une demande d'autorisation à la Commission, avant de mettre le produit textile sur le marché, en justifiant et en démontrant de manière appropriée le recours à la technique de fabrication exceptionnelle. L'autorisation ne peut être accordée qu'à titre exceptionnel et sur justification adéquate fournie par le fabricant.

Le cas échéant, la Commission adopte, par voie d'actes délégués, en conformité avec l'article 22, des critères techniques et des règles de procédure aux fins de l'application du présent paragraphe.

CHAPITRE IV *Dispositions finales*

Art. 21 à 24 *Actes délégués, rapports, révision* 🏛.

Art. 25 *Étude sur les substances dangereuses.* La Commission réalise, au plus tard le 30 septembre 2013, une étude visant à déterminer s'il existe un lien de causalité entre les réactions allergiques et les substances chimiques ou les mélanges utilisés dans les produits textiles. Sur la base de cette étude, la Commission présente, le cas échéant, des propositions législatives dans le contexte de la législation de l'Union existante.

Art. 26 *Dispositions transitoires.* Les produits textiles conformes à la directive 2008/121/CE et mis sur le marché avant le 8 mai 2012 peuvent continuer à être mis à disposition sur le marché jusqu'au 9 novembre 2014.

Art. 27 *Abrogation.* Les directives 73/44/CEE, 96/73/CE et 2008/121/CE sont abrogées à compter du 8 mai 2012.

Les références faites aux directives abrogées s'entendent comme faites au présent règlement et sont à lire selon les tableaux de correspondance figurant à l'annexe X.

Art. 28 *Entrée en vigueur.* Le présent règlement entre en vigueur le vingtième jour suivant celui de sa publication au ***Journal officiel de l'Union européenne.***

Il est applicable à partir du 8 mai 2012.

ANNEXES

V. les annexes au ***C. consom.*** 🏛

TRANSPORTS

V. C. consom., art. L. 224-63 s. — V. aussi v° Déménagement.

Code des transports

Droit au transport

Art. L. 1111-1 *(Ord. n° 2010-1307 du 28 oct. 2010)* Le système des transports doit satisfaire les besoins des usagers et rendre effectifs le droit qu'a toute personne, y compris celle dont la mobilité est réduite ou souffrant d'un handicap, de se déplacer et la liberté d'en choisir les moyens ainsi que la faculté qui lui est reconnue d'exécuter elle-même le transport de ses biens ou de le confier à l'organisme ou à l'entreprise de son choix. La mise en œuvre de cet objectif s'effectue dans les conditions économiques, sociales et environnementales les plus avantageuses pour la collectivité et dans le respect des objectifs de limitation ou de réduction des risques, accidents, nuisances, notamment sonores, émissions de polluants et de gaz à effet de serre. — *[L. n° 82-1153 du 30 déc. 1982, art. 1er, al. 1er et 2].*

Art. L. 1111-2 *(Ord. n° 2010-1307 du 28 oct. 2010)* **La mise en œuvre progressive du droit au transport permet à l'usager de se déplacer dans des conditions raisonnables d'accès, de qualité, de prix et de coût pour la collectivité, notamment, par l'utilisation d'un moyen de transport ouvert au public.** — *[L. n° 82-1153 du 30 déc. 1982, art. 2, al. 1er].*

....

Art. L. 1111-4 *(Ord. n° 2010-1307 du 28 oct. 2010)* **Le droit au transport comprend le droit pour l'usager d'être informé sur les moyens qui lui sont offerts et sur les modalités de leur utilisation.** — *[L. n° 82-1153 du 30 déc. 1982, art. 2, al. 4].*

Art. L. 1111-5 *(Ord. n° 2010-1307 du 28 oct. 2010)* **Des mesures particulières peuvent être prises en faveur des personnes handicapées ou dont la mobilité est réduite ainsi qu'en faveur de leurs accompagnateurs.** — *[L. n° 82-1153 du 30 déc. 1982, art. 2, al. 2]. — V. C. transp., art. L. 1112-1. — **C. transp.***

Art. L. 1111-6 *(Ord. n° 2010-1307 du 28 oct. 2010)* **Les catégories sociales défavorisées, notamment celles des parties insulaires et des régions lointaines ou d'accès difficile du territoire national, peuvent faire l'objet de dispositions adaptées à leur situation.** — *[L. n° 82-1153 du 30 déc. 1982, art. 2, al. 3]. — V. C. transp., art. L. 1113-1. — **C. transp.***

Information des passagers du transport aérien

Art. L. 1114-7 *(L. n° 2012-375 du 19 mars 2012, art. 2)* **En cas de perturbation du trafic aérien liée à une grève dans une entreprise, un établissement ou une partie d'établissement entrant dans le champ d'application du présent chapitre** *[activité de transport aérien, services d'exploitation des aérodromes, services d'assistance en escale]*, **tout passager a le droit de disposer d'une information gratuite, précise et fiable sur l'activité assurée. Cette information doit être délivrée aux passagers par l'entreprise de transport aérien au plus tard vingt-quatre heures avant le début de la perturbation.**

BIBL. ▶ GUILLET, *Dr. soc. 2012. 697* (le trompe-l'œil juridique de la L. du 19 mars 2012).

Accès aux données nécessaires à l'information du voyageur

Art. L. 1115-1 *(L. n° 2015-990 du 6 août 2015, art. 4-I)* **Les données des services réguliers de transport public de personnes et des services de mobilité sont diffusées librement, immédiatement et gratuitement en vue d'informer les usagers et de fournir le meilleur service, notamment en permettant l'organisation optimale des services de mobilité et des modes de transport. Dans ce but, elles sont diffusées par voie électronique, au public et aux autres exploitants, dans un format ouvert destiné à permettre leur réutilisation libre, immédiate et gratuite.**

Les personnes tenues de diffuser ces données sont les exploitants des services de transport et de mobilité et, le cas échéant, les autorités organisatrices de transport.

Les données mentionnées au premier alinéa sont les données numériques :

1° Relatives aux arrêts, aux tarifs publics, aux horaires planifiés et en temps réel, à l'accessibilité aux personnes handicapées, à la disponibilité des services, ainsi qu'aux incidents constatés sur le réseau et à la fourniture des services de mobilité et de transport ;

2° Issues de services de calculateurs d'itinéraires multimodaux gérés par ou pour le compte des autorités organisatrices de transport.

Les personnes soumises au présent article sont réputées remplir leurs obligations dès lors qu'elles sont adhérentes à des codes de conduite, des protocoles ou des lignes directrices préalablement établis par elles et rendus publics, pour autant que ces documents établissent les conditions de diffusion et d'actualisation des données. Ces documents définissent notamment :

a) Le niveau de disponibilité des données de nature à permettre leur réutilisation immédiate. Est défini, en particulier, le rythme auquel les données sont rendues disponibles et diffusées ;

b) En vue de fournir les données en temps réel, le délai raisonnable et les conditions techniques de diffusion de celles-ci ;

c) En vue de faciliter l'organisation de l'intermodalité, le niveau d'information pertinent au sujet des variations significatives de l'offre de services, en particulier des variations saisonnières ;

d) La manière dont la connexion entre les systèmes d'informations, notamment par abonnement ou par requête, permet de fournir les données, et les conditions de continuité de la fourniture des données en cas de changement des modalités de leur diffusion ;

e) Les dérogations au principe de gratuité à l'égard des utilisateurs de masse, justifiées par des coûts significatifs de mise à disposition, sans toutefois que la contribution des utilisateurs puisse excéder ces coûts ;

f) En vue de garantir la qualité de l'information et des services ainsi que la sécurité des usagers, les conditions assurant le caractère complet et neutre de la réutilisation des données.

Les codes de conduite, les protocoles et les lignes directrices établis en application du présent article font l'objet d'une homologation conjointe par les ministres chargés des transports et du numérique.

Les conditions d'application du présent article sont définies par décret en Conseil d'État pour les personnes qui n'ont pas adopté ou adhéré aux documents homologués mentionnés à l'avant-dernier alinéa.

L'art. L. 1115-1 entre en vigueur à la date de publication du décret mentionné à son dernier alinéa, et au plus tard trois mois après la promulgation de la L. n° 2015-990 du 6 août 2015 (L. préc., art. 4-II).

Recommandation CCA n° 82-01 du 20 novembre 1981,

Concernant les contrats proposés par les transporteurs terrestres de marchandises et les commissionnaires de transport (BOCC 27 mars 1982).

La Commission des clauses abusives,

Considérant que, si les contrats de transport de marchandises et de commission de transport sont, dans leur majorité, conclus entre professionnels, certains d'entre eux sont conclus par des expéditeurs non professionnels ou consommateurs ; et qu'en outre, dans certains contrats conclus entre professionnels, les destinataires sont des non-professionnels ou consommateurs ;

Considérant qu'à l'exception des commissionnaires-groupeurs, dont les conditions générales ont été homologuées par décision ministérielle du 18 janvier 1971, les transporteurs et commissionnaires établissent librement les contrats qu'ils proposent à leurs clients, du moment que l'envoi est inférieur à 5 tonnes pour les transports ferroviaires et à 3 tonnes pour les transports routiers ; que, dès lors, les conditions générales faites aux non-professionnels ou consommateurs sont, réserve faite de celles des commissionnaires-groupeurs, dépourvues de caractère réglementaire et qu'elles constituent de simples offres contractuelles ;

Considérant que, dans de pareils contrats, les non-professionnels ou consommateurs adhèrent, sans bien les connaître, à des clauses dont certaines résultent d'un abus de puissance économique de la part des transporteurs et commissionnaires, et procurent à ces derniers des avantages excessifs ;

Considérant que les transporteurs et commissionnaires remettent à leurs clients, lors de l'expédition de la marchandise, un document succinct qui reproduit un bref extrait des conditions générales, mais que celles-ci sont rarement portées dans leur intégralité à la connaissance des clients ;

Considérant que les expéditeurs et destinataires risquent dès lors de se voir opposer des clauses qu'ils n'ont pas pu connaître avant de s'engager ; que, pour éviter ce risque, il est nécessaire que les conditions générales soient d'une part affichées auprès de tous les guichets, d'autre part reproduites sur les documents remis aux expéditeurs et destinataires et signées par eux ;

Considérant qu'il convient d'éliminer de ces documents la clause se référant à des conditions générales qui n'y sont pas reproduites ;

Considérant que certains transporteurs ou commissionnaires se réservent dans leurs conditions générales le droit de modifier le lieu de la livraison après la conclusion du contrat ; que l'incertitude ainsi créée peut entraîner une gêne importante pour le destinataire ; que le contractant professionnel doit indiquer de façon précise et définitive le lieu de livraison dans les documents remis à l'expéditeur et au destinataire ;

Considérant que certains transporteurs ou commissionnaires se réservent le droit de suspendre l'application des stipulations relatives aux délais de transport et aux garanties correspondantes ; que cette clause, de même que la précédente, dispense le contractant professionnel de respecter ses obligations, en fonction de circonstances dont il est seul juge et qui ne présentent pas nécessairement les caractères de la force majeure ; que les clauses de ce type sont abusives et doivent être supprimées ;

Considérant que certains contrats de transport ou de commission prévoient que, si un envoi ne peut être livré à domicile du fait de l'absence du destinataire, celui-ci est autorisé à demander une nouvelle livraison à domicile, mais qu'il doit alors payer un droit de deuxième présentation ; que cette exigence paraît abusive, car un destinataire non professionnel ou consommateur ne peut attendre indéfiniment chez lui le passage du transporteur ; qu'une telle clause ne cesserait d'être abusive que si le destinataire était préalablement informé du moment de la première présentation ;

Considérant que le code de commerce (art. 99, 103 et 104 *[devenus art. L. 132-6, L. 133-1 et L. 133-2]*) rend les transporteurs de marchandises et les commissionnaires de transport responsables envers leurs clients des pertes, avaries ou retards, sauf si ces dommages ont été causés par une force majeure ; que les clauses exonératoires de responsabilité sont nulles quand elles sont stipulées par un transporteur pour le cas de perte ou d'avarie (art. 103 *[L. 133-1]*, dernier alinéa) ; qu'elles sont valables dans les autres cas ;

Considérant que, valables ou nulles, les clauses exonératoires de responsabilité créent un avantage injustifié et excessif pour le contractant professionnel ; que, certes, la commission n'a rencontré ce genre de clause dans aucun des contrats dont elle a eu connaissance ; qu'il lui paraît cependant nécessaire, pour éviter toute ambiguïté, d'en dénoncer le caractère abusif ;

Considérant que les contrats de transport et de commission portent très généralement des clauses limitant la responsabilité des transporteurs et commissionnaires en cas de perte, d'avarie ou de retard ;

Considérant que les clauses limitatives laissent à la charge de l'expéditeur ou du destinataire la preuve de l'étendue du dommage subi ; que cette preuve est relativement aisée en cas d'avarie, mais qu'elle est beaucoup plus difficile, sinon impossible, en cas de perte ou de retard ;

Considérant qu'il convient dès lors de recommander le remplacement des clauses limitatives, en cas de perte et de retard, par des clauses pénales, fixant l'indemnité à un chiffre forfaitaire raisonnable, calculé d'après le dommage moyen causé par une perte ou par un retard à des contractants non professionnels ou consommateurs ;

Considérant que la clause limitative peut en revanche être admise pour le cas d'avarie, la limite étant alors égale à l'indemnité prévue pour le cas de perte ;

Considérant que les clauses fixant ou limitant l'indemnité due par le transporteur ou le commissionnaire ne sont admissibles que si l'expéditeur a la possibilité de choisir un autre régime d'indemnisation, sur la base d'une valeur déclarée ou d'un intérêt déclaré ; que le transporteur ou commissionnaire doit clairement informer l'expéditeur, avant la signature du contrat, de l'option qui lui est offerte et du prix correspondant à chacune des branches de l'option ;

Considérant que les contrats de transport et de commission portent parfois une clause autorisant le transporteur ou commissionnaire à souscrire une assurance de dommages pour le compte de son client ; que cette clause doit être supprimée, car elle est dangereuse pour les non-professionnels ou consommateurs, qui ignorent le contenu de la police et qui, de surcroît, peuvent penser que la souscription d'une assurance libère le transporteur ou commissionnaire de sa responsabilité ; que les dommages causés par les pertes, avaries ou retards doivent, sauf cas de force majeure, être réparés par les transporteurs ou commissionnaires, auxquels il appartient de souscrire éventuellement une assurance de responsabilité pour leur propre compte ;

Considérant que les non-professionnels ou consommateurs ignorent généralement les dispositions de l'article 105 *[art. L. 133-3]* du code de commerce ; que, faute d'envoyer dans les trois jours la lettre recommandée prévue par ce texte, ils sont privés du droit d'agir contre le transporteur, si évidente que soit la responsabilité de ce dernier ; que la commission a proposé, dans son rapport pour l'année 1980, la modification de l'article 105 *[art. L. 133-3]*, mais que, dans l'état actuel du droit, ce texte est encore en vigueur ;

Considérant que les non-professionnels ou consommateurs ignorent également les dispositions de l'article 108 *[art. L. 133-6]* du code de commerce, en vertu duquel l'action en responsabilité contre le transporteur ou le commissionnaire est prescrite par le délai d'un an ;

Considérant qu'il convient donc de porter les dispositions des articles 105 et 108 *[art. L. 133-3 et L. 133-6]* à la connaissance des expéditeurs et destinataires, au moyen d'une mention très apparente figurant sur les documents qui leur sont remis ;

Considérant que certains contrats de transport ou de commission portent des clauses plus strictes encore que les dispositions des articles 105 et 108 *[art. L. 133-3 et L. 133-6]*, obligeant par exemple le destinataire à inscrire des réserves dès la livraison ; que, certes, le destinataire peut avoir intérêt à émettre rapidement des réserves écrites, de façon à se ménager une preuve, mais qu'il est abusif de lui en faire une obligation et d'assortir cette obligation d'une fin de non-recevoir que la loi n'a pas prévue ;

Considérant qu'il est abusif, plus généralement, d'imposer aux non-professionnels ou consommateurs des délais de réclamation ou de prescription plus brefs que ceux des articles 105 et 108 *[art. L. 133-3 et L. 133-6]* du code de commerce ;

Considérant que certains contrats de transport ou de commission attribuent compétence, en cas de litige, au tribunal dans le ressort duquel se trouve le siège social du transporteur ou du commissionnaire ; que cette clause est nulle, en vertu de l'article 48 du Nouveau code de procédure civile *[V. v° Compétence]*, dès lors que l'un des contractants est un non-professionnel ou un consommateur ; mais que ce dernier ignore généralement la nullité de la clause, dont la présence peut le dissuader d'agir en justice ; qu'il convient donc de recommander, une fois de plus, l'élimination des clauses dérogeant aux règles légales de compétence ;

Considérant que la présente recommandation ne s'applique aux transports internationaux que dans la mesure où des dispositions de conventions internationales ne s'y opposent pas,

Recommande :

A. — 1° Que les conditions générales des transporteurs et commissionnaires soient affichées de façon apparente auprès de tous les guichets où est perçu le prix du transport ;

2° Que les conditions générales susceptibles d'être opposées à l'expéditeur ou au destinataire soient intégralement, lisiblement et clairement reproduites sur le document qui leur est respectivement remis avant la conclusion du contrat ;

3° Que, lors de la conclusion du contrat, la signature des contractants soit apposée au bas des conditions générales ;

4° Que les documents remis à l'expéditeur et au destinataire indiquent de façon précise le lieu de la livraison ;

5° Que les documents remis par les transporteurs terrestres aux expéditeurs et destinataires reproduisent de façon très apparente les indications suivantes :

« En cas de perte ou d'avarie, le client a intérêt à émettre des réserves écrites, précises et détaillées sur le bulletin de livraison en présence du transporteur ou de ses employés.

« Que ces réserves aient été prises ou non, le destinataire doit adresser au transporteur, en cas de perte partielle ou d'avarie, une lettre recommandée dans laquelle il décrit le dommage constaté. La lettre doit être envoyée dans les trois jours, non compris les jours fériés, qui suivent l'arrivée de la marchandise. Si cette dernière formalité, ou toute autre prévue par l'article 105 *[art. L. 133-3]* du code de commerce, n'est pas accomplie, l'expéditeur et le destinataire sont privés du droit d'agir en responsabilité contre le transporteur.

« L'action en justice doit être intentée dans l'année qui suit l'arrivée de la marchandise. »

6° Que les documents remis par les commissionnaires de transport aux expéditeurs et destinataires reproduisent de façon très apparente les indications suivantes :

« En cas de perte ou d'avarie, le client a intérêt à émettre des réserves écrites précises et détaillées sur le bulletin de livraison, en présence du commissionnaire, du transporteur ou de leurs employés.

« L'action en justice doit être intentée dans l'année qui suit l'arrivée de la marchandise. »

7° Que les clauses limitant la responsabilité des transporteurs et commissionnaires soient, en cas de perte et de retard, remplacées par des clauses pénales fixant l'indemnité à un chiffre forfaitaire raisonnable et mentionnant clairement la possibilité d'obtenir une indemnité supérieure à des conditions définies dans le contrat ;

B. — Que soient éliminées des contrats proposés par les transporteurs terrestres de marchandises et les commissionnaires de transport les clauses ayant pour objet ou pour effet :

1° De se référer à des conditions générales non signées par l'expéditeur et le destinataire ;

2° De dispenser le contractant professionnel de respecter ses obligations en fonction de circonstances ne présentant pas les caractères de la force majeure ;

3° D'obliger le destinataire à payer des frais de deuxième présentation dans le cas où il n'a pas été préalablement informé du moment de la première présentation ;

4° De déroger au principe en vertu duquel le transporteur et le commissionnaire sont responsables des pertes, avaries ou retards, sauf dans le cas de force majeure ;

5° De subordonner l'application d'une clause pénale, en cas de perte ou de retard, à la preuve de l'étendue du dommage subi ;

6° De fixer ou limiter à un chiffre trop bas l'indemnité due par le contractant professionnel en cas de perte, d'avarie ou de retard ;

7° De fixer ou limiter l'indemnité sans avertir clairement l'expéditeur qu'il peut obtenir une indemnité supérieure, sur la base d'une valeur déclarée ou d'un intérêt déclaré, à des conditions définies dans le contrat ;

8° D'autoriser le transporteur ou le commissionnaire à souscrire une assurance de dommages pour le compte de l'expéditeur ou du destinataire ;

9° D'imposer au contractant non professionnel ou consommateur des délais de réclamation ou de prescription inférieurs à ceux des articles 105 et 108 *[art. L. 133-3 et L. 133-6]* du code de commerce ;

10° De déroger aux règles légales de compétence.

(Délibérée sur le rapport de M. Calais-Auloy dans les séances des 6 janvier 1981, 15 mai 1981, 19 juin 1981, 10 juillet 1981, 16 octobre 1981 et 20 novembre 1981.)

Recommandation CCA n° 84-02 du 25 février 1983,

Concernant les contrats de transport terrestre de voyageurs (BOCC 5 déc. 1984).

V. aussi, Recomm. CCA n° 2008-03 du 19 juin 2008, infra.

La Commission des clauses abusives,

Considérant que les transports en commun concernent chaque année plusieurs milliards de consommateurs ; que les conditions auxquelles sont soumises la conclusion et l'exécution de ces contrats sont particulièrement complexes, certaines règles étant imposées par la loi, parfois fort anciennes ou des réglementations très touffues, d'autres résultant des clauses élaborées par les seuls professionnels du transport et imposées par eux à l'adhésion des consommateurs ; que si les recours judiciaires sont rares en raison du faible montant financier de ces contrats, les abus n'en existent pas moins et sont beaucoup plus nombreux ; que les clauses insérées par les transporteurs professionnels dans les contrats de transport de voyageurs rentrent donc bien dans le champ d'application de la loi du 10 janvier 1978 *[C. consom., art. L. 212-1 s.]* ;

Considérant que les clauses des contrats de transport de voyageurs ne sont pas reproduites sur les billets délivrés mais insérées dans des documents généraux dénommés le plus souvent "conditions générales" ou "tarif" ; que ces documents qui constituent le contrat et font la loi entre les parties sont bien souvent ignorés des voyageurs qui n'en ont pas connaissance ; qu'il est donc fondamental que l'intégralité des clauses imposées à l'adhésion des consommateurs soit portée à la connaissance de ceux-ci lors de la conclusion ;

que le moyen le plus efficace consiste dans l'affichage desdites conditions générales de manière visible, et lisible ; que l'on ne saurait se contenter, comme le font certains professionnels, d'affichages d'extraits choisis par le seul professionnel, et qui ne concernent habituellement que les obligations des voyageurs, en passant leurs droits sous silence ; que la seule sanction possible de telles pratiques est de considérer comme inopposables au consommateur les clauses et conditions générales qui n'ont pas été portées à sa connaissance, lors de la conclusion du contrat de transport ;

Considérant qu'un certain nombre de clauses habituellement insérées dans les contrats par les professionnels sont manifestement abusives au sens de l'article 35 de la loi du 10 janvier 1978 *[C. consom., art. L. 212-1]* ;

Considérant qu'il en va ainsi des clauses par lesquelles le transporteur professionnel se dispense de respecter ses propres obligations ; que tel est le cas, par exemple, des clauses par lesquelles le consommateur est privé de tout droit à réparation de son préjudice, en cas de non-respect des horaires annoncés et offerts par le transporteur ; que le non-respect des horaires n'est admissible que lorsqu'il est dû à un cas de force majeure ou qu'il est dicté par les impératifs de sécurité des voyageurs ; que, dans tous les autres cas, cette clause qui dispense le transporteur professionnel de l'une de ses principales obligations est manifestement abusive ; qu'il en va de même lorsque le transporteur professionnel se dispense par une clause particulière de l'obligation qu'il aurait contractée d'assurer une correspondance ou se réserve de modifier unilatéralement et parfois de manière importante l'itinéraire annoncé et convenu ;

Considérant que dans de nombreux cas, le transporteur réclame au voyageur un supplément au prix du transport en raison des prestations particulières qu'il offre : condition de confort spéciale, condition de rapidité, plages horaires ; que la clause par laquelle le transporteur se dispense de rembourser le supplément au voyageur lorsque les prestations causant ce supplément ne sont pas fournies est abusive ;

Considérant que le prix du billet est systématiquement majoré lorsque celui-ci est délivré durant le transport, et ce, même en l'absence de toute fraude du voyageur qui se présente spontanément au préposé du transporteur, et qui n'a pu prendre son billet au guichet pour de multiples raisons (guichets fermés ou surchargés, appareils distributeurs en panne, voyage impromptu...) que s'il est concevable de faire payer au voyageur le coût réel de l'établissement du billet *a posteriori*, il est manifestement abusif de lui infliger un surcoût pouvant, dans certains cas, dépasser 1 000 p. 100 de majoration,

Recommande :

A. – 1° Que les conditions générales concernant les droits ou les obligations réciproques des voyageurs et des transporteurs soient portées à la connaissance des voyageurs, et notamment par affichage de façon apparente à proximité du lieu de délivrance des billets ;

Que ces documents précisent en outre le lieu où l'intégralité des documents est effectivement mise à la disposition des consommateurs ;

2° Que ne puissent être opposés aux voyageurs des textes ou conditions qui n'ont pas été portés à leur connaissance avant la conclusion du contrat ;

B. – Que soient éliminées des contrats les clauses qui ont pour objet ou pour effet :

1° De supprimer ou de limiter la responsabilité du transporteur en cas de non-respect par lui des horaires qu'il a lui-même établis et ce sauf cas de force majeure ou dicté par les nécessités de la sécurité des voyageurs ;

2° De supprimer ou de limiter la responsabilité du transporteur en cas de non-réalisation d'une correspondance lorsque celle-ci est annoncée par lui ou résulte de ses horaires ;

3° De permettre au transporteur, hormis les cas de force majeure, de modifier unilatéralement l'itinéraire du transport ;

4° D'exonérer le transporteur d'une obligation de rembourser tout supplément réclamé par lui, lorsque l'exécution du transport ne se révèle pas conforme aux prestations annoncées ;

5° De faire varier le prix avec le lieu de délivrance du billet et notamment de faire payer un supplément fixe ou un pourcentage lorsque le voyageur se présente spontanément aux agents de contrôle pour se faire établir un billet ;

Demeure toutefois autorisée une majoration correspondant au coût réel d'établissement du billet ;

6° De prévoir le paiement d'une amende forfaitaire par le voyageur lorsqu'il n'y a pas eu fraude ou tentative de fraude de la part de celui-ci.

(Délibérée sur le rapport de M. Luc Bihl, dans les séances du 19 novembre, du 22 décembre 1982 et du 25 février 1983.)

Recommandation CCA n° 2008-03 du 19 juin 2008,

Relative aux contrats de transports terrestres collectifs de voyageurs et complétant la recommandation n° 84-02 (BOCC 14 nov. 2008).

La Commission des clauses abusives,

Considérant que compte tenu de leur importance quantitative et pratique, la Commission a décidé d'examiner les nouveaux modèles de contrats de transports terrestres collectifs de voyageurs proposés au consommateur en complément de sa recommandation n° 84-02 ;

Considérant que certains contrats sont proposés dans des conditions ne permettant pas aux consommateurs de prendre effectivement connaissance de leurs droits et obligations ; que pourtant il incombe au professionnel d'assurer l'accès aux stipulations contractuelles ;

Considérant qu'il existe différentes catégories de transport : les transports de services routiers réguliers publics de voyageurs et les transports ferroviaires urbains (A), les transports ferroviaires non urbains de voyageurs (B), les transports routiers de services occasionnels (C) et les transports de services réguliers de transport international de voyageurs par autocars (D) ;

A) Sur les clauses contenues dans les contrats proposés par les transporteurs de services routiers réguliers publics de voyageurs et de transports ferroviaires urbains

Clauses relatives au paiement de l'abonnement

1. Considérant qu'il est parfois stipulé que lorsque l'abonnement est payé par prélèvements automatiques, un montant forfaitaire est facturé pour frais d'ouverture et de constitution de dossier de recouvrement ou pour les frais de gestion occasionnés par un incident de paiement ; que ces stipulations*[,]* qui font supporter au consommateur les frais de recouvrement, sont illicites au regard de l'article 32 de la loi n° 91-650 du 9 juillet 1991 modifié *[C. pr. exéc., art. L. 111-8]* qui, à l'exception des frais de recouvrement engagés après l'obtention d'un titre exécutoire, laisse en principe les frais à la charge du créancier ; que maintenues dans les contrats de telles stipulations sont abusives ;

Clauses relatives à la résiliation du contrat par le transporteur

2. Considérant qu'en cas de résiliation pour fraude ou impayé, un contrat prévoit, à défaut de restitution du titre de transport dans le délai imparti (3 jours ouvrables de la date de réception de la lettre recommandée avec demande d'avis de réception), une indemnité calculée par jour de retard ; que cette clause est abusive dans la mesure où elle stipule une sanction dont le montant n'est ni déterminé ni déterminable, et ce d'autant plus que le délai de restitution est bref ;

Clauses relatives au refus de conclusion de l'abonnement par le transporteur

3. Considérant que des contrats d'abonnement précisent que le transporteur se réserve le droit de refuser tout nouveau contrat d'abonnement à un payeur ou un abonné dont un contrat précédent a été résilié pour fraude établie ou défaut de paiement ; que si la lutte contre la fraude et les impayés est légitime, la clause ne prévoit aucune limitation de durée à cette sanction et conduit, en outre, à sanctionner une personne éventuellement étrangère au motif de la résiliation ; que dans ces conditions une telle stipulation crée un déséquilibre significatif au détriment du consommateur ;

Clauses relatives aux modifications de zones en cours d'abonnement

4. Considérant que des conditions générales d'abonnement prévoient que tout changement de zones en cours d'abonnement pourra entraîner soit une hausse du coût de l'abonnement, le calcul des sommes dues étant alors effectué "en fonction de la date de prise d'effet de la modification rapportée au 1er du mois concerné", soit une baisse du coût de l'abonnement, auquel cas le calcul des sommes dues est effectué "en fonction de la date de prise d'effet de la modification rapportée au 1er du mois suivant" ; qu'une telle stipula-

tion est de nature à déséquilibrer les droits et obligations des parties au contrat en ce qu'elle impose un mode de calcul systématiquement défavorable au consommateur ;

Clauses relatives au contrôle des voyageurs

5. Considérant que de nombreux contrats contiennent des clauses relatives au contrôle du titre de transport des voyageurs, qui prévoient que l'utilisation frauduleuse de la carte ou du titre de transport entraîne notamment la résiliation immédiate de l'abonnement ; qu'en outre, certains contrats prévoient que les sommes versées correspondant à la période du titre restant à courir sont acquises au transporteur à titre de dommages et intérêts ; que de telles clauses, qui édictent des sanctions contractuelles dans le cas où le titulaire de l'abonnement n'est ni le fraudeur ni son complice, sont de nature à déséquilibrer les droits et obligations des parties au contrat ;

6. Considérant qu'un contrat mentionne que toute utilisation irrégulière du titre de transport entraîne la résiliation de l'abonnement, le retrait immédiat de la carte et du coupon et éventuellement des poursuites judiciaires ; qu'une telle clause qui ne prévoit aucune proportionnalité entre les sanctions contractuelles et la gravité du manquement constaté est de nature à déséquilibrer les droits et obligations des parties au contrat ;

Clauses relatives à la responsabilité du transporteur

7. Considérant qu'un contrat prévoit qu'en cas d'accident survenu à l'intérieur d'un véhicule, le transporteur est dégagé de sa responsabilité lorsque le titulaire du titre de transport n'a pas effectué immédiatement une déclaration auprès du conducteur-receveur ; que cette clause est abusive en ce qu'elle est de nature à exonérer le transporteur de sa responsabilité ;

B) Clauses contenues dans les contrats proposés à l'occasion de transports ferroviaires non urbains de voyageurs

Clauses relatives à la responsabilité du transporteur en cas de dommage aux bagages

8. Considérant que plusieurs contrats prévoient que "les objets et valises transportés par vos soins sont sous votre responsabilité", que d'autres précisent que "les risques de pertes, d'avaries et de vols de bagages à main que vous emportez avec vous sont à votre charge et placés sous votre surveillance" ou encore stipulent que le transporteur "n'assume aucune responsabilité en ce qui concerne les bagages à main qui demeurent sous la garde exclusive du voyageur, même lorsqu'ils sont placés dans les emplacements prévus à cet effet, en bout ou en milieu de voiture" ; qu'en laissant croire au consommateur qu'il ne pourra, quels que soient les circonstances et le fondement de son action*[,]* rechercher la responsabilité du transporteur du fait des dommages causés à ses bagages à main, ces clauses créent un déséquilibre significatif au détriment du consommateur ;

9. Considérant que des contrats stipulent, qu'en cas de transport du véhicule du voyageur, le transporteur n'assume aucune responsabilité pour les dommages causés aux bagages et effets personnels laissés dans les voitures et aux sacoches arrimées sur les motos et à leur contenu ; que cette clause est abusive en ce qu'elle exclut toute responsabilité du professionnel alors même que le véhicule contenant ces bagages et effets lui ont été confiés ;

Clauses relatives à la responsabilité du transporteur en cas d'exécution défectueuse du service

10. Considérant que, dans un contrat d'abonnement, il a été stipulé : "en cas de changement de service, de défaut de place ou de retard, le titulaire n'a droit à aucune indemnité." ; que cette clause est abusive dès lors que le transporteur prétendrait s'exonérer de toute responsabilité quelle que soit la cause du manquement contractuel ;

C) Clauses contenues dans les contrats proposés par les transporteurs routiers de services occasionnels

Clauses relatives au paiement du prix du voyage

11. Considérant que dans un contrat de transport en autocars, il est prévu que "le prix du transport est fixé par le devis remis au client et établi sur la base du tarif en vigueur au *moment de la* remise du devis", mais que "le prix du transport est susceptible de révision en cas de modification des circonstances économiques du transport" ; que cette clause est de nature à créer un déséquilibre significatif entre les droits et obligations des parties en ce que, faute d'éléments de référence objectifs et extérieurs au transporteur, elle permet à celui-ci de déterminer arbitrairement le montant de la révision ;

Clauses relatives au paiement d'indemnités au profit du transporteur

12. Considérant qu'un contrat prévoit qu'en "cas de poursuites judiciaires pour le recouvrement des sommes dues par le client, il sera exigé, au titre de la clause pénale, une indemnité forfaitaire égale à 15 % des sommes dues sans préjudice de tous dommages et intérêts" ; que la stipulation d'une clause pénale applicable au seul consommateur, en l'absence de réciprocité pour le cas où le professionnel manquerait à ses obligations, est de nature à créer un déséquilibre significatif entre les parties ;

Clauses relatives à la responsabilité du transporteur en cas de dommage aux bagages

13. Considérant que, dans certains contrats, il est prévu que "les bagages mis en soute sont garantis en cas de perte à concurrence d'un certain montant par bagage, qu'en cas de vol ou d'incendie de l'autocar, l'ensemble des bagages transportés est garanti pour un montant forfaitaire global maximum, et que le donneur d'ordres devra signaler immédiatement au conducteur le détail du préjudice subi et le confirmer à l'entreprise dans les 3 jours consécutifs à la fin du transport" ; que cette clause, qui laisse croire au consommateur que les jours fériés ou non ouvrables sont éventuellement compris dans les 3 jours stipulés, est de nature à créer un déséquilibre significatif entre les droits et obligations des parties en limitant ainsi excessivement la possibilité pour le consommateur de faire valoir ses droits ;

14. Considérant que certains contrats prévoient l'exclusion de la responsabilité du transporteur en cas d'avarie ou de destruction des bagages à main transportés à "titre gratuit" ; qu'une telle clause, qui exclut toute réparation pour les dommages survenus aux bagages à main sans réserver l'hypothèse d'une faute du transporteur, crée un déséquilibre significatif entre les droits et obligations des parties ;

Clauses relatives à la responsabilité du transporteur en cas de retard

15. Considérant que des contrats de transport stipulent que le transporteur décline toute responsabilité pour les dommages et les désagréments qui pourraient résulter d'un retard notamment en raison "d'intempéries, de mauvaises conditions de circulation, d'accident ou de panne", ou encore qu'aucun remboursement ou dédommagement ne sera accordé si le voyage devait être modifié "en cas d'événements fortuits : grève, émeutes, bouchon, révolution, incident mécanique, panne, conditions atmosphériques, ou accident imposant un retard ou une déviation", sans que cette liste soit limitative, et "qu'aucun frais ne sera pris en charge par le transporteur en cas de retard à un aéroport, à une gare, ou tout autre lieu de rendez-vous suite à des événements fortuits" ; que ces clauses, qui exonèrent le transporteur de sa responsabilité dans des hypothèses qui ne présentent pas nécessairement les caractères de la force majeure, par exemple une panne ou un incident mécanique du véhicule, sont abusives ;

Clauses relatives à la résolution du contrat

16. Considérant que certains contrats comportent la stipulation d'une clause résolutoire et d'une clause pénale à la charge du consommateur pour tout manquement à l'une quelconque de ses obligations ; qu'une telle clause crée un déséquilibre significatif entre les droits et obligations des parties, dès lors qu'aucune stipulation réciproque n'est prévue en cas de manquement à l'une quelconque des obligations du transporteur ;

Clauses relatives à la compétence territoriale ou d'attribution des tribunaux

17. Considérant que plusieurs clauses mentionnées dans des contrats de transport en autocars ou en autobus prévoient que pour tout litige, le tribunal de commerce choisi par le transporteur sera seul compétent ; que de telles clauses qui contreviennent aux dispositions des *articles 42 et suivants du* code de procédure civile sont illicites ; qu'en outre, les clauses attributives de compétence à un tribunal de commerce, lorsqu'elles ne sont pas stipulées entre commerçants, sont illicites ; que, maintenues dans les contrats, ces clauses sont abusives ;

Clauses relatives à toute action en réclamation

18. Considérant que plusieurs contrats prévoient que toutes les réclamations devront parvenir au transporteur par écrit avec accusé de réception, dans les huit jours qui suivent la réception de sa facture et, qu'au-delà, aucune réclamation ou contestation ne pourra être formulée ; que de telles clauses sont abusives en ce qu'elles laissent croire au consommateur que le délai stipulé est un délai de forclusion, de surcroît très bref, au-delà duquel aucun recours même judiciaire ne lui serait ouvert ;

D) Clauses contenues dans les contrats proposés par les transporteurs de services réguliers de transport international de voyageurs par autocars

Clauses relatives au respect des horaires de transport

19. Considérant qu'il continue d'être stipulé dans certains contrats de transport en autocars que les horaires de départ et d'arrivée indiqués sur les brochures et billets sont les heures locales d'arrivée et de départ, que des modifications d'horaire peuvent intervenir en cours d'année, et qu'il appartient au voyageur de vérifier les horaires de départ indiqués sur son billet, que les horaires sont indicatifs, et que le transporteur ne garantit pas l'exactitude des départs et arrivées mentionnés sur sa brochure, et ainsi d'assurer les connexions avec des services complémentaires ; que selon ces clauses, les horaires sont donnés au consommateur à titre purement indicatif ; que de telles clauses sont de nature à déséquilibrer de manière significative les obligations respectives des parties, en ce qu'elles laissent croire au consommateur que ces informations, éventuellement déterminantes de son engagement, n'engagent pas contractuellement le professionnel ;

Clauses relatives à toute action en réclamation

20. Considérant qu'une clause précise, pour qu'une réclamation soit prise en considération, que "le voyageur devra en avertir immédiatement le chauffeur et confirmer par écrit ladite réclamation dans un délai maximal de 48 heures" ; qu'une telle clause est abusive dès lors qu'elle définit un délai excessivement bref pour confirmer la réclamation ;

Clauses relatives à la responsabilité du transporteur en cas de dommage aux bagages

21. Considérant qu'un contrat précise que les bagages à main sont transportés aux risques et périls exclusifs du voyageur ; qu'une telle clause qui exclut toute réparation pour les dommages causés aux bagages à main, sans réserver l'hypothèse d'une faute du transporteur est abusive ;

Clauses relatives à la responsabilité du transporteur en cas de modification ou d'annulation du service

22. Considérant qu'un contrat d'exploitation de lignes régulières internationales prévoit que "la société se réserve le droit de modifier les horaires, de suspendre, annuler ou retirer des services. Dans l'éventualité d'une annulation, d'une suppression ou d'une défaillance d'un service du seul fait du transporteur ou dans le cas de non-passage du car à l'arrêt prévu, (le) contrat se limite au remboursement maximal du montant du billet ou de la partie de billet non utilisée lorsque le transport n'a pas été assuré" ; qu'une telle clause est abusive dès lors qu'elle permet au transporteur de modifier unilatéralement les caractéristiques du service à rendre, voire même d'en supprimer l'exécution ;

Clauses relatives au remboursement du consommateur qui souhaite modifier sa réservation

23. Considérant qu'un contrat d'exploitation de lignes régulières internationales stipule que "tout billet ayant donné lieu à une modification ne pourra pas être remboursé" et "qu'aucun remboursement ne sera dû lors d'une modification de réservation, même si le nouveau tarif applicable est inférieur à celui du voyage initialement réservé" ; qu'il est observé que la demande de modification doit être formulée en lettre recommandée avec demande d'avis de réception "dans un délai maximum de deux mois à compter de la date du trajet, à défaut elle ne sera pas traitée" ; que cette clause est de nature à créer un déséquilibre significatif au détriment du consommateur dès lors qu'elle est générale, ne réserve pas les hypothèses pour lesquelles le consommateur aurait un motif légitime de modifier sa réservation et concerne aussi des modifications qui ne sont pas de dernière minute ;

Recommande que soient éliminées,

A) des contrats proposés par les transporteurs de services routiers réguliers publics de voyageurs et de transports ferroviaires urbains les clauses ayant pour objet ou pour effet :

1. De mettre à la charge du consommateur les frais de recouvrement des sommes dues avant l'obtention d'un titre exécutoire ;

2. D'exiger du consommateur, en cas de non-restitution du titre de transport à la suite d'une résiliation du contrat par le transporteur en raison d'une fraude ou d'un impayé, une indemnité calculée par jour de retard dont le montant n'est ni déterminé ni déterminable ;

3. De prévoir que, en cas de résiliation par le transporteur du contrat d'abonnement pour fraude établie ou défaut de paiement, le consommateur ne pourra pas souscrire de nouvel abonnement, sans préciser une limitation dans le temps à cette sanction et sans limiter celle-ci au seul fautif concerné ;

4. D'imposer au consommateur, lors d'un changement de zone en cours d'abonnement, un mode de calcul des sommes dues qui bénéficie systématiquement au professionnel ;

5. D'imposer au titulaire de la carte d'abonnement des sanctions contractuelles en cas d'utilisation frauduleuse, lorsque celui-ci n'est ni le fraudeur ni son complice ;

6. De prévoir, de manière indifférenciée, une sanction contractuelle qui n'est pas proportionnée à la gravité du manquement constaté ;

7. D'exonérer le transporteur de sa responsabilité en cas de non-déclaration immédiate de l'accident ;

B) des contrats proposés à l'occasion de transports ferroviaires non urbains de voyageurs les clauses ayant pour objet ou pour effet :

8. De laisser croire à une exclusion générale de responsabilité du professionnel en cas de dommage causé, à l'occasion du transport, aux bagages à main du voyageur ;

9. D'exclure de manière générale la responsabilité du professionnel en cas de dommages causés aux objets placés dans les véhicules transportés et aux sacoches arrimées sur les motos ainsi qu'aux objets qui y sont contenus ;

10. D'exonérer le transporteur, même dans un contrat d'abonnement, du paiement de toute indemnité en cas d'exécution défectueuse du transport ;

C) des contrats proposés par les transporteurs routiers de services occasionnels les clauses ayant pour objet ou pour effet :

11. De permettre au transporteur d'appliquer arbitrairement une révision du prix prévu par le contrat ;

12. De prévoir une clause pénale applicable au seul consommateur qui n'exécute pas ses obligations sans prévoir une indemnité de même nature à la charge du professionnel qui n'exécute pas les siennes ;

13. De laisser croire au consommateur, qu'en cas de dommage aux bagages mis en soute, il ne disposera que d'un délai de trois jours pour confirmer le détail de son préjudice, sans qu'il soit tenu compte d'éventuels jours fériés ;

14. D'exclure en termes généraux toute responsabilité du transporteur pour toute avarie ou destruction causée aux bagages à main, sans réserver l'hypothèse d'une faute de celui-ci ;

15. D'exonérer le transporteur de toute responsabilité en cas de retard dû à un événement ne présentant pas les caractères de la force majeure ;

16. De prévoir la résolution du contrat et le paiement d'une pénalité à la charge du consommateur pour tout manquement à l'une quelconque de ses obligations sans prévoir une clause réciproque en cas de manquement par le professionnel à ses propres obligations ;

17. De déroger aux règles de compétence territoriale ou d'attribution des juridictions ;

18. De laisser croire au consommateur qu'il ne dispose d'aucun recours contre le transporteur au-delà d'un bref délai stipulé au contrat ;

D) des contrats proposés par les transporteurs de services réguliers de transport *international de voyageurs par* autocars les clauses ayant pour objet ou pour effet :

19. De laisser croire que n'ont pas un caractère contractuel les horaires de départ et d'arrivée communiqués au voyageur par le transporteur sur ses brochures et billets ;

20. D'imposer au voyageur un délai excessivement bref de confirmation de réclamation ;

21. D'exclure toute réparation pour les dommages causés aux bagages à main, sans réserver l'hypothèse d'une faute du transporteur ;

22. De permettre au transporteur de modifier unilatéralement les caractéristiques du service à rendre, voire même d'en supprimer l'exécution ;

23. D'exclure tout remboursement au voyageur qui souhaite modifier sa réservation dans les conditions prévues au contrat, sans réserver le cas d'un motif légitime.

(Adoptée le 19 juin 2008 sur le rapport de Mme Corinne Solal.)

Décret nº 2012-211 du 14 février 2012,

Portant création de l'autorité de la qualité de service dans les transports et du haut comité de la qualité de service dans les transports.

BIBL. ▶ NDLR, *RD transp. 2012, nº 34* (création de nouvelles autorités en faveur de la mobilité).

CHAPITRE PREMIER *L'autorité de la qualité de service dans les transports*

Art. 1er Il est institué au sein du Conseil général de l'environnement et du développement durable une autorité de la qualité de service dans les transports.

Art. 2 L'autorité de la qualité de service dans les transports est compétente en matière de qualité de service dans les transports terrestres, aériens et maritimes, publics et réguliers de voyageurs, notamment en ce qui concerne la ponctualité et la régularité. Elle s'assure que les opérateurs respectent leurs obligations d'information sur la qualité de service, notamment en matière de ponctualité et de régularité, et qu'ils ouvrent aux voyageurs l'accès à des dispositifs appropriés pour le traitement des réclamations et le recours à la médiation ou à tout autre mode alternatif de règlement des litiges.

A cette fin, l'autorité est notamment chargée :

1º De tenir à jour et de diffuser, à un rythme régulier, des informations statistiques relatives à la qualité dans les services de transport relevant de sa compétence, mesurée en particulier par leur ponctualité et leur régularité ;

2º De veiller à la clarté et à la fiabilité de l'information fournie aux voyageurs en matière de qualité de service dans les transports et de vérifier que cette information est correctement assurée ;

3º D'informer par tous moyens appropriés les voyageurs de leurs droits qui comprennent notamment les informations que doivent fournir les opérateurs concernant le voyage et leurs obligations en cas de retard ou d'annulation, la définition et le contrôle des normes de qualité du service ainsi que le traitement des plaintes ;

4º De contribuer à améliorer les dispositifs de traitement des réclamations et de médiation, notamment par les opérateurs de services de transport, en évaluant ces dispositifs au regard de leur accessibilité, de leur qualité et de leur efficacité et, quand il y a lieu, de l'impartialité, de la compétence et de la diligence avec lesquelles ils accomplissent leur mission ;

5º De réaliser ou faire réaliser des études ou sondages de satisfaction sur la qualité de service dans les transports ;

6º De faire toute proposition utile pour l'amélioration de la qualité de service dans les transports.

Art. 3 Dans le cadre de ses missions, l'autorité de la qualité de service dans les transports peut consulter les services placés sous l'autorité des ministres chargés de la concurrence et de la consommation.

Art. 4 Pour exercer les missions mentionnées à l'article 2, l'autorité établit des indicateurs statistiques de suivi de la qualité de service dans les transports.

A cette fin, elle est habilitée à recueillir, dans des conditions et sous une forme définies par convention, les informations statistiques, produites, recueillies, diffusées ou publiées par toute personne, pour son compte propre ou pour le compte de tiers, en vue de mesurer la qualité d'un service de transport ou d'une prestation liée à un service de transport qu'elle assure, qu'elle contribue à assurer ou qui est placé sous son contrôle ou son autorité.

Pour la mesure de l'activité de la médiation, l'autorité de la qualité de service dans les transports tient compte des recommandations et avis émis par la commission de la médiation de la consommation.

....

Art. 6 L'autorité de la qualité de service dans les transports établit un rapport annuel sur ses activités. Ce rapport est rendu public.

CHAPITRE II *Le haut comité de la qualité de service dans les transports*

Art. 7 Il est institué un haut comité de la qualité de service dans les transports placé auprès de l'autorité de la qualité des services dans les transports.

Le haut comité peut être saisi pour avis par le ministre chargé des transports et par l'autorité de la qualité de service dans les transports de toute question relative à la qualité du service rendu aux voyageurs et aux relations entre les opérateurs des services de transports et les voyageurs dans le domaine de la qualité de service.

Le haut comité peut également formuler des recommandations à l'autorité de la qualité de service dans les transports visant à améliorer le service rendu aux voyageurs.

Art. 8 I. – Le haut comité de la qualité de service dans les transports comprend *(Décr. nº 2012-216 du 15 févr. 2012, art. 1er)* « trente-sept » membres répartis en quatre collèges :

1º Un collège de parlementaires et de représentants des collectivités publiques comprenant *(Décr. nº 2012-216 du 15 févr. 2012, art. 1er)* « douze » membres ainsi répartis :

– *(Décr. nº 2012-216 du 15 févr. 2012, art. 1er)* « deux députés et deux sénateurs » ;
– deux représentants du ministre chargé des transports ;
– un représentant du ministre chargé de la consommation ;
– un représentant de l'Association des régions de France ;
– un représentant de l'Assemblée des départements de France ;
– un représentant de l'Association des maires des grandes villes de France ;
– un représentant du Groupement des autorités responsables des transports ;
– un représentant du Syndicat des transports d'Île-de-France ;

2º Un collège de représentants des opérateurs comprenant dix membres ainsi répartis :

– un représentant de la Fédération nationale de l'aviation marchande ;
– un représentant du Board of Airlines Representatives ;
– un représentant du Syndicat des compagnies aériennes autonomes ;
– un représentant d'Armateurs de France ;
– trois représentants de l'Union des transports publics ;
– un représentant de l'Union des aéroports français ;
– un représentant de la Fédération nationale des transports de voyageurs ;
– un représentant de l'Union des ports de France ;

3º Un collège de représentants des consommateurs et usagers des transports ainsi réparties :

– neuf membres d'associations représentatives de consommateurs et d'usagers des transports ;
– un représentant de l'Association des paralysés de France ;

4º Un collège de personnalités qualifiées ainsi réparties :

– une personnalité choisie en raison de sa compétence dans le domaine des transports, au sein du *(Décr. nº 2013-1273 du 27 déc. 2013, art. 26, en vigueur le 1er janv. 2014)* « centre d'études et d'expertise sur les risques, l'environnement, la mobilité et l'aménagement » ;
– une personnalité choisie en raison de sa compétence dans le domaine de l'évaluation de la qualité des services publics ;
– trois enseignants-chercheurs désignés en raison de leur compétence en matière de transports.

II. – Les membres du haut comité de la qualité de service sont nommés par arrêté du ministre chargé des transports.

Toutefois, les membres d'associations représentatives de consommateurs et d'usagers des transports mentionnées au 3º du I sont nommés par arrêté conjoint du ministre chargé des transports et du ministre chargé de la consommation.

Des suppléants sont désignés, respectivement, dans les mêmes conditions.

……………………………………………………………………………………

VALORISATION DES PRODUITS ET DES SERVICES

RÉP. COM. vº *Appellations d'origine et indications de provenance*, par OLSZAK.

Code rural et de la pêche maritime

La valorisation des produits agricoles, forestiers ou alimentaires et des produits de la mer

Art. L. 640-2 *(Ord. nº 2006-1547 du 7 déc. 2006, art. 2)* Les produits agricoles, forestiers ou alimentaires et les produits de la mer peuvent, dans les conditions prévues par le présent titre et lorsqu'il n'y a pas de contradiction avec la réglementation *(Ord. n° 2015-1246 du 7 oct. 2015, art. 6-I)* « de l'Union européenne », bénéficier d'un ou plusieurs modes de valorisation appartenant aux catégories suivantes :

1° Les signes d'identification de la qualité et de l'origine :

— le label rouge, attestant la qualité supérieure ;

— l'appellation d'origine, l'indication géographique *(Abrogé par Ord. n° 2010-459 du 6 mai 2010, art. 4)* « *protégée* » et la spécialité traditionnelle garantie, attestant la qualité liée à l'origine ou à la tradition ;

— la mention "agriculture biologique", attestant la qualité environnementale *(Ord. n° 2015-1246 du 7 oct. 2015, art. 2)* « et le respect du bien-être animal » ; — *V. v° Produits biologiques.*

2° Les mentions valorisantes :

— la *(Ord. n° 2015-1246 du 7 oct. 2015, art. 2)* « mention » "montagne" ; — *V. v° Produits « montagne ».*

— le qualificatif "fermier" ou la mention "produit de la ferme" ou "produit à la ferme" ; *(Ord. n° 2015-1246 du 7 oct. 2015, art. 2)* « — la mention "produit de montagne" ; »

— les termes "produits pays" *(Ord. n° 2015-1246 du 7 oct. 2015, art. 2)* « en Guadeloupe, en Guyane, en Martinique, à La Réunion » *(L. n° 2010-874 du 27 juill. 2010, art. 6)* « , à Mayotte, Saint-Pierre-et-Miquelon, Saint-Barthélemy, Saint-Martin et Wallis-et-Futuna » ; — *V. C. rur., art. R. 641-45 s., infra.*

(Abrogé par L. n° 2009-526 du 12 mai 2009, art. 64-II) « *— la dénomination "vin de pays", suivie d'une zone de production ou d'un département ;* »

(L. n° 2010-788 du 12 juill. 2010, art. 109-II) « — la mention "issus d'une exploitation de haute valeur environnementale". »

3° La démarche de certification *(Ord. n° 2015-1246 du 7 oct. 2015, art. 2)* « de conformité » des produits.

Produits « fermier ». Diffèrent par leur finalité et leur régime juridique, et doivent donc être distingués, les signes d'identification de la qualité et de l'origine, qui attestent du niveau d'une qualité liée, pour certains d'entre eux, à une origine géographique, à une tradition ou à un mode de production « biologique », et les mentions valorisantes « fermier », « produit de la ferme » ou « produit à la ferme », qui indiquent une origine fermière des produits évoquant, dans l'esprit de l'acheteur ou du consommateur, une élaboration de ces produits, à ses différents stades, sous la responsabilité directe de l'exploitant, selon des méthodes excluant les techniques de production à caractère industriel. • CE 11 févr. 2011 : *CCC 2011, n° 128, obs. Raymond ; RJDA 2011, n° 658.*

Le label rouge

Art. L. 641-1 *(Ord. n° 2006-1547 du 7 déc. 2006, art. 2)* Peuvent bénéficier d'un label rouge les denrées alimentaires et les produits agricoles non alimentaires et non transformés.

Le label rouge atteste que ces denrées et produits possèdent des caractéristiques spécifiques établissant un niveau de qualité supérieure, résultant notamment de leurs conditions particulières de production ou de fabrication et conformes à un cahier des charges, qui les distinguent des denrées et produits similaires habituellement commercialisés. — *V. C. rur., art. R. 641-7 s., infra.*

Les ministres de l'agriculture et de la consommation ne sont pas compétents pour fixer des règles en matière d'étiquetage dans les notices techniques et pour subordonner la délivrance de labels au respect de ces règles. • CE 11 déc. 1998 : *Lebon 468 ; D. 1999. IR 43 ; RD rur. 1999. 5 ; Gaz. Pal. 1999. 2. Pan. dr. adm. 130 ; JCP 1999. IV. 1735.*

Art. L. 641-2 *(Ord. n° 2010-459 du 6 mai 2010, art. 4)* « Une denrée ou un produit autre qu'un produit vitivinicole ou une boisson spiritueuse peut cumuler un label rouge avec une indication géographique ou une spécialité traditionnelle garantie, mais non avec une appellation d'origine. »

(L. n° 2007-1821 du 24 déc. 2007, art. 3) « Un label rouge ne peut comporter de référence géographique ni dans sa dénomination ni dans son cahier des charges, sauf :

« — si le nom utilisé constitue une dénomination devenue générique du produit ;

« — ou si le label rouge est associé à une indication géographique protégée enregistrée ou transmise aux fins d'enregistrement par l'autorité administrative et si les organismes de défense et de gestion, reconnus ou ayant sollicité leur reconnaissance, pour le label rouge et l'indication géographique protégée concernés, en font expressément la demande dans le cadre des articles L. 641-3 et L. 641-11. »

Sur les dispositions pénales, V. C. rur., art. L. 671-5.

Référence géographique. Si, en vertu des dispositions de l'art. L. 641-2, un label rouge ne peut comporter, sauf dans les cas limitativement énumérés par cet article, de référence géographique dans sa dénomination ni dans son cahier des charges, ces dispositions n'interdisent pas que la dénomination du groupement demandeur d'un label rouge inclue la mention d'une région, ni que le cahier des charges comporte la dénomination du groupement demandeur. • CE 11 févr. 2011 : *CCC 2011, n° 128, obs. Raymond; RJDA 2011, n° 658.*

Art. R. 641-7 *(Décr. n° 2007-30 du 5 janv. 2007)* **Le logo "label rouge" est la marque déposée par le ministre chargé de l'agriculture. L'Institut national de l'origine et de la qualité en assure la gestion et la protection.**

Le logo "label rouge" est apposé sur tout produit bénéficiant du label, accompagné du numéro d'homologation.

Art. R. 641-8 *(Décr. n° 2007-30 du 5 janv. 2007)* **La présentation des produits faisant état d'un label rouge doit indiquer les principales caractéristiques certifiées.**

Art. R. 641-9 *(Décr. n° 2007-30 du 5 janv. 2007) (Décr. n° 2017-775 du 4 mai 2017, art. 2-7°)* **« Chaque label rouge est évalué afin de garantir un niveau de qualité supérieure par rapport aux denrées et produits similaires habituellement commercialisés.**

« Le dispositif d'évaluation et de suivi de la qualité supérieure présenté par l'organisme de défense et de gestion est soumis au comité national compétent de l'Institut national de l'origine et de la qualité et approuvé par le directeur de l'institut.

« L'Institut national de l'origine et de la qualité est informé des résultats de l'évaluation et du suivi de la qualité supérieure. »

Lorsque la qualité *(Décr. n° 2017-775 du 4 mai 2017, art. 2-7°)* **« des denrées et produits similaires habituellement commercialisés s'améliore ou que le suivi prévu au deuxième alinéa ne permet plus d'attester d'un niveau de qualité supérieure du produit, la qualité » requise pour conserver le bénéfice du label rouge doit, s'il y a lieu, être également relevée. Les décisions d'homologation déjà prises sont réexaminées et modifiées en tant que de besoin, sur proposition du comité national compétent et après que les organismes de défense et de gestion intéressés ont été mis à même de présenter leurs observations.**

Art. R. 641-10 *(Décr. n° 2007-30 du 5 janv. 2007)* **L'homologation du label rouge peut être retirée ou suspendue à tout moment, dans les cas suivants :**

1° Retrait ou suspension de l'agrément de l'organisme certificateur pour la catégorie de produits considérée ;

(Abrogé par Décr. n° 2017-775 du 4 mai 2017, art. 2-8°) ***« 2° Mise en vente par des opérateurs de l'organisme de défense et de gestion demandeur de produits portant des marques pouvant prêter à confusion avec le label rouge ;***

« 3° Absence de mise en conformité du cahier des charges du label rouge avec la notice technique approuvée pour le produit considéré lorsqu'elle existe ; » *— En abrogeant les 2° et 3°, le Décr. n° 2017-775 du 4 mai 2017 a renuméroté les 4° et 5° en 2° et 3°.*

2° Refus de relever le niveau qualitatif des produits bénéficiant d'un label rouge au regard de l'amélioration de la qualité des produits courants *(Décr. n° 2017-775 du 4 mai 2017, art. 2-8°)* **« ou de l'évaluation et du suivi de la qualité supérieure » ;**

3° Absence de commercialisation de produits sous ce label pendant cinq ans.

Le retrait de l'homologation ou sa suspension est prononcé sur proposition de l'Institut national de l'origine et de la qualité, par arrêté du ou des ministres intéressés, après que l'organisme de défense et de gestion concerné a été mis à même de présenter ses observations.

La mesure de suspension peut être levée à tout moment, sur la demande de l'organisme de défense et de gestion, dans les formes prévues à l'alinéa précédent.

L'appellation d'origine

Art. L. 641-5 *(Ord. n° 2006-1547 du 7 déc. 2006, art. 2)* **Peuvent bénéficier d'une appellation d'origine contrôlée les produits agricoles, forestiers ou alimentaires et les produits de la mer, bruts ou transformés, qui remplissent les conditions fixées par les dispositions de l'article** *(Ord. n° 2016-301 du 14 mars 2016, art. 2, en vigueur le 1er juill. 2016)* **« L. 431-1 » du code de la consommation, possèdent une notoriété dûment établie et dont la production est soumise à des procédures** *(Abrogé par Ord. n° 2010-459 du 6 mai 2010, art. 4)* ***« d'agré-***

ment » comportant une habilitation des opérateurs, un contrôle des conditions de production et un contrôle des produits.

Art. L. 641-6 *(Ord. nº 2006-1547 du 7 déc. 2006, art. 2)* La reconnaissance d'une appellation d'origine contrôlée est proposée par l'Institut national de l'origine et de la qualité, après avis *(Ord. nº 2015-1246 du 7 oct. 2015, art. 3-2º)* « du groupement d'opérateurs qui sollicite la reconnaissance en qualité d'organisme » de défense et de gestion prévu à l'article L. 642-17.

La proposition de l'institut porte sur la délimitation de l'aire géographique de production, définie comme la surface comprenant les communes ou parties de communes propres à produire l'appellation d'origine, ainsi que sur la détermination des conditions de production qui figurent dans un cahier des charges *(Abrogé par Ord. nº 2010-459 du 6 mai 2010, art. 4) « et des conditions d'agrément de l'appellation d'origine contrôlée ».*

(L. nº 2014-1170 du 13 oct. 2014, art. 25-VII) « Ces conditions de production peuvent comporter des mesures destinées à favoriser la préservation des terroirs. » — *V. C. consom., art. R. 412-46.*

Art. L. 641-7 *(L. nº 2009-526 du 12 mai 2009, art. 63)* « La reconnaissance d'une appellation d'origine contrôlée est prononcée par un *(Ord. nº 2015-1246 du 7 oct. 2015, art. 3-3º)* « arrêté du ou des ministres intéressés » qui homologue un cahier des charges où figurent notamment la délimitation de l'aire géographique de production de cette appellation ainsi que ses conditions de production. »

Cette reconnaissance est prononcée par décret en Conseil d'État lorsque les propositions de l'Institut national de l'origine et de la qualité comportent l'extension d'une aire de production *(Ord. nº 2015-1246 du 7 oct. 2015, art. 3-3º)* « faisant » l'objet d'une délimitation par une loi spéciale ou une révision des conditions de production déterminées par une loi spéciale.

(Ord. nº 2015-1246 du 7 oct. 2015, art. 3-3º) « Sous réserve du deuxième alinéa du présent article, les modifications apportées aux cahiers des charges homologués par décret en Conseil d'État ou par décret en application du premier alinéa du présent article dans sa rédaction en vigueur avant la publication de l'ordonnance nº 2015-1246 du 7 octobre 2015 *[JO 8 oct.]* sont adoptées par arrêté du ou des ministres intéressés. »

Art. L. 641-8 *(Ord. nº 2006-1547 du 7 déc. 2006, art. 2)* Les dispositions des articles *(Ord. nº 2016-301 du 14 mars 2016, art. 2 ; Décr. nº 2016-884 du 29 juin 2016, en vigueur le 1er juill. 2016)* « L. 431-4, L. 431-6 et R. 431-1 à R. 431-4 » du code de la consommation ne sont pas applicables aux produits bénéficiant d'une appellation d'origine contrôlée.

Art. L. 641-9 *(Ord. nº 2006-1547 du 7 déc. 2006, art. 2)* Les appellations d'origine définies par voie législative ou réglementaire avant le 1er juillet 1990 sont considérées comme répondant aux conditions de l'article L. 641-5. Toute modification ultérieure des textes définissant ces appellations doit intervenir conformément à la procédure prévue par les articles L. 641-6 et L. 641-7.

Les appellations d'origine en vigueur au 1er juillet 1990 *(Ord. nº 2016-391 du 31 mars 2016, art. 8, en vigueur le 1er juill. 2016)* « en Guadeloupe, en Guyane, en Martinique et à La Réunion » conservent leur statut.

Art. L. 641-10 *(Ord. nº 2006-1547 du 7 déc. 2006, art. 2)* Doivent solliciter le bénéfice d'une appellation d'origine protégée les produits agricoles ou alimentaires entrant dans le champ d'application du *(Ord. nº 2015-1246 du 7 oct. 2015, art. 6-II)* « règlement (UE) nº 1151/2012 du Parlement européen et du Conseil du 21 novembre 2012 relatif aux systèmes de qualité applicables aux produits agricoles et aux denrées alimentaires » *(Ord. nº 2010-459 du 6 mai 2010, art. 4)* « ainsi que les produits vitivinicoles entrant dans le champ d'application du » *(Ord. nº 2015-1246 du 7 oct. 2015, art. 6-II)* « règlement (UE) nº 1308/2013 du Parlement européen et du Conseil du 17 décembre 2013 portant organisation commune des marchés des produits agricoles et abrogeant les règlements (CEE) nº 922/72, (CEE) nº 234/79, (CE) nº 1037/2001 et (CE) nº 1234/2007 du Conseil » auxquels une appellation d'origine contrôlée a été reconnue. — *V. Règl. nº 1151/2012 préc., infra.*

Si le produit ne satisfait pas aux conditions posées par *(Ord. nº 2010-459 du 6 mai 2010, art. 4)* « les règlements mentionnés » à l'alinéa précédent et se voit refuser *(Ord. nº 2015-*

1246 du 7 oct. 2015, art. 3-4°) **« ou annuler » le bénéfice de l'appellation d'origine protégée, il perd celui de l'appellation d'origine contrôlée qui lui a été reconnue.**

Sur les dispositions pénales, V. C. rur., art. L. 671-5.

L'indication géographique

Art. L. 641-11 *(Ord. n° 2010-459 du 6 mai 2010, art. 4)* **Doivent solliciter le bénéfice d'une indication géographique protégée les produits agricoles ou alimentaires qui satisfont aux conditions posées par le** *(Ord. n° 2015-1246 du 7 oct. 2015, art. 6-II)* **« règlement (UE) n° 1151/2012 du Parlement européen et du Conseil du 21 novembre 2012 relatif aux systèmes de qualité applicables aux produits agricoles et aux denrées alimentaires » ou, pour les produits vitivinicoles, aux conditions posées par le** *(Ord. n° 2015-1246 du 7 oct. 2015, art. 6-II)* **« règlement (UE) n° 1308/2013 du Parlement européen et du Conseil du 17 décembre 2013 portant organisation commune des marchés des produits agricoles et abrogeant les règlements (CEE) n° 922/72, (CEE) n° 234/79, (CE) n° 1037/2001 et (CE) n° 1234/2007 du Conseil » et qui font l'objet, pour l'application de ces règlements, d'un cahier des charges proposé par l'Institut national de l'origine et de la qualité, homologué par arrêté du ou des ministres intéressés.** — *V. Règl. n° 1151/2012 préc., infra.*

Si le produit ne satisfait pas aux conditions posées par les règlements mentionnés au précédent alinéa et se voit refuser *(Ord. n° 2015-1246 du 7 oct. 2015, art. 3-5°)* **« ou annuler » le bénéfice de l'indication géographique protégée, il perd le bénéfice de l'homologation de son cahier des charges.**

(L. n° 2010-874 du 27 juill. 2010, art. 22) **« Un décret précise les conditions d'application du présent article à Saint-Pierre-et-Miquelon. »**

Sur les dispositions pénales, V. C. rur., art. L. 671-5.

Art. L. 641-11-1 *(Ord. n° 2010-459 du 6 mai 2010, art. 4)* **Doivent solliciter l'enregistrement comme indication géographique les boissons spiritueuses qui satisfont aux conditions posées par le règlement (CE) n° 110/2008 du Parlement européen et du Conseil du 15 janvier 2008 concernant la définition, la désignation, la présentation, l'étiquetage et la protection des indications géographiques des boissons spiritueuses et abrogeant le règlement (CEE) n° 1576/89 du Conseil et qui font l'objet, pour l'application de ce règlement, d'un cahier des charges d'appellation d'origine contrôlée proposé par l'Institut national de l'origine et de la qualité et homologué conformément à l'article L. 641-7 ou d'un cahier des charges d'indication géographique proposé par l'Institut national de l'origine et de la qualité et homologué par arrêté du ou des ministres intéressés.** — *V. Règl. n° 110/2008 préc., v° Boissons alcooliques.*

(Ord. n° 2015-1246 du 7 oct. 2015, art. 3-6°) **« Si la demande d'enregistrement en indication géographique est refusée ou si l'enregistrement en indication géographique est annulé en application de l'article 18 du règlement (CE) n° 110/2008, le produit perd le bénéfice de l'homologation de son cahier des charges. »**

Art. L. 641-11-2 *(Ord. n° 2015-1246 du 7 oct. 2015, art. 3-7°)* **Pour bénéficier de la protection comme indication géographique, doivent faire l'objet d'une demande d'enregistrement les produits vinicoles aromatisés qui satisfont aux conditions posées par le règlement (UE) n° 251/2014 du Parlement européen et du Conseil du 26 février 2014 concernant la définition, la description, la présentation, l'étiquetage et la protection des indications géographiques des produits vinicoles aromatisés et abrogeant le règlement (CEE) n° 1601/91 du Conseil et qui font l'objet, pour l'application de ce règlement, d'un cahier des charges proposé par l'Institut national de l'origine et de la qualité, homologué par arrêté du ou des ministres intéressés.**

La protection de l'indication géographique est subordonnée à l'intervention de la décision de la Commission européenne accordant cette protection conformément à l'article 16 de ce règlement.

Si la demande d'enregistrement en indication géographique est refusée par la Commission en application des articles 14 ou 16 de ce règlement ou si l'enregistrement en indication géographique est annulé en application de l'article 25 du même règlement, le produit perd le bénéfice de l'homologation de son cahier des charges.

....

Art. R. 641-16 *(Décr. n° 2017-775 du 4 mai 2017, art. 2-13°)* A l'intérieur de l'aire géographique délimitée par le cahier des charges d'une appellation d'origine ou d'une indication

géographique, des zones affectées à l'une des phases de la production ou de l'élaboration ou de la transformation du produit peuvent être définies.

....

Art. R. 641-18 *(Décr. nº 2017-775 du 4 mai 2017, art. 2-14º)* **« L'arrêté homologuant le cahier des charges d'une appellation d'origine ou d'une indication géographique comprend, le cas échéant, une période transitoire dans les conditions définies au paragraphe 4 de l'article 15 du règlement (UE) nº 1151/2012 du Parlement européen et du Conseil du 21 novembre 2012. »**

La période *(Décr. nº 2017-775 du 4 mai 2017, art. 2-14º)* **« transitoire » est fixée par décret en Conseil d'État si le nom envisagé pour l'appellation d'origine ou l'indication géographique protégée concerne un fromage défini par l'annexe** *(Décr. nº 2009-1195 du 7 oct. 2009, art. 2)* **« du décret nº 2007-628 du 27 avril 2007 relatif aux fromages et spécialités fromagères ».** *— V. ce Décr., vº Fromages.*

Art. R. 641-19 *(Décr. nº 2017-775 du 4 mai 2017, art. 2-15º)* **L'arrêté homologuant le cahier des charges d'une appellation d'origine ou d'une indication géographique comprend, le cas échéant, les dispositions organisant la protection nationale transitoire de cette dénomination dans les conditions prévues par l'article 9 du règlement (UE) nº 1151/2012 du Parlement européen et du Conseil du 21 novembre 2012.**

....

Art. R. 641-21-1 *(Décr. nº 2009-996 du 20 août 2009, art. 3)* **L'étiquetage des produits bénéficiant d'un des signes mentionnés à l'article R. 641-11** *[appellation d'origine, indication géographique protégée, spécialité traditionnelle garantie par homologation d'un cahier des charges]* **doit être conforme aux dispositions précisées par leur cahier des charges, dans le respect des dispositions prévues par les règlements** *(Décr. nº 2017-775 du 4 mai 2017, art. 2-19º)* **« (CE) nº 110/2008 du Parlement européen et du Conseil du 15 janvier 2008** *[V. ce texte, vº Boissons alcooliques]*, **(UE) nº 1151/2012 du Parlement européen et du Conseil du 21 novembre 2012, (UE) nº 1308/2013 du Parlement européen et du Conseil du 17 décembre 2013 et (UE) nº 251/2014 du Parlement européen et du Conseil du 26 février 2014 » et par les règlements qui les modifieraient ou seraient pris pour leur application.**

La spécialité traditionnelle garantie

Art. L. 641-12 *(Ord. nº 2006-1547 du 7 déc. 2006, art. 2)* **Peuvent être reconnus comme spécialité traditionnelle garantie les produits agricoles ou alimentaires qui satisfont aux conditions posées par le** *(Ord. nº 2015-1246 du 7 oct. 2015, art. 3-8º)* **« règlement (UE) nº 1151/2012 du Parlement européen et du Conseil du 21 novembre 2012 relatif aux systèmes de qualité applicables aux produits agricoles et aux denrées alimentaires » et qui font l'objet, pour l'application de ce règlement, d'un cahier des charges proposé par l'Institut national de l'origine et de la qualité, homologué par arrêté du ou des ministres intéressés.** *— V. Règl. nº 1151/2012, infra.*

(Ord. nº 2015-1246 du 7 oct. 2015, art. 3-8º) **« Si la demande d'enregistrement en spécialité traditionnelle garantie est refusée ou si l'enregistrement en spécialité traditionnelle garantie est annulé en application de l'article 54 du règlement (UE) nº 1151/2012, le produit perd le bénéfice de l'homologation de son cahier des charges. »**

Sur les dispositions pénales, V. C. rur., art. L. 671-5.

Les autres mentions valorisantes

Art. L. 641-19 *(Ord. nº 2006-1547 du 7 déc. 2006, art. 2)* **Sans préjudice des réglementations communautaires ou nationales en vigueur à la date de promulgation de la loi nº 99-574 du 9 juillet 1999 d'orientation agricole et des conditions approuvées à la même date pour bénéficier d'un label agricole, l'utilisation du qualificatif "fermier", des mentions "produit de la ferme", "produit à la ferme"** *(Abrogé par Ord. nº 2010-459 du 6 mai 2010, art. 4)* *«, "vin de pays"»* **et des termes "produits pays" est subordonnée au respect de conditions fixées par décret.**

Art. L. 641-19-1 *(L. nº 2010-788 du 12 juill. 2010, art. 109-III)* **Ne peuvent bénéficier de la mention : "issus d'une exploitation de haute valeur environnementale" que les produits agricoles, transformés ou non, qui sont issus d'exploitations bénéficiant de la mention :**

"exploitation de haute valeur environnementale" en application de l'article L. 611-6. – *V. C. rur., art. D. 617-1 s.* – **C. rur.**

Conformément à l'art. L. 611-1 C. rur., l'emploi de la mention "exploitation de haute valeur environnementale", ou de toute autre dénomination équivalente dans la publicité ou la présentation d'une exploitation agricole ainsi que dans les documents commerciaux qui s'y rapportent, est réservé aux exploitations ayant obtenu la certification de haute valeur environnementale. Les exploitations situées dans un autre État membre de l'Union européenne, dans un État partie à l'accord sur l'Espace économique européen ou en Turquie peuvent demander à bénéficier de cette certification (C. rur., art. D. 617-4, al. 5 et 6).

Art. R. 641-57-1 *(Décr. nº 2011-1914 du 20 déc. 2011, art. 3)* **I. – L'emploi de la mention valorisante "issu d'une exploitation de haute valeur environnementale" ou de toute autre dénomination équivalente dans la publicité, l'étiquetage ou la présentation d'un produit ainsi que dans les documents commerciaux qui s'y rapportent est réservé aux produits agricoles, aux denrées alimentaires non transformées et transformées ainsi qu'aux composants d'origine agricole issus d'exploitations ayant obtenu la certification "exploitation de haute valeur environnementale" conformément aux dispositions de l'article D. 617-4.**

II. – Cette mention est utilisée dans les conditions suivantes :

1º Pour les produits agricoles et les denrées alimentaires non transformés exclusivement issus d'exploitations certifiées "exploitation de haute valeur environnementale", la mention est autorisée dans la dénomination de vente des produits ou dans le champ visuel de leur dénomination de vente ;

2º Pour les denrées alimentaires transformées qui comportent au moins 95 % de leurs ingrédients d'origine agricole issus d'exploitations certifiées "exploitation de haute valeur environnementale", la mention est autorisée dans la dénomination de vente des produits ou dans le champ visuel de leur dénomination de vente lorsque la denrée est transformée sur l'exploitation certifiée et, dans les autres cas, à la suite de l'indication du ou des ingrédients concernés ;

3º Pour les denrées alimentaires transformées qui comportent moins de 95 % de leurs ingrédients d'origine agricole issus d'exploitations certifiées "exploitation de haute valeur environnementale", la mention est autorisée :

***a)* Si les denrées sont préemballées, soit immédiatement après le nom de l'ingrédient concerné dans la liste des ingrédients lorsqu'elle est prévue par la réglementation en vigueur, soit dans une note au bas de cette liste ou, lorsque la réglementation en vigueur ne prévoit pas l'indication de la liste des ingrédients, sur la denrée alimentaire préemballée à la suite de l'indication du ou des ingrédients concernés, sans en être séparée par d'autres indications ou images ;**

***b)* Si les denrées alimentaires ne sont pas préemballées, sur les denrées elles-mêmes ou à proximité immédiate, sans risque de confusion, sur une affiche, un écriteau ou tout autre support approprié, à la suite de l'indication du ou des ingrédients concernés et sans en être séparée par d'autres indications ou images ;**

4º Pour les produits non agricoles et non alimentaires qui contiennent des composants d'origine agricole issus d'exploitations certifiées "exploitation de haute valeur environnementale", la mention est autorisée dans la seule composition du produit, à la suite de l'indication du composant concerné et accompagnée de l'indication de son pourcentage dans le produit fini.

***III. – La mention* "issu d'une exploitation de haute valeur environnementale" ne doit pas être plus apparente que, selon le cas, la dénomination de vente du produit, la liste des ingrédients ou des composants et l'ingrédient auxquels elle se rapporte.**

IV. – L'utilisation de la mention "issus d'une exploitation de haute valeur environnementale" pour les produits agricoles et les denrées alimentaires produits par une exploitation à laquelle la certification prévue par l'article D. 617-4 a été retirée est interdite à compter de la date de la décision de retrait. Il en va de même si la certification est suspendue et si la décision de suspension l'indique expressément.

Une amende administrative, dont le montant ne peut excéder 1 500 €, peut être prononcée par le préfet à l'encontre de toute personne qui emploie la dénomination "exploitation de haute valeur environnementale" ou toute autre mention équivalente dans la publicité ou la présentation d'une exploitation agricole ainsi que dans les documents commerciaux qui s'y rapportent sans être titulaire de la certification de haute valeur environnementale prévue par l'art. D. 617-4 (C. rur., art. R. 617-4-1).

Art. R. 641-57-2 *(Décr. n° 2011-1914 du 20 déc. 2011, art. 3)* **La publicité, l'étiquetage et la présentation des produits ainsi que les documents commerciaux qui s'y rapportent comportant la mention valorisante "issus d'une exploitation de haute valeur environnementale" ni ne font état de propriétés organoleptiques ou nutritionnelles ou de qualités sanitaires particulières ni ne sont de nature à faire croire que les produits ont un effet bénéfique pour la santé du seul fait qu'ils sont issus d'exploitations certifiées de haute valeur environnementale.**

Art. R. 641-57-3 *(Décr. n° 2011-1914 du 20 déc. 2011, art. 3)* **Les documents commerciaux des produits et denrées alimentaires issus d'exploitations certifiées de haute valeur environnementale permettent d'assurer la traçabilité de cette mention valorisante à toutes les étapes de leur production, de leur transformation et de leur distribution.**

Art. R. 641-57-4 *(Décr. n° 2011-1914 du 20 déc. 2011, art. 3)* **Une amende administrative, dont le montant ne peut excéder 1 500 euros, peut être prononcée par le préfet à l'encontre de toute personne qui :**

1° Utilise dans la publicité, l'étiquetage ou la présentation d'un produit ainsi que dans les documents commerciaux qui s'y rapportent la mention valorisante "issu d'une exploitation de haute valeur environnementale" ou toute autre mention équivalente sans respecter les règles fixées par l'article R. 641-57-1 ;

2° Ne satisfait pas à l'une des obligations prévue aux articles R. 641-57-2 et R. 641-57-3.

Art. R. 641-57-5 *(Décr. n° 2011-1914 du 20 déc. 2011, art. 3)* **Sans préjudice de l'application du règlement (CE) n° 764/2008 du 9 juillet 2008, les produits légalement fabriqués ou commercialisés dans un autre État membre de l'Union européenne ou en Turquie, ou légalement fabriqués dans un État partie à l'accord sur l'Espace économique européen qui emploient, dans leur étiquetage ou leur présentation, les termes "issus d'une exploitation de haute valeur environnementale" ne sont pas soumis aux dispositions des articles R. 641-57 à R. 641-57-4.**

La certification de conformité

Art. L. 641-20 *(Ord. n° 2006-1547 du 7 déc. 2006, art. 2)* **Peuvent faire l'objet d'une certification de conformité les denrées alimentaires et les produits agricoles non alimentaires et non transformés qui respectent des règles portant, selon le cas, sur la production, la transformation ou le conditionnement, fixées par produit ou par famille de produits par arrêté du ou des ministres intéressés.**

Limite d'un département. Est entaché d'erreur manifeste d'appréciation un arrêté homologuant le cahier des charges de certification de conformité pour les « rillettes du Mans » et « rillettes de la Sarthe » en ce qu'il limite au département de la Sarthe la zone d'indication géographique protégée, alors qu'il résulte du dossier qu'aucune qualité déterminée des matières premières utilisées ou des techniques employées ne peut être attribuée à ce seul département et que la réputation de ces rillettes est attachée à un produit fabriqué dans une région dont les limites excèdent celles de ce seul département. • CE 15 oct. 1999 : *BID 2000, n° 1, p. 17.* ♦ La décision ministérielle transmettant à la Commission des Communautés européennes la demande d'enregistrement des indications géographiques protégées concernant ces produits est entachée de la même erreur manifeste d'appréciation. • Même arrêt.

Art. L. 641-21 *(Ord. n° 2010-459 du 6 mai 2010, art. 4)* **« Les produits bénéficiant d'une appellation d'origine ou d'un label rouge, ainsi que les produits vitivinicoles** *(Ord. n° 2015-1246 du 7 oct. 2015, art. 3-12°)* **« , les produits vinicoles aromatisés » et les boissons spiritueuses bénéficiant d'une indication géographique, ne peuvent faire l'objet d'une certification de conformité. »**

(Ord. n° 2006-1547 du 7 déc. 2006, art. 2) **« Le certificat de conformité ne peut comporter de mention géographique, à moins que celle-ci figure dans la dénomination devenue générique du produit. »**

Sur les dispositions pénales, V. C. rur., art. L. 671-6.

Art. R. 641-58 *(Décr. n° 2007-30 du 5 janv. 2007)* **Le certificat de conformité est délivré à un opérateur pour un produit qui respecte à la fois les exigences posées par les règles de**

production, de transformation et de conditionnement du produit ou de la famille de produits définies, dans les conditions prévues par l'article R. 641-59, pour ce produit ou pour la famille de produits et au moins deux recommandations relatives à la présentation pour le consommateur des caractéristiques certifiées du produit ou de la famille de produits choisies parmi celles établies dans les mêmes conditions.

....

Art. R. 641-66 *(Décr. n° 2007-30 du 5 janv. 2007)* La certification de conformité d'un produit peut être identifiée par un logo approuvé par les ministres chargés de l'agriculture et de la consommation. En ce cas, les caractéristiques certifiées et le nom de l'organisme certificateur figurent sur l'étiquetage.

Reconnaissance et contrôle des signes d'identification de la qualité et de l'origine

Art. L. 642-3 *(Ord. n° 2006-1547 du 7 déc. 2006, art. 2)* Un organisme de contrôle, qui peut être un organisme certificateur ou un organisme d'inspection, effectue sur la base du plan de contrôle ou du plan d'inspection, les opérations de contrôle chez les opérateurs. Ces organismes sont accrédités et agréés dans les conditions fixées par le décret prévu à l'article L. 640-3.

Constitue un opérateur au sens du présent chapitre toute personne qui participe effectivement aux activités de production, de transformation *(Ord. n° 2015-1246 du 7 oct. 2015, art. 4-3°)* « , d'élaboration ou de conditionnement prévues par le cahier des charges d'un produit bénéficiant d'un signe d'identification de la qualité et de l'origine ».

L'utilisation d'un signe d'identification de la qualité et de l'origine est subordonnée *(L. n° 2009-526 du 12 mai 2009, art. 63)* « à l'identification des opérateurs auprès de l'organisme de défense et de gestion en vue de leur habilitation, au respect du plan de contrôle ou du plan d'inspection approuvé par l'Institut national de l'origine et de la qualité, et » aux résultats des contrôles effectués. *(Ord. n° 2015-1246 du 7 oct. 2015, art. 4-3°)* « Ces contrôles peuvent être réalisés hors de l'aire géographique de production. »

Art. L. 642-4 *(Ord. n° 2015-1246 du 7 oct. 2015, art. 4-4°)* Dans le respect du droit de l'Union européenne, à titre exceptionnel et pour faire face à une situation de catastrophe naturelle, de mauvaises conditions météorologiques formellement reconnues par l'autorité administrative ou d'application de mesures sanitaires ou phytosanitaires, l'autorité administrative peut prendre, dans des conditions définies par décret, toute mesure utile modifiant temporairement une condition de production.

L'Institut national de l'origine et de la qualité

Art. L. 642-5 *(Ord. n° 2006-1547 du 7 déc. 2006, art. 2)* L'Institut national de l'origine et de la qualité, dénommé "INAO", est un établissement public administratif de l'État chargé de la mise en œuvre des dispositions législatives et réglementaires relatives aux signes d'identification de la qualité et de l'origine énumérés au 1° de l'article L. 640-2.

A ce titre, l'Institut, notamment :

1° Propose la reconnaissance des produits susceptibles de bénéficier des signes d'identification de la qualité et de l'origine et la révision de leurs cahiers des charges ;

2° Prononce la reconnaissance des organismes qui assurent la défense et la gestion des produits bénéficiant d'un signe d'identification de la qualité et de l'origine ;

3° Définit les principes généraux du contrôle *(Abrogé par Ord. n° 2015-1246 du 7 oct. 2015, art. 4-5°)* *« et approuve les plans de contrôle ou d'inspection »* ;

4° Prononce l'agrément des organismes de contrôle et assure leur évaluation ;

5° S'assure du contrôle du respect des cahiers des charges et, le cas échéant, prend les mesures sanctionnant leur méconnaissance ;

6° Donne son avis sur les dispositions relatives à l'étiquetage et à la présentation de chacun des produits relevant de sa compétence ;

7° Peut être consulté sur toute question relative aux signes d'identification de la qualité et de l'origine et peut proposer toute mesure concourant au bon fonctionnement, au développement ou à la valorisation d'un signe dans une filière ;

8° Contribue à la défense et à la promotion des signes d'identification de la qualité et de l'origine tant en France qu'à l'étranger ;

(L. nº 2010-874 du 27 juill. 2010, art. 59) **« 9º Peut être consulté par les organismes de défense et de gestion sur les prescriptions environnementales ou relatives au bien-être animal mentionnées à l'article L. 642-22 ; »**

(Ord. nº 2015-1246 du 7 oct. 2015, art. 4-5º) **« 10º Détermine les dispositions de contrôle communes à plusieurs cahiers des charges ou à plusieurs organismes de contrôle ;**

« 11º Approuve les plans de contrôle ou d'inspection. »

BIBL. ▶ MENJUCQ et RUFFIÉ, *RD rur. 2006. Étude 22* (recours contre les décisions de l'INAO en matière d'agrément des AOC).

1. Attributions. Il entre dans les attributions de l'INAO de vérifier si le demandeur d'un certificat d'agrément satisfait à l'ensemble des conditions requises par la réglementation communautaire ou nationale, y compris celles relatives à la replantation des vignes, et il est notamment chargé d'interdire la circulation de vins ne répondant pas aux exigences des décrets de contrôle. • Civ. 1re, 19 mars 1996 : *Bull. civ. I, nº 144 ; D. 1997. 38, note Agostini*.

2. Partie civile. L'INAO est recevable à se constituer partie civile dans une poursuite exercée pour falsification d'un vin d'AOC. • Crim. 17 déc. 1997 : *Bull. crim. nº 433.*

3. Procédure. L'INAO peut engager la révision de la délimitation de l'aire géographique d'une zone d'appellation d'origine sans demande préalable du syndicat de défense intéressé. • CE 29 juin 1998 : *RD rur. 1999. 112.* ♦ Pour réviser la délimitation de l'aire de l'appellation, l'INAO, qui a préalablement pris l'avis du syndicat général des vignerons de champagne et qui a permis aux propriétaires de présenter leurs réclamations, n'a pas commis d'irrégularité de procédure. • CE 9 juin 1999 : *req. nº 161711.* ♦ Même sens, l'association des viticulteurs d'Alsace représentant les syndicats viticoles locaux ayant été consultée avant approbation par le comité national de l'INAO du projet de délimitation de l'aire AOC. • CE 7 nov. 2001 : *req. nº 224291.* ♦ Aucune disposition ne subordonne la légalité des décrets délimitant les aires de production donnant droit à AOC à la condition que tous les propriétaires concernés aient été mis en demeure de présenter leurs observations et que la mise à l'étude de la révision de l'aire géographique ait fait l'objet de mesures de publicité. • CE 2 oct. 1996 : *JCP 1997. IV. 445 ; RTD com. 1997. 242, obs. Orsoni*.

La décision de l'INAO de refuser l'agrément d'un vin en appellation d'origine a été jugée irrégulière en l'absence de règlement intérieur fixant le fonctionnement des commissions de dégustation. • CE 28 juill. 2000 : *RD rur. 2001. 114 ; JCP 2001. IV. 1720 ; RTD com. 2001. 71, obs. Orsoni*.

4. Motivation. L'INAO ne commet pas d'erreur manifeste d'appréciation en excluant de l'aire d'appellation « champagne » des parcelles qui en faisaient partie auparavant, de faible pente et alors que des parcelles voisines y sont incluses, au motif que les terrains n'étaient pas plantés en vigne en 1927 ou consacrés à la viticulture avant l'invasion phylloxérique. • CE 9 juin 1999 : *préc. note 3.* ♦ Même sens : • CE 30 juin 2000 : *RD rur. 2001. 52.* ♦ Est annulée la décision de l'INAO qui refuse d'inclure des parcelles dans l'aire d'appellation « Puisseguin St-Émilion » au motif qu'il n'y a jamais eu usage de cette dénomination sur cette zone et que la commune où sont situées les terres était jusque-là dans une autre appellation, sans tenir compte des caractères géologiques, topographiques et pédologiques. • CE 17 sept. 1999 : *RD rur. 2000. 295.* ♦ Est justifié le refus de l'INAO de modifier les périmètres des différentes AOC du Cognac, fondé sur un examen global de l'appellation, malgré une similitude géologique des parcelles. • CE 6 oct. 1999 : *RD rur. 2000. 295.*

5. Publicité. Constituent des mesures de publicité suffisantes pour faire courir le délai de recours contentieux contre la délimitation d'une appellation d'origine approuvée par délibération du comité national des vins de l'INAO : le dépôt dans les mairies concernées, la publicité dans des quotidiens locaux et au recueil des actes administratifs du dépôt des plans, sans qu'il ait été nécessaire de procéder à une notification auprès de chaque propriétaire concerné. • CE 7 nov. 2001 : *req. nº 224292.*

Art. L. 642-5-1 *(L. nº 2008-595 du 25 juin 2008, art. 5)* **Lorsque cela est nécessaire à la protection d'un signe d'identification de la qualité et de l'origine mentionné au 1º de l'article L. 640-2, l'organisme de défense et de gestion concerné ou l'Institut national de l'origine et de la qualité propose à l'autorité administrative toute mesure particulière de renforcement de cette protection concernant les organismes génétiquement modifiés.**

Protection des dénominations reconnues

Art. L. 643-1 *(Ord. nº 2006-1547 du 7 déc. 2006, art. 2)* **L'appellation d'origine ne peut jamais être considérée comme présentant un caractère générique et tomber dans le domaine public.**

Le nom qui constitue l'appellation d'origine ou toute autre mention l'évoquant ne peuvent être employés pour aucun produit similaire, sans préjudice des dispositions législa-

tives et réglementaires en vigueur le 6 juillet 1990. Ils ne peuvent être employés pour aucun établissement et aucun autre produit ou service, lorsque cette utilisation est susceptible de détourner ou d'affaiblir la notoriété de l'appellation.

Art. L. 643-2 *(Ord. n° 2006-1547 du 7 déc. 2006, art. 2)* L'utilisation d'indication d'origine ou de provenance ne doit pas être susceptible d'induire le consommateur en erreur sur les caractéristiques du produit, de détourner ou d'affaiblir la notoriété d'une dénomination reconnue comme appellation d'origine ou enregistrée comme indication géographique *(Abrogé par Ord. n° 2010-459 du 6 mai 2010, art. 4)* «*protégée*» ou comme spécialité traditionnelle garantie, ou, de façon plus générale, de porter atteinte, notamment par l'utilisation abusive d'une mention géographique dans une dénomination de vente, au caractère spécifique de la protection réservée aux appellations d'origine, aux indications géographiques *(Abrogé par Ord. n° 2010-459 du 6 mai 2010, art. 4)* «*protégées*» et aux spécialités traditionnelles garanties.

Pour les produits ne bénéficiant pas d'une appellation d'origine ou d'une indication géographique *(Abrogé par Ord. n° 2010-459 du 6 mai 2010, art. 4)* «*protégée*», l'utilisation d'une indication d'origine ou de provenance doit s'accompagner d'une information sur la nature de l'opération liée à cette indication, dans tous les cas où cela est nécessaire à la bonne information du consommateur.

Toutefois, cette disposition ne s'applique pas aux vins, aux vins aromatisés, aux boissons aromatisées à base de *(Ord. n° 2010-459 du 6 mai 2010, art. 4)* « produits vitivinicoles », aux cocktails aromatisés de produits vitivinicoles ainsi qu'aux *(Ord. n° 2010-459 du 6 mai 2010, art. 4)* « boissons spiritueuses ».

Tout opérateur utilisant une indication d'origine ou de provenance pour une denrée alimentaire ou un produit agricole ou alimentaire et non transformé doit disposer des éléments justifiant cette utilisation et être en mesure de les présenter à toute réquisition des agents *(Ord. n° 2016-301 du 14 mars 2016, art. 16, en vigueur le 1er juill. 2016)* « mentionnés aux articles L. 511-3 et L. 511-22 » du code de la consommation.

Un décret en Conseil d'État, pris en application de l'article *(Ord. n° 2016-301 du 14 mars 2016, art. 16, en vigueur le 1er juill. 2016)* « L. 412-1 » de code de la consommation, définit les conditions d'application du présent article.

Art. L. 643-3 *(Ord. n° 2006-1547 du 7 déc. 2006, art. 2)* Les conditions d'utilisation simultanée d'une marque commerciale et d'un signe d'identification de la qualité ou de l'origine pour l'étiquetage d'une denrée alimentaire ou d'un produit agricole non alimentaire et non transformé, à l'exception des vins, des boissons spiritueuses et des produits intermédiaires, sont, ainsi qu'il est dit à l'article *(Ord. n° 2016-301 du 14 mars 2016, art. 2, en vigueur le 1er juill. 2016)* « L. 432-7 » du code de la consommation, précisées par décret en Conseil d'État.

Art. L. 643-3-1 *(L. n° 2014-1170 du 13 oct. 2014, art. 23-II)* Tout organisme qui a pour mission de contribuer à la protection d'une appellation d'origine ou d'une indication géographique mentionnées aux articles L. 641-5, L. 641-10, L. 641-11 et L. 641-11-1 du présent code peut demander au directeur de l'Institut national de l'origine et de la qualité d'exercer le droit d'opposition à l'enregistrement d'une marque qu'il tient de l'article L. 712-4 du code de la propriété intellectuelle dès lors qu'il y a un risque d'atteinte au nom, à l'image, à la réputation ou à la notoriété de l'un de ces signes.

Art. L. 643-3-2 *(L. n° 2014-1170 du 13 oct. 2014, art. 23-II)* A la demande d'un organisme de défense et de gestion d'un vin ou d'un spiritueux bénéficiant d'une appellation d'origine et après avis de l'interprofession compétente, lorsqu'elle existe, le ministre chargé de l'agriculture peut rendre obligatoire, par arrêté, l'apposition sur chaque contenant d'un dispositif unitaire permettant d'authentifier le produit mis à la commercialisation.

Le dispositif d'authentification mentionné au premier alinéa doit être conforme à un cahier des charges technique défini par décret.

Le non-respect de l'obligation prévue au présent article entraîne une suspension de l'habilitation de l'opérateur.

Art. L. 643-3-3 *(L. n° 2014-1170 du 13 oct. 2014, art. 23-II)* L'utilisation à des fins commerciales de termes susceptibles d'induire le public en erreur sur le fait que les produits concernés bénéficient d'un signe officiel de la qualité et de l'origine constitue une pratique prohibée par le 2° *(Ord. n° 2016-301 du 14 mars 2016, art. 2, en vigueur le 1er juill. 2016)* « de l'article L. 121-2 » du code de la consommation.

Dispositions pénales

Art. L. 671-5 *(Ord. n° 2006-1547 du 7 déc. 2006, art. 3)* I. — Les dispositions pénales relatives aux appellations d'origine sont fixées *(Ord. n° 2016-301 du 14 mars 2016, art. 2, en vigueur le 1er juill. 2016)* « aux articles L. 453-1, L. 453-9 et L. 453-10 » du code de la consommation.

II. — Les dispositions pénales relatives au label rouge sont fixées à l'article *(Ord. n° 2016-301 du 14 mars 2016, art. 2, en vigueur le 1er juill. 2016)* « L. 453-4 » du code de la consommation.

III. — Les dispositions pénales relatives aux appellations d'origine protégées, aux indications géographiques protégées et aux spécialités traditionnelles garanties sont fixées à l'article *(Ord. n° 2016-301 du 14 mars 2016, art. 2, en vigueur le 1er juill. 2016)* « L. 453-5 » du code de la consommation.

Art. L. 671-6 *(Ord. n° 2006-1547 du 7 déc. 2006, art. 3)* Les dispositions pénales relatives à la certification de conformité des produits agricoles et alimentaires sont fixées à l'article *(Ord. n° 2016-301 du 14 mars 2016, art. 2, en vigueur le 1er juill. 2016)* « L. 453-7 » du code de la consommation.

Décret n° 2000-615 du 28 juin 2000,

Pris pour l'application du code de la consommation en ce qui concerne la protection des dénominations transmises à la Commission des Communautés européennes pour enregistrement en tant qu'indication géographique.

Art. 1er Il est interdit de détenir en vue de la vente, ou de la distribution à titre gratuit, de mettre en vente, de vendre, de distribuer à titre gratuit des produits dont l'étiquetage comporte une indication géographique dont l'utilisation est prohibée dans les conditions prévues aux articles ci-après.

Art. 2 L'interdiction prévue à l'article 1er concerne les produits qui n'ont pas été reconnus comme étant susceptibles de bénéficier d'une indication géographique protégée selon les modalités prévues à l'article L. 641-6 du code rural et de la pêche maritime et qui sont, par leur nature, comparables aux produits dont la dénomination est transmise en vue de son enregistrement à la Commission des Communautés européennes, en tant qu'indication géographique protégée ou en vue de la modification de cette indication.

Art. 3 L'utilisation de l'indication géographique mentionnée à l'article 1er est interdite dans l'étiquetage, la présentation commerciale des produits, les factures et les documents de toute nature.

Art. 4 L'interdiction prévue à l'article 1er doit faire l'objet, au préalable, d'un arrêté conjoint des ministres chargés de la consommation et de l'agriculture. Cet arrêté cesse d'être en vigueur au jour de la publication de l'enregistrement de la dénomination par la Commission des Communautés européennes. En cas de refus d'enregistrement, il est abrogé.

Décret n° 2004-293 du 26 mars 2004,

Relatif aux conditions d'utilisation du qualificatif "agriculture raisonnée".

Art. 1er L'emploi du qualificatif "agriculture raisonnée" ou de toute autre dénomination équivalente dans la publicité ou la présentation d'une exploitation agricole, ainsi que dans les documents commerciaux qui s'y rapportent, est réservé aux exploitations qualifiées conformément aux dispositions du décret du 25 avril 2002 susvisé.

Art. 2 *Toute* référence à l'agriculture raisonnée dans la publicité, l'étiquetage ou la présentation d'un produit, ainsi que dans les documents commerciaux qui s'y rapportent, est indiquée par la mention "... issu d'exploitations qualifiées au titre de l'agriculture raisonnée" ou, le cas échéant, "... issu d'une exploitation qualifiée au titre de l'agriculture raisonnée".

L'emploi des mentions définies à l'alinéa précédent est interdit dans la dénomination de vente du produit.

Pour les denrées alimentaires préemballées, ces mentions figurent uniquement dans la liste des ingrédients, à la suite de la désignation de l'ingrédient.

Pour les denrées alimentaires non préemballées ainsi que pour les denrées alimentaires auxquelles, en application des articles R. 112-15 et R. 112-32 *[anciens]* du code de la consommation, ne s'applique pas l'obligation d'indication de leurs ingrédients prévue à l'article R. 122-9 *[ancien]* de ce code, ces mentions ne peuvent figurer qu'à la suite de l'indication du ou des ingrédients en cause, dans les mêmes caractères, sans en être séparées par d'autres indications ou images. Ces mentions sont apposées sur les denrées elles-mêmes ou à proximité immédiate, sans risque de confusion, sur une affiche, un écriteau ou tout autre support approprié.

Pour les produits autres que les denrées alimentaires, les mentions définies au premier alinéa peuvent être utilisées uniquement à la suite de l'indication du composant concerné, dans les mêmes caractères que celle-ci et sans en être séparées par d'autres indications ou images.

Art. 3 La publicité, l'étiquetage et la présentation des produits portant l'une des mentions définies à l'article 2 du présent décret ne doivent pas faire état de propriétés organoleptiques ou nutritionnelles ou de qualités sanitaires particulières ou être de nature à faire croire que les produits ont un effet bénéfique pour la santé du seul fait qu'ils sont issus d'exploitations qualifiées au titre de l'agriculture raisonnée.

Art. 4 La mise sur le marché d'un produit dont l'étiquetage, la présentation ou les documents commerciaux comportent l'une des mentions définies à l'article 2 du présent décret est subordonnée à l'identification des lots de produits correspondants.

Un état des quantités de produits cédés ou livrés et de leurs destinataires est conservé trois ans par le producteur agricole. Lorsque les produits sont cédés directement au consommateur, seul un état des quantités est conservé par le producteur agricole.

A tous les autres stades de la commercialisation, les opérateurs doivent être en mesure d'attester que les produits mentionnés au premier alinéa du présent article proviennent d'exploitations qualifiées au titre de l'agriculture raisonnée en application du décret du 25 avril 2002 susvisé et mettent en place un système assurant la traçabilité de ces produits, comportant notamment une comptabilité matière permettant de contrôler les entrées et les sorties de produits.

Les fiches, les bons de livraison ou les factures relatifs aux produits comportent une identification appropriée permettant d'établir un lien entre ces documents et les produits.

Les dispositions des alinéas précédents ne s'appliquent pas aux produits reçus préemballés et cédés en l'état.

Art. 5 Les marchandises qui sont légalement produites et commercialisées dans un des États membres de la Communauté européenne ou dans un des États parties à l'accord sur l'Espace économique européen et qui font référence à un mode de production équivalent à celui défini par le décret du 25 avril 2002 susvisé ne sont pas soumises aux dispositions du présent décret.

Art. 6 Est puni des peines d'amendes prévues pour les contraventions de la 3e classe :

1° Le fait d'employer le qualificatif "agriculture raisonnée" dans la publicité ou la présentation d'une exploitation agricole, ainsi que dans les documents commerciaux qui s'y rapportent, sans satisfaire aux dispositions de l'article 1er du présent décret ;

2° Le fait d'utiliser dans la publicité, l'étiquetage ou la présentation d'un produit l'une des mentions définies à l'article 2 du présent décret sans respecter les prescriptions de cet article ;

3° Le fait de ne pas satisfaire à l'une des obligations prévues à l'article 4 du présent décret.

Les personnes morales peuvent être déclarées pénalement responsables des infractions définies au présent article, dans les conditions prévues aux articles 121-2 et 131-40 du code pénal. Elles encourent les peines d'amende selon les modalités prévues à l'article 131-41 du même code.

Art. 7 Les dispositions du présent décret entreront en vigueur le 1er avril 2004.

Règlement (CE) n° 66/2010 du Parlement européen et du Conseil du 25 novembre 2009,

Établissant le label écologique de l'UE (JOUE L 27 du 30 janv. 2010).

Règlement (UE) n° 1151/2012 du Parlement européen et du Conseil du 21 novembre 2012,

Relatif aux systèmes de qualité applicables aux produits agricoles et aux denrées alimentaires.

V., précédemment, Règl. (CE) n[os] *509/2006 et 510/2006 du 20 mars 2006 relatifs aux spécialités traditionnelles garanties et à la protection des indications géographiques et des appellations d'origine des produits agricoles et des denrées alimentaires. — C.* ***consom.****, éd. 2012 et antérieures.*

BIBL. ▶ Règl. (CE) n°s 509/2006 et 510/2006 : CHALTIEL, *CCC 2006. Chron. 16* (protection de l'identité des produits en Europe). – OLSZAK, *RD rur. 2006. Étude 19* (nouveaux règlements européens sur les AOP et IGP) ; *ibid. 2009. Étude 5* (le goût des vins AOP et IGP : description et contrôle des caractéristiques organoleptiques). ▶ Règl. (UE) n° 1151/2012 : LE GOFFIC, *RMCUE 2013. 425* (difficiles relations entre indications géographiques et marques).

TITRE PREMIER Dispositions générales

Art. 1er *Objectifs.* **1. Le présent règlement vise à aider les producteurs de produits agricoles et de denrées alimentaires à communiquer aux acheteurs et aux consommateurs les caractéristiques des produits et les propriétés de production de ces produits et denrées alimentaires en garantissant de la sorte :**

a) une concurrence loyale pour les agriculteurs et les producteurs dont les produits agricoles et les denrées alimentaires présentent des caractéristiques et des propriétés leur conférant une valeur ajoutée ;

b) la disponibilité pour les consommateurs d'informations fiables relatives à ces produits ;

c) le respect des droits de propriété intellectuelle ; et

d) l'intégrité du marché intérieur.

Les mesures énoncées au présent règlement visent à promouvoir les activités agricoles et de transformation, ainsi que les modes de production associés à des produits de haute qualité, et contribuent ainsi à la mise en œuvre des objectifs de la politique de développement rural.

2. Le présent règlement établit des systèmes de qualité, qui constituent le cadre de base permettant l'identification et, le cas échéant, la protection des dénominations et des mentions qui, en particulier, indiquent ou décrivent des produits agricoles possédant :

a) des caractéristiques conférant une valeur ajoutée, ou

b) des propriétés conférant une valeur ajoutée en raison des méthodes de production ou de transformation utilisées lors de la production ou en raison du lieu de production ou de commercialisation.

Art. 2 *Champ d'application.* **1. Le présent règlement couvre les produits agricoles destinés à la consommation humaine énumérés à l'annexe I du traité et d'autres produits agricoles et denrées alimentaires énumérés à l'annexe I du présent règlement.**

Afin de tenir compte des engagements internationaux, des nouvelles méthodes de production ou des nouveaux matériaux, la Commission est habilitée, en conformité avec l'article 56, à adopter des actes délégués complétant la liste de produits énoncée à l'annexe I du présent règlement. Ces produits sont étroitement liés à des produits agricoles ou à l'économie rurale. — *V. annexe I ss. art. 59.*

2. Le présent règlement ne s'applique pas aux boissons spiritueuses, aux vins aromatisés ou aux produits de la vigne définis à l'annexe XI *ter* du règlement (CE) n° 1234/2007, à l'exception des vinaigres de vin.

3. Le présent règlement s'applique **sans préjudice d'autres dispositions spécifiques de l'Union relatives à la mise de produits sur le marché, et notamment à l'organisation commune unique des marchés et à l'étiquetage alimentaire.**

4. La directive 98/34/CE du Parlement européen et du Conseil du 22 juin 1998 prévoyant une procédure d'information dans le domaine des normes et réglementations tech-

niques et des règles relatives aux services de la société de l'information ne s'applique pas aux systèmes de qualité établis par le présent règlement.

Art. 3 *Définitions.* Aux fins du présent règlement, on entend par :

1) "systèmes de qualité" : les systèmes établis en vertu des titres II, III et IV ;

2) "groupement" : toute association principalement composée de producteurs ou de transformateurs concernés par le même produit, quelle que soit sa forme juridique ;

3) "traditionnel" : dont l'utilisation sur le marché intérieur pendant une période permettant une transmission entre générations a été prouvée ; cette période doit être d'au moins 30 ans ;

4) "étiquetage" : les mentions, indications, marques de fabrique ou de commerce, images ou signes se rapportant à une denrée alimentaire et figurant sur tout emballage, document, écriteau, étiquette, bague ou collerette accompagnant ou se référant à cette denrée alimentaire ;

5) "spécificités" : en ce qui concerne un produit, les propriétés de production caractéristiques qui permettent de distinguer clairement un produit d'autres produits similaires de la même catégorie ;

6) "mentions génériques" : les dénominations de produits qui, bien que se rapportant au lieu, à la région ou au pays de production ou de commercialisation initiale, sont devenues la dénomination commune d'un produit dans l'Union ;

7) "étape de production" : la production, la transformation ou l'élaboration ;

8) "produits transformés" : les denrées alimentaires résultant de la transformation de produits non transformés. Les produits transformés peuvent contenir des substances qui sont nécessaires à leur fabrication ou pour leur conférer des caractéristiques spécifiques.

TITRE II Appellations d'origine protégées et indications géographiques protégées

Art. 4 *Objectif.* Un système d'appellations d'origine protégées et d'indications géographiques protégées est établi afin d'aider les producteurs de produits liés à une zone géographique :

a) en assurant des revenus équitables au regard des qualités de leurs produits ;

b) en garantissant une protection uniforme des dénominations en tant que droit de propriété intellectuelle sur le territoire de l'Union ;

c) en fournissant aux consommateurs des informations claires sur les propriétés du produit lui conférant une valeur ajoutée.

Art. 5 *Exigences applicables aux appellations d'origine et aux indications géographiques.* 1. Aux fins du présent règlement, on entend par "appellation d'origine" une dénomination qui identifie un produit :

a) comme étant originaire d'un lieu déterminé, d'une région, ou, dans des cas exceptionnels, d'un pays ;

b) dont la qualité ou les caractéristiques sont dues essentiellement ou exclusivement au milieu géographique comprenant les facteurs naturels et humains ; et

c) dont toutes les étapes de production ont lieu dans l'aire géographique délimitée.

2. Aux fins du présent règlement, on entend par "indication géographique" une dénomination qui identifie un produit :

a) comme étant originaire d'un lieu déterminé, d'une région ou d'un pays ;

b) dont une qualité déterminée, la réputation ou une autre propriété peut être attribuée essentiellement à son origine géographique ; et

c) dont au moins une des étapes de production a lieu dans l'aire géographique délimitée.

3. Nonobstant le paragraphe 1, certaines dénominations sont assimilées à des appellations d'origine bien que les matières premières des produits concernés proviennent d'une aire géographique plus vaste ou différente de l'aire géographique délimitée, pour autant que :

a) l'aire de production des matières premières soit délimitée ;

b) il existe des conditions particulières pour la production des matières premières ;

c) il existe un régime de contrôle assurant le respect des conditions visées au point b) ; et

d) que les appellations d'origine en question aient été reconnues comme appellations d'origine dans le pays d'origine avant le 1er mai 2004.

Seuls les animaux vivants, la viande et le lait peuvent être considérés comme des matières premières aux fins du présent paragraphe.

4. Afin de tenir compte des spécificités de la production de produits d'origine animale, la Commission est habilitée, en conformité avec l'article 56, à adopter des actes délégués relatifs à des restrictions et à des dérogations concernant la provenance des aliments pour animaux dans le cas d'une appellation d'origine.

En outre, afin de tenir compte des spécificités de certains produits ou zones, la Commission est habilitée, en conformité avec l'article 56, à adopter des actes délégués relatifs à des restrictions et à des dérogations concernant l'abattage d'animaux vivants ou la provenance des matières premières.

Ces restrictions et dérogations tiennent compte, sur la base de critères objectifs, de la qualité ou de l'usage et du savoir-faire reconnu ou des facteurs naturels.

Dénomination générique. Une cour d'appel ne peut décider que les mentions « Rillettes du Mans » ou « Rillettes de la Sarthe » ont acquis la nature d'une dénomination générique selon le code de la charcuterie, se fondant ainsi sur un texte sans portée juridique, sans rechercher si ces mentions sont une dénomination devenue générique, en application de l'art. 3 du Règl. n° 2081/92 du Conseil du 14 juill. 1992 [abrogé et remplacé par le Règl. n° 510/2006, lui-même abrogé et remplacé par le Règl. n° 1151/2012], ou si, au contraire, en application de l'art. 2, elles peuvent être considérées comme des indications géographiques de provenance, dès lors qu'elles désignent des denrées dont la réputation ou la qualité peuvent être attribuées à leur origine géographique. • Com. 27 févr. 1996, n° 94-15.164 : *Bull. civ. IV, n° 61.* ♦ Ni l'une ni l'autre des marques « Moules de bouchot » et « Moules de bouchot de la baie du Mont-Saint-Michel et Cancale » ne remplissent, eu égard à la durée de leur usage et à leur notoriété, les conditions posées au § 4 de l'art. 3 du Règl. (CE) du 26 mars 2006. Ainsi l'existence de ces marques ne fait pas obstacle à la création d'une AOP « Moules de bouchot de la baie du Mont-Saint-Michel » en vue de son enregistrement. • CE 26 mai 2008, req. n° 297326 : *RD rur. 2008, n° 152.*

Art. 6 *Caractère générique, conflits avec des noms de variétés végétales et de races animales, des homonymes et des marques.* **1. Les dénominations génériques ne peuvent être enregistrées en tant qu'appellations d'origine protégées ou indications géographiques protégées.**

2. Une dénomination ne peut être enregistrée en tant qu'appellation d'origine ou indication géographique lorsqu'elle entre en conflit avec le nom d'une variété végétale ou d'une race animale et qu'elle est susceptible d'induire le consommateur en erreur quant à la véritable origine du produit.

3. Une dénomination proposée à l'enregistrement qui est partiellement ou totalement homonyme avec une dénomination déjà inscrite dans le registre établi conformément à l'article 11 ne peut être enregistrée à moins que les conditions d'usages locaux et traditionnels et la présentation de l'homonyme enregistré ultérieurement soient suffisamment distinctes en pratique de la dénomination déjà inscrite au registre, compte étant tenu de la nécessité d'assurer un traitement équitable des producteurs concernés et de ne pas induire le consommateur en erreur.

Une dénomination homonyme qui laisse le consommateur penser à tort que les produits sont originaires d'un autre territoire n'est pas enregistrée, même si elle est exacte pour ce qui est du territoire, de la région ou du lieu dont les produits en question sont originaires.

4. Une dénomination proposée à l'enregistrement en tant qu'appellation d'origine ou indication géographique n'est pas enregistrée lorsque, compte tenu de la réputation d'une marque, de sa renommée et de la durée de son usage, cet enregistrement est de nature à induire le consommateur en erreur quant à la véritable identité du produit.

V. note ss. art. 5, supra.

Art. 7 *Cahier des charges du produit.*

Art. 8 *Contenu de la demande d'enregistrement.*

Art. 9 *Protection nationale transitoire.* **Un État membre peut, à titre transitoire uniquement, accorder à une dénomination une protection au niveau national au titre du présent règlement, celle-ci prenant effet à compter de la date de dépôt d'une demande auprès de la Commission.**

Cette protection nationale cesse d'exister à la date à laquelle une décision sur l'enregistrement est prise au titre du présent règlement ou à la date à laquelle la demande est retirée.

Dans le cas où une dénomination n'est pas enregistrée conformément au présent règlement, les conséquences de cette protection nationale relèvent de la seule responsabilité de l'État membre concerné.

Les mesures prises par les États membres au titre du premier alinéa ne produisent leurs effets qu'au niveau national et n'ont aucune incidence sur le commerce à l'intérieur de l'Union ou le commerce international.

Art. 10 *Motifs d'opposition.* 🏛

Art. 11 *Registre des appellations d'origine protégées et des indications géographiques protégées.* 1. La Commission adopte, sans appliquer la procédure visée à l'article 57, paragraphe 2, des actes d'exécution qui établissent et tiennent à jour un registre accessible au public des appellations d'origine protégées et des indications géographiques protégées reconnues au titre du présent système.

2. Les indications géographiques relatives à des produits de pays tiers qui sont protégé*[e]*s dans l'Union au titre d'un accord international auquel l'Union est partie contractante peuvent être inscrites dans le registre. Les dénominations en question sont inscrites dans le registre en tant qu'indications géographiques protégées à moins qu'elles n'aient été spécifiquement désignées dans ledit accord comme étant des appellations d'origine protégées au titre du présent règlement.

3. La Commission peut adopter des actes d'exécution qui établissent des règles détaillées relatives à la forme et au contenu du registre. Ces actes d'exécution sont adoptés en conformité avec la procédure d'examen visée à l'article 57, paragraphe 2.

4. La Commission rend publique et met régulièrement à jour la liste des accords internationaux visés au paragraphe 2, ainsi que la liste des indications géographiques protégées au titre de ces accords.

Art. 12 *Dénominations, symboles et mentions.* 1. Les appellations d'origine protégées et les indications géographiques protégées peuvent être utilisées par tout opérateur commercialisant un produit conforme au cahier des charges correspondant.

2. Des symboles de l'Union conçus pour assurer la publicité des appellations d'origine protégées et des indications géographiques protégées sont établis.

3. Dans le cas de produits originaires de l'Union, commercialisés sous une appellation d'origine protégée ou une indication géographique protégée enregistrée conformément aux procédures établies dans le présent règlement, les symboles de l'Union qui y sont associés figurent sur l'étiquetage. En outre, il convient que la dénomination enregistrée du produit figure dans le même champ visuel. Les mentions “appellation d'origine protégée” ou “indication géographique protégée” ou les abréviations “AOP” ou “IGP” correspondantes peuvent également figurer sur l'étiquetage. — *En vigueur le 4 janv. 2016, sans préjudice des produits déjà mis sur le marché avant cette date.*

4. En outre, peuvent également figurer sur l'étiquetage : des reproductions de l'aire géographique d'origine visée à l'article 5, tout comme des références sous forme de texte, de représentation graphique ou de symboles relatives à l'État membre et/ou à la région où est située l'aire géographique d'origine.

5. Sans préjudice de la directive 2000/13/CE, il est permis de faire figurer sur l'étiquetage, outre l'appellation d'origine protégée ou l'indication géographique protégée, les marques collectives géographiques visées à l'article 15 de la directive 2008/95/CE.

6. Dans le cas de produits originaires de pays tiers commercialisés sous une dénomination inscrite *dans le registre*, les mentions visées au paragraphe 3 ou les symboles de l'Union qui y sont associés peuvent figurer sur l'étiquetage.

7. Afin de garantir la communication des informations appropriées au consommateur, la Commission est habilitée, en conformité avec l'article 56, à adopter des actes délégués établissant les symboles de l'Union.

La Commission peut adopter des actes d'exécution qui établissent les caractéristiques techniques des symboles de l'Union et des mentions, ainsi que les règles relatives à leur utilisation sur les produits commercialisés sous une appellation d'origine protégée ou une indication géographique protégée, y compris les règles concernant les versions linguistiques adéquates à utiliser. Ces actes d'exécution sont adoptés en conformité avec la procédure d'examen visée à l'article 57, paragraphe 2.

Art. 13 *Protection.* 1. Les dénominations enregistrées sont protégées contre :

a) toute utilisation commerciale directe ou indirecte d'une dénomination enregistrée à l'égard des produits non couverts par l'enregistrement, lorsque ces produits sont comparables à ceux enregistrés sous cette dénomination ou lorsque cette utilisation permet de profiter de la réputation de la dénomination protégée, y compris quand ces produits sont utilisés en tant qu'ingrédients ;

b) toute usurpation, imitation ou évocation, même si l'origine véritable des produits ou des services est indiquée ou si la dénomination protégée est traduite ou accompagnée d'une expression telle que "genre", "type", "méthode", "façon", "imitation", ou d'une expression similaire, y compris quand ces produits sont utilisés en tant qu'ingrédients ;

c) toute autre indication fausse ou fallacieuse quant à la provenance, l'origine, la nature ou les qualités essentielles du produit qui figure sur le conditionnement ou l'emballage, sur la publicité ou sur des documents afférents au produit concerné, ainsi que contre l'utilisation pour le conditionnement d'un récipient de nature à créer une impression erronée sur l'origine du produit ;

d) toute autre pratique susceptible d'induire le consommateur en erreur quant à la véritable origine du produit.

Lorsqu'une appellation d'origine protégée ou une indication géographique protégée contient en elle-même le nom d'un produit considéré comme générique, l'utilisation de ce nom générique n'est pas considérée comme contraire au premier alinéa, point a) ou b).

2. Les appellations d'origine protégées et les indications géographiques protégées ne peuvent pas devenir génériques.

3. Les États membres prennent les mesures administratives ou judiciaires appropriées pour prévenir ou arrêter l'utilisation illégale visée au paragraphe 1 d'appellations d'origine protégées ou d'indications géographiques protégées qui sont produites ou commercialisées sur leur territoire.

A cette fin, les États membres désignent, conformément aux procédures que chaque État membre a établies, les autorités chargées de prendre ces mesures.

Ces autorités offrent des garanties adéquates d'objectivité et d'impartialité et disposent du personnel qualifié et des ressources nécessaires à l'exercice de leurs fonctions.

Art. 14 *Relations entre marques, appellations d'origine et indications géographiques.* 1. Lorsqu'une appellation d'origine ou une indication géographique est enregistrée au titre du présent règlement, l'enregistrement d'une marque dont l'utilisation enfreindrait l'article 13, paragraphe 1, et qui concerne un produit de même type est refusé si la demande d'enregistrement de la marque est présentée après la date de dépôt auprès de la Commission de la demande d'enregistrement relative à l'appellation d'origine ou à l'indication géographique.

Les marques enregistrées en violation du premier alinéa sont annulées.

Les dispositions du présent paragraphe s'appliquent sans préjudice des dispositions de la directive 2008/95/CE.

2. Sans préjudice de l'article 6, paragraphe 4, une marque dont l'utilisation enfreint l'article 13, paragraphe 1, et qui a été déposée, enregistrée, ou acquise par l'usage dans les cas où cela est prévu par la législation concernée, de bonne foi sur le territoire de l'Union, avant la date du dépôt auprès de la Commission de la demande de protection relative à l'appellation d'origine ou à l'indication géographique, peut continuer à être utilisée et renouvelée pour ce produit nonobstant l'enregistrement d'une appellation d'origine ou d'une indication géographique, pour autant qu'aucun motif de nullité ou de déchéance, au titre du règlement (CE) n° 207/2009 du Conseil du 26 février 2009 sur la marque communautaire *[abrogé ; V. désormais Règl. UE 2017/1001 du 14 juin 2017 sur la marque de l'Union européenne]* ou de la directive 2008/95/CE, ne pèse sur la marque. En pareil cas, l'utilisation tant de l'appellation d'origine protégée ou de l'indication géographique protégée que des marques concernées est autorisée.

Art. 15 *Périodes transitoires pour l'utilisation des appellations d'origine protégées et des indications géographiques protégées.* 1. Sans préjudice de l'article 14, la Commission peut adopter des actes d'exécution qui octroient une période transitoire de cinq ans au maximum afin que des produits qui sont originaires d'un État membre ou d'un pays tiers et dont l'appellation est constituée ou composée d'un nom enfreignant l'article 13, paragraphe 1, puissent continuer à utiliser l'appellation sous laquelle ils étaient commercialisés, à condition qu'une déclaration d'opposition recevable au titre de l'article 49, paragraphe 3, ou de l'article 51 démontre que :

a) l'enregistrement de la dénomination porterait préjudice à l'existence d'une dénomination totalement ou partiellement identique ; ou

b) ces produits ont été légalement commercialisés sous cette dénomination sur le territoire concerné pendant au moins cinq ans précédant la date de la publication prévue à l'article 50, paragraphe 2, point a).

Ces actes d'exécution sont adoptés en conformité avec la procédure d'examen visée à l'article 57, paragraphe 2.

2. Sans préjudice de l'article 14, la Commission peut adopter des actes d'exécution qui étendent à 15 ans la période transitoire mentionnée au paragraphe 1 du présent article, dans des cas dûment justifiés, lorsqu'il est démontré que :

a) l'appellation visée au paragraphe 1 du présent article a été utilisée légalement sur la base des usages constants et loyaux pendant au moins vingt-cinq ans avant le dépôt de la demande d'enregistrement auprès de la Commission ;

b) l'utilisation de l'appellation visée au paragraphe 1 du présent article n'a eu, à aucun moment, pour objet de profiter de la réputation de la dénomination enregistrée et elle n'a pas induit ni n'a pu induire le consommateur en erreur quant à la véritable origine du produit.

Ces actes d'exécution sont adoptés en conformité avec la procédure d'examen visée à l'article 57, paragraphe 2.

3. Lorsqu'une appellation visée aux paragraphes 1 et 2 est utilisée, la mention du pays d'origine figure de façon claire et visible sur l'étiquetage.

4. Afin de surmonter certaines difficultés temporaires liées à la réalisation de l'objectif à long terme qui est de faire respecter le cahier des charges par tous les producteurs de la zone concernée, un État membre peut accorder une période transitoire de dix ans au maximum, prenant effet à compter de la date du dépôt de la demande auprès de la Commission, à condition que les opérateurs concernés aient légalement commercialisé les produits en question en utilisant les dénominations concernées de façon continue pendant au moins les cinq années précédant le dépôt de la demande auprès des autorités de l'État membre et qu'ils aient précisé ce fait dans la procédure nationale d'opposition visée à l'article 49, paragraphe 3.

Le premier alinéa s'applique *mutatis mutandis* à une appellation d'origine protégée ou à une indication géographique protégée se référant à une zone géographique située dans un pays tiers, à l'exception de la procédure d'opposition.

Les périodes transitoires sont indiquées dans le dossier de demande visé à l'article 8, paragraphe 2.

Art. 16 *Dispositions transitoires.* 1. Les dénominations inscrites dans le registre prévu à l'article 7, paragraphe 6, du règlement (CE) n° 510/2006 sont automatiquement inscrites dans le registre visé à l'article 11 du présent règlement. Les cahiers des charges correspondants sont assimilés aux cahiers des charges visés à l'article 7 du présent règlement. Toute disposition transitoire particulière liée à ces enregistrements reste applicable. — *V. Règl. préc. au **C. consom.**, éd. 2012 et antérieures.*

2. Afin de protéger les droits et les intérêts légitimes des producteurs ou des parties prenantes concernés, la Commission est habilitée, en conformité avec l'article 56, à adopter des actes délégués établissant des règles transitoires supplémentaires.

3. Le présent règlement s'applique sans préjudice de tout droit de coexistence, reconnu au titre du règlement *(CE) n° 510/2006*, des appellations d'origine et des indications géographiques d'une part, et des marques d'autre part.

TITRE III Spécialités traditionnelles garanties

Art. 17 *Objectif.* Un système applicable aux spécialités traditionnelles garanties est établi afin de sauvegarder les méthodes de production et recettes traditionnelles en aidant les producteurs de produits traditionnels à commercialiser leur production et à communiquer aux consommateurs les propriétés conférant une valeur ajoutée à leurs recettes et produits traditionnels.

Art. 18 *Critères.* 1. Une dénomination peut être enregistrée en tant que spécialité traditionnelle garantie lorsqu'elle décrit un produit ou une denrée alimentaire spécifique :

a) qui résulte d'un mode de production, d'une transformation ou d'une composition correspondant à une pratique traditionnelle pour ce produit ou cette denrée alimentaire ; ou

b) qui est produit à partir de matières premières ou d'ingrédients qui sont ceux traditionnellement utilisés.

2. Pour être enregistrée en tant que spécialité traditionnelle garantie, une dénomination :

a) a été traditionnellement utilisée en référence au produit spécifique ; ou

b) identifie le caractère traditionnel du produit ou ses spécificités.

3. Si, dans le cadre de la procédure d'opposition engagée au titre de l'article 51, il est démontré que la dénomination est également utilisée dans un autre État membre ou dans un pays tiers, afin de distinguer des produits comparables ou des produits ayant une dénomination identique ou similaire, la décision d'enregistrement adoptée conformément à l'article 52, paragraphe 3, peut prévoir que la dénomination de la spécialité traditionnelle garantie doit être accompagnée de la mention "produit selon la tradition" immédiatement suivie du nom du pays ou de la région en question.

4. Une dénomination ne peut être enregistrée si elle fait référence uniquement à des allégations d'ordre général utilisées pour un ensemble de produits ou à des allégations prévues par une législation particulière de l'Union.

5. Afin de garantir le bon fonctionnement du système, la Commission est habilitée, en conformité avec l'article 56, à adopter des actes délégués qui détaillent les critères d'admissibilité établis dans le présent article.

Art. 19 *Cahier des charges du produit.*

Art. 20 *Contenu de la demande d'enregistrement.*

Art. 21 *Motifs d'opposition.*

Art. 22 *Registre des spécialités traditionnelles garanties.* 1. La Commission adopte, sans appliquer la procédure visée à l'article 57, paragraphe 2, des actes d'exécution qui établissent et tiennent à jour un registre accessible au public des spécialités traditionnelles garanties reconnues au titre du présent système.

2. La Commission peut adopter des actes d'exécution qui établissent des règles détaillées relatives à la forme et au contenu du registre. Ces actes d'exécution sont adoptés en conformité avec la procédure d'examen visée à l'article 57, paragraphe 2.

Art. 23 *Dénominations, symbole et mention.* 1. Une dénomination enregistrée en tant que spécialité traditionnelle garantie peut être utilisée par tout opérateur commercialisant un produit qui est conforme au cahier des charges correspondant.

2. Il est établi un symbole de l'Union destiné à assurer la publicité des spécialités traditionnelles garanties.

3. Dans le cas de produits originaires de l'Union, qui sont commercialisés en tant que spécialité traditionnelle garantie enregistrée conformément au présent règlement, le symbole visé au paragraphe 2 figure, sans préjudice du paragraphe 4, sur l'étiquetage. En outre, la dénomination du produit devrait figurer dans le même champ visuel. La mention "spécialité traditionnelle garantie" ou l'abréviation correspondante "STG" peut également figurer sur l'étiquetage.

L'apposition du symbole sur l'étiquetage des spécialités traditionnelles garanties produites en dehors de l'Union est facultative. — *En vigueur le 4 janv. 2016, sans préjudice des produits déjà mis sur le marché avant cette date.*

4. Afin de garantir la communication des informations appropriées au consommateur, la Commission est habilitée, en conformité avec l'article 56, à adopter des actes délégués établissant le symbole de l'Union.

La Commission peut adopter des actes d'exécution établissant les caractéristiques techniques du symbole de l'Union et de la mention, ainsi que les règles relatives à leur utilisation sur les produits portant la dénomination d'une spécialité traditionnelle garantie, y compris en ce qui concerne les versions linguistiques adéquates à utiliser. Ces actes d'exécution sont adoptés en conformité avec la procédure d'examen visée à l'article 57, paragraphe 2.

Art. 24 *Restriction concernant l'utilisation des dénominations enregistrées.* 1. Les dénominations enregistrées sont protégées contre toute usurpation, imitation ou évocation ou contre toute autre pratique susceptible d'induire le consommateur en erreur.

2. Les États membres veillent à ce qu'il ne puisse y avoir de confusion entre les dénominations de vente utilisées au niveau national et les dénominations qui sont enregistrées.

3. La Commission peut adopter des actes d'exécution établissant des règles relatives à la protection des spécialités traditionnelles garanties. Ces actes d'exécution sont adoptés en conformité avec la procédure d'examen visée à l'article 57, paragraphe 2.

Art. 25 *Dispositions transitoires.* 1. Les dénominations enregistrées conformément à l'article 13, paragraphe 2, du règlement (CE) n° 509/2006 sont automatiquement inscrites dans le registre visé à l'article 22 du présent règlement. Les cahiers des charges correspondants sont assimilés aux cahiers des charges visés à l'article 19 du présent règlement. Toute disposition transitoire particulière liée à ces enregistrements reste applicable.

2. Les dénominations enregistrées conformément aux exigences établies à l'article 13, paragraphe 1, du règlement (CE) n° 509/2006, y compris celles enregistrées en vertu des demandes visées à l'article 58, paragraphe 1, deuxième aliéna, du présent règlement, peuvent continuer à être utilisées conformément aux conditions prévues par le règlement (CE) n° 509/2006 jusqu'au 4 janvier 2023, à moins que les États membres n'aient recours à la procédure énoncée à l'article 26 du présent règlement. — *V. Règl. préc. au* ***C. consom.****, éd. 2012 et antérieures.*

3. Afin de protéger les droits et les intérêts légitimes des producteurs ou des parties prenantes concernés, la Commission est habilitée, en conformité avec l'article 56, à adopter des actes délégués établissant des règles transitoires supplémentaires.

Art. 26 *Procédure simplifiée.* 1. A la demande d'un groupement, un État membre peut soumettre, au plus tard le 4 janvier 2016, à la Commission des dénominations de spécialités traditionnelles garanties qui sont enregistrées conformément à l'article 13, paragraphe 1, du règlement (CE) n° 509/2006 et qui sont conformes au présent règlement. — *V. Règl. préc. au* ***C. consom.****, éd. 2012 et antérieures.*

Avant de soumettre une dénomination, l'État membre engage une procédure d'opposition selon les modalités définies à l'article 49, paragraphes 3 et 4.

Si, au cours de cette procédure, il est démontré que la dénomination est également utilisée à propos de produits comparables ou de produits ayant une dénomination identique ou semblable, la dénomination peut être complétée d'une mention identifiant son caractère traditionnel ou ses spécificités.

Un groupement d'un pays tiers peut soumettre ces dénominations à la Commission, soit directement, soit par l'intermédiaire des autorités de son pays.

2. La Commission publie les dénominations visées au paragraphe 1, accompagnées de leur cahier des charges respectif, au *Journal officiel de l'Union européenne* dans les deux mois suivant leur réception.

3. Les articles 51 et 52 s'appliquent.

4. A l'issue de la procédure d'opposition, la Commission adapte, le cas échéant, les mentions dans le registre visé à l'article 22. Les cahiers des charges correspondants sont assimilés aux cahiers des charges visés à l'article 19.

TITRE IV Mentions de qualité facultatives

Art. 27 *Objectif.* Un système applicable aux mentions de qualité facultatives est établi afin d'aider les producteurs dont les produits agricoles présentent des caractéristiques ou des propriétés leur conférant une valeur ajoutée à communiquer ces caractéristiques ou propriétés sur le marché intérieur.

Art. 28 *Règles nationales.* Les États membres peuvent conserver des règles nationales concernant les mentions de qualité facultatives qui ne sont pas couvertes par le présent règlement, pour autant que ces règles soient conformes au droit de l'Union.

Art. 29 *Mentions de qualité facultatives.* 1. Les mentions de qualité facultatives répondent aux critères suivants :

a) la mention a trait à une caractéristique d'une ou plusieurs catégories de produits, ou à une propriété de production ou de transformation s'appliquant à des zones spécifiques ;

b) l'utilisation de la mention apporte une valeur ajoutée au produit par rapport aux produits comparables ; et

c) la mention a une dimension européenne.

2. Les mentions de qualité facultatives qui décrivent les qualités techniques d'un produit aux fins de l'application de normes de commercialisation obligatoires et ne sont pas destinées à informer les consommateurs de ces qualités sont exclues de ce système.

3. Les mentions de qualité facultatives excluent les mentions réservées facultatives utilisées à l'appui et en complément de normes de commercialisation spécifiques définies sur une base sectorielle ou de catégorie de produit.

4. Afin de tenir compte des spécificités de certains secteurs ainsi que des attentes des consommateurs, la Commission est habilitée, en conformité avec l'article 56, à adopter des actes délégués établissant des règles détaillées relatives aux critères visés au paragraphe 1 du présent article.

5. La Commission peut adopter des actes d'exécution établissant toutes les mesures relatives aux formulaires, procédures et autres détails techniques nécessaires à l'application du présent titre. Ces actes d'exécution sont adoptés en conformité avec la procédure d'examen visée à l'article 57, paragraphe 2.

6. Lorsqu'elle adopte des actes délégués et des actes d'exécution conformément aux paragraphes 4 et 5 du présent article, la Commission tient compte de toute norme internationale pertinente.

Art. 30 *Réservation et modification.* 1. Afin de tenir compte des attentes des consommateurs, des progrès en matière de connaissances scientifiques et techniques, de la situation du marché et de l'évolution des normes de commercialisation et des normes internationales, la Commission est habilitée, en conformité avec l'article 56, à adopter des actes délégués réservant une mention de qualité facultative supplémentaire et établissant ses conditions d'utilisation.

2. Dans des cas dûment justifiés et afin de tenir compte de l'utilisation appropriée de la mention de qualité facultative supplémentaire, la Commission est habilitée à adopter, en conformité avec l'article 56, des actes délégués établissant les modifications des conditions d'utilisation visées au paragraphe 1 du présent article.

Art. 31 *Produit de montagne.* 1. La mention “produit de montagne” est établie en tant que mention de qualité facultative.

Cette mention ne peut être utilisée que pour décrire des produits destinés à la consommation humaine énumérés à l'annexe I du traité à l'égard desquels :

a) à la fois, les matières premières et les aliments pour animaux d'élevage proviennent essentiellement de zones de montagne ;

b) en ce qui concerne les produits transformés, la transformation a également lieu dans des zones de montagne.

2. Aux fins du présent article, les zones de montagne de l'Union sont celles délimitées en vertu de l'article 18, paragraphe 1, du règlement (CE) n° 1257/1999. Pour les produits de pays tiers, les zones de montagne incluent les zones officiellement désignées comme zones de montagne par le pays tiers ou répondant à des critères équivalents à ceux qui sont énoncés à l'article 18, paragraphe 1, du règlement (CE) n° 1257/1999.

3. Dans des cas dûment justifiés et afin de tenir compte de contraintes naturelles ayant une incidence sur la production agricole dans les zones de montagne, la Commission est habilitée à adopter, en conformité avec l'article 56, des actes délégués établissant des dérogations aux conditions d'utilisation visées au paragraphe 1 du présent article. En particulier, la Commission est habilitée à adopter un acte délégué établissant les conditions selon lesquelles les matières premières ou les aliments pour animaux peuvent provenir de l'extérieur des zones de montagne, les conditions selon lesquelles la transformation des produits est autorisée à l'extérieur des zones de montagne dans une zone géographique à définir, ainsi que la définition de ladite zone géographique.

4. Afin de tenir compte des contraintes naturelles ayant une incidence sur la production agricole dans les zones de montagne, la Commission est habilitée à adopter des actes délégués, en conformité avec l'article 56, en ce qui concerne la définition des méthodes de *production et d'autres* critères pertinents pour l'application de la mention de qualité facultative visée au paragraphe 1 du présent article.

Art. 32 *Produits de l'agriculture insulaire.* Au plus tard le 4 janvier 2014, la Commission présente un rapport au Parlement européen et au Conseil sur l'opportunité d'établir une nouvelle mention “produit de l'agriculture insulaire”. La mention ne peut être utilisée que pour décrire les produits destinés à la consommation humaine qui sont énumérés à l'annexe I du traité dont les matières premières proviennent de zones insulaires. En outre, pour ce qui concerne la mention à utiliser pour les produits transformés, la transformation doit elle aussi avoir lieu dans des zones insulaires lorsqu'elle influence considérablement les caractéristiques spécifiques du produit final.

Ce rapport est, si nécessaire, accompagné de propositions législatives appropriées visant à réserver la mention de qualité facultative "produit de l'agriculture insulaire".

Art. 33 *Restrictions concernant l'utilisation.* 1. Une mention de qualité facultative peut uniquement être utilisée pour décrire des produits qui respectent les conditions d'utilisation correspondantes.

2. La Commission peut adopter des actes d'exécution établissant des règles relatives à l'utilisation des mentions de qualité facultatives. Ces actes d'exécution sont adoptés en conformité avec la procédure d'examen visé à l'article 57, paragraphe 2.

Art. 34 *Suivi.* Les États membres réalisent des contrôles, sur la base d'une analyse de risques, afin de veiller au respect des exigences établies au présent titre et, en cas de violation, appliquent les sanctions administratives appropriées.

TITRE V Dispositions communes

CHAPITRE PREMIER *Contrôles officiels applicables aux appellations d'origine protégées, aux indications géographiques protégées et aux spécialités traditionnelles garanties*

Art. 35 *Champ d'application.*

Art. 36 *Désignation de l'autorité compétente.*

Art. 37 *Vérification du respect du cahier des charges du produit.*

Art. 38 *Surveillance de l'utilisation de la dénomination sur le marché.*

Art. 39 *Délégation à des organismes de contrôle par les autorités compétentes.*

Art. 40 *Planification et compte rendu des activités de contrôle.*

CHAPITRE II *Exceptions pour certaines utilisations antérieures*

Art. 41 *Mentions génériques.* 1. Sans préjudice de l'article 13, le présent règlement n'a pas d'incidence sur l'utilisation des mentions qui sont génériques dans l'Union, même si la mention générique fait partie d'une dénomination qui est protégée au titre d'un système de qualité.

2. Pour déterminer si une mention est devenue générique, il est tenu compte de tous les facteurs pertinents et notamment :

a) de la situation existante dans les zones de consommation ;

b) des actes juridiques pertinents de l'Union ou nationaux.

3. Afin de protéger pleinement les droits des parties intéressées, la Commission est habilitée, en conformité avec l'article 56, à adopter des actes délégués établissant des règles supplémentaires afin de déterminer le caractère générique de mentions visées au paragraphe 1 du présent article.

Art. 42 *Variétés végétales et races animales.* 1. Le présent règlement n'empêche pas la mise sur le marché de produits dont l'étiquetage comprend une dénomination ou une mention protégée ou réservée au titre d'un système de qualité décrit au titre II, III ou IV qui contient ou constitue le nom d'une variété végétale ou d'une race animale, pour autant que les conditions suivantes soient remplies :

a) le produit en question constitue la variété ou la race indiquée ou en est issu ;

b) les consommateurs ne sont pas trompés ;

c) l'utilisation du nom de la variété ou de la race respecte les règles de concurrence loyale ;

d) l'utilisation ne profite pas de la réputation de la mention protégée ; et

e) dans le cas du système de qualité décrit au titre II, la production et la commercialisation du produit se sont étendues au – delà de sa zone d'origine avant la date de demande d'enregistrement de l'indication géographique.

2. Afin de préciser davantage la portée des droits et des libertés des opérateurs du secteur alimentaire d'utiliser le nom d'une variété végétale ou d'une race animale visé au para-

graphe 1 du présent article, la Commission est habilitée à adopter des actes délégués en conformité avec l'article 56 en ce qui concerne les règles relatives à la détermination des conditions d'utilisation de ces noms.

Art. 43 *Lien avec la propriété intellectuelle.* Les systèmes de qualité décrits aux titres III et IV s'appliquent sans préjudice des règles de l'Union ou des règles des États membres régissant la propriété intellectuelle et notamment de celles qui concernent les appellations d'origine, les indications géographiques et les marques, ainsi que les droits octroyés en vertu de ces règles.

CHAPITRE III *Mentions et symboles des systèmes de qualité et rôle des producteurs*

Art. 44 *Protection des mentions et symboles.* 1. Les mentions, abréviations et symboles se référant aux systèmes de qualité peuvent uniquement être utilisés en lien avec les produits élaborés conformément aux règles du système de qualité correspondant. Cette disposition s'applique notamment aux mentions, abréviations et symboles suivants :

a) "appellation d'origine protégée", "indication géographique protégée", "indication géographique", "AOP", "IGP", et les symboles associés, tel que prévu au titre II ;

b) "spécialité traditionnelle garantie", "STG", et le symbole associé, tel que prévu au titre III ;

c) "produit de montagne", tel que prévu au titre IV.

2. Conformément à l'article 5 du règlement (CE) n° 1290/2005, le Fonds européen agricole pour le développement rural (Feader) peut, à l'initiative de la Commission ou pour son compte, financer, de manière centralisée, les actions de soutien administratif concernant le développement, les travaux de préparation, le suivi, l'appui administratif et juridique, la défense juridique, les frais d'enregistrement, les frais de renouvellement, les frais de surveillance des marques, les frais de contentieux et toute autre mesure associée nécessaire afin de protéger l'utilisation des mentions, abréviations et symboles faisant référence à des systèmes de qualité contre toute usurpation, imitation ou évocation ou contre toute autre pratique susceptible d'induire le consommateur en erreur, dans l'Union et dans les pays tiers.

3. La Commission adopte des actes d'exécution établissant des règles relatives à la protection uniforme des mentions, abréviations et symboles visés au paragraphe 1 du présent article. Ces actes d'exécution sont adoptés en conformité avec la procédure d'examen visée à l'article 57, paragraphe 2.

Art. 45 *Rôle des groupements.* 1. Sans préjudice des dispositions spécifiques concernant les organisations de producteurs et les organisations interprofessionnelles telles qu'elles sont établies dans le règlement (CE) n° 1234/2007, un groupement est habilité à :

a) contribuer à garantir la qualité, la réputation et l'authenticité de leurs *[des]* produits sur le marché en assurant le suivi de l'utilisation de la dénomination dans le commerce et, si nécessaire, en informant les autorités compétentes visées à l'article 36, ou tout autre autorité compétente dans le cadre de l'article 13, paragraphe 3 ;

b) agir pour assurer la protection juridique adéquate de la dénomination d'origine protégée ou de l'indication géographique protégée et des droits de propriété intellectuelle qui lui sont directement liés ;

c) mettre en place des activités d'information et de promotion visant à communiquer aux consommateurs les propriétés conférant une valeur ajoutée aux produits ;

d) mettre en place des actions visant à garantir la conformité d'un produit à son cahier des charges ;

e) prendre des mesures pour améliorer la performance du système, notamment en développant une expertise économique, en effectuant des analyses économiques, en diffusant des informations économiques sur le système et en fournissant des conseils aux producteurs ;

f) lancer des initiatives visant à valoriser les produits et, le cas échéant, prendre des mesures destinées à empêcher ou à contrecarrer les initiatives affectant ou susceptibles d'affecter l'image de ces produits.

2. Les États membres peuvent encourager, par des moyens administratifs, la constitution et le fonctionnement de groupements sur leur territoire. En outre, ils communiquent à la Commission le nom et l'adresse des groupements visés à l'article 3, point 2. La Commission rend publiques ces informations.

Art. 46 *Droit d'utiliser les systèmes.* 1. Les États membres veillent à ce que tout opérateur qui respecte les règles d'un système de qualité énoncé aux titres II et III soit en droit d'être couvert par le système de vérification du respect du cahier des charges établi en vertu de l'article 37.

2. Les opérateurs qui élaborent et stockent un produit commercialisé au titre des systèmes de "spécialité traditionnelle garantie", d'appellation d'origine protégée ou d'indication géographique protégée ou qui mettent ces produits sur le marché sont également soumis au système de contrôle établi au chapitre Ier du présent titre.

3. Les États membres veillent à ce que les opérateurs souhaitant adhérer aux règles d'un système de qualité énoncées aux titres III et IV soient en mesure de le faire et ne rencontrent pas d'obstacles à leur participation qui soient discriminatoires ou qui ne soient pas objectivement fondés.

Art. 47 *Redevances.* Sans préjudice du règlement (CE) n° 882/2004 et notamment des dispositions du titre II, chapitre VI, les États membres peuvent exiger le paiement d'une redevance destinée à couvrir les frais encourus pour la gestion des systèmes de qualité, y compris ceux exposés lors du traitement des demandes, des déclarations d'opposition, des demandes de modification et des demandes d'annulation prévues au présent règlement.

CHAPITRE IV *Procédures de demande et d'enregistrement applicables aux appellations d'origine, indications géographiques et spécialités traditionnelles garanties*

Art. 48 *Champ d'application des procédures de demande.*

Art. 49 *Demande d'enregistrement de dénominations.*

Art. 50 *Examen par la Commission et publication aux fins d'opposition.*

Art. 51 *Procédure d'opposition.*

Art. 52 *Décision concernant l'enregistrement.*

Art. 53 *Modification du cahier des charges d'un produit.*

Art. 54 *Annulation.*

TITRE VI Procédures et dispositions finales

CHAPITRE PREMIER *Agriculture locale et vente directe*

Art. 55 *Rapports concernant l'agriculture locale et la vente directe.* Au plus tard le 4 janvier 2014, la Commission présente un rapport au Parlement européen et au Conseil sur l'opportunité d'établir un nouveau système d'étiquetage applicable à l'agriculture locale et à la vente directe, visant à aider les producteurs à commercialiser leurs produits localement. Ce rapport porte principalement sur la capacité de l'exploitant à conférer une valeur ajoutée à ses produits grâce à la nouvelle étiquette et devrait tenir compte d'autres critères, tels que les possibilités de réduire les émissions de carbone et les déchets grâce au raccourcissement des chaînes de production et de distribution.

Ce rapport est, si nécessaire, accompagné de propositions législatives appropriées concernant la création d'un système d'étiquetage applicable à l'agriculture locale et à la vente directe.

CHAPITRE II *Règles de procédure*

Art. 56 *Exercice de la délégation.*

Art. 57 *Comité.*

CHAPITRE III *Abrogation et dispositions finales*

Art. 58 *Abrogation.* 1. Les règlements (CE) n° 509/2006 et (CE) n° 510/2006 sont abrogés. — *V. Règl. préc. au **C. consom.**, éd. 2012 et antérieures.*

L'article 13 du règlement (CE) n° 509/2006 continue cependant à s'appliquer pour les demandes relatives à des produits ne relevant pas du champ d'application du titre III du présent règlement, reçues par la Commission avant la date d'entrée en vigueur du présent règlement.

2. Les références faites aux règlements abrogés s'entendent comme faites au présent règlement et sont à lire selon le tableau de correspondance figurant à l'annexe II du présent règlement. — *V. cette annexe au JOUE L 343 du 14 déc. 2012.*

Art. 59 *Entrée en vigueur.* **Le présent règlement entre en vigueur le vingtième jour suivant celui de sa publication au *Journal officiel de l'Union européenne*.**

Toutefois, l'article 12, paragraphe 3, et l'article 23, paragraphe 3, sont applicables à partir du 4 janvier 2016, sans préjudice des produits déjà mis sur le marché avant cette date.

ANNEXE I

PRODUITS AGRICOLES ET DENRÉES ALIMENTAIRES VISÉS À L'ARTICLE 2, PARAGRAPHE 1

I. Appellations d'origine et indications géographiques
— bière,
— chocolat et produits dérivés,
— produits de la boulangerie, pâtisserie, confiserie, biscuiterie,
— boissons à base d'extraits de plantes,
— pâtes alimentaires,
— sel,
— gommes et résines naturelles,
— pâte de moutarde,
— foin,
— huiles essentielles,
— liège,
— cochenille,
— fleurs et plantes ornementales,
— coton,
— laine,
— osier,
— lin teillé,
— cuir,
— fourrure,
— plumes.

II. Spécialités traditionnelles garanties
— plats cuisinés,
— bière,
— chocolat et produits dérivés,
— produits de la boulangerie, pâtisserie, confiserie, biscuiterie,
— boissons à base d'extraits de plantes,
— pâtes alimentaires,
— sel.

VENTES

Code de commerce

Vendeurs à domicile indépendants

Art. L. 135-1 *(L. nº 2008-776 du 4 août 2008, art. 61-I)* **Le vendeur à domicile indépendant** *est celui qui effectue* **la vente de produits ou de services dans les conditions prévues par la** *(Ord. nº 2016-301 du 14 mars 2016, art. 2, en vigueur le 1er juill. 2016)* **« section I du chapitre II du titre II du livre II » du code de la consommation, à l'exclusion du démarchage par téléphone ou par tout moyen technique assimilable, dans le cadre d'une convention écrite de mandataire, de commissionnaire, de revendeur ou de courtier, le liant à l'entreprise qui lui confie la vente de ses produits ou services.**

Art. L. 135-2 *(L. nº 2008-776 du 4 août 2008, art. 61-I)* **Le contrat peut prévoir que le vendeur assure des prestations de service visant au développement et à l'animation du réseau de vendeurs à domicile indépendants, si celles-ci sont de nature à favoriser la vente de produits ou de services de l'entreprise, réalisée dans les conditions mentionnées à l'article L. 135-1. Le contrat précise la nature de ces prestations, en définit les conditions d'exercice et les modalités de rémunération.**

Pour l'exercice de ces prestations, le vendeur ne peut en aucun cas exercer une activité d'employeur, ni être en relation contractuelle avec les vendeurs à domicile indépendants qu'il anime.

Aucune rémunération, à quelque titre que ce soit, ne peut être versée par un vendeur à domicile indépendant à un autre vendeur à domicile indépendant, et aucun achat ne peut être effectué par un vendeur à domicile indépendant auprès d'un autre vendeur à domicile indépendant.

Art. L. 135-3 *(L. nº 2008-776 du 4 août 2008, art. 61-I)* **Les vendeurs à domicile indépendants dont les revenus d'activité ont atteint un montant fixé par arrêté au cours d'une période définie par le même arrêté sont tenus de s'inscrire au registre du commerce et des sociétés ou au registre spécial des agents commerciaux à compter du 1er janvier qui suit cette période.**

Liquidations

RÉP. COM. vº *Ventes réglementées*, par RETTERER.

BIBL. ▶ PETIT, *D. 2009. 358* (le nouveau droit des promotions de déstockage). – WILLEMS, *RLC avr.-juin 2009. 107* (de la réforme des soldes à une libéralisation des ventes de déstockage).

Art. L. 310-1 Sont considérées comme liquidations les ventes accompagnées ou précédées de publicité et annoncées comme tendant, par une réduction de prix, à l'écoulement accéléré de la totalité ou d'une partie des marchandises d'un établissement commercial à la suite d'une décision, quelle qu'en soit la cause, de cessation, de suspension saisonnière ou de changement d'activité, ou de modification substantielle des conditions d'exploitation. — *[L. nº 96-603 du 5 juill. 1996, art. 26].*

(Ord. nº 2004-274 du 25 mars 2004, art. 26) **« Les liquidations sont soumises à déclaration préalable auprès** *(Ord. nº 2014-295 du 6 mars 2014, art. 1er, en vigueur le 1er juill. 2014)* **« du maire de la commune** *[ancienne rédaction : de l'autorité administrative]* **» dont relève le lieu de la liquidation. Cette déclaration comporte la cause et la durée de la liquidation qui ne peut excéder deux mois. Elle est accompagnée d'un inventaire des marchandises à liquider. Lorsque l'événement motivant la liquidation n'est pas intervenu au plus tard dans les six mois qui suivent la déclaration, le déclarant est tenu d'en informer l'autorité administrative compétente.** — *V. C com., art. R. 310-1.*

« Pendant la durée de la liquidation, il est interdit de proposer à la vente d'autres marchandises que celles figurant à l'inventaire sur le fondement duquel la déclaration préalable a été déposée. »

1. Notion de liquidation. Il y a vente en liquidation dès lors que le message publicitaire annonce une réduction de prix liée aux travaux projetés, le magasin souhaitant se libérer du stock avant lesdits travaux. • Paris, 28 oct. 1998 : *CCC 1999, nº 83, obs. Malaurie-Vignal.* ♦ Alors même que la publicité n'annonçait pas une réduction du prix, il y a liquidation lorsque la société fait de la publicité pour la cessation définitive d'activité et pratique des réductions de prix d'au moins 50 %, visibles du client par un double marquage de prix, révélant ainsi l'objectif d'écouler un stock. • Paris, 16 oct. 2002 : *CCC 2003, nº 149 (1re esp.), obs. Raymond.*

2. Publicité. Est constitutive d'une publicité l'expédition par voie postale de trois mille exemplaires d'une invitation, l'utilisation de ce procédé n'ayant d'autre but que d'attirer le public et de faire connaître la liquidation à un grand nombre de personnes. • Com. 12 nov. 1991 : *CCC 1992, nº 192, obs. Raymond.* ♦ Sur le caractère mensonger d'une publicité justifiant une liquidation par des travaux à venir, qui ne devaient pas être effectués, V. • TGI Rouen, 23 févr. 1979 : *D. 1979. 409, note Fortin.*

3. Modification des conditions d'exploitation. Constitue une modification des conditions d'exploitation le remplacement, sur l'enseigne du magasin, de la marque du groupement d'achat auquel une bijouterie était adhérente par la marque d'un autre groupement dès lors que l'adhésion au premier groupement revêtait une grande importance pour le fonctionnement du magasin et que ce groupement avait une certaine notoriété auprès des consommateurs. • Rennes, 1er avr. 1993 : *RJDA 1993, no 611.*

4. Interdiction de réapprovisionnement. L'interdiction faite au distributeur de recevoir, pendant la durée de la liquidation, des marchandises de la catégorie figurant à l'inventaire qu'il a produit à l'appui de sa demande d'autorisation s'applique même si les marchandises proviennent d'autres établissements relevant de la même société que le bénéficiaire de la demande et ayant eux-mêmes obtenu une autorisation de liquidation. • Montpellier, 22 févr. 1994 : *RJDA 1994, no 1015; BID 1994, no 10, p. 31.* ♦ La différenciation de l'étiquetage est sans effet sur l'élément matériel du délit. • Paris, 3 avr. 2007 : *CCC 2007, no 226, obs. Raymond.*

5. Personne morale. Sur la condamnation du gérant de SARL ayant procédé à une vente en liquidation sans autorisation et retenant également la responsabilité pénale de la personne morale, V. • Lyon, 3 juin 1998 : *CCC 1998, no 170, obs. Raymond; Bull. Joly 1999. 258, obs. Barbièri; BID 1999, no 4, p. 55; Dr. pénal 1998, no 118, obs. J.-H. Robert.* ♦ V. aussi, • Lyon, 5 mai 1999 : *BID 1999, no 12, p. 54; Dr. pénal 1999, no 119, obs. J.-H. Robert.*

6. Application dans le temps. V. note 1 ss. C. com., art. L. 310-5.

7. Pratique commerciale déloyale. Des mesures publicitaires, qui concernent la vente de marchandises aux consommateurs à des conditions ou à des prix avantageux, s'inscrivent dans le cadre de la stratégie commerciale d'un opérateur et visent directement à la promotion et à la vente de ces marchandises; il s'ensuit qu'elles constituent des pratiques commerciales au sens de l'art. 2, d), de la Dir. 2005/29/CE du 11 mai 2005 et relèvent, en conséquence, du champ d'application matériel de celle-ci. • CJUE 17 janv. 2013 : *D. 2013. Pan. 945, obs. Sauphanor-Brouillaud; RTD eur. 2013. 570, obs. Aubert de Vincelles; RJDA 2013, no 308; RJ com. 2013. 152, obs. Leloup; Europe 2013, no 143, obs. Bouveresse.* ♦ Cette directive doit être interprétée en ce sens qu'elle s'oppose à ce qu'une juridiction nationale ordonne la cessation d'une pratique commerciale ne relevant pas de son annexe I, au seul motif que ladite pratique n'a pas fait l'objet d'une autorisation préalable de l'administration compétente, sans pour autant procéder elle-même à une appréciation du caractère déloyal de la pratique concernée au regard des critères énoncés aux art. 5 à 9 de ladite directive. • Même décision.

8. Préjudice (jurisprudence antérieure à l'Ord. du 25 mars 2004). Sur la recevabilité de l'action d'une association de consommateurs en réparation du préjudice causé par une opération de liquidation effectuée sans autorisation préfectorale, V. • Rennes, 24 nov. 2000 : *BRDA 2001, no 8, p. 9.* ♦ ... D'une chambre professionnelle, pour atteinte à la concurrence, préjudiciable à l'intérêt collectif de la profession, V. • Crim. 25 janv. 2005 : *D. 2005. Pan. 2461, obs. Valette.*

9. Justification. Lorsque la demande de liquidation a été motivée par une modification substantielle des conditions d'exploitation résultant de travaux, les factures de ces travaux doivent être produites dans le délai de six mois; lorsque la demande a été motivée par une décision de cessation définitive d'activité, le commerçant doit apporter la preuve de sa radiation au RCS ou un extrait de ce registre justifiant que l'établissement n'est plus exploité. * Rép. min. no 10157 : *JOAN Q 10 mars 2003, p. 1866; CCC juill. 2003, p. 4.*

Art. R. 310-1 *(Abrogé par Décr. no 2014-571 du 2 juin 2014, art. 1er, à compter du 1er juill. 2014)* ***L'autorité administrative compétente en vertu du deuxième alinéa de l'article L. 310-1 pour recevoir les déclarations préalables aux liquidations est le préfet du département où ces opérations sont prévues.*** *— [Décr. no 2004-275 du 25 mars 2004, art. 1er, al. 1er].*

Art. R. 310-2 Une déclaration préalable de la vente en liquidation est adressée par lettre recommandée avec demande d'avis de réception ou remise *(Décr. no 2014-571 du 2 juin 2014, art. 1er, en vigueur le 1er juill. 2014)* **« au maire de la commune » où les opérations de vente sont prévues, deux mois au moins avant la date prévue pour le début de la vente.**

Toutefois, ce délai est réduit à cinq jours lorsque le motif invoqué à l'appui est consécutif à un fait imprévisible de nature à interrompre le fonctionnement de l'établissement.

Un arrêté du ministre chargé du commerce fixe la liste des informations relatives, notamment, à l'identité du vendeur, à la cause et à la durée de la vente et à l'inventaire des marchandises liquidées, ainsi que des pièces qui sont annexées à cette déclaration. *— [Décr. no 96-1097 du 16 déc. 1996, art. 1er]. — V. C. com., art. A. 310-1 et A. 310-2.*

Art. R. 310-3 **Le** *(Décr. no 2014-571 du 2 juin 2014, art. 1er, en vigueur le 1er juill. 2014)* **« maire » délivre un récépissé de déclaration de la vente en liquidation dans un délai maximum de quinze jours à compter de la réception du dossier complet de ladite déclaration; si le dossier est incomplet, le** *(Décr. no 2014-571 du 2 juin 2014, art. 1er, en vigueur le 1er juill. 2014)* **« maire » notifie à l'intéressé la liste des pièces manquantes dans un délai de sept jours à compter de sa réception; à défaut de production des pièces complémentaires dans**

un délai de sept jours à compter de la réception de la notification des pièces manquantes, la déclaration mentionnée à l'article R. 310-2 ne peut faire l'objet d'un récépissé de déclaration. — *V. C. com., art. A. 310-1 et A. 310-3.*

Dans le cas de survenance du fait imprévisible mentionné au deuxième alinéa de l'article R. 310-2, le *(Décr. n° 2014-571 du 2 juin 2014, art. 1er, en vigueur le 1er juill. 2014)* « maire » délivre le récépissé de déclaration dès réception du dossier complet.

Aucune vente en liquidation ne peut intervenir tant que le récépissé de déclaration n'a pas été délivré par le *(Décr. n° 2014-571 du 2 juin 2014, art. 1er, en vigueur le 1er juill. 2014)* « maire ».

Le *(Décr. n° 2014-571 du 2 juin 2014, art. 1er, en vigueur le 1er juill. 2014)* « maire » informe la *(Décr. n° 2010-1463 du 1er déc. 2010, art. 87)* « chambre de commerce et d'industrie territoriale » de la vente en liquidation ainsi déclarée. — *[Décr. n° 96-1097 du 16 déc. 1996, art. 2].*

Art. R. 310-4 Le récépissé de déclaration est affiché sur les lieux de la vente en liquidation par le déclarant, pendant toute sa durée ; l'arrêté mentionné à l'article R. 310-2 fixe les conditions et les modalités de cet affichage. — *[Décr. n° 96-1097 du 16 déc. 1996, art. 3]. — V. C. com., art. R. 310-19 (1°) et A. 310-4.*

Art. R. 310-5 La durée maximale de la vente en liquidation fixée à deux mois par l'article L. 310-1 est réduite à quinze jours en cas de suspension saisonnière de l'activité du déclarant. — *[Décr. n° 96-1097 du 16 déc. 1996, art. 4].*

Art. R. 310-6 Le report de la date de la vente en liquidation indiquée dans la déclaration mentionnée à l'article R. 310-2 fait l'objet d'une information préalable du *(Décr. n° 2014-571 du 2 juin 2014, art. 1er, en vigueur le 1er juill. 2014)* « maire » par lettre recommandée avec demande d'avis de réception, comportant justification de ce changement. — *V. C. com., art. A. 310-5.*

Tout report de cette date supérieur à deux mois donne lieu à une nouvelle déclaration dans les conditions prévues à l'article R. 310-2.

Dès qu'il en a connaissance, le déclarant est tenu d'informer le *(Décr. n° 2014-571 du 2 juin 2014, art. 1er, en vigueur le 1er juill. 2014)* « maire » par lettre recommandée avec demande d'avis de réception de toute modification de l'événement motivant la liquidation mentionné au deuxième alinéa de l'article L. 310-1. — *[Décr. n° 96-1097 du 16 déc. 1996, art. 5].*

Art. R. 310-7 La publicité relative à une vente en liquidation ne peut porter que sur les produits inscrits à l'inventaire fourni en annexe à la déclaration préalable mentionnée à l'article R. 310-2.

L'arrêté mentionné à l'article R. 310-2 précise également les informations qui doivent figurer dans cette publicité et les modalités de son organisation. — *[Décr. n° 96-1097 du 16 déc. 1996, art. 6]. — V. C. com., art. R. 310-19 (2°) et A. 310-6.*

....

Art. A. 310-1 La déclaration préalable de vente en liquidation, prévue à l'article L. 310-1, mentionne l'identité ou la dénomination sociale du vendeur, le nom, l'adresse et le numéro unique d'identification de l'établissement commercial concerné, ainsi que le motif, la date de début et la durée de la liquidation. Elle est signée par le vendeur ou par une personne ayant qualité pour le représenter.

Cette déclaration est établie conformément au modèle figurant en annexe 3-1 au présent livre. — *[Arr. du 26 janv. 2005, art. 1er]. — V. cette annexe au* ***C. com.***

Art. A. 310-2 La déclaration est accompagnée des documents suivants :

1° Toute pièce justifiant, selon le motif de la demande, de la perspective d'une cessation de commerce, d'une suspension saisonnière, d'un changement d'activité ou d'une modification substantielle des conditions d'exploitation et, notamment, en cas de prévision de travaux, le ou les devis correspondants ;

2° Un inventaire détaillé des marchandises concernées par l'opération de liquidation comportant au minimum les renseignements suivants : nature et dénomination précise des articles, quantités, prix de vente, prix d'achat moyen hors taxe. Les produits dont le prix de vente unitaire est inférieur à 5 € peuvent être décrits par lots homogènes ;

3° Le cas échéant, si la déclaration est faite par un mandataire, une copie de sa procuration. — *[Arr. du 26 janv. 2005, art. 2].*

Art. A. 310-3 Le récépissé de déclaration prévu à l'article R. 310-3 mentionne l'identité ou la dénomination sociale du déclarant, le nom, l'adresse et le numéro unique d'identification de l'établissement commercial concerné par la liquidation, ainsi que le motif, la date de début et sa durée. Il est daté. Il est établi conformément au modèle figurant en annexe 3-2 au présent livre. — *[Arr. du 26 janv. 2005, art. 3]*. — *V. cette annexe au* **C. com.**

Art. A. 310-4 L'information sur le lieu de vente est assurée par le déclarant durant toute la durée de l'opération de liquidation au moyen de l'affichage d'une copie du récépissé de déclaration délivrée par la *(Arr. du 24 juin 2014, en vigueur le 1er juill. 2014)* « mairie » qui est lisible de la voie publique.

Pour les établissements pratiquant la vente par correspondance, les éléments d'information figurant à l'article A. 310-3 sont portés à la connaissance des consommateurs. — *[Arr. du 26 janv. 2005, art. 4]*.

Art. A. 310-5 Dans le cas d'un changement de date de l'opération de liquidation dans les conditions prévues par l'article R. 310-6, une copie de la lettre informant le *(Arr. du 24 juin 2014, en vigueur le 1er juill. 2014)* « maire » du report est affichée sur le lieu de vente à côté de la copie du récépissé de déclaration du dossier initial dans les conditions prévues à l'article A. 310-4.

Pour les établissements pratiquant la vente à distance, la date de la lettre au *(Arr. du 24 juin 2014, en vigueur le 1er juill. 2014)* « maire » et les motifs du report sont portés à la connaissance des consommateurs. — *[Arr. du 26 janv. 2005, art. 5]*.

Art. A. 310-6 Toute publicité relative à une opération de liquidation mentionne la date du récépissé de déclaration ainsi que la nature des marchandises sur lesquelles porte l'opération si celle-ci ne concerne pas la totalité des produits de l'établissement. — *[Arr. du 26 janv. 2005, art. 6]*.

Ventes au déballage

Art. L. 310-2 I. — *(L. no 2014-344 du 17 mars 2014, art. 24-IV)* « Sont considérés comme ventes au déballage les ventes et rachats de marchandises effectués dans des locaux ou sur des emplacements non destinés à la vente au public ou au rachat de ces marchandises ainsi qu'à partir de véhicules spécialement aménagés à cet effet. »

(L. no 2008-776 du 4 août 2008, art. 54-I) « Les ventes au déballage ne peuvent excéder deux mois par année civile dans un même local *(L. no 2016-1691 du 9 déc. 2016, art. 99)* « , sur un même emplacement ou dans un même arrondissement ». *(L. no 2010-874 du 27 juill. 2010, art. 17)* « Les ventes au déballage de fruits et légumes frais effectuées en période de crise conjoncturelle ne sont pas prises en compte pour le calcul de cette limite. Les ventes au déballage » font l'objet d'une déclaration préalable auprès du maire de la commune dont dépend le lieu de la vente *(L. no 2016-1691 du 9 déc. 2016, art. 99)* « , dont une copie est adressée concomitamment à l'autorité administrative chargée de la concurrence et de la consommation dans le département du lieu de vente ». — *V. C. com., art. R. 310-8 et R. 310-19.*

« Les particuliers non inscrits au registre du commerce et des sociétés sont autorisés à participer aux ventes au déballage en vue de vendre exclusivement des objets personnels et usagés deux fois par an au plus. » — *V. C. com., art. R. 310-9.*

II. — Les dispositions du I ne sont pas applicables aux professionnels :

1° Effectuant, dans une ou plusieurs communes, des tournées de ventes définies par le 1° de l'article L. 121-22 *[ancien]* du code de la consommation ;

2° Réalisant des ventes définies par l'article L. 320-2 ;

3° Qui justifient d'une permission de voirie ou d'un permis de stationnement pour les ventes réalisées sur la voie publique *(Abrogé par L. no 2008-776 du 4 août 2008, art. 54-I)* *« lorsque la surface de vente n'est pas supérieure à 300 mètres carrés »*. — *[L. no 96-603 du 5 juill. 1996, art. 27]*.

(Ord. no 2004-274 du 25 mars 2004, art. 27) « III. — Les dispositions du I ne sont pas applicables aux organisateurs de :

« 1° Manifestations commerciales comportant des ventes de marchandises au public dans un parc d'exposition ;

« 2° Manifestations commerciales qualifiées de salon professionnel ne se tenant pas dans un parc d'exposition ;

« 3° Fêtes foraines et de manifestations agricoles lorsque seuls des producteurs ou des éleveurs y sont exposants. »

1. Notion de déballage. La présentation à la vente de marchandises sur des emplacements non destinés à la vente au public, sans autorisation préalable, constitue une vente au déballage au sens de l'art. L. 310-2. • Crim. 10 mars 2015 : *D. 2015. Actu. 677 ; JCP E 2015, n° 1196 ; CCC 2015, n° 217, obs. Raymond ; RJDA 2015, n° 414 ; Gaz. Pal. 2015. 1768, obs. Piedelièvre.* ♦ Il y a vente au déballage dès lors qu'un ou plusieurs spécimens sont présentés à la vente sans qu'il soit nécessaire que la totalité des lots soit déballée. • Crim. 25 janv. 1967 : *D. 1967. 432 ; JCP 1967. II. 15094, note Guérin.* ♦ Constitue une vente au déballage la présentation à la vente de produits sur des emplacements non destinés à la vente au public de ces marchandises, quel que soit le lieu du paiement, les juges appréciant souverainement que les marchandises sont bien mises en vente dans les lieux litigieux. • Crim. 29 nov. 2000 : *Bull. crim. n° 360 ; D. 2001. IR 434 ; JCP 2001. IV. 1289 ; BID 2001, n° 4, p. 26.* ♦ En revanche, ne constitue pas une vente au déballage mais des soldes, une « grande vente au déballage » annoncée avec des réductions de prix de 30 % à 50 %. • Bourges, 25 juill. 2001 : *BRDA 2001, n° 22, p. 11.* ♦ Jugeant caractérisé le délit de vente au déballage pour un « vendeur à la sauvette » ayant été trouvé porteur de flacons de parfum qu'il reconnaissait proposer à la vente aux passantes : • Paris, 30 nov. 2007 : *CCC 2008, n° 147, obs. crit. Raymond.*

2. Produit vendu. Il ne résulte d'aucune disposition législative ou réglementaire que la vente au déballage doit nécessairement concerner des produits qui ne sont pas habituellement vendus par le demandeur ; en se fondant sur la circonstance que la demande de la société requérante porte sur des produits vendus habituellement dans le magasin, le préfet a commis une erreur de droit en refusant d'autoriser la vente. • TA Amiens, 28 juin 2007 : *AJDA 2007. 2334 ; RLC avr.-juin 2008. 74, obs. Clamour.*

3. Lieu de vente. Le fait de servir des clients, d'accepter des commandes et des règlements dans un camion stationné sur une aire de station-service constitue une vente au déballage. • Crim. 24 nov. 1993 : *BID 1995, n° 10, p. 23.* ♦ Entre dans le champ d'application de la loi, la vente : de tapis dans un bar. • Crim. 9 févr. 1961 : *D. 1961. 213, rapp. Costa.* ♦ ... De machines à laver dans un café. • Crim. 8 avr. 1967 : *D. 1967. 432.* ♦ ... De vin dans l'enceinte d'une gare. • Crim. 8 oct. 1985 : *Bull. crim. n° 304.* ♦ ... D'articles de literie sous un chapiteau implanté sur l'aire de stationnement du magasin. • Crim. 22 févr. 1993 : *Bull. crim. n° 85 ; CCC 1993, n° 184, obs. Raymond.* ♦ ... L'exposition d'articles, avec affichage de leurs caractéristiques et de leurs prix, sur le parking, dans le sas d'entrée et l'allée marchande d'un magasin, lieux habituellement non affectés à la vente, malgré l'obligation de passer l'article en caisse. • Crim. 29 nov. 2000 : *préc. note 1.* ♦ Pour relaxer la société, l'arrêt attaqué retient qu'à la date du contrôle une partie de la surface de vente de l'hypermarché était affectée de travaux d'extension, lesquels rendaient inexploitable cette zone commerciale, que dans la mesure ou l'hypermarché bénéficiait d'une autorisation d'exploitation d'une surface de vente suffisante pour englober le mail de circulation, la société a pu considérer pouvoir reporter cette surface de vente neutralisée par les travaux sur le mail de circulation sans devoir solliciter une autorisation de vente au déballage comme il le faisait jusque-là ; en statuant ainsi, alors qu'il résultait de ses constatations que la vente a eu lieu sur un emplacement non destiné à la vente au public, la cour d'appel a méconnu l'art. L. 310-2. • Crim. 14 juin 2016, n° 15-84.162 : *Dr. pénal 2016, n° 160, obs. J.-H. Robert.*

Jugeant qu'à défaut de production du règlement de copropriété et du règlement du centre commercial permettant de connaître le statut et la destination de la galerie marchande au sein de laquelle la vente litigieuse a eu lieu, la preuve n'est pas rapportée que les locaux ou l'emplacement litigieux n'étaient pas destinés à la vente au public. • TGI Créteil, 26 sept. 2001 : *BID 2002, n° 12, p. 30* • TGI Créteil, 20 juin 2001 : *ibid., p. 31.*

4. Locaux ou emplacements loués. Entre dans le champ d'application de la loi, la vente dans un local vide et désaffecté, ayant servi de magasin pour des pièces d'automobiles, loué pour les besoins de la cause et pour un temps très court. • Crim. 6 mars 1976 : *D. 1973. 520.* ♦ Manque de base légale au regard de l'art. L. 310-2, le jugement par lequel un tribunal, pour rejeter la demande en réparation du préjudice causé par des ventes au déballage irrégulières, s'est borné à retenir que les statuts de la société bailleresse n'autorisent pas la société à exercer directement une activité commerciale dans les locaux dont elle dispose et qu'en conséquence les ventes litigieuses se sont déroulées conformément à la réglementation, sans rechercher si ces ventes ont été effectuées dans des locaux ou sur des emplacements non destinés à la vente au public et, dans l'affirmative, si ces ventes ont été effectuées sans autorisation administrative préalable. • Com. 24 sept. 2003 : *D. 2003. AJ 2636 ; JCP E 2003, n° 44, p. 1744 ; RTD com. 2004. 148, obs. Bouloc ; RJDA 2004, n° 154 (1re esp.) ; Cah. dr. entr. 2003, n° 5, p. 51, obs. Mainguy.* ♦ Jugeant que sont impropres à caractériser une vente au déballage, les motifs tirés de ce qu'il n'existe aucune fixité relativement à la nature des produits vendus par une société dans son local « l'entrepôt » et que celui-ci n'a fait l'objet d'aucune autorisation de la commission départementale d'urbanisme commercial, V. • Com. 24 sept. 2003 : *ibid. (2e esp.).*

5. Application dans le temps. V. note 2 ss. C. com., art. L. 310-5.

6. Liberté du commerce. La méconnaissance du principe de la liberté du commerce et de l'industrie ne saurait être utilement invoquée à l'encontre d'une décision du maire [jurisprudence rendue ss. l'empire de la loi de 1906, exigeant l'obtention de l'autorisation du maire pour les ventes au déballage, V. désormais art. L. 310-2, codification de l'art. 27 de la loi du 5 juill. 1996, prévoyant un régime de déclaration préalable auprès du maire] refusant d'autoriser une vente au déballage dès lors qu'une telle vente est soumise à autorisation en vertu des dispositions législatives. • CE 10 juill. 1996 : *RJDA 1997, no 632.*

7. Droit de la concurrence. Les limites apportées à la liberté des ventes au déballage instituées par la loi du 30 déc. 1906 [abrogée et remplacée par la loi no 96-603 du 5 juill. 1996, art. 27, désormais codifiée au C. com., art. L. 310-2, par Ord. no 2000-912 du 18 sept. 2000] ne constituent pas des pratiques anticoncurrentielles au sens des art. 7 et 8 de l'ord. du 1er déc. 1986 [C. com. art. L. 420-1 et L. 420-2] (inapplicabilité de l'art. 26, al. 2, de l'ord. codifié au C. com., art. L. 462-3). • CE 10 juill. 1996 : *préc. note 6.* ♦ L'autorité administrative tient de l'art. L. 310-2, le pouvoir d'apprécier l'opportunité des ventes projetées et d'accorder ou de refuser les autorisations demandées [désormais soumises à un régime de simple déclaration préalable]; ce pouvoir lui est conféré, en même temps que dans un but de police, en vue de protéger les intérêts du commerce local et des consommateurs, sans pour autant méconnaître les règles de la concurrence. • CAA Douai, 16 nov. 2004 : *AJDA 2005. 77, note J. Michel.*

8. Décompte du délai de deux mois. S'agissant des ventes au déballage soumises à autorisation [désormais soumises à un régime de simple déclaration préalable], la période de deux mois par année civile visée à l'art. 27 de la loi du 5 déc. 1996 [C. com., art. L. 310-2] peut être fractionnée. Cependant, le vendeur voulant organiser plusieurs journées non consécutives de vente devra, compte tenu des délais imposés pour le dépôt de la demande d'autorisation, solliciter autant d'autorisations qu'il y a de périodes comprises entre cinq et trois mois avant le début des ventes projetées. Pour autoriser ces ventes, l'autorité compétente doit prendre en compte toutes celles réalisées au cours de l'année civile, dans le même local ou sur le même emplacement, quel que soit le vendeur bénéficiaire (Rép. min. : *JOAN Q, 13 avr. 1998, p. 2155*).

9. Compatibilité avec le traité de Rome. L'ancienne loi de 1906 est compatible avec l'art. 30 du traité de Rome (actuel art. 34 TFUE) et il n'y a pas lieu de poser une question préjudicielle à la Cour de justice des Communautés, dès lors, d'une part, que la réglementation française sur le déballage ne crée aucune restriction quantitative à l'importation dans la Communauté économique européenne et n'engendre aucun effet équivalent, d'autre part, que le régime d'autorisation préalable qu'elle institue [auquel c'est substitué un régime de déclaration préalable] n'est pas discriminatoire et qu'il a seulement pour objet d'assurer la protection du consommateur, la sécurité et la loyauté des transactions. • Crim. 25 oct. 1993 : *Bull. crim. no 309; RTD com. 1994. 585, obs. Bouzat.*

Art. R. 310-8 *(Décr. no 2009-16 du 7 janv. 2009, art. 1er-I)* **I. — Une déclaration préalable de vente au déballage est adressée par l'organisateur par lettre recommandée avec demande d'avis de réception ou remise contre récépissé au maire de la commune dans laquelle l'opération de vente est prévue, dans les délais suivants :**

1o Dans les mêmes délais que la demande d'autorisation d'occupation temporaire du domaine public et concomitamment à celle-ci lorsque la vente est prévue sur le domaine public et que le maire est l'autorité compétente pour délivrer l'autorisation ;

2o Dans les autres cas, dans les quinze jours au moins avant la date prévue pour le début de cette vente.

Dans les huit jours au moins avant le début de la vente, le maire informe le déclarant que, du fait du dépassement de la durée de la vente autorisée par le deuxième alinéa du I de l'article L. 310-2, il s'expose à la sanction prévue au 3o de l'article R. 310-19.

II. — Ces délais ne sont pas applicables aux ventes au déballage de fruits et légumes frais effectuées en période de crise conjoncturelle constatée en application de l'article L. 611-4 ***du code rural*** **et de la pêche maritime** *[V. cet art. au* **C. com.***, ss. art. L. 442-9]*, **ou en prévision de celle-ci, dans le but de favoriser, par un déstockage rapide, la régularisation des cours du marché ; ces ventes peuvent être réalisées sans délai, par décision conjointe du ministre chargé du commerce et du ministre chargé de l'agriculture et ce après consultation par le ministre chargé de l'agriculture de l'organisation interprofessionnelle compétente.**

III. – Un arrêté du ministre chargé du commerce fixe la liste des informations contenues dans cette déclaration. – *V. Arr. du 9 janv. 2009.*

Arrêté du 9 janvier 2009,

Relatif à la déclaration préalable des ventes au déballage.

Art. 1er La déclaration préalable de vente au déballage prévue à l'article R. 310-8 du code de commerce est établ e conformément au modèle figurant en annexe. – *V. cette annexe (JO 17 janv.) au* ***C. com.***

Elle est signée par le vendeur ou l'organisateur ou par une personne ayant qualité pour le représenter.

Art. 2 La déclaration est accompagnée d'un justificatif de l'identité du déclarant.

Art. R. 310-9 *(Décr. nc 2009-16 du 7 janv. 2009, art. 1er-I)* **Les ventes au déballage autorisées aux particuliers en application du troisième alinéa du I de l'article L. 310-2 sont contrôlées au moyen du registre mentionné au deuxième alinéa de l'article 321-7 du code pénal.** – *V. cet art., App., vo Objets d'art, objets anciens.*

Art. R. 310-10 à R. 310-14 *Abrogés par Décr. no 2009-16 du 7 janv. 2009, art. 1er-II.*

Soldes

BIBL. ▶ Bretzner et Pages, *D. Affaires 1998. 184* (marchandises susceptibles d'être vendues en soldes). - Auque, *JCP E 1998, no 17, p. 648* (ambiguïtés de la réglementation des soldes). - Mouligner, *D. 2004. 259* (interprétation jurisprudentielle de la définition légale des soldes). ▶ Loi no 2008-776 du 4 août 2008 : NDLR, *BRDA 2008, no 17, p. 25* (LME : régimes des soldes et des ventes au déballage).

Art. L. 310-3 *(L. no 2008-776 du 4 août 2008, art. 98-I, en vigueur le 1er janv. 2009)* **« I. – Sont considérées comme soldes les ventes qui, d'une part, sont accompagnées ou précédées de publicité et sont annoncées comme tendant, par une réduction de prix, à l'écoulement accéléré de marchandises en stock et qui, d'autre part, ont lieu durant les périodes définies, pour l'année civile, comme suit :**

« 1o Deux périodes d'une durée de *(L. no 2014-626 du 18 juin 2014, art. 62, en vigueur le 1er janv. 2015)* **« six** *[ancienne rédaction : cinq]* **» semaines chacune, dont les dates et heures de début sont fixées par décret ; ce décret peut prévoir, pour ces deux périodes,** *(L. no 2011-525 du 17 mai 2011, art. 47)* **« et pour les ventes autres que celles mentionnées à l'article** *(Ord. no 2016-301 du 14 mars 2016, art. 2, en vigueur le 1er juill. 2016)* **« L. 221-1 » du code de la consommation** *[,]* **» des dates différentes dans les départements qu'il fixe pour tenir compte d'une forte saisonnalité des ventes, ou d'opérations commerciales menées dans des régions frontalières ;**

(Abrogé par L. no 2014-626 du 18 juin 2014, art. 62, à compter du 1er janv. 2015) ***« 2o Une période d'une durée maximale de deux semaines ou deux périodes d'une durée maximale d'une semaine, dont les dates sont librement choisies par le commerçant ; ces périodes complémentaires s'achèvent toutefois au plus tard un mois avant le début des périodes visées au 1o ; elles sont soumises à déclaration préalable auprès de l'autorité administrative compétente du département du lieu des soldes ou du département du siège de l'entreprise pour les entreprises de vente à distance. »*** – *Sur l'autorité compétente, V. C. com., art. R. 310-15.*

« Les produits annoncés comme soldés doivent avoir été proposés à la vente et payés depuis au moins un mois à la date de début de la période de soldes considérée. »

II. – Dans toute publicité, enseigne, dénomination sociale ou nom commercial, l'emploi du mot : solde(s) ou de ses dérivés est interdit pour désigner toute activité, dénomination sociale ou nom commercial, enseigne ou qualité qui ne se rapporte pas à une opération de soldes telle que définie au I ci-dessus. – *[L. no 96-603 du 5 juill. 1996, art. 28]. – Pour les sanctions pénales, V. C. com., art. L. 310-5 (3o et 4o). – Sur l'opposabilité de l'arrêté préfectoral, V. note ss. C. com., art. L. 310-7.*

1. Notion de soldes. **BIBL.** Mouligner, *D. 2004. 259*. - Gil, *Bull. act. Lamy droit économique juill. 2004, p. 1* (deux lectures de l'art. L. 310-3 C. com.). ♦ Estimant que l'art. 28 [C. com. art. L. 310-3] a pour but d'empêcher la vente en solde de marchandises acquises pour cette occasion pendant la période même des soldes et le mois qui a précédé, mais ne restreint pas la vente en solde de marchandises acquises auparavant et ce, quelles que soient les conditions tarifaires consenties par les fournisseurs aux revendeurs, V. : * Rép. min. no 430 : *JO Sénat Q, 16 oct. 1997,* *p. 2805; D. Affaires 1997. 1324.* ♦ Jugeant qu'il est indifférent que les publicités ne mentionnent pas le terme « soldes », dès lors que la société, informée de la législation en vigueur, s'est abstenue d'employer le mot, tout en suggérant aux consommateurs une opération d'écoulement accéléré du stock par l'effet d'importantes réductions de prix : • Crim. 13 janv. 2004 : *Bull. crim. n° 10; D. 2004. AJ 634; CCC 2004, n° 119, obs. Raymond; RJDA 2004, n° 545; Dr. pénal 2004, n° 52, obs. Robert; RTD com. 2004. 586, obs. Bouloc.* – V. aussi sur l'indifférence de l'emploi du terme soldes : • Crim. 23 sept. 2003 : *CCC 2004, n° 70, obs. Raymond.*

La loi du 5 juill. 1996 [C. com. art. L. 310-3] ne fait aucune distinction entre soldes « privés » et soldes « publics », le critère des soldes étant un déstockage portant sur un lot de marchandises préexistant et non renouvelable, dont l'écoulement rapide est favorisé par une réduction de prix annoncée à l'aide de publicité. • TGI Paris, 12 juin 1997 : *BID 1998, n° 4, p. 37* • 21 janv. 1998 : *BID 1998, n° 12, p. 31* • Crim. 19 févr. 2003 : *Bull. crim. n° 47; JCP 2003. IV. 1704; JCP E 2003, n° 15, p. 638; BRDA 2003, n° 6, p. 9; LPA 15 juin 2004, obs. Baccichetti* (publicité par l'envoi de 5 000 cartons d'invitation). ♦ L'opération de vente d'articles d'une collection d'été ayant déjà été soldés, accompagnée de publicité mentionnant « dans la limite des stocks disponibles » ou comportant un double affichage de prix, doit être qualifiée de soldes en dehors des périodes autorisées. • Paris, 27 sept. 2002 : *BICC 2003, n° 748.* ♦ Dès lors que les ventes sont accompagnées de publicités sur lesquelles l'objectif d'écoulement accéléré de marchandises en stock n'apparaît nullement mentionné de manière explicite, les divers supports publicitaires se bornant à annoncer une réduction de prix sur une sélection d'articles, la qualification de soldes ne peut être retenue sans qu'il soit nécessaire d'examiner, par ailleurs, les conditions dans lesquelles les marchandises ont été achetées et stockées. • Paris, 1er mars 1999 : *D. Affaires 1999. 753, obs. E. P.; LPA 26 nov. 1999, obs. Pelletier.* ♦ V. aussi • Paris, 26 mars 2002 : *BRDA 2002, n° 10, p. 13* • 27 févr. 2002 : *CCC 2002. Comm. 169, obs. Raymond.* ♦ Comp. • Crim. 19 févr. 2003 : *préc.* • 13 janv. 2004 : *préc.*

Ne constitue pas une vente en promotion mais des soldes la vente des affaires de fin d'année en l'absence de renouvellement des marchandises après cette opération : en effet, la publicité et l'aspect occasionnel de cette vente sont démontrés par la présence d'affiches et les remises importantes manifestent la volonté d'écoulement accéléré des stocks. • Riom, 14 avr. 1993 : *JCP E 1993. Pan. 1415.* ♦ *Dans le même sens, s'agissant* d'opérations de promotions précédant des périodes de soldes, V. DGCCRF, avis n° 99-051 du 11 sept. 1998 : *BID 1999, n° 3, p. 8.* ♦ V. aussi, pour une opération commerciale annoncée par son auteur comme une « grande vente au déballage » au cours de laquelle des réductions de prix de 30 % à 50 % seraient proposées, • Bourges, 24 juill. 2001 : *RJDA 2002, n° 30.* ♦ Dans le même sens, s'agissant d'une vente suivant la période des soldes d'été présentée dans les publicités comme une opération en vue « d'en finir » : • Paris, 22 mars 2002 : *BRDA 2002, n° 10, p. 13; CCC 2002, n° 169, obs. Raymond; BID 2002, n° 12, p. 29.* ♦ ... Ou présentée comme devant se dérouler « dans la limite des stocks disponibles » : • Paris, 27 sept. 2002 : *CCC 2003, n° 149 (2e esp.), obs. Raymond.* ♦ V. aussi, jugeant qu'un panneau figurant sur la vitrine et portant la mention « et pour finir... » atteste tout à la fois d'une publicité et d'une opération de liquidation de stock, • TGI Créteil, 12 oct. 2001 : *BID 2002, n° 12, p. 30.* ♦ Pour l'écoulement de marchandises avant le lancement d'un nouveau catalogue, V. • Crim. 5 déc. 2006 : *Bull. crim. n° 305; D. 2007. AJ 79, obs. Chevrier; RTD com. 2007. 465, obs. Bouloc; AJ pénal 2007. 87, obs. M.-E. C.; JCP 2007. IV. 1087; Gaz. Pal. 2007. 631, obs. M. B.; RJDA 2007, n° 338.* ♦ Sur la distinction entre soldes et opération promotionnelle à propos d'une offre de réductions de prix portant sur des marchandises proposées par une société de vente à distance, V. • Douai, 25 juill. 2000 : *BID 2002, n° 2, p. 29.* – V. aussi • Limoges, 22 févr. 1995 : *CCC 1995, n° 79, note Raymond.* ♦ ... A propos d'une vente à « prix barrés ». • Crim. 20 nov. 2001 : *CCC 2002, n° 70, obs. Raymond; BID 2002, n° 10, p. 32.* ♦ ... D'une vente à prix réduits de produits d'exposition. • Pau, 26 juin 2001 : *ibid.*

2. Nature des stocks. Sont considérées comme des soldes les ventes accompagnées ou précédées de publicité et annoncées comme tendant, par une réduction de prix, à l'écoulement accéléré d'un stock prédéterminé et non renouvelable de marchandises • Com. 28 janv. 2004 : *Bull. civ. IV, n° 20; D. 2004. 1228, note Mouligner; ibid. AJ 417, obs. Chevrier; JCP E 2004, n° 13, p. 493; Gaz. Pal. 2004. Somm. 1443, obs. Joseph; RTD com. 2004. 586, obs. Bouloc; RJDA 2004, n° 694.* ♦ Même solution sous l'empire de la loi de 1906 : • Com. 19 janv. 1993 : *Bull. civ. IV, n° 27; D. 1993. IR 48.* ♦ A défaut de prouver que le stock de marchandises mis en vente était prédéterminé et non renouvelable, il n'est pas établi que l'opération litigieuse constitue une vente en solde prohibée. • Com. 13 oct. 1998 : *D. Affaires 1998. 1893, obs. E. P.* ♦ Jugeant que la mention « sur produits signalés » tend à montrer que seuls étaient concernés les articles exposés et que l'opération était limitée au stock disponible dans le magasin : • Crim. 13 janv. 2004 : préc. note 1.

3. Soldes de prestations de services. Selon la DGCCRF, le législateur, en n'employant pas le terme de « biens » à l'art. L. 310-3, qui fait référence à des « marchandises » et à des « produits », n'a pas semblé vouloir exclure l'ensemble des prestations de services du bénéfice de la législation sur les soldes. Elle considère donc, sous réserve de l'appréciation souveraine des tribunaux, que l'esprit de la loi n'exclut pas systématiquement les prestations de services du bénéfice du régime juridique des soldes. Toutefois, seules les prestations de services revendues par un commerçant qui en a acquis de manière ferme et définitive une quantité déterminée non renouvelable auprès d'un autre opérateur peuvent être soldées ; tel est le cas notamment des voyages et des séjours à forfait, à l'inverse des prestations immédiates vendues directement par leurs producteurs (coiffure ou restauration par exemple). • DGCCRF, 23 nov. 2010 : *D. 2010. Actu. 2768 ; JCP E 2010, n° 642.*

4. Interdiction de réapprovisionnement. Sur la condamnation d'un franchisé s'étant réapprovisionné auprès de son franchiseur pendant la période des soldes, V. • Chambéry, 2 déc. 1999 : *BRDA 2000, n° 23, p. 14.* ♦ Jugeant que la livraison par une société à sa succursale de certains articles stockés dans les entrepôts de la première ne saurait constituer un réapprovisionnement interdit, V. • T. corr. Bobigny, 8 oct. 1998 : *BID 1999, n° 11, p. 53.* ♦ Refusant de considérer comme un réassortiment les commandes passées par la société poursuivie à une autre société à laquelle elle est étroitement liée, V. • Com. 2 juin 2004 : *Bull. civ. IV, n° 116 ; D. 2004. AJ 1897 ; JCP E 2004, n° 31, p. 1224 ; RJDA 2004, p. 864, rapp. de Monteynard ; RTD com. 2005. 161, obs. Bouloc.*

5. Revente à perte. En ce sens que les produits vendus en période de soldes peuvent valablement être revendus à perte, V. DGCCRF, avis 18 mars 1998, n° 99-050 : *BID 1999, n° 3, p. 7.* ♦ Sur la dérogation à l'interdiction légale de revente à perte, V. C. com., art. L. 442-4, App., v° *Prix.*

6. Carte de fidélité. L'art. 28 [C. com. art. L. 310-3] ne précisant pas la forme de la réduction de prix devant être appliquée pour les ventes présentées comme des soldes ou permettant de qualifier de soldes une opération promotionnelle, les tribunaux pourront au cas par cas, requalifier de soldes, des ventes précédées ou accompagnées de publicité et dont les prix peuvent être réduits par l'utilisation d'une carte de fidélité, chaque fois qu'elles tendent à l'écoulement accéléré de marchandises en stock. Toutefois une telle requalification ne semble fondée que si les remises de fidélité sont accessibles sans conditions contraignantes, telles qu'un montant important d'achats préalables, à une partie importante de la clientèle. (DGCCRF, avis 27 oct. 1998, n° 99-049 : *BID 1999, n° 3, p. 6*).

7. Bons d'achats. L'opération par laquelle un hypermarché organise une campagne publicitaire annonçant la vente d'articles ouvrant droit à une remise de 50 % sous forme de bons d'achats ne constitue pas le délit de vente en soldes en dehors de périodes autorisées, dès lors que ce procédé de vente ne confère pas une réduction de prix sur le produit vendu, mais est destiné à fidéliser la clientèle en accordant pour des achats ultérieurs, un avoir dont le montant est fixé en proportion du prix des achats réalisés. • Crim. 23 janv. 2001 : *Bull. crim. n° 22 ; JCP E 2001, n° 19, p. 781 ; RTD com. 2001. 792, obs. Bouloc ; Dr. pénal 2001. Comm. 64, obs. J.-H. Robert ; Gaz. Pal. 15-16 mai 2002, p. 45, obs. Jalade* • Caen, 15 mai 2000 : *BRDA 2001, n° 3, p. 11.*

8. Personne morale. Sur la responsabilité pénale d'une SARL dont le gérant avait réalisé une vente en solde portant sur des marchandises acquises moins d'un mois avant la date de début de la période de soldes considérée, V. • TGI Paris, 8 oct. 1997 : *BID 1998, n° 10, p. 25.*

9. Vente par correspondance. La loi du 30 déc. 1906 [abrogée par L. n° 96-603 du 5 juill. 1996] s'appliquant également à la vente par correspondance, les opérations de soldes saisonniers des sociétés de vente par correspondance ne peuvent se dérouler en dehors des périodes déterminées pour le département du siège de ces entreprises : * Rép. min. : *JO Sénat Q, 5 oct. 1995, p. 1904.*

10. Emploi du mot « soldes ». Considérant que le mot solde, même amputé de la dernière lettre et intégré dans un nom composé, ne peut être utilisé dans l'enseigne d'un magasin, V. • Grenoble, 12 mai 1999 : *CCC 2000, n° 16, obs. Raymond.* ♦ Doit être condamné pour utilisation illicite du terme « solde(s) » en dehors d'une opération de soldes telle que définie par l'art. L. 310-3 le fait d'utiliser ce terme ou ses dérivés dans une enseigne, en l'espèce le nom d'un site internet intitulé « www.soldeurs.com ». • TGI Paris, 8 avr. 2005 : *Gaz. Pal. 2006. Somm. 604, obs. Avignon et Colas-Bernié* (l'appelation d'un site correspond, sur le plan électronique, à l'enseigne).

11. Concurrence déloyale. En pratiquant des soldes en dehors des périodes autorisées déterminées par un usage local, un grand magasin commet un acte de concurrence déloyale envers les autres commerçants. Cet usage dont la preuve peut être rapportée par tous moyens constitue une source de droit au même titre qu'un texte légal ou qu'un accord contractuel. • Riom, 14 avr. 1993 : *JCP E 1993. Pan. 1415.* ♦ Constitue des actes de concurrence déloyale, le fait de pratiquer des soldes sans autorisation, avec des rabais de 20 à 50 %, dans le 16e arrondissement de Paris, tandis qu'un autre magasin commercialise les vêtements de la même marque à proximité, un tel fait incitant la clientèle à se diriger de préférence vers le soldeur, la distance séparant les deux établissements étant faible. • Com. 18 oct. 1994 : *Bull. civ. IV, n° 299 ;*

D. 1995. IR 12. ♦ Ainsi, l'opération de liquidation réalisée par un commerçant sans autorisation constitue un acte de concurrence déloyale portant atteinte à l'intérêt collectif de la profession représentée par un syndicat professionnel de commerçants détaillants. • Com. 8 juill. 1997 : *BRDA 1997, n° 21, p. 15.*

12. Publicité trompeuse. En ce sens que, le mot solde étant dans l'esprit du consommateur indissociablement lié à la notion de rabais, est de nature à induire en erreur la publicité annonçant des soldes en l'absence de réduction des prix, V. • Pau, 21 oct. 1992 : *CCC 1993, n° 120, obs. Raymond.* – V. aussi • Pau, 22 juin 1994 : *ibid. 1994, n° 256, note Raymond; JCP 1994. IV. 2215.* ♦ Sur l'application de l'arrêté n° 77-105/P du 2 sept. 1977, relatif à la publicité des prix [remplacé par Arr. du 31 déc. 2008, relatif aux annonces de réduction de prix à l'égard des consommateurs, *V. v° Prix (publicité)*], V. • Limoges, 6 avr. 1994 : *CCC 1994, n° 239, note Raymond.* – V. aussi * Rép. min. n° 26955 : *JOAN Q, 31 juill. 1995, p. 3369.* – V. également • Com. 19 oct. 1999 : *Bull. civ. IV, n° 175.*

13. La publicité susceptible d'induire en erreur le consommateur sur la réduction de prix annoncée avec la vente est inopérante sur la qualification de soldes. • Crim. 23 janv. 2001 : *Bull. crim. n° 22.*

14. Internet. Même dans le cadre d'une interprétation stricte de la loi pénale, la notion de « soldes » visée par l'art. L. 310-3 ne peut se confondre avec celle de vente effective d'un produit, elle-même réalisée par l'accord sur la chose et sur le prix (ici le « clic » de l'acheteur en ligne à l'issue de la procédure de validation de son achat). • TGI Bordeaux, 9 janv. 2006 : *CCE 2006, n° 80, obs. Chabert; Lettre distrib. juill.-août 2006, p. 4; ibid. janv. 2007, p. 3.* ♦ La présentation d'une offre sur internet ayant une portée nationale et englobant nécessairement l'ensemble des départements, il en résulte que cette présentation dans un ressort départemental où l'ouverture officielle des soldes est décalée caractérise l'élément matériel de l'infraction, indépendamment du lieu du siège de la société. • Même jugement. ♦ Pour la condamnation d'un site internet pour manquement aux règles de publicité des prix à l'égard du consommateur lors d'une opération promotionnelle, V. : • T. pol. Boissy-Saint-Léger, 3 févr. 2004 : *Rev. conc. consom. juill.-sept. 2004, p. 5; Lettre distrib. juill.-août 2004, p. 4.* – V. aussi • TGI Pontoise, 19 mai 2004 : *CCE 2004, n° 162, obs. Grynbaum.* ♦ V. l'ajout apporté par la L. n° 2011-525 du 17 mai 2011 au 1° du I de l'art. L. 310-3.

Sur l'utilisation du terme « solde » dans l'adresse d'un site internet, V. note 10.

15. Soldes flottants. BIBL. NDLR, *BRDA 2014, n° 13, p. 10* (suppression des soldes flottants). ♦ Ces soldes peuvent commencer dès le lendemain des soldes fixes. Leur période est calculée de date à date, sans prendre en compte les éventuels jours de fermeture hebdomadaire du commerce durant cette période. Toute semaine commencée est considérée comme utilisée. Les commerçants peuvent valablement s'organiser pour pratiquer des soldes flottants à une date commune (Questions/réponses DGCCRF du 13 janv. 2009 : *BRDA 2009, n° 2, p. 10*). ♦ Le 2° du I de l'art. L. 310-3 a été abrogé par la L. n° 2014-626 du 18 juin 2014, art. 62.

16. Opérations de déstockage. De telles opérations au cours du mois précédant la date de début des soldes nationaux sont licites; toutefois, en application de l'Arr. du 31 déc. 2008, le commerçant devra tenir compte des prix pratiqués pendant cette opération de promotion pour établir son prix de référence pendant la période de soldes (Questions/réponses DGCCRF du 13 janv. 2009 : *BRDA 2009, n° 2, p. 10*).

Art. R. 310-15 et R. 310-15-1 *Abrogés par Décr. n° 2015-516 du 7 mai 2015.*

Art. D. 310-15-2 *(Décr. n° 2008-1343 du 18 déc. 2008, art. 1er)* **En application du 1° de l'article L. 310-3 du code de commerce :**

– les soldes d'hiver débutent le deuxième mercredi du mois de janvier à 8 heures du matin ; cette date est avancée au premier mercredi du mois de janvier lorsque le deuxième mercredi intervient après le 12 du mois ;

– *(Décr. n° 2010-1203 du 11 oct. 2010)* **« les soldes d'été débutent le dernier mercredi du mois de juin à 8 heures du matin ; cette date est avancée à l'avant-dernier mercredi du mois de juin lorsque le dernier mercredi intervient après le 28 du mois. »**

Art. D. 310-15-3 *(Décr. n° 2008-1343 du 18 déc. 2008, art. 1er)* **Par dérogation aux dispositions de l'article D. 310-15-2 et en application du 1° de l'article L. 310-3, les soldes sont fixés à des dates différentes dans certaines zones. Ces zones, ainsi que les dates qui y sont applicables, sont fixées en annexe.**

ANNEXE

LISTE DES ZONES MENTIONNÉES À L'ARTICLE D. 310-15-3

(Décr. n° 2012-1311 du 27 nov. 2012)

DÉPARTEMENT	APPLICATION TERRITORIALE	DATES DE DÉBUT DES PÉRIODES DE SOLDES
Alpes-Maritimes (06)	Tout le département	Soldes d'été : premier mercredi du mois de juillet
Corse-du-Sud (2A)	Tout le département	Soldes d'été : deuxième mercredi du mois de juillet
Haute-Corse (2B)	Tout le département	Soldes d'été : deuxième mercredi du mois de juillet
Meurthe-et-Moselle (54)	Tout le département	Soldes d'hiver : premier jour ouvré du mois de janvier
Meuse (55)	Tout le département	Soldes d'hiver : premier jour ouvré du mois de janvier
Moselle (57)	Tout le département	Soldes d'hiver : premier jour ouvré du mois de janvier
Pyrénées-Orientales (66)	Tout le département	Soldes d'été : premier mercredi du mois de juillet
Vosges (88)	Tout le département	Soldes d'hiver : premier jour ouvré du mois de janvier
Guadeloupe (971)		Soldes d'hiver : premier samedi de janvier Soldes d'été : dernier samedi de septembre
Martinique (972)	Tout le département	Soldes d'été : premier jeudi d'octobre
Guyane (973)	Tout le département	Soldes d'hiver : premier mercredi du mois de janvier Soldes d'été : premier jeudi du mois d'octobre
La Réunion (974)	Tout le département	Soldes d'hiver : premier samedi du mois de septembre Soldes d'été : premier samedi du mois de février.

COLLECTIVITÉ d'outre-mer (COM)	APPLICATION TERRITORIALE	DATES DE DÉBUT DES PÉRIODES DE SOLDES
Saint-Pierre-et-Miquelon (975)	Toute la collectivité	Soldes d'été : premier mercredi après le 14 juillet Soldes d'hiver : premier mercredi après le 15 janvier
Saint-Barthélemy (977)	Toute la collectivité	Soldes d'hiver : premier samedi de mai Soldes d'été : deuxième samedi d'octobre
Saint-Martin (978)	Toute la collectivité	Soldes d'hiver : premier samedi de mai Soldes d'été : deuxième samedi d'octobre

Art. R. 310-16 **Toute personne se livrant à des ventes en soldes tient à la disposition des agents habilités à opérer des contrôles les documents justifiant que les marchandises vendues en soldes avaient été proposées à la vente, et lorsque le vendeur n'est ni le producteur ni son mandataire que leur prix d'achat avait été payé, depuis au moins un mois à la date de début de la période de soldes considérée.** — *[Décr. n° 96-1097 du 16 déc. 1996, art. 12].*

Art. R. 310-17 **Toute publicité relative à une opération de soldes mentionne la date de début de l'opération et la nature des marchandises sur lesquelles porte l'opération, si celle-ci ne concerne pas la totalité des produits de l'établissement.** — *[Décr. n° 96-1097 du 16 déc. 1996, art. 13]. — V. C. com., art. R. 310-19 (4°).*

Art. A. 310-7 **Les produits offerts ou disponibles à la vente au détail, de quelque façon que ce soit, sous forme de soldes tels que définis par l'article L. 310-3, sont signalés par une mention indiquant qu'il s'agit de "soldes".** — *[Arr. du 22 sept. 1989, art. 1er].*

Art. A. 310-8 **Cette mention est effectuée dans des conditions de présentation identiques à celles prévues, pour la mention du prix, aux articles 4, 5, 6, 9, 10, 11 et 14 de l'arrêté du 3 décembre 1987 relatif à l'information du consommateur sur les prix.** — *[Arr. du 22 sept. 1989, art. 2]. — V. Arr. préc., v° Prix (publicité).*

Art. A. 310-9 Lorsque l'opération de soldes concerne l'ensemble des produits disponibles dans le point de vente, une seule indication parfaitement lisible peut en informer le consommateur. — *[Arr. du 22 sept. 1989, art. 3]*.

Ventes en magasins d'usine

Art. L. 310-4 **La dénomination de magasin ou de dépôt d'usine ne peut être utilisée que par les producteurs vendant directement au public la partie de leur production non écoulée dans le circuit de distribution ou faisant l'objet de retour. Ces ventes directes concernent exclusivement les productions de la saison antérieure de commercialisation, justifiant ainsi une vente à prix minoré.** — *[L. nº 96-603 du 5 juill. 1996, art. 30]*.

BIBL. ▶ POUILLE, CCC *Chron. 9* (les centres de marques). - WILLEMS, *RLC oct.-déc. 2008. 41* (centres de marques : le juge met fin à une apparente situation de « non-droit »).

Art. R. 310-18 Tout producteur, vendant directement au public une partie de sa production sous l'une des dénominations mentionnées à l'article L. 310-4, tient à la disposition des agents habilités à opérer des contrôles toute pièce justifiant de l'origine et de la date de fabrication des produits faisant l'objet de ces ventes directes au public. — *[Décr. nº 96-1097 du 16 déc. 1996, art. 14]*.

Sanctions

Art. L. 310-5 **Est puni d'une amende de 15 000 € :**

1º *(Ord. nº 2004-274 du 25 mars 2004, art. 28)* **« Le fait de procéder à une liquidation sans la déclaration préalable mentionnée à l'article L. 310-1 ou en méconnaissance des conditions prévues à cet article ; »**

2º *(L. nº 2008-776 du 4 août 2008, art. 54-II)* **« Le fait de procéder à une vente au déballage sans la déclaration prévue par l'article L. 310-2 ou en méconnaissance de cette déclaration ; »**

3º Le fait de réaliser des soldes *(Abrogé par L. nº 2008-776 du 4 août 2008, art. 98-II, à compter du 1er janv. 2009)* ***« en dehors des périodes prévues au I de l'article L. 310-3 ou »*** **portant sur des marchandises détenues depuis moins d'un mois à la date de début de la période de soldes considérée ;**

4º Le fait d'utiliser le mot : solde(s) ou ses dérivés dans les cas où cette utilisation ne se rapporte pas à une opération de soldes définie au I de l'article L. 310-3 ;

5º Le fait d'utiliser la dénomination magasin d'usine ou dépôt d'usine en méconnaissance des dispositions de l'article L. 310-4 ;

(L. nº 2009-526 du 12 mai 2009, art. 54) **« 5º *bis* Le fait, pour un parc d'exposition, de ne pas se faire enregistrer ou de ne pas déclarer de programme de manifestations commerciales en application du second alinéa de l'article L. 762-1, ou de ne pas déclarer les modifications au programme faisant l'objet de la déclaration annuelle initiale ; »**

(Ord. nº 2004-274 du 25 mars 2004, art. 28) **« 6º Le fait d'organiser une manifestation commerciale sans la déclaration prévue** *(L. nº 2009-526 du 12 mai 2009, art. 54)* **« au second alinéa de l'article L. 762-2 » ou de ne pas respecter les conditions de réalisation de la manifestation déclarée. »**

Les personnes physiques encourent également la peine complémentaire d'affichage ou de diffusion de la décision prononcée, dans les conditions prévues par l'article 131-35 du code pénal. — *[L. nº 96-603 du 5 juill. 1996, art. 31 (I)]*.

1. Application dans le temps. Une loi nouvelle abrogeant une incrimination pénale s'appliquant aux faits commis avant son entrée en vigueur mais non définitivement jugés, les infractions à l'interdiction des ventes en soldes sans autorisation municipale, commises avant l'entrée en vigueur de la loi du 5 juill. 1996, ne peuvent *plus être sanctionnées.* • *Crim. 18 juin 1997 : Bull. crim. nº 243; D. Affaires 1997. 956* • 17 déc. 1997 : *Bull. crim. nº 435; JCP E 1998, nº 10, p. 351; CCC 1998, nº 67, obs. Raymond.* ♦ Même si la loi de 1996, immédiatement applicable aux poursuites en cours, ne soumet plus les ventes en soldes à l'autorisation du maire qui était prévu par la loi de 1906, les ventes en liquidation restent punissables, à défaut d'une telle autorisation, en application de l'art. 26 de la loi de 1996 [C. com., art. L. 310-1], et les ventes en soldes pratiquées en dehors des périodes fixées par arrêté préfectoral entrent tout à la fois dans les prévisions de l'art. 28 de la loi préc. [C. com., art. L. 310-3] et dans celles de l'art. 1er, al. 1er à 3 de la loi de 1906 [abrogée]. • Crim. 12 oct. 1999 : *Bull. crim. nº 215* • 26 avr. 2000 : *Dr. pénal 2001. Comm. 8, obs. J.-H. Robert.* ♦ Pour l'Ord. nº 2004-274 du 25 mars 2004, V. • Crim. 3 nov.

2004 : Bull. act. Lamy droit économique janv. 2005, p. 5.

La L. n° 2008-776 du 4 août 2008, en ce qu'elle a abrogé l'incrimination prévue par l'art. L. 310-5, 3°, qui sanctionnait les ventes en soldes en dehors des périodes autorisées, s'applique aux faits commis antérieurement à son entrée en vigueur et faisant l'objet de poursuites non encore terminées par une décision passée en force de chose jugée. • Crim. 22 mars 2011 : *Bull. crim. n° 58; Dalloz actualité, 20 avr. 2011, obs. Bombled; AJ pénal 2011. 412, obs. Gallois*.

2. Décret d'application. Les dispositions de vente au déballage se suffisent à elles-mêmes et n'ont pas besoin d'être complétées par un décret pour entrer en vigueur; il y a donc continuité de la loi dans le temps et validité des poursuites, les faits antérieurs de vente au déballage continuant à revêtir un caractère délictueux. • TGI Aurillac, 17 oct. 1996 : *BID 1998, n° 4, p. 24.* – Confirmé par • Riom, 26 mars 1997 : *ibid., p. 26.* ♦ V. aussi • Grenoble, 29 oct. 1998 : *BID 1999, n° 7-8, p. 57.* ♦ Pour un arrêt considérant qu'il ne peut être reproché à un prévenu d'avoir réalisé des soldes en dehors des périodes prévues au 1° de l'art. 28 [C. com., art. L. 310-3], dès lors qu'à la date des faits, le décret d'application prévu à l'art. 32 de la loi [C. com., art. L. 310-7] n'avait pas encore été pris, V. • Poitiers, 29 janv. 1998 : *BID 1998, n° 10, p. 24.* ♦ Dans le même sens, s'agissant d'une vente en liquidation non autorisée, dans la mesure où le défaut d'obtention de l'autorisation est un élément constitutif de l'infraction et que les modalités de cette obtention n'étaient pas encore définies par le décret d'application de la loi à la date des faits, V. • TGI Paris, 23 oct. 1997 : *ibid., p. 25.*

3. Élément intentionnel. L'élément intentionnel du délit se déduit du caractère volontaire de l'omission de se munir de l'autorisation nécessaire. • Crim. 24 nov. 1993 : *BID 1995, n° 10, p. 23* • 17 janv. 1994 : *RJDA 1994, n° 395* • 8 avr. 1998 : *BID 1998, n° 11, p. 37.* ♦ En ce sens que, s'agissant de l'interdiction de recevoir d'autres marchandises que celles figurant à l'inventaire, l'intention frauduleuse réside dans la négligence commise par le responsable de la vente qui n'a pas procédé aux vérifications suffisantes et que l'exonération de responsabilité pénale supposerait soit la preuve d'un cas de force majeure, soit de l'action malveillante d'un tiers, V. • Paris, 18 mai 1995 : *CCC 1996, n° 17, obs. Raymond.*

4. Complicité. Pour la condamnation, pour complicité de vente au déballage non autorisée [autorisation à laquelle s'est substitué un régime de déclaration] et de publicité en vue d'une telle vente, de la société ayant réalisé une opération de mailing, V. • Paris, 13 avr. 1995 : *CCC 1995, n° 212, obs. Raymond.* ♦ Sur la condamnation, pour complicité de vente en soldes et en liquidation sans autorisation antérieure à l'entrée en vigueur de la loi du 5 juill. 1996, d'une gérante de société ayant organisé en dehors des soldes saisonniers, pour le compte d'un autre commerçant, une vente accompagnée d'une publicité, présentant un caractère occasionnel et tendant à l'écoulement accéléré de tout ou partie d'un stock de marchandises, malgré le refus de l'autorisation administrative demandée, V. • Crim. 12 oct. 1999 : *Bull. crim. n° 215.*

5. Auteur principal. Le délit de vente au déballage sans autorisation [auquel c'est substitué un régime de déclaration] n'est imputable, à titre d'auteur principal, qu'à la personne qui procède à la vente. • Crim. 29 avr. 2003 : *Bull. crim. n° 91; D. 2004. 167, note Saint-Pau; ibid. Somm. 318, obs. Roujou de Boubée; JCP E 2003, n° 27, p. 1121; Dr. pénal 2003, n° 86, obs. Robert; CCC 2003, n° 150, obs. Raymond; RJDA 2003, n° 937.* ♦ Pour une condamnation, V. • Paris, 24 févr. 1995 : *CCC 1995, n° 98, obs. Raymond.*

6. Pouvoir du préfet. A défaut de transmission des pièces justifiant la demande de liquidation dans le délai prévu [C. com., art. L. 310-1, al. 2], il appartient au préfet de saisir la direction départementale de la concurrence (DDCCRF) afin de faire constater, par procès-verbal, l'infraction. * Rép. min. n° 10157 : *JOAN Q 10 mars 2003, p. 1866; CCC juill. 2003, p. 4.*

Art. L. 310-6 *(L. n° 2009-526 du 12 mai 2009, art. 125-IV)* **Les personnes morales déclarées responsables pénalement, dans les conditions prévues par l'article 121-2 du code pénal, des infractions définies à l'article L. 310-5 du présent code encourent, outre l'amende *suivant les modalités* prévues par l'article 131-38 du code pénal, la peine prévue par le 9° de l'article 131-39 du même code.** – *[L. n° 96-603 du 5 juill. 1996, art. 31 (II)].*

1. Personnes morales. La responsabilité pénale d'une personne morale s'analysant comme une responsabilité du fait personnel par représentation, et non de substitution, est engagée dès lors que ses organes ou représentants, qui expriment sur le plan juridique la volonté même de celle-ci, ont commis pour son compte, en tant qu'auteurs, l'élément matériel et l'élément moral d'une infraction. Il n'est pas exigé que la personne morale ait commis des faits distincts de ceux constitutifs de l'infraction reprochée à son organe ou représentant. Dès lors, une SARL doit être reconnue pénalement responsable lorsque les faits de vente en liquidation non autorisée reprochés à son gérant, organe et représentant, ont été commis dans son intérêt exclusif, pour son compte. • Lyon, 3 juin 1998 : *CCC 1998, n° 170, obs. Raymond; BID 1999, n° 4, p. 55; Dr. pénal 1998. Comm. 118, obs. J.-H. Robert.* ♦ Comp., dans la même affaire ayant jugé qu'une personne morale n'est pas responsable d'avoir procédé à une liquidation commerciale sans autorisation, dès lors qu'il n'est pas établi à sa charge, en quelque organe ou représentant que ce soit, d'agissements distincts de ceux constitutifs du délit retenu à l'encontre de la personne physique. En effet, la mise en œuvre de la responsabilité pénale de la personne morale nécessite qu'il soit établi à son encontre l'ensemble des éléments constitutifs de l'infraction poursuivie, l'élément intentionnel d'une part, l'élément matériel d'autre part, par une abstention délibérée ou par la réalisation d'actes, certes imputables à ses organes ou représentants, mais distincts de ceux qui pourraient être reprochés aux personnes physiques ayant participé à la commission de l'infraction. Toute autre solution conduirait en pratique à ériger une responsabilité pénale de plein droit des personnes morales du fait de leurs dirigeants agissant pour leur compte. • T. corr. Lyon, 9 oct. 1997 : *D. 1997. IR 250* ; *Dr. pénal 1997. 154, note J.-H. Robert ; JCP 1998. I. 105, note Maron.* ♦ La responsabilité pénale d'une personne morale est encore engagée lorsque des faits de vente en liquidation non autorisée ont été commis, par le gérant de la société, au profit et pour le compte de celle-ci, dans le but d'écouler la totalité de son stock, de permettre l'extension de son fonds de commerce et d'assurer son développement économique. En effet, il n'est pas exigé que la personne morale ait commis des faits distincts de ceux constitutifs des infractions reprochées à son organe ou représentant. • Lyon, 5 mai 1999 : *Dr. pénal 1999. Comm. 119, obs. J.-H. Robert ; BID 1999, n° 12, p. 54.* ♦ La faute pénale de l'organe ou du représentant suffit, lorsqu'elle est commise pour le compte de la personne morale, à engager la responsabilité pénale de celle-ci, sans que doive être établie une faute distincte à la charge de la personne morale. • Crim. 26 juin 2001 : *Bull. crim. n° 161 ; Dr. pénal 2002. Comm. 8, obs. Robert.*

2. Qualité de représentant. Ont la qualité de représentants, les personnes pourvues de la compétence, de l'autorité et des moyens nécessaires, ayant reçu une délégation de pouvoirs de la part des organes de la personne morale ou une subdélégation des pouvoirs d'une personne ainsi déléguée ; la société Carrefour peut donc être déclarée coupable du délit de vente au déballage sans autorisation lorsque la personne à l'origine des faits est le directeur salarié de l'un des magasins de la société. • Crim. 26 juin 2001 : *préc. note 1.* ♦ Ne donne pas de base légale à sa décision la cour d'appel qui déclare une association coupable du délit de vente au déballage sans préciser quel organe ou représentant aurait engagé la responsabilité pénale de la personne morale. • Crim. 29 avr. 2003 : *Bull. crim. n° 91 ; D. 2004. 167, note Saint-Pau ; ibid. Somm. 318, obs. Roujou de Boubée ; JCP E 2003, n° 27, p. 1121 ; CCC 2003, n° 150, obs. Raymond ; Dr. pénal 2003, n° 86, obs. Robert ; RJDA 2003, n° 937.*

Art. L. 310-6-1 *(Ord. n° 2016-301 du 14 mars 2016, art. 6, en vigueur le 1er juill. 2016)* **Les infractions prévues au présent titre ou par les textes pris pour son application sont recherchées et constatées par les agents mentionnés au II de l'article L. 450-1, dans les conditions prévues aux articles L. 450-1, L. 450-2, L. 450-3, L. 450-7 et L. 450-8. Les articles L. 521-1, L. 521-2 et L. 524-1 à L. 524-3 du code de la consommation peuvent être mis en œuvre à partir des constatations effectuées.**

Pour ces infractions, l'autorité administrative chargée de la concurrence et de la consommation a droit, tant que l'action publique n'a pas été mise en mouvement, de transiger, après accord du procureur de la République, dans les conditions prévues à l'article *(Ord. n° 2017-303 du 9 mars 2017, art. 2-II)* **« L. 490-5 ».** — *V. cet art. au* **C. com.**

Art. L. 310-7 Les modalités d'application des dispositions du présent titre sont fixées par décret en Conseil d'État, et notamment les secteurs dans lesquels les annonces, quel qu'en soit le support, de réduction de prix aux consommateurs ne peuvent s'exprimer en pourcentage ou par la mention du prix antérieurement pratiqué, et la durée ou les conditions de cette interdiction. — *[L. n° 96-603 du 5 juill. 1996, art. 32 et 29].* — *V. C. com., art. R. 310-1 s.*

La publication de l'arrêté préfectoral fixant les dates des soldes au recueil périodique des actes administratifs de la préfecture suffit à le rendre opposable à tous les commerçants, sans qu'une information individuelle soit nécessaire. • Crim. 20 nov. 2001 : *RJDA 2002, n° 241.*

Art. R. 310-19 Est puni de l'amende prévue par le 5° de l'article 131-13 du code pénal pour les contraventions de la cinquième classe :

1° Le fait de ne pas afficher le récépissé de déclaration de la vente en liquidation dans les conditions prévues à l'article R. 310-4 ;

2° Le fait de ne pas mentionner dans toute publicité relative à une opération de liquidation les indications exigées à l'article R. 310-7 ;

3° *(Décr. n° 2009-16 du 7 janv. 2009, art. 2)* **« Le fait de réaliser une vente au déballage en méconnaissance de la durée de la vente autorisée par le deuxième alinéa du I de l'article L. 310-2 et dont le déclarant a été informé par le maire en application de l'article R. 310-8 » ;**

4° Le fait de ne pas mentionner dans toute publicité relative à une opération de soldes les indications exigées à l'article R. 310-17. — *[Décr. n° 96-1097 du 16 déc. 1996, art. 15, al. 1er à 5].*

Sur l'interdiction et la sanction de la publicité portant sur une opération n'ayant pas reçu l'autorisation préalable, V. C. consom., art. L. 121-22.

Sur les soldes et liquidations de livres, V. L. n° 81-766 du 10 août 1981, art. 5 et 7, v° Livres.

Sur les modalités d'application de la réglementation des ventes en liquidation, au déballage ou en solde, V. aussi Circ. 16 janv. 1997 (D. Affaires 1997. 1046).

Pratiques restrictives de concurrence

Art. L. 442-7 **Aucune association ou coopérative d'entreprise ou d'administration ne peut, de façon habituelle, offrir des produits à la vente, les vendre ou fournir des services si ces activités ne sont pas prévues par ses statuts.** — *[Ord. n° 86-1243 du 1er déc. 1986, art. 37].* — *Les infractions aux dispositions des art. L. 442-7 et L. 442-8 sont punies de l'amende prévue par le 5° de l'art. 131-13 du code pénal pour les contraventions de la 5e classe. La contravention commise en cas de récidive est punie de l'amende prévue par le 5° de l'art. 131-13 du code pénal pour les contraventions de la 5e classe commises en récidive (C. com., art. R. 442-2).*

1. Associations. L'interdiction faite au dirigeant d'une association par l'art. 37, al. 2 [C. com. art. L. 442-7, al. 2], notamment d'offrir à la vente ou de vendre de façon habituelle des produits alors que cette activité ne rentre pas dans les prévisions des statuts, ne tend nullement à assurer le respect du pacte social, mais à protéger la liberté de la concurrence contre une pratique de nature à en compromettre le jeu normal. • Crim. 10 juin 1991 : *D. 1991. IR 228* ; *Bull. Joly 1991. 914, note Jeantin.*

2. Constitue une pratique paracommerciale illicite le fait pour une association de proposer des activités sportives à des personnes extérieures à l'association contre le paiement d'un prix et d'un droit d'entrée, alors que cela n'est pas prévu par ses statuts. En effet, l'association, non assujettie aux charges fiscales et sociales, se livre ainsi de manière habituelle à des opérations commerciales lucratives de nature à porter préjudice aux commerçants offrant les mêmes prestations. • Crim. 19 oct. 1992 : *D. 1993. IR 21* ; *Rev. sociétés 1993. 625, note Castro* ; *Bull. Joly 1993. 221, note Mayaud et Sousi ; RJDA 1992, n° 1146.*

3. Contreviennent à l'art. 37 de l'Ord. 1er déc. 1986 [C. com. art. L. 442-7] le président d'une association et son dirigeant de fait, dès lors qu'ils ont offert à la vente des tee-shirts et des protéines et fourni des services tels que des activités de musculation, cours de gymnastique et de danse alors que ces activités commerciales ne sont pas prévues dans les statuts de l'association. • T. pol. Bourg-en-Bresse, 3 juill. 1998 : *BID 1998, n° 10, p. 15.*

Art. L. 442-8 **Il est interdit à toute personne d'offrir à la vente des produits ou de proposer des services en utilisant, dans des conditions irrégulières, le domaine public de l'État, des collectivités locales et de leurs établissements publics.**

Les infractions à l'interdiction mentionnée à l'alinéa précédent sont recherchées et constatées dans les conditions définies par les articles L. 450-1 à L. 450-3 et L. 450-8.

Les agents peuvent consigner, dans des locaux qu'ils déterminent et pendant une durée qui ne peut être supérieure à un mois, les produits offerts à la vente et les biens ayant permis la vente des produits ou l'offre de services.

La consignation donne lieu à l'établissement immédiat d'un procès-verbal. Celui-ci comporte un inventaire des biens et des marchandises consignés ainsi que la mention de leur valeur. Il est communiqué dans les cinq jours de sa clôture au procureur de la République et à l'intéressé.

La juridiction peut ordonner la confiscation des produits offerts à la vente et des biens ayant permis la vente des produits ou l'offre de services. La juridiction peut condamner l'auteur de l'infraction à verser au Trésor public une somme correspondant à la valeur des produits consignés, dans le cas où il n'a pas été procédé à une saisie. — *[Ord. n° 86-1243 du 1er déc. 1986, art. 37-1].* — *Pour les sanctions pénales, V. note ss. C. com., art. L. 442-7.*

V. Circ. 12 août 1987 (JO 23 août) relative à la lutte contre les pratiques paracommerciales.

Vente sauvage. Le fait d'offrir à la vente des produits ou de proposer des services en utilisant, dans des conditions irrégulières, le domaine public de l'État, des collectivités locales et de leurs établissements publics, n'est réprimé, par l'art. 14 du Décr. n° 2002-689 du 30 avr. 2002

[C. com., art. R. 442-2], que s'il est commis en violation des dispositions réglementaires sur la police des lieux. • Crim. 4 avr. 2006 : *Bull. crim. n° 104; D. 2006. AJ 1285, obs. Chevrier; RTD com. 2006. 926, obs. Bouloc; JCP E 2006, n° 39, p. 1613, obs. Decocq; RJDA 2006, n° 891.* ♦ Dès lors que le fait d'embaucher une personne, fût-ce régulièrement, en la faisant stationner sur le domaine public, en vue de lui faire vendre des marchandises, sans l'autorisation requise par le règlement de police, constitue l'exploitation de vente à la sauvette, les juges ont caractérisé en tous ses éléments constitutifs, tant matériels qu'intentionnels, ledit délit. • Crim. 21 févr. 2017, n° 16-82.220 P : *D. 2017. Actu. 506; Dr. pénal 2017, n° 61, obs. J.-H. Robert.*

Code pénal

Art. 446-1 *(L. n° 2011-267 du 14 mars 2011, art. 51-I)* La vente à la sauvette est le fait, sans autorisation ou déclaration régulière, d'offrir, de mettre en vente ou d'exposer en vue de la vente des biens ou d'exercer toute autre profession dans les lieux publics en violation des dispositions réglementaires sur la police de ces lieux.

La vente à la sauvette est punie de six mois d'emprisonnement et de 3 750 € d'amende.

La procédure simplifiée de l'ordonnance pénale est applicable au délit de vente à la sauvette prévu aux art. 446-1 et 446-2 C. pén. (C. pr. pén., art. 495, II, 6°).

Art. 446-2 *(L. n° 2011-267 du 14 mars 2011, art. 51-I)* Lorsque la vente à la sauvette est accompagnée de voies de fait ou de menaces ou lorsqu'elle est commise en réunion, la peine est portée à un an d'emprisonnement et à 15 000 € d'amende.

Art. 446-3 *(L. n° 2011-267 du 14 mars 2011, art. 51-I)* Les personnes physiques coupables des délits prévus au présent chapitre encourent également les peines complémentaires suivantes :

1° La confiscation de la chose qui a servi ou était destinée à commettre l'infraction ou de la chose qui en est le produit ;

2° La destruction de la chose qui a servi ou était destinée à commettre l'infraction ou de la chose qui en est le produit.

Art. 446-4 *(L. n° 2011-267 du 14 mars 2011, art. 51-I)* Les personnes morales déclarées responsables pénalement, dans les conditions prévues par l'article 121-2, des infractions définies au présent chapitre encourent, outre l'amende suivant les modalités prévues par l'article 131-38, les peines prévues par l'article 131-39.

L'interdiction mentionnée au 2° de l'article 131-39 porte sur l'activité dans l'exercice ou à l'occasion de l'exercice de laquelle l'infraction a été commise.

*Sur l'exploitation de la vente à la sauvette, V. C. pén., art. 225-12-8 à 225-12-10. — **C. com.** ou **C. pén.***

Art. L. 442-9 *(L. n° 2005-157 du 23 févr. 2005, art. 34)* **Engage la responsabilité de son auteur et l'oblige à réparer le préjudice causé le fait, pour tout producteur, commerçant, industriel ou personne immatriculée au répertoire des métiers, de pratiquer ou de faire pratiquer, en situation de crise conjoncturelle telle que définie par l'article L. 611-4 du code rural et de la pêche maritime, des prix de première cession abusivement bas pour des produits figurant sur la liste prévue à l'article L. 441-2-1 du présent code.**

(L. n° 2008-3 du 3 janv. 2008, art. 5) **« Engage également la responsabilité de son auteur et l'oblige à réparer le préjudice causé le fait pour tout revendeur d'exiger de son fournisseur, en situation de forte hausse des cours de certaines matières premières agricoles, des prix de cession abusivement bas pour les produits agricoles périssables ou issus de cycles courts de production, d'animaux vifs, de carcasses, pour les produits de l'aquaculture, ainsi que pour les produits alimentaires de consommation courante issus de la première transformation de ces produits. Les conditions définissant la situation de forte hausse des cours de certaines matières premières agricoles ainsi que la liste des produits concernés sont fixées par décret. »**

Le III et le IV de l'article L. 442-6 sont applicables à l'action prévue par le présent article.

Code pénal

Art. 225-1 **Constitue une discrimination toute distinction opérée entre les personnes physiques** *(L. n° 2016-1547 du 18 nov. 2016, art. 86-II)* **« sur le fondement de leur origine, de leur sexe, de leur situation de famille, de leur grossesse, de leur apparence physique, de la**

particulière vulnérabilité résultant de leur situation économique, apparente ou connue de son auteur, de leur patronyme, de leur lieu de résidence, de leur état de santé, de leur perte d'autonomie, de leur handicap, de leurs caractéristiques génétiques, de leurs mœurs, de leur orientation sexuelle, de leur identité de genre, de leur âge, de leurs opinions politiques, de leurs activités syndicales, de leur capacité à s'exprimer dans une langue autre que le français, de leur appartenance ou de leur non-appartenance, vraie ou supposée, à une ethnie, une Nation, une prétendue » race ou une religion déterminée.

Constitue également une discrimination toute distinction opérée entre les personnes morales *(L. nº 2016-1547 du 18 nov. 2016, art. 86-II)* « sur le fondement de l'origine, du sexe, de la situation de famille, de la grossesse, de l'apparence physique, de la particulière vulnérabilité résultant de la situation économique, apparente ou connue de son auteur, du patronyme, du lieu de résidence, de l'état de santé, de la perte d'autonomie, du handicap, des caractéristiques génétiques, des mœurs, de l'orientation sexuelle, de l'identité de genre, de l'âge, des opinions politiques, des activités syndicales, de la capacité à s'exprimer dans une langue autre que le français, de l'appartenance ou de la non-appartenance, vraie ou supposée, à une ethnie, une Nation, une prétendue » race ou une religion déterminée des membres ou de certains membres de ces personnes morales.

Art. 225-1-1 *(L. nº 2012-954 du 6 août 2012, art. 3-I)* Constitue une discrimination toute distinction opérée entre les personnes parce qu'elles ont subi ou refusé de subir des faits de harcèlement sexuel tels que définis à l'article 222-33 ou témoigné de tels faits, y compris, dans le cas mentionné au I du même article, si les propos ou comportements n'ont pas été répétés.

Art. 225-1-2 *(L. nº 2017-86 du 27 janv. 2017, art. 177)* Constitue une discrimination toute distinction opérée entre les personnes parce qu'elles ont subi ou refusé de subir des faits de bizutage définis à l'article 225-16-1 ou témoigné de tels faits.

Art. 225-2 La discrimination définie aux articles *(L. nº 2017-86 du 27 janv. 2017, art. 177)* « 225-1 à 225-1-2 », commise à l'égard d'une personne physique ou morale, est punie de *(L. nº 2004-204 du 9 mars 2004, art. 41)* « trois ans d'emprisonnement et de 45 000 € d'amende » lorsqu'elle consiste :

1º A refuser la fourniture d'un bien ou d'un service ;

2º A entraver l'exercice normal d'une activité économique quelconque ;

3º A refuser d'embaucher, à sanctionner ou à licencier une personne ;

4º A subordonner la fourniture d'un bien ou d'un service à une condition fondée sur l'un des éléments visés à l'article 225-1 ou prévue *(L. nº 2017-86 du 27 janv. 2017, art. 177)* « aux articles 225-1-1 ou 225-1-2 » ;

5º A subordonner une offre d'emploi *(L. nº 2001-1066 du 16 nov. 2001)* « , une demande de stage ou une période de formation en entreprise » à une condition fondée sur l'un des éléments visés à l'article 225-1 ou prévue *(L. nº 2017-86 du 27 janv. 2017, art. 177)* « aux articles 225-1-1 ou 225-1-2 » ;

(L. nº 2001-1066 du 16 nov. 2001) « 6º A refuser d'accepter une personne à l'un des stages visés par le 2º de l'article L. 412-8 du code de la sécurité sociale. »

(L. nº 2004-204 du 9 mars 2004, art. 41) « Lorsque le refus discriminatoire prévu au 1º est commis dans un lieu accueillant du public ou aux fins d'en interdire l'accès, les peines sont portées à cinq ans d'emprisonnement et à 75 000 € d'amende. »

Pour les peines complémentaires, V. C. pén., art. 225-19. — ***C. pén.***

....

Art. 225-4 *(L. nº 2009-526 du 12 mai 2009, art. 124-I)* « Les personnes morales déclarées responsables pénalement, dans les conditions prévues par l'article 121-2, des infractions définies à l'article 225-2 encourent, outre l'amende suivant les modalités prévues par l'article 131-38, les peines prévues par les 2º à 5º, 8º et 9º de l'article 131-39. »

L'interdiction mentionnée au 2º de l'article 131-39 porte sur l'activité dans l'exercice ou à l'occasion de l'exercice de laquelle l'infraction a été commise.

Sur l'action civile des associations de lutte contre les discriminations, V. C. pr. pén., art. 2-1, 2-6, 2-8 et 2-10, vº Associations de consommateurs.

....

Art. R. 644-3 Le fait, sans autorisation ou déclaration régulière, d'offrir, de mettre en vente ou d'exposer en vue de la vente des marchandises ou d'exercer toute autre profession

dans les lieux publics en violation des dispositions réglementaires sur la police de ces lieux est puni de l'amende prévue pour les contraventions de la 4e classe.

Les personnes coupables de la contravention prévue au présent article encourent également la peine complémentaire de confiscation de la chose qui a servi ou était destinée à commettre l'infraction ou de la chose qui en est le produit.

(Décr. nº 2010-671 du 18 juin 2010, art. 4) **« Les personnes morales déclarées responsables pénalement, dans les conditions prévues par l'article 121-2, de l'infraction définie au présent article encourent, outre l'amende suivant les modalités prévues par l'article 131-41, la peine de confiscation de la chose qui a servi ou était destinée à commettre l'infraction ou de la chose qui en est le produit. »** – *[Anc. art. R. 38-14º].*

1. Police des lieux. La délibération d'un conseil municipal ne constitue pas une disposition réglementaire relative à la police des lieux, au sens de l'art. R. 38-14º C. pén.; en conséquence, encourt la cassation l'arrêt qui se fonde sur une telle délibération pour déclarer constituée une contravention aux prescriptions dudit article. • Crim. 6 mars 1984 : *Bull. crim. nº 91.* ♦ Encourt la cassation le jugement du tribunal qui, pour déclarer un prévenu coupable de la contravention prévue par l'art. R. 644-3 C. pén., se borne à énoncer que les faits sont établis au vu des débats et des pièces du dossier, sans préciser quel règlement de police soumet à une autorisation l'exercice d'une telle activité dans les lieux publics. En effet, la contravention de l'art. R. 644-3 C. pén. n'est réprimée que si elle est commise en violation des dispositions réglementaires sur la police de ces lieux. • Crim. 3 juin 1998 : *Bull. crim. nº 180; D. 1998. IR 210.* ♦ Dans le même sens, V. : • Crim. 28 nov. 2000 : *Dr. pénal 2001. Comm. 46, obs. Véron* • 24 févr. 2009 : *Bull. crim. nº 44; D. 2009. AJ 951; RTD com. 2009. 634, obs. Bouloc; AJ pénal 2009. 229, obs. M.-E. C.; JCP 2009. IV. 1608; RJDA 2009, nº 531; Dr. pénal 2009, nº 72, obs. M. V.*

2. Tolérance. Une cour d'appel a violé la loi en décidant que, si la vente du muguet sur la voie publique à l'occasion du 1er mai avait, à l'origine, pour objet des fleurs sauvages, la coutume s'est étendue depuis plusieurs années au muguet cultivé, et que ces ventes échappent, en vertu d'une tolérance générale, à l'application de l'art. R. 38-14º C. pén., alors qu'une tolérance n'est pas de nature à empêcher l'application d'une disposition pénale. • Crim. 30 oct. 1984 : *JCP 1985. IV. 12.* ♦ Conf. : • Paris, 13 févr. 1992 : *D. 1992. IR 143* • TGI Nanterre, 14 mars 1990 : *Gaz. Pal. 1992. 1. Somm. 206.* ♦ La contravention prévue par l'art. R. 644-3 C. pén. ne peut être retenue à l'encontre d'un marchand ambulant, dès lors que la vente de muguet, au cours de la seule journée du 1er mai, ne revêt pas un caractère professionnel au sens des dispositions de l'article précité. • Paris, 29 avr. 1997 : *Gaz. Pal. 1998. 1. Somm. 71.* ♦ Cassé par : • Civ. 2e, 25 mai 2000 : *D. 2000. IR 194; CCC 2000. Comm. 183, obs. Raymond,* le caractère non-professionnel de l'activité en cause étant insuffisant à écarter la contravention prévue par l'art. R. 644-3 C. pén.

3. Action civile. La vente irrégulière de fleurs sur la voie publique étant susceptible de porter atteinte aux intérêts de la profession, doit être accueillie la demande d'une chambre syndicale de fleuristes tendant à faire constater les pratiques concurrentielles dont elle pourrait être la victime. • Versailles, 29 avr. 1994 : *Gaz. Pal. 1994. 2. Somm. 581.*

Directive 99/44/CE du Parlement et du Conseil du 25 mai 1999,

Sur certains aspects de la vente et des garanties des biens de consommation.

Pour la transposition de cette directive, V. C. consom., art. L. 217-1 s.

BIBL. GÉN. ▸ Directive nº 99/44/CE : FAMILY, *CCC 2002. Chron. 7* (erreur, non-conformité, vice caché). – GRYNBAUM, *CCC 2000. Chron. 7.* – PIGNARRE, *LPA 27 oct. 2004* (droits de l'acheteur). – TOURNAFOND, *D. 2000. Chron. 159.* – TROCHU, *D. 2000. Chron. 119.*

▸ Transposition de la directive : Colloque Paris I, *Cah. dr. entr. 2003, nº 1.* – FAGES, *RLDC 2004/9, nº 358.* – JOURDAIN, *D. 2003. Point de vue 4.* – MAINGUY, *JCP 2002. I. 183.* – MARGUÉNAUD et RAYNARD, *RTD civ. 2002. 871.* – D. MAZEAUD, *D. 2003. Point de vue. 6.* – PAISANT, *Cah. dr. entr. 2003, nº 1, p. 20.* – PAISANT et LEVENEUR, *JCP 2002. I. 135.* – PIMONT, *RJ com. 2003. 393.* – RAYNARD, *RTD civ. 2000. 440; ibid. 2002. 871* – TOURNAFOND, *D. 2002. Chron. 2883; D. 2003. Point de vue. 427.* – VINEY, *JCP 2002. I. 158; D. 2002. Chron. 3162.*

Art. 1er *Champ d'application et définitions.* **1. La présente directive a pour objet de rapprocher les dispositions législatives, réglementaires et administratives des États membres relatives à certains aspects de la vente et des garanties des biens de consommation, en vue d'assurer une protection uniforme minimale des consommateurs dans le cadre du marché intérieur.**

2. Aux fins de la présente directive on entend par :

a) "consommateur" : toute personne physique qui, dans les contrats relevant de la présente directive, agit à des fins qui n'entrent pas dans le cadre de son activité professionnelle ou commerciale ;

b) "bien de consommation" : tout objet mobilier corporel, sauf :

— les biens vendus sur saisie ou de quelque autre manière par autorité de justice,

— l'eau et le gaz lorsqu'ils ne sont pas conditionnés dans un volume délimité ou en quantité déterminée,

— l'électricité ;

c) "vendeur" : toute personne physique ou morale qui, en vertu d'un contrat, vend des biens de consommation dans le cadre de son activité professionnelle ou commerciale ;

d) "producteur" : le fabricant d'un bien de consommation, l'importateur d'un bien de consommation sur le territoire de la Communauté ou toute personne qui se présente comme producteur en apposant sur le bien de consommation son nom, sa marque ou un autre signe distinctif ;

e) "garantie" : tout engagement d'un vendeur ou d'un producteur à l'égard du consommateur, donné sans supplément de coût, de rembourser le prix payé, ou de remplacer, de réparer ou de s'occuper d'une façon quelconque du bien s'il ne correspond pas aux conditions énoncées dans la déclaration de garantie ou dans la publicité y afférent ;

f) "réparation" : en cas de défaut de conformité, la mise du bien de consommation dans un état conforme au contrat.

3. Les États membres peuvent prévoir que la notion de "bien de consommation" n'inclut pas les biens d'occasion vendus aux enchères publiques, lorsque les consommateurs ont la possibilité de participer personnellement à la vente.

4. Aux fins de la présente directive, sont également réputés être des contrats de vente les contrats de fourniture de biens de consommation à fabriquer ou à produire.

1. Notion de consommateur. La Dir. 1999/44/CE du 25 mai 1999 doit être interprétée en ce sens que le juge national saisi d'un litige portant sur un contrat susceptible d'entrer dans le champ d'application de cette directive est tenu, dès qu'il dispose des éléments de droit et de fait nécessaires à cet effet ou peut en disposer sur simple demande d'éclaircissement, de vérifier si l'acquéreur peut être qualifié de consommateur au sens de ladite directive, même si ce dernier n'a pas invoqué cette qualité. • CJUE 4 juin 2015, n° C-497/13 : *cité note 1 ss. art. 5.*

2. Notion de vendeur. La notion de vendeur, au sens de l'art. 1er, § 2, sous c), de la Dir. 1999/44/CE du 25 mai 1999, doit être interprétée en ce sens qu'elle vise également un professionnel agissant comme intermédiaire pour le compte d'un particulier qui n'a pas dûment informé le consommateur acheteur du fait que le propriétaire du bien vendu est un particulier, ce qu'il incombe à la juridiction de renvoi de vérifier, en prenant en compte l'ensemble des circonstances du cas d'espèce. • CJUE 9 nov. 2016, n° C-149/15 : *RTD civ. 2017. 171, obs. Gautier ; JCP 2017, n° 123, note Paisant ; JCP E 2016, n° 1289, obs. Berlin ; CCC 2017, n° 25, obs. Bernheim-Desvaux ; Europe 2017, n° 30, obs. Cazet.* ♦ L'interprétation qui précède ne dépend pas du point de savoir si l'intermédiaire est ou non rémunéré pour son intervention. • Même arrêt.

Art. 2 *Conformité au contrat.* — 1. Le vendeur est tenu de livrer au consommateur un bien conforme au contrat de vente.

2. Le bien de consommation est présumé conforme au contrat :

a) s'il correspond à la description donnée par le vendeur et possède les qualités du bien que le vendeur a présenté sous forme d'échantillon ou modèle au consommateur ;

b) s'il est propre à tout usage spécial recherché par le consommateur, que celui-ci a porté *à la connaissance du vendeur* au moment de la conclusion du contrat et que le vendeur a accepté ;

c) s'il est propre aux usages auxquels servent habituellement les biens du même type ;

d) s'il présente la qualité et les prestations habituelles d'un bien de même type auxquelles le consommateur peut raisonnablement s'attendre, eu égard à la nature du bien et, le cas échéant, compte tenu des déclarations publiques faites sur les caractéristiques concrètes du bien par le vendeur, par le producteur ou par son représentant, notamment dans la publicité ou l'étiquetage.

3. Le défaut de conformité est réputé ne pas exister au sens du présent article si, au moment de la conclusion du contrat, le consommateur connaissait, ou ne pouvait raisonnablement ignorer, ce défaut, ou si le défaut de conformité a son origine dans les matériaux fournis par le consommateur.

4. Le vendeur n'est pas tenu par des déclarations publiques visées au paragraphe 2, point *d)*, s'il :
— démontre qu'il ne connaissait pas, et n'était pas raisonnablement en mesure de connaître, la déclaration en cause,
— démontre que la déclaration en cause avait été rectifiée au moment de la conclusion du contrat
ou
— démontre que la décision d'acheter le bien de consommation n'a pas pu être influencée par la déclaration.

5. Tout défaut de conformité qui résulte d'une mauvaise installation du bien de consommation est assimilé au défaut de conformité du bien lorsque l'installation fait partie du contrat de vente du bien et a été effectuée par le vendeur ou sous sa responsabilité. Cette disposition s'applique également lorsque le bien, destiné à l'installation par le consommateur, est installé par lui et que le montage défectueux est dû à une erreur des instructions de montage.

Art. 3 *Droits du consommateur.* — 1. Le vendeur répond vis-à-vis du consommateur de tout défaut de conformité qui existe lors de la délivrance du bien.

2. En cas de défaut de conformité, le consommateur a droit soit à la mise du bien dans un état conforme, sans frais, par réparation ou remplacement, conformément au paragraphe 3, soit à une réduction adéquate du prix ou à la résolution du contrat en ce qui concerne ce bien, conformément aux paragraphes 5 et 6.

3. Dans un premier temps, le consommateur a le droit d'exiger du vendeur la réparation du bien ou son remplacement, dans les deux cas sans frais, à moins que cela ne soit impossible ou disproportionné.

Un mode de dédommagement est considéré comme disproportionné s'il impose au vendeur des coûts qui, par rapport à l'autre mode, sont déraisonnables compte tenu :
— de la valeur qu'aurait le bien s'il n'y avait pas défaut de conformité,
— de l'importance du défaut de conformité
et
— de la question de savoir si l'autre mode de dédommagement peut être mis en œuvre sans inconvénient majeur pour le consommateur.

Toute réparation ou tout remplacement est effectué dans un délai raisonnable et sans inconvénient majeur pour le consommateur, compte tenu de la nature du bien et de l'usage recherché par le consommateur.

4. L'expression "sans frais" figurant aux paragraphes 2 et 3 désigne les frais nécessaires exposés pour la mise des biens dans un état conforme, notamment les frais d'envoi du bien et les frais associés au travail et au matériel.

5. Le consommateur peut exiger une réduction adéquate du prix ou la résolution du contrat :
— s'il n'a droit ni à la réparation ni au remplacement du bien
ou
— si le vendeur n'a pas mis en œuvre le mode de dédommagement dans un délai raisonnable ou – si le vendeur n'a pas mis en œuvre le mode de dédommagement sans inconvénient majeur pour le consommateur.

6. Le consommateur n'est pas autorisé à demander la résolution du contrat si le défaut de conformité est mineur.

1. Indemnité d'usage du bien. L'art. 3 de la Dir. 1999/44/CE du Parlement européen et du Conseil du 25 mai 1999 doit être interprété en ce sens qu'il s'oppose à une réglementation nationale qui permet au vendeur, dans l'hypothèse où il a vendu un bien de consommation affecté d'un défaut de conformité, d'exiger du consommateur une indemnité pour l'usage du bien non conforme jusqu'à son remplacement par un nouveau bien. • CJCE 17 avr. 2008 : *BICC 15 juin 2008, n° 982 ; D. 2008. 2631, note G. et L.-F. Pignarre ; D. 2009. Pan. 398, obs. Poillot ; JCP 2008. II. 10152, note Paisant ; JCP E 2008, n° 30, p. 20, note Zarka ; LPA 8-11 mai 2009, obs. Pimont ; Gaz. Pal. 2008. 4059, obs. Djemali ; CCC 2008. Alerte 30 ; BRDA 2008, n° 9, p. 9 ; Europe 2008, n° 205, obs. Idot ; RCA 2008. Alerte 20, par Rajot ; RJ com. 2008. 306, obs. Raynouard.*

2. Remplacement du bien défectueux. L'art. 3, § 2 et 3, de la Dir. 1999/44/CE du 25 mai 1999 doit être interprété en ce sens que, lorsqu'un bien de consommation non conforme, qui, avant l'apparition du défaut, a été installé, de bonne foi, par le consommateur conformément à sa nature et à l'usage recherché, est mis dans un état conforme par remplacement, le vendeur est tenu soit de procéder lui-même à l'enlèvement de ce bien du lieu où il a été installé et d'y installer le bien de remplacement, soit de supporter les frais nécessaires à cet enlèvement et à l'installation du bien de remplacement. Cette obligation du vendeur existe indépendamment du point de savoir si celui-ci s'était engagé, en vertu du contrat de vente, à installer le bien de consommation acheté initialement. • CJUE 16 juin 2011 : *BICC 1er oct. 2011, n° 1063; D. 2012. Pan. 845, obs. Poillot; RTD eur. 2011. 634, obs. Aubert de Vincelles; JCP 2011, n° 1062, note Paisant; LPA 30 nov. 2011, note Signat; RJDA 2011, n° 740; RLDA nov. 2011. 58, note de Clavière-Bonnamour; Europe 2011, n° 321, obs. Meister; RDC 2011. 1233, note Aubert de Vincelles.* ♦ Ce même article doit être interprété en ce sens qu'il s'oppose à ce qu'une législation nationale accorde au vendeur le droit de refuser le remplacement d'un bien non conforme, seul mode de dédommagement possible, au motif que celui-ci lui impose, en raison de l'obligation de procéder à l'enlèvement de ce bien du lieu où il a été installé et d'y installer le bien de remplacement, des coûts disproportionnés au regard de la valeur qu'aurait le bien s'il était conforme et de l'importance du défaut de conformité. Cette disposition ne s'oppose toutefois pas à ce que le droit du consommateur au remboursement des frais d'enlèvement du bien défectueux et d'installation du bien de remplacement soit, dans un tel cas, limité à la prise en charge, par le vendeur, d'un montant proportionné. • Même arrêt.

3. Réduction du prix. La Dir. 1999/44/CE du 25 mai 1999 doit être interprétée en ce sens qu'elle s'oppose à la réglementation d'un État membre qui, lorsqu'un consommateur ayant droit à une réduction adéquate du prix d'un bien fixé par le contrat de vente se borne à demander en justice uniquement la résolution de ce contrat, alors que celle-ci ne saurait être obtenue en raison du caractère mineur du défaut de conformité de ce bien, ne permet pas au juge national saisi d'accorder d'office une telle réduction, et ce quand bien même ledit consommateur n'est habilité ni à préciser sa demande initiale ni à introduire un nouveau recours à cet effet. • CJUE 3 oct. 2013 : *JCP E 2014, n° 1077, note Moracchini-Zeidenberg; RLDA janv. 2014. 63, obs. Combet; RDC 2014. 93, obs. Aubert de Vincelles; Europe 2013, n° 541, obs. Meister.*

Art. 4 *Action récursoire.* **Lorsque la responsabilité du vendeur final est engagée vis-à-vis du consommateur en vertu d'un défaut de conformité qui résulte d'un acte ou d'une omission du producteur, d'un vendeur antérieur placé dans la même chaîne contractuelle ou de tout autre intermédiaire, le vendeur final a le droit de se retourner contre le ou les responsable(s) appartenant à la chaîne contractuelle. Le droit national détermine le ou les responsable(s) contre qui le vendeur final peut se retourner, ainsi que les actions et les conditions d'exercice pertinentes.**

Art. 5 *Délais.* **1. La responsabilité du vendeur prévue à l'article 3 est engagée lorsque le défaut de conformité apparaît dans un délai de deux ans à compter de la délivrance du bien. Si, en vertu de la législation nationale, les droits prévus à l'article 3, paragraphe 2, sont soumis à un délai de prescription, celui-ci n'expire pas au cours des deux ans qui suivent la délivrance.**

2. Les États membres peuvent prévoir que le consommateur, pour bénéficier de ses droits, doit informer le vendeur du défaut de conformité dans un délai de deux mois à compter de la date à laquelle il l'a constaté.

Les États membres informent la Commission de la façon dont ils mettent en œuvre le présent paragraphe. La Commission surveille la manière dont l'existence de cette option pour les États membres se répercute sur les consommateurs et sur le marché intérieur.

Au plus tard le 7 janvier 2003, la Commission élabore un rapport sur la mise en œuvre par les États membres de la présente disposition. Ce rapport est publié au *Journal officiel des Communautés européennes*.

3. Sauf preuve contraire, les défauts de conformité qui apparaissent dans un délai de six mois à partir de la délivrance du bien sont présumés exister au moment de la délivrance, sauf lorsque cette présomption n'est pas compatible avec la nature du bien ou la nature du défaut de conformité.

1. Office du juge. L'art. 5, § 3, de la Dir. 1999/44 CE doit être interprété en ce sens qu'il doit être considéré comme une norme équivalente à une règle nationale qui occupe, au sein de l'ordre juridique interne, le rang de norme d'ordre public et que le juge national est tenu d'appliquer d'office toute disposition assurant sa transposition en droit interne. • CJUE 4 juin 2015, n° C-497/13 : *D. 2015. Actu. 1275; BRDA 2015, n° 14, p. 13; Dr. et proc. 2015, Cah. dr. consom., n° 7, p. 25, obs. De La Asuncion Planes; Europe 2015, n° 337, obs. Bouveresse.*

2. Délai. L'art. 5, § 2, de la Dir. 1999/44 CE doit être interprété en ce sens qu'il ne s'oppose pas à une règle nationale qui prévoit que le consommateur, pour bénéficier des droits qu'il tire de cette directive, doit informer le vendeur du défaut de conformité en temps utile, à condition que ce consommateur dispose, pour donner cette information, d'un délai qui ne soit pas inférieur à deux mois à compter de la date à laquelle il a constaté ce défaut, que l'information à fournir ne porte que sur l'existence dudit défaut et qu'elle ne soit pas soumise à des règles de preuve qui rendraient impossible ou excessivement difficile l'exercice par ledit consommateur de ses droits. • CJUE 4 juin 2015, n° C-497/13 : *préc. note 1.*

3. Présomption. L'art. 5, § 3, de la Dir. 1999/44 CE doit être interprété en ce sens que la règle selon laquelle le défaut de conformité est présumé avoir existé au moment de la délivrance du bien s'applique dès lors que le consommateur rapporte la preuve que le bien vendu n'est pas conforme au contrat et que le défaut de conformité en cause est apparu, c'est à-dire s'est matériellement révélé, dans un délai de six mois à compter de la livraison du bien. Le consommateur n'est pas tenu de prouver la cause de ce défaut de conformité ni d'établir que l'origine de celui-ci est imputable au vendeur. • CJUE 4 juin 2015, n° C-497/13 : *préc. note 1.* ♦ Cette règle ne peut être écartée que si le vendeur établit à suffisance de droit que la cause ou l'origine dudit défaut de conformité réside dans une circonstance survenue après la délivrance du bien. • Même arrêt.

Art. 6 *Garanties.* **1. Une garantie doit lier juridiquement celui qui l'offre selon les conditions fixées dans la déclaration de garantie et dans la publicité y afférente.**

2. La garantie doit :

— indiquer que le consommateur a des droits légaux au titre de la législation nationale en vigueur régissant la vente de biens de consommation et indiquer clairement que ces droits ne sont pas affectés par la garantie,

— établir, en termes simples et compréhensibles, le contenu de la garantie et les éléments essentiels nécessaires à sa mise en œuvre, notamment sa durée et son étendue territoriale, ainsi que le nom et l'adresse du garant.

3. A la demande du consommateur, la garantie lui est remise par écrit ou se présente sous un autre support durable, mise à sa disposition et auquel il a accès.

4. L'État membre où le bien de consommation est commercialisé peut, dans le respect des règles du traité, imposer sur son territoire que la garantie figure dans une ou plusieurs langues qu'il détermine parmi les langues officielles de la Communauté.

5. Si une garantie va à l'encontre des exigences des paragraphes 2, 3 et 4, la validité de cette garantie n'est nullement affectée et le consommateur peut toujours se fonder sur elle pour exiger qu'elle soit honorée.

Art. 7 *Caractère contraignant.* **— 1. Les clauses contractuelles ou les accords conclus avec le vendeur, avant que le défaut de conformité ne soit porté à l'attention de celui-ci et qui écartent ou limitent directement ou indirectement les droits résultant de la présente directive, ne lient pas, dans les conditions prévues par le droit national, le consommateur.**

Les États membres peuvent prévoir que, dans le cas de biens d'occasion, le vendeur et le consommateur peuvent convenir de clauses contractuelles ou passer des accords prévoyant, pour la responsabilité du vendeur, un délai plus court que celui prévu à l'article 5, paragraphe 1. Ce délai ne peut être inférieur à un an.

2. Les États membres prennent les mesures nécessaires pour que le consommateur ne soit pas privé de la protection accordée par la présente directive par le choix du droit d'un État non membre comme droit applicable au contrat, lorsque le contrat présente un lien étroit avec le territoire des États membres.

Art. 8 *Droit national et protection minimale.* **— 1. Les droits résultant de la présente directive sont exercés sans préjudice d'autres droits dont le consommateur peut se prévaloir au titre des règles nationales relatives au droit de la responsabilité contractuelle ou extracontractuelle.**

2. Les États membres peuvent adopter ou maintenir en vigueur, dans le domaine régi par la présente directive, des dispositions plus strictes compatibles avec le traité pour assurer un niveau de protection plus élevé du consommateur.

Art. 8 *bis* *(Dir. 2011/83/UE du 25 oct. 2011, art. 33) Exigences de déclaration.* **1. Lorsque, conformément à l'article 8, paragraphe 2, un État membre adopte des dispositions plus strictes en matière de protection des consommateurs que celles prévues à l'article 5, paragraphes 1 à 3, et à l'article 7, paragraphe 1, il en informe la Commission, et informe la Commission de tous les changements ultérieurs.**

2. La Commission s'assure que les informations visées au paragraphe 1 sont aisément accessibles aux consommateurs et aux professionnels, entre autres sur un site internet spécifique.

3. La Commission transmet les informations visées au paragraphe 1 aux autres États membres et au Parlement européen. La Commission consulte les parties prenantes sur ces informations

Art. 9 Les États membres prennent les mesures appropriées pour informer le consommateur des dispositions de droit national qui transposent la présente directive et incitent, le cas échéant, les organisations professionnelles à informer les consommateurs de leurs droits.

Art. 10 *Abrogé par Dir. 2009/22/CE du 23 avr. 2009, art. 9.*

Art. 11 *Transposition.* — 1. Les États membres mettent en vigueur les dispositions législatives, réglementaires et administratives nécessaires pour se conformer à la présente directive au plus tard le 1er janvier 2002. Ils en informent immédiatement la Commission.

Lorsque les États membres adoptent ces dispositions, celles-ci contiennent une référence à la présente directive ou sont accompagnées d'une telle référence lors de leur publication officielle. Les modalités de cette référence sont arrêtées par les États membres.

2. Les États membres communiquent à la Commission le texte des dispositions de droit interne qu'ils adoptent dans le domaine régi par la présente directive.

Art. 12 *Révision.* — La Commission réexamine, au plus tard le 7 juillet 2006 l'application de la présente directive et présente un rapport au Parlement européen et au Conseil. Ce rapport examine, notamment, l'éventuelle introduction de la responsabilité directe du producteur et est, le cas échéant, accompagné de propositions.

Art. 13 *Entrée en vigueur.* La présente directive entre en vigueur le jour de sa publication au *Journal officiel des Communautés européennes.*

Art. 14 Les États membres sont destinataires de la présente directive.

VIANDES, CHARCUTERIES

Code rural et de la pêche maritime

Substances pouvant présenter un danger pour la santé publique

Art. R.* 234-2 *(Abrogé par Décr. no 2009-1658 du 18 déc. 2009, art. 1er-IV)* « *I.* — » En application de l'article *(Ord. no 2016-301 du 14 mars 2016, art. 2, en vigueur le 1er juill. 2016)* « L. 412-1 » du code de la consommation, lorsque certaines substances chimiques ou biologiques pouvant présenter un danger pour la santé publique sont destinées à être administrées directement, en nature ou autrement, aux animaux dont la chair ou les produits sont consommés par l'homme, les ministres chargés de la consommation, de l'agriculture et de la santé peuvent, par arrêté conjoint, en interdire la mise en vente, la vente et la détention en vue de la vente.

La liste de ces substances est dressée par arrêté conjoint des mêmes ministres.

Sont interdites la mise en vente, la vente et la détention en vue des usages mentionnés au premier alinéa du présent article des substances arsenicales ou antimoniales, quels qu'en soient l'origine et le mode de fabrication.

II et III. *— Abrogés par Décr. no 2009-1658 du 18 déc. 2009, art. 1er-IV.*

Arrêté no 81-06/A du 6 février 1981,

Relatif au prix du jambon et de l'épaule cuits sans os (BOCC 7 févr.).

Abrogé implicitement par Arr. du 18 mars 1993. — V. ce texte, infra.

Art. 1er Les dispositions de l'arrêté no 78-41/P du 1er mars 1978 modifié cessent d'être applicables.

Art. 2 A titre de publicité des prix, les prix de vente au kilogramme de toutes les qualités et présentations des jambons et épaules cuits sans os doivent être affichés sur un tableau exposé à la vue du public.

Les différentes qualités et présentations y figurent suivant les appellations retenues dans le code de la charcuterie, salaison et conserves de viandes, approuvé par le ministre de

l'agriculture. Les prix de vente y sont mentionnés en chiffres dont la hauteur ne peut être inférieure à 2,5 centimètres.

Ces dispositions de publicité des prix s'ajoutent à celles relatives au marquage par écriteau résultant de l'arrêté ministériel n° 25-921 du 16 septembre 1971.

Arrêté du 18 mars 1993,

Relatif à la publicité des prix des viandes de boucherie et de charcuterie.

Art. 1er **L'information du consommateur sur les prix par marquage ou étiquetage,** *(Abrogé par Arr. du 10 juill. 2014, art. 1er-I, à compter du 13 déc. 2014)* ***« prévue par les articles 4 et 8 de l'arrêté du 3 décembre 1987 et par l'article 1er de l'arrêté du 10 novembre 1982, »*** **ainsi que celle donnée par tout support publicitaire consistent, pour les viandes de boucherie et de charcuterie** *(Arr. du 10 juill. 2014, art. 1er-I, en vigueur le 13 déc. 2014)* **« vendues non préemballées », à indiquer le prix au kilogramme en regard des dénominations** *(Arr. du 10 juill. 2014, art. 1er-I, en vigueur le 13 déc. 2014)* **« usuelles** *[ancienne rédaction : obligatoires]* **» mentionnées dans les tableaux figurant** *(Arr. du 10 juill. 2014, art. 1er-I, en vigueur le 13 déc. 2014)* **« aux annexes I, II, III, IV et V du présent arrêté et pour les viandes vendues préemballées, à indiquer le prix au kilogramme en regard des dénominations usuelles mentionnées dans les tableaux figurant aux annexes I *bis*, II *bis*, III *bis*, IV et V du présent arrêté ».**

Art. 2 **Indépendamment du marquage par écriteau et de l'étiquetage, la publicité des prix de vente au détail est assurée :**

1° Par la mention, sur un tableau d'affichage exposé en permanence à la vue du public *(Abrogé par Arr. du 10 juill. 2014, art. 1er-II, à compter du 13 déc. 2014)* ***« et lisible de l'extérieur »*****, des prix au kilogramme de tous les types de morceaux vendus dans l'établissement, en respectant les dénominations et l'ordre des morceaux tels que prévus dans les tableaux figurant en annexe.**

Pour l'application de ces dispositions, la hauteur des chiffres et des lettres utilisés ne pourra être inférieure à 1,5 centimètre.

2° Par l'inscription, pour les viandes non préemballées, sur le papier d'emballage ou sur une fiche remise au client du poids et du prix total du morceau ou du produit vendu.

Art. 3 **Les dénominations auxquelles il est fait référence aux articles 1er et 2 doivent être précisées, dans les cas prévus en annexe, selon les dispositions qui y sont fixées.**

La présence d'os doit être indiquée conjointement avec la dénomination chaque fois que l'omission de cette information est de nature à induire le consommateur en erreur.

Les appellations en usage localement, les mentions complémentaires facultatives prévues en annexe, ainsi que les indications relatives au mode de cuisson ou à la destination culinaire conseillés peuvent être utilisées conjointement avec la dénomination *(Arr. du 10 juill. 2014, art. 1er-III, en vigueur le 13 déc. 2014)* **« usuelle** *[ancienne rédaction : obligatoire]* **».**

Art. 4 **L'arrêté du 14 avril 1981 relatif à la publicité des prix de viandes de boucherie et de charcuterie et des produits de charcuterie est abrogé à compter de la date d'entrée en vigueur du présent arrêté.**

Art. 5 **Le présent arrêté entrera en vigueur six mois après sa publication au *Journal officiel* de la République française** *[JO 1er avr.]*.

ANNEXE I

DÉNOMINATIONS DES MORCEAUX DE VIANDE DE BŒUF

DÉNOMINATIONS *(Arr. du 10 juill. 2014, art. 1er-IV, en vigueur le 13 déc. 2014)* **« USUELLES** *[ancienne rédaction : obligatoires]* **»**	**MENTIONS COMPLÉMENTAIRES facultatives**
Filet.	Sans chaînette.
Faux filet.	
Rumsteck.	Aiguillette. Milieu.
Entrecôte.	

DÉNOMINATIONS *(Arr. du 10 juill. 2014, art. 1er-IV, en vigueur le 13 déc. 2014)* **« USUELLES** *[ancienne rédaction : obligatoires]* **»**	**MENTIONS COMPLÉMENTAIRES facultatives**
Noix d'entrecôte.	
Aloyau à l'os.	Filet. – Faux*[-]*filet à l'os.
Côte.	
Tranche (*).	Plat de tranche. Rond de tranche. Mouvant.
Tende de tranche (*).	Dessus de tranche. Poire. Merlan.
Aiguillette baronne.	
Bavette d'aloyau.	
Araignée.	
Onglet.	
Dessus de palette.	
Hampe.	
Pièce parée.	Persillé.
Bavette de flanchet.	
Bifteck haché provenant de morceaux dénervés et dégraissés.	
Basse côte (*).	
Macreuse (*).	
Jumeau (*).	
Rond de gîte (*).	
Gîte (*).	Nerveux de gîte.
Gîte*[-]*noix (*).	
Paleron (*).	
Collier (*).	Veine grasse. Veine maigre. Griffe.
Jarret.	Jarret avant. Jarret arrière.
Poitrine.	Gros bout de poitrine. Milieu de poitrine. Tendron.
Plat de côte.	
Dessus de côte.	
Flanchet.	
Queue.	
(*) Cette dénomination doit être complétée par la destination culinaire ou le mode de cuisson conseillés lorsque le morceau est prêt à la vente : à rôtir, à griller, à braiser, à bouillir, à bifteck, à pot-au-feu, à bourguignon, à fondue, à carpaccio.	

ANNEXE I *BIS*

DÉNOMINATIONS DES MORCEAUX PRÉEMBALLÉS DE VIANDE DE BŒUF

(Arr. du 10 juill. 2014, art. 1er-V, en vigueur le 13 déc. 2014)

DÉNOMINATION USUELLE du morceau (1)	DESCRIPTION DES MORCEAUX
Filet ***	Filet
Faux-filet ***	Faux-filet
Rumsteak ***	Milieu de rumsteak affranchi
Entrecôte ***	Entrecôte parée sans dessus de côte et sans nerf dorsal
Aloyau à l'os *** (*T bone*)	Aloyau à l'os
Côte ***	Côte
Bavette d'aloyau ***	Bavette d'aloyau
Onglet ***	Onglet
Hampe **	Hampe
Basse côte **	Basse côte affranchie
Steak *** ou rôti ***	Rond de tranche affranchi, entame du tende de tranche, poire
Steak ***	Plat de mouvant de tranche affranchi, araignée, dessus de palette, plat de nerveux de gîte-noix affranchi
Steak ** ou rôti **	Aiguillette de rumsteak affranchie, plat de tranche affranchi sans la pointe, partie centrale du tende de tranche, dessous de macreuse affranchie, partie centrale du mouvant de tranche
Steak **	Merlan, pièce parée affranchie, paleron sans nerf central affranchi
Steak * ou rôti *	Jumeau affranchi, talon du tende de tranche, rond de gîte-noix affranchi, aiguillette baronne affranchie, gîte-noix affranchi
Steak *	Partie attenante au gîte-noix de l'aiguillette de rumsteak, pointe de plat de tranche, dessus de tranche affranchi, bavette de flanchet affranchie, dessus de boule de macreuse, paleron avec nerf central
Bourguignon *** ou pot*[-]*au*[-]*feu ***	Basse côte, jumeau, nerveux de gîte-noix, collier, macreuse à braiser, paleron sans tête de nerf épluché, jarret, queue, joue
Bourguignon ** ou pot*[-]*au*[-]*feu **	Poitrine (gros bout, milieu, tendron) en mélange avec d'autres morceaux, plat de côte découvert, dessus de côte, plat de côte, rond de gîte-noix, gîte-noix
Poitrine *	Gros bout, milieu, tendron, flanchet
Jarret ***	Jarret
Paleron ***	Paleron
Queue ***	Queue
Joue ***	Joue

(1) Les étoiles correspondent au potentiel de qualité en allant du potentiel de qualité le plus élevé *** au potentiel le moins élevé *.

Autres dénominations usuelles :

La désignation « tournedos » correspond à une tranche de filet ficelée qui peut être bardée.
La désignation « chateaubriand » correspond à une tranche épaisse de filet.
Les steaks *** lorsqu'ils sont présentés sous forme de tranche épaisse peuvent être désignés « pavés *** ».
Les pavés *** peuvent être en tournedos, dans ce cas leur dénomination est « pavé *** en tournedos ».
La désignation « morceaux à fondue » correspond à des morceaux issus de pièces à griller ou à rôtir ***.

La désignation « morceaux à brochettes » correspond à des morceaux issus de pièces à griller ou à rôtir ** et ***. La désignation « morceaux à pierrade » correspond à des tranches fines issues de pièces à griller ou à rôtir ** et ***. La désignation « morceaux à carpaccio » correspond à des tranches fines issues de pièces à rôtir *, ** et ***. La désignation « émincé » correspond à des petits morceaux issus de pièces à griller et/ou à rôtir *, ** et ***. Pour les viandes à mijoter, les termes « bourguignon » ou « pot-au-feu » peuvent être remplacés par « toute autre destination culinaire de viande à cuisson lente ».

ANNEXE II

DÉNOMINATIONS DES MORCEAUX DE VIANDE DE VEAU

DÉNOMINATIONS *(Arr. du 10 juill. 2014, art. 1er-IV, en vigueur le 13 déc. 2014)* **« USUELLES** *[ancienne rédaction : obligatoires]* **»**	**MENTIONS COMPLÉMENTAIRES facultatives**
Filet (*).	
Noix (*).	Noix pâtissière. Sous-noix.
Quasi (*).	
Côte filet.	
Côte.	Côte première. Côte seconde.
Longe.	
Côte découverte.	Bas de carré.
Collier.	Bas de carré.
Épaule (*).	
Jarret.	
Poitrine.	Tendron. Flanchet.
(*) Cette dénomination peut être complétée par le terme « escalope ».	

ANNEXE II *BIS*

DÉNOMINATIONS DES MORCEAUX PRÉEMBALLÉS DE VIANDE DE VEAU

(Arr. du 10 juill. 2014, art. 1er-VI, en vigueur le 13 déc. 2014)

DÉNOMINATION USUELLE du morceau (1)	**DESCRIPTION DES MORCEAUX**
Filet ***	Filet
Côte ***	Côte première, seconde et filet
Escalope ***	Quasi affranchi sans aiguillette baronne, noix, noix pâtissière, sous noix, carré couvert, carré filet, bavette d'aloyau
Rôti ***	Quasi sans aiguillette baronne, noix, noix pâtissière, sous noix, carré couvert, carré filet
Onglet ***	Onglet

DÉNOMINATION USUELLE du morceau (1)	DESCRIPTION DES MORCEAUX
Hampe **	Hampe
Grillade **	Palette, collier affranchi, bas de carré découvert affranchi
Escalope **	Palette, bavette de flanchet, aiguillette baronne
Rôti **	Épaule sans jarret, nerveux de sous[-]noix, collier affranchi, bas de carré découvert
Côtes **	Bas de carré découvert
Tendron **	Tendron
Poitrine *	Poitrine
Osso buco ***	Tranche de jarret arrière avec os
Jarret ***	Jarret avec ou sans os
Queue **	Queue
Sauté ***	Collier, jarret, épaule, carré, bas de carré découvert, nerveux de sous noix
Sauté **	Poitrine en mélange avec d'autres morceaux

(1) Les étoiles correspondent au potentiel de qualité en allant du potentiel de qualité le plus élevé *** au potentiel le moins élevé *.
Autres dénominations usuelles :
Les morceaux à griller *** lorsqu'ils sont présentés sous forme de tranche épaisse et régulière peuvent être désignés « pavé *** ».
Les désignations « morceaux à brochettes » et « morceaux à fondue » correspondent à des morceaux issus de pièces à griller ou à rôtir ***.
Les désignations « cuisson sur pierre » et « carpaccio » correspondent à des tranches fines issues de pièces à griller *** et **.
La désignation « émincés » correspond à des petits morceaux issus de pièces à griller *** et **.
Pour les viandes à mijoter, le terme « sauté » peut être remplacé par toute autre destination culinaire de viande à cuisson lente : blanquette…

ANNEXE III

Dénominations des morceaux de viande de mouton et d'agneau

DÉNOMINATIONS *(Arr. du 10 juill. 2014, art. 1er-IV, en vigueur le 13 déc. 2014)* **« USUELLES** *[ancienne rédaction : obligatoires]* **»**	**MENTIONS COMPLÉMENTAIRES facultatives**
Gigot.	
Gigot raccourci.	
Selle.	
Filet.	
Faux filet.	
Côte filet (1).	« Simple » ou « Double ».
Côte (1).	Côte première. Côte seconde.
Côte découverte (1).	
Carré (2).	
Épaule.	

DÉNOMINATIONS *(Arr. du 10 juill. 2014, art. 1er-IV, en vigueur le 13 déc. 2014)* **« USUELLES** *[ancienne rédaction : obligatoires]* **»**	**MENTIONS COMPLÉMENTAIRES facultatives**
Épaule semi-désossée.	
Collier.	
Poitrine.	Haut de côte.
(1) Le remplacement du terme « côtes » par « côtelettes » est admis. (2) La dénomination doit être complétée par le nom des côtes, lorsque le carré n'est pas entier.	

ANNEXE III *BIS*

DÉNOMINATIONS DES MORCEAUX PRÉEMBALLÉS DE VIANDE OVINE

(Arr. du 10 juill. 2014, art. 1er-VII, en vigueur le 13 déc. 2014)

DÉNOMINATION USUELLE du morceau (1)	**DESCRIPTION DES MORCEAUX**
Gigot ***	Gigot entier, gigot raccourci, milieu de gigot
Tranche ***	Carré filet sans os, selle, noix, noix pâtissière, sous noix
Tranche **	Quart avant sans épaule
Côte ***	Carré filet, carré couvert
Filet ***	Filet
Rôti ***	Carré filet, carré couvert, selle, noix, noix pâtissière, sous noix
Rôti **	Quart avant sans épaule
Souris ***	Jarret arrière
Jarret **	Jarret avant
Épaule **	Épaule
Côte **	Carré découvert
Collier **	Collier
Poitrine *	Poitrine
Sauté ***	Gigot, carré couvert, carré filet
Sauté **	Poitrine en mélange avec d'autres morceaux, collier, épaule, carré découvert

(1) Les étoiles correspondent au potentiel de qualité en allant du potentiel de qualité le plus élevé *** au potentiel le moins élevé *.
Le nom de la catégorie « agneau » ou « mouton » est obligatoirement indiqué.
Autres dénominations usuelles :
Les morceaux à griller *** lorsqu'ils sont présentés sous forme de tranche épaisse et régulière peuvent être désignés « pavés *** ».
La désignation côte peut être remplacée par côtelette ou côteline pour des côtes premières ou secondes détalonnées manches dégagés.
La désignation « noisette » correspond à des côtes filets désossés roulées bridées coupées en tranche épaisse.
La désignation « morceaux à fondue » correspond à des morceaux issus de pièces à griller ou à rôtir ***.
La désignation « morceaux à brochettes » correspond à des morceaux issus de pièces à griller ou à rôtir ** et ***.
La désignation « émincés » correspond à des petits morceaux issus de pièces à griller ou à rôtir *** et **.
La désignation « cuisson sur pierre » correspond à des tranches fines issues de pièces à griller ou à rôtir ***.
Pour les viandes à mijoter, le terme « sauté » peut être remplacé par toute autre destination culinaire de viande à cuisson lente : navarin, tajine...

ANNEXE IV

DÉNOMINATIONS DES MORCEAUX DE VIANDE DE PORC

DÉNOMINATIONS *(Arr. du 10 juill. 2014, art. 1er-IV, en vigueur le 13 déc. 2014)* **« USUELLES** *[ancienne rédaction : obligatoires]* **»**	**MENTIONS COMPLÉMENTAIRES facultatives**
Filet [(1)].	
Côte.	Côte première. Côte seconde.
Carré.	
Échine [(1)].	
Grillade.	
Filet mignon.	
Longe [(2)] [(3)].	
Jambon [(4)].	
Épaule [(4)].	
Pointe.	
Palette.	
Jarret avant [(5)].	
Jarret arrière [(5)].	
Plat de côte.	
Travers.	
Poitrine.	

(1) La dénomination doit être complétée par la mention « côte » ou « rôti ».
(2) Lorsque la longe n'est pas entière, la dénomination doit être complétée par le nom des morceaux qui la composent (échine, palette, côtes, pointes).
(3) Indiquer avec ou sans filet mignon.
(4) La dénomination peut être complétée par le terme « rouelle » ou « escalope », suivant le cas.
(5) La dénomination peut être remplacée par « jambonneau ».

ANNEXE V

DÉNOMINATIONS DES MORCEAUX DE VIANDE DE CHEVAL

DÉNOMINATIONS *(Arr. du 10 juill. 2014, art. 1er-IV, en vigueur le 13 déc. 2014)* **« USUELLES** *[ancienne rédaction : obligatoires]* **»**	**MENTIONS COMPLÉMENTAIRES facultatives**
Filet.	Avec ou sans chaînette.
Faux*[-]*filet.	
Rumsteck.	Aiguillette. Milieu.
Entrecôte.	
Noix d'entrecôte.	
Aloyau à l'os.	Filet. – Faux*[-]*filet à l'os.
Côte.	

DÉNOMINATIONS (*Arr. du 10 juill. 2014, art. 1er-IV, en vigueur le 13 déc. 2014*) « USUELLES *[ancienne rédaction : obligatoires]* »	MENTIONS COMPLÉMENTAIRES facultatives
Tranche (*).	Plat de tranche. Rond de tranche. Mouvant.
Tende de tranche (*).	Dessus de tranche. Poire. Merlan.
Bavette d'aloyau.	
Araignée.	
Onglet.	
Hampe.	
Pièce parée.	Persillé.
Bavette de flanchet.	
Bifteck haché provenant de morceaux dénervés et dégraissés.	
Basse côte (*). Macreuse (*).	
Rond de gite (*).	
Gîte (*).	
Gîte*[-]*noix (*).	
Collier (*).	
Jarret.	Jarret avant. Jarret arrière.
Plat de côte.	
(*) La dénomination doit être complétée par la destination culinaire ou le mode de cuisson conseillés lorsque le morceau est prêt à la vente : à rôtir, à griller, à braiser, à bouillir, à bifteck, à pot-au-feu, à bourguignon, à fondue, à carpaccio.	

DÉNOMINATIONS DES MORCEAUX DE VIANDES DE POULAIN ou de laiton (poulain de lait)	
Filet. Noix (*).	Noix pâtissière. Sous-noix.
Quasi (*).	
Côte filet.	
Côte.	Côte première. Côte seconde.
Côte découverte.	Bas de carré.
Collier.	Dos de carré.
Épaule.	
(*) La dénomination doit être complétée par la destination culinaire : à griller, à rôtir, à bourguignon.	

Décret nº 93-999 du 9 août 1993,

Relatif aux préparations à base de foie gras.

V. vº Œufs, volailles.

Décret nº 94-808 du 12 septembre 1994,

Portant application du code de la consommation et relatif à la présentation, à la pesée, à la classification et au marquage des carcasses des espèces bovine, ovine et porcine.

Art. 1er *Abrogé par Décr. nº 2009-1083 du 1er sept. 2009, art. 2. — V. art. R. 412-30 C. consom.*

Art. 2 Le propriétaire des animaux au moment de leur abattage ou le prestataire de service*[s]* qui effectue l'opération d'abattage pour le compte du propriétaire s'assure que la présentation à la pesée des carcasses et demi-carcasses de bovins, ovins ou porcins est conforme à la présentation déterminée par la réglementation communautaire ou, le cas échéant, par arrêté conjoint du ministre chargé de l'agriculture et du ministre chargé de la consommation. — *V. Arr. du 4 mars 1997 (JO 18 mars), pour les carcasses de porcins ; ... Arr. du 26 déc. 2000 (JO 29 déc.), pour les carcasses de bovins ; ... Arr. du 24 avr. 2001 (JO 18 mai), pour les carcasses d'ovins.*

Le résultat de cette pesée est retenu pour le contrat de vente entre le producteur et l'abatteur.

Art. 3 Le propriétaire des animaux au moment de leur abattage ou le prestataire qui effectue l'opération d'abattage pour le compte du propriétaire est responsable du classement et du marquage :

a) Des carcasses et demi-carcasses de bovins et ovins et des quartiers de gros bovins par catégories, classes de conformation et classes d'état d'engraissement ;

b) Des carcasses et demi-carcasses de porcins par classes de teneur estimée en viande maigre ou par pourcentage de viande maigre.

Le prestataire de service*[s]* communique par écrit le résultat du classement au propriétaire.

Toutefois, les personnes qui pratiquent l'abattage d'animaux des espèces ovine et porcine qu'elles ont élevés ou entretenus et dont elles réservent la totalité à la consommation de leur famille sont dispensées des obligations de classement et de marquage.

Art. 4 L'exécution des opérations de pesage, classement et marquage est confiée à des personnels qualifiés inscrits, en considération de leur formation ou de leur expérience professionnelle, sur une liste d'aptitude établie par le directeur de l'Office interprofessionnel des viandes, de l'élevage et de l'aviculture.

Ces opérations peuvent être exécutées au moyen d'un appareil de mesure ou d'une machine à classer agréée par le ministre chargé de l'agriculture conformes à la réglementation européenne.

Art. 5 Sont interdites la détention, la mise en vente et la vente des carcasses et demi-carcasses de bovins, ovins et porcins, ainsi que des quartiers de gros bovins, qui ne sont pas revêtus du marquage de la catégorie et du classement.

Toutefois, la détention de carcasses et demi-carcasses de bovins non marquées, ainsi que de quartiers de gros bovins non marqués, est autorisée dans les établissements qui procèdent eux-mêmes et dans un même lieu à l'abattage et à la transformation de la totalité de leur production, à l'exclusion de tout approvisionnement extérieur.

Art. 6 Les agents agréés et commissionnés par le ministre chargé de la consommation, à la demande du directeur de l'Office interprofessionnel des viandes, de l'élevage et de l'aviculture, procèdent à la recherche et à la constatation des infractions aux articles *(Ord. nº 2016-301 du 14 mars 2016, art. 2, en vigueur le 1er juill. 2016)* « L. 413-2, L. 413-3, L. 454-2 à L. 454-4 et L. 455-2 » du code de la consommation pour l'ensemble des opérations de présentation, de pesée, de classement et de marquage des carcasses de bovins, ovins et porcins. — *V. Arr. du 6 nov. 1995 (JO 10 nov.).*

Art. 7 Un arrêté conjoint du ministre chargé de la consommation et du ministre de l'agriculture fixe en tant que de besoin les modalités d'application du présent décret, notamment en ce qui concerne la création et la subdivision des grilles de classement, les conditions de présentation à la pesée, les modalités du marquage, les dérogations applicables aux petits abattoirs, les conditions de l'agrément des machines à classer et les indications portées sur les tickets de pesée. — *V., en ce qui concerne la pesée et l'étiquetage des carcasses, Arr. cités ss. art. 2, supra ; ... en ce qui concerne la grille de classement des gros bovins, Arr. du 18 nov. 2005 (JO 15 déc.).*

Art. 8 Le décret n° 74-804 du 23 septembre 1974 portant application de la loi du 1er août 1905 sur la répression des fraudes en ce qui concerne le marquage obligatoire, par catégories, des carcasses des espèces bovine, ovine et porcine est abrogé.

Décret n° 97-74 du 28 janvier 1997,

Relatif à la composition, la préparation et l'étiquetage des viandes hachées et préparations de viandes qui ne sont pas destinées à être cédées directement au consommateur final. — Abrogé à compter du 13 déc. 2014 (Décr. n° 2014-1489 du 11 déc. 2014, art. 6). — V. **C. consom.**, *éd. 2014 et antérieures.*

Décret n° 99-260 du 2 avril 1999,

Relatif à l'étiquetage et à la traçabilité des viandes bovines.

Art. 1er Les carcasses, demi-carcasses, quartiers et découpes de gros avec os, issus de bovins abattus en France, sont marqués d'un identifiant à l'encre alimentaire indélébile, ou par tout autre moyen agréé par arrêté conjoint du ministre chargé de la consommation et du ministre chargé de l'agriculture.

L'identifiant est apposé avant l'enlèvement de la partie de l'animal portant le numéro national d'identification prévu par le décret du 28 août 1998 susvisé *[n° 98-764, relatif à l'identification du cheptel bovin ; V. au* **C. rur.***]*. Pour les animaux provenant d'un pays n'appartenant pas à la Communauté européenne, et introduits en France pour abattage immédiat sans avoir été identifiés en France en application du décret du 28 août 1998 susvisé, l'apposition de l'identifiant doit être réalisée avant l'enlèvement de la partie de l'animal portant le numéro national d'identification de son pays d'origine.

Dès son attribution, cet identifiant est répertorié dans un registre, accompagné de l'indication du numéro d'identification de l'animal correspondant.

Art. 2 Lorsque les viandes bovines réfrigérées, congelées ou surgelées sont appelées à être commercialisées accompagnées d'informations relatives aux animaux ou aux carcasses dont elles proviennent, un identifiant spécifique leur est attribué. Le lot de fabrication prévu à l'article R. 112-27 *[ancien]* du code de la consommation peut correspondre à l'identifiant.

Ces informations sont consignées dans des registres qui assurent le lien entre les identifiants des viandes bovines réfrigérées, congelées ou surgelées entrant dans l'établissement qui procède au désossage, à la découpe ou au reconditionnement et les identifiants des produits qui en sortent. Un registre des quantités de produits identifiés entrées et sorties de l'établissement est tenu.

Art. 3 Lorsque les viandes bovines réfrigérées, congelées ou surgelées sont présentées non préemballées au consommateur final accompagnées d'informations relatives aux animaux *ou aux carcasses* dont elles proviennent, l'attribution d'un identifiant par le distributeur peut être remplacée par des procédés permettant d'assurer la traçabilité des produits identifiés. Le distributeur tient notamment un registre des quantités achetées et vendues de chaque produit identifié.

Art. 4 Dans les cas prévus aux articles 1er, 2 et 3 ci-dessus, les fiches, bons de livraison ou autres documents commerciaux comportent les informations mentionnées à ces articles accompagnées de l'identifiant attribué, le cas échéant, à la viande.

Art. 5 Des arrêtés conjoints du ministre chargé de l'agriculture et du ministre chargé de la consommation fixent les modalités d'application des dispositions du présent décret relatives aux registres mentionnés aux articles 1er à 3 et aux identifiants mentionnés aux articles 1er à 4.

Arrêté du 16 novembre 1999,

Relatif à la publicité, à l'égard du consommateur, des prix de vente à l'unité de mesure de certains produits préemballés.

V. v° Prix (publicité).

Règlement (CE) n° 1760/2000 du Parlement européen et du Conseil du 17 juillet 2000,

Établissant un système d'identification et d'enregistrement des bovins et concernant l'étiquetage de la viande bovine et des produits à base de viande bovine, et abrogeant le règlement (CE) n° 820/97 du Conseil (JOCE n° L 204 du 11 août 2000).

Décret n° 2002-1465 du 17 décembre 2002,

Relatif à l'étiquetage des viandes bovines dans les établissements de restauration.

Art. 1er **Les dispositions du présent décret sont applicables aux plats contenant un ou plusieurs morceaux de viandes bovines au sens du règlement (CE) n° 1760/2000 du Parlement européen et du Conseil du 17 juillet 2000 susvisé** *[supra]* **ou de la viande hachée au sens du règlement (CE) n° 1825/2000 de la Commission du 25 août 2000 susvisé, destinés aux consommateurs, dans les établissements proposant des repas à consommer sur place ou dans les établissements proposant des repas à consommer sur place et à emporter ou à livrer.**

Art. 2 **L'origine des viandes bovines mentionnées à l'article 1er est indiquée par l'une ou l'autre des mentions suivantes :**

1° "Origine : (nom du pays)", lorsque la naissance, l'élevage et l'abattage du bovin dont sont issues les viandes ont eu lieu dans le même pays ;

2° "Né et élevé : (nom du pays de naissance et nom du ou des pays d'élevage) et abattu : (nom du pays d'abattage)", lorsque la naissance, l'élevage et l'abattage ont eu lieu dans des pays différents.

Ces mentions sont portées à la connaissance du consommateur, de façon lisible et visible, par affichage, indication sur les cartes et menus, ou sur tout autre support.

Art. 3 **Est puni des amendes prévues pour les contraventions de la** *(Décr. n° 2016-884 du 29 juin 2016, art. 5-I, en vigueur le 1er juill. 2016)* **« 5e classe » le fait de mettre en vente, de vendre ou de distribuer à titre gratuit, dans les établissements proposant des repas à consommer sur place et ou dans les établissements proposant des repas à consommer sur place et à emporter ou à livrer, les viandes bovines visées à l'article 1er dont l'origine n'est pas portée à la connaissance du consommateur, dans les conditions précisées à l'article 2.**

(Décr. n° 2016-884 du 29 juin 2016, art. 5-I, en vigueur le 1er juill. 2016) **« La récidive est réprimée conformément aux dispositions des articles 132-11 et 132-15 du code pénal. »**

Affichage incorrect et tromperie. En l'état de ces seules énonciations – desquelles il résulte que l'affichage mentionnait comme pays d'origine quatre provenances alors que la viande était uniquement d'origine française – qui ne caractérisent pas le délit de publicité trompeuse au sens de l'art. L. 121-1 [L. 121-2] C. consom., ni celui de tromperie au sens de l'art. L. 213-1 [L. 441-1] du même code, la cour d'appel, qui n'a pas recherché si les faits dont elle était saisie ne constituaient pas la contravention de la 3e classe prévue par l'art. 3 du Décr. n° 2002-1465 du 17 déc. 2002, n'a pas justifié sa décision. • Crim. 23 mars 2010 : *D. 2010. 1913, note Dreyer ; RSC 2011. 104, obs. Ambroise-Castérot ; CCC 2010, n° 194, obs. Raymond ; Dr. et proc. oct. 2010, Cah. dr. consom., p. 30, obs. Gavalda-Moulenat.*

Arrêté du 31 décembre 2012,

Suspendant la remise directe au consommateur de certaines pièces de découpe de viandes ovines et caprines contenant de la moelle épinière.

Art. 1er **Est suspendue la mise sur le marché des carcasses et des pièces de découpe non désossées obtenues à partir de muscles attenants à la colonne vertébrale, à l'exclusion des vertèbres caudales, issues d'animaux des espèces ovine et caprine présentées à la vente au consommateur final et remises au consommateur final en l'état ou après transformation, qui n'ont pas été débarrassées de la moelle épinière.**

Art. 2 Toutefois, est autorisée *[sont autorisées]* la présentation à la vente au consommateur final et la remise au consommateur final, en l'état ou après transformation, de viandes d'ovins ou de caprins non débarrassées de la moelle épinière et appartenant aux catégories suivantes :

a) Viandes issues d'agneaux ou de chevreaux, d'un poids net carcasse inférieur à treize kilogrammes ;

b) Viandes issues d'ovins ou de caprins nés, élevés et abattus dans les pays mentionnés au point A de l'annexe de la décision 2007/453/CE de la Commission du 29 juin 2007 déterminant le statut au regard de l'ESB des États membres ou des pays tiers, ou de leurs régions, en fonction de leur risque d'ESB.

Art. 3 Le matériel utilisé pour retirer la moelle épinière est réservé à cet usage. La moelle épinière ainsi retirée ne peut être mise *[autorisée]* à la consommation humaine ou à l'alimentation des animaux appartenant à des espèces dont la chair ou les produits sont destinés à l'alimentation humaine.

Art. 4 Le présent arrêté est applicable pendant un an.

Règlement d'exécution (UE) nº 1337/2013 de la Commission du 13 décembre 2013,

Portant modalités d'application du règlement (UE) nº 1169/2011 du Parlement européen et du Conseil en ce qui concerne l'indication du pays d'origine ou du lieu de provenance des viandes fraîches, réfrigérées et congelées des animaux des espèces porcine, ovine, caprine et des volailles.

Les dispositions relatives au Règl. d'exécution (UE) nº 1337/2013 du 13 déc. 2013 s'appliquent à compter du 1er avr. 2015. Les viandes qui ont été légalement mises sur le marché de l'Union européenne avant le 1er avr. 2015 peuvent être commercialisées jusqu'à l'épuisement des stocks (Décr. nº 2014-1489 du 11 déc. 2014, art. 5). – V. C. consom., art. R. 412-18.

Art. 1er *Objet et champ d'application.* Le présent règlement fixe les règles relatives à l'indication du pays d'origine ou du lieu de provenance sur l'étiquette des viandes fraîches, réfrigérées et congelées des animaux des espèces porcine, ovine, caprine et des volailles relevant des codes de la nomenclature combinée énumérés à l'annexe XI du règlement (UE) nº 1169/2011 *[V. vº Denrées alimentaires]*.

Art. 2 *Définitions.* 1. Aux fins du présent règlement, la définition de l'"exploitant du secteur alimentaire" figurant à l'article 3, point 3, du règlement (CE) nº 178/2002 du Parlement européen et du Conseil, la définition de l'"établissement" figurant à l'article 2, paragraphe 1, point c), du règlement (CE) nº 852/2004 du Parlement européen et du Conseil, ainsi que les définitions des "viandes hachées", de l'"abattoir" et de l'"atelier de découpe" figurant respectivement aux points 1.13, 1.16 et 1.17 de l'annexe I du règlement (CE) nº 853/2004 du Parlement européen et du Conseil s'appliquent.

2. Par ailleurs, on entend par :

a) "chutes de parage" : les petits morceaux de viandes relevant des codes de la nomenclature combinée énumérés à l'annexe XI du règlement (UE) nº 1169/2011 reconnus aptes à la consommation humaine qui résultent exclusivement d'une opération de parage et qui sont obtenus au moment du désossage des carcasses et/ou de la découpe des viandes ;

b) "lot" : des viandes relevant des codes de la nomenclature combinée énumérés à l'annexe XI du règlement (UE) nº 1169/2011 et provenant d'une seule espèce, avec ou sans os, même découpées ou hachées, qui ont été découpées, hachées ou conditionnées dans des circonstances pratiquement identiques.

Art. 3 *Traçabilité.* 1. Les exploitants du secteur alimentaire disposent d'un système d'identification et d'enregistrement qu'ils utilisent à chacune des étapes de la production et de la distribution des viandes mentionnées à l'article 1er.

2. Ce système est appliqué de manière à garantir :

a) l'établissement du lien entre la viande et l'animal ou le groupe d'animaux dont elle provient ; au stade de l'abattage, l'établissement de ce lien relève de la responsabilité de l'abattoir ; et

b) la transmission des informations relatives aux mentions visées aux articles 5, 6 ou 7, selon le cas, conjointement avec la viande, aux exploitants intervenant aux stades ultérieurs de la production et de la distribution.

Chaque exploitant du secteur alimentaire est responsable, au stade de la production et de la distribution auquel il opère, de l'application du système d'identification et d'enregistrement visé au premier alinéa.

L'exploitant du secteur alimentaire qui conditionne ou étiquette la viande conformément aux articles 5, 6 ou 7 garantit la correspondance entre le code du lot identifiant la viande fournie au consommateur ou à la collectivité et le ou les lots de viande concernés qui composent le colis ou le lot étiqueté. Tous les emballages portant le même code doivent correspondre aux mêmes mentions conformément aux articles 5, 6 ou 7.

3. Le système visé au paragraphe 1 comporte en particulier l'indication de l'arrivée, dans l'établissement de l'exploitant du secteur alimentaire, des animaux, des carcasses ou de leurs découpes, selon le cas, ainsi que du départ de ces animaux, carcasses ou découpes dudit établissement ; il garantit également une corrélation entre les arrivées et les départs.

Art. 4 *Groupe d'animaux.* 1. La taille du groupe d'animaux visé à l'article 3 est définie par :

a) le nombre de carcasses découpées conjointement et constituant un lot pour l'atelier de découpe concerné en cas de découpe des carcasses ;

b) le nombre de carcasses dont les viandes constituent un lot pour l'atelier de découpe ou de hachage concerné en cas de découpe ou de hachage ultérieur ;

2. La taille d'un lot ne doit pas excéder la production d'un jour dans un même établissement.

3. Excepté le cas où l'article 7 s'applique, au moment de la constitution des lots, les établissements dans lesquels les viandes sont découpées ou hachées veillent à ce que toutes les carcasses d'un lot correspondent à des animaux pour la viande desquels les mêmes mentions d'étiquetage s'appliquent conformément à l'article 5, paragraphe 1, ou à l'article 5, paragraphe 2.

Art. 5 *Étiquetage des viandes.* 1. L'étiquette des viandes visées à l'article 1er qui sont destinées à être livrées au consommateur final ou aux collectivités porte les mentions suivantes :

a) le nom de l'État membre ou du pays tiers dans lequel l'élevage a eu lieu, apparaissant dans la mention "Pays d'élevage : (nom de l'État membre ou du pays tiers)", conformément aux critères suivants :

i) en ce qui concerne les porcins :

— si l'animal est âgé de plus de six mois au moment où il est abattu, le nom de l'État membre ou du pays tiers dans lequel a eu lieu la dernière période d'élevage d'au moins quatre mois,

— si l'animal est âgé de moins de six mois et qu'il présente un poids vif d'au moins 80 kilogrammes au moment où il est abattu, le nom de l'État membre ou du pays tiers dans lequel a eu lieu la période d'élevage après que l'animal a atteint le poids de 30 kilogrammes,

— si l'animal est âgé de moins de six mois au moment où il est abattu et qu'il présente un poids vif inférieur à 80 kilogrammes, le nom de l'État membre ou du pays tiers dans lequel a eu lieu la période d'élevage entière ;

ii) en ce qui concerne les ovins et les caprins : le nom de l'État membre ou du pays tiers dans lequel la dernière période d'élevage d'au moins six mois a eu lieu ou, si l'animal est âgé de moins de six mois au moment où il est abattu, le nom de l'État membre ou du pays tiers dans lequel a eu lieu la période d'élevage entière ;

iii) en ce qui concerne les volailles : le nom de l'État membre ou du pays tiers dans lequel a eu lieu la dernière période d'élevage d'au moins un mois ou, si l'animal est âgé de moins d'un mois au moment où il est abattu, le nom de l'État membre ou du pays tiers dans lequel a eu lieu la période d'élevage entière ;

b) le nom de l'État membre ou du pays tiers dans lequel l'abattage a eu lieu, apparaissant dans la mention "Pays d'abattage : (nom de l'État membre ou du pays tiers)" ; et

c) le code du lot identifiant les viandes fournies au consommateur ou à la collectivité.

Lorsque la durée requise de la période d'élevage visée au point a) n'est atteinte dans aucun des États membres ou pays tiers où l'animal a été élevé, la mention visée au point a) est remplacée par la mention "Pays d'élevage : différents États membres de l'Union européenne" ou, lorsque les viandes ou les animaux ont été importés dans l'Union, par la mention « Pays d'élevage : différents pays hors UE".

Toutefois, lorsque la durée requise de la période d'élevage visée au point a) n'est atteinte dans aucun des États membres ou pays tiers où l'animal a été élevé, la mention visée au point a) peut être remplacée par la mention "Pays d'élevage : (liste des États membres ou pays tiers où l'animal a été élevé)" si l'exploitant du secteur alimentaire prouve à la satisfaction de l'autorité compétente que l'animal a été élevé dans lesdits États membres ou pays tiers.

2. Les mentions visées au paragraphe 1, points a) et b), peuvent être remplacées par la mention "Origine : (nom de l'État membre ou du pays tiers)" si l'exploitant du secteur alimentaire prouve à la satisfaction de l'autorité compétente que les viandes visées à l'article 1er proviennent d'animaux nés, élevés et abattus dans un seul État membre ou pays tiers.

3. Lorsque plusieurs morceaux de viande, de la même espèce ou d'espèces différentes, correspondent à différentes mentions d'étiquetage conformément aux paragraphes 1 et 2 et qu'ils sont présentés dans le même emballage au consommateur ou à la collectivité, l'étiquette mentionne :

a) la liste des États membres ou des pays tiers concernés conformément aux paragraphes 1 ou 2, pour chaque espèce.*[;]*

b) le code du lot identifiant les viandes fournies au consommateur ou à la collectivité.

Art. 6 *Dérogation applicable aux viandes en provenance de pays tiers.* Par dérogation à l'article 5, paragraphe 1, point a), l'étiquette des viandes visées à l'article 1er importées en vue d'être mises sur le marché de l'Union et pour lesquelles les informations prévues à l'article 5, paragraphe 1, point a), ne sont pas disponibles porte les mentions "Pays d'élevage : hors UE" et "Pays d'abattage : (nom du pays tiers où l'animal a été abattu)".

Art. 7 *Dérogations applicables aux viandes hachées et aux chutes de parage.* Par dérogation à l'article 5, paragraphe 1, points a) et b), à l'article 5, paragraphe 2, et à l'article 6, en ce qui concerne les viandes hachées et les chutes de parage, les mentions suivantes peuvent être appliquées :

a) "Origine : UE", dans le cas où les viandes hachées ou les chutes de parage sont produites exclusivement à partir de viandes provenant d'animaux nés, élevés et abattus dans plusieurs États membres ;

b) "Pays d'élevage et d'abattage : UE", dans le cas où les viandes hachées ou les chutes de parage sont produites exclusivement à partir de viandes provenant d'animaux élevés et abattus dans plusieurs États membres.

c) "Pays d'élevage et d'abattage : hors UE", dans le cas où les viandes hachées ou les chutes de parage sont produites exclusivement à partir de viandes importées dans l'Union ;

d) "Pays d'élevage : hors UE" et "Pays d'abattage : UE", dans le cas où les viandes hachées ou les chutes de parage sont produites exclusivement à partir de viandes provenant d'animaux importés dans l'Union en tant qu'animaux destinés à l'abattage et abattus dans un ou plusieurs États membres.

e) "Pays d'élevage et d'abattage : UE et hors UE", dans le cas où les viandes hachées et les chutes de parage sont obtenues :

i) à partir de viandes provenant d'animaux élevés et abattus dans un ou plusieurs États membres et à partir de viandes importés dans l'Union ; ou

ii) à partir de viandes provenant d'animaux importés dans l'Union et abattus dans un ou plusieurs États membres.

Art. 8 *Informations complémentaires facultatives sur l'étiquette.* Les exploitants du secteur alimentaire peuvent compléter les mentions visées aux articles 5, 6 ou 7 par des informations complémentaires concernant la provenance de la viande.

Les informations complémentaires visées au premier alinéa ne vont pas à l'encontre des mentions visées aux articles 5, 6 ou 7 et se conforment aux règles du chapitre V du règlement (UE) n° 1169/2011.

Art. 9 *Entrée en vigueur et application.* Le présent règlement entre en vigueur le troisième jour suivant celui de sa publication au *Journal officiel de l'Union européenne [JOUE L 335 du 14 déc. 2013].*

Il s'applique à compter du 1er avril 2015. Il ne s'applique pas aux viandes qui ont été légalement mises sur le marché de l'Union avant le 1er avril 2015, jusqu'à l'épuisement des stocks.

Le présent règlement est obligatoire dans tous ses éléments et directement applicable dans tout État membre.

VINS

BIBL. GÉN. ▸ AGOSTINI et THÉVENIN, *RD rur. 2007, nº 247* (classements sans suite en Bordelais). – RAVILLARD, *RLDA avr. 2008. 69* (la protection du produit : des indications d'origine au droit des marques). – AGOSTINI, *D. 2008. 2579* (lutte des classes à Saint-Émilion [note ss. TA Bordeaux, 1er juill. 2008]) ; *RD rur. 2009, Étude 1* (les marques viticoles). – OLSZAK, *RD rur. 2009. Étude 5* (le goût des vins AOP et IGP : description et contrôle des caractéristiques organoleptiques). – BAHANS, *RD rur. 2009. Étude 15* (la réforme de l'étiquetage des vins). – BARQUE, *RTD eur. 2009. 743* (le droit communautaire des appellations d'origine et indications géographiques en matière vinicole). – GEORGOPOULOS, *RD rur. 2010. Étude 5* (les AOC entre notoriété et confusion : le contentieux autour des vins « (Quarts de) Chaume ») ; *ibid. Étude 28* (protection renforcée des appellations d'origine à l'égard des marques viticoles).

Pour les vins issus des récoltes 2006 à (L. nº 2009-526 du 12 mai 2009, art. 65) « 2011 » et à défaut d'intervention d'un nouveau classement applicable à certaines de ces récoltes, l'utilisation des mentions « grand cru classé » et « premier grand cru classé » est autorisée pour les exploitations viticoles ayant fait l'objet du classement officiel homologué par l'arrêté du 8 nov. 1996 relatif au classement des crus des vins à appellation d'origine contrôlée « Saint-Emilion grand cru » (L. nº 2008-776 du 4 août 2008, art. 106). L'utilisation de la mention « grand cru classé » est également autorisée, dans les mêmes conditions, pour les châteaux Bellefont-Belcier, Destieux, Fleur Cardinale, Grand Corbin, Grand Corbin-Despagne et Monbousquet et celle de « premier grand cru classé » pour les châteaux Pavie Macquin et Troplong Mondot. Le nouveau classement précédemment mentionné peut résulter soit de la reconnaissance par le juge de la validité du classement de 2006, soit du renouvellement de la procédure prévue par voie réglementaire (L. nº 2009-526 du 12 mai 2009, art. 65, modifiant l'art. 106 de la L. préc.).

Code rural et de la pêche maritime

Vins revendiquant une appellation d'origine ou une indication géographique ou en bénéficiant

Art. L. 644-1 *Abrogé par Ord. nº 2010-459 du 6 mai 2010, art. 4.*

Art. L. 644-2 *(Abrogé par Ord. nº 2010-459 du 6 mai 2010, art. 4) (Ord. nº 2006-1547 du 7 déc. 2006, art. 2) (Abrogé par Ord. nº 2015-1246 du 7 oct. 2015, art. 5)* ***« Est interdit, dans la dénomination des vins n'ayant pas droit à une appellation d'origine aux termes du présent titre, l'emploi de mots tels que "clos", "château", "domaine", "moulin", "tour", "mont", "côte", "cru", "monopole", ainsi que de toute autre expression susceptible de faire croire à une appellation d'origine. »*** **Est** *(Abrogé par Ord. nº 2015-1246 du 7 oct. 2015, art. 5)* ***« en outre » interdit dans la dénomination des vins, vins mousseux et vins pétillants n'ayant pas droit à une appellation d'origine l'emploi du mot "crémant".***

L'art. L. 644-2 est abrogé à compter de l'entrée en vigueur du décret reprenant ses dispositions dans la partie réglementaire du code rural (Ord. nº 2010-459 du 6 mai 2010, art. 4).

Art. L. 644-3 *(Ord. nº 2006-1547 du 7 déc. 2006, art. 2)* **Les conditions de production au sens des articles L. 641-5 à L. 641-7 s'entendent notamment de l'aire de production, des cépages, des rendements, du titre alcoométrique volumique naturel minimum du vin, des procédés de culture et de vinification ou de distillation et, le cas échéant, du conditionnement.** — *V. les art. préc., vº Valorisation des produits et des services.*

Art. L. 644-4 *(Abrogé par Ord. nº 2015-1246 du 7 oct. 2015, art. 5) (Ord. nº 2006-1547 du 7 déc. 2006, art. 2)* ***Le ministre chargé de l'agriculture peut décider, après avis de l'organisme de défense et de gestion et de l'organisation professionnelle compétents, que la mise en bouteille et le conditionnement des produits d'origine vitivinicole bénéficiant d'une appellation d'origine s'effectue dans les régions de production.***

Toute infraction au présent article est punie des peines fgurant à l'article L. 213-1 du code de la consommation. Les personnes mentionnées à l'article L. 215-1 du même code sont qualifiées pour procéder à la recherche et à la constatation des infractions.

Les produits en infraction avec les dispositions du premier alinéa *(L. nº 2007-1821 du 24 déc. 2007, art. 2-I)* ***« du présent article » sont saisis conformément aux dispositions des articles L. 215-5 à L. 215-8 du code de la consommation.***

.....

Art. L. 644-7 *(Ord. nº 2006-1547 du 7 déc. 2006, art. 2)* **Tout vin bénéficiant d'une appellation d'origine peut être commercialisé sous l'appellation la plus générale à laquelle il peut prétendre d'après les usages locaux, loyaux et constants, sous réserve que cette appellation soit inscrite dans les registres vitivinicoles au sens de la réglementation** *(Ord. nº 2015-1246 du 7 oct. 2015, art. 6-I)* **« de l'Union européenne » en vigueur.**

Augmentation du titre alcoométrique volumique des raisins aptes à la production de vin à appellation d'origine contrôlée

Art. D. 645-9 *(Décr. nº 2008-998 du 23 sept. 2008, art. 1er)* **I. — Il est interdit d'augmenter par adjonction de moût de raisins concentré le titre alcoométrique volumique naturel des raisins frais, du moût de raisins, du môut** *[moût]* **de raisins partiellement fermenté ou du vin nouveau encore en fermentation, aptes à la production ou à l'élaboration des vins d'appellation d'origine contrôlée.**

II. — L'augmentation du titre alcoométrique volumique naturel des raisins aptes à la production d'un vin à appellation d'origine contrôlée ne peut être réalisée que par concentration naturelle selon les conditions particulières décrites dans le cahier des charges de l'appellation concernée.

III. — La concentration partielle de moûts de raisins aptes à la production ou à l'élaboration d'un vin à appellation d'origine contrôlée ne peut être autorisée pour une récolte déterminée que dans la mesure où le cahier des charges de l'appellation d'origine contrôlée concernée le prévoit.

IV. — Les contenants ne présentant pas le titre alcoométrique volumique naturel minimum fixé dans le cahier des charges ne peuvent faire l'objet d'aucun enrichissement. Toutefois, à titre dérogatoire pour les appellations d'origine contrôlées relevant des comités régionaux Provence-Corse, Vallée du Rhône (à l'exception des appellations d'origine contrôlées "Château Grillet", "Condrieu", "Cornas", "Côte Rôtie", "Crozes-Hermitage", "Hermitage", "Saint-Joseph", "Saint-Peray", "Châtillon-en-Diois", "Clairette de Die", "Crémant de Die", "Coteaux de Die"), Languedoc-Roussillon, Val de Loire, Sud-Ouest et Toulouse-Pyrénées (à l'exception des appellations d'origine contrôlées "Béarn", "Irouléguy", "Jurançon", "Madiran", "Pacherenc de Vic Bilh"), les contenants présentant un titre alcoométrique inférieur au titre alcoométrique naturel minimum et élaborés à partir de raisins respectant la richesse minimale en sucres prévue dans le cahier des charges de chaque appellation peuvent faire l'objet d'un enrichissement.

V. — Le titre alcoométrique volumique total maximum après enrichissement s'applique au stade de la vinification et aux contenants ayant fait l'objet d'un enrichissement.

Les opérateurs ayant recours à l'enrichissement pour une partie de leurs vins à appellation d'origine contrôlée devront conserver séparément les vins enrichis et les vins non enrichis dépassant le titre alcoométrique volumique total maximum après enrichissement jusqu'à la rédaction de la déclaration de revendication.

Toutefois, les vins enrichis et les vins non enrichis dépassant le titre alcoométrique volumique total maximum après enrichissement pourront être assemblés avant la rédaction de la déclaration de revendication à la condition d'indiquer dans le registre des manipulations, pour chaque contenant entrant dans la composition de l'assemblage, les éléments suivants :

— son volume ;

— son titre alcoométrique volumique ;

— le taux d'enrichissement éventuel.

VI. — Les informations contenues dans le registre des manipulations sont tenues à disposition de l'organisme de contrôle agréé selon les modalités prévues dans le plan de contrôle ou d'inspection. — *Anc. art. D. 644-27 (Décr. nº 2010-1438 du 22 nov. 2010, art. 2).*

Date de mise à la consommation

Art. D. 645-17 *(Décr. nº 2008-998 du 23 sept. 2008, art. 1er)* **Un vin bénéficiant d'une appellation d'origine contrôlée ne peut être mis en marché à destination du consommateur qu'à partir :**

— du 15 décembre de l'année de récolte ; toutefois, compte tenu de la qualité de la récolte, cette date peut être avancée au 1er décembre par décision du comité régional de l'Institut national de l'origine et de la qualité, après avis de l'organisme de défense et de gestion ;

— d'une date ultérieure fixée dans le cahier des charges, en fonction d'une période d'élevage des vins.

Toutefois, dans le cas des vins commercialisés avec la mention *(Décr. nº 2010-1438 du 22 nov. 2010, art. 2)* « "nouveau", "primeur" ou pour les vins de liqueur "Muscat de Noël" », la date de mise en marché à destination du consommateur est fixée au troisième jeudi du mois de novembre de l'année de récolte. — *Anc. art. D. 644-35 (Décr. nº 2010-1438 du 22 nov. 2010, art. 2).*

Décret du 19 août 1921,

Portant application de l'article L. 412-1 du code de la consommation en ce qui concerne les vins, les vins mousseux et les eaux-de-vie (Décr. nº 2016-1757 du 16 déc. 2016, art. 2, en vigueur le 1er janv. 2017).

TITRE PREMIER Vins

Art. 1er *Al. 1er et 2 abrogés par Décr. nº 72-309 du 21 avr. 1972.*

(Décr. nº 67-1021 du 23 nov. 1967) « Ne peuvent être considérés comme « vin propre à la consommation » et ne peuvent circuler qu'à destination de la vinaigrerie ou de la distillerie :

« 1º et 2º *Abrogés par Décr. nº 72-309 du 21 avr. 1972.*

« 3º Les vins détenus par les producteurs et les négociants en gros qui, au moment de leur vente, présenteraient par début d'acescence ou pour toute autre cause, une acidité volatile supérieure à 0,90 gramme par litre exprimée en acide sulfurique (18,36 millièmes de valence-gramme par litre).

« Des arrêtés du ministre de l'agriculture pourront, pour des vins d'origine déterminée ou dans certaines années, fixer un chiffre d'acidité volatile différent de celui ci-dessus prévu. Ce chiffre ne devra pas, toutefois, dépasser 1,20 gramme par litre exprimé en acide sulfurique (24,48 millièmes de valence-gramme par litre).

« 4º Les vins détenus par les détaillants et qui :

« *a)* Bien que leurs éléments constitutifs ne soient pas sensiblement modifiés et que leur aspect reste normal, présentent nettement à la dégustation les caractères des vins piqués ;

« *b)* Étant atteints d'acescence simple, ont une acidité volatile supérieure de 0,1 gramme exprimée en acide sulfurique (2,04 millièmes de valence-gramme par litre) à celle fixée dans les conditions prévues au 3º ci-dessus ;

« 5º Les vins d'aspect ou de goût défectueux caractérisés en outre, à la fois, par une teneur en acide tartrique total exprimée en bitartrate de potassium inférieure à 1,25 gramme par litre (correspondant à 0,99 gramme d'acide tartrique, soit 13,25 millièmes de valence-gramme par litre) et par un rapport de l'acide tartrique total à la potasse totale inférieure à 0,6 ;

« 6º Les vins atteints de maladies, avec ou sans acescence, les vins présentant un goût phéniqué, de moisi, de pourri ou tout autre mauvais goût manifeste. »

Art. 2 Est considérée comme une tentative de tromperie ou une tromperie aux termes de l'article 1er de la loi du 1er août 1905 le fait de détenir sans motifs légitimes, d'exposer, de mettre en vente ou de vendre pour la consommation des vins impropres à cet usage, ou des vins obtenus par mélange de vins et de vins impropres à la consommation.

Sont considérées comme frauduleuses les manipulations et pratiques qui ont pour objet de modifier l'état naturel du vin, dans le but soit de tromper l'acheteur sur les qualités substantielles ou l'origine du produit, soit d'en dissimuler l'altération et notamment le coupage de vins avec des vins impropres à la consommation.

En conséquence, rentre dans les cas prévus par les articles 3 et 4 de la loi du 1er août 1905 et par l'article 4 de la loi du 28 juillet 1912 le fait d'exposer, de mettre en vente ou de vendre, connaissant leur destination, ou de détenir sans motifs légitimes des produits propres à effectuer les manipulations ou pratiques ci-dessus visées et, notamment, des *substances destinées :*

A améliorer et bouqueter les moûts et les vins en vue de tromper l'acheteur sur leurs qualités substantielles, leur origine ou leur espèce ;

A guérir les moûts ou les vins de leurs maladies en dissimulant leur altération ;

A fabriquer des vins artificiels ;

A masquer une falsification du vin, en faussant les résultats de l'analyse.

Art. 3 *(Décr. 9 sept. 1934 ; Décr. nº 62-1117 du 22 sept. 1962 ; Décr. nº 72-309 du 21 avr. 1972) (Décr. nº 2016-1757 du 16 déc. 2016, art. 2, en vigueur le 1er janv. 2017)* « Ne constituent pas des falsifications au sens de l'article L. 413-1 » du code de la consommation les opérations ci-après énumérées, qui ont uniquement pour objet la vinification régulière ou la conservation des vins :

1º *Abrogé par Décr. nº 2001-510 du 12 juin 2001, art. 7.*

2º En ce qui concerne les moûts :

L'emploi du plâtre dans une limite telle que le produit ne renferme pas plus de 2 g de sulfate de potasse ou de soude par litre ;

Le traitement par les bisulfites alcalins cristallisés purs, à une dose inférieure à 20 g par hectolitre, et par l'anhydride sulfureux sans limitation de quantité.

Le désulfitage par un procédé physique des moûts mutés par l'anhydride sulfureux, en vue de les ramener à une teneur en acide sulfureux, telle que le vin qui sera obtenu par fermentation desdits moûts ne renferme pas une quantité d'anhydride supérieure à celle fixée ci-dessus pour les vins ;

L'addition de tanin ;

L'addition de phosphate de chaux commercialement pur ;

L'addition de phosphate d'ammoniaque cristallisé pur ou de glycéro-phosphate d'ammoniaque pur à la dose strictement nécessaire pour assurer le développement normal des levures ;

L'emploi des levures sélectionnées ;

La clarification des moûts blancs tachés par le charbon pur, dans les mêmes conditions que celles ci-dessus fixées pour les vins ;

Le chauffage, la pasteurisation, la réfrigération, l'aération, le filtrage, les soutirages ;

3º En ce qui concerne les moûts possédant naturellement en puissance une richesse alcoolique d'au moins 14 degrés et provenant de vendanges obtenues sur les parcelles complantées pour les neuf dixièmes au moins de cépages de muscat, de grenache, de maccabéo ou de malvoisie, l'addition, en cours de fermentation, d'une quantité d'alcool qui ne soit pas inférieure à 5 % mais ne dépassant pas 10 % du volume du vin à obtenir.

Art. 4 *(Décr. 15 août 1925 ; Décr. 31 août 1937 ; Décr. nº 57-477 du 11 avr. 1957 ; Décr. nº 68-807 du 13 sept. 1968)* Dans les établissements où s'exerce le commerce de détail des vins, ainsi que dans leurs dépendances, il doit être apposé d'une manière apparente, sur les récipients, emballages, casiers ou fûts, une inscription indiquant la dénomination sous laquelle le vin est mis en vente. Les fûts, récipients et emballages des vins expédiés aux détaillants par les producteurs et par les négociants en gros devront porter la même inscription.

Celle-ci n'est pas obligatoire, dans les établissements de détail, pour les bouteilles et récipients dans lesquels les vins de consommation courante sont versés, à la demande de l'acheteur, pour être emportés séance tenante ou consommés sur place.

La dénomination de vente doit être suivie de l'indication du titre alcoolique acquis, exclusion faite de la proportion d'alcool que le vin peut renfermer en puissance ; le titre doit être indiqué par degrés et demi-degrés ; les dixièmes dépassant le degré ou le demi-degré ne doivent pas être comptés.

Les inscriptions doivent être rédigées sans abréviations et disposées de façon à ne pas dissimuler la dénomination du produit.

Toutefois, l'indication du titre alcoolique n'est pas obligatoire pour les vins expédiés en fûts ou les vins en bouteilles capsulées ou cachetées portant soit le nom d'une appellation d'origine contrôlée, conformément au décret du 30 juillet 1935, soit la dénomination "Vin délimité de qualité supérieure" prévue à l'article 14 du décret nº 55-671 du 20 mai 1955, soit l'appellation d'origine "Vin nature de la Champagne" visée par la loi nº 53-307 du 10 avril 1953, soit la dénomination "Vin de pays".

TITRE II Vins mousseux

Art. 5 Les dispositions du titre 1er du présent décret sont applicables aux vins mousseux.

Indépendamment des manipulations et pratiques prévues à l'article 3 ci-dessus, sont considérées comme licites, en ce qui concerne spécialement les vins mousseux :

1º Les manipulations et traitements connus sous le nom de méthode champenoise ;

2° La gazéification partielle ou totale par addition d'acide carbonique pur, mais à la condition que les bouteilles contenant les vins dont l'effervescence aura été obtenue, même partiellement, par addition d'acide carbonique ne provenant pas de leur propre fermentation, portent la mention "vin mousseux gazéifié" en caractères très apparents, c'est-à-dire dont les dimensions soient au moins égales à la moitié de celles des caractères les plus grands figurant dans l'inscription et de même apparence typographique.

Aucun vin ne peut être détenu ou transporté en vue de la vente, mis en vente ou vendu sous la dénomination de "vin mousseux" que si son effervescence résulte d'une seconde fermentation alcoolique en vase clos, soit spontanée, soit produite suivant la méthode champenoise.

Les vins mousseux vendus sans appellation d'origine ne peuvent être mis en vente sans que les bouteilles soient revêtues d'une étiquette portant les mots "vin mousseux" en caractères très apparents, c'est-à-dire dont les dimensions soient au moins égales à la moitié de celles des caractères les plus grands, figurant dans l'inscription et de même apparence typographique.

TITRE III Eaux-de-vie

Art. 6 *Abrogé par Décr. n° 93-363 du 11 mars 1993.*

Art. 7 *(Décr. n° 2016-1757 du 16 déc. 2016, art. 2, en vigueur le 1er janv. 2017)* La mention : "fine" peut être utilisée dans l'étiquetage et la présentation des eaux-de-vie de vin ou de cidre et de poiré dès lors que ces dernières satisfont à la double condition suivante :

1° Elles bénéficient d'une appellation d'origine contrôlée ou d'une indication géographique ;

2° Les vins, les cidres et les poirés proviennent exclusivement de la région indiquée.

Art. 8 Sont considérées comme frauduleuses les manipulations et pratiques destinées à améliorer et bouqueter les eaux-de-vie naturelles, en vue de tromper l'acheteur sur leurs qualités substantielles, leur origine ou leur espèce ; donner, à des spiritueux destinés à la consommation, sous quelque nom que ce soit, les caractères d'une eau-de-vie naturelle, en faussant les résultats de l'analyse.

(Abrogé par Décr. n° 2016-1757 du 16 déc. 2016, art. 2, à compter du 1er janv. 2017) ***« En conséquence, rentre dans les cas prévus par les articles 3 et 4 de la loi du 1er août 1905 et l'article 4 de la loi du 28 juillet 1912 le fait d'exposer, de mettre en vente ou de vendre, connaissant leur destination, ou de détenir sans motifs légitimes, tous produits pouvant servir à effectuer les manipulations ou opérations ci-dessus visées. »***

Al. 3 à 5 abrogés par Décr. n° 93-363 du 11 mars 1993.

Art. 8-1 *(Décr. n° 2016-1757 du 16 déc. 2016, art. 2, en vigueur le 1er janv. 2017)* Pour les boissons spiritueuses définies dans les catégories 1 à 14 du règlement (CE) n° 110/2008 du 15 janvier 2008 modifié concernant la définition, la désignation, la présentation, l'étiquetage et la protection des indications géographiques des boissons spiritueuses, la différence, exprimée en pourcentage volumique (% vol), entre le titre alcoométrique volumique réel de la boisson spiritueuse obtenue après distillation et le titre alcoométrique volumique brut calculé à partir de la densité de la boisson spiritueuse, désignée sous le terme de : "obscuration", ne peut pas dépasser les valeurs suivantes :

1° 2 % vol. pour les boissons qui répondent aux spécifications arrêtées pour les produits définis dans les catégories 1 et 2 de l'annexe II du règlement du 15 janvier 2008 susmentionné ;

2° 4 % vol. pour les boissons qui répondent aux spécifications arrêtées pour les produits définis dans les catégories 4, 5, 6 et 10 de la même annexe ;

3° 5 % vol. pour les boissons spiritueuses qui répondent aux spécifications arrêtées pour les autres catégories de produits définies à la même annexe.

Art. 9 *(Décr. n° 2016-1757 du 16 déc. 2016, art. 2, en vigueur le 1er janv. 2017)* En ce qui concerne les produits bénéficiant d'une appellation d'origine contrôlée, la mention : "appellation d'origine contrôlée" figure sur l'étiquetage, en caractères très apparents, dans le même champ visuel que l'indication de l'appellation. Toutefois, cette mention peut être omise lorsque le cahier des charges de l'appellation n'en prévoit que l'apposition facultative.

Dans le cas où l'étiquetage comporte, en sus de l'indication de l'appellation d'origine contrôlée, une autre référence géographique, le nom de l'appellation d'origine contrôlée est placé entre le mot : "appellation" et le mot : "contrôlée" ou immédiatement après les mots : "appellation d'origine contrôlée", le tout en caractères très apparents, lisibles et de dimensions identiques.

TITRE IV Dispositions générales applicables aux vins, aux vins mousseux et aux eaux-de-vie

Art. 10 Les récipients et emballages dans lesquels des produits destinés à la préparation ou à la conservation des vins, vins mousseux et eaux-de-vie sont détenus en vue de la vente, mis en vente ou vendus, doivent être revêtus d'une étiquette portant l'indication des éléments entrant dans la composition du produit.

Ces éléments doivent être désignés par leur dénomination commerciale usuelle, sans abréviations qui soient de nature à tromper l'acheteur sur leur signification.

La dénomination de ceux de ces éléments dont l'emploi n'est permis par le présent règlement qu'à doses limitées doit être suivie de l'indication de la quantité dudit élément contenue dans 100 grammes ou dans un litre du produit.

Les indications ci-dessus visées doivent être inscrites en caractères de dimensions au moins égales à la moitié des caractères les plus grands figurant sur l'étiquette et de même apparence typographique.

Les dispositions du présent article sont applicables aux inscriptions figurant dans les annonces, réclames et papiers de commerce et concernant les produits ci-dessus visés.

Art. 11 *(Décr. n° 49-1349 du 30 sept. 1949)* Nul ne peut se prévaloir, à l'occasion de la vente ou de la mise en vente des vins, mousseux ou eaux-de-vie :

1° De la qualité de négociant, de commerçant ou de détaillant s'il n'est pas marchand en gros ou détaillant au sens du code des contributions indirectes ;

2° De la qualité de "propriétaire à", de "viticulteur à" ou d'une qualité analogue s'il n'est pas effectivement, suivant le cas, propriétaire de vignobles ou viticulteur au lieu indiqué ; la mention d'une de ces qualités ne doit pas être apposée sur des récipients contenant des vins, vins mousseux, ou eaux-de-vie ne provenant pas de la propriété ou de l'exploitation en cause.

Dans le cas de vente par des intermédiaires n'ayant pas la qualité de négociant au sens du code des contributions indirectes, les récipients, étiquettes, factures et ordres de commandes doivent porter en caractères apparents la raison sociale et l'adresse soit du propriétaire, soit du viticulteur, soit du négociant qui a expédié la marchandise ou procédé à la mise en bouteilles.

Les pièces de régie devront également porter les mêmes indications.

Art. 12 *(Décr. n° 49-1349 du 30 sept. 1949)* Lorsqu'un nom de région ou de localité constitue une appellation désignant un produit ayant un droit exclusif à cette appellation, les propriétaires, viticulteurs, commerçants résidant dans cette région ou cette localité, quand ils mettent en vente ou vendent un vin, un vin mousseux ou une eau-de-vie n'ayant pas droit à ladite appellation, ne peuvent faire figurer sur leurs étiquettes, marques, factures, papiers de commerce, emballages et récipients, le nom de ladite région ou localité qu'à la condition de le faire précéder, suivant le cas, des mots : "propriétaire à", "viticulteur à", "négociant à" ou "commerçant à" et de le faire suivre de l'indication du nom du département, le tout inscrit sur la même ligne et imprimé en caractères identiques et de même couleur.

L'emploi d'étiquettes comportant les noms et adresses exacts soit du propriétaire, soit du viticulteur, soit du commerçant est obligatoire, lors de la mise en vente ou vente au consommateur de produits bénéficiant d'une appellation d'origine *(Décr. n° 2016-1757 du 16 déc. 2016, art. 2, en vigueur le 1er janv. 2017)* « contrôlée ou d'une indication géographique » ; les noms et adresses seront imprimés en caractères dont les dimensions, aussi bien en hauteur qu'en largeur, ne devront pas dépasser les deux tiers de celles de l'appellation d'origine *(Décr. n° 2016-1757 du 16 déc. 2016, art. 2, en vigueur le 1er janv. 2017)* « contrôlée ou d'une indication géographique » figurant sur l'étiquette.

(Abrogé par Décr. n° 2016-1757 du 16 déc. 2016, art. 2, à compter du 1er janv. 2017) ***« En ce qui concerne les produits à appellation d'origine contrôlée ou réglementée visés au présent décret :***

« 1° Lorsque l'étiquette porte, indépendamment de l'adresse prévue ci-dessus, comme seule désignation géographique, celle de l'appellation contrôlée ou réglementée, la mention "appellation contrôlée" ou "appellation réglementée" doit figurer sur cette étiquette, en caractères très apparents, immédiatement au-dessous de l'indication de l'appellation ;

« 2° Lorsque l'étiquette porte, en outre, le nom d'un cru ou d'une marque commerciale, l'indication de l'appellation contrôlée ou réglementée devra être placée entre le mot "appellation" et le mot "contrôlée" ou "réglementée", le tout en caractères très apparents de dimensions et de couleur identique. »

Art. 13 *(Décr. n° 49-1349 du 30 sept. 1949)* Est interdit, en toute circonstance et sous quelque forme que ce soit, notamment :

Sur les récipients et emballages ;

Sur les étiquettes, capsules, bouchons, cachets ou tout autre appareil de fermeture ;

Dans les papiers de commerce, factures, catalogues, prospectus, prix courants, enseignes, affiches, tableaux-réclames, annonces ou tout autre moyen de publicité, l'emploi, en ce qui concerne les vins, vins mousseux et eaux-de-vie :

1° De toute indication, de tout mode de présentation (dessin, illustration, image ou signe quelconque) susceptible de créer une confusion dans l'esprit de l'acheteur sur la nature, l'origine, les qualités substantielles, la composition des produits, ou la capacité des récipients les contenant ;

2° *(Décr. n° 64-668 du 27 juin 1964)* « Des mots "grand cru" ou "premier cru", sauf lorsqu'il est fait de ces mots un usage collectif *(Décr. n° 2012-655 du 4 mai 2012, art. 27, en vigueur le 1er juill. 2012)* « conformément aux dispositions des cahiers des charges des appellations d'origine protégées pouvant en bénéficier » ;

« 3° Des mots "cru classé" précédés ou non d'une indication hiérarchique ou de tout autre mot évoquant une hiérarchie de mérite entre les vins provenant de domaines viticoles particuliers, sauf :

« *a)* Lorsqu'un texte réglementaire antérieur au présent décret en a autorisé l'emploi ;

« *b)* Lorsqu'il s'agit de vins de Bordeaux provenant des domaines viticoles figurant dans le classement de 1855. *(Décr. n° 2012-655 du 4 mai 2012, art. 27, en vigueur le 1er juill. 2012)* « Pour l'étiquetage de ces vins, les termes : "cru classé" ou "grand cru classé" peuvent être utilisés, précédés ou non de l'indication de leur ordre de classement et suivis ou non de la référence à l'année de classement : "1855" » ;

« *c)* Lorsqu'il s'agit de vins de Bordeaux provenant de domaines viticoles faisant partie d'une appellation d'origine contrôlée, sélectionnés par ordre de mérite au résultat d'un concours public organisé par la *(Décr. n° 2010-1463 du 1er déc. 2010, art. 87)* « chambre de commerce et d'industrie territoriale », la chambre d'agriculture et la fédération départementale des syndicats d'exploitants agricoles compétentes et dont les résultats auront été homologués par le ministre de l'agriculture après avis des syndicats intéressés de l'appellation d'origine considérée et de l'institut national des appellations d'origine.

« Le règlement du concours sera soumis à l'approbation du ministre de l'agriculture.

« La date et l'origine des classements devront être expressément mentionnées ; »

(Décr. n° 2009-1265 du 20 oct. 2009, art. 1er-I) « *d)* Lorsqu'il s'agit de vins de Bordeaux provenant de domaines viticoles faisant partie d'une appellation d'origine et ayant fait l'objet d'une sélection organisée périodiquement par l'organisme professionnel viticole le plus représentatif des domaines susceptibles d'être autorisés à employer des mots évoquant une hiérarchie de mérite entre ces vins sur la base d'un cahier des charges élaboré par celui-ci et d'un plan de vérification du cahier des charges établi et mis en œuvre par un organisme tiers offrant des garanties de compétence, d'impartialité et d'indépendance.

« Le cahier des charges et le plan de vérification sont soumis à homologation des ministres chargés de la consommation et de l'agriculture par arrêté conjoint. »

4° Des mots tels que : "clos" "château", "domaine", "tour", "mont", "côte", "cru", "monopole", "moulin", "camp", ainsi que de toute autre expression analogue, sauf lorsqu'il s'agit de produits bénéficiant d'une appellation d'origine et provenant d'une exploitation agricole existant réellement et, s'il y a lieu, exactement qualifiée par ces mots ou expressions.

(Décr. 7 janv. 1993) « Toutefois, en cas de création d'une nouvelle exploitation par réunion de plusieurs exploitations répondant aux conditions ci-dessus, le nom de chaque exploitation, précédé par un des termes susvisés sous lequel tout ou partie de la production a été antérieurement mise en marché, pourra continuer à être utilisé.

« De plus, les vins doivent être vinifiés :

« – soit dans chacune des anciennes exploitations viticoles ;

« – soit séparément dans les bâtiments de l'une d'elles ou dans les bâtiments propres à l'exploitation résultant du regroupement.

« Pour les vins issus de la nouvelle exploitation telle que définie ci-dessus, l'emploi du nom des anciennes exploitations ainsi regroupées exclut l'utilisation d'un nouveau nom pour ladite exploitation.

« Les exploitations qui ont acquis leur notoriété, sous deux noms différents, depuis au moins dix ans peuvent continuer à utiliser ces noms. »

L'emploi, pour désigner des produits vendus sans appellation d'origine, de mots évoquant la qualité tels que : "grand", "garantie", "réserve", "grande réserve", "cuvée", "cuvée réservée", soit seuls, soit conjointement avec une marque commerciale, est admis, à condition qu'il ne puisse en résulter aucune confusion avec des produits à appellation d'origine.

Le mot "haut" ne peut être employé que s'il fait partie du nom d'une appellation d'origine comportant ce mot.

Il est interdit de mentionner, parmi des produits à appellation d'origine figurant sur les prix courants, tarifs, papiers de commerce, réclames, ainsi que sur tous autres documents de publicité, des vins, vins mousseux et eaux-de-vie n'ayant pas droit à une appellation d'origine.

Les dispositions du 4°. en ce qui concerne les vins et les vins mousseux, sont abrogées à compter du 1er juill. 2012 (Décr. n° 2012-655 du 4 mai 2012, art. 28 et 29).

Art. 13-4°. Contrevient à l'art. 13-4° le gérant d'une société vendant sous la dénomination « Château de X » du vin issu de raisins ne provenant pas de l'exploitation gérée par la société du même nom ; selon ce texte l'emploi du mot « château » est interdit sauf lorsque les produits répondent à la double condition de bénéficier d'une appellation d'origine et de provenir d'une exploitation agricole existant réellement ; cette interdiction a un objet distinct de celle prévue par l'art. L. 641-17 C. rur., lequel prohibe, dans la dénomination des vins n'ayant pas droit à une appellation d'origine, l'emploi du mot « château », ainsi que de toute autre expression susceptible de faire croire à une appellation d'origine. • Crim. 4 mai 2004 : *Bull. crim. n° 106 ; D. 2004. 2851, note Agostini ; RSC 2005. 85, obs. Ambroise-Castérot.*

Art. 14 *(Décr. n° 2016-1757 du 16 déc. 2016, art. 2, en vigueur le 1er janv. 2017)* **L'emploi de la mention : "single malt" est réservé au whisky élaboré exclusivement à partir d'un moût d'orge maltée, dans une seule et même distillerie et par distillation discontinue simple.**

Art. 15 Sont abrogés les décrets des 3 septembre 1907, 6 novembre 1913 et 11 septembre 1920.

Art. 16 *(Décr. n° 2016-1757 du 16 déc. 2016, art. 2, en vigueur le 1er janv. 2017)* **Il est interdit d'exporter, de détenir en vue de la vente ou de la distribution à titre gratuit, de vendre, de mettre en vente ou de distribuer à titre gratuit les vins, les vins mousseux et les eaux-de-vie mentionnés au présent décret qui ne satisfont pas aux définitions et règles prévues par ce même décret.**

Art. 17 *(Décr. n° 2016-1757 du 16 déc. 2016, art. 2, en vigueur le 1er janv. 2017)* **Les vins, les vins mousseux et les eaux-de-vie légalement fabriqués et commercialisés dans un autre État membre de l'Union européenne ou en Turquie ou légalement fabriqués dans un autre État partie à l'accord sur l'Espace économique européen ne sont pas soumis aux exigences du présent décret. Ces boissons peuvent être importées et commercialisées en France avec l'une des mentions prévues au présent décret ou des mentions analogues.**

Les boissons spiritueuses mises sur le marché ou étiquetées avant le 1er janv. 2017 et qui sont conformes à la réglementation en vigueur jusqu'à cette date peuvent être commercialisées jusqu'à épuisement des stocks (Décr. n° 2016-1757 du 16 déc. 2016, art. 6).

Décret du 31 janvier 1930,

Portant règlement d'administration publique pour l'application de la loi du 1er août 1905 [C. consom., art. L. 441-1] en ce qui concerne le commerce des vins de liqueur, des vermouths et des apéritifs à base de vin.

TITRE PREMIER Vins de liqueur

Art. 1er *Abrogé par Décr. no 72-309 du 21 avr. 1972.*

Art. 2 Ne peuvent être considérés comme vin de liqueur propre à la consommation :

Les vins de liqueur atteints d'acescence simple et ayant une acidité volatile exprimée en acide sulfurique supérieure à 2 grammes par litre ;

Les vins de liqueur atteints d'autres maladies, avec ou sans acescence, dont l'aspect et le goût sont anormaux.

Est considéré comme une tentative de tromperie, ou une tromperie réprimée par l'article 1er de la loi du 1er août 1905 *[C. consom., art. L. 441-1]*, le fait de fabriquer, de transporter en vue de la vente, de détenir sans motifs légitimes, d'exposer, de mettre en vente ou de vendre, pour la consommation, des vins de liqueur impropres à cet usage, ou des vins obtenus par mélange de vins de liqueur et de vins de liqueur impropres à la consommation.

Art. 3 Constituent des manipulations et pratiques frauduleuses réprimées par l'article 1er de la loi du 1er août 1905 *[C. consom., art. L. 441-1]* l'addition aux vins de liqueur, ou aux moûts destinés à la préparation des vins de liqueur, de sucre (saccharose), en quelque proportion que ce soit, et les opérations ayant pour objet de modifier l'état naturel du vin de liqueur, dans le but soit de tromper l'acheteur sur les qualités substantielles, l'espèce ou l'origine du produit, soit d'en dissimuler l'altération.

Il est interdit, par application des articles 3 et 4 de la loi du 1er août 1905 et de l'article 4 de la loi du 28 juillet 1912, d'exposer, de mettre en vente ou de vendre, connaissant leur destination, ou de détenir sans motifs légitimes, des produits propres à effectuer les manipulations ou pratiques ci-dessus visées, et, notamment, des substances destinées :

A améliorer et bouqueter les moûts et les vins de liqueur en vue de tromper l'acheteur sur leurs qualités substantielles, leur espèce ou leur origine ;

A guérir les moûts ou les vins de liqueur de leurs maladies en dissimulant leur altération ;

A fabriquer des vins de liqueur artificiels ;

A masquer une falsification du vin de liqueur en faussant les résultats de l'analyse.

Les dispositions du Décr. du 31 janv. 1930 cessent d'être applicables, en tant qu'elles concernent les additifs alimentaires inscrits sur la liste établie par l'arrêté prévu par le Décr. no 89-674 du 18 sept. 1989, art. 2 (V. au ***C. consom.****, éd. 2011 et antérieures), à compter de la date de publication dudit arrêté (Décr. no 89-674 du 18 sept. 1989, art. 14, abrogé par Décr. no 2011-949 du 10 août 2011, art. 7). — V. Arr. du 14 oct. 1991 (JO 10 déc.) relatif aux additifs pouvant être employés dans les denrées destinées à l'alimentation humaine, mod. par Arr. du 2 oct. 1997, art. 15 (JO 8 nov.).*

Art. 4 *Abrogé par Décr. no 72-309 du 21 avr. 1972.*

TITRE II Vermouths et apéritifs à base de vin

Art. 5 à 7 *Abrogés par Décr. no 93-957 du 21 juill. 1993.*

TITRE III Dispositions communes aux vins de liqueur, aux vermouths et apéritifs à base de vin

Art. 8 *(Décr. no 84-1147 du 7 déc. 1984)* « Les dispositions du décret no 84-1147 du 7 décembre 1984 portant application de la loi du 1er août 1905 sur les fraudes et falsifications en matière de produits ou de services, en ce qui concerne l'étiquetage et la présentation des denrées alimentaires, sont applicables aux produits qui font l'objet du présent décret. »

Al. 2 abrogé par Décr. no 93-957 du 21 juill. 1993.

Art. 9 *(Décr. no 49-1349 du 30 sept. 1949)* Est interdit en toute circonstance et sous quelque forme que ce soit, notamment :

Sur les récipients et emballages ;

Sur les étiquettes, capsules, bouchons, cachets ou tout autre appareil de fermeture ;

Dans les papiers de commerce, factures, catalogues, prospectus, prix courants, enseignes, affiches, annonces et tous moyens de réclame et de publicité, l'emploi de toute indication, de tout mode de présentation, dessin, illustration, image ou signe quelconque susceptible de créer une confusion dans l'esprit de l'acheteur sur la nature, l'origine, les qualités substantielles, la composition des produits visés au présent décret ou la capacité des récipients les contenant.

Sont notamment interdits :

1° L'adjonction aux appellations d'origine de ces produits des qualificatifs "type", "genre", "façon", "goût" ou tous autres synonymes ;

2° L'emploi d'une appellation d'origine pour désigner un vin de liqueur, un vermouth ou un apéritif à base de vin dans la préparation duquel est intervenu, en quelque proportion que ce soit, un vin n'ayant pas droit à ladite appellation d'origine ;

3° L'emploi, pour désigner un vin de liqueur, un vermouth n'ayant pas droit à une appellation d'origine ou un apéritif à base de vin, d'une langue étrangère, ou l'apposition, sur l'étiquette, de pavillons, écussons, vues et attributs nationaux.

Toutefois, cette disposition n'est pas applicable lorsque la langue étrangère est celle du pays où le produit a été fabriqué.

Il est interdit de mentionner, parmi des produits à appellation d'origine figurant sur les prix courants, tarifs, papiers de commerce, réclames, ainsi que sur tous documents de publicité, des vins de liqueur ou des vermouths n'ayant pas droit à une appellation d'origine ou un apéritif à base de vin.

Les dispositions du présent article sont applicables aux vins pharmaceutiques.

Art. 10 *(Décr. nº 49-1349 du 30 sept. 1949)* Nul ne peut se prévaloir à l'occasion de la vente ou de la mise en vente des produits visés au présent décret :

1° De la qualité de négociant, de commerçant ou de détaillant, s'il n'est marchand en gros Eou détaillant au sens du code des contributions indirectes ;

2° De la qualité de "propriétaire à", de "viticulteur à", ou d'une qualité analogue, s'il n'est pas effectivement, suivant le cas, propriétaire de vignobles ou viticulteur, au lieu indiqué ; la mention d'une de ces qualités ne doit pas être apposée sur des récipients contenant des produits ne provenant pas de l'exploitation en cause.

Dans le cas de vente par des intermédiaires n'ayant pas la qualité de négociant au sens du code des contributions indirectes, les récipients, étiquettes, factures et ordres de commandes doivent porter, en caractères apparents, la raison sociale et l'adresse, soit du propriétaire, soit du viticulteur, soit du négociant qui a expédié la marchandise ou procédé à la mise en bouteilles.

Les pièces de régie doivent porter également les mêmes indications.

Lorsqu'un nom de région ou de localité constitue une appellation d'origine désignant un produit ayant un droit exclusif à cette appellation, les propriétaires, viticulteurs, commerçants, résidant dans cette région ou cette localité, quand ils mettent en vente ou vendent un vin de liqueur ou un vermouth n'ayant pas droit à ladite appellation, ne peuvent faire figurer sur leurs étiquettes, marques, factures, papiers de commerce, emballages et récipients, le nom de ladite région ou localité, qu'à la condition de la faire précéder, suivant le cas, d'un des mots "propriétaire à", "viticulteur à", "négociant à", "commerçant à", et de le faire suivre de l'indication du nom du département, le tout inscrit sur la même ligne et imprimé en caractères identiques et de la même couleur.

L'emploi d'étiquettes comportant les noms et adresses exacts, soit du propriétaire, soit du viticulteur, soit du commerçant est obligatoire lors de la mise en vente ou de la vente au consommateur de produits bénéficiant d'une appellation d'origine ; ces noms et adresses seront imprimés en caractères dont les dimensions, aussi bien en hauteur qu'en largeur, ne devront pas dépasser les deux tiers de celles de l'appellation d'origine figurant sur l'étiquette.

En ce qui concerne les produits à appellation d'origine contrôlée visés au présent décret :

1° Lorsque l'étiquette porte, indépendamment de l'adresse prévue ci-dessus, comme seule désignation géographique, celle de l'appellation contrôlée, la mention "appellation contrôlée" doit figurer sur cette étiquette en caractères très apparents, immédiatement au-dessous de l'indication de l'appellation ;

2° Lorsque l'étiquette porte, en outre, le nom d'un cru ou d'une marque commerciale, l'indication de l'appellation contrôlée devra être placée entre le mot "appellation" et le mot "contrôlée", le tout en caractères très apparents de dimensions et de couleur identiques.

Art. 11 Les dispositions du présent décret sont applicables aux produits importés, sous réserve des stipulations contenues dans les accords internationaux.

Décret nº 82-309 du 23 août 1982,

Portant application de la loi du 1er août 1905 sur les fraudes et falsifications en matière de produits ou de services [C. consom., art. L. 441-1] en ce qui concerne les vins de table.

Art. 1er Les vins de table issus de raisins entièrement récoltés et vinifiés en France doivent comporter sur leur étiquetage ainsi que sur les factures et papiers de commerce l'indication "Vin de table français" ou "Vin de table de France". Les mots "français" ou "de France" doivent être inscrits avec des caractères identiques à ceux qui sont utilisés pour la mention "Vin de table" et immédiatement à la suite de cette mention.

Art. 2 Le présent décret entrera en vigueur le premier jour du troisième mois suivant sa publication *[JO 31 août]*.

Décret nº 88-1207 du 30 décembre 1988,

Relatif aux vinaigres (Décr. nº 2017-325 du 13 mars 2017, art. 7).

Art. 1er La dénomination "vinaigre" est réservée au produit obtenu exclusivement par le procédé biologique de la double fermentation, alcoolique et acétique, de denrées et boissons d'origine agricole ou de leurs dilutions aqueuses.

Art. 2 Le vin, le cidre et le poiré mis en œuvre pour la fabrication de vinaigres peuvent présenter de l'acidité volatile.

La teneur en alcool résiduel des vinaigres, autres que le vinaigre de vin, est limitée à 0,5 p. 100 en volume.

La teneur en alcool résiduel des vinaigres de vin est limitée à 1,5 p. 100 en volume. Pour les vinaigres issus de vins de liqueur ou de vins doux naturels, cette teneur peut atteindre 3 p. 100 en volume.

Art. 3 *(Décr. nº 2005-553 du 19 mai 2005, art. 1er)* **« La teneur acétique minimale des vinaigres est de 5 grammes d'acide acétique pour 100 millilitres.**

« Toutefois, cette teneur acétique minimale est de 6 grammes d'acide acétique pour 100 millilitres pour les vinaigres de vin. »

La teneur acétique des vinaigres, exprimée en degrés acétimétriques, est égale à leur acidité totale exprimée en grammes d'acide acétique pour 100 millilitres de vinaigre mesurés à la température de + 20ºC.

Une différence de 0,2ºC, soit 2 grammes d'acide acétique par litre de vinaigre, peut être admise en moins, dans la mesure de cette teneur.

Art. 4 *(Décr. nº 2005-553 du 19 mai 2005, art. 2)* **Les acétobacters utilisés dans la fabrication du vinaigre sont alimentés, en quantité strictement nécessaire pour obtenir l'effet désiré, par :**

1. Des substances organiques telles que préparations de malt, sirop de glucose, fécule ;

2. Des substances inorganiques autorisées par arrêté interministériel dans les conditions prévues à l'article 1er du décret du 15 avril 1912 modifié pris pour l'application de la loi du 1er août 1905 sur la répression des fraudes dans la vente des marchandises et des falsifications des denrées alimentaires en ce qui concerne les denrées alimentaires et spécialement les viandes, produits de la charcuterie, fruits, légumes, poissons et conserves.

Art. 4-1 *(Décr. nº 2005-553 du 19 mai 2005, art. 3)* **Les auxiliaires technologiques dont l'emploi est autorisé par le décret n 2001-725 du 31 juillet 2001 relatif aux auxiliaires technologiques pouvant être employés dans la fabrication des denrées destinées à l'alimentation humaine peuvent être utilisés dans la fabrication des vinaigres.**

Art. 4-2 *(Décr. nº 2005-553 du 19 mai 2005, art. 3)* **Seuls peuvent être additionnés aux vinaigres :**

(Décr. nº 2017-325 du 13 mars 2017, art. 7) **« 1. Les préparations aromatisantes et les** ***substances aromatisantes*** **naturelles ; »**

2. Le sucre, le sel, le miel et les aromates tels que plantes aromatiques, épices, jus de fruits naturels ou concentrés, dans des proportions telles que le produit réponde à la définition du vinaigre en ce qui concerne la teneur en alcool résiduel prévue aux deuxième et troisième alinéas de l'article 2 et la teneur acétique prévue aux premier et deuxième alinéas de l'article 3.

Art. 4-3 *(Décr. nº 2005-553 du 19 mai 2005, art. 3)* **Il est interdit d'utiliser, pour la fabrication des vinaigres, les substances suivantes :**

(Décr. nº 2017-325 du 13 mars 2017, art. 7) **« 1. Substances aromatisantes autres que des substances aromatisantes naturelles ; »**

2. Huiles de grains de raisin artificielles ou naturelles ;

3. Résidus de distillation, résidus de fermentation et de produits en dérivant ;

4. Extraits de marc de toutes sortes ;

5. Acides de toutes sortes, à l'exception de ceux naturellement contenus dans les matières premières autorisées ou dans les substances dont l'addition est autorisée.

Art. 4-4 *(Décr. nº 2005-553 du 19 mai 2005, art. 3)* **Il est interdit d'utiliser la dénomination "vinaigre" pour désigner un produit constitué d'un mélange de vinaigre et d'acide acétique de qualité alimentaire.**

Art. 5 **Des arrêtés ministériels pris dans les conditions prévues par le décret du 15 avril 1912 peuvent fixer la liste des additifs et des produits autorisés pour le traitement et la fabrication des vinaigres.**

La coloration n'est admise que pour les vinaigres d'alcool, à l'exclusion de ceux entrant dans les mélanges.

L'unique matière colorante autorisée est le caramel (E 150).

Art. 6 **L'étiquetage des vinaigres doit, outre les dispositions des articles R. 112-6 à R. 112-31 du code de la consommation** *[ancien]* **susvisé, répondre aux prescriptions suivantes :**

— les vinaigres fabriqués à partir d'une seule matière première portent la dénomination "vinaigre" complétée par l'indication du nom de la matière première mise en œuvre ;

— les vinaigres obtenus à partir de plusieurs matières premières portent la dénomination "vinaigre" suivie de la liste complète des matières premières utilisées dans l'ordre décroissant de leur proportion ramenée au degré acétimétrique figurant sur l'étiquette.

La dénomination des vinaigres additionnés d'un ou de plusieurs arômes naturels visés au 1 de l'article 4 doit être suivie de la mention "aromatisé à...", complétée par le ou les noms de ces arômes.

La dénomination des vinaigres comportant un ou plusieurs ingrédients visés au 2 de l'article 4 doit être complétée par l'indication du ou des noms des ingrédients ajoutés.

Le titre acétimétrique du vinaigre est indiqué.

Art. 7 **L'étiquetage des vinaigres peut comporter le nom d'une appellation d'origine lorsque la matière première utilisée a droit à cette appellation.**

Art. 7-1 *(Décr. nº 2017-325 du 13 mars 2017, art. 7)* **Les produits légalement fabriqués et commercialisés dans un autre État membre de l'Union européenne ou en Turquie ou légalement fabriqués dans un autre État partie à l'accord sur l'Espace économique européen ne sont pas soumis aux exigences du présent décret. Ces produits peuvent être commercialisés en France avec l'une des mentions prévues au présent décret ou des mentions analogues.**

Arrêté du 16 novembre 1999,

Relatif à la publicité, à l'égard du consommateur, des prix de vente à l'unité de mesure de certains produits préemballés.

V. ce texte, concernant notamment les vins de table et les vins mousseux, vº Prix (publicité).

Décret nº 2006-1300 du 23 octobre 2006,

Relatif à certaines techniques d'enrichissement pour la production de vins d'appellation d'origine contrôlée.

Art. 1er **I. — L'augmentation du titre alcoométrique volumique naturel par adjonction de moût de raisins concentré à des raisins frais, du moût de raisins, du moût de raisins partiellement fermenté, du vin nouveau encore en fermentation aptes à la production ou l'élaboration des vins d'appellation d'origine contrôlée est interdite.**

II. — L'augmentation du titre alcoométrique volumique naturel des raisins aptes à la production de vin en appellation d'origine contrôlée ne peut se réaliser que par passerillage naturel sur souche ou selon les conditions particulières décrites dans le décret d'une appellation d'origine contrôlée.

III. – La concentration partielle du moût de raisins apte à la production ou à l'élaboration de vins d'une appellation d'origine contrôlée ne peut être réalisée qu'à la condition de préserver les qualités essentielles des vins de ladite appellation d'origine contrôlée et dans les conditions fixées par l'article 2.

Art. 2 I. – La concentration partielle de moûts de raisins aptes à la production ou à l'élaboration d'un vin à appellation d'origine contrôlée ne peut être autorisée pour une récolte déterminée que dans la mesure où la réglementation de l'appellation concernée la prévoit.

Cette réglementation définit notamment :

1° Les règles applicables par couleur de vins ;

2° Un taux maximum de concentration partielle par rapport aux volumes mis en œuvre ;

3° Les techniques de concentration autorisées, assorties le cas échéant de mesures spécifiques.

II. – La concentration partielle de moûts de raisins aptes à la production ou à l'élaboration d'un vin à appellation d'origine contrôlée ne peut être prévue dans le décret de définition de l'appellation qu'à l'issue d'une période expérimentale permettant d'établir que les caractéristiques essentielles de l'appellation d'origine contrôlée sont préservées.

Sur demande du syndicat de défense de l'appellation, le comité national des vins et eaux-de-vie de l'*(Ord. n° 2006-1547 du 7 déc. 2006, art. 6)* « Institut national de l'origine et de la qualité » (INAO) autorise l'expérimentation.

Cette expérimentation est conduite pour tout ou partie des appellations qui en ont fait la demande, selon les modalités arrêtées dans le protocole approuvé par le comité national des vins et eaux-de-vie de l'*(Ord. n° 2006-1547 du 7 déc. 2006, art. 6)* « Institut national de l'origine et de la qualité ».

L'appellation d'origine contrôlée concernée peut être revendiquée pour les vins produits à partir de moûts ayant fait l'objet d'une expérimentation sous réserve du respect du protocole d'expérimentation.

III. – En cas de production ou d'élaboration de vins à partir de moûts ayant fait l'objet d'une concentration partielle, le volume déclaré en récolte totale pour l'appellation d'origine contrôlée concernée s'entend avant élimination du volume d'eau. La mention du volume d'eau éliminée est portée sur la déclaration de récolte.

En cas de dépassement du plafond limite de classement pour le volume total déclaré et sous réserve du respect du rendement butoir, l'élimination du volume d'eau par concentration correspondant à tout ou partie de l'excédent est considérée comme satisfaisant aux obligations de livraison aux usages industriels prévues à l'article D. 641-80 du code rural et de la pêche maritime.

En cas de dépassement du rendement butoir pour le volume total déclaré, un volume de vin correspondant à ce dépassement est livré aux usages industriels conformément à l'article D. 641-80 du code rural et de la pêche maritime.

Décret n° 2012-655 du 4 mai 2012,

Relatif à l'étiquetage et à la traçabilité des produits vitivinicoles et à certaines pratiques œnologiques.

CHAPITRE PREMIER *Étiquetage*

Art. 1er Pour l'application des paragraphes 5 et 6 de l'article 56 du règlement du 14 juillet 2009 susvisé *[fixant certaines modalités d'application du règlement (CE) n° 479/2008 du Conseil en ce qui concerne les appellations d'origine protégées et les indications géographiques protégées, les mentions traditionnelles, l'étiquetage et la présentation de certains produits du secteur vitivinicole]*, le code utilisé pour remplacer le nom et l'adresse de l'embouteilleur, de l'importateur, du vendeur ou du producteur au sens du c du 1 de l'article 56 du règlement du 14 juillet 2009 susvisé est la marque ou inscription prévue à l'article 6 du décret du 31 janvier 1978 susvisé *[relatif au contrôle métrologique de certains préemballages]*, suivie du terme "France".

Le code utilisé pour la commune est le code postal précédé de la lettre "F" dans le cas où la commune est exactement identifiée par le code postal. Dans les autres cas, le code postal est complété par les trois chiffres du code géographique de la commune. Il est précédé de la lettre "F".

Lorsque le nom ou l'adresse de l'embouteilleur, du producteur, de l'importateur, du vendeur contient ou consiste en une appellation d'origine protégée ou une indication géographique protégée, ces mentions figurent :

1° Pour les produits bénéficiant d'une appellation d'origine protégée ou d'une indication géographique protégée, en caractères identiques et de même couleur ne dépassant pas la moitié des caractères utilisés pour l'appellation d'origine protégée ou l'indication géographique protégée ou en utilisant le code prévu au premier alinéa du présent article ;

2° Pour les produits ne bénéficiant pas d'une appellation d'origine protégée ou d'une indication géographique protégée, en utilisant le code prévu au premier alinéa du présent article.

Art. 2 **S'agissant des vins mousseux mentionnés au *c* du 1 de l'article 56 du règlement du 14 juillet 2009 susvisé, le terme : "producteur", défini à ce même article, peut être remplacé par le terme : "élaborateur" ou par la mention : "élaboré par".**

L'indication du producteur ou de l'élaborateur figure dans l'étiquetage de ces mêmes vins lorsqu'ils bénéficient d'une appellation d'origine protégée ou d'une indication géographique protégée.

Art. 3 **L'étiquetage d'un vin ne bénéficiant pas d'une appellation d'origine protégée ou d'une indication géographique protégée peut être complété par un ou plusieurs noms de cépages, à l'exception des noms de cépage suivants : Aligoté, Altesse, Clairette, Gewurztraminer, Gringet, Jacquère, Mondeuse, Persan, Poulsard, Riesling, Savagnin, Sylvaner et Trousseau.**

Dans l'étiquetage d'un vin bénéficiant d'une appellation d'origine protégée ou d'une indication géographique protégée, les noms de plusieurs cépages peuvent figurer, sous réserve que chacun de ces cépages représente plus de 15 % de l'assemblage du vin.

Art. 4 **Les distinctions ou les médailles attribuées dans le cadre de concours par des organismes établis en France peuvent figurer dans l'étiquetage des produits vitivinicoles mentionnés aux 1 à 11, 13, 15 et 16 de** *(Décr. n° 2014-1489 du 11 déc. 2014, art. 4)* **« l'annexe VII, partie II, du règlement (UE) n° 1308/2013 du Parlement européen et du Conseil du 17 décembre 2013 portant organisation commune des marchés des produits agricoles et abrogeant les règlements (CEE) n° 922/72, (CEE) n° 234/79, (CE) n° 1037/2001 et (CE) n° 1234/2007 du Conseil » et produits en France à condition que le concours soit inscrit sur une liste établie par le ministre chargé de la consommation et publiée au *Bulletin officiel de la concurrence, de la consommation et de la répression des fraudes*. Seuls les lots primés peuvent mentionner dans leur étiquetage les distinctions ou médailles obtenues.**

Un arrêté du ministre chargé de la consommation précise les règles, notamment celles relatives aux garanties de compétence et d'impartialité de l'organisateur du concours, permettant l'inscription des concours vitivinicoles sur la liste mentionnée au présent article. – *V. Arr. du 13 févr. 2013 (JO 22 févr.).*

Art. 5 **L'étiquetage des vins bénéficiant d'une appellation d'origine protégée ou d'une indication géographique protégée peut mentionner le nom d'une unité géographique plus petite que la zone qui est à la base de l'appellation d'origine protégée ou de l'indication géographique protégée si les conditions suivantes sont remplies :**

***a)* Tous les raisins à partir desquels ces vins ont été obtenus proviennent de cette unité plus petite ;**

***b)* Cette possibilité est prévue dans le cahier des charges de l'appellation d'origine protégée ou de l'indication géographique protégée.**

L'étiquetage des vins bénéficiant d'une appellation d'origine protégée ou d'une indication géographique protégée peut mentionner le nom d'une unité géographique plus grande que la zone qui est à la base de l'appellation d'origine protégée ou de l'indication géographique protégée si le cahier des charges de l'appellation d'origine protégée ou de l'indication géographique protégée le prévoit.

Art. 6 **Au sens du présent décret, l'exploitation vitivinicole consiste en une entité déterminée constituée de parcelles viticoles, de bâtiments et équipements particuliers, et disposant pour la vinification et la conservation du vin d'une cuverie particulière individualisée ou identifiée au sein d'une cave coopérative de vinification dont elle fait partie.**

Seuls les vins figurant au titre de la déclaration de récolte et au titre de la déclaration de production de l'exploitant, au sens des articles 8 et 9 du règlement du 26 mai 2009 susvisé *[portant modalités d'application du Règl. (CE) n° 479/2008 du Conseil en ce qui concerne le casier* *viticole, les déclarations obligatoires et l'établissement des informations pour le suivi du marché, les documents accompagnant les transports des produits et les registres à tenir dans le secteur vitivinicole]*, peuvent bénéficier du nom de l'exploitation.

Art. 7 Les mentions : "château", "clos", "cru" et "hospices" sont réservées aux vins bénéficiant d'une appellation d'origine protégée lorsque les vins sont issus de raisins récoltés sur les parcelles d'une exploitation ainsi dénommée et vinifiés dans cette exploitation. En outre, la mention : « cru » désigne une exploitation ayant acquis sa notoriété sous ce nom depuis au moins dix ans.

Le terme : "clos" peut également être utilisé pour des vins bénéficiant d'une appellation d'origine protégée :

a) Issus de raisins provenant exclusivement de parcelles de vignes effectivement délimitées par une clôture formée de murs ou de haies vives ; ou

b) Dont l'appellation comporte ce terme.

Le terme : "cru" peut être utilisé, dans des conditions fixées par le cahier des charges, pour désigner :

a) Une unité géographique plus grande à laquelle peut prétendre le vin sur le fondement de l'article L. 644-7 du code rural et de la pêche maritime ou du quatrième alinéa de l'article 5 ;

b) Une unité géographique plus petite, à laquelle le vin peut prétendre sur le fondement des trois premiers alinéas de l'article 5.

Les mots : "abbaye", "bastide", "campagne", "chapelle", "commanderie", "domaine", "mas", "manoir", "monastère", "monopole", "moulin", "prieuré" et « tour » sont réservés aux vins bénéficiant d'une appellation d'origine protégée ou d'une indication géographique protégée issus des raisins récoltés sur les parcelles d'une exploitation ainsi dénommée et vinifiés dans cette exploitation.

Art. 8 En cas de création d'une nouvelle exploitation viticole par réunion de plusieurs exploitations viticoles répondant aux conditions ci-dessus, le nom de chaque exploitation, précédé par un des termes susvisés sous lequel tout ou partie de la production a été antérieurement mise en marché, peut continuer à être utilisé.

Dans ce cas, les raisins sont vinifiés :

a) Soit dans chacune des anciennes exploitations viticoles ;

b) Soit séparément dans les bâtiments de l'une d'elles ou dans les bâtiments propres à l'exploitation résultant du regroupement.

Pour les vins issus de la nouvelle exploitation telle que définie ci-dessus, l'emploi du nom des anciennes exploitations ainsi regroupées exclut l'utilisation d'un nouveau nom de ladite exploitation.

Art. 9 Les exploitations viticoles qui ont acquis leur notoriété sous deux noms différents avant le 7 janvier 1983 peuvent continuer à utiliser ces noms.

Art. 10 Les mentions : "mis en bouteille" suivies des termes : "abbaye", "bastide", "campagne", "chapelle", "château", "clos", "commanderie", "cru", "domaine", "hospices", "mas", "manoir", "monastère", "monopole", "moulin", "prieuré" et "tour" peuvent être utilisées pour un vin ou un vin de liqueur bénéficiant d'une appellation d'origine protégée ou d'une indication géographique protégée si celui-ci n'a pas été, à un moment quelconque avant la mise en bouteille, transporté hors de l'exploitation viticole dont il revendique le nom et où il a été vinifié.

La mention : "mis en bouteille à la propriété" peut être utilisée pour un vin ou un vin de liqueur bénéficiant d'une appellation d'origine protégée ou d'une indication géographique protégée si cette mise en bouteille a été effectuée dans l'exploitation viticole où ont été récoltés et vinifiés les raisins ou dans la cave coopérative qui a procédé à la vinification.

La mention : "mis en bouteille dans la région de production" peut être utilisée pour un vin ou un vin de liqueur bénéficiant d'une appellation d'origine protégée ou d'une indication géographique protégée, si cette mise en bouteille a été effectuée dans la zone géographique délimitée de l'appellation d'origine protégée ou de l'indication géographique protégée concernée ou dans la zone de proximité immédiate de l'aire de production définie dans le cahier des charges de l'appellation d'origine protégée ou de l'indication géographique protégée concernée.

Art. 11 Les mentions relatives à la fermentation, à l'élevage et au vieillissement des vins prévues au 2 de l'article 66 du règlement du 14 juillet 2009 susvisé peuvent être indiquées dès lors que l'ensemble du vin revendiquant une de ces mentions a été fermenté, élevé ou vieilli dans des récipients en bois et que, pour 50 % au moins de son volume, il l'a été pendant une durée minimale de six mois.

Pour les vins de liqueur, les qualificatifs : "vieux", "très vieux" et "extravieux" sont réservés aux vins de liqueur bénéficiant d'une appellation d'origine protégée pour lesquels ces termes sont définis dans leur cahier des charges.

La mention : "blanc de blanc" ou "blanc de blancs" est réservée aux produits vitivinicoles mentionnés aux 1 à 11, 13, 15 et 16 de *(Décr. n° 2014-1489 du 11 déc. 2014, art. 4)* « l'annexe VII, partie II, du règlement (UE) n° 1308/2013 du Parlement européen et du Conseil du 17 décembre 2013 portant organisation commune des marchés des produits agricoles et abrogeant les règlements (CEE) n° 922/72, (CEE) n° 234/79, (CE) n° 1037/2001 et (CE) n° 1234/2007 du Conseil », produits en France et issus de la fermentation exclusive de jus de raisins blancs.

L'indication de l'année de récolte est obligatoire dans l'étiquetage des vins comportant le qualificatif : "primeur" ou "nouveau". La taille des caractères de l'indication du millésime est au moins équivalente à celle des mentions : "nouveau" ou "primeur".

Les termes : "appellation d'origine protégée" peuvent être omis pour les vins mousseux de qualité bénéficiant de l'appellation d'origine protégée "Champagne".

Art. 12 Un arrêté du ministre chargé de la consommation détermine les modalités selon lesquelles des mentions d'étiquetage dérogeant à la réglementation communautaire peuvent être autorisées par le même ministre dans la présentation des vins destinés à l'exportation, lorsqu'elles sont exigées par la législation du pays tiers. Ces autorisations font l'objet d'un avis publié au *Bulletin officiel de la concurrence, de la consommation et de la répression des fraudes*.

CHAPITRE II *Traçabilité*

Art. 13 Les vins et les vins de liqueur préemballés en France peuvent être mis en circulation s'ils répondent aux conditions suivantes :

a) Outre l'indication permettant d'identifier le lot, est portée sur chaque préemballage l'identification de la personne qui a procédé à l'embouteillage. Cette identification figure sur le dispositif de fermeture non récupérable ou sur le récipient, en clair ou en utilisant le code prévu au premier alinéa de l'article 1er ;

b) L'indication permettant d'identifier le lot figure également dans le registre : "embouteillage" pour le vin en question. Il est reporté sur les registres : "entrée" et "sortie" de l'expéditeur et du destinataire.

Dès lors que ces produits vitivinicoles sont transférés hors de la région administrative dans laquelle ils ont été embouteillés, une information comportant les nom et adresse du destinataire est transmise avant l'expédition à la direction régionale des entreprises, de la concurrence, de la consommation, du travail et de l'emploi de la région d'embouteillage.

Art. 14 Dès leur mise en circulation en dehors de leur aire d'élaboration ou de production, les vins mousseux, les vins mousseux de qualité et les vins mousseux de qualité de type aromatique, élaborés en France et bénéficiant d'une appellation d'origine protégée ou d'une indication géographique protégée comportent le nom de l'appellation d'origine ou de l'indication géographique protégée inscrit sur la partie du bouchon contenue dans le col de la bouteille et sont étiquetés conformément à la réglementation en vigueur.

Art. 15 Tous les récipients pour l'entreposage des produits vitivinicoles mentionnés à *(Décr. n° 2014-1489 du 11 déc. 2014, art. 4)* « l'annexe VII, partie II, du règlement (UE) n° 1308/2013 du 17 décembre 2013 portant organisation commune des marchés des produits agricoles et abrogeant les règlements (CEE) n° 922/72, (CEE) n° 234/79, (CE) n° 1037/2001 et (CE) n° 1234/2007 du Conseil » portent les indications permettant d'identifier ces produits au regard de leur catégorie, de leur dénomination de vente et des mentions facultatives mentionnées à *(Décr. n° 2014-1489 du 11 déc. 2014, art. 4)* « l'article 120 » de ce dernier règlement pour autant qu'il est envisagé de les faire figurer dans l'étiquetage.

Ces indications peuvent être remplacées en tout ou partie :

a) Soit par un numéro permettant d'identifier le produit. Ce numéro est inscrit dans un registre ou un document en tenant lieu, y compris dans un système informatisé de traitement comptable, permettant d'établir la correspondance entre ce numéro de lot et les indications auxquelles il se substitue ;

b) Soit par un codage permettant d'identifier le produit d'après un tableau de correspondance établi par l'opérateur et annexé à son registre d'entrée et de sortie des produits vitivinicoles prévu à l'article 38 du règlement du 26 mai 2009 susvisé. Ce tableau de correspondance comporte la date de chaque modification. Les versions successives de ce tableau sont conservées, y compris leurs dates, avec ce registre.

Dans tous les cas, les opérateurs tiennent à la disposition des agents chargés du contrôle un document en version papier sur lequel figurent les éléments d'identification des produits au regard du numéro de lot ou du code correspondant, afin de permettre la réalisation à tout moment d'un recensement des vins détenus.

Art. 16 Les vins ne bénéficiant pas d'une appellation d'origine protégée ou d'une indication géographique protégée font l'objet d'une déclaration distincte par cépage sur la déclaration de récolte ou de production pour autant qu'il est envisagé de faire figurer le nom du cépage dans la désignation du vin lors de sa commercialisation.

La désignation des produits vitivinicoles mentionnés aux 1 à 11, 13, 15 et 16 de *(Décr. nº 2014-1489 du 11 déc. 2014, art. 4)* « l'annexe VII, partie II, du règlement (UE) nº 1308/2013 du Parlement européen et du Conseil du 17 décembre 2013 portant organisation commune des marchés des produits agricoles et abrogeant les règlements (CEE) nº 922/72, (CEE) nº 234/79, (CE) nº 1037/2001 et (CE) nº 1234/2007 du Conseil » et produits en France est complétée sur les documents d'accompagnement et dans les registres par la mention de leur couleur : "blanc", "rouge" ou "rosé" et du nom de l'exploitation viticole mentionnée à l'article 57 du règlement du 14 juillet 2009 susvisé pour autant que cette dernière mention figure ou qu'il est envisagé de la faire figurer dans l'étiquetage du produit.

Pour le transport des produits vitivinicoles mentionnés à l'alinéa précédent, la désignation du produit vitivinicole sur les documents d'accompagnement comporte les indications facultatives définies à l'article 118 *septvicies* du même règlement et celle du nom de l'exploitation, pour autant qu'elles figurent ou qu'il est envisagé de les faire figurer dans l'étiquetage du produit.

CHAPITRE III *Pratiques œnologiques*

Art. 17 Pour les vins produits en France, le coupage d'un vin blanc et d'un vin rouge ou rosé ne peut pas produire un vin rosé. Toutefois, ce coupage est admis lorsque le produit obtenu est destiné à l'élaboration d'un vin mousseux, d'un vin mousseux de qualité, d'un vin mousseux de qualité de type aromatique ou d'un vin pétillant.

Art. 18 à 25 *V. C. consom.* **.**

CHAPITRE IV *Dispositions diverses et finales*

Art. 26 *V. C. consom., art. R. 412-21.*

Art. 27 *V. Décr. du 19 août 1921, art. 13, supra.*

Art. 28 Sont abrogés :

1º Les dispositions du 4º, en ce qui concerne les vins et les vins mousseux, et du 5º de l'article 13 du décret du 19 août 1921 susvisé ;

2º Le décret nº 55-672 du 20 mai 1955 autorisant certains procédés de traitement des vins ;

3º Le décret nº 67-1007 du 15 novembre 1967 relatif à la commercialisation des vins à appellation d'origine ;

4º Le décret nº 2001-510 du 12 juin 2001 portant application du code de la consommation en ce qui concerne les vins, vins mousseux, vins pétillants et vins de liqueurs.

Art. 29 Les dispositions du présent décret entrent en vigueur le 1er juillet 2012.

Art. 30 Les vins mis sur le marché ou étiquetés jusqu'au 30 juin 2013 et qui sont conformes aux dispositions en vigueur jusqu'au 1er juillet 2012 peuvent être commercialisés jusqu'à épuisement de leur stock.

TABLES

TABLE DE CORRESPONDANCE

PARTIE LÉGISLATIVE DU CODE DE LA CONSOMMATION

ANCIENS ARTICLES	NOUVEAUX ARTICLES
Nouvel article :	
	L. 211-4
	L. 212-2
	L. 215-5
	L. 221-19
	L. 222-4
	L. 222-8
	L. 222-17
	L. 224-26
	L. 224-95
	L. 224-101
	L. 224-102
	L. 224-103
	L. 224-104
	L. 224-105
	L. 224-106
	L. 224-107
	L. 224-108
	L. 242-40
	L. 242-41
	L. 242-42
	L. 242-43
	L. 242-44
	L. 242-45
	L. 312-20
	L. 313-12
	L. 313-13
	L. 313-14
	L. 313-15
	L. 313-16
	L. 313-17
	L. 313-18
	L. 313-19
	L. 313-20
	L. 313-21
	L. 313-22
	L. 313-23
	L. 314-22
	L. 341-23
	L. 341-24
	L. 341-25
	L. 341-26
	L. 341-27
	L. 341-28
	L. 341-29
	L. 341-30
	L. 341-31
	L. 341-32
	L. 341-33
	L. 341-45
	L. 341-46
	L. 341-47
	L. 341-52
	L. 412-6
	L. 545-6
	L. 511-1
	L. 512-1
	L. 512-25
	L. 512-38
	L. 521-25
	L. 521-26
	L. 712-2
	L. 722-1
Code de la consommation :	
Art. L. 111-1	L. 111-1
Art. L. 111-2, I	L. 111-2
Art. L. 111-2, II	L. 111-3
Art. L. 111-3	L. 111-4
Art. L. 111-4, I	L. 111-5
Art. L. 111-4, II	L. 111-3
Art. L. 111-5	L. 111-6
Art. L. 111-5-1	L. 111-7
Art. L. 111-6, sanction - informations précontractuelles	L. 131-1
Art. L. 111-6, sanction - information pièces détachées	L. 131-2
Art. L. 111-6-1, sanction - information comparateurs	L. 131-3

ANCIENS ARTICLES	NOUVEAUX ARTICLES
Art. L. 111-6-1, sanction - information plateformes	L. 131-4
Art. L. 111-7	L. 111-8
Art. L. 112-2	L. 431-3
Art. L. 112-3	non repris
Art. L. 112-4	L. 432-7
Art. L. 112-5	L. 512-7
Art. L. 112-8	non repris
Art. L. 112-9	non repris
Art. L. 112-11	L. 412-4
Art. L. 112-12	L. 412-5
Art. L. 112-13	L. 412-3
Art. L. 113-1	non repris
Art. L. 113-2	non repris
Art. L. 113-3, al. 1er	L. 112-1
Art. L. 113-3, al. 2	L. 141-1
Art. L. 113-3, al. 3 et 4, info précontractuelle	L. 112-2
Art. L. 113-3, al. 4, relations clients	L. 224-100
Art. L. 113-3-1, I	L. 112-3
Art. L. 113-3-1, II	L. 112-4
Art. L. 113-3-2, sanction - information sur les prix	L. 131-5
Art. L. 113-3-2, sanction - calcul du prix	L. 131-6
Art. L. 113-3-3, I et II	L. 112-5
Art. L. 113-3-3, III	L. 112-6
Art. L. 113-4	L. 112-7
Art. L. 113-5	L. 121-16
Art. L. 113-6	L. 132-21
Art. L. 114-1	L. 121-17
Art. L. 114-2	L. 132-22
Art. L. 114-3	L. 121-18
Art. L. 115-1	L. 431-1
Art. L. 115-2	L. 431-4
Art. L. 115-3	L. 431-4
Art. L. 115-4	L. 431-4
Art. L. 115-5	L. 431-5
Art. L. 115-6	non repris
Art. L. 15-7	non repris
Art. L. 15-8	L. 431-6
Art. L. 115-15	non repris
Art. L. 115-16, affichage en *facteur commun*	L. 453-10
Art. L. 115-16, al. 1er à 8, hors sanction	L. 431-2
Art. L. 115-16, peine principale	L. 453-1
Art. L. 115-16, peines complémentaires pers. physiques et morales en facteur commun	L. 453-9
Art. L. 115-17	L. 431-7
Art. L. 115-18, al. 1er	L. 453-2
Art. L. 115-18, al. 2	L. 453-3
Art. L. 115-18, renvoi à l'art. L. 115-17	L. 431-7
Art. L. 115-19	L. 432-1
Art. L. 115-20, al. 1er à 8, hors sanction	L. 432-2
Art. L. 115-20, peine principale	L. 453-4
Art. L. 115-21	L. 432-3
Art. L. 115-22, al. 1er à 7, hors sanction	L. 432-4
Art. L. 115-22, peine principale	L. 453-5
Art. L. 115-23	L. 432-5
Art. L. 115-24, al. 1er à 6, hors sanction	L. 432-6
Art. L. 115-24, peine principale	L. 453-6
Art. L. 115-25	L. 433-1
Art. L. 115-26, al. 1er à 8, hors sanction	L. 433-2
Art. L. 115-26, peine principale	L. 453-7
Art. L. 115-26-1	L. 511-13
Art. L. 115-27	L. 433-3
Art. L. 115-28, al. 1er	L. 433-4
Art. L. 115-28, al. 2	L. 433-5
Art. L. 115-28, al. 3	L. 433-6
Art. L. 115-28, al. 4	L. 433-7
Art. L. 115-29	L. 433-8
Art. L. 115-30, al. 1er à 4, hors sanction	L. 433-9
Art. L. 115-30, peine principale	L. 453-8
Art. L. 115-31, al. 5, agents santé	L. 511-23
Art. L. 115-31, al. 2	non repris
Art. L. 115-31, al. 4, agents CCRF	L. 511-11
Art. L. 115-31, autres agents sauf santé	L. 511-22
Art. L. 115-32	L. 433-10
Art. L. 115-33	L. 433-11
Art. L. 117-1, al. 1er, 2 et 4	L. 113-1
Art. L. 117-1, al. 3	L. 113-2

ANCIENS ARTICLES	NOUVEAUX ARTICLES
Art. L. 120-1	L. 121-1
Art. L. 121-1, I	L. 121-2
Art. L. 121-1, II	L. 121-3
Art. L. 121-1, III	L. 121-5
Art. L. 121-1-1, al. 1er à 26	L. 121-4
Art. L. 121-1-1, al. 27	L. 121-5
Art. L. 121-2, al. 1er, agents CCRF	L. 511-5
Art. L. 121-2, al. 1er, autres agents	L. 511-20
Art. L. 121-2, al. 1er, contrôle PCT	L. 512-15
Art. L. 121-3	L. 132-8
Art. L. 121-4	L. 132-4
Art. L. 121-5	L. 132-1
Art. L. 121-6, al. 1er et 2	L. 132-2
Art. L. 121-6, peines complémentaires	L. 132-3
Art. L. 121-7, al. 1er	L. 132-6
Art. L. 121-7, al. 2, sanctions annonces	L. 132-5
Art. L. 121-7, al. 2, sanction refus de communication	L. 132-7
Art. L. 121-7, al. 2, sanction messages - falsifications	L. 451-8
Art. L. 121-7, al. 2, sanction messages pour l'art. L. 216-8	L. 452-4
Art. L. 121-7, sanction cessation	L. 132-9
Art. L. 121-8	L. 122-1
Art. L. 121-9	L. 122-2
Art. L. 121-10	L. 122-3
Art. L. 121-11	L. 122-4
Art. L. 121-12	L. 122-5
Art. L. 121-12, 1re phrase partielle, renvoi aux pouvoirs de l'art. L. 121-2	L. 512-15
Art. L. 121-13	L. 122-6
Art. L. 121-14, al. 1er	L. 132-25
Art. L. 121-14, al. 2	L. 122-7
Art. L. 121-15, al. 1er à 5	L. 121-22
Art. L. 121-15, al. 6	L. 132-24
Art. L. 121-15-1	L. 122-8
Art. L. 121-15-2	L. 122-9
Art. L. 121-15-3, al. 1er	L. 122-10
Art. L. 121-15-3, al. 2	L. 132-26
Art. L. 121-15-4	L. 122-11

ANCIENS ARTICLES	NOUVEAUX ARTICLES
Art. L. 121-16	L. 221-1
Art. L. 121-16-1, I	L. 221-2
Art. L. 121-16-1, III	L. 221-3
Art. L. 121-16-2	L. 221-4
Art. L. 121-17, I	L. 221-5
Art. L. 121-17, II	L. 221-6
Art. L. 121-17, III	L. 221-7
Art. L. 121-18	L. 221-8
Art. L. 121-18-1, al. 1er, nullité	L. 242-1
Art. L. 121-18-1, hors sanction	L. 221-9
Art. L. 121-18-2	L. 221-10
Art. L. 121-19	L. 221-11
Art. L. 121-19-1	L. 221-12
Art. L. 121-19-2	L. 221-13
Art. L. 121-19-3, al. 2, nullité	L. 242-2
Art. L. 121-19-3, hors sanction	L. 221-14
Art. L. 121-19-4	L. 221-15
Art. L. 121-20	L. 221-16
Art. L. 121-21, al. 1er, nullité	L. 242-3
Art. L. 121-21, hors sanction	L. 221-18
Art. L. 121-21-1	L. 221-20
Art. L. 121-21-2, al. 1er et 2	L. 221-21
Art. L. 121-21-2, al. 3	L. 221-22
Art. L. 121-21-3	L. 221-23
Art. L. 121-21-4, al. 1er, 2, 4 et 5	L. 221-24
Art. L. 121-21-4, al. 2, sanction	L. 242-4
Art. L. 121-21-5	L. 221-25
Art. L. 121-21-6	L. 221-26
Art. L. 121-21-7	L. 221-27
Art. L. 121-21-8	L. 221-28
Art. L. 121-22, sanction obligation d'information	L. 242-10
Art. L. 121-22, sanction confirmation contrat	L. 242-11
Art. L. 121-22, sanction démarchage téléphonique	L. 242-12
Art. L. 121-22-1	L. 242-13
Art. L. 121-23, al. 1er, sanction contrat non conforme	L. 242-5

ANCIENS ARTICLES	NOUVEAUX ARTICLES
Art. L. 121-23, al. 1er, sanction formulaire	L. 242-6
Art. L. 121-23, al. 1er, sanction contrepartie	L. 242-7
Art. L. 121-23, al. 3	L. 242-9
Art. L. 121-23, al. 2 et 4, peines complémentaires	L. 242-8
Art. L. 121-24	L. 232-3
Art. L. 121-25	L. 221-29
Art. L. 121-26, al. 1er	L. 222-2
Art. L. 121-26, al. 2	L. 222-1
Art. L. 121-26-1	L. 222-3
Art. L. 121-27	L. 222-5
Art. L. 121-28	L. 222-6
Art. L. 121-29, I	L. 222-7
Art. L. 121-29, II	L. 222-9
Art. L. 121-29, III	L. 222-10
Art. L. 121-29, IV, al. 1er	L. 222-11
Art. L. 121-29, IV, al. 2 et 3	L. 222-12
Art. L. 121-30, I, al. 1er et 2	L. 222-13
Art. L. 121-30, I, al. 3	L. 222-14
Art. L. 121-30, II, hors sanction	L. 222-15
Art. L. 121-30, sanction	L. 242-15
Art. L. 121-31	L. 222-16
Art. L. 121-32	L. 232-4
Art. L. 121-33	L. 222-18
Art. L. 121-34, al. 1er et 2	L. 223-1
Art. L. 121-34, al. 3	L. 223-2
Art. L. 121-34, al. 4	L. 223-3
Art. L. 121-34, al. 5 et 6	L. 223-4
Art. L. 121-34, al. 7	L. 223-5
Art. L. 121-34, al. 8	L. 223-6
Art. L. 121-34-1	L. 242-16
Art. L. 121-34-1-1	L. 223-7
Art. L. 121-34-2, al. 1er à 3	L. 221-17
Art. L. 121-34-2, al. 4	L. 242-14
Art. L. 121-35, al. 1er, 4 et 5	L. 121-19
Art. L. 121-36	L. 121-20
Art. L. 121-42, al. 1er et 2	L. 224-43
Art. L. 121-42, al. 3	L. 224-44
Art. L. 121-42, al. 4	L. 224-45
Art. L. 121-42, al. 5 et 6	L. 224-46
Art. L. 121-42, al. 7	L. 224-47
Art. L. 121-42, al. 8	L. 224-48
Art. L. 121-43	L. 224-49
Art. L. 121-44	L. 224-50
Art. L. 121-45, al. 1er et 2 et 1re phrase de l'al. 3	L. 224-51
Art. L. 121-45, 2e phrase de l'al. 3	L. 224-52
Art. L. 121-46	L. 224-53
Art. L. 121-47	L. 224-54
Art. L. 121-48	L. 224-55
Art. L. 121-49	L. 242-21
Art. L. 121-49, al. 2	L. 511-5
Art. L. 121-50	L. 122-12
Art. L. 121-51	L. 122-13
Art. L. 121-52, al. 1er	L. 122-14
Art. L. 121-52, al. 2	L. 122-15
Art. L. 121-53	L. 122-16
Art. L. 121-60	L. 224-69
Art. L. 121-61	L. 224-70
Art. L. 121-62, al. 1er	L. 224-71
Art. L. 121-62, al. 2	L. 224-72
Art. L. 121-63	L. 224-73
Art. L. 121-64	L. 224-74
Art. L. 121-65	L. 224-75
Art. L. 121-66	L. 224-76
Art. L. 121-67	L. 224-77
Art. L. 121-68	L. 224-78
Art. L. 121-69	L. 224-79
Art. L. 121-70	L. 224-80
Art. L. 121-71	L. 224-81
Art. L. 121-72	L. 224-82
Art. L. 121-73	L. 224-83
Art. L. 121-74	L. 224-84
Art. L. 121-75	L. 224-85
Art. L. 121-76	L. 224-87
Art. L. 121-77	L. 224-86
Art. L. 121-78	L. 224-88
Art. L. 121-79	L. 232-5
Art. L. 121-79-1	L. 232-6
Art. L. 121-79-2, al. 1er et 3	L. 242-27
Art. L. 121-79-2, al. 1er et 2	L. 242-28
Art. L. 121-79-3, al. 1er	L. 242-29
Art. L. 121-79-3, al. 2	L. 242-30
Art. L. 121-79-4	L. 242-31
Art. L. 121-79-5, 1re phrase	L. 224-89
Art. L. 121-79-5, sanctions civiles	L. 242-26
Art. L. 121-80	L. 122-17
Art. L. 121-81	L. 122-18

ANCIENS ARTICLES	NOUVEAUX ARTICLES
Art. L. 121-82, peines principales	L. 132-27
Art. L. 121-82, peines complémentaires	L. 132-28
Art. L. 121-82-1, al. 1er	L. 122-19
Art. L. 121-82-1, al. 2 et 3	L. 122-20
Art. L. 121-82-2	L. 122-21
Art. L. 121-83	L. 224-30
Art. L. 121-83-1	L. 224-27
Art. L. 121-83-2, dernière phrase	L. 224-32
Art. L. 121-83-2, sauf dernière phrase	L. 224-31
Art. L. 121-84, al. 1er et 2	L. 224-33
Art. L. 121-84, al. 3	L. 224-29
Art. L. 121-84-1, al. 1er et 2	L. 224-35
Art. L. 121-84-1, al. 3	L. 242-19
Art. L. 121-84-2	L. 224-39
Art. L. 121-84-3	L. 224-36
Art. L. 121-84-4	L. 224-34
Art. L. 121-84-5	L. 224-38
Art. L. 121-84-6	L. 224-28
Art. L. 121-84-7	L. 224-40
Art. L. 121-84-8	L. 224-56
Art. L. 121-84-9	L. 224-41
Art. L. 121-84-10	L. 224-57
Art. L. 121-84-10-1	L. 224-37
Art. L. 121-84-11	L. 224-58
Art. L. 121-85	L. 224-42
Art. L. 121-85-1	L. 242-20
Art. L. 121-86	L. 224-1
Art. L. 121-87, 1re phrase de l'al. 19	L. 224-4
Art. L. 121-87, 2e phrase de l'al. 19 et al. 20 et 21	L. 224-6
Art. L. 121-87, al. 1er à 18	L. 224-3
Art. L. 121-88	L. 224-7
Art. L. 121-89, 1re phrase	L. 224-5
Art. L. 121-89, al. 2, trois premières phrases	L. 224-14
Art. L. 121-89, al. 2, dernière phrase, al. 3 et 4	L. 224-15
Art. L. 121-90	L. 224-10
Art. L. 121-91, al. 1er	L. 224-11
Art. L. 121-91, al. 2 à 5	L. 224-12
Art. L. 121-91-1	L. 224-12
Art. L. 121-92, al. 1er et 2	L. 224-8
Art. L. 121-92, al. 3	L. 224-9
Art. L. 121-92-1	L. 224-13
Art. L. 121-93	L. 224-2
Art. L. 121-94	L. 224-16
Art. L. 121-95	L. 224-63
Art. L. 121-96	L. 224-64
Art. L. 121-97, al. 1er, 1re phrase	L. 224-59
Art. L. 121-97, al. 1er, 2e phrase	L. 224-60
Art. L. 121-97, al. 3	L. 224-61
Art. L. 121-98, al. 1er et 2, al. 3, hors sanction et al. 4	L. 224-62
Art. L. 121-98, al. 4, sanction	L. 242-22
Art. L. 121-98-1	L. 242-23
Art. L. 121-99	L. 224-96
Art. L. 121-100	L. 224-97
Art. L. 121-101, al. 1er, nullité	L. 242-34
Art. L. 121-101, hors sanction	L. 224-98
Art. L. 121-102, al. 1er et 2	L. 224-99
Art. L. 121-102, al. 3	L. 242-35
Art. L. 121-103	L. 242-39
Art. L. 121-104, al. 1er, sanction contrat	L. 242-36
Art. L. 121-104, al. 1er, sanction rétractation	L. 242-37
Art. L. 121-104, al. 2 et 3	L. 242-38
Art. L. 121-105	L. 224-65
Art. L. 121-106	L. 224-17
Art. L. 121-107, al. 1er à 12	L. 224-18
Art. L. 121-107, al. 13	L. 224-20
Art. L. 121-108	L. 224-19
Art. L. 121-109	L. 224-21
Art. L. 121-110	L. 224-22
Art. L. 121-111, al. 1er, 2 et 4	L. 224-23
Art. L. 121-111, al. 3	L. 242-17
Art. L. 121-112, 1re phrase	L. 224-25
Art. L. 121-112, 2e phrase	L. 224-24
Art. L. 121-113	L. 511-5
Art. L. 121-114	L. 242-18
Art. L. 121-116	L. 224-68
Art. L. 121-117	L. 224-67
Art. L. 121-118	L. 224-66
Art. L. 121-119, sanction transport aérien	L. 242-24
Art. L. 121-119, sanction automobile	L. 242-25

ANCIENS ARTICLES	NOUVEAUX ARTICLES
Art. L. 122-1	L. 121-11
Art. L. 122-3, al. 1er et 5	L. 121-12
Art. L. 122-3, al. 2, peines principales	L. 132-17
Art. L. 122-3, al. 2, peines complémentaires	L. 132-18
Art. L. 122-3, al. 3 et 4	L. 132-16
Art. L. 122-4	L. 121-13
Art. L. 122-5	L. 121-14
Art. L. 122-6	L. 121-15
Art. L. 122-7, al. 1er et 2	L. 132-19
Art. L. 122-7, al. 3 et 4	L. 132-20
Art. L. 122-8, al. 1er, hors sanction	L. 121-8
Art. L. 122-8, al. 1er et al. 2, sanction	L. 132-14
Art. L. 122-8, al. 3 et 4	L. 132-15
Art. L. 122-8, al. 5	L. 132-13
Art. L. 122-9	L. 121-9
Art. L. 122-10	L. 121-10
Art. L. 122-11	L. 121-6
Art. L. 122-11-1	L. 121-7
Art. L. 122-12	L. 132-11
Art. L. 122-13	L. 132-12
Art. L. 122-14	L. 132-12
Art. L. 122-15	L. 132-10
Art. L. 122-16, hors sanction	L. 121-21
Art. L. 122-16, sanction	L. 132-23
Art. L. 123-6	L. 251-1
Art. L. 131-1, I	L. 214-1
Art. L. 131-1, II	L. 214-2
Art. L. 131-2	L. 214-3
Art. L. 131-3	L. 214-4
Art. L. 132-1, al. 1er à 5 et 7	L. 212-1
Art. L. 132-1, al. 9	L. 212-3
Art. L. 132-1, al. 6, 8 et 9	L. 241-1
Art. L. 132-2, al. 1er	L. 241-2
Art. L. 132-2, al. 2 et 3	L. 521-2
Art. L. 133-1	L. 211-1
Art. L. 133-2	L. 211-1
Art. L. 133-3	L. 211-2
Art. L. 133-4	L. 211-3
Art. L. 134-1	L. 114-1
Art. L. 134-2	L. 213-1
Art. L. 135-1	L. 232-1
Art. L. 136-1, al. 1er, al. 2, hors sanction et al. 3	L. 215-1

ANCIENS ARTICLES	NOUVEAUX ARTICLES
Art. L. 136-1, al. 4, service eau	L. 215-2
Art. L. 136-1, al. 4, non-professionnels	L. 215-3
Art. L. 136-1, sanctions	L. 241-3
Art. L. 136-2	L. 215-4
Art. L. 137-1	L. 218-1
Art. L. 137-2	L. 218-2
Art. L. 138-1	L. 216-1
Art. L. 138-2	L. 216-2
Art. L. 138-3, hors sanctions	L. 216-3
Art. L. 138-3, sanction	L. 241-4
Art. L. 138-4	L. 216-4
Art. L. 138-5	L. 216-5
Art. L. 138-6	L. 216-6
Art. L. 139-1	L. 231-1
Art. L. 141-1, al. 1er, renvoyant au II de l'art. L. 450-3-2 C. com.	L. 512-16
Art. L. 141-1, I	L. 511-5
Art. L. 141-1, I, al. 1er, renvoyant au III de l'art. L. 450-3 C. com.	L. 511-2
Art. L. 141-1, I, al. 1er, renvoyant à l'art. L. 450-1 C. com. - agents CCRF	L. 511-3
Art. L. 141-1, I, al. 1er, renvoyant au II *bis* de l'art. L. 450-1 C. com.	L. 511-4
Art. L. 141-1, I, al. 1er, renvoyant à l'art. L. 450-1 C. com. - autres agents	L. 511-21
Art. L. 141-1, I, al. 1er, renvoyant à l'art. L. 450-8, hors sanction	L. 512-4
Art. L. 141-1, I, al. 1er, renvoyant à l'art. L. 450-3 C. com. - lieux et moyens de transport	L. 512-5
Art. L. 141-1, I, al. 1er, renvoyant à l'al. 3 de l'art. L. 450-3 C. com. - locaux mixtes	L. 512-6
Art. L. 141-1, I, al. 1er, renvoyant à l'art. L. 450-3-2 C. com.	L. 512-7
Art. L. 141-1, I, al. 1er, renvoyant à l'al. 4 de l'art. L. 450-3 C. com. - documents	L. 512-8

ANCIENS ARTICLES	NOUVEAUX ARTICLES
Art. L. 141-1, I, al. 1er, renvoyant à la 2e phrase de l'al. 3 de l'art. L. 450-3 C. com. - moyens	L. 512-9
Art. L. 141-1, I, al. 1er, renvoyant à la 3e phrase de l'al. 4 de l'art. L. 450-3 C. com. - justifications	L. 512-10
Art. L. 141-1, I, al. 1er, renvoyant à l'al. 5 de l'art. L. 450-3 C. com. - documents informatisés	L. 512-11
Art. L. 141-1, I, al. 1er, renvoyant à l'al. 1er de l'art. L. 450-3-3 C. com.	L. 512-13
Art. L. 141-1, I, al. 1er, renvoyant à l'art. L. 450-7 C. com.	L. 512-14
Art. L. 141-1, I, al. 1er, renvoyant à l'al. 2 de l'art. L. 450-3-3 C. com.	L. 512-17
Art. L. 141-1, I, al. 1er, renvoyant à l'art. L. 450-8 C. com. - sanction	L. 531-1
Art. L. 141-1, I, dernier al.	L. 512-23
Art. L. 141-1, II	L. 511-6
Art. L. 141-1, III	L. 511-7
Art. L. 141-1, III *bis*	L. 511-8
Art. L. 141-1, IV	L. 512-3
Art. L. 141-1, V	L. 512-2
Art. L. 141-1, VI	L. 511-9
Art. L. 141-1, VII, al. 1er, injonction/obligations	L. 521-1
Art. L. 141-1, VII, al. 1er, injonction/cessation	L. 521-2
Art. L. 141-1, VII, al. 2 à 4	L. 532-1
Art. L. 141-1, VIII, 1°	L. 524-1
Art. L. 141-1, VIII, 2°	L. 524-2
Art. L. 141-1, VIII, 3°	L. 524-3
Art. L. 141-1, VIII, al. 4	L. 524-4
Art. L. 141-1, IX, 3e phrase	L. 525-1
Art. L. 141-1, X	L. 511-10
Art. L. 141-1-1	L. 521-3
Art. L. 141-1-2, I	L. 522-1
Art. L. 141-1-2, II, al. 1er	L. 522-2
Art. L. 141-1-2, II, al. 2	L. 522-3
Art. L. 141-1-2, III, PV	L. 512-2
Art. L. 141-1-2, III, copie	L. 522-4
Art. L. 141-1-2, IV	L. 522-5
Art. L. 141-1-2, V	L. 522-6
Art. L. 141-1-2, VI	non repris

ANCIENS ARTICLES	NOUVEAUX ARTICLES
Art. L. 141-1-2, VII	L. 522-7
Art. L. 141-1-2, VIII	L. 522-8
Art. L. 141-1-2, IX	L. 522-9
Art. L. 141-1-2, X	L. 522-10
Art. L. 141-2, al. 1er	L. 523-1
Art. L. 141-2, al. 2	L. 523-2
Art. L. 141-2, al. 3	L. 523-3
Art. L. 141-2, al. 4	L. 523-4
Art. L. 141-3, I	L. 512-18
Art. L. 141-3, II	L. 512-19
Art. L. 151-1, sauf a)	L. 611-1
Art. L. 151-2	L. 611-2
Art. L. 151-3	L. 611-3
Art. L. 151-4	L. 611-4
Art. L. 152-1	L. 612-1
Art. L. 152-2	L. 612-2
Art. L. 152-3	L. 612-3
Art. L. 152-4	L. 612-4
Art. L. 152-5	L. 612-5
Art. L. 153-1	L. 613-1
Art. L. 153-2	L. 613-2
Art. L. 153-3	L. 613-3
Art. L. 154-1, al. 1er	L. 614-1
Art. L. 154-1, al. 2	L. 614-4
Art. L. 154-1, al. 3	L. 614-3
Art. L. 154-1, al. 4	L. 614-2
Art. L. 154-2	L. 614-5
Art. L. 155-1, al. 1er	L. 615-1
Art. L. 155-2	L. 615-1
Art. L. 155-3	L. 615-2
Art. L. 155-4	L. 615-3
Art. L. 155-6	L. 615-4
Art. L. 156-1	L. 616-1
Art. L. 156-2	L. 616-2
Art. L. 156-3	L. 641-1
Art. L. 156-4	L. 616-3
Art. L. 211-1	L. 217-1
Art. L. 211-2	L. 217-2
Art. L. 211-3	L. 217-3
Art. L. 211-4	L. 217-4
Art. L. 211-5	L. 217-5
Art. L. 211-6	L. 217-6
Art. L. 211-7	L. 217-7
Art. L. 211-8	L. 217-8
Art. L. 211-9	L. 217-9
Art. L. 211-10	L. 217-10
Art. L. 211-11	L. 217-11
Art. L. 211-12	L. 217-12

ANCIENS ARTICLES	NOUVEAUX ARTICLES
Art. L. 211-13	L. 217-13
Art. L. 211-14	L. 217-14
Art. L. 211-15	L. 217-15
Art. L. 211-16	L. 217-16
Art. L. 211-16-1	L. 241-6
Art. L. 211-17, sanction	L. 241-5
Art. L. 211-18	L. 232-2
Art. L. 211-19	L. 217-17
Art. L. 211-20	L. 217-18
Art. L. 211-21	L. 217-19
Art. L. 211-22	L. 217-20
Art. L. 211-23	L. 241-7
Art. L. 212-1	L. 411-1
Art. L. 213-1, al. 1er, sanction	L. 454-1
Art. L. 213-1, hors sanctions	L. 441-1
Art. L. 213-2, I	L. 454-2
Art. L. 213-2, II	L. 454-3
Art. L. 213-2, III	L. 454-4
Art. L. 213-2-1	L. 452-1
Art. L. 213-3, I	L. 451-1
Art. L. 213-3, I et III, al. 2	L. 413-1
Art. L. 213-3, II, sanction	L. 451-2
Art. L. 213-3, III, al. 3	L. 413-3
Art. L. 213-3, III, al. 1er	L. 451-5
Art. L. 213-4, al. 5, amende	L. 451-5
Art. L. 213-4, al. 7	L. 413-3
Art. L. 213-4, al. 1er à 5	L. 413-2
Art. L. 213-4, sanction	L. 451-3
Art. L. 213-4, sanction aggravée	L. 451-4
Art. L. 213-4-1, I	L. 441-2
Art. L. 213-4-1, II et III	L. 454-8
Art. L. 213-5	L. 455-2
Art. L. 213-6, peines complémentaires pers. morales - falsifications	L. 451-6
Art. L. 213-6, peines complémentaires pers. morales pour l'art. L. 213-2-1	L. 452-2
Art. L. 213-6, peines complémentaires pers. morales - tromperie	L. 454-5
Art. L. 214-1, al. 1er à 11	L. 412-1
Art. L. 214-3, mesures d'exécution - hors sanction	L. 412-2
Art. L. 215-1, al. habilitation	L. 512-4
Art. L. 215-1, al. 1er à 17, autres agents	L. 511-22
Art. L. 215-1, I, 1°, agents CCRF	L. 511-3
Art. L. 215-1, I, 1°, habilitation agents CCRF	L. 511-11
Art. L. 215-1, II	non repris
Art. L. 215-1, II, al. 2	L. 512-50
Art. L. 215-1-1	L. 511-2
Art. L. 215-1-2	L. 511-26
Art. L. 215-2	L. 511-12
Art. L. 215-2-1	L. 511-12
Art. L. 215-2-2	L. 511-13
Art. L. 215-2-4	L. 511-13
Art. L. 215-3, 1re phrase partielle	L. 511-15
Art. L. 215-3, al. 1er et 2, lieux et moyens de transport	L. 512-5
Art. L. 215-3, al. 3, locaux mixtes	L. 512-6
Art. L. 215-3, al. 4, documents	L. 512-8
Art. L. 215-3, fin de l'al. 4, moyens	L. 512-9
Art. L. 215-3, al. 5	L. 512-11
Art. L. 215-3, al. 6, justifications	L. 512-10
Art. L. 215-3, al. 6, 1re phrase	L. 512-23
Art. L. 215-3, al. 7	L. 512-14
Art. L. 215-3, al. 8, PV	L. 512-2
Art. L. 215-3-1	L. 512-20
Art. L. 215-3-2	L. 512-21
Art. L. 215-3-3, al. 1er	L. 512-13
Art. L. 215-3-3, al. 2	L. 512-17
Art. L. 215-3-4, I	L. 512-7
Art. L. 215-3-4, II	L. 512-16
Art. L. 215-4, 1°	L. 512-39
Art. L. 215-4, 2°	L. 512-50
Art. L. 215-5, al. 10, 1re phrase	L. 531-4
Art. L. 215-5, al. 10, 2e phrase	L. 531-5
Art. L. 215-5, al. 7	L. 512-30
Art. L. 215-5, al. 8, 1re et 3e phrases	L. 512-31
Art. L. 215-5, al. 8, 2e phrase	L. 512-32
Art. L. 215-5, al. 9	L. 512-33

ANCIENS ARTICLES	NOUVEAUX ARTICLES
Art. L. 215-5, al. 1er à 6	L. 512-29
Art. L. 215-7, al. 1er à 5	L. 512-26
Art. L. 215-7, al. 6	L. 512-27
Art. L. 215-7, al. 7 à 9	L. 512-28
Art. L. 215-7, al. 10	L. 531-3
Art. L. 215-8, al. 1er	L. 512-34
Art. L. 215-8, al. 2 à 5	L. 512-35
Art. L. 215-8, al. 6	L. 512-36
Art. L. 215-8, al. 7, 1re et 2e phrase	L. 512-37
Art. L. 215-9, al. 1er, remboursement	L. 512-24
Art. L. 215-9, al. 2	L. 512-23
Art. L. 215-9, contradictoire	L. 512-39
Art. L. 215-10	L. 512-40
Art. L. 215-11	L. 512-41
Art. L. 215-12	L. 512-42
Art. L. 215-13	L. 512-43
Art. L. 215-14, al. 1er	L. 512-44
Art. L. 215-14, al. 2	L. 512-45
Art. L. 215-14-1	L. 512-45
Art. L. 215-15	L. 512-47
Art. L. 215-16	L. 512-48
Art. L. 215-17	L. 512-49
Art. L. 215-18, I	L. 512-51
Art. L. 215-18, II, al. 1er et 2	L. 512-52
Art. L. 215-18, II, al. 3	L. 512-65
Art. L. 215-18, III, al. 1er	L. 512-53
Art. L. 215-18, III, al. 2, 1re phrase	L. 512-54
Art. L. 215-18, III, al. 2, 2e phrase	L. 512-55
Art. L. 215-18, IV	L. 512-56
Art. L. 215-18, V, al. 1er	L. 512-57
Art. L. 215-18, V, al. 2 et 3	L. 512-58
Art. L. 215-18, V, al. 4, 5 et 6	L. 512-59
Art. L. 215-18, V, al. 7	L. 512-60
Art. L. 215-18, V, al. 8	L. 512-61
Art. L. 215-18, V, al. 9	L. 512-62
Art. L. 215-18, VI, al. 1er	L. 512-63
Art. L. 215-18, VI, al. 2	L. 512-64
Art. L. 215-19	L. 511-4
Art. L. 215-20	L. 524-3
Art. L. 215-21, 3e phrase	L. 525-1
Art. L. 216-1	non repris
Art. L. 216-2	non repris

ANCIENS ARTICLES	NOUVEAUX ARTICLES
Art. L. 216-3, affichage en facteur commun	L. 454-7
Art. L. 216-3, al. 7	L. 451-7
Art. L. 216-3, saisie	L. 531-5
Art. L. 216-4	non repris
Art. L. 216-6	abrogé
Art. L. 216-7	L. 455-1
Art. L. 216-8, al. 1er à 4 (confiscation non reprise)	L. 451-7
Art. L. 216-8, al. 1er à 4, pour l'art. L. 213-2-1	L. 452-3
Art. L. 216-8, peines complémentaires pers. physiques - falsifications	L. 451-6
Art. L. 216-8, peines complémentaires pers. physiques pour l'art. L. 213-2-1	L. 452-2
Art. L. 216-8, peines complémentaires pers. physiques - tromperie	L. 454-5
Art. L. 216-8, peines complémentaires pers. physiques - obsolescence	L. 454-6
Art. L. 216-9	abrogé
Art. L. 216-10	L. 512-22
Art. L. 216-11, al. 1er	L. 523-1
Art. L. 216-11, al. 2	L. 523-2
Art. L. 216-11, al. 3	L. 523-3
Art. L. 216-11, al. 4	L. 523-4
Art. L. 216-12	L. 424-1
Art. L. 217-1, al. 1er, hors sanction	L. 413-4
Art. L. 217-1, al. 1er, sanction	L. 451-9
Art. L. 217-1, al. 2	L. 413-5
Art. L. 217-1, al. 2, sanction	L. 451-10
Art. L. 217-1-1	L. 422-3
Art. L. 217-2, hors sanction	L. 413-6
Art. L. 217-2, sanction	L. 451-11
Art. L. 217-3, hors sanction	L. 413-7
Art. L. 217-3, sanction	L. 451-12
Art. L. 217-4	L. 451-16
Art. L. 217-5, al. 1er	L. 411-2
Art. L. 217-6, hors sanction	L. 413-8
Art. L. 217-6, sanction	L. 451-13
Art. L. 217-7, hors sanction	L. 413-9

ANCIENS ARTICLES	NOUVEAUX ARTICLES
Art. L. 217-7, sanction	L. 451-14
Art. L. 217-8	non repris
Art. L. 217-10, al. 1er, hors sanctions	L. 512-4
Art. L. 217-10, sanction	L. 531-1
Art. L. 217-11	L. 452-5
Art. L. 217-12, peines complémentaires - conformité.	L. 451-15
Art. L. 217-12, peines complémentaires pour l'art. L. 217-11	L. 452-6
Art. L. 217-12, opposition à fonctions	L. 531-2
Art. L. 218-1, al. 1er, contrôles administratifs	L. 511-14
Art. L. 218-1, al. 1er, lieux et al. 2	L. 512-5
Art. L. 218-1, al. 1er, prélèvement	L. 512-23
Art. L. 218-1, al. 3, lieux habitation	L. 512-6
Art. L. 218-1, al. 4, documents	L. 512-8
Art. L. 218-1, al. 5	L. 512-11
Art. L. 218-1, al. 6, justifications	L. 512-10
Art. L. 218-1, fin de l'al. 4, moyens	L. 512-9
Art. L. 218-1-1	L. 511-3
Art. L. 218-1-1, autres agents	L. 511-22
Art. L. 218-1-1, police administrative	L. 511-12
Art. L. 218-1-2, al. 1er et 11	L. 511-16
Art. L. 218-1-2, al. 2 à 10	L. 511-18
Art. L. 218-1-2, al. 12	L. 511-19
Art. L. 218-1-2, produits pays tiers	L. 511-24
Art. L. 218-1-3	L. 511-16
Art. L. 218-1-3, produits pays tiers	L. 511-24
Art. L. 218-1-4	L. 511-17
Art. L. 218-1-4, autres agents	L. 511-25
Art. L. 218-2, al. 1er	L. 521-4
Art. L. 218-2, al. 2	L. 521-27
Art. L. 218-3, al. 1er	L. 521-5
Art. L. 218-3, al. 2	L. 521-6
Art. L. 218-4, al. 4	L. 521-8
Art. L. 218-4, al. 5	L. 521-9
Art. L. 218-4, al. 1er à 3	L. 521-7
Art. L. 218-5, al. 3	L. 521-11
Art. L. 218-5, al. 1er et 2	L. 521-10
Art. L. 218-5-1, al. 1er et 2	L. 521-19
Art. L. 218-5-1, al. 3	L. 521-20
Art. L. 218-5-1, al. 4	L. 521-21
Art. L. 218-5-1, al. 5	L. 521-22
Art. L. 218-5-2, al. 1er à 3	L. 521-12
Art. L. 218-5-2, al. 4 à 6	L. 521-13
Art. L. 218-5-3, al. 1er	L. 521-14
Art. L. 218-5-3, al. 2	L. 521-15
Art. L. 218-5-4	L. 521-16
Art. L. 218-5-5	L. 521-1
Art. L. 218-5-6	L. 531-6
Art. L. 218-6	L. 414-1
Art. L. 218-7, al. 1er, sanction	L. 451-17
Art. L. 218-7, al. 2, sanction injonction	L. 532-2
Art. L. 218-7, al. 2, sanction autres mesures	L. 532-3
Art. L. 218-7, al. 3	L. 511-11
Art. L. 221-1, al. 1er	L. 421-3
Art. L. 221-1, al. 8	L. 421-4
Art. L. 221-1, définitions	L. 421-1
Art. L. 221-1-1	L. 421-2
Art. L. 221-1-2, I	L. 423-1
Art. L. 221-1-2, II	L. 423-2
Art. L. 221-1-3	L. 423-3
Art. L. 221-1-4	L. 423-4
Art. L. 221-2	L. 422-1
Art. L. 221-3	L. 422-2
Art. L. 221-4	L. 422-1
Art. L. 221-5	L. 521-17
Art. L. 221-6, al. 1er et 2	L. 521-23
Art. L. 221-6, al. 3	L. 521-24
Art. L. 221-7	L. 521-18
Art. L. 221-8	non repris
Art. L. 221-9	non repris
Art. L. 221-11	L. 422-4
Art. L. 222-1	L. 421-5
Art. L. 222-2	L. 421-6
Art. L. 222-3	L. 421-7
Art. L. 223-1	L. 532-4
Art. L. 225-1	non repris
Art. L. 311-1	L. 311-1
Art. L. 311-2, al. 1er	L. 312-1
Art. L. 311-2, al. 2	L. 312-2
Art. L. 311-2, al. 3 et 4	L. 312-3

ANCIENS ARTICLES	NOUVEAUX ARTICLES
Art. L. 311-3	L. 312-4
Art. L. 311-3, 2°	L. 312-1
Art. L. 311-4, al. 1er à 7 et 9	L. 312-6
Art. L. 311-4, al. 8	L. 312-59
Art. L. 311-4-1	L. 312-7
Art. L. 311-5, al. 1er	L. 312-8
Art. L. 311-5, al. 2	L. 312-9
Art. L. 311-5, al. 3 et 4	L. 312-10
Art. L. 311-5, al. 5	L. 312-11
Art. L. 311-5, al. 6	L. 312-5
Art. L. 311-6	L. 312-12
Art. L. 311-7	L. 312-13
Art. L. 311-8, al. 1er et 2	L. 312-14
Art. L. 311-8, al. 3	L. 314-25
Art. L. 311-8-1	L. 312-62
Art. L. 311-9	L. 312-16
Art. L. 311-10	L. 312-17
Art. L. 311-10-1	L. 312-15
Art. L. 311-11	L. 312-18
Art. L. 311-12, al. 1er, 1re phrase	L. 312-19
Art. L. 311-12, al. 1er, 2e phrase	L. 312-21
Art. L. 311-12, al. 1er, 3e phrase	L. 312-22
Art. L. 311-12, al. 2	L. 312-23
Art. L. 311-13	L. 312-24
Art. L. 311-14	L. 312-25
Art. L. 311-15	L. 312-26
Art. L. 311-16, 1re phrase, contrat	L. 312-64
Art. L. 311-16, 1re phrase, définition	L. 312-57
Art. L. 311-16, 1re phrase, carte	L. 312-67
Art. L. 311-16, 2e phrase	L. 312-58
Art. L. 311-16, al. 11	L. 312-74
Art. L. 311-16, al. 10, non-utilisation	L. 312-80
Art. L. 311-16, al. 2, 1re et 2e phrases et al. 3	L. 312-65
Art. L. 311-16, al. 3, solvabilité	L. 312-75
Art. L. 311-16, al. 4, 5 et 6	L. 312-76
Art. L. 311-16, al. 7, opposition et bordereau	L. 312-77
Art. L. 311-16, al. 7, modifications demandées par l'emprunteur	L. 312-79

ANCIENS ARTICLES	NOUVEAUX ARTICLES
Art. L. 311-16, al. 8	L. 312-78
Art. L. 311-16, al. 9, suspension	L. 312-81
Art. L. 311-16, al. 9, résiliation	L. 312-82
Art. L. 311-16, al. 9, carte	L. 312-83
Art. L. 311-17, 1re, 2e et dernière phrases	L. 312-68
Art. L. 311-17, al. 1er, 1re phrase partielle et al. 4, information sur modalités de paiement	L. 312-66
Art. L. 311-17, al. 1er, 3e phrase	L. 312-69
Art. L. 311-17, al. 2	L. 312-63
Art. L. 311-17, al. 3	L. 312-60
Art. L. 311-17-1, al. 1er partiel et al. 2	L. 312-61
Art. L. 311-17-1, al. 1er	L. 312-70
Art. L. 311-18	L. 312-28
Art. L. 311-19	L. 312-29
Art. L. 311-20	L. 312-30
Art. L. 311-21	L. 312-31
Art. L. 311-22, al. 2 et 6	L. 312-73
Art. L. 311-22, hors al. 6	L. 312-34
Art. L. 311-22-1	L. 312-35
Art. L. 311-22-2	L. 312-36
Art. L. 311-22-3, modification assurance	L. 312-33
Art. L. 311-22-3, non-paiement	L. 312-37
Art. L. 311-23	L. 312-38
Art. L. 311-24	L. 312-39
Art. L. 311-25	L. 312-40
Art. L. 311-25-1	L. 312-32
Art. L. 311-26	L. 312-71
Art. L. 311-27	L. 312-41
Art. L. 311-28	L. 312-42
Art. L. 311-29	L. 312-43
Art. L. 311-30	L. 312-44
Art. L. 311-31, 1re phrase	L. 312-48
Art. L. 311-31, 2e phrase	L. 312-49
Art. L. 311-32	L. 312-55
Art. L. 311-33	L. 312-56
Art. L. 311-34, 1re phrase, hors sanctions	L. 312-45
Art. L. 311-34, 2e et 3e phrases	L. 312-46
Art. L. 311-35	L. 312-47
Art. L. 311-36	L. 312-52

ANCIENS ARTICLES	NOUVEAUX ARTICLES
Art. L. 311-37, hors sanctions	L. 312-53
Art. L. 311-37, intérêts	L. 341-10
Art. L. 311-38	L. 312-54
Art. L. 311-39	L. 341-11
Art. L. 311-40	L. 312-50
Art. L. 311-41	L. 312-51
Art. L. 311-42, hors sanction	L. 312-84
Art. L. 311-42, renvois sanctions	L. 341-19
Art. L. 311-43, I	L. 312-85
Art. L. 311-43, II	L. 312-86
Art. L. 311-43, III	L. 312-87
Art. L. 311-44, al. 1er	L. 312-88
Art. L. 311-44, al. 2 et 3	L. 312-89
Art. L. 311-44, al. 4	L. 312-90
Art. L. 311-44, al. 5	L. 312-91
Art. L. 311-45	L. 312-94
Art. L. 311-45, renvoi sanction	L. 341-20
Art. L. 311-46	L. 312-92
Art. L. 311-47	L. 312-93
Art. L. 311-48, al. 1er, info précontractuelle	L. 341-1
Art. L. 311-48, al. 1er, fiche	L. 341-3
Art. L. 311-48, al. 1er, contrat	L. 341-4
Art. L. 311-48, al. 1er, contrat crédit renouvelable	L. 341-5
Art. L. 311-48, al. 2, solvabilité	L. 341-2
Art. L. 311-48, al. 2, taux	L. 341-6
Art. L. 311-48, al. 2, utilisation crédit	L. 341-7
Art. L. 311-48, al. 3	L. 341-8
Art. L. 311-48, al. 4	L. 341-9
Art. L. 311-50, al. 1er et 2	L. 341-12
Art. L. 311-50, al. 1er et 3	L. 341-13
Art. L. 311-50, al. 1er et 4	L. 341-14
Art. L. 311-50, al. 1er et 6	L. 341-15
Art. L. 311-50, al. 1er et 7	L. 341-16
Art. L. 311-50, al. 1er et 5	L. 341-17
Art. L. 311-50, al. 8	L. 341-18
Art. L. 311-51	L. 312-27
Art. L. 312-1	L. 311-1
Art. L. 312-2	L. 313-1
Art. L. 312-3	L. 313-2
Art. L. 312-3-1	L. 313-64
Art. L. 312-4	L. 313-3
Art. L. 312-5	L. 313-4
Art. L. 312-6	L. 313-5
Art. L. 312-6-1, al. 1er à 5	L. 313-8
Art. L. 312-6-1, al. 6	L. 313-9
Art. L. 312-6-2	L. 313-10
Art. L. 312-7	L. 313-24
Art. L. 312-8, al. 1er à 10	L. 313-25
Art. L. 312-8, al. 11	L. 313-27
Art. L. 312-8, al. 12	L. 313-28
Art. L. 312-9, al. 1er à 4	L. 313-29
Art. L. 312-9, al. 5	L. 313-30
Art. L. 312-9, al. 6	L. 313-31
Art. L. 312-9, al. 7	L. 313-28
Art. L. 312-9, al. 8	L. 313-32
Art. L. 312-9, al. 9	L. 313-33
Art. L. 312-10	L. 313-34
Art. L. 312-11	L. 313-35
Art. L. 312-12	L. 313-36
Art. L. 312-13	L. 313-37
Art. L. 312-14	L. 313-38
Art. L. 312-14-1	L. 313-39
Art. L. 312-14-2	L. 313-46
Art. L. 312-15	L. 313-40
Art. L. 312-16, hors sanction	L. 313-41
Art. L. 312-16, sanction	L. 341-35
Art. L. 312-17	L. 313-42
Art. L. 312-18	L. 313-43
Art. L. 312-19	L. 313-44
Art. L. 312-20	L. 313-45
Art. L. 312-21, al. 1er et 2	L. 313-47
Art. L. 312-21, al. 3	L. 313-48
Art. L. 312-22, 1re phrase	L. 313-50
Art. L. 312-22, 2e à 4e phrases	L. 313-51
Art. L. 312-23, défaillance	L. 313-52
Art. L. 312-23, remboursement	L. 313-49
Art. L. 312-24	L. 313-53
Art. L. 312-25	L. 313-54
Art. L. 312-26, al. 1er et 2	L. 313-55
Art. L. 312-26, al. 3 à 5	L. 313-56
Art. L. 312-27	L. 313-58
Art. L. 312-28	L. 313-59
Art. L. 312-29, al. 1er et 2	L. 313-60
Art. L. 312-29, al. 3	L. 313-61
Art. L. 312-30, partiel	L. 313-62

ANCIENS ARTICLES	NOUVEAUX ARTICLES
Art. L. 312-30, al. 3	L. 341-36
Art. L. 312-31	L. 313-63
Art. L. 312-32, al. 1er, publicité	L. 341-21
Art. L. 312-32, al. 1er, publicité location-vente	L. 341-22
Art. L. 312-32, al. 2	non repris
Art. L. 312-32-1	L. 341-39
Art. L. 312-33, al. 1er	L. 341-37
Art. L. 312-33, al. 1er, location-vente	L. 341-38
Art. L. 312-33, al. 2	L. 341-40
Art. L. 312-33, al. 3	L. 341-41
Art. L. 312-34, al. 1er	L. 341-42
Art. L. 312-34, al. 2	L. 341-44
Art. L. 312-35, al. 1er	L. 341-43
Art. L. 312-35, al. 2	L. 341-44
Art. L. 312-35, al. 3	L. 341-44
Art. L. 312-33 , al. 5	L. 341-34
Art. L. 313-1, al. 1er	L. 314-1
Art. L. 313-1, al. 2 et 4	L. 314-2
Art. L. 313-1, al. 3	L. 314-3
Art. L. 313-1, al. 5	L. 314-4
Art. L. 313-2, al. 1er	L. 314-5
Art. L. 313-2, al. 2 et 3	L. 341-49
Art. L. 313-2-1	L. 314-4
Art. L. 313-3, al. 1er et 2	L. 314-6
Art. L. 313-3, al. 3	L. 314-7
Art. L. 313-3, al. 4	L. 314-8
Art. L. 313-3, al. 5	L. 314-9
Art. L. 313-4	L. 341-48
Art. L. 313-5, hors prescription	L. 341-50
Art. L. 313-5, prescription	L. 341-51
Art. L. 313-7, hors sanction	L. 314-15
Art. L. 313-8, hors sanction	L. 314-16
Art. L. 313-9, hors sanction	L. 314-17
Art. L. 313-10	L. 314-18
Art. L. 313-10-1	L. 314-19
Art. L. 313-11	L. 314-23
Art. L. 313-12	L. 314-20
Art. L. 313-13	L. 314-21
Art. L. 313-15, al. 1er	L. 314-10
Art. L. 313-15, al. 2	L. 314-11
Art. L. 313-15, al. 3	L. 314-12
Art. L. 313-15, al. 4	L. 314-13
Art. L. 313-15, al. 5	L. 314-14
Art. L. 313-16, 1re phrase	non repris
Art. L. 313-16, 2e phrase, partiel 1	L. 313-26
Art. L. 313-16, 2e phrase, partiel 2	L. 313-57
Art. L. 313-17	L. 314-26
Art. L. 314-1, I, al. 1er et 3	L. 315-1
Art. L. 314-1, II	L. 315-2
Art. L. 314-2, hors sanction	L. 315-3
Art. L. 314-2, nullité	L. 341-53
Art. L. 314-3, al. 1er à 5	L. 315-4
Art. L. 314-3, al. 6	L. 315-5
Art. L. 314-3, al. 7 à 9	L. 315-6
Art. L. 314-3, al. 10	L. 315-7
Art. L. 314-4	L. 315-8
Art. L. 314-5	L. 315-9
Art. L. 314-6	L. 315-10
Art. L. 314-7, hors sanction	L. 315-11
Art. L. 314-7, nullité	L. 341-55
Art. L. 314-8, al. 1er	L. 315-12
Art. L. 314-8, al. 2	L. 315-13
Art. L. 314-8, al. 3	L. 315-14
Art. L. 314-9	L. 315-15
Art. L. 314-10, al. 1er et 2	L. 315-16
Art. L. 314-10, al. 3	L. 315-17
Art. L. 314-11	L. 315-18
Art. L. 314-12	L. 315-19
Art. L. 314-13	L. 315-20
Art. L. 314-14	L. 315-21
Art. L. 314-14-1, 1re phrase	L. 315-22
Art. L. 314-14-1, 2e à 4e phrases	L. 315-23
Art. L. 314-15	L. 341-54
Art. L. 314-16, al. 1er	L. 341-57
Art. L. 314-16, al. 2	L. 341-56
Art. L. 314-16, al. 3	L. 341-60
Art. L. 314-17, al. 2	L. 341-60
Art. L. 314-17, sanction 1	L. 341-58
Art. L. 314-17, sanction 2	L. 341-59
Art. L. 314-18	L. 341-61
Art. L. 314-19	L. 341-61
Art. L. 314-20	non repris
Art. L. 321-1, hors sanction	L. 322-1
Art. L. 321-1, nullité	L. 342-1
Art. L. 321-2	L. 322-2
Art. L. 321-3	L. 322-3
Art. L. 321-4	L. 322-4

ANCIENS ARTICLES	NOUVEAUX ARTICLES
Art. L. 322-1, al. 1er et 3	L. 342-5
Art. L. 322-1, al. 2	L. 342-6
Art. L. 322-2, al. 6	L. 321-2
Art. L. 322-2, al. 1er à 5	L. 321-1
Art. L. 322-3, al. 2	L. 342-6
Art. L. 322-3, sanction publicité	L. 342-2
Art. L. 322-3, sanction info publicité	L. 342-3
Art. L. 322-3, sanction frais	L. 342-4
Art. L. 330-1, al. 1er	L. 711-1
Art. L. 330-1, al. 2 à 5	L. 724-1
Art. L. 330-1, al. 6, 2e phrase	L. 733-15
Art. L. 330-1, al. 6, 1re phrase	L. 742-2
Art. L. 330-1, al. 7	L. 713-1
Art. L. 331-1, al. 1er	L. 712-4
Art. L. 331-2, al. 1er	L. 712-1
Art. L. 331-2, al. 2, 1re phrase	L. 731-1
Art. L. 331-2, al. 2, 2e, 3e, 4e et 6e phrases	L. 731-2
Art. L. 331-2, al. 2, 5e phrase	L. 731-3
Art. L. 331-3, I, al. 1er	L. 721-1
Art. L. 331-3, I, al. 2	L. 721-2
Art. L. 331-3, I, al. 3	L. 722-12
Art. L. 331-3, II, al. 1er	L. 723-1
Art. L. 331-3, II, 1re et 2e phrases de l'al. 2	L. 712-8
Art. L. 331-3, II, 1re phrase de l'al. 7	L. 712-9
Art. L. 331-3, II, al. 5	L. 712-6
Art. L. 331-3, II, al. 6	L. 712-7
Art. L. 331-3, II, al. 8	L. 733-9
Art. L. 331-3, III	L. 742-1
Art. L. 331-3-1, 1re phrase	L. 722-2
Art. L. 331-3-1, 2e et 3e phrases	L. 722-3
Art. L. 331-3-1, 4e phrase	L. 722-4
Art. L. 331-3-1, al. 2 et 3	L. 722-5
Art. L. 331-3-1, al. 4	L. 722-10
Art. L. 331-3-1, al. 5	L. 722-11
Art. L. 331-3-1, al. 6	L. 722-13
Art. L. 331-3-1, al. 7	L. 722-14
Art. L. 331-3-1, al. 8	L. 722-15
Art. L. 331-3-1, al. 9	L. 722-16
Art. L. 331-3-2, 1re phrase	L. 722-6
Art. L. 331-3-2, 2e et 3e phrases	L. 722-7
Art. L. 331-3-2, 4e phrase	L. 722-8
Art. L. 331-3-2, 5e phrase	L. 722-9
Art. L. 331-4, 1re phrase	L. 723-2
Art. L. 331-4, 2e phrase partielle et 3e phrase	L. 723-3
Art. L. 331-4, al. 2	L. 723-4
Art. L. 331-5, al. 1er, 1re, 2e et 3e phrases	L. 721-4
Art. L. 331-5, al. 1er, 4e phrase	L. 721-6
Art. L. 331-5, al. 2	L. 721-7
Art. L. 331-6, I, al. 1er	L. 732-1
Art. L. 331-6, I, al. 2 et 3	L. 732-2
Art. L. 331-6, I, al. 4	L. 732-3
Art. L. 331-6, II, al. 1er	L. 732-4
Art. L. 331-7, al. 1er à 5	L. 733-1
Art. L. 331-7, al. 6	L. 733-2
Art. L. 331-7, al. 7	L. 733-5
Art. L. 331-7, al. 10	L. 733-6
Art. L. 331-7, al. 8, 1re et 2e phrases	L. 733-3
Art. L. 331-7, al. 8, 3e phrase	L. 733-4
Art. L. 331-7, al. 9	L. 721-5
Art. L. 331-7-1, al. 1er, 2, 3, 5 et 6	L. 733-7
Art. L. 331-7-2	L. 733-8
Art. L. 331-7-3, 1re phrase	L. 724-2
Art. L. 331-7-3, 2e et 3e phrases	L. 724-3
Art. L. 331-7-3, 4e phrase	L. 724-5
Art. L. 331-7-3, 5e et 6e phrases	L. 724-4
Art. L. 331-8	L. 733-16
Art. L. 331-9	L. 733-17
Art. L. 331-11, al. 1er	L. 712-5
Art. L. 331-11, al. 2	L. 721-3
Art. L. 332-1, al. 1er	L. 733-10
Art. L. 332-1, al. 2	L. 733-11
Art. L. 332-2, al. 1er, 1re phrase, sauf délai	L. 733-12
Art. L. 332-2, al. 1er, 2e phrase	L. 733-13
Art. L. 332-2, al. 2 à 6	L. 733-14
Art. L. 332-3	L. 733-15
Art. L. 332-4	L. 733-18
Art. L. 332-5, 1re partie de la 1re phrase	L. 741-1

ANCIENS ARTICLES	NOUVEAUX ARTICLES
Art. L. 332-5, 2e partie de la 1re phrase	L. 741-2
Art. L. 332-5, al. 2	L. 741-3
Art. L. 332-5, al. 3, 2e phrase, sauf délai	L. 741-4
Art. L. 332-5-1, al. 1er, sauf délai	L. 741-5
Art. L. 332-5-1, al. 2	L. 741-6
Art. L. 332-5-1, al. 3, sauf délai et mesures de publicité et al. 4 et 5	L. 741-7
Art. L. 332-5-2, al. 1er	L. 741-8
Art. L. 332-5-2, al. 3	L. 741-9
Art. L. 332-5-2, al. 2, 2e phrase, sauf délai	L. 741-10
Art. L. 332-6, al. 1er	L. 742-3
Art. L. 332-6, al. 2	L. 742-7
Art. L. 332-6, al. 3, 1re phrase	L. 742-4
Art. L. 332-6, al. 3, 2e phrase	L. 742-5
Art. L. 332-6, al. 4	L. 742-6
Art. L. 332-6-1, al. 1er et 2, extinction de créances	L. 742-20
Art. L. 332-7, 1re phrase partielle, mesures de publicité	L. 742-8
Art. L. 332-7, 1re phrase, créances	L. 742-10
Art. L. 332-7, 1re phrase, extinction	L. 742-11
Art. L. 332-7, 2e phrase	L. 742-12
Art. L. 332-7, dernière phrase	L. 742-9
Art. L. 332-8, début 1re phrase	L. 742-13
Art. L. 332-8, al. 1er partiel et al. 2, 1re phrase	L. 742-14
Art. L. 332-8, al. 2, 2e et 3e phrases	L. 742-15
Art. L. 332-8, al. 3	L. 742-16
Art. L. 332-8, al. 4	L. 742-17
Art. L. 332-8, al. 5	L. 742-18
Art. L. 332-8, al. 6	L. 742-19
Art. L. 332-9, al. 1er	L. 742-21
Art. L. 332-9, al. 2	L. 742-22
Art. L. 332-9, al. 3	L. 742-23
Art. L. 332-10, al. 1er	L. 742-24
Art. L. 332-10, al. 2	L. 742-25
Art. L. 332-11	L. 743-1
Art. L. 332-12	L. 743-2

ANCIENS ARTICLES	NOUVEAUX ARTICLES
Art. L. 333-1	L. 711-4
Art. L. 333-1-1	L. 711-6
Art. L. 333-1-2	L. 711-5
Art. L. 333-2, al. 1er à 4	L. 761-1
Art. L. 333-2, al. 5, déchéance	L. 712-3
Art. L. 333-2-1	L. 761-2
Art. L. 333-3	L. 711-3
Art. L. 333-3-1, al. 1er	L. 711-2
Art. L. 333-4, I, al. 1er	L. 751-1
Art. L. 333-4, I, al. 2 à 5	L. 751-2
Art. L. 333-4, II	L. 752-1
Art. L. 333-4, III, al. 1er	L. 752-2
Art. L. 333-4, III, al. 2 à 4.	L. 752-3
Art. L. 333-4, IV, al. 1er	L. 751-3
Art. L. 333-4, IV, al. 2	L. 751-4
Art. L. 333-4, IV, al. 3	L. 751-5
Art. L. 333-4, IV, sanction BDF	L. 762-1
Art. L. 333-4, IV, sanction autres personnes	L. 762-2
Art. L. 333-5	L. 751-6
Art. L. 333-7, al. 1er et 2	L. 711-7
Art. L. 333-7, al. 3 et 4	L. 711-8
Art. L. 341-1, hors sanction	L. 333-1
Art. L. 341-1, sanction	L. 343-5
Art. L. 341-2, hors sanction	L. 331-1
Art. L. 341-2, sanction	L. 343-1
Art. L. 341-3, hors sanction	L. 331-2
Art. L. 341-3, sanction	L. 343-2
Art. L. 341-4	L. 332-1
Art. L. 341-4, sanction	L. 343-4
Art. L. 341-5	L. 331-3
Art. L. 341-5, sanction	L. 343-3
Art. L. 341-6, hors sanction	L. 333-2
Art. L. 341-6, sanction	L. 343-6
Art. L. 411-1	L. 811-1
Art. L. 412-1	L. 811-2
Art. L. 421-1	L. 621-1
Art. L. 421-2	L. 621-2
Art. L. 421-3, al. 1er	L. 621-3
Art. L. 421-3, al. 2	L. 621-4
Art. L. 421-4, 1re et 2e phrases	L. 621-5

ANCIENS ARTICLES	NOUVEAUX ARTICLES
Art. L. 421-4, 3e et 4e phrases	L. 621-6
Art. L. 421-5	L. 621-5
Art. L. 421-6, al. 1er	L. 621-7
Art. L. 421-6, al. 2 et 3	L. 621-8
Art. L. 421-7	L. 621-9
Art. L. 421-8	L. 621-10
Art. L. 421-9	L. 621-11
Art. L. 422-1, al. 1er	L. 622-1
Art. L. 422-1, al. 2	L. 622-2
Art. L. 422-2	L. 622-3
Art. L. 422-3	L. 622-4
Art. L. 423-1, al. 1er, 2 et 3	L. 623-1
Art. L. 423-1, al. 4	L. 623-2
Art. L. 423-1, al. 5	L. 651-1
Art. L. 423-2	L. 623-3
Art. L. 423-3, al. 1er partiel	L. 623-4
Art. L. 423-3, al. 2, 1re phrase	L. 623-5
Art. L. 423-3, al. 2, 2e phrase et al. 3	L. 623-6
Art. L. 423-4	L. 623-7
Art. L. 423-5, al. 1er et 2	L. 623-8
Art. L. 423-5, al. 3 et 4	L. 623-9
Art. L. 423-6	L. 623-10
Art. L. 423-7	L. 623-11
Art. L. 423-8	L. 623-12
Art. L. 423-9	L. 623-13
Art. L. 423-10, al. 1er	L. 623-14
Art. L. 423-10, al. 2	L. 623-15
Art. L. 423-10, al. 3	L. 623-16
Art. L. 423-10, al. 4	L. 623-17
Art. L. 423-11	L. 623-18
Art. L. 423-12, al. 1er	L. 623-19
Art. L. 423-13	L. 623-20
Art. L. 423-14	L. 623-21
Art. L. 423-15	L. 623-22
Art. L. 423-16	L. 623-23
Art. L. 423-17	L. 623-24
Art. L. 423-18	L. 623-25
Art. L. 423-19	L. 623-26
Art. L. 423-20	L. 623-27
Art. L. 423-21	L. 623-28
Art. L. 423-22	L. 623-29
Art. L. 423-23	L. 623-30
Art. L. 423-24	L. 623-31
Art. L. 423-25	L. 623-32
Art. L. 531-1	L. 822-1
Art. L. 531-4	L. 822-3
Art. L. 534-1	L. 822-4
Art. L. 534-2	L. 822-5
Art. L. 534-3	L. 822-6
Art. L. 534-5	L. 822-7
Art. L. 534-6	L. 822-8
Art. L. 534-8	L. 822-9
Art. L. 534-9	L. 822-10
Art. L. 534-10	L. 822-11
Art. L. 561-1	L. 823-1
Art. L. 562-1	L. 823-2
Art. préliminaire	liminaire
Art. R. 215-2, al. 3, pièces à conviction	L. 512-12
Art. R. 215-3, al. 3	L. 512-14
Art. R. 215-16, al. 2	L. 512-46
Art. R. 215-23, al. 4, 5 et 6	L. 512-49
Art. R. 311-5, I, 2°, e, al. 2, information taux révisable	L. 312-65
Art. R. 311-5, I, 2°, e, al. 2, révision	L. 312-72
Art. R. 531-1	L. 822-1
Art. R. 531-2	L. 822-2
Décret n° 78-280 du 10 mars 1978 relatif au laboratoire de métrologie et d'essais :	
Art. 1er, al. 2	L. 823-1
Loi n° 89-421 du 23 juin 1989 relative à l'information et à la protection des consommateurs ainsi qu'à diverses pratiques commerciales :	
Art. 6, I, al. 2, nullité	L. 242-32
Art. 6, I, al. 1er, 2, hors sanction et al. 3	L. 224-90
Art. 6, II	L. 224-91
Art. 6, III	L. 224-93
Art. 6, IV	L. 224-94
Art. 6, V	L. 242-33
Art. 10, II partiel	L. 224-92
Loi n° 89-1008 du 31 décembre 1989 relative au développement des entreprises commerciales et artisanales et à l'amélioration de leur environnement économique, juridique et social :	
Art. 9, al. 2	L. 511-13

ANCIENS ARTICLES	NOUVEAUX ARTICLES
Loi n° 94-665 du 4 août 1994 relative à l'emploi de la langue française :	
Art. 16	L. 511-13
Ordonnance n° 2016-351 du 25 mars 2016 sur les contrats de crédit aux consommateurs relatifs aux biens immobiliers à usage d'habitation :	
Art. 3, 2°, b	L. 313-6
Art. 3, 3°, b	L. 313-7
Art. 3, 4°	L. 313-11, L. 313-12, L. 313-13, L. 313-14, L. 313-15, L. 313-16, L. 313-17, L. 313-18, L. 313-19, L. 313-20, L. 313-21, L. 313-22, L. 313-23
Art. 4, 4°	L. 314-22, L. 314-23, L. 314-24, L. 314-25
Art. 5, 1°	L. 341-23, L. 341-24
Art. 5, 2°	L. 341-25, L. 341-26, L. 341-27, L. 341-28, L. 341-29, L. 341-30, L. 341-31, L. 341-32, L. 341-33
Art. 5, 3°	L. 341-44, L. 341-45, L. 341-46, L. 341-47
Art. 5, 6°	L. 341-52

PARTIE RÉGLEMENTAIRE DU CODE DE LA CONSOMMATION

ANCIENS ARTICLES	NOUVEAUX ARTICLES
Nouvel article :	
	R. 112-1
	R. 112-2
	R. 112-3
	R. 112-4
	R. 212-5
	R. 224-8
	R. 224-9
	R. 224-10
	R. 224-11
	R. 224-12
	D. 224-13
	R. 224-14
	R. 224-15
	R. 224-16
	R. 242-4
	R. 242-5
	R. 242-20
	R. 341-19
	R. 341-27
	R. 451-2
	R. 451-3
	R. 521-3
Code de la consommation :	
Art. D. 111-5	D. 111-6
Art. D. 111-6	D. 111-7
Art. D. 111-7	D. 111-8
Art. D. 111-8	D. 111-9
Art. D. 111-9	D. 111-10
Art. D. 117-1	D. 113-1
Art. D. 225-2	D. 521-4
Art. D. 311-1, I	D. 312-21
Art. D. 311-1, II	D. 312-22
Art. D. 311-1, III	D. 312-23
Art. D. 311-1, IV	D. 312-24
Art. D. 311-2	D. 312-1
Art. D. 311-4-1, I	D. 312-27
Art. D. 311-4-1, II	D. 312-28

ANCIENS ARTICLES	NOUVEAUX ARTICLES
Art. D. 311-4-2, I	D. 312-29
Art. D. 311-4-2, III	D. 312-28
Art. D. 311-4-2, II	D. 312-30
Art. D. 311-6	D. 312-16
Art. D. 311-7	D. 312-17
Art. D. 311-8, al. 1er à 4	D. 312-18
Art. D. 311-8, al. 5 à 7	D. 312-19
Art. D. 311-8-1	D. 312-31
Art. D. 311-10-1, I	D. 312-25
Art. D. 311-10-1, II	D. 312-26
Art. D. 311-10-2	D. 312-7
Art. D. 311-10-3	D. 312-8
Art. D. 311-14	D. 312-15
Art. D. 312-0-11	D. 313-20
Art. D. 313-6	D. 314-15
Art. D. 313-7	D. 314-16
Art. D. 313-8	D. 314-17
Art. D. 313-10-1	D. 314-22
Art. D. 313-10-2	D. 314-23
Art. D. 313-10-3	D. 314-24
Art. D. 313-10-4	D. 314-25
Art. D. 313-10-5	D. 314-26
Art. D. 313-10-6, I	D. 314-27
Art. D. 313-10-6, II	D. 314-28
Art. D. 313-10-6, III	D. 314-29
Art. D. 511-1	D. 821-1
Art. D. 511-2	D. 821-2
Art. D. 511-3	D. 821-3
Art. D. 511-4	D. 821-4
Art. D. 511-5	D. 821-5
Art. D. 511-6	D. 821-6
Art. D. 511-7	D. 821-7
Art. D. 511-8	D. 821-8
Art. D. 511-9	D. 821-9
Art. D. 511-10	D. 821-10
Art. D. 511-11	D. 821-11
Art. D. 511-12	D. 821-12
Art. D. 511-13	D. 821-13
Art. D. 511-14	D. 821-14
Art. D. 511-15	D. 821-15
Art. D. 511-16	D. 821-16
Art. D. 511-17	D. 821-17
Art. D. 522-1	D. 825-1
Art. D. 522-2	D. 825-2
Art. D. 522-3	D. 825-3
Art. D. 522-4	D. 825-4
Art. D. 541-1	D. 824-1
Art. D. 541-2	D. 824-2

ANCIENS ARTICLES	NOUVEAUX ARTICLES
Art. D. 541-3	D. 824-4
Art. D. 541-4	D. 824-5
Art. D. 541-5	D. 824-6
Art. D. 541-6	D. 824-7
Art. D. 541-7	D. 824-8
Art. L. 112-1	R. 412-44
Art. L. 112-2-1	R. 412-46
Art. L. 112-6	R. 412-47
Art. L. 112-7	R. 412-48
Art. L. 115-9	R. 431-1
Art. L. 115-10	R. 431-2
Art. L. 115-11	R. 431-2
Art. L. 115-12	R. 431-5
Art. L. 115-13	R. 431-3
Art. L. 115-14	R. 431-4
Art. L. 121-35, al. 2 et 3	R. 121-1
Art. L. 141-1, IX, civil	R. 525-1
Art. L. 141-1-2, IV, délai contradictoire	R. 522-2
Art. L. 141-4	R. 632-1
Art. L. 141-5	R. 631-3
Art. L. 141-6	R. 631-4
Art. L. 155-1, al. 2	R. 615-1
Art. L. 155-1, al. 3 à 5	R. 615-2
Art. L. 155-5	R. 615-4
Art. L. 214-1, al. 12 et 13	R. 412-1
Art. L. 214-2, al. 1er, sanction des décrets	R. 451-1
Art. L. 214-2, al. 2	R. 531-2
Art. L. 215-21	R. 525-1
Art. L. 221-3, al. 1er, avis préalables	R. 422-1
Art. L. 221-10, al. 1er, avis préalables	R. 422-1
Art. L. 311-34, sanction	R. 341-10
Art. L. 311-49, al. 1er, information précontractuelle – prêteur	R. 341-2
Art. L. 311-49, al. 1er, formalités du contrat	R. 341-4
Art. L. 311-49, al. 1er, mentions du contrat	R. 341-5
Art. L. 311-49, al. 1er, exécution du contrat	R. 341-6
Art. L. 311-49, al. 1er, obligations du prêteur	R. 341-9
Art. L. 311-49, al. 1er, formalités du contrat de crédit renouvelable	R. 341-14

ANCIENS ARTICLES	NOUVEAUX ARTICLES
Art. L. 311-49, al. 1er, formalités carte	R. 341-15
Art. L. 311-49, al. 1er, état actualisé	R. 341-17
Art. L. 311-49, al. 1er, reconduction du contrat	R. 341-18
Art. L. 311-49, al. 2 publicité du crédit gratuit	R. 341-7
Art. L. 311-49, al. 2 publicité du crédit renouvelable	R. 341-12
Art. L. 311-49, al. 4, défaut d'explications	R. 341-3
Art. L. 311-49, al. 4, obligations du vendeur	R. 341-8
Art. L. 311-49, al. 4, obligations du prêteur et de l'intermédiaire	R. 341-13
Art. L. 311-49, al. 4, paiement comptant	R. 341-16
Art. L. 311-49, al. 2 et 3	R. 341-1
Art. L. 311-52	R. 312-35
Art. L. 312-36	R. 313-33
Art. L. 331-1, al. 8, règlement intérieur	R. 712-10
Art. L. 331-1, al. 8, règlement intérieur public	R. 712-11
Art. L. 331-1, al. 2 à 7	R. 712-2
Art. L. 331-3, al. 2, 1re phrase, délai	R. 712-15
Art. L. 331-3, II, al. 7, 2e phrase	R. 712-20
Art. L. 331-3, II, al. 9, adoption d'un règlement intérieur	R. 712-10
Art. L. 331-3, II, al. 3	R. 723-3
Art. L. 331-3, II, fin de la 2e phrase de l'al. 2, gratuité	R. 712-17
Art. L. 331-3, II, al. 4	R. 723-4
Art. L. 331-3, IV	R. 722-2
Art. L. 331-4, al. 1er, délai	R. 723-8
Art. L. 331-7-1, al. 4	R. 733-7
Art. L. 331-10	R. 712-16
Art. L. 331-12	R. 712-12
Art. L. 332-2, al. 1er, 1re phrase, délai	R. 733-6
Art. L. 332-5, al. 3, tierce opposition	R. 741-2
Art. L. 332-5-1, al. 1er, délai	R. 741-1
Art. L. 332-5-1, al. 3, tierce opposition	R. 741-14
Art. L. 332-5-2, al. 2, tierce opposition	R. 741-18
Art. L. 332-6-1, al. 2, tierce opposition	R. 742-54
Art. L. 333-3-1, al. 2	R. 711-2
Art. L. 423-3, al. 1er, recevabilité	R. 623-6
Art. L. 423-3, al. 3	R. 623-9
Art. L. 423-12, al. 2	R. 623-10
Art. L. 531-2	R. 822-3
Art. L. 531-3	R. 822-12
Art. L. 534-4, 1re phrase	R. 822-22
Art. L. 534-4, al. 1er	R. 822-23
Art. L. 534-4, al. 2	R. 822-25
Art. L. 541-1	D. 824-3
Art. R. 111-1	R. 111-1
Art. R. 111-2, I et III	R. 111-2
Art. R. 111-2, II	R. 111-3
Art. R. 111-3	D. 111-4
Art. R. 111-4	D. 111-5
Art. R. 112-1	R. 412-2
Art. R. 112-2	R. 412-3
Art. R. 112-3	R. 412-4
Art. R. 112-4	R. 412-5
Art. R. 112-5	R. 412-6
Art. R. 112-6	R. 412-7
Art. R. 112-7	R. 412-8
Art. R. 112-8, al. 1er	R. 412-9
Art. R. 112-8, al. 2	R. 412-10
Art. R. 112-10	R. 412-11
Art. R. 112-11	R. 412-12
Art. R. 112-12	R. 412-13
Art. R. 112-13	R. 412-14
Art. R. 112-14	R. 412-15
Art. R. 112-15	R. 412-16
Art. R. 113-1	non repris
Art. R. 115-1	R. 433-1
Art. R. 115-2	R. 433-2
Art. R. 115-3	R. 453-1
Art. R. 121-1	R. 221-1
Art. R. 121-2, I, al. 1er à 7	R. 221-2
Art. R. 121-2, II	R. 221-3
Art. R. 121-2, III	R. 221-4
Art. R. 121-3, I, al. 1er à 14	R. 222-1
Art. R. 121-3, I, al. 15 à 22	R. 222-2
Art. R. 121-3, II	R. 222-3
Art. R. 121-4	R. 222-4
Art. R. 121-5	R. 242-1
Art. R. 121-6	R. 242-2

ANCIENS ARTICLES	NOUVEAUX ARTICLES
Art. R. 121-6-1	R. 242-3
Art. R. 121-7	R. 223-1
Art. R. 121-7-1	R. 223-2
Art. R. 121-7-2	R. 223-3
Art. R. 121-7-3	R. 223-4
Art. R. 121-7-4	R. 223-5
Art. R. 121-7-5	R. 223-6
Art. R. 121-7-7	R. 223-7
Art. R. 121-7-8	R. 223-8
Art. R. 121-11	abrogé
Art. R. 121-12	abrogé
Art. R. 121-13, 2°, refus de vente	R. 132-1
Art. R. 121-13, 2°, subordination	R. 132-2
Art. R. 121-14	R. 242-7
Art. R. 121-15, 1°	R. 242-8
Art. R. 121-15, 2°	R. 242-9
Art. R. 121-16	R. 242-14
Art. R. 121-17	R. 242-11
Art. R. 121-18, 1°	R. 242-12
Art. R. 121-18, 2°	R. 242-13
Art. R. 121-19	R. 242-10
Art. R. 121-20	R. 242-6
Art. R. 121-21	R. 242-15
Art. R. 121-22	R. 224-4
Art. R. 121-23	R. 224-5
Art. R. 121-24	R. 224-6
Art. R. 121-25	R. 224-7
Art. R. 122-1	R. 132-3
Art. R. 132-1	R. 212-1
Art. R. 132-2	R. 212-2
Art. R. 132-2-1, I	R. 212-3
Art. R. 132-2-1, II à V	R. 212-4
Art. R. 132-2-2	R. 521-2
Art. R. 134-1	R. 131-1
Art. R. 141-1	R. 512-1
Art. R. 141-3, I	R. 523-1
Art. R. 141-3, II	R. 523-2
Art. R. 141-3, III, al. 1er et 2	R. 523-3
Art. R. 141-3, III, al. 3	R. 523-4
Art. R. 141-4, autorité *administrative* de l'art. L. 141-1-1	R. 521-1
Art. R. 141-4, autorité administrative de l'art. L. 141-1, VIII	R. 524-1

ANCIENS ARTICLES	NOUVEAUX ARTICLES
Art. R. 141-4, autorité administrative de l'art. L. 141-1, IX	R. 525-2
Art. R. 141-5	R. 525-3
Art. R. 141-6, I	R. 522-1
Art. R. 141-6, II, al. 1er et 5	R. 522-3
Art. R. 141-6, II, al. 2 et 3	R. 522-4
Art. R. 141-6, II, al. 4 et 5	R. 522-5
Art. R. 141-6, III	R. 522-6
Art. R. 142-1, al. 1er	R. 631-1
Art. R. 142-2, al. 1er	R. 631-2
Art. R. 152-1	R. 612-1
Art. R. 152-2	R. 612-2
Art. R. 152-3	R. 612-3
Art. R. 152-4	R. 612-4
Art. R. 152-5	R. 612-5
Art. R. 153-1	R. 613-1
Art. R. 154-1	R. 614-1
Art. R. 154-2	R. 614-2
Art. R. 154-3	R. 614-3
Art. R. 154-4	R. 614-4
Art. R. 155-1, al. 1er à 7	R. 615-1
Art. R. 155-1, al. 7, dernière phrase	R. 615-2
Art. R. 155-1, al. 8 et 9	R. 615-3
Art. R. 155-2	R. 615-5
Art. R. 155-3	R. 615-6
Art. R. 155-4	R. 615-7
Art. R. 155-5	R. 615-8
Art. R. 155-6, sauf dernier al.	R. 615-9
Art. R. 155-7	R. 615-10
Art. R. 155-8	R. 615-11
Art. R. 156-1	R. 616-1
Art. R. 156-2	R. 616-2
Art. R. 214-1, I, al. 2 et II	R. 412-17
Art. R. 214-1-2	R. 412-32
Art. R. 214-2	R. 412-18
Art. R. 214-3	R. 412-19
Art. R. 214-4	R. 412-20
Art. R. 214-5	R. 412-21
Art. R. 214-6	R. 412-22
Art. R. 214-7	R. 412-23
Art. R. 214-8	R. 412-24
Art. R. 214-9	R. 412-25
Art. R. 214-10	R. 412-26
Art. R. 214-11	R. 412-27
Art. R. 214-12	R. 412-28
Art. R. 214-13	R. 412-29

ANCIENS ARTICLES	NOUVEAUX ARTICLES
Art. R. 214-14	R. 412-30
Art. R. 214-14-1	R. 412-31
Art. R. 214-15	R. 412-33
Art. R. 214-16	R. 412-34
Art. R. 214-17	R. 412-35
Art. R. 214-18	R. 412-38
Art. R. 214-19	R. 412-40
Art. R. 214-20	R. 412-41
Art. R. 214-21	R. 412-39
Art. R. 214-22	R. 412-37
Art. R. 214-23	R. 412-42
Art. R. 214-24	R. 412-43
Art. R. 214-25	R. 412-49
Art. R. 214-26	R. 412-50
Art. R. 214-27	R. 412-51
Art. R. 214-28	R. 412-52
Art. R. 214-29	R. 412-53
Art. R. 214-30	R. 412-54
Art. R. 214-31	R. 412-55
Art. R. 214-32	R. 412-56
Art. R. 214-33	R. 412-57
Art. R. 214-34	R. 412-36
Art. R. 215-1	R. 512-30
Art. R. 215-1, prelèvements et preuve	R. 512-9
Art. R. 215-2, al. 1er	R. 512-2
Art. R. 215-2, al. 2, procès-verbal	R. 512-1
Art. R. 215-2, al 2	R. 512-7
Art. R. 215-2, al 4	R. 512-3
Art. R. 215-3, al 1er	R. 512-5
Art. R. 215-3, al 2	R. 512-4
Art. R. 215-3-1 et renvoi à l'art. R. 450-1, II, C. com.	R. 512-8
Art. R. 215-4	R. 512-17
Art. R. 215-5	R. 512-10
Art. R. 215-7	R. 512-12
Art. R. 215-8	R. 512-13
Art. R. 215-9, sauf dernier al.	R. 512-14
Art. R. 215-6 et dernière phrase de l'art. R. 215-9	R. 512-11
Art. R. 215-10	R. 512-15
Art. R. 215-11	R. 512-16
Art. R. 215-12	R. 512-19
Art. R. 215-13	R. 512-20
Art. R. 215-14, al. 1er et 2	R. 512-23
Art. R. 215-15	R. 512-22
Art. R. 215-16, al. 1er	R. 512-18
Art. R. 215-17	R. 512-21
Art. R. 215-18	R. 512-31
Art. R. 215-18-1	R. 512-32
Art. R. 215-18-2	R. 512-33
Art. R. 215-18-3	R. 512-34
Art. R. 215-19	R. 512-35
Art. R. 215-20	R. 512-36
Art. R. 215-21	R. 512-37
Art. R. 215-22, al. 1er	R. 512-38
Art. R. 215-23	abrogé
Art. R. 215-24, al. 1er	R. 512-39
Art. R. 215-24, al. 4, 1re et 2e phrases	R. 512-41
Art. R. 215-24, al. 4, 3e phrase	R. 512-42
Art. R. 215-24, al. 2 et 3	R. 512-40
Art. R. 215-26	R. 525-3
Art. R. 216-3, I	R. 523-1
Art. R. 216-3, II	R. 523-2
Art. R. 216-3, III, al. 1er et 2	R. 523-3
Art. R. 216-3, III, al. 3	R. 523-4
Art. R. 217-1	R. 452-1
Art. R. 217-2	R. 531-1
Art. R. 218-1	R. 512-24
Art. R. 218-2	R. 512-25
Art. R. 218-3	R. 512-26
Art. R. 218-4	R. 512-27
Art. R. 218-5	R. 512-28
Art. R. 218-6	R. 512-29
Art. R. 219-1	R. 522-7
Art. R. 219-2, al. 1er et 2	R. 522-8
Art. R. 219-2, al. 6	R. 522-9
Art. R. 219-2, sanction	R. 531-3
Art. R. 223-1	R. 532-1
Art. R. 223-2	R. 452-3
Art. R. 223-4	R. 452-4
Art. R. 223-4, al. 1er	R. 532-2
Art. R. 223-4, al. 2	R. 532-1
Art. R. 223-5	R. 452-4
Art. R. 223-6	R. 452-2
Art. R. 311-3, I et II, al. 1er	R. 312-2
Art. R. 311-3, II, al. 2	R. 312-3
Art. R. 311-3, III	R. 312-4
Art. R. 311-3, IV	R. 312-5
Art. R. 311-3, V	R. 312-6
Art. R. 311-4	R. 312-9
Art. R. 311-5, I, sauf 2e al. du e) du 2°	R. 312-10

ANCIENS ARTICLES	NOUVEAUX ARTICLES
Art. R. 311-5, II, al. 1er	R. 312-11
Art. R. 311-5, II, al. 2	R. 312-12
Art. R. 311-5, III	R. 312-13
Art. R. 311-5-1	R. 312-14
Art. R. 311-9	R. 312-20
Art. R. 311-10	R. 341-11
Art. R. 311-11	R. 312-32
Art. R. 311-12	R. 312-33
Art. R. 311-13	R. 312-34
Art. R. 312-0	R. 313-1
Art. R. 312-0-0	R. 313-2
Art. R. 312-0-0-1	R. 313-3
Art. R. 312-0-0-2	R. 313-4
Art. R. 312-0-0-3	R. 313-5
Art. R. 312-0-0-4	R. 313-6
Art. R. 312-0-0-5	R. 313-7
Art. R. 312-0-1, I	R. 313-8
Art. R. 312-0-1, II	R. 313-9
Art. R. 312-0-1, III	R. 313-10
Art. R. 312-0-2	R. 313-11
Art. R. 312-0-3	R. 313-12
Art. R. 312-0-4	R. 313-13
Art. R. 312-0-5	R. 313-14
Art. R. 312-0-6	R. 313-15
Art. R. 312-0-7	R. 313-16
Art. R. 312-0-8	R. 313-17
Art. R. 312-0-9	R. 313-18
Art. R. 312-0-10	R. 313-19
Art. R. 312-1	R. 313-21
Art. R. 312-1-1	R. 313-22
Art. R. 312-1-2	R. 313-23
Art. R. 312-1-3	R. 313-24
Art. R. 312-2	R. 313-25
Art. R. 312-3, al. 1er	R. 313-26
Art. R. 312-3, al. 2	R. 313-27
Art. R. 312-3, al. 3	R. 313-28
Art. R. 312-4	D. 313-29
Art. R. 312-5	R. 313-30
Art. R. 312-6	R. 313-31
Art. R. 312-7	R. 313-32
Art. R. 312-8	R. 341-20
Art. R. 312-9	R. 341-21
Art. R. 312-10	R. 341-22
Art. R. 312-11	R. 341-23
Art. R. 313-1-0	R. 314-1
Art. R. 313-1-0-1	R. 314-2
Art. R. 313-1-0-2	R. 314-3
Art. R. 313-1-0-3	R. 314-4
Art. R. 313-1-0-4	R. 314-5
Art. R. 313-1-1	R. 314-6
Art. R. 313-2	R. 314-7
Art. R. 313-3	R. 314-8
Art. R. 313-4	R. 314-9
Art. R. 313-5	R. 314-10
Art. R. 313-5-1	R. 314-11
Art. R. 313-5-2	R. 314-12
Art. R. 313-5-3	R. 314-13
Art. R. 313-5-4	R. 314-14
Art. R. 313-10, al. 1er et 3	R. 341-24
Art. R. 313-10, al. 2 et 3	R. 341-25
Art. R. 313-10-7	R. 341-26
Art. R. 313-11	R. 314-18
Art. R. 313-12	R. 314-19
Art. R. 313-13	R. 314-20
Art. R. 313-14	R. 314-21
Art. R. 314-1	R. 315-1
Art. R. 314-2	R. 315-2
Art. R. 331-1	R. 712-1
Art. R. 331-2	R. 712-3
Art. R. 331-3	R. 712-4
Art. R. 331-4	R. 712-5
Art. R. 331-5	R. 712-6
Art. R. 331-6	R. 712-7
Art. R. 331-7	R. 712-8
Art. R. 331-7-1	R. 712-9
Art. R. 331-7-2, al. 1er	R. 712-10
Art. R. 331-7-2, al. 2	R. 712-11
Art. R. 331-8	R. 712-13
Art. R. 331-8-1, al. 1er, 1re phrase	R. 721-1
Art. R. 331-8-1, 1re phrase, irrecevabilité	R. 761-1
Art. R. 331-8-1, al. 1er, 2e phrase, sauf sanction	R. 721-2
Art. R. 331-8-1, al. 5, délai	R. 712-15
Art. R. 331-8-1, al. 2 et 3	R. 721-3
Art. R. 331-8-1, al. 4 et 5	R. 721-4
Art. R. 331-8-2	R. 712-17
Art. R. 331-8-3	R. 712-18
Art. R. 331-8-4	R. 712-19
Art. R. 331-9	R. 713-1
Art. R. 331-9-1	R. 713-2
Art. R. 331-9-2, I	R. 713-3
Art. R. 331-9-2, II, al. 1er à 4	R. 713-4
Art. R. 331-9-2, II, al. 5	R. 713-5
Art. R. 331-9-2, III	R. 713-9

ANCIENS ARTICLES	NOUVEAUX ARTICLES
Art. R. 331-9-2, IV	R. 713-10
Art. R. 331-9-3, al. 1er	R. 713-7
Art. R. 331-9-3, al. 2	R. 713-8
Art. R. 331-9-4	R. 713-11
Art. R. 331-10, al. 1er et 2	R. 722-1
Art. R. 331-10, al. 3	R. 722-4
Art. R. 331-10-1	R. 722-3
Art. R. 331-11, al. 1er	R. 722-5
Art. R. 331-11, al. 2	R. 722-6
Art. R. 331-11-1, al. 1er	R. 721-5
Art. R. 331-11-1, al. 2 à 4	R. 721-6
Art. R. 331-11-2, al. 1er et 2	R. 721-7
Art. R. 331-11-2, al. 3 et 4	R. 721-8
Art. R. 331-11-2.	R. 722-7
Art. R. 331-11-3.	R. 722-8
Art. R. 331-12, al. 1er	R. 722-9
Art. R. 331-12, al. 2.	R. 722-10
Art. R. 331-13	R. 722-11
Art. R. 332-1	R. 723-2
Art. R. 332-2, al. 1er	R. 723-1
Art. R. 332-2, al. 2	R. 723-4
Art. R. 332-2, al. 3	R. 723-5
Art. R. 332-3	R. 723-6
Art. R. 332-4	R. 723-7
Art. R. 333-1	R. 724-1
Art. R. 333-2	R. 724-2
Art. R. 333-3, al. 1er	R. 724-3
Art. R. 333-3, al. 2	R. 724-4
Art. R. 333-3, al. 3	R. 724-5
Art. R. 333-3, al. 4 et 5	R. 724-7
Art. R. 333-3, al. 6	R. 724-6
Art. R. 333-3, al. 7	R. 724-8
Art. R. 334-1	R. 731-1
Art. R. 334-1, al. 2	R. 731-2
Art. R. 334-1, al. 3 et 4	R. 731-3
Art. R. 334-2	R. 732-1
Art. R. 334-3	R. 732-2
Art. R. 334-4	R. 733-1
Art. R. 334-5, al. 1er	R. 733-2
Art. R. 334-5, al. 2	R. 733-3
Art. R. 334-5-1	R. 733-4
Art. R. 334-6	R. 733-5
Art. R. 334-7	R. 733-6
Art. R. 334-8	R. 733-8
Art. R. 334-9	R. 733-9
Art. R. 334-10	R. 733-10
Art. R. 334-11	R. 733-11
Art. R. 334-12	R. 733-12
Art. R. 334-13	R. 733-13
Art. R. 334-14	R. 733-14
Art. R. 334-15	R. 733-15
Art. R. 334-16	R. 733-16
Art. R. 334-17	R. 733-17
Art. R. 334-18	R. 733-18
Art. R. 334-19	R. 741-1
Art. R. 334-20	R. 741-3
Art. R. 334-21	R. 741-4
Art. R. 334-22, al. 1er	R. 741-5
Art. R. 334-22, al. 2	R. 741-6
Art. R. 334-22, al. 3	R. 741-7
Art. R. 334-22, al. 4	R. 741-8
Art. R. 334-23	R. 741-9
Art. R. 334-24	R. 741-10
Art. R. 334-25	R. 741-11
Art. R. 334-26	R. 741-12
Art. R. 334-27	R. 741-13
Art. R. 334-27-1	R. 741-15
Art. R. 334-27-2	R. 741-16
Art. R. 334-27-3	R. 741-17
Art. R. 334-28	R. 742-1
Art. R. 334-29	R. 742-2
Art. R. 334-30	R. 742-3
Art. R. 334-31	R. 742-4
Art. R. 334-32, al. 6 à 9	R. 742-6
Art. R. 334-32, al. 10	R. 742-7
Art. R. 334-32, I à III	R. 742-5
Art. R. 334-33	R. 742-8
Art. R. 334-34	R. 742-9
Art. R. 334-35	R. 742-10
Art. R. 334-36	R. 742-11
Art. R. 334-37, al. 1er, irrecevabilité	R. 761-1
Art. R. 334-37, sauf sanction	R. 742-12
Art. R. 334-38	R. 742-13
Art. R. 334-39, I	R. 742-14
Art. R. 334-39, II	R. 742-15
Art. R. 334-39, III, sauf sanction	R. 742-16
Art. R. 334-39, III, irrecevabilité	R. 761-1
Art. R. 334-40	R. 742-17
Art. R. 334-41, I à III	R. 742-18
Art. R. 334-41, IV	R. 742-19
Art. R. 334-41, V	R. 742-20
Art. R. 334-42	R. 742-21

ANCIENS ARTICLES	NOUVEAUX ARTICLES
Art. R. 334-43	R. 742-22
Art. R. 334-44	R. 742-23
Art. R. 334-45	R. 742-24
Art. R. 334-46	R. 742-25
Art. R. 334-47	R. 742-26
Art. R. 334-48	R. 742-27
Art. R. 334-49	R. 742-28
Art. R. 334-50	R. 742-29
Art. R. 334-51	R. 742-30
Art. R. 334-52	R. 742-31
Art. R. 334-53	R. 742-32
Art. R. 334-54, I et II	R. 742-33
Art. R. 334-54, III et IV	R. 742-34
Art. R. 334-54, V	R. 742-35
Art. R. 334-55	R. 742-36
Art. R. 334-56	R. 742-37
Art. R. 334-57	R. 742-38
Art. R. 334-58	R. 742-39
Art. R. 334-59	R. 742-40
Art. R. 334-60	R. 742-41
Art. R. 334-61	R. 742-42
Art. R. 334-62	R. 742-43
Art. R. 334-63	R. 742-44
Art. R. 334-64	R. 742-45
Art. R. 334-65	R. 742-46
Art. R. 334-66	R. 742-47
Art. R. 334-67	R. 742-48
Art. R. 334-68	R. 742-49
Art. R. 334-69	R. 742-50
Art. R. 334-70	R. 742-51
Art. R. 334-71	R. 742-52
Art. R. 334-72	R. 742-53
Art. R. 334-73	R. 742-55
Art. R. 334-74	R. 742-56
Art. R. 334-75	R. 742-57
Art. R. 334-76	R. 743-1
Art. R. 334-77	R. 743-2
Art. R. 335-1	R. 712-14
Art. R. 335-2	R. 713-6
Art. R. 335-3	R. 713-6
Art. R. 335-4	R. 711-1
Art. R. 411-1	R. 811-1
Art. R. 411-2	R. 811-2
Art. R. 411-3	R. 811-3
Art. R. 411-4	*R. 811-4*
Art. R. 411-5	R. 811-5
Art. R. 411-6	R. 811-6
Art. R. 411-7	R. 811-7

ANCIENS ARTICLES	NOUVEAUX ARTICLES
Art. R. 422-1	R. 622-1
Art. R. 422-2	R. 622-2
Art. R. 422-3	R. 622-3
Art. R. 422-4	R. 622-4
Art. R. 422-5	R. 622-5
Art. R. 422-6	R. 622-6
Art. R. 422-7	R. 622-7
Art. R. 422-8	R. 622-8
Art. R. 422-9	R. 622-9
Art. R. 422-10	R. 622-10
Art. R. 423-1	R. 623-1
Art. R. 423-2	R. 623-2
Art. R. 423-3	R. 623-3
Art. R. 423-4	R. 623-4
Art. R. 423-5	R. 623-5
Art. R. 423-6	R. 623-7
Art. R. 423-7	R. 623-8
Art. R. 423-8	R. 623-11
Art. R. 423-9	R. 623-12
Art. R. 423-10	R. 623-13
Art. R. 423-11	R. 623-14
Art. R. 423-12	R. 623-15
Art. R. 423-13	R. 623-16
Art. R. 423-14	R. 623-17
Art. R. 423-15	R. 623-18
Art. R. 423-16	R. 623-19
Art. R. 423-17, al. 1er et 2	R. 623-20
Art. R. 423-17, al. 3	R. 623-21
Art. R. 423-17, al. 4	R. 623-22
Art. R. 423-18, al. 1er à 3	R. 623-23
Art. R. 423-18, al. 4	R. 623-24
Art. R. 423-19	R. 623-25
Art. R. 423-20, al. 1er	R. 623-26
Art. R. 423-20, al. 2	R. 623-27
Art. R. 423-21	R. 623-28
Art. R. 423-22	R. 623-29
Art. R. 423-23, al. 1er	R. 623-30
Art. R. 423-23, al. 2	R. 623-31
Art. R. 423-23, al. 3	R. 623-32
Art. R. 423-23, al. 4 et 5	R. 623-33
Art. R. 431-1	R. 812-1
Art. R. 431-2	R. 812-2
Art. R. 431-3	R. 812-3
Art. R. 531-3, al. 1er à 7 et 10 à 13	R. 822-1
Art. R. 531-3, al. 8 et 9	R. 822-2
Art. R. 531-4	R. 822-4
Art. R. 531-5	R. 822-5

ANCIENS ARTICLES	NOUVEAUX ARTICLES
Art. R. 531-6	R. 822-6
Art. R. 531-7	R. 822-7
Art. R. 531-8	R. 822-8
Art. R. 531-9, al. 1er	R. 822-9
Art. R. 531-9, al. 2 à 5	R. 822-10
Art. R. 531-10	R. 822-11
Art. R. 532-1	R. 822-13
Art. R. 533-3	R. 822-14
Art. R. 533-4	R. 822-15
Art. R. 533-5	R. 822-16
Art. R. 533-6	R. 822-17
Art. R. 534-1	R. 822-18
Art. R. 534-2	R. 822-19
Art. R. 534-3	R. 822-20
Art. R. 534-4	R. 822-21
Art. R. 534-5	R. 822-23
Art. R. 534-6	R. 822-24
Art. R. 534-7	non repris
Art. R. 534-8	R. 822-26
Art. R. 534-10	R. 822-27
Art. R. 534-13	R. 822-28
Art. R. 534-14	R. 822-29
Art. R. 534-15	R. 822-30
Art. R. 534-16	R. 822-31
Art. R. 534-17	R. 822-32
Décret nº 78-280 du 10 mars 1978 relatif au laboratoire national de métrologie et d'essais :	
Art. 1er, al. 2	R. 823-1
Art. 2	R. 823-2
Art. 3	R. 823-3
Art. 4	R. 823-4
Art. 5	R. 823-5
Art. 6	R. 823-6
Art. 7	R. 823-7
Art. 8	R. 823-8
Art. 9	R. 823-10
Art. 10	R. 823-9
Art. 11	R. 823-11
Art. 12	R. 823-12
Art. 12-1	R. 823-13
Art. 13	R. 823-14
Art. 14	R. 823-15
Art. 15	R. 823-16
Art. 16	R. 823-17
Art. 17	R. 823-18
Art. 18	R. 823-19
Art. 19	R. 823-20
Art. 20	non repris
Art. 22	non repris
Art. 23	non repris
Décret nº 90-422 du 16 mai 1990 portant application, en ce qui concerne les offres de rencontres en vue de la réalisation d'un mariage ou d'une union stable, de la loi nº 89-421 du 23 juin 1989 :	
Art. 1er	R. 224-1
Art. 2	R. 224-2
Art. 3	R. 224-3
Art. 4, 1°	R. 242-16
Art. 4, 2°	R. 242-17
Art. 4, 3°	R. 242-18
Art. 4, 4°	R. 242-19
Loi nº 2001-420 du 15 mai 2001 relative aux nouvelles régulations économiques :	
Art. 60	R. 412-45
Arrêté du 8 janvier 2002 relatif à l'agrément et aux contrôles et vérifications des installations de traitement des denrées par ionisation :	
Art. 1er	R. 414-1
Art. 2	R. 414-2
Art. 3	R. 414-3
Art. 4	R. 414-4
Art. 5	R. 414-5
Art. 6	R. 414-6
Décret nº 2005-137 du 16 février 2005 pris pour l'application de l'article L. 134-2 du code de la consommation :	
Art. 1er	D. 213-1
Art. 2	D. 213-2
Décret nº 2012-610 du 30 avril 2012 relatif à une mesure d'organisation des enquêtes réalisées par les agents de la concurrence, de la consommation et de la répression des fraudes :	
Art. 1er	D. 512-6

TABLE CHRONOLOGIQUE

NOTA. Les textes postérieurs à la codification, qui ont modifié, ajouté ou abrogé des articles du code, sont suivis d'un renvoi à l'article concerné. Il en va de même des textes et codes complémentaires reproduits dans l'ouvrage. Les textes reproduits dans la partie appendice sont suivis d'un renvoi à la rubrique de l'appendice correspondante. Dans chacune des rubriques, les textes sont classés par ordre chronologique.
Le picto 🏛 signale que le texte est accessible intégralement ou partiellement en hyperlien sur les portails et sur les applications mobiles Dalloz.
Avant la table chronologique proprement dite, on trouvera ci-dessous la liste, classée par ordre alphabétique, des différents codes reproduits en extraits dans le présent ouvrage.

Code monétaire et financier

Code de l'organisation judiciaire

Code pénal

Code des postes et des communications électroniques

Code de procédure civile

Code de procédure pénale

Code des procédures civiles d'exécution

Code de la propriété intellectuelle

— Art. L. 721-2, R. 721-8 *(indication géographique)*, ss. C. consom., art. L. 431-2.
— Art. L. 731-1 à L. 731-4 *(indication relative aux services publics)*. — V. App., v° *Dépannage, réparation, entretien*, **p. 1608.**

Code de la route
— Art. L. 311-1, L. 318-1, L. 318-4, L. 413-2. — V. App., v° *Automobiles*, **p. 1241.**
— Art. L. 317-5 *(débridage)*, L. 321-1-1 *(mini-moto)*. — V. App., v° *Bicyclettes, cyclomoteurs*, **p. 1345.**

Code rural et de la pêche maritime
— Art. L. 611-4, L. 611-4-1, L. 611-4-2 *(crise conjoncturelle)*. — V. App., v° *Prix*, **p. 650.**
— Art. L. 640-2, L. 641-1, L. 641-2, L. 641-5 à L. 641-12, L. 641-19 à L. 641-21, L. 642-3 à L. 642-5-1, L. 643-1 à L. 643-3-3, L. 671-5, L. 671-6. — V. App., v° *Valorisation des produits et des services*, **p. 2265.**
— Art. L. 641-13, L. 671-7 *(agriculture biologique)*. — V. App., v° *Produits biologiques*, **p. 2068.**
— Art. L. 641-14 à L. 641-16 *(dénomination montagne)*. — V. App., v° *Produits « montagne »*, **p. 2138.**
— Art. L. 644-1 à L. 644-4, L. 644-7 *(appellation d'origine)*. — V. App., v° *Vins*, **p. 2328.**
— Art. L. 644-15, D. 646-21 *(pêche durable)*. — V. App., v° *Poissons, produits de la mer*, **p. 1974.**
— Art. L. 654-27-1 *(foie gras)*. — V. App., v° *Œufs, volailles*, **p. 1941.**
— Art. D. 641-57-6 à D. 641-57-11, R.* 654-115 *(commercialisation des œufs)*. — V. App., v° *Œufs, volailles*, **p. 1942.**
— Art. R. 231-35 à R. 231-43 *(coquillages vivants)*. — V. App., v° *Poissons, produits de la mer*, **p. 1975.**
— Art. R.* 234-2. — V. App., v° *Viandes, charcuteries*, **p. 2313.**
— Art. R. 641-7 à R. 641-10, R. 641-16, R. 641-18, R. 641-19, R. 641-21-1, R. 641-57-1 à R. 641-57-5, R. 641-58, R. 641-66. — V. App., v° *Valorisation des produits et des services*, **p. 2267.**
— Art. R. 641-31 *(logo AB)*. — V. App., v° *Produits biologiques*, **p. 2068.**
— Art. R. 641-32, R. 641-33. — V. App., v° *Produits « montagne »*, **p. 2139.**
— Art. D. 932-1, R. 932-4, R. 932-7 *(transbordement, débarquement et transformation des produits de la mer)*. — V. App., v° *Poissons, produits de la mer*, **p. 1976.**
— Art. D. 645-9, D. 645-17 *(appellation d'origine)*. — V. App., v° *Vins*, **p. 2329.**

Code de la santé publique
— Art. L. 513-10-1 à L. 513-10-7, R. 1311-1 à R. 1311-13, R. 513-10-1 à R. 513-10-15, R. 1312-9 à R. 1312-13, R. 5437-1 à R. 5437-4 *(tatouage)*. — V. App., v° *Produits cosmétiques*, **p. 2092.**
— Art. L. 1111-3 à L. 1111-3-5 *(information des usagers du système de santé)*. — V. App., v° *Médecins*, **p. 1904.**
— Art. L. 1141-2 à L. 1141-3 *(accès à l'assurance invalidité et décès des personnes à risque aggravé)*. — V. App., v° *Assurances*, **p. 1212.**
— Art. L. 1151-2, L. 1151-3, L. 1152-1, L. 1152-2, L. 6322-1, L. 6322-2, L. 6324-1, L. 6324-2 *(chirurgie esthétique)*. — V. App., v° *Médecins*, **p. 1905.**
— Art. L. 1313-1 à L. 1313-3, R. 1313-32 *(Agence nationale chargée de la sécurité sanitaire de l'alimentation, de l'environnement et du travail)*. — V. App., v° *Denrées alimentaires*, **p. 1528.**
— Art. L. 1321-1, L. 1322-1, L. 1322-2, R. 1321-1, R. 1322-2 à R. 1322-4, R. 1322-35 à R. 1322-37, R. 1321-84 à R. 1321-94 *(eaux potables et minérales naturelles)*. — V. App., v° *Eau*, **p. 1612.**
— *Art. L. 1323-1 (eaux non potables)*. — V. App., v° Eau, **p. 1618.**
— Art. L. 2133-1 *(publicité télévisée pour les boissons et produits alimentaires)*. — V. App., v° *Denrées alimentaires*, **p. 1530.**
— Art. L. 3231-1 *(programme national relatif à la nutrition)*, ss. C. consom., art. D. 824-3.
— Art. L. 3232-5 à L. 3232-7, L. 3232-9. — V. App., v° *Sucre, substances édulcorantes*, **p. 2181.**

– Art. L. 3232-8, R. 3232-7, ss. C. consom., art. L. 412-3.
– Art. L. 3311-3, L. 3321-1, L. 3322-1 à L. 3322-6, L. 3322-8, L. 3322-9, L. 3323-1 à L. 3323-5, L. 3331-4, L. 3335-4, L. 3341-4, L. 3342-1 à L. 3342-4, L. 3351-1 à L. 3351-8, L. 3353-3 à L. 3353-5, L. 3355-1, L. 3355-3. – V. App., v° *Boissons alcooliques*, **p. 1360.**
– Art. L. 3511-1 s. *(lutte contre le tabagisme)*. – V. App., v° *Tabac, produits du tabac*, **p. 2196.**
– Art. L. 5122-1 à L. 5122-15, L. 5125-24 à L. 5125-27, L. 5125-31. – V. App., v° *Médicaments*, **p. 1911.**
– Art. L. 5131-1, L. 5131-3 à L. 5131-8. – V. App., v° *Produits cosmétiques*, **p. 2088.**
– Art. L. 5134-2 *(contraceptifs)*. – V. App., v° *Médicaments*, **p. 1914.**
– Art. L. 5137-1 à L. 5137-3 *(aliments diététiques)*. – V. App., v° *Produits diététiques, compléments alimentaires*, **p. 2118.**
– Art. L. 5231-3, L. 5231-3-1, L. 5232-1-1, L. 5232-1-2 *(publicité pour les téléphones mobiles)*. – V. App., v° *Poste et télécommunications*, **p. 2001.**
– Art. L. 5231-4 *(objets contenant un équipement radioélectrique)*. – V. App., v° *Jouets, divertissements*, **p. 1784.**
– Art. L. 5232-1, L. 5463-1, R. 5463-2 à R. 5463-4. – V. App., v° *Baladeurs*, **p. 1296.**
– Art. L. 5422-1 à L. 5422-14, L. 5422-18 *(publicité des médicaments)*. – V. App., v° *Médicaments*, **p. 1914.**
– Art. L. 5431-1 à L. 5431-9, L. 5437-1 à L. 5437-5 *(dispositions pénales)*. – V. App., v° *Produits cosmétiques*, **p. 2090.**
– Art. R. 1111-21 à R. 1111-25 *(obligation d'affichage du professionnel de santé)*. – V. App., v° *Médecins*, **p. 1907.**
– Art. R. 1322-44-9 à R. 1322-44-17, R. 1324-1 *(information des consommateurs d'eau minérale naturelle)*. – V. App., v° *Eau*, **p. 1614.**
– Art. R. 1323-1 à R. 1323-3 *(vigilance alimentaire)*. – V. App., v° *Produits diététiques, compléments alimentaires*, **p. 2118.**
– Art. R. 2133-1 à R. 2133-3 *(information à caractère sanitaire des messages publicitaires)*. – V. App., v° *Publicité télévisée*, **p. 2141.**
– Art. R. 3322-1 à R. 3322-5, R. 3323-1 à R. 3323-4, R. 3342-1, R. 3351-1, R. 3351-2, R. 3353-5 à R. 3353-7. – V. App., v° *Boissons alcooliques*, **p. 1362.**
– Art. R. 3512-2 à R. 3512-5, R. 3512-7, R. 3512-9, D. 3512-9-1, R. 3512-17 à R. 3512-21, R. 3512-26 à R. 3512-30, D. 3513-1 à R. 3513-4, R. 3515-2 à R. 3515-8. – V. App., v° *Tabac, produits du tabac*, **p. 2196.**
– Art. R. 4235-55, R. 4235-57 à R. 4235-59, R. 4235-64, R. 4235-65 *(déontologie des pharmaciens d'officine)*. – V. App., v° *Médicaments*, **p. 1919.**
– Art. R. 5121-137 à R. 5121-142, R. 5121-148, R. 5121-149, R. 5122-3 à R. 5122-7 *(étiquetage et publicité)*, R. 5125-24 à R. 5125-29, L. 5125-31, *(publicité en faveur des officines de pharmacie)*. – V. App., v° *Médicaments*, **p. 1920.**
– Art. R. 5131-4, R. 5131-5, R. 5431-1, R. 5431-2, R. 5431-3. – V. App., v° *Produits cosmétiques*, **p. 2089.**

Code de la sécurité intérieure
– Art. L. 320-1, L. 322-1 à L. 322-5, L. 324-6 à L. 324-10 *(loteries)*, ss. C. consom., art. L. 121-20.
– Art. L. 333-1, L. 334-2 *(établissements diffusant de la musique)*. – V. App., v° *Bruit*, **p. 1389.**

Code de la sécurité sociale
– Art. L. 162-16-4 à L. 162-16-5, L. 162-17 *(prix)*, L. 165-8, L. 165-9, L. 165-9-1 *(dispositifs médicaux à usage individuel)*. – V. App., v° *Médicaments*, **p. 1389.**
– Art. L. 542-7-1, L. 831-8, D. 542-22-5, R. 831-21-5 *(rétablissement des droits aux allocations de logement pour les locataires surendettés)*, ss. C. consom., art. L. 722-10.

Code du tourisme
– Art. L. 211-1 à L. 211-18, L. 211-23, R. 211-3 à R. 211-19 *(agents de voyages)*. – V. App., v° *Agences de voyages*, **p. 1106.**

— Art. L. 311-7, L. 311-8, L. 312-2, L. 312-3, L. 314-1, D. 311-10, D. 314-1 *(infractions en matière de prix des hôtels et restaurants)*. — V. App., v° *Hôtels, restaurants, débits de boissons*, **p. 1738.**
— Art. L. 324-2 *(contrat de location saisonnière)*. — V. App., v° *Logement (location)*, **p. 1969.**
— Art. L. 327-1 *(dénominations et appellations des hébergements autres qu'hôtels et terrains de camping)*. — V. App., v° *Logement (location)*, **p. 1880.**
— Art. L. 211-24, R. 211-49 *(contrat de jouissance d'immeuble à temps partagé)*. — V. App., v° *Agences de voyages*, **p. 1123.**
— Art. D. 314-1 *(discothèque)*. — V. App., v° *Hôtels, restaurants, débits de boissons*, **p. 1739.**

Code des transports
— Art. L. 1111-1 à L. 1111-6 *(droit au transport)*. — V. App., v° *Transports*, **p. 2252.**
— Art. L. 1114-7 *(information des passagers du transport aérien)*. — V. App., v° *Transports*, **p. 2253.**
— Art. L. 1115-1 *(accès aux données nécessaires à l'information du voyageur)*. — V. App., v° *Transports*, **p. 2253.**
— Art. L. 1431-3. — V. App., v° *Déménagement*, **p. 1515.**
— Art. L. 6214-1 à L. 6214-5, L. 6232-12, L. 6232-13 *(drone)*. — V. App., v° *Jouets, divertissements*, **p. 1784.**

Code du travail
— Art. L. 3252-2, L. 3252-3, R. 3252-2 à R. 3252-4 *(saisie des rémunérations)*, ss. C. consom., art. R. 731-1.
— Art. L. 8221-7, L. 8224-6 *(mentions obligatoires)*, ss. C. consom., art. L. 111-3.
— Art. L. 6353-3 à L. 6353-8 *(organisme de formation)*. — V. App., v° *Enseignement et formation*, **p. 1692.**

Livre des procédures fiscales
— Art. L. 247 A *(remise d'impôts)*, ss. C. consom., art. L. 733-6.

1790	22 avr.	Décret. Dettes du clergé et assignats. — Art. 7 *(obligation de faire l'appoint)*. — V. C. mon. fin., art. L. 112-5, App., v° *Prix*, **p. 2039.**
1836	21 mai	Loi. Prohibition des loteries. — V. CSI, art. L. 322-1 s., ss. C. consom., art. L. 121-20.
1908	5 août	Loi. Fraudes et falsifications. — Art. 2 *(action civile des syndicats)*. — V. App., v° *Associations de consommateurs*, **p. 1210.**
1912	15 avr.	Décret. Répression des fraudes (denrées alimentaires). — V. App., v° *Denrées alimentaires*, **p. 1532.**
1917	7 mai	Loi. Sociétés coopératives de consommation. — V. ss. C. consom., art. L. 811-2.
1921	19 août	Décret. Répression des fraudes (vins et eaux-de-vie). — Art. 1er à 13, 15. — V. App., v° *Vins*, **p. 2330.**
1924	25 mars	Décret. Lait et produits de la laiterie. — V. App., v° *Lait, produits laitiers*, **p. 1823.**
1930	31 janv.	Décret. Répression des fraudes (vins de liqueur, vermouths et apéritifs à base de vin). — V. App., v° *Vins*, **p. 2335.**
1935	8 mars	Loi. Bronzes. — Art. 1er à 4. — V. App., v° *Objets d'art, objets anciens*, **p. 1940.**

1935	2 juill.	Loi. Marchés du lait et des produits résineux. – Art. 1er à 3, 6 à 14, 34, 35. – V. App., v° *Lait, produits laitiers*, **p. 1828.**
1953	30 sept.	Décret n° 53-978. Cidres, poirés, et boissons similaires. – V. App., v° *Cidres, poirés*, **p. 1390.**
1955	4 janv.	Décret n° 55-15. Répression des fraudes (vêtements masculins). – Art. 1er. – V. App., v° *Textiles*, **p. 2239.**
1955	10 févr.	Décret n° 55-241. Répression des fraudes (conserves et semi-conserves). – V. App., v° *Conserves*, **p. 1507.**
1955	21 mai	Décret n° 55-771. Laits de consommation. – V. App., v° *Lait, produits laitiers*, **p. 1830.**
1955	19 août	Décret n° 55-1126. Répression des fraudes (commerce des fruits et légumes). – Art. 1er à 5. – V. App., v° *Fruits et légumes*, **p. 1714.**
1957	1er août	Loi n° 57-866. Appellation « volaille de Bresse ». – V. App., v° *Œufs, volailles*, **p. 1943.**
1958	27 déc.	Ordonnance n° 58-1357. Conserves (produits de la mer). – V. App., v° *Poissons, produits de la mer*, **p. 1977.**
1960	28 mars	Décret n° 60-296. Répression des fraudes (vente au détail des boissons). – V. App., v° *Jus de fruits, sirops*, **p. 1814.**
1960	30 déc.	Décret n° 60-1524. Conserves (produits de la mer). – V. App., v° *Poissons, produits de la mer*, **p. 1978.**
1964	9 sept.	Décret n° 64-949. Répression des fraudes (surgelés). – V. App., v° *Produits surgelés*, **p. 2139.** – Art. 8-1. – V. C. consom., art. R. 412-35.
1966	20 mai	Décret n° 66-319. Vanille. – V. App., v° *Sucre, substances édulcorantes*, **p. 2182.**
1966	13 juin	Décret n° 66-371. Classement et prix des hôtels et restaurants. – Art. 9. – V. C. tourisme, art. D. 311-10, App., v° *Hôtels, restaurants, débits de boissons*, **p. 1738.**
1966	26 déc.	Loi n° 66-965. Infractions en matière de publicité et de prix des hôtels et restaurants. – Codifiée au C. tourisme. – V. App., v° *Hôtels, restaurants, débits de boissons*, **p. 1738.**
1966	28 déc.	Loi n° 66-1010. Usure, prêts d'argent et opérations de démarchage et de publicité. – Art. 9 à 16-1. – V. C. mon. fin., art. L. 341-1 s., L. 353-1 s., App., v° *Placements financiers*, **p. 1962.**
1967	17 mars	Décret n° 67-251. Volailles. – V. App., v° *Œufs, volailles*, **p. 1944.**
1967	16 mai	Arrêté. Locations saisonnières en meublé. – V. App., v° *Logement (location)*, **p. 1880.**
1970	2 janv.	Loi n° 70-9. Conditions d'exercice des activités relatives à certaines opérations portant sur les immeubles et les fonds de com-

		merce. – Art. 1er à 3, 6, 7, 16, 17-1, 17-2. – V. App., v° *Agences immobilières*, **p. 1081.**
1970	23 juin	Décret n° 70-559. Répression des fraudes (fromages préemballés). – V. App., v° *Fromages*, **p. 1705.**
1971	12 juill.	Loi n° 71-556. Organismes privés d'enseignement à distance, publicité et démarchage faits par les établissements d'enseignement. – Art. 1er, 8 à 13, 16. – V. C. éduc., art. L. 444-1 s., L. 471-1 s., App., v° *Enseignement*, **p. 1693.**
1972	3 janv.	Loi n° 72-6. Démarchage financier et opérations de placement et d'assurance. – Art. 1er à 23, 33, 35. – V. C. mon. fin., art. L. 342-1 s., L. 353-5, App., v° *Placements financiers*, **p. 1969.**
1972	20 juill.	Décret n° 72-678. Application de la loi n° 70-9 du 2 janvier 1970 (opérations portant sur les immeubles et les fonds de commerce). – Art. 1er, 72 à 79-3. – V. App., v° *Agences immobilières*, **p. 1092.**
1972	22 déc.	Décret n° 72-1218. Organismes privés d'enseignement à distance. – Art. 18 à 27, 31. – Désormais codifié au livre IV de la partie réglementaire du code de l'éducation. – V. App., v° *Enseignement*, **p. 1694.**
1972	22 déc.	Décret n° 72-1219. Publicité que peuvent faire les établissements et organismes d'enseignement. – Art. 1er à 7. – Désormais codifié au livre IV de la partie réglementaire du code de l'éducation, App., v° *Enseignement*, **p. 1697.**
1973	12 févr.	Décret n° 73-138. Répression des fraudes (nettoyage des objets destinés à entrer en contact avec des denrées alimentaires). – V. App., v° *Denrées alimentaires*, **p. 1535.**
1973	2 oct.	Convention de La Haye. Loi applicable à la responsabilité du fait des produits. – V. App., v° *Responsabilité du fait des produits*, **p. 2170.**
1974	15 mai	Décret n° 74-442. Répression des fraudes (œufs à couver et poussins). – V. C. consom., art. R. 412-27.
1975	30 juin	Loi n° 75-535. Institutions sociales et médico-sociales. – Art. 8 *ter*. – V. CASF, art. L. 312-1, App., v° *Hébergement des personnes âgées*, **p. 1718.**
1975	15 juill.	Loi n° 75-633. Élimination des déchets et récupération des matériaux. – Art. 19. – V. C. envir., art. L. 541-34, ss. C. consom., art. L. 121-4.
1976	8 juill.	Arrêté n° 76-68/P. Publicité des prix sur les autoroutes. – V. App., v° *Autoroutes*, **p. 1292.**
1977	19 juill.	Décret n° 77-855. Répression des fraudes (laits de consommation). – V. C. consom., art. R. 412-28.

1981	10 août	Loi n° 81-766. Prix du livre. – V. App., v° *Livres*, **p. 1861.**
1981	20 nov.	Recommandation CCA n° 82-01. Transport terrestre de marchandises. – V. App., v° *Transports*, **p. 2254.**
1981	3 déc.	Décret n° 81-1068. Application de la loi n° 81-766 du 10 août 1981 (prix du livre). – V. App., v° *Livres*, **p. 1865.**
1982	19 févr.	Recommandation CCA n° 82-02. Contrats proposés par les déménageurs. – V. App., v° *Déménagement*, **p. 1516.**
1982	18 mars	Décret n° 82-257. Répression des fraudes (marquage de certains fromages). – V. App., v° *Fromages*, **p. 1705.**
1982	11 mai	Décret n° 82-405. Teneur en eau des volailles surgelées (applicabilité des normes communautaires). – V. C. consom., art. R. 412-27.
1982	14 mai	Recommandation CCA n° 82-03. Installations de cuisine. – V. App., v° *Ameublement*, **p. 1133.**
1982	23 août	Décret n° 82-309. Répression des fraudes (vins de table). – V. App., v° *Vins*, **p. 2338.**
1982	24 sept.	Recommandation CCA n° 82-04. Travaux photographiques ou cinématographiques. – V. App., v° *Clauses abusives*, **p. 1404.**
1982	19 nov.	Recommandation CCA n° 85-01. Contrats de distribution d'eau. – V. App., v° *Eau*, **p. 1618.**
1983	3 janv.	Loi n° 83-1. Développement des investissements et protection de l'épargne. – Art. 36 à 37, 40. – V. C. mon. fin., art. L. 550-1 s., L. 573-8, App., v° *Placements financiers*, **p. 1972.**
1983	25 févr.	Recommandation CCA n° 84-02. Transport terrestre de voyageurs. – V. App., v° *Transports*, **p. 2257.**
1983	4 mai	Arrêté n° 83-29/A. Publicité des prix (cordonnerie). – V. App., v° *Cordonnerie, chaussures*, **p. 1511.**
1983	8 juill.	Recommandation CCA n° 84-03. Contrats d'hôtellerie de plein air. – V. App., v° *Hôtels, restaurants, débits de boissons*, **p. 1739.**
1983	3 oct.	Arrêté n° 83-50/A. Publicité des prix des services. – V. App., v° *Prix (publicité)*, **p. 2049.**
1984	20 janv.	Recommandation CCA n° 84-01. Contrats de fourniture de gaz de pétrole liquéfié. – V. App., v° *Énergie domestique*, **p. 1660.**
1984	24 janv.	Loi n° 84-46. Activité et contrôle des établissements de crédit. – Art. 58, 59. – V. C. mon. fin., art. L. 312-1, L. 614-1, App., v° *Banques*, **p. 1297.**
1984	20 sept.	Arrêté n° 84-64/A. Publicité des prix. – V. App., v° *Prix (publicité)*, **p. 2049.**
1984	14 déc.	Recommandation CCA n° 85-02. Contrats d'achat de véhicules de tourisme. – V. App., v° *Automobiles*, **p. 1244.**

1985	29 mai	Décret n° 85-556. Infractions à la loi n° 81-766 du 10 août 1981 relative au prix du livre. – V. App., v° *Livres*, **p. 1866.**
1985	5 juill.	Recommandation CCA n° 85-03. Contrats proposés par les établissements hébergeant des personnes âgées. – V. App., v° *Hébergement des personnes âgées*, **p. 1722.**
1985	25 juill.	Directive CEE n° 85/374 du Conseil. Responsabilité du fait des produits défectueux. – V. App., v° *Responsabilité du fait des produits*, **p. 2173.**
1985	8 août	Décret n° 85-862. Application aux livres scolaires de la loi n° 81-766 du 10 août 1981 (prix du livre). – V. App., v° *Livres*, **p. 1867.**
1985	20 sept.	Recommandation CCA n° 85-04. Assurance « multirisques-habitation ». – V. App., v° *Assurances*, **p. 1213.**
1985	5 déc.	Arrêté n° 85-69/A. Prix de vente du fioul domestique. – V. App., v° *Énergie domestique*, **p. 1663.**
1986	17 janv.	Recommandation CCA n° 86-01. Location avec option d'achat. – V. App., v° *Clauses abusives*, **p. 1406.**
1986	11 févr.	Décret n° 86-208. Répression des fraudes (apéritifs à base de cidre ou de poiré). – V. App., v° *Cidres, poirés*, **p. 1395.**
1986	18 févr.	Décret n° 86-226. Dénomination « magret ». – V. App., v° *Œufs, volailles*, **p. 1944.**
1986	14 mars	Décret n° 86-583. Répression des fraudes (commerce de l'ameublement). – V. App., v° *Ameublement*, **p. 1136.**
1986	16 sept.	Recommandation CCA n° 86-02. Contrats de remontées mécaniques. – V. App., v° *Remontées mécaniques*, **p. 2161.**
1986	25 sept.	Arrêté. Mention des consommations conventionnelles des automobiles. – V. App., v° *Automobiles*, **p. 1252.**
1986	30 sept.	Loi n° 86-1067. Liberté de communication : – Art. 20-1. – V. App., v° *Langue française*, **p. 1849.** – Art. 27, 33, 33-2, 43. – V. App., v° *Publicité télévisée*, **p. 2141.**
1986	3 nov.	Arrêté n° 86-49/A. Tarifs des remontées mécaniques. – V. App., v° *Remontées mécaniques*, **p. 2163.**
1986	21 nov.	Recommandation CCA n° 87-01. Contrats de location de coffres-forts. – V. App., v° *Banques*, **p. 1313.**
1986	2 déc.	Arrêté n° 86-63/A. Publicité des prix. – V. App., v° *Prix (publicité)*, **p. 2050.**
1987	27 mars	Arrêté. Publicité des prix (réparation, contrôle technique, dépannage, garage des véhicules). – V. App., v° *Automobiles*, **p. 1253.**
1987	27 mars	Arrêté. Publicité des prix (blanchisserie, nettoyage à sec). – V. App., v° *Blanchisserie, teinturerie, nettoyage*, **p. 1358.**

1987	27 mars	Arrêté. Publicité des tarifs de coiffure. – V. App., v° *Coiffure*, **p. 1474.**
1987	27 mars	Arrêté. Affichage des prix (denrées alimentaires à consommer sur place). – V. App., v° *Hôtels, restaurants, débits de boissons*, **p. 1609.**
1987	27 mars	Arrêté. Publicité des tarifs des prestations d'esthétique corporelle. – V. App., v° *Produits cosmétiques ou d'hygiène corporelle*, **p. 2102.**
1987	15 mai	Recommandation CCA n° 87-02. Agences matrimoniales. – V. App., v° *Agences matrimoniales*, **p. 1104.**
1987	19 juin	Arrêté. Publicité des prix (auto-écoles). – V. App., v° *Automobiles*, **p. 1254.**
1987	19 juin	Recommandation CCA n° 94-01. Consentement implicite. – V. App., v° *Clauses abusives*, **p. 1411.**
1987	26 juin	Recommandation CCA n° 87-03. Clubs de sport à caractère lucratif. – V. App., v° *Clauses abusives*, **p. 1412.**
1987	3 déc.	Arrêté. Information du consommateur sur les prix. – V. App., v° *Prix (publicité)*, **p. 2054.**
1988	5 janv.	Loi n° 88-14. Actions en justice des associations agréées de consommateurs : – Art. 10-I. – V. App., v° *Sucre, substances édulcorantes*, **p. 2182.** – Art. 12 à 15. – V. C. mon. fin., art. L. 452-1 s., App., v° *Placements financiers*, **p. 1971.**
1988	22 janv.	Recommandation CCA n° 88-01. Contrats d'accession à la propriété. – V. App., v° *Clauses abusives*, **p. 1414.**
1988	5 mai	Décret n° 88-538. Application de l'article 10-I de la loi n° 88-14 du 5 janvier 1988 (sanctions). – V. App., v° *Sucre, substances édulcorantes*, **p. 2182.**
1988	21 juin	Arrêté. Application du décret n° 88-586 du 6 mai 1988 (agrément des associations de consommateurs). – V. App., v° *Associations de consommateurs*, **p. 1210.**
1988	8 juill.	Arrêté. Publicité des prix de vente des carburants. – V. App., v° *Automobiles*, **p. 1255.**
1988	19 juill.	Circulaire. Application de l'arrêté du 3 décembre 1987 (information du consommateur sur les prix). – V. App., v° *Prix (publicité)*, **p. 2056.**
1988	30 déc.	Décret n° 88-1203. Laits fermentés et yaourts. – V. App., v° *Lait, produits laitiers*, **p. 1839.**
1988	30 déc.	Décret n° 88-1204. Fabrication et vente des beurres et de certaines spécialités laitières. – V. App., v° *Beurre, margarine*, **p. 1340.**

1988	30 déc.	Décret n° 88-1205. Fabrication et vente de la margarine et des autres mélanges de matières grasses. – V. App., v° *Beurre, margarine*, **p. 1341.**
1988	30 déc.	Décret n° 88-1207. Vinaigres. – V. App., v° *Vins*, **p. 2338.**
1989	19 mai	Recommandation CCA n° 89-01. Assurance des véhicules de tourisme. – V. App., v° *Automobiles*, **p. 1225.**
1989	23 juin	Loi n° 89-421. Information et protection des consommateurs. – Art. 7. – V. App., v° *Consignation des emballages*, **p. 1510.**
1989	7 juill.	Recommandation CCA n° 91-01. Contrats proposés par les établissements d'enseignement. – V. App., v° *Enseignement*, **p. 1697.**
1989	11 juill.	Décret n° 89-477. Tarif de dépannage (autoroutes et routes express). – V. App., v° *Autoroutes*, **p. 1292.**
1989	12 sept.	Décret n° 89-662. Prévention des risques (usage des jouets). – V. App., v° *Jouets, divertissements*, **p. 1804.**
1989	22 sept.	Arrêté. Ventes en soldes. Abrogé et codifié au code de commerce. – V. C. com., art. A. 310-7 s., App., v° *Ventes*, **p. 2301.**
1989	2 oct.	Circulaire. Application du décret n° 86-583 du 14 mars 1986 (objets d'ameublement). – V. App., v° *Ameublement*, **p. 1138.**
1989	10 nov.	Recommandation CCA n° 90-01. Assurance complémentaire à un contrat de crédit ou de LOA. – V. App., v° *Assurances*, **p. 1225.**
1989	10 nov.	Recommandation CCA n° 90-02. Assurance « Dommages-ouvrage ». – V. App., v° *Assurances*, **p. 1236.**
1990	23 mars	Décret n° 90-264. Consignation des emballages (liquides alimentaires). – V. App., v° *Consignation des emballages*, **p. 1510.**
1990	23 mars	Recommandation de synthèse de la Commission des clauses abusives (n° 91-02). – V. App., v° *Clauses abusives*, **p. 1415.**
1990	24 avr.	Règlement CE n° 1014/90. Définition des boissons spiritueuses. – V. App., v° *Boissons alcooliques*, **p. 1374.**
1990	22 juin	Recommandation CCA n° 91-03. Construction de maison individuelle sur plan. – V. App., v° *Logement (construction)*, **p. 1878.**
1990	6 juill.	Loi n° 90-600. Conditions de fixation des prix (établissements hébergeant des personnes âgées). – Art. 1er à 6. – V. CASF, art. L. 342-3 s., App., v° *Hébergement des personnes âgées*, **p. 1720.**
1990	6 juill.	Recommandation CCA n° 91-04. Contrats de location de certains biens mobiliers. – V. App., v° *Clauses abusives*, **p. 1417.**
1990	24 juill.	Règlement CE n° 2204/90. Organisation commune des marchés en ce qui concerne les fromages. – V. App., v° *Fromages*, **p. 1706.**

1991	21 févr.	Arrêté. Information du consommateur (franchises). — V. C. com., art. A. 441-1, ss. C. consom., art. L. 111-3.
1991	29 août	Décret n° 91-827. Aliments destinés à une alimentation particulière. — V. App., v° *Produits diététiques, compléments alimentaires*, **p. 2119.**
1991	6 sept.	Décret n° 91-898. Répression des fraudes (dénomination du lait et des produits laitiers). — V. C. consom., art. R. 412-28.
1991	6 sept.	Décret n° 91-899. Répression des fraudes (huile d'olive et huile de grignons d'olive). — V. C. consom., art. R. 412-26.
1991	12 nov.	Décret n° 91-1163. Répression des fraudes (produits en fourrure). — V. App., v° *Textiles*, **p. 2239.**
1991	13 nov.	Décret n° 91-1175. Sécurité des consommateurs. — V. App., v° *Jouets, divertissements*, **p. 1786.**
1991	17 déc.	Recommandation CCA n° 94-02. Contrats porteurs de cartes de paiement. — V. App., v° *Banques*, **p. 1314.**
1991	20 déc.	Décret n° 91-1292. Prévention des risques (usage des articles de puériculture). — V. App., v° *Puériculture (articles de)*, **p. 2155.**
1992	12 févr.	Décret n° 92-145. Conserves de sardines (applicabilité des normes communautaires). — V. C. consom., art. R. 412-29.
1992	27 mars	Décret n° 92-280. Publicité et parrainage télévisés. — V. App., v° *Publicité télévisée*, **p. 2142.**
1992	31 mars	Décret n° 92-307. Répression des fraudes (bières). — V. App., v° *Bière*, **p. 1352.**
1992	24 juin	Décret n° 92-564. Fabrication des fromages (applicabilité des normes communautaires). — V. C. consom., art. R. 412-28.
1992	8 juill.	Décret n° 92-631. Matériaux et objets en contact avec des denrées alimentaires. — Art. 1er à 10. — V. App., v° *Denrées alimentaires*, **p. 1537.**
1992	13 juill.	Loi n° 92-645. Organisation et vente de voyages ou de séjours. — Codifiée au C. tourisme. — V. App., v° *Agences de voyages*, **p. 1109.**
1992	29 juill.	Circulaire. Application du décret n° 91-1292 du 20 décembre 1991. — V. App., v° *Puériculture (articles de)*, **p. 2155.**
1992	18 août	Décret n° 92-818. Répression des fraudes (sirops). — V. App., v° *Jus de fruits, sirops*, **p. 1814.**
1992	9 sept.	Décret n° 92-985. Objets imitant des denrées alimentaires. — V. App., v° *Jouets, divertissements*, **p. 1787.**
1992	22 déc.	Arrêté. Information du consommateur (prestations topographiques). — V. App., v° *Géomètres*, **p. 1718.**

1992	31 déc.	Loi n° 92-1444. Lutte contre le bruit. – Art. 2 à 4. – V. C. envir., art. L. 571-2 s., App., v° *Bruit*, **p. 1388.**
1993	22 janv.	Circulaire. Amélioration du traitement des dossiers de surendettement. – V. ss. C. consom., art. R. 711-2 (renvoi).
1993	11 mars	Décret n° 93-363. Boissons spiritueuses (applicabilité des normes communautaires). – V. C. consom., art. R. 412-21.
1993	18 mars	Arrêté. Publicité des prix (viande et charcuterie). – V. App., v° *Viandes, charcuteries*, **p. 2314.**
1993	5 avr.	Directive CEE n° 93/13. Clauses abusives. – V. App., v° *Clauses abusives*, **p. 1419.**
1993	21 juill.	Décret n° 93-957. Vins aromatisés (applicabilité des normes communautaires). – V. C. consom., art. R. 412-21.
1993	26 juill.	Loi n° 93-949. Code de la consommation [ancien] (partie Législative), **p. 1** (note).
1993	9 août	Décret n° 93-999. Foie gras. – V. App., v° *Œufs, volailles*, **p. 1944.**
1993	13 sept.	Décret n° 93-1074. Répression des fraudes (pain). – Art. 1er à 4. – V. App., v° *Pain*, **p. 1961.**
1993	27 sept.	Décret n° 93-1130. Étiquetage (qualités nutritionnelles des denrées alimentaires). – V. App., v° *Denrées alimentaires*, **p. 1539.**
1993	3 déc.	Arrêté. Application du décret n° 93-1130 du 27 septembre 1993 (étiquetage relatif aux qualités nutritionnelles des denrées alimentaires). – V. App., v° *Denrées alimentaires*, **p. 1539.**
1994	18 mars	Recommandation CCA n° 94-03. Séjours linguistiques. – V. App., v° *Agences de voyages*, **p. 1125.**
1994	18 mai	Décret n° 94-418. Indications géographiques, appellations d'origine et attestations de spécificité (applicabilité des normes communautaires). – V. C. consom., art. R. 412-33.
1994	15 juin	Décret n° 94-490. Application de la loi n° 92-645 du 13 juillet 1992 (organisation et vente de voyages ou de séjours). – Art. 32-1, 95 à 106. – V. C. tourisme, art. R. 211-49, R. 211-5 à R. 211-14, App., v° *Agences de voyages*, **p. 1123.**
1994	1er juill.	Recommandation CCA n° 94-04. Locations saisonnières. – V. App., v° *Logement (location)*, **p. 1884.**
1994	20 juill.	Décret n° 94-641. Œufs (applicabilité des normes communautaires). – V. C. consom., art. R. 412-27.
1994	3 août	Arrêté. Information du consommateur (prix des fruits et légumes). – V. App., v° *Fruits et légumes*, **p. 1715.**
1994	4 août	Loi n° 94-665. Emploi de la langue française. – Art. 1er à 5, 16 à 20. – V. App., v° *Langue française*, **p. 1849.**

1994	10 août	Décret n° 94-699. Équipements d'aires collectives de jeux. – V. App., v° *Jouets, divertissements*, **p. 1788.**
1994	24 août	Décret n° 94-740. Conserves de thon et de bonite (applicabilité des normes communautaires). – V. C. consom., art. R. 412-29.
1994	12 sept.	Décret n° 94-808. Classification et marquage des carcasses (applicabilité des normes communautaires) : – V. App., v° *Viandes, charcuteries*, **p. 2322**. – Art. 1er. – V. C. consom., art. R. 412-30.
1994	31 oct.	Décret n° 94-946. Prix du service téléphonique perçu par certains établissements. – V. App., v° *Poste et télécommunications*, **p. 2011.**
1994	31 oct.	Arrêté. Information du consommateur (tarifs de services de télécommunication). – V. App., v° *Poste et télécommunications*, **p. 2011.**
1994	18 nov.	Recommandation CCA n° 94-05. Bons de commande et contrats de garantie des véhicules d'occasion. – V. App., v° *Automobiles*, **p. 1264.**
1994	5 déc.	Règlement CE n° 2991/94. Matières grasses tartinables. – V. App., v° *Beurre, margarine*, **p. 1341.**
1994	26 déc.	Décret n° 94-1212. Produits biologiques (applicabilité des normes communautaires). – V. App., v° *Produits biologiques*, **p. 2068.**
1995	24 janv.	Décret n° 95-81. Tarifs des péages autoroutiers. – V. App., v° *Autoroutes*, **p. 1293.**
1995	3 mars	Décret n° 95-240. Application de la loi n° 94-665 du 4 août 1994. – Art. 1er, 2, 4 à 16. – V. App., v° *Langue française*, **p. 1854.**
1995	17 mars	Recommandation CCA n° 95-01. Contrats d'abonnement autoroutier. – V. App., v° *Autoroutes*, **p. 1293.**
1995	7 avr.	Recommandation CCA n° 95-02. Logiciels. – V. App., v° *Logiciels*, **p. 1754.**
1995	25 avr.	Arrêté. Information du consommateur (textiles usagés ou d'occasion). – V. App., v° *Textiles*, **p. 2241.**
1995	9 mai	Décret n° 95-653. Règlement national des pompes funèbres. – V. CGCT, art. R. 2223-24 à R. 2223-32-1, R. 2223-67 à R. 2223-72, R. 2223-88, App., v° *Pompes funèbres*, **p. 1991.**
1995	25 août	Décret n° 95-949. Prévention des risques (usage de lits superposés). – V. App., v° *Ameublement*, **p. 1142.**
1995	17 nov.	Recommandation CCA n° 96-01. Syndics de copropriété. – V. App., v° *Clauses abusives*, **p. 1428.**

1996	21 févr.	Arrêté. Observatoire de l'eau. – V. App., v° *Eau*, **p. 1622.**
1996	26 févr.	Directive n° 96/8/CE. Étiquetage, publicité et présentation des denrées alimentaires destinées à être utilisées dans les régimes hypocaloriques destinés à la perte de poids. – V. App., v° *Produits diététiques, compléments alimentaires*, **p. 2121.**
1996	19 mars	Décret n° 96-238. Produits cidricoles bénéficiant d'une AOC. – V. App., v° *Cidres, poirés*, **p. 1396.**
1996	19 mars	Circulaire. Application de la loi n° 94-665 du 4 août 1994 (langue française). – Art. 2.1, 3, 4. – V. App., v° *Langue française*, **p. 1856.**
1996	10 avr.	Décret n° 96-333. Sécurité des échelles portables, escabeaux et marchepieds. – V. App., v° *Échelles, escabeaux*, **p. 1628.**
1996	23 avr.	Décret n° 96-360. Jeux vidéo. – V. App., v° *Jouets, divertissements*, **p. 1790.**
1996	30 mai	Décret n° 96-477. Étiquetage des matériaux utilisés dans les articles chaussants. – V. App., v° *Cordonnerie, chaussures*, **p. 1511.**
1996	14 juin	Recommandation CCA n° 96-02. Locations de véhicules automobiles. – V. App., v° *Automobiles*, **p. 1268.**
1996	26 juin	Arrêté. Dénominations de vente des pectinidés. – V. App., v° *Poissons, produits de la mer*, **p. 1982.**
1996	2 juill.	Arrêté. Critères sanitaires des coquillages vivants. – V. App., v° *Poissons, produits de la mer*, **p. 1982.**
1996	3 juill.	Arrêté. Information du consommateur (prix des denrées alimentaires bénéficiant d'un label agricole). – V. App., v° *Prix (publicité)*, **p. 2064.**
1996	10 juill.	Arrêté. Factures de distribution de l'eau. – V. App., v° *Eau*, **p. 1623.**
1996	23 juill.	Arrêté. Information du consommateur (produits d'optique médicale). – V. App., v° *Opticiens*, **p. 1951.**
1996	25 juill.	Arrêté. Information du consommateur (urgences médicales). – V. App., v° *Médecins*, **p. 1909.**
1996	20 sept.	Recommandation CCA n° 96-03. Généalogistes. – V. App., v° *Clauses abusives*, **p. 1429.**
1996	17 oct.	Arrêté. Publicité des prix des actes médicaux à visée esthétique. – V. App., v° *Médecins*, **p. 1909.**
1996	28 oct.	Règlement CE n° 96/2200. Organisation commune des marchés dans le secteur des fruits et légumes. – V. App., v° *Fruits et légumes*, **p. 1716.**
1996	28 oct.	Arrêté. Information des consommateurs (prix et services des mandataires automobiles). – V. App., v° *Automobiles*, **p. 1276.**

1996	16 déc.	Décret n° 96-1097. Application du titre III, chapitre Ier, de la loi n° 96-603 du 5 juillet 1996. – V. C. com., art. R. 310-1 à R. 310-19, App., v° *Ventes*, **p. 2292**.
1996	18 déc.	Décret n° 96-1136. Sécurité des aires collectives de jeux. – V. App., v° *Jouets, divertissements*, **p. 1792**.
1996	24 déc.	Décret n° 96-1133. Interdiction de l'amiante. – V. App., v° *Amiante*, **p. 1144**.
1997	28 janv.	Décret n° 97-74. Composition et étiquetage des viandes hachées. – V. App., v° *Viandes, charcuteries*, **p. 2323**.
1997	18 févr.	Avis CNC. Offre d'accès à Internet. – V. App., v° *Poste et télécommunications*, **p. 1756**.
1997	20 févr.	Circulaire. Langue française. – V. App., v° *Langue française*, **p. 1859**.
1997	27 mars	Décret n° 97-298. Code de la consommation [ancien] (partie Réglementaire), **p. 811** (note).
1997	24 avr.	Recommandation CCA n° 97-01. Contrats de télésurveillance. – V. App., v° *Clauses abusives*, **p. 1430**.
1997	18 sept.	Recommandation CCA n° 97-02. Contrats de maintenance de certains équipements d'immeuble. – V. App., v° *Clauses abusives*, **p. 1436**.
1997	14 oct.	Décret n° 97-963. Matières grasses tartinables. – V. C. consom., art. R. 412-28.
1997	24 nov.	Décret n° 97-1107. Fruits et légumes. – V. C. consom., art. R. 412-25.
1998	31 mars	Décret n° 98-257. Consommation en énergie des réfrigérateurs et congélateurs à usage domestique. – V. C. envir., art. R. 224-61 s., App., v° *Appareils domestiques*, **p. 1146**.
1998	25 mai	Loi n° 98-405. Exercice de la profession d'artisan boulanger. – V. C. consom., art. L. 122-17, L. 122-18.
1998	3 juin	Arrêté. Application du décret n° 94-566 du 7 juillet 1994 (consommation d'énergie des lavantes-séchantes combinées). – V. App., v° *Appareils domestiques*, **p. 1148**.
1998	8 juill.	Loi n° 98-565. Partie législative du livre VI du code rural : – Art. 1er. – V. C. rur., art. L. 644-2 à L. 644-4, App., v° *Produits « montagne »*, **p. 2328**. – Art. 8. – V. L. 2 juill. 1935, art. 4, 5, App., v° *Lait, produits laitiers*, **p. 1828**.
1998	8 juill.	Loi n° 98-566. Transposition de la directive 94/47/CE du 26 octobre 1994 (contrats portant sur l'acquisition d'un droit d'utilisation à temps partiel de biens immobiliers). – Art. 3-I, 3-II. – V. L. n° 70-9 du 2 janv. 1970, art. 1er, 2, App., v° *Agences immobilières*, **p. 1081**.

1998	30 juill.	Décret n° 98-688. Application de l'article L. 121-53 *[L. 122-16]* (préparations pour nourrissons). – V. ss. C. consom., art. L. 122-16.
1998	15 oct.	Recommandation CCA n° 98-01. Contrats d'abonnement au câble et à la télévision à péage. – V. App., v° *Clauses abusives*, **p. 1439.**
1998	15 déc.	Décret n° 98-1143. Établissements recevant du public et diffusant à titre habituel de la musique amplifiée. – V. App., v° *Bruit*, **p. 1389.**
1998	24 déc.	Arrêté. Interdiction de mise sur le marché des thermomètres médicaux à mercure. – V. App., v° *Médicaments*, **p. 1928.**
1998	30 déc.	Arrêté. Information du consommateur (opérations de change manuel). – V. App., v° *Banques*, **p. 1318.**
1999	11 janv.	Arrêté. Information sur les prix des prestations funéraires. – V. App., v° *Pompes funèbres*, **p. 1994.**
1999	18 févr.	Recommandation CCA n° 99-01. Contrats de dépôt-vente. – V. App., v° *Clauses abusives*, **p. 1441.**
1999	24 mars	Décret n° 99-240. Conditions de commercialisation de certains objets ayant l'apparence d'une arme à feu. – V. App., v° *Jouets, divertissements*, **p. 1794.**
1999	24 mars	Circulaire. Traitement des situations de surendettement. – V. ss. C. consom., art. R. 711-2 (renvoi).
1999	26 mars	Décret n° 99-242. Agence française de sécurité sanitaire des aliments : – Art. 6. – V. Décr. 15 avr. 1912, art. 1er, App., v° *Denrées alimentaires*, **p. 1532.** – Art. 11. – V. Décr. n° 73-138 du 12 févr. 1973, art. 11, App., v° *Denrées alimentaires*, **p. 1535.** – Art. 20. – V. Décr. n° 91-827 du 29 août 1991, art. 3, 7, App., v° *Produits diététiques*, **p. 2119.** – Art. 21. – V. Décr. n° 92-631 du 8 juill. 1992, art. 5, 6, App., v° *Denrées alimentaires*, **p. 1537.**
1999	2 avr.	Décret n° 99-260. Étiquetage et traçabilité des viandes bovines. – V. App., v° *Viandes, charcuteries*, **p. 2323.**
1999	25 mai	Directive CE n° 99/44. Vente et garanties des biens de consommation. – V. App., v° *Ventes*, **p. 2308.**
1999	28 mai	Recommandation CCA n° 99-02. Contrats de radiotéléphones portables. – V. App., v° *Clauses abusives*, **p. 1442.**
1999	25 juin	Loi n° 99-532. Épargne et sécurité financière. – Art. 115-II. – V. ss. C. consom., art. L. 313-39.
1999	9 juill.	Loi n° 99-574. Orientation agricole. – Art. 71. – V. C. rur., art. L. 611-4, App., v° *Prix*, **p. 2047.**

1999	16 nov.	Arrêté. Publicité des prix de vente à l'unité de mesure de certains produits préemballés. — V. App., v° *Prix (publicité)*, **p. 2065.**
1999	25 nov.	Arrêté. Modification de l'arrêté du 2 juillet 1996 (critères sanitaires des coquillages vivants). — V. App., v° *Poissons, produits de la mer*, **p. 1982.**
1999	17 déc.	Règlement n° 104/2000/CE. Organisation commune des marchés dans le secteur des produits de la pêche. — Art. 4. — V. App., v° *Poissons, produits de la mer*, **p. 1983.**
1999	31 déc.	Arrêté. Agrément des laboratoires admis à procéder aux analyses ou essais des échantillons pour l'application du livre II du code de la consommation. — V. ss. C. consom., art. R. 512-32.
2000	17 févr.	Recommandation CCA n° 2000-01. Contrats de location de locaux à usage d'habitation. — V. App., v° *Logement (location)*, **p. 1886.**
2000	23 févr.	Décret n° 2000-164. Sécurité de certains articles de literie. — V. App., v° *Textiles*, **p. 2241.**
2000	15 juin	Décret n° 2000-520. Prévention des risques (usage des jouets). — V. Décr. n° 89-662 du 12 sept. 1989, App., v° *Jouets, divertissements*, **p. 1804.**
2000	28 juin	Décret n° 2000-576. Fraudes et falsifications (véhicules automobiles). — V. Décr. n° 78-993 du 4 oct. 1978, art. 2 à 2 *quater*, 5, 7, App., v° *Automobiles*, **p. 1242.**
2000	28 juin	Décret n° 2000-615. Protection des dénominations transmises à la Commission européenne pour enregistrement en tant qu'indication géographique. — V. App., v° *Valorisation des produits et des services*, **p. 2276.**
2000	28 juin	Arrêté. Information des consommateurs et publicité des prix des véhicules automobiles. — V. App., v° *Automobiles*, **p. 1282.**
2000	17 juill.	Règlement (CE) n° 1760/2000. Identification et enregistrement des bovins et étiquetage de la viande bovine. — V. App., v° *Viandes, charcuteries*, **p. 2324.**
2000	28 août	Décret n° 2000-838. Nouveaux aliments et denrées alimentaires produites à partir d'OGM. — V. C. consom., art. R. 412-18, R. 412-19.
2000	13 déc.	Loi n° 2000-1208. Solidarité et renouvellement urbains : — Art. 72-I. — V. CCH, art. L. 271-1, L. 271-2, App., v° *Logement (construction)*, **p. 1872.** — Art. 72-III. — V. C. civ., art. 1589-1, App., v° *Logement (construction)*, **p. 1871.** — Art. 93. — V. App., v° *Eau*, **p. 1625.**
2000	22 déc.	Règlement CE n° 44/2001. Compétence judiciaire. — V. Règl. (UE) n° 1215/2012 du 12 déc. 2012, art. 80, App., v° *Compétence*, **p. 1497.**

2000	27 déc.	Arrêté. Information des consommateurs sur les produits cosmétiques présentés à la vente non préemballés. – V. App., v° *Produits cosmétiques*, **p. 2102.**
2001	25 janv.	Recommandation CCA n° 2001-01. Contrats de distribution d'eau. – V. App., v° *Eau*, **p. 1626.**
2001	22 févr.	Recommandation CCA n° 2001-02. Durée des contrats conclus entre professionnels et consommateurs. – V. App., v° *Clauses abusives*, **p. 1447.**
2001	12 avr.	Arrêté. Valeur en dessous de laquelle les véhicules mis en fourrière sont détruits. – V. App., v° *Automobiles*, **p. 1284.**
2001	15 mai	Loi n° 2001-420. Nouvelles régulations économiques. – Art. 49. – V. C. com., art. L. 441-2, App., v° *Prix (publicité)*, **p. 2048.**
2001	5 juin	Directive n° 2001/37/CE. Rapprochement des législations en matière de produits du tabac. – V. App., v° *Tabac, produits du tabac*, **p. 2218.**
2001	20 sept.	Circulaire. Emploi de la langue française. – V. App., v° *Langue française*, **p. 1861.**
2001	9 oct.	Décret n° 2001-927. Étiquetage et traçabilité des viandes bovines. – V. C. consom., art. R. 412-30.
2001	11 oct.	Arrêté. Emploi de vitamine D dans le lait et les produits laitiers frais. – V. App., v° *Lait, produits laitiers*, **p. 1841.**
2001	18 oct.	Recommandation CCA n° 2002-02. Formules d'accès au cinéma donnant droit à des entrées multiples. – V. App., v° *Clauses abusives*, **p. 1449.**
2001	22 oct.	Règlement n° 2065/2001/CE. Information du consommateur dans le secteur des produits de la pêche. – V. App., v° *Poissons, produits de la mer*, **p. 1984.**
2001	14 nov.	Arrêté. Frais de fourrière pour automobiles. – V. App., v° *Automobiles*, **p. 1284.**
2001	15 nov.	Décret n° 2001-1072. Additifs et arômes alimentaires génétiquement modifiés. – V. C. consom., art. R. 412-24.
2001	3 déc.	Directive n° 2001/95/CE. Sécurité générale des produits. – V. ss. C. consom., art. L. 422-4.
2001	11 déc.	Loi n° 2001-1168. Mesures urgentes de réformes à caractère économique et financier. – Art. 13-I. – V. C. mon. fin., art. L. 312-1-1 à L. 312-1-2, App., v° *Banques*, **p. 1299.**
2001	11 déc.	Décret n° 2001-1169. Tarif de dépannage sur autoroutes. – V. Décr. n° 89-477 du 11 juill. 1989, art. 3, App., v° *Autoroutes*, **p. 1293.**
2001	13 déc.	Recommandation CCA n° 2002-01. Contrats de vente de listes en matière immobilière. – V. App., v° *Agences immobilières*, **p. 1099.**

2001	30 déc.	Directive nº 2001/112/CE. Jus de fruits et produits similaires destinés à l'alimentation humaine. – V. App., vº *Jus de fruits, sirops*, **p. 1983.**
2002	14 janv.	Décret nº 2002-65. Commerce des pierres gemmes et des perles. – V. App., vº *Bijoux, pierres et métaux précieux*, **p. 1355.**
2002	21 févr.	Recommandation CCA nº 2002-03. Contrats d'assurance de protection juridique. – V. App., vº *Assurances*, **p. 1237.**
2002	3 avr.	Décret nº 2002-478. Réfrigérateurs domestiques. – V. App., vº *Appareils domestiques*, **p. 1150.**
2002	30 avr.	Décret nº 2002-689. Application du livre IV C. com. sur la liberté des prix et de la concurrence. – Art. 14. – V. C. com., art. R. 441-1 en note ss. C. com., art. L. 441-2, App., vº *Prix (publicité)*, **p. 2048**; art. R. 442-2 en note ss. C. com., art. L. 442-7, L. 442-8, App., vº *Ventes*, **p. 2305.**
2002	10 juin	Décret nº 2002-928. Méthodes de calcul du TEG applicable au crédit à la consommation. – V. ss. C. consom., art. R. 314-8.
2002	12 sept.	Décret nº 2002-1183. Label écologique institué par le règlement CE nº 1980/2000. – V. C. consom., art. R. 412-33.
2002	26 sept.	Recommandation CCA nº 03-01. Contrats de fourniture d'accès à Internet. – V. App., vº *Informatique*, **p. 1762.**
2002	25 oct.	Décret nº 2002-1315. Étiquetage des produits de la pêche. – V. C. consom., art. R. 412-29.
2002	17 déc.	Décret nº 2002-1465. Étiquetage des viandes bovines dans les établissements de restauration. – V. App., vº *Viandes, charcuteries*, **p. 2324.**
2002	20 déc.	Décret nº 2002-1497. Agrément des produits cidricoles à appellation d'origine contrôlée. – V. Décr. nº 96-238 du 19 mars 1996, art. 1er, 9, 11, App., vº *Cidres, poirés*, **p. 1396.**
2002	23 déc.	Décret nº 2002-1508. Information sur la consommation de carburant et les émissions de dioxyde de carbone des voitures particulières. – V. App., vº *Automobiles*, **p. 1285.**
2002	30 déc.	Loi nº 2002-1575. De finances pour 2003. – Art. 116. – V. L. nº 81-766 du 10 août 1981, art. 10, App., vº *Livres*, **p. 1861.**
2003	28 avr.	Décret nº 2003-408. Individualisation des contrats de fourniture d'eau. – V. App., vº *Eau*, **p. 1627.**
2003	26 mai	Directive nº 2003/33/CE. Publicité et parrainage en faveur des produits du tabac. – V. App., vº *Tabac, produits du tabac*, **p. 2219.**
2003	12 juin	Loi nº 2003-495. Lutte contre la violence routière : – Art. 18-I et III. – V. C. route, art. L. 130-8 (note), L. 317-5, App., vº *Bicyclettes, cyclomoteurs*, **p. 1345.** – Art. 18-II et III. – V. C. route, art. L. 130-8 (note), L. 413-2, App., vº *Automobiles*, **p. 1241.**

2003	18 juin	Loi n° 2003-517. Rémunération au titre du prêt en bibliothèque. – Art. 4, 6. – V. L. n° 81-766 du 10 août 1981, art. 3, App., v° *Livres*, **p. 1863.**
2003	30 juin	Décret n° 2003-586. Répression des fraudes (sucres destinés à l'alimentation humaine). – V. App., v° *Sucre, substances édulcorantes*, **p. 2182.**
2003	30 juin	Décret n° 2003-587. Répression des fraudes (miel). – V. App., v° *Sucre, substances édulcorantes*, **p. 2185.**
2003	1er août	Loi n° 2003-706. Sécurité financière : – Art. 22, 77. – V. C. mon. fin., art. L. 312-1-1, L. 614-1, App., v° *Banques*, **p. 1299.** – Art. 50, 53, 54, 126. – V. C. mon. fin., art. L. 341-1 à L. 341-17, L. 342-1 à L. 342-3, L. 353-1 à L. 353-6, L. 452-1, L. 452-2, L. 550-1, App., v° *Placements financiers*, **p. 1962.**
2003	1er août	Loi n° 2003-710. Ville et rénovation urbaine. – Art. 45. – V. LPF, art. L. 247 A, ss. C. consom., art. L. 733-6.
2003	1er août	Décret n° 2003-752. Annuaires universels et services universels de renseignements. – V. CPCE, art. R. 10-1, App., v° *Poste et télécommunications*, **p. 2007.**
2003	11 août	Arrêté. Seuil de la valeur des primes dans les ventes de produits ou services bancaires. – V. App., v° *Banques*, **p. 1319.**
2003	1er sept.	Décret n° 2003-838. Répression des fraudes (jus de fruits et produits similaires). – V. App., v° *Jus de fruits, sirops*, **p. 1815.**
2003	18 sept.	Recommandation CCA n° 2003-02. Mandats de vente, de location ou de recherche d'un bien immobilier. – V. App., v° *Agences immobilières*, **p. 1101.**
2003	22 sept.	Règlement CE n° 1829/2003. Denrées alimentaires génétiquement modifiées. – V. App., v° *Denrées alimentaires*, **p. 1540.**
2003	22 sept.	Règlement CE n° 1830/2003. Traçabilité et étiquetage des OGM dans les produits destinés à l'alimentation humaine. – V. App., v° *Denrées alimentaires*, **p. 1540.**
2003	8 oct.	Arrêté. Information des consommateurs sur les équipements terminaux radioélectriques. – V. App., v° *Poste et télécommunications*, **p. 2014.**
2003	26 nov.	Décret n° 2003-1123. Sécurité des consommateurs en ce qui concerne certains objets. – V. Décr. n° 91-1175 du 13 nov. 1991, App., v° *Jouets, divertissements*, **p. 1786.**
2003	27 nov.	Recommandation CCA n° 2004-01. Contrats de traitement contre les termites et autres insectes xylophages. – V. App., v° *Clauses abusives*, **p. 1454.**
2003	28 nov.	Décret n° 2003-1148. Répression des fraudes (laits déshydratés). – V. App., v° *Lait, produits laitiers*, **p. 1841.**

2003	28 nov.	Arrêté. Tarifs de fourrière dans les communes les plus importantes. – V. App., v° *Automobiles*, **p. 1286.**
2003	18 déc.	Loi n° 2003-1199. De financement de la sécurité sociale pour 2004. – Art. 21-I. – V. CSS, art. L. 162-16-5, App., v° *Médicaments*, **p. 1926.**
2003	30 déc.	Loi n° 2003-1312. De finances rectificative pour 2003. – Art. 35 A-I à IV. – V. CGI, art. 521, 522, 524, 526, App., v° *Bijoux, pierres et métaux précieux*, **p. 1353.**
2003	31 déc.	Loi n° 2003-1365. Service public des télécommunications. – Art. 1er. – V. CPCE, art. L. 35-1, L. 35-4, App., v° *Poste et télécommunications*, **p. 2009.**
2004	16 janv.	Décret n° 2004-68. Débitants de tabac et revendeurs. – V. CGI, Annexe III, art. 244 *decies*, 244 *unvicies*, App., v° *Tabac, produits du tabac*, **p. 2195.**
2004	22 janv.	Recommandation CCA n° 2004-02. Contrats de vente de véhicules automobiles neufs. – V. App., v° *Automobiles*, **p. 1287.**
2004	26 févr.	Décret n° 2004-187. Transposition de la directive 98/8/CE du 16 février 1998 (mise sur le marché des produits biocides). – Art. 29. – V. Décr. n° 73-138 du 12 févr. 1973, art. 11, App., v° *Denrées alimentaires*, **p. 1535.**
2004	9 mars	Loi n° 2004-204. Adaptation de la justice aux évolutions de la criminalité : – Art. 41. – V. C. pén., art. 225-2, App., v° *Ventes*, **p. 2307.** – Art. 42, 76. – V. C. pr. pén., art. 2-1, 2-15, App., v° *Associations de consommateurs*, **p. 1207.**
2004	12 mars	Circulaire. Procédure de traitement des situations de surendettement des particuliers. – V. ss. C. consom., art. R. 711-2 (renvoi).
2004	25 mars	Ordonnance n° 2004-274. Simplification du droit et des formalités pour les entreprises. – Art. 26 à 29. – V. C. com., art. L. 310-1, L. 310-2, L. 310-3, L. 310-5, App., v° *Ventes*, **p. 2291.**
2004	25 mars	Décret n° 2004-275. Application de l'article 29 de l'ordonnance n° 2004-274 du 25 mars 2004 portant simplification du droit et des formalités pour les entreprises. – V. C. com., art. R. 310-1, R. 310-8, R. 310-15, App., v° *Ventes*, **p. 2292.**
2004	25 mars	Ordonnance n° 2004-281. Simplification en matière fiscale. – Art. 13. – V. CGI, art. 524 *bis*, 525, App., v° *Bijoux, pierres et métaux précieux*, **p. 1355.**
2004	26 mars	Décret n° 2004-293. Conditions d'utilisation du qualificatif *« agriculture raisonnée »*. – V. App., v° *Valorisation des produits et des services*, **p. 2276.**
2004	29 mars	Arrêté. Rémunération des mandataires judiciaires en matière de rétablissement personnel. – V. ss. C. consom., art. R. 742-6.

2004	27 mai	Recommandation CCA n° 2004-03. Contrats de prêt immobilier. – V. App., v° *Clauses abusives*, **p. 1457**.
2004	21 juin	Loi n° 2004-575. Confiance dans l'économie numérique : – Art. 14 à 20. – V. App., v° *Commerce électronique*, **p. 1474**. – Art. 22-I. – V. CPCE, art. L. 34-5, App., v° *Poste et télécommunications*, **p. 2008**.
2004	1er juill.	Ordonnance n° 2004-634. Entremise et gestion des immeubles et fonds de commerce. – V. L. n° 70-9 du 2 janv. 1970, art. 1er, 1er-1, 2, 3, 6, 14, 16, App., v° *Agences immobilières*, **p. 1081**.
2004	9 juill.	Loi n° 2004-669. Communications électroniques : – Art. 9, 10, 24. – V. CPCE, art. L. 34, L. 34-5, L. 44, App., v° *Poste et télécommunications*, **p. 2005**. – Art. 86. – V. L. n° 86-1067 du 30 sept. 1986, art. 43, App., v° *Publicité télévisée*, **p. 2142**.
2004	9 juill.	Ordonnance n° 2004-670. Transposition de la directive 2001/95/CE (sécurité générale des produits). – Ratifiée par L. n° 2004-1343 du 9 déc. 2004, art. 80-XIX. – Art. 7-IV. – V. CSP, art. L. 5431-1, App., v° *Produits cosmétiques*, **p. 2090**.
2004	6 août	Loi n° 2004-801. Protection des personnes à l'égard des traitements de données à caractère personnel. – Art. 5. – V. L. n° 78-17 du 6 janv. 1978, art. 38, App., v° *Informatique*, **p. 1754**.
2004	9 août	Loi n° 2004-804. Soutien à la consommation et à l'investissement. – Art. 4. – V. C. mon. fin., art. L. 341-2, App., v° *Placements financiers*, **p. 1963**.
2004	9 août	Loi n° 2004-806. Politique de santé publique : – Art. 22, 127, 149. – V. CSP, art. L. 5122-6, L. 5422-5, App., v° *Médicaments*, **p. 1911**. – Art. 29. – V. CSP, art. L. 2133-1, App., v° *Denrées alimentaires*, **p. 1530**. – Art. 30. – V. App., v° *Denrées alimentaires*, **p. 1541**. – Art. 43, 45. – V. CSP, art. L. 3311-3, L. 3355-1, App., v° *Boissons alcooliques*, **p. 1360**. – Art. 79. – V. CSP, art. L. 5232-1, App., v° *Baladeurs*, **p. 1296**. – Art. 128. – V. CSS, art. L. 162-17, App., v° *Médicaments*, **p. 1926**. – Art. 139, 148-III, 149. – V. CSP, art. L. 513-10-1, L. 513-10-3, L. 5437-1, App., v° *Produits cosmétiques*, **p. 2092**.
2004	13 août	Loi n° 2004-810. Assurance maladie. – Art. 31, 43. – V. CSS, art. L. 162-16-4, L. 162-16-5, L. 162-17, App., v° *Médicaments*, **p. 1924**.
2004	31 août	Décret n° 2004-922. Prix des livres scolaires. – V. Décr. n° 85-862 du 8 août 1985, art. 1er, App., v° *Livres*, **p. 1867**.
2004	1er sept.	Décret n° 2004-923. Modification du décret n° 91-1163 du 12 novembre 1991 (commerce des produits en fourrure). – V. Décr. préc., art. 4, 5, 10 *bis*, App., v° *Textiles*, **p. 2240**.

2004	9 sept.	Arrêté. Application de l'article L. 221-1-3 *[L. 423-2]* du code de la consommation. – V. ss. C. consom., art. L. 423-2.
2004	17 sept.	Décret n° 2004-989. Contrats de séjour dans un immeuble à temps partagé. – V. C. tourisme, art. R. 211-49, App., v° *Agences de voyages*, **p. 1123**.
2004	5 oct.	Décret n° 2004-1058. OGM et denrées alimentaires produites à partir de tels organismes. – V. C. consom., art. R. 412-20.
2004	9 déc.	Loi n° 2004-1343. Simplification du droit. – Art. 11, 12. – V. CGCT, art. L. 2223-34-1, L. 2223-35-1, App., v° *Pompes funèbres*, **p. 1990**.
2004	13 déc.	Décret n° 2004-1364. Application des peines. – Art 23. – V. C. pr. pén., art. D. 1, App., v° *Associations de consommateurs*, **p. 1209**.
2004	30 déc.	Loi n° 2004-1484. Loi de finances pour 2005. – Art. 106. – V. C. mon. fin., art. L. 312-1-1, App., v° *Banques*, **p. 1299**.
2004	30 déc.	Loi n° 2004-1485. De finances rectificative pour 2004 : – Art. 89. – V. CGI, art. 521, 522, 522 *bis*, 524 *bis*, App., v° *Bijoux, pierres et métaux précieux*, **p. 1353**. – Art. 133. – V. CSP, art. L. 2133-1, App., v° *Denrées alimentaires*, **p. 1530**.
2005	26 janv.	Arrêté. Ventes en liquidation. – V. C. com., art. A. 310-1 s., App., v° *Ventes*, **p. 2293**.
2005	3 févr.	Décret n° 2005-84. Action civile des fédérations d'associations de victimes d'accidents collectifs. – V. C. pr. pén., art. R. 1er-1, App., v° *Associations de consommateurs*, **p. 1209**.
2005	11 févr.	Loi n° 2005-102. Égalité des droits et des chances des personnes handicapées : – Art. 5. – V. CSP, art. L. 3322-2, App., v° *Boissons alcooliques*, **p. 1361**. – Art. 83. – V. C. pr. pén., art. 2-8, App., v° *Associations de consommateurs*, **p. 1208**.
2005	23 févr.	Loi n° 2005-157. Développement des territoires ruraux : – Art. 21. – V. CSP, art. L. 3323-4, App., v° *Boissons alcooliques*, **p. 1366**. – Art. 23, 35, 195. – V. C. rur., art. L. 611-4, L. 611-4-1, L. 611-4-2, App., v° *Prix*, **p. 2047**. – Art. 34. – V. C. com., art. L. 442-9, App., v° *Ventes*, **p. 2306**.
2005	21 mars	Arrêté. Information du consommateur sur les prix. – V. Arr. du 3 déc. 1987, art. 8-1, App., v° *Prix (publicité)*, **p. 2055**.
2005	24 mars	Décret n° 2005-279. Indice de révision des portions de rémunération saisissables. – V. C. trav., art. R. 3252-2, ss. C. consom., art. R. 731-1.
2005	18 avr.	Arrêté. Publicité des prix de vente des carburants. – V. Arr. du 8 juill. 1988, art. 2, 3, App., v° *Automobiles*, **p. 1255**.

2005	6 mai	Ordonnance n° 2005-429. Modification du code monétaire et financier : — Art. 7, 50. — V. C. mon. fin., art. L. 341-9, L. 353-2, App., v° *Placements financiers*, **p. 1966**. — Art. 44. — V. C. mon. fin., art. L. 312-1, App., v° *Banques*, **p. 1297**.
2005	20 mai	Loi n° 2005-516. Régulation des activités postales : — V. CPCE, art. L. 2, L. 3, L. 3-1, L. 3-2, L. 7 à L. 11, App., v° *Poste et télécommunications*, **p. 2001**. — Art. 16-VI. — V. C. mon. fin., art. L. 312-1, App., v° *Banques*, **p. 1297**.
2005	27 mai	Décret n° 2005-606. Annuaires téléphoniques et services de renseignements : — V. CPCE, art. R. 10, App., v° *Poste et télécommunications*, **p. 2006**. — Art. 4. — V. ss. CPCE, art. R. 10-1, App., v° *Poste et télécommunications*, **p. 2007**.
2005	6 juin	Ordonnance n° 2005-648. Commercialisation à distance de services financiers. — Ratifiée par L. n° 2006-387 du 31 mars 2006, art. 25-I. — Art. 5. — V. C. mon. fin., art. L. 341-11, L. 341-12, L. 343-1, L. 343-2, App., v° *Placements financiers*, **p. 1966.**
2005	8 juin	Ordonnance n° 2005-655. Logement et construction. — Art. 18. — V. CCH, art. L. 271-4 à L. 271-6, App., v° *Logement (construction)*, **p. 1873.**
2005	23 juin	Recommandation CCA n° 2005-03. Contrats de formation à la conduite automobile. — V. App., v° *Automobiles*, **p. 1289.**
2005	26 juill.	Loi n° 2005-845. Sauvegarde des entreprises. — Art. 164-I. — V. C. com., art. L. 442-4, App., v° *Prix*, **p. 2042.**
2005	2 août	Loi n° 2005-882. Petites et moyennes entreprises : — Art. 21. — V. C. com., art. L. 310-2, App., v° *Ventes*, **p. 2294**. — Art. 45, 47, 52. — V. C. com., art. L. 420-5, L. 442-2, L. 443-2, App., v° *Prix*, **p. 2040**. — Art. 59. — V. CPCE, art. L. 44, App., v° *Poste et télécommunications*, **p. 2010**.
2005	1er sept.	Ordonnance n° 2005-1087. Établissements publics nationaux à caractère sanitaire. — Art. 5-III. — V. CSP, art. L. 5137-1, App., v° *Produits diététiques*, **p. 2118.**
2005	13 oct.	Ordonnance n° 2005-1278. Organismes de placement collectif immobilier. — Art. 6. — V. L. n° 70-9 du 2 janv. 1970, art. 2, App., v° *Agences immobilières*, **p. 1082.**
2005	21 oct.	Décret n° 2005-1315. Opérations portant sur les immeubles et les fonds de commerce. — V. Décr. n° 72-678 du 20 juill. 1972, art. 1er, 72 à 79-3, App., v° *Agences immobilières*, **p. 1092.**

2005	1er déc.	Ordonnance n° 2005-1477. Procédures d'admission à l'aide sociale. – Ratifiée par L. n° 2009-526 du 12 mai 2009, art. 138-I. – V. CASF, art. L. 342-3-1, L. 347-1, L. 347-2, App., v° *Hébergement des personnes âgées*, **p. 1720.**
2005	8 déc.	Ordonnance n° 2005-1527. Permis de construire et autorisations d'urbanisme. – Art. 37. – V. C. mon. fin., art. L. 341-2, App., v° *Placements financiers*, **p. 1963.**
2005	19 déc.	Loi n° 2005-1579. De financement de la sécurité sociale pour 2006. – Art. 57. – V. CSP, art. L. 2133-1, App., v° *Denrées alimentaires*, **p. 1530.**
2005	30 déc.	Loi n° 2005-1720. De finances rectificative pour 2005. – Art. 87. – V. C. envir., art. L. 541-10-2, App., v° *Appareils domestiques*, **p. 1145.**
2006	5 janv.	Loi n° 2006-10. Sécurité et développement des transports. – Art. 11-I. – V. C. route, art. L. 317-5, App., v° *Bicyclettes, cyclomoteurs*, **p. 1345.**
2006	5 janv.	Loi n° 2006-11. Orientation agricole. – Art. 74. – V. C. rur., art. L. 654-27-1, App., v° *Œufs, volailles*, **p. 1941.**
2006	17 janv.	Décret n° 2006-65. Arômes de fumée utilisés dans ou sur les denrées alimentaires. – V. C. consom., art. R. 412-22.
2006	18 janv.	Décret n° 2006-62. Information du public en matière de produits cosmétiques. – V. CSP, art. R. 5431-1, App., v° *Produits cosmétiques*, **p. 2092.**
2006	16 mars	Arrêté. Information sur les prix des services d'assistance des fournisseurs de services de communications électroniques. – V. App., v° *Poste et télécommunications*, **p. 2014.**
2006	16 mars	Arrêté. Contrats de services de communications électroniques. – V. ss. C. consom., art. L. 224-30.
2006	17 mars	Décret n° 2006-315. Information des passagers aériens sur l'identité du transporteur aérien. – V. C. tourisme, art. R. 211-15 s, App., v° *Agences de voyages*, **p. 1124.**
2006	20 mars	Décret n° 2006-352. Compléments alimentaires. – V. App., v° *Produits diététiques, compléments alimentaires*, **p. 2123.**
2006	27 mars	Décret n° 2006-384. Services bancaires de base. – V. C. mon. fin., art. D. 312-5, App., v° *Banques*, **p. 1308.**
2006	28 mars	Décret n° 2006-372. Produits surgelés. – V. Décr. n° 64-949 du 9 sept. 1964, art. 2-1, 6, 8-1, App., v° *Produits surgelés*, **p. 2140.**
2006	30 mars	Décision ARCEP n° 2006-0381. Portabilité des numéros mobiles *en métropole*. – V. App., v° *Poste et télécommunications*, **p. 2015.**
2006	31 mars	Loi n° 2006-387. Offres publiques d'acquisition. – Art. 25-VIII à XII. – V. C. mon. fin., art. L. 341-15, L. 341-16, L. 343-2, L. 353-1, App., v° *Placements financiers*, **p. 1967.**

2006	23 mai	Ordonnance n° 2006-596. Partie législative du code du sport. – Art. 5. – V. CSP, art. L. 3335-4, App., v° *Boissons alcooliques*, **p. 1369.**
2006	7 juin	Décret n° 2006-665. Commissions administratives. – Art. 62. – V. C. com., art. R. 310-15, App., v° *Ventes*, **p. 2300.**
2006	8 juin	Ordonnance n° 2006-673. Refonte du code de l'organisation judiciaire. – Ratifiée par L. n° 2009-526 du 12 mai 2009, art. 138-I. – V. COJ, art. L. 221-4, L. 221-5, L. 231-3, L. 231-4, App., v° *Compétence*, **p. 1478.**
2006	29 juin	Décret n° 2006-753. Prix de la restauration scolaire. – Codifié au code de l'éducation. – V. C. éduc., art. R. 531-52, R. 531-53, App., v° *Enseignement*, **p. 1697.**
2006	4 juill.	Recommandation CSA. Présentation faite à la télévision d'œuvres cinématographiques ou audiovisuelles, de jeux vidéo et de services téléphoniques, télématiques ou de sites internet qui font l'objet de restrictions aux mineurs. – V. App., v° *Publicité télévisée*, **p. 2148.**
2006	13 juill.	Loi n° 2006-872. Engagement national pour le logement : – Art. 79, 96. – V. CCH, art. L. 271-1, L. 271-3 à L. 271-6, App., v° *Logement (construction)*, **p. 1872.** – Art. 99. – V. L. n° 70-9 du 2 janv. 1970, art. 6, App., v° *Agences immobilières*, **p. 1085.**
2006	24 août	Arrêté. Catégories de prêts servant de base à l'application des dispositions relatives à l'usure. – V. ss. C. consom., art. L. 314-6.
2006	6 oct.	Décret n° 2006-1229. Partie réglementaire du code du tourisme. – V. C. tourisme, art. R. 211-3 à R. 211-19, R. 211-49, App., v° *Agences de voyages*, **p. 1111** ; art. D. 311-10, App., v° *Hôtel, restaurants, débits de boissons*, **p. 1738.**
2006	16 oct.	Décret n° 2006-1264. Vitamines, substances minérales et autres substances employées dans la fabrication des denrées alimentaires : – V. App., v° *Denrées alimentaires*, **p. 1541.** – Art. 8, 10. – V. Décr. du 15 avr. 1912, art. 1er, 8 à 11, App., v° *Denrées alimentaires*, **p. 1532.**
2006	23 oct.	Décret n° 2006-1300. Techniques d'enrichissement pour la production de vins d'appellation d'origine contrôlée. – V. App., v° *Vins*, **p. 2339.**
2006	7 déc.	Ordonnance n° 2006-1547. Valorisation des produits agricoles, forestiers ou alimentaires et des produits de la mer. – Ratifiée par L. n° 2007-1821 du 24 déc. 2007. – Art. 2. – V. C. rur., art. L. 640-2 à L. 641-2, L. 641-5 à L. 641-12, L. 641-19 à L. 641-21, L. 642-3, L. 642-5, L. 643-1 à L. 643-3, L. 671-5, L. 671-6, App., v° *Valorisation des produits et des services*, **p. 2265** ; art. L. 641-13, L. 671-7, App., v° *Produits biologiques*, **p. 2068** ; art. L. 644-1 à L. 644-4, L. 644-7, App., v° *Vins*, **p. 2328.**

2006	12 déc.	Arrêté. Information du consommateur (prix de vente des carburants). – Art. 1er à 4. – V. Arr. du 8 juill. 1988, art. 4 à 7, App., v° *Automobiles*, **p. 1256**.
2006	12 déc.	Directive n° 2006/114/CE. Publicité trompeuse et publicité comparative. – V. ss. C. consom., art. L. 121-5.
2006	20 déc.	Règlement CE n° 1924/2006. Allégations nutritionnelles et de santé portant sur des denrées alimentaires. – V. App., v° *Denrées alimentaires*, **p. 1544**.
2006	20 déc.	Règlement CE n° 1925/2006. Adjontion de vitamines, de minéraux et de certaines autres substances aux denrées alimentaires. – V. App., v° *Denrées alimentaires*, **p. 1560**.
2006	21 déc.	Loi n° 2006-1640. De financement de la sécurité sociale pour 2007. – Art. 59, 65. – V. CSS, art. L. 162-16-5, L. 165-8, L. 165-9, App., v° *Médicaments*, **p. 1926**.
2006	21 déc.	Décret n° 2006-1653. Durée de validité des documents constituant le dossier de diagnostic technique. – V. CCH, art. R. 271-5, App., v° *Logement (construction)*, **p. 1874**.
2006	30 déc.	Loi n° 2006-1770. Développement de la participation et de l'actionnariat salarié : – Art. 63. – V. C. mon. fin., art. L. 341-2, L. 341-3 (note), L. 341-4, L. 341-6, App., v° *Placements financiers*, **p. 1963**. – Art. 66. – V. L. n° 70-9 du 2 janv. 1970, art. 2, App., v° *Agences immobilières*, **p. 1082**.
2006	30 déc.	Loi n° 2006-1772. Eau et milieux aquatiques : – Art. 47. – V. CCH, art. L. 271-4, L. 271-5, App., v° *Logement (construction)*, **p. 1873**. – Art. 61. – V. L. n° 2000-1208 du 13 déc. 2000, art. 93, App., v° *Eau*, **p. 1625**.
2007	5 janv.	Décret n° 2007-29. Service universel postal et droits et obligations de La Poste. – Art. 1er. – V. CPCE, art. R. 1-1-2, R. 1-1-3, R. 1-1-5, R. 1-1-6, R. 1-1-9, R. 1-1-12, R. 1-1-18, App., v° *Poste et télécommunications*, **p. 2002**.
2007	5 janv.	Décret n° 2007-30. Valorisation des produits agricoles, forestiers ou alimentaires et des produits de la mer. – Art. 1er. – V. C. rur., art. R. 641-7 à R. 641-10, R. 641-16, R. 641-18, R. 641-58, R. 641-66, App., v° *Valorisation des produits et des services*, **p. 2267** ; art. R. 641-31, App., v° *Produits biologiques*, **p. 2068**.
2007	11 janv.	Décret n° 2007-49. Sécurité sanitaire des eaux destinées à la consommation humaine. – Art. 3, 4. – V. CSP, art. R. 1322-44-9 s., R. 1324-1, App., v° *Eau*, **p. 1614**.
2007	31 janv.	Loi n° 2007-131. Accès au crédit des personnes présentant un risque aggravé de santé. – Art. 1er à 3. – V. CSP, art. L. 1141-2 à L. 1141-3, reproduits ss. C. assur., art. L. 133-1, App., v° *Assurances*, **p. 1212**.

2007	7 févr.	Arrêté. Dépôt et distribution des envois postaux. – V. App., v° *Poste et télécommunications*, **p. 2019.**
2007	15 févr.	Recommandation CCA n° 2007-01. Contrats proposant aux consommateurs les services groupés de l'internet, du téléphone et de la télévision (triple-play). – V. App., v° *Informatique*, **p. 1768.**
2007	26 févr.	Loi n° 2007-248. Adaptation au droit communautaire dans le domaine du médicament. – Art. 18 à 21. – V. CSP, art. L. 5122-4, L. 5122-6, L. 5122-10, App., v° *Médicaments*, **p. 1911.**
2007	27 févr.	Décret n° 2007-263. Messages publicitaires et promotionnels en faveur de certains aliments et boissons. – V. CSP, art. R. 2133-1 s., App., v° *Publicité télévisée*, **p. 2141.**
2007	27 févr.	Arrêté. Informations à caractère sanitaire devant accompagner les messages publicitaires ou promotionnels en faveur de certains aliments et boissons. – V. App., v° *Publicité télévisée*, **p. 2149.**
2007	5 mars	Loi n° 2007-290. Droit au logement opposable et cohésion sociale : – Art. 39. – V. CASF, art. L. 342-6, App., v° *Hébergement des personnes âgées*, **p. 1721**. – Art. 70. – V. C. mon. fin., art. L. 312-1-1, App., v° *Banques*, **p. 1299**.
2007	5 mars	Loi n° 2007-297. Prévention de la délinquance : – Art. 40. – V. L. n° 2004-575 du 21 juin 2004, art. 18, App., v° *Commerce électronique*, **p. 1476**. – Art. 65. – V. CSP, art. L. 3353-4, App., v° *Boissons alcooliques*, **p. 1373**.
2007	5 mars	Loi n° 2007-309. Modernisation de la diffusion audiovisuelle et télévision du futur. – Art. 19. – V. App., v° *Poste et télécommunications*, **p. 2020.**
2007	12 mars	Ordonnance n° 2007-329. Partie législative du code du travail. – Ratifiée par L. n° 2008-67 du 21 janv. 2008, art. 1er. – V. C. trav., art. L. 3252-2, L. 3252-3, ss. C. consom., art. R. 731-1 ; art. L. 8221-7, L. 8224-6, ss. C. consom., art. L. 111-3 ; art. L. 6353-3 à L. 6353-7, App., v° *Enseignement et formation*, **p. 1025.**
2007	19 mars	Décret n° 2007-358. Dissémination volontaire à toute autre fin que la mise sur le marché de produits composés en tout ou partie d'organismes génétiquement modifiés. – Art. 24. – V. Décr. n° 73-138 du 12 févr. 1973, art. 11-2, App., v° *Denrées alimentaires*, **p. 1536.**
2007	19 mars	Décret n° 2007-359. Procédure d'autorisation de mise sur le marché de produits non destinés à l'alimentation composés en tout ou partie d'organismes génétiquement modifiés. – Art. 25. – V. Décr. n° 73-138 du 12 févr. 1973, art. 11, 11-1, App., v° *Denrées alimentaires*, **p. 1535.**

2007	25 mars	Décret n° 2007-431. Partie réglementaire du code de commerce. – V. C. com., art. R. 310-1 à R. 310-19, App., v° *Ventes*, **p. 2292** ; art. R. 441-1 en note ss. C. com., art. L. 441-2, App., v° *Prix (publicité)*, **p. 1652** ; art. R. 442-2 en note ss. C. com., art. L. 442-7, App., v° *Ventes*, **p. 2305.**
2007	12 avr.	Ordonnance n° 2007-544. Marchés d'instruments financiers. – Art. 2. – V. C. mon. fin., art. L. 341-7-1, App., v° *Placements financiers*, **p. 1965.**
2007	26 avr.	Ordonnance n° 2007-613. Adaptation au droit communautaire dans le domaine du médicament. – Ratifiée par L. n° 2008-337 du 15 avr. 2008. – Art. 22 à 25, 27, 52. – V. CSP, art. L. 5431-2, App., v° *Produits cosmétiques, produits d'hygiène corporelle, produits de tatouage*, **p. 2090** ; CSP, art. L. 5137-1 à L. 5137-3, App., v° *Produits diététiques, compléments alimentaires*, **p. 2118** ; CSP, art. L. 5122-3, App., v° *Médicaments*, **p. 1911.**
2007	27 avr.	Décret n° 2007-628. Fromages et spécialités fromagères. – V. App., v° *Fromages*, **p. 1706.**
2007	2 mai	Décret n° 2007-669. Obligation d'informer les passagers de l'identité du transporteur aérien : – Art. 1er. – V. C. aviat., art. R. 322-4, R. 322-5, ss. C. tourisme, art. R. 211-15 ; art. R. 322-6, ss. C. tourisme, art. R. 211-18 ; art. R. 330-20, ss. C. tourisme, art. R. 211-19, App., v° *Agences de voyages*, **p. 1124.** – Art. 2. – V. C. tourisme, art. R. 211-4, R. 211-6, R. 211-9, R. 211-11, R. 211-13, R. 211-15 à R. 211-20, App., v° *Agences de voyages*, **p. 1112.**
2007	3 mai	Décret n° 2007-682. Modification du décret n° 94-1212 du 26 décembre 1994 (mode de production biologique des produits agricoles et sa mention sur les produits agricoles et les denrées alimentaires). – V. Décr. mod., art. 2, App., v° *Produits biologiques*, **p. 2068.**
2007	9 mai	Décret n° 2007-744. Étiquetage des détergents. – V. C. consom., art. R. 412-41.
2007	10 mai	Décret n° 2007-794. Transfert de débits de boissons vers certains hôtels de tourisme. – V. CSP, art. R. 3353-5-1, App., v° *Boissons alcooliques*, **p. 1373.**
2007	10 mai	Décret n° 2007-766. Matériaux et objets destinés à entrer en contact avec les denrées alimentaires. – V. App., v° *Denrées alimentaires*, **p. 1564**. – Art. 1er. – V. C. consom., art. R. 412-38.
2007	15 mai	Décret n° 2007-893. Domiciliation des personnes sans domicile stable. – V. C. mon. fin., art. R. 312-2, App., v° *Banques*, **p. 1307.**
2007	24 mai	Recommandation CCA n° 2007-02. Contrats de vente mobilière conclus par internet. – V. App., v° *Clauses abusives*, **p. 1460.**

2007	30 mai	Directive n° 2007/29/CE. Modification de la directive n° 96/8/CE (étiquetage, publicité et présentation des denrées alimentaires destinées à être utilisées dans les régimes hypocaloriques destinés à la perte de poids). – V. App., v° *Produits diététiques, compléments alimentaires*, **p. 2121.**
2007	28 juin	Règlement CE n° 834/2007. Production et étiquetage des produits biologiques. – V. App., v° *Produits biologiques*, **p. 2069.**
2007	11 juill.	Règlement CE n° 861/2007. Procédure européenne de règlement des petits litiges. – V. App., v° *Compétence*, **p. 1485.**
2007	11 juill.	Règlement CE n° 864/2007. Loi applicable aux obligations non contractuelles (« Rome II »). – Art. 4, 5, 14 à 16, 26, 28, 31, 32. – V. App., v° *Responsabilité du fait des produits*, **p. 2179.**
2007	14 sept.	Décret n° 2007-1359. Titre de maître-restaurateur. – V. App., v° *Hôtels, restaurants, débits de boissons*, **p. 1745.**
2007	26 sept.	Décret n° 2007-1388. Application de la loi n° 2007-297 du 5 mars 2007 (prévention de la délinquance). – Art. 6. – V. C. pr. pén., art. R. 1er-1, App., v° *Associations de consommateurs*, **p. 1209.**
2007	12 oct.	Décret n° 2007-1467. Livre V de la partie réglementaire du code de l'environnement. – Art. 4. – V. Décr. n° 73-138 du 12 févr. 1973, art. 11-1, App., v° *Denrées alimentaires*, **p. 1536.**
2007	18 oct.	Ordonnance n° 2007-1490. Marchés d'instruments financiers. – Art. 2. – V. C. mon. fin., art. L. 341-10, L. 341-11, App., v° *Placements financiers*, **p. 1966.**
2007	22 nov.	Recommandation CCA n° 2008-01. Contrats de fourniture de voyages proposés sur internet. – V. App., v° *Agences de voyages*, **p. 1127.**
2007	13 déc.	Recommandation CCA n° 2008-02. Contrats proposés par certains établissements hébergeant des personnes âgées et non habilités à recevoir des bénéficiaires de l'aide sociale. – V. App., v° *Hébergement des personnes âgées*, **p. 1732.**
2007	17 déc.	Loi n° 2007-1774. Adaptation au droit communautaire dans les domaines économique et financier. – Art. 13. – V. CSP, art. L. 3351-8, App., v° *Boissons alcooliques*, **p. 1372.**
2007	19 déc.	Loi n° 2007-1786. De financement de la sécurité sociale pour *2008 :* – Art. 39, 73. – V. CSP, art. L. 1111-3, App., v° *Médecins*, **p. 1904** ; CSP, art. L. 5122-6, App., v° *Médicaments*, **p. 1911.** – Art. 50. – V. CSS, art. L. 165-9, App., v° *Médicaments*, **p. 1927.**
2007	21 déc.	Ordonnance n° 2007-1801. Adaptation à Mayotte de diverses dispositions législatives. – Ratifiée par L. n° 2009-594 du 27 mai 2009, art. 66-I. – Art. 13. – V. L. n° 81-766 du 10 août 1981, art. 11-1, App., v° *Livres*, **p. 1865.**

2007	24 déc.	Loi n° 2007-1821. Ratification de l'ordonnance n° 2006-1547 du 7 décembre 2006 relative à la valorisation des produits agricoles, forestiers ou alimentaires et des produits de la mer. — Art. 2-I, 3, 7. — V. C. rur., art. L. 641-2, App., v° *Valorisation des produits et des services*, **p. 2266** ; art. L. 644-4, App., v° *Vins*, **p. 2328.**
2008	3 janv.	Loi n° 2008-3. Développement de la concurrence au service des consommateurs : — Art. 1er, 4, 5, 9. — V. C. com., art. L. 442-2, L. 442-3, L. 442-9, L. 443-3, App., v° *Prix*, **p. 2042.** — Art. 16. — V. CPCE, art. L. 44, App., v° *Poste et télécommunications*, **p. 2010.** — Art. 23, 24. — V. C. mon. fin., art. L. 312-1-1, App., v° *Banques*, **p. 1299.** — Art. 29, 39. — V. L. n° 2004-575 du 21 juin 2004, art. 19, 20, App., v° *Commerce électronique*, **p. 1476.**
2008	15 janv.	Règlement CE n° 107/2008. Modification du règlement CE n° 1924/2006 concernant les allégations nutritionnelles et de santé portant sur les denrées alimentaires. — V. Règl. préc., art. 1er, 3, 4, 8, 13, 17, 18, 20, 25, 28, App., v° *Denrées alimentaires*, **p. 1545.**
2008	15 janv.	Règlement CE n° 109/2008. Modification du règlement CE n° 1924/2006 concernant les allégations nutritionnelles et de santé portant sur les denrées alimentaires. — V. Règl. préc., art. 14, 28, App., v° *Denrées alimentaires*, **p. 1551.**
2008	15 janv.	Règlement CE n° 110/2008. Définition, désignation, présentation, étiquetage et protection des indications géographiques des boissons spiritueuses. — V. App., v° *Boissons alcooliques*, **p. 1374.**
2008	21 janv.	Loi n° 2008-67. Ratification de l'ordonnance n° 2007-329 du 12 mars 2007 relative à la partie législative du code du travail. — V. C. trav., art. L. 3252-2, L. 3252-3, ss. C. consom., art. R. 731-1 ; art. L. 8221-7, L. 8224-6, ss. C. consom., art. L. 111-3 ; art. L. 6353-3 à L. 6353-7, App., v° *Enseignement et formation*, **p. 1025.**
2008	13 févr.	Loi n° 2008-136. Sécurité des manèges, machines et installations pour fêtes foraines ou parcs d'attraction. — V. App., v° *Jouets, divertissements*, **p. 1794.**
2008	19 févr.	Décret n° 2008-149. Conditions d'hygiène et de sécurité relatives aux pratiques du tatouage avec effraction cutanée et du perçage. — V. CSP, art. R. 1311-1 à R. 1311-13, R. 1312-9 à R. 1312-13, App., v° *Produits cosmétiques, produits d'hygiène corporelle, produits de tatouage*, **p. 2098.**
2008	22 févr.	Arrêté. Modification de l'arrêté du 10 juillet 1996 relatif aux factures de distribution de l'eau et de collecte et de traitement des eaux usées. — V. Arr. préc., art. 3, App., v° *Eau*, **p. 1624.**

2008	3 mars	Décret n° 2008-210. Règles de fabrication, de conditionnement et d'importation des produits de tatouages. – V. CSP, art. R. 513-10-1 à R. 513-10-15, R. 5437-1 à R. 5437-4, App., v° *Produits cosmétiques, produits d'hygiène corporelle, produits de tatouage*, **p. 2093.**
2008	7 mars	Décret n° 2008-244. Partie réglementaire du code du travail. – V. C. trav., art. R. 3252-2 à R. 3252-4, ss. C. consom., art. R. 731-1.
2008	14 mars	Décret n° 2008-263. Dispositions réglementaires du livre IV du code de l'éducation. – V. C. éduc., art. R. 444-1, R. 444-18 à R. 444-28, R. 471-1 à R. 471-7, App., v° *Enseignement et formation*, **p. 1694.**
2008	15 avr.	Décret n° 2008-355. Modification du décret n° 72-678 du 20 juillet 1972 (conditions d'exercice des activités relatives à certaines opérations portant sur les immeubles et fonds de commerce). – Art. 6. – V. Décr. préc., art. 78-1, App., v° *Agences immobilières*, **p. 1097.**
2008	23 avr.	Directive 2008/48/CE. Contrats de crédit aux consommateurs. – V. ss. C. consom., art. L. 312-94.
2008	6 mai	Décret n° 2008-435. Mise sur le marché des spécialités pharmaceutiques à usage humain. – Art. 48 à 53, 56, 57. – V. CSP, art. R. 5121-137 à R. 5121-142, R. 5121-148, R. 5121-149, App., v° *Médicaments*, **p. 1920.**
2008	21 mai	Directive 2008/52/CE. Médiation en matière civile et commerciale. – V. App., v° *Compétence*, **p. 1485.**
2008	26 mai	Loi n° 2008-491. Commercialisation et utilisation de certains engins motorisés. – Art. 2. – V. C. route, art. L. 321-1-1, App., v° *Bicyclettes, cyclomoteurs*, **p. 1346.**
2008	2 juin	Décret n° 2008-522. Refonte de la partie réglementaire du code de l'organisation judiciaire. – V. COJ, art. R. 221-3 à R. 221-4, R. 221-7, R. 221-11, R. 221-15, R. 221-37 à R. 221-39, R. 231-3 à R. 231-5 *(tribunal d'instance et juridiction de proximité)*, App., v° *Compétence*, **p. 1481.**
2008	17 juin	Règlement CE n° 593/2008. Loi applicable aux obligations *contractuelles* (« Rome I »). – Art. 1er à 4, 6, 9, 12, 18, 19, 21, 23, 24, 28. – V. App., v° *Compétence*, **p. 1485.**
2008	19 juin	Recommandation CCA n° 2008-03. Transport terrestre collectif de voyageurs. – V. App., v° *Transports*, **p. 2259.**
2008	23 juin	Règlement CE n° 589/2008. Modalités d'application du règlement CE n° 1234/2007 en ce qui concerne les normes de commercialisation applicables aux œufs. – V. App., v° *Œufs, volailles*, **p. 1947.**

2008	25 juin	Loi n° 2008-595. Organismes génétiquement modifiés. – Art. 5. – V. C. rur., art. L. 642-5-1, App., v° *Valorisation des produits et des services*, **p. 2274.**
2008	30 juin	Décret n° 2008-641. Médicaments disponibles en accès direct dans les officines de pharmacie. – V. CSP, art. R. 4235-55, App., v° *Médicaments*, **p. 1919.**
2008	3 juill.	Loi n° 2008-649. Adaptation du droit des sociétés au droit communautaire. – Art. 22. – V. L. du 7 mai 1917, art. 6, ss. C. consom., art. L. 811-2.
2008	17 juill.	Ordonnance n° 2008-717. Dispositions pénales relatives à certains produits de santé. – Ratifiée par L. n° 2009-526 du 12 mai 2009, art. 138-I. – Art. 3, 5, 9. – V. CSP, art. L. 5122-8-1, L. 5422-1, L. 5422-2, L. 5422-8, L. 5431-5 à L. 5431-7, App., v° *Médicaments*, **p. 1912.**
2008	1er août	Loi n° 2008-757. Responsabilité environnementale. – Art. 10. – V. C. envir., art. L. 541-10-2, App., v° *Appareils domestiques*, **p. 1145.**
2008	4 août	Loi n° 2008-776. Modernisation de l'économie : – Art. 40, 47, 105, 145. – V. C. mon. fin., art. L. 312-1, App., v° *Banques*, **p. 1297** ; art. L. 341-2, App., v° *Placements financiers*, **p. 1963.** – Art. 54, 61, 92, 98. – V. C. com., art. L. 135-1 à L. 135-3, L. 310-2, L. 310-3, L. 310-5, App., v° *Ventes*, **p. 2290** ; art. L. 442-4, App., v° *Prix*, **p. 2042.** – Art. 106. – V. en note au-dessus de C. rur., art. L. 644-1, App., v° *Vins*, **p. 2328.** – Art. 117, 120. – V. L. n° 2007-309 du 5 mars 2007, art. 19, App., v° *Poste et télécommunications*, **p. 2020.** – Art. 137-I. – V. ss. C. consom., art. L. 433-4.
2008	8 août	Arrêté. Apposition d'un pictogramme sur le conditionnement extérieur de certains médicaments et produits (capacité de conduire des véhicules). – V. App., v° *Médicaments*, **p. 1928.**
2008	13 août	Décret n° 2008-780. Procédure applicable en cas d'impayés des factures d'électricité, de gaz, de chaleur et d'eau. – V. App., v° *Énergie domestique*, **p. 1663.**
2008	1er sept.	Décret n° 2008-882. Modification du décret n° 2003-1148 du 28 novembre 2003 (laits de conserve partiellement ou totalement déshydratés destinés à l'alimentation humaine). – V. Décr. préc., art. 6, 6-1, annexes I et II, App., v° *Lait, produits laitiers*, **p. 1842.**
2008	*29 sept.*	Règlement CE n° 967/2008. Modification du règlement CE n° 834/2007 relatif à la production biologique et à l'étiquetage des produits biologiques. – V. Règl. préc., art. 42, App., v° *Produits biologiques*, **p. 2087.**

2008	22 oct.	Arrêté. Information préalable du consommateur sur les caractéristiques des hébergements locatifs en hôtellerie de plein air. – V. App., v° *Hôtels, restaurants, débits de boissons*, **p. 1748.**
2008	4 nov.	Décret n° 2008-1138. Engrais portant l'indication : « engrais CE ». – V. C. consom., art. R. 412-40.
2008	13 nov.	Décret n° 2008-1175. Durées de validité des documents constituant le dossier de diagnostic technique. – V. CCH, art. R. 271-5, App., v° *Logement (construction)*, **p. 1874.**
2008	1er déc.	Loi n° 2008-1249. Généralisation du revenu de solidarité active et réforme des politiques d'insertion. – Art. 18. – V. C. trav., art. L. 3252-3, ss. C. consom., art. R. 731-1.
2008	17 déc.	Décret n° 2008-1346. Procédures européennes d'injonction de payer et de règlement des petits litiges. – Art. 3. – V. C. pr. civ., art. 1382 s., App., v° *Compétence*, **p. 1483.**
2008	18 déc.	Décret n° 2008-1342. Soldes. – V. C. com., art. R. 310-15, R. 310-15-1, App., v° *Ventes*, **p. 2300.**
2008	18 déc.	Décret n° 2008-1343. Soldes. – V. C. com., art. D. 310-15-2, D. 310-15-3, App., v° *Ventes*, **p. 2300.**
2008	18 déc.	Arrêté. Charte d'accessibilité pour renforcer l'effectivité du droit au compte. – V. App., v° *Banques*, **p. 1322.**
2008	19 déc.	Loi n° 2008-1350. Législation funéraire. – Art. 7 à 9. – V. CGCT, art. L. 2223-33, L. 2223-34-1, L. 2223-34-2, App., v° *Pompes funèbres*, **p. 1990.**
2008	19 déc.	Décret n° 2008-1370. Application de l'article L. 214-1 *[L. 412-1]* du code de la consommation (produits de la sucrerie). – Art. 1er à 12. – V. App., v° *Sucre, substances édulcorantes*, **p. 2188.**
2008	19 déc.	Décret n° 2008-1371. Application de l'article L. 271-1 du code de la construction et de l'habitation. – V. CCH, art. D. 271-6, D. 271-7, App., v° *Logement (construction)*, **p. 1875.**
2008	19 déc.	Décret n° 2008-1392. Publicité télévisée, parrainage télévisé et télé-achat. – V. Décr. n° 92-280 du 27 mars 1992, art. 14, 15, 19, 24, 29, 31, 33, 34, App., v° *Publicité télévisée*, **p. 2144.**
2008	19 déc.	Décret n° 2008-1401. Accréditation et évaluation de conformité. – Art. 1er à 6. – V. ss. C. consom., art. L. 433-4.
2008	27 déc.	Loi n° 2008-1425. De finances pour 2009. – Art. 177. – V. CSP, art. L. 5122-3, L. 5422-2, App., v° *Médicaments*, **p. 1911** ; CSS, art. L. 162-16-5, App., v° *Médicaments*, **p. 1926.**
2008	30 déc.	Décret n° 2008-1458. Application de la loi n° 2008-136 du 13 février 2008 (sécurité des manèges, machines et installations pour fêtes foraines ou parcs d'attractions). – V. App., v° *Jouets, divertissements*, **p. 1795.**

2008	30 déc.	Décret n° 2008-1469. Modification du décret n° 2007-766 du 10 mai 2007 (matériaux et objets destinés à entrer en contact avec les denrées alimentaires). – V. Décr. mod., art. 3 à 9, App., v° *Denrées alimentaires*, **p. 1565.**
2009	7 janv.	Décret n° 2009-16. Ventes au déballage : – Art. 1er, 2. – V. C. com., art. R. 310-8 à R. 310-14, R. 310-19, App., v° *Ventes*, **p. 2296**. – Art. 3. – V. C. pén., art. R. 321-9, App., v° *Objets d'art, objets anciens*, **p. 1939**.
2009	8 janv.	Ordonnance n° 2009-15. Instruments financiers. – Ratifiée par L. n° 2009-526 du 12 mai 2009, art. 138-I. – Art. 2, 3, 6. – V. C. mon. fin., art. L. 353-1, L. 452-1, App., v° *Placements financiers*, **p. 1970.**
2009	9 janv.	Arrêté. Déclaration préalable des ventes au déballage. – V. ss. C. com., art. R. 310-8, App., v° *Ventes*, **p. 2296.**
2009	14 janv.	Arrêté. Partie Arrêtés du code de commerce. – V. C. com., art. A. 310-1 s., App., v° *Ventes*, **p. 2293** ; art. A. 441-1, ss. C. consom., art. L. 111-3.
2009	14 janv.	Directive 2008/122/CE. Protection des consommateurs en ce qui concerne certains aspects des contrats d'utilisation de biens à temps partagé, des contrats de produits de vacances à long terme et des contrats de revente et d'échange. – V. ss. C. consom., art. L. 232-5.
2009	22 janv.	Ordonnance n° 2009-80. Appel public à l'épargne. – Ratifiée par L. n° 2009-526 du 12 mai 2009, art. 138-I. – Art. 3, 5. – V. C. mon. fin., art. L. 341-10, L. 550-2, App., v° *Placements financiers*, **p. 1966.**
2009	30 janv.	Ordonnance n° 2009-106. Commercialisation des produits d'assurance sur la vie et opération de prévoyance collective. – Art. 12. – V. CGCT, art. L. 2223-34-1, L. 2223-34-2, App., v° *Pompes funèbres*, **p. 1990.**
2009	3 févr.	Décret n° 2009-123. Limites maximales applicables aux résidus de pesticides présents dans ou sur les denrées alimentaires. – V. C. consom., art. R. 412-34.
2009	10 févr.	Décret n° 2009-152. Information sur les tarifs d'honoraires pratiqués par les professionnels de santé. – V. CSP, art. R. 1111-21, App., v° *Médecins*, **p. 1907.**
2009	2 mars	Décret n° 2009-247. Utilisation des mentions valorisantes « fermier », « produit de la ferme » ou « produit à la ferme » pour les œufs de poules pondeuses de l'espèce *Gallus gallus*. – V. C. rur., art. R.* 654-115 (note), App., v° *Œufs, volailles*, **p. 1943.**
2009	5 mars	Loi n° 2009-258. Communication audiovisuelle et nouveau service public de la télévision : – Art. 44. – V. L. n° 86-1067 du 30 sept. 1986, art. 20-1, App., v° *Langue française*, **p. 1849.**

		— Art. 55. — V. L. n° 86-1067 du 30 sept. 1986, art. 33-2, App., v° *Publicité télévisée*, **p. 2142**. — Art. 79. — V. L. n° 2007-309 du 5 mars 2007, art. 19, App., v° *Poste et télécommunications*, **p. 2020**.
2009	7 avr.	Arrêté. Publicité des prix de vente des carburants. — V. Arr. du 8 juill. 1988, art. 2, 3, 5, App., v° *Automobiles*, **p. 1255**.
2009	12 mai	Loi n° 2009-526. Simplification et clarification du droit et allégement des procédures : — Art. 10. — V. C. civ., art. 1953, App., v° *Hôtels, restaurants, débits de boissons*, **p. 1737**. — Art. 25. — V. CGCT, art. L. 2223-34-2, App., v° *Pompes funèbres*, **p. 1991**. — Art. 54, 125. — V. C. com., art. L. 310-5, L. 310-6, App., v° *Ventes*, **p. 2302**. — Art. 62. — V. L. n° 57-866 du 1er août 1957, art. 8, App., v° *Œufs, volailles*, **p. 1943**. — Art. 63, 64. — V. C. rur., art. L. 640-2, L. 641-7, L. 642-3, App., v° *Valorisation des produits et des services*, **p. 2265**. — Art. 65. — V. L. n° 2008-776 du 4 août 2008, art. 106, en note au-dessus de C. rur., art. L. 644-1, App., v° *Vins*, **p. 2328**. — Art. 123. — V. CSP, art. L. 3351-6, App., v° *Boissons alcooliques*, **p. 1371**. — Art. 124. — V. C. pén., art. 225-4, App., v° *Ventes*, **p. 2307**. — Art. 125. — V. C. mon. fin., art. L. 353-4, App., v° *Placements financiers*, **p. 1971** ; CSP, art. L. 3512-3, App., v° *Tabac, produits du tabac*, **p. 2196** ; art. L. 5431-4, App., v° *Produits cosmétiques*, **p. 2091** ; art. L. 6324-2, App., v° *Médecins*, **p. 1906**. — Art. 133. — V. C. pén., art. 223-15-2, ss. C. consom., art. L. 121-8. — Art. 139. — V. CSP, art. L. 5131-7, App., v° *Produits cosmétiques*, **p. 2089**.
2009	12 mai	Décret n° 2009-532. Application du code de la consommation en ce qui concerne les allégations nutritionnelles et de santé portant sur les denrées alimentaires et l'adjonction de vitamines, de minéraux et de certaines autres substances aux denrées alimentaires. — V. C. consom., art. R. 412-23.
2009	15 mai	Décret n° 2009-553. Dispositions réglementaires du livre V du code de l'éducation. — V. C. éduc., art. R. 531-52, R. 531-53, App., v° *Enseignement*, **p. 1697**.
2009	19 mai	Décret n° 2009-557. Offre au public, déclarations de franchissement de seuils et déclarations d'intentions. — Art. 1er. — V. C. mon. fin., art. R. 550-1, App., v° *Placements financiers*, **p. 1974**.
2009	10 juin	Arrêté. Information sur les prix des appels téléphoniques aux services à valeur ajoutée. — V. App., v° *Prix (publicité)*, **p. 2066**.
2009	12 juin	Loi n° 2009-669. Diffusion et protection de la création sur internet. — Art. 18. — V. C. com., art. L. 462-1, App., v° *Associations de consommateurs*, **p. 1207**.

2009	16 juin	Décret n° 2009-697. Normalisation. – V. App., v° *Normalisation*, **p. 1934.**
2009	16 juin	Décret n° 2009-704. Modification du décret n° 2008-1343 du 18 décembre 2008 relatif aux soldes. – V. annexe ss. C. com., art. D. 310-15-3, App., v° *Ventes*, **p. 2300.**
2009	18 juin	Décret n° 2009-716. Traitements automatisés de données à caractère personnel accompagnant la mise en œuvre du revenu de solidarité active. – Art. 3. – V. C. trav., art. R. 3252-3, ss. C. consom., art. R. 731-1.
2009	18 juin	Directive n° 2009/48/CE. Sécurité des jouets. – V. App., v° *Jouets, divertissements*, **p. 1797.**
2009	15 juill.	Ordonnance n° 2009-866. Services et établissements de paiement. – Art. 4, 6, 8, 15. – V. C. mon. fin., art. L. 312-1-1, L. 312-1-2, L. 316-1, L. 614-1, App., v° *Banques*, **p. 1299**; art. L. 341-1 à L. 341-3, L. 341-14, App., v° *Placements financiers*, **p. 1962.**
2009	16 juill.	Décret n° 2009-873. Sécurité des alarmes de piscine par détection d'immersion. – V. App., v° *Jouets, divertissements*, **p. 1797.**
2009	21 juill.	Loi n° 2009-879. Réforme de l'hôpital : – Art. 54, 57, 61. – V. CSP, art. L. 1111-3, L. 1151-2 s., App., v° *Médecins*, **p. 1904**. – Art. 84, 110. – V. CSP, art. L. 5122-6, App., v° *Médicaments*, **p. 1911**. – Art. 93, 94, 96, 97. – V. CSP, art. L. 3322-9, L. 3323-1, L. 3323-2, L. 3331-4, L. 3342-1, L. 3342-2, L. 3342-4, L. 3351-6 à L. 3351-6-2, L. 3351-8, L. 3353-3, App., v° *Boissons alcooliques*, **p. 1362**.
2009	22 juill.	Loi n° 2009-888. Développement et modernisation des services touristiques : – Art. 1er. – V. C. tourisme, art. L. 211-1 s., App., v° *Agences de voyages*, **p. 1107**. – Art. 10, 29. – V. C. tourisme, art. L. 311-7, L. 311-8, L. 314-1, App., v° *Hôtels, restaurants, débits de boissons*, **p. 1738**. – Art. 13. – V. C. tourisme, art. L. 327-1, App., v° *Logement (location)*, **p. 1880**. – Art. 21, 26. – V. CSP, art. L. 3335-4, App., v° *Boissons alcooliques*, **p. 1369**.
2009	23 juill.	Décision ARCEP n° 2009-0637. Portabilité des numéros fixes et acheminement des communications à destination des numéros portés fixes et mobiles. – V. App., v° *Poste et télécommunications*, ***p. 2022.***
2009	27 juill.	Décret n° 2009-911. Conditions de vente, de cession et de location de certains engins motorisés. – V. App., v° *Bicyclettes, cyclomoteurs*, **p. 1346.**

2009	29 juill.	Décret n° 2009-934. Services et établissements de paiement. – Art. 2. – V. C. mon. fin., art. D. 312-4-1, D. 312-4-2, App., v° *Banques*, **p. 1308.**
2009	29 juill.	Arrêté. Information de la clientèle et du public sur les conditions générales et tarifaires applicables aux opérations relatives à la gestion d'un compte de dépôt ou d'un compte de paiement tenu par un établissement de paiement. – V. App., v° *Banques*, **p. 1326.**
2009	29 juill.	Arrêté. Relations entre les prestataires de services de paiement et leurs clients en matière d'obligations d'information des utilisateurs de services de paiement et précisant les principales stipulations devant figurer dans les conventions de compte de dépôt et les contrats-cadres de services de paiement. – V. App., v° *Banques*, **p. 2334.**
2009	3 août	Loi de programmation n° 2009-967. Mise en œuvre du Grenelle de l'environnement. – Art. 54. – V. ss. C. consom., art. L. 111-1.
2009	20 août	Décret n° 2009-996. Étiquetage et contenu du cahier des charges d'une appellation d'origine, d'une indication géographique protégée ou d'une spécialité traditionnelle garantie. – Art. 3. – V. C. rur., art. R. 641-21-1, App., v° *Valorisation des produits et des services*, **p. 2270.**
2009	26 août	Ordonnance n° 2009-1019. Extension et adaptation outre-mer des dispositions relatives à la télévision numérique terrestre. – Ratifiée par L. n° 2010-1487 du 7 déc. 2010. – V. L. n° 2007-309 du 5 mars 2007, art. 19, App., v° *Poste et télécommunications*, **p. 2020.**
2009	1er sept.	Décret n° 2009-1083. Application du code de la consommation en ce qui concerne les mesures d'exécution prévues à l'article L. 214-1 *[L. 412-1]* de ce code. – V. C. consom., art. R. 412-17 s.
2009	2 sept.	Décret n° 2009-1087. Obligations de vigilance et de déclaration pour la prévention de l'utilisation du système financier aux fins de blanchiment de capitaux et de financement du terrorisme. – Art. 3. – V. C. mon. fin., art. R. 312-2, App., v° *Banques*, **p. 1307.**
2009	16 sept.	Décret n° 2009-1121. Application de l'article L. 214-1 *[L. 412-1]* du code de la consommation (hygiène des produits et des denrées alimentaires autres que les produits d'origine animale et des denrées alimentaires en contenant). – V. App., v° *Denrées alimentaires*, **p. 1566.**
2009	7 oct.	Décret n° 2009-1195. Mise en conformité de la partie réglementaire du code rural avec la réglementation communautaire en matière vitivinicole. – Art. 2. – V. C. rur., art. R. 641-16, R. 641-18, R. 641-19, App., v° *Valorisation des produits et des services*, **p. 2269.**
2009	7 oct.	Décret n° 2009-1196. Dénomination « montagne ». – Art. 1er. – V. C. rur., art. R. 641-33, App., v° *Produits « montagne »*, **p. 2139.**

2009	20 oct.	Décret n° 2009-1265. Modification du décret du 19 août 1921 (vins, vins mousseux et eaux-de-vie). – V. Décr. mod., art. 13, App., v° *Vins*, **p. 2334.**
2009	20 nov.	Décret n° 2009-1429. Conseil national de l'alimentation. – V. C. consom., art. D. 824-1 s.
2009	24 nov.	Loi n° 2009-1437. Orientation et formation professionnelle tout au long de la vie. – Art. 51. – V. C. trav., art. L. 6353-3, L. 6353-8, App., v° *Enseignement et formation*, **p. 1692.**
2009	25 nov.	Règlement CE n° 66/2010. Label écologique de l'UE. – V. App., v° *Valorisation des produits et des services*, **p. 2278.**
2009	30 nov.	Règlement CE n° 1223/2009. Produits cosmétiques. – V. App., v° *Produits cosmétiques*, **p. 2102.**
2009	17 déc.	Loi n° 2009-1572. Lutte contre la fracture numérique. – V. CPCE, art. L. 44-1, App., v° *Poste et télécommunications*, **p. 2011.**
2009	18 déc.	Décret n° 2009-1658. Modification des livres II et VI de la partie réglementaire du code rural. – Art. 1er. – V. C. rur., art. R.* 234-2, App., v° *Viandes, charcuteries*, **p. 2313.**
2009	18 déc.	Arrêté. Règles sanitaires applicables aux produits d'origine animale et aux denrées alimentaires en contenant. – V. App., v° *Denrées alimentaires*, **p. 1986.**
2009	21 déc.	Arrêté. Règles sanitaires applicables aux activités de commerce de détail, d'entreposage et de transport de produits d'origine animale et denrées alimentaires en contenant. – V. App., v° *Denrées alimentaires*, **p. 1750.**
2009	23 déc.	Décret n° 2009-1650. Application de la loi n° 2009-888 du 22 juillet 2009 (développement et modernisation des services touristiques). – Art. 1er, 5. – V. C. tourisme, art. R. 211-2 à R. 211-14, R. 211-49, App., v° *Agences de voyages*, **p. 1109**; art. D. 311-10, App., v° *Hôtels, restaurants, débits de boissons*, **p. 1738.**
2009	23 déc.	Décret n° 2009-1652. Application de la loi n° 2009-888 du 22 juillet 2009 (développement et modernisation des services touristiques). – Art. 15. – V. C. tourisme, art. D. 314-1, App., v° *Hôtels, restaurants, débits de boissons*, **p. 1739.**
2009	29 déc.	Décret n° 2009-1693. Répartition des compétences entre le tribunal de grande instance et le tribunal d'instance. – Art. 3. – V. COJ, art. R. 221-5, R. 221-15, R. 221-38, R. 221-39-1, R. 221-51, R. 221-51-1, App., v° *Compétence*, **p. 1481.**
2010	7 janv.	Ordonnance n° 2010-18. Agence nationale chargée de la sécurité sanitaire de l'alimentation, de l'environnement et du travail : – Art. 2. – V. CSP, art. L. 1313-1, App., v° *Denrées alimentaires*, **p. 1528.**

		– Art. 3. – V. CSP, art. L. 2133-1, App., v° *Denrées alimentaires*, **p. 1530** ; L. du 2 juill. 1935, art. 2, 6, 7, App., v° *Lait, produits laitiers*, **p. 1828**.
2010	8 janv.	Décret n° 2010-29. Application de l'article L. 214-1 *[L. 412-1]* du code de la consommation (produits en cuir et produits similaires). – V. App., v° *Textiles*, **p. 2242.**
2010	12 janv.	Décret n° 2010-44. Information concernant l'interdiction de circulation sur les voies ouvertes au public de certains engins motorisés. – V. App., v° *Bicyclettes, cyclomoteurs*, **p. 1347.**
2010	21 janv.	Ordonnance n° 2010-76. Fusion des autorités d'agrément et de contrôle de la banque et de l'assurance. – Ratifiée par L. n° 2010-1249 du 22 oct. 2010. – Art. 3, 6. – V. C. mon. fin., art. L. 312-1, L. 614-1, App., v° *Banques*, **p. 1297** ; art. L. 341-6, L. 341-7, L. 341-17, App., v° *Placements financiers*, **p. 1965.**
2010	29 janv.	Décret n° 2010-109. Modification du décret n° 55-1126 du 19 août 1955 (commerce des fruits et légumes). – V. Décr. préc., art. 6, App., v° *Fruits et légumes*, **p. 1715.**
2010	8 févr.	Arrêté. Application du décret n° 2010-29 du 8 janvier 2010 portant application du code de la consommation en ce qui concerne certains produits en cuir et similaires du cuir. – V. App., v° *Textiles*, **p. 2244.**
2010	9 févr.	Loi n° 2010-123. Activités postales. – Art. 19, 22, 23, 27. – V. CPCE, art. L. 2, L. 3, L. 3-2, L. 5-7-1, App., v° *Poste et télécommunications*, **p. 2001.**
2010	11 févr.	Recommandation CCA n° 2010-01. Contrats de soutien scolaire. – V. App., v° *Enseignement et formation*, **p. 1699.**
2010	22 févr.	Décret n° 2010-166. Sécurité des jouets. – V. App., v° *Jouets, divertissements*, **p. 1799.**
2010	23 févr.	Ordonnance n° 2010-177. Coordination avec la loi n° 2009-879 du 21 juillet 2009 portant réforme de l'hôpital et relative aux patients, à la santé et aux territoires. – Ratifiée par L. n° 2011-940 du 10 août 2011. – Art. 7, 12, 19, 26. – V. CSP, art. L. 1152-1, L. 1152-2, L. 6322-1, App., v° *Médecins*, **p. 1905** ; art. L. 5122-6, App., v° *Médicaments*, **p. 1911** ; art. L. 5131-6, L. 5431-1, App., v° *Produits cosmétiques*, **p. 2089.**
2010	24 févr.	Arrêté. Application du décret n° 2010-166 du 22 février 2010 relatif à la sécurité des jouets. – V. App., v° Jouets, divertissements, **p. 1809.**
2010	10 mars	Directive 2010/13/UE. Coordination de certaines dispositions des États membres relatives à la fourniture de services de médias audiovisuels. – V. App., v° *Publicité télévisée*, **p. 2151.**
2010	19 mars	Arrêté. Modification de l'arrêté du 2 décembre 1986 (mesures de publicité des prix applicables dans certains secteurs professionnels). – V. App., v° *Prix (publicité)*, **p. 2050.**

2010	15 avr.	Recommandation CCA n° 2010-02. Contrats de prévoyance obsèques. – V. App., v° *Pompes funèbres*, **p. 1995.**
2010	27 avr.	Ordonnance n° 2010-420. Adaptation de dispositions résultant de la fusion de la direction générale des impôts et de la direction générale de la comptabilité publique. – Art. 118. – V. CSP, art. L. 5463-1, App., v° *Baladeurs*, **p. 1296.**
2010	27 avr.	Arrêté. Publicité des prix des prestations de déménagement. – V. App., v° *Déménagement*, **p. 1519.**
2010	29 avr.	Décret n° 2010-433. Dispositions en matière de procédure civile et de procédures d'exécution. – Art. 4. – V. C. pr. civ., art. 1391, App., v° *Compétence*, **p. 1484.**
2010	6 mai	Ordonnance n° 2010-459. Modification des livres I, V et VI du code rural. – Art. 4. – V. C. rur., art. L. 640-2, L. 641-2, L. 641-5, L. 641-6, L. 641-10, L. 641-11, L. 641-11-1, L. 641-19, L. 641-21, L. 643-2, App., v° *Valorisation des produits et des services*, **p. 2265** ; art. L. 641-13, App., v° *Produits biologiques*, **p. 2068** ; art. L. 644-2, App., v° *Vins*, **p. 2328.**
2010	6 mai	Décret n° 2010-465. Sanctions prévues pour l'offre et la vente de boissons alcooliques. – V. CSP, art. R. 3351-2, R. 3353-6, R. 3353-7, App., v° *Boissons alcooliques*, **p. 1373.**
2010	12 mai	Loi n° 2010-476. Ouverture à la concurrence et à la régulation du secteur des jeux d'argent et de hasard en ligne. – Art. 1er à 20, 26 à 31, 38, 56, 57. – V. ss. C. consom., art. L. 121-20.
2010	12 mai	Arrêté. Modalités de fonctionnement du Conseil national de l'alimentation. – V. ss. C. consom., art. D. 824-8.
2010	19 mai	Décret n° 2010-518. Mise à disposition de l'offre de jeux et de paris par les opérateurs agréés de jeux ou de paris en ligne. – V. ss. C. consom., art. L. 121-20.
2010	19 mai	Directive 2010/30/UE. Indication de la consommation en énergie et en autres ressources des produits liés à l'énergie. – V. App., v° *Appareils domestiques*, **p. 1151.**
2010	31 mai	Décret n° 2010-580. Acquisition, détention et utilisation des artifices de divertissement et des articles pyrotechniques destinés au théâtre. – V. App., v° *Jouets, divertissements*, **p. 1812.**
2010	4 juin	Décret n° 2010-605. Proportion maximale des sommes versées en moyenne aux joueurs par les opérateurs agréés de paris hippiques et de paris sportifs en ligne. – V. ss. C. consom., art. L. 121-20.
2010	*8 juin*	*Décret n° 2010-623*. Obligations d'information des opérateurs agréés de jeux ou de paris en ligne pour la prévention des risques liés à la pratique du jeu. – V. Décr. n° 2010-518 du 19 mai 2010, art. 19 à 22, ss. C. consom., art. L. 121-20.

2010	8 juin	Décret n° 2010-624. Réglementation des communications commerciales en faveur des opérateurs de jeux d'argent et de hasard et information des joueurs quant aux risques liés à la pratique du jeu. – V. ss. C. consom., art. L. 121-20.
2010	8 juin	Arrêté. Contenu et modalités d'affichage des messages de mise en garde prévus pour les jeux d'argent et de hasard en ligne. – V. ss. C. consom., art. L. 121-20.
2010	8 juin	Arrêté. Contenu et modalités d'affichage du message d'information relatif à la procédure d'inscription sur le fichier des interdits de jeu. – V. ss. C. consom., art. L. 121-20.
2010	18 juin	Décret n° 2010-671. Signature électronique et numérique en matière pénale : – Art. 4. – V. C. pén., art. R. 642-3, App., v° *Prix*, **p. 2040** ; art. R. 644-3, App., v° *Ventes*, **p. 2307**. – Art. 5. – V. CASF, art. R. 342-1, App., v° *Hébergement des personnes âgées*, **p. 1721** ; CSP, art. R. 1312-12, R. 5437-2, App., v° *Produits cosmétiques, produits d'hygiène corporelle, produits de tatouage*, **p. 2101** ; art. R. 5463-3, App., v° *Baladeurs*, **p. 1296**.
2010	23 juin	Décret n° 2010-688. Vigilance sur certains produits alimentaires. – Art. 1er. – V. CSP, art. R. 1323-1 à R. 1323-3, App., v° *Produits diététiques, compléments alimentaires*, **p. 2118**.
2010	28 juin	Décret n° 2010-719. Agence nationale chargée de la sécurité sanitaire de l'alimentation, de l'environnement et du travail. – Art. 1er. – V. CSP, art. R. 1313-32, App., v° *Denrées alimentaires*, **p. 1529**.
2010	30 juin	Loi n° 2010-729. Suspension de la commercialisation de biberons produits à base de bisphénol A. – V. ss. C. consom., art. L. 422-1.
2010	1er juill.	Loi n° 2010-737. Réforme du crédit à la consommation. – Art. 16, 37, 38, 59. – V. C. mon. fin., art. L. 312-1, L. 312-1-1, App., v° *Banques*, **p. 1297** ; art. L. 341-2, L. 341-16, App., v° *Placements financiers*, **p. 1963**.
2010	2 juill.	Décret n° 2010-747. Contribution à la production d'œuvres cinématographiques et audiovisuelles des services de télévision diffusés par voie hertzienne terrestre. – Art. 48, 49. – V. Décr. n° 92-280 du 27 mars 1992, art. 14, 15, App., v° *Publicité télévisée*, **p. 2144**.
2010	12 juill.	Loi n° 2010-788. Engagement national pour l'environnement : – Art. 1er, 160. – V. CCH, art. L. 271-4, L. 271-6, App., v° *Logement (construction)*, **p. 1873**. – Art. 109, 170. – V. C. rur., art. L. 640-2, L. 641-19-1, App., v° *Valorisation des produits et des services*, **p. 2265** ; art. L. 644-15, App., v° *Poissons, produits de la mer*, **p. 1974**. – Art. 119. – V. App., v° *Fruits et légumes*, **p. 1717**. – Art. 177. – V. App., v° *Publicité télévisée*, **p. 2154**. – Art. 183. – V. CSP, art. L. 5231-3, App., v° *Poste et télécommunications*, **p. 2001** ; art. L. 5231-4, App., v° *Jouets, divertissements*, **p. 1784**.

		– Art. 184. – V. App., v° *Poste et télécommunications*, **p. 2026**. – Art. 191, 193, 199, 200, 205. – V. C. envir., art. L. 541-10-2, App., v° *Appareils domestiques*, **p. 1145** ; art. L. 541-10-5, App., v° *Consignation des emballages*, **p. 1509** ; art. L. 541-10-6, App., v° *Ameublement*, **p. 1131** ; art. L. 541-10-7, App., v° *Énergie domestique*, **p. 1660** ; art. L. 541-10-8, App., v° *Automobiles*, **p. 1241**.
2010	15 juill.	Arrêté. Modification de l'arrêté n° 83-50/A du 3 octobre 1983 (publicité des prix de tous les services). – V. Arr. préc., art. 1er, App., v° *Prix (publicité)*, **p. 2049**.
2010	23 juill.	Loi n° 2010-853. Réseaux consulaires, commerce, artisanat et services : – Art. 38. – V. L. n° 70-9 du 2 janv. 1970, art. 3, App., v° *Agences immobilières*, **p. 1083**. – Art. 42. – V. C. com., art. L. 462-1, App., v° *Associations de consommateurs*, **p. 1207**.
2010	27 juill.	Loi n° 2010-874. Modernisation de l'agriculture et de la pêche : – Art. 13, 14, 17. – V. C. com., art. L. 310-2, App., v° *Ventes*, **p. 2294** ; art. L. 441-2, App., v° *Prix (publicité)*, **p. 2048**. – Art. 15, 59. – V. C. rur., art. L. 611-4, L. 611-4-1, App., v° *Prix*, **p. 2047** ; art. L. 642-5, App., v° *Valorisation des produits et des services*, **p. 2273**.
2010	2 août	Arrêté. Reconnaissance spécifique des associations de défense des consommateurs. – V. ss. C. consom., art. R. 812-2.
2010	1er sept.	Décret n° 2010-1041. Modification du décret n° 2003-838 du 1er septembre 2003 (jus de fruits et produits similaires destinés à l'alimentation humaine). – V. Décr. mod., annexes I et V, App., v° *Jus de fruits, sirops*, **p. 1815**.
2010	28 sept.	Règlements délégués (UE) nos 1059/2010 à 1062/2010. Indication, par voie d'étiquetage, de la consommation d'énergie des lave-vaisselle ménagers, des appareils de réfrigération ménagers, des lave-linge ménagers, des téléviseurs. – V. App., v° *Appareils domestiques*, **p. 1156**.
2010	11 oct.	Décret n° 2010-1203. Date des soldes d'été. – V. C. com., art. D. 310-15-2, App., v° *Ventes*, **p. 2300**.
2010	12 oct.	Décret n° 2010-1207. Affichage du débit d'absorption spécifique des équipements terminaux radioélectriques. – Art. 1er. – V. App., v° *Poste et télécommunications*, **p. 2026**.
2010	12 oct.	Arrêté. Affichage du débit d'absorption spécifique des équipements terminaux radioélectriques. – V. App., v° *Poste et télécommunications*, **p. 2026**.
2010	22 oct.	Loi n° 2010-1249. Régulation bancaire et financière : – Art. 17. – V. C. mon. fin., art. L. 312-1, L. 312-1-1, App., v° *Banques*, **p. 1297**.

		– Art. 36, 92. – V. C. mon. fin., art. L. 341-1, L. 341-3, L. 341-4, L. 341-6 à L. 341-7-1 (notes), L. 341-10, L. 341-12, App., v° *Placements financiers*, **p. 1962**. – Art. 42. – V. LPF, art. L. 247 A, ss. C. consom., art. L. 733-6.
2010	26 oct.	Arrêté. Fichier national des incidents de remboursement des crédits aux particuliers. – V. ss. C. consom., art. L. 751-6.
2010	28 oct.	Ordonnance n° 2010-1307. Partie législative du code des transports. – Ratifiée par L. n° 2012-375 du 19 mars 2012, art. 1er. – V. C. transp., art. L. 1111-1 s., App., v° *Transports*, **p. 2252**; art. L. 1431-3, App., v° *Déménagement*, **p. 1515**.
2010	12 nov.	Décret n° 2010-1379. Services de médias audiovisuels à la demande : – Art. 14 à 18. – V. App., v° *Publicité télévisée*, **p. 2154**. – Art. 20. – V. Décr. n° 92-280 du 27 mars 1992, art. 1er, 4, 12, 17, App., v° *Publicité télévisée*, **p. 2142**.
2010	12 nov.	Arrêté. Financement et fourniture de prestations d'appui technique aux centres techniques régionaux de la consommation ou aux structures régionales ou interrégionales assimilées. – V. ss. C. consom., art. R. 822-1.
2010	30 nov.	Arrêté. Valeur maximale de la prime en nature de produit ou bien à laquelle la souscription d'un crédit à la consommation peut donner droit à titre gratuit. – V. ss. C. consom., art. L. 312-15.
2010	1er déc.	Arrêté. Modèles de signalisation prévus par l'article R. 3511-6 du code de la santé publique. – V. App., v° *Tabac, produits du tabac*, **p. 2219**.
2010	16 déc.	Décret n° 2010-1583. Modification du décret n° 89-662 du 12 septembre 1989 (prévention des risques résultant de l'usage des jouets). – V. Décr. préc., annexes II et III, ss. Décr. n° 2010-166 du 22 févr. 2010, art. 19, App., v° *Jouets, divertissements*, **p. 1804**.
2010	17 déc.	Ordonnance n° 2010-1579. Adaptation au droit de l'Union européenne dans le domaine des déchets. – Art. 9, 18. – V. C. envir., art. L. 541-10-2, App., v° *Appareils domestiques*, **p. 1145**; art. L. 541-10-6, App., v° *Ameublement*, **p. 1131**; art. L. 541-34, ss. C. consom., art. L. 121-4.
2010	22 déc.	Loi n° 2010-1609. Exécution des décisions de justice, conditions d'exercice de certaines professions réglementées et experts judiciaires. – Art. 11-I. – V. COJ, art. L. 221-8-1, App., v° *Compétence*, **p. 1479**.
2010	24 déc.	Arrêté. Modèles des avis à publier au *Bulletin officiel* des annonces civiles et commerciales en application du décret n° 2010-1304 du 29 octobre 2010 relatif aux procédures de traitement des situations de surendettement des particuliers. – V. ss. C. consom., art. R. 741-9.

2010	29 déc.	Loi n° 2010-1657. De finances pour 2011. – Art. 28. – V. C. envir., art. L. 541-10-6, App., v° *Ameublement*, **p. 1131.**
2010	29 déc.	Loi n° 2010-1658. De finances rectificative pour 2010. – Art. 52. – V. CGI, art. 523, App., v° *Bijoux, pierres et métaux précieux*, **p. 1354.**
2010	30 déc.	Décret n° 2010-1707. Modification du décret n° 72-678 du 20 juillet 1972 (conditions d'exercice des activités relatives à certaines opérations portant sur les immeubles et fonds de commerce). – V. Décr. mod., art. 1er, App., v° *Agences immobilières*, **p. 1092.**
2011	5 janv.	Loi n° 2011-12. Adaptation de la législation au droit de l'Union européenne. – Art. 8. – V. CSP, art. L. 5131-1, L. 5131-7, App., v° *Produits cosmétiques, produits d'hygiène corporelle, produits de tatouage*, **p. 2088.**
2011	1er févr.	Décret n° 2011-135. Modalités de calcul du taux effectif global. – Art. 3. – V. Décr. n° 2002-928 du 10 juin 2002, art. 3, 3 *bis*, annexe, ss. C. consom., art. R. 314-8.
2011	24 févr.	Ordonnance n° 2011-204. Code des transports. – Ratifiée par L. n° 2012-375 du 19 mars 2012, art. 1er. – Art. 2. – V. C. transp., art. L. 1431-3, App., v° *Déménagement*, **p. 1515.**
2011	9 mars	Décret n° 2011-255. Modification du chapitre IV du titre Ier du livre II du code de la consommation et du décret n° 94-1212 du 26 décembre 1994 (mode de production biologique des produits agricoles et sa mention sur les produits agricoles et les denrées alimentaires). – Art. 20. – V. Décr. n° 94-1212 du 26 déc. 1994, art. 1er, 2, App., v° *Produits biologiques*, **p. 2069.**
2011	14 mars	Loi n° 2011-267. Orientation et programmation pour la performance de la sécurité intérieure : – Art. 50. – V. C. pén., art. 431-29, 431-30, ss. C. consom., art. L. 121-22. – Art. 51. – V. C. pén., art. 446-1 à 446-4, App., v° *Ventes*, **p. 2306.** – Art. 55. – V. C. pén., art. 321-7, App., v° *Objets d'art, objets anciens*, **p. 1937.** – Art. 85. – V. CSP, art. L. 3341-4, App., v° *Boissons alcooliques*, **p. 1370.**
2011	18 mars	Décret n° 2011-287. Infractions relatives à certains produits de santé. – V. CSP, art. R. 5431-1, App., v° *Produits cosmétiques, produits d'hygiène corporelle, produits de tatouage*, **p. 2092.**
2011	22 mars	Arrêté. Montants qui définissent les catégories de prêts servant de base à l'application du régime de l'usure. – V. Arr. du 24 août 2006, art. 1er, ss. C. consom., art. L. 314-6.
2011	24 mars	Arrêté. Norme professionnelle sur les relations entre les établissements teneurs de compte et leurs clients concernés par le traite-

		ment d'un dossier en commission de surendettement. — V. App., v° *Banques*, **p. 1330.**
2011	4 mai	Règlement délégué (UE) n° 626/2011. Indication, par voie d'étiquetage, de la consommation d'énergie des climatiseurs. — V. App., v° *Appareils domestiques*, **p. 1166.**
2011	9 mai	Ordonnance n° 2011-504. Codification de la partie législative du code de l'énergie. — V. C. énergie, art. L. 121-5, L. 122-1, L. 122-6, L. 122-7, L. 331-1 à L. 331-3, L. 332-1 à L. 332-6, L. 337-1, L. 337-3, L. 337-7 à L. 337-9, L. 441-1, L. 441-2, L. 441-4, L. 442-1 à L. 442-3, L. 445-1, L. 445-3 à L. 445-5, App., v° *Énergie domestique*, **p. 1641.**
2011	10 mai	Décret n° 2011-509. Auxiliaires technologiques pouvant être employés dans la fabrication des denrées destinées à l'alimentation humaine. — V. App., v° *Denrées alimentaires*, **p. 1581.**
2011	17 mai	Loi n° 2011-525. Simplification et amélioration de la qualité du droit : — Art. 47. — V. C. com., art. L. 310-3, App., v° *Ventes*, **p. 2297**. — Art. 52, 63. — V. C. mon. fin., art. L. 312-1, App., v° *Banques*, **p. 1297**. — Art. 143. — V. L. n° 2007-309 du 5 mars 2007, art. 19, App., v° *Poste et télécommunications*, **p. 2020**.
2011	26 mai	Loi n° 2011-590. Prix du livre numérique. — V. App., v° *Livres*, **p. 1867.**
2011	30 mai	Décret n° 2011-613. Fêtes et foires mentionnées par l'article L. 3322-9 du code de la santé publique. — V. CSP, art. R. 3322-1 à R. 3322-5, App., v° *Boissons alcooliques*, **p. 1362.**
2011	21 juin	Décret n° 2011-708. Mise sur le marché et utilisation des aliments pour animaux. — V. C. consom., art. R. 412-39.
2011	10 août	Décret n° 2011-949. Additifs, enzymes et arômes destinés à l'alimentation humaine. — Art. 3. — V. Décr. n° 2003-838 du 1er sept. 2003, annexe I, App., v° *Jus de fruits, sirops*, **p. 1815.**
2011	23 août	Décret n° 2011-981. Spécialisation de tribunaux d'instance dans le ressort de certains tribunaux de grande instance pour connaître des mesures de traitement des situations de surendettement des particuliers et des procédures de rétablissement personnel. — V. COJ, art. D. 221-1, App., v° *Compétence*, **p. 1479.**
2011	24 août	*Ordonnance* n° 2011-1012. Communications électroniques. — Ratifiée par L. n° 2014-1 du 2 janv. 2014, art. 18. — Art. 8, 11, 27. — V. CPCE, art. L. 34-5, L. 35-1, L. 44, App., v° *Poste et télécommunications*, **p. 2008.**
2011	29 août	Circulaire. Traitement des situations de surendettement des particuliers. — V. ss. C. consom., art. R. 711-2 (renvoi).
2011	15 sept.	Recommandation CCA n° 2011-01. Contrats de syndic de copropriété. — V. App., v° *Clauses abusives*, **p. 1464.**

2011	27 sept.	Règlement (UE) n° 1007/2011. Dénominations des fibres textiles et étiquetage et marquage correspondants des produits textiles au regard de leur composition en fibres. – V. App., v° *Textiles*, **p. 2247**.
2011	11 oct.	Arrêté. Modification de l'arrêté du 11 janvier 1999 (information sur les prix des prestations funéraires). – V. Arr. préc., art. 4, 5, App., v° *Pompes funèbres*, **p. 1994**.
2011	25 oct.	Directive 2011/83/UE. Droits des consommateurs : – V. ss. C. consom., art. L. 232-3. – Art. 32. – V. Dir. 93/13/CEE du 5 avr. 1993, art. 8 *bis*, App., v° *Clauses abusives*, **p. 1426**.
2011	25 oct.	Règlement (UE) n° 1169/2011. Information des consommateurs sur les denrées alimentaires : – V. App., v° *Denrées alimentaires*, **p. 1581**. – Art. 49. – V. Règl. (CE) n° 1924/2006 du 20 déc. 2006, art. 7, App., v° *Denrées alimentaires*, **p. 1549**. – Art. 50. – V. Règl. (CE) n° 1925/2006 du 20 déc. 2006, art. 7, App., v° *Denrées alimentaires*, **p. 1563**.
2011	9 nov.	Décret n° 2011-1479. Étiquetage des produits ayant une incidence sur la consommation d'énergie. – V. App., v° *Appareils domestiques*, **p. 1168**.
2011	10 nov.	Décret n° 2011-1499. Application de la loi n° 2011-590 du 26 mai 2011 (prix du livre numérique). – V. App., v° *Livres*, **p. 1868**.
2011	13 déc.	Loi n° 2011-1862. Répartition des contentieux et allègement de certaines procédures juridictionnelles : – Art. 1er et 4. – V. COJ, art. L. 221-4-1, L. 231-3, L. 231-4, App., v° *Compétence*, **p. 1478**. – Art. 3. – V. C. trav., art. L. 3252-3, ss. C. consom., art. R. 731-1. – Art. 30-II. – V. C. com., art. L. 310-6-1, App., v° *Ventes*, **p. 2304**. – Art. 56. – V. C. pr. pén., art. 2-15, App., v° *Associations de consommateurs*, **p. 1208**.
2011	19 déc.	Circulaire. Traitement des situations de surendettement. – V. ss. C. consom., art. R. 711-2 (renvoi).
2011	20 déc.	Décret n° 2011-1914. Mention valorisante « issus d'une exploitation de haute valeur environnementale ». – V. C. rur., art. R. 641-57-1 à R. 641-57-5, App., v° *Valorisation des produits et des services*, **p. 2271**.
2011	*21 déc.*	*Loi n° 2011-1906*. De financement de la sécurité sociale pour 2012. – Art. 26, 47, 48. – V. CSS, art. L. 162-16-4, L. 162-16-5, L. 162-17, App., v° *Médicaments*, **p. 1924** ; CSP, art. L. 5122-3, L. 5122-5, L. 5422-2, App., v° *Médicaments*, **p. 1911**.

2011	29 déc.	Loi n° 2011-2012. Renforcement de la sécurité sanitaire du médicament et des produits de santé : — Art. 5, 6, 9 à 12, 29. — V. CSP, art. L. 5122-2, L. 5122-3, L. 5122-6, L. 5122-9, L. 5122-9-1, L. 5122-15, L. 5422-4, L. 5422-6, L. 5422-11, App., v° *Médicaments*, **p. 1911**. — Art. 14, 34. — V. CSS, art. L. 162-17, L. 165-8, App., v° *Médicaments*, **p. 1926**.
2012	20 janv.	Décret n° 2012-66. Résolution amiable des différends. — V. C. pr. civ., art. 1528, 1529, App., v° *Compétence*, **p. 1484**.
2012	26 janv.	Décret n° 2012-99. Registre tenu par les personnes dont l'activité professionnelle comporte la vente ou l'échange de certains objets mobiliers. — V. C. pén., art. R. 321-3, R. 321-5, App., v° *Objets d'art, objets anciens*, **p. 1938**.
2012	27 janv.	Décret n° 2012-104. Écolabel des produits de la pêche maritime. — Art. 2. — V. C. rur., art. D. 646-21, App., v° *Poissons, produits de la pêche*, **p. 1975**.
2012	30 janv.	Décret n° 2012-128. Étiquetage des denrées alimentaires issues de filières qualifiées « sans organismes génétiquement modifiés ». — V. ss. C. consom., art. R. 412-20.
2012	30 janv.	Décret n° 2012-129. Mise sur le marché des truffes et des denrées alimentaires en contenant. — V. App., v° *Denrées alimentaires*, **p. 1600**.
2012	30 janv.	Décret n° 2012-146. Infractions à la loi n° 2011-590 du 26 mai 2011 (prix du livre numérique). — V. App., v° *Livres*, **p. 1869**.
2012	14 févr.	Décret n° 2012-211. Autorité et Haut Comité de la qualité de service dans les transports. — Art. 1er à 4, 6 à 8, App., v° *Transports*, **p. 2264**.
2012	1er mars	Règlement délégué (UE) n° 392/2012. Indication, par voie d'étiquetage, de la consommation d'énergie des sèche-linge domestiques à tambour. — V. App., v° *Appareils domestiques*, **p. 1170**.
2012	12 mars	Ordonnance n° 2012-351. Partie législative du code de la sécurité intérieure : — V. CSI, art. L. 320-1, L. 322-1 à L. 322-5, L. 324-6 à L. 324-10, ss. C. consom., art. L. 121-20 ; art. L. 333-1, L. 334-2, App., v° *Bruit*, **p. 1389**. — Art. 3. — V. L. n° 2010-476 du 12 mai 2010, art. 5, 12, 14, ss. C. consom., art. L. 121-20.
2012	15 mars	Recommandation CCA n° 2012-01. Contrats de services à la personne. — V. App., v° *Clauses abusives*, **p. 1469**.
2012	19 mars	Loi n° 2012-375. Organisation du service et information des passagers dans les entreprises de transport aérien de passagers. — Art. 2. — V. C. transp., art. L. 1114-7, App., v° *Transports*, **p. 2253**.

2012	21 mars	Décret n° 2012-390. Hygiène des produits, denrées alimentaires et aliments pour animaux. – V. C. consom., art. R. 412-37.
2012	23 mars	Décret n° 2012-412. Sécurité des machines à laver et essoreuses mises à disposition du public. – V. App., v° *Blanchisserie, teinturerie, nettoyage*, **p. 1359.**
2012	30 mars	Décret n° 2012-436. Transposition du nouveau cadre réglementaire européen des communications électroniques. – V. CPCE, art. R. 10, R. 10-1, App., v° *Poste et télécommunications*, **p. 2006.**
2012	17 avr.	Décret n° 2012-508. Acquisition, détention et utilisation des artifices de divertissement et des articles pyrotechniques destinés au théâtre. – V. Décr. n° 2010-580 du 31 mai 2010, art. 5, 10, App., v° *Jouets, divertissements*, **p. 1813.**
2012	18 avr.	Arrêté. Factures de fourniture d'électricité ou de gaz naturel. – V. App., v° *Énergie domestique*, **p. 1667.**
2012	19 avr.	Directive n° 2012/12/UE. Modification de la directive n° 2001/112/CE du 20 décembre 2001. – V. Dir. mod., art. 1er à 5, *7*, *7 bis*, 8, annexes I à VI, App., v° *Jus de fruits, sirops*, **p. 1815.**
2012	4 mai	Décret n° 2012-655. Étiquetage et traçabilité des produits vitivinicoles et pratiques œnologiques : – Art. 1er à 26, 28 à 30. – V. App., v° *Vins*, **p. 2340**. – Art. 26. – V. C. consom., art. R. 412-21. – Art. 27. – V. Décr. 19 août 1921, art. 13, App., v° *Vins*, **p. 2334**.
2012	9 mai	Décret n° 2012-741. Publicité pour les médicaments à usage humain. – Art. 3 à 5. – V. CSP, art. R. 5122-3 à R. 5122-7, App., v° *Médicaments*, **p. 1917.**
2012	30 mai	Décret n° 2012-783. Partie réglementaire du code des procédures civiles d'exécution. – V. C. pr. exéc., art. R. 112-5, R. 162-1 s., R. 213-10, App., v° *Banques*, **p. 1311**; art. R. 124-1 s., App., v° *Recouvrement des créances*, **p. 1635.**
2012	12 juill.	Règlement délégué (UE) n° 874/2012. Étiquetage énergétique des lampes électriques et des luminaires. – V. App., v° *Appareils domestiques*, **p. 1173.**
2012	13 juill.	Arrêté. Mise sur le marché de lait cru de bovinés, de petits ruminants et de solipèdes domestiques remis en l'état au consommateur final. – V. App., v° *Lait, produits laitiers*, **p. 1845.**
2012	6 août	Loi n° 2012-954. Harcèlement sexuel : – Art. 3 et 4. – V. C. pén., art. 225-1-1 à 225-2, App., v° *Ventes*, **p. 2307**. – Art. 6. – V. C. pr. pén., art. 2-6, App., v° *Associations de consommateurs*, **p. 1207**.
2012	4 oct.	Décret n° 2012-1126. Régulation de l'offre de fromages bénéficiant d'une appellation d'origine protégée ou d'une indication géographique protégée. – V. App., v° *Fromages*, **p. 1714.**

2012	25 oct.	Directive 2012/27/UE. Efficacité énergétique. – Art. 9 à 12, 28. – V. App., v° *Énergie domestique*, **p. 1670.**
2012	6 nov.	Décret n° 2012-1235. Fibres et produits textiles. – V. C. consom., art. R. 412-42.
2012	7 nov.	Arrêté. Règles sanitaires applicables aux produits laitiers présentant des caractéristiques traditionnelles. – V. App., v° *Lait, produits laitiers*, **p. 1847.**
2012	8 nov.	Décret n° 2012-1244. Renforcement des dispositions en matière de sécurité des médicaments à usage humain soumis à autorisation de mise sur le marché. – Art. 2 à 4. – V. CSP, art. R. 5121-140, R. 5121-148, R. 5121-149, App., v° *Médicaments*, **p. 1922.**
2012	8 nov.	Règlement (UE) n° 1047/2012. Liste des allégations nutritionnelles. – V. Règl. (CE) n° 1924/2006 du 20 déc. 2006, annexe, App., v° *Denrées alimentaires*, **p. 1544.**
2012	21 nov.	Règlement (UE) n° 1151/2012. Systèmes de qualité applicables aux produits agricoles et aux denrées alimentaires. – V. App., v° *Valorisation des produits et des services*, **p. 2278.**
2012	27 nov.	Décret n° 2012-1311. Dates de début des périodes de soldes. – V. C. com., art. D. 310-15-3 (annexe), App., v° *Ventes*, **p. 2300.**
2012	12 déc.	Règlement (UE) n° 1215/2012. Compétence judiciaire, reconnaissance et exécution des décisions en matière civile et commerciale. – Art. 1er, 4 à 9, 17 à 19, 24, 68, 80, 81. – V. App., v° *Compétence*, **p. 1489.**
2012	17 déc.	Loi n° 2012-1404. De financement de la sécurité sociale pour 2013 : – Art. 56. – V. CSS, art. L. 162-16-4-1, App., v° *Médicaments*, **p. 1925.** – Art. 93. – V. CSS, art. L. 542-7-1, L. 831-8, ss. C. consom., art. L. 722-10.
2012	18 déc.	Arrêté. Modification de l'arrêté du 24 février 2010 (sécurité des jouets). – V. Arr. préc., annexe II, partie VI, App., v° *Jouets, divertissements*, **p. 1809.**
2012	19 déc.	Ordonnance n° 2012-1427. Renforcement de la sécurité de la chaîne d'approvisionnement des médicaments, encadrement de la vente de médicaments sur internet et lutte contre la falsification de médicaments. – Ratifiée par L. n° 2013-1029 du 15 nov. 2013, art. 4-I. – Art. 7. – V. CSP, art. L. 5122-6-1, App., v° *Médicaments*, **p. 1912.**
2012	24 déc.	Loi n° 2012-1442. Suspension de la fabrication, de l'importation, de l'exportation et de la mise sur le marché de tout conditionnement à vocation alimentaire contenant du bisphénol A. – Art. 1er. – V. L. n° 2010-729 du 30 juin 2010, art. 1er, 2, ss. C. consom., art. L. 422-1.

2012	27 déc.	Décret n° 2012-1489. Exécution du règlement (UE) n° 305/2011 du 9 mars 2011 établissant des conditions harmonisées de commercialisation pour les produits de construction. – Art. 1er. – V. C. consom., art. R. 412-43.
2012	28 déc.	Décret n° 2012-1515. Diverses dispositions relatives à la procédure civile et à l'organisation judiciaire. – Art. 14. – V. COJ, art. R. 221-15, App., v° *Compétence*, **p. 1481**.
2012	29 déc.	Loi n° 2012-1509. De finances pour 2013. – Art. 20. – V. C. envir., art. L. 541-10-6, App., v° *Ameublement*, **p. 1131** ; art. L. 541-10-8, App., v° *Automobiles*, **p. 1241**.
2012	31 déc.	Décret n° 2012-1562. Renforcement de la sécurité de la chaîne d'approvisionnement des médicaments et encadrement de la vente de médicaments sur internet. – Art. 1er, 3. – V. CSP, art. R. 5121-138-1 à R. 5121-138-4, R. 5125-26, App., v° *Médicaments*, **p. 1921**.
2012	31 déc.	Arrêté. Découpe de viandes ovines et caprines contenant de la moelle épinière. – V. App., v° *Viandes, charcuteries*, **p. 2324**.
2013	28 janv.	Loi n° 2013-100. Adaptation de la législation au droit de l'Union européenne en matière économique et financière : – Art. 5 et 18. – V. C. mon. fin., art. L. 316-1, L. 614-1, App., v° *Banques*, **p. 1310**. – Art. 6. – V. C. mon. fin., art. L. 341-2, L. 341-3, App., v° *Placements financiers*, **p. 1963**.
2013	18 févr.	Règlement (UE) n° 811/2013. Étiquetage énergétique des dispositifs de chauffage des locaux, des dispositifs de chauffage mixtes, des produits combinés constitués d'un dispositif de chauffage des locaux, d'un régulateur de température et d'un dispositif solaire et des produits combinés constitués d'un dispositif de chauffage mixte, d'un régulateur de température et d'un dispositif solaire. – V. App., v° *Appareils domestiques*, **p. 1177**.
2013	18 févr.	Règlement (UE) n° 812/2013. Étiquetage énergétique des chauffe-eau, des ballons d'eau chaude et des produits combinés constitués d'un chauffe-eau et d'un dispositif solaire. – V. App., v° *Appareils domestiques*, **p. 1185**.
2013	4 avr.	Décret n° 2013-287. Registre tenu par les personnes dont l'activité professionnelle comporte la vente ou l'échange de certains objets mobiliers. – V. C. pén., art. R. 321-5, R. 321-6-1, R. 321-8, R. 633-3, App., v° *Objets d'art, objets anciens*, **p. 1938**.
2013	15 avr.	Loi n° 2013-312. Transition vers un système énergétique sobre. – Art. 7 et 8. – V. C. énergie, art. L. 121-5, L. 122-1, L. 337-3, L. 445-5, App., v° *Énergie domestique*, **p. 1641**.
2013	*24 avr.*	*Loi* n° 2013-344. Prorogation du mécanisme de l'éco-participation répercutée à l'identique et affichée pour les équipements électriques et électroniques ménagers. – V. C. envir., art. L. 541-10-2, App., v° *Appareils domestiques*, **p. 1145**.

2013	2 mai	Arrêté. Réglementation prudentielle des établissements de monnaie électronique. – Art. 61. – V. Arr. du 26 oct. 2010, art. 1er, ss. C. consom., art. L. 751-6.
2013	3 mai	Règlement délégué (UE) n° 665/2013. Étiquetage énergétique des aspirateurs. – V. App., v° *Appareils domestiques*, **p. 1190.**
2013	13 mai	Décret n° 2013-396. Modification de décrets pris en application du livre II du code de la consommation : – Art. 1er. – V. C. consom., art. R. 412-41. – Art. 2. – V. Décr. n° 86-583 du 14 mars 1986 (intitulé), App., v° *Ameublement*, **p. 1136.** – Art. 3. – V. Décr. n° 91-1163 du 12 nov. 1991 (intitulé), art. 4, App., v° *Textiles*, **p. 2240.**
2013	21 mai	Directive 2013/11/UE. Règlement extrajudiciaire des litiges de consommation. – V. App., v° *Compétence*, **p. 1497.**
2013	21 mai	Règlement (UE) n° 524/2013. Règlement en ligne des litiges de consommation. – V. App., v° *Compétence*, **p. 1497.**
2013	21 mai	Décret n° 2013-417. Modification du code des postes et des communications électroniques. – Art. 3 et 4. – V. CPCE, art. D. 1, D. 2, App., v° *Poste et télécommunications*, **p. 2004.**
2013	21 mai	Arrêté. Modalités relatives au dépôt et à la distribution des envois postaux. – V. Arr. du 7 févr. 2007, art. 4-1, 5, 8 à 10, App., v° *Poste et télécommunications*, **p. 2019.**
2013	3 juin	Loi n° 2013-453. Qualité de l'offre alimentaire en outre-mer. – Art. 1er. – V. CSP, art. L. 3232-5 à L. 3232-7, App., v° *Sucre, substances édulcorantes*, **p. 2181.**
2013	6 juin	Recommandation CCA n° 13-01. Contrats de location non saisonnière de logement meublé. – V. App., v° *Logement (location)*, **p. 1894.**
2013	17 juin	Arrêté. Publicité des prix de vente des carburants. – V. Arr. du 8 juill. 1988, App., v° *Automobiles*, **p. 1255.**
2013	27 juin	Ordonnance n° 2013-544. Établissements de crédit et sociétés de financement. – Ratifiée par L. n° 2014-1 du 2 janv. 2014, art. 18 : – Art. 3 et 5. – V. C. mon. fin., art. L. 316-1, L. 614-1, App., v° *Banques*, **p. 1310** ; art. L. 341-2, L. 341-3, App., v° *Placements financiers*, **p. 1963.** – Art. 17. – V. C. tourisme, art. L. 211-18, App., v° *Agences de voyages*, **p. 1120.** – Art. 22. – V. L. n° 70-9 du 2 janv. 1970, art. 3, App., v° *Agences immobilières*, **p. 1083.**
2013	10 juill.	Règlement (UE) n° 655/2013. Critères communs auxquels les allégations relatives aux produits cosmétiques doivent répondre pour pouvoir être utilisées. – V. App., v° *Produits cosmétiques*, **p. 2113.**

2013	18 juill.	Arrêté. Modification de l'arrêté du 26 octobre 2010 relatif au fichier national des incidents de remboursement des crédits aux particuliers pour son application en Polynésie française. – V. Arr. préc., art. 6, 9, 10, 17, ss. C. consom., art. L. 751-6.
2013	25 juill.	Ordonnance n° 2013-676. Modification du cadre juridique de la gestion d'actifs. – Ratifiée par L. n° 2014-1 du 2 janv. 2014, art. 25 : – Art. 3, 36. – V. C. mon. fin., art. L. 341-10, App., v° *Placements financiers*, **p. 1966**. – Art. 45. – V. L. n° 70-9 du 2 janv. 1970, art. 2, App., v° *Agences immobilières*, **p. 1082**.
2013	25 juill.	Arrêté. Application de l'article L. 5232-1 du code de la santé publique relatif aux baladeurs musicaux. – V. App., v° *Baladeurs*, **p. 1296**.
2013	25 juill.	Règlement (UE) n° 716/2013. Modalités d'application du règlement (CE) n° 110/2008 concernant la définition, la désignation, la présentation, l'étiquetage et la protection des indications géographiques des boissons spiritueuses. – V. App., v° *Boissons alcooliques*, **p. 1374**.
2013	26 juill.	Loi n° 2013-672. Séparation et régulation des activités bancaires : – Art. 52, 55, 56, 62, 64, 66, 72. – V. C. mon. fin., art. L. 312-1, L. 312-1-1 A, L. 312-1-1 B, L. 312-1-3, L. 312-1-5, App., v° *Banques*, **p. 1297** ; art. L. 312-1-4, App., v° *Pompes funèbres*, **p. 1989** ; art. L. 341-2, L. 341-17, App., v° *Placements financiers*, **p. 1963**. – Art. 69. – V. CSS, art. L. 542-7-1, L. 831-8, ss. C. consom., art. L. 722-10. – Art. 73, 74. – V. CGCT, art. L. 2223-33-1, L. 2223-34-1, App., v° *Pompes funèbres*, **p. 1990**.
2013	1er oct.	Règlement délégué (UE) n° 65/2014. Étiquetage énergétique des fours et hottes domestiques. – V. App., v° *Appareils domestiques*, **p. 1192**.
2013	8 oct.	Arrêté. Règles sanitaires applicables aux activités de commerce de détail, d'entreposage et de transport de produits et denrées alimentaires autres que les produits d'origine animale et les denrées alimentaires en contenant. – V. App., v° *Denrées alimentaires*, **p. 1603**.
2013	17 oct.	Décret n° 2013-931. Plafonnement des commissions d'intervention. – V. C. mon. fin., art. R. 312-4-1, R. 312-4-2, App., v° *Banques*, **p. 1307**.
2013	25 oct.	Arrêté. Règlement des frais funéraires. – V. C. mon. fin., art. L. 312-1-4, App., v° *Pompes funèbres*, **p. 1989**.
2013	30 oct.	Décret n° 2013-981. Modification du code des postes et des communications électroniques. – Art. 1er. – V. CPCE, art. D. 1, App., v° *Poste et télécommunications*, **p. 2004**.

2013	12 nov.	Décret n° 2013-1010. Fromages et spécialités fromagères. – V. Décr. n° 2007-628 du 27 avr. 2007, art. 1er à 4, 6, 8 à 14, 16, 17, 19, 20, 23, 25, annexe, App., v° *Fromages*, **p. 1706.**
2013	14 nov.	Délibération CNIL n° 2013-358. Traitement des données relatives à la carte de paiement en matière de vente de biens ou de fourniture de services à distance et abrogation de la délibération n° 2003-034 du 19 juin 2003. – V. App., v° *Banques*, **p. 1332.**
2013	21 nov.	Décret n° 2013-1049. Application de l'article L. 214-1 du code de la consommation en ce qui concerne les jus de fruits et certains produits similaires destinés à l'alimentation humaine. – V. Décr. n° 2003-838 du 1er sept. 2003, art. 2, 4, 5, annexes I à V, App., v° *Jus de fruits, sirops*, **p. 1816.**
2013	3 déc.	Arrêté. Information préalable du consommateur sur les caractéristiques techniques des offres d'accès à l'internet en situation fixe filaire. – V. App., v° *Poste et télécommunications*, **p. 2027.**
2013	11 déc.	Règlement (UE) n° 1379/2013. Organisation commune des marchés dans le secteur des produits de la pêche et de l'aquaculture. – Art. 35 à 39. – V. App., v° *Poissons, produits de la mer*, **p. 1987.**
2013	13 déc.	Règlement d'exécution (UE) n° 1337/2013. Modalités d'application du règlement (UE) n° 1169/2011 en ce qui concerne l'indication du pays d'origine ou du lieu de provenance des viandes fraîches, réfrigérées et congelées des animaux des espèces porcine, ovine, caprine et des volailles. – V. App., v° *Viandes, charcuteries*, **p. 2325.**
2013	17 déc.	Décret n° 2013-1180. Rétablissement des droits aux allocations de logement pour les locataires surendettés. – V. CSS, art. D. 542-22-5, R. 831-21-5, ss. C. consom., art. L. 722-10.
2013	19 déc.	Ordonnance n° 2013-1183. Harmonisation des sanctions pénales et financières relatives aux produits de santé. – Art. 4. – V. CSP, art. L. 5122-8-1, L. 5422-1 à L. 5422-3, L. 5422-5 à L. 5422-14, L. 5422-18, App., v° *Médicaments*, **p. 1912.**
2013	23 déc.	Décret n° 2013-1264. Déclaration environnementale de certains produits de construction destinés à un usage dans les ouvrages de bâtiment. – V. C. consom., art. R. 412-49 à R. 412-57.
2013	23 déc.	Arrêté. Déclaration environnementale des produits de construction et de décoration destinés à un usage dans les ouvrages de bâtiment. – V. ss. C. consom., art. R. 412-57.
2013	27 déc.	Décret n° 2013-1261. Vente et mise à disposition du public d'appareils utilisant des rayonnements ultraviolets. – V. App., v° *Bronzage (appareils de)*, **p. 1382.**
2013	31 déc.	Arrêté. Information tarifaire des offres de services de communications électroniques commercialisées sous la forme de cartes prépayées et de forfaits bloqués. – V. App., v° *Poste et télécommunications*, **p. 2032.**

2013	31 déc.	Arrêté. Factures des services de communications électroniques et information du consommateur sur la consommation au sein de son offre. – V. App., v° *Poste et télécommunications*, **p. 2032.**
2014	2 janv.	Loi n° 2014-1. Habilitation du Gouvernement à simplifier et sécuriser la vie des entreprises : – Art. 19. – V. C. envir., art. L. 541-10-5, App., v° *Consignation des emballages*, **p. 1509**. – Art. 25. – V. C. mon. fin., art. L. 341-10, L. 341-11, App., v° *Placements financiers*, **p. 1966.**
2014	3 févr.	Arrêté. Compétence des laboratoires du service commun des laboratoires à procéder à l'analyse et aux essais en application de l'article R. 215-18 *[R. 512-31]* du code de la consommation. – V. ss. C. consom., art. R. 512-31.
2014	4 févr.	Directive 2014/17/UE. Contrats de crédit aux consommateurs relatifs aux biens immobiliers à usage résidentiel. – V. ss. C. consom., art. L. 313-64.
2014	24 févr.	Loi n° 2014-201. Adaptation au droit de l'Union européenne dans le domaine de la santé : – Art. 3-I à 3-IV. – V. CSP, art. L. 513-10-2 à L. 513-107, L. 5131-1, L. 5131-3 à L. 5131-8, L. 5431-2, L. 5431-3, L. 5431-5 à L. 5431-9, L. 5437-2 à L. 5437-5, App., v° *Produits cosmétiques, produits d'hygiène corporelle, produits de tatouage*, **p. 2092**. – Art. 3-V. – V. CSP, art. L. 5122-14, App., v° *Médicaments*, **p. 1914**.
2014	26 févr.	Règlement (UE) n° 254/2014. Programme « consommateurs » pluriannuel pour la période 2014-2020, **p. 12.**
2014	27 févr.	Décret n° 2014-251. Conditions d'exercice du droit au compte au nom et pour le compte du demandeur par les associations et fondations. – V. C. mon. fin., art. D. 312-7, D. 312-8, App., v° *Banques*, **p. 1309**.
2014	27 févr.	Décret n° 2014-274. Modification du décret n° 2008-780 du 13 août 2008 relatif à la procédure applicable en cas d'impayés des factures d'électricité, de gaz, de chaleur et d'eau. – V. Décr. préc., art. 1er à 8, 10, 11, 12 *bis*, 14, App., v° *Énergie domestique*, **p. 1663.**
2014	5 mars	Règlement délégué (UE) n° 518/2014. Étiquetage des produits liés à l'énergie sur l'internet. – V. Règl. délégué (UE) n° 1059/2010 du 28 sept. 2010, art. 3, 4, annexe VII ; n° 1060/2010 du 28 sept. 2010, art. 3, 4, annexe X ; n° 1061/2010 du 28 sept. 2010, art. 3, 4, annexe VIII ; n° 1062/2010 du 28 sept. 2010, art. 3, 4, annexe IX ; n° 626/2011 du 4 mai 2011, art. 3, 4, annexe IX ; n° 392/2012 du 1er mars 2012, art. 3, 4, annexe VIII ; n° 874/2012 du 12 juill. 2012, art. 3, 4, annexe VIII ; *n° 665/2013* du 3 mai 2013, art. 3, 4, annexe VIII ; n° 811/2013 du 18 févr. 2013, art. 3, 4, annexes VI et IX ; n° 812/2013 du 18 févr. 2013, art. 3, 4, annexes VI et X, App., v° *Appareils domestiques*, **p. 1157.**

2014	6 mars	Ordonnance n° 2014-295. Ventes en liquidation prévues par l'article L. 310-1 du code du commerce. – V. C. com., art. L. 310-1, App., v° *Ventes*, **p. 2291**.
2014	12 mars	Circulaire. Présentation des dispositions de la loi n° 2013-672 du 26 juillet 2013 de séparation et de régulation des activités bancaires relatives au traitement des situations de surendettement et du décret n° 2014-190 du 21 février 2014 relatif aux procédures de traitement des situations de surendettement des particuliers. – V. ss. C. consom., art. R. 711-2.
2014	17 mars	Loi n° 2014-344. Consommation : – Art. 24. – V. C. com., art. L. 310-2, App., v° *Ventes*, **p. 2294**. – Art. 25. – V. C. énergie, art. L. 445-4, App., v° *Énergie domestique*, **p. 1653**. – Art. 33-III, 110. – V. C. mon. fin., art. L. 341-12, L. 343-1, L. 343-2, L. 550-1 à L. 550-3, App., v° *Placements financiers*, **p. 1967**. – Art. 53. – V. C. mon. fin., art. L. 312-1-7, App., v° *Banques*, **p. 1303**. – Art. 73. – V. CPI, art. L. 721-2, ss. C. consom., art. L. 431-2. – Art. 75. – V. CPI, art. L. 731-1 à L. 731-4, App., v° *Dépannage, réparation, entretien*, **p. 1608**. – Art. 78. – V. L. n° 2004-575 du 21 juin 2004, art. 18, App., v° *Commerce électronique*, **p. 1476**. – Art. 107. – V. L. n° 94-665 du 4 août 1994, art. 16, 17, 18, App., v° *Langue française*, **p. 1853**. – Art. 115. – V. CPCE, art. L. 34-5, App., v° *Poste et télécommunications*, **p. 2008**. – Art. 117. – V. CASF, art. L. 347-2, App., v° *Hébergement des personnes âgées*, **p. 1722**. – Art. 140. – V. CSS, art. L. 162-16-4, App., v° *Médicaments*, **p. 1924**. – Art. 142. – V. L. n° 81-766 du 10 août 1981, art. 8-1 à 8-7, App., v° *Livres*, **p. 1864**. – Art. 143. – V. L. n° 2011-590 du 26 mai 2011, art. 7-1, App., v° *Livres*, **p. 1868**. – Art. 144. – V. App., v° *Livres*, **p. 1869**. – Art. 148-I. – V. CSI, art. L. 322-2 à L. 322-2-2, L. 324-6 à L. 324-10, ss. C. consom., art. L. 121-20. – Art. 148-III, 151, 153 à 155, 158. – V. L. n° 2010-476 du 12 mai 2010, art. 2, 5, 12, 14, 15, 26, 31, 38, 56, 57, ss. C. consom., art. L. 121-20.
2014	24 mars	Loi n° 2014-366. Accès au logement et urbanisme rénové : – Art. 24. – V. L. n° 70-9 du 2 janv. 1970, art. 1er, 1er-1, 3, 4-1, 6 à 6-2, 7, 14, 17-1, 17-2, App., v° *Agences immobilières*, **p. 1081**. – Art. 76. – V. CCH, art. L. 271-4, App., v° *Logement (construction)*, **p. 1873**. – Art. 85. – V. CSS, art. L. 542-7-1, L. 831-8, ss. C. consom., art. L. 722-10.
2014	27 mars	Décret n° 2014-373. Dénomination commune des principaux frais et services bancaires. – V. C. mon. fin., art. D. 312-1-1, App., v° *Banques*, **p. 1304**.

2014	3 avr.	Directive 2014/40/UE. Rapprochement des dispositions législatives, réglementaires et administratives des États membres en matière de fabrication, de présentation et de vente des produits du tabac et des produits connexes. — V. App., v° *Tabac, produits du tabac*, **p. 2221.**
2014	5 mai	Circulaire. Présentation des dispositions des lois n° 2014-344 du 17 mars 2014 relative à la consommation et n° 2014-366 du 24 mars 2014 pour l'accès au logement et un urbanisme rénové, relatives au traitement des situations de surendettement. — V. ss. C. consom., art. R. 711-2 (renvoi).
2014	9 mai	Arrêté. Modification de l'arrêté du 11 avril 2008 relatif aux préparations pour nourrissons et aux préparations de suite. — V. Arr. préc., art. 4 à 6, 10, 12, ss. C. consom., art. L. 122-16.
2014	26 mai	Arrêté. Modification de l'arrêté du 28 juin 2000 relatif à l'information des consommateurs et à la publicité des prix des véhicules automobiles. — V. Arr. préc., art. 5-1, App., v° *Automobiles*, **p. 1283.**
2014	30 mai	Ordonnance n° 2014-559. Financement participatif. — Art. 2 et 3. — V. C. mon. fin., art. L. 341-1, L. 341-3, App., v° *Placements financiers*, **p. 1962.**
2014	2 juin	Décret n° 2014-571. Application de l'ordonnance n° 2014-295 du 6 mars 2014 relative aux ventes en liquidation. — V. C. com., art. R. 310-1 à R. 310-3, R. 310-6, App., v° *Ventes*, **p. 2292.**
2014	18 juin	Loi n° 2014-626. Artisanat, commerce et très petites entreprises. — Art. 62. — V. C. com., art. L. 310-3, App., v° *Ventes*, **p. 2297.**
2014	24 juin	Arrêté. Modifications des articles A. 310-4 et A. 310-5 du code de commerce relatifs aux ventes en liquidation. — V. C. com., art. A. 310-4, A. 310-5, App., v° *Ventes*, **p. 2294.**
2014	30 juin	Décret n° 2014-737. Observatoire de l'inclusion bancaire. — Art. 4. — V. C. mon. fin., art. D. 312-8, App., v° *Banques*, **p. 1309.**
2014	30 juin	Décret n° 2014-738. Offre spécifique de nature à limiter les frais en cas d'incident. — V. C. mon. fin., art. R. 312-4-3, App., v° *Banques*, **p. 1308.**
2014	30 juin	Décret n° 2014-739. Information préalable du consommateur en matière de frais bancaires. — V. C. mon. fin., art. R. 312-1-2, App., v° *Banques*, **p. 1306.**
2014	8 juill.	Loi n° 2014-779. Conditions de la vente à distance des livres. — Art. 1er. — V. *L. n° 81-766* du 10 août 1981, art. 1er, App., v° *Livres*, **p. 1861.**
2014	9 juill.	Arrêté. Modification de l'arrêté du 23 décembre 2013 relatif à la déclaration environnementale des produits de construction et de

		décoration destinés à un usage dans les ouvrages de bâtiment. – V. Arr. préc., art. 7, ss. C. consom., art. R. 412-57.
2014	10 juill.	Arrêté. Modification de l'arrêté du 18 mars 1993 relatif à la publicité des prix des viandes de boucherie et de charcuterie. – V. Arr. préc., art. 1er à 3, annexes I à V, App., v° *Viandes, charcuteries*, **p. 2314.**
2014	11 juill.	Arrêté. Mention « fait maison » dans les établissements de restauration commerciale ou de vente à emporter de plats préparés. – V. ss. C. consom., art. L. 122-19.
2014	11 juill.	Règlement délégué (UE) n° 1254/2014. Étiquetage énergétique des unités de ventilation résidentielles. – V. App., v° *Appareils domestiques*, **p. 1196.**
2014	22 juill.	Circulaire. Traitement des situations de surendettement. – V. ss. C. consom., art. R. 711-2 (renvoi).
2014	31 juill.	Loi n° 2014-856. Économie sociale et solidaire : – Art. 89. – V. C. envir., art. L. 541-10-8, App., v° *Automobiles*, **p. 1241.** – Art. 91. – V. C. envir., art. L. 541-10-2, App., v° *Appareils domestiques*, **p. 1145.**
2014	19 août	Décret n° 2014-936. Médiateur du livre. – V. App., v° *Livres*, **p. 1870.**
2014	21 août	Décret n° 2014-955. Suppression de la vignette pharmaceutique. – Art. 2. – V. CSP, art. R. 5121-137, R. 5121-138, R. 5121-149, App., v° *Médicaments*, **p. 1920.**
2014	28 août	Arrêté. Normes de commercialisation des œufs : – Art. 1er à 9. – V. App., v° *Œufs, volailles*, **p. 1949.** – Art. 7. – V. Arr. du 18 déc. 2009, art. 9, et annexe II, App., v° *Œufs, volailles*, **p. 1947.**
2014	24 sept.	Décret n° 2014-1081. Action de groupe en matière de consommation. – V. C. consom., art. R. 623-1 s.
2014	26 sept.	Circulaire. Action de groupe en matière de consommation. – V. ss. C. consom., art. R. 623-33.
2014	30 sept.	Décret n° 2014-1109. Application des dispositions de la loi n° 2014-344 du 17 mars 2014 relative à la consommation, renforçant les moyens de contrôle de l'autorité administrative chargée de la protection des consommateurs et adaptant le régime de sanctions. – Art. 38. – V. CPCE, art. R. 10-1, App., v° *Poste et télécommunications*, **p. 2007** ; Décr. n° 95-240 du 3 mars 1995, art. 5 à 8, App., v° *Langue française*, **p. 1854.**
2014	1er oct.	Loi n° 2014-1104. Taxis et voitures de transport avec chauffeur. – Art. 8. – V. C. tourisme, art. L. 211-18, App., v° *Agences de voyages*, **p. 1120.**

2014	13 oct.	Loi n° 2014-1170. Avenir pour l'agriculture, l'alimentation et la forêt : – Art. 23 et 25. – V. C. rur., art. L. 641-6, L. 643-3-1 à L. 643-3-3, App., v° *Valorisation des produits et des services*, **p. 2268**. – Art. 51. – V. CSP, art. L. 1313-2, App., v° *Denrées alimentaires*, **p. 1529**.
2014	16 oct.	Recommandation CCA n° 2014-01. Contrats proposés par les fournisseurs de gaz et d'électricité. – V. App., v° *Énergie domestique*, **p. 1673.**
2014	27 oct.	Décret n° 2014-1253. Dispositions des livres III, VI et VII de la partie réglementaire du code de la sécurité intérieure. – Art. 2 et 16. – V. CPCE, art. D. 2, App., v° *Poste et télécommunications*, **p. 2004.**
2014	5 nov.	Arrêté. Homologation de la charte d'inclusion bancaire et de prévention du surendettement. – V. App., v° *Banques*, **p. 1336.**
2014	7 nov.	Recommandation CCA n° 2014-02. Contrats proposés par les fournisseurs de services de réseaux sociaux. – V. App., v° *Informatique*, **p. 1772.**
2014	17 nov.	Arrêté. Prestations de dépannage, de réparation et d'entretien dans le secteur du bâtiment et de l'équipement de la maison. – V. App., v° *Dépannage, réparation, entretien*, **p. 1609.**
2014	26 nov.	Arrêté. Tarifs maxima des frais de fourrière pour véhicules dans les communes les plus importantes. – V. Arr. du 28 nov. 2003, art. 1er à 2 *bis*, annexes I et II, App., v° *Automobiles*, **p. 1286.**
2014	28 nov.	Arrêté. Information du consommateur sur le prix des médicaments dans les officines de pharmacie. – V. App., v° *Médicaments*, **p. 1930.**
2014	2 déc.	Arrêté. Modalités d'information sur l'absence de délai de rétractation au bénéfice du consommateur dans les foires et salons. – V. ss. C. consom., art. L. 224-61.
2014	11 déc.	Décret n° 2014-1489. Modification du code de la consommation en ce qui concerne notamment l'information des consommateurs sur les denrées alimentaires : – Art. 4. – V. Décr. n° 2012-655 du 4 mai 2012, art. 4, 11, 15, 16, 18, 19, 21 à 23, App., v° *Vins*, **p. 2341**. – Art. 6. – V. Décr. n° 70-559 du 23 juin 1970, App., v° *Fromages*, **p. 1705** ; Décr. n° 93-1130 du 27 sept. 1993, App., v° *Denrées alimentaires*, **p. 1539** ; Décr. n° 97-74 du 28 janv. 1997, App., v° *Viandes, charcuteries*, **p. 2323**.
2014	18 déc.	Arrêté. Informations contenues dans les conditions générales de vente en matière de garantie légale. – V. ss. C. consom., art. L. 211-2.

2014	20 déc.	Loi n° 2014-1545. Simplification de la vie des entreprises et simplification et clarification du droit et des procédures administratives. – Art. 55. – V. C. tourisme, art. L. 211-23, App., v° *Agences de voyages*, **p. 1121.**
2014	22 déc.	Loi n° 2014-1554. De financement de la sécurité sociale pour 2015. – Art. 66. – V. CSS, art. L. 162-16-5, App., v° *Médicaments*, **p. 1926.**
2014	24 déc.	Arrêté. Information préalable du consommateur dans les établissements hôteliers de plein air. – V. App., v° *Hôtels, restaurants, débits de boissons*, **p. 1751.**
2014	24 déc.	Arrêté. Agrément des laboratoires pour procéder aux analyses et aux essais pour la répression des fraudes. – V. ss. C. consom., art. R. 512-32.
2014	26 déc.	Décret n° 2014-1608. Codification de la partie réglementaire du livre IX du code rural et de la pêche maritime. – Art. 4. – V. C. rur., art. D. 932-1, R. 932-4, R. 932-7, App., v° *Poissons, produits de la mer*, **p. 1976.**
2014	26 déc.	Décret n° 2014-1633. Modification du décret n° 2010-434 du 29 avril 2010 relatif à la communication par voie électronique en matière de procédure civile et adaptation au droit de l'Union européenne. – V. C. pr. civ., art. 1382, App., v° *Compétence*, **p. 1483.**
2014	30 déc.	Loi n° 2014-1662. Adaptation de la législation au droit de l'Union européenne en matière économique et financière. – Art. 21. – V. C. mon. fin., art. L. 312-1-1, App., v° *Banques*, **p. 1299.**
2015	8 janv.	Arrêté. Modification de l'arrêté du 24 février 2010 fixant les modalités d'application du décret n° 2010-166 du 22 février 2010 relatif à la sécurité des jouets. – V. Arr. préc., annexes I et II, App., v° *Jouets, divertissements*, **p. 1809.**
2015	21 janv.	Arrêté. Modification de l'annexe de l'arrêté du 3 février 2014 fixant la compétence des laboratoires du service commun des laboratoires à procéder à l'analyse et aux essais en application de l'article R. 215-18 *[R. 512-31]* du code de la consommation. – V. Arr. préc., annexe 🏛, ss. C. consom., art. R. 512-31.
2015	9 févr.	Loi n° 2015-136. Sobriété, transparence, information et concertation en matière d'exposition aux ondes électromagnétiques : – Art. 4. – V. L. n° 2010-788 du 12 juill. 2010, art. 184, App., v° *Poste et télécommunications*, **p. 2026.** – Art. 5. – V. CSP, art. L. 5232-1-1 à L. 5232-1-3, App., v° *Poste et télécommunications*, **p. 2001.**
2015	12 févr.	Recommandation ACPR n° 2015-R-02. Commercialisation des contrats d'assurance vie liés au financement en prévision d'obsèques. – V. App., v° *Pompes funèbres*, **p. 1998.**

2015	16 févr.	Loi n° 2015-177. Modernisation et simplification du droit et des procédures dans les domaines de la justice et des affaires intérieures : – Art. 4. – V. C. mon. fin., art. L. 312-1-4, App., v° *Pompes funèbres*, **p. 1989**. – Art. 15. – V. CSI, art. L. 322-3, ss. C. consom., art. L. 121-20.
2015	17 févr.	Arrêté. Modification de l'arrêté du 18 décembre 2009 relatif aux règles sanitaires applicables aux produits d'origine animale et aux denrées alimentaires en contenant. – V. Arr. préc., annexe II, App., v° *Œufs, volailles*, **p. 1947**.
2015	11 mars	Arrêté. Annonces de réduction de prix à l'égard du consommateur. – V. App., v° *Prix (publicité)*, **p. 2067**.
2015	17 mars	Arrêté. Information précontractuelle des consommateurs et publicité des prix des prestations de location de véhicules. – V. App., v° *Automobiles*, **p. 1290**.
2015	17 mars	Arrêté. Information préalable du consommateur sur les prestations de services à la personne. – V. App., v° *Hébergement des personnes âgées*, **p. 1734**.
2015	19 mars	Arrêté. Correspondance entre les noms usuels et scientifiques des truffes. – V. App., v° *Denrées alimentaires*, **p. 1602**.
2015	23 mars	Arrêté. Modification de l'arrêté du 8 juin 2010 relatif aux contenu et modalités d'affichage du message d'information relatif à la procédure d'inscription sur le fichier des interdits de jeu. – V. Arr. mod., art. 1er, 2, ss. C. consom., art. L. 121-20.
2015	26 mars	Décret n° 2015-348. Titre de maître-restaurateur. – V. Décr. n° 2007-1359 du 14 sept. 2007, art. 1er à 5, App., v° *Hôtels, restaurants, débits de boissons*, **p. 1745**.
2015	26 mars	Arrêté. Cahier des charges du titre de maître-restaurateur. – V. App., v° *Hôtels, restaurants, débits de boissons*, **p. 1746**.
2015	24 avr.	Règlement délégué (UE) 2015/1186. Étiquetage énergétique des dispositifs de chauffage décentralisés. – V. App., v° *Appareils domestiques*, **p. 1198**.
2015	27 avr.	Règlement délégué (UE) 2015/1187. Étiquetage énergétique des chaudières à combustible solide et des produits combinés constitués d'une chaudière à combustible solide, de dispositifs de chauffage d'appoint, de régulateurs de température et de dispositifs solaires. – V. App., v° *Appareils domestiques*, **p. 1202**.
2015	29 avr.	Arrêté. Format et contenu de la fiche standardisée d'information relative à l'assurance ayant pour objet le remboursement d'un *prêt*. – *V. C.* consom., art. R. 313-8, annexe.
2015	7 mai	Décret n° 2015-516. Périodes de soldes. – V. C. com., art. R. 310-15, R. 310-15-1, App., v° *Ventes*, **p. 2300**.

2015	15 mai	Décret n° 2015-536. Substitution de la dénomination « CCI France » à la dénomination « assemblée des chambres françaises de commerce et d'industrie ». – Art. 10. – V. L. n° 70-9 du 2 janv. 1970, art. 3, App., v° *Agences immobilières*, **p. 1083.**
2015	19 mai	Décret n° 2015-556. Liste d'opposition au démarchage téléphonique. – V. C. consom., art. R. 223-1 s.
2015	29 mai	Décret n° 2015-587. Contrats types de location de logement à usage de résidence principale. – V. App., v° *Logement (location)*, **p. 1903.**
2015	29 mai	Arrêté. Contenu de la notice d'information annexée aux contrats de location de logement à usage de résidence principale. – V. App., v° *Logement (location)*, **p. 1904.**
2015	2 juin	Décret n° 2015-595. Indications géographiques protégeant les produits industriels et artisanaux et portant diverses dispositions relatives aux marques. – Art. 5. – V. CPI, art. R. 721-8, ss. C. consom., art. L. 431-2.
2015	5 juin	Décret n° 2015-620. Obligations imposées aux opérateurs agréés de jeux ou de paris en ligne et mise à disposition de l'offre de jeux et de paris par ces opérateurs. – V. Décr. n° 2010-518 du 19 mai 2010, art. 2 à 8, 12, 18, 22, ss. C. consom., art. L. 121-20.
2015	19 juin	Décret n° 2015-702. Modification du décret n° 72-678 du 20 juillet 1972 fixant les conditions d'application de la loi n° 70-9 du 2 janvier 1970 réglementant les conditions d'exercice des activités relatives à certaines opérations portant sur les immeubles et les fonds de commerce. – Art. 2, 16. – V. Décr. préc., art. 1er, 72, 79-1, 79-2, App., v° *Agences immobilières*, **p. 1092.**
2015	24 juin	Décret n° 2015-724. Application des articles 4-1 et 6 de la loi n° 70-9 du 2 janvier 1970 réglementant les conditions d'exercice des activités relatives à certaines opérations portant sur les immeubles et fonds de commerce. – V. Décr. n° 72-678 du 20 juill. 1972, art. 78, 79-2, App., v° *Agences immobilières*, **p. 1096.**
2015	1er juill.	Règlement d'exécution (UE) 2015/1051. Définition des modalités d'exercice des fonctions de la plate-forme de règlement en *ligne* des litiges, des modalités du formulaire de plainte électronique et des modalités de la coopération entre les points de contact prévues au titre du règlement (UE) n° 524/2013 du Parlement européen et du Conseil relatif au règlement en ligne des litiges de consommation. – V. App., v° *Compétence*, **p. 1505.**
2015	1er juill.	Décret n° 2015-799. Produits et équipements à risques. – Art. 2, 5. – V. Décr. n° 2010-580 du 31 mai 2010, art. 1er, 12, App., v° *Jouets, divertissements*, **p. 1812.**

2015	10 juill.	Arrêté. Modification de l'arrêté du 14 novembre 2001 (*tarifs maxima des frais de fourrière pour automobiles*). – V. Arr. mod., annexe II, App., v° *Automobiles*, **p. 1284.**
2015	22 juill.	Décret n° 2015-902. Étiquetage des variétés de miel. – V. Décr. n° 2003-587 du 30 juin 2003, art. 2, 3, annexe I, App., v° *Sucre, substances édulcorantes*, **p. 2185.**
2015	31 juill.	Arrêté. Liste des pièces justificatives pour l'exercice du droit au compte auprès de la Banque de France. – V. App., v° *Banques*, **p. 1339.**
2015	6 août	Loi n° 2015-990. Croissance, activité et égalité des chances économiques : – Art. 4. – V. C. transp., art. L. 1115-1, App., v° *Transports*, **p. 2253**. – Art. 43. – V. C. mon. fin., art. L. 312-1-7, App., v° *Banques*, **p. 1303**. – Art. 44-I. – V. CSS, art. L. 165-9, L. 165-9-1, App., v° *Médicaments*, **p. 1927**. – Art. 102, 210-IV. – V. L. n° 70-9 du 2 janv. 1970, art. 3, 4-1, 17-2, App., v° *Agences immobilières*, **p. 1083**. – Art. 128. – V. CSP, art. L. 5232-1-1, L. 5232-1-2, App., v° *Poste et télécommunications*, **p. 2001**. – Art. 129. – V. CPCE, art. L. 35-1, L. 35-4, App., v° *Poste et télécommunications*, **p. 2009**. – Art. 210-II. – V. CCH, art. L. 271-1, L. 271-2, App., v° *Logement (construction)*, **p. 1872**.
2015	17 août	Loi n° 2015-992. Transition énergétique pour la croissance verte : – Art. 28, 152, 185, 201. – V. C. énergie, art. L. 121-5, L. 122-1, L. 124-1 à L. 124-5, L. 331-3, L. 337-3, L. 337-3-1, L. 445-5, L. 445-6, App., v° *Énergie domestique*, **p. 1641**. – Art. 37, 58. – V. C. route, art. L. 318-1, L. 318-4, App., v° *Automobiles*, **p. 1241**. – Art. 67. – V. C. transp., art. L. 1431-3, App., v° *Déménagement*, **p. 1515**. – Art. 73, 75, 77, 81. – V. C. envir., art. L. 541-10-2, App., v° *Appareils domestiques*, **p. 1145** ; art. L. 541-10-5, App., v° *Consignation et emballages*, **p. 1509** ; art. L. 541-10-6, App., v° *Ameublement*, **p. 1131** ; art. L. 541-10-7, App., v° *Énergie domestique*, **p. 1660**.
2015	17 août	Loi n° 2015-994. Dialogue social et emploi. – Art. 59. – V. C. trav., art. L. 3252-3, ss. C. consom., art. R. 731-1.
2015	18 août	Arrêté. Information du consommateur sur les prix d'achat des métaux précieux. – V. App., v° *Bijoux, pierres et métaux précieux*, **p. 1357**.
2015	*19 août*	Décret n° 2015-1031. Conditions d'utilisation des mentions valorisantes « fermier », « produit de la ferme » ou « produit à la ferme » pour les œufs de poules pondeuses de l'espèce *Gallus gal-*

		lus. – V. C. rur., art. D. 641-57-6 à D. 641-57-11, App., v° *Œufs, volailles*, **p. 1942**.
2015	20 août	Ordonnance n° 2015-1033. Règlement extrajudiciaire des litiges de consommation : – Art. 1er. – V. C. consom., art. L. 611-1 s. – Art. 2. – V. C. mon. fin., art. L. 316-1, L. 614-1, App., v° *Banques*, **p. 1310**. – Art. 6. – V. C. énergie, art. L. 122-1, App., v° *Énergie domestique*, **p. 1631**.
2015	27 août	Décret n° 2015-1083. Mise à disposition sur le marché du matériel électrique destiné à être employé dans certaines limites de tension : – V. App., v° *Énergie domestique*, **p. 1680**. – Art. 17. – V. Décr. n° 2012-412 du 23 mars 2012, art. 2, App., v° *Blanchisserie, teinturerie, nettoyage*, **p. 1359** ; Décr. n° 2013-1261 du 27 déc. 2013, art. 7, App., v° *Bronzage (appareils de)*, **p. 1384**.
2015	27 août	Décret n° 2015-1084. Compatibilité électromagnétique des équipements électriques et électroniques. – V. App., v° *Énergie domestique*, **p. 1685**.
2015	17 sept.	Décision du Conseil constitutionnel n° 2015-480 QPC. – V. L. n° 2010-729 du 30 juin 2010, art. 1er, ss. C. consom., art. L. 422-1.
2015	7 oct.	Ordonnance n° 2015-1242. Organisation de la surveillance en matière de santé animale, de santé végétale et d'alimentation. – Art. 6. – V. CSP, art. L. 1313-3, App., v° *Denrées alimentaires*, **p. 1529**.
2015	7 oct.	Ordonnance n° 2015-1246. Signes d'identification de l'origine et de la qualité. – Art. 2 à 6. – V. C. rur., art. L. 640-2, L. 641-6, L. 641-7, L. 641-10 à L. 641-12, L. 641-21, L. 642-3 à L. 642-5, App., v° *Valorisation des produits et des services*, **p. 2265** ; art. L. 641-14 à L. 641-16, App., v° *Produits « montagne »*, **p. 2138** ; art. L. 641-13, App., v° *Produits biologiques*, **p. 2068** ; art. L. 644-2, L. 644-4, L. 644-7, App., v° *Vins*, **p. 2328**.
2015	7 oct.	Décret n° 2015-1252. Tarifs des courses de taxis. – V. App., v° *Taxis*, **p. 2232**.
2015	14 oct.	Loi n° 2015-1268. Actualisation du droit des outre-mer. – Art. 1er. – V. C. com., art. L. 462-1, App., v° *Associations de consommateurs*, **p. 1207**.
2015	14 oct.	Arrêté. Objectifs de qualité de service fixés à La Poste pour 2015, 2016 et 2017 au titre de l'offre de service universel. – V. App., v° *Poste et télécommunications*, **p. 2038**.
2015	19 oct.	Décret n° 2015-1309. Modification du décret n° 2010-605 du 4 juin 2010 relatif à la proportion maximale des sommes versées en moyenne aux joueurs par les opérateurs agréés de paris hip-

		piques et de paris sportifs en ligne. — V. Décr. mod., art. 4, 5-1 à 5-3, ss. C. consom., art. L. 121-20.
2015	2 nov.	Arrêté. Tarifs des courses de taxi. — V. App., v° *Taxis*, **p. 2233.**
2015	4 nov.	Décret n° 2015-1417. Produits cosmétiques et produits de tatouage. — V. CSP, art. R. 513-10-2 à R. 513-10-12, R. 513-10-14, R. 1311-10, R. 5131-4, R. 5131-5, R. 5431-1 à R. 5431-3, R. 5437-1, App., v° *Produits cosmétiques, produits d'hygiène corporelle, produits de tatouage*, **p. 2094.**
2015	6 nov.	Arrêté. Information du consommateur sur les tarifs des courses de taxi. — V. App., v° *Taxis*, **p. 2236.**
2015	13 nov.	Décret n° 2015-1469. Suppression de commissions administratives à caractère consultatif. — Art. 16. — V. L. n° 2010-476 du 12 mai 2010, art. 3, 28, ss. C. consom., art. L. 121-20.
2015	2 déc.	Loi n° 2015-1567. Adaptation au droit de l'Union européenne dans le domaine de la prévention des risques. — Art. 16. — V. CSP, art. L. 1313-1, App., v° *Denrées alimentaires*, **p. 1528.**
2015	3 déc.	Arrêté. Tarifs des courses de taxi. — V. Arr. du 2 nov. 2015, art. 5, 11, 14, annexe ; Arr. du 6 nov. 2015, art. 2, 10, 13, App., v° *Taxis*, **p. 2233.**
2015	16 déc.	Règlement (UE) 2015/2421. Modification du règlement (CE) n° 861/2007 du 11 juill. 2007 instituant une procédure européenne de règlement des petits litiges. — V. Règl. mod., art. 2 à 5, 8, 9, 11, 13, 15 *bis*, 17, 18, 20 à 21 *bis*, 23 *bis*, 25, App., v° *Compétence*.
2015	17 déc.	Ordonnance n° 2015-1682. Simplification de certains régimes d'autorisation préalable et de déclaration des entreprises et des professionnels : — Art. 10. — V. CGCT, art. L. 2223-32, App., v° *Pompes funèbres*, **p. 1990.** — Art. 12. — V. CSP, art. L. 3321-1, L. 3322-9, L. 3335-4, App., v° *Boissons alcooliques*, **p. 1361.** — Art. 16. — V. C. tourisme, art. L. 211-18, App., v° *Agences de voyages*, **p. 1120.**
2015	18 déc.	Arrêté. Publicité des prix des hébergements touristiques marchands autres que les meublés de tourisme et les établissements hôteliers de plein air. — V. App., v° *Hôtels, restaurants, débits de boissons*, **p. 1752.**
2015	21 déc.	Loi n° 2015-1702. De financement de la sécurité sociale pour 2016. — Art. 59. — V. CSS, art. L. 165-9, App., v° *Médicaments*, ***p. 1927.***
2015	21 déc.	Décret n° 2015-1709. Prime d'activité. — Art. 3. — V. C. trav., art. R. 3252-3, ss. C. consom., art. R. 731-1.

2015	28 déc.	Loi n° 2015-1776. Adaptation de la société au vieillissement : – Art. 12, 47, 57, 59-I. – V. CASF, art. L. 313-1-2, L. 342-1 à L. 342-3, L. 342-4, L. 342-5, L. 347-1, App., v° *Hébergement des personnes âgées*, **p. 1718**. – Art. 31. – V. C. pr. pén., art. 2-8, App., v° *Associations de consommateurs*, **p. 1208**.
2015	29 déc.	Loi n° 2015-1785. De finances pour 2016. – Art. 50. – V. L. n° 2010-476 du 12 mai 2010, art. 17, ss. C. consom., art. L. 121-20.
2015	29 déc.	Loi n° 2015-1786. De finances rectificative pour 2015. – Art. 5. – V. C. énergie, art. L. 124-4, App., v° *Énergie domestique*, **p. 1635**.
2015	29 déc.	Décret n° 2015-1849. Barème prévu à l'article L. 314-14-1 *[L. 315-23]* du code de la consommation, permettant de déterminer le montant maximum de l'indemnité que le prêteur peut demander à l'emprunteur défaillant d'un prêt viager hypothécaire à versements périodiques d'intérêts. – V. ss. C. consom., art. L. 315-23.
2015	30 déc.	Décret n° 2015-1823. Codification de la partie réglementaire du code de l'énergie. – V. C. énergie, art. R. 122-4, R. 337-1 s., R. 333-10, R. 445-1 s., App., v° *Énergie domestique*, **p. 1632**.
2015	30 déc.	Décret n° 2015-1842. Barème des saisies et cessions des rémunérations. – V. C. trav., art. R. 3252-2, R. 3252-3, ss. C. consom., art. R. 731-1.
2016	26 janv.	Loi n° 2016-41. Modernisation du système de santé : – Art. 12, 13. – V. CSP, art. L. 3311-3, L. 3323-3-1, L. 3342-1, L. 3353-3, L. 3353-4, App., v° *Boissons alcooliques*, **p. 1360**. – Art. 14, 17. – V. CSP, art. L. 2133-1, App., v° *Denrées alimentaires*, **p. 1530** ; CSP, art. L. 3232-8, ss. C. consom., art. L. 412-3. – Art. 16. – V. CSP, art. L. 3232-9, App., v° *Sucre, substances édulcorantes*, **p. 2181**. – Art. 21. – V. App., v° *Bronzage (appareil de)*, **p. 1387**. – Art. 22 à 31. – V. CSP, art. L. 3511-2, L. 3512-2, L. 3512-3, L. 3512-4, App., v° *Tabac, produits du tabac*, **p. 2196**. – Art. 61. – V. CSP, art. L. 5232-1, App., v° *Baladeurs*, **p. 1296** ; art. L. 5231-3-1, L. 5232-1-1, App., v° *Poste et télécommunications*, **p. 2001**. – Art. 94, 217. – V. CSP, art. L. 1111-3 à L. 1111-3-5, App., v° *Médecins*, **p. 1904**. – Art. 167. – V. CSP, art. L. 5131-3, App., v° *Produits cosmétiques*, **p. 2088**. – Art. 190. – V. C. assur., art. L. 133-1, App., v° *Assurances*, **p. 1212**.
2016	27 janv.	Décret n° 2016-51. Décisions de classement des hôtels de tourisme. – V. C. tourisme, art. D. 311-10, App., v° *Hôtels, restaurants, débits de boissons*, **p. 1738**.

2016	10 févr.	Ordonnance n° 2016-131. Réforme du droit des contrats, du régime général et de la preuve des obligations : – Art. 2, 3. – V. C. civ., art. 1231-5, ss. C. consom., art. L. 312-39 ; art. 1245 à 1245-17, App., v° *Responsabilité du fait des produits*, **p. 2163**. – Art. 6-IV. – V. C. consom., art. L. 212-1, L. 312-39, L. 312-40, L. 312-73, L. 313-32, L. 313-36, L. 313-45, L. 314-20, L. 315-13, L. 315-17, L. 315-23. – Art. 6-XI, XXI, XXIII, XXX. – V. CPCE, art. L. 7, L. 8, App., v° *Poste et télécommunication*, **p. 2004** ; C. tourisme, art. L. 211-1, App., v° *Agences de voyages*, **p. 1107** ; L. du 5 août 1908, art. 2, App., v° *Associations de consommateurs*, **p. 1210** ; L. n° 70-9 du 2 janv. 1970, art. 6, App., v° *Agences immobilières*, **p. 1085**.
2016	11 févr.	Loi n° 2016-138. Lutte contre le gaspillage alimentaire : – Art. 1er. – V. C. envir., art. L. 541-15-4 à L. 541-15-6, App., v° *Denrées alimentaires*, **p. 1531**. – Art. 2. – V. C. civ., art. 1245-5, App., v° *Responsabilité du fait des produits*, **p. 2166**.
2016	25 févr.	Arrêté. Désignation de l'organisme chargé de gérer la liste d'opposition au démarchage téléphonique. – V. ss. C. consom., art. L. 223-4.
2016	1er mars	Arrêté. Modification de l'arrêté du 3 décembre 2013 relatif à l'information préalable du consommateur sur les caractéristiques techniques des offres d'accès à l'internet en situation fixe filaire. – V. Arr. préc., art. 4, 6, 6-1, App., v° *Poste et télécommunications*, **p. 2027**.
2016	14 mars	Ordonnance n° 2016-301. Partie législative du code de la consommation. – Ratifiée par L. n° 2017-203 du 21 févr. 2017 : – Art. 4. – V. CASF, art. L. 342-5, L. 347-2, App., v° *Hébergement des personnes âgées*, **p. 1721**. – Art. 6. – V. C. com., art. L. 310-6-1, App., v° *Ventes*, **p. 2304**. – Art. 8. – V. C. envir., art. L. 541-34, ss. C. consom., art. L. 121-4. – Art. 11. – V. C. mon. fin., art. L. 353-5, L. 550-1, App., v° *Placements financiers*, **p. 1971**. – Art. 13. – V. CPCE, art. L. 34-5, App., v° *Poste et télécommunications*, **p. 2008**. – Art. 14. – V. CPI, art. L. 731-3, L. 731-4, App., v° *Dépannage, réparation, entretien*, **p. 1609**. – Art. 16. – V. C. rur., art. L. 643-2, App., v° *Valorisation des produits et des services*, **p. 2275**. – Art. 17. – V. CSP, art. L. 1111-3-5, L. 6324-1, App., v° *Médecins*, **p. 1905** ; art. L. 3232-7, App., v° *Sucre, substances édulcorantes*, **p. 2181** ; art. L. 3351-8, App., v° *Boissons alcooliques*, **p. 1372** ; *art. L. 5131-3, L. 5431-1*, App., v° *Produits cosmétiques*, **p. 2088** ; art. L. 5463-1, App., v° *Baladeurs*, **p. 1296**. – Art. 18. – V. CSS, art. L. 165-9-1, App., v° *Médicaments*, **p. 1928**.

		— Art. 19. — V. C. tourisme, art. L. 211-23, App., v° *Agences de voyages*, **p. 1121**. — Art. 26. — V. L. n° 70-9 du 2 janv. 1970, art. 17-1, App., v° *Agences immobilières*, **p. 1092**. — Art. 29. — V. L. n° 94-665 du 4 août 1994, art. 16, App., v° *Langue française*, **p. 1853**. — Art. 31. — V. L. n° 2004-575 du 21 juin 2004, art. 19, App., v° *Commerce électronique*, **p. 1476**. — Art. 32. — V. L. n° 2016-41 du 26 janv. 2016, art. 21, App., v° *Bronzage (appareils de)*, **p. 1387**. — Art. 33. — V. ss. C. consom., art. L. 111-3.
2016	24 mars	Recommandation CCA n° 16-01. Contrats de déménagement, garde-meubles et stockage en libre-service. — V. App., v° *Déménagement*, **p. 1521**.
2016	25 mars	Ordonnance n° 2016-351. Contrats de crédit aux consommateurs relatifs aux biens immobiliers à usage d'habitation. — Ratifiée par L. n° 2017-203 du 21 févr. 2017. — Art. 1er à 6. — V. C. consom., art. L. 311-1, L. 312-4, L. 313-1 à L. 313-64, L. 314-1 à L. 314-4, L. 314-6, L. 314-11, L. 314-12, L. 314-22 à L. 314-26, L. 341-23 à L. 341-61, L. 511-5.
2016	29 mars	Décret n° 2016-364. Exigences de sécurité concernant les bicyclettes. — V. App., v° *Bicyclettes*, **p. 1348**.
2016	28 avr.	Arrêté. Modification de l'arrêté du 10 juillet 1996 relatif aux factures de distribution de l'eau et de collecte et de traitement des eaux usées. — V. Arr. préc., art. 4, App., v° *Eau*, **p. 1624**.
2016	6 mai	Décret n° 2016-555. Chèque énergie : — Art. 1er, 5. — V. C. énergie, art. R. 124-1 à R. 124-16, App., v° *Énergie domestique*, **p. 1635**. — Art. 2, 3. — V. ss. C. énergie, art. L. 124-1, App., v° *Énergie domestique*, **p. 1633**. — Art. 4. — V. Décr. n° 2008-780 du 13 août 2008, art. 1er, 2, 5, App., v° *Énergie domestique*, **p. 1663**.
2016	9 mai	Arrêté. Tarifs de la liste d'opposition au démarchage téléphonique. — V. ss. C. consom., art. R. 223-5.
2016	9 mai	Arrêté. Application de la loi n° 2013-453 du 3 juin 2013 visant à garantir la qualité de l'offre alimentaire en outre-mer. — V. App., v° *Sucre, substances édulcorantes*, **p. 2189**.
2016	*19 mai*	Ordonnance n° 2016-623. Transposition de la directive 2014/40/UE sur la fabrication, la présentation et la vente des produits du tabac et des produits connexes. — V. CSP, art. L. 3511-1, L. 3511-2, L. 3512-1 à L. 3512-6, L. 3512-8, L. 3512-9 à L. 3512-14, L. 3512-15 à L. 3512-22, L. 3513-1 à L. 3513-19, L. 3514-1 à L. 3514-6, L. 3515-3, L. 3515-4, L. 3515-6, L. 3515-7, App. v° *Tabac, produits du tabac*, **p. 2196**.
2016	19 mai	Arrêté. Modalités d'inscription des avertissements sanitaires sur les unités de conditionnement des produits du tabac, des produits

		du vapotage, des produits à fumer à base de plantes autres que le tabac et du papier à rouler les cigarettes. — V. App., v° *Tabac, produits du tabac*, **p. 2221.**
2016	19 mai	Arrêté. Produits du vapotage contenant de la nicotine. — V. App., v° *Tabac, produits du tabac*, **p. 2225.**
2016	3 juin	Loi n° 2016-731. Lutte contre le crime organisé, le terrorisme et leur financement, et amélioration de l'efficacité et des garanties de la procédure pénale : — Art. 46. — V. L. n° 2010-476 du 12 mai 2010, art. 38, ss. C. consom., art. L. 121-20. — Art. 83. — V. C. consom., art. L. 512-60.
2016	6 juin	Décret n° 2016-748. Aides personnelles au logement. — Art. 21, 32. — V. CSS, art. D. 542-22-5, R. 831-21-5, ss. C. consom., art. L. 722-10.
2016	16 juin	Arrêté. Modification de l'arrêté du 24 août 2006 fixant les catégories de prêts servant de base à l'application de l'article L. 313-3 du code de la consommation et de l'article L. 313-5-1 du code monétaire et financier, relatifs à l'usure. — V. Arr. préc., art. 1er, ss. C. consom., art. L. 314-6.
2016	20 juin	Loi n° 2016-816. Économie bleue. — Art. 90. — V. C. consom., art. L. 412-6, L. 412-6.
2016	29 juin	Décret n° 2016-884. Partie réglementaire du code de la consommation : — Art. 5. — V. Décr. n° 2002-1465 du 17 déc. 2002, art. 3, App., v° *Viandes, charcuteries*, **p. 2324** ; Décr. n° 2002-1508 du 23 déc. 2002, art. 7, App., v° *Automobiles*, **p. 1286** ; Décr. n° 2009-1121 du 16 sept. 2009, art. 5, App., v° *Denrées alimentaires*, **p. 1567** ; Décr. n° 2010-44 du 12 janv. 2010, art. 3, App., v° *Bicyclettes, vélomoteurs*, **p. 1348**. — Art. 6. — V. Décr. n° 2012-129 du 30 janv. 2012, art. 5, 6, 10, App., v° *Denrées alimentaires*, **p. 1601**.
2016	5 juill.	Arrêté. Définition des tranches de numéros qui ne peuvent être utilisées comme identifiant d'appel par un professionnel dans le cadre d'un démarchage téléphonique. — V. ss. C. consom., art. L. 221-17.
2016	12 juill.	Arrêté. Tarif de dépannage des véhicules légers sur autoroutes et routes express. — V. App., v° *Autoroutes*, **p. 1295.**
2016	15 juill.	Ordonnance n° 2016-966. Simplification de procédures mises en œuvre par l'Agence nationale de sécurité du médicament et des produits de santé. — Art. 2. — V. CSP, art. L. 5122-3, L. 5134-2, App., v° *Médicaments*, **p. 1911.**
2016	19 juill.	Décret n° 2016-980. Information nutritionnelle complémentaire sur les denrées alimentaires. — Art. 1er. — V. CSP, art. R. 3232-7, ss. C. consom., art. L. 412-3.

2016	8 août	Loi n° 2016-1087. Reconquête de la biodiversité, de la nature et des paysages. – Art. 124. – V. C. envir., art. L. 541-10-5, App., v° *Consignation des emballages*, **p. 1509.**
2016	9 août	Arrêté. Création d'un traitement automatisé des données à caractère personnel de déclaration de la mise sur le marché de compléments alimentaires. – V. App., v° *Produits diététiques, compléments alimentaires*, **p. 2134.**
2016	11 août	Décret n° 2016-1107. Modification de la composition du Conseil national de l'alimentation. – V. C. consom., art. D. 824-2, D. 824-4, D. 824-5.
2016	11 août	Décret n° 2016-1117. Fabrication, présentation, vente et usage des produits du tabac, des produits du vapotage et des produits à fumer à base de plantes autres que le tabac. – Art. 1er. – V. CSP, art. R. 3512-2 à R. 3512-5, R. 3512-7, R. 3512-9, R. 3512-17 à R. 3512-21, R. 3512-26 à R. 3512-30, R. 3515-2 à R. 3515-6, App., v° *Tabac, produits du tabac*, **p. 2203.**
2016	19 août	Décret n° 2016-1137. Indication de l'origine du lait et du lait et des viandes utilisés en tant qu'ingrédient. – V. App., v° *Denrées alimentaires*, **p. 1606.**
2016	19 août	Arrêté. Modification de l'arrêté du 18 décembre 2009 relatif aux règles sanitaires applicables aux produits d'origine animale et aux denrées en contenant. – V. Arr. mod., art. 2, 5, App., v° *Denrées alimentaires*, **p. 1567** ; annexe I, App., v° *Poissons, produits de la mer*, **p. 1986.**
2016	22 août	Décret n° 2016-1139. Fabrication, présentation, vente et usage des produits du tabac, des produits du vapotage et des produits à fumer à base de plantes autres que le tabac. – Art. 2, 5. – V. CSP, art. D. 3512-9-1, D. 3513-1, App., v° *Tabac, produits du tabac*, **p. 2204.**
2016	22 août	Arrêté. Produits du tabac, du vapotage, et à fumer à base de plantes autres que le tabac ainsi qu'au papier à rouler les cigarettes. – V. App., v° *Tabac, produits du tabac*, **p. 2226.**
2016	20 sept.	Décret n° 2016-1238. Mécanisme de signalement prévu à l'article L. 224-43 du code de la consommation et de l'information des opérateurs sur les numéros les concernant en application de l'article L. 224-51. – V. C. consom., art. D. 224-17 à D. 224-21.
2016	26 sept.	Arrêté. Modification de l'arrêté du 24 août 2006 fixant les catégories de prêts servant de base à l'application de l'article L. 314-6 du code de la consommation et de l'article L. 313-5-1 du code monétaire et financier, relatifs à l'usure. – V. Arr. préc., art. 1er, ss. C. consom., art. L. 314-6.
2016	26 sept.	Arrêté. Modification de l'arrêté du 26 octobre 2010 relatif au fichier national des incidents de remboursement des crédits aux

		particuliers. — V. Arr. mod., art. 2, 10, ss. C. consom., art. L. 751-6.
2016	26 sept.	Arrêté. Liste des substances à but nutritionnel ou physiologique autorisées dans les compléments alimentaires et les conditions de leur emploi. — V. App., v° *Produits diététiques, compléments alimentaires*, **p. 2135**.
2016	28 sept.	Arrêté. Seuils prévus par le décret n° 2016-1137 du 19 août 2016 relatif à l'indication de l'origine du lait et du lait et des viandes utilisés en tant qu'ingrédient. — V. App., v° *Denrées alimentaires*, **p. 1606**.
2016	6 oct.	Décret n° 2016-1329. Détermination des objets incitant directement à la consommation excessive d'alcool et dont la vente ou l'offre est interdite aux mineurs. — V. CSP, art. R. 3342-1, App., v° *Boissons alcooliques*, **p. 1370**.
2016	7 oct.	Loi n° 2016-1321. Pour une République numérique : — Art. 45. — V. CPCE, art. L. 2, L. 34, L. 35-1, L. 35-4, L. 44, App., v° *Poste et télécommunications*, **p. 2001**. — Art. 48 à 50, 52, 53, 87, 88, 105. — V. C. consom., art. L. 111-6 à L. 111-7-2, L. 112-8, L. 122-22, L. 131-3, L. 131-4, L. 224-30, L. 224-42-1 à L. 224-42-4, L. 224-54, L. 242-20. — Art. 51. — V. C. tourisme, art. L. 324-2, App., v° *Logement (location)*, **p. 1880**. — Art. 87. — V. CPCE, art. L. 137, ss. C. consom., art. L. 122-22. — Art. 95, 96, 98. — V. L. n° 2010-476 du 12 mai 2010, art. 14, 26, 38, ss. C. consom., art. L. 324-10.
2016	17 oct.	Décret n° 2016-1392. Reconnaissance des qualifications professionnelles et modification du décret n° 72-678 du 20 juillet 1972 fixant les conditions d'application de la loi n° 70-9 du 2 janvier 1970 réglementant les conditions d'exercice des activités relatives à certaines opérations portant sur les immeubles et les fonds de commerce. — V. Décr. préc., art. 73, 74, 78-1, App., v° *Agences immobilières*, **p. 1095**.
2016	17 oct.	Arrêté. Modèles et lieux d'apposition des affiches prévues par l'article L. 3342-4 du code de la santé publique. — V. App., v° *Boissons alcooliques*, **p. 1375**.
2016	24 oct.	Loi n° 2016-1428. Renforcement de la sécurité de l'usage des drones civils : — Art. 3. — V. C. consom., art. L. 425-1. — Art. 2, 4, 5. — V. C. transp., art. L. 6214-1 à L. 6214-5, L. 6232-12, L. 6232-13, App., v° *Jouets, divertissements*, **p. 1784**.
2016	15 nov.	Décret n° 2016-1531. Composition et étiquetage des produits *brassicoles* : — Art. 1er à 5. — V. Décr. n° 92-307 du 31 mars 1992, art. 1er à 4, App., v° *Bière*, **p. 1352**. — Art. 6. — V. Décr. n° 2011-509 du 10 mai 2011, art. 5, App., v° *Denrées alimentaires*, **p. 1581**.

2016	18 nov.	Loi n° 2016-1547. Modernisation de la justice du XXIe siècle : — Art. 11. — V. C. civ., art. 2061, App., v° *Compétence*, **p. 1478**. — Art. 43. — V. C. pr. pén., art. 2-1, 2-10, 2-14, 2-15, App., v° *Associations de consommateurs*, **p. 1207**. — Art. 58, 87. — V. C. consom., art. L. 623-10, L. 711-5, L. 711-8, L. 712-2, L. 722-3, L. 722-9, L. 722-14, L. 722-16, L. 724-1 à L. 724-4, L. 731-1, L. 731-3, L. 732-4, L. 733-1 s., L. 733-2, L. 741-1 s., L. 742-1, L. 742-2, L. 742-24, L. 743-1, L. 752-2, L. 752-3, L. 761-1, L. 761-2. — Art. 84. — V. COJ, art. L. 211-9-2, App., v° *Compétence*, **p. 1478**. — Art. 86. — V. C. pén., art. 225-1, App., v° *Ventes*, **p. 2306**.
2016	25 nov.	Décret n° 2016-1598. Caséines et caséinates destinés à l'alimentation humaine. — V. App., v° *Lait, produits laitiers*, **p. 1848**.
2016	25 nov.	Arrêté. Modification de l'arrêté du 28 août 2014 relatif aux normes de commercialisation des œufs. — V. Arr. mod., art. 3, App., v° *Œufs, volailles*, **p. 1950**.
2016	29 nov.	Décret n° 2016-1618. Offre, par les fournisseurs d'électricité et de gaz naturel, de transmission des données de consommation exprimées en euros au moyen d'un dispositif déporté. — V. C. énergie, art. D. 124-17 à D. 124-23, D. 337-17-2 à D. 337-17-7, D. 445-23 à D. 445-28, App., v° *Énergie domestique*, **p. 1640**.
2016	9 déc.	Loi n° 2016-1691. Transparence, lutte contre la corruption et modernisation de la vie économique : — Art. 66, 71, 75, 77, 78, 82, 111, 123, 132. — V. C. consom., art. L. 122-23, L. 132-27, L. 222-16-1, L. 222-16-2, L. 313-25, L. 412-5, L. 511-7, L. 522-7, L. 731-1, L. 732-1, L. 732-3, L. 732-4, L. 733-1. — Art. 79. — V. C. mon. fin., art. L. 550-1, L. 550-3, App., v° *Placements financiers*, **p. 1972**. — Art. 99. — V. C. com., art. L. 310-2, App., v° *Ventes*, **p. 2294**.
2016	12 déc.	Arrêté. Modification de l'arrêté du 22 août 2016 relatif aux produits du tabac, du vapotage, et à fumer à base de plantes autres que le tabac ainsi qu'au papier à rouler les cigarettes. — V. Arr. mod., art. 7, 12 *bis*, App., v° *Tabac, produits du tabac*, **p. 2227**.
2016	16 déc.	Décret n° 2016-1757. Étiquetage, composition et conditions d'élaboration des boissons spiritueuses : — Art. 1er, 4 à 6. — V. App., v° *Boissons alcooliques*, **p. 1380**. — Art. 2. — V. Décr. du 19 août 1921, art. 3, 7, 8, 8-1, 9, 12, 14, 16, App., v° *Vins*, **p. 2331**. — Art. 3. — V. Décr. n° 86-208 du 11 févr. 1986, art. 1er, 2, 4, 6, App., v° *Cidres, poirés*, **p. 1395**.
2016	22 déc.	Ordonnance n° 2016-1808. Accès à un compte de paiement assorti de prestations de base. — V. C. mon. fin., art. L. 312-1, L. 312-1-3, L. 312-1-7, App., v° *Banques*, **p. 1297**.

2016	22 déc.	Décret nº 2016-1811. Accès à un compte de paiement assorti de prestations de base. – Art. 1er à 5. – V. C. mon. fin., art. R. 312-1-2, R. 312-4-2, R. 312-4-3, D. 312-5 à D. 312-8, App., vº *Banques*, **p. 1306.**
2016	22 déc.	Ordonnance nº 2016-1812. Lutte contre le tabagisme et adaptation et extension à certaines collectivités d'outre-mer. – Art. 3, 7. – V. CSP, art. L. 3512-15, L. 3512-19, L. 3512-22, L. 3513-4, L. 3513-5, App., vº *Tabac, produits du tabac*, **p. 2204.**
2016	22 déc.	Arrêté. Tarifs des courses de taxi pour 2017. – V. Arr. du 2 nov. 2015, annexe, App., vº *Taxis*, **p. 2236.**
2016	23 déc.	Loi nº 2016-1827. De financement de la sécurité sociale pour 2017. – Art. 98. – V. CSS, art. L. 162-16-4, L. 162-16-5, App., vº *Médicaments*, **p. 1924.**
2016	23 déc.	Décret nº 2016-1844. Délégations de signature à la Banque de France. – V. C. consom., art. R. 312-10, R. 314-3 (annexe).
2016	23 déc.	Décret nº 2016-1848. Formation des professionnels qui mettent un appareil de bronzage à disposition du public ou qui participent à cette mise à disposition. – V. Décr. nº 2013-1261 du 27 déc. 2013, art. 3 à 6, 15, 18, 21 à 23, App., vº *Bronzage (appareils de)*, **p. 1382.**
2016	27 déc.	Décret nº 2016-1890. Adaptation et simplification dans le domaine de la prévention et de la gestion des déchets. – Art. 7. – V. C. consom., art. R. 224-22 à R. 224-25.
2016	29 déc.	Loi nº 2016-1920. Régulation, responsabilisation et simplification dans le secteur du transport public particulier de personnes. – Art. 13. – V. C. consom., art. L. 511-7.
2017	10 janv.	Arrêté. Modification de l'arrêté du 31 juillet 2015 fixant la liste des pièces justificatives pour l'exercice du droit au compte auprès de la Banque de France. – V. Arr. mod., art. 1er, App., vº *Banques*, **p. 1339.**
2017	10 janv.	Arrêté. Information des consommateurs par les professionnels intervenant dans une transaction immobilière. – V. App., vº *Agences immobilières*, **p. 1102.**
2017	18 janv.	Arrêté. Interdiction de la mise à disposition de boissons à volonté, gratuites ou pour un prix forfaitaire, avec ajout de sucres ou d'édulcorants de synthèse. – V. App., vº *Sucre, substances édulcorantes*, **p. 2181.**
2017	20 janv.	Loi nº 2017-55. Statut général des autorités administratives indépendantes et des autorités publiques indépendantes. – Art. 54. – V. C. consom., art. L. 822-7 à L. 822-11.
2017	24 janv.	Arrêté. Publicité des prix des prestations de dépannage, de réparation et d'entretien dans le secteur du bâtiment et de l'équipement

		de la maison. – V. App., v° *Dépannage, réparation, entretien*, **p. 1610.**
2017	27 janv.	Loi n° 2017-86. Égalité et citoyenneté. – Art. 108, 177, 206, 207. – V. C. pr. pén., art. 2-1, 2-6, 2-10, App., v° *Associations de consommateurs*, **p. 1207** ; C. pén., art. 225-1-2, 225-2, App., v° *Ventes*, **p. 2307.**
2017	1er févr.	Décret n° 2017-125. Laboratoire national de métrologie et d'essais. – V. C. consom., art. R. 823-7, R. 823-10, R. 823-16 à R. 823-18.
2017	7 févr.	Arrêté. Logotype des indications géographiques protégeant les produits industriels et artisanaux. – V. ss. C. consom., art. L. 431-2.
2017	8 févr.	Arrêté. Modification de l'arrêté du 3 février 2014 fixant la compétence des laboratoires du service commun des laboratoires à procéder à l'analyse et aux essais en application de l'article R. 512-31 du code de la consommation. – V. Arr. préc., art. 1er à 3, Annexe, ss. C. consom., art. R. 512-31.
2017	15 févr.	Décret n° 2017-193. Modification du régime du parrainage télévisé. – V. Décr. n° 92-280 du 27 mars 1992, art. 17, 18, 34, App., v° *Publicité télévisée*, **p. 2146.**
2017	21 févr.	Loi n° 2017-203. Ratification des ordonnances n° 2016-301 du 14 mars 2016 relative à la partie législative du code de la consommation et n° 2016-351 du 25 mars 2016 sur les contrats de crédit aux consommateurs relatifs aux biens immobiliers à usage d'habitation et simplifiant le dispositif de mise en œuvre des obligations en matière de conformité et de sécurité des produits et services. – Art. 3 à 14. – V. C. consom., art. liminaire, L. 112-2, L. 121-3, L. 121-5, L. 215-1, L. 221-26, L. 222-7, L. 222-8, L. 224-1, L. 224-63, L. 224-99, L. 242-7, L. 242-23, L. 311-1, L. 312-1, L. 312-19, L. 312-20, L. 312-44, L. 312-51, L. 312-59, L. 312-72, L. 312-78, L. 312-81, L. 313-14, L. 313-15, L. 313-26, L. 313-30, L. 313-31, L. 313-32, L. 313-39 (note), L. 314-22, L. 315-9, L. 315-13, L. 321-1, L. 341-22, L. 341-51-1, L. 343-1, L. 412-1, L. 422-1 à L. 422-3, L. 451-1, L. 451-1-1, L. 454-1, L. 454-3, L. 511-4 à L. 511-7, L. 511-11, L. 511-17, L. 511-22, L. 511-23, L. 512-49, L. 521-18, L. 521-24, L. 621-6, L. 623-24, L. 711-4, L. 721-3, L. 721-5, L. 752-2.
2017	23 févr.	Arrêté. Extension en Nouvelle-Calédonie, en Polynésie française et dans les îles Wallis-et-Futuna des dispositions de l'arrêté du 24 août 2006 fixant les catégories de prêts servant de base à l'application de l'article L. 313-3 du code de la consommation et de l'article L. 313-5-1 du code monétaire et financier, relatifs à l'usure. - V. ss. C. consom., art. L. 314-6.
2017	28 févr.	Arrêté. Modification de l'arrêté du 24 janvier 2017 relatif à la publicité des prix des prestations de dépannage, de réparation et

		d'entretien dans le secteur du bâtiment et de l'équipement de la maison. – V. Arr. mod., art. 1er, App., v° *Dépannage, réparation, entretien*, **p. 1610.**
2017	1er mars	Loi n° 2017-261. Préservation de l'éthique du sport, renforcement de la régulation et de la transparence du sport professionnel et amélioration de la compétitivité des clubs. – Art. 7. – V. L. n° 2010-476 du 12 mai 2010, art. 12, ss. C. consom., art. L. 121-20.
2017	2 mars	Ordonnance n° 2017-269. Dispositions relatives à l'outre-mer du code de la consommation. – V. C. consom., art. L. 141-1, L. 251-1, L. 252-1 à L. 252-3, L. 253-1, L. 253-2, L. 351-1 à L. 351-8, L. 352-1 à L 352-4, L. 353-1, L. 354-1 à L. 354-7, L. 461-1, L. 462-1, L. 462-2, L. 463-1, L. 541-1 à L. 541-3, L. 651-1, L. 651-2, L. 652-1, L. 652-2, L. 771-1 à L. 771-12.
2017	8 mars	Décret n° 2017-302. Délai pendant lequel le créancier peut s'opposer à la proposition de plan conventionnel de redressement. – V. C. consom., art. D. 732-3.
2017	9 mars	Ordonnance n° 2017-303. Actions en dommages et intérêts du fait des pratiques anticoncurrentielles. – Art. 9. – V. C. consom., art. L. 623-24.
2017	13 mars	Décret n° 2017-325. Arômes alimentaires : – Art. 2. – V. Décr. du 25 mars 1924, art. 5 *bis*, 28, App., v° *Lait, produits laitiers*, **p. 1825.** – Art. 3. – V. Décr. n° 66-319 du 20 mai 1966, art. 1er, 2, App., v° *Sucre, substances édulcorantes*, **p. 2182.** – Art. 4. – V. Décr. n° 80-313 du 23 avr. 1980, art. 9, 11 à 13, 16, 18-1, App., v° *Lait, produits laitiers*, **p. 1837.** – Art. 5. – V. Décr. n° 86-208 du 11 févr. 1986, art. 3, App., v° *Cidres, poirés*, **p. 1396.** – Art. 6. – V. Décr. n° 88-1203 du 30 déc. 1988, art. 3, 8, App., v° *Lait, produits laitiers*, **p. 1840.** – Art. 7. – V. Décr. n° 88-1207 du 30 déc. 1988, art. 4-2, 4-3, 7-1, App., v° *Vins*, **p. 2338.**
2017	6 avr.	Ordonnance n° 2017-484. Création d'organismes dédiés à l'exercice de l'activité de retraite professionnelle supplémentaire et adaptation des régimes de retraite supplémentaire en unités de rente : – Art. 3. – V. C. mon. fin., art. L. 341-3, App., v° *Placements financiers*, **p. 1964.** – Art. 17. – V. C. consom., art. L. 111-3.
2017	14 avr.	Décret n° 2017-550. Apposition d'un pictogramme sur le conditionnement extérieur de certains médicaments ou produits. – V. CSP, art. R. 5121-139, App., v° *Médicaments*, **p. 1921.**
2017	25 avr.	Décret n° 2017-633. Conditions d'application de l'interdiction de vapoter dans certains lieux à usage collectif. – V. CSP,

		art. R. 3513-2 à R. 3513-4, R. 3515-7, R. 3515-8, App., v° *Tabac, produits du tabac*, **p. 2209.**
2017	28 avr.	Décret n° 2017-683. Conséquences de la suppression des juridictions de proximité et des juges de proximité. – Art. 1er. – V. COJ, art. R. 221-11, R. 221-15, R. 221-38, R. 231-3 à R. 231-5, App., v° *Compétence*, **p. 1481.**
2017	28 avr.	Arrêté. Information de l'assuré social ou de son ayant droit sur les conditions de vente des produits et prestations d'appareillage des déficients de l'ouïe et d'optique-lunetterie. – V. App., v° *Opticiens*, **p. 1952.**
2017	28 avr.	Arrêté. Nature des informations d'identification et de traçabilité des produits d'optique-lunetterie et d'appareillage des déficients de l'ouïe. – V. App., v° *Opticiens*, **p. 1960.**
2017	2 mai	Décret n° 2017-704. Organismes dispensant la formation des professionnels qui mettent un appareil de bronzage à disposition du public ou qui participent à cette mise à disposition. – V. Décr. n° 2013-1261 du 27 déc. 2013, art. 5, 21, App., v° *Bronzage (appareils de)*, **p. 1383.**
2017	4 mai	Décret n° 2017-775. Valorisation des produits agricoles, forestiers ou alimentaires et des produits de la mer. – Art. 2. – V. C. rur., art. R. 641-9, R. 641-10, R. 641-16, R. 641-18, R. 641-19, R. 641-21-1, App., v° *Valorisation des produits et des services*, **p. 2267**; art. R. 641-32, R. 641-33, App., v° *Produits « montagne »*, **p. 2139.**
2017	5 mai	Arrêté. Conditions d'étiquetage des nanomatériaux manufacturés dans les denrées alimentaires. – V. App., v° *Denrées alimentaires*, **p. 1608.**
2017	5 mai	Arrêté. Apposition d'un pictogramme sur le conditionnement extérieur de certains médicaments et produits (effet tératogène ou foetotoxique). - V. App., v° *Médicaments*, **p. 1932.**
2017	6 mai	Décret n° 2017-892. Modernisation et simplification de la procédure civile : – Art. 24. – V. C. pr. civ., art. 1529, App., v° *Compétence*, **p. 1484.** – Art. 30. – V. COJ, art. R. 231-5, App., v° *Compétence*, **p. 1482.** – Art. 44. – V. C. pr. exéc., art. R. 322-28, ss. C. consom., art. L. 721-4. – Art. 47. – V. C. trav., art. R. 3252-4, ss. C. consom., art. R. 731-1.
2017	9 mai	Décret n° 2017-875. Accès des personnes handicapées aux services téléphoniques. – Art. 3 à 6. – V. ss. C. consom., art. L. 112-8.
2017	9 mai	Décret n° 2017-896. Procédures de traitement des situations de surendettement des particuliers pris pour l'application de l'article 58 de la loi n° 2016-1547 du 18 novembre 2016 de

		modernisation de la justice du XXIe siècle. – V. C. consom., art. R. 712-12, R. 713-2, R. 722-5, R. 724-1, R. 724-3, R. 724-5, R. 724-7, R. 724-8, R. 731-1, R. 732-1, R. 733-1, R. 733-5 à R. 733-15, R. 733-18, R. 741-1 à R. 741-10, R. 741-13 à R. 741-18, R. 742-2, R. 742-9, R. 742-11, R. 742-14, R. 742-53, R. 743-1.
2017	10 mai	Décret n° 2017-978. Qualité d'artisan cuisinier. – V. C. consom., art. L. 122-21 (note).
2017	10 mai	Décret n° 2017-983. Conditions d'intervention des thanatopracteurs et information des familles concernant les soins de conservation. – Art. 2. – V. CGCT, art. R. 2223-25, R. 2223-67, App., v° *Pompes funèbres*, **p. 1992.**
2017	1er juin	Ordonnance n° 2017-1090. Offres de prêt immobilier conditionnées à la domiciliation des salaires ou revenus assimilés de l'emprunteur sur un compte de paiement. – V. C. consom., art. L. 313-25, L. 313-25-1, L. 313-39, L. 341-34-1.
2017	14 juin	Décret n° 2017-1099. Durée pendant laquelle le prêteur peut imposer à l'emprunteur la domiciliation de ses salaires ou revenus assimilés sur un compte de paiement. – V. C. consom., art. R. 313-21-1.
2017	14 juin	Arrêté. Modification de l'arrêté du 29 avril 2015 précisant le format et le contenu de la fiche standardisée d'information relative à l'assurance ayant pour objet le remboursement d'un prêt. – V. C. consom., art. R. 313-8 (annexe).
2017	14 juin	Règlement (UE) 2017/1128. Portabilité transfrontalière des services de contenu en ligne dans le marché intérieur. – V. App., v° *Poste et télécommunication*.
2017	22 juin	Ordonnance n° 2017-1107. Marchés d'instruments financiers et séparation du régime juridique des sociétés de gestion de portefeuille de celui des entreprises d'investissement. – Art. 3 et 11. – V. C. mon. fin., art. L. 341-3, App., v° *Placements financiers*, **p. 1964** ; art. L. 614-1, App., v° *Banques*, **p. 1310.**
2017	27 juin	Décret n° 2017-1113. Processus de la médiation dans le secteur de l'énergie. – V. C. énergie, art. R. 122-1, App., v° *Énergie domestique*, **p. 1632.**
2017	12 juillet	Décret n° 2017-1166. Dispositions relatives à l'outre-mer du code de la consommation et modification d'autres dispositions de ce code. – V. C. consom., art. R. 224-4, R. 224-5 (annexe), R. 224-7, R. 252-1, D. 351-1 à R. 354-5, R. 541-1 à R. 542-2, R. 652-1, R. 652-2, R. 771-1 à R. 771-6, R. 822-3, R. 822-4, R. 822-9, R. 822-11, R. 822-12, R. 822-17, R. 822-22 à R. 822-29.

TABLE ALPHABÉTIQUE

NOTA. Mots. Les mots principaux de la table sont en caractères gras. Les mots en caractères maigres, précédés d'un tiret, sont des subdivisions des mots principaux.
Parenthèses. Les mots entre parenthèses se rapportent au mot qui précède.
Flèches. Les flèches rouges sont suivies de mots en caractères italiques qui sont des renvois aux mots principaux de la Table.
Nombres. Les nombres précédés de la lettre « L » renvoient aux articles de la partie législative du code. Les nombres précédés de la lettre « R » renvoient aux articles de la partie réglementaire du code. Les nombres précédés de la lettre « p » renvoient aux pages correspondantes de l'ouvrage. Les nombres précédés de la lettre « J » renvoient aux annotations de jurisprudence.
Abréviations. Un tableau explicatif des abréviations figure au début de l'ouvrage.

A

B

E

G

H

J

K

L

M

N

O

P

S

W

Z

Photocomposition Nord Compo
Villeneuve d'Ascq

Achevé d'imprimer en août 2017
Dépôt légal : septembre 2017
716857 – (I) – OSB-Px 32 g – NC – (EDO)
Imprimé en Italie par La Tipografica Varese Srl, Varese

Codes Dalloz

	Parution
CIVIL	
Code des associations et fondations, *commenté*	août
Code de l'avocat, *commenté*	octobre
Code civil	juillet
Code du divorce	mars
Code de procédure civile	juillet
Code des procédures civiles d'exécution, *commenté*	juin
AFFAIRES	
Code des assurances – Code de la mutualité	mai
Code de commerce	juillet
Code de la consommation, *commenté*	septembre
Code des douanes	mars
Code général des impôts	avril
Code monétaire et financier, *commenté*	mai
Code des procédures collectives, *commenté*	mars
Code de la propriété intellectuelle, *commenté*	janvier
Code des sociétés, *commenté*	octobre
Code de procédure fiscale, *commenté*	avril
Code des transports, *commenté*	juin
SOCIAL	
Code de l'action sociale et des familles, *commenté*	mai
Code de la santé publique, *commenté en ligne*	juin
Code de la sécurité sociale	avril
Code du travail, *commenté en ligne*	mars

Codes Dalloz

	Parution
PÉNAL	
Code pénal	juillet
Code de procédure pénale	juillet
Code de la route, *commenté*	février
IMMOBILIER	
Code des baux, *commenté*	janvier
Code de la construction et de l'habitation, *commenté*	avril
Code de la copropriété, *commenté*	janvier
Code de l'expropriation pour cause d'utilité publique, *commenté*	mai
Code de l'urbanisme, *commenté*	avril
PUBLIC	
Code constitutionnel et des droits fondamentaux, *commenté*	novembre
Code de l'éducation, *commenté*	août
Code électoral	décembre
Code de l'énergie, *commenté*	mai
Code de l'entrée et du séjour des étrangers et du droit d'asile, *commenté*	novembre
Code de l'environnement, *commenté*	mars
Code de la fonction publique, *commenté*	février
Code général des collectivités territoriales, *commenté en ligne*	novembre
Code général de la propriété des personnes publiques, *commenté*	juin
Code de la justice administrative	septembre
Code des marchés publics et autres contrats, *commenté*	juin
Code du patrimoine, *commenté*	juin
Code des relations entre le public et l'administration	septembre
Code rural et de la pêche maritime, *commenté*	mai
Code du sport, *commenté*	avril
Code du tourisme, *commenté*	novembre